大韓每日申報
대한매일신보

6

1909. 8 ~ 1910. 8

한국학자료원

發 刊 辭

韓國의 新聞史도 이제 百年을 바라보게 되었다。그동안 우리는 製作面에서는 누구에게도 못지않게 情熱을 쏟아왔다。事大에 대한 自主、保守에 대한 革新、日帝植民政策에 대한 果敢한 抵抗과 鬪爭、그리고 解放과 더불어 言論의 自由물결에 휩쓸려 無數한 新聞을 만들어 쏟아져 나오게 했으나 그 數字조차 잘 모르고 지나왔지만 무려 八百五拾餘種의 新聞을 헤아릴 수가 있었다。

하나의 新聞이 나왔을 때는 그 背景에 反映된 時代相과 거기에 담긴 歷史性이 있음은 두말할 필요조차 없는 일이나 우리는 이렇게 많다면 많았던 新聞들의 資料를 体系的으로 간추리지 못하고 있는 現實이다。

舊韓末以後 우리의 歷史는 너무나 激動을 겪은 탓으로 現實的으로 資料의 求得難도 큰 原因의 하나이겠지만 資料가 있는 것들도 各處에 分散되어 있을 뿐만 아니라 여러가지 理由와 隘路 때문에 이것을 한데 모아 体系的으로 整理를 하지 못하고 있는 實情이다。 個人이나 團体에서 이런 作業을 꼭 해야 하겠다는 必要性은 痛切히 느끼면서도 實踐에 이르러서는 궁색하지 않았나 하는 생각을 갖게 한 것도 事實이다。

이에 本韓國新聞研究所는 第一次的으로 韓末以來 이 땅에서 發刊된 各種新聞을 三年餘에 걸쳐 蒐集、韓國新聞百年 史料集을 刊行한데 이어 二次的으로는 各新聞마다의 그 重要性을 檢討、影印本으로 하여 學界와 言論界에 寄與할 計劃을 세워 첫 事業으로 이번에 大韓每日申報의 影印本을 發刊키로 한 것이다。

周知하는바로 大韓每日申報는 韓末의 代表的인 民族紙일뿐 아니라 乙巳保護條約이 締結되기 한해 前인 一九〇四年 七月 英國人 裵說(Ernest Thomas Bethell)이 創刊하여 韓日合邦直後인 一九一〇年 八月까지 滿六年동안 꾸준히 發刊되었던 것이다。當時 대부분의 新聞들이 길어서 一年、짧은것은 不過 몇달동안 發刊되던 短命新聞이었던 것에 比하면 長長 六年間 얼마나 끈질기게 여러모로 鬪爭을 했던 것인가를 알 수가 있다。

독립신문이 海外文物과 啓導로 우리의 눈을 뜨게 한데 큰 도움을 주었다면 이 大韓每日申報는 對日關係의 鬪爭史요、記録集이라 할 수 있다。

當時 日帝의 彈壓이 酷甚했어도 英國人이 發行人이었기 때문에 그들이 만만이 손을 댈 수가 없었던 관계로 高宗이 秘密裡에 出資를 하고 强硬한 抗日論調로 慧星的인 存在가 되어 우리 民族意思를 代辯했던 것은 너무나 잘 알려진 일이다。

이러한 貴重한 資料가 現在 여러 圖書館에 또는 個人에게 一部分씩 分散所藏되어 있어 研究家들이 이들 資料를 찾아 본다는 것은 매우 어렵게 되어 있고 더욱이 体系的인 研究를 한다는 것은 거의 不可能한 상태에 있다。

더구나 안타까운 것은 圖書館에나 個人이 所藏한 이 新聞들은 너무 오래되어 紙面을 만지기만 해도 바스러져 閱覽조차 할 수 없는 실정이라 所藏當局서도 貴重本 취급을 하는 나머지 貸出마저 꺼려하는 현실이다。

民族史的으로나 學術的으로 이렇게 貴重한 이 新聞을 分散 各處로부터 한데 모아 누구든지 볼 수 있게 하고 永久히 保全하기 위해 影印本을 製作하여 늦었으나마 提供하는데 우리의 뜻이 있음을 밝힌다。

이 影印本을 出刊함에 있어 言論界의 元老이신 洪鍾仁先生의 陰陽으로의 指導 편달과 金聖鎭文化公報部長官의 절대적인 協調를 해주신데 感謝를 드리며 國立中央圖書館과 서울大學校中央圖書館、韓國研究院 그리고 國會圖書館當局者들의 協調와 支援에도 깊이 感謝를 드린다。調査와 整理에는 記協編輯室長 鄭晋錫씨가 手苦를 해주었다。

一九七六年 九月 一日

韓國新聞研究所所長 尹 壬 述

解 題

大韓每日申報는 1904년 7월에 창간되어 1910년 8월까지 民族史的 激動期에 있어서 가장 강경한 抗日論調로 발간된 신문이었다。 이 신문에는 韓末의 論客이요 志士였던 梁起鐸、朴殷植、申采浩등이 제작을 맡아 民族思想을 고취하는 品格 높은 論說들을 집필하여 민족진영의 求心點으로서 抗日運動에 큰 영향을 미쳤던 것이다。

大韓每日申報를 창간、한국민의 편에 서서 日帝와 싸웠던 英國人 裴說은 1904년 3월10일(2월10일이라는 설도 있음)에 내한했다。 런던에 있는 한 일간지의 通信員 자격으로 露日戰爭을 취재하기 위함이었다。

그는 來韓 4개월이 못된 6월29일 大韓每日申報의 樣子新聞(見本版)을 만들었다。 한국에 처음 온 그가 이와같이 짧은 기간동안에 신문발간준비를 마친 것을 보면、그는 來韓 즉시 신문 창간에 착수했던 것으로 보이며、그와 함께 신문제작을 맡았던 梁起鐸등 민족진영 인사들도 이미 신문제작을 위한 준비가 있었음을 짐작케 한다。

樣子新聞이 나온지 20일 후에는 순한글과 英文版으로 된 大韓每日申報 창간호가 이 세상에 나왔다。 1904년 7월18일의 일이었다。

政治的 정세는 露日戰爭이 터진 후 日本은 韓國을 무력으로 위협하여 韓日議定書를 체결、우리나라에서 軍事上 필요한 지역을 수용할 수 있게 되었고、8월22일에는 제1차 韓日協約을 체결하니 한반도는 이미 日本의 손아귀에 쥐어버린 것이다。

言論에 대해서도 日本은 그 숨통을 틀어막는 손길을 조여오기 시작했다。 1896년 독립신문이 창간된 뒤부터 특히 1898년 이후에는 러시아、프랑스、日本등 列强勢力이 한국에서의 利權奪取에 방해가 되는 民族紙의 彈壓을 여러차례 요구해 왔었다。 그러나 1900년 이후에는 日本이 한반도에서 독점적인 우위를 확보하자 다른 列强의 신문탄압 요구는 없어진 반면、日本은 민족지의 조그만 기사에 대해서까지 번번히 트집을 잡기 시작했다。 민족지의 排日的인 태도로 侵略政策이 난관에 부딪치는 일이 많았기 때문이었다。

露日戰爭 후에는 日本의 민족지 탄압요구는 더욱 빈번하고 강경했다。 1904년 3월1일에는 駐韓日本公使 林權助가 신문을 取締할 法을 만들어 日軍의 움직임을 보도하지 못하게 하라고 요구한 것을 비롯、수차례에 걸쳐 신문보도에 대한 抗議를 거듭했다。 그리하여 마침내 駐韓日本軍憲兵司令部는 이해 10월9일 제국신문에 대해 민족언론사상 최초의 강제 停刊命令을 내리기에 이르렀다。

大韓每日申報가 창간된 것은 바로 이러한 시기였다。 日帝의 강요로 한국정부가 민족지에 대한 檢閱을 시작한 때였고、日憲兵司가 제국신문에 강제 停刊 명령을 내리기 3개월여 전으로서 민족지의 論調가 현저히 위축되었던 무렵이었다。

日帝는 무력으로 민족지를 彈壓하는 한편、일찍부터 漢城新報(國漢文 1894년 창간)、朝鮮新報(日文 1892년 창간) 등을 발간하여 민족지와 대항하고 침략을 합리화 하려는 선전기관으로 활용했고、露日戰爭이 일어난 1904년 초에는 大韓日報、大東新報 등을 창간하여 그들의 세력부식과 輿論造作에 더욱 힘을 기울였다。 이들 日人발행의 신문들은 日本外務省의 보조금을 받아 경영되는 日外務省의 기관지 또는 준기관지로서 日本의 무력을 배경으로 거리낌 없이 侵略的인 論調를 펴고 있었다。

이러한 때에 출현한 大韓每日申報는 위축일로에 놓인 민족언론에 구원의 존재였다。

1905년 11월17일 乙巳保護條約이 체결되자 張志淵이 皇城新聞에 〈是日也放聲大哭〉이라는 명논설을 실어 日軍의 檢閱을 받지 않고 배포한 후 체포되고 신문은 停刊당했을 때에도 大韓每日申報만은 檢閱을 겁낼 필요없이 張志淵의 행동을 찬양하고 號外까지 발행하여 日本을 규탄하기를 서슴지 않았다。

이 신문만이 서슬푸른 日本의 무력 앞에서도 홀로 세계를 향하여 日本의 만행을 폭로하고 민족혼을 일깨우면서 매국의 역적들을 맹렬히 힐책했다。

大韓每日申報의 이와같이 과감한 제작태도에 高宗도 지원을 아끼지 않았다。 高宗은 1906년 2월10일 발행인 裴說에게 「新聞及 通信에 全權者로 特히 委任한다」는 특별위임장까지 下賜하고 비밀리에 補助金을 지급하여 경영을 도왔다。

日本側은 마침내 裴說을 이 나라에서 追放할 음모를 꾸미기 시작했다。 統監府가 본국정부에 건의하여 日本外務省은 東京駐剳英國大使에게 裴說을 한국에서 추방하거나 大韓每日申報를 폐간시키라고 수차에 걸쳐 요구 했다。

裴說에게 制裁를 가하려는 日本의 끈질긴 책동에 英國도 동조하게 되었다。 英國側은 1904년에 세정된 「清國 및 韓國에 대한 樞密院令」(Order in Council to the China and Korea)를 改正하여 1907년 2월1일 이를 공포했고、統監府는 1907년 10월9일 漢城駐在英國總領事 콕번(Cockburn)에게 裴說의 처벌을 요구하는 訴狀을 제출했다。 大韓每日申報 영문판인 The Korea Daily News 9월3일、12일、21일、24일、26일자와 國漢文版 9월18일、10월1일、同8일자가 公衆平和를 해치고 인민으로 하여금 정부에 반역하여 일어나도록 선동했다는 것이었다。 이리하여 裴說은 10월14일 漢城駐在英國 總領事館에 설치된 領事裁判에서 6개월간 謹愼에 처하며 앞으로 6개월간 善行에 대한 保證金 3백파운드를 供託하라는 판결을 받았다。

그러나 大韓每日申報의 論調는 조금도 수그러지지 않았다。 더욱 강경한 抗日論調로 제작되었다。

이듬해인 1908년 4월29일 統監府는 李完用內閣으로 하여금 전년에 제

정된 新聞紙法을 改正하여 한국 안에서 발행되는 外國人 명의의 신문까지도 發賣禁止 및 押収할 수 있도록 하여 大韓每日申報도 압수를 당하는 사태에까지 이르렀으나 大韓每日申報가 여기에 굴복할 리는 없었다。日本側으로서 궁극적인 해결책은 裵說에 대한 치명적인 制裁를 가하는 것 밖에는 다른 도리가 없었다。

日本側은 한국침략에 커다란 장애물인 大韓每日申報를 彈壓하기 위해 치밀하고도 끈질기게 裵說의 追放工作을 추진했다。

1908년 5월27일 統監 伊藤博文은 統監府 書記官 三浦彌五郎에게 裵說을 고소하는 권한을 부여했고、三浦는 이 날자로 英國上海高等法院檢事 윌킨슨(H. P. Wilkinson)과 連書로 裵說을 고소했다。윌킨슨은 日本의 요구에 응해 이 사건을 다루기 위해 來韓한 사람이었다。統監府는 고소장에서 大韓每日申報가 「질서를 문란하며 폭동을 격려하고 한국정부와 인민간에 원수되는 뜻을 격동케 했다」고 주장하고 증거로서 1908년 4월17일자 〈須知分砲殺詳報〉、4월29일자 〈百梅特捏이 不足以壓 一伊太利〉、5월18일자 〈學界의 花〉등 3개의 論說을 제출했다。

裵說에 대한 公判은 6월15일 上海에 있는 英國高等裁判所에서 온 判事 본(F. S. A. Born)을 재판장으로 검사 윌킨슨、변호사 크로스(C. N. Crosse)가 참석한 가운데 6월15일부터 3일간에 걸쳐 駐韓英國總領事館에서 열렸다。

이 재판에서 특히 주목을 끄는 것은 문제된 논설들은 모두 大韓每日申報 總務였던 梁起鐸이 집필했으며、裵說은 신문제작의 全權을 거의 梁起鐸에게 맡기고 있었다는 사실이었다。이 신문이 그와같이 강경한 논조로 제작되었던 것은 梁起鐸등 민족진영 인사들이 裵說의 治外法權을 이용하여 언론을 통한 抗日運動을 전개했고、高宗은 비밀리에 그 경영을 도왔던 때문임이 밝혀진 것이다。

3일간에 걸친 재판끝에 판사 본은 裵說을 第1種輕犯罪人으로 선고하여 3주일간의 禁錮와 만기후 6개월간 謹愼의 實을 표하기 위한 保證金으로 피고가 1천불、보증인이 1천불 도합 2천불을 납부하도록 판결했다。이리하여 裵說은 上海로 가서 3주일간의 禁錮복역을 마치고 돌아왔다。

裵說을 처벌하도록 한 日本은 7월12일에는 梁起鐸을 구속하여 재판에 회부하는 등 갖은 彈壓을 가했다。

이러한 彈壓 속에서도 裵說과 梁起鐸은 의연히 본래의 제작태도를 견지했으나 裵說은 獄苦를 치른 후 건강이 크게 악화되어 이듬해인 1909년 5월1일 서대문밖 그의 집에서 세상을 떠나고 말았다。

1908년 5월27일부터 1910년 6월9일까지 萬咸이 사장으로 있었고、6월14일자부터 李章薰이 신문을 인수하여 공식적인 발행인이 되었으나 2개월후인 8월29일 일본은 한국을 완전히 집어삼키니 大韓每日申報도 그 운명이 다한것이었다。

大韓每日申報는 1904년 7월18일 창간될 당시에는 6페이지로서 그중 2페이지가 순한글이었고 4페이지는 영문이었다。이듬해인 1905년 3월이후부터는 일시 휴간하여 8월11일에 속간했는데 이때부터는 英文版과 국한문판을 분리하여 두 가지 신문을 발행했다。독립된 英文版의 제호는 The Korea Daily News였다。

그리고 1907년 5월23일에는 순한글판 대한매일신보를 따로 창간하니 裵說이 발행하는 신문은 3종으로서 그 발행부수도 모두 합해 1만부를 넘어서 타신문과는 비교도 못할 정도의 영향력을 갖게 되었다。

大韓每日申報는 제작면에서도 몇가지 귀중한 史料를 남기고 있다。

1905년 11월17일 乙巳保護條約이 체결된 후 11월27일자로 이에 대한 號外를 발간한 것을 비롯하여 1907년 海牙密使사건으로 高宗이 禪位할 때에도 두 차례에 걸쳐(7월18일、19일) 號外를 발행한 것이 남아있다。

그후 7월31일 舊韓國군대가 해산당하자 8월1일에도 號外를 발행한바 있으며、1909년 10월 安重根의사가 伊藤博文을 쏘아 죽이고 다음 해 3월26일 大連감옥에서 사형당했을 때에도 號外를 발행했다 하나 남아 있는 것은 없다。

이번에 발간하는 이 影印本에는 남아 있는 號外 3種을 비롯하여、本紙에 게재되지 않은 傳單廣告(신문에 삽입하여 배포하는 廣告)도 있는대로 모두 수록하여 당시의 신문제작 상황과 社會、經濟를 연구하는 자료가 되게 했다。

그외에 國債補償運動義捐金 헌납자 명단을 수록한 增面 附錄등도 각 도서관에 있는 것을 모두 모아 수록했고、당시 발행된 신문 購讀領収證도 귀중한 新聞史料로서 畵報에 수록했다。

大韓每日申報 1910년 8월28일자 終刊號까지의 紙齡은 국한문판이 1천4백61號、한글판이 9백38號였다。그러나 국한문판은 1904년 7월 창간후 12월까지 1백37號가 발간되었고、1905년 1월부터 3월까지 52號를 발간한 후 휴간하여 이 해 8월11일 영문판과 국한문판을 분리한 후 다시 1號로 시작하여 종간호까지가 1천4백61호였으므로 국한문판의 6년간 발간된 총號數는 약 1천6백60여호였다。

한편、英文版 The Korea Daily News는 확실한 발행실적을 알 수가 없다。

이번에 발간하는 縮刷版은 國立中央圖書館、서울大中央圖書館、韓國研究院등에 흩어져 있는 것을 체계적으로 조사하여 모아 편집한 것이다。그러나 창간호부터 15호까지가 남아 있지를 않아 부득이 16號부터 수록하지 않을 수 없는 것은 아쉬운 일이다。그리고 중간에도 몇호 缺號가 있으나 앞으로 발견될 것을 기대한다。

鄭晋錫

大韓每日申報 題号의 변천

大韓每日申報
대한ᄆᆡ일신보

창간 당시 題号, 1904년 7월 18일부터

The Korea Daily News.

英文版 The Korea Daily News 題号

大韓每日申報
대한ᄆᆡ일신보

国漢文版 1905년 8월 11일 (제 3 권 1호) 부터

大韓每日申報
대한ᄆᆡ일신보

国漢文版 1906년 12월 19일 (제400호) 부터
한글판은 1907년 5월23일자 창간호부터 이 제호를사용

大韓每日申報

国漢文版 1907년 4 월16일 (제487호) 부터

大韓每日申報

国漢文版 1909 년 11월 9 일 (제1237호) 부터

대한ᄆᆡ일신보
大韓每日申報

한글판 1909년11월 9 일 (제714호) 부터 1910년 8 월까지

◉호 외
목요일

십이시ᄭᆞ지
숑홈으로 당ᄒᆞ시ᄂᆞᆫ
어보를 치실일이오
하며 사과ᄒᆞ실일
ᄒᆞ셧다더라
신을 임명ᄒᆞ엿더라
평화회의에 한국 파견원으
ᄂᆞᆫ 동경뎐보를 거ᄒᆞᆫ즉 히씨가
ᄉᆞ신압헤 피를ᄲᅮ려셔 만국을
인 비셜
삼충양ᄉᆞ졈
일신보사

(七月十八日木曜日)

號外

◉閣議上奏件
內閣大臣八員이會同하야昨夜七時半부터十時까지
皇上陛下ᄭᅴ謁見ᄒᆞ고奏達ᄒᆞᆫ기ᄂᆞᆫ今番海牙平和會議에韓國委員을派送ᄒᆞᆷ으로當한
困難을免ᄒᆞᆯ실方策은左와如ᄒᆞ오니
一은光武九年十一月十七日의新條約에御璽를押ᄒᆞᆯ事
二ᄂᆞᆫ皇帝陛下에攝政을推薦ᄒᆞᆯ事
三은皇帝陛下ᄭᅴ서東京에親幸ᄒᆞ사日本皇帝陛下ᄭᅴ謝過ᄒᆞᆯ事
이올시다ᄒᆞ얏ᄂᆞᆫ대
皇上陛下ᄭᅴ서ᄂᆞᆫ右三件을允許치아니ᄒᆞ셧다더라
◉宮相新任 錦陵尉朴泳孝氏가昨夜에宮內府大臣을任命ᄒᆞ엿더라
◉義士自裁 前平理院檢事李儁氏가現今萬國平和會議에韓國派遣員으로前往ᄒᆞᆫ事
ᄂᆞᆫ一般世人이共知ᄒᆞᄂᆞᆫ바어니와昨日東京電報를據ᄒᆞᆫ즉該氏가忠憤ᄒᆞᆫ志氣를不勝ᄒᆞ
야因以自決ᄒᆞ야萬國使臣之前에熱血을一灑ᄒᆞ야萬國을驚動ᄒᆞ엿다더라

大韓每日申報

号外. 1907년 7 월18일자

大韓每日申報편집국 志士風의 갓쓴 기자들이 붓을 들고 기사를 쓰고 있다.

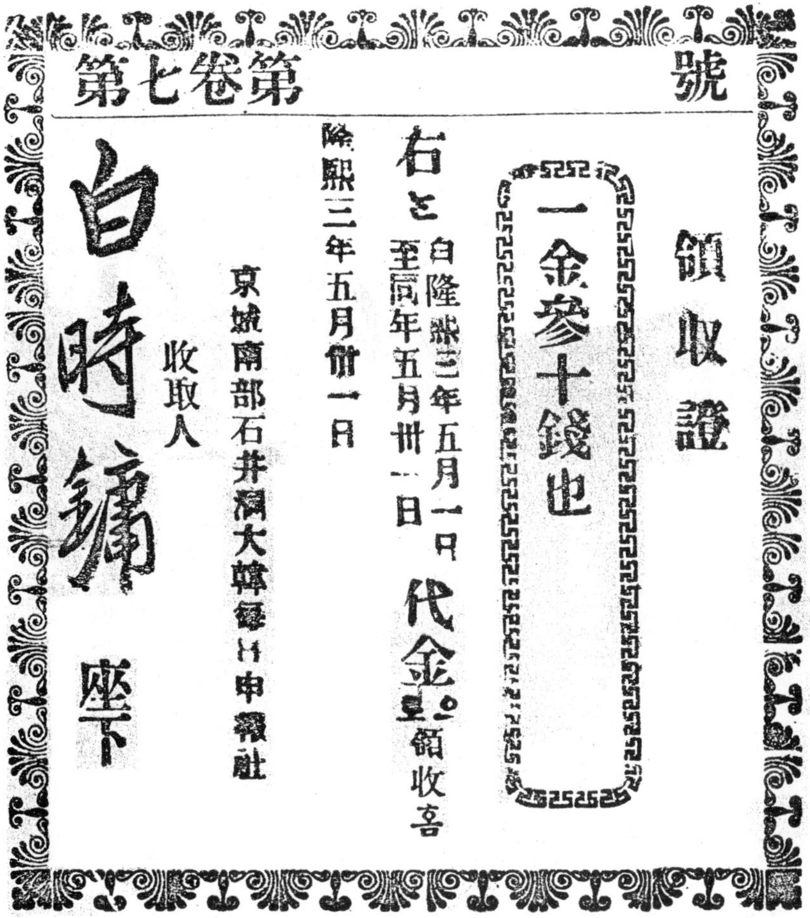

第七卷第 號

領收證

一金參十錢也

右는 自隆熙三年五月一日 至同年五月卅一日 代金으로 領收홈

隆熙三年五月卅一日

京城南部石井洞大韓每日申報社

收取人

白時鏞 座下

大韓每日申報구독자領收證
1909년 5월분으로 구독한 사람은 白時鏞, 구독료는 30錢이다.

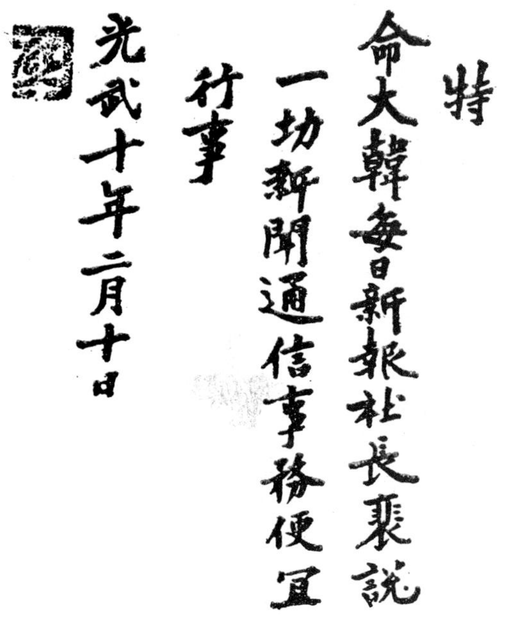
特
命大韓每日新報社長裵說
一切新聞通信事務便宜
行事
光武十年二月十日

高宗의 勅令文 裵說에게 新聞通信 사무의 모든 편의를 행사토록 했다.

大韓每日申報사장 英国人 裵說 그는 1904년에 来韓하여 국한문판, 영문판, 한글판등 3종의 신문을 발간했다.

裵說의 墓 裵說은 合邦한해 전인 1909년5월1일 이땅에서 죽었다。
이듬해 梁起鐸、張志淵등이 墓碑를 세웠으나(왼쪽) 日人 들이 그 碑文을 깎아 없앴으므로 1964년 언론인들이 새로 작은 碑를 세우고(오른쪽) 그 碑文을 새겼다。

大韓每日申報主筆 梁起鐸 실질적 제작 책임자로서 강경한 抗日論說을 집필하여 자주독립사상을 고취하고 日帝와 싸웠다.

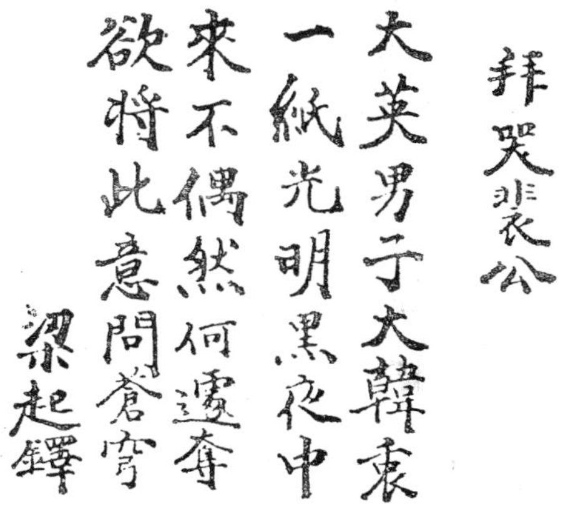

裵說의 죽음을 애도하는 梁起鐸의 弔辭.

論說委員

朴 殷 植

申 采 浩

大韓每日申報工務局 상투틀고 짚신신은 文選工들 오른쪽에 활자케이스가 보인다.

駐韓英国総領事館건물 1891년에 건립되어 1907년과 1908년 두차례에 걸쳐 裵說에 대한 裁判이 진행되었다.

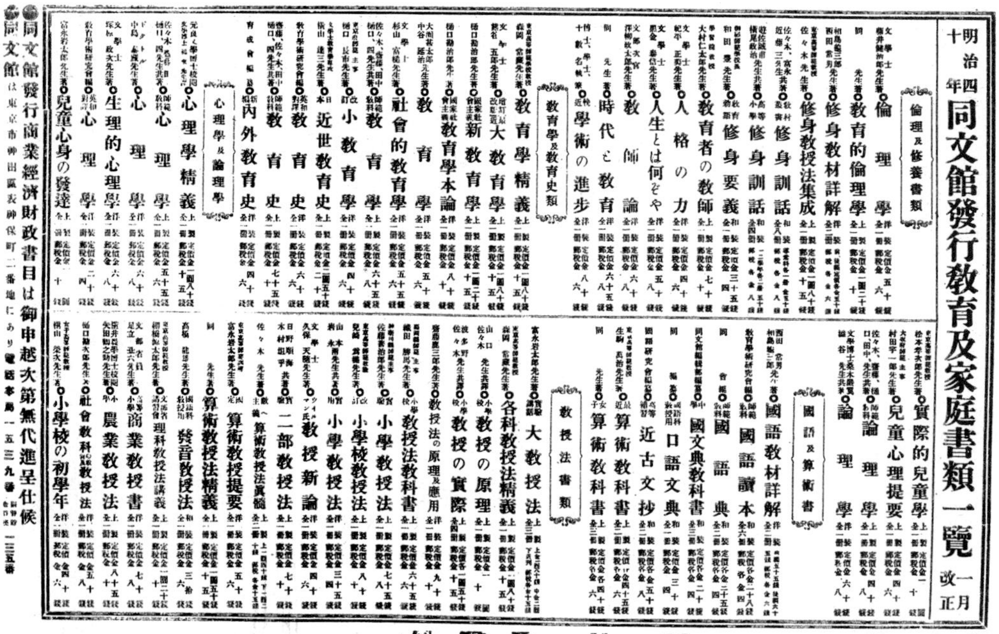

明治四十年 一月改正

同文館發行教育及家庭書類一覽

倫理及修養書類

- 倫理學 文學士 藤井健治郎先生著
- 教育的倫理學 同 先生著
- 修身教材詳解 相島龜三郎 西田常男先生著
- 修身教授法集成 佐々木先生著
- 修身訓話 佐々木、宮永 近藤 三先生共著
- 修身訓話 遊佐誠甫 横尾政治 先生共著
- 修身要義 和田豐先生著
- 教育者の教師 大村仁太郎先生著
- 人格の力 文學士 紀平正美先生著
- 人生とは何ぞや 文學士 黑金泰信先生著
- 教師論 文部次官 澤柳政太郎先生著
- 時代と教育 同 先生著
- 學術の進步 博士、學士、十數名執筆

教育學及教育史類

- 教育學精義 森岡常藏先生著
- 大教育學 文學士 熊谷五郎先生著
- 新教育學 樋口勘治郎先生著
- 教育學本論 樋口勘治郎先生著
- 教育學 大瀬甚太郎 中谷延治 先生著
- 社會的教育學 文學士 杉山富槌先生著
- 教育學 佐々木、齋藤、田中 樋口、四先生共著
- 小教育學 樋口長市先生著
- 近世教育史 横山達三先生著
- 教育史 教育學術研究會編
- 教育史 齋藤、佐々木、田中 樋口、四先生共著
- 内外教育史 育成會編

心理學及論理學

- 心理學精義 元良勇次郎先生著
- 心理學 佐々木、齋藤、田中 樋口、四先生共著
- 心理學 中島泰藏先生著
- 生理的心理學 文學士 塚原政次先生著
- 心理學 教育學術研究會編
- 兒童心身の發達 富永岩太郎先生著

- 實際的兒童學 松本孝次郎先生著
- 兒童心理提要 村田宇一郎先生著
- 論理學 佐々木、齋藤、樋口、田中、先生共著
- 論理學 文學博士桑木嚴翼 塩谷 先生共著

國語及算術書

- 國語教材詳解 西田常男 相島龜三郎先生著
- 國語讀本 教育學術研究會編
- 國語典 同會編
- 國文典教科書 同文館編輯部編
- 口語文典 同 編纂
- 近古文抄 國語研究會編
- 算術教科書 生駒萬治先生著
- 算術教科書 同 先生著

教授法書類

- 大教授法 富永岩太郎先生著
- 各科教授法精義 森岡常藏先生著
- 教授の原理 山口、佐々木 先生共著
- 教授の實際 波多野、佐々木先生共著
- 教授法の原理及應用 齋藤鹿三郎先生著
- 教授法教科書 織田勝馬先生著
- 小學教授法 佐藤善治郎先生著
- 小學校教授法 兒崎爲槌先生著
- 小學教授法 山本、永井兩先生共著
- 教授新論 文學士 久保天隨先生著
- 二部教授法 日野、木村 共著
- 算術教授法眞髓 佐々木先生著
- 算術教授提要 富永岩太郎先生著
- 算術教授法精義 同 先生著
- 發音教授法 高橋龍雄先生著
- 理科教授法講義 棚橋源太郎先生著
- 商業教授書 文部省 足立 先生著
- 農業教授法 櫻井 矢田 先生著
- 社會教科教授法 樋口勘次郎先生著
- 小學校の初學年 横山榮次先生著

同文館發行商業經濟財政書目は御申越次第無代進呈仕候

同文館は東京市神田區表神保町二番地にあり 電話本局一五三九番

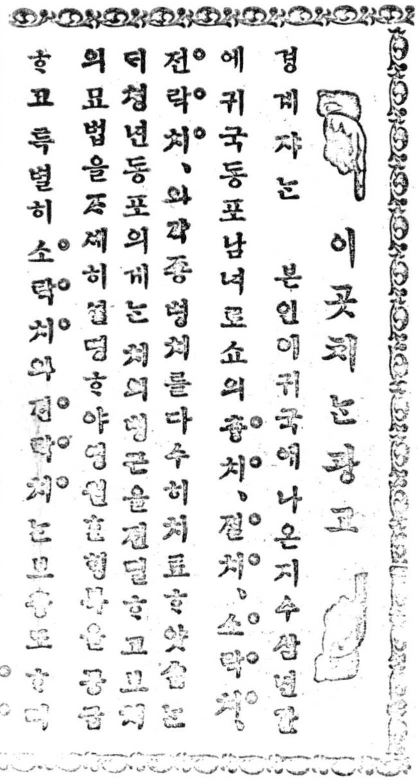

이곳치과광고

경계자는 본인이귀국에나온지수삼년간
에귀국동포남녀로쇼의츙치、절치、소막치
전락치、와각죵령치를다수히치료ᄒᆞ얏습ᄂᆞᆫ
뎌쳥년동포의게ᄂᆞᆫ치의뎐근을젼뎐ᄒᆞ고모뎌
의묘법을ᄌᆞ세히셜명ᄒᆞ야영업ᄒᆞᆫ뎜ᄆᆞᆫ굼금
ᄒᆞ고특별히소막치와젼막치ᄂᆞᆫ모ᄒᆞᆫ도ᄒᆞ며
…믈을ᄲᅢ고ᄊᆞᆫ다ᄒᆞ련
…ᄒᆞ시기ᄒᆞ야도인의무ᄒᆞᆫ
…디니와ᄌᆞ긔위시ᄒᆞᆷ
료홀터이오니
다수광림ᄒᆞ심을경망
…시간은미일상오八시
…서디지
月 日
종치다의업쥬
의학사한대위 근백

大韓每日申報에끼워 배포되었던 伝単広告들
上은 서적광고, 下는 치과광고

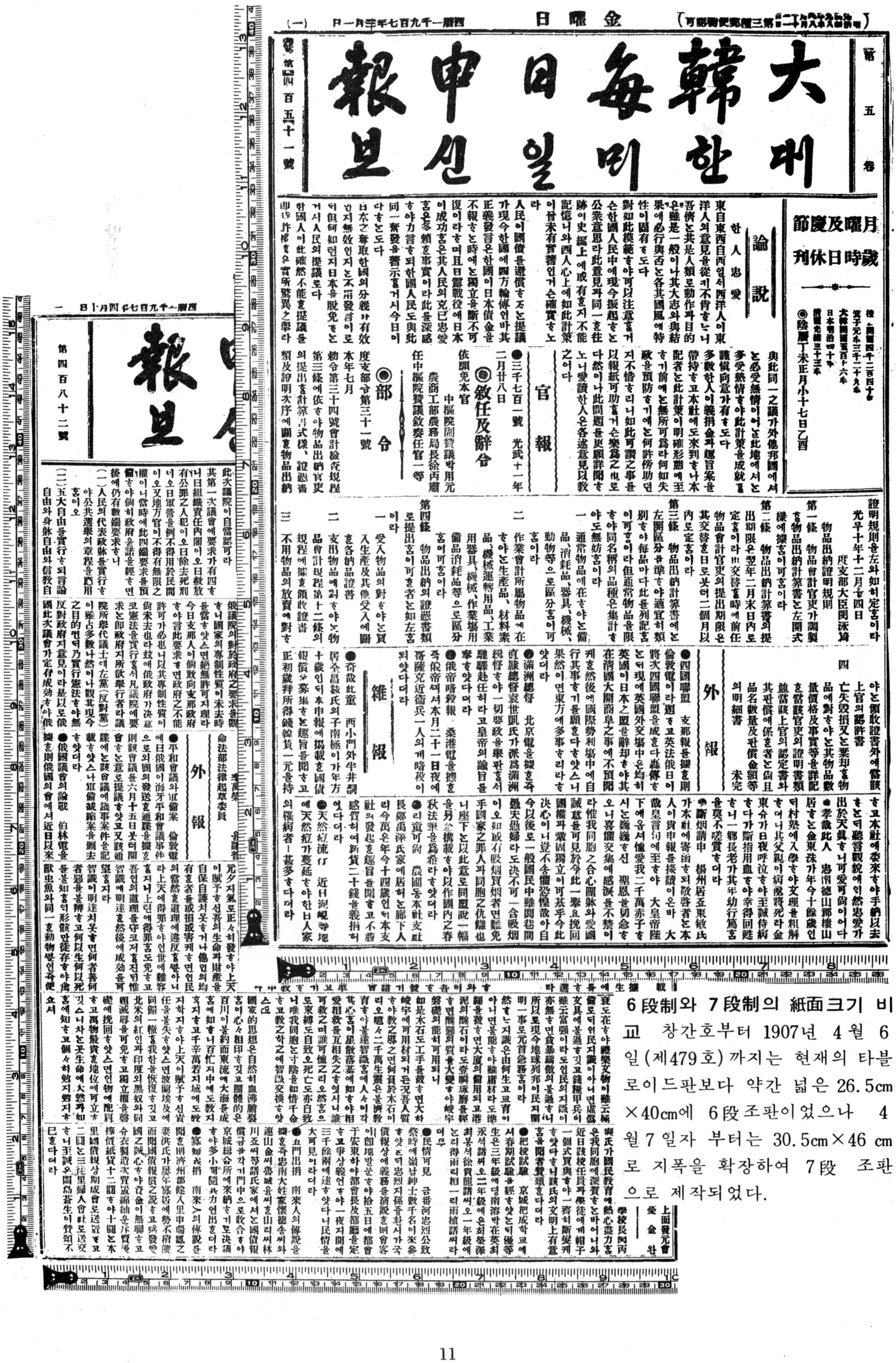
大韓每日申報

대한매일신보

第五卷

第四百五十一號

金曜日

西曆一千九百七年三月一日

月曜及慶節時日休刊

論說

官報

敍任及辭令

部令

外報

雜報

第四百八十二號

6段制와 7段制의 紙面크기 비교 창간호부터 1907년 4월 6일(제479호)까지는 현재의 타블로이드판보다 약간 넓은 26.5㎝×40㎝에 6段조판이었으나 4월 7일자 부터는 30.5㎝×46 ㎝로 지폭을 확장하여 7段 조판으로 제작되었다.

後 記

本影印本의 발간을 위해 1年餘에 걸쳐 각 圖書館과 個人이 所藏하고 있는 大韓每日申報를 백방으로 조사하여 완벽을 기하려 하였으나 창간호를 비롯하여 모두 29號가 발견되지 않아 부득이 이대로 完刊을 했읍니다。 혹시 다음에라도 발견되는대로 補完하겠읍니다。

缺號는 다음과 같습니다。(괄호 안은 號數)

1904、7、18(1)~8、3(15)까지
1904、8、5(17)~8、8(19)까지、8、15(25)、
8、19(29)、8、22(31)、8、26(35)、8、29(39)
1904、9、30(64)
1904、10、1(65)
1904、11、30(112)
1905、1、20(14)
1908、5、13(803)
1909、7、18(1150)

이 影印本中 後期分에 印刷가 鮮明치 못한 부분은 当時는 오늘날과 같이 活字를 매일 鑄造하지 못하고 한번만든 活字로 一年내지 数年동안 印刷를 했기 때문에 原本자체가 희마한데다가 이것을 다시 影印을 하자니 印刷効果가 나지 않았음을 밝힌다。

本 大韓每日申報 影印本은 韓国文化芸術振興院의 支援으로 刊行된 것입니다.

第七卷

大韓每日申報

第千[illegible]百六拾貳號

月歲 曜時 及日 休暇 新刊

檀君開國四千二百四十一年 耶穌降生一千九百八年 大韓開國五百十七年 日本明治四十一年 隆熙貳年 戊申 陰曆七月十五日

Responsible for Publication Alfred Weekley Marnham.

發行兼編輯人 英國人 萬咸
發行所 京城南署公洞第三十二統三戶 大韓每日申報社

論說

●喝醒賣國者 續

七。古圖書古器皿等物은我民의手澤이傳ㅎ야後人의愛國心을發生케ㅎᄂᆞᆫ바라是故로李勣이가壞ㅎ며昭ㅎ고史庫書樓를燹炬에衛燒ㅎ야高句麗의愛國心을滅殺코ᄌᆞ하스며帖木兒가阿剌比亞都城을破ㅎ고文明遺蹟을踐蹦ㅎ야同國人의愛國心을滅殺ᄒᆞ려ㅎ니此로推ㅎ면古圖書古器皿의關係와關係됨을可知ㅎ지라故로拿破侖이伊太利를征服하고其圖書를搜取ㅎ며伊太利人이百萬圓으로請贖ㅎ되不許ㅎ얏거ᄂᆞᆯ今에東鄕各地에古戰ㅎᆫ古物을輿成ㅎ야日人에게賣渡ㅎᄂᆞᆫ者를可勝數치못ㅎ지로다壹代荒亂에[illegible]奮戰ㅎ야惟氣를[illegible]ㅎ던華夏의觀이며年生歲月에發害ㅎ爲命ㅎ야眞理를按ㅎ던學士의筆이며巧思로獨用ㅎ던古國畫며美品과無比ㅎᆫ古器皿이各國二三千餘二萬餘의賤價에日本大阪과飛瀉에聽ㅎ기爲ㅎ야不知ㅎ고食ㅎᆫ國民耽ㅎ야古物을外人에輸與ㅎ니是乃賣國者며

八。現世界에存ㅎᆫ不適ㅎᆫ劣性質을金變치못ㅎ며儒겁退[illegible]是ㅎᆫ는人의宅側에서駐ㅎ야赤條々裸體로庭에出入ㅎ면此를禁止ㅎᄂᆞᆫ氣도ㅎ고忍視ㅎ야又不可ㅎ지라於是乎宅을賣ㅎ고他處로移ㅎᄂᆞᆫ者ㅣ有ㅎ며又日人이自家田畓에서土를來買ㅎ야田水灌漑ㅎᄂᆞᆫ것을舌의鳳爲를常加ㅎ며境界를劃定ㅎ며須臾의堅慾을緊忽ㅎ야動ㅎ니ㅎ畏ㅎ며其威를ㅎ야顚驚ㅎ야不得已田畓을賣ㅎ고離散ㅎ야移ㅎᄂᆞᆫ者도有ㅎ야彼의樂ㅎᆫ言에如ㅎᆫ즉我의敵은水와如ㅎ며彼의來ㅎᄂᆞᆫ蛇와如ㅎᆫ즉我ᄂᆞᆫ走ㅎᄂᆞᆫ魚와如ㅎ야今日에壹里를縮ㅎ며明日에壹里를縮ㅎ야將來에金剛山비로峰頂上으로昇ㅎ리라ㅎ며지智異山靑鶴洞으로入ㅎ리라ㅎᄂᆞᆫ지我의能往ㅎᄂᆞᆫ바면彼도能來ㅎ나니嗟々四方에何處ᄂᆞᆫ勝ㅎ리오嗚乎라彼輩人의恐喝世因ㅎ야我의田宅을賣ㅎ이彼卑劣ㅎᆫ太臣의他威에喫겁ㅎ야不利條約을締結ᄒᆞᆫ者와異ㅎ나도다是도亦賣國者니라

以上은其大畧만列擧ㅎᆫ者니此를讀ㅎᄂᆞᆫ者며記者를好罵라云치말지어다

國勢가이傾ㅎ고民困이甚ㅎᄂᆞᆫ데國魂을叫醒ㅎᄂᆞᆫ其人이無ㅎ며盃盃을主張ㅎᄂᆞᆫ其人도無ㅎ고只是渾沌ㅎᆫ奸謟ㅎᆫ頑迷ㅎᆫ儒겁ㅎᆫ列坐ㅎ야或은死地에陷ㅎ며羊에茫然히何往을不知ㅎ듯시賣國의罪에陷ㅎ며或은學鬪이旱枯死ㅎᆫ데도我豈獨이나賜雨ㅎᆫ을望ㅎ던閑暇ㅎᆫ愚夫와如히瞥肥만ㅎ가[illegible]途에入ㅎ며或ㅎ樹顚에說이孤의假鳴ㅎ一驚을ㅎ야離ㅎ不能救下ㅎ듯시浪驚浪懼ㅎ야賣國의奴를作ㅎ며或ㅎ癡顚朦昧ㅎ야喪魂ㅎ야空然히自家所有土地를棄ㅎ고三十六計의上策을尋ㅎ야賣國의擧를造ㅎ나니嗚乎따엇지痛哭哀哭ㅎ비아니리오吾棒으로喝ㅎ며霜刀로戒ㅎ야是顧是戒ㅎ을由祝ㅎ노니

(完)

外報

●英國大火 倫敦電을據ㅎ則去二十五日에英國리버풀紡績會社에서二回失火ㅎ얏는데同地에서는最近數週間에五回의火災가生ㅎ얏고又二十五日火災에는損害額이三萬磅에達ㅎ얏다더라

●雷震殺人 日本栃木縣宇都宮發電을據ㅎ즉去廿三日該縣에數십名이雷震ㅎ야落下ㅎ야其時名馬壹匹가震死ㅎ고家屋二戶와酒藏所에落ㅎ야燒燼ㅎ얏다더라

●[illegible]安協 伯林電을據ㅎ즉최近에[illegible]兩國간에安協條約이成立되얏다더라

●德美商約 伯林電을據ㅎ즉德美兩國의特別商條約은明年貳月까지는維持되리라더라

●露帝旅行 伯林電을據ㅎ則露國皇帝와皇后는露國皇弟와이리히公爵王邸에서貳日間御宿ㅎ고七月三十日에法國大統領과會見ㅎ고次에엘롤에서英國皇帝와會見ㅎ고八月十八日에페테르부르크에歸着ㅎ신다더라

●皇族排斥 伯林電을據ㅎ즉希臘에서는皇族을反對ㅎ는徒黨이起ㅎ얏고又다리쓰新內閣은皇族中에서皇族을排斥ㅎ計劃이라더라

雜報

●義兵總大將李麟榮氏의略史 續

(日紙를據ㅎ야譯出홈) 然이나府州는閩路와相隔不遠ㅎ處라비록潛身隱居ㅎ나日兵이其蹤跡을探ㅎ기易ㅎ지라氏가更히老母弱子를携ㅎ고夜를乘ㅎ야忠北黃㵎郡金溪로移居ㅎ나但乞比羽의身骨은唐兵의欲噬ㅎ는바오疊山의足跡은元人의窺探ㅎ는바라山川이雖僻ㅎ나엇지當年檢二張義兵將文將의隱身處가有ㅎ리오乾乃ㅎ彼蛔ㅎ狗探ㅎ는日憲兵隊가其後跡을踪ㅎ야金溪隱居의宅에突入ㅎ얏는지라

氏가旣被捕ㅎ야本田憲兵隊로부터漢城憲兵隊에移囚하는間에시와毫ㅎ屈色이無ㅎ고慷慨ㅎ辭色으로彼를對ㅎ야其不義를罵斥ㅎ니日도皆日我는韓國忠義之士라ㅎ야優禮로待ㅎ더라

我事를成치못ㅎ고此境에至ㅎ니시와断恨이나國家를爲ㅎ야死를判홈은시의自期ㅎ비라故로刑國ㅎ月餘의惱ㅎ涯를經ㅎ顔色의揚ㅎ홈이平常과如ㅎ고이卽ㅎ短律을吟ㅎ야懷를遣ㅎ얏는ᄃᆡ左와如ㅎ더라

分明日月懸中州
四海풍潮盡ㅎ流
蚌鷸緣何相持久
两洲[illegible]漁人收

(完)

詞藻

●片時春

屛岩絹壁間에、꾀여잇ᄂᆞᆫ저꽃들아。東風을依賴하여、片時春光자랑마라。하로밤、쇼낙비에활활ㅎ러뚝뚝떠러지게되면、ㅎ풍이로다。

官報

◉頒勅廢部

昨報와如히軍部廢止의 詔勅은昨日에頒布ᄒᆞ얏ᄂᆞᆫᄃᆡ其全文은如左ᄒᆞ니

朕이將來臣民發達의程度를視ᄒᆞ야增兵을要ᄒᆞᆯ時에至ᄒᆞᆯ기ᄭᅡ지ᄂᆞᆫ軍部及武官學校를廢止ᄒᆞ고現在兵은宮中에親衛府를置ᄒᆞ야此를管掌케ᄒᆞ고士官養成은此를日本國政府에委托ᄒᆞ야써其軍事에諫達케ᄒᆞ노니爾衆庶ᄂᆞᆫ 朕意를克體ᄒᆞ라

●懸板改付 軍部를廢止ᄒᆞ고親衛府를新置ᄒᆞᆷ은別項과如ᄒᆞ거니와該府의位置ᄂᆞᆫ舊軍部로使用ᄒᆞ야昨日軍部懸板을撤去ᄒᆞ고親衛府門牌를揭付ᄒᆞ얏다더라

●兵官親任式 大皇帝陛下ᄭᅴ셔昨日午後壹時에 仁政殿에臨御ᄒᆞ사陸軍副將리秉武로親衛府長官兼侍從武官長으로親任式을行ᄒᆞ셧다더라

●軍部規定消却 軍部廢止로結果로內閣官制中第八條軍部에關ᄒᆞᆫ規定을削却ᄒᆞᆫ旨로昨日勅令으로發表ᄒᆞ얏더라

●親衛府將校數 親衛府와所管軍隊에配置ᄒᆞᆯ將校의數爻ᄂᆞᆫ左와如ᄒᆞ니

親衛府 副將壹名 參將二名 副領二名 參領三名

侍從武官府 副將兼任壹名 參領相當官壹名 大尉二名

東宮武官府 參領壹名 正尉壹名

近衛步兵大隊 正尉六名 副尉十名 參尉十名

近衛騎兵隊 副尉壹名 參領壹名 正尉四名 副尉四名 參尉二名

[illegible]兵隊 參領七名 正尉십六名 副尉拾五名 參尉十四名

騎兵과步兵 騎兵九십壹名 步兵六百四십四名

●三長轉補 陸軍參將리[illegible]와趙性根兩시ᄂᆞᆫ親衛府武官으로同參領金基元시ᄂᆞᆫ親衛府副官으로轉任되얏다더라

●軍犯移托 韓國軍人軍屬의犯罪에關ᄒᆞᆫ司法處分은陸軍法律에依ᄒᆞ야日本軍司令官의게委托ᄒᆞ야昨日以後로ᄂᆞᆫ[illegible]司令部에서處斷ᄒᆞᆫ다더라

●政友會組織 리[illegible]시가主唱ᄒᆞ야金允植시와政友會를組織ᄒᆞ기로計劃中이라더라

●爲民派員 [illegible]에ᄂᆞᆫ今番新五條約締結에對ᄒᆞ야各方民心이如何ᄒᆞᆷ을探問키爲ᄒᆞ야各道에視察員을從速派送ᄒᆞᆯ터이라ᄒᆞ고[illegible]시에ᄂᆞᆫ旣히旅費數百圓을支給ᄒᆞ야直接發送ᄒᆞ야去二십五日에全羅道로向ᄒᆞ야出發ᄒᆞ얏다더라

●醫院設置 政府에서各地方에慈惠醫院을設置ᄒᆞ기로決議ᄒᆞ야該院制가日間頒佈된다ᄂᆞᆫᄃᆡ位置ᄂᆞᆫ[illegible]道에醫院三處에設ᄒᆞ고京畿江原兩道에壹院을置ᄒᆞᆫ다더라

●因囑相持 寄陵參奉中[illegible]이三寶인ᄃᆡ該職을運動ᄒᆞᄂᆞᆫ者가各其捷徑을從ᄒᆞ야或은內部大臣의게或은宮內府大臣의게囑托ᄒᆞ야奔競이太竭ᄒᆞᆫ故로內部와宮內府間에相持가有ᄒᆞᆫ說이라더라

●地方稅實施 地方稅實施에關ᄒᆞ야稅目과稅率等은觀察使가此를定ᄒᆞ야內部大臣의認許를得ᄒᆞ더인ᄃᆡ此를徵收ᄒᆞᄂᆞᆫ事ᄂᆞᆫ財政切財務署에委任ᄒᆞ고徵收金을支出ᄒᆞᆷ은觀察使가預算을編成ᄒᆞ야[illegible]部大臣의認可를得ᄒᆞᆯ方針이라더라

●官制組織 滿州大靜旌義三部를合ᄒᆞ야一道를設置ᄒᆞᆫ다ᄒᆞᆷ은已報ᄒᆞ얏거니와觀察使를置ᄒᆞᄂᆞᆫ官制를現今內部에서起草中이라더라

●商民組織 政府에서旣往早[illegible]組織件은今回에帝國實業會와商務組合部와連合社를合同케ᄒᆞ고리允用시ᄂᆞᆫ總裁되고[illegible]시ᄂᆞᆫ部장으로김允用시ᄂᆞᆫ副總裁로[illegible]定이되얏ᄂᆞᆫ되其活動資金은政府에서支出ᄒᆞᄂᆞᆫ듯ᄒᆞ나公佈치ᄂᆞᆫ아니ᄒᆞ얏다더라

●漁業訓示 去月末십日에[illegible]觀察府에서ᄂᆞᆫ管下部守를招集ᄒᆞ야漁業獎勵에關ᄒᆞ야訓示ᄒᆞ얏다더라

●救恤金支出 地方騷擾에被害ᄒᆞᆫ遺族의게救恤金을給與ᄒᆞ기爲ᄒᆞ야豫備金中에서千圓을支出ᄒᆞ기로決定ᄒᆞ얏다더라

●恤金請求 京畿觀察使金思默氏ᄂᆞᆫ管內各郡에本年一月以後로地方騷擾에被害ᄒᆞᆫ人民과燒燬ᄒᆞᆫ家屋을一々히內部로修報ᄒᆞ고救恤金支出을請求ᄒᆞ얏다더라

●韓銀ᄃᆡ官 韓國銀行의組織은營業[illegible]出納總務四局을置ᄒᆞ고局長은日本兩銀行員中에서出納總務兩局長은日本大藏省官吏中에서還任ᄒᆞᆫ다더라

●日技師出張 土木局技師吉武正八은洪州結城廣川市街와道路를觀察次로昨日에出發ᄒᆞ얏다더라

●輸出禁止 咸鏡北道에서外國에輸出ᄒᆞᄂᆞᆫ畜牛ᄂᆞᆫ每年七八千首에達ᄒᆞ야其價額이無慮三四십萬圓이되ᄂᆞᆫ고로人民生活上에關係가大有ᄒᆞ더니鏡城郡道에서ᄂᆞᆫ檢疫法頒佈에對ᄒᆞ야效忠을表明코져ᄒᆞᆷ인지道內에牛疫이發生ᄒᆞᆫ機으로農商工部에報告ᄒᆞ야畜牛의輸出을一切嚴禁ᄒᆞᆫ故로財政界에影響이波及ᄒᆞ야人民의怨聲이頗大ᄒᆞ다더라

●不失本色 韓山郡守金丙濟氏ᄂᆞᆫ前日一進會員中壹分子인ᄃᆡ該郡日新學校總務羅[illegible]旭氏가大韓每日申報購覽ᄒᆞᆫ事件을論及ᄒᆞ야該郡守言內에每日申報ᄂᆞᆫ購覽ᄒᆞᆷ必要가無ᄒᆞ니國民[illegible]報中에擇ᄒᆞ야購覽ᄒᆞ라고勸告ᄒᆞ얏다ᄒᆞ니此ᄂᆞᆫ可謂不失本色이라고聞ᄒᆞᄂᆞᆫ者가莫不唾罵ᄒᆞ얏다더라

●虎病何多 淸州郡서江外二面[illegible]台里居ᄒᆞᄂᆞᆫ리致天氏가近日虎列刺에罹ᄒᆞ야辛苦ᄒᆞᄂᆞᆫᄃᆡ[illegible]醫院에서[illegible]派送ᄒᆞ야現方治療中이라더라

●衝突益熾 간島地方에서淸日兩國人의衝突狀態가去益熾盛ᄒᆞᆫ模樣인ᄃᆡ此에對ᄒᆞ야特別注意ᄒᆞ야當局者의게電報ᄒᆞ얏다더라

●道路急築 간島事件으로因ᄒᆞ야淸津港附近道路를時急히修築ᄒᆞᆫ다ᄒᆞᆷ은已揭ᄒᆞ얏거니와工役에着手ᄒᆞ기爲ᄒᆞ야各地方에出張ᄒᆞ얏던土木技師를急速上來ᄒᆞ라고內部에서電報를發ᄒᆞ얏다더라

●美師向北 [illegible]留學國의[illegible]한시ᄂᆞᆫ再昨日上午九時에新義州로前往ᄒᆞ얏다ᄂᆞᆫᄃᆡ간島情況을觀察歸來ᄒᆞᆯ預定이라더라

●美士官出發 向日入京ᄒᆞ야淸佛安시邸에滯留ᄒᆞ던美國士官삭릇시ᄂᆞᆫ去二십八日에京城을발ᄒᆞ얏ᄂᆞᆫᄃᆡ遼東과간島와滿洲를視察ᄒᆞᆯ터이라더라

●官加關東 近日에[illegible]가成歡싱名式作隊ᄒᆞ야각寺刹에出往ᄒᆞ다가或毆打爭鬪ᄒᆞᄂᆞᆫ弊端이種々有之ᄒᆞᆷ으로農商部에셔ᄂᆞᆫ此에對ᄒᆞ야嚴禁ᄒᆞᆯ東ᄒᆞ라ᄒᆞ더라

●韓氏更訴 前參領沈弘澤氏가北靑地方隊參領在任時에副隊特務正校韓相殿氏의金貨千餘圓을勒奪ᄒᆞᆷ을訴ᄒᆞ야去乙巳年軍隊解散後에韓氏가該金을還推ᄒᆞᆫ바陸軍法院에起訴ᄒᆞ야沈씨가落科[illegible]囚ᄒᆞ얏다가其後因赦放ᄒᆞ지라韓氏ᄂᆞᆫ現今地方裁判所에更訴ᄒᆞᆫ바證據書類를整理ᄒᆞ얏다더라

●文氏同謀 義兵將文泰洙氏가上海에留連ᄒᆞ야淸國人과同謀ᄒᆞ고東處에[illegible]가來到ᄒᆞ얏다더라

●楊郡義擾 楊州郡[illegible]沼附近地에近[illegible]義兵이三十作黨ᄒᆞ야民간에橫行ᄒᆞ면서財産을奪取ᄒᆞᄂᆞᆫ故로警視廳에셔偵探ᄒᆞ기爲ᄒᆞ야韓日巡査를派送ᄒᆞ얏다더라

●釜山虎病 釜山地方에近日虎列刺가발生ᄒᆞ야傳染ᄒᆞᄂᆞᆫ處가有ᄒᆞ며韓國人壹名이致斃ᄒᆞ얏다ᄒᆞ고內部로電報가來到ᄒᆞ얏다더라

●日主韓毆 瓮川郡財務主事日人小島가同僚를對ᄒᆞ야日語로賤待ᄒᆞᄂᆞᆫ言辭로毆打를加ᄒᆞ며[illegible]ᄒᆞ야通譯主事[illegible]氏가心中에痛憤히情懷ᄒᆞ얏다가日은該郡事務室內에서小島를一場毆打ᄒᆞ얏ᄂᆞᆫᄃᆡ小島가痛楚를不堪ᄒᆞ야哀乞謝罪ᄒᆞ얏다더라

●關東總會 關東학會에서今日日曜下午二時에[illegible]館에셔期總會를開ᄒᆞᆫ다더라

○大阪電報○

◉大阪大火 三十一日午前삼時發

今朝四時십五分에大阪市天滿邇寺町에셔出火ᄒᆞ야附近으로延燒되고方今사지盛燃中인ᄃᆡ旣燒ᄒᆞᆫ家屋이捌百戶에不下ᄒᆞ얏다더라

○東京電報○

◉韓滿鐵道合幷 卅壹日午後壹時發

滿鐵總裁中村시ᄂᆞᆫ遞信大臣後藤시를訪問ᄒᆞ고滿鐵會社附屬銀行設立에關ᄒᆞᆫ件과韓滿鐵道合倂에關ᄒᆞᆫ件을協議ᄒᆞ얏다더라

◉軍用氣球會 同日發

日本에서ᄂᆞᆫ陸軍大臣監督下에臨時軍用氣球會를置ᄒᆞ기로其官制를發布ᄒᆞ얏다더라

◀擊劍歌▶

由俠子

▲十年磨劍갈아니여어ᄂᆡ품에품어두고宇宙間에橫行ᄒᆞ며제賊之猖獗갑흘소나酒酣斜陽耳熱ᄒᆡ로千古恨을歌ᄒᆞ야擊劍ᄒᆞ야보자

▲楚懷王이讒說듯고屈三閭을放逐ᄒᆞᆯ제이너굴ᄯᅥ번못ᄒᆞᆫ어ᄃᆡ讒臣의목을베여江潭에져버리고楚나라[illegible]되고보니여ᄂᆡ恨을ᄒᆞ번풀고

▲咸陽宮에匕首안고荊軻手法그못질제이너굴ᄯᅥ번못ᄒᆞᆫ어ᄃᆡ秦王의가삼ᄯᅵ니燕太子의讎를갑고六國回復ᄒᆞ고보니여ᄂᆡ恨을ᄒᆞ번풀고

▲胡廷에셔殘兵몰고리將軍이詐降ᄒᆞᆯ제이너굴ᄯᅥ번못ᄒᆞᆫ어ᄃᆡ單于의梟首ᄒᆞ야未央宮에報捷ᄒᆞ고司馬遷을救ᄒᆞ고보니이너恨을ᄒᆞ번풀고

▲上方谷에驟雨ᄂᆞ러司馬氏가逃走ᄒᆞᆯ제이너굴ᄯᅥ번못ᄒᆞᆫ어ᄃᆡ黑猿의힘처뭇고三父子를斬殺ᄒᆞ여漢室後興ᄒᆞ고보니이너恨을ᄒᆞ번풀고

▲漁陽풍비의烏合이顚覆公을倡亂ᄒᆞᆯ제이너굴ᄯᅥ번못ᄒᆞ더ᄃᆡ敗軍에救援ᄒᆞ고張巡許遠[illegible]合ᄒᆞ여忠義成功ᄒᆞ고보니이너恨을ᄒᆞ번풀고

▲南渡時에紛々ᄒᆞ야岳武穆이臨刑ᄒᆞᆯ제이너굴ᄯᅥ번못ᄒᆞ더ᄃᆡ秦檜의허리[illegible]淮[illegible]掃蕩ᄒᆞ고[illegible]이너恨을ᄒᆞ번풀고

▲明末에[illegible]闖賊이[illegible]창황ᄒᆞᆯ제이너굴ᄯᅥ번못ᄒᆞᆫ어ᄃᆡ陵都를回復ᄒᆞ고[illegible]내여明朝日月ᄯᅴ여보니이너恨을ᄒᆞ번풀고

▲海外[illegible]來에場中[illegible]中에見[illegible]이너굴ᄯᅥ번못ᄒᆞ더ᄃᆡ倭船을擊破ᄒᆞ고[illegible]領을도라[illegible]君臣妻子[illegible]보니이너恨을ᄒᆞ번풀고

▲島·陸[illegible]李忠武가[illegible]제이너굴ᄯᅥ번못ᄒᆞ여거북선[illegible]다시라고大小軍을指揮ᄒᆞ여[illegible]滅ᄒᆞ고보니이너恨을ᄒᆞ번풀고

▲義州城이潰圍ᄒᆞ고林忠愍이力屈ᄒᆞᆯ제이너굴ᄯᅥ번못ᄒᆞᆫ어ᄃᆡ[illegible]陣을擊敗ᄒᆞ고[illegible]渡에[illegible]ᄒᆞ고보니이너恨을ᄒᆞ번풀어

房標

따此類가甚多ᄒᆞ오며且失命在天ᄒᆞ고病在人故로死命에無關이ᄂᆞ되死病에ᄂᆞᆫ藥이라命盡病篤에用이無效故로特以秘法으로……
으로公益을是務ᄒᆞ야名醫弁약이나實是靈약이오며唐草材와弁약乾材도廉價放賣ᄒᆞ오니僉位ᄂᆞᆫ郵便小包로請購發行ᄒᆞ시오
本舖京西小門外東洞 閔台植 閔升浩 李 友 閔 櫃 白

廣告

本人이姓名圖章을鍮鐵으로鑄用ᄒᆞ옵다가去丁未陰正月十六日에偶然見失ᄒᆞ엿기로其後에鍮鐵으로行用ᄒᆞ던圖章은永爲廢止ᄒᆞ옵고改名鍮鐵도圖章ᄒᆞ至不行用ᄒᆞ오니內外國人은以此준照ᄒᆞ시오

平北宣川郡晉光面甲峰里 吳鍾權 告白

本人이去六月十日로始ᄒᆞ야釜港金德賢씨와同事客主를設ᄒᆞ얏더니金德賢시難償ᄒᆞᆫ遠洽商量分도無相關케고本人의姓字本人名으로金營去來를옴기압고仰佈ᄒᆞ오니諸客主은以此照亮後勿疑 惠顧千萬

釜港客主 崔枝潤 白

昨三月ㅁ十日夜에九歲女兒가河邊川邊에洗濯次로出去ᄒᆞ야失路ᄒᆞ야至今不入家而兒의貌樣은넹머리요죡댕포저샹김은베치마인ᄃᆡ十무신언잇ᄉᆞ오니誰某逢着。시ᄂᆞᆫ더도本家로指送ᄒᆞ면厚謝ᄒᆞ깃슴

磻洞五統十二戶尹琦壽告白

貞敬夫人東萊鄭氏ᄭᅴ셔宿患으로六月拾五日寅時에別世ᄒᆞ엿기로訃告ᄒᆞ오니京鄕知舊照亮ᄒᆞ시오

長子 金珠瑩
次子 安瑩
嫡孫 金鎭性 告

本人의畓大石二斗五升落과田六石落과柴場六處가在於仁川府永宗面各洞ᄒᆞᆫ文券五十張을不知中에失ᄒᆞ엿ᄉᆞ오니勿論內外國人ᄒᆞ고勿施買受或典執ᄒᆞ오시며休紙施行ᄒᆞ깃ᄉᆞ오니幸勿見欺ᄒᆞ시오

仁川永宗面雲湖洞吳昌允告白

新訂教科 弁학通論 上下合附註解式 定價壹圜
高等小학 理科教科書
壹、貳卷 각卄전
三、四卷 各卄五전
理科第二 植物 動物
第三第四 地文 鑛物科
物理 化학
生理 衛生科
大韓地誌教科書 高等小學 壹冊 二拾五錢
懸吐具解 孟子 上下 壹圜
鼇頭孟子 上下 壹圜
中等用器畵 七拾전
新訂分道 大韓帝國地圖 壹冊 五拾錢
學部認可 壹冊 四십錢
大韓國大地圖 壹幅 九拾錢
千字所用 壹軸 壹圓卄錢
新撰 家庭尺牘 附漢字 壹冊 卄五전
新字帖 學部檢定 壹、貳卷 各六錢
日文對照 新法律 大審院判決
양裝 壹冊 九拾전
半洋裝 壹冊 七拾五錢
小학漢文讀本 上下 六十전
弁術新書 半洋裝 壹冊 壹圜
中等弁術教科書 上下卷 八拾錢
衛生四則 貳冊 八拾五錢
中等小學植物學 壹冊 三十錢
中等鑛物학 壹冊 貳十錢
普通東國歷史 上下 壹冊 貳十錢
改正刑法大全 壹秩 壹圜
民事訴訟ㅇ例 壹冊 三十錢
新式記憶法 壹冊 十八錢
演說ㅇ法 壹冊 二拾錢
毛華齋帖 貳冊 貳拾錢
成親王法帖 壹冊 ?拾錢
大韓帝國附港灣 壹二卷 一冊
唐玉篇 壹幅 四拾錢
最新式體操○ 壹冊 三십五錢
有圖畵 四十大
新訂千字文 壹冊 三十錢 二十전
發行兼發賣
京城南部……
塩谷……統二戶
外京鄕各書舖

言文 池錫永著 全

全壹冊 定價 四拾錢

大韓人民이毋論京鄕ᄒᆞ고行用ᄒᆞᄂᆞᆫ言語가漢文音으로된것이太半인데無論男子와婦人小兒들은입으로ᄂᆞᆫ음기되되如何ᄒᆞᆫ글ᄌᆞ인줄은알지못ᄒᆞᄂᆞᆫ지라池松村先生이此를慨歎ᄒᆞ야我國言語에漢文音으로國語된것을類輯ᄒᆞ야此書를編成ᄒᆞ니實로蒙昧를啓導ᄒᆞᄂᆞᆫ光線이라潛心閱覽ᄒᆞ면言文이一致ᄒᆞ야全國同胞가거의一人도書札通情못ᄒᆞᆯ이업슬것이오外國人이韓語를講習ᄒᆞᄂᆞᆫ데津筏이될지라內外國僉彦은亟早購覽ᄒᆞ심을顒望

發賣所 中部布屏下三十七統八戶 廣學書舖 金相萬
分賣所 京鄕各書포

初等自解日語文典

宋憲奭 著

全壹冊 定價金 五拾錢

本書ᄂᆞᆫ日本有名ᄒᆞᆫ文法大家諸시의著述ᄒᆞᆫ書籍을參考ᄒᆞ야簡易ᄒᆞ게成編ᄒᆞ와난解釋者로ᄆᆞᆯ語文法을自習自得케ᄒᆞ엿ᄉᆞ오니速速購覽ᄒᆞ시옵

發賣元 京城中部布屏下三十七統六戶 廣學書舖 김相萬
分賣所 東部蓮峴 ㅇ救書館 中署 ㅇ博文書館 鍾路 大東書市 廣橋 滙東書館 南門外 新舊書林 鍾路 電氣會社越便廣學支書舖

(韓日文對譯)韓國民刑訴訟法註解

大韓京城控訴院書記長田中正身 比著
書記 四位義正
書記 리興洙 譯

全壹冊 三百八십頁 定價금 壹圜

○本書ᄂᆞᆫ民刑訴訟規則各條에註釋을加ᄒᆞᆫ것이라新法律이頒布ᄒᆞ야充分研究ᄒᆞᆯ餘地가無ᄒᆞᆯ뿐더러文明的制度를模倣ᄒᆞᆫ法律은意義가深遠ᄒᆞ야條文을解釋ᄒᆞ기易지못ᄒᆞᆫ바正ᄒᆞᆫ法을知ᄒᆞ기不能ᄒᆞ며民刑訴訟規則에ᄯᅡ로옵ᄂᆞ生命身體名譽財産의保護와權利伸張의防禦의直接影響이有ᄒᆞᆫ法律이니新布된法律中에最히研究를要ᄒᆞᆯ者ㅣ라本書ᄂᆞᆫ專히此點에着眼ᄒᆞ야法律學의素養이無ᄒᆞᆫ人士라도理解케ᄒᆞ믈期ᄒᆞ야條文中法律의術語를用ᄒᆞᆫ者에ᄂᆞᆫ懇切히說明을付ᄒᆞ야實用에ᄂᆞᆫ조금도遺憾이업게ᄒᆞ엿ᄉᆞ오니僉君子ᄂᆞᆫ速速購覽ᄒᆞ시오

發賣所 中部布屏下廣學書포 金相萬
支店 電氣會社越邊廣學支書포
京鄕各有名書舖

秘製止痛藥

此藥은美國에有名ᄒᆞᆫ외하博士百里得未司氏의발明ᄒᆞᆫ無雙ᄒᆞᆫ靈藥이라左開諸症에外塗內服ᄒᆞ면無不立效인바當此炎夏에尤極神效ᄒᆞ와多救生命이오니藥業에從事ᄒᆞ시ᄂᆞᆫ이와疾病을預防코ᄌᆞᄒᆞ시ᄂᆞᆫ이ᄂᆞᆫ速速來購ᄒᆞ시며價로都賣ᄒᆞ깃삽

左開

▲內科所用▼
胃酸 腹瀉
吐瀉 食傷風
咳嗽 不消化
肚滯 疹子
頭痛 傷寒
肝病 肚痛
胃熱 瘧疾
口內癰 齒痛
哮喘 內腎病
小兒吐瀉 暑夏吐瀉
抽筋
瘧疾
嘔吐
胃氣痛
頭腫傷寒
喉痺
身上軟弱
痢病
暈船
?管病
霍亂

▲外科所用▼
火疔창
寒창
跌打損傷
腰骨痛
毒창
指甲疽
咽喉痛
蟲蛇刺咬
凍창
腦氣筋痛
癬

▲發賣所 磚洞 韓美興業株式會社事務所

濟生堂和平堂大藥房聯合紀念大贈彩

◎贈大彩說明

濟生堂은 設立五周年이오 和平堂은 開業三周年間에 內外國君子의 顧愛를 多蒙하야 藥業이 特別隆盛하고 功績이 東西에 著昌하미 其感佩를 實難表謝 故로 今에 兩藥房에서 紀念式을 并行하고 僉君子의 [illegible] 爲하야 新製藥品(淸心保命丹 八寶丹)을 特製하야 大贈彩券을 無代金發呈하와 大占케 하오니 僉君子는 勿失此機하시고 [illegible]

懸賞物品金六百圜價值

大贈彩券은 以四千枚로 定

兩大靈藥(淸心保命丹)(八寶丹)에 貼付

效能 [illegible]

方法

定價金十錢 每枚에 彩券壹張을 添呈홈

此外에 兩藥房製藥品中에 [illegible]拾錢價格에 彩券을 添呈홈

[illegible] 價格에 彩券壹張을 添呈홈

賞品

頭等 壹人 白米貳拾石(每四石式) 大斗五斗入
壹等 貳人 仝 拾石(每五石式)
貳等 四人 仝 拾六石(每貳石式)
三等 拾人 仝 拾石(每壹石式)
四等 壹百人 金五十圜(每五十錢式)
五等 三千八百七拾八人 紙券烟 二千八百七拾八匣
空彩는 無홈

遠地에는 郵便引換으로 發呈홈

期限은 六十日로 定 自陽六月拾六日 至陽八月拾五日

抽籤日子는 臨時하야 更告홈

位置

皇城南大門側 濟生堂大藥房本舖
皇城鐘路 和平堂大藥房本舖
皇城鐘路 兩堂臨時出張所

自宅治療 電氣帶 廣告

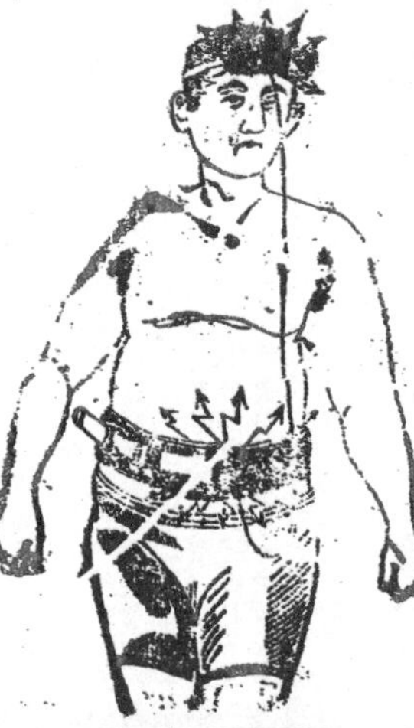

(主治效能)神經衰弱、頭痛不眠、遺精、早漏、不快、胃弱不消、消化器病、便秘、消化不良。[illegible]。遺尿。[illegible]。半身不遂。或全身不遂。手足厥冷、諸神經痛。[illegible]。腦病。脚氣及腎病。記憶力及忍耐力減退、[illegible]血分不足疾

上號 拾四圜　中號 拾二圜

家庭救急方

前醫學校敎官 朴容南 著

定價 金參十錢

此編은 東西醫藥中에 家庭의 必要한 救急妙法을 [illegible]하야 婦人小兒도 易曉케 한 書이니 人人이 家庭에 貯藏하야 自宅의 治療를 作하면 [illegible] 醫藥에 從事하는 人의 臨床에 必要한 書이니 [illegible]

目次大略 ○卒倒 ○卒中 ○熱射病 ○霍亂 ○頭痛 ○腹痛 ○胃痛 ○月經痛 ○鼻出血 ○吐血 ○喀血 ○中毒 ○[illegible] ○石炭酸中毒 ○[illegible] ○阿片中毒 ○[illegible] ○鼻、喉頭、耳、眼、[illegible] 異物摘出法 ○火傷 ○凍傷 ○止血法 ○押圖 ○失血 ○假死 ○假死의 救急法 ○溺水者 ○縊首者 ○瓦斯中毒 ○異物嚥下 ○窒息假死 ○窒息死 ○死者 ○人工呼吸法 ○挫傷 ○外傷 ○頭部外傷 ○胸部外傷 ○腹部外傷 ○脫臼 ○咬傷 ○狂犬 ○蛇蜂蟲咬傷 ○妊娠 ○妊娠의 症候 ○[illegible] ○乳兒의 [illegible] ○注意 ○[illegible]

發賣所 皇城南部太平橋 共愛堂大藥房 告白

代理店 共愛堂各支店 京鄉各書舖隨意販賣

各種東西洋藥・韓國唐草材大發賣所 和平堂藥房

◎本藥房은 [illegible] 東西洋藥品을 都賣 [illegible] 發賣하오니 [illegible] 東西洋藥品과 草材를 [illegible] 用請求하시면 [illegible] 藥材를 擇하야 精製하고 [illegible] 引換으로 送付하오니 照亮하시요

本堂製藥品은 如左홈

阿片煙斷引丸 每劑八拾分 金九圜 中劑四拾分 金三圜
養調經丸 每劑[illegible] 金五圜
回春消瘡丹 [illegible]
滋陰丸 [illegible]
全治[illegible] [illegible]
八寶丹 [illegible]

和平堂 藥房主 李應善

社告

○申報價
壹張代金 新貨貳錢五厘
壹個月前納 三拾錢
參個月 九拾錢
陸個月 壹圜七拾錢
壹個年 參圜四拾錢
郵稅壹張 新貨五厘
壹個月 拾參錢

○廣告料
國號活字拾參字詰
每行壹寸(英尺)에 新貨廿五錢
貳週日壹寸에 貳圜五拾錢
壹個月壹寸에 五圜
(自壹行至四行이 爲壹寸)
其期限의 長短과 字行의 多寡를 從하야 增減홈이 有함

◎**大韓每日申報各處支社廣告**

黃海道
郭山郡邑面[illegible]里 金[illegible]
雲山郡邑面上里 梁[illegible]
[illegible]山郡內利用里 [illegible]
寧山北面[illegible]洞 王[illegible]
海州남門內書舖 朴[illegible]
安岳郡石面[illegible]洞 金文[illegible]
長淵邑校洞西北支學會內 [illegible]

咸鏡道
殷栗邑倉[illegible]里 金[illegible]
信川邑[illegible]里 [illegible]
載寧邑乾材局 [illegible]
海州南門外[illegible] [illegible]
白川邑文明舘 [illegible]
沙里院活民勞動夜學會任敬[illegible]
咸興州南社西門外 習[illegible]
元山港創業社內 [illegible]
高原邑 [illegible]
定平郡[illegible]川 [illegible]
洪原[illegible]門內保命局 [illegible]
永興郡[illegible]山 [illegible]學校內 [illegible]
鏡城羅南新興洞 [illegible]
淸津港[illegible]岩 [illegible]

平安道
平壤[illegible]太平[illegible] 安[illegible]
三和港[illegible]石洞[illegible] [illegible]
[illegible]山邑[illegible] [illegible]
義州南門外 [illegible]西大藥房 [illegible]
車[illegible]館 金明[illegible]
定州南門[illegible] 洪成[illegible]
[illegible]川郡邑[illegible] 金[illegible]
安州城內[illegible] 金[illegible]河
京[illegible] 李基秀
[illegible]川[illegible] 黃[illegible]
[illegible]川府[illegible] 金[illegible]
[illegible]川남市[illegible] [illegible]
明[illegible]邑남門 朱伯[illegible]
[illegible]新洋[illegible] 李正[illegible]
[illegible]門紅門里 鄭[illegible]
江西邑內 金[illegible]
成川郡[illegible]面 [illegible]三
平남[illegible]川郡[illegible] [illegible]
[illegible]川邑[illegible] 中[illegible]
江界邑[illegible]敎[illegible] [illegible]

全羅道
全州[illegible]流[illegible] [illegible]
木浦[illegible]陽 [illegible]

京畿道
京城[illegible]北[illegible]堂里 [illegible]英[illegible]
仁川[illegible]新[illegible] [illegible]東[illegible]
開城남大門內[illegible]學[illegible] [illegible]
江華邑[illegible] [illegible]

忠淸道
[illegible]廣川[illegible] 學[illegible]

慶尙道
大邱西門外友[illegible] 李正[illegible]
釜山港佐川약局 徐[illegible]

江原道
[illegible]城邑內新城里 [illegible]
[illegible]原邑[illegible] [illegible]
[illegible]珍[illegible]面[illegible]花里 朱[illegible]

告

第七卷

大韓每日申報

第壹千壹百六拾三號

月曜及慶節
歲時日休刊

檀君開國四千二百四十二年
箕子元年三千三十一年
大韓開國五百十八年
日本明治四十二年
淸國宣統元年
陰己酉六月十八日乙未

Responsible for Publication Alfred Weekley Marnham.
發行兼編輯人英國人 萬咸
發行所
京城南部水標橋北第三統八戶
大韓每日申報社

寄書

◎今日志士를 弔ᄒ노라

寫爲生哭尙使

風雨蕭々에 日暮鷗仍歸愁로다 我韓今日天地에 志士가 何其多也오 壹時國犯의 嫌疑로 外國에 往還ᄒᄂ者도 志士오 夙年出外ᄒ야 飽喫文明ᄒ고 卒業歸國ᄒᄂ者도 志士오 執筆ᄒ며 館ᄒ야 自稱春秋ᄒ고 啓導民智ᄒᄂ者도 志士오 敎會와 學會를 組織ᄒ야 政治를 改善ᄒ며 學藝를 勸獎ᄒᄂ者도 志士오 學校設立ᄒ고 奔汨ᄒ며 學校敎授에 汲々ᄒ야 演壇에 立ᄒ면 淚를 灑ᄒ며 血을 沸ᄒᄂ者도 志士오 其餘數々屑々ᄒ 志士ᄂ 勝數를 不暇ᄒ지라

志士々々여 諸公의 果皆實志士歟아 以諸公答辯ᄒ여도 必曰本牟是假志士라 ᄒ리니 假志士ᄂ 志士의 賊이 不是ᄒ 豈般同胞의 所攻을 논바니 論ᄒ바 無ᄒ거니와 果然吾人이 志士로 屈指ᄒ던 志士의게 壹言을 致加코져ᄒ노니 諸시의 當時所抱ᄂ 實로 志士로 自許홈만ᄒ거니와 今日에 至ᄒ얀 漸衰退ᄒ야 絶望의 域이 俱生ᄒ고 甚者ᄂ 反對目的으로 自歸ᄒ야 給幾分에 心肚가 忽變ᄒ던지 或은 値探에 賣身ᄒ며 仕官에 ᄒ야 百年天地에 得策으로 自處ᄒ니 諸시의 昔日志士의 志ᄂ 熱ᄒ야 遂히 水蒸氣와 如히 何處로 散飛去ᄒ얏도다 鳴乎라 諸시의 時局을 觀照ᄒᄂ 眼은 不明ᄒ라 不謂ᄒ지나 諸시의 忍耐力에 乏ᄒ도다 吾人의 不取ᄒᄂ事로ᄃ 諸시의 識眼稍有ᄒ이 反ᄒ 吾人의 閉目難々홈에 不及ᄒᄂ者ㅣ 아닌가

不侫은 無志又無識ᄒ야 時局의 對照眼도 無ᄒ며 但히 固執心만 充滿ᄒ 者라 無心ᄒ 活ᄂ 固執으로 有心ᄒ 活을 作ᄒ며 無爲ᄒ 聚을 固執으로 有爲ᄒ 聚을 作ᄒ야 我ㅣ 生ᄒ야도 固執에 ᄒ며 死ᄒ야도 固執ᄒ 鬼ㅣ 되기로 矢心ᄒ者로라 此固執說을 試聽ᄒ지어다 第壹은 迷信이니 天授의 을 希望ᄒ며 殷湯時節에 七年을 大旱ᄒ재 誰가 桑林壹朝에 大雨數千里될줄을 知ᄒ얏스며 第二ᄂ 正信이니 人爲의 有日을 希望ᄒ이라 越王當時에 獨爲臣請爲妾ᄒ재 誰가 臥薪二齡에 回頭稽山ᄒ줄 知ᄒ얏스리오 鳴呼라 言者도 心이 有ᄒ者라 奈何로 志士를 不崇拜ᄒ며 不敬愛ᄒ고 大憎惡ᄒ며 太侮辱ᄒ과 如ᄒ 論評을 加코ᄌᄒ리오 實노 諸시의 落心ᄒ을 慕ᄒ며 諸시의 喪志ᄒ을 弔ᄒ노니 諸시의 歷史를 回想ᄒ라 海外풍霜에 萬辛을 喫盡ᄒ고 祖國을 回復코ᄌ 務圖ᄒ던者도 諸시오 飮局에 坐ᄒ야 萬力을 俱奮ᄒ야 獻身的으로 自處ᄒ던者도 諸시가 아닌가 伊來年月이 許久ᄒ고 國力이 尖ᄒ을 見ᄒ면 鐵腸이 아닌 諸시의 心柱가 風末披靡의 景色을 不湿ᄒ기 不易ᄒ지나 諸시의 自警自醒의 心이 永無ᄒ지면 春氷에 溫풍을 入ᄒ과 如히 幾微國匠의 披攻ᄒ야 腦裏熱血이 暫時納凉ᄒ리니 然이며ᄂ 後江山에 何人을 更待ᄒ리오 霜晨月夕에 正히 此를 念ᄒ진ᄃ 諸시도 下淚ᄒ者오 諸시를 希望ᄒ던 本人도 亦下淚ᄒ者로다 故에 諸시의 志ㅣ 墮落ᄒ을 弔ᄒ고 諸시의 志ㅣ 回復됨을 祝ᄒ노라 蜀道路ㅣ 高險ᄒ대 行々重行々ᄒ다가 足跡에 甚困ᄒ거던 據杖暫休憩ᄒ은 可ᄒ거니와 放杖還歸ᄒ은 不可ᄒ며 關山虎ㅣ 負隅ᄒ거던 壁遂又壁遂ᄒ다가 口氣가 自蘇ᄒ거던 張目直盧死ᄒ을 可ᄒ거니와 反作前導倀은 不可ᄒ니 諸시의 有志ᄒ 離에 由ᄒ야 壹時自默ᄒ은 本可ᄒ자 언뎡 向他에 餘燼을 更求ᄒ은 豈히 此를 忍ᄒ리오 豈히 此를 忍ᄒ리오 鳴呼 諸시여 中途에 回頭ᄒ지어다

至愚者ㅣ 本人은 恒是鐵頂香이라 我ㅣ 生ᄒ거던 力으로 爲ᄒ며 我ㅣ 死ᄒ거던 魂으로 爲ᄒ리니 今日에 諸시를 向ᄒ야 顧語ᄒ 願ᄒ은 國家大計를 諸시의게 專恃ᄒ얏다가 諸시의 如是ᄒ을 見ᄒ고 從ᄒ야 落望코ᄌᄒ이 아니며 諸시 外에도 多數同胞가 在玆ᄒ거니 我ㅣ 多數同胞로 共力ᄒ지오 同胞ㅣ 亦曰 諸시를 隨ᄒ다ᄒ면 我ㅣ 獨爲ᄒ지니 我도 獨爲 是自期ᄒᄂ者라 萬人이 不爲ᄒ여도 有憾ᄒ바 無ᄒ거니와 玆ᄒ 諸시를 爲ᄒ야 諸시의 身格을 計ᄒ건ᄃ 悲憐의 情을 不堪ᄒ며 慟歎의 心을 難抑일셰 蘇又으로 吊意를 表ᄒ고 忠言으로 復路를 告ᄒ노니 復路ᄒ지어다 諸시여 復路ᄒ지어다 諸시여

◎淸葡國境談判 香港電을 據ᄒ즉 澳門의 淸葡兩國々境談判은 兩國委員의 第二次會見이 되얏ᄂᄃ 淸國委員은 葡國委員의 領土侵害ᄒᄂ 事實을 披瀝ᄒ얏다더라

◎大阪火續報 卅一日午後 三時東京電을 據ᄒ즉 大阪大火에 罹災ᄒ 家屋은 壹千戶以上에 及ᄒ얏고 尙今延燒中이오 控訴院도 危險에 瀕ᄒ얏다더라

◎西首相 西班牙軍隊를 排斥ᄒ 結果로 其首相은 辭職ᄒ고 新代ᄂ 軍人이 被任ᄒ다더라

◎西國革命黨 西班牙革命黨은 新政府를 組織ᄒ다ᄂ 說이 有ᄒ다더라

◎德帝訪墺 伯林電을 據ᄒ즉 德國皇帝ᄂ 墺地利陸軍演習에 臨席ᄒ기爲ᄒ야 九月八日에 이구우에 赴ᄒ실터이라더라

◎크리트島外兵 크리트島來電을 據ᄒ즉 列國의 國旗ᄂ 卸下ᄒ얏고 同島駐在外國兵은 退去次로 乘船中이라더라

學報

◎啓明卒業 江華郡下道面沙谷私立啓明義塾에셔 去月十五日에 卒業式을 擧行ᄒ얏ᄂᄃ

卒業生 權大宣 李憙宰
尹世榮 李康玉 李康義
沈相哲 韓連成 金權培
金日富 尹琢鍊 趙慶奎
金學濟

外報

◎賠償金相持 香港電을 據ᄒ즉 澎湖島經營醫藥費九十萬圓賠償에 關ᄒ 日本提議에 對ᄒ야 淸國은 自國人이 受ᄒ 損害額七萬圓을 賠償ᄒ라고 主張ᄒ다더라

諷諫

◎直 矢

善心ᄂ 활살이오、 惡心은 관혁이라。
包藏禍心奸細輩들、 더관혁이 머지안타●
보아라、 너의고든활살、 百發百中。

雜報

◉兩君陛見 完興君李載冕永宣君李埈鎔兩氏가再昨日下午四時頃에 太皇帝陛下께 陛見호얏다더라

◉先辭後出 內部大臣朴齊純氏가辭職疏를奉呈호얏다더니再昨日內閣例會에出席호얏다더라

◉似出觖望 학部大臣李載崑氏가十餘日廢務홈은人所共知어니와何等思想을因홈인지昨日부터內閣月曜例會에參與호얏다더라

◉親之欲貴 軍部廢止後에親衛府官人叙任件을李秉武氏가擅自修定호야自己季弟李秉觀氏로侍從武官을充補호얏는데內閣에서姑爲留案호얏다더라

◉領事協議 京城에在留호는各國領事는已前司法權委任의協約이交換된以來로再三會議를開호고무삼協議를經호後에東京에在호各大使館으로電報를발호얏다더라

◉學部急務 學部內各局課가擧皆暑中休暇호되學務局第壹課에서는地方私立학校認可請願에對호야壹々締約호기爲호야休暇를廢止하얏다는대其從事勤務호는것이何等層折이有호듯호다더라

◉內次訓示 內部次官은何等公務를因홈인지昨日上午十壹時頃에內部內各局長을會同호야一場訓示호얏다더라

◉調局廢止 內部內臨時軍用鐵道用地調査局은其事務가終了호얏슴으로去土曜日에該局을永爲廢止호얏다는대該局韓人主事五人은郡主事로任用호다더라

◉趙氏捐堂 農商工部大臣趙重應氏가法學協會에金貨二百圜을捐助하얏는대該會에서日昨總會를開호고該金額需用홀方針을協議호얏다더라

◉豫算講定 農商工部水產局에서는目下明年度事業計劃에對하야預算講究會를開호다더라

◉魔術日長 國是遊說團은再昨日長橋本部에會集하야商議駿芮宗석鄭應설等이地方遊說에就호야憲兵과巡査의保護를求호件과祿貧商을連絡홀件을議論호고昨日에는醫覺社內에서演說을開호얏다더라

◉欠逋何多 前郡守申慶均리寬植최範석等三人이郡守在任時에公貨欠逋가不少호다는데尙今淸帳치못홈故로某處에서該三氏를調捉호라호다더라

◉武校懸親 武官학校長以下壹般生徒가再昨日上午拾壹時에該校內에會同호야懸親會를設호얏다더라

◉漢報誣揭 漢城新報에本社社員林嵓正氏가押收된新聞을傳佈호고遊說하기爲호야平安黃海方面으로下往호얏다고揭載호얏는데林씨는平壤支社에所關이有호야五日內往還호事는有호나黃海方面에下往호도無호고新聞傳佈도無호고遊說事件도無호즉彼漢報는虛無만搆호야人을誣호는지實壇可笑홀비로다

◉毀墻築道 敦化門前으로부터慶熙府까지道路를新修築케혼다홈은已報어니와前永禧殿墻垣壹隅를毀撤홀次로調査치호야將次開役홀預定이라더라

◉醫藥出發 間島의淸日衝突을鑑歷호기爲호야醫藥五십餘名이再昨日上午八時에仁川港으로發程호얏다더라

◉航路開設 元산敦賀청津三角航路를開始호기爲호야日本遞信事務官小林은旣히觀察을終호얏고航路補助金은遞信省에서나統監府에서直接支발홀더이라더라

◉委員兩氏 韓國銀行創立委員三십四名內에韓人이二名이라홈은已報어니와其二名인즉漢城農工銀行支配人白完혁及東洋拓殖會社理事韓相龍兩氏로決定호얏다더라

◉電信復舊 大阪火災를因호야去月三십壹日지지大阪을通過호는電信이不通호얏더니昨日십壹時以後부터全部가復舊되얏다더라

◉大火始鎭 去三十壹日早朝부터日本大阪에서大火가起호야去壹日午前五時半에鎭火되얏는데同市北區全部는盡燒되얏다더라

◉半島禁賣 韓人이製造호는半島卷烟은味品이純良홈으로西道地方에發售가日廣호는데日人側에서는商業競爭을强迫으로試코저홈인지近日平壤地方에서巡査들이各商店에巡行호면서該卷烟은衛生에妨害가有호다稱호고발賣를禁止호다더라

◉郡主美績 榮川郡主事朴應虎氏는外交에嫺熟호고敎育을奬勸호고人民의生命財産을盡力保護호다고該郡人民의稱頌이有호다더라

◉漁民嚬々 韓人漁業者들이農商工部에免許請願을提呈호고四五朔을滯留호야免許를日로希望호다가漁期는漸迫호고免許는不出호니漁利를損失호면將次溝壑에顚하깃다고衆口가嗷々호다더라

◉邦人還程 桑港韓人國民會에서墨서哥에在호同胞를訪問하기爲호야特히派送호邦化重氏는無事히當地에到着호야同胞의情况을視察호고去月십六日에當地를出발호야歸程에就하얏다더라

◉欲偷還輸 平南咸從郡咸壹學校任員이日人敎師酒井左右馬를符同호야該校鑰器書籍을偷取코저호야該郡吳承善金世鳳兩氏가統判推尋호더니該任員敎師들이自罪를自服홈인지該物品을更히本所로輸入호얏다더라

◉毀堂搆亭 平壤愛蓮堂을毀撤홈은前報에已揭어니와其理由인즉銀行頭取澁澤榮壹이가家後亭子를建築호기爲호야該堂을毀撤호야壹土壹木을無遺引去호얏는대幾百年來勝地의扁名을띤堂宇를壹個澁澤의亭子를構造키爲호야毀撤호다고該地人心이頗히憤鬱호다더라

◉釀金匿形 日人山崎官難와前田祐次郎과久木田卯次郎이가京城孤兒院에捐助호다稱호고慈善演藝會를設行홈은前報에已揭어니와該演場에捐助金과賣票代金이數三千圓에達호얏는대該日人三名이孤兒院에捐助는姑舍호고因不現形홈으로巡査는方在嗣探호는中이라더라

◉美哉韓人 美領布哇佳瓦리취하리하가地方에在호韓人諸氏가咸鏡道文川饑饉에對하야美貨十元을本社에寄送호고文川同胞에게須給호기를要求호얏는데海外孤跡으로祖國同胞를爲호야相救의誠을盡홈은實로吾人의欽歎홀바라호노라

◉僞券興校 北壯洞에在호進啊女學校는元來吉孫珠씨의家屋으로五千圓에結價買得호것인대吉시의從姪仁植시가該會의債券을造作호야法人으로메무미시와게典當호얏다하고昨에該校舍를測量코저호다가該校任員諸시의論責을當호야無聊而退호얏다더라

◉畑彌惡習 再昨年春에日人畑彌右衛門이가釀業을經營홀次로家屋을建造키爲호야龍山坊內三聖峴粟谷等地民塚九百餘座를毀破홈故로洞民壹同이法司에告訴호야畑彌에게復原費壹千三百圜을徵호야墳墓를還封호얏더니近日에至호야畑彌가前習을不悛호고還封호塚宅을毀破호야棺槨이露出호며屍骨이散布호야現狀이甚慘혼지라該坊長이坊民의代表로所管警察署에呼寃호되如何혼處辦이無혼故로更히警視廳에告訴호얏다는傳說이有호다더라

◉成災水害 成川德川等地에大雨가暴注호야去月二十九日上午五時부터下午二時지지人畜과家屋의漂流가蔽江而下호얏는디電線이不通호야詳報는姑無호나大約增水는三丈에達호얏고成川邑은全部가漂流호얏다는傳說이有호다더라

◉因義被損 再昨年七月부터昨年十二月까지義兵의動擾를因호야徵稅機關에被損된것은人의死者가三十六人이오負傷者가壹百七十八人이오稅金의損失額은三萬四千五百七十圓이라더라

◉饑饉智山 茂朱龍潭等地로出沒하던義兵將黃斗玉氏는麾下三千名을領率하고智異山에入據호얏다더라

◉安郡打球 本留학生二十餘員이安岳郡訓練院에會同호야野球打蹴을試호얏는대觀光男女가人海를成호얏다더라

◉講習狀況 前報와如히再昨日下午七時에西北학會々館內에서留학生講習會를開하고具滋郁氏는商業談으로리康仁氏는工業談으로朴龍희氏는遊학談으로討論호고石鎭衡氏는勤勉的으로答辭호얏고尋頤諸시는講習生의게補助金을與호얏다더라

學界

◉旺新遠足 東部往十里碍石峴居紳士洪淳明白聖民리홍釆諸시가該동旺新學校內學監敎師事務員諸시를壹日消暢호기爲호야數십圜金額을醵集호야盛大혼食品을設備호고去月二十八日上午八時에 漢陵附近川邊에遠足會를開호야盡日遊樂호고同下午六時에散歸호얏다더라

◉育英大端 平北嘉山西面芹場里居紳士李鏡麟金璣泓金璣澈諸시가育英學校를設立혼지不過壹載에生徒가日增홈으로校舍를新建築호얏는디建築費五百圜은리鏡麟시가自擔호고其餘諸般事는金긔泓宗族諸시가熱心贊成호는대生徒는數십員의達호얏다더라

◉韓氏慈善 前承政院韓圭설시가金십圜을京城孤兒院에寄付하얏는디該시의慈善心을人皆稱頌혼다더라

○東京電報○

◉皇太子御旅行 八月壹日午前發 韓國皇太子殿下께옵서本日午前에伊藤統監을帶同호옵시고日本東北道에 御旅行호실次로發程호옵셧다더라

◉吉長問題決定 二日午前發 吉長線敷設에關혼借款問題는淸日兩國에서協商成立호야去月三十日奉天에서兩國委員이調印하얏다더라

▲艷項壹針▼

▲碧窓紅樓玲瓏혼대笙歌聲이嫋々호다演劇場에더妓女들아賭柳墻花그性質노誤入子弟許多커던너도國民壹分子라愛國心이다들소나倡家史를略述호야너의智夢서우노라

▲矗石樓에올나보니晋陽江水흐르는되纖々玉手번거굿치倭將안고싸진義烈壹片義岩突兀石더論介가그精魂이生存혼듯너의들도本을밧고

▲廣寒樓에올너보니烏鵲橋가分明호되百年佳約혼번믹져不更二夫구든貞烈稗說家나俳優家나嘖々稱奇호는구나如春斯香더春香이그精魂이生存혼듯너의들도本을밧고

▲大同錦에올너보니快哉亭이놉헛는되連環計를지여너여殺賊호고죽은忠烈리桂月香의智略인들더女子들當홀쇼나如花如月더月香이그精魂이生存혼듯너의들도本을밧고

▲春醪淡々流水去요客與雙々燕子來는芙蓉詩句秋水갓고齊山裏에碧溪水야雪濤滄海難再留는黃鳳詞藻眞品이라이도아니妙홀쇼나그精魂이生存혼듯너의들도本을밧고

▲快壯호고絶妙혼엿娼妓中에特色이라三忠烈과兩文章이비外에도업슬쇼나너의舊習어서곳처저런義烈本을밧어秦國史에生色나면國民義務될뿐더러千秋芳名傳하리라

藥房 標

…라 此類가 甚多ᄒᆞ오며 且天命在天ᄒᆞ고 病在人故로 死命에 無醫ᄒᆞ고 死病에 有醫ᄒᆞ이라 命醫病ᄒᆞ…
으로 亟空을 是務ᄒᆞ야 名雖洋약이나 實是陳약이오며 唐草材와 洋약 乾材도 廉價放賣ᄒᆞ오니 物願 僉位ᄂᆞᆫ 郵便小包로 請購施行ᄒᆞ시오
本舖 京西小門外車洞 閔宮주포 閔升浩 李信友 閔櫃 白

社告

鏡城郡支社員安正진氏辭免ᄒᆞᆫ代에 該郡內居 南宮燮氏로 擇定ᄒᆞ얏스니 本申報購覽ᄒᆞ시ᄂᆞᆫ 僉君子ᄂᆞᆫ 照亮ᄒᆞ시옵

杆城 邑內新城里 貳統三戶 曾衙元氏와 韓山 郡下북住益里 李奭稙氏가 該地方에 本報購覽諸氏의 便宜를 爲ᄒᆞ야 支社를 特設ᄒᆞᆷ을 請願이 有ᄒᆞ기 同情을 表ᄒᆞ기를 爲ᄒᆞ야 該兩氏로 本支社員을 認定ᄒᆞ고 玆에 廣佈ᄒᆞ오니 該附近에서 本報를 愛讀 僉君子ᄂᆞᆫ 該兩氏의게 購覽ᄒᆞ시옵

大韓每日申報社

廣告

本人이 平壤에서 忠淸道鎭川으로 搬移次 南門驛에 到着ᄒᆞ야 二百三十四統二戶 미萬成客主에 留宿ᄒᆞ고 翌日에 本人八십五歲된 父親이 求景次 出門ᄒᆞ야 尙今不還ᄒᆞ오니 誰某시던지 逢着ᄒᆞ시거던 右客主로 持送ᄒᆞ심을 敬要 再服色은 白주元紬周衣脫網에 冠宕만着ᄒᆞ얏솜

平壤人 마永祿 白

本人의 姓名圖章을 七月分에 路中에서 遺失ᄒᆞ얏기 玆에 廣佈ᄒᆞᆷ

全北古阜郡 兩月面星동居 ◆ 殷福 白

本人이 信用ᄒᆞ던 圓形角章圖章(金鼎)은 篆字로(楚)ᄂᆞᆫ 正字로 刻ᄒᆞ 還中類와 嘉山楸島朴用瓚處推次로 貳百兩價票를 장並人을 俠藏ᄒᆞ야 舊五月廿三日間에 平壤新市街等地에서 落失ᄒᆞ엇스나 誰某拾得ᄒᆞ더라도 無效ᄒᆞᆷ을 切望

三和府大下面德洞 金鼎燮 告白

本人의 답이 江華郡仙源面烟洞所在 毁字畓四십五斗落을 挾雜排等이 僞造證明ᄒᆞ야 爽執得債次로 匿沒京鄕이기로 玆에 廣告ᄒᆞ오니 內外國人은 切勿見欺ᄒᆞ시옵

江華郡吉祥面船頭동居 洪丙圭 告白

本人이 隆熙元年四月分에 姓名圖章을 써失ᄒᆞ고 新章으로 施行ᄒᆞ오니 知舊間照亮ᄒᆞ심을 伏望

東署昌善坊於義洞契貳拾四統九戶 呂南鉉 告白

本人이 中署澄進坊濟用監契擔統三戶瓦三十七間與宮後漢城府契約書壹張을 써失故로 廣告ᄒᆞ오니 知舊間照亮홈

權昌浩 告白

西署龍山坊甕里中契三십七統七戶에 殿模豫板對家券壹張과 仝上與七統三戶 金完順新板對地契幷路中에서 失故로 廣告ᄒᆞ오니 誰某시得ᄒᆞ와도 休紙施行ᄒᆞ시옵

馬元哉 告白

書籍各種
測量機械新製各種
製圖付屬品俱備
我國特產 谷香烟草
漢城南署東洞六拾貳統십戶
金龍商會 謹告

本社에서 售賣ᄒᆞᄂᆞᆫ 曹居舊皷ᄒᆞ기 爲ᄒᆞ야 規模를 若干改定ᄒᆞᄂᆞᆫᄃᆡ 長所ᄂᆞᆫ 金은 前日보다 特減ᄒᆞ야 每馱八십錢으로 定ᄒᆞ고 運搬馱價貳십錢은 八月壹日노 爲始ᄒᆞ야ᄂᆞᆫ 需求人이 運搬차로 出給ᄒᆞ기로 變更ᄒᆞ얏ᄉᆞ오니 愛顧ᄒᆞ시ᄂᆞᆫ 僉君子ᄂᆞᆫ 以此 照亮ᄒᆞ시옵

漢城材木柴炭株式會社 白

本社에서 在上海東洋烟草大製造廠과 專賣權을 特約ᄒᆞ고 各種烟草를 直輸入ᄒᆞ와 各代理店에 支出ᄒᆞ오니 僉君子ᄂᆞᆫ 愛顧ᄒᆞ심을 敬要

法韓黑紙烟壹匣廿五本具竹嘴
旗艦票壹匣廿本具紙嘴
喇叭標壹갑五本入
鷹標壹갑십本入
虎標壹갑십本入
獅子標壹匣拾本入
鬪士標一匣十本入
法韓쉬잉金口紙一匣拾本入
法韓시오미金口紙一箱百本入

本社의 各代理店은 左開홈
平壤代理人 鄭寬鎭
鳳산沙里院代理人 張興鎭
太邱代理人 金箕黙

再 誰某시던지 各處에 代理店을 設實ᄒᆞ기를 願ᄒᆞ거던 本社에 來臨相議ᄒᆞ시옵

京城石井동 法韓會社 告白

本人이 姓名圖章을 鑄成으로 施用ᄒᆞ옵다가 去丁未陰正月十六日부터 鐵權으로 改名ᄒᆞᆫ後에 鑄成으로 行用ᄒᆞ던 圖章은 永爲廢止ᄒᆞ옵고 改名鐵權도 圖章을 소不刊行ᄒᆞ오니 內外國人은 以此 燭鑑ᄒᆞ시오

平北宣川郡普光面甲峰里 吳鐵權 告白

本人이 陰大月十日爲始ᄒᆞ야 登潛桂質시와 同事客主를 開設이온ᄃᆡ 桂質시 帑價ᄂᆞᆫ 辦給이 壹分도 無相關이고 本人의 資本으로 本人名으로 全營去來ᄒᆞ옵기 玆以仰布ᄒᆞ오나 遠近客商은 以此照亮後勿疑 惠顧千萬

登浦客主 ㅁ枝洞 白

新訂 算學通論 敎科 上下合附並解式 定價壹圓
高等小학 理科敎科書 壹、貳卷 각廿전 三、四卷 各廿五전 第壹第二 植物 動物 第三第四 鑛文 物理 化학 礦物科 生理 衛生科
大韓地誌敎科書 高等小學 壹冊 二拾五錢
懸吐具解 孟子 上下 壹圓
懸本孟子 壹圓
中等用器畫 七拾전
新訂分道 大韓帝國地圖 壹冊 五拾錢
以上學部認可
晉文 大韓國大地圖 壹冊 四십錢
全子所用 壹幅 九拾錢
全子軸 壹軸 壹圓廿錢
新撰 家庭尺牘 傍附 壹冊
習文 漢字 廿五전
以上 學部許可
新字帖 學部檢定 壹、貳卷 各六錢
韓日文 對照 新法律 大審院編纂
양裝 壹冊 九拾전
牛洋裝 壹冊 七拾五錢
小학漢文讀本 上下 六十전
算術新書 洋장壹冊壹圓
中等算術敎科書 牛洋裝上下卷 八拾錢
簡易四則 貳冊 八十五錢
高等小學植物學 壹冊 貳十錢
中等鑛物학 壹冊 貳十錢
普通東國歷史 上下壹秩 壹圓
改正刑法大全 壹冊 三十錢
民事訴訟ᄉᆞ例 壹冊 十八錢
新式記憶法 一冊 二十錢
演說方法 一冊 二拾錢
毛筆習帖 壹二卷 四十錢
成親王法帖 一冊 拾錢
大韓帝國附港灣圖 壹幅 四拾錢
唐玉篇 壹冊 三십五錢
最新式體操○ 有圖 四十六
壹冊 三十錢
新訂千字文 二十전
發行 聚發館 京北部陽德坊桂洞 玄公廉
販賣所 東谷 中部 三統二戶
平壤 耶蘇敎書ᄉᆞ 鍾路 中衙
外京鄕 각 書舘

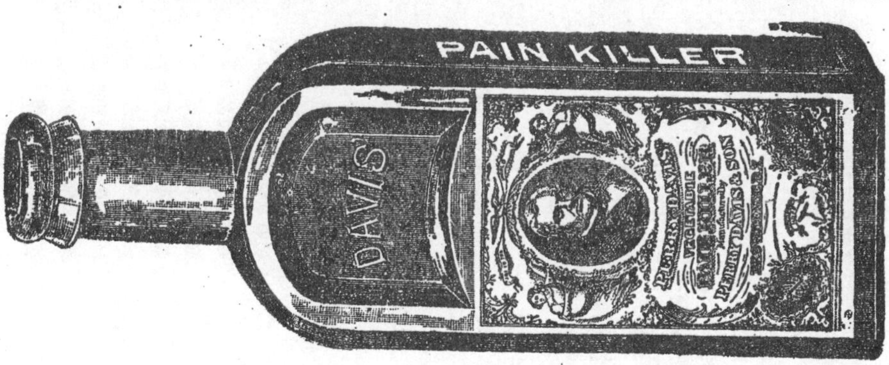

◉秘製止痛藥

此藥은 美國에 有名ᄒᆞᆫ 의학博士 百里得 未司氏의 발明ᄒᆞᆫ 無雙ᄒᆞᆫ 靈藥이라 左開諸症에 外塗內服ᄒᆞ면 無不立效인 바 當此炎夏에 尤極神效ᄒᆞ와 多救生命이오니 藥業에 從事ᄒᆞ시ᄂᆞᆫ 이와 疾病을 預防코ᄌᆞ ᄒᆞ시ᄂᆞᆫ 이ᄂᆞᆫ 速速來購ᄒᆞ시면 廉價로 發賣ᄒᆞᆺ삽

左開

▲內科所用▼
胃酸 腹瀉
吐瀉 食傷
咳嗽 不消化
肚滯 疹子
心痛 傷寒
肝病 肚痛
胃熱 痢疾
口內之癰 頭痛
哮喘 腎病
小兒吐瀉 暑夏吐瀉
抽筋
虐疾
嗄聲
胃氣痛
腸裡傷寒
候痺
身子軟弱
齒病
暈船
氣管病
霍亂

▲外科所用▼
火疔창
寒창
跌打損傷
腰骨痛
毒창
指甲疽
咽喉痛
蟲蛇刺咬
凍창
腦氣筋痛
癬

◆發賣所
磚洞 韓美興業株式會社事務所

濟生堂和平堂大藥房聯合紀念大贈彩

◎贈大彩說明

本年은兩藥房五兩年과和平堂開業三週年間에內外國君子의顧愛를多蒙하야藥業이時日隆盛하고功績이東西에著明하니其感佩를實難表誠故로今에兩大藥房에셔紀念式을幷行하고僉君子의盛誼를表하기爲하야兩種藥品(淸心保命丹 八寶丹)을特製大發賣하며大贈彩券을無代金添呈하와[illegible]하기를大[illegible]하오니僉君子는勿失此機하시고陸續枉顧하심을敬要

懸賞物品金六百圓價値

大贈彩券은以四千枚로定

兩大靈藥（淸心保命丹）（八寶丹）定價金各拾錢

效能　담飮積滯胸腹痛　水土不利咳嗽등

方法

定價金十錢[illegible]枚五包에贈彩券壹張을添呈함
此外兩藥房製藥品中에五拾錢價格에彩券壹張을添呈함
割引價로請求하면五圜價格에彩券壹張을添呈함

賞品

特等(貳人) 白米貳拾石(每拾石式) 太斗五斗入
壹等(貳人) 仝 拾石(每五石式)
貳等(捌人) 仝 拾六石(每貳石式)
三等(拾人) 仝 拾石(每壹石式)
四等(壹百人) 金五十圓 (每五十전式)
五等(三千八百七拾八人) 紙券烟二千八百七拾八匣 寸三千八百七拾八匣

空彩는無함

遠地에는郵便引換으로送呈함

期限은六十日로定　自陽六月拾六日　至陽八月拾五日

抽籤日子는臨期하야更告하옵

位置

皇城南大門側　濟生堂大藥房本舖
皇城鐘路　和平堂大藥房本舖
皇城鐘路　兩堂臨時出張所

自宅治療　電氣帶　廣告

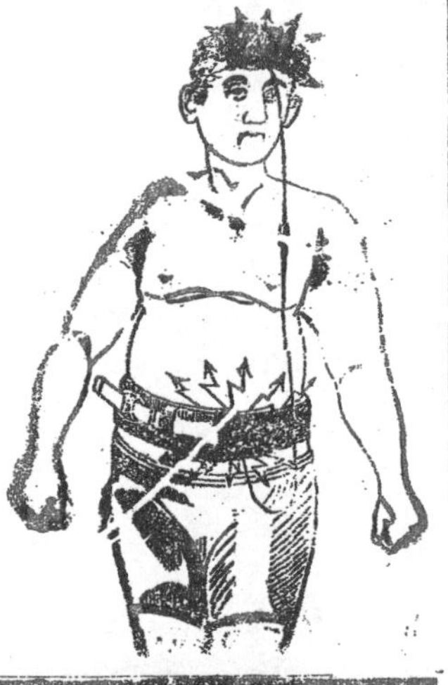

(主治効能)神經衰弱諸症不眠・遺精、早漏不快、陰위不剛、消化器無力、常習便秘、消化不良。[illegible]聲不良。遺尿。[illegible]內臟의[illegible]。痲症。半身不遂。或全身不遂。手足厥冷、諸神經痛。腰痛。腳氣及腸痛。記憶力及忍耐력減退、[illegible]血分不足症

上號 拾四圓　中號 拾二圓

前醫學校敎官　朴容南 著

家庭救急方

此編은東西洋醫藥中에家庭의必要한救急妙法을博搜採[illegible]야雖婦人小兒라도容易해[illegible]할者ㅣ니人人마다案頭에貯藏하야自宅의治療를行할方이오且醫業에從事하는人의臨床必要할者ㅣ니實際에[illegible]이옴

目次大略○[illegible]病의救急法○卒倒○卒中○熱射病○[illegible]○[illegible]○疼痛○頭痛○腹痛○胃痛○月經[illegible]痛○[illegible]血○鼻出血○吐血○[illegible]血○中毒○中[illegible]○[illegible]○鴉片中毒○[illegible]○石炭酸中毒○硝酸銀中毒○[illegible]中毒○비[illegible]中毒○炭氣中毒○魚類中毒○獸肉中毒○異物[illegible]法○鼻、喉頭、耳、眼、[illegible]異物摘出法○火傷○凍傷○止血法○[illegible]○失氣及假死○假死와眞死의區別○假死의救急法○溺水者○縊首者○瓦斯中毒○異物嚥下窒息假死○電氣死○[illegible]死者○人工呼吸法○挫傷○外傷○頭部外傷○眼外傷○胸部外傷○腹部外傷○[illegible]外傷○下악脫臼○咬傷○狂狗○毒蛇○蜂蠆咬傷○妊婦의症候○妊娠中의攝養○産婦의攝養注意○初生兒의受[illegible]法○乳母의擇擇法○家庭의必備할藥品

發賣所　皇城南部大廣橋
代理店　共愛堂大藥房 告白
共愛堂各支店
京鄕各書舖隨意販賣

各種東西洋藥과韓國唐草材大發賣所　和平堂藥房

◉本藥房은[illegible]會員에[illegible]사와本舖에서今以[illegible]局을그東西藥品을都賣及散賣하오며拾二道各郡[illegible]藥業하시는僉位는洋藥品이나新藥唐材와草材를需用하시든지各[illegible]에서服用하실兄弟는方文만郵便付送하시면特別히藥材를擇하야精製하야[illegible]引換으로보내드리겟사오니照亮하시옵

本堂製藥品은如左함

自驗阿片煙斷引丸　壹劑八週分 金五圓　半劑四週分 金三圓
婦人胎[illegible] 養調經丸　壹個月分 金五圓
[illegible] 國香消瘡丹　甲號金四圓　乙號金二圓五拾錢
[illegible] 滋陽丸　壹月分五圓　貳拾日分三圓四拾錢　拾日分[illegible]八拾錢
[illegible] 全治丸　壹劑十四日分金二錢
[illegible] 八寶丹　壹包九拾五粒金拾錢
[illegible] 和平堂
藥房主 李應普

社告

○申報價

壹號代金　新貨貳錢五厘
壹個月前納　三拾錢
參個月　九拾錢
陸個月　壹圜七拾錢
壹個年　參圜四拾錢
郵稅壹張　新貨五厘
壹個月　拾參錢

○廣告料

四號活字拾參字爲[illegible]
每日壹寸(英尺)에 新貨廿五錢
貳週日壹寸에 貳圜五拾錢
壹個月壹寸에 五圜
(自壹行至四行이爲壹寸)
其期限의長短과字行의多寡를從하야增減함이有함

◉大韓每日申報各處支社廣告

平安道
平壤鐘路太極書館　安泰國
三和港牌石洞敎堂　[illegible]亨湜
義州南門外西大藥房　[illegible]有寬
鐵山邑東[illegible]　安[illegible]
車輦館　金明[illegible]
定州南門內書舖　洪[illegible]
博川郡邑[illegible]洞　金[illegible]
安州城內養井洞　金[illegible]河
[illegible]南　李基秀
[illegible]川[illegible]市　黃菊保
龍川南面[illegible]書會　金賢[illegible]
龍川남市[illegible]　韓[illegible]
[illegible]邑남門뒤　朱伯[illegible]
[illegible]川邑館前洋약局　李正[illegible]
[illegible]紅門里　鄭德昇
江西邑內　金[illegible]
成川郡上部面　馬應三
平남順川郡[illegible]　鄭[illegible]
[illegible]川邑[illegible]　申基[illegible]
江界邑[illegible]　[illegible]
郭山郡郡面湖우里　金[illegible]
雲山郡邑面上里　梁[illegible]
[illegible]山郡內利用里　[illegible]
[illegible]山[illegible]面橋洞　王[illegible]

黃海道
海州남門內書舖　[illegible]
安岳[illegible]石面[illegible]洞　金文[illegible]
長淵邑校洞西北支學會內　[illegible]東元
殷栗邑倉[illegible]里　金[illegible]
信川邑四里　[illegible]
[illegible]寧邑乾材局　[illegible]
黃州南門外[illegible]　[illegible]
白川邑文明館　[illegible]
沙里院活[illegible]等勸[illegible]會　任敬宰

咸鏡道
咸興州南社[illegible]門外　[illegible]林
元山港創藥[illegible]　[illegible]
高原邑　[illegible]
定平郡[illegible]川　[illegible]
洪原西門內保合局　[illegible]
永興[illegible]山[illegible]內　[illegible]元[illegible]
鏡城羅南新興洞　[illegible]
淸津港[illegible]岩[illegible]　[illegible]元[illegible]

全羅道
金溝[illegible]　[illegible]
木浦항陽동　[illegible]得[illegible]

京畿道
水原산下北學堂[illegible]　[illegible]英[illegible]
仁川[illegible]　[illegible]
開城남大門內興學書舖　[illegible]
江華邑[illegible]　[illegible]

忠淸道
[illegible]城[illegible]川[illegible]　[illegible]

慶尙道
大邱西門外友[illegible]側　李正[illegible]
釜山港佐川약局　徐[illegible]

江原道
春城邑內[illegible]里　[illegible]元
鐵原邑[illegible]　[illegible]
[illegible]珍遠남面梅花里　朱[illegible]

告

第七

大韓每日申報

第千壹百六十四號

月曜及慶節
歲時日休刊

檀君開國四千二百四十二年
箕子元年三千三十一年
大韓開國五百十八年
日本明治四十二年
淸國宣統元年
陰己酉六月大十九日丙申

Responsible for Publication
Alfred Weekley Marnham.
發行兼編輯人 英國人 萬函
發行所
京城南部[illegible]
大韓每日申報社

論說

◎奴性을去혼然後에學術이進홈

斤々然히古人의說을持하야曰是는吾先師의遺說이라하며是는吾先聖의古訓이라하야上帝의創世初年에下한戒銘又치信하야壹字를敢히删치못하며壹字를敢히增치못하는者는東洋學界의弊習이라或者는此를謂乎篤厚의道라하나其實은人智進步의障碍되는者ㅣ此에莫甚하도다

西歐羅馬의時에는天文學者가太陽中의黑點을發現하고王에奏하더니王曰余는(아리수도르)의至書를閱하야도此等說이無하니汝의言이其誤ㅣ로다하얏스니噫라彼가아무리聖이나造物主가아닌즉萬有의奧理를盡窮치못할[illegible]지며아시의全集이豐富나兩間의現象을盡觀치못하얏슬지어날乃者아시의壹人의文集으로權衡을作하야空間時間有形界無形界의現象과原理를壹々히批評코저하니噫라此道를循行할진대世界人이其聰을自己에耳로以치아니하고아시의耳로以하지며其視를自己의目으로以치아니하고아시의目으로以하리니然則世界歷史가아시壹人의歷史뿐이라니彼王의惑이實노可歎할비어니와然이나古代人物의奴性은即彼王의人뿐아니라全歐가皆然하며又歐羅巴洲뿐아니라卽東洋도亦然하야印度의釋迦와支那의孔孟과希臘의소구라두스及아리수도르가皆其時隅의天縱[illegible]人類의思想을支配하야精神界의專制王者를作하거니數千年이래에大抵斯人의知識이此羣聖의範圍를受하며固執이多하거니와但斯人이此羣聖의緒言에對하야迷信이太甚함으로人知進步의障碍되여亦不無하니嗚呼라是가엇지羣聖의本意리오後人이其惑을自貽함이라然이나서歐는挽近數百年以來로學士가輩出하야人類의奴性을喝破하며學界의網羅를剗除함으로自由의曙光이四隅에照耀하야今日新天國을建設함이어날惜乎라東洋各邦은至今까지陋習이尙存하야[illegible]치안코古聖을師하며自己를信치안코他人을信하야天壤形體를究하라면璣玉衡에索하며萬物의奧理를研하라면周易八卦에求하야學者는千言萬語가只是四書五經에註脚할뿐이라故로擧世人材를驅하야無生機體의礦物을成하얏스니엇지可歎할비아니리오

韓國과支那가皆此病의毒에立한者이나其中受毒이最深한者는韓國이라卽儒敎輸入의初에先儒諸시가後生少年의尊慕聖賢하는風氣를釀成코자하야비록眞知的見이有할지라도先聖先賢의議論과反對되는語이면此를發함을再三顧忌하야晦齋가朱子註의大學을改正함에深히僭踰의罪를謝하얏스며栗谷이退溪의四七說을反對함에屢히謙抑의志를致하얏스니後來儒者는[illegible]을變하야益厲加하야先賢先師의言論이면我가明白히其非됨을知하야도敢히非라하지못하며他歎外議의言論이면我가明한지其是를知하되敢히是라하지못함으로先儒說에對하야는誦讀만有하며解釋만有하고評論과辨難은無하야奴性에沉々한暮氣가深々하얏도다

從今以後는[illegible]來의풍潮가[illegible]斷하며彼幾個老朽者[illegible]古昔聖賢의奴隷를自甘[illegible]ㅣ無하거니와吾輩의恐하는바는當日腐敗卑劣의性質이將次新學者에게傳染되야新學哲을敎授하면[illegible]移하야茶偉人須使[illegible]敬養하며聖經賢集을迷信하던마[illegible]하야[illegible]的觀萬法精리를迷信하고支那를崇拜하던마음을將하야西洋을崇拜하기易하리니是가可懼可戒할바로다況今日은新[illegible]萌芽되는時代에莊生有言하되作始也簡而將畢也必鉅라하니凡我學者는戒愼을加할지어다

外報

◎新潟大火 東京電을據한즉去二十一日에日本新潟市演劇場에서出火하야燒失된家屋이六百戶에達하얏다더라

◎大阪大火續報 東京電을據한즉大阪의大火는二十[illegible]을亘하야猛威를逞하얏는데燒失된戶數는三千以上에及하얏고損害額은九百萬圓假量이되고死傷者도多數하야[illegible]慘狀을現出하얏다더라

◎摩國戰況 [illegible]한즉摩洛哥國에딜나에서는去火曜日에摩洛哥兩國軍이再戰하얏는데西班牙軍은將軍及士官數名이戰死하얏고木曜日戰爭에서班牙軍이敵의奇襲을遇하야敗北하야軍卒八十名이戰死하고又三百二十名이負傷하얏다더라

◎西班牙戒嚴 倫敦電을據한즉西班牙政府는戰爭을反對하는暴動이發生하야全國에亘하야戒嚴을施行하얏다더라

◎英皇太子臨御請求 英國上院에서는滿場一致로南阿聯合議案을通過하얏는대南阿殖民地代表者[illegible]帝國政府에對하야聯合議會開會時에英國皇太子의게셔臨御하시기를請求하얏더라

◎露帝歷訪 伯林電을據한즉露國皇帝는八月下旬에土耳其皇帝를訪問하실터인바同帝의會見處所는露帝御乘船으로號이오又其後에는露帝가伊國暨港에서英國皇帝와會見하시고十二月에雅典을經하야歸航하신다더라

◎市街戰 伯林電을據한즉今摩洛哥國리바자及피발에서激烈한市街戰이有하얏나又에딜나에서는班牙軍이陸續敗戰하얏다더라

學報

◎普昌校卒業 慶北盈德郡北面下注里洞學校에서速成科卒業式을擧行하얏는딕

李藥生 申雨陽 申基東 等十壹人

雜錄

◎鋤惡艸

南山에밧출일워、죠혼穀식을심엇더니。
가라지와雜種惡草、사이사이석겻구나。
아희야、더가라지더惡草를다막여라、씨도업시。

雜報

●兩會賜金 韓國 大皇帝陛下께옵서 西巡하옵실時에 開城학會에 金壹千圓을 下賜하옵시고 商業會議所에 金壹千圓을 下賜하옵신은 世所共知어니와 該 兩會에는 皇室에서 已爲 劃下하옵셧다는대 兩會에서는 아직 祗受치못함으로 壹般會員들이 方今 疑惑하는中이라더라

●奉答詩起艸 元老大官의 雅會하는 三仙詩會는 日前 日本에 留학하시는 韓國 皇太子殿下께옵서 詩章와 金貨를 下賜하신 事에 對하야 奉答詩를 獻進하기로 決議하고 目下에 리完用 趙民熙 兩氏가 韓詩를 擔當起草中이라더라

●何辭何仕 統監府 火曜例會는 金曜日로 移定한故로 各部 太臣들이 昨巳 各其本部에 仕進하얏는대 內大 朴齊純 學大 李載崑 兩氏도 昨日부터 仕進하얏다더라

●急々實行 司法權委任事務에 關하야 統監府에서 再次協議會를 開하고 急々히 實行할 方針을 決議하야 法務次官 倉富勇三郎은 東京으로 發往하얏다더라

●會議內容 京城各國領事가 會議한 事는 已報어니와 其內容은 司法權委任協約實施後에 治外法權에 關한 問題라더라

●觀察請願件 十三道觀察使가 地方行政에 關하야 內部大臣의게 聯合請願하얏다는대 面長選任할件、稅制를 至急實行하되 徵收料의 任意勿奪할件、家屋及戶稅를 地方費에 編入할件、警察機關을 擴張할件、觀察官吏中 韓人判任官은 觀察使가 專行任免할件、各道에 農工銀行을 設立하야 人民의 信用을 擇하야 金貨를 貸付할件、各道에 漁業技師及技手를 置할件이라더라

●日兵請求 地方騷擾를 鎭靜하기 爲하야 政府에서 日兵幾百名을 請求以來하다는 巷說이 藉々하다더라

●尹氏運動 尹德榮氏는 宮內府大臣을 極力運動한다는 說이 有하다더라

●兩氏請願 各顧問其他官家에 保護巡查를 撤回撤選하얏는대 宮中顧問의 允用 永宣君 리丕鎔 兩氏는 保護巡查의 浮費를 自擔支給할터이니 二名式 如前派送하라고 內部에 請願하얏다더라

●因訴中止 中樞院顧問 리根澤氏가 何等運動이 有한지 日本에 渡去하랴다가 沈鍾序氏와 訟判事件을 因하야 中止하얏다더라

●慰勞金頒給 軍部廢止에 對하야 休職及豫備外廢官將校에게는 特賜한外에 慰勞金을 來 十日에 頒給할次로 命令하얏지 分給하얏다더라

●士官養成委託 軍部廢止에 對하야 士官養成을 日本에 委託함은 已報하얏거니와 武官학校生徒 四십四名은 新학期開始기前에 其方針을 定하야 同校徒中 學業이 最優한 者는 日本陸軍士官學校에 入學케하고 其他는 日本中央幼年학校에 入학케할다더라

●局廢課增 關稅局을 廢止하고 度支部司稅局에 合倂하야 關稅課를 增設한다더라

●永濱歸國 關稅總長 永濱이 辭任하고 近々 歸國한다더라

●財學申飭 總理大臣 리完用氏가 灌津郡 奉城面에 在한 賣坪을 買得함은 已報한바어니와 該 帥坪은 元來 學昌園基址인대 園게 沈相德 閔範植 兩人이 저히 面으로 寄付한다는 證明圖를 得하야 리統리에게 賣渡하얏다함으로 漢城財務署에서 該郡財務署에 申飭하야 精詳査報하라 하얏다더라

●交際費支給期 各地方國等宮의 交際費는 來年度부터 支給하기로 內定이 되얏다더라

●韓銀株數 韓國銀行의 株數는 總히 십萬株인대 韓國政府는 三萬株오 日本政府는 貳万株오 韓國宮內府는 一千株오 其他는 壹般公衆의게 募集한다더라

●礦業勸奬 農商工部礦務局에서는 韓國鑛業狀態를 日本鑛業者의게 紹介하기에 努力하는데 近日 東京及大阪에서 數人의 一團이 渡韓하야 礦業을 觀察한後에는 有望한 鑛에 對하야 資本을 投할터이라더라

●魔舌復鳴 說敎와 如히 遊說團에서 去二日에 開發社에 第二回演說會를 開하고 鄭鎭설과 軒卿 任明相 諸氏가 演說한 後 高희俊 芮宗鎬 鄭鎭설 三氏는 專務幹事로 選任하고 又 漢城附近에 遊說하기 爲하야 리範喆 沈宜哲 金熙昶 十仁會 諸氏는 遊說委員으로 選定하고 事務所는 南部美洞 十統五戶로 定하얏다더라

●間島狀況 間島狀況에 對하야 淸日兩國兵이 數次衝突되얏다는 浮說이 有함은 世所共知어니와 先月에 韓地邊務督辨 吳祿貞이 赴任한 以來로 淸人의 志氣가 激昂하고 淸兵의 橫行이 頻繁하며 日人들은 恐慌이 極하야 淸兵과 日憲兵間에 相持가 有하얏고 此를 因하야 日憲兵이 韓地로 增派된 거슨 事實인대 韓地의 眞的狀況은 아직 詳知키 難하다더라

●淸南道修築 淸津港에서 羅南及鏡城에 至하는 道路를 修築함은 已報어니와 간島로 通한 道路도 改修한다는대 淸津港에서 會寧을 經하야 豆滿江沿岸을 經하야 간島 龍井村々지 四百五십里를 改修하기로 決定하고 先히 第壹期의 工事는 淸津에서 會寧에 至하는 貳百三拾里를 改修할 方針인대 同區간에는 從來 日本陸軍의 輕便鐵道가 有하야 運送力이 乏하야 到底히 各地에 通키 不能하고 청津 會寧간은 茂山嶺의 險함을 因하야 改修費가 約三十萬圓을 要할터이라더라

●不可思議 鏡山郵便局電報分傳人 文학就氏가 去月十七日 上午十壹時에 該局使命을 帶하고 局長 弘田에게 前往하얏는대 登去不還에 影響이 頓絶함으로 該氏家族들은 西處探索에 彷徨遍踏한다더라

●製烟貿易 韓美興業社 義州대리人 朴奉燁氏는 該地에 煙艸製造業을 開設할次로 京城에 上來하야 製烟機械를 多數購買할다더라

●商務改稱 商務商의 發派는 帝國實業會와 大韓商務組合部를 合同하야 大韓商務部로 名稱을 改定하얏다더라

●全羅儉凶 全羅道는 本年春季에 降雨가 少하고 夏季에 旱氣가 甚하야 凶作을 未免이라더라

●空彈試射 日兵第십二聯隊는 本日上午六時부터 午後壹時々지 倭房坪에서 空彈射擊을 設行하고 第七日에는 光熙門外等地에서 設行할 預定이라더라

●吳某被捉 延安郡 [illegible]九氏는 因事上京하야 留連中이라더니 何人의 指嗾를 被하얏는지 幾兵千適이 有하다하야 日昨 兩部警察署에 被捉하얏다더라

學界

●捐金助校 永宜君 李埈鎔시가 孔子里 廣成學校에 金壹百圓을 寄付한다는 去月三十壹日에 爲先 三십圓을 捐給하얏고 其餘는 本月末日 來月末日로 排朔 助給한다더라

●進成[illegible]成 密陽郡 私立進成學校에서 夏期試驗을 經하얏는대 優等生이 多數에 達하얏고 校況을 層々擴張하얏다더라

●[illegible]倅勸學 泰안郡守 華[illegible]氏는 設立한지 五個年에 校況이 不振하더니 該郡守가 莅任以後로 位置에 不屑하야 教育의 不進을 憂慮하야 校舍를 新造하고 一新하고 任員을 新組織하며 學生을 多數募集하야 熱心勸奬함으로 將就之望이 有하다더라

●河東美學 慶南 昌寧郡 南邑學校가 設立已久에 經費가 窘絀하더니 郡守 任昌河在鳩시가 登校한後로 自擔하고 該郡客舍가 何頹하얏는대 修繕凡節을 又爲自擔하니 該시의 敎育熱心과 獎勵함을 無不讚誦한다더라

●洪氏發捐 忠淸 森陽學校는 元來 財力이 不贍하야 校長 林敬鎬씨의 熱心으로 僅々維持하더니 經擴이 居已久한대 가 校況의 窮艱함을 憐惜하야 金五圓을 寄付하얏다더라

○大阪電報○

二日午前七時發

◉保險社損害額 大阪火災를 因하야 各火災保險會社에서 損害된 額은 六百餘萬圓에 達하얏는데 其中에 最多損害를 蒙한 會社는 破產할 境에 至하얏다더라

二日午前八時發

◉大阪火災後報 大阪火災에 延燒된 里程이 二拾里오 洞이 五십九오 戶가 二萬이오 損害額이 九千二百萬圓이라더라

○東京電報○

三日午前발

◉鐵道豫算 韓國 京元 平南 兩鐵道의 敷設할 豫算은 來期 第二十六議會에 提出할터인대 京元은 貳千萬圓으로 平南은 壹千五百萬圓으로 豫算한다더라

三日三時發

◉風雲益急 安奉線問題에 就하야 日本政府에서는 昨日에 駐淸日公使의게 對하야 壹週期日을 限하고 淸國政府의 確答을 要求하되 萬一 直時聚求를 不應하거나 期限內에 回答을 아니하는 境遇에는 自由行動을 執할 旨로 聲明하얏다더라

○桑港電報○

三日發

◉墨國震災 墨서哥아카풀크地와 其附近市街는 地震이 有하야 全滅되얏는대 死者가 數百名에 達하야 慘狀이 極하얏다더라

○咸興電報○

三日발

◉咸興水災 咸興地方은 連日降雨하야 城川江이 氾濫하야 左岸에 在한 日本騎砲兵廠舍가 浸水되고 四處堤防이 破壞하야 咸興倉庫가 浸水할 境에 至하고 長津 甲山方面은 電信이 不通하얏다더라

○新義州電報○

三日發

◉鴨江增水 鴨綠江은 壹時減水되더니 今朝五時부터 更히 增水되야 新義州停車場附近에 浸水五尺이 되얏다더라

▲玄琴八闋▼

▲王山岳에서 끌고 쓰든 줄을 골나서 曲調를 번다니 玄鶴도 춤추거던 同胞아니 感動할까

▲切々하는 警鐘소리 政治家에게 들녀서 腐敗政治 改革하고 新聞紙로 獨立界에 쇼리니고

▲冷々하는 第二調는 靑年學生 귀에 들녀서 愛國心을 培養하고 懦心을 鼓動하야 文明界에 쇼리니고

▲決々하는 第三調는 實業家 귀에 들녀서 對外競爭 [illegible] 工戰에 勝利하야 [illegible] 쇼리니고

▲颯々하는 第四調는 [illegible] 귀에 들녀서 精神團合 [illegible] 活動을 [illegible] 쇼리니고

▲鏘々하는 第五調는 宗教界 귀에 들녀서 假鬼魔鬼 되지말고 大韓國魂 크게 불녀 新聞界에 쇼리니고

▲洋々하는 第六調는 學徒의 귀에 들녀서 祖國精神 일치말고 上天國建築하야 宗教界에 쇼리니고

▲蕭々하는 第七調는 [illegible] 귀에 들녀서 世界上에 雄飛하야 峨水洋의 河海 萬々歲라

房 標

며此類가其多ᄒᆞ오며且夫命在天ᄒᆞ고病在人이로되命에無關이ᄒᆞ고死病에有藥ᄒᆞ야라命益病에用藥ᄒᆞᆫ故로特以藥色으로辨決死生ᄒᆞ야使其初學賣藥者로發行無疑케ᄒᆞ오니此時代醫藥界에 으로必豈을是慮ᄒᆞ야名雖洋藥이나實是韓藥이오며唐草材와洋藥乾材도廉價放賣ᄒᆞ오니物品 僉位ᄂᆞᆫ郵便小包로請購發行ᄒᆞ시오

韓京西小門外車洞 閔宮ᄉᆞ王 閔弁浩 學信友 閔檟 白

社告

鏡城郡支社員安正진氏辭免ᄒᆞᆫ代에該郡內羅南 南宮璞 氏로擇定ᄒᆞ얏스니本申報購覽ᄒᆞ시ᄂᆞᆫ 僉君子ᄂᆞᆫ 照亮ᄒᆞ시옴

杆城 邑內新城里 貳統三戶 함해元氏와 韓山 郡下북錦堂里 李奭稙氏의 氏가該地方에本報購覽諸氏의便宜ᄒᆞᆷ을爲ᄒᆞ야支社를特設ᄒᆞᆷ을로請願이有ᄒᆞ기에同情을表하기爲ᄒᆞ야該兩氏로本支社員을認定ᄒᆞ고玆에廣佈ᄒᆞ오니該附近에서本報愛讀 僉君子ᄂᆞᆫ 該兩氏의게購覽ᄒᆞ시옴

大韓每日申報社

雜報

●閔氏致函 上海에滯留ᄒᆞᆫ閔泳喆氏가竹洞宮에致書ᄒᆞ얏스되不遠간滿日開戰이될터인ᄃᆡ京城은到底히生活키難ᄒᆞ니從速히率眷渡來ᄒᆞ라ᄒᆞ얏다ᄂᆞᆫ傳說이有ᄒᆞ더라

●癘民哀呼 韓山郡東上面冬至余士兩堤堰은數百石落畓土의灌水灌漑處인ᄃᆡ該郡守김丙濟시ᄂᆞᆫ民生의利源을不顧ᄒᆞ고該堤堰을廢堅作畓ᄒᆞᆷ으로該地作人等이乘値亢旱ᄒᆞ야哀呼之聲이載路ᄒᆞ다더라

●太東押收 商務處觀人居留地에서發行ᄒᆞᄂᆞᆫ大東共報第貳百十二號五十三號ᄂᆞᆫ治安妨害라ᄒᆞ야內部에서발賣頒布를禁止ᄒᆞ얏더라

廣

本社에서營業을營居廣ᄒᆞ기爲ᄒᆞ야規模를若干改定ᄒᆞᆫᄃᆡ長所ᄃᆡ金은前日보다特減ᄒᆞ야每馱八십錢으로定ᄒᆞ고運從馱價貳십錢은八月壹日노爲始ᄒᆞ야ᄂᆞᆫ請求人이踏達車夫에게卽出給ᄒᆞ기로變更ᄒᆞ얏ᄉᆞ오니愛顧ᄒᆞᄂᆞᆫ 僉君子ᄂᆞᆫ以此 照亮ᄒᆞ시옴

漢城材木柴炭株式會社 白

[illegible]

萬陽山人 張志淵 著

二冊百頁 本 價 參拾貳錢

東西洋園藝家의草木移接ᄒᆞᄂᆞᆫ法과我國園藝術과多年經驗ᄒᆞᆫ術을參互採輯ᄒᆞᆫ書라拾年之計에有志ᄒᆞ신諸氏ᄂᆞᆫ陸續購覽ᄒᆞ시오 外方에서ᄂᆞᆫ郵遞로通奇ᄒᆞ시면隨來隨應ᄒᆞᆷ

發行所 布屛下 廣學書鋪

本郡堤基가大川合流ᄒᆞᆫ외在ᄒᆞ야年々漲水에每被其害ᄒᆞ되築堤浩大ᄒᆞᆫ所以로堤防을莫意莫遂러니郡守金英鎭시가愛民救害ᄒᆞ야闔境人民과日本居留民을會同協議ᄒᆞ고賦役을經始ᄒᆞᆯ시人民을壹日式赴役케ᄒᆞ며擧皆樂從ᄒᆞ고役夫의午飯費ᄂᆞᆫ壹日십錢式給與ᄒᆞ되市口文中五百圜을公共支出ᄒᆞ고不足條삼三百卅九錢은郡守께서月俸中支給ᄒᆞ시고六百餘間築堤의一分도民斂이無ᄒᆞ야附近沓主들이堤堰이中斷ᄒᆞ고灌漑ᄒᆞᆫ矣로百卅圜을自願寄附ᄒᆞ야二水門을設ᄒᆞ얏ᄂᆞᆫᄃᆡ此를民斂이라ᄒᆞ니理所不當이오如此巨役과如此惠政은安城設立後初有事이기市民이念々不忘ᄒᆞ야竣役後畧備酒肴ᄒᆞ고慰勞次內外國人과郡守를下를請邀ᄒᆞ야ᄂᆞᆫᄃᆡ初無紛競說話이고所爲李承憲은邑村間本無이거ᄂᆞᆯ是何怨口로造言構陷인지不勝慨嘆ᄒᆞ야玆에廣布ᄒᆞᆷ

安城郡邑內東里面々長 權香大 西里面々長 李華榮

金俊서 高龍煥 金德玉

李周明 朴應珠 金天浩

嚴祜永 韓龍珠 崔善永

新訂 籌學通論 上下合附並解式 定價壹圓

高等小學 理科教科書 壹、貳卷 各廿전 三、四卷 各廿五전

第壹第二 植物 動物

第三第四 地文 礦物科 物理 化學 生理 衛生科

大韓地誌教科書 高等小學 壹冊 二拾五錢

懸吐 孟子 上下 壹圓

具解 孟子 壹圓

中等用器畫 七拾전

新訂 大韓帝國地圖 壹冊 五拾錢

分道 以上學部認可 壹冊 四십錢

普文 大韓國大地圖 주子所用 壹幅 九拾錢

仝 주子軸 壹軸 壹圓卄錢

新撰 家庭尺牘 傍附 壹冊

國文 漢字 廿五전

習以上內部許可 新字帖 學部檢定

韓日文 壹、貳卷 各六錢

對照 新法律 大審院編纂

양裝 壹冊 九拾전

半洋裝 壹冊 七拾五錢

小學漢文讀本 上下 六十전

算術新書 洋장壹冊壹圓 半洋裝上下卷八拾錢

中等算術教科書 貳冊 八拾五錢

簡易四則 三十錢

高等小學植物學 壹冊 貳十錢

中學礦物학 壹冊 貳十錢

普通東國歷史 上下壹秩壹圓

改正刑法大全 三十錢

民事訴訟々例 壹冊 十八錢

新式記憶法 一冊 二拾錢

演說方法

毛筆畫帖 寫十錢

成親王法帖 壹二卷 一冊 拾錢

大韓帝國南港灣地圖 壹幅 四拾錢

唐玉篇 壹冊 三십五錢

最新式體操 有圖畫 四十六 壹冊 三十錢

新訂千字文 二十전

發行兼發賣 京北部陽德坊桂洞 大公廉

京西部 ...

京城耶蘇教書々 尹衡弼

外京鄕各書舖

本人의所居東部崇信坊來鶴洞二契新대洞二십四統四戶瓦家九間立旨를休紙中遺失ᄒᆞ얏기玆以廣佈ᄒᆞ오니誰某拾得ᄒᆞ여도勿施ᄒᆞᆷ

鄭德弼 告白

本人의답이江華郡仙源面烟洞所在毀字畓四십五斗落을挾雜排等이僞造證明ᄒᆞ야典執得債ᄒᆞᆫ故로田沒京鄕이기로玆에廣告ᄒᆞ오니內外國人은切勿見欺ᄒᆞ시옴

江華郡吉祥面船頭居 吳圭 告白

整鼻術施行廣告

本院에서整鼻에對ᄒᆞ야無痛注射療法으로治療이되獨逸太學教授(스다인)博士의多年苦心研究發明ᄒᆞᆫ方法으로鼻의高低를任意治療ᄒᆞ오니 僉君子ᄂᆞᆫ來臨ᄒᆞ심을仰望

(注意)本院에서大日本政府認可를依ᄒᆞ야平生不變ᄒᆞᄂᆞᆫ保險ᄒᆞᆷ

京城旭町壹丁目民團役所後會洞 整鼻施術所 金子眼病院

院長 金子文藏

幹事長 李容夏

秘製止痛藥

此藥은美國에有名ᄒᆞᆫ의학博士百里得未司氏의발明ᄒᆞᆫ無雙ᄒᆞᆫ靈藥이라左開諸症에外塗內服ᄒᆞ면無不立效인ᄃᆡ當此炎夏에尤極神效ᄒᆞ와多救生命이오니藥業에從事ᄒᆞ시ᄂᆞᆫ이와疾病을預防코ᄌᆞᄒᆞ시ᄂᆞᆫ이ᄂᆞᆫ速速來購ᄒᆞ시면廉價로都賣ᄒᆞᆯ깃삽

左開

▲內科所用▼

胃酸 腹瀉 吐瀉 食傷風 咳嗽 不消化 肚滯 疹子 心痛 傷寒 肝病 肚痛 胃熱 痢疾 口內之癰 頭痛 哮喘 腎病 小兒吐瀉 暑夏吐瀉 抽筋 瘧疾 嗄聲 胃氣痛 胸裡傷寒 喉痺 身子軟弱 暈船 氣管病 霍亂

▲外科所用▼

火疔창 寒창 跌打損傷 腰骨痛 毒창 指甲疔 咽喉痛 蟲蛇刺咬 凍창 腳氣筋痛 癬

發賣所 礴洞 韓美興業株式會社事務所

濟生堂和平堂大藥房聯合紀念大贈彩

◎贈大彩說明

濟生堂開業五週年과和平堂開業三週年間에內外國君子의顧愛ᄒᆞ심을多蒙ᄒᆞ야藥業이時日隆盛ᄒᆞ고功績이東西에彰ᄒᆞ야其感謝ᄒᆞᆷ을難表ᄒᆞᆷ으로故로今에兩大藥房에셔紀念式을幷行ᄒᆞ고會費를特히優假ᄒᆞ야兩種藥品（淸心保命丹 八寶丹）을特製大發賣ᄒᆞ며大贈彩券을無代金添呈ᄒᆞ와賞賜ᄒᆞᆷ을大占케ᄒᆞ오니僉君子는勿失此機ᄒᆞ시고陸續枉顧ᄒᆞ심을敬要

懸賞物品金六百圓價値

大贈彩券은以四千枚로定

兩大靈藥（淸心保命丹）（八寶丹）

效能 胃（飮）積滯胸腹痛 水土不利咳嗽증

方法

定價金千錢枚五包에贈引券壹張을添呈ᄒᆞᆷ

此外兩藥房製藥品中의五拾錢價格에彩券을添呈ᄒᆞᆷ

割引價로請求ᄒᆞ면五圓價格에彩券壹張을添呈ᄒᆞᆷ

賞品

頭等貳人）白米貳拾石（每拾石式）太斗五斗入

壹等貳人）仝 拾 石（每五石式）

貳等拾人）仝 拾六石（每貳石式）

三等拾人）仝 拾 石（每壹石式）

四等壹百人） 金五十圓（每五拾錢式）

五等三千八百七拾八人 紙券烟二千八百七拾八匣 寸三千八百七拾八個

空彩는無ᄒᆞᆷ

遠地에는郵便引換으로發呈ᄒᆞᆷ

期限은六十日로定 自陽六月拾六日 至陽八月拾五日

抽籤日子는滿期ᄒᆞ야更告ᄒᆞᆷ

位置

皇城南大門側 濟生堂大藥房本舖

皇城鐘路 和平堂大藥房本舖

皇城鐘路 兩堂臨時出張所

自宅治療 電氣帶廣告

（主治効能）神經衰弱腦髓不眠。遺精、早漏不快、陽의不利。消化器無力、胃腸便結、消化不良。膀胱不良。遺尿。膀胱內膜炎。痲痺。半身不遂。或全身不遂。手足厥冷、諸神經痛。腰痛、腹痛。脚氣及關節痛。記憶力及忍耐力減退。精血分不足疾

上號 拾圓 中號 拾二圓

家庭衛生

陸軍醫學校敎官 朴容南 著

此編은東西醫藥中에家庭의必要ᄒᆞᆫ救急妙法을摘要ᄒᆞ야雖婦人小兒라도容易曉解케ᄒᆞ며自宅의治療를作ᄒᆞ야醫師가오ᄂᆞ間에臨床에必要ᄒᆞᆫ者ㅣ니實用上의要訣이오

目次大要○內科病의救急法○卒倒○中風○熱射病○暑氣○頭痛○疼痛○頭痛○腹痛○胃痛○月經痛○吐血○鼻出血○咯血○吐血○下血○中毒○中毒療法의一般原則○鴉片中毒○燐中毒○石炭酸中毒○硝酸銀中毒○蛇毒中毒○砒素中毒○炭氣中毒○魚類中毒○獸肉中毒○異物의摘出法○鼻、喉頭、耳、眼、異物摘出法○火傷○凍傷○止血法○押圓○失氣及假死○假死眞死의區別○假死의救急法○溺水者○縊首者○窒息者○異物嚥下窒息假死○電氣死○死者○人工呼吸法○挫傷○外傷○頭部外傷○創傷外傷○胸部外傷○腹部外傷○下顎脫臼○咬傷○狂狗咬傷○蜂螫咬傷○姙娠○姙娠中의攝養○産婦의攝生○初生兒의受護法○乳母의擇法○家庭의必備藥品

定價 金貳十錢 郵稅 六錢

發賣所 皇城南部太平橋 大東書市

代理店 共愛堂各支店

京鄕各書舖隨意販賣

各種東西洋藥과韓國唐草材大發賣所 和平堂藥房

◎本藥房은局勢에依ᄒᆞ야顧客의便宜를爲ᄒᆞ야本舖를以前대로鍾路에移設ᄒᆞ고東西藥品을都賣散賣ᄒᆞ오니僉君子는本藥房에往臨ᄒᆞ시면各種藥品과唐草材를廉價로供給ᄒᆞ오며鄕遠地에도郵便引換으로送付ᄒᆞ오니照亮ᄒᆞ시요

本堂藥製品은如左ᄒᆞᆷ

斷煙引丸 壹劑八個分 金五圓 半劑四個分 金三圓

養胃調經丸 壹個月分 金五圓

消瘡丹 甲號 壹四圓 乙號 金二圓五拾錢

滋陽丸 壹月分五圓 貳拾日分二圓四拾錢

全治丸 拾日分一圓八拾錢 十日分金二錢

八寶丹 包九錢五粒金拾圓

和平堂 藥房主 李應善

社告

○申報價

壹個月前納 三拾錢 新貨貳錢五厘

六個月 九拾錢

壹個年 壹圓七拾錢

郵稅壹張 新貨五厘

壹個月 拾參錢

○廣告料

四號活字拾參字詰

每日壹寸（英尺）에新貨廿五錢

貳週日壹寸에 貳圓五拾錢

壹個月壹寸에 五圓

（自壹行至四行이爲壹寸）

其期限의長短과字行의多寡를依ᄒᆞ야增減ᄒᆞᆷ이有ᄒᆞᆷ

◎大韓每日申報各處支社廣告

平安道

平壤鍾路太極書 安泰國

三和港牌石洞敎堂 鄭亨湜

義州南門外東西大藥房 張有寬

寧邊邑東部 安濬

定州 金明鎭

宣川南門外書館 洪淳瀚

博川郡邑寺里 金襄灝

安州城內義井洞 金翼河

京城鍾路 李基秀

龍川 黃榮保

載寧沙里院 金賢赤

龍川市 韓柱洙

鐵山邑南門 朱伯燕

義州江南學前洋行 李正基

平壤鍾路紅門里 鄭德昇

江西邑內 金昌鎭

成川郡上部面 馬鳳三

平壤順川郡 鄭裕用

寧川邑衙南 申基鳳

江界邑耶穌敎會 吕邦弼

京畿道

南陽社下北韓堂 李英치

仁川港開新坊 李東暉

開城南大門內興學書舖 姜助遠

江華邑甲串 兪榮鎬

全羅道

木浦港陽洞 金得鎭

全州水流面豆峴 鄭鎭三

群山港新明 張元浩

忠淸道

淸州城溪川 李啓鎬

慶尙道

大邱西門外友弦書館 李正宙

釜山港佐川藥局 徐相鶴

江原道

春川邑內新城里 曹河元

鐵原邑 權寧丸

蔚珍遠北面 朱錫鎭

咸鏡道

咸興州西門外 曹錫林

元山港創業社 崔正奎

高原邑 曹致商

定平郡豐川 張鳳翊

洪原西門外保命局 羅炳烈

永興南山洞學校內 金元炳

鏡城邑新興洞 金庸

沙里院活民勞動救火會任敬宰

黃海道

海州南門內書舖 朴昌燦

安岳邑石面鋪 金文浩

長淵邑校洞西北支學會內 崔東元

瑞興邑倉前里 金演鎬

信川邑四里 李佛臣

載寧邑乾材局 李鼎鎬

黃州南門外冊肆 崔錫鎭

白川邑文明館 崔鎭瑞

郭山郡邑面上里 金鎭湖

雲山郡邑面上里 梁允鉉

龜城郡內利用里 崔學喬

博山龍面橋洞 王晃鎭

第七卷

大韓每日申報

第千壹百六拾五號

月曜及休日停刊

檀君開國四千二百四十二年
箕子元年三千三十一年
大韓開國五百十八年
日本明治四十二年
淸國宣統元年
隆熙三年己酉六月大二十日丁酉

Responsible for Publication Alfred Weekley Marnham.
發行兼編輯人英國人 萬咸
發行所
京城南署公洞
大韓每日申報社

論說

◎西間島의牧民學校

셔間島의情形을向日本報論說에已載ᄒ얏고該地牧民學校의盛況을學界或雜報中에屢々記載ᄒ얏거니와今又其詳報를再得ᄒᆫ즉該校의敎育이益加擴張되ᄂᆞᆫ盛況을覩ᄒ야玆에槪詳을記載ᄒ야一般同胞의게報佈ᄒ노라

彼山明水麗ᄒᆫ西間島幅員幾百里沃土에數十萬同胞가流居ᄒᆫ中央地点에셔敎育의大機關이屹然崛起ᄒ니卽東洋牧民學校가是也라此에對ᄒ야韓殺人民이誰不親賀哉아然이나此地ᄂᆞᆫ古則檀國之疆域으로더오爲淸國之領土라所以로此流民은專히淸國治下에保護를受ᄒ며韓國法令範圍外에在ᄒᆫ關係로邊으로言ᄒ야今日慘境을當ᄒᆫ韓民으로此域外天地에서爲分자自由를享ᄒ어可幸이나邊으로思ᄒ면悲々不堪의同胞가他域에生長ᄒ며他域에羈居ᄒ야國을離隔ᄒᆫ디日久ᄒᆫ則ᄒ야國民精神이減退ᄒᆯ가可慮러니天이我民을憫憐ᄒ샤敎育의好方法으로無窮ᄒᆫ流民을牧養ᄒ기爲ᄒ야此에好機關을發生케ᄒ셧도다盛哉라此牧民學校ᄂᆞᆫ天鐘를好位置에셔大意를報答ᄒ야同胞를救濟ᄒᄂᆞᆫ壹点燈光이라該校諸公의勤苦勤勞ᄒᄂᆞᆫ無限熱誠은可想ᄒᆯ비이어니와該校之創名은不過是壹個年이나設立의歷暦은已經三歲라今其歷史를畧述ᄒ면其設立當時派遣시ᄂᆞᆫ等幾人이幾百圓을發告自擔ᄒ고多年의星霜을是經ᄒ도록躬行勞力ᄒ야普般流民에게家喩戶說ᄒ야敎育의利害와勸導ᄒ야創立의基礎를始得ᄒᆫ者로今日에至ᄒ야ᄂᆞᆫ該地居民의學校를擴張ᄒ기爲ᄒ야贊成金을附與ᄒᄂᆞᆫ者數百人이오且韓國內地에居留ᄒᄂᆞᆫ人士가該校를爲ᄒ야無不贊成ᄒ니於是乎間島敎育之擴張은指日可見이라往者에ᄂᆞᆫ彼間島流民이壹隅에潛蟄ᄒ야橘中生活을謀ᄒᆫ故로비록數年間室々히在ᄒ얏스나今時局의變態ᄂᆞᆫ其耳朶를打ᄒ야志士의熱叫가其腦筋를振ᄒ야居然其頑睡를醒ᄒ고奮發ᄒ더니噫平라內地에ᄂᆞᆫ何其志士가少ᄒ며何其國力이缺ᄒ야或名邑大郡의地方으로도學校壹個를未建ᄒᆫ處가甚多ᄒ니西天을仰ᄒ야間島를望ᄒ며能無赧乎아噫

▲隆熙二年拾月三十壹日　官報

勅令

勅令第七十五號

民事訴訟手數料規則　續

訴訟目的의價額金五圓ᄭᅡ지　貳十錢
同十圓ᄭᅡ지　三拾錢
同二十圓ᄭᅡ지　六拾錢
同五拾圓ᄭᅡ지　壹圓五拾錢
同百圓ᄭᅡ지　三圓
同二百五十圓ᄭᅡ지　六圓五拾錢
同五百圓ᄭᅡ지　十圓
同千圓ᄭᅡ지　十五圓
同二千五百圓ᄭᅡ지　二十圓
同五千圓ᄭᅡ지　二十五圓
同五千圓以上은千圓에滿ᄒ기ᄭᅡ지마다二圓을加ᄒᆷ

第三條　訴訟目的의價額을算定ᄒ기에必要ᄒᆫ境遇에ᄂᆞᆫ裁判所의意見으로此를定ᄒᆷ 裁判所ᄂᆞᆫ申提를因ᄒ야證據調査를命ᄒ거나又ᄂᆞᆫ職權으로檢證或은鑑定을命ᄒᆷ을得ᄒᆷ

第四條　財産權上의請求가아닌訴訟에當ᄒ야ᄂᆞᆫ其訴訟目的의價額을百圓으로看做ᄒ고印紙를貼用ᄒᆷ이可ᄒᆷ 財産權上의請求가아닌訴訟과其訴訟을因ᄒ야生ᄒᆫ財産權上의訴訟과幷合ᄒᆫ時에ᄂᆞᆫ其多額되ᄂᆞᆫ壹方의訴訟目的의價額을依ᄒ야印紙를貼用ᄒᆷ이可ᄒᆷ

第五條　控訴上告ᄒᄂᆞᆫ再審에申提ᄒᄂᆞᆫ第二條乃至第四條의規定을準ᄒ야更히印紙를貼用ᄒᆷ이可ᄒᆷ

第六條　左에揭ᄒᆫ書類에ᄂᆞᆫ五十錢의印紙를貼用ᄒᆷ이可ᄒᆷ
第壹　抗告의申提
第二　故障의申提
第三　證據調査의申請
第四　假押收及假處分의申提
第五　判決의送達을求ᄒᆫ申請
第六　執行文付與를求ᄒᆫ申請

第七條　屬狀回復의申提에ᄂᆞᆫ追行ᄒᄂᆞᆫ訴訟行爲에關ᄒ야貼用ᄒᆷ이可ᄒᆷ

第八條　答辯書나其他前數條에揭치아니ᄒᆫ申提及申請에ᄂᆞᆫ貳十錢에印紙를貼用ᄒᆷ이可ᄒᆷ

第九條　此規則을從ᄒ야印紙를貼ᄒ치아니ᄒᆫ民事訴訟의書類ᄂᆞᆫ無效로ᄒᆷ但印紙를貼用치아니ᄒ거나貼用ᄒ야도不足ᄒᆫ者ᄂᆞᆫ相當ᄒᆫ印紙를貼用케ᄒ야씀을得ᄒᆷ

第十條　第六條乃至第九條의規定은非訟事件에此를準用ᄒᆷ

附則

第十壹條　本令은隆熙二年十壹月壹日로부터施行ᄒᆷ

第十二條　光武九年勅令第七十號民事訴訟手數料規則은此를廢止ᄒᆷ　（完）

外報

◎淸國態度

大連電을據ᄒ즉淸國政府ᄂᆞᆫ安奉鐵道沿線에巡警五百名을配置ᄒ얏더니今回에更히五百名을增加ᄒ얏고又其外에變裝ᄒᆫ巡警團體를二三四十式各要地에派遣ᄒ얏고又其他沿線各處에도變裝ᄒᆫ間諜을派出ᄒ야淸日交涉問題에對ᄒ야强硬ᄒᆫ態度를示ᄒᆫ다더라

◎淸日懸案持久　去月廿九日에淸日兩國委員이天津에서第二回會見된吉長線借款問題交涉은未久解決될預想이러니淸國委員이北京政府에셔不同意ᄒ다ᄒ고新持ᄒᆷ으로其解決期ᄂᆞᆫ豫想키難ᄒ고又(日人所謂西澤島)問題에就ᄒ야도淸國調査委員이歸着ᄒᆫ後調査書를整理ᄒ야總督과協議ᄒ다稱ᄒ고談判을猶預ᄒ며自然장久ᄒᆫ關係인데淸國의對日狀態ᄂᆞᆫ全然히預測키難ᄒ다더라

◎罷工援助　倫敦電을據ᄒᆫ則蘇格蘭石炭坑夫의同盟罷工을援助ᄒ기爲ᄒ야英國勞動組合에서ᄂᆞᆫ國民的同盟罷業을ᄒ야써同盟을贊成ᄒ기로大多數가可決ᄒ얏다더라

◎非戰論者鎭壓　倫敦電을據ᄒᆫ則西班牙政府ᄂᆞᆫ戰爭反對論者의暴動을斷然鎭壓ᄒ더라

◎[illegible]　伯林電을據ᄒᆫ즉西班牙政府ᄂᆞᆫ憲法的保障을停止ᄒ얏스며[illegible]도나에ᄂᆞᆫ鐵道와郵便交通이全然遮斷되얏고軍隊ᄂᆞᆫ市街에셔築設ᄒᆫ障壁을向ᄒ야砲擊ᄒ얏ᄂᆞᆫ데慘狀이極ᄒ얏다더라

◎列國聲明　伯林電을據ᄒᆫ즉크리트三島保護列國은土耳其政府에對ᄒ야同島에希臘國旗를揭ᄒᆷ은列國에셔命令ᄒᆷ이無ᄒ다ᄂᆞᆫ旨로聲明ᄒ얏다더라

◎西軍失敗詳報　倫敦電을據ᄒᆫ즉摩洛哥에在ᄒᆫ西班牙軍은去火曜日에摩洛哥國과戰ᄒ야西班牙軍이孤立ᄒ게ᄒ기爲ᄒ야鐵道를切斷ᄒ얏ᄂᆞᆫ데西軍의死者ᄂᆞᆫ壹千名中에將校가居多ᄒ고負傷者ᄂᆞᆫ數千名에達ᄒ얏다더라

詞藻

合力拔山　新島玉

至誠이면感天이오、合力ᄒ면拔山이라。南美全大洲가西班牙의領地되야悲慘酷禍밧을적에、國民들이合力ᄒ야ᄯᅦ앗긴三萬里疆山을몽창ᄯᅦ어엽헤ᄭᅧ고大西洋을건너뛰여제자리에도로노앗스니。快ᄒ다、우리도熱心合力ᄒ야、더와ᄀᆺ치。

雜報

●麥作紀念 東籍田 御親耕ᄒᆞ오신麥作은其成蹟이良好ᄒᆞ야麥作의模範을作ᄒᆞᆫ故로農商工部에셔ᄂᆞᆫ紀念을기爲ᄒᆞ야其麥을連根採取ᄒᆞ야左開各所에頒給ᄒᆞ얏ᄂᆞᆫᄃᆡ 水原農業모範場太郞出장所 平壤出장所漢城府各學校道 農林學校園藝모範場과棉花栽培所各種苗所라더라

●派官問病 海豐府院君尹澤榮氏의子婦가現今身病으로苦痛中이라ᄂᆞᆫᄃᆡ 皇后陛下께옵셔問病次로日昨에內官을該私邸에派送ᄒᆞ옵셧다더라

●通譯手當金 宮내府官吏中에韓國人判任官이日語를通譯ᄒᆞ면지ᄂᆞᆫ判任官이韓語를通譯ᄒᆞᄂᆞᆫ者에게ᄂᆞᆫ特別手當金을支給ᄒᆞ기로規則을制定ᄒᆞ야勅令으로發布ᄒᆞᆫ다더라

●皇太子歡迎 皇太子殿下께셔ᄂᆞᆫ三日午後四時에仙臺停車場에 御着ᄒᆞ사市民의盛大ᄒᆞᆫ歡迎을受ᄒᆞ셧다더라

◉間島消息 去十七日

北간島에서淸國兵과日憲兵間에小衝突이有ᄒᆞᆫ以來로淸人은日人의게對ᄒᆞ야警備嚴重히警戒ᄒᆞᄂᆞᆫᄃᆡ龍井村淸國派辨所에兵士三十名을增派ᄒᆞ고統監府派出所附近에ᄂᆞᆫ淸兵을配置ᄒᆞ야日憲兵太佐의行動을注目ᄒᆞ다ᄒᆞ며暉春方面에서ᄂᆞᆫ淸兵이日人을見ᄒᆞᆫ즉往々留置ᄒᆞ가ᄒᆞ며同地方에서ᄂᆞᆫ日人의게對ᄒᆞ야物貨賣買排斥을始ᄒᆞ야日人料理店도廢止되고又局子街에서ᄂᆞᆫ防穀ᄒᆞᆫ故로日人의間島貿易上에影響이波及ᄒᆞ얏다더라

●監理局廢止說 度支部臨時財政整理局은本年九月末日로廢止ᄒᆞ기로內閣會議에提出ᄒᆞ얏다더라

●無怪之說 總理大臣李完用氏가國是遊說團에金貨四百圜을寄付ᄒᆞ얏고統監府에셔도四五千圜을寄付ᄒᆞ얏다ᄂᆞᆫ巷說이有ᄒᆞ다며

●囑托無效 各大臣及其他大官게게保護巡査를或減或撤ᄒᆞᆷ은已報ᄒᆞᆫ바어니와海豐府院君尹澤榮氏ᄂᆞᆫ該事에對ᄒᆞ야自己의保護巡査ᄂᆞᆫ仍舊視務케ᄒᆞ라고內部大臣의게屢次請囑ᄒᆞ얏스나此ᄂᆞᆫ違格이라ᄒᆞ야沒數撤還ᄒᆞ얏다더라

●同類相應 農商太臣趙重應氏ᄂᆞᆫ自己親近히往來ᄒᆞᄂᆞᆫ人을對ᄒᆞ여遊說團에入參ᄒᆞ라고屢々勸告ᄒᆞᆫ다더라

●兄弟發動 리根澔氏ᄂᆞᆫ何等理由이有ᄒᆞᆫ지其季氏리根湘氏와奔走ᄒᆞᄂᆞᆫ貌樣이라더라

●財産移付 地方財産을從來로郡守와觀察使가管理ᄒᆞ얏ᄂᆞᆫᄃᆡ今回에ᄂᆞᆫ內部와度支部에셔協議ᄒᆞ고地方費中으로移付ᄒᆞᆫ다더라

●廢局觀務 內部內에臨時軍用鐵道用地調査局을永爲廢止ᄒᆞ고文簿의지土木局으로引繼ᄒᆞᆫ지己久ᄒᆞᆫᄃᆡ該局長朴義秉氏ᄂᆞᆫ何等公務를因ᄒᆞᆷ인지如前觀務ᄒᆞᆫ다더라

●既頒又審 내部에셔修定ᄒᆞᆫ部令十餘條ᄂᆞᆫ昨日官報에頒布ᄒᆞ얏고更히五六條를增叙키爲ᄒᆞ야同日上午十一時에總方官審査會를開ᄒᆞ얏다더라

●閔宗被任說 韓國中央銀行總裁ᄂᆞᆫ某邊消息을據ᄒᆞᆫ즉日本大藏省에서閔宗植氏로任命ᄒᆞᆫ다ᄂᆞᆫ說이有ᄒᆞ다더라

●身分調査 내部에셔試取ᄒᆞᄂᆞᆫ各消繙譯官補에應試키爲ᄒᆞ야履歷及請願書를提呈ᄒᆞᆫ者에게巡査를派送ᄒᆞ야來歷及身分을調査ᄒᆞ얏다더라

●巡親選取 東闕內動物園에巡視六名을設置ᄒᆞᄂᆞᆫᄃᆡ運動者가답至ᄒᆞᄂᆞᆫ故로宮內府에셔ᄂᆞᆫ何學何港에存拔키難ᄒᆞ야各其履歷書를領受ᄒᆞ야資格合當者를選取ᄒᆞ얏다더라

●郡衙移置說 地方郡衙ᄂᆞᆫ遠僻處에多在ᄒᆞ야鐵道敷設과道路開設等에種々不便이有ᄒᆞ다ᄒᆞ야其位置를樞要ᄒᆞᆫ地로移設ᄒᆞᆯ터인ᄃᆡ此ᄂᆞᆫ日人側에셔其交通上便利를取ᄒᆞᆷ인ᄃᆡ役務의巨大와經費의浩穰ᄂᆞᆫ實노民弊가滋生ᄒᆞᆯ지니到底히成立키難ᄒᆞᆯ事이라고巷說이有ᄒᆞᆫ다더라

●水陸聯絡 日本에注文ᄒᆞᆫ警備船은來九月에竣工ᄒᆞᄂᆞᆫᄃᆡ로韓國에回航ᄒᆞ여任務에服ᄒᆞᆯᄃᆡ인ᄃᆡ陸上에憲兵과聯絡ᄒᆞ야海陸兩方面으로幷擧ᄒᆞᆯ計劃이라더라

●因爆敎査 日本辯護士高橋章之助ᄂᆞᆫ向日東大門外驛屯土引繼時에人民을煽動ᄒᆞᆫ嫌疑로警視廳에審査를當ᄒᆞ얏다더라

●柞蚕熱心 農商工部水産局장鄭鎭弘氏ᄂᆞᆫ柞蚕業에非常히熱心ᄒᆞ야水原模範場에自費로십五名見習生을派送實習케ᄒᆞ얏다더라

●挾雜醵金 元漢鏞爲名人이淳妃殿下씌셔山川祈禱費八十萬환을將爲下賜ᄒᆞ신다假稱ᄒᆞ고懷德郡居金濟儀ᄂᆞᆫ甘誘ᄒᆞ야運動費八百圜을欺取ᄒᆞ고借貸上京ᄒᆞ야運動費가猶爲不足이다ᄒᆞ고又百五十圜를謀勸ᄒᆞ야[illegible]符同ᄒᆞ야서십字閣附近李某家에私拘ᄒᆞ고右鏞을勸討ᄒᆞ얏ᄂᆞᆫᄃᆡ宋敎仁韓相鎬諸氏가鄭某等을據理論責ᄒᆞᆫ後其勸票를交周ᄒᆞ얏다더라

●將有事乎 淸國政府에서ᄂᆞᆫ步兵壹營을間島로派送ᄒᆞ얏다ᄂᆞᆫ說이有ᄒᆞ다더라

●淸巡歸國 京城에駐在ᄒᆞᆫ淸國巡査二拾名中에십名은今回에歸國ᄒᆞᆫ다더라

●爲派鬱嶋 各處保護巡査를撤還ᄒᆞᆫ바累報ᄒᆞᆫ바어니와其理由ᄂᆞᆫ鬱嶋에派送ᄒᆞᆷ을因ᄒᆞᆷ이라더라

●因風滯留 北간島에出張ᄒᆞᆫ巡査一行은元山港에到泊ᄒᆞ야풍浪을因ᄒᆞ야未即就程ᄒᆞ고現方留連ᄒᆞ다고警視廳에電報ᄒᆞ얏다더라

●魔團計劃 遊說團의行動은既히累報ᄒᆞᆫ바어니와韓國內基督敎가年來熾盛ᄒᆞᆷ은彼輩의願忌之物이된다ᄒᆞ야全國內設敎信徒中에事를痛論ᄒᆞ던人을爲先偵探ᄒᆞ야一網打盡ᄒᆞᆯ計劃이有ᄒᆞ다더라

●魔團日費 國是遊說團에서遊說委員을各地方에派送ᄒᆞᆫ다ᄒᆞᆷ은已報ᄒᆞ얏거니와該員의日費ᄂᆞᆫ七圜으로磨鍊ᄒᆞ얏다더라

●補助依施 全羅南道ᄂᆞᆫ古來로産蚕의饒ᄒᆞ發達됨이全國에冠ᄒᆞ야光州羅州綾州等의地名도此로由ᄒᆞ야起ᄒᆞᆫ지라林冕英外韓日人六名이機業傳習所를光州에設立ᄒᆞᆯ計劃으로農商工部에補助를請求ᄒᆞ얏ᄂᆞᆫᄃᆡ近日에該補助를施ᄒᆞ기로決定ᄒᆞ얏다더라

●補助增募 憲兵司令部에셔漢城內를識ᄒᆞ기爲ᄒᆞ야補助員四十名을增募ᄒᆞᆫ다ᄂᆞᆫᄃᆡ二十名은服裝을着케ᄒᆞ고二십名은平服을着케ᄒᆞᆫ다더라

●商販競賀 滿洲에셔産出ᄒᆞᄂᆞᆫ大豆와女粕(비지)은日本과支那附部와英國及其他各處로輸出ᄒᆞᄂᆞᆫ거시年々增加ᄒᆞ야大連港으로만輸出되ᄂᆞᆫ거시每日에三千噸乃至五千噸에達ᄒᆞᄂᆞᆫᄃᆡ日本肥料會社에셔ᄂᆞᆫ此販路를失ᄒᆞᆯ가恐ᄒᆞ야肥料業者等이合同ᄒᆞ야大豆의外國輸出을專管ᄒᆞ기를企圖ᄒᆞᄂᆞᆫᄃᆡ淸國商人이此를知ᄒᆞ고日人으로더부러營業上大競爭을試ᄒᆞᆯ形勢가有ᄒᆞ다더라

●礦業請願數 七月中에ᄂᆞᆫ礦業請願과沙金採取의請願ᄒᆞᆫ總數가二십九件인ᄃᆡ金礦九、銀礦八、鐵礦四、黑鉛礦九、金銀礦六、沙金礦이二인ᄃᆡ登錄等諸手數料金은合五千七百二拾九圜이라더라

●京畿農形 京畿道農作은稍可ᄒᆞ더니去月末부터虫害가非常히多ᄒᆞᆷ으로農民들은憂慮ᄒᆞᆫ다더라

●水害何多 晉州各地方에ᄂᆞᆫ出水를因ᄒᆞ야二日부터交通이杜絶ᄒᆞ얏고釜산地方에도出水를因ᄒᆞ야馬산鐵道가破損되여滊車가不通ᄒᆞ얏스며其外各方面에도交通이杜絶ᄒᆞ얏다더라

學界

●李氏捐納 李根湘씨가薰學校經費를支用ᄒᆞ기爲ᄒᆞ야扶坊內貧ᄒᆞᆫ家에躬往說諭ᄒᆞ야義捐金을請求ᄒᆞᆫ다더라

●法家勸學 平壤辯護士安炳찬洪冕憲兩시ᄂᆞᆫ公正嫺熟ᄒᆞᆫ法律家인데兼且敎育에有志ᄒᆞ야[illegible]校에[illegible]으로各[illegible]金을寄付ᄒᆞ얏다더라

●戰作勸學 [illegible]시ᄂᆞᆫ敎育을擬興ᄒᆞᆯ目的으로市場村園에徒步周行ᄒᆞ며懇々勸諭ᄒᆞ미人皆熱誠으로感服ᄒᆞ야響應之心이頗有ᄒᆞ다더라

●傳部新校 平北博川郡內面石隅里文新學校ᄂᆞᆫ紳士朴重根諸시가設立ᄒᆞᆫ바인ᄃᆡ講師李鳳元시ᄂᆞᆫ該校經費를補助ᄒᆞ기爲ᄒᆞ야名譽로敎授ᄒᆞᆫ다더라

●成倫將就 楊州別非面退溪院成倫學校ᄂᆞᆫ紳士崔春秉氏賢安在哲諸시가발起成立ᄒᆞᆫ바인ᄃᆡ生徒가三十九名에達ᄒᆞ야漸次前進之望이有ᄒᆞ다더라

●方氏受徒 平南甑山郡從串面靑年學校에敎師方允灝시ᄂᆞᆫ名譽로敎授ᄒᆞᄂᆞᆫᄃᆡ生徒中貧窮이極甚ᄒᆞ야衣鞋를自給지못ᄒᆞᄂᆞᆫ者ᄂᆞᆫ方시가自乎捐腰ᄒᆞ야其衣鞋를免케ᄒᆞᆫ다더라

●學校捐金 西部용산坊万里倉동居ᄒᆞᄂᆞᆫ吳大振시가自己家에協成學校分敎場을設立ᄒᆞᆷ은已報ᄒᆞ얏거니와敎授ᄒᆞᆫ지三個朔에學徒가漸增ᄒᆞ야校舍가狹窄ᄒᆞᆷ으로該洞諸시가協議ᄒᆞ고校舍를新建築ᄒᆞᄂᆞᆫᄃᆡ[illegible]門契約ᄒᆞᆫ紳士金鐵濟劉相九兩시가金圜을捐助ᄒᆞ얏다더라

●育英設試 莞島郡育英학校에서去月卅日부터學期試驗을擧行ᄒᆞ야二十九日에終了ᄒᆞ얏ᄂᆞᆫᄃᆡ學生의成績이甚好ᄒᆞ야優等生이多數에達ᄒᆞ얏고該郡守宋元섭시와校長朴承珪시와其他職員及紳士諸시가會齊ᄒᆞ야優等生에賞品을給與ᄒᆞ고熱心進步ᄒᆞ야[illegible]傳播ᄒᆞ얏다[illegible]

○東京電報○

[illegible]

●煙草統一 日本政府에셔ᄂᆞᆫ[illegible]에派遣ᄒᆞ야日本官製烟艸와英米烟艸會社의營業의現狀을調査ᄒᆞᆫ後에從來釜山京城仁川元山平壤에在ᄒᆞᆫ東亞烟艸會社各支店出張所를廢止ᄒᆞ고新히京城에總販賣所를設置ᄒᆞ리이오며同時에滿韓官煙製造工場을東亞烟艸株式會社에一任ᄒᆞ야京城滿洲에二大製造場을新設ᄒᆞ리인대此ᄂᆞᆫ專혀英米烟艸會社에對ᄒᆞ야對抗策을講ᄒᆞᆷ이라더라

▲逐邪經▼

▲針도노코藥도쓰고治療方法다ᄒᆞᆫ건만ᄃᆡ病氣를不療ᄒᆞ고邪鬼를만跳踉ᄒᆞ니朱砂符的東桃枝에制數를불너드려逐邪經을읽ᄂᆞᆫ후에외연석기고아니여許多邪鬼몰아거네

▲舌端巧辯상出ᄒᆞ야積塊上에올나셔셔時局大勢아ᄂᆞᆫ듯시辯國同胞爲ᄒᆞᆫ다[illegible]니여國民耳目眩惑ᄒᆞ며聲明指嘯食ᄒᆞ니여靈魂模滅ᄒᆞᄂᆞᆫ邪鬼遊說團이네逐ᄒᆞ고나

▲多數尙民籠絡ᄒᆞ야外人의게納諂ᄒᆞ고陸ᄒᆞ력優靜ᄒᆞ야鷹犬之功세우랴ᄂᆞᆫ兄弟姉妹沖激ᄒᆞ야鬩墻之變지어내니一時私利貪ᄒᆞ니여[illegible]沮撓ᄒᆞᄂᆞᆫ邪鬼進興會가네逐ᄒᆞ고나

▲陳篇荒說惑積ᄒᆞ야檀君太祖同根說로多數民愚弄ᄒᆞ야太古世說倡導ᄒᆞ고[illegible]關係頓忘ᄒᆞ야同化ᄒᆞ자催促ᄒᆞ니一香餌食[illegible]邪鬼[illegible]네[illegible]

▲[illegible]

[illegible]標

다此類가甚多하오며且天命在天하고病在人故로死命에無[illegible]하야[illegible]病에[illegible]이면[illegible]에[illegible]이[illegible]故로特以[illegible]色으로[illegible]하야[illegible] 으로因病을是[illegible]하야名雖洋藥이나實是韓藥이오며唐材와洋藥乾材도廉價放賣하오니[illegible] 僉位는郵便小包로請購發行하사오

大韓皇城南小門外[illegible]洞[illegible] 閔升浩 李信友 閔樞 白

社告

鏡城郡支社員安正정氏辭免한代에該郡內羅南 南宮 燮 氏로擇定하얏스니本申報購覽하시는 僉君子는 照亮하시옴

大韓每日申報社

雜報

●宜加護送 南門外藥峴下洞居鄭성朝氏의女兒(年七歲名妙順文布裳單着上身槑ㅣ)가再昨日에失路하야不知去處라는티該兒의母氏는道路에號哭하며셔四處尋覓中이라더라

●線路不通 新安州嶺與간과新義州다馬間鐵道線路는浸水不通이라더라

●洛東增水 洛東江은去二日夜十二時부터增水하야邇來洛東江間馬山線이浸水不通하고工頭壹名은溺死하얏다더라

廣告

本社에서營業을壹層擴張하기爲하야規模를若干改定하는티長所대金은前日보다特減하야每馱八십錢으로定하고運送馱價貳십錢은八月壹日노爲始하야는請求人이送達車夫에게即出給하기로變更하얏사오니愛顧하는 僉君子는以此 照亮하시옴

漢城材木柴炭株式會社 白

本人의所有保寧郡답土를放賣한다는荒說이盛行하니未知何許人이나內外國人은愼勿見欺하시

[illegible] 告白

本書院에 賣書店을更爲擴張하고新舊書籍과文具와學徒用品을大發賣하되新書籍은五圜以上으로請求하시면特減이有하오니學界諸彥은陸續購覽하심을務望

平壤貫洞耶蘇教書院賣書所

鄭益魯 金聖鐸 白

本人의답이江華郡仙源面烟洞所在毀字畓四십五斗落을挾雜排等이僞造證明하야典執得債故로田沒京鄕이기로玆에廣告하오니內外國人은切勿見欺하시옴

江華郡吉祥面船頭浦居 洪丙圭 告白

書籍各種
測量機械新製各種
製圖付屬品俱備
我國特產 谷香煙草

漢城南署東洞六拾貳統십戶

金龍商會 謹告

整鼻術施行廣告

本院에서整鼻에對하야無痛注射療法으로治療이되獨逸太학校授(스따잉)博士의多年苦心研究發明한方法으로鼻의高低를任意治療하오니 僉君子는來臨하심을仰望

(注意)本院에서大日本政府認可를依하야平生不變을保險함

京城旭町壹丁目民團役所後舍洞

整鼻施術所 金子眼病院
院長 金子文藏
幹事長 李[illegible]夏
幹事員 金[illegible]鉉

嵩陽山人 張志淵 著

大韓[illegible]

峽二冊百頁本

價 參拾貳錢

東西洋園藝家의草木移接하는法과我國園藝術에多年經驗한術을參互採輯한書니拾年之計에有志諸氏는陸續購覽하시오

外方에셔는郵遞로通奇하시면隨來隨應함

發行所

布屛下 廣學書 포

本社에셔在上海東洋烟艸大製造廠과專賣權을特約하고各種烟草를直輸入하와各代理店에支出하오니 僉君子는愛顧하심을敬要

法韓黑紙烟壹匣廿五本具竹嘴
旗艦票壹匣廿本入具紙嘴
喇叭標壹갑五本入
鹿標壹갑십本入
虎標壹갑십本入
獅子標壹匣拾本入
鬪士標一匣十本入
法韓쉬잉金口紙一匣拾本入
法韓시오빅金口紙一箱白本入

本社의各代理店은左開함

平壤代理人鄭基煥
黃州沙理院代理人[illegible]
太邱代理人金[illegible]

再

誰某시던지各處에代理店을僞實히開하기를願하거던本社에來臨相議하시옴

京城石井洞

法韓會社 告白

新訂 教科 算術通論 上下合附並解式 定價壹圜

高等小學 理科教科書

壹、貳卷 각卄전

三、四卷 各卄五전

第壹第二 植物 動物

第三第四 地文 礦物科 物理 化學 生理 衛生科

大韓地誌教科書 高等小學 壹冊 二拾五錢

懸吐具解 孟子 上下 壹圜

懸吐孟子 壹圜

中等用器畫 七拾전

新訂分道 大韓帝國地圖 壹冊 五拾錢

以上學部認可

晉文 大韓國大地圖 壹冊 四십錢

平土幅、今平軸 壹幅 九拾錢 壹軸 壹圜卄錢

新撰家庭尺牘 漢字傍附 壹冊 卄五전

習字以上는 學部許可

新字帖 學部檢定

壹、貳卷 各六錢

韓日文對照 新法律 大審院判例

양장 半洋裝 壹冊 九拾전

小學漢文讀本 上下 壹冊 七拾五錢

算術新習 半洋裝 上下卷 壹冊 六十전

中等算術教科書 上下卷入 八拾錢

簡易四則 三十五錢

高等小學植物學 壹冊 貳十錢

中等礦物學 壹冊 貳十錢

普通東國歷史 上下 壹秩 壹圜三十錢

改正刑法大全 壹冊 三十錢

民事訴訟法例 壹冊 十八錢

新式記憶法 一冊 二拾錢

演說方法 貳拾錢

毛筆畫帖 壹二卷 各十錢

成親王法帖 一冊 拾錢

大韓帝國附港灣地圖 四折 壹幅 四十錢

唐玉篇 每冊 십五錢

最新式體操○ 有圖畫 壹冊 四十六 三十錢

新訂千字文 二十전

發行兼發賣

京北部陽德坊桂洞 [illegible]公湛

[illegible]

(商)秘製止痛藥

此藥은英國에有名한의학博士百里得未司氏의발明한無雙한靈藥이라左開諸症에外塗內服하면無不立效인바當此炎夏에尤極神效한와多救生命이오니藥業에從事하시는이와家庭을預防코즈하시는이는速速來購하시면廉價로都賣하깃삽

左開

▲內科所用▼

胃耗酸 腹瀉
吐瀉 食傷風
咳嗽 不消化
肚滯 疹子
心痛 傷寒
肝病 肚痛
胃熱 痢疾
口內之癰 頭痛
哮喘 腎病
小兒吐瀉 暑夏吐瀉
抽筋
虐疾
嗄聲
胃氣痛
兩裡傷寒
候痺
身平軟弱
齒病
[illegible]
氣管病
霍亂

▲外科所用▼

火疔창
寒창
跌打損傷
腰骨痛
毒창
指甲疽
咽喉痛
蟲蛇刺咬
凍창
腸氣筋痛
癬

發賣所

[illegible] [illegible]美[illegible]會[illegible]

濟生堂和平堂大藥房 [illegible] 大紀念 [illegible]

◎ 大彩說明

[illegible]

懸賞物品金六百圓價値

大福彩券은以四千枚로定

兩大藥藥（濟生堂 [illegible] 丹）（和平堂 八寶丹）

效能 [illegible]

方法

定價金十錢 [illegible] 包에 [illegible]

[illegible]

賞品

一等（壹人）白米貳拾石（每壹石式）

貳等（貳人）仝 拾石（每五石式）

參等（捌人）仝 六石（每貳石式）

三等（拾人）仝 拾石（每壹石式）

四等（壹百人）金五十圜（每五十錢式）

五等三千八百七拾八人 紙券一千八百七拾八匣 寸三千八百七拾八匣

空彩는無홈

遠地에는郵便引換으로送呈홈

期限은六十日로定 自陽六月拾六日 至陽八月拾五日

抽籤日子는廣告홈

位置

皇城南大門側 濟生堂大藥房本舖

皇城鍾路 和平堂大藥房本舖

皇城鍾路 兩堂臨時出張所

自宅 治療

（[illegible]）[illegible] 全身不遂。手足麻冷、[illegible] 精神 [illegible]

上號 [illegible] 中號 拾二圜

[illegible] 救急 [illegible] 方

[illegible] 敎官 朴 [illegible] 著

[illegible] 必携 [illegible]

目次大略○[illegible]○本例○[illegible]○熱射病○霍亂○鬱血○疼痛○頭痛○[illegible]○胃痛○月經痛○[illegible]○鼻出血○吐血○下血○中毒○中寒○[illegible]○鴉片中毒○[illegible]○石炭酸中毒○[illegible]○[illegible]○炭氣中毒○[illegible]○[illegible]○異物 [illegible] 法○鼻、咽喉、耳、眼、[illegible] 異物摘出法○火傷○凍傷○[illegible]○[illegible]○失氣及假死○假死眞死의區別○假死의救急法○[illegible]○[illegible]○縊首者○[illegible]○異物 [illegible]○[illegible]○溺死者○人工呼吸法○[illegible]○外傷○頭部外傷○[illegible]○[illegible] 外傷○胸部外傷○腹部外傷○下腹部 [illegible]○咬傷○狂犬病○蛇咬○蜂毒咬傷○[illegible]○姙娠中 [illegible]○[illegible]○注意○新生兒 [illegible]○乳母의 [illegible]

發賣所 皇城南部太廣橋 共愛堂大藥房 告白

代理店 共愛堂各支店

京鄕各書舖隨意販賣

各 [illegible] 韓國唐 [illegible] 大發賣所 和平堂藥房

[illegible]

社告

[illegible]

八寶丹 和平堂

藥房主 [illegible] 謹告

[illegible]

咸鏡道

江原道

慶尙道

忠淸道

京畿道

[illegible]

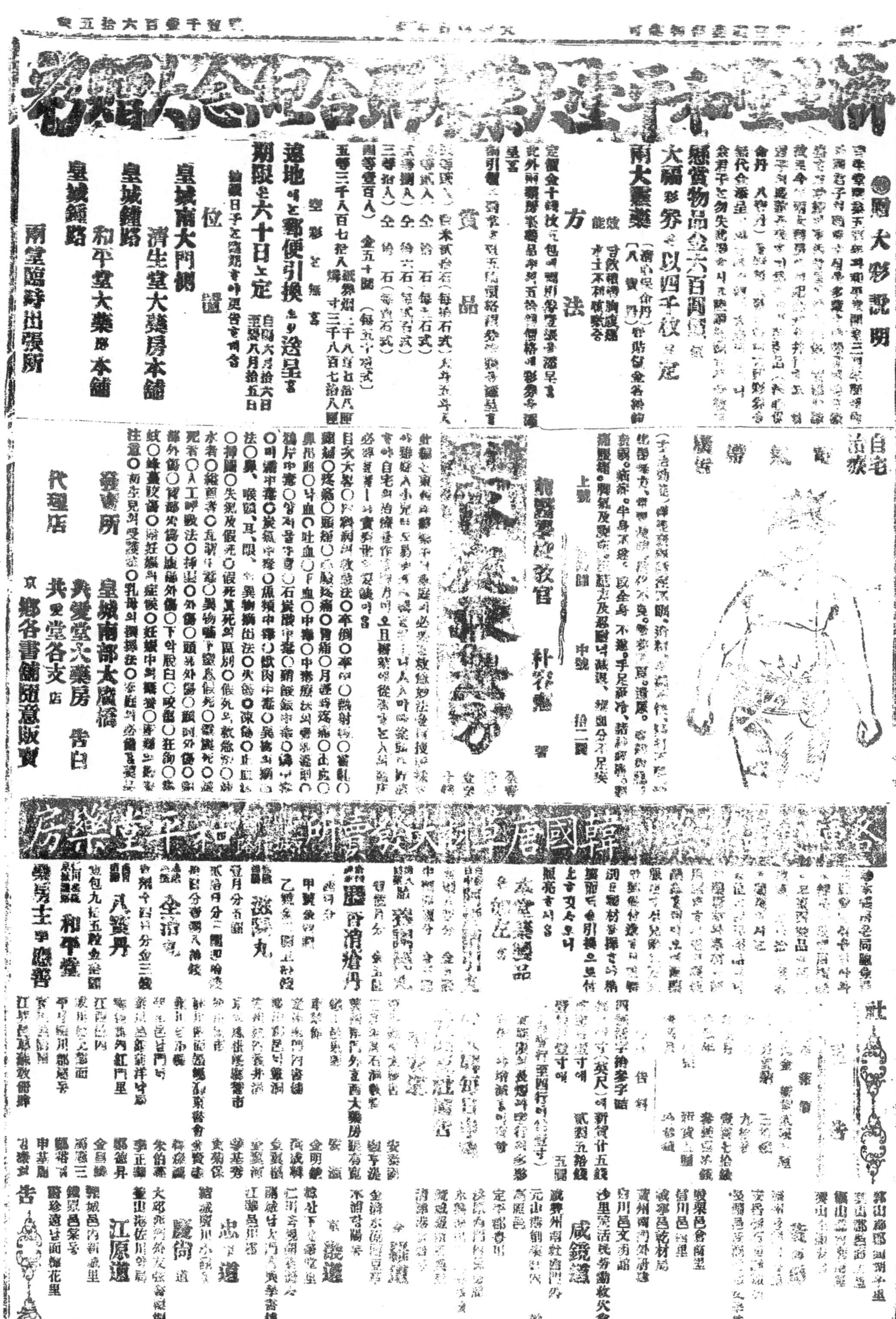

第七卷　第千壹百六拾六號

大韓每日申報

月曜及歲時慶稱日休刊

檀君開國四千二百四十二年
箕子元年三千三十一年
大韓開國五百十八年
日本明治四十二年
淸國宣統元年
陰己酉六月大廿一日庚戌

Responsible for Publication Alfred Weekley Marnham.
發行兼編輯人 英國人 萬咸
發行所 [illegible]
大韓每日申報社

論說

●國是遊說團

高義駿시와 國是遊說團을 發起ᄒᆞᆫ 顚迹은 本報에 已揭ᄒᆞ얏ᄂᆞᆫ바 江湖君子가 往々書函을 致ᄒᆞ야 此團聲討ᄒᆞᆷ을 促ᄒᆞᄂᆞᆫ도다 噫라 時局의 刧運이 愈深ᄒᆞᆯ사록 人心의 陷溺이 愈甚ᄒᆞ야 賣國을 常事로 認ᄒᆞ며 同民을 唾涎으로 視ᄒᆞ고 狐狸의 面目을 장ᄒᆞ며 鷹犬의 行爲를 作ᄒᆞ야 魚頭鬼面의 輩가 肆然無忌히 靑天白日下에 橫行ᄒᆞᄂᆞᆫ 者ㅣ 比々皆是라 累度條約을 締結ᄒᆞ야 國家를 日亡케 ᄒᆞᄂᆞᆫ 新舊政府도 壹遊說團이며 韓日利害共同主義를 提唱ᄒᆞ야 國民을 迷惑케 ᄒᆞᄂᆞᆫ 前後각會黨도 壹遊說團이며 其他 筆을 擧ᄒᆞᄂᆞᆫ 者、舌을 掉ᄒᆞᄂᆞᆫ 者ㅣ 太半皆遊說團이나 彼許多ᄒᆞᆫ 遊說團을 此筆로 盡討코ᄌᆞᄒᆞ면 東海의 水를 竭ᄒᆞ고 南山의 竹을 罄ᄒᆞ야도 將不暇ᄒᆞᆯ지며 且此筆이 鐵椎가 되야 賣國의 奴腦를 打破치 못ᄒᆞ며 此筆이 刀劍이 되야 賣國의 奴心을 斬斷치 못ᄒᆞ니 비록 今日에 壹聲討ᄒᆞ며 明日에 壹聲討ᄒᆞᆯ지라도 亦何益이 有ᄒᆞ리오마ᄂᆞᆫ 然이나 壹段情誠을 主張ᄒᆞ야 人心의 前途를 維持ᄒᆞᆷ은 即本報의 責任인 故로 亦默然ᄒᆞ야 言을 不得ᄒᆞᄂᆞᆫ 바어니와 昔者에 詩人 權石洲ㅣ 李芑를 責ᄒᆞ야 曰 「國亡則汝家亡汝身亦亡」이라 ᄒᆞ얏스니 彼壹時의 利를 食ᄒᆞ야 國家에 流毒ᄒᆞᄂᆞᆫ 者ㅣ [illegible] 가 悲夫라

其首領된 者ᄂᆞᆫ 明々히 國賊됨을 知ᄒᆞ며 民仇됨을 知ᄒᆞ고 此事를 作ᄒᆞ나니 其罪가 不容誅어니와 普通의 眞惜ᄒᆞᄂᆞᆫ 바ᄂᆞᆫ 彼鄕谷愚民의 天이 高ᄒᆞᆫ지 地가 卑ᄒᆞᆫ지 不知ᄒᆞ며 日이 出ᄒᆞᆫ지 月이 上ᄒᆞᆫ지 不知ᄒᆞ며 歐洲가 何洲인지 亞洲가 何地인지 不知ᄒᆞ며 黃人이 何種인지 白人이 何種인지 不知ᄒᆞ며 國興에 何利가 有ᄒᆞᆫ지 國亡에 何害가 有ᄒᆞᆫ지 不知ᄒᆞᄂᆞᆫ 者ㅣ 徒히 彼輩의 誘嚇에 墮ᄒᆞ야 將且此賣國團에 加入ᄒᆞᆷ을 悲ᄒᆞ노라

昔聞컨ᄃᆡ 壹進會의 氣燄이 方張ᄒᆞᆫ 時에 南鄕壹氓이 該會에 入會ᄒᆞ얏거ᄂᆞᆯ 該氓의 諸族이 其祖의 時祭를 行ᄒᆞ다가 此氓은 辱祖의 孫이라 ᄒᆞ야 參禮ᄒᆞᆷ을 不許ᄒᆞᆫ즉 該氓이 勃然怒ᄒᆞ야 退去ᄒᆞ며 曰 余가 此郡의 郡守되ᄂᆞᆫ 日에ᄂᆞᆫ 汝等의 身에 家族가 無ᄒᆞ리라 ᄒᆞ야 至今 該郡에 嘲笑話가 되얏다 ᄒᆞ니 卽令 遊說團도 此와 如히 無知의 良民을 富貴의 利로 誘ᄒᆞ야 媚日賣國의 事를 同作ᄒᆞ리니 其罪를 知ᄒᆞ고 罪를 作ᄒᆞᄂᆞᆫ 宋秉畯 高義駿輩ᄂᆞᆫ 不可赦어니와 罪됨을 不知ᄒᆞ고 罪를 作ᄒᆞᄂᆞᆫ 鄕谷愚氓이여 엇지 可哀可憫치 아니ᄒᆞ리오

勅 令

▲隆熙三年七月三十壹日 官報

朕이 軍部廢止、親衛府新設及此에 附帶ᄒᆞᆫ 件을 裁可ᄒᆞ야 玆에 頒布케 ᄒᆞ노라

御名 御璽

隆熙三年七月三拾日

內閣總理大臣 李完用

軍部 大臣 李秉武

勅令第六十八號

第壹條 軍部를 廢止ᄒᆞ야 宮中에 親衛府를 置ᄒᆞᆷ

親衛府官制ᄂᆞᆫ 別로 此를 定ᄒᆞᆷ

第貳條 從來軍部의 屬ᄒᆞᆫ 歲入歲出預算金額及財産은 總히 宮內府에 移屬ᄒᆞ되 現히 不用에 屬ᄒᆞᆫ 財産은 度支部所管으로 移屬ᄒᆞᆷ

第三條 陸軍武官學校ᄂᆞᆫ 此를 廢止ᄒᆞ고 其時期ᄂᆞᆫ 別로 此를 定ᄒᆞᆷ

武官의 養成은 日本國에 委託ᄒᆞᆷ으로 ᄒᆞᆷ

第四條 現在의 將校並將校相當官은 本政府에 委託養成ᄒᆞᄂᆞᆫ 者ᄂᆞᆫ 日本軍隊에 派遣ᄒᆞ야 軍事의 硏究를 ᄒᆞ게 ᄒᆞᆷ

第五條 將校ᄂᆞᆫ 休職이 될 時ᄂᆞᆫ 其俸給의 半額을 受ᄒᆞ고 停職이 될 時ᄂᆞᆫ 其俸給의 三分之壹을 受ᄒᆞᆷ

第六條 將校ᄂᆞᆫ 現役을 離ᄒᆞᆯ 時ᄂᆞᆫ 別로 定ᄒᆞᄂᆞᆫ 바를 依ᄒᆞ야 恩給을 受ᄒᆞᆷ

附 則

本令은 頒布日로부터 此를 施行ᄒᆞᆷ

外 報

●端方政見 북京電을 據ᄒᆞᆫ則 直隸總督端方시ᄂᆞᆫ 上京ᄒᆞᆫ 後에 三日 來 陞見ᄒᆞ고 兩江新疆軍狀況과 諮議局狀態와 立憲準備事情과 革命黨近況과 外國과 江蘇省間交涉問題와 當今政局에 對ᄒᆞᆫ 意見을 伏奏ᄒᆞ얏다더라

●被害民救恤 北京電을 據ᄒᆞᆫ則 淸國皇帝께셔ᄂᆞᆫ 東三省水地水害의 慘狀을 聞ᄒᆞ시고 六萬兩의 御納金을 下賜ᄒᆞ셧다더라

●英軍上陸 伯林電을 據ᄒᆞᆫ則 英國은 실나쓰의 形勢가 險危ᄒᆞᆷ으로 別히 其軍隊를 ᄯᅢ푸실에 上陸케 ᄒᆞ얏다더라

●總督新策 大連電을 據ᄒᆞᆫ즉 總督의 新方針은 巡撫單獨上奏、財務整理、軍事整頓、司法獨立、監獄改良、外交問題解決ᄒᆞᆯ 擬議ᄒᆞᆫ 事件이라더라

●外交國加盟 北京電을 據ᄒᆞᆫ則 巴西國(南美洲獨立國)公使ᄂᆞᆫ 外交團에 新히 加入ᄒᆞ기 爲ᄒᆞ야 去月廿三日에 挨拶을 開催ᄒᆞ얏다더라

●佛骨發見 倫敦電을 據ᄒᆞᆫ則 印度國페시야와르附近에셔 佛蹟을 發見ᄒᆞ얏ᄂᆞᆫᄃᆡ 黃銅製棺裏에 水晶小筐을 納置ᄒᆞ고 其中에 燒焦ᄒᆞᆫ 人骨三個가 有ᄒᆞᆫᄃᆡ 此處ᄂᆞᆫ 曾往 支那遊歷者의 記ᄒᆞᆫ바 壹千九百餘年前에 迦膩斯迦王이 佛骨을 埋葬ᄒᆞ얏다ᄂᆞᆫ 處所와 相符ᄒᆞᆫ즉 此가 佛骨이 됨은 頗히 信憑ᄒᆞᆯ만ᄒᆞ다더라

●大星隕下 北京電을 據ᄒᆞᆫ즉 去月二十三日夜에 淸國南方에셔 非常히 大ᄒᆞᆫ 流星이 隕下ᄒᆞ얏ᄂᆞᆫᄃᆡ 昨年八月에도 大流星이 落ᄒᆞ얏더니 皇帝와 太后께셔 崩御ᄒᆞ셧슨즉 今年에도 又崩殂에 凶變가 有ᄒᆞ리라고 妖言이 流佈ᄒᆞᆫ다더라

●法軍의 東阿占領 伯林電을 據ᄒᆞᆫ즉 法國軍隊ᄂᆞᆫ 아베시에(東阿弗利加蘇丹國의 다이꾸方씨都會)를 占領ᄒᆞ얏다더라

●阿國王后排外熱 伯林電을 據ᄒᆞᆫ즉 北阿弗利加洲阿比尼亞國王后ᄂᆞᆫ 目下病患中에 在ᄒᆞᆫ 同國王을 代理ᄒᆞ야 攝政의 任을 當ᄒᆞ얏ᄂᆞᆫᄃᆡ 國王의 志意를 反ᄒᆞ야 排外的 政治를 行ᄒᆞ려ᄒᆞᆫ다더라

學 報

●夜校卒業 장湍郡邑內新城夜學校에셔 去月十九日에 第壹回卒業禮式을 設行ᄒᆞ얏ᄂᆞᆫ데 卒業生 金亨澤 金昌協

詞 藻

●檀 君 歌

우리 始祖 檀君께셔
太白山에 降臨ᄒᆞ사
나라 집을 創立ᄒᆞ야
우리 子孫 주시셧네
거륵ᄒᆞ고 거륵ᄒᆞ다
大皇祖의 놉흔 聖德
거륵ᄒᆞ다

모든 苦難 무릅쓰고
荒蕪ᄒᆞᆫ 地를 開拓ᄒᆞ사
良田美宅 ᄆᆞᆫ드다가
우리 子孫 기르셧네
닛지 마세 닛지 마세
大皇祖의 깁흔 恩澤
닛지 마세

모든 危險 무릅쓰고
惡ᄒᆞᆫ 즘성 모라내사
害와 毒을 멀니ᄒᆞ야
우리 子孫 保護ᄒᆞ셧네
닛지 마세 닛지 마세
大皇祖의 크신 功德
닛지 마세

착ᄒᆞᆫ 道를 세우시고
어진 政事 베프시와
靑邱 山河 빗내시고
千子萬孫 福주셧네
닛지 마세 닛지 마세
大皇祖의 어진 德化
닛지 마세

兄弟들아 姊妹들아
大皇祖의 子孫된자
우리 兄弟 姊妹들아
千番萬番 죽드러도
變치 마세 變치 마세
大皇祖를 向ᄒᆞᆫ 忠誠
變치 마세

兄弟들아 姊妹들아
祖上 나라 모든 民族
우리 兄弟 姊妹들아
忠誠 품고 同力ᄒᆞ야
빗너 보세 빗너 보세
大皇祖의 놉흔 일홈
빗너 보세

雜報

●統府會議 統監府에서昨日上午十時부터總務長官石塚씨等次官岡喜法部次官倉富度支部次官에게鈴木穆書官과分署記官中山會計課長兒玉等諸人이列席ᄒᆞ야司法權實施準備에關ᄒᆞᆫ件과其他緊急重要ᄒᆞᆫ議題에就ᄒᆞ야午後二時ᄭ지會議ᄒᆞ얏다더라

●何事頻數 近日에何事件을因홈인지淸國領事館과同國政府간에電報來往이頻數ᄒᆞ다ᄒᆞ더라

●領事訪問 米國總領事는昨日午前拾一時에외部部장에각小松을統監府로訪問ᄒᆞ얏다더라

●狗苟之輩 自來로仕宦界에沼沒無窮ᄒᆞ던某々人들은近日總理大臣이完闢시를訪問ᄒᆞ고大監께셔地方人民의動靜如何를探知코저視察員을選擇中이라니賤窮를另念圖施ᄒᆞ라고請囑ᄒᆞ야紛擾ᄒᆞ다더라

●蘇往非私 親衛府長官리愛武씨ᄂᆞᆫ軍部廢止를因ᄒᆞ야親衛府官制를修定홀時에其妹夫副領魏鼎良씨ᄂᆞᆫ預備役으로塡充ᄒᆞ고其李씨의隨規시ᄂᆞᆫ侍從武官으로需用되얏ᄂᆞᆫ디此ᄂᆞᆫ리시가至히私情을施홈이라고批評이藉々ᄒᆞ다더라

●領尉官塞鑑 前軍部領尉官中에朴榮喆金秦元張寅根氏等凡名은韓國駐劄日本憲兵隊로派遣ᄒᆞ고副領魏鼎相尹致晟氏等七十七名은預備役으로付屬ᄒᆞ얏다더라

●因廢臨任 廢官將校中에參尉ᄂᆞᆫ副尉로副尉ᄂᆞᆫ正尉로正尉ᄂᆞᆫ參領으로一揆臨任ᄒᆞ얏다더라

●九龍聯合 再昨日內部에셔地方會審會를開ᄒᆞ온已報어니와各觀察使의薦報가合爲九名內에合格者가壹人뿐이다더라

●趣旨何旨 農商工部大臣趙重應시는昨日에各회驗시를請邀ᄒᆞ야遊說委員을各地方에從速派遣ᄒᆞ야蒙昧ᄒᆞᆫ人民의게國是學의趣旨를說明케ᄒᆞ라ᄒᆞ얏다더라

●勞働何人 內部大臣朴齊純시의親族某氏가再昨夜에中部泥洞啞巴를過去ᄒᆞ다가被洞勞働審嘗에ᄒᆞ야何許失措가有ᄒᆞ얏던지該勞働者가暴言ᄒᆞ야日前에亡韓太夫朴齊純氏의親族이아니냐ᄒᆞ고無數詬辱ᄒᆞᆯ時에觀光ᄒᆞ던人이數百名에達ᄒᆞ얏다더라

●工成落成 내部大臣朴齊純시의新建築ᄒᆞᄂᆞᆫ家屋은昨日에竣工이되얏다ᄂᆞᆫ디將次各大臣과其他高等官을請邀ᄒᆞ야落成宴을設홀다더라

●拔刑執行 故殺人犯金泰元은絞에處홀로法大高亦審ᄒᆞ야가上奏裁可되야京城監獄署에서執行ᄒᆞ얏다더라

●急々着手 京城과關島間電信線은淸國을經由ᄒᆞᄂᆞᆫ디인대咸興以北과關島龍井村間에電柱가破壞되야數日以來로關島電信이全然不通되ᄂᆞᆫ디其原因은淸匪의電線을切斷홈이라ᄒᆞ고推測ᄒᆞ나實ᄂᆞᆫ洪水에切斷됨이라ᄂᆞᆫ디何日에나復舊될ᄂᆞᆫ지統監府에서開嶋派出所의情況을知키不能ᄒᆞ며又一方으로ᄂᆞᆫ日本政府에서ᄂᆞᆫ重要ᄒᆞᆫ것을限ᄒᆞ야安奉線問題에關ᄒᆞ야淸國政府의確答을促ᄒᆞ야多事ᄒᆞᆫ際에嘗刻이라도早々히復舊코저ᄒᆞ야當局에셔ᄂᆞᆫ目下多數의工夫를出ᄒᆞ야復舊工事에着手中이라더라

●淸道內容 淸津羅南間道路를修築키爲ᄒᆞ야日人技師ᄂᆞᆫ日간出張ᄒᆞ야豆滿江으로通ᄒᆞᆫ道路를修築ᄒᆞᆫ바ᄒᆞ기ᄶᅡ지北韓에滯留ᄒᆞ더니대羅南兵營에兵器運搬에기便ᄒᆞ야淸津羅南間道路ᄂᆞᆫ急速修築을要ᄒᆞ야其工役은數個月後着手ᄒᆞ리오同時에鏡城ᄭ지二十五里의道路도着手ᄒᆞ야拾一月中에完成ᄒᆞᆯ豫定인대此線路로交通機關은憑ᄒᆞ며戰役ᄂᆞᆫ이에軍經費로速成ᄒᆞᆫ輕便鐵道가有ᄒᆞ나撤撤의危險이多ᄒᆞ야他에動兵ᄒᆞᆯ時에不合ᄒᆞᆫ지로軍用에充ᄒᆞ기爲ᄒᆞ야以上二工事를速成ᄒᆞ야何時던지有事ᄒᆞ면軍用交通路를作ᄒᆞᆯ豫定이라더라

●恩金請求 東關內動物園巡視를試取ᄒᆞᆫ은已揭이어니와動物園에서從前勤務ᄒᆞ던巡視四名과事務員六名은抑鬱ᄒᆞ야除汰를當ᄒᆞᆫ故로恩賜金을支給ᄒᆞ라고宮內府에呼寃ᄒᆞ얏다더라

●賦稅研究 今回내部에서地方費로外國人의게도賦課ᄒᆞ기로研究ᄒᆞ다더라

●一體表賞 從來로孝子와節婦와其他善行者의게對ᄒᆞ야宮內府에서表賞ᄒᆞᄂᆞᆫ디인데今回ᄂᆡ部에셔도同樣表賞ᄒᆞ다더라

●講習慰勞 學部에서夏期講習所의講師及繙譯者시의게相當ᄒᆞᆫ慰勞金을支給ᄒᆞ기로協議ᄒᆞ얏다더라

●講習終了 師範學校內에設立ᄒᆞᆫ夏期講習所ᄂᆞᆫ明日에閉了ᄒᆞ다ᄂᆞᆫ디同時에講習證書를授與ᄒᆞᆫ다더라

●獎勵賞給 韓國私立學校中成績이最優ᄒᆞᆫ者를賞遣니에賞授式選擇ᄒᆞ야獎勵補助金을給與ᄒᆞ기로學部에서調令ᄒᆞᆫ다ᄒᆞ얏다더라

●作人組合 國有田畓小作人의金額너에約二十萬원이有ᄒᆞᆫᄃᆡ度支部에서此를獎勵ᄒᆞ야其經濟를發達케ᄒᆞ기爲ᄒᆞ야小作人組合을設置케ᄒᆞᆯ計劃이ᄒᆞ던目下實施ᄒᆞᆷ에ᄂᆞᆫ其方面이二三個所가有ᄒᆞᆯ뿐이오其他ᄂᆞᆫ아죽報告를接치못ᄒᆞ얏스나此ᄂᆞᆫ地方金融組合에서資金을融通케ᄒᆞ야肥料,苗木,農具를改良及貯蓄을獎勵ᄒᆞ야漸次其地位를改善케ᄒᆞ라ᄒᆞᆫ다더라

●李氏渡淸說 北關島로出沒ᄒᆞ던義兵將리範允氏ᄂᆞᆫ近日該島事件에關ᄒᆞ야上海로渡去ᄒᆞ얏다ᄂᆞᆫ傳說이有ᄒᆞ다더라

●工役開始 敦化門前에셔鍾路에直通ᄒᆞᄂᆞᆫ道路修築의工役은日間開始ᄒᆞᆫ다더라

●引渡終了期 舊韓銀行에셔ᄂᆞᆫ韓國銀行에對ᄒᆞ야債權債務를引渡ᄒᆞ기爲ᄒᆞ야目下整理에甚히紛忙ᄒᆞ던바來월中旬頃에ᄂᆞᆫ大概의引渡가了ᄒᆞᆯ터이나全部의引渡ᄂᆞᆫ自然本年末에나終了된다더라

●水道工事垂訖 目下一百三十萬圓의資를投ᄒᆞ야起工ᄒᆞᆫ平壤水道工事ᄂᆞᆫ大槪成就ᄒᆞ고未了ᄒᆞᆫ件은水源池에吸筒建築及大同江에鐵橋架工事壹部分뿐이라遲ᄒᆞ야도來年月中에ᄂᆞᆫ竣工되리라더라

●吳氏再訴 鍾洞居甲明善氏의답士三石餘과墓이楊州郡에在ᄒᆞᆫ디其從弟申良善氏가抜錄賣償ᄒᆞ도內官令좌明氏와吳瑯願의게成券越給ᄒᆞᆫ지라申明善氏가續訴證明을成出ᄒᆞ얏더니吳瑯願이양州郡에起訴ᄒᆞ다가反爲落科ᄒᆞ고漢城地方裁判所에更訴ᄒᆞᆫ다더라

●人民呼訴 南大門外伊太院等地ᄂᆞᆫ日本軍司令部官舍를建築ᄒᆞᆯ時에犯入ᄒᆞᆫ人家의價金을支撥치아니ᄒᆞ야合으로該洞民들이昨日內部에呼訴ᄒᆞ얏다더라

●畜養組織 前判書金宗漢氏ᄂᆞᆫ畜養組合을組織ᄒᆞ고規則을製定ᄒᆞ고位置ᄂᆞᆫ殺場으로定ᄒᆞ고將次各地方에도支社를設立ᄒᆞᆯ計劃이라ᄂᆞᆫ디其趣旨ᄂᆞᆫ六畜其他動物等을收養ᄒᆞᆷ이라더라

●四々被絶 大同社敎社에셔ᄂᆞᆫ該會宋敎仁이章程合완洙權丙夏四씨가不正ᄒᆞᆫ行爲가有ᄒᆞ다ᄒᆞ야該社에서黜絶ᄒᆞ얏다더라

●術不可不愼 南部詩洞居吳弘洙氏ᄂᆞᆫ의人之術이有ᄒᆞ다ᄂᆞᆫᄃᆡ漢江所鄭昌五氏가狂疾을得ᄒᆞ야治療ᄒᆞ기를要求ᄒᆞ거ᄂᆞᆯ隨僧名을率同ᄒᆞ고數日誦經을際에狂症을治키爲ᄒᆞ야何等符楚사ᄒᆞ얏던지罷經翌日에鄭狂이不幸身故ᄒᆞᆫ지라鄭氏家에셔吳氏를告訴ᄒᆞ야龍山分署에拘囚ᄒᆞ얏다가再昨日에地方裁判所로押交ᄒᆞ얏다더라

●安奉狀態 安奉鐵路沿岸에視察ᄒᆞ고歸來ᄒᆞᆫ某의談話를據ᄒᆞᆫ즉數日以來로安奉沿岸에屯留ᄒᆞ던淸人等은陸續撤去ᄒᆞ고在留日人등은事業의容易치못ᄒᆞᆷ을知ᄒᆞ야大槪히不安ᄒᆞᆫ狀態가有ᄒᆞ다더라

●兵隊試砲 日步兵第拾二聯隊ᄂᆞᆫ來九日십日에新村서氷庫附近에서空砲實彈演習을施行ᄒᆞᆫ다더라

●兩々被捉 黃士헌씨代書ᄒᆞ던漢城金炳敏兩氏ᄂᆞᆫ何事件을因ᄒᆞᆷ인지再昨日上午에셔部警署에被囚ᄒᆞ얏다더라

●永郡義擾 永同郡境內에ᄂᆞᆫ義兵將金云善氏가部下兵을多數募集中인ᄃᆡ所到處에騷里가騷擾ᄒᆞ다더라

●慕聖錫膺 日昨夜에蓮池洞居趙晉元氏가金貨壹百圓을携帶ᄒᆞ고慕華館等地로過去ᄒᆞ더니賤漢의게被奪ᄒᆞ얏다더라

學界

●會設獎學 去日曜日에欽誠坊會장趙民熙氏가誠協學校學員及任員諸氏를帶同ᄒᆞ고新興寺에前往ᄒᆞ야遊足會를設行ᄒᆞ얏ᄂᆞᆫ디會費ᄂᆞᆫ趙民熙氏가自擔ᄒᆞ얏고學員中困衣를見失ᄒᆞᆫ者가有ᄒᆞ얏ᄂᆞᆫ디趙氏가補助金으로二圓식寄付ᄒᆞ얏다더라

●明東將明 楊州郡西太面五興洞私立明東學校ᄂᆞᆫ校監리廷遲시가極力視務ᄒᆞ고任員리明燮씨가遠大ᄒᆞ며永遠兩시가熱心贊成ᄒᆞᆷ으로進就之望이有ᄒᆞ다더라

○東京電報○

◎斷行己意　五日正午發　日本政府에서安奉線問題에對ᄒᆞ야期日을定ᄒᆞ고淸國政府의最後確答을促ᄒᆞ얏ᄂᆞᆫ디至今은淸國에對ᄒᆞ야改築工事에關ᄒᆞᆫ最後의通告를發ᄒᆞᆫ者途變이오日本政府에서此를斷行ᄒᆞ기로數日中에在ᄒᆞ다더라

◎素意斷行　仝日發　安奉線改築工事ᄂᆞᆫ淸國政府의態度와如何홈을不拘ᄒᆞ고日本의決斷으로緊急히遂行ᄒᆞᆯ方針인ᄃᆡ其工程은全線을十四區에分割ᄒᆞ야同時에着手ᄒᆞᆯ터이오竣工期ᄂᆞᆫ二年中을要ᄒᆞᆯ터이라더라

▲堅忍之功▼

特機子

▲軒々七尺이ᄂᆡ몸이兩間中에生겨나서自由活動못ᄒᆞ여보고朝東縛엔ᄇᆞᆫ인가더羈絆을버슨라ᄂᆞᆫ大事業을經綸ᄒᆞ거든堅忍心을養成ᄒᆞ소

▲句踐갓흔霸王도會稽山에屈膝ᄒᆞ야臣妾之辱을當ᄒᆞ엿지만臥薪嘗膽十年間에吳ᄂᆞᆫ軍卒養成ᄒᆞ야國恥快雪ᄒᆞ얏스니堅忍之功이아니며

▲韓信갓흔名將도淮陰市에窮困ᄒᆞ야少年胯下괴여나며漂母의게寄食ᄒᆞ며[illegible]을나强楚剿滅ᄒᆞ얏스니堅忍之功이아니며

▲大彼得의英雄은瑞典의게見敗ᄒᆞ야万乘으로微服입고和蘭卒간에遊學ᄒᆞ여外國技術傳布ᄒᆞᆫ後世界雄國되얏스니堅忍之功이아니며

▲瑪志尼의대豪傑도他人族에寄息ᄒᆞ야千辛萬苦격거ᄂᆡ고伊國城에서敎育ᄒᆞ며自國魂을喚起ᄒᆞ야統興獨立ᄒᆞ얏스니堅忍之功이아니며

▲文德갓흔대英雄도平壤城을固守ᄒᆞ야寡로敵衆危急ᄒᆞᆯ제七戰七走되ᄂᆞ니隋煬帝의百萬兵을薩水에深滅ᄒᆞ니堅忍之功이아니며

▲楊萬春의대韓將도安市城을固守ᄒᆞ야築土城塹이여가며唐片孤城堅守ᄒᆞ야百戰百勝ᄒᆞᆫ디唐宗이益々自退ᄒᆞ얏스니堅忍之功에아니나

▲슯흐도다同胞들아暫時慾境恨치마라希望点이오해두고勇進心을增加ᄒᆞ야堅忍으로ᄯᅥ엇은實力을ᄂᆡ게ᄂᆞ야가면成功之日이잇슬소냐

藥房 樣

라此類가甚多ᄒᆞ오며且失命在天ᄒᆞ고病在人故로死命에…病에有益이…故로特히藥色으로辨別死生ᄒᆞ야…藥을發行ᄒᆞ오니…僉位ᄂᆞᆫ郵便小包로請購發行ᄒᆞ시오
으로醫容을是務ᄒᆞ야名雖洋藥이나實是韓藥이오며唐藥材와洋藥乾材도廉價放賣ᄒᆞ오니 京城西小門外東洞閔宮 閔昇浩 白

社告

鏡城郡支社員安正石氏辭免ᄒᆞᆫ代에該郡內羅南 南宮燮氏로擇定ᄒᆞ얏스니本申報購覽ᄒᆞ시ᄂᆞᆫ 僉君子ᄂᆞᆫ 照亮ᄒᆞ시옴

大韓每日申報社

雜報

●日紙覓揭 昨日朝鮮新聞에北韓地方에서日本討伐隊에向ᄒᆞ야頑强히抵抗ᄒᆞ던暴徒團의首魁人이逮捕를免ᄒᆞ야京城에走入ᄒᆞ야大韓每日申報社에潛伏ᄒᆞ야其身을安保ᄒᆞᆫ다云云覽을揭載ᄒᆞ엿스나此ᄂᆞᆫ至然無根의說인ᄃᆡ本社ᄂᆞᆫ毋論何樣人이던지其潛蹤을容受ᄒᆞᆯ리가萬無ᄒᆞ거니와該報ᄂᆞᆫ何로從ᄒᆞ야此等荒說을信筆亂揭ᄒᆞᄂᆞᆫ지其記事의不實은令人駭歎ᄒᆞᆯ바로다

●吐瀉流行 通津郡桑串面에ᄂᆞᆫ吐瀉病이熾行ᄒᆞ야去月二十五日以後로罹患ᄒᆞᆫ人民이十五名에達ᄒᆞ얏다더라

●組合組織 崔奎明씨가發起ᄒᆞ야商業株式組合을組織ᄒᆞ야西部皇華坊商務衛院外直所에臨時事務所를定ᄒᆞ얏ᄂᆞᆫᄃᆡ日間總會를開ᄒᆞ고任員을組織ᄒᆞᆫ다더라

廣告

本社所屬에失敬仁과李寬과金완孫와權丙夏四人은不正當ᄒᆞᆫ行爲가有ᄒᆞ야本社에셔謝絕ᄒᆞ얏스니僉位同胞ᄂᆞᆫ照亮ᄒᆞᆷ

大韓日報社 洪…裕 告白

秘製止痛藥

此藥은美國에有名ᄒᆞᆫ의학博士百里得未司氏의발明ᄒᆞᆫ無雙ᄒᆞᆫ靈藥이라左開諸症에外塗內服ᄒᆞ면無不立效인바當此炎夏에尤極神效ᄒᆞ와多救生命이오니藥業에從事ᄒᆞ시ᄂᆞᆫ이와疾病을預防코ᄌᆞᄒᆞ시ᄂᆞᆫ이ᄂᆞᆫ速速來購ᄒᆞ시면廉價로都賣ᄒᆞᆷ을깃삽

左開

▲內科所用▼
胃酸 腹瀉
吐瀉 食傷
咳嗽 不消化
肚滯 疹子
心痛 傷寒
肝病 肚痛
胃熱 痢疾
口內之瘡 齒痛
哮喘 腎病
小兒吐瀉 暑夏吐瀉
抽筋
瘧疾
嗄聲
胃氣痛
困裡傷寒
候痺
身체軟弱
蕃病
暈船
氣管病
霍亂

▲外科所用▼
疔창
寒창
跌打損傷
腰背痛
毒창
指甲疽
咽喉痛
蟲蛇刺咬
凍창
腦氣筋痛
癬

發賣所

磚洞 韓美興業株式會社事務所

濟生堂和平堂兩大藥房聯合紀念大贈彩

●贈大彩說明

濟生堂開業五週年과和平堂開業三週年間에內外國君子의顧愛ᄒᆞ심을多蒙ᄒᆞ야營業이時日隆發ᄒᆞ고功績이東西諸國에及ᄒᆞ와其感佩ᄒᆞᆫ實誠을表ᄒᆞ기 故로今에兩大藥房에서記念式을幷行ᄒᆞ고僉君子의盛誼를表ᄒᆞ기爲ᄒᆞ야兩種藥品(淸心保命丹 八寶丹)을特製大發賣ᄒᆞ며大贈彩券을代金添呈ᄒᆞ와賞與를大占케ᄒᆞ오니僉君子ᄂᆞᆫ勿失此機ᄒᆞ시고陸續枉顧ᄒᆞ심을敬要

懸賞物品金六百圓價値

大贈彩券은以四千枚로定

兩大靈藥(淸心保命丹)(八寶丹)每貼價金各拾錢

效能 담飮積滯胸腹痛 水土不利咳嗽증

方法

定價金十錢枚五包에贈彩券壹張을添呈ᄒᆞᆷ

此外兩藥房製藥品中에五拾錢價格에彩券을添呈ᄒᆞᆷ

割引價로請求ᄒᆞ면五圓價格에彩券壹張을添呈ᄒᆞᆷ

賞品

頭等(壹人) 白米貳拾石(每拾石式)太斗五斗入

壹等(貳人) 仝 拾石(每五石式)

貳等(捌人) 仝 拾六石(每貳石式)

三等(拾人) 仝 拾石(每壹石式)

四等(壹百人) 金五十圓(每五十錢式)

五等三千八百七拾八紙券烟 二千八百七拾八匣 寸三千八百七拾八匣

空彩ᄂᆞᆫ無ᄒᆞᆷ

遠地에ᄂᆞᆫ郵便引換으로送呈ᄒᆞᆷ

期限은六十日노定 自陽六月拾六日 至陽八月拾五日

抽籤日子ᄂᆞᆫ臨期ᄒᆞ야更告ᄒᆞ깃슴

位置

皇城南大門側 濟生堂大藥房本舖

皇城鍾路 和平堂大藥房本舖

皇城銅峴 兩堂聯合出張所

自宅治療 電氣帶廣告

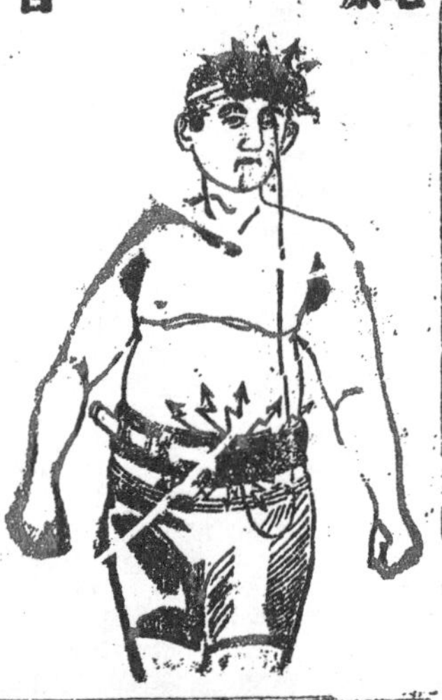

(主治効能)神經衰弱諸症不眠、遺精、早漏不快、陽위不起、消化器衰弱、胃腸痙攣、消化不良、便祕不通、遺尿、全身或半身不遂、手足厥冷、諸神經痛、頭痛、心悸亢進、腦充血、記憶力及忍耐力減退、精血分不足疾

上號 拾四圓　中號 拾二圓

[illegible]

前醫學校敎官 朴容南 著

定價 全一冊 金參十錢

此編은東西洋醫藥中에家庭에必要ᄒᆞᆫ救急妙法을博搜採摘ᄒᆞ야婦人小兒라도易曉케編纂ᄒᆞᆫ者ㅣ니人人마다案頭에貯ᄒᆞ야自宅의治療를作ᄒᆞᆯ神方이오且醫業에從事ᄒᆞᄂᆞᆫ人의臨床必要ᄒᆞᆫ者ㅣ니實濟世의要訣이옵

目次大畧○內科的의救急法○卒倒○卒中○熱射病○霍亂○癲癎○疼痛○頭痛○心臟疼痛○胃痛○月經時疼痛○出血○鼻出血○咯血○吐血○下血○中毒○中毒症狀의診斷則○鴉片中毒○양저물中毒○石炭酸中毒○硝酸銀中毒○燐中毒○비소中毒○炭氣中毒○魚類中毒○獸肉中毒○異物의摘出法○鼻、喉頭、耳、眼、의異物摘出法○火傷○凍傷○止血法○押圖○失氣及假死○假死眞死의區別○假死의救急法○溺水者○縊首者○瓦斯中毒○異物嚥下窒息假死○雷震死○凍死者○人工呼吸法○挫傷○外傷○頭部外傷○頸部外傷○胸部外傷○腹部外傷○下악脫臼○咬傷○狂狗○毒蛇咬傷○蜂螫咬傷○附妊娠의症候○妊娠中의攝養○產婦의攝養注意○初生兒의受護法○乳母의擇擇法○家庭의必備ᄒᆞᆯ藥品

發賣所 皇城南部大廣橋 興學堂大藥房 告白

代理店 共同堂各支店 京鄕各書舖隨意販賣

各種東西洋藥과韓國唐草材大發賣所 和平堂藥房

●本藥房은同胞僉員의顧愛ᄒᆞ심을입사와今에營業이以擴張ᄒᆞ야東西藥品을新輸入ᄒᆞ고東西藥品을貿易ᄒᆞ오니拾二道各郡僉員은藥業ᄒᆞ시ᄂᆞᆫ處位ᄂᆞᆫ西洋藥品이나韓藥唐材와草材를用求ᄒᆞ시면以廉價酬應ᄒᆞ며이오며賣藥服用ᄒᆞ실兄弟ᄂᆞᆫ方文만郵便付送ᄒᆞ시면特別精撰ᄒᆞ야製藥ᄒᆞ여代金引換으로送付上ᄒᆞ깃ᄉᆞ오니照亮ᄒᆞ시옵

本堂藥製品은如左ᄒᆞᆷ

百日中自覺阿煙斷引丸 每劑八週分 金五圓 半劑四週分 金三圓

婦人胎 養調經丸 壹個月分 金五圓

國香消瘡丹 每劑四日分 甲號金四圓 乙號金二圓五十錢

滋陽丸 壹月分五圓 貳拾日分二圓四拾錢 拾日分壹圓八拾錢

全治丸 每劑十四日分金三錢

八寶丹 壹包九拾五粒金拾錢

仁川鍾路 和平堂

藥房主 李應善

社告

○申報價

每號代金 新貨貳錢五厘

壹個月前納 三拾錢

參個月 九拾錢

陸個月 壹圓七拾錢

壹個年 參圓四拾錢

郵稅壹張 新貨五厘

壹個月 拾參錢

○廣告料

四號活字拾參字詰

每日壹寸(英尺)에新貨廿五錢

貳週日壹寸에 貳圓五拾錢

壹個月壹寸에 五圓

(自壹行至四行이爲壹寸)

其期限의長短과字行의多少를從ᄒᆞ야增減ᄒᆞᆷ이有함

◉大韓每日申報各處支社廣告

平安道

平壤鍾路太極書館 安泰國

三和港牌石洞敎堂 [illegible]亨湜

義州南門外東西大藥房 [illegible]有寬

鐵山邑東部 安瀕

車輦館 金明鎬

定州南門內書舖 洪成麟

博川郡邑[illegible]洞 金翼[illegible]

安州城內養井洞 金致河

[illegible]桃[illegible]藥舖 李基秀

[illegible]川場市 黃菊保

[illegible]川[illegible]面[illegible]東藥會 金贊[illegible]

龍川남市 [illegible]

朔州邑남門내 宋伯壽

泰川邑館前洋약局 李正華

寧邊鄕內紅門里 鄭德昇

江西邑內 金昌[illegible]

成川北上部面 高應三

平남順川郡[illegible] 鄭裕甲

寧川邑[illegible] 申基[illegible]

江界邑耶蘇敎會 김[illegible]

郭山郡[illegible]面[illegible]里 金[illegible]

[illegible]山郡邑面上里 [illegible]

[illegible]山郡內利用里 [illegible]

[illegible]山北面[illegible]洞 王[illegible]

黃海道

海州남門內書舖 朴[illegible]

安岳[illegible]石面[illegible]洞 金文[illegible]

長淵邑校洞西北支學會內 [illegible]東元

殷栗邑倉[illegible]里 金[illegible]

信川邑西里 [illegible]

載寧邑乾材局 [illegible]

黃州南門外冊舖 [illegible]

白川邑文明館 [illegible]

咸鏡道

沙里院活民勞動夜學會任敬[illegible]

咸興州南社西門外 [illegible]林

元山港創業社內 [illegible]南正[illegible]

高原邑 [illegible]

定平郡[illegible]川 [illegible]

洪原西門內保命局 [illegible]

永興南山쇼洪明學校內 業元[illegible]

鏡城羅南新興洞 安正[illegible]

淸津港新岩동 [illegible]元[illegible]

全羅道

全州水流面豆亭 [illegible]三

木浦항頭동 [illegible]得[illegible]

京畿道

[illegible]下北[illegible]堂里 [illegible]

仁川[illegible]新[illegible] 李東[illegible]

開城남大門內興學書舖 [illegible]

江華邑[illegible] [illegible]

忠淸道

[illegible]城廣川小龍동 [illegible]

慶尙道

大邱西門外友弦書館 [illegible]正[illegible]

釜山港佐川약局 [illegible]

江原道

[illegible]城邑內新城里 [illegible]海元

鐵原邑[illegible]동 [illegible]大

[illegible]珍遠남面[illegible]花里 [illegible]

告

第七卷

大韓每日申報

第千壹百六拾七號

歲時月曆及休日新刊

檀君開國四千二百四十二年
箕子元年三千三十一年
大韓開國五百十八年
日本明治四十二年
耶穌降生九年
陰己酉六月大二十二日己亥

Responsible for Publication Alfred Weekley Marnham.
發行兼編輯人英國人 萬咸
發行所
京城南部水標橋北邊第三統第四戶
大韓每日申報社

論說

◎商民에게 一告

韓國古來로 商賈의 組織은 惟負商이 最堅하고 惟負商이 最久하고 國家에 獻身하던 精神이 亦大하지라 其百年間 南征北還에 雲間의 鳥와 如하며 水面의 萍과 如하야 俗語에 云하는 今日忠淸明日慶尙의 行色이 有하나 然이나 其同業社會中에 過失相規하며 患難相救하는 風이 甚大하야 豐軍隊又치 相聯絡하며 政府갓치 相關渉하야 一呼에 百諾하며 孤死에 免難하야 同業의 豐을 ?하며 義俠心이 壯하며 國家에 對하야는 敵愾心이 富홈으로 國家에셔 此를 重視하야 每喪亂의 患이 有하면 其翊贊의 力을 此에 借홈이 甚多하야 褓部貿에 契丹을 擊却하던 招募한 兵이 太半商人이며 太祖皇帝威化島回軍時에 崔瑩의 商人等을 集하야 都城의 四門을 守케하며 及本朝壬辰倭寇의 際에 各道義兵將의 得力한 者ㅣ 商團에 多任하얏스니 此로 推觀하면 商民의 國家에 在한 位置를 可히 想見할지며 況世戚臣專政의 期에 生民을 漁侵함이 莫甚하되 商民을 剝奪함은 不敢하얏스니 其團體相救한 俠心의 偉大홈도 또한 可히 想見할지라 故로 商團이라 하면 人이 此를 敬하며 此를 畏하더니

噫라 挽近以來로 國家의 思想이 薄弱하얏스나 商團의 功業은 聞이오 惟吉永洙의 後를 隨하야 負木椎를 持하고 獨立協會를 打散함 覺事뿐이로다 或者는 此를 因하야 負商을 深咎하니 蓋此事가 商民界의 顏色을 減하며 名譽를 傷홈이 不少하나 但新舊思想轉換의 初期를 當하야 保守한 人民의 此等誤解가 暫有홈은 過責홈이 不可하거니와 即今日에 各種可驚할 音信이 行商의 耳朶를 突擊하나니 此는 惟何오 即學究陋鄙의 商務部設施가 是라

嗚呼라 幾十年忠義商民도 將且敵의 手中에 入하야 大則官邊會가 되며 小則遊說團이 되야 國家의 亂을 作홀 而已인가 人皆에 排斥하면 目下商民은 眼에 同胞도 無하며 胸에 國家도 無하고 只是商務社設立만 夢寐하던 者인즉 此를 復設하나니 日本의 膽大에 말미암아도 不愉할지며 現政府의 奴隷가 될지라도 不顧한다하니 其然가 豈然가 忠義人民의 心이 其然가 豈然가 吾儕는 維를 携하고 靜俟홀 而已어니와 祝하노니 商民同胞여 公等의 團力으로 設校興學하야 民知를 開發함도 可하며 結社홍세하야 國力을 挽回홈도 可하며 否則各自市井間에 潛하야 國運의 新命을 可하거늘 엇지 幾百年大韓天을 戴하던 商民子를 將하야 魔會의 麥票子와 同歸하리오

嗚呼라 商務社가 雖興하더라도 國家가 亡하면 此도 同亡하며 商務社가 雖亡하더라도 國家가 興하면 此도 可興할지니 商務社復興을 望하는 者는 國家復興을 望할지어다

▲隆熙三年七月三十一日 官報

勅令

朕이 隆熙元年勅令第拾壹号、隆熙二年勅令第拾六號、隆熙元年勅令第십七號、同年勅令第십八號、同年勅令第五十八號廢止의 件을 裁可하야 玆에 頒布케하노라

御名 御璽

隆熙三年七月三十日
內閣總理大臣 李完用
軍部大臣 李秉武

勅令第六십九號
隆熙元年勅令第十壹號侍從武官府官制、隆熙二年勅令第十六號親衛府官制、隆熙元年勅令第拾號王族武官官制、隆熙元年勅令第십六號近衛步兵隊編制件及隆熙元年勅令第十십八號近衛騎兵隊編制件은 此를 廢止홈

附則

本令은 頒布日로부터 此를 施行홈

朕이 內閣官制中改正의 件을 裁可하야 玆에 頒布케하노라

御名 御璽

隆熙三年七月三十日
內閣總理大臣 李完用
內部大臣 朴齊純
度支部大臣 任善準
軍部大臣 李秉武
法部大臣 高永喜
學部大臣 李載崑
農商工部大臣 趙重應

勅令第七십號
光武十年勅令第三십六號內閣官制中左又치 改正홈
第八條 削除

附則

本令은 頒布日로부터 此를 施行홈

朕이 各部官制通則中改正의 件을 裁可하야 玆에 頒布케하노라

御名 御璽

隆熙三年七月三十日
內閣總理大臣 李完用
內部大臣 朴齊純
度支部大臣 任善準
軍部大臣 李秉武
法部大臣 高永喜
學部大臣 李載崑
農商工部大臣 趙重應

勅令第七十壹號
隆熙元年勅令第三拾六號各部官制通則中左又치 改正홈
第壹條 「軍部」削除
第十壹條 第二項 削除

附則

本令은 頒布日로부터 此를 施行홈

外報

◎大阪災狀 大阪火災에 死傷數가 如左하니 逃奔負傷者가 貳十四이오 消防手負傷者가 八拾七이오 人民燒死者가 八이오 溺死者가 三이오 重傷者가 五이오 輕傷者가 百數十名이오 行衛不明者가 數十名이오 被害總人員은 十萬餘에 達하얏다더라

◎墨國激震 倫敦電을 據혼즉 墨西哥國에 激震이 有하야 칠파나요、치파파는 全部가 破壞되얏고 西北海岸아카풀코港은 半毀하얏고 其附近小市는 全滅되얏고 비그아라그엣조로에서는 死傷者가 數百名以上에 達하얏스며 大損害를 被하얏고 墨西哥市에셔는 被害額이 數百萬弗이오 死者는 數百名에 達하얏는데 地震이 尚今不止하며 全國이 擧皆恐怖하더라

◎露法兩帝會見 伯林電을 據혼즉 露國皇帝가 셀불에 到着하야 法國大統領과 會見하고 其船上에셔 祝宴이 有하야 乾盃를 交換하시며 歐洲平和를 爲하야는 露法同盟이 重要한 事이라고 切言하얏다더라

◎金剛石坑發見 伯林電을 據혼즉 阿弗利加西南地方에셔 新히 金剛石坑을 發見하얏다더라

◎葡國革命黨 同電을 據혼즉 葡國革命黨의 勢力이 漸々增大하야 ?色이 顯하는 故로 葡國政府는 叛徒를 鎭壓하기 爲하야 嚴重한 手段을 用하는 際에 ?國은 特히 嚴重한 態度를 執한다더라

◎英露協商 同電을 據혼즉 英露兩國은 波斯國攝政制度에 關하야 分擔 協商이라더라

◎列國軍艦派遣 同電을 據혼즉 西班牙의 形勢는 稍히 良好하나 列國은 中이오 又伊、英、墺三國은 自國居留民을 保護하기 爲하야 各其本國軍艦을 派遣하기로 要求하얏다더라

◎美國상業經營 伯林電을 據혼즉 美國上院은 淸國及南美에셔 美國의 상業的利益을 增進케 하기 爲하야 經費十萬弗을 支出하기로 議案을 通過하얏다더라

◎安南海賊猖獗 同電을 據혼즉 安南의 法國政府는 同地方에 在한 海賊猖獗에 就하야 河內淸國官吏의 權利를 與하얏다더라

詞藻

◎씨 름 판

遼東七百里、호옹。너른들에、씨름판새랴고、풍물이난다네、어리화、됴타、호應。知和者豆쿠나、與。

雜報

●整理官制起草 韓國土地整理局官制案은度支部에셔起草ᄒ야總務를終ᄒ야旣히統監府에內議를經ᄒ얏심으로 御裁可를 蒙ᄒᆫ後에ᄂᆫ卽時발布ᄒ리라ᄂᆫ더其內容을得聞ᄒ즉總裁及副總裁를置ᄒ고其下에總務部와調査部와測量部의三部를設ᄒ고每部에數課式分置ᄒᆫ다더라

●風雲急迫 關嶋에ᄂᆫ現今淸日이共히兵員을增加ᄒ리何如間風雲이急迫ᄒᆫ것ᄀᆺ다ᄒ고外交關係에就ᄒ야도先日以來로間島統監府派出所와統監府ᄂᆫ本政府間에情報가頻繁ᄒ야何等事이던지外交上重大ᄒᆫ問題가起ᄒᆯ듯ᄒ고統監府에셔도書類를秘密히ᄒ야世間에漏洩치아니ᄒᄂᆫ대事態가甚히不穩ᄒᆫ듯ᄒ다더라

●重在安奉 目下에간島의淸國態度ᄂᆫ甚히强硬ᄒᆫ데統監府에셔ᄂᆫ何等動靜이無ᄒ야外面으로ᄂᆫ無事ᄒᆫ貌樣을現出ᄒ니想像컨ᄃ 安奉線은淸日爭議의中心點이라此問題가解決치못ᄒ면此에만專力ᄒ고간島事件은一時讓步코자ᄒᆷ이라ᄂᆫ想論이有ᄒ다더라

●永宜消暢 永宣君李埈鎔氏ᄂᆫ再昨日에本宮內人을帶同ᄒ고二溪亭子에出往ᄒ야終日消暢ᄒ고午後八時頃에還歸ᄒ얏다더라

●例會晩發 昨日은統監府例會인데內部大臣朴齊純氏ᄂᆫ緊急ᄒᆫ事務를因ᄒ야本部에仕進ᄒ얏다가例會에晩發ᄒ얏다더라

●有何所用 總理大臣李完用氏ᄂᆫ何等緊用處가有ᄒᆫ지所居家屋과其他田土文券을典執ᄒ고金三十萬圜을得債ᄒ야某銀行에任置ᄒ얏다ᄂᆫ說이有ᄒ더라

●尹氏被任說 大靜旌義濟州等郡을合ᄒ야島廳을設置ᄒᆫ다ᄒᆷ은已報ᄒ얏거니와該觀察使ᄂᆫ前濟州郡守尹元求氏가被任ᄒᆫ다더라

●代書懸訴 宮內府大臣閔丙奭氏가李仲燦氏의게被訴ᄒᆫ事ᄂᆫ已報ᄒ얏거니와閔氏가리處ᄒ로[illegible]言人을定ᄒ고酬勞金二百圜을出給ᄒ얏다더라

●[illegible]多退 現今各郡官中[illegible]도三四處가되며現任郡守도辭職請願ᄒᆫ者가多數ᄒ다더라

●就務反對 [illegible]臣侍從에[illegible]慰勞金[illegible]反對者가有ᄒ야勿應ᄒᆯ듯ᄒ다더라

●同學陳情 日本에留學ᄒᆫ武官學校生徒四十名은韓國軍隊의將來와身上處置事에關ᄒ야統監府에陳情書를提出ᄒ기로目下協議中이라더라

●[illegible]巧 遊說團의蜂論을據ᄒ즉韓國人團에憾情이生ᄒᆷ은日人이韓人의게虐待와凌侮ᄒᆷ을因ᄒᆷ인즉爲先京城日本居留民團에셔說論ᄒ야從來[illegible]今以後로互相贊助ᄒ게ᄒᆫ다ᄂᆫ데遊說의目的이果然此에在ᄒᆫ지人皆疑訝ᄒᆫ다더라

●到處遊說 國是遊說團에셔京城居留日本民團에對ᄒ야遊說ᄒᆫ다ᄒᆷ은別項과如ᄒ거니와本日爲始ᄒ야開覺社及鍾路等地에遊說會를開ᄒᆫ다더라

●遊團來辨 再昨日本報에遊說團이基督教人中時事痛論者를偵探打殺코저ᄒᆫ다ᄂᆫ記事에對ᄒ야該團에셔總代를派送ᄒ야宗教中信徒를打殺ᄒᆯ能力도無ᄒ거니와此等思想도無ᄒ다고來辨ᄒ얏더라

●廉犬無功 警[illegible]某氏가一進會員中某氏의게委托ᄒ되近日閭巷間動靜을精詳偵探ᄒ면月給을支給ᄒ마ᄒᆫ故로月給幾分에流涎ᄒ야五十日을偵探ᄒ얏스되月俸은支撥ᄒᆯ思想이無ᄒᆫ지라該會員이昨日에該事由를日本警視에게說明ᄒ얏고將次地方裁判所에起訴ᄒᆫ다더라

●私校規則 大邱郡의私立學校에職員과學務委員과紳士諸氏가發起ᄒ야學徒의團束規則을製定ᄒ얏ᄂᆫ데槪意인즉華麗ᄒᆫ衣服과不正當ᄒᆫ居處를禁止ᄒᆷ이라더라

●魚市取締 農商工部水産局에셔ᄂᆫ地方魚市場의種々弊害가有ᄒ다ᄒ야其取締法을目下研究中인데不遠에法律로發布ᄒᆫ다더라

●出張認許 東拓會社에셔ᄂᆫ[illegible]島方面에引續ᄒ야驛屯土를經營ᄒ기爲ᄒ야出張所를設置ᄒ기로決定ᄒ고韓國政府에認可를請求ᄒ얏ᄂᆫ데韓國農商工部에셔ᄂᆫ去五日에此를認許ᄒ얏다더라

●輸出始許 咸鏡北道에셔ᄂᆫ昨年中에牛疫이발生ᄒ야一時極히猖獗ᄒᆷ을因ᄒ야今年一月에道令으로써同道牛隻은日本及其他地方에輸出을禁止ᄒ얏더니近日에至ᄒ야牛疫이稍히減退ᄒ고城津附近에ᄂᆫ全혀熄息ᄒᆷ으로昨日부터城津港으로輸出을許ᄒ기로決定ᄒ야農商工部에셔照會ᄒ얏다더라

●聚民[illegible]訴 宮中顧問官[illegible]氏ᄂᆫ慶北觀察使在任時에管下金山郡居裵[illegible]氏가何等罪犯이有ᄒᆫ던지所有畓五十斗落地의秋收를每年蹕喫ᄒ얏다ᄂᆫ데裵氏가此를推코ᄌᄒ야日昨에地方裁判所에起訴ᄒ얏다더라

●組合損害 煙草組合所ᄂᆫ當初에財務監督局의指揮를承ᄒ야設立ᄒᆫ者인故로日昨에該所任員諸氏가聯會ᄒ야該局에請願ᄒ되許를請ᄒ고其所入經費를支撥ᄒ라ᄒ얏더니該局에셔煙草稅를收入ᄒ야經費를支撥ᄒ라ᄒ나收稅ᄂᆫ極難ᄒᆷ으로損害가不少ᄒ다더라

●其廳不償 鐵道廳에셔ᄂᆫ七月中에收入ᄒᆫ貨金中에客車收入이十五萬七千七十八圜[illegible]錢이오貨車收入이十萬六千六百二십七圜[illegible]錢이라合計二십六萬三千七百십五圜九十[illegible]이니每日平均八千五百六十[illegible]圜九[illegible]六錢인데此에對ᄒ야乘車人員이十二萬七千百九십六人이오貨物發送이五萬三千九百五十六噸이라더라

●茂民起訴 李根滿氏가光州郡守在任時에管下茂長郡民의게何等寃徵이有ᄒ얏던지該郡民三四名이裁判次로上京ᄒ야辯護士를交涉ᄒᆫ다더라

●後藤[illegible] 全羅道會寧附近에在ᄒᆫ韓人高山[illegible]와共[illegible]有ᄒᆫ高산에가[illegible]ᄒᆫ後에檢事가不法으로約壹萬圜의金塊를隱匿ᄒᆫ故로高산에가辯護士의게委托ᄒ야橫濱[illegible]에告訴ᄒ얏다더라

●[illegible]往復 鏡城郡守備隊大尉帖佐[illegible]이六月拾九日에義兵將[illegible]氏와[illegible]救醫ᄒ야好假說明ᄒ가有ᄒ다ᄒ고壹次面會ᄒ기를請ᄒ얏ᄂᆫ데延氏가答函ᄒ기를七條約을廢止ᄒ고各處討伐隊와兵站을撤去ᄒᆫ後에야面會를可得이라ᄒ얏다더라

●同情採用 간島에淸國官吏ᄂᆫ近日韓人中淸語를能通ᄒ고平日에淸國의同情을表ᄒ던者三십餘名을各村에官吏로採用ᄒ얏다더라

●斷髮壓迫 北間島淸人들은韓國人斷髮者를壓迫ᄒ며滋甚ᄒ다ᄂᆫ說이有ᄒ다더라

●來往困難 北韓地方에ᄂᆫ近日淸兵의往來가益益熾盛ᄒ야道路를防禦ᄒ며其外不穩ᄒᆫ行動이有ᄒᆷ으로人民來往이困難ᄒ다ᄂᆫ傳說이有ᄒ다더라

●電信復舊 間島와永興灣間電信은再昨日午后丁時三拾分부터開通되얏다더라

●大東押收 大東共報第五십五號五십六號五십七號ᄂᆫ治安을妨害ᄒᆫ다ᄒ야內部에셔發賣頒布를禁止ᄒ얏다더라

●藥庫爆發 木浦港日人水下[illegible]의所有火藥庫가爆발되야死傷者가三名이라더라

●因水損害 鐵道廳에셔ᄂᆫ過日水害로因ᄒ야貨物其他收入의損害가約貳万五千圜이라더라

●成川水災後報 成川郡水害ᄂᆫ既히報道ᄒ얏거니와更히確報를得ᄒ즉去月二十七日午后五時에暴雨가注下ᄒ야同拾二時에該郡沸流江이漲溢ᄒ야電桿上으로船隻이浮橫ᄒ얏고邑內全部가浸水되얏ᄂᆫ데衛舍와降仙樓만僅히沉沒을免ᄒ얏고人命은幸히死亡이無ᄒ얏스나家屋二百餘戶가傾頹ᄒ얏스며各面에ᄂᆫ西面鷄律店에셔人六名이溺死ᄒ얏고三岐面에셔百餘名이溺死ᄒ얏고天成面에셔二十餘名이溺死ᄒ얏고上下沿岸에浸頹ᄒᆫ家屋이幾千戶오邑內에損失額이三萬餘圜에達ᄒ얏다더라

●被損最大 成川郡水災ᄂᆫ別項과如ᄒ거니와該郡上面居[illegible]三氏ᄂᆫ畜觀과穀物과各商品損失額이萬餘圜에達ᄒ얏다더라

●水災具報 咸興郡水災ᄂᆫ既히緊報ᄒ얏거니와去月二拾七日以來로降雨가連仍ᄒ야本月三日에ᄂᆫ万歲橋가墜落ᄒ얏고沉水된家屋은約七百戶오屍體發見이七이오其餘堤堰이破壞되야農作物의損害가不小ᄒ다더라

●晉倅治績 전州郡守孫之鉉氏ᄂᆫ莅任以來로殺畜殖産救恤等諸般行政에盡力ᄒ야不過幾朔에稱頌이載路ᄒ다더라

●嘉郡牛疫 嘉山郡에ᄂᆫ近日에牛疫이大熾ᄒ다ᄂᆫ電信이日昨內部衛生局에到達ᄒ얏다더라

●犯禁何多 本年度上半期에韓人의鴉片及모ᄅ핀을吸用ᄒ다가行政에處分을受ᄒᆫ者가鴉片에二千九百五십四人이오모ᄅ핀에六百三십六人이라더라

●干涉被捉 元山韓館金濟儀氏가何事件에對ᄒ야宋敬仁諸氏와干涉이有ᄒᆫ던지再昨日憲兵司令部에拿押囚禁ᄒ얏다더라

●金[illegible]放免 義將嫌疑로憲兵司令部에被囚ᄒ얏던金[illegible]性敏氏ᄂᆫ該部에셔審査ᄒ되確證이無ᄒᆷ으로因卽放送되얏다더라

●[illegible] 楊州教育會評議員[illegible]氏가鄕第에下去ᄒᆫ다ᄂᆫ데[illegible]沿路에셔界觀察[illegible]委托ᄒ얏다더라

▲招隱 操▼

▲笑山頴ᄉ찻는길ᄭ東亭島로도라드니悲歌慷慨ᄒ며志士들이時代[illegible]엿슴소나[illegible]비노리로ᄉᆞᆷ英雄불너보세

▲臥龍岡이秀麗ᄒᆫ데[illegible]우에大夢서ᄂᆫ諸葛先生[illegible]大賢ᄂᆫ그도아니잇슬손가三分疲弊ᄒ엿ᄉᆞ니漢室興復ᄒ여보소

▲더東산이蔚然ᄒᆫ데[illegible]高臥ᄒᄂᆫ謝安이여가ᄐᆫ偉人ᄂᆫ그도아니잇슬손가蒼生塗炭ᄒ엿ᄉᆞ니晉朝輔弼ᄒ여보소

▲兩嶂春[illegible]되얏ᄂᆫ데[illegible]耘田ᄒᄂᆫ華[illegible]元亮이英雄ᄂᆫ그도아니잇슬손가花[illegible]獨[illegible]ᄒ여보소

▲江上風雨[illegible]往來ᄒ며[illegible]加[illegible]嚴陵ᄉᆞ그도아니잇슬손가[illegible]伊太中興ᄒ여보소

▲鴨綠谷에[illegible]深居ᄒᆫ乙巴素와가튼賢者그도아니잇슬손가[illegible]幸船[illegible]ᄒ여보소

▲師[illegible]山이蒼々ᄒᆫ데彈琴[illegible]自歡ᄒ든勿稽子와고든志士그도아니잇슬손가[illegible]羅朝功業ᄒ여보소

▲墨[illegible]洞이깁흔데杏花門[illegible]寓居ᄒ든許生員과가튼異人그도아니잇슬손가[illegible]大義倡明ᄒ여보소

▲十室忠信잇다ᄒᆫ니二千萬[illegible]업슬소냐人族存亡[illegible]善其身을지말고[illegible]出世ᄒ야英雄[illegible]ᄒ여보소

[illegible]

藥房

標

此類가甚多ᄒᆞ오며且死命在天ᄒᆞ고病在人故로死命에無醫藥ᄒᆞ야死病에有醫藥이라命證病重에用藥醫故로特以藥色으로辨死生ᄒᆞ야…

으로從益을是務ᄒᆞ야名曰洋藥이나實是賤藥이오며唐材와洋藥乾材도廉價放賣ᄒᆞ오니僉位ᄂᆞᆫ郵便小包로請購發行ᄒᆞᆸ

本鋪京西小門外 …

閔幷浩 …信友 謹白

社告

鏡城郡支社員安正乭氏辭免ᄒᆞᆫ代에鏡城郡內羅南 南宮 燮 氏로擇定ᄒᆞ얏스니本申報購覽ᄒᆞ시ᄂᆞᆫ 僉君子ᄂᆞᆫ 照亮ᄒᆞ시옴

大韓每日申報社

七月三十日에本人이官廳에서使用ᄒᆞ던圓形姓名章壹個와單名章壹個를見失ᄒᆞ엿스니知審간照亮홈

… 白

本人이 龍鳴 二契 二十八統三戶河與日의家券을崔凡伊處草家五間與執ᄒᆞ얏다가서失故로廣告ᄒᆞ니誰某拾得勿施홈

龍鳴 崔凡伊 告白

雜報

誰是何妖婆 京中에居ᄒᆞᄂᆞᆫ妖婆壹名이近頃에十歲女兒八歲女兒五歲女兒三歲女兒合四名을携帶ᄒᆞ고釜山港으로下往ᄒᆞ야拾歲八歲兩女兒ᄂᆞᆫ淸장의게三십圜에賣渡ᄒᆞ얏ᄂᆞᆫ데此時淸服을着ᄒᆞ야去壹日에渡航ᄒᆞᆫ故로此韓人幾名이警察廳에告發ᄒᆞ얏다더라

本社에서營業을實居廣張ᄒᆞ기爲ᄒᆞ야規模를若干改定ᄒᆞᄂᆞᆫ데長斫대金은前日보다特減ᄒᆞ야每駄八십錢으로定ᄒᆞ고運搬駄價貳십錢은八月壹日노爲始ᄒᆞ야ᄂᆞᆫ請求人이送達ᄒᆞ는에開部出給ᄒᆞ기로變更ᄒᆞ얏ᄉᆞ오니愛顧ᄒᆞ시ᄂᆞᆫ 僉君子ᄂᆞᆫ以此 照亮ᄒᆞ시옴

漢城材木柴炭株式會社 白

廣告

本館에셔石版印刷도各種印刷物을精美히ᄒᆞ오며極히廉價로ᄒᆞ깃ᄉᆞ오니 僉君子ᄂᆞᆫ陸續來臨請求ᄒᆞ심을敬要

南大門內秀印館印刷 朴楨英

本社에서在上海東洋烟草太製造廠과專賣權을特約ᄒᆞ고各種烟草를直輸入ᄒᆞ와各代理店에支出ᄒᆞ오니 僉君子ᄂᆞᆫ愛顧ᄒᆞ심을敬要

法韓黑紙烟草匣廿五本入具紙 … 價
獎盤票 匣廿本入具紙
鸚鵡 갑 五本入
鷹標 갑 십本入
虎標 갑 십本入
獅·標 匣 拾本入
國十標·匣十本入
法韓쉬일金口紙一匣拾本入
法韓시오빅金口紙一箇白本入

本社의各代理店은左開홈
平壤代理人鄭基煥
黃州沙理院代理人鄭貞煥
太邱代理人金基慶

再

諸某시던지各處에代理店을設置코져ᄒᆞ시던지本社에隨時로請求ᄒᆞᆷ을開ᄒᆞ기를願ᄒᆞ거던本社에來臨相議ᄒᆞ시옴

京城石井洞

法韓會社 告白

本人의당이江華郡仙源面烟洞所在田畓字畓ᄉᆞ십五斗落을挾雜輩等이僞造證明ᄒᆞ야典執ᄒᆞ야債次로田沒京鄕이기로玆에廣告ᄒᆞ오니內外國人은切勿見欺ᄒᆞ시옴

江華郡吉祥面船頭洞居

洪丙圭 告白

救大辯論 全

嵩陽山人 著述 … 一冊百頁 本價 參拾貳錢

東西洋園藝家의種木移接ᄒᆞᄂᆞᆫ法과我韓國藝術의多年經驗ᄒᆞᆫ術을參互採擇ᄒᆞ야書ᄒᆞ니拾年之計에有志ᄒᆞᆫ諸氏ᄂᆞᆫ陸續購覽ᄒᆞ시오

外方에셔ᄂᆞᆫ郵遞로請求ᄒᆞ시면隨應ᄒᆞᆷ

發行所 布屏下 廣學書 포

◉特別廣告

本人이漢城材木柴炭株式會社株式五拾株를出資ᄒᆞ오고韓一銀行第壹回割引證金貳百圜과第壹回割引證金五拾圜과券壹度를遺失ᄒᆞ얏ᄉᆞ오니內外國人은休紙施行ᄒᆞᆷ

西部茶洞씨統廿戶

朴承設

◉特別廣告

奬淵穩居ᄒᆞᆫ韓人同胞들이本國孤兒를敎育ᄒᆞ기爲ᄒᆞ야收合ᄒᆞᆫ捐貲가千圜에已達ᄒᆞ엿지라陸續加鳩ᄒᆞ야平北宣川에定基立院ᄒᆞ오니地方僉志士들도協力贊成ᄒᆞ심을務望

宣川孤兒院內地主務者梁何伯

書籍各種
測量機械新製各種
製圖付屬品俱備
吸煙 谷香煙草

漢城中部壽洞六拾貳統십戶

金龍商會 謹告

○特別廣告

本人이我國好品垣에所産인 … 煙을繁殖ᄒᆞ야白煙及金多利賀來에온바味佳色좋ᄒᆞ고經年不變ᄒᆞ오며價亦低廉ᄒᆞ오니 僉君子ᄂᆞᆫ陸續來購ᄒᆞ심을懸望再은販賣ᄒᆞᆯ時期ᄂᆞᆫ陰曆六月晦間이외다

西部餘慶坊中契第九統九戶

金俠熙 小名清源 告白

新訂 算學通論 上下合附演解式 定價壹圜
新訂 理科敎科書 高等 小學
肆、貳卷 각廿전
三、四卷 各廿五전
卷壹第二 植物 動物
第三第四 地文 礦物科 物理 化학 生理 衛生科
大韓地誌敎科書 高等小學 二拾五錢
懸吐 孟子 上下 壹圜
且解 孟子 全冊 壹圜
初等用畵帖 七拾전
新訂 大韓帝國地圖 壹冊 五拾錢
分道 以上學部認可
 全冊 四십錢
最新 大韓國大地圖 壹幅 九拾錢
 帝子 附 壹軸 壹圓廿錢
新撰 家庭尺牘 附漢字 壹冊 廿五전
習字帖 學部檢定
實以正字 學部許可
韓日文 照 新法律 大審院判例 壹 貳卷 各六錢
對照
양裝 中學 拔萃 壹冊 九拾전 七拾五錢
小學漢文讀本 上下 六十전
算術新書 中洋裝 上下卷 壹圓 八拾錢
中等算術敎科書 附 壹冊 八拾五錢
商易四則 三十錢
中等小學植物學 壹冊 四十錢
中等礦物학
普通化學 歷史 上下壹秩 … 三十錢
改正刑法大全 一冊 一八錢
民事新訟 例 一冊 一拾錢
新式記憶法
催眠術法 …
毛筆畵帖 第二卷 各 十錢
成親王法帖 一冊 拾錢
大韓帝國地圖 壹幅 四拾錢
唐玉篇 壹冊 肆 십五錢
最新式體操○ 壹冊 三十六
新訂千字文 … 二十전

發行所

京城中部 … 衛生公…
皇城中署 … 統二戶
外京城 … 衛

◉秘製止痛藥

此藥은美國에有名ᄒᆞᆫ의학博士百里得宋司氏의발明ᄒᆞᆫ無雙ᄒᆞᆫ靈藥이라左開諸症에外塗內服ᄒᆞ면無不立效인바當此炎夏에尤極神效ᄒᆞ와多數生命이오니藥業에從事ᄒᆞ시ᄂᆞᆫ이와疾病을預防코ᄌᆞᄒᆞ시ᄂᆞᆫ이ᄂᆞᆫ速速來購ᄒᆞ시면廉價로都賣ᄒᆞᆯ지삼

左 開

▲內科所用▼

胃酸 腹瀉
吐瀉 食傷風
咳嗽 不消化
肚滯 疹子
心痛 傷寒
肝病 肚痛
胃熱 痢疾
口內之瘡 牙痛
哮喘 腎病
小兒吐瀉 暑夏吐瀉
抽筋
瘧疾
嘔聲
胃氣痛
兩種傷寒
喉痺
身上軟弱
背病
暈船
氣管病
霍亂

▲外科所用▼

火疔창
凍창
跌打損傷
腰背痛
疳창
指甲疽
咽喉痛
蟲蛇刺咬
凍창
腦氣筋痛
癬

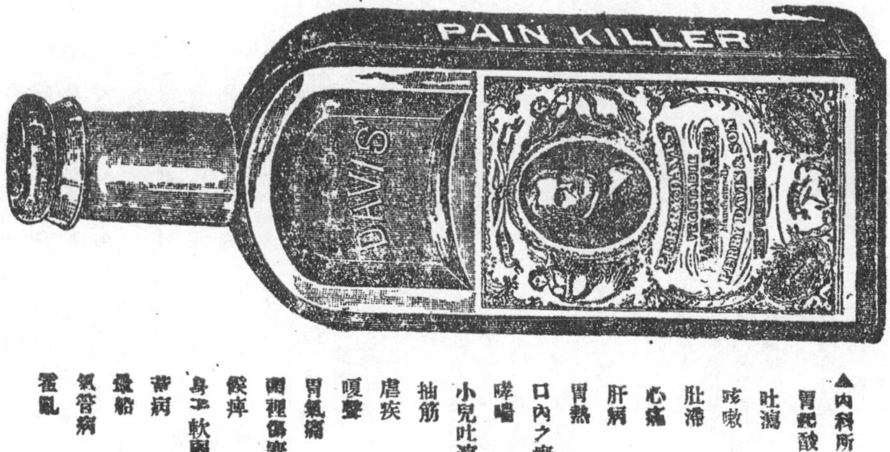

▲發賣所

磚洞 韓美興業株式會社事務所

濟生堂和平堂大藥房聯合紀念大贈彩

◉贈大彩說明

濟生堂은第五週年이오和平堂은第三週年인데[illegible]內外國君子의顧愛하심을[illegible]盛하고功績이東西에[illegible]故로今에兩大藥房에서紀念으로[illegible]君子의厚誼를表하기爲하야[illegible]藥品(淸心保命丹·八寶丹)을特製大贈[illegible]彩券을無代金添呈하와特別히大[illegible]하오니僉君子는勿失此機하사[illegible]

懸賞物品金六百圜價値

大福彩券은以四千枚로定

兩大靈藥 (淸心保命丹)(八寶丹)을貼價金各拾錢

效能 暑飮積滯胸腹痛 水土不利咳嗽증

方法

定價金十錢枚五包에福引券壹張을添呈홈

此外兩藥房製藥品中에五拾錢價格에彩券을添呈홈

福引券을請求하면五圜價格에福券壹張을添呈홈

賞品

壹等(壹人) 白米貳拾石(每拾石式)太斗五斗大

貳等(貳人) 仝 拾石(每五石式)

參等(拾人) 仝 拾六石(每貳石式)

三等(拾人) 仝 拾石(每壹石式)

四等(壹百人) 金五十圜(每五十錢式)

五等三千八百七拾八人 紙券烟二千八百七拾八匣 寸三千八百七拾八匣

空彩는無홈

遠地에는郵便引換으로送呈홈

期限은六十日로定 自陽六月拾六日 至陽八月拾五日

抽籤日子는臨期하야更告홈

位置

皇城南大門側 濟生堂大藥房本舖

皇城鍾路 和平堂大藥房本舖

皇城鍾路 兩堂臨時出張所

自宅治療 電氣帶 廣告

(主治効能) 神經衰弱、踏症不眠、遺精、早漏不快、腰痛不利、[illegible]消化不良、發育不良、遺尿、[illegible]新陳、病症、中身不遂、或全身不遂、手足厥冷、精神錯亂、[illegible]神經痛、腳氣及喘息、記憶力及忍耐力減退、排血分不足症

上號 拾四圜 中號 拾二圜

家庭救急方

前醫學校敎官 朴容南 著

此編은東西洋醫藥中에서家庭에必要한救急妙法을博搜採[illegible]하야雖婦人小兒라도易曉케하야讀過한즉人人마다案[illegible]하야自宅의治療를作하는神方이오且醫藥에從事하는人의隨[illegible]必要할書니實로救急의要訣이라

目次大畧○內科病의救急法○卒倒○卒中○鶩射病○痛氣○癲癇○痙攣○頭痛○心臟疼痛○胃痛○月經疼痛○出血○鼻出血○咯血○吐血○下血○中毒○中毒療法의普通藥劑○鴉片中毒○양저풀中毒○石炭酸中毒○硝酸銀中毒○燐中毒○可羅中毒○炭氣中毒○魚類中毒○獸肉中毒○異物의攝取法○鼻、咽喉、耳、眼、의異物摘出法○火傷○凍傷○止血法○挿圖○失氣及假死와區別○假死의救急法○水害○縊首者○電氣中毒○異物嚥下○窒息假死○溺死○死者○人工呼吸法○挿圖○外傷○頭部外傷○眼部外傷○胸部外傷○腹部外傷○下악脫臼○咬傷○狂狗○毒蛇○蜂蟲咬傷○附妊娠의症候○妊娠中의攝養○產婦의注意○初生兒의受護法○乳母의擇法○家庭의必備藥品

發賣所 皇城南部大廣橋 共益堂大藥房 告白

代理店 共益堂各支店 京鄕各書舖隨意販賣

各種賣藥製藥品 韓國唐草材大發賣所 和平堂藥房

本藥房은同胞僉員의[illegible]一般社會의[illegible]廣[illegible]東西藥品을都賣하오니拾二道各[illegible]藥業하시는僉位는西洋藥品이나藥用材와草材를隨用請求하시면以廉價[illegible]調劑하오며漢藥服用하실兄弟는方文[illegible]郵便付送하시면[illegible]藥材를擇하야精製하며[illegible]上호깃스오니[illegible]하시옵

本堂藥製品은如左홈

阿片煙斷引丸 壹劑八圜分 金[illegible]圜 半劑四圜分 金二圜

養調經丸 壹個月分 金五圜

回春消瘡丹 [illegible]四圜分

甲號 [illegible]圜

乙號金二圜五拾錢

滋陽丸 壹月分五圜 貳拾日分[illegible]圜四拾錢 [illegible]日分[illegible]圜八拾錢

全治丸 [illegible]十日分金三圜

八寶丹 每包九拾五粒金拾圜

和平堂藥房主 李應善

◉大韓每日申報各處支社廣告

平安道

三和港牌石洞敎堂 安泰國
義州南門外重西大藥房 鄭亨澤
平壤鐘路太極書[illegible] 金[illegible]
鐵山邑東[illegible] 安[illegible]
車輦館 金明[illegible]
[illegible]南門[illegible] 洪淳[illegible]
[illegible]川郡邑[illegible] 金[illegible]
安州城內義井洞 金[illegible]河
京畿[illegible] 李基秀
寧川[illegible] 黃[illegible]保
[illegible]川南面[illegible] 鄭[illegible]
龍川[illegible]市[illegible] 朱伯[illegible]
朔州邑남門[illegible] 李正[illegible]
義川邑[illegible] [illegible]
[illegible]通[illegible]紅門里 金[illegible]
江西邑內 [illegible]
成川[illegible] 鄭裕[illegible]
平壤順川郡[illegible] 申基[illegible]
[illegible]川邑[illegible] 김[illegible]
江界邑[illegible]

全羅道

金溝水流面豆亭 [illegible]
木浦[illegible] [illegible]得[illegible]

京畿道

[illegible]社下[illegible]堂里 [illegible]
仁川[illegible]開新[illegible] [illegible]
開城[illegible]大門內興學書館[illegible]
江華邑川[illegible] [illegible]

忠淸道

[illegible]城[illegible]川小[illegible] [illegible]

慶尙道

大邱西門外友[illegible] 李正由
釜山港佐川약局 徐[illegible]

江原道

[illegible]城邑內新[illegible]里 甘[illegible]元
[illegible]原邑[illegible] [illegible]
[illegible]珍遠[illegible]面[illegible]花里 朱[illegible]

咸鏡道

咸興州南社內門外 [illegible]
元山港創業社內 [illegible]
高原邑 [illegible]
定平郡[illegible]川 [illegible]
洪原西門[illegible] [illegible]
永興[illegible]山[illegible]明學校內 [illegible]
鏡城[illegible]新興洞 [illegible]
淸津港[illegible] [illegible]元[illegible]

沙里院活民勞動夜會任敬[illegible]
白川邑文明館 [illegible]
黃州南門外冊肆 [illegible]
載寧邑乾材局 [illegible]
信川邑[illegible]里 [illegible]
殷栗邑[illegible]里 金[illegible]
長淵邑[illegible]洞西北支學會內 [illegible]元
安岳[illegible]石面[illegible] 金文[illegible]
海州남門內[illegible] [illegible]

黃海道

郭山郡[illegible]面[illegible]里 金[illegible]
雲山郡邑面上里 梁[illegible]
[illegible]山郡[illegible]利用里 [illegible]
寧山北面[illegible]洞 王[illegible]

社告

○申報價
新聞代金 新貨貳錢五厘
壹個月前納 三拾錢
參個月 九拾錢
陸個月 壹圜七拾錢
壹個年 參圜四拾錢
郵稅壹張 新貨五厘
壹個月 拾參錢

○廣告料
四號活字拾參字詰
每日壹寸(英尺)에 新貨什五錢
貳週日壹寸에 貳圜五拾錢
壹個月壹寸에 五圜
(自壹行至四行이爲壹寸)
其期限의長短과字行의多寡를依하야增減홈이有함

第七卷

大韓每日申報

第千壹百六拾捌號

月曜及慶日休刊

檀君開國四千二百四十二年
[illegible]元年三千三十一年
大韓開國五百十八年
日本明治四十二年
淸國宣統元年
陰己酉六月大廿三日庚子

Responsible for Publication Alfred Weekley Marnham.
發行兼編輯人英國人 萬咸
發行所 京城西署[illegible]
大韓每日申報社

論說

◉東洋主義에對ᄒᆞᆫ批評

東洋主義者ᄂᆞᆫ何오東洋諸國이一致團結ᄒᆞ야西力의東漸ᄒᆞᆷ을禦ᄒᆞ자ᄒᆞᆷ이니라此主義를唱ᄒᆞᄂᆞᆫ者ᄂᆞᆫ誰오曰誤國者니彼等이四千餘祖國을擧ᄒᆞ야鳩居에讓ᄒᆞ며二千萬兄弟를驅ᄒᆞ야奴籍에注ᄒᆞ며此世上에忍ᄒᆞ고面目이無ᄒᆞᆫ故로數箇語로强히撰ᄒᆞ야上으로天을欺ᄒᆞ며下으로人을欺ᄒᆞ야曰現今은東西黃白兩種의競爭時代라東洋이興則西洋이亡ᄒᆞ고西洋이興則東洋이亡ᄒᆞ야其勢가兩立치못ᄒᆞᆯ지니今日東양에生ᄒᆞᆫ者ᄂᆞᆫ國과國이相合ᄒᆞ며人과人이相結ᄒᆞ야써양을抗ᄒᆞᆯ日이니然則吾輩가國을賣ᄒᆞ야써人에與ᄒᆞ얏스면是罪어니와今에不然ᄒᆞ야賣ᄒᆞᆫ者도東양人이오買ᄒᆞᆫ者도東양人이니譬컨ᄃᆡ楚弓을楚得ᄒᆞᆷ이라吾輩가何罪리오ᄒᆞ야此義로自解說ᄒᆞ며此義로自辨護ᄒᆞᆷ이니所謂東양主義가爲豈此輩의口에서出ᄒᆞᆫ者오二曰媚外者이니國勢가旣此境에到ᄒᆞ야全國權利가皆外人의手에墮入ᄒᆞ미附[illegible]遊蠅과苟狗의輩가僥倖偸活ᄒᆞ며[illegible]月俸을[illegible]得ᄒᆞᄂᆞᆫ方法은[illegible]納媚ᄒᆞᆷ밧이라於是乎千[illegible]百計를出ᄒᆞ야彼의嚬笑를求ᄒᆞᆯ시金錢을納ᄒᆞ면彼가喜ᄒᆞ나喜가猶小ᄒᆞ며珍寶를與ᄒᆞ면彼가悅ᄒᆞ나其悅이猶淺ᄒᆞ고彼의大喜大悅ᄒᆞᄂᆞᆫ바ᄂᆞᆫ惟大韓全國의國魂을剝喪ᄒᆞᄂᆞᆫ[illegible]是라此를能剝喪ᄒᆞᄂᆞᆫ者가有ᄒᆞ면彼가其手를握ᄒᆞ며其吻을接ᄒᆞ야歡ᄒᆞ야此를迎ᄒᆞ며舞ᄒᆞ야此를拜ᄒᆞ리니故로一般奴輩가[illegible]意를[illegible]得ᄒᆞ고各其奇計를出ᄒᆞ야自家의國魂을剝喪코ᄌᆞᄒᆞ나但直接으로人을向ᄒᆞ야爾의國을忘ᄒᆞ고外國을事ᄒᆞ라ᄒᆞ며爾의祖를背ᄒᆞ고外國을尊ᄒᆞ라ᄒᆞ면無知尺童도必也劍을拔ᄒᆞ야奮起ᄒᆞ리니如此ᄒᆞᆫ則又徒勞無功ᄒᆞᆯ터이라於是乎彼奴輩가其魔[illegible]를[illegible]ᄒᆞ야東양主義라云ᄒᆞᄂᆞᆫ魔說을做出ᄒᆞ야我가日本의批頰ᄒᆞᆷ을怒ᄒᆞ거던彼가我를誘ᄒᆞ야曰東양은一家니爾가無怒하라ᄒᆞ며我가日本의吮血ᄒᆞᆷ을痛ᄒᆞ거던彼가我를欺ᄒᆞ야曰黃人은同種이니爾가無痛ᄒᆞ라ᄒᆞ야明々히國民을驅ᄒᆞ야國家主義를忘ᄒᆞ고東양主義에醉케ᄒᆞ나니東양主義가此輩에셔固ᄒᆞ며三曰渾沌無識者ᄂᆞᆫ니此等人은元來獨立主見이無ᄒᆞ고只是隨波逐浪의生涯를嗜ᄒᆞᄂᆞᆫ者라擧世가靑眼鏡을帶ᄒᆞ면我도靑眼鏡을帶ᄒᆞ며擧世가黃眼鏡을帶ᄒᆞ면我도黃眼鏡을帶ᄒᆞ야超坐ᄒᆞ야隨世依ᄒᆞ고是非에人舌을效ᄒᆞ야人이守舊ᄒᆞ면我도守舊ᄒᆞ며人이開化ᄒᆞ면我도開化ᄒᆞ야隨世와推移ᄒᆞ던者로偶然今日을遇ᄒᆞ야政府黨과一進會及遊說團의跋弄과日人의籠絡中에셔東양主義說을習聞ᄒᆞ야信口로傳唱ᄒᆞᄂᆞᆫ者라 (未完)

官報

▲隆熙三年七月三十一日 官報

勅令

朕이成均館官制改正의件을裁可ᄒᆞ야玆에頒布케ᄒᆞ노라

隆熙二年十月二十九日

御名 御璽

內閣總理大臣 李完用
學部大臣 李載崑
度支部大臣 任善準

勅令第七十六號

成均館官制

第一條 成均館은學部大臣의管理에屬ᄒᆞ야文廟의庶務를掌ᄒᆞ며經學其他學科를肄習ᄒᆞᄂᆞᆫ所로홈

第二條 成均館에左의職員을置홈

館장 壹人
敎授 專任三人
直員 二人

第三條 館장은勅任或奏任이니館務를掌理ᄒᆞ고所屬職員을監督ᄒᆞ며聖廟學의責을任홈

第四條 敎授ᄂᆞᆫ奏任或判任이니學員의敎育에關ᄒᆞᆫ事를掌홈

第五條 直員은文廟를直守ᄒᆞ며上官의命을承ᄒᆞ야館內庶務에從事홈

直員은敎授中으로兼任홈

第六條 館장은敎授로事勢에依ᄒᆞ야學部大臣의認可를得ᄒᆞ야講師를囑託ᄒᆞ야某科와敎授를擔任케ᄒᆞᆷ을得홈

第七條 成均館에[illegible] 回司業試選을行홈

司業試選에關ᄒᆞᆫ規程은學部大臣이此를定홈

第八條 成均館卒業生又ᄂᆞᆫ司業試選에合格證書가有ᄒᆞᆫ者ᄂᆞᆫ[illegible]業이라稱홈

司業은判任官으로待遇홈

第九條 館장은成均館학則을定ᄒᆞ야學部大臣의認可를受ᄒᆞᆷ이可홈

第拾條 鄕校에直員壹人을置ᄒᆞ되判任官으로ᄒᆞ고當該郡守의推薦中으로選任홈

鄕校直員은文廟를直守ᄒᆞ며校內庶務에從事홈

鄕校直員의俸給은給치아니홈

附 則

第十壹條 本令은頒布日로부터施行홈

第十二條 光武九年勅令第二十二號成均館官制ᄂᆞᆫ此를廢止홈

外報

●安奉線水災 大連電을據ᄒᆞᆫ즉出水ᄒᆞᆷ을因ᄒᆞ야安奉線橋梁의流失ᄒᆞᆫ處所가多ᄒᆞᆫ데五十日後에나全通되겟다더라

●拾二時間飛行 伯林電을據ᄒᆞᆫ즉[illegible]에페린伯은其飛行機로써푸릿드릭히쓰하펜에셔出發ᄒᆞ야十二時間을飛行ᄒᆞᆫ後에[illegible]河畔프라글트市에到着ᄒᆞ야大歡迎을受ᄒᆞ얏다더라

●淸國出兵說 大連電을據ᄒᆞᆫ즉淸國에셔ᄂᆞᆫ奉天으로부터步兵[illegible]와砲兵[illegible]部隊를[illegible]島로輸送ᄒᆞᄂᆞᆫ中인ᄃᆡ此事ᄂᆞᆫ極히秘密ᄒᆞᆫ故로當局者에도知ᄒᆞᄂᆞᆫ者가少ᄒᆞ다ᄂᆞᆫ說이有ᄒᆞ다더라

●萬國飛行機會議 伯林電을據ᄒᆞᆫ즉法國에셔首唱ᄒᆞ야萬國空中飛行機會議를開催ᄒᆞ리라더라

●摩國戰況 倫敦電을據ᄒᆞᆫ즉摩洛哥메리야에在ᄒᆞᆫ西班牙遠양艦은巨砲數門으로써摩軍의陣地구르구山을砲擊中인ᄃᆡ去火曜日戰爭에摩軍의戰死者가百名이오負傷者가亦其同數에達ᄒᆞ얏다더라

●淸國反抗 東京電을據ᄒᆞᆫ즉安奉線問題에就ᄒᆞ야淸國政府에셔ᄂᆞᆫ反抗ᄒᆞᄂᆞᆫ態度를示ᄒᆞᆫ다ᄒᆞ얏더라

●日使拒絶 東京電을據ᄒᆞᆫ즉安奉線問題에關ᄒᆞ야日本政府에셔淸國에對ᄒᆞ야最後의確答을要求ᄒᆞ얏ᄂᆞᆫᄃᆡ淸國大官은駐淸日本公使와會見ᄒᆞ고安奉線問題[illegible]相讓步ᄒᆞ야穩和ᄒᆞᆫ解決을提出ᄒᆞ얏스나日本公使ᄂᆞᆫ[illegible]問題인즉廟議가旣[illegible]ᄒᆞ얏스니讓步도相讓ᄒᆞᆯ途가無ᄒᆞ다ᄒᆞ고拒絶ᄒᆞ얏다더라

雜報

●代言則非 國內爽시가박찬重시외게訴訟ᄒᆞᆫ事ᄂᆞᆫ昨報에已揭어니와리[illegible]賢시가國시의代言人으로委托ᄒᆞ얏다ᄒᆞᆫ事ᄂᆞᆫ傳之者ㅣ誤傳이라더라

學報

●廣興卒業 京畿道廣州郡私立廣興學校에셔今番夏期試驗에第三回卒業式을兼行ᄒᆞ얏ᄂᆞᆫᄃᆡ卒業優等生 李鍾載 張兌鉉 石昇均 石憙煥 石鶴均 石敬均 延德欽 리容瑗 朴哲鉉 張斗鉉 [illegible]吉福 沈宜英 池泰胤

詞藻

●快哉歌

太白山에旗를꼿고、豆滿江에말을먹여。七尺長劍메여물고、나ᄂᆞᆫ드시너다르니。到處마다、강포ᄒᆞᆫ더며놈、失魂落膽。

雜報

●償金決議 地方暴徒에被害ᄒᆞᆫ人民에對ᄒᆞ야 皇室에서下賜ᄒᆞ신救恤金십萬圜中에서暴徒害의게도相當ᄒᆞᆫ救恤을施ᄒᆞ얏스되各面장及面主人의게ᄂᆞᆫ普及지못ᄒᆞ얏슴으로今回에公務로因ᄒᆞ야被害ᄒᆞᆫ者의게ᄂᆞᆫ救恤金을 下賜ᄒᆞ기로決定ᄒᆞ얏다더라

●司法施行概聞 司法權에對ᄒᆞ야日本政府의實行方針은아직確知치못ᄒᆞ나現今在職ᄒᆞᆫ司法官은仍任케ᄒᆞ고又國舍도無償으로日本裁判所로使用ᄒᆞᆯ뿐ᄒᆞ고又韓國政府에서旣히經營ᄒᆞ던裁判所增設件도日本政府에서必要로認ᄒᆞ면仍舊進行ᄒᆞᆯ뜻이라더라

●將校陞敍 去月三十日에陸軍步兵正尉權寵彬以下三十壹名을各級으로昇任ᄒᆞ고陸軍參領박榮喆以下八名은韓國駐箚日本憲兵派遣ᄒᆞᆫ職命ᄒᆞ고陸軍步兵副尉韓相弼以下三十七名은預備役으로編入되얏더라

●灌漑擴장 韓國의農業關係은農業이稀少ᄒᆞ나但水利와灌漑가缺乏ᄒᆞᆷ으로ᄂᆞᆫ極히萎靡不振ᄒᆞᄂᆞᆫ데韓政府當局者ᄂᆞᆫ灌漑工事의大規模를擴장ᄒᆞᆯ計劃으로爲先全羅道에始乎ᄒᆞ야各道에及ᄒᆞᆯ터인ᄃᆡ來期計劃區域을調査ᄒᆞ야來年度預算에編入ᄒᆞᆫ다더라

●私校請認數 本年三月부터私立學校에認可請願ᄒᆞᆫ件數가七月下旬ᄭᆞ지二千五십六校인ᄃᆡ학部에셔取調ᄒᆞ야不遠간認可를與ᄒᆞᆯ터이라더라

●審査開會 內部에셔昨日에該部令審査會를開ᄒᆞ얏다더라

●國會建築 現在統監府보다五六倍되ᄂᆞᆫ國舍ᄂᆞᆫ龍山에建築ᄒᆞᆯ터인ᄃᆡ統監府에서來십三日에建築請負者의入札을命ᄒᆞᆯ터이라더라

●營業關査 裕慶園山直을解放ᄒᆞᆫ後에該 園內松楸를犯斫ᄒᆞᄂᆞᆫ弊端이去益滋甚ᄒᆞᆫ故로當務者에셔諸山直을致疑ᄒᆞᆫ인지其營業을發査ᄒᆞᆫ다더라

●須金計劃 前通信院에셔解散ᄒᆞᆫ壹般官吏及雇員使役等을現今調査中인ᄃᆡ將次 恩賜金을頒給ᄒᆞᆯ計劃이라더라

●血書請兵說 海蔘威間島等地에因沒ᄒᆞ던리範允지ᄂᆞᆫ近頃淸國에渡往ᄒᆞ야淸國政府 血書를上ᄒᆞ야貳萬의精兵을借ᄒᆞ야國權을回復ᄒᆞ랴고運動ᄒᆞᆫ다ᄂᆞᆫ傳說이有ᄒᆞ다더라

●邊防工役 邊境防備ᄒᆞ기爲ᄒᆞ야約七百萬圜豫算으로三年間繼續起工ᄒᆞ던北韓兵營建築은會寧에工砲騎營과羅南에步騎砲營은殆히竣工되야本年十月頃에ᄂᆞᆫ全部가完役ᄒᆞᆯ터이오又附屬工事及會寧兵營은來年中에나竣工ᄒᆞᆯ터이라더라

●露領事入京 向日長崎에前往ᄒᆞ얏던仁川露國領事ᄋᆞ란긴氏ᄂᆞᆫ去五日에入京ᄒᆞ야同國領事館에셔留ᄒᆞᆫ다더라

●觀察團入京 美國觀察團員아스트氏外五名은去五日에仁川으로셔入京ᄒᆞ야셔大門外法人旅館에셔留宿ᄒᆞᆫ다더라

●法武官下仁 仁港에碇泊ᄒᆞᆫ法國軍艦將校壹名은去四日에入京ᄒᆞ얏다가旋卽下仁ᄒᆞ얏다더라

●發電調査 韓日電氣瓦斯株式會社ᄂᆞᆫ向者買收ᄒᆞᆫ電氣鐵道를引繼ᄒᆞ기爲ᄒᆞ야再昨日부터東大門內發電所를調査ᄒᆞᆫ다더라

●鬱島漁獲 鬱陵島에ᄂᆞᆫ目下烏賊魚를捕獲ᄒᆞᆯ時期이라日進夫貳百五十餘名이不遠間來着ᄒᆞᆯ터인ᄃᆡ韓人漁夫를合計ᄒᆞ면七八百名에達ᄒᆞᆯ것이오每個月에漁獲數ᄂᆞᆫ人九千貫이오價格은壹貫에壹圜貳十錢假量이라더라

●警備所用 目下建造ᄒᆞᄂᆞᆫ警備船십大隻內에셔壹隻은內部所屬으로地方巡歷에用ᄒᆞ고六隻은稅關에屬ᄒᆞ야密漁者를嚴束ᄒᆞ야漁船保護와海上保安을維持ᄒᆞᆫ다더라

●檢疫更設 南韓地方에셔輸出ᄒᆞᄂᆞᆫ牛ᄂᆞᆫ從來釜山延日灣에셔用帆ᄒᆞ야馬關上陸後에檢疫을試ᄒᆞ야牛疫을發見ᄒᆞᆫ時에ᄂᆞᆫ當業者의損害가有ᄒᆞᆫ지라農商工部에셔此를取便케爲ᄒᆞ야來廿日부터釜산에檢疫所를新設ᄒᆞ고疫牛를調査ᄒᆞᆯ터이라더라

●安骨擬地 南大門外靑坡墳墓外坟字에日人이家屋을建築ᄒᆞᆷ으로該地에在ᄒᆞᆫ人民의墳墓를破掘ᄒᆞ야移葬費로每塚에三圜式備給ᄒᆞ얏ᄂᆞᆫ데吳金興人이該錢中에圜은中間分食ᄒᆞ고二圜式만塚主의게出給ᄒᆞ얏다더라

●可矣其八 谷城郡居ᄒᆞᄂᆞᆫ丁日宇氏ᄂᆞᆫ天性이寬厚ᄒᆞ야奴婢를解放ᄒᆞ며債券을燒火ᄒᆞ야賙恤에從事ᄒᆞ고其弟丁日宅氏ᄂᆞᆫ人의過失을善規ᄒᆞ며民智를開發키爲ᄒᆞ야正直ᄒᆞᆫ新聞을購覽ᄒᆞ라고逢人勸勉ᄒᆞᆫ다ᄒᆞ며兩氏의稱頌이境內에藉々ᄒᆞ다더라

●仲賢主良 黃海道信川郡主事李氏와張氏가元來寬厚ᄒᆞᆫ風度로一境에盜賊이有ᄒᆞ더니郡主事假任以後로公務에恪勤ᄒᆞ야事々를從公處理ᄒᆞᄂᆞᆫ대郡守金馬駿民와心志가相合ᄒᆞ야一心做去ᄒᆞ며教育을熱心勸奬ᄒᆞ매該郡人民이無不稱頌ᄒᆞᆫ다더라

●忠南農形 忠南內포等地에ᄂᆞᆫ旱災를因ᄒᆞ야茫茫大野에白地가居多ᄒᆞ고旣種者도苗葉이乾焦ᄒᆞ야收獲之望이全無ᄒᆞᆫ데丙午辛丑에比ᄒᆞ면優劣이無ᄒᆞ다더라

●兩放兩囚 宋敬仁金濟儀氏等이日昨日憲兵司令部에被囚ᄒᆞᆫ事ᄂᆞᆫ已揭어니와當初에金濟儀氏를私掏財ᄒᆞ던鄭永和崔姓女를再昨日에警務部에提致ᄒᆞ야宋金兩氏와對質訊問ᄒᆞᄂᆞᆫ대鄭永和崔姓女가討財分食ᄒᆞ기로金濟儀氏를私拘ᄒᆞᆫ事實을壹々自服ᄒᆞᄂᆞᆫ故로宋金兩氏ᄂᆞᆫ卽爲放送ᄒᆞ고정崔兩人은因爲牢囚ᄒᆞ얏다더라

●竊犯逃躱 東大門近處居朴萬永이가竊盜犯으로銅峴分署에被囚ᄒᆞ얏더니昨日午前九時量에逃躱ᄒᆞ얏다더라

●金氏被捉 下漢洞居金克寶氏가再昨日에私鑄器械를携持ᄒᆞ고詩洞等地로過去ᄒᆞ다가警察巡査에게被捉ᄒᆞ얏다더라

●救世演說 今日上午十時와下午貳時半과同捌時에夜照峴救世軍營에셔福音會를開ᄒᆞ고副官貝瓦셔氏가演說ᄒᆞᆫ後下午二時에隨營ᄂᆞᆫ上層에셔特別婦人會를開ᄒᆞ고正領許嘉와氏夫人이引導ᄒᆞᆫ다더라

●農會發起 鄭鎭弘金鎭初諸氏가農業會를組織ᄒᆞ기로昨日西北學會會관內에셔發起會를開ᄒᆞ얏다더라

●湖南總會 湖南학會에셔今日下午一時에定期總會를開ᄒᆞ고諸般事務를議리ᄒᆞᆫ다더라

學界

●日華校舍 忠南舒川郡은甲午亂擾를經ᄒᆞᆫ後郡廳이燒燼을被ᄒᆞ야吏民의居接이難便ᄒᆞᆫ故로上府에累報ᄒᆞ야建築을請求ᄒᆞ되朝家의豫算이不及ᄒᆞᆷ으로因循未就ᄒᆞᆫ지라不得已民力을收合ᄒᆞ야衙廨를搆造ᄒᆞᆫ다가仍히吏屬減汰ᄒᆞᆷ을當ᄒᆞ야中途廢工ᄒᆞ얏더니現郡紳士諸시가舒邑學校를創設ᄒᆞᆯ時에該廳이旣히民力建造ᄒᆞᆫ바인즉學校舍로認定ᄒᆞᆷ이事體에妥合ᄒᆞ다ᄒᆞ야更히衆力을合ᄒᆞ야工役을完成ᄒᆞ고學校를設ᄒᆞᆫ지于今壹年이已過ᄒᆞ얏ᄂᆞᆫ대該郡財務署主事日人城晉一이가該校舍를地方金融組合所로使用코ᄌᆞᄒᆞ야學校懸板ᄭᆞ지强制拔去ᄒᆞᄂᆞᆫ故로該校任員諸시가將次觀察府와裁判所에起訴歸正ᄒᆞᆯ터이라더라

●醫部卒業 醫珍醫部李鳳容시ᄂᆞᆫ蒞任周年에恪勤職務ᄒᆞᆫ餘더러敎育에注意ᄒᆞ야公務餘暇에該郡학校體操科를自擔敎授ᄒᆞᆫ다더라

●遜貝書箱 西部龍山理髮舘主리黃煥시가靑坡昌學校에對ᄒᆞ야粉筆箱을遜與ᄒᆞ며贊付ᄒᆞ기로的ᄒᆞ얏ᄂᆞᆫ데該校에셔其盛意를深感ᄒᆞᆫ다더라

●忘憂試驗 峯火洞忘憂里面忘憂學校에셔夏期試驗을行ᄒᆞ얏ᄂᆞᆫ대優等生이八人이오及第生이二십五人이라ᄒᆞ더라

●贈巾篤志 江原道襄陽私立峴山學校生徒百餘名이江陵普通學校聯合大運動에往參ᄒᆞᆯ時에該郡居金在彪시의婦人申시와李元榮시의婦人業시가合力ᄒᆞ야白木手巾을件式各生徒의게贈給ᄒᆞ야日此巾으로以ᄒᆞ야熱誠中流出ᄒᆞᄂᆞᆫ血汗을拭ᄒᆞ라ᄒᆞ얏다더라

●關冠壯志 堤川私立보明학校敎師리用觀시ᄂᆞᆫ年今弱冠에熱心敎育ᄒᆞ야寢食을忘ᄒᆞ고生徒를誘迪ᄒᆞᄂᆞᆫ데학校에經費를補助ᄒᆞ기爲ᄒᆞ야每月月俸中에셔月貳拾五圜式을寄付ᄒᆞ기로決定ᄒᆞ얏다더라

○東京電報○

◎最後行動 七日午前九時發

日本政府ᄂᆞᆫ淸國政府에對ᄒᆞ야最後通牒을發ᄒᆞ얏ᄂᆞᆫ데安奉線問題에就ᄒᆞ야自由行動을取ᄒᆞᆯ旨로聲明ᄒᆞ얏다더라

◎安奉問題公布 同日발

日本政府ᄂᆞᆫ安奉線問題에對ᄒᆞᆫ交涉顚末을詳細히陳述ᄒᆞ야日間世界에公布ᄒᆞᆯ터이라더라

◎斷行着手 同日發

安奉線工事ᄂᆞᆫ淸國에同答如何를不計ᄒᆞ고直히起工ᄒᆞ기로閣議에決定ᄒᆞ얏다더라

◎一切交涉 同日發

日本政府ᄂᆞᆫ安奉線問題以外에도淸日間一切懸案을總히特別交涉ᄒᆞ기로決定ᄒᆞ얏다더라

◎韓銀委員異議 同日發

韓國銀行創立委員選定에關ᄒᆞ야種々異議가有ᄒᆞᆷ으로來십五六日頃에나發表ᄒᆞᆯ터이라더라

○北京特報○

◎最後의通牒 七日午前拾壹時發

駐淸日本公使伊集院은去六日에自國政府訓令을依ᄒᆞ야世界交通에便利ᄒᆞᆷ을爲ᄒᆞ고條約上權利에基ᄒᆞ야淸國의承認을不待ᄒᆞ고改築工事를實行ᄒᆞᆯ旨로淸國外部에通告ᄒᆞ얏다더라

▲編餘 漫錄▼

▲청廉ᄒᆞᆫ사 朴內大ᄂᆞᆫ部守學來訪ᄒᆞ야二千圜을贈與ᄒᆞ며外任圖得ᄒᆞ랴ᄒᆞᆫ再納賂買官不라고喝責拒絶ᄒᆞ엿다니貪賄國ᄃᆡ巨惡은自過ᄒᆞ다셔不知런貴人郞明그아닌가

▲蒙昧ᄒᆞᆫ사 任度ᄂᆞᆫ七條約得功ᄒᆞ야五條ᄭᆞ지加添ᄒᆞᆫ後許餘條約을收出ᄒᆞ자ᄌᆞ저리가냥런지固執辭退ᄒᆞᆫ다ᄒᆞ니歸死惜上奏ᄒᆞᆫ재罪ᄂᆞᆫ添罪慄懼런先何後何그아닌가

▲悶悍ᄒᆞᆫ사 尹致昊ᄂᆞᆫ皇后陛下嘉禮時에五十萬圜負債條을帳無路ᄒᆞᆫ것으로東京ᄭᆞ지드가셔運動키ᄅᆞᆯ協議ᄒᆞ니韓皇室이自在ᄒᆞ니ᄂᆞᆫ東京之行何意런捨已就人그아닌가

▲庸劣ᄒᆞᆫ사 領附官을廢官蒞習ᄋᆡ러恩賜金도少數ᄒᆞ며軍太不榮轉ᄒᆞ고幾萬恩金坐喫ᄒᆞ며强硬論駁ᄒᆞ지나니結局默觀ᄒᆞ라가恩金多寡挾憾인捨大取小그아닌가

▲腐敗ᄒᆞᆫ사 翰墨肚ᄂᆞᆫ리谷元김鶴鎭의頑固輩의會數ᄒᆞ다已患難相救키로會員위리團ᄒᆞ며太平時ᄂᆞᆫ自謂ᄒᆞ니爲國務許多거냥翰墨ᄂᆞᆫ聚何事런忘與圖已그아닌가

▲愚昧ᄒᆞᆫ사 吸鴉者ᄂᆞᆫ殺人如더壽物을忘ᄒᆞᆫ之甲子ᄂᆞᆫ로裏乾坤長臥ᄒᆞ야日加月增爭吸ᄒᆞᆷ이全國內에蔓延ᄒᆞ니文明入氣聲되여外邪流毒吸收런가向暗背明그아닌가

藥房 標

다此類가甚多ᄒᆞ오며且天命在天ᄒᆞ고病在人ᄒᆞᆫ故로死命에[illegible]으로及其[illegible]을是認ᄒᆞ야名雖洋약이나實是韓약이오며唐材와洋약乾材도廉價放賣ᄒᆞ오니[illegible] 食位ᄂᆞᆫ郵便小包로隨請發行ᄒᆞ시오 本舖ᄂᆞᆫ西小門外[illegible]洞[illegible]

閔[illegible]浩 李信友 閔[illegible] 白

廣告

本所支所를洪州[illegible]山保寧結城內에置ᄒᆞ고主務ᄂᆞᆫ李[illegible]基氏로定ᄒᆞᆷ 內外組合仲介所 告白

仁港[illegible]主事[illegible]氏가以宿疾로本月四日(陰六月十九日)下午三時에別世ᄒᆞ얏스오니京鄉在知舊諸氏ᄂᆞᆫ照亮ᄒᆞ시옵

子仁淳 允明 道淳 英淳
婿 金殷[illegible] 告白

本館에셔石版印刷도各種印刷物을精[illegible]ᄒᆞ오며極히廉價로ᄒᆞ깃ᄉᆞ오니 僉君子ᄂᆞᆫ陸續來臨請求ᄒᆞ심을敬要

南大門內秀印館印刷 朴模英

本人이陰六月二十一日午後十二點에西小門外四街里에셔紙匣을셔失ᄒᆞᆺᄂᆞᆫᄃᆡ該匣裡에圖章와介名[illegible]契票時計[illegible]二장과金五圓을셔失ᄒᆞ얏사오니誰某拾得ᄒᆞ와도勿施ᄒᆞᆷ

西部西小門外[illegible]洞九十貳統五戶 [illegible]和景 告白

本人의子[illegible]이가六月拾七日不知去處ᄒᆞ매其母가晝夜로ᄎᆞ자듬싱각ᄒᆞ매눈물노세월을보너다가심화로셩병되어지사경이옵기玆以廣告ᄒᆞ오니[illegible]을逢着ᄒᆞ시ᄂᆞᆫ君子ᄂᆞᆫ勸諭還家케ᄒᆞ심을望ᄒᆞᆷ

黃海道平山安城面 沈[illegible]元

立倫至重莫有過父而孝子[illegible]絶雖急豈敢[illegible]而歎君本人所[illegible]率相棄白召史符同門[illegible]在[illegible]初[illegible]本人父[illegible]而[illegible]證[illegible]體斜[illegible]倫[illegible]是可忍乎[illegible]我父[illegible]出斜之境本人[illegible]不[illegible]之子矣[illegible]不以[illegible]召史[illegible]倫[illegible]宗中以此[illegible]伏望ᄒᆞᆷ

閔丙완 告白

大韓每日申報壹千壹百六拾二號廣告欄內에仁川永宗面禮湖居昌允이가本人田畓文券五십장을中間셔失이라ᄒᆞᆫ은渠의伯母가主管治産ᄒᆞ며該文券並典執於本人時證據가分明ᄒᆞ고壹面이共所認證ᄒᆞᆷᄂᆞᆫ니敢生不測之心ᄒᆞ고如是誣告ᄒᆞ얏숩기聲明[illegible]報ᄒᆞ오니僉彦照亮ᄒᆞ시옵 仁川府府內面[illegible]

朔州邑[illegible]人料리明月樓妓[illegible]芙蓉이龜城邑居文榮化와敀引ᄒᆞ야鄭[illegible]이나傳人으로通寄ᄒᆞ와今月初十日夜에逃走ᄒᆞ얏ᄉᆞ오니誰某던지見知ᄒᆞ시거던本樓로鄭[illegible]이나傳人으로通寄ᄒᆞ시면[illegible]金으로賞給ᄒᆞ깃ᄉᆞᆸ니다文榮化ᄂᆞᆫ年이二十六七歲요키가ᄌᆞᆫ리ᄒᆞ고面色이似黑肉瘦ᄒᆞ고眼大口大ᄒᆞ고額頭陜ᄒᆞ고芙蓉은年이二拾壹이요面貌端正ᄒᆞ고眼胞에小有靑色ᄒᆞ고額頭陜ᄒᆞᆫᄃᆡ右[illegible]에져근허무리잇ᄉᆞᆸ니다

朔州邑明月樓 告白

◉特別廣告

英[illegible]洲[illegible]을韓人同胞들이本國孤兒를敎育ᄒᆞᆯ盛意로收合ᄒᆞᆫ捐貲가千圓에已過ᄒᆞ지라陸續加趨ᄒᆞ야平北宜川에定基立院ᄒᆞ오니內地志士들도協力贊成ᄒᆞ심을爲望

宜川孤兒院[illegible]務[illegible]梁甸伯

本社에셔營業ᄒᆞ던[illegible]層廣[illegible]ᄒᆞ기爲ᄒᆞ야規模를若干改定ᄒᆞᆫᄂᆞᆫᄃᆡ長所에金은[illegible]日보다特減ᄒᆞ야每駄八십錢으로定ᄒᆞ고運送駄價ᄂᆞᆫ십錢은八月壹日노爲始ᄒᆞ야ᄂᆞᆫ請求人이送達ᄒᆞᆯ事에ᄒᆞᆫ節出給ᄒᆞ기로變更ᄒᆞ얏ᄉᆞ오니愛顧ᄒᆞ신 僉君子ᄂᆞᆫ以此照亮ᄒᆞ시옴

漢城材木柴炭株式會社 白

本人이[illegible]圖章을西北학會[illegible]에셔失ᄒᆞ고除[illegible]으로改刻ᄒᆞ야[illegible]印告ᄒᆞᆷ

漢城[illegible]里[illegible]統[illegible]戶 [illegible] 告白

救火新法

嵩陽山人 張志淵著
鉠二冊百頁本 價 參拾貳錢
東西洋[illegible]本[illegible]參採ᄒᆞᆫ法과我[illegible]藝術에多年[illegible]驗ᄒᆞᆫ術과[illegible]을[illegible]採[illegible]ᄒᆞ야[illegible]年之計ᄒᆞᆫ有志諸氏ᄂᆞᆫ陸續購覽ᄒᆞ시오
外方에셔ᄂᆞᆫ郵運도[illegible]寄ᄒᆞ시면[illegible]求[illegible]應ᄒᆞᆷ
發行所 [illegible]下 廣學書舖

新訂 算術通論 上下合附並解式 定價壹圓
高等小學 理科敎科書 壹、貳卷 각卅전 三、四卷 各廿五전
第壹第二 植物 動物 第三第四 地文 礦物科 物理 化학 生理 衛生科
大韓地誌敎科書 高等小學 壹冊 二拾五錢
懸吐具解 孟子 上下 壹圓
中等用器畫 壹圓 七拾전
新訂分選 大韓帝國地圖 壹[illegible] 五拾錢
以上學部認可
大韓國大地圖 壹幅 四십錢
[illegible]子[illegible] 壹[illegible] 九拾錢
[illegible]子[illegible] 壹冊 [illegible]圓廿錢
新撰 家庭尺牘 傍附 壹冊
漢字 廿五전
[illegible]以上[illegible]部許可
新字帖 學部檢定 壹、貳卷 各六錢
韓日文 新法律 大審院編纂
對照
방發 壹冊 九拾전
牛洋裝 壹冊 七拾五錢
小학漢文讀本 上下 六十전
算術新書 洋장壹冊 壹圓 牛洋裝 上下卷 八拾錢
中等算術敎科書 貳冊 八拾五錢
[illegible]四則 壹冊 三十五錢
[illegible]小學植物學 壹冊 貳十錢
中學礦物학 壹冊 八十錢
[illegible]國歷史 上下 三十錢
改正刑法大全 壹冊 三十錢
民事訴訟의例 壹冊 十八錢
新式記憶法 一冊 二拾錢
[illegible]方法 [illegible] 貳十錢
毛[illegible]帖 [illegible]
成[illegible]王法帖 壹二卷 一冊 [illegible]拾錢
大韓帝國附港灣[illegible] 壹幅 四拾錢
[illegible] 有冊 二十五錢
最新式體操○ 有圖 四十六
[illegible] 三十錢
新訂千字文 二十전
[illegible]發行所 [illegible]坊[illegible] [illegible]公[illegible]
[illegible] 二戶
外[illegible]合[illegible] [illegible]

書籍各種
測量機械新製各種
製圖付屬品俱備

我國特產 谷香煙草
漢城[illegible]六拾貳統십戶

金龍商會 謹告

○特別廣告

本人이我國好品煙草[illegible]所産地에親決ᄒᆞ야白煙정을多數貿來이온바味佳色白ᄒᆞ고經年不變ᄒᆞ오며價亦低廉ᄒᆞ오니 僉君子ᄂᆞᆫ陸續來購ᄒᆞ심을敬要再ᄒᆞᆫ煙정販賣의時期ᄂᆞᆫ陰曆六月晦間이외다

西部與[illegible]中契[illegible]九統九戶
金[illegible] 小名道源 告白

本人이漢城材木柴炭株式會社株式五拾株ᄅᆞᆯ出賣ᄒᆞ옵고韓[illegible]銀行第壹回[illegible]證金貳百圓[illegible]壹度와保證金五拾圓[illegible]壹度를셔失ᄒᆞ얏ᄉᆞ오니內外國人은休紙施行ᄒᆞᆷ

西部[illegible]洞[illegible]統[illegible]戶 [illegible]者[illegible]

◉秘製止痛藥

此藥은美國에有名ᄒᆞᆫ의학博士百里得未司氏의발明ᄒᆞᆫ無雙ᄒᆞᆫ靈藥이라左開諸症에外塗內服ᄒᆞ면無不立效인바當此炎夏에尤極神效ᄒᆞ와多數生命이오니藥業에從事ᄒᆞ시ᄂᆞᆫ이와疾病을預防코져ᄒᆞ시ᄂᆞᆫ이ᄂᆞᆫ速速來購ᄒᆞ시면廉價로都賣ᄒᆞ깃삽

左開

▲內科所用▼
胃酸 腹瀉
吐瀉 食傷風
咳嗽 不消化
肚滑 疹子
心痛 傷寒
肝病 肚痛
胃熱 痢疾
口內之瘡 頭痛
哮喘 [illegible]腎病
小兒吐瀉 暑夏吐瀉
抽筋
瘧疾
嗄聲
胃氣痛
頭裡傷寒
[illegible]痒
身子軟弱
[illegible]病
暈船
氣管病
霍亂

▲外科所用▼
火疔창
寒창
跌打損傷
腰骨痛
毒창
指甲疽
咽喉痛
蟲蛇刺咬
凍창
腦氣筋痛
癬

○發賣所 寺洞 韓美興業株式會社事務所

濟生堂和平堂大藥房聯合紀念大贈彩

◉贈大彩說明

濟生堂開業五週年과和平堂開業三週年間에內外國君子의願愛를多蒙ᄒᆞ야藥業이時日隆盛ᄒᆞ고功績이東西醫界에冠ᄒᆞ니其感佩ᄒᆞᆫ實難表謝故로今에兩大藥房에서紀念式을幷行ᄒᆞ고僉君子의厚誼를表ᄒᆞ기爲ᄒᆞ야兩種藥品(淸心保命丹 八寶丹)을特製ᄒᆞ며大贈彩를行ᄒᆞ며無代金添呈ᄒᆞ와此時順運을大占케ᄒᆞ오니僉君子ᄂᆞᆫ勿失此機ᄒᆞ시고陸續枉顧ᄒᆞ심을敬要

懸賞物品金六百圓價値

大福彩券은以四千枚로定

兩大醫藥（淸心保命丹）（八寶丹）每貼價金各拾錢

效能 氣欲積滯胸腹痛 水土不利咳嗽등

方法

定價金千錢枚五包에福引券壹張을添呈ᄒᆞᆷ

此外兩藥房製藥品中의五拾錢價格에彩券을添呈ᄒᆞᆷ

福引券은請求ᄒᆞ면五圓價格福券壹張을添呈ᄒᆞᆷ

賞品

壹等貳人）白米貳拾石（每拾石式）太斗五斗式

貳等貳人）仝 拾 石（每五石式）

參等捌人）仝 拾六石（每貳石式）

三等拾人）仝 拾 石（每壹石式）

四等壹百人）金五十圓（每五十전式）

五等三千八百七拾八人 紙券烟二千八百七拾八匣 寸三千八百七拾八匣

空彩ᄂᆞᆫ無ᄒᆞᆷ

遠地에ᄂᆞᆫ郵便引換으로送呈ᄒᆞᆷ

期限은六十日노定 自陽六月拾六日 至陽八月拾五日

抽籤日子ᄂᆞᆫ臨期ᄒᆞ야更告ᄒᆞᆯ터ᄒᆞᆷ

位置

皇城南大門側 濟生堂大藥房本舖

皇城鍾路 和平堂大藥房本舖

皇城鍾路 兩堂臨時出張所

自宅治療 電氣帶廣告

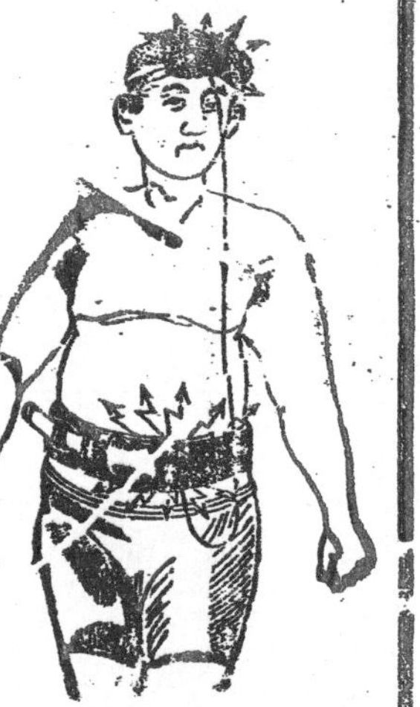

（主治効能）神經衰弱諸症不眠。遺精、早漏不快、陽위不起、消化器無力、慢胃腸結。消化不良。食慾不良。遺尿。脊髓內臟ᄋᆡ衰弱。痳疾。半身不遂。或全身不遂。手足厥冷、諸神經痛。頭痛腰痛。脚氣及腳痛。記憶力及忍耐力減退、精血分不足疾

上號 拾壹圓 中號 拾二圓

前醫學校敎官 朴容南 著

家庭救急法

至價 郵稅 金參十錢

此編은東西洋醫藥中에家庭에必要ᄒᆞᆫ救急妙法을博搜採ᄒᆞ야雖婦人小兒ᄅᆞ도易解케ᄒᆞᆫ者ㅣ니人人마다家庭에貯藏ᄒᆞ야自宅의治療를作ᄒᆞᆯ방이오且醫藥에從事ᄒᆞᄂᆞᆫ人의臨床必要ᄒᆞᆫ者ㅣ니實로필요ᄒᆞᆫ讀이옵

日次大畧○內科病의救急法○卒倒○卒中○熱射病○驚風○頭痛○痙攣○頭痛○腦痛○胃痛○月經痛○疝痛○吐血○鼻出血○咯血○吐血○下血○中毒○中毒療法의普通○鴉片中毒○石炭酸中毒○硝酸銀中毒○燐中毒○砒石中毒○炭氣中毒○蕈類中毒○獸肉中毒○異物의摘出法○鼻、咽喉、耳、眼、의異物摘出法○火傷○凍傷○止血法○搦圓○失氣와假死○假死와眞死의區別○假死의救急法○溺水者○縊首者○瓦斯中毒○異物嚥下○窒息假死○電氣死○誤死者○人工呼吸法○挫傷○外傷○頭部外傷○顔面外傷○胸部外傷○腎臟外傷○腹部外傷○下的脫臼○咬傷○狂狗○毒蚊○蜂螫咬傷○附姙娠의症候○姙娠中의攝生○産婦의攝生注意○初生兒의受護法○乳母의選擇法○家庭의必備藥品

發賣所 皇城南部太平橋 共榮堂大藥房 告白

代理店 共受堂各支店

京鄕各書舖隨意販賣

各種東西洋藥과韓國唐草材大發賣所和平堂藥房

本藥房은同胞僉員의願愛ᄒᆞ시ᄆᆞᆯ입사와十餘年을以ᄒᆞ야層擴張ᄒᆞ고東西藥品을都買販賣ᄒᆞ오나拾二道各郡藥業ᄒᆞ시ᄂᆞᆫ僉位ᄂᆞᆫ西洋製品이나韓藥唐材와鄕材를隨用請求ᄒᆞ시면以廉價로發賣ᄒᆞ오며이오며藥服用ᄒᆞ실兄弟ᄂᆞᆫ方文만郵便付送ᄒᆞ시면特別히藥材를精擇ᄒᆞ야精製ᄒᆞ며郵便引換으로送付ᄒᆞ오니照亮ᄒᆞ시옵

本堂藥製品은如左ᄒᆞᆷ

（斷煙中藥）阿煙斷引丸 每劑八錢分 金五錢 每劑四週分 金二圓

（婦人藥）胎產經丸 每個月分 金五圓

（麻藥）醫香消瘡丹 五日分 甲號 … 乙號 …

（淋病）淋疾丸 壹月分五圓

（鼠瘡）鼠瘡丸 每月分二圓四十錢 每日分 …

（喉痘）金丹丸 每月十日分金三錢

（健胃補腎）八寶丹 每包九拾五粒金拾錢

（淸心保命丹）和平堂 藥房主 李應善

◉大韓每日申報各處支社廣告

平安道

安州 … 安秉國
三和港牌石洞敎堂 … 鄭亨遲
平壤南門外京西大藥房 … 黃有寬
… 安 …
… 金明鎭
… 洪成麟
…邑內 … 金顯懋
… 金觀河
… 李基秀
… 黃菊保
… 金聖鉉
… 韓燦鎬
… 宋伯藏
… 李正鎔
江西邑內 … 鄭德昇
… 金昌鎬
… 高源三
… 鄭裕溥
… 申基龍
江界邑 … 김學洙

京畿道

韓壯下北藏堂里 … 미英직
仁川秦幾闊新舖 … 李東鎬
開城남大門內興學書館 … 姜助遠
江華邑川橋 … 金鎭燾
水原 …
開城 …

全羅道

金濟永流面豆亭 … 蔡鍾三
木浦항陽동 … 미得鉉

忠淸道

淸城廣川小溪동 … 學啓彦

慶尙道

大邱西門外友鼓書樓側 李正由
釜山港佐川약局 … 徐錫鎬

江原道

春城邑內新城里 … 甘海元
鐵原邑紫동 … 金泰火
蔚珍遠남面梅花里 … 朱鎭熙

咸鏡道

濟物浦新岩동 … 張元浩
鏡城羅南新興洞 … 朱正鎬
永興南山동讀學會內 蔡元浩
洪原西門內保命局 … 羅炳善
定平郡豈川 … 張鳳재
高原邑 … 申致潤
元山港創業社內 … 南正三
咸興州南社西門外 … 曹應林
沙里院活民勞動救火會任敬學

黃海道

白川邑文明館 … 鄭雲鎬
黃州南門外冊肆 … 李鍾濬
載寧邑乾材局 … 李鼎協
信川邑西里 … 李悌日
殷栗邑倉南里 … 金顯模
長淵邑校洞西北支學會內 … 崔秉允
安岳鶴石面鋪洞 … 金文浩
海州남門內書舖 … 朴昌鎬

郭山郡面湖中里 … 金錫鉉
雲山郡邑面上里 … 梁允鎮
價山郡內利用里 … 崔錫爽
寧山北面橋洞 … 王甚鎬

社告

○申報價

每號代金 新貨貳錢五厘
壹個月前納 三拾錢
參個月 九拾錢
陸個月 壹圓七拾錢
壹個年 參圓四拾錢
郵稅壹張 新貨五厘
壹個月 拾參錢

○廣告料

四號活字拾參字詰

每日壹寸（英尺）에 新貨什五錢
貳週日壹寸에 貳圓五拾錢
壹個月壹寸에 五圓
（自壹行至四行이爲壹寸）
其期限의長短과字行의多少를依ᄒᆞ야增減ᄒᆞᆷ이有함

第七卷

大韓每日申報

第千四百六拾九號

月曆及日曜休刊節

隆熙二年八月十一日
(檀君紀元四千二百四十一年)
(孔子紀元二千四百五十九年)
大韓開國五百十七年
日本明治四十一年
淸國光緒三十四年
陰曆戊申七月十五日壬寅

Responsible for Publication Alfred Weekley Marnham.
發行兼編輯人 英國人 萬咸
發行所 京城南部苧洞第三統第三戶
大韓每日申報社

論說

◎東洋主義에對ᄒᆞᆫ批評(續)

彼輩가如此히東洋主義를唱ᄒᆞ며日人이其壁을和ᄒᆞ며彼輩가如此히東양主義를講ᄒᆞ며日人이其讓를註ᄒᆞ야雄鳴雌答ᄒᆞᆫ式日不休ᄒᆞ미壹邇二千萬無敎育의人民이瞭々然其魔說에被惑ᄒᆞ야東양에在ᄒᆞᆫ國이면敵國도我國으로觀ᄒᆞ며東양에在ᄒᆞᆫ族이면讐族도我族으로認ᄒᆞᄂᆞᆫ者ㅣ漸有ᄒᆞ도다

或曰我의身子가此國土에生ᄒᆞᆫ故로愛國의義가有ᄒᆞ며我의血統을此國民에게受ᄒᆞᆫ故로愛族의義가始有ᄒᆞᆫ니此義로推ᄒᆞ라我가東양의黃種이되얏슨즉同洲同族을愛ᄒᆞᄂᆞᆫ義가無ᄒᆞᆷ이不可ᄒᆞ며且斯乃로東양의壹國이라東양이盡亡ᄒᆞ면斯國도隨亡ᄒᆞᆯ지니東양을不愛ᄒᆞᆷ이可ᄒᆞ리오曰嗟乎라客이여余言을聽ᄒᆞ라

此에人이有ᄒᆞ되他日金星水星等世界와通商ᄒᆞᆯ日이必有ᄒᆞᆫ즉全地球人類가四海一家의主義를唱ᄒᆞ야兵을鍊ᄒᆞ야彼世界의來侵을防ᄒᆞ며或은彼世界의勢力을競爭ᄒᆞ야黃白을均ᄒᆞ며東西를[illegible]ᄒᆞ면何如오曰不可ᄒᆞ니[illegible]競爭이愈往愈烈ᄒᆞ야暫退步ᄒᆞ면虎口의噬ᄒᆞ며稍發劉ᄒᆞ면驚瓜의攫ᄒᆞ나니엇지[illegible]千萬年後의[illegible]擬[illegible]야且下次勢을反抗ᄒᆞ리오然則今日波蘭에黃種人이出ᄒᆞ야口로西洋主義를講ᄒᆞ며筆로서양主義를書ᄒᆞ야亡國의痛을忘ᄒᆞ고何如ᄒᆞᆫ圖結을謀ᄒᆞ며何如ᄒᆞᆫ日을可ᄒᆞ[illegible]自家의兄弟妻子가繫縛을被ᄒᆞ며自家의祖宗父母가毆辱을受ᄒᆞ야數千年傳來ᄒᆞ던壹家骨肉을殺害ᄒᆞᄂᆞᆫ毒賊이讎族中에在ᄒᆞ거ᄂᆞᆯ家眷의苦痛은不恤ᄒᆞ고壹洞의和樂만望ᄒᆞ며毒賊의屛逐은不謀ᄒᆞ고壹洞의團結만圖ᄒᆞ라聽ᄒᆞ라壹洞이團結ᄒᆞ야我家의禍를救ᄒᆞᆯ진ᄃᆡ此를求ᄒᆞᆷ이可ᄒᆞ거니와今에不然ᄒᆞ야壹洞의團結與否가我家興亡에無關ᄒᆞ거ᄂᆞᆯ徒然히毒賊의後를隨ᄒᆞ야此를共議ᄒᆞ면엇지癡奴가아니리오

此로推ᄒᆞ면韓國人이此列國競爭時代에國家主義를提唱치안코東양主義를迷夢ᄒᆞ면是ᄂᆞᆫ今日時代의人物로未來他星世界의競爭을憂ᄒᆞᄂᆞᆫ者와無異ᄒᆞ며又此悲境中에서羈絆脫却의道ᄂᆞᆫ不思ᄒᆞ고東양主義를仗ᄒᆞ면是ᄂᆞᆫ波蘭人이西洋主義를說ᄒᆞᆷ과無異ᄒᆞ니라

況國家ᄂᆞᆫ主오東洋은客이어ᄂᆞᆯ今日東洋主義提唱者를觀ᄒᆞ건ᄃᆡ東洋이主되고國家가客되야國의興亡은天外에付ᄒᆞ고惟東洋을是保ᄒᆞ라ᄒᆞ니嗚乎라何其愚迷ᄒᆞᆷ이此에至ᄒᆞ뇨然則韓國이永亡ᄒᆞ며韓族이永滅ᄒᆞ야도但此國土가黃種에게만歸ᄒᆞ면此를樂觀이라ᄒᆞᆷ이可ᄒᆞᆯ가嗚乎ㅣ나不可ᄒᆞ니라

或者ᄂᆞᆫ又云ᄒᆞ되彼東양主義를唱ᄒᆞᄂᆞᆫ者도眞個東양을爲ᄒᆞᆷ이아니라但只此主義를利用ᄒᆞ야國家를救코자ᄒᆞᆷ이니라ᄒᆞ나吾儕ᄂᆞᆫ謂컨ᄃᆡ韓人이東양主義를利用ᄒᆞ야國家를救ᄒᆞᄂᆞᆫ者ᄂᆞᆫ無ᄒᆞ고外人이東양主義를利用ᄒᆞ야國魂을奪ᄒᆞᄂᆞᆫ者ㅣ有ᄒᆞ니戒ᄒᆞ며愼ᄒᆞᆯ지어다 (完)

外報

◎終始反抗　東京電報를據ᄒᆞᆫ즉安奉沿線淸國守備兵은外守備兵及巡警이本人에게對ᄒᆞ야終始反抗ᄒᆞᄂᆞᆫ態度를示ᄒᆞᆫ다ᄒᆞ얏더라

◎日本態度强硬　安奉線問題에關ᄒᆞ야日政府ᄂᆞᆫ北京條約을因ᄒᆞ야徒然히遷延ᄒᆞᆷ은不可라ᄒᆞ야日本權利에基ᄒᆞ야自由行動ᄒᆞ기로決ᄒᆞ고滿鐵會社로ᄒᆞ야금改築工事를着手케ᄒᆞ고關東都督府로ᄒᆞ야금沿線警備를當케ᄒᆞ고改築工事에關係가無ᄒᆞᆫ外他談判은應從ᄒᆞ기로ᄒᆞ야從來兩國間에懸案되ᄂᆞᆫ問題ᄂᆞᆫ妥協解決ᄒᆞ기를望ᄒᆞᆫ다고駐淸日公使가淸國政府에向ᄒᆞ야最後通牒을發ᄒᆞ얏ᄂᆞᆫᄃᆡ其通牒顚末은去七日에日本外務省에서發表ᄒᆞ얏다더라

◎美國注意　美國에서ᄂᆞᆫ擬호되現今淸日間懸案에對ᄒᆞ야日本政府의態度가强硬ᄒᆞᆷ으로美國은絶東에對ᄒᆞ야壹般注意를喚起ᄒᆞ거시라ᄒᆞ얏더라

◎德紙批評　德國新聞은安奉線問題의遷延됨이淸國의不利ᄒᆞᆷ이라ᄒᆞ얏더라

◎淸國交斷絶　六日午後二時[illegible]分에駐淸日公使伊集院은淸國政府에對ᄒᆞ야任意行動을取ᄒᆞᆫ旨로最後通牒을發ᄒᆞ얏다더라

◎是自由行動　日本外務大臣은滿鐵總裁의게對ᄒᆞ야安奉鐵道線을即時起工ᄒᆞ라고電命ᄒᆞᆫ고로同社總裁中村氏ᄂᆞᆫ即時에同會社理事에命ᄒᆞ야當夜로福岸嶺工事에着手케ᄒᆞ고其他십四工區도水路가鐵道部分은早速開工ᄒᆞᆫ다고傳說ᄒᆞ얏ᄂᆞᆫᄃᆡ此ᄂᆞᆫ國의破毁ᄒᆞᆫ意[illegible]ᄒᆞ며其他滿洲諸懸案의解決을促進ᄒᆞᆷ에至ᄒᆞᆯ터이라더라

◎日淸의冷靜態度　安奉鐵道沿線에在ᄒᆞᆫ淸兵의態度ᄂᆞᆫ極히激烈ᄒᆞ야互相挑戰ᄒᆞᄂᆞᆫ狀態를呈ᄒᆞ나日本守備隊及官憲은冷靜ᄒᆞᆫ態度를取ᄒᆞᆫ다더라

◎改築工事實行　南滿鐵道會社ᄂᆞᆫ安奉線改築工事에關ᄒᆞ야外務大臣의電命을接ᄒᆞ고即時發動ᄒᆞ야臨ᄒᆞ야列車로人夫數千名을率ᄒᆞ고工事施行地로急行ᄒᆞ야去七日午前六時부터福岸嶺方面에서改築工事에着手ᄒᆞ여揚々自得ᄒᆞᄂᆞᆫ貌樣이라더라

◎公佈條項　日本外務省에서ᄂᆞᆫ淸政府에對ᄒᆞ야安奉線問題에關ᄒᆞᆫ最後通告를發ᄒᆞᆫ條件과同問題의交涉顚末과及安奉線改築工事ᄂᆞᆫ世界交通路의便利되ᄂᆞᆫ事等件을公布ᄒᆞ얏다더라

雜報

◎係是誤傳　本報第壹千壹百六十四號雜報欄內商務改稱이란題下帝國實業會와大韓商務組合部가合同ᄒᆞ얏다ᄂᆞᆫ記事ᄂᆞᆫ壹時誤傳이라더라

詞藻

◎斬邪劒

[illegible]풀두노코、陰陽으로불[illegible]의워。
斬邪劒을민드러셔、左右手에갑니을고。
全國에、가득ᄒᆞᆫ邪鬼를을、풀비드시。

雜報

●動物縱覽 東闕內動物園에셔今十五日頃부터普通人民의縱覽을許ᄒᆞᆫ다ᄂᆞᆫ데大人의게ᄂᆞᆫ金十錢小人의게ᄂᆞᆫ三錢式收貰ᄒᆞᆫ다더라

●陪從擬代 動物縱覽을許ᄒᆞᆫ은前項과如ᄒᆞ거니와伊時에大皇帝陛下ᄭᅦ옵셔御遊ᄒᆞ심을셜ᄒᆞ엿더니陪從ᄒᆞᄂᆞᆫ各般官吏의擬代ᄒᆞᆯ人을選擇ᄒᆞᆫ다더라

◎一戰難免 淸廷에셔露國會議를請ᄒᆞᆫ은電文과如ᄒᆞ거니와日本政府에抗議ᄒᆞᆯ事淸國政府ᄂᆞᆫ尤甚頑强ᄒᆞ야到底히平和ᄂᆞᆫ難免이라ᄒᆞ고去七日에東京電報를到着ᄒᆞ엿더라

●日本의準備 淸廷의頑强ᄒᆞᆷ으로問題ᄂᆞᆫ如ᄒᆞ거니와態度到此ᄒᆞᆫ땅合으로ᄂᆞᆫ日本도旣히準備ᄒᆞᆫ某々滿洲點에向ᄒᆞ야軍兵을派遣ᄒᆞ기로決定ᄒᆞ엿다더라

●淸使訪外省 駐日淸國公使ᄂᆞᆫ去七日에日本外務大臣을訪問ᄒᆞ고長時間會談話ᄒᆞ엿다더라

●鐵道隊編成 韓國鐵道所屬韓國問題로目下日本政府에셔會議中인데아직確定치못ᄒᆞ엿스나統監府에셔ᄂᆞᆫ京元湖南兩鐵道에敷設費와韓國鐵道隊組織ᄒᆞᆯ部隊豫算으로鐵道隊編成을務了ᄒᆞ엿다더라

●支線又數 日本政府에셔ᄂᆞᆫ韓國鐵道와所屬ᄒᆞᆫ鐵道統으로移管ᄒᆞ고滿鐵會社에委託ᄒᆞᆫ議論이有ᄒᆞᆷ은旣報ᄒᆞᆫ거니와近日韓國問題에就ᄒᆞ야統監府의意向은京元과湖南兩二線以外에新線億萬圓의豫算으로樞要地에支線數線을希望ᄒᆞᆫ다더라

●軍參謀設 日本第六師團長濟島와密謀ᄒᆞᆫ明石과師團參謀長佐藤이ᄂᆞᆫ昨日午前에大久保軍司令官을往訪ᄒᆞ고重要ᄒᆞᆫ軍務를謀議ᄒᆞ엿다더라

●다將兵散 駐韓日軍第六師團은서島에將은ᄒᆞᆫ다急行列車로龍山을出發ᄒᆞ야龍山에留ᄒᆞᆫ師團에赴ᄒᆞᆯ다가本月末에歸韓ᄒᆞ리라더라

●觀察渡歸 日本進步黨의屬韓國政務調查委員에議士大너湯은洪原視察ᄒᆞ기爲ᄒᆞ야來十六日頃에渡韓ᄒᆞᆫ다더라

●殿陵整理 너무所管歷대殿을整理ᄒᆞ기爲ᄒᆞ야參奉員을置ᄒᆞ고預備金에셔壹千六百圜을臨時支出ᄒᆞ기로決定ᄒᆞ엿다더라

●逆宋被任 日本에滯在ᄒᆞᆫ宋秉畯은中樞院顧問으로敍任이되엿더라

●學徒渡日期 前武官學校生徒四拾餘名을日本陸軍士官學校와中央幼年學校에入學ᄒᆞᆯ事로日本陸軍省과交涉中인데本年九月頃에ᄂᆞᆫ出發渡日ᄒᆞᆫ다더라

●舟館懇會 漢城府尹以下壹般官吏가再昨日下午六時에明月館에셔懇親會를設ᄒᆞ엿다더라

●遊說遊說 國是遊說團에셔本日下午八時에ᄂᆞᆫ漢江漢南學校內에셔明日下午八時에ᄂᆞᆫ西氷庫屯之에校內에셔人民을會同ᄒᆞ야遊說ᄒᆞᆫ다더라

●支配의稟請 雲山郡英國人金礦에支配ᄒᆞᆫ雲鑛礦務館으로稟請ᄒᆞ되該地方에鴉片吸用者가種々礦務를妨害ᄒᆞ니統監府에交涉ᄒᆞ야此를禁止케ᄒᆞ라ᄒᆞ엿ᄂᆞᆫ데統監府에셔ᄂᆞᆫ내部로通知ᄒᆞ엿다더라

●警務探知 總務局너人招召史가官너植木事務를協議ᄒᆞ야往十里에張某家에任置ᄒᆞ엿다ᄂᆞᆫ說이有ᄒᆞᆷ으로警視廳에셔目下探知中이라더라

●商界擾亂 人民의게笠子貰비를貰를徵收ᄒᆞᆫ다ᄂᆞᆫ說이某新聞에揭載ᄒᆞᆫ後로商業界에人心이官府擾亂ᄒᆞ고就中笠子商들은爲先損害가不少ᄒᆞ다더라

●巡增設 各警察署에日人巡查二名式增加ᄒᆞ기爲ᄒᆞ야昨日上午십時頃에警務廳에셔試取ᄒᆞ엿다더라

●鐵道開通 出水를因ᄒᆞ야不通ᄒᆞ던鐵道線路ᄂᆞᆫ八日ᄭᅡ지全部를修復ᄒᆞ야如前히開通ᄒᆞᆫ다더라

●病徵尤見 韓日瓦斯會社의事務取扱役岡崎ᄂᆞᆫ東大門너머病所를親擊ᄒᆞ고昨日에人力車를驅ᄒᆞ야現場으로赴ᄒᆞ다가乘車가顚覆되야重傷을負ᄒᆞ얏ᄂᆞᆫ대日擊ᄒᆞᆫ某ᄒᆞᆫ은韓日瓦斯會社의事業이頓挫를頓徵이라ᄒᆞ야大端히憂慮ᄒᆞᆫ다더라

●紅葉顚覆 去月二十九日에日人小蒸汽船紅葉丸은洪水에濁流ᄒᆞᄂᆞᆫ木材를取ᄒᆞ기爲ᄒᆞ야新義州에셔발ᄒᆞ야新島方面으로航行ᄒᆞ다가暗礁에觸ᄒᆞ고激浪에敵ᄒᆞ야顚覆ᄒᆞ엿ᄂᆞᆫ데船員逃捕ᄒᆞᆫ名은行衛不明ᄒᆞ다더라

●代表越訴 襄陽郡居民與賢氏와同郡門某洞中에셔前任郡守金興基氏에게貸金을見奪ᄒᆞᆫ事이有ᄒᆞ던지今炳鎬氏로代表를定ᄒᆞ야該錢을還推次로地方裁判所에呼訴ᄒᆞ엿다더라

●推金付會 平北渭川郡에셔十餘年前에資金을鳩聚ᄒᆞ야武契를設立ᄒᆞ엿다가伊時監司閔丙奭이가徵稅ᄒᆞ야橫奪ᄒᆞ야契究이鳥旺져못하더니今年에至ᄒᆞ야其時殺契人朴亨俊氏의令男殷森氏가契員貳百餘人代表로委任ᄒᆞ야京ᄒᆞ야錢壹千三百兩을還推ᄒᆞ야該郡農林組社에寄付ᄒᆞ엿다더라

●公勝於私 鍾路銀房都家에셔年來儲蓄殖利ᄒᆞᆫ金額이數萬圓인데都家中靑年들은니金額을公益上에付用ᄒᆞ야무숨事要을做成ᄒᆞ자ᄒᆞ고其中年老某某人은其私囊에充코자ᄒᆞ야互相携二中인데公益으로需用ᄒᆞᄂᆞᆫ거시安當ᄒᆞ다고輿論이有ᄒᆞ다더라

●勞働觀音 釜山港勞働者組장韓用석氏가該港勞働人을爲ᄒᆞ야病院을設立ᄒᆞᆷ은已報어니와京城ᄭᅡ지往來ᄒᆞ야藥品을俱備貿得ᄒᆞ고又高明ᄒᆞᆫ醫師를延聘ᄒᆞ야勞働人中에病報가有ᄒᆞ면無償ᄒᆞ야不分ᄒᆞ고藥을供給ᄒᆞ야蘇完을得ᄒᆞᆫ者ㅣ多ᄒᆞᆫ故로勞働界人員들이無不稱頌ᄒᆞᆫ다더라

●淳昌郡義兵 淳昌郡義兵將奇春浩氏ᄂᆞᆫ部下人십餘名을領率ᄒᆞ고附近地方으로出沒ᄒᆞ며軍需錢을請求ᄒᆞᆫ다더라

●怪哉是兒 麻浦西湖東幕居의人이萬兒가再昨日에電氣線軌에兩脚이斷되얏다ᄂᆞᆫ데死生은姑未詳知ᄒᆞ겟더라

●虫害幸息 咸鏡北道에ᄂᆞᆫ過月來로발生ᄒᆞᆫ害虫이漸漸蔓延ᄒᆞᆯ徵光가有ᄒᆞ더니當局者가驅除에盡力ᄒᆞᆫ結果로此頃에ᄂᆞᆫ全히其跡이絶ᄒᆞ얏다더라

●檢疫增設 近日咸鏡道地方에셔ᄂᆞᆫ牛疫이熾盛ᄒᆞᆫ데陸路로牛를多數輸入ᄒᆞᄂᆞᆫ데其中에牛疫에罹ᄒᆞᆫ者가有ᄒᆞ다ᄒᆞ야當局者도자島에檢疫所를設ᄒᆞ야此를關東州에寄ᄒᆞᆫ다더라

●新義州增水 新義州地方에ᄂᆞᆫ去月二十七日부터本月八日ᄭᅡ지鴨綠江이增水되야溺死者가三名이오破屋이九戶오浸水屋이八拾壹戶오猪二首白米二拾石正租拾石이損失되얏ᄂᆞᆫ데價額은壹萬五千圜假量이라더라

●宜寧救恤 新義州地에水害ᄂᆞᆫ前項과如ᄒᆞ거니와同港居ᄒᆞᄂᆞᆫ金한조氏가家屋浸潰와人命死亡의數爻를調査ᄒᆞ야內部로報告ᄒᆞ고救恤ᄒᆞᆷ을請求ᄒᆞ엿다더라

●利原牛疫 北靑利原等郡에ᄂᆞᆫ去月三十日부터牛疫이發生ᄒᆞ야九圈가發ᄒᆞ얏ᄂᆞᆫ데該地警察署에셔ᄂᆞᆫ急히電報ᄒᆞ고獸醫를即速派送ᄒᆞ라ᄒᆞ엿다더라

●兩犯押上 慶州居安面民兩人李儀金先吾兩人이人家에牛를竊盜ᄒᆞᆫ罪로發覺되야本原警察署에被捉ᄒᆞ야地方裁判所로押上ᄒᆞ엿다더라

●人還劍遺 中部司谷奉承氏家에竊盜二名이突入ᄒᆞ엿다가ᄒᆞ廊底下人의게逐ᄒᆞ엿ᄂᆞᆫ데長劍의柄을遺棄而去ᄒᆞ얏다더라

●二盜被捉 前郡守申慶均氏가公道ᄒᆞᆫ件으로被捉ᄒᆞ야對ᄒᆞ야中部警察署刑事巡査韓準석숙永根李吾植三人이逮捕捉되얏다ᄂᆞᆫ데其理由인즉申氏致捉ᄒᆞᆫ되錢三人에게設狀ᄒᆞ야捕謀ᄒᆞ고金錢을詐取ᄒᆞᆫ說을因ᄒᆞ야ᄒᆞᆫ다더라

●歡迎歡迎 西北學會月報主筆朴殷植氏ᄂᆞᆫ本國學生會評議金壽哲三氏와셔淸학界를視察하기爲ᄒᆞ야鐵山郡寓館에到着ᄒᆞ얏ᄂᆞᆫ데該學堂諸氏가歡迎ᄒᆞ야學校內에셔盛大ᄒᆞᆫ歡迎會를設行ᄒᆞ엿다더라

●觀議開會 觀議坊에셔再昨日下午九時에評議會長開ᄒᆞ고有關ᄒᆞᆫ氏員을選ᄒᆞ고財政方針과諸般事項을處理ᄒᆞ엿다더라

○北京特報○

(捌日午前십壹時發)

◎淸國御前會議 駐淸日公使가安奉線問題에就ᄒᆞ야自由行動하겟다고通告하미淸廷에셔ᄂᆞᆫ事勢窘迫에歸ᄒᆞᆫ지라再昨日에 御前會議를開ᄒᆞ얏다더라

◎途回電 (九日午后二時發) 駐日淸公使ᄂᆞᆫ日本政府에對ᄒᆞ야安奉線問題에關ᄒᆞᆫ意見을覺書ᄒᆞ얏ᄂᆞᆫ데八日北京政府에셔回電ᄒᆞ야日에政府ᄂᆞᆫ問題에就ᄒᆞ야毫末도不同意ᄒᆞᆷ이無ᄒᆞ므로日本政府에셔도此意를諒ᄒᆞ야自由行動을取치안코今後交涉을便宜進行ᄒᆞ기를希望ᄒᆞᆫ다고陳述하엿다더라

○東京電報○

◎無線電公布 (同十日午后會時發) 本月日遞信省에셔ᄂᆞᆫ無線電信으로新聞電報를取扱ᄒᆞᆯ旨를公布ᄒᆞ얏ᄂᆞᆫ데十日부터開始ᄒᆞᆫ다더라

◎安奉工事警戒 (同日發) 安奉線工事ᄂᆞᆫ障碍가無히進行ᄒᆞᄂᆞᆫ더使用人夫中의淸國人을煽動ᄒᆞ야妨害를企圖ᄒᆞᆫ다ᄂᆞᆫ說이有ᄒᆞᆷ으로目下警戒中이라더라

▲文明野蠻▼

▲東양中에엇던나라文明으로自稱ᄒᆞ고先進으로自誇ᄒᆞ야傲然自大ᄒᆞ지만은個人程度를자시면野蠻中에第一이라ᄒᆞᆯ이세여先進인지利慾만하ᄂᆞᆫ明인지그稱號를알슈업데

▲法部顧問野蠻은積置金에慾心나서四百圜을窃取ᄒᆞ야仁川ᄭᅡ지逃走ᄒᆞ니文官으로在上ᄒᆞ면玉塔鍾繩ᄉᆡ가ᄭᅡᆫ顧問으로在下ᄒᆞ면金貨ᄯᅡ지가져가니그文明도알슈업고

▲南門外에더野蠻은人家門前지나다가犬吠함에怒ᄒᆞ야濂女ᄭᅡ지砲殺ᄒᆞ니밋친미가사물물면撲殺ᄒᆞᄂᆞᆫ거시어니와當이면쳐殺人者ᄂᆞᆫ當ᄒᆞᆫ撲殺못ᄒᆞ보니그文明도알슈업고

▲太田驛에더野蠻은尚乳臭八歲소ᄋᆞ를밧다가刼奪ᄒᆞ야流血驚倒ᄒᆞ야ᄂᆞᆺ시니ᄒᆞᆫ립도殘忍ᄒᆞ야기진성밋못ᄒᆞᆫ놈아재어미를못ᄒᆞᆫ납게乳ᄯᅥᆯ단ᄒᆞ니그文明도안슈잇고

▲樓閣洞에더野蠻은森林을護稱托ᄒᆞ고無罪婦女를毆打ᄒᆞ야重傷此胎ᄂᆞᆫ맛스니不仁不義ᄒᆞ더니爲ᄒᆞ鬼蜮들노陰詐ᄒᆞᆫ內腸凶險저러ᄒᆞ고外面은裝飾ᄒᆞ니그文明도알슈업고

▲이천모아못서되ᄂᆞᆫ個人모아成遂이라ᄒᆞᆫ처물은ᄒᆞ리ᄭᅡᆫ全濁獨ᄒᆞᆯ슈업고國人行爲不正ᄒᆞ면全國程度可知로다先進先進自稱ᄒᆞ니무숨程度先進인가開眼고가假明인가

[illegible]標

[illegible]ᄒᆞᆫ지多年에日失白任天ᄒᆞ고病在人傍[illegible]으로必登[illegible]是務ᄒᆞ야名藥을拌약이니實是韓약이오西洋材와拌약乾材로廉價放賣ᄒᆞ오니[illegible]會位ᄂᆞᆫ郵便小包로請購發行ᄒᆞ시오 [illegible]書名[illegible]調劑ᄒᆞ야[illegible]ᄒᆞ오니此時代醫藥界[illegible]

本舖[illegible]西小門外東洞閔宮

閔幷浩 韓[illegible]友 閔[illegible] 白

社告

鏡城郡支社員安正집此辭免ᄒᆞᆫ代에鏡郡內羅南 南宮[illegible]을擇定ᄒᆞ얏ᄉᆞ니本申報購覽ᄒᆞ시ᄂᆞᆫ 僉君子ᄂᆞᆫ 照亮ᄒᆞ시ᄋᆞᆷ

大韓每日申報社

大韓每日申報第千貳百六拾二號廣告欄內에仁川永宗面禮湖[illegible]昌九이가本人田畓文券[illegible]失이라ᄒᆞᆫ廣告中[illegible]은本人[illegible]父母가[illegible]文券과與執於本人時證[illegible]分明ᄒᆞ고登[illegible]이共所認證ᄒᆞᆫ[illegible]不[illegible]之心ᄒᆞ고[illegible]是[illegible]證明ᄒᆞ오니[illegible]照亮ᄒᆞ시ᄋᆞᆷ

仁川府府內面[illegible]

廣告

本部ᄂᆞᆫ中部[illegible]洞槐木洞八統六戶로移接ᄒᆞ얏ᄉᆞᆸ기仰佈ᄒᆞ오니會員은照亮ᄒᆞᆷ

勞働會本部 告白

本人이京城孤兒院에棄兒를收[illegible]時本郡[illegible]學校生徒一同이金額을助給ᄒᆞ엿기[illegible]感謝ᄒᆞᆷ

[illegible] 鄭[illegible]之助

成鏡[illegible]道[illegible]川郡[illegible]日面太洞里砂礦六萬三千餘坪을光武十年十二月十三日에請願[illegible]許可[illegible]隆熙三年[illegible]不得許可이온지此[illegible]五個年을私自採取[illegible]稅金은不納[illegible]礦坪은[illegible]損害[illegible]

沈榮澤 白

本人의圖章을六月拾九日에[illegible]失ᄒᆞ얏기로如是廣告ᄒᆞ오니內外國人은[illegible]勿施ᄒᆞ시ᄋᆞᆷ

仁川多所面[illegible]

本人[illegible]子[illegible]用(鎰)性本[illegible]七年[illegible]爲[illegible]技[illegible]浪費萬餘金[illegible]有公庭辨明[illegible]ᄂᆞᆫ又[illegible]外[illegible]內外國人照諒[illegible]酒[illegible]錢[illegible]分[illegible]論ᄒᆞ시오[illegible]覓[illegible]失[illegible]歸ᄒᆞ[illegible]

[illegible] 白

●特別廣告

[illegible]本人[illegible]孤兒를敎育[illegible]收[illegible]

[illegible]

宣川孤兒院內[illegible]

本社[illegible]在[illegible]東洋烟草[illegible]製造[illegible]特約ᄒᆞ고[illegible]烟草[illegible]輸入[illegible]各代理店에支[illegible]ᄒᆞ오니 僉君子ᄂᆞᆫ愛顧ᄒᆞ심을敬要

[illegible]紙烟[illegible]匣[illegible]五[illegible]竹[illegible]

[illegible]匣[illegible]本人[illegible]紙[illegible]

[illegible]本人

[illegible]本人

[illegible]匣[illegible]本人

[illegible]十[illegible] 匣[illegible]本人

[illegible]金口紙一匣[illegible]本人

[illegible]口紙一[illegible]日本人

本社[illegible]各代理店은左開ᄒᆞᆷ

[illegible]代理人[illegible]

[illegible]代理人[illegible]

大[illegible]代進入金[illegible]

[illegible]

[illegible]各處에[illegible]理店을[illegible]實[illegible]開[illegible]本社에[illegible]相議ᄒᆞ시ᄋᆞᆷ

京[illegible]石[illegible]

法韓會社 告白

滿陽山人 李志鴻著

[illegible]二冊百頁 不[illegible]價 參拾貳錢

東洋[illegible]의草木[illegible]法[illegible]我[illegible]藝術[illegible]多年[illegible]採輯[illegible]書[illegible]年之計[illegible]諸氏[illegible]購覽ᄒᆞ시오

[illegible]方[illegible]西[illegible]郵[illegible]

發行所 [illegible]

廣學書[illegible]

書籍各種

測量機械新製各種

製圖付屬品俱備

谷香烟草

[illegible]城[illegible]東[illegible]大[illegible]貳統[illegible]戶

金龍商會 謹告

○特別廣告

本人이[illegible]好品[illegible]鍛所産[illegible]白[illegible]金[illegible]에[illegible]味佳色[illegible]經年不變[illegible]價亦低廉ᄒᆞ오니 僉君[illegible]來購ᄒᆞ심을[illegible]再[illegible]期[illegible]陽曆六月[illegible]

西部[illegible]中[illegible]九統九戶

[illegible] 小名[illegible] 告白

本人이漢城材木柴炭株式會社株式五拾株[illegible]銀行[illegible]同[illegible]證金[illegible]百[illegible]貳[illegible]失[illegible]內外國人은休紙施行ᄒᆞᆷ

西部茶洞[illegible]戶

[illegible]

新訂 算術[illegible]論

[illegible] 上下合附[illegible]式 定價壹圜

高等小學 理科敎科書

壹、貳卷 [illegible]

三、四卷 [illegible]

[illegible]第二 植物 動物

第三第四 [illegible]物理 [illegible]

生理 [illegible]

大韓地誌敎科書 [illegible]小學 [illegible] 二拾五錢

懸吐 孟子 上下 [illegible]

具解 孟子 [illegible]

中等用器畵 [illegible]

新訂 大韓帝國[illegible]圖 [illegible]

分道 [illegible]

以上學部[illegible]可

言文 大韓國大[illegible]圖 [illegible] 四[illegible]

[illegible]千[illegible] 九拾錢

新撰 家庭尺牘 [illegible]附 漢字 [illegible]

新字帖 學部檢定 [illegible]

韓日文 [illegible]貳卷 各六錢

對照 新法律 大審院[illegible]

半洋裝 [illegible] 九拾전

[illegible]裝 [illegible] 七拾五錢

小兒漢文讀本 上下 六十전

算術新書 [illegible]

[illegible] 下卷 八拾[illegible]

[illegible]

中等[illegible]物學 [illegible]

中[illegible]物學 [illegible]

[illegible]歷史 上下 [illegible]

改正刑法大全 [illegible]

民事新訟[illegible]例 [illegible]

新式記憶法 [illegible]

演說方法 [illegible] 拾錢

毛[illegible]帖

成親王法帖 壹二卷 [illegible]

大韓[illegible]港灣 [illegible] 四拾[illegible]

[illegible]

最新式[illegible]○ [illegible] 三十錢

新訂千字文 二十전

京[illegible]部[illegible]坊[illegible]

[illegible]

外[illegible]書館 [illegible]

發行所 [illegible]

㊉秘製止痛藥

此藥은英國에有名ᄒᆞᆫ의학博士百里得來司氏의발明ᄒᆞᆫ無雙ᄒᆞᆫ靈藥이라左開諸症에外塗內服ᄒᆞ면無不立效인바當此炎夏에尤極神效ᄒᆞ와多數生命이오니藥業에從事ᄒᆞ시ᄂᆞᆫ이와疾病을預防코져ᄒᆞ시ᄂᆞᆫ이ᄂᆞᆫ速速來購ᄒᆞ시면價로都賣ᄒᆞ깃삼

左開

▲內科所用▼

胃酸 腹瀉

吐瀉 食傷風

咳嗽 不消化

肚滯 疹ᄀᆞ

心痛 傷寒

肝病 肚痛

胃熱 痢疾

口內之瘡 齒痛

哮喘 [illegible]腎病

小兒吐瀉 暑夏吐瀉

抽筋

瘧疾

[illegible]

胃氣痛

兩理傷寒

[illegible]痺

身[illegible]軟弱

[illegible]病

[illegible]

氣管病

霍亂

▲外科所用▼

火疔창

寒[illegible]

跌打損傷

腰背痛

[illegible]

[illegible]

咽喉痛

蟲蛇咬

凍창

腦氣筋痛

癬

▲發賣所

磚洞 韓美興業株式會社事務所

第七卷

大韓每日申報

第千壹百七拾號

月曜及慶節
歲時日休刊

檀君開國四千二百四十二年
箕子元年三千三十一年
大韓開國五百十八年
日本明治四十二年
清國宣統元年
陰己酉六月大廿六日發刊

Responsible for Publication Alfred Weekley Marnham.
發行兼編輯人英國人 萬咸
發行所
京城南部苧洞新門內第三百九十號
大韓每日申報社

論說

◎競爭進化論의大概

大抵十九世紀以來로世界文明의進步가突然히其速度를增加하야壹年間의進步가往古數百年보다速하며十年間의進步가往古數千年보다速하야滔滔大勢가長江大河의壹瀉千里홈과如하야居然히有史以後創有의新天地를作하얏스니此가誰의功이뇨曰「따위인」氏의功이니라「따위인」氏는何術로此功을致하얏나뇨曰其所著競爭進化論으로以하니라

따위인시出現以前에는東西歷史學이皆「退步」二字로人類歷史界의斷案을下하야日今人이古人에不及하다하며今世가古世에不及하다하야人人이惟古人의成規를守하며人人이惟古人의遺蹟을遵하야古人보다勝홈을不務하고古人의奴隸됨만是求하더니

따위인시가出現하며宇宙의眞理를探하며歷史의公例를推하야人類는元來進化오退化아님을發現할지라

於是乎시가高唱大呼하야從前學者의謬見을辭正하고其萬古不朽의學理를建明하얏스니其說에盖日今日物類가太古物類가아니며今日人類가太古人類가아니라皆是次第進化하야된如斯한狀態를致한비며蟲類가變하야獸類되며獸類가變하야人類되나니人類는即猿猴의變成한者라云云하니此는시가架空立說한者아니라多年의實驗으로得한者러라

然則世界는固是日進日化하는者오退步홈이아니나但日進日化홈은又何因緣으로得한者이뇨따위인시가此問題를解答하야競爭二字로斷하야日人類物類가時時競爭하며處處競爭하야競爭이愈劇홀수록劣者는敗하며弱者는滅하고惟彼優者强者는留하야世界에生存하는故로競爭이不息하고進化가不絶하나니

今에壹例를擧하건대栗의壹粒을播하면栗數百粒을得하며栗數拾粒을播하면栗數萬粒을得하나니如是히推하면幾百年을不過하야壹粒栗의遺種이全地球의面積을占盡할지며人類는動物中生殖이最遲한者로대二十五年에壹倍가增加되나니如是히推하면壹千年을經過하야壹夫婦의子孫이地上에束麻와如히立홀지라其他萬物이莫不然한者無한故로此有限의地面에無限의品類를容하면其勢가競爭이無코저하야도不能이며競爭의結果는優者强者만生存을得홈이라云하니라

시의此說이壹出하매宇內列國의耳目이聳動하야俗俗優者强者됨을務하야辯士는舌을磨하며文士는筆을鍊하며軍人은劍을濱하며學者는理를探하며國家는强하게됨을務하며民族은優族됨을務하야今日此雖肝劇烈의天地를造成홈이니偉哉라따위인시여

시의此說이歐洲에在하야는街卒도稱傳하는바이나韓國에는西儒學說의輸入이尙遲하야老宿도往往此等說에昧如할지라茲에其略을撮하야讀者에게餉하노라

官報

▲隆熙三年七月三十壹日 官報

勅令

朕이憲兵補助員募集에關한件中改正의件을裁可하야茲에頒布케하노라

御名 御璽

隆熙三年七月三十日

內閣總理大臣 李完用

軍部大臣 李秉武

勅令第七十二號

隆熙二年勅令第三十壹號憲兵補助員募集에關한件中左갖치改正홈

第二條第貳項 削除

第三條中但書 削除

附則

本令은頒布日로부터此를施行케홈

雜報

◎清間關稅 美清간關稅는來年三月부터施行된다더라

◎局面轉回 總督那桐시가北京에着하얏는데清國局面이轉回하리라더라

◎改築問題決議 外務侍郎梁敦彥은日本과交涉홈에攝政王等의게稟告치아니하얏슴으로反對黨派가對하야驚惶하고大官間에混雜이生하야慶親王梁敦彥은攻擊을受하고皆是責任을免하려하야去七日會議의結果로日本의交涉을繼續하야改築問題를決定하기로決하얏다더라

◎改築工事進行 南滿鐵道會社理事의電報를據한즉五千一百貳十八英尺되는扁嶺隧道工事는去七日에旣爲着手하얏고土地買收에障碍가無하고枕木數十萬株는日本에서軌條五十英里分은露國에서購入하얏는데改築總延장은百六십七英里(약英里가韓國三里)이오橋梁은百七拾個所요隧道는三拾個所요停車場은二십三個所요鴨綠大河川은渾河인데其橋梁의延長은壹千九百貳英尺인데此線路가竣工된後에는釜山奉天間이三十五時間이면到着홀터이라더라

外報

◎清廷調電 九日發東京電을據한즉昨日北京政府에서駐日清公館에如左한調電을發하얏는데

壹兩方에서委員을派遣하야條約을履行할事

二現時狹軌鐵道를廣軌로改築할事

三線路의變更은兩方委員이協議後에決定할事라하얏더라

◎條約交換 東京電을據한즉清國과브라질間仲裁裁判條約이締結되야批准交換을經하얏다더라

學報

◎露校卒業 海州南門內露岩學校에서去月廿二日上午十時에第壹回卒業式을擧行하얏는대

卒業生 박希道 金賢洙

詞藻

◎血性대

新大韓의愛國靑年
들아피가뜨거워
壹心으로奮發하야
血性隊를組織코
祖上나라찻들기로
굿게盟約하엿네
두려마라父母國아
원슈들이만흐되
膽力잇고勇猛잇는
血性隊의靑年들
父母國을직히라고
굿게把守셧고나
血性隊의祖國精神
뼈에깁히잠기여
山은능히쓸드리도
그精神은못쓸어
장홈세라장홈세라
血性隊의그精神
血性隊의忠義절개
굿세고도굿세여
쇠는능히굽히여도
그절개는못굽혀
장홈세라장홈세라
血性隊의그절개
번개갓치活動하고
霹靂갓치猛烈혼
血性隊의장혼긔개
뉘가능히막을가
장홈세라장홈세라
血性隊의그긔개
大砲소리우드치며
갈이압흘막으되
冒險하는血性隊는
奮奮顧身나가네
장홈세라장홈세라
혈性隊의勇進力
혈性隊의울흔피가
하슈갓치흘너셔
나라榮光빗치나고
나라위엄썰치네
혈性隊를혈性隊를
恒常노래하리라

◎滄浪歌 江湖散人

朝日滄浪舞色鮮
麥老風動棹歌聯
同人且莫迷津問
別有大明頭上天

||

雜報

●御水新供 大皇帝陛下께옵셔 御用ᄒ시는飮料水는大造殿後庭井水로供用ᄒ더니日前부터 御浴室建築役事를因ᄒ야該井水가不潔ᄒ故로 慶運宮後苑五雲閣泉水를三昨日부터 御用에 進供ᄒ다더라

●似近疎薄 伊藤統監과리總相과내相間의交際情況을聞ᄒ즉統監赴任後에리박兩氏가正式으로數次宴會에接見而已오其後統監病臥時에屢次訪問ᄒ얏스나壹不接見ᄒ얏는ᄃ疎薄의嫌가有ᄒ듯ᄒ다더라

●司法局設置 司法權委任後로統監府當局者는諸般制度를銳意研究하는中인ᄃ統監府司法局을設置ᄒ기로決定하고目下官制를調查ᄒ야四五日中에는具體的成案을見ᄒ리라더라

●陞級件發布 내部에서는壹般官吏의陞級件을議決ᄒ야今明間發布ᄒ다더라

●功成身閒 總理大臣리完用氏는近日東小門外某亭子에前往하야避暑閒養ᄒ다더라

●何等秘密 내部大臣박齊純氏는近日에何等秘密事件이有ᄒ지總理大臣리完用氏를逐日訪問ᄒ고秘密協議ᄒ다더라

●落成兼納涼 내部大臣박齊純氏가新建築ᄒ家屋의落成式과納涼會를舉行ᄒ기로現方準備中이라더라

●辭職勸告 남部人力車組合總務員리一善氏는農商工部大臣趙重應氏에게辭職勸告ᄒ기爲ᄒ야目下運動ᄒ는中이라더라

●宋氏發程 내部寺社課長宋之憲氏는寺社에關ᄒ事件을調査ᄒ기爲ᄒ야本日에忠淸南北道로발程ᄒ다더라

●莞島移屬 濟州郡에觀察道를設置ᄒ다는說은累報ᄒ얏거니와全南莞島郡을該管下로移屬ᄒ다더라

●入城杳然 濟州郡에滯在ᄒ錦陵尉朴泳孝氏는還城ᄒ思想이杳然ᄒ故로京성에在ᄒ該宮舍를放賣ᄒ기로周旋中이라더라

●韓壹日五 國有未墾地利用法에依ᄒ야近頃農商工部에서貸與를許ᄒ것이六個所인ᄃ全南麗水郡華□面에在ᄒ八十七町餘되는地段壹處만該郡趙代黃炳秀氏에게許ᄒ고其外忠淸慶尙兩道各要地五個處는皆日人에게許可ᄒ얏다더라

●雖多何益 未墾地利用法에依ᄒ야可墾地森林養魚等認可는日人所得이三分이오七分은韓人所得이나韓人은實地에壹次着手ᄒ야所望과相左ᄒ면中途棄拋ᄒ는者도有ᄒ고或은着手도못ᄒ고因循過限ᄒ는者도有ᄒ니實노可惜ᄒ事이라더라

●內度交涉 地方費稅目은雜稅中에서撰定ᄒ方針이나從來의雜稅는廢止ᄒ고屠獸稅와典當鋪稅를將來地方費에移屬ᄒ야徵收ᄒ터인ᄃ此에對ᄒ야目下내部와度支部間에交涉中이라더라

●豫算編成 韓國各部豫算案은來九月中에度支部에提出ᄒ터인ᄃ其期日이切迫ᄒ으로각部에서該案編成에汲々着手中이오각部에서共히新計劃과經營ᄒ는故로請求額이前年보다增加ᄒ리라더라

●預算脫藁 農商工部水產局에서는過般來編成ᄒ던明年度預算案은既히脫藁되얏슴으로會計課로迴附ᄒ얏다더라

●遊說何多 帝國新聞社長鄭雲復氏가國是遊說團員高희駿氏를論駁ᄒ은已報ᄒ얏거니와該事件에關하야鄭丙朝氏가將次鄭雲復氏를遊說하깃다고聲言ᄒ얏다더라

●反加批評 國是遊說團에對ᄒ야各新聞上에或批評도有하며或論駁도有ᄒ은壹般共知ᄒ거니와中樞院副議長정丙朝氏가此에對ᄒ야遊說團의趣旨도不知ᄒ면서空然誹謗ᄒ다고各新聞을反爲批評ᄒ다더라

●意氣揚揚 國是遊說團發起人들은該團을組織ᄒ는事이何等大事業이나成ᄒ드시對人說話에意氣가揚揚ᄒ다더라

●養蠶獎勵 平安北道의養蠶業은將來에頗히有望ᄒ者인ᄃ同道의紬를產出ᄒ는處는但히厚昌慈城江界三郡뿐인故로當局者는該邊에蚕業講習所를開設ᄒ고蚕業을獎勵ᄒ터이라더라

●舊慣調查 韓國各地方에從來舊慣을調査ᄒ기爲ᄒ야내部警務局에서地方警察署로申飭ᄒ터이라더라

●貨幣發行額 第壹銀行韓國總支店의貨幣發行額의週報가左와如ᄒ니

壹	銀行券發行의平均額	九、六〇九、二〇〇圓
내	正貨準備額	三、貳三〇、〇〇〇
	保證準備額	六、三七九、貳〇〇
貳	銀行券手許分額	六五三、九貳八
三	銀行券市場流通額	八、九五五、二七二
四	硬貨發行額	四、三七三、九四〇
내	貳拾圜金貨	壹、三五〇、〇〇〇
	拾圜金貨	五〇、〇〇〇
	五十錢銀貨	六八三、〇五〇
	貳十錢銀貨	七七〇、〇〇〇
	拾錢銀貨	四八七、五〇〇
	五錢白銅貨	七七四、六〇〇
	其他	二五八、六九〇

●保安編入 水原郡八達山과城壁內外所有森林은森林法第五條에依하야保安林에編入ᄒ얏다더라

●圍役請願 年前에廢止ᄒ陸軍法院使役과軍器廠工役들이恩金을支撥ᄒ다고前軍部에屢次請願ᄒ더니昨日에는武官學校圍役들과聯合하야親衛府에請願ᄒ얏다더라

●恩金希望 年前에解散ᄒ巡檢들이恩賜金을未蒙ᄒ야警視廳에累次請求ᄒ되支給지아니ᄒ으로頗히抑鬱ᄒ을懷ᄒ얏더니今回警視廳에서其情狀을矜恤ᄒ야將次支給ᄒ다는說이有ᄒ으로希望者들은滿心欣企ᄒ다더라

●人民憤激 三昨日麻浦에서八歲兒가電車에壓觸되야兩脚이斷絕ᄒ은已報어니와該兒가同日午後六時에殞命되얏는ᄃ當地에서五百餘名의人民이會集ᄒ야該電車에掌車手二名을捕捉ᄒ야復讐코ᄌᄒ즉該掌車手가巡查派出所로隱避ᄒ는지라人民들이派出所를破碎ᄒ고掌車手를亂毆ᄒ야重傷을被ᄒ야當場景況이危急ᄒ더니電車會社에서外國人六名이出往ᄒ야巡查와合力ᄒ야車手의生命은僅히救援하얏스나該兒의慘狀은目不忍見이라더라

●商校請願 韓信商業學校에서認可請願書를學部에提呈ᄒ얏더니實業學校令에依ᄒ야更히請願ᄒ라ᄒ얏다더라

●罕有酷暑 今年暑氣는韓國만特甚ᄒ바아니오日本滿洲等地에도皆然ᄒ다는ᄃ近者兩三日에는室니溫度가九拾四五度에達ᄒ얏다더라

●大同午餐 大同日報社社長洪鎭裕氏以下壹般任員이再昨日下午壹時頃에水標橋淸人料理店에서午餐會를設行ᄒ얏다더라

●管船業實施 邊永鎭趙東元氏等이發起組織ᄒ管船組合所의業務는日間實施ᄒ計劃이라더라

●要在擴充 江郊에靑年壹巨富가有ᄒ야技色을沉惑ᄒ는ᄃ前郡守崔洪석氏와其他業技者幾人이該靑年과賭技ᄒ야崔氏가新貨六百餘圜을得ᄒ고罷局ᄒ즉散ᄒ際에該靑年의慈母가其機를知ᄒ고放聲呼哭ᄒ는지라崔氏가不忍의心이發ᄒ야該錢을還付ᄒ고該靑年의게技業을永絕ᄒ라고勸告ᄒ얏다더라

●衛費督納 北部警察署에서該署內人民에衛生費를來拾三日內에刷舉納ᄒ라고壹般巡查에게指揮ᄒ얏다더라

●破塚嚴役 日人吉田政藏와平岡辨太郎兩人이開城郡等地에서高麗塚을破掘ᄒ고磁器를竊取ᄒ다가理事廳에被捉ᄒ야壹個月懲役에處ᄒ얏다더라

●實業請求 淮陽郡에는染織及竹細工을傳習ᄒ는實業學校를設立ᄒ고農商工部에補助金을請求ᄒ얏는ᄃ同部에서는審議ᄒ後에補助를與ᄒ터이라더라

●編輯開會 法학協會에서該會雜誌第八號를編述ᄒ기爲ᄒ야本日下午二時에編述員會를開ᄒ다더라

學界

●徽塾開會 去七日午後三時에徽文義塾니에서私立學校教師親睦會第二回발起人會를開ᄒ고二십人이出席協議ᄒ얏는ᄃ來拾四日에總會를開ᄒ고事務所는中部洞口니國民夜學校니에置ᄒ다더라

●開進日進 西部서學峴英國聖教堂니開進夜학校는設立以來로非常ᄒ盛況을呈ᄒ야開校未幾에入학者가壹百三名이라더라

●留學生愛國淚 平北博川郡居朴永環시가留學次로本年二月에日本熊本縣에渡往ᄒ야熱心做工ᄒ는ᄃ家勢가素貧ᄒ야學資를不繼ᄒ으로逐日勞働力作ᄒ고夜以修學ᄒ다가不幸身病에罹ᄒ야故國으로反向ᄒ時에該校學生을對ᄒ야祖國情況을陳說ᄒ며壹場痛哭ᄒ고仍히發程歸國ᄒ얏다더라

●張氏捐金 仁川港永化女學校尋常科三學年生河呂順은年今十七에聰明이秀異ᄒ되家勢가貧寒ᄒ야工夫를成就치못ᄒ을心歎ᄒ더니該港龍洞居張九與시가每朔拾餘圜金을捐付ᄒ야外國이나內地에隨意留學케ᄒ다더라

●海郡講習 海州郡守韓炯履시가教育과實業에熱心獎勵ᄒ야該郡公立普通學校內에夏期休학을利用ᄒ야師範農業講習會를幷設ᄒ고郡內士民을招集ᄒ야教授ᄒ얏는ᄃ去月三十日下午三時에觀察使以下各郡守가來參ᄒ야切實ᄒ訓辭와祝辭가有ᄒ얏고師範中十九人農業中四拾壹人의게講習證書를授與ᄒ얏다더라

●學生狼狽 開城郡私立光明學校에서工業학校를設立ᄒ다ᄒ으로平壤宜川等地居學生拾餘名이入學次上來ᄒ야壹朔을留宿ᄒ더니畢竟開학지아니ᄒ으로該학生들은狼狽가不少ᄒ다더라

▲現象怪象▼

▲百尺高樓을나서서夏雲갓치變幻ᄒ는韓國情形살펴보니ᄃ現象의非常ᄒ이無窮繇叠出ᄒ며多奇ᄒ이여기보다男兒血性잇고보면痛哭ᄒ일아니ᄒ가

▲司法委任하엿슨즉無爲而治될쌴더러全國秩序維持ᄒ야人民平和享有ᄒ미犯法者가업스련만監獄署만널니짓고大小網을布設ᄒ니無法天地更多로다

▲軍部廢止ᄒ엿슨즉戰爭될리萬無ᄒ고銃砲ᄶ지收入ᄒ야危險狀態防禦ᄒ니無禦念慮업것마는偵探軍만밧브ᄒ여밤낫업시巡哨ᄒ니無軍天地更多事ᄒ다

▲財政枯渴ᄒ엿슨즉濟劇窮乏家錢濟말고도節儉ᄒ련花套局도依例禁止ᄒ러니외國人日人月給十倍되고處々建築日增ᄒ니無錢天地更多錢을

▲言論自由업섯슨즉啞聾歎가제格인ᄃ有口無言此世界에는띄업는遊說團이蘇秦張儀口辯인지國是國非不分ᄒ고人民耳目眩亂ᄒ니無言天地更多言을

▲科學法이엽섯슨즉詩賦白戰되엿는데時局變얼此時代에國致조흔ᄃ大官들國存國亡不顧ᄒ고山樓溪亭차ᄌ가서吟風弄月崇尙ᄒ니無詩天地更多詩를

藥標

이此類가甚多ᄒᆞ오며且天命在天ᄒᆞ고病在人故로預命에無醫ᄒᆞ고死病에有醫ᄒᆞ니命與病이相關ᄒᆞᄂᆞᆫ各故로特以紫色으로辨決死生ᄒᆞ야使其制孚賣ᄒᆞᄂᆞᆫ者로發行無礙케ᄒᆞ오니此時代醫藥界에本國精製으로發售ᄒᆞᆷ을是務ᄒᆞ거名雖洋약이나實是韓약이오며唐材와洋약乾材도廉價放賣ᄒᆞ오니 惠顧 僉位ᄂᆞᆫ郵便小包로請購發行ᄒᆞ시오 本舖京西小門外車洞閔宮 閔升浩 鄭信友 閔 [illegible] 白

社告

鏡城郡支社員安正진氏辭免ᄒᆞᆫ代에該郡內羅南 南宮 [illegible] 氏로擇定ᄒᆞ얏ᄉᆞ니本申報購覽ᄒᆞ시ᄂᆞᆫ 僉君子ᄂᆞᆫ 照亮ᄒᆞ시옵

大韓每日申報社

雜報

◎何鬧何晦 信川郡加串防開石垠失火事에對ᄒᆞ야該郡守가拾圓郡主事가三圓本坊內에셔四십五圓三和郡남港稅리承許氏가三십圓其他個人의捐助가多數ᄒᆞᆫᄃᆡ郡守及郡主事의捐助ᄂᆞᆫ新聞上에廣告ᄒᆞ고其餘ᄂᆞᆫ無聞ᄒᆞ니名譽를褒揚ᄒᆞᆯ진ᄃᆡ地位를較ᄒᆞ야存拔이有ᄒᆞᆷ은公平의心이아니라고該地輿論이有ᄒᆞ다더라

廣告

權基先이라ᄒᆞᄂᆞᆫ人의字ᄂᆞᆫ敬順이오年은三십四라右人이數年前女郞等踐에接屑ᄒᆞ다가本人의게托身ᄒᆞ얏더니得病身沒ᄒᆞ얏시니右人의伯시權基澤시라ᄒᆞ신이가잇다ᄒᆞ옵기玆에廣告ᄒᆞ오니即速枉臨ᄒᆞ시옵 女郞西上新洞拾七戶金召史白

◎特別廣告

美洲羈居ᄒᆞᆫ韓人同胞들이本國孤兒를敎育ᄒᆞᆯ盛意로收合ᄒᆞᆫ捐貲가千圜에已逾ᄒᆞᆫ지라陸續加勉ᄒᆞ야平北宜川에定基立院ᄒᆞ오니內地志士들도協力贊成ᄒᆞ심을務望 宜川孤兒院內總主務者梁何伯

本人仲子濟用(鎔)性本懦屑六七年來爲浮浪雜漢所誘酒債與技債浪費萬餘金多有公庭辨明而今又雜漢所誘飲酒爲業欲得外債ᄒᆞ야離家內外國人照諒後酒盃錢量分切勿擧論ᄒᆞ시오畢竟白失에歸ᄒᆞ오리다 義州月華面會谷張英麟 白

大韓每日申報壹千壹百六拾二號廣告欄內에仁川永宗面禮湖禹昌允이가本人田畓文券五십장을中國셔失이라ᄒᆞᆷ은渠의伯母가本管治産ᄒᆞ며該文券을典執於本人時證據가分明ᄒᆞ고壹面이共所認證ᄒᆞ옵ᄂᆞᆫᄃᆡ敢生不側之心ᄒᆞ고如是誣告ᄒᆞ얏ᄉᆞᆸ기聲明本報ᄒᆞ오니僉彦照亮ᄒᆞ시옵 仁川府府內面龍동證聖瑞

扶安郡故閑鄕學宗珠시의養子李再烈은宗珠시와兄弟의行列인ᄃᆡ誤認率養이倫彝上損傷됨으로門論이大起ᄒᆞ야再烈世破養ᄒᆞ얏ᄂᆞᆫᄃᆡ再烈이가不遵門議ᄒᆞ고扶雜悖類幹散文券偽同ᄒᆞ야該家의財를欺騙코ᄌᆞᄒᆞ니內外國人은見欺치勿ᄒᆞᆯ意로屢揭前報ᄒᆞ얏거니와自該시의大門中으로至북支部裁判所의請願ᄒᆞ야斷判ᄒᆞ얏ᄂᆞᆫᄃᆡ李再烈은風化의所關으로破養逐出ᄒᆞ고宗珠의后嗣ᄂᆞᆫ前期의率養ᄒᆞ얏든該시의四從侄泰玉氏로宗珠의大夫人金시의敎訓을受ᄒᆞ야立嗣ᄒᆞ고家産을相續ᄒᆞ얏ᄉᆞ니內外國人은咸須照亮ᄒᆞ시며李再烈은宗珠시家에繼嗣之人이라ᄒᆞ야敬文을締結ᄒᆞ야或錢財를誅求ᄒᆞᆷ이有ᄒᆞ여도切勿見欺ᄒᆞ심을望ᄒᆞᆷ

全北扶安郡東道面西外里 叫景辰

[illegible]大[illegible][illegible] 全

嵩陽山人 張志淵 著

鉛二冊百頁本 價 參拾貳錢

東西洋園藝家의草本移接ᄒᆞᆫ法과我國園藝術에多年經驗ᄒᆞᆫ術을蒐集互採ᄒᆞᆫ書라拾年之計에有志諸員ᄂᆞᆫ陸續購覽ᄒᆞ시오 外方에셔ᄂᆞᆫ郵遞로通寄ᄒᆞ시면隨求隨應ᄒᆞᆷ

發行所 布屛下 廣學書포

書籍各種 測量機械新製各種 製圖付屬品俱備 谷香煙草

漢城南署藥洞六拾貳統십戶 金龍商會 謹告

本人이京城孤兒院에棄兒를收送時本郡海同學校生徒壹同이金捌圜을助給ᄒᆞ엿기該慈善心을感謝ᄒᆞᆷ 海州 柳原源之助

本所支所를洪州鶴山保寧結城內에置ᄒᆞ고주務ᄂᆞᆫ李駿基氏로定ᄒᆞᆷ 內外組合仲介所 告白

本館에셔石版印刷도各項印刷物를精美히ᄒᆞ오며極히廉價로ᄒᆞ깃ᄉᆞ오니 僉君子ᄂᆞᆫ陸續來臨請求ᄒᆞ심을敬要 南大門內秀印館印刷 朴根英

新訂敎科 算術通論 上下合附並解式 定價壹圓
高等小學 理科敎科書 壹、貳卷 각卄전 三、四卷 各卄五전 第壹第二 植物 動物 第三第四 地文 物理 礦物科 化學 生理 衛生科
大韓地誌敎科書 高等小學 二拾五錢
懸吐具解 孟子 上下 壹冊 壹圓
中等用器畵 壹圓 七拾전
新訂分道 大韓帝國地圖 壹冊 五拾錢
以上學部認可
言文 壹冊 四십錢
太韓國大地圖 壹幅 九拾錢
[illegible]子所[illegible] 全[illegible]子輸 壹冊 壹圓卄錢
新撰 家庭尺牘 漢字傍附 壹冊 卄五전
曾以上內部許可 新字帖 學部檢定
韓日文對照 新法律 大審院編纂 壹、貳卷 各六錢
洋裝 中洋裝 壹冊 九拾전 七拾五錢
小學漢文讀本 上下 六十전
算術新書 中洋裝 上下卷 八拾錢
中等算術敎科書 貳冊 三拾五錢
商易四則 三十錢
高等小學植物學 壹冊 貳十錢
中等礦物學 壹冊
普通東洋歷史 上下壹秩
改正刑法大全 三十錢
民事訴訟例 壹冊 二十八錢
新式記憶法 一冊 二拾錢
演說方法 三拾錢
毛筆畵帖
成親王法帖 壹二卷 各十錢 一冊 拾錢
大韓帝國附港灣地圖 壹幅 四拾錢
唐玉篇 壹冊 三십五錢
最新式體操 有圖畵四十六
新訂千字文 壹冊 三十錢 二十전
發行兼發售 京中部陽德坊桂洞 玄公廉
廣谷 平壤鍾路耶蘇敎冊舖 [illegible]
外京鄕各書舖 尹[illegible]

◎秘製止痛藥

此藥은美國에有名ᄒᆞᆫ의학博士百里得來司氏의發明ᄒᆞᆫ無雙ᄒᆞᆫ靈藥이라美國에在ᄒᆞᆫ該會社에셔特爲派員ᄒᆞ야此藥品을韓國內에廣佈ᄒᆞ기를專托ᄒᆞᆷ으로故로義不可辭ᄒᆞ와玆에廣佈ᄒᆞ옵ᄂᆞᆫ바左開諸症에外塗內服ᄒᆞ면無不立效ᄒᆞ라當此炎夏에尤極神效ᄒᆞ와多救生命이오니藥業에從事ᄒᆞ시ᄂᆞᆫ이와疾病을預防코ᄌᆞᄒᆞ시ᄂᆞᆫ이ᄂᆞᆫ速速來購ᄒᆞ시면廉價로都賣ᄒᆞᆯ깃삽나이다

左開

▲內科所用▼
胃酸 腹瀉
吐瀉 食傷暑
咳嗽 不消化
肚滯 疹子
心痛 傷寒
肝病 肚痛
胃熱 痢疾
口內ᄋᆡ癱 咽痛
哮喘 兩腎病
小兒吐瀉 暑夏吐瀉
抽筋
瘧疾
噯聲
胃氣痛
咽裡傷寒
候痺
身子軟弱
黃病
暈船
氣管病
霍亂

▲外科所用▼
火疔창
寒창
跌打損傷
腰骨痛
癰창
指甲疽
咽喉痛
蟲蛇蜇咬
凍창
腦氣筋痛
癬

▲發賣所 磚洞 韓美興業株式會社事務所

濟生堂和平堂兩大藥房聯合紀念大贈彩

●贈大彩說明

濟生堂開業五週年과和平堂開業三週年에際호야內外國君子의顧愛를深蒙호야賣藥이時로隆盛호고功績이東西에著홈은其療病의實驗과誠故로今에兩大藥房에서紀念式을擧行호고各君子의證據를表호기爲호야兩堂製藥品(淸心保命丹 八寶丹)을特製호야大贈彩券을無代金添呈호와大占을옵니僉君子는勿失此機호시고陸續枉顧호심을敬要

懸賞物品金六百圓價値

大福彩券은以四千枚로定

兩大靈藥(淸心保命丹)(八寶丹)은貼價金參拾錢

效能 胃飮積滯胸腹痛 水土不利咳嗽等

方法

定價金[illegible]拾錢每五包에贈引券壹張을添呈홈

此外兩藥房製藥品中의五拾錢價格에彩券을添呈홈

贈引券은[illegible]호야五圓價格을贈彩券壹張을添呈홈

賞品

壹等(貳人) 白米貳拾石(每拾石式) 大斗五斗入

貳等(貳人) 仝 拾石(每五石式)

參等(捌人) 仝 拾六石(每貳石式)

三等(拾人) 仝 拾石(每壹石式)

四等(壹百人) 金五十圓(每五十錢式)

五等三千八百七拾八人 紙卷烟 千八百七拾八匣 寸三千八百七拾八匣

空彩는無홈

遠地에는**郵便引換**으로**送呈**홈

期限은**六十日**로**定** 自陽六月拾六日 至陽八月拾五日

抽籤日子는臨期호야更告홈

位置

皇城南大門側 **濟生堂大藥房本舖**

皇城鐘路 **和平堂大藥房本舖**

皇城鐘路 **兩堂臨時出張所**

自宅治療 電氣帶廣告

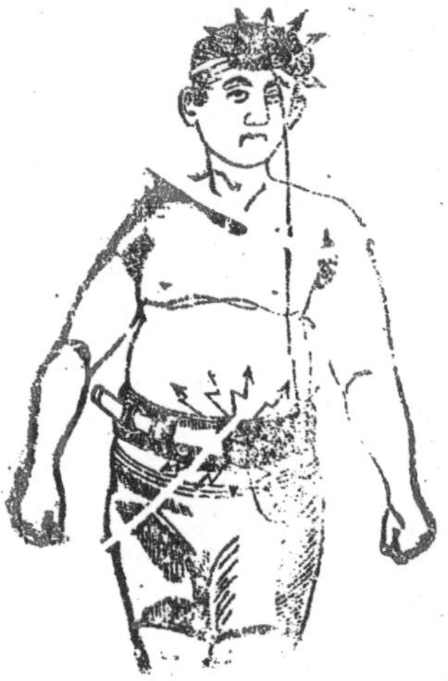

(主治効能)神經衰弱諸症不眠。遺精、早漏、不快、頭痛、不眠、消化器無力、便秘、消化不良。食慾不振。遺尿。陰萎。神經衰弱。痛症。半身不遂。或全身不遂。手足厥冷、諸神經痛。頭痛腰痛。脚氣及腰痛。記憶力及忍耐力減退、血分不足疾

上號 拾四圓 中號 [illegible]二圓

家庭救急方

前醫學校教官 朴容南 著

定價 [illegible] 郵稅 [illegible]

此書는東西醫學中에必要き救急妙法을博採호야婦人小兒라도容易瞭解케호야自宅의治療를[illegible]且醫藥에從事호는人의必要き書ㅣ라實際上必要き者ㅣ라

卒倒○卒中○熱射病○癲癎○日射大暑○內科病의救急法○頭痛○腹痛○胃痛○月經痛○鼻出血○吐血○中毒○中毒症의[illegible]○鴉片中毒○石炭酸中毒○硝酸中毒○燐中毒○[illegible]○炭氣中毒○獸肉中毒○異物의嚥下法○鼻、咽喉、耳、眼、의異物摘出法○火傷○凍傷○止血法○揮發○失氣及假死○假死의區別○假死의救急法○縊死者○瓦斯中毒○異物窒息假死○溺死○餓死者○人工呼吸法○打撲○外傷○頭部外傷○腹部外傷○下顎脫臼○咬傷○狂犬咬傷○蜂蠆咬傷○附妊娠의症候○妊娠中의攝養○產婦의注意○初生兒의受護法○乳母의撰擇法○家庭의必備藥品

發賣所 皇城南部大廣橋 共愛堂大藥房 告白

代理店 共愛堂各支店

京鄕各書舖隨意販賣

各種東西藥品韓國唯一大藥房和平堂藥房

本藥房은[illegible]시실을입사와本舖를今以新層擴張호고東西藥品을都賣散賣호오나拾二道僉位는西洋藥品이나唐材와草材를隨用請求호시면以廉價로調劑호야漢藥을[illegible]호실兄弟는方文을郵便付送호시면特別히藥材를擇호야精製所에서引換으로送付호오니上과깃소오나照亮호시옵

本堂藥品

如左홈

阿片斷引丸 每錠八厘分 金五圓 半劑四圓分 金三圓

養胃經驗丸 每個三分 金五圓

麝香消瘡丹 壹個三分 甲號 乙號金二圓五拾錢

滋陽丸 壹月分五圓 貳拾日分 壹圓四拾錢 拾五分 五拾錢

全治劑 每劑拾日分金三錢

八寶丹 壹包九粒五粒金拾圓

和平堂 藥房主 李應善

社告

○申報價

壹號代金 新貨貳錢五厘

壹個月前納 三拾錢

參個月 九拾錢

陸個月 壹圓七拾錢

壹個年 參圓四拾錢

郵稅壹張 新貨五厘

壹個月 拾參錢

○廣告料

西號活字拾參字詰

每日壹寸(英尺)에 新貨什五錢

貳週日壹寸에 貳圓五拾錢

壹個月壹寸에 五圓

(自壹行至四行이爲壹寸)

其期限의長短과行數의多寡를因호야增減홈이有홈

◎大韓每日申報各處支社廣告

郭山郡邑內 金[illegible]

雲山郡邑面上里 梁允極

龜山郡內利用里 [illegible]

[illegible]山北面[illegible]洞 王[illegible]

黃海道

海州南門內書館 朴[illegible]

安岳郡石面[illegible]洞 金文浩

長淵邑校洞西北支學會內 [illegible]東元

殷栗邑倉前 金[illegible]

信川邑西里 [illegible]

載寧邑乾材局 [illegible]

黃州南門外冊肆 [illegible]

白川邑文明館 [illegible]

沙里院活[illegible]勞働夜學會任敬宰

咸鏡道

咸興州南社西門外 [illegible]

元山港創業社內 [illegible]正[illegible]

定平郡邑川 [illegible]

洪原西門內保命局 [illegible]

永興南山[illegible]學校內 [illegible]元[illegible]

鏡城[illegible]新興洞 [illegible]

[illegible]津港新岩[illegible] [illegible]元[illegible]

平安道

平壤鍾路太極書 安泰國

三和港[illegible]石洞教堂 [illegible]

義州南門外[illegible]大藥房 [illegible]有寬

龍川邑[illegible] 安[illegible]

車輦館 金明[illegible]

定州南門內[illegible] 洪成[illegible]

博川郡邑[illegible] 金[illegible]

[illegible]州[illegible] 金[illegible]

京[illegible]線[illegible]南 李基秀

[illegible]川[illegible] 黃[illegible]保

龍川[illegible]面[illegible]會 金[illegible]

[illegible]川[illegible] [illegible]

順川[illegible] 朱伯[illegible]

朔州邑南門外 [illegible]

楚山邑館前洋[illegible] 李正[illegible]

寧邊鄕校紅門里 [illegible]昇

江西邑內 金[illegible]

成川[illegible]上[illegible]面 [illegible]三

平[illegible]川郡[illegible] 鄭[illegible]

寧川邑城[illegible] 申基[illegible]

江界邑[illegible]教[illegible] [illegible]

京畿道

木浦[illegible]陽[illegible] [illegible]得[illegible]

金浦永流面豆[illegible] [illegible]三

水原[illegible]下[illegible]里 [illegible]

仁川[illegible]新[illegible] 李東[illegible]

開城南大門內[illegible]會館 [illegible]

江華邑[illegible] 金[illegible]

忠淸道

清州[illegible]川[illegible] [illegible]

慶尙道

大邱西門外友[illegible]會[illegible]李正[illegible]

釜山港佐川藥局 徐[illegible]

江原道

春城邑內新城里 [illegible]洞元

鐵原邑[illegible] [illegible]大

蔚珍遠北面[illegible]花里 朱[illegible]

告

第七卷

大韓每日申報

第千壹百七拾壹號

歲月 時曜 及日 休廳 刊籍

檀君開國四千二百四十二年
箕子元年三千三十一年
大韓開國五百十八年
日本明治四十二年
隆熙三年
陰己酉六月大廿七日甲辰

Responsible for Publication Alfred Weekley Marnham.

發行兼編輯人 英國人 萬咸
發行所
[illegible]
大韓每日申報社

寄書

◎是吾憂者凡五

咸鏡高等學校生徒 邊是

天地의精神과五行의化氣로幸히最貴의人物이되야此時代의世界에誕生하엿스니其最靈最貴한職分을盡하라면實로容易지아니하고行키도難하도다

人生이世에生長老死의期限은天命이自在하니智로能히避치못하며力으로能히違치못하나니故로權堯舜의神聖으로도能히天地로더부러無窮치못하시고天老王과秦始皇의方術노도古邱壟土를成하얏스니然則男兒의志는宇宙에亘立하고事業은山嶽가在前한대日月은如彼히速하야明日에今日되기瞬息이오幼年이壯年되기非難이니

嗟此志는何日에必遂하며事業은何時에必成할고若吾의志를不遂하고吾의事業을不成하고徒生하야世에無益하면不是아實로禽獸와類하니自慮하면可愧하고死하야鬼神될理가萬無하니是憂가何如할가然이나我는是憂를憂함이아니라是憂의憂를憂가實노吾의憂라何者오每히清明在躬할時를當하면於心에自謂하되自古로仁人志士와英雄豪傑이大功德大事業을成한者는必也乾乾不息의功을由함이오決코他力은無하엿슴이니吾도亦怠惰姑息의惡習을快革하고勉勵自强의日新을是務하야博히學하고詳히問하며思를精히하고辨을明히하야壹을知하거던壹을行하고二를知하거던二를行하야聖哲英傑의自期하던바하다가及其事物應接할時에至하야는甲時에所悔을乙時에復蹈하야所謂事業은倂齊로爲名하고同類가相會하면茶烟으로相酬하고浮辭閒談으로光陰을虛送하야錚錚한楔의人物을作하니是吾輩可憂의第一이오

嗟呼라我志의確立與否를我가自試컨대極히脆하고極히弱하야丈夫의志라可稱키難矣로다何者오孔子ㅣ曰하사대三軍의帥는可히奪하려니와匹夫의志는可히奪치못하리라하셧스니是로以하야推想컨대何如한主義와何如한志를立할지라도必也命을惜치아니하고志를不奪할지라今에我가비록至重至遠한學業에志하엿스나若金圖錢을眼에掛하고銀花章을胸에佩하고鮮美한衣服으로人力車에踞坐하야槐門鉅室로橫馳하는者를見하면於心에忽然히自思하되我도何如히하면彼와如히富貴하고美酒佳肴가樽卑에爛漫하고管絃絲竹이繼續히耳를悅케하며雛花容이左右에情을惹하는傲遊를遇하면紙錢히所守를失하고治分欽羨하야我도何如하면彼와如히娛樂하고하니聰明富貴가能히淫치못하고貧賤이能히移치못하며威武가能히屈치못하는거시堂堂한大丈夫의志어는聲色臭味의奪志함을未免하니是吾輩可憂의第二오

至哉라聖人의言이여身으로써致하는者는從하고言으로써敎하는者는訟한다하셧스니果然이로다今에人을勸하면드되여開明者로自處하고先進志士의若干言論을尋摘하야勸告하대此維新의時代를當하야改良中最急한者는必然改良이是矣니名譽를勿求하고誠心으로國民의義務를服從하며驕傲習을洗滌하고誠心으로同胞를愛敬하며猜忌癖을破滅하고誠心으로朋友를信從하되我의心曲을自察컨대名譽慾과驕傲心과妬忌癖이隨처伏在하엿스니噫라能히自新치못하는者가엇지人을新케하리오且日殖産의實業이實로國權挽回의基因이니種樹의利益이何如하고牧畜의發이何如한다하되我의家山에는松苗壹本도人力으로培植한者ㅣ無하고我의家室에는壹席土蚕도養함이無하니聞者ㅣ도로혀鼻로笑할만이다空言만徒爾하니是吾輩可憂의第三이오

恥하도다聲聞이實情에過함을에文하으로言하면아직古人을不通이며東西를莫辨이라知識은萌芽도可觀할것업서며事實에鍊鍛도毫末도無하되言辭를若함면四方에使하야君命을不辱하고言笑에萬邦諸侯를喜怒에挫하나가聽之長之할能力은萬無하며志慮로言하면아직幼穉階級에在하거늘今에壹二句警謀를得하야先生長者의稱譽를受하면傲睨心이易生하니大히恐懼하고深히戒愼할비로다此를推하야吾學界에言及하진대我鄕에在하야程度로我가知하는바어니와今에數郡을遊歷하야聞한즉聲譽가其實績에過함이多하며또遊觀하는地方에도目擊이耳聞과差異함이壹貳分에實效가有하면擲九分에名聞이有하니噫다此無實的名譽가足히吾身도滅亡케하고吾國도滅亡케할지니是吾輩可憂의第四오

吾의提하거나否을掉할時에는吾二千萬同胞를矜恤히너기다吾二千萬同胞를慈愛한다하나가其實際에至하야는彼의飢寒한지我는暖飽하며有時乎彼의粟帛을取하야我의肥를益하고저하며我의體를益暖코저하는狹心이懷하며或纖芥의私嫌이有한즉隨이鬼窟魔坎에陷落하기로陰圖하야壹個同胞도能容치못하거던況二千萬衆인가且若干歲月을漢城寶食界에서浪費하고歸하거나府郡間出入이有한時는蛙眼이自高하야鄕黨父老와知舊親戚을視하기를草芥와ス치하니噫라萬若天地를吞吐하는量과風雲을捲舒하는力이有하면반다시同胞를犧牲으로認할지니未知케라我韓今日境遇와如한時代를際하야志尼華盛頓도心腸이如此하얏는가都是言만善하고行은惡함이니是吾輩可憂의第五로다

右에述한바五憂를力이能히自除치못할要가更有하야頂門을自指하고今日醫國手의鍼針을苦待하노라

外報

◎清國提議　清國政府는日本에對하야改築交涉을繼續하던바미니當時工事를停止하고其他懸案의交涉도繼續할터이오吉장線은早速히開印하자하얏다더라

◎日廷回答　右에關한淸國政府의提議에對하야日本政府에서回答하기를貴國要求에由하야工事는停止치아니하고其交涉에應하거시오吉會線調印件은歡悅하야同意하깃다하얏더라

◎淸廷調議　淸國政府는列國의意向을探知키爲하야駐外各公使에게訓電을발하얏다더라

◎四五日間　安奉線問題는四五日以內에解決될듯하다더라

◎安奉線防禦隊　日本의安奉線防禦隊는仁田原少將의率한金州勤務隊六個大隊라더라

◎露紙論斷　露國新聞노보에무레미야는安奉線에對하야日本의最後通牒을宣戰布告라하고論斷하얏스나露國官富은平和되기를[illegible]하다더라

◎英帝招待衛王　伯林電을據한즉英帝陛下에서는衛萄牙王마뉴엘陛下를倫敦으로招待하얏다더라

◎調停企圖　伯林電을據한즉摩洛哥王하핏드는엘리프地方에서西班牙人과土民間의衝突을調停키爲하야特히官吏를任命하얏다더라

◎土勃協約　土耳其와勃加利間에政治的協約을締結하리라더라

◎獨立戰爭將起　伯林電을據한즉西班牙東北端에는壹最小邦가잇는데이는西班牙와分離하運動으로政府에對하야獨立戰爭을起하리라더라

詞藻

◎功은塔

功은塔이믄하지며、힘은남기에거지라。
斧鉞이當前하더라도、勇進無退나아가면。
期必코、成功할날、머지안어。

雜報

◎背友徵功 中樞院議장김允植氏가前判書李容元氏를訪問ᄒ고談論ᄒ기를現今重大ᄒ事件을當ᄒ야所謂元老大臣이라ᄒ고豈此次物論이無ᄒ것이大段羞恥가되니大監과聯署ᄒ야統監에壹次遞書ᄒᄌᄒ즉리氏가大贊成ᄒ고卽時統監府에前往ᄒ야김氏의發論을告ᄒ지라히府에서김氏에게對ᄒ야質問ᄒ지ᄒ얏다ᄒ더라

◎諮議聯署 內部에서慈惠의院을各地方에設立ᄒ다ᄒ은已報ᄒ얏거니와目下該官制를起草ᄒ야內閣에請議次로度支部와聯署ᄒ얏다더라

◎何處冗費 承宣君리쥰鎔氏의晬日이再昨日이라依例히各大臣을請邀款待ᄒ더이나現今生活程度가困難ᄒ을因ᄒ야停止ᄒ얏다더라

◎債主日督 雲峴宮을日人에게二萬圜에典執ᄒ얏는디近日에債主는督促ᄒ고返償은無路ᄒ야不得已宣禧宮으로搬移ᄒ랴고周旋中이라더라

◎永宣協議 永宣君李쥰鎔氏가日昨某氏家에前往ᄒ야辭宮奉敎會事項을協議ᄒ얏다더라

◎陵員增置說 各陵에官과書員을減額ᄒ은既般共知ᄒ는바어니와近日各陵에韓日人으로囑托ᄒ人山監ᄒ人山軍五人式增置ᄒ다는說이有ᄒ다더라

◎遊樂何樂 리遠鎔韓相龍張燾植氏等이妓生을帶同ᄒ고再昨日洗劍亭에서遊樂ᄒ얏다더라

◎恩金延期 廢止ᄒ鎭尉官諸氏의恩賜金을去ᄒ日에支給ᄒ기로정ᄒ얏더니更히延期ᄒ야數週日後에頒給ᄒ다더라

◎近衛紀念 近衛大隊에서再昨日上午十二時頃에廢官將校를壹切會同ᄒ야午餐을接待ᄒ고紀念的으로銀匙箸壹枚를每人에게施給ᄒ얏다더라

◎審查開會 內部에서는昨日午前十一時부터法會審查會를開ᄒ얏다더라

◎借款條件變更 日本政府에서韓國政府에無利子로貸與ᄒ壹千九百六拾八萬二千六百二十三圜은所謂韓日新協約의實施와幷히施政改善ᄒ는대必要ᄒ經費로支撥ᄒ다ᄒ고其用途는雇傭ᄒ는日人官吏의俸給手當金旅費等에供ᄒ거시라該額中七百二萬九千八十三圜은旣히交付ᄒ얏고今年度에는三百六十五萬三千五百四十圜該額을受ᄒ얏스나本年度에는무술事業이多端ᄒ을因ᄒ인지明年度中에서百萬圜을先渡ᄒ고其餘額은明年度에二百萬圜과隆熙五年度及六年度에各三百万圜式領受ᄒ기로決정ᄒ엿는디今回司法權委任ᄒ結果로將來韓國法部及裁判所를爲ᄒ야要ᄒ經費는맛당히借款餘額에셔減省ᄒ거시어날韓國現象은當初計劃보다오히려多大ᄒ經費를要ᄒ事業이不尠ᄒ따ᄒ야卽新設ᄒ의政策이라는全國의道路築造等이란것을最急ᄒ事業이라고道般司法權委任을因ᄒ야當費될金額은治道工事費에充코저ᄒ야度支次官荒井시가大藏省에出張ᄒ야借款條件의變更ᄒ方法을交涉中이라더라

◎鬱倅請求 鬱陵島에는韓人五千名日人六百餘名이居生ᄒ고材木과紫檀과魚物等物産이頗히繁多ᄒ나但滊船의通航이絕ᄒ야交通이便利치못ᄒ으로同島郡守가農商工部에對ᄒ야滊船通航을請求ᄒ얏는대同部에서는釜山元山間命令航路의滊船을鬱島로通行케ᄒ기로目下協議中이라더라

◎奚獨日人 日人日戶勝郞은元來能文士인대生活程度가困難ᄒ에可惜ᄒ다ᄒ야閔衡植氏가金壹百五十圜金允植氏와五拾圜을寄付ᄒ얏다ᄒ더라

◎保安編入 農商工部에서安邊郡邑니에在ᄒ國有森林中에서약산森林은保安林에編入ᄒ얏다더라

◎淸兵向間說 淸國軍兵二個大隊가野砲二門을携持ᄒ고間島地方으로會集ᄒ야간島로向ᄒ다는說이有ᄒ다더라

◎米의士入京 北간島情況을視察ᄒ기爲ᄒ야去月廿捌日에出發ᄒ얏던米國의士는去捌日午後拾時廿分頃에入城ᄒ얏다더라

◎支探稱怨 偵探客들이各其支探職員을選留ᄒ고月給에稍金은不給ᄒ는故로稱怨이藉々ᄒ다더라

◎井水調査 北部警察署에서는人民衛生에注意ᄒ다ᄒ야署內井水를疊々調査ᄒ얏다더라

◎交通爲急 地方費를費用ᄒ處는許多ᄒ나交通의設備가最急ᄒ다ᄒ야爲先此에尤用ᄒ다더라

◎洪氏辭免說 大同日報社장洪鐘裕氏는何事由를因ᄒ인지該任을辭免코저ᄒ야請願書를提出ᄒ얏다더라

◎突狗不白 前承旨俞鎭贊氏는雜技事件으로警視廳에被捉도當ᄒ얏는대近日에至ᄒ야花賭局을又設ᄒ고三百圜金을茶洞居趙弘培氏의게見失ᄒ얏다는說이浪藉ᄒ으로警視廳에서偵探ᄒ는中이라더라

◎中門宗會 故判書申箕善氏가其宗錢六百餘圜을犯用ᄒ故로가有ᄒ던지諸申氏가宗會를開ᄒ고其令男申昊永氏에게該錢을還推코저ᄒ다ᄒ니氏가不從ᄒ는故로辯護士의게委任裁判ᄒ기로決정ᄒ얏다더라

◎慘哉是郡 平南順川郡水災는前報에已揭ᄒ얏거니와其調査ᄒ바를據ᄒ즉該郡北面은沙汰가歷下ᄒ야人五拾七名과家壹百六십戶가埋沒ᄒ얏고境內를統計ᄒ면人命致死가八十壹이요家屋漂流가七百二十六이요農作物의損害는勝計키難ᄒ지라該郡守朴容觀氏가勞苦를不憚ᄒ고村閭에躬行ᄒ야百姓를慰勞ᄒ다더라

◎義過楊郡 陰本月貳拾日頃에義兵五十餘名이楊州郡德沼等地로過去ᄒ는디斷髮人壹名이被執ᄒ야無限困難을經ᄒ얏다더라

◎奸犯押上 抱川郡東村居趙召史가年今貳拾六歲인디今年二月分에喪夫守節ᄒ는디其鄰居趙德汝金德順金德熙等五人이趙召史家에乘夜突入ᄒ야劫奸未遂ᄒ지라該郡警察署에서該五人을捉囚ᄒ야日昨京城地方裁判所로押上ᄒ얏다더라

◎猛虎猖獗 남來人의傳說을聞ᄒ則茂朱德裕山等地에는猛虎가猖獗ᄒ야人命被害者가多ᄒ다더라

◎怪疾流行 太田停車場等地에는近日熾炎을因ᄒ인지怪疾이流行ᄒ다ᄒ고內部에電信이到着ᄒ얏다더라

◎李氏被捉 避暑洞居ᄒ는前參書官리弘秦氏는何事件을因ᄒ인지再昨日下午三時에憲兵司令部에被捉되얏다더라

◎彩票와遮告諭 淸商이發售ᄒ는彩票를禁止ᄒ다ᄒ은已經어니와忠남觀察使崔廷德氏는道告諭로써此에關ᄒ取締法을발ᄒ얏다더라

◎私鑄被捉 日人加藤秀雄及吉村米吉과韓人金成伯三人이私鑄犯으로[illegible]銅峴分署에被捉ᄒ얏다ᄒ더라

◎祖國精神 俄領玻璃港地方에居留ᄒ는韓人同胞들이月前에壹會를組織ᄒ얏는디桑港韓人國民會와海參威에韓人青年會로더부러聲氣로相通ᄒ고目的은同盟ᄒ야該會에서祖國의慘狀과外人의侵侮를演說或討論을屢ᄒ며聞者ㅣ莫不揮淚感慨ᄒ야不過旬月에入會者가數百人에達ᄒ야前途之望이大有ᄒ며遐近諸人이莫不贊成ᄒ다더라

◎救世沮毆 忠南藍浦郡北亭子에救世軍을設立ᄒ얏는디日巡查셔방인자이가該營에來到ᄒ야禮拜보는兵士三拾餘名을恃勢誣辱ᄒ다가畢竟毆打ᄒ지ᄒ얏다더라

◎葛山敎營 忠南洪州郡葛산安東김氏宗中에서救世軍支營을設立ᄒ고同胞의熱心勸論ᄒ는中에參書김炳翊氏는年今八拾에該營을贊助ᄒ으로現今該營에入營ᄒ者가二百餘名에達ᄒ얏다더라

學界

◎實祠借校 학部所管前에賢祠를私立崇敎義塾에特別許借ᄒ고保管方法에關ᄒ야該塾장張석周氏가契約書를셔지納ᄒ얏다더라

◎講習日進 慶北[illegible]郡女子日漢文講習所는設立ᄒ지不過幾朔에學徒가壹百六十餘人에達ᄒ얏다더라

▲地方消息▼

▲最近情報를據ᄒ즉義兵의勢力은全般如前ᄒ야少無變異인대京畿道양州抱川漣平高陽等地方에는尙今鄭容大시의部下가連絡ᄒ고開城管내에出沒ᄒ던義兵將김수敏시는目下潛影ᄒ얏스며河相泰시는六月上旬에湖南寧守備隊의被殺되고鐵原漣川地方에는延基羽시가部下二十名을領率ᄒ고徘徊ᄒ며黃海道南部는依然平穩ᄒ나少數義兵이出沒ᄒ고江原道北部伊川平康淮陽地方은義兵의勢力이減衰ᄒ야義將金正植시는咸북安邊郡으로去ᄒ얏고江原道南部는平穩ᄒ고慶尙북道中部는最히不穩ᄒ야奉化順興乃城地方에서는六月中旬에日討伐隊와十回의衝突이有ᄒ얏스나漸次穩靜ᄒ며最少穩地되는全羅南북道는臨時派遣所增設ᄒ以來로漸時減勢ᄒ얏더니其後義兵의勢力이再흥ᄒ야後에三십六回의衝突이有ᄒ얏合으로減退ᄒ貌樣이無ᄒ얏다더라

○東京特電○

◎滿鐵道合并 十日午後發

滿鐵道合併에關ᄒ야日本政府는滿鐵의資本을增加ᄒ야[illegible]鐵道의全部를出資株로ᄒ고該社에서는同時에社債를募集ᄒ되其制限은無ᄒ게ᄒ며社債의限으로以ᄒ야韓國未成鐵道를建設케ᄒ기로決정ᄒ얏다더라

◎淸廷抗議 同日發

淸國政府는安奉線問題에就ᄒ야强硬ᄒ抗議를提出ᄒ야工事中止를申請ᄒ얏는대此에對ᄒ야日本政府는是를反對ᄒ야工事中止ᄒ必要가無ᄒ고其他諸懸案은誠心으로交涉을應ᄒ깃다고回答ᄒ얏다더라

◎淸廷回答 十壹日發

淸國政府는日本政府에對ᄒ야安奉線敷設은同意ᄒ나鐵道[illegible]及守備兵問題에對ᄒ야는讓步치不能ᄒ다回答ᄒ얏다ᄒ더라

◎滿政府恐慌 淸國政

府는日本의强硬ᄒ回答을接ᄒ고[illegible]恐慌ᄒ야[illegible]繼續ᄒ러ᄒ더라

▲把劍贈君▼

大韓生

▲우리武官學徒들아此時代가엇던時代인가世界舞臺에[illegible]爭烈이益劇ᄒ야胎外가戰場이오[illegible]代맛ᄂᆫ우리蓬門에[illegible]

▲어하우리학徒들아入學ᄒ은그本意가何在런가國家干城自期ᄒ야三尺劍을許心ᄒ고肝腦塗地ᄒ지라도赴湯蹈火不避ᄒ야英雄事業[illegible]

▲어하우리學徒들아各國兵學演習ᄒ야敵愾心을培養ᄒ며獨立權을回復ᄒ지고[illegible]며니얻朝忽然廢部되야學業中止ᄒ엿스니[illegible]

▲어하우리學徒들아六十人도獨立ᄒ고三豪傑도建國ᄒ너니萬人敵이非難事라壹心으로[illegible]소나國十四人壹心ᄒ고烈血리工夫ᄒ야中興功臣되야보세

▲어하우리學徒들아東海를건넌後에急流中에[illegible]日下에갈돌닐너그學業을研究ᄒ며忍耐嘗膽ᄒ야우리國權回復ᄒ고百世流芳ᄒ야보세

藥屍 標

라此類가甚多ᄒᆞ오며且夫命在天ᄒᆞ고病在人故로死命에無醫ᄒᆞᆫ然死病에有醫ᄒᆞ야略命救病ᄒᆞ기爲ᄒᆞ야圖含救生特以藥色으로辨決死生ᄒᆞ이彼其利ᄒᆞᆫ者의發行[illegible]케ᄒᆞ오니此時代醫藥界에[illegible]

으로爲先을是務ᄒᆞ야名醫洋약이나實是韓약이오며唐材와洋약乾材로廉價放賣ᄒᆞ오니[illegible] [illegible]位ᄂᆞᆫ郵便小包로購買發行ᄒᆞ시오 本舖京西小門外[illegible]閔宮

閔[illegible]浩 李信友 閔[illegible] 告白

廣告

本人이姓名圖章을本月四日에見失故로茲에廣告ᄒᆞ오니知悉關照亮ᄒᆞ시옴

開城西部尹德源 告白

◉學員募集廣告

本塾에서第五回入學期를當ᄒᆞ야法律書學과經濟夜學兩專門科學員을募集ᄒᆞ오니願學人은左記試驗定期內에本塾用紙로써早速請願ᄒᆞ심을

修業年限 三學年

入學年齡 滿二拾歲

學科目 備在本塾學則

試驗日字 九月五日 上午拾時

試驗科目 讀書、作文、地理、歷史、博物學、物理、化學、數學、(幾何代數)

開學日字 九月拾二日

隆熙三年八月拾壹日

西部都染洞的八統四戶

私立 養正義塾

本人의長子爽朝字敬臣(或稱翊朝、淑朝)가性本不良ᄒᆞ야僞造印章으로得債ᄒᆞ기와田畓家舍간僞造文券과魚驗으로京鄕間에得債ᄒᆞ라ᄒᆞ오니內外國人間誰某시던지借錢을주시면畢竟白失에歸ᄒᆞᆯ터이오니照亮홈

慶尙北道豐基郡[illegible]面美田第八統壹戶 鄭基龍 告白

本社任員宋敬仁、[illegible]金[illegible]洙[illegible]丙[illegible]兩員이本社에서謝絶ᄒᆞ온바告ᄒᆞᆯ事ᄂᆞᆫ一般人構[illegible]ᄒᆞ오와[illegible]所失이오니[illegible]任ᄒᆞ오니一般同胞ᄂᆞᆫ照亮

大同日報社 告白

本社君用債則[illegible]社長身[illegible]ᄒᆞᆯ債을[illegible]ᄒᆞ이오本人名義로毀造ᄒᆞ얏ᄉᆞ오니內外國人照亮홈

大同日報社長[illegible] 告白

◉學員募集廣告

課程、養蠶、柞蠶、果樹栽培法、商業簿記、期限三個月開學日陰六月貳拾九日上學時間下午六時至九時

新門內普成小學校內

新興蠶業講習所 白

本人이圖章姓名圖章을陰二月初拾日에路中見失ᄒᆞ고即時改造ᄒᆞ얏ᄉᆞ오니知悉關照亮홈

[illegible]希 告白

本人이南洋南陽郡客主를今月初九日에漢城[illegible]署에서認許를受ᄒᆞ얏ᄉᆞ오니水上事越興各港南陽商賈ᄂᆞᆫ照亮ᄒᆞ옵시고自今以後로ᄂᆞᆫ本人의客主로來臨ᄒᆞ시와彼此關無至相[illegible]之弊를千萬勝望홈

南部[illegible]島里[illegible]統五戶鄭昌夏

扶安郡故[illegible]宗洙시의養子李再烈은宗洙시와兄弟의行列인대誤爲李養이倫彝上損傷됨으로門論이大起ᄒᆞ야再烈을破養ᄒᆞ얏ᄂᆞᆫ데再烈이가不遵門議ᄒᆞ고挾雜悖類[illegible]ᄒᆞ야[illegible]家의財를欺騙코져ᄒᆞᄂᆞ니內外國人은見欺치勿ᄒᆞ믈屢揭報ᄒᆞ얏거니와自[illegible]시의大門中으로全南支部裁判所의[illegible]ᄒᆞ야斷判ᄒᆞ얏ᄂᆞᆫᄃᆡ李再烈은[illegible]化의判決으로破養[illegible]ᄒᆞ고宗洙의后嗣ᄂᆞᆫ[illegible]시와[illegible]從姪[illegible]玉氏로宗洙의大夫人金시의[illegible]命을受ᄒᆞ야立嗣ᄒᆞ고事實을相[illegible]ᄒᆞ얏ᄉᆞ오니內外國人은照亮ᄒᆞ시며李再烈은宗洙시家에[illegible]之人이라[illegible]文을[illegible]ᄒᆞ야[illegible]財를詐求ᄒᆞᆯ터이오니[illegible]을望홈

全北扶安郡東道面[illegible] 李[illegible]辰

本人이田[illegible]玉시와藥[illegible]을同事ᄒᆞ다가各其分擧ᄒᆞ얏ᄉᆞ오니知悉關照亮홈

南部后洞李允秀 告白

本館에서石版印刷도各項印刷物을精美ᄒᆞ오며廉價로ᄒᆞ깃ᄉᆞ오니僉君子ᄂᆞᆫ陸續來臨請求ᄒᆞ심을敬要

南大門內秀印館印刷 朴[illegible]英

本人이龍山船에서宿ᄒᆞ다가圖章貳介와[illegible]島金永道處에白炭大石六拾石積置票貳號를見失ᄒᆞ얏ᄉᆞ오니誰某拾得ᄒᆞ와도休紙施行ᄒᆞ시옴

[illegible]平郡東部十壹統九戶居 金[illegible]寬 告白

本人이京城孤兒院에棄兒를收送時本[illegible]海同學[illegible]間이合捐[illegible]을助給ᄒᆞ엿기[illegible]心을感謝홈

海州 柳[illegible]源之助

本[illegible]에서在上海東洋烟草大製造廠과專賣權을特約ᄒᆞ고各種烟草를輸入ᄒᆞ와各代理店에支出ᄒᆞ오니 僉君子ᄂᆞᆫ愛顧ᄒᆞ심을敬要

[illegible]黑紙烟壹匣卄五本入具紙嘴

[illegible]票壹匣卄本入具紙嘴

[illegible]人牌 壹匣廿五本入

[illegible]牌 壹匣拾本入

[illegible] 壹匣[illegible]本入

[illegible] 一匣十本入

法韓쉬잉金口紙一匣拾本入

法韓시오뵈金口紙一箱白本入

本社의各代理店은左開홈

平壤代理人鄭基煥

[illegible]沙里[illegible]代理人[illegible]

太田代理人金基憲

再

[illegible]民[illegible]各處에代理店을[illegible]實施開ᄒᆞ기를願ᄒᆞ거던本社에來臨相議ᄒᆞ시옴

京城石井洞

法韓會社 告白

新訂 算術通論 上下合附 面解式 定價壹圜

高等小學 理科教科書 壹、貳卷 각卄전 三、四卷 各卄五전

第壹第二 植物 動物

第三第四 地文 鑛物料 物理 化學 生理 衛生科

大韓地誌教科書 壹冊 二拾五錢 高等小學

懸吐具解 孟子 上下 壹圜

中等用器畫 壹圜 七拾전

新訂 大韓帝國地圖 分道 以上學部認可 壹冊 五拾錢

晉文 壹冊 四십錢

大韓國大地圖 [illegible]幅 九拾錢

全壽子所[illegible] 全壽子帖 壹軸 壹圓卄錢

新撰 家庭尺牘 漢字傍附 壹冊 卄五전

[illegible] 以上學部許可 學部檢定

新字帖 壹、貳卷 各六錢

韓日文對照 新法律 大審院編纂 [illegible]

[illegible]裝 壹冊 九拾전

半洋裝 壹冊 七拾五錢

小學漢文讀本 上下 六十전

[illegible]新習 [illegible] 上下卷 八拾[illegible]

[illegible]等錄衛[illegible]料 [illegible] 八拾五錢

[illegible] 三十錢

[illegible]小學[illegible]物學 壹冊 貳十[illegible]

中等[illegible]物[illegible] [illegible] 十錢

[illegible]歷史 上下 壹[illegible]

改正刑法大全 壹冊 三十錢

民事[illegible]例 二十八錢

新式記憶法 一圓二拾[illegible]

演說方法 [illegible]

毛[illegible]帖 [illegible] 十[illegible]

成[illegible]帖 一冊 [illegible]錢

大[illegible]附港灣 壹幅 四拾錢

[illegible] 壹冊 [illegible] 十[illegible]

居玉[illegible] 有圖 [illegible] 十六

最新式體操 壹冊 三十錢

新訂千字文 二十전

發行[illegible]

京[illegible]部[illegible]洞[illegible] [illegible]

[illegible]谷[illegible]二戶 [illegible]

平壤[illegible]路耶蘇教[illegible]

外京[illegible]各書館

◉秘製止痛藥

此藥은美國에有名ᄒᆞᆫ의학博士百里得來司氏의발明ᄒᆞᆫ無雙ᄒᆞᆫ靈藥이라美國에在ᄒᆞᆫ該會社에서特爲派員ᄒᆞ야此藥品을韓國內에廣佈ᄒᆞ기를專托ᄒᆞ옴ᄂᆞᆫ故로錢不可辭ᄒᆞ와玆에廣佈ᄒᆞ옴ᄂᆞᆫ바左開諸症에外塗內服ᄒᆞ면無不立效ᄒᆞᆯ다當此炎夏에尤極靜效ᄒᆞ와多救生命이오니藥業에從事ᄒᆞ시ᄂᆞᆫ이와疾病을預防코져ᄒᆞ시ᄂᆞᆫ이ᄂᆞᆫ速速求ᄒᆞ시면廉價로發賣ᄒᆞᆯ것이나이다

左開

▲內科所用▼

胃酸 腹瀉

吐瀉 食傷[illegible]

咳嗽 不消化

肚滯 疹子

心痛 傷寒

肝病 肚痛

胃熱 痢疾

口內之瘫 咽痛

哮喘 腎病

小兒吐瀉 暑夏吐瀉

抽筋

瘧疾

嗄聲

胃氣痛

咽裡傷寒

癆痺

身子軟弱

齒病

暈船

氣管病

霍亂

▲外科所用▼

火疔창

寒창

跌打損傷

腰脊痛

[illegible]창

指甲疽

咽喉痛

蟲蛇咬

凍창

腦氣筋痛

癬

發賣所 磚洞 韓美興業株式會社事務所

濟生堂和平堂大藥房聯合紀念大贈彩

◉贈大彩說明

本年은本堂開業第五週年과和平堂開業第三週年間에內外國君子의顧愛를多蒙ᄒᆞ야藥業이時日隆盛ᄒᆞ고功績이東西에著ᄒᆞ야其感佩를實難表誠故로今에兩大藥房에서紀念式을幷行ᄒᆞ고僉君子의愛護를表ᄒᆞ기爲ᄒᆞ야兩種藥品(淸心保命丹 八寶丹)을特製大發賣ᄒᆞ며大贈彩券을無代金添呈ᄒᆞ와彩票를大占케ᄒᆞ오니僉君子는勿失此機ᄒᆞ시고陸續枉顧ᄒᆞ심을敬要

懸賞物品金六百圜價値

大福彩券은以四千枚로定

兩大靈藥(淸心保命丹 八寶丹)每貼價金各拾錢

效能 皆飮積滯胸腹痛 水土不稍咳嗽等

方法

定價金千錢枚五包에彩券壹張을添呈ᄒᆞ고此外兩藥房製藥品에도拾錢價格에彩券을添呈ᄒᆞ고割引價로請求ᄒᆞ시면五圜價格에彩券壹張을添呈홈

賞品

特等(壹人) 白米貳拾石(每拾石式) 太斗五斗入
壹等(貳人) 仝 拾石(每五石式)
貳等(捌人) 仝 六石(每貳石式)
三等(拾人) 仝 石(每壹石式)
四等(壹百人) 金五十圜(每五十錢式)
五等三千八百七拾八人 紙卷煙三千八百七拾八匣

空彩는無홈

遠地에셔는郵票引換으로送呈홈

期限은六十日로定 自陽六月拾六日 至陽八月拾五日

抽籤日字와場所는追後更告ᄒᆞ겟슴

位置

皇城寺洞大門側 濟生堂大藥房本舖

皇城銅峴 和平堂大藥房本舖

皇城鍾路 兩堂臨時出張所

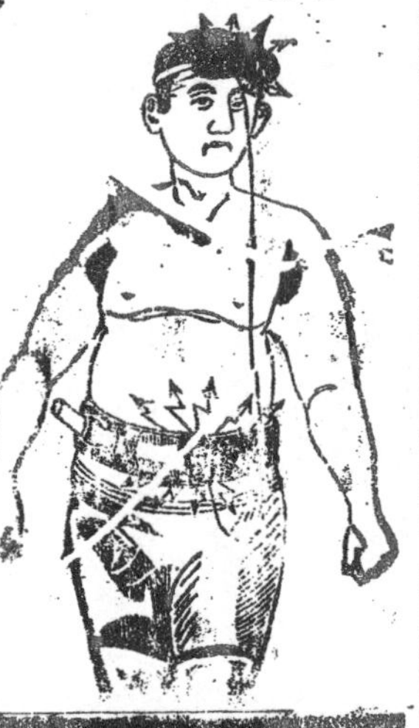

自宅治療 電氣帶廣告.

(主治効能)神經衰弱諸症不眠、遺精、早漏、[illegible]、消化器無力、常習便秘、消化不良、[illegible]、腰痛、[illegible]衰弱、痲痺、半身不遂、或全身不遂、手足厥冷、諸般腦痛、頭痛腰痛、脚氣及脚痛、記憶力及忍耐力減退、[illegible]足疾

上號 拾四圜　中號 拾二圜

家庭救急方

前醫學校敎官 朴容觀 著

此編은東西醫藥中에家庭의必要ᄒᆞᆫ救急妙法을摘拔採ᄒᆞ야雖婦人小兒라도易曉케ᄒᆞ야一朝에急ᄒᆞᆫ者ᄅᆞᆯ當ᄒᆞ야自宅의治療를作ᄒᆞ게ᄒᆞᆫ方이오且[illegible]必要ᄒᆞᆫ者ㅣ니實驗ᄒᆞᆫ要訣이라
目次大畧○內科病의救急法○卒倒○卒中○[illegible]○痙攣○鼻出血○咯血○吐血○下血○中毒○中暑○[illegible]○顚癇○疼痛○頭痛○腹痛○胃痛○月經[illegible]○鴉片中毒○[illegible]○石炭酸中毒○[illegible]○可羅中毒○炭氣中毒○魚類中毒○獸肉中毒○異物[illegible]法○鼻、喉頭、耳、眼、[illegible]異物摘出法○[illegible]○押圖○失氣及假死○假死眞死[illegible]○溺水者○縊首者○[illegible]○異物[illegible]○死者○人工呼吸法○[illegible]○外傷○頭部外傷○胸部外傷○腹部外傷○下[illegible]○咬傷○狂犬○蛇咬○蜂蠆咬傷○附妊娠의症候○妊娠中[illegible]○初生兒의受護法○乳母의[illegible]

發賣所 皇城南部太平橋 匯東書館 廣學書舖
發賣所 皇城南部太平橋 [illegible]
代理店 共愛堂各支店
京鄉各書舖隨意販賣

各種東西洋藥과韓國唐草材大發賣所 和平堂藥房

●本藥房은局施食圓ᄒᆞᆫ지哥哥ᄒᆞᆫ셩을입사와十餘年以來로東西藥品을都賣散賣ᄒᆞ오니拾二種各藥을賣ᄒᆞ시ᄂᆞᆫ僉位ᄂᆞᆫ西洋藥品이나韓藥唐材와草材를隨用請求ᄒᆞ시면以廉價賣買ᄒᆞ오며漢藥服用ᄒᆞ실兄弟ᄂᆞᆫ方文만郵便付送ᄒᆞ시면精細ᄒᆞᆫ藥材를擇ᄒᆞ야精製ᄒᆞ야引換으로付上ᄒᆞ겟ᄉᆞ오니照亮ᄒᆞ시ᄋᆞᆸ

本堂藥製品은如左홈

日本 阿煙斷引丸　一劑八週分 金五圜　半劑四週分 金三圜

婦人胎 養調經丸　壹個月分 金五圜

癰疽 麝香消瘡丹　四日分　甲號金四圜　乙號金二圜五拾錢

滋陽丸　壹月分五圜　貳拾日分 圜四拾錢

全治丸　拾日分壹圜八拾錢　一劑十四日分金三錢

八寶丹　壹包九粒五粒金拾圜

新藥 和平堂

藥房主 李應善

社告

○申報價
壹個月前納 新貨貳錢五厘
參個月 三拾錢
陸個月 九拾錢
壹個年 壹圜七拾錢
郵稅壹張 參圜四拾錢
壹個月 新貨五圜 拾錢

○廣告料
四號活字拾參字詰
每日壹寸(英尺)에新貨廿五錢
貳週日壹寸에 貳圜五拾錢
壹個月壹寸에 五圜
(自壹行至四行에壹寸)
其期限의長短과行의多寡를
依ᄒᆞ야增減홈이有함

◉大韓每日申報各處支社及販賣所

平安道
平壤鍾路太極書館 安泰國
三和港碑石洞 鄭亨根
義州南門外西大藥房 鄭有寬
鐵山邑東 安[illegible]
車輦館 金明[illegible]
定州南門[illegible] 洪[illegible]
博川郡邑[illegible] 金[illegible]
安州[illegible] 金[illegible]
宣川[illegible] 學基秀
龜城[illegible] 黃[illegible]保
龍川[illegible] 金[illegible]
寧邊[illegible] 韓[illegible]
肅川邑南門 朱伯[illegible]
成川郡[illegible] 李正[illegible]
江西邑內 鄭德昇
成川郡上部面 金[illegible]
平安順川郡[illegible] 洪[illegible]三
价川邑[illegible] 鄭[illegible]
江界邑[illegible] 申基[illegible]

黃海道
郭山郡[illegible] 金[illegible]
甕山郡邑西上里 梁[illegible]
[illegible]山郡[illegible] [illegible]
[illegible]山北面[illegible] 王[illegible]
海州[illegible] 朴[illegible]
安岳[illegible]石面[illegible] 金文[illegible]
長淵邑校洞西北支學會內 [illegible]東元
載寧邑[illegible] 金[illegible]
信川邑西里 [illegible]
載寧邑乾材局 [illegible]
黃州南門外冊肆 [illegible]
白川邑文明館 [illegible]

咸鏡道
沙里院[illegible]勞動夜學會任敎學 [illegible]
咸興州[illegible]社西門外 [illegible]
元山港創[illegible]社內 [illegible]
定平郡[illegible]川 [illegible]
洪原西門外保命局 [illegible]
永興[illegible]山[illegible]學[illegible]內 [illegible]元
鏡城邑新興洞 [illegible]
清津港[illegible] [illegible]元[illegible]

全羅道
全州[illegible] 鄭[illegible]三
木浦[illegible] [illegible]得[illegible]

京畿道
仁川[illegible] [illegible]
[illegible]南門外[illegible] [illegible]
江華邑[illegible] 金[illegible]

忠淸道
[illegible]川[illegible] [illegible]
[illegible]山下[illegible] [illegible]

慶尙道
大邱[illegible]門外友[illegible] 學正由
[illegible]山[illegible]佐川약국 徐[illegible]

江原道
[illegible]城邑內新城里 甘[illegible]元
鐵原邑[illegible] 趙[illegible]大
[illegible]珍遠남面[illegible]花里 朱[illegible]

告

第千壹百七拾貳號

大韓每日申報

第七卷

月曜及祝日休刊

檀君開國四千二百四十二年
箕子元年三千三十一年
大韓開國五百十八年
日本明治四十二年
淸國宣統元年
陰己酉六月大二十六日乙巳

Responsible for Publication Alfred Weekley Marnham.
發行兼編輯人英國人　萬咸
發行所
京城南部…三號
大韓每日申報社

論說

◎論忠臣

壹君主의現身을爲ᄒᆞ야死ᄒᆞᄂᆞᆫ者ㅣ忠臣이며壹皇室의運祚를爲ᄒᆞ야死ᄒᆞᄂᆞᆫ者ㅣ忠臣인가曰否々라不然ᄒᆞ다君主를爲ᄒᆞ야死ᄒᆞᄂᆞᆫ者ᄂᆞᆫ必也其平生知己의恩을報ᄒᆞᆷ이거나抑或自家門미의榮華를圖ᄒᆞ야國恩에生光ᄒᆞ라ᄒᆞᆷ이니其思想이何如히狹ᄒᆞ며其眼光이何如히卑ᄒᆞᆫ가此等人은卽壹個不足道의物이어ᄂᆞᆯ惜乎라從前東洋은此等人을忠臣이라ᄒᆞ야人民의思想을誤ᄒᆞᆷ으로眞忠臣大忠臣은無ᄒᆞ고假忠臣小忠臣만有ᄒᆞ얏도다

何如ᄒᆞ여야眞忠大忠이라可云ᄒᆞ깃나뇨曰胸中에國家만有ᄒᆞ며眼中에國民만存ᄒᆞ야生前의腔血로國土를莊嚴케ᄒᆞ며死後의頸血로國史를光輝케ᄒᆞᄂᆞᆫ者라야於是乎忠臣이라云ᄒᆞᆯ지니라

此와如히忠字의證ᄂᆞᆫ必也其人이壹國字를爲ᄒᆞ야生ᄒᆞ며壹國字를爲ᄒᆞ야死ᄒᆞᆫ然後에야可ᄒᆞ지어ᄂᆞᆯ今世에不然ᄒᆞ야君主를爲ᄒᆞ야死ᄒᆞᄂᆞᆫ者를忠臣이라ᄒᆞ며ᄯᅩ民을剝虐ᄒᆞᆫ暴君을爲ᄒᆞ야死ᄒᆞᆫ者도忠臣되며國을滅亡ᄒᆞᆫ庸君을爲ᄒᆞ야死ᄒᆞᆫ者도忠臣되며遺德을毁壞ᄒᆞᆫ淫君을爲ᄒᆞ야死ᄒᆞᆫ者도忠臣되며賢良을殺ᄒᆞᆫ昏君을爲ᄒᆞ야死ᄒᆞᆫ者도忠臣되야婦寺的忠臣이國家에滿ᄒᆞ며皇室을爲ᄒᆞ야死ᄒᆞᄂᆞᆫ者를忠臣이라ᄒᆞ며無道暴虐ᄒᆞᆫ凶朝(弓裔의泰封과甄萱의後百濟等)를爲ᄒᆞ야死ᄒᆞᆫ者도忠臣되며累代慘酷ᄒᆞᆫ虐朝(支那의嬴秦等)를爲ᄒᆞ야死ᄒᆞᆫ者도忠臣되며客族으로設立ᄒᆞᆫ穢朝(支那의金元과伊太利中興以前의墺地利等)를爲ᄒᆞ야死ᄒᆞᆫ者도忠臣되며奸計로僞成ᄒᆞᆫ僞朝(支那王莽의新朝等)를爲ᄒᆞ야死ᄒᆞᆫ者도忠臣되야犬馬的忠臣이國에滿ᄒᆞ니此等忠臣은雖多나何益이리오(君에게ᄂᆞᆫ有益ᄒᆞ나國에ᄂᆞᆫ無益)

萬壹君主와皇室을爲ᄒᆞᄂᆞᆫ者를忠臣이라ᄒᆞᆫ즉自家가宦路에出ᄒᆞ야君恩을受ᄒᆞᆫ者와累代立朝ᄒᆞᆫ人의子孫된者以外ᄂᆞᆫ一般平民은忠臣될理가無ᄒᆞᆯ지니奚可며奚可리오

蓋古代에ᄂᆞᆫ國家二字의意義가不明ᄒᆞ야上古扶餘辰韓의數部部落이幷立ᄒᆞᆫ時에ᄂᆞᆫ酋長이國家의中心點되며中古羅麗濟의封建時代에ᄂᆞᆫ封建이國家의中心點되며近古高麗以後에ᄂᆞᆫ或貴族이國家의中心點되며或君主가國家의中心點된故로酋長의忠臣、封建의忠臣、貴族及君主의忠臣이多ᄒᆞ고國家의忠臣이少ᄒᆞ얏거니와今日에至ᄒᆞ야ᄂᆞᆫ國々이相競ᄒᆞ며族々이相吞ᄒᆞᄂᆞ니國民人々이國字의義를講ᄒᆞ며忠字의義를解ᄒᆞ야眞正ᄒᆞᆫ大忠臣을渴想ᄒᆞᆯ時代인뎌

然則君上에게ᄂᆞᆫ不忠ᄒᆞ야도可ᄒᆞᆯ가曰君上은壹國의主權者라君上과國家의關係가密接ᄒᆞᆫ故로國家에忠ᄒᆞᄂᆞᆫ者ᄂᆞᆫ自然君上에게도忠ᄒᆞᆯ지어니와萬壹君與國의利害가不兩立ᄒᆞᄂᆞᆫ境遇에ᄂᆞᆫ君을捨ᄒᆞ고國을從ᄒᆞᆯ지니라善乎라孟子ㅣ有言ᄒᆞᆫ되「民爲重社稷次之君爲輕」이라ᄒᆞ시니君은卽君主오社稷은卽皇室이오民은卽國家니라

外報

◎安奉線路變更　陳相屯以西線路變更의交涉은淸國政府에서委員을派出ᄒᆞ야決定케ᄒᆞᆫ다더라

◎那桐代辯　目下安奉線問題의交涉은梁敦彦、錫良兩시가擔當ᄒᆞ야交涉ᄒᆞ더니那桐시가代ᄒᆞ야交涉ᄒᆞᆫ다ᄂᆞᆫ說이有ᄒᆞ다더라

◎多少讓步　安奉線의守備兵과警察權은東淸鐵道의例도有ᄒᆞᆫ고로日本은淸國의要求를容許ᄒᆞᆫ다더라

◎英紙論評　桑港크로니클新聞은安奉線問題에對ᄒᆞᆫ日本通牒은不法이라고論述ᄒᆞ얏다더라

◎臺灣紛擾　臺灣日入總督府ᄂᆞᆫ에셔ᄂᆞᆫ去十日에新竹隘勇線을進攻擊ᄒᆞ야敵蕃의占據ᄒᆞᆫ高地를占領ᄒᆞ얏다더라

◎安奉問題解決　淸國政府ᄂᆞᆫ遂히安奉線改築을同意ᄒᆞ고安奉沿線에警察權及守備兵을設置ᄒᆞᆷ은事ᄂᆞᆫ別노히交涉ᄒᆞ기를要求ᄒᆞᆫ지라日本政府에셔ᄂᆞᆫ十日에異議가無ᄒᆞᆷ을回答ᄒᆞ얏ᄂᆞᆫ대當時危機에瀕ᄒᆞ얏던日淸關係도並히落着이되얏더라

◎希臘抗議　伯林電을據ᄒᆞᆫ즉希臘國은土耳其에對ᄒᆞ야抗議ᄒᆞ기를土耳其에셔希臘排斥運動과크리트島에셔希臘國旗卸下와及希臘士官放逐事件等의行動은保護列國의裁斷을乞ᄒᆞᆫ거시라고陳述ᄒᆞ얏ᄂᆞᆫ뎌列國은크리트島問題結果에就ᄒᆞ야大危懼를抱ᄒᆞ얏고土耳其에셔ᄂᆞᆫ開戰論이益々得勢ᄒᆞᆫ다더라

◎罷業盛行　倫敦電을據ᄒᆞᆫ즉瑞典國에셔ᄂᆞᆫ同盟罷業이起ᄒᆞ야一般波及ᄒᆞ얏ᄂᆞᆫ데罷業者ᄂᆞᆫ二十五萬人에達ᄒᆞ얏고食料供給이頗히危殆ᄒᆞ다더라

◎勃王訪土　伯林電을據ᄒᆞᆫ즉勃加利王페르듸난드ᄂᆞᆫ來九月에土耳其皇帝를訪問ᄒᆞᆫ다더라

詞藻

◎相逢有思

사랑ᄒᆞᄂᆞᆫ우리靑年들
오ᄂᆞᆯ날에서로맛나니
반가온뜻이慇懃ᄒᆞᆫ중
나라생각에울깁헛네
언제나언제나
獨立宴에다시맛날가
靑年들아참憤ᄒᆞ고나
뎌원슈가참憤ᄒᆞ고나
뎌원슈를다모라너코
掃平天下소원이로세
언제나언제나
凱旋歌를놉히불을가
靑年들아참괴롭고나
놈의속박참괴롭고나
이속박을버셔브리고
國光宣揚소원이로세
언제나언제나
自由鐘을크게울닐가
靑年들아참슯호고나
無國民이참슯호고나
우리국권恢復ᄒᆞ고셔
遍威振動소원이로세
언제나언제나
獨立旗를놉히놉닐가
靑年들아조상나라를
亡케ᄒᆞᆷ도네責任이오
흥케ᄒᆞᆷ도네職分이라
락심말고분발ᄒᆞᆸ시다
소원을소원을
셩취ᄒᆞᆯ날이머지안네

雜報

● 攝養下闕 [?]贊府院君尹澤榮氏가東大門外호芦亭에前往攝養ᄒᆞᄂᆞᆫᄃᆡ 大皇帝陛下께옵셔三日豊矢式侍從을 命送ᄒᆞ시고 皇后陛下께옵셔ᄂᆞᆫ女官을 命送ᄒᆞ옵셔히[?]의[?]ᄅᆞᆯ下問ᄒᆞ옵신다더라

● 收入規則改定 稅[?]外에各項收入금規則을改正ᄒᆞ야 勅令으로頒布ᄒᆞᆫ다ᄂᆞᆫᄃᆡ收入文簿ᄅᆞᆯ修繕ᄒᆞ야各該官廳에存案케ᄒᆞᆫ다더라

● 九選不接 總理大臣李完用氏와曾彌統監閣際ᄂᆞᆫ前報에已揭어니와리氏가統監에게九次을往訪ᄒᆞ얏스되壹未接見ᄒᆞ고大久保大將을紹介ᄒᆞ야接見을懇請ᄒᆞ되統監이不許ᄒᆞ얏다더라

● 問議何事 曾彌統監이三昨日에漢城홍會社장李圭恒氏를巴城館料理店으로招待ᄒᆞ야무슴事件을問議ᄒᆞ얏다더라

● 非避乃避 總理大臣李完用氏ᄂᆞᆫ避暑次로普岩寺에出往居接ᄒᆞᆫᄃᆡ其內容인즉避暑가아니오曾彌統監의踈待ᄅᆞᆯ因ᄒᆞ야感情이有ᄒᆞᆷ이라더라

● 李敎具行 前判書리容元氏ᄂᆞᆫ統監府에或通知ᄒᆞᆫ事가有ᄒᆞᆫ던[?]務使貝完喜氏와同行케ᄒᆞᆫ다ᄂᆞᆫᄃᆡ今番김允植氏에關ᄒᆞᆫ事도具ᄒᆞ야[?]陳ᄒᆞ야[?]발ᄒᆞ얏다ᄂᆞᆫ說이浪藉ᄒᆞ더라

● 嘉倅解職 嘉山郡守文昌奎氏ᄂᆞᆫ何等事故ᄅᆞᆯ因ᄒᆞᆷ인지該道觀察使의勸誘ᄅᆞᆯ當ᄒᆞ야辭職請願ᄒᆞ얏다더라

● 淸領[?]下仁 淸國總領事馬廷亮氏ᄂᆞᆫ三昨日에仁川의下往ᄒᆞ얏다더라

● 露敎主入京 旅行하얏던露國正敎會主부에지엘氏ᄂᆞᆫ去九日에入京ᄒᆞ엿다더라

● 所出調査 忠淸南道各郡守ᄂᆞᆫ各面에曲示ᄒᆞ야人民田답에各其果木을揷置케ᄒᆞ고戊申己酉兩年度租與麥所出을調査ᄒᆞ다게라

● 技師노選 [?]方에[?]을設置ᄒᆞᆫ다ᄒᆞᆷ은累揭어니와事件에對ᄒᆞ야內部衛生局[?]室名이昨日淸州地方으로[?]田[?]ᄒᆞ얏다게라

● 金氏發程 內部事務官김澈氏ᄂᆞᆫ平壤水道ᄅᆞᆯ視察次로昨日에發程ᄒᆞ얏다더라

● 經義考試 學部에셔經義問對를現今考試中인ᄃᆡ漢城府內人士가多數合格되다ᄂᆞᆫ說이有ᄒᆞ다더라

● 劍票[?]賣 本年夏期放學ᄒᆞᆫ官私立學校職員及學徒들이旅行及覲親ᄒᆞᆯ時에ᄂᆞᆫ學部에셔鐵道管理局에交涉ᄒᆞ야汽車割引票를得給ᄒᆞ얏더니京城內某塾某校학生은該割引票를轉賣ᄒᆞ야鐵道局에셔該學部로照會ᄒᆞ고此弊ᄅᆞᆯ禁止ᄒᆞ라ᄒᆞ얏다더라

● 胞衣取締法 人家에産이有ᄒᆞᆫ時에胎ᄅᆞᆯ燒却ᄒᆞᆷ은韓國의習慣인ᄃᆡ此에對ᄒᆞ야衛生及風俗에關係가有ᄒᆞ다ᄒᆞ야醫院에셔取締方法을制정ᄒᆞᄂᆞᆫ中이라더라

● 祠宮計劃 祠宮奉敬會에셔發起ᄒᆞ야檀君位牌奉安所ᄅᆞᆯ新建築ᄒᆞᆫ다ᄂᆞᆫᄃᆡ東小門外城北洞民有地段幾千坪을買入ᄒᆞᆯ計劃이라더라

● 檢疫所設始 昨日農商工部에셔輸出牛檢疫所ᄅᆞᆯ東萊府龍珠面牛岩洞에設置ᄒᆞᆫ旨로發表ᄒᆞ얏다더라

● 水利組合經營 韓國政府에셔ᄂᆞᆫ水利事業을計劃ᄒᆞᄂᆞᆫᄃᆡ慶尙忠남全북三道에農工銀行으로셔資금을貸付ᄒᆞ야水利組合을設置ᄒᆞ기로決정ᄒᆞ얏ᄂᆞᆫᄃᆡ其資금은如左ᄒᆞ니

慶북密陽水利組合에 三萬圓
忠남連山水利組合에 三萬圓
全北臨陂益산水利組合에 十二萬五千圓

右工事ᄂᆞᆫ今月中에着手ᄒᆞᆯ터인故로諸般準備ᄅᆞᆯ目下經營ᄒᆞᆫ다더라

● 移住何處 京城에居住ᄒᆞᄂᆞᆫ韓人口ᄂᆞᆫ年年減退ᄒᆞ야丸山이警視總監으로在ᄒᆞᆯ時에調査ᄒᆞᆫ人口가십九萬餘인ᄃᆡ最近調査를據ᄒᆞᆫ즉십五萬에至ᄒᆞ얏다ᄂᆞᆫᄃᆡ數年ᄂᆡ四萬餘名이生活上困難을因ᄒᆞ야地方으로移住ᄒᆞᆫ이라더라

● 財[?]百里 再昨年以來로韓人이外國人의게土地를賣却ᄒᆞᆫ價額이壹百六十萬圓이요昨年度에ᄂᆞᆫ捌십萬圓假量인ᄃᆡ此ᄂᆞᆫ京城리事廳에證明請求ᄒᆞᆫ者만計ᄒᆞᆫ것이오其外無證明放賣ᄒᆞᆫ者ᄅᆞᆯ合計ᄒᆞ면此에幾倍가增加되리라더라

● 豊將可笑 리根澤氏의令男리岐燕시ᄂᆞᆫ財産關係로沈종序氏母喪에발喪ᄒᆞᆷ은既報ᄒᆞ얏거니와리시家下人等이相對談話ᄒᆞ기를우리宅나으리ᄂᆞᆫ財貨에慾心이발動ᄒᆞ야發喪其報ᄒᆞ얏거니와우리ᄂᆞᆫ何等名色으로酷熱에頭巾을쓸지라도지不知ᄒᆞ겟다고譏笑批評ᄒᆞᆫ다더라

● 親和勸告 李根澤시와沈鍾序氏間에裁判事件은一般共知ᄒᆞᄂᆞᆫ바어니와辯護士洪在珙氏ᄂᆞᆫ리氏를對ᄒᆞ야私和ᄒᆞ기로勸告ᄒᆞ얏다더라

● 林倅[?]續 林川郡守韓承[?]氏ᄂᆞᆫ莅任以來로事[?]公平ᄒᆞ고受民至切ᄒᆞ야壹境이安堵ᄒᆞᆷ으로頌聲이藉藉하다더라

● 面長有人 楊平郡砥平上서面面장鄭台鎔氏ᄂᆞᆫ在任壹年에熱心視務ᄒᆞ야諸般規式과關示를不憚勞苦ᄒᆞ고財村村里ᄒᆞ야詳細開諭ᄒᆞ고公納은期期淸完ᄒᆞ며每戶參壹과ᄂᆞᆫ近來面장의例料인ᄃᆡ氏ᄂᆞᆫ家勢가赤立ᄒᆞ나壹錢不受ᄒᆞᆷ으로면內人民이莫不稱頌ᄒᆞᆫ다더라

● 爵尊安在 前參判徐某ᄂᆞᆫ家勢赤貧ᄒᆞ야生活이窘艱ᄒᆞᆷ으로本年度第三期衛生費ᄅᆞᆯ並不辦納ᄒᆞ얏더니所管警察署에셔該氏로ᄒᆞ야금汚穢物을掃除케ᄒᆞ얏다더라

● 倉市移設 南門內倉市ᄅᆞᆯ新門外營門으로移設ᄒᆞᆫ다ᄂᆞᆫ說은已爲報道ᄒᆞ얏거니와本月晦日頃에移設ᄒᆞ야九月壹日부터開市ᄒᆞᆫ다ᄂᆞᆫ說이有ᄒᆞ더라

● 礦業許可 忠北淸州郡山東面砂금礦六萬八千八百坪은韓人郭貞燁氏에게許可ᄒᆞ얏다더라

● 流行病發生 平북寧邊郡에ᄂᆞᆫ去月來로流行病이發生ᄒᆞ야死亡者가多數ᄒᆞᆫᄃᆡ其原因은河水를飮用ᄒᆞᆷ인가疑訝ᄒᆞᆫ다더라

● 出水損害額 大同江間水를因ᄒᆞ야死亡損害ᄒᆞᆫ調査ᄅᆞᆯ據ᄒᆞᆫ즉成川郡溺死者百四人니男四십六女五[?]倒斃牛二拾三馬壹豚百三十七流失家屋七百십七頹屋八百二十九浸水屋壹千三百九拾三인ᄃᆡ損害價額은四萬三千壹百六拾圓이오流失及浸沙田畓이九百六千捌町이오浸水田답이壹千四百五十六町인ᄃᆡ損害額은拾七萬二千六百六拾圓이오江東郡에ᄂᆞᆫ損壞家三십九浸水家八十九溺死者七畜七流失船九被害田답九百八十九町인ᄃᆡ損害額은壹萬[?]千七百九拾八圓이라더라

● 所賴若厚 仁川多所面花村洞[?]金根氏ᄂᆞᆫ日本大阪火災에對ᄒᆞ야금貨二十圓을仁川日本人居留民團役所로寄付ᄒᆞ야大阪에轉付ᄒᆞ기를懇請ᄒᆞ얏다더라

● [?]越哭 兎山郡文修洞居[?]柳景[?]趙三人이[?]彦[?]와符同ᄒᆞ야補助員이라稱ᄒᆞ고伊川오峴居守節ᄒᆞᄂᆞᆫ덩리召史를刼奪ᄒᆞ얏ᄂᆞᆫᄃᆡ近日에該四人을捉得ᄒᆞ야海州區裁判所로越送ᄒᆞ얏다더라

● 强盜押上 仁川港區裁判所에强盜犯으로被囚ᄒᆞ얏던[?]德[?]等十八人을[?]京城地方裁判所로押上ᄒᆞ얏다더라

● 橫罹直放 太極敎人[?]默氏가强盜嫌疑로中部警察署에被囚ᄒᆞ얏더니취調ᄒᆞᆫ結果에歷史를詳述ᄒᆞ야獲放ᄒᆞ얏다더라

● 學生講願 桑港韓人國民會公費학生명동렵시가하긔會로歸國ᄒᆞ얏ᄂᆞᆫᄃᆡ內概ᄒᆞᆫ즉本학生이現今中학數年을修了ᄒᆞ얏사오나[?]形似ᄅᆞᆯ回[?]ᄒᆞ오며文학에從事ᄒᆞᄂᆞᆫ者만居多ᄒᆞᆫ즉武官을養成ᄒᆞ야[?]急務이기로本학生은武官학校에입學ᄒᆞ기를志願ᄒᆞ오니特爲許施ᄒᆞ시되학費ᄂᆞᆫ每年에六百五十圓이오니照亮措處ᄒᆞ기를希望ᄒᆞᆫ다ᄒᆞ얏더라

● 親會演說 今日下午八時에貞洞眞理學會에셔若難손安樂의貿易란問題로演說ᄒᆞᆫ다더라

學界

● 領著[?]之 [?]陽郡明倫학校ᄂᆞᆫ前郡守김寔鉉시가紳士李琬儀鄭時鉉朴亨鎭等諸시로協同設立ᄒᆞᆫ바인ᄃᆡ任員을更汰ᄒᆞᆫ後로財政을濫費ᄒᆞ야敎師俸給을積月不撥ᄒᆞᆷ으로廢校之境이되지라觀察道에셔該校를爲先停學ᄒᆞ라命令ᄒᆞ고將次財政을[?]調査ᄒᆞᆫ다더라

● 鳳鳴試驗 成川郡柳洞[?]立鳳鳴학校에셔第壹학期試驗을經ᄒᆞ얏ᄂᆞᆫᄃᆡ成績이良好ᄒᆞ야高等科甲乙班에優等及第生이合十六人이오尋常科甲乙丙三班에優等及第生이合십九人이라더라

● 蠶業生增募 新門內普成小학校內新興蠶業講習所에셔蠶과家蠶實習생을授ᄒᆞ고多數학生을實地로敎授ᄒᆞ고第貳回학生을又爲募集ᄒᆞᆫ다더라

● 申氏熱心 延安郡居申采均시ᄂᆞᆫ該郡延홍學校校舍數十間을建築ᄒᆞᆯ時에經費를自擔ᄒᆞ고百餘名生徒의食料를供給ᄒᆞ야學業을熱心勸奬ᄒᆞᆫ다더라

◉咸何義捐

咸川郡下檢面[?]致華氏ᄂᆞᆫ年今八십老人인ᄃᆡ本報를歡迎ᄒᆞᄂᆞᆫ意로表ᄒᆞ기爲ᄒᆞ야金五十錢을寄付ᄒᆞ얏기로其盛意를感荷ᄒᆞ노라

○東京電報○

◉桂首相參內 拾二日發 日本桂總리大臣은今日下午前십時에參內ᄒᆞ야安奉線問題에關ᄒᆞᆫ淸國의交涉顚末에就ᄒᆞ야事已至此에不得已ᄒᆞᆫ事를奏上ᄒᆞ고其他時局에關ᄒᆞᆫ重要政務를伏奏ᄒᆞ얏다더라

▲挽河洗 [?]▼

▲구름으로다리노코바람으로배ᄅᆞᆯ삼아碧空우에올나서々銀河水ᄅᆞᆯ挽[?]ᄒᆞ야[?]國內에朽敗之物을[?]然使에銀河水를挽[?]ᄒᆞ야痛洗ᄒᆞ여보세

▲政治界를솟혀보니五七條約何大臣은附外熱에洗腸ᄒᆞ야離[?]인지[?]인지生[?]境엇본도시파러먹기手段낫네銀河水를注下ᄒᆞ야더心腸을洗滌ᄒᆞ고

▲紳士界를솟혀보니[?]是遊說더國員은外人指嗾ᄒᆞ여셔[?]國是인지國非인지세쪽[?]片모르면셔惑亂黔首잘ᄒᆞᆫ다[?]派水ᄅᆞᆯ注下ᄒᆞ야더喉舌을洗滌ᄒᆞ고

▲新聞界를솟혀보니[?]離더報[?]은他人機關甘作ᄒᆞ야[?]出인지井蛙인지小技局[?]지어니여扶[?]魂일숨는[?]派水ᄅᆞᆯ注下ᄒᆞ야더腦髓를洗滌ᄒᆞ고

▲偵探界를솟펴보니[?]官廳에더鷹犬은鋼鎖메여눈이어려同[?]인지異族인지彼我[?]疎不計ᄒᆞ고[?]肉充腹ᄒᆞ[?]壹派水ᄅᆞᆯ注下ᄒᆞ야더眼睛을洗滌ᄒᆞ고

▲積困界를살펴보니[?]對[?]에더[?]天[?]界[?]ᄒᆞ고開關인지未開인지[?]保不[?]ᄒᆞ고門닷기만主張[?]派水ᄅᆞᆯ注下ᄒᆞ야더思想을洗滌ᄒᆞ세

▲次例々々씨서니[?]解水의[?]臭肥料보다尤甚ᄒᆞ다[?]會에交涉ᄒᆞ야[?]万四모셔다가東門外로輸送ᄒᆞ야淸潔世界造成ᄒᆞ니新乾坤이여긔로다

藥房 標

[illegible]此類가甚多하오며且夫命在天하고病在人故로死命에無醫야[illegible]死病에[illegible]醫약이[illegible]合[illegible]用하며[illegible]各[illegible]로特以藥色으로是辨[illegible]死[illegible]며[illegible]醫약者로發行無[illegible]케하오니此時代[illegible]

으로凶症을是務하야名雖洋약이나實是韓약이오며唐草材와洋약乾材도販價放賣하오니[illegible] 僉位는郵便小包로將[illegible]發行하시오

本舖西小門外[illegible]洞回宮 閔竝浩 李信友 謹白

社告

鏡城郡支社員安正진氏辭免이

代에鏡城郡內羅南 南宮 [illegible]

氏로擇定하앗사오니本申報購覽하시는 僉君子는 照亮하시

옵

大韓每日申報社

廣告

徐光爽의名字를以光斗로改定하오니知舊間照亮하심을敬要

正三品前侍從 徐光斗 告白

西部盤石坊里門洞一百五十六統十戶草四間中에紙券二張을路中서失하앗기茲에廣告하오니誰某拾得休紙施行홈

金學석 告白

本人이遠族朴受鳳시가繼後다自稱하고族譜의記載하니此誤植이옴기茲廣告하오니遠近族間以此 照亮하시옴

慶尙道振威郡貳西面野幕里 朴仁勳 告白

本人이田光玉시와藥商을同事하다가各其分擧하앗스니知舊間照亮홈

南部后洞李允秀 告白

本人의使用하던四角楷字姓名章을廢止하옵고圓장흔篆字章을更造使用하오니知舊僉照亮하시옴

尉山郡下南面伴子亭 김昇鉉

黃海道瑞興郡與水院興明學校에서本月[illegible]日에開校式을擧行하앗는데申珽[illegible]生김鎭澤씨鳳學崔賢燦[illegible]煥[illegible]林[illegible]兩氏諸시오及[illegible]成시오及[illegible]시오乙班[illegible]學[illegible]成시오及[illegible]白觀鎭김昇濟[illegible]吉成[illegible]昌[illegible]光[illegible]至諸시오丙班[illegible]吉[illegible]明才[illegible]才[illegible]시오[illegible]修正[illegible]淳吉[illegible]吉[illegible]善金[illegible]勸[illegible]春[illegible]成[illegible]淳申好傑[illegible]將軍[illegible]鳳仙金[illegible]濟金鳳[illegible]至諸시인데[illegible]吳[illegible]夏시와事務[illegible]夢館시와敎師[illegible]基元시와贊成員[illegible]員[illegible]시와[illegible]洞中에서學徒[illegible]用之物을多數히寄附하야[illegible]고校監李東[illegible]시와財務[illegible]시는來賓與[illegible]外[illegible]擔當하고도諸시의熱心贊成을[illegible]感謝하야[illegible]廣布홈

興明學校 告白

大英國人[illegible]士시가[illegible]港金谷洞에買置하야[illegible]巢가陜小[illegible]容[illegible]藥家屋을[illegible]地段價金[illegible]收捧이어니近[illegible]困難하야生藥이阻[illegible]野[illegible]眞[illegible]三[illegible]減[illegible]오신寬[illegible]愛仁之[illegible]不[illegible]하야如是告[illegible]

仁川港金谷洞[illegible]等 告白

本洞[illegible]保管[illegible]千[illegible]何人이[illegible]이[illegible]査[illegible]下[illegible]明[illegible]六月二十四日[illegible]郡[illegible]本[illegible]三[illegible]失[illegible]某拾得還[illegible]慶尙道[illegible]沙下面多大[illegible]

廣告人金致[illegible] 洞長박致文

本人이南陽郡[illegible]路[illegible]홈니壤[illegible]火石六[illegible]石[illegible]失[illegible]하앗사오니誰某拾得하와도休紙施行하시옴

양平郡東部十[illegible]統九戶居 金[illegible]寬 告白

本館에서石版印刷도各種印刷物을精[illegible]하오며[illegible]價로하겟사오니 僉君子는陸續來臨請求하심을敬要

南大門內秀[illegible]印刷 [illegible]模英

◎特別廣告

美洲[illegible]韓人國[illegible]會[illegible]本國孤兒를敎育[illegible]收[illegible]貲가千[illegible]에已[illegible]勉하야平安[illegible]宜川[illegible]定其[illegible]院하오니內地志士들도協力贊成하심을[illegible]望

宜川孤兒院[illegible]務[illegible]

○特別廣告

本人이我國好品壇[illegible]所産[illegible]白[illegible]金[illegible]買[illegible]來이온바味佳[illegible]不[illegible]變하오며價亦低廉하오니 食君子는[illegible]來購하심을[illegible]期[illegible]六月[illegible]

西部東幕中契[illegible]九統九戶 김洙鼎 小名[illegible]源 告白

本人이[illegible]津兩[illegible]部客主를今月初九日에漢城財務署에서[illegible]를受하앗사오니水上[illegible]越[illegible]慶南[illegible]買도照亮하옵시며自今以後로는本人의客主로來臨하시와彼此間無至相[illegible]之[illegible]케千萬務望홈

南部[illegible]島[illegible]契[illegible]五戶鄭昌夏

新訂 算術通論 上下合附[illegible]式 정價[illegible]

敎科 理科敎科書 [illegible]

高等小學 [illegible] 第壹第二 植物 動物 [illegible] 第三第四 鑛物 物理 化學 生理 衛生 [illegible]

大韓地誌敎科書 高等小學 [illegible] 二拾五錢

懸吐具解 孟子 上下 [illegible]

中等用[illegible] [illegible]

新訂 大韓帝國地圖 [illegible] 五拾錢

分[illegible] 上學部認可 [illegible]

[illegible]文大韓國文[illegible]圖 [illegible] 九拾錢

全[illegible]字新[illegible] [illegible] 廿錢

新撰 [illegible]尺牘 [illegible]漢字 廿五전

[illegible]上學部許可 新字帖 學部檢定 [illegible]

[illegible]日文 [illegible] 新法律 大審院[illegible] 六錢

[illegible] 中等漢文讀本 上下 九拾전 七拾五錢 六十전

[illegible]術新[illegible] 中等[illegible]上下 [illegible] 八拾錢 [illegible]

[illegible]

◎秘製止痛藥

此藥은[illegible]國에有名한외약博士百里[illegible]未司氏의발明한[illegible]製한靈藥이라美國에在한[illegible]에서特爲派員하야此藥品을韓國內에廣佈하기를專托하옵는故로[illegible]不可[illegible]하와[illegible]廣佈하옴는바左[illegible]諸症에外塗內服하면無不立效라當此炎夏에尤極神效하와多數生命이오니藥業에從事하시는이와[illegible]病을[illegible]防코즈하시는이는速速[illegible]하시[illegible]價로[illegible]買하심을바라나이다

左開

△內科所用▽

[illegible] 腹瀉
吐瀉 食傷[illegible]
咳嗽 不消化
肚滯 疹子
心痛 傷寒
肝病 肚痛
胃熱 痢疾
口內[illegible] [illegible]痛
哮[illegible] [illegible]腎病
小兒吐瀉 暑夏吐瀉
抽筋
[illegible]疾
啞聲
胃氣痛
[illegible]傷寒
[illegible]痺
[illegible]軟[illegible]
[illegible]
[illegible]
氣管病
霍亂

△外病所用▽

[illegible]

發賣所 磚洞 韓美興業株式會社事務所

濟生堂和平堂大藥房聯合紀念大贈彩

◉贈大彩說明

濟生堂開業五週年과和平堂開業三週年間에內外國君子의顧愛ᄒᆞ심을多蒙ᄒᆞ야藥業이時日隆盛ᄒᆞ고功績이東西君目에라其感佩홈實難表誠故로今에兩大藥房에서紀念式을幷行ᄒᆞ고 會君子의厚誼를表ᄒᆞ기爲ᄒᆞ야兩種藥品（淸心保命丹 八寶丹）을特製大發賣ᄒᆞ며大贈彩券을繼代金添呈ᄒᆞ와賞贈無遺ᄒᆞ야大占利ᄒᆞ오니 愛君子ᄂᆞᆫ勿失此機ᄒᆞ시고陸續枉顧ᄒᆞ심을敬要

懸賞物品金六百圓價値

大福彩券은以四千枚로定

兩大靈藥（淸心保命丹）（八寶丹）各貼價金各拾錢

效能 肚飮積滯胸腹痛 水土不利咳嗽等

方法

定價金十錢에彩券一枚를添呈ᄒᆞ

外兩藥房製藥品ᄃᆞ拾錢價格에彩券을添呈ᄒᆞ

割引價로販賣ᄒᆞᄂᆞᆫ五圓價格에ᄂᆞᆫ券壹張을添呈ᄒᆞ

賞品

壹等貳人 白米貳拾石（每名石式）大斗五斗入

貳等貳人 仝 拾石（每名五石式）

貳等拾人 仝 六石（每名貳石式）

三等拾人 仝 拾石（每名石式）

四等壹百人 金五十圓（每五十錢式）

末等三千八百七拾八人 紙券烟三千八百七拾八匣

空彩ᄂᆞᆫ無홈

遠地에ᄂᆞᆫ郵便引換으로送呈홈

期限은六十日노定 自陽六月拾六日至陽八月拾五日

抽籤日字ᄂᆞᆫ臨期ᄒᆞ야廣告ᄒᆞ케ᄉᆞᆷ

位置

皇城南大門側 濟生堂大藥房本舖

皇城鍾路 和平堂大藥房本舖

皇城鍾路 兩堂臨時出張所

◉共愛堂大藥房製造發行各種藥品及支店表

壯陽復元丹 此藥ᄂᆞᆫ專治腸痛肺弱、房事色傷、腎虛弱、陽痿不起、遺精夢、房事早洩、不快、病後虛弱、飮食不下、先天不足、眩暈頭痛等에妙效가有홈（八週日分六錢）（壹週分[illegible]）

皮膚靈丹 此藥은專治遺瘡、胃腹痛、消化不良、食慾不振、心臟鬱悶、船暈、醉、口熱、惡臭等症에妙效無雙ᄒᆞ며能化痰止咳ᄒᆞᄂᆞ니在家旅行에必携藥홈（[illegible]）

眼科聖藥 淸眼水 此藥은一般眼疾、眼疾、風熱眼疾과淋毒眼疾과羞明流淚와灰沙眯目과眼에紅痒等症에妙效[illegible]

解瘡至寶丸 此藥은專治一般瘡疾、梅毒、疥癬、[illegible]（[illegible]瓶定價十錢）

皮膚神藥 靈効液 此藥은特治皮膚에疥癬、[illegible]（價[illegible]）

通痲丸 此藥은慢痲疾、赤白帶下、膀胱炎疳、膣炎、膿漏、外他淋毒性諸症에神効[illegible]

神應丹 此藥은梅瘡의初期、[illegible]

小兒濟命散 此藥은[illegible]、便秘、泄瀉、[illegible]妙效

腹痛神效 淸脾丸 此藥은崇、兒、腹痛、[illegible]

久滯神效 養胃散 此藥은[illegible]、呑酸、霍亂、吐瀉、胃腹痛、[illegible]

治痰鎭咳丸 此藥은[illegible]喘息、痰[illegible]

感冒神效 消熱散 此藥은[illegible]

下利神效 止泄丸 此藥은泄瀉、吐瀉、[illegible]

蛔虫神效 蛔積散 此藥은[illegible]

耳病神效 淸耳液 此藥은[illegible]耳病、[illegible]

百貼百應 妙妙膏 [illegible]腰膝脚腿[illegible]

解凝膏

能治膏 [illegible]、小兒胎毒、濕腫[illegible]

電氣帶 發行所

皇城南部大廣橋十九統七戶 共愛堂大藥房

各處支店特約所에隨意販賣홈

各種東西洋藥과韓國唐草材大發賣所 和平堂藥房

◉本藥房은同胞兄弟의顧愛ᄒᆞ심을입사와…舖를以此擴張ᄒᆞ고東西藥品을都買放賣ᄒᆞ오니拾一道各郡藥業ᄒᆞ시ᄂᆞᆫ僉位ᄂᆞᆫ西洋藥品이나韓藥唐材와草材를隨用請求ᄒᆞ시면同以廉價로酬應ᄒᆞ오며遠鄕에ᄂᆞᆫ郵便付送ᄒᆞ시면服用ᄒᆞ실兄弟ᄂᆞᆫ方文을精擇ᄒᆞ야精製ᄒᆞ야引換으로送付ᄒᆞ깃ᄉᆞ오니照亮ᄒᆞ시옵

本堂藥製品은如左홈

阿片烟斷引丸 [illegible]八週分 金一圓

養潤經丸 [illegible]四週分 金一圓

回香消瘡丹 [illegible] 金五圓

[illegible]丸

金治丸

八寶丹 [illegible]包九粒五粒金拾錢

藥房主 和平堂 [illegible]

第七冊

大韓每日申報

第千壹百七拾三號

月曜及祭日休刊 毎週日曜、慶節休刊

檀君開國四千二百四十二年 箕子元年三千三十一年 大韓開國五百十八年 日本明治四十二年 淸國宣統元年 隆熙三年八月十四日

Responsible for Publication Alfred Weekley Marnham.
發行兼編輯人英國人 萬咸
發行所 京城南署公洞 大韓每日申報社

論說

◎是日敬爲同胞一告

於乎라 是日은 其祚 皇朝創業紀念日이로다 於乎라 是日은 大韓 皇朝創業紀念日이로다

皇朝의 功德이 無量하사 雨露가 三千里士에 偏하며 光靈이 五百載에 亘하야 貳千萬蒼生이 世世 太平烟月에 生장老死함이 已久하얏스니 是日을 當하야 紅燈綵棚下에서 其手로 舞하며 其足으로 蹈하며 祖孫이 戲하며 婦孺는 和하야 終日토록 歡天喜地에서 踴躍할 日이로다

無窮花여 無窮花여 爾의 因緣은 十三道의 錦繡山河오 爾의 主人은 貳千萬神聖民族이라 爾가 太白檀木下 聖人出現의 年에 根되며 着하야 扶餘千年에 個香을 迎하며 三國盛時에 春光을 誇하고 勝朝의 末에 蒙古窺覦의 險을 暫經하얏스나 武將烈士의 劍에 畢竟獨立의 靜이 無恙하얏스며 本朝의 世에 支那徵貢의 恥辱은 暫受하얏스나 內治外交의 遠에 恒常自由의 榮을 發輝하얏더니 只今에 至하야 何如是萎靡하지 何年何日에나 爾의 幸運이 再回하야 大韓同胞로 하야금 此慶日에 壹歡賞케 하며 此慶日에 壹蹈舞케 하랴는가

然而 慧眼을 擧하야 城裡를 回顧컨대 其歡樂遊戲의 中에 壹般悲慘의 色을 帶함은 何故이뇨 人民이 貧하야 醉飽하기 不足한 故인가 年事가 凶하야 歡戲하기 不可한 故인가 是果 何故이뇨

日否라 人民이 雖貧하나 皇室에 愛君의 心이 富하면 弊袖로 蹈舞함도 可할지며 年事가 雖凶하나 獻芹呼嵩의 誠이 豐하면 餓喉로 歌詠함도 可할지어날 今에 此壹年壹次의 大慶을 當하야 蹈舞의 時에 其歡이 未極하며 歌詠의 邊에 其樂이 未大함은 何故이뇨

日噫라 我가 知케라 光武九年의 惟風雨를 壹經하며 杂杂無窮花가 憔悴殆甚함으로 爾眼이 忍賞치 못하며 爾耳에 忍挿치 못하야 今此慶日을 如是寂寞히 過하인더

竊聞컨대 聖僧이 發願하면 上林의 花가 頃刻에 紅하고 鄒陽이 吹律하면 黍谷의 春이 壹朝에 回한다니 自助者를 助함은 當然의 天理라 耻를 知하야 進을 勉하면 公家此日도 美國獨立生日과 如하며 法國共和生日과 如하리니 同胞야 花를 奪負치 말지어다

布達

▲隆熙三年七月三十壹日 官報

布達

親衛府官制를 左갓치 定함이라

隆熙三年七月三拾日奉

勅 宮內府大臣閔丙奭

布達第三號

親衛府官制

第壹條 宮中에 親衛府를 置함

第貳條 親衛府에 左開職員을 置함

壹 親衛府長官 壹人 親任

壹 親衛府武官 貳人 將官又는 領官

壹 副官 壹人 佐官又는 尉官

壹 主事 五人 下士又는 判任官

第三條 親衛府長官은 軍人軍屬을 統督하고 所轄諸部를 監督함

親衛府長官은 將官又는 同相當官及奏任軍屬의 任免進級褫職은 閣議를 經하야 上奏하고 下士及判任軍屬에 在하야는 此를 專行함

第四條 親衛府武官은 親衛府長官의 命을 承하야 府務를 分掌함

副官은 親衛府長官의 命을 承하야 官房의 事務를 掌함

主事는 上官의 指揮를 承하야 府務에 從事함

第五條 親衛府職員定員外에 親衛府附로 六人以內를 置하야 佐尉官及同相當官으로써 此를 補함을 得함

前項職員中 壹人은 親王附武官이 됨을 得함

第六條 兵器彈藥의 管理及處分은 韓國駐箚日本軍司令官에게 委托함

第七條 軍人軍屬의 犯罪에 關한 司法處分은 韓國駐箚日本軍軍法會議에 委托함

第八條 將校及同相當官에 關한 人事。軍隊의 行動其他重要한 規則의 制定에 關하야는 韓國駐箚日本軍司令官의 承認을 受할 者로함

第九條 親衛府에 顧問幾名을 置하야 日本將校及同相當官으로써 此를 充함

附 則

本布達은 頒布日로부터 此를 施行함

外報

◎淸人服役拒絶 太連電을 據한즉 安東沿線에 淸國勞動者들은 復舊工事以外에는 使役에 從事치 안키로 함으로 日人들은 他處에서 役夫를 雇入하야 工事를 進行케 할다더라

◎互讓主義 淸國政府는 工事停止의 要求를 取消하고 線路變更도 日本의 要求대로 應하고 其代에 外他主張을 強硬히 貫徹케 할 意向이 잇다더라

◎總督報告 東三省總督錫良씨는 外務部訓令을 依하야 處理한 壹體顚末을 軍機處로 詳電하얏다더라

◎衛王婚事 葡萄牙國王은 英國의 壹公主와 結婚할터이라더라

◎將來方針訓令 日本外務大臣 小村은 淸國政府가 萬壹 東三省總督의게 壹切懸案을 處理케 할 時에는 日本이 何如히 할 方針을 奉天總領事의게 訓令하얏다더라

◎交涉密議 駐日淸國公使는 日前에 本國政府의 訓電을 接하고 日本外務大臣을 數次往訪하야 安奉線問題에 關한 交涉에 就하야 密議하얏다더라

◎砲臺調査 淸國政府는 沿海沿港의 砲臺에 設備한 砲數를 報告하라고 當該各省總督巡撫의게 命令하얏다더라

詞藻

◎國 아

豺狼이 惡하기로, 麒麟을 엇지 할며。 가마귀지즌들, 사람의게 관계하랴。 아셔라, 너의 妖惡한 心腸, 天必誅之。

雜報

●治療費下賜 海豊府院君尹澤榮氏가身病을添發ᄒᆞ다ᄒᆞᆷ은已報어니와 皇后陛下게ᄋᆞ셔치療費壹百圜을 下賜ᄒᆞᄋᆞ셧다더라

●內外人叙勳 내外國人叙勳件을上 奏裁叙ᄒᆞ야頒佈ᄒᆞ얏ᄂᆞᆫᄃᆡ掌禮院卿成岐運氏ᄂᆞᆫ特陞叙勳壹等賜八卦章奎章閣卿趙同熙從壹品金鶴鎭兩氏ᄂᆞᆫ特陞叙勳二等賜太極章法部次官倉富勇三郞度支部次官荒井賢太郞兩人은特叙勳一等賜太極章ᄒᆞ셧다더라

●永濱叙勳 同日韓國關稅總장永濱은多年한國政府에在任ᄒᆞ야功績이顯著ᄒᆞ다ᄒᆞ야한國政府에서勳壹等八卦章과금四千五百圜을 賜與ᄒᆞᆯ터이라더라

●오哉遠哉 鎭浦郡居ᄒᆞᄂᆞᆫ任成宰氏ᄂᆞᆫ時務에關ᄒᆞᆫ條件을擧ᄒᆞ야 大皇帝陛下게上疏ᄒᆞ라다가再昨日警視廳에被捉ᄒᆞ야現今取調中이라더라

●固所預料 家屋稅를 勅令으로頒布ᄒᆞ야地方區域中에三百戶以上洞里를市街地로指定ᄒᆞ야此를課賦ᄒᆞᄂᆞᆫ더此案件을改定하야明年度에ᄂᆞᆫ三百戶未滿處와도市街地로認定ᄒᆞ기로니閣에서提議ᄒᆞ얏다더라

●例會停止 再昨日은니閣例會인ᄃᆡ總理大臣李完用氏가避暑를因ᄒᆞ야不參ᄒᆞᆷ으로例會를停止ᄒᆞ얏다더라

●視察困難 總理大臣李完用氏가司法權委任ᄒᆞᆫ事에對ᄒᆞ야地方人心을偵察키爲ᄒᆞ야視察員을派遣ᄒᆞᆫ다ᄒᆞᆷ은已報ᄒᆞ얏거니와日本觀光團에入參하얏던某某兩氏를全羅南北道로再昨日에派送ᄒᆞ얏ᄂᆞᆫᄃᆡ總相家門客들은南大門外停車場에셔餞送ᄒᆞ얏다더라

●花套大官 宮中顧問李允用氏ᄂᆞᆫ近日某某大官을會集ᄒᆞ야花蔘局으로消遣ᄒᆞᆫ다더라

●局長交渉 度支部所管龍山印刷局에셔勤務ᄒᆞᄂᆞᆫ高級主事등員을解免ᄒᆞᆫ다ᄂᆞᆫᄃᆡ多年勤務ᄒᆞ얏던今朝除汰가難便ᄒᆞ야該局장이度支部에交渉ᄒᆞ야稅務官吏로需用ᄒᆞ라ᄒᆞᆫ다더라

●交際費要求 각地方에日人道主事들이交際에費用이夥多ᄒᆞ다ᄒᆞ야交際費를要求ᄒᆞ얏ᄂᆞᆫ데내부에셔來年度會議에附ᄒᆞ기로定ᄒᆞ얏다더라

●全察還任 全남觀察使申應熙氏가身病을因ᄒᆞ야大韓醫院에셔多日治療ᄒᆞ더니病氣가完瘳됨으로再昨日發程還任ᄒᆞ얏다더라

●訴日至 前軍部所管屬役들이 恩賜金을請求ᄒᆞ기로親衛府門前에每日數三十名式齊進ᄒᆞ야呼訴ᄒᆞᄂᆞᆫ데統府에官事擧武氏ᄂᆞᆫ困難이有ᄒᆞᆫ說이라더라

●國債現額 本年五月末의調査를據ᄒᆞᆫ則韓國國債가三千八百八十七萬九百七拾三圜이라더라

●慶節休暇 本日은한國開國紀元節인故로各府部院廳과各官公私立學校에셔慶祝ᄒᆞ기爲ᄒᆞ야壹切休暇ᄒᆞᆫ다더라

●德有顯勳 安奉線과北閣島事件에對ᄒᆞ야淸日交渉과淸商歸國說이閣巷에喧播ᄒᆞ미某處에서ᄂᆞᆫ此를因ᄒᆞ야人心이騷動ᄒᆞᆯ까念慮ᄒᆞ야嚴密히注意ᄒᆞ고浪說傳播ᄒᆞᄂᆞᆫ者를詗探ᄒᆞᆫ다더라

●中署改築 中部警察署를毁撤ᄒᆞ고基址를擴張ᄒᆞ야更히建築ᄒᆞᆫ더인ᄃᆡ附近에在ᄒᆞᆫ박延來氏의家屋壹座를五千圜에買入ᄒᆞ얏다더라

●驛屯土收入額 旣往四年來驛屯土收入은丙午年에二拾五萬圜이오丁未에五拾四萬八千捌百三圜이오戊申에七십五萬圜이오本年度豫算은壹百三拾七萬捌千六百四십七圜이라더라

●漁業保護 今回에農商工部에셔ᄂᆞᆫ水産組合에入ᄒᆞᆫ漁業者의게補助金壹萬圜을下付ᄒᆞ야日人漁業者와又치保護取締ᄒᆞ기로決정ᄒᆞ얏다더라

●軍物沒輸 統녀營門을毁撤ᄒᆞᄂᆞᆫ대허營門에儲置ᄒᆞ얏던大砲彈丸弓矢菱鐵鐵가等諸般軍物을數식駄ᄒᆞ야泥峴倉庫로沒輸ᄒᆞ얏다더라

●水桶調査 北部警察署에셔ᄂᆞᆫ掌니水桶을壹壹調査ᄒᆞ얏다더라

●支線起工 釜산東萊商邑니間二십里地에支線鐵路를敷設ᄒᆞ야陰曆去月부터起工ᄒᆞ얏ᄂᆞᆫᄃᆡ來月晦間에竣工ᄒᆞᆯ豫정이라더라

●恩郡流行病 恩津郡論산江等地에셔近日流行病이發生ᄒᆞᆫ故로當地醫察署에셔預防ᄒᆞ기를注意ᄒᆞᆫ다더라

●困窮宜相救 漢陽商會에셔債務를因ᄒᆞ야破産ᄒᆞᆫ至境이된故로此에對ᄒᆞ야韓日兩國各債主들이會議를開ᄒᆞ얏ᄂᆞᆫᄃᆡ該商主가無罪히破産ᄒᆞᆷ을矜恤히녀여所欠금額을限壹年寬限ᄒᆞ고物品을繼續捐助ᄒᆞ야如前開業케ᄒᆞ기로決議ᄒᆞ얏ᄃᆡ니惟獨김聚徵氏壹人이債錢을督出ᄒᆞᄂᆞᆫ지라韓人으로韓人의商業을沮毁ᄒᆞᆷ은不忍의事이라ᄒᆞ야會席에셔김氏를論駁ᄒᆞ얏다더라

●移畓付校 釜산鄕客舍直의例耕畓幾斗落이有ᄒᆞ야該舍直에此를依賴ᄒᆞ야客舍에壇垣除草와內外庭際掃除를擧行ᄒᆞ더니該郡守김正基氏가허답을該郡學校에移附하고客舍直料ᄂᆞᆫ廢止ᄒᆞᆫ故로客舍ᄂᆞᆫ草莽中에在ᄒᆞ야行路가指點ᄒᆞᆯ至境이라더라

●勞動部經營 活民勞動組合本部에셔각地方에支組合所를設置ᄒᆞ고該本部니에ᄂᆞᆫ勞動者를治療ᄒᆞ기爲ᄒᆞ야病院을設立ᄒᆞᆫ다더라

●哀此경獨 南大門外小壘門洞居張召史가家勢貧乏ᄒᆞ야他人貰家에居生ᄒᆞᄂᆞᆫ데掌니巡査김壽鎭氏가昨日該召史의게衛生費를來督ᄒᆞ되星火와如ᄒᆞᆫ지라召史가自己의身世를悲歎ᄒᆞ앗더니巡査가自己를辱ᄒᆞᆫ줄노誤認ᄒᆞ야召史를捕縛以去ᄒᆞᄂᆞᆫ지라左右傍觀들이極力挽留ᄒᆞ야解放을得ᄒᆞ얏다더라

●兵營建築着手 羅南兵營工事ᄂᆞᆫ目下急成中이오會寧兵營工事도前月부터着手ᄒᆞ얏ᄂᆞᆫᄃᆡ한淸人夫가多數應役ᄒᆞ고日本商店도漸次增加ᄒᆞ얏다더라

●義將捕縛 鍾洞憲兵分遣所에서ᄂᆞᆫ再昨日午後拾壹時에義兵將김洙順氏外二名을捕縛ᄒᆞ얏다더라

●卒業成績修報 日本官費留學生中에本年度卒業生이合爲四拾壹人인ᄃᆡ留학生監督申海永氏가該卒業生의成績表를學部로修報ᄒᆞ얏다더라

●延日增水 去壹日二日에降雨가連續ᄒᆞ야慶尙북道延日郡에ᄂᆞᆫ江의漲水가壹丈에及ᄒᆞ야畓田千町步와浦項에鹽田은全部가浸水되고家屋壹戶가漂失되얏다더라

●救恤金傳致 美洲國民會韓人同胞들이文川郡飢饉에對ᄒᆞ야救恤金二百五拾圜八십錢을醵集ᄒᆞ야紳士安昌浩氏의게送致ᄒᆞ얏ᄂᆞᆫᄃᆡ安氏ᄂᆞᆫ該金額을文川郡守의게傳致ᄒᆞ얏다더라

●在墨韓人義擧 新韓民報를據ᄒᆞᆫ즉墨西哥太庄農庄에居留ᄒᆞᄂᆞᆫ韓人同胞들이新韓民報社의經費를補助키爲ᄒᆞ야美貨二拾八圜七十四錢을醵集寄付ᄒᆞ얏ᄂᆞᆫ더該地同胞ᄂᆞᆫ卽年前開發會社에應募ᄒᆞ야農主의虐待와束縛을受ᄒᆞ야欲死無地의慘況이有ᄒᆞᆫ者라尙且公益의義務를知ᄒᆞ야此等捐助가有ᄒᆞ니內地에在ᄒᆞ야時象을目擊ᄒᆞᄂᆞᆫ同胞여此를觀ᄒᆞ며感발心이生乎아愧赧心이生乎아吾儕以貿之ᄒᆞ노라

●是何野心 神宮奉敬會에셔김在珣시로會장을選定ᄒᆞ엿더니시ᄂᆞᆫ壹般한人의信仰이無ᄒᆞ다ᄒᆞ야更히김允植시로運동ᄒᆞ더니김시ᄂᆞᆫ果決固辭ᄒᆞ엿스되該會에셔ᄂᆞᆫ期於推戴ᄒᆞ기로兪令強請中인ᄃᆡ김씨ᄂᆞᆫ最初에固辭ᄒᆞᆫ은思想이當變ᄒᆞ야現今은出席ᄒᆞᆯ靜에有ᄒᆞ다ᄒᆞ니是何野心인지世人이注目中이라더라

●國民綱則 布哇韓人國民總會에셔所管各地方會에通用ᄒᆞᆯ綱則을製定ᄒᆞ얏다더라

●貳論初無 鐵路銀房都家와契錢支用事로老少間貳論이有ᄒᆞ다ᄒᆞᆷ은前報에揭載ᄒᆞ엿거니와更聞ᄒᆞᆫ즉허금額이旣報와如히多款치도못ᄒᆞ고支用事로二論은初無ᄒᆞ다더라

學界

●婦人知學 호놀룰루港에居留ᄒᆞᄂᆞᆫ韓人婦女들은該地婦人社會에敎育會를發展키爲ᄒᆞ야趣旨書를발布ᄒᆞ니其辭意가剴切ᄒᆞ야贊成者가多數ᄒᆞ다

◎慶節休刊

本日은大韓開國紀元節인故로壹日休刊ᄒᆞᆷ

▲地方消息▼

▲去月拾七日黃海道谷산郡東南方約五十五里地에서義兵拾四名이該郡憲兵分遣所上等兵壹名及補助員三名과衝突ᄒᆞ얏다ᄒᆞ고

▲去月拾八日全羅南道[illegible]村北方約二拾里地에서義兵三십名이院村臨時憲兵派遣所上等兵三名及補助員七名과衝突ᄒᆞ얏다ᄒᆞ고

▲去月十九日全羅南道寶城郡니에서義兵十餘名이鳥城院憲兵派遣所上等兵壹名과油屯臨時憲兵派遣所上等兵一名及補助員五名과衝突ᄒᆞ얏다ᄒᆞ고

▲去月十九日全羅남道谷城郡니에서義兵二名이該郡憲兵分遣所上等兵二名及補助員五名과衝突하얏다하고

▲去月廿貳日慶尙南道河東郡東南方約十里地에서義兵貳十名이該郡守備隊中尉以下九名及憲兵三名과衝突ᄒᆞ얏다더라

○東京電報○

拾二日發

◎鐵道視察 韓滿鐵道統合의件은日本遞相이韓國鐵道를視察ᄒᆞᆫ後에決정ᄒᆞᆯ리라더라

◎法採日礦 法國서京拾三日午前拾십時發 都巴里에有力ᄒᆞᆫ會社에서ᄂᆞᆫ資本금三千萬圜을投ᄒᆞ야日本에셔銅石炭水銀等의礦을採掘ᄒᆞᆯ計劃인대法日協同會社가組織될터이라더라

▲局上觀戰▼

▲將棋板을버려노니楚漢쟁의時節인가그風塵을擾亂ᄒᆞ다彼此兩陣對圓處에青紅國旗를立ᄒᆞ고大小將卒整齊ᄒᆞ야三申五令指揮ᄒᆞ마

▲參謀士가聽令後에保護君主ᄒᆞᆯ宮ᄒᆞ며左右부가되여잇셔壹壹軍馬調發ᄒᆞᆯ제帷幄中에運籌ᄒᆞ야決勝千里ᄒᆞᄂᆞᆫ智謀敵陣隔沒期必ᄒᆞᆫ다

▲兩騎軍卒聽令後에三三五五作隊ᄒᆞ야勇進無退더軍律의恪勤嚴守ᄒᆞᆯ뿐이러니戰營남의勇力으로左衝右突ᄒᆞ야가며敵陣으로前進ᄒᆞᆫ다

▲中軍戎馬聽令後에駑驚馬로結陣ᄒᆞ야先着鞭을爭頭ᄒᆞ고鐵騎隊飛走ᄒᆞᆯ제左右에잔옥허며날일字로行陣ᄒᆞ야敵陣中에突入ᄒᆞᆫ다

▲左右象이聽令後에잇與先鋒爭奪ᄒᆞᆯ제귀象되면防賊ᄒᆞ고面象되면양城ᄒᆞ고跌前進後前鑑合어用字步를利用ᄒᆞ야敵陣氣勢挫挫ᄒᆞ라

▲後軍砲隊聽令後에山戰砲와野戰砲를前後左右驅馳ᄒᆞ며陣角마고넘어들어士卒奨勵ᄒᆞ며가며遠距離를不論ᄒᆞ고敵陣向히射擊ᄒᆞᆫ다

▲車將軍이聽令後에將車後車相應ᄒᆞ야直路를열고拔甲擁盾直入ᄒᆞᆯ제所向無敵慴伏이라前後夾攻突進ᄒᆞ니敵陣單兵을漸殺ᄒᆞᆫ다

▲將軍니야명군이야호종소리震動ᄒᆞ니困於垓心楚霸王이自刎而死ᄒᆞᆫ然後에凱旋ᄒᆞᆯ제우리軍士勝戰鼓을울니면셔大韓獨立萬萬歲ᄒᆞ라

社告

鏡城郡支社員安正진氏辭免ᄒᆞᆫ代에該郡內羅南 南宮[illegible]氏로擇定ᄒᆞ얏ᄉᆞ니本申報購覽ᄒᆞ시ᄂᆞᆫ 僉君子ᄂᆞᆫ 照亮ᄒᆞ시옴

大韓每日申報社

廣告

黃海道瑞興郡興水院興明學校에서本月壹日에進級式을擧行ᄒᆞ얏ᄂᆞᆫ더甲班優等生김鐵澤[illegible]鳳學崔贊燦崔정煥[illegible]崔정瑩諸시오及第吳[illegible]林[illegible]兩시오乙班優等[illegible]成시오及第白[illegible]김[illegible]鳳[illegible]孫吉成[illegible]崔光[illegible]相奎[illegible]시오丙班優等[illegible]德吉楊明才吳[illegible]才諸시오及[illegible]修正[illegible]吉[illegible]相[illegible]김[illegible]吉吳[illegible]善金[illegible]成學文道淳申好[illegible]申將軍吳[illegible]根吳成東[illegible]鳳仙金[illegible]金鳳雲김[illegible]奎諸시[illegible]吳泳夏시와事務[illegible]夢[illegible]시와教師[illegible]基元시와贊成員[illegible]吳[illegible]貞夏시와[illegible]洞中에서學徒所用之物을多數히寄附ᄒᆞ야[illegible]學東[illegible]性[illegible]시ᄂᆞᆫ深[illegible]徒[illegible]擔當ᄒᆞ고[illegible]諸시의熱心贊成ᄒᆞ신[illegible]感謝ᄒᆞ야[illegible]

興明學校 告白

廣告

本人의親山이在於[illegible]郡[illegible]面館下里倉洞後麓에온ᄃᆡ劉元[illegible]代表人白남軌가多率礦軍ᄒᆞ야稱以金礦認許之境內ᄒᆞ고墓所십步之內을無難掘坑이기로礦山條例違背之說로曉諭이오되從不聽抑勒採掘ᄒᆞ옵기로因夜上京ᄒᆞ와爲先農商工部에請願ᄒᆞ고追後控訴院에裁判ᄒᆞ야令礦條例第六條에國法違背ᄒᆞᆫ[illegible]를依律懲治ᄒᆞ기로[illegible]

鄭永禧 告白

本人의養子金永國은浮浪悖類로如干財産을蕩盡無餘ᄒᆞ온中自[illegible]의本家로罷[illegible]去ᄒᆞ오니[illegible]의誼가永絶ᄒᆞ온즉以前以後에財産上[illegible]賣[illegible]位ᄂᆞᆫ本人과相關이無ᄒᆞ옵기로茲에廣佈ᄒᆞ오니內外國 僉君子ᄂᆞᆫ咸須照亮ᄒᆞ시옴

京畿道振威郡二북面[illegible]山里 金九鉉 告白

本人이田光玉시와藥商을同事ᄒᆞ다가各其分擧ᄒᆞ얏ᄉᆞ니知者僉照亮ᄒᆞᆷ

南部后洞 李允秀 告白

徐光[illegible]의名字를以光[illegible]로改定ᄒᆞ오니知舊間照亮ᄒᆞ심을敬要

正三品前侍從 徐光斗 告白

黃海道[illegible]本人이篆字圖章을[illegible]六月십八日에[illegible]失[illegible]太極章을更刷[illegible]用ᄒᆞᆷ

北靑郡리昇漢 告白

本人의使用ᄒᆞ던四角楷字姓名章을廢止ᄒᆞᆷ으로圖장[illegible]篆字章을更造使用ᄒᆞ오니知舊間照亮ᄒᆞ시옴

蔚山郡下府[illegible]子亭 김弘祚

本館에셔石版印刷로各[illegible]印刷物을精美[illegible]ᄒᆞ오며[illegible]價로ᄒᆞ깃ᄉᆞ오니 僉君子ᄂᆞᆫ陸續來臨請求ᄒᆞ심을敬要

南大門內[illegible]印刷 朴[illegible]英

本人의姓名篆字圖章을[illegible]六月二拾[illegible]日下午[illegible]에[illegible]失ᄒᆞ얏기로[illegible]ᄒᆞ오니外國人은切勿見欺ᄒᆞᆷ

黃海道黃州郡[illegible]門內 김炳洙 告白

本社에셔在上海[illegible]洋烟[illegible]製造廠과專賣權을特約ᄒᆞ고各種烟草를韓人ᄒᆞ와各代理店에支出ᄒᆞ오니 僉君子ᄂᆞᆫ愛顧ᄒᆞ심을敬要

法韓黑紙烟壹匣廿五本具竹嘴
[illegible]票紙匣廿本具紙嘴
[illegible]標壹匣五本入
[illegible]標壹匣拾本入
虎標壹匣拾本入
獅[illegible]標壹匣拾本入
開[illegible]標壹匣[illegible]本入
法韓쉬링金口紙一匣拾本入
法國시오백金口紙一箇[illegible]本入

本社의各代理店은左開ᄒᆞᆷ
平壤代理人[illegible]基煥
[illegible]沙里代理人[illegible]
大邱代理人金[illegible]再

[illegible]其他[illegible]各處에代理店을[illegible]實地開ᄒᆞ기[illegible]願ᄒᆞ거든本社에來臨相議ᄒᆞ시옴

京城石井洞

法韓會社 告白

大英國人[illegible]士시[illegible]地段[illegible]港金谷洞에買[illegible]ᄒᆞ와韓人의居巢가陝小難容ᄒᆞᆷ을[illegible]ᄒᆞ야[illegible]家屋[illegible]貸金을每[illegible]式收捧이더니近[illegible]困難ᄒᆞ야生[illegible]이阻殘ᄒᆞᆷ을[illegible]分愛恤ᄒᆞ야貰金中三錢式減給ᄒᆞ오신[illegible]仁之澤을莫不稱頌ᄒᆞ야如是告謝ᄒᆞᆷ

仁川港金谷洞[illegible]民等 告白

本洞[illegible]保管ᄒᆞᆫ南[illegible]干[illegible]을何人이[illegible]部이던지[illegible]資大[illegible]張下[illegible]故[illegible]明[illegible]六月二拾四日本郡去[illegible]에[illegible]圖本壹[illegible]本洞[illegible]三[illegible]幷셔失[illegible]其拾得還完則當厚償ᄒᆞᆷ

慶尙南道東萊府沙下面多大동

廣告人金致[illegible] 洞[illegible]박致文

新訂 筭術通論 上下合附解式 定價壹圜
高等小學 理科教科書 壹、貳卷 각廿전
三、四卷 各廿五전
第壹第二、植物 動物
第三第四 地文 礦物 物理 化학 生理 衛生
大韓地誌教科書 高等小學 二拾五錢
懸吐孟子 上下 壹圜
具解孟子 壹圜
中等用器畵 七拾전
新訂 大韓帝國地圖 壹圜
分道 五拾錢
以上學部認可
習文 大韓國大地圖 壹冊 四십錢
新撰 全本千字文 [illegible]幅 九拾錢
新選 家庭尺牘 漢字傍附 壹冊 廿錢
習字帖 以上學部許可 學部檢定 廿五전
壹、貳卷 各六錢
韓日文 對照 新法律 [illegible]
앙[illegible]裝 壹冊 九拾전
半洋裝 壹冊 七拾五錢
小학漢文讀本 上下 六十전
中等算術 中洋裝上下卷 壹圜八拾
算術新書 中洋裝 貳冊入 五拾錢
中等算術教科書 三十錢
衛生[illegible]則 壹冊 貳十錢
[illegible]等小學植物學 [illegible]冊 貳十錢
中等[illegible]物學 壹冊 三十錢
普通[illegible]歷史 上下 壹秩 壹圜
改正刑法大全 十八錢
民事訴訟例 一冊 二拾錢
新式記憶法 一冊 [illegible]拾錢
演說方法 [illegible]十錢
毛詩[illegible]帖 壹二卷 一冊 [illegible]拾錢
成親王法帖
大韓帝國附港灣 地圖 壹幅 四[illegible] 二십五錢
唐玉[illegible] 壹冊 有圖畵 四十大
最新式體操 壹冊 三十錢
新訂千字文 二十전

發行所 京城[illegible]洞 [illegible]書館
[illegible]谷[illegible]二戶 [illegible]
平壤[illegible]耶蘇教[illegible] [illegible]
外京[illegible]書館

㊀秘製止痛藥

此藥은美國에有名ᄒᆞᆫ의하博士百里得未司氏의발明ᄒᆞᆫ無雙ᄒᆞᆫ靈藥이라美國에在ᄒᆞᆫ會社에서特爲派員ᄒᆞ야此藥品을韓國內에廣佈ᄒᆞ기를專托ᄒᆞ옵ᄂᆞᆫ故로幾不可勝ᄒᆞ와雖[illegible]廣佈ᄒᆞ옵ᄂᆞᆫ바左開諸症에外塗內服ᄒᆞ면無不立效라當此炎夏에九極神效ᄒᆞ와多數生命이오니藥業에從事ᄒᆞ시ᄂᆞᆫ이와疾病을預防코ᄌᆞᄒᆞ시ᄂᆞᆫ이ᄂᆞᆫ速速ᄒᆞ[illegible]ᄒᆞ시면廉價로[illegible]賣ᄒᆞ깃십니이다

左開

▲內科所用▼
胃酸 腹瀉
吐瀉 食傷風
咳嗽 不消化
肚滯 疹〻
心痛 傷寒
肝病 肚痛
胃熱 痢疾
口內之瘡 頭痛
哮喘 [illegible]腎病
小兒吐瀉 暑夏吐瀉
抽筋
瘧疾
啞聲
胃氣痛
[illegible]裡傷寒
[illegible]痺
鼻子軟弱
[illegible]病
[illegible]
氣管病
霍亂

▲外科所用▼
火疗창
[illegible]창
跌打損傷
腰骨痛
[illegible]창
指甲疽
咽喉痛
蟲蛇[illegible]咬
凍창
腦氣筋痛
癬

發賣所 礡洞 韓美興業株式會社事務所

濟生堂과和平堂兩大藥房[illegible]紀念大[illegible]

特別廣告

紀念福彩가滿期홈을[illegible]抽籤節序를廣告홈

順序

中署洞口內長安社內에서開場抽籤홈
（陽八月十五日）（陰六月三拾日）　上午十時에開場
仝　十壹時에來賓合席後頓說明
仝　十二時에号卯音考準入篇
仝　下午壹時濟生堂彩券抽籤（但綠色彩券）
仝　二時半에休息
仝　三時和平堂彩券抽籤（但[illegible]色彩券）
仝　四時半에說明撤場

但兩堂福彩券이無혼이ᄂ入場을不許홈
自頭等으로至四等에發列되ᄂ이ᄂ翌日上午십二時內로彩券을持ᄒ시고彩票에記錄혼藥房으로各其來臨ᄒ시와[illegible]準ᄒ시고[illegible]詳錄혼後指定ᄒᄂ時間에賞品을受去ᄒ시옴
外方에ᄂ此限에不在홈

廣告

社告

○申報價

壹張代金　新貨貳錢五厘
壹個月前納　三拾錢
參個月　九拾錢
陸個月　壹圓七拾錢
壹個年　參圓四拾錢
[illegible]號壹張　新貨五厘
壹個月　拾參錢

○廣告料

四號活字拾參字詰
每日壹寸（英尺）에新貨廿五錢
貳週日壹寸에　貳圓五拾錢
壹個月壹寸에　五圓
（自壹行至四行에[illegible]）
其期限의長短과字行의多寡를依ᄒ야增減홈이有홈

◉大韓每日申報各處支社廣告

平安道

平壤鍾路太極書[illegible]　安泰[illegible]
三和港牌石洞敎堂　[illegible]亭[illegible]
義州[illegible]門外[illegible]西大[illegible]　[illegible]
[illegible]邑東部　安[illegible]
[illegible]　金[illegible]
[illegible]門[illegible]　[illegible]
[illegible]郡邑[illegible]洞　[illegible]
[illegible]義[illegible]　[illegible]河
[illegible]　[illegible]秀
[illegible]　[illegible]保
[illegible]會　[illegible]
[illegible]川[illegible]市[illegible]　[illegible]
[illegible]邑남門[illegible]　宋伯[illegible]
[illegible]川邑館前[illegible]　李正[illegible]
[illegible]內紅門里　[illegible]德昇
江西邑內　金昌[illegible]
成川郡上部面　[illegible]三
平남殷川郡[illegible]　[illegible]
[illegible]川邑[illegible]　申[illegible]
江界邑[illegible]　[illegible]

黃海道

郭山郡[illegible]　金[illegible]
[illegible]山郡邑面上[illegible]　[illegible]
[illegible]山郡[illegible]利用[illegible]　[illegible]
[illegible]山北面[illegible]洞　王[illegible]
海州남門內[illegible]　朴[illegible]
安岳[illegible]石面[illegible]洞　金文[illegible]
長淵邑校洞[illegible]學會內　[illegible]東元
殷栗邑倉前里　金[illegible]
信川邑西里　[illegible]
載寧邑乾材局　[illegible]
黃州南門外冊[illegible]　[illegible]
白川邑文明館　[illegible]

咸鏡道

沙里院活民勞動救火會任敬宰
咸興州[illegible]門外　[illegible]
元山港創業社內　[illegible]正[illegible]
定平郡豊川　[illegible]
洪原西門內保命局　[illegible]
永興[illegible]山[illegible]　[illegible]元常
鏡城羅[illegible]新興洞　[illegible]
[illegible]津港[illegible]　[illegible]元浩

全羅道

金[illegible]水流面[illegible]亭　[illegible]三
木浦[illegible]陽[illegible]　[illegible]

京畿道

仁川[illegible]　[illegible]
[illegible]城[illegible]門[illegible]　[illegible]
江華邑[illegible]　[illegible]

忠淸道

[illegible]州[illegible]川[illegible]　[illegible]
[illegible]社下[illegible]　[illegible]

慶尙道

大邱西門外友[illegible]　李正由
釜山港佐川약局　徐[illegible]

江原道

寧城邑內新[illegible]里　[illegible]海元
鐵原邑[illegible]　[illegible]
[illegible]珍遠[illegible]面[illegible]花里　朱[illegible]

告

第千壹百七拾四號

大韓每日申報

第七卷

歲時 月曜日及慶節休刊

檀君開國四千二百四十二年
箕子元年三千三十一年
大韓開國五百十八年
日本明治四十二年
淸國宣統元年
陰己酉七月小初二日己酉

Responsible for Publication Alfred Weekley Marnham.
發行兼編輯人 英國人 萬咸
發行所 京城南部苧洞 大韓每日申報社

寄書

◎二十世紀新東國之英雄

熱血生

英雄々々二拾世紀新東國英雄이여百今數千載에人又혀大開ᄒ며東西大洲에鐵血이紛飛ᄒ야目下奇絕恠絕壯絕慘絕의二十世紀大舞臺를開ᄒ고世界風雲兒의演劇을試ᄒ시强者ᄂ貴을崇ᄒ고鯨土를兩半球에基置ᄒ고弱者ᄂ罰을受ᄒ야眞々刀俎에裁割을是供ᄒ나니英雄々々二十世紀新東國英雄이여

彼開拓된지數百年을未過ᄒ美利堅에서도其英雄華盛頓이出ᄒ야自由鐘을三道山河에轟傳ᄒ얏스며千餘年他國羈絆으로殘喘을苟々ᄒ던伊太利에서도其英雄加富爾가出ᄒ야獨立旗를半島풍雨에儼立ᄒ얏거ᄂ汝사千載文明으로自詩ᄒ던東國으로서今乃一英雄이無ᄒ은何故인고余가此에愧恥를不堪ᄒ야喉渴唇裂토록英雄을招ᄒᄂ비로다

彼富强에雖西로英吉利를看ᄒ라傑男越以後에無數傑男越이有ᄒ며光榮에已滿ᄒ德意志를看ᄒ라俾斯麥以後에無數俾斯麥이有ᄒ도다彼ᄂ已滿已足ᄒ富人이其擁有ᄒ資財로도平生을足過ᄒ거늘如何英雄이不多匪ᄒ야도世界의樂國됨을不失ᄒ矣로대獨且天이帰ᄅ不覺ᄒ며難가寶를不惜ᄒ야許多奇男兒를汝與ᄒ거날汝存亡死活이此瞬間에係ᄒ東國으로今何一英雄이無홈은何故인고

余가此에慣痛을不勝ᄒ야山窮水盡토록英雄을求ᄒᄂ비로라日汝가英雄을求ᄒ이何如ᄒ英雄을求ᄒ나五太抵人類社會에秀出ᄒ者를英雄이라名ᄒᄂ비라故로大社會에ᄂ大社會의英雄이有ᄒ며小社會에ᄂ小社會의英雄이有ᄒ며善社會에ᄂ善社會의英雄이有ᄒ며惡社會에ᄂ惡社會의英雄이有ᄒ나니汝의求ᄒᄂ英雄이며果然何如ᄒ英雄이뇨

彼自家七八代祖의歷史를發揮ᄒ야烈祖孝孫으로其門미을生光케ᄒ던者ᄂ一門의英雄이며一番叹소聲에鄰里가奔走ᄒ야惟其麾下에是趨케ᄒ던者ᄂ一鄕의英雄이며遠近州郡에知舊를廣結ᄒ야父喪啓殯에數千名의會葬客을致ᄒ던者ᄂ一鄕의英雄이며陳腐ᄒ心性理氣說일지라도頭髮이白盡토록此를硏究ᄒ야後進이曰先生이라ᄒ며朝廷이稱日山丈이라ᄒ던者ᄂ一方의英雄이며色論時代에壹黨의領袖되야凶謀祕計로他黨을構殺ᄒ던者도或一英雄이될지며累代戚權에國君과結婚ᄒ야靑々宮柳에黨翅를亂刷ᄒ던者도或壹영雄이될지니此等영雄에汝의求ᄒᄂ비인가曰否々라此ᄂ小영雄이며舊영雄이라我의求ᄒᄂ비아니오我의求ᄒᄂ바ᄂ二拾世紀新東國영雄이是니英雄영雄貳十世紀新東國英雄이여

日何如ᄒ여야新東國英雄이라可云ᄒ가日其聲을余耳로直聞치못ᄒ얏고其容을余目으로直觀치못ᄒ얏스나但余慕仰夢想의間에往往彷彿히相遇ᄒ더니彼가三頭六臂를得ᄒ도아니며二口사目을有ᄒ도아니며呼풍喚雨의神術을有ᄒ도아니며拔山扛鼎의勢力을有ᄒ도아니라但只其思想이宇宙를超ᄒ며其精誠이天日을貫ᄒ야三千里疆土를其家舍로ᄒ며二千萬民族을其眷屬이라ᄒ며過去사千載歷史를其譜牒이라ᄒ며未來億萬代國民을其子孫이라ᄒ며艱難險阻의歷史를其快樂이라ᄒ며社會公益의事業을其生涯라ᄒ며愛國憂民四字를其天職이라ᄒ며獨立自由壹句로其性命이라ᄒ야其磅礴鬱積ᄒ血憤으로天壤間에立ᄒ야國家威靈을仗ᄒ고千魔百怪와戰ᄒ며同胞의生命을爲ᄒ야荊棘을剪ᄒᄂ者니是가新東國영雄이며新東國大영雄이라

(未完)

官報

▲隆熙三年七月三十壹日 官報

布達

侍從武官府官制를左又치定ᄒ이라

隆熙三年七月三十日奉
勅 宮內府大臣閔丙奭

布達第四號
侍從武官府官制

第壹條 侍從武官府를置ᄒ야其職員을左又치定ᄒ
從侍武官장 壹人
親衛府長官으로써此를充ᄒ
侍從武官 四人
領官貳人 尉官二人
主事 五人下士又ᄂ判任官

第二條 侍從武官장及侍從武官은大皇帝陛下께常時奉侍ᄒ야軍事에關ᄒ上奏奉答及命令을傳ᄒ의任ᄒ며又觀兵·演習·賜賀·其他祭儀·禮典·御宴·陛見等時에常時扈從ᄒ

第三條 侍從武官장은侍從武官의陛下의勤勢를規定ᄒ며且此를監督ᄒ

第四條 侍從武官은演習其他軍事上觀察을爲ᄒ야派遣ᄒ이有ᄒ

第五條 侍從武官은參謀官이됨

第六條 侍從武官의任免은閣議를經ᄒ야親衛府長官이此를奏請ᄒ

附則

本布達은頒布日로부터此를施行ᄒ

外報

●守備兵增加 安奉線의守備兵이不足ᄒ을因ᄒ야日本은更히增派ᄒ기로決定ᄒ얏다더라

●淸國意向 淸國政府ᄂ安奉線改築과及其關聯된問題ᄂ日本에讓步ᄒ고間島所屬問題에就ᄒ야ᄂ淸國이其權利를獲得ᄒ기로全力을ᄒᄂ模樣이라더라

詞藻

●奴隸恨

奴隸된同胞들아、牛馬使役더헌가。
自由生活못ᄒ보고、남의羈軛못免ᄒ네。
아마도、贖良ᄒ方法은、寶刀二字。

雜報

靑年學友會趣旨書

上으로先民의遺緖를繼ᄒ야其短을棄ᄒ고長을保ᄒ며下으로同胞의驅를作ᄒ야其險을越ᄒ고其夷에就ᄒ者ᄂ卽我壹般靑年이其人이라故로靑年은壹國의司命이며壹世의導師이어날然而我國은運이恬淡退守를道德이라ᄒ고偏僻孤陋를學術이라ᄒ며詐僞無實을能事라ᄒ며渙散分裂이成習되야風俗이日頹ᄒ고人心이日腐ᄒ야靑年社會의壹點太陽이不照ᄒ으로其齡은靑年이나其氣力의疲弊ᄒ老者와同ᄒ며其貌ᄂ靑年이나其智識의蒙昧ᄂ幼年과同ᄒ니靑年靑年이여是사엇지靑年이리오目下文明의狂潮가閉戶의頑夢을打破ᄒ야干里에笈를負ᄒ고來頭의程途를覓ᄒᄂ者ㅣ固多ᄒ나但腐敗ᄒ舊俗을改革ᄒ고眞實ᄒ풍氣를養成ᄒ라ᄒ學術技能으로만其功을收ᄒ비아니며言論文章으로만其效를奏ᄒ비아니오不可不有志靑年이壹大精神團을組織ᄒ야心力을壹致ᄒ며智識을互換ᄒ야實踐을勉ᄒ고前進을實ᄒ야險과夷에壹視ᄒ며苦와樂에相濟ᄒ고流俗의狂瀾을障ᄒ며前途의幸福을求ᄒ야維新의靑年으로維新의基礎를築ᄒ지라故로本會를確立ᄒ고玆에趣旨를發ᄒ야我靑年界에佈ᄒ노니惟我有志靑年이여

隆熙三年八月 發起人
尹致昊 張膺震 崔南善
崔光玉 朴重華等

雜報

◎康氏獻議 正三品康[illegible]氏가中樞院에獻議ᄒᆞ기를 皇太子殿下께셔日本에留學ᄒᆞ신지于今三年에 太皇帝陛下께 壹次覲親치못ᄒᆞ셧스니父子之情理가當何如哉며況 太皇帝陛下의 誕辰이今年還甲이신즉[illegible] 謁케ᄒᆞᆷ을意ᄒᆞᆫ다ᄒᆞ얏더라

◎[illegible]渡日 ᄒᆞᆫ다ᄂᆞᆫ說이잇ᄂᆞᆫᄃᆡ 大皇帝陛下의 勅教ᄅᆞᆯ奉ᄒᆞ고日本에留學ᄒᆞ시ᄂᆞᆫ 皇太子殿下께 問安使로渡去ᄒᆞᆫ다더라

◎懸板親書 [illegible]

◎停會內容 統監府에셔[illegible]

◎面紹介 [illegible]

◎日語講習 [illegible]

대從來로韓政府의借款은日本大藏省으로[illegible]ᄒᆞ더니今回ᄂᆞᆫ統監府豫算에編入되얏더라

◎審査開會 去十六日너部에셔地方官資格審査會ᄅᆞᆯ開ᄒᆞ고有關部의七名에對ᄒᆞ야任命ᄒᆞ기로決定ᄒᆞ얏다더라

◎捐助[illegible] 日本大阪火災에對ᄒᆞ야[illegible]官吏月俸[illegible]에셔百分의一을醵集捐助ᄒᆞ기로擬議ᄒᆞ얏다더라

◎履歷調査 年前에解散ᄒᆞᆫ[illegible]兩[illegible]의官人들이 恩賜金[illegible]求ᄒᆞ로統監府에陳情ᄒᆞᆫ[illegible]이已捐ᄒᆞ얏거니와統監府에셔內部로交涉ᄒᆞ야該人등의履歷을調査ᄒᆞ야ᄒᆞ얏다더라

◎何忍相離 總理大臣李完用氏[illegible]

◎[illegible]田驗 清津港道路修築[illegible]

◎府尹任命 從二品安基鉉씨ᄂᆞᆫ沃溝府尹으로被任ᄒᆞ얏다더라

◎廢國因擧 去七日에[illegible]

◎假[illegible]

◎日將向北 [illegible]

◎日人無理 [illegible]州郡에日人明[illegible]

◎不[illegible] 漢陽商會事件은[illegible]

◎張氏歡迎 平壤大成學校總敎師[illegible]

◎布哇韓人青年會 布哇호놀룰루港의居留ᄒᆞᄂᆞᆫ韓人[illegible]

◎趣荷[illegible]捐 [illegible]

◎[illegible]彩抽[illegible] [illegible]聯合ᄒᆞ야紀念贈彩ᄒᆞᆫ[illegible]

◎[illegible]開[illegible]

◎工[illegible] [illegible]

◎於心樂乎 漢城니[illegible]

◎[illegible]

○東京電報○

八月十五日午時拾分發

◎日本大地震

十[illegible]日午後三時半부터日本關西地方에大地震이有ᄒᆞ야近江國地方[illegible]被害가殊히慘烈ᄒᆞ더니伊吹山이崩壞ᄒᆞᆫ[illegible]死者ㅣ三十一名이오重傷者ㅣ七十[illegible]名이며家屋의全破者ㅣ[illegible]百拾五戶ㅣ오半壞者ㅣ九百五십三戶ㅣ며其他各郡에도被害가不[illegible]ᄒᆞ다ᄂᆞᆫ目下調査中이오又大垣地方에震害가甚酷ᄒᆞ다더라

◎震後報

八月십六日發 日本地震

◎宮崎大風

日本宮崎[illegible]縣에ᄂᆞᆫ大風이有ᄒᆞ야[illegible]家屋破壞[illegible]가百餘戶요卽死ᄒᆞᆫ者가十五名이오負傷者가十二名에達ᄒᆞ얏ᄂᆞᆫ더風勢가尚且不止ᄒᆞ야人心이洶洶ᄒᆞ다더라

○北京特報○

八月十五日午時十分發

◎西后葬期

西太后의葬禮ᄂᆞᆫ淸曆九月二十七日에擧行ᄒᆞ기로決定ᄒᆞ얏다더라

女界悖風

鸚娘子

▲우리大韓全國니에女子界[illegible]

▲[illegible]

▲東門[illegible]

▲駱산으로도[illegible]

廣告

◎至急廣告

今般本會事務所移接于南部苧洞九統一戶而爲其會務之改革由來使用之舊印章韓日神宮奉敬會印八字中韓日二字削去改造使用事

神宮奉敬會 告白

本人이鳳山舍人坊石支浦芦庄新興두畑與舊屬幾九百餘把願二百九拾把坪을去辛丑平分에石支포局學校에五年還退次成文券買得而及期年의소案한시가五年만에爲延期懇請故로勢不得已ᄒᆞ야去丙午正月分의又以五年退限而前還退券은交還以給後更成文券買得ᄒᆞ고限得再限터니今聞則該鄉此가計欲他處典執ᄒᆞ고證明書類를圖得云故로玆에廣告ᄒᆞ오니內外國人은勿施欺ᄒᆞ시옴

三和港僑兩權居 [illegible] 告白

本人이南部會賢坊八字第貳統七戶韓家五間을抹貸奉ᄒᆞ야今年五月分에買得ᄒᆞ얏ᄂᆞᆫᄃᆡ券一張과測量圖ᄂᆞᆫ今六月分에路中에서失ᄒᆞ얏사오니誰某拾得ᄒᆞ와도休紙施行ᄒᆞ시옴

金在선 告白

本舘에서石版印刷도多數印刷物을精與ᄒᆞ오며價格低廉ᄒᆞ것ᄉᆞ오니僉君子ᄂᆞᆫ陸續來臨請求ᄒᆞ심을敬要

南大門內秀印館印刷 朴模英

癸六月二拾五日臨川郡三井面陵里證明당八斗落田畓에耕文券을遺失ᄒᆞ얏사오니誰某拾得ᄒᆞ더도休紙施行ᄒᆞ시옴

西署阿峴處 [illegible] 告白

本人의使用ᄒᆞ던四角楷字姓名章을廢止ᄒᆞ옵고圓장篆字章을新造使用ᄒᆞ오니知舊諸覽亮ᄒᆞ시옴

蔚山郡下府面伴子亭 김弘祚

徐光爽의名字를以光斗로改定ᄒᆞ오니知舊間照亮ᄒᆞ심을敬要

正三品前侍從 徐光斗 告白

本校에各年級에補充ᄒᆞᆯ學員을募集ᄒᆞ오니志願ᄒᆞ시ᄂᆞᆫ僉員은九月五日內로請願ᄒᆞᄃᆡ試開學日字ᄂᆞᆫ九月十日이오니本校學監은豫期來校ᄒᆞ시옴

安州郡 協成安興學校

測量製圖器械其他附屬品文具都賣散賣

京城本町 [illegible] 前 篠崎器械店
平壤南門通二丁目 篠崎支店

學員募集廣告

本學館에서新年度에學員을募集ᄒᆞ오니願ᄒᆞᄂᆞᆫ員은陰七月二十八日(陰七月三日)內로請願書에履歷書를添附ᄒᆞ야優等ᄒᆞ고左記日字에應試ᄒᆞᆷ事

(請願用紙ᄂᆞᆫ本學館에來求)

中學科一年級 新募集
同二三年級
英日語科
木工、鐵工科 補缺及募集
夜學科ᄂᆞᆫ追後募集

入學者資格
年齡拾六歲以上된男子로身體强健ᄒᆞ고品行端正ᄒᆞ며普通學校卒業이ᄒᆞ거나相當ᄒᆞᆫ學力이有ᄒᆞᆫ者로限ᄒᆞᆷ

試驗日字
陰八月三十日(陰七月 [illegible] 日)上午九時

試驗課目
國漢文讀書、作文、算術 (四則以內)
補缺生은該當ᄒᆞᆫ學科의課程으로試驗ᄒᆞᆷ

開學日字 九月三日

外他各科課程及規則等은本學館에來問ᄒᆞᆷ

皇城基督教青年會學館

新訂算術通論 上下合附並解式 定價壹圓
新訂理科教科書 高等小學 壹、貳卷 各卄五錢 三、四卷 各卄五錢
第壹第二 植物 動物
第三第四 地文 鑛物科 物理 化學 生理 衛生科
大韓地誌教科書 高等小學 壹冊 二拾五錢
懸吐具解孟子 上下 壹圓
中等用器畫 壹圓
新訂分道大韓帝國地圖 壹冊 七拾錢 五拾錢
以上學部認可
普文太韓國大地圖 壹幅 [illegible]
至于所用全年于軸 壹幅 九拾錢
新撰國文家庭尺牘 傍附漢字 壹冊 卄錢 卄五錢
習以新字帖 學部許可檢定 壹、貳卷 各六錢
韓日對照 新法律 大審院判決 [illegible]
牛津装 壹冊 九拾錢
小學漢文讀本 上下 壹冊 七拾五錢 六十錢
算術新書 上下卷 八拾錢
中等算術教科書 貳冊 八十五錢
簡易西洋 [illegible] 壹冊 三十錢
中等小學植物學 壹冊 貳十錢
中等礦物學 壹冊 貳十錢
普通學歷史 上下 壹秩 [illegible]
改正刑法大全 壹冊 三十錢
民事新訟例 壹冊 二十八錢
新式記憶法 一冊 二拾錢
演說法 一冊 [illegible]
毛筆畫帖 壹二卷 各十錢
成親王法帖 [illegible] 拾錢
大韓帝國附港灣地圖 壹幅 四拾錢
唐玉篇 壹冊 有圖 一圓五十錢 四十六錢
最新式體操 壹冊 三十錢
新訂千字文 二十錢

發行發賣所 京城中部 [illegible] 坊 [illegible] 洞 匯東書館 玄公廉
平壤 [illegible] 耶蘇教冊肆 [illegible]
外京鄉各書館

秘製止痛藥

此藥은英國에有名ᄒᆞᆫ의학博士百里得이가創立ᄒᆞᆫ會社에셔發明ᄒᆞᆫ無雙ᄒᆞᆫ靈藥이라英國에在ᄒᆞᆫ社에셔特爲派員ᄒᆞ야此藥品을韓國內에廣佈ᄒᆞ기를專托ᄒᆞ음은故로諸不可辭ᄒᆞ와效驗을廣佈ᄒᆞ옵ᄂᆞᆫ바左記諸症에外塗內服ᄒᆞ면無不立效ᄒᆞ라當此炎夏에尤甚神效ᄒᆞ와多救生命이오니藥業에從事ᄒᆞ시ᄂᆞᆫ이와疾病을預防코져ᄒᆞ시ᄂᆞᆫ이ᄂᆞᆫ速速來購ᄒᆞ시면廉價로都賣ᄒᆞ겟삽나이다

左開

▲內科所用▼
胃酸 腹瀉
吐瀉 食傷
咳嗽 不消化
肚滑 痧子
心痛 傷寒
肝病 肚痛
胃熱 痢疾
口瘡 頭痛
咳喘 腎病
小兒吐瀉 暑夏吐瀉
抽筋
虐疾
嘔吐
胃氣痛
霍亂寒
脾弱
痢疾
氣管病
霍亂

▲外科所用▼
疔瘡
凍瘡
跌打損傷
腰痛
手瘡
指甲疽
咽喉痛
毒蛇咬
凍瘡
傷風

發賣所 磚洞 韓美興業株式會社事務所

和藥房

[illegible] 治外科에確有實效ᄒᆞ야 [illegible] 此類가甚多ᄒᆞ오며且夫命在天ᄒᆞ고病在人故로 [illegible] 死病이 [illegible] ᄒᆞ야 [illegible] 에醫故로特以藥色으로辨此死으로從症을是務ᄒᆞ야名雖洋약이나實是韓약이오며唐藥材와洋약乾材도廉價放賣ᄒᆞ오니勿論僉位ᄂᆞᆫ郵便小包로請購發行ᄒᆞ시오

京城西小門外 [illegible] 閔泳浩 李會友 [illegible]

◎濟生堂保命丹綠色○券抽籤榜目

頭等 (○貳九三)(○貳六四) 雙出

壹等 壹○四貳

貳等
壹八九二
壹二○八
壹三五○
壹二四五

三等
壹三六六
○六六○
○二七九
壹四二壹
○○四七

四等

○六九九	壹六九九
○七五三	一一○七
○四九二	一三六○
一八○○	一七○六
○六二○	一五○六
一九六○	一六一四
一一貳五	一一七二
一四七九	一○○三
一五五一	一○四○
一五一○	○三三九
○六四九	○六四六
○六四貳	壹二六○
○七○五	壹二壹五
壹○四五	○六五七
壹五六三	○七三五
壹○二五	一六○七
一○○○	一一一○
○四○九	一七三五
○四○三	○三八一
○五一五	○一九六
○三二三	○一四六
一九五四	一三○○
○三一九	○一一二
一四九七	一三二五
一六七○	○四四○

◎和平堂八寶丹白色利券抽籤榜目

頭等 壹四○壹 大邱居박大卿

壹等 (壹八六九)(壹六八六) 雙出

二等
壹四五○
○五六八
壹五二二
壹四壹壹

三等
○七二九
○四七壹
○壹二三
壹○○四
○九二八

四等

壹七五四	壹六壹四
○七六九	○七三七
壹九六○	壹壹二○
壹四二四	壹二九四
壹三三九	○六八二
一五九七	一四四四
○四○九	一五九九
一四八六	○六二四
○三四六	○사五六
一四八七	一七二六
○○二○	一三○○
○三六二	○四三六
○四三九	一九二七
一壹壹四	一一三一
一三五九	一九二二
○五四二	○○四七
一七八五	○四三二
○八三四	壹九○○
○二六○	○二八二
○五壹五	壹九六七
壹三四八	○六壹七
壹二六七	○○四壹
壹四二五	壹五三二
○三五四	一九二一
○六○八	一○一七

社告

○申報價

壹張代金 新貨貳錢五厘

壹個月前納 三拾錢

參個月 九拾錢

陸個月 壹圜七拾錢

壹個年 參圜四拾錢

郵稅壹張 新貨五厘

壹個月 拾參錢

○廣告料

四號活字拾參字詰

每日壹寸(英尺)에新貨廿五錢

貳週日壹寸에 貳圜五拾錢

壹個月壹寸에 五圜

(自壹行至四行이爲壹寸)

其期限의長短과字行의多寡를依ᄒᆞ야增減홈이有홈

◎大韓每日申報各處支社廣告

平安道

平壤鍾路太極書	安泰國
三和港牌石洞敎堂	鄭亨湜
義州南門外西大藥房	高有寬
鐵山邑東部	安濟
車輦館	金明錫
定州南門內書舖	洪成麟
博川郡邑녀東洞	金觀植
安州城內義井洞	金覲河
京畿檢批驛驛館	李基秀
龍川楊市	黃渭保
龍川南面[illegible]	金賢植
龍川남市驛	韓錫福
朔州邑남門내	朱伯鉉
肅川邑館前洋약局	李正善
寧邊郡內紅門里	鄭德昇
江西邑內	金昌燮
成川郡上部面	馬際三
平남順川郡邑	鄭瑞冀
寶川邑後	申基鳳
江界邑耶蘇敎冊肆	김應善

黃海道

郭山郡郡西柳午里	金鎭鎬
雲山郡邑面上里	樂允楨
德山郡內利用里	[illegible]
寧山北面稀洞	王冕鎬
海州남門內書舖	朴[illegible]
安岳邑石面鋼鐵洞	金文浩
長淵邑校洞西北支學會內	韓東元
殷栗邑倉前里	金鴻翼
信川邑西里	鄭悌甲
載寧邑乾材局	鄭鎭協
黃州南門外冊肆	鄭敬衡
瓮川邑文明舘	盧雲龍
沙里院活民勞働救火會任敎宰	

咸鏡道

咸興州南社西門外	曹喜林
元山港創業社內	韓南正泰
定平郡豊川	韓國封
洪原西門外保命局	羅錫晉
永흥南山동漢明學校內	梁元常
鏡城羅南新興洞	安正烈
會寧花新岩동	張元浩

全羅道

金溝水流面豆亭	韓錫三
木浦항陽동	며得逢

京畿道

仁川各國租界新舖今	李家鎬
開城남大門內興學書舖	姜馹福
江華邑川舖	[illegible]

忠淸道

淸城廣川小舘등	李啓영
公州社下北臺堂里	며奕직

慶尙道

大邱西門外友弦樓樓舖學正內	
釜山港佐川약局	徐錫鍾

江原道

鐵城邑內新城里	함渭元
鐵原邑栗동	鄭啓文
平珍遠남面梅花里	朱鎭爵

告

光武九年八月拾壹日 明治卅八年八月拾壹日「第三種郵便物認可」 水曜日 西曆壹千九百九年八月拾捌日 (發)

第千壹百七拾五號

第七卷

大韓每日申報

月曜及慶節
歲時日休刊

檀君開國四千二百四十二年
箕子元年三千三十一年
大韓開國五百十八年
日本明治四十二年
淸國宣統元年
陰己酉七月小初三日庚戌

Responsible for Publication Alfred Weekley Marnham.
發行兼編輯人英國人 萬咸
發行所
漢城南部[illegible]
大韓每日申報社

寄書

◉二十世紀新東國之英雄 續

熱血生

余의招호는비此新英雄이며余의求호는비此新영雄이니영雄英雄二十世紀新東國영雄이여東國今日에果然此新영雄이出現호야隱溪의手腕으로斯國의光榮을挽廻호라는가抑或此新英雄이壹個도不現호야我家兄弟의牢獄中哀々叫苦하는慘狀을發任호라는가日故東國今日에不得不英雄의出現을祈禱호지나但英雄은上帝가甚愛호시는龍兒라卑劣호民族種子中에는此를下賜치안는故로美洲가白人의移殖에遭혼時에엇지英雄을不따하얏스리오만은畢竟數千萬人紅人中에壹個華盛頓이無하며濠洲가英人의侵入을受혼時에엇지英雄을不待하얏스리오만은數百萬土民中에壹個瑪布尼가無하야外來强族의潛滋奄溢을聽호얏도다是以로英雄을求호는者ㅣ不可不其祖先歷史에仰訴홀지니汝東國의歷史가果然何如혼가日我東國은古代부터英雄이踵出호야蒙古支那各種族을戰勝호고東方天府沃土에主人翁을作호던者라茫々遼野에는溫祚大兄의壯跡이獨存호고蕩々薩水에는乙支相國의遺烈이不泯호고虯髯이서指에支那가震駭호니偉哉라太莫離支의懷抱는宇宙를可呑이며龍舟가東下에大阪이崩潰호니壯哉라太宗大王의膽略은江海를可傾이니吁라古代我民族의活動歷史를願호며其誰가膽이不掉호며其誰가魂이不驚호리오但後來에許多劣魔가惡果를釀種호야稻가斥田에荊棘이榛莽호고珠玉이濁에泥沙가混濁호얏스나然이나繼續[illegible]土가寶劍의放光을專掩치못홈으로麗朝末造에壹現호야北伐의號令이遼野를震驚호얏스며本朝中葉에又壹現하야海上鐵艦이島夷를迅掃호얏스니嗚乎라我民族이여如此히英雄鑄出호던民族으로此二十世紀에至호야何故로壹英雄이無호고英雄々々二十世紀新東國英雄이여

(未完)

外報

●交涉妥協 安奉線改築問題는淸日兩政府의意見이壹致되얏고守備兵警察權問題도漸々妥協홀터이오其細目은奉天에서決定호리라더라

●吉長線問題 吉林長春間鐵道問題에關혼淸日交涉은解決되여同鐵道借款의細則을協定하기爲호야日人滿鐵委員은今日에東京을出發호야淸國에到着호야天津에서關印혼다더라더라

●德相羅馬行 伯林電을據혼즉德國新宰相홀웨이시는來월일月에羅馬에赴호야伊太利皇帝及法皇에게謁見혼다더라

●飛行術敎授 紐育報를據혼즉라이트씨는空中飛行術을德國陸軍士官의게敎授호기爲하야同國으로向호야出發호얏다더라

●露國經營 露國은페르샤와우즈스크地에知事廳을設置호고勸察加의발達을計圖혼다더라더라

●日本震災慘況 去拾四日日本關西滋賀縣에大震은慘狀이極혼데全潰家屋이千百二十八戶오半潰家屋이二千四百八十戶며○羅災혼人民은桑田에셔疊疊호야避難中인데십五日夜에地震이更有호야人心이恂恂호다더라

雜報

●感荷義捐 大邱南門內女子講習所甲班生徒敎媛시가本社에致函호얏는대其文이如左호니

敬啓者는本人이處在閨房에聞識이昧然호야一個國民된義務에慚愧가有호온지라挺身拔分에登程受業이已有歲月호야者閨의講習은粗得호오나時局에形勢를不知호와恒常憂歎하不勝호는비라伏聞호니貴社報筆은警世大鐘이요歸人指南이昭現今局勢와未來前途를暸然히觀타호옵기本人이感祝홈을不勝호와國家에大權衡으로藻望호옵고菲劣혼精誠을表호기爲호야補助金二圜을呈上호오니閨房微物의犯分으로歸치마시고個納호신後國한文兩報를自今爲始호와連續送致호시면愚迷혼思想을可以開發이옵고代金은隨即呈上호터이오니憐亮호심을務望이라호얏더라

學報

●克明卒業 北靑郡私立克明學校에서第二回卒業式을經호얏는데

卒業生 吳壽朝 朴남洸 吳興豹 方仁錫 金泰顯

及第生 吳興世 金龍根 吳和셩

詞藻

●韓半島

東海에突出혼
나의韓半島야
너는나의
조상나라이니
나의ᄉ랑혼바
오직너뿐일세
韓半島야
恩澤이깁고나
나와韓半島야
先祖들과
모든民族들이
너를依托호야
生長호얏고나
韓半島야
歷史가오리된
나의韓半島야
先祖들의
遺跡을볼때에
너를思慕홈이
더욱깁허진다
韓半島야
日月又치빗는
나의韓半島야
풍운돌에
半空에솟힌때
너를성각홈이
더욱懇切호다
韓半島야
山川이秀麗혼
나의韓半島야
물은맑고
山이雄壯혼데
너를향혼忠誠
더욱놉하진다
韓半島야
아름답고귀혼
나의韓半島야
너는나의
ᄉ랑호는바니
나의피를뿌려
너를빗내고져
韓半島야

雜報

●韓皇太子旅程 韓國 皇太子殿下메서는旅程을變更호야昨日에北海道室蘭으로發호사函館에서日本軍艦을 御乘호시고靑森에 御泊호셧는데廿三日에東京에 還着호신다더라

●兩相渡日說 總相리完用氏와內相朴齊純氏가不遠間日本에往호다는說이有호더라

●先何後何 中樞院議장金允植氏가司法權委任에對호야統監府에장書를贊呈호즈모리容元氏와相議호얏더니리와가某處에셔先告發홈은각報에已揭하얏거니와金氏가是로因호야某處에質問을累當호後恐怖호思想이有호얏지前日에不同意를던趣旨를飜호야贊成호야其留장의往來를辭退호다더라

●運動如否 東門外靑岩寺에避暑호던總理大臣李完用氏는昨日下午々時頃에本第로還次호얏다더라

●廁間料理 何許人의所爲인지京城各處에廁間板壁에往々히完用朴齊純등의姓名을列擧호야其罪를聲討호後에完用朴齊純등料理店이라書호고其下에懸註호얏스되汝등은狗와豚類이니此處에來호야堆積호人糞은汝의料理로知호고飽食而去호라호얏다더라

●平南郡守會議 平安南道觀察府에서는管下郡守를召集호고來二十捌日부터郡守會議를開호다더라

●恩金協議 親衛府장官이吳武氏는解散된各員役의 恩金支給事件을協議하기爲호야昨日上午拾一時頃에宮내府에詣往호얏다더라

●財務免稅 再昨年政變以後로各地方에서義兵에게財産을被奪호야納稅홀資力이無호人民의게는政府에서其實地를調査호야免稅호다더라

●地方金庫 忠州支金庫는淸州郡으로移設호고文義淸安二郡에도支金庫를又設호얏다더라

●調査費支出 馬산及鎭南浦水道數設에調査費三千三百三十三圓은豫備금中에서支出호다더라

●商民勸耕 全羅南北道에서貧商民들은過日本報論說欄內警告商民을讀過호고同業間에互相說告하야或落淚도호며或傳誦도호며日眞是我二千萬同胞의醫世鑑이며指路車라호고論說全文을各々謄抄호야學內任所에傳送호얏다더라

●商社將就 崔瑢明氏가發起하야株式會社大韓商業社를創立홈은已報호얏거니와三昨日에漢城財務監督局에서官吏를派送호야該社에性質을調査호고草案을携去호더니昨日에該案을還給호고無碍進行케홈으로有志人士가株金에應募호야將就之望이有호다더라

●間島의英商活動 今番에淸國에서는間島問題에延吉廳을春開에經便鐵道를敷設하기로計劃호더니資本이不足홈으로中止호境에至호지라英商太古洋行에서는此機를探知호고店員과同城에派送호야當事者를往訪호고同鐵道敷設資與호기를申請호며一面으로는琿春에서圖們江에至호는材木運搬에航路를獨占호目的으로目下頻々히運動中이라더라

●國土還舊 往時에內藏院卿其에 宮내府에入호增加호저民土를强奪하야官有에編入호後十餘年來로何等障碍가無히收租호믹入民은呼訴無處하야今日에至호야는國有地가된지라聞寃을宋伸호던次에所謂龍政改善호다는此際를當호야此抑鬱호民土를國有地中에서還留케호야달나고請願者가連續不絕하는대僞屬者들도其起原을推考호고證據明確者의게는還出급호方針이라는뒤此를實行홀진日選出급홀者는십上八九나되리라더라

●儒林請願 晦齋李先生의書院이慶州郡에在호뒤院土所出로該院經費를支用호더니該田土를地方費에編入홈으로該郡儒林들이내部에聯名請願호얏다더라

●義將取鬪 憲兵司令部에셔義兵將김洙敏을捕獲호야取調中이라는뒤김氏의所謂洪牽漏聞호孤死之生之를從速處理홀것이오余에對호야는皇帝陛下事가無호다호얏다더라

●先刑宣告 義兵總大將리麟榮시는去十三日에京城地方裁判所에서死刑에宣告호얏다더라

●靑義詗探 楊州抱川등郡으로出沒호던義兵將姜基東시가部下십餘名을領率호고東部鷄土洞에潛伏호얏다는說이漏聞홈으로警察官吏는秘密詗探中이라더라

●官出發 義兵將김洙敏시가被捉홀時에其部餘사지搜探되앗는데高陽坡州등郡에서干連者貳百餘名이有홈故로此를捕捉호기爲호야警察官吏가開城方으로出張호얏다더라

●衛生禁瓜 太田警察署에서는人民의衛生을注意호다호야具과賣買를一切禁止호다더라

●仁港怪症 仁川港에서近日怪疾이流行호야人命이被害호다는디醫師이너部醫務局에到着호얏다더라

●護衛兵溺水 去月拾三日에敎學을발호야海州로向호던鎭衛護衛兵貳名은戰爭南方淸水里江에溺水호얏는데壹名은救辛救出호얏고一名은行衛가不明호다더라

●兩報押收 大東共報五十九號와新韓民報百々十一號는治安妨害에認호야拾六日너部에서押收호얏다더라

●水災後報 德川郡蚕上面에는去月二十七日雨에산사태이崩壞호야家屋과人畜이埋沒호얏고溺死者는男二十々人이오女拾八人이며婦家十々座와牛拾頭가漂失호얏고順川郡龍化面社倉面結少면外십壹면에溺死者가五十八人이오牛馬豚漂失이三십個로浸水호家屋이三百八十貳戶內에漂流호家屋이壹百三십五戶오又執田에驚田면에溺死者ㅣ捌人이오農作물의被害논實노慘酷호야罹民의食물되는粟類의收穫의望이殆無호다더라

●患難相救 順川殷川등郡水災에對호야在학諸氏가再昨日서北學會會館니에會同호야義捐호事를協議호얏다더라

●白遊賭博 去拾今日下午壹時頃에强盜십二名이驚部外郊白遊洞許正植氏外某々三人家에突入호야什物을浸數像去호얏다더라

●寇夜不止 三昨夜에强盜々名이小安洞金仁善民家에突入호야家人을結縛호고金貨銀飾等物을浸數偸去호얏다더라

●廣々窃發 强盜數三名이三昨夜에各持凶器호고相思洞居詭鑛明氏家에突入호야主人을脅迫호고金貨十餘圓과其他什物을窃取以去호얏다더라

學界

●漆業歸國 남門外蓮峯居東鑛시는日本東京에計학校에七年留학호야卒業歸國호얏다더라

●天主敎設校 天主敎堂에서東部栢洞民家二十餘戶를買入호야大韓高等學校를新建築호고三淸洞地에도民家幾戶를買入호야中學校를設立호기로計劃中이라더라

▲地方消息▲

▲去月貳十八日金羅南道羅州光郡南方約二십里에서義兵貳十名이該郡憲兵分遣所上等兵一名及補助員四名과衝突호얏다호고

▲去月廿九日慶尙道尙州郡南方約五十里地에서義兵十三名이該郡憲兵分遣所上等兵一名及補助員四名과衝突호얏고又同日同地附近에서義兵廿名이同憲兵一行과衝突호얏다호고

▲去月卅日金羅南道羅州北方約七十里地에서義兵貳十名이任谷臨時憲兵分遣所上等兵貳名及補助員四名과衝突호얏다호고

▲去月卅壹日金羅南道務安郡西方約廿里地에서義兵貳拾名이該郡臨時憲兵派遣所上等兵一名及補助員々名과衝突호얏다호고

▲羅州郡北方約卅里宮洞地에서義兵約百餘名이巡査憲兵廿名과接戰호얏다호고

▲本月십三日淳昌郡東方約廿里地에서義兵約八십名에憲兵補助員십二名과交戰하엿다호고

▲本月십六日羅州靈岩兩郡三郡接境龍頭등地에서義兵數百名이會集호야何등事件을協議홀時에日憲兵及補助員五십餘名이來襲호야一晝夜間砲聲이不絕호엿다더라

○東京電報○

◉水雷艇何去

日本廳 八月十六日午後六時發

逐艦漣號와率호水雷艇二隻은去십二日에行衛가不明홈으로장崎縣五嶋近海를搜索中이라더라

◉日本震災後報

十八月십六日午后七時발

々日午後三時三十分에日本近江附近에서激震호地震은稀有호大地震이라破害地는近江東淺井郡이最히甚호디其總計는即死三十一名重傷百六十捌名官公立神社會社의全壞者가二十二箇所半壞者가五十九箇所會還家屋의全壞者가々十七戶其他建造物의全壞者가六百十三戶半壞者가九百九十戶이오其震源地는伊吹山이라더라

◉警察權問題交涉

십七日着

安奉線警察權問題는對淸日本公使가去십六日부터淸國外務部와交涉을開始호얏슴으로近日에解決이되리라더라

◉日兵受敗

臺灣新竹 八月십七日午後二時발

廟及桃園廳의溢勇線에日本前避隊는로番의猛烈호火攻을受호야損傷이不少호다더라

同日發

◉安奉線問題將落着

安奉線改築問題交涉은淸日兩國의意見이壹致된듯호대目今에는同線과守備兵及警察權에關호야交涉中이나互讓妥協을야落着되리라더라

▲高等偵探▲

▲偵探者어룬낫고나老鄕偵探은낫고나同僚인체發成인체호리죠리살핌기는偵探界의特色이오韓國인체元老인체太官인諺잘듯기는偵探中에高등일세

▲靑武山川놉히누어李杜文章自許호고四太守의子孫으로班班驕氣衝天호고그마야아니쌈게하閑이니行檢이며欵識益名호亡骨統府偵探되엿고나

▲五條約이成立後에忠憤之心壯호듯시창義復讎흘너하고閔宗植의뒤를따러陳陽에드러가다城門閉鎖바라보고茶戰慄호던亡骨統府偵探되엿고나

▲關北판에守備인체其鍾笠子도무쓰고衆會席에參與호야大臣을罷식혀주면平生에願호던髻子를壹呼快落호겠다고家中揭晉호던亡骨統府偵探되엿고나

▲伊藤氏가渡韓호際充山省擬호깃다고豪人中에發言호고죽두안헌伊氏의帰孝誠이야가짝호지太田자지쫏처와서携手同車호던亡骨統府偵探되엿고나

▲元老들아々々々々舊日義分밋지말고더偵探을勞機조心소閑僚之友파러박가太兩橋千맛고라고두눈실이벌겁호나살아호다팔너가던諸公을可憐호때

商標

□此藥가 其多하오며 目不命在天하고 病在人力 [illegible] 死病에 [illegible] 命盡病重에 用하면 無效故로 特以藥色으로 辨決死生하이 [illegible] 으로 [illegible] 名醫評約이나 實見試約이오며 唐藥材와 洋藥 乾材도 無價放賣하오니 [illegible] 僉位는 郵便小包로 請購施行하시오

本舖 西小門外 [illegible]

閔龍浩 學信友 閔 [illegible] 告

社告

各地方에서 本報를 愛讀하시는 諸君子시여 本報創刊以後로 諸君子의 累年勤願을 실을 頼하야 益益히 本報가 擴張進步됨은 感謝無已이온바 近日에 至하와 諸君子ㅣ 本社의 事情을 未燭하실연지 本報의 代金을 累月延滯함으로 本社中經費가 辦出이 無路하야 困難이 莫甚하오니 諸君子는 特히 愛讀하신 情을 不替하시와 代金을 速速辦送하시옵소서 萬若 不然하오면 本報維持가 極難하오이다 嗚呼라 本社는 元來營業的으로 起見함이 아니오 一極頂의 宗旨가 아니면 엇지 如是히 代金을 督促하리오 實로 萬不得已에 因함이니 諸君子는 亟亟照亮하시와 速速辦送하심을 至祝

大韓每日申報社

廣告

本人의 子 世濟가 淸州居 [illegible] 小宏洞 [illegible] 永과 留學次 同渡日本而 本人은 [illegible] 所致 爲其子 [illegible] 返을 기 呼訴北署러니 大韓每日申報와 [illegible] 雜報에 揭載하매 [illegible] 兩人의 誹謗이 事實이 原無하기로 玆에 廣告함

[illegible] 公國 告白

本人이 中署 豆毛洞 拾九統七戶 [illegible] 中에 推尋할 二千兩票를 陰七月二日에 失故 廣告하오니 內外國人은 拾得休紙施行함

西署 孔德里 堤洞 二統五戶 姜龍熙 告白

◎特別廣告

開城私立光明學校에 工業科를 設置하고 敎授하더니 未就한 事가 有하와 姑爲停止함

開城私立光明學校

本人의 子 昌斌이 爲人이 浮浪하와 [illegible] 居하는 鳳瀨金 [illegible] 淡으로 付同하야 本人의 圖章을 持去하왓사오니 內外國人은 勿爲見欺하시오

黃海道 [illegible] 坊 月下山居 [illegible] 告白

本人의 外孫 [illegible] 無父無依하야 與其寡母로 本人家에 數年 寄居러니 現今 不良輩의 誘引되야 酒色 技藝에 投身하얏는대 凶 [illegible] 本人의 家産을 流蕩하기 本人之於 [illegible] 永極 [illegible] 財産上은 無關함을 玆에 廣告하오니 [illegible] 內外國人은 [illegible]

全北 茂朱 柳山居 [illegible] 시 有志 [illegible] 實業 [illegible] 萬株 [illegible] 勸以 [illegible] 若使人人 皆如此 [illegible] 全國實業界 大有所進 [illegible] 以廣告知 [illegible]

照亮 盧天麟 告白

陰六月二拾五 陽川郡 三井面 [illegible] 里 證明 [illegible] 八斗落 田 [illegible] 文券을 遺失하얏사오니 [illegible] 休紙施行하시옵

[illegible] 告白

本校에 各年級에 補充할 學員을 募集하오니 有志僉員은 九月五日內로 請願하시되 試驗하시옵 開學日字는 九月十日이오니 本校學員은 預期來校하시옵

安州郡 協成安興學校

留學生 金永淳

[illegible] 日本 東京에 留學 [illegible] 月二 [illegible] 同行 [illegible]

[illegible]

本社에서 在上海 [illegible] 烟草 [illegible] 專賣權을 特約하고 各種 烟草를 輸入하와 各代理店에 支出하오니 僉君子는 愛顧하심을 敬要

[illegible]

法韓會社 告白

新訂 算術通論 上下合附並解式 定價壹圓

高等小學 理科敎科書 壹、貳卷 각廿錢 / 三、四卷 各廿五錢

[illegible] 植物 動物 / 地文 礦物科 / 物理 化學 / 生理 衛生科

大韓地誌敎科書 高等小學 壹冊 二拾五錢

[illegible] 孟子 上下 壹圓

中等用器畫 [illegible] 壹圓

新訂 大韓帝國地圖 七拾錢

以上學部認可

[illegible] 四拾錢

大韓國大地圖 壹幅 九拾錢

[illegible] 壹幅 廿錢

新撰 家庭尺牘 漢字 廿五錢

新學帖 學部檢定

[illegible] 壹、貳卷 各六錢

新法律 大審院 [illegible]

[illegible] 壹冊 九拾錢

[illegible] 七拾五錢

小學漢文讀本 上下 六十錢

算術新書 [illegible] 上下卷 八拾錢

中等算術敎科書 [illegible] 三十錢

[illegible]

中等物理學 [illegible] 十錢

普通[illegible]歷史 上下 [illegible]

改正刑法大全 三十錢

民事訴訟 [illegible] 例 十八錢

新式記憶法 一冊 二拾錢

[illegible] 方法 [illegible]

毛[illegible] 十錢

成[illegible]王法帖 壹二卷 一冊 [illegible]

大韓[illegible] [illegible]

[illegible]

最新式體操 [illegible] 三十錢

新訂千字文 二十錢

發行發賣所 東大門內 [illegible] 坊 [illegible] 洞 [illegible] 書 [illegible] 臺公館

[illegible] 耶蘇 [illegible] 外 [illegible] 書舘 [illegible]

◎秘製止痛藥

此藥은 美國에 有名한 의학博士 百里得來司氏의 발明한 無雙한 靈藥이라 美國에 在한 本社에서 特爲派員하야 此藥品을 韓國內에 廣布하기를 專托하옵는故로 幾不可辭하와 茲에 廣佈하옵나니 此藥은 內外塗服하되 左開諸症에 外塗內服하면 無不立效하오니 當此炎夏에 尤極神效하와 多救生命이오니 藥業에 從事하시는 이와 疾病을 預防코저하시는 이는 速速來購하시면 廉價로 放賣하겟삽나이다

左開

▲內科所用▼

胃酸 腹瀉 / 吐瀉 食傷風 / 咳嗽 不消化 / 肚滯 疹子 / 心痛 傷寒 / 肝病 肚痛 / 胃熱 痢疾 / 口內之瘡 [illegible]痛 / 哮喘 [illegible]腎病 / 小兒吐瀉 暑夏吐瀉 / 抽筋 / 瘧疾 / 腹痛 / 胃氣痛 / [illegible]傷寒 / 喉痺 / [illegible]軟弱 / [illegible] / [illegible] / 氣管病 / 霍亂

▲外科所治▼

火疔창 / 寒창 / 跌打損傷 / 腰骨痛 / 瘡창 / 指甲疽 / 咽喉痛 / 蟲蛇齧咬 / 凍창 / 腦氣筋痛 / [illegible]

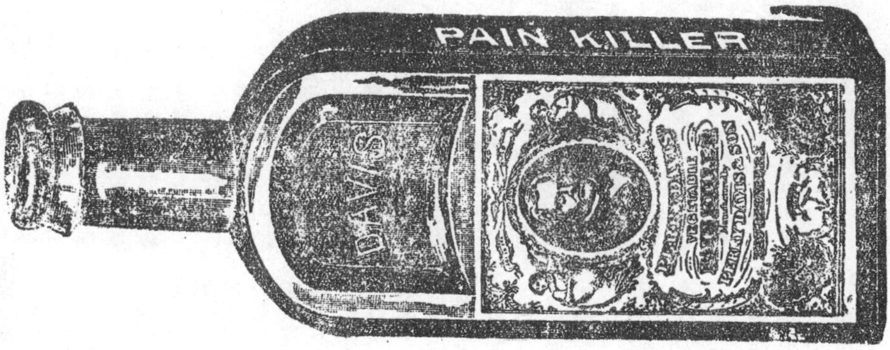

▲發賣所 磚洞 韓美興業株式會社事務所

●濟生堂保命丹綠色○券抽籤榜目

頭等 (○貳九三)(○貳六四)雙出

壹等 壹○四貳

貳等 壹、八九二　壹二○八　壹三五○　壹二四五

三等 壹三六六　○○六○　○二七九　壹四二壹　○○四七

四等

○六九九	壹六九九
○七五三	一一○七
○四九二	一三六○
一八○○	一七○六
○六二○	一五○六
一九六○	一六一四
一一貳五	一一七二
一四七九	○○○二
一五五一	○一捌○
一五一○	○三三九
○六四九	○六四六
○六四貳	壹二六○
○七○五	壹二壹五
壹○四五	○六五七
壹五六三	○七三五
壹○二五	一六○七
一々○○	一一一々
○四○九	一七三五
○四○三	○三八一
○五一五	○一九六
○三二三	○一四六
一九五四	一三○々
○三一九	○一一二
一捌九七	一三二五
一六七○	○四四○

●和平堂八寶丹白色의券抽籤榜目

頭等 壹四○壹　大邱居박大卿

壹等 (壹八六九)(壹六八六)雙出

二等 壹四五○　○五六八　壹五二二　壹四壹壹

三等 ○七二九　○四七壹　○壹二三　壹○○四　○九二八

四等

壹七五四	壹六壹捌
○七六九	○七三七
壹九六○	壹壹二○
壹四二捌	壹二九四
壹三三九	○六八二
一五九七	一四捌四
○四○九	一五九九
一捌八六	○六二四
○三捌六	○八九六
一四八七	一七二六
○○二○	一三○○
○三六二	○四三六
○四三九	一九二七
一壹壹四	一一三一
一三九九	一九二二
○五四二	○○四七
一七八五	○捌三二
○八三四	壹九○○
○二六○	○二八二
○五壹五	壹九六七
壹二四八	○六壹七
壹二六七	○○四壹
壹四二五	壹五三二
○三五四	一九二一
○六○八	一○二七

社告

○申報價　壹張代金 新貨貳錢五厘　壹個月前納 三拾錢　參個月 九拾錢　陸個月 壹圓七拾錢　壹個年 參圓四拾錢　郵稅壹張 新貨五厘　壹個月 拾參錢

○廣告料　四號活字拾參字詰　每日壹寸(英尺)에 新貨廿五錢　貳個日壹寸에 貳圓五拾錢　壹個月壹寸에 五圓　(自壹行至四行이爲壹寸)　其期限의長短과字行의多寡를從하야增減홈이有홈

◉大韓每日申報各處支社廣告

平安道

平壤鐘路大藥房 安泰國　義州南門外東西大藥房 鄭有寬　三和港牌石洞敎堂 鄭亨湜　鐵山邑東部 安濬　車輦館 金明俊　定州南門內 洪成麟　嘉山郡邑 金鎭植　安州城內義井洞 金鎭河　京義線 李基秀　龍川楊市 黃菊保　宣川南西 金賢洙　龍川남市驛 韓燦　朔州邑남門內 朱伯森　泰川邑館前洋약局 李正奎　寧邊郡內紅門里 鄭德昇　江西邑內 金國　平남順川郡 鄭裕　价川邑 申基　江界邑 김

黃海道

郭山郡邑 金鎭　龜山郡邑內利用 ○　瓮山北面 王昊　豐山郡邑面上里 樊允　海州남門內書舖 朴　安岳 金文　長淵邑校洞西北支學會內　殷栗邑倉前里 東元　信川邑西里 金　載寧邑乾材局　黃州南門外 ○　白川邑文明館　沙里院活民勞動救火會任敬宰

咸鏡道

咸興州南社西門外 ○○林　元山港創業社內 ○正　定平郡豐川　洪原西門內保命局　永흥南山동洪明學校內 ○元　鏡城 ○新興洞 安正　清津港 ○元

全羅道

金溝水流面豆亭 ○○　木浦항陽동

京畿道

仁川 新 ○　開城 南門內 ○　江華邑

忠清道

淸州 ○　唐산下北 ○

慶尙道

大邱 서門外友 ○ 正　釜山港佐川약局

江原道

春城邑內新城里　鐵原邑 ○　蔚珍 ○ 花里

告

第七卷

大韓每日申報

第千壹百七拾六號

月曜及農節
歲時日休刊

檀君開國四千二百四十二年
箕子元年三千三十一年
大韓開國五百十八年
日本明治四十二年
清國宣統元年
陰曆七月小初四日辛亥

Responsible for Publication Alfred Weekley Marnham.
發行兼編輯人英國人 萬咸
發行所
大韓每日申報社

寄書

◎二十世紀新東國之英雄 (續)

熱血生

日汝東國民族이因是英雄을鍾毓ᄒᆞ던民族이나然이나英雄은恒常時代를因ᄒᆞ야活動ᄒᆞᄂᆞᆫ者인故로비록强武ᄒᆞᆫ民族이라도時勢가未熟ᄒᆞ얏스면上帝가彼英雄兒의下誕을又靳ᄒᆞᄂᆞᆫ지라是以로十八世紀以前의法蘭西에셔革命男兒를招ᄒᆞ야도不起ᄒᆞᆯ지며十九世紀以前의德國에셔鐵血宰相을呼ᄒᆞ야도不來ᄒᆞ리니汝東國今日時代가果然何如ᄒᆞᆫ가日我東國今日은正是英雄出現ᄒᆞᆯ時代인ᄃᆡ江山이寂寞ᄒᆞ고風景이蕭條ᄒᆞ야人의悲觀을惹ᄒᆞᄂᆞᆫ도다甲午東學의亂이東亞의風雲을惹起ᄒᆞᆫ은彼法國革命이歐洲의風雲을惹起ᄒᆞᆷ과同ᄒᆞ건만은東國의傘破崙이安在며乙未義兵의作ᄒᆞᆷ이鎖國攘夷를迷信ᄒᆞᆫ은彼伊太利燒炭黨이排外自立을迷信ᄒᆞᆷ과彷彿ᄒᆞ건만은東國의瑪志尼가安在며至今에ᄂᆞᆫ江河가日下ᄒᆞ고風雲이愈幻ᄒᆞ야擲肉投腹에虎慾이無厭ᄒᆞ며借廳入室에鳩居가已遍ᄒᆞ야二千萬生靈은魚肉이狼藉ᄒᆞ고十三道山河에鷄犬이不寧ᄒᆞ니嗚乎哀哉라四千二百四十餘年祖々孫々父々子々相傳ᄒᆞ던國粹를擧ᄒᆞ야他手中에讓渡ᄒᆞ고乾干山照凍殺雀의哀鳴을作ᄒᆞᄂᆞᆫ今日이여當年荷蘭의慘狀이此境에至ᄒᆞ얏던가當年美利堅의慘狀이此境에至ᄒᆞ얏던가今에我國民의苦痛이已極이거만은東國의威連士侯華盛頓이果安在오彼荷蘭美利堅은姑舍ᄒᆞ고卽比律賓又처快瀾히亡코자ᄒᆞ야도不得이며卽杜蘭斯勃又처激烈히亡코자ᄒᆞ야도不得이니嗚乎哀哉라卽今二十世紀英雄이輩出ᄒᆞᄂᆞᆫ時代에唯我東國은何故로壹個英雄이無ᄒᆞᆫ가英雄々々二十世紀新東國英雄이여種族은强武ᄒᆞᆫ種族이오時代ᄂᆞᆫ燦爛ᄒᆞᆫ時代언만我東國英雄은何處에伏在ᄒᆞ얏ᄂᆞᆫ가北岳石窟에金庾信의祈禱를未畢ᄒᆞ며南陽草堂에諸葛亮의春睡를未醒인가英雄々々二拾世紀新東國英雄이여

余가如此히英雄을招ᄒᆞ며如此히英雄을求ᄒᆞ며如此히英雄을夢ᄒᆞ며歌ᄒᆞ야壯士演壇에英雄의面目을接ᄒᆞᆯ가ᄒᆞ며文士縣端에英雄의咳唾를收ᄒᆞᆯ가ᄒᆞ야雲樹蒼々에我懷伊勞ᄒᆞ더니嗚乎라而今에야乃覺ᄒᆞ도다廬山會上에八萬四千의弟子를聚ᄒᆞ야六小乘을陳ᄒᆞ면其中에셔佛菩薩은産ᄒᆞᆯ지언뎡英雄은不産ᄒᆞᆯ지며玄女觀裡에長生不死의妄說을講ᄒᆞ야金丹砂를鍊ᄒᆞ면其中에셔仙道士ᄂᆞᆫ出ᄒᆞᆯ지언뎡英雄은不出ᄒᆞᆯ지며竹林社를結ᄒᆞ야宇宙를睥睨ᄒᆞᄂᆞᆫ落拓徒를集ᄒᆞ면其中에셔劉伶阮籍은現ᄒᆞᆯ지언뎡英雄은不現ᄒᆞᆯ지며詞人才子를提携ᄒᆞ야西亭東閣에月露나吟弄ᄒᆞ면其中에셔李白杜甫ᄂᆞᆫ作ᄒᆞᆯ지언뎡英雄은不作ᄒᆞᆯ지니我國數百年의往迹을試思ᄒᆞ라其中에셔英雄을可得ᄒᆞ겟ᄂᆞᆫ가 (未完)

▲隆熙三年七月三十壹日 官報

布達

東宮武官府官制를左갓치定ᄒᆞᆷ이라

隆熙三年七月三十日奉

勅 宮內府大臣閔丙奭

布達第五號

東宮武官府官制

第壹條 東宮武官府를置ᄒᆞ야其職員을左갓치定ᄒᆞᆷ

東宮武官長 一人 將官

東宮武官 二人 領官尉官

主事 三人 下士又ᄂᆞᆫ判任官

第二條 東宮武官장은 皇太子殿下의匡翼輔弼의責에任ᄒᆞᆷ

第三條 東宮武官長及東宮武官은 皇太子殿下의威儀整飭을奉助ᄒᆞ야軍事에關ᄒᆞᆫ入啓奉答及命令傳達에任ᄒᆞ야勤興觀兵演習其他軍務及祭儀禮典宴禮謁見等時에陪衛扈從ᄒᆞᆷ

第四條 東宮武官장은東宮武官以下를監督ᄒᆞᆷ 東宮武官장은東宮武官以下의勤務細則을規定ᄒᆞᆷ

第五條 東宮武官은謀議官이됨

第六條 東宮武官長及東宮武官의任免은閣議를經ᄒᆞ야親衛府總官이此를奏請ᄒᆞᆷ

附則

本布達은頒布日로부터此를施行ᄒᆞᆷ

外報

●希臘回答 伯林電을據ᄒᆞᆫ則希臘의回答은土耳其에셔平然히接受ᄒᆞ얏ᄂᆞᆫ데土國은크리도島에셔年年中에決行ᄒᆞᆫ諸變革을一切復舊케ᄒᆞ기로主張ᄒᆞᄂᆞᆫ데土耳其의動員ᄒᆞᆷ은此復舊를强行케ᄒᆞ기爲ᄒᆞᆷ이다ᄒᆞ며또ᄂᆞᆫ希臘物貨에對ᄒᆞ야斥買同盟을始ᄒᆞ얏다더라

●德國新陸相 伯林電을據ᄒᆞᆫ즉第二軍團司令官헤ー링겐將軍은陸軍大臣으로新任되얏다더라

●露伊兩帝會合 伯林電을據ᄒᆞᆫ즉來年秋期에露國皇帝와伊國皇帝엠마뉴엘陛下끠셔會合ᄒᆞᆯ處所ᄂᆞᆫ아이오니아海이라云ᄒᆞ더라

●土廷强硬 倫敦電을據ᄒᆞᆫ則土耳其政府ᄂᆞᆫ希臘와所遞呈ᄒᆞᆫ日同國의回答은甚히不滿足ᄒᆞ다ᄒᆞ고土耳其의願望과利益을隨ᄒᆞ야友誼的關係를回復ᄒᆞ고ᄌᆞᄒᆞ야動議ᄒᆞ얏ᄂᆞᆫᄃᆡ其文辭의激烈ᄒᆞᆷ이極ᄒᆞ얏고期日은指定치아니ᄒᆞ고急回答을催促ᄒᆞ얏더라

●土國士氣 倫敦電을據ᄒᆞᆫ즉크리트島問題ᄂᆞᆫ漸次平和的解決에進ᄒᆞ나但土京에셔ᄂᆞᆫ同國政府가希臘에對ᄒᆞ야頻々히開戰을主張ᄒᆞᆷ으로人心이一般活氣를帶ᄒᆞ얏다더라

●英皇御發程 倫敦電을據ᄒᆞᆫ즉英國皇帝ᄂᆞᆫ墺國마리엔빠드로向ᄒᆞ야御出發ᄒᆞ셧다더라

詞藻

將安歸

잔밤에부ᄂᆞᆫ바람、秋節이宛然ᄒᆞ다。
蟋蚊蚤蝎제時節에、無謀일줄알엇건만。
어연갓、金風이凜々ᄒᆞ니、제어ᄃᆡ로。

雜報

●告由設行 各廟社殿宮所在國朝寶鑑을各名山에奉封홈은由來國規인ᄃᆡ從今以後로ᄂᆞᆫ宗廟內에封置ᄒᆞ기로決定ᄒᆞ야明日下午九時頃에廟社殿宮에셔각其告由祭를設行ᄒᆞᆫ다더라

●寶鑑竣工 國朝寶鑑纂輯의事務ᄂᆞᆫ再昨日에竣工되얏ᄂᆞᆫᄃᆡ太皇帝陛下ᄭᅦ셔와 大皇帝皇后兩 陛下의 御覽件은淨寫ᄒᆞ야[illegible]日에進呈ᄒᆞ얏고 宗廟에ᄂᆞᆫ秋享大祭時에奉安ᄒᆞᆫ다더라

●委員加資 國朝寶鑑纂輯所의事務를終了홈은前項과如ᄒᆞ거니와該所에셔服務ᄒᆞ던委員諸氏ᄂᆞᆫ加資ᄒᆞ기로擬議ᄒᆞᆫ다더라

●貢燬擬根 비國에셔人民의笠子와髻子貢을徵收ᄒᆞᆫ다ᄂᆞᆫ說은純是擬根이오其會議時에人民中斷髮ᄒᆞ야ᄂᆞ니ᄒᆞᆫ者ᄂᆞᆫ衣服冠網을伊等自由ᄒᆞ되下等人으로得過ᄒᆞ기로擬議ᄒᆞ얏스나此議案이아직可決되지못ᄒᆞ얏다더라

●又不接見 東門外에避暑ᄒᆞ던總理大臣이[illegible]長ᄂᆞᆫ入城ᄒᆞ던日에統監府로直往ᄒᆞ얏더니統監이又不接見ᄒᆞ얏다더라

●金氏遞任說 中樞院議長金允植氏ᄂᆞᆫ將次遞任되고其代에ᄂᆞᆫ內部大臣朴齊純氏가被任된다ᄂᆞᆫ說이浪藉ᄒᆞ다더라

●議院設置說 日本衆議院에셔ᄂᆞᆫ韓國에紳士를選擇ᄒᆞ야下議院을設置ᄒᆞ기로決定ᄒᆞ얏다더라

●警察增設 內部警察權을擴張ᄒᆞ기爲ᄒᆞ야地方重要地에警察署五十個所를增設ᄒᆞᆫ다더라

●漁基許可 韓國政府에셔平安北道沿海約五六百里되ᄂᆞᆫ漁基를東拓會社에許可ᄒᆞ얏다더라

●先齊後棄 學部書記官諸人二名이발起ᄒᆞ야在京各官立學校에通知ᄒᆞ고大阪火災에對ᄒᆞ야義捐金을募集ᄒᆞᆫ다더라

●遺內及外 今春에日本에渡往ᄒᆞ얏던韓人觀光團一同이合力ᄒᆞ야日本大阪火災에救恤金一百圜을寄付ᄒᆞ얏ᄂᆞᆫᄃᆡ該國에셔도我韓에ᄂᆞᆫ無數ᄒᆞᆫ水災를被ᄒᆞ야同胞의死亡과家屋의漂失이勝計치못ᄒᆞ야實로慘況이極ᄒᆞᆫᄃᆡ此에對ᄒᆞ야ᄂᆞᆫ一分救恤의擬議가無ᄒᆞ고彼外國火災에ᄂᆞᆫ如恐不及ᄒᆞᆫ다고一般物論이浪藉ᄒᆞ다더라

●魔術多方 遊戲園에셔趣旨書二十萬枚를發刊ᄒᆞ야各地方에配送ᄒᆞᆫ다ᄂᆞᆫᄃᆡ此等紙ᄂᆞᆫ空文으로能히人民의本性을移홀效能이有홀ᄂᆞᆫ지不知ᄒᆞ깃다더라

●派官調査 各地方官員이林野法令에依ᄒᆞ야國有民有山林을大略調査ᄒᆞ얏다ᄂᆞᆫᄃᆡ農商工部에셔ᄂᆞᆫ實地를調査ᄒᆞ기爲ᄒᆞ야官吏를派送ᄒᆞᆫ다더라

●武田渡韓說 日人武田梵之가韓國녀寺院擴張을被選ᄒᆞ야日間渡韓ᄒᆞᆫ다ᄂᆞᆫ說이有ᄒᆞ더라

●安倅安民 延安郡守莊明成氏ᄂᆞᆫ莅位五朔에敎育에注意ᄒᆞ고弊막을掃除ᄒᆞ야郡內池灣役費徵收件을奉館으로一壞에安堵ᄒᆞᆫ다더라

●英女義淚 藥港新聞을據ᄒᆞᆫ즉英京에留學ᄒᆞᄂᆞᆫ韓人學生[illegible]가設絶旅館에數月留宿ᄒᆞᄂᆞᆫᄃᆡ英國夫人紳士四五名이會集ᄒᆞ야談話會를開ᄒᆞ고偶然히韓日關係를提出ᄒᆞ야韓民의[illegible]ᄒᆞ거날[illegible]리氏가韓後事實을詳[illegible]ᄒᆞ야日兵의殘忍[illegible]行動과義兵의慘酷ᄒᆞᆫ狀態를豊々陳述ᄒᆞ며십二歲된英國女兒가在傍ᄒᆞ다가涙下如雨ᄒᆞᄂᆞᆫ지라英士壹人이遂執其狀ᄒᆞ고左右를顧ᄒᆞ야曰有女如此ᄒᆞ니我英之幸也라ᄒᆞ고리氏를慰勞曰君等이如此ᄒᆞᆫ愛國을懷ᄒᆞᆫ즉ᄃᆡ天亦有助라貴國이將不久回復ᄒᆞ리라ᄒᆞ얏다더라

●歡迎開宴 日前에歸國ᄒᆞᆫ日本留學生監督申海永氏를歡迎ᄒᆞ기爲ᄒᆞ야學部高等官諸氏가日간宴會를設行ᄒᆞᆫ다더라

●日墾韓土 忠南扶餘郡有勢村에在ᄒᆞᆫ日人勸農會에셔十萬圜資金을投ᄒᆞ야錦江右岸葦灘山邑附近의廣大ᄒᆞᆫ荒蕪地를開墾ᄒᆞᆯ目的으로日人七十餘戶二百餘人을移住ᄒᆞ야目下開墾에從事ᄒᆞᄂᆞᆫᄃᆡ年々水害를被ᄒᆞ야收益이不多홈으로今回錦江右岸의長約五百五十間되ᄂᆞᆫ防水堰을築造ᄒᆞᆫ다더라

●淸人減少 京城에在留ᄒᆞᄂᆞᆫ淸國人은再昨年까지貳千二三百人이되더니近日에ᄂᆞᆫ減少ᄒᆞ야壹千七百人에不過ᄒᆞᆫ다더라

●鐵道豫算 京元三南兩鐵道敷設은來春부터着手ᄒᆞᆯ터인ᄃᆡ其豫算額은京元線에壹千五百萬圜이오三南線에二千萬圜인ᄃᆡ六年間繼續役을ᄒᆞᆫ다더라

●山獸妨穀 江原道각郡에ᄂᆞᆫ今砲手를禁廢ᄒᆞᆫ後로獐兎等山獸가盛行ᄒᆞ야田穀苗를踩躪ᄒᆞ야損害가夥多ᄒᆞᆫ故로各郡農民들이觀察道에請願ᄒᆞ야獸害를禁除ᄒᆞ기로ᄒᆞ얏다더라

●營廠還難 本月十七日正午에多數ᄒᆞᆫ支那人이義州隔近에셔赤陽[illegible]伐ᄒᆞ야營林廠伐木을[illegible]ᄒᆞ고廠員貳名을押去ᄒᆞ얏ᄂᆞᆫᄃᆡ安東縣日人領事가抗議ᄒᆞᆷ으로廠員을卽速引還ᄒᆞ얏다더라

●龍民呼訴 平北龍川府內下面所在民三은等元來海岸泥土地인ᄃᆡ前一百八十三年丁亥에府民이合力ᄒᆞ야築堤作畓ᄒᆞ야民有로耕作ᄒᆞ더니中間虛吏輩가各庫各廳에附屬ᄒᆞ야所有權을橫奪ᄒᆞᆫ지라人民이宿冤을未伸ᄒᆞ야于今鬱々ᄒᆞ더니現今施政을改善ᄒᆞ야民有地로還給ᄒᆞᆯ터홈으로本月十四日에府民數百名이會集ᄒᆞ야爲先國有[illegible]測量員을挽執ᄒᆞ고該府財務署에呼訴ᄒᆞᆫ故로該署에셔其事由를平壤監督局에報告ᄒᆞ얏다더라

●虫災又生 平安北道各郡에ᄂᆞᆫ近日虫災가發生ᄒᆞ야在京各大家의田畓이尤甚ᄒᆞᆫ故로該舍音들이畓主에게通知ᄒᆞ얏ᄂᆞᆫᄃᆡ驅除方法은施코ᄌᆞ石油幾拾箱式買送ᄒᆞ얏다더라

●외術頗良 平北雲山郡美人金礦會社에셔病院을設立ᄒᆞ고지于今數年에登雖礦夫를無料施治ᄒᆞ야快效를屢奏ᄒᆞ얏고平壤郡居金炳俊氏ᄂᆞᆫ私慾을因ᄒᆞ야腹部를自刺ᄒᆞ야腸部가洋尺二寸이나漏出ᄒᆞ얏ᄂᆞᆫᄃᆡ該病院에셔合縫治ᄒᆞ야貳十五日만에完人이成ᄒᆞ얏다더라

●什物競賣 本社前社長裵說氏夫人이歸國ᄒᆞ기爲ᄒᆞ야本日上午九時부터家藏什物을拍賣ᄒᆞᆫ다더라

●大東押收 大東共報第六십号ᄂᆞᆫ治安妨害[illegible]ᄒᆞ야內部에셔發賣頒布를禁止ᄒᆞ얏다더라

●義日交戰 全南寶城郡廳니等地에셔去月十九日에義兵二百餘名이日憲兵三십餘名과衝突ᄒᆞ얏ᄂᆞᆫᄃᆡ日兵이多數死傷ᄒᆞ얏다ᄂᆞᆫ說이有ᄒᆞ더라

●日兵被殺 四五日前에義兵數拾名이楊州郡葛梅洞에突入ᄒᆞ야午飯을討食ᄒᆞᄂᆞᆫᄃᆡ該洞民의接待ᄒᆞᄂᆞᆫ誠欵이太히優厚ᄒᆞ야殊常ᄒᆞᆫ態가有ᄒᆞᆫ지라義兵이部下를指揮ᄒᆞ야四面으로候探ᄒᆞ더니果然日兵의來襲을得ᄒᆞ고各其要塞地에伏兵ᄒᆞ야日兵을突擊ᄒᆞ얏ᄂᆞᆫᄃᆡ日兵二拾餘名이死傷ᄒᆞ얏다ᄂᆞᆫ說이有ᄒᆞ다더라

●何處負傷 再昨日에東門으로負傷ᄒᆞᆫ日兵을多數舁入ᄒᆞ얏다더라

●美館回祿 本月四日下午십壹時에平北雲山郡美人旅館에셔失火ᄒᆞ야瓦屋洋屋拾貳間이沒燒ᄒᆞ얏ᄂᆞᆫᄃᆡ損害額이三千圜에達ᄒᆞ얏다더라

●慈善演藝會 棄兒收養所經費를充用키爲ᄒᆞ야慈善演藝會를발起ᄒᆞ얏ᄂᆞᆫᄃᆡ閔元植氏로會長을選定ᄒᆞ야事務를處理케ᄒᆞᆫ다더라

學界

●親睦會討論 隆熙晉州郡公立普通學校卒業生과[illegible]國合ᄒᆞ야本年四月頃에학生親睦會를組織ᄒᆞ얏ᄂᆞᆫᄃᆡ近頃暑中休暇를乘ᄒᆞ야更히學理를發揮ᄒᆞ고智識을交換홀目的으로親睦會中에討論一部를置ᄒᆞ고本月八日에本石樓에開會ᄒᆞ고人材ᄂᆞᆫ古今이라ᄂᆞᆫ問題로終日討論ᄒᆞ얏ᄂᆞᆫᄃᆡ內外國傍聽이入海를成ᄒᆞ얏다더라

●韓國留學生 學部에셔最近日本留學生을調査ᄒᆞᆫ즉官費生은法制經濟十一名敎育文學八名農商工二十貳名理化二名軍事[illegible]名普通科六名의학三名이오補助生은法制經濟九名敎育文학[illegible]名農商工四名普通학七名의학三名이오宮內府留學生은法制經濟七名農商工二名외학二名이라더라

●農學講習 西北學會에셔一般同胞에게農학을發展홀目的으로該會館니에夜學農林講習所를設ᄒᆞ고日本農科大학校優等卒業生諸氏를敎師로延聘ᄒᆞ고學生을多數募集ᄒᆞᆫ다더라

●曹氏熱心 恩津郡私立論산학校副校장曹秉巨씨ᄂᆞᆫ論산場市에例稅를收捧ᄒᆞ야학校經費를充用ᄒᆞ더니雜稅가革罷된後로校況이零星ᄒᆞᆫ지라曹시가自已의財産으로與執ᄒᆞ고金貨千圜을貸借ᄒᆞ야학校를期於維持ᄒᆞ기로ᄒᆞ얏다더라

●勞働界志士 端川郡勞働夜학校生徒李明均趙[illegible]俊韓丙錫趙丙洛吳允澤氏ᄂᆞᆫ시가休학홈을因ᄒᆞ야鄰郡北靑에來到ᄒᆞ야勞働中同志者를募集ᄒᆞ야勞학校를設立ᄒᆞ고五百원의所有[illegible]假房學徒들을[illegible]ᄒᆞ야該校에[illegible]冊을買付ᄒᆞ고熱心贊成ᄒᆞᆫ다더라

●安岳美擧 孔德里[illegible]成[illegible]々金社[illegible]安敎明氏의[illegible]與執ᄒᆞ얏다니及其還推時에利子를優數히減額ᄒᆞ야[illegible]費를補助ᄒᆞ얏다더라

○東京電報○

◎淸國의新提議 八月십八日着

淸國政府ᄂᆞᆫ安奉線改築에同意ᄒᆞ나線路幅員은京奉線과同一히ᄒᆞ고陳相屯以西ᄂᆞᆫ蘇家屯까지由치말고奉天으로直達홀事와表面起工前日事宜의新提議를提出ᄒᆞ고奉天日本總領事ᄂᆞᆫ此에對ᄒᆞ야回答ᄒᆞ고[illegible]續協議中이라더라

▲勸事業▼

▲日月無情若流波ᄒᆞ니人生ᄒᆞᆫ번늙어지면다시점지어려울ᄭᅳᆫ機會ᄒᆞᆫ번일코보면다시엇기어려워라浩々茫々너른天地[illegible]粟갓흔이내몸이無事[illegible]ᄒᆞ고보면草木同腐아닌가

▲草野間의英雄들아翻覆妙策다비워서風雲造化잇ᄃᆡ리도[illegible]力이日太ᄒᆞ면活動ᄒᆞᆯ수[illegible]업다韓龍失勢ᄒᆞᆫ後에蝦[illegible]同爲雉苑이니慨然奮發ᄒᆞ여나서國家事業ᄒᆞ여보쇼

▲산林間의隱士들아[illegible]講磨ᄒᆞ야[illegible]君[illegible]同胞[illegible]國家事業ᄒᆞ여보쇼

▲江湖間의虛祿家야世々[illegible]華閥에[illegible]이아닐ᄭᅡ[illegible]共國休戚[illegible]懸殊ᄒᆞ니[illegible]國家事業ᄒᆞ여보쇼

▲閭巷間의[illegible]널니무[illegible]巢鳩[illegible]이[illegible]잇나[illegible]못셔보나[illegible]國家事業ᄒᆞ여보쇼

▲商界[illegible]客蹤아[illegible]時傍觀憫망ᄒᆞ야[illegible]ᄒᆞ도다韓國[illegible]밀고日復[illegible]親々ᄒᆞ나[illegible]雖悔莫追ᄒᆞ리로다

●同和藥房廣告● 夫[illegible]本而氣爲痰故로藥餌處理ᄂᆞᆫ調氣를致ᄒᆞ야[illegible]五臟氣候와六淵[illegible]土와[illegible]性味와[illegible]疾病이東西不同故로治療方法에藥品取[illegible]ᄒᆞ야以本國藥材로爲[illegible]

房

으로丕丕을是務ᄒᆞ야名雖洋약이나實是韓약이오며唐草材와洋약乾材도廉價放賣ᄒᆞ오니御覽 僉位ᄂᆞᆫ以便小包로請購發行ᄒᆞ시오

舘 京西小門外南洞閔宮 閔並浩 信友 閔 白

廣告

本所에서一般人民의農林業을발達ᄭᅴ기爲ᄒᆞ야本國에適宜ᄒᆞᆫ簡易ᄒᆞᆫ學科를擇ᄒᆞ야夜學으로敎授ᄒᆞ오니入學志願人은本所에來議ᄒᆞ심을要ᄒᆞᆷ

科目

果樹栽培學 森林學
土壤學 獸醫學
家畜學 肥料學

試驗日字 九月十一日下午一時 陰七月廿七日

試驗科目 國漢文作文算術

開學日字 九月십三日

講師 日本農科大學校優等卒業生 金志侃
金鎭初 元勛常

隆熙三年捌月十八日
中部校洞廿九統貳戶
西北學會內
農林講習所 告白

日本東京에願渡僉員은今月二십ᄉᆞ日內로西北學會로齊會ᄒᆞ면翌日團體車로同行ᄒᆞᆯ 것임

留學生 金永淳

本校에各年級에補充ᄒᆞᆯ學員을募集ᄒᆞ오니志願ᄒᆞ시ᄂᆞᆫ僉員은九月五日內로請願書試ᄒᆞ시옵

開學日字ᄂᆞᆫ九月十日이오니本校學員은豫期來校ᄒᆞ시옵

安州郡
協成安興學校

本人의堂侄金良水ᄂᆞᆫ性情浮蕩ᄒᆞᆫ인고로現欲得債ᄒᆞ고자出來不還ᄒᆞ오니內外國人은勿爲債給見欺ᄒᆞᆷ

錦山郡郡二面上玉里 堂叔金京春 告白

◎學員募集廣告

本塾에서第五回入學期를當ᄒᆞ야法律書學과經濟夜學兩專門科學員을募集ᄒᆞ오니願學人은左記試驗定期內에本塾用紙로써學速請願ᄒᆞᆷ

修業年限 三學年
入學年齡 滿二十歲
學科目 備在本塾學則
試驗日字 九月五日 上午拾時
試驗科目 讀書、作文、地誌、歷史、博物學、物理、化學、數學、(幾何代數)
開學日字 九月拾二日

隆熙三年八月拾壹日
西部都染洞拾八統壹戶
私立 養正義塾

本館에서石版印刷로各項印刷物을精巧ᄒᆞ게ᄒᆞ오며價値ᄂᆞᆫ特히廉價로ᄒᆞᆯ것ᄉᆞ오니僉君子ᄂᆞᆫ陸續來臨請求ᄒᆞ심을敬要

南大門內秀印館印刷所

本人이鳳仙舍人坊石支浦芦庄新起垌田與畓合幾九百拾把處二百九拾把坪을去辛丑年分에石重子를學校에五年還退次로成文券買得而及期年의全額을視시아五年만買爲還期懇請故로勢不得已ᄒᆞ야去丙午正月分의又以五年退限而前還退券은交周以給後更成文券買得ᄒᆞ고惟待再限이더니今聞則此簽鈔시가計欲他處典執ᄒᆞ고證明書類를圖得云故로茲에廣告ᄒᆞ오니內外國人ᄌᆞᆫ切勿見欺ᄒᆞ시옴

三和港 陋居 告白

◎特別廣告

開城私立光明학校에工業科를設敎授ᄒᆞ려다가未備ᄒᆞᆫ事가有ᄒᆞ와姑爲停止ᄒᆞᆷ

開城私立光明學校

本人의外孫永極이가本無父無依ᄒᆞ야與其寡母로本人家에數年寄居러니現今不良悖類와相和ᄒᆞ야酒色技場에投身ᄒᆞ얏ᄂᆞᆫ디凶彼悖類도本人家産을流蕩ᄒᆞ옵기本人之家族永極의에財産上은無關ᄒᆞᆷ을茲에廣告ᄒᆞ오니勿論內外國人ᄒᆞ서고期勿見欺ᄒᆞ심을伏望

三和府太下面沙川里 金召史

測量製圖器械
其他附屬品文具
都賣 散賣

京城本町郵便局前
篠崎（シノザキ）器械店
平壤南門通二丁目
篠崎（シノザキ）支店

○特別廣告

本人이我國好品塩을白鹽所에서製造ᄒᆞ야白鹽을多數製來이온바味佳色白ᄒᆞ고經年不變ᄒᆞ오며價亦低廉ᄒᆞ오니僉君子ᄂᆞᆫ陸續來購ᄒᆞ심을敬望再白鹽製來賣의時期ᄂᆞᆫ陰曆六月晦間이외다

西部東幕中契九統九戶 小名道源 告白

新訂 算學通論 上下合附並解式 정價壹圓
高等小學 理科敎科書 壹、貳卷 各卄전 三、四卷 各卄五전
第壹第二 植物 動物 鑛物科
第三第四 物理 化학 生理 衛生科
大韓地誌敎科書 高等小學 壹冊 二拾五錢
簡吐 孟子 上下 壹圓
具解 孟子 壹圓
中等用器畫 七拾전
新訂 大韓帝國地圖 壹冊 五拾錢
分道 以上學部認可
大韓國大地圖 壹張 四십錢
주字帖 九拾錢
全주字帖 壹冊 卄錢
新撰 國文 家庭尺牘 漢字附 壹冊 卄五전
習字帖 以上學部許可 學部檢定 壹、貳卷 各六錢
韓日文對照 新法律 大審院編纂
양裝 九拾전
半洋裝 七拾五錢
小學漢文讀本 上下 六十전
算術新書 半洋裝上下卷 壹冊 八拾錢
中等算術敎科書 貳冊入 五拾錢
簡易四則 三十錢
中等小學植物學 壹冊 貳十錢
中等鑛物학 壹冊 貳十錢
普通東國歷史 上下 壹秩 壹圓
改正刑法大全 壹冊 三十錢
民事訴訟ᄒᆞ例 壹冊 十八錢
新式記憶法 一冊 二拾錢
演說方法 貳拾錢
毛詩帖 十錢
成親王法帖 壹二卷 一冊 拾錢
大韓地圖附港灣地圖 壹幅 四拾錢
唐玉篇 壹冊 有圖 三십五錢 四十六
最新式體操 壹冊 三十錢
新訂千字文 二十전
發行兼發賣所 東部坊桂洞 公廠
中部 統二戶
平壤 耶蘇敎書館
外京鄕各書館

◎秘製止痛藥

此藥은美國에有名ᄒᆞᆫ의학博士百里将来司氏의발明ᄒᆞᆫ無雙ᄒᆞᆫ靈藥이라美國에在ᄒᆞᆫ該會社에서特爲派員ᄒᆞ야此藥品을韓國內에廣佈ᄒᆞ기를專托ᄒᆞ옴ᄂᆞᆫ故로義不可辭ᄒᆞ와玆에廣佈ᄒᆞ옵ᄂᆞᆫ바左開諸症에外塗內服ᄒᆞ면無不立效라當此炎夏에尤極神效ᄒᆞ와多救生命이오니藥業에從事ᄒᆞ시ᄂᆞᆫ이와疾病을預防코ᄌᆞᄒᆞ시ᄂᆞᆫ이ᄂᆞᆫ速速來購ᄒᆞ시면廉價로都賣ᄒᆞᆯ 것삽나이다

左 開

▲內科所用▼
胃酸 腹瀉
吐瀉 食傷風
咳嗽 不消化
肚滯 疹子
心痛 傷寒
肝病 肚痛
胃熱 痢疾
口內之瘫 喉痛
哮喘 腎病
小兒吐瀉 暑夏吐瀉
抽筋
瘧疾
嗄聲
胃氣痛
兩裡傷寒
瘋痺
鳥子軟弱
黃病
暈船
氣管病
霍亂

▲外科所用▼
火疔창
寒창
跌打損傷
腰骨痛
毒창
指甲疽
咽喉痛
蟲蛇刺咬
凍창
腦氣筋痛
癬

▲發賣所 礡洞 韓美興業株式會社事務所

第七卷

大韓每日申報

第千壹百七拾七號

月曜及臨時休刊

Responsible for Publication Alfred Weekley Marnham.

發行兼編輯人 英國人 萬咸

發行所 大韓每日申報社

寄書

◎二十世紀新東國之英雄 (續)

熱血生

境內小天地에兄弟와干戈ᄒᆞ는不息ᄒᆞ며山林閑日月을得ᄒᆞ는心腦가空腐ᄒᆞ야戰爭ᄒᆞ는者는私黨勝敗가是며變化的ᄒᆞ는家族觀念이是니其中에서英雄이出現ᄒᆞ자면是乃私黨의英雄될뿐이며家族의英雄될뿐이니何足惟ᄒᆞ며何足道리오況乎此世에는風俗이頹壞ᄒᆞ며道德이愈墮ᄒᆞ야終南의捷徑을穿ᄒᆞᆯ지라도權利만攫取ᄒᆞ면是曰敏腕이라ᄒᆞ며祖宗의罪人을作ᄒᆞᆯ지라도富貴만求得ᄒᆞ면是曰奇才라ᄒᆞ야危言高論ᄒᆞ는志士의壹太戒가되며衛且取容이行世의不二法門이되ᄂᆞᆫ니嗚呼라英雄은國民에셔産ᄒᆞ며비어날國民은無ᄒᆞ고私黨觀念、家族觀念만有ᄒᆞ며英雄은正義에셔出ᄒᆞᄂᆞᆫ데비어날正義는無ᄒᆞ고權利思想富貴思想만有ᄒᆞ니其中에서英雄을視코ᄌᆞᄒᆞᆫ들엇지可得이며其中에셔願愿、奴隸、賣國賊、亡國賊의種子를除蠲코ᄌᆞᄒᆞᆫ들엇지可得ᄒᆞ리오

然則新東國新英雄이여爾가英雄을作코ᄌᆞᄒᆞᆫ진ᄃᆡ爾의喉와爾의舌로新國民을呼ᄒᆞ지며誰爾新東國新國民이여爾가英雄을視코ᄌᆞᄒᆞᆫ진ᄃᆡ爾의心과爾의血로新國民될을祝ᄒᆞ라彼國民은國民이아니며彼英雄은英雄이아니오

日今日國民은數百年腐敗空氣中에서生長ᄒᆞ야此를呼吸ᄒᆞ며此를呑吐ᄒᆞ며此에셔坐臥起居ᄒᆞ던者이니비록新思想을抱ᄒᆞ고新事業을做ᄒᆞ야新英雄이되고저ᄒᆞᆫ달何를從ᄒᆞ야此를得ᄒᆞ리오曰否라不然ᄒᆞ다此腐敗空氣의現社會總平線上에超ᄒᆞᆯ而已라萬壹步를躍ᄒᆞ야「天上天下惟我獨尊」의氣槪를伎ᄒᆞ며「苟利於國何不爲」의誠力을餘ᄒᆞ야光明自由의路로前進ᄒᆞ면新鮮ᄒᆞᆫ空氣가隨處에充溢ᄒᆞ진져(文太鑛又此中署)嗚呼라國民的英雄이有ᄒᆞ여야宗敎가國民的宗敎가될지며國民的英雄이有ᄒᆞ여야學術이國民的學術이될지며國民的英雄이有ᄒᆞ여야實業家가國民的實業이될지며美術家가國民的美術家가될지오宗敎學術實業美術家等이國民的宗敎國民的學術國民的實業家美術家가될然後에야東國이東國人의東國이될지니國民乎며英雄乎여

(完)

▲隆熙三年八月十六日 官報

公告

韓國銀行의設立에關ᄒᆞ야韓國政府와統監府는左又치協定홈

隆熙三年八月拾六日

內閣總理大臣 李完用

統監

韓日兩國政府는韓國銀行設立에關ᄒᆞ야左開條款을協定홈

第壹條 韓國政府는韓國銀行을設立ᄒᆞ고此에免換銀行券을發行ᄒᆞ는權을與ᄒᆞ야韓國中央金融機關의業務에從事케ᄒᆞ는外에日本銀行의委託이有ᄒᆞᆫ時는日本國政國庫金의處辦을ᄒᆞ게ᄒᆞᆷ

第二條 株式會社第一銀行의發行ᄒᆞᆫ銀行券은韓國銀行의發行ᄒᆞᆫ者로認識ᄒᆞ고韓國銀行은其銷却義務를繼承ᄒᆞᆫ者로홈

第三條 韓國銀行의株式은韓日兩國人으로爲限ᄒᆞ야此를所有홈을得홈

第四條 韓國銀行의重役은現今間日本人으로써此를充홈

第五條 韓國銀行은韓國政府所有株以外의株式에對ᄒᆞ야ᄒᆞᆫ利益配當이年百分之六의割合에達ᄒᆞ기지는韓國政府所有株를對ᄒᆞ야利益配當을ᄒᆞ기不要홈

第六條 韓國政府는韓國銀行創立後五個年間은同國政府所有株以外의株式에對ᄒᆞ야年百分之六의割合의利益配當을保證홈

右覺書韓日文各二度를作成ᄒᆞ고此를交換ᄒᆞ야後日의證據로ᄒᆞ기爲ᄒᆞ야記名調印홈

隆熙三年七月二拾六日

內閣總理大臣 李完用 章

明治四十二年七月廿六日

統監子爵 曾禰荒助 印

外報

●吉長線問題 吉長線鐵道의貳百十五萬圓과京奉鐵道의三십萬圓借款條約合二個條는天津에서淸日兩國委員間에關印을完了ᄒᆞ얏다더라

●크리트島屈服 크리트島의假政府는希臘皇帝의개臣됨을旨로宣言ᄒᆞ얏다더라

●西國漸次靜穩 摩洛哥에서西班牙軍은其後에激戰이無ᄒᆞᆫ데西班牙駐屯兵은最初暴徒가鐵道를襲擊ᄒᆞᆫ時에西班牙領에필ᄒᆞ야셔大七키로米突되는地点까지進兵ᄒᆞ야暴徒를擊退ᄒᆞ고今日에至此地位를維持ᄒᆞ얏ᄂᆞᆫᄃᆡ目下援兵을增派ᄒᆞ야미不遠間에鐵道에될터이오又西班牙의셜세로나騷擾는革命黨과無政府黨等의勞働者를煽動ᄒᆞ야騷擾를起ᄒᆞᆫ것인ᄃᆡ數日之間에鎭壓ᄒᆞ엿다ᄒᆞ며目下에西班牙는全部가靜穩ᄒᆞ다더라

●波斯先帝遷遞 倫敦電報를據ᄒᆞᆫ則在德黑蘭露透通信員報道에云ᄒᆞ되波斯先帝는年金壹萬五千磅을受ᄒᆞ기로約束을定ᄒᆞ고八月十日부터同國을退去ᄒᆞ기로同意ᄒᆞ얏다더라

●飛行機北極探險 六日電報에靑龍을繼ᄒᆞᆫ後일만시北極獨方에突進ᄒᆞ기로準備ᄒᆞ고來週에出發ᄒᆞᆫ後에시의飛行機는그린蘭港方에北方羅島스겟로써편ᄒᆞ야修繕ᄒᆞ야治分滿足ᄒᆞᆫ만ᄒᆞᆫ者이라預期와如히壹萬九千磅의風量을運搬ᄒᆞᆫ만ᄒᆞ되同시天候佳良ᄒᆞᆫ時에ᄂᆞᆫ壹時간에小不下六十海里를行進ᄒᆞ기를確信ᄒᆞᆫ다더라

●西軍勝利 倫敦電을據ᄒᆞᆫ則摩洛哥國에잇나에게서西班牙砲兵은輕氣球의援助를得ᄒᆞ야土民軍을大破ᄒᆞ얏다더라

詞藻

◎遊 大路

내게利롭다고、孫깁일을ᄒᆞ지말며。

남이ᄒᆞᆫ데더도、義아니면좃지마라。

우리는、天性을變치안코、義理[illegible]더。

雜報

●祭官差擇 宗廟秋享大祭에祭官을中樞院贊議洪承穆兩氏로選擇ㅎ얏더라

●果爾變更否 晉爾錢鑑이總理大臣의累次訪問을不爲接見홈은累次로報道ㅎ바어니와其內容을聞홈즉內閣을將次更히組織홀터인데總理資格에台當홀者를鼓推ㅎ는바이라더라

●李之煩悶 近日에李完用씨는求償에苦心ㅎ야百方周旋홈은韓俺의事實인데何故뇨ㅎ면斯홍巨額을要ㅎ는지其原因인즉再昨年에英親王殿下를儲位에推戴홀時에伊藤公의게賄賂ㅎ기爲ㅎ야三十萬圓을外國人銀行에셔借ㅎ얏던바其債務를還償치못ㅎ야自家의田畓을買當ㅎ야求償ㅎ기에勞心焦思ㅎ다ㅎ고又一方의言으로눈其閨門의紊亂홀事情을因ㅎ야目下非常히紛鬧가有홈으로如斯히煩悶苦惱ㅎ나過日來로曾禰統監의吟病을拘ㅎ고頻々히面晤를求홈은上記의事件을基因홈이라는風說이藉々ㅎ다더라

●例會出席 總理大臣李完用시는多日避暑閒養ㅎ더니昨日內閣例會에始爲出席ㅎ얏다더라

●因病不仕 內部大臣朴齊純시는近日以來로何等事件을因홈인지仕進視務치아니홈으로公務가積滯되얏다더라

●辭書提出 中樞院議장金允植氏가統監府에辭書ㅎ라던說이有ㅎ바어니와更聞홀즉該氏는熱義無(?)홍人이라ㅎ야金洗(?)시가絶交書를製送ㅎ얏다더라

●訪問屢々 前將金昇圭氏는何等緊議홀事項이有홍지永宣君李埈鎔氏를屢次訪問ㅎ다더라

●餘不敢匿 度支部司稅局長鈴木씨는關稅總長事務取扱을被命ㅎ얏다더라

●宋氏入城 忠淸남道管下各郡에寺社를調察次로發程ㅎ얏던內部寺社課장宋之憲氏는再昨日에入城ㅎ얏다더라

●水道費提議 馬山港과鎭南浦等港에水道를敷設홀經費가三萬三千圓인데預備金中에셔支出ㅎ기로閣議에提出ㅎ얏다더라

●留學生需用 本年度日本셔卒業歸國ㅎ留學生中에尹擧建시는내部로張弘植시는度支部로元勛常金志侃兩시는農商工部로相當官職을需用ㅎ라고學部에셔各該部로照會ㅎ얏다더라

●月俸請願 前槐山郡守崔紀(?)시가昨年分에辭職依免ㅎ얏는데一朔月俸을내部에셔尙不支撥홈으로昨日내部에請願을提出ㅎ얏다더라

●地方豫算調査 各道觀察使는各地方의來年度豫算을調査中인데完了後에는내部에提出ㅎ리라더라

●慈惠者說 仁川海附近重要地方에水産物販賣組合所를設置ㅎ고相當홍稅金을徵收ㅎ기로農商工部에셔提議ㅎ얏는데此等稅金은地方人民에對ㅎ야遠當ㅎ다ㅎ야貳論이有ㅎ다더라

●理財課又設 度支部에셔財務監督局稅務課下에理財課를又設ㅎ고政府에셔補助를受ㅎ는銀行과手形組合과地方金融組合과其他經濟에關ㅎ事務를管掌ㅎ게ㅎ다더라

●地方位置調査 各地方官衙의位置를變更ㅎ다ㅎ야向報ㅎ바어니와明年度부터漸次實施홀터인故로事件에對ㅎ야頻數히調査ㅎ는中이라더라

●日費國費 郡衙移轉ㅎ는事에對ㅎ야其費用을豫先調査ㅎ後에내部에請求ㅎ야來年度豫算에編入ㅎ리라더라

●露武官歸國 俄國武官데나살시는貞洞俄國正教堂에滯留ㅎ더니本月十七日에出發歸國ㅎ얏다더라

●金氏峻拒 中樞院議長金允植氏가神宮奉敬會々長을被任ㅎ다는說이有ㅎ故로本報에數次揭載ㅎ엿더니更히詳探ㅎ즉該會에셔會장의任을該氏로推薦ㅎ야出席ㅎ기를數次懇勸ㅎ얏는데氏는元來로同意치아니ㅎ는故로峻拒不應ㅎ얏다더라

●神會改名 神宮奉敬會는神宮敬義會로改稱ㅎ얏다더라

●間島의韓淸日 北間島에現任ㅎ한淸日人의數爻를本年六月末에精確히調査ㅎ얏는데韓人이八萬二千九百名이오淸人이二萬七千三百七十壹名이오日人이二百三十四名이오韓巡査가四十名이오淸兵이三千五百名이오日憲兵이二百餘名이라더라

●酒稅督率 再昨日下午에日人壹名이韓人通譯을帶同ㅎ고香港典獄近處酒幕主崔氏家에來到ㅎ야酒稅六拾圓을當場督促ㅎ거늘崔氏가言ㅎ되昨年造酒米가貳拾五石에不過ㅎ거늘如此多額의金額을猝地督促ㅎ이不可ㅎ다ㅎ즉日人이家産을執行ㅎ깃다ㅎ고無數恐喝ㅎ실際에左右傍觀人이艱辛挽留ㅎ야幾日을寬限ㅎ얏다더라

●爲表洲端 大同江下流鐵島附近에掛燈浮標를新設ㅎ얏다ㅎ니其理由는附近洲端의位置를明示케홈이라더라

●道路竣工期 淸津羅南間道路工事는今月末에全部가終了홀터이라더라

●汲桶改良 西部警察署에셔各支所를指揮ㅎ야擧行水商의汲水桶을改良케ㅎ얏다더라

●家僧組織 漢城五部內家僧가聯合ㅎ야漢城僧侶社를組織ㅎ고昨日漢城府에認許를承ㅎ야各坊에僧侶를分排ㅎ고改稱ㅎ고土地家屋의賣買와紹介를擔任營業ㅎ다더라

●引繼終了 二三日前에昨日瓦斯會社에셔한美瓦斯會社에引繼ㅎ는事務가終了ㅎ얏다더라

●爲訴上京 全州郡에居ㅎ는朴潤俊시가永宣君李埈鎔氏의게對ㅎ야답土를還推ㅎ라고累次裁判ㅎ얏는뒤裁判庭에셔朴潤俊은亡兄田土인則其所有主가裁判홈이妥當ㅎ다ㅎ故로朴潤俊의兄朴允卿氏가裁判次로上京ㅎ얏다더라

●黃氏起訴 西門外金鷄동居黃景來시가金三십壹圓을貸ㅎ야貳拾歲된金姓女를作配ㅎ야其親家에仍留ㅎ다가黃시가親會를貴得ㅎ야移居코저ㅎ미此女가有何層折인지樂從치아니ㅎ故로黃시가法司에告訴ㅎ얏다더라

●病者何多 七月度大韓醫院에셔治療ㅎ病者의調査表를據ㅎ즉韓國人이四千五십三名이오外國人이五千九百八십四名이라더라

●壹胎三男 去십六日下午九時東門外東廟洞居金萬五氏夫人이壹胎三男을產ㅎ얏다더라

●賣淫多稅 酒幕娼妓組合所에셔各賣淫女에게相當ㅎ稅金을徵收ㅎ기로協定ㅎ얏다는뎌是로因ㅎ야賣淫女들은隱許狀을壹切還納ㅎ얏다더라

●洪原水災 本月二日에洪原郡地方에大雨가降ㅎ야家屋과農作의損害가多數ㅎ엿로該郡守鄭완鎬氏가躬巡各處ㅎ야被害實地를壹々調査ㅎ야該道觀察府에報告ㅎ얏다더라

●慶北水災 慶北地方에는本月십四日午前一時부터십六日午後三時까지大雨가降ㅎ야十五日에大邱永川과安東大邱間과東萊蔚山間交通이杜絶ㅎ얏고永川慶州間에電信電話도不通되얏다더라

●面長被殺 咸安郡月岩面面長鄭鐘晋氏等四五人이七月二十九日에公錢을領收次로面內에巡回ㅎ다가義兵의게殺害ㅎ얏다고該地方官이내部로報告ㅎ얏다더라

●家犬傳染病 南部管內에는家犬傳染病이發生ㅎ故로警務局內醫務課에셔消毒方法을注意ㅎ라더라

●避賊騷亂 再昨夜에賊漢四名이한城府會主人趙魏淳시家에突入ㅎ얏는데三名은其衣冠을着ㅎ고壹名은六穴砲를持ㅎ지라趙氏가賊인줄알고避ㅎ야鍾路監獄으로走入ㅎ얏더니看守가趙氏를賊으로容疑ㅎ야警察署로拿致ㅎ야詰問ㅎ얏다더라

●日造僞貨 日人水野榮次郞은紙幣를僞造使用ㅎ다가情跡이發露되야日昨銅峴分署에被捉ㅎ얏다더라

●徐犯絞殺 强盜殺人犯으로監獄署에被囚ㅎ얏던徐擧大는日昨京城監獄署에셔絞刑을執行ㅎ얏다더라

●爲祝發程 本年은耶蘇教長老教가韓國에來ㅎ야開教ㅎ지二十年인故로祝賀를發表ㅎ기爲ㅎ야入京ㅎ얏던各處宣教師들이昨日에平壤으로發向ㅎ얏다더라

●南監歡迎 統監府義察委員南亨祐氏가大邱地方으로到着ㅎ는日에漢城親睦會에셔歡迎會를開ㅎ얏는데南氏가教育은吾人의生命이란問題로演說ㅎ는데傍聽人이七八百名에達ㅎ얏다더라

學界

●李氏編付 前監李鍾영씨는私立廣成學校長으로試驗에錯誤를生ㅎ야勸獎을打ㅎ얏다더라

○伯林電報○

八月십九日發

●露國과極東 露國政府는極東防衛의必要를感覺ㅎ야니코라쓰크에新砲臺를建設홀事를決定ㅎ고新砲壘로黑龍江艦隊를組織홀다더라

○北京電報○

十九日發

●日使會見 駐淸日本公使伊集院은十八日에淸國外務部와二回會見ㅎ고所關交涉이有ㅎ얏다더라

●鐵道借款 同日發 京漢鐵道와川漢鐵道를敷設ㅎ기爲ㅎ야六百萬磅을借款ㅎ는뎌川漢鐵道의半額은米國에셔引受ㅎ기로決定ㅎ얏다더라

惡虫之害

▲밤이을면蚊蠅이오날이시면螵蛉보다甚ㅎ飛蟲에惡虫이許多ㅎ야蚊蠅과蠅類의害尤甚ㅎ다日後一日에至ㅎ야驅除法이緊要ㅎ니버려두면아니되깃도다

▲拓殖社立後에 [illegible]

[illegible] 死病에 [illegible] 天호고 病在人故로 死命에 [illegible] 人의 藥局이라
으로 [illegible] 是務호야 名醫[illegible]이나 實是韓[illegible]이오 며 唐草材와 [illegible] 乾材로 廉價放賣호오니 [illegible]
[illegible] 本舖는 西小門外 [illegible]洞 [illegible]
[illegible] 閔[illegible] 告白

廣告

今般에 務를 改革刷新에 當호야 御官奉敬會라는 名稱을 御官敬義會로 改定호고 明治四拾二年六月십일日 京城理事廳에 御官奉敬會로 承准호 認可狀은 還收호야 숨기 […] 廣告홈

御官敬義 […]

本人家夫朴文徵이가 族人朴綏에 […] 推호 債錢六百圜이 有호와 去丙午年九月에 右錢을 推尋호[…] 今於四載之後에 […] 人朴重明이가 家夫圖酒成莊홈 […] 知호고 徵出凶計호야 […] 推호 錢을 家夫가 越推라호고 携去 […] 合文壹千二百圜勒[…] 此所謂以族吞族이온지라 此事件에 對호와 與朴綏으로 本郡[…] 好狀이 自可[…] 呼出[…] 日을 亦不[…] 待者 […] 九月[…] 오나 […] 是[…] 內外國人은 右人의 [...] 勿施[…]

本人이 皇城西部[…] 房主孚 […] 化와 […] 三日로 分店契約 […] 契約金二千圜手形을 成給 […] 第五日에 閒接人宋錫玉시 […] 破約 […] 手形을 還付 […] 退却不受則此手形은 無效 […] 內外國人은 照亮호시옴

平壤外城[…] 告白

本人이 本年陰三月初四日에 商店(五勝)을 […] 布木을 廉價로 大販賣 […] 客의 […] 物件을 […] 放호오니 僉君子는 光臨호시옴

京남大門外 紫岩二百四十三號九戶 […] 五勝 洪在[…] 告白

[…]川郡公立普通學校는 設校된지 十餘年에 學徒의 工夫와 敎師의 勤勞는 […] 經費가 […] 學校 […] 海시가 新校하야 […] 然廢止가 […] 校의 歷史와 […] 一部를 […] 石도 […] 大小民人이 學務官과 […] 하야 被廢이 漸次[…] 시는 如左홈

- 二十圜
- 四十圜
- 六十圜
- 四十圜
- 二十圜

公立普通學校 […] 樂[…]

本人의 […] 印章 […] 證明호고 典執[…] 出沒인즉 內外國人은 切勿見欺홈

中署官洞七十二統五戶 […]

本人이 陰七月二日에 […] 圖形 […] 圖章을 失호얏기 茲에 廣佈호오니 內外國人은 勿爲見欺홈을 望홈

洪炳勳 告白

本人의 姓名圖章正字를 大月 […] 本洞內 失故로 以廣布호오니 內外國人은 勿爲見欺홈

[…]川東上面台[…]洞 […] 告白

本館에서 石版印刷로 各種印刷物을 精美하게 호오며 廉價로 호깃스오니 僉君子는 陸續[…] 請求호심을 敬要

南大門內 秀印館 印刷人 朴根英

科目

果樹栽培學 森林學 土壤學 獸醫學 家畜學 肥料學

本所에셔 一般人民의 農林業을 發達케 […] 本國에 適宜호 簡易호 講習을 […] 有志諸人은 本所에 來議호심을 要홈

平安北道定州郡馬山面二里 […] 金召史 告白

試驗日字

九月十一日下午一時 陰七月廿七日

試驗科目

國漢文作文算術

開學日字

九月십三日

修業期限

七箇月

講師

日本農科大學校 優等卒業生 金鎭初 元勛常 金[…]

隆熙三年陽月十八日

中部[…]洞廿九統貳戶

西北學會內 農林講習所 告白

◉學員募集廣告

本塾에셔 第五回入學期를 當호야 法律書學과 經濟夜學 兩專門科學員을 募集호오니 願學人은 左記試驗을 [...] 期內에 [...] 請願호심

修業年限

三學年

入學年齡

滿二十歲

學科目

依照本塾學則

試驗日字

九月五日 上午拾時

試驗科目

讀書、作文、地理、歷史、博物學、物理、化學、數學、（幾何代數）

開學日字

九月拾二日

隆熙三年八月拾壹日

西部都染洞[…]八統壹戶

私立 養正義塾

本人의 […] 爲人이 浮浪호 […] 居호는 […] 類金 […] 付同호야 本人의 圖章을 持去호얏사오니 內外國人은 勿爲見欺호시오

實[…]山舍人坊月下山居

延[…] 告白

陰六月二拾五日 […]川郡三井面 […] 證明[…] 八斗落田壹日耕文券을 遺失호얏사오니 […] 拾得하던지 休紙施行호시옴

西部[…] 告白

本校에 各年級에 補充 學員을 募集호오니 志願호시는 僉員은 九月五日內로 請願호되 試驗은 九月十日이오니 本校學員은 […]期來校호시옴

安州郡

協成安興學校

本社에셔 在上海東洋烟草公司 […] 製造 […] 特約호고 各種烟草 […] 代理店에 支出호오니 僉君子는 愛顧호심을 敬要

法韓[…]烟草 […] 本入
[…] 本入
[…] 本入
[…] 本入
法韓시오 […] 口紙一匣 […] 本入
本社의 代理店은 左開홈
平壤代理人 鄭基[…]
[…]院代理人 […]
太田代理人 金[…]

再

[…] 各處에 代理店을 […] 實히 開호기 願호거던 本社에 來臨相議호시옴

京城石井洞

法韓會社 告白

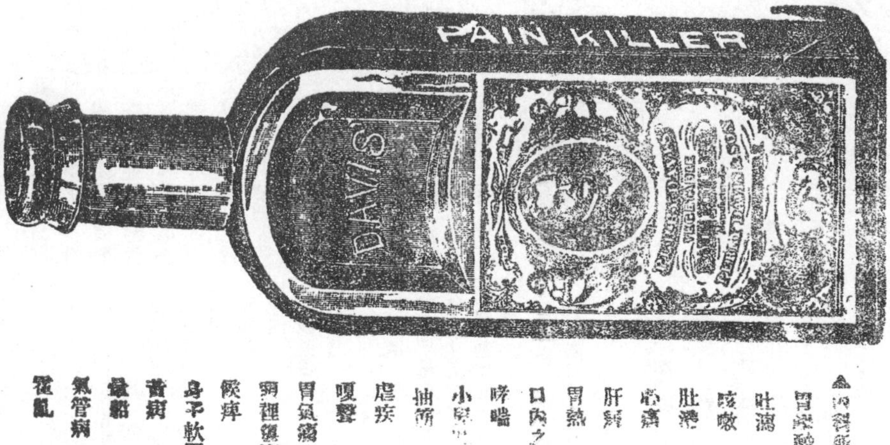

◉秘製止痛藥

此藥은 美國에 有名호 의학박사 [...] 發明호 靈藥이라 美國에 在호 [...] 特爲派員호야 此藥品을 韓國內에 [...] 專拆호[...] 故로 義不可解호와 [...] 호옵는바 左開諸症에 外塗內服호[...] 라 當此炎夏에 九種神效호와 多數生命이오니 藥業에 從事하시는 이와 疾病을 預防코저 호시는 이는 速速來購호시면 廉價로 發賣호깃삽나이다

左開

▲內科所用▼

- 胃酸
- 腹痛
- 吐瀉
- 食傷
- 咳嗽
- 不消化
- 肚痛
- 肚痛
- 胃熱
- 痢疾
- 口內痛
- 頭痛
- 哮喘
- 腎病
- 小腸痛
- 暑夏吐瀉
- 抽痛
- 虐疾
- 嗄聲
- 胃氣痛
- 傷寒
- 瘀痺
- 身手軟弱
- 黃疸
- 癨亂
- 氣管病
- 霍亂

▲外科所用▼

- 火疔창
- 凍창
- 跌打損傷
- 腰骨痛
- 指甲疽
- 咽喉痛
- 蟲蛇刺咬
- 凍창
- 腦氣筋痛

發賣所 磚洞 韓美興業株式會社事務所

社告

○申報價

壹張代金	新貨貳錢五厘	
壹個月前納	三拾錢	
參個月	九拾錢	
陸個月	壹圜七拾錢	
壹個年	參圜四拾錢	
郵稅壹張	新貨五厘	
壹個月	拾參錢	

◉廣告料

四號活字拾參字詰每日壹寸(英尺)에新貨卄五錢
貳週日壹寸에 貳圜五拾錢
壹個月壹寸에 五圜
(自壹行至四行이爲壹寸)
其期限의長短과字行의多寡를[illegible]ㅎ야增減홈이有홈

第七卷

大韓每日申報

第千壹百七拾捌號

月稅 臨時及日曜休刊

檀君開國四千二百四十一年
箕子元年三千三十一年
大韓開國五百十七年
日本明治四十一年
淸國光緒三十四年
陰曆戊申七月小初六日癸丑

Responsible for Publication: Alfred Weekley Marnham.

發行兼編輯人 英國人 萬咸

發行所 京城 大韓每日申報社

寄書

⊙每日報無愧春秋

滄瀛生　李寅浩

春秋作而亂賊懼網三叁而奸犯畏執筆秉簡凜若斧鉞之嚴存之削之生之殺之正々方々毫不容貸定褒貶示勸懲千載之下使讀者未嘗餘憾矣夫史者記其事於當時取其信於後世也若諛妄時勢欺誣來學決非作史之本意也一汚靑史洗穎千秋縱橫論議當三致意焉嗚乎我朝定命當奸凶放恣忠賢魚肉之際不失董狐之直威之嚇之殺然不屈殞命至時流芳、世曷不美歟

蓋今之新報館卽古之太史官也辨論頭紋之是非品評人員之賢否凡僻鄕窮村愚夫愚婦莫不知國政何者爲是何者爲非然不知人員誰則爲賢誰則爲否瞭々然莫掩於當時也其法於古史更太焉卽看漢城內我韓人報館有幾千處而或者時諱所在不敢恁他做去內隱戀懷的思想外作葫蘆底樣子强權之下存或佞慝彼奴顔僮面展紙臨墨全昧國之成敗但念自家之禍福媚是應犬之嘴甘作狐鼠之筆非者飾之是者毁之白日未西魑魅出沒惡極醜極不忍聽目人民之哂笑難免而紳士之怒罵何已哉此等魔報於國計民生非徒無益而尤害之可勝痛哉

惟壹大韓每日申報卓々有古之良史之風讀之三復未嘗不擊節歎賞也其論說巍儼然特立不爲氣潮所迷嵬然獨存不爲强力所驅發民氣崇國體啓前途正方向斥邪說論文明主新法設富强拯生民於暗黑使之入於光明撥國家之腐敗欲其進於隆盛撲育刊發痴聾愚暫智管其功當何如哉其維報也直著賢之幽出之著善善之惡惡之陳明矣臣實國家狀摘發罪小擊媚外猾賊擁方政治之看續學界敎育之熱心鐵聞懇揚尤加贊頌勸善懲惡不遺餘力也觀其尾評則或賦或比或諷或刺陳弊痛說經濟鬱悒慷慨射禁志士之涕淚激昂悲歌鼓動英雄之膽氣快々然愉念劈破頑固無智怡々然萬事蕩進開明闖城轟石之智莫盛之誠於斯至矣

噫嘻頑石猶有點頭之日惡虎猶有帖耳之時彼奸猾之徒醜劣之輩際此痛鉅瘡深終無悔悟之心辱國病民日甚壹日嗷尾之衆蠅頭之利百谿鑽逐互相爭奪內治外交代人攫奪偃坐尸位富貴談笑誣人民不盡相從而媚外恨人民不盡相從而賣國戴天履地何忍爲此乎當此之時知我韓人三字幾希矣

此每日報出而修精明立紀綱扶元氣於萬敗之中正王化於沉淪之域麟經大義業爲老筆復覩於斯矣

是以或當公判屢被押收然而不失自强之力益堅忠直之氣闡明活潑百折不撓董狐安命世何加焉判爾之金鍊而愈精崑山之玉磨而愈發吾知判而愈彰收而愈光等卽每日報也處時機之緊迫憤人心之靡戾旬々激烈節々哀痛傷時憂國之心誠熱力沖眞性所發也豈資可變金石可流亦歷有時而桑田變河有時而衣帶而熱力眞性獨不可泯滅者亦卽每日報也

夫擔人之事業隨熱力眞性之多小而成者也竊觀我同胞二千萬衆其熱力眞性皆與每日報相爲表裏則文明富强指日而可期矣勉哉々々

外報

⊙露帝歸國　倫敦電을據ᄒᆞᆫ則露國兩陛下ᄭᅴ셔本國으로向ᄒᆞ야出發ᄒᆞ셧ᄂᆞᆫ대今回의御訪問은政治上으로社交上에大成功이有ᄒᆞᆷ으로認ᄒᆞᆫ다더라

⊙土國艦隊　土耳其艦隊ᄂᆞᆫ마소丛로向ᄒᆞ야出發ᄒᆞ얏다ᄒᆞ더라

⊙吉長鐵道　大連電을據ᄒᆞᆫ즉吉長線의自營이失敗되얏合으로淸人의吉林保路會에셔ᄂᆞᆫ吉林琿春間에鐵道敷設을請願ᄒᆞ얏다더라

⊙處處激震　去十四日에日本國西滋賀縣內에셔大地震이有ᄒᆞᆷ은已報어니와同日午后三時半頃에津大阪濱松松本金澤산田名古屋等地에도激震이有ᄒᆞ야人心이恟恟ᄒᆞ얏다ᄒᆞ더라

⊙前進隊劇戰　臺北電을據ᄒᆞᆫ즉臺灣新竹의日人前進隊ᄂᆞᆫ昨日에土蕃과衝突ᄒᆞ야激戰ᄒᆞᆫ結果로醫部外九名이死傷ᄒᆞ얏ᄂᆞᆫ대蕃徒死傷이四십四名에達ᄒᆞ얏더라

⊙크政府宣言　倫敦電을據ᄒᆞᆫ則크리트島政府에셔ᄂᆞᆫ希臘國旗를揭揚ᄒᆞᆫ事에對ᄒᆞ야宣言書를發表ᄒᆞ얏ᄂᆞᆫ데此ᄂᆞᆫ希臘文明을危地에셔救出ᄒᆞᆷ이오且更히國際的紛擾를惹起ᄒᆞ지아니케ᄒᆞ야달라고公衆의게訴告ᄒᆞ얏다더라

⊙土國態度　伯林電을據ᄒᆞᆫ則土國政府ᄂᆞᆫ但丁堡의狀況은益々不穩ᄒᆞ야土國政府ᄂᆞᆫ且閣議를固執ᄒᆞᆫ다ᄒᆞ더라

⊙英國陸軍統一　倫敦電을據ᄒᆞᆫ즉英國帝國防會議ᄂᆞᆫ帝國政府의提議에基ᄒᆞ야軍隊組織과武器訓鍊을統一ᄒᆞ야帝國內軍隊를輸送或交代케ᄒᆞᄂᆞᆫ事를찬쎄이가存ᄒᆞ얏ᄂᆞᆫ同樣으로陸軍大學을設置ᄒᆞᆯ事를可決ᄒᆞ얏ᄂᆞᆫ데此ᄂᆞᆫ帝國의陸軍을統一케ᄒᆞᄂᆞᆫ것이며帝國政府와陸軍議會와及各殖民地의代表者들의게非常히滿足을與ᄒᆞ얏다ᄒᆞ더라

⊙飛行船橫斷　倫敦電을據ᄒᆞᆫ즉伊太利空中飛行家ᄂᆞᆫ필렐님大尉ᄂᆞᆫ三名의乘員과共히輕氣球를乘ᄒᆞ고시아모늬에셔알프ᄉ山을橫斷ᄒᆞ야壹萬七千英尺의高까지飛行ᄒᆞ얏다더라

⊙德蘭國境問題　伯林電을據ᄒᆞᆫ즉荷蘭政府ᄂᆞᆫ濠洲의우지늬아島에在ᄒᆞᆫ蘭領과德領의境界를決定ᄒᆞ기爲ᄒᆞ야蘭德兩國에셔探險隊를派遣ᄒᆞ기로提議ᄒᆞ얏다ᄒᆞ더라

⊙南洋探險　北美合衆國은南洋諸島를探險ᄒᆞ기爲ᄒᆞ야遠征隊를派遣ᄒᆞ기로準備中이라더라

詞藻

⊙與子同　岩穴生

덧소리반겨듯고、岩穴에나와보니。
일흔國權回復코자、志士찻ᄂᆞᆫ벗시로다。
가리로다、萬壑千峰ᄒᆞ직ᄒᆞ고、벗님따러。

廣告

雜報

●淸瓜遞上 府院君尹澤榮氏가所栽植ᄒᆞᆫ瓜를選ᄒᆞ야門外에셔採ᄒᆞ야進過ᄒᆞᆫ者殷般知了ᄒᆞᄂᆞᆫ바어니와[illegible]消遣的으로各國瓜菜[illegible]種類를栽ᄒᆞ얏더니再昨日에[illegible]眞瓜六枚介를獻[illegible] 大皇帝陛下께進上ᄒᆞᆫ지라同 皇帝陛下께옵셔ᄂᆞᆫ其中三枚介를 太皇帝陛下께 奉獻ᄒᆞ셧다더라

●三氏訪問 宮內府大臣閔丙奭氏와侍從[illegible]官金[illegible]榮諸氏ᄂᆞᆫ再昨日下午三時頃에東門外에滯在ᄒᆞᆫ尹澤榮氏를訪問ᄒᆞ얏다더라

●不得出 統監府[illegible]理事像[illegible]案은旣爲編成ᄒᆞᆫ바歲入은二百四十萬圜이오歲出은二百七十餘萬圜이라歲入의不足額이三十餘萬圜이라ᄒᆞ며

●所慮在此 總理大臣李完用氏가靑岩寺에避暑ᄒᆞᆫ바[illegible]重應氏를面囑ᄒᆞ야東京에滯留ᄒᆞᆫ宋秉畯氏의渡來與否와[illegible]府大臣의變更與否를採探通知ᄒᆞ라ᄒᆞ얏다더라

●愛侮有因 李容元氏가中樞院議長金允植氏의名譽毁損事件을告發ᄒᆞᆫ은一世共知ᄒᆞᄂᆞᆫ바어니와此事件에對ᄒᆞ야[illegible]人이라[illegible]面對ᄒᆞ야[illegible]ᄒᆞ얏다더라

●[illegible] [illegible]ᄂᆞᆫ司法權委任[illegible]ᄒᆞ야[illegible]不勝ᄒᆞ야總相李完用氏[illegible]장書質問코ᄌᆞ[illegible]가挽留ᄒᆞ얏더니[illegible]質은罔於히退去ᄒᆞ야質問코ᄌᆞᄒᆞᆫ다더라

●實非困難 永宣君[illegible]氏[illegible]財政이困難ᄒᆞ야[illegible]宮奉[illegible]二千圜을[illegible]寄付ᄒᆞ얏다더라

●警察增員 司法權委任에就ᄒᆞ야司法事務를刷新ᄒᆞ기에ᄂᆞᆫ警察官의增員ᄒᆞᆷ이必要ᄒᆞ다ᄒᆞ야目下調査中이라더라

●譯補試取 昨日中樞院內警察官鍊習所에셔通譯補官補二十人을試取ᄒᆞᆯᄉᆡ應試者가貳百四拾名에達ᄒᆞ얏다더라

●什氏渡日 [illegible]局長[illegible]ᄂᆞᆫ同等[illegible]이有ᄒᆞᆫ지再昨夜에京釜鐵道列車를搭乘ᄒᆞ고日本에渡往ᄒᆞ얏다더라

●會尹聯合 漢城府尹[illegible]氏ᄂᆞᆫ漢城各會社에聯合ᄒᆞ야五部內人命의生産死亡과寄住의移去移來를每月終에詳細報告ᄒᆞ라ᄒᆞ얏다더라

●賭說將實 內部에셔賭[illegible]規[illegible]ᄒᆞ야漢城以外各地方에[illegible]賭獻을實施ᄒᆞᆫ다더라

●民籍規則頒布 內部警務局에셔民籍法實施ᄒᆞᆷ을[illegible]ᄒᆞ야人民의了解케ᄒᆞᆯ目的으로規則을制定ᄒᆞ야漢城內에分給ᄒᆞ얏다더라

●水雷撤去 日本水雷艇五隻은淸國沿海에出沒ᄒᆞᄂᆞᆫ淸國海賊을搜索ᄒᆞ기爲ᄒᆞ야仁川港에셔[illegible]鎭南浦로[illegible]ᄒᆞ야沿海諸島嶼를視察ᄒᆞ얏다더라

●鴨江築港計劃 滿鐵會社에셔安奉線改築ᄒᆞᆫ同時에鴨綠江에大築港ᄒᆞ기로計劃中이라더라

●申々歡迎 日本留學生監督申海永氏를歡迎ᄒᆞ기爲ᄒᆞ야再昨日下午七時에ᄂᆞᆫ尹致昨氏가明月館으로請邀宴待ᄒᆞ얏고昨日下午六時에ᄂᆞᆫ學部各官이嘉泉館으로請邀宴待ᄒᆞ얏다더라

●學資督納 昨年度에日本官費留學生中에林炳[illegible]吳[illegible]基榮三氏가監督官의命令을服從치아니ᄒᆞᆫ다ᄒᆞ야退學을命ᄒᆞ얏ᄂᆞᆫ데昨日學部에셔該三氏의保證人을會同ᄒᆞ야學資金을從速還納ᄒᆞ라ᄒᆞ얏다더라

●淸[illegible]到着 日本에留學ᄒᆞᄂᆞᆫ淸國人三名은日前[illegible]到着ᄒᆞ야京城旅館에留宿ᄒᆞ며去十九日에[illegible]歸國ᄒᆞ얏다더라

●石橋改良 內部土木局에셔ᄂᆞᆫ漢城內各石橋를一新改良ᄒᆞᆫ다더라

●日渡漁業 日本三重縣에셔本年三月에渡來ᄒᆞᆫ漁業組合을設始ᄒᆞᆫᄃᆡ組合員三十二名이오從業者ᄂᆞᆫ四百貳拾人이라現今益々增加ᄒᆞᄂᆞᆫ中이오漁場은突山京島와平沙洞에未墾地五拾八町餘를借貸移住ᄒᆞ얏ᄂᆞᆫ데漁業을經營ᄒᆞᄂᆞᆫ中인데該縣에셔도該漁業을特派ᄒᆞ야諸般事項을指導保護ᄒᆞ고同縣水産組合에셔도本年度에[illegible]同縣[illegible]韓國沿岸에移住ᄒᆞ야共同[illegible]增進ᄒᆞ기로準備ᄒᆞᆫ다더라

●蔡伸興續 慶南密陽郡守[illegible]ᄂᆞᆫ敎育을獎勵ᄒᆞ기爲ᄒᆞ야蔡杖草鞋[illegible]說ᄒᆞ며百姓이安堵ᄒᆞ야[illegible]境이[illegible]ᄒᆞ얏다더라

●漢民牢拒 平安南道平壤郡外川坊三[illegible]洞에裁判所를建築ᄒᆞ기爲ᄒᆞ야國家에셔三百餘戶를買入毁撤ᄒᆞᆯᄉᆡ[illegible]民이失接ᄒᆞ야[illegible]洞新街左右로移住케ᄒᆞᆯ目的으로觀往ᄒᆞ야各地主와相當ᄒᆞᆫ價額을領收ᄒᆞ고建築地를許給ᄒᆞ기를勸告ᄒᆞ되地主等이不樂從ᄒᆞ되唯獨洪[illegible]觀이[illegible]拒不聽ᄒᆞᆫ다더라

●[illegible]不均 [illegible]國內道路를[illegible]時에役夫雇價를[illegible]ᄂᆞᆫ대今番津港道路修築에ᄂᆞᆫ雇價를政府에셔支撥ᄒᆞᆷ으로[illegible]之下에向隅之歎이有ᄒᆞᆫ지라畢竟役夫中에不穩ᄒᆞᆫ影響이有ᄒᆞ리라고物論이有ᄒᆞ다더라

●胡[illegible]境 [illegible]郡主事朴明[illegible]氏ᄂᆞᆫ農林學校經費事件으로[illegible]超過ᄒᆞᆫ時에[illegible]邑內居留[illegible]協同放餞ᄒᆞ야人民中一人은中丸之致로近日致斃ᄒᆞ[illegible]各面各洞及檢校任員을自意로除汰ᄒᆞ며[illegible]公[illegible]不須[illegible]自己[illegible]人民의[illegible]이有ᄒᆞ다더라

●交通不便 [illegible]郡[illegible]橋梁은[illegible]年久ᄒᆞ야交通이極難ᄒᆞᆫ지라[illegible]人이[illegible]行客에게徵收코ᄌᆞ[illegible]契約을[illegible]洞에셔[illegible]端ᄒᆞ야[illegible]反對ᄒᆞ고[illegible]自力으로建築ᄒᆞ기爲ᄒᆞ야各面에告示를揭付ᄒᆞ고不日始役ᄒᆞ얏다더라

●民情可念 靑陽郡守黃祐燦[illegible]시ᄂᆞᆫ各面長을會同ᄒᆞ야各公私學校의經費를充用ᄒᆞ기爲ᄒᆞ야[illegible]每結頭에[illegible]加斂ᄒᆞ고不[illegible]面장들이反對ᄒᆞ기로人心이不服된다ᄒᆞ며貴[illegible]施코ᄌᆞᄒᆞᆷ으로面장들이財務監督局에請願ᄒᆞ야該局에셔[illegible]禁止ᄒᆞ얏더니貴[illegible]ᄂᆞᆫ此에憤慨ᄒᆞ야[illegible]面장二名을拘囚ᄒᆞ얏다더라

●宜其罷工 內部新建築工事에昨日上午[illegible]時頃에[illegible]役夫의什長[illegible]役夫數名을[illegible]木棒으로毆打ᄒᆞ야[illegible]部장이[illegible]禁止ᄒᆞ얏스나什役夫ᄂᆞᆫ逃走ᄒᆞ얏고該役夫ᄂᆞᆫ今에同盟罷工ᄒᆞ얏다더라

●害虫蔓延 平安北道에虫災ᄂᆞᆫ益猖獗ᄒᆞ야各郡農作物의被害가極甚ᄒᆞᆷ으로驅除ᄒᆞ기甚難ᄒᆞ다더라

●殊常何人 漢城銀行에ᄂᆞᆫ近日何許殊常人이來往ᄒᆞᆫ故로刑事巡査가其行動을探偵ᄒᆞᆫ다더라

●果商組合 漢城內果商들이果商組合을設立ᄒᆞ고腐敗未熟ᄒᆞᆫ果種은衛生에妨害ᄒᆞ야[illegible]勿賣買케ᄒᆞ고[illegible]升[illegible]均[illegible]케ᄒᆞᆫ다더라

●以盜敎育 [illegible]漢弼氏ᄂᆞᆫ拾餘年間[illegible]孤兒를養育ᄒᆞ야至今十六歲라[illegible]夜에[illegible]兒가方[illegible]物을窃取ᄒᆞ야[illegible]ᄒᆞ얏다더라

●敎[illegible]新築 敎[illegible]將校[illegible]舍를司令官許嘉[illegible]新建築ᄒᆞ기로決定ᄒᆞ고工事를着手ᄒᆞ얏다더라

●[illegible]交鋒 茂長[illegible]數日前에[illegible]二名及[illegible]員三名이[illegible]交戰ᄒᆞ얏ᄂᆞᆫ대死傷은未詳ᄒᆞ다더라

●牧民[illegible] [illegible]學校ᄂᆞᆫ[illegible]地에[illegible]臨ᄒᆞ야敎育ᄒᆞ기爲ᄒᆞ야設立ᄒᆞ얏다더라

[illegible]인데韓國內外各社會에[illegible]志士[illegible]成장이되야校외[illegible]元老金[illegible]實[illegible]學校의數[illegible]專門[illegible]科卒業[illegible]新[illegible]城外[illegible]有名[illegible]新[illegible]講習所[illegible]栢潭시ᄂᆞᆫ[illegible]困難[illegible]漢[illegible]民[illegible]吉[illegible]시가[illegible]講[illegible]케ᄒᆞ다고[illegible]慈善人[illegible]ᄒᆞ다더라

●[illegible]黃海道[illegible]水[illegible]東[illegible]明[illegible]建築[illegible]募集[illegible]熱心敎授[illegible]證書[illegible]授與[illegible]放[illegible]生[illegible]難[illegible]可[illegible]故[illegible]敎授ᄒᆞ다더라[illegible]文[illegible]研究[illegible]學[illegible]規則[illegible]ᄒᆞ다더라

○東京電報○

◉火藥庫爆發 八月貳拾日發 大阪[illegible]에[illegible]二座가[illegible]附近四方[illegible]人家[illegible]人畜의死傷이多數ᄒᆞ다더라

△歲月歌▽

羅[illegible]生

△[illegible]朝鮮雨지닌[illegible]郊墟[illegible]完然[illegible]번기갓치[illegible]歲月이라[illegible]事[illegible]文夫[illegible]憂鬱[illegible]을痛飮ᄒᆞ고高樓斜陽빗겨안저歲月歌나불너볼ᄭᆞ

△歲月아々々가지마라[illegible]界에先覺들은腐敗之俗打[illegible]新世界를造成코저滿腔[illegible]血[illegible]더[illegible]滯[illegible]的地가[illegible]遠[illegible]네[illegible]보면더志士가[illegible]늙ᄂᆞᆫ다

△歲月아々々가지마라[illegible]界에報[illegible]片[illegible]之[illegible]然[illegible]네[illegible]늙[illegible]

△[illegible]々々[illegible]界[illegible]腐[illegible]之[illegible]成코저[illegible]術[illegible]보면더志士가[illegible]늙[illegible]

△歲月아々々[illegible]上에志士[illegible]渙散[illegible]國[illegible]力[illegible]라[illegible]다[illegible]東[illegible]愛[illegible]心은[illegible]보면더志士가[illegible]늙ᄂᆞᆫ다

△歲々[illegible]々々[illegible]孤臣[illegible]獨立[illegible]回復[illegible]祖國山河[illegible]外[illegible]보면더志士가[illegible]늙[illegible]

[illegible]

社告

吾國方에서本報를愛讀하ᄂᆞᆫ諸君子ᄭᅴ셔本報創刊以後로諸君子의累年勤顧ᄒᆞ심을頗ᄒᆞ야益々히本報ᄅᆞᆯ擴張ᄒᆞ게되믄感謝無已이온바近日에至ᄒᆞ와諸君子ㅣ本社의事情을未燭ᄒᆞ심인지本報의代金을累月延滯ᄒᆞ오ᄆᆡ本社中經費가艱拙ᄒᆞ기莫甚ᄒᆞ와困難이莫甚ᄒᆞ오니諸君子ᄂᆞᆫ從此히從前滯ᄒᆞᆫ代金을斯速히辨送ᄒᆞ시옵고不然ᄒᆞ오면本報維持ᄒᆞ기極難ᄒᆞ오니嗚呼라本社ᄂᆞᆫ元來營業的으로開報ᄒᆞᆷ이아니오나萬一額項의窘乏이아니면엇지如是히代金을督促ᄒᆞ리오實是萬不得已ᄒᆞ야出ᄒᆞᆷ이니諸君子ᄂᆞᆫ亟亟照亮ᄒᆞ시와速々辨送ᄒᆞ심을至祝

大韓每日申報社

雜報

○同郡虎患　 甯州郡에ᄂᆞᆫ近日虎患이大熾ᄒᆞ야鷄牛와人命을多數殺害ᄒᆞᆫ다더라

○鐵湖總會　 鐵湖學會에서今日(土曜)下午二時에通常總會를開ᄒᆞ고諸般事務를處理ᄒᆞᆫ다ᄒᆞ니在京會員의게도一齊詣集ᄒᆞᆷ을請邀ᄒᆞᆫ다더라

廣告

本人의所用ᄒᆞ던四方形篆刻圖章類와四方形正刻圖章類를佩囊에倂置ᄒᆞ야去月間에俱失ᄒᆞᆫ바已失圖章은謄ᄒᆞ야效ᄒᆞ고新圖刻符用ᄒᆞ오니照亮ᄒᆞ심 三和港僑[illegible]

敬啓者本報ᄂᆞᆫ開刊有年에其論說의嚴正과其報道의迅速이無比ᄒᆞ야淸國內遠近志士가壹切歡迎ᄒᆞ오며韓國에도稍々히購覽ᄒᆞᄂᆞᆫ紳士가有ᄒᆞ온바今에更히江湖諸彦의게紹介ᄒᆞ기爲ᄒᆞ야本報館所在處及報價를左開廣告ᄒᆞ오니願覽諸시ᄂᆞᆫ迅速々히左開處로通奇ᄒᆞ시옵

本館所在地　哈爾濱瓦牙街

報價壹個月先給　俄貨捌角

全　三個月先給　俄貨貳圓

但報價ᄂᆞᆫ先給을要ᄒᆞᆷ

八月拾壹日陰六月貳拾六日

遠東報館　告白

本所總會를本月貳拾壹日下午壹時(陰七月初六日)開ᄒᆞ오니僉宗은南部上茶洞第七戶로來臨ᄒᆞᆷ　金海金氏宗約所　白

本人이南大門外大里門洞壹百廿拾壹統三戶瓦家八間判刻文券壹張을完武會壹年分에曾爲會社에典執ᄒᆞ얏다가限滿ᄒᆞ야[illegible]還推後에典契約書貳張을不知中에失ᄒᆞ엿기以廣告ᄒᆞ오니照亮ᄒᆞᆷ

[illegible]　告白

本社ᄂᆞᆫ西北三道에特約取扱所를設置ᄒᆞ고本社新聞을迅速安全히取扱ᄒᆞ야熱烈ᄒᆞᆫ發程下送ᄒᆞ오니僉君子ᄂᆞᆫ照亮ᄒᆞ시옵

[illegible]遞送發賣社　告白

本人이加平郡北面陵隅에所在ᄒᆞᆫ畓三拾二斗落文券三張과秋收賭錄冊을本月拾八日에路中에서遺失ᄒᆞ얏ᄉᆞ오니無論內外國人士ᄒᆞ고拾得ᄒᆞ셧거던休紙로施行ᄒᆞ시ᄋᆞᆸ君子ᄭᅴ셔지면厚謝ᄒᆞ깃ᄉᆞᆸᄂᆡ다

[illegible]洞[illegible]宮留李景秀白

本人의姓名正字圓形圖章을去陰六月十九日에失ᄒᆞ얏기玆以廣告ᄒᆞ오니知舊諸照亮ᄒᆞ십

平北龍川外下面做義洞

張載柄　告白

本所에셔一般人民의農林業을발達ᄒᆞ기爲ᄒᆞ야本國에適宜ᄒᆞᆫ簡易ᄒᆞᆫ學科를撰ᄒᆞ야夜學으로敎授ᄒᆞ오니有志ᄒᆞ신僉人은本所에來議ᄒᆞ심을要ᄒᆞᆷ

科目

果樹栽培學　森林學

土壤學　獸醫學

家畜學　肥料學

試驗日字　九月十一日下午一時　陰七月廿七日

試驗科目　國漢文作文算術

開學日字　九月십三日

卒業期限　六個月

講師　[illegible]科卒業生　[illegible]

金鐵初　元勛常　金憲侃

隆熙三年陽月十八日

中署駿洞廿九統貳戶

西北學會內

農林講習所　告白

本人이本年陰三月初四日에商店(瓦房)을設ᄒᆞ고藥材와荒貨와乾布木等을廉價로販賣ᄒᆞ오니尊客에持來物件을寄放ᄒᆞ오니僉君子ᄂᆞᆫ光臨ᄒᆞ시옵

京南大門外紫岩二百四十三統九戶韓譯官趙使淳家

瓦房　洪在應　告白

本館에셔石版印刷及真印刷物을精巧히ᄒᆞ오며極히廉價로ᄒᆞ깃ᄉᆞ오니僉君子ᄂᆞᆫ陸續來臨請求ᄒᆞ심을敬要

南大門內秀印館印刷部

本人의中江郡加西面居ᄒᆞᄂᆞᆫ人이浮漢ᄒᆞ온데隣居ᄒᆞᄂᆞᆫ亂類金桂淡이로付間ᄒᆞ야本人의圖章을持去ᄒᆞ얏ᄉᆞ오니內外國人은勿爲見欺ᄒᆞ시오

[illegible]居

延[illegible]　告白

陰六月二十[illegible]日陽川西三井面陵里證明ᄒᆞᆫ八斗落畓耕文券遺失ᄒᆞ얏ᄉᆞ오니誰某拾得ᄒᆞᆫ던지休紙施行ᄒᆞ시옵

海州[illegible]　告白

本人이陰七月二日에圖刻圓形姓名圖章을遺失ᄒᆞ엿기玆에廣告ᄒᆞ오니內外國人은勿爲見欺

[illegible]　告白

◎學員募集廣告

本塾에셔第五回入學期를當ᄒᆞ야法律書學과經濟夜學兩專門科의員을募集ᄒᆞ오니願學人은左記試驗定期內에本塾用紙로써早速請願

修業年限　三學年

入學年齡　滿二十歲

學科目　備在本塾學則

試驗日字　九月五日上午拾時

試驗科目　論著、作文、地理、歷史、博物學、物理、化學、數學、(幾何代數)

開學日字　九月拾二日

隆熙三年八月拾壹日

西部都染洞拾八統貳戶

私立　養正義塾

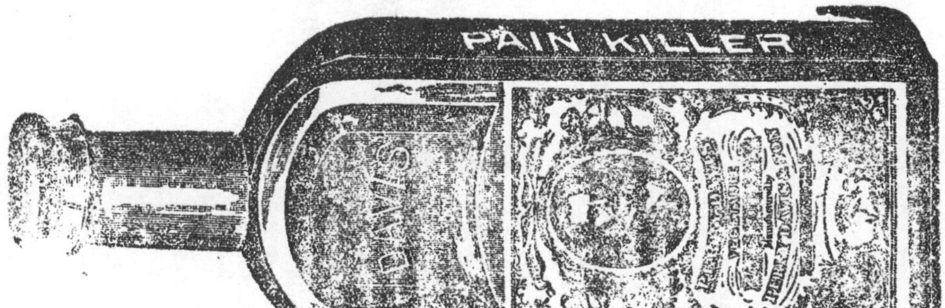

◎秘製止痛藥

此藥은英國에有名ᄒᆞᆫ의학博士[illegible]得未司氏의發明ᄒᆞᆫ妙藥인ᄃᆡ此藥品을韓國內에[illegible]特爲派員ᄒᆞ야[illegible]託ᄒᆞ는故로[illegible]ᄒᆞᆯ바左開諸症에外에도[illegible]當此炎夏에九極神效ᄒᆞ와多數生命을[illegible]藥業에從事ᄒᆞ시ᄂᆞᆫ이와疾病을豫防코져ᄒᆞ시ᄂᆞᆫ이ᄂᆞᆫ[illegible]ᄒᆞ시면廉價로發賣ᄒᆞ깃ᄉᆞᆸᄂᆡ다

左開

▲內科所屬▼

胃酸	腹瀉	火疔창
吐瀉	食傷症	寒창
咳嗽	不消化	跌打損傷
肚滯	疹子	腰骨痛
頭痛	傷寒	蟲창
肝病	肚痛	指甲疽
胃熱	痢疾	咽喉痛
口內之瘡	牙痛	蟲蛇螫咬
哮喘	腎病	凍창
小兒吐瀉	暑夏吐瀉	腸氣筋痛
抽筋		癬
瘧疾		
噯氣		
胃氣痛		
神經痛		
候痺		
手足軟痛		
霍亂		
痧氣		
氣管病		
霍亂		

發賣所　[illegible]會社[illegible]事務所

廣告

本人이 皇城銅峴惠濟藥房主李聖化씨와 擱[illegible]三日 本分店契約으로 契約金一千圜手形、成給홈앗다가 [illegible]不能홈이 第五日에 間接人宋聲玉씨로 破約홈기로 手形還付矣러니 해시가 退却ㅎ야 受則此手形은 無效이오니 內外[illegible]僉彦은 照亮ㅎ시옴

平壤 城[illegible] 告白

本校에 各年級에 補充ㅎ 學員을 募集ㅎ오니 志願ㅎ시는 僉員은 九月五日內로 請願ㅎ야 試驗ㅎ시옴

開學 日字는 九月十日이오니 本校 學員은 豫期來校ㅎ시옴

安州郡 [illegible]成安興學校

測量製圖器械 其他附屬品文具 都賣 散賣

京城本町郵便局前 篠崎器械店
平壤南門通二丁目 篠崎支店

新訂 算術通論 上下合附並解式 　新訂 教科書
高等 小學 理科教科書
大韓 [illegible]誌 教科書
[illegible]
[illegible]

各種藥品을 總發行ᄒᆞᄂᆞᆫ 所는 漢城 [illegible] 濟生堂大藥房本舖

旅行居家 淸心保命丹 (消化新藥)

藥商이 [illegible] 持[illegible]大青[illegible]

遠地[illegible]

主治效能 [illegible]

[illegible] 隨處販賣 [illegible]

◉共愛堂大藥房製造發行各種藥品及支店表

壯陽復元丹 此藥은 專治腦痛腦弱、房事色傷、心腎虛弱、陽痿不起、遺精多夢、房事早泄、[illegible]快、病後虛弱、飲食不下、先天不足、眩暈頭痛 [illegible] 妙效 [illegible]

[illegible] 丹 此藥은 專治[illegible]滯症、胃腹痛、消化不良、食慾不振、心臟鬱悶、船暈酒醉、口熱惡臭 [illegible] 症에 妙效無雙 [illegible] 能化痰止咳 [illegible] 在家旅行에 必携要藥 [illegible]

眼科聖藥 淸眼水 此약은 [illegible]眼疾即 [illegible] 眼疾、[illegible]熱眼疾과 淋毒眼疾과 [illegible] 流淚와 灰沙眯目과 [illegible] 紅痒 症에 [illegible]之妙効 (点眼器付 [illegible])

解瘧至寶丸 此약은 專治[illegible]

皮膚靈藥 靈效液 [illegible]

通瘀丸 [illegible]

神應丹 [illegible]

小兒命散 [illegible]

淸腸丸 [illegible]

養胃散 [illegible]

治痰鎭咳丸 [illegible]

消熱散 [illegible]

止泄丸 [illegible]

蛔積散 [illegible]

[illegible]

妙妙膏 [illegible]

解[illegible]膏 [illegible]

能[illegible]膏 [illegible]

電氣帶發行所
皇城南部[illegible]十九統七戶 共愛堂藥房

各處支店特約所에 隨意販賣홈

各種東西洋藥과 韓國唐草材 大發賣所 [illegible] 和平堂藥房

[illegible]

藥房主 [illegible] 告白

第七卷

大韓每日申報

第千壹百七拾九號

[illegible]
發行兼編輯人 [illegible]
Responsible for Publication Alfred Weekley Marnham.
大韓門[illegible]

論說

賀湖南商民同胞

嗚乎라時勢여[illegible]嗟跎ᄒᆞ도다[illegible]心이日陷溺ᄒᆞ야[illegible]ᄒᆞ며遊說圖[illegible]生ᄒᆞ야將且三千里太[illegible]將[illegible]壹ᄀᆡ奴隸窟[illegible]作ᄒᆞ리[illegible]何許魔輩ᄂᆞᆫ禍心을包藏ᄒᆞ고[illegible]謂商務部를組織ᄒᆞ야城內外良民을假ᄒᆞ야[illegible]欺誘ᄒᆞ야渠의目的을到達코ᄌᆞ[illegible]說이有ᄒᆞ기吾儕ᄂᆞᆫ慷慨激憤ᄒᆞ야[illegible]警告를發ᄒᆞ얏더니

壯哉라四千[illegible]歷史의靈光이未泯ᄒᆞ며二千萬同胞의正氣가未死ᄒᆞ야吾衛生[illegible]에壹枝燭을持ᄒᆞ고昏衢의木鐸을叩ᄒᆞ야頑迷者의胸을驚醒케ᄒᆞᆫ湖南商民同胞ᄂᆞᆫ[illegible]도다

壯哉며偉哉라湖南[illegible]同胞여 偉哉며壯哉라湖南商民同胞여

彼魔黨은正是[illegible]得[illegible]의秋라其泰山에[illegible]歷ᄒᆞ며[illegible]의威로迫ᄒᆞ야[illegible]商民을[illegible]로驅入ᄒᆞ려라ᄒᆞ[illegible]乃商[illegible]同胞ᄂᆞᆫ頭에大韓天을戴ᄒᆞ며足에大韓地를履ᄒᆞ고數千載祖宗父[illegible]的[illegible]大韓心血이[illegible]熱ᄒᆞ야此報를[illegible]ᄒᆞ며義膽이欲裂ᄒᆞ며怒髮이上指ᄒᆞ야悽然히淚로[illegible]走相告ᄒᆞ며[illegible]心으로[illegible]首相誓ᄒᆞ야彼의壓迫이如何히强ᄒᆞ더라도我商人等은決死不服ᄒᆞ기로[illegible]ᄒᆞ얏스니(本報[illegible]揭載ᄒᆞᆫ바)嗚乎라鄒孟子의云ᄒᆞᆫ바「貧賤不能移威武不能屈」을乃湖南商民同胞에게見ᄒᆞ깃[illegible]

萬壹湖南商民이彼魔誘에迷倒ᄒᆞ면湖南의名譽를埋沒ᄒᆞᆯ뿐더러商民의歷史를汚ᄒᆞᆯ뿐더러又國家[illegible]禍厄이될[illegible]니엇지其忠憤義氣가魔[illegible]을將崩에折ᄒᆞ며正義를旣晦에扶ᄒᆞᆫ偉哉며壯哉라前者[illegible]此로歸ᄒᆞ면彼商務部ᄂᆞᆫ不攻自破ᄒᆞ리니是則湖南을爲ᄒᆞ야可賀며[illegible]民을爲ᄒᆞ야可賀며三[illegible]國家를爲ᄒᆞ야可賀ᄒᆞ리라

雖然ᄒᆞ나吾儕ᄂᆞᆫ更히商民同胞의게壹言[illegible]有ᄒᆞ노니諸公의忠義로此國運艱難ᄒᆞᆫ秋를當ᄒᆞ야挽救의策[illegible]不[illegible]ᄒᆞ면엇지此國[illegible]民이라云ᄒᆞ며또엇지智者의事라云ᄒᆞ리오伏願諸公은但只外來의勢力만防禦ᄒᆞᆯ뿐으로[illegible]策을作ᄒᆞ지말고衆心의誠을聚ᄒᆞ야國運을挽救ᄒᆞᆯ지어다

挽救의道ᄂᆞᆫ無他라壹邊으로實業을振興ᄒᆞ야生計를興旺케ᄒᆞ며壹邊으로學校를設立ᄒᆞ야靑年子弟의知識을啓發ᄒᆞᆷ이是니此二者ᄂᆞᆫ今日[illegible]이나諸公은[illegible]活[illegible]말지어다諸公의熱血을欲ᄒᆞ야[illegible]務에[illegible]ᄒᆞ리로[illegible]노라

◎隆熙三年七月廿七日 官報

法律

韓國銀行條例를裁可ᄒᆞ야頒布케ᄒᆞ노라

御名 御璽

隆熙三年七月二十六日

內閣總理大臣 李完用

度支部大臣 任善準

法律第二十二號

韓國銀行條例

第壹章 總則

第壹條 韓國銀行은株式會社로ᄒᆞ고其本店을京城에置ᄒᆞᆷ

第貳條 韓國銀行은政府의認可를受ᄒᆞ야要地에支店代理店을設立ᄒᆞ며又ᄂᆞᆫ他銀行과交通「콜네스폰덴스」을締約ᄒᆞᆷ을得ᄒᆞᆷ 政府ᄂᆞᆫ支店代理店을必要로認ᄒᆞᄂᆞᆫ[illegible]銀行에命ᄒᆞ야此를設置케ᄒᆞᆷ을得ᄒᆞᆷ

第三條 韓國銀行의存立時期ᄂᆞᆫ設立登記의日로브터五十年으로ᄒᆞᆷ 但政府의認可를受ᄒᆞ야此를延長ᄒᆞᆷ을得ᄒᆞᆷ

第四條 韓國銀行의資本金은壹千萬圓으로ᄒᆞ고此를拾萬株로分ᄒᆞ야壹株의金額을壹百圓으로ᄒᆞᆷ 但政府의認可를受ᄒᆞ야資本金을增加ᄒᆞᆷ을得ᄒᆞᆷ

第五條 韓國銀行의株式은記名으로ᄒᆞ고韓日兩國人에限ᄒᆞ야所有ᄒᆞᆷ을得ᄒᆞᆷ

第六條 政府ᄂᆞᆫ韓國銀行의株式中三萬株를負擔ᄒᆞᆷ

[illegible]事項을[illegible]ᄒᆞ야[illegible]韓國銀行의株式을[illegible]ᄒᆞᆷ을不得ᄒᆞᆷ

(未完)

外報

◎[illegible]光景이極[illegible]同[illegible]의部[illegible]裁判所等은[illegible]工兵隊[illegible]總[illegible]戒救護中이라

[illegible]鴨綠江港 安奉線의竣工을待ᄒᆞ야海運[illegible]聯絡을完了ᄒᆞ야[illegible]鴨綠江沿岸에輪[illegible]港[illegible]港[illegible]

[illegible]海軍 淸國艦隊[illegible]爲ᄒᆞ야[illegible]發ᄒᆞ[illegible]赴ᄒᆞ[illegible]

[illegible]極東에派送ᄒᆞ[illegible]移[illegible]極東[illegible]

[illegible]阿非利加의公古國[illegible]比利時[illegible]公古自由國[illegible]無限[illegible]財源[illegible]勢力[illegible]强ᄒᆞ야進步的傾向[illegible]物質的改良[illegible]土人의道德程度를[illegible]努力ᄒᆞ면將來의[illegible]疑ᄒᆞ다더라

雜報

◎炭坑發火 門司電을據ᄒᆞᆫ즉同縣下遠賀郡底井野村太隈炭坑內에셔去十三日朝에發火ᄒᆞ야坑夫三名이死亡ᄒᆞ얏고[illegible]지鎭火치못ᄒᆞ야火焰이盛히噴出ᄒᆞ얏다더라

◎火藥爆發後報 太阪府下[illegible]火藥庫가爆發ᄒᆞᆷ은已報ᄒᆞ얏거니와其附近家屋은震動破壞ᄒᆞᆫ者四方[illegible]里의人家ᄂᆞᆫ壁障子와家財等이八方에散亂ᄒᆞ야慘[illegible]

◎不飮之烟 昨日本報雜報欄內西北學會[illegible]相[illegible]ᄒᆞᆫ者[illegible]은純是無根之說인ᄃᆡ何許浮浪者가做出傳播ᄒᆞᆷ이라더라

詞藻

◎宜早々

人間七十古來稀는, 네로브터 이른비라。

하루밧비 東韓兄弟, 列强國과 同等되세。

만일에, 교식지게참다가는, 永々奴隸。

雜報

●李君陛見 永宜君李埈鎔氏가再昨日上午拾一時에 선源殿을 奉審後에 太皇帝陛下께와 大皇帝陛下께 陛見ᄒᆞ얏고 宗廟秋享大祭에參與ᄒᆞ얏다더라

●義王娛遊 義親王殿下께서ᄂᆞᆫ再昨日에妓妾姸娟을帶同ᄒᆞ고東門外興天寺에前往ᄒᆞ야數時間馳馬娛遊ᄒᆞ고仍히북적골로前往ᄒᆞ얏다더라

●內閣動搖說 近頃에韓國內閣이動搖ᄒᆞᆫ다ᄂᆞᆫ風說이又爲喧藉ᄒᆞᆫ데其根因은度相任善準氏가近來에怏々不樂ᄒᆞ야每事에不平之色이有ᄒᆞᆷ으로胚胎ᄒᆞᆫ바ㅣ오度相의不平ᄒᆞᆫ原因은當初司法權委任新協約締結ᄒᆞᆯ時에高法相과軍相은極力反對ᄒᆞᄆᆡ總相이萬般說論ᄒᆞ야兩氏를强從케ᄒᆞᆫ以後에軍部ᄂᆞᆫ廢止되야軍相은親衛府長官으로榮轉ᄒᆞ얏스나高法相은將次區處ᄒᆞᆯ道가漸乏ᄒᆞᆫ지라任度相을勸論ᄒᆞ야退職케ᄒᆞ고其代에高永喜氏를轉任케ᄒᆞᆯ意向을任氏의게示ᄒᆞᆫ데任氏ᄂᆞᆫ大激昂ᄒᆞ야爾來로每事에反對ᄒᆞᄂᆞᆫ步調를現ᄒᆞᆷ으로此等풍說이流傳ᄒᆞᆷ이라然而其結局은任氏ᄂᆞᆫ中樞院顧問이되고高氏ᄂᆞᆫ終乃其後任을襲ᄒᆞ기로說히內定이되얏슨즉法部廢止될同時에該事實이現出ᄒᆞ리라더라

●李氏訪問 中樞院顧問李址鎔氏ᄂᆞᆫ再昨日下午八時에總相李完用氏를訪問ᄒᆞ고同十二時에還歸ᄒᆞ얏다더라

●其名頗好 尹震學氏가將立院을設始ᄒᆞ기로統監府에交涉ᄒᆞᆫ다ᄂᆞᆫ데該院官制ᄂᆞᆫ總辦壹人局장壹人課장貳人主事拾五人置ᄒᆞ다더라

●可否無辭 司法權을日本에委任ᄒᆞᆫ事에對ᄒᆞ야各道儒生들이慷慨ᄒᆞᆫ言辭로總理大臣李完用氏에게疏書를送致ᄒᆞ얏ᄂᆞᆫ데李氏ᄂᆞᆫ壹不答辨ᄒᆞ고接受ᄒᆞᆫ而已라더라

●公通督撻 度支部次官荒井賢太郞이가還任後에ᄂᆞᆫ未勘金整理事務에着手ᄒᆞᆫ더인더各丞道郡守及觀察使를一々招待ᄒᆞ야督撻ᄒᆞᆫ데이라더라

●刊冊請願 宋子大全을發刊次로忠北儒生이內部에請願ᄒᆞ얏ᄂᆞᆫ데內部에서ᄂᆞᆫ觀察使의게甲飭ᄒᆞ야相當處理ᄒᆞ라ᄒᆞ얏다더라

●家稅改行 明年度부터漢城家稅規則을改定施行ᄒᆞᆫ다ᄒᆞᆷ은已報ᄒᆞ얏거니와貳百戶以上地를市街로認定ᄒᆞᆫ다더라

●技術員修報 京畿觀察使金思默氏가管下에女子製造技術員合格者三名을內部로修報ᄒᆞ고認許를得ᄒᆞ야各郡女子의製造를施行케ᄒᆞᆫ다더라

●禪宮內訌 禪宮奉敬會長金任珦氏ᄂᆞᆫ該會에何等感情이有ᄒᆞᆫ던지別히壹會를設ᄒᆞ야禪宮敬奉會라稱ᄒᆞ고仍히會長이되얏슴으로奉敬會에서ᄂᆞᆫ尹헌氏로會長을薦定ᄒᆞ얏ᄂᆞᆫ데某處에서ᄂᆞᆫ金氏를歡觸ᄒᆞ야奉敬會와協同辦務ᄒᆞ라ᄒᆞᆫ다더라

●調査機關設置 地方事情의調査研究ᄂᆞᆫ行政上에必要가有ᄒᆞ다ᄒᆞ야內部地方局에서三四萬圜의豫算으로써來年度부터調査機關을設置ᄒᆞᆫ다더라

●牌號甚奇 韓鎭昌吳致晟府中等拾餘人이발起ᄒᆞ야倡商用遞部를設置ᄒᆞᆫ다ᄂᆞᆫ데每人이百圜式合資ᄒᆞ야오用遞部門牌ᄂᆞᆫ各婦人이容易히知得ᄒᆞ기를ᄒᆞ야가나다집이라揭ᄒᆞ다더라

●紅白相映 新門外天然亭下蓮池ᄂᆞᆫ自來紅蓮만有ᄒᆞ더니今年은無理白蓮三莖이孛然開花ᄒᆞ얏더라

●銅貨輸出 三一商店에서當의銅貨八百箱子를三昨日에仁川港으로輸出ᄒᆞ야漲船岸山丸에搭載ᄒᆞ야日本神戶로發送ᄒᆞ얏다더라

●國債調査額 今月拾日에調査ᄒᆞᆫ韓國國債의額은如左ᄒᆞ니

國庫證券	壹百萬圜	(年七分利)
貨幣整理資金債	三百萬圜	(年六分)
金融資金債	壹百五拾萬圜	(無利子)
第壹起業資金債	五百萬圜	(六分五厘)
第貳起業資金債	壹千三百九拾六萬三千九百二十圜	(上同)
起業公債	壹百萬圜	六分
日本政府償還金	七百二萬九千八十三圜	(無利子)
貨幣整理資金借越	九百二十二萬三千四百拾三圜	(六分)
國庫金借越	七萬二千捌百拾七圜	(同上)

合計四千壹百七十八萬九千二百三十三圜이라더라

●果已鎭否 全羅南道地方의騷擾를鎭靜키爲ᄒᆞ야憲兵補助員五拾餘名을該地方에派送ᄒᆞ얏더니擧皆鎭靜ᄒᆞ얏ᄂᆞᆫ지再昨日에壹齊히還ᄒᆞ얏다더라

●組合何多 倡夫李東伯이가倡夫組合所를設立ᄒᆞ고國內倡夫를會集ᄒᆞ야技術을鍊習後에各寨에擧行ᄒᆞ기로規則을制定ᄒᆞ야警視廳에請願ᄒᆞ엿다더라

●女子月報續刊 女子指南月報ᄂᆞᆫ前政府의窘迫ᄒᆞ야停刊ᄒᆞ얏더니李玉卿尹高羅氏가會同協議ᄒᆞ야繼續發刊ᄒᆞ기로決定ᄒᆞ얏다더라

●安東來電 近日安東縣에서發來ᄒᆞᆫ某氏의談話를據ᄒᆞᆫ즉營林廠技手日人杉野乎三郞同主事韓人兩人이流木事件으로淸國官憲과交涉ᄒᆞ던데淸國官吏가該兩人을捕縛ᄒᆞ야安東縣道臺衙門에引致ᄒᆞ엿지라安東縣에駐在ᄒᆞᆫ日領事가淸國官憲과交涉ᄒᆞ야放釋은되얏스나尙今紛擾中에在ᄒᆞ다더라

●忠北農況 忠北의農況은東部가最良ᄒᆞᆫ데不過普通이拾分壹에達ᄒᆞ고西部에ᄂᆞᆫ三分에壹을不過ᄒᆞ얏고中部에ᄂᆞᆫ灌水가缺乏ᄒᆞᆫ데就中忠州等地ᄂᆞᆫ約貳分의壹을不過ᄒᆞ야太豆蕎麥等을代播ᄒᆞ얏ᄂᆞᆫ데去拾四日至拾六日ᄭᆞ지四拾耗餘의降雨가有ᄒᆞ야代播物을順適히成長ᄒᆞ얏다더라

●徵稅被捉 五宮洞居金應德氏ᄂᆞᆫ家屋稅를徵納ᄒᆞ얏다고再昨日西部警察署에被捉ᄒᆞ얏다

●水災後報 平安南道에水災調査ᄂᆞᆫ左와如ᄒᆞ니溺死人이貳百七十九人이오船舶流失이貳十四隻이오漂流ᄒᆞᆫ畜物이七百四十三頭오崩潰ᄒᆞᆫ家屋이壹千二百九拾七戶오浸水가貳千七百五戶오流失이九百八十八戶오田畓損害가面積으로六千五百六十八町이라더라

●天然痘發生 江原道洪川郡端石面淸涼里地方에ᄂᆞᆫ去月二拾日頃부터猛烈ᄒᆞᆫ天然痘가發生ᄒᆞ야本月八日ᄭᆞ지三십餘名의患者가有ᄒᆞᆫ바其內에十六名은死亡ᄒᆞ고現今罹患者拾四五名內에數名은瀕死之境인데衛生當局에서ᄂᆞᆫ該地方에蔓延ᄒᆞᄂᆞᆫ模樣이라더라

●六淸虎列 中島對岸되ᄂᆞᆫ安東縣六洞溝에近日虎列拉病이발生ᄒᆞ야死亡者가八名이오且蔓延ᄒᆞᆯ處가有ᄒᆞ다더라

●虎病何多 去月中釜山에서虎列拉에罹ᄒᆞᆫ者二名이有ᄒᆞ얏고又昨今ᄂᆞᆫ淸國남滿洲營口와臺灣等에同病이發生ᄒᆞ야蔓延ᄒᆞᆯ兆가有ᄒᆞᆷ으로日人間에交通關係되ᄂᆞᆫ港灣에防疫上警戒를尤分注意ᄒᆞ라고內部에서各道觀察使의게通牒ᄒᆞ얏다더라

●普誘懇親 漢城普信社社員七拾餘名은本日上午拾時에東門外永道寺에前往ᄒᆞ야懇親會를設行ᄒᆞᆫ다더라

●鐵鑛總會 本日下午幾時에觀鑛坊會에서總會를開ᄒᆞ고諸般事項을處理ᄒᆞ기爲ᄒᆞ야坊內國에게通帖을發ᄒᆞ얏ᄂᆞᆫ데若不到ᄒᆞᄂᆞᆫ會員은罰金을徵收ᄒᆞ기로輸示ᄒᆞ얏다더라

學界

●宜仁趣旨 京畿道安城郡松竹面臥賢里居紳士宋九鉉宋志憲鄭容섭諸시가協議ᄒᆞ야宜仁學校를設立ᄒᆞ고趣旨書를發表ᄒᆞ얏다더라

●親睦盛況 洪原郡公私立各學校生徒와敎師及紳士諸시가學生親睦會를組織ᄒᆞ고本月八日에該郡南坪松亭에開會ᄒᆞ야任員을投票選定ᄒᆞ얏ᄂᆞᆫ데會長은[illegible]副會長은高命濟시로評議員은羅炳善시오總務ᄂᆞᆫ崔郁시오書記ᄂᆞᆫ[illegible]永珠시로選定ᄒᆞ고是日에咸南학生親睦會總代鄭寅섭시가適來參會ᄒᆞ야학生의親睦必要라ᄂᆞᆫ問題로演說ᄒᆞ얏ᄂᆞᆫ데傍聽人이數千名에達ᄒᆞ야空前大盛況을呈ᄒᆞ얏다더라

○東京電報○

二拾日午後九時發

◉安奉線問題解決

拾九日에淸日兩國은左와如ᄒᆞᆫ協約에調印ᄒᆞ얏ᄂᆞᆫ데

一 軌道ᄂᆞᆫ京奉線과同樣케ᄒᆞᆯ事

二 淸日兩國은大體로兩國委員이旣히踏査決定ᄒᆞᆫ線路를承認ᄒᆞ되但陳相屯에서奉天에至ᄒᆞᄂᆞᆫ線路ᄂᆞᆫ兩國에서追後協定ᄒᆞᆯ事

三 覺書調印翌日에直히土地購買其他一切細目에就ᄒᆞ야協議를開始ᄒᆞᆯ事

四 覺書調印翌日부터工事를着行케ᄒᆞᆯ事

五 淸國沿道地方官으로ᄒᆞ야금工事施行에關ᄒᆞᆫ諸般便宜를與케ᄒᆞᆯ事

◉爆發被害

二拾壹日着

大阪府下火藥廠爆發을因ᄒᆞ야全潰ᄒᆞᆫ家屋이六戶오半潰가九拾二戶오破損이一千一百七拾壹戶인ᄃᆡ人畜死傷은尙今調査中이라더라

◉他案讓後

二拾壹日발

今回에調印ᄒᆞᆫ覺書ᄂᆞᆫ單히安奉線工事施行에關ᄒᆞᆫ것이오守備兵及警察權問題ᄂᆞᆫ他諸懸案과共히後日交涉에讓ᄒᆞᄂᆞᆫ데該問題決定ᄒᆞᆫ時ᄂᆞᆫ間島問題도解決되리라더라

▲乞巧文▼

東韓生

▲六驛갓치가ᄂᆞᆫ光陰七月七夕도라오니天上에ᄂᆞᆫ烏鵲橋오人間에ᄂᆞᆫ曝衣ᄒᆞᄂᆞᆫ每年佳節되얏고나京鄕에우리들도舊來遺俗본을바다灶心香을피워고하나님ᄭᅴ乞巧ᄒᆞ세

▲비나이다々々々々ᄒᆞ나님ᄭᅴ비나이다學問界에靑年들은種々으로研究ᄒᆞ야國家植材自强ᄒᆞ고各形各色妙中에[illegible]ᄒᆞ야[illegible]하나님이智慧ᄒᆞ사더智思을巧케ᄒᆞ오

▲비나이다々々々々ᄒᆞ나님ᄭᅴ비나이다實業界[illegible]用之策[illegible]ᄒᆞ야[illegible]라[illegible]鑛究[illegible]力疲困[illegible]나님이眷顧ᄒᆞ사더技能을巧케ᄒᆞ오

▲비나이다々々々々ᄒᆞ나님ᄭᅴ비나이다[illegible]界에[illegible]鍛鍊ᄒᆞ야千城之材되야[illegible]禦侮折衝[illegible]ᄒᆞ시ᄂᆞᆫ[illegible]님이眷顧ᄒᆞ사더技藝를巧케ᄒᆞ오

▲비나이다々々々々ᄒᆞ나님ᄭᅴ비나이다[illegible]女[illegible]蠶法[illegible]繼織工[illegible]ᄒᆞ나님이眷顧ᄒᆞ사더手法을巧케ᄒᆞ오

▲비나이다々々々々ᄒᆞ나님ᄭᅴ비나이다[illegible]工巧[illegible]渙散之[illegible]後[illegible]佳節[illegible]마저보세

廣告

本會로서 神宮을建築ᄒᆞᆫ다 託言으로傳播ᄒᆞ니不識誰某가藉托會名而做出인지本會는未遑之事이기廣佈ᄒᆞᆷ

神宮敬義會

登本會會証을現今改正ᄒᆞ얏ᄉᆞ오니會員諸氏ᄂᆞᆫ本月三拾壹日內로舊會証을交換ᄒᆞ되若過右日이면舊會證은會員으로認定치아니ᄒᆞᆷ

神宮敬義會

本人의姓名圖章을去陰六月分의져失ᄒᆞ얏ᄉᆞᆸ기新章을彫刻ᄒᆞ얏ᄉᆞᆸ기玆에廣告ᄒᆞᆷ

北署安峴契十壹統八戶 金致彥

本人이加平郡北面陵隅에所在ᄒᆞᆫ畓三십二斗落文券三張과秋收冊壹卷을本月십칠日에路中에서遺失ᄒᆞ얏ᄉᆞ오니無論內外國人士ᄒᆞ고拾得ᄒᆞ시거던休紙施行ᄒᆞ시옵若信傳ᄒᆞ시면厚謝ᄒᆞ깃ᄉᆞᆸᄂᆞ이다

中部磚洞東寧尉宮留 李景秀 白

本人이陰七月二日에陽刻圓形姓名圖章을씨失ᄒᆞ얏기玆에廣佈ᄒᆞ오니內外國人은勿爲見欺를望ᄒᆞᆷ

洪炳勳 告白

本人의李昌斌이爲人이浮浪ᄒᆞᆫ데隣居ᄒᆞᄂᆞᆫ亂類金桂淡으로付同ᄒᆞ야本人의圖章을持去ᄒᆞ얏ᄉᆞ오니內外國人은勿爲見欺ᄒᆞ시오

黃海道鳳山舍人坊月下山居 延予賢 告白

◎大減價販賣

測圖器測量器械製圖用紙名種右壹千組限特別割引大放賣

釜山港本町三丁目近藤支店

本所에서一般人民의農林業을발達ᄒᆞ기爲ᄒᆞ야本國에適宜ᄒᆞᆫ簡易ᄒᆞᆫ科學을講習ᄒᆞ야夜學으로敎授ᄒᆞ오니入學志願人은本所에來議ᄒᆞᆷ을要ᄒᆞᆷ

科目

果樹栽培學 森林學

土壤學 獸醫學

家畜學 肥料學

試驗日字 九月十一日下午一時 陰七月廿七日

試驗科目 國漢文作文算術

開學日字 九月십三日

卒業期限 七個月

講師 日本農科大學校優等卒業生 金鎭初 元勳常 金志侃

隆熙三年捌月十八日

中部校洞廿九統貳戶

西北學會內

農林講習所 告白

本人의姓名正字圓形圖章을去陰六月十九日에失ᄒᆞ얏기玆以廣告ᄒᆞ오니知舊間照亮ᄒᆞ시옴

平北龍川外下面做義洞 **張載柄** 告白

本人이本年陰三月初四日에商店(五間)을[illegible]ᄒᆞ온바荒貨物과布木을廉價로販賣ᄒᆞ옵고與客에持去件은[illegible]ᄒᆞ오니僉君子는光臨ᄒᆞ시옴

京남大門外紫岩二百四十三統九戶[illegible]

五間 洪在應 告白

陰八月二十五日陽川郡三井面[illegible]證明답八斗落田壹日耕文券을遺失ᄒᆞ얏사오니誰某拾得ᄒᆞ던지休紙施行ᄒᆞ시옴

[illegible] 告白

本人의姓名圖章을致져失ᄒᆞ고改刻ᄒᆞ얏ᄉᆞ오니知舊間照亮ᄒᆞ시오

坡州郡[illegible]奉日川里 韓仁植

本人이圓形姓名圖章을本月拾五日에見失故에玆에廣告ᄒᆞ오니知舊間照亮ᄒᆞ시옴

西署東幕 羅相應 告白

漢城果商組合趣旨書

國民所以爲資格云者는士農工商이是耳라旣曰資格즉商이四民에壹部分의位와力이存ᄒᆞᆫ者오所業이關係於國家ᄒᆞᆷ이固不淺勘이어날學自甲午後로管轄이無ᄒᆞ야業務에秩序를專失ᄒᆞᆫ處遇에至ᄒᆞ며金融이以之而壅遏ᄒᆞ고生命이以之而塗炭ᄒᆞ니其營部分되ᄂᆞᆫ位力을抹搉ᄒᆞᆫ意로本人等이鳩聚資金ᄒᆞ야名之曰漢城果商組合所라ᄒᆞ니此ᄂᆞᆫ京鄕果物商間에在ᄒᆞ야將來弊習을革消ᄒᆞ며其商行爲의圖滿을計圖ᄒᆞ기로目的ᄒᆞᆷ이니有志同胞ᄂᆞᆫ其各勉旃哉

隆熙 年七月 日

發起人 權致濂 申泰進 權鍾九 文壽永 楊楨 等

平北雲山大岩雲成學校設立年餘諸任이熱心勤務校舍建築與生徒薦步多有欽慕者然常以財政缺乏殆難維持方針近日左開諸氏竭力出金借款立本殖邊補校故爲全國教育大界感謝厚意로廣告ᄒᆞᆷ

韓明灑	三百圜
鄭明先	壹百圜
宋基煥	五拾圜
金利濼	五拾圜
金有成	二百圜
劉啓洛	壹百圜
盧學敎	五十圜
李允鳳	五十圜
李仁七	壹百圜
金仲賢	壹百圜
李致廷	五十圜

崔昌晉 告白

本社에서在上海東洋烟卿大製造廠ᄒᆞ야專賣權을特約ᄒᆞ고各種烟草를輸入ᄒᆞ야各代理店에支撥ᄒᆞ오니 僉君子ᄂᆞᆫ愛顧ᄒᆞ심을敬要

法國紙烟 每匣廿五本入長竹嘴

法國紙烟 每匣十本入長紙嘴

[illegible] 每匣갑십本入

虎標 每匣갑십本入

[illegible] 每匣拾本入

[illegible] 每匣十本入

法國烟絲 金口紙一匣 [illegible]本入

法國烟시오백 金口紙一匣 白本入

本社代理店은左開ᄒᆞᆷ

平壤代理人 鄭基煥

黃海沙里院代理人 韓興鎭

本國代理人 金基潤

再

諸某氏ᄂᆞᆫ먼저各處에代理店을設實히開ᄒᆞ기를願ᄒᆞ거던本社에來臨相議ᄒᆞ시옴

京城石井洞

法韓會社 告白

◎**學員募集廣告**

本塾에서第五回入學期를當ᄒᆞ야**法律書學**과**經濟夜學** **兩專門科學員**을募集ᄒᆞ오니願學人은左記試驗定期內에本塾用紙로써學願書를提呈ᄒᆞᆷ

修業年限 三學年

入學年齡 滿二十歲

學科目 詳在本塾學則

試驗日字 九月拾日 午前九時

試驗科目 讀書、作文、地理、歷史、博物學、物理、化學、數學、(幾何代數)

開學日字 九月拾二日

隆熙三年八月拾壹日

西部樂染洞拾八統四戶

私立 **養正義塾**

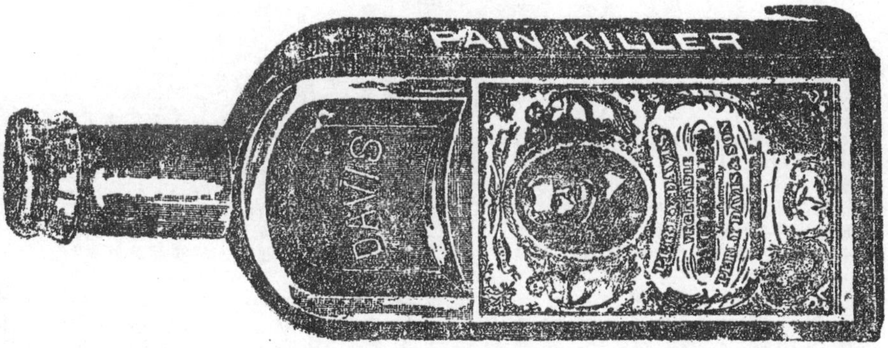

◎秘製止痛藥

此藥은美國에有名ᄒᆞᆫ의학博士西里得衆司의발明ᄒᆞᆫ無雙ᄒᆞᆫ靈藥이라美國에在ᄒᆞᆫ試會社에서特爲派員ᄒᆞ야此藥品을韓國內에廣佈ᄒᆞ기를專托ᄒᆞᆷ으ᄂᆞᆫ故로義不可辭ᄒᆞ와敢히廣佈ᄒᆞ옵ᄂᆞᆫ바左錄諸症에外塗內服ᄒᆞ면無不立效ᄒᆞ다當此炎夏에九極靜效ᄒᆞ와多救生命이오니藥業에從事ᄒᆞ시ᄂᆞᆫ이와疾病을預防코ᄌᆞᄒᆞ시ᄂᆞᆫ이ᄂᆞᆫ速速來議ᄒᆞ시면廉價로都賣ᄒᆞ깃삽ᄂᆞ이다

左開

▲內科所用▼

胃酸 腹瀉
吐瀉 食傷
咳嗽 不消化
肚滯 疹子
心痛 傷寒
肝病 肚痛
胃熱 痢疾
口內之癰 咽痛
哮喘 腎病
小兒吐瀉 暑夏吐瀉
抽筋
瘧疾
嘔聲
胃氣痛
腹裡傷寒
痰痺
身子軟弱
黃病
暈船
氣管病
霍亂

▲外科所用▼

火疔창
寒창
跌打損傷
腰骨痛
疥창
指甲疽
咽喉痛
蟲蛇刺咬
凍창
腦氣筋痛
癬

發賣所 磚洞 韓美興業株式會社事務所

社告

○申報價
壹張代金　新貨貳錢五厘
壹個月前納　三拾錢
參個月　九拾錢
陸個月　壹圜七拾錢
壹個年　參圜四拾錢
郵稅壹張　新貨五厘
壹個月　拾參錢

○廣告料
四號活字拾參字詰
每日壹寸(英尺)에新貨廿五錢
貳個日壹寸에貳圜五拾錢
壹個月壹寸에五圜
(自壹行至四行이爲壹寸)
其期限의長短과字行의多寡를從하야增減홈이有함

◉大韓每日申報各處支社廣告

平安道

黃海道

咸鏡道

慶尙道

江原道

第七卷

大韓每日申報

第千壹百八拾號

歲月 時曜 日及 休慶 刊節

檀君開國四千二百四十二年
箕子元年三千三十一年
大韓開國五百十八年
日本明治四十二年
清國宣統元年
陰曆己酉七月小初九日丙辰

Responsible for Publication Alfred Weekley Marnham.

發行兼編輯人英國人 萬咸
大韓門日申報社

論說

◎徵斯人誰與歸

嗚乎라今日韓國情形을觀ᄒ건대十拿破倫을得ᄒ면이慈善家를得ᄒᆷ만不知ᄒ며百偉斯參을得ᄒᆷ만不如得ᄒᆷ이一敎育家를得ᄒᆷ이니ᄒ도다國力이未紓어니英雄이育ᄒ들何處에其民을…ᄒ며民智가未開어니外交가有ᄒ들何處에其才를展ᄒ리오故로今日韓國에對ᄒ야心香血祝ᄒᄂ바ᄂ惟許多有志資本家와敎育家가接踵繼起ᄒ야眼에國字만有ᄒ고家字ᄂ無ᄒ며心에公益만有ᄒ고私益은無ᄒ야身血資力을敎育界에犧牲ᄒᆷ에在ᄒ도다是故로誰가敎育界에資金을投ᄒ던지公益事에金을計ᄒᄂ者ᄒ던지誰가敎育界에圖書를捐ᄒ던지吾儕ᄂ此에對ᄒ야禿筆이飛ᄒ며亂墨이舞ᄒ야一邊으로崇拜讚揚을不已ᄒ며壹邊으로城內同胞에警告ᄒ야及ᄒ니某시를仰慕ᄒ며某시를效則ᄒ라ᄒᆷ이니

濁々俗流ᄂ此等言論을聞ᄒ면尋常에歸付ᄒ나其實을究ᄒ면凡此等公益에獻身ᄒᄂ者ᄂ是第二國民의母라其子로拿破崙도鑄造ᄒ지며其心으로偉斯參도産出ᄒ지니斯人等을不拜ᄒ며誰를拜ᄒ며斯人等을不祝ᄒ면誰를祝ᄒ리오願컨ᄃ斯人等은其身을千億萬恒河沙로現ᄒ야幾個ᄂ國家東方의民을開發ᄒ며幾個ᄂ國家西方의民을開發ᄒ며幾個ᄂ國家南方北方의民을開發ᄒ라ᄒᆷ이但只吾儕의弘願뿐아니라即全國有心者의弘願일지언만은

惜乎라彼蒼이何其太吝ᄒ신지斯人者를幾百萬人中에壹二個를纔셔ᄒ시며四五星稀內에三數矣를僅現ᄒ시ᄂ되其中世族鉅室은良田美土가最多ᄒ되湖山川은寂寞이尤甚ᄒ지라吾儕가指를屈ᄒ야屢數ᄒ되某某ᄒ시ᄂ幾個人士에不過ᄒ니어지志士의慨然ᄒᆷ비아니리오

日者에本報를閱ᄒᆫ즉往日湖學會에二千圓을義捐ᄒᆫ中壹千圓을先捐ᄒ던金容鎭시가自己家屋을該會의會館으로賣渡ᄒ고더千圓은捐付條로除ᄒ고其餘金으로容膝의屋을求ᄒᆫ다ᄂ句를讀ᄒ미彼時事를不顧ᄒ고滄海에金錢을散ᄒᄂ輩를悶憐ᄒ며國恩을不惟ᄒ고雄富世家에金穴을誇ᄒᄂ頑老를哀惜ᄒ고「時勢未定何以家爲」의志를抱ᄒᆫ시의賢勞를欽祝ᄒ야管論을書ᄒ노라

官報

▲隆熙三年七月廿七日　官報

法律

法律第二拾二號

韓國銀行條例　續

第七條　本條例에規定ᄒᆫ者外ᄂ日本國株式會社에關ᄒᆫ規定을準用ᄒᆷ

第貳章　重役

第八條　韓國銀行에總裁壹人理事三人以上監事貳人以上을置ᄒᆷ

第九條　總裁ᄂ韓國銀行을代表ᄒ며其事務를總理ᄒᆷ

總裁有故ᄒᆫ時ᄂ理事의壹人이其職務를代理ᄒ고總裁闕員ᄒᆫ時ᄂ其職務를行ᄒᆷ

理事ᄂ總裁를補佐ᄒ고定款所定을從ᄒ야韓國銀行業務를分掌ᄒᆷ

監事ᄂ韓國銀行業務를監査ᄒᆷ

第十條　總裁ᄂ政府에서此를命ᄒ고其任期ᄂ五個年으로ᄒᆷ

理事ᄂ壹百株以上을所有ᄒᆫ株主中에셔株主總會로選擧ᄒᆫ二倍의候補者中에셔政府가此를命ᄒ고其任期ᄂ三個年으로ᄒᆷ

監事ᄂ五拾株以上을所有ᄒᆫ株主中에셔株主總會로此를選任ᄒ고其任期ᄂ貳個年으로ᄒᆷ　（未完）

外報

◎清日懸案　清日間懸案은壹個月以內에解決되리라더라

◎列國通牒　列國은土耳其에對ᄒ야巴爾幹半島平和를貽害되게ᄂ希臘을壓迫지말나고公文通牒을發ᄒ얏다더라

◎清學生擧動　東京清國留學生은日貨排斥의勸告書를發ᄒ얏다더라

◎仲裁拒絕　伯林電을據ᄒᆫ즉카늬아에셔再次希臘國旗를揭立ᄒ고熱狂ᄒᆫ農民들이該旗를保護ᄒᄂ데各保護列國은軍艦八隻을카늬아에集合ᄒ야希臘國旗撤退ᄒᆷ을要請ᄒ려ᄒᆫ故로希臘이德國及澳地利에向ᄒ야依賴ᄒ야仲裁ᄒᆷ을請ᄒ얏스나兩國은土耳其가平和的意志를旣히發表ᄒᆫ際이라ᄒ야兩國에서拒絕ᄒ얏다더라

◎摩國戰雲　倫敦電을據ᄒᆫ즉탄지르報에云ᄒ엿스되摩洛哥王의軍隊ᄂ相合ᄒ야僭王의軍을擊破ᄒ야多數ᄒᆫ捕虜와及谷陣營에在ᄒᆫ材料를鹵獲ᄒ얏ᄂ데僭王은六騎를ᄒ야逃身ᄒ얏다더라

◎摩國僭王捕虜　摩洛哥僭王은捕虜되야首都페즈로護送ᄒ얏다더라

◎財政監理撤去　伯林電을據ᄒᆫ즉歐洲列國은土耳其의請을依ᄒ야마세도늬아財政監理委員의撤去ᄒᆷ을皆知ᄒ얏다더라

◎英澳交誼　伯林電을據ᄒᆫ즉英國皇帝陛下에셔ᄂ澳帝프란시쓰、요셉프陛下의誕日即八月十八日에澳英兩國間關係가齒脣親善ᄒᆫ旨를發表ᄒ얏다ᄒ며

◎露帝土行　伯林電을據ᄒᆫ즉露國皇帝께셔ᄂ拾月中에土耳其京都를訪問ᄒᆫ旨로發表ᄒ얏다더라

雜報

◎事與其實　本報第壹千壹百六十六號雜報欄內에吳시再訴란題下金외明시와子吳郞麟이란字ᄂ孫宇의誤植이오吳시가申應善시의沓土를買得ᄒᆷ은…技倆을因ᄒᆷ이아니라相當ᄒᆫ價額을越交買收ᄒᆷ이오楊州郡에서裁判ᄒ야落科ᄒᆫ事實도無ᄒ다더라

詞藻

文明臺

獨立으로定礎ᄒ고、自由로樑양솟어。文明戶牖萬間놓히지어。音에리노며。그곳에、우리同胞會同ᄒ야、億萬歲ᄒ。

雜報

●義王陛見 義親王殿下쎄옵서再昨日下午二時에 太皇帝陛下쎄 陛見ᄒᆞ고同六時에退闕ᄒᆞ셧다더라

●韓皇儲御還着 東京電을據ᄒᆞᆫ즉韓國 皇太子殿下쎄옵서는昨日에無事히福島로서東京에 御着ᄒᆞ옵셧는ᄃᆡ 奉迎節次가宏大ᄒᆞ얏다더라

●旣稱且壽 正三品康洪斗氏가 皇太子殿下쎄 渡韓事로中樞院에獻議ᄒᆞᆷ은一般知了ᄒᆞ는바이어니와更히晉彌鏡難의게長壽祈願ᄒᆞ다는說이有ᄒᆞ더라

●外院官制將頒 慈惠의院의官制를 勅令으로頒布ᄒᆞᆫ다는ᄃᆡ貧窮ᄒᆞᆫ人民의게는無料施術ᄒᆞᆫ다며오管理方法은內部의屬ᄒᆞᆫ다더라

●屠則將頒 屠獸場規則을勅令으로頒布ᄒᆞᆫ다는ᄃᆡ牛馬羊犬豚等은屠獸場以外에서는不得屠殺케ᄒᆞᆫ다더라

●得無危乎 各大臣의保護巡査는明年度爲始ᄒᆞ야減額ᄒᆞ고但只虛名만排置ᄒᆞ기로決定ᄒᆞ얏다더라

●冒頭是亂 總理大臣李完用氏家에何許人이骸骨을紹介로送致ᄒᆞ얏다는ᄃᆡ대히大臣은此를收拾ᄒᆞ야卓上에安置ᄒᆞ고親知人을對ᄒᆞ야曰此는余를侮辱ᄒᆞᆷ이아니라實노余를警醒ᄒᆞᆷ이라ᄒᆞ더라

●不剃不受 太邱郡守양弘默氏는訟民中에存髮者가有ᄒᆞ면訴狀을退却ᄒᆞ고斷髮後入呈케ᄒᆞᆫ다더라

●非朴不任 貞陵參奉朴勝祚氏가辭免ᄒᆞᆫ代에其兄朴泳樞氏가被任ᄒᆞ얏는데此는其再從祖 [illegible] 件內相이有ᄒᆞᆫ所以라더라

●民籍法說明 北部警察署에서日昨에外郊各洞頭首를招集ᄒᆞ야民籍法實施件을說明ᄒᆞ고年齡表登度式分給ᄒᆞ얏다더라

●地方費使用途 地方費는來月부터實施ᄒᆞᆯ터인ᄃᆡ此를使用ᄒᆞ는途에就ᄒᆞ야는各地道路에改築이政治經濟上急務인故로兩三年너地方費는總히치道費에充ᄒᆞᆯ方針이나今年은實施後에卽時結氷期가되는故로諸般을準備ᄒᆞ야明春부터工事에着手ᄒᆞᆯ터이라더라

●內部豫算 내部來年度豫算編成方針은吏員增加와각遺闕舍舍記官醫觀官舍의觀瞻擴城府郡建築等의新費를加ᄒᆞᆯ터이며오地方費의農桑業은應附와如히道路修築及勸業敎育의雜助等인ᄃᆡ目下度支部와協議中이라더라

●醫關改築 醫親團會가韓國制의家屋이라執務上에甚히不便ᄒᆞ다ᄒᆞ야洋制로新建築ᄒᆞᆫ다더라

●認否未決 某民團이라某坊民會라稱ᄒᆞ며自治的團體를設ᄒᆞᆫ者가目下多數ᄒᆞᆫ바이나會稷에公衆團聚를禁止ᄒᆞᆫ後로此等設立의許可가得ᄒᆞᆯ지라漢城府民會는昨年日本皇太子渡韓時에歡迎準備의必要ᄒᆞᆷ을因ᄒᆞ야府尹朴義秉氏가周旋設立ᄒᆞᆫ것인ᄃᆡ尙且內部에서其存立을默許前ᄒᆞᆫ인ᄃᆡ近日에該會를[illegible]民가此을自治團體로成立ᄒᆞ고漢城府를經ᄒᆞ야너部에其認可를請願ᄒᆞ얏스나其許可與否는姑未決定ᄒᆞ얏다더라

●宜其反對 國是遊說團員은人民을來合키爲ᄒᆞ야留學經費를携帶ᄒᆞ고五江等地로巡回遊說ᄒᆞ는ᄃᆡ日前麻浦에서는人民의反對가甚ᄒᆞ야此等遊說를聽服ᄒᆞᆯ必要가無ᄒᆞ다ᄒᆞ고各其散歸ᄒᆞ얏다더라

●漢城府廳舍新築 漢城府廳舍는韓國管理局의所屬인故로早晩間立退ᄒᆞᆯ當ᄒᆞᆯ慮가有ᄒᆞᆫ바ᄒᆞ야今에廳舍를新築ᄒᆞ기로計劃ᄒᆞ얏는ᄃᆡ目下其經費에就ᄒᆞ야내部와度支部間에交涉ᄒᆞ는中이라더라

●淸迫日人 鴨綠江에서流木을採收ᄒᆞᆯ時에淸日人間에衝突이有ᄒᆞ야淸人이多數作群ᄒᆞ야日人을迫害ᄒᆞ얏다더라

●藤原赴任 新任日本憲兵隊長藤原少將은再昨日에東京에서出發ᄒᆞ얏는ᄃᆡ日間赴任ᄒᆞᆫ다더라

●軍用米購入 용山陸軍倉庫에서來月六日에軍用米捌百石을購入ᄒᆞᆯ터이라더라

●濟島歸艦 日本第六艦隊를檢閱ᄒᆞ기爲ᄒᆞ야出張ᄒᆞ얏던同艦隊는濟州島로昨日龍山으로歸着ᄒᆞ얏다더라

●日武官歸京期 日本侍從武官長中村中將은滿洲에在留ᄒᆞ는日本官民을觀察及慰問ᄒᆞ기爲ᄒᆞ야現今滿洲에서巡視中인ᄃᆡ來貳십七日夜에京城에到着ᄒᆞᆯ터이라더라

●日艦到仁 日本軍艦八重山은鎭海灣을經ᄒᆞ야再昨日에仁港에入泊ᄒᆞ얏다더라

●豈特龍山 龍山의日人은逐日增加ᄒᆞᄂᆞᆫᄃᆡ去月에現在ᄒᆞᆫ日人이九千壹百貳십九名이라더라

●武學生渡日期 韓國武官學生十三名은日本陸軍中央幼年學校에入學ᄒᆞ기로日政府와交涉ᄒᆞ야來月三日頃에渡日ᄒᆞᆯ터인ᄃᆡ經費는度支部에서支出ᄒᆞᆫ다더라

●使節要和 이根澤沈承序兩氏가訟爭ᄒᆞ는事件은累報ᄒᆞᆫ바이어니와이氏는私和를周旋이有ᄒᆞ야其季弟根沐氏로ᄒᆞ야금沈氏에게交涉ᄒᆞ는中이라더라

●辯士懇親 辯護士張燾氏等七八人이再昨日下午四時에惠泉館에서懇親會를設行ᄒᆞ얏다더라

●旣捉旋放 平北龍川府以下面所在民三名事件은前報에已揭ᄒᆞ엿거니와其地民은國有地로測量ᄒᆞᆯ時에人民이會集ᄒᆞ야圖本을奪其分吃ᄒᆞᆯ지라日憲兵隊에서雲龍洞居金致俊氏를捉囚ᄒᆞ고히圖本을還納ᄒᆞ라ᄒᆞᆫ거날去拾一日에人民數百名이憲兵隊에更集ᄒᆞ야呼訴ᄒᆞ기를圖本은吾人民等이共同分吃ᄒᆞ얏스니金氏를押囚ᄒᆞᆷ이부ᄒᆞ다ᄒᆞᆫ즉卽時放釋ᄒᆞ고人民에게對ᄒᆞ야善其安業ᄒᆞ라고一場說諭ᄒᆞ얏다더라

●民有辨白 平安北道義州府方面에在ᄒᆞᆫ驛屯土는歷史及性質이明確ᄒᆞᆫ民有地로ᄒᆞᆫ義州財務署에서度支部命令을依ᄒᆞ야國有驛屯土를調査測量ᄒᆞᆯ時에民有地役土를驛屯土로混入ᄒᆞᆫ故로民心이激々ᄒᆞ야驛土所有主數千名이民有地되는證據書類를具ᄒᆞ야財務監督局에卞明ᄒᆞ고代表人을派ᄒᆞ야車翼坤氏等이所有主의委任을受ᄒᆞ고本月五日에平壤으로發往ᄒᆞ야去二拾日에請願書를提呈ᄒᆞ고來二拾六日交涉에着手ᄒᆞ야[illegible]辨明ᄒᆞᆯ터이라더라

●湖南歲兄 全羅南道中羅州光州等二三郡은旱災가殊甚ᄒᆞ야麥作이良好치못ᄒᆞᆷ으로凶歲[illegible]民의前途悲觀이實로難測ᄒᆞᆫ境遇이오又한邊沃溝臨陂益山三郡에도旱災가太甚ᄒᆞ야群山全州間新道路沿邊約五십里地方은赤地가되야饑饉이라ᄒᆞ더라

●仁川水道還成 二百四십萬圓의豫算으로起工ᄒᆞᆫ仁川水道工事는着着進步中인ᄃᆡ鷺梁津에서仁川에至ᄒᆞᄂᆞᆫ鐵管敷設工事는六工區中에五工區는旣히竣工되얏고全部는來年六月中에完成ᄒᆞᆯ터이라더라

●咸北蟲害 咸鏡北道에는虫害가益甚猖獗ᄒᆞ야도防禦치不能ᄒᆞ고且穀物도蜂起ᄒᆞᆫ兆朕이有ᄒᆞ다고昨日淸津理事廳來電이有ᄒᆞ더라

●鴨沿桑蚓 鴨綠江沿岸에서[illegible]木把와桑園이甚ᄒᆞᆷ으로[illegible]洶洶ᄒᆞ다고昨日義州來電이有ᄒᆞ얏더라

●安東虎猘 安東縣에는虎列剌가發生ᄒᆞ야罹患者八名內에二名이死亡ᄒᆞ얏다는報告가內部에到ᄒᆞ얏다더라

●二日被害 去二十四日에東萊地方에서日人夫婦二名이殺害를被ᄒᆞ얏다더라

●四官去濂 [illegible]

●武變縉工 [illegible]

●總의辭職 [illegible]

●彰東之學 [illegible]

發起總會를開ᄒᆞ기로預定이라더라

●林氏歡迎 長湍郡內啓成學校學徒林宗漢씨가日本에渡往ᄒᆞ얏다가[illegible]還國ᄒᆞ얏는ᄃᆡ該成學校生徒諸氏가盛大ᄒᆞᆫ歡迎會를設行ᄒᆞ얏다더라

●教師被任 去七曜日下午二時에敎師親睦會에서敎化門前國民夜學校內에臨時總會를開ᄒᆞ고任員을選定ᄒᆞ얏는데會長은元泳[illegible]氏로選定ᄒᆞ얏다더라

▲魔術猖獗▼

▲蘇張之辯잇더라도[illegible]是非곳變ᄒᆞ고雷霆之威잇더라도自動力은못눌는다韓國內에許多魔鬼가出[illegible]良民을[illegible]ᄒᆞ야國家精神을[illegible]近日消息드러보면離奇猖獗ᄒᆞᆫ[illegible]

▲[illegible]

藥房 標

此類가甚多ᄒᆞ오며且夭命在天ᄒᆞ고病在人故로死命에無醫ᄒᆞ야도死病에有醫ᄒᆞ야命臨兩置에用ᄒᆞ[illegible]故로特以彩色으로辨決死生ᄒᆞ야[illegible]으로[illegible]ᄒᆞ야名雖洋약이나實是國약이오며唐草材와洋약乾材도原價放賣ᄒᆞ오니物品 僉位ᄂᆞᆫ郵便小包로請購發行ᄒᆞ시오 本舖ᄂᆞᆫ西小門外東湖洞宮

閔 [illegible] 閔 [illegible] 告

社告

各地方에서本報를愛讀ᄒᆞ시ᄂᆞᆫ諸君子시여本報創刊以後로諸君子의累年勤願ᄒᆞ심을賴ᄒᆞ야益々히本報가擴張進步됨은感謝無已이온바近日에至ᄒᆞ야ᄂᆞᆫ諸君子ㅣ本社의事情을未燭ᄒᆞ신지本報의代金을累月延滯ᄒᆞ오으로社中經費가難出이無處ᄒᆞ야困難이莫甚ᄒᆞ오니諸君子ᄂᆞᆫ特히愛顧의情을不替ᄒᆞ시와代金을速々辦送ᄒᆞ시옵소셔然ᄒᆞ오면本報維持가保護ᄒᆞ오리이다嗚呼라本社ᄂᆞᆫ元來營業的으로發見ᄒᆞᆫ者아니오니萬一應頂의經營이아니면엇지如是히代金을督促ᄒᆞ리오實로萬不得已에出ᄒᆞᆷ이니諸君子ᄂᆞᆫ亟亟 照亮ᄒᆞ시와速々辦送ᄒᆞ심을至祝

大韓每日申報社

廣告

학生募集廣告

本校에서第四回로학生을募集ᄒᆞ오니幼年子弟를教育코ᄌᆞᄒᆞ시거던本月三拾日內로本校에來議ᄒᆞ시옵 入학年齡은七歲로十五歲ᄭᆞ지

隆熙三年八月拾八日

尙洞耶蘇教堂私立攻玉小학校

大減價販賣

實圖器測量器械製圖用紙名種右壹千組限特別割引大放賣

釜山港本町三丁目近藤支店

本人의齋洞貳拾三統三戶草家八間半買渡而買券壹度遺失雖某拾得休紙施行

崔일承 白

敬啓者本報ᄂᆞᆫ開刊有年에其論說의正과其報道의迅速이無比ᄒᆞ야淸國內遠近志士가壹切歡迎ᄒᆞ오며韓國에도稍々히購覽ᄒᆞᄂᆞᆫ紳士가有ᄒᆞ온바今에更히江湖上願覽諸시를紹介ᄒᆞ기爲ᄒᆞ야本報館所在處及報價를左開廣告ᄒᆞ오니願覽諸시ᄂᆞᆫ速々히左開處로通奇ᄒᆞ시옵

本館所在地 哈爾濱瓦牙街

報價壹個月先給 俄貨捌角

仝 三個月先給 俄貨貳圓

但報價ᄂᆞᆫ先給을要ᄒᆞᆷ

八月拾壹日陰六月貳拾六日

遠東報館 告白

本人이鐵島貳契三拾貳統四戶草家七間家券서失故玆廣告ᄒᆞ니誰某拾得勿施ᄒᆞᆷ

崔漢奉 告白

本所에서日語簿學과英語夜학을專門速成으로教授ᄒᆞ오니願학僉員은本月三拾日內로本所에來議ᄒᆞ시오

(但稍解ᄒᆞ신학力을隨ᄒᆞ야入학케ᄒᆞᆷ)

時間ᄂᆞᆫ학上午九時至下午壹時 夜學下午七時半至九時半

西部南大門內暘谷 語학講習所

本校에各年級에補充ᄒᆞᆯ學員을募集ᄒᆞ오니志願ᄒᆞ시ᄂᆞᆫ僉員은九月五日內로請願試ᄒᆞ시옵

開學日字ᄂᆞᆫ九月十日이오니本校學員은依期來校ᄒᆞ시옵

安州郡 協成安興學校

本所에서一般人民의農林業을발達ᄒᆞ기爲ᄒᆞ야本國에適宜ᄒᆞᆫ簡易ᄒᆞᆫ학科를擇ᄒᆞ야夜학으로教授ᄒᆞ오니入학志願人은本所에來議ᄒᆞ심을要ᄒᆞᆷ

科目 果樹栽培學 森林學 土壤學 獸醫學 家畜學 肥料學

試驗日字 九月十一日下午一時 陰七月廿七日

試驗科目 國漢文作文算術

開學日字 九月十三日

卒業期限 七個月

講師 日本農科大學校優等卒業生 金鎭初 元勛常 金志侃

隆熙三年捌月十八日

中部校洞廿九統貳戶

西北學會內 農林講習所 告白

本人이本年陰三月初四日에商店(五房)을開業ᄒᆞ온바荒貨物과布木을廉價로發販ᄒᆞ오니僉尊客은持來物件을善放ᄒᆞ오니僉君子ᄂᆞᆫ光臨ᄒᆞ시옵

京南大門外紫岩二百四十三統九戶前議官趙俊淳

五房 洪在應 告白

本人의子昌斌이爲人의浮浪ᄒᆞᆫ데隣居ᄒᆞᄂᆞᆫ亂類金桂淡으로付同ᄒᆞ야本人의圖章을持去ᄒᆞ얏ᄉᆞ오니內外國人은勿爲見欺ᄒᆞ시오

黃海道瓮山會入坊月下山居 延子賢 告白

大韓專賣特許驗帽子登錄商票

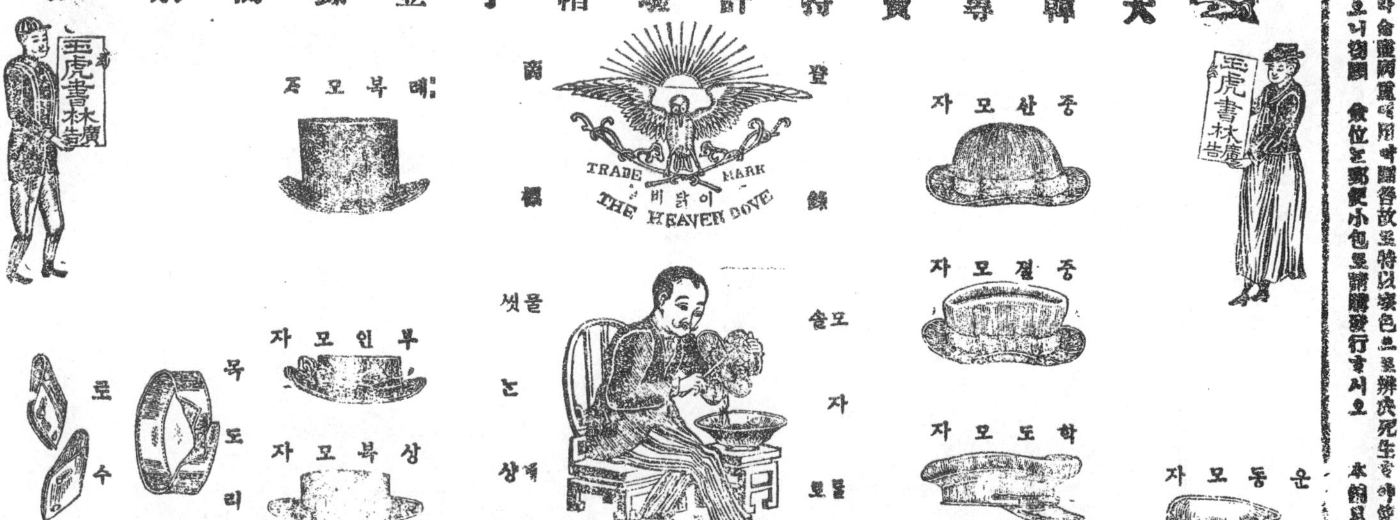

▲실합명 모자광고 ▲저매득허

本帽子新發明完成 隆熙三年三月二십壹日

專賣特許 同年五月六日

商票登錄 同年五月拾八日

發明號 特許第 號實號

本價發賣

今에本帽子를製造ᄒᆞᄂᆞᆫ[illegible]效力으로[illegible]工價[illegible]買을部[illegible]減ᄒᆞ고

中山中折帽子 壹等에 四圓 二等에 三圓五十錢 三等에 三圓

但特等帽와學徒帽와運動帽ᄂᆞᆫ此限에不在ᄒᆞᆷ

이신발명ᄒᆞᆫ총모자ᄂᆞᆫ원방에우편소포로보내면혹시구김이엿스나물에잠그면절노펴지며[illegible]

그림과갓치각종모자가구비ᄒᆞ온대[illegible]

대한경성종로[illegible]쳥년회연셜대총모자졔조소

대한경셩남부동현대사거리 삼십오통오호 육호ᄭᆞ지

총모자샹졈특허주 졍인호 근고

발매지졈 경셩종로[illegible] 뎡구호예수교칙샤경유수근고

平安南道雲山文岩實成學校設立以後諸任員熱心勤務ᄒᆞ야合建築與生徒進步多有欽慕ᄒᆞ야然而以財政之殆難維持故로左開諸氏竭力出金借款으로以補校故로全國教育界에感謝厚意로茲에告ᄒᆞᆷ

鄭明日 三百圓

韓明允 壹百圓

朱基煥 五拾圓

金利燮 五拾圓

金有成 二百圓

劉啓浩 壹百圓

盧承敎 五十圓

李允鳳 五十圓

白仁七 壹百圓

金仲賢 [illegible]圓

李勤廷 五十圓

崔昌[illegible] 告白

學員募集廣告

本塾에서第五回入學期를當ᄒᆞ야法律書學과經濟夜學兩專門科學員을募集ᄒᆞ오니願學人은左記試驗定期內에本塾事務所로來議ᄒᆞ시옵

修業年限 三個年

入學年齡 滿二十歲以上

學科目 [illegible]

試驗日字 九月五日 上午十時

試驗科目 講讀、作文、地理、歷史、博物學、物理學、化學、數學、(幾何代數)

開學日字 九月拾三日

隆熙三年八月拾八日

西部積善洞八統四戶

私立 養正義塾

廣告

江原道洪川郡守南㦤熙氏가敎育의熱心으로發井稱頌ᄒᆞᄂᆞᆫ바이니와學徒을勸奬ᄒᆞ기爲ᄒᆞ야該郡境內紳士諸氏와義捐金을各出ᄒᆞ야隆熙五月五日에聯合運動會를擧行ᄒᆞ얏ᄂᆞᆫᄃᆡ洪川郡廣成義塾과布仁義塾과橫城郡花成學校와麟蹄郡羅昭學校가聯合ᄒᆞ야生徒와役員이三百餘名이오觀光士女가約六七千名에達ᄒᆞ야近代盛況을呈ᄒᆞ얏기로義捐ᄒᆞᆫ紳士諸氏와捐金額이如左ᄒᆞᆷ

本郡守 南㦤熙 金五圜
金永逸 [illegible] 金六圜
學會[illegible] 宋景俊 金五圜
李學奉 [illegible]十圜 金觀根
金良三 崔泰永 學連逸
趙英三 李萬根 學能培
南宮栢 金德才 申錫祿
李[illegible]求 [illegible] 朴順元
金石興 崔聖七 朴元模
鄭寅泳 金元三 [illegible]奎鎭
柳成九 [illegible]用景 趙元默
各貳圜 [illegible]承宇 [illegible]近實
學千晚 趙仁赫 成完默
[illegible]奎錫 河興道 尹京三
各三圜 金明化 金六[illegible]
金道善 金六圜 洋紙壹軸
金明先 [illegible]昌[illegible] [illegible]
各五圜 金明[illegible] 姜應弼
各四圜 橫城郡守沈興澤
金三圜 董永先 曹敬善
金善敏 金明玉 朴春實
吳[illegible]先 [illegible]承烈 卞月汝
嚴聖回 崔奎五 邊[illegible]萬
吳敬三 辛榮純 [illegible]燦
[illegible]應煥 金永奎 禹奎榮
金[illegible]儀 朴善三 文敬模
安[illegible]洙 朴弼周 [illegible]伯欽
許東準 申命均 金在復
[illegible]能弘 金登永 各壹圜

金永泰 壹圜五十錢
鄭君壹 姜致云 [illegible]鳳鎭
辛榮振 金[illegible]植 [illegible]致云
[illegible]景老 合益三 各五十錢
[illegible]致三 三[illegible] 高翼振
林晋卿 各白紙壹石
[illegible]萬辰 洋紙一軸 林準晩
林準浩 陳[illegible]萬 金用範
林伯卿 [illegible]鍾[illegible] 各洋紙壹軸
日人喜兵小西英太郞
松井平三郞 [illegible]村利壹
田中稅模 取扱所[illegible]池田[illegible]
取締[illegible]壹 川澤[illegible]四郞幷同
洋紙壹軸 朝日烟草四箱
[illegible]弼伯 洋紙壹軸[illegible]五打
[illegible]益紙石板十打石[illegible]二[illegible]
[illegible]敦先莊[illegible]三[illegible]紙五[illegible]
[illegible]空[illegible]二[illegible]二打
[illegible]勳必 空[illegible]三打
[illegible]明二洋紙[illegible]夫人金壽完
祖母양紙[illegible]

廣成義塾々監金鼎基 告白

本書市를開設ᄒᆞᆫ後各處發展[illegible]愛顧ᄒᆞ심을蒙ᄒᆞ와于今支保[illegible]ᄋᆞᆸ기壹層擴張ᄒᆞ기로京中小學校敎科書及宗敎小說[illegible]各樣雜貨와帽子[illegible]機械를正價發售ᄒᆞ오니照亮ᄒᆞ심을務望
安岳邑[illegible]書市休業社[illegible]

南部大[illegible]洞[illegible]統[illegible]券與執[illegible]約[illegible]有ᄒᆞ온ᄃᆡ昨年陰四月分에家券與契約書를推尋持[illegible]셔[illegible]失ᄒᆞ[illegible]閭[illegible]得ᄒᆞ와도休紙施行ᄒᆞᆷ

趙南顯 告白

本人이圓角姓名圖章[illegible]六月貳拾[illegible]遺失ᄒᆞ얏ᄉᆞ오니從今以後ᄂᆞᆫ方角으로改良以用ᄒᆞᆯ깃ᄉᆞ오니玆以佈告[illegible]以此知悉ᄒᆞ심

隆熙三年八月二[illegible]
平北郭山우面嚴庄里
池泳鵬 告白

各種藥品을總發行所ᄂᆞᆫ漢城[illegible]濟生堂大藥房本舖

遠地에ᄂᆞᆫ小包로信送ᄒᆞᆷ

藥商의게特減大賣ᄒᆞᆷ

消化新藥　淸心保命丹

家庭[illegible]

主治效能 [illegible]

右藥은內外國到[illegible]

◉共愛堂大藥房製造各種藥品發行表

壯陽復元丹 [illegible]痛肺弱[illegible]虛[illegible]起遺精多夢[illegible]
淸耳液 [illegible]
[illegible]丹 [illegible]
淸眼水 [illegible]
淸[illegible]丸 [illegible]
解[illegible]至寶丹 [illegible]
消熱散 [illegible]
[illegible]淋[illegible] [illegible]
小兒濟命散 [illegible]
[illegible]液 疥癬(옴)[illegible]
疾痢散 [illegible]
養胃散 [illegible]
止泄丸 [illegible]
治痰鎭咳丸 [illegible]
[illegible]積散 [illegible]
能治[illegible]
齒痛水 [illegible]

前외學校敎官 朴容[illegible]

電氣帶 [illegible]南部大[illegible]十[illegible]統七戶
各處支店特約所

學部內部檢定認可
初等大東歷史 全
定價金 三十錢

學部內部檢定認可
初等修身 全
價定金 二十五錢

朴晶東 著
金泰玉 發行
發行所 南部[illegible]洞十九統九戶 同文社
發賣所 京鄕各有名書舖

各種東西洋藥과韓國唐草材大發賣所 [illegible]和平堂藥房

[illegible]

和平堂藥房主 [illegible] 告

第七卷 第千壹百八拾壹號

大韓每日申報

月歲曜時及日慶休節刊

耶蘇降生一千九百九年 檀君開國四千二百四十二年 箕子元年三千三十一年 大韓開國五百十八年 日本明治四十二年 淸國宣統元年 陰曆七月小初十日丁巳

Responsible for Publication Alfred Weekley Marnham.
發行兼編輯人 英國人 萬咸
發行所 京城[illegible] 大韓每日申報社

論說

◎在內同胞는在外同胞를效則홀지어다

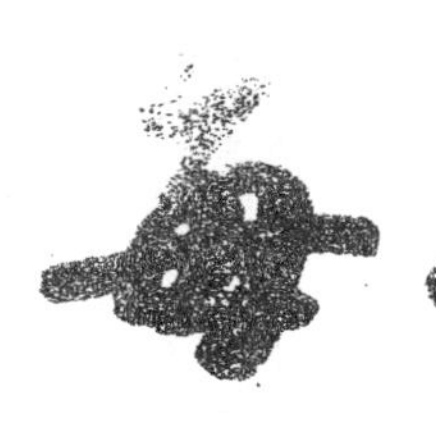

同胞乎여 卽外同胞諸君에 비록 客穀悲境에 處ᄒᆞ야 生活이 難ᄒᆞ며 動作의 艱ᄒᆞ나 猶是外同胞에比ᄒᆞ면 猶是安居며猶是穩坐ᄒᆞᆷ지라 彼在外同胞ᄂᆞᆫ 往ᄒᆞᆫ 分父母을帶ᄒᆞ고 赤手空拳으로 茫茫ᄒᆞᆫ 萬里에 大洋을 渡ᄒᆞ야 或俄或日或美或國으로 往ᄒᆞ야 殊言異貌의 其同種이아니며 熱天冷地의其故土가아니라 苦ᄒᆞᆫ에 寒饑를 고 昆弟가無ᄒᆞ며 病ᄒᆞ야도 問ᄒᆞᆯ 者 無ᄒᆞ며 頭를 故國에 回ᄒᆞ매 腸이 風雨가 其懷를傷ᄒᆞ며 面을 外人에 對ᄒᆞ매 奴隷牛馬의 嘲가 其報를 增ᄒᆞ얏인 中 其糊口資身의 道는 勞働二字外에는 無ᄒᆞ이 無ᄒᆞ나니

同胞야々々 彼在外同胞의 情境을 思ᄒᆞ라 然歟아 否歟아 然ᄒᆞ되 彼ᄂᆞᆫ 猶幾百人 相聚ᄒᆞᄂᆞᆫ 處에 [illegible]會를 [illegible]ᄒᆞ며 心과 血로 國魂을 招ᄒᆞ며 然ᄒᆞ되 彼ᄂᆞᆫ 猶幾十人相通ᄒᆞᄂᆞᆫ 日이면 新聞을 發行ᄒᆞ야 [illegible] 民智를 開ᄒᆞ며 然ᄒᆞ되 彼는 獨血汗所得의 金을 捐ᄒᆞ야 多數學校를 創ᄒᆞ며 然ᄒᆞ되 彼는 猶囊橐不多의 財를 擲ᄒᆞ야 公共營業을 圖ᄒᆞ야 모로록 檀君子孫의 歷史를 六洲에 輝ᄒᆞ며 爲國民族의 聲譽을 萬國에 馳코쟈 ᄒᆞ야 其苦心熱誠이 人의 淚를 可下홀지어놀

同胞야々々 凡此內地同胞야 其心의 頑ᄒᆞᆷ이여 其智의 迷ᄒᆞᆷ인가 其識의 狹ᄒᆞᆷ이며 其聞의 寡ᄒᆞᆷ인가 其痛의 未深ᄒᆞᆷ이며 其血의 未熱ᄒᆞᆷ인가 其睡의 未醒ᄒᆞᆷ이며 其夢의 未醒ᄒᆞᆫ가 此時에도 尙且良田美宅을 擁ᄒᆞ고 [illegible] 圖ᄒᆞ며 尙且錦衣粱肉의 樂을 [illegible] 國事를 不恤ᄒᆞᄂᆞᆫ가 此時에 又 [illegible] 且我家를 思ᄒᆞ며 此時에 [illegible] 尙且我身만 思ᄒᆞᄂᆞᆫ가 嗚呼 [illegible] 三千里의 地가 [illegible]에 觀ᄒᆞ며 二千萬生靈이 火薪에 措ᄒᆞ며 [illegible] 角 [illegible] 尺喙 [illegible] 尺도 [illegible]가 環坐ᄒᆞ야 烹宰屠割을 謀ᄒᆞ나니 公[illegible] 一切團合 [illegible] 一切奮發이 生路가 [illegible] 有ᄒᆞᆯ지어날 如此히 悠々ᄒᆞ야 [illegible] 經緯 [illegible] 且何處에 在ᄒᆞ며 [illegible]오

紛然이나 吾儕가 同胞諸君에게 責ᄒᆞᄂᆞᆫ 바는 豈朝에 空中樓閣과 如ᄒᆞ 驚天動地의 大事業을 欲ᄒᆞᆷ이 아니라 但只在外同胞又如 苦心熱誠으로 壹日이라도 件事를 做ᄒᆞ며 二日에 二件事를 做ᄒᆞ야 不緩不急히 目的地에 到達ᄒᆞᆷ을 祝ᄒᆞᆷ이로다

嗚呼라 々々々 鐵路玻璃地方에 在ᄒᆞᆫ 同胞ᄂᆞᆫ 其熱淚를 揮ᄒᆞ야 桑港及海蔘威의 留ᄒᆞᆫ 同胞와 聯絡ᄒᆞ며 興領柏陸地方에 在ᄒᆞᆫ 同胞ᄂᆞᆫ 其血汗錢을 出ᄒᆞ야 文川氷英을 救恤ᄒᆞ나니 此等尋常의 報道를 接ᄒᆞ야도 其愛國愛同胞의 情을 可想ᄒᆞ지어날 內地同胞ᄂᆞᆫ 何其悠々杳々ᄒᆞ뇨

或者ᄂᆞᆫ 必日言論을 作ᄒᆞ자ᄒᆞ나 自由ᄒᆞ기 不能ᄒᆞ며 內地同胞의 何事業을 做得ᄒᆞ리오ᄒᆞᆯ지나 然이나 自家의 財產을 投ᄒᆞ야 學校를 許立ᄒᆞᆷ이야 誰가 禁ᄒᆞ며 自己의 心力을 獻ᄒᆞ야 同胞를 警曉ᄒᆞ미야 誰가 阻ᄒᆞ리오 設或此等事業을 作ᄒᆞᆷ에 阻力이 間有ᄒᆞᆯ지라도 我心에 苟熱ᄒᆞ면 阻力이 自退ᄒᆞ며 前途가 自開ᄒᆞ나니라

官報

▲隆熙三年七月廿七日 官報

▲法律

法律第二拾二號

韓國銀行條例(續)

第拾[illegible]條 總裁及理事는 [illegible] 名稱을 不拘ᄒᆞ고 他業務又ᄂᆞᆫ 商業에 從事ᄒᆞᆷ을 不得ᄒᆞᆷ 但政府에셔 認可를 受ᄒᆞᆫ 時ᄂᆞᆫ 此限에 不在ᄒᆞᆷ

第三章 株主總會

第拾二條 通常株主總會ᄂᆞᆫ 每年二回定款所定ᄒᆞᆫ 時期에 總裁가 此를 招集ᄒᆞᆷ

第拾三條 臨時株主總會ᄂᆞᆫ 隨時事項을 協議ᄒᆞ기 爲ᄒᆞ야 何時던지 總裁가 此를 招集ᄒᆞᆷ을 得ᄒᆞᆷ

第拾四條 監事全員又ᄂᆞᆫ 總株金의 五分之壹以上에 相當ᄒᆞᆫ 株主ᄂᆞᆫ 會議目的을 示明ᄒᆞ야 臨時株主總會의 招集을 總裁에게 請求ᄒᆞᆷ을 得ᄒᆞᆷ

總裁가 前項請求를 受ᄒᆞᆫ 時ᄂᆞᆫ 臨時株主總會를 招集ᄒᆞᆷ이 可ᄒᆞᆷ

第拾五條 株主總會에셔 株主의 議決權은 其所有株數壹株를 對ᄒᆞ야 壹個로ᄒᆞᆷ 但拾壹株以上은 拾株를 增加ᄒᆞᆷ마다 壹個를 加ᄒᆞᆷ (未完)

外報

◎吉會線批准 吉會線問題에 關ᄒᆞᆫ 協約은 二拾日에 批准交換을 經ᄒᆞ얏다더라

◎第四回會見 滿洲懸案에 就ᄒᆞ야 貳십일에 第四回會見이 有ᄒᆞ얏다더라

◎[illegible] 倫敦電을 據ᄒᆞᆫ즉 [illegible] 學浴哥에 [illegible] 鐵路通特派[illegible]云ᄒᆞ얏고 [illegible] 現今마다나 [illegible] 兵力은 步兵이 三萬이오 騎兵이 壹千[illegible] 野砲 [illegible] 門 [illegible] 山砲가 [illegible] 門[illegible] 有[illegible] 氣가 旺盛ᄒᆞ며 地方의 狀態도 多大ᄒᆞᆫ 障害가 有ᄒᆞ다더라

◎鐵道[illegible] 北京電을 據ᄒᆞᆫ즉 郵傳部[illegible] 徐世昌[illegible] 去拾六日에 [illegible] 津浦鐵道를 [illegible] 天津에 赴ᄒᆞ얏다더라

◎列國艦隊 倫敦電을 據ᄒᆞᆫ즉 戰鬪艦二隻巡洋艦六隻으로 編成ᄒᆞᆫ 列國艦隊ᄂᆞᆫ 十七日에 카니아港에 投錨ᄒᆞ얏는데 艦隊指揮官은 兵團司令官의 要求ᄒᆞᆷ을 因ᄒᆞ야 同[illegible] 希臘國旗를 [illegible] 八時內로 卸下ᄒᆞ야 [illegible] 通告ᄒᆞ얏다더라

◎希臘國旗卸下 倫敦電을 據ᄒᆞᆫ즉 크레타島의 希臘國旗ᄂᆞᆫ 拾八日朝에 크리트島에셔 靜穩히 卸下ᄒᆞ얏다더라

◎列國軍隊上陸 伯林電을 據ᄒᆞᆫ즉 保護列國은 크레타島카니아港에 軍隊를 上陸ᄒᆞ얏다더라

詞藻

◎學覺成

荊園에 몰닷니꼬、吳江에 갈볼까、
팔千壯士거나리고、秦天을 指點ᄒᆞ니、
壹朝에、百二重關을、擊打破。

廣告

◎學員募集廣告

本校에셔 今秋期에 壹學年及預備科學生을 增募ᄒᆞ오니 志願者ᄂᆞᆫ 本月三十壹日內로 左開 各項을 [illegible] 請願書를 提呈ᄒᆞ고 屆期應試ᄒᆞ시옵

一 入學年齡 壹學年 拾六歲以上、預備科拾五歲以上

一 試驗日字 九月壹日

一 試驗科目 壹學年에ᄂᆞᆫ 讀書、作文、算術(分數以內)、本國地誌歷史、理化、博物、日語、體格
預備科에ᄂᆞᆫ 讀書、作文、算術(四則以內)、本國地誌歷史大要、體格

一 開學日字 九月拾日 但舊學生은 八月貳拾壹日

一 入學資金 [illegible]金二圜 [illegible] 修業料壹圜

注意 請願書에ᄂᆞᆫ 各其父兄或監督者의 確實ᄒᆞᆫ 保證書를 添附ᄒᆞ고 請願紙ᄂᆞᆫ 本校에 請求ᄒᆞ옵

隆熙三年八月 日

平壤私立大成中學校

◎學生募集廣告

本校에셔 第四回로 學生을 募集ᄒᆞ오니 幼年子弟를 敎育코져ᄒᆞ시거던 本月三拾日內로 本校에 來議ᄒᆞ시옵

入學年齡은 七歲로 拾五歲ᄭᆞ지

隆熙三年八月拾八日

尙洞耶蘇敎堂私立攻玉小學校

學員募集廣告

本學館에셔 今[illegible] 學員을 募集ᄒᆞ오니 [illegible] 月二拾八日([illegible])內로 [illegible] 請願書를 添附ᄒᆞ야 [illegible] 左記ᄒᆞᆫ 字[illegible] 應試ᄒᆞ시ᄆᆞᆯ 事 ([illegible] 本學館)

中學科一年級 新募集

同二三年級

英日語科

木工、鐵工科 補缺募集

夜學科ᄂᆞᆫ 追後募集

入學者資格 年齡[illegible]歲以上男子로 身體强健[illegible] 品行[illegible] 本學館[illegible] 學力[illegible]

試驗日字 八月三十日([illegible]) [illegible] 九時

試驗課目 國漢文讀書、作文、算術(四則以內) 但補缺은 [illegible]當該科目[illegible] 試驗

開學日字 九月一日

外他各科課程及校規則等은 本學館에 來問ᄒᆞᆷ

皇城基督敎靑年會學館

雜報

◎韓皇親電 昨日에日本北海道地方에巡遊ᄒᆞ샤況을視學ᄒᆞ시던韓國 皇太子殿下께셔ᄂᆞᆫ再昨日東京에 御還御ᄒᆞ셧슴으로韓國 大皇帝陛下께셔 親電을發ᄒᆞ심이如左ᄒᆞ니

朕今聞貴無事歸京其視學必有多大效親歸京竝所健康이라ᄒᆞ셧더라

◎乾沒金調査 總理大臣李完用氏가內帑金額十萬圓을乾沒ᄒᆞ얏다ᄂᆞᆫ說을某處에서詳査ᄒᆞᆫ즉皇太子殿下 冊封時에 太皇帝陛下께二十萬圓 嚴貴妃殿下께二十萬圓合四十萬圓을引取ᄒᆞ얏ᄂᆞᆫ데此ᄂᆞᆫ 德壽宮에近侍ᄒᆞᄂᆞᆫ官吏가漏傳ᄒᆞᆷ이라더라

◎賞品頒賜 大皇帝陛下께옵셔西남巡狩ᄒᆞ옵실時에 陪從ᄒᆞᆫ內外國官吏의게賞品을頒賜ᄒᆞ실터인데爲先統監府官吏의게壹等乃至拾壹等까지磨鍊ᄒᆞ야昨日宮內府에서銀製瓶盃等物을頒賜ᄒᆞ얏다더라

◎消金欲辨 伊藤氏歸國時에消耗된金額을總理大臣이各部大臣에게各貳萬圓式排斂코져ᄒᆞ나各大臣은不爲聽從ᄒᆞᆫ다더라

◎朴氏閉發 內部大臣朴齊純氏ᄂᆞᆫ近日仕處치아니ᄒᆞ고私邸에서閉發ᄒᆞ며來客을壹切謝絶ᄒᆞ얏다더라

◎李氏運動 日本서本年度에政治學을卒業ᄒᆞᆫ國學直李完鎔氏ᄂᆞᆫ閔內部大臣學乾夏氏의令孫인데內部警務官을現今運動中이라더라

◎爲勸國稅 度支部次官荒井賢太郞은國稅未勸金整理委員長으로內部土木局長劉猛氏와書記官平波信은委員으로兼任ᄒᆞ얏더라

◎軍部慰勞宴 去二十一日에統衛府長官李秉武시가京城旅館에서軍部顧問及府員三十五名을招待ᄒᆞ야慰勞宴을開ᄒᆞ얏다더라

◎爆因誤損 再昨日上午拾時에中部淸溪洞居民閔令監偵探客全璧喆氏家에何許人이墻穴을從ᄒᆞ야大穴砲를發射ᄒᆞ얏ᄂᆞᆫ대人命은幸而不中ᄒᆞ얏고비呼君慶史大至任善事此家保護巡査ᄂᆞᆫ日憲兵司令部憲兵等이派ᄒᆞ야全氏家를保護ᄒᆞ얏다더라

◎市區決定 韓國銀行總裁ᄂᆞᆫ日本에壹銀行으로支店組織을支配人으로總裁으로決定ᄒᆞ얏ᄂᆞᆫ데韓國政府에서任命發表ᄒᆞ엿더이다더라

◎國庫出入額 去五月中에國庫金歲出入額은如左ᄒᆞ니

經常歲入部

第壹款租稅	六八七、二五九圓
第二款印紙收入	二三、三七四
第三款驛屯賭收入	壹七〇、二六七
第四款官業收入	三七、二二壹
第五款雜收入	壹五、六七五

臨時歲入部

第壹歲入金	二五、二五〇
第二款公債募集金	壹、〇〇〇、〇〇〇
歲入合計	壹、六六五、五〇七
歲出合計	三、三二壹、四三九

◎敎書編纂計劃 隔村某某財産家와其他文학學校諸氏가合同ᄒᆞ야國民敎科全書를編纂ᄒᆞ기로現今計劃中이라더라

◎無關不干 日人勝田龍子가韓人與朔斗學東照兩氏와合資ᄒᆞ야理髮所를設ᄒᆞ고理髮組合規則을反對ᄒᆞ야廉價理髮ᄒᆞ기로各警察署巡査에게通知ᄒᆞ얏다더라

◎釜山水道速成 百십七萬圓의巨額으로始役ᄒᆞᆫ釜山水道工事ᄂᆞᆫ旣히市中에鐵管敷設을終ᄒᆞ고目下水源地로부터鐵管布設及貯水池의工事를着手中인대明年六月에竣工을期ᄒᆞ야繼ᄉ進行中이라더라

◎爲濟發起 漢城府民會長金吉昌等諸氏가平安兩道成川順川兩郡水災에對ᄒᆞ야救濟의道를講究ᄒᆞ기爲ᄒᆞ야來日永曜下午貳時에漢城府民會館內에서發起人會를開ᄒᆞᆫ다더라

◎申犯執絞 强盜殺人犯申昌鎬를處絞ᄒᆞᆯ意로法部大臣이上奏裁 裁ᄒᆞ야本月십六日京城監獄署에서執行ᄒᆞ얏다더라

◎集部慈殿 鴨綠江流木採收에就ᄒᆞ야淸日人間에紛擾가有ᄒᆞᆷ은昨報에已揭어니와現今帽兒山과中江鎭附近에淸人數千名이集群ᄒᆞ야騷動을惹起ᄒᆞᄂᆞᆫ中이라더라

◎派遣鎭暴 鴨綠江附近에淸國木把가暴動됨은別項과如ᄒᆞ거니와此를鎭靜ᄒᆞ기爲ᄒᆞ야內部에서平北警察署로措飭ᄒᆞ고巡査四十名을增ᄒᆞ야으로派遣케ᄒᆞ얏다더라

◎因於鐵境 鴨綠江沿岸에淸人採伐工夫의不穩은近來突然히騰熖을加ᄒᆞ야目下對岸에屯集ᄒᆞᆫ者가無慮히數千名이오其中二三百名은頗히猛烈ᄒᆞ며其不穩의原因은國境問題에關ᄒᆞᆷ이라더라

◎歡迎發起 年前에歸國ᄒᆞ얏던美國宣敎師元杜尤氏가來月上旬에更히渡韓ᄒᆞᆫ다ᄂᆞᆫ데有志紳士들이발起ᄒᆞ야該氏到着後에三淸동에서大歡迎會를開ᄒᆞᆫ다이라더라

◎光州農會 全南光州에서ᄂᆞᆫ種苗棉花栽培所農工銀行金融組合의技手等이協議ᄒᆞ고去壹日부터普通學校內에農事講習會를開ᄒᆞ얏다더라

◎道春同手 勸興會社長李圭恒氏가祿寶鬧을組織ᄒᆞ야尹覺學氏가發始ᄒᆞᆫ獨立院에合同ᄒᆞ기로交涉ᄒᆞᆫ디尹氏ᄂᆞᆫ反對不應ᄒᆞᆫ다더라

◎測量契約 漢城府內에在ᄒᆞᆫ會議測量所ᄂᆞᆫ漢城普信社測量課와第所와改稱ᄒᆞ고土地家屋賣買與當의에ᄂᆞᆫ該測量所에셔干涉ᄒᆞ기로契約ᄒᆞ얏다더라

◎塗員被毆 再昨日東部梨峴等地居千某가日本皇帝의寫眞을自己門미上에塗付ᄒᆞ얏더니日巡査가過去ᄒᆞ다가其寫眞을見ᄒᆞ고千氏를毆打捉去ᄒᆞ얏다더라

◎三淸賊警 再昨日下午五時量에三淸洞警察分署下에셔腿漢二名이突出ᄒᆞ야拔劍示威ᄒᆞ고漢城씨首飾銀物을奪去ᄒᆞ얏다더라

◎獄囚逃亡 本月廿壹日午前三時에公州監獄淸州分監에囚徒拾名은監房을破壞逃走ᄒᆞ얏다더라

◎額皮甚厚 棄兒收養所演奏會를再昨日午後九時頃에演興社에서開催ᄒᆞᆫᄃᆡ建設關係로某某가演說ᄒᆞ며가該社長을同이反對鼻笑ᄒᆞᆷ으로정氏ᄂᆞᆫ無聊避去ᄒᆞ얏다더라

◎演戲廢罷 閔元植趙岐鎭諸氏가발起ᄒᆞ야棄兒收養所經費를補助ᄒᆞᆯ目的으로寺洞演興社內에서再昨日부터慈善演藝를設行ᄒᆞᆫ다더라

◎農工開會 農工研究會에서本日에臨時總會를開ᄒᆞ고事務를處理ᄒᆞᆫ다더라

學界

◎三氏熱心 東小門外私立昭義학校贊成長朴民淳副校長金賢鎭總務會장崔鳳珪諸氏가每月壹次式會議를開ᄒᆞ고학徒를熱心勸奬ᄒᆞ며要ᄒᆞᆫ經費를擔方針을硏究ᄒᆞᆫ다더라

◎開進學校 西학嶺某某敎員隨校ᄒᆞ학校ᄒᆞ셔校況이漸進ᄒᆞ므로英日語中학科를新設ᄒᆞ고학員을增募ᄒᆞᆫ다ᄂᆞᆫ더多數히應募ᄒᆞ기를希望ᄒᆞᆫ다더라

◎東彰遠足 東大門內私立東彰학校에서東小門外城北洞附近에出往ᄒᆞ야遠足會를設行ᄒᆞ얏ᄂᆞᆫ대於義동居紳士石蔡觀氏가當日食饌及菓子等物을盛備ᄒᆞ야敎師學徒及任員數百名을供待ᄒᆞ고학生을謝ᄒᆞ야勸학的으로演說ᄒᆞ얏다더라

◎擧伴興學 平北鐵山郡守鄭鎭興시ᄂᆞᆫ在任以後로敎育을熱心勸奬ᄒᆞ야郡內十餘個學校에俸金中若干式捐付ᄒᆞ고各校生徒를對ᄒᆞ야勤學을勸勉ᄒᆞ미壹般人心이其誠意를無不感服ᄒᆞᆫ다더라

◎西部夜校 西部鵝峴下隅居山里居方留民박과晩兩씨가敎育을發展ᄒᆞᆯ目的으로夜學을設置ᄒᆞ야勞働者學校를設ᄒᆞ얏ᄂᆞᆫ데生徒가百餘名에達ᄒᆞ얏다더라

◎雙關之効 咸鏡道明川郡下古面土垣洞鐵甚烈시ᄂᆞᆫ年今貳拾歲靑年인데京城에留학ᄒᆞ다가夏期에休학歸鄕ᄒᆞ야自家의使役ᄒᆞ던奴婢五六人을解放ᄒᆞ되相當ᄒᆞᆫ資産을與ᄒᆞ야自由生活케ᄒᆞ고自己家에夜학을設始ᄒᆞ고靑年勞働者를募集敎授ᄒᆞᆫ다더라

◎中師熱心 固川郡加串面壹山里私立明新학校ᄂᆞᆫ設立ᄒᆞᆫ지貳箇年에經濟에窮拙ᄒᆞ야校況이不振ᄒᆞᆫ지라該教師申泰均시가此를慨歎ᄒᆞ야每朔月俸을減半寄付ᄒᆞ고其餘殘額中에도若千錢을費用ᄒᆞ야每月終試驗에紙筆等을賞與ᄒᆞ야生徒를勸奬ᄒᆞ며勞働夜學校를自設ᄒᆞ야名譽를敎授ᄒᆞ고二拾餘名生徒의國文漢字를親抄ᄒᆞ야頒給ᄒᆞ야於熟讀ᄒᆞ기로注意ᄒᆞᆫ다더라

○東京電報○

◎韓皇儲參內 二十四日發 韓國 皇太子殿下께옵셔貳拾四日에 伊藤氏와共히 御參內ᄒᆞ샤 日本皇帝와 御面謁ᄒᆞ시고旅行中所見을詳細히上奏ᄒᆞ셧다더라

◎韓銀委員會 二십三日發 本日首相邸에셔韓國銀行創立委員會를開ᄒᆞ고定款及事務規定을議決ᄒᆞ얏다더라

◎韓銀의定款과募集 貳십四日發 韓國銀行定款은來二십七日에發表ᄒᆞ고株式募集은九月二十日頃에始ᄒᆞᆫ다더라

◎韓銀의決議事項 二十四日發 本日韓國銀行設立委員會에서決議事項은如左ᄒᆞ니

壹 常任委員을選定ᄒᆞᆯ事

壹 定款은六十七條原案대로可決ᄒᆞᆯ事

壹 株式募集證據金은五圓으로定ᄒᆞᆯ事

壹 株式募集方法은應募의狀況을依ᄒᆞ야何時써지던지畢了ᄒᆞᆯ事

壹 募集銀行을選定ᄒᆞᆯ事

◎韓銀條募 二십四日發 韓國農工銀行、天壹、漢城、[illegible]銀行、京城、仁川、釜山、平壤의各第壹銀行支店[illegible]銀行株의募集을取扱ᄒᆞᆯ[illegible]ᄒᆞᆫ다더라

共報不[illegible]

▲不遇의功[illegible]報을享[illegible]廷[illegible]先히其[illegible]

▲嘉興王公[illegible]食餌方丈[illegible]隨處堆[illegible]色[illegible]料理[illegible]

▲異味珍品[illegible]을喫[illegible]長[illegible]尺[illegible]肥胖[illegible]勝者[illegible]

▲玩好物[illegible]避乃珍[illegible]어니[illegible]玩賞者[illegible]

▲五加七[illegible]加五[illegible]年增[illegible]數[illegible]을照耀[illegible]

▲噫嘻다[illegible]오姸媸[illegible]로金[illegible]니爲[illegible]

◎本舖 京城西小門外 ... 本舖京西小門外 ... 洞 ... 南龍浩 學部友國巳 ...

雜報

◎水災調查 平安南道諸郡의 水害情況은 旣히 累報ᄒᆞ얏거니와 今에 該道의 調查表를 據ᄒᆞ즉 左와 如ᄒᆞ니

平壤郡 溺死人 二 畜 九 家屋流失 〇 崩壞 四五 浸水 五〇九 船舶流失 壹七 田畓面積 六五六町 損害 七,三〇〇圜

成川郡 溺死人 壹貳 畜 四六壹 家屋流失 七壹七 崩壞 八二九 浸水 壹,三九三 船舶流失 〇 田畓面積 二,四二〇 損害 壹七二,六六〇

江東郡 溺死人 六 畜 壹〇〇 家屋流失 三九 崩壞 七六 浸水 七 船舶流失 大五 田畓面積 壹,〇大四五 損害 二八,五五

陽德郡 溺死人 八 畜 壹 家屋流失 二〇〇 崩壞 五〇〇 浸水 九五 船舶流失 〇 田畓面積 六五〇 損害 壹,四万〇〇〇

順川郡 溺死人 七四 畜 壹五二 家屋流失 二二七 崩壞 三三四 浸水 五八五 船舶流失 〇 田畓面積 五〇 損害 七三,壹七五

德川郡 溺死人 四七 畜 壹〇 家屋流失 二〇 崩壞 四〇 浸水 八 船舶流失 七七三 田畓面積 四三〇 損害 壹三,

損害總額 廿九萬九千七百十圜

廣告

西部孔德里坡洞 拾七統壹戶 草家六間文券을 去月分에 鄕中셔失ᄒᆞ얏ᄉᆞ오니 該券을 得ᄒᆞ야도 休紙施行ᄒᆞᆷ

朴用鎬 告白

神宮敬義會

本會會館을 中部小笠洞二十四統八戶로 移轉ᄒᆞ얏ᄉᆞᆸ기 廣告홈

金圭默은 圭浩로 改名ᄒᆞ얏ᄉᆞ오니 知舊ᄂᆞᆫ 照亮ᄒᆞᆷ을 要

西部養生坊倉洞拾貳統十四戶

金圭浩 告白

文華鄕의 名을 鐸으로 改ᄒᆞ오니 知舊僉員은 照亮ᄒᆞᆷ을 要

文鐸 告白

中部河橋六統八號五戶

平心堂醫院

每日診察은 午前六時로 午后八時 急病은 時間不計홈

류한셩

本人이 本年陰三月初四日에 商店(五隣)을 新築이온바 荒貨紬布木을 廉價로 大販賣ᄒᆞᆸ고 學客에 持來物件도 寄放ᄒᆞ오니 僉君子ᄂᆞᆫ 光臨ᄒᆞ시ᄋᆞᆸ

京南大門外 蓮池二百四十三統九戶 商號 寶林

五隣·洪在鳳 告白

本書市를 開設ᄒᆞᆫ 後 各處 僉員에 愛顧ᄒᆞ심을 蒙ᄒᆞ와 于今 支保이옵기 茲에 擴張ᄒᆞ와 各道中小學校 敎科書及宗敎小說法學各種 雜貨와 帽子測量機械를 正價放賣ᄒᆞ오니 照亮愛顧ᄒᆞ심을 務望

安岳邑 上塲街 西書市 林景柱 白

本所에서 一般人民의 殖林業을 發達ᄒᆞ기 爲ᄒᆞ야 本所에 適宜ᄒᆞᆫ 簡易학科를 撰ᄒᆞ야 敎授ᄒᆞ오니 入學志願人은 本所에 來臨ᄒᆞ심을 要홈

科目

果樹栽培學 森林學
土壤學 獸醫學
家畜學 肥料學

試驗日字 九月十一日下午一時 陰七月廿七日

試驗科目 國漢文作文算術

開學日字 九月十三日

卒業期限 拾個月

講師 日本農林學校 優等卒業生
金敎初 元勳常 金永侃

隆熙三年八月十八日

中部壽洞廿九統貳戶

西北學會內 農林講習所 告白

本校에 各年級에 補充ᄒᆞᆯ 學員을 募集ᄒᆞ오니 志願ᄒᆞ시ᄂᆞᆫ 僉員은 九月五日內로 請願書를 提呈ᄒᆞ시ᄋᆞᆸ

開學日字ᄂᆞᆫ 九月十日이오니 本校學員은 依期來校ᄒᆞ시ᄋᆞᆸ

安州郡 協成安興學校

本人의 子昌敏이 爲人이 浮浪ᄒᆞ온 데 賭財ᄒᆞᄂᆞᆫ 亂類金相漢으로 付同ᄒᆞ야 本人의 圖章을 持去ᄒᆞ얏ᄉᆞ오니 內外國人은 勿爲見欺ᄒᆞ시오

黃海道鳳山郡 人坊月下山居

延永賢 告白

◎大減價販賣

製圖器測量器械製圖用紙各種 右壹千組限 特別割引大放賣

釜山港本町三丁目 篠崎支店

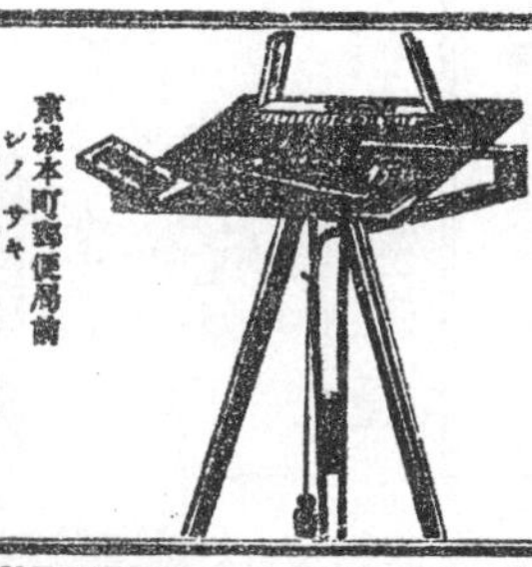

測量製圖器械
其他附屬品文具
都賣 散賣

京城本町 篠崎器械店
平壤南門通 篠崎支店

◎學員募集廣告

本塾에서 第五回入學期를 當ᄒᆞ야 法律經濟夜學專門科學員을 募集ᄒᆞ오니 入學志願人은 左記試驗期內에 本塾에 請願書로써 早速請願ᄒᆞᆷ

修業年限 三個年

入學年齡 滿二十歲

學科目 (詳在本塾學則)

試驗日字 九月五日 上午拾時

試驗科目 讀書、作文、地理、歷史、博物學、物理、化學、數學、(幾何代數)

開學日字 九月拾三日

隆熙三年八月拾壹日

私立 養正義塾 中部壽洞八統貳戶

◎秘製止痛藥

此藥은 英國에 有名ᄒᆞᆫ 의학博士 百里得 李 氏의 발明ᄒᆞᆫ 無雙ᄒᆞᆫ 靈藥이라 英國에 在ᄒᆞᆫ 本 會에셔 特爲派員ᄒᆞ야 此藥品을 韓國內에 廣佈ᄒᆞ 기를 專托ᄒᆞ옵ᄂᆞᆫ 故로 藥不可辭ᄒᆞ와 效ᄒᆞᆫ 바 左開諸症에 外塗內服ᄒᆞ면 無不奏效 ᄒᆞ옵 다 當此炎夏에 九極靈效ᄒᆞ와 多數生命이 오니 藥業에 從事ᄒᆞ시ᄂᆞᆫ 이와 疾病을 預防코져 ᄒᆞ시 ᄂᆞᆫ 이ᄂᆞᆫ 速速來臨ᄒᆞ시면 廉價로 都賣ᄒᆞᆯ 터이 오니 이다

左開

◀內科所用▶

胃酸 腹瀉
吐瀉 食傷風
咳嗽 不消化
肚滯 疹子
心痛 傷寒
肝病 肚痛
胃熱 痢疾
口內之瘡 蟲痛
哮喘 內腎病
小兒吐瀉 暑夏吐瀉
抽筋
瘧疾
噯聲
胃氣痛
風濕傷寒
喉痒
身子軟弱
藥痢
發細
氣管病
霍亂

◀外科所用▶

火疔瘡
瘀瘡
跌打損傷
腰背痛
癬瘡
指甲疽
咽喉痛
蟲蛇刺咬
凍瘡
腦氣筋痛
癬

發賣所 博濟 韓英興業株式會社事務所

社告

○申報價

壹朔代金	新貨貳錢五厘
壹個月前條	三拾錢
參個月	九拾錢
陸個月	壹圓七拾錢
壹個年	參圓四拾錢
郵稅壹張	新貨五厘
壹個月	拾參錢

◎廣告料

四號活字拾參字詰

每日壹寸(英尺)에 新貨廿五錢

貳週日壹寸에 貳圓五拾錢

壹個月壹寸에 五圓

(自壹行至四行이爲壹寸)

其期限의長短과字行의多寡를依ᄒᆞ야增減홈이有홈

◉大韓每日申報各處支社廣告

平安道
平壤[illegible]太[illegible] 安[illegible]
三和港[illegible]石洞[illegible]
義州南門外[illegible]大藥房 [illegible]
鐵山邑東[illegible]
[illegible]
安州城內[illegible]
[illegible]川市
龍川[illegible]
[illegible]川邑[illegible]
江西邑內
[illegible]紅門里
[illegible]

黃海道
海州[illegible]
安岳[illegible]石面[illegible]
殷栗邑[illegible]
信川邑[illegible]
載寧邑乾材[illegible]
黃州[illegible]外[illegible]
白川邑文明[illegible]

咸鏡道
沙里院[illegible]
咸興[illegible]
元山港[illegible]
定平郡邑川
洪原[illegible]
永興[illegible]
鏡城[illegible]
淸津港[illegible]

全羅道
金[illegible]
木浦[illegible]

江原道
[illegible]

第千壹百八拾貳號

大韓每日申報

第七卷

月議 陰時 及休日 發行新刊

檀君開國四千二百四十二年 箕子元年三千三十一年 大韓開國五百十八年 日本明治四十二年 己酉七月小十一日水曜

Responsible for Publication Alfred Weekley Marnham.

發行兼編輯人 英國人 萬咸

發行所 京城中部 大韓每日申報社

寄書

哀心으로 團合ᄒᆞ고 血誠으로 愛國ᄒᆞ라

崇實學校靑年 金文典

我韓이 自數十年以來로 上下社會가 皆覺ᄒᆞ야 人民의 知識을 培養ᄒᆞ기爲ᄒᆞ야 學校와 報館을 設立ᄒᆞ야 自强精神을 鼓吹ᄒᆞ며 實便으로 國家의 實業을 發達키爲ᄒᆞ야 株金을 募集ᄒᆞ야 工場을 設立ᄒᆞᆫ後 諸般事業에 改良을 着手ᄒᆞ야 至于今日이로되 外人의 對抗이 大烈ᄒᆞ야 事物이 如意치 못ᄒᆞᆷ으로 心中에 厭棄症이 生ᄒᆞ야 着手ᄒᆞᆫ 事業을 中廢ᄒᆞᄂᆞᆫ 者도 有ᄒᆞ며 心中에 絶望病이 生ᄒᆞ야 決心ᄒᆞᆫ 目的을 中止ᄒᆞᄂᆞᆫ 者도 有ᄒᆞ니 實로 可惜ᄒᆞ도다

今에 余가 壹言으로 同胞諸君에게 敬告ᄒᆞ노니 諸君이 今日大韓을 悲觀的으로 知ᄒᆞᄂᆞᆫ가 樂觀的으로 知ᄒᆞᄂᆞᆫ가 余ᄂᆞᆫ 今日大韓을 樂觀的으로 知ᄒᆞ노라 何以其然고 大抵國家의 興亡은 其國靑年에 在ᄒᆞᆫ지라 然則吾輩靑年은 我同胞諸君의 希望点이니 吾輩가 엇지 此國에 生長ᄒᆞ야 此國의 本分을 忘ᄒᆞ고 此國의 滅亡을 不顧ᄒᆞ리오 吾輩의 團合壹心은 大韓帝國의 獨立이 是라 是以로 吾輩壹身은 坐ᄒᆞ야도 大韓獨立 臥ᄒᆞ야도 大韓獨立 步ᄒᆞ야도 大韓獨立 歌ᄒᆞ야도 大韓獨立 思ᄒᆞ야도 大韓獨立 生ᄒᆞ야도 大韓獨立 死ᄒᆞ야도 大韓獨立이라

然則我同胞諸君은 今日韓을 悲觀的으로 知치말고 血性을 奮發ᄒᆞ며 惟新事業에 熱心着手ᄒᆞ되 百魔가 侵擾ᄒᆞ고 萬劫이 來迫ᄒᆞᆯ지라도 少不屈撓ᄒᆞ고 益益進就ᄒᆞ야 靑年의 確定ᄒᆞᆫ 目的을 成케ᄒᆞᆯ지어다 然이나 余가 甚히 痛歎ᄒᆞᄂᆞᆫ 바ᄂᆞᆫ 我韓社會界에 腐敗性이 大發ᄒᆞ야 國家思想은 全昧ᄒᆞ고 權門勢家에 晝夜奔走ᄒᆞ야 搖尾乞憐ᄒᆞᄂᆞᆫ 者라 此輩가 有ᄒᆞᆷ으로 我同胞의 血誠이 冷ᄒᆞ기易ᄒᆞ고 此輩가 有ᄒᆞᆷ으로 知覺이 無ᄒᆞᆫ 靑年을 腐黨에 投ᄒᆞ기易ᄒᆞ니 我國에 第壹等 人類ᄂᆞᆫ 此輩가 是라

現今朝野人民의 思想을 觀ᄒᆞ건ᄃᆡ 士人이나 農人이나 商人이나 匠人이 다 方今形勢를 痛歎ᄒᆞ되 唯此輩ᄂᆞᆫ 千載壹時의 好時機를 遭ᄒᆞᆫ듯시 今日狀態를 我韓의 幸福이라 ᄒᆞᄂᆞᆫ도다 余의 敬愛ᄒᆞᄂᆞᆫ 同胞諸君과 余의 同志되ᄂᆞᆫ 靑年諸君은 哀心으로 團合ᄒᆞ고 血誠으로 愛國ᄒᆞ야 我大韓帝國으로 萬億年基礎를 確定ᄒᆞ고 我二千萬同胞를 樂國에 引導ᄒᆞ기를 千萬顒祝ᄒᆞ노이다

法律

▲隆熙三年七月廿七日 官報

▲法律第二拾二號 韓國銀行條例 (續)

第拾六條 株主總會에 議決權을 有ᄒᆞᆫ 株主ᄂᆞᆫ 他株主外의 代理人에게 委托ᄒᆞᆷ은 不得ᄒᆞᆷ 但法定代理人은 此限에 不在ᄒᆞᆷ

第十七條 定款의 變更은 總資本의 半額以上에 相當ᄒᆞᆫ 株主가 出席ᄒᆞ야 其議決權의 過半數로써 此를 決定ᄒᆞᆷ

第四章 營業

第拾八條 韓國銀行은 左開業務를 營ᄒᆞᆷ

第壹 爲替手形 其他商業手形의 割引

第二 平常取引이 有ᄒᆞᆫ 諸會社銀行又ᄂᆞᆫ 商人을 爲ᄒᆞ야 手形金의 收捧

第三 爲替及荷爲替

第四 確實ᄒᆞᆫ 擔保가 有ᄒᆞᆫ 貸付

第五 諸任置金及當座貸越勘定

第六 金銀貨貴金屬及諸證券의 保護任置

第七 金銀塊의 賣買及貨幣의 交換

公共團體에 對ᄒᆞ야ᄂᆞᆫ 政府認可를 受ᄒᆞ고 無擔保貸付를 ᄒᆞᆷ을 得ᄒᆞᆷ

第二項外에 營業의 便宜를 依ᄒᆞ야 國債證券, 地方債券 其他政府가 指定ᄒᆞᄂᆞᆫ 確實ᄒᆞᆫ 有價證券을 買收ᄒᆞᆷ을 得ᄒᆞᆷ

韓國銀行은 政府認可를 受ᄒᆞ야 他銀行의 業務代理ᄒᆞᆷ을 得ᄒᆞᆷ

第십九條 韓國銀行은 營業을 爲ᄒᆞ야 必要ᄒᆞᆫ 物件을 買收ᄒᆞ고 又ᄂᆞᆫ 債務辨濟를 爲ᄒᆞ야 擔保로ᄒᆞᆫ 物件을 所有ᄒᆞᄂᆞᆫ 外ᄂᆞᆫ 動産及不動産을 買收ᄒᆞᆷ을 不得ᄒᆞᆷ

(未完)

外報

●列國忠告 伯林電을 據ᄒᆞᆫ즉 列國은 希臘이 土耳其의 通牒에 對ᄒᆞ야 穩和ᄒᆞᆫ 回答을 與ᄒᆞ라고 忠告ᄒᆞ얏다더라

●墨國內亂 紐育電을 據ᄒᆞᆫ즉 ……族이 墨西哥北部를 要코져ᄒᆞ야 軍隊로 掃力ᄒᆞᄂᆞᆫ 中이라더라

●淸國鐵道借款 倫敦電을 據ᄒᆞᆫ즉 美國資本家團體에셔 淸國鐵道借款의 四分之一을 要ᄒᆞ야 交涉ᄒᆞ더니 此事件은 目下狀態로 滿足ᄒᆞᆫ 上은 ……ᄒᆞ리라더라

●土艦隊出動 論敦電을 據ᄒᆞᆫ즉 拾隻으로 編成ᄒᆞᆫ 土耳其艦隊ᄂᆞᆫ ……와 갓치 ……ᄒᆞ고 希臘에셔ᄂᆞᆫ 希臘商品排斥을 始ᄒᆞ얏다더라

●蘇格蘭大火 論敦電을 據ᄒᆞᆫ즉 蘇格蘭글너쓰고우市잉글남街에셔 大火災가 有ᄒᆞ야 損失額이 二十五萬磅에 達ᄒᆞ얏다더라

●加奈多國防案 論敦電을 據ᄒᆞᆫ즉 加奈多政府의 陸軍計劃은 英帝國國防會議에셔 議決ᄒᆞᆫ 것과 如히 他殖民地와 同樣으로 軍隊組織을 統一ᄒᆞ고 其他를 滿足히ᄒᆞ고 海軍基礎ᄂᆞᆫ 太西洋及太平洋沿岸에 即時開始ᄒᆞ리라더라

●海峽通過許可 伯林電을 據ᄒᆞᆫ즉 土耳其皇帝ᄂᆞᆫ 露國軍艦에 武裝ᄒᆞ고 兩國皇帝가 黑海에셔 地中海에 巡遊ᄒᆞᄂᆞᆫ 御乘艦을 隨從ᄒᆞ야 다다넬쓰海口通過ᄒᆞᆷ을 特別히 許可ᄒᆞ얏다더라

詞藻

●撲不義

博浪沙中쓰고남은鐵椎、項羽又흔壯士주어。

世界上에不義者를、壹瞬間에撲滅코져。

야마도、沒數撲滅ᄒᆞ기前은、잠못니뤄。

雜報

●紀念日祝賀 明廿七日은 韓國 大皇帝陛下의 即位紀念日인故로 皇室에서宮中祝賀宴을盛設ᄒᆞ야文武百官의祝賀를受ᄒᆞ실터이오韓國各官衙及會社銀行에서ᄂᆞᆫ祝賀ᄒᆞ기爲ᄒᆞ야盡日休業ᄒᆞᆫ다더라

●韓皇儲旅行 韓國 皇太子殿下ᄭᅴ셔ᄂᆞᆫ不久에伊藤統監과共히日光地方으로再次旅行ᄒᆞ실터이라더라

●總相渡日說 總理大臣李完用氏ᄂᆞᆫ本月三十日頃에日本에前往ᄒᆞᆫ다ᄂᆞᆫ說이有ᄒᆞ다더라

●渡日何多 [illegible]完氏가本月二十日頃에[illegible]往ᄒᆞᆫ다ᄂᆞᆫ說이有ᄒᆞ다더라

●竟乃相分 總理大臣李完用氏의子婦가分財ᄒᆞ야社稷洞居ᄒᆞᄂᆞᆫ前奉侍李裕用氏의家屋을五千四百圓에買入ᄒᆞ야日昨에移徙ᄒᆞ얏다더라

●學校運動 政權을[illegible]ᄒᆞ던學校址에入閣運動을頻繁히ᄒᆞ더니今番에運動費가窮ᄒᆞᆷ으로學校路氏의게貸與ᄒᆞ얏던金貸五千圓을不日催促ᄒᆞᆫ다더라

●因逋被招 咸興郡守[illegible]氏ᄂᆞᆫ該郡守在任時에公貸欠逋가有ᄒᆞᆷ으로度支部에서招致ᄒᆞᆷ으로日昨上京ᄒᆞ얏ᄂᆞᆫ데內部에셔ᄂᆞᆫ該氏에게對ᄒᆞ야辭職勸告를ᄒᆞ얏다더라

●兩氏出張 內部主事金某朴某兩氏ᄂᆞᆫ鬱陵島를視察ᄒᆞ기爲ᄒᆞ야日間出發ᄒᆞᆫ다더라

●書記官舍建築 各道書記官의官舍ᄂᆞᆫ本年에旣히八箇所의建築을着手ᄒᆞ야其大部分을竣工ᄒᆞ얏고殘部六個所ᄂᆞᆫ來年度豫算에編入ᄒᆞ야建築ᄒᆞᆯ터인데日下에豫算을編製ᄒᆞᄂᆞᆫ中이라더라

●地方費實施 本年四月에發布ᄒᆞᆫ地方費法은當局에서度支部와交涉ᄒᆞ야決末된後本年拾月初旬부터徵收를實行ᄒᆞᆯ터이라더라

●府部協議 漢城府豫算中에地方費ᄂᆞᆫ屠牛稅가二萬圜證明稅가三萬圜이될터인데目下度支部와協議中이라더라

●醫院長과經費 全州淸州咸興三處에新設된慈惠醫院의院장은該地에駐在ᄒᆞᆫ日本軍의軍醫를囑托ᄒᆞ기로ᄒᆞ얏ᄂᆞᆫ데其經費ᄂᆞᆫ總額이五萬圜假量이라더라

●調査何用 日憲兵司令部에셔偵探者를申飭ᄒᆞ야各新聞記者와各社會上任員의姓名及住所를一一調査ᄒᆞᆫ다더라

●不徒砲殺 某處偵探者金某ᄂᆞᆫ諸氏를殺害ᄒᆞ라고六穴砲를放ᄒᆞᆷ은已報ᄒᆞ얏거니와該氏가昭格洞에住居ᄒᆞᆯ時에도何許刺客이突入ᄒᆞ야該氏를謀害ᄒᆞ려ᄒᆞ얏다더라

●廢部之故 法官養成所를將次廢止ᄒᆞ고該所生徒四十餘名은日本國에派送受學케ᄒᆞᆯ터인데學資金은政府에서支撥ᄒᆞᆫ다더라

●自衛團組織 目下義兵은三南及黃海道忠淸道等地에最히熾盛ᄒᆞᆷ으로該地方人民이擧皆殷粟兩家族에셔ᄂᆞᆫ此를防禦ᄒᆞ기爲ᄒᆞ야自衛團을組織ᄒᆞ고既히軍隊의承諾과武器의貸與를得ᄒᆞ얏다더라

●宜速支撥 [illegible]郡으로부터太田停車場까지鐵道에犯入ᄒᆞᆫ田畓價銀을尙不支撥ᄒᆞᆷ으로該人民數千名이道部에緊次呈願ᄒᆞ얏다더라

●有何不合 漢城新報社社장李氏舜夏ᄂᆞᆫ該社日人과不合事端이有ᄒᆞ야再昨日에社長을請願辭免ᄒᆞ얏다더라

●勸業獎勵 農商工部에셔ᄂᆞᆫ地方人民을勸業獎勵하기爲하야工業傳習所의製作品을各道陳列場에配付ᄒᆞ얏다더라

●日艦出發 仁川에滯泊하얏던日本軍艦八重山은昨日平北沿岸大靑島로向ᄒᆞ야出發ᄒᆞ얏다더라

●日兵鍊習 再昨日上午八時에日本工兵隊中隊가漢江附近에前往ᄒᆞ야水中爆發을鍊習ᄒᆞ얏다더라

●日兵歸國 駐韓日本步兵第二拾七聯隊ᄂᆞᆫ本月二拾九日에出發ᄒᆞ야三拾日釜山에셔乘船歸國ᄒᆞᆫ다더라

●新市將開 龍山共同新市場을永登浦驛附近에設立ᄒᆞ라고方今準備ᄒᆞᆫ즉不遠間開市ᄒᆞᆯ터이라더라

●可不痛禁 鐵原郡에ᄂᆞᆫ近日巫女輩가人民을誑惑ᄒᆞ야所禱事神ᄒᆞᆫ다稱ᄒᆞ고錢財를騙取ᄒᆞᄂᆞᆫ데當地警官은視若尋常ᄒᆞ야痛禁치아니ᄒᆞᆫ다더라

●雖少實堅 近來義兵의數ᄂᆞᆫ減少ᄒᆞ얏스나其實力은依然ᄒᆞ며武器ᄂᆞᆫ漸々精銳ᄒᆞ야火繩銃은少數ᄒᆞ고실銃과擧銃等을使用ᄒᆞ며兵數가少ᄒᆞᆯ수록其團結力은益堅ᄒᆞ다더라

●虫害甚慘 義州府에蝗虫이發生ᄒᆞ야田畓에蔓延ᄒᆞ야無不遍布ᄒᆞ야發作의收穫이無望ᄒᆞ다ᄂᆞᆫ데該府私立學校에서府合을從ᄒᆞ야驅除法을人民에게勸奬ᄒᆞᆯ目的으로學員七十六人이躬行田間ᄒᆞ며盡力捕殺ᄒᆞᆫ다더라

●肉類宜愼 黃海道瓮津郡加川面上豊里行殿洞에서七月貳日부터十三日까지牛疫에致斃ᄒᆞᆫ者貳人中에壹人은卽死ᄒᆞ얏다더라

●甲郡疫痢 甲山郡鐵東社에ᄂᆞᆫ疫痢病이發生ᄒᆞᆫ以來로罹病者십五名內에七名은死亡ᄒᆞ얏다더라

●鴨沿虎病 鴨綠江沿岸에虎列剌가流行ᄒᆞᆫ다ᄒᆞᆷ은旣報ᄒᆞ얏거니와再昨日에新患者二名이中島에셔발生ᄒᆞ얏고其外壹名은死亡ᄒᆞ얏다ᄒᆞ고電報가有ᄒᆞ얏다더라

●非人所畜 利原郡松端里地方에ᄂᆞᆫ牛疫이流行ᄒᆞ야死者가十二頭오同郡陽面에ᄂᆞᆫ死者가九頭인데病狀이急激ᄒᆞ야蔓延의兆가有ᄒᆞ다더라

●義殺日人 去貳拾壹日에黃海道平山細北面臨津等地에서義兵將金貞安氏의部下拾貳名이日人壹名을打殺ᄒᆞ얏다더라

●又殺壹名 內部土木局所管木浦出張所에셔勤務ᄒᆞ던日人工夫壹名이義兵에게被害ᄒᆞ얏다더라

●日商被害 黃海道平山邑幷院에居留ᄒᆞᄂᆞᆫ韓商日人壹名이同郡細谷面廣津에셔文岩店으로向ᄒᆞᄂᆞᆫ途中에셔義兵십二名을逢ᄒᆞ야被害ᄒᆞ얏다더라

●處々痢疾 鳳川郡坡坪里에人民三名은腸窒扶斯病에罹ᄒᆞ고壹名은赤痢病에罹ᄒᆞ얏ᄂᆞᆫ데蔓延의慮가有ᄒᆞ야目下豫防中이라더라

●腸窒發見 南部警察署日人巡査鈴木이가腸窒扶斯病에罹ᄒᆞ야現今大韓醫院에셔治療ᄒᆞᆫ다더라

●船貸半餉 釜港客主徐鎭淳氏가夏期放學時에協同鄕塾會社에交涉ᄒᆞ야학徒船價ᄂᆞᆫ半割引으로領收케ᄒᆞ얏다더라

●何等牢刑 北部警察署에셔近夜間에罪囚를牢刑取調ᄒᆞᄂᆞᆫ데叫痛之聲이附近人家에及聞ᄒᆞᆫ다더라

●賭技被囚 西部警察署巡査梁聞桓金華泳等이設技賭錢ᄒᆞ다가日巡査에게被捉ᄒᆞ야同署에牢囚ᄒᆞ얏다더라

●日賊押交 日人川崎丑太松이가本月拾九日頃에開城郵便局에滔入ᄒᆞ야紙貨貳百五拾圓을竊取上京ᄒᆞ얏ᄂᆞᆫ데日前에其情跡이現露ᄒᆞ야西部警察署에被捉ᄒᆞ야日本理事廳으로押交ᄒᆞ얏다더라

●湖郡開設 湖南학會[illegible]萬洛氏가昨日에自己私[illegible]會를開ᄒᆞ고該會任員諸氏를[illegible]待ᄒᆞ얏다더라

學界

●宜其不穩 宜寧郡人士들이發起ᄒᆞ야湖南學校를設立ᄒᆞ얏ᄂᆞᆫ데該郡內日人들도學校를設立ᄒᆞ야湖南학校와合幷코저ᄒᆞᆷ으로人民이因此不穩ᄒᆞᆫ貌樣이라고湖南學校長이학部에報告ᄒᆞ얏다더라

●明新試驗 竹山郡私立明新학校에셔第壹學年夏期試驗式을經ᄒᆞ얏ᄂᆞᆫ데優等生은申鉉鳳等拾二人이오及第生은趙容玉等拾二人인데本月二拾五日에進級證授與式과閉學式을擧行ᄒᆞᆫ다더라

▲地方消息

▲本月四日全羅南道[illegible]谷地方에셔義兵壹百餘名이日憲兵數拾名과交戰ᄒᆞ얏다ᄒᆞ고

▲本月十八日綾州雙岩等地에셔義兵七十餘名이日憲兵拾三名과交戰ᄒᆞ얏다ᄒᆞ고

▲本月十五日光州와音等地에셔義兵數百餘名이潭陽장城光州三郡守備隊兵約百名과交戰ᄒᆞ얏다ᄒᆞ고

▲樂安與陽順天同福谷城等地에ᄂᆞᆫ義兵壹百五六十名이出沒ᄒᆞᆫ다더라

○東京電報○

八月廿五日午前發

◉韓銀定款認可 韓國銀行의定款은本日에日本大藏大臣의認可를得ᄒᆞ얏다더라

同日發

◉常任委員會 한銀常任委員日人五名은本日設立事務所에集會ᄒᆞ야株式募集方法을審議ᄒᆞ얏다더라

同日午後

◉地震何多 昨日本關西에地震이又有ᄒᆞ야[illegible]半壞ᄒᆞᆫ家屋이全潰ᄒᆞᆫ者도有ᄒᆞ야人心이洶々ᄒᆞ다더라

上仝

◉露學生觀光 露國大學生十一名은觀光ᄒᆞ기爲ᄒᆞ야昨日神戶에上陸ᄒᆞ얏ᄂᆞᆫ데本日은大阪을玩賞ᄒᆞᆫ다더라

上仝

◉英國豫算의爭論 英國下議院에셔豫算案을調査ᄒᆞᆯ時에爭論이極히激烈ᄒᆞ야議會가解散될境遇에至ᄒᆞ얏다더라

▲留聲聽聲▼

▲九[illegible]狐가路人을[illegible]法을[illegible]留聲機가[illegible]오遊說國의聚人法은留聲器가장技로다考狐頭上骸骨쓰웃어귀우에둘너메고기리리ᄯᅢ단셰셔못ᄒᆞ마ᄯᅡ여러노너[illegible]업지

可憐ᄒᆞ사더소리ᄂᆞᆫ自家銃[illegible]러닙다

▲ᄒᆞᆫ고동을트러노니남의指[illegible]밧ᄭᅴ적의三寸舌만斷々ᄒᆞ며[illegible]守月給누어먹기運動費에[illegible]절재許多慾望다만흔데人[illegible]이不來ᄒᆞ면너所望이다틀인[illegible]어서밧비모혀드러너말숨드러주오

▲ᄯᅩᄒᆞᆫ고동트러노니留聲[illegible]비러울제四國貴[illegible]不惜[illegible]못되독衆衆ᄒᆞ야喚[illegible]作[illegible]더니聽衆들은客星[illegible]만虛費[illegible]니이ᄂᆡ가슴답[illegible]어서밧비모혀드러너말숨드러주오

▲ᄯᅩᄒᆞᆫ고동트러노니地[illegible]각조흔말을잘ᄒᆞ미가두려움[illegible]江上巡[illegible]업ᄂᆞᆫ그中[illegible]가稱[illegible]어서밧비모혀드러너말숨드러주오

▲ᄯᅩᄒᆞᆫ고동트러노니[illegible]志士들을[illegible]나[illegible]父[illegible]生[illegible]에엇[illegible]어서밧비모혀드러너말숨드러주오

▲ᄯᅩᄒᆞᆫ고동트러노니[illegible]沮戱코[illegible]몃시[illegible]貌[illegible]나[illegible]어서밧비모혀드러너말숨드러주오

▲이리저리들너[illegible]誘引ᄒᆞ[illegible]狐貌[illegible]可憐ᄒᆞ다身[illegible]解散[illegible]

廣告

西署龍山坊麻浦(?)里中契三十五統八戶강溪秀草십間白紙家劵을換出歸持而往來이다가偶然서失ᄒ앗시니雖某拾得ᄒ와도休紙施行홈

馬元哉 告白

北部昭格洞六拾壹統七戶瓦家三間草五間半(?)家劵을서失ᄒ온바亡夫具範書시光武十壹年五月에請願承認ᄒ고因以作故인바此承認을隆熙四年四月에遺失ᄒ와本人籍에廣告러니廣告中間을遺失ᄒ고前月에又廣告ᄒ앗스나群體치못ᄒ와玆又廣告홈

家主河召史仁媛 告白

本人이家舍를放賣ᄒ야負債를報(?)欲(?)ᄒ얏더니買主金世貞과事端이有ᄒ야七朔相詰ᄒ옵君子의洞燭ᄒ시는바이오更因時勢ᄒ야落價되여不得依數報償이옵고以今形便으로는無他周旋故로敢請公議ᄒ오니本人處에所捧諸君子는除七月三拾日내忘勞來臨ᄒ와서從公歸正ᄒ심을伏望

東大門外紅樹洞
方漢翊 告白

學員募集廣告

本校에서第五回學員을募集ᄒ오니願學僉員은九月壹日부터四日까지請願書를提呈ᄒ고左開에依ᄒ야應試ᄒ시오

試驗日字 九月二日부터四日까지(上午九時ー下午三時)

試驗科目 中學實級
國漢文 讀書、作文、本國歷史、地誌、算術(分數以內)
預備級、
國漢文讀書、作文、算術(比例以內)

開學日字 九月七日

私立進洞做新學校

前校官舘(?)義大의太學을以本學로改定ᄒ오니京鄕知舊閱照亮홈

京성南部竹洞二統십二戶
趙(?)羲庚 告白

黃州郡正方山城成佛寺는本道首刹이오 ... 本寺內에正所學校를設立ᄒ고本校維持를經營內事務를成佛寺... 事務員朴錦岩寶으로申湖山寶成과金府峰內財務員學藏挙外財務員의明夏諸시가補助를幾千餘百金式各願擲出ᄒ고또本道各郡各寺庵에老少僧侶가幾千餘百金式各願補助ᄒ고鳳山郡舍人坊蒜山寺에는外財務員이學明夏시가本校의財... 幾百金이라도熱心旋力ᄒ와本道各郡에寺刹年僧侶를募集ᄒ얏스되諸生徒의衣食과紙筆墨等節을自本校로全當ᄒ고普通課程을設ᄒ야現今熱心敎育ᄒ오나雖某道某郡某寺에居ᄒ는僧侶라도有志靑年諸僧侶는本校에來學ᄒ시기切望홈

黃海道黃州郡正方山城正新學校總務長 表裕盛 告白

本社에셔北商機關으로本港에在ᄒ던魚鹽廛舍基址를買置ᄒ야從前社長權君天시가不由社規ᄒ고欲爲奸計ᄒ야右基址를潛賣予許에轉渡ᄒ라다가頗成約書ᄒ야懇願(?)設ᄒ야事端欲轉勢로 ... 社員이 ... 總會ᄒ고權君天시를爲先選任出社ᄒ고該僞約書는永爲無效케ᄒ오니照亮ᄒ시오

僉員照亮홈
釜港彰興總社 告白

果樹栽培學 森林學
土壤學 獸醫學
家畜學 肥料學

科目

本所에셔一般人民의農林業을發達케ᄒ기爲ᄒ야以上科目을適宜히簡易한科目을撰定ᄒ야夜學으로敎授ᄒ오니入學志願人은本所에來議ᄒ심을要홈

試驗日字 九月十一日下午一時(陰七月廿七日)

試驗科目 國漢文作文算術

開學日字 九月십三日

修業期限 七個月

講師 日本農科大學校優等卒業生

金銀初 元勛常 金志侃

隆熙三年捌月十八日

中部校洞廿九統貳戶

西北學會內
農林講習所 告白

本校에各年級에補充ᄒ 學員을募集ᄒ오니志願ᄒ시는僉員은九月五日內로請願書를試ᄒ시오

開學日字는九月十日이오니本校學員은依期來校ᄒ시옵

安州郡協成安興學校

本人의子昌斌이爲人이浮浪ᄒ온대閑居ᄒ는亂類金桂淡으로付同ᄒ야本人의圖章을持去ᄒ왓사오니內外國人은勿爲見欺ᄒ시오

黃海道鳳山舍人坊月下山居
延子寶 告白

大韓專賣特許職帽子登錄商票

登錄 商標

중산모자 中山帽

중절모자 中折帽

학도모자 學徒帽

鳥打帽 조타모자

례복모자 禮帽

부인모자 婦人帽
미리견모자 米利堅帽

項領 목도리

吐手 토수

모자 술 물 셋 는 상

學校用敎科書와社會用書籍이無不俱備홈

소셜 알 경 솜자매득허 모자광고

本精子新發明完成

事實特許 隆熙三年三月二십壹日
商票登錄 同年五月六日
發明者 特許第 號 同年五月拾八日

今에本商子를製造ᄒ기로... 多數를發成ᄒ야工價를... 勉力으로... 買客은... 各項에... 減홈

但特等帽와學徒帽와運動帽는此限에不在홈

中山中折帽子 壹等에 四圜
二等에 三圜五十錢
三等에 三圜

이신발명ᄒᆫ모자는 ... 편ᄒ고보기에ᄯ심히구귀여우니 ... 가장 ... 모자라 ...

대한경성종로 ... 회연설대 ... 삼십오통오호
대한경성남부 ...
총모자상전특허주 정인호 근고
발매지점 경성종부송동배(?)
 ...호에수표치사졍윤수근고

本人이本年陰三月初四日에廣店(五房)을開業ᄒ온바荒貨物과布木과各色物件을賤價로放賣ᄒ오니貴客의特來를望ᄒ오며僉君子는光臨ᄒ시옵

京南大門外紫岩二百四十三統九戶
廣昌商會 洪在聰 告白

本書市를開設ᄒ고各國敎科書와各種書籍을완비ᄒ오니僉員은日本及淸國書籍과各種學校敎科書及宗敎小說과法律經濟와紙物筆墨을廉價로放賣ᄒ오니照亮ᄒ심을望홈
冊肆(?)西小門外 ... 書市 告白

大減價販賣

測量器械與圖書用紙 ...
右를特別割引放賣

釜山港本町二丁目 ... 文店

學員募集廣告

本塾에셔第五回入學期를當ᄒ야法律經濟兩專門科學員을募集ᄒ오니入學志願人은左記試驗定期內에本塾用紙로請願ᄒ시오

修業年限 三學年
入學年齡 滿二十歲
學科目 備在本塾規則
試驗日字 九月拾二日上午拾時
試驗科目 讀書、作文、算術、歷史、地理、博物學、理、化學、數學、(幾何代數)
開學日字 九月拾三日

隆熙三年八月拾壹日
西部鄕染洞八統戶
私立養正義塾

(萬化新藥)

淸心保命丹

大韓每日申報

第七卷 第千壹百八拾三號

月曜及慶節休刊

檀君開國四千二百四十二年
箕子元年三千三十一年
大韓開國五百十八年
日本明治四十二年
淸國宣統元年
己酉七月小十二日己未

Responsible for Publication Alfred Weekley Marnham.
發行兼編輯人英國人 萬咸
發行所 京城南署 大韓每日申報社

論說

◎送裵說氏夫人歸國序

本社總務人事務員壹同

本社故社主裵說시와卒後四朔에其夫人이其八歲된幼子를率ᄒᆞ고行李를治ᄒᆞ야歸國의途에上ᄒᆞ니時ᄂᆞᆫ隆熙三年八月日也라長孫이正收ᄒᆞ고高梧가初黃ᄒᆞ야郊墟의新凉에人의闕意를九觀ᄒᆞ더라

嗚乎라生死와別離ᄂᆞᆫ斯人의常事라智者도必死ᄒᆞ며愚者도必死ᄒᆞ며賢者도必死ᄒᆞ며不肖者도必死ᄒᆞ야千萬古의大聖大賢大猛大奸과其末路ᄂᆞᆫ豈殊境이오相逢에必相別ᄒᆞ며相親에又或相違ᄒᆞ야夫妻와兄弟姉妹와同鄕의良朋友로도百年團聚多의握手와幾多의分岐를經ᄒᆞᄂᆞᆫ지不知ᄒᆞᆯ지어날況種異國異를茫々天涯萬里外에人으로壹別이有ᄒᆞᆷ을何惜이며何오만은

雖然이나夫人의去에ᄂᆞᆫ吾等이悵然悵然의懷를不禁ᄒᆞ며又吾等뿐아니라我全國二千萬人이同然히此懷를不禁ᄒᆞ나니何故오云然고盖夫人은卽故裵說시의遺配오裵說시ᄂᆞᆫ本報를設立維持ᄒᆞᆫ者오本報ᄂᆞᆫ卽我大韓國前途를惓々絶叫ᄒᆞᄂᆞᆫ者인즉韓國人된者ᄂᆞᆫ本報를必愛ᄒᆞᆯ지며本報를愛ᄒᆞᄂᆞᆫ者ᄂᆞᆫ裵說시를必愛ᄒᆞᆯ지며裵說시를愛ᄒᆞᄂᆞᆫ者ᄂᆞᆫ其家族을必愛ᄒᆞᆯ지니夫人은卽裵說시의家族의壹일뿐더러又常本報維持에惓々ᄒᆞ야往々其資斧로本社經費를助ᄒᆞ던者인ᄃᆡ今四朔幾拾日의內에裵說시가矯下不歸의客이되고今又夫人이其幼子를同ᄒᆞ야萱併歸國의途에登ᄒᆞ니

吾等이何로써爲情ᄒᆞ며又況夫人의兩夫妻가多年異域屋霜에家人産業을不事ᄒᆞ고只是韓國同胞를爲ᄒᆞ야事業을血視ᄒᆞ더니今焉에蕭條ᄒᆞᆫ行李로萬里의遠行을作ᄒᆞ니吾等이何로써爲情ᄒᆞ리오

但裵說시의愛ᄒᆞ던바도本報오夫人의愛ᄒᆞᄂᆞᆫ바도本報라裵說시가雖死ᄒᆞ고夫人이雖去ᄒᆞ나本報ᄂᆞᆫ尙存ᄒᆞ니吾人은裵說시를愛ᄒᆞ던바로本報를愛ᄒᆞ며夫人을愛ᄒᆞ던바로本報를愛ᄒᆞᆷ이可ᄒᆞᆯ가嗚乎라其可ᄒᆞ도다嗚乎라其可ᄒᆞ도다

然而夫人은歸ᄒᆞ며國에有ᄒᆞ야大英의山川이夫人을爲ᄒᆞ야笑를獻ᄒᆞᄂᆞᆫ듯ᄒᆞᆯ지며大英의姉妹가夫人을爲ᄒᆞ야歡을作ᄒᆞᄂᆞᆫ듯ᄒᆞᆯ지니此ᄂᆞᆫ夫人을送ᄒᆞᆷ에當ᄒᆞ야悵然ᄒᆞᆫ注ᄒᆞᆷ을不已ᄒᆞᄂᆞᆫ비로다夫人이旣歸에其滿天地自由空氣의中에坐ᄒᆞ야故夫裵說시가韓國을爲ᄒᆞ야[illegible]

法律

▲隆熙三年七月廿七日 官報

▲三年

法律第二拾二號

韓國銀行條例 續

第二拾條 韓國銀行은國庫金을任置ᄒᆞ고其出納에關ᄒᆞᆫ事務를無償으로處理ᄒᆞᆯ義務가有ᄒᆞᆷ

政府ᄂᆞᆫ韓國銀行을ᄒᆞ야곰貨幣整理事務及國債元利金의出納에關ᄒᆞᆫ事務를處理케ᄒᆞᆷ

第二拾壹條 韓國銀行은本法에記載아니ᄒᆞᆫ業務를營ᄒᆞᆷ을不得ᄒᆞᆷ但政府命令이有ᄒᆞᆫ境遇에ᄂᆞᆫ此限에不在ᄒᆞᆷ

第五章 銀行券

第二拾二條 韓國銀行은銀行券을發行ᄒᆞᆷ을得ᄒᆞᆷ但銀行券의樣式及種類에關ᄒᆞ야ᄂᆞᆫ政府認可를受ᄒᆞᆷ

前項銀行券은韓國銀行本店及支店에서營業時間內何時던지金貨或은日本銀行兌換券과交換ᄒᆞᆷ但支店에서ᄂᆞᆫ本店에서準備金이到達ᄒᆞᆯ時間은其交換을延期ᄒᆞᆷ을得ᄒᆞᆷ

第二십三條 韓國銀行은銀行券發行額에對ᄒᆞ야同額의金貨金銀地金及日本銀行兌換券을留置ᄒᆞ고其支撥準備에充ᄒᆞᆷ但銀地金은支撥準備總額의四分之壹을超過ᄒᆞᆷ을不得ᄒᆞᆷ

前項準備를依ᄒᆞᆫ外에韓國銀行은特히二千萬圜을限ᄒᆞ야國債證券其他確實ᄒᆞᆫ證券或은商業手形을保證으로삼아銀行券을發行ᄒᆞᆷ을得ᄒᆞᆷ

(未完)

外報

◎美國兩軍演習 美國政府에서ᄂᆞᆫ[illegible]

◎英國投資와利權 渾春吉林間의鐵道敷設計劃은英淸間의合同企業ᄒᆞᆯ터인ᄃᆡ英國은此를代ᄒᆞ야森林採伐權을得코저ᄒᆞ야錫廷氏와協議中인ᄃᆡ近々成立된다더라

◎吉長細目協定 淸國政府에서ᄂᆞᆫ吉장線借款에關ᄒᆞᆫ細目協定을承認ᄒᆞᆫ旨로通知ᄒᆞ얏다더라

◎張綏間鐵道 淸國은壹千大百萬兩의資本으로來八年間에張家口歸化城間鐵道를敷設ᄒᆞ기로決定ᄒᆞ얏다더라

◎山鳴入號 日本信州淺間山은時々로鳴動ᄒᆞ미人心이驚動ᄒᆞᆫ다더라

◎大統領訓令 美國大統領타프트시ᄂᆞᆫ新任駐淸公使크레인시의게對ᄒᆞ야訓令ᄒᆞ기를淸國을幫助ᄒᆞ야獨立國의實을擧케ᄒᆞ라ᄒᆞ고他國이淸國을劣等國으로ᄒᆞᆷ에對ᄒᆞ야ᄂᆞᆫ美國은極力爭抗ᄒᆞᆯ거시라고ᄒᆞ얏다더라

◎懸案問題 淸日間滿洲懸案中에ᄂᆞᆫ大石橋營口간支線을撤去ᄒᆞᄂᆞᆫ問題도有ᄒᆞ다더라

◎新聞煽動 北京의支那新聞은安奉線問題를攻擊ᄒᆞ며日貨斥買를斷行ᄒᆞ기로熱心煽動ᄒᆞᆫ다더라

◎再次震災 日本關西近江國에ᄂᆞᆫ去貳拾四日에再次震災가有ᄒᆞ야重輕傷者四十五名이出ᄒᆞ얏다더라

詞藻

●時哉々々

壁上에걸닌長劍、때를차저울죽이고。
馬廐에매인룡은、나를보고반겨ᄒᆞᆫ다。
오회야、갓비히장차리여라、때늣ᄂᆞᆫ다。

雜報

◉預備支出額 預備金中支出件을日前內閣會議時에 上奏裁可되얏는딕道路改修費補助金이三萬三千壹百六十五圜이오人民被害者遺族救恤金이三千圜이오鎭南浦稅關保留敷地地租金이壹萬五千圜이오濟津港雜務地經營에關훈金이二千三百八十五圜이오 陵園墓森林保護費가七千八百四拾圜이라더라

◉免稅件上奏 會寧郡에在훈續田處結七拾八結七負를免除훈事로內閣會議에經議上 奏훈얏다더라

◉皇宮保護 憲兵司令部에서는 皇宮保護次로補助員幾百名을現方募集훈다는說이有훈더라

◉想出例辭 度支部大臣任善準氏는辭職請願훈지가于今月餘인데如何훈歸決은無훈고公文上에姓名三字는種々發布훈는것이模糊훈事이라고物論이有훈다더라

◉非日不敎 日女淺野鍈子로官立漢城高等女學校敎授를敍任훈다고曾彌統監이學部大臣에게照會훈얏다더라

◉度量衡改正 韓國度量衡改定案은閣議에可決훈고統監府의承認을得훈얏合으로數日內에發布훌터인데本年度에爲先百部만施行훈고明年度明後年度에次第施行훈야三個年內全國에施行훌計劃인데日本人도其施行地域內에在훈者는此를準用케훈다느니라

◉部衙精査 各部에來年充廢훌部衙를修繕或新建築훈기爲훈야目下精査中이라더라

◉定款表發佈 韓國銀行의定款六十九條를制定훈야 韓日兩國政府에서交涉商決훈얏合으로定款表를號外官報로발布훈다더라

◉根不絶蔓亦破 趙秉甲氏가細音關係로再昨日에完興君리載冕氏를訪問督促하는데繼往說來간에永宣君리埈鎔氏가趙氏를毆打써지훈고中署로電話훈야趙氏를提去拘留써지훈얏는데趙氏의令侄同회氏가此報를聞훈고中署로前往훈야詰責훈기를警察署는 皇族의命令만服從훈는警察이냐훈고警場풍波가起훈얏다더라

◉趙氏詰難 趙秉甲氏가中部警察署에被囚훈은別項과如훈거니와趙同회氏가完興君리載冕氏를訪問훈고余의叔父가何等罪目이有훈기에警察署에被囚케훈얏나냐훈고嚴毅詰難훈얏다더라

◉寬目奈何 趙同회氏가完興君리載冕氏와相詰훈事에就하야永宣君리埈鎔氏는各新聞關係者를紹介훈야此事件이新聞에發布치아니훌도록周旋훈라고緊囑훈얏다는說이漏藉훈더라

◉李氏渡日說 中樞院顧問李根澤氏가有何運動인지數日前에秘密히日本에渡往훈얏다는說이有훈더라

◉醫船準備 韓國政府에서大阪三原造船所에注文훈治大隻醫備船은九月中에竣工훌터인데內部醫務局과稅關에서各其人員을派送훈야乘組員選擇과其他諸般의壹切準備를整理훌터인데其繫留處는木浦潮木等地로定훌터이오乘組員은日本人水軍으로選定훌터이라더라

◉地段調査 各鐵道用地에犯入훈地段價를人民中에或領受치못훈야民冤이有훈다훔으로內部에서는將次調査委員을派定實査훌다더라

◉會計必要 地方費를施行훌기에는會計規則이最히必要훔으로內部에서度支部에其規則을商議훈얏는데度支部에서는目下審議中이라더라

◉徒舌無效 南寶慶氏가忠淸南北選勸獎委員을圖得훈야昨日該地方으로發程훈얏는데旅費는二百圜을支出훈얏고來往期限은四拾日로定훈얏다더라

◉局長發程 漢城財務監督局長은畿內各部의稅務狀況을視察次로日間發程훈다더라

◉實無所逋耶 再昨에度支部에서前郡守洪鳳觀氏를招待훈야金川郡守在任時에犯逋公錢을督納훈얏는데前後文簿를辨淸훈後에無事退出훈얏다더라

◉委員派送說 侍天敎會에서敎務를擴張키爲훈야大議士로巡回委員을定훈야各地方에派送훈기로決定훈얏다더라

◉救恤調査 義兵에게被害훈面長과部主에게對훈야內部에서는其救恤方法을講究코저目下調査中이라더라

◉救恤金協議 各新聞社長諸氏가再昨日下午八時에明月館으로會同훈야平安道成川等郡水災에對훈야救恤金捐付훌을協議하얏다더라

◉面長等訴 僧川文化兩郡面長이發起훈야領受훈公錢을觀察部으로收納훔이不便훈다훈야文化郡에財務署를設置훈라고所管財務監督局에等訴훈얏다더라

◉解散上策 進級週員이其官을對훈야曰漢城內演說家志士를은他會에已爲入參훈얏고此外에는隨從者가別無훈니該國을畢竟組織無路라고咄歎不已훈얏다더라

◉安邸開宴 前郡守安昇玉氏가平安남北道勸諭委員을被任훈얏는딕昨日該氏私邸에서宴會를設훈고各親知人을請待훈얏다더라

◉外人受托 [illegible]婦人이諸國을因훈야沈氏故邸基地에居住훈더니朴容奎氏가[illegible]實侍隨會社內美國人某氏의所關不動產占有權을代理훈기로委托契約을受훈얏다더라

◉韓人滯淸 湖陽延吉邊境附近에在留훈는韓人中에東休黨에屬훈其等數名은北京에滯任훈야淸國에歸化훌意로民政府에請願훈얏는데該部司令肅親王은鄭郎阿榮山을派送훈야韓人狀況을秘密히調查훈다더라

◉組合自望 活民勞動東部支組合에서役夫의失業훔을慨嘆훈야蔡鄧洪承大白成基리發起훈야申滴善諸氏가多大훈金額을醵立훈고活業훌目的으로從所를組織훈얏는데同意者가自願入參훈야趨就之望이有훈다더라

◉染織發明 蔚山部內廂面居憲健滋氏는元來有志紳士로조國內實業의不振훔을慨嘆훈야京城中谷染織工所에서數月修習훈고仍卽下鄉하야同志者와合資하야染織所를創設하고各種織組와染法을發明製造훈얏는데該鄉紳士及學生들은該所에所產을需用훈고外國物品은絕不着身훈기로決心훈얏다더라

◉虎病川多 新義州地方에虎列刺가發生훈야死亡之患이間或有之훔故로內部衛生局에서는此를預防훈기爲훈야技師及技手兩人을昨日該地方으로派送훈얏다더라

◉[illegible]賊被囚 銅峴分署會計主事務에勤務훈는日人遇查逸田이가該署經費를犯逋훈事가綻露되야被囚取調中이라더라

學界

◉女校大進 敎育家李鍾浩시가吉州人士와協議훈야吉州女學校를設立훈고京城敎師는夏성徽新하敎卒業生申完殿시로延聘훈얏는되生徒가日增훈야校況이大進훈다더라

◉繼明經試 慶南臨鎭 繼明學校에서本月十日에第一試期試驗을經훈얏는데成績이良好훈야各科優等生이十六人이오及第生이三十五人이라去二十二日에학部任員及學徒父兄諸시가一齊出席훈야褒賞狀과賞與品을授與훈고仍히茶果會를開훈야竟日盡歡히成훈얏다더라

◉郡民有感 咸南永興郡守學昌郡에는政治에嫻熟훌뿐더러敎育에熱心훈야該郡仁興面廟明學校에累度躬往훈야학徒父兄을勸喩훈야維持方針을誠心贊成훈다더라

◉慶節休刊

本日은大韓帝國 大皇帝陛下 卽位훈신第二回紀念日인故로慶祝훈기爲하야壹日休刊훔

○北京電報○

貳拾六日午后壹時着

◉慶親王辭表提出

慶親王은安奉線問題에關훈야淸日兩端을溢케훈責을引훈야辭表를提出훈얏다더라

○東京電報○

二십六日着

◉韓皇儲歸韓期

韓國 皇太子殿下께서는來年四月에학習院中학科에入학훈실터인데來春에한國 大皇帝 太皇帝兩陛下께와 嚴妃殿下께問安훈시기爲훈야歸國훈실터이라더라

上仝

◉伊藤氏渡韓

伊藤씨는來春에한 皇太子殿下와共히渡韓훌터인되滯留日子는約壹個月로豫定훌다더라

上仝

◉安奉問題略解決

安奉線問題에關훈야淸日兩國의會見해數回에及훈야大體의解決方針은旣히決定되얏다더라

上仝

◉間島의主權提議

安奉線問題에關하야淸日兩國이會見훈際에淸國政府는間島의日本主權을收去하기로提議훈얏다더라

上仝

◉司法權實施期

韓國司法權의實施는日本議會에協贊을經훈야法律로發佈훈기必要훈手續이多훔으로實施期는明年四月로되깃다고當局者가明言훈다더라

▲紀念日祝賀▼

林香生

▲是日也는我 大皇帝陛下卽位第二回之紀念日也라萬戶祥風에飄揚者는太極旗也오金殿瑞日에趨賀者는李花章也라觸目瑞光이滿心懽感이라於시勿效野人獻芹之忱훈야敢追華人祝堯之誠호니

祝曰

▲五百年우리皇室仁賢之化오文明之治라聖子神孫이繼繼後承호사式至于今훈시니

北岳若礪훈고
漢江如帶토록
寶祚無疆훈사
億萬斯年훈소셔

▲二千萬우리同胞神聖之族이오忠勳之裔이라[illegible]賢克仁훈야生此王國훈니

如膠投漆하며
如鐵[illegible]훈야
渾然一國으로
合心締結훈쇼셔

▲三千里우리疆土錦繡之域이오天府之土이며山川이星羅棊錯훈야爲國之寶호니

安如磐石훈고
完如金甌훈야
天窮地盡토록
永保勿替훈소셔

▲四千載우리國承太[illegible]聖이오檀箕諸君이라[illegible]哲辟이相繼相守훈야保有今日훈니

東漸太平훈고
西極大西토록
赫赫明明훈야
威光昭著훈쇼셔

開城… 蔘類가甚多ᄒᆞ오며 且夫命在天ᄒᆞ고病在人이라 … 으로不知을是懼ᄒᆞ야 名醫를聘ᄒᆞ야 … 이나實是精ᄒᆞ야 … 이오며 蔘草材와 … 乾材도廉價放賣ᄒᆞ오니 … 色으로辨決死生ᄒᆞ야 … 發行無疑케ᄒᆞ오니 此時代에 … 僉位ᄂᆞᆫ … 小包로請求發行ᄒᆞ시오
本舖京西小門外 … 洞 閔泳浩 李信友 同謹告

社告

各地方에셔本報를愛讀ᄒᆞ시ᄂᆞᆫ諸君子시여本報創刊以後로諸君子의累年勸顧ᄒᆞ심을賴ᄒᆞ야益益히本報의擴張進步됨은感謝無已이온바近日에至ᄒᆞ와諸君子ㅣ本社의事情을未燭ᄒᆞ심인지本報의代金을累月延滯ᄒᆞᆷ으로本社中經費가辦出이無處ᄒᆞ야困難이莫甚ᄒᆞ오니諸君子ᄂᆞᆫ特히愛讀의情을不替ᄒᆞ시와代金을速速辦送ᄒᆞ시옵不然ᄒᆞ오면本報維持가極難ᄒᆞ오이다嗚呼라本社ᄂᆞᆫ元來營業的으로經刊ᄒᆞᆫ者아니오니萬一極頂의窮難이아니면엇지如是히代金을督促ᄒᆞ오리오實로萬不得已에出ᄒᆞᆷ이니僉君子ᄂᆞᆫ亟亟照亮ᄒᆞ시와速速辦送ᄒᆞ심을至祝

大韓每日申報社

廣告

前敎官趙義庚의大字를以庚字로改定ᄒᆞ오니京鄕知舊間照亮

京城南部竹洞三統十二戶 **趙義庚** 告白

去月分에舍弟仲玄이가東萊巢留坊新後契告甘川등十二統五戶를買得ᄒᆞ얏ᄂᆞᆫ디舍月二拾四日에從弟重鉉이가該家券與仲玄의圖章을逃去ᄒᆞ얏스니內外國僉君子ᄂᆞᆫ賣買與執間切勿見欺ᄒᆞ시옴

南部[illegible]二統六戶金澤鉉

本人이八月十八日下午貳時分에美國金礦會社貳百拾圜換票를偶然途中에셔失ᄒᆞ엿ᄉᆞ옵기茲에廣告ᄒᆞ오니誰某拾得이던지休紙施行ᄒᆞᆷ

隆熙三年八月二十日

雲山郡面鐵洞第卄三統壹戶住 李東杉 告白

平心堂醫院

每日診察은午前六時로午后八時急病은時間不計ᄒᆞᆷ

中部河橋六合八統五戶 유한셩

◎學員集募廣告

本校에셔第五回學員을募集ᄒᆞ오니願學僉員은九月壹日부터四日ᄭᆞ지請願書를提呈ᄒᆞ고左開日에應試ᄒᆞ시오

試驗日字 九月二日부터四日ᄭᆞ지(上午九時ㅣ下午三時)

試驗科目 中學豫級 國漢文讀書、作文、本國歷史、地誌、算術(分數以內) 預備級、國漢文讀書、作文、算術(四則以內)

開學日字 九月七日

私立蓮洞儆新學校

本社에셔北商機關으로本港에在ᄒᆞᆫ北魚藿庫舍基地를買置ᄒᆞ얏ᄂᆞᆫ데社長崔君天시가不由社議ᄒᆞ고欲售奸計ᄒᆞ야右基地를讓與貞子許에典執ᄒᆞ고도偸蓋社章ᄒᆞ야暗成約書ᄒᆞ야[illegible]端에期欲勢積奪이옵기聲說社員이怒忿總會ᄒᆞ고崔君天시를爲先選任出社ᄒᆞ고該僞約書ᄂᆞᆫ永爲無效케ᄒᆞ오니照須僉員照亮ᄒᆞᆷ

[illegible]港彰興總社 告白

本所에셔一般人民의農林業을發達ᄒᆞ기爲ᄒᆞ야本國에適宜ᄒᆞᆫ簡易ᄒᆞᆫ科를擇ᄒᆞ야夜學으로敎授ᄒᆞ오니入學志願人은本所에來議ᄒᆞ심을要ᄒᆞᆷ

科目

果樹栽培學 森林學
土壤學 獸醫學
家畜學 肥料學

試驗日字 九月十一日(陰七月廿七日)下午一時

試驗科目 國漢文作文算術

開學日字 九月卄三日

修業期限 七箇月

講師 日本農科大學校優等卒業生 元勛常 金鎭初 金泳侃

隆熙三年捌月十八日

中部壽洞廿九統貳戶

西北學會內 農林講習所 告白

本校에各年級에補充ᄒᆞᆯ學員을募集ᄒᆞ오니志願ᄒᆞ시ᄂᆞᆫ僉員은九月五日內로請願試驗ᄒᆞ시옴

開學日字ᄂᆞᆫ九月十日이오니本校學員은趁期來校ᄒᆞ시옴

安州郡 協成安興學校

本人의子昌植이爲人이浮浪ᄒᆞᆫ데閑居ᄒᆞᄂᆞᆫ亂類金桂淡으로付同ᄒᆞ야本人의圖章을持去ᄒᆞ얏ᄉᆞ오니內外國人은勿爲見欺ᄒᆞ시오

鐵原郡鳳山舍人坊月下山居 延[illegible]賢 告白

本人이本年陰三月初四日에商店(五間)을開業ᄒᆞ온바荒貨와布木을廉價로大販賣ᄒᆞ옵ᄂᆞᆫ바顧客에持來物件도善放ᄒᆞ오니僉君子ᄂᆞᆫ光臨ᄒᆞ시옴

京남大門外紫岩二百四十三統九戶前議官趙秉淳家

五間 洪在鳳 告白

本書市를開業ᄒᆞᆫ後各處僉員에愛顧ᄒᆞ심을蒙ᄒᆞ와于今支保이옵기壹層擴張ᄒᆞ와各處中小學校敎科書及宗敎小說法學各種雜貨와帽子測量機械를正價發售ᄒᆞ오니照亮惠顧ᄒᆞ심을務望

安岳邑上海西書市 林景柱 白

◎大減價販賣

測量器械製圖用器名種을右壹千組限特別割引大放賣

釜山港本町三丁目近藤支店

◎學員募集廣告

本塾에셔第五回入學期를當ᄒᆞ야**法律書學**과**經濟夜學** **兩專門科**學員을募集ᄒᆞ오니願學人은左記試驗定期內에本塾用紙로써學速請願ᄒᆞᆷ

修業年限 三學年

入學年齡 滿二十歲

學科目 備在本塾學則

試驗日字 九月五日上午拾時

試驗科目 讀書、作文、地理、歷史、博物學、物理、化學、數學、(幾何代數)

開學日字 九月拾三日

隆熙三年八月拾壹日

西部貂染洞拾八統壹戶

私立 **養正義塾**

◎秘製止痛藥

此藥은美國에有名ᄒᆞᆫ의학博士百里得朱司氏의발明ᄒᆞᆫ無雙ᄒᆞᆫ靈藥이라美國에在ᄒᆞᆫ該會社에셔特爲派員ᄒᆞ야此藥品을韓國內에廣佈ᄒᆞ기를專托ᄒᆞ옵ᄂᆞᆫ故로義不可辭ᄒᆞ와茲에廣佈ᄒᆞ옵ᄂᆞᆫ바左開諸症에外塗內服ᄒᆞ면無不立效ᄒᆞ다當此炎夏에尤極神效ᄒᆞ와多救生命이오니藥業에從事하시ᄂᆞᆫ이와疾病을預防코ᄌᆞᄒᆞ시ᄂᆞᆫ이ᄂᆞᆫ速速來議ᄒᆞ시면廉價로放賣ᄒᆞ깃삽나이다

左開

▲內科所用▼

胃酸 腹瀉
吐瀉 食傷風
咳嗽 不消化
肚滯 疹子
心痛 傷寒
肝病 肚痛
胃熱 痢疾
口內之瘡 咽痛
哮喘 內腎病
小兒吐瀉 暑夏吐瀉
抽筋
虐疾
啞聲
胃氣痛
頭痛傷寒
瘀痺
身子軟弱
黃病
暈船
氣管病
霍亂

▲外科所用▼

火疔창
凍창
跌打損傷
腰骨痛
毒창
指甲疽
咽喉痛
蟲蛇刺咬
凍창
腦氣筋痛
癬

◎發賣所

總賣 韓美興業株式會社事務所

本所에셔 日語書와 英語
文法을 專門課程으로 敎授ᄒᆞ오니
國學會員은 本所에 來議ᄒᆞ시오
(但稍解ᄒᆞᆫ 학力을 隨ᄒᆞ야 入학케ᄒᆞᆷ)
時間 晝학 上午九時至下午壹時
夜學 下午七時半至九時半
各學校英語晝學普通科에 在學生은 無試驗許入ᄒᆞᆷ
西部南大門內 暘谷
語학講習所

女子修身敎科書

今에 新刊ᄒᆞᆫ 問答大韓新地誌는 普通敎科에 適用케 編輯ᄒᆞ니 多數需用ᄒᆞ심을 望ᄒᆞᆷ

定價금 二拾錢
本書ᄂᆞᆫ 女子敎育界의 壹大指南이될뿐아니라 家庭間自習에 尤極便易ᄒᆞ오니 有志 僉彦은 多數需用ᄒᆞ심을務望ᄒᆞᆷ
周時經 著述

國文初學

定價금 拾 젼
今에 新刊ᄒᆞᆫ 國文初學은 幼蒙敎科에 適合ᄒᆞ오니 多數需用ᄒᆞ심을 望ᄒᆞᆷ

測量製圖器械其他附屬品文具都賣散賣

京城本町郵便局前
篠崎(シノサキ)器械店
平壤南門通二丁目
篠崎(シノサキ)支店

普通敎科算術書

定價금 二十錢
本書ᄂᆞᆫ 幼年學生의 覺得ᄒᆞ기 便易케 爲ᄒᆞ야 淺近ᄒᆞ게 著述ᄒᆞ엿ᄉᆞ오니 多用ᄒᆞ심을 望ᄒᆞᆷ

柳聲濬校閱 安鍾和著述

高等小學算術書

定價금 二拾錢
本算術書ᄂᆞᆫ 高等小學科에 適用으로 著述ᄒᆞ엿ᄉᆞ오니 多用ᄒᆞ심을 望ᄒᆞᆷ

物理學初步

定價금 五十錢
本書ᄂᆞᆫ 普通敎育界에 壹大指南으로 簡明便易케 著述ᄒᆞᆫ바니 敎學界에 多數需用ᄒᆞ심을 望ᄒᆞᆷ

獨習韓日會話

定價金 廿五錢
本書ᄂᆞᆫ 初次日語獨習ᄒᆞ기에 便易ᄒᆞ도록 著作ᄒᆞᆫ者이니 多數히 購覽ᄒᆞ심을 望ᄒᆞᆷ
發賣所 京城南大門內倉洞 博文書館盧益亨
分賣所 京鄕各有名書舖

問答大韓新地誌

定價금 廿五젼

各種藥品을 總發行所ᄂᆞᆫ 漢城 南大門內 濟生堂大藥房本舖

(消化新藥) 淸心保命丹

老幼 婦孺 家庭 必有

遠地에ᄂᆞᆫ 小包로 信送ᄒᆞᆷ

主治效能
效 見 胃腸健胃 ᄒᆞ고 服 艮 하 長 春 ᄒᆞ고 常 是 ᄒᆞ야 ᄂᆞᆫ 恒 ᄂᆞᆫ 眞 [illegible]
疫 을 瘴氣 ᄒᆞ며 運 ᄒᆞ며 不良 消化 ᄒᆞ며 寒中 暑中 ᄒᆞ며 除 ᄒᆞ고
痛 腹 [illegible] 陶 滯 ᄒᆞ며 鬱 [illegible] 口 ᄂᆞᆫ 口 熱 口 不 土 他 防 其 預
劑 之 妙 [illegible]
右藥은 內外國到處에 寄附ᄒᆞ야 販賣홈

共愛堂大藥房製造各種藥品

◉ 共愛堂大藥房製造各種藥品發行表

壯陽復元丹 專治腦痛肺弱心腎虛弱陽痿不起遺精多夢 病後虛弱眩暈頭痛 壹週分壹圓 八週分大壹圓 八十錢
良藥 消化 靈丹 滯症 暑中 寒 壹貼 拾錢
淸耳液 膿液流出灼熱疼痛 내外聽道炎 壹瓶 五十錢
眼科 聖藥 淸眼水 眼疾 風熱 紅痒 壹瓶 [illegible]十錢
腹痛 神藥 淸脾丸 痳塊頭痛 黃尿 三分 五錢
解擠至寶丸 하疾 長 壹貼 十錢
感冒 特效 消熱散 傷寒肢節痠熱 壹貼 금十錢
五淋 專治 通癃丸 痳疾 赤白帶下 壹週分 五十錢
小兒濟命散 간質 驚風 便秘 壹貼 금十錢
皮膚 神藥 靈効液 疥癬 (옴) 皮膚赤다 壹瓶 금卅錢
幷治 疾痢散 壹貼 금 疾神效
久滯 神效 養胃散 滯積 呑酸 吐瀉 下利 二日分 금五錢
止 泄 丸 泄瀉 吐痢 壹貼 金十五錢
治痰鎭咳丸 大人咳嗽 三日分 三十錢
蛔積散 [illegible] 壹貼 금十錢
能治 胎毒 濕腫 小兒 [illegible]
齒痛水 中風 齒痛 神效 금七錢五厘
解凝 [illegible] 十錢

精選家庭救急方

前外學校敎官 朴容南
全壹冊 定價金 三拾錢
總發賣所 皇城南部太平洞十九統七戶
共愛堂大藥房 各處支店特約所

學部檢定 內部認可 初等大東歷史 全

定價金 三十錢

學部檢定 內部認可 初等修身 全

價定金 二十五錢
朴晶東 著
金泰玉 發行
發行所 南部下筆洞十九統九戶 同文社
發賣所 京鄕各有名書舖

各種東西洋藥과 韓國唐草材 發賣所 [illegible] 和平堂藥房

[illegible] 顯著ᄒᆞᆫ 效驗을 입사와
[illegible] 의 [illegible] 東西藥品을 都賣
散賣ᄒᆞ오니 拾 [illegible] 各
[illegible] 藥은 西洋藥品이나
[illegible] 唐材와 草材를 [illegible]
用 [illegible] 求ᄒᆞ시면 [illegible] 價
[illegible] 兄弟ᄂᆞᆫ 方文
[illegible] 便付送ᄒᆞ시면 [illegible]
[illegible] 材를 揀擇ᄒᆞ야 [illegible]
[illegible] 引換으로 [illegible]
[illegible] 照亮ᄒᆞ시요
本堂藥製品
如左
[illegible]
全治丸
八寶丹 [illegible] 包九拾五錢
和平堂 京城銅峴
藥房主 [illegible]

第七[illegible]

大韓每日申報

第千[illegible]百八拾四號

月歲 陽時 及日 曜休 新刊

西曆一千九百[illegible] 孔子元年二千[illegible] 大韓開國五百十八年 日本明治四十二年 淸國宣統元年 陰曆己酉七月小十四日 辛酉

Responsible for Publication Alfred Weekley Marnham.

發行兼編輯人英國人 萬咸

發行所 漢城[illegible]三番地 大韓每日申報社

論說

◎告當局者

吾儕가今에當局者에게警告勸告等語를作ᄒᆞ려ᄒᆞᆫ즉曰 壹郎政府에在ᄒᆞᆫ者ᄂᆞᆫ韓人뿐아니오一郎當局者諸君(此ᄂᆞᆫ韓人官吏만單指홈)이國亡民滅을夢想外에付ᄒᆞ고狗彘的生命만保全코자ᄒᆞᄂᆞᆫ者이라故로且傷且痛ᄒᆞ야本報論欄에「告當局者」四字를絶筆不道ᄒᆞ얏더니嗚呼라洪水가日大ᄒᆞ고漏船이日危ᄒᆞ니茫々四顧에귀대를与ᄒᆞᆯ者를捨ᄒᆞ고其誰와與語ᄒᆞ리오不得已午耳에向ᄒᆞ야經文을壹讀ᄒᆞ노라

雖然이나諸君은面目만韓人이오名字만韓人이오心腸骨肉은東京大阪等地에서換來ᄒᆞᆫ지已久라故로今玆에韓人을勸告ᄒᆞᄂᆞᆫ바로諸君에게勸告치아니ᄒᆞ고日人을勸告ᄒᆞᄂᆞᆫ바로諸君을勸告ᄒᆞ노니嗚乎라諸君이果然日人일지라도此에可擇ᄒᆞᆯ바有ᄒᆞᆯ지며或日人이아니면此에可戒ᄒᆞᆯ바尤有ᄒᆞ리니諸君은盜聽ᄒᆞᆯ지어다

諸君아諸君이此國을永絶ᄒᆞ며此民을永滅ᄒᆞ라ᄂᆞᆫ가諸君의主義가此에在ᄒᆞᆯ진ᄃᆡ吾儕가可言ᄒᆞᆯ바無ᄒᆞ거니와雖然이나此國은壹朝壹夕에突然成立ᄒᆞᆫ國이아니라四千載歷史를擁ᄒᆞ며貳千萬血族을集ᄒᆞ야비록百年支弱의弊에久陷ᄒᆞ얏스나精을聚ᄒᆞ며已多ᄒᆞ며根을培ᄒᆞ이已深ᄒᆞᆫ者인즉不得不非常浩大ᄒᆞᆫ代價를出ᄒᆞᆫ然後에可得ᄒᆞᆯ지라列强角逐의時에蚌鷸의後를窺ᄒᆞᄂᆞᆫ漁父가不無ᄒᆞ리니諸君의뎌[illegible]本의利도아닐지며諸君이[illegible]明年에實行ᄒᆞ야此國此民의窮途를援助ᄒᆞᆯ다[illegible]ᄒᆞ엿더니思ᄒᆞ라諸君의[illegible]行ᄒᆞᆫ果然如此ᄒᆞ가日下斯民의窮困無告가已久ᄒᆞᆫ지라蓋數百年來로貪官汚吏가林立ᄒᆞ며野에武斷土豪가環列ᄒᆞ야肥者ᄂᆞᆫ骨을剝ᄒᆞ며瘠者ᄂᆞᆫ肉을噬ᄒᆞ며遇ᄒᆞ면其骨을剝ᄒᆞ야農工商賈가業을失ᄒᆞ고道路에서彷徨홈으로實業이日退步ᄒᆞ며가紛紛此西來의新風潮를遭ᄒᆞ야生計의艱難이益甚ᄒᆞᆫ데諸君이此時에政府官吏를作ᄒᆞ얏스니覺悟ᄒᆞᆯ바도人心이有ᄒᆞ면口에聚肉을吐ᄒᆞ며手에金錢을擲ᄒᆞ고恢然히西域을回瞻ᄒᆞ면斯民의生路를覺ᄒᆞᆯ지어날

今也에不然ᄒᆞ야金融을渴吸ᄒᆞ야斯民의產業을蕩케ᄒᆞ며雜稅를增收ᄒᆞ야斯民의負擔을重케ᄒᆞ며數尺荒土의國墾도斯民의開認許을不肯ᄒᆞ며壹毅礦物의採掘도斯民의開獎勵ᄒᆞᆷ은不欲ᄒᆞ며百方으로設計ᄒᆞ야斯民의私土도壓瘦케ᄒᆞ며萬殷으로畫策ᄒᆞ야斯民의家屋도寶盤ᄒᆞ며壹寸與壹尺木도斯民의所有됨을沮戲ᄒᆞ며壹分利益도斯民의所得됨을妨碍ᄒᆞ야斯民은日痛ᄒᆞ되諸君은日歌ᄒᆞ며斯民은日哭ᄒᆞᄂᆞᆫᄃᆡ諸君은日舞ᄒᆞ나未知케라諸君이斯民ᄒᆞᆫ何許仇綠를結ᄒᆞ얏나뇨

諸君의日々唱旨ᄒᆞᄂᆞᆫ바ᄂᆞᆫ地方鎭靜이아닌가然而其鎭靜의方策을觀ᄒᆞ건대壹進會를縱ᄒᆞ며遊說團을後에施ᄒᆞ야閭巷에橫行ᄒᆞ면서氣燄을漲케ᄒᆞ며神官敬義會를左에設ᄒᆞ며韓日親睦會를右에置ᄒᆞ야掩耳盜鈴의計를作ᄒᆞ야人民의不平만益甚케ᄒᆞ니諸君이果然此를鎭靜의道로知ᄒᆞᄂᆞᆫ가抑諸君이他人의게獻고ᄌᆞᄒᆞ야其意가關ᄒᆞᆫ在ᄒᆞᆫ處가有ᄒᆞᆫ가嗚呼라饑饉의餘에水旱이又乘ᄒᆞ야民命을可哀ᄒᆞ더라

然이나諸君의耳에豈入ᄒᆞ리오만은此顚顇民困의秋에諸君의高樓巨閣錦衣美食의生涯를做홈이抑亦諸君의罪아닌즉故로壹針으로爾의頂門에加ᄒᆞ노라

外報

●懸案速進 淸日兩國懸案問題의交涉은總히急速히進行中이라더라

●日貨排斥檄文 淸國漢口에서發行ᄒᆞᄂᆞᆫ新聞紙ᄂᆞᆫ淸國學生의連名ᄒᆞᆫ日貨排斥檄文을揭載ᄒᆞ얏다더라

●美使滿洲視察 駐淸美國公使크레인씨ᄂᆞᆫ赴任ᄒᆞᄂᆞᆫ途次에滿洲를觀察ᄒᆞᆫ다더라

●公債好况 露淸[illegible]國公債ᄂᆞᆫ倫敦에서好况을得ᄒᆞ얏다더라

●總督更迭 東三省總督錫良시ᄂᆞᆫ四川總督으로轉任ᄒᆞ고巡撫程德全시가東三省署理總督이된다더라

雜報

●塩商又鳴 元山港居金斗源시가去二月壹日下午三点에日本內閣總理大臣桂太郞의게郵便登記로嗚冤ᄒᆞᆫ全文이如左ᄒᆞ니

伏以天下之人有匹夫匹婦不獲其所則若已推而納諸溝中蓋古今君子不忍之心也今斗源雖草野之賤可伍於匹夫也閣下素已著名於貴國政黨則今其行政意必不讓於古今君子不忍之心也然則斗源之不獲其所至于今日而可謂甚矣雖以閣下之觀不能明燭萬里則安知其不獲之情狀而哀憐之乎

斗源之抱痛含冤日夜哀鳴抬壹年于玆矣其非痛之迫哀之至太聲長呼豈至於此乎世人之有耳者聞之而非不惨焉惻焉惟若閣下之仁聞之而其所感々倘復如何哉斗源萬里寄紙含聲含哀伏乞平心舒氣少推恕焉斗源韓國元山港籍民也素以鹽業資生矣往在光武三年(卽明治三拾壹年)陰五月頃買鹽壹千八拾捌桶積置于慶尙道蔚山郡毛浦金鍾丘家矣意外貴國人木村源壹郞兄弟來到懇請日往于鬱陵島以塩換太兩利益不少且裝載渠船則船貰亦廉云々

斗源信之以塩壹千八拾捌桶同年陰曆六月六日裝載於船同月拾六日到泊鬱陵島則日已暮矣船主乙吉屬言曰塩可明日下陸矣登陸寄宿爲好云々故如其言登陸就宿于其島裵季周家矣沈基秀家[illegible]往往於船主乙吉駈塩船乘夜逃走矣 未完

詞藻

愛　月

窓外雨聲이離ᄒᆞ야、沉々漆夜되엿더니、陣太풍이러나며、滿天黑雲다쫓앗다。밤중만、[illegible]嶺ᄒᆞ니、그를반겨。

廣告

雜報

●慶節奉安 再昨日은大韓 大皇帝陛下 即位ᄒᆞ신第二回紀念日인故로宗親文武百官이同日午前十時부터十二時ᄭᆞ지惇德宮에進詣ᄒᆞ야署名 問安의禮를擧行ᄒᆞ얏다더라

●勳章御賜 皇后陛下ᄭᅦ옵서再昨日下午壹時에仁政殿東行閣에 御臨ᄒᆞ사各 皇族夫人과其他各大官夫人에게勳二等瑞鳳章 親授式을行ᄒᆞ옵시고海豐府院君夫人에게特別禮로下賜ᄒᆞ실터이라더라

●慶節奉祝 再昨日은慶節인故로各社會와각학校任員及학生들이一齊히 敦化門前에齊進ᄒᆞ야萬歲를崇呼ᄒᆞ얏다더라

●劉欲辭免否 度支部大臣任善準氏가三昨日에辭職請願을再次提呈ᄒᆞ얏ᄂᆞᆫ데內閣에서姑爲留案ᄒᆞ얏다더라

●幷欲奪志 總理大臣도運動ᄒᆞᆫ다ᄒᆞ고開城郡寡婦의財產을奪取ᄒᆞ던김在珣氏ᄂᆞᆫ日昨에其親知家에對ᄒᆞ야談話ᄒᆞ기를該寡婦가將次裁判次上京ᄒᆞᆫ다ᄒᆞ니萬一此境에至ᄒᆞ면貌樣이猖皮ᄒᆞᆫ지라該寡婦를擁摩同搊ᄒᆞᄂᆞᆫ것이上策이라ᄒᆞ얏다더라

●蠅營狗苟 慶南사川郡居ᄒᆞᄂᆞᆫ崔某ᄂᆞᆫ該道觀察使鄭敎氏의親室을紹介ᄒᆞ야郡守를圖得코저現今新門外某家에서留連ᄒᆞᄂᆞᆫ中이라더라

●職員錄編纂 학部에서所管각職員錄을編纂ᄒᆞ기爲ᄒᆞ야各官公立학校職員의姓名을修錄ᄒᆞᄂᆞᆫ中이라더라

●隱結爲實 度支部에서隆熙元年度에全國內結總을調査ᄒᆞᆫ즉一百萬五百십七結이되더니本年度에更히調査ᄒᆞᆫ즉一百四十五萬五千餘結에達ᄒᆞ얏다더라

●發作豫想 韓國本年度農作이六月中에ᄂᆞᆫ旱魃을因ᄒᆞ야全國到處에灌漑가枯渴ᄒᆞ야移秧이極艱ᄒᆞ얏고下旬에至ᄒᆞ야ᄂᆞᆫ漸々降雨를得ᄒᆞ야愁眉를稍開ᄒᆞ얏스나七月來로雨量이漸增ᄒᆞ야水災가頻出ᄒᆞᆫ結果로蟲害가簇生ᄒᆞ야農作物의被害가非常ᄒᆞᆫ데當局者가各道에서到達ᄒᆞᆫ報告를綜合詳計ᄒᆞᆫ즉四分乃至五分의減收가될줄노豫想ᄒᆞᆫ다더라

●吉永貴任 前郡守吉永洙氏가府州郡守在任時에公貨欠逋가六千七百圜에達ᄒᆞᆫ故로現今監獄署에滯囚中인되此를淸帳ᄒᆞ기爲ᄒᆞ야土地家屋을沒數放賣ᄒᆞᆫ다더라

●虎病蔓延 新義州地方에虎列刺가發生ᄒᆞᆷ은已報어니와豫防ᄒᆞ기爲ᄒᆞ야出張ᄒᆞᆫ技師가內部에發電ᄒᆞᆫ報道를據ᄒᆞᆫ즉罹患者二十七名內에拾七名이死亡ᄒᆞ얏ᄂᆞᆫ데淸國人이拾三名이오韓國人이壹名이오日人이三名이라ᄒᆞ고龍岩地方에도蔓延되야罹患者七名內에死亡者가五名이라더라

●水害救恤 平安道水害救恤發起人鄭甲氏ᄂᆞᆫ被害狀況을觀察ᄒᆞ기爲ᄒᆞ야再昨日에平壤으로向ᄒᆞ야出發ᄒᆞ얏다더라

●孫孃留外 德國婦人孫澤孃은近々歸國ᄒᆞᆯ터인故로去貳拾七日에自宅에서韓人約三拾名을招待ᄒᆞ야留外宴을ᄒᆞ얏다더라

●四氏入城 美國에居留ᄒᆞ던리万基씨等四人은昨日에入京ᄒᆞ얏다더라

●英領赴任 京城英國總領事화잇트氏ᄂᆞᆫ仁川領事로被命ᄒᆞ야去貳십六日에赴任ᄒᆞ얏다더라

●臨時記者會 去卄七日에統監府理事廳에서大韓日報及京城新報에揭載ᄒᆞᆫ壹記事件에對ᄒᆞ야絶對的檢束을加ᄒᆞᆷ을因ᄒᆞ야在京城日人記者團은本問題善後策을研究ᄒᆞ기爲ᄒᆞ야本日午前拾時에泥峴記者俱樂部에서臨時記者大會를開ᄒᆞᆫ다더라

●民冤宜念 平北義州地方에民有役土를辨明ᄒᆞᆫ次로代表白翊석直瑞坤兩氏가平壤監督局에請願ᄒᆞᆫ은前報에已揭어니와國有地調査員이私長面所在役土를測量ᄒᆞᆯ時에該土所有主五百餘名이會集ᄒᆞ야日度支部令及本府告示에國有地驛屯土를測量이라ᄒᆞ며驛字와役字의國有民有가懸殊ᄒᆞ기로方今吾儕가民有되ᄂᆞᆫ確證을具ᄒᆞ야財務署와監督局에請願中인즉結果를待ᄒᆞ야測量ᄒᆞᆷ이於理當然이라ᄒᆞ고測量을抗拒ᄒᆞ얏더니該府警察署에서巡査를多數派送ᄒᆞ야該土所有主鄭行壹等三四人을捕縛ᄒᆞ야監獄署에牢囚ᄒᆞ얏ᄂᆞᆫ데該氏等은壹向抵抗ᄒᆞ고民心은去益拂鬱ᄒᆞᆫ故로不得已ᄒᆞ야該氏等을放釋ᄒᆞ얏다더라

●興民圖留 全南興陽郡守署理郡主事金禎泰氏ᄂᆞᆫ視務以來로愛民去弊에種々美績은實로枚擧키難ᄒᆞᆫ지라壹郡이仰戴ᄒᆞ더니近頃에허茨가靈光郡守로移任되야官報에頒佈ᄒᆞᆫ지라壹郡男女老幼가此報를接ᄒᆞ고不期同聲ᄒᆞ야期於히該氏를仍任케ᄒᆞ기로決心ᄒᆞ야壹邊으로路呈遮道ᄒᆞ고壹邊은觀察道에請願ᄒᆞ얏다더라

●陸樹韓人 私立昭義學校학徒金興國은年今九歲幼兒인데本月拾六日에其國居拾餘歲됨日兒와共히川邊에서遊嬉ᄒᆞᆯ서日兒가先히金兒를毆打ᄒᆞᆫ지라金兒가遊嬉時에持琉璃片을投ᄒᆞ야該兒를對抗ᄒᆞ다가日兒의顏皮가輕傷出血ᄒᆞ엿ᄂᆞᆫ디日兒의父가警察署에呼訴ᄒᆞ야金兒와金兒의叔을捉囚ᄒᆞ얏다가翌日에治療費五圜을徵給ᄒᆞᆫ後其外叔은放送ᄒᆞ고김兒ᄂᆞᆫ私立학校에서排日思想을俳習ᄒᆞ얏다ᄒᆞ야九日監禁ᄒᆞᆯ處分을監獄署로移囚ᄒᆞ야가滿十日에放釋ᄒᆞ얏ᄂᆞᆫ데該兒ᄂᆞᆫ監禁中獄中에在ᄒᆞ야ᄯᅡᆷ띠가遍身ᄒᆞ고瘦瘠ᄒᆞᆫ모樣은目不忍見이라더라

●民情可矜 敦化門前에在ᄒᆞᆫ議政府直房을毀撤ᄒᆞᄂᆞᆫ데該公廨에居ᄒᆞ던人民等은住接無路ᄒᆞ야情狀이可矜ᄒᆞ다더라

●無人不疑 再昨日南門外居千德億爲名兒가商業關係로慕華等地에前往ᄒᆞ야金貨二拾圜을推尋還歸ᄒᆞᄂᆞᆫ데綠岩等地에서韓日人數三名이該兒를致疑ᄒᆞ야全身을搜索ᄒᆞ다가畢竟無事放歸ᄒᆞ얏스나該兒의囊中所有錢ᄒᆞ五錢은不知中見失ᄒᆞ얏다더라

●幸不致命 三昨日雨水에川流가漲滿ᄒᆞ얏ᄂᆞᆫ데宗親府下에서大昌洞居安尙宮家小兒가덤沒漂去ᄒᆞ야幾至危境이러니其近居人이極力救濟ᄒᆞ야幸免溺死ᄒᆞ얏다더라

●相救之義 平安道成川順川等郡水災에罹ᄒᆞᆫ同胞를救恤ᄒᆞ기爲ᄒᆞ야平壤大成학校生徒諸氏가貳百餘圜을商業會議所에서八拾餘圜耶蘇敎에서壹百五十餘圜을募集ᄒᆞᆫ데商業所에서ᄂᆞᆫ尙今繼續募集中이오耶蘇敎에서ᄂᆞᆫ罹災中數人에게만恤給ᄒᆞ얏다더라

●漢陽開棧 漢陽商會에서債務를因ᄒᆞ야閉店ᄒᆞ얏더니某銀行에서該商會에信用을要借ᄒᆞ야財力을幫助ᄒᆞᆷ으로再昨日부터다시開棧ᄒᆞ얏다더라

●大東押收 海參威에서發行ᄒᆞᄂᆞᆫ大東共報第六拾二号ᄂᆞᆫ治安에妨害ᄒᆞ야內部에서發賣頒布를禁止ᄒᆞ얏다더라

●八時交戰 去卄二日에義兵將김永俊氏의部下九十七名이江原道伊川郡方丈面頭塘里를來襲ᄒᆞ얏ᄂᆞᆫ데翌日午前五時에佳麗只憲兵分遣所上等兵以下外三名이當地에急行ᄒᆞ야放砲交戰ᄒᆞ엿다彈藥을補充키爲ᄒᆞ야下士壹名과補助員二名이續來應援ᄒᆞ야砲響이喧動ᄒᆞᆫ지라分遣所에서更히上等兵以下六名守備隊에서上等以下五名과伊川巡査派出所에서일巡査幾名을繼派應援ᄒᆞ얏ᄂᆞᆫ데義兵은尙且强硬히抗戰中이라더라

●因逋處役 監獄署에滯囚ᄒᆞᆫ中慶均氏ᄂᆞᆫ定州郡守在任時에公錢欠逋가夥多ᄒᆞᆷ으로役五年에宣告ᄒᆞ얏다더라

●豈果之故 太田警察署日巡査部長小田原正尉佐가果園을培養ᄒᆞᄂᆞᆫ데附近居民이果實數個를摘喫ᄒᆞ얏던지同巡査部長이居民壹人을捉去ᄒᆞ야三日牢囚ᄒᆞᆫ後放送ᄒᆞ얏다더라

●賊醫秘訣 近日漢城內에賊醫가熾盛ᄒᆞᆫ故로北部警察署에서ᄂᆞᆫ沼畓巡査를招集ᄒᆞ야每夜掌內에秘密調査ᄒᆞ라더라

●何不捨償 湖南학會에서月報第九號ᄭᆞ지刊行ᄒᆞ고財政이窘乏ᄒᆞ야因爲停刊ᄒᆞ얏ᄂᆞᆫ디月報를購覽ᄒᆞᆫ諸氏들이代金을延拖ᄒᆞᄂᆞᆫ故로收錢委員을選定督推ᄒᆞᆫ다더라

●感荷義捐 全南興陽郡紳士丁在鉉申瑞永宋仁섭三氏가本社에經費를補助키爲ᄒᆞ야金壹圜을寄付ᄒᆞ얏기玆에盛意를感表ᄒᆞ노라

○東京電報○

◉對淸懸案解決

八月二십八일발

安奉鐵道附屬地行政權을除ᄒᆞᆫ外에其他懸案은二十四日에如左히妥協成立되얏ᄂᆞᆫ데

壹 間島ᄂᆞᆫ淸國領土로承認ᄒᆞᆷ

壹 日本의同意가無ᄒᆞ고ᄂᆞᆫ新民屯以北의鐵道를延長치못ᄒᆞᆷ事

壹 撫順及烟台炭礦은日本이採掘ᄒᆞ고日本은公納金을淸國에支拂ᄒᆞᆷ事

壹 奉天외淸國停車場을內城으로移ᄒᆞᆷ事

壹 大石橋營口間支線은日本의經營으로ᄒᆞ야營口居留地ᄭᆞ지延長ᄒᆞᆷ事이라

◉韓銀株募集

八月二十六日發

韓國銀行株募集方法은二十七日에發表ᄒᆞ엿ᄂᆞᆫ데資本金壹千萬圜十萬株內에三萬株ᄂᆞᆫ韓國政府에서四百株ᄂᆞᆫ理事及監事의게서其餘六萬九千六百株ᄂᆞᆫ韓日兩國民의게서募集ᄒᆞᆯᄃᆡ오申込期限은九月六日부터十二日ᄭᆞ지오ᄒᆞ야滿株되ᄂᆞᆫ대로停絶ᄒᆞ고證據金은五圜으로ᄒᆞ고壹回의拂金은二拾五圜이라더라

◉日淸協約調印

時事 八月卄八日午後發

日兒京電報에云ᄒᆞ엿스되淸日協約은形式上으로姑爲默然ᄒᆞ나調印은戰後에成立되리라고外務省當局者의語가有ᄒᆞ엿다더라

▲喝退小魔▼

▲商務所長學하ᄃᆡ宰가商民에게運動ᄒᆞ야本社申報購覽者를極力沮戲하얏ᄂᆞᆫ데그乞又에ᄒᆞ얏스되聽彼大韓每日申報之人心煽動爲主ᄒᆞ니壹向閱覽ᄒᆞ고보면商民歷史泯滅ᄒᆞ고國家危境될것시니愼戒ᄒᆞ라ᄒᆞ얏더라

▲李학宰야말드러라本報紙의斷々血誠韓國前途爲ᄒᆞ야晝夜勞心하ᄂᆞᆫ줄은너의들도認定ᄒᆞ지마ᄂᆞᆫ갓은김성을도제一무ᄉᆞ야향ᄒᆞ면반ᄃᆞ시歡迎ᄒᆞᆯ겐ᄃᆡ己ᄂᆞᆫ反沮ᄒᆞ야[illegible]ᄒᆞᆫ行色魔鬼와ᄀᆞᆺ네그려나

▲李學宰야말드러라[illegible]말ᄒᆞᆯ진ᄃᆡ[illegible]緒刀이滿國[illegible]되지못ᄒᆞ너[illegible]녕ᄎᆞ지니[illegible]

▲李學宰야말드러라[illegible]組織ᄒᆞ야鷹犬之[illegible]勿驚勸하ᄂᆞᆫ貌樣[illegible]痛하야[illegible]症이깁히드러至今[illegible]가祖國同胞를[illegible]ᄒᆞᄂᆞᆫ行色魔鬼와ᄀᆞᆺ네[illegible]

▲李學宰야말드러라너[illegible]말ᄒᆞᆯ지면[illegible]惡之役[illegible]업서敎日報의[illegible]膽너의行色[illegible]本報館을反噬ᄒᆞ니[illegible]ᄒᆞᄂᆞᆫ行色魔鬼와ᄀᆞᆺ네[illegible]나

▲鳴呼鴟鴞ᄒᆞ[illegible]비아니여[illegible]之常情이아니나[illegible]ᄒᆞ려[illegible]汝ᄒᆞ거시오네[illegible]講覽者多[illegible]거ᄅᆡ니[illegible]

藥房 標

此散劑가 甚効하오며 且□命在天하고 病在人故로 死命에 [illegible] 死病에 [illegible]으로 公認을 得하야 名醫評이나 實是良藥이오며 唐草材와 鄕약 乾材도 廉價放賣하오니 [illegible] 僉位는 郵便小包로 請購發行하시오 本鋪京西小門外車洞閔宮 閔並浩 學信友 閔 濎 白

廣告

大韓每日申報第壹壹〇九號廣告欄內에洪原郡龍源面私立中成학校義捐이發顯下에會計前合陳昇종의壹千圜은壹拾圜의誤揭이기玆以更正홈

私立中成學校 告白

本人이西部皇華坊館井동五十四統二戶李圭寅草家六間買文記를與執이다가不知中遺失이오니誰某拾得이든지勿施홈

大寺동拾統二戶趙爾吉 告白

本人이姓名與字圖章을去月初五日에遺失하얏기玆에廣佈홈

慶尙남道晉州郡集面召村里 許萬鍾字燦洪 告白

秋期에渡日홀僉학生은（陽九月五日）陰七月二十壹日內로平壤에會集하야團體로渡去케홈을

平壤糖洞李奎鏞 告白

本校에서九月壹日노開學홀터이온터補缺生을多數募集하오니志願하시는僉般학生은本事務所로來議하심을望홈

敦化門前國民夜학校 學務室 告白

本所에서三回생學員을募集하오니志願人은來議하미爲要홈

科目

蚕要 太要 實習 作蚕 實習 農학 入門 果樹栽培論 森林學 森林植物학 土壤학 苗圃論 肥料학 商業簿記 會社簿記 日語

試驗日 九月拾日陰七月廿六日

試驗科目 作文算術 體格

開學日 九月拾四日

隆熙三年八月貳십八日

西部西大門[illegible]普成小學校內

新興蚕業講習所

◎女學員募集

本학堂에서학員을增募하오니入학志願人은九月十日（陰七月廿六日）內로請願書와履歷書를提呈하고九月十三四兩日에應試홀事

請願用紙는本학堂에來求홈

但女子拾歲以上된者는許入홈

[illegible]學日字 [illegible]月十五日陰八月二日

梨花학堂 廣告

本所에서一般人民의農林業을발達케기爲하야本國에適宜혼簡易학科를選하야夜학으로敎授하오니入학志願人은本所에來議하심을要홈

科目

果樹栽培學 森林學 土壤學 獸醫學 家畜學 肥料學

試驗日字 九月十一日下午一時 陰七月廿七日

試驗科目 國漢文作文算術

開學日字 九月십三日

卒業期限 七個月

講師 日本農科大學校優等卒業生 金鎭初 元勛常 金志侃

隆熙三年捌月十八日 中部校洞廿九統貳戶

西北學會內 農林講習所 告白

◎特別廣告

本會의設立總會를九月五日（日曜）下午壹時에訓鍊院에서開設하오니有志僉君子는壹齊來臨하심을望홈

大韓工業會發起會

◎學員募集廣告

本校에서第五回學員을募集하오니願學僉員은九月壹日부터四日까지請願書를提呈하고左開日에應試하시오

試驗日字 九月二日부터四日까지（上午九時—下午三時）

試驗科目 中학壹級 國漢文讀書、作文、本國歷史、地誌、筭術（分數以內） 預備級、國漢文讀書、作文、算術（四則以內）

開學日字 九月七日

私立蓮洞儆新學校

本校에各年級에補充홀學員을募集하오니志願하시는僉員은九月五日內로請願應試하시옵

開學日字는九月十日이오니本校學員은豫期來校하시옵

安州郡協成安興學校

本書市를開設혼後各處僉員에게愛顧하심을蒙하와于今支保이옵기壹層擴張하와各處中小學校敎科書及宗敎小說法學各種雜貨와帽子測量機械를正價發賣하오니照亮惠顧하심務望

安岳邑上場西書市林景柱 白

大減價販賣

製圖器測量器械製圖用紙名種 右壹千組限特別割引大放賣

釜山港本町三丁目近藤支店

大韓專賣特許職帽子登錄商票

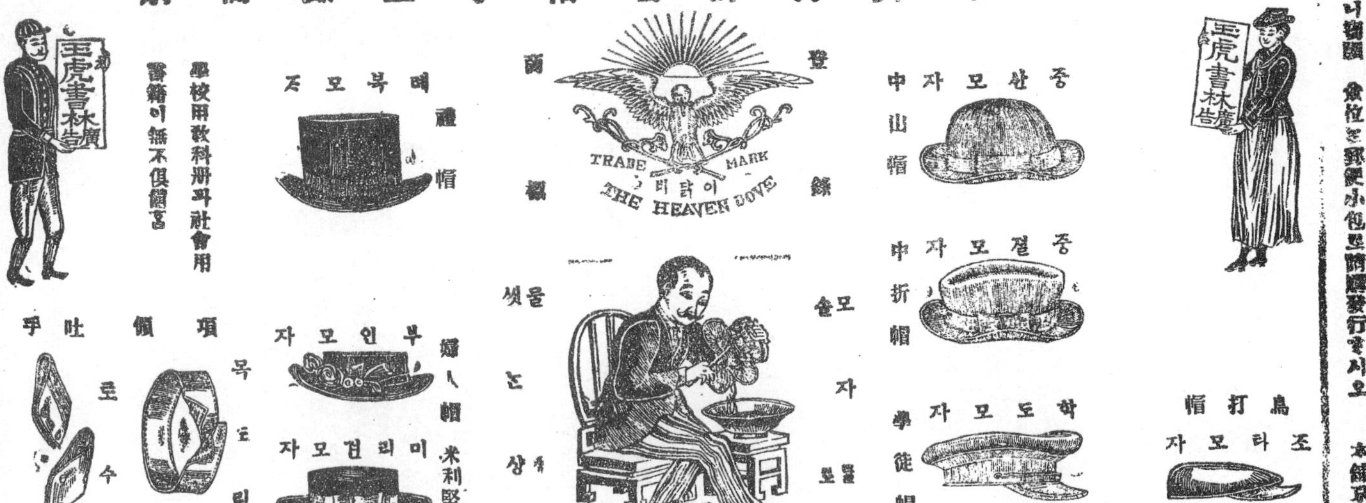

▲선발명 모자광고
▲젼매특허

本帽子新發明完成 隆熙三年三月二십壹日

專賣特許 同年五月六日

商票登錄 同年五月拾八日

發明家 特許主 鄭寅琥

廉價發賣

今에本帽子를製造홈은學生을多數養成하야工價를廉[illegible]效力으로帽子를[illegible]하고價金을各項에[illegible]五錢式[illegible]減홈

中山中折帽는 壹等에 四圓 二等에 三圓五十錢 三等에 三圓

但特等帽와學徒帽와運動帽는此限에不在홈

[illegible]

그림파갓치각죵모즈가구비혼대여름에는흰빗으로가볍고션션케하고 [illegible]

대한경셩종로긔독교청년회연셜대 총모자제죠소

대한경셩남부동현대사거리 삼십오통오호 옥호 [illegible]림 총모자샹점특허주 정인호 근고

발매지점 경셩중부슈동 [illegible] 예수교칙샤 정윤수 근고

去月分에舍弟仲玄이[illegible]信坊新契[illegible]甘川동十一統五戶를買得하얏는데今月[illegible]日에從弟重鎭이가[illegible]仲玄의圖章을逃去하엿스니內外國僉君子는買賣與執間에勿見欺하시옵

南部會賢[illegible]三統六戶金潔鉉

◎學員募集廣告

本塾에서第五回新學期를當하야法律書學과經濟夜學兩專門科學員을募集하오니願學人은左記試驗定期內에本塾用紙로써早速請願홈을要홈

修業年限 三個年

入學年齡 滿十八歲

學科目 備任本塾學則

試驗日字 九月五日上午拾時

試驗科目 讀書、作文、地理、歷史、博物學、物理、化學、數學、（幾何代數）

開學日字 九月拾三日

隆熙三年八月拾壹日

西部都染洞第八統四戶

私立養正義塾

本社에서北商機關으로本港에在홈北魚衛[illegible]會基址를買置하얏는대社員趙鎭君天시가不由社議하고欲售奸計하야右基址를議員許에轉渡홈으로偷掠社證하야暗成約書하야[illegible]端에期欲稱勢橫奪하야[illegible]社員이爲念總會하고趙君天시를爲先遞任出社하고該僞約書는永爲無效케하오니照須僉員照亮하심

釜港彰興總社 告白

第七卷 大韓每日申報 第千壹百八拾五號

大韓每日申報

月曆及時日及休刊

檀君開國四千二百四十二年
箕子紀年三千三十一年
大韓開國五百十八年
日本明治四十二年
耶蘇降生千九百九年
陰己酉七月小十六日 癸亥

Responsible for Publication Alfred Weekley Marnham.
發行兼編輯人英國人 萬咸
發行所 京城南部[illegible]三十三統[illegible]
大韓每日申報社

論說

◎奮筆大叫

本報가創立以來로此壹枝의筆鋒을磨하야決코奸魔를討滅하며妖怪를掃除하야大韓同胞로하야금其頭에大韓天을戴하며其足으로大韓地를履하며其目으로大韓日月을觀케하랴홈이壹片惓惓혼血性이라此血性을抱하고此筆鋒을磨하야雖斷頭斬首며苦海를渡하야步々히目的地로前進하더니嗚乎라道가壹丈이高하미魔가壹丈이亦高하도다其初에는國民新報와大韓新聞等이作하야無數히本報를誣搆하며無數히本報를侵侮하야甚至於本報의尋常字句에毛疵를吹覓하야狂呪妄誕이不至하는비無하며本報는益々히筆鋒을磨하며愛讀者는益々히本報를歡迎하나然이나彼輩의凶謀이日大하며陰險이日辣하야千方百計로本報의前途를妨碍코저하야高義驗의遊說團이先鋒이되며學部의商務社가偏將이되며(遊說團商務社가只但本報撲滅을目的홈이아니나本報撲滅이其目的中壹件事됨은無疑)國內各處를周行하며甚至本報愛讀者를嚇하며筆로本報愛讀者를侵하며日報는황報니無讀하라日報는怪報니無讀하라日日報는鴉片烟갓흔者니無讀하라日日報는비霜丸又흔者니無讀하라하야全國十三道山川에本報의影子를不現케하라하니凶哉라彼腸이여辣哉라彼腕이여

記者ㅣ喟然히天을仰하고歎하야曰蒼々者아將且邪氣를正氣를培養하야魔孼을討滅하라는가抑或魔孼으로怪力을擴張하야本報를撲滅하라는가卽하야本社全國內를回顧하건대所謂新聞이라는것이幾個에不過하는데(一人은發行을除한外)壹派는外人의喜怒를仰하야其鷹犬을甘作하며壹派는全國民의公論에托하야實은外人과腸肚를相連하야[illegible]國民의耳目이아니라卽國民의魔醉劑이오其外에國民開導의宗旨될者ㅣ有하나言論不自由의悲境에陷하야笑啼를不敢하나니如此한洪流頹波中에屹立하야國魂을絶叫하는者ㅣ本報가是며正氣를挽回하는者ㅣ本報가是며自由의筆鋒을揮하야惓々히正을扶하고邪를討하는者ㅣ本報가是니萬壹本報가衰頹하든同胞의耳目이塞하며全國의公論이絶하리니嗚乎라本報와魔孼의勢力이將且誰消誰長하며誰伸誰縮하랴나뇨

或者는云하되本報가其鋒銳를暫藏하고醉魘滑濁에惟世를是隨하야壹進會가起하거던此에贊成하며某條約이成하거던此를讚美하며東洋拓殖會가作하거던此를頌祝하며觀光團歡迎會社가出하거던此를歡迎하며前後誤國大臣을辨護하며遊說團商務社를稱揚하면彼魔孼이本報를排斥하지아니할지며將且金錢을擲하야本報를[illegible]하며金을擲하야本報를[illegible]하지어늘何故로本報는斷折의戒를不知하고徒히其實利를筆鋒으로魔孼을尉하나니是는時勢를不解홈이라하나니嗚乎라現今時勢는以此가如하거니와然하나古語에曰壹言可以興邦하며壹言可以喪邦이라하시니本報紙의壹言壹句는無非國民의精神을移轉하는者니本報가寧히魔孼의凶鋒下에撲滅을遭할지언정勢에默媚하기爲하야國民에貽毒홈은本報의忍爲치못할바이며

且愛讀諸君子가彼의欺說에迷하며彼의恐喝에惑하야本報를停覽할理가必無하고且或此欺誑恐喝을因하야本報를停覽하는者는是가本報를心讀하는者가아니라本報를血讀하는者가아니라本報를眼讀하는者이라此則本報가雖百年千年을하야도無益할지라故로本報는彼가威武를加하며리도不屈하며利益으로誘하며리도不移하고惟正義를仗하야最後의勝利를博하는비어니와彼魔孼은韓人이아닌데如此히本報를仇視하는지嗚乎라愛讀者여

外報

◎殘餘懸案 守備兵警察權과採掘權과韓人等에關한淸日간懸案은追후解決되리라더라

◎懸案細目會議 諸懸案의遲延은間島問題가未決된때문인디今回該問題가解決되얏슴으로他問題도繼續하야恐皆解決될터인디오細目은三十日부터審議혼다더라

◎重大案件將次 東京에서操處하야淸日間懸案에關한若干後에는世人이夢想에도未及하든壹重要案件이發見되리라더라

◎吉林京城縱貫 日本은吉林에서間島會寧을經하야京元線과連絡하는鐵道敷設權을獲得하랴한다더라

◎淸國官制調查 淸國은官制調查費로千八百萬圓을支出키로하얏다더라

寄書

◎壇商叉鳴

海水茫々無處可尋大抵船泊勿論其國籍有其籍不可無形掩迹矣四處詳探則同年秋蘇船任龜的確露出於貴國北海道沃崎郡누군地而其時源右衛門空償我國京城乙吉商賊失鹽價五千壹百九拾壹圓九拾錢推擇以給之意申訴于外部大臣朴齊純시矣追接貴國北海道島根縣隱岐郡沃崎郡누군의附近北方答照會內以金斗源事件木村源壹郞及同行船主乙吉招致審査則的確無疑但相續人金之助貧乏無聊云々而其時貴公使林權助說此模糊稱以金斗源恤金送金幾百圓則斗源以義思之當棒壇價受之可也所謂恤金於理不當故卽其時却之矣其後貴公使館當記生國分象太郞屢々招致斗源再三談辨謂以幾月間容俟矣 未完

詞藻

◎淚 愛國生

不舍晝夜호르는물、曾到蒼海不復回라。
古往今來에、逆流水엄엇한다。
엇지라、이내肝腸에는물은、눈으로만。

雜報

●玉候欠寧 太皇帝陛下께옵서數日來로 玉度가靡寧ᄒᆞ옵서韓人醫士安商浩及日人의士鈴木兩人이輪回診察ᄒᆞᆫ다더라

●孫澤陞見 德國女人孫澤孃은來月五일頃에歸國ᄒᆞᆯ터인故로去廿八일에陞見告辭ᄒᆞ엿ᄂᆞᆫᄃᆡ 大皇帝陛下ᄭᅴ셔特別히銀製盃壹具를 下賜ᄒᆞ옵셧다더라

●會計院又須 慈惠의院을設置ᄒᆞ고官制를頒布ᄒᆞᆷ은已報어니와更히該院會計法을制定ᄒᆞ야勅令으로頒佈ᄒᆞ얏다ᄂᆞᆫᄃᆡ其概意ᄂᆞᆫ義人금과政府에셔支撥金으로經費를支用ᄒᆞᆯ터인ᄃᆡ政府支撥ᄒᆞᄂᆞᆫ金은每年에四萬五千圜式이라더라

●曾彌消暢 曾彌統監이病勢로因ᄒᆞ야來客을辭絕ᄒᆞᆫ다더니昨日午前五時三十分에消暢次로東籍田地에前往ᄒᆞ얏다가因卽還歸ᄒᆞ얏다더라

●實非輕快 曾彌統監의病狀은實로可慮의症이라容易히輕快키難ᄒᆞᆫ데昨朝에突然히馬車를驅ᄒᆞ야東門外에靜히運動을試ᄒᆞ얏스나此ᄂᆞᆫ世간의紛論을鎭靜키爲ᄒᆞ야强히快可ᄒᆞᆫ貌樣을裝ᄒᆞᆷ이라ᄒᆞ더라

●統監開會 曾彌統監의病狀은居留日人及韓國當局者들이一般憂念ᄒᆞᄂᆞᆫ中인故로飛語가紛紛傳佈ᄒᆞ고政務에積滯도多ᄒᆞᆷ으로본日午後十点에統監邸에서大臣會議를開ᄒᆞᆫ다더라

●內閣例會 昨日上午십일時에內閣例會를開ᄒᆞ고緊急事務를提議ᄒᆞ얏ᄂᆞᆫᄃᆡ度支大臣任善準氏ᄂᆞᆫ不參ᄒᆞ얏다더라

●其然其然 度支部大臣任善準氏ᄂᆞᆫ辭職願을提呈ᄒᆞ기로決心ᄒᆞ야其家産什物을安城郡으로輸送ᄒᆞ다더라

●宮相消暢 宮內府大臣閔丙奭氏가去土曜日에東大門外松亭에出往消暢ᄒᆞ고再昨日에入城ᄒᆞ얏다더라

●觀務時間改定 各府部院廳官吏가明日부터觀務時간을變更ᄒᆞ야上午十時에仕進ᄒᆞ고下午四時에退仕ᄒᆞ기로定ᄒᆞ얏다더라

●淸大官入京 直隷總督端方氏의弟端錦氏ᄂᆞᆫ三昨日山東丸으로渡韓入京ᄒᆞ얏다더라

●日望多大 間島의横貫鐵道도將次布設되고滿蔘廠의自由港도旣히閉鎖된結果로淸津港은益益有望ᄒᆞ야北韓에惟覺經濟的關要地가될터인故로日本外務省은此에對ᄒᆞ야多大ᄒᆞᆫ希望을寓ᄒᆞᆫ다더라

●兩浦水道敷設 內部에서木浦及馬山等港에水道를敷設ᄒᆞ기爲ᄒᆞ야昨日에巡査를派送ᄒᆞ야實地를調査케ᄒᆞ얏다더라

●濟難延期 金州觀察道에셔辨山ᄭᆞ지修築ᄒᆞᄂᆞᆫ道路의開通式은工役의未竣을因ᄒᆞ야來拾壹月頃으로延期ᄒᆞ얏다더라

●間島日領館 북간島에在住ᄒᆞᄂᆞᆫ現在韓人은淸國歸化人으로看做ᄒᆞ야淸國이此를監理ᄒᆞᄂᆞᆫ데今後에ᄂᆞᆫ間島에來住ᄒᆞᄂᆞᆫ韓日人은日本이保護ᄒᆞ기로決ᄒᆞ고將此領事館을設置ᄒᆞᆫ다더라

●淸領事往訪 淸國總領事馬廷亮시ᄂᆞᆫ去廿七日에統監府外事局長代理小松을往訪ᄒᆞ고何等事件을密議ᄒᆞ얏다더라

●電命急遽 過日日本陸軍大臣의電命으로急遽히渡韓ᄒᆞ엿던州島第六師團長은又同大臣의電命을接ᄒᆞ고廿七日朝에歸行歸國ᄒᆞ얏다더라

●韓滿鐵道連絡 由來로韓滿兩鐵道接續은小問題뿐이더니今에更히旅客의連絡接續을圖ᄒᆞ야目下兩者間에協議中인데來月末頃에發表되야同時取扱ᄒᆞᆯ터이라더라

●兩店獨留 韓國銀行成立後에ᄂᆞᆫ第一銀行漢城支店을撤廢ᄒᆞ고京城釜山兩港에만存留ᄒᆞᆯ터인즉此兩港以外에店鋪와社員은總히韓國銀行으로引繼ᄒᆞᆯ터이라더라

●拓社漁業 東拓會社에서ᄂᆞᆫ平安南道靈湧沿岸의漁業區를得認ᄒᆞ야明年漁業期부터營業을開始ᄒᆞᆯ터인ᄃᆡ漁隻의監視船을設置ᄒᆞ야漁業者를保護ᄒᆞᆯ터이라더라

●韓銀株金 九月六日부터十二日ᄭᆞ지韓國銀行株金을募集ᄒᆞᆫ後에第壹回株金收合은同月廿일頃에行ᄒᆞᆯ터이라더라

●烟草社計畫 韓亞煙草會社의工場數處ᄂᆞᆫ三成에在ᄒᆞᆫ韓日영회五십萬圓資本金基本으로져定ᄒᆞ야한國政府에向ᄒᆞ야該場貸借를交涉ᄒᆞᄂᆞᆫ中이오書記職工等은再昨夜에入京ᄒᆞ얏ᄂᆞᆫᄃᆡ貸借의約이完了ᄒᆞᄂᆞᆫ대로工事에着手ᄒᆞᆯ터이라더라

●兩氏裁判 總愛甲氏와李喜鎬氏간에田畓相關으로풍波가起ᄒᆞᆷ은각報에已揭ᄒᆞ얏거니와私訟으로ᄂᆞᆫ歸決키極難ᄒᆞ다ᄒᆞ야互相間裁判이된다더라

●面號改稱 黃海道甕津康翎二郡을合倂ᄒᆞᆫ結果로甕津郡에在ᄒᆞᆫ龍淵面은龍泉面이라改稱ᄒᆞᆫ다더라

●平民呼訴 平壤太同江邊船창은展百年韓相賣買ᄒᆞ던私有地인ᄃᆡ日人片倉組가國有라詐稱ᄒᆞ고內部에請願ᄒᆞ야認可를得ᄒᆞ야所有權을勒奪ᄒᆞᆫ지라江邊에居留ᄒᆞᄂᆞᆫ幾百人民들이私有를歸ᄒᆞ기爲ᄒᆞ야觀察道에呼訴ᄒᆞ얏더니觀察道에셔ᄂᆞᆫ民冤은不顧ᄒᆞ고內部에認可만施行ᄒᆞᄂᆞᆫ故로人民은更히內部에直接請願ᄒᆞᆫ다더라

●民有地辨明 平북義州府에在ᄒᆞᆫ民有軍役土를辨明ᄒᆞᆷ次로各所有主의代表白用錫車瑞坤氏가平壤財務監督局에願請ᄒᆞᆷ다ᄒᆞᆷ은已報ᄒᆞ얏거니와該土의民有되ᄂᆞᆫ歷史의關ᄒᆞᆫ一切文簿와辨明의證佐되ᄂᆞᆫ五條事項을具ᄒᆞ야去二十日同局에提出ᄒᆞ얏다더라

●日兵試射 昨日上午壹時頃에日兵들이光熙門外射擊場에셔實彈射擊을試ᄒᆞ얏다더라

●兩巡罷免 觀察巡査權迺潤尹鳳烈兩氏ᄂᆞᆫ東部二個等處에居ᄒᆞᄂᆞᆫ金某가鴉片烟을吸喫ᄒᆞ다稱ᄒᆞ고金貨治餘圜을討食ᄒᆞᆫ事가發露되야卽時罷免ᄒᆞ얏다더라

●果爾獎學 羅州靈岩南平等郡은農形이歉荒ᄒᆞ야數萬生령이飢死之境에瀕ᄒᆞᆫ지라羅州萬山面居ᄒᆞᄂᆞᆫ權基林氏가救恤方針으로資本家幾人을協同ᄒᆞ야不動產物을銀行에典執得債ᄒᆞ야該郡農民으로工商會社를組織ᄒᆞ야營業資生케ᄒᆞᆫ다더라

●三陟水害 去七月中에三陟郡水災ᄂᆞᆫ田畓에浸水가壹萬二千一百五坪이오流失이壹千五百四十四坪이라더라

●義哉李氏 咸興郡水災ᄂᆞᆫ旣報ᄒᆞ얏거니와咸興本宮典祀補學環在氏가罹災ᄒᆞᆫ同胞의게家々躬行ᄒᆞ야誠心慰恤ᄒᆞ고自己月俸을捐ᄒᆞ야均壹히賑救ᄒᆞ얏다더라

●何不償還 大한의寫眞美術은天然堂寫眞所뿐인데各社會及學校에撮影諸시가代金을經年不보ᄒᆞᆷ으로新聞에廣告와派人懇乞이非止數십度로ᄃᆡ壹不보償ᄒᆞ야將次廢業之境에된다ᄂᆞᆫ뒤한ᄃᆡ은同胞의營業을幫助치ᄂᆞᆫ못ᄒᆞᆯ지언정妨害를加ᄒᆞᆷ은實로愛惜ᄒᆞᆫ事이라고巷評이有ᄒᆞ다더라

●虎病蔓延 新義州地方에虎列刺가蔓延ᄒᆞᆷ은累보어니와舊義州水直面에도斃死者가三名이有ᄒᆞ고鄕便取扱所事務員壹名도該病에罹ᄒᆞ얏다고平靜입內部에電報가到着ᄒᆞ얏다더라

●虎病豫備 平북方面에虎列刺가益々猖獗ᄒᆞᆷ으로當局에셔ᄂᆞᆫ豫防ᄒᆞ기爲ᄒᆞ야鴨綠江에漁獵及游泳을禁止ᄒᆞᆫ다더라

●投書討略 黃州黃十峴居ᄒᆞᄂᆞᆫ弘錫兵家에何許賊漢이投書ᄒᆞ고錢幾千圜을西하峴으로持來ᄒᆞ라ᄒᆞ얏ᄂᆞᆫ대許氏가該事由를警官에게告發ᄒᆞ고自己ᄂᆞᆫ錢若千을携帶ᄒᆞ고同峴에前往ᄒᆞ야出頭者를卽時捕捉ᄒᆞ얏ᄂᆞᆫ대此ᄂᆞᆫ度支部財產整理局囑托韋惠爲名人이라目今警視廳에拘囚ᄒᆞ얏다더라

●廢舍爲院 大韓醫院附屬醫學徒寄宿舍를秋期早에廢止ᄒᆞ야施料院을設置ᄒᆞ고一週間二次式貧寒ᄒᆞᆫ病者를無料施治ᄒᆞᆫ다더라

●工業設立 農商部에廢官된將校諸氏가發起ᄒᆞ야大韓工業會를組織ᄒᆞ야來九月五日下午에訓練院에서創立總會를開ᄒᆞ얏다더라

●感荷義捐 美國에留學ᄒᆞ며在美한人社會를熱心贊成ᄒᆞ던學萬基시ᄂᆞᆫ入성쯤일에본社를來訪하야在美同胞의情況을詳述ᄒᆞ고仍히본社의經費窘拙ᄒᆞᆷ을慨惜ᄒᆞ야其資斧의殘餘로금五圜을寄付ᄒᆞ엿기玆에其盛意를感謝ᄒᆞ노라

○東京電報○

●淸日新協約 八月二十八日發 淸日新協約에件ᄒᆞ야更히協定ᄒᆞᆫ間島의關係問題ᄂᆞᆫ如左히決定되얏다ᄂᆞᆫ디

一 淸國政府ᄂᆞᆫ淸日協約調印과共히자島의開放을實行ᄒᆞᆷ

二 日본은統監府出張所를廢止ᄒᆞ고領事館을設置ᄒᆞ야韓日民을保護ᄒᆞᆷ

三 天寶山礦山은日본이淸國과相當ᄒᆞᆫ代償을納ᄒᆞ고其經營을繼續ᄒᆞᆷ

四 日본은間島橫貫鐵道의布設을經營ᄒᆞᆷ이라ᄒᆞ얏ᄃᆡ라

●東京雷雨 貳십九일 三십일着 東京市에大雷雨가有ᄒᆞ야天일이晦冥ᄒᆞ야慘澹ᄒᆞᆫ光景을呈ᄒᆞ엿ᄂᆞᆫ데二십個所에落雷가有ᄒᆞ야死者가二名이오負傷及損害가多數ᄒᆞ다더라

○臺灣電報○

●土蕃激戰 二十九日發 桃園廳附勇線의日本前進隊ᄂᆞᆫ連日土蕃의게襲擊을受ᄒᆞ야십名內外의死傷이有ᄒᆞ고又貳십捌日에戰鬪가最히激烈하야戰死六名負傷七名이生ᄒᆞ얏ᄂᆞᆫ대始初부터日兵의死傷이九십捌名에達ᄒᆞ얏다더라

○北京電報○

前일着

●離昌歸津 昌圖에駐屯ᄒᆞᆫ支那將校下士六십九名은新任將官의部下되기를不慊ᄒᆞ야天津으로發還ᄒᆞ얏다더라

▲賞月書感▼

愛月生

▲節序ᄂᆞᆫ秋七月이라淸風은徐々來ᄒᆞ고蘇子瞻의노던달은오날밤의또왓고나[illegible]壹盃을부어無限淸光子[illegible]回念ᄒᆞ니鬱鬱ᄒᆞᆫ[illegible]無限所感절노[illegible]

▲달아々々불근달아[illegible]離ᄒᆞᆫ제沉々暗夜[illegible]光輝[illegible]ᄒᆞ야光明世界되얏고나氣[illegible]우리山河[illegible]너의곳치[illegible]

[illegible]字[illegible]全韓光滿되고[illegible]예우리[illegible]너와갓치回復ᄒᆞᆯ지

▲달아々々불근달아[illegible]네光彩ᄂᆞᆫ엇지그리[illegible]空宇에놉히[illegible]ᄒᆞ며곳々마다빗치나나[illegible]우리[illegible]光어느[illegible]너와곳치[illegible]ᄒᆞᆯ세

▲달아々々불근달아[illegible]네形態ᄂᆞᆫ엇지그[illegible]引力은不失ᄒᆞ[illegible]가[illegible]萬古不變ᄒᆞ고[illegible]渙散中우리民心에느[illegible]너와곳치團滿ᄒᆞᆯ세

▲西山下에떠러지[illegible]東嶺우에다시[illegible]時[illegible]上弦[illegible]萬古不易[illegible]致ᄂᆞᆫ人事인들[illegible]盛衰[illegible]徵우리[illegible]復之[illegible]不遠ᄒᆞ[illegible]더明月을따라보쇼

分壹圓二십錢 拔根膏 大圓三圓 咳血散 金二십錢 희積丸 不愈金三十젼 退黃丸 定價金六十錢 消瘡液 金二十錢 疥창散 定價金五十錢 遐鄕에는郵便小包로信送홈

廣告

中部上麻洞三십統加九戶韓日
齋宮奉敬會를或移接이나或改
名이라도皆本會에셔ᄂᆞᆫ初無
이기茲에廣告ᄒ오니京鄕間今
會會員은照亮ᄒ심
齋宮奉敬會 告白

本人이以圓形圖章으로行用ᄒ더니
[illegible]以又
로方形으로改製行用ᄒ옵기玆
에廣佈ᄒ오니 僉君子ᄂᆞᆫ 照
亮ᄒ심을望홈 麻浦김敎희

本所에셔從前蠶業을講習키爲ᄒ야
蠶桑講習所를農桑講習所라改
稱ᄒ고學員을募集ᄒ오니志
願人은來議ᄒ심을

科 程
農學大意 蠶學大要 桑作蠶학
畜學 獸醫學 果樹栽培論
森林學 植物학 土壤학
肥料학 簿記 商業
會社 日語
試驗日字 九月拾日陰七月廿六日下午二時
試驗科目 作文 算術
개학日字 九月拾二日
卒業期限 七箇月
西部西大門外普成小學校內
新興農業講習所

江原道伊川郡古里坊居學致明
爲名人이渠의寡宅堂叔母를多
年通奸ᄒ야其父稷永이知其事
狀ᄒ고兎山郡居柳綠景禮를屢
囑ᄒ야使之率去케ᄒ얏더니凶
彼致明이가其父를挾憾ᄒ고柳
哥를謀害ᄒ야反以悖倫期寡로
新聞에揭載ᄒ고緣由로其父稷永
과柳景禮가海州郡에屢月捉囚
되엿不顧其父ᄒ고還奪其寡ᄒ
고入京ᄒ얏기茲에告白홈
鳳御文洞柳德雨 白

본人의姓名圖章을본月二十八
日에서失ᄒ얏기更히圖章을新
刻ᄒ얏ᄉ오니知悉간照亮홈
南部會洞호박골 林世鳳

◎學員募集廣告

本學堂에셔學員을募集ᄒ오니
願학僉員은九月拾、拾壹日(陰
七月廿六、七日)에請願書를提
呈ᄒ고左記日字에應試홀事
（請願書紙ᄂᆞᆫ本학堂에來求）
高等科 豫備級 新募集
同一二三四年級 補缺生募集
入學者資格 年齡拾六歲以上된男子가中學校卒業이有ᄒ거나相當ᄒ學力이有ᄒ者로限홈
試驗日字 九月十三日(陰七月廿九日) 上午九時
試驗科目 國漢文讀書作文 算術 (分數以上)
但補缺生은該相當ᄒ年級의課程으로試驗홈
本학堂에셔英語로數理化學等科學을研究코ᄌᆞᄒ나合當ᄒ敎師와處所가無ᄒ야痛歎不已ᄒᄂᆞᆫ有志男子를爲ᄒ야**大學校**（칼래쥐 College.）를新設ᄒ오니願학僉員은勿失此好期ᄒ고以上日字에赴期應試홀事
但試驗科目은高等科와特異홈
培材學堂

秋期에渡日ᄒ食學生은（陽九月五日）陰七月二十壹日內로平壤에會集ᄒ야國體로渡去케ᄒ옴
平壤大同學舍館 告白

本人이西部皇華坊館井洞五十四統二戶 學主貿草家六間貸文記를典執이다가不知中遺失이오니誰某拾得이든지勿施홈
大寺洞拾統二戶 趙南吉 告白

本書市를開設ᄒ고各國新舊書籍을
愛顧ᄒ심을蒙ᄒ와于今支保이
옵기로書籍을擴張ᄒ와各處中小學
校敎科書及宗敎小說法學各種
雜貨와帽子測量機械를正價發
售ᄒ오니照亮惠顧ᄒ심務望
安岳邑上場西書市林敎柱 白

◎學員募集廣告

本塾에셔第五回入學期를當ᄒ야**法律書學**과**經濟夜學 兩專門科學員**을募集ᄒ오니願學人은左記試驗定期內에本塾所定紙로써學請願書를提呈ᄒ事
修業年限 三學年
入學年齡 滿二十歲
學科目 備在本塾學則
試驗日字 九月五日 上午拾時
試驗科目 讀書、作文、論理、歷史、博物學、物理、化學、數學、（幾何代數）
開學日字 九月拾三日
隆熙二年八月拾壹日
西部都染洞拾八統 戶
私立 **養正義塾**

本所에셔一般人民의農林業을發達ᄒ기爲ᄒ야本國에適宜ᄒ簡易학科를選ᄒ야夜학으로敎授ᄒ오니入학志願人은本所에來議ᄒ심을要홈
科目
果樹栽培學 森林學
土壤學 獸醫學
家畜學 肥料學
試驗日字 九月十一日下午一時（陰七月廿七日）
試驗科目 國漢文作文算術
開學日字 九月십三日
卒業期限 七箇月
講師 日本農科大學校優等卒業生 金鎭初 元勛常 金志侃
隆熙三年捌月十八日
中部校洞廿九統貳戶
西北學會內
農林講習所 告白

大減價販賣
製圖器測量器械製圖用紙名種
右壹千組限特別割引大放賣
釜山港本町三丁目近藤支店

卷煙草

金四錢

京城 廣江商會

◎秘製止痛藥

此藥은美國에有名ᄒ의학博士貝里得末司氏의발明ᄒ바無雙ᄒ靈藥이라美國에在ᄒ醫會社에서特爲派員ᄒ야此藥品을韓國內에廣佈ᄒ기를專托ᄒ옵ᄂᆞᆫ故로義不可辭ᄒ와玆에廣佈ᄒ옵ᄂᆞᆫ바左開諸症에外塗內服ᄒ면無不立效ᄒ라當此炎夏에尤極靈效ᄒ와多救生命이오니藥業에從事ᄒ시ᄂᆞᆫ이와疾病을預防코ᄌᆞᄒ시ᄂᆞᆫ이ᄂᆞᆫ速速來購ᄒ시면廉價로都賣ᄒ깃삽니이다

左開

▲內科所用▼
胃弱酸 腹瀉 吐瀉 食傷風 咳嗽 不消化 肚滯 疹子 心痛 傷寒 肝病 肚痛 胃熱 痢疾 口內之瘡 齒痛 哮喘 內腎病 小兒吐瀉 暑夏吐瀉 抽筋 虐疾 嗄聲 胃氣痛 咽裡傷寒 喉痺 鼻子軟弱 黃病 暈船 氣管病 霍亂

▲外科所用▼
火疔창 寒창 跌打損傷 腰骨痛 疳창 指甲疽 咽喉痛 蟲蛇刺咬 凍창 腸氣筋痛 癬

▲發賣所 磚洞 韓美興業株式會社事務所

廣告

本所에서 日語와 英語로 [illegible] 授ᄒᆞ오니 ᄒᆞ는 專門速成으로 敎授ᄒᆞ오니 願학 僉員은 本月三拾日內로 本所로 請願ᄒᆞ시오

(但科解ᄒᆞ은 학力을 隨ᄒᆞ야 入학케 홈)

時間은 上午九時至下午壹時
夜學은 下午七時半至九時半

各學校英語學普通科에 在學生은 無試驗許入홈

西部南大門內 暘谷

語학講習所

本校에서 九月壹日로 開學ᄒᆞ던 今以 習答ᄒᆞ는 [illegible] 이온ᄃᆡ 補缺生을 多數募集ᄒᆞ오 普通敎科에 適用케 [illegible] 니 志願ᄒᆞ시는 諸般學生은 本校 [illegible] 務所로 來議ᄒᆞ심을 望홈

敦化門前 [illegible] 夜學校事務室

本校 各年級 補充 學員을 募集ᄒᆞ오니 志願ᄒᆞ시는 僉員은 九月 五日內로 請願ᄒᆞ시옴

開學 日字는 九月十日이오니 本校 學員은 [illegible] 期來校ᄒᆞ시옴

安州郡 協成安興學校

測量製圖器械 其他附屬品文具都賣散賣

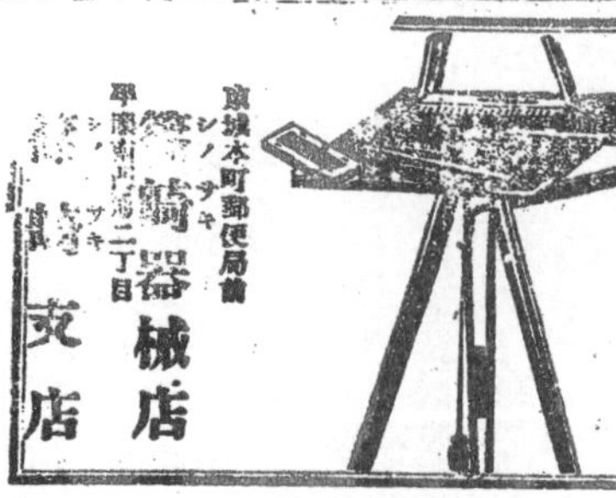

京城本町郵便局前 [illegible] 器械店

[illegible] 支店

◎特別廣告

本會의 設立總會를 九月 [illegible] (日曜)下午壹點에 訓鍊院에서 開設ᄒᆞ오니 有志僉君子는 齊來臨ᄒᆞ심을 望홈

大韓工業會發起會

中部河橋六拾八統五戶

平心堂醫院

每日診察은 午前六時로 午后六時 急病은 時間不計홈

유한셩

◎女學員募集

本학堂에셔 저학員을 增募ᄒᆞ오니 入학志願人은 九月十日(陰七月廿六日)內로 請願書와 履歷書를 提呈ᄒᆞ고 九月十三四兩日에 應試ᄒᆞᆷ

請願用紙는 本학堂에 來求ᄒᆞᆷ

但女子拾歲以上된者로 許入ᄒᆞᆷ

開學日字

陽九月十五日(陰閏月二日)

貞洞梨花學堂 廣告

女子修身敎科書

定價금 [illegible]

本書는 女子敎育界에 [illegible] 指南이 될뿐아니라 家庭開白 [illegible] 九極便易ᄒᆞ오니 有志 僉彦은 多 [illegible] 需用ᄒᆞ심을 [illegible] 望홈

[illegible] 經 [illegible] 述

國文初學

定價금 拾 [illegible]

今에 新刊ᄒᆞᆫ 國文物學은 幼學敎科에 適合ᄒᆞ오니 多數需用ᄒᆞ심을 望홈

普通敎科 筭術書

定價금 二十 [illegible]

本會는 [illegible] 幼年학生의 覺得홈을 便易케 爲ᄒᆞ야 [illegible] 淺 [illegible] ᄒᆞ게 著述ᄒᆞ엿ᄉᆞ오니 多用ᄒᆞ심을 望홈

高等小學 筭術書

[illegible] 價 [illegible] 二 [illegible]

本筭術書는 高等學科에 適用도록 著述홈이니 [illegible]

問答 大韓新地誌

定價금 廿五전

[illegible] 宜校閱 安鍾栗著述

으로 簡明便易케 著述홈이니 [illegible] 學界에 多數需用ᄒᆞ심을 望홈

獨習 韓日會話

定價 [illegible] 廿五錢

本書는 [illegible] 獨習ᄒᆞ기 [illegible] 易ᄒᆞ도록 製作ᄒᆞ엿ᄉᆞ오니 多數 購覽ᄒᆞ심 [illegible]

[illegible] 所 京城 [illegible] 門內 [illegible] 洞

物理學初步

定價금 五十錢

本書는 普通敎育界에 [illegible] 大指南 [illegible]

分賣所 京鄕各有名書舖

[illegible] 文書館 [illegible]

各種藥品을總發行所는漢城南大門內濟生堂大藥房本舖

(新化消藥)

淸心保命丹

發行者 [illegible]

藥 [illegible] 大賣 [illegible]

疫 [illegible] 氣 [illegible] 不良 [illegible] 化不良 [illegible] 寒 [illegible] 中暑 [illegible] 中 [illegible] 除 [illegible] 胃 [illegible] 腸 [illegible] 食 [illegible] 眼 [illegible] 長 [illegible] 常 [illegible] 眞 [illegible]

痛 [illegible] 症 [illegible] 吐 [illegible] 利 [illegible] 不 [illegible] 土 [illegible] 水 [illegible] 口臭 [illegible] 口熱 [illegible] 他 [illegible] 防 [illegible] 靈妙之劑

主 [illegible] 效能

右藥은 內外國到處마다 發賣 [illegible]

遠地에는 [illegible] 送 [illegible]

◎共愛堂大藥房製造各種藥品發行表

壯陽復元丹 [illegible]

淸耳液 [illegible]

淸眼水 [illegible]

靈丹 [illegible]

淸脾丸 [illegible]

解毒至寶丸 [illegible]

消熱散 [illegible]

[illegible] 淋 [illegible] 丸 [illegible]

小兒濟命散 [illegible]

靈効液 [illegible]

疾痢散 [illegible]

養胃散 [illegible]

止泄丸 [illegible]

治痰鎭咳丸 [illegible]

積散 [illegible]

能治膏 [illegible]

齒痛水 [illegible]

解凝膏 [illegible]

精選 家庭救急方

前 [illegible] 學校敎官 朴容喬

[illegible] 定價 [illegible] 一 [illegible] 錢

電氣帶 [illegible] 皇城南部 [illegible] 十九統七戶

共愛堂大藥房

各處支店特約所

學部內部檢定認可

初等大東歷史 全

定價金 三十錢

學部內部檢定認可

初等修身 全

朴晶東 著

價定金 二十五錢

發行所 [illegible] 部 [illegible] 洞十九統九戶 金泰玉 發行 同文館

發賣所 京鄕各有名書舖

第七卷 大韓每日申報 第千壹百八拾六號

月歲
檀君開國四千二百四十二年
箕子元年三千三十一年
大韓開國五百十八年
日本明治四十二年
淸國宣統元年
己酉七月小十七日甲子

Responsible for Publication Alfred Weekley Marnham.
發行兼編輯人 英國人 萬咸
發行所
大韓每日申報社

論說

◎告義州及平壤同胞

平北義州의軍役土所有主人民等의請願흔事와平南平壤大同江邊居住民等이船埠被奪흔事로呼冤흔다홈은本報에已揭흔바어니와大抵國土이何如히糊塗흐며片倉組가何如히頑悍흐랴던歲百年傳來흐던堂々民有土地를國有라稱흐야壹則不正흔賭稅를加코자흐며壹則自家의私利를營코자흐나뇨

嗚呼라是가其故가有흐며是가其故가有흔도다往昔韓國이威權專政흔以來로貪官이朝에尤흐고汚吏가邑에遍흐야經界와深淸은不問흐고其勢力을放흐며其威燄을吐흐야斯民의土地를尺々寸々히奪入흐며斯民의血液을點々滴々히吸收흐서其慘毒흔手腕에斯民의口가有흐야도敢言치못흐며眼이有흐야도敢淚치못흐고自然所有를無聲無臭히拋擲홈에至흐야遂依賴慣性이斯民의腦에積흔故로卽今廿世紀光明흔天日下에도此等鑑脫치못흐야人民의所有를侵害홈이多흐나然이나吾儕と平壤及義州同胞를爲흐야獻賀흐노니益今韓國人은覺醒흘지며勢力이有흐면戰鬪흘지라但只外人의土地가與國傍에在흐야經界紛爭辨이有흐면此를與결흐야膏沃흔土地를歇價에賣渡흐고他處로移去흐며又或浮浪子弟가其田宅文券을僞造흐야有勢力者에게賣渡흐야賣買를敢辨치못흐고此를讓與흐야(此皆記者가累累히東隣客地友人에게親聞흔바)百年基業에鳩居에忽歸흐며人口妻子가餬洄흐며死흐야祖上의不孝孫되며國民의歸人되と者ㅣ比比흐야鄕國人이權利思想이薄弱흐야觸擊을自招홈은吾儕의所常慣歎흐노비러니

殺哉라平義兩邑의同胞여今日此擧가自家의權利만保護흔뿐아니라卽韓國同胞權利思想의先聲이될만흔도다

故로吾儕と兩邑同胞에게獻賀흐と비어니와又兩邑同胞에게警勸흐と비有흐노니益今日韓國國民同胞と同然흔悲境에處흐야相扶相持흐며相顧相勗흐여야生存을可得흘日이아닌가東家의所有物을誰가奪흐거던我가東家人과共히防衛흐며西家의所有物을誰가占흐거던我가西家人과共히執守흔然後에我의所有도可保니萬壹不然흐야曰此と彼의事오我에無關이라흐야隔岸火災를望흔듯흐と者と東家隣家의所有物을旣히彼의占有흔後에と將且我家의所有를侵흐리니戒哉々々흐야心을警흐며力을壹흐야兩邑同胞가同聲齊躍흐야此役土地와船埠를保有흐면壹則兩邑의幸이며壹則全國의幸이되리라흐노라

外報

◎韓國外交 東京電을據흔즉淸國의外交と攝政王의自覺을由흐야一變흐리라고傳흐더라

◎安奉線敷地 安奉線敷地買收協定은大槪成立흐야目下淸國委員과日本當局과組織흐고買收規則을起案흔中이라더라

◎크로島問題 土耳其と(크리트)島保護의四國에向흐야平和的企圖를有흐야擧を證言흐야(크리트)島問題と明白히否認되엿고且(마세돈니아)에在흔土耳其行動의自由를承認흔事를切言흐얏고全島의危機と旣히過去흐얏다더라

◎無線電信協議案 英國商務省은자聯絡에關흐야强制的으로無線電信을架設케흔案을會議에提出흐리라흐더라

◎土國議會召延 土耳其아루마니야에在흔革命的騷擾은七種族의關해蔓延홈에至흐야叛徒의武장흔者가約二萬餘名인데右と土國官憲이아루바니야地方에서稅를要求흔原因이라더라

◎袁世凱起用說 淸國은外交와困難과張之洞의病氣와人材의缺乏홈에因흐야攝政王은宿怨을捨흐고袁世凱를東三省總督으로任흔다と風說이有흔데此と軍機大臣世續의意見이라더라

◎齊齊哈爾鐵道 淸國에서計劃흐と齊々哈爾金州間鐵道と滿鐵線路와의線과並行간距가二百英里餘가됨으로並行線으로看做흐게되얏다더라

◎西軍三面攻擊 西班牙軍은三個所의根據地로부터摩洛哥軍에向흐야進擊中이며摩洛哥軍은丘山으로遁逃흐얏다더라

◎塲商又鳴

其後移任于幾國參書官今夜旋任統監府參書官故以其實歷書而聽若不聞初無豈辭如何書何也窃計此事已至拾壹年之久而延期計利殆年殆倍之金額今爲五萬壹千九百拾九圜矣豈非但韓民兩鑛之所知抑撫界之所共傳聞者其寃且屈可謂天地神明所共鑑而獨貴公使與統監府參書官之聽且掩耳者竊深怪焉耳豈斗源哀不動人音不誠而至于此耶抑貴國官吏愛人者遐邇洞異之觀也必考貴政府之維新政體亦必然如是之觀矣斗源執此叩地長年揜抑之餘今年六月貳拾五日頃에是申訴于新任統監曾禰荒助閣下而退待數月尙無如何措處於是斗源竊自思之日古來政治奬民有寃則使之伸爲有訴則使之審爲今日政治則反是而民有訴而若不聽有寃者不知然乃貳십世紀文明政策之一個也不然則貴國官吏之欺縱含糊不啻可否書繼後應何若是之甚耶斗源之情至于今日哀極而氣衰痛切而力竭行々乞宿亦不得自由溝壑之外更無餘望勢旣至此所言可悉得本登向閣下而告之乃已也 (未完)

詞藻

◎須活動 韓國生

天地가震潤흐되、몸둘곳이全혀업고。

日月이밝으니히되、雲霧속에까혓도다。

엇지타、丈夫로서긴몸에、晏然不動。

廣告

◎學員募集廣告

本校에서今秋期에壹學年及預備科學生을增募흐오니志願者と今月三十壹日內로左開에依흐야請願書를提呈흐고屆期應試흐시옴

一、入學年齡 壹학年拾六歲以上、預備科拾五歲以上

一、試驗日字 九月壹日

一、試驗科目 壹학年에と讀書、作文、算術(分數以內)本國地誌歷史、理化、博物、日語、體格

預備科에と讀書、作文、算術(加減乘除以內)本國地誌歷史大要、體格

一、開學日字 九月拾日

但豫科學生은八月貳拾壹日

一、학資金 束修金二圓

試驗料金免除

注意 請願書에と各其父兄或監督者의確實흔保證書를添附흐고請願紙と本校에請求흐시옴

隆熙三年八月 日

平壤私立大成中學校

本所에서一般人民의農林業을발達케흐기爲흐야本國에適宜흔簡易흔學科를撰흐야夜학으로敎授흐오니入학志願人은本所에來議흐심을要흠

科目

果樹栽培學 森林學

土壤學 獸醫學

家畜學 肥料學

試驗日字 九月十一日下午一時(陰七月廿七日)

試驗科目 國漢文作文算術

開學日字 九月십三日

本學期限 十個月

講師 農林科卒業生

舍監 金勳 崔志侃

隆熙三年捌月十八日

中部校洞卄九統貳戶

西北學會內

農林講習所 告白

本所에서蠶業에發達케흐기爲흐야蠶業講習所를農業講習所로改稱흐고學員을募集흐오니志願人은來議흐시옴

科程

農學大意 蠶學大要 作蠶학

畜産學 獸醫學 果樹栽培論

森林學 植物학 土壤학

肥料학 簿記 商業

會社 國語

試驗日字 九月拾日(陰七月廿六日)下午二時

試驗科目 作文 算術

開학日字 九月拾二日

卒業期限 七個月

西部西大門外梨峴小學校內

新興農業講習所

本校에서開學흔後各處敎員에게需用흐기爲흐야于今支保이層擴張흐와各處中小學校敎科書及宗敎小說法學各種雜貨와帽子測量機械를正價發售흐오니照亮惠顧흐심을望

安岳邑と塲海西書市林敬柱 告白

本人이所有에서正字圖圖章과可考흔標字(追後揭載)紙貨십二圜二十錢을賊漢의게見失되얏사오니知舊間照亮홈

義州桃岫面好奉煒 告白

雜報

●金品下賜　孫副尉의歸國期는旣報ᄒᆞ얏거니와宮中으로셔各種名目의　下賜金品이有ᄒᆞ다더라

●儒生捧書　嶺三道儒生鄭琪明等三십餘人이再昨日內閣中樞院及統監府에長書를提出ᄒᆞ얏ᄂᆞᆫ데　玉頂咫尺에酗酒拔劍ᄒᆞᆫ宋秉畯으로　皇太子殿下를　陪從케ᄒᆞ고中樞院顧問을被任케ᄒᆞᆷ이極히不可ᄒᆞ니逆賊을不日引渡ᄒᆞ야王章을亟施ᄒᆞ라ᄒᆞ얏다ᄒᆞ더라

●農相親奠　農商工部大臣趙重應氏ᄂᆞᆫ再昨夜에平服으로巡査名을帶同ᄒᆞ고壽洞演興社를觀覽ᄒᆞ얏다더라

●韓日事蹟編纂　日本政府에셔ᄂᆞᆫ韓日關係의事蹟을編纂ᄒᆞ기로決定ᄒᆞ얏다더라

●宮內府竣工期　昌德宮內에新建築하ᄂᆞᆫ宮內府ᄂᆞᆫ십月晦內에竣工ᄒᆞ야十二月初旬頃부터該府官吏가移接ᄒᆞᆯ豫定이라더라

●韓氏入京　拓殖會社理事韓相龍氏ᄂᆞᆫ同社事務를協議ᄒᆞ기爲ᄒᆞ야日本에渡往ᄒᆞ얏다가再昨日에入京하얏다더라

●地方審査會　內部에셔地方官의資格審査會를昨日부터開設ᄒᆞ얏ᄂᆞᆫ데薦報數ᄂᆞᆫ合十餘人이라더라

●兩氏派送　農商工部에셔鴨綠江附近에在ᄒᆞᆫ國有山林을調査ᄒᆞᆯ次로同部技手成木左藤兩人을日間派送ᄒᆞᆫ다더라

●支線始工期　平壤鎭南浦間支線鐵路ᄂᆞᆫ九月壹日부터工役에着手ᄒᆞᆫ다더라

●動物玩賞　昌德宮內에在ᄒᆞᆫ動物園은十月壹日부터人民의玩賞을許ᄒᆞᆫ다더라

●印刷所計劃　學部委員李能和와金文演兩氏가發起ᄒᆞ야國文印刷所를設立ᄒᆞ라고現今計劃中이라더라

●兩犯執絞　强盜殺人犯朴弘瑞謀殺人犯金元俊兩人을處絞ᄒᆞᆯ意로法部大臣이上　奏裁ᄒᆞ야去二拾四日에京城監獄署에셔執行ᄒᆞ얏다더라

●機械移轉　武官學校를廢止ᄒᆞᆷ으로該校에需用ᄒᆞ던物理化學機械를學部에셔將次引繼ᄒᆞ야相當ᄒᆞᆫ學校에移付ᄒᆞᆫ다더라

●沿岸灯臺　韓國政府ᄂᆞᆫ國內沿岸에航海業者를便利케ᄒᆞ기爲ᄒᆞ야樞要地십六箇所에燈臺를建設ᄒᆞ기로決定하야旣히工事에着手ᄒᆞ엿다더라

●開金還收　水道共益社에셔水道會社에稅金을契約ᄒᆞ고水桶지金은二百介를出來ᄒᆞ얏ᄂᆞᆫ데水商中에月稅滯納者가有ᄒᆞᆫ故로水道會社에셔開金兩십二介를還收ᄒᆞ얏다더라

●益民呼訴　日人藤井寬太郞이가益山郡要所에防築貯水ᄒᆞᆫ次로水利組合所를設始ᄒᆞ얏ᄂᆞᆫ데該近에在ᄒᆞᆫ沓土數百石落과人家屢千戶와墳墓數千塚이水浸ᄒᆞᆯ境에至ᄒᆞᆫ故로該郡人民代表林欽氏等五人이內部와度支部에呼訴ᄒᆞ얏다더라

●饌商會議　饌鐵品商尹致晟氏等이發起ᄒᆞ야饌商會를設始ᄒᆞᆫ다ᄒᆞᆷ은已報어니와再昨日尹致晟氏家에諸員이會同ᄒᆞ야事務를協議ᄒᆞ고位置ᄂᆞᆫ校洞尹致昨氏家廊邸로定ᄒᆞ얏다더라

●何其晩乎　太同日報社認許狀을出給ᄒᆞᆯ次로昨日警視廳에셔內部警務局으로送交ᄒᆞ얏다더라

●安氏歡迎　紳士安昌浩氏가海西학界와遊覽次로安岳郡에到着ᄒᆞ얏ᄂᆞᆫ데該郡紳士諸氏가楊山學校內에셔盛大ᄒᆞᆫ歡迎會를設行ᄒᆞ얏다더라

●留學生出發　日本留학生三十餘人이再昨日上午九時에京釜線列車로發程渡日ᄒᆞᄂᆞᆫ데其氏의父兄과親友數百人이南門外停車場에出往餞別ᄒᆞ얏다더라

●工業補助金　農商工部에셔ᄂᆞᆫ工業을獎勵ᄒᆞ기爲ᄒᆞ야農林大郞實業傳習所에年額六百圜과大邱陶磁製造所에年額壹千圜과金剛漆器工業傳習所에年額八百圜과麗水竹器製造所에年額五百五십圜의補助金을下付ᄒᆞ엿ᄂᆞᆫ더大邱製造所ᄂᆞᆫ三箇年間繼續補助ᄒᆞᆯ터이오其他ᄂᆞᆫ姑未完定ᄒᆞ엿다더라

●豈特嶺東　江原道方面에ᄂᆞᆫ韓人巡査補助員憲兵等의剿索이尙此不止ᄒᆞ야圍々僧侶輩의게强奪이特甚ᄒᆞᆷ으로僧侶輩ᄂᆞᆫ或財를見奪ᄒᆞ야請求를應酬ᄒᆞᆷ으로弊端이漸々滋甚ᄒᆞᆫ다더라

●面長悖行　保寧郡長尺面々長鄭석洪氏ᄂᆞᆫ面內의勢力을藉恃ᄒᆞ고平日挾憾이有ᄒᆞᆫ者의게ᄂᆞᆫ捧稅를稱托ᄒᆞ야縛之毆之ᄒᆞ며有時人家에突入ᄒᆞ야作梗이無雙ᄒᆞ고民간에收斂이有ᄒᆞᆫ時ᄂᆞᆫ原數外에加排督捧ᄒᆞ야亂索濫充ᄒᆞᄂᆞᆫ故로該郡人民의稱寃이浪藉ᄒᆞᆫ다더라

●廉直其人　伊太院居鄭春植氏ᄂᆞᆫ天性이廉直ᄒᆞᆫ人士인데日昨路上에셔紙貨五十圜을拾得ᄒᆞ얏다가本主를坐待ᄒᆞ야如數還給ᄒᆞ얏다더라

●酒組貿米　酒造組合所에셔城內各酒商에게支給ᄒᆞ기爲ᄒᆞ야白米千石을日昨仁川港에셔輸入ᄒᆞ얏다더라

●懲補獎學　楊州郡別非面退溪院派遣所憲兵補助員騎兵氏ᄂᆞᆫ附近洞에無辜良民을誤使ᄒᆞᄂᆞᆫ者ㅣ有ᄒᆞᆫ딘是非를辨明ᄒᆞ야權力救濟ᄒᆞ고外人往來에弊端이有하면隨心交涉ᄒᆞᄂᆞᆫ故로當面이稱頌ᄒᆞᆫ다더라

●將何爲生　湖南의農作凶歉은累報ᄒᆞ얏거니와內浦沿海等地ᄂᆞᆫ尤極慘凶ᄒᆞ야人民이太半盻々ᄒᆞᆫ다더라

●平北蟲災　平北蟲災ᄂᆞᆫ旣히累報ᄒᆞ엿거니와益々蔓延ᄒᆞ야博川嘉山郭山朔州碧潼等邊等郡에도漸々猖獗ᄒᆞᆫ다더라

●虎病已蔓　平北虎病은漸遏日猖獗ᄒᆞ얏거니와再昨日義州에셔二名이死亡ᄒᆞ얏고二名은罹患中인데消毒預防ᄒᆞ기爲ᄒᆞ야泥峴日人藥房에셔九百圜가値되ᄂᆞᆫ藥物을買去ᄒᆞ얏다더라

●日人縊死　龍山日蓮寺近地에셔何許日人五十歲假量된者壹名이何事件을因ᄒᆞᆷ인디松樹枝에自縊致死ᄒᆞ얏다더라

●獄囚被殺　三昨日午後四時量에獨立門外監獄署에셔囚徒等이破獄逃竄ᄒᆞ야金敎山等七名은監守兵의斬殺을被ᄒᆞ얏다더라

●掘塚竊骨　中部警察署巡査崔在浩氏의親山이北部安洞에在ᄒᆞᆫ데賊漢의所爲인지再昨夜에骸骨을掘去ᄒᆞ얏다더라

●朴氏逢賊　昨朝에朴奉烈氏가友人을餞送次로南門驛에出往ᄒᆞ얏ᄂᆞᆫ데가平價中에藏置ᄒᆞᆫ正字圖國과可考ᄒᆞᆯ書類와紙貨拾二圜二십錢을何許賊漢의게見失ᄒᆞ얏다더라

●觀鑛開會　三昨日下午八時에觀鐵坊會에셔評議員會를開ᄒᆞ고坊內區域을整齊ᄒᆞ고區長십人을選定ᄒᆞ얏다더라

學界

●官校添科　官立漢城高等학校에셔ᄂᆞᆫ本年秋期開학時부터農商業兩科程을添入敎授ᄒᆞᆫ다더라

●貞慶捐會　貞慶坊會에셔再昨日下午八時에特別捐會를開ᄒᆞ고학校維持方針을研究ᄒᆞ야坊內瓦家每間에二錢草家每間에壹錢式捐出ᄒᆞ야校費를補用ᄒᆞ기로決議ᄒᆞ얏다더라

▲地方消息▼

▲去月四日全北錦山西南方約十里地에셔義兵拾三名이該地守備隊下士以下九名과衝突ᄒᆞ얏다ᄒᆞ고

▲去月六日全南長城田場約拾五里地에셔義兵二名이臨時憲兵派遣所上等兵壹名及補助員四名과衝突ᄒᆞ얏다ᄒᆞ고

▲去月八日全南長城北方約二拾里地에셔義兵三名이該郡駐憲兵上等兵壹名及補助員五名과藥水亭日憲兵上等兵壹名及補助員六名과衝突하얏다ᄒᆞ고

▲去月九日全南月坪西南方約拾五里地에셔義兵十五名이仙石分遣所日兵下士以下八名과衝突ᄒᆞ얏다ᄒᆞ고

▲去月七日慶南宜寧郡東북方約十里地에셔義兵十名이該郡守備隊上等兵以下七名과衝突ᄒᆞ얏다ᄒᆞ고

▲去月四日全南石實場南方約拾里地에셔義兵壹百二十名이石實場分遣所下士以下七名과衝突ᄒᆞ얏다ᄒᆞ고

▲去月십日江原道佳麗東北方約三십五里地에셔義兵三십三名이佳麗憲兵分遣所下士以下七名과衝突ᄒᆞ얏다ᄒᆞ고

▲去月十壹日全北錦壇서남方約十五里地에셔義兵八名이錦壇分遣所下士以下七名과衝突ᄒᆞ얏다ᄒᆞ고

▲去月十壹日黃海道麒麟場北方約三十里地에셔義兵十三名이麒麟場分遣隊上等兵以下三名과衝突ᄒᆞ얏다ᄒᆞ고

▲全南筏橋約三十里地에셔義兵三十名이筏橋分遣所下士以下五名과衝突ᄒᆞ얏다ᄒᆞ고

▲去月십二日江原道春川郡內에셔義兵六名이京鑛加平日憲兵上等兵以下三名과衝突ᄒᆞ얏다ᄒᆞ고

▲去月拾三日慶北淸河西北方約四十五里地에셔義兵十五名이該郡日憲兵上等兵以下五名과衝突ᄒᆞ얏다ᄒᆞ고

▲去月拾三日黃海道平山市邊里東方約십里地에셔義兵九名이該郡日憲兵上等兵以下二名과衝突ᄒᆞ얏다더라

◉感荷賻儀

本社前社長趙說氏喪事에對ᄒᆞ야韓西遊客이金壹圜을寄付ᄒᆞ얏기玆에其盛意를感謝ᄒᆞ노라

○東京電報○

三십壹日着

◉吉長起工期　借款議印을終了ᄒᆞᆫ吉長鐵道ᄂᆞᆫ십月中旬부터工事에着手ᄒᆞᆫ다더라

◉淸國學生의檄文　同日着
在東京淸國留학生等은日貨排斥의決議를實行ᄒᆞ기爲ᄒᆞ야上海天津等三省商務會에日本과貿易ᄒᆞ지말며安奉線工事에人夫를供給지말며線路附地를賣치말나ᄂᆞᆫ煽動的檄文을送付ᄒᆞ엿다더라

△巷話摭錄▼

▲(甲)近日에新出ᄒᆞᆫ漢성新報그目的이엇더ᄒᆞᆫ지 丙)모ᄅᆞᆯ것업나韓人으로該國을爲ᄒᆞ깃지(甲)허요식ᄉᆞ 일을그러케어딜업시밋어外樣으로보면社長도韓人主筆도韓人을該國은計長이모다韓人天擇지만그中에南山七日約에隱々ᄒᆞᆫ안ᄀᆡ속에숨은ᄃᆞ시隱個主宰翁이左之右之ᄒᆞᄂᆞᆫ데그ᄂᆞᆫ누구냐ᄒᆞ면大韓天地에가로새로橫行ᄒᆞ야도럴엇ᄒᆞ나사되못ᄒᆞᄂᆞᆫ諂人蔑之助라네

▲(丙)그러면當初에도護弄ᄒᆞᄂᆞᆫ尖遊說國도攻敗ᄒᆞᄂᆞᆫ체하ᄂᆞᆫ形便에慷慨ᄒᆞᆫ思想도잇ᄂᆞᆫ체그건ᄯᅩ엘일인가(甲)千年老狐가사ᄅᆞᆷ을호릴적에ᄌᆡ貌樣을다너노에누와年나ᄒᆞᆫ塚에서骸骨을얻어쓰고奧ᄒᆞᆫ態로幻장ᄒᆞ야사ᄅᆞᆷ의눈을蹂躪ᄒᆞ고魂을迷케ᄒᆞ고[illegible]谷으로모시러가ᄂᆞᆫ法이지그에겨우덩어창즈갓고奇々妙妙ᄒᆞᆫ能手段이라네

▲(丙)그러면그른이따면社會를노코덤비ᄂᆞᆫ每日申報ᄂᆞᆫ왜至今까지그냥攻駁ᄒᆞ지아니ᄒᆞ엿나(甲)허漢城新報에그리도諂人이多數ᄒᆞ고多或시目的이可取가잇슴아行動을多少挫ᄒᆞ면더러도日에至ᄒᆞ야稍稍히在ᄒᆞ고確然著破ᄒᆞ고鑑錄을昭厲淬勵ᄒᆞ얏다데

▲(丙)漢城新報에入字辞論도앗나(甲)볼것잇나年前에每日申報를저이모다ᄒᆞ던시일엇는데至今은異議ᄒᆞ기ᄂᆞᆫ입이며우숩々ᄒᆞᆫ데아마그新聞社에蓄器가잇ᄂᆞᆫ게야每日申報評論을蓄音筒에넣어두엇다가至今은每日ᄒᆞ고동式도루코려ᄂᆞ니나보데

標 東洞閔官圖檑

分壹圜二십錢

拔根膏 腫瘡 大匣三圜

咳血散 咳血 金二십錢

회積丸 積聚五年久 不愈金二十전

濕實丸 實病 荣瘀 定價金六十錢

消搧液 搧風 全二十錢

疥창散 乾濕疥창皮풍 定價金五十錢

遠地 付送 郵便小包로信送홈

社告

各地方에셔本報를愛讀하는諸君子시여本報創刊以後로諸君子의累年勤顧ᄒ심을賴ᄒ야益々히本報가擴張進步됨은感謝無已어온바近日에至ᄒ와諸君子ㅣ本社의事情을未燭ᄒ심인지本報의代金을累月遲滯홈으로社中經費가辦出이無處ᄒ야困難이莫甚ᄒ오니諸君子는特히愛讀의情을不替ᄒ시와代金을速々擲送ᄒ시옵不然ᄒ오면本報維持가極難ᄒ오이다嗚呼라本社는元來營業的으로創設ᄒ者아니오니萬一極項의窘艱이아니면엇지如是히代金을督促ᄒ리오實로萬不得已에出홈이니諸君子는區區 照亮ᄒ시와速々擲送ᄒ심을幸祝

大韓每日申報社

本校開學日은九月拾日로定ᄒ오니 職員與 학員은 照諒홈

私立 濟信商業學校

丙午年三月分에蔚珍郡西面鹽比所在方字畓九斗落과同庫田四십五斗落과草家四間과春堂 蔚珍郡 奉化小川面廣比所在服字답십貳斗落과新舊文券十張 幷ᄒ야蔚珍兩回龍居畓主강 氏에貿得이더니不意挾雜배 李道年이稱云丁未年買得이라ᄒ고甚至於新聞廣告하야眩亂耳目케ᄒ니如此强盜之習은在法當懲ᄒ려니와勿論內外國人ᄒ고李道年의所有廣告를切勿信聽홈

江原道蔚珍郡西面梅花里市場居 金春瑞 告白

廣告

本人의姓名圖章을甲失ᄒ고新刻ᄒ온대比前而假有小形故로廣告홈

隆熙二年八月三十壹日

서部龍山坊靑坡三契二十六統二戶 李禧元 告白

學部檢定 新纂初等小學 音秩六冊

白堂 玄/采氏 著

定價 一、二、三各십五錢 四、五、六各二십錢 合壹圜〇五錢

頁數五百〇八頁 插畫貳百五십圖

此書는幼年학生의初等教科書語法으로編纂ᄒ얏스오니僉君子는照亮ᄒ시옵

本人이姓名與字圖章을去月初五日에遺失ᄒ얏기玆에廣告홈

慶尙南道晋州郡東面召村里 許萬鍾 字 燦洪 告白

本人에楷字圖章을隆熙七月五日에平壤停車場에서見失故로新圖章을更刻施用홈

義州府 金志재 告白

◎學員募集廣告

本塾에서第五回入學期를當ᄒ와法律書學과經濟夜學兩專門科學員을募集ᄒ오니願學人은左記試驗定期內에本塾내紙로써早速請願ᄒ홈

修業年限 三學年

入學年齡 滿二拾歲

學科目 備在本塾學則

試驗日字 九月五日 上午拾時

試驗科目 讀書、作文、地理、歷史、博物學、物理、化學、數學、(幾何代數)

開學日字 九月拾三日

隆熙二年八月拾壹日

西部都染洞八統四戶

私立 養正義塾

消心健胃 至寶丹 惟壹無二消化良藥

(說明)心消多理想胃健保康寧

(效能)용一消滯、化담、鎭咳、吐瀉、爽心神、養脾胃、治胃腹痛ᄒ며其外諸般效驗는藥封紙에詳載홈

(作意)海內僉彥이壹次試用하시면明鑑이오니郵便으로本舖及京城支店에請求ᄒ시옵

(價目)九拾丸入壹包金拾錢 五십包에割引、百包九割引

製造本舖 義州府 新明大藥房

主務 白鎭珪 林承峻

製藥士 鄭舜謨

支店 京城北部壯洞統七戶 慶安堂藥房

本人이陰七月七日平壤에서親喪을當ᄒ얏ᄉ읍기玆에廣布ᄒ오니知舊間照亮ᄒ시옵

德新灘津石峰 朴勝玉 朴勝瓚 朴勝瑚

本人의姓名圖章과篆圖章과字名正方形正篆圖章을去陰六月初七日에遺失ᄒ고兹以仰告ᄒ오니內外國人은勿施欺홈

平北義州府南門外 朴勝楨 字名 日揖 告白

減價販賣

製圖器械器 測量器械圖書各種

右物은特別減價ᄒ고 …

大韓專賣特許毆帽子登錄商票

▲사ᄅᆞᆷ알명 ▲전매특허 모자광고

本帽子新發明完成 隆熙三年三月二십壹日

專賣特許 同年五月六日

商票登錄 同年五月拾八日

發明家 特許主 鄭寅琥

廉價發賣

今에本帽子를製造ᄒ는바多數發成ᄒ야工價를廉價ᄒ고效力으로帽子를發美케製ᄒ고價金을每頂에壹圜五拾錢式特減홈

中山中折帽子 壹等에 四圜 二等에 三圜五十錢 三等에 三圜

但特等帽와학徒帽와運動帽는此限에不在홈

이선발명ᄒ총모자ᄂ원방에우편소포로보내면혹심히구긔여스나물에잠그면절노펴저업어님이선괴ᄒ며얼쥬걸ᄒ번식상표를븨고분시간만물에잠것다가쓰ᄂ데더러운것은몬시와때를비누로문지르고솔로써셔꼿꼿ᄒ게펼ᄒ구부러진것가고받느ᄂ기울게ᄒ마음대로모양을갈등어며말은후에상표를따시니어쓰ᄂ편리ᄒ긴이셔것갓고(雨)비를마저저젓도이와갓치ᄒ면위생ᄒ기ᄂ덤하ᄂ데엄미셰상사름의갓으로쓰기에가장아름답스오니갓다

그림ᄭ갓치각죵모자가구비ᄒ온대여름에ᄂ흰빗으로가볍고선ᄒ케ᄒ봄가을에ᄂ회색으로ᄒ별ᄒ별々ᄒ며人々ᄒᆞ야칭송ᄒ겨울에는따ᄯᆞᆺᄒ게ᄒ며더운ᄒ후에눈과풍ᄒ지안케ᄒ야질긔고ᄯ도ᄒᆞ매ᄒ게져조ᄒ야여러히을지니ᄒ지피고상홈ᄒ며엇는ᄒ목도리와토수의모ᄃ든ᄋᆞᆷ한ᄀ지ᄆ를ᄒ폐라편하고잘ᄒ여동ᄂ가국ᄒ셔ᄉ이신속ᄒ오니셰계각국에ᄂ널니바라ᄂ데여러청구ᄒ심을

대한경성종로좌긔독교청년회연셜대ᄒ총모자제죠소

대한경셩남부동현대사거리삼십오통오호

옥호셔림에 총모자상젼득허주 정인호 고백

(본)미전 …

本女학堂에서학員을增募ᄒ오니入학志願人은九月十日(陰七月廿六日)內로請願書와履歷書를提呈ᄒ고九月十三四兩日에應試ᄒ홈

請願用紙는本학堂에來求ᄒ되女子拾歲以上된者를許入홈

◎女學員募集

開學日字 陽九月十五日陰八月二日

貞동梨花학堂 廣告

本人이陽本月廿日以內에被泳珠圖形圖章을不知去處失ᄒ고今에는泳으로改造施行홈

中部香井洞四十八統七戶 崔泳鶴

中部ㅣ麻洞三십統加九戶 韓日鄕

鄕會奉敬會를或移接ᄒ야或改名이라도本會에셔는初無이기로玆에廣告ᄒ오니京鄕間本會會員은照亮ᄒ

總會奉敬會 告白

本社에셔在上海東洋烟艸大製造廠의專賣權을特約ᄒ고烟草輸入ᄒ와各代理店支出ᄒ오니僉君子는愛顧ᄒ심을敬要

洋式捲紙烟壹匣廿五本貝竹嘴

白鷹牌 壹匣廿本貝紙嘴

孔雀牌 壹匣十五本入

麗國牌 壹匣拾本入

虎牌 壹匣拾本入

…十本入

法帥洋… 金口紙一匣… 本入

注意 … 代理店… 開業

本社代理人鄭基鉉

平壤代理人鄭基鉉

開城 沙里院代理人金基鴻

太田代理人…

京城鍾路代理人金孔性

再

誰某氏던지各處에代理店을設置ᄒ고져ᄒ시면本社에來議ᄒ시옵

京城石井洞 …

第七卷

大韓每日申報

第千壹百八拾七號

月曜及日曜休刊

檀君開國四千二百四十二年
大韓開國五百十八年
日本明治四十二年
淸國宣統元年
己酉七月小十八日乙丑

Responsible for Publication Alfred Weekley Marnham.
發行兼編輯人 英國人 萬咸
發行所
大韓每日申報社

論說

◉賀西北學會內農林講習所發起

韓國에比年來에敎育二字를口頭로傳誦ᄒᆞ야紳商社會도曰敎育々々이라ᄒᆞ며閭巷童竪도曰敎育々々이라ᄒᆞ니普般言論을供聞ᄒᆞ면平昔의習慣에迂迷ᄒᆞ던것을改良ᄒᆞ고文明의新觀이交暢ᄒᆞ야齊到ᄒᆞᆯ듯ᄒᆞ나但敎育의名을謳ᄒᆞ고敎育의實을不知ᄒᆞ며敎育의急務되ᄂᆞᆫ줄만知ᄒᆞ고敎育의次序緩急은不審ᄒᆞ면엇지其可ᄒᆞ리오

大抵古今을勿論ᄒᆞ고國家衰弱ᄒᆞᆫ時를際ᄒᆞ야隨勢補綴ᄒᆞᄂᆞᆫ方法이외者의寄病ᄒᆞᆷ과如ᄒᆞᆫ지라症을對ᄒᆞ야劑를投치아니면病을不救ᄒᆞᆯ뿐不是라反히殺人의禍를招ᄒᆞ리니果然今日에韓國人民의地位를觀察ᄒᆞ야活寧ᄒᆞᆯ段을試코ᄌᆞᄒᆞᆯ진ᄃᆡ爲先保命丸을劑를可投ᄒᆞ리로다何者오韓國이古來로生活營業은農作뿐이에不外ᄒᆞᆫ지라凡他工作은自外輸入이十居八九以上이될지라도至今ᄭᆞ지民族의生命을保持ᄒᆞᆫ것은斷々無他라但히地廣人稀ᄒᆞᆷ을是賴ᄒᆞ야作業의勤怠와相土樹稼의方法을不講ᄒᆞ고도朝에飯一盂와夕에粥一盂ᄂᆞᆫ倘求의物로知ᄒᆞ얏스며森林의繁殖과果樹의栽培如何를不知ᄒᆞ고天然的果林에依然히存ᄒᆞ야幼兒啼口에나可塞ᄒᆞᆯ實가僅餘ᄒᆞ얏스며家畜飼養法을不知ᄒᆞ고도門外에吠盜ᄅᆞᆯ雙犬과壟頭에耕墾ᄅᆞᆯ雙牛가幸히進饋ᄒᆞ야居保ᄒᆞ얏스나今日은生活競爭ᄒᆞᄂᆞᆫ世ㄴ戰塵이三千里疆土에瀰滿ᄒᆞᆫ지라諸般利益上壟權은他人에게讓渡無遺ᄒᆞ얏거니와今爲農林上醫藥도亦失錯로讓渡無遺코ᄌᆞᄒᆞᆫ젼ᄃᆡ諸시의生命이已學ᄒᆞᆯ秋가아닌가

彼ᄂᆞᆫ農業學이有ᄒᆞ야穀種의選擇과肥料의作用과增殖의改良等方法을明知ᄒᆞᆷ으로水旱災殃을不計ᄒᆞ고高秋의望이恒有ᄒᆞ되我의農作은聾者의聽斯와如ᄒᆞ야水旱을設遇ᄒᆞ면當春執耒ᄒᆞ얏던者가磨鎌을永忘ᄒᆞ며彼ᄂᆞᆫ森林果樹에有ᄒᆞ야空隙閑地이無ᄒᆞ게栽培ᄒᆞ야築材料及燃料食品을贍足히供奉ᄒᆞ며外다輸出의利益을益取ᄒᆞ며我ᄂᆞᆫ栽培를不爲ᄒᆞ고如干ᄒᆞᆫ老林을翦除ᄒᆞ되去年에剪ᄒᆞ고今年에伐ᄒᆞ며明年에如是ᄒᆞ고又明年에又如是則其種이將盡ᄒᆞ리니將시ᄭᆞ지于時에何術로써食品及燃料와築材를謀ᄒᆞᆯ가

本記者ㅣ가壹念이此에及ᄒᆞ며骨이冷ᄒᆞ고心이寒ᄒᆞᆷ을不覺ᄒᆞ야飮泣長吁ᄒᆞᆫ지久ᄒᆞ더니登般敎育界路시가天下의大本되ᄂᆞᆫ農林藥을發達ᄒᆞ야人民의目下溝壑을爲先免除ᄒᆞ고武備及文明程度에臨進ᄒᆞ기를獻論ᄒᆞᄂᆞᆫ者ㅣ絶無僅有ᄒᆞ더니近日에聞ᄒᆞᆫ즉西北學會內에農業學校講習所를發起ᄒᆞ고講師ᄂᆞᆫ日本東京農科大學卒業生金鎭初金志侃元勛常三시를延聘ᄒᆞ야全國內農業界의觀念을作ᄒᆞ기로計劃ᄒᆞ다ᄒᆞ니嗚呼嗚呼ㅣ라諸시의生命機關이今始然生ᄒᆞ얏도다若今日에講ᄒᆞ시가靑年子弟를說講習所에招集ᄒᆞ야修業을了ᄒᆞ고所學을實施ᄒᆞᄂᆞᆫ日에滿濯ᄒᆞ고山野가아시蒼蔚ᄒᆞ지오荒廢ᄒᆞ壞叔에다시擴拓ᄒᆞᆯ지니於是乎普般人民이樂餘ᄒᆞᆯ活에共騰ᄒᆞ야國家의富强文明을可以進取ᄒᆞ리니와此를亦爲ᄒᆞ고口頭敎育을只誦ᄒᆞ며緩急次序를不審ᄒᆞ면悲議의謗이日騰ᄒᆞ야方在ᄒᆞᆫ者ㅣ아닌가所以로本記者ㅣ該講習所發起에對ᄒᆞ야西北諸友를爲先賀賀ᄒᆞ고國內靑年同胞의臨期就學ᄒᆞᆷ을到底勸告ᄒᆞᄂᆞᆫ바로다

外報

◉淸政府鐵道改善 淸國政府에셔全國鐵道幹線을官營으로ᄒᆞ고鐵道改良中인대今回京漢鐵道에ᄂᆞᆫ車輛을增加ᄒᆞ고旅館을增設ᄒᆞ며軌道를修繕ᄒᆞ고又各所停車場에對ᄒᆞ야도種種改良을施ᄒᆞᆯ事를決ᄒᆞ고尙且京奉鐵道에在ᄒᆞ야ᄂᆞᆫ極力으로經營을節減ᄒᆞ기爲ᄒᆞ야倉庫의整理를圖ᄒᆞ며新設炭坑의採掘을中止ᄒᆞ고運賃을低減ᄒᆞ야貨客의增加를圖ᄒᆞ며且京漢鐵道와京張鐵道의連絡을改善ᄒᆞ야收入을增加케ᄒᆞ기로決定ᄒᆞ얏다더라

◉日本暴雨 去月廿九日沖繩縣八重山(琉球)에石垣이崩壞ᄒᆞ야死傷者가多ᄒᆞ다더라

◉淸美協商說 淸國攝政王은米國大統領과重要案件을商議ᄒᆞ기爲ᄒᆞ야專使를派米케ᄒᆞᆫ다ᄂᆞᆫ說이有ᄒᆞ다더라

◉慶邸退隱說 淸國慶親王退隱說이又此實이되리라더라

[illegible]報

◉壇商又鳴

再昨年頃統監府總務長官鶴原定吉與統監府我政府日木村源豐郞同行總主乙吉之證盟事件的確時而但指續八金之助來力貧乏壇價辦償勢難履行云々數如此者鶴原定吉시之不恩也爲矣과源爲因貧而已行之例而申歲之年에貨物중鉛鐵賴于我國洪州郡蛙吉島岩礁而設償就乃曰韓國岩礁故受償我國融日本人寬展太郞與我國人爭庫金三千圓其後我公州郡蔡關稱托治療費受償我總庫金五千圓以此觀之彼相續八金之助之貧富與否初不掛論而自貴政府依讓而償乃是貧乏之當然而向前之擔覺矛盾看眼去必是豐厚個人之私見未必是貧故用之金錢故亦伏乞閣下留神省察默然가五萬壹千九百拾九圓照數出給原免不獲其所而死則千萬幸甚者不知幾隣仟祈祝ᄒᆞ얏더라 〔完〕

◉非合乃借 本報第壹千壹百八十壹號時報欄에雜不干이라題ᄒᆞ日及藤田이가장洞와學校事에合資ᄒᆞ야理髮所를設立ᄒᆞ얏다ᄂᆞᆫ記事에對ᄒᆞ야更聞ᄒᆞᆫ즉該學校에서合資ᄒᆞᆫ게아니오雇傭에不過ᄒᆞᆫ다ᄒᆞ얏더라

詞藻

◉脫稿 勇進生

맺지요속님나니、俯序로밧고
며고。
풀속에머데울도、變ᄒᆞ여져나
뷔웟다。
우며도、勇進ᄒᆞ여精神차려、굳
세며셔。

雜報

●朝儀停賀 本月八日은 萬壽聖節인대 陳賀禮ᄂ 權停ᄒ라ᄂ 勅教를 下ᄒ오셧다더라

●何不自辨 總相李完用氏가 再昨日에 太皇帝陛下ᄭ 陛見ᄒ고 自己夫子恒九를 分戶ᄒ기 爲ᄒ야 西학峴所在承寧府所管家舍七拾餘間을 下賜ᄒ시라고 奏懇ᄒ얏다더라

●賞品下賜 太皇帝陛下ᄭ옵서 西南巡狩ᄒ옵실時에 陪從ᄒ 統監府官吏의게 賞品을 頒賜ᄒ실은 前報에 已揭어니와 同時陪從ᄒ 韓國官吏에게도 三等으로 分ᄒ야 再日부터 明日ᄭ지 甲等에ᄂ 金時計 二等에ᄂ 銀時計 丙等에ᄂ 銅時計를 頒給ᄒ신다더라

●剿討協議 日軍司令官大久保大將은 昨日午餐실時에 統監을 訪問ᄒ고 義兵剿討에 關ᄒ야 協議ᄒ얏다더라

●日將談話 韓國義兵討伐에 關ᄒ야 日人將校의 言論을 漏聞ᄒ則 臨時派遣隊長渡邊少將의 麾下ᄂ 全南方面의 義兵을 討伐ᄒ야 陸海相應의 行動을 試ᄒ얏스나 果然大効果를 得ᄒᄂ지 疑問이라ᄒ얏다더라

●朴氏勸告 內部大臣朴齊純氏가 再昨日上午八時量에 度支部大臣任善準氏를 訪問ᄒ고 當日統監府例會에 同件出席ᄒ기를 勸告ᄒ얏다더라

●旣議且書 紳士李淳氏가 中樞院에 獻議ᄒ고 總相의게 長書를 提出ᄒ야 日本에 滯在ᄒ 宋秉畯의 新任ᄒ 樞院顧問을 遞削ᄒ고 卽速引渡ᄒ야 當律을 執行ᄒ라ᄒ얏다더라

●李氏免官 裁判所書記李相夏氏ᄂ 官吏의 體面을 汚瀆ᄒ 罪行이 有ᄒ다ᄒ야 免官ᄒ얏다더라

●止學興禮 孝烈褒奬事務를 內部에서 引繼ᄒ으로 掌禮院에서ᄂ 皇室所管典禮만 掌理ᄒ다더라

●府長晩餐 親衛府장官李秉武氏ᄂ 本日午後六時부터 京城旅館에서 晩餐會를 設하고 親衛府武官과 日本武官等을 招待ᄒ다더라

●留學費總額 在外留학生의 壹年旅費總額은 二萬三千九百圓이라더라

●烟草觀察 度支部에서 咸北慶北江原平北黃海京畿忠淸諸道의 烟草狀況을 觀察ᄒ기 爲ᄒ야 人員을 派送하얏다더라

●地方郡守會 義者地方長官會議에 列席ᄒ얏든 觀察使들은 歸任後에 郡守會議를 開ᄒ고 大臣訓示의 要指를 說明ᄒ고 且地方費選用과 人心鎭撫에 關ᄒ야 一場訓諭ᄒ얏다더라

●日技師出發 內部土木局技師安田不二丸은 平壤安州寧邊義州龍川等地에 道路를 觀察次로 今明間發程ᄒ다더라

●寬餘學部 地方各郡支廟에 附屬ᄒ 田畓을 度支部에서ᄂ 同部所管이라ᄒ고 학部에서ᄂ 학部所管이라ᄒ야 兩部間에 交涉이 有ᄒ더니 度支部에서 人員을 派送調査後에 학部所管으로 認定ᄒ얏다더라

●地圖收上 各道府郡廢合에 考閱이 有ᄒ인지 內部에서 十三道觀察에게 指飭ᄒ야 管下各郡의 地圖를 登々收上ᄒ라ᄒ얏다더라

●補助金請求 向日軍部解散時에 豫備役에 編入된 將校中鄭寅植氏外拾四名은 工業會를 組織ᄒ고 政府에 補助金을 請求ᄒ기로 計劃中이라더라

●武學生渡日 前武官학校生徒四십名을 留학次로 明日日本에 派送ᄒ터인대 학校장以下職員壹同이 昨日上午十時에 親衛府에 會同ᄒ야 派送準備를 協議ᄒ얏다더라

●特設監督 武官學生의 渡日ᄒ은 上項과 如ᄒ거니와 日本中央幼年학교에서ᄂ 韓國留학生監督部를 特設ᄒ다더라

●日人運動 日人等이 奔走經營ᄒᄂ 森貧商合同計劃은 統監府에 保護金을 引出치 못ᄒ얏슴으로 目下他方面으로 同ᄒ야 更히 運動中이라더라

●電話新架 仁川港에서 昨日부터 開城春川延安海州西鐵에 電話를 架設ᄒ다ᄂ대 開城春川에ᄂ 通話料金이 四十錢이오 延安海州에ᄂ 五十錢이라더라

●秋期上學 각官立私立학校에서 昨日부터 登々開학ᄒ얏ᄂ대 私立興化학校에서ᄂ 幾日延期ᄒ얏다더라

●運送社承認 金顯斗蔡民等이 資本金五千圓을 募集ᄒ야 韓日運送會社를 設立ᄒ고 理事廳에 請願ᄒ야 承認ᄒ얏다더라

●何至解約 水道會社에서 水道共益社와 契約을 勿施코저ᄒᄂ 故로 共益社長權晶圭氏가 水道會社主巴威氏의게 公函ᄒ되 解約ᄒᄂ 境遇에ᄂ 月稅金已納ᄒ 永商의 保證金을 卽爲還送ᄒ라ᄒ얏다더라

●憲補行悖 長淵郡憲兵補助員李學圭三氏ᄂ 銃刀를 張稱ᄒ야 邑村간에 行悖가 無數ᄒ고 場市間에 出沒ᄒ며 無罪ᄒ 商民을 毆打ᄒ으로 地稱怨이 藉藉ᄒ다더라

●久霖開通 過日來로 水害를 因ᄒ야 不通되얏던 安奉線의 沙河鎭과 五龍背의 兩津간은 三日前부터 開通되얏다더라

●到處凶作 咸鏡북道에ᄂ 虫害를 因ᄒ야 收穫이 全減ᄒ될 것도 有ᄒ고 北關島에도 收穫이 減ᄒ 模樣이라더라

●處々水災 平北寧邊郡城秦川博川地方에도 大水害가 有ᄒ다고 同道書記官이 內部에 報告ᄒ얏다더라

●瑞郡測量 黃海道瑞興郡居盧鎭夏氏가 測量技手십餘人을 合同ᄒ야 事務所를 設立ᄒ고 境內森林을 隨請測量ᄒᄂ대 該郡之內外로 未幾竣成되리라더라

●大同報刊行 大同日報社ᄂ 認許를 承ᄒ 故로 明日부터 新聞을 刊行ᄒ다더라

●兩報押收 新韓民報壹百四十號와 大東共報六십壹號ᄂ 治安을 妨害ᄒ다ᄒ야 內部에서 發賣頒布를 禁止하얏다더라

●義殺面役 平南同盟郡北面々主人金明信은 八月二십壹日에 義兵에게 被殺ᄒ얏ᄂ디 該郡守가 內部에 報告하고 救恤金을 請求ᄒ얏다더라

●宗教會發起 再昨日에 北部紅峴李範圭氏家에서 宗教會발起會를 開ᄒ얏ᄂ대 孔教의 大同主義를 倡明ᄒ기 爲ᄒ야 教名을 大同이라 定ᄒ고 當日出席ᄒ 人員은 六拾餘名에 達ᄒ얏ᄂ디 李容植氏로 議會長을 選定ᄒ얏다더라

●寶庄補費 大韓協會々長金嘉鎭氏ᄂ 海州郡에 在ᄒ 田庄三百餘石落을 放賣ᄒ야 該會中經費를 補助ᄒ기로 決定ᄒ얏다더라

●學民田來 大東학會를 大成會라 改稱ᄒ고 會長은 李容稙氏오 總務ᄂ 朴齊斌氏로 選定ᄒ야 會務를 處理케ᄒ다더라

學界

●大東詰難 大東학會에서 諸般학科를 變更ᄒ야 新학問을 講授ᄒ라ᄂ대 남村某々數人이 反對ᄒ야 互相詰難ᄒᄂ 中이라더라

●海東開會 東部臺洞에 在ᄒ 私立海東新塾에서 去貳拾六日에 贊成員會를 開ᄒ고 將來維持方針을 協議하얏다더라

●教師善教 咸北鏡城郡公私立普通학校訓導崔東奎시ᄂ 年今二十餘歲인ᄃ 生徒訓迪上에 極히 嫻熟ᄒ 故로 四方來학者가 日益增加ᄒ며 雖妓女輩도 其熱誠을 感服ᄒ야 改過遷善ᄒ고 入학受業ᄒ다더라

●鳩金助校 楊州郡別非面三牌退溪院基督做仁학校ᄂ 財政이 窘拙ᄒ야 維持ᄒ기 甚難ᄒ더니 該郡基督校紳士諸씨가 其情況을 慨歎ᄒ야 各其捐金을 鳩聚ᄒ야 經費를 補給ᄒ얏다더라

●積小成大 龍山鍋成학校分教場은 舊里祠에 建築ᄒ는대 該洞人은 熱心赴役ᄒ고 該校長吳宗化시와 夫人과 學監永和夫人과 合煥시와 하동孫奉柱시와 奉은 酒肴를 捐助ᄒ고 春川郡居洪世九시ᄂ 金壹圓을 捐助ᄒ고 奉化郡漢健學校主시ᄂ 材木을 多數捐助하얏다더라

▲地方消息▼

▲去月십四日 慶北奉化郡內에서 義兵拾名이 乃城憲兵分遣所下士以下二名과 衝突하얏다ᄒ고

▲去月二拾壹日 慶南河東太仁等에서 義兵二十五名이 同郡日憲兵上等兵以下四名及守備隊二名과 衝突ᄒ얏다ᄒ고

▲去月二三日 黃海道瑞興郡排花洞東方約二拾五里處에서 義兵拾七名이 同郡日憲兵上等兵以下九名과 衝突ᄒ얏다ᄒ고

▲去月拾四日 全北古阜南方約三拾里地에서 義兵三拾名이 新坪日憲兵上等兵貳名及補助員三名과 衝突ᄒ얏다더라

○東京電報○

◎韓國鉄道計劃 八月三十壹日午后三時發 統監府鐵道管理局長官大屋權平은 往訪記者의게 語ᄒ야 曰 韓國鐵道ᄂ 京元線壹百卅六哩(韓三里)半과 湖南線百七십二哩半을 布設ᄒ기로 決定ᄒ야 前者ᄂ 壹千七百萬圓으로 後者ᄂ 一千五百萬圓으로 四五年間에 竣工ᄒ 計劃인ᄃ 着手期ᄂ 來年度에 豫算百萬圓을 計上ᄒ다ᄒ얏다더라

◎總督更迭 八月卅壹日午後六時發 淸國三省總督[illegible]氏ᄂ 四川總督으로 轉任ᄒ고 前奉天將軍趙爾巽氏가 其後任이 되리라ᄂ 說이 有ᄒ다더라

◎西哥水害 上仝 墨西哥에ᄂ 大水害가 有ᄒ야 死者가 貳千名이오 損害額은 三千萬弗에 達ᄒ얏다더라

◎日師團長後任 上仝 駐韓日軍第六師團長의 後任은 野戰砲兵監中將本追尙道로 決定하얏다더라

◎日遞相渡韓 九月一日午前拾時發 日本遞相後藤氏ᄂ 韓滿巡遊차로 九月에 關ᄒ야 십月上旬간에 渡韓ᄒ기로 內定ᄒ얏다더라

▲災害幷至▼

▲罹災者를 相恤ᄒ은 人道上에 公德이라 日本國에 頻後災殃이 路人들도 關聞ᄒ면 同盟國에 臣民으로 矜恤之心이 업슬소나 萬里히 外寄旅客이 救恤금은 못보니고 一片紙上空言으로 慰問을 寄獻ᄒ노매 봄새

▲慘酷ᄒ고 可憐ᄒ도다 大阪市에 ᄃ 火災ᄂ 二十里를 延燒ᄒ야 五十九萬戶가 灰燼中에 化去ᄒ고 損害額을 計算ᄒ건ᄃ 九千二百萬圓이라 無數ᄒ 災民은 寄宿ᄒ처가 업셧스니 彷徨道路엇지ᄒ새

▲慘酷ᄒ고 可憐ᄒ다 關西地方에 ᄃ 暴風災ᄂ 伊吹山이 崩壞ᄒ야 卽死者가 三千餘名이오 負傷者가 二百이며 [illegible]

▲慘酷ᄒ고 可憐ᄒ다 東京市에 ᄃ 大雨ᄂ 一時大洪水를 ᄒ야 殘殺됨이 滿天ᄒ고 二십餘所路에 下에 淹死者가 二百餘名 負傷者가 不可數計라 赫々明々우리上帝 罹之威를 ᄂ시니 人心황悚엇지ᄒ새

▲慘酷ᄒ고 可怜ᄒ다 大阪府에 火藥庫ᄂ 爆因업시 爆發ᄒ야 六個里가 全壞ᄒ고 九千一戶半潰ᄒ며 損害額을 全計ᄒ면 幾千萬圓이며 百七拾餘名이 戰場에 못가보고 自家에서 遭難ᄒ니 慾壞蓋魄엇지ᄒ새

▲三才相應ᄒ 理致ᄂ 萬古不易ᄒ 것이며 至仁ᄒ신 皇天后土 人事之失을 省코저 災殃을 보이나니 恐懼修省ᄒ 圖ᄒ야 東洋平和말만 말고 實地施行ᄒ야 보소 慰恤之心잇지 切ᄒ야 遙寄之賤辭ᄒ노라

分賣圖二십錢

拔根膏 [illegible] 大圓三十

吹血散 [illegible] 金二십錢

회積丸 [illegible] 不愈金三十저

退黃丸 [illegible] 定價金六十錢

[illegible]液 [illegible] 金四十錢

[illegible]창散 [illegible] 定價金五十錢

遠處에는郵便小包로送呈홈

閔宮 閔 [illegible] 告白

廣告

장안사에셔 음칠월십칠일위시ᄒᆞ와 무별연극을셜힝ᄒᆞ오니쳠군ᄌᆞ는왕림ᄒᆞ시옵

홍도 박츈재
평양 임창둥
장안사장 [illegible]

本人所居家舍七十七間半番文券을閪失ᄒᆞ고로證明書申請ᄒᆞ기爲ᄒᆞ야玆에廣告홈

中部寬仁坊寺洞二拾八統七戶 金壁根

本人이豆毛坊箭串里二契三십二統四戶金完鎭草家七間家券을閪失故로玆廣告ᄒᆞ니誰某拾得勿施홈

金完鎭 告白

中部泥洞七십四統九戶瓦家八間文券中間셔失故玆以廣布誰某拾得休紙施行

家主 安基弘 告白

本人이陰七月五日夜에富川郡加串面堂山村伏在山所文券二張과[illegible]朝鮮耕文券壹張과本郡板橋面八里五統四戶草家五間文券新舊二張을幷賊失이오니內外國人은照亮홈

安岳郡板橋面八里 吳光翔 告白

前牧官趙義庚之庚字를以木字로改定홈

趙義木 告白

本人의名喆鎬를爾鎬로改定ᄒᆞ오니知照ᄒᆞ시압

京성中部壯洞廿九統加貳戶 任爾鎬 告白

木川郡葛田面衣冠洞姜泰潤의三月晦日夜의賊이入ᄒᆞ야姓名圖章을見失ᄒᆞ야今에純陽으로改ᄒᆞ오니知商간照亮홈

姜泰龍 告白

李直閣羽承시名下로本人이昨年陰十一月分에一百圜於音三丈을借與ᄒᆞ엿더니還推ᄒᆞᆫ於音을學시의게還推ᄒᆞᆯ을累々請及ᄒᆞ되리시가抑何心腸인지無用云々不給ᄒᆞ오니內外國人은無用ᄒᆞᆫ於音으로知悉홈

昌原府舊熊川晦村 朱[illegible]

本校開學日은九月拾日로定ᄒᆞ오니職員與학員은照諒홈

私立 廣信商業학校

消心健胃 **至寶丹** 惟壹錢二 消化良藥

韓國의약校長勤任等池錫永閣下의有效證明 大韓의院의학卒業士 [illegible]駿君實驗方劑

(說明)心滯多理想胃健保康寧

(效能)의一消滯、化담、鎭咳、吐瀉、爽心神、健脾胃、治胃腹痛ᄒᆞ며其外諸般藥效는藥封紙에具載홈

(注意)病內食彦이壹次試用ᄒᆞ시면明效ᄒᆞ오니郵便으로도本舖及京城支店에請求ᄒᆞ시오

(價目)九拾丸入壹包金拾錢 五십包四割引、百包五割引

製造本舖 [illegible] **新明大藥房**

主務 [illegible]鎭[illegible] 林英俊

製藥士 鄭舜[illegible]

支店 京城北壯洞壹統七戶 [illegible]藥房

本人이姓名與字圖章을去月初五日에遺失ᄒᆞ얏기玆에廣告홈

慶尙南道晋州郡東里召村里 許萬鍾字泰洪 告白

◎學員募集廣告

本塾에셔第五回入學期를當ᄒᆞ야**法律書學**과**經濟夜學兩專門科學員**을募集ᄒᆞ오니願학人은左記試驗定期內에本塾規則紙로써早速請求홈

修業年限 三學年

入學年齡 滿二拾歲

學科目 備在本塾學則

試驗日字 九月五日上午拾時

試驗科目 讀書、作文、地理、歷史、博物學、物理、化學、數學、(幾何代數)

開學日字 九月拾三日

隆熙三年八月拾壹日

西部都染洞拾八統壹戶

私立 **養正義塾**

當七月七日四時에觀覽會堂을ᄒᆞᆺ습기玆에廣布ᄒᆞ오니知舊間照亮ᄒᆞ시오

[illegible]新灘津石峰 朴勝玉 朴勝[illegible]

◉大減價販賣

製圖器測量器械製圖用紙名種右壹千組限特別割引大放賣

釜山港本町三丁目近藤支店

平心堂醫院

中部河橋六拾八統五戶

每日診察은午前六時로午后八時急病은時間不計홈

[illegible]

◎女學員募集

本학堂에셔 [illegible]을增募ᄒᆞ오니入학志願人은九月十日(陰七月廿六日)內로請願書와履歷書를提呈ᄒᆞ고九月十三兩日에應試홈事

請願用紙는本학堂에來求홈

但女子拾歲以上된者로許入홈

開學日字

陽九月十五日陰曆月二日

貞洞梨花학堂 廣告

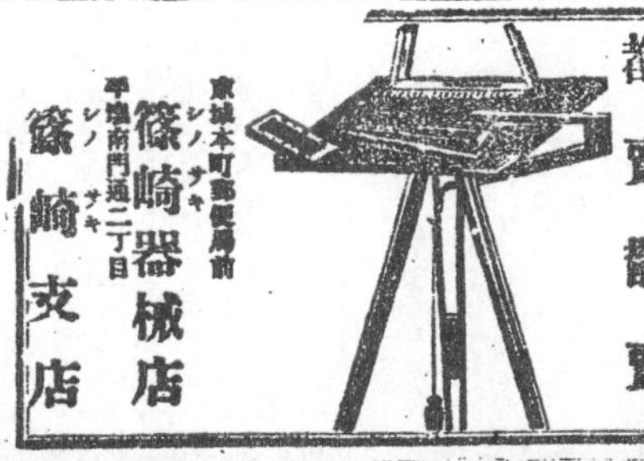

測量製圖器械其他附屬品文具都賣散賣

京城本町郵便局前 篠崎(シノサキ)器械店

平壤南門通二丁目 篠崎(シノサキ)支店

學部檢定 **新纂初等小學** 卷秩六冊

仁堂 玄采 著

定價壹、貳、三冊各三십五錢 四、五、六冊各二십錢

合壹圓〇五錢

總頁數五百〇八頁

揷畫壹百五십圖

此書는幼年학生의初等教科圖籍用으로編纂ᄒᆞ얏ᄉᆞ오니僉君子는照亮ᄒᆞ시옵

發賣所京鄉各書舖

美國시아틀大博覽會 [illegible]

京城磚洞(京城郵便局前第四拾號) [illegible]株式會社 (大韓國에[illegible]) ([illegible]大韓國學部[illegible])

本社의各處代理人의氏名은如左홈

開城代理人、平壤代理人、咸興代理人、馬山浦代理人、元山代理人、濟津代理人、水原代理人、安城代理人、沙里院代理人、金泉代理人、[illegible]州代理人、天安代理人、釜山代理人、[illegible]州代理人、大邱代理人、[illegible]山代理人、[illegible]浦代理人、[illegible]浦代理人、[illegible]湖院代理人、永同代理人、木浦代理人、晋州代理人、金堤代理人、[illegible]江代理人、義州代理人、江界代理人、漢성[illegible]代理人、[illegible]州代理人、[illegible]州代理人、太田代理人、淸州代理人、吉州代理人、龍山代理人、延安代理人、兎山代理人、[illegible]物浦代理人、公州代理人、[illegible]山代理人、洪原代理人、漢城西部代理人、[illegible]州代理人、錦山代理人、[illegible]代理人、安東代理人、[illegible]代理人、漢城南部代理人、安州代理人

位置未定 (여러 곳)

開城南門內雜貨商店、平壤大同門外[illegible]店洞、咸興[illegible]門外、馬山浦[illegible]主、元山港、[illegible]津港、水原[illegible]、水原北部[illegible]洞、京城[illegible]拾里旺新學校內、金泉市場[illegible]信昌店、[illegible]浦二拾二統五戶、水原[illegible]長安洞、釜山[illegible]井洞、[illegible]阿峴二百廿二統三戶、太邱新[illegible]五十八統七戶、[illegible]山[illegible]九戶、西部[illegible]廿七統貳戶、[illegible]七統三戶、[illegible]城山[illegible]、[illegible]洞貳統壹戶、木浦[illegible]、[illegible]山浦城山、[illegible]白石面水閣、[illegible]江十八統二戶、晋州[illegible]、[illegible]州[illegible]、[illegible]上甘井洞四統五戶、郭山[illegible]、吉[illegible]、太田新[illegible]、[illegible]上[illegible]拾二戶、[illegible]貳統壹戶、[illegible]外[illegible]十四戶、漢城中部[illegible]洞二統三戶、延安[illegible]玉[illegible]、兎山[illegible]兎山市、開城[illegible]橋、太[illegible]、公州[illegible]松亭里、[illegible]門[illegible]百五拾四統四戶、洪原[illegible]里、[illegible]長[illegible]里、[illegible]谷面沙村、[illegible]戶、[illegible]百[illegible]四統四戶

[illegible]

社告

○申報價

壹個月前納 [illegible] 新貨 貳錢 [illegible]

參個月 九拾錢

陸個月 壹圓七拾錢

壹個年 參圓四拾錢

郵稅壹張 新貨五 [illegible]

壹個月 拾參錢

○廣告料

四號活字 治參字 [illegible]

每日壹寸(英尺)에新貨廿五錢

貳週日 壹寸에 貳圓五拾錢

壹個月壹寸에 五圓

(自壹行至四行이爲壹寸)

其期限의長短과字行의多 [illegible]

를依ᄒᆞ야增減홈이有홈

◎大韓每日申報各處支社廣告

平安道

平壤 鍾路 太極書 [illegible]

三和港 牌石洞 敎堂

義州 南門外 [illegible] 大藥房 [illegible]

鐵山邑東部 [illegible]

車輦館 [illegible]

定州 南門內 [illegible]

博川郡邑 [illegible]

安州 城內 義井洞

京義線 [illegible]

龍川 府 [illegible]

龍川 南面 [illegible] 會 [illegible]

龍川 甘市 [illegible]

朔州邑 남門 [illegible]

泰川邑 [illegible]

寧邊郡內 紅門里

江西邑內

平壤 順川郡 [illegible]

寶川邑 [illegible]

江界邑 [illegible]

黃海道

[illegible]

京畿道

[illegible]

忠淸道

[illegible]

慶尙道

[illegible]

江原道

[illegible]

咸鏡道

[illegible]

全羅道

[illegible]

隆熙三年八月拾三日 明治四十二年八月拾三日 (第三種郵便物認可) 金曜日 西曆壹千九百九年八月十三日 (壹)

第七卷

大韓每日申報

第千壹百八拾八號

月歲曆時及日曜休刊

檀君開國四千二百四十二年
箕子元年三千二十一年
大韓開國五百十八年
日本明治四十二年
清國宣統元年
舊己酉七月小十九日丙寅

Responsible for Publication Alfred Weekley Marnham.
發行兼編輯人英國人 萬咸
發行所
京城南部大廣通[illegible]
大韓每日申報社

論說

◎錢慌의紓를勿望ᄒᆞ라 錢慌의紓ᄒᆞᄂᆞᆫ日은人民의死ᄒᆞᄂᆞᆫ日

邇來로金融의枯竭이日甚ᄒᆞ고國民의營業이日頹ᄒᆞ야彼果百十圜月俸을喫ᄒᆞᄂᆞᆫ政府大官外에ᄂᆞᆫ市民邑民村民을勿問ᄒᆞ며農家商家工家를勿論ᄒᆞ고豈齊登々히兩眼을拔ᄒᆞ야錢을望ᄒᆞ며錢을訴ᄒᆞ며錢을夢ᄒᆞ며錢을祈ᄒᆞ야錢錢錢々々ᄒᆞᄂᆞᆫ狀態가慘不忍見ᄒᆞᆫ지已久인즉人心이苟有ᄒᆞᆫ者ㅣ면誰가錢慌의紓를不祝ᄒᆞ며誰가錢황의紓를不願ᄒᆞ리오만은

雖然이나吾儕가遠象을觀ᄒᆞ고將來를推ᄒᆞᆫ던錢慌의小紓ᄒᆞᄂᆞᆫ日은韓國民의死ᄒᆞᄂᆞᆫ日이며錢慌이太紓ᄒᆞᄂᆞᆫ日은韓國民의亡ᄒᆞᄂᆞᆫ日이니

嗚乎韓國民이여錢慌의紓를勿望ᄒᆞᆯ지어다嗚乎韓國民이여錢慌의紓를勿望ᄒᆞᆯ지어다錢황의紓를望ᄒᆞᆷ은即韓의死亡을望ᄒᆞᆷ이니라

大抵今日의錢慌이將紓ᄒᆞᆯ라면將且何道로紓ᄒᆞᆯ것이뇨國民同胞의工商業이突然히發明ᄒᆞ야發達ᄒᆞ야此가紓ᄒᆞᆯ가農工商業發達은少ᄒᆞ야도幾多年을要ᄒᆞᆯ지니此로目下에셔ᄒᆞᆫ다ᄒᆞᆷ은必不可며然則何許良政府가上에在ᄒᆞ야愛民의心을竭ᄒᆞ며理財의道를究ᄒᆞ야此를紓ᄒᆞᆯ가噫라今日政府가救民의擧나不行ᄒᆞ면是가感謝ᄒᆞᆯ비어날此에活民의策을望ᄒᆞᆷ은癡想이니彼가錢慌에셔ᄒᆞᆫ다ᄒᆞᆷ은必不可오今日錢황을셔ᄒᆞᆯ方은但只鐵路가有ᄒᆞᆫ대鐵路ᄂᆞᆫ維何오即東拓拓殖會社及經濟研究會에셔韓國同胞의土地家屋與執을實行ᄒᆞᄂᆞᆫ日이是라

此兩會에셔土地家屋을典執ᄒᆞᄂᆞᆫ日이면即今此錢慌界에坐ᄒᆞ야天을仰ᄒᆞ야도錢이不下ᄒᆞ며地를叩ᄒᆞ야도錢이不出ᄒᆞ던鬱々히心肝을搔ᄒᆞ고錢을渴想ᄒᆞ던同胞가必也明日의三水甲山은不顧ᄒᆞ고爲先眼前困難을셔ᄒᆞ기爲ᄒᆞ야十石土를有ᄒᆞᆫ者ᄂᆞᆫ拾石土를獻ᄒᆞ며五石土를有ᄒᆞᆫ者ᄂᆞᆫ五石土를獻ᄒᆞ며十間屋을有ᄒᆞᆫ者ᄂᆞᆫ拾間屋을獻ᄒᆞ며五間屋이有ᄒᆞᆫ者ᄂᆞᆫ五間屋을獻ᄒᆞ고食不飽、衣不暖ᄒᆞᆫ貧寒紙片을換得ᄒᆞᄂᆞᆫ者ㅣ紛々ᄒᆞ리로다如此ᄒᆞᆫ薄紙片이入城ᄒᆞ매雪散ᄒᆞ면錢황의聲은少低ᄒᆞᆯ지나我의門庭에ᄂᆞᆫ泥峴의狗가坐睡ᄒᆞ며君의田畓에ᄂᆞᆫ大阪의牛가來耕ᄒᆞ리니成服後에야救濟ᄒᆞᆫ들[illegible]리오

且土地家屋所有者의初心에ᄂᆞᆫ必也甕餅이多々ᄒᆞ야日我가此與執所得의錢으로某事를作ᄒᆞ면幾拾圓利를得ᄒᆞ리라ᄒᆞ며其幾을與ᄒᆞ면幾拾圓利를得ᄒᆞ리라ᄒᆞ야累次屈指ᄒᆞᆫ然後에得債ᄒᆞᆫ者도不無ᄒᆞᆯ지나然이나彼全國內大政治家大理財家의幾个年經營으로設立ᄒᆞᆫ拓殖會社가엇지公等에게分利를與ᄒᆞᆯ理가有ᄒᆞᆫ가

嗚乎라今年水災에田宅이潰決ᄒᆞ야河川을成ᄒᆞᆫ處가雖多ᄒᆞ나此ᄂᆞᆫ猶是韓國人의土壤이라他年에永慕若石田ᄒᆞ고陵爲谷深ᄒᆞ면公等或公等의子孫이此를再有ᄒᆞ려니와拓殖會社에入ᄒᆞᆫ土地ᄂᆞᆫ[illegible]永棄ᄒᆞ고鐵壁이不還ᄒᆞᆯ진저

願ᄒᆞ노니同胞여願ᄒᆞ노니同胞여찰하리全國拾三道山川을將ᄒᆞ야一大墳墓를作ᄒᆞ고其中에셔相扶餓死ᄒᆞᆯ지언뎡外人에게土地與賣를勿爲ᄒᆞᆯ지어다四千載祖宗이雷에臨ᄒᆞ셧스며億萬世子孫이譽를仰ᄒᆞ나니라

諺에曰三日飢ᄒᆞ면君子도賊心이生이라ᄒᆞ니即今錢황이如此ᄒᆞ고凶年이又至ᄒᆞ매將來를顧ᄒᆞ며饑餓를慮ᄒᆞᆯ진대大端코潤ᄒᆞ矣ᄒᆞ나土地를與賣ᄒᆞ면明日死ᄒᆞ고土地를不與賣ᄒᆞ면今日死ᄒᆞ나니與賣와死인즉今日에淨死ᄒᆞᆷ이可ᄒᆞ고且土地를與賣ᄒᆞ면今日에雖生ᄒᆞ나後日에必死ᄒᆞ며土地를不與賣ᄒᆞᆫ則今日에雖死ᄒᆞ면後日에ᄂᆞᆫ可生ᄒᆞᆯ리니諸公은此에何를擇코자ᄒᆞ나뇨

彼拓殖社事務所도韓人이多ᄒᆞ며經濟研究會ᄂᆞᆫ全體是韓人이니한편은但身의利益을爲ᄒᆞ야國脈을死地로驅入ᄒᆞ며蠻氣가揚々히橫行ᄒᆞ니嗚呼彼鐵을食ᄒᆞ고肉이肉을食ᄒᆞᆷ이此를謂ᄒᆞᆷ이아닌가惜乎라吾儕의筆鋒이太短ᄒᆞ야彼를誅滅치못ᄒᆞᆷ이여

外報

◎[illegible]橫斷鐵道 [illegible]橫斷鐵道ᄂᆞᆫ四年前夏季에開設ᄒᆞᆫ바어니와韓滿鐵道線上必要ᄒᆞᆫ線인ᄃᆡ若京元線이竣成ᄒᆞ야清津과滿鐵路가連絡ᄒᆞ면滿洲와韓國間中外交親贊ᄒᆞ야京城安東奉天長春吉林會寧元山이皆是大鐵道線路인ᄃᆡ昨年四月十五日에林日本公使ᄂᆞᆫ吉長線延擴을他國에敷設케ᄒᆞ면滿洲의手에收케ᄒᆞ기로用意ᄒᆞ얏더니此消極的權利를今回積極的으로日本의資金으로敷設ᄒᆞ기로決定ᄒᆞ얏고滿洲鐵道策은大略完了ᄒᆞ얏다더라

雜報

◎清日懸案解決 去二十一日北京에셔清日兩國全權委員의會見에有ᄒᆞᆫ兩國懸案全部를圓滿히解決ᄒᆞ얏다더라

◎希國內閣更迭 希臘內閣이更迭되고마곡로미가미쓰시가新內閣을組織ᄒᆞ고軍隊ᄂᆞᆫ[illegible]ᄒᆞ얏다더라

◎儒生長書 拾三道儒生諸人가內閣中樞院及統監府에長書를提出ᄒᆞᆫ은已報어니와其內閣에提出ᄒᆞᆫ全文이左와如ᄒᆞ니

(中樞院及統監府에提出ᄒᆞᆫ書ᄂᆞᆫ大意略同故로不載ᄒᆞᆷ)

십三道儒生鄭琪朝等은上書于內閣總理大臣李完用閣下ᄒᆞ노이다伏以春秋作而亂臣賊子懼라ᄒᆞ며[illegible]有春而不實ᄒᆞ야不分順逆ᄒᆞ고顚倒是非가至於此極ᄒᆞ니是果持國之大體며而執政之本旨乎아嗚於玉座咫尺ᄒᆞ야拔劒行悖ᄒᆞ던凶賊[illegible]尙未就戮ᄒᆞ고京外大小人民이咸欲[illegible]而迺伏聞ᄒᆞ온則夏에我皇太子殿下께옵서遊學滯行之政에使此賊으로陪從呢侍ᄒᆞ게ᄒᆞ고繼又自歐[illegible]宮ᄒᆞ야[illegible]有未詳[illegible]此謂이果係[illegible]實然이라ᄒᆞ면不覺失聲痛哭ᄒᆞ야即欲法然無聞也로이다古語에日前後左右가罔非正人이라ᄒᆞ고又日聞正言行正道라ᄒᆞ고又日一人이元良이면萬方이以正이라ᄒᆞ니此敎育子之大原則이라雖在叔世라도昵侍左右之人을必選當代之才德俱備ᄒᆞ거던況此時가何時오悠々萬事가我 皇太子殿下께옵셔與學如何ᄒᆞ온지라近來日本之於我國에稱指導扶植이라ᄒᆞ나其所謂施設이或多有不滿之人ᄒᆞ야窃嘗疑慮之心이나然而惟我 皇太子殿下께옵셔游학日本ᄒᆞ신後로誠伏聞以聖聖敎育으로實心補導ᄒᆞ야將爲緝熙之效ᄒᆞ시니於是乎國釋疑懼之心ᄒᆞ야企望其效之無窮矣러니今番此擧가益出千萬意外라以賊臣으로實無所紀ᄒᆞ고且其才與德이俱可以陪衛春宮而然乎잇가抑謂非期限이면我韓現狀世不能維持ᄒᆞ고隣邦友誼를不能敦好라ᄒᆞ야遂使逆拂擧國之情이라도斷行此事而然乎잇가誠左右莫不得其要領矣라況又近日又使此賊以高官ᄒᆞ야殆若酬勞紀功者然ᄒᆞ니此何擧也며此何變也오誅罰刑戮之極惡大어ᄂᆞᆯ何暇々乎錄勞至於[illegible]曰王者罪當必戮功當必賞이라ᄒᆞ니夫賞罰은非我爲人而能爲者矣라 未完

詞藻

[illegible]

山外에有山ᄒᆞ며、멀도록山이잇고。

路中에多路ᄒᆞ니、갈수록길이만다。

이마오、흰뵈ᄉᆞ미시ᄒᆞ면、無雜事를。

雜報

●韓皇儲旅程　韓國 皇太子殿下께ᄋᆞ서ᄂᆞᆫ避暑ᄒᆞ시기爲ᄒᆞ야二日에日本函樓에　行啓ᄒᆞ오셧다가七日에東京에　御歸着ᄒᆞ실豫定이라더라

◉風評甚怪　日人側의探報를據ᄒᆞᆫ즉何許奸巧輩가皆試的으로做出ᄒᆞᆫ일인지近日에韓廷怪風說이續々傳布ᄒᆞᆫ다ᄂᆞᆫᄃᆡ韓帝ᄭᅴ옵션韓國을新韓國으로改稱ᄒᆞ시고第貳ᄂᆞᆫ한國　皇帝를國王으로貶稱ᄒᆞ고韓號를殿下로改稱ᄒᆞᆯ요第三은總理太臣을廢止ᄒᆞ고統監이爲機務議決ᄒᆞᆯ事요第四ᄂᆞᆫ新한國民의民籍을일本에移ᄒᆞᆯ事요第五ᄂᆞᆫ한일兩國間에關稅를廢止ᄒᆞᆯ事라ᄒᆞ엿더라

●靑瓦殿閣修理　勤政殿後에在ᄒᆞᆫ靑瓦殿閣은今番에內　謁見所로ᄒᆞ야目下修理中인ᄃᆡ來拾壹月中에落成ᄒᆞᆯ터이라더라

●內閣例會　內閣에서昨日木曜例會를開ᄒᆞ고緊急公務를提議ᄒᆞᆫ後東亞煙草會社에關ᄒᆞᆫ事件도協議ᄒᆞ얏다더라

●度量衡預算　隆熙三年度에改定ᄒᆞᆫ日本制度의度量衡을普及擴張ᄒᆞ기爲ᄒᆞ야既定ᄒᆞᆫ預算內에서壹萬壹千圜을支出ᄒᆞ야度量衡各品을日本에委托製造ᄒᆞ얏ᄂᆞᆫᄃᆡ本年度에擴張費ᄂᆞᆫ計ᄒᆞ야도元定預算으로ᄂᆞᆫ不足ᄒᆞᆫ고로度支部의同意를得ᄒᆞ야國金中에서壹萬六千八百餘圜을加撥ᄒᆞ기로　[illegible]　ᄒᆞ얏다더라

●統府照會　統監府에서內閣에照會ᄒᆞ되貴國에在留ᄒᆞᄂᆞᆫ日本人又ᄂᆞᆫ譯師에서貴官憲의게認許請願이不少ᄒᆞᆫ지라從今以後ᄂᆞᆫ此等事項이有ᄒᆞ거던所轄理事廳을經由ᄒᆞ야本統監府에照會ᄒᆞᆫ後에亦當官廳의게指示ᄒᆞ라ᄒᆞ얏다더라

●病果快否　晉彌統監이昨日午前五時에統監府高等官幾人을帶同ᄒᆞ고景福宮을拜觀ᄒᆞ고展覽醫員을覽ᄒᆞ얏다더라

●何等機密　總理太臣과宮用民ᄂᆞᆫ何等機密事件을做出ᄒᆞᆫ다ᄂᆞᆫ風說이有ᄒᆞ야某邊에서現方偵探ᄒᆞᆫ다ᄂᆞᆫ說이有ᄒᆞ다더라

●御原設宴　新任ᄒᆞᆫ憲兵隊長御原은再昨日下午大時에花月樓에서晩餐會를設ᄒᆞ고總理以下各部大臣을請邀宴待ᄒᆞ얏다더라

●韓陵日守　各陵에日人으로囑托一人을置ᄒᆞᆫ다ᄒᆞᆷ은前報의已揭어니와爲先東九陵에各一人永原隆陵健陵에各一人廣州光陵에各置人洪陵綏陵에各一人式置ᄒᆞ기로內定ᄒᆞ얏다더라

●運動費有否　中樞院顧問韓址錫氏ᄂᆞᆫ昨日에度相閔重應氏를再次訪問ᄒᆞ고某處에紹介ᄒᆞ야自己로太臣一窠를周旋ᄒᆞ라ᄒᆞ얏다더라

●避樂界樂乎　리載克리金館蕭詠璣氏等이再昨日에新門外閔忠正　亭子에會同ᄒᆞ야妓樂으로晝夜를迭宕遊樂ᄒᆞ얏다더라

●醫務會又開　內部에서本月拾六日부터各道醫務部장을議會ᄒᆞᆫ다더니[illegible]部大官이各部大官과[illegible]會議에提出作이有ᄒᆞ거던預先通知ᄒᆞ라더라

●因照延期　韓國度量衡法은[illegible]와如히延期發佈될터인ᄃᆡᄒᆞᆫ法施行後에ᄂᆞᆫ自然日本輸入品에對ᄒᆞ야相當ᄒᆞᆫ國家파制限이有ᄒᆞᆯ터인즉此ᄂᆞᆫ日本外務省외同意를要ᄒᆞᆷ이可ᄒᆞ다ᄒᆞ야就監府에서韓省에照會ᄒᆞ얏슴으로姑此多少時日을遷延ᄒᆞᆫ다더라

●訴法民入京　海牙密使事件의張本人이라ᄒᆞᄂᆞᆫ所聞이浪藉ᄒᆞᆫ亞典國宣敎師訴法氏ᄂᆞᆫ去卄壹日에入京ᄒᆞ얏다더라

●姑待實査　咨總方人民이抑鬱히冤奪ᄒᆞᆫ田畓을還推ᄒᆞ기爲ᄒᆞ야度支部臨時財産整理局에請願ᄒᆞᆫ文蹟을隨到積置ᄒᆞ고壹不處決ᄒᆞᄂᆞᆫᄃᆡ其內容은民과國有를實地調査ᄒᆞᆫ後에歸決ᄒᆞᆫ다더라

●醫廳說論　[illegible]에서再昨日에各新聞社長을招待ᄒᆞ야今番平壤水災救恤金募集事件에未備点이有ᄒᆞ니各新聞上에廣告를壹切停止ᄒᆞ고內閣令第二號를依ᄒᆞ야[illegible]廳에請願ᄒᆞ라內部에交涉ᄒᆞ야認許ᄒᆞ겟다고壹場說論ᄒᆞ얏다더라

●端氏出發　日前에入京ᄒᆞᆫ淸國直隷總督端方氏의令弟端承省奉天府首務端錦氏ᄂᆞᆫ隨員壹同을帶同ᄒᆞ고去月三십日에出發ᄒᆞ야日本으로向ᄒᆞ얏다더라

●宋氏登程　內部社寺課長宋之憲氏ᄂᆞᆫ平安南北道地方에水災狀況을視察ᄒᆞ기爲ᄒᆞ야武縣事務官을帶同ᄒᆞ고昨日發程ᄒᆞ얏다더라

●監督發程　夏期放學時에歸國ᄒᆞ엿던日本留學生監督申海永氏ᄂᆞᆫ今明間에發程還任ᄒᆞᆫ다더라

●學生酬待　親衛府에서再昨日에日本에派送ᄒᆞᆫ武官學徒를請邀ᄒᆞ야茶菓接待ᄒᆞ고身體를檢査ᄒᆞ얏다더라

●洋屋竣工期　漢城府內에新築ᄒᆞᄂᆞᆫ洋屋은本月念內로竣役ᄒᆞ고同月晦內에府官吏가居接視務ᄒᆞᆯ預定이라더라

●錄利不干　韓政府에官蔘價格은最高額이六拾壹二圜인ᄃᆡ意外에八십壹圜의最價로日人三井物産會社에서落札ᄒᆞ야五個年자契約을締結ᄒᆞ얏ᄂᆞᆫᄃᆡ此ᄂᆞᆫ同會社에서官蔘을獨占販賣코져ᄒᆞᆷ이라더라

●鹹民聲言　隆熙元年度에鹹方을鎭靜ᄒᆞ다ᄒᆞ야自衛團을組織ᄒᆞ야各郡地方에派送ᄒᆞ얏더니該團員이鹹鏡道地方에서人民의게弊害를反貽ᄒᆞᆷ으로該地方人民들은已往自衛團과今番遊說團이同是心腸인즉遊說團員이下來ᄒᆞᄂᆞᆫ境遇에ᄂᆞᆫ別般措處ᄒᆞ자고聲言ᄒᆞ얏다더라

●永害救恤　平北地方에本年永害가慘絶ᄒᆞᆷ으로政府에서ᄂᆞᆫ相當ᄒᆞᆫ救恤方法을施ᄒᆞᆫ다더라

●避難者以恤乎　仁川港務部金某와附內面[illegible]와丁致國三氏가日本大坂火災에對ᄒᆞ야救恤金五百壹圜을捐出寄付ᄒᆞ얏다더라

●靑瓦所造　獨立館近處에居ᄒᆞᄂᆞᆫ[illegible]逸館氏가靑瓦研造法을新發明ᄒᆞ야多數造成ᄒᆞ얏다더라

●蠶業會發起　尹炳哲崔昇浚諸氏가金國의蠶業을發達ᄒᆞᆯ目的으로蠶業同志會를組織ᄒᆞ고趣旨書를發布ᄒᆞ얏다더라

●新韓報押收　美國布哇에서韓人이發行ᄒᆞᄂᆞᆫ新韓國報第壹卷第貳十三號ᄂᆞᆫ治安妨害라ᄒᆞ야內部에서押收ᄒᆞ얏다더라

●泥峴虎病　漢城內泥峴等地에도近日虎列剌病이發生ᄒᆞ얏ᄂᆞᆫᄃᆡ義州地方으로[illegible]技師[illegible]急速上京ᄒᆞ고內部에서電報ᄒᆞᆫ命令으로昨日該技師가入城ᄒᆞ얏다더라

●大成大得　大東학會ᄂᆞᆫ大成會로變更ᄒᆞᆫ은已報ᄒᆞ얏거니와某處에서經費二拾萬圜을該會에寄付ᄒᆞᆫ다더라

●會長義捐　東部蓮花坊會장李載克氏가再昨日上午拾二時에坊會任員을請邀ᄒᆞ고金貨三百圜을捐出ᄒᆞ야會費를支用케ᄒᆞ고各任員에게隨力捐助ᄒᆞ기를勸勉ᄒᆞ얏다더라

●勞會新風　勞働會長尹孝榮浩氏가請願辭免ᄒᆞᆫ故로該會臨時總事務를處理ᄒᆞ기爲ᄒᆞ야副會長[illegible]臨時會長을推薦ᄒᆞ얏다더라

學界

●旺校慶祝　東門外往十里旺新학校에셔　大皇帝陛下　卽位紀念에慶祝式을擧行ᄒᆞ얏ᄂᆞᆫᄃᆡ紳士李泰滿金聖용씨等三人이每名에여該校生徒諸시외게勸勉하얏다더라

●官硯紀念　官立漢城高等女학校春期試驗時에　皇后陛下께옵서金貨百圜을　下賜ᄒᆞ옵신바本校에서右金額으로紀念硯을製造ᄒᆞ야在學生徒에게分給ᄒᆞ얏다더라

●普成紀念　普成학校에서本五일에期立第三回紀念會를設行ᄒᆞᆫ다더라

●盧在振學　竹山郡守李潤永시ᄂᆞᆫ赴任初에敎育을擬興ᄒᆞᆯ目的으로各面里에學校를建設ᄒᆞ야敎育에急務될[illegible]說明ᄒᆞ얏다더라

●普昌益昌　江華郡私立普昌학校ᄂᆞᆫ李東暉시가設立ᄒᆞ야五六年을熱心敎育ᄒᆞ야[illegible]시가校務를紳士黃範周시의게委托ᄒᆞ고維持方針은該郡父老尹학祖崔鶴査[illegible]시의게委托ᄒᆞ얏ᄂᆞᆫᄃᆡ父老諸시가敎育義務를自擔ᄒᆞ야前秘書丞洪元식시ᄂᆞᆫ金貨二百圜을捐出ᄒᆞ시고[illegible]百圜을爲先義捐ᄒᆞ고將來經費ᄂᆞᆫ繼續支撥ᄒᆞ기로紳士諸시가撩擧立約ᄒᆞ얏ᄂᆞᆫᄃᆡ該校情況이漸次擴張ᄒᆞ고洪시의德義心은境郡이稱頌ᄒᆞᆫ다더라

●金氏興학　[illegible]川郡[illegible]議官金[illegible]碩시가[illegible]立金興학校를設ᄒᆞ야熱心贊成ᄒᆞᆷ으로학徒가日增加ᄒᆞ야八十餘名에達ᄒᆞ고貧寒ᄒᆞᆫ生徒十餘名은食料를自擔ᄒᆞ고去月拾五日에夏期[illegible]試式을行ᄒᆞᄂᆞᆫᄃᆡ학生父兄及生徒二百餘人에게午飯茶果를致備ᄒᆞ얏다더라

●尹氏熱心　[illegible]郡[illegible]款荒에盜賊이相因ᄒᆞ야殖産[illegible]에困況이困難ᄒᆞᆫ지라該郡紳士尹[illegible]씨ᄂᆞᆫ窮困貧民에게[illegible]恤이萬多ᄒᆞ고該郡[illegible]學校에經費를擔[illegible]年內에擔ᄒᆞ야二百四十圜式[illegible]

●[illegible]般同胞[illegible]다

●六字誤漏　本報第壹千壹百八十三號학界欄[illegible]女校大進이[illegible]陛下[illegible]生中先殿下[illegible]記事ᄂᆞᆫ卒業生以下에[illegible]夫人六字[illegible]漏되얏기[illegible]追補ᄒᆞᆷ

○東京電報○

◉瀛車大衝突　一日[illegible]　去月三십日日本上野停車場에서瀛[illegible]大衝突이有ᄒᆞ야衝突ᄒᆞᆫ列車의瀛[illegible]車ᄂᆞᆫ共히粉碎ᄒᆞ고重輕傷者가三十餘名에達ᄒᆞ야大騷擾를惹起ᄒᆞ얏다더라

巷話重續

▲우리、日韓者、漢城新報、[illegible]論ᄒᆞ며、마러지、오날심ᄒᆞ니、또히불싸、그러ᄒᆞ、오놀밧인가、[illegible]지、그▲新聞에、國債報償이니、如斯考一姚니、許多ᄒᆞᆫ말ᄉᆞᆷ、날마다、揭載ᄒᆞᆫᄃᆡ、그宗旨ᄂᆞᆫ、每日報를沮戱ᄒᆞᄂᆞᆫ것、갓ᄐᆡ、허、갓기만、그裡許ᄂᆞᆫ모르나、當初그新聞이、每日報를[illegible]으로、[illegible]네、무ᄉᆞᆷ證據잇나、허、그新聞발刊ᄒᆞ던當時에、目的[illegible]쟈[illegible]反對ᄒᆞ기로、[illegible]못ᄒᆞ[illegible]우[illegible]아[illegible]停止[illegible]재、그[illegible]、모다[illegible]、學[illegible]조비[illegible]히、남[illegible]學徒、[illegible]모[illegible]、[illegible]씨、그러면、그來歷과、門閥[illegible]衍[illegible]、더[illegible]가、또、설겻우、잘되겟네、[illegible]、番[illegible]、잇자、[illegible]、매[illegible]、禁止[illegible]、入民에도、從患[illegible]、[illegible]代[illegible]、[illegible]치、잘되난바、누구잇나、

本請（?）西小門外（?）
閔官 閔 감 告白

壹匣壹圓散賣拾錢
齒痛散 吾由齒痛不拔而愈 永久完全 金三十錢
益壯丸 男女元氣不足 實補虛弱 壹週日分二圜 四週七圜
調經育 月水不調 血塊 壹劑分 壹圜
胸寒明 宋（?）俱 西時感冒온疫 廿五錢
郵便（?） 遐遠에도 郵便小包로 信送홈

廣告

本會社를 今에 更히 組織호고 本月壹日부터 諸般社務를 壹新擴張이온바 貨物을 迅速運送호며 運賃도 從廉收捧호며 信用을 確守호오니 京鄉間貨主 諸氏는 連續惠臨호심을 望호오며 且京仁 京釜京義三線의 停車場에 本會社支社를 已設호엿ᄉ외 新設코져 호시는 이는 誰某를 勿論호고 勝本月拾日內로 京南大門驛本會社로 仍舊와 新設호는 거슬 幷爲速速涌寄호시면 本社에셔 實否를 探知호後 許施호올터이니 僉君子는 照亮호시옵

京南大門驛前

大韓運輸會社

總裁 李鳳來
監督 吳龜泳
總務長 李晃宰
事務員 尹滋祿
　　　 宋聲玉
收錢事務員 李範緯

本人泳과 善泳天으로 改之호오니 知舊間照亮홈

部（?）李閔泳天 告白

本人이 草家六間 板刻文券을 年前 失호고 光武十年九月九日에셔 失証記를 田置가 얏슴다가 不知中에 失호얏사오니 內外國人은 照亮호시옵

南部漢江坊 漢江上中 四統二戶 延三奉 廣告

本社에셔 今 因營業上必要호와 社屋을 移接于西部玄湖壹統九戶호고 務圖一層擴張호야 牛島獨壹兩種卷烟을 精製호오니 內外國僉君子는 公加愛吸호심을 深望홈

總務 鄭冀南시 辭免代에 卓安鎭시 被選홈

牛島卷烟社 告白

特別廣告

弊店에서 諸般設備를 一層擴張호고 僉君子의 愛顧호심을 報호와 各種의 帽子를 鮮美히 製造호엿더니 每一個에 對호야 十錢式을 特減호오니 願買호시는 僉君子는 多數來求호심을 務望홈

京城南部貞洞大漢門前 二層洋屋 帽子店 金聖賢 告白

大韓專賣特許帽子登錄商標

▲신발명 ▲전매특허 모자광고

本帽는 新發明完成 隆熙三年三月二十壹日
專賣特許 同年五月六日
商標登錄 同年五月十八日

發明者 特許主 鄭寅琥

今에 本帽子를 製造호는 學習과 多數의 勞力으로 成호는 이工價를 勝利케 호며 效力으로 精美케 製호고 價額은 各項에 本圓五拾錢式 特減홈

中山帽와 中折帽子 壹等에 四圜 二等에 三圜五十錢 一等에 二圜

但特等帽와 學徒帽와 運動帽는 此限에 不在홈

이 신발명호 총모자는 원방 제우편으로 보내여 혹 심히 구기여 스나 문제 잠그어 접노 펴 저 길어 남이 싫고 혹 여 쥬밀하고 볍식 상표에 분시 진 만물 잠 것 다 찜 리 더운 것이 본 와 백동 비 누로 문지르면 쉽 어서 꽃 굴 절 된 구부 러 지면 석기 끄 발 느 기 울 게 하 여 마 음대 로 모양을 만들어서 된 후에 상표 물자시 너어 쓰 면 결 코 이 서 것 갓 모 (帽) 비 로 마 저 저 된 것 도 이 와 갓 치 연 위 설 멸 홈 이 더 하 매 예 에 대 산 사 람 의 갓 으로 쓰 기 에 가 장 아 름 답 소 오 이 다

그 밀 짚 갓 치 잘 총 모 조 가 구 비 호 온 대 여 름 에 는 흰 빛 으 로 가 벼 고 선 선 케 호 고 봄 따 가 을 에 는 회 색 오 로 가 벼 고 촘 촘 이 호 고 겨 울 에 는 가 벼 고 따 뜻 ᄒ 며 人 人 의 애 호 야 칠 고 며 운 서 후 의 다 라 단 단 호 도 록 ᄒ 고 는 곱 지 안 케 호 며 절 과 모 색 ᄒ 고 책 에 재 조 로 야 여 러 히 붓 지 너 히 지 마 시 홈 이 업 고 로 모 터 미 독 권 도 엇 지 표 로 등 록 ᄒ 여 소 미 오 니 세 계 각 국 신 사 들 은 서 속 히 청 구 ᄒ 시 기 를 널 니 바 라 는 이 다

대한경성황성 넉 과 독 교 청 년 회 연 셰 셰 총 모 자 제 조 소
대한경성남부 동 현 대 사 거 리
상신오풍오호 옥호 (?)
총모자상전옥허주 쟝인호 근고
발매지점 평셔쟝북송목상뎐
부구호에수교취사졍윤수 근고

卷煙草

金四錢

京城 廣江商會

學員募集廣告

本學堂에셔 學員을 募集호오니 願학 쟈는 九月拾壹日(陰七月廿六、七日)에 請願書를 提呈호고 左記 니학에 應試홈을 要홈

(請願用紙는 本학당에 來求)

高等科 豫備級 新募集
同 一二三四年級 補缺
募集數

入學者資格 年齡은 十六歲以上된 男子가 中學校卒業이 有호거나 相當호 학力이 有호 者로 限홈

試驗日字 九月十三日(陰七月廿九日) 上午九時
試驗科目 國漢文讀書作文 算術(分數以上)
但補缺生은 該相當호年級의 課程으로 試驗

本학堂에셔 英語와 數理化 學等科學을 硏究코져 호나 合當호 敎師와 處所가 無호야 痛歎不已홈은 僉君子의 知亮호실바 大學校(갈레쥐 College) 를 新設하오니 學員은 勿失

但試驗科目은 高等科와 特異홈

此好機를 占호야 赴試홈

培材學堂

果樹栽培法

金鎭初 著

內部認可 定價 金四十五錢

本書는 學校敎科用으로 必要홀 뿐더러 一般農業社會의 實習을 供키 爲호야 容易히 解得호도록 著術호얏ᄉ오니 實業에 有志호신 僉彦은 速速購覽호시옵

發行所 京城 碑洞 普成社

本人의 姓名圖章이 今月 六日 路中에서 失故로 玆에 聲明호오니 知舊間照亮호시옵

南署南部紙洞 金○烱 告白

大減價販賣

醫療器械製圖器와 紙名種을 右壹年組織特別割引호 放賣

釜山港本町三丁目 近藤支店

第七卷

大韓每日申報

第千壹百八拾九號

月曜及日曜 隔時 慶節休刊

檀君開國四千二百四十二年
孔子元年三千三十一年
大韓開國五百十八年
日本明治四十二年
淸國宣統元年
己酉七月小二十日丁卯

Responsible for Publication Alfred Weekley Marnham.
發行兼編輯人英國人 萬咸
發行所
京城南部[illegible]
大韓每日申報社

論說

◉與法學生諸君

向者에本記者ㅣ司法權讓渡의悲境을弔ᄒᆞ며학生諸君의奮發을勉ᄒᆞ야「告法학生」의一篇을贈ᄒᆞ얏거니와

即今에炎蒸이旣재ᄒᆞ고秋凉이且到ᄒᆞ미各學校學生이開學期를來赴ᄒᆞ야芒々然紛々ᄒᆞ고負笈이濟々ᄒᆞ되惟獨法學校ᄂᆞᆫ上學者ㅣ寥々無幾ᄒᆞ야淒凉ᄒᆞᆫ景色을呈ᄒᆞ얏다云ᄒᆞ니然則諸君을爲ᄒᆞ야痛惜ᄒᆞ며一則韓國을爲ᄒᆞ야寒心ᄒᆞ도다故로重複을不嫌ᄒᆞ고玆에一言을又발ᄒᆞ노니嗚乎諸君이여

萬一諸君의眼中에幾品官幾級俸만有ᄒᆞᆫ진대法部廢止의今日에法學校를退ᄒᆞᆷ이宜乎의라마吾儕가何言을ᄒᆞ리오마ᄂᆞᆫ

然이나諸君은二十世紀新大韓의靑年이라三千里腐敗ᄒᆞᆫ空氣를快掃ᄒᆞ며二千萬愚頑ᄒᆞᆫ腦髓를洗滌ᄒᆞ고新時代文明을注入ᄒᆞ라ᄒᆞ야法學界에現身ᄒᆞᆫ者ㅣ오探討ᄒᆞ야後人의需求를應ᄒᆞᆯ者ㅣ서當時의悲境을因ᄒᆞ야萎然히退散ᄒᆞ면學術을硏究ᄒᆞ야同胞를啓導ᄒᆞᆯ者ㅣ其誰며法理를著作ᄒᆞᆯ者ㅣ其誰며權利思想을鼓吹ᄒᆞ야社會를改革ᄒᆞᆯ者ㅣ其誰며文明制度를利用ᄒᆞ야新國家를建設ᄒᆞᆯ者ㅣ其誰오

諸君이不聞乎아波蘭安南等國에ᄂᆞᆫ政治思想을啓發ᄒᆞᆯ만ᄒᆞᆫ學科를一切禁止ᄒᆞ야參政의挾奪律보다尤嚴ᄒᆞ다ᄒᆞ니諸君은豈思ᄒᆞ며目下韓國의國勢가彼와何異ᄒᆞ오마ᄂᆞᆫ但敎育界에在ᄒᆞ야政治學을絲禁ᄒᆞ며法律學을絲禁ᄒᆞᆷ이尙幸이니諸君이奮又奮ᄒᆞ며勉又勉ᄒᆞ야此學을急修ᄒᆞᆯ時가아닌가

且或此學을禁止ᄒᆞᄂᆞᆫ者ㅣ有ᄒᆞᆯ지라도諸君이草間에서학ᄒᆞ며窟中에서학ᄒᆞ야國家를爲ᄒᆞ야預備ᄒᆞᆷ이可ᄒᆞ거날不禁에自禁ᄒᆞ니此何[illegible]이뇨

况司法權을失墜케ᄒᆞᆫ者ᄂᆞᆫ天도아니오鬼도아니라只是已往惟鬼輩가私利에眼赤ᄒᆞ며奴隸에腦漬ᄒᆞ야國家를敗倒ᄒᆞ미其影響이此에及ᄒᆞᆷ이라前朝名相趙憲이有言ᄒᆞ되「人力으로破ᄒᆞᆫ者ᄂᆞᆫ人力으로可補라」ᄒᆞ나諸君의志학이幷進ᄒᆞ야有用의人材되면今日失墜의司法權이他日諸君의手에建設ᄒᆞᆯ지어날今乃日已矣々々어다ᄒᆞ고자足齊退ᄒᆞ니吾儕ᄂᆞᆫ當時에司法權이失墜됨을不悲ᄒᆞ고永世의司法權이失墜될가是恐ᄒᆞ노라

噫又祝曰諸君이今日에ᄂᆞᆫ冒險奮鬪ᄒᆞᄂᆞᆫ靑年되며勤勉刻苦ᄒᆞᄂᆞᆫ학生되고來日에ᄂᆞᆫ文明啓발ᄒᆞᄂᆞᆫ導師되며權利鼓吹ᄒᆞᄂᆞᆫ天使되고他日에ᄂᆞᆫ獨立恢復時國際交涉의行人되며國際開設日憲法草定의委員되며元首協贊의賢宰相되며民刑裁判의良官吏되고司法權廢止의末日에法학校退학生으로終了치말지어다此習에終是祝ᄒᆞᆷ이아니며墨으로祝ᄒᆞᆷ이아니라血로祝ᄒᆞᆷ이오

外報

◉直隸山東匪亂　淸國直隸永平府遷安縣民은課稅에反對ᄒᆞ야騷擾를起ᄒᆞ고又山東澤州府陵川縣에도匪徒가蜂起ᄒᆞ야戒烟局巡警局학校等을破壞ᄒᆞ고敎會堂을攻擊ᄒᆞ깃다고聲言ᄒᆞᄂᆞᆫ데勢甚猖獗ᄒᆞᆷ으로俱히派兵鎭壓中이라더라

◉端方의軍政意見　淸國直隸總督端方시ᄂᆞᆫ軍政의關ᄒᆞᆫ意見을上奏ᄒᆞ야現在施設의不適當ᄒᆞᆷ을指摘ᄒᆞ고當朝에有事ᄒᆞ면軍隊이有ᄒᆞ야도足히恃치못ᄒᆞ깃다고論ᄒᆞ고陸海軍의聯絡과鐵道航運의經營과徵兵制度의確立과軍紀의振肅과將才의養成等七條改革要領을列擧ᄒᆞ얏다더라

◉波斯廢帝　波斯廢帝모하멧드아리ᄂᆞᆫ三十五人의隨員을率ᄒᆞ고露國오뎃사에常住ᄒᆞ기로定ᄒᆞ얏다더라

雜報

모다

야以正王法ᄒᆞ야以伸我輿情之沸鬱ᄒᆞ시고以保我皇室之威嚴ᄒᆞ시면神人이庶可釋怒ᄒᆞ고社稷을庶可莫安ᄒᆞ리니另圖自裁ᄒᆞ시면幸甚幸甚

京畿道　儒生前議官鄭琪朝 印
前主事李圭六 印
前議官閔丙翊 印

忠淸南道　幼學李寅楨 印
幼學安永洙 印

忠淸北道　前議官崔仁植 印
進士金진洙 印

全羅南道　幼학曺秉煥 印
幼學朴海永 印

全羅北道　幼학金용鉉 印
幼학리敎馨 印

慶尙南道　前議官[illegible]佐成 印
幼학리鍾浩 印
幼학리鐘遠 印
前參奉盧泰完 印

慶尙北道　前議官姜琦馨 印
幼학柳奭용 印
前主事朴相玉 印

平安南道　幼학吳석基 印
前參奉徐致三 印

平安北道　前監察朴贊洙 印
幼學金旻植 印

咸鏡南道　幼학柳鐵根 印
前議官朴信元 印

咸鏡北道　前主事吳漢赫 印
幼학杜誠鎭 印

黃海道　幼학리啓植 印
前主事咸寅永 印

江原道　前主事趙炳九 印
前議官鄭鴻時 印

(完)

◉儒生笑書 (續)

溥自此說이傳播以來로致疑日本之情과猜否政府之心이日甚一日ᄒᆞ며未知케라我政府ᄂᆞᆫ胡新登極ᄒᆞ야使擧國之情으로背馳濟[illegible]을至此之甚耶오今閣下가身爲內閣之首揆ᄒᆞ야統率百僚ᄒᆞ고糾彈奸犯이是誠職分內事耳라不惟郞之以尋常細故ᄒᆞ고除之以非我專責이다ᄒᆞ야畏其氣炎ᄒᆞ야庇其罪而授其職을如恐不及ᄒᆞ니是可謂國有法乎아가生等이不勝憂鬱擺掉ᄒᆞ야敢足踏路ᄒᆞ야冒煩哀주ᄒᆞ오니伏望閣下ᄂᆞᆫ轉達宸聰ᄒᆞ오셔亟收賊畯職名ᄒᆞ시고行文于日本政府ᄒᆞ시와賊畯을不日引渡ᄒᆞ

詞藻

◉愛菊

아름답다너菊花ᄂᆞᆫ、일죽심어늣게피되。
모진風霜不關ᄒᆞ고、新々ᄒᆞ게피ᄂᆞᆫ고나。
眞貨노、烈士의늡혼節概、너의[illegible]矣。

雜報

●韓國田畓下賜 洪陵春秋享祀費外에附屬田畓은 太皇帝陛下께옵셔 英親王殿下께下賜하옵셧다더라

●聖勅下諭 武官학徒가日本에渡往함을因하야再昨日에 太皇帝陛下께옵셔侍從武官을 命送하옵셔該학徒의게懇切한 勅語를 下諭하옵셧다더라

●內閣會議 總理大臣以下各部大臣(度相缺席)은再昨日午前十一時에昌德宮內內閣에會同하야重要問題에關한內閣會議를開하얏다더라

●縣法還多 漢城府에서土地家屋証明의事務가日繁하야現任職員으로는事務를處理키不能한데司法權을日本에委任한事에關하야事務가益益浩煩한故로官吏幾員을增置할必要가有하다하야內部大臣이將次內閣會議에提議하리라더라

●自衛赴場 前總理朴內相高法相趙度相과宮相은內閣會議를終了하고午後四時에纛島園藝模範場에赴하야該場에서栽植한果實을賞味하고午後六時에龍山을經하야歸家하얏다더라

●各相動靜 度支部大臣任善準씨는統監을會見하던晝夜에遭擾太의訪問을受하야約一時간을密談話를하얏는데閣시는歸途에宜히總理官邸에赴하야장時間을密議하얏다더라

●任度辭却 曾禰統監이日昨에度支部大臣任善準으로書請邀하야果決爾願한事項을直相談話하고不日內로出仕하라고勸告하얏스나任度相은壹向辭却하얏다더라

●何等密勿 內相朴齊純氏는去木曜日下午七時量에總相李完用氏를往訪하고數時間耳語가密勿하얏다더라

●閒々存案 總理大臣李完用氏는近日以來로來賓의姓名을逐々修定하야存案件을作하얏다더라

●李氏訪問 永宣君李埈鎔氏는再昨日下午六時頃에宮內府大臣閔丙奭氏를訪問하고數時間密談話를하얏다더라

●政務審議 昨日定例로與宮會議에서各部與官이各部政務에對하야審議하얏다더라

●面會協議會 韓國地方委員은各郡에壹貳名의少數인故로法令周知를敏速히不能하다하야各財務監督內를壹區域으로하고面會協議會를開하야地方委員과共히官民意思의疎通과法令周知의目的을達케할方針이라더라

●何不均頒 軍部廢止할時에解散된尉官中某々七人은恩賜金을未蒙한故로親衛府長李秉武氏의게頻頻質問하다더라

●陵官任命件 各殿陵參奉의任命件은內部에서地方官廳과協議하야任命할터이라더라

●典當規則編纂 目下編纂中에在한典當取締規則은大脉가日本法規와無異하고但其取締를稍히簡單케編纂하는대其成案은統監府認可를經하야來春頃에發布할터이라더라

●識字憂慮 平南觀察使朴重陽氏는학部에報告할時에諺文을使用하얏는데以若顯要의身分으로官規도不知하다고唾罵가有하다더라

●拓社增員 東拓會社에在任한職員은總裁以下로七十九名인데今回認可한水產業과各農耕地의經營을擴張할時期가不遠할故로任員을增加할터이라더라

●面長日當金 面장協議會에出席한面長은出席日數를計算하야日當金을每日五拾錢式支出할터이라더라

●申氏被招 前郡守申大均氏는平壤郡守在任時에公逋가壹千貳百餘圜에達하얏는데日昨度支部에被招하야無數困境을經하얏다더라

●大久保旅程 日本軍司令官大久保는韓駐屯軍을檢閱하기爲하야將明日龍山에서發하야釜山西湖津咸興清津富寧등을歷하야羅南鏡城獨津永興灣羅津灣迎日灣元山을經하야鬱陵島를觀察하고釜山으로還着하야二拾七日에歸京할터이라더라

●憲兵辦抗議 間島에駐在한憲兵은其駐屯地에爲寫及射擊場을築하얏는데淸國邊務督辦吳氏는此를日本이淸兵에對한示威的行動이라하야統監府間島出張所에抗議를提出하얏다더라

●武學生發程 武官학生四拾二名은豫定과如히昨日上午九時에南大門列車로發程渡日하얏다더라

●儒生致書 十三道儒生鄭某等이朝시等의來歷의罪惡을臚列하야日本內閣及伊藤씨의게長書를還致하얏다더라

●豫算追加額 隆熙三年度歲入歲出의總豫算追加額은左와如히 上奏裁可하야公佈하얏더라

歲入臨時部
公債金繰入金 貳百五萬圜
前年度繰入金 二萬圜
合計二百七萬圜

歲出經常部
慈惠의院支出금 二萬五千九百십三圜

歲出臨時部
慈惠의院設備費 貳萬壹千圜
金融組合資金 二萬圜
韓銀行貸付금 百廿七萬圜
韓銀行株引受금 七十五萬圜
韓銀行創立費繰替 三萬圜
合計二百拾壹萬六千九百拾三圜

●銀行現在額 本月壹日에現在한韓國銀行總支店의銀行券發行額은壹千壹百五十萬圜인데其中에市場流通額이壹千四十萬圜이라此에對한準備는左와如하니正貨準備가三百六十九萬圜이오保證準備가七百三十六萬圜이오尙且韓國全躰에流通하는通貨는約壹千八百萬圜인데昨年此期에比하면約二百萬圜이減少하얏다더라

●二日敍任 韓國銀行理事는第一銀行京城支店副支配人三島太郎과木村雄次兩人으로決定하고其外要員은日本銀行員中에서選任하리라더라

●何等背約 漢城新報社에서新聞을發刊할時에校洞校文館에印刷를委托한故로該館에서諸般機械를準備하얏더니新報社에서猝然背約하고與洞大東館에注文印刷하매校文館에서는還損害가夥多한故로賠償金을該社에請求하얏다더라

●服套辦給 內部警務局에서京鄕各警察巡査에게交番하기爲하야冬服과外套를辦給하얏다더라

●船橋工事準備 日人上田이許可를得한漢江船橋의工事는姑未着手이나結氷期에竣成하라고方今準備中이라더라

●[illegible]民請願 陰城郡居하는李容完氏가採金하기爲하야忠州錦江等處에七萬餘坪을測量製圖하야農商工部에認許를請願하얏다더라

●人民請願 內部에서道路를修築하기爲하야洞口內左右에在한家屋의典當된買賣를禁止한後에何今如何한指揮가無하야人民들은自然損害가不少할지라此事件에對하야人民百餘名이再昨日漢城府에請願하얏다더라

●學科新添 官立高等학校학監日人藤塚亨과敎授金夏鼎兩人이國語文典을編纂발刊하야科程에添入한다더라

●面長非行 高陽郡九耳面々長申永均氏는該面食寺里里長을兼帶하얏는데稅錢을加捧함으로民訴가有하야自官除汰하얏스나何等運動이던지更히仍任하고洞中所有財産約貳千兩을貸用하고申[illegible]收斂하야充하고車元益에는初不還償한故로人民의唾罵가有하다더라

●以人賣人 近日齋동等處에女兒를誘買하야賣하는者가有한故로一般人家에서雇備하는女兒는減縮되다더라

●大東押收 海參威에서韓人이發行하는大東共報第六十二六十三兩號는治安에妨害타하야內部에서發賣를禁止하얏다더라

●密偵縱探 龍仁郡等地로橫行하던義兵將鄭基永氏가日前에上京하얏다는說이有한故로某處偵探客들이秘密調探中이라더라

●義將出沒 義兵將孔泰元氏와部下尹基台氏는義兵五拾餘名을領率하고黃海道延安白川等地로出沒한다더라

●何因自呑 花開洞居하는酒商金鍾球氏家에서雇備하는金貴甫는昨日上午七時에鴉片을呑下하고卽地致斃하얏다더라

●兩氏被捉 勞動會事務員韓金석金承敎兩氏는何事件을因함인지日昨憲兵司令部에被捉하얏다더라

●淸神禁賣 濟生堂에서製造發賣하는淸心保命丹이內外國에廣告함은世所共知어니와[illegible]에서製造하는淸神保命丹은名藥이라濟生堂에製와相近하야通行之際에辨別키難하다는旨로特許局에서登錄法에依하야淸神丸의製造及發賣를禁止하얏다더라

●牧師會議 牧師親睦會에서十日下午三時에敦化門前[illegible]에서臨時通常會를開하고會務를處理하는데京鄕[illegible]

●法學開會 法학協會에서明日上午十時에校正義塾內에定期總會를開하고事務를處理할터이라더라

◉感荷賻儀 本社前社員[illegible]에京畿[illegible]川郡[illegible]學校에서金壹圓을寄付하얏기玆에其盛意를感謝하노라

○來京電報○

◉安奉工事狀況 二日午前發 安奉線改築工事는何等不穩의擧動이無하고來十日부터는工事에着手할터이오中段鷄冠山隧道를開鑿하기에着手할터이라더라

神祇震怒

▲兩眼瞳을번드러 [illegible]보니慘黯하다江山은 [illegible]面目이[illegible] 至愚而神이[illegible]白姓[illegible] 昭布森列[illegible] 冥々中에震怒하다

▲各道名山도[illegible] 多寶藏품어[illegible] 學生不識[illegible] 山靈이震怒[illegible]

▲歷代陵寢[illegible] 檀箕[illegible]

▲沿海[illegible] 江海도韓國之[illegible] 魚鹽繁殖[illegible] 朝々暮々漁歌[illegible] 縱橫[illegible] 水國龍王震怒하고

▲各祠壇[illegible] 精靈[illegible]遺烈 勸業[illegible]壯[illegible] 百[illegible] 火어데[illegible] 百靈들이震怒하고

▲命호도다韓人들아公[illegible] 回想하라四千餘年 千萬의同胞로서彼亦丈夫我亦丈夫 不[illegible] 境이러[illegible] 奮발前進하여보오

雜報

●買舍移校 畿湖興학會에서 大安洞리容纂氏의家舍를三千五百圜에買收하야畿湖학校를移設호다더라

廣告

各種藥品은總發行所 [illegible] 生堂大藥房本舖

清心保命丹

（消化新藥）

藥商의게는特減大賣홈

遠地에는小包로信送홈

主治效能

痰을消ᄒᆞ고 氣를 通ᄒᆞ며 胃를 養ᄒᆞ고 不良ᄒᆞᆫ 消化에 中暑와 中寒과 眼疾 腹痛과 吐瀉와 [illegible] 를 除ᄒᆞ며 其他 口臭와 口熱을 防ᄒᆞ는 靈妙之劑

右藥은內外國에 到處 販賣홈

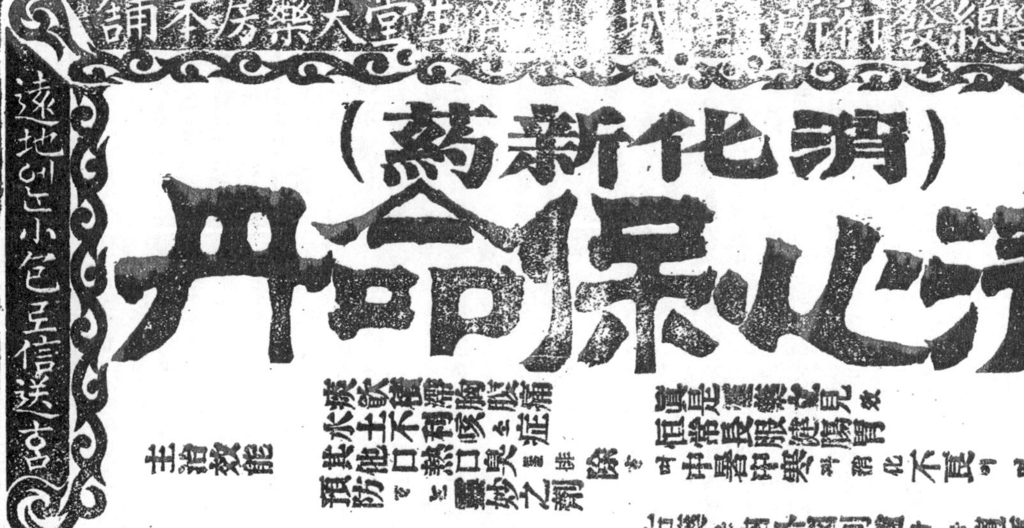

◉共愛堂大藥房製造各種藥品發行表

壯陽復元丹 專治陽萎不起遺精多夢 八週分大圓今十錢

良藥 消化 靈丹 壹貼 [illegible] 錢

眼科 淸眼水 眼疾 [illegible] 壹瓶 [illegible] 十錢

聖藥 淸耳液 膿液流出灼熱疼痛 [illegible]

解毒至寶丸 壹貼 [illegible] 錢

淸熱散 壹貼 [illegible] 錢

淸脚丸 三十分 十五錢

五淋 專治 通淋丸 淋疾赤白帶下 壹週分 [illegible] 錢

小兒濟命散 壹貼 [illegible] 錢

皮膚 靈效液 疥癬(옴)皮風 [illegible] 壹瓶 [illegible] 錢

疾痢散 壹貼 [illegible] 錢

久滯 養胃散 壹 [illegible] 分 五 [illegible] 錢

止泄丸 壹貼 [illegible] 錢

治痰鎭咳丸 三日分 [illegible] 錢

痛積散 一貼 [illegible] 錢

能 齒痛水 [illegible] 五厘

解凝 [illegible] 錢

精選 家庭救急方 前 [illegible] 學校敎官 朴容南 全壹冊 定價金 三拾錢

電氣帶 [illegible]

共愛堂大藥房 南部大廣橋十九統七戶

各處支店特約所

學部內部檢定認可

初等大東歷史 全

定價金 三十錢

學部內部檢定認可

初等修身 全

定價金 二十五錢

朴晶東 著

金泰玉 發行

發行所 南部上犂洞十九統九戶 同文社

發賣所 京鄕各有名書舖

各種東西洋藥과韓國唐草材大發賣所 和平堂藥房

[illegible]

八寶丹

全治丸

滋陽丸

[illegible]

藥房主 李應 [illegible]

社告

[illegible] 本藥房은 [illegible]

東西藥品을 都賣 [illegible]

[illegible] 洋藥品이나 [illegible]

藥唐材와 草材를 [illegible]

[illegible] 兄弟는 方文 [illegible]

○申報價

壹張代金 新貨貳錢五厘

壹個月前納 三拾錢

參個月 九拾錢

陸個月 壹圓七拾錢

壹個年 參圓四拾錢

郵稅壹張 新貨五厘

壹個月 拾參錢

○廣告料

四號活字拾參字詰

每日壹寸(英尺)에 新貨卄五錢

貳週日壹寸에 貳圓五拾錢

壹個月壹寸에 五圓

大韓每日申報

各處支社廣告

[illegible]

平安道

[illegible]

黃海道

[illegible] 內 [illegible]

安岳邑 石面 [illegible]

長淵邑 校洞 [illegible]

殷栗邑 倉 [illegible]

信川邑 西里

載寧邑 乾材局

海州 南門外 [illegible]

白川邑 文明舘

沙里院 [illegible]

[illegible]

元山港 [illegible]

定平郡 [illegible]

[illegible]

忠淸道

江原道

慶尙道

大邱 [illegible]

釜山港 [illegible]

第七卷

大韓每日申報

第千壹百九拾號

月蝕 隱時 及日 慶休 節刊

檀君開國四千二百四十二年
箕子元年三千三十一年
大韓開國五百十八年
日本明治四十二年
耶蘇降生一千九百九年
陰己酉七月小廿一日戊辰

Responsible for Publication Alfred Weekley Marnham.
發行兼編輯人 英國人 萬咸
發行所
京城南署苧洞第三統第九戶
大韓每日申報社

寄書

◉日本北海道土人說

恨天生

余가日本北海道에遊ᄒᆞ니其土人이短髮은斉結ᄒᆞ고衣服은粗怪ᄒᆞ나其軀幹은甚偉大ᄒᆞ야膂力이日本人에過ᄒᆞᆫ者ㅣ多ᄒᆞ나然이나日本人을見ᄒᆞ면兩手를叉垂ᄒᆞ고頭를低ᄒᆞ야下隷가官長을謁ᄒᆞᆷ갓ᄒᆞ며其畏懼恭敬ᄒᆞᆫ덕日本人을虎又서視ᄒᆞ며鬼又서觀ᄒᆞ야人力으로與敵ᄒᆞ지못ᄒᆞᆯ줄노만知ᄒᆞᄂᆞᆫ樣이더라聽ᄒᆞ라日本古史를觀ᄒᆞᆫ즉ᄃᆡ彼가일쯕日本人과累次激戰ᄒᆞ다가敗作ᄒᆞᆫ者라然則其初에ᄂᆞᆫ赴敵ᄒᆞᄂᆞᆫ勇氣도有ᄒᆞ던者로다彼가至今數千年이되도록文明이不進ᄒᆞ고野昧가依舊ᄒᆞᆷ은此威智識가不足ᄒᆞᆷ이라ᄒᆞ려니와其壹次敗衄ᄒᆞᆷ으로以後에勇氣가全銷ᄒᆞ야當年抗敵ᄒᆞ던日本人下에如此히畏伏ᄒᆞᆷ이何故오嗚乎라君子가此에觀ᄒᆞ며習俗의性을移ᄒᆞᆷ이風前에偃草보다猶速ᄒᆞᆷ을歎ᄒᆞᆯ비로다彼가敗作ᄒᆞ던其初에ᄂᆞᆫ只是壹時不得已의黨에出ᄒᆞ야日本人을如此히尊敬ᄒᆞᆷ이나此時尊敬은外面뿐이라外面으로ᄂᆞᆫ비록尊敬ᄒᆞ나中心에ᄂᆞᆫ必祇痛ᄒᆞᆯ때必也恨ᄒᆞ야淚를談笑에揮ᄒᆞ며腕을草間에扼ᄒᆞ다가年에嘗年을加ᄒᆞ며世에覺世를加ᄒᆞ야父가子에傳ᄒᆞ며祖가孫에傳ᄒᆞ야日月이旣久ᄒᆞ고習性이遂成ᄒᆞ야外面的尊敬이中心的尊敬을化作ᄒᆞ야今日狀態를致ᄒᆞᆷ이니哀哉로다敗國에處ᄒᆞᆫ君子ᄂᆞᆫ千載의文明歷史를徒恃치말며萬姓의忠義根性을徒誇치말고毅然奮發ᄒᆞ야奴性奴習의民腦에侵入ᄒᆞᆷ을戒ᄒᆞ고日日로獨立心을發揮ᄒᆞᆯ지니라

法律

▲隆熙三年七月廿七日 官報

法律第二拾二號

韓國銀行條例 續

市場狀況을由ᄒᆞ야前貳項外에更히銀行券의發行을必要로ᄒᆞᆯ時ᄂᆞᆫ政府認可를受하야國債證券其他確實ᄒᆞᆫ證券或은商業手形을保證으로삼아此를발行ᄒᆞᆷ을得ᄒᆞᆷ此境遇에ᄂᆞᆫ政府가命ᄒᆞᄂᆞᆫ바를由ᄒᆞ야壹個年百分之五를不下ᄒᆞᆫ割合으로써發行稅를納ᄒᆞᆷ이可ᄒᆞᆷ

第二十四條 韓國銀行에서發行ᄒᆞᄂᆞᆫ銀行券은公私取引에無制限으로通用者로ᄒᆞᆷ

第二十五條 韓國銀行은銀行券發行額及支撥準備에關ᄒᆞᆫ每週平均額表를官報에公告ᄒᆞᆷ이可ᄒᆞᆷ

第貳十六條 銀行券製造發行損券交換及消却等事의措置ᄂᆞᆫ別로此를定ᄒᆞᆷ

第二拾七條 銀行券의僞造變造에係ᄒᆞᆫ罪ᄂᆞᆫ刑法僞造紙幣의各本條를照ᄒᆞ야處斷ᄒᆞᆷ

第六章 準備金及納付金

第二십捌條 韓國銀行은每營業年度準備金으로資本關損을補ᄒᆞ기爲ᄒᆞ야利益金百分之八以上을積貯ᄒᆞ고利益配當의平均을得케ᄒᆞ기爲ᄒᆞ야利益百分之二以上을積貯ᄒᆞᆷ이可ᄒᆞᆷ

第二拾九條 株主에對ᄒᆞᆫ利益配當이拂納資本을對ᄒᆞ야百分之十二를超過ᄒᆞᆯ時ᄂᆞᆫ韓國銀行은其超過額의二分之壹을政府에納付ᄒᆞᆷ이可ᄒᆞᆷ

（未完）

外報

●土地買收 滿洲懸案은壹晰日에悉皆解決되얏고土地買收ᄂᆞᆫ三箇月間에終了ᄒᆞᆯ터이라더라

●露國義勇艦 露國은서로이義勇艦大隻을東洋에派遣ᄒᆞ려ᄒᆞᆫ다더라

●日本國債 日本에서ᄂᆞᆫ國債三千餘萬圓을壹時에償還ᄒᆞ면沉滯ᄒᆞᆫ金融界를攪亂ᄒᆞᆯ까恐ᄒᆞ야本月末부터拾月初旬ᄭᆞ지壹千萬圓乃至壹千五百萬圓을償還ᄒᆞ기로內定되얏다더라

●露外相更迭 露國外務大臣은英國大使로轉任되고ᄉᆞ조노ᄑᆞ氏가後任이된다더라

●滿懸案解決期 滿日兩國懸案은吉林會寧間鐵道外에ᄂᆞᆫ悉皆解決되얏ᄂᆞᆫ데壹二回會見을經ᄒᆞᆫ後에調印ᄒᆞᆯ터이라더라

●復線工事 露國의바이갈復線工事ᄂᆞᆫ明年夏에竣功ᄒᆞ야工事에着手ᄒᆞᆯ터이라더라

●羅馬强震 去月三十日에伊國羅馬에强ᄒᆞᆫ地震이有ᄒᆞ야市民은戶外로避難ᄒᆞ얏다ᄂᆞᆫ報가有ᄒᆞ더라

●南滿新航路 南滿鐵道會社에서ᄂᆞᆫ西伯利亞鐵道와連絡ᄒᆞ기爲ᄒᆞ야法價海防上海간新航路를計劃ᄒᆞᆫ다더라

●火元處刑 大阪大火의火元은三百圓罰金에處ᄒᆞ얏다더라

●安奉工事 安奉線改築工事中에陳相屯以西의工事ᄂᆞᆫ落成되야廣軌線이開通된다더라

●渾河架橋 蘇家屯에서渾河를經ᄒᆞ야奉天에達ᄒᆞᆫ鐵道中渾河架橋費ᄂᆞᆫ約七百萬圓이라더라

●土國騷亂 土耳其國알바니아에서起ᄒᆞᆫ叛徒ᄂᆞᆫ漸益猖獗ᄒᆞ야土耳其政府의施政을不滿케너기ᄂᆞᆫ証據를聲言ᄒᆞ며其勵激烈ᄒᆞᆫ戰鬪를起ᄒᆞ야多數死傷이出ᄒᆞ얏다더라

●獨帝親裁 德國皇帝ᄂᆞᆫ波羅的海에서擧行ᄒᆞᄂᆞᆫ海軍大演習을總裁ᄒᆞ기爲ᄒᆞ야ᄉᆞ위문데로向하얏다더라

●孫奏留中 淸國山東巡撫孫寶琦시가八條奏陳의奏가有ᄒᆞᆫ덕其中에尤要ᄒᆞᆫ者ᄂᆞᆫ戊戌黨人을寬赦ᄒᆞ야人材를保用ᄒᆞᄌᆞᄒᆞ얏ᄂᆞᆫ덕攝政王의嘉賞을蒙ᄒᆞ얏스나樞密諸大官의支吾로以ᄒᆞ야留中不發ᄒᆞ얏다더라

學報

◉師範卒業 安岳師範講習所에서卒業式을擧行ᄒᆞ얏ᄂᆞᆫ데

卒業生 張鴻範 朴明秀 張麟善 康斗南 車秉洙 張實浩

詞藻

換腸術

비져고창자썻ᄂᆞᆫ奇異ᄒᆞᆫ法、華陀씬인줄만알엇더니。

二十世紀此時代엔、의士마다華陀로다。

國中에、遍滿ᄒᆞᆫ人面獸行의져心腸뿐、쎠고썻고。

廣告

雜報

●聖節問安 來八日 萬壽聖節에 大皇帝 皇后兩 陛下께옵셔 德壽宮에 問安ᄒᆞ옵신다ᄂᆞᆫ대 出宮時刻과 御路次ᄂᆞᆫ左와如ᄒᆞ니午前八時三十分에 敦化門으로出 御ᄒᆞ사 鍾閣、鐵橋、銅峴、黃土峴、布德門等路를從ᄒᆞ사大漢門으로入ᄒᆞ사 問安ᄒᆞ옵시고下午五時三십分에還 御ᄒᆞ옵신다더라

●惇殿問安 來八日은 萬壽聖節인故로各府部院廳奏任官들이 惇德殿에 詣ᄒᆞ야署名問安ᄒᆞᆫ다더라

●下勅召接 太皇帝陛下께옵셔本月八日에中樞院議長副議長及議政顧問을召接ᄒᆞ시기爲ᄒᆞ야承寧府總管趙民熙에게勅敎를 下ᄒᆞ옵셧다더라

●聖節賜宴 萬壽聖節에各府部院廳親勅任官을 惇德殿에引入ᄒᆞ사 御賜饌ᄒᆞ옵신다더라

●英氏無恙 前參將梁性煥시가松石園所有家屋을放賣코져ᄒᆞᄂᆞᆫ대承寧府侍從吳壹泳시가該事由를聞知하고 太皇帝陛下의 勅令을借託ᄒᆞ야該家屋을皇室에셔買入ᄒᆞᆫ다ᄒᆞ고八千圜에契約ᄒᆞ야三千圜은吳시가卽時推去ᄒᆞ고其餘五千圜은皇室에셔未久 下賜ᄒᆞ신다ᄒᆞ고因循日延ᄒᆞ다가該事가綻露되야梁시와金男梁在勳시가地方裁判所에起訴하야文券을還推ᄒᆞ고三千圜金은返還ᄒᆞ얏다더라

●固所預料 度支大臣任善準시ᄂᆞᆫ讓於하야辭職ᄒᆞ기로決心ᄒᆞ얏다더니統監의勸諭를經ᄒᆞᆫ後何思想이突出홈인지統監邸에辭退ᄒᆞ던當日夜에[illegible]大臣을對ᄒᆞ야留任ᄒᆞ기로答ᄒᆞ얏스나但當時辭職의意를堅執ᄒᆞ던터에直時에仕ᄒᆞ면世人의笑柄을作ᄒᆞᆯ가ᄒᆞ야아즉은自邸에셔政務를視ᄒᆞ고機會를觀ᄒᆞ야官廳에出現ᄒᆞᆯ터이라더라

●慶樓午餐 內閣各大臣들은本日正午에[illegible]原及明石新舊日憲兵隊長을 景福宮慶會樓로招待ᄒᆞ야午餐會를開ᄒᆞᆫ다더라

●爲擇後補 近日以來로各部大臣들이互相訪問ᄒᆞ며秘密協議ᄒᆞᄂᆞᆫ事가種種有之ᄒᆞ다ᄂᆞᆫ대其內容은度支大臣任善準氏가辭免ᄒᆞᄂᆞᆫ事에對ᄒᆞ야後補者選擇에關홈이라더라

●歸韓譯官 前武官學校敎官沈宜性氏ᄂᆞᆫ日本에留學하ᄂᆞᆫ武官학徒의通譯을被任ᄒᆞ야日간日本에渡往ᄒᆞᆫ다더라

●經義考擧 학部에서經義問對考試를擧了ᄒᆞ얏ᄂᆞᆫ데昨日에初試合格者를調査ᄒᆞ얏다더라

●承認卽頒 目下認可를申請ᄒᆞᄂᆞᆫ地方貢賦課規則은認可를承ᄒᆞᆫ後에卽時頒布에編入ᄒᆞᆫ다더라

●孫孃餞別 三昨日下午七時量에貞洞孫澤孃邸에서內外國紳士가多數會集ᄒᆞ야孫孃의餞別宴을設行ᄒᆞ얏다더라

●施刑調査 韓[illegible]閔泳徽氏의田畓이交河郡에在ᄒᆞᆫ대該舍音奇某가錢穀間欠逋가有ᄒᆞ던지閔氏가奇某를捉致施刑ᄒᆞᆫ事가有ᄒᆞ다ᄒᆞ야警視廳에서該事實有無를現方調査ᄒᆞᄂᆞᆫ中이라더라

◉兩黨接近 數日來에所謂韓國政黨一進會及大韓協會가合同ᄒᆞᆫ다ᄂᆞᆫ說이喧傳ᄒᆞᆫ대其內容을探聞ᄒᆞᆫ則去一日夜에各黨派領袖者(一進會의洪肯燮大韓協會의吳世昌尹孝定沈宜性정雲復서北學會의崔석夏諸시)가淸華亭에서鳩首會同ᄒᆞ야爛熟議ᄒᆞᆫ事가有ᄒᆞᆫ대其眞相은日本에서留學卒業ᄒᆞᆫ新進政治家崔석夏시가近日韓國各政黨의角立됨을不慊ᄒᆞ야此를渾合ᄒᆞ야互相提携活動케ᄒᆞ기를企圖하고各政黨領袖의게論說ᄒᆞᆫ즉各其意見이一致되야遂히淸華亭會席이成ᄒᆞ야種々의意見을交換ᄒᆞᆫ세目下에各黨派가分立홈은不可ᄒᆞ니現日主義下에셔各派가提携ᄒᆞ야政界의活動을ᄒᆞ자ᄒᆞ고協議가一致되얏다ᄂᆞᆫ데此ᄂᆞᆫ韓國政黨界의一大問題라吾儕ᄂᆞᆫ姑且筆을停ᄒᆞ고其成立의結果를待ᄒᆞ노라

●洪氏慈善 忠北文義郡芙江場坪里居ᄒᆞᄂᆞᆫ洪在寬시ᄂᆞᆫ家勢도不贍ᄒᆞᆫ대天性이慈善ᄒᆞ야境內貧窮無告者의게錢穀을賑給홈이前後累萬金을費ᄒᆞ얏고且哀憐과老弱은尤加特恤ᄒᆞ야終始不變ᄒᆞᄂᆞᆫ故로洪氏를頌德ᄒᆞ기爲ᄒᆞ야石碑를立ᄒᆞᆫ者ㅣ數個所요木碑ᄂᆞᆫ百餘箇所에達ᄒᆞ얏다더라

●元氏渡韓 韓國宗敎界에熱心ᄒᆞ던元杜宇시가渡韓홈은已報어니와該시가現今平壤府에到着ᄒᆞᆫ故로迎接하기爲ᄒᆞ야牧師幾員이該郡으로下往ᄒᆞ얏다더라

●烟社豫定 東亞烟草株式會社京城工場은拾壹月初旬부터開業에着手ᄒᆞᆯ豫定인대職工은總히韓人을採用홀터이라더라

●韓氏辭免 韓美興業株式會社長吉納咸시가歸國홈으로該社事務를處理ᄒᆞ기爲ᄒᆞ야朴奉燁시로[illegible]를推薦ᄒᆞ얏ᄂᆞᆫ대朴시ᄂᆞᆫ煩홈을因ᄒᆞ야此任을辭免ᄒᆞ얏다더라

●木節土發見 木節土ᄂᆞᆫ陶器改良에不可無ᄒᆞᆫ良土인데從來韓國에ᄂᆞᆫ産出이無ᄒᆞ더니過日工業講習所日人技師가黃海道殷栗長連等郡數處에서此土를發見ᄒᆞ얏ᄂᆞᆫ대此ᄂᆞᆫ陶器界에福音이될만ᄒᆞ다더라

●木越渡韓 韓國에駐在ᄒᆞ던日本第六師團長木越中將은昨日日本新橋驛에서발程ᄒᆞ여渡韓의途에就ᄒᆞ얏다더라

●面長橫徵 洪州興口面面長趙孔七氏ᄂᆞᆫ隆熙三年度結稅를收捧ᄒᆞᆯ時에自己의費라稱ᄒᆞ고每結頭에四五兩式加捧ᄒᆞᆫ故로民怨이漲溢ᄒᆞᆫ다더라

●以酸代甘 松禾郡에居留ᄒᆞᄂᆞᆫ日人栗田의妻가該地農民瓜田에潛入ᄒᆞ야眞瓜를竊取ᄒᆞ다가農主에게發覺되야果價를督推ᄒᆞᆫ즉該日女가懇乞ᄒᆞ야日現無分錢ᄒᆞ니晝夜淫婬으로代贖ᄒᆞ자ᄒᆞ매傍觀人들은鬨場拍手ᄒᆞ얏다더라

●河訴千躱 新門外居ᄒᆞᄂᆞᆫ千一淸시가加平郡居河錫泓시의錢財를勒奪ᄒᆞᆫ事에對ᄒᆞ야河시의弟河益泓시가西部警察署에呼訴ᄒᆞ얏더니千氏ᄂᆞᆫ知機逃躱ᄒᆞ얏다더라

●偵探呼訴 日憲兵司令部偵探客全丙喆氏ᄂᆞᆫ支偵探의月給을延拖不撥ᄒᆞᄂᆞᆫ故로支偵探諸人이憲兵司令部에呼訴ᄒᆞ얏다더라

●救恤目的 水災를被ᄒᆞᆫ平南各郡은貧民의生活程度가艱難ᄒᆞᆫ대인故로土木局의工役을設ᄒᆞ야人民으로ᄒᆞ야곰賑雇圖生케ᄒᆞᆯ目的으로內部에서其案件을現方硏究中이라더라

●義將出沒 義兵將李貞龍시ᄂᆞᆫ部下數百名을領率ᄒᆞ고海西山郡으로出沒ᄒᆞᄂᆞᆫ데各地部將을每月會同ᄒᆞ야軍事를協議ᄒᆞᆫ다더라

●其義甚美 [illegible]賢白樂善諸氏가平安道水災에對ᄒᆞ야救恤金을募集ᄒᆞᆯ次로義捐會를設行ᄒᆞᆫ다더라

●黃氏設社 前郡守黃濱秀시ᄂᆞᆫ實業에注意ᄒᆞ야烟草會社를設立ᄒᆞ고資金을募集ᄒᆞᄂᆞᆫ中이라더라

●虎疫猖熾 新義州에虎列剌가猖獗홈은累報어니와再昨日까지罹病者를調査ᄒᆞ얏ᄂᆞᆫ데韓人四拾五名內에死亡者가二拾壹名이오淸人八名內에死亡者가二名이오日人十名內에死亡者가五名이라더라

●長郡水害 咸南長津郡에ᄂᆞᆫ水害를因ᄒᆞ야重傷者가십九人이오致死者二십六人이오遺失家屋이二십일戶오家畜溺死가십八頭오橋梁崩壞가십三處오水碓漂沒이拾二座오土地破壞가壹百耕이라더라

●西部牛疫 京城西部管內에ᄂᆞᆫ牛疫이發生ᄒᆞ야三頭가斃ᄒᆞ얏다더라

●救世開會 本日下午七時에夜珠峴救世軍會堂에셔祈禱會를開ᄒᆞ고同十時에ᄂᆞᆫ査經會同十壹時에ᄂᆞᆫ福音會下午二時三拾分에ᄂᆞᆫ讚頌會同八時에ᄂᆞᆫ救援會를開ᄒᆞ고同會上層에서同日下午二時에特別婦人會를開ᄒᆞᆫ다더라

●關東總會 關東學會에서本日下午壹時에定期總會를開ᄒᆞ고事務를處理ᄒᆞᆫ다더라

學界

●兩氏熱心 慶尙南道사川郡洙南面龜坪洞居ᄒᆞᄂᆞᆫ閔용相시ᄂᆞᆫ光武십壹年에同面八浦등와普興학校를私立하야靑年子弟를熱心敎育ᄒᆞ고各項經費를擔當自擔하더니同面有錦동居하ᄂᆞᆫ前參奉洪鍾東시가本年부터히시와協同贊成홈으로該校進就之望이日新又新ᄒᆞᆫ다더라

●延興日興 延安郡洪[illegible]興학校ᄂᆞᆫ設立以後로校費가窘絀ᄒᆞ야維持方針이杳然ᄒᆞ더니該校長申宗均시가自己田畓多數放賣ᄒᆞ야費用을支用ᄒᆞ고敎師尹九鉉시를延聘ᄒᆞ야兩시가熱心敎育ᄒᆞᄂᆞᆫ故로學員이日加月增ᄒᆞ야校況이[illegible]ᄒᆞᆫ다더라

●雍校擴張 平남江西郡[illegible]雍里溪學校郭元範[illegible]建塾東關[illegible]시가協議ᄒᆞ야昨年二月分에雍溪學校를建築ᄒᆞ야生徒五十餘名을募集ᄒᆞ고敎師金漢석시를延聘ᄒᆞ야熱心敎授ᄒᆞ는데同郡紳士들이校費의窘乏홈을慨歎ᄒᆞ야義捐金五百餘圜을寄附ᄒᆞ얏슴으로校況이層益發展ᄒᆞᆫ다더라

●妙年志士 龍川府北下面東[illegible]私立[illegible]興학校校主張[illegible]시ᄂᆞᆫ妙年志士로敎育에熱心ᄒᆞ야現今國民의生路와希望은但此敎育事業에在ᄒᆞ다ᄒᆞ야諸般財力을義務自擔ᄒᆞ야校舍를新建築ᄒᆞ고遠近靑年을壹同會合ᄒᆞ야至誠敎導ᄒᆞᆫ다더라

○東京電報○

四日午後二時發

◉觀光又渡 下野新聞社에서主催ᄒᆞᆫ韓滿觀光團三십八名은今朝에新橋驛에셔發程ᄒᆞ야渡韓의途에就ᄒᆞ얏다[illegible]

▲一時壯觀▼

▲東海尾閭壹開後에金融枯渴이日甚ᄒᆞ야窮部中에더욱商民은盼斂聲ᄒᆞ야籲天ᄒᆞ고破販界에商民들은閉店者가許多ᄒᆞᆫ데乘時跳跟奸細輩ᄂᆞᆫ如山黃金引出ᄒᆞ야揚々自得ᄒᆞᄂᆞᆫ貌樣目不忍見ᄒᆞᆯ깃고나

▲슈낫고나々々々觀光團이슈낫고나日本國을遊覽後에上興宅에다녀온듯遙々誇張[illegible]ᄒᆞ야讚頌紹介ᄒᆞ야地方勸諭나려갈제五千餘圜皇室金을갈쩌갖치싸먹으며그貌樣도壯觀이오

▲슈낫고나々々々大成會가슈낫고나[illegible]龍絡当[illegible]巨[illegible]金[illegible]生恐弄ᄒᆞ던大東會에더[illegible]가續任後에무슨運動잘ᄒᆞ여서二十萬圜[illegible]나그貌樣도壯觀이오

▲수낫고나々々々[illegible]수낫고나留學[illegible]守月給절도나고三寸舌[illegible]기면運動費가自在ᄒᆞ며[illegible]와某處에셔巨額金을[illegible]遂ㅅ倡說자랑ᄒᆞ니그貌樣도壯觀이오

▲슈낫고나々々々一進會가수낫고나魔黨領袖[illegible]本國에渡往ᄒᆞ야俄日兩國[illegible]詩에效忠之心[illegible]을請求ᄒᆞ야二十萬圜[illegible]浩然歸國ᄒᆞ얏다니그貌樣도壯觀일세

▲저런貴族가지고쏘罹災民을救恤ᄒᆞᆫ다든名譽이나어러나고流乞에나주엇스면飢寒이나免ᄒᆞ련만되지못ᄒᆞᆫ奸細輩는萬萬圜을虛費ᄒᆞᆫ들分文잇슬소냐當局者의伎倆ᄒᆞ도至愚且劣可怜ᄒᆞ다

局 標 本舘京西小門外車洞 閔宮 閔 강 告白

壹匣壹圜散賣拾錢

齒痛散 虫齒痛不拔而愈 永久完全金三十錢

益壯丸 男女元氣不足質精虛冷 壹週日分二圜四週七圜

調劑者 月永? 調血塊 壹瓶分壹 圜 傷寒聖藥 四時感冒온疫 定價 廿五錢

社告

各地方에서本報를愛讀하는諸君子시여本報創刊以後로諸君子의累年勤願을심을賴하야益々히本報가擴張進步됨은感謝無已여온바近日에至하와諸君子ㅣ本社의事情을未燭하심인지本報의代金을累月延滯함으로社中經費가辦出이無處하야困難이莫甚하오니諸君子는特히愛讀의情을不替하셔와代金을速々辦送하시옵不然하오면本報維持가極難하오이다嗚呼라本社는元來營業的으로創見할者아니오니萬一極項의經難이아니면엇지如是히代金을督促하리오實로萬不得已에出함이니諸君子는亟亟 照亮하시와速々辦送하심을至祝

大韓每日申報社

本舘에서壹般任員을改差하옵고書籍五圜以上에特別割引할터이오니僉君子는陸續購求하시옵

測量機具와學徒用品各種도具備하엿슴

平壤鍾路太極書舘
館主 李昇薰
主任 宋鱗遠
事務 金根澄

敬啓者本報는開刊有年에其論調의正과其報道의迅速이無比하야淸國內遠近志士가壹切歡迎하오며韓國에도稍々히購覽하는紳士가有하온바今에更히江湖諸彦의購覽諸시를紹介하기爲하야本報館所在處及報價를左開廣告하오니願覽諸시는速々히左開處로通奇하시옵

本舘所在地 哈爾濱瓦牙街
報價壹個月先給 俄貨捌角
全 三個月先給 俄貨貳圓
但報價는先給을要함

八月拾壹日陰六月貳拾六日

遠東報舘 告白

雜報

●以論拒學 徽文義塾長某氏는해塾학員을訓誡하야洋服을製着지아니하면上학을不許한다하는故로해學員中退學者가多有하다더라

●鄭氏得放 前部 部監 鄭寅夏氏가監補部時에任時에公通함이有함으로中部警察署에被囚하얏더니해氏의合族이十月陰日에協議하기도擔保를提出하야該氏가放을得하얏다더라

測量機械新製各種
製圖付屬品俱備
書籍各種
紙類 谷香煙草各種

漢城南部苧洞六拾二統十戶
金龍商會 謹告

廣告

本人이姓名圖章을失하얏기玆에廣告홈
[illegible] 瑛 告白

●大減價放賣
製圖器測量器械製圖用紙名種을右並千組限特別割引大放賣
京山[illegible]本町三丁目近藤支店

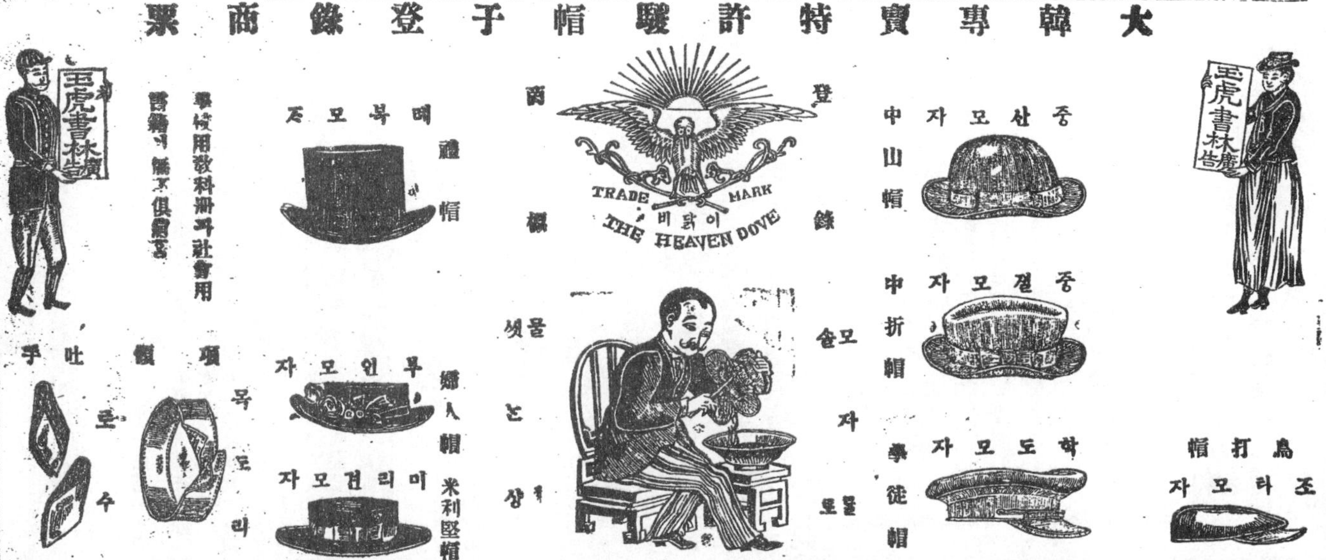

▲신발명 모자팡고
▲저매득허
本帽子新發明完成
隆熙三年三月二십壹日
專賣特許 同年五月六日
商票登錄 同年五月拾八日
發明兼特許主 鄭寅琥
廉價發賣

今에本帽子를製造하는職習生을多數養成하야工價를廉케함으로效力으로帽子를販賣하야製하고價를每項에壹圜五拾錢式特減함

中山中折帽子 壹等에 四圓
二等에 三圓五十錢
三等에 三圓

但特等帽와학徒帽와運動帽는此限에不在함

이신발명훈총모자는원방제우편소포로보내면혹시구려염녀스나물픈에잠그면쥬졀노퍼져입어남표이신고히밋민시쥬임에번시상표가뜨여잇눈만은몰쉬와잡것다가의예더러운것과몬지바매돌비누로씻ㅅ면곳곳지러서와고발느기울게홈ㅁ부러지역ㅅ기모양을만드어서말온후에상표또물마시너어서쓰면결홈이시도것갓고(雨)비를마저저도것이와갓치ㅎ면위심ᆞ필ᆞ홈이던하ᆞ대입이라새상사롬외갓으로쓰기에가장아름답ᄉ오이다

그림과갓치쟈죵모쟈가구비훈온대림여름에는흰빗으로도까별ㅁ선ㅅ게훈봄과가을에는회식오쪽가별ㅁ총총이훈ㅁ거슬여는가법되ᄯ라人々훈게ㅎ야칩ㅁ대운ᄉ후를따라뎌딩훈도록ㅁ늘ㅁ죱지안케ㅎ됴졀ㅁ디색ᄯ쟤계죠ㅎ야여러히ᄃ피ᄂ셰ᄃ히지ㅁ산홈ㅈ업ᄂ묘ᄆ쟤미두권ᄯ엇ㅁ샹ᅗ포ᄃ등록ㅎ엿ᄉ오니셰계각국에신ᄉ들은시속허챵구ㅎ심을넘니바라ᄂ이다

대한경셩중부파리동교쳐년회연쳡대총모자제조소
대한경셩남부동현대사거리
샹셩오쫑오호
욕호ㅆ딤ㅂ
총모자샹젼특허주 정인호 근고
발매지졈 경셩중부승동卌壹
용구호에수표치사쟈윤수근고

本社에서在上海東洋烟草大製造廠과專賣權을特約하고各種烟草를輸入하와各代理店에支出하오니 僉君子는愛顧하심을敬要

法韓黑紙烟壹匣廿五本具竹嘴
旗艦票壹匣廿本具紙嘴
囉叭標壹갑五本入
鷹標壹갑십本入
虎標壹갑십本入
獅子標壹匣拾本入
鬪士標一匣十本入
法韓쉬잉金口紙一匣拾本入
法韓시오뵈金口紙一箱百本入
本社의各代理店은左開홈
平壤代理人 鄭基煥
恩산沙理院代理人 [illegible]
太邱代理人 金基[illegible]
京城鍾路代理人 金濟性

再
誰某氏던지各處에代理店을設實히開하기를願하거던本社에來臨相議하시옵
京城石井洞
法韓會社 告白

女子修身敎科書
定價금 二拾錢
本書는女子敎育界에壹大指南이될뿐아니라家庭間自習에尤極便易하오니有志 僉彦은多數需用하심을務望홈
周時經 述

國文初學
定價금 拾 전
今에新刊한國文初學은幼蒙敎科에適合하오니多數需用하심을望홈

普通敎科算術書
定價금 二十錢
本書는年幼한학生의覺得함과便易케爲하야淺하게著述하엿사오니多用하심을望홈

問答大韓新地誌
柳[illegible]宣校閱 安鍾學 著述
定價금 廿五전
今에問答大韓新地誌를新刊하엿는바普通敎科에適用케編輯홈이오니多數需用하심을望홈

高等小學算術書
定價금 二十錢
算術은高等학科에適하도록著述홈이니多數需用하심을望홈

物理學初步
定價금 五十錢
本書는普通教育界에壹大指南으로簡明便易케著述홈이니壹般學界에多數需用하심을望홈

獨習韓日會話
定價金 廿五錢
本書는初次日語獨習을하기에便易케하도록著作한書이니多數히購覽하심을望홈
發行所 京城南大門內倉洞 博文書館
分賣所 京鄉各有名書舖

社告

○申報價

壹張代金 新貨貳錢五厘

壹個月前金 三拾錢

參個月 九拾錢

陸個月 壹圜七拾錢

壹個年 參圜四拾錢

郵稅壹張 新貨五厘

壹個月 拾參錢

○廣告料

四號活字拾參字에 每日壹寸(英尺)에 新貨廿五錢

貳週間壹寸에 貳圜五拾錢

壹個月壹寸에 五圜

(自壹行至四行이爲壹寸)

長短期의長短과字行의多寡에 … 增減홈이有홈

大韓每日申報 各處支社廣告

黃海道

平安道

咸鏡道

忠淸道

慶尙道

江原道

第七卷

大韓每日申報

第千壹百九拾壹號

月歲 曜時 及日 曜休 新刊

檀君開國四千二百四十二年
孔子元年二千四百六十年
大韓開國五百十八年
日本明治四十二年
耶穌降生一千九百九年
陰曆己酉七月小二十三日

Responsible for Publication Alfred Weekley Marnham.
發行兼編輯人 英國人 萬咸
發行所 京城 大韓每日申報社

論說

◉告田土賣買者

吾儕가 香을 焚ᄒᆞ야 域內同胞에게 「飢死ᄒᆞᆯ지언졍 自己의 田土를 外人에게 典執或賣渡ᄒᆞ지말며 寒死ᄒᆞᆯ지언졍 自己의 田畓을 外人에게 典執或賣渡ᄒᆞ지말라」고 血淚로 泣告ᄒᆞ며 壹再가 아니로대

雖然이나 元來貧寒ᄒᆞᆫ 韓國同胞가 (壹)則今日水旱의 餘를 當ᄒᆞ야 菜穀이 太半荒ᄒᆞ며 (二)則經濟恐慌의 日을 當ᄒᆞ야 分錢이 出處無ᄒᆞ니

彼人口家의 家에 小農小商으로 生計를 作ᄒᆞ던 者ㅣ 此에 至ᄒᆞ면 堂上의 老父母가 病을 吟ᄒᆞ며 眼前의 稚兄弟가 飢를 號ᄒᆞ고 膝下에 升聚ᄒᆞᆫ 婦女子女들은 呱呱히 飯을 索ᄒᆞ나니 鐵腸의 人이라도 淚感의 情을 難禁ᄒᆞᆯ디인ᄃᆡ 萬壹 臨時에 壹掬米와 壹盂飯을 得ᄒᆞᆯ 道만 有ᄒᆞ면 讒諂의 據時라도 可奮이며 先父의 祭器具도 可鬻이며 祖上의 手蹟文集도 可賣이며 世傳의 紀念御賜物도 可賣이니 況乎 壹畝田壹間屋의 基業이 비록 乃父乃祖의 血汗으로 建設ᄒᆞᆫ 者이나 壹家의 溝壑이 目前에 在ᄒᆞ나 어지 其家券田券을 抱ᄒᆞ고 餓死ᄒᆞᆫ 者ㅣ 有ᄒᆞ리오 當場糊口의 飯을 爲ᄒᆞ야 數石落田土를 賣渡ᄒᆞᆷ은 不得已의 事인 故로 古人詩에 亦云호ᄃᆡ 醫得眼前瘡이나 剜却心頭肉이라ᄒᆞ엿더라

嗟乎라 今日同胞가 錢慌과 荒의 時를 當ᄒᆞ야 舌을 閉ᄒᆞ고 心을 齎ᄒᆞᆯ지라 至飢且迫ᄒᆞ고 寒且甚ᄒᆞ야 田土를 不與賣ᄒᆞ기 難ᄒᆞ지나 吾儕ᄂᆞᆫ 兩句語로 同胞의 牢記를 要ᄒᆞ노니 ᄒᆞᆫ 有ᄒᆞ니 曰 田土를 與ᄒᆞ며 又與ᄒᆞ되 外人에게ᄂᆞᆫ 與ᄒᆞ지 말며 家舍를 典ᄒᆞ며 又典ᄒᆞᆯ지라도 外人에게ᄂᆞᆫ 典ᄒᆞ지 말지어다

本國同胞에게 賣ᄒᆞᄂᆞᆫ 田土ᄂᆞᆫ 是 大韓人의 田土를 大韓人에게 與ᄒᆞᆷ이라 譬컨ᄃᆡ 兄의 所有를 弟에게 與ᄒᆞᆷ이며 弟의 所有를 兄에게 與ᄒᆞᆷ이니 千百番이 讓ᄒᆞᆯ지라도 他日에 我에게 再歸ᄒᆞᆯ 時가 有ᄒᆞ거니와 外人에게 賣ᄒᆞᄂᆞᆫ 者ᄂᆞᆫ 祖宗山河를 賣ᄒᆞᆷ이며 地老天荒ᄒᆞᆯ지라도 永永히 我의 有가 아니리니 嗚乎 念哉어다

官報

◉隆熙三年七月廿七日 官報

法律

法律第二拾二號

韓國銀行條例 (續)

第七章 政府의 監督及補助

第三십條 政府ᄂᆞᆫ 韓國銀行業務를 監督홈

第三십壹條 韓國銀行은 其定款을 變更코자 ᄒᆞᆯ 時ᄂᆞᆫ 政府의 認可를 受ᄒᆞᆷ이 可홈

第三십二條 韓國銀行은 株主에게 配當金을 分配코자 ᄒᆞᆯ 時ᄂᆞᆫ 政府認可를 受ᄒᆞᆷ이 可홈

第三十三條 政府ᄂᆞᆫ 必要로 認ᄒᆞᆯ 時ᄂᆞᆫ 銀行券의 種類發行額 貸付割引의 金額及方法 又ᄂᆞᆫ 其利子步合 手數料及正貨準備 或은 保證準備에 關ᄒᆞ야 制限을 付ᄒᆞᆷ을 得홈

第三십四條 政府ᄂᆞᆫ 韓國銀行의 營業上 本條例定款 又ᄂᆞᆫ 監督上 政府가 發ᄒᆞᆫ 命令을 背戾ᄒᆞ거나 或은 公益을 害ᄒᆞᆯ 事項이 有ᄒᆞᆷ으로 認ᄒᆞᆯ 時ᄂᆞᆫ 此를 制止ᄒᆞ고 尙히 情狀에 由ᄒᆞ야 役員을 解職ᄒᆞᆷ을 得홈

第三십五條 韓國銀行은 政府의 命令을 從ᄒᆞ야 其營業에 關ᄒᆞᆫ 諸報狀況及計算報告書를 提出ᄒᆞᆷ이 可홈

第三拾六條 政府ᄂᆞᆫ 特히 韓國銀行監理官을 置ᄒᆞ고 韓國銀行業務를 監視홈

第三拾七條 韓國銀行監理官은 何時라도 韓國銀行의 金庫帳簿及諸般文書를 檢査ᄒᆞᆷ을 得홈

韓國銀行監理官은 監視上 必要로 認ᄒᆞᄂᆞᆫ 時ᄂᆞᆫ 何時라도 韓國銀行에 命ᄒᆞ야 營業上 諸般計算及狀況을 報告케 ᄒᆞᆷ을 得홈

韓國銀行監理官은 株主總會 其他諸般會議에 出席ᄒᆞ야 意見을 陳述ᄒᆞᆷ을 得ᄒᆞ되 議決의 數에 加ᄒᆞᆷ은 不得홈

第三十八條 韓國銀行의 利益金으로 政府所有株 以外의 株式을 對ᄒᆞ야 每營業年度에셔 年百分之六의 割合에 達ᄒᆞ기ᄭᆞ지ᄂᆞᆫ 政府所有株에 配當ᄒᆞᆷ을 不要홈 (未完)

外報

◉滿日協約調印 滿日間協約調印은 完了ᄒᆞ얏다더라

◉線路變更中止 安奉線의 陳相屯以西線路變更은 中止ᄒᆞ얏다ᄂᆞᆫ 說이 有ᄒᆞ더라

◉梁敦彥渡米說 北京電報를 據ᄒᆞᆫ즉 攝政王은 外務部尙書梁敦彥을 米國에 派遣ᄒᆞ야 國事에 就ᄒᆞ야 大統領 타프트씨에게 何等提案을 商議코져ᄒᆞᆫ다더라

◉海峽問題會議 英露德三國政府ᄂᆞᆫ 明年ᄯᅢ 다넬스海峽問題에 關ᄒᆞᆫ 會議를 開催ᄒᆞ고 土國의 主權을 尊重ᄒᆞ야 ... 第一條件은 海峽閉鎖條約의 廢止라더라

◉蘭領의 匪黨 蘭領세리베스島 남方구모스島에서ᄂᆞᆫ 偵探隊와 土民間에 戰鬪가 有ᄒᆞ다더라

◉飛行大會 美國에 에로俱樂部ᄂᆞᆫ 리무飛行機大會의 結果로 明年當地에셔 第二回競技會를 開催ᄒᆞᆯ 計劃中이라더라

◉希臘皇帝廢止說 希臘皇帝를 廢止ᄒᆞᆫ다ᄂᆞᆫ 說이 有ᄒᆞ나 現皇帝를 排斥ᄒᆞ고 他王朝를 立ᄒᆞᆷ은 困難ᄒᆞᆫ즉 노信ᄒᆞᄂᆞᆫ데 雅典來電을 據ᄒᆞᆫ즉 소루바스大佐ᄂᆞᆫ 皇帝廢立及憲政中止運動을 絶對로 否認ᄒᆞ얏다더라

學報

◉博明學校 黃海道兎山郡西加面栗洞里私立博明學校에셔 去月二十二日에 第壹回卒業式을 行ᄒᆞ얏ᄂᆞᆫᄃᆡ 優等生 李中孫 優等生 李學基 李文基 及第生 李學同 鄭文謨

詞藻

◉活動期

秋風이 건듯부니, 이ᄂᆡ精神서로워라. 龍송爲이허타고, 갈ᄯᅦ들ᄂᆞ처주치ᄅᆞ. 丈夫의 活動ᄒᆞᆯ 時期ᄂᆞᆫ, 이ᄯᅢ런가.

雜報

●慶節獻品 太皇帝陛下 萬壽聖節에總理大臣李完用氏가二千圜가値되ᄂᆞᆫ銀盤床二件을獻進ᄒᆞᆫ다더라

●承召入城 中樞院顧問李根澔權重顯兩氏ᄂᆞᆫ 太皇帝陛下의 召命을 奉承ᄒᆞ야昨今兩日에次第入城ᄒᆞᆫ다더라

●皇儲行啓 目下日本函根에 御滯在ᄒᆞ신韓國 皇太子殿下ᄭᅴ셔ᄂᆞᆫ昨日에碓氷에 行啓ᄒᆞ셧다가今日에東京에還御ᄒᆞ신다더라

●內閣開會 昨日午前十時부터內閣會議를ᄒᆞ고政務를討議ᄒᆞ얏ᄂᆞᆫ대任度ᄂᆞᆫ欠席ᄒᆞ얏다더라

●內閣行動 內閣에서大한協會와一進會兩會가合同ᄒᆞᆫ다ᄂᆞᆫ說을聞ᄒᆞ고鬼胎를抱ᄒᆞ야種々其計劃의妨害를試ᄒᆞᆫ다더라

●誰因之故 參將李熙斗氏가親衛府長官을圖得ᄒᆞ기爲ᄒᆞ야某處에言及ᄒᆞ얏ᄂᆞᆫ대親衛府에서答ᄒᆞ기를目今武官학校를廢止ᄒᆞ고生徒ᄂᆞᆫ海外에留학ᄒᆞᄂᆞᆫ此時를當ᄒᆞ야何景况에仕官을運動乎아ᄒᆞ고一場論責ᄒᆞ얏다더라

●饅頭閉店 中樞院顧問李址鎔氏ᄂᆞᆫ饅頭價四百元을延拖不報ᄒᆞᄂᆞᆫ故로饅頭商高永得이閉店ᄒᆞ지ᄒᆞ얏다더라

●斥土猶恨 中樞院顧問李址鎔氏ᄂᆞᆫ近日各債權을淸勘ᄒᆞ기爲ᄒᆞ야驪州郡에在ᄒᆞᆫ早稻畓三百石秋收落을現今放賣ᄒᆞ라ᄒᆞᆫ다더라

●日本豫算編成 日本大藏省의豫算은大抵編成되얏다더라

●協約發表期 淸日新協約은覺文과如ᄒᆞ거니와右協約을日本外務省에서來八日에公表ᄒᆞ기로決定ᄒᆞ얏다더라

●三角線連絡調査 統監府에서ᄂᆞᆫ本月中에韓國及日本敦賀의連絡件과京元線에關ᄒᆞᆫ件을調査ᄒᆞ기爲ᄒᆞ야某高等官을派遣ᄒᆞᆯ터이라더라

●間島交涉發表 間島問題에關ᄒᆞᆫ交涉顚末은來八日에統監府에서발表ᄒᆞᆯ터이라더라

●俄領事船遊 京城에駐在ᄒᆞᆫ俄國領事ᄂᆞᆫ本月四日에京城에在留ᄒᆞᄂᆞᆫ外國人을招携ᄒᆞ고漢江에서船遊를盛設ᄒᆞ얏다더라

●囑債高 高等學校囑托日人角田의手當金은每朔六十圜式支撥ᄒᆞᆫ다더라

●豆哇之病 退官將校의恩賜金을親衛府長官은三年俸을支給ᄒᆞ지안코某處에서ᄂᆞᆫ二年俸만支給ᄒᆞ기로ᄒᆞ야昇降ᄒᆞᆫ際에軍人某가納賂的으로發言ᄒᆞ야日二年俸도不必支給이오各將校를區差ᄒᆞ야幾月俸만分給ᄒᆞ야도無妨ᄒᆞ다ᄒᆞ얏다더라

●警官協議 警視廳訊問課刑事監督諸시ᄂᆞᆫ再昨日寐遁寺[?]에前往ᄒᆞ야警察에關ᄒᆞᆫ事件을協議ᄒᆞ얏다더라

●監督入城 耶蘇敎監督인로티쓰氏ᄂᆞᆫ日昨에入城ᄒᆞ얏다더라

●陳列館移設 農商工部內에設ᄒᆞᆫ商品陳列館은家屋이狹隘ᄒᆞ야物品裝置에不便ᄒᆞᆫ故로他處로移轉ᄒᆞ기爲ᄒᆞ야適當ᄒᆞᆫ家屋을選擇ᄒᆞᆫ디鍾路韓人商業會議所가現今空家인故로此를借受코저ᄒᆞ야目下交涉ᄒᆞᆫ다더라

●掃雪抑鬱 宗廟掃雪軍四千四名은月俸四십錢을領受하고十八年을勤務ᄒᆞ얏ᄂᆞᆫ대昨年八月에整理除汰ᄒᆞ고更히他人二十名을充選ᄒᆞ야月給은六圜五拾錢式劃下ᄒᆞᄂᆞᆫ故로除汰軍은前後月給이厚薄이相懸ᄒᆞᆯ뿐더러多年服務ᄒᆞᆫ者를一切除汰ᄒᆞᆷ이抑鬱ᄒᆞ다ᄒᆞ야內藏院에聯名呼訴ᄒᆞ얏ᄂᆞᆫ데退當ᄒᆞ얏다더라

●銀行募株速成 昨日은한國銀行株募集ᄒᆞᄂᆞᆫ初日인더한國에서도當日正午ᄭᆞ지已是數倍에達ᄒᆞᆫ故로午後四時에ᄂᆞᆫ募株를停斷ᄒᆞ기로각取扱銀行에急電ᄒᆞ얏고各銀行의募株ᄒᆞᆫ것은如左ᄒᆞ니

漢湖農工銀行 拾四萬千四百拾五株 申請者三百五拾二人

天一銀行 拾壹萬四千九百五十壹株 申請者三百四拾四人

第一銀行 十壹萬七千二百五拾株 申請者三百四十六人

한一銀行 五千九百九十五株 申請者壹百十七人

漢城銀行 五千五百四十八株 申請者四十四人이라더라

●協會開會 去星日에一進會와大한協會의領袖等이淸華亭에서會同協議ᄒᆞᆷ은前報에已揭ᄒᆞ얏거니와大한協會의地方支部에서ᄂᆞᆫ大激昂ᄒᆞ야本部員들이恣意로會見ᄒᆞ야如斯ᄒᆞᆫ大事를獨斷專行ᄒᆞᆷ은甚히不當ᄒᆞ다ᄒᆞ야極力抗議中인대領袖들은百方으로其鎭撫에努力ᄒᆞ야紛議를解決ᄒᆞᆯ次로昨夜에大會를開ᄒᆞ얏다더라

●稅主橫徵 興德郡稅務主事洪榮善씨ᄂᆞᆫ郡內에領收員壹人과書記幾人을置ᄒᆞ고考結時에每結頭二十錢式收捧ᄒᆞ고總稅時에每結頭壹圓式加捧ᄒᆞᄂᆞᆫ故로民怨이浪藉ᄒᆞ다더라

●家貰割引 度支部所管家屋貰를每朔每간에五十錢式收納ᄒᆞ더니今回에更히調査ᄒᆞ야二십四錢式割引收捧ᄒᆞ기로磨鍊ᄒᆞ얏다더라

●稷山呼冤 田冕朝氏가稷山郡金鑛監督이라稱ᄒᆞ고該地人民의田답을往々掘採ᄒᆞᄂᆞᆫ故로農民의呼冤이浪藉ᄒᆞ다더라

●申氏將訴 前郡守申석賢氏의田地가蓮洞等地에在ᄒᆞᆫ데本年四月頃에日人右田市五郎이가該田土證明을僞造ᄒᆞ야內部主事李完益氏에게七千五百兩에미渡ᄒᆞᆫ故로申氏가裁判所에起訴ᄒᆞᆫ다더라

●借則宜還 長興郡古洞洞居洪健佑씨가[illegible]路上隅盧王리設圭씨를符同ᄒᆞ야北壯동居한秀敏씨의金班指壹圓을借去ᄒᆞ고何事件을因ᄒᆞᆷ인지延期不還ᄒᆞᄂᆞᆫ故로한시ᄂᆞᆫ將次北署에呼訴ᄒᆞᆫ다더라

●撤營築社 東亞烟草會社에셔工場을建築次로前統衛營門을毁撤ᄒᆞᆫ다더라

●工會任員 退官將校諸氏가大韓工業會를組織ᄒᆞᆷ은已報어니와再昨日에訓鍊院에서總會를開ᄒᆞ고任員을組織ᄒᆞ얏ᄂᆞᆫ데總裁ᄂᆞᆫ嚴義淵시오會長은尹致晟시오總務ᄂᆞᆫ林在德시로選定ᄒᆞ얏다더라

●天道教募金 天道教主孫秉熙氏가該教中央總部를新設ᄒᆞ기爲ᄒᆞ야各地方支教員의게通知ᄒᆞ야財政을募集中이라더라

●義兵收錢 楊州郡義兵將鄭容太氏가部下兵十餘名을帶同ᄒᆞ고楊州郡廣石面等地에來到ᄒᆞ야附近洞富民의게軍需錢을收飮ᄒᆞ고坡州等地로轉向ᄒᆞ얏다더라

●義陸跳梁 瑞興鳳山平山等地로橫行ᄒᆞᄂᆞᆫ義兵將孔太元氏의部下김性稻事과煥兩氏가上京ᄒᆞ야銃丸等物을種種買去ᄒᆞᆫ다ᄂᆞᆫ說이有ᄒᆞᆫ故로某處와警察署에서其蹤跡을秘密詗探中이라더라

●死不忘國 江陵郡東湖학校優等生曹圭七시ᄂᆞᆫ吐瀉病에罹ᄒᆞ야不幸長逝ᄒᆞ얏ᄂᆞᆫ대臨終時에도한國局勢를論ᄒᆞ며悲淚를下ᄒᆞ얏다더라

●情狀可憐 陰五月念五日夜에強盜四名이黃州郡九林面面長朴河源氏家에衝火ᄒᆞ야家産汁物과公務文簿와結錢三百餘圓과隣家七戶ᄭᆞ지延燒ᄒᆞ고[illegible]氏의子二名及兒도燒死ᄒᆞ얏ᄂᆞᆫ데其情狀이慘不忍見이라더라

●死因探查 中部醫察署에서虎列刺를預防ᄒᆞ기爲ᄒᆞ야管內各處에都察을派ᄒᆞ야病死者의原因을檢查ᄒᆞᆫ다더라

●旣囚旋放 [illegible]시ᄂᆞᆫ公逋事件으로再昨夕에[illegible]의게被招ᄒᆞ야豐夜拘留ᄒᆞ얏다가昨日에放送ᄒᆞ얏다더라

●兵丁慈善 南陽郡松山面馬山洞居ᄒᆞᄂᆞᆫ洪완시ᄂᆞᆫ婢僕數십名을解放ᄒᆞ야其自由營業케ᄒᆞ얏다더라

●頭額會議 大韓協會에서ᄂᆞᆫ再昨日午前십一時에該會事務所에會同ᄒᆞ야何等事件을協議ᄒᆞ얏고昨日下午八時에更히會議ᄒᆞ얏다더라

●因喪辭免 關東학會會長[illegible]氏가遭故ᄒᆞᆷ을因ᄒᆞ야會長의任을辭免ᄒᆞ얏ᄂᆞᆫ대該會에서再昨日에臨時總會를開ᄒᆞ고辭免狀을封還ᄒᆞ기로議決ᄒᆞ얏다더라

●[illegible]詰難 成均館學校에講書及經學을敎授ᄒᆞᄂᆞᆫ學[illegible]ᄂᆞᆫ學力이不足ᄒᆞᆷ으지一般生徒가受業ᄒᆞ기를不肯ᄒᆞ되該장金[illegible]濟氏의顯護로此教授를擔務ᄒᆞ얏ᄂᆞᆫ데日昨秋期開학時에도生徒에反對ᄒᆞ야激論ᄒᆞᆫ대金[illegible]氏ᄂᆞᆫ學徒ᄂᆞᆫ事可自退ᄒᆞᆯ지언정敎授ᄂᆞᆫ不可遞任이라ᄒᆞ야現方詰難中이라더라

學界

●大明義捐 大明坊民團에서學校를設立ᄒᆞ고坊內靑年을教育ᄒᆞᆫ다ᄂᆞᆫ데辯護士太明식시ᄂᆞᆫ金五百圜을捐出ᄒᆞ얏다더라

●音樂夜校 倚동耶蘇敎堂內攻玉小학校에서今月十日부터音樂夜學校를設置ᄒᆞᆫ다더라

○東京電報○

●豫算提出

九月五日發 統監府豫算은去四日日本主務省에提出ᄒᆞ얏다더라

●淸日協約成立

六日發 本日北京에서日本伊集院公使와淸國政府間에如左ᄒᆞᆫ協約을調印ᄒᆞ얏ᄂᆞᆫ데

第一 日本에서ᄂᆞᆫ間島의淸國領土됨을認ᄒᆞ고淸國에서ᄂᆞᆫ日本의韓日人保護權及鐵道敷設權을承認ᄒᆞᆷ

第二 法庫門鐵道ᄂᆞᆫ日本의承認이無ᄒᆞ고ᄂᆞᆫ長延치못ᄒᆞᆷ

第三 淸國은撫順烟臺炭礦採掘權을日本에認許ᄒᆞ고日本은採掘稅를淸國에納ᄒᆞᆷ

第四 滿鐵은營口大石橋鐵道[illegible]淸國民이[illegible]ᄒᆞ야安奉線沿線에外國人租界ᄭᆞ지延長ᄒᆞ기로承認ᄒᆞᆷ

第五 日本은南滿洲鐵道線을橫斷ᄒᆞ야京奉線을奉天城小門街ᄭᆞ지延長ᄒᆞᆷ을承認ᄒᆞᆷ

第六 安東縣에南滿洲鐵道附屬地ᄂᆞᆫ日本이開埠地로定ᄒᆞᆫ다더라

夢遊易水

▲枕上夢魂飄忽ᄒᆞ야那山川건너가니落木秋風蕭々ᄒᆞᆫ易水로다여기되다燕太子가안진곳에徐氏七首[illegible]荊卿氏를보니넘저多少怨恨說與ᄒᆞ니그曾襟이慷慨ᄒᆞ다

▲여보시오荊卿先生[illegible]더皇帝ᄂᆞᆫ[illegible]義[illegible]秦政[illegible]ᄒᆞ고至尊之威[illegible]心已彰ᄒᆞ니어七首로試驗ᄒᆞ야世界羞恥快雪ᄒᆞ오

▲여보시오荊卿先生[illegible]우리六國同列之位[illegible]家屛翰[illegible]諸侯羞恥快雪ᄒᆞ오

▲여보시오荊卿先生[illegible]우리燕[illegible]能갓흔우리[illegible]드려니疆土로有限[illegible]은無已ᄒᆞ니어七首로試驗ᄒᆞ야[illegible]羞恥快雪ᄒᆞ오

▲여보시오荊卿先生[illegible]너희[illegible]王國元[illegible]稱藩[illegible]ᄒᆞ야烏頭馬白[illegible]길杳然ᄒᆞᆫ가이七首[illegible]豈已羞恥快雪ᄒᆞ오

▲이런怨恨[illegible]說明ᄒᆞ고[illegible]里行裝[illegible]ᄒᆞ니風蕭々兮[illegible]兮不回로다[illegible]東窓이밝앗고나

社告

本社地方에셔本報를愛讀하는諸君子시여本報創刊以後로諸君子의累年勤顧ᄒᆞ심을賴ᄒᆞ야益〻히本報가擴張進步됨은感謝無已이온바近日에至ᄒᆞ와諸君子ㅣ本社의事情을未燭ᄒᆞ심인지本報의代金을累月延滯ᄒᆞ으로社內經費가辦出이無處ᄒᆞ야困難이莫甚ᄒᆞ오니諸君子는特히愛讀ᄒᆞ시ᄂᆞᆫ情誼를不替ᄒᆞ시와代金을速〻辦送ᄒᆞ시옵不然ᄒᆞ오면本報維持가極難ᄒᆞ오이다嗚呼라本社는元來營業的으로起見홈이아니오니萬一極頂의窘難이아니면엇지如是히代金을督促ᄒᆞ리오實로萬不得已에出홈이니僉君子는亟亟照亮ᄒᆞ시와速〻辦送ᄒᆞ심을至祝

大韓每日申報社

廣告

本人이東部果洞에家垈를許賣ᄒᆞ옵는바隆熙二月貳拾五日推尋當坪壹千五百兩於音壹片을遺失ᄒᆞ얏사오니誰某拾得ᄒᆞ와도休紙施行홈

姜昌根 告白

本人이陰七月십九日에仁川花村동七統八戶家文券과與姓名圖章을見失ᄒᆞ옵고圖章과文券은勿論證ᄒᆞ오니內外國人은毋欺ᄒᆞ시옵

通津所伊浦 面垈坪里居 김商綺 告白

平安北道雲山郡東林山下有居志紳士二百六十人毅契嚴上鑑名而每年七月二拾五日太皇帝陛下萬壽聖節慶祝萬歲

金龍大告白

公州學원光州鄕志棠金憲洙等이該校에私刊을設ᄒᆞ야冒稱京約所라ᄒᆞ고趙鎭설尹澧求鄭殷宋시외圖章ᄒᆞ偷刻ᄒᆞ야金隱三拾三部에收單刊佈ᄒᆞ고挾雜이不少홀ᄲᅮᆫ不啻라濫用京字와偷刻圖章이昭有其律인故로該綱錄은勿施ᄒᆞ고挾雜輩는讒譖로發捕懲辦ᄒᆞ고至開忠孝烈單子는京約所에셔刊分秩ᄒᆞ오니僉君子는照亮

宮洞京約所 告白

學員募集廣告

本學堂에셔學員을募集ᄒᆞ오니願학僉員은九月拾、拾壹日(陰七月廿六、七日)에請願書를提呈ᄒᆞ고左記日字에應試홈事

(請願用紙는本학堂에來求)

高等科 豫備級 新募集

同一二三四年級 補缺 生募集

入學者資格 年齡拾六歲以上된男子가中학校卒業이有ᄒᆞ거나相當ᄒᆞᆫ학力이有ᄒᆞᆫ者로限홈

試驗日字 九月十三日(陰七月廿九日)上午九時

試驗科目 國漢文讀書作文算術(分數以上)

但補缺生은該相當ᄒᆞᆫ年級의課程으로試驗홈

本학堂에셔英語로數理化學等科學을研究코자ᄒᆞ나合當ᄒᆞᆫ教師와處所가無ᄒᆞ야痛歎不已ᄒᆞᆫ有志男子를爲ᄒᆞ야大學校(칼레지 Collage.)를新設ᄒᆞ오니願학僉員은勿失此好期ᄒᆞ고以上日字에赴期應試홈事

但試驗科目은高等科와特異홈

培材學堂

學徒募集廣告

本校에셔中學校卒業ᄒᆞ擔任教師外國人과教授에嫺熟ᄒᆞᆫ名譽教師五人을延聘ᄒᆞ야教授ᄒᆞ옵고男女小學科學徒를增募ᄒᆞ오니有志僉彥은速〻面議ᄒᆞ시옴

私立勝洞男女小學校 告白

平心堂醫院

中部河橋六拾八統五戶

每日診察은午前六時로午后八時急病은時間不拘홈

류한셩

測量機械新製各種
製圖付屬品俱備
書籍各種

我國特産 谷香煙草各種

漢城南部亚洞六拾二統十戶

金龍商會 謹告

製圖器測量器械製圖用紙各種右壹千組限特別割引大放賣

大減價販賣

釜山港本町三丁目近藤文店

本館에셔壹般人員을改差後에器品更加擴張ᄒᆞ옵고書籍五圓以上에特別割引ᄒᆞ겟사오니僉君子는陸續購求ᄒᆞ시옴

測量機具와學徒用品各種도具備ᄒᆞ엿슴

平壤鍾路太極書館

館主 李昇薰
主任 宋鎭遠
事務 金根瀅

中署澄淸坊相思洞八統四戶瓦家舍八間의紙裔文券八度를서失ᄒᆞ얏ᄉᆞ오니誰某拾得ᄒᆞ와도休紙施行홈

金永爾 告白

本人이今九月初貳日에姓名圖章을見失ᄒᆞ와玆에廣告ᄒᆞ오니知舊僉君子는照亮홈

中部仁平坊典의監契典洞壹統三戶 韓百祐 告白

本人이忠淸道鴻山郡岸面東雙後坪河字답七斗落十五「列田」結卜拾八負을東되는文券을서失故玆以廣告ᄒᆞ오니誰某拾得이어던休紙施行홈

京城西署盤石坊桃洞百八십七統십壹戶 孫永秀

卷煙草

金四錢

京城 廣江商會

京城代理人 · 平壤代理人 · 咸興代理人 · 馬山浦代理人 · 元山代理人 · 濟津代理人 · 水原代理人 · 安岳代理人 · 沙里院代理人 · 金泉代理人 · 海州代理人 · 天安代理人 · 群山代理人 · 全州代理人 · 文部代理人 · 釜山代理人 · 江景浦代理人 · 麗湖代理人 · 羅湖浦代理人 · 永同代理人 · 木浦代理人 · 晉州代理人 · 金堤代理人 · 淸汀附近代理人 · 義州代理人 · 汀界代理人 · 漢城東部代理人 · 鏡城代理人 · 定州代理人 · 城津代理人 · 太田代理人 · 浦項代理人 · 州代理人 · 吉州代理人 · 釜山代理人 · 延安代理人 · 兎山代理人 · 南海代理人 · 公州代理人 · 論山代理人 · 漢城代理人 · 漢城北部代理人 · 昌寧代理人 · 鏡山代理人 · 南陽代理人 · 安東代理人 · 楊平代理人 · 漢城南部代理人 · 安州代理人

(位置未定 各)

京城南門外雜貨商店 · 平壤大門外店洞 · 咸興西門外 · 馬山浦客主 · 元山港 · 濟津港 · 水原北部장安동 · 漢城東部 ... 里旺新學校內 · 金泉市場 ... 商店 ...

關昊珠

本社에서 各處代理人의 氏名은如左홈

京城薄洞 (京城郵便局西拾號) (許大한國與國總代理店)

扶根膏 定價金一圓三十錢 拔根膏 金二圓三十錢
吸血散 金二십錢 회積丸 定價金二十五錢
淸痢液 金四十錢
扸창散 定價金五十錢
遠地에는郵便小包로信送홈

本舖京西小門外... 閔官 閔 權 告白

本邦未曾有의一大醫術月報

中外醫藥申報

第壹號

(八月二十五日發行)

每月壹回 陰十五日 定期發行

壹部四錢 壹个年前金五拾錢 不要郵稅

◎特別廣告

張基茂氏 主筆編纂

重要目次

●社說 發刊辭 ●祝辭 ●社告 ●學園 精證新編 生理彙論 臨床의 寶鑑 ●外國彙聞 ◎學會紀聞 ◎衛生法規摘要 ◎內地彙報 ◎叢談記事 ◎雜纂 廣告等

(中外의藥申報)는 [illegible] 國의醫藥衛生의振興을[illegible] 每月壹回式詳細[illegible] 內容은 東西古今의學說源委와日新藥物의治驗記錄等[illegible]藥衛生에關係[illegible]研究[illegible]材料는悉皆無遺網羅[illegible]千餘年來에[illegible]藥業의機關報紙오니有志[illegible]同業諸君子는[illegible]購覽[illegible]심을伏望[illegible]

再本報에廣告코져하시는 僉位는本社醫藥部內廣告部主任과面議하시옵

漢城南大門側濟生堂內

發行所 中外醫藥申報社

◎特別廣告

廣告

登錄認可

健胃消滯 八寶丹

[illegible]

右八寶丹은全國到處마다道[illegible]販賣

[illegible] 和平堂大藥房(主任)李[illegible]

驅香消瘡丹 [illegible]

阿煙斷引藥 [illegible]

滋陽丸 [illegible]

全治丸 [illegible]

消積散 [illegible] 蘇生丹 [illegible]

蛔滅散 회虫을去根[illegible] 鎭咳散 [illegible]

解毒散 [illegible] 虫藥 [illegible]

通治膏 [illegible]

◎其他有名賣藥各種과東西洋藥都賣散賣홈

◎共愛堂大藥房製造各種藥品發行表

壯陽復元丹 專治腦痛[illegible]

淸耳液 [illegible]

良藥消化靈丹 [illegible]

眼科聖藥淸眼水 眼疾[illegible]

淸脾丸 [illegible]

解瘧至寶丸 [illegible]

消熱散 [illegible]

五淋專治通癃丸 [illegible]

小兒濟命散 [illegible]

皮膚神藥靈[illegible]液 [illegible]

疾痢散 [illegible]

久滯神效養胃散 [illegible]

止泄丸 [illegible]

治痰[illegible]咳丸 [illegible]

[illegible]積散 [illegible]

[illegible] 解凝膏 [illegible]

朴容南

[illegible]

學部內部檢定認可

初等大東歷史 全

定價金三十錢

學部內部檢定認可

初等修身 全

價定金二十五錢

朴晶東 著

金泰玉 發行

發行所 南部上犁洞十九統九戶 同文社

發賣所 京鄕各有名書舖

社告

[illegible]

第七卷

大韓每日申報

第[illegible]百九拾二號

月繳時價及日休新刊
Responsible for Publication Alfred Weekley Marnham.
發行兼編輯人 英國人 … 大韓每日申報社

論說

◉瑣言

秋雨재晴ᄒᆞ고秋夜凉ᄒᆞᆫ데孤燈을挑ᄒᆞ고篁林小屋裡에守舊生三人이膝을促ᄒᆞ야談話ᄒᆞ더라 甲曰余가近日新紙를讀ᄒᆞᆫ즉某港某紳士ᄂᆞᆫ日本大阪火災에壹百圓을寄付하얏스니聰ᄒᆞ라是人이여乙巳五條에深恩을感ᄒᆞ며丁未七協約에大德을荷ᄒᆞ야塵刹로佛恩을報ᄒᆞᆷ인지然이나目下自國에某郡은水災를驚ᄒᆞ며某郡은旱災를泣ᄒᆞ야溝壑에流離ᄒᆞᄂᆞᆫ同胞가多ᄒᆞᆫ데彼의壹分도補助ᄒᆞᆷ은未聞하깃고遼隣의災만是哀是救ᄒᆞ니此所謂「所厚者薄所薄者厚」이아닌가余ᄂᆞᆫ是人이大學을未讀ᄒᆞᆷ을恨ᄒᆞ노라

乙曰近日에畜犬取締令이壹下ᄒᆞ미所謂韓人의犬은人을見ᄒᆞ야도敢吠치못ᄒᆞ며盜를遭ᄒᆞ야도敢噬치못ᄒᆞᄂᆞᆫ데余가日前某洞에過ᄒᆞᆫ則日人의狗가韓人의小兒를噬ᄒᆞᆫ지라兒의父母가該洞巡査에게呼訴ᄒᆞᆫ데巡査가反히叱退ᄒᆞ야曰여북변ᄒᆞ야치못ᄒᆞ여야狗에게見噬ᄒᆞ나냐ᄒᆞ더라噫라韓國의人은日本의狗만도不如ᄒᆞᆫ지巡査여君이率獸食人ᄒᆞᆷ을忍ᄒᆞᆫ다ᄒᆞ니余가是人의孟子를未讀ᄒᆞᆷ을恨ᄒᆞ노라

丙曰日前養正義塾學生新募集에法律經濟兩科의應募者가都合無幾라ᄒᆞ니噫라少年諸君이여諸君이法部廢止에稍憤하야學術을厭却ᄒᆞ더니且政治界에活動ᄒᆞ야此를恢復ᄒᆞ깃ᄂᆞᆫ가恐컨대窮廬悲歎에歲月만虛送ᄒᆞ고道路彷徨에人事만蹉跎되리니已爲人의義ᄂᆞᆫ學習의常論이니余ᄂᆞᆫ諸君이論語를未讀ᄒᆞᆷ을恨ᄒᆞ노라ᄒᆞ더라

記者ㅣ几에憑ᄒᆞ야良久히聽ᄒᆞ다가喟然歎曰他山의石이可히玉을攻ᄒᆞ나니今에滔々히維新을說ᄒᆞᄂᆞᆫ者여此格言을取ᄒᆞ야紳에書ᄒᆞᆯ지어다

▲隆熙元年七月廿七日 官報

法律

法律第二拾二號

韓國銀行條例 續

第三십九條 韓國銀行의利益配當金으로政府所有株以下의株式을對ᄒᆞ야每營業年度에셔年百分之六의割合에不達ᄒᆞᆫ만ᄒᆞᆫ金額을補給ᄒᆞᆷ

第四拾條 政府ᄂᆞᆫ韓國銀行創立ᄒᆞᆫ際其營業費를補助ᄒᆞ기爲ᄒᆞ야百二十萬圓을爲限ᄒᆞ고無利子로貸下ᄒᆞᆷ

前項貸下金은貸下日로부터五年間据置後拾個年年賦로償還케ᄒᆞᆷ을得ᄒᆞᆷ

（未完）

外報

●吉長工事 吉長鐵道工事ᄂᆞᆫ十月부터着手ᄒᆞᆫ다더라

●美紳觀光團 美國紳士七百名의觀光團은本年末에日本에到着ᄒᆞᆫ다더라

●設館撤所 關島에日本領事館을設置ᄒᆞᄂᆞᆫ同時에ᄂᆞᆫ統監府派出所를撤退ᄒᆞᆫ다더라

●奉天師團編成 淸國奉天總督서良시ᄂᆞᆫ當地에混成協(旅團)及第十七과十八兩標聯隊를合ᄒᆞ야壹鎭(師團)을編成ᄒᆞ야奉天에駐屯ᄒᆞᆯ案을奏請하야裁可되얏다더라

●西軍의大殺戮 摩洛哥의戰爭은許久繼續ᄒᆞ더니西班牙軍이摩洛哥土民을大破ᄒᆞ야大殺戮을行ᄒᆞ얏다더라

●機器局創立 奉天總督서良시ᄂᆞᆫ當地에機器局을創立ᄒᆞ고一切軍器를製造ᄒᆞᆯ計畫이라더라

●東淸鐵道檢閱 露國政府ᄂᆞᆫ近日東淸鐵道檢閱을行ᄒᆞᆫ다더라

●排日決議 淸國廣東自治會ᄂᆞᆫ去壹日에會ᄒᆞ고日本의…會를開ᄒᆞ기까지貨物排斥을勵行ᄒᆞ기로決ᄒᆞ고各地에飛電ᄒᆞ얏다더라

●改約運動 哈爾賓에在ᄒᆞᆫ露國商業會議所에셔ᄂᆞᆫ千八百八십壹年에締結ᄒᆞᆫ露淸條約을改訂ᄒᆞᆯ라고意見書를送致ᄒᆞ얏다더라

學界

●兩氏勸學 江原道麟蹄郡私立靈昭학校ᄂᆞᆫ監督安貞燮敎師林鳳鎬諸氏가熱心勸奬ᄒᆞᆷ으로學徒가二十餘名에達ᄒᆞ야進就之望이有ᄒᆞ나經費가窘艱ᄒᆞᆷ으로林氏ᄂᆞᆫ月給을辭却ᄒᆞ고義務로敎育ᄒᆞᆫ다더라

●宜其稱頌 [illegible]川郡[illegible]村面[illegible]岩居閔允吾씨ᄂᆞᆫ[illegible]空閑地[illegible]十斗落을親自作業ᄒᆞ야私立大興학校에寄附ᄒᆞ얏다더라

●篤義高義 忠淸北道文義郡居[illegible]씨ᄂᆞᆫ天性이慈善ᄒᆞᆫ人士인데[illegible]학生이학資가乏ᄒᆞ야退학ᄒᆞᆷ을免ᄒᆞᆫ다ᄒᆞ야金二佰圓을借款助與ᄒᆞ얏다더라

●大興進級 [illegible]川郡[illegible]村面私立大興학校에셔ᄂᆞᆫ月壹日에進級證書授與式을設行ᄒᆞ얏ᄂᆞᆫ데校長以下任員諸씨가多數賞品을施與ᄒᆞ야盛況을呈ᄒᆞ고高等科優等生은張泰興等七人이오尋常科優等生은張泰永等七人이라더라

●敎育有志 平남祥原郡居前參奉[illegible]鍾麟씨가敎育에有志ᄒᆞ야該郡[illegible]校와廣明학校를設立ᄒᆞ고학資金一百圓을義捐ᄒᆞ야校況을興旺케ᄒᆞᆷ으로聲譽가遠近에膾炙ᄒᆞᆫ다더라

●車氏義捐 黃海道[illegible]川郡上今山面亘仁洞玉雅義塾任員車[illegible]씨가該校經費를補助ᄒᆞ기爲ᄒᆞ야金貳십圓을捐助ᄒᆞ얏다더라

●兩氏義務 黃海道載寧郡津草동居김柄涉씨等이학業에熱心ᄒᆞ되但經費가窘乏ᄒᆞ야修業을未由ᄒᆞ더니該郡居紳士[illegible]在明학[illegible]학費를各擔ᄒᆞ야新학校에入학케ᄒᆞ얏다ᄒᆞ더라

詞藻

雜詠 鷗之

綠竹青山길흔골에、䨥藜緩步드러가니。手蔘에[illegible]、萬壑에烟霧[illegible]꽃에、景慨ᄂᆞᆫ絕勝ᄒᆞ되마ᄂᆞᆫ、任[illegible]누구。

雜報

●殷氏上奏　日本에滯在ᄒᆞ던祇候官殷柱益氏ᄂᆞᆫ來日萬壽聖節에參與ᄒᆞ기爲ᄒᆞ야再昨日에歸國ᄒᆞᆫᄂᆞᆫ데即時慶壽宮에進詣ᄒᆞ야　皇太子殿下의御遊學狀況을上奏ᄒᆞ얏다더라

●審愼之意　萬壽聖節에各殿內에使用ᄒᆞᆯ電燈과竹架를審査ᄒᆞ기爲ᄒᆞ야昨日承寧府侍從官이種々看檢ᄒᆞ얏다더라

●勳章下賜　韓國　大皇帝陛下ᄭᅴ셔去月에曾彌統監의게大勳位瑞星大綬章을特　賜ᄒᆞ옵셧다더라

●皇儲行啓　韓國　皇太子殿下ᄭᅴ옵서來十五日에日本北陸地方에　行啓ᄒᆞ옵신다더라

●統府例會　昨日은統監府火曜例會인故로總理大臣以下各部大臣이會同ᄒᆞ야各其公務를協議ᄒᆞ얏ᄂᆞᆫ데任度相은不參ᄒᆞ얏다더라

●警備船經費　日本의注文製造ᄒᆞ야近々回着ᄒᆞᆯ警備船六隻의經費ᄂᆞᆫ當介年額이約七萬圓이오本年九月부터신二月의至ᄒᆞ기ᄭᆞ지四個月經費ᄂᆞᆫ約貳萬七千捌百圓을要ᄒᆞᆯ터인ᄃᆡ不日閣議의提出ᄒᆞᆫ다더라

●警備船의區域과配置　警備船의經費ᄂᆞᆫ別項과如ᄒᆞ거니와十隻은內部警務局의屬ᄒᆞ고六隻은度支部關稅局의屬ᄒᆞ야警務局所屬십隻內의五隻은木浦의定繫ᄒᆞ고五隻은麗水의定繫ᄒᆞ야木浦의警備區域은海州角과楸子島群島를接續ᄒᆞᆫ線에셔釜浦內湖ᄭᆞ지至ᄒᆞᆫᄂᆞᆫ海岸을管轄ᄒᆞ고麗水의警備區域은麗水港의셔海南角과楸子島群島를接續ᄒᆞᆫ線의至ᄒᆞᆫᄂᆞᆫ海面海岸을管轄ᄒᆞ기로定ᄒᆞ얏고又旗號ᄂᆞᆫ白木綿縱二尺五寸橫三尺五寸을用ᄒᆞ야警察의旗號와同一ᄒᆞ게ᄒᆞ고乘組員은每隻의巡査三名과機關手二名과水夫壹名을置ᄒᆞᆫ다더라

●成々　總相이常用시ᄂᆞᆫ近來家庭間의敗倫ᄒᆞᆫ事가世界의彰露되야各社會上의셔攻擊이激切ᄒᆞᆷ으로ᄒᆞ시ᄂᆞᆫ是로以ᄒᆞ야自己의地位가動搖ᄒᆞᆯ가ᄒᆞ야居常危懼中이라더라

●趙氏訪問　農商工部大臣趙重應氏ᄂᆞᆫ再昨日에度支部大臣任善準시를訪問ᄒᆞ고出仕ᄒᆞ기를勸告ᄒᆞ얏다더라

●金은辭免　漣川郡守김東鉉시ᄂᆞᆫ辭職依免ᄒᆞ얏ᄂᆞᆫ데內部에셔手勞金壹百五拾圓을支給ᄒᆞ기로決定ᄒᆞ얏다더라

●韓犯施絞　强盜犯한學浩를絞에處ᄒᆞᆯ意로法部大臣이　上奏蒙　裁ᄒᆞ야本月四日에京城監獄署에셔執行ᄒᆞ얏다더라

●美領事歸國　美國總領事싸몬쓰시가賜暇歸國ᄒᆞᆷ의就ᄒᆞ야同領事館의셔勤務ᄒᆞ던쎌드씨가總領事事務를代理ᄒᆞᆫ다더라

●趙夫人入城　陪從武官長趙東潤시의大夫人이日本에셔數月經過ᄒᆞ다가再昨日下午八時에入城ᄒᆞ얏ᄂᆞᆫ데　宮에셔內人을派送迎接ᄒᆞ얏다더라

●國稅收入額　本年度韓國國稅徵收ᄂᆞᆫ成績이良好ᄒᆞ야去六月末ᄭᆞ지收入이四百五십七萬二千五百七圓에達ᄒᆞ얏다더라

●新三稅收入額　韓國의新三稅ᄂᆞᆫ去五月부터徵收의着手ᄒᆞ야六月末日ᄭᆞ지收入額이三萬四千六百七십二圓인ᄃᆡ

家屋稅調定額、五八、九九六圓內의收入額은壹六、〇八三圓

酒稅調定額　七五、一三五圓內의收入額一一三四〇圓

煙艸稅調定額二六、九八七圓內의收入額　六、二四九圓

●銀株超過　韓國銀行株募集은本月六日午後壹時에終了ᄒᆞᆫᄂᆞᆫ대日本各地에셔應募ᄒᆞᆫ額이二萬五십萬六千六百九십四株에達ᄒᆞ지라元募集額의貳百九拾四倍가超過ᄒᆞ얏다더라

●驛屯土調査額　韓國驛屯土實地調査ᄂᆞᆫ客年度부터着手ᄒᆞ야本年度의終了ᄒᆞᆯ터인데再昨年小作料ᄂᆞᆫ五十五萬圓에止ᄒᆞ고昨年收入은六十九萬九千三百三十六圓인데右收入額은本年五月ᄭᆞ지徵收를終了ᄒᆞ얏다더라

●民何爲生　全北各部區緊要ᄒᆞᆫ道路三千二百六십三里中을大修築ᄒᆞ기로決定ᄒᆞ얏ᄂᆞᆫ데其費ᄂᆞᆫ道民의게負擔케ᄒᆞᆫ다더라

●愈貰被黜　建春門外度支部所管家屋에寓接ᄒᆞ던李永同시ᄂᆞᆫ家屋月貰를未納ᄒᆞᆫ故로度支部에셔警察署에交涉ᄒᆞ야李시를强制逐出ᄒᆞ야現今道路에棲屑ᄒᆞᆫ다더라

●急々竣工　宮內府內의博物館動物園植物園을近々公開ᄒᆞᆯ터인데來月初旬以前에落成ᄒᆞ기爲ᄒᆞ야數百名의人夫를使用ᄒᆞ야工役을急々히ᄒᆞᆫ다더라

●李氏窮困　水門洞居李公植氏가淸商의物品八千餘兩가値를買去ᄒᆞ고代金을延拖不報ᄒᆞᆫ故로淸商等이李氏를牢執ᄒᆞ야北部警察署에呼訴ᄒᆞ얏ᄂᆞᆫ데該署에셔ᄂᆞᆫ裁判所에往訴ᄒᆞ라고退送ᄒᆞ얏다더라

●錢慌之致　大同日報社에셔右文館家의活版器械를三千七百圓에買收ᄒᆞ기로契約ᄒᆞ고財政이不贍ᄒᆞ야延拖時日ᄒᆞᆫᄂᆞᆫ故로該館主金查東氏ᄂᆞᆫ館門을封鎖ᄒᆞ얏다더라

●宜飭盧氏　三和港에셔日人이演戲場을設ᄒᆞ고入場券을發賣ᄒᆞᆫᄂᆞᆫ데該港警察署巡査盧基煥氏가錢荒時代에人民의浪費ᄒᆞᆷ을慨歎ᄒᆞ야曉諭禁止ᄒᆞ얏더니日人巡査邊에셔他人의營業을妨害ᄒᆞᆫ다ᄒᆞ야盧氏를詰責ᄒᆞᆫ故로同盧氏ᄂᆞᆫ卽地辭職退去ᄒᆞ얏다더라

●訖法起訴　近日의淺한ᄒᆞᆫ현번시ᄂᆞᆫ日人畑瀨右衛와龍山松城山下附近國民事件으로起訴ᄒᆞ야本月三십日의京城理事廳에셔公判ᄒᆞᆫ다더라

●何不議決　普文社々員諸氏가該社에服務ᄒᆞᆫ지三四朔에月給을支給지아니ᄒᆞᆷ으로地方裁判所에呼冤ᄒᆞ얏더니月餘가已過ᄒᆞ되如何ᄒᆞᆫ判決이無ᄒᆞᆷ으로方且抑鬱中이라더라

●憲補行悖　各地方憲兵補助員의行悖ᄂᆞᆫ累々報道ᄒᆞᆷ바어니와近日平壤來信을據ᄒᆞᆫ즉該地補助員들도義兵을詗探ᄒᆞᆫ다稱ᄒᆞ고人民家에突入ᄒᆞ야種々弊害가罔有其極ᄒᆞᆷ으로人民의驚動이頻々ᄒᆞᆫ다더라

●巡查使酒　全北興德郡駐在所巡查朴良奎氏ᄂᆞᆫ元來好飮使酒ᄒᆞᆫᄂᆞᆫ데每醉中에ᄂᆞᆫ白晝破飯ᄒᆞ야良民을毆打ᄒᆞᆫᄂᆞᆫ故로該地民冤이浪藉ᄒᆞᆫ다더라

●電貨日增　電氣會社가日人의經營으로開業ᄒᆞᆫ以來로電車賃金收入이日々增加되야前著收入은每日에平均二百五十圓에不過ᄒᆞ더니至今은四百圓以上이되고有時五百七十五圓의超過ᄒᆞᆷ도有ᄒᆞᆫ다더라

●韓會可決　昨報와如히再昨日下午八時의大韓協會의셔議事員會를開ᄒᆞ고會長以下議員二十五人이出席ᄒᆞ얏ᄂᆞᆫ데議孝定시가國家의對ᄒᆞ야重大事件이有ᄒᆞᆫ時ᄂᆞᆫ一進會와共和操縱ᄒᆞᆷ이可ᄒᆞ다고說明ᄒᆞ매議員中張孝根安炳奎제시가反對ᄒᆞ얏스나畢竟吳시의趣旨로可決되얏다더라

●兩氏協議　大韓協會會長金嘉鎭氏가日昨에吳世昌氏를自己私邸로請邀ᄒᆞ야一進會와合同ᄒᆞᆫᄂᆞᆫ事件에對ᄒᆞ야可否를聲塲協議ᄒᆞ얏다더라

●運輸組織　南大門外大韓運輸會社ᄂᆞᆫ已往徐平淳氏가多年主管ᄒᆞ다가去六月分에各事務室을放賣ᄒᆞ야股金及債報를償還ᄒᆞᆫ故로該會社名義가自斷廢止ᄒᆞᆫ지라該社總務羅熙宗氏가該社의廢止됨을慨惜ᄒᆞ야該社를更爲組織ᄒᆞ고本月壹日부터業務를擴張ᄒᆞ기爲ᄒᆞ야總務李冕宰氏를仁京釜京義線각停車場에派送ᄒᆞ야支社를選定ᄒᆞᆫ다더라

●盜魁被捉　前監理趙東元氏가公州警察署에被捉ᄒᆞ얏다ᄂᆞᆫ데其內容은금礦에使用ᄒᆞᆫ爆藥을潛買ᄒᆞᆫ所以라더라

●白晝賊警　再昨日上午十時에漢江浮橋에셔强盜四名이突出ᄒᆞ야過去女人을無數威脅ᄒᆞ고銀釵及其他衣服等物을奪去ᄒᆞ얏다더라

●賊倅廢役　慈仁郡守秦泳康시ᄂᆞᆫ不法枉賊詐欺取財犯으로大邱地方裁判所에셔役刑二年에宣告ᄒᆞ얏다더라

●因詰被押　鎭衛隊兵丁數十名이再昨夜에慶安社에往ᄒᆞ야演劇을觀覽ᄒᆞ다가憲兵補助員鄭基永과勝吳兩시와何等言詰이有ᄒᆞ야兵丁等이補助員二名을毆打重傷ᄒᆞ얏ᄂᆞᆫ데憲兵司令部에셔兵丁五名을卽時押去ᄒᆞ얏다더라

◉慶節休刊　本日은大韓　太皇帝陛下萬壽聖節인故로慶祝ᄒᆞ기爲ᄒᆞ야壹日休刊ᄒᆞᆷ

○東京電報○

◉北極探險結果　美國人쿠크氏ᄂᆞᆫ北極探險을終了ᄒᆞ얏ᄂᆞᆫ뎌其報告를據ᄒᆞᆫ즉北極은子午線이相合되야每히正角을示ᄒᆞᆫᄂᆞᆫ뎌東西北의三方은消失되야南만示ᄒᆞ고昨年九月日暮ᄒᆞᆫ時부터今年夏에夜明ᄒᆞᆫ時ᄭᆞ지永히盡間을地中에셔穴居ᄒᆞ얏다더라　六日發

◉清日協約確定　清日協約의關ᄒᆞᆫ件은文體際報와如ᄒᆞ거니와撫順以外의南滿鐵道沿線의礦山은清日兩國에서合辦ᄒᆞᆯ터이라더라

◉間島約文　清日協約中間島의關ᄒᆞᆫ件은如左ᄒᆞ니

壹　豆們江으로兩國境界를確認ᄒᆞ고其上流地方의ᄂᆞᆫ定界碑(淸國乾隆帝의碑)의셔부터石乙水ᄭᆞ지로경界ᄒᆞ고

貳　局子街龍井村東盛湧百草溝를通商地로開放ᄒᆞ고

三　日本은二個月後에領事館을設置ᄒᆞ고統監府出張所를撤退ᄒᆞ고

四　淸國은開墾地를限ᄒᆞ야한民의雜居를許ᄒᆞ되한民은淸國法律에服從ᄒᆞ되但한民의關ᄒᆞᆫ訴訟은일本領事의會同을許ᄒᆞ고일本領事ᄂᆞᆫ不法判決로認ᄒᆞᆫ時에ᄂᆞᆫ再審을要求ᄒᆞᆷ을得ᄒᆞ고

五　雜居한民의土地家屋은淸國人과同樣保護ᄒᆞᆷ을與ᄒᆞ고

六　豆們江沿岸은雙方人民이渡船으로自由往來ᄒᆞᆷ을得ᄒᆞ고한民은雜居地에셔糧食類의輸出을得ᄒᆞ고

七　吉長線鐵道를延吉南의延長ᄒᆞ야會寧의셔한國鐵道와連絡케ᄒᆞᆫ다더라

◉閣議韓鐵　湖南及京元線은日本閣議의無事히通過됨을豫想ᄒᆞᆫ다더라

◉吉會及京元　北京條約의結果로得ᄒᆞᆫ吉林會寧間線路及京元線은何等財政上障害가無ᄒᆞ리라더라　以上七日발

○北京電報○

◉露淸懸案　淸國政府ᄂᆞᆫ淸露間懸案[illegible]交涉中이라더라　六日發

▲ 敬賀慶觀 ▼　山香生

▲ [illegible]

降[illegible]

元[illegible]

曷不欽頌[illegible]

於皇[illegible]

眷我[illegible]

文[illegible]

化旣[illegible]

邦[illegible]

於[illegible]

乃[illegible]

厥德旣[illegible]

念[illegible]

式闕[illegible]

天申[illegible]

聖[illegible]

皇后[illegible]

和樂[illegible]

數[illegible]

[illegible]

虔[illegible]

仰[illegible]

廣告

本社에서 理事廳과 觀察廳에 認許를 承認ᄒ야 십三道必要ᄒ 各港과 浦에 支社取扱所를 設立ᄒ고 取扱所長을 次々發送ᄒᄂ데 至于 咸鏡北道取扱所長 徐相浩씨는 再昨日發送ᄒ고 扶安郡取扱所長 金商洙씨와 鐵原郡取扱所長 李澤종씨도 啓程ᄒ오니 內外國僉彦은 照亮홈

日韓運送合資會社 告白

本會에서 重要事務로 繼續總會를 九月十二日(日曜)下午一時에 中署磚洞 普成專門학校內에 開ᄒ오니 一般會員과 有志君子 屆期來臨ᄒ시옴

大韓工業會 告白

再 本會의 臨時事務所ᄂ 北部 安洞四拾九統八戶 尹致晟家로 定ᄒ얏슴

◉特別廣告

一、所在地 中署慶幸坊於義宮契拾統三戶
一、家屋 瓦拾四間也
一、宅地 貳百六坪六合四勺

右九月九日午前十時於該所在地競賣

日韓殖產株式會社

○夜學生大募集○

本校에서 夜學部를 大擴張ᄒ기 爲ᄒ야 該학生月謝의 三分之壹로 ᄒ얏ᄉ오며 左開科目은 械整府特許新發明三效式測量器械로 發明者가 親히 敎授ᄒ오니 入학ᄒ실 僉員은 速々來臨ᄒ시옵

但「無試驗入學」

科目、鐵路、田畑、宅地、山林、原野、

壹箇月卒業 月謝金壹圜 入학金壹圜

南部棗洞私立山崎土木建築測量實修學校 告白

本所支所를 仁川富平安山兩郡 金浦通津六郡에 置ᄒ고 主務ᄂ 朴性泰시로 事務所ᄂ 安山聲串面梨湖동 南永祐시家로 定ᄒ고 水原振威兩郡에 主務ᄂ 閔泳夏시로 事務所ᄂ 烏山沈鍾晚시家로 定홈

內外組合仲介所 告白

測量機械新製各種
製圖付屬品俱備
書籍各種
我國製造 谷香煙草各種

漢城南部東洞六拾二統十戶

金龍商會 謹告

本人所有에 係ᄒ 西署盤石坊 茵匠里契 七統七戶 瓦九間 草二間 家屋의 隆熙元年 舊券第五六七號 證明券을 某賊에게 被失ᄒ얏기 此ᄂ 休紙로 施行ᄒ고 更將申請證明이기로 玆以廣告홈

西署盤松坊池下契冷洞 壹百八拾四統五戶 김宇鉉 告白

◉大減價販賣◉

製圖器測量器械製圖用紙名種 右를 十組限 特別割引 大放賣

釜山港本町三丁目 近藤支店

本人이 忠淸道鴻山郡南岸面東雙後坪 河字답七斗落 十五「列田」結 卜拾八負壹束 되는 文券을 셔失 故로 玆以廣告ᄒ오니 誰某拾得이 어던 休紙施行홈

京城西部盤石坊桃洞 百八십七統십壹戶 孫永秀

大韓專賣特許驟帽子登錄商票

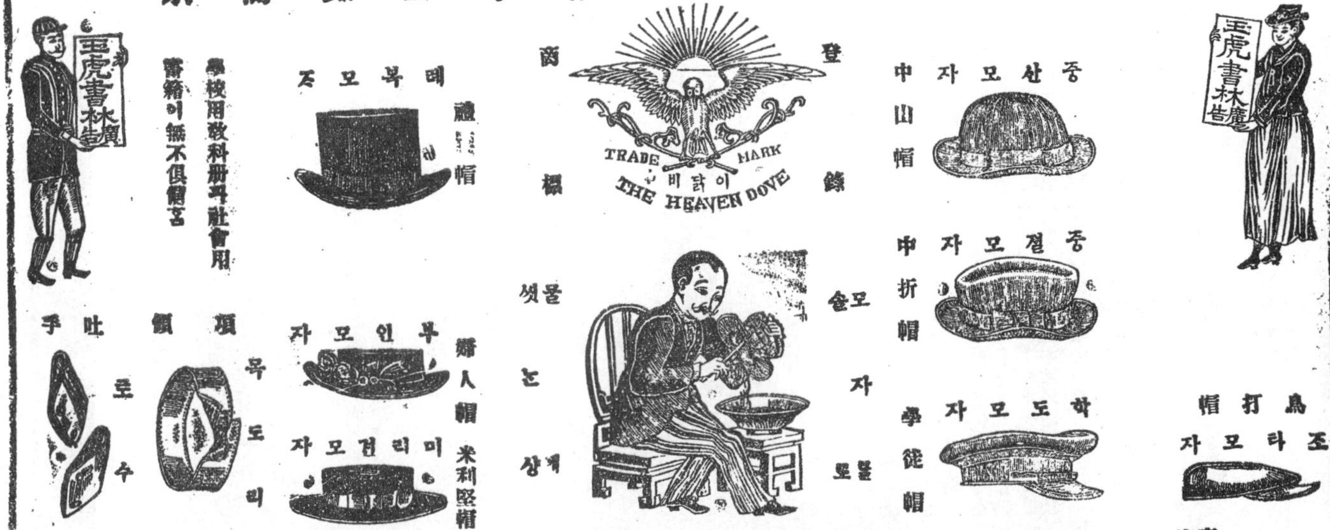

▲션발명 ▲제매특허 모자광고

本帽子新發明完成 隆熙三年三月二십壹日
專賣特許 同年五月六日
商票登錄 同年五月拾八日
發明者 特許主 鄭寅琥

廉價發賣

今에 本帽子를 製造ᄒᄂ 習生을 多數養成ᄒ야 工價를 減ᄒ게 ᄒ얏고 効力으로 精巧를 發揚케 製ᄒ고 價金을 如左 頂에 壹圜五拾錢式 特減홈

中山中折帽子 壹等에 四圜 二等에 三圜五十錢 三等에 三圜

但 特等帽와 學徒帽와 運動帽ᄂ 此限에 不在홈

이 셜명ᄒ 本모자ᄂ 원방에우 편ᄒ도로 보니 혹식ᄒ구려 스나물로 장그며 졀노 퍼저입어 남이신과 ᄒ며 엽주염ᄒ 번식 상표를 [illegible] 분시간만 쿨ᄒ 번잡 것다가 [illegible] 더러운것과 몬지와 때를 비누로 문지르고 솔로 ᄡ서 셔곳물에 [illegible] 구부려지지 [illegible] 고 말느ᄂ 기울에 마음대로 모양을 [illegible] 말으후에 상표 [illegible] 시니어 [illegible] 결ᄒ이 시 거갓ᄒ(雨)비ᄂ 마저저것도 이외갓치ᄒ면 위셥ᄂ 필ᄒ이 런ᄒᄂ데 엄이 새 사물와 갓 오로 ᄡ기에 가장 아름답ᄉ오이다

그림과 갓치 장교모자가 구비ᄒ오 대여름에는 휘빗으로 ᄒ고 선ᄂ [illegible] 봄 가을에는 회색으로 ᄒ며 [illegible]

대한경셩 [illegible] 대한경셩남부동현대사거리 삼십오통오호 옥호셔림

총모자샹젼특허주 쟝인호 근고

발매지점 경셩중부숫동 [illegible] 광구호에 수표 [illegible] 사쟝 수유근 고

大韓工業會趣旨書

東洋之於歐洲에 土地ᄂ 二倍而兼且肥沃焉ᄒ며 人種이 繁昌而兼且聰慧焉이로대 其於國力之富强ᄒ야ᄂ 返同河伯之望洋이오 我國은 尤甚焉ᄒ니 是曷故也오 專在於貴農桑而賤工藝也로다 然이나 其所謂農桑之業도 必須耒耜鋤鐙之力과 機杼針線之巧而後에 始乃粒其口而絲其身이니 貴賤工이 奚異於棄要務而取結果者乎아 我大韓四千年祖國에 工藝發明의 歷史를 溯究ᄒ건ᄃ 辰韓의 鍊器鉛계와 百濟의 陶瓦染織과 高句麗의 繪畵雕刻과 高麗의 磁器撒扇이 未始不苦思發慮ᄒ야 利用厚生의 遺業을 發ᄒ인ᄌ 此를 十分獎勵ᄒ야 技巧를 發展케ᄒ얏스면 今日文明이 東洋에 前驅가 되지어날 反히 抑壓ᄒ고 棄ᄒ야 工匠을 如奴隷ᄒ고 叫官汚吏ᄂ 侵漁誅求ᄒ야셔 竟에 人智痼局ᄒ고 工藝卑拙ᄒ야 或兒外人之嘲笑ᄒ며 而靑於藍則歸之以神明而有若不可企及者ᄒ니 豈不寒心哉아 昧曾閉鎖國時代에 在ᄒ야ᄂ 人民生活上 日用物品이 貧極界劣이라도 自國內習俗觀聞에 適合ᄒ면 可ᄒ거니와 支過에 [illegible] 現代 梯航이 交通ᄒ고 貨物이 貿遷ᄒ야 商業時代에 在ᄒ야 文化的欲望으로 美術品을 費消ᄒᄂ 同時에 其便利이 輕便ᄒ고 價格이 低廉ᄒ 者로 狂奔ᄒᄂ 自然의 理勢어ᄂ 試觀我韓人의 每日需用ᄒ 物品이 幾種이나 內國所產에 有ᄒ가 貨物의 輸入輸出이 大約平等ᄒ야도 國力에 發達ᄒ기 難期ᄒ거늘 所謂 我國에 輸出은 天產物幾種에 不過ᄒ고 外他 日用常品은 專仰於人ᄒ니 畢竟生產이 消費에 不敷ᄒ야 東手而聽溝壑ᄂ 目前에 事機인즉 我韓人民된 者ㅣ 大聲急呼ᄒ고 時日務趨ᄒ바ㅣ 工業發展에 係在ᄒ은 不待智者而可辨也로다 本會ᄂ 大抵工業의 발達이 國家에 對ᄒ야 絶大無倫ᄒ 關係利益이 有ᄒ니 多數ᄒ 遊手者를 勞動케ᄒ야 生產力을 增加홀지오 國稅를 膨脹ᄒ야 富强境에 基礎홀지니 我國의 人口를 二千萬이라 假定ᄒ면 所謂 兩班儒生과 從事ᄒᄂ 者ㅣ 십分之三에 不過ᄒ고 官公吏와 軍備ᄂ 除ᄒ外에 壹千三百萬以上되ᄂ 人口ᄂ 雖婦女老弱이라도 自己能力을 隨ᄒ야 擧皆工藝에 從事ᄒ게 容易ᄒ리니 大約每人이 壹箇月에 壹圜의 利를 得ᄒ지라도 [illegible]千二百萬元以上에 達ᄒ지오 國稅에 課稅도 其所得을 隨ᄒ야 自然增額되지니 樂看歐美列國의 富强原因이 工商業에 專在ᄒ니 英과 如ᄒ 者ᄂ 煤炭이 瘠硧ᄒ야 發產의 利ᄂ 不多ᄒ나 製造物의 出口로 七大强國의 首位를 居ᄒ니 此非明效大驗歟아 本會ᄂ [illegible] 務를 從事ᄒᄂ 者ㅣ 工業發明의 宿藝를 業務ᄒ야 [illegible] 民族에 緊急ᄒ 關係됨을 [illegible] 已了解ᄒ셧 不肖ᄒ [illegible] 培養ᄒ신 功效로 身體의 健康을 [illegible] 合ᄒ 棄艱을 捨ᄒ고 [illegible] 解ᄒᄂ 日에 當ᄒ야 [illegible] 工藝에 從事ᄒ야 [illegible] 國家富强ᄒ 國을 [illegible] 逐野干城과 [illegible] 鈴鑰 [illegible] 지라 所以로 [illegible] 避ᄒ고 大韓工業會를 [illegible] 技術實施ᄒ 製造品을 [illegible] 國民의 需用 [illegible] 目的ᄒ오니 凡吾 [illegible] 武官의 [illegible] 胞와 堅ᄒ 從ᄒ야 십분勿論ᄒ고 어며와 國內에 有志 [illegible] 贊同ᄒ시와 全韓內에 凋敝殘鮮으로 放于江河ᄒᄂ [illegible] 湊ᄒ고 拔軟不振ᄒ 國力으로 [illegible] 富裕의 域에 克진ᄒ기를 指ᄒ고 企圖ᄒ노이다

隆熙二年九月 日

尹致晟 鄭寅琥 林[illegible]

每月二回 十五日 定期發行

本邦未曾有의 唯一大醫藥月報오시오

中外醫藥申報

(第壹號) (八月貳拾五日發行)

壹部四錢 壹個年前 金五拾錢 不要郵稅

◎特別廣告

張基茂氏 主筆編纂

重要目次

●社說 發刊辭 ●祝辭 ●社告 ●學園 稱症新編 生理彙論 臨床의 [illegible]寶鑑 ●外國彙聞 ◎學會紀聞 ◎衛生[illegible] 摘要 ◎內地[illegible]報 ◎史談 記事 ◎[illegible] 等

(中外의 醫藥中報) [illegible] 內容은 東西古今의 醫藥淵源과 日新藥物의 [illegible]驗記錄 [illegible] 千餘年來에 [illegible] 材料와 [illegible] 오니 有志[illegible]同業諸君子는 [illegible] 購覽하심을 伏希하나이다

再本報에 廣告코저하시는 僉位는 本社營業部內廣告部主任과 面議하시오

漢城南大門側濟生堂內

發行所 中外醫藥申報社

◎特別廣告

第七

大韓每日申報

第千二百九拾三號

月曆及陽時日休刊節

檀君開國四千二百四十二年
箕子元年三千三十一年
大韓開國五百十八年
日本明治四十二年
耶蘇降生一千九百九年
己酉七月小二十六日癸酉

Responsible for Publication Alfred Weekley Marnham.
發行兼編輯人 英國人 萬咸
發行所
京城南部苧洞第三統第一戶
大韓每日申報社

寄書

◉開化本旨

東瀛生

圜球之生也最者爲埈低者爲水陸分爲萬國水分爲四海曾謂之在海內如晞米之在太倉曠邈綿邈物量無窮殊方異域風俗逈絕鴻濛闢後幾千百年爾內寂然自開化以來四海相通六洲登局可謂天地闢豈大變衡而丈丈夫留心經濟之際也夫文化之說吾未知其始於何國何代何人也

蓋敎이之弊로俗之善也莫如今日之歐美也職學世皆言化而知化者鮮矣夫化者有內化外化內化者內修而實效也外化者外飾而虛言也故曰化之以言而不能化之以形化之以形而不能化之以心化之以心而不能化之以功用變化者不謂之化也主於化者附於日國則日化附於歐國則日歐化皆非開化之本旨而각立偏黨之習也今之所謂化主者古之所謂黨主也夫化者無偏無黨上下相爭在上無纍在下無諂綱倫和和承接無欺無刻之以刑法無飾之以文華衣儉實樂勤儉篤信이之道也故曰斷然衣非외之善之善者也欺詭非외之善之善者也躰體不修文形不實非외之善者也

夫化之善者樂天陸測地球究物性極探機明政敎正風俗以厚民生以殷國勢者也化者文學所謂格致誠正修齊외平之謂也化之名者泰西實創之化之始者五帝皆爲之造書契察曆象制舟車作耒耜以詔後世而後聖賢人不能溯其源而逐其流不能觀其體而逐其變强爲矩規繩墨之言禁其兌挫其銳嚴上下之分閒貴賤之職以迷惑民之漸以杜智巧之端是故蒼生皆蠢々然不能蠢乎萌法之內又不能蠢乎方限之外외之遺泯々然沉者數千年之久矣泰西博士知其々者出闢明天人之道格致物理之性發前聖之所未發以盡乎六合之內窮乎萬象之外至於聲光氣性鑛合功用覆闢之間可謂神無藏而鬼無隱矣

蓋嘗論之至如文學則希臘之泰甫帝希臘之歷山王道외之靈里斯多理외之華盛頓拉性외之布拉多格致외之凱利斯多樂格盧與英之培根法之西爾利也斧외則義之曼麗留英之奈端法之布尼拉星學則佚失勤哥伯尼衆兵備則俄之彼得帝佛之拿破侖羅馬之馬基韋爾之華盛頓地球學則西班牙人科倫布英人可禁壹伊太利人亞米利加其他個鑛礦器等외之理雅代數納斯米氣學之布里斯德里외之拉夫西愛電외則志晃修與葛茂也鑛외之先覺而歐美之興隆實基於此哉今日天下富强之利權也雖然非特歐西之외而唯我大東之人有志者亦若此也

夫民者本無善惡本無巧拙惟上以勤儉民心純朴上以侈靡民心浮虛故以德외國文明生活以智외國技巧出焉故民無常性俗無常풍民之情象水々之性導之流民之性敎之則化雖然習俗猝難變醫盲猝難醫夫人寒極然後思衣之暖飢極然後思食之飽亂極然後思외之治故聖人隨變圖외凡始政之日度其難易察其利害慮始慮終齊之以武威修之以文化克至有終풍美俗成百姓皆曰何謂日之苦而今日之樂也然後化之道暢矣商鞅所謂衆人可與樂成不可以慮始者是也爲華經日瞽者無以與乎文章之觀聾者無以與乎鐘鼓之音以今度之學國皆瞽聾而化者爲文章鐘鼓也故夫人不明則雖見文章之華不聰則雖聽鐘鼓之樂不외則難知風俗之美故先覺者知而敎之後來者推而演之擧世皆曰我聰明而自得云爾則此所謂외之漸而외之兆也

外報

◉日本帝室費 日本帝室費를四百五十萬圓으로增加ᄒᆞ기로內閣과宮內省間에交涉이完了ᄒᆞ얏다더라

◉必有大戰 摩洛國메릴라港에在ᄒᆞᆫ西班牙軍은全港東南約二十哩되는제무안地로向ᄒᆞ야進軍ᄒᆞ는中인ᄃᆡ此地를據ᄒᆞ야土民側의大軍은近丘山谷繞圍ᄒᆞ야防備를汲々히ᄒᆞ는故로兩軍이遂着ᄒᆞ는日에는大衝突이必有ᄒᆞ리라더라

◉西軍計劃 西班牙軍은剛奈와港을占領ᄒᆞᆫ後에其戰局을擴大케ᄒᆞ야其軍費와兪減을將行ᄒᆞ깃다ᄂᆞᆫᄃᆡ尙且西班牙軍은摩洛哥國王에對ᄒᆞ야賠償을要求에關ᄒᆞᆫ條項을指示ᄒᆞ지ᄒᆞᆫ다더라

◉美紙不贊成 紐育新聞드리쁜及해랄드等은淸日協約에對ᄒᆞ야不贊成ᄒᆞᄂᆞᆫ說을揭載ᄒᆞ얏다더라

◉滿洲金融機關 日人의滿洲實業大會에서ᄂᆞᆫ資本金壹千萬圓으로政府保護의金融機關을滿洲에設立ᄒᆞ기를來議會에建議ᄒᆞ기로決議ᄒᆞ얏다더라

◉獨新巡洋艦 德國新巡洋艦마인쓰号ᄂᆞᆫ其速力이二十七節半이나된다더라

雜報

◉稀貴高齡 今回韓國民籍調査ᄒᆞᆫ際에全羅南道靈光郡元山面新基里에住ᄒᆞᄂᆞᆫ金田太라ᄒᆞᄂᆞᆫ老翁의年齡을調査ᄒᆞᆫ즉翁은自己의年齡과生日을不知ᄒᆞ며又父母兄弟의有無도不知ᄒᆞ고唯數십年間에米壹升에葉三分ᄒᆞ던時代를記憶ᄒᆞᆫ다ᄒᆞᄂᆞᆫᄃᆡ其近處에七八십된老人에게聞ᄒᆞᆫ즉米壹升에三分ᄒᆞ던時節은六십餘年前事인ᄃᆡ其時에도此翁이今日此狀態와無異ᄒᆞ얏다ᄒᆞ매何人이던지翁의經歷을詳知ᄒᆞᆫ者無ᄒᆞ니百歲以上은勿論ᄒᆞ고或云三百歲或云四百歲라ᄒᆞ고鄕人間에傳說이有ᄒᆞ나翁의身長은五尺三寸이오身軀ᄂᆞᆫ肥滿ᄒᆞ고頭髮은鼠色이오顔頂에ᄂᆞᆫ毛髮이脫ᄒᆞ고細毛만僅存ᄒᆞ며齒ᄂᆞᆫ壹個가脫落ᄒᆞ얏다가再五年前에再生ᄒᆞ얏고現今에도其身體가强健ᄒᆞ야矍鑠ᄒᆞ고食品은壯年者에게不讓ᄒᆞ며昨年까지도壯丁과相伴作農ᄒᆞ얏고本年에ᄂᆞᆫ漸漸腰痛이有ᄒᆞᆷ을覺ᄒᆞᄂᆞᆫ대是生來에病症은始有ㅣ라ᄒᆞ다더라

詞藻

◉勿悠悠

ᄌᆞ렁저렁ᄒᆞ니、일운일이무어시냐。

희롱희롱ᄒᆞ니、歲月만虛費로다。

[illegible]、머되곳보랑이면、萬事不成。

廣告

雜報

◎御詩慶祝 今皇帝陛下께옵셔 再昨日 太皇帝陛下 萬壽聖節에 聖安ᄒᆞ옵시믈 慶祝ᄒᆞ시ᄂᆞᆫ 御製詩를 製上ᄒᆞ셧ᄂᆞᆫ대 御製詩ᄂᆞᆫ 如左ᄒᆞ니 嵬々聖德大如天、치화出倫三千劫、恭逢今日虹流節、太子稱觴祝萬年、

◎日皇祝電 再昨八日 한國 太皇帝陛下 萬壽聖節에 日本 皇帝陛下께서 鄭重ᄒᆞᆫ 祝電을 發ᄒᆞ얏더라

◎儲陞任 한國 皇太子殿下께옵서ᄂᆞᆫ 再昨日 太皇帝陛下 萬壽聖節에 陸軍步兵副尉로 陞任ᄒᆞ옵셧더라

◎豫金支出議可 地方醫藥及雜費壹萬一千四百圓과 水雷艇見習費與금壹百圓을 豫備금中支出ᄒᆞ기로 上奏裁可되얏다더라

◎統監夫人入京 曾禰統監夫人은 昨日下午八時에 入京ᄒᆞ얏다더라

◎借款調査 往年의 한國政府가 淸國電報局及招商局의셔 借款ᄒᆞᆫ 債의 說은 청國總領事의 請求가 有ᄒᆞᆷ으로 統監府의서 調査中인대 其要求額은 [illegible] 報債ᄒᆞᆫ 後其殘額이 招商局의 십一萬兩餘이오 電報局의 一萬九千兩餘인대 利息을 加算ᄒᆞ엿시리라더라

◎美領事轉任 京城駐在美國總領事 싸몬쓰氏ᄂᆞᆫ 橫濱으로 轉任ᄒᆞ고 神戶總領事 시트氏가 京城總領事로 轉任되엿다더라

◎伊館歸還 [illegible] 伊太利領事 캐샷틔氏ᄂᆞᆫ 去五日 長崎로 向ᄒᆞ야 出發ᄒᆞ엿다더라

◎淸大官歸國 日本에 派遣되엿던 淸國議政大臣 駒氏ᄂᆞᆫ 再昨日에 入城ᄒᆞ야 同國總領事館에서 宿泊ᄒᆞ고 昨日에 仁港으로 下往ᄒᆞ야 歸國ᄒᆞ얏다더라

◎特官免官 [illegible] 警部 [illegible] 氏가 何等挾雜事가 有ᄒᆞᆫ지 三昨日 警視廳에 被囚ᄒᆞ얏다가 免官까지 되얏다더라

◎將官赴任 日本陸軍第六師團長 木越中將은 來二十日午後二時五分에 龍山에 着任ᄒᆞᆯ터이라더라

◎觀光團入城 再昨日下午八時에 日本觀光團 三십四人이 南門外停車場에 到着入城ᄒᆞ얏다더라

◎日團出迎 再昨日에 日本觀光團이 入城ᄒᆞᆯ時에 日人各新聞社員과 漢城府民會員과 漢城新報社員들이 南門外停車場에 出往ᄒᆞ야 提燈歡迎ᄒᆞ얏다더라

◎說團交涉 國是遊說團은 大한商務組合과 協同一致ᄒᆞ기로 目下交涉中이라더라

◎芮氏最敬忠 遊說團員 芮宗錫氏ᄂᆞᆫ 한國의 經費를 支用ᄒᆞ기 爲ᄒᆞ야 自己의 小家屋을 五百圓에 典執ᄒᆞ얏다더라

◎高氏寄付 法部大臣 高永喜氏가 遊說團에 經費를 補用ᄒᆞ라고 금貨五百圓을 寄付ᄒᆞ얏다더라

◎新設理事 [illegible] 北한基地의 理事廳을 設ᄒᆞ고 理事官으로 [illegible] 島領事를 兼任케ᄒᆞᆯ터인대 其地點을 目下撰定中이라더라

◎佛艦入港 佛國極東艦隊所屬巡洋艦 알젠트號ᄂᆞᆫ 昨日 仁川에 入港ᄒᆞ얏ᄂᆞᆫ대 來土曜日에 釜山으로 向ᄒᆞᆫ다더라

◎領土擴張 한國의 領土ᄂᆞᆫ 今回淸日協約의 圖們江上流까지 及ᄒᆞ도록 擴張되얏더라

◎度部發訓 度支部에서 漢城府及各觀察使及府尹郡守에게 訓令ᄒᆞ되 公文去來에 [illegible] 專尙ᄒᆞ지 말고 事實上適要ᄒᆞᆫ 趣旨로 簡易케 注意ᄒᆞ라 ᄒᆞ얏다더라

◎歲入增加 韓國租稅ᄂᆞᆫ 元來物品으로 收捧ᄒᆞ던 것을 開國五百四年에 代錢으로 納케ᄒᆞ얏ᄂᆞᆫ대 其時歲入總額이 四百八十萬九千四百圓에 租稅額이 二百二十三萬八千三十三圓이러니 本年度歲入總額이 二千壹百四十三萬四千七百二十二圓에 租稅額이 千四百六萬八千二百二圓이오 其外收入이 千九百六萬六千五百二十二圓이라더라

◎法人請願 法人 國德孝氏가 分林法을 實施ᄒᆞᆫ 以來로 土地五萬坪을 借得ᄒᆞ기 爲ᄒᆞ야 農商工部에 請願ᄒᆞ얏다더라

◎壹選五萬 壹選會에서ᄂᆞᆫ 今回 한國銀行株式募集에 五萬株를 應募ᄒᆞ얏ᄂᆞᆫ대 日露戰爭에 犬馬의 勞를 有ᄒᆞᆷ으로 其酬勞금 四十萬圓을 本陸軍에서 取得ᄒᆞᆯ것이라더라

◎間島의 韓日人 間島에 한國人은 從來로 不動産을 有ᄒᆞ야 居住ᄒᆞᄂᆞᆫ者인則 旣得權例를 依ᄒᆞ야 格外로 待遇ᄒᆞ고 日本人은 開放港以外에ᄂᆞᆫ 旅行權이 無ᄒᆞᆫ則 旅行을 不得ᄒᆞ게 되얏다더라

◎公園設置企圖 [illegible] 等諸氏가 發起ᄒᆞ야 東署工業傳習所附近地에 公園을 設置ᄒᆞ기로 目下企圖中이라더라

◎淸港免稅 淸津港을 經由ᄒᆞ야 間島와 渾春地方에 輸出入ᄒᆞᄂᆞᆫ 貨物의 關稅免除法律은 近近度支部에서 발布ᄒᆞᆯ터이라더라

◎後孫決議 奉恩寺 順懷世子 [illegible] 齋祭답이 水原升良面에 在ᄒᆞᆫ대 [illegible] 會音이 結鎖ᄒᆞᆷ과 多欲滯ᄒᆞᆷ으로 財務署에서 頭頭이 多端ᄒᆞᆷ [illegible] 秋收ᄒᆞ되 每多幻弄ᄒᆞ되 寺僧은 [illegible] 改差ᄒᆞ고 土地所出을 自己가 抛空ᄒᆞ라ᄒᆞ야 [illegible] 位牌를 移安ᄒᆞ고 自 [illegible] 奉祀ᄒᆞ기로 決議中이라더라

◎僧侶控訴 信川郡猿川坪은 元來民有地인대 去六月分에 京城居ᄒᆞᄂᆞᆫ 最元 等이 土地所有者의 承諾을 不俟ᄒᆞ고 自意로 [illegible] ᄒᆞᆫ 故로 該事件에 對ᄒᆞ야 各土地所有者들이 裁判所에 起訴ᄒᆞᆫ다더라

◎爭訟起訴 前警視 리政秀氏ᄂᆞᆫ 前郡守 姜某와 欽氏의게 金錢萬四千餘圓 推尋條가 有ᄒᆞ야 辯護士 崔鎭氏에게 委託裁判ᄒᆞᆫ다더라

◎詩洞規約 詩洞娼妓組合所에서 娼妓蓮心等 二百六십壹名이 組合規約四十條를 制定ᄒᆞ야 警視廳에 請願承認을 얻엇다더라

◎始知本姓 水原居 學東赫氏가 二십四年前에 김姓女와 同居ᄒᆞ야 一女를 生ᄒᆞ고 其間分離ᄒᆞ야 蹤跡을 不知ᄒᆞ더니 今年 京城東門外에서 김姓女를 相逢ᄒᆞ야 女兒의 生死를 問ᄒᆞᆫ則 其間에 宋氏와 同居ᄒᆞ야 女兒도 宋姓을 冒ᄒᆞ고 已爲出嫁ᄒᆞᆫ지라 卽時同伴 往訪ᄒᆞ야 骨肉相面ᄒᆞ고 該女ᄂᆞᆫ 二십四年에 本姓을 始知ᄒᆞ얏다더라

◎新報押收 新한國報第二卷 二십四號ᄂᆞᆫ 治安妨害라ᄒᆞ야 內部에서 발賣頒布를 禁止ᄒᆞ얏다더라

◎七盜被捉 前巡査 김應澤等 七名이 强盜犯으로 再昨日 警視廳에 被捉ᄒᆞ엿다더라

◎一捕一逃 北部 狗洞居 김元明等二人이 昨日上午三時頃에 凶器를 携帶ᄒᆞ고 三淸洞居 嚴某家의 突入ᄒᆞ다가 一名은 北部警察署에 被捉ᄒᆞ고 一名은 逃走ᄒᆞ얏다더라

◎三氏被囚 大한勞働會々長 徐廷柱시의 呼訴를 因ᄒᆞ야 김聖基 田聖鎬等 八人이더니 憲兵司令部에 被囚ᄒᆞ야 現今取調中이라더라

◎學生呼崇 再昨日 萬壽聖節에 各私立男女학校의서ᄂᆞᆫ 入한 門前에 齊進ᄒᆞ야 萬歲를 崇呼ᄒᆞ얏ᄂᆞᆫ대 各官立학校에서ᄂᆞᆫ 不進ᄒᆞ얏다더라

◎遊說團開會 國是遊說團에서 日昨에 臨時總會를 開ᄒᆞ고 團장以下一般任員을 選定ᄒᆞ고 各道에 派出ᄒᆞᆯ 遊說委員을 多數募集ᄒᆞᆫ다더라

◎進會開會 壹進會의셔ᄂᆞᆫ 本日의 評議員會를 開ᄒᆞ고 大한協會와 連合ᄒᆞᆯ 事로 協議ᄒᆞᆯ터이라더라

◎韓會再會 大韓協會와 壹進會가 聯合ᄒᆞᄂᆞᆫ 事에 對ᄒᆞ야 大韓協會에서ᄂᆞᆫ 來土曜日에 再次議ᄒᆞᆫ다더라

◎興業會組織 平北殷川郡內 有志紳士諸시가 去五月分에 諸般實業을 발展키 爲ᄒᆞ야 興業會를 組織ᄒᆞ고 會장은 [illegible] 副會長은 孫泳澤시로 選定ᄒᆞ얏ᄂᆞᆫ대 兩시ᄂᆞᆫ 풍雨를 不憚ᄒᆞ고 熱心觀務ᄒᆞᆫ다더라

◎池學任 基督敎靑年會々侶幹 池 [illegible] 시가 有故ᄒᆞᆷ 代에 宗敎部委員 [illegible] 시 [illegible] 事務를 踐行ᄒᆞᆫ다더라

◎說法講道 過日에 入城ᄒᆞᆫ 美國 [illegible] 氏ᄂᆞᆫ 來十三日下午三時에 鍾路靑年會에서 福音을 講道ᄒᆞᆫ다더라

○北京電報○

◎露淸懸案 淸國은 露淸間의 交涉案件의 解決을 急成ᄒᆞ기로 焦慮中인ᄃᆡ 其未了案件은 如左ᄒᆞᆷ

壹 黑龍江流域의 區劃及航行에 關ᄒᆞᆫ件

二 淸境伊犁 露國人의 商法及淸國人歸化에 關ᄒᆞᆫ件

三 東蒙古 [illegible] 府에 駐在ᄒᆞᆫ 露國兵撤退의 要求及領事館建設에 對ᄒᆞᆫ 抗議件

四 露國이 일쿠크에 稅關을 設ᄒᆞ고 淸國으로 輸入ᄒᆞᄂᆞᆫ 紙茶等에 對ᄒᆞ야 課稅ᄒᆞᆫ 事實에 對ᄒᆞᆫ 抗議件

五 [illegible] 露國人民이 增加ᄒᆞᆷ에 對ᄒᆞᆫ 收稅規則制定件

六 東內蒙古에 對ᄒᆞᆫ 露國의 借款及金礦採掘에 關ᄒᆞᆫ件

○東京電報○

◎淸日協約發表 淸日協約은 九日에 發表ᄒᆞᆯ터이라더라 以上八日發

◎淸日議事錄 今回締結ᄒᆞᆫ 淸日協約의 議事錄은 如左ᄒᆞ니

一 天寶山의 採堀은 從來와 如히ᄒᆞᆷ

二 金州로부터 齊々哈爾까지 敷設ᄒᆞᄂᆞᆫ 鐵道의 對ᄒᆞ야ᄂᆞᆫ 日本은 異議가 無ᄒᆞᆷ

三 鐵嶺以北의 南滿鐵道線으로부터 長春府에 至ᄒᆞᄂᆞᆫ 鐵道의 要求權은 日本의 保留ᄒᆞᆷ

四 法庫門鐵道敷設ᄒᆞᆯ際의 材料ᄂᆞᆫ 日本의 仰ᄒᆞᆷ

五 安奉線陳相屯以外의 線은 從來와 如히ᄒᆞᆷ 九日發

◎日本의 預算編成 日本政府ᄂᆞᆫ 明年度歲入歲出의 總預算이 編成되얏ᄂᆞᆫ대 大藏省의 豫定ᄒᆞᆫ 方針을 聞ᄒᆞᆫ則

壹 日本政府의셔 한國政府의 貸付ᄒᆞᄂᆞᆫ 금額을 增加ᄒᆞᆯ事

貳 必要가 無ᄒᆞᆫ 新事業費ᄂᆞᆫ 削除ᄒᆞᆯ事

三 一般官吏의 增俸을 行ᄒᆞᆯ事

四 皇室費ᄅᆞᆯ 增加ᄒᆞᆯ事

五 國債償還額은 壹千萬圓을 增加ᄒᆞᆯ事라더라 九日발

▲不足與辨▼

▲韓國內의 許多邪氣妖徒之輩出ᄒᆞ야 本報를 直接仇視ᄒᆞ고 百方千計反對者가 日出不窮ᄒᆞ나 [illegible] 牛毛갓흔 狂吠聲을 [illegible] 說明 [illegible] 最 [illegible] 供覽 [illegible]

▲大한新聞더 妖徒은 司法權을 委任ᄒᆞ야 文明ᄒᆞᆫ 法律하에 生命財産保護를 [illegible] 得ᄒᆞ고 [illegible] 成되엿스나 [illegible] 그 魔說도 不足與辨

▲國民新報더 妖徒은 自己의 [illegible] 得勢ᄒᆞ야 文明域에 先登ᄒᆞᆫ 獨立國이 [illegible] 滿紙誇張ᄒᆞ나 [illegible] 他게 奴隸되엿다 [illegible] 그 魔說도 不足與辨

▲[illegible] 新報더 妖徒 [illegible] 民과 [illegible] 讀 [illegible] 못ᄒᆞ야 [illegible] 警犬 [illegible] 의 [illegible] 그 魔說도 不足與辨

▲漢城新報더 妖物은 [illegible] 다려다가 [illegible] 面에ᄂᆞᆫ 禍心이 [illegible] 觀ᄒᆞ고 日下에 [illegible] 그 魔說도 不足與辨

▲可憎ᄒᆞ다 妖鬼야 너도 [illegible] 緣藤인대 恩反 [illegible] 그 鐵石ᄀᆞᆺ치 굿은 마음으로 死不變ᄒᆞᄂᆞᆫ [illegible] 의 沮戲로 豈分挫撓될손냐

關　標　本舖と小西門外草洞
問官　閔 감　告白

諸치牽引打撲創刻
壹匣壹圜散貳拾錢

齒痛散　ᄒ蟲齒痛不拔而愈
永久完全 金三十錢

益壯丸　男女元氣不足腎精虛滑
壹週日分二圜四週七圜

調經膏　月水不調
壹朔分壹圜

傷寒聖藥　四時感冒온疫
一貼　廿五錢

遠地에と郵便小包로特別ᄒ送

廣告

서江倉前里십五統壹戶家六
間官契壹度를路中서失故로茲
에告白홈　家主　한興煒

本人의女漢順母와※餘年同居
ᄒ옵다가今年七月初壹日母女
乘夜逃躲이온ᄃ漢順을찻고
ᄌ호와茲에廣告호오니誰某逢
見ᄒ시거던還奇則厚酬ᄒ깃슴
니다　漢順母年二十九左
目上有瘢이오니그리보시옵
南署漢江貳십三六김英植　告

本人은本年陰曆인ᄃ一月分本
郡李根宅시ᄆ農工銀行에用ᄀ
將ᄒ야無認新舊이ᄀ己行未行
을并無效로홈
朴昌奎　告白

◎學員募集廣告

本校에서今秋期에壹學年及預
備科學員을增募ᄒ오니志願人
은左開에依ᄒ야九月貳十日內
로請願書를提呈ᄒ시옵

一　入學年齡　壹학年은拾六歲以上、預備科拾五歲以上

一　試驗日字　と九月二십壹日

一　試驗科目　壹학年에と讀書、作文、算術（分數四則以內）本國地誌、歷史、理化、博物、體格
預備科에と讀書、作文、算術（四則以內）本國地誌歷史大要、體格

一　開學日字　九月貳拾五日
但舊學生은九月拾五日

一　入학資金　入학金壹圜

音樂학員募集廣告

本校에서音樂夜학生을募集ᄒ오니音樂에注意ᄒ시と僉員은九月十五日內로本校에來臨ᄒ시와請願書를提呈ᄒ시옵
南大門內尙洞攻玉小학校

◎增集廣告

本塾에서法律、經濟兩科壹年級學員을已爲募集이온바今又增募ᄒ오니本塾에入학코져ᄒと人은今月貳拾日內로入학請願書를提出ᄒ시옵
（試驗　字本月貳십壹日）
但學科目及入학試驗科目은
前在ᄒ몹
隆熙三年九月九日
漢城서部部染ᄃ성揚峴壹戶
私立　養正義塾

注意　請願書에と各其父兄或監督者의確實ᄒ保證書를添ᄒ되請願用紙と本校에請ᄒ옵
修業料五十錢

忠淸南道舒川郡東部面始明里
羅映河의病數ᄉ藥无顯效ᄒ며妻
具氏年甫廿二歲ᄅ願代寔ᄒ奈
性夜汲井華至誠祈禱ᄒ七年之間
終始無懈敎整異齊ᄒ井供甘旨
盡冒氷不渝其色ᄒ成輔之日匪
齊之異恩節誠之異也匪色之和
渝則誠之渝也其夫別世命也
奈何望ᄒ身姑及有供養之子婦
壞下逝矣葬日歸葬後越三日
實ᄋ室命下從烈哉其色不啻ᄒ
於同帝激勵四方哉故如是廣
告　舒川郡內會永洞金宗鎭　白

◎學員募集廣告

本學堂에서學員을募集ᄒ오니
願학僉員은九月拾、拾壹日（陰
七月廿六、七日）에請願書를提
呈ᄒ고左記日字에應試ᄒ事
（請願用紙と本학堂에來求）

高等科預備級新募集
同一二三四年級補缺生募集

入學者資格　年齡拾六歲以上된男子가中학校卒業이有ᄒ거나相當ᄒ학力이有ᄒ者로限홈

試驗日字　九月十三日（陰七月廿九日）上午九時

試驗科目　國漢文讀書作文算術（分數以下）
但補缺生은該相當ᄒ年級의課程으로試驗홈

本학堂에서英語と數理化學等科學을研究코ᄌᄒ나合當ᄒ敎師와處所가無ᄒ야痛歎不已ᄒ더니有志男子를爲ᄒ야大學校（갈레지 Collage.）를新設ᄒ오니學員은勿失此好期ᄒ고以上日字에赴期應試홈

但試驗科目은高等科와特異홈

培材學堂

本人의家屋典當契約書를見失故로茲에佈休紙施行홈
東門外新設契下里伯曾統八戶
吳順伊

◎私立東彰學校第壹回進級式에寄附ᄒ諸氏가如左홈
리圭植금五圜金興祿金宜坤孫
云昌崔兌淳學潤여ᄋ在鶴리觀
洄리雄善각二圜咸鎔植黃九昌
魏洪軾權善德梁ᄇ煥崔仁壽旗
景春洪禾源ᄇ興根姜潤達김歆
章徐興秀金德昌리有泌리祥源
리鍾成김弘俊김鎭濟리亨善김
泌鎬각壹圜吳鼎根崔宗華姜文
煒리藏章臼宗와리亨善ᄎ基鎔
黃弘煒각五拾錢秋敎成리召史
ᄀ册鐵權ᄇᄊ藥空冊紙石板
第桶石筆각二個ᄊ潤ᄌ空鐵八
십八卷鉛筆貳百四十壹枚宋聖
初ᄋ讀文入冊ᄉ承燮空冊拾
卷
私立東彰학校　告白

松廳김秉완처의당젼壹千兩於
音금월二十壹日에서실ᄒ엿ᄉ
오니흐지ᄂ힝　광
포인파동五拾六統九戶李春植

卷　煙　草
金四錢
京城
廣江商會

（大韓國에ᄋ金山道涉律認可）（財大韓國興國總領事發錄）
京城磚洞（京城郵便局私函第四拾號）　韓美興業株式會社
本社의各處代理人의氏名은如左홈

開城代理人		開城南門內雜貨商店	崔昊珠
平壤代理人		平壤大同門內店洞	
咸興代理人		咸興西門外	
馬山浦代理人		馬山浦客主	
元山代理人		元山港	
濟物浦代理人		濟物浦港	
水原代理人	位置未定	水原北部장安동	
安城代理人	位置未定	水原北部長安洞	
沙里院代理人		漢城東部蓮池里旺新學校內	
金泉代理人		金泉市場共信昌店	
海州代理人	位置未定	海州麻浦一拾二統五戶	
天安代理人	位置未定	水原北部長安洞	
群山代理人		群山大井洞	
全州代理人	位置未定	漢城西部阿峴二百廿二統三戶	
大邱代理人		大邱新田里五十八統七戶	
釜山代理人	位置未定	馬山浦中山明治壹統九戶	
江景浦代理人	位置未定	西部龍山坊東幕中契廿七統貳戶	
木浦代理人		西部麻浦貳拾七統三戶	
晋州代理人	位置未定	陰城邑內城山里	
統營代理人	位置未定	[illegible]洞貳統壹戶	宋贊憲　徐雨錫
永同代理人	位置未定	木浦南[illegible]洞	
大浦代理人		尙州邑內馬山浦城山	
晋州代理人	位置未定	南部漢江十八統二戶	
金堤代理人	位置未定	全堤郡白石面水閣	
漢城附近代理人		義州枇峴	劉善玉　朴奉變　張濟拭
義州代理人	位置未定	龍州枇峴	
江界代理人	位置未定	性峯里ᄂ甘井洞四統九戶	
漢城東部代理人		郭山郡	
寧邊代理人	位置未定	吉州郡	金相杰　李用宅
公州代理人	位置未定	太田新町	
城津代理人		浦項上里貳統拾二戶	宋始憲　洪淳達
太田代理人		漢城東部洞貳統壹戶	
浦項代理人		漢城西門外貳十捌戶	安 익
鄭州代理人		吉州邑內外栢思洞二統二戶	
吉州代理人		延安郡玉溪	
郭山代理人		鬼山郡兎山ᄃ	
延安代理人		開城南部都橋	
鬼山代理人		太田新町	金寶潢　洪淳瑩
濟物浦代理人	位置未定	公州東部甑面松亭里	
公州代理人	位置未定	咸興里洞昏百五拾四統四戶	
錦山代理人	位置未定	沙梁鎭陽面蓮下里	
洪原代理人	位置未定		
漢城西部代理人	位置未定	密陽府內長壽里	宋[illegible]　미[illegible]
목포代理人	位置未定	鐵원ᄊ點谷面沙村	金浩昌
錦山代理人	位置未定		
寧邊代理人	位置未定	北部齋洞ᄉ十五統壹戶	
安東代理人	位置未定	西部里門ᄉ百五십四統四戶	김寶鎬　朴勝俊　李寅英
興平代理人			
漢城南部代理人			
安州代理人	位置未定		

第七卷

大韓每日申報

第千壹百九拾四號

月曜日及慶節日休刊

每月定價 [illegible]

發行兼編輯人 英國人 萬咸 Responsible for Publication Alfred Weekley Marnham.

發行所 大韓京城[illegible]

大韓每日申報社

論說

◎古人遺蹟을吊홈

大抵先代英雄聖哲의遺蹟은後來國民의紀念物을作ᄒᆞᄂᆞᆫ此을敬慕ᄒᆞ며此를欽仰ᄒᆞ야其步趨를學ᄒᆞ며其香采를想ᄒᆞᄂᆞᆫ니豈則英哲을崇拜ᄒᆞᄂᆞᆫ心이發生ᄒᆞ며二則國家를愛ᄒᆞᄂᆞᆫ根性이鞏固ᄒᆞ나니彼西哲이謂ᄒᆞ되豈家의子孫이祖先의手澤을摩娑ᄒᆞ면敬祖愛族의情이油然히自起홈과如ᄒᆞᆫ故로英雄聖哲의往蹟과遺物을莊嚴愛護치아니ᄒᆞᆫ者ㅣ冥々中國民의自尊性이衰ᄒᆞ며愛國心이墮ᄒᆞ야國됨을不得ᄒᆞᆯ지어날嗚呼라近日韓國을観ᄒᆞ건ᄃᆡ古人의遺蹟을壹々破壞ᄒᆞ며壹々掃殘ᄒᆞ야其影子도不留케ᄒᆞ고저ᄒᆞᄂᆞᆫ도다

嗚呼惜哉며嗚呼惜哉라

京城內로言ᄒᆞ면宮闕殿閣이改觀되며東闕營과侍衛隊營이火燒毁撤되며其他舊殿故閣의敗觀된者ㅣ比々ᄒᆞ야處々에泥峴的風光을呈ᄒᆞ며地方으로言ᄒᆞ면平壤大邱等邑에城壁을盡毁ᄒᆞ야殘磚缺瓦가四處로紛散되야數千年來英雄聖哲의經營ᄒᆞᆫ遺蹟이灰塵갓치消滅되얏스니

此를過ᄒᆞᄂᆞᆫ行人이여西山夕照를帶ᄒᆞ야馬를立ᄒᆞ고彷황ᄒᆞᄂᆞᆫ者ㅣ幾人이뇨

如此히幾十年을過ᄒᆞ면山川이其色을變ᄒᆞ며水가其態를失ᄒᆞ며壹切物을換ᄒᆞ야今日의풍景이아니리니此中에서生長ᄒᆞᆫ國民이能히其本性을不變ᄒᆞᆯᄂᆞᆫ지此가吾儕의彷황不已ᄒᆞᄂᆞᆫ바로다

或曰然則國民이保守ᄒᆞᆯ바ᄂᆞᆫ三間茅屋도此ᄂᆞᆫ吾祖의搆ᄒᆞᆫ바라ᄒᆞ며壹片石礎도此ᄂᆞᆫ吾父의履ᄒᆞᆫ바라ᄒᆞ야襤褸의洋屋及開敞의市街와不換홈이可ᄒᆞᆯ가曰否라國民의愚頑ᄒᆞᆫ保守ᄂᆞᆫ有害홈이不可ᄒᆞ나文明을保守ᄂᆞᆫ不有홈이不可ᄒᆞ니矮屋과短墻을愛ᄒᆞ야層樓巨厦를惡홈은愚頑의蔽어니와先代遺蹟과紀念될것을紀念ᄒᆞ며守護ᄒᆞᆯ것을守護홈은國民의宜有ᄒᆞᆯ비라此가無ᄒᆞ면自尊性도無ᄒᆞ며愛國性도無ᄒᆞ리니嗚呼라今日韓國의古人遺蹟이엇지可吊ᄒᆞᆯ바아닌가

官報

▲隆熙三年七月廿七日 官報

法律

法律第二拾二號

韓國銀行條例 續

第八章 罰則

第四拾壹條 韓國銀行에서左開事犯이有ᄒᆞᆫ時ᄂᆞᆫ總裁或은總裁의職務를行ᄒᆞ거나又ᄂᆞᆫ代理ᄒᆞᄂᆞᆫ理事를千圜以下의過料에處ᄒᆞ고其事犯으로理事의分擔業務에係ᄒᆞᆫ時ᄂᆞᆫ理事를過料에處ᄒᆞᆷ도亦同ᄒᆞᆷ

壹 第貳拾壹條의規定을反ᄒᆞ야本條例에記載업거나又ᄂᆞᆫ政府命令에不由ᄒᆞᆫ業務를營ᄒᆞᆫ時

二 第二十三條의規定을反ᄒᆞ야銀行券을발行ᄒᆞᆫ時

三 第二十八條의規定을反ᄒᆞ야準備金을積立아니ᄒᆞᆫ時

四 本條例를依ᄒᆞ야認可를可히受ᄒᆞᆯ事項으로其認可를不受ᄒᆞᆫ時

第四十二條 本條例의過料ᄂᆞᆫ裁判所命令으로써此를科ᄒᆞ고其命令에對ᄒᆞ야拾四日以內에抗告ᄒᆞᆷ을得ᄒᆞᆷ

附 則

第四십三條 本法은頒布日로부터施行

第四十四條 韓國銀行設立에關ᄒᆞᆫ壹切事務ᄂᆞᆫ韓國政府에委托

第四拾五條 第십五條第十六條及第十七條의規定은此를創立總會에準用ᄒᆞᆷ

第四십六條 創立總會의選擧ᄒᆞᆫ理事及監事ᄂᆞᆫ任期를除ᄒᆞᆫ外ᄂᆞᆫ第十條의條件을不拘ᄒᆞ고政府가此를命ᄒᆞᆷ

第四십七條 韓國銀行은政府의定ᄒᆞᄂᆞᆫ바를從ᄒᆞ야株式會社第壹銀行의權利義務를繼承ᄒᆞᄂᆞᆫ者로ᄒᆞᆷ (未完)

外報

◎北極領土 국크시의探險에對ᄒᆞ야ᄂᆞᆫ尙今々지疑訝ᄒᆞᆫ議論이多ᄒᆞ나然이나數日前부터ᄂᆞᆫ新發見地所有權問題가起ᄒᆞ얏ᄂᆞᆫ데美國檢査總長은若此新地가確實ᄒᆞ고有益ᄒᆞ면美國々旗를樹ᄒᆞ야他의占領을防備ᄒᆞ라ᄒᆞ얏스며又同시의探險記를公布ᄒᆞ라고準備中인ᄃᆡ此를觀ᄒᆞᆫ즉로見ᄒᆞ면시의探險은北極에到達홈이아니오다만三萬方英哩되ᄂᆞᆫ新陸地를發見홈이라고云ᄒᆞᄂᆞᆫ者도有ᄒᆞ다더라

◎四國抗議 淸國東淸鐵道의行政權을露國會社의手에任홈으로英米德法四個國이同意치아니ᄒᆞᆫ故로全四國은將次抗議를提出ᄒᆞᆫ다ᄂᆞᆫ說이有ᄒᆞ다더라

◎瓜哇島震 남洋瓜哇島에서에일噴火山이崩潰ᄒᆞ야베스기地方에大激震이有ᄒᆞ얏다더라

◎廢帝年金 波斯政府ᄂᆞᆫ廢帝의게終身年金三拾九萬圓을贈呈ᄒᆞ깃다더라

◎間島雜居地 間島協約第三條에依ᄒᆞ야雜居地ᄂᆞᆫ東海岸을境界로ᄒᆞ고北은老爺嶺을沿ᄒᆞ야以下ᄒᆞ야定界碑까지至ᄒᆞᆫ區域이라더라

◎間島領事館 日本外務省은今回淸國과의間島協約에基ᄒᆞ야局子街에總領事館을龍井村에同分館을設置ᄒᆞᆯ터인ᄃᆡ其經費ᄂᆞᆫ二萬圓으로計算ᄒᆞ얏다더라

◎報紙維持權 北京報를據ᄒᆞᆫ즉民政部尙書肅親王이當此憲政을籌議ᄒᆞ기로欲探輿論인ᄃᆡ必須報紙를維持ᄒᆞᆯ지어니맛당히善法을妥籌ᄒᆞ야報律上에第三條를增加ᄒᆞ고特權을予ᄒᆞ야淸議를重視ᄒᆞᄂᆞᆫ意로現已詳細籌議ᄒᆞ야以便解決케ᄒᆞᆫ다더라

◎駐日清公使遞任 淸國駐日公使胡惟德시ᄂᆞᆫ近々職을辭ᄒᆞ고其後任은關內外鐵路公司總辦陶太均시로決定ᄒᆞ기로ᄒᆞ얏다더라

◎英帝還國 마리엔밧트에在ᄒᆞᆫ英國皇帝ᄂᆞᆫ歸國ᄒᆞ얏다더라

詞藻

◎康獄

家庭事다절처꼬、不平心懷어재로다。
갖손에ᄂᆞᆫ보라미를、방울달어맛꼬나서。
曠田에、數만흔셈의떼를、나ᄂᆞᆫᄃᆞ뫼。

雜報

●尙不忘舊 再昨日은陰曆으로 太皇帝陛下의 誕辰인故로各皇族과其他戚臣諸氏가同日午前十壹時에 太皇帝陛下께 陛見하고下午十壹時頃에退闕하얏다더라

●賞品下賜 萬壽聖節日에 太皇帝陛下께옵서各妓生의게金貨와綢及綿紬를正式下賜하옵셧다더라

●免稅裁可 今回에閣議를經하야左記각處의課稅免除할件을上奏 裁可를얏는대

慶尙남道大邱郡東上面所在답結일百五束(監獄所屬田地)

咸鏡南道安邊郡下道面鼈島所在田結元田二結십일員五束續田五結卅六員八束(海軍敷地)

咸鏡北道鏡城郡梧村面所在田結元田五십員(官舍用地)

咸鏡北道鏡城郡所在元田廿三結五십四員二束續田七십結七십六員五束(兵營舍地)

咸鏡北道鏡城郡所在田結元田七結八십二員九束續田廿八員四束(軍用鉄道)

●兩費支出蒙裁 警備電話架設費七萬圓과義兵鎭壓費五千圓을預備金中에서支出할事로上奏 裁可를얏다더라

●面長職制編成 面長職制는目下統監府에서編成中인대不遠間에頒布할터이라더라

●會計規則改正 現行韓國會計法은不備한點이不少하야改正脫稿하얏는대近日發表할터인바閣議를經한後에發布하고明年度부터施行할터인대會計法外에會計規則과特別會計規則及作業會計規則은新히制定할터이라더라

●照子園會 再昨日에入京한統監夫人照子는昌德 德壽兩宮女官과各勅奏任官의夫人과愛國婦人會員들을本日午後三時에統監邸로招待하야茶話會를[illegible]다더라

●[illegible]運動說 [illegible]學部大臣[illegible]氏가大臣[illegible]을運動하기爲하야그人名을東京에派送하라는대旅費는擔當支撥하다는說이浪藉하더라

●美領旅程 美國總領事代理쌕드氏는昨日에仁川에서乘船하고木浦를經하야光州에至하얏다가歸途에는陸路로太郎을經하야拾四日에還京할터이라더라

●醫藥頒給 [illegible]經費가醫藥類萬部를內部의納入하고人民의게頒給하기로함은已報한바어니와各道書記官會議時의各五百部를分給하야人民의게布給케하얏고其餘三萬餘部는漢城府의遣致하야人民의게頒給케하얏는데漢城府에서는尙今積置하얏다더라

●豫算移屬 今回軍部를廢止한結果로該部經常部歲出豫算中七萬六千壹百五十貳圓은宮內府로移屬하야 皇室費를增加하고又同部臨時憲兵補助員費五十壹萬四千二百七십壹圓은度支部所管으로移屬케한다더라

●預備支出額 去月까지韓國預備金支出額은七萬壹千壹百八圓인대內部에三萬捌千七百십八圓이오度支部에貳萬四千六百七十二圓이오農商工部에七千八百四拾圓이라더라

●觀光縱覽 今番日本에서渡來한觀光團一行은昨日午拾二時에[illegible]樓宴會에參與하얏다가下午二時頃에塔洞公園을觀覽하얏다더라

●委員派送 遊說團에서各地方에遊說委員七名을派送할다는대來往期限은遠道에는三拾日로近道에는三拾日以內로定하고旅費는每日五圓式支給할터이라는대總預算은貳萬圓으로計劃하얏다더라

●農部說論 再昨日農商工部에서各四陵々官을招請說論하되松楸培養은落葉이必要하니陵軍의게指揮하야樵採者를嚴禁止하라하얏다더라

●派員調査 兪吉濬氏等諸氏는全南江原兩方에在한漁業基地를貸下하다고農商工部에請願하얏는대該部에서調査키爲하야視察員을派送하얏다더라

●不其多乎 內部에서今年水災에罹한人民의게救恤金을給與한대死亡者壹人의七十五圓罹災家壹戶에三십圓式이오死亡者의調査數는三십壹人이오罹災戶는四百六십이라더라

●荒蕪地願 [illegible]々府郡所在荒蕪地五百餘町步는八月拾八日에日人小川平吉等三人의게許可하얏다더라

●韓人々々 日人農業經營者들이錦江流域沃野에注目하야土地買收에爭先奮爭홈은豊般知了하는바어니와昨年度의錦江流域調査를據한즉忠北忠淸南道에日人의買收地總數는沓이십四萬三十六斗落餘오田이一萬二千九百十七斗落餘오陳田芦田荒地가二萬六百二十五斗落餘오山地九斗落餘오垈田이七百九十九所라더라

●何用調査 內部醫務局에서는何必要로因홈인지已往服務하던韓日巡査의營業住所其餘諸般事項을一々調査하는中이라더라

●屠獸場開始 西大門外에屠獸場은本月부터開始하기로警廳에서告示하얏다더라

●銀佛往又 日本宮吏某가宮內府御用美術品工場에注文하야銀佛五拾坐를製造하야日本博物館으로送交하다는대銀佛每坐에重量은兩式이오價額은五拾圜假量이라더라

●航路經營 日人加々桑野兩人이仁川을中心으로하고群山에서九味浦에至하는沿岸航路를經營하기爲하야去八日에農商工部를訪問하얏는대同部에서는其航路補助金을目下詮議中이라더라

●閔氏起訴 閔泳宋氏가羅州郡守在任時에務安郡三向面을羅州에移屬홀意로其時觀察使리根澔氏에게報하얏더니觀察使가運動費八十圓을要求하거늘閔氏가錢十에서支給한後에不和諧하고閔李兩氏가因以遞任되얏는대近者에閔氏가該金額을還推하기爲하야將次起訴코져한다더라

●漢報停傳 漢城新報社는經費가窘絀하야編輯至幾個人만月給을支撥하고其餘社員은壹不支給한故로分傳人들이齊齊不發하야昨日부터新聞分傳을停止하얏다더라

●宜有痛禁 黃海道黃州郡에는酒人輩가所謂三十六計란雜技로愚氏를誘聚하고재財를騙取하야賭敗者가種種有之한되當地警察은嚴禁치아니하다고[illegible]하다더라

●汽車撤損 去歲日午前八時三十分에新義州發壹番列車가東林與館間을通行할際에二寸쯤되는石五箇를線路에置한者가有하야機關車及客車에徵損이生하얏는대犯人은目下搜索中이다더라

●哀此民情 平南順天郡은水災를經한後에虫災가又作하야有秋之望이全無한故로穀價가猝騰하야小米壹斗에三십五錢이踊翔하되市井에穀物이稀貴함으로民情이嗷々하다더라

●差強人意 順川郡에民情은別殞과如하거니와該郡守朴容觀氏는流離하는百姓을救恤하기爲하야義捐金을발起募集하다더라

●慈善婦人 全南谷城郡東[illegible]里居丁氏섭이는富饒하고天性이慈愛하야境內疾弊를極力矯革하며罹災한同胞를尤加顧恤하고丁未秋人民의戶稅五百餘圓을自擔領納함으로該民의頌德碑를道路에竪立하얏다더라

●崔妻淫奔 [illegible]居酒商崔明根시가因事下鄕하얏다가前에還家한즉自己妻가雇傭人某와和奸逃躱하야不知去處라더라

●義將被逮 久히坡州交河積城楊州等各郡에서暴威를逞하든義兵將鄭용大씨는再昨九日에積城憲兵에게逮捕되얏다더라

●全南虎患 全南地方에虎類가種々猖獗하야去月二十壹日에는光陽郡居金姓人의妻를咬去하얏는대附近人民이齊聲逐虎하야死境은免하얏스나肩部가重傷하고同月二十貳日에는順天郡化[illegible]里居石姓人의妻가將半이虎에게咬去하얏다더라

●平安狼害 平安北道宣川郡方面에는近時에狼이出沒徘徊하야同郡東[illegible]面全[illegible]의孫女와同安面新興里[illegible]의孫及[illegible]宋球의歲兒는去月卅日夜零一點鐘에각登時[illegible]하야狼에게咬傷하고又咬去하얏는대該處巡査들은狼을追跡하얏스나獵獲치못하얏다더라

●後者宜鑑 三昨日에[illegible]馬課丁南廷玉등이馬車를驅馳하야동으로過去할時에中部園洞居金학奎씨의五歲子가洞口에서遊戲하다가該車에觸傷하야脚部를負傷하엿는대此는驅導者가審愼치못한所以라고觀察이浪藉하다더라

●朴氏逢賊 新門外獨立館近處에居하는朴宜鉉시가再昨夜十壹時量에[illegible]過去할때에賊漢이突出하야衣冠과錢計等物을見奪하얏다더라

●僞章被囚 姜錫鉉시가何許印章을僞造하다가情跡이現露되야日昨北部警察署에被囚되얏다더라

●何罪被捉 [illegible]禮式官[illegible]鶴氏는靑年會館[illegible]計務를擔任하얏는대何事故로因홈인지昨日西部警察署에被捉되얏다더라

●學校寄付 김晦秀氏는[illegible]年에設立한學校에對하야侍從院에셔[illegible]金貸千圓을寄付하엿다더라

●兩敎不合 侍天敎에서는天道敎와合同하기로運動을屢試하되[illegible]安協치못하얏다더라

●各黨[illegible] 壹進大韓西北三會幹部員들이會合하야連合을致하기로協議한以來로漢城에黨派는就空會合하야貿古를吐露하며意見을交換하더니[illegible]懇親會를[illegible]라더라

●西北學會 西北學會에서는觀親會를明十貳日(日曜)下午壹時에臨時總會를樓洞同會館에서開하고各般事務를處理할터인대會員이多數出席하기를望한다더라

●青館募徒 [illegible]에鐘路靑年會館에서學徒를試取하는대應試者가[illegible]名에達하얏다더라

團體瑣聞

▲團體々々하더니政黨團體가從今成立할라는지進步黨大韓協會黨派와和합說을唱하며其餘多數少數政黨이[illegible]

▲渾然[illegible]常山의蛇와如히[illegible]首尾[illegible]

▲[illegible]

▲抑又相[illegible]力에始[illegible]

標 本舖移在小門外學洞 閔宮 □ 告白

分寄圖二십錢 拔根膏 咳血散金二십錢 回春丸 消費丸 金六十錢 消腫液金四十錢 拔毒散定價五十錢 遠地에는郵便으로定價를送呈

◎特別社告

本報第二頁末欄에揭載하는評論은吾同胞諸君子의識見을交換發揮케爲하야募集을開始하오니有志하신人士는各其思想을融通하야陸續製送하시옵

評論揀選은本報에已揭한者와同意케하기를要함

評論三枚를應募揭載하면本報를無料로壹朔送呈하야厚意를謝하깃삽

評論을製送하시는諸氏는住所를詳記하야本社編輯室로致付하시옵

大韓每日申報社

本人에篆字姓名章을遺失하고正字로更刻施行함

西部龍山坊門外契西神십戶 金□劍 告白

平心堂醫院

每日診察은午前六時로午后八時急病은時間不計함

中部河橋六拾八統五戶 류한셩

◎學員募集廣告

本校에서今秋期에壹學年及預備科學員을增募하오니志願人은左開에依하야九月貳十日內로請願書를提呈하시옵

一 入學年齡 壹학年 拾六歲以上、預備科拾五歲以上

一 試驗日字 는九月二십壹日

一 試驗科目 壹학年에는讀書、作文、算術〔分數四則以內〕本國地誌、歷史、理化、博物、體格

預備科에는讀書、作文、算術(四則以內)本國地誌歷史大要、體格

一 開學日字 九月貳拾五日

但舊學生은九月拾五日

一 학資金 入학金壹圓 修業料五十錢

注意 請願書에는各其父兄或監督者의確實한保證書를添附하며請願用紙는本校에來請하시옵

隆熙三年九月六日

安岳私立楊山學校 告白

雜報

◎救世營請會 夜珠峴救世軍營에서本日上午七時에特別音樂會를開하고明日曜日上午七時에新禱會全십時에查經會拾壹時에新禱會下午二時에新禱會全七時에救援會를開하고全日下午二時에는該營上層에서特別婦人會를開한다더라

◎湖南摠會 湖南學會에서來日曜日에定期摠會를開하고重要한事項을處理한다더라

廣告

本人이南部壬之坊典牲寺一統七戶金英石의第七間文券을本年陰正月의調查할事가有하야家券藏置한櫃中을調查한즉家券이何時에遺失하얏는지不知하와于今幾朔을探知하여도永無影形하온즉此必是逢賊한事이기不可不廣告하야知悉케하고該券을更出할事로廣告함

南部壬之坊典牲寺壹統七戶 金英石 告白

◎大減價放賣

測量器商量器械製圖用紙名籍 右物件을組限特別割引大放賣

釜山港本町三丁目 支店

大韓專賣特許驟帽子登錄商票

▲쉽게발명 ▲재매특허 모자광고

本帽子新發明完成 隆熙三年一月二十日

專賣特許 同年二月六日

商票登錄 同年五月十八日

發明者 特許主 鄭寅琥

專價發賣

今에本帽子를製造하는데習學多年에新發明하야工價와材料를廉價로

中山帽 折帽 一等에 二圓 二等에 一圓五十錢 三等에 一圓

但特等帽와學徒帽와禮帽帽는此限에不在함

이신발명한本모자는원방에우편소포로보내면혹시구기어잇더라도스나물잡그면절노펴저원상이되며남이신기히여길뿐아니라그모양이다른것보다매우곱고발느며모양을만들기쉬우니꼿구멍이나머리카락이막혀모양이흉하지아니하며모자를쓰는이에게매우편리하오니더위와갓치쓰기에가장아름다운모자오이다

그림에갓치자세히보시고사시기를바라오며학생과모든신사에게본모자를권하오며대한제국의각학교와각회와각단체와각사회에서쓰시기를바라오며학도모자와예복모자는다각학교와사회에서주문하시는대로제조하오니청구하시기를바라나이다

대한경성 종로 모자제조소

대한경성남부 대사동

사십오통오호

총모자상전 특허주 정인호 근고

발매지점 경성중부 수동 … 곤당골 … 박승원

本社에서在上海東洋烟草公司製造廠과專賣權을特約하고各種烟草를輸入하와各代理店에支出하오니僉君子는照顧하심을敬要

紙烟 馬頭標紙烟 一匣 廿本入

旗艦票紙烟 一匣 廿本入 紙嘴

喇叭紙烟 一匣 廿本入

鷹標 一匣 拾本入

虎標 一匣 拾本入

獅子標 一匣 拾本入

關士標 一匣 十本入

法韓시오빅金口紙一匣 拾本入

陸韓쉬잉金口紙一箱 百本入

本社의各代理店은左開함

平壤代理人 鄭基燦

羅州沙理院代理人 尹昊鎭

大邱代理人 金永德

京城鐘路代理人 金濟性

再

誰某氏던지各處에代理店을請하시는者는本社에詳細히開하시기를顧하오니照亮하시오

京城石井洞 法韓會社 告白

本所를仁川港에置하고主務는安山郡에서施行하오니各處에서來問하시오

內外組合仲介所 告白

本人의京城 根宅 … 農工銀行에 用키 未行

郭山 朴昌奎 告白

問答大韓新地誌

物理學初步

修身教科書

國文

普通教科算術書

高等小學算術書

獨習韓日會話

分賣所 京城各書舖

每月壹回 十五日 定期發行

本邦未曾有ᄒᆞ외一大學術月報

中外醫藥申報

(第壹號)

(八月貳拾五日發行)

◉特別廣告

張基茂氏 主筆編纂

重要目次

●祝辭 發刊辭 ●社說 ●社告 ●學園 醫學新編 臨床의實驗 生理衛生學 ●外國藥聞 ◎學會紀聞 ◎衛生法規摘要 ◎內地雜報 ◎史談記事 ◎雜纂 廣告等

(中外의藥申報)ᄂᆞᆫ標題와如히我大韓醫藥界의醫藥衛生의振興을計圖ᄒᆞᄂᆞᆫ目的으로每月壹回式詳細記載ᄒᆞ와記載ᄒᆞᄂᆞᆫ內容은

東西古今의學說源委와日新藥物의治驗記錄

等ᄒᆞᆷ에醫藥衛生에關係가有ᄒᆞᆫ研究ᄒᆞᆯ만ᄒᆞᆫ材料ᄂᆞᆫ悉皆無遺網羅ᄒᆞᄂᆞᆫ本邦創刊의四千餘年來에罕見ᄒᆞᄂᆞᆫ醫藥의機關報紙오니有志ᄒᆞ신同業諸君子ᄂᆞᆫ陸續購覽ᄒᆞ심을伏望ᄒᆞ나이다

再本報에廣告코져ᄒᆞ시ᄂᆞᆫ僉位ᄂᆞᆫ本社醫藥部內廣告部主任과面議ᄒᆞ심

漢城南大門側濟衆院內

發行所 中外醫藥申報社

壹部 拾錢

壹介年 前

金壹圜貳拾錢

不要郵稅

◉特別廣告

學部內 檢定 認可

初等大東歷史 全

定價 金 二十錢

學部內 檢定 認可

初等修身 全

朴晶東 著

金泰玉 發行

價定金 二十五錢

發行所 南部上犁洞十九統九戶 同文社

發賣所 京鄕各有名書舖

第七卷

大韓每日申報

第千壹百九拾五號

歲月 時曆 及 休刊日

檀君紀元四千二百四十二年
耶蘇降生一千九百九年
大韓開國五百十八年
日本明治四十二年
淸國宣統元年
陰己酉七月小廿八日 乙亥

Responsible for Publication Alfred Weekley Marnham.
發行兼編輯人 英國人 萬咸
發行所 京城西部新門內 大韓每日申報社

寄書

◎國家의富强과 吾人의健全의 策을論홈

白采鎮

檀箕神聖民族이며我大韓帝國二千萬同胞中少年諸君에게

諸君이英雄이되고져아니ᄒᆞ며國을爲ᄒᆞ야盡力ᄒᆞ고져아니ᄒᆞ나뇨所望ᄒᆞᄂᆞᆫ英雄과所擔ᄒᆞᆫ義務를達ᄒᆞ고져ᄒᆞᆯ진ᄃᆡ何를務ᄒᆞ면可ᄒᆞ며何를務ᄒᆞ면可ᄒᆞᆯ가余ᄂᆞᆫ日體育에在ᄒᆞ노라

然則體育云者ᄂᆞᆫ何를指ᄒᆞᆷ이뇨身體를健全發達케ᄒᆞᄂᆞᆫ者ㅣ며共同團合力을養成ᄒᆞᄂᆞᆫ者ㅣ며勇進冒險心을鼓動ᄒᆞᄂᆞᆫ者ㅣ며弱者를健全케ᄒᆞᄂᆞᆫ者ㅣ며病者를回春無恙케ᄒᆞᄂᆞᆫ者ㅣ며國家를富强케ᄒᆞᄂᆞᆫ者로다

壯哉라體育之功이여其身을除懦惰弱케ᄒᆞᆷ도不意於體育之故며其國을衰弱缺乏케ᄒᆞᆷ도人民의體育이不達故也ㅣ로다

噫라我國少年諸君之氣像을觀ᄒᆞ건대活潑勇敢的精神은少無ᄒᆞ고懶弱遲緩的精神이滿滿ᄒᆞ야殆作半死之人ᄒᆞ니誰ㅣ老者며誰ㅣ少年을分別ᄒᆞ리오然則國이엇지衰弱을免ᄒᆞ고富强에至ᄒᆞ며民이엇지塗炭을免ᄒᆞ고福樂을享ᄒᆞ리오故로健全은萬事의基本也ㅣ라身體가健康ᄒᆞ면我의志ᄒᆞᄂᆞᆫ바智識과技能을皆可以保存ᄒᆞᆷ을得ᄒᆞᆯ지며又艱難辛苦를可히忍耐ᄒᆞ야其目的地에勇進直行ᄒᆞ야成功을奏ᄒᆞᆯ지어니와若不健ᄒᆞ면但身體가衰弱에至ᄒᆞᆯ뿐아니라其精神도衰劣ᄒᆞ야快活ᄒᆞᆫ元氣를失ᄒᆞ며其心이或亂或偏ᄒᆞ야堂堂ᄒᆞᆫ心志가常臥ᄒᆞ야見ᄒᆞᆯ了ᄒᆞᆯ者ㅣ니彼ㅣ비록經天緯地의謀略과神出鬼沒의奇計가有ᄒᆞᆯ들엇지使用ᄒᆞᆷ을得ᄒᆞ리오

蓋人民은國家之元氣也ㅣ라元氣가旺盛ᄒᆞᆫ則其國이必富强ᄒᆞ고元氣가衰ᄒᆞᆫ則其國이必衰弱ᄒᆞᆷ은不待智者可辨이로다

現今時代ᄂᆞᆫ與古特殊ᄒᆞ야萬國列邦이舟車相通ᄒᆞ야往來ᄒᆞᄂᆞᆫ二十世紀의弱肉强食으로競爭ᄒᆞ야虎視耽呑에莫甚於此ᄒᆞ니不得不猛加注意於體育에ᄒᆞ야야可能이로다

嗚呼ㅣ我少年諸君이여人類의眞價를保全ᄒᆞ며國家의富强을期圖ᄒᆞᆯ딘體育에勉ᄒᆞᆯ지어다今에余友五六人이勇進的精神으로靑年體育의不達ᄒᆞᆷ을慨嘆ᄒᆞ야體育部를設立ᄒᆞ고命名ᄒᆞ야靑年體育會라ᄒᆞ니余ㅣ感謝ᄒᆞᆷ을豈口로說ᄒᆞ리오마ᄂᆞᆫ朝設暮廢의憂가有ᄒᆞᆯ가恐ᄒᆞ야玆에一言으로告ᄒᆞ오니益加勉勵ᄒᆞ야今之靑年體育部가大韓靑年體育部로變更發展되기를頌足而待ᄒᆞ노라

外報

◎土日條約 東京電을據ᄒᆞᆫ즉日本과土耳其間에條約이成立되리라더라

◎英國要求拒絶 全電을據ᄒᆞᆫ즉淸國外務部에셔ᄂᆞᆫ露國의要求ᄒᆞᄂᆞᆫ바齊々哈爾琿春間英國의要求ᄒᆞᄂᆞᆫ바西川西藏間의鐵道敷設權讓與를拒絶ᄒᆞ얏다더라

◎英德協約 全電을據ᄒᆞᆫ즉英德의軍備制限的協約이再起ᄒᆞᆫ다더라

◎探險論難 全歐를擾亂ᄒᆞᆫ쿡크博士의北極探險의論難은[illegible]라더라

◎淸總督電諭 東三省總督錫良시ᄂᆞᆫ淸廷에電報ᄒᆞ기를間島에日兵이登陸ᄒᆞᆫ時에淸兵과衝突이有ᄒᆞ얏다가現今은平和ᄒᆞ얏스나末路에ᄂᆞᆫ戰爭을不免ᄒᆞᆯ事가有ᄒᆞᆯ듯ᄒᆞᆫ대該省에兵力이單弱ᄒᆞᆷ으로軍費가尤缺ᄒᆞ니直督에게指飭ᄒᆞ야速行支撥ᄒᆞ라ᄒᆞ얏다더라

◎西軍又敗 西班牙政府에셔ᄂᆞᆫ更히壹萬壹千人의增援隊를摩洛哥國에리퓌港으로派送ᄒᆞ얏다더라

學報

◎昌興卒業 全北淳昌郡龜興面龜巖寺內昌興新塾에셔測量科第壹回卒業式을去月二十八日에設行ᄒᆞ얏ᄂᆞᆫ대

優等生 金容[illegible] 金弘基
李[illegible]邦 金[illegible] 金鍾悅
裵회男 房極千 金大賢
崔有鎭 韓[illegible]祜 丁[illegible]治
崔成鳳
及第生 朴鍾鎬 崔東鎭

學界

◎太明果明 平北龍川郡[illegible]面長坪里太明學校ᄂᆞᆫ昨年十月에設立ᄒᆞ야熱心敎育ᄒᆞᆫ結果로學徒가六十名에達ᄒᆞ야前進之望이有ᄒᆞᆫ대該郡守及境內紳士諸氏가出義捐ᄒᆞ야金貨壹千壹百几十壹圓四十錢을寄付ᄒᆞᆫ合으로該氏等의敎育上熱心을稱頌ᄒᆞᆫ다더라

◎彰淵校級 今月三日에東部私立彰淵學校에셔進級式을擧行ᄒᆞ얏ᄂᆞᆫ대賓中의晩餐을除ᄒᆞ고邦元仲謙시가來賓으로學生을勸勉ᄒᆞ고該洞紳士諸氏도寄付金을多數捐助ᄒᆞ얏다더라

◎新設講習所 昌城郡[illegible]에ᄂᆞᆫ講師김完燮시가敎育에熱心注意ᄒᆞ고時狀을激切說明ᄒᆞᆷ으로附近人士와지思想이啓開ᄒᆞ야敎育程度가漸次前進ᄒᆞᆫ다더라

◎儒契設校 定州郡紳士文基奎安舜合盧儒鳳김東珠諸시가該郡所在儒契土로基本을立ᄒᆞ고高等학校를設立ᄒᆞ야尋常小학교卒業生徒를募集敎育ᄒᆞ기로決定ᄒᆞ고학部에請願ᄒᆞ얏ᄂᆞᆫ데昨日학部에셔請願諸시를招聞ᄒᆞ고依願許可ᄒᆞ기로內定되얏다더라

◎何事廢校 京居吳元泳시가仁港居로與先리得用諸시와協議ᄒᆞ야基本金壹千五百圓을鳩聚ᄒᆞ고學生三十餘名을募集ᄒᆞ야仁港에학校를設立ᄒᆞ얏더니該面面長更迭ᄒᆞᆷ에何事件을因ᄒᆞᆷ인지학校가解廢止ᄒᆞ얏지라該校학生及任員諸시가抑鬱을不勝ᄒᆞ야揮淚各散ᄒᆞ얏다더라

詞藻

◎惜 寸陰

萬古興亡ᄒᆡ어보니、轉瞬間의일이로다。

古來英雄은간곳업고、今日志士누구런고。

[illegible]ᄒᆞ야마다、大業大經綸ᄒᆞᄂᆞᆫ者ᄂᆞᆫ、寸陰是競。

雜報

◉三氏問安 [illegible]允用諸氏ᄂᆞᆫ再昨日下午二時에太皇帝陛下씌 問安ᄒᆞ얏다더라

◉咄々怪事 韓國瓦斯會社ᄂᆞᆫ今番에其壹切財産을[illegible]日瓦斯會社에賣却ᄒᆞᆫ後 皇室所資金에對ᄒᆞ야其辨計가糢糊ᄒᆞ다ᄂᆞᆫ風說이相傳ᄒᆞᄂᆞᆫ데當然히 皇室에 返納ᄒᆞᆯ것을[illegible]이其壹部分만 捧納ᄒᆞ고餘額의區處ᄂᆞᆫ未詳ᄒᆞᆫ데近來總相邸의凡百奢侈가日盛ᄒᆞ고現內閣政策에反對ᄒᆞᄂᆞᆫ某々政派에對ᄒᆞ야其幹部以外人等을買收ᄒᆞ야히根底에攪亂케ᄒᆞᆫ거즘에其所費가夥多ᄒᆞ다더라

◉墨國候補 統監府外務部長鍋島桑與官은墨西哥公使의候補가되얏다더라

◉齋藤任命說 統監府間島派出所長齋藤은今回統監府派出所廢止의結果로新設ᄒᆞᆫ間島總領事로任命된다ᄂᆞᆫ說이有ᄒᆞ다더라

◉館員昇任 京城駐在佛國總領事館員三라平ᄯᅢ三氏ᄂᆞᆫ今同副領事로昇任ᄒᆞ얏다더라

◉東煙工場認可 韓政府ᄂᆞᆫ統監府를經ᄒᆞ야東亞烟草會社의許可ᄒᆞ얏다더라

◉稅關長會議 再昨日十時부터五日간豫定으로稅關長會議를開ᄒᆞ얏다더라

◉伎倆所使 內部에서ᄂᆞᆫ新聞의言權을拘束ᄒᆞ기爲ᄒᆞ야新聞條例를更히改定頒布ᄒᆞᆫ다더라

◉再次開試 學部에서各道儒生의經義問對를考選ᄒᆞᆷ은旣般共知어니와不遠間에再次面試ᄒᆞᆫ다ᄂᆞᆫ說이有ᄒᆞ더라

◉衛生會 內部에서昨日上午十時에漢城衛生會를開ᄒᆞ고評議員金允植俞吉濬氏其他某氏ᄂᆞᆫ作用ᄒᆞ야衛生上에關ᄒᆞᆫ諸般事件을協議ᄒᆞ얏다더라

◉醫學部送會期 全國醫藥部員[illegible]講ᄂᆞᆫ來十六日內部에서開催ᄒᆞᆯ터이라

◉日魂有腦 某々官吏들이官規를不知ᄒᆞ고公文上의日文을使用ᄒᆞᆷ은緊報ᄒᆞ얏거니와慶南觀察使黃鐵氏도日文으로學部의訴報ᄒᆞ얏다더라

◉密漁船과淸國交涉 韓國에出沒ᄒᆞᄂᆞᆫ淸國密漁船은ᄆᆡ年數千隻에達ᄒᆞᄆᆡ從來當局官憲이非常히苦心ᄒᆞ되防禦치못ᄒᆞ얏ᄂᆞᆫ데淸國政府와協議ᄒᆞ야密漁船條約을締結ᄒᆞ야淸國人의韓國漁業을許ᄒᆞ고其代에韓日人은自由로遼東沿岸漁業權을獲得ᄒᆞ기로目下淸國政府와交涉을開始ᄒᆞ얏스나淸國政府ᄂᆞᆫ韓海漁業은平來旣得權이거날更히自國의領海를韓日人에게蹂躪됨은不當의要求라ᄒᆞ야斷然不應ᄒᆞ얏다더라

◉治療經費 日巡査壹名이癩病으로對ᄒᆞ야治療費五十二圓五十錢과又壹名負傷ᄒᆞ더對ᄒᆞ야治療費九圓八拾錢을內部大臣이支給ᄒᆞ얏다더라

◉遺族扶助支給 義兵鎭壓에從事ᄒᆞ던故巡査김榮의遺族의召吏에게扶助料六百圓을內部大臣이支給ᄒᆞ얏다더라

◉內部會調 內部에서各醫藥醫의會調ᄒᆞ고特種에關ᄒᆞᆫ規式과其他條目을詳細條報ᄒᆞ라ᄒᆞ얏다더라

◉說國遊說 大한協進會가聯合ᄒᆞᄂᆞᆫ機會를利用하야遊說團에서南山村元老와其他政黨社會에關係者를遊說ᄒᆞ야奔走中이라더라

◉鄕功敍爵 農商工部大臣宋秉畯氏ᄂᆞᆫ地方의勸諭委員을派送ᄒᆞᆯ時의每員의旅費式[illegible]支給ᄒᆞ엿고惟獨鄭萬朝시의게ᄂᆞᆫ三百圓을支給ᄒᆞ엿다더라

◉埔坊히其多 仁川居留日人들이群山九味浦等沿航行ᄒᆞᆫ航路를始ᄒᆞ고자韓國政府에請願ᄒᆞ얏슴은已經어니와三個年間年年三萬八千圓의補助金을支給ᄒᆞᆯ請願ᄒᆞ얏다더라

◉拓殖計劃 東洋拓殖會社에서ᄂᆞᆫ韓國에在ᄒᆞᆫ屯土에桑樹와野菜類를栽培ᄒᆞ야京城市場에販賣ᄒᆞ기로計劃ᄒᆞᆫ다더라

◉不無不協 各府郡[illegible]日人官吏間에不協ᄒᆞᆫ狀態가有ᄒᆞᆷ을다ᄒᆞ야 憲兵司令部에서偵探客을放ᄒᆞ야히根因을秘密調査ᄒᆞᄂᆞᆫ中이라더라

◉人多出少 韓國의輸入總額이約五千五百萬圓中에輸入은四千壹百萬圓에達ᄒᆞ고輸出은僅히壹千四百萬圓에不過ᄒᆞᄂᆞᆫ데又此輸出中米穀가約壹千萬圓인데米壹石을十圓으로假定ᄒᆞ고關稅運搬等雜費를合ᄒᆞ야除ᄒᆞᆫ則韓人의實收가五圓에不過ᄒᆞᆯ지오又海産物과如ᄒᆞᆫ것은恰分의人이外人手에在ᄒᆞ니如此히韓人의經濟가愈々困乏ᄒᆞᆷ은實로可哀ᄒᆞᆫ事ᄒᆞ고世論이有ᄒᆞ다더라

◉水道開營 現今工役에着手ᄒᆞᆫ仁川平壤釜山三處道工事中에釜山의ᄂᆞᆫ政府에서金三拾五萬圓으로出資ᄒᆞ고仁川에ᄂᆞᆫ金二百四十壹萬餘圓과平壤에ᄂᆞᆫ金百三十萬圓으로政府에서獨專經營ᄒᆞᆫ다더라

◉保護請求 度支部에서ᄂᆞᆫ日[illegible]有德國査를開始ᄒᆞᆫ데인데[illegible]危險地에出入이難[illegible]리又地方에서[illegible]不知ᄒᆞ고[illegible]員의게[illegible]加害ᄒᆞᆯ가或其他作業上에[illegible]ᄒᆞᆯ까念慮하야醫務局[illegible]隊에對ᄒᆞ야調査員保護[illegible]ᄒᆞ얏다더라

◉[illegible] 去九日公州、鳥致院、淸州、等地居留日本人이三南鐵道의速成을期ᄒᆞ야鳥致院에會合ᄒᆞ고翌日午後三時부터鳥致院俱樂部에서三南鐵道期成同盟發會式을擧行ᄒᆞ얏ᄂᆞᆫ데今後의運動方針은協議會를開ᄒᆞ고三南鐵道의速成을期ᄒᆞᄂᆞᆫ事와分岐點을鳥致院으로定ᄒᆞᆯ件을決議ᄒᆞ얏다더라

◉全州城壁毁撤 全州南門의城壁을毁撤ᄒᆞ고京城南大門과如히兩側으로通行키爲ᄒᆞ야旣히破壞의着手ᄒᆞ고道路를修築中이라더라

◉哀此愚民 平南中和[illegible]等地에ᄂᆞᆫ淸人의三십六戶가盛行ᄒᆞ야該地方人民이産業은不顧ᄒᆞ고賣田賣宅ᄒᆞ야三十六計에沒失ᄒᆞ야流離丐乞에至ᄒᆞᆫ者가無數ᄒᆞᆫ데該淸人等이該地警察署及憲兵隊에每朔四五百圓乃至六七百圓式遺賂ᄒᆞᆷ으로所謂官吏輩가壹不禁止ᄒᆞᆫ다더라

◉日隊鍊習 來십七日午前에龍山梨太院[illegible]等地方에서日本步兵第십三聯隊가空砲放火鍊習을設行ᄒᆞᆫ다더라

◉仁川虎病 仁川의ᄂᆞᆫ虎列剌가발生ᄒᆞ야去九日부터拾日까지四名이死亡ᄒᆞ고七名은治療中이라더라

◉虎豹何多 忠南地方에ᄂᆞᆫ近日虎患이大發ᄒᆞ야鎭岑邑底에서ᄂᆞᆫ[illegible]咬去ᄒᆞ얏고公州維城等地에서도畜猪數首를咬去ᄒᆞ얏다더라

◉學生被捉 進興會社發起主任[illegible]ᄂᆞᆫ昨日午前십壹時頃에[illegible]兵司令部에被捉ᄒᆞ얏ᄂᆞᆫ데其理由ᄂᆞᆫ히氏가統監과結誼ᄒᆞ얏다고愚昧ᄒᆞᆫ人民에게遊說ᄒᆞᆫ事가有ᄒᆞᆷ이라ᄂᆞᆫ說이有ᄒᆞ더라

◉派巡搜索 義兵大將延基羽氏가漣川等方에潛伏ᄒᆞ얏다ᄂᆞᆫ說이有ᄒᆞᆷ으로憲兵司令部에서補助員을該地에派送搜索ᄒᆞ얏다더라

◉鄕客何疑 北部警察署에서何等關係가有ᄒᆞᆫ인지東十字閣上東谷李昌燁氏家에留連ᄒᆞᄂᆞᆫ鄕客八名을調査拘束ᄒᆞ야不得出入케ᄒᆞᆷ故로該人들이該署에等訴ᄒᆞ야自由行動을請求ᄒᆞ얏다더라

◉以侄訴叔 黃海道安岳郡四河面居柳種鉉은雜技에沉惑ᄒᆞ야家産을蕩敗ᄒᆞ고其伯仲叔父의如干土地를又爲抑奪코져ᄒᆞ야海州地方裁判所에何樣誣訴ᄒᆞ얏던지七十餘歲된其伯父柳鎭赫氏가監獄署에被囚ᄒᆞ얏다더라

◉冊盜取調 學部文廳直金某가該部內에儲置ᄒᆞᆫ冊子를窃取ᄒᆞ다가情跡이現露되야仁川港으로逃躱ᄒᆞ얏미니日本警察廳에被捉ᄒᆞ야方今取調中이라더라

◉義將護送 積城에서被捉된義兵將鄭用大시ᄂᆞᆫ昨日에京城日憲兵分隊로護送ᄒᆞ엿다더라

◉外校開校 大한외醫附屬學校에서昨日下午壹時에開校式을設行ᄒᆞᆫᄃᆡ 대학部衛生局高官들이往參ᄒᆞ엿다더라

◉豪傑.傑 漢城新報십五號傑投票에[illegible]與ᄒᆞᆫ金在坤시ᄂᆞᆫ一進會員이라ᄂᆞᆫ데近日該會에對ᄒᆞ야何等屈節이有ᄒᆞᆫ지點劃을

○東京電報○

◉傳染病調査 십二日發 韓國傳染病을調査ᄒᆞ기爲ᄒᆞ야傳染病硏究所技師梅野信吉은本日에韓國出張을受命ᄒᆞ얏다더라

◉氣球會規則 軍用氣球硏究會장[illegible]岡中將은今回硏究會를開ᄒᆞ고規則을議定ᄒᆞ얏다더라

◉駐米大使後任 駐米大使高平시가辭任ᄒᆞᆫ結果로其後任은牧野仲顯시로內定ᄒᆞ얏다더라

○論[illegible]電報○

◉探險家의競爭 北極에探險ᄒᆞᆫ페아리시와쿡크시ᄂᆞᆫ探險의結果를報告ᄒᆞᆷ에競爭이甚ᄒᆞᆫ데目下에ᄂᆞᆫ쿡크시의探險記가評判이不美ᄒᆞᆫ듯ᄒᆞ고[illegible]들은競爭의結果가眞實과誤錯을憂慮ᄒᆞᆫ다더라

○紐育電報○

◉鐵道王逝去 米國鐵道王하리만氏ᄂᆞᆫ[illegible]아덴別莊에서逝去ᄒᆞ얏다더라 以上십[illegible]

▲身國關係

▲愛國ᄒᆞ라愛國ᄒᆞ라ᄂᆞᆫ말을[illegible]勸告ᄒᆞ야[illegible]飯說話ᄒᆞ엿ᄂᆞᆫ데[illegible]보면愛國者ᄂᆞᆫ消滅ᄒᆞ고[illegible]ᄂᆞᆫ絶少ᄒᆞ니[illegible]身國關係모르ᄂᆞᆫ바

▲여보시오同胞님네[illegible]면家族의[illegible]이ᄯᅢ나라이[illegible]民의게兄弟되여[illegible]와無異ᄒᆞ니身與國의[illegible]이러타시密接ᄒᆞ오

▲여보시오同胞님네[illegible]滅國[illegible]皇室에만[illegible]더니今世에ᄂᆞᆫ滅國法은皇族存亡[illegible]이ᄯᅢ나라[illegible]亡코보면[illegible]처亡ᄒᆞ니[illegible]身與國의[illegible]이러타시密接ᄒᆞ오

▲여보시오同胞님네[illegible]烈々ᄒᆞ야玉石不分다[illegible]俾毁가通ᄒᆞ야[illegible]無罪中에사ᄂᆞᆫ몸이[illegible]遇못면ᄒᆞ니身與國의關係가이러타시密接ᄒᆞ오

▲여보시오同胞님네亡國民이되야보면이天[illegible]가널더ᄒᆞ[illegible]容身處가바이엽고[illegible]만對抗ᄒᆞ기[illegible]奴隷行動[illegible]이니身與國의關係가이러타시密接ᄒᆞ오

▲여보시오同胞님네[illegible]잇ᄂᆞᆫ데도國家ᄒᆞ면滅亡ᄒᆞ면奴隸身[illegible]이오[illegible]리도國[illegible]滅亡ᄒᆞ미[illegible]寇된연이니[illegible]身[illegible]ᄉᆞ랑귀던國家부터ᄉᆞ랑ᄒᆞ오

廣告

大速成二個月 **日語獨修書**

著者 陸鍾冕

定價 壹圜九拾錢

從來定價壹圜五十錢에 발賣호얏더니 自今九月卜二日로 來陽曆月壹日까지 二千部爲限호고 日語에 關호 諸他書籍과 競爭호기 爲호야 特價八拾錢에 發賣호오리니 陸續購覽호시믈 爲要

發兌元 鍾路 **海東書林**

本人이 南部會之坊典牲寺一統七戶 金英石의게 七個文券을 本年陰正月의 調査當時에 爲호야 家券藏置호 櫃中을 [illegible] 券이 何時에 遺失호얏는지 不知호야 于今幾朔을 探訪호야도 承無影形호온즉 此必是盜賊호事이기 不可不廣告호야 知聞케호고 此券을 發出호事로 廣告홈

南部會之坊典牲寺壹統七戶 金英石 告白

○夜學生募集○

本校에서 夜學部를 大擴張호기 爲호야 壹學生月謝의 三分之壹로 호얏스오며 左開科目을 特聘 教師 [illegible] 明者가 親히 敎授호오니 入學호실 僉員은 速々來臨호시옵

夜學員募集廣告

本會學部에서 英日語簿記三課 夜學員을 新募호오니 志願人은 九月廿四日에 請願書를 提呈호고 當日下午三時에 應試호되 開學日字는 九月二拾五日

但新募班은 廿八歲未滿호면 停止하고 高等班에 補缺生을 募集

皇城基督教青年會學館

黃海道平山郡舟巖面々長宋仁宅仁善兄弟가 本以悖行人으로 有名인대 邈然호고 結稅를 壹期二期三期에 收捧호 셈은 場邊價給호고 義兵關係가 有호다 稱托이라가 終末에는 憲兵所主管이니 或有徵加卜도 非衆所知라호며 結稅外의 每兩의 壹錢式收捧이고 稱曰補給이라호 金額이 四千餘金이 되 此漢의 勢力을 畏호야 部民이 含口未吐이고 此漢을 면長을 因任이되 면 該面居民等이 舉皆散去키 廣告홈

京城後洞廿七統壹戶留 田光默 告白

○隨員募集廣告

本學에서 秋期에 壹學年及預備科學員을 增募호오니 志願人은 左開에 依호야 九月廿日內로 請願書를 提呈호시옵

一 入學年齡 壹학年 拾六歲以上、預備科拾五歲以上

一 試驗日字 는 九月二十壹日

一 試驗科目 壹학年에는 讀書、作文、筭術(分數四則以內)本國地誌、歷史、理化、博物、體格

預備科에는 讀書、作文、筭術(四則以內)本國地誌歷史大要、體格

一 開學日字 九月貳拾五日

但舊學生은 九月拾五日

一 入學資金 入學金壹圜

注意 請願書에는 各其父兄或監督者의 確實호 保證書를 添附호되 請願用紙는 本校에 來請호옵

隆熙三年九月六日

安岳私立楊山學校 白

但「無試驗入學」

科目、礦山、鐵道、田畑、宅地、山林、原野、

修業年限 月謝金壹圜 入學金壹圜

南部茶洞私立山崎土木速成 商業實修學校 告白

女學員增募廣告

女塾에서 法律、經濟兩科에 壹年級學員을 已經募集이온바 今에 增募호오니 本塾에 入學코저호는 人은 今月貳拾日內로 入學請願書를 提出호시옵

但入學科目及入學試驗科目은 (試驗日字 本月貳拾壹日) 隨在本塾

隆熙三年九月九日

漢城北部齋洞十壹統壹戶

私立養正義塾

本校에서 學生을 增募호오니 入學志願호시는 僉員은 今月二拾壹日內로 來臨호시옵

京城南大門外 世富蘭偲病院內

醫學校 告白

音樂學員募集廣告

本校에서 音樂夜學生을 募集호오니 音樂에 注意호시는 僉員은 九月十五日內로 請願書를 提呈호시옵

南大門內 [illegible] 玉小學校

大減價販賣

[illegible] 器械類圖用紙名種 右壹年組限特別割引大放賣

釜山港本町三丁目 [illegible] 支店

問答 大韓新地誌

京城 [illegible] 安 [illegible]

物理學初步 定價 廿五錢

女子修身敎科書 定價 [illegible] 十錢

國文初學 定價 [illegible]

普通敎科筭術書 定價 [illegible]

高等小學筭術書 定價 [illegible]

獨習韓日會話 定價 廿五錢

本書는 初次의 韓日獨習書이니 [illegible]

發賣所 京城南大門內 [illegible] 洞 [illegible]

分賣所 京鄕各有名書舖

本社의 各處代理人의 住所姓名은 如左홈

開城代理人 [illegible]
平壤代理人 [illegible]
咸興代理人 [illegible]
馬山港代理人 [illegible]
元山港代理人 位置未定
淸津代理人 位置未定
永興代理人 位置未定
安州代理人 位置未定
沙里院代理人 位置未定
金泉代理人 [illegible]
海州代理人 [illegible]
天安代理人 [illegible]
群山代理人 [illegible]
全州代理人 [illegible]
大邱代理人 [illegible]
釜山代理人 [illegible]
江景代理人 [illegible]
麻浦代理人 [illegible]
鄭州代理人 [illegible]
水原代理人 [illegible]
木浦代理人 [illegible]
晉州代理人 [illegible]
義州代理人 [illegible]
江界代理人 [illegible]
漢城代理人 [illegible]
定州代理人 [illegible]
城津代理人 [illegible]
太田代理人 [illegible]
浦項代理人 [illegible]
德川代理人 [illegible]
吉州代理人 [illegible]
延安代理人 [illegible]
兎山代理人 [illegible]
淸道代理人 [illegible]
公州代理人 [illegible]
淮陽代理人 [illegible]
漢城代理人 [illegible]
寧邊代理人 [illegible]
安岳代理人 [illegible]
安州代理人 位置未定

本邦未曾有의一大醫術月報

中外醫藥申報

（第壹號）
（八月貳拾五日發行）

◎特別廣告

張基茂氏 主筆編纂

重要目次

●社說 發刊辭 ●祝辭 ●社告 ●學園 臨床의家寶鑑 精選新編生理彙論 ●外國彙聞 ◎學會紀聞 ◎衛生法規摘要 ◎內地雜報 ◎史談記事 ◎雜纂 廣告等

（中外의藥申報）ᄂᆞᆫ 標題와 如히 我大韓帝國의 醫藥衛生의 振興을 計圖ᄒᆞᆫ 目的으로 每月壹回式 詳細報導ᄒᆞ고저 ᄒᆞᄂᆞᆫ바 記載ᄒᆞᄂᆞᆫ 內容은 東西古今의 學說源委와 日新藥物의 治驗記錄等 荷히 醫藥衛生에 關係가 有ᄒᆞᆫ 研究ᄅᆞᆯ 寶材料ᄂᆞᆫ 悉皆無遺網羅ᄒᆞᆫ 本報ᄂᆞᆫ 我國 千餘年來에 罕見ᄒᆞᆫ 醫藥의 機關紙오니 有志ᄒᆞ신 同業諸君子ᄂᆞᆫ 續續購覽ᄒᆞ심을 伏望ᄒᆞᄂᆞ이다

再本報에 廣告코저ᄒᆞ시ᄂᆞᆫ 僉位ᄂᆞᆫ 本社營業部內廣告部主任과 面議ᄒᆞ시옴

漢城南大門 側濟生堂內

發行所 中外醫藥申報社

◎特別廣告

壹部四錢 壹個年 ... 壹個月 ... 不多 ...

官許

登錄認可

健胃消滯 八寶丹

藥價每貼 九十粒入 金十錢
一貼 入 金貳十五錢

右藥의 主治効能은 如左ᄒᆞᆷ
一 壹은 留久積滯와 急慘霍亂과 胃腹疼痛과 中暑中寒과 水土不服에 特効가 有ᄒᆞ기 著名ᄒᆞᆷ
一 貳ᄂᆞᆫ 頭痛과 眩暈을 鎭止ᄒᆞ고 精神을 爽快케ᄒᆞᄂᆞᆫ 良劑요
一 參은 恒常食後에 適宜服用ᄒᆞ시면 脾胃ᄅᆞᆯ 健壯케ᄒᆞ며 담을 消ᄒᆞ며 口味ᄅᆞᆯ 勸ᄒᆞ며 滯崇ᄒᆞᄂᆞᆫ 患이 無ᄒᆞᆷ
一 四ᄂᆞᆫ 酒醉昏迷와 暈車酔ᄅᆞᆯ 速治ᄒᆞᄂᆞᆫ 奇効가 有ᄒᆞᆷ
一 五ᄂᆞᆫ 香氣가 含ᄒᆞ야 口臭ᄅᆞᆯ 排除ᄒᆞ며 解毒消殺ᄒᆞᄂᆞᆫ 效力이 偉大ᄒᆞᆷ

右八寶丹은 全國到處마다 遍處販賣ᄒᆞᆷ

胎養經丸 ... 症 月經不調에 神效ᄒᆞᆫ ... 壹劑金五圓
解毒香瘡丹 梅毒瘡 ... 湿瘡 去根ᄒᆞᄂᆞᆫ 妙藥 壹劑金四圓
阿煙斷引藥 阿片을 能斷ᄒᆞ고 元氣를 回復ᄒᆞᄂᆞᆫ 藥 壹劑五圓
滋陽丸 男女諸虛損 ... 妙藥 ... 金壹圓八十錢
全治丸 男女勿論 ... 疾痰을 全治去根藥 壹劑三圓
消癪散 ... 藥 金십五錢
蘇生丹 ... 立即의 妙藥 金십錢
蛔滅散 ... 虫을 去根ᄒᆞᄂᆞᆫ 妙藥 金십錢
鎭咳散 담을 消化 ... 止ᄒᆞᄂᆞᆫ 藥 金卄錢
解毒散 ... 奇효藥 金십錢
蟲藥 ... 虫을 沒出ᄒᆞ며 根ᄒᆞᄂᆞᆫ 妙藥 金二十五錢
通治膏 諸般大小腫 ... 膏藥 ... 錢
玉容水 여드름, 기미, 땀띄, 어루러기 ... 色이나ᄂᆞᆫ 妙藥 금二십錢
治顏水 新藥 죽은세와 장티 ... 금二십錢

◎其他有名貴藥各種과 東西洋藥과 韓藥唐草材都散賣ᄒᆞᆷ

發行所 京城鍾路 仁川 ... 濟衆堂大藥房（主任）李瀛晉

◎共愛堂大藥房製造各種藥品發行表

壯陽復元丹 專治腎虛 ... 八錢分六圓 ...
良藥消化靈丹 滯症 中暑中寒 ... 每貼 ...錢
清耳液 膿液流出 ... 每瓶金십錢
眼科聖藥 清眼水 眼疾 ... 每瓶 ...
神藥 清脾丸 ... 分十五錢
解瘧至寶丸 瘧疾 ... 每貼 십錢
神藥 消熱散 傷寒肢節 ... 每貼 금십錢
五淋專治 通痲丸 痲疾 ... 每貼 ...
小兒濟命散 ... 每貼 금십錢
皮膚神藥 靈効液 疥癬(옴) ... 每瓶 卄錢
疾痢散 ... 每貼 금 ... 錢
久滯神效 養胃散 ... 每貼金십五錢
止泄丸 滑瀉吐瀉 ... 每貼 ...
治痰鎭咳丸 ... 積散 ... 一貼금십錢
能治 ... 齒痛水 ... 解凝膏 ... 金十錢

朴容南

精選 家庭寶鑑 ... 金... 三拾錢
電氣帶 ... 十九統七戶
共愛堂 ... 特約所

學部檢定 學部認可 初等大東歷史 全 定價 三十錢

學部檢定 學部認可 初等修身 全 定價 二十五錢

朴晶東 著 金泰玉 發行
發行所 南部 ... 洞 十九統九戶 同文社
發賣所 京鄉各有名書舖

◎申報價
壹號代金 新貨貳錢五厘
壹個月前納 三拾錢
參個月 九拾錢
陸個月 壹圓七拾錢
壹個年 參圓四拾錢
郵稅壹張 新貨五厘
壹個月 拾參錢

◎廣告料
四號活字拾參字詰
每日壹寸(奐尺)에 新貨廿五錢
貳週日壹寸에 貳圓五拾錢
壹個月壹寸에 五圓
(自壹行至四行이爲壹寸)
其期限의長短과字行의多寡를 從ᄒᆞ야 增減ᄒᆞᆷ이有ᄒᆞᆷ

社告

◎大韓每日申報各處支社廣告

平安道
平壤鍾路 太極書館 安泰國
三和港 牌石洞 ...
義州 ... 門外 ...
鐵山邑 ...
車輦館 ...
定州 ...
...
京義線 ...
龍川 ...
龍川 ...
朔州邑 ...
楚山邑 ...
渭源郡 ... 鄭鎭昇
江西邑內 金...
平壤 順川郡 ...
寧川邑 ...
江界邑 ...

社

第七卷[?]

大韓每日申報

第千壹百九拾六號

月曜及慶休日休刊

檀君開國四千二百四十一年
箕子元年三千三十一年
大韓開國五百十八年
光武紀元十二年
隆熙紀元年
舊己酉八月大初一日丁丑

Responsible for Publication Alfred Weekley Marnham.
發行兼編輯人 萬咸
發行所 京城南部[?] 大韓每日申報社

論說

●所謂東洋傳道館

運이來臨ᄒᆞᆷ에韓國을[?]ᄒᆞ야慘담ᄒᆞᆫ惡境을排ᄒᆞ고釋放의福音을宣ᄒᆞ야飢渴者困迫者를引導ᄒᆞᄂᆞᆫ者ᄂᆞᆫ耶蘇敎가是라

噫라上帝의眞理를從ᄒᆞ며救主의聖訓을信ᄒᆞ야正義의劍으로魔鬼와戰ᄒᆞ면魔鬼가雖强ᄒᆞ나掃滅ᄒᆞᆯ日이必有ᄒᆞ며惡境이雖深이나利涉ᄒᆞᆯ日이必有ᄒᆞᆯ지라是以로韓國人의救主됨이라ᄒᆞᄂᆞᆫ者ㅣ日多ᄒᆞ더니東洋傳道館이出現ᄒᆞ기에吾儕ᄂᆞᆫ始也에此도純實ᄒᆞᆫ天國의赤子와眞正ᄒᆞᆫ救主의信徒의招集ᄒᆞᄂᆞᆫ館인가歌를發ᄒᆞ야此를歡迎코자ᄒᆞ얏더니乃今에聞ᄒᆞᆫ則險哉라此館이며慘哉라此館이여其道를傳ᄒᆞᄂᆞᆫ館이아니라禍를傳ᄒᆞᄂᆞᆫ館이니險哉라此館이며慘哉라此館이여

此館設立의內容을聞ᄒᆞᆫ건ᄃᆡ是가日人의政策에서出來ᄒᆞᆫ者라其意에以爲ᄒᆞ되韓國에耶蘇敎가日로擴張ᄒᆞ며敎徒가日로增加ᄒᆞᄂᆞᆫ디萬一此를放任ᄒᆞ면必也彼等이救主前에進ᄒᆞ야盲者ᄂᆞᆫ覩를求ᄒᆞ며聾者ᄂᆞᆫ聽을求ᄒᆞ며苦痛者ᄂᆞᆫ釋放을求ᄒᆞ야地獄을破ᄒᆞ고天國을建ᄒᆞᆯ라ᄂᆞᆫ者ㅣ必多ᄒᆞ리니是가可畏ᄒᆞ며是가又慢이라於是乎東洋傳道館을設ᄒᆞ야韓國同胞를欺ᄒᆞ야第一은韓國同胞의愛國精神을撲滅ᄒᆞ며第二ᄂᆞᆫ韓國同胞의自由思想을攝壞ᄒᆞ야아모조록現狀에安ᄒᆞ며卑屈에甘ᄒᆞ게ᄒᆞ라ᄒᆞᆷ이니險哉라此館이여慘哉라此館이여主의言을誦ᄒᆞ며主의名을借ᄒᆞ야其魔術을行ᄒᆞᄂᆞᆫ도다

彼가如此히其魔術을行ᄒᆞ시沒廉無恥ᄒᆞᆫ幾名韓人을雇ᄒᆞ야厚俸을給ᄒᆞ고[?]々然唱習ᄒᆞ기를敎를獲코자ᄒᆞᄂᆞᆫ者ᄂᆞᆫ此館으로來ᄒᆞᆷ이可ᄒᆞ다ᄒᆞ고敎師ᄂᆞᆫ西洋人의宣敎堂과對立ᄒᆞ얏도다

甚矣라日人이여卽但只宗敎界로만言ᄒᆞ야도本願寺를擴張ᄒᆞ야佛敎로日本的佛敎가되게ᄒᆞ라ᄒᆞ며大東學會를贊成ᄒᆞ야儒敎도日本的儒敎가되게ᄒᆞ라ᄒᆞ며又齋官會等으로愚民을誘ᄒᆞ야日本의同化力에吸入코자ᄒᆞ고今又耶蘇敎界에向ᄒᆞ야其怪膽을揮ᄒᆞᄂᆞᆫ도다嗚呼라

外報

●法人新著書　遼東報를據ᄒᆞᆫ則法國人刺沒[?]氏가近著에登書ᄒᆞᆫ著書ᄒᆞ야國家의衛生이라名ᄒᆞ얏ᄂᆞᆫ디其內容은法國腐敗의七個原因을論述ᄒᆞ야曰不信仰日人口減少日不道德日飮酒日物質主義日兵役厭忌日政治腐敗의諸原因이皆[?]難治라ᄒᆞ얏다더라(法人이物質的快樂만只知ᄒᆞ야去壹千九百五年中에自殺ᄒᆞᆫ者가九千三百拾六人에達ᄒᆞ얏다云々)

●張氏病勢　淸國軍機大臣張之洞氏의病勢가尙今快愈치못ᄒᆞᆷ故로徐世昌氏로其後任을擬ᄒᆞ다더라

●土耳條約否認　東京電을據ᄒᆞᆫ즉日本外務省에서ᄂᆞᆫ土日條約說을否認ᄒᆞ얏다더라

●遼東의形勢　遼東報를據ᄒᆞᆫ즉歐洲各報가羅馬帝國의土耳其에注集ᄒᆞ는데其報에云ᄒᆞ되土耳其와希臘이紛爭ᄒᆞᆯ勢가有ᄒᆞᆫ데만일希臘이退步ᄒᆞ야土耳其의要求를應從ᄒᆞ면其國民心이大히震動ᄒᆞ야內亂을致ᄒᆞᆯ慮가有ᄒᆞ다ᄒᆞ얏다더라

●日貨排斥　滿洲에在ᄒᆞᆫ日貨排斥ᄒᆞᄂᆞᆫ思想을鼓吹ᄒᆞ던日本留學生淸國人某ᄂᆞᆫ去九日에全國都察院給事中朱顯庭을面會ᄒᆞ고此를主張ᄒᆞᄂᆞᆫ意見을提出ᄒᆞ얏다더라

學界

●高等校竣工　擴張建築ᄒᆞᄂᆞᆫ官立高等學校ᄂᆞᆫ竣工이되얏ᄂᆞᆫ데來十月三日에落成式을設行ᄒᆞ갯ᄂᆞᆫ故로方今準備中이라더라

●文倅奬學　文川郡守徐廷淑시ᄂᆞᆫ莅任以來로敎育을奬勵ᄒᆞ야該郡公立학校에金百餘圜을義捐ᄒᆞ고夏期에講習所와測量科를幷設ᄒᆞ고郡內靑年을廣募敎授ᄒᆞ얏다더라

●白倅有志　白川郡守全鳳薰시ᄂᆞᆫ實業에有意ᄒᆞ야京城新興蠶業講習所에公函ᄒᆞ야該外生例로各郡에講義錄을請求ᄒᆞ얏ᄂᆞᆫ데該講習所에서ᄂᆞᆫ該外科程을別設치아니ᄒᆞ엿스나對시의誠意를答ᄒᆞ기爲ᄒᆞ야講義[?]子를實習問試交付ᄒᆞ고難題[?]ᄂᆞᆫ隨時問答辦ᄒᆞ기로決定ᄒᆞ얏ᄂᆞᆫ디金시ᄂᆞᆫ月謝金을按月上送ᄒᆞᆫ다더라

●宋시奬學　昌東義塾專門講習所ᄂᆞᆫ財政의困難을因ᄒᆞ야廢止되얏ᄂᆞᆫ디학員들이慨感을不勝ᄒᆞᄂᆞᆫ故로더히講師宋兌杰시가瑟琶洞自己의舍屋을修理ᄒᆞ고學員을更히團聚敎授ᄒᆞᄂᆞᆫ디학員六十餘名이晝夜로分科受業ᄒᆞᆫ다더라

●新塾其成　慶興舊邑[?][?]新안里居李[?]秉兄弟兩씨ᄂᆞᆫ妙年英才로翰墨에遊ᄒᆞ야夏[?]의思想이有ᄒᆞ며新學問을硏究ᄒᆞ야知識을發達ᄒᆞᆷ이日로局勢의必要됨을覺悟ᄒᆞ고多數金額을投ᄒᆞ야新成학校를建築ᄒᆞ고聰俊子弟를募集ᄒᆞ야熱心敎育ᄒᆞ미遠近人民의稱頌이藉々ᄒᆞ다더라

●普通不幸　平南順川郡私立普蘊學校ᄂᆞᆫ敎師康元建시가觀務ᄒᆞᆫ後로校况이零星ᄒᆞ야康시가畢竟自退ᄒᆞ얏ᄂᆞᆫ디今番에更히校任員과協同ᄒᆞ야敎師를又爲聘得ᄒᆞ미一般학生이反對退학ᄒᆞ야校室이全空ᄒᆞᆫ지라康시ᄂᆞᆫ价川等地로轉向ᄒᆞ고該校ᄂᆞᆫ任員학生間에憾情이互生ᄒᆞ야校況이凋殘ᄒᆞ다더라

●昌明新設　平北碧潼郡居金瑒胄諸시가境內人士와合同ᄒᆞ야資本을鳩聚ᄒᆞ야昌明學校를設立ᄒᆞ고趣旨書를발布ᄒᆞ얏다더라

●論坡義捐　忠南恩津論山坡生金芙蓉은論山학校에金十圜을義捐ᄒᆞ얏다더라

詞藻

●戒不義

사는것도重ᄒᆞ지만, 義아니면
取치마라。
不義로서富貴ᄒᆞᆫ들生前報應웨
업스며、正義로서食寒ᄒᆞᆫ들名
垂竹帛업슬소나。
至今에、不義코서臥席終身、
뉘잇스리。

雜報

●韓皇儲의寓舘 한國 皇太子殿下ᄭᅴ셔는日本東北北海道巡啓中에寓館 御撮影흔活動寫眞이成ᄒ얏는ᄃᆡ明春 還國ᄒ실時에 大皇帝陛下ᄭᅴ 奉獻ᄒ실터이라더라

●勳章下賜 日人釆濱益三의게는勳一等八卦章을 下賜ᄒ옵시고其他日人四名의게도勳章을 下賜ᄒ신다더라

●三存其一 各陵園廟社殿宮에壹年 享祀總額이七百餘圜가되더니 祀典을減省흔以來로二百壹圜뿐이라더라

●秋享設行 本日은陰曆八月丁日인故로太廟에셔秋享釋奠을設行ᄒ고明日은戊日인故로社稷에셔秋享大祭를設行ᄒ다더라

●享祀費支撥 각部 文廟及社稷壇享祀費는各三十圜式ᄒ部에셔支撥ᄒ얏다더라

●韓鐵數變更 일本에셔는京元、湖南線中壹線만建設ᄒ기로ᄒ고明年度豫算에計上흘터이다더라

●各私其黨 內部大臣朴齊純氏는自己親近人으로事務官及主事를需用흔者가合爲八名인ᄃᆡ其中忠南參務官김甲淳氏는國文도不知ᄒ는者를叙任ᄒ얏다고批評이有ᄒ다더라

●農細旅行 農大趙重應시는십四日安城附近海岸에赴ᄒ얏다더라

●勸諭酬功 地方勸諭委員으로全羅南北道에出張ᄒ얏던鄭萬朝ᄒ宜兩氏는地方郡守로需用ᄒ리라더라

●法領事交迭 京城駐在法國總領事는交迭되야今月末에歸國의途에就ᄒ다는ᄃᆡ한廷에셔는勳章을頒與흘터이라더라

●宮土調査 臨時財産整理局에셔拾三道에在흔各宮土를調査ᄒ기爲ᄒ야該局主事幾人을各道로派送ᄒ얏다더라

●物産品評會 慶南觀察府에셔는本年拾壹月頃에物産品評會를開흘計劃인ᄃᆡ相當흔補助金支給ᄒ기를農商工部에申請흘다더라

●衛生會決案 內部衛生會에셔決議案을詳閱흔즉日本橫濱肥料製造場에셔韓國漢城內汚穢物을引繼ᄒ기를請求ᄒ얏는ᄃᆡ不爲施行ᄒ기로可決되고傳染病豫防消毒所를設置ᄒ기로取決ᄒ얏다더라

●儒生通文 宋子文全板本九千七十三板를淸州華陽洞에藏置ᄒ얏더니가丁未秋에日兵의게被燒흠은累朝에너라淸州儒生王若臣諸氏가國內士林과合同ᄒ야書院及刊閣에聯合請願ᄒ야該板本을依舊히復刻흘目的으로國內에通文을頒布ᄒ야同情을要求ᄒ다더라

●日兵退屯 淸日協約의結果로間島에駐在흔日憲兵은撤退要所의駐屯케ᄒ기로決定ᄒ얏다더라

●[illegible] 혼春間島等地에는對人의往返이近者에益々頻繁ᄒ되義兵將李範允洪範道氏는依然히■頭에潛伏ᄒ야日本의動靜을窺探ᄒ고■■都■■도亦是昨日■動을試ᄒ다더라

●■島民大集 去九日에■島居驛屯土小作人百餘名이會集ᄒ야東拓會社에對ᄒ야小作料減ᄒ기를要ᄒ더니十壹일午后에七百餘名이更히聚集ᄒ야强硬흔態度로確答을要ᄒ얏는ᄃᆡ同會社에셔는十三일午后에回答을與ᄒ기로約定ᄒ고仍히解散케ᄒ얏다더라

●漁船破沒 去三日午后에平北龍岩浦附近에셔漁船壹隻이出漁흘際에該承人所有漁船永田丸이安東縣에셔芝罘로向ᄒ던日船과漁船이衝破ᄒ야沈水되얏다더라

●偵探將汰 日憲兵司令部에셔偵探者들이無根의荒說을做出ᄒ야良民에게紛亂이多有흠으로來月初부터偵探中萬等著幾人만還存ᄒ고其餘는壹切除汰흘다더라

●天道教收錢 天道教에셔는中央總部建築費를七萬圜으로豫算ᄒ야貧寒흔敎人의게는壹圓式富饒흔敎人의게는四圓乃至四십圓까지收斂ᄒ기로決定ᄒ얏다더라

●韓國의漁 韓國漁業法發布以來로일本人의韓國沿岸出漁者가漸々增加ᄒ야客月末일까지漁獲價額이七百餘萬圜에達ᄒ얏다더라

●日人橫占 馬山浦居孫■宇리兼允兩氏가■浦山鴻■에在흔芦田을二十餘年前에買得ᄒ얏는ᄃᆡ本年春에日人富永末太郎이가■浦滄灘을■■承認흘時에右蘆由를暗自測量ᄒ야渠의所有로占有흔故로孫■兩氏가其抑寃을不勝ᄒ야農商工部에呼訴ᄒ얏다더라

●無罪被捉 東部成均館居리桂浮는私債를不報흠은思想이有ᄒ던지往十里居金光準시를地方裁判所에搆誣ᄒ야監獄署에月餘滯囚되얏다가無罪흔事狀이竟白ᄒ야放免ᄒ얏스나道■營業의損害와獄費가不少흠으로리시의行爲를人皆唾罵ᄒ다더라

●訟民猥貝 咸興居■升靖氏가山訟事件으로去年正月에上京ᄒ야控訴院에呼訴ᄒ얏더니于今七八朔에處決이無흔故로히시는旅費에困難ᄒ야道路에彷徨ᄒ다더라

●各道農況 水原平壤大邱光州鏡城等郡附近의農況은大概良好ᄒ야今后天候가異變이無ᄒ면平年以上의良作이될貌樣이오全州海州晉州等郡附近의農況은虫害와旱災를因ᄒ야前年에比ᄒ야는多少減收를免치못ᄒ깃스나今后災害가無ᄒ면平年作의收穫은豫見흘貌樣이오平北各郡에는前에旱魃後에水災를經흔後又八月中旬에虫害가當ᄒ야無數흔災害가有흠으로最初農作의希望이多少減收를難免이나目下狀況으로는平作은될貌樣이오義州附近은水災가太甚ᄒ야凶作을未免흘貌樣이오咸北江原兩郡에는農作塲과虫害가甚多흔ᄃᆡ驅除에努力ᄒ얏스나秋收가平年三分壹에不及ᄒ깃는故로人民들은他郡移住케흘計劃이라더라

●無處不入 慶興邑에는日人의侵入이繁多ᄒ야四十餘名에達ᄒ얏는ᄃᆡ尙今益々增加ᄒ는模樣이라더라

●輕便鐵道開設 淸津에셔点至日人의輕便鐵道는羅南鏡城輸城富寧會寧商의惟壹交通機關인則近者에는其業務를益々擴張ᄒ다더라

●巡査有人 鏡山駐在所巡査宋宅煥시는職務餘暇에新聞雜誌를留心不釋ᄒ고村閭에巡行ᄒ며人民을對ᄒ야愛國思想으로熱心勸勉ᄒ다더라

●新聞押收 桑港에셔發行ᄒ는新韓民報第壹百四十五號는治安妨害라ᄒ야內部에셔押收ᄒ얏다더라

●虎狼其酷 仁川港에셔虎列剌에罹ᄒ야再昨日死亡흔者가二人에至ᄒ얏고內部에셔醫官이來到ᄒ얏다더라

●虎疫猖獗 仁川한人部落에는虎疫이益々猖獗ᄒ야昨日까지患者가四十餘名인ᄃᆡ花川동松峴洞等地에傳染ᄒ야花村洞에十名이오花興洞에三名이오平洞에十三名이오於踰洞에六名이오萬石洞에■名이罹患ᄒ얏고永宗島에는患者四十五名內에九名이死亡ᄒ얏다더라

●挾雜被逮 公州郡居리천시와光州郡居鄭志永金應洙等數十人이全羅各郡에周行ᄒ야文獻錄을增補ᄒ다詐稱ᄒ고忠孝烈女儒賢의單子를收捧흘뿐더러錢財를討索ᄒ다가리천金玉兼兩시는稷安警察署에被囚ᄒ고其外諸人은各郡警署로捉囚ᄒ얏다더라

●崔氏被捉後聞 崔在鶴氏가警視廳에被捉흠은已報어니와其內容은外南山烏泉居흔■弘錫시가■시와果園事件으로契約흔事가有ᄒ야崔시의效力을頗受ᄒ얏는ᄃᆡ怨望의何等嫌疑가生ᄒ얏는지■시가警視廳에呼訴ᄒ야崔시를招訊케흠이라더라

●金氏被捉 仁川港■信■頭領金正坤氏는勞働會錢財六千餘圜을犯逋흔事實이發露되야該港日憲兵司令部에被捉取調中이라더라

●學民逢賊 安山郡居■■稷시가三昨日下午十壹時量에新門外石橋■地를過去ᄒ다가賊漢二名의게紙貨二■圓을見奪ᄒ얏다더라

●藥業社成立 崔明汝리■七시等六십三人이發起ᄒ야全國內藥業者를團合ᄒ야藥材와製藥을■規히ᄒ야生命保護에盡力ᄒ고濟衆目的으로共同結社ᄒ기로爲ᄒ야藥業總合社를設立ᄒ고趣旨書를발布ᄒ얏다더라

●工業總會 大한工業所에셔는■日碑洞普成學校內에總會를開ᄒ고株金二萬圜을預備ᄒ되每股에二十圜式募集ᄒ되壹回에五圜式四回에畢納ᄒ기로協議ᄒ얏다더라

●工會決議 大韓工業會에셔는總會를開ᄒ고■■頂■如ᄒ거니와將次政府에對ᄒ야資金三十萬圓을借貸ᄒ기로決議ᄒ얏다더라

●大同教開會 三昨日北部紅峴學範主■家에셔大同宗教叢二會를開ᄒ고總長李容稙시가出席ᄒ야孔教의眞理를說明ᄒ고總長은李範圭■崔廣宗教部長은■殷■教育部長은元泳義編輯部長은■■■■財部長은李■典禮部長은■■九讚■部長은申夏均氏로選定ᄒ얏다더라

○桑港電報○

◉布哇와露國移民

布哇耕地에셔는露國移民을輸入ᄒ기로■■委員을露國에派遣ᄒ야第壹次着手의二百五拾名을募集ᄒ기로決定ᄒ고旣히出發ᄒ얏다더라 拾二일發

○香港電報○

◉西澤島問題進行

西澤島事件에對ᄒ야淸日兩國委員의談判은目下進行中인즉近近解決될터이라더라 십二日發

○東京電報○

◉東京의大水害

昨十二日午前부터東京에는■■間에나暴雨가下ᄒ야夜十時에至ᄒ도록■■■■內裏殿히流水되고■■는地上의水가一丈五尺에及ᄒ야■■■■이杜絕ᄒ고各區의被害는名狀키難ᄒ며市況이慘淡ᄒ다더라 拾三日發

▲虛飢症▼

▲비가곱허지더불상키나ᄒ지만은食前方丈느러노코齋粱珍味津々ᄒ야배가죽은膨脹ᄒ되허기症이益甚ᄒ야精神々지昏亂ᄒ니무슴病情고러ᄒᆞᆫ가그모樣이可歎일세

▲朴齊純시모樣보소韓國國廳溺死者는七십五錢救恤ᄒ고日人傷者治療費는五십餘圜不惜ᄒ니韓人으로■거나■주더리도갈이업나日人의게허피어서親疎조처모르는가

▲■■■시의■■보소官吏■■말■■■■■■부터遵守인ᄃᆡ져■■■佼俩는■■日文報告便用ᄒ니日本말쓰고모면犯科히도■■■인가日人의게허긔나셔官規조처모르는가

▲■根■시모樣보소■■■■■■■■■엇으라고■人■■■■■■京셔지보닛나니■■■■■■■金■仙■■셔셔어와보고■■之榮華를日人의게■■시져져榮辱조처모르는가

▲李源升시모樣보소■■■■하번觀光■■■■■■나■■■■■■迎歡迎밧엇다고■■詩■■섯■나犬馬굿흔뎌身■■시오■接쳠밧엇나뎌■■와게허긔지셔嘲笑조처모르는가

▲예보시오■■■들도너무허긔지지마오日人들도別■■시天■仙■■■못되고韓■■들도남과갓치皮裏春秋에잇나니허긔症이너무몸며腹脹病이젼도나셔閣議■■이不通ᄒ리오

藥標 本舖 南大門外 …洞 ○○藥房 告白

分賣 …二十錢　拔根膏 腫疔瘡 大匣三圓　咳血散 咳嗽吐血 金二十錢　…丸 積滯 …年 … 金二十錢　退黃丸 黃病 …疸症 定價金六十錢　消痛液 … 金四十錢　疥瘡散 乾濕疥瘡皮풍 定價金五十錢　遠方에と郵便小包로信送홈

廣告

本人于世昌의字と明植인뎌以農爲業而陸七月十六日에爲路次上京ㅎ얏더니全部居李九應爲名者가暴徒로橫行홀時에軍需錢幾百圓을請求ㅎ기로不應ㅎ얏더니右李九應이가致此嫌疑인지軍需賞ㅎ次로金二百圓을出給于本人予ㅎ얏다고警視廳에構誣捉囚ㅎ얏스오니豈有如此致嫌虛無構誣之事乎不靜冤抑ㅎ오니內外國人은照亮홈 楊州郡內面沙川里 尚奇文 告白

本人이以朴鳳祿으로行世ㅎ얏더니以朴忠欽으로改正이옵기玆以廣佈ㅎ오니知舊間照亮홈
平北龍川楊市 朴忠欽 告白

本人姓名圖章을七月廿九日夜에義州梧川等地에서失이기玆以廣布ㅎ오니知舊간照亮홈
清原郡南下面居 吳秉俊 告白

◎職員募集廣告

本校에셔今秋期에第一學年及預備科學員을增募ㅎ오니志願人은左開에依ㅎ야九月貳十日內로請願書를提呈ㅎ시옵

一 入學年齡　第一學年拾六歲以上、預備科拾五歲以上

一 試驗日字と九月二十一日

一 試驗科目　第一學年에と讀書、作文、算術（分數四則以內）本國地誌、歷史、理化、博物、體格
預備科에と讀書、作文、算術（四則以內）本國地誌歷史大要、體格

一 開學日字　九月貳十五日
但舊學生은九月拾五日

一 學資金　入學金壹圓
修業料五十錢

注意　請願書에と各其父兄或監督者의確實홈保證書를添附ㅎ며請願用紙と本校에셔 買請ㅎ옵

隆熙三年九月六日
安岳私立楊山學校 告白

本校에셔學生을增募ㅎ오니入學志願ㅎ시と僉員은今月二十日內로來臨ㅎ시옵
京城南大門外
世富蘭偲病院內
醫學校 告白

前宣傳 尹永翊
本人의名永培의培字를翊字로改定ㅎ니知舊間照亮홈
昌原舊馬山浦 崔子善家留
前宣傳 尹永翊 告白

正三品李公寅회氏宿患이七月貳拾七日酉時에別世ㅎ기知舊間照亮홈
長子 振夏
次子 章夏
彰夏
禎夏
鍾夏
仲夏
護喪 婿任 俊夏

陰曆本月십壹日夜에紫黑色皮名帖匣을南門驛路에셔失ㅎ얏스니黑某던지拾得ㅎ얏거든中部河橋六십八統八戶本人家로傳ㅎ시면厚謝ㅎ깃습
李瑞 告白

本社에셔鐵道에物貨運送을便利키爲ㅎ야京城南門外蓮洞口에便家도移設ㅎ얏사오니京鄕僉彦은照亮ㅎ심을望홈
博物運輸會社支店 白

本人이以先祖餘業으로生計上에僅免困拙이온대從兄弟相爭ㅎ야父子以本人祖父任命時에隨其所願ㅎ야錢財與衣服庄土賭租五百餘石落을許給이러니今饒足而貪欲ㅎ야本人所有庄土를偷奪코져ㅎ여京鄕의田沒ㅎ고挾雜을符同ㅎ야僞造證明ㅎ라따가屢次綻露되얏스니內外國人은相從相議에買抱弄奸之弊를勿爲見欺ㅎ심爲要
釜山港開雲洞居 韓相興 告白

國文初學

定價금拾錢
今에新刊호國文初學은幼蒙教科에適合ㅎ오니多數需用ㅎ심을望홈

이됨뿐아니라家庭間自習에尤極便易ㅎ오니有志諸君은購覽ㅎ심을務望홈
周時經 著述　兪彦은多…

普通教科 算術書

定價금二十錢
本書と二年初等學生의教科로編纂홈이니 多數購覽홈을望홈

問答 大韓新地誌

定價금廿五錢
今에問答으로新編호新刊書
… 多數需用…
柳瑾 校閱　安鍾和 著述

高等小學 算術書

定價금二十錢
本算術書と高等小學科에適用ㅎ도록編纂ㅎ엿스니多數購覽ㅎ심을望홈

物理學初步

定價금十錢
本書と學部에셔認可ㅎ야便易케編述홈이니教育界에셔多數需用ㅎ심을望홈

獨習 韓日會話

定價금廿五錢
本書と初次로語獨習ㅎ기에便易ㅎ도록著作홈者이니多數히購覽ㅎ심을望홈

女子修身教科書

定價금…
本書と女子教育界에必要ㅎ指南

發賣所 京城南大門內尚洞 博文書館 盧益亨
分賣所 京鄕各有名書舖

卷煙草

金四錢

京城 廣江商會

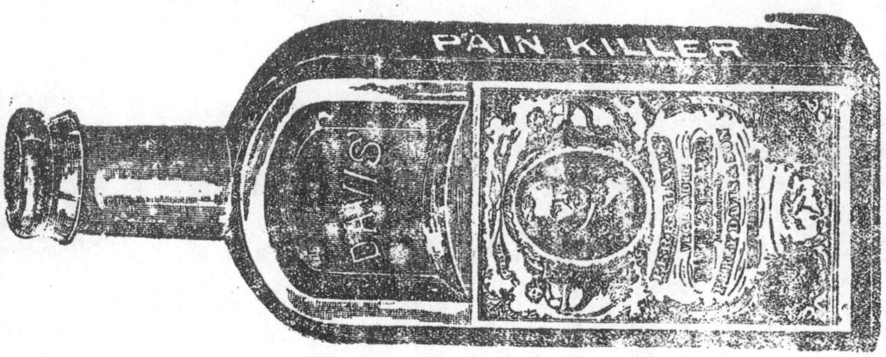

◎秘製止痛藥

此藥은美國에有名호의하博士百里得末司氏의발明홈無雙호醫藥이라美國에在호醫會社에셔特爲派員ㅎ야此藥品을韓國內에廣佈ㅎ기를專托ㅎ옵と故로讓不可辭ㅎ와玆에廣佈ㅎ오며左開諸症에外塗內服ㅎ면無不立效ㅎ오라當此炎夏에九但神效ㅎ와多救生命이오니藥業에從事ㅎ시と이와疾病을預防코져ㅎ시と이と速速來購ㅎ시면廉價로都賣ㅎ깃삽나이다

左記

▲內科所用▼
胃弱酸　腹瀉
吐瀉　食傷風
咳嗽　不消化
肚滯　疹子
赤痛　傷寒
肝病　肚痛
胃熱　痢疾
口內之癰　咽痛
哮喘　兩腎病
小兒吐瀉　暑夏吐瀉
抽筋
瘧疾
嘎聲
胃氣痛
咽喉傷寒
喉痺
身子軟弱
齒病
頭痛
氣管病
霍亂

▲外科所用▼
火疔창
凍창
跌打損傷
腰骨痛
毒창
指甲疽
咽喉痛
蟲蛇刺咬
凍창
腦氣筋痛
癬

發賣所 磚洞 韓美興業株式會社事務所

第壹千壹百九拾七號

大韓每日申報

月曆及曜新 歲時日休刊

檀君開國四千二百四十二年
箕子元年三千三十一年
大韓開國五百十八年
日本明治四十二年
[illegible]寶位[illegible]年
陰己酉八月大初二日發行

Responsible for Publication: Alfred Weekley Marnham
發行兼編輯人 [illegible]
發行所 [illegible]

論說

◎海外에設立ᄒᆫ韓人報館에敬賀ᄒᆷ

嗚乎라壹片丹心을將ᄒ고萬里殊方에往ᄒ야慘淡ᄒᆫ壹枝筆로四千載祖國의魂을絶叫ᄒ며二千萬同胞의夢을驚醒ᄒᄂᆫ海外韓人同業諸君이여吾儕가每[illegible]便의來ᄒᄂᆫ壹般新紙를奉讀ᄒ며字々淚오句々血이라誰가諸君의苦心을不諒ᄒ리오한은今也에長夜가不曙ᄒ고[illegible]가難行ᄒ야新聞紙[illegible]出ᄒ며買生의淚를灑ᄒᆯ地가無ᄒᆫ[illegible]中海外와來ᄒᄂᆫ新聞에對ᄒ야ᄂᆫ操束이尤嚴ᄒ야壹字가稍激ᄒ면民心을煽動ᄒ며壹句가稍直ᄒ면國安을妨害ᄒ다ᄒ야[illegible]紙가出ᄒ미壹紙를押收ᄒ며貳紙가出ᄒ며二紙를押收ᄒ며日報면壹日壹押收ᄒ며週報면壹周에壹押收ᄒᄂᆫ故로內地同胞ᄂᆫ海外韓人報를得覽ᄒ라면但只漢城內韓人의新聞紙에「新韓民報第幾號를押收ᄒ얏다ᄒ며共報第幾號를押收ᄒ얏다」ᄒᄂᆫ句만得見ᄒ얏ᄂ니嗚乎라엇지志士의[illegible]歎ᄒᄂᆫ바아니리오

大抵諸君이海外에서新聞을發行ᄒᆷ은但只留學生의耳目에만掛ᄒ라ᄒᆷ이아니라抑將內地를向ᄒ야國民을警醒ᄒ며國好[illegible]醒ᄒ라ᄒᆷ이어ᄂᆯ今에壹言壹句도直頃[illegible]內地同胞에[illegible]告ᄒ[illegible]不得ᄒᄂᆫ다

事가此에至ᄒ미可[illegible]自[illegible]비나但强力을因ᄒ야自屈ᄒᆷ이不可ᄒ며阻力을因ᄒ야自屈ᄒᆷ이不可ᄒ니彼가百千萬押收를加ᄒᆯ지라도我ᄂᆫ依舊히一片丹心으로做去ᄒᆯ[illegible]나然ᄒ나海外同胞ᄂᆫ爲ᄒ야創立ᄒᆫ新聞을內地同胞가幾乎[illegible]新聞의有無를不知ᄒ니痛哉며惜哉라吾儕ᄂᆫ[illegible]을擧ᄒ야押收의逆境을敍ᄒ야[illegible]然히色[illegible]日[illegible]가壹[illegible]押收ᄒᆯ[illegible]인뎡愛讀者의精神은押收치못ᄒ리라ᄒ야此ᄂᆫ但只理論上空談이오其實際ᄂᆫ不然ᄒᆫ자라現今韓國에新紙를愛讀ᄒᄂᆫ者ㅣ已少ᄒ거든況精神잇ᄂᆫ愛讀者야能幾人이리오是故로押收에壹愛讀者가去ᄒ며二押收에二愛讀者가去ᄒ나니

勉ᄒᆯ지어다勵ᄒᆯ지어다海外同業諸人이여國魂을叫ᄒ며民智를啓ᄒ되文武弛에剛柔를得中ᄒ야可及的에로內地에廣布됨을謀ᄒᆯ지어다

外報

◎德帝와爆彈 伯林電을據ᄒ즉德國皇帝陛下ᄭ셔[illegible]陸軍演習을[illegible]ᄒᆯ時에何許人이爆發藥을投ᄒ얏ᄂᆫ되幸히[illegible]ᄒ얏다더라

◎淸國의無線電信 東京電을據ᄒ즉淸國은無線電信을始ᄒ얏다더라

◎美日戰爭의寫眞 桑港來信을據ᄒ즉桑港에서ᄂᆫ美日戰爭說이喧傳ᄒᄂᆫ데此機를乘ᄒ야紐育와기모府會에서美日戰爭의假想活動寫眞을往又ᄒ야日人排斥의根據地되ᄂᆫ桑港으로持來ᄒ야演劇場에서[illegible]開設ᄒ고加州各道에셔도多數注文이[illegible]勝利를得ᄒ엿미[illegible]地人民은競[illegible]觀覽ᄒᄂᆫ[illegible]其寫眞은凡九幅이니一은乃木大將의對營에오二ᄂᆫ日本軍隊의演習光景이오三은美國陸軍大將의私宅에오四ᄂᆫ美國陸軍兵營의戒嚴이오五ᄂᆫ軍艦上日本의偵探ᄒᆫ美軍의暴擊이오六은日本人의空氣艦偵探이오七은日本軍隊의上陸이오八은美日兩軍의大激戰이오九ᄂᆫ美軍의最後大勝利라ᄒ더라

◎國防會의決議 論[illegible]求[illegible]를[illegible]英國帝國各防委員會에셔三週間會議ᄒ야議決ᄒᆫ帝國各領域의軍制統壹案件은陸相할덴[illegible]가簡單히發表ᄒ얏ᄂᆫ되其中에重大ᄒᆫ意義가有ᄒᆫ지라議題의上ᄒᆫ聯合國防案은壹師團을統壹ᄒᆯ趣味인데如此ᄒᆫ決議에到達ᄒᆫ것은千九百七年殖民地會議와此前에帝國新聞記者會議에서提唱ᄒᆫ바인데殖民地ᄂᆫ帝國々防統壹的整理에關ᄒ야本國政府와協同을要ᄒ기로ᄒᆷ이라더라

◎耶蘇墓移遷說 羅馬來信을據ᄒ즉羅馬法皇이土耳其使節을對ᄒ야日에루살렘에在ᄒᆫ耶蘇의墳墓를羅馬或他處로移ᄒ저ᄒ노니此를肯諾ᄒ라ᄒ즉土耳其使臣이對曰此ᄂᆫ我의所干ᄒᆯ바가아니라ᄒ얏다더라

學界

●新興紀念 東部駱峴私立新興學校에서本日下午壹時에第[illegible]回紀念禮式을擧行ᄒᆫ다더라

◎無已太甚 价川郡嚴達仁成振翊二氏ᄂᆫ[illegible]校를聯合ᄒ야協成廣進學校라稱ᄒ고二校의基本을合同ᄒ야學部에請願認[illegible]ᄒ얏ᄂᆫ[illegible]前仁成學校任員[illegible]鼎均等諸氏ᄂᆫ福狹ᄒᆫ思想으로[illegible]校基本[illegible]二[illegible]耕[illegible]漢城光武學校에故意寄付ᄒ[illegible]協成學校에셔光武學校에[illegible]累度公函辨明ᄒᆫ結果로該田을依數還給케되얏ᄂᆫ[illegible]鼎[illegible]시가又仁成學校를復設ᄒ고[illegible]稱ᄒ고該田을[illegible]還코不[illegible]ᄒ야協成校의經費를沮戲ᄒᄂᆫ故로協成校에셔[illegible]由를學部에報告ᄒ얏다더라

◎關東[illegible]擬議 關東학會總務姜[illegible]樂시[illegible]道[illegible]郡[illegible]ᄒ야[illegible]育程度[illegible]可望이有ᄒ나財政이窘拙ᄒ야教師雇聘에多困難ᄒᆷ으로[illegible]道內에優等학員을選擇ᄒ야[illegible]範講習所를設立ᄒ야[illegible]請求를關懸케ᄒ기로現今擬議中이라더라

◎證書授與 義州郡公立普通학校內에設ᄒᆫ製絲講習所에서卒業生에게ᄂᆫ講習證書를授與ᄒ얏다더라

◎鏡校大進 咸北鏡城郡漁郎面水南洞居許鳳夏等諸시ᄂᆫ財産을自擔ᄒ야[illegible]鏡川학校를壹新建築ᄒ고多數학生을募集ᄒ며高明ᄒᆫ教師를延聘ᄒ야熱心教育ᄒᆫ結果로該校ᄂᆫ大發之望이有ᄒ다더라

詞藻

●春秋 錚

黃[illegible]의心法은秋오、春秋直筆은
예[illegible]ᄂᆯ。
照魔鏡뿐얼고보니、[illegible]實[illegible]
分明ᄒ다。
新[illegible]亂臣賊子與[illegible]ᄂᆫ[illegible]며우ᄒ
리。

雜報

●統監例會 昨日統監邸에서定例會議를ᄒ기로各大臣과次官들이出席ᄒ야虎列拉豫防方法을協議ᄒ얏다더라

●李氏宴會 去日曜日下午四時에宮中顧問李允用氏가各部大臣及中樞院顧問諸氏를自己私邸로請邀ᄒ야宴會를設ᄒ고結義同盟ᄒ얏다더라

●總會開會 總理大臣李完用氏가前日電氣會社에股資ᄒᆫ皇室의帑金을消食ᄒᆫ事에對ᄒ야一進會에서昨日下午一時에特別評議會를開ᄒ고總相을論駁ᄒ얏ᄂᆫᄃᆡ將且辭職勸告도ᄒᆯ計劃이라더라

●再次獻議 鄭某諸氏가宋秉畯을彈劾ᄒ야中樞院에獻議ᄒ얏스나如何ᄒᆫ措處가無ᄒᆷ으로該氏等이昨日에再次獻議ᄒ얏다더라

●果有詩興否 니相幹齊純시ᄂᆫ昨日에北村文士諸氏를自己私邸에會同ᄒ야詩會를開ᄒ얏다더라

●社員致忠 某新聞社에서總理大臣李完用氏를論駁ᄒᆫ投書가入函ᄒ얏ᄂᆫᄃᆡ社員某氏가該書를帶持ᄒ고李總相을訪問ᄒ야出示ᄒᆫ대李氏ᄂᆫ瓜印을爾髥ᄒ면서言ᄒ되新聞의論駁과他人의批評을多受ᄒᆫ人은無如我者라ᄒ고該氏를厚謝ᄒ얏다더라

●觀光團又渡 日本松山市勸業協會에서主催ᄒᆫ觀光團二十五名은本日全市에서出발ᄒ야渡韓의途에就ᄒ얏다더라

●米國觀光團來韓 도ー마스쿡크社의主催ᄒᆫ美國富豪觀光團體ᄂᆫ來月八日에約壹名九日에십名이來韓ᄒᆫ다더라

●新曆送交 漢城府尹張憲植氏가三昨日에明年度曆書拾萬部를府民會로送交ᄒ고漢城ᄂᆡ各人民의게分給ᄒ라ᄒ얏다더라

●生活程度調査 警視廳에서ᄂᆫ漢城ᄂᆡ人民의生活程度를甲乙丙丁四等으로區別ᄒ야將次調査ᄒᆫ다더라

●視察發程 [illegible]部繙譯官이完營事務官澁谷은平壤定州義州地方에視察次로今明間발程ᄒᆫ다더라

●西島歸國 日本陸軍中將西島ᄂᆫ今日에발程歸國ᄒᆫ다ᄂᆫ故로昨日에各元老諸시를輪回辭別ᄒ얏다더라

●觀察員入城 平安北道水英觀察次로出張ᄒ얏던ᄂᆡ部社寺課長宋之憲시一行은再昨日에入城ᄒ얏다더라

●國有地整理方針 政府에서今回所定ᄒᆫ國有地整理方針은左와如ᄒ니

一 驛屯土ᄂᆫ度支部所管으로ᄒ야農商工部에서經營ᄒᆯ方針이오但其中原野荒蕪地及干潟地等은農商工部와協議ᄒ야國有未墾地利用法에依ᄒ야處分ᄒᆯ事

二 山林은農商工部에서全部를管理ᄒ고

三 隆熙貳年勅令第三十九號第[illegible]條에依ᄒ야國有에移屬ᄒᆫ土地너외驛屯土아닌原野荒蕪地草生地沼澤地及干潟地ᄂᆫ全部를國有未墾地利用法에依ᄒ야處分ᄒᆯ事

四 蘆田草坪及柴場은度支部에서引續管理ᄒ되但協議ᄒᆫ後의經營項但書에依ᄒᆯ事

五 前項의土地名稱은總히現在實地의狀況ᄃᆡ로定ᄒ야文簿名稱의撤泥가無케ᄒᆯ事

미라

●葉錢及銅回收額 政府에서葉錢及舊白銅回收ᄒ기를開始ᄒᆫ以來去月末日까지總數가如左ᄒ니

葉錢二弐八三三壹圓

舊白銅貨二九七九〇七三圓

●博覽會出品 英國博覽會의出品件은統監府의서議決ᄒᆫ結果로宮內府와度支部의儲置ᄒ얏던古來美術品도輸送ᄒ겟다더라

●緩和手段 大韓工業會에서政府에補助金을請求ᄒᆫ다ᄒᆷ은已報어니와總相리完用시ᄂᆫ休職ᄒᆫ將校의不平心을緩和케ᄒᆯ手段으로其貸付方法을目下謀議中이ᄅᆞ더라

●測量界繼辭 人民의私有山坂을測量承認ᄒᆯ期限이不遠ᄒᆷ은一般共知어니와各道觀察使들이證明請求에對ᄒ야月을遷延ᄒᄂᆫ弊端이多有ᄒᆷ으로人民의怨聲이狼藉ᄒ다더라

●新聞又出 慶南觀察使黃鐵시ᄂᆫ新刊新聞을발刊ᄒᆯ次로左右文報機械를貿去ᄒ기로契約ᄒ얏다더라

●無性非私 度支部에서積置ᄒ얏던釜甑等物品을日昨에放賣ᄒ얏ᄂᆫᄃᆡ正當히入札을施行치아니ᄒ고日人의게宜相賣買ᄒ야時價에[illegible]賣ᄒ얏다더라

●宜各注意 京城에도虎疫이발生ᄒ야漸々蔓延ᄒ야日人罹病者가십名에達ᄒ지라此時에在ᄒ야防疫實施ᄂᆫ必要ᄒᆯ뿐아니라個人마다各其注意ᄒ야飮食品에冷水魚類野菜等類를禁止ᄒᆷ이可ᄒ다더라

●平北雹災 平安北道義州郡近에ᄂᆫ去五日午時頃에大降雹이有ᄒ야廣坪面에서被害가最甚ᄒ야農産物이非常히損害되얏다ᄒ고農商工部에報告가有ᄒ얏다더라

●日人不法 忠남稷山郡財務주장日人某ᄂᆫ擅斷ᄒ야各方酒商의게酒稅를多數抑捺ᄒᆷ으로酒商等이減稅를請願ᄒᆫ則水橋ᄂᆫ反히叱辱毆打를加ᄒ고又히郡境稅地二千結이라稱ᄒ고人民의게賦稅ᄒ얏[illegible]憤慨ᄒ야觀察府를經ᄒ야度支部의呼訴ᄒ다더라

●人蔘殺 馬山浦附近栗九味에ᄂᆫ約千葉縣人이多住ᄒᆷ으로村名도千葉이라自稱ᄒ얏ᄂᆫᄃᆡ該村에稱留ᄒᄂᆫ日人鈴木松太郎은居百餘名의人과共히漁業을經營ᄒ던바去十日에馬山旅館에서何許人의게被殺ᄒ얏다더라

●農業社役員 韓美興業株式會社副社長吉納威氏가歸國ᄒᆷ은事務에對ᄒ야社務ᄂᆫ美國領事館書記生으로외交가攝辦ᄒ고該時理事ᄂᆫ馬賽敬文簿調査委員은安의鍾三氏오總務ᄂᆫ林炳恒叢財ᄂᆫ宗默繙譯은리範壽庶務員은金允五氏로選定ᄒ얏다더라

●蠶林組合 한城各郡에蠶林組合을設立ᄒ야柞蠶과桑木殖林을獎勵施行ᄒᆯ趣旨로日人엇尸勝部이가主唱ᄒᄂᆫᄃᆡ元老金允植리道宰等諸시도贊同ᄒ얏다더라

●農務測量 濟州漢拏山은島民의利源인ᄃᆡ今春에日人藤田이가該山附近面禁帶地를測量承認ᄒᆫ後로該島人民은全部를見失ᄒᆯ慮가有ᄒᆫ뎌니ᄡᆞ鄭私立義信학校測量科生徒諸氏가測量費를自擔ᄒ고陰六月分에該山餘地를沒數測量ᄒ야認許를承ᄒ고[illegible]히島人民이滿心喜悅ᄒ다더라

●獎壇[illegible] [illegible]昨府에釋放되[illegible]門ᄒ야普成小學校講師任員諸氏ᄂᆫ七百餘人과聯忠壇에齊往ᄒ야宴會를開ᄒ고生徒郡守源永氏의餞別宴을設行ᄒ얏다더라

●元氏歡迎紹會 韓國[illegible]名年間留ᄒ야宗敎界에熱心ᄒ던英國宣敎師元杜佑시가近頃入城ᄒ얏ᄂᆫᄃᆡ明日下午四時에鍾路에서歡迎會를鍾路靑年會館ᄂᆡ에開ᄒ고歡迎ᄒᆫ다ᄒ며同會諸定ᄒᆫ다인ᄃᆡ過去에發起ᄒ얏던人시ᄂᆫ無漏來參ᄒ기를希望ᄒᆫ다더라

●義將審審 再昨日에憲兵司令部에서義兵大將鄭谷大씨의一次審問을開ᄒ얏다더라

●六義押上 再昨日日憲兵司令部에서楊州地方에出沒ᄒ던義兵六名을押上ᄒ얏다더라

●義日交戰 再昨日下午壹時頃에義兵將姜某東시가溪院憲兵分遣所兵丁과交戰ᄒ얏ᄂᆫᄃᆡ彼此死傷은未詳ᄒ다더라

●光武停學 再昨日上午九時에光武학校에서학員一名이虎列剌에罹ᄒ야猝然身死ᄒ얏슴으로傳染을預防ᄒ기爲ᄒ야姑爲停學ᄒ얏다더라

●孤院擴張 樂善齋의樂善鑑湖二氏가孤兒院을習擴ᄒ야事務를擔當ᄒᆫ基礎를昨日에議事員會를開ᄒ고同院規則을爲先改定ᄒ야過日滿州로發行ᄒᆫ後一般任員을新組織ᄒ얏ᄂᆫᄃᆡ院長은全德基院監은李春世總務ᄂᆫ白樂善校監은徵禮書記ᄂᆫ洪正明財務ᄂᆫ리丙外會計ᄂᆫ徐丙幹運動은孫彰과[illegible]趙均會監은리寅永諸氏로選定ᄒ고該院[illegible]ᄒ야調査公布ᄒ[illegible]決定ᄒ얏다더라

●[illegible]範 [illegible]部[illegible]土가[illegible]九月에[illegible]創立ᄒ야[illegible]經理ᄒ얏ᄂᆫᄃᆡ[illegible]會[illegible]諸시ᄂᆫ會務의擴張ᄒ기爲ᄒ야[illegible]組織ᄒ고[illegible]在京[illegible]各學校를[illegible]會의國禮的行爲ᄂᆫ矯ᄂᆫ全省에規範될만ᄒ다더라

○東京電報○

●韓銀株割當期 韓國銀行株式申込書ᄂᆫ近日에收聚ᄒ야五日頃에委員會를開ᄒ고二十日頃에割當株를決定ᄒᆫ다더라

●貸附金增額豫算 司法權委任ᄒᆫ結果로從來韓國政府貸付金의關ᄒ야荒井次官이日本大藏省과交涉中이더니同省에셔ᄂᆫ該議를從ᄒ야五箇年間三百萬圓을每年貸付ᄒ기로決ᄒ고既定의文替金을加ᄒ야總額七百六十餘萬圓을明年度大藏省豫算에計上ᄒ얏다더라

●露國海軍과法國 露國이大規模의艦艇計劃을立案ᄒᆷ에對ᄒ야法國政府ᄂᆫ[illegible]要求ᄒ[illegible]知ᄒ얏다더라

●湖南線先着手 日本政府에서明年度의政府計劃은旣報와如히新事業은總히削除ᄒ기로ᄒ얏스나京元三南兩線의一線만敷設ᄒ기로決定ᄒ지라然이나兩線이目下緊要의巢窟이니同地方에關係잇ᄂᆫ三南線부터敷設ᄒ기로決定ᄒ얏ᄒ다더라 以上十四日발

△秋聲

△西天火星은[illegible]떠러지니[illegible]秋聲[illegible]帶로治[illegible]마질노나[illegible]漢城[illegible]促ᄒᆫ나

△滿々秋聲[illegible]드러가니[illegible]入官[illegible]良藥苦口[illegible]너에貴衣[illegible]樂丕라[illegible]더소리에[illegible]發ᄒ소

△簫々秋聲[illegible]드러가니[illegible]顧遺缺分明[illegible]라ᄒ[illegible]용니[illegible]더소[illegible]

△滿々秋聲[illegible]드러가니同是[illegible]紛紛欲[illegible]야一網打盡[illegible]쥬ᄒ고보며[illegible]더소리에[illegible]發ᄒ소

△窮到極[illegible]질노나[illegible]將[illegible]사지엄혓[illegible]을注入ᄒ야秋[illegible]渾然[illegible]ᄒ야보소

標房

本鋪京西小門外車洞 閔官 閔 강 告白

[illegible]引拔[illegible]

齒痛散 [illegible]蟲齒痛不拔而愈 永久完全 金三十錢

益壯丸 男女元氣不足腎精虛冷 壹週日分 二圜 四週七圜

調經膏 月水不調血塊 壹朔分壹圜

傷寒聖藥 四時感冒온疫 定價 廿五錢

遠地에셔도郵便小包로傳送

◉特別社告

近日本社投函에「寄函子豊言」이란論文을寄送ㅎ신人氏ᄂᆞᆫ本社總務室로來訪ㅎ야壹次面接ㅎ믈을預望ㅎᆷ

大韓每日申報社

廣告

安山郡內面芝老坪第字六斗落과全面釜谷列字二斗五升落柳溪壁답券二張과高陽郡求知道面外城洞第字六斗落洪榮鎬답券三張을崔仁淳이가典當자 밧아가本人의게任置ᄒᆞᆫ것슬本人이日人河原의게轉置ᄒᆞ얏더니陰七月에逢賊見失故로茲以廣佈ᄒᆞ오니內外國人照亮ᄒᆞᆷ

南部誠明坊石井洞 金雲植 白

本人의名永培의培字를翊字로改定ᄒᆞ니知舊間照亮ᄒᆞᆷ

昌原舊馬山浦崔予善家留

前宣傳 尹永翊 告白

南署明哲坊南小洞九拾六統十戶草家二間白紙文券을서失ᄒᆞ얏기茲에廣告ᄒᆞ오니雖某拾得ᄒᆞ야도休紙施行 戶主 權善榮

壯哉라斯人이여咸興郡州[illegible]面豊湖里居前奉事김昇煥씨ᄂᆞᆫ其裏餘粟으로自甲致產ᄒᆞ야當時局教育上에도大有志ᄒᆞ더니本年七月度時雨에本郡水災貧民千餘戶를租穀(斛)式出義济[illegible]ᄒᆞ여危瀕ᄒᆞᆫ同胞를救濟ᄒᆞ니千家活佛이今世에復生ᄒᆞᆫ지라니地方財政家도慈善의心이시와如ᄒᆞ면엇지國家의禍祥이아니리라云하미오 校ᄂᆞᆫ人의善을見ᄒᆞ고默默지不可ᄒᆞ와玆에告白ᄒᆞᆷ

咸鏡郡私立實能학校 會長 金鑄變 會教서 金競[illegible] 告白

宜川郡守金斗鉉시가假稱辯護士事務員挾雜類吳亨順을締結ᄒᆞ야衙中에留置ᄒᆞ고前後行政이不公ᄒᆞᆷ으로輿情이沸鬱ᄒᆞ며니近者에鐵山民張斗煥이가宜川民吉陽秀許에有所捧償錢千兩訟事에對ᄒᆞ야郡守及吳哥가挾私ᄒᆞ야吉民의已於年前本人處에與當得償ᄒᆞᆫ畓六斗畓을勒爲執行ᄒᆞ야欲給張民故로本人이與執ᄒᆞᆫ吉民의답券及標記를가지고郡守에게提示ᄒᆞᆫ則郡守ᄂᆞᆫ威脅不聽ᄒᆞ고吳亨順은在傍恐嚇ᄒᆞᄂᆞᆫ故로本人이郡守와裁判ᄒᆞ次로地方裁判所에擧訴이온기茲以廣告ᄒᆞᆷ

隆熙三年九月拾壹日 [illegible]

學部檢定 新纂初等小學

卷一、二、三 各十錢 卷四、五、六 各二十錢 合一圜〇五錢 總頁數 五百〇八頁 揷畫 [illegible]

此書ᄂᆞᆫ初等學生의用ᄒᆞ기爲ᄒᆞ야[illegible]編纂ᄒᆞᆫ것이오니[illegible]購覽ᄒᆞ시옵

[illegible]發行所 [illegible]

國文句解 新纂尺牘 全 洋裝 中洋製 一圜十錢 八십五전 拾십錢

新撰國文 家庭尺牘 傍附漢字 二十五錢

◉私立明新學校法律經濟專修科 學員增募廣告

本校에셔 法律、經濟兩科世界에必要ᄒᆞᆫ學問을巳爲敎授이온바今更增募ᄒᆞ오니本校에入學코저ᄒᆞᄂᆞᆫ人은今月貳拾日內로入학請願書를提出ᄒᆞ시옵

(試驗ᄂᆞᆫ字本月貳십壹日)

但試驗科目及入학試驗科目은備在本校ᄒᆞᆷ

隆熙三年九月九日

漢城北部部染洞십捌統壹戶

私立 養正義塾

本社에서鐵道에物貨運送을便利케爲ᄒᆞ야京城南門外盆洞口로便家屋을移設ᄒᆞ왓사오니京鄕僉彥은照亮ᄒᆞ심을務望

[illegible]物運輸會社支店 白

測量機械新製各種 製圖付屬品俱備 書籍各種

實驗 谷香煙草各種

漢城南部倉洞六統二號十戶

金龍商會 謹告

[illegible]大減價販賣

製圖器測量器械製圖用紙名種右壹千組限特別割引大放賣

釜山港本町三丁目近藤支店

本校에셔學生을增募ᄒᆞ오니入學志願ᄒᆞ시ᄂᆞᆫ僉員은今月二拾壹日內로來臨ᄒᆞ시옵

京城南大門外

世富蘭偲病院內

醫學校 告白

問答 大韓新地誌

[illegible]壹冊 安[illegible]

物理學初步 定價금 廿五錢

今에問答大韓新地誌로新刊ᄒᆞᆫ普通敎科에適用케編輯ᄒᆞᆷ이니多數購覽ᄒᆞ심을務望ᄒᆞᆷ

女子修身敎科書 定價금 [illegible]

本書ᄂᆞᆫ普通敎育界의指南으로簡明便易케書述ᄒᆞᆷ이니敎育界에多數購覽ᄒᆞ심을望ᄒᆞᆷ

國文初學 定價금 二[illegible]

本書ᄂᆞᆫ女子敎育界의指南이될뿐아니라家庭間自習의極便易ᄒᆞ오니有志僉彥은多數購覽ᄒᆞ심을務望ᄒᆞᆷ

[illegible]著述

普通敎科算術書 定價금 拾[illegible]

今에新刊ᄒᆞᆫ國文初學은幼蒙敎授에適合ᄒᆞ오니多數需用ᄒᆞ심을望ᄒᆞᆷ

高等小學算術書 定價금 二[illegible]

本書ᄂᆞᆫ幼年學生의獨得ᄒᆞᆷ에便易케ᄒᆞ며淺ᄒᆞᆫ[illegible]著述ᄒᆞ오니多用ᄒᆞ심을望ᄒᆞᆷ

獨習日韓會話 定價금 二拾錢

本算術書ᄂᆞᆫ高等學科에適用ᄒᆞᆫ書籍이니多用ᄒᆞ심을望ᄒᆞᆷ

著作者 [illegible] 定價 廿五錢

本書ᄂᆞᆫ初次日語獨習ᄒᆞ기에便易ᄒᆞ도록著作ᄒᆞᆫ書冊이니多數히購覽ᄒᆞ심을望ᄒᆞᆷ

發行所 京城南大門內倉洞 [illegible]文館總販賣所

分賣所 京鄕各有名書舖

◉秘製止痛藥

此藥은美國에有名ᄒᆞᆫ의학博士百里得未司氏의발明ᄒᆞᆫ無雙ᄒᆞᆫ靈藥이라美國에在ᄒᆞᆫ藥會社에셔特爲派員ᄒᆞ야此藥品을韓國內에廣佈ᄒᆞ기를專托ᄒᆞᆷ으로故로義不可辭ᄒᆞ와茲에廣佈ᄒᆞ옵ᄂᆞᆫ바左開諸症에外塗內服ᄒᆞ면無不立效다當此炎熏에九極神效ᄒᆞ와多救生命ᄒᆞ오니藥業從事ᄒᆞ시ᄂᆞᆫ이와疾病을預防코저ᄒᆞ시ᄂᆞᆫ이ᄂᆞᆫ速速來購ᄒᆞ시옵廉價로放賣ᄒᆞ옵나이다

左開

▲內科所用▼

胃酸 腹瀉 吐瀉 食傷 咳嗽 不消化 肚滯 疹子 心痛 傷寒 肝病 肚痛 胃熱 痢疾 口內之瘡 頭痛 哮喘 胸膈病 小兒吐瀉 暑夏吐瀉 抽筋 瘧疾 嗄聲 胃氣痛 四裡傷寒 喉痺 身乎軟弱 黃病 暈船 氣管病 霍亂

▲外科所用▼

[illegible] [illegible] 跌打損傷 腰背痛 [illegible] 指甲疽 咽喉痛 蟲蛇咬 凍창 [illegible] 癬

◉發賣所 磚洞 韓美興業株式會社事務所

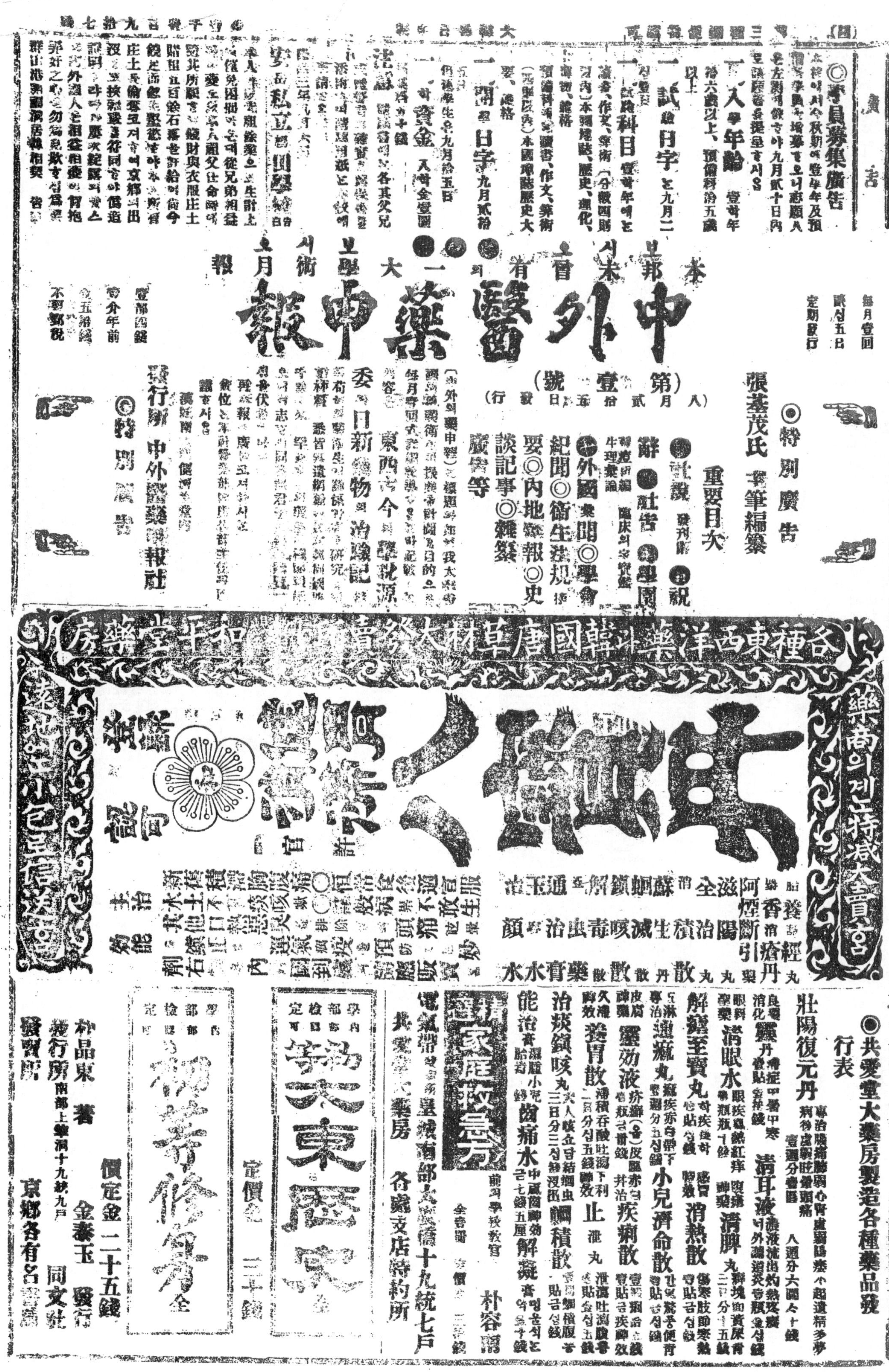

第千壹百九拾八號

大韓每日申報

月 發行所 大韓每日申報社 及 日 …… 發行人 萬咸 (Responsible for Publication Alfred Weekley Marnham) 京城 …… 大韓 …… 西署 …… 第十二號 …… 八月 …… 三 …… 已卯

論說

◉敬賀達城親睦會

壤土가 膏腴ᄒᆞ고 人心이 質實ᄒᆞᆫ 八道中에 良好ᄒᆞᆫ 風土로 指屈ᄒᆞᆯ만ᄒᆞᆫ 處가 慶尙道라 ᄒᆞᄂᆞ니 是以로 名儒碩士가 頻頻ᄒᆞ야 國地理를 論ᄒᆞ다가 慶尙에 至ᄒᆞ야ᄂᆞᆫ 特筆로 揭ᄒᆞ야 曰 上下數千年 多出將相公卿 文章德行 與夫忠勳樹節之人 仙釋道流 号爲人材府庫라ᄒᆞ더니 挽近에 至ᄒᆞ야ᄂᆞᆫ 嶺以南의 山川이 何其寂寞ᄒᆞ지 民族의 命이 宿變에 懸ᄒᆞ되 奮救ᄒᆞᄂᆞᆫ 仁人이 未有ᄒᆞ며 時局의 變이 奕棋와 如ᄒᆞᆫ대 發憤ᄒᆞᄂᆞᆫ 志士가 未有ᄒᆞ고 其所謂 登瀛의 高士ᄂᆞᆫ 山巖叢穴에 睡伏ᄒᆞ야 [illegible]의 嗚呼歌로 身世를 自歎ᄒᆞ며 元龍士의 醫語詩로 時事를 逃吊ᄒᆞ며 貳拾世紀 太陽下에 柴門을 緊閉ᄒᆞ고 甕中에서 其子其弟와 腐敗ᄒᆞᆫ 陳篇을 讀ᄒᆞᄂᆞᆫ 者ㅣ 往往이라 有志者의 慨惜이 當何如ᄒᆞ깃나뇨

然이나 運運 澗畔松이 鬱鬱 含晩翠라 際今에 達城親睦會가 作ᄒᆞ도다 而今에 達城親睦會가 作ᄒᆞ도다 睦會가 刱立未幾에 會員이 日增ᄒᆞ며 會況이 日盛ᄒᆞᆫ지라 萬事ᄂᆞᆫ 團結에서 成ᄒᆞ고 團結은 親睦에서 生ᄒᆞᆫ다 ᄒᆞ야 會名은 是로 稱ᄒᆞᆫ지라 雖然이나 東西[illegible] 親睦이 아니면 [illegible]이 親睦이 아니면 不可不 [illegible] 目的을 同抱ᄒᆞ고 [illegible] 我邁ᄒᆞ며 兄唱弟和ᄒᆞᆫ 然後에 親睦을 可得이니 敎育을 발達ᄒᆞ며 實業을 興旺

士의 敎育實業云云이여 向也에 早悟早奮ᄒᆞ야 民智를 開ᄒᆞ며 人材를 養ᄒᆞ야 西來의 文明을 吸入ᄒᆞ얏더면 危를 扶ᄒᆞᆯ 者ㅣ 其人이오 存ᄒᆞ며 艱을 濟ᄒᆞᆯ 者ㅣ 其人이 有ᄒᆞ야 國家今日의 厄이 無ᄒᆞ얏슬지어ᄂᆞᆯ 時機를 交臂에 遊失ᄒᆞ고 今日에 敎育云ᄒᆞ며 實業云ᄒᆞ니 噫乎晩矣로다 然이나 莊生이 有言ᄒᆞᆫ대 「亡羊補牢未爲遲也」라 ᄒᆞ니 從今以後라도 大奮發ᄒᆞ며 太勉勵ᄒᆞ야 東隅의 失을 桑楡에 收ᄒᆞ면 何晩이 有ᄒᆞ리오 但今日에도 耳를 世事에 掩ᄒᆞ며 身을 漆室에 置ᄒᆞ고 悠悠히 坐睡ᄒᆞᄂᆞᆫ 者ㅣ 多ᄒᆞ니 是가 可惜ᄒᆞ도다

願 達城親睦會諸君은 小則嶺南의 開發을 圖ᄒᆞ며 大則全國의 文明을 讚ᄒᆞ야 不屈不撓히 前進ᄒᆞᆯ지어다

思ᄒᆞ라 衾中의 兒子가 呱呱ᄒᆞ며 屋中의 弟兄이 國亡을 ᄒᆞ나 公等의 進步力이 不强ᄒᆞ면 是皆他人刀斧下에 鮮血을 迸流ᄒᆞᆯ 者니라

右와 如ᄒᆞᆫ 親睦會의 目的이 [illegible]

[illegible] 我會員雙肩에 懸ᄒᆞ얏도다 [illegible] 府內에 設립ᄒᆞ고 [illegible] 讓受ᄒᆞ야 孜孜히 靑年敎導에 從事ᄒᆞ며 壹邊으로 [illegible] 組成ᄒᆞ야 汲汲히 農商工等의 殖産興業을 研究ᄒᆞ시니 [illegible] 萬里장 [illegible] 初點 [illegible] 入團에 朝氣와 如ᄒᆞ며 其覆簣의 功은 三字의 塔이 始成ᄒᆞ니 其熱은 太陽의 發光과 如ᄒᆞ다 ᄒᆞ리로다 右事實은 嶠南來友의 言을 錄ᄒᆞᆫ바 記者曰 嗟乎晩矣다 今日志

[illegible] 危露 [illegible] 新聞紙로 淸日協約을 論究ᄒᆞ야 [illegible] 日本은 圖們江河口에 [illegible] 參[illegible]ᄒᆞ야 危殆케ᄒᆞ [illegible] 策을 [illegible] 리라ᄒᆞ고 憂慮를 [illegible]ᄒᆞ더라

露相間日 露部[illegible]을 據ᄒᆞᆫ즉 露가 相에스월스기ㅣ 伯은 淸協約이 露國에 影響을 及케ᄒᆞᆯ 사 憂慮를 [illegible] 一國輿論을 因ᄒᆞ야 直接으로 日本政府에 質問ᄒᆞ야 其意向을 [illegible] 國土ᄂᆞᆫ 條約에 [illegible] 奇土ᄂᆞᆫ 治外法權을 [illegible] 土耳其와 埃及에 [illegible] 承認ᄒᆞᆫ 支出ᄒᆞ고 因ᄒᆞ야 [illegible] 去ᄒᆞ기로ᄒᆞ고 同時撤去ᄒᆞᆫ 此勸誘를 受ᄒᆞᆫ 約도 復活될 [illegible]

[illegible] 大使 [illegible] 東[illegible] 臣이 駐本[illegible] 現駐埃及大使 內田康哉[illegible] [illegible] 院 [illegible] 訪問ᄒᆞ고 淸[illegible] 質問ᄒᆞ얏다더라 [illegible] 而[illegible] 電[illegible] 滯[illegible] 懸案[illegible] 間島[illegible]

[illegible] 場川[illegible] 校[illegible] 思想으로 並[illegible] 學[illegible] 敎[illegible] 機[illegible] 元山公立普通학校 [illegible] 敎[illegible] 熱心 [illegible] 徒[illegible] 進 [illegible] 日新[illegible] 으로 [illegible] 附設私立學校로 其敎授方法을 모範ᄒᆞ야 漸次前進ᄒᆞᆫ다더라

[illegible] 安氏 [illegible] 楊[illegible]郡[illegible] 平壤 [illegible] 郡主事 [illegible] 翼洙씨ᄂᆞᆫ 敎育에 熱心ᄒᆞ야 [illegible] 校ᄂᆞᆫ 擔任視務ᄒᆞ고 郡內 各학校도 實心贊成ᄒᆞ야 敎育에 發達之望이 有ᄒᆞ다더라

◉協成興學 黃海道豐津郡花田里 私立協成학校ᄂᆞᆫ 創設ᄒᆞᆫ지 不久에 生徒가 百餘名에 達ᄒᆞ야 興旺之望이 有ᄒᆞ되 但 財政이 窘急ᄒᆞ야 維持키 難ᄒᆞ더니 該校任員 金秀河 諸씨가 慨歎ᄒᆞ야 該 徐昌 [illegible] 學徒父兄 諸씨로 協力贊助ᄒᆞ야 義捐金을 寄付ᄒᆞᆷ으로 校況이 擴張ᄒᆞᆫ다더라

學界

◉農林承認 定州郡 [illegible] 安衆治 [illegible] 諸씨가 該郡 所在 儒契土로 高等학校를 設立ᄒᆞᆯ 意로 學部에 請願ᄒᆞᆫ은 已報ᄒᆞ얏거니와 該事實에 對ᄒᆞ야 更히 確報를 據ᄒᆞᆫ則 該郡儒林代表 王龍瑜 諸씨가 元來 該土를 使用ᄒᆞ야 農林模範場을 設立ᄒᆞ고 專門普通兩科를 分ᄒᆞ야 학生과 人民을 實習케ᄒᆞᆯ 目的으로 定州郡 [illegible] 學部에 請願ᄒᆞ얏ᄂᆞᆫ 데 學部에셔 [illegible] 治 許시ᄂᆞᆫ 認可[illegible]ᄒᆞᆫ다더라

◉測量卒業 咸南 定平郡 富春面 私立開明학校 內 附設 測量科에셔 本月三日에 第壹回 卒業試驗을 經ᄒᆞ얏ᄂᆞᆫ데 優等生 方明煥 李容範 等 五人이오 及第生 徐庚[illegible] 姜[illegible]等 십五人이라더라

學報

詞藻

◉丈夫歌 白翠靑年

丈夫로 셍겨나셔、草木同腐되단말가。百萬甲兵을 胸中에 품어두고、多少英雄을 麾下에 指揮하야。決斷코、建國事業을、自擔코 져。

雜報

●兩殿問安 本月十九日坤元節에 皇后陛下게옵서 各尊族夫人과 其他大臣의 夫人을 仁政殿에 會同ᄒᆞ샤 賜饌ᄒᆞ실터이오 宗親文武百官은 同日上午十時에 仁政殿東行閣에서 問安의 例를 行ᄒᆞᆫ다더라

●派官慰奠 皇貴妃殿下게셔 再昨日에 女官八人을 派遣ᄒᆞ야 前郡守申奭賢氏夫人几筵에 致奠吊慰ᄒᆞ셧다더라

●何事頻電 日本에 滯在ᄒᆞᆫ 宋秉畯은 何事件을 因ᄒᆞᆷ인지 近日 一進會本部로 電信이 頻數히 到達ᄒᆞᆫ다더라

●一會再開 一進會에셔 再昨日에 特別評議會를 開ᄒᆞᆷ은 已報이니와 會中에 羅琪衡氏等委員이 內閣及中樞院에 對ᄒᆞ야 總代를 派送質問ᄒᆞ기로 可決ᄒᆞ얏ᄂᆞᆫᄃᆡ 此案에 對ᄒᆞ야 昨日에 會總務室에셔 再次開會ᄒᆞ얏다더라

●書因秘探 儒生鄭琪明氏等이 宋秉畯事件으로 長書를 捧因을 探知ᄒᆞ기 爲ᄒᆞ야 日憲兵司令部及警視廳과 一進會에셔 秘密히 調査ᄒᆞᄂᆞᆫ中이라더라

●請願何多 內部에셔 來貳拾二日에 主事십名을 試取ᄒᆞᆫ다ᄂᆞᆫᄃᆡ 現今請願書를 提呈ᄒᆞᆫ者ᄂᆞᆫ 壹百六拾餘名에 達ᄒᆞ얏다더라

●學務主事會同 本年春에 學部에셔 各道에 學務主事를 配置ᄒᆞ얏ᄂᆞᆫᄃᆡ 該部에셔 不遠間會同ᄒᆞ야 學務에 關ᄒᆞᆫ 事件을 協議ᄒᆞᆫ다더라

●警部會議 前報와 如히 內部에셔 本日에 各道警察部長의 會議를 開ᄒᆞᄂᆞᆫᄃᆡ 各部에셔도 該會議에 提出件이 有ᄒᆞ면 官吏登名式往參케ᄒᆞᆫ다더라

●解散官補償 光武十一年에 醫視廳官制를 改定ᄒᆞᆯ時에 奏判任官二十餘名이 解散되얏ᄂᆞᆫᄃᆡ 伊時警務使兼諮詰圭顧問丸山重俊兩人이 三年俸給을 支撥ᄒᆞ라고 說明ᄒᆞ고 年終에 三朔俸給만 支給ᄒᆞᆫ故로 該官吏들이 統監府에 長書를 提出ᄒᆞ야 恩金을 請求ᄒᆞ얏다더라

●韓軍日治 韓國軍部가 廢止됨을 因ᄒᆞ야 韓國軍人軍屬의 犯罪事項은 日本軍法會議에셔 審判判決ᄒᆞᆫ다더라

●東拓의 定款改正 東洋拓殖會社ᄂᆞᆫ 金融部를 擴張ᄒᆞ야 資本의 半額을 融通케ᄒᆞ기로 定款을 改正ᄒᆞᆯ 必要가 有ᄒᆞ다고 大藏省과 交涉中이라더라

●農組中止 金允植의 道字金宗漢諸시가 發起設立ᄒᆞᆫ 農事組合所ᄂᆞᆫ 東拓會社에 土地를 典執圖償ᄒᆞ야 農業을 擴張ᄒᆞᆯ 目的이라ᄂᆞᆫᄃᆡ 同社에셔 慶南土地數石落만 典執給償ᄒᆞᆷ으로 資金이 不備ᄒᆞ야 仍히 中止되얏다더라

●尾園又開 日人增永之助等 三四人이 仲介事務所를 設始ᄒᆞ고 人民의 田畓文券을 東拓會社에 紹介典執ᄒᆞ야 價錢을 圖給ᄒᆞ고 口文을 得喫ᄒᆞᆫ다더라

●說國懇親 遊說團에셔 派送ᄒᆞᆫ 委員六拾名이 本日上午九時에 東門外塔洞僧房에 前往ᄒᆞ야 懇親會를 設行ᄒᆞᆫ다ᄂᆞᆫᄃᆡ 會費ᄂᆞᆫ 各其五十錢式收歛ᄒᆞᆫ다더라

●地方費實施 地方費를 實施ᄒᆞᆷ은 屢報어니와 議充今年에ᄂᆞᆫ 地稅附加、屠獸稅、市場稅、等을 徵收ᄒᆞᆯ터인ᄃᆡ 地稅附加ᄂᆞᆫ 百分五乃至拾ᄭᆞ지오 屠獸稅ᄂᆞᆫ 牛壹首에 壹圜以上이오 市場稅ᄂᆞᆫ 賣買額을 從ᄒᆞ야 定ᄒᆞ기로 하얏다더라

●防疫費支出 虎列剌를 預防키爲ᄒᆞ야 防疫費로 醫視廳에셔 金壹千五六百圜을 支出ᄒᆞ기로 豫定ᄒᆞ얏다더라

●蚕穴觀察 義城郡에 蚕穴이 有ᄒᆞᆫᄃᆡ 此ᄂᆞᆫ 蚕種을 貯置ᄒᆞᆷ에 必要ᄒᆞ다ᄒᆞ야 水原勸業模範場蚕業主任日本人이 觀察次로 발程ᄒᆞ얏다더라

●黑鉛日採 黑鉛은 韓國에 壹大利源되ᄂᆞᆫ 物品으로 慶尙平安咸鏡地方에 最히 多數産出ᄒᆞᄂᆞᆫᄃᆡ 韓人은 尙今採掘에 從事ᄒᆞᄂᆞᆫ 者ㅣ 無ᄒᆞ고 但日人들만 遍滿採得ᄒᆞ니 實로 可歎ᄒᆞᆯ 事라더라

●派官調査 寧遠陽德孟山等郡에 國有森林을 調査ᄒᆞ기爲ᄒᆞ야 農商工部에셔 韓日兩國官吏各壹名을 派送ᄒᆞᆫ다더라

●賣淫徵稅說 度支部게셔 警視廳에 交涉ᄒᆞ야 漢城內密賣淫女를 壹々調査ᄒᆞᆫ後 稅金을 徵收ᄒᆞ기로 規則을 磨鍊ᄒᆞᆫ다ᄂᆞᆫ 說이 有ᄒᆞ다더라

●柴馱徵稅 柴場淸潔組合所에셔 漢城五部內에 柴場五處를 設置ᄒᆞ고 柴馱에 貰金을 徵收ᄒᆞ기로 警視廳에 承認ᄒᆞ야 日間實施ᄒᆞᆫ다더라

●許氏出發 救世軍司令官許가시ᄂᆞᆫ 去십三日에 忠淸全羅方面을 巡回할 目的으로 出발ᄒᆞ얏다더라

●美國觀覽 日來滯在ᄒᆞ던 美國視察團一行七名은 去십三日早朝에 京城너를 巡覽ᄒᆞ고 同日午後四時에 仁川으로 向ᄒᆞ얏다더라

●事必歸正 信川郡獐川坪에 韓聚元시가 築보ᄒᆞᄂᆞᆫ 事件은 前報에 已揭ᄒᆞ어니와 韓시ᄂᆞᆫ 自己個人的所營이 아니오 一進會國民農業會社代表로 經營ᄒᆞᄂᆞᆫ 事인ᄃᆡ 該社에셔 民冤을 顧慮ᄒᆞᆷ인지 調査員을 派ᄒᆞ야 韓시等과 各土地所有者代表人諸氏가 日間會同ᄒᆞ야 談判을 지ᄒᆞᆯ나더라

●埠民稱怨 富寧淸津港居崔成氏가 該港埠頭都中에 委托ᄒᆞ야 木船에 裝載ᄒᆞᆫ 白炭을 下陸ᄒᆞᆫ後 運搬價가 所料보다 太高ᄒᆞ다ᄒᆞ야 靳持不給ᄒᆞᆷ으로 都中諸人이 該金을 推尋코져 互相詰難ᄒᆞ다가 崔氏를 毆手批頰ᄒᆞ얏ᄂᆞᆫᄃᆡ 崔氏가 官廳에 何樣呼訴ᄒᆞ얏ᄂᆞᆫ지 警察署及憲兵隊에셔 都中數拾人을 拘囚ᄒᆞ야 四五日에 決放이 無ᄒᆞᆷ으로 都中諸人의 怨聲이 浪藉ᄒᆞ다더라

●全南農况 全남沿岸農作은 豐作의 豫想이 確實ᄒᆞ다더라

●濫民騷擾 [illegible]濫郡地方으로 出沒ᄒᆞᄂᆞᆫ 義兵이 該郡城南面々長高욱에게 彈丸二萬발을 請求ᄒᆞᆷ으로 該面人民은 頗히 騷擾ᄒᆞ다더라

●宮城虎疫 虎疫이 愈愈猖獗ᄒᆞ야 昌德宮秘園人夫金學完도 虎疫에 罹ᄒᆞᆫ지라 宮中에셔 壹大消毒法을 施行ᄒᆞ얏다더라

●防疫注意 警視廳게셔 虎列剌를 豫防ᄒᆞ기 爲ᄒᆞ야 各醫師와 藥劑師藥舖에 命令ᄒᆞ야 吐瀉病及下痢症을 診斷或賣藥ᄒᆞᄂᆞᆫ 時ᄂᆞᆫ 即時警察署及巡査駐在所及派出所에 申告ᄒᆞ되 違反者ᄂᆞᆫ 十圜以內罰金又ᄂᆞᆫ 拾日以下拘留의 處ᄒᆞᆫ다더라

●北署指飭 北部警察署에셔ᄂᆞᆫ 虎疫을 豫防키 爲ᄒᆞ야 管너人民에게 申飭ᄒᆞ야 食料品을 審愼ᄒᆞ며 屋家너外를 淸潔케ᄒᆞ라ᄒᆞ얏다더라

●師範校停學 師範學校生徒鄭寅용氏가 虎列剌에 罹ᄒᆞ야 方今呻吟中인ᄃᆡ 同校에셔ᄂᆞᆫ 傳染을 慮ᄒᆞ야 再昨日부터 停學ᄒᆞ얏다더라

●女徒悽逝 近日漢城內虎疫이 流行ᄒᆞᆷ은 屢報어니와 日前北壯洞內四巨里等地居女學徒壹名도 罹病即逝ᄒᆞ얏다더라

●漢社汰員 漢城新報社에셔ᄂᆞᆫ 經費가 窘絀ᄒᆞ야 三昨日에 社員三拾餘名을 除汰ᄒᆞ얏다더라

●大東押收 海蔘威에셔 발行ᄒᆞᄂᆞᆫ 大東共報第六拾五六十六號ᄂᆞᆫ 治安妨害라ᄒᆞ야 內部에셔 발賣頒布를 禁止ᄒᆞ얏더라

●其人何人 日昨에 何許紳士가 京城孤兒院을 訪問ᄒᆞ고 金五圜을 寄付ᄒᆞ야 日當此換節ᄒᆞ야 孤兒의 衛生을 不可不注意니 麥糗와 茶를 貿得ᄒᆞ야 茶料를 作ᄒᆞ야 使之飲下케ᄒᆞ라ᄒᆞ고 姓名은 不吿ᄒᆞ고 去ᄒᆞ얏다더라

●靑年相戒 慶南東萊府沙下面平林洞居金聲濟姜錫中孫秀仁田在舜諸氏가 國家思想으로 靑年相戒會를 設立ᄒᆞ고 每週日壹次式討論演說會를 開ᄒᆞ야 知識을 交換ᄒᆞ며 文明을 唱導ᄒᆞ야 靑年의 志氣를 養成ᄒᆞ며 國家의 精神을 鼓發ᄒᆞ미 該동人民이 莫不稱頌ᄒᆞᆫ다더라

●姜씨熱心 東萊府平林동에 靑年相戒會를 設立ᄒᆞᆷ은 前項과 如ᄒᆞ거니와 該會副會長姜錫中氏ᄂᆞᆫ 該會의 財政困難을 慨嘆ᄒᆞ야 自家의 不贍ᄒᆞᆫ 産業으로 會中經費를 壹例擔用ᄒᆞᆫ다더라

●朴氏擔費 德源府元山港上里居主事朴昌倫氏ᄂᆞᆫ 該港民會設立에 對ᄒᆞ야 若干日새지 費用을 自擔ᄒᆞ얏다더라

●元山民會 咸南德源府元山港民會設立總會를 ᄒᆞ얏ᄂᆞᆫᄃᆡ 人民數千名이 團聚ᄒᆞ야 民會를 完全히 組織ᄒᆞ고 會長은 鄭亨赫氏로 副會長은 金履鉉氏로 選定ᄒᆞ얏다더라

●民會의 輿論 元山港民會를 組織ᄒᆞᆷ은 前報와 如ᄒᆞ거니와 元山은 關北의 殷盛地인너 居民의 程度가 漸次發展ᄒᆞᆷ은 國家幸福이라고 該港輿論이 有ᄒᆞ다더라

▲地方消息▼

▲去月廿二日平昌郡蓬坪面에셔 義兵十名이 日守備兵廿名과 衝突ᄒᆞ야 義兵은 二名이 戰死ᄒᆞ고 日兵은 壹名이 死ᄒᆞ얏다ᄒᆞ고

▲去月三十壹日平康郡高揷面에셔 義兵將金億石以下二拾六名이 日憲兵大兵과 衝突ᄒᆞ얏다더라

○東京電報○

◉韓學生入學試驗 中央幼年학校에 入학ᄒᆞᆫ 韓國학生은 目下數漢학의 試驗을 受ᄒᆞᆫ다더라

◉兵庫의 失火 昨夜午后七時二十分에 日本神戶市貿易商永田助太郞家에셔 失火ᄒᆞ야 附近竹細工商材木商以外拾七戶가 延燒되고 夜半十二時에야 鎭火되얏ᄂᆞᆫᄃᆡ 損害額은 約五千萬圜이라더라

○北京電報○ 拾五日발

◉吉林人反對 吉林의 淸人等은 吉林會寧間鐵道布設ᄒᆞ기로 ᄒᆞᆫ 淸日協約成立에 對ᄒᆞ야 猛烈히 反對運動을 開始ᄒᆞ얏ᄂᆞᆫᄃᆡ 其勢力이 泛濫키 難ᄒᆞᆫ지라 吉林出身으로 在北京人들은 是에 對ᄒᆞ야 密議中이라더라

○루더電報○

◉露國派兵說 露國은 淸日協約에 露國의 利益을 危殆케ᄒᆞᆫ다ᄒᆞ야 滿洲蒙古韓國境에 守備兵을 多大增派코저ᄒᆞᆫ다더라

以上拾五日發

▲社稷祭▼

心香生

▲西郊秋色已高ᄒᆞ야 戊土日이 도라오니 社稷壇에 告成코져 有司諸官모여든다 苦痛ᄒᆞ에 우리들도 有司를ᄯᅡ라가셔 一炷心香虔禱ᄒᆞ고 九曲肝腸ᄊᆞ인懷抱 壇前에 비러보셰

▲壹炷心香비나이다 우리聖祖檀君께셔 首邱山河開闢ᄒᆞ샤 四千餘載에 國家가 磐石又치굿셧던ᄃᆡ 二십世紀다々러셔 盤理難境무숨일가 神明께셔 黙佑ᄒᆞ샤 이國運을 挽回ᄒᆞ오

▲壹炷心香비나이다 太祖皇帝創業ᄒᆞ샤 漢陽城에 ᄃᆡ흘다거 社稷壇을 모신후에 五百餘年春秋節에 享祀誠禮깁헛ᄉᆞ니 靈應이 업슬손가 神明께셔 黙佑ᄒᆞ샤 이皇室을 興復ᄒᆞ오

▲壹炷心香비나이다 維新政治난然後에 國朝祀典抹殺ᄒᆞ야 存其豈다못되니 履霜ᄒᆞ면 堅氷至라 壇傍秋草荒凉ᄒᆞᆫ데 愁慘氣色웬일인가 神明께셔 黙佑ᄒᆞ샤 이社稷을 莫保ᄒᆞ오

▲壹炷心香비나이다 愚迷ᄒᆞᆫ 우리人生非禮이면 [illegible] 神明인들 非人이면 [illegible] ᄒᆞᆫ리神與人의 關係로 片時라도 背못ᄒᆞ나니 神明께셔 黙佑ᄒᆞ샤 이人民을 拯救ᄒᆞ오

▲너精誠이 至極ᄒᆞ면 ᄒᆞ나님도 感動ᄒᆞ고 너마음이 懇切ᄒᆞ면 明明ᄒᆞ신 照鑑이라 人事부터 닥고보면 天佑神助업슬소냐 어화우리 同胞들은 壹時警醒 [illegible] 各其努力ᄒᆞ다거보셰

廣告

本人京師洞金議官永鎭시宅庄土看檢與田답四票修整付送於楊州新川洪甲甫便矣路中見失於金興天爲名人內外國人勿爲覓效홈

安城外西面玉山坪鄭德三告白

登德郡守리允鍾시는在任四載에政治昭明白케호야人民이安堵호고학校에熱心호야青年을발達혼故로頌聲이載路혼데無故히辭職호야太小民人이壹齊히觀察道와願留홈

리豊稙 申졸儀 趙斗植
리鎬학 柳衡魯 리秀大
리得魯 朴炳文 閔泳華
리韻煥

本人이去陰七月십六日父親主承樂昇시名章과本人姓名章을서失故로茲以廣布호오니誰某拾得호시되勿施伏望

平安北道定州郡東州上壹里 承儀宗 告白

正三品陳公薰시以宿患本月拾四日(陰八月初壹日)上午壹時別世知舊弔照亮
子 麗鎬 子 庸석 次 澄석

◉本所에서第壹回醫業課業式을昨日擧行호얏는ᄃᆡ
優等生 尹炳晉 康文璟
白완基 崔存德 尹 濟
李 서 尹敦明 文昌奎
及第三 崔琪鎬 金栢澄諸시오
及第生 趙羲相 崔英來
梁在설 金孝根 吳成根
等拾五人이기廣佈홈
新興醫學講習所 白

◉學員募集廣告

本所에서夜學員을已爲募集호엿스나且今月三拾日ᄭ지學員을增募호오니入學志願人은卽速來臨入學호시옵

科程은拾三科
卒業期限 七個月

西部西大門內普成小學校內
新興農業講習所 白

本人이陰七月廿三日路上에서黑角에正刻혼圖章을서失호고更刻木篆圖章으로通用홈

順川新倉鄕學大根 告白

◉大減價販賣

製圖器測量器械製圖用紙各種
右壹千組限特別割引大放賣
釜山港本町三丁目近藤支店

本社에서在上海東洋烟艸大製造廠과專賣權을特約호고各種烟草直輸入호와各代理店에支出호오니 僉君子는愛顧호심을敬要

法韓黑紙烟壹匣廿五本具竹쨕
旗艦票壹匣廿本具紙쨕
囉叭標壹갑五本入
麗標壹갑십本入
虎標壹갑십本入
獅子標壹匣拾本入
國士標一匣十本入
法韓쉬잉金口紙一匣拾本入
法韓시오비金口紙一備百本入
本社외各代理店은左開홈
平壤代理人鄭基鎭
鳳산沙里院代理人韓爽鉉
太邱代理人金基鍊
京城鍾路代理人金濟性
京南大門內倉내代理人朴容圭
誰某든지各處에서代理店을經營코져호거든本社에來臨相議호시옵

京城石井동
法韓會社 告白

安山郡內面芝老坪鏡字六斗落과仝面釜谷列字二斗五升落訪遠堅당券 外城洞爲字六斗落洪榮鎬당券三張을崔仁淳이가典當자받다가本人의게任置호것을本人이日前河原의게韓置호얏더니陰七月에遺闕見失故로茲以廣布호오니內外國人照亮홈

南部誠明坊石中동 金鍾植白

新纂初等小學

[illegible] 合一圓○五錢 總頁數五百○八頁 各十錢
此書는幼年學生의初等教科書로 [illegible] 僉君子는 [illegible] 照亮호시옵
[illegible] 發賣所

國文句解 新纂尺牘 全
洋裝 一圓十錢 半洋 [illegible]

新撰 家庭尺牘
傍附諺字 二十五錢

問答大韓新地誌

[illegible] 校閱 安鍾和著述
定價금 廿五전

今에問答大韓新地誌는新刊호 普通教科에適用케編輯홈이니 多[illegible]

物理學初步

女子修身教科書

定價 [illegible]
本書는普通教育界에壹大指南으로簡明便易케著述홈이니壹般學界에多數需用[illegible]

國文初學

定價금 二拾錢
本書는女子教育界에壹大指南이될뿐이니라家庭間自習에尤極便易호오니有志僉彦은多數需用호시옵 [illegible]

普通教科算術書

定價금 [illegible]
今에新刊호算術書는幼蒙教科에適合호오니多數需用호심을望홈

高等小學算術書

定價금 二십錢
本書는幼年學生의覺得홈에便易케爲호야淺近호게著述호오니多用호심을望홈

定價금 二拾錢
本算術書는高等科에適用토록著述홈이니多數需用호심을望홈

獨習韓日會話

定價금 廿錢
本書는初次에獨習호기에便易토록著作홈이니多數購覽호심을望홈
發賣所 [illegible]
分賣所 京鄉各有名書舖

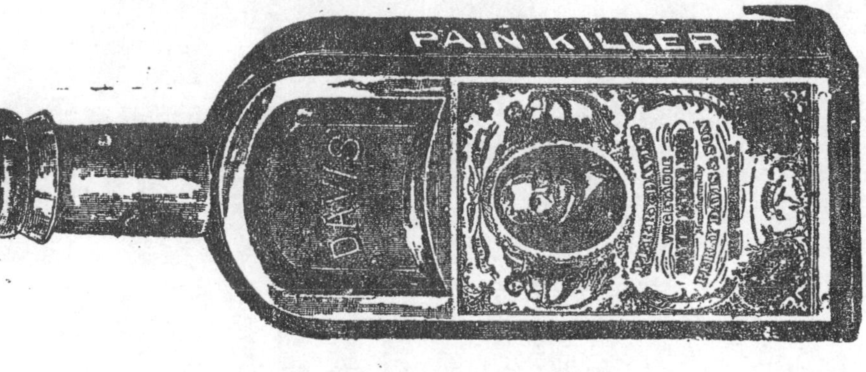

◉秘製止痛藥

此藥은美國에有名혼의학博士百里得未司氏의발明혼無雙혼靈藥이라美國에在혼該會社에서特爲派員호야此藥品을韓國內에廣佈호기를專托호옵는故로玆에不可辭호와茲에廣佈호옵는바左開諸症에外塗內服호면無不立效호다當此炎夏에尤極神效호와多救生命이오니藥業에從事하시ᄂ이와疾病을預防코ᄌ호시는이는速速來議호시면廉價로都賣호겟삽나이다

左開

▲內科所用▼
胃酸 腹瀉
吐瀉 食傷
咳嗽 不消化
肚滯 疹子
心痛 傷寒
肝病 肚痛
胃熱 痢疾
口內之瘡 咽痛
哮喘 腎病
小兒吐瀉 暑夏吐瀉
抽筋
瘧疾
嘔逆
胃氣痛
咽裡傷寒
痰痺
身手軟弱
黃病
[illegible]
氣管病
霍亂

▲外科所用▼
火疔창
寒창
跌打損傷
腰臂痛
[illegible]창
指甲疽
咽喉痛
蟲蛇刺咬
凍창
腦氣筋痛
癬

▲發賣所磚洞 韓美興藥株式會社事務所

本舖京西小門外[illegible] 閔宮 民[illegible] 告白

[illegible] 分壹圓二십錢
拔根膏 [illegible] 大匣三[illegible]
咳血散 [illegible] 金二十錢
[illegible]積丸 [illegible] 二십錢
[illegible]黃丸 [illegible] 定價금六十錢
[illegible]液 [illegible] 金四십錢
疥창散 乾濕疥창皮풍 定價金五十錢
[illegible]에계신 [illegible] 遠地에는郵便小包로[illegible]

廣告

◎[illegible]員募集廣告

本[illegible]에셔秋期에壹學年及預備科學員을增募ᄒᆞ오니志願人은左開에依ᄒᆞ야九月貳十日內로請願書를提呈ᄒᆞ시옴

一 入學年齡 壹學年第六歲以上、預備科拾五歲以上

一 試驗日字 ᄂᆞᆫ九月二十[illegible]日

一 試驗科目 壹學年에ᄂᆞᆫ讀書、作文、算術(分數四則以內)、本國地誌、歷史、理化、博物、體格

預備科에ᄂᆞᆫ讀書、作文、算術(四則以內)、本國地誌歷史大要、體格

一 開學日字 九月貳拾五日

但[illegible]學生은九月[illegible]五日

一 入學資金 入學金壹圜

[illegible]

隆熙二年九月 日

[illegible]私立[illegible]學校

[illegible]

某人[illegible]祖[illegible]業[illegible]從兄弟[illegible]父任命[illegible]錢財與衣服庄土[illegible]賭租[illegible]百餘石[illegible]給[illegible]庄土[illegible]京鄉[illegible]僞造[illegible]

[illegible]

各種藥品을總發行所[illegible]

藥商의게ᄂᆞᆫ特減大賣홈

官許

隆熙元年에內部[illegible]

清心保命丹

發行所 漢城南大門內 濟生堂大藥房

蔘茸大補元

蛔積殺虫散

起死回生 回生丹

久滯大通丸

感氣特效 解熱散

寸虫沒出藥

去瘀生新 沃度膏

듸눈拔根藥

特製百應膏

止足汗臭藥

共他有名賣藥洋藥各種卸賣散賣

遠地에[illegible]

各種東西洋藥과韓國唐草材大發賣[illegible]和平堂藥房

藥商의게ᄂᆞᆫ特減大賣홈

官許

[illegible]

主治

[illegible]

◉共愛堂大藥房製造各種藥品發行表

壯陽復元丹 [illegible] 八錢分大劑ᄉ十錢

清耳液 [illegible]

良藥消化 靈丹 [illegible]

清脾丸 [illegible]

眼科聖藥 清眼水 [illegible]

消熱散 [illegible]

解瘧至寶丸 [illegible]

小兒濟命散 [illegible]

專治 通淋丸 [illegible]

疾痢散 [illegible]

皮膚神藥 靈効液 [illegible]

止泄丸 [illegible]

久滯神效 養胃散 [illegible]

蛔積散 [illegible]

治痰鎭咳丸 [illegible]

能治 齒痛水 [illegible]

解凝膏 [illegible]

精選家庭[illegible]方

[illegible]學校教官 朴容[illegible]

全壹冊 定價[illegible]

發賣所[illegible]十九統七戶

共[illegible]房

各處支店特約所

學部檢定 [illegible]東歷史 定價[illegible]

[illegible]

[illegible]著 金泰[illegible] 發[illegible]

價定金二十五錢

[illegible]部[illegible]洞十九統九戶 同文[illegible]

京鄉各有名[illegible]

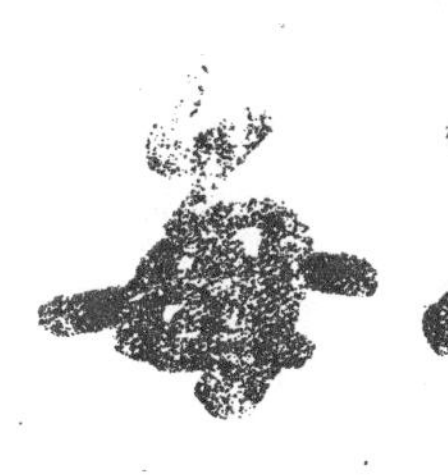

第千貳百九拾九號

大韓每日申報

第七卷

月曜及慶節日隨時休刊

檀君開國四千二百[illegible]年 箕子元年三千三十一年 大韓開國五百十八年 隆熙三年 [illegible] 日本明治四十二年 [illegible]

Responsible for Publication Alfred Weekley Marnham.

發行兼編輯人 英國人 萬咸 發行所 [illegible] 大韓每日申報社

論說

◉分院沙器에 就ᄒᆞᆫ 一論

(其歷史及現狀)
(과將來의歷史)

韓國의萬般學藝가皆進化ᄒᆞᆫ上의反比例를成ᄒᆞ야古를據ᄒᆞ고今을觀ᄒᆞ면後人이산然ᄒᆞ도다[illegible]發ᄒᆞ나卽陶器製造藝術等이[illegible]其一例라

即今에[illegible]古昔殿石을[illegible]向ᄒᆞ야幾處에발掘ᄒᆞ야試ᄒᆞ야三國及勝朝時代의磁器를發見ᄒᆞ면其品의[illegible]ᄒᆞ며其制의精緻홈이비록目下二十世紀의明[illegible]발達된後泰西洋各國의藝術品으로도往々幾步를可讓ᄒᆞᆯ지라多[illegible]ᄒᆞ니嗚乎라數千年前韓人의祖先은其才思가何其如彼히壯ᄒᆞ며數千年後子孫되ᄂᆞᆫ韓人은其墮落이何其如此히深ᄒᆞ뇨君子ㅣ分院沙器의歷史를執ᄒᆞ야其盛衰消長의因果를究ᄒᆞ야[illegible]가民賊의禍毒의至毒홈을猛驚ᄒᆞᆯ비로다

盖分院沙器ᄂᆞᆫ距今數百年前에至ᄒᆞ야古來의名譽를保有ᄒᆞ얏던[illegible]러니世級이日降ᄒᆞ사록夜又[illegible]의害毒이益々ᄒᆞᆫ此沙器業界에侵入ᄒᆞ야沙器가其店에[illegible]幾個ᄒᆞᆫ대[illegible]大臣家에[illegible]幾[illegible]을奪去ᄒᆞ며宮闈臣家에[illegible]幾百을奪去ᄒᆞ야沙器가愈良ᄒᆞᆯ사록剝奪이愈酷ᄒᆞ니噫라匹夫가何罪오懷璧이其罪로다於是乎一般陶工者의蓄積研究ᄒᆞᆫ바

何故로此沙器를粗惡케ᄒᆞ얏ᄂᆞ뇨ᄒᆞ면何故로此沙器ᄂᆞᆫ苦痛[illegible]ᄒᆞ야[illegible]誅求를圖免ᄒᆞ더니益自此로政府財虎狼의貪[illegible]은이제[illegible]沙器[illegible]墜落的慘境에陷[illegible]雖然이나今[illegible]至[illegible]

其結果로國權과民氣가[illegible]陷ᄒᆞ되미彼政府財虎狼도其譏埜[illegible]威嚴을[illegible]失ᄒᆞ고眼[illegible]政治家들[illegible]閃[illegible]利源[illegible]全國各地[illegible]沙器에[illegible]此分院沙器[illegible]원料土取用의地點을[illegible]覽[illegible]登[illegible]ᄒᆞ얏도다

吾儕ᄂᆞᆫ[illegible]ᄒᆞ야此種源[illegible]韓人이晏然히保守하며[illegible]발展[illegible]可ᄒᆞᆯ矣[illegible]然이나今者累次調査ᄒᆞᆫ日人의目에遍照ᄒᆞᆫ비니萬般秘密을何益[illegible]有ᄒᆞ리오茲에其歷史와現狀을略掲ᄒᆞ노니讀者는[illegible]에

(一)原料土取用地。 已往에ᄂᆞᆫ原料土를江原道양口郡에셔取ᄒᆞ야分院으로移ᄒᆞ니分院은前[illegible]分院에屬ᄒᆞᆫ故로得名ᄒᆞᆫ바오今二百年前에燃料欠乏ᄒᆞᆫ因ᄒᆞ야距五里許(分院)으로移ᄒᆞ얏[illegible]距[illegible]想ᄒᆞᆫ以[illegible]其後에金砂洞(分院[illegible])得ᄒᆞᆫ[illegible]太畧[illegible]百年[illegible]物[illegible]今其[illegible]에往々其破器片을[illegible]器(高麗磁器)를製ᄒᆞᆫ[illegible]ᄂᆞᆫ대現器[illegible]製[illegible]右岸에ᄂᆞᆫ雕刻形沙[illegible]寵[illegible]設ᄒᆞ야左岸에ᄂᆞᆫ[illegible]沙音坊分院距[illegible]里許)[illegible]川[illegible]

(二)寵[illegible]의變遷。 古代[illegible]

現狀을略掲ᄒᆞ노니感[illegible]ᄒᆞᆯ지어다

何益[illegible]

[illegible]閉倒[illegible]境[illegible]外人이此를察[illegible]占ᄒᆞ며彼[illegible]次[illegible]占ᄒᆞᆯ[illegible]다시我의[illegible]되[illegible]望이오我[illegible]失[illegible]此競爭猛潮下의[illegible]死[illegible]이니嗟乎라韓國人이여汲々히불憤ᄒᆞ야已閉ᄒᆞᆫ業을亟興ᄒᆞᆯ지어다[illegible]獨히分院居人의게만望ᄒᆞᆯ비아니라[illegible]實業家가發[illegible]ᄒᆞ야[illegible]力ᄒᆞ며其人이有ᄒᆞ면獨力으로經營ᄒᆞ도可ᄒᆞ며否則衆力을合ᄒᆞ야此를成就ᄒᆞᆫ[illegible]아모쬬록外人에게先鞭을被奪치말게ᄒᆞᆯ지어다

挽近의平壤々器[illegible]現ᄒᆞ며[illegible]其製造[illegible]歡迎ᄒᆞ며其輸出[illegible]仔待ᄒᆞ나[illegible]々志士ᄂᆞᆫ亟々[illegible]此分院々器도발展케ᄒᆞ야[illegible]北兩大々器店이鼎峙ᄒᆞ야韓國工藝의價値를世界의발揮ᄒᆞᆯ지어다

[illegible]이에[illegible]從ᄒᆞ야[illegible]近來에と廣州[illegible]取用ᄒᆞ며[illegible]梧琴[illegible]取用ᄒᆞ며石灰ᄂᆞᆫ廣州[illegible]松坂의셔[illegible]分을含有ᄒᆞᆫ[illegible]普通[illegible]用[illegible]器類[illegible]製[illegible]良好ᄒᆞ도다

(二)其興廢。 其漸々衰退ᄒᆞᆫ原因[illegible]級[illegible]陳ᄒᆞ얏거니와今[illegible]至ᄒᆞ야[illegible]全혀閉業의至ᄒᆞ얏ᄂᆞ니[illegible]卽今衆[illegible]其國先[illegible]遺傳ᄒᆞᆫ[illegible]就ᄒᆞ야[illegible]蹶起[illegible]韓國人이며[illegible]業의[illegible]姑舍[illegible]反히日退ᄒᆞ야[illegible]末乃閉倒의極至ᄒᆞ니엇지慨歎ᄒᆞᆯ비아니리오然ᄒᆞ나古者[illegible]閉倒ᄒᆞᆫ[illegible]의至[illegible]以後[illegible]又或[illegible]興치못[illegible]粗惡[illegible]足히自[illegible]保[illegible]至[illegible]登[illegible]

外報

◉紙幣許 淸國新聞은淸日協約을[illegible]ᄒᆞ야日[illegible]利權[illegible]

◉[illegible]貨 北淸滿洲方面에[illegible]日貨排斥[illegible]風說[illegible]

◉漸長ᄒᆞ[illegible]

◉[illegible]시重病 東京[illegible]淸國[illegible]之洞시[illegible]重病[illegible]罹ᄒᆞ얏다더라

◉露國政府要求 全[illegible]露國政府ᄂᆞᆫ蒙古塔津[illegible]더해參威尼[illegible]里[illegible]克[illegible]ᄂᆞᆫ鐵道數[illegible]權을消[illegible]要求ᄒᆞᆫ다ᄂᆞᆫ說이[illegible]다더라

◉北極占領 [illegible]極探險[illegible]비아리ㅣ大佐ᄂᆞᆫ公[illegible]美國[illegible]軍國[illegible]省[illegible]國旗를北極[illegible]立[illegible]占領[illegible]

◉[illegible]戶火災 [illegible]神戶市의火災ᄂᆞᆫ其時延燒된家屋이三百戶에達ᄒᆞ얏다더라

學界

◉文倅獎學 [illegible]川郡守徐廷叔씨ᄂᆞᆫ在任當[illegible]民을晚[illegible]ᄒᆞ야晝夜[illegible]多[illegible]ᄒᆞ고대[illegible]內公立學校[illegible]經[illegible]으로俸祿을先貸ᄒᆞ야經費를[illegible]用케ᄒᆞ고石版과燈油를[illegible]補助ᄒᆞ야熱心勸奬[illegible]다더라

詞藻

◉누가敢히 知我生

白頭山[illegible]々峰에、飄[illegible]을너보니。山林은萬疊이오、沃野는三千里라。두어라、四千餘年우리江山、누가敢히。

雜報

●恩優渥 太皇帝陛下께옵서漢城明女學校에學業을勸奬ᄒᆞ시기爲ᄒᆞ야金貨三百圜과鉛筆一百打를再昨日에 下賜ᄒᆞ옵셧다더라

●御眞下賜 皇后陛下께옵서養蚕ᄒᆞ실時의供職ᄒᆞ던韓日人女官吏의게勤勞를酬ᄒᆞ시기爲ᄒᆞ사同 陛下의養蚕ᄒᆞ시던御寫眞을撮出ᄒᆞ야各一本式下賜ᄒᆞ신다더라

●入港後陛見 英國東洋艦隊旗艦사론홀스르及同巡洋艦알드나號ᄂᆞᆫ來二十三日仁川港에着ᄒᆞᆫ다ᄂᆞᆫ데艦隊旗艦장은入港ᄒᆞᆫ翌日에韓 皇帝陛下께 謁見ᄒᆞᆫ다더라

●因病未面 過日에來韓ᄒᆞᆫ美國外國傳道會社幹事사라운서와及장老敎宣敎師元杜尤奇登골이스三시까同伴ᄒᆞ야曾彌統監을其官邸에訪問ᄒᆞ얏스나統監은吟啼中이라ᄒᆞ야면會치못ᄒᆞ얏다더라

●學相設宴 日本留학生監督申海永氏가日間歸程還任ᄒᆞᆯ터이라ᄂᆞᆫ데學部大臣李載崑氏가本日下午六時三拾分에其累館에서晩餐會를設ᄒᆞ고申氏及同部各官을請待ᄒᆞᆫ다더라

●拓社出張 東拓會社에서ᄂᆞᆫ驛方驛屯土引繼件을調査ᄒᆞ기爲ᄒᆞ야載寧及扇山浦等地의出張所를設置ᄒᆞᆫ다더라

●冊子移儲 江華郡鼎足山城史庫에積置ᄒᆞ얏던冊子를今春에運輸ᄒᆞ야京城북關비空閣에儲置ᄒᆞ얏더니近日비閣에서主事壹人을派送ᄒᆞ야該冊子를壹々調査ᄒᆞ야更히康寧殿에儲置ᄒᆞᆫ다더라

●會計規則발佈 內部와度支部에서議定ᄒᆞᆫ地方費會計規則은近近脫稿되야발佈된다더라

●留學生採用 학部의서今回日本留학卒業生을官吏로採用ᄒᆞ라고각部에交涉ᄒᆞ얏다더라

●人稼俱痒 平安北道에ᄂᆞᆫ農作物의虫害가既甚ᄒᆞ고尙且虎列刺도流行ᄒᆞᄂᆞᆫ故로今年開催ᄒᆞᆯ各郡守會議를廢止ᄒᆞ고其費用으로該管內를巡視ᄒᆞ야蟲害及惡疫의預防을勵行ᄒᆞ기로ᄒᆞ얏다더라

●日技手出發 農商工部山林局技手日人[illegible]名은江原道山林調査次로又壹名은平安南道山林調査次로昨日出發ᄒᆞ얏다더라

●醫師偶論 近日虎疫이愈々蔓延홈은壹般共知어니와此에對ᄒᆞ야醫視廳에서豫防方法을告諭ᄒᆞ얏ᄂᆞᆫ데飲料水ᄂᆞᆫ煮沸ᄒᆞ를勿ᄒᆞ며廚具器皿洗滌及含漱洗面等에淨水를用ᄒᆞ며羽虫類中에蠅이特別有害ᄒᆞ니此를注意驅除ᄒᆞ며未熟ᄒᆞᆫ果物과腐敗ᄒᆞᆫ食物을勿食ᄒᆞ며魚類蔬菜等을必煮熟供食ᄒᆞ며暴飮暴食及過力의勞動과露腹冷寢等事를審愼警省ᄒᆞ라ᄒᆞ얏더라

●宮中防疫委員 昌德宮에서ᄂᆞᆫ虎列刺를豫防消毒키爲ᄒᆞ야今日의防疫委員會를設立ᄒᆞ얏다더라

●宮中消毒 昌德宮內에서ᄂᆞᆫ消毒淸潔ᄒᆞ기爲ᄒᆞ야昨日부터宮中에身體淸潔ᄒᆞ고衣服鮮明ᄒᆞᆫ이만出入케ᄒᆞᆫ다더라

●消毒物支給 人民들의家屋내外에消毒ᄒᆞᆯ處가有ᄒᆞ야所管警察署에請求ᄒᆞ면石灰을多少間支給ᄒᆞᆫ다더라

●淸領增設 韓政府ᄂᆞᆫ從前에淸津港을開放ᄒᆞ야南島及芝春地方의幹出入貨物에免稅를行ᄒᆞ야同港의발興을期ᄒᆞ미同港에淸商의來住도逐次增加ᄒᆞ겟ᄂᆞᆫ故로淸國政府ᄂᆞᆫ同港에領事館을增設ᄒᆞᆫ다더라

●韓人之故歟 各地方人民이森林及礦山及漁基를承認次로農商工部에請願者가多數ᄒᆞᆫ데該部에서多月延拖ᄒᆞ고認可ᄒᆞᆫ無ᄒᆞᆫ故로人民等은旅費에困難이莫甚ᄒᆞ다더라

●國民演說 日本에渡往ᄒᆞ얏던觀光國民安升玉氏가人民을勸諭次로三和港에到着ᄒᆞ얏ᄂᆞᆫ데[illegible]及港民을會合ᄒᆞ야去十二日日本義會議所에서演說會를開ᄒᆞ얏스나會衆은五六拾人에不過ᄒᆞ얏고同府尹이又商業所에勸告ᄒᆞ야安氏의歡迎會를開催ᄒᆞ랴ᄒᆞ더니商業會議所에서ᄂᆞᆫ會議를經치안코歡迎을決홈이不可ᄒᆞ다ᄒᆞ여個人的私式으로歡迎ᄒᆞ기로ᄒᆞ고酒肴와樓等에서饗ᄒᆞ얏ᄂᆞᆫ데又酒會를請邀ᄒᆞᆫ時에府尹이又强請ᄒᆞ기를個人的款待ᄒᆞ도會社에서發行홈이爲好ᄒᆞ다ᄒᆞ야已從所請施行ᄒᆞ얏ᄂᆞᆫ데會社에妓樂을設ᄒᆞ야市에서[illegible]ᄒᆞ니來去人들은唾罵ᄒᆞ야不絶ᄒᆞ얏다더라

●龍日奈何 觀光國民安升玉氏가三和港에서演說ᄒᆞ던狀況은別項에知ᄒᆞ거니와安시가自己의演說狀況을報界에廣布코저ᄒᆞ야演辭를起草ᄒᆞ얏ᄂᆞᆫ데各學生은傍聽이初無ᄒᆞ고今初來ᄒᆞᆫ이만ᄒᆞ얏다ᄒᆞ고社會에서歡迎이初無ᄒᆞ고旣會假飾으로歡迎ᄒᆞ얏다ᄒᆞ고學校任員이初不參聽ᄒᆞ고숨(一金柄珣崔亨湜兩氏만參人的私行으로參觀而已)壹光三崇五星諸校任員諸氏가同參歡迎ᄒᆞ얏다記錄ᄒᆞ야各新聞社에送付ᄒᆞ얏다더라

●盤松有香 韓美興業株式會社義州代理店에서製烟葉을開設ᄒᆞ고嫻熟ᄒᆞᆫ工人을雇聘ᄒᆞ여本月十日부터製造에着手ᄒᆞ고名稱은盤松이라ᄒᆞ얏ᄂᆞᆫ데品質味香ᄒᆞ고價亦廉歇홈으로發售ᄒᆞ고擴張ᄒᆞᆯ터이라더라

●佛書續刊 日本人金尾文郞이가陜川海印寺에積置ᄒᆞ얏던八萬大藏經을續刊次로宮內府에請願承認ᄒᆞ얏다더라

●美報續刊 美國人奇壹氏가발刊ᄒᆞ던耶蘇敎新聞은財政이窘拙ᄒᆞ야停刊ᄒᆞ얏더니資金二千餘圜을更히鳩聚ᄒᆞ야繼續발刊ᄒᆞᆫ다더라

●兩偵又田 洪州郡守[illegible]의前任官鄕某ᄂᆞᆫ近日某處로偵探을圖得ᄒᆞ야無根ᄒᆞᆫ說을得聞ᄒᆞ면有無罪를不問ᄒᆞ고捕縛去홈으로横厄에罹ᄒᆞᄂᆞᆫ者가比々有之ᄒᆞ다더라

●畢竟起訴 趙樂甲李奎鎔兩氏가明晉相關으로起訴된은人所共知어니와來貳拾日부터裁判을開始ᄒᆞᆫ다더라

●西鮮組戒 咸興郡有志紳士曺喜林等諸氏가발起ᄒᆞ야日新會를組織ᄒᆞ야民知를발達ᄒᆞ며同胞를親愛ᄒᆞ기로目的을立ᄒᆞ고爲先酒色技草等切身ᄒᆞᆫ弊複을斷絶ᄒᆞ기로各其決心ᄒᆞ고趣旨書를發布ᄒᆞ얏다더라

●大東押收 大韓每日申報에ᄂᆞᆫ大東共報第大십七號ᄂᆞᆫ治安妨害라ᄒᆞ야內部에서發賣頒布를禁止ᄒᆞ얏다더라

●挾雜就縛 西部倭爲名人이財政監督局主事라假稱ᄒᆞ고人民의錢財를敷取ᄒᆞᆫ事가綻露되야監獄署에捉囚ᄒᆞ얏ᄂᆞᆫ데昨日京城地方裁判所에서審理ᄒᆞ얏ᄂᆞᆫ데對ᄒᆞ야社稷署典祀補申錫麟氏를證據人으로招待質問ᄒᆞ얏다더라

●主良僕賢 牙山郡靈西面官淸里居鄭昌燮氏가奴僕等을招諭ᄒᆞ여日天生烝民에各其平等權이有ᄒᆞ거니人의束縛을受ᄒᆞ미不可ᄒᆞ다ᄒᆞ고奴婢文券을出給ᄒᆞ야使之自由生活케ᄒᆞ얏ᄂᆞᆫ데奴僕等은該시의厚誼를難忘ᄒᆞ야近處에서營業ᄒᆞ고生ᄒᆞ면서該시의恩德을對ᄒᆞ야칭頌ᄒᆞᆫ다더라

●醫師免官 서署醫部채敎默氏가恐喝取財ᄒᆞ야犯ᄒᆞ고警視廳에被捉ᄒᆞᆫ은已報어니와旣히審査를終ᄒᆞ야免官ᄒᆞ얏다더라

●誘人窃金 平北博川郡에서면居ᄒᆞᄂᆞᆫ禹贊浩爲名人이龍川郡楊市에逗留ᄒᆞ다가該市居文秉鎬시의末成年者를誘引ᄒᆞ야金數百圜을窃得ᄒᆞ고이兒와並與ᄒᆞ야走ᄒᆞᆫ故로其兄文道敬시가探索次로上京ᄒᆞ얏스나蹤跡이杳然ᄒᆞ야方且追跡에彷徨ᄒᆞᆫ다더라

●派巡探義 長湍郡義兵을偵探ᄒᆞ기爲ᄒᆞ야警視廳의서巡査三名日巡査補名을再昨日當地로派送ᄒᆞ얏다더라

●芝罘虎疫 淸國芝罘港에ᄂᆞᆫ七週ᄂᆞᆫ以來로虎列刺에罹ᄒᆞᆫ者가就千人에達ᄒᆞ얏ᄂᆞᆫ데全港方에서輸入ᄒᆞᄂᆞᆫ果物은勿論이오壹般支那人의販賣ᄒᆞᄂᆞᆫ果物도危險홈을慮ᄒᆞᆯ가有ᄒᆞ니拾分注意ᄒᆞᆯ이可ᄒᆞ다ᄒᆞ얏더라

●虎疫調査數 韓國의虎疫이본年以來로罹患者가總計二百二십二名中에韓人은壹百八拾頭이오日人은二十八名이오淸人은拾名이오死亡者ᄂᆞᆫ百二名中에韓人이八십餘名이오日人이四名이오淸人은七名이라더라

●官吏停職 北部齋洞에서人民壹名이主列刺에致死ᄒᆞ얏ᄂᆞᆫ바此를因하야該洞에在ᄒᆞᆫ官立普通學校에서ᄂᆞᆫ再昨日부터休학하얏다더라

●剿除益殺 本月三日頃에日人討伐隊八十餘名이영岩綾州界에서無罪ᄒᆞᆫ農民三名과里長二名과婦女壹名을砲殺ᄒᆞᆫ故로該地民怨이漲天ᄒᆞᆫ다더라

●兩氏慘命 江原道蔚川郡摩底居權전泳氏ᄂᆞᆫ年今二십壹歲에才性이聰敏ᄒᆞ고學問이夙就ᄒᆞ야書[illegible]에聲譽가頗著ᄒᆞ더니陰六月分에其隣居[illegible]典洛氏를同伴ᄒᆞ야音谷郡地方에서山林을測量ᄒᆞ고同月九日에海店에投宿ᄒᆞᆫ데義兵數십名이半夜突入ᄒᆞ야히兩氏를結縛ᄒᆞ야削髮ᄒᆞ執탈ᄒᆞ고鎗刀로亂刺ᄒᆞ야當場殺害ᄒᆞ얏ᄂᆞᆫ데其爺嬢의號哭之聲은慘不忍聞이라더라

●義殺日人 陰六月九日夜에江原道音谷郡新邑店에義兵數十名이突入ᄒᆞ야店舍에投宿ᄒᆞᆫ日人壹名을殺害ᄒᆞ얏다더라

●此舊種々 去拾三日夜에强盜八名이[illegible]內居侍從[illegible]家에突入ᄒᆞ야家人을結縛ᄒᆞ고家藏汁物을沒數奪去ᄒᆞ얏다더라

●□犯被逃 殺人犯日人相賀勝豊郞은日昨銅峴分署에被捉ᄒᆞ엿다더라

●賊黨何多 强盜五名이再昨日下午八時頃에凶器를携帶ᄒᆞ고驪興勝元시家에突入ᄒᆞ야家主人을威脅ᄒᆞ고數百圜價値되ᄂᆞᆫ物品을奪取ᄒᆞ얏다더라

●畿湖開會 畿湖興학會에서本日下午二時에通常總會를開ᄒᆞ고重要業務를處理ᄒᆞᄂᆞᆫ데該會員이多數出席ᄒᆞ기를希望ᄒᆞ다더라

○東京電報○

◎政友會의殺風景

日本政友會本部에서同會紀念大會를開ᄒᆞ얏ᄂᆞᆫ데同會所屬壯士川上行義(年五拾四)와同壯士田屋豊松이가大爭論을ᄒᆞ야가川上이가刀를拔ᄒᆞ야田屋을刺殺ᄒᆞ얏다더라 拾五日발

忠言逆耳

△國人壯者勿論ᄒᆞ고吸吸論敵ᄒᆞ며笑之疾之已甚貨노업고敢逃還者勸勉ᄒᆞ야統計選說바랍인ᄯᆞ牛耳誦敎답々ᄒᆞ야塑爲至三皆ᄒᆞ노라

△[illegible]人[illegible]陷在ᄒᆞ야[illegible]의心術이오

△沿海邊에漁業者[illegible]人을爲ᄒᆞᆫ[illegible]의心術이오

▲[illegible]에驛屯土를牟히遺漏업자ᄒᆞ고拓殖社로歸ᄒᆞ야先王遺業을[illegible]讓渡ᄒᆞ야[illegible]의心術이오

△[illegible]測量法으로[illegible]限에迫[illegible]地도不[illegible]方官의心術이오

△自立도[illegible]君을향ᄒᆞ야忠言逆耳利於行古人格言[illegible]議錄두려업미[illegible]論駁을노여말고[illegible]다選吾踊者是耶[illegible]

房 標 本舖 ... 閔宮 閔 갑 告白

營 ... 散賣拾錢

◉特別社告

本報第二面末欄에揭載ᄒᆞᄂᆞᆫ評論은今에同胞諸君子의識見을交換發揮키爲ᄒᆞ야募集을開始ᄒᆞ오니有志ᄒᆞᆫ신人ᄉᆞᄂᆞᆫ各其思想을融通ᄒᆞ야陸續製送ᄒᆞ시요 評論續載ᄂᆞᆫ本報에已揭ᄒᆞᆫ者와同意케ᄒᆞ기를要홈 評論三枚를逐募掲載ᄒᆞ면本報를無料로壹朔送呈ᄒᆞ야厚意를謝ᄒᆞᆯ지옴 評論을製送ᄒᆞ시ᄂᆞᆫ諸氏ᄂᆞᆫ住所를詳記ᄒᆞ야本社編輯室로致付ᄒᆞ시옴

大韓每日申報社

廣告

安山郡內面芝沼坪張字六斗落과仝面釜谷列字貳斗五升落御票와漢聲發券三張과高陽求知道面郊城洞爲字六斗落漢藥鎬發券三張을仁濟에게與當자박ᄒᆞ가本人의게任置ᄒᆞᆫ것을本人이日人河原의게轉置ᄒᆞ얏더니陰七月에逢賊ᄒᆞ야失故로玆以廣佈ᄒᆞ오니內外國人照亮홈

南部誠明坊石中洞 全雲植 白

慶北善山郡坪城面ᄋᆡ星寺居金漕暋이가簡同雜類ᄒᆞ야濫發先塚ᄒᆞ고猶以不足ᄒᆞ야宗孫이라稱ᄒᆞ고坪城面高巖所在宗中先山全局을方欲盜賣ᄒᆞ오니內外國人은須勿買取홈

善山郡坪城面 洞 金燮惠 金載顯 白

本人의牟篆鮏名圖章을陰七月二拾七日에城內南門外에서紛失이오니知舊間照亮ᄒᆞ시옴

義州古郡面土橋洞金학濟 告白

◉大減價販賣

製圖器械와器械製圖用紙名種을千組限特別割引大放賣

釜山港本町二丁目近藤支店

◉咸興日新會趣旨書

我國今日社會에腐敗ᄒᆞᆫ病源이豈貳에止ᄒᆞ리오마ᄂᆞᆫ至ᄒᆞ얏거니와活國大手段은抱持ᄒᆞᆫ者가現局을從容診察ᄒᆞᆫ즉一般人民이末流下宮病에罹ᄒᆞ야上天의賦與ᄒᆞ신良知를都喪ᄒᆞ며血族의關係잇ᄂᆞᆫ同胞을相虐ᄒᆞᄂᆞᆫ重大病根에不過ᄒᆞᆫ지라然ᄒᆞ즉今日社會의習慣을改良코ᄌᆞᄒᆞᆫ즉不得不壹般同胞로ᄒᆞ야금純然ᄒᆞᆫ良知를回復케ᄒᆞ며同種의血族을相愛케ᄒᆞᆯ이緊要ᄒᆞᆫ注意ᄒᆞᆫ者ㅣ니其簡單敏速ᄒᆞᆫ良劑ᄂᆞᆫ敬天愛人四字에在ᄒᆞᆯ도다今에如此히良好ᄒᆞᆫ敬天愛人의大劑를試코ᄌᆞᄒᆞᆯ際에爲先病毒의元氣를排ᄒᆞ며精神을新爽케ᄒᆞᆯ然後에야酔敎外有ᄒᆞᆯ지라必其先損ᄒᆞᆯ者ᄂᆞᆫ伐性의狂藥되ᄂᆞᆫ酒을禁斷ᄒᆞ며壽命을害ᄒᆞᄂᆞᆫ色을遏絕ᄒᆞ며氣血을耗損케ᄒᆞᄂᆞᆫ烟草와牧奴의賤戲되ᄂᆞᆫ雜技를並斥謝ᄒᆞ면于是에元氣가充實ᄒᆞ고精神이完全ᄒᆞ야回生의景脈이始至ᄒᆞᆯ지라日敬天曰愛人의至訣을此時에可以始言ᄒᆞᆯ만ᄒᆞ고次第로敬天의至誠과愛人의至情이深切히腦髓에貫徹ᄒᆞ면民權自由도此中에서生ᄒᆞᆯ지오國脉力도此中에서生ᄒᆞᆯ지오前過를悔改ᄒᆞ고獻身ᄒᆞᆯ能力도此中에서生ᄒᆞᆯ지니如此ᄒᆞᆫ境遇에야國家와社會의維持與否ᄂᆞᆫ別論을不待ᄒᆞᆯ지로다所以로本人等이會를發起ᄒᆞ야各其自新ᄒᆞᆯ意로會名은日新이라命名ᄒᆞ고酒色技草四病根을先自禁斷ᄒᆞ며敬天愛人의誠心을懇篤히ᄒᆞᆯ目的으로趣旨書를並ᄒᆞ야佈ᄒᆞ오니凡我有志同胞ᄂᆞᆫ幸賜同意ᄒᆞ심을千萬切望

發起人 曾喜林 等 告白

大韓專賣特許鷲帽子登錄商票

學校用教科冊과社會用書籍이無不俱備홈

商標 登錄

례복모ᄌᆞ 禮帽

중산모자 中山帽

중절모자 中折帽

무인모자 婦人帽

미리견모자 米利堅帽

학도모자 學徒帽

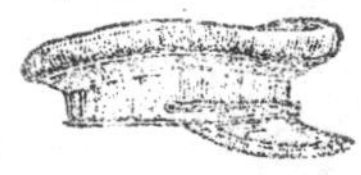

조타모자 鳥打帽

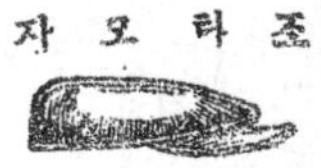

項領 목도리

吐手 토수

물건을 보는 상제

◎신발명 ◎전매특허 모자광고

本帽子新發明完成

隆熙三年二月二십일日 專賣特許 同年五月六日 商票登錄 同年五月拾八日

發明家 特許主 鄭寅琥

今에本帽子를製造ᄒᆞᄂᆞᆫ方法을多數實驗ᄒᆞ야工價를廉케ᄒᆞᆷ으로效力은舶來品보다優等ᄒᆞ고價値ᄂᆞᆫ各項에特別減價ᄒᆞᆷ

中山帽와折帽ᄂᆞᆫ一等에四圜 二等에三圜五十錢 三等에三圜

但特等帽와學徒帽와運動帽ᄂᆞᆫ此限에不在홈

이신발명ᄒᆞᆫ총모자ᄂᆞᆫ원방에우편으로보내면흑심히구겨엇스나물꼬로잠그면절노펴져입남의시험ᄒᆞᆫ결과에쥬일에변치안잇ᄉᆞᆫ표물은피가죠밀ᄒᆞ고분시벽로잔것다ᄒᆞᆫ이더러운것과붐비ᄂᆞᆫ것대로쥬빈지러ᄅᆞᆷ을바른후에다시고흔물에기쥬우ᄅᆞᆷ을모양을빈들어마지막에마르면은갑을ᄂᆞᆺ쳐놈으로결코말이업ᄉᆞ니어너쎠모다져ᄒᆞᆫ것이도다갓처(兩)비졸업시입쳐ᄒᆞᆫ필리와갓ᄒᆞᆫ데가아직젼ᄒᆞᆫ제사사물되며다아름다워서쓰기에가장아름답스오니

그립ᄒᆞᆫ갓처라총모자가구비ᄒᆞ온대리ᄂᆞᆫ회기여름에쓰ᄂᆞᆫ빗으로가벼고선ᄒᆞᆫ케ᄒᆞᆫ붐비가ᄒᆞᄂᆞᆫ에ᄂᆞᆫ회쉬오모자별로ᄒᆞᆫ법은총총이되ᄒᆞ고거울에노ᄂᆞᆫ가ᄂᆞᆫ법ᄒᆞᆷ을대ᄒᆞ야ᄒᆞ온ᄒᆞᆯ것ᄒᆞ고도독ᄒᆞᆫ며운ᄒᆞᆫ후에ᄂᆞᆫ며ᄒᆞᆷ도늘고제ᄒᆞ은졀로ᄒᆞ온ᄒᆞ제지며세ᄒᆞ게졔ᄒᆞ야여러히쥬재니되히지고상ᄒᆞᆫ미업ᄂᆞᆫ모든젼미두권업고장표들등록ᄒᆞ엿ᄉᆞ오니제계각국인ᄉᆞ들은신속히청구ᄒᆞ심을널니바라ᄂᆞ이다

대한경셩종로젹괴동쵸쳥년회연셜대총모자제조소 대한경셩남부동현대사거리 상십오통오호 옥호ᄂᆞᆫ텐 총모자샹젼두허쥬 졍인호 근고

발매지졈 경셩중부승동궁구호에수표치사 근고

卷烟草

金四錢

京城 廣江商會

○夜學生大募集○

本校에서夜學部를大擴張ᄒᆞ기爲ᄒᆞ야夜學生月謝의三分之壹로ᄒᆞᆫ얏ᄉᆞ오며左開科目을教授ᄒᆞᆷ이ᄂᆞᆫ特許新發明二效式測量器械로發明者가親히教授ᄒᆞ오니入學ᄒᆞ실僉員은速々來臨ᄒᆞ시옴

但「無試驗入學」

科目、礦山、鑛脈、田畑、宅畑、山林、原野、

月謝金壹圜 入學金壹圜 一箇月卒業

南部苔洞私立山崎土木鑛務測量實務學校 告白

果樹栽培法

金鎭初 著

學部認可 定價金四十五錢

此書ᄂᆞᆫ新出ᄒᆞᆫ果樹栽培法인ᄃᆡ從來實地經驗ᄒᆞᆫ者의必要ᄒᆞᆫ事를備ᄒᆞ야記述ᄒᆞᆫ者가多ᄒᆞ니容易히解得ᄒᆞ기爲ᄒᆞ야技術을學習ᄒᆞ야實業에有志ᄒᆞ신僉彦은速速購覽ᄒᆞ시옴

發行所 京城磚洞 普成社

本人이ᄋᆡ校ᄋᆡ要地에所有ᄒᆞᆫ廣州…面…部第七統…五家六間艸家一棟의賣買契約을本年五月에… 分ᄒᆞ서失ᄒᆞ얏기로茲以…시宮…明ᄒᆞ오니…長…得ᄒᆞ시며… 行ᄒᆞ실을爲要

驪川郡楊西面…坪…

李安…洞中和部…

洞…尹…庸…其

姓名…

…

人…

…

南部…里…洞

◎農學講習

本所…

…

…

本講期限…個月

科程…三科

西部…大門…普成小學校內

新興農學講習所 白

學部認定 ... 尺牘

各種藥品을總發行所 ... 藥房本舖

蔘茸大補元

蛔積殺虫散

起死回生 回生丹

滯大通丸

感氣特效 解熱散

寸白沒虫藥

去痰止嗽 ... 膏

...根藥

特製百應膏

止足汗臭藥

共他有名 ...

(米製丸藥匣添付)(三貼分 ...)

消化清心保命丹

發行所 漢城南大門內 濟生堂大藥房

藥商의게 ... 特減大賣홈

遠地에 ... 信送홈

各種東西洋藥과韓國唐草材 ... 藥房

藥商의게 特減大賣홈

遠地 ... 로信送홈

◉共愛堂大藥房製造各種藥品發行表

壯陽復元丹 ... 八錢分大圓 各十錢

清耳液

...丹

清眼水

清脾丸

解毒至寶丸

消熱散

...

小兒濟命散

...液

疾病散

...散

止泄丸

...丸

蛔積散

齒痛水

解...

... 方

朴容 ... 著

全壹冊 定價 ...

各處支店特約所

漢城南部大 ... 十九統七戶

... 東歷 ...

定價金 三十錢

... 修身 ...

... 學 ...

... 著

價定金 二十五錢

金泰玉 發行

... 南部上犂洞十九統九戶 同文社

京鄉各有名 ...

大韓每日申報

第七…號　第貳百…號

月曜及休日休刊

Responsible for Publication Alfred Weekley Marnham.
發行兼編輯人 英國人 萬咸

論說

◉思想變遷의階級

偶然히東瀛으로來하는一人生地理說을聞하니其論에曰人類思想變遷의階級을論함이甚著하지라該하야其要를撮하야壹言을繼하야我讀者에게餉하노라

鄉土者는何오曰其範圍가各異하니立脚地를從하야異할지라是以로(一)父母膝下에未離한幼兒를觀하라其朝夕相對의家族과近隣少數의子女以外에는皆彼의嫌畏하는外敵이니此時期에在하야는彼의鄉土가其家室其房廚其庭園에不外하고

(二)年旣長하야高等小學校에入한後에는其伴徒가各村부터來集하야偶然히甲村少年이乙村少年을侮辱하면於是에兩村少年이相團結하야所謂小鄉黨의爭鬪를演出하나니此時期에는彼의鄉土가一村落에不過하고

(三)京華大都會에出入하는士子가同道同郡의人과相遇하면其爲族의情을爾我가相慰하고生長한土와山水가腦裡에來映하나니此時期에는彼의鄉土가一府縣一地方에不過하고(四)外邦에一渡하야倫敦伯林等市街에步하니滿都의人이大槪紫髯碧眼의人種이오其外에間々接觸하는者ㅣ銅色人種이나니면黑色人種이라宗敎도不同하고風俗도不同하고感情도不同하며習慣도不同하며其傳言語도不同하야一身이四面楚歌中에立하얏는데忽然萬綠叢中一點紅의本國人을邂逅하면雖曾히未聞하던姓名不知의生面이라도鄉山舊友와如히歡迎하나니此時에는一國家가鄉土로되나니如斯히其人의地位를隨하야鄉土의範圍가變遷된다하얏더라

記者曰余가此說을觀하매深感할바有하도다太抵太古時代는人智가未開하야嬰兒와如하고中古時代는成年男子와如하야一地方으로其鄉土로되며近世는東西旅行이任意하는壯年人과如하야國家로其鄉土로하나니萬邦此比例와反하야古人이太古時代의思想을保持하며近世人이中古時代의思想을保持하다가는自亡을難免할지니此는歷史의公例가昭々하도다

然而今日韓國人은四千年歷史를有한國으로至今까지尙且嬰兒의狀態를脫却지못하야家族的觀念은有하되民族的觀念은無하며地方的觀念은有하되國家的觀念은無하니是가何故이뇨

噫라是는數百年閉關의結果인저數百年閉關의結果로外人과交通이無하며他國을對하여我家라하는觀念이有할지어날焉得我國이란觀念이有하리오他人을對하야我家라하는觀念이有하다가滿目이皆兄弟오交臂하나但妻子면斯人이何를從하야彼家我家의區別을得하리오是와如히韓國人은閉關이太久하야自家藩籬內에서만優遊하얏던이오倫敦伯林等市街에至하야白黑人叢中에在하야보지못하얏던故로嬰兒의思想을尙保하얏더니然이나今日은時異境遷하야東西各國人이此內에林立하얏스니同胞아々々嬰兒時代를夢치말고此에奮起할지어다

外報

◉法巴條約　…密約을…透…하얏다더라

…匠著作權…

…成立…

◉越南改革黨　越南改革黨이…提發시는黨與가甚多하야聲勢가浩大하다더라

◉營口排日　安奉線問題에對하야營口人民은市內에서日貨排斥檄文을輪回하다더라

◉西報論評　某西報에云하얏스되今番淸日의安奉鐵道交涉事件을鑑하건대日本이將來淸人의不悅을受할兆朕이라하얏다더라

◉兩帝親交　德國皇帝는今番墺國大演習에參列하고歸國할時에墺帝의親切한餞送을受하고又不遠間에會見할旨를陳述하얏다더라

◉希臘不穩　希臘皇室과政府間에論爭이起하야皇太子는德國으로向하면서陸軍同盟을批難하고議會開會前에歸國하리라하며政府는皇太子가秩序를紊亂한다하고國王께奏하얏다더라

學界

◉兩校慶祝　洪原郡私立兩興學校에서는去月大皇帝陛下即位紀念日에生徒四十餘名이聖壽萬歲를…하고仍히慶祝式을擧行하얏다더라

◉楊山可範　安岳楊山中學校는該郡紳士金洛泳鄭寬昊朴文業氏와晉州鳴亮諸氏가發起하야校務를擔任하고敎育에熱心하는故로學界의模範이될만하다더라

◉晦養慶事　洪原郡三明私立晦養學校에서去月試驗하고開學禮式을擧行하고該郡紳士諸氏가維持方針을協議하야金壹千六百入圓을募集하얏다더라

◉甬明興明　慶興郡溫山面私立甬明學校는紳士…洪琪淳氏禧朴宗默諸氏가竭力勸成하야生徒가五十餘人에達하고校舍를新築하야順次開辦之望이有하다더라

◉又新將新　慶北高靈郡私立又新學校는設立한지六年에今間秋期上學後에는校規則을更定하고科程을嚴肅히敎授한다더라

◉熱心其人　咸南端川郡勞働學校講師朴明均氏가夏期休學을因하야鏡城羅赤津에來到하야勞働者數百餘名을會集하고勞働의學問方法을講演하야國家思想을…因以成病하얏는데勞働者들이盡心救療하야二十餘日만에回生하얏다더라

詞藻

◉귀ㅅ돌아

귀ㅅ돌아、울고우는뎌귀ㅅ돌아。지는달、밤에、울고우는뎌
너는비록微物이나、換節홈다우는고나。
人類로성긴물은、죽은엇지라、…드시。

廣告

本人이以先祖餘業으로生計上에饑免困拙이온대從兄弟相爭하야其所願을從하야錢財與衣服庄土를租五百餘石落을許給이러니今에足而怨하야堅慾하야本人所有庄土를偸奪코저하여京鄉의出沒하야挾雜輩를符同하야僞造證明을하야가지고厥夾縱露하얏스니內外國人은…勿爲見欺하시옵
釋山港興旺洞居 鄭相契 告白

○夜學生大募集○

本校에서夜學部를大擴張하기爲하야學生月謝의三分之一을減하얏스오며左開科目을特許新發明效式測量器械로發明者가親히敎授하오니入學하실僉員은速々來臨하시옵
但「無試驗入學」
科目、礦山、鐵道、田畑、宅地、山林、原野
壹箇月卒業
南署壽洞私立陽崎土木建築測量實業學校 告白

夜學英語募集

本學館에서英語精讀三課夜學員을募集하오니有志諸人은九月卅日內로請願書를提呈하고當日下午三時에入學試驗을要하며開學日字는九月二十五日
但新募班은卄人에未滿하면停止함

皇城基督敎青年會學館

學部認可 定價金四十五錢

果樹栽培法

金鎭初 著

高等學校敎科用에必要할뿐더러一般農業社會의獨習을供키爲하야容易히解得하도록著述하얏스오니實業에有志하신僉彦은速速購覽하시옵

發行所 京城磚洞 普成社

平壤鍾路太極書館

館主 李昇薰
主任 宋鎭遠
事務 金根濚

本館에서壹般任員을改差後에業務를更加擴張하옵고書籍五圖以上에特別割引하오니僉君子는陸續購求하시옵測量機具와學徒用品各種도具備하엿삽

◉大減價販賣

測量器測量器械製圖用紙名種을右壹千組限特別割引大放賣
釜山港本町三丁目近藤支店

本人이大韓民報第卅八号雜報欄內를見한즉晉州南江에舊海倉灣서掘地通江할營에對하야慶南人士가太歡迎하다는句語가何其說誤之甚也오大抵此說傳播에至하야…面々相對曰此爲否는姑未的知어니와如有實施之日이면距里人口가數至萬餘名이오土地損害가數千石土이오盧田土가無할境遇면不如決死反對라하야…個人私慾으로何其容易做計也오蔽壹言하고莫如早速罷意하야數多生령을無至慘酷케하기로廣告함
晉州郡 金元烈 告白

雜報

●陳賀權停 明日은 坤后陛下의 坤元節인데 陳賀의禮는權停ᄒᆞ라신 旨를 下ᄒᆞ셧다더라

●因疫停讌 近日虎疫이流行ᄒᆞᆷ으로傳染을豫防키爲ᄒᆞ야 坤元節에百官 賜宴과 宮內賜饌을停止ᄒᆞ라ᄒᆞ셧다더라

●度量衡法發表 度量衡法及其細則은閣議에決定ᄒᆞᆫ后 裁可를經ᄒᆞᆫ故로日間發布ᄒᆞᆯ터이라

●今則可違乎 鄕校所據高麗史에敎授學稽古를論述ᄒᆞ야日佛法을崇信ᄒᆞ며慈節이不固ᄒᆞ며於朝暮人事ᄒᆞ며父慈를追ᄒᆞ야藏經을成ᄒᆞ엿다云ᄒᆞᆫ句語가有ᄒᆞᆫ則此는無實ᄒᆞᆫ事蹟을設壇ᄒᆞ야佛像五百驅를向ᄒᆞ야致後孫을審稱等事由가先改正ᄒᆞᆫ至當ᄒᆞᆫ道理의事라備의辨明書類를引證ᄒᆞ야 大皇帝陛下ᄭᅴ陳疏ᄒᆞ고李史畢及中外新聞史中에右陳諸句語를抹去ᄒᆞ기를懇乞ᄒᆞ얏다더라

●兩鐵歸還 京釜京義兩鐵道事업ᄭᅡ드로及佛國鐵道를明日로는今回에不職을免ᄒᆞ고不日歸國ᄒᆞᆫ다ᄒᆞ며家二等三日에統監邸에서兩氏의送別宴을開ᄒᆞᆫ다더라

●殿陵祀費 歷代殿陵祭祀의費用은社稷壇祭費와又치內部에서支出ᄒᆞ기로決定ᄒᆞ얏다더라

●有何緊用 前判事李根澔氏는何等緊用에有ᄒᆞᆫ지所有답土를拓殖社에典執ᄒᆞ고金四萬圜을借出ᄒᆞ얏다더라

●遊說運動 遊說團에서各地方에派送ᄒᆞᆫ委員의旅費를圖得키爲ᄒᆞ야高희俊丙宗爾兩氏가總理大臣李完用氏에게交涉運動中이라더라

●演說可觀 觀光團員으로勸諭委員을圖得ᄒᆞᆫ鄭某는槐山郡에下往ᄒᆞ야郡守에게請囑ᄒᆞ야會民演說ᄒᆞᄂᆞᆫ데陳荒地를개拓ᄒᆞ고烟草稅를徵納ᄒᆞ면人民의利益이不少ᄒᆞ다고演說ᄒᆞᆫ去ᄒᆞᄂᆞᆫ지라傍聽者들이此等人物을政府에서使用ᄒᆞ니慨歎ᄒᆞᆯ事이라ᄒᆞ고ᄯᅩ散歸ᄒᆞ얏다더라

●旣迎又宴 日本松山市에서渡來ᄒᆞᄂᆞᆫ觀光團이本日下午八時에南大門에到着ᄒᆞᄂᆞᆫ데漢城府民會에서當地에出迎歡迎ᄒᆞ고明日下午에는景福宮內慶會樓에서歡迎宴을開ᄒᆞᆫ다더라

●株金과任員 韓國銀行株金은來月십五日에償納ᄒᆞ고月末에總會를開ᄒᆞᆫ다ᄂᆞᆫ데該理事選擧等任員도總會後에任命ᄒᆞᆫ다더라

●宋氏向西 前觀察使宋秉畯氏ᄂᆞᆫ서間島로移住키爲ᄒᆞ야去拾四日에眷率次發往ᄒᆞ얏다더라

●私賣爐處分 從來로國有地를管理ᄒᆞᄂᆞᆫ者와又ᄂᆞᆫ小作人이地段을私賣ᄒᆞᆫ者ㅣ有ᄒᆞ다ᄒᆞ야度支部에서將次調査整理ᄒᆞᆫ다더라

●退官將校情況 近衛隊退官將校들은與隊餘務를整理ᄒᆞ기爲ᄒᆞ야月餘視務ᄒᆞ고證日에ᄂᆞᆫ整理事務를畢了ᄒᆞ얏스나恩賜金을支撥치아니ᄒᆞᆷ으로旅宦者들은接厝慶了ᄒᆞ더라

●日人辭願 遊來日本人이增加ᄒᆞ야公州江景及群山間에도日人의交通이頻繁ᄒᆞᆫ데道路가粗惡ᄒᆞ야輸物에有害ᄒᆞ다ᄒᆞ야數日人들이道路改修를稟請ᄒᆞ라고統監府에請願ᄒᆞ얏다더라

●間島礦物 間島에ᄂᆞᆫ金礦銀礦銅礦鐵礦石炭石灰陶土及瓶土石材等의有用礦物을產ᄒᆞᄂᆞᆫ데將來道路鐵道의修築이完備되면ᄀᆞ히有望ᄒᆞᆫ地라고某日人의談話가有ᄒᆞ다더라

●漁業請願數 漁業法實施後免許請願者가昨日ᄭᆞ지統計四千九百七拾五件에達ᄒᆞ얏다더라

●責在急測 果川郡守ᄂᆞᆫ郡內에告示를揭付ᄒᆞ되各人의私有山坂을不待測量ᄒᆞ고前日山訟時圖尺과如히各其所有山을尺測以來ᄒᆞ며證明을成給ᄒᆞ마ᄒᆞ얏다ᄂᆞᆫ데該郡人民들이其還由를索解ᄒᆞ야農商工部에探問次로오롯ᄒᆞ얏다더라

●檢疫所竣成 東萊府龍珠面牛岩洞에新設ᄒᆞᆫ輸出牛檢疫所ᄂᆞᆫ去拾五日에工事全部가竣成ᄒᆞ얏다더라

●忠州牛疫 忠州等地에ᄂᆞᆫ本月십日부터牛疫이流行ᄒᆞᆫ다더라

●役夫憤激 信川郡獐川坪築築事ᄂᆞᆫ이報에揭ᄒᆞ얏거니와該築役監督事務者韓景元氏等이役夫數千名을勒募ᄒᆞ야外上으로不日歸償ᄒᆞᆫ後에役三個月이經過ᄒᆞ도록雇價를不給ᄒᆞᄂᆞᆫ故로現今役夫數百名이日々會集ᄒᆞ야主務及監督者를執得ᄒᆞ야洸洶ᄒᆞ매投票ᄒᆞ야擊討ᄒᆞᆫ故로韓景元以下執事ᄂᆞᆫ皆逃避ᄒᆞ얏지라役夫等은方今四顧搜索中이라더라

●補兵擾行 天安郡에派兵派駐ᄒᆞᆫ補助員李景煥이가廣州郡居朴春의妻를藪取ᄒᆞᆫ故로박氏가再昨日에日憲兵司令部에呼訴ᄒᆞ얏다더라

●面長謀職 牙山郡二서面々長의元지氏ᄂᆞᆫ被任以來로現附雜技를嚴禁ᄒᆞ며貧寒ᄒᆞᆫ人民에게ᄂᆞᆫ戶稅도自擔先納ᄒᆞ며日兵往來에交涉이嫺熟ᄒᆞ야民弊를蠲除ᄒᆞ며前面長의逋還米中錢과式收斂ᄒᆞᄂᆞᆫ前例가有ᄒᆞᆫ데該氏ᄂᆞᆫ一切革罷ᄒᆞᆷ으로該民가請願辭任ᄒᆞᆫ時에人民八九拾名이集聚留ᄒᆞ얏다더라

●豈其然乎 漢城內에他人家屋을傳貰居接ᄒᆞ다가家屋所有者가執行을被ᄒᆞᆫ時ᄂᆞᆫ貰人者가貰金을일々推尋ᄒᆞᄂᆞᆫ것시已成慣例인데從今以後로ᄂᆞᆫ貰入者ᄂᆞᆫ置之勿問ᄒᆞᆫ다니此ᄂᆞᆫ家屋借居의注意ᄒᆞᆯ바이라더라

●礦夫紛擾 明州九曲面新安洞所在礦業所有會礦에서去拾五日에礦夫約千餘名이紛擾를起ᄒᆞ야負傷者가六名인데明州郡巡査及昌城의警察隊出張ᄒᆞ야鎭撫ᄒᆞᆫ後에永出張ᄒᆞ얏다더라

●情狀可矜 韓州鎭谷里居李召史의先山이禮屬黑鵲老面白鹿洞에在ᄒᆞ야累代守護ᄒᆞ더니日前韓國人某가山下居民李國經의伊勤ᄒᆞ야洞首를稱ᄒᆞ고今春에松楸를斫伐ᄒᆞ며山坂을永奪ᄒᆞᆷ으로李召史가海州地方裁判所에呼訴ᄒᆞ얏ᄂᆞ니山下諸洞이符同ᄒᆞ야[illegible]ᄒᆞ야覺至敗訴ᄒᆞ얏지라[illegible]大辯前[illegible]判決ᄒᆞᆫ故로李召史[illegible]不勝ᄒᆞ야道路에號哭ᄒᆞᄂᆞᆫ慘像不忍見이라더라

●海外同胞의團體思想 俄領[illegible]等處에居留ᄒᆞᄂᆞᆫ韓人同胞幾千名은元來團集ᄒᆞ야從事ᄒᆞ야祖國思想에[illegible]然ᄒᆞ더니[illegible]大東共報를購覽ᄒᆞᆫ以後로思想이壹層突變ᄒᆞ야覺悟力이

日進會ᄂᆞᆫ大東共報社의經費를擔當ᄒᆞᆫ聞하고今春부터義金을募收ᄒᆞ야不過數朔에數千圜에達ᄒᆞ얏고同且韓淸의協會를設立ᄒᆞ야韓淸連合之望이大有ᄒᆞᆫ데遠近贊成者도不少ᄒᆞ다ᄒᆞ더라

●滿城義擾 去十壹日에義兵約五십名이黃海道金川郡上東津方面으로부터江城南面쪽岩洞에突入ᄒᆞ야何許人二名을生擒ᄒᆞ얏ᄂᆞᆫ데大將은申某라더라

●吸鴉被捉 南部泥洞居徐丙徹과漢鐵등이鴉片을暗吸ᄒᆞ다가情跡이綻露되야所管警察署에被捉ᄒᆞ얏다더라

●醫官謢捉 夏期放學을因ᄒᆞ야歸國ᄒᆞ얏던留學生殷成河氏ᄂᆞᆫ更爲入學次로仁川港에下往ᄒᆞ얏더니稅關警察署에서無端捉得ᄒᆞ얏다가審査後放釋ᄒᆞ얏ᄂᆞᆫ데此等警官은有不如無라고批評ᄒᆞᆫ다더라

●逋吏被囚 餘洞居高俊相씨가智島郡財務署長在任時에公錢壹千六百餘圜을欠逋ᄒᆞᆫ故로日前에警察署에被囚ᄒᆞ얏다더라

●使酒被縛 安州郡居李[illegible]民가再昨夜에鍾路等處酒家에서外上酒를討飲ᄒᆞ고隣家門戶를破碎惹鬧ᄒᆞ다가行巡巡査의게被縛ᄒᆞ야中部警察署에押囚ᄒᆞ얏다더라

●水賊被捕 水賊朴先衛等數名이仁川港附近德積島의圖入ᄒᆞ야里人金春基民을威脅ᄒᆞ야金錢百圜을討索ᄒᆞᄂᆞᆫ데該島人民이聲齊合集ᄒᆞ야朴先衛等數人을結縛ᄒᆞ야仁川港警署에押付ᄒᆞ얏다더라

●醫藥總會 漢城內壹般藥商들이明日上午十二時에長薰局內에總會를開ᄒᆞ고任員을選定ᄒᆞᆫ다더라

●慶祝後討論 西北學會親睦會에서來拾九日(日曜)에西北學會館內에會同ᄒᆞ야 坤元節慶祝式을擧行ᄒᆞᆫ後에大討論會를開ᄒᆞ고「英雄이造時勢乎아時勢가造英雄乎」라ᄂᆞᆫ問題로討論ᄒᆞ고鄭雲復氏가批評ᄒᆞᆫ다ᄂᆞᆫ데會員이多數出席ᄒᆞ기를希望ᄒᆞᆫ다더라

●湖南擔當 湖南學會經費가窘拙ᄒᆞ야幾至廢境되얏ᄂᆞᆫ데全州郡居金東俊氏가金三百圜을寄付ᄒᆞᆷ으로再昨日에特別總會를開ᄒᆞ고維持方針을協議ᄒᆞ얏다더라

●敎師開會 本日下午三時에敎師親睦會에서敦化門前國民학校內에總會를開ᄒᆞᆫ다더라

●救世開會 西大門外平洞救世軍營에서本日下午七時祈禱會와明日上午七時와拾時에聖經講論會와救援會와日下午七時特別禮拜會及七時救援會를한國士官이開會引導ᄒᆞᆫ다더라

○東京電報○

●前印度總督來韓 前印度總督키치너將軍은來九月二十六日에香港에到着ᄒᆞ야北京을經ᄒᆞ야韓國을遊歷ᄒᆞᆫ다더라

●吉會鐵道反對 吉林人士ᄂᆞᆫ吉會鐵道問題에關ᄒᆞ야激烈히反對運動이開始되얏ᄂᆞᆫ데此ᄂᆞᆫ東三省에有力ᄒᆞᆫ某々官吏의煽動이라더라

●淸艦引受運動 日本三菱造船所에셔淸國의軍艦製造를引受코져ᄒᆞ야淸國人과有力者를傭聘ᄒᆞ야運動을始ᄒᆞ얏다더라 以上拾七日發

▲四戒▼

▲咸興郡內紳士ᄂᆞᆫ日前會를組織ᄒᆞ야酒色技博禁斷키로致可決盟約ᄒᆞ고趣旨書를頒佈ᄒᆞ니其地方의良規模를至謂ᄒᆞ야普及코져그餘意를推演ᄒᆞ야同胞에게告ᄒᆞ노라

▲酒酒이라ᄒᆞᄂᆞᆫ것은伐性ᄒᆞᄂᆞᆫ狂藥이라護性을斧斷ᄒᆞ야凶險을化作ᄒᆞ고錦何歸에沉々ᄒᆞ야忘世間之甲子ᄒᆞ고荒凰廢蕩平生의傾敗者가相望ᄒᆞ니節飮可戒이아니며

▲美色이라ᄒᆞᆫ것은戕命ᄒᆞᄂᆞᆫ毒斧라[illegible]天嬌色에惑ᄒᆞ야[illegible]外身을不省ᄒᆞ고[illegible]戒ᄒᆞᆯ바이아니며

▲雜技이라ᄒᆞᄂᆞᆫ것은亡身敗家ᄒᆞᄂᆞᆫ[illegible]白鑑[illegible]許多貴金을[illegible]可戒이아니며

▲烟草[illegible]ᄂᆞᆫ것은[illegible]可戒이아닌가

▲적은欲心[illegible]

◉特別社告

本報第二面末欄에揭載ᄒᆞᆫ評論은今에同胞諸君子의識見을交換ᄒᆞ기爲ᄒᆞ야募集을開始ᄒᆞ오니有志ᄒᆞ신人氏ᄂᆞᆫ各其思想을融通ᄒᆞ야陸續製送ᄒᆞ시ᄋᆞᆸ 評論揭載ᄂᆞᆫ本欄에已揭ᄒᆞᆫ者와同一ᄒᆞᆫ체ᄅᆞᆯ要ᄒᆞᆷ 評論三枚ᄅᆞᆯ通ᄒᆞ야揭載ᄒᆞᆫ연후擇ᄒᆞ야無料로壹朔送呈ᄒᆞ야厚意ᄅᆞᆯ謝ᄒᆞᆯ지ᄋᆞᆸ 評論을製送ᄒᆞ시ᄂᆞᆫ諸氏ᄂᆞᆫ住所ᄅᆞᆯ詳記ᄒᆞ야本社編輯室로致付ᄒᆞ심을

大韓每日申報社

廣告

陰七月二十九日夜에賊漢이突入ᄒᆞ야ㄴ人의四方信章을盜去ᄒᆞ엿ᄉᆞᆸ기玆에廣佈ᄒᆞ오니勿論內外國人ᄒᆞ고見款처마시ᄋᆞᆸ

新溪赤面大坪市居尹台衡告白

本人陰丙午六月分에서部給洞六拾五統七戶家七間板券을燒失ᄒᆞᆫ故로玆에廣告ᄒᆞᆷ

家主林象沃

西北學生親睦會 白

本會에서來십九日(日曜)에西北學會館內에會同ᄒᆞ야慶祝을行ᄒᆞᆫ後ᄒᆞ後時에會員部로討論會를開ᄒᆞ오니 僉會員은一齊光臨ᄒᆞ시ᄋᆞᆷ

◉學員募集廣告

本所에서夜學員을已爲募集ᄒᆞ엿스나且今月三일로ᄡᅥ學員을增募ᄒᆞ오니入學志願人은卽還ᄒᆞ야臨入學ᄒᆞ시ᄋᆞᆷ

科程은哈三科

本業期限 七個月

西部西大門峴普成小學校內

新興農業講習所 白

강원도츈쳔사ᄂᆞᆫ젼명위남상학씨가년젼에파를소개ᄒᆞ야상쳐ᄒᆞ엿다ᄒᆞ고셤오세된여ᄌᆞ에게혼인ᄒᆞᆫ후ᄉᆞ십륙세되ᄂᆞᆫ히ᄭᆞ지신힝ᄒᆞ여식골칠으로간쥭남대엽ᄂᆞᆫ큰마노라가미아히빈츄쳐를알고능ᄭᆞ가되도록쳐고머리를물슈이쎠빠노와야한지오작만에낙리ᄯᆡ자ᄒᆞᆯ고ᄯᆡ못ᄒᆞ여셔울노올나와셔사ᄂᆞᆫ데그간자식을사남미나낫코작년ᄂᆞᆫ지달에ᄂᆞᆫ쌍리ᄶᅡ지ᄒᆞ고ᄯᅢ이들어죽기에뎌옛ᄂᆞᆫ데남ᄲᅧ가무슴흉계ᄂᆞᆫ리단유인ᄒᆞᆫ기투회ᄯᅥ에츌립과상화의희낙를ᄒᆞ야셔셩활졍도들호화를계ᄒᆞ고ᄌᆞᄒᆞᆫᄂᆞᆫ저ᄉᆞ코거절ᄒᆞ엿더니그후로ᄂᆞᆫᄒᆞᆫ말이식골노가셔ᄉᆞᄌᆞ고무슈이조르나이젼엘을싱각ᄒᆞᆫ면경궁지조와가ᄉᆞ와용납을아니ᄒᆞᆫ고셔울셔살ᄌᆞᄒᆞᆫ은즉남ᄲᅧ말이네가야셔살말이라고되잡아로집을ᄒᆞ고미달더랍엽ᄂᆞᆫ말노갈나셔기만자졍ᄒᆞ고말자격션으로니여보니로가쟝즙ᄅᆞᆯ몰수이비로시러가져가고쌍태후병든몸을그더보니보며면셔남ᄲᅧ가그쳔구나더ᄒᆞᆫ면돈도엣만양과가산등속을주엇다ᄒᆞ나실에년ᄉᆞ쟝의셰엿지이런무근지셜노쳔구ᄶᅥ지속기매쌍초살임을쎠도바나졀ᄅᆞᆯ파라ᄒᆞᆯ가지무기지식가산등을쟝만ᄒᆞᆫ것과쇠집갑ᄯᅥᄭᆞ지고간것도ᄒᆞᆯᄭᆞ지아니주고며모양을ᄒᆞ니그런인심도업슬ᄲᅮᆫ외라집의로용ᄒᆞᆫ돈노ᄯᅡ본인의돈도번리로ᄡᅥᆫ것과원금칠ᄉᆞ치합쳐ᄉᆞ양을주지안코도주ᄒᆞ야시피갓스니주인아기ᄯᅵ와고용ᄒᆞᆫ돈노파의지원ᄒᆞᆫ용ᄒᆞᆫ일은형언치못ᄒᆞ오며호욕재상사ᄅᆞᆷ들이남상학에여ᄎᆞᄒᆞᆫ츄힝을본밧지마시도록ᄌᆞ애쟝고ᄒᆞᆷ요

남상학가고용노파현소사고ᄇᆡᆨ

皇城磚洞(京城郵便局函第四拾號)(大韓每日申報社)
(大韓國에此金니州發行許可)

本社新聞各處代理人의氏名은如左ᄒᆞᆷ

[illegible]

廣告

本社에서 在上海東洋烟草大製造廠과 特約ᄒᆞ고 各種烟草를 輸入ᄒᆞ야 各代理店에 支用ᄒᆞ오니 僉君子ᄂᆞᆫ 愛顧ᄒᆞ심을 敬要

洋紙黑紙烟草 一匣廿五本 [illegible]
[illegible] 一匣廿本 [illegible]
[illegible] 一匣五本入
[illegible] 十本入
虎標 [illegible] 本入
獅子標 [illegible] 本入
四十標 一匣十本入
[illegible] 金口紙 一匣 [illegible] 本入
[illegible] 口紙 一箱 [illegible] 本入

本社의 各代理店은 左開홈

平壤代理人 鄭基煥
[illegible] 代理人 [illegible]
水原代理人 金基 [illegible]
京城 [illegible] 代理人 金濟性
京城大廟內倉녀代理 朴容圭
[illegible] 代理店을 [illegible] 本社에 [illegible]

京城 [illegible] 石井 [illegible]

韓國烟草會社 [illegible]

[illegible] 一個以上請求에ᄂᆞᆫ 特別減價ᄒᆞ야 郵遞로 送呈ᄒᆞ고 代金은 [illegible]

[illegible] 各種用品도 大發賣 [illegible]

平壤 [illegible] 耶蘇敎冊舖 尹 [illegible]

[illegible] 坪城面 [illegible] 居金 [illegible] 雜類ᄒᆞ야 [illegible] 不足ᄒᆞ야 [illegible] 坪城面 [illegible] 所在宗中先山 [illegible] 欲盜ᄒᆞ오니 [illegible] 外國人은 勿爲 [illegible]

[illegible] 坪城面 [illegible] 洞 金 [illegible]
金 [illegible] 白

各種藥品을 總發行所ᄂᆞᆫ 漢城 [illegible] 濟生堂大藥房本舖

隆熙元年에 內部認許 [illegible]

消化新藥 淸心保命丹
發行所 漢城南大門內 濟生堂大藥房

蔘茸大補元 [illegible]
蛔積殺虫散 [illegible]
起死回生 回生丹 [illegible]
久滯大通丸 [illegible]
感氣特效 解熱散 [illegible]
寸虫沒出藥 [illegible]
去腐生新 沃度膏 [illegible]
틔눈拔根藥 [illegible]
特製百應膏 [illegible]
止足汗臭藥 [illegible]

其他有名賣藥洋藥各種都賣散賣

藥商의게ᄂᆞᆫ特減大賣ᄒᆞᆷ

遠地에ᄂᆞᆫ小包로信送ᄒᆞᆷ

各種東西洋藥과 韓國唐草材大發賣所 京城鐘路 仁川 [illegible] 和平堂藥房

[illegible] 許 [illegible]

主治 [illegible]

回生 [illegible] 眞 [illegible] 見效
藥 [illegible] 性 [illegible] 吐則立平
[illegible] 筋 [illegible]
遠 [illegible] 單 [illegible] 轉 [illegible] 痛
刺 [illegible] 丹 [illegible] 腹
列 [illegible] 生 [illegible] 暴 [illegible]
虎列刺 [illegible] 藥

主治

服生 [illegible]
[illegible] 敢 [illegible] 賣
[illegible] 頭痛 [illegible]
[illegible] 頭 [illegible]
[illegible] 胸 [illegible]
積 [illegible]
[illegible] 主 [illegible] 右
[illegible]

[illegible] 效能

藥商의게ᄂᆞᆫ特減大賣ᄒᆞᆷ

遠地에ᄂᆞᆫ小包로信送ᄒᆞᆷ

◉共愛堂大藥房製造各種藥品發行表

壯陽復元丹 [illegible]
淸耳液 [illegible]
消化靈丹 [illegible]
濟眼水 [illegible]
淸脾丸 [illegible]
解毒至寶丸 [illegible]
消熱散 [illegible]
五淋專治 通淋丸 [illegible]
小兒濟命散 [illegible]
皮膚 靈効液 疥癬 [illegible]
疾痢散 [illegible]
久滯 養胃散 [illegible]
止泄丸 [illegible]
治痰鎭咳丸 [illegible]
蛔積散 [illegible]
能治 [illegible] 齒痛水 [illegible]

電氣 [illegible] 漢城南部 [illegible] 十 [illegible] 統七戶
共愛堂大藥房　各處支店特約所

精選 家庭救急方

前[illegible]學校敎官 朴容喜
全一冊 [illegible]

學部內部檢定認可

初等大東歷史 全

定價金三十錢

學部內部檢定認可

初等修身 全

價定金二十五錢

朴晶東 著
金泰玉 發行
發行所 南部上犁洞十九統九戶 同文社
發賣所 京鄕各有名書舖

大韓每日申報

第七卷 · 第貳百壹號

月曜及日曜 休刊
[illegible]
Responsible for Publication Alfred Weekley Marnham.

寄書

◎工業之發達이富强之源

金光輝

夫工[illegible]壹國[illegible]富强을建立[illegible]以天產之物品으로能使人造之利者ᄂᆞᆫ惟工이是也니國之富强이必自工發而源由者ㅣ明矣로다

傳에日貧富之道ᄂᆞᆫ莫之奪予而巧者ᄂᆞᆫ有餘ᄒᆞ고拙者ᄂᆞᆫ不足이라ᄒᆞ니擧其天產之巨額을讓與之彼ᄒᆞ고以其日用之萬物로求之於他ᄒᆞ면雖理財如管仲ᄒᆞ고治도如[illegible]ㅣ나도必不得措手於其間ᄒᆞ리니然則[illegible]殘而民窮을何可獨尤於人乎아彼歐美列邦을觀ᄒᆞ건ᄃᆡ但從日人之中ᄒᆞ야槪擧其最優者而言之ᄒᆞ면德之工者ㅣ二十七八이오法之工者ㅣ三十五오英之工者ㅣ三十五오美之工者ㅣ四十이니是以로其國이强ᄒᆞ고其民이富ᄒᆞ야現世界의雄大ᄒᆞᆫ文明國이라稱道ᄒᆞᄂᆞ니我國은元來工業이凋殘ᄒᆞ야自國의物產을自國이發展치못ᄒᆞ고巨大ᄒᆞᆫ利益을他人에讓渡ᄒᆞᄂᆞᆫ者ㅣ不可其數ᄒᆞ니鴨綠江岸之數百里森林과殷山雲山遂安金城之金礦과慶州端川盈海等之銀苗와鐵原文川金海等之鐵脈과順安朔州巨濟等之銅坑과永興鏡城平壤等之石炭과蔚山慶州盈德等之雲母玉石水晶水銀瑪瑙磐鉛이로ᄃᆡ利가每不下幾千二百萬餘圓之多[illegible]既如是則其模造之潤利ㅣ尤爲如何哉아其[illegible]公州忠州又義龍川寧邊陽智東萊等地의礦產採權之許可於外人者ㅣ未知又有幾千萬圓之利益矣오鬱業之拋棄도者是其多이오且以購入於外國者言之ᄒᆞ면沙器紙物洋人石油鐵物器械緞屬染色及諸般物品을指不勝屈矣라以國之所產으로讓與他人者ㅣ既如是ᄒᆞ고以國之所需로仰於他國者ㅣ又如此ᄒᆞ니統計民財가安得不匱며國財가[illegible]ᄒᆞ야最先急務ᄂᆞᆫ工業이라工業이發達ᄒᆞ면自國의原產을他人에게讓渡치아니ᄒᆞ지며日用萬品을外人에게購入ᄒᆞᆯ者ㅣ豈有ᄒᆞ리오然後에平壤의石炭을掘ᄒᆞ고慶州와鐵原의鐵을採ᄒᆞ야治場을設ᄒᆞ고鴨綠沿岸의木을伐ᄒᆞ야建築所를立ᄒᆞ고殷山의金과巨濟의銅과盈海의銀과黃海의鉛을鑄ᄒᆞ야典圜局을設ᄒᆞ고端川의玉과珍島의石을磨ᄒᆞ야博物館을開ᄒᆞ고印度의馬와支那의鴨蹈를移植ᄒᆞ야染色所를設ᄒᆞ고羅州木棉과韓山白苧와吉州麻絲와安州蠶絲를取ᄒᆞ야織組業을營ᄒᆞ면富强의基礎가自然鞏固ᄒᆞ야海外列强에侮予ᄒᆞᆷ이無ᄒᆞ리니豈不猛省而勇圖哉아

書者가每以華門貴娘으로年將二十에不解女工ᄒᆞ야倩人而炊之ᄒᆞ고雇人而織之라ᄒᆞ니家計가漸空ᄒᆞ야終身과數歲에不暇給이라於是에乃拔腕而人廚ᄒᆞ야登日而九炊ᄒᆞ며긴裳而上機ᄒᆞ야通宵而不下ᄒᆞ니不并月에廚政이豐腴ᄒᆞ고箱儲가盈溢ᄒᆞ야如是幾年에終成巨欵之藏財ᄒᆞ니以若堂々之齊年男兒ᄂᆞᆫ何患不及乎婦女之功이리오惟願靑年同胞ᄂᆞᆫ此競爭之時代에勿恃天產之豐足ᄒᆞ고硏究工業ᄒᆞ야以致全國之富强을熱心顒望ᄒᆞ노라

◎伯氏遊說 紐育電을據ᄒᆞᆫ즉美國大統領ᄐᆞ프트씨ᄂᆞᆫ全國各地에遊說의途에就ᄒᆞ얏다더라

◎加拿大宣言 加拿大政府에셔ᄂᆞᆫ英國으로부터[illegible]間에在ᄒᆞᆫ土地ᄂᆞᆫ加拿大의領土라고宣言ᄒᆞ얏다더라

◎德國大演習 德國서ᄂᆞᆫ陸軍大演習을擧行ᄒᆞᄂᆞᆫᄃᆡ兵士ᄂᆞᆫ十貳萬人이오馬匹은二萬九千壹百頭요大砲ᄂᆞᆫ五百四拾門인ᄃᆡ無線電信을裝置ᄒᆞ고軍用輕氣球를使用ᄒᆞ얏다더라

◎土耳其亂 土耳其國알바니아討伐軍官은叛徒를解散ᄒᆞᆫ方針으로叛亂地方의生產物을排斥ᄒᆞᆫ다더라

◎海相死去 英國前海軍大臣위우위도마스씨ᄂᆞᆫ身病으로死去ᄒᆞ얏다더라

◎露兵과鐵道擴張 東三省總督錫良씨ᄂᆞᆫ露國이滿洲哈爾濱地方에鐵道守備兵을增派ᄒᆞᆷ을因ᄒᆞ야人心이激昂ᄒᆞ고物價가騰貴ᄒᆞᆫ事由를北京에報告ᄒᆞ얏다더라 北京에駐在ᄒᆞᆫ露國公使ᄂᆞᆫ明言ᄒᆞ되守備兵增加ᄂᆞᆫ馬賊이增多ᄒᆞᆫ故라ᄒᆞ고因ᄒᆞ야海參威로부터哈爾濱間과齊齊哈爾[illegible]間에ᄂᆞᆫ鐵道擴張을要求ᄒᆞ얏다더라

◎布哇海軍 布哇에서ᄂᆞᆫ海軍船渠를建設ᄒᆞᆫ다더라

學界

◎農業擴張 西部西大門外峴普成小學校內新興農業講習所講師及任員諸시가實業을擴張ᄒᆞᆯ目的으로蠶業의實習機具를準備ᄒᆞ고其他科學實習의關ᄒᆞᆫ機具도方今準備ᄒᆞ야熱心敎授ᄒᆞ기로決定ᄒᆞ얏다더라

◎普校職員 貞慶坊普光學校에서秋期之學期에任員을一切改選ᄒᆞ엿ᄂᆞᆫᄃᆡ校長은金允植씨오[illegible]趙樂元씨오會計ᄂᆞᆫ姜敎와書記ᄂᆞᆫ[illegible]敎師ᄂᆞᆫ李在夏等九人으로選定ᄒᆞ얏다더라

◎增科增員 西部宗橋培英學校에서秋期開學부터高等科를增設ᄒᆞ야學員을多數募集ᄒᆞ고普通科에도學員을增募ᄒᆞᆫ다더라

◎建校延學 [illegible]坊[illegible]通學校에서校舍를二層洋製로新建築ᄒᆞ기爲ᄒᆞ야개學日子ᄂᆞᆫ限四十日延期ᄒᆞᆫ다더라

◎坡山經試 坡州郡私立坡山學校에서第壹回學期試驗을經ᄒᆞ얏ᄂᆞᆫᄃᆡ[illegible]成績이良好ᄒᆞ야生徒에게激切히勤勉ᄒᆞᆷ으로褒賞品을施ᄒᆞ고其他任員諸시도次第演說ᄒᆞ야學生의前途를熱心勸奬ᄒᆞ얏다더라

詞藻

◎逆旅 感秋生

말무러보쟈、夕陽天末에울고가는더기럭아。
海外留學ᄒᆞᄂᆞᆫ우리同胞、安寧히지내ᄂᆞᆫ지思想것지러나。
네무ᄃᆡ、本國形便드러다가、傳ᄒᆞ여라。

雜報

●皇儲祝壯 本日은 皇后陛下의 坤元節인故로日本에留학하시ᄂᆞᆫ 皇太子殿下께옵셔 日昨宮內府로慶祝電文을발送ᄒᆞ셧다더라

●慶節進參 각皇族及各部大臣이今日 坤元節에進參ᄒᆞᆫ다더라

●至祥慶祝 各官私立학校壹般任員들이各其生徒를領率ᄒᆞ고本日上午九時에敦化門前에齊進ᄒᆞ야 大皇帝 皇后兩陛下의萬歲를崇呼ᄒᆞ야慶祝의意를表ᄒᆞᆫ다더라

●壹위侍講 皇后陛下께옵서女學徒中資格可合者를 選擇ᄒᆞ사 侍講으로入侍케ᄒᆞ고月給은五十圜式 支發ᄒᆞ신다더라

●三학生選 女학徒로侍講을詮選ᄒᆞ다ᄒᆞᆷ은別項과如ᄒᆞ거니와三昨再昨兩日에宮內府官吏와女官五六人을侍從院卿尹德榮氏家로派送ᄒᆞ샤官立高等女學校同德女子義塾養閨義塾三學校에學徒各二名式招集試取ᄒᆞ얏ᄂᆞᆫᄃᆡ養閨義塾에서ᄂᆞᆫ二名高等女학校同德義塾에서ᄂᆞᆫ各壹名式詮選ᄒᆞ얏다더라

●兩費支出 地方匪擾에被害ᄒᆞᆫ者의救恤費金[illegible]百三十七圜과臨時機密費一萬一千八百三十二圜을支出ᄒᆞ기로上奏裁可ᄒᆞ얏다더라

◎韓人乎아 拓殖會社의移民活動期ᄂᆞᆫ自今壹年間乃至貳年後라ᄂᆞᆫ데移民은아무리韓國에有害될事情이有ᄒᆞᆫ故로엇지慎重ᄒᆞᆫ態度로在ᄒᆞ나其實行은漸次進步될지오其事件은目的ᄒᆞᆫ大經營인故로日月을費ᄒᆞ야永久的으로進行ᄒᆞᆫ다더라

●司法權實施期 司法權實施期限에對ᄒᆞ야日本東京準備委員會에서決議ᄒᆞᆫ바來十壹月에實施ᄒᆞ라ᄂᆞᆫ바日本政府에서도同意ᄒᆞ얏다더라

●文簿調査 法部를將次廢止ᄒᆞᆯ터인故로文簿를調査ᄒᆞ기爲ᄒᆞ야官吏貳名을每日第一銀行에派送ᄒᆞ야該部文籍과比較調査ᄒᆞᆫ다더라

●軍物移輸 前軍部에積置ᄒᆞ얏던舊軍物을 昌德宮內博物園으로日前에輸去ᄒᆞ얏ᄂᆞᆫ데忠武公李舜臣氏의使用ᄒᆞ던軍物도移去ᄒᆞ얏다더라

●建築所移接 舊度支部內에在ᄒᆞᆫ建築所ᄂᆞᆫ昨日에貞洞度支部內로移接ᄒᆞ얏다더라

●度部發訓 度支部에서漢城府及各觀察道와地方部에게發訓ᄒᆞ되軍部에서管理ᄒᆞ던建築物及土地又ᄂᆞᆫ財產을本部所管으로移屬되얏스니所轄財務監督局長에게引繼ᄒᆞ라ᄒᆞ얏다더라

●行政密探 內部에서ᄂᆞᆫ十三道觀察使의行政如何를秘探中이라더라

●慶尙運動說 慶南觀察使黃鐵氏ᄂᆞᆫ自己의地位가動搖ᄒᆞᆯ機微를覺知ᄒᆞᆷ인지內部書記官으로轉任코저目下運動中이라더라

●學部大宴 학部大臣李載克氏ᄂᆞᆫ明日에各道學部長等四十餘名을請邀ᄒᆞ야探藥樓에開宴ᄒᆞᆫ다더라

●中樞參謁 日本留학生監督申海永氏가明日發程歸任ᄒᆞᆯ터인故로昨日학部에前往ᄒᆞ야官吏를作別ᄒᆞ얏다더라

●孫牧出發 多年京城에來留ᄒᆞ던孫澤孃ᄂᆞᆫ明日南大門列車로出發歸國ᄒᆞᆫ다더라

●兩林保安 慶尙北道安東郡府內面松項堤國有森林九十町畝反貳畝十二步와同面浦項堤二反六畝ᄂᆞᆫ森林法第五條에依ᄒᆞ야保安林에編入ᄒᆞ얏다더라

●漁業認可期 韓國漁業法實施以來로漁業區請願者에對ᄒᆞ야第壹回審査를完了ᄒᆞᆫ것은約壹千貳百件이오第二回審査ᄂᆞᆫ目下進行中인데其認可期ᄂᆞᆫ來月中旬이라더라

●虎疫發蔓 仁川地方에ᄂᆞᆫ虎疫이益益蔓延ᄒᆞᄂᆞᆫ故로當局者ᄂᆞᆫ洞里之相通을禁止ᄒᆞ기로決定ᄒᆞ얏ᄂᆞᆫ데此에對ᄒᆞ야貧困居民의救助方法을講究ᄒᆞᆫ다더라

●德化淸潔 北部德化坊內에서ᄂᆞᆫ大淸潔을施行ᄒᆞᆯ次로再昨日에常議員會를開ᄒᆞ고石灰二拾石을買入ᄒᆞ기로決議ᄒᆞ얏다더라

●價開宜贖 廣州郡陰現居王克三氏가家勢赤貧ᄒᆞ야去乙巳年에自己女息十二歲兒를掌禮院卿成岐運氏家에當時錢壹千五百兩을捧ᄒᆞ고賣渡ᄒᆞ얏더니近日王氏가其女를還推코저ᄒᆞ야原金을成氏의게還附ᄒᆞ되成氏가不應ᄒᆞ고威脅을加ᄒᆞᄂᆞᆫ故로王氏가再昨日北部警署에呼訴ᄒᆞ얏다더라

●恤金募集認許 平安道水災에關ᄒᆞ야各新聞記者가救恤金募集으로內部에請願ᄒᆞ얏더니認許狀이昨日에出來ᄒᆞ얏다더라

●韓人無姚否 平壤水災에對ᄒᆞ야平壤居留日人側에서救恤金二千餘圜을募集ᄒᆞ얏다더라

●市場稅徵收 地方稅中重大ᄒᆞᆫ財源은市場稅인데稅率은其賣額의百分壹式徵收ᄒᆞᆫ다더라

●烟社募雇 東亞烟草會社에서將次事務를開始ᄒᆞᆯ터인故로雇備人十五六歲兒를募集ᄒᆞᆫ다더라

●非二乃二 壹進大韓兩派의合倂은旣報와如ᄒᆞ거니와西北학會도此에加入ᄒᆞᆫ다ᄂᆞᆫ疑訝ᄒᆞᄂᆞᆫ者ㅣ或有ᄒᆞ나西北학會ᄂᆞᆫ本是敎育에關ᄒᆞᆫ會인즉此等政黨合同에對ᄒᆞ야相關ᄒᆞᆯ理가無ᄒᆞ다더라

●永社圖債 永新會社長尹世豊氏ᄂᆞᆫ該社財政을補充키爲ᄒᆞ야淸國女人王召史의게紹介ᄒᆞ야負債萬圜을償還ᄒᆞ기로契約ᄒᆞ얏다더라

●畜亦有社 西部仁達방居姜寅圭氏ᄂᆞᆫ近日에六畜會社를設立ᄒᆞ고牛馬犬豚羊鷄를飼養ᄒᆞᆯ計劃이라더라

●左推右諉 廣川郡獐川坪에壹進會員韓景元氏等이築洑ᄒᆞᆫ事ᄂᆞᆫ累揭어니와한편으로農業社에서經營이라稱ᄒᆞ고農業社에서ᄂᆞᆫ한氏의個人的私營이오該社의所關이無ᄒᆞ다ᄒᆞ고極口발明ᄒᆞ야互相推諉ᄒᆞᄂᆞᆫ中이라더라

●漢陽益展 漢陽商會ᄂᆞᆫ開店以來로業務가益益發展ᄒᆞᄂᆞᆫ데從今以後ᄂᆞᆫ物價를特別廉歇케ᄒᆞ야各物品原產地와同一ᄒᆞ게放賣ᄒᆞᆫ다ᄒᆞ며商會主務學會員은此에關ᄒᆞᆫ任務를帶ᄒᆞ고外國貿易場으로出發ᄒᆞ얏다더라

●測量沮戱 珍山郡에서多測量학員들이人民의私有山林을測量코자ᄒᆞ미數郡日巡査가百餘名을沮遏ᄒᆞ야丙種證狀을得付然後에測量ᄒᆞ라ᄒᆞ엿다더라

●同類相殘 向日馬山에서日人漁業者鈴木松五郞을殺害ᄒᆞᆫ犯人은日間被捉되얏ᄂᆞᆫ데該犯은鈴木의親友岡本愛之助라더라

●潮水汎溢 八月三日全羅南道茂長郡沿岸에ᄂᆞᆫ潮水가汎溢ᄒᆞ야附近田畓이浸水되얏다더라

●其情感矣 楊州郡居高明植氏가商業次로上京ᄒᆞ얏더니偵探客의搆誣를因ᄒᆞ야警視廳에被捉되얏더니其父高甕文氏가再昨日警視廳에呼冤ᄒᆞ얏스되至今判이無ᄒᆞᆷ으로警視ᄂᆞᆫ現今路上에彷徨涕泣ᄒᆞᆫ다더라

●文藝美擧 中學永吳聖根金奎植諸氏가發起ᄒᆞ야廣通門外里門에同志文藝館을設立ᄒᆞ야韓國支那日本泰西諸國經史를藏置ᄒᆞ고館員諸氏가相聚講習ᄒᆞ야各其知識을增進케ᄒᆞ고凡入士中학問에有志ᄒᆞᆫ者ᄂᆞᆫ館員外에도縱覽을許ᄒᆞ야壹世에公益을圖ᄒᆞ기로規則을定ᄒᆞ고趣旨書를發布ᄒᆞ얏다더라

●茂郡義擾 義兵五千餘名이數日前에茂朱郡空所里에突入ᄒᆞ야軍需錢白圜을請求ᄒᆞ다가洞民二名을捉去ᄒᆞ얏다더라

●發逃查捉 警視廳刑事巡査浩氏가昨夜에妓生宋蓮及妓夫等을帶同ᄒᆞ고淸人料理店에前往ᄒᆞ야武圓二십원價値되ᄂᆞᆫ料理를討喫後에料巡査ᄂᆞᆫ暗自避身ᄒᆞᆫ지라妓夫等이此를因ᄒᆞ야中部警察署에[illegible]ᄒᆞ얏다더라

●兩盜越交 淸國馬산面伍山里居竊盜等五人을[illegible]郡巡查가被逮ᄒᆞ야仁川港警察署로越交ᄒᆞ얏다더라

●校長協議 公立[illegible]學校貫任督促ᄒᆞᆯ事에對ᄒᆞ야학部度支部及政府에提呈ᄒᆞ기로[illegible]時에各校任員會에敎育俱樂部內에會同協議ᄒᆞ얏다더라

●員會委員 再昨日下午八時에貞洞會에서特別委員會를開ᄒᆞ고學校維持費를收合ᄒᆞ기爲ᄒᆞ야申泰恒鄭鎬譜兩氏로委員을選定ᄒᆞ얏다더라

●傳之者誤 太皇帝陛下께옵서淮明女학校에金品과錦緞을下賜ᄒᆞ셧다ᄂᆞᆫ說로該報에揭載ᄒᆞ얏더니更探ᄒᆞ즉初無ᄒᆞᆫ事이라더라

○東京電報○

◎外國觀光團渡來 在淸國外國人으로韓國觀光團을組織ᄒᆞ야其壹行이德國滊船으로去十九日에上海에서出發ᄒᆞ야仁川으로向ᄒᆞᆫ다더라

◎쁠博士來韓 天主敎會宣敎師哲學博士쁠氏ᄂᆞᆫ韓國과淸國滿洲를視察ᄒᆞ며衆ᄒᆞ야同地信徒를訪問ᄒᆞ고二拾三日에ᄂᆞᆫ大連으로向ᄒᆞᆫ다더라

◎臺灣의大風害 日本臺灣總督府公報에日去十五日臺北基隆地方에大暴風雨가有ᄒᆞ야被害가慘絶ᄒᆞᆫ데民家의全壞ᄒᆞᆫ거시百五十戶오半壞家가二百六十戶오浸水家屋이五百이요其他被害ᄂᆞᆫ枚擧키不能ᄒᆞ다더라

◎法韓協約內容 韓淸國內商標及意匠明著作權에關ᄒᆞ야日本國政府와法國政府間締約의內容은左와如ᄒᆞ니[illegible]

又韓人은法國所管地人民으로法國人과同視ᄒᆞ야[illegible] 此條約은二十二日兩國政府間에治外法權을有ᄒᆞᆫ地域에ᄂᆞᆫ改ᄒᆞ고旣往의侵害行爲ᄂᆞᆫ猶豫期間을與ᄒᆞ야此條約의實施를待ᄒᆞ게ᄒᆞ라더라

○北京電報○

◎淸海軍復興 淸國政府ᄂᆞᆫ海軍復興을計劃ᄒᆞ야其根據地ᄂᆞᆫ威海衛에置ᄒᆞ기로ᄒᆞ얏ᄂᆞᆫ데其區域에關ᄒᆞ야英國公使와交涉ᄒᆞᆫ다더라

◎袁氏의敎育 淸國袁世凱씨ᄂᆞᆫ河南에大規模로學堂을建設ᄒᆞ고西洋式敎育을普及ᄒᆞ기로圖謀ᄒᆞᆫ다더라

○伯林電報○

◎獨國國防問題 獨國內閣에서ᄂᆞᆫ防禦問題로直轄을經ᄒᆞ기로定ᄒᆞ고臨會로發佈ᄒᆞ얏다더라 (同二十八日發)

◀坤元節慶祝▶

頑愚生

邦尊先艷 吾皇勿載
皇堂多福 天作之合
塞淵其心 求賢審官
貞靜且質 中宵反側
玄德[illegible] 內治坤位
武配聖德 壽範徽淑
夙夜在公 [illegible]
躬親蠶桑 慶溢寰域
金殿瑞靄 鳥鳴祥風
百僚趨蹌 太和飄拂
在昔賢王 式發內助
偉哉多樂 克彭厥績
況當今日 克敬克愼
聖慮溢日 [illegible]
夙宵惟懼 [illegible]
我后是勗 [illegible]
年年今節
臣民共樂

廣告

本藥房에서各種藥品을直接輸入ᄒᆞ야……特別廉價로……

國文綴與外學徒用品도太發賣

京城鍾路耶蘇教書舘 尹衡鎭

中部洞橋六統八戶

一心堂醫院

每日診察은午前六時로午後時……急病은時間不計ᄒᆞᆷ

新纂初等小學

新纂尺牘 全 洋製 一圜十五錢 半洋 八십五젼 韓製 칠십젼

國文句解

新撰家庭尺牘 二十五錢 傍附漢字

各種藥品을總發行所는漢城……生堂大藥房本舖

蔘茸大補元 大補元氣……

蛔積殺虫散

起死回生 回生丹

久滯大通丸

感氣特效 解熱散

寸虫沒出藥

去痰生新 沃度膏

ᄅᆡᄂᆞ拔根藥

特製百應膏

止足汗臭藥

其他有名賣藥洋藥各種都賣散賣

淸心保命丹 發行所 漢城南大門內 濟生堂大藥房

藥商의게는特減大賣홈

遠地에는小包로信送홈

各種東西洋藥과韓國唐草材大發賣所 和平堂藥房

起死回生 水生回生丹 回生

城南 和平堂主人 李應善

藥商의게는特減大賣홈

遠地에는小包로信送홈

◎共愛堂大藥房製造各種藥品發行表

壯陽復元丹 專治腎虛腎弱……

淸耳液

淸眼水 眼疾……

淸脾丸

解瘧至寶丸

消熱散

通淋丸 五淋專治

小兒濟命散

靈効液 皮膚……

疾痢散

養胃散 久滯……

止泄丸

治痰鎭咳丸

蛔積散

能治……齒痛水

解……

精選 家庭救急方 全一冊 定價……三十錢 前……學校敎官 朴容南

共益……各處支店特約所

學部檢定 初等大東歷史 全 定價金 三十錢

初等……修身 全

朴晶東 著 發行所 南部上犁洞十九統九戶 金泰玉 價定金二十五錢 發賣所 京鄉各有名書舖 同文社

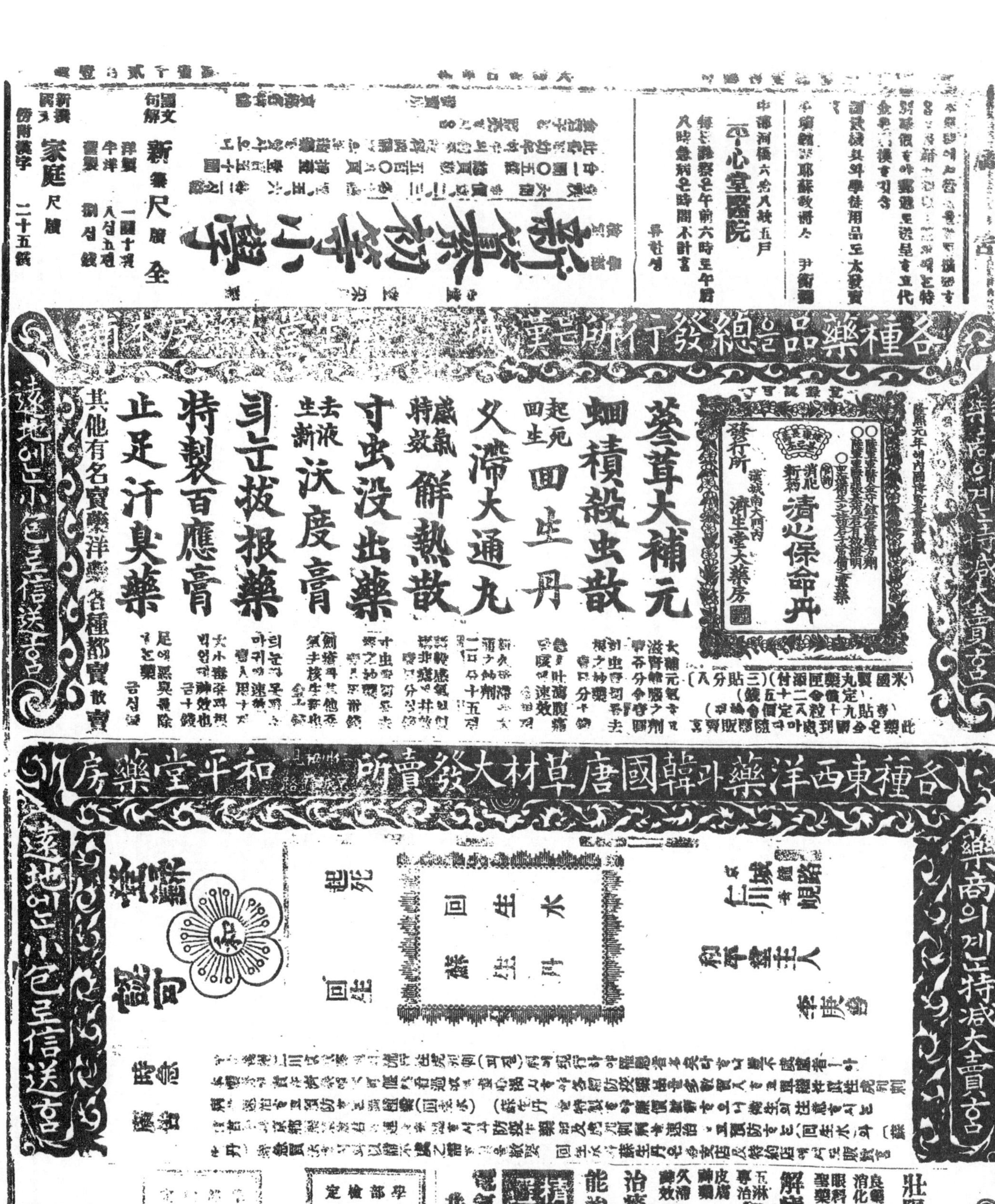

第七卷

大韓每日申報

第千貳百貳號

月賦 臨時及日曜休刊

Responsible for Publication Alfred Weekley Marnham.

發行兼編輯人 萬咸 發行所 大韓每日申報社

論說

◉一荒川之濟州乎

(斯人은可惜이오)
(荒川은可痛인져)

濟州ᄂᆞᆫ何日濟州의島ᄂᆞᆫ水產으로生活을得ᄒᆞᄂᆞᆫ故로水產中에ᄂᆞᆫ漁業이爲最ᄒᆞ고漁業中에ᄂᆞᆫ멸어치가爲最니멸어치ᄂᆞᆫ濟州人民의獨一無二ᄒᆞᆫ生命이러니哀哉라五七條約의影響은此小島의漁民의生業界ᄭᅡ지侵入ᄒᆞ야當罟網의入水와尾魚의販賣도敢히自由치못ᄒᆞ고日本壹小竪子荒川의手腕으로左右ᄒᆞᄂᆞᆫ도다

荒川은日本의官人인가日否라荒川은日本의軍人인가日否라荒川은黨衆이甚多ᄒᆞᆫ日人인가日否라荒川은勢力이宏大ᄒᆞᆫ日人인가日否라然則荒川이何操ᄒᆞᆫ人이뇨日只是日本壹小商으로浮雲을ᄯᆞ라鷲와如히濟州島에飛來ᄒᆞᆫ者니라

因然則濟州人은雖弱ᄒᆞ나壹島三郡內數萬餘男女가有ᄒᆞ며荒川은雖强ᄒᆞ나兀然ᄒᆞᆫ壹個小竪어ᄂᆞᆯ彼壹個小竪가何樣魔力이有ᄒᆞ관ᄃᆡ數萬의叢中에서若是橫行ᄒᆞᆷ을得ᄒᆞ나且來人이喟然[illegible]에答曰此ᄂᆞᆫ無他라濟州人은雖多ᄒᆞ나是韓人이오荒川은雖小나是日人인故로다

荒川이韓人을愚弄ᄒᆞ야其漁基를奪取ᄒᆞ며漁業을妨害ᄒᆞᆷ이何許强權을恃ᄒᆞᆷ도아니며何許奇僻을恃ᄒᆞᆷ도아니오只是其曾柄을恃ᄒᆞᆫ故라彼가六穴砲를恃ᄒᆞ며六穴砲를持ᄒᆞ고海邊에行ᄒᆞ다가良好ᄒᆞᆫ漁基가有ᄒᆞ면標를立ᄒᆞ야「日人荒川所有漁基」라大書ᄒᆞ며又其傍에「敢毀此標者ᄂᆞᆫ死ᄒᆞ리라」細註ᄒᆞ고該漁基主人이來詰ᄒᆞ면砲로其頭를指ᄒᆞ며大喝曰「네가죽고십우냐」ᄒᆞ고又必該漁民을誘脅ᄒᆞ야勸約을立ᄒᆞ되凡爾所漁ᄂᆞᆫ必也我에게賣ᄒᆞ라然後에相當價値의漁物이면貳三國에買ᄒᆞ며貳國價値의漁物이면一二三錢에買ᄒᆞ야商利를獨專ᄒᆞ거나或此約을不聽ᄒᆞᄂᆞᆫ者ㅣ有ᄒᆞ면又其砲로嚇曰「네가죽고십우냐」ᄒᆞ야恐嚇砲와此壹言으로濟州全島의人을奴使ᄒᆞᄂᆞᆫ도다

然이나濟州人이엇지此言을畏ᄒᆞᆷ이리오其砲를畏ᄒᆞᆷ이며엇지其砲를畏ᄒᆞᆷ이리오荒川을畏ᄒᆞᆷ이로다今日에엇지荒川을畏ᄒᆞᆷ이리오日人인故로畏ᄒᆞᆷ이로다日人々々이야虎가아니며狼이아니어ᄂᆞᆯ韓人이彼를虎狼으로視ᄒᆞᄂᆞᆫ도다

噫荒川의威力을畏ᄒᆞ야對抗ᄒᆞᆷ도不敢ᄒᆞ며起訴ᄒᆞᆷ도不敢ᄒᆞ고惟其命을莫違ᄒᆞ며惟其志를莫越ᄒᆞ야無賴ᄒᆞᆫ壹小竪가居然壹島王이되게ᄒᆞᄂᆞᆫ도다

現今韓日兩國의國勢ᄂᆞᆫ不敵이나知識과義氣가有ᄒᆞᆫ人民이면日本有力官吏도非理의侵奪을不能ᄒᆞ리니況荒川이何物이뇨

且此等事ᄂᆞᆫ韓人의自取ᄒᆞᆫ者ㅣ多ᄒᆞ니其實例를擧ᄒᆞ면此郡漁民이彼此間是非가有ᄒᆞ야訴ᄒᆞ면荒川에게往ᄒᆞ야其判決을求ᄒᆞᄂᆞᆫ故로荒川은儼然히冠冕의裁判官을作ᄒᆞᆫ지라荒川이恒常此機를利用ᄒᆞ야漁民을誘脅ᄒᆞ니古聖의云ᄒᆞᆫ바「人必自侮而後人侮之ᄒᆞ고必自伐而後人伐之」ᄂᆞᆫ이를이름이니엇지虛言인가悲夫라

記者曰今日濟民이壹半分血性이有ᄒᆞᆫ者면전대殺或起訴ᄒᆞᆯ事가有ᄒᆞ리니不得已日人의裁判官前에往ᄒᆞ시나壹步에淚壹注ᄒᆞ며二步에淚壹注ᄒᆞᆯ지어ᄂᆞᆯ乃者醜然히顔을掩ᄒᆞ고壹平民을推ᄒᆞ야我境內是非를判決ᄒᆞᄂᆞᆫ官吏로觀ᄒᆞ니人彝가殄滅에엇지此에至ᄒᆞ뇨然이나其惡에서出ᄒᆞᆷ이오其惡에서出ᄒᆞᆷ이아니니余ᄂᆞᆫ數白年政府衆勻者의不敎民ᄒᆞᆷ을嘆ᄒᆞ노라

記者又曰現今에法理를稍解ᄒᆞ며時事를稍曉ᄒᆞᄂᆞᆫ人이여空然히國民을誘惑ᄒᆞ며政治上에漫弄ᄒᆞ면서社會上에漫弄走치말고極力으로民知를發唱ᄒᆞ야權利를保障케ᄒᆞᆷ이志士의有意ᄒᆞᆫ責任이라ᄒᆞ노라

外報

◉日貨又排 東京電을據ᄒᆞᆫ즉淸國天津에서ᄂᆞᆫ日貨排斥이盛行ᄒᆞᄂᆞᆫ데其原因은淸國官憲의煽動이라더라

◉日人鐵道評 露國極東防備政策上의準春鐵道敷設과經營에對ᄒᆞ야日本將官田中이가論ᄒᆞ야日當年日露戰爭末期에至ᄒᆞ야露國參謀中佐某씨가論曰日本이百萬鐵道를敷設ᄒᆞ얏더면畢竟短期間에百萬兵을充滿洲에集ᄒᆞᆯ지라ᄒᆞ얏ᄂᆞᆫ데此蓋當時露國이戰爭에未熟ᄒᆞᆫ時에露人이日本의軍事的行動을注視ᄒᆞᆷ이라今番日本이淸國과協約을因ᄒᆞ야間島吉林間에鐵道를敷設ᄒᆞ고且日本이滿洲鐵道와連絡ᄒᆞ야ᄂᆞᆫ韓國鐵道가有ᄒᆞ니然露人이擧古塔渾春과海參威里斯克의鐵道敷設權을淸政府에要求ᄒᆞᄂᆞᆫ데此ᄂᆞᆫ露國의極東政策上必有ᄒᆞᆫ事라果然露國이此鐵道를敷設ᄒᆞ면其便利가吉會鐵道보다多大ᄒᆞᆯ지라ᄒᆞᆫ다더라

◉淸國要慮 北京電을據ᄒᆞᆫ즉淸國外字報ᄂᆞᆫ吉會鐵道借款을論ᄒᆞ야日本借款이有ᄒᆞᆫ지事ᄒᆞ면間島를放棄ᄒᆞᆷ이可ᄒᆞ다ᄒᆞ얏다더라

◉[illegible]險 曾昔土國에서[illegible]리즈히親王은北極探險委員會員이되얏ᄂᆞᆫ데此會ᄂᆞᆫ飛行船으로北極을探險ᄒᆞ며又其科學的效果를審查ᄒᆞ기爲ᄒᆞ야設立되얏다더라

雜報

◉隨聞更揭 本報第壹千二百號雜報欄內에揭載ᄒᆞᆫ觀察使朱瀅晃씨가西間島看審次로發程ᄒᆞ얏다ᄒᆞᆫ은隨聞隨揭ᄒᆞᆫ바인ᄃᆡ更聞ᄒᆞᆫ則朱씨ᄂᆞᆫ多年身病이今至危重ᄒᆞ야動作을須人ᄒᆞᄂᆞᆫ터인ᄃᆡ西島之行은全히無根之說이라더라

詞藻

◉山影樓 感物生

山影樓비긴後에、가을精神서로워라。
岩上에오뚝섯는더丹楓은、고혼빗춤자랑ᄒᆞ다。
우리도、獨立基礎세운後에、文明자랑。

雜報

●賀祝延期 今番 皇后陛下 坤元節에 虎疫의傳染을預防ᄒ기爲ᄒ야賀禮를停ᄒ고 閤安을擧行ᄒ얏ᄂᆞᆫᄃᆡ 慶祝宴은更히擇日設行ᄒ기로內定이되얏다더라

●侍講入侍 皇后陛下侍講을設置ᄒ온바已爲勅任官이어니와敎選ᄒᆞᆫ員은昨日부터入侍ᄒ얏다더라

●兩宮의消毒 宮內防疫委員들은去月晦日에 德壽宮과昌德宮에大掃除法을勵行ᄒ고宮吏及宮屬宮內女官白餘名에게健康診斷을行ᄒ얏다더라

●內閣提議 總理以下各部大臣이昨日定例會를開ᄒ고度量衡規則施行細則等項을提議ᄒ얏ᄂᆞᆫᄃᆡ今明間發布되리라더라

●統監遞任說 曾禰統監의病勢가尙今遲延됨은世所共知어니와近聞ᄒ즉畢竟遞任되고其代에日本桂首相이[illegible]ᄒ다ᄂᆞᆫ說이喧藉ᄒ다더라

●司法權實施順序 司法權實施順序期限은來拾壹月壹日로決ᄒ얏ᄂᆞᆫᄃᆡ同日에政府ᄂᆞᆫ勅令으로法部를廢止ᄒ고司法機關을統監府에讓渡ᄒ며統監府ᄂᆞᆫ同日에統監府直隸司法廳을置ᄒ고日人으로長官이되ᄂᆞᆫ大審院(或高等法院)壹控訴院三處方裁判所八區裁判所百拾貳(現在ᄂᆞᆫ사십)等置ᄒ고日本에서司法官百六七십名을新히任命ᄒ리라더라

●兩相出發 總相과完用內相朴齊純兩氏ᄂᆞᆫ全州群山間에新鐵道開通式에參與키爲ᄒ야昨日出發ᄒ얏다더라

●同事又來 韓國에잇던壹進會顧問內田良平은昨日에渡韓ᄒ얏다ᄂᆞᆫ說이有ᄒ더라

●申氏發程 前駐劄日本留學生監督申海永氏가昨日上午九時에發程渡日ᄒ얏다더라

●民官晩餐 現衛將武官三十餘名이昨日午後六時에京城旅舘에서晩餐會를開ᄒ얏다더라

●遠足會協議 法制局及會計局(?)[illegible]尹致昨시等이京城郡朴淵瀑布를遊覽ᄒ기로遠足會를發起ᄒ야來十五日에發程ᄒ기로會同ᄒ야準備事項을協議ᄒᆞᆫ다더라

●地方整理 道及府郡의區域變更은勅令으로行ᄒ고面과洞의廢合은部令으로行ᄒ고洞의廢合은觀察使의意見으로行ᄒᆞᆯ터인ᄃᆡ內部에서ᄂᆞᆫ近間地方整理에着手ᄒ다더라

●日館建築 現今度支部建築所에서ᄂᆞᆫ所員을各地에派送ᄒ야裁判所官舍建築을速成케ᄒᆞᄂᆞᆫᄃᆡ其原因은日本에서司法權委任을速히實施ᄒᆞᄂᆞᆫ故로來十月中에ᄂᆞᆫ工役이完成된다더라

●山林亦日 農商工部山林局에서京城五部내에保安林保護를ᄒ야山監山直을置ᄒ고山監은日本人으로採用ᄒᆞᆫ다더라

●法所改稱 司法權委任의實施ᄂᆞᆫ來拾壹月로決行ᄒᆞᆯ豫定인ᄃᆡ法官養成所ᄂᆞᆫ依舊存置ᄒ야學部所管으로ᄒᆞᆫ다더라

●豚亦有稅 財務署에서屠場稅를賦課ᄒᆞᄂᆞᆫᄃᆡ牛에ᄂᆞᆫ壹圓五十錢以下一圓以上으로ᄒ고豚等에ᄂᆞᆫ二十錢式賦課ᄒᆞᆫ다더라

●外國人數 今年六月末日에在韓外國人數를調査ᄒ즉日本人은姑舍ᄒ고淸人이一萬二千三百三十二人이오美人이四百六십四人이오法人이八十七人이오英人이五十三人이오德人이三십三人이오露人이십四人이오希臘人이八人이오伊太利人이七人이오諸威人이五人이라더라

●慈善 忠南全義郡南面新居ᄒᆞᄂᆞᆫ리承國氏ᄂᆞᆫ元來慈惠로人士인ᄃᆡ去辛丑年歉荒에自己의畓土를斥賣ᄒ야隣近동窮民을賑恤ᄒ고昨春에[illegible]人處에債錢을焚券蕩滅홈으로頌碑가四立ᄒ고譽聲이藉藉ᄒ다더라

●金氏起訴 承寧府侍從李恒九시가東小門外居ᄒᆞᄂᆞᆫ金鍾湖시와自田畓을同以賣斥ᄒ얏던지金시ᄂᆞᆫ右金額을推尋ᄒ기로將次起訴ᄒᆞᆫ다더라

●鑛脈日深 平南祥原郡과黃海道遂安郡等地의水銀礦은日人上遠野栗이가經營ᄒᆞᄂᆞᆫᄃᆡ礦脈이豐厚ᄒ야莫大의利益이有ᄒ다더라

●湖州金鑛平穩 過日湖州金鑛에서起ᄒ얏던紛擾ᄂᆞᆫ漸漸平穩ᄒ고現場에派出ᄒ얏던日本軍隊及憲兵은拾八日夜에各其任所로歸着ᄒ얏다더라

●宜其然矣 沈奎섭시가日昨에婢子壹名을招致ᄒ야自由生活ᄒ라ᄒ고文券을燒火ᄒᆞᆫ後에擴喩出送ᄒ얏다더라

●嚴其防疫 宮內府에서ᄂᆞᆫ近日虎列剌의流行홈을因ᄒ야消毒淸潔홈은已報ᄒᆞᆫ바어니와所屬吏員들은此를審愼ᄒ기爲ᄒ야私自家屋에서도來客을謝絶ᄒᆞᆫ다더라

●避病院治療 近日城內에流行病을因ᄒ야東門外避病院에서現今治療ᄒᆞᄂᆞᆫ者가合壹百三十名에達ᄒ얏다더라

●虎疫新患者 日昨십九日에虎疫新발生ᄒᆞᆫ數를聞ᄒ즉京城외二十二名인ᄃᆡ日人이三이오麻浦韓人이壹이오龍山의韓人이拾壹人이오日人이壹이라더라

●虎疫原因의發見 最初虎疫病毒의輸入地ᄂᆞᆫ仁川永宗島인故로同島의ᄂᆞᆫ嚴重히通行을禁止ᄒ며ᄂᆞᆫ데此島의서向者의病死者淸人의尸體를海中에亂投하얏슴으로病源이此에서起ᄒᆞᆫ模樣이라더라

●高等停學 官立漢城高等學校에서ᄂᆞᆫ昨日大淸潔을實施ᄒ기爲ᄒ야壹日休學ᄒ얏더라

●藥劑討論 城內醫師藥商들이再昨日에藥學校內에會同ᄒ야國合的趣旨를討論ᄒ고製藥及診察等事項에關ᄒ야精詳케ᄒ기로提論ᄒ얏다더라

●今之渾脫舞 故平偽氏의令孃錦嬢姬年僅十四인ᄃᆡ舞力이特秀ᄒ으로遠近紳士가多數寫眞을請求ᄒ얏ᄂᆞᆫᄃᆡ畫刀의活潑ᄒ과字樣의絕妙홈을擧皆稱贊ᄒ다더라

●運輸會社 大韓運輸會社에서任員을更히選定ᄒ얏ᄂᆞᆫᄃᆡ總裁ᄂᆞᆫ리鳳來씨오副督은吳龜泳氏ᄂᆞᆫ리完宰氏로推薦ᄒ고諸般事務를擴張ᄒ다더라

●運送支社出發 仁同郡居ᄒᆞᄂᆞᆫ吳仁默시가大韓운送會社支社장을被任ᄒ얏ᄂᆞᆫᄃᆡ昨日에龍山으로率眷移接ᄒ야業務를實施ᄒ다더라

●兩會親睦 大韓協會의서去十一日의總會를開ᄒ고一進會와連絡ᄒ야共同[illegible]協議ᄒ選行ᄒ事를議定ᄒ얏ᄂᆞᆫᄃᆡ去月八日의沈宜性시를一進會의派送하야解決主義를通知ᄒ고且進行方法의就ᄒ야兩黨이協同會議를先開ᄒ지懇親儀式을先行ᄒᆞᆯ지互相協定을提出ᄒ얏바昨日一進會에서總代를大韓協會의派送하야兩方議員을任員이來二十三日에泥峴[illegible]會同ᄒ야懇親會를設ᄒ고進行方法을協議코저ᄒ얏다더라

●湖學探知 湖南學會에서機關月報代金을收刷ᄒ기爲ᄒ야會員리재武를全羅北道로派送ᄒ얏더니리氏가尙不上來ᄒᆷ으로故로該會에서리氏의所在處를探知中이라더라

●因何逃走 驪郡양리觀夏시의令孃이學校에入學ᄒ기를願ᄒ나리시가不許ᄒ고成婚ᄒ얏다ᄂᆞᆫᄃᆡ生活의窘拙ᄒᆷ을因ᄒ야下鄕居生ᄒ기로決定ᄒ얏더니리시의令孃이再昨夜에逃走ᄒ故로四面搜索ᄒ다가西部鑄錢洞에서覓送ᄒ얏다더라

●僞標被囚 北部壯洞居韓壽敏시가他人의債務事에關ᄒ야英國人裵說夫人의所有家屋이라ᄂᆞᆫ標를僞造ᄒ야負債人家에懸揭ᄒ다가奸狀이綻露되야西部警察署에被囚되얏다더라

●奪財者被捉 楊州郡居鄭在浩名人이徒黨을募集ᄒ야民財를奪取ᄒ다가日昨京城憲兵司令部에被捉되얏다더라

●李氏放免 三陟郡鄭儒의起訴事件을因ᄒ야多月監獄署에滯囚ᄒ얏던學部李炫氏가日昨에無事放免ᄒ얏다더라

●英新會演說 本日下午七時中에西部宗智德英新會에서鄭雲復氏가演說會를開ᄒᆯ터인데多數傍聽을希望ᄒ다더라

○東京電報○

●淸國의行動 東三省總督錫良시ᄂᆞᆫ淸國等의日貨排斥에對ᄒ야斷然ᄒᆞᆫ處置가無ᄒ고도로혀人民과同情ᄒᆞᆫ形跡이有ᄒ다ᄒ야日本奉天總領事가警告를與ᄒ얏다더라

●韓亦殖民地乎 日本에서ᄂᆞᆫ北海道樺太臺灣滿洲韓國各殖民地의方針과政府監督統一上에紀脈이極ᄒ다ᄒ야近來法制局內에拓殖務省을設置ᄒ자ᄂᆞᆫ議가有ᄒᆞᆫᄃᆡ贊成者가頗多ᄒᆞᆫ模樣이라더라

●滿日又衝突 安奉線陳相屯以西線路査定에對ᄒ야淸日兩國의意見이相違ᄒ야尙今解決치못ᄒ다더라

●國債償還額 日本明年度國債償還額은六千八百萬圓으로確定ᄒ얏다더라

●醫士自殺 日本의學士豊住秀人이ᄂᆞᆫ留學滿期가되야去十五日에獨逸國으로부터歸國ᄒ다가拾九日에品川에서鐵道軌에自殺ᄒ얏다더라

●淸日協約의細目 淸日協約의撫順烟臺兩炭鑛에關ᄒᆞᆫ細目協定은正式交涉이無ᄒ고다만小池奉天總領事와淸國東三省總督간에意見을交換ᄒ야其中에[illegible]

●趙爾巽榮轉說 淸國四川總督趙爾巽은中央政府의要職을任ᄒ고其後任은鐵良시가襲ᄒ리라더라

●韓國問題의密議 日人松川茂丸이去昨拾九日夜에待合濟의家에서伊藤公과[illegible]子爵後藤男近藤廉平、加藤正義等을招待ᄒ야韓國問題에關ᄒ야密議ᄒ얏ᄂᆞᆫᄃᆡ夜深에至ᄒ얏다더라

以上십九日發

○倫敦電報○

●英國元帥新任 印度에駐守ᄒ던[illegible]키치나將軍은今回元帥의稱號를得ᄒ얏다더라

二十日發

▲祝每日報▼

橙雲生

▲同胞들아ᄉᆞᄉᆞ每日報를愛讀ᄒ라每日報의純然精神金허우리同胞爲ᄒ야百折不屈ᄒ야가며愛國誠을鼓吹ᄒ고春秋筆法直下ᄒ야亂臣賊子並誅ᄒ니不可無者每日報니뉘가아니讀ᄒᆯ샤

▲實業界를도라보니凋殘腐敗寒心ᄒ고敎育界를도라보니障礙檢束切齒로다勇往直前ᄒ다가서絕望ᄒ이自在ᄒ도此申報를愛讀ᄒ면子夜鷄聲蹶起ᄒ야一線陽氣回復ᄒ야希望自在ᄒ리로다

▲仰瞻廟堂ᄒ고보면傀儡만橫行ᄒ고俯覽社會ᄒ고보면假志士만疊出이라同氣相求ᄒᆯ데업서愛國淚만徒費ᄒ도此申報를愛讀ᄒ면愛國論自得ᄒ고經世機關活動ᄒ야憂中喜有ᄒ리로다

▲愁雲慘雨蔽ᄒ야眼前物色暗憺ᄒ고魔術假計惡八ᄒ야日下情形閉心ᄒ니有志者를求ᄒ야愛國血誠獻身者도此申報를一讀ᄒ면有志之事竟成ᄒ고未來新國如見ᄒ야樂在其中ᄒ리로다

▲窮國勢를挽回코저漂泊東西驅馳ᄒ되濟世英雄難見이오建國將士不現이라劍筑悲歌慷慨ᄒ야不平肝膽憤慨ᄒ도此申報를愛讀ᄒ면實功成就ᄒ련만은無名英雄輩出ᄒ야同聲相應ᄒ리로다

▲祝ᄒ노니每日報여千辛萬苦經過ᄒ야도其目的은變치말며祝ᄒ노니每日報여千魔百鬼侵奪ᄒ야도그精神은變치말고愈往愈奮ᄒ야愈久愈新ᄒ야國運挽回興復ᄒ고社會隆盛永保ᄒ소

廣告

本人姓名圖章을陰七月二拾三日에失호왓亽오니知舊間照諒홈
開城廣橋 尹泰錫

告訃

韓博士尹滴喆氏以宿患陰本月初五日午時別世知舊間照亮
子 相卿
合卿
翊卿
護喪 李秉煥

本人의新發明호甘露丸은吐瀉와痢疾에效驗이有호고預防에必要하니病家에서と勿論이오僉君子と購去預防하시오
寺洞第拾四戶 金炳瓘 告白

西部東幕前主事盧公愚承氏가陰八月初六日巳時에宿患으로別世하왓스니知舊間照亮하심을望홈
長子 相佳 次子 相琪
長孫 相愚 相健 相돈
護喪 金應燮 訃告

內部認可 民權自治制全

定價 四十錢

本書と民權의制限과自治의條例를昭詳編輯하야各地方民會組織에應用케必要하오니遠近有志同胞と早速購覽하시오
發行所 廣學書舖
仝 中部寺洞 教育月報社
仝 西部銅峴 文明書館
仝 京鄉各書舖

中部罷橋坊新橋契拾統二戶家劵을不知中에失故로玆以廣告홈
嚴鍾성 告白

西部社동昌興泰典當局에典物을所等翠學洞拾八統二日寶荀盛典當局으로移附하얏と티期限過限典物은當曆本月貳拾日內로無碍放賣홀터이오니典當호人員은速速來贖하여後悔가無케하시옴
寶荀盛 告白

本人姓名圖章을日前에失하얏기로玆以仰佈하오니知舊間照亮하시옴소서
黃州郡內東里居池完源 告白

一會社と大同運輸會社與仁川東興運送部與濟物浦上運送部與輪船三光運輸會社三通運輸會社九箇會社로合併하야合資運輸會社라名稱홈은僉君子의洞悉하시온바現에當地商業會議所에서特別保護하시와商業家諸氏一同이協力贊助홈으로本社業務를改善하고運送事務도迅速處理하며賃金도比前特減하오니遠近同胞と照亮하심을望홈

平壤○合資運輸會社理事 崔秉夏 鮮于敵 尹聖運 黃桂旭 朴鍾浹 張日煥

本合社가合倂營業호은僉君子의洞悉하시온바現에某々시가例에謂○曾興社라名稱하고當埠에出張하야運送事務에不正當호缺點이不無하오니各支店同業諸시와僉君子と深愼하시와運送에關호物貨을本社名으로送致하심을望홈

本壤驛八合資運輸會社內 三光運送部 博物運送部 三通運送部 浦上運送部 國內通運社 普通運社 大同運送部 大韓운送部 東美運送部

中部樵洞箭洞居趙海鎮氏卜丁이紙匣에當鐵一千兩手票壹張을紙匣에並하야遺失于路中이기玆에廣告하오니誰某던지得하야도休紙施行홈 朴秀儀

創立紀念日이廿二日이나怪疫을因하야紀念式擧行을退定하오니僉會員은照亮하시옴
西北學生親睦會 告白

本人이陰八月貳拾日에姓名圖章을遺失하고新刻施行하오니知舊と照亮홈
리谷雨 告白

問答 大韓新地誌

定價金 廿五錢

今에問答으로韓新地誌를新刊하니普通教科에適用케編輯홈이니多數需用하심을
發行所 安泰瓚書舖

物理學初步

定價 十錢

此書と普通教育界에必要한指南으로簡明便易케譯述홈이니教育界와學生에셔多數需用하심을

女子修身教科書

定價金 二十錢

此書と女子教育界에必需한指南이될뿐아니라家庭間自習하기에極便易하오니有志僉彥은多數需用하심을
譯述
發行 經

國文初學

定價金 拾錢

今에新刊호國文初學은幼蒙教科에適合하오니多數需用하심을望홈

普通教科算術書

定價金 二十錢

本書と年幼호學生의覺得홈에便易케爲하야淺近호게著述홈

高等小學算術書

定價金 二十錢

本算術書と高等小學科에適用豆록譯述홈이니多數購覽하심을望홈

獨習韓日會話

定價金 十錢

本書と初學者의語獨習하기에便易토록著作호것이니多數購覽하심을望홈
發賣所 京城南大門內尙洞 博文書館
分賣所 京鄉各有名書舖

◎秘製止痛藥

此藥은美國에有名호의학博士百里得未司氏의발明호無雙호靈藥이라美國에在호製會社에서特爲派員호야此藥品을韓國內에廣佈호기를專托호읍는故로義不可辭호와玆에廣佈호읍는바左開諸症에外塗內服호면無不立效라當此炎夏에尤極神效호와多數生命에오니藥業에從事하시는이와疾病을預防코져호시는이는速速來購호시면廉價로都賣홀것삽나이다

左開

▲內服所用▼
胃酸 腹瀉 吐瀉 食傷 咳嗽 下消化 肚滯 疹 心痛 傷寒 肝病 肚痛 胃熱 痢疾 口內瘡 齒痛 哮喘 腎病 小兒吐瀉 暑夏吐瀉 抽筋 瘧疾 嗄聲 胃氣痛 腸理傷寒 喉痺 骨軟弱 痔病 氣管病 霍亂

▲外塗所用▼
火疔 疥 跌打損傷 腰背痛 痲 牛皮疸 咽喉痛 蟲蛇咬 凍瘡 傷風痛 癬

◎秘製止痛藥
此藥의效能은無數하나特히吐瀉와霍亂과下痢와轉筋等急症에最靈驗이有하오니諸病家에서는常備하야以防不虞之患하시고旅行者도携帶하시오 此外에도各所에서發賣하오
定價 大本每甁六拾錢 中本每甁三十錢

▲發賣所 總代理 韓美興業株式會社事務所

本照房에셔督飭書籍을擴張하고各書籍五種以上請求하면己持用所價를郵送하며代金은[illegible]

醫藥機具와藥種用品도[illegible]

平壤鍾路耶蘇敎書舖셔 金鍾鑾 　本人이火災를說하나性本浮淺하야不能産業故로不得已乙巳年分에分業이오니未滿四朔에三百萬金財産을蕩盡하고東閃忽되여亂類之輩를付同하야本人庄土를僞造文券으로放賣得償코져하오니內外國人은照勿欺뿜
平安南道義州古邑面龍淵 金承律 告白

新撰 家庭尺牘 二十五錢
國文句解 新纂尺牘 全 洋裝 一圓十錢 半洋 八십五錢 唐裝 五십錢
新撰國文 傍附漢字

[illegible]

各種藥品을廉價로放賣함 房藥堂[illegible]

養[illegible]特減大賣홈

遠地에는小包로信送홈

隆熙元年에內部特許第[illegible]

○[illegible]
○[illegible]
○[illegible]

消化新藥 淸心保命丹

發行所 漢城南大門內 濟生堂大藥房

米製丸藥定價 九十粒入(三貼分入) 十錢
此藥을[illegible]

蔘茸大補元 補元氣滋腎陰[illegible]
蛔積殺虫散 根治[illegible]
起死回生 回生丹 [illegible]
久滯大通丸 [illegible]
感氣特效 解熱散 [illegible]
寸虫沒虫藥 寸虫[illegible]
去液生新 沃度膏 [illegible]
三七拔根藥 [illegible]
特製百應膏 [illegible]
止足汗臭藥 足汗惡臭를除 금십錢

其他有名寶藥洋藥各種都賣散賣

遠地에는小包로信送홈

各種東西洋藥과韓國唐材草材大發賣所 和平堂藥房

藥商의게는特減大賣홈

遠地에는小包로信送홈

[illegible]

◉共愛堂大藥房製造各種藥品發行表

壯陽復元丹 專治腎臟衰弱[illegible] 起遺精夢 八週分六圓今十錢
淸耳液 [illegible]
良藥消化 [illegible]丹
眼科聖藥 淸眼水 眼疾[illegible]
脾胃聖藥 淸脾丸 [illegible]分十五錢
解瘧至寶丸 [illegible]
感冒特效 淸熱散 [illegible]
五淋專治 消淋丸 [illegible]
小兒濟命散 [illegible]
皮膚神藥 靈効液 [illegible]
疾痢散 [illegible]
久滯神效 養胃散 [illegible]
止泄丸 [illegible]
治痰鎭咳丸 [illegible]
蛔積散 [illegible]
能治[illegible] 止痛水 [illegible]

精撰 家庭教育

學部檢定 [illegible] 東國歷史 定價金 三十錢

學部檢定 初等修身 全 價定金 二十五錢

朴晶東 著
發行所 南部上犁洞十九統九戶 金燾玉 發行
總賣所 同文社
京鄕各有名書舖

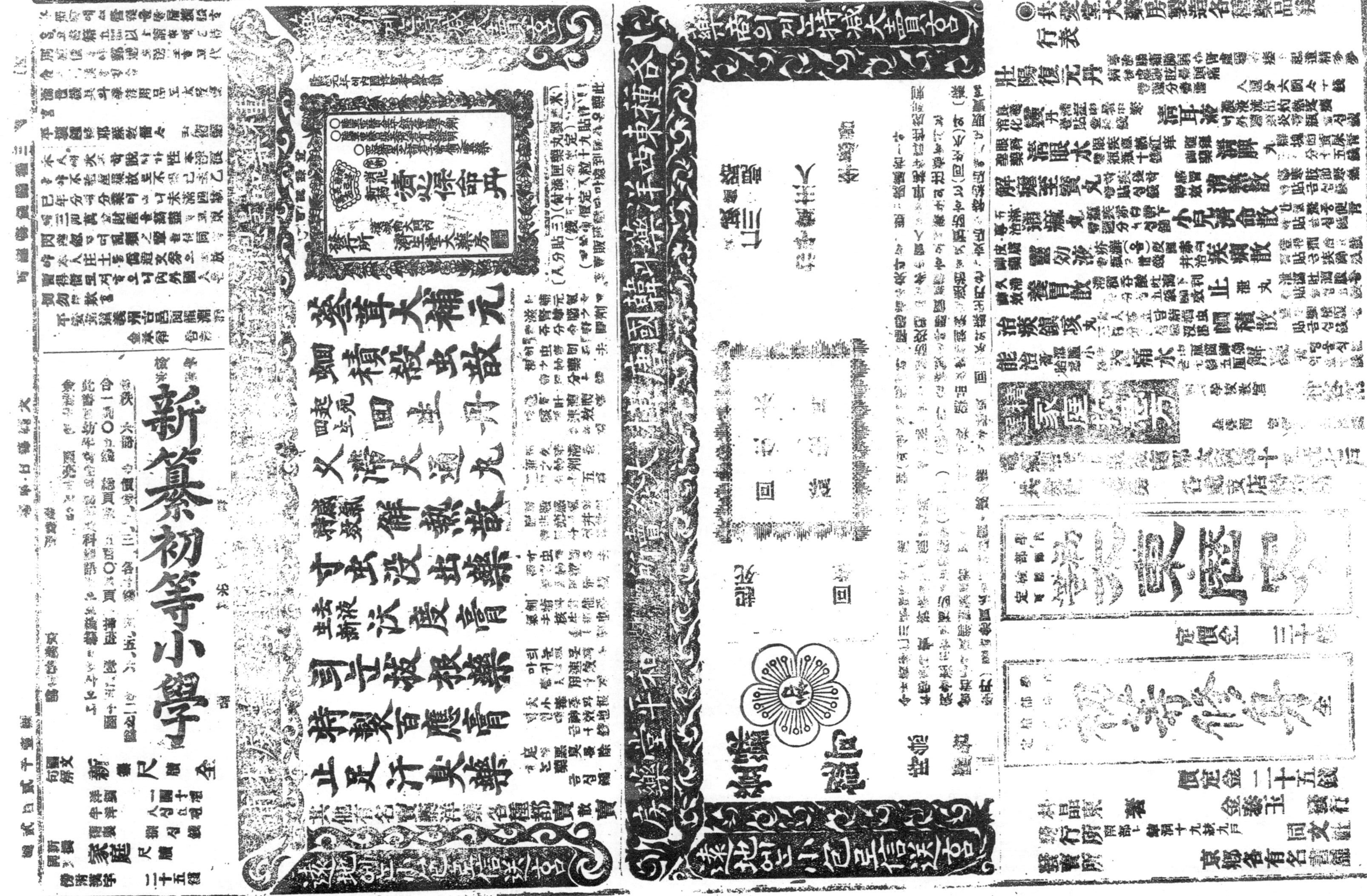

第七[illegible]

大韓每日申報

第十貳百三號

月歲 隆時 及休日 慶節 刊
[illegible]
Responsible for Publication Alfred Weekley Marnham.
發行兼編輯人 [illegible]
發行所 大韓每日申報社

寄書

◉警告大韓每日申報愛讀僉兄弟

病蒞生 李信玉

余以草野書[illegible]夫[illegible]東西者于今五六星霜이아[illegible]온바[illegible]之精神은日益[illegible]々[illegible]고學界之步武[illegible]且[illegible]故로[illegible]謂從事于教育者[illegible]日[illegible]因是病[illegible]아委[illegible]于[illegible]朋[illegible]逐[illegible]이며[illegible]壹日[illegible]有壹年少學生이來[illegible]後에日先生이在病[illegible]之所思[illegible]以病[illegible]이[illegible]而解[illegible]라余曰何[illegible]오生이日[illegible]身之病中에最重最痛最惡最危者ㅣ何[illegible]之[illegible]也오余曰眼은人之精神之[illegible]也니入[illegible]眼이며[illegible]日有生이니實是[illegible]生이니[illegible]生[illegible]日唯唯[illegible]然則我大韓全國에[illegible]眼者[illegible]日大韓每日申報가即是也니此報[illegible]病이면全國之民은[illegible]目之人[illegible]生[illegible]改坐正襟[illegible]嗚[illegible]歎日先生之[illegible]問이[illegible]은[illegible]先生之言이亦是[illegible]오[illegible]所抱[illegible]情[illegible]歎[illegible]陳[illegible]近者[illegible]每日[illegible]讀[illegible]報代金[illegible]滯納[illegible]計[illegible]가[illegible]乏[illegible]廣告[illegible]니愛讀[illegible]僉兄弟[illegible]誠意[illegible]謂快[illegible]에[illegible]途[illegible]病[illegible]生[illegible]念[illegible]悲夫[illegible]吾[illegible]休戚[illegible]太[illegible]每日[illegible]也[illegible]者[illegible]入[illegible]每[illegible]申報也[illegible]

[illegible]而[illegible]是而奇之[illegible]排病[illegible]右記[illegible]布[illegible]讀[illegible]兄弟[illegible]不謀同[illegible]誠意[illegible]特加[illegible]則代[illegible]同[illegible]千萬[illegible]眼[illegible]病根[illegible]不[illegible]五大洋六[illegible]時[illegible]淵[illegible]碍[illegible]切望[illegible]且祝[illegible]나이다

此莫要[illegible]重[illegible]貳千萬公眼界[illegible]保有[illegible]遠大[illegible]注[illegible]兄[illegible]鬼[illegible]魔術[illegible]此報[illegible]撲滅[illegible]處가非止[illegible]每日申報[illegible]讀[illegible]同胞兄弟[illegible]注意[illegible]自[illegible]鬼術中에陷溺[illegible]呼[illegible]潸然下淚[illegible]

外報

[illegible]僭王修[illegible]巴里電[illegible]摩洛哥王[illegible]面[illegible]僭王[illegible]銃殺[illegible]

[illegible]鐵[illegible]計人 東京電[illegible]藏省[illegible]年度預算[illegible]鐵道補助費二百[illegible]萬圓[illegible]計[illegible]

[illegible]港[illegible]東京[illegible]國[illegible]防[illegible]途[illegible]要塞[illegible]港[illegible]苦[illegible]金上[illegible]跡[illegible]博[illegible]島[illegible]清國[illegible]汁河[illegible]一箇[illegible]得[illegible]上[illegible]確[illegible]波斯政府[illegible]波斯[illegible]提[illegible]

學界

◉青年可範 日本留學生[illegible]平시[illegible]夏期[illegible]歸[illegible]가[illegible]人士[illegible]程度[illegible]不振[illegible]慨歎[illegible]巨額[illegible]義捐[illegible]義州[illegible]經費所[illegible]置[illegible]新聞과其他雜誌小說[illegible]籍[illegible]準備[illegible]內人士[illegible]供覽[illegible]知識[illegible]發展[illegible]郡[illegible]實學校中學費[illegible]窮乏[illegible]生[illegible]本[illegible]月謝金[illegible]捐[illegible]教育情形이[illegible]層前[illegible]卓越思想[illegible]靑年界에模範[illegible]

◉宜相沮 宜川郡有志紳士[illegible]諸시[illegible]設立[illegible]新[illegible]名稱[illegible]成績[illegible]其[illegible]學部에서公立學校[illegible]變更[illegible]創立[illegible]經費가[illegible]學校[illegible]開設[illegible]經費[illegible]乏[illegible]校部[illegible]財團[illegible]付[illegible]漸[illegible]之望[illegible]郡[illegible]金[illegible]學[illegible]人[illegible]有[illegible]曲折[illegible]農林學校[illegible]變[illegible]生徒五六名[illegible]募集[illegible]後[illegible]科生徒三四十名[illegible]解散[illegible]失學生徒[illegible]情[illegible]形[illegible]人皆[illegible]

[illegible]貞慶[illegible]貞慶坊[illegible]光學校[illegible]維持[illegible]事項[illegible]評議[illegible]坊[illegible]家屋[illegible]每間[illegible]二錢[illegible]

[illegible]

◉[illegible]昌[illegible]慶北[illegible]郡紳士[illegible]模範[illegible]設立[illegible]宗[illegible]境內[illegible]各[illegible]義捐[illegible]合數千餘[illegible]寄付[illegible]

[illegible]料 加平郡[illegible]目[illegible]下[illegible]設立[illegible]料로[illegible]貧[illegible]事務所[illegible]故[illegible]人民의[illegible]稱[illegible]

◉[illegible]昌[illegible] 平北碧潼郡坪下面[illegible]教育에熱心[illegible]資金[illegible]鳩聚[illegible]立[illegible]監[illegible]河[illegible]不[illegible]教務[illegible]教師[illegible]月俸[illegible]授[illegible]學徒[illegible]增[illegible]學問[illegible]就之[illegible]大有[illegible]

詞藻

秋江 月

秋江[illegible]기[illegible]、藥[illegible]片舟[illegible]隨[illegible]도[illegible]、百萬[illegible]沒[illegible]。

[illegible]乙[illegible]文[illegible]자취、至[illegible]。

廣告

[illegible]算[illegible]定[illegible](課[illegible])[illegible]金收入[illegible]獨[illegible]免除)[illegible]三百[illegible]假[illegible]이오[illegible]費[illegible]二百七십[illegible]假[illegible]이[illegible]金[illegible]勸諭[illegible]四人[illegible]另選[illegible]坊內[illegible]選[illegible]其職[illegible]務[illegible]夫[illegible]妻 元[illegible]銘[illegible]李[illegible]培根[illegible]青年[illegible]家[illegible]動[illegible]食[illegible]鮮[illegible]日本多[illegible]縣[illegible]留[illegible]設[illegible]婦[illegible]栽[illegible]營[illegible]業[illegible]資助[illegible]

黃連附子湯

黃連 二戔 仁蔘 壹錢半
半夏 壹錢二分 乾薑 桂枝
附子 炮 肉豆蔲 炙
竹茹 壹錢 甘艸 五分

此方即[illegible]妙方勿疑試用
上吐下瀉[illegible]胃熱脾冷上熱下寒[illegible]腹痛是陰陽升降失常也此藥二三貼極冷[illegible]可也

美洞 李正浩

果樹栽培法

金鎭初 著

內部認可 定價金四十五錢

[illegible]教科用[illegible]必要[illegible]會[illegible]獨習[illegible]容易[illegible]解得[illegible]實驗[illegible]有志[illegible]僉彥[illegible]購覽[illegible]

發行所 京城 磚洞 普成社

平壤鍾路太極書館

館主 李昇薰
主任 宋[illegible]遠
事務 金根[illegible]

本館[illegible]壹般任員[illegible]改差[illegible]業務[illegible]加擴[illegible]書籍[illegible]印刷[illegible]僉君子[illegible]陸續[illegible]測量[illegible]學徒用品[illegible]具備[illegible]

[illegible]人이西[illegible]九[illegible]戶[illegible]姓名圖章[illegible]失[illegible]刻[illegible]國[illegible]照[illegible]

金[illegible]健 白

夜學員募集廣告

本會學館에서英日語[illegible]記三課夜學員[illegible]新募[illegible]志願人은九月貳십四日[illegible]請[illegible]提呈[illegible]고當日下午三時에應試[illegible]事[illegible]學日字[illegible]九月二拾五日[illegible]新募班은廿入[illegible]未滿[illegible]停止[illegible]課[illegible]補缺生[illegible]募集

皇城基督教青年會學館

本人[illegible]平壤[illegible]移[illegible]茶[illegible]就[illegible]客主[illegible]價[illegible]知[illegible]

金允[illegible] 白

西[illegible]與[illegible]典當局[illegible]典物[illegible]部[illegible]洞[illegible]八統二戶[illegible]典當局[illegible]限[illegible]無[illegible]會員[illegible]

[illegible]

民權自治制 全

學部認可 定價 [illegible]

本書[illegible]民權[illegible]制限[illegible]自治[illegible]例[illegible]組織[illegible]必要[illegible]有志[illegible]早速購覽[illegible]

發行所 廣[illegible]書舖
仝 中部寺洞 教育月報社
仝 南部銅峴 文明書館
仝 京鄉[illegible]書舖

[illegible]新발明[illegible]甘露丸은吐瀉病[illegible]效[illegible]預防[illegible]必要[illegible]內外國人勿論[illegible]購去預服[illegible]

寺洞[illegible]四戶[illegible]炳[illegible] 告白

雜報

●宮府佈示 宮城內外에虎列剌가盛行ᄒᆞᆫ故로宮內府에셔ᄂᆞᆫ너外人의謁見을中止ᄒᆞ기로今明間佈示ᄒᆞᆫ다더라

●防疫提議 總理以下各大臣이昨日統監府大臨例會ᄅᆞᆯ開ᄒᆞ고近日虎列剌에關ᄒᆞ야預防ᄒᆞᆯ方針을提議ᄒᆞ얏다더라

●虎疫猖獗 ᄒᆞᆫ대虎疫猖獗가識字會名이虎列剌에罹ᄒᆞᆫ故로該府에셔臨時休務ᄒᆞᆫ다더라

●仕進勸告 學部大臣李載崑氏ᄂᆞᆫ再昨日下午七時頃에度支長官壬令準氏ᄅᆞᆯ訪問ᄒᆞ고明年度預算編成과其他諸般事項을說明ᄒᆞᆫ後에速히仕進視務ᄒᆞ라고勸告ᄒᆞ얏다더라

●文先武後 前軍部所屬武官文官 武官金은再ᄒᆞ게登豊支給ᄒᆞ얏고武官 武官金은闕查와事務ᄅᆞᆯ終了ᄒᆞᆫ後에支撥ᄒᆞᆯ터이라더라

●果勝其他乎 城津港에爭敎役氏ᄂᆞᆫ部에移任ᄒᆞ라ᄒᆞ더니觀察使尹甲炳氏가內部에電報ᄒᆞ얏ᄂᆞᆫ니審査ᄒᆞ에셔不合格ᄒᆞᆷ으로還送下送ᄒᆞ얏더니第三次電報ᄒᆞ고明於敍任을請ᄒᆞ얏다더라

●醫員紹介 各道醫院部長會議ᄂᆞᆫ浙次號緖됨으로幾式拾六日龍山에서試遊ᄒᆞ야行ᄒᆞ기로內部醫務局長松井茂가發起ᄒᆞ얏다더라

●驛土賭租 昨年度驛屯土賭租의調査額은八十萬八千五十三圓이라더라

●法令審査 貳十壹日內部에셔法令審査會ᄅᆞᆯ開ᄒᆞ고水道規則을審査ᄒᆞ얏다더라

●此亦日法 旣與와如히韓國政府에셔法律第二十六號로改正ᄒᆞᆫ度量衡法及施行規則을發布ᄒᆞ얏ᄂᆞᆫᄃᆡ其制度ᄂᆞᆫ度量衡全部가日本과同ᄒᆞ다더라

●貞松還國 內部土木局技師片山貞松은黃海道와海州載寧等部와平南安州龍川等郡道路를視察ᄒᆞ고再昨日에入城ᄒᆞ얏다더라

●歡迎 普通會頭洞內田良平이渡來ᄒᆞᆷ은已報어니와同會에서昨日에歡迎宴을盛設ᄒᆞᆫ다더라

●銀品寄付 前郡守尹英烈氏가今番日本에셔渡來ᄒᆞᆫ觀光團員의게銀으로製造ᄒᆞᆫ各種物品을寄付ᄒᆞ얏다더라

●片土不漏 往十里居ᄒᆞᄂᆞᆫ李召史의菁根田과耕이鑿島에在ᄒᆞᆫ바東洋拓殖社에서其田을奪ᄒᆞᄂᆞᆫ故로李召史가再昨日該社에게呼冤ᄒᆞ얏다더라

●救恤金請求 南陽郡東大面面長安敬興氏가義兵에게被殺되ᄒᆞᆫ다ᄂᆞᆫ데該道觀察使가內部로修繕ᄒᆞ고救恤金을相當支撥ᄒᆞ라ᄒᆞ얏다더라

●救恤稅資 平南水災救恤金徵收事件을爲ᄒᆞ야各新聞記者가昨日下午七時頃에皇城新聞社에會同ᄒᆞ야其對策을協議ᄒᆞ얏ᄂᆞᆫ데爲先第二回로資稅를募集ᄒᆞ기로決議ᄒᆞ얏다더라

●避疫亦畏 內部新産業工場役夫一百이昨日上午拾壹時頃에셔役夫에셔吐瀉症이有ᄒᆞ야避疫ᄒᆞ야同宗으로押去ᄒᆞᆯ가恐懼ᄒᆞ야知機逃走ᄒᆞ얏다ᄒᆞ며該部各局課長輪續ᄒᆞ고一般官吏ᄂᆞᆫ注意ᄒᆞᆫ다ᄒᆞ얏다더라

●五江調査 內部土木局에셔ᄂᆞᆫ五大江(大東江、鴨綠江、豆滿江、洛東江、漢江)의性質과流域面積과流速潮汐等關係를調査ᄒᆞᆫ다ᄂᆞᆫ데本年부터七個年間繼續事業으로ᄒᆞ고豫算은三拾六萬圓이라더라

●果然可矣 鎭津守備隊補譯官李承誼씨가外人交涉에實心做去ᄒᆞ야人民의弊端이無ᄒᆞᆫ故로境內가賴安이라더라

●鳥獸會社設立 盆谷居ᄒᆞᄂᆞᆫ金鎔汎씨가鳥獸會社를設立ᄒᆞ고六畜其他各種鳥獸를蓄育販賣코자ᄒᆞ야農商部에請願ᄒᆞ얏다더라

●外寇內末 槐山郡前參尉尙永命씨ᄂᆞᆫ元來富饒ᄒᆞᆫ디엇디何等思想을因ᄒᆞᆷ인지自己의金音으로各面을圖差ᄒᆞ야五卜價를收合ᄒᆞᆫ後分與ᄒᆞᆫ金額이不少ᄒᆞ야吏民의呼冤이沸騰ᄒᆞᆫ바該郡에서此事件을因ᄒᆞ야所管財務署에等訴ᄒᆞ얏ᄂᆞᆫ디度支部에셔ᄂᆞᆫ相當措處ᄒᆞ기ᄅᆞᆯ擬議ᄒᆞᆫ다더라

●欲墾還納 於義宮庄土二百餘石落이仁川郡漁蘆坊에在ᄒᆞᆫ바距今五六拾年前에該庄秋收를故縣宰介ᄒᆞ야幹事ᄒᆞᄂᆞᆫ대九拾餘石秋收ᄒᆞᄂᆞᆫ土지를該宮土附近에買置ᄒᆞ얏다가其後에村氏가該法에違刑ᄒᆞᆫ後에該土도仍히該宮에附屬ᄒᆞ얏더니再昨年에各宮에屬ᄒᆞᆫ民物을調査ᄒᆞ야還給ᄒᆞᆷ이資婿鄭리完基氏가財産整理局에呼訴ᄒᆞ되右土ᄂᆞᆫ沒數히稅民家私有地라ᄒᆞᆫ故로該局에셔還給ᄒᆞ얏거니와氏ᄂᆞᆫ北土를日人의게賣渡코ᄌᆞᄒᆞᆫ故로該局에셔該土를還納ᄒᆞ라ᄒᆞ얏고本部財務署에照會ᄒᆞ얏다더라

●宜明還奪 故壯宮進明女學校所有江華郡宗田土、慶壽宮에셔下賜ᄒᆞᆫ證據가分明ᄒᆞ거날度支部에셔昨年秋收를無端執留ᄒᆞᄂᆞᆫ故로該校에셔屢次交涉ᄒᆞ야稱以調査ᄒᆞᆫ다ᄒᆞ오他人의所有權侵害ᄂᆞᆫ아니라ᄒᆞ더니엇지於今秋에ᄂᆞᆫ向新持ᄒᆞ야財務署에셔秋收ᄒᆞᆫ다ᄒᆞ며該校에셔秋收員을派遣치말나ᄒᆞ야該敎諸難中리대히校가셔ᄂᆞᆫ決코秋收員을派送ᄒᆞ깃다더라

●大韓協會의致函 大韓協會會長에嘉鎭氏가在京中各道會員部로에게送致ᄒᆞᆫ書函이如左ᄒᆞ니我國民이久히世界文明에接觸지못ᄒᆞ야日本帝國의誠意를覺知치못ᄒᆞᄂᆞᆫ故로本會ᄂᆞᆫ各地方에支會를設立ᄒᆞ야指導啓發에努力ᄒᆞ거날無智ᄒᆞᆫ地方人民은本會를排日派라ᄒᆞ며또義兵과同類라擯斥ᄒᆞ야妨害가頻出ᄒᆞ니是ᄂᆞᆫ本會의遺憾되ᄂᆞᆫ바이라離任ᄒᆞᆫ後本會의主義方針을部下에明示ᄒᆞ라ᄒᆞ얏고又太極協會의將來라고題ᄒᆞᆫ金某의論文을添ᄒᆞ야送交ᄒᆞ얏다더라

●國士特義 同德義塾에서僧儕으로選ᄒᆞᆫ李英子의母親閔氏가日昨에該塾에來到ᄒᆞ야一場說明ᄒᆞ되本人의女兒ᄂᆞᆫ僧講으로被選退學ᄒᆞ나永久히本人이每朔二圓式該塾에捐助ᄒᆞ깃다고ᄒᆞ얏다더라

●包圍計劃 日兵臨時派遣隊長渡邊小將은南韓의在ᄒᆞᆫ義兵을討伐ᄒᆞ기爲ᄒᆞ야出發ᄒᆞᆫ지已久인대去月貳十五日부터準備行動을開始ᄒᆞ고本月壹日에秦仁에서南原에直線으로大部隊를散開ᄒᆞ야討伐에着手ᄒᆞ고憲兵隊及警察隊와合勢前進ᄒᆞ야近日에ᄂᆞᆫ全南光州지지進ᄒᆞ얏ᄂᆞᆫ데去年以來로지지에義兵의大集團은來還ᄒᆞ고五人乃至貳十人의集團을見ᄒᆞ얏스나壹同衝突은無ᄒᆞ고將次義兵巢窟에近迫ᄒᆞᆫ다ᄂᆞᆫ디木浦附近으로從ᄒᆞ야上陸ᄒᆞᆫ日兵壹部隊ᄂᆞᆫ同時의本部隊와相應ᄒᆞ야包圍目的을計劃中이라더라

●強牛殺人 京畿道楊平郡上北面等地에셔去十五日夜에强盜二名이金其家에來ᄒᆞ야牛二頭를奪ᄒᆞ고김某의夫妻를房中에縛置ᄒᆞ고其家屋에放火ᄒᆞ야이貳人이燒死ᄒᆞ얏다더라

●衛生法講論 北部警察署에셔本日上午九時에其管內各坊民長及統首를招集ᄒᆞ야衛生上預防法을說論ᄒᆞ고人力車를登檢ᄒᆞᆫ다더라

●團員即死 日本愛媛觀光團員으로入京ᄒᆞᆫ大野熊太郞이ᄂᆞᆫ再昨日에虎列剌에罹ᄒᆞ야即死ᄒᆞ얏다더라

●防疫休學 外國語學校日語部學徒一名이虎列剌에罹死ᄒᆞ얏고英語學生徒壹名은現方罹患中인故로學生의慮로ᄒᆞ야二週間休學ᄒᆞ깃다고學部에報告ᄒᆞ얏다더라

●防疫巡查 各警察署에셔漢城內虎疫에罹ᄒᆞᆫ人家에巡查를派送留直ᄒᆞᄂᆞᆫ대巡查가不足ᄒᆞ야去番新視廳에서試取ᄒᆞᆫ徒中巡人을巡查로選定ᄒᆞ야各署에出送ᄒᆞ얏다더라

●普校休學 校洞官立普通學校에셔虎疫을豫防ᄒᆞ기爲ᄒᆞ야自月曜日로來水曜日ᄭᆞ지休學ᄒᆞᆫ다더라

●虎疫蔓延 虎疫이滋蔓盛行ᄒᆞ야昨二拾壹日에城內에서韓人四十壹人日人七人이新히罹患ᄒᆞ고又龍山等地에도罹患者가多有ᄒᆞ다더라

●岡牛奏效 仁川港虎疫에對ᄒᆞ야港內에셔堂業局中人이善牛가虎疫豫防藥回生水를명、蘇生丹을신封을全港防疫委員의게寄付ᄒᆞ야施患 罹者者의게試用ᄒᆞᆫ즉藥效가神速ᄒᆞ지라全防疫委員會에셔ᄂᆞᆫ此藥을多數購入ᄒᆞ야各洞人民의게無代金으로施與ᄒᆞᆫ故로多數人命을救濟ᄒᆞ얏다더라

●新韓押收 桑港에셔발行ᄒᆞᄂᆞᆫ新韓民報第壹百四拾六號ᄂᆞᆫ昨日內部에셔治安妨害라ᄒᆞ야押收ᄒᆞ얏다더라

●非探是誣 東部居鄭奎錫시ᄂᆞᆫ潛히做藥ᄒᆞ야ᄂᆞᆫ디義兵에干連이有ᄒᆞ다ᄒᆞ야憲兵司令部에셔捉致審查ᄒᆞᆫ즉果無所犯이오偵探者의搆誣ᄒᆞᆷ인故로將次蒙放ᄒᆞᆯ이라더라

●賊黨何多 去土曜日上午壹時에强盜九名이各持凶器ᄒᆞ고濟楓橋鄭世鎬氏家에突入ᄒᆞ야主人을結縛ᄒᆞ고什物을搜奪ᄒᆞᆫ際에該家에셔所管警察署에告發ᄒᆞ얏ᄂᆞᆫ니賊漢等이知機逃走ᄒᆞ얏다더라

●宜其懲治 靑山郡稻峴居ᄒᆞᄂᆞᆫ洪順昌씨가其從兄洪光敏氏의土地六斗落을僞造證明ᄒᆞ야日人佐藤律治의게典執借用ᄒᆞᆫ事로當地警察署에被捉되야京城監獄署로越送ᄒᆞ얏다더라

●義將歸天 義兵總大將李麟榮氏ᄂᆞᆫ昨日京城監獄署에셔死刑을執行ᄒᆞ얏다더라

●兩派演說 前進大韓兩派ᄂᆞᆫ本月廿六日에聯合ᄒᆞ야國民演說會와公開ᄒᆞ야讀書를贈ᄒᆞᆫ合同에臨ᄒᆞᆫ理由와及其目的을發布ᄒᆞ다ᄒᆞ고又將來總理李完用시의게辭職勸告도ᄒᆞᆫ다더라

▲地方消息

▲本月十八日午後七時楊州石積面에셔義將田德鳳以下十八名이憲兵과衝突ᄒᆞ얏다ᄒᆞ고

▲十二日夜半二時伊川郡안內面에셔義兵六名이日憲兵과衝突ᄒᆞ얏다ᄒᆞ고

▲十日平康郡楡浦에서義兵七名이日兵과衝突ᄒᆞ얏다더라

○香港電報○

●安南의不穩 安南ᄒᆞ노이셔約九十里되ᄂᆞᆫ地方에叛徒가蜂起ᄒᆞ얏ᄂᆞᆫ데法國政府ᄂᆞᆫ三千兵을派遣鎭壓ᄒᆞ나이오徒의形勢ᄂᆞᆫ猛烈ᄒᆞ되當局者ᄂᆞᆫ秘密隱諱ᄒᆞᆫ다더라 廿壹日發

▲觀光團歌▼

▲郊外秋色濟泊ᄒᆞᆫ데懸々[illegible]早ᄂᆞᆫ곳에三々五々牧童들이牛背에倒坐ᄒᆞ야相唱相和ᄒᆞ노래滋味잇고悲壯키도傾耳聽之ᄒᆞ니觀光團歌分明ᄒᆞ다

▲성화로다々々々觀光團이성화로다東京셔번건너간後鬼魂이될너와우리사지다ᄒᆞ라ᄂᆞᆫ鳥語ᄀᆞᆺ치지저괴며이리ᄯᅡ되기에네가眞情성화로다[illegible]

▲성화로다々々々觀光團이성화로다되지못ᄒᆞᆫ演說ᄒᆞ며吏黨을扶ᄒᆞ야재촉演說을드르라ᄀᆞ거늡ᄂᆞᆫ民을抑勒으로모러가네眞情성화로다[illegible]

▲성화로다々々々觀光團이성화로다구경군의出身으로民瞻喩무숨일가네아모려면ᄒᆞᆫ께懸河口辯龍絡ᄒᆞ들뉘기말드ᄅᆞ손가네眞情성화로다[illegible]

▲성화로다々々々觀光團이성화로다네아모리[illegible]短ᄒᆞᆫ들망ᄒᆞᆫ뚠담이나ᄒᆞ네胞을ᄒᆞ야監獄中에推入ᄒᆞᆫ저녁謂說ᄒᆞ단말가네眞情성화로다[illegible]

▲성화로다々々々觀光團이성화로다안즘안이演說이라무안코도다ᄒᆞᆫ誹謗을만ᄒᆞ얏ᄂᆞᆫ대聽衆이만히[illegible]勢ᄌᆞ랑ᄒᆞᆫ네情성화로다[illegible]

社告

昨日本社投函에「寄志士壹言」이란論文을寄意人氏と本社總務室로來訪ㅎ야壹次面接홈을切望홈

大韓每日申報社

廣告

本人이隆七月二십五日本部屹紅峴地에서方刻姓名圖章을失ㅎ고更以圖刻章으로通用이오니內外國人은照亮홈

安岳郡板橋八里 盧文祥 白

西部東幕前主事盧公必承氏今陰八月初六日巳時以宿患捐世ㅎ왓스니知舊僉照亮ㅎ심을望홈

長子 相珪 次子 相琪
相晟 相健 相돈
長孫 膺烈

護喪 金應奭 訃告

廣告

本人의菁根田半日耕야在於北部城山里에온바文券을失故로漢城府에立旨成出次로玆에廣告홈

尹榮兌 告白

本人이姓名圖章을日前에失ㅎ앗기로玆以仰佈ㅎ오니知舊間照亮ㅎ시옵소서

廣州郡東里馬洞宗源 告白

本館에서高明ㅎ畫師의優等印刷人을專用ㅎ와各種石版物을精美히ㅎ오니僉君子と來臨ㅎ심을望홈

京城香諸太廣橋前
紙塵東貳層洋屋

刱 **華館石版部**
館主金允召 告白

本人이京城鍾路에雅堂石版印刷所를買得ㅎ야隆熙三年九月拾四日노부터革舊新創ㅎ고營業을廣張ㅎ앗스오니京鄉有志僉君子と照亮光顧ㅎ심을爲要

京城鍾路
文雅堂石版印刷所
主人 盧天鎬 告白

◉虎列剌預方

藥大擔廣告

本人이現今虎列剌病에對하야預方藥을製造ㅎ온바此藥을服ㅎ온즉비아라도後慮가無ㅎ며百病不侵은的確無疑ㅎ故로廣告ㅎ오며此藥을服ㅎ後에若無效면已捧藥價를還給ㅎ意로大擔ㅎ오니僉君子と枉顧ㅎ심을望홈

隆熙三年九月二拾壹日北部齋洞八統三戶 宋燮胄 告白

右藥定價金
壯者と三十錢
兒童은二十五錢

右藥은預方이러니와若罹此病則又有好약ㅎ니以此照亮ㅎ심을望홈

◉學員募集廣告

本所에서夜學員을已爲募集ㅎ엿스나且今月三拾日々지學員을增募ㅎ오니入學志願人은卽速히來臨入學ㅎ시옵

科程은拾三科
卒業期限七個月

西部西大門峴普成小學校內

新興農業講習所 白

中部河橋六統八戶

平心堂醫院

毎日診察은午前六時로午后八時急病은時間不計홈

유한셩

大韓專賣特許駿帽子登錄商票

▲발 영
▲지메 득허 모자장고

本帽と新發明完成
隆熙三年一月一십칠日
東京特許 同年五月六日
特許登錄 同年五月拾八日
發明者

特許定 ○ 商號

今에本帽子를製造ㅎ야發賣ㅎ오와各種帽子에一等品을完成ㅎ야頂價에廉賣ㅎ오니內外國僉君子는誠意購覽ㅎ시물望홈

中山과折帽子 特等에 四圜
二等에 三圜五十錢
一等에 三圜

但特等帽와學徒帽와運動帽는此限에不在홈

이신발명호좋모자と원방게우퍼ㅎ지빗헤혹식ㅎ구괴여스나문ㅎ잠그며절노퍼져업어남이신긔히여일쥬일ㅎ번식상픔에분시간마물에잠것다ㅎ며러운것은몬져와내도비누문지르고올씨셔ㅎ꼬몸올ㅎ구부러지지ㅎ뎍기ㅎ발느ㅎ기올ㅎ마음ㅎ로모양을ㅎ말ㅎ오후에삼표쓰시너어쓰면결호이셔겨갓모(商)비마저저것도이와갓치ㅎ면위심ㅎ될홈이련하ㅎ에대엽이세사롭ㅎ갓으로쓰기에가쟝아름답소오이다

그립ㅎ갓치ㅎ모자ㅎ구비ㅎ오대여륙에ㅎ회빗으로ㅎ법ㅎ선ㅎ제ㅎ봄ㅎ회빗ㅎ법ㅎ히식오ㅎ법ㅎ촘촘ㅎ고겨ㅎ가볍ㅎ싸ㅎ개ㅎ야침ㅎ며운ㅎ후ㅎ따ㅎ며ㅎ며ㅎ륵ㅎ늘ㅎ즁지아제ㅎ뎌ㅎ지ㅎ색ㅎ세제죠ㅎ야여러히ㅎ지너ㅎ히지사ㅎ업ㅎ뭉득ㅎ며미목ㅎ현ㅎ얻ㅎ상표ㅎ시ㅎ든온시속오ㅎ세계각국ㅎ신ㅎ바ㅎ여구ㅎ청구ㅎ실ㅎ널니바ㅎ이ㅎ에하겨셔ㅎ과독ㅎ쳐년회연셩대ㅎ모자제죠소대한경셩남부동현대사거리삼십오통오호옥호ㅎ명ㅎ총모자샹점쥬허주쥬인호 근고
방매지점 경셩즁부ㅎ동ㅎ쥬구호에수ㅎ칙사젼수윤근고

今會社と大同運輸會社國內運輸部와東洋運搬部와漢江部浦上運送部와普通運輸部와博物運輸會社ㅎ二運輸會社九를今에合併ㅎ야合資運輸會社라ㅎ名홈은僉君子의洞悉ㅎ시오바이와營業에業務所에서特別事務를시와商業家諸시ㅎ一同이協力營業홈은ㅎ의計業을期圖ㅎ여運搬事務도迅速處理ㅎ며賃貸도比他特減ㅎ오니諸僚同胞と照亮ㅎ심을望홈

平壤 ◬ 合資運輸會社發起人
張德夏 鄭千徹 尹聖運
高村旭 朴鍾浹 張ㅎ煥

本會社가合併營業홈온僉君子ㅎ의熟悉ㅎ시오바某ㅎ시가所謂◯合資運輸會社라名稱ㅎ고營業ㅎ運送事務에不正當ㅎ缺點이不無ㅎ니支店同業諸氏에게一般ㅎ深慎ㅎ시와運送貨物傳送ㅎ는營名ㅎ決致ㅎ심을望홈

本壞壁 ◬ 合資運輸會社門
傳輸運送部 ㅋ 三光運送部
大明運送部 ◬ 三菱운送部
上 昌運部 ◯ 朝鮮運部
全 大同運送部 ◯ 大韓운送部
三 美花運部

女子修身教科書

本書と普通教科界에一大指南으로簡明便易케證述ㅎ오니敎育界에多數購覽ㅎ심을望홈

定價金 拾錢

家庭에女子敎育界의一大指南이될뿐아니라家庭에自習에尤極便易ㅎ오니有志僉君子と多數購用ㅎ심을務望홈

發行所 ……

國文初階

定價金 ……

今般新刊ㅎ敎科書는學校에適合ㅎ오니多數購用ㅎ심을望홈

普通敎科 筭術書

定價金 ……

本書는幼年學生에게便易케爲ㅎ야淺近ㅎ야多用ㅎ……

高等小學 筭術書

本書と筭術界에高等敎科에適用ㅎ오니多數購覽ㅎ심을望홈

問答大韓新地誌

定價金 ……

今에問答으로新地誌를發刊ㅎ야普通敎科에適用케編輯ㅎ야……多數購覽……

獨習韓日會話

定價金 ……

本書는初學者에게日語를獨習케ㅎ는……多數購覽……

物理學初步

定價金 ……

發行所 京城中部……門洞……
……文……
……

家庭救急方

學部 檢定 勅 大東歷史 全 定價金 三十錢

初等修身 全

朴晶東 著
價定金 二十五錢

發賣所 京鄕各有名書舖

第七卷

大韓每日申報

第千貳百四號

月曜及時日休刊 慶節及時日休刊

發行所 京城南部大廣通 大韓每日申報社
Responsible for Publication Alfred Weekley Marnham.
發行兼編輯人 英國人 裵說

論說

◎講師會에對하야

某某諸氏가講師會를組織하야教育의方針을定하며教科와制一를謀하다하는은本報에已載하얏거니와嗚呼라此會發起의晚함이여大抵國民教育은不可不同一한精神과同一한宗旨를抱하고同一한目的으로向하여야第二世國民의精神的統一을可得할지니此會가無하면笑며況今韓國에는教育機關이死去한지已久하니國民의精神教育은只是有志者에在하거늘此會가無하면笑可리오然則今日에至하야此會가始起홈이어지已晚치아니호가

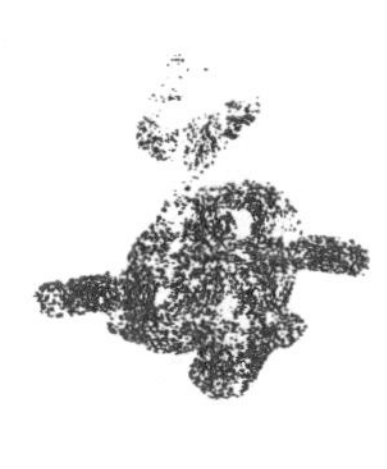

此會를起하야第二世國民을鑄造하는責任이有한講師諸氏가其意見을陳하야良好의方針을按出하며彼我의知識을交換하야教授의方法은如何히할까며教育의宗旨는如何히할까이며教科書의編纂은如何히할이可할가學校의管理는如何히할이可할가하야此等問題를一一討究하야教育界의新曙光을放케하며어지國民의幸福이아니리오吾儕는此에頂祝을不已하노라

嗚呼라講師諸氏여其責任의重大함을自覺하고同心勉勵하야前途의良果를受할지어다吾儕가該會에對하야要求할바는熱心이是로니何故오日今日城內를觀하건대漢文歐美의國派를均汲하며舊弊新潮의中心에굳起하야長刀潤斧로宇宙를開闢하는大學術家及教育家될其人이有하다하고遠言하기不可하니然則此時를當하야教育을擔任한志士가맛당히多大한熱心을費하여야學校의管理도王道가庶不差하며壹教科書의編纂이야도其則이庶不乖할지니勉哉어다

噫라諸氏여漆室의憂를抱하고國民教導를決心한즉此會를起하얏슨則又何吾儕의로만待하리오만은但邇來에各學校의教育方針及教科書의發行된것을觀하건대其汗漫苟且之樣으로發歎함者ㅣ不壹하니蹶起하며其壹切改良進步의消息으로認하고一祝하며又一驚하노라

外報

◎兩國領館 北京電을據한즉德國과英國은今番北滿洲에領事館設置하기로計劃한다더라

◎張시病愈 全羅道消息을據한즉淸國張之洞씨의病勢는近日快愈하얏다더라

◎排貨積歷 東京電을據한즉日本外務省은淸國吉林奉天方面의日貨排斥에對하야駐淸公使伊集院으로하야금北京政府에抗議를要求하얏다더라

◎排日原因 大連電을據한즉安奉線沿路에排日貨運動이熱烈한대此는改革黨의煽動이라反對하는計策이라하는바이[illegible]나셧은內國官吏의指使라하을할다하라

◎法國演習 論說電을據한즉法國은去十五日부터陸軍演習을始하얏는대飛行氣球壹隻이三千五百尺되는高空에서二時間에六拾哩를飛行하야偵探하얏고又飛行船크로스號도當日의演習에大功을奏하얏다더라

◎德相訪法 伯林電을據한즉駐德法國大使쥬루칼몬씨는德國宰相뷔로-씨를訪問하고友誼的으로其意見을交換하얏는대摩洛哥에關한兩國의商業上利益을分析講究하얏고또東歐問題도論難하얏다더라

◎排貨熱烈 大連電을據한즉淸國營口의日貨排斥은大히熱烈하다더라

雜報

◎寶非僞造 北壯鐵原郡韓秀敏씨가姜夫人의內牌를僞造하야貧償코人家에揭하얏다가被捉되얏다홈은隨聞揭載하얏더니更聞한즉僞造홈도아니오被捉홈도無하다더라

學界

◎學生熱心 淸國北京에留學하던學生丙鎬와京城에留學하던金鍾善劉祥根劉在崙朴容田諸씨가夏期放학의暇를因하야白川鄕里에歸하야학生四拾餘名을募集하고中학預備科를設立하야炎熱을不顧하고名譽로敎授하미一般人士가無不稱頌한다더라

◎卒業生歡迎 水原郡內風化堂父老諸씨가발起하야卒業生歡迎宴을設하고本郡內에各學校卒業生과日本遊學生諸씨를歡迎하며학業過就홀目的을次第演說을하얏는데日本大學校卒業生羅弘錫씨가答辭를後에大韓國萬歲를三唱하고滿場益況을呈하얏다더라

◎文川佯賑 文川郡은昨年分饑饉이特甚하야人民의生活이極難홈의該郡守徐廷淑씨가自己의義捐金百餘圓과人同胞의寄付한恤金을鳩合하야村閭에躬往하며食戶에게分俵하야生命을保護하며且敎育에注意하야夏期에講習所와測量校를並設하고靑年의多數敎育홀다더라

◎崇敎將崇 崇義居金榮薰씨는崇敎義塾을設立하고經費를擔捐하며校舍도求備하야敎育程度가不振홈을慨하야[illegible]積年苦心하며[illegible]시의熱心을聞知하고[illegible]四賢祠를校舍로[illegible]하야[illegible]가漸完하고敎育의進就之望도有하다더라

◎永倅治績 永興郡守[illegible]씨는敎育에熱心하야[illegible]을不憚하고躬行坊面하며[illegible]戶曉홈으로敎育이蔚興하고[illegible]境에賴安하다고頌聲이籍籍하다더라

◎嘉興實興 咸南永興鎭坪面崔[illegible]植씨는敎育에熱心하야[illegible]面內에嘉興學校를設立하고[illegible]凡務를壹切全擔하얏더니或遠地生徒의經費가尤加周急하도故로入學者가十餘名에達하야[illegible]前進之望이有하더라

寄書

◎江上船

江邊에비추인달、沙工은잠든서다。無數한海浪賊이、그비에서타고간다。沙工아、어서빗바잠을세여、더비차저。

雜報

●國朝寶鑑下賜 大皇帝陛下께서는宮內府에서編輯호國朝寶鑑을 皇太子殿下께 下賜호옵셧다더라

●經費下賜 大皇帝陛下께옵서京城孤兒院의經費窘拙을入聞호시고昨日에金貨壹百五拾圜을 下賜호옵셧다더라

●禮式停止 宮內府에서는近日流行病을因호야現今間은諸般禮式을停止호얏다더라

●內相不進 內部大臣朴齊純氏는近日流行病預防을爲호인지閣及統監府例會에는間或參與호고本部에는壹不仕進호다더라

●防疫休暇 內部公衆便所에吐瀉호痕跡이有호다호야昨日에部內大掃潔을施行호얏고一般官吏는休暇호얏다더라

●農官亦休 農商工部壹般官吏가昨日仕進호얏다가壹切消毒後에休暇호얏다더라

●防疫協議 再昨日內部에서衛生評議員會를開호고流行病預防호方法을協議호얏는데衛生局長仲模漢城府尹張憲植警視總監日本理事等某某氏가每日城內각坊을巡視호야情況如何를探知호야下午三時內部로修報호事項을協議호얏다더라

●防疫決議 虎疫豫防法을施行키爲호야去二十一日紳與官會議에서決議하되五十名以上을收容홀傳染病院을設하기로호고또漢城衛生會의防疫任務에關하야한日兩國側에서多額을出홀터이라더라

●因疫縮時 호列剌가盛行호는故로한各官廳에서重要事務가無호時에는執務時間을短縮호야午前에지호기로호다더라

●警長問答 昨日警察部長會議에서義兵鎭壓에關호問答이有하얏다더라

●日尉協議 間島에在勤호는日本中尉平田이는再昨日에警務局에往호야憲兵及警務局의派送호는警部巡査에關호事件에對호야協議가有호얏다더라

●移職歸任 平安道警察署部長의會議는二十八日에終호더인되贰十九日에는協議會를기호고三十日에는各히歸任호다더라

●間島撤退 統監府間島派出所는來拾月下旬間에全部를撤退호다더라

●玄氏還着 咸鏡南北道학事觀察次로出張호얏던학部編輯官玄헌氏의壹行이再昨日에入城호얏다더라

●秘密何事 壹進會長리容九와醫科副監具然壽兩氏가再昨日에壹進會顧問니田良平을訪問호고何事件인지秘密談話호얏다더라

●菊池觀察 農商工部商工局長菊池는북한觀察次로城津港에到着호야허港에서발行호는新聞社員과觀光團을組織호야海蔘威를觀光호겟다고허部에電報호얏다더라

●可謂盛誠 本國觀光團員壹名이致死훈事件에對호야漢城府民會에서賻儀金삼圓을寄付호얏다더라

●秘庫亦探 前度支部니所在秘庫는古來로開見치아니호던處所인데今番日人關野가渡來호야此를開見호즉壬辰亂에日本豊臣秀吉이携帶호엿던圓形黃金製軍扇二圖가有호고(必是獻品)其他稀貴의珍品數百이有하다더라

●財界悲況 近日韓人에財政狀況은尤極不振호야回復될期가無호다더라

●孫某野心 再昨日에主殿院에서韓人官吏의月給을推來次로허院使員孫某를度支部에派遣호야金貨壹千八百餘圜을持來호라호얏더니허孫某가右金額을携帶하고不知去處라더라

●懷金逃去 宮內府電務課의壹般官吏月俸九百圜을雇員卞志설노第壹銀行에派送推覓호時에該人이該金額을推帶逃去호얏다는데平壤義州元山等地로電報호고詷捉호라호다더라

●孤院起訴 近日孤兒院情況은各新聞에揭佈하는바어니와허院監學春世氏가昨日警視廳에顧호고리處선氏를勸律懲治호라하얏다더라

●不可尋常 開城郡에는近日에淸國人들이所謂三십六契를設行호야愚民의錢財를獲取호다는더此契에侵惑호야蕩敗家産者가比々有之호되警察官吏들은視若尋常호다고物論이有호다더라

●尹氏慈善 淸楓橋等地居貧仁植氏가七旬衰境인데貧窮無依호야衛生費를辦納無路이되너謀學內巡査尹석弘氏가矜其情景호야衛生費를代辦以納호얏다더라

●醫臨曉喻 近日閭巷間에서何病에罹호者이던지避病院으로昇送혼다호야互相驚動호는故로昨日醫觀에서各醫에게飭호고人民을曉喻호야此等騷動이無케호라호얏다더라

●松坡虎疫 松坡에서도疑似호列剌에罹死훈者가有호다더라

●避疫下鄕 近日城內에虎疫이熾行호는故로各官私立學校敎員들이停學호고各其鄕第로避身下往호는人이多數호다더라

●去不知 寺洞冊사主人兪鎭泰氏의令孃은淋症이有호야該家에서救護치療하야漸次回蘇의望이有호더니所管巡査가近日流行病으로疑호야避病院으로昇去호얏는데死生을不知라더라

●蘇完可期 仁川호列剌가流行호은累報어니와同地防疫委員會調査를據호즉本月拾四日로二十壹日지지罹患者가四拾七人中에全治者가九人이오死亡者가十七人이오現患者가二십一人이나病氣가漸次衰息호야從此去根을指日可期라더라

●此亦運耶 京城과龍山에호疫이益々蔓延호야昨日午前八時사지患者數는二百十五人內에韓人이百七十二人이오日本人이四十二人이오此中에死亡이百八名인데韓人이九十八人이오日本人이十人이오全治者는十二人인데韓人이二人이오日本人이十人이라더라

●地方農形 京畿道는平年以上의作況이오忠北은大概平年作이나淸州忠州地方은平作에도不及호겟고忠南은大概平年作이오江原道는昨年以上의作況이오平南은平年以上作이오平北은大概凶作이오黃海道는海州方面은平年以上作이오慶북太邱以南은平年作이오大邱以北은凶作이오慶南은平年以上作되는地方도有호고全北은凶作인데南原地方은平年作이오全南은大槩凶作인데順天寶城樂安興陽等地는豐作이오咸북은大槪凶作이오咸남은아즉詳細호報告가無호다더라

●大同會補用 大同宗敎會에서經費를補用호기爲호야爲先三百圜을借欸호더인대總務李容稙氏와總事李範圭李胤鎔兩氏及財務課長李秉韶氏가各其八十圜式辦出하기로專擔호얏다더라

●使酒被捉 宮內府侍從補盡志鎬廟居金翼昌兩氏가再昨夜에泥醉호야水標橋酒幕에서巡査와欄入酗酒호다가中部警察署에被捉호얏다더라

●吳犯越交 憲兵司令部에서내亂犯吳永雲을裡囚호얏다가日昨京城地方裁判所로越交호얏다더라

●全州破獄 全州監獄署에收容된强盜懲役罪囚朴昭淳과在文金汝豐二名은九月십七日午前三時에監守의隙을親호야破獄逃走호얏는데八方으로搜索호야도未捉호고尙今嚴探中이라더라

●金家賊警 二拾壹日午前壹時에南部屯芝味金鶴俊氏家에强盜幾名이突入호야短刀拳銃으로威脅호고金氏의婦人은右脚에四個所를刀刺호後金貨四拾餘圜及衣類指環簪等物을奪去호얏다더라

●兩會懇親 本日日本人俱樂部에서壹進大한兩派가懇親會를開호는데出席者가五拾名이오兩會會長이演說호얏다더라

●三坊總會 北三坊會에서는來月一日에總會를開호고會長金鶴鎭氏辭免호後에塡充호件과會費維持方法을協議호다더라

●紳士美舉 三和港居紳士林祐敎氏等이西北學會經費窘拙호을聞호고義捐金을齊聲收付호다는데爲先四五百圜을該會로送致호얏合으로壹般社會에稱頌이籍々호다더라

●半島發展 韓人이製造호는半島紙卷烟會社는近者에西江으로移設호고事業을壹層擴張호얏는데製品과香味가精美홈으로漸次發展호리라더라

○東京電報○

◎日軍艦出發 日本軍艦出雲은橫濱에서拔묘호야桑港을向호야解纜호얏는데同艦은十月拾二日에桑港에着호얏다가十二月拾二日頃에東京灣에歸着홀豫定이라더라

二十壹日發

◎司法權實施進行 日本當局者의協議호던韓國司法權委任實施에關호各法規는旣히法制局에廻付호야起艸에着手호얏다더라

◎清商反對 吉林鐵道借欵에對하야吉林淸商들은反對호야日此와全히日本에만勝利가될즉現狀과如히讓步홀진디專히間島全部를放棄홈이可호다고極論호얏고淸國紙吉林日報는盛히外交의軟弱홈을攻擊호야人心을煽動호더라

○伯林電報○

◎日使聲明 日本駐墺大使內田이는新聞紙에聲論호야寄하이日我日本도淸國及露國에對호야平和政策을用홀다고論明호얏다더라

以上廿貳日發

▲敬告青年▼

散吹生

▲旅窓夜月明朗호데이니必事不平호야轉輾反側호는中에時局事를生覺호니危如壘卵及業호며大丈夫로싱긴몸이大事業을하려호면이時代를바리고서어느時代맛날손가

▲여보시오靑年諸君奮發호고活動호소四千餘年傳來祖國疆啼天地되엿는데破壞建築擔負홀者우리靑年이아닌가豈心으로國台를호고血誠으로保國호야우리目的이루으세

▲여보시오靑年諸君奮發호고活動호소人生壹世싱겨나서目已天職일코보면千萬年을살지라도他人奴隸不免호리어서速히精神차려大舞臺에競爭호야우리目的이루으세

▲여보시오靑年諸君奮發호고活動호소男兒處世호는法이危亂之世當호면은몸을맛처犧牲合고그나마無數호나니鐵血心을굿게먹고希望点에合爭호야우리目的이루으세

▲여보시오靑年諸君奮發호고活動호소偉斯麥은何人也며總頭은何人也오彼亦當時靑年輩로大功業을세웟느니너희들을模範合고偉人事業熱心호야우리目的이루으세

▲여보시오靑年諸君奮發호고活動호소流水又튼歲月은晝夜不息가고가니우리靑年許多지면後悔莫급쓸떼업네血氣男壯此時代에호로밧비盡忠호야우리目的이루으세

▲여보시오靑年諸君奮發호고活動호소大事業을成코보면建設英雄우리로라斷々無他愛國血誠노直線으突進호야幾千萬衆우리同胞樂園으로引導호고萬世福樂누러보세

房[illegible]標 本舖京城小門外車洞 朝宮 閔 權 告白

[illegible] 一切不犯홈 定價 拾錢

定價 貳拾錢

社告

南部日英洞銅峴等地로南大門外分傳人金仁善이가有故야代人分傳던대本報購覽 諸員의住所統戶가未詳야不傳處이有거든本社로即爲通知심을切望

大韓每日申報社

韓明洙大人發奉公證八月初六日別世知舊間照亮홈

韓鳳愚 告白

本人에姓名圖章을日前서失ᄒᆞᆺ기로茲以仰佈ᄒᆞ오니知舊間照亮ᄒᆞ시옵소서

廣州郡內東里居池宗源 告白

本人의名縡柱를改稱國鉉ᄒᆞ오니知舊間照亮ᄒᆞ시옵

龍山東門外契安國鉉 告白

廣告

◉特別廣告

本人이光武八年四月分에畢容金龜ㅣ京畿道驪州郡所在首界面梧山洞村沓십貳斗落과南面黃石里沓八斗落과北面九남洞沓十三斗五升落과南面損里米당沓五斗落과北面鹽坪당십七斗落과南面梧堤里坐四斗落과北原梧原[illegible]沓合五斗落과西面[illegible]面後山里沓[illegible]斗落과[illegible]面里沓斗落과西面增隅沓十斗落과新村沓십五斗落과[illegible]面式里沓貳斗落合五石십四斗五升落당券을金千圜으로典執이되나당券을[illegible]失ᄒᆞᆫ故로廣告ᄒᆞ오니內外國人간에拾得이라도休紙施行홈

韓慶壽 告白

開業廣告

◉運送業（河船運送及）（陸上운送業）

◉特效 韓國內地各樞要各埠에出張所又는取扱所를設置ᄒᆞ고如何ᄒᆞᆫ邊境地라도迅速確實케運送홈

◉京城附近에駄馬數千頭及牛馬車荷車等數百당이有ᄒᆞᆫ故로大輸送이何時에生ᄒᆞ드ᄅᆡ도直地에準應홈을設備가有홈

日韓운送合資會社

（電話）

京城南部水ㅣ洞 日韓운送合資會社 特約取扱 京城南部銅峴學ㅣ東洞

夜學員募集廣告

本會學館에서英日語落記三課夜學員을新募ᄒᆞ오니志願人은九月貳십四日에請願을提呈ᄒᆞ고當日下午三時에應試홀事

開學日字는九月二拾五日

但新募班은廿人이未滿ᄒᆞ면停止語學課高等班에補缺生을募集

皇城基督教青年會學館

洪原郡龍原面私立中成학校內에測量講習所를設立敎授ᄒᆞ얏는바卒業ᄒᆞᆫ氏名은如左홈

金周洛 徐廷燦 金世庸 高過吉 曹文煥 韓敏鍵 金기屹 金京洛 洪性稷 金基華 俞穆 朴鈞鍊 洪在必 高麟吉 朴章鍊 陳信源 김魯洙 申彥璉 陳順源 徐廷院 金昌煥 金錫庠 陳炯澈

本人의十一代祖孫孤山公墓所를失傳矣러니今에驪水豐鳳面新興里에二十世孫在陶가奉審省墓ᄒᆞ고將爲守護矣니各都諸宗은照亮后에墓所를望홈

京南水原居孔來赫 告白

本人의陰八月初貳日에當五錢文貳千五百兩手票를傳致ᄒᆞ다가遺失ᄒᆞ얏ᄉᆞ오니誰某拾得ᄒᆞ야도休紙施行홈

黃海道平山郡內借用主金東欽 保人李華烈

本舖에서高明ᄒᆞᆫ藝師의優等印刷人을聘ᄒᆞ와各種石版物을精美히ᄒᆞ오니 僉君子는來臨ᄒᆞ심을望홈

京城香鋪大廣橋前 韓國東貳層洋屋

組 華舖石版部

舖主金允召 告白

藥學博士丹波敬三先生發明

消毒 防臭 殺菌劑

구레싱

구레싱은虎列剌菌、腸窒扶斯菌은實布的里菌等徽菌中最頑强ᄒᆞᆫ黴菌의發生을抑止殺滅ᄒᆞᄂᆞᆫ기能이偉大ᄒᆞᆫ效力이有ᄒᆞᆯ뿐아니라現時에是用ᄒᆞᄂᆞᆫ他防腐消毒中에比較ᄒᆞᆫ者가無ᄒᆞ며價格은非常히低廉ᄒᆞᆫ則惡疫流行의兆가有ᄒᆞᆫ時ᄂᆞᆫ今에及私衛生上에特히必要ᄒᆞᆫ良劑이오

販賣元 東京 合資會社 高田商會銀座販賣店

韓國特約店 京城泥峴郵便局前 山岸天佑堂藥房

（電話 三七二番）

本社에서在上海東洋烟草大製造廠과專賣權을特約ᄒᆞ고各種烟草直輸入ᄒᆞ와各代理店에支出ᄒᆞ오니 僉君子는愛顧ᄒᆞ심을敬要

法韓黑紙烟壹匣廿五本具竹嘴
旗艦票壹匣廿本具紙嘴
囉叭標壹갑五本入
雁標壹갑십本入
虎標壹갑십本入
獅子標壹匣拾本入
鬪士標一匣十本入
法韓쉬잉金口紙一匣拾本入
法韓시오릐金口紙一箇白本入

本社의各代理店은左開홈

平壤代理人鄭基煥
黃州沙理院代理人韓貞鎬
太邱代理人金基璇
京城鐘路代理人金齊性
京南大門內倉내代理人朴容圭

誰某든지各處에代理店을實施開ᄒᆞ기를願ᄒᆞ거든本社에來臨相議ᄒᆞ시옵

京城石井동

法韓會社 告白

問答大韓新地誌

鄭壹賓校閱 安鍾榮著述

定價금 廿五전

今에問答大韓新地誌를新刊ᄒᆞᆫ바普通教科에適用케編輯홈이니多數需用ᄒᆞ심을望홈

物理學初步

定價금 五十錢

本書는普通教育界에一大指南으로簡明便易케著述홈이니一般學界에多數需用ᄒᆞ심을望홈

女子修身教科書

定價금 二拾錢

本書는女子教育界에一大指南이될뿐아니라家庭間自習에尤極便易ᄒᆞ오니有志 僉彥은多數需用ᄒᆞ심을務望홈

國文初學

周時經 著述

定價금 拾 전

今에新刊ᄒᆞᆫ國文初學은幼蒙教科에適合ᄒᆞ오니多數需用ᄒᆞ심을望홈

普通教科筭術書

定價금 二십錢

本書는年幼ᄒᆞᆫ學生의講習ᄒᆞᆷ에便易케爲ᄒᆞ야淺ᄒᆞ게著述ᄒᆞ엿ᄉᆞ오니采用ᄒᆞ심을望홈

高等小學筭術書

定價금 二[illegible]

本算術書는高等科에適用ᄒᆞ도록著述홈이니多數ᄒᆞ심을望홈

獨習韓日會話

定價金 廿五錢

本書는初次日語獨習ᄒᆞ기에便易ᄒᆞ도록著作ᄒᆞᆫ者이니多數히購覽ᄒᆞ심을望홈

發賣所 京城南大門內尙洞 博文書館盧益亨

分賣所 京鄕各有名書舖

◉祕製止痛藥

此藥은美國에有名ᄒᆞᆫ의학博士百里得未司의발明ᄒᆞᆫ雙方靈藥이라左開諸症에外塗內服ᄒᆞ면無不立效인바吐瀉霍亂轉筋、痢疾流行急症에尤極神效ᄒᆞ와多救生命이오니藥業에從事ᄒᆞ시ᄂᆞᆫ이와病을預防코ᄌᆞ시ᄂᆞᆫ이ᄂᆞᆫ速速來購ᄒᆞ시면價도廉實ᄒᆞ기십나이다

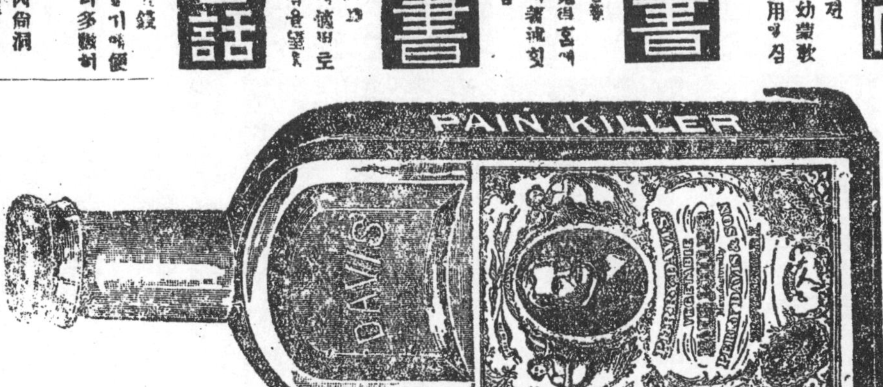

左開

▲內科所用▼

胃酸 吐瀉 咳嗽 肚滯 心痛 肝病 胃熱 口內之瘡 哮喘 小兒吐瀉 抽筋 虐疾 嘔吐 胃氣痛 頭裡傷寒 偏痺 身手軟弱 番病 暈船 氣管病 霍亂 腹瀉 食傷風 不消化 疹子 傷寒 肚痛 痢疾 腰痛 腎病 暑夏吐瀉

▲外科所用▼

火疔창 凍창 跌打損傷 腰骨痛 疔창 指甲疽 咽喉痛 蟲蛇刺咬 凍창 膽氣肋痛 癖

發賣所 韓美興業株式會社事務所

第七卷

大韓每日申報

第千貳佰五號

月曜及慶節
錢時日休刊

[illegible]千二百四十二年
[illegible]三十一年
大韓開國五百十八年
隆熙[illegible]十二年
陰曆己酉年
八月大十一日丁亥

Responsible for Publication Alfred Weekley Marnham.
發行兼編輯人 英國人 萬咸
發行所
[illegible]
大韓每日申報社

論說

◉感

호列剌는 한國에셔 일흠을「쥐통」이라 名ᄒᆞ던 怪疾이라 人이 此疾에 罹ᄒᆞ면 頓然히 鼠와 如히 劇ᄒᆞ며 肢百脉은 上下ᄒᆞᄂᆞᆫ듯ᄒᆞ야 屈伸을 任意치 못ᄒᆞ고 麻비ᄒᆞ야 終ᄒᆞᄂᆞᆫ 故로「쥐통」의 名을 得ᄒᆞᆫ이라 쥐통이란것이 壹家에 入ᄒᆞ면 壹家가 殲滅死ᄒᆞ며 壹村에 入ᄒᆞ면 壹村이 殲盡死ᄒᆞ고 村으로 村으로 都으로 郡으로 蔓草又치 延ᄒᆞ며 燎火又치 燎ᄒᆞᄂᆞᆫ 故로 過去丙戌年의 慘禍를 談ᄒᆞ면 至今ᄭᆞ지 人의 髮이 竪ᄒᆞ며 [illegible] 此疾이 [illegible] 死ᄒᆞᆫ者도 多數ᄒᆞ얏ᄂᆞᆫ데 丙戌年에 較ᄒᆞ면 其蔓延이 幸不甚ᄒᆞᆫ지 是蓋衛生의 注意와 預防의 消毒이 大槪 其功效를 奏ᄒᆞ얏도다

記者曰 호列剌는 雖酷ᄒᆞ나 人의 身을 殺ᄒᆞᆯ 뿐이오 人의 心은 殺치 못ᄒᆞ며 現在의 人을 殺ᄒᆞᆯ 뿐이오 未來의 人은 殺치 못ᄒᆞ거니와 今에 壹病이 有ᄒᆞ야 人의 身을 殺ᄒᆞ며 又ᄒᆞᆫ 人心을 殺ᄒᆞ야 未來萬世人心을 殺ᄒᆞ나니 此病은 何名고 其症이 甚狂ᄒᆞ고 其禍ᄂᆞᆫ 甚ᄒᆞ야 其名狀ᄒᆞ기 甚難ᄒᆞ도다 玆에 壹名을 强錫ᄒᆞ니 曰 奴隸病이니라 壽哉라 此病이여 此病에 壹罹ᄒᆞ면 祖國의 國民됨을 忘ᄒᆞ고 自家建國始祖를 [illegible]ᄒᆞ야 强隣의 故鬼와 兄弟行世ᄒᆞ고 ᄒᆞ며 此病에 壹罹ᄒᆞ면 社會의 名士된 者ㅣ 外敵門下에 出入ᄒᆞ야 偵探客을 甘作ᄒᆞ며 此病에 壹罹ᄒᆞ면 自身의 此國人됨을 專忘ᄒᆞ고 附外二字를 國是라ᄒᆞ야 同胞를 遊說ᄒᆞ며 此病에 壹罹ᄒᆞ면 退老故相이 書翰又치 出現ᄒᆞ야 拾指가 磨盡토록 外人官吏를 追隨ᄒᆞ면서 大臣壹窠를 乞ᄒᆞ며 此病에 壹罹ᄒᆞ면 亡國條約을 歡迎ᄒᆞ야 宣言書를 布ᄒᆞ며 揚々히 國民黨이라 自稱ᄒᆞ며 此病에 壹罹ᄒᆞ면 自强으로 宗旨ᄒᆞ야 國魂을 絶叫ᄒᆞ던 者가 屢々히 幽谷으로 入ᄒᆞ야 親日主義를 明倡ᄒᆞ고 本面目을 掩却ᄒᆞ니 悲夫라 호列剌의 慝은 壹時에 止ᄒᆞ려니와 奴隸病은 百年에 流毒ᄒᆞ지며 호列剌의 害는 壹廳에 臨ᄒᆞ며와 奴隸病은 擧國이 皆倒ᄒᆞ나니 其害毒이 果然何如히 大ᄒᆞ뇨

然이나 호列剌에 死ᄒᆞᆫ 者ᄂᆞᆫ 人々이 目能知ᄒᆞᄂᆞᆫ 故로 預防ᄒᆞᄂᆞᆫ 人이 多ᄒᆞ거니와 奴隸病에 死ᄒᆞᆫ 人은 人々이 能知치 못ᄒᆞᄂᆞᆫ 故로 預防ᄒᆞᄂᆞᆫ 人이 無ᄒᆞ니 嗚呼라 호列剌에 死ᄒᆞ고ᄂᆞᆫ 韓人이 韓人됨을 失ᄒᆞᆫ 理가 無ᄒᆞ거니와 奴隸病에 先ᄒᆞᄂᆞᆫ 者ᄂᆞᆫ 韓人이 韓人이아니니 願컨ᄃᆡ 全國志士ᄂᆞᆫ 饗으로 此에 豫防法을 硏究ᄒᆞᆯ지어다

外報

◉淸國議會 淸國江蘇省地方議會ᄂᆞᆫ 拾六日南京에셔 議員을 召集ᄒᆞ고 議長選擧를 行ᄒᆞ얏스며 來淸曆九月壹日에 開會ᄒᆞᆫ다ᄂᆞᆫ데 此ᄂᆞᆫ 淸國議會의 嚆矢니라

◉美豫算減額 美國에셔ᄂᆞᆫ 來貳月議會에 提出ᄒᆞᆯ 明年度豫算은 本年度에 比ᄒᆞ야 陸海軍備四千萬圓이 減額되얏다더라

◉鐵道敷設要求 [illegible]電을 據ᄒᆞᆫ則 [illegible]政府ᄂᆞᆫ 東淸鐵道線[illegible]우날리에 至ᄒᆞᄂᆞᆫ 線路와 후구스크에셔 [illegible]倫에 至ᄒᆞᄂᆞᆫ 線을 布設ᄒᆞ라고 淸政府에 要求ᄒᆞ얏다더라

◉東京虎疫 東京電을 據ᄒᆞᆫ則 海參威에ᄂᆞᆫ 虎列剌가 發生ᄒᆞ야 五[illegible]이 罹患ᄒᆞ얏다더라

◉飛艇學堂 法國巴里에셔ᄂᆞᆫ 飛艇學堂을 設立ᄒᆞ얏다더라

◉婦人暴動 英國首相아스기스氏가 演說ᄒᆞᆯ時에 婦人選擧權운動者가 暴動을 起ᄒᆞ야 壹婦人은 斧와 椎를 執ᄒᆞ고 警察官의 警戒線을 侵入ᄒᆞ고 又婦人二名은 屋上에 登ᄒᆞ야 煉瓦로 警官을 襲擊ᄒᆞ얏다더라

學界

◉明進創立 交河郡居金根秀林炳玉兩氏가 該郡校宮內明倫堂에 校舍를 設立ᄒᆞ고 [illegible] 達시로 推選ᄒᆞ얏ᄂᆞᆫ데 閔시ᄂᆞᆫ 該校經費를 專擔ᄒᆞ기로 決定ᄒᆞ얏다더라

◉講習盛況 黃海道載寧郡紳士諸시가 京城에 留學ᄒᆞ다가 夏期休暇에 歸鄕ᄒᆞ야 該郡餘物坪에 講習所를 設立ᄒᆞ고 靑年을 勸勉敎授ᄒᆞᄂᆞᆫ데 金基秀諸시가 熱心으로 敎導ᄒᆞ얏고 本月貳日에 修業式을 擧行ᄒᆞ얏ᄂᆞᆫ데 所費金正洪氏가 [illegible] 賞品을 多數捐助ᄒᆞᆷ으로 聽講生의 敎育上熱心을 無不稱頌ᄒᆞᆫ다더라

◉義務名務 平北鐵山郡北面私立義務학校ᄂᆞᆫ 該郡紳士박鳳潤學永根金連爵諸시가 設立ᄒᆞᆫ바 學生이 百餘人에 達ᄒᆞ고 去土曜日에 學期試驗을 經ᄒᆞ얏ᄂᆞᆫ데 來賓平壤韓錫泰文成玉兩시ᄂᆞᆫ 優等學生에게 賞品을 施賞ᄒᆞ고 학監卓桂胄시ᄂᆞᆫ 학界에 前進ᄒᆞᆯ 目的으로 激切히 勸勉ᄒᆞ얏다더라

◉金氏熱心 平南中和郡東市居金中庸시ᄂᆞᆫ 敎育에 有志ᄒᆞ야 啓蒙進明학校를 興旺케ᄒᆞ기로 熱心周旋ᄒᆞᆫ다더라

◉韓氏設校 平南祥原郡紳士韓斗璞시ᄂᆞᆫ 學校를 設立ᄒᆞ고 熱心維持ᄒᆞ야 前進의 望이 快有ᄒᆞ다더라

◉學校熱心 黃海道海州郡靑丹面明新학校ᄂᆞᆫ 設立以後로 諸般經費가 窘絀ᄒᆞ더니 該校任員李承駿시가 所用經費를 壹切擔當ᄒᆞ며 該校에 說明ᄒᆞᆫ故로 該兄이 漸紓ᄒᆞ야 [illegible]의 敎育熱心에 人皆贊頌ᄒᆞᆫ다더라

◉金氏熱心 楚山郡新島면 金鎭九시ᄂᆞᆫ 全國의 學校不振ᄒᆞᆷ을 慨歎ᄒᆞ야 學費를 自當ᄒᆞ고 聰俊靑年十餘人을 京城에 留學케ᄒᆞ니 此시의 敎育界熱心과 義務的獎學을 人皆稱頌ᄒᆞᆫ다더라

◉緇衣義務 平北寧邊[illegible]峰寺住僧桂山及賢寺主僧[illegible] 高麗郭山開元寺主僧金雲潭兩僧이 寧邊香山學校를 永遠維持키爲ᄒᆞ야 該校基本金을 右寺寺刹의 均分置ᄒᆞ고 每年利子百圓式 收刷ᄒᆞ야 該校經費를 助用ᄒᆞ기로 決定ᄒᆞ얏다더라

雜俎

◉走馬行 草廬生

닷ᄂᆞᆫ말에 채칠ᄯᅢ 늙고、 드ᄂᆞᆫ칼독이 쓴다。

無情歲月은、白髮을 재促ᄒᆞ니。

眞實로、爲國雪恥、急ᄒᆞ도다。

雜報

●永宣陞見 永宣君리埈鎔氏가再昨日上午拾壹時頃에璿源殿에進詣ᄒᆞ야 奉審後에 太皇帝陛下께 謁見ᄒᆞ얏다더라

●勳章下賜 去廿一日에 大皇帝陛下께셔日人安藤外四人의게敍勳ᄒᆞ옵시ᄂᆞᆫᄃᆡ勳장을 下賜ᄒᆞ옵셧다더라

●二犯蒙放 瀧州監獄署에被囚ᄒᆞᆫ役二年罪人金二才와役十五年罪人李昌根을特赦ᄒᆞᆯ事로總理리完用法大高永喜兩氏가聯署上 奏ᄒᆞ야蒙 裁放送ᄒᆞ얏다더라

●義王消暢 義親王殿下께셔再昨日에東小門外飮碧亭에詣ᄒᆞ샤消暢還御ᄒᆞ셧다더라

●何等秘密 統監府囑托內田良平이가今番渡韓ᄒᆞᆯ時에何等秘密勅封二度를帶來ᄒᆞ야曾彌統監의게傳致ᄒᆞ얏다ᄂᆞᆫ說이有ᄒᆞ다더라

●例會停止 昨木曜日은內閣例會인ᄃᆡ近日虎疫을因ᄒᆞ야例會를停止ᄒᆞ얏다더라

●診後仕進 昌德宮金虎門內에診察所를設置ᄒᆞ고宮內府各官吏의身體를逐々히檢査ᄒᆞ고後仕進케ᄒᆞᆫ다더라

●屑々不憚 總相李完用氏가近日에來賓을謝絶ᄒᆞ고農大臣宋秉畯氏를紹介ᄒᆞ야某處에頻繁往來ᄒᆞᆫ다더라

●兩相發程 總相李完用內大臣朴齊純兩氏가群山港道路竣役式에參與ᄒᆞᆫ다홈은已報어니와來土曜日에當地로발往ᄒᆞᆫ다더라

●革命經營 遼東報를據ᄒᆞᆫ즉布哇居留韓國同胞들은日本이韓國의司法權을掌握ᄒᆞ고又韓人官吏ᄂᆞᆫ只是日人官吏의指揮만受ᄒᆞᆯ뿐이오又日本이韓人의言論權을沮制ᄒᆞᄂᆞᆫ等事로公憤을大動ᄒᆞ야革命을大擧ᄒᆞ기로經營ᄒᆞᆫ다하얏더라

●擺權皆日 法部에서近間裁判所繙譯官補五拾名을試取ᄒᆞᆯ터인ᄃᆡ沒數히日本人으로ᄒᆞᆫ다더라

●齊藤入城 統監府間島派出所長齊藤이ᄂᆞᆫ昨日午後八時二拾分에남大門列車로入城ᄒᆞ얏ᄂᆞᆫᄃᆡ間島의情況을報告ᄒᆞ얏다더라

●北國拜觀 駐韓德國總領事ᄂᆞᆫ昨日上午十二時頃에該館官員幾名을帶同ᄒᆞ고景福宮을拜觀ᄒᆞ얏다더라

●懇親開會 旣報와如히一進大韓兩派에서昨日下午六時에京城旅館에서懇親會를開ᄒᆞ얏다더라

●地方費編成 地方費賦課ᄂᆞᆫ內部와度支部에서議定ᄒᆞᆫᄂᆞᆫ바인ᄃᆡ其協議ᄒᆞᆫ結果로認可가되얏슴으로各道에서豫算을編成ᄒᆞ야內部에提出케ᄒᆞᆫ다더라

●淸津築港 淸津港築港에對ᄒᆞ야同日統監府에서二十萬餘圓을支出ᄒᆞ얏ᄂᆞᆫᄃᆡ大部分이旣히完成되얏다더라

●日人談話 日人鍋島가今番淸日協約에對ᄒᆞᆫ淸人의感情을論ᄒᆞ야曰淸國人은大段騷動ᄒᆞ야莫大의屈辱으로認ᄒᆞ며留學生及民間有志者들이盛히外交의柔弱을攻擊ᄒᆞᆫ다고ᄒᆞ더라더라

●韓鐵評論 日人製鐵所長中村이가한國鐵礦을論ᄒᆞ야日韓國의鐵材ᄂᆞᆫ淸日兩國産보다佳良ᄒᆞᆫ즉將來한鐵의需要가多ᄒᆞ리라ᄒᆞ얏다더라

●德艦入仁 德國東洋艦隊司令官의搭乘ᄒᆞᆫ사뽄、호루스도號ᄂᆞᆫ昨朝仁川港에着ᄒᆞ얏다더라

●日將視察 大久保大將이現今淸津港附近靑基灣에서視察中인ᄃᆡ將次造山灣附近圖們江等地를視察ᄒᆞ고仍爲入城ᄒᆞᆯ預定이라더라

●各陵審査 掌禮院官吏日人村上이가咸鏡南道各陵을審査上京ᄒᆞ얏ᄂᆞᆫᄃᆡ또江原道寧越三陟各陵을審査次로日間發向ᄒᆞᆫ다더라

●支店引受 韓國銀行이成立된後에ᄂᆞᆫ現今第一銀行支店의店舍를한國銀行에서引受ᄒᆞᆫ다더라

●全國牛數 韓國의現在牛의頭數가四拾五萬八千餘頭라ᄂᆞᆫᄃᆡ其中平북咸北慶北等地가最多ᄒᆞ다ᄒᆞ고此統計ᄂᆞᆫ的分精確지못ᄒᆞ고其實數ᄂᆞᆫ八拾萬頭以上일듯ᄒᆞ다더라

●忠北財況 忠北十八郡中에輸出이輸人보다多ᄒᆞᆫ郡은淸州陰城忠州丹陽靑山文義懷仁七郡이라더라

●工會交涉 大한工業會에서ᄂᆞᆫ事務所로充用키爲ᄒᆞ야今番北部三淸洞所在器械所를借用ᄒᆞ기로度支部와交涉ᄒᆞ얏다더라

●假稱作梗 全羅道地方으로出沒ᄒᆞ던義兵大將이라自稱ᄒᆞᄂᆞᆫ鄭太弘爲名人이去六月分에松峴居ᄒᆞᄂᆞᆫ相龜家에서留宿ᄒᆞᆫ事가有ᄒᆞ다ᄒᆞ야再昨夜에假稱補助員이라ᄒᆞᄂᆞᆫ不知何許人이리相龜家에來到ᄒᆞ야鄭太弘의去處를指示ᄒᆞ라고作梗이無雙ᄒᆞ얏다더라

●同恐乾沒 富平郡人民二名이義兵에被殺ᄒᆞ얏다ᄂᆞᆫᄃᆡ內部에서救恤金을支撥ᄒᆞ얏더니前郡守全國煥氏가乾沒ᄒᆞ얏다더라

●補員行悖 楊州郡柾里에서憲兵補助員崔柱完爲名人이該洞里居盧利善氏의父子가義兵에干連이有ᄒᆞ다謊稱ᄒᆞ고威脅恐喝ᄒᆞ야金貨二百圜을奪取ᄒᆞ얏다ᄂᆞᆫᄃᆡ該事件을憲兵司令部에서探知ᄒᆞ얏다더라

●審問其由 昨日學部에서孤兒院主리愍善院監리春世兩氏를招待ᄒᆞ야近日에院의相持ᄒᆞᄂᆞᆫ理由를壹場審問ᄒᆞ얏다더라

●咸北穀貴 咸北等地에ᄂᆞᆫ虫災를因ᄒᆞ야秋獲이兇凶도못되ᄂᆞᆫ故로穀價가高騰ᄒᆞᆫ다더라

●宜其注意 現今虎疫이流行ᄒᆞᄂᆞᆫ時에在ᄒᆞᆫ즉蔬菜等類의食物을愼用ᄒᆞᆷ이可ᄒᆞᆯ거날婦人들이此等에注意치아니ᄒᆞᄂᆞᆫ者가多ᄒᆞ니實로可嘆ᄒᆞᆯ事라고들ᄒᆞ더라

●酒困醒覺 日前에校洞屛門에勞働者壹人이被醉頹臥ᄒᆞ더니適其時에巡査가過去ᄒᆞ다가虎疫에罹ᄒᆞᆫ者로疑ᄒᆞ야即時避病院으로昇送ᄒᆞ얏더니其人이翌日覺醒後에即時還來ᄒᆞ얏다더라

●防疫廢工 內部에서ᄂᆞᆫ虎疫을預防ᄒᆞ기爲하야昨日부터該部內新建築工役을廢止ᄒᆞ고通行門에巡査壹名이把守ᄒᆞ야閑雜人의出入을禁止ᄒᆞᆫ다더라

●食料注意 中部警察署에서ᄂᆞᆫ昨日에該署管內各料理店主人을會同ᄒᆞ야各項食料品을恪別注意ᄒᆞ야衛生에妨害가無케ᄒᆞ라ᄒᆞ얏다더라

●申氏長逝 日本留學生監督申海永씨가馬關에到着ᄒᆞ야再昨夜에虎列剌에罹逝ᄒᆞ얏다ᄂᆞᆫ電報가昨日上午拾時에學部에來到ᄒᆞ얏다더라

●下鄕勸學 各學校生徒等이近日虎疫을避ᄒᆞ야各其自意로鄕第에下去ᄒᆞᆫ者가多數ᄒᆞᆫ다ᄂᆞᆫᄃᆡ將次學部에서ᄂᆞᆫ其學徒를從々調査ᄒᆞ야黜학ᄒᆞᆫ다ᄂᆞᆫ說이有ᄒᆞ더라

●罹患者數 昨日漢城內及龍山한人의虎疫罹患者를調査ᄒᆞᆫ즉東部에拾壹名中部에五十六名西部에三十八名南部에二十三名北部에貳拾二名龍山에六拾四名이라더라

●寢息可期 內部衛生局에서昨日에漢城五部字內에流行病新患者의數를計算ᄒᆞᆫ즉再昨日보담減數가되얏ᄂᆞᆫᄃᆡ漸次寢息되ᄂᆞᆫ貌樣이라더라

●虎疫減退 漢城內虎疫이漸々減退의勢가有ᄒᆞ다홈은別項과如ᄒᆞ거니와二十一日은新罹患者가六十壹人이오貳拾貳日은五拾五人이오貳拾三日에ᄂᆞᆫ晝夜間에新罹患者가四십五人이라더라

●消防盡力 本月拾八日下午二時에釜山港水晶洞에서失火ᄒᆞ야數戶가延燒ᄒᆞ고火勢가甚烈ᄒᆞ더니韓港岬梁洞에셔韓人이組織ᄒᆞᆫ消防隊가盡力救護ᄒᆞ야火源을即時撲滅ᄒᆞ얏다더라

●擅行被捉 日本人官吏圖次郞爲名人이寺洞自轉車舖金正元氏에게自轉車壹坐를二十五錢에納貰借去ᄒᆞ야永爲還歸ᄒᆞ얏다가日前에管轄署에被捉ᄒᆞ야現今取調中이라더라

●兩犯宣告 故殺犯리九範은役十五年으로同罪리德燦은役 年으로昨日에地方裁判所에서宣告하얏다더라

●證人被捉 宮內府典醫課囑員下志경이가逃走ᄒᆞᆷ에對ᄒᆞ야其證據人으로何許女人壹名이昨日警視廳에被捉ᄒᆞ얏다더라

●民會協議 再昨日下午壹時에漢城府民會에서贊務員會를開ᄒᆞ고西間島牧民學校維持方針을協議ᄒᆞ얏ᄂᆞᆫᄃᆡ爲先該會에서金貨百圜을捐助ᄒᆞ고又該會에서各團體와學校에通牒ᄒᆞ야補助金을募集ᄒᆞ기를擔負ᄒᆞ얏스며且委員을派送ᄒᆞ야該校를觀察ᄒᆞ기로協議ᄒᆞ얏다더라

●桂竹新香 果峴同志商會에서桂竹紙券煙을製造ᄒᆞᄂᆞᆫᄃᆡ品質이精美ᄒᆞ고味香이淸冽ᄒᆞᆷ으로漸次發展되리라더라

●隨聞更揭 信川郡魚鹽場에在ᄒᆞᆫ於義宮庄土라ᄒᆞᄂᆞᆫ二百餘石落은前宮庄土가아니오龍宗秀氏의私有地로整理局에서도確實히認定ᄒᆞ야還給ᄒᆞᆫ證據가分明ᄒᆞ다ᄒᆞ고且近日에日人의게買渡ᄒᆞᆫ다홈은中間做出ᄒᆞᆫ說이오其再從의代理人리完基氏가說明ᄒᆞ얏더라

○東京電報○

●法權準備法規 日人松寺ᄂᆞᆫ司法權委任에對ᄒᆞᆫ準備件을務ᄒᆞ고昨日東京에서出發ᄒᆞ야渡韓의途에就ᄒᆞ얏다더라

●下院委員制改正 日本에셔ᄂᆞᆫ衆議院委員制를改正ᄒᆞ기로ᄒᆞᆫ다더라

○紐育電報○

●쿡크氏歡迎 北極探險家쿡크氏ᄂᆞᆫ二十壹日紐育에到着ᄒᆞ얏ᄂᆞᆫᄃᆡ市民은滿腔熱誠으로歡迎ᄒᆞ얏다더라 (以上二十三日發)

▲曉鍾放聲▼

▲四壁밋헤蟋蟀소리드ᄅᆞᆫ잠을ᄭᆡ우ᄂᆞᆫ듯ᄯᅥ러지ᄂᆞᆫ梧桐닙은感慨懷抱부르ᄂᆞᆫ듯不平ᄒᆞᆫ사ᄅᆞᆷ이어니心思潮水ᄀᆞᆺ치치밀어셔時局上의여일더잇屈指ᄒᆞ야ᄯᅥ실게ᄒᆞ니가이업다同胞들寒心ᄒᆞ기ᄶᅡᆨ이업네ᄒᆞᆫ번警告ᄒᆞ여볼ᄭᅡ

▲某會會員말ᄉᆞᆷ으로소志士ᄭᅦ말ᄒᆞ씨엔祖國思想잇ᄂᆞᆫ듯시彼邊에ᄭᅦ致書ᄒᆞ야親日을贊賞ᄒᆞ노라고翻覆ᄒᆞᆷ이平ᄒᆞᆫ듯얼지그리奇妙ᄒᆞᆫ지시듬에섞긴쥐行世[illegible]여보시오會員諸君박쥐行世말으시오

▲孤兒院主말ᄉᆞᆷ으로소불ᄯᅦ업ᄂᆞᆫ兒童들衣食供給ᄒᆞᆯ살이ᄃᆞ敎育ᄭᅡ지식인다時事當局者不壯ᄒᆞ니무슴曆折이셧[illegible]風波가騷亂ᄒᆞ리ᄒᆞᆯ가아모經驗업스면체面만宏壯히나ᄒᆞ보시오孤兒院主黔驢技倆말으시오

▲傳道舘員말ᄉᆞᆷ으로소ᄂᆡ靈魂팔나셔돈량이나먹노라고純良敎徒모라다가魔鬼[illegible]다지옥에[illegible]詛咒마소地獄갈者諸君일세[illegible]九尾妖[illegible]分明[illegible]보시오傳道舘員[illegible]말으시오

▲以上略論[illegible]許多ᄒᆞᆫ[illegible]離ᄒᆞ기고만두니파킨同胞[illegible]過[illegible]後에이세밧[illegible]놈혼白頭山[illegible]獨立[illegible]三千里江山[illegible]自由[illegible]을니면셔[illegible]보소

社告

南部自美洞銅峴等地로南大門外分傳人金仁善이가有故ᄒᆞ야代人分傳ᄒᆞᄂᆞᆫ데本報購覽諸氏의住所統戶가未詳ᄒᆞ야不傳ᄒᆞᆫ處이有ᄒᆞ거든本社로卽爲通知ᄒᆞ심을務望

本報第二面末欄에揭載ᄒᆞᄂᆞᆫ評論은今에同胞諸君子의識見을交換ᄒᆞ기爲ᄒᆞ야募集을開始ᄒᆞ오니有志ᄒᆞ신人은各其思想을融通ᄒᆞ야陸續製送ᄒᆞ시되評論體裁ᄂᆞᆫ本報에已揭ᄒᆞᆫ者와同意케ᄒᆞ기를要ᄒᆞᆷ

評論三枚를選募揭載ᄒᆞᆫ者ᄂᆞᆫ本報를無料로壹朔送呈ᄒᆞ야厚意를謝ᄒᆞ깃ᄉᆞᆸ

評論을製送ᄒᆞ시ᄂᆞᆫ諸氏ᄂᆞᆫ住所를詳記ᄒᆞ야本社編輯室로致付ᄒᆞ시ᄋᆞᆸ

大韓每日申報社

廣告

本店에서今月初十日於寬洞許推敎音聲丈三千兩과南門外顔偕昌音聲丈七百八兩을幷爲路中에서失故仰告ᄒᆞ오니內外國人間拾得이라도休紙施行ᄒᆞᆷ

南大門三丁目　安鍾商店　告白

本人의[illegible]子金旋源이가年少子弟로挾雜輩의誘引을被ᄒᆞ야雜技場에投入ᄒᆞ야錢貳萬餘兩을見失ᄒᆞ고此를報償키爲ᄒᆞ야有力者의게文券을典執ᄒᆞ고償出코저ᄒᆞ니內外國人은切勿借給ᄒᆞ시되後日白失之境에至케勿ᄒᆞ시ᄋᆞᆸ

平北寧邊郡[illegible]面[illegible]洞里　[illegible]召史　告白

載寧郡에安面艾井동居梁元鎬씨가去三月頃에遊학次로離發ᄒᆞ야于今五六朔에住處를不知ᄒᆞᄂᆞᆫ데想其旅費의困難이有하깃기로玆에廣告ᄒᆞ오니同시가何處에留在ᄒᆞ던지京中部壽進동九號六戶趙樂說家로來訪하시면旅費를優給ᄒᆞ깃더이오니速卽來訪을要ᄒᆞᆷ　趙秉模　告白

本人의母親全州李氏以宿患今月八日（陽九月貳十發日）上午七時半에別世
京鄕知舊間照亮
正三品前侍從　[illegible]訃告白

本人姓名圖章을今月拾七日에閪失ᄒᆞ얏ᄉᆞ오니勿論內外國人ᄒᆞ고拾得ᄒᆞ오면勿施ᄒᆞᆷ
平北博川郡北部五統十戶徐璟龍　告白

本人의姓名圖章을見失於鍾路直所ᄒᆞ얏기玆에廣告ᄒᆞᆷ　朴正熙　告白

大韓每日申報第壹貳〇三號雜報欄內欲賣還納題目下에對ᄒᆞ야信川郡魚芦坊所在於義宮庄土라稱ᄒᆞᄂᆞᆫ二百餘石落도本非宮庄이라故兵使[illegible]宗秀시가陳荒을起답ᄒᆞ야於義宮에投托者이더니近日日人許에欲賣事ᄂᆞᆫ全혀虛言이라整理局으로셔辨實調査ᄒᆞᆫ後關係에決ᄒᆞ야還下하랴고當時財務署로指令이有ᄒᆞ야本年秋收ᄭᆞ지推尋ᄒᆞ고同年地稅金ᄭᆞ지上納ᄒᆞ얏비인즉日人關에欲賣說ᄂᆞᆫ[illegible]登有還收訓令이라도該局에서見査ᄒᆞ야신訓令을[illegible]ᄒᆞ오기玆以仰佈ᄒᆞᆷ

京城北部巡廳洞[illegible]爲史
代理人　申完基　告白

本院은李필和시가創設ᄒᆞ야其次子應선으로替作院主러니行動이乖當ᄒᆞ야物議가沸騰ᄒᆞᆷ으로自知難保ᄒᆞ고李應선의所謂院主之名을卸免ᄒᆞᆫ後에李春世白樂善諸시와개本院의一般權利와至於般事務를專托總管케ᄒᆞᆷ으로印章及契約書와本院所有堤川답土豐石落證明書를盡歸[illegible]鐵櫃中ᄒᆞ야本院에保管矣러니拾八日夜半에李應선이가突入院中ᄒᆞ야破碎壁장에掠奪印章櫃以去ᄒᆞ온바櫃內에ᄂᆞᆫ左開印章이幷入ᄒᆞᆷ으로將行詰訴法司ᄒᆞ야還覓諸般物ᄒᆞ려니와自見失以後로ᄂᆞᆫ該印章使用은無效로認定ᄒᆞ오니勿論內外國人ᄒᆞ고切勿見欺ᄒᆞ시ᄋᆞᆸ

京城孤兒院維持會　告白

左開

京城孤兒院印一顆　孤兒院生之章一顆　孤兒院總務之章一顆　孤兒院敎育部之章一顆　孤兒院院長印二顆　孤兒學校之印一顆

本人이光武八年四月分에[illegible]容査處에京畿道驪州郡在首界面梧琱洞村韓字畓십貳斗落과南面實石里韓字畓八斗落과北面九남洞丸字畓五斗落과遂字답二斗落과[illegible]字답五斗五升落과南面[illegible]里峯字답拾壹斗落과北面鎭坪[illegible]字답八斗落과蕭字답三斗落과悟字답六斗落과南面[illegible]里에垈四戶賭地拾五斗落과[illegible]原州西面[illegible]山里[illegible]字畓[illegible]斗落과節字답십斗落과龍頭里[illegible]字畓[illegible]斗落과墻隅投字답六斗落과分字답九斗落과新村情字畓십五斗落과式軍里映字畓貳斗落合五石십四斗升落답券을金千圓으로典執ᄒᆞ얏더니該답券을見失故로玆에廣告ᄒᆞ오니內外國人간拾得이라도休紙施行ᄒᆞᆷ

本人의名字를以貸得行用이더니現今鍾彬으로改名이가玆에廣告ᄒᆞ오니知舊間照亮ᄒᆞ시ᄋᆞᆸ

平南成川郡三岐面[illegible]　[illegible]音田順明[illegible]　告白

問答大韓新地誌

柳壹宜校閱　安鍾和著述

定價금　廿五전

今에問答大韓新地誌를新刊ᄒᆞᆫ바普通敎科에適用케編輯ᄒᆞᆷ이니多數需用ᄒᆞ심을望ᄒᆞᆷ

定價금　拾전

今에新用ᄒᆞᆫ[illegible]文[illegible]幼學數에適合ᄒᆞ오니多數需用ᄒᆞ심을望ᄒᆞᆷ

物理學初步

定價금　十錢

本書ᄂᆞᆫ普通敎育界에必要ᄒᆞᆫ指南으로簡明便易케著述ᄒᆞᆫ것이니敎育界에多數需用ᄒᆞ심을望ᄒᆞᆷ

女子修身敎科書

定價금　二拾錢

本書ᄂᆞᆫ女子敎育界에第一指南이될뿐아니라家庭間自習에尤極便易ᄒᆞ오니有志僉彦은多數需用ᄒᆞ심을務望ᄒᆞᆷ

國文初學

周時經著述

普通敎科筭術書

定價금　二십錢

本書ᄂᆞᆫ年幼ᄒᆞᆫ學生의覺得ᄒᆞᆷ에便易케ᄒᆞ기爲ᄒᆞ야淺近ᄒᆞ게著述ᄒᆞ엿ᄉᆞ오니多用ᄒᆞ심을望ᄒᆞᆷ

高等小學筭術書

定價금　二拾錢

本筭術書ᄂᆞᆫ高等學校科에適用토록著述ᄒᆞᆷ이니多數需用ᄒᆞ심을望ᄒᆞᆷ

獨習韓日會話

定價金　廿五錢

本書ᄂᆞᆫ初次日語獨習ᄒᆞ기에便易ᄒᆞ도록著作ᄒᆞᆫ者이니多數購覽ᄒᆞ심을望ᄒᆞᆷ

發行所　京城南大門內尙洞　博文書館發行
分賣所　京鄕各有名書舖

卷煙草

金四錢

京城　廣江商會

秘製止痛藥

此藥은美國에有名ᄒᆞᆫ의학博士[illegible]里得氏의發明ᄒᆞᆫ바로雙金獎牌를得ᄒᆞᆫ名藥이라左開諸症에外塗며服ᄒᆞ면無不立效이라

吐瀉 霍亂 轉筋 痢疾 流行急症에尤極神效ᄒᆞ와多救生命이오며藥業에從事하시ᄂᆞᆫ이와疾病을預防코져ᄒᆞ시ᄂᆞᆫ이ᄂᆞᆫ速速來購ᄒᆞ시면廉價로發賣ᄒᆞ깃삽나이다

左開

▲內科所用▼
胃酸　吐瀉　咳嗽　肚滑　心痛　肝病　胃熱　口內之瘡　哮喘　小兒吐瀉　抽筋　瘧疾　嘔吐　胃氣痛　[illegible]寒　便痺　身子軟弱　痧病　暈船　氣管病　霍亂　腹瀉　食傷風　不消化　疹子　傷寒　肚痛　痢疾　頭痛　腎病　暑天吐瀉

▲外科所用▼
火疗창　[illegible]　跌打損傷　腰背痛　龍창　指甲疸　咽喉痛　毒蛇刺咬　凍창　腦氣筋痛　癬

發賣所　韓國[illegible]興藥株式會社事務所

[illegible]標　閔宮　閔櫃　告白

一切不犯ᄒᆞᆷ　定價拾錢

定價貳拾錢

的ᄒᆞᆫ快樂[illegible]이오　定價拾錢

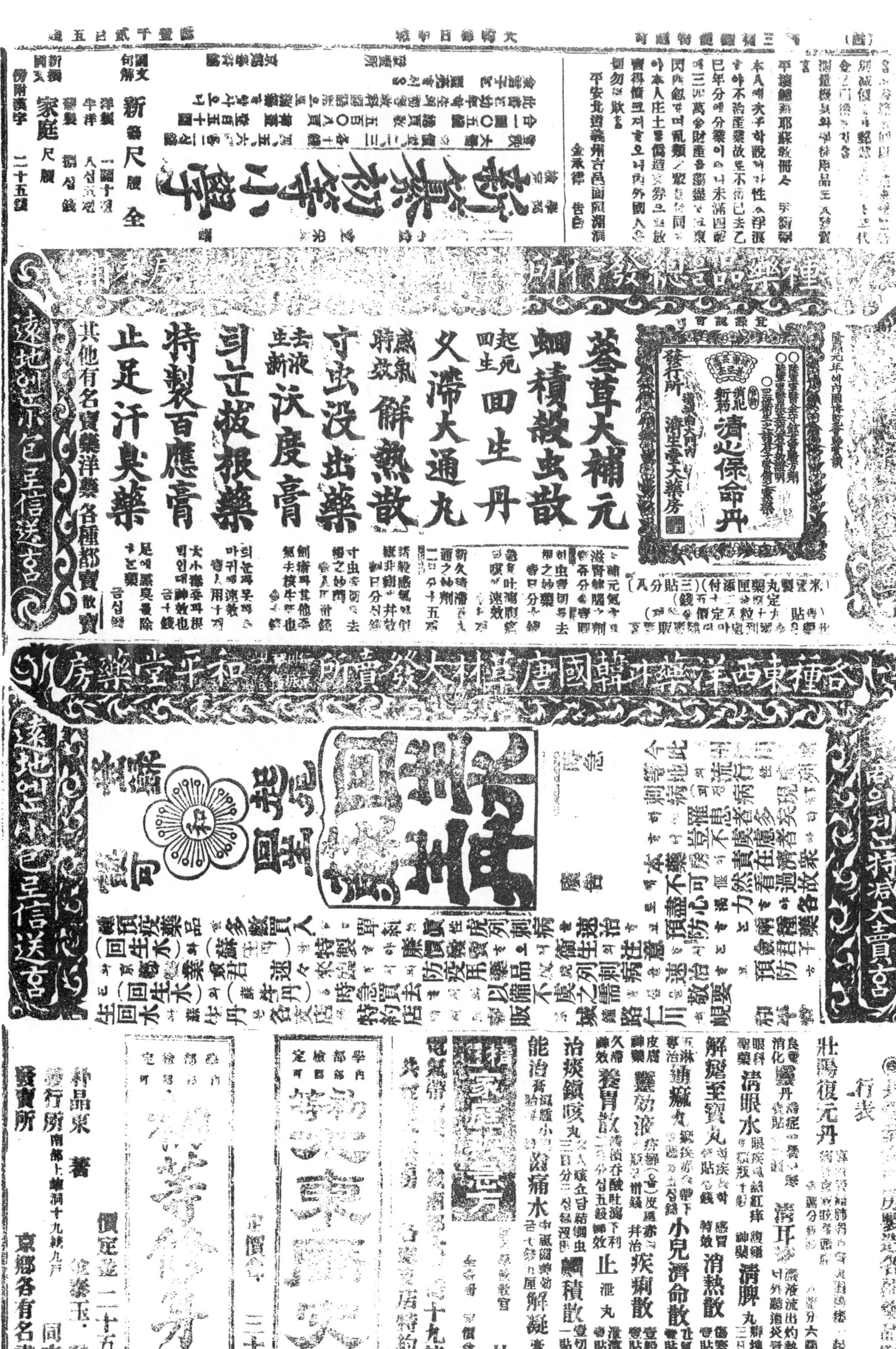

第七□

大韓每日申報

第千貳百六號

歲月 時曆 及日 休暇 刊期

檀君開國四千二百四十二年
箕子元年三千三十一年
大韓開國五百十八年
日本明治四十二年
中國宣統元年
陰己酉八月十一日

論說

◎頑人頑夢

傳曰金鶴峯先生誠壹氏後孫金鶴峯씨가食吏에賂ᄒᆞ며日人에賂ᄒᆞ야千方百計로臨川書院(卽鶴峯亭)復設을運動ᄒᆞ더니畢竟其志가成就되야掌禮院認許를得ᄒᆞ고各面에役夫를募ᄒᆞ되累千名이集ᄒᆞ며各邑에儒生을招ᄒᆞ미近萬名이來ᄒᆞ니壹時에距躍曲踊ᄒᆞ며儒門의幸福을祝ᄒᆞ시其盛大ᄒᆞᆫ景况을論ᄒᆞ건ᄃᆡ獨立宴도此에猶讓ᄒᆞᆯ지라豈邑豈誤ㅣ며門外의風塵은不聞하고三年醉客에稍內의酣夢을留作ᄒᆞ야「寓言에日古에千日酒에醉ᄒᆞᆫ人이埋葬後三年에其棺을開視ᄒᆞᆫ즉始醒ᄒᆞ얏다云々」昇平의舊儒輩ᄂᆞᆫ道와舊風聲에復作ᄒᆞ며安東郡內許多大儒物을叫ᄒᆞ야蜂起雲湧ᄒᆞ야稜松巖好文사의後孫禧秦億씨ᄂᆞᆫ靑城書院(卽松巖亭)復設을運動ᄒᆞ며金寶白堂可行씨의後孫은默溪書院(卽寶白堂亭)復設을운動ᄒᆞ더니彼禮卿쏨ᄒᆞ야頭々히其請願을認許ᄒᆞᆫ지라於是乎雙肩에襤褸ᄒᆞ고道袍를掛ᄒᆞ고三代禮樂을夢ᄒᆞᄂᆞᆫ者ㅣ日로多ᄒᆞ다ᄒᆞ며라此說이傳播ᄒᆞ야壹般熱血者가聽ᄒᆞ고扼ᄒᆞ며秩ᄒᆞ고擅ᄒᆞ야掌禮卿을唾罵ᄒᆞ며日人官吏를憤恨ᄒᆞ며安東儒林의識嘲ᄒᆞ거날

記者曰噫乎라彼龐犬又掌禮卿이야何足責이며外人인日人官吏야何足說이리오吾儕ᄂᆞᆫ但彼安東儒林의頑迷를恨ᄒᆞ노라然ᄒᆞ나彼儒林輩가如此乾坤에坐ᄒᆞ야如此頑夢을作ᄒᆞᆷ은是가其天性의惡ᄒᆞᆷ이아니오但其知識이味ᄒᆞ야斯에鐸釛을揮ᄒᆞ야其弊를討치안코몬저龍門의巨斧를擧ᄒᆞ야其頑腦를斫破코ᄌᆞᄒᆞ노니噫乎掌禮諸시여噫ᄌᆞ安東儒林諸시여

今日이何日이며此時가何時이뇨大韓民族의四千二百四拾餘年祖宗을保育ᄒᆞ든國家가壹朝에墮落ᄒᆞ야三千里山河가夕照에淒然ᄒᆞ며二千萬生靈의血淚ᄂᆞᆫ慘淡ᄒᆞ더君子가何處를向ᄒᆞ야幾代祖의魂靈을安享코ᄌᆞᄒᆞᄂᆞᆫ가噫乎掌禮諸시여

今日이何日이며此時가何時이뇨祖國歷史가他人의蹂躪을受ᄒᆞ야將且檀君子孫은默聞의頹廢를莫保ᄒᆞᆯ지며朝鮮國民은壹畝의荒田도難守ᄒᆞᆯ터인데君輩가何望에向ᄒᆞ야書院舊規를獨講코ᄌᆞᄒᆞᄂᆞᆫ가噫乎安東儒林諸시여

今日이何日이며此時가何時이뇨國權이已去ᄒᆞ고民困이已甚ᄒᆞ니萬壹鶴峯諸賢의遺靈이有ᄒᆞ면비록百尺의巨宇를建ᄒᆞ며八珍의奇味를羅ᄒᆞ야大祭를行ᄒᆞᆯ지라도此에忍享치아니리니噫乎金權諸시여噫乎安東儒林諸시여

昔者에淸朝康熙皇帝가支那를統壹ᄒᆞ고支那人의復國思想을撲滅ᄒᆞ랴고四方豪傑을招集ᄒᆞ야先聖禮樂을講ᄒᆞ며巾藻文獻을說ᄒᆞ야藝文館內에其囚를剿케ᄒᆞ며니今에君輩ᄂᆞᆫ何故로此擧를自作ᄒᆞᄂᆞ뇨

嗚乎라大東學者가孔子를尊ᄒᆞᆷ이아니며安東書院이先賢을慕ᄒᆞᆷ이아니리오만只是他人의傀儡됨이니君輩ᄂᆞᆫ早悔ᄒᆞᆯ지어다

記者曰又聞컨ᄃᆡ安東에幾個志士가熱血을灑ᄒᆞ야協東學校를設立ᄒᆞ얏더니此書院復設의風潮에儒武頑物을可艶羨心을大作ᄒᆞ야虎溪書院을復設ᄒᆞ고該校를屬ᄒᆞᆫ儒物을奪得ᄒᆞᆫ운動이有ᄒᆞ다니果然歟아吾儕ᄂᆞᆫ此說을再揭ᄒᆞ거니와但書院은往昔戊辰年에勅令으로毁撤ᄒᆞᆫ者인데掌禮院卿成岐운은何人이완ᄃᆡ任意로復設을認許ᄒᆞᄂᆞᆫ지此가又可怪로다

官報

▲隆熙三年七月廿七日 官報

法律

韓國銀行條例（續）

法律第二拾二號

第四十八條 該條繼承ᄒᆞᆫ株式會社第壹銀行의發行ᄒᆞᆫ銀行券은韓國銀行의發行ᄒᆞᆫ者로認識ᄒᆞᆷ

第四拾九條 第四십칠條를依ᄒᆞ야繼承ᄒᆞᆫ同時에韓國銀行은政府의定ᄒᆞᆫ바를從ᄒᆞ야繼承ᄒᆞᆫ의保證準備에相當ᄒᆞᆫ金額을爲限ᄒᆞ야無利子貳십年年賦償還으로써株式會社第壹銀行에貸付ᄒᆞᆷ이可ᄒᆞᆷ

（完）

▲隆熙三年九月二十一日 官報

法律

朕이度量衡法改正의件을裁可ᄒᆞ야玆에頒布케ᄒᆞ노라

隆熙三年九月貳十日

御名 御璽

內閣總理大臣李完用

農商工部大臣趙重應

法部大臣高永喜

法律第二십六號

度量衡法

第壹條 賣買授受又ᄂᆞᆫ證明에使用ᄒᆞᄂᆞᆫ度量衡의名稱、命位及度量衡器에關ᄒᆞ야ᄂᆞᆫ本法所定에依ᄒᆞᆷ

第二條 度量衡의名稱及命位ᄂᆞᆫ左와如ᄒᆞᆷ

度

毛 尺의壹萬分之壹

厘 尺의千分之壹

分 尺의百分之壹

寸 尺의十分之壹

尺

丈 十尺

間 六尺

（未完）

外報

◎三國交涉 英德與三國은淸國東三省에關ᄒᆞᆫ條約改正의交涉을開始ᄒᆞ얏다더라

◎博覽延期 東京博覽會ᄂᆞᆫ無期限으로延期되다더라

◎德相說明 德國宰相은法國大使와會見ᄒᆞᆫ時에土耳其改革의有望을說明ᄒᆞ얏다더라

◎陸軍反對 法國에셔ᄂᆞᆫ陸軍反對운動이繼續ᄒᆞ야壹聯隊旗ᄂᆞᆫ汚損을被ᄒᆞ얏다더라

◎憲政上奏 淸國憲政考察大臣李家駒시ᄂᆞᆫ攝政王에게日本憲政의情態를壹々上奏ᄒᆞ얏다더라

詞藻

◎萬波息

萬々波々던玉笛ᄂᆞᆫ、新羅적에奇物이라。
曲調를부ᄂᆞᆫ곳에、풍靜浪息ᄒᆞ얏서라。
至今에、東海풍波가ᄒᆞ도危險ᄒᆞ니、호번부러。

雜報

●閔相上奏 宮內府大臣閔丙奭氏가再昨日에 大皇帝陛下에 陛見흥고近日호列剌의流行흠을因흥야民瘼가有흠을上奏흥얏다더라

●永宣赴暢 永宣君리오鎔氏가再昨日에彰義門外洗劍亭에前往흥야消暢以歸흥얏다더라

●別無道理 高羲駿氏가再昨日에農大臣宋秉畯氏를訪問흥고遊說團의經費措辦흠을說明흥즉大臣이答흥기를余亦別無道理라흥얏다더라

●自退猶遲 頃是遊說團에서各地方에遊說委員을派送흥는事에對흥야同事大韓이有흠을즐노知흥고遊說委員을爭選圖得흔者多흥다더니財政困難흠을因흥야自退흥는者比々有之흥다더라

●通吏調探 前部守리承鐵氏는公遣가不少흥다는데警視廳에서該氏를現方調探흥는中이라더라

●衛生評議 漢城衛生評議員諸氏가昨日上午拾時에該部에會同흥야衛生에關흔件을協議흥얏다더라

●爲其治喪 中樞永시의治喪에關흥야所入費를宮內府에서支辦흥기로學部次官俵孫一氏가爲先三百圓을貸給흥얏다더라

●申氏返柩 學部編輯局長魚允迪氏가申海永氏의返柩次로再昨日에發程흥려다가遠路를계揖値흠을因흥야昨日에發程흥얏는데來二十七日頃에南門外停車場에到着흥야因히會浦申시宅學堂으로返柩흥더이라더라

●以特生凉 학部에서留학生監督申氏의追悼會를設行흥려다가流行病이寢息지아니흠을因흥야姑爲中止흥고淸凉後에設行흥기로決定흥얏다더라

●教育界評論 近來學部에서教科書檢閱法을出흥고又內部에서出版法을出흔後로歷史一課로言흥야도古今에可觀흘만흔事實을謄實記載흥던것은不許可흥는故로歷史는全혀精神을失흔境에至흥고其他一般教科書가皆然흥야教育의前途를忍言치못흥다고其教育家의恨嘆이無窮흥다더라

●有何相距 孤兒院主리悬선氏는監리春世兩氏를昨日에中部警察署에招待흥야談話相持되는事를審查흥얏는데리悬선氏가落科되얏다더라

●明欲發刊 大同日報社는期於發刊흥矣로社長代辦安塏善氏가某某財產家에請求흥야資金을鳩聚흥는中이라더라

●淸人可憐 日昨京城鐘路電車에何許外國人과한人이共乘흥얏는데한人이烟草를喫흥더니該外國人이한人의喫烟을禁흥거날한人이不聽흥즉該外國人이한人을手打足蹴흥야車下로逐下흥얏다더라

●有何所用 監獄署에滯囚흔姜鎬시가有何所用인지陽城郡所在담百餘石落과始興郡所在五六石落을放賣흥次로顧買흥를調探中이라더라

●家僧不正 社稷洞居흥는家僧崔某가附近洞居人의家券을典執흥고數日前의不知去處라더라

●補其酬勤 忠北鎭川郡兵擱助員리순청은元來酒毒가太端흔데本月廿日에는又乘大醉흥야無數行酗흥는故로其伯시리순철시가挽由警戒흥즉反히其兄의게不恭이莫甚흥고因히該部場市김主事家의來흥야시家의女賓을毆打흥며無數惹擾흥얏는데其他行爲가不測흥다고壹部批評이藉々흥다더라

●果則至愚 現今各地方에所謂韓人巡查가往々日人의勢를恃흥고民間에橫行흥는弊가有흥디又或韓人中沒覺흔悖徒들은此를榮光으로知흥고爭頭投入흥다더라

●勢所然矣 目下各地方에派出勤務흥는日人官吏들은往々韓國人民에게奴使侮辱이日甚흔故로人民들이手足을不措흥는地方이多흥다더라

●淸潔大施 中部管內에는昨日부터大淸潔을實施흥얏고北部管內에는今日부터來二十八日까지大淸潔을施設흥다더라

●의會商議 의學博士金弼淳시等의士諸시가日前의士會를開흥고호疫預防흘事件을商議흥얏는데現將內部와交涉흥야其方法을實行흥더이라더라

●의院無慮 大韓의원附屬의學校生徒가現今閑休학次로請願흥즉大한의원에서說明흥기를生徒中에서萬若罹患者가有흥면治療흥더이니勿慮上학흥라흥얏다더라

●落生不休 昨日은日本秋季皇靈祭日인故로內部衛生局課官吏가休暇흥얏는데惟獨衛生局官吏는流行病의報告를接受흥기爲흥야如前視務흥얏다더라

●六의加聘 衛生醫院에서城內의虎列剌에罹흔者를診察흥기爲흥야醫士七人을聘置흥얏더니虎疫이滋蔓흠을因흥야의士六人을加聘흥다더라

●因疫停務 漢城府民會에서虎疫을憂慮하야再昨日부터來水曜日까지會務를停止흥고其間停務흥기로決議흥얏다더라

●學臣長逝 前判書學道李시가再昨夜에虎疫에罹逝흥얏는데富於飮嬰흥야鄕第로移向흥얏다더라

●孤院把守 孤兒院學徒鄭龍雲의父親이昨日上午九時量에該院內에서호疫에罹死흥얏는데該院에適入흥얏든他人들도巡查가把守흥고不得出來케흥다더라

●何不注意 日前旺十里等地에서疑似호疫에罹死흔者數人이有흔데該洞所有喪契에서人民數百名이病死者의喪에會擔흥야何等拘忌가無흥더라니此等事가閭里原頭라고는흥것스나今此호疫盛行흥는時에宜平심分注意흥야預防消毒을力行흥는거시可흥다고들흥더라

●其奚此疫 京城孤兒院生徒二名이再昨日에流行病에罹흥야即時濟衆院으로昇去治療케흥얏다더라

●不暇請由 普聯商業학校生徒들이挽近病魔를因흥야不爲請由흥고擅自下鄕흔者가不少흥다더라

●宜其所愼 師範학校學員壹同이虎疫을因흥야學部指揮로再昨日부터壹齊停學흥고鄕第로下往흥얏다더라

●疑於不疑 東幕셜메이居흥는某氏는巡查에勤務흥는데인데그婦人이多年積病으로辛苦흥다가日前에虎病이漆劇흥야猶奇于鼓巡查러니該巡查가日巡查의게其妻病이有흠을晉흥고出往흥얏는데該巡查가近日流行病인가疑흥야即時追往흔際에該巡查의小家가日巡查의來흠을適見흥고病人의게通知흥여後門으로逃避케흥얏더니日巡查가入問日病人이是誰오其小家云我即是로라흔니日巡查가不問曲直흥고該女를昇送于活人署흔後所藏衣服을沒數히搜出燒火흥얏다더라

●罹患實數 漢城內에虎列剌가流行흔以後로再昨日上午八時까지罹患者를調查흔즉合貳百六拾人中한人이貳百十五人이오日人이四拾五人인데死亡者는한人이壹百二拾六人이오日人이拾五人이라더라

●徐家賊警 三昨夜에賊盜六名이帅洞居徐相胥氏家에突入흥야二拾餘圜價値되는什物을奪去흥얏다더라

●此醫何多 去土曜日下午六時에賊盜三名이大韓醫院醫師內田家에潛入흥야六拾餘圜價値되는物貨를奪去흥얏다더라

●太極講道 來日曜日下午壹時에太極教宗에서該部事務所內에講道會를開흥고喜怒哀樂之未發謂之中發而皆中節謂之和란問題로講道흥다더라

●達城盛況 本月五日에慶北大邱府達城親睦會에서第壹回創立紀念式을設行흥얏는데當日供諸般食料를舉皆該會物產으로흥얏고全日下午七時에南亭에서李元植等諸氏가演說會를開흥얏는데全府人民及各社會各學校生徒가提燈會흥야盛況을呈하얏다더라

學界

●教育界閣合 三和港紳士諸시가各學校를閣合教育키爲흥야健兩校區域內에는私立光明學校를設光學校로聯合하고碑石洞龍井等區域內에는五星學校를三崇학校로聯合흥기로決定흥얏다더라

●韓氏愛國 咸南定平郡中宋何面新成里居前侍從韓석명氏는愛國思想으로教育에熱心흥야該郡寶興學校에金二拾圜與學南校에拾圜을捐助흥고陰七月七日에該面私立德興學校에서各학校와聯合흥야운動會를開흔時에四百餘名學徒와任員의午餐을供饋흥고壹般學徒에게對하야慷慨흔酒하며國權挽回흔思想으로壹場勸喻흥얏다더라

●開校有望 草溪郡私立開進學校가設立以後로漸次興旺흥는데郡守甘麒鉉氏가學部에壹校監鄭漢翼氏와師範教師白南翼日人吉田治五郎諸氏가教育에熱心흥야더러吉田시는自己路需를費흥야教科書를上京貿去흥얏다더라

○東京電報○

二十四日發

◉間島日領事

間島駐在日本總領事는永瀧으로決定흥얏는데其任은來月初旬에發表흘터이라더라

◉日軍演習

廿四日發 來拾一月五日에日本宇都宮附近에서陸軍特別大演習을舉行흘다더라

▲問諸青山▼

▲酒伴斜陽빗겨안저世間事를곰어보니모든일이許多치만뉘를向히무러볼샤이리저리彷황터니多情흔스三角山이碧螺환을놉히들고半空中에나려서々나를對히반긔는듯답々흥면이너心懷너흥테나무러보자

▲三角山아무러보자五百年來前漢歷史너는응당알니라日本關白平秀吉의當時쓰던金軍扇이支部內部單中에深々藏之무엇스니그것무숨曲折인가壬辰倭亂平靜後에西漢堂이드러가서공物밧는새돔인지

▲三角山아무러보자호列剌가發生흥여죽는數를比較컨대韓人들이더만호니그건무숨曲折인가衛生防疫흥는것도多少關係잇깃지만엇던病을勿論흥고地獄又흔避病院에홍번잡혀가고보면죽고마는새돔이지

▲三角山아무러보자地方人心살펴본즉經濟困難不拘흥고犬새지不畜흥니그것무숨曲折인가地方稅를밧는다고豚稅에지닷이가며飼犬規則實施되고逢犬흥면撲殺흥니비록치고십드리도칠슈업는새돔이지

▲三角山아무러보자日人들의흥는말에저희들은教師又도韓人들은生徒라니그것무숨曲折인가彼等歷史말홀진디千餘年前그時節에百濟國의教育밧아壹切文化비와다가野蠻이免흥거늘그生覺은못흠이지

▲可憐흥다三角山아無心흥다三角山아巍々衛大네氣像貴民俱爾瞻흔던네가엇지泥々흔英雄豪傑個못비저서런隱境當흥니나誰我聖鋤雄兒를네가밧비抱送흥야네光을빗너이면네의生色되리로다

社告

南部自美洞銅峴等地로南大門外分傳人金仁善이가有故ᄒᆞ야代人分傳ᄒᆞᄂᆞᆫᄃᆡ本報購覽 諸氏의住所統戶가未詳ᄒᆞ야不傳ᄒᆞᄂᆞᆫ處이有ᄒᆞ거든本社로即爲通知ᄒᆞ심ᄋᆞᆯ[illegible]望

大韓每日申報社 廣告

日前本社投函에「寄志士壹言」이란論文을寄ᄒᆞᆫ人氏ᄂᆞᆫ本社總務室로來訪ᄒᆞ야壹次面接ᄒᆞᆷ을[illegible]望ᄒᆞᆷ

本人이光武八年四月分에宮內府에서京畿道廣州郡所在首界面梧[illegible]洞村韓字畓십貳斗落과南面[illegible]石里頓字畓八斗落과北面九남洞丸字畓五斗落과造字畓二斗落과[illegible]字畓五斗五升落과[illegible]面[illegible]里[illegible]華字畓拾[illegible]斗落과[illegible]面[illegible]坪造字畓八斗落과[illegible]字畓三斗落과[illegible]字畓六斗落과南面[illegible]明里[illegible]垈四日[illegible]拾五斗落과[illegible]原[illegible]西面[illegible]山[illegible]離字畓九斗落과節字畓십斗落과[illegible]里[illegible]字畓拾斗落과[illegible]隅投字畓六斗落과分字畓五斗落과[illegible]村[illegible]字畓십五斗落과式[illegible]門[illegible]畓[illegible]斗落合五石십四斗八升落畓券을金千圓으로[illegible]典執에[illegible]ᄂᆞ니該畓券을[illegible]失故[illegible]廣告ᄒᆞ오니內外國人[illegible]拾得ᄒᆞ거든[illegible]이라도休紙施行ᄒᆞᆷ

金[illegible]山順明[illegible]人韓[illegible]告白

廣告

本人의次子ㅎ說[illegible]가性[illegible]浮浪ᄒᆞ야不治産業故로不得已去乙巳年分에分業이[illegible]니未滿四[illegible]에三[illegible]萬[illegible]財産을蕩盡ᄒᆞ고東閔[illegible]忽ᄒᆞ[illegible]亂類之[illegible]ᄋᆞᆯ[illegible]同ᄒᆞ야本人庄土[illegible]僞造文券으로放賣得錢코저ᄒᆞ오니內外國人은切勿[illegible]欺ᄒᆞᆷ

平安北道義州古邑面[illegible]洞 金承律 告白

本社에서在上海東洋烟草[illegible]太[illegible]造廠과專賣權을特約ᄒᆞ고各種烟草를輸入ᄒᆞ와各代理店에支出ᄒᆞ오니 僉君子ᄂᆞᆫ愛顧ᄒᆞ심

[illegible]韓黑紙烟壹匣廿五本具竹[illegible]
[illegible]鑑票壹匣廿本入具紙[illegible]
[illegible]門標壹갑五本入
[illegible]凛壹갑십本入
虎[illegible]壹갑십本入
獅子標壹匣拾本入
[illegible]士標 匣十本入
[illegible]韓쉬인金口紙一匣拾本入
[illegible]韓시오[illegible]金口紙一箱白本入

本社의各代理店은左開ᄒᆞᆷ

平壤代理人[illegible]基[illegible]
[illegible]산沙[illegible]院代理人[illegible]
大[illegible]代理人金基[illegible]
京城[illegible]代理人金[illegible]性
京城大門內倉니代理人[illegible]主
[illegible]某[illegible]던지各處에代理店을[illegible]實코[illegible]開ᄒᆞ기를願ᄒᆞ거든本社에來[illegible]相議ᄒᆞ시ᄋᆞᆷ

[illegible]

營地流行病을因ᄒᆞ야開學을十月十日까지延期ᄒᆞᆷ

私立普成中學校

本人이八月初四日夕後에江邊에서沐浴ᄒᆞ다가姓名章서失故[illegible]廣告ᄒᆞ니誰某[illegible]得勿爲施行

龍山兄弟井[illegible]

本人이再昨日午后四時頃에廣[illegible]等地에서[illegible]城西部西江所在알누영家舍與垈地板刻文卷을[illegible]失ᄒᆞ얏사오니誰某던지拾得ᄒᆞ거던休紙施行ᄒᆞᆷ

[illegible]俗[illegible]家[illegible]人[illegible]東源 告白

法韓會社 告白

京城石井洞

本冊肆에서營業을[illegible]擴張ᄒᆞ옵고書籍五圓以上請求에ᄂᆞᆫ特別減價ᄒᆞ야郵遞로送呈ᄒᆞ고代金은[illegible]換ᄒᆞ깃ᄉᆞᆸ

測量機具와學徒用品도大發賣ᄒᆞᆷ

平壤[illegible]耶蘇教冊사 尹衡[illegible]

本所에서[illegible]業을廢止ᄒᆞ고[illegible]物件을陰曆八月十[illegible]日爲始ᄒᆞ야沒數歇價로[illegible]競賣ᄒᆞ오니四方僉君子ᄂᆞᆫ買去ᄒᆞ심을[illegible]望

南門內太平洞五十壹號八戶

恒[illegible]競賣所 告白

新撰初等小學

[illegible] 六冊 合一圓○五錢 [illegible]

此書ᄂᆞᆫ幼年[illegible]敎科書[illegible]이오 [illegible]

發賣所 [illegible]

國文句解 新撰尺牘 全

洋裝 一圓十錢
中洋 八십錢
[illegible] [illegible]십錢

新撰國文 家庭尺牘

[illegible]附[illegible] 二十五錢

問答大韓新地誌

柳[illegible]校閱 安[illegible]著述

定價金 廿五錢

今에問答大韓新地誌ᄂᆞᆫ新刊ᄒᆞ야普通教科에適用케編輯ᄒᆞᆷ이니多數需用ᄒᆞ심을望ᄒᆞᆷ

物理學初步

定價금 五十錢

本書ᄂᆞᆫ普通教育界에[illegible]大[illegible]으로簡明便易케著述ᄒᆞ얏ᄉᆞ오니教育界에多數需用ᄒᆞ심을望ᄒᆞᆷ

女子修身教科書

定價금 二十錢

本書ᄂᆞᆫ女子教育界에[illegible]大[illegible]이될뿐아니라家庭間自習에尤極便易ᄒᆞ오니有志 僉彦ᄂᆞᆫ多數需用ᄒᆞ심을務望ᄒᆞᆷ

國文初學

周時經 著述

普通教科 算術書

定價금 拾錢

今에新刊ᄒᆞᆫ國文初學은幼蒙敎科에適合ᄒᆞ오니多數需用ᄒᆞ심을望ᄒᆞᆷ

高等小學 算術書

定價금 二십錢

本書ᄂᆞᆫ年幼ᄒᆞᆫ學生의覺得ᄒᆞᆷ에便易케爲ᄒᆞ야淺[illegible]ᄒᆞ게著述ᄒᆞ엿ᄉᆞ오니多用ᄒᆞ심을望ᄒᆞᆷ

價금 二拾錢

算術書ᄂᆞᆫ高等[illegible]科에適用으로[illegible]流ᄒᆞ기니多用ᄒᆞ심을望ᄒᆞᆷ

獨習 韓日會話

定價金 廿五錢

本書ᄂᆞᆫ初學者의韓語獨習ᄒᆞ기에便易ᄒᆞ도록著作ᄒᆞᆫ者이니多數購覽ᄒᆞ심을望ᄒᆞᆷ

發[illegible]所 [illegible]城[illegible]門[illegible]洞 [illegible]文[illegible]

分賣所 京鄉各有名書舖

藥學博士丹波敬三先生發明 구례싱

消毒 防臭 殺菌劑

구례싱은虎列剌菌、腸窒扶斯菌은勿論[illegible]的[illegible]菌과微菌[illegible]强ᄒᆞᆫ黴菌[illegible]을抑止殺滅ᄒᆞᄂᆞᆫ[illegible]偉大ᄒᆞᆫ效力이有ᄒᆞᆫ[illegible]實ᄒᆞᄂᆞᆫ他防腐[illegible]中에比較ᄒᆞᆯ者[illegible]ᄒᆞ며價格이非常히低廉ᄒᆞᆫ則惡疫流行의兆가有ᄒᆞᆯ時ᄂᆞᆫ[illegible]衛生上[illegible]必要ᄒᆞᆫ良劑이오

販賣元 東京 合資會社 高田商會銀座販賣店

韓國特約店 京城泥峴郵便局前 川岸天佑堂藥房

(電話 三七二番)

◉秘製止痛藥

此藥은美國에有名ᄒᆞᆫ의학博士百里得氏가[illegible]明[illegible]製ᄒᆞᆫ靈藥이라左[illegible]諸症에外塗[illegible]服ᄒᆞ면無不立效인바

吐瀉 霍亂 轉筋下痢等流行急症에尤極神效ᄒᆞ와多救生命이오니藥[illegible]從事ᄒᆞ시ᄂᆞᆫ이와疾病을預防코져ᄒᆞ시ᄂᆞᆫ이ᄂᆞᆫ速速求[illegible]ᄒᆞ시면廉價로發賣ᄒᆞ깃삽나이다

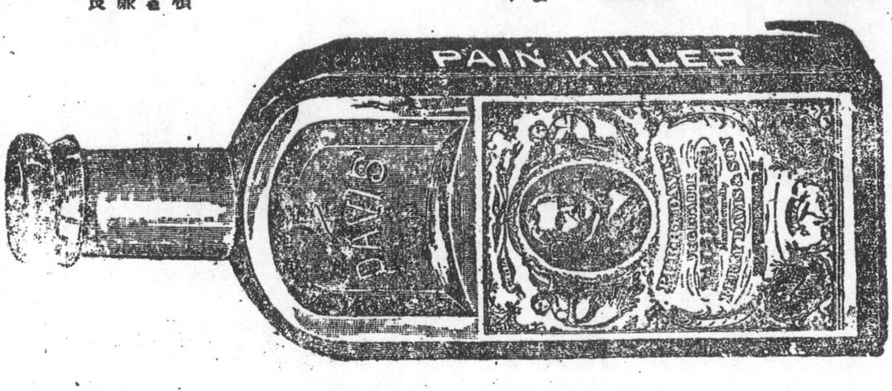

左開

▲內科所用▼

胃酸 吐瀉 咳嗽 肚滯 心痛 肝病 胃熱 口內之瘡 咳喘 小兒吐瀉 抽筋 瘧疾 嘔[illegible] 胃氣[illegible] 頭痛傷寒 瘋痺 身子軟弱 [illegible]病 暈眩 氣管病 霍亂 腹瀉 食傷[illegible] 不消化 疹 傷寒 肚痛 痢疾 [illegible]痛 [illegible]腎病 暑夏吐瀉

▲外科所用▼

火疔창 寒창 跌打損傷 腰骨痛 [illegible]창 指甲疽 咽喉痛 蟲蛇刺咬 凍창 [illegible]氣[illegible]瘡 癬

發賣所 [illegible]美興藥株式會社事務[illegible]

社告

○申報價

壹張代金 新貨貳錢五厘

壹個月前納 三拾錢

半個月 九拾錢

陸個月 壹圓七拾錢

壹個年 參圓四拾錢

郵稅壹張 新貨五厘

壹個月 拾參錢

○廣告料

四號活字拾參字배

每日壹寸(英尺)에 新貨廿五錢

貳週日壹寸에 貳圓五拾錢

壹個月壹寸에 五圓

(自壹行至四行이爲壹寸)

其期限의長短과字行의多寡를依ᄒᆞ야增減ᄒᆞᆷ이有ᄒᆞᆷ

◉大韓每日申報 各處支社廣告

平安道

平壤鍾路太極書館	安泰國
三和港牌石洞敎堂	鄭亨道
義州南門外	房聖有寬
鐵山邑東部	安灝
東部館	金明鎬
定州南門內	洪成麟
龍川郡邑	金龍
安州城內義井洞	金致河
京義線	李基秀
龍川楊市	黃菊保
龍川府面	金寶鉉
龍川남市	鄭桂謨
朔州邑남門	朱伯益
泰川邑館前洋	李正華
寧邊郡內紅門里	鄭德昇
江西邑內	金昌鎬
平남順川郡	鄭裕
价川邑	申基周
江界邑	孔泰翊
郭山郡郡邑	金益
价山郡郡內利用	崔
雲山北面橋洞	王燦
寧山郡邑面上	吳允

第七卷

大韓每日申報

第千貳百七號

月曜日及時日休刊

隆熙三年 大韓開國五百十八年 日本明治四十二年 西曆一千九百九年 己酉八月十三日

Responsible for Publication Alfred Weekley Marnham.

發行兼編輯人 英國人 萬咸

發行所 京城中部수標橋 大韓每日申報社

論說

◉人生과 境遇

甚ᄒᆞ다 人生의 萬事가 境遇와 關係됨이여

近人은 參ᄒᆞᄂᆞᆫ 種을 ᄒᆞ며 野人은 稻를 種ᄒᆞ야 其生涯가 境遇를 因ᄒᆞ야 異ᄒᆞ며 良弓의 子ᄂᆞᆫ 箕를 習ᄒᆞ며 良冶의 子ᄂᆞᆫ 裘를 習ᄒᆞᄂᆞ니 其學問이 境遇를 因ᄒᆞ야 異ᄒᆞ며 將家에 將이 生ᄒᆞ며 相家에 相이 生ᄒᆞᄂᆞ니 其事業이 境遇를 因ᄒᆞ야 異ᄒᆞ니 甚ᄒᆞ다 人生의 境遇에 關係됨이여

故로 諺에 云ᄒᆞ되 溝瀆中에 엇지 蛟龍이 生ᄒᆞ리오 ᄒᆞ니 此言은 王種이라야 王이 有ᄒᆞ며 侯種이라야 侯가 有ᄒᆞ다 ᄒᆞᆷ이 아니라 是蓋溝瀆中에 處ᄒᆞ야 聞ᄒᆞᄂᆞᆫ 바 溝瀆이며 見ᄒᆞᄂᆞᆫ 바 溝瀆이면 비록 蛟龍의 質이 有ᄒᆞᆯ지라도 能히 기難ᄒᆞ다 ᄒᆞᆷ이라 然ᄒᆞ다 其言이여 南怡將軍登白頭山詩에 曰 白頭山石磨刀盡、豆滿江波飮馬無、男兒二十未平國、後世誰稱大丈夫、라ᄒᆞ얏스니 思ᄒᆞ라 彼가 비록 豪傑이나 萬若 丘壠에 登ᄒᆞ야 片石에 刀를 磨ᄒᆞ며 細波에 馬를 飮ᄒᆞ면 是가 家舍를 莫安케ᄒᆞ고 一村을 濟援ᄒᆞᆯ 思想이 엇지 如此ᄒᆞᆫ 敢ᄒᆞᆫ 思想에 坐ᄒᆞ얏스리오

是로 由ᄒᆞ야 推ᄒᆞ건ᄃᆡ 數百年來 閉關時代의 人物들이 群賢의 風下에 趨ᄒᆞ며 一偏의 渦中에 坐ᄒᆞ야 小小의 禮節를 競ᄒᆞ고 鬩鬩의 是非를 爭ᄒᆞ야 目에 此뿐이며 耳에 此뿐이며 接ᄒᆞᄂᆞᆫ 바 此뿐이며 觸ᄒᆞᄂᆞᆫ 바 此뿐이며 此中에 엇지 大人物을 産得ᄒᆞᆯ수 有ᄒᆞ리오

吾儕가 舊時代人物에 對ᄒᆞ야 不可不 寬恕ᄒᆞᆯ 바ㅣ어니와

今日에 至ᄒᆞ야 汽船火車에 五洲가 相通ᄒᆞ며 新思想工藝에 各種이 互拍ᄒᆞ야 聞見ᄒᆞᄂᆞᆫ 바 昔日의 聞見ᄒᆞ던 바 아니며 接觸ᄒᆞᄂᆞᆫ 바 昔日의 接觸ᄒᆞ던 바 아니라 境遇가 昔日과 旣異ᄒᆞᆫ즉 人物도 昔日과 異ᄒᆞᆫ 者ㅣ 必有ᄒᆞ리언만은 兼葭가 蒼蒼ᄒᆞᆫᄃᆡ 其人이 何處에 在ᄒᆞ뇨 吾儕ᄂᆞᆫ 字字 獨ᄒᆞ야 切望ᄒᆞ노라

◉隆熙三年九月二十一日 官報

法律

法律第貳拾六號

度量衡法 (續)

町	三百六拾尺(六십間)
里	壹萬二千九百六拾尺 (三十六町)

地積

勺	步의 百分之壹
合	步의 十分之壹
步又ᄂᆞᆫ 坪	六尺平方
畝	三十步
段	三百步
町	三千步

量

勺	升의 百分之壹
合	升의 十分之壹
升	
斗	拾升
石	百升

衡

毛	貫의 百萬分之壹
厘	貫의 拾萬分之壹
分	貫의 萬分之壹
匁	貫의 千分之壹
貫	
斤	貫의 千分之百六拾 (百六十匁)

第二條 尺、升及貫은 [illegible] 度量衡法의 [illegible] 稱ᄒᆞ位及比較 [illegible]

第三條 [illegible] 外에 [illegible] 販賣ᄒᆞᆷ을 不得ᄒᆞᆷ 但日本國 [illegible] 衡器ᄂᆞᆫ 政府의 [illegible] 者에限ᄒᆞ야 [illegible] 輸入販賣ᄒᆞᆷ을 得ᄒᆞᆷ

[illegible] 度量衡器에 [illegible]

(未完)

雜報

◉露國新武官 [illegible] 各陸軍學校의 卒業生中에서 拔選ᄒᆞ야 守備等武官으로 充用ᄒᆞᆯ 터이ᄃᆡ 二千三百 [illegible] 이라더라

◉淸日關係評論 [illegible] 逕報에 云 ᄒᆞ얏스되 [illegible] 公爵伊藤의 [illegible] 將來禍萌이 [illegible] 曰 伊藤이가 云ᄒᆞ되 [illegible] 遠東平和에 防碍가 [illegible] 其實은 卽日本의 妨害 [illegible] 日本이 露國을 戰勝ᄒᆞᆫ 後로 太平洋沿岸의 獨壹主 [illegible] 自思ᄒᆞ되 淸國이 畢竟 日本에 服屬 [illegible] ᄒᆞ다ᄒᆞ다가 今에 淸國 [illegible] 乘ᄒᆞ야 日本을 排擠ᄒᆞ야 [illegible] 伊藤의 此語가 [illegible] 日本이 此政策 [illegible] 淸國을 [illegible] 라

◉攝政의 選畧 淸國攝政王이 日前에 陸軍部尙書 鐵良을 召見ᄒᆞ고 兩廣、新疆、東三省等處에 新軍을 編練ᄒᆞ야 邊務를 重케ᄒᆞ되 各軍機大臣과 商議ᄒᆞᆫ 後에 各省督撫處에 卽印照論ᄒᆞ다 ᄒᆞ얏다더라

◉西軍勝利 摩洛哥國에 따라 港에서 西班牙軍은 軍艦의 援助를 得ᄒᆞ야 進軍ᄒᆞ면서 摩洛哥土軍을 逐則擊退ᄒᆞ야 多大ᄒᆞᆫ 損害를 被케ᄒᆞ고 前進中 陣地를 占領ᄒᆞ얏다더라

◉摩國干涉要求 摩洛哥政府ᄂᆞᆫ 西班牙軍의 侵入ᄒᆞᆷ에 關ᄒᆞ야 列國의 干涉을 要求ᄒᆞ얏다더라

◉美國活潑 美國이 自來로 門羅主義를 守ᄒᆞ야 自守를 務ᄒᆞ고 侵畧을 不事ᄒᆞ더니 近年부터ᄂᆞᆫ 列強의 進步를 睹ᄒᆞ고 於是에 軍備를 擴張ᄒᆞ야 太平洋의 覇權을 握코자ᄒᆞᆷ은 世人의 共認ᄒᆞᄂᆞᆫ 바어니와 近者에ᄂᆞᆫ 南岸各屬島에 肥美ᄒᆞᆫ 土地가 有ᄒᆞ다ᄒᆞ야 現將 派員을 派送ᄒᆞ야 人民의 開拓을 獎勵ᄒᆞᆯ터인ᄃᆡ 業已 派員을 準備ᄒᆞ얏다더라

學報

◉廣化卒業 去二十三日에 南門內 廣化新塾 日語專門科에서 第二回卒業禮式을 擧行ᄒᆞ얏ᄂᆞᆫᄃᆡ

最優等 崔俊相 林勝圭

優等生 尹國炳 黃善性

詞藻

◉秋風辭

秋풍이 건듯부니、各色病人蘇生ᄒᆞ야。서精神이 도라오니、文明發達 이때로다。이때에、維新事業 이옥헙써、國家興復。

雜報

●閣會案件 去木曜에閣例會에셔決議案件을聞호즉漢城府臨時登記事務費貳千壹百三圜과地方騷擾에被害者遺族의慰藉金貳千圜을豫備金中으로支出호기로호얏다더라

●診後許入 德壽宮에出入호는人員을巡査가壹々히診察호야大漢門으로만入去케호고布德門으로는出來케호다더라

●出々驅動 前參將金昇奎氏가農相趙重應氏를紹介호야大臣會議를極力運動호다는說이有호더라

●此足慰耶 濟州島에流謫호錦陵尉朴泳孝씨는流謫의期가滿호야今에同島에滯留호는대韓政府는同시에게一萬圜을支給키로決定호얏다더라

●軍財整理 度支部에서는各道觀察使府尹郡守에게前軍部所管財産의處分法에關호야訓令호얏다더라

●地方費用途 地方費로支給호官吏는技師技手主事等일뿐호다더라

●山林委日 大韓山林協會에셔는全羅道扶安郡邊山部分林事業을今番邊山居留日人獲호吉才의게委任호얏다더라

●釋燈後返 申海永시의治喪次로발程호魚允迪시에게畔日학部에셔電報로기를全體를返柩호라면所入費가不少호야燒燼返還케호라호얏다더라

●吊禮甚勝 申海永시의尸躰가南門外到着時에吊禮를擧行호家오命皇尹致旿氏용善兵他某々시等이發起하야韓申시의親知人에게籌勝호얏다더라

●派醫檢驗 韓判書리消宰시가卒逝호야鄕第로下去호얏는대히尸體를檢查호기爲호야醫院에셔警察醫士壹名을派送호얏다더라

●醫藥部長會議 醫藥部長會議는昨日午前九時부터農商工部에셔同部醫務에關호事項을協議호고午後壹時부터는更히中樞院議場에셔度支部大臣以下同部幹事員이列席호야收稅에關호援助及欠逋叉貸借僞造의關호諸事項을協議호얏다더라

●地方費의實施期 數次報道호地方費科目稅律規定의法令은今番에金해內部度支部兩大臣이認可하게되얏는대更히目下各道에서編製하는豫算案이認可된後에는卽時實施하기로目下에着々準備中이나徵收實施에習手하기까지는尙且多少時日을要홀터이라더라

●外國貿易額 本年一月來로九月二十日까지韓國外國貿易額을聞호즉輸出이九百九十七萬九千二百四拾八圜이오輸入에二千백三拾三萬六千六百七十八圜인데合計가三千四百三拾一萬五千九百二拾六圜이라더라

●金氏慈善 京城居沈相璨시가前安山郡守在任時에結錢千餘圜을前郡書記李貞鉉시等三人의게委給上納케호後에沈시가不幸身故호것더니其金額은同書記等이自圖消融코져호야沈시의夫人金시가허金을推尋코저擧訴호야三人의家産을執行호랴다가허三人의丐乞情景을聞知호고其所捧條를擧皆蕩減하야俾免流離케호故로文시等의感恩은已無可論이오허夫人의慈善心을人皆稱頌호다더라

●事氏偵探 大韓商務組合所長리秉宰氏가商務都頭領差出此에幾百圜式을受賂하얏다는事件의某新聞에掲載되얏는대此는某氏徵收라호야某處에셔韓氏의行動을注目偵探中이라더라

●徐氏嗣探 前郡守徐寅淳시次에某氏가藍浦郡守在任時에公錢欠逋가千餘圜인則該氏가身死호故로度支部에셔該氏의父親을調捉코저호다더라

●借款營業 酒造組合所에셔造酒營業을호기爲호야該所總務權重明氏가義州호資本立保호고金貨壹萬圜을得借호기로圖慮周旋하나더라

●質問其由 果川郡明倫學校와光明學校가合設호事에對호야학部에셔質問호되兩校合併호理由를詳細調報호라호얏다더라

●壹々調査 近日에호疫이漸盛호으로調査호기爲호야韓日巡査가閭巷間에巡行호며無論某家호고卽入內室호야至於婦女까지壹々調查호다더라

●演說會未定 一進會大韓協會兩派提携演說은호疫流行을因호야日時를아즉未定호얏다더라

●衛生開會 昨日上午十時에內部에셔衛生會를열고漢城內流行病에消毒寢息케호事와各觀察使及警察署에調飭호야此等流行病傳染을預防케호얏다더라

●何其多 光熙門外에在호避病院은病人의多數를因호야置接키極難호으로紫霞洞景祐宮에避病院을更設호고次로移接호다더라

●預防注意 貞慶坊의셔近日流行病을豫防하기爲호야洋灰及子매싱호多數買入호야허坊內各戶에壹々撒佈케호고醫士를延聘호야罹患者의게는自擔治療호기로所管署廳에現方交涉中이라더라

●果郡虎疫 果川郡來人의傳說을聞호즉該郡境內에도近日호疫이流行호야人民死亡의患이多호다더라

●誤認虎疫 中部泥洞居호는리章默시仲嫂는身病으로多年沈痼호다가近日長逝호얏는대該所管巡查가호疫으로誤認호고一週日間通行을禁止호기로허시家에서太困難을經過호다더라

●宋氏避疫 內部書記官宋之憲시家에셔虎列剌가發生호얏는대該宋시는東門外元興寺에前往避接호는中이라더라

●日巡卽死 東署日巡查樺山이는日昨에羅疫卽死하얏다더라

●虎疫猖獗 二拾四日京城에發生호호疫新患者는韓人九十名日本人九名內死亡이四十六名이라더라

●羅患調查 流行病發生以後罹患者及死亡者의數를警視廳에셔再昨日上午八時々지調查호者를據호즉爲三百五十一名인데韓國人이二百八十六名內에死亡者가一百八十二名이오日本人이六十五名內에死亡者가…이라더라

●日人患者 昨日正午까지日本人의호列拉患者統計를示호대總數八拾人中全治六人이오死亡貳拾七人이오現在四십七人이라더라

●學務義務 鐵路和平堂主人學務善시가居留하는淸國商務總會에時疫預防에神效호回春水九십瓶과蘇生丹五拾包를寄付하얏는대該商會에셔屢試奏效홈으로此를感謝히녁인다더라

●先後何心 稷山郡私立普通學校에서前判閔哲勳氏로校長을選定호얏는데閔氏가該校經費를擔當補用호기로호더니仍히出捐치아니호고該校의任을辭免호얏다더라

●宜其被囚 開城府居學時館氏가與洞居靈老婆를毆打致傷호故로리氏가所管警察署에被囚호얏다더라

●新聞押收 桑港에셔發行호는新韓民報百四十七號及布哇에셔발行호는新韓國報二십六及同七號는治安妨害라호야內部에셔押收호얏다더라

●鄭氏被捉 南部會동居鄭協朝시는同等犯過가有호지隱避不現호다더니日昨南部警察署에被捉호얏다더라

●二日被捉 日人加藤々太郎과角喜代藏이가歎人騙財호다가情跡이綻露되야日昨에鍾峴分署에被捉호얏다더라

●醫學延期 湖醫學校에서는호列剌의流行홈을因호야一週間停學호얏더니호疫이尙且熾盛홈으로更히延期호얏다더라

●救世開會 夜珠峴救世軍營에셔今日上午七時에祈禱會오同時에聖經講論會오日下午二時에祈禱會오特別婦人會를열고仝七時半에英國士官正尉페으스氏가更히講說호다더라

學界

●四氏義務 滿洲牧民학校에서校舍를賃貸호고學員을增加하야現況이層層隆盛호더니內地紳士趙明鎬鄭진김昌善씨시는或名譽로敎授호며或事務를勤勵호기로호다더라

●金氏義捐 稷山郡私立普通學校에서經費가窘拙하야維持키難호더니該校長金炳原시가金貨三百圜을捐出호야諸般經費를助用케호얏다더라

○東京電報○

◉北海道經營 日本의北海道經營案은大槪決定되얏다더라

◉淸日細目協商 安奉線工事에關호細目의協商은其後日本總領事小池와淸國東三省總督錫良이交涉中이더니漸次決末되야三四項目뿐인데來月上旬에決定된다더라

◉地方講習會 日本內務省은感化救濟事業研究會를開호고第貳回地方改良事業講習會를開催호다더라

○北京電報○

◉留學生機關 淸國의東南洋留學卒業生은實技俱樂部라稱호는機關을設立호고其委員은陸軍部의良弼、民政部의趙鴻、汪榮寶、外務部의汝霖等이라더라

以上廿二日發

○香港電報○

◉南濟颶風 去十二日以來南淸瀬州附近에猛烈호颶風이有호야其慘烈이百年以來未曾有의災이라損害는死傷이二千餘人이오船舶의破壞가二千以上이며地方의災況은惡慘호야形容치못호깃다더라

廿三日發

▲何其長夢▼

檀雲生

▲大洪水가急히밀어半島江山덥혓거날슯흐도다우리同胞엇지그리잠잔즈나猛獸들이모자드러神聖民族시살거날슯흐도다우리同胞엇지그리잠잔즈나어서서여나러나오

▲엇던元老볼작시면國事에는맘이업고賣官鬻爵호는것이엇지흐며捷徑엿더大臣登用엇어이런성각뿐이로다ㅅ도흐오元老諸君너희들이업셔지면어디가셔太平호오

▲엇던儒林볼작시면舊習々호고그운動이書현이나救濟홀야감악비자우리民族자당호야볼새이런성각뿐이로다ㅅ도호오儒林諸君너희國家업셔지면어디가셔名族되오

▲엇던信徒볼작시면迷信호야다닌고서天堂길만처다보며지옥이무서워一家人만도몸만아이런성각뿐이로다ㅅ도호오信徒諸君너희國家업셔지면어디가셔信奉호오

▲엇던人民볼작시면우리又혼愚氓들은나라일을엇지아나貪官汚吏업셔지니아셔진太平이로다ㅅ도호오人民諸君너희國家업셔지면어디가셔太平호오

▲이것더것勿論호고知識업는緣故이니願컨대우리同胞들知識을만히길너富國强兵基礎다고平等自由樂國세워利生活호지어다二十世紀大舞臺는自動者를歡迎호오

社告

南部自笑洞銅峴等地로南大門外分傳人金仁善이가有故호야代人分傳호는데本報購覽諸氏의住所統戶가未詳호야不傳호弊가有호거든本社로卽爲通知호심을爲望

本報第二頁末欄에揭載호는評論은各地同胞諸君子의議見을交換探採키爲하야募集을開始호오니有志호신人氏는各其思想을融通호야陸續製送호시옵

評論題錄은本報에已揭호着와同호게호기爲要홈

評論三枚를應募揭載호면本報를無料로壹朔送呈호야厚意를謝호깃습

評論을製送호시는諸氏는住所를詳記호야本社編輯室로送付호시옵

太極每日申報社

廣告

郭學郡上安面艾井居郭梁元鎬氏가去三月頃에遊學次로離發호야于今五六朔에住處를不知호는데想其旅費의困難이有하야何處에留在호던지中路에遲滯되기로玆以廣告호오니同氏가若九龍大戶翹泰院家로來訪하시면旅費를優給호되에오니速即來訪을要홈 郭秉漢 告

本人이陰六月二十八日에淸國安東縣唱世樓下에서挾囊所儲호中篆姓名圖章과紙貨二拾六圓과白銅貨若干을去下大銀拾圓을平壤雙賣에失하오니內外國人間에拾得하시면도切勿施用호 平北龍川楊西面望里居 裕又

本人의孔德里居舍를許舍除拾月晦日推來醫坪大百圓於音片서失故玆에布告宣揚休紙施行홈 鄭學鉉 告白

本人이光武八年四月分에典當호京畿道廣州郡所在首呼面梧柳洞村里字畓삼貳斗落과同面廣石里頭字畓八斗落과同面九남洞丸字畓五斗落과達字畓二斗落과하도달五斗五升落과同面黑里峯字畓拾落과同面鷹坪造字畓六斗落과藤字畓二斗落과梧字畓六斗落과五斗落과江原道原州西面山所의書像里家垈田畦址와所落과龍頭里隱字畓拾斗落과驅字畓五斗落과鄭字畓삼斗落과隔字畓六斗落과分字畓斗과落과村情字畓삼五斗落과式單里映字畓貳斗落合五石십四斗五升落畓券을金千圓으로典執이러니畓券을失故로玆以廣告호오니內外國人은拾得이라도休紙施行홈 音田順街債權人 韓鎭錫 告白

仁川港防疫委員會寄附品廣告

一 金二十斗 木炭八石 轉運社副社長 金貞坤
一 回生水 蘇生丹 和平堂主人 李應善

白米와木炭은病者治療에援助홈이오回生水와蘇生丹은累試有效호야患者를多數救活호얏기玆에感謝홈을表홈

和平堂主人 李應善氏

韓國紳士鍾路和平堂主人李應善氏가疫疾의流行을鑑호고飮食의衆生을愛호야回生水五拾瓶과蘇生丹五拾包를特送호야母論異承호야衆商에게給호더니其藥을試호즉効가顯하야神호고賴가甚히巨호지라玆에敝民의慈善호義를彰하며敝會의感激호心을表호나이다

大淸民團商務總會 李白

本人이臨八月初에楷字로刻호姓名木圖章을逢賊見失호얏소오니無論遠近內外國人호고何等事件이던지此圖章을因호야勿施호시옵고써마시기를望홈

京畿道廣州郡大旺面金峴洞居 尹兢淏 告白

物理學初步

定價금 五十錢

問答大韓新地誌

今에問答大韓新地誌를新刊호普通教科에適用케編輯홈이니多數需用호심을望홈

定價금 廿五전

漢壹京城閣 安鍾達

女子修身敎科書

本書는普通教育界의大指南으로簡明便易케著述홈이니敎育界에多數需用호심을望홈

本書는女子教育界에大指南이될뿐아니라家庭間自習에尤極便易호오니有志 僉彦은多數需用호심을務望홈

定價금 二拾錢

盟發經 ○流

國文初學

今에新刊호國文初學은幼蒙敎科에適合호오니多數需用호심을望홈

定價금 拾五錢

普通敎科 筭術書

本書는初學幼蒙으로以淺入深케著述호야便易케爲호오니多需用호심을望홈

定價금 二十錢

高等小學 筭術書

本筭術書는高等小學科에適用호도록著述홈이니多數需用호심을望홈

定價금 二十錢

獨習 日韓會話

本書는初學者의獨習에便易토록著作홈이니多數購覽호심을望홈

定價금 廿五錢

分賣所 …

發賣所 …

大韓專賣特許駿帽子登錄商標

▲신발명 ▲전매특허 모자광고

本帽子新發明完成 隆熙三年二月二십四日

專賣特許 同年五月六日

商標登錄 同年五月拾八日

發明者 特許 鄭寅琥

今에本帽子를新發明호야…뎌…習生으로…完成…를…호야…價…를減홈

中山中折帽子 一等에 二圜五十錢 二等에 二圜 …四圜

但特等帽와學徒帽와運動帽는…限에不在홈

이신발명호는모자는…방에우편호고또보니…구쇠…옛스나…잠그…절노펴져어…

그림갓치각종모조가구비호온대…회빗으로…

…

욕호…

총모자…도…옵…

…

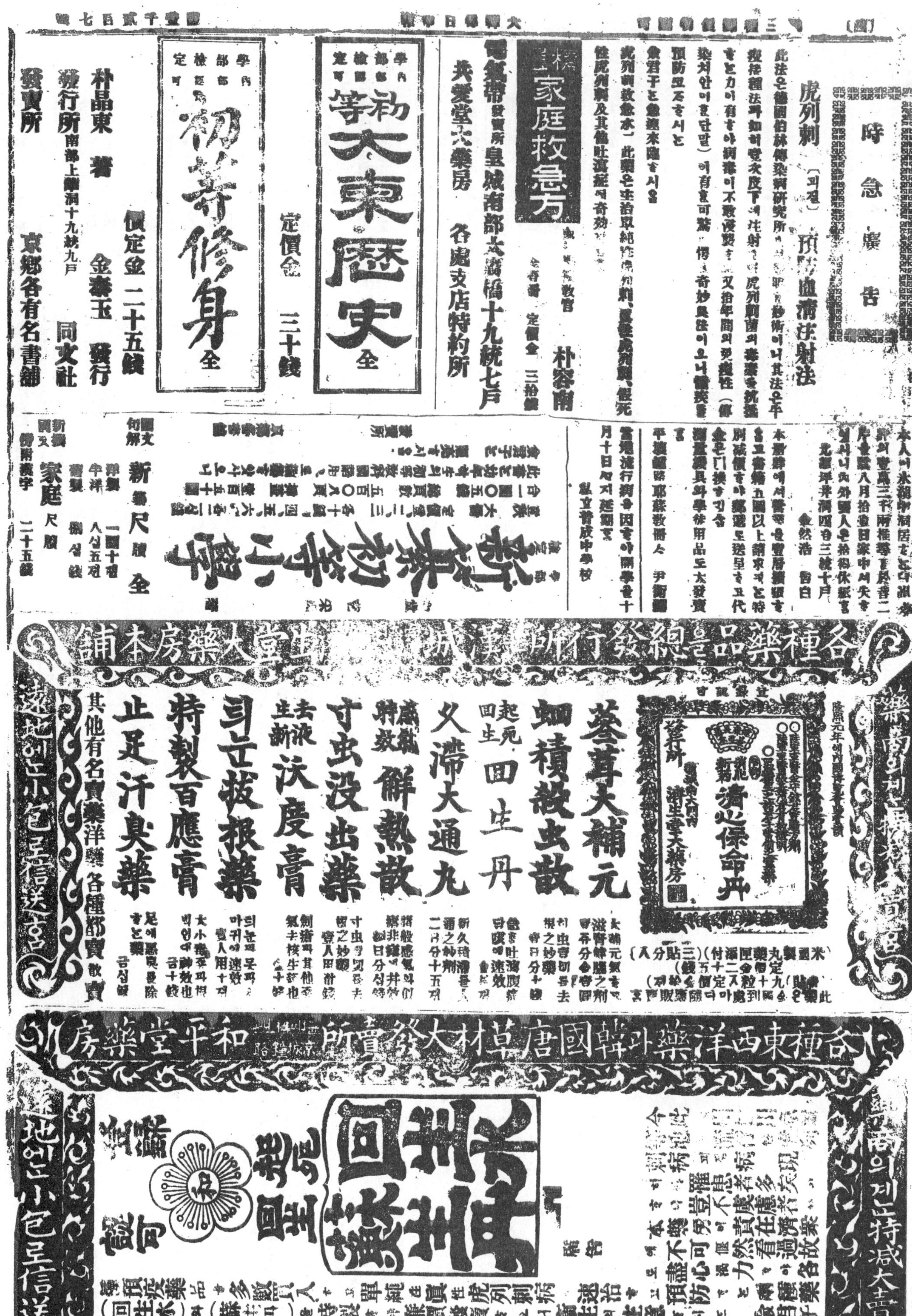

第七卷

大韓每日申報

第千貳百八號

月曜及休日撥刊

檀君開國四千二百四十二年
箕子元年三千三十一年
大韓開國五百十八年
日本明治四十二年
[illegible]元年
歲己酉八月十五日辛卯

Responsible for Publication Alfred Weekley Marnham.
發行兼編輯人英國人 萬咸
發行所
京城[illegible]
大韓每日申報社

論說

◉國民과外報

今에新聞을讀ᄒᆞᄂᆞᆫ者ㅣ雜報ᄂᆞᆫ讀ᄒᆞ되外報ᄂᆞᆫ不讀ᄒᆞ며論文은讀ᄒᆞ되外報ᄂᆞᆫ不讀ᄒᆞ며甚至於尋常無關係ᄒᆞᆫ評談諷語屛門雜酌은讀ᄒᆞ되外報ᄂᆞᆫ不讀ᄒᆞ니嗚呼라外報ᄂᆞᆫ外國의大事를寫ᄒᆞᆫ者ㅣ라即今六洲가交通되야孤立獨存ᄒᆞᆷ이不可ᄒᆞᆫ時代에엇지外報를闕略ᄒᆞᆷ이可ᄒᆞ리오

然ᄒᆞ나人의外報를闕略ᄒᆞᄂᆞᆫ原因은何에在ᄒᆞ뇨曰一則普通敎育이發達치못ᄒᆞ야地理歷史에闇昧ᄒᆞ야甚至於歐洲美洲가何地인지不知ᄒᆞ며英法이六大强國이何를謂ᄒᆞᆷ인지不知ᄒᆞ며若夫各國政治史에至ᄒᆞ야ᄂᆞᆫ知ᄒᆞᄂᆞᆫ者ㅣ九鮮ᄒᆞᆫ故로外報를讀ᄒᆞ며茫然히其說의意를莫知ᄒᆞᄂᆞᆫ故오二則現今韓國이國家의外交가墜失되미國民이外國의其他列强과ᄂᆞᆫ政治上經濟上에直接影響이無ᄒᆞ야外交上에關係를發ᄒᆞᆯ事가甚少ᄒᆞᆫ故오三則各新聞에서外報를詳細히揭ᄒᆞ야普通曉解케ᄒᆞᄂᆞᆫ者ㅣ無ᄒᆞᆫ故니此三者의弊ᄂᆞᆫ吾儕同業者가均戒ᄒᆞᆯ비어니와第壹第二의弊ᄂᆞᆫ國民의瀾漫을早改ᄒᆞᆯ비라

夫我韓國民은國事를海內事로視ᄒᆞ며世界事를洞內事로視ᄒᆞ여야可ᄒᆞᆯ지어날目을閉ᄒᆞ며耳를掩ᄒᆞ야世界事를不聞ᄒᆞ며비록國事에留意ᄒᆞ야도即是盲人이五色을辨코ᄌᆞᄒᆞ며聾人이五聲을聽코ᄌᆞᄒᆞᆷ이니엇지可得ᄒᆞ리오

往古ᄂᆞᆫ無論이어니와即十九世紀以前史를看ᄒᆞ면猶是東自東이오西自西라彼國의政變이此國에無關ᄒᆞ며此洲의兵爭이彼洲에無關ᄒᆞ며拾九世紀以後ᄂᆞᆫ不然ᄒᆞ야萬里外의何國이動ᄒᆞ던지千里外의何族이興ᄒᆞ던지其國民의利害가往々萬里千里外의他國에延及ᄒᆞᄂᆞᆫ비라新聞을讀ᄒᆞᄂᆞᆫ者ㅣ엇지外報를輕視ᄒᆞ리오

今韓國은外交機關이斷絕되야國民된者ㅣ外國事情을知코ᄌᆞᄒᆞ면猶是新紙上外報壹欄뿐이니엇지可恨ᄒᆞᆯ비아니며可奮ᄒᆞᆯ비아니리오

◀隆熙三年九月二十一日 官報

法 律

法律第貳拾六號

度量衡法 (續)

第四條 度量衡器의修理ᄂᆞᆫ政府又ᄂᆞᆫ政府의特許를受ᄒᆞᆫ者가아니면修理ᄒᆞᆷ을不得ᄒᆞᆷ但簡易ᄒᆞᆫ修理ᄂᆞᆫ命令所定에依ᄒᆞ야何人이던지此를修理ᄒᆞᆷ을得ᄒᆞᆷ

第五條 政府ᄂᆞᆫ臨時 度量衡器의檢定을行ᄒᆞᆷ

前條政府의特許를受ᄒᆞᆫ者度量衡器를修理ᄒᆞᆫ時ᄂᆞᆫ檢定을受ᄒᆞᆷ이可ᄒᆞᆷ但前條但書에依ᄒᆞ야修理ᄒᆞᆫ時ᄂᆞᆫ此限에不在ᄒᆞᆷ

檢定을經ᄒᆞᆫ度量衡器에ᄂᆞᆫ檢印을附ᄒᆞᆷ

第六條 左의各號의壹에該當ᄒᆞᆫ度量衡器ᄂᆞᆫ使用ᄒᆞᆷ을不許ᄒᆞᆷ

壹 政府의證印이無ᄒᆞᆫ者又ᄂᆞᆫ日本國官廳의檢定證印이無ᄒᆞᆫ者

貳 第五條第二項의檢定을受치아니ᄒᆞᆫ者

三 檢定에不合格ᄒᆞᆫ者

四 變造ᄒᆞᆫ者

五 命令으로써定ᄒᆞᆫ公差以上의差가有ᄒᆞᆫ者

第七條 當該官吏ᄂᆞᆫ度量衡器를取締ᄒᆞ기爲ᄒᆞ야店舖工場其他場所에臨檢ᄒᆞ야取締上必要ᄒᆞᆫ處分을ᄒᆞᆷ을得ᄒᆞᆷ

當該官吏ᄂᆞᆫ度量衡에關ᄒᆞᆫ犯罪에[illegible]ᄒᆞᆫ證據物件을執留ᄒᆞ며關係人을訊問ᄒᆞᆷ을得ᄒᆞᆷ

第八條 左의各號의一에該當ᄒᆞᆫ者ᄂᆞᆫ二年以下의役刑又ᄂᆞᆫ百圜以下의罰金에處ᄒᆞᆷ

壹 第三條又ᄂᆞᆫ第四條又ᄂᆞᆫ第五條第二項에違背ᄒᆞᆫ者

二 第六條에違背ᄒᆞᆫ者

三 度量衡器를不正히利用ᄒᆞᆫ者

四 度量衡器를變造ᄒᆞᆫ者

五 證印檢印又ᄂᆞᆫ日本國官廳의檢定證印을僞造行使ᄒᆞᆫ者

六 當該官吏의職務執行을拒ᄒᆞ거나或은此를妨害ᄒᆞ며又ᄂᆞᆫ虛僞의陳述을ᄒᆞ든지又ᄂᆞᆫ第七條의處分에不從ᄒᆞᄂᆞᆫ者

第九條 本法施行에必要ᄒᆞᆫ事項은農商工部大臣이此를定ᄒᆞᆷ

附 則

第十條 本法은土地의狀況에依ᄒᆞ야漸次로此를施行ᄒᆞᆷ其施行의地域及時期ᄂᆞᆫ農商工部大臣이此를定ᄒᆞᆷ

第十壹條 光武九年法律第壹號度量衡法에依ᄒᆞ야政府에서販賣ᄒᆞᆫ度量衡器ᄂᆞᆫ布帛尺을除ᄒᆞᆫ外ᄂᆞᆫ此를使用ᄒᆞᆷ을得ᄒᆞᆷ

第十貳條 從來慣用ᄒᆞᆫ衡의名稱中錢及兩은左의比較에依ᄒᆞ야現今間此를用ᄒᆞᆷ을得ᄒᆞᆷ

錢 壹匁

兩 십匁

第十三條 光武九年法律第壹號度量衡法은本法施行日로부터此를廢止ᄒᆞᆷ (完)

外報

◉列國壓迫 保護列國은크리트島에對ᄒᆞ야土耳其의要求ᄒᆞᄂᆞᆫ最高裁判所를設立코저ᄒᆞ야壓迫ᄒᆞᆫ다더라

◉復位不願 塞爾維亞에서ᄂᆞᆫ廢皇太子죠지親王의復位됨을希望ᄒᆞ야陸軍士官等의爭鬪가起ᄒᆞ얏ᄂᆞᆫ데同親王은皇太子復位ᄒᆞ기를不願ᄒᆞᆫ다더라

◉海軍輕減 墺地利凶牙利內閣에서ᄂᆞᆫ海軍豫算을輕減ᄒᆞ야百拾六萬磅으로ᄒᆞ얏다더라

◉凶閣辭職 凶牙利內閣은國立銀行問題에對ᄒᆞ야意見이壹致치못ᄒᆞᆷ으로總辭職이되얏다더라

◉晋紙揭論 普魯士保守黨의機關新聞구로이쯔이둥新聞은揭論ᄒᆞ야曰保守黨은新宰相비유로쯔와和解하리라ᄒᆞ얏다더라

詞藻

◉攬古今

寂無人掩重門ᄒᆞᆫ데、梧桐葉落月明時라。
書窓에홀노안저、古今事를성각ᄒᆞ니。
아마도、否往泰來ᄂᆞᆫ理數ᄂᆞᆫ、네도못히。

雜報

●支出認可　登記事務費貳千십三圓과地方廳舍에被害ᄒᆞᆫ遣陝尉豬金二千圓을豫金中支出키로 上奏 裁可ᄒᆞ얏다더라

●燈臺官制改定　燈臺局官制中看守五拾二人을八十人으로改定ᄒᆞ야 勅令으로頒布ᄒᆞᆫ다더라

●內閣組織說　日本에日人鍋島에所云이라ᄒᆞ야新內閣組織說이喧傳ᄒᆞᄂᆞᆫ더總理ᄂᆞᆫ朴泳孝시오內大ᄂᆞᆫ朴齊純시오度支ᄂᆞᆫ趙義淵시오農大ᄂᆞᆫ宋秉畯이오宮大ᄂᆞᆫ李址鎔시오學大ᄂᆞᆫ未定이라더라

●學部辭命　李完用시ᄂᆞᆫ何故인지政界에厭倦ᄒᆞᆫ狀態로會吉시를訪問ᄒᆞ고繼後의意의有無를問ᄒᆞ얏다더니兪시ᄂᆞᆫ某시를謝ᄒᆞ야曰當ᄒᆞᆫ現今의內閣은政權과實質이無ᄒᆞ고空位만有ᄒᆞᆫ뿐이오其閣臣도亦是奴隷的人物이라余ᄂᆞᆫ奴隷的內閣을組ᄒᆞᆫ者가아니라ᄒᆞ얏다ᄂᆞᆫ더如何ᄒᆞ던지리內閣의辭命이不長ᄒᆞ리라ᄂᆞᆫ說이有ᄒᆞ다더라

●出入額提議　隆熙三年度歲入歲出追加額을拾五萬六千三百五拾三圓으로內閣會議에提議決定ᄒᆞ얏다더라

●統監茶菓　曾禰統監은昨日에各道警察部長을統監邸로引見ᄒᆞ고茶菓를饗ᄒᆞ얏다더라

●各相防疫　挽近流行病의蔓延을因ᄒᆞ야各部大臣들이內閣會議에參與ᄒᆞ고各其本部仕進은廢止ᄒᆞᆯ뿐더러訪問ᄒᆞᄂᆞᆫ人도謝絶ᄒᆞᆫ다더라

●嘉例休暇　本日은陰曆秋夕인故로宮內府官吏ᄂᆞᆫ一切休暇ᄒᆞᆫ다더라

●何等運動　金甲洙閔炯植氏등이何等運動이有ᄒᆞᆫ지宮中願問事尤用民을每日訪問ᄒᆞᆫ다더라

●晉伯有言　日本憲政本黨非改革派領袖員大內暢三씨가韓國政況을論ᄒᆞ얏ᄂᆞᆫ더署日韓國을改良홈에ᄂᆞᆫ日本國民의強大ᄒᆞᆫ社會的勢力을韓國에移植ᄒᆞ지아니홈이不可ᄒᆞ다ᄒᆞ얏다더라

●指揮傍聽　日本衆議院代議士山根이가渡韓ᄒᆞ야京城에서滯留中이던ᄃᆡ昨日下午五時에統監府內에서衛生上事項을演說ᄒᆞ얏ᄂᆞᆫ데內部에서各府署院廳에指揮ᄒᆞ야該官吏가傍聽케ᄒᆞ얏다더라

●露領事向日　露國總領事소모후氏ᄂᆞᆫ仁川同國領事오ᄂᆞᆫ켄시와作伴ᄒᆞ야貳拾五日에日本으로發程ᄒᆞ얏ᄂᆞᆫ데此ᄂᆞᆫ日本駐在公使와職務上相議ᄒᆞᆯ事가有ᄒᆞᆷ이라더라

●農部防疫　農商工部에서ᄂᆞᆫ虎疫流行을因ᄒᆞ야部內에防疫委員을置ᄒᆞ고預防을勵行ᄒᆞᆫ다더라

●吊禮舉行　留學生監督申海永氏의吊禮를昨日下午八時拾分에南大門外停車場에서擧行ᄒᆞ얏ᄂᆞᆫ데學部各官吏와其他各親知人이多數參與ᄒᆞ얏다더라

●月俸先挪　宮內府電務課官吏의九月度月俸을遺失ᄒᆞᆫ고로該官吏의經費가窘艱ᄒᆞ야該課에서度支部와交涉ᄒᆞ야來十月俸金을先挪支給ᄒᆞ라ᄒᆞ얏다더라

●兌換發行數　第一銀行韓國支店에서發行ᄒᆞᆫ兌換券발行額은本月現在가一千百三十五萬六千三百圓에達ᄒᆞ얏ᄂᆞᆫ데去月에比ᄒᆞ면約二百萬圓이增發되얏다더라

●製鹽減額　本月壹日부터今二十五日까지度支部의調査ᄒᆞᆫ製鹽額은九千五百六斤인데昨年同期間에比ᄒᆞ면一千五百五拾斤이減額되얏다더라

●各散第一　國是遊說團에서各地方에派送ᄒᆞᆯ委員을選定ᄒᆞ기로ᄒᆞ엿더니各其議論이不壹ᄒᆞᆫ데더러經費가困難ᄒᆞ야派送與否를姑未確定이라더라

●不如早去　遊說委員安升玉氏가本月貳拾貳日에甑山郡에到着ᄒᆞ야該郡市場邊에서演說을ᄒᆞ고져ᄒᆞ야附近人士를召集ᄒᆞ야傍聽ᄒᆞ기를勸ᄒᆞ되附近人士ᄂᆞᆫ面面相顧曰此等演說은不知不聽이라ᄒᆞ고掉頭各去ᄒᆞ얏다더라

●葬儀堅拒　京畿義兵將河相泰氏가兵敗之日에不屈自裁ᄒᆞᆷ은前報에已揭어니와該氏의父親이今月初에其尸軀를故山으로返葬ᄒᆞᄂᆞᆫ데附近駐屯隊와警察署에서埋葬을[illegible]ᄒᆞ며堅拒不受ᄒᆞ얏다더라

●巡査捕兇　[illegible]巡査李明九은昨日監獄署에滯囚ᄒᆞᆫ西醫[illegible]何等事件을[illegible]奇ᄒᆞᆫ事가現露ᄒᆞ야所帶巡査之任을罷免ᄒᆞ얏다더라

●商務風波　大韓商務組合部長金宰鉉과副長申可模兩氏가商標放賣ᄒᆞᆫ金額壹百五십圓을乾沒ᄒᆞᆫ事가有ᄒᆞᆫ다ᄒᆞ야昨日에該所任員諸氏들이登場ᄒᆞ야風波를激起ᄒᆞ얏다더라

●防疫方針　內部ᄂᆞᆫ大臣官房에臨時防疫本部를設置ᄒᆞ고任員을差出ᄒᆞ야現今간流行病의預防ᄒᆞᆯ方針을每日會同協議ᄒᆞᆫ다더라

●監視差出　內部書記官[illegible]源趙齊桓氏及其他警視某々氏를漢城五署字內監視員으로差出ᄒᆞ야流行病人의保護ᄒᆞᄂᆞᆫ巡査의行動如何와救濟如何를壹々巡視케ᄒᆞ고土木局長劉猛衛生局長廉仲模兩氏ᄂᆞᆫ幾日間式監視員의注意如何를巡察ᄒᆞ기로決定ᄒᆞ얏다더라

●警廳新採用　警視廳에서ᄂᆞᆫ虎疫豫防키爲ᄒᆞ야臨時로巡査五十名과監吏五拾名을新히採用ᄒᆞ얏다더라

●爲防時疫　近日流行病이猖獗ᄒᆞᆷ을因ᄒᆞ야京城及龍山에서流出運過ᄒᆞᄂᆞᆫ水에서飮食物을洗ᄒᆞ거나鹽洗ᄒᆞᆷ을禁ᄒᆞ고其他蔬菜生實果及不良ᄒᆞᆫ食物을壹々禁止ᄒᆞ얏ᄂᆞᆫ데若違令者ᄂᆞᆫ十圓以下罰金이나十日以下拘留ᄒᆞᆯ기로警務廳에서告諭ᄒᆞ얏고且警察官이危險ᄒᆞᆫ줄노認ᄒᆞᄂᆞᆫ井水ᄂᆞᆫ使用을禁止ᄒᆞ고大韓水道會社共用水栓으로ᄡᅥ無論何人ᄒᆞ고無料使用케ᄒᆞᆫ다더라

●醫校停學　大韓醫院附屬의學校에서ᄂᆞᆫ院長이聲明ᄒᆞ기를近日流行病을極慮治療ᄒᆞ더인즉登校生徒ᄂᆞᆫ勿慮上學ᄒᆞ라ᄒᆞ얏다더니去二拾五日에該生徒貳名이此病에罹ᄒᆞᆷ으로醫學生徒를無期限停學케ᄒᆞ얏다더라

●追悼會設行　[illegible]士[illegible]下午二時에侍天敎堂에서[illegible]會長李容九氏의大夫人追悼會를設行ᄒᆞ얏다더라

●拜觀禁止　景福宮內에서女官들이流行病에罹死ᄒᆞ얏ᄂᆞᆫ고로昨日부터觀覽拜觀人의出入을嚴禁ᄒᆞ얏다더라

●積滯何疑　月宮洞居前郡守申鉉模氏가素有積滯ᄒᆞ야五六日前부터呻吟ᄒᆞ다가小有減勢ᄒᆞ더니三昨日에韓日巡査가來見ᄒᆞ고卽時擔昇而去ᄒᆞ얏다더라

●道傍遺尸　三昨日上午五時量에廣耳[illegible]等地에서何許人이五六歲兒尸를路上에抛棄ᄒᆞᆫ지라ᄒᆞ야警察署에서木棺을送致ᄒᆞ야飮埋케ᄒᆞ얏다더라

●雪上加霜　虎疫猖獗ᄒᆞᆷ으로以來로商況이漸益頹落되야商民들의困難ᄒᆞᆫ情況은慘담ᄒᆞ기極ᄒᆞ다더라

●意謂避病院　近日虎疫에韓人罹死者가甚多ᄒᆞᆫ데日人이韓人을憎惡ᄒᆞ야故意로殺ᄒᆞᆫ다ᄂᆞᆫ風說이有ᄒᆞ다더라

●時疫減退　內部衛生局에서每日流行病의新患者를調査ᄒᆞᆫ은[illegible]ᄒᆞ얏더니再昨日上午八時로부터昨日上午八時ᄭᆞ지新患者가六十人인데比前ᄒᆞ면漸次減退되얏다더라

●虎疫總計　二拾六日午前八時ᄭᆞ지全國內虎疫罹患者數를調査ᄒᆞᆫ則合八百七拾二名內에韓人이七百四十八이오日人이百拾二이오淸人이十二오死亡은合五百三八인데韓人이四百五拾三이오日人이四십二오淸人이七이라더라

●釜山勞働　釜山港活版勞働組合所書記徐廷台氏ᄂᆞᆫ志가寬厚ᄒᆞ고文章이嫺熟ᄒᆞᆫ뿐더러勞働人夫들의經綸上質業的을壹々發明ᄒᆞ고組合所에셔聯諸씨를作ᄒᆞ야勞働의勸篤ᄒᆞᆷ을表ᄒᆞ얏다더라

●義將行刑　本月拾七日에義兵將延起羽씨와部下二拾餘名을處ᄒᆞ고春川郡內[illegible]谷里에서[illegible]令殺ᄒᆞ야徵收以去ᄒᆞ얏다더라

●義兵被捉　去二十四日에平山地方에서義兵將[illegible]淳시가日憲兵隊에被捉ᄒᆞ얏다더라

●挾雜被捉　苑洞居리[illegible]玉爲名人이愚迷ᄒᆞᆫ人民에게電車掌車票를圖得ᄒᆞ야준다ᄒᆞ고貳拾圓을欺取ᄒᆞᆫ事가綻露되야昨日上午九時頃에日本憲兵司令部에被捉되얏다더라

◉名節休刊

本日은韓國名節인故로年例를依ᄒᆞ야壹日休刊홈

○大連電報○

◉電車祝賀會　二十五日부터開通된淸國大連電車第壹期線의開通祝賀會ᄂᆞᆫ十月初六七兩日間施行ᄒᆞᆫ다더라

○路透電報○

◉飛行船破船　法國軍用空中飛行船레파리크號ᄂᆞᆫ포링크附近에서飛行中에破裂되야五百呎되ᄂᆞᆫ高處에서墜落ᄒᆞ얏ᄂᆞᆫ데四名이卽死ᄒᆞ얏다더라

◉法國災變　◇番法國에地震이有ᄒᆞᆫ後에南部地方에ᄂᆞᆫ風災와水害가又有ᄒᆞ야發作物의被害가甚ᄒᆞ야葡萄의收穫이非常히減少ᄒᆞ고死者도不尠ᄒᆞ다더라

○東京電報○

◉英使歸期　東京[illegible]　英國大使ᄂᆞᆫ二拾七日午後에敎賀港에著ᄒᆞ고打電ᄒᆞ얏다더라

以上二十六日發

◉統監交迭說　曾禰統監의健康으로ᄂᆞᆫ到底히事務를堪耐치못ᄒᆞᆷ은日本元老閣員間에旣히認定ᄒᆞᆫ바인故로後任을選定中이라ᄂᆞᆫ데寺內現陸相과長谷川大將은軍人이라ᄒᆞ야近日에ᄂᆞᆫ子爵伊東巳代治로擬任되야勢力이漸高ᄒᆞᆫ다더라

◉虎疫指定　日本宮內省은韓國을虎列刺病地로指定ᄒᆞ야告示ᄒᆞ얏다더라

以上廿七日發

▲傀儡世界▼

▲종光漢々韓半島가演劇場이되얏구나翩々舞蹈ᄒᆞᄂᆞᆫ貌樣아々美語ᄒᆞᄂᆞᆫ소리와對面ᄒᆞᄂᆞᆫ볼식시면韓人인듯ᄒᆞ지만個々傀儡뿐이로다傀儡場에드러가셔壹々壯觀ᄒᆞ야볼가

▲第壹場에드러서니傀儡大臣會議ᄒᆞᆫ다厚祿高套着帽子ᄒᆞ며々ᄒᆞᄂᆞᆫ소리에運命[illegible]이써러지면八道人民죽어나고條約出納ᄒᆞ고보면三千里가써나간다그傀儡가壯觀일세

▲第二場에드러서니傀儡記者아졋구十餘人新聞[illegible]뒤여적지리읍이요되고리도의[illegible]ᄒᆞ더붓술을記錄ᄒᆞ야怨讟[illegible]罵歎ᄒᆞ며제나[illegible]그傀儡가壯觀일세

▲第三場에드러서傀儡[illegible]지새던다狐狸蛇蝎비리고避難[illegible]說ᄒᆞ고朝々赤々ᄒᆞᄂᆞᆫ貌樣外貌知와彷彿ᄒᆞ야支持ᄒᆞᄂᆞᆫ그趣旨ᄂᆞᆫ國民精神扶植ᄒᆞᆫ다그傀儡가壯觀일세

▲第四場에드러서傀儡諸賢모히구나左右팔ᄋᆡ벌니고셧무슴수나잇ᄂᆞᆫ드시散衆ᄒᆞᄂᆞᆫ그貌樣은烏鵲ᄀᆞᆺ치노ᄅᆡ祖國思想半分업고附外[illegible]웬일인가그傀儡가壯觀일세

▲[illegible]ᄒᆞ도다傀儡들아戲臺上의더렁[illegible]가지稱讚ᄒᆞ야셔도신곳혼너희들아ᄒᆞᆯ수놉ᄂᆡ먹거니와利益占有ᄒᆞ얏다엔네勢力도可憐ᄒᆞ다早々悔悟改過ᄒᆞ야남의傀儡되지마라

社告

南部 日英洞 銅峴等地로 南大門外 分館人金仁善이가 有故ᄒᆞ야 代人分協ᄒᆞᄂᆞᆫ데 本社購覽 諸氏이 住所와 戶가 未詳ᄒᆞ야 不傳ᄒᆞᆫ 弊이 有ᄒᆞ거든 本社로 卽爲通知ᄒᆞ심을 切望

大韓每日申報社

司寶 本社投函에「寄志士登言」이란 論文을 寄ᄒᆞᆫ 人氏ᄂᆞᆫ 本社總務室로 來訪ᄒᆞ야 一次面接ᄒᆞᆷ을 切望ᄒᆞᆷ

雜報

無不歡迎 紳士 學校 暉氏와 咸鏡北道를 遊覽ᄒᆞᆷ次로 釜山港에 到着ᄒᆞ얏ᄂᆞᆫ데 釜港 青年學務會 及 學校 [illegible] 에서 歡迎ᄒᆞ야 尹氏 歡迎會를 設ᄒᆞ얏고 觀光ᄒᆞᆫ 人士가 六七百人에 達ᄒᆞ얏다더라

廣告

本學館에 夜學各課 休學ᄒᆞᆷ을 延期ᄒᆞ야 陰八月五日 火曜에 開學ᄒᆞᆷ

夜學員은 **增募**ᄒᆷ

皇城基督教青年會學館

本人이 海州郡下 億佺坪 所在畓 七石八斗落과 瑞山郡下 大路坪 所在畓 九斗落 文券을 以與執次로 稱爲契約ᄒᆞ고 委托於 仁川港 ᄒᆞᄂᆞᆫ [illegible] 리 興番시러니 前德山郡守 [illegible] 가 暗田凶計ᄒᆞ야 稱曰 右 [illegible] 시되 前有 未清條라 ᄒᆞ고 該文券을 奪取故로 屢次往尋ᄒᆞ매 終不出給이 고리 興番 隱跡不出ᄒᆞᆫ 故 未知其凶ᄒᆞ야 該에 聞有ᄒᆞ오니 該文券 關係로ᄂᆞᆫ 內外國人이 勿爲見欺ᄒᆞ시옴 林在鳳 告白

大淸民國 [illegible] 總會 告白

韓國紳士 銀陌 和平堂 主人 李應善 氏가 疫疾의 流行을 鑑ᄒᆞ고 敝國의 衆生을 愛ᄒᆞ야 同氏 次五拾瓶과 蘇生丹 五拾包를 特送ᄒᆞ야 救濟ᄒᆞᄂᆞᆫ 善을 承ᄒᆞ야 [illegible] ᄒᆞ고 藥效가 [illegible] 極히 巨ᄒᆞ지라 玆에 彰ᄒᆞ야 敝國의 感激ᄒᆞᆫ 心을 表ᄒᆞ나이다

洪鍾祐가 葛州里 砂鑛을 盜掘ᄒᆞ야 請願 後 [illegible] 鑛 [illegible] ᄒᆞ고 無賴輩 潛自採取ᄒᆞ야 無認徵稅ᄒᆞ며 威脅村民에 民難支保이기 玆에 廣告

春川西上面 西院里民等 金喆根

本會社에서ᄂᆞᆫ 醫號 ㊀ 普興운

㊀ 物議에 對ᄒᆞ야 不正當ᄒᆞᆫ 缺點에 不關ᄒᆞ다 ᄒᆞ야 廣告ᄂᆞᆫ 初無이온 더 本社關係와 無ᄒᆞ야 擅自揭載ᄒᆞᆫ 일사온즉 本社 全體에서ᄂᆞᆫ 其責任을 負擔치 아니ᄒᆞ기 玆에 廣告ᄒᆞᆷ

平壤 △ 運輸會社 [illegible] 社長 計員 尹聖運 黃村旭

仁川港 防疫委員會 寄附品 廣告

一 木炭 八石 一 回生水 二斗 回生丹 火

轉運社副社長 金貞坤

和平堂主人 李應善

白米와 **木炭**은 病者治療에 需用ᄒᆞ얏고 **回生水**와 **蘇生丹**은 累試有効ᄒᆞ야 **患者**를 **多數救活**ᄒᆞ얏기 玆에 感謝ᄒᆞ야 賞金을 **表**ᄒᆞᆷ

藥學博士 丹波敬三 先生 發明

消毒 防臭 殺菌劑

구례싱

구례싱은 虎列剌菌、膓窒扶斯菌은 勿論ᄒᆞ고 一般病的 細菌의 撲滅에 最强ᄒᆞᆫ 黴菌發生을 抑止殺滅ᄒᆞ기 偉大ᄒᆞᆫ 效力이 有ᄒᆞ야 本品을 賣ᄒᆞᄂᆞᆫ 防腐劑中에 比較ᄒᆞᆫ 者가 無ᄒᆞ며 價格은 非常히 低廉ᄒᆞᆫ 則 惡疫流行의 兆가 有ᄒᆞᆫ 昨今에 公私衛生上에 特히 必要ᄒᆞᆫ 良劑이오

販賣元 東京 合資會社 高田商會 銀座販賣店

韓國特約店 京城泥峴郵便局前 山岸天佑堂藥房 (電話 三七二番)

卷煙草

金 四錢

京城 [illegible] 商會

問答 大韓新地誌

柳壹宣 校閱 安鍾和 著述 定價金 廿五錢

今에 問答 大韓新地誌ᄂᆞᆫ 新刊ᄒᆞᆫ 普通教科에 適用케 編輯ᄒᆞᆷ이니 多數需用ᄒᆞ심을 望ᄒᆞᆷ

物理學初步

定價 一十錢

本書ᄂᆞᆫ 教育界에 [illegible] 指南으로 簡明便易케 著述ᄒᆞ얏시니 教學界에 多數需用ᄒᆞ심을 [illegible]

女子修身教科書

定價金 [illegible] 錢

本書ᄂᆞᆫ 女子教育界 指南이될뿐아니라 家庭教育에 九種便易ᄒᆞ오니 有志 僉彦은 多數需用ᄒᆞ심을 務望ᄒᆞᆷ 廣學 [illegible] 著述

國文初學

普通教科 算術書

定價金 [illegible] 錢

今에 新刊ᄒᆞᆫ 國文初學은 幼學教科에 適合ᄒᆞ오니 多數需用ᄒᆞ심을 望ᄒᆞᆷ

高等小學 算術書

定價金 二십錢

本書ᄂᆞᆫ 年幼ᄒᆞᆫ 學生의 覺得ᄒᆞᆷ에 便易케 ᄒᆞ야 淺近ᄒᆞ게 著述ᄒᆞ얏시오니 多用ᄒᆞ심을 望ᄒᆞᆷ

獨習 韓日會話

定價金 二十錢 / 定價金 廿五錢

算術을 高等學科에 適用ᄒᆞ도록 著述ᄒᆞ얏시니 多用ᄒᆞ심을 望ᄒᆞᆷ

本書ᄂᆞᆫ 初次로 韓語獨習ᄒᆞ기에 便易ᄒᆞ도록 著作ᄒᆞᆫ 者이니 多數購覽ᄒᆞ심을 望ᄒᆞᆷ

發賣所 京城 南大門內 [illegible] 洞 博文書館 盧益亨

[illegible] 自省書舖

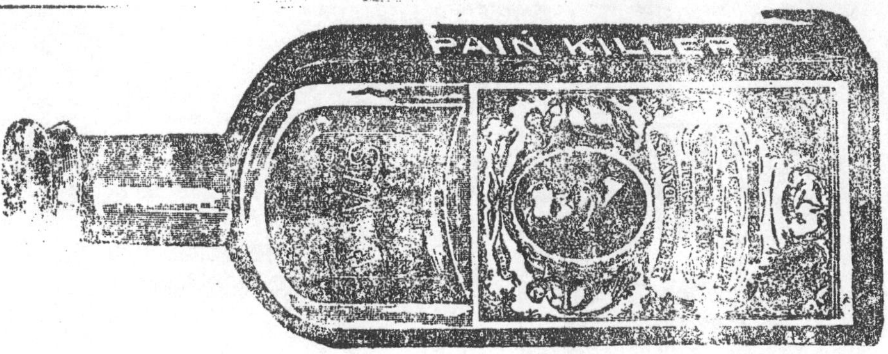

◎秘製止痛藥

此藥은 英國에 有名ᄒᆞᆫ 외하 [illegible] 製이니 [illegible] 左記 諸症에 外治內服ᄒᆞ야 不可思議의 效力이 有ᄒᆞ와

吐瀉、**霍亂**、**轉筋**、**下痢** 等 流行急症에 **尤極神效**ᄒᆞ와 **多救生命** ᄒᆞ오니 藥業에 從事ᄒᆞ시ᄂᆞᆫ 이와 病家에서ᄂᆞᆫ 預防코져 ᄒᆞ시ᄂᆞᆫ 이는 速히 購求ᄒᆞ시며 價格은 [illegible] ᄒᆞ압나이다

左開

▲內科所用▼

胃酸 吐瀉 [illegible] 肚痛 [illegible] 肝病 胃熱 口內之瘡 哮喘 小兒吐瀉 抽筋 [illegible] 痢疾 [illegible] [illegible] 傷寒 [illegible] 霍亂 腹痛 食傷 [illegible] 疹 傷寒 肚痛 痢疾 頭痛 胃痛 暑夏吐瀉

▲外科所用▼

疔창 寒창 跌打損傷 [illegible] 痛 [illegible] 中疽 咽喉 毒虫刺咬 凍창 風氣筋痛 癬

[illegible] 株式會社 [illegible] 所

第七號 · 第一千貳百九號

大韓每日申報

月曜及休日後節刊
[illegible] 三十一年 [illegible] 五百十九年 [illegible] 四十二年 [illegible] 八月大十七日癸巳
Responsible for Publication Alfred Weekley Marnham.
發行兼編輯人 英國人 萬咸
發行所 京城西署[illegible]三層洋館 大韓每日申報社

論說

◉日本書籍의勢力

近聞호則韓人의著作或譯述호書籍이日로其發售의數가減호야印刷局의職工이不集호며發賣舘의主人이無聊호다니此가線慌所致인가

日否라日人書籍肚를觀호면韓人間으로發售되는數가日로增加호고又韓人이直接으로東京大阪의書籍을購讀호는者도漸多호니라

韓人의아직譯出치못호書籍은日本의有호바를購讀홈이可호거니와既已譯出호書籍도往々此를捨호고外人의刊賣宮은何故오日其勢가不然코저호야도不能이니現今에韓人의著作家譯述家를屈指호야보따何人이自호此書舘에往觀호면紛然히其譯某籍의書가陳列호얏지만은其內容을察호면價値가有호書籍이能幾何가되리오覽歷史家에너혀가歷史를譯호며地學家에너혀가地志를譯호며物理化學家에너혀가物理化學을譯호는者ㅣ多有호故로事實과학理에舛錯홈이不少호며二則讀合[illegible]多識의人으로도豈衛를譯호에前後矛照호며三四考閱호여야方是大差가無홀지어날今에則往々未解處知의人으로譯文에臨호야每々眼이搏호듯飛호듯시豈華音을[illegible]호야삼時에譯出호사[illegible]와頭흘時에彼를不顧호며彼를譯호時에前을不顧호야錯誤가不蓋호며三則文法이荒亂호야讀者의心目을眩亂케홈이多호미此三弊를由호야讀者의歡迎心을減却호니엇지可歎할바아니리오

然而風潮의震蕩을因호야彼가日增호고學者가日多호며書籍의必要홈은普通熟知홀비라나書籍의良否를選擇홀知識은無호故로如何히不良호書籍이라도且發售홈을得호엿거니와既而오稍々히批評的知識이生호야著作及譯述을[illegible]호며其不滿足홈을稍悟호故로今日書籍의發售가比前[illegible]及치못호비라

雖然이나今日人士가決코論語만讀호며孟子만讀호며其他二經三禮等數千年以前書籍만讀호다가彷徨夢喜하며오新世界의文明을輸入코저호는者니本國人의著出호書籍이不滿足호면此를棄호고外國人의書籍에趨홈은自然의勢라然而英文은難하이며法文도難하야오其中에學得키最易호者는日文이라伊呂波幾句만解호면語尾의變化만知호면其[illegible]庶幾可讀홀지라故로日人著述호書籍의韓國內발售됨이益增호이라

然則此日人著述호書籍이如此發售되어韓國文明의補助되는者인가

(壹)則韓國이日에日本勢力은益益增漲호고韓人精神은益益萎落호는中에加之以朝鮮舊諸호는書籍이日本語의書籍뿐이며日本文의書籍뿐이면日本을崇拜호는奴性이益[illegible]홀가可恐이며(貳)則韓人의書포匠인도其影響을受호야倒閉홀至홀가可恐이로다

起호라韓國學士여大著述家가[illegible]호야漢山과[illegible]의勢로滔々히八萬을[illegible]하外國書籍의勢를防禦홀지어다

外報

◉同盟繼續 德國宰相베트만、호루[illegible]히시는墺國新聞記者를會[illegible]際、墺帝후란쓰요제후陛下를拜賀호고三國同盟을繼續호기를確言호얏다더라

◉廣習蒙列 土耳其軍隊總司令官으로靑年土耳其黨革新運動에[illegible]名이되얏던마ー무ー도、수게[illegible]샤씨는德國陸軍演習을參列호얏는뎨其時에德國皇帝의懇切호待遇를受호얏다더라

◉淸國海軍 淸國洵貝勒은去二拾日安徽省에到着호얏다는公報에有호얏는데同貝勒이海軍[illegible]察의結果로上海의江南機械局[illegible]軍械局으로、고芝우[illegible]南北洋海軍地海軍學校部直轄으로南北洋兩艦區域을定호며其他는同貝勒觀察호後에定호다더라

◉英歐問題 墺都維也納에셔發表호半官的文書를據호즉墺國과相[illegible]렌다루男과德國宰相베도만、호루위히시가會見호야東歐에現狀維持를希望호고크리트島와希臘의危機에對호야直接利害關係가有호同盟國의友誼的感情으로호는態度에對호야同意호얏다더라

◉戰爭擴張 摩洛哥國에와地方에西班牙交戰地帶를擴張호는事에對호야列國間에意見을交換호얏다더라

學界

◉普興將興 藥川북面大成里普興學校는經費가缺乏호야校生徒가廢工호境遇에到호얏더니平安州[illegible]는紳士高元基시가自春으로至今까지名譽로教授호으로學校[illegible]況이漸次就緒호깃다더라

◉新明必新 平安道泰川郡新明학校는經費가缺乏호야維持키難호더니同郡紳士[illegible]三拾四人이義捐[illegible]을鳩聚홈으로[illegible]情況이漸有進就之望이라더라

◉綠條高美學 慶尙道[illegible]忠烈祠洞居호는徐洛二氏가[illegible]郡夜학校를設立호고生徒三百餘人을募集호얏는뎨敎員[illegible]旭等諸시는名譽로教授호고[illegible]財政은徐시가自擔維持호다더라

◉瑞仲奬績 [illegible]淸南道[illegible]郡守李基祥시가巨額의財를捐出호야慈安郡학校를設立호고[illegible]校[illegible]範場을廣設호고敎育에熱心홈뿐더러蠶業을發達호기爲호야桑本을多數栽種호고人民의게實業을勸獎호엿는뎨其他美績이隣郡까지藉々호다더라

詞藻

◉靑年歌 不感靑年 全國의靑年들아、當然홀일무엇인가。國家에對호義務、몸을바려호지로다。[illegible]세부터、살신成仁이、英雄인며。

雜報

●葬費下賜 判書李道宰氏의葬費三百圜을自 上으로下賜ᄒ오셧다더라

●法總榮轉 京城駐在法國總領事베란시ᄂᆫ今番에某國公使로榮轉되ᄂᆫᄃᆡ 皇帝陛下께셔ᄂᆫ同시의게勳壹等八卦章을 下賜ᄒ시기로決定ᄒ셧다더라

●侍講彩服 皇后陛下께ᄋᆞ셔 女學徒侍講의게 下敎ᄒᆞᄋᆞ시되侍講부터彩服을製着ᄒ야侍ᄒ라ᄒ오셧다더라

●韓皇儲歸國 韓國皇太子殿下께셔ᄂᆫ來年八月上旬에歸國ᄒ오셧다가約二個月을經ᄒᆞᆫ後에更히日本으로渡往ᄒ옵신다더라

●宰相屑々 近日에內閣이組織된다ᄂᆫ說이喧藉ᄒᆞᆫ事에對ᄒ야總相李完用氏ᄂᆫ幾相證重ᄒᆞᆫ民을頻數紹介ᄒ야某處에議及ᄒ다ᄒ더라

●內閣議決 去月內閣會議에事決된事項은現今流行病을豫防ᄒ기爲ᄒ야漢城內에防疫本部를設置ᄒᆞᆫ事件과度支部所管關稅防疫에經費六百九十圜을豫備金中支出ᄒ기로ᄒ얏다더라

●防疫部規程 漢城內에防疫本部를設置ᄒ다ᄒᆞᆷ은已報ᄒ얏거니와其規程을概聞ᄒᆞᆫ즉本部長及副部長과執行委員長醫記及幹事若干人을選置ᄒ야諸務를履行ᄒᆞᆯ터이라더라

●贖儀撰議 中樞永●의尸體返柩에對ᄒ야學部次官에三百圜金을貸ᄒᆞᆫ은國庫金中으로報償케ᄒ고贖儀金도將次磨鍊支給ᄒ기로內閣에서擬議中이라더라

●統監決意 曾彌統監의病勢가頗重ᄒ야日本에셔統監更迭說이流布ᄒᄂᆫ데曾彌統監은某시에게言ᄒ되我의病勢가果然重大ᄒᆞᆯ지라도大命으로來ᄒᆞᆫ지數月을未過ᄒ야療養의勤務를受ᄒᆞᆷ은甚히遺憾이라如何ᄒ던지在任ᄒ야韓國經營中에死ᄒᆞᆯ뿐이라ᄒ얏다더라

●澁澤何多 再昨日統監府例會를罷ᄒᆞᆫ後에內相朴齊純氏가總理李完用氏私邸에往ᄒ야何事인지數時間密議ᄒ얏다더라

●何等運動 中樞院顧問李址鎔氏ᄂᆫ何等運動이有ᄒᆞᆫ지再昨日에總理大臣李完用氏를訪問ᄒ고數時間後에還歸ᄒ얏다더라

●強盜執行 強盜犯金相殿車昌寶金順傑等十人을處絞ᄒᆞᆯ意로法部大臣이 上奏裁可ᄒ야本月貳拾三日에京城監獄署에서執行ᄒ얏다더라

●只其日人 度支部에서韓日官吏가交番宿直ᄒ더니去二拾日로부터日人官吏中으로만輪次宿直케ᄒ다더라

●防疫費額 昌德宮 德壽宮 兩宮內의防疫事務費가六千圜假量이됨다더라

●衛局通牒 內部醫務局長이拾三道警察部長에게通牒ᄒ기를官公私立學校와學部에셔補助ᄒᄂᆫ學校職任員이或流行病에罹患ᄒᄂᆫ境遇에ᄂᆫ檢察治療의費를徵收ᄒ고格別救護케ᄒ라ᄒ얏다더라

●小松出發 統監府書記官小松이ᄂᆫ外國人에關ᄒᆞᆫ事務와國境貿易의現狀과鑛漏에往來ᄒᄂᆫ人의模樣等을視察ᄒ기爲ᄒ야二十九日南大門列車로元山城津을經ᄒ야海蔘威에出張ᄒ얏다더라

●德記者來韓 德國후라다홀씨記者월도하이멜博士ᄂᆫ韓淸日經濟事情을調査ᄒ기爲ᄒ야韓國에渡來ᄒᆞᆫ다더라

●拓社視漁 東拓會社에셔ᄂᆫ漁業經營에對ᄒ야漁基를視察ᄒ기爲ᄒ야現將派員을派送ᄒᆞᆫ다더라

●總領更送 京城駐在比利時總領事ᄂᆫ歸國ᄒ고其後任은現香港領事로確定ᄒ얏다더라

●詳探賂否 大韓烟務組合所에셔地方道頭領을圖得ᄒ고로所長學宰氏에게納賂ᄒ얏다ᄂᆫ說이傳播되야警視廳에셔地方所管警察署에指飭ᄒ야道頭領의納賂與否를詳探修報케ᄒ얏다더라

●麵子社設立 經濟研究會에셔商業을發展ᄒ기爲ᄒ야經濟麵子社를設立ᄒᆞᆫ다더라

●義將詗探 報恩地方으로出沒ᄒᄂᆫ義兵大將金漢惟氏의部下金漢弘等四人이銃器密買次로上京ᄒ야西部管內에潛伏ᄒ얏다ᄂᆫ說이有ᄒ다ᄒ야警視廳과憲兵司令部에셔詗探中이라더라

●義兵交戰 九月拾八日春川郡에셔義兵四십餘名이日本上等兵及補助員巡查等과交戰ᄒ얏ᄂᆫᄃᆡ義兵中에補助員服裝을着ᄒᆞᆫ者가有ᄒ얏스니此必京城補助員으로義兵에投入ᄒᆞᆫ인가ᄒ다더라

●警醫防疫 虎列剌預防事務에關ᄒ야警視廳에本部를設ᄒ기로ᄒ얏ᄂᆫ데檢疫部消毒部輸送部를特設ᄒ야本日부터勵行ᄒᆞᆫ다더라

●爲其防疫 宮內府官吏所居洞에虎疫으로罹死ᄒᆞᆫ者가有ᄒ면其時官吏ᄂᆫ三日後仕進케ᄒᆞᆫ다더라

●觀覽禁止 景福宮內에서近日虎疫을預防ᄒ기爲ᄒ야壹週日間觀覽을禁止ᄒ엿다더라

●日醫請來 虎疫이蔓延ᄒᆞᆷ으로當局者들은醫師가不足ᄒ다ᄒ야二十八日에日本東京警視廳에打電ᄒ야日本醫師의派遣ᄒ기를請求ᄒ얏다더라

●醫士活動 醫學士金弼淳安商浩等諸氏가防疫團을組織ᄒ야防疫에應援ᄒ기로防疫本部에請願ᄒ얏더니當局에셔此를許可ᄒ야防疫事務를委托ᄒᆞᆫ故로現今該團에서檢疫治療에着手ᄒ얏다더라

●纛島虎疫 纛島에도虎疫이發生ᄒᆞᆫ故로當局에서纛島臨時防疫所를開設ᄒ고醫師醫吏等을派送ᄒ얏다더라

●水宜煮沸 現今虎疫이盛行ᄒᄂᆫ中인즉本洞水ᄂᆫ水라도壹般煮沸ᄒ야用ᄒ이可ᄒ다더라

●況又飢渴 光熙門外避病院에病人이多數充滿ᄒᆞᆷ은壹般知了ᄒᄂᆫ바어니와近聞ᄒᆞᆫ즉病人中에飢渴을不勝ᄒ야呼飯喚水ᄒᄂᆫ聲이晝夜不絶ᄒ다ᄂᆫᄃᆡ其情狀은實로不忍聞이라더라

●排疫伊良 南部詩洞居ᄒᄂᆫ某의母親은八旬老境인ᄃᆡ多病으로衰頹ᄒ야呻吟中이러니四時量에巡查及日醫가其家에來到診察ᄒᆞᆫ後虎列剌로誤認ᄒ고即時避病院에昇送ᄒ얏다ᄂᆫᄃᆡ確實ᄒᆞᆫ病인지避病院으로昇去ᄒᆞᆷ으로其子孫의焦悶ᄒᆞᆷ은實不忍聞이라더라

●衛兵罹疫 親衛隊兵卒四名이二十七日에虎列剌에罹ᄒ얏다더라

●誤認之故 近日漢城內人民이虎疫에罹ᄒᆞᆫ者를韓日巡查가壹々調查ᄒ야避病院으로昇送ᄒ온바其中或他病者도虎疫으로誤認ᄒ고病院으로昇送ᄒᄂᆫ弊가有ᄒ다더라

●虎疫益盛 廿七日午前부터廿八日午前八時ᄭᆞ지京城內虎列剌發生數가百餘名인ᄃᆡ韓人이九십七名이오日人이四名이오死亡은九拾貳名인ᄃᆡ韓人이七拾名이오日本人이貳拾貳名인ᄃᆡ全國總計ᄂᆫ千七拾貳人이오廿八日午前八時부터廿九日午前八時ᄭᆞ지京城에新患者가八십七名中에韓人이七拾六人이오日本人이拾壹人인ᄃᆡ全國總計가壹千壹百六십六人이라더라

●回生保命 京城南門內濟生堂에셔近日流行虎列剌預防에對ᄒ야保命水와回生丹을新히發明ᄒ얏ᄂᆫᄃᆡ罹患者의게屢試屢驗ᄒᆞᆫ뿐더러貧窶ᄒᆞᆫ人의게ᄂᆫ無代金給與ᄒ야多數人命을救濟ᄒ얏다더라

●新聞中止 救世軍에셔宗教擴張의方策으로救世新聞을發行ᄒ더니收支가不償됨으로발行을中止ᄒᆞᆫ다더라

●救恤金送致 康川郡飢饉救恤에對ᄒ야漢城府居留ᄒᄂᆫ同鄕人이寄付ᄒᆞᆫ義捐金二百圜五錢은本社에來到ᄒᆞᆷ은已報어니와該金額을九月三十日에康川郡徐淑氏의게送致ᄒ얏다더라

○香港電報○

◎英師着香 英國元帥키치나將軍은二十七日香港에着ᄒ얏ᄂᆫᄃᆡ五日間滯在ᄒᆞᆯ豫定이라더라

二十八日발

○東京電報○

◎軍港設置 支那海軍部ᄂᆫ渤海灣及비단고島에軍港設置ᄒ기로決定하얏다더라

二十七日발

◎露國抗日 露國이日本의吉會線에對抗키爲ᄒ야淸國政府에要求ᄒ얏ᄂᆫᄃᆡ寧古塔으로琿春을經ᄒ야烏斯里線에至ᄒᄂᆫ線은比較的工事가容易ᄒᆞᆫ즉淸國의許諾을得ᄒ면即時着手ᄒ야吉會線보다速히竣功되리라더라

◎美國聲明 美國政府ᄂᆫ今番締結된淸日協約에對ᄒ야第三國이頗々猜疑ᄒᄂᆫ際에特히聲明ᄒ되該協約은無條件으로滿洲의鑛山採掘權을獲得ᄒᆷ은從來美國의主張ᄒ던門戶開放主義를危殆케ᄒᆷ이라ᄒ고主張ᄒ얏다더라

◎間島開館 間島駐在日本總領事館은十月三日에開館ᄒᆞᆯ豫定이라더라

◎金澤被停 日本金澤市에셔發行ᄒᄂᆫ北國新聞은日本皇太子의行啓ᄒ신際에不敬의記事를揭載ᄒ얏다ᄒ야發行停止되얏다더라

◎司法廳開期 韓國司法權委任에對ᄒᆞᆫ各裁判所開廳式을拾月二拾日로ᄒ야行ᄒ고十一月로부터施行ᄒ기로決定ᄒ얏다더라

◎韓鐵合倂 韓國鐵道ᄂᆫ日本鐵道院에合倂ᄒ기로決定ᄒ얏다더라

◎東京大水 再昨夜에日本東京市에ᄂᆫ大雨가降ᄒ야浸水家屋이二萬二千戶라더라

以上二拾八日着

秋江長歌

▲落日秋風淸江岸에赤楓黃葉慇々ᄒ고遙天暮色淸江中에烟雲色만첩々ᄒ데葉片舟흘너저어兩三水客對坐ᄒ야曲曲奏歌부너니互相和答ᄒᄂᆫ소리悽凉ᄒ고有心ᄒ다

▲흘너가ᄂᆫ淸江水야淸潔ᄒ다네외물겹白玉인듯眞珠인듯네우리너의사랑ᄒ라ᄒ노니네볼션에우리國民思想의汚濁ᄒᆞᆫ想씨셔너고淸潔ᄒᆞᆫ思想드려가셔新選民이되게ᄒ라

▲흘너가ᄂᆫ淸江水야勤儉ᄒ다네의호름晝夜不息ᄒᄂᆫ구나네가너의사랑ᄒ야바라노 네호름ᄒ야우리國民性質에永久遣傳ᄒ야거름愈奮愈勵나아가셔新國民이되게ᄒ라

▲흘너가ᄂᆫ淸江水야壯快ᄒ다네외形勢懷山襄陵ᄒᄂᆫ구나네가너의사랑ᄒ야가라노니네形勢가우리國民氣力되야細少眼孔을쓰셔고太平洋ᄭ지奔騰ᄒ이新魂魄이되게ᄒ라

▲흘너가ᄂᆫ淸江水야激烈ᄒ다네외精神新山入海ᄒᄂᆫ구나네가너의사랑ᄒ라ᄒ노니네精神우리國民피가되야활활어올너셔半島江山빗츨너서新國民이되게ᄒ라

▲衰客들의시寂寞ᄒ矣同胞諸君제들어보ᄒ면盛况을ᄂᆫ그前途ᄂᆫ利益이될것이니新國民될諸君은精神차려드르시고猛醒慨發하여보소

社告

南部日英洞銅峴等地로南大門外分傳人金仁瑞이가有故하야代人分傳하는대本報購覽諸氏의住所統戶가未詳하야不傳하는빅이有하거든本社로即爲通知하심을切望

本報第二面末欄에揭載하는評論은本社同胞諸君子의識見을交換採키爲하야寡欄을開始하오니有志하신人은各其思想을融通하야陸續製送하시옵評論의論說은本報에已揭한者와同하게하기를要함

評論三枚를揭載할만한本報를無料로壹朔送呈하야厚意를謝하겟슴

評論을製送하시는諸氏는住所를詳記하야本社編輯室로致付하시옵

本社投函에「寄志士壹言」이란論文을寄하신人은本社編輯室로來訪하야覓次面接함을切望함

大韓每日申報社

雜報

◎太極會況 太極敎宗會支會를各地方에서講習하야七拾餘處에達하얏는대認許가二十餘處라더라

◎救世總會 大韓救世軍營에셔來十月二日로六日까지渡韓紀念式總會를開할터인대二日은幻燈會三日은音樂會四日은演說會五日은婚禮에셔明年事業을硏繹할터이라더라

◎太極敎講演 大極敎宗本部에서去十一日에[illegible]事

廣告

務所內에開하고諸般事務를順序로處理한後敎員李有泰氏가孔夫子誕降日에慶祝禮式을擧行하고講論을提出하야體節를認定委員을尹忠夏徐相鶴李有泰全永선金善浩氏로選定하얏다더라

本人의名은承薰이온대姓은更稱에오며字난文百으로通用하오니知照하시옴

開城鉢谷藥局 許承薰 告白

本人이八月十三日에本面境內에서角牛篆姓名圖章을閑失故로牛篆圖章은施行치안케廣佈함

牢湯洞[illegible]面朴[illegible]告白

法韓黑紙烟[illegible]紙烟

[illegible]紙烟 [illegible]本人

法韓口紙一匣 本人

[illegible]

法韓會社 告白

京城[illegible]代理人金[illegible]

東大門內會社代理人[illegible]

[illegible]代理店을[illegible]

本社에서在上海東洋烟草專賣權을特約하고各種烟草를賣輸入하와各代理店에支店을[illegible]

京城石井洞

和平堂主人 李應善 肖像

鍾路紳士 鍾路[illegible]和平堂主人李應善氏가疫疾의流行을鑑하고蘇生丹을[illegible]

大韓民團 總務總會 告白

◎仁川港防疫委員의寄附品廣告

一白米二斗 轉運社副社長 金貞坤

一木炭八石

一回生水 和平堂主人 李應善

一蘇生丹

白米와木炭은病者治療에[illegible]

蘇生丹은累試有効하야患者를多數救活하고回生水[illegible]

기玆에感謝하는意를表함

◉大韓每日申報各道支社廣告

[illegible]

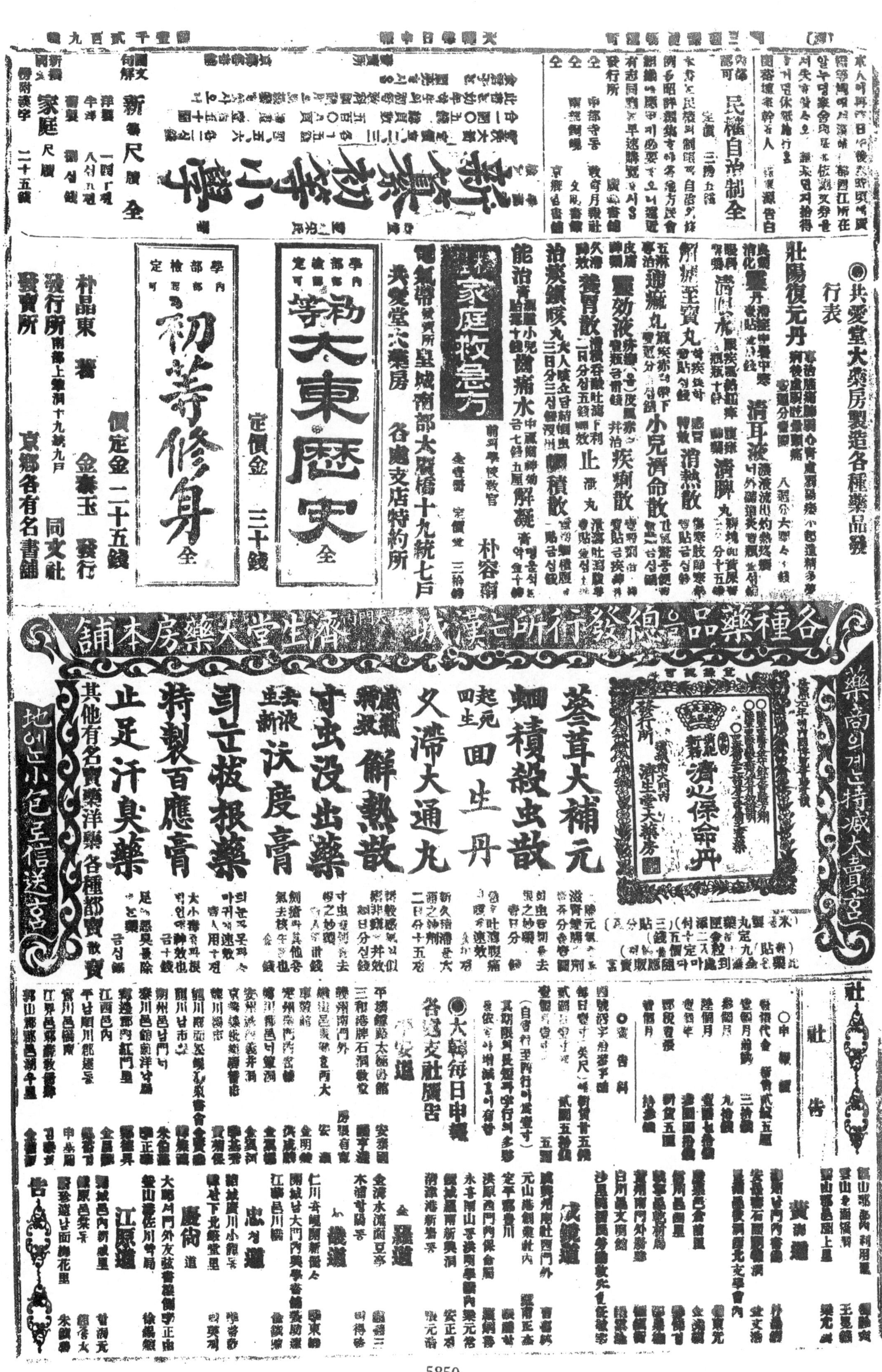

第七卷

大韓每日申報

第千貳百拾號

月曆及時日 休刊 廣告

檀君開國四千二百四十二年
箕子元年三千三十一年
大韓開國五百十八年
日本明治四十二年
隆熙三年
己酉八月大十八日甲申

Responsible for Publication Alfred Weekley Marnham.
發行兼編輯人 萬咸
發行所 京城 大韓每日申報社

論說

●無恥會社

鄒孟氏ㅣ言ᄒᆞ되人不可以無恥라ᄒᆞ며蓋恥者ᄂᆞᆫ人의良心이니羞惡을見ᄒᆞ면自己의羞로알고恥ᄒᆞ며賢을見ᄒᆞ면自己의愚ᄒᆞᆷ을恥ᄒᆞ야事々에人만不如ᄒᆞᆷ을恥ᄒᆞ며時々로我의無能ᄒᆞᆷ을恥ᄒᆞᄂᆞᆫ故로個人이進步ᄒᆞ며世界가進步ᄒᆞᄂᆞ니爲先恥가無ᄒᆞ면엇지人이라云ᄒᆞ리오

噫라今日의國內를觀ᄒᆞ건대無恥者가何其多ᄒᆞ뇨

今에公德上私德上行爲ᄒᆞᄂᆞᆫ間ᄒᆞ되但其賣爽을擧ᄒᆞ건대志士의愚欺ᄅᆞᆯ發ᄒᆞᆫ만ᄒᆞᆫ者ㅣ無數ᄒᆞ도다

酒色에汨ᄒᆞ야悖子의名을得ᄒᆞ야도此에無恥ᄒᆞ며博奕을好ᄒᆞ야浪子의流를作ᄒᆞ야도此에無恥ᄒᆞ며權門에出入ᄒᆞ면서納詔納媚ᄒᆞ며十手가指ᄒᆞ며曰鄙夫라ᄒᆞ야도此가無恥ᄒᆞ며閭巷에橫行ᄒᆞ면서欺人騙財ᄒᆞ며萬口가曰巨賊이라ᄒᆞ야도此가無恥ᄒᆞ며守錢虜가되야人이鄙賤ᄒᆞ야其端을讀ᄒᆞ야도此에無恥ᄒᆞ며術能으로世에자되야人이厠間料理를設ᄒᆞ야도此가無恥ᄒᆞ며職位에尸居ᄒᆞ야傀儡의稱號를得ᄒᆞ고도此에無恥ᄒᆞ며外勢에趨附ᄒᆞ야창鬼의面目을成ᄒᆞ고도此에無恥ᄒᆞ야擧國人々이皆是無恥人뿐이니何處에셔悔悟心이發ᄒᆞ며何處에셔廉恥心이發ᄒᆞ야國家의進步를得ᄒᆞ리오

오쟈無恥ᄒᆞᆫ故로官吏ᄂᆞᆫ賣國을樂ᄒᆞ며오쟈無恥ᄒᆞᆫ故로人民은奴隸를甘ᄒᆞᆷ이로다

嗚呼라今日에國運을挽回ᄒᆞ며國光을發輝코져ᄒᆞᆯ진ᄃᆡ無他라但此等無恥社會를喚醒ᄒᆞ야罪가有ᄒᆞ거던恥ᄒᆞ며功이無ᄒᆞ거던恥ᄒᆞ며自由를失ᄒᆞ거던恥ᄒᆞ며權利가無ᄒᆞ거던恥ᄒᆞ며何事던지他人만不如ᄒᆞ거던恥ᄒᆞ야恥를蚤解ᄒᆞ며恥를防ᄒᆞ며恥를雪ᄒᆞ며義務를補ᄒᆞ면庶幾히其益이有ᄒᆞᆯ진뎌

夫ᄒᆞᆫ즉恥의道에能히其恥를恥ᄒᆞ면弱ᄒᆞᆫ者ㅣ可强ᄒᆞ지며亡ᄒᆞᆫ者ㅣ可興ᄒᆞᆯ지라是故로鮮卑와猖獗이已甚ᄒᆞ야都城이殘破ᄒᆞᆫ餘에兵民을訓練ᄒᆞ야强敵을擊退ᄒᆞ고東征西伐ᄒᆞ야國土를開拓ᄒᆞᆫ者ᄂᆞᆫ高句麗廣開土王이오倭寇의侵擾가頻繁ᄒᆞ야列邑이騷擾ᄒᆞᆫ中에海軍을擴張ᄒᆞ야萬里에懸軍ᄒᆞ고敵國을攻入ᄒᆞ야城下盟을結ᄒᆞᆫ者ᄂᆞᆫ文武王이오其人이오繼ᄒᆞ야ᄂᆞᆫ元室의專制의時에奮起ᄒᆞ야蒙古의鐵騎를討斥ᄒᆞ고明主의寇兵을屠殺ᄒᆞ야國權을恢復ᄒᆞᆫ者ᄂᆞᆫ李舜臣은壬辰창攘의際에孤叫ᄒᆞ야殘軍으로海氣를挽ᄒᆞ며短戈로落日를挽ᄒᆞᆫ갓스니是皆前代英雄의知耻의心에서出來ᄒᆞᆫ事業이니

噫々大韓男子여君等이祖國史를讀ᄒᆞ다가此에至ᄒᆞ면能히悔悟ᄒᆞ고奮發ᄒᆞᆷ이有ᄒᆞᆫ가耻를知ᄒᆞᄂᆞᆫ者ᄂᆞᆫ人이며耻를不知ᄒᆞᄂᆞᆫ者ᄂᆞᆫ禽獸니禽獸가叫학을免치못ᄒᆞᄂᆞ니다

外報

●西軍占領 西班牙軍은摩洛哥제루안산을占領ᄒᆞ얏다더라

●日民減少 加拿多政府의報告를據ᄒᆞᆫ즉昨年日本移民數ᄂᆞᆫ七千餘名이減少되얏다더라

●淸紙排日 淸國의中國報ᄂᆞᆫ日本人을攻擊ᄒᆞ되在留本人이淸人을詐欺ᄒᆞ야淸國의仇讎라ᄒᆞ며日本의所言은一切不信ᄒᆞ라고宣言ᄒᆞ얏다더라

●兩兵死傷 摩洛哥에在ᄒᆞᆫ西班牙軍은死者가拾九名이오負傷者가百六名인ᄃᆡ摩洛哥軍의損失은數百以上이라더라

●旅行延期 露帝의土耳其京城訪問은宗敎的理由를因ᄒᆞ야延期되얏ᄂᆞᆫᄃᆡ帝及皇后의伊太利旅行도明年으로延期되얏다더라

●殖相出發 德國殖民大臣대룬부루허시ᄂᆞᆫ棉花栽培事業을視察키爲ᄒᆞ야阿非利加에往ᄒᆞ얏다더라

●海法開會 萬國海上法會議ᄂᆞᆫ德國부레멘市에서開催되얏다더라

●英士演說 英國에서ᄂᆞᆫ統一黨首領바루후오아시가마민감集會에서演說ᄒᆞ얏ᄂᆞᆫᄃᆡ關稅改革에對ᄒᆞ야强硬ᄒᆞᆫ宣言이有ᄒᆞ얏고又曰英德兩國이兵器를執ᄒᆞ고我殖民地에通商ᄒᆞ면셔吾黨을排斥ᄒᆞ거날吾黨ᄂᆞᆫ舊式主義만執ᄒᆞᆷ은能忍치못ᄒᆞᆯ바ㅣ라ᄒᆞ얏다더라

學界

●開學延期 官立漢城高等學校에서ᄂᆞᆫ再昨日부터開學ᄒᆞᆯ랴고登校ᄒᆞᆫ生徒의身體檢査ᄒᆞ얏ᄂᆞᆫᄃᆡ欠席者가四人이라直接投ᄒᆞ여開學ᄒᆞ기로ᄒᆞ얏다더라

●文校將興 忠北鎭川郡私立文明學校ᄂᆞᆫ財政이困難ᄒᆞᆷ으로廢止ᄒᆞᆯ境遇에到ᄒᆞ얏더니該郡守朴初陽씨와郡主事金玉鉉씨가熱心贊成ᄒᆞᆷ으로維持ᄒᆞᆯ情況이頗히進就之望이有ᄒᆞ다더라

●學校熱心 鐵島義成學校副校長李浩씨ᄂᆞᆫ該校의經費窘拙ᄒᆞᆷ을慨歎ᄒᆞ야貨幣百圓을捐助ᄒᆞ고敎師의食費를擔當ᄒᆞ얏스니씨의敎育上에熱心ᄒᆞᆷ을莫不稱頌ᄒᆞᆫ다더라

●金氏熱心 明川郡上古面龍岩洞居ᄒᆞᄂᆞᆫ金河璉씨ᄂᆞᆫ學校를設立ᄒᆞ고經費를自擔ᄒᆞ며씨의令允은日本에서卒業ᄒᆞ얏ᄂᆞᆫᄃᆡ該學校에셔熱心敎授ᄒᆞᆷ으로學徒가六七拾名에達ᄒᆞ얏다더라

●諸心義務 咸北鏡城郡私立龍川學校ᄂᆞᆫ設立以來로漸次進就ᄒᆞᄂᆞᆫᄃᆡ校主盧秉燮校監朴鼎夏와經務朴鳳夏其他任員諸시가諸般事務를擔任ᄒᆞᆷ으로補充ᄒᆞ며益々擴張ᄒᆞᄂᆞᆫᄃᆡ諸시의敎育界에熱心과義務的美擧를人皆稱頌ᄒᆞᆫ다더라

●紳士美擧 平北碧潼郡雩面居紳士金翊胄金俊鎬諸시가該面內에昌明學校를設立ᄒᆞ고熱心敎育中인ᄃᆡ金翊胄씨ᄂᆞᆫ校舍建築ᄒᆞᆯ時에風雨를不避ᄒᆞ고木石을自荷自擔ᄒᆞ야勤勞를不辭ᄒᆞ얏다더라

詞藻

●聽杜鵑

空山자ᄂᆞᆫ밤깁흔ᄯᅢ、슬피우ᄂᆞᆫ저杜鵑은。소리々々不如歸요、가지々々血淚로다。네진실로不忘故國ᄒᆞᆫ、사ᄅᆞᆷ보

雜報

●救恤下賜 現今流行病罹患者에對ᄒᆞ야宮內府大臣閔丙奭氏가[illegible]ᄒᆞᆫ結果를上奏ᄒᆞ야救恤金壹百圜을下賜ᄒᆞ셧다더라

●靈神丸頒賜 近日虎疫이流行ᄒᆞᆷ을因ᄒᆞ야大皇帝陛下ᄭᅴ셔靈神萬應丸을各官廳에頒賜ᄒᆞ옵셧다더라

●防疫費 韓國防疫에關ᄒᆞᆫ經費六百九拾圜을豫備金으로支出ᄒᆞ기로七日閣議에可決되얏다더라

●漁業調査 東洋拓殖社員日人森野가拾九日에[illegible]을訪問ᄒᆞ고[illegible]ᄒᆞ야言及ᄒᆞᆫ즉[illegible]韓國水産業及[illegible]漁業經營에對ᄒᆞ야意見을發表ᄒᆞ얏다더라

●金氏發辞 中樞院議長金允植氏가[illegible]ᄒᆞ더니內部에[illegible]ᄒᆞ고避病院을設立改良ᄒᆞ야[illegible]診察及治療方法을盡力ᄒᆞ야一般民衆의疑惑을解釋케ᄒᆞ라ᄒᆞ얏다더라

●防疫巨額 虎疫이益々猖獗ᄒᆞᆷ으로政府에서大規模의防疫方法을講究ᄒᆞ야拾九萬圜의防疫費를支出ᄒᆞ기로決定ᄒᆞ얏다더라

●檢疫協議 學部에서ᄂᆞᆫ昨日에各局課長이會同ᄒᆞ야檢疫方法을[illegible]ᄒᆞᄂᆞᆫ되[illegible]官吏가共同的으로要用品을買得ᄒᆞ야各其分配케ᄒᆞ얏다더라

●殿陵秋享 京畿[illegible]兩道內에在ᄒᆞᆫ各歷代殿陵의秋享祭祝文을內部에서昨日에各該觀察使에게發送ᄒᆞ야擧行케ᄒᆞ고官吏에二個月俸給未撥ᄒᆞᆫ者도逐々支撥ᄒᆞ얏다더라

●法部休務 法部各局課에서ᄂᆞᆫ大淸潔을施行ᄒᆞ고臨時休務ᄒᆞ얏다더라

●提疫不參 總理大臣李完用시ᄂᆞᆫ北署玉洞에巨額으로家屋을購入ᄒᆞᆫᄃᆡ其隣家에虎列刺가發生ᄒᆞ얏슴으로移接期를延期ᄒᆞ얏다더라

●軍官欠逋 前軍部所管[illegible]尉官某々氏等이該部公貨欠逋額이今爲貳萬五千圜이라ᄂᆞᆫᄃᆡ近日措處方法을聞ᄒᆞᆫ즉五千圜은關係者에게徵納ᄒᆞ기로ᄒᆞ고貳萬圜은措徵無路ᄒᆞᆫ故로該案件을度支部로越交ᄒᆞ얏다ᄂᆞᆫᄃᆡ將次[illegible]에交涉ᄒᆞ야處理ᄒᆞᆯ터이오親衛府長官[illegible]氏ᄂᆞᆫ不[illegible]ᄒᆞᆫ責을難免이라ᄒᆞ야遞任되리라ᄂᆞᆫ說이有ᄒᆞ다더라

●巳所預想 司法權委任實施後에適用法은現今간에ᄂᆞᆫ韓國民에게對ᄒᆞ야現行法規를써ᄒᆞᆫᄃᆡ이나他日에ᄂᆞᆫ完全ᄒᆞᆫ日本法典으로編成發布ᄒᆞᆫ다더라

●財務調會 各道財務監督局主事가京城에會集ᄒᆞ야會務를開催ᄒᆞᆫ다ᄂᆞᆫᄃᆡ名數ᄂᆞᆫ一道에五人式이라더라

●貸金磨鍊 今番流行病預防에從事ᄒᆞ던韓日人官吏ᄂᆞᆫ從當貸金을磨鍊支給ᄒᆞᆫ다더라

●連合反對 一進會와大韓協會連合問題에關ᄒᆞ야慶尙南北道及全羅北道의支會員들은此를不可라ᄒᆞ야本會에對ᄒᆞ야反對를提出ᄒᆞ엿다더라

●安氏呼訴 東籍田에附屬ᄒᆞᆫ田畓을拓殖社員吳禎善徐日文[illegible]가壹々調査ᄒᆞᆫ後今年秋收를社로分半以納ᄒᆞ라ᄒᆞᄂᆞᆫ故로作人等이安正模氏를代表로派送ᄒᆞ야日前司令部에呼訴ᄒᆞ얏다더라

●李氏請願 東門外元績墓所에附屬ᄒᆞᆫ田土를[illegible]山直等이耕作ᄒᆞ야賭租를財産整理局에收納ᄒᆞ더니拓殖社員[illegible]氏等四人이田土를調査ᄒᆞ고今秋以後로ᄂᆞᆫ土所出을分半ᄒᆞ야納ᄒᆞ라ᄒᆞᄂᆞᆫ故로該作人이李[illegible]氏가日前憲兵司令部에請願ᄒᆞ얏다더라

●裁判再擧 永宣君李埈鎔[illegible]兩氏의裁判事件은今日地方裁判所에서再審ᄒᆞᆫ다ᄂᆞᆫᄃᆡ兩便證據人의게通知書를발送ᄒᆞ고同々來參ᄒᆞ라ᄒᆞ얏다더라

●玄氏更訴 玄興澤씨가上海에住在ᄒᆞᄂᆞᆫ閔泳翊氏와多年裁判ᄒᆞᄂᆞᆫ事ᄂᆞᆫ已揭ᄒᆞ얏거니와玄시가地方裁判所에更히呈訴ᄒᆞ야閔泳翊시에게呼出狀을送致ᄒᆞ얏더니閔시ᄂᆞᆫ日人辯護士에게委托送ᄒᆞ야拾四日로裁判ᄒᆞᆫ다더라

●落科更訴 前郡守兪鎭贊시가去甲辰年分에業門洞居鄭召史의金貨貳千四百五拾兩을限五日借用ᄒᆞ고尙且延拖不報ᄒᆞᄂᆞᆫ故로鄭召史가京城地方裁判所에起訴ᄒᆞ야兪시가落科ᄒᆞ얏ᄂᆞᆫᄃᆡ兪氏ᄂᆞᆫ更히該事件을辯護士崔鎭氏의게委托ᄒᆞ야覆訴ᄒᆞ얏다더라

●[illegible]堡徵斂 完和宮에서咸平郡人民의田畓附近에[illegible]堡를築ᄒᆞ고水稅를每斗落에豐凶을勿論ᄒᆞ고租二斗式徵收ᄒᆞᄂᆞᆫ故로該郡人民等이日憲兵司令部에呼冤ᄒᆞ얏다더라

●捕鯨日捕 日本人들이捕鯨船八隻으로十月壹日부터韓海[illegible]箭浦蔚山等方面에配置ᄒᆞ고漁獲ᄒᆞᆫ다더라

●七雹可驚 九月拾六日義州郡에大雹이降ᄒᆞ얏ᄂᆞᆫᄃᆡ其大가鷄卵과如ᄒᆞ야三日後에야融消ᄒᆞ고穀物被害ᄂᆞᆫ勿論ᄒᆞ고烏雀類가拍殺[illegible]ᄒᆞ얏스며[illegible]도先ᄒᆞ얏ᄂᆞᆫᄃᆡ該地에서ᄂᆞᆫ當局에게免稅를請願ᄒᆞ얏다더라

●朴氏嗣採 [illegible]使源시의婿郞朴基弘시ᄂᆞᆫ東部蓮洞附近에在ᄒᆞᆫ田土賣買ᄒᆞᄂᆞᆫ事에對ᄒᆞ야該金額을中間乾沒ᄒᆞ고隱避不現ᄒᆞᄂᆞᆫ故로警視廳에서詗探ᄒᆞᄂᆞᆫ中이라더라

●爲義ᄂᆞᆫ捉 總理大臣李完用氏의從姪李聖九씨가再昨日에省楸次로楊州郡廣城面에前往ᄒᆞ얏다가義兵에게被捉以去ᄒᆞ얏다더라

●關野評論 日人關野ᄂᆞᆫ韓國古代建築物을研究키爲ᄒᆞ야現今視察ᄂᆞᆫ中인ᄃᆡ京城에ᄂᆞᆫ虎列刺가蔓延ᄒᆞᆷ을因ᄒᆞ야中止ᄒᆞ고平壤으로발往ᄒᆞ야遊覽ᄒᆞ고次々三南地方으로向ᄒᆞᆯ터인ᄃᆡ關野가今番韓國古代工藝進步를論ᄒᆞ야日韓兩國古代의發達ᄒᆞᆫ文物遺蹟을支那와淸國에서ᄂᆞᆫ得ᄒᆞ기易ᄒᆞ거날도리혀韓國에서難得ᄒᆞᆷ은實로可嘆ᄒᆞᆯ事이라ᄒᆞ얏다더라

●銅礦認發 元山居李正華시가安邊銅礦을認許ᄒᆞᆫ後에英人某資本家와協同採掘ᄒᆞ기로契約ᄒᆞ얏더니近日에意見이互相暌離ᄒᆞ야破約ᄒᆞ고自主ᄒᆞ야礦脈을開발ᄒᆞᆫ다더라

●本部會議 再昨日防疫本部에서ᄂᆞᆫ部員이會同ᄒᆞ야防疫에關ᄒᆞᆫ施設方針改善等問題를議定ᄒᆞ얏다더라

●日醫來着 日韓防疫本部에셔日前에醫師團에打電ᄒᆞ야醫士를請求ᄒᆞ얏던바醫士[illegible]가旣히東京에서出發ᄒᆞ야本日에來着ᄒᆞᆫ다더라

●迷信所禱 流行病發生以後로一般人民等이消毒及衛生上에注意치아니ᄒᆞ고城北等人民들은預防ᄒᆞ기爲ᄒᆞ야所禱ᄒᆞ며[illegible]ᄒᆞ니此를禁止ᄒᆞ라고何許人이警視廳에投書ᄒᆞ얏다더라

●寺刹派守 近日城內人民이避病次로東門外各寺刹에多數前往ᄒᆞᄂᆞᆫᄃᆡ日前부터巡査가各寺刹에派守ᄒᆞ고東部警察署에서[illegible]紙가無ᄒᆞᆫ人은不得入寺케ᄒᆞᆫ다더라

●抑买何心 昨日南部[illegible]洞等地酒家에日巡査가突入ᄒᆞ야諸般食物을調査ᄒᆞᆫ다ᄒᆞ고器具를打破ᄒᆞ며食物을投棄ᄒᆞᆷ으로該家에損害가不少ᄒᆞ다더라

●虎疫罹死數 再昨日漢城內에서虎疫에罹死者를調査ᄒᆞᆫ즉六十二名인ᄃᆡ韓人이五十名이오日人이십二名이라더라

●三分二賤 內部土木局長劉猛시가再昨日에漢城內外를巡視ᄒᆞ다가東門外避病院에前往ᄒᆞ야壹般病人의情況을檢査ᄒᆞᆫ즉病者가合爲[illegible]名인ᄃᆡ[illegible]에或三人或二人式居接케ᄒᆞ얏고以今形勢로ᄂᆞᆫ[illegible]者가三分의二分이되깃다더라

●虎疫新患 貳拾九日午前八時부터三拾日午前[illegible]時ᄭᆞ지京城虎列刺患者ᄂᆞᆫ東署에韓人三이오[illegible]에韓人십八名日人이六名이오南署에韓人이廿名日人六名이오北署에韓人이십[illegible]名이오中署에韓人十七名日人이壹名이오龍山에韓人이壹名日人二名인ᄃᆡ合計가八十八名이라더라

●狂藥非佳 再昨日에南署[illegible]等地에서紙[illegible]ᄒᆞᄂᆞᆫ金相浮氏가被酒忘形ᄒᆞ고漢興商會에來到ᄒᆞ야惹鬧ᄒᆞ고또日人莊子[illegible]勢所로轉往作弊ᄒᆞ다가中部警察署에被囚ᄒᆞ얏다더라

●義兵押上 驪州郡憲兵分遣所에서義兵김景元시를捉致ᄒᆞ야再昨日에地方裁判所로押上ᄒᆞ얏다더라

●僞造犯被捉 苑洞居文仲五[illegible]名人이僞造犯으로昨日中部警察署에被捉ᄒᆞ얏다더라

●逋吏被捉 元有常시ᄂᆞᆫ東萊府尹在任時에公貨欠逋ᄒᆞᆫ[illegible]不納ᄒᆞᆷ으로昨日警視廳에被捉ᄒᆞ얏다더라

●孤院方針 孤兒院에壹般經費가[illegible]起ᄒᆞᆷ은壹般[illegible]이어니와該院[illegible]을慨惜히너여紳士[illegible]直等諸氏가발起ᄒᆞ야社會團體에協議ᄒᆞ고本日下午三時에畿湖興學會館內로齊會ᄒᆞ야該院維支方針을協議ᄒᆞ기로ᄒᆞ얏다더라

◎感荷義捐 海州妓生明玉이가本社經費를補助ᄒᆞ기爲ᄒᆞ야金貨壹圜을寄付ᄒᆞ얏기에感謝ᄒᆞᆷ을表ᄒᆞ노라

○論 教 [illegible]報○

◎土希開戰 希臘에셔ᄂᆞᆫ土耳其와開戰ᄒᆞᆫ다ᄂᆞᆫ說이盛히沸騰ᄒᆞᆫ故로保護列國은干涉을開始ᄒᆞ엿다더라

○東京電報○

◎西澤評價 西澤島問題ᄂᆞᆫ近々解決될터인ᄃᆡ日本의評價ᄂᆞᆫ大略讓步ᄒᆞᆫ다더라

◎柴代視察 日本代議士柴四郞은昨日東京서出發ᄒᆞ야韓國과淸國滿洲等地를視察ᄒᆞ기爲ᄒᆞ야途에登ᄒᆞ얏다더라

以上二十九日發

月下問答

▲登[illegible]竹簾길혼곳에秋月色多情ᄒᆞ다數三老人이모혀안져時局事를[illegible]相[illegible]問答ᄒᆞ미登覺細聽ᄒᆞᆫ즉其一은巷[illegible]이나恕歎ᄒᆞᆫ[illegible]意思ᄂᆞᆫ嘉納키도ᄒᆞ려니와惻然ᄒᆞᆫ그懷抱ᄂᆞᆫ可發[illegible]ᄒᆞᆯ러라

▲東西洋의文明利器을[illegible]ᄒᆞ며[illegible]飛行機ᄂᆞᆫ또엇지[illegible]行機나研究ᄒᆞ야飛行機을[illegible]불쌔여보그말로만두어라[illegible]道矣ᄂᆞᆫ다고떠들기만ᄒᆞ야外人手에드러갓지그게노면서飛行機가무엇이야

▲學術叢[illegible]ᄂᆞᆫ列强의人士를世界主義[illegible]主義나擴張ᄒᆞ야道德生活ᄒᆞ야불쌔여보그말고말두[illegible]爭이時代에너[illegible]이[illegible]滅亡時[illegible]도敎育[illegible]世界主義무엇

▲漢城府民會에서ᄂᆞᆫ[illegible]죽엇다고十圜金을捐付[illegible]善心이너무만히思及外[illegible]그러ᄆᆡ로그말고말두[illegible]疾疫을[illegible]ᄒᆞ야慘死ᄒᆞᄂᆞᆫ[illegible]幾千幾[illegible]라[illegible]思及外人무엇

▲遊說團의[illegible]落葉又치稍稍而去[illegible]悟心漸全[illegible]非[illegible]

[illegible]孔方[illegible]이며더리選[illegible]悔悟[illegible]

▲大成敎[illegible]崇宗敎[illegible]儒敎扶植[illegible]四面으로[illegible]走[illegible]敎思想이[illegible]維持[illegible]宗敎[illegible]維[illegible]儒敎扶植[illegible]國家[illegible]宗敎思想[illegible]

社告

近者一封投函에「寄函子宣言」이라論文을寄送ᄒᆞᆫ人은本社로枉臨ᄒᆞ던지室로來訪ᄒᆞ야該文函送ᄒᆞᆷ을要望ᄒᆞᆷ

廣告

南部自英洞銅峴等地로南大門外分傳ᄒᆞ는金仁善이有故ᄒᆞ야代ᄒᆞ야分傳ᄒᆞᆯ人을擇ᄒᆞ니本報購覽ᄒᆞ시ᄂᆞᆫ諸氏의住所統戶가未詳ᄒᆞ야不傳ᄒᆞᄂᆞᆫ弊가有ᄒᆞ거든本社로即爲通知ᄒᆞ심을要望

大韓每日申報社

氏의叔父故谷城郡守리鎬白씨가陰六月廿四日에卒于任所ᄒᆞᆫ바郡業未立으로殊郡에頓乘扶護之護喪ᄒᆞ고本家에只有寡孤之慘狀ᄒᆞ야返柩ᄒᆞᆯ計策이無ᄒᆞ니士林도亦不入ᄒᆞ더니該郡紳士丁日燮申樹灝奉其會衆順시와郡守自卒正驅시ᄭᆞ지安喪孤魂ᄒᆞ며深庸矜恤ᄒᆞ야伍鉛錢若干發ᄒᆞ고야以還君聽ᄒᆞ시며起文所到處에各境에發觀訃音ᄒᆞ고來看ᄒᆞᆫ文에莫不揮淚ᄒᆞ고四門喪ᄒᆞ고야嗚呼白難에自國育難ᄒᆞ야不日에邑村에會同ᄒᆞ야斂襟等節을極盡其禮ᄒᆞ고護喪諸員을齊朔新ᄒᆞ야千里遠程에運柩乏知隣里ᄒᆞ고餘額金貨百二十원圓을本郡于本家ᄒᆞ야使之窆葬費爲不葬케ᄒᆞ고鄉村四에登覽ᄒᆞ야死葬費之不足ᄒᆞᆷ이업스며右記諸씨等이盡力ᄒᆞ야境紳民之가必齊聽ᄂᆞᆫ誠所罕後無ᄒᆞᆫ盛大美事라傍聽者도亦爲歎賞기던兒소人等의衷曲ᄒᆞᆯ感銘ᄒᆞ야믹오엇此不當之事을居千里에隔ᄒᆞ야爲謝故로賢褒獻上ᄒᆞ며야當지曾歸人之公眼ᄒᆞ고寶ᄒᆞᆫ事誌報之盛輩ᄒᆞ노라

京城府姪 李震用
從孫 鍾九
從姪 豊□
再姪 □□
三姪 顯用

本人이東署蓮花坊蓮池洞六統四戶二百圓文券一張을家中에서失放ᄒᆞ야該段을廣告ᄒᆞ오니此文券은休紙施行ᄒᆞᆷ 吳麗伊 告白

本人의子年經瀾이十四歲오于今浮浪悖類가挾雜蒼符ᄒᆞ야偽造文券과父之圖章을偽造ᄒᆞ야兒子于九年에得債與執ᄒᆞᆫ事로新文廣告가此至屢次ᄒᆞ니勿爲不敢過ᄒᆞ고又爲得債ᄒᆞ고ᄌᆞᄒᆞᄂᆞᆫ者이오니內外國人은勿施ᄒᆞᆷ

박□煥 告

本人의實父姓名圖章을陰七月初五日에閪失ᄒᆞ얏삽기此圖章은勿施ᄒᆞ고玆에廣告ᄒᆞ오니內外國人은照亮ᄒᆞ시옴

富平石串面伴佐洞居 盧□李白

本館에서業務任意을改差後에事務를更加擴張ᄒᆞ옵고書籍과學校用品을特別廉價로ᄒᆞ오니僉君子는陸續請求ᄒᆞ시옵 新舊書籍과學徒用品各種도具備ᄒᆞ왓ᄉᆞᆸ

平壤鐘路太極書館

館主 李昇薰
主任 宋鎭遠
事務 金根瀅

卷煙草

金四錢

京城 廣江商會

和平堂主人 李應善氏

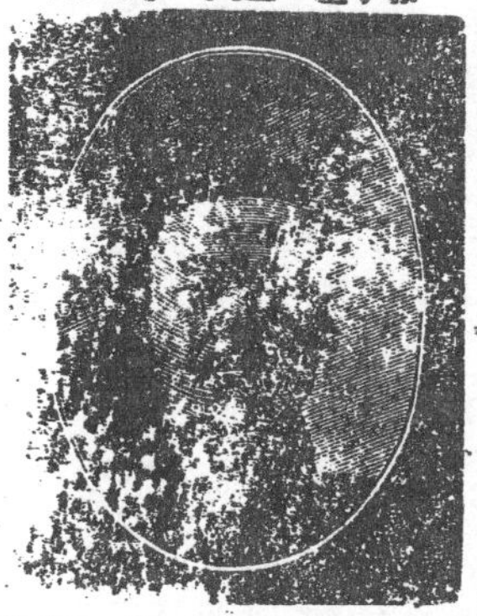

韓國紳士鍾路和平堂主人리應善씨가疫疾의流行을鑑ᄒᆞ고敝會의衆生命을□ᄒᆞ야回生水五拾瓶과蘇生丹五拾包를捐送ᄒᆞᆫ바韓瘴을承ᄒᆞ야救療에給ᄒᆞᄂᆞᆫ니其藥을試ᄒᆞᆫ즉神效ᄒᆞᆫ지라此慈善ᄒᆞᆫ誠을表ᄒᆞ노니彰ᄒᆞ며敝會의感謝ᄒᆞᆷ을表ᄒᆞ나이다

大韓民團商務總會 告白

各種東西洋藥과韓國唐國草材大發賣所

京城鐘路 和平堂藥房

藥商의게ᄂᆞᆫ特減大賣ᄒᆞᆷ

健胃消滯 八寶丹

起死回生 回生水 蘇生丹

麝香消瘡丹

胎養調經丸

陰陽雙補 滋陽丸

阿烟斷引藥

連珠去根 金治丸

鎭咳散

消積散

寸虫沒出 縧虫藥

蛔滅散

浴顔水

治癬膏

其他有名賣藥 都賣散賣

遠近에□□送ᄒᆞᆷ

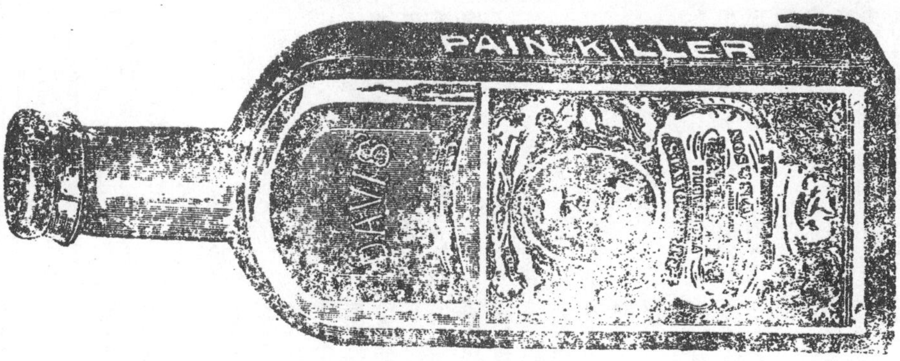

◎秘製止痛藥

此藥은美國에서□□ᄒᆞᆫ□□□□□□□未司도□□□□□□□□□□諸症에外塗ᄒᆞ고□□□□□□□□吐瀉霍亂과轉筋下痢等諸症에尤極神效ᄒᆞ와多救生命ᄒᆞ오니□□□□從□□□□□□□防코ᄌᆞᄒᆞ시□□□□價도□□ᄒᆞ□□□

左開

◎內服에用▼
胃酸
吐瀉
咳嗽
胆滯
虎疫
肝病
胃熱
口渴之難
喉嚨
小兒吐瀉
抽筋
痢疾
嘔吐
胃氣痛
□□□寒
□疼
□下軟弱
痢疾
發熱
□□病
霍亂
腹痛
□傷風
□消化
疹
傷寒
肚痛
痢疾
腰痛
腎病
暑夏吐瀉

◎外科에用▼
疔瘡
□□
跌打損傷
風骨痛
凍瘡 指甲疽
咽喉痛
毒蛇咬 凍창
□□□□ 癬

發賣所 □□□ 美興藥株式會社事務所

本人의 本家에 所在이온 田土 買契를 遺失하온바 此로 使用하오니 知悉하시고 照亮하시옴

開城 鉢谷藥局 鉢承薰 告白

學部檢定認可 民權自治制 全

定價 三拾錢

本書는 民權의 制限과 自治의 條例와 昭詳編纂하야 地方의 組織에 應用케 必要한 書籍이오니 有志同胞는 早速購覽하시옴

發行所 中部寺洞 廣學書舖
全 敎育月報社
全 南部銅峴 文明書舖
全 京鄕各書舖

新撰 家庭 尺牘 二十五錢

國文附譯 新撰 尺牘 全 一圜十錢

洋製 半洋製 四十五錢

舊製 拾錢

◉共愛堂大藥房製造各種藥品發行表

壯陽復元丹 專治腎虛腰痛 不起遺精多夢 病後虛弱肚腹頭痛 八週分大圜 ○十錢

良藥 消化靈丹 滯症中暑中寒 每貼壹錢

清耳液 膿液流出灼熱疼痛 內外耳道炎等

眼科要藥 清眼水 眼疾赤熱紅痒 每瓶十錢

清脾丸 瘧疾 三日分 五錢

解繹至寶丸 咳疾 每貼 錢

消熱散 傷寒 感冒 每貼 錢

五淋通痢丸 專治 赤白帶下 每貼分五錢

小兒濟命散 驚風 每貼 錢

皮膚聖藥 靈効液 每瓶 錢

疾痢散 每貼 錢

久滯特效 養胃散 消積 一日分 五錢

止泄丸 吐瀉 每貼 錢

治痰鎭咳丸 大人咳嗽 三日分 錢

蟲積散 一貼 錢

能治小兒 齒痛水 中風 解凝

家庭救急方

前外學校敎官 朴容喜

全壹冊 定價金 三拾錢

電氣帶 發賣所 皇城南部大廣橋十九統七戶

共愛堂大藥房 各處支店特約所

學部檢定認可 初等大東歷史 全

定價金 三十錢

學部檢定認可 初等修身 全

定價金 二十五錢

朴晶東 著　金泰玉 發行

發行所 南部上犁洞十九統九戶 同文社

發賣所 京鄕各有名書舖

各種藥品의總發行所는漢城濟生堂大藥房本舖

官許 濟生堂大藥房

新發明 清心保命丹

發行所 濟生堂大藥房

(米麪製丸藥匣添付)(三貼分入)
定價金二十五錢
(壹貼九十粒入定價金 錢)
此藥은金鑑到處마다隨意販賣홈

藥商이겨特減大賣홈

蔘茸大補元 補元氣 滋腎壯陽之劑

蛔積殺虫散 蛔虫

起死回生 回生丹 腹痛 速效

久滯大通丸 久滯

感氣特效 解熱散 感氣

去疾生新 沃度膏

寸虫沒出藥 寸虫

귀눈拔根藥 拔根

特製百應膏 大小瘡 神效也 金十錢

止足汗臭藥 足汗臭 除

其他有名賣藥洋藥各種都賣散賣

地方에는小包로信送홈

社告

○申報價

壹個月 前納 新貨 貳拾五錢
參個月 三拾錢
陸個月 九拾錢
壹個年 壹圜七拾錢
郵稅 壹張 參圜四拾錢
壹個月 新貨五厘
　拾參錢

○廣告料

四號活字拾參字詰
每日壹寸(英尺)에 新貨廿五錢
貳週日 壹寸에 貳圜五拾錢
壹個月 壹寸에

(自壹行至四行까지 壹寸)

其期限외 長短과 字行의 多寡를 依하야 增減홈이 有함

◉大韓每日申報各處支社廣告

京畿道

水原 ... 王景鎬

黃海道

海州 ... 朴承鳳
安岳 ... 金文海
延安 ... 支學會內
殷栗邑 ... 金永燦
信川邑 ...
載寧邑 ...
白川邑 文明館
沙里院 ...

咸鏡道

咸興州 南社西門外 西高林
元山港 ... 金南正
定平郡 ...
洪原 西門內 保命館
永興 ... 洪明學校內 梁元培
鏡城 ... 安正
清津港 ... 元濟

全羅道

金溝 水流面 ...
木浦 ...

平安道

平壤 ... 安泰國
三和港 ...
義州 南門外
...山邑 東...
宣川 ...
定州 ...
...

慶尙道

大邱 西門外 友弦 ... 正
釜山港 佐川 ... 徐鎬
... 北 ...

忠淸道

...城 廣川 小 ...

京畿道

仁川 ...
開城 南大門內 ...
江華 邑 ...

江原道

襄城邑內 ...
鐵原邑 ...
...珍遠 남面 ... 花里

告

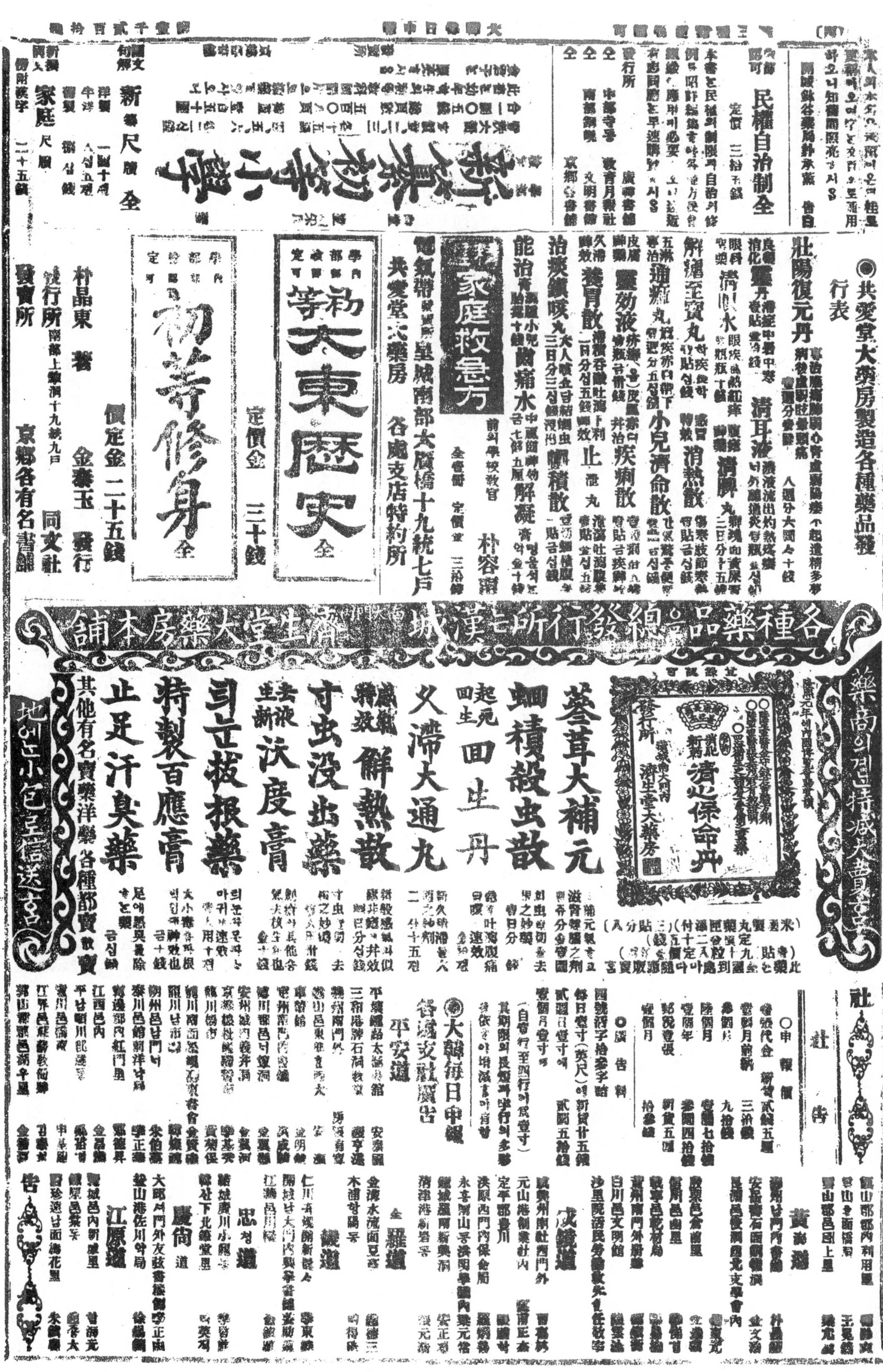

大韓每日申報

月曜日及慶時休刊

檀君開國四千二百四十二年
箕子元年三千三十一年
大韓開國五百十八年
日本明治四十二年
淸國宣統元年
陰己酉八月十二日乙未

Responsible for Publication Alfred Weekley Marnham
發行兼編輯人 英國人 萬咸
發行所 京城南部 大韓每日申報社

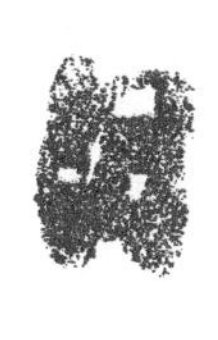

是以로 列强의 敎育은 軍國民主義로 以ᄒ나니 軍國民主義ᄂ 何오 一切人民을 擧ᄒ야 勇敢ᄒᆫ 軍人의 魂魄을 抱ᄒ고 國家를 爲ᄒ야 生死를 ... 是니라

論說

◉兩先哲遺論 (又記者附論)

星湖ㅣ云호ᄃ 我國은 不但地偏土貧 自箕子以來로 文敎不絶ᄒ야 共稱禮義之邦이라 文敎行則武備弛ᄂ 亦其勢也라 是以로 樂守成而厭征討ᄒ며 勤事大而畏天命ᄒ야 上下千載에 惟此規模ᄒ니 豈不哀哉아 元世祖必烈이 續壹中國ᄒ야 衣冠文物을 槪從變更호ᄃ 而獨於我國則 亟許不易衣冠ᄒ야 以從舊俗ᄒ니 抑有由然이라 若復金從兄俗ᄒ야 薙髮加帽ᄒ고 弓馬習戰爭則 我亦豈契丹耳며 女眞耳며 蒙古耳리오 與蒙古角鬪ᄒ야 未必不能折衝而答之라 事不若以蠶絲爲限ᄒ야 任其大冠長紳ᄒ며 揖讓弄墨ᄒ야 智弊於詞章ᄒ고 力竭於科目ᄒ야 而修兵繕資ᄒ야 備王會之爲得이라 此元主之遺意也라 ᄒ고

順菴이 云호ᄃ 我國昔在三國之際에 專尙武力ᄒ니 是故로 高句麗ᄂ 降伏隋華 ... 常爲中國之患이오 而隋唐이 以全國之兵으로 終不得志ᄒ고 百濟則 蕞爾小國으로 雖在垂亡之時나 而唐蘇定方이 累敗僅定ᄒ고 新羅則 今之嶺南壹區로 而亦能盡征日本ᄒ며 並呑百濟ᄒ고 李謹行薛仁貴ᄂ 唐之百戰名將이로ᄃ 而累戰敗之ᄒ니 則其壯勇也라 姜邯贊云 日本이 與我人爲角戲에 終不能與敵이라 ᄒ며 徐熙云 我國人壹이 可當中國人十百이라 ᄒ니 明將劉綎之語也라 募我軍得數人ᄒ야 到處成功ᄒ며 曰 中國人十이 不能當日本人數오 日本人이 不能當

朝鮮人壹이라 ᄒ니 執此數說而觀之ᄒ면 則是人未嘗弱也며 地氣人品이 未嘗弱也어ᄂ 而終不免爲天下之弱國은 何也오 是無他라 法制使之然也라 自新羅混壹以後로 尊事中國ᄒ며 樂慕華風ᄒ야 專尙文化ᄒ고 武力漸弛ᄒ며 而麗朝光宗以後로 又爲科擧之法ᄒ야 擧壹國之人ᄒ야 皆入其中ᄒ니 才氣智慮가 銷磨于章句詞賦之間ᄒ야 而無餘力焉이라 及夫敵入臨境ᄒ면 惟有奉表乞哀로 爲事ᄒ니 豈不痛哉며 悲夫라 ᄒ얏더라

記者曰 此ᄂ 兩昔哲人의 我國衰弱의 原因을 觀察ᄒᆫ 實蹟이어니와 其兩先生의 ᄒᆫ 바ᄂ 可히 炬火와 如ᄒ다 謂홀지로다 雖然이나 法制學說이 云호ᄃ 國家의 附加性은 人力으로 可變이라 ᄒ니 東國의 强勇은 天性이오 後來의 孱弱은 附加性이니 願컨ᄃ 全國志士ᄂ 現狀으로 因ᄒ야 絶望치 말고 國民敎育에 從事홀지어다

然ᄒ나 至今에도 尙此義冠을 戴ᄒ고 古禮를 講ᄒ야 國을 弱케 ᄒ며 民을 愚케 ᄒᄂ 者ㅣ 其를 堅守ᄒ고 變홀 줄을 不知ᄒ니 余가 兩先生을 地下에 作ᄒ야 誰를 爲ᄒ야 歎홀고 ᄒ노라

然則 學校를 廣設ᄒ야 子弟를 敎育ᄒ며 强勇ᄒᆫ 天性을 恢復ᄒ야 國運을 挽回홀지어다 嗚乎라 時의 人이 往々 皮相的 文明에 心醉ᄒ야 敎育云々ᄒᄂ 者ㅣ 敎育의 眞正ᄒᆫ 宗旨가 無ᄒ니 余ᄂ 窄袖、帽가 廣衣大冠이 되며 數學法論이 詩賦詞章이 되야 舊時代의 卑劣ᄒᆫ 歷史를

▲隆熙三年九月二十一日 官報

部令

農商工部令第三號

度量衡法施行規則을 左와 如히 定홈

隆熙三年九月 日 農商工部大臣 趙重應

度量衡法施行規則

第壹條 度量衡法第三條의 證印樣式은 ... 홈

第二條 政府에셔 販賣ᄒᄂ 度量衡器의 價格及委託販賣者ᄂ 此를 公告홈

第三條 度量衡法第三條但書에 依ᄒ야 度量衡器輸入販賣의 特許를 受코ᄌ ᄒᄂ 者ᄂ 左의 事項을 具ᄒ야 農商工部大臣의게 請願홈이 可홈

壹 輸入販賣코ᄌ ᄒᄂ 度量衡器

貳 販賣所의 位置

三 輸入販賣코ᄌ ᄒᄂ 度量衡器製作者의 住所氏名

第四條 度量衡器修理의 特許를 受코ᄌ ᄒᄂ 者ᄂ 左의 事項을 具ᄒ야 農商工部大臣의게 請願홈이 可홈

壹 修理所의 位置

二 修理코ᄌ ᄒᄂ 度量衡器

三 修理에 從事ᄒᄂ 技術者의 氏名及其技術에 關ᄒᆫ 經歷

第五條 度量衡法第八條但書에 依ᄒ야 簡易ᄒ게 修理ᄒᆯ 金屬이 아닌 取緖、錘絲、皿紐及鉤紐의 取換에 限홈

前項의 修理材料ᄂ 政府에셔 ... ᄒᄂ 度量衡法第三條但書의 特許를 受ᄒᆫ 者로부터 販賣ᄒ거시 아니면 此를 使用홈을 不得홈 (未完)

外報

◉淸國通牒 淸國政府ᄂ 北京駐剳各國公使의게 通牒ᄒ되 淸國內地에 旅行ᄒᄂ 外國人이 旅行券을 不持ᄒᆫ 時에ᄂ 如何ᄒᆫ 危險이 有ᄒ더라도 責任을 不負ᄒ겟다 ᄒ얏다더라

◉間島彈劾 間島協約에 對ᄒ야 ... 政府에 打電ᄒ야 吉會鐵道事件으로 外務部를 激烈히 彈劾ᄒ얏다더라

◉袁氏再起 淸國政府ᄂ 袁世凱씨를 滿洲總督으로 任用키 爲ᄒ야 病을 不拘ᄒ고 上京을 命ᄒ얏다더라

◉摩國形勢 摩洛哥에 在ᄒᆫ 西班牙軍의 行動은 終結될 ... 現今狀態ᄂ 繼持ᄒ거시오 列國外交團은 西班牙軍의 行動에 對ᄒ야 干涉치 아니ᄒ기로 ᄒ얏다더라

◉土國大雨 土耳其시리아地方에 大雨가 降ᄒ야 家屋의 破壞가 五百戶오 死者가 百名이라더라

◉匈國閣 匈牙利內閣의 辭職ᄒᆫ 理由ᄂ 該國々立銀行問題에 對ᄒ야 墺國이 反對ᄒᆫ 故인ᄃ 匈牙利商工大臣이 內閣을 新組織ᄒ얏다더라

詞藻

月光

달아 밝은달아、半空中에 걸닌 달아。億千萬年 지나간들、네光彩야 變홀손냐。願컨ᄃ、우리의 國光도、너와 ᄀᆺ치。

雜報

●金瓶下賜 太皇帝 大皇帝兩陛下께옵서伊藤公爵께게下賜ᄒᆞ실金製花瓶은現今竣工됨으로本月念간에 下賜ᄒᆞ실터이라더라

●河氏注目 咸陽郡守河聖順氏가何等事件을因홈인지 大皇帝陛下께再三次 上疏ᄒᆞ고 奉旨ᄒᆞ얏다ᄂᆞᆫ데警察官吏들이該氏의行動을注目ᄒᆞᄂᆞᆫ中이라더라

●統監無効 韓國鐵道ᄂᆞᆫ既히韓國鐵道管理局의名義로日本鐵道院管理에移屬ᄒᆞ기로決定ᄒᆞ야日間發表ᄒᆞᆫ다ᄂᆞᆫ데統監은非常히反對ᄒᆞ야大屋鐵道局長官이極力運動ᄒᆞ얏스나其効가無ᄒᆞ얏다더라

●實施迫期 今番日本法部書記官松寺가持來ᄒᆞ얏던司法廳官制와及其實施에關ᄒᆞᆫ法案은日前統監邸의審査를經ᄒᆞ고日本內閣으로回付ᄒᆞ얏ᄂᆞᆫ대此法案의內容은既히法制局에셔交涉을經ᄒᆞᆫ故로形式的審査를終ᄒᆞ고卽時樞密院會議에附ᄒᆞᆯ터인대來二十日頃에發布된다더라

●職員錄纂 內閣에셔職員錄을編纂發刊ᄒᆞ얏ᄂᆞᆫ데各府部院廳에頒牒ᄒᆞ고每部에九十錢式을納ᄒᆞ고購覽ᄒᆞ라ᄒᆞ얏다더라

●因病輪牒 總理大臣李完用氏가防疫本部長岡喜七郞의報請ᄒᆞᆷ을因ᄒᆞ야各府部院廳에訓牒ᄒᆞ되漢城內에在ᄒᆞᆫ各官衙에防疫施設에關ᄒᆞ야ᄂᆞᆫ本部長의區處를依施ᄒᆞ라ᄒᆞ얏다더라

●規則發布 地方費合計規則은昨日發布되얏다더라

●兄弟孔懷 宮內顧問李允用氏가再昨夜에其季氏李完用氏를訪問ᄒᆞ고大韓[illegible]兩會에셔聯合ᄒᆞ야現內閣辭職勸告ᄒᆞᆫ다ᄂᆞᆫ事에關ᄒᆞ야登場談話ᄒᆞ얏다더라

●李氏家風 總理李完用氏의親族리勝用氏等某某人이頑固自擅ᄒᆞ야時務를慨惜ᄒᆞᆫ다며

是遊說團에셔地方勸諭委員을選擇派送ᄒᆞᄂᆞᆫ데日費가五圓式이라ᄒᆞ며此를圖得코져ᄒᆞ야四面周旋ᄒᆞᄂᆞᆫ中이라더라

●長書起草 儒生中某某人들이聯合ᄒᆞ야政府에長書ᄒᆞᆯ次로起艸中이라ᄂᆞᆫ대警察官吏가注目ᄒᆞᄂᆞᆫ中이라더라

●[illegible]番 侍從院侍從리番丞氏의私邸隣近에셔流行病이發生되얏슴으로入直以後로于今섬餘日을本家에出來치못ᄒᆞ고該番中이라더라

●陵墓調査 宮內府日人事務官某名이江原道寧越三陟兩郡에在ᄒᆞᆫ陵墓와其他各史庫를調査次로昨日發往ᄒᆞ얏다더라

●清潔擧行 警視廳警視具然壽氏ᄂᆞᆫ昨日德壽宮에進詣ᄒᆞ야大淸潔을擧行ᄒᆞ고壹殿宮內府官吏에게消毒法을施行ᄒᆞ얏다더라

●女官輪診 昌德宮 德壽宮女官들은再昨日부터每日下午一時頃이면輪回診察ᄒᆞ야流行病을豫防ᄒᆞᆫ다더라

●恩賜金支給 日本留學生監督申海永氏死亡에對ᄒᆞ야學部에셔 恩賜金七百餘圓을支給ᄒᆞᆫ다더라

●不許傍聽 리즘鍾路同盟罷市氏가昨日裁判을再審ᄒᆞ얏ᄂᆞᆫ대傍聽을不許ᄒᆞ얏다더라

●義船擊日 日前에群山方面日人漁業根據地에셔日人田中榮八의漁船이蝟島附近으로出漁ᄒᆞᄂᆞᆫ대義兵十八名이武器를携帶ᄒᆞ고船舶을乘ᄒᆞ고日漁船을追擊ᄒᆞ야田中이를蝟島로捉去ᄒᆞ얏다가幾日後에放送ᄒᆞ얏다더라

●保護何多 鄭協朝氏가所管警察署에被囚됨은該氏가浮浪奢侈ᄒᆞ야家産을蕩敗ᄒᆞᆯ境에至ᄒᆞᆯ지라고其族이申告홈이라ᄂᆞᆫ대鄭寅昇鄭寅興兩氏로財産監督을差出ᄒᆞ야該氏家産을保護케ᄒᆞ얏다더라

●善於自謀 某日人이白米千石을釀酒ᄒᆞᆫ더이니善爲放賣ᄒᆞ야달나고酒造組合所에囑托ᄒᆞ고其所長某某以下一般任員一同을再昨日明月館으로請邀宴待ᄒᆞ얏다더라

●柞蠶興旺 韓用찬等諸시가中部興동에柞蠶組合所를創設ᄒᆞ고春秋兩季에蠶業을實驗ᄒᆞ얏ᄂᆞᆫ대以今成績으로擧論ᄒᆞᆫ즉興旺ᄒᆞᆯ希望이頗有ᄒᆞ다더라

●海驢多產 北韓各港에ᄂᆞᆫ沿海島嶼에海驢가多數히產出ᄒᆞᆫ다더라

●各處日會 近者各處에日人의住居가愈多홈으로日人會를各地方에開홈은一般知了ᄒᆞᄂᆞᆫ바어니와近日咸興及公州等地에셔도日人會를開ᄒᆞ얏다더라

●學部測量 宜川郡리舘登시가平北測量事務所를承認設立ᄒᆞ고各郡의測量支所를分設ᄒᆞᆫ後技術員二百餘名을募集ᄒᆞ야山林을着々測量ᄒᆞᄂᆞᆫ中인대該郡測量은不過一二朔이면畢了되깃다더라

●引蘇必蘇 同和藥房에셔製調ᄒᆞᄂᆞᆫ引蘇丸은吐瀉症에對ᄒᆞ야屢試輒效라더라

●松露新香 西門外尾洞孫友在시가松露酒를製造營業ᄒᆞᄂᆞᆫ대酒性이極佳ᄒᆞ고衛生上에도有益ᄒᆞ다더라

●共報禁止 大東共報第六십九號ᄂᆞᆫ治安을妨害라ᄒᆞ야發賣頒布를禁止ᄒᆞ얏다더라

●葬費徵納 西部管內에ᄂᆞᆫ人民中死亡의患에罹ᄒᆞᆫ者의家族을昨日에該署에셔一切招致ᄒᆞ얏ᄂᆞᆫ대埋葬費五圓式을從速徵納ᄒᆞ라홈이라더라

●本部決議 既報와如히內部防疫本部에셔會議를開ᄒᆞ얏ᄂᆞᆫ대其主要ᄒᆞᆫ것을聞ᄒᆞᆫ즉防疫及其他支疫에關ᄒᆞᆫ一般豫算과實費監督等이라ᄂᆞᆫ대現今豫算을編製ᄒᆞᆫ다더라

●注意發布 再昨日부터昨日까지防疫本部에셔韓日兩側에一般防疫에對ᄒᆞᆫ注意書를發佈ᄒᆞ얏다더라

●何必禁藥 日前防疫本部에셔매약에關ᄒᆞᆫ當諺을聞ᄒᆞᆫ則目下防疫에對ᄒᆞ야豫防藥을多用ᄒᆞ나然이나元來虎疫에豫防藥으로純然防禦키難ᄒᆞ고卽時胃腸을安全케홈이어날服藥을因ᄒᆞ야反히不注意에至ᄒᆞᄂᆞᆫ者ㅣ有ᄒᆞ니藥物濫用의弊가無케홈이可ᄒᆞ다ᄒᆞ얏다더라

●避疫下鄕 近日京城과龍山에虎疫이猖獗홈을因ᄒᆞ야去月二拾五日以來로乘船或陸行ᄒᆞ야鄕谷으로下去ᄒᆞᄂᆞᆫ者ㅣ每日數拾名에達ᄒᆞᆫ다더라

●尤加注意 近日流行ᄒᆞᄂᆞᆫ虎列剌가各郡에도蔓延될慮가有ᄒᆞᆫ즉交通이頻繁ᄒᆞᆫ處에ᄂᆞᆫ其預防方法을尤加注意홈이可ᄒᆞ다ᄒᆞ고訓令ᄒᆞ얏다더라

●新患數爻 九月三十日午前六時부터拾月壹日午前六時ᄭᆞ지虎疫新患ᄒᆞᆫ數ᄂᆞᆫ韓人이七拾壹名이오日人이貳名이오仁川에韓人이三名이오龍山浦에韓人이壹名인ᄃᆡ合計가千三百七拾人이라더라

●殺人衝火 去月貳拾五日夜에賊漢五名이陰竹郡東面리敬在시家에突入ᄒᆞ야錢財를勒討ᄒᆞᆯ際에該村民貳拾餘名이會集ᄒᆞ야各持棍棒ᄒᆞ고賊黨을攻擊ᄒᆞᆫ즉該賊漢等이銃砲를亂射ᄒᆞ야리시의父親리鍾天시ᄂᆞᆫ中丸卽死ᄒᆞ얏ᄂᆞᆫ대賊漢은리시家屋을衝火ᄒᆞ고逃走ᄒᆞ얏다더라

●造幣被捉 南部長洞居申某와永爲名人이貨幣를僞造使用ᄒᆞ다가日昨警察署에被捉ᄒᆞ얏다더라

●國犯處役 御寶僞造犯리昇龍은役五年으로强盜未遂犯朴興樂은役二年으로昨日地方裁判所에셔宣告ᄒᆞ얏다더라

●敬義會支會 神宮敬義會에셔各道各郡에支會를數十處設立ᄒᆞ얏다ᄂᆞᆫ대該會評議員朴圭昇林大奎兩氏ᄂᆞᆫ慶南晉州支會를設立次로日前에下往ᄒᆞ얏다더라

●變稱何意 大東學會에셔大成會로變稱ᄒᆞ기爲ᄒᆞ야日間臨時總會를開ᄒᆞᆫ다더라

●救世開會 平洞救世軍營에셔本日下午七時半에禮拜를行ᄒᆞ고來日上午七時에祈禱會와十時半에聖經講習會와下午二時에特別婦人會와七時半에救援會를開ᄒᆞ고該營副官朴瑞氏가引導ᄒᆞᆫ다더라

學界

●美哉其人 忠南定山郡主事某氏ᄂᆞᆫ自己月俸을捐出ᄒᆞ야橋梁을修築ᄒᆞ며學校를熱心贊助ᄒᆞ고其他[illegible]境에熱心ᄒᆞᆫ다더라

●光東有光 平北雲山郡檜洞光東基督學校ᄂᆞᆫ該校經費의窘乏홈을慨歎이너겨該校任員學監玉鉉景玉劉淳五시等九人이每朔십圓式擔當ᄒᆞ기로校中에說明ᄒᆞᆫ바더러諸般事務를熱心贊助홈으로該校情况이漸次進就ᄒᆞᆫ다더라

●淑貞佳况 平南永柔郡淑貞女學校ᄂᆞᆫ校况이漸次擴張ᄒᆞ야生徒가四拾餘人에達ᄒᆞ얏ᄂᆞᆫ대夏期放學時에該郡守朴筭鍚시가各生徒의게壯紙等으로賞品을賜給ᄒᆞ고該郡守太夫人은校旗를編製給홈으로一般學徒의興感之心이날로層々ᄒᆞᆫ다더라

●普通益盛 洪原郡守鄭冕鎬시ᄂᆞᆫ教育에熱心ᄒᆞ야該郡境內에貳拾餘校를設立ᄒᆞᆫ바더러該郡公立普通學校를郡館舍로移接ᄒᆞᆫ事件에對ᄒᆞ야修理費貳百圓을義捐ᄒᆞ고又히郡紳士金鴻根金河慶等諸시가諸般校務를擔任ᄒᆞ고義捐金壹千八百圓을募集ᄒᆞ야修理를竣工ᄒᆞᆫ後八月貳拾三日에開學ᄒᆞ야男學徒가壹百三십名이오女學徒가二拾餘名에達ᄒᆞ얏ᄂᆞᆫ대該郡守及紳士諸시의教育界熱心贊成홈은無不稱頌ᄒᆞᆫ다더라

●昌其昌 豐德郡鎭弁浦私立普昌學校ᄂᆞᆫ校舍가狹窄ᄒᆞ야一般學徒의慨歎ᄒᆞ던바이더니該校校監李明학紳士申公沸兩시와學生의父兄及該里各諸시가誠實贊助홈으로더러財政을收聚ᄒᆞ야校舍를半洋製로新築ᄒᆞ고校務를一層擴張ᄒᆞ얏다더라

○東京電報○

◉商會建議 日人商業會議所聯合會에셔ᄂᆞᆫ韓日關稅同盟締結意見書를建議ᄒᆞ기로決定ᄒᆞ얏다더라

◉東三省總督更迭 北京電報를據ᄒᆞᆫ즉淸國東三省總督錫良시ᄂᆞᆫ辭職ᄒᆞ얏다더라 以上卅日發

◉키將軍旅程 英國키치나將軍은本月廿壹日에山海關에到着ᄒᆞᆯ터인대滿洲古戰場을視察ᄒᆞ고廿五日에韓國에渡航ᄒᆞ야三日을逗留ᄒᆞᆫ後來月三日에日本東京에着ᄒᆞᆯ預定이라더라 拾月壹日發

風雲變態

▲二拾世紀東亞에愈變愈幻ᄒᆞᄂᆞᆫ風雲權柄으로모라든다露日戰爭지난後에북소리가寂寞ᄒᆞ더니요시이에되ᄂᆞᆫ形勢엇지그리殊常ᄒᆞᆫ가

▲淸日協約되고보니閉門困睡ᄒᆞ던淸人扼腕ᄒᆞ야日貨를排斥ᄒᆞ고學生商民勿論ᄒᆞ고到處斥日運動ᄒᆞ며排日풍潮일어나ᄂᆞᆫ그것亦是殊常ᄒᆞᆫ세

▲淸日協約되고보니虎視ᄒᆞ던露西亞가氣를쓰고競爭ᄒᆞ야훈春鐵道建設ᄒᆞ기로淸政府에要求ᄒᆞ야不日着手ᄒᆞᆫ다니그것亦是殊常ᄒᆞᆫ세

▲淸日協約되고보니東亞爭覇美國政府가反對聲明雄壯ᄒᆞ야門戶開放그主義로本權利對抗ᄒᆞ고鑛山採掘批評ᄒᆞ나그것亦是殊常ᄒᆞᆫ세

▲淸日協約되고보니東西大陸第三國에左右間注目ᄒᆞ야極東天地너른곳에視線을注集ᄒᆞ고猜疑心이頻發ᄒᆞ니그것亦是殊常ᄒᆞᆫ세

▲이協約이되얏스니墾島九山떠나가도불상ᄒᆞᆫ韓人들은有口無言ᄒᆞ얏지만世界耳目自在ᄒᆞ니東洋풍雲變幻ᄒᆞᆫ다歸觀下回ᄒᆞ리로다

社告

近日本社投函에「寄忠士壹言」이란論文을寄한人氏는本社總務室로來訪하야壹次面接함을切望함

南部自英洞銅峴等地로南大門外分傳人金仁善이가有故하야代人分傳하는대本報購覽 諸氏의住所統戶가未詳하야不傳하는處이有하거든本社로即爲通知하심을切望

本報第二面末欄에揭載하는評論은今에同胞諸君子의識見을交換探採키爲하야募集을開始하오니有志하신人氏는各其思想을融通하야陸續製送하시옵

評論體裁는本報에已揭한者와同히케하기를要함

評論三枚를應募揭載한면本報를無料로壹朔送呈하야厚意를謝하깃슴

評論을製送하시는諸氏는住所를詳記하야本社編輯室로致付하시옵

大韓每日申報社 謹告

廣告

本人의失한加平菱隅畓券을陰八月拾三日에察覺하얏습니다

磚洞東寧尉宮留리景秀 白

本人의篆刻方圖章을去십二月分에失하고該圖刻圖章을遺하얏스니誰某라도得用勿施함

禁府後洞廿九統十四戶金大鄕

本人이今月十七日에姓名圖章을路中에서失故로如是廣布하오니知悉照亮함

淸洞卅一統十八戶朴晏燮

忠淸道報恩俗離面敏板洞居林潤龍과其妻李漢烈이가世念을頓忘하고俗離寺에入하야來生發願을修鍊코져하야庄土를拓賣하야貧族을分給하고餘財은該寺에沒數植越하고因居該寺하야諸天花月에餘年을靜보고져하미該寺僧尼가其志操를欽尙하며感仰하야鼓舞佈告함

俗離寺兩衆處僧月印 等 白

本人이陰八月卄四日下午十時頃에門外平床의서宿하는데偶然히何許人의竊去中藏物則牛疏革方圖章大銀五元淸銀五圓開金壹介이오니內外國人咸須知悉함

平北義州批峴驛替島市 趙允吉 告白

本人姪子貞淳이가性本浮浪하야不顧產業이未滿三載에數三萬金家產을蕩敗後에尙未覺悟하야甘受雜類之符同하고去陰七月分에本人庄土文券을偸出하야東西兩處에本人庄土文券을僞造하야與執得償周旋이오니勿論內外國人하고一切勿爲欺함

黃海道鳳山銀坡 金錫禹 告白

本人이去月卄九日에雇傭處에五百五십圓推尋할手形票를失하엿기以廣告하오니誰某拾得하와도休紙施行함

下茶洞四統六戶 咸遇晉

懸吐具解 小學

卷帙上下 定價金壹圜二拾錢

此書는小學原文卷帙五冊을合註具解하고懸吐釋音하야二冊으로新刊하야蒙學敎授에特別簡易하오니僉彦은陸續購覽하심을務望

發行所 京城南部銅峴계巨里 文明書館 玄檍

分賣所 京鄕各書舖

和平堂 主人

醫師紳士鍾路和平堂主人이藥書에가疫疾에流行을鑑하고

大韓民國 總務總會 告白

和平堂藥房 唐材草材大發賣所

健胃消滯 八寶丹

起死回生 回生蘇生丹

麝香消痰丹

胎養調經丸

陰陽雙補 滋陽丸

阿片斷引藥

連珠去根 全治丸

鎭咳散

消積散

寸白虫打出 絛虫藥

蛔滅散

玉容顏水

解毒通治膏

其他有名賣藥都賣散賣

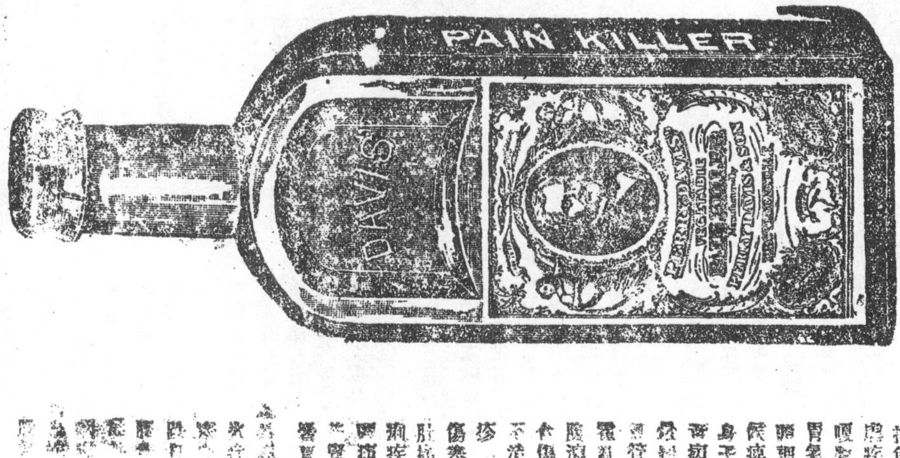

◎秘製止痛藥

此藥은美國에有名한의학博士의專特未司의의방所로無雙한靈藥이라左開諸病에外塗內服에無不立效이며

吐瀉霍亂轉筋下痢等流行急症에尤極神效하와多救生命이오니藥業에從事하시는이와疾病을預防코져하시는이는速還來試하시면廉價로發賣하깃삽나이다

左開 ▲內科所用▼

胃酸 吐瀉 咳嗽 肚滯 心痛 肝病 胃熱 口內之難 哮喘 小兒吐瀉 抽筋 咽喉 腹痛 胃氣痛 腦痛寒 喉痺 身不軟弱 毒痢 發熱 霍亂 腹瀉 食傷 不消化 疹 傷寒 肚痛 痢疾

發賣所 實興業株式會社藥物部

社告

○申報價

一個月 新貨 貳錢五厘

三個月 三拾錢

六個月 九拾錢

壹個年 壹圜七拾錢

新聞壹張 新貨五厘

壹個月 拾參錢

○廣告料

四號活字拾參字詰

每日壹寸(英尺)에 新貨廿五錢

貳週日壹寸에 貳圜五拾錢

壹個月壹寸에

(自壹行至四行이爲壹寸)

其期限의長短과字行의多寡를依ᄒᆞ야增減홈이有홈

◉大韓每日申報各處支社廣告

平安道

平壤鍾路太極書館 安泰國

三和港津石洞敎堂

義州南門外

鐵山邑東

定州南門內

博川郡邑

車輦館

安州城內義井洞

京義線枇峴

龍川楊市

龍川府面

龍川남市

朔州邑남門

泰川邑館前洋

寧邊郡內紅門里

江西邑內

平남順川郡

寧川邑

江界邑

郭山郡邑

金羅道

全州水流面豆亭

木浦항陽동

京畿道

仁川

開城남大門內興學書館

江華邑

忠清道

諸城

韓산下北鄕堂里

慶尙道

大邱서門外友弦書館

釜山港佐川약局

江原道

鐵城邑內新城里

鐵原邑

寧珍遠남面棉花里

咸鏡道

咸興州內

元山港創業社內

定平郡

洪原西門內保命局

永흥南山동

鏡城羅南新興洞

清津港新岩동

黃海道

沙里院活民

白川

黃州南門外

載寧邑

信川邑

安岳

長淵邑

海州

殷山郡

雲山北面

寧由郡邑上里

告

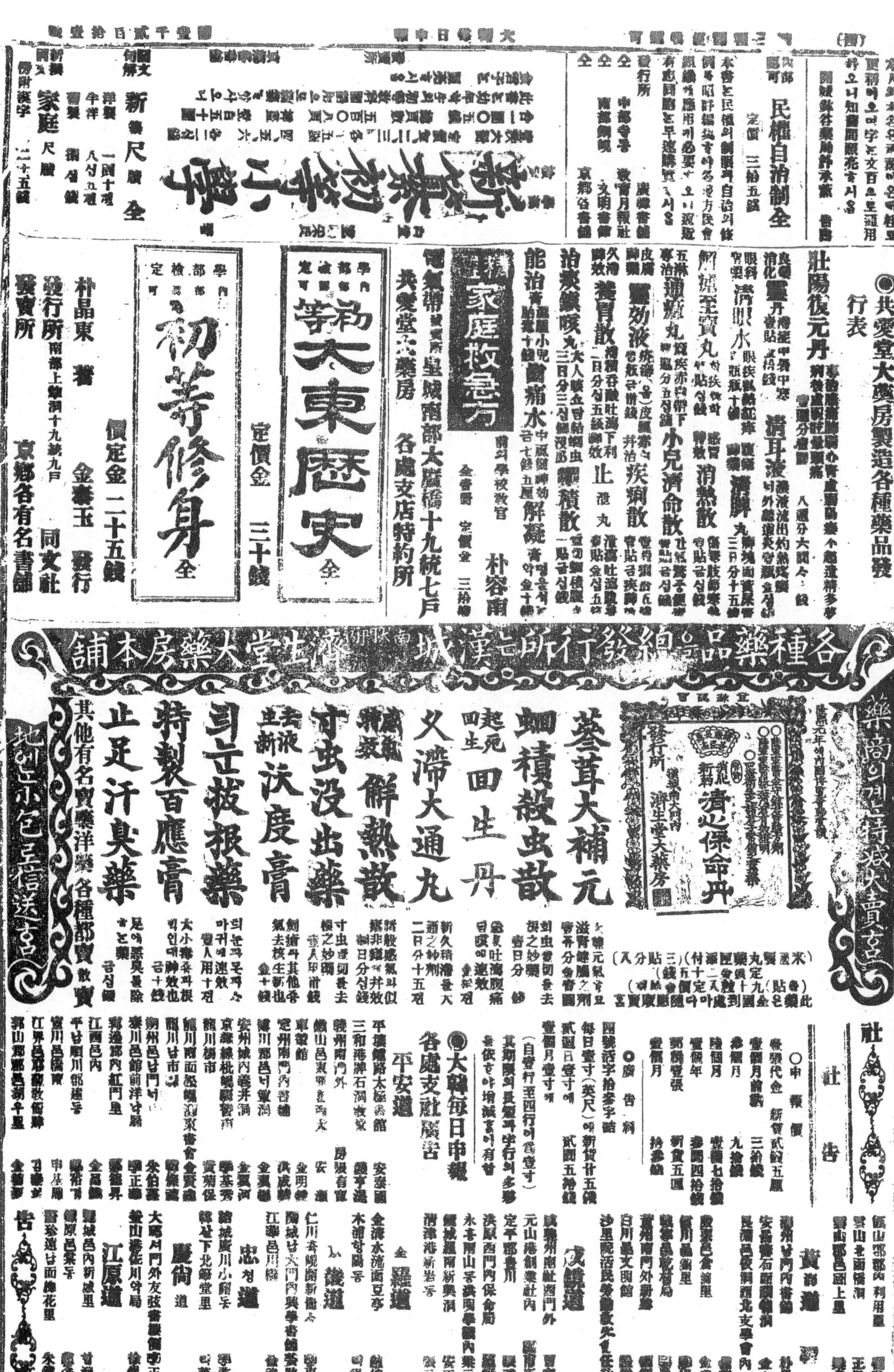

第千貳百拾貳號

大韓每日申報

第七卷

月歲曆時及日曜休刊

大韓隆熙三年 檀君紀元 四千二百四十二年 孔子紀元 二千四百六十年 大韓開國五百十八年 日本明治四十二年 己酉八月大二十日丙申

Responsible for Publication Alfred Weekley Marnham.
發行兼編輯人英國人 萬咸
發行所 漢城南署 ... 大韓每日申報社

論說

◉民情數々의一斑

(南方旅行者의談)

國有地調査에着手된以來로壹般民有의土地가國有에入ᄒᆞᄂᆞᆫ者ㅣ太半이라

(壹)則凡壹面或壹洞의共有物에係ᄒᆞᆫ者이면宜例히該驛屯有로奪去ᄒᆞ며

(二)則凡民有의土地가萬壹驛屯土及其他國有土의附近에在ᄒᆞᆫ者이면此도即國有로視ᄒᆞᄂᆞᆫ弊가往々히有ᄒᆞᆫ더

彼殘民들은元來法律에昧ᄒᆞ고兼是舊日强暴ᄒᆞᆫ官吏의威力下에壓勒을慣受ᄒᆞᆫ者라故로自家의私土를見失ᄒᆞ고도但日此ᄂᆞᆫ官家가行ᄒᆞᄂᆞᆫ바ㅣ라ᄒᆞ며日此ᄂᆞᆫ日人이施ᄒᆞᄂᆞᆫ바ㅣ라ᄒᆞ야敢히壹訴도起치못ᄒᆞ며設或稍開ᄒᆞᆫ人民이有ᄒᆞ야起訴코ᄌᆞᄒᆞ나滯土幾畝를爲ᄒᆞ야幾番起訴ᄒᆞ면往來浮費에家産이已罄ᄒᆞᆯ지라是以로不得已蹲坐ᄒᆞ며又或起訴ᄒᆞᄂᆞᆫ者가有ᄒᆞ나往々新法律을不知ᄒᆞᄂᆞᆫ故로此訴狀을抱ᄒᆞ고郡守에往ᄒᆞᆷ이可ᄒᆞᆯ가裁判所에往ᄒᆞᆷ이可ᄒᆞᆯ가度支部에往ᄒᆞᆷ이可ᄒᆞᆯ가農商工部에往ᄒᆞᆷ이可ᄒᆞᆯ가ᄒᆞ야中道에셔彷徨ᄒᆞ다가空手로歸來ᄒᆞ야徒然히深々ᄒᆞᆫ廚門中에셔天을怨ᄒᆞ며地를尤ᄒᆞ며時事를懟ᄒᆞ며日人을恨ᄒᆞ나니엇지可歎可悶ᄒᆞᆯ바아닌가然而地方官吏된者ᄂᆞᆫ手를束ᄒᆞ고瞑坐ᄒᆞ야法律勅令壹條도人民에게講解ᄒᆞᄂᆞᆫ者가無ᄒᆞᆷ으로此豈々不敎의氓은動産이何物인지不動産이何物인지國有民有가何物인지所有權證明이何事인지不知ᄒᆞᄂᆞᆫ더此에面洞里은恩怨을其間에弄ᄒᆞ야明白ᄒᆞᆫ民有의土도或國有로認報ᄒᆞ며又官吏에게納媚ᄒᆞ기爲ᄒᆞ야損下益上만是甘ᄒᆞ니

民情에至ᄒᆞ야는善ᄒᆞ고[illegible]深ᄒᆞᆫ은[illegible]是圖ᄒᆞ리라今日人民의[illegible]ᄒᆞᆫ圖코ᄌᆞᄒᆞᆯ진대郡守를[illegible]을擇ᄒᆞ며面長을其人을擇ᄒᆞ여야可ᄒᆞᆯ지나政府ᄂᆞᆫ[illegible]其誰가此責을任ᄒᆞ리오節彼南山이여惟石만巖々ᄒᆞ도다

官報

▲▲隆熙三年九月二十一日 官報

部令

農商工部令第三號

度量衡法施行規則 (續)

第六條 度量衡器의公差ᄂᆞᆫ別表에依ᄒᆞᆷ

第七條 度量衡器의檢定은其所持者에게나又ᄂᆞᆫ壹定ᄒᆞᆫ場所에度量衡器의提出을命ᄒᆞ야此를行ᄒᆞᆷ

第八條 度量衡器의所持者ᄂᆞᆫ何時던지農商工部의檢定을請求ᄒᆞᆷ을得ᄒᆞᆷ但當該官吏의出張檢定을請求ᄒᆞᆫ時ᄂᆞᆫ其實費를徵收ᄒᆞᄂᆞᆫ事도有ᄒᆞᆷ

第九條 檢定ᄒᆞᆫ度量衡器로公差以上의差가有ᄒᆞᆫ者와又ᄂᆞᆫ新히差가生ᄒᆞᆫ虞가有ᄒᆞᆫ으로認ᄒᆞᆫ만ᄒᆞᆫ毀損、變形又ᄂᆞᆫ加工이有ᄒᆞᆫ時ᄂᆞᆫ此를不合格으로ᄒᆞᆷ合格ᄒᆞᆫ度量衡器에ᄂᆞᆫ合格檢印을附ᄒᆞ고不合格의度量衡器에ᄂᆞᆫ不合格檢印을附ᄒᆞᆷ其樣式이有ᄒᆞᆷ

第十條 當該官吏ᄂᆞᆫ度量衡에關ᄒᆞᆫ犯罪有ᄒᆞᆷ으로認ᄒᆞ야證憑物件을執留ᄒᆞᆫ時ᄂᆞᆫ此를封印ᄒᆞ고執留調書를作成ᄒᆞ며其關係人을訊問ᄒᆞᆫ時ᄂᆞᆫ訊問調書를作成ᄒᆞᆷ이可ᄒᆞᆷ

前項의執留ᄒᆞᆫ物件은其物件의所持者에게保管을命ᄒᆞ거나又ᄂᆞᆫ其地를管轄ᄒᆞᄂᆞᆫ府尹、郡守。警察官吏或은面長、洞長에게保管을委托ᄒᆞᆷ을得ᄒᆞᆷ

度量衡法及本令에셔當該官吏라稱ᄒᆞᆷ은警察官吏及農商工部大臣이度量衡器의取締를命ᄒᆞᆫ官吏를謂ᄒᆞᆷ

第拾壹條 左의各號의壹에該當ᄒᆞᆫ者ᄂᆞᆫ三十圜以下의罰金에處ᄒᆞᆷ

壹 第五條第二項에違背ᄒᆞᆫ者

二 第七條의命令에不從ᄒᆞᆫ者

附則

本令施行의地域及時期ᄂᆞᆫ度量衡法施行의地域及時期에依ᄒᆞᆷ

度量衡器公差表

度器種類	公差
直尺、曲尺 兩尺以下者	全長의三百分之壹
疊尺、兩尺을超ᄒᆞᆫ者	全長의四百五拾分之壹
鋼鐵製卷尺	六尺까지每에二厘五毛
鋼鐵製以外의卷尺及현尺	六尺까지每에壹分五厘

量器種類	公差
貳合以上壹升以下	全量의五拾分之壹

(未完)

外報

◎德艦進水 德國에[illegible]노ㅣ드型大戰鬪艦[illegible]에셔進水式을擧行[illegible]란드라命名ᄒᆞ[illegible]日姉妹艦[illegible]隻은今冬으로進水式을擧行ᄒᆞᆯ더[illegible]以上二艦 共히二二年後부터就役ᄒᆞ리라

◎獨立紀念 勃加利國[illegible]十月五日에獨立宣言紀念으로盛大ᄒᆞᆫ國民的祝祭[illegible]더인대其時에歐洲列國의特使[illegible]노우오[illegible]期待ᄒᆞ다더라

◎露使赴波 [illegible]任波斯駐在露國公使ᄂᆞᆫ德惠蘭에到[illegible]ᄒᆞ얏다더라

◎太臣異動 露國內閣은異動됨다ᄂᆞᆫ說이有ᄒᆞᆫ더露國外相이조윌쓰키씨ᄂᆞᆫ貳月에辭職ᄒᆞᆷ더이오首相스도리빈但코其地位를樞密顧問官스사소노ㅣᄒᆞ시에게讓ᄒᆞᆷ더이오又駐英大使로ㅣ젠男은駐墺大使가되고前駐日公使바구메지에후시ᄂᆞᆫ駐英大使가된다더라

詞藻

◎沙工歌

風浪에놀닌沙工、헌비를팔지마라。堅固ᄒᆞᆫ材木으로、그비修理잘ᄒᆞ련。아모리、危險ᄒᆞᆫ風浪잇을、두려우랴。

雜報

●茶果下賜 皇后陛下께옵서昨日下午二時頃에女侍讀宣同을仁政殿東行閣에招致ᄒᆞ사茶果等物을下賜ᄒᆞ셧다더라

●府所伸冤 昨日上午八時量에慶南咸安郡居韓宗烈氏가宣袍에靑綿帶를束ᄒᆞ고敎化門前에來到ᄒᆞ야曰 大皇帝陛下께謁見ᄒᆞ고伸冤ᄒᆞᆯ事가有ᄒᆞ다ᄒᆞᄂᆞᆫ故로把門巡査가卽時逐送ᄒᆞ얏다더라

●一週豈次 皇后陛下侍講으로被選ᄒᆞᆫ女學徒ᄂᆞᆫ學選 閣豈來式出覲케ᄒᆞ신다더라

●互相不合 近日內閣에서ᄂᆞᆫ何等問題가有ᄒᆞᆫ지總理大臣以下各大臣間에意見이互相不合ᄒᆞᆷ으로學部大臣李載崑氏ᄂᆞᆫ去木曜日에辭職請願을ᄒᆞ얏다ᄂᆞᆫ대內閣에서ᄂᆞᆫ姑爲留案ᄒᆞ얏다더라

●內閣提議 度支部에서特別賞勞金三千五百圜과內部所管殉職巡査遺族의게慰勞金二千圜을預備金中支出ᄒᆞᆯ事로內閣會議에提決ᄒᆞ얏다더라

●閔氏運動 東洋拓殖會社副總裁閔泳綺氏ᄂᆞᆫ何等運動이有ᄒᆞᆫ지再昨日에總理大臣李完用氏를私邸로訪問ᄒᆞ얏다더라

●得償奔走 總理李完用氏ᄂᆞᆫ數日來로得償ᄒᆞ기爲ᄒᆞ야奔走ᄒᆞᆫ다ᄂᆞᆫ대韓國銀行에서金二萬圜을取用ᄒᆞ기를請求ᄒᆞ얏다ᄂᆞᆫ說이有ᄒᆞ다더라

●韓國出品 明年三月에開催ᄒᆞᄂᆞᆫ日本名古屋縣岡內共進會에對ᄒᆞ야韓國은韓國情勢의模型圖表와諸般說明書等物產을出品ᄒᆞ다ᄂᆞᆫ대日下農商工部에서調査ᄒᆞᄂᆞᆫ中이라더라

●總領出發 京城에駐在ᄒᆞᆫ法國總領事베란氏ᄂᆞᆫ昨日午前九時에南大門列車로日本에向ᄒᆞ야歸途에就ᄒᆞ얏다더라

●法總代理 法國總領事베란氏歸國ᄒᆞᆫ後에ᄂᆞᆫ其事務를副領事모-스파이-아루氏가代理ᄒᆞᆫ다더라

●國籍亦變 司法權委任實施된後에ᄂᆞᆫ日本理事廳制度로殖亦變更ᄒᆞᆫ다더라

●局長巡覽 內部土木局長劉猛씨와衛生周繕課官井上經堂이昨日漢城內外의流行病狀況如何를巡覽ᄒᆞ얏다더라

●惟々演說 仁川府尹金潤晶氏가再昨日에該府人民을招集ᄒᆞ야演說ᄒᆞ되至國人民의現狀이太海上에孤舟와如ᄒᆞ야其艦長의指揮를不從ᄒᆞ면覆滅의患이目前에急ᄒᆞᆯ것인뎌그艦長은前統監伊藤이라고ᄒᆞᄂᆞᆫ대傍聽諸氏ᄂᆞᆫ莫不掩鼻而退ᄒᆞ얏다더라

●月俸增給 各陵官의月俸은拾八圜式支撥ᄒᆞ더니現今宮內府에서五圜式增給ᄒᆞ기로磨鍊이되얏다더라

●財主觀覽 現今各道財務署主事를度支部에서會議ᄒᆞᆯ次로召集ᄒᆞᆫ바ᄂᆞᆫ대今月五日에纛島模範場을觀覽ᄒᆞᆫ다더라

●試選延期 度支部에서ᄂᆞᆫ本年度에測量技手를試取ᄒᆞᆯ라다가預算이不足ᄒᆞᆷ을因ᄒᆞ야明年度四月에나試選ᄒᆞᆫ다더라

●日人當戒 財務官日人黑田이ᄂᆞᆫ出張旅費臨會修理等에對ᄒᆞ야不美ᄒᆞᆫ行動이有ᄒᆞᆫ故로懲戒를當ᄒᆞ얏다더라

●滯采寄金 日本國에滯在ᄒᆞᆫ宋秉畯은其會에對ᄒᆞ야經費補用케ᄒᆞᆯ次로二千餘圜金額을寄付ᄒᆞ얏다ᄂᆞᆫ說이浪藉ᄒᆞ다더라

●將次測量 各處所在驛屯土를將次測量ᄒᆞᆯ터인뎌京畿江原兩道에ᄂᆞᆫ漢城財務監督局에서句管施行ᄒᆞᆯ터이오其他各道에ᄂᆞᆫ該所管財務監督局에서施行ᄒᆞ기로決定ᄒᆞ얏다더라

●七分之壹 驛屯土面積調査ᄒᆞᆫ것이全國田畓에比ᄒᆞ면約七分壹이된다더라

●工事監督 地方費의支用은旣報와如히地方治道及敎育等費로支用ᄒᆞᄂᆞᆫ대土木局에서ᄂᆞᆫ工事에關ᄒᆞᆫ監督法을準備ᄒᆞᄂᆞᆫ中이라더라

●謝狀送致 日本國門司港務部長이今番申濟來시治療及遣柩返柩에幹旋勤勞하얏다ᄒᆞ야內部大臣의指揮로該部長에게感謝狀을送致ᄒᆞ얏다더라

●請願提呈 前郡守馬賓龍氏와賓元圭萬善尹德元諸氏가安洞別宮에居接ᄒᆞ더니日前에生殿院辦理謙濟氏가該시等을逐出코ᄌᆞᄒᆞᄂᆞᆫ故로中樞院에請願書를提呈ᄒᆞ얏다더라

●掃除亦日 內部에서ᄂᆞᆫ近日淸潔ᄒᆞ기爲ᄒᆞ야日本人掃除軍豈名을雇置ᄒᆞ얏ᄂᆞᆫ대每名每朔費ᄂᆞᆫ豈圜式을支給ᄒᆞᆫ다ᄂᆞᆫ뎌至於此等任務도日本人만用ᄒᆞᆫ다고物論이藉々ᄒᆞ더라

●何事詳探 吳允默羅錫禹兩시에對ᄒᆞ야何等事件이有ᄒᆞᆫ지某處에서該시等의品行如何를現方詳探ᄒᆞᄂᆞᆫ中이라더라

●酒々皆是 水原郡居韓금인氏가該郡商務支社事務員을圖得ᄒᆞᆯ次로日昨에上京ᄒᆞ야極力運動中이라더라

●韓民自退 韓國警官韓丙敎氏가救世軍營道論으로多月視務ᄒᆞ더니該營에서該民을對ᄒᆞ야入敎ᄒᆞ기를勸ᄒᆞᄂᆞᆫ디該氏가不願自退ᄒᆞ얏다더라

●巡査採用 警視廳에서近日特別히巡査를採用ᄒᆞ되解雇巡査中文學이有餘ᄒᆞ고身體端正ᄒᆞᆫ人으로採用ᄒᆞᆫ다더라

●美日人訴訟 美國人訖法시가日人田彌衛門게게對ᄒᆞ야提起ᄒᆞᆫ土地訴訟事件은京城日本理事廳에서去月前日에第壹公判을終了ᄒᆞ얏ᄂᆞᆫ뎌第二公判은本月二十六日에開廷ᄒᆞᆫ다더라

●大東押收 瀨藤咸이게서발行ᄒᆞᄂᆞᆫ大東公報七十二号ᄂᆞᆫ治安妨害라ᄒᆞ고內部에서押收ᄒᆞ얏다더라

●商會發展 漢陽商會主務李章稙시가物品貿易次로外國에渡往ᄒᆞᆷ은已報어니와諸般物品을貿易ᄒᆞᆫ後該시가日昨에還着ᄒᆞ얏고該物品은限一週日後에到着ᄒᆞᆯ것이다ᄂᆞᆫ뎌該商會ᄂᆞᆫ漸次發展되리라더라

●山林巡察 內部警務局과警視廳에서有何事件인지近日巡査를派送ᄒᆞ야水口門外避病院附近山林을奄屠把巡警察ᄒᆞᆫ다더라

●人力車調査 中部警察署에서本月壹日로부터所管內人力車夫를該署內로招集ᄒᆞ야嚴々調査ᄒᆞᆫ다더라

●衛生局籌謀 再昨日內部衛生局에서漢城府尹을請邀ᄒᆞ되自該府로漢城府民會에通知ᄒᆞ야五部內各坊里에指揮ᄒᆞ야明日上午십時內로防疫委員四人式選送ᄒᆞ라ᄒᆞ얏다더라

●各校消毒 學部에서內外官吏中으로檢疫委員八名을選出ᄒᆞ야防疫本部에指揮를承ᄒᆞ야各官公立學校에輪回消毒ᄒᆞ기로協議ᄒᆞ얏다더라

●時疫猝熾 仁川港에ᄂᆞᆫ虎列剌病이發生되야貳拾九日下午七時로三拾日下午七時ᄭᆞ지新患者가四人이오三십日下午七時로십月壹日下午七時ᄭᆞ지新患者가無ᄒᆞ다더라

●虎疫漸衰 再昨日午前六時부터昨日午前六時ᄭᆞ지虎疫新患者數를聞ᄒᆞᆫ則京城과龍山에韓人四拾九名日人五名이오新義州에韓人一名이오義州에韓人三名이오龍岩浦에韓人貳名이오驪州에韓人二名이오楊州에韓人拾三名인대全國總計가一千四百四十七人이라더라

●日人拒殺 昨日泥峴等地日人旅館에서日人竹田이가何許日女와同宿ᄒᆞ다가竹田이가該女를刺殺ᄒᆞ고該亦自殺ᄒᆞ얏다더라

●憲兵派遣 楊州郡地方에義兵이作隊出沒ᄒᆞᆫ다ᄒᆞᆷ으로憲兵補助員五名과日憲兵數名을再昨日該地方으로派送ᄒᆞ얏더라

●太極敎移接 太極敎宗本部事務所를中部鏡洞前右文館으로移接ᄒᆞ얏다더라

●偵探被囚 日憲兵分隊偵探者崔相鎬씨가近日團巷間에誤探ᄒᆞᆫ바現露ᄒᆞ야該隊에被囚ᄒᆞ얏다더라

學界

●兩校上學 外國語學校와漢城高等學校에서多日停學ᄒᆞ얏더니昨日부터始齊히上學ᄒᆞᆫ다더라

●兩校可觀 慶南河東郡私立普通학校에서九月二日에兩校式을擧行ᄒᆞ고該郡守金烘치學監趙東皓郡主事愼正完其他任員諸시가敎育의發達ᄒᆞᆯ目的과學校의維持ᄒᆞᆯ方針을次第로演說ᄒᆞ얏ᄂᆞᆫ대觀光人士가五百餘人에達ᄒᆞ야無前盛況을呈ᄒᆞ엿고該郡守及紳士團體中余종煥시等以下百餘人이該校補助金義捐ᄒᆞᆫ總額이五百圜에達ᄒᆞ고其他物品도多數ᄒᆞ엿ᄂᆞᆫ대該郡守及紳士諸시의敎育에熱誠ᄒᆞᆫ義務를協力ᄒᆞᆷ은慶南全省에模範될만ᄒᆞ다고稱頌이藉々ᄒᆞ다더라

●洪氏熱心 平北泰川郡城洞里兩聲學校ᄂᆞᆫ經費가不足ᄒᆞ야廢止境遇에至ᄒᆞ얏더니該郡紳士洪寬海시가該校凡百事務를熱心周旋ᄒᆞ야該校가漸次進就ᄒᆞᆫ다더라

◉感荷義捐 慶南河東郡普通學校에서本社經費를補助ᄒᆞ기爲ᄒᆞ야金貨[illegible]圜을寄付ᄒᆞ얏기玆에其誌意를感表ᄒᆞ노라

◉感荷藥餌 近日流行病預防에對ᄒᆞ야門內濟生堂에서保命丹二十包와南門外濟衆院에서流酸一瓶石炭酸一瓶과鍾路和平堂에서回生水五瓶을本社에寄付하얏기玆에感意를表ᄒᆞ노라

○東京電報○

◉旅順掃海 日本이旅順港口에서露國戰役에沈沒ᄒᆞᆫ船舶을引出ᄒᆞ려海底에掃海作業을行ᄒᆞᄂᆞᆫ事ᄂᆞᆫ本月上旬에終了ᄒᆞ야完全히戰爭以前狀態를回復ᄒᆞ리라더라 (東京)

◉鐵道經營 韓國鐵道ᄂᆞᆫ電話와如히統監府의監督을離ᄒᆞ야日本鐵道와同히鐵道院에서監督ᄒᆞ고收支計算은特別會計로ᄒᆞ야一定ᄒᆞᆫ保護金을與ᄒᆞ야拓殖上의適當ᄒᆞᆫ方針을採ᄒᆞ기로決定ᄒᆞ얏다더라 二日發

六個畵像

▲李完用氏畵像보소主列刺에죽을ᄲᆞᆫᄒᆞ야ᄡᅵ天祈禱拜設ᄒᆞᆫ女喪制를駈逐ᄒᆞᆫ高明ᄒᆞᆫ知識은東西洋의哲學者가발明ᄒᆞᆫ知識일세

▲李[illegible]畵像보소六百年前祖先의歷史改正請求ᄒᆞ야사지ᄒᆞᆫ懇切ᄒᆞᆫ孝誠은曾子又孝子라도行치못ᄒᆞᆯ孝誠일세

▲趙重應畵像보소 [illegible]切換滅ᄒᆞᆫ다ᄒᆞ니奇妙ᄒᆞᆫ法은古今天下敎育家가못ᄒᆞᆯ方法일세

▲朴齊純畵像보소新聞規則[illegible]罰ᄒᆞ야押收ᄒᆞᆫ奇特ᄒᆞᆫ誠은孔明又更賢宰相도能치못ᄒᆞᆯ精誠일세

▲閔[illegible]畵像보소[illegible]을작시면慶會樓마자드러迎[illegible]交ᄂᆞᆫ歐米各國外交도當치못ᄒᆞᆯ外交일세

▲宋秉畯畵像보소[illegible]此天地에ᄂᆞᆫ더없ᄂᆞᆫ豪傑[illegible]傑은世界各國터다보아도[illegible]ᄒᆞᆫ豪傑일세

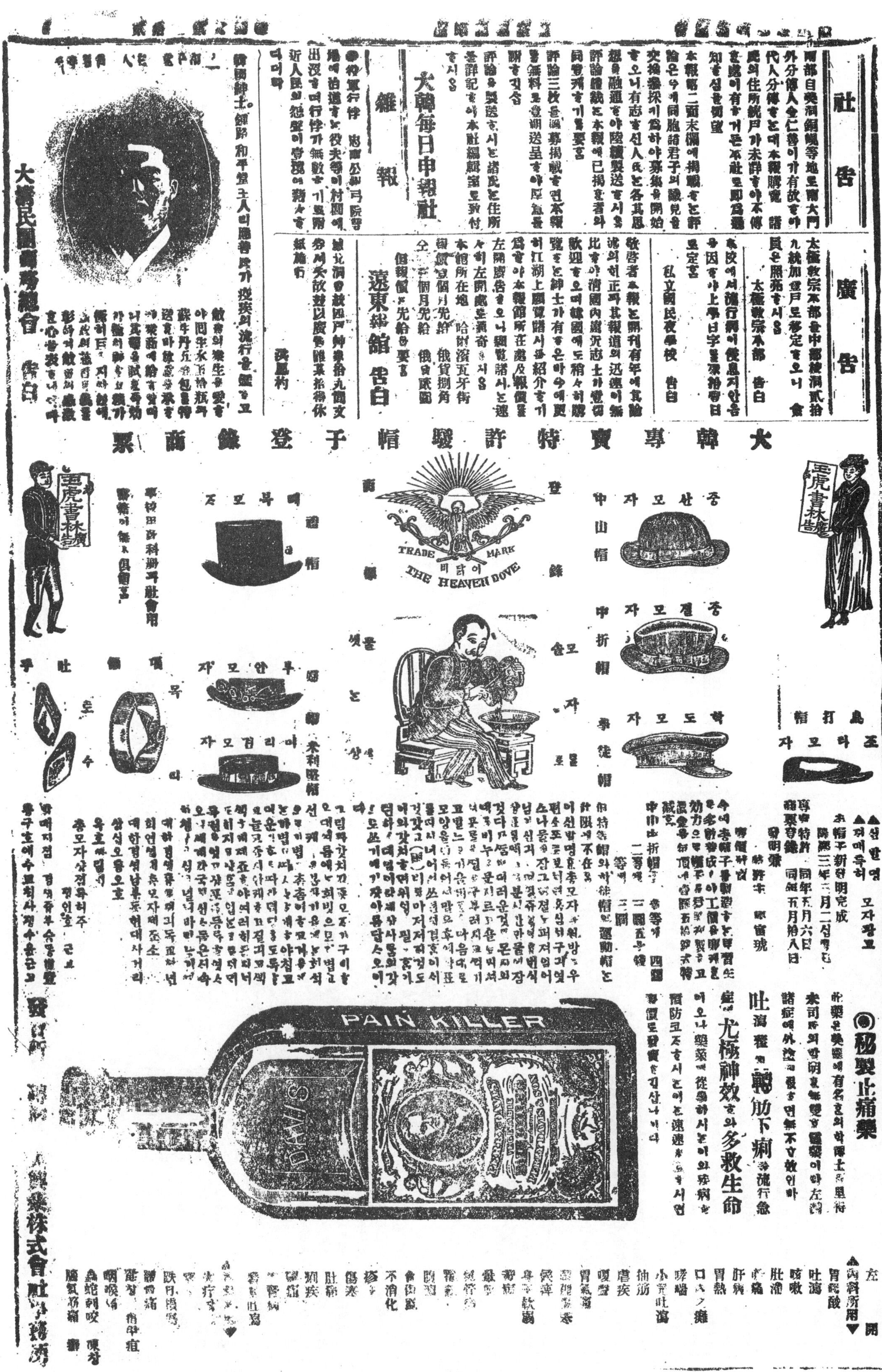

社告

南部自美洞銅峴等地로南大門外分傳人金仁善이가有故ᄒ야代人分傳ᄒᄂᆫ데本報購覽 諸氏의住所統戶가未詳ᄒ야不傳ᄒᆫ處이有ᄒ거든本社로即爲通知ᄒ심을務望

本報第二面末欄에揭載ᄒᄂᆫ評論은今에同胞諸君子의識見을交換參採키爲ᄒ야募集을開始ᄒ오니有志ᄒᆫ신人氏ᄂᆫ各其思想을融通ᄒ야陸續製送ᄒ시되評論體裁ᄂᆫ本報에已揭ᄒᆫ者와同意케ᄒ기를要홈

評論三枚를選募揭載ᄒ면本報를無料로壹朔送呈ᄒ야厚意를謝ᄒ깃슴

評論을製送ᄒ시ᄂᆫ諸氏ᄂᆫ住所를詳記ᄒ야本社編輯室로致付ᄒ시ᄋ

大韓每日申報社

廣告

太極敎宗本部를中部樓洞貳拾九統加壹戶로移定ᄒ오니 會員은照亮ᄒ시ᄋ

太極敎宗本部 告白

本校에서講行ᄒᄂᆫ夜學이便患지안음을因ᄒ야上學日字ᄅ來拾壹日로定홈

私立國民夜學校 告白

敬啓者本報ᄂᆫ開刊有年에其論說의正과其報道의迅速이無比ᄒ야淸國內外有志士가愛讀歡迎ᄒ오며韓國에도稍々히購覽ᄒᄂᆫ紳士가有ᄒ온바今에更히江湖上購覽諸시를紹介ᄒ기爲ᄒ야本報館所在處及報價를左開廣告ᄒ오니購覽諸시ᄂᆫ速々히左開處로請求ᄒ시ᄋ

本館所在地 哈爾濱瓦牙街

報價壹個月先給 俄貨捌角

全三個月先給 俄貨貳圓

但報價ᄂᆫ先給을要홈

遠東報館 告白

雜報

●役軍行悖 忠南公州등院等地에出張ᄒᄂᆫ役夫等이村閭에出沒ᄒ며行悖가無數ᄒ기로附近人民의怨聲이亭覽에藉々ᄒ다더라

◎[illegible]洞居[illegible]四戶帥[illegible]拾九個文券을[illegible]以廣告[illegible]休紙施行

洪[illegible]杓

韓國紳士。鎭節和平堂主人李應善氏가疫疾의流行을豫慮ᄒ고敎商의衆生을愛ᄒ야同永春[illegible]拾瓶과蘇牛丹五[illegible]包를特送ᄒ야衆商에給與ᄒ얏스니其慈善事業을試驗ᄒ야其効가驗치[illegible]지라[illegible]오며其德을[illegible]彰ᄒ기爲ᄒ야[illegible]忠心을表ᄒ노라

大韓民國商務總會 告白

大韓專賣特許驟帽子登錄商票

商標 登錄

중산모자 中山帽

중절모자 中折帽

학도모자 學徒帽

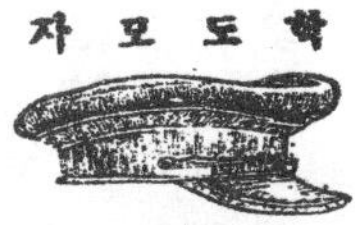

조타모자 鳥打帽

례복모자 禮帽

무안모자

마리검모자 米利堅帽

學校用品科學과社會用帽類이無ᄒ이俱備홈

목 토수

모자를 쓸 ... 상책

▲신발명 ▲자매득허 모자광고

本帽子新發明完成 隆熙三年二月二십팔日 專賣特許 同年五月六日 登錄商票 同年五月拾八日

發明者 趙[illegible] 郵窗號

今에春帽子를製造ᄒᄂᆫ바習得ᄒᆫ多數ᄒᆫ技工들이工價를勞力으로ᄒ야[illegible]製ᄒ고混食을[illegible]ᄒ야價을[illegible]減홈

中山中折帽 壹等價 四圜 二等價 三圜五十錢 三等價 三圜

但特等帽와學徒帽와運動帽ᄂᆫ計限에不在홈

이신발명ᄒᆫ총모자ᄂᆫ원방우편소쪼로되면ᄒ심구과엿스나롭고잡그절노괴저입어남ᄀ신과ᄒ며쥬머ᄂᆫ번식상에붐시간만쟝에잠것다ᄭ듬더러운것은[illegible]의니비누문지르ᄂᆫ[illegible]꼬불더[illegible]모양을[illegible][illegible]를떠시너어쓰면[illegible]것고[illegible]리마저[illegible]기도이에갓처ᄒ며위셩필저ᄒᆫ가[illegible]하와갓ᄐ[illegible]셔사람의모쓰기에[illegible]아름답소오이다!

그림파갓치ᄭ롭모자가구이오대셔룸에ᄂᆫ회빗으로별고선 케[illegible]기용[illegible]회치오[illegible]법이[illegible]春이[illegible]야거[illegible]는하[illegible]별[illegible]야[illegible]는[illegible]

대하경[illegible]회연설[illegible]대한경셩남부[illegible]상십오동오호

옥호 [illegible]

총모자상점특허주 경인호 근고

발매지점 경셩즁부슈동[illegible]

황구호에수표치사경수윤근고

◎秘製止痛藥

此藥은美國에有名ᄒᆫ의학博士의思料ᄒᆫ秘方으로發明ᄒᆫ無雙ᄒᆫ靈藥이라左開諸症에外塗내服ᄒ면無不立效이라

吐瀉霍亂轉筋下痢等流行急症에尤極神效ᄒᆫ와多救生命이오니藥業에從事ᄒ시ᄂᆫ이와疾病을預防코ᄌ시ᄂᆫ이ᄂᆫ速々購求ᄒ시면特價로發賣ᄒ깃삽나이다

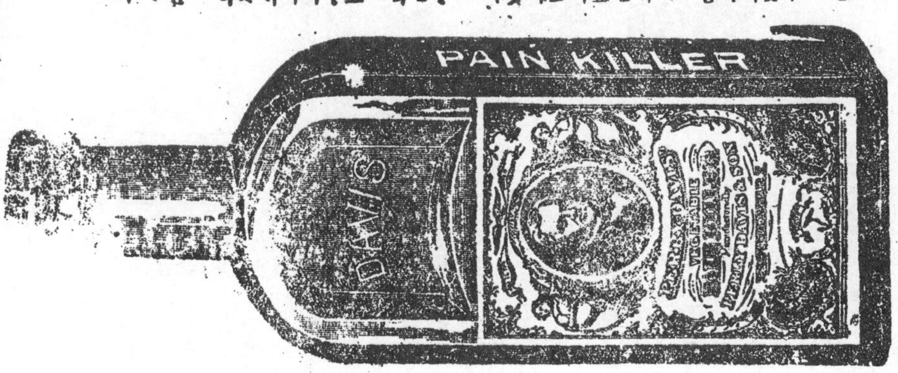

左開

▲內科所用▼

胃酸 吐瀉 咳嗽 肚滯 [illegible]痛 肝病 胃熱 口[illegible]之瘡 哮喘 小兒吐瀉 抽筋 瘧疾 噯氣 胃氣痛 [illegible] 風痺 身[illegible]軟弱 [illegible] [illegible] [illegible] [illegible] [illegible] 會[illegible] 不消化 疹[illegible] 傷寒 肚痛 痢疾 [illegible]痛 [illegible] [illegible]吐瀉 [illegible] [illegible] 跌打損傷 [illegible]痛 [illegible] 痼疽 咽喉痛 [illegible]蛇刺咬 腦氣筋痛

[illegible]藥株式會社 [illegible]

○中 報價
[illegible]

○廣告料
[illegible]

大韓每日申報 各處支社廣告
平安道
[illegible]

社告
[illegible]

第七卷 大韓每日申報 第千貳百拾三號

月曜及休日慶節停刊

Responsible for Publication Alfred Weekley Marnham.

京城中部校洞 大韓每日申報社

論說

◎此輩腹中에何所有

安東書院復設이라ᄒᆞᄂᆞᆫ運動의從現狀은本報에已揭ᄒᆞ얏거니와近에更聞ᄒᆞᆫ則安東郡內幾個頑固輩의書院復設에益熾ᄒᆞ야雙肩에運動費幾百兩을擔ᄒᆞ고東西南北으로奔走ᄒᆞᄂᆞᆫ디彼頑且蠢ᄒᆞᆫ輩가隆熙三年이何歲月인지不知ᄒᆞᄂᆞᆫ者라故로碌々ᄒᆞ게其其々志士를訪問ᄒᆞ고屏虎是非의舊夢을說ᄒᆞ며學校破壞의新策을講ᄒᆞ다가到處마다大唾大罵를遭ᄒᆞ며彼가顔色이赧然ᄒᆞ고良心이乍現ᄒᆞ야醉夢을猛覺ᄒᆞ고陶淵明의歸去來辭를唱코ᄌᆞᄒᆞ미니

忽然히壹番惡風이兩個의混世魔를吹送ᄒᆞ니壹個ᄂᆞᆫ前議政金氏오壹個ᄂᆞᆫ現任掌禮卿成氏라兩氏ᄂᆞᆫ位幾々ᄒᆞᆫ大官이며閥赫ᄒᆞᆫ舊家로셔此書院復設을贊成ᄒᆞ니於是乎安東頑儒가千踴百躍ᄒᆞ며前唱後呼ᄒᆞ야曰書院復設은現任掌禮卿의歡迎ᄒᆞᄂᆞᆫ비며曾經參政大臣의贊成ᄒᆞᄂᆞᆫ비며京城貴族兩班의讚揚ᄒᆞᄂᆞᆫ비며兩大臣大監의受助ᄒᆞᄂᆞᆫ비니我의書院復設을誰가敢히反對ᄒᆞ리오ᄒᆞ야鼻가山又치聳ᄒᆞ며腹이海又치漲ᄒᆞ고意氣가雲霄ᄭᆞ지上沖ᄒᆞ야爾於此學校를破ᄒᆞ고書院을建ᄒᆞ리라ᄒᆞ야安東儒林界에零翳이將且大起ᄒᆞᆫ貌樣이라더라

或者曰彼安東深峽中에生ᄒᆞ야眼中에新聞壹張을未嘗掛ᄒᆞ며耳邊에文明二字를未曾聞ᄒᆞ고戶內小天地에서坐臥ᄒᆞ던者야何足責이리오만은彼成金兩氏ᄂᆞᆫ不然ᄒᆞ도다變局을累閱ᄒᆞ며時艱을目擊ᄒᆞ고又天恩을稠疊히受ᄒᆞᆫ者니國시가萬壹ᄂᆞ毫라도國家思想이有ᄒᆞ면其多少經歷의經에感覺지비有ᄒᆞᆯ지어날乃曾此時에此輩를歡迎ᄒᆞ고其運動을贊成ᄒᆞ야學校를沮戲케ᄒᆞᆷ이何意오

嗚乎ㅣ余가此를知ᄒᆞ겟노라從前仕宦家라已往時代에ᄂᆞᆫ壹囑을聽ᄒᆞ며壹請을許ᄒᆞ며鄕谷人民의錢饌이幾斤이오土錢이幾獻러니而今에ᄂᆞᆫ此等關音이不來ᄒᆞᆫ지已久ᄒᆞ야腹을捫ᄒᆞ고時勢를怨ᄒᆞ다가今乃安東山溟의書院運動者를逢着ᄒᆞ미脾胃가大動ᄒᆞ야溷濁의手段을復試ᄒᆞ이야ᄂᆞᆫ가此가비록吾輩의臆斷이나抑亦不中不遠일새ᄒᆞ노라

雖然이나正義ᄂᆞᆫ最後의勝利를得ᄒᆞᄂᆞᆫ者니維願安東에新教育을主唱ᄒᆞᄂᆞᆫ志士ᄂᆞᆫ壹時魔戲로因ᄒᆞ야退沮치말지어다

部令

▲隆熙三年九月二十一日 官報

▲農商工部令第三號

衡法施行規則 (續)

至量의七拾五分之壹

壹斗以下 至量의百分之壹

衡器

(壹) 衡秤

種類	公差
天秤	感量에相當ᄒᆞᆫ量
桿秤及臺秤	最小目標가表示ᄒᆞᆫ量

(貳) 分銅

種類	公差
五毛以下	其重量의貳十五分之一
五厘以下	其重量의五十分之壹
二分以下	其重量의百分之壹
二匁以下	其重量의二百分之壹
十匁以下	其重量의五百分之壹
五拾匁以下	其重量의千分之壹
二百匁以下	其重量의千五百分之壹
壹貫以下	其重量의貳千分之壹
壹貫을超ᄒᆞᆫ者	其重量의三千五百分之壹

(三) 錘及增錘

種類	公差
錘	其重量의千分之壹
增錘	其重量의七千五百分之壹

度量衡法第貳條第三項에依ᄒᆞᆫ度量衡器의公差ᄂᆞᆫ本表에準ᄒᆞᆷ (完)

外報

◎同盟益堅 維也納來報를據ᄒᆞᆫ則墺國半官報에論ᄒᆞ야曰德國宰相의墺國訪問은德墺兩國이歐羅巴政策의基礎ᄂᆞᆫ過去三拾年來의維持ᄒᆞᆫ德墺伊三國의同盟政策뿐ᄒᆞᆫ一層堅確케ᄒᆞᆷ이라然而如上ᄒᆞᆫ政策에基因ᄒᆞᆫ德墺兩國과伊國의關係ᄂᆞᆫ信賴키可ᄒᆞᆫ者라ᄒᆞ고最近의實例를擧ᄒᆞ얏다더라

◎西摩形勢 西班牙아리나將軍은쓰에리유안所在摩洛哥軍隊의地에對ᄒᆞ야前進ᄒᆞ라고貳萬五千兵을나도루에集中ᄒᆞ얏ᄂᆞᆫ데西班牙外務大臣은摩洛哥土族의征討ᄂᆞᆫ既히目的을達ᄒᆞ고且有力ᄒᆞᆫ土民은平和를希望ᄒᆞᄂᆞᆫ中이니不久에終局되리라ᄒᆞ고某시에備語及ᄒᆞ얏다더라

◎軍港決定 淸國海軍部ᄂᆞᆫ新軍港을渤海北岸에置ᄒᆞ고ᄌᆞᄒᆞ야總督서良시의擇定ᄒᆞᆫ寧遠州에設ᄒᆞ야岡島로決定ᄒᆞ얏다더라

◎財政視察 淸國에서ᄂᆞᆫ徵布政使聯甲시를派ᄒᆞ야財政을視察ᄒᆞ게ᄒᆞᄂᆞᆫ親可를蒙ᄒᆞ야不日發程ᄒᆞ얏다더라

◎四領總館 日本에서ᄂᆞᆫ香港漢口濟蔘威廣東四領事館을總領事館으로昇ᄒᆞ얏다더라

◎美入淸 美國資本家ᄂᆞᆫ淸國事業에投資키爲ᄒᆞ야一大資本團을形成ᄒᆞ얏ᄂᆞᆫ데美國政府ᄂᆞᆫ此를保護ᄒᆞᆷ으로該資本家들이近々渡淸ᄒᆞ리라더라

雜俎

◎疊出魔 時事가乖亂ᄒᆞ며、層々疊出惡魔로다。북치며나나리불고일본관광단을歡迎ᄒᆞᄂᆞᆫ者、留聲器들니메고附日主義로演說ᄒᆞᄂᆞᆫ者。언제나、壹陣大風모러다가、쓰러일셔。

◎讀每日報 春樵居士

東國春秋始有聲 忠臣亂賊爲題名 論說文欄淸似水 批評鋒舌利於兵 大冬雪孤松秀 長夜乾坤壹燭明 若令擧世皆如此 指日可期致太平

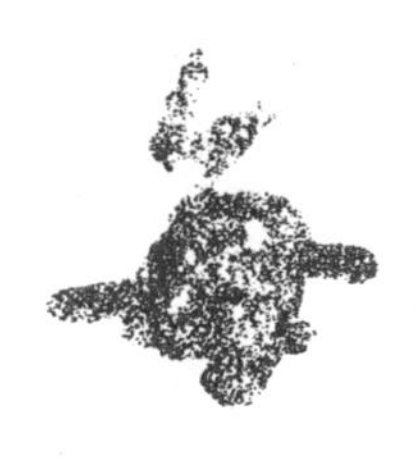

雜報

●雪日降 大皇帝陛下에옵서連昌品學徒學本逝에對ᄒᆞ사發葬費를宮內府로從優輸送ᄒᆞ고葬喜之典은特贈學行ᄒᆞ라신 旨意를下ᄒᆞ셧다더라

●學部禮說 學部大臣李載崑氏가辭職請願ᄒᆞᆷ은已報ᄒᆞ얏거니와昨日에該氏의談話를漏聞ᄒᆞᆫ즉모다去番에退職ᄒᆞ려ᄒᆞ더니 太皇帝陛下의 勅教를 奉承ᄒᆞ야不得已仕職ᄒᆞᆫ디오今番辭職於辭免ᄒᆞ깃노라ᄒᆞ다더라民臣從ᄒᆞᄂᆞᆫ其代ᄂᆞᆫ宮內府大臣閔丙奭氏가轉任ᄒᆞ고其代ᄂᆞᆫ承寧府總管趙民熙氏가轉任되리라더라

●陛下還御 大皇帝陛下에옵서 丙隨從將·侍從·陪從ᄒᆞᆫ日人官吏의게紀念品으로銀製花瓶을 頒賜ᄒᆞ심은前報에已揭ᄒᆞ엿거니와該日人官吏들이謹領ᄒᆞ여多大ᄒᆞᆫ金時計로 頒賜ᄒᆞ기로極力運動ᄒᆞᆫ다ᄂᆞᆫ데會議에ᄂᆞᆫ何等措處가有ᄒᆞᆯ야適當치못ᄒᆞ얏다더라

●支刑裁可 特別功勞賞與金三千五百圜과殉職警官遺族慰勞金二千圜을預備金中으로支出ᄒᆞ기로 裁可되얏다더라

●恩金頒下 陛下ᄭᅦ셔三年前半期에地方騷擾에被害된者의게別賜金으로 頒賜ᄒᆞ셔 恩賜ᄒᆞᆫ額이九萬二千三百六十六圜이라더라

●是何慘情 農商大臣宋秉畯氏가去十五日內閣例會에出席ᄒᆞ얏다가 諮詢ᄒᆞᄂᆞᆫ데闕門內診察所에셔該氏身體를檢查ᄒᆞ얏ᄂᆞᆫ데該氏가憤慨ᄒᆞ야醫師의게此是甚ᄒᆞᆫ奇이라宮官小宮三保松의게發憤詰問ᄒᆞ얏다더라

●其費果何 度支部大臣任善準씨의辭職ᄒᆞᆫ內容을聞ᄒᆞᆫ則該氏ᄂᆞᆫ司法權委任된後로不平心이有ᄒᆞᆫ게라ᄒᆞ고或은顧問가自來日本國家豫算을言ᄒᆞ더ᄂᆞᆫ데關係ᄒᆞᆫ다ᄂᆞᆫ形式은不關ᄒᆞ고韓日人間의感情을疏隔ᄒᆞ야韓國의方針을定코ᄌᆞ ᄒᆞᄂᆞᆫ意見을遂치못ᄒᆞᆫ故라ᄒᆞᄂᆞᆫ說에有ᄒᆞ다더라

●例會協議 昨日은內閣例會인ᄃᆡ防疫費支出件과大辭職ᄒᆞᆫ事에關ᄒᆞᆫ件을協議ᄒᆞ얏다더라

●完平君李逝 完平君李昇應氏가三昨夜에李逝ᄒᆞ얏다ᄒᆞ니라

●兩氏訪問 宮內府大臣閔丙奭侍從院卿尹德榮兩氏가再昨日에學部大臣李載崑氏를訪問ᄒᆞ고致仕ᄒᆞᆫ事를談話ᄒᆞ얏다더라

●日魂宮膽 內部大臣朴齊純氏ᄂᆞᆫ時疫을避ᄒᆞ기爲ᄒᆞ야來賓을接見ᄒᆞ기謝絶ᄒᆞ다ᄒᆞ여니日人이來訪ᄒᆞ면即時謁見ᄒᆞ야談話ᄒᆞᆫ다더라

●錄略豫算 韓政府各部經會四年度豫算은去日卅日로限ᄒᆞ고調製ᄒᆞ야度支部에回付ᄒᆞ되 度支部大臣은此要求書로豫算을編制ᄒᆞ야閣會議에提出ᄒᆞ게ᄂᆞᆫ데各部에셔非常히遲延되엿고其中農商工部豫算은目下同部에셔着々調查中이라ᄂᆞᆫ뎌同部의來年度增額된것은度支衛生經費의增額이主가될지오殖學及昌慶宮警鎮衛特別會計豫算約七十萬圜을總豫算에計入ᄒᆞ면合計가百七拾萬圜假量이라더라

●水害救恤 政府에셔去番咸鏡南道水災被害者에게救恤金三百五十四圜을支出ᄒᆞ얏다더라

●規則議定 仁川과平壤의水道規則은議定되얏다더라

●東拓斡土 政府의出資額으로東拓會社에셔引繼中인驛屯土ᄂᆞᆫ目下實地調査中인ᄃᆡ其總額의末되ᄂᆞᆫ者ᄂᆞᆫ馬山及水原附近이오其金額가幾々訖了된다ᄒᆞ고又東拓會社에셔韓政府의出額ᄒᆞᄂᆞᆫ以外土地ᄂᆞᆫ借用收用ᄒᆞ다더라

●大久保出發 日本軍司令官大久保ᄂᆞᆫ咸鏡北道ᄅᆞᆯ視察ᄒᆞ기爲ᄒᆞ야四日에出發ᄒᆞ얏다더라

●兩所將設 三淸洞前武官학校와北一營을內部에셔引繼ᄒᆞ야該兩處에醫官員二人式設置ᄒᆞ기로ᄒᆞ고明年春부터北營에ᄂᆞᆫ衛生研究所를設置ᄒᆞ고前武官學校에ᄂᆞᆫ醫業官見習所를設置ᄒᆞ기로預定이라더라

●手當金支給 內部衛生局官吏ᄂᆞᆫ防疫ᄒᆞᄂᆞᆫ部의書記를兼代視務ᄒᆞ다ᄒᆞ야月俸外에手當金을支給ᄒᆞᆫ다더라

●書記叙任 去六月頃에各區裁判所書記를法律學業生으로試取ᄒᆞ야十三人이入格ᄒᆞ얏ᄂᆞᆫᄃᆡ日間叙任된다더라

●警署又設 當局者ᄂᆞᆫ韓國內에警察署가尙且不足ᄒᆞ다ᄒᆞ야本年內로警察署十五個所를更히設置키爲ᄒᆞ야目下調査ᄒᆞᄂᆞᆫ中이라더라

●警長日人 韓國沿岸警備船木浦根據地警備船長은日人白井義三郎이가被任ᄒᆞ얏다더라

●宜乎辭免 國是遊說團에셔前判書閔廷哲씨로委員을選定ᄒᆞ얏ᄂᆞᆫ데該氏가即時辭免ᄒᆞ고出席지아니ᄒᆞ얏다더라

●度部交涉 礦洞淑明女학校에附屬ᄒᆞᆫ土地ᄅᆞᆯ度支部에셔引繼ᄒᆞ얏ᄂᆞᆫᄃᆡ今秋부터該校에셔秋收ᄒᆞᆫ故로該部와交涉中이라

●大同引繼說 大同日報社에셔本月十八日부터발刊ᄒᆞᆫ다ᄒᆞ더니更聞ᄒᆞᆫ즉國是遊說團에셔引繼刊出ᄒᆞᆫ다ᄂᆞᆫ說이有ᄒᆞ다더라

●秋蓁是充 黃海道鳳山郡沙里院尊位金興韓씨ᄂᆞᆫ民家에各樣稅額을加數徵納ᄒᆞᄂᆞᆫ故로該面人民代表秦錫善氏等三人이該州地方裁判所에告訴ᄒᆞ얏다더라

●砂鑛暗採 洪鍾祐씨가春川葛月里砂金鑛에礦業權이有ᄒᆞ다ᄒᆞ고無賴輩ᄅᆞᆯ糾結ᄒᆞ야該砂金을暗自採掘ᄒᆞ고또附近村民을威脅ᄒᆞᆷ으로弊가滋甚ᄒᆞ다더라

●增派防疫 各五江支署에ᄂᆞᆫ巡査五十名을加派ᄒᆞ야防疫事務에從事케ᄒᆞᆫ다더라

●病院使用 孔德里에在ᄒᆞᆫ前大院王墓所附屬亭子壹座가有ᄒᆞᆫᄃᆡ此處로現方避病院으로使用ᄒᆞᆫ다더라

●醫士義務 旣報와如히의학校金淵淳安商浩兩氏가防疫에着手ᄒᆞ야親切的應援을行ᄒᆞᄂᆞᆫᄃᆡ再昨부터臨時避病院의醫部治療를擔當ᄒᆞ얏다더라

●尙宜注意 現今虎疫이漸次擴張ᄒᆞ나虎疫은嚴冬에도行ᄒᆞᄂᆞᆫ事가或有ᄒᆞ니尙且注意ᄒᆞᆷ이可ᄒᆞ다더라

●設置病療 景祐宮을避病院으로使用ᄒᆞᆯ議를了ᄒᆞ얏거니와病室은上中下三等으로區別ᄒᆞ야上中等病者ᄂᆞᆫ病者가自當케ᄒᆞ고下等은官費中으로支出ᄒᆞᆫ다더라

●派遣檢疫 防疫本部에셔岡喜七郎이가平壤으로金尤極氏의게照知ᄒᆞ고河東川金浦楊州驪州等郡에ᄂᆞᆫ虎列剌가發生ᄒᆞ얏슨즉京城으로부터日程되ᄂᆞᆫ村落에流行病이有ᄒᆞ거든上認做ᄒᆞ야京城과如히派遣檢疫ᄒᆞᆯ것이라ᄒᆞ얏다더라

●稚疫新數 內部衛生局에셔ᄂᆞᆫ二日上午六時로부터三日上午六時ᄭᆞ지漢城流行病者의數ᄅᆞᆯ調査ᄒᆞᆫ즉三十七名이오三日上午六時로四日上午六時ᄭᆞ지ᄂᆞᆫ新患者가二十九名인ᄃᆡ日人이壹名이라더라

●衛生演說 再昨日에中部警察署에셔韓醫와各坊書記務員을招集ᄒᆞ야衛生上必要ᄒᆞᆫ事件을演說ᄒᆞ얏다ᄒᆞ며各坊內演說ᄒᆞᆯ만ᄒᆞᆫ位置를定ᄒᆞ고醫를派遣ᄒᆞ기로ᄒᆞ얏다더라

●證明押收 三昨日中部警察署에셔ᄂᆞᆫ商務組合本部에셔各地方商務支所로去來ᄒᆞᆫ書類를押收ᄒᆞ얏다더라

●胡至斯境 南陽郡新所[illegible]申弼熙氏의令任中某씨ᄂᆞᆫ數日前에義兵의게被害ᄒᆞ얏다더라

●如何閑禁 [illegible]洞居[illegible]ᄂᆞᆫ南承旨李會兩氏가再昨에自己家內에셔鴉片을暗吸ᄒᆞ다가巡行巡査의게발覺되야捕縛코져ᄒᆞ더니兩氏ᄂᆞᆫ逃避去ᄒᆞ고兩氏의別室을捉去ᄒᆞ얏다가因即放送ᄒᆞ얏다더라

●欺取被捉 北部齋洞居李成禮라名人이愚氏聲名을誘引ᄒᆞ야秦奉登業을圖給ᄒᆞ마ᄒᆞ고金貨二十圓을奪取ᄒᆞᆫ事가有ᄒᆞ다ᄒᆞ야再昨日에兵營合部에被捉되얏다더라

學界

●開學延期 畿湖學校에셔ᄂᆞᆫ流行病이尙此寢息지아니ᄒᆞᆷ을因ᄒᆞ야更히豫選日後에開學ᄒᆞᆯ

●普昌昌盛 長湍郡皐浪浦私立普昌學校가設立已久에漸次進就中이오該校發起人諸氏ᄂᆞᆫ樂等諸시가教育에熱心ᄒᆞ야諸般校務를協力贊助ᄒᆞᆷ으로該校情況이日益發達ᄒᆞ다더라

●卓氏熱誠 平南殷山郡普光學校教師卓秀煒시ᄂᆞᆫ完全ᄒᆞᆫ思想과高明ᄒᆞᆫ學識으로多數靑年을熱誠教育ᄒᆞᆷ에但이全國內實業이發展치못ᄒᆞᆷ을慨歎ᄒᆞ야該校生徒李思恒씨等으로城西北學會內農林講習所에措送ᄒᆞ야農林實業을講習케ᄒᆞ고學시의學費를自시月俸中에셔捐補ᄒᆞᆫ다ᄂᆞᆫ데該시의教育界熱心ᄒᆞᆷ을人皆讚頌ᄒᆞᆫ다더라

●臨聞發揭 本報第千壹百九十六號學界欄內에普通[illegible]不幸이라ᄒᆞᆫ題下에平南順川郡私立普通學校ᄂᆞᆫ教師康[illegible]運시가視務ᄒᆞᆫ後로[illegible]ᄒᆞ고學生이反對退學ᄒᆞ얏다ᄂᆞᆫ等句語ᄂᆞᆫ全是虛妄ᄒᆞᆫ說인ᄃᆡ該康氏와任氏ᄂᆞᆫ學生을[illegible]情이[illegible]ᄒᆞ다더라

◎東京電報◎

◎土日條約成立 土耳其와[illegible]兩國間의[illegible]法權撤去에關ᄒᆞᆫ條約은成立되ᄂᆞᆫ되不久에調印될듯ᄒᆞ다더라

◎西澤島解決 [illegible]島問題ᄂᆞᆫ[illegible]ᄒᆞᆫ賠償金은數萬圓이라더라

◎日國不平 日本渡美實業團에對ᄒᆞ야美國側의待遇가冷淡[illegible]議所에셔ᄂᆞᆫ[illegible]加ᄒᆞ야從容ᄒᆞ고看做ᄒᆞᆫ은[illegible]不平을深이有ᄒᆞ다더라 以上國民報

▲長廣一聲▼

▲錦繡江山三千里에ᄂᆞᆫ됴ᄒᆞᆫ일은제리들만다ᄒᆞ오히려어主人들을斯逆ᄒᆞ고橫行作弊ᄒᆞᆫ說樣奇怪ᄒᆞ되[illegible]ᄒᆞᆫ재리姑舍ᄒᆞ고[illegible]으로橫行ᄒᆞᄂᆞᆫ小재리만보ᄋᆞ도다구나怪常ᄒᆞ구

▲재리들아[illegible]海上으로단이다가됴흔漁基불양이면本牌짝을쏘자ᄂᆞᆫ고제漁基라人[illegible]ᄒᆞᆫ漁民님자만나면은六穴砲로겁우여셔恐喝ᄒᆞ고뺏아스니네아모리재리인들엇지참아그러ᄒᆞ나

▲재리들아々々ᄂᆞᆫ불상ᄒᆞᆫ소酒商들이課賦不公ᄒᆞ얏다고減稅請願ᄒᆞᄂᆞᆫ것을네가무슴關係로減稅ᄒᆞᆫ다ᄒᆞ고[illegible]說亂加ᄒᆞ고毆打ᄒᆞ야셔[illegible]ᄒᆞ얏스니네아모리재리인들엇지참아그러ᄒᆞ나

▲재리들아々々々[illegible]道文[illegible]恐嚇ᄒᆞ고亂類들을몰ᄋᆞ가셔[illegible]天白日에[illegible]人中에[illegible]傳ᄒᆞ니의田답재다업시쎄아슬제眞田主를反打ᄒᆞ며作人들을奴隷ᄒᆞ니네아모리재리인들엇지참아그러ᄒᆞ나

▲재리들아々々々[illegible]課稅調査ᄒᆞ노라고[illegible]村으로단이면서洞長[illegible]의읏들고셔酒食計策ᄒᆞ고世外의無辜人民ᄒᆞᆫᄐᆡ[illegible]叱辱批頰치고[illegible]다네아모리재리인들엇지참아그러ᄒᆞ나

▲재리들아말뭇거라네아모리有勢ᄒᆞ나너도亦是사ᄅᆞᆷ이오뎌主人은弱ᄒᆞᆫ지라도亦是사ᄅᆞᆷ이니넘어그리ᄒᆞ지마라三寸虫도猶蝎ᄒᆞ면彼此丈夫致殺이라憤激奮起ᄒᆞᄂᆞᆫ날엔너의身世ᄯᅡᄒᆞ도다

社告

北墾島 龍井村耶蘇敎堂內에本支社를拾月壹日부터設置ᄒᆞ고[illegible]와支社事務를委任ᄒᆞ얏스니該附近地에서本申報購覽ᄒᆞ실 僉君子ᄂᆞᆫ該[illegible]에게調索ᄒᆞ시옵

本報第二面末欄에揭載ᄒᆞᄂᆞᆫ評論은今에同胞諸君子의識見을交換ᄒᆞ기爲ᄒᆞ야募集을開始ᄒᆞ오니有志ᄒᆞ신人士ᄂᆞᆫ各其思想을融通ᄒᆞ야陸續製送ᄒᆞ시옵

評論體裁ᄂᆞᆫ本報에已揭ᄒᆞᆫ者와同ᄒᆞ게ᄒᆞ기를要ᄒᆞᆷ

評論三次를選募揭載ᄒᆞ면本報를無料로壹朔送呈ᄒᆞ야厚意를表ᄒᆞ깃ᄉᆞᆸ

評論을製送ᄒᆞ시ᄂᆞᆫ諸氏ᄂᆞᆫ住所를詳記ᄒᆞ야本社編輯室로致付ᄒᆞ시옵

大韓每日申報社

雜報

去月本社投函에「寄志士壹言」이란論文을寄ᄒᆞᆫ人氏ᄂᆞᆫ本社總務室로來訪ᄒᆞ야壹次面接ᄒᆞᆷ을要望ᄒᆞᆷ

◎蠶業良好 龜山[illegible]人[illegible]養蠶講習所에셔硏究蠶을飼育ᄒᆞ며其成績이甚好ᄒᆞᆫ[illegible] [illegible]蠶[illegible]ᄒᆞᄂᆞᆫ諸蠶種[illegible]歷[illegible]ᄒᆞ다더라

廣告

[illegible]壹[illegible]土地證明券을[illegible]失ᄒᆞ고[illegible]新證[illegible]ᄒᆞ고[illegible]得ᄒᆞ거[illegible]廢紙施行ᄒᆞᆷ

西署盤松坊池下契冷洞[illegible]百七十八統[illegible]五戶 金永晳 告白

敬啓者 本報ᄂᆞᆫ開刊有年에其論議의[illegible]正과其報道의迅速이無比ᄒᆞ야淸國內韓國近志士가壹切歡迎ᄒᆞ오며韓國에도稍々히購覽ᄒᆞᄂᆞᆫ紳士가有ᄒᆞ온바今에更히江湖上愛讀諸시를紹介ᄒᆞ기爲ᄒᆞ야該報館에在ᄒᆞ야報價를左開와如히廣告ᄒᆞ오니購覽諸시ᄂᆞᆫ速々히左開處로通寄ᄒᆞ시옵

本館所在地 哈爾濱瓦牙街

報價壹個月先給 俄貨捌角

全 三個月先給 俄貨貳圓

但報價ᄂᆞᆫ先給을要ᄒᆞᆷ

遠東報館 告白

本人[illegible]翰[illegible]六[illegible]落이[illegible]於[illegible]村[illegible]坪인바去[illegible]戊戌[illegible]逢[illegible]新舊文券을[illegible]失ᄒᆞ얏기[illegible]廣告ᄒᆞ오니[illegible]廢[illegible]

[illegible]三[illegible]二號拾戶 [illegible]仁植 告白

[illegible]堂에셔[illegible]月[illegible]壹日月曜(陰曆月廿八日)에開學ᄒᆞ깃시니舊學과屈[illegible]業學을[illegible]新學員을[illegible]募[illegible]醫學靑年은[illegible]意來[illegible]ᄒᆞ시오

[illegible]培材高等學堂 告白

獸醫募集廣告

一 獸醫免許狀所有者 貳名

右ᄂᆞᆫ卽時募集ᄒᆞᆯ志望에ᄂᆞᆫ諸[illegible]ᄂᆞᆫ履歷書携帶ᄒᆞ고本部로來臨望ᄒᆞᆷ

京城南部美洞三十壹統貳戶

大韓屠獸組合本部

豐山郡沙院面沙利院[illegible]位에[illegible]吏[illegible]가領受員으로結稅[illegible]稅各項收斂의濫捧事와御西巡時奉迎門赴役으로[illegible]勞働[illegible]에셔義務擔役ᄒᆞᆫ貝金을金시가偸心이發ᄒᆞ야六面에[illegible]이라고暗自飮食ᄒᆞ라가[illegible]逢ᄒᆞ야此由로市上演說ᄒᆞ며田宅[illegible]奪[illegible]然[illegible]三시[illegible]民代表로定ᄒᆞ야[illegible]方裁判所에[illegible]訴ᄒᆞᆫ則金시가百般運動ᄒᆞ야自知理屈ᄒᆞ고勢不得私和[illegible]求ᄒᆞ거나偸[illegible]은[illegible]還ᄒᆞ니[illegible]三시의代表之任이[illegible]其模糊ᄒᆞ다此莫非[illegible] 殘民은[illegible]茲에廣告ᄒᆞ오니[illegible]志君子ᄂᆞᆫ防患之道를敎示ᄒᆞ심을盡ᄒᆞᆷ

沙里院民人等 告白

城北洞[illegible]統四戶[illegible]八間文券이失故茲以廣告ᄒᆞᆷ[illegible]休紙施行

[illegible]鳳村

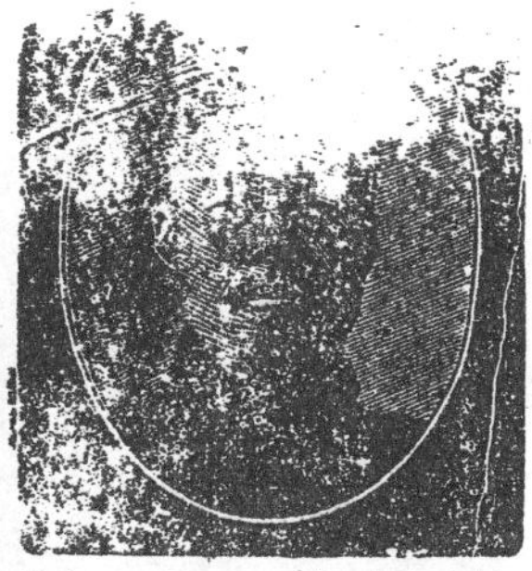

[illegible]紳士諸位와和平堂主人李應善[illegible] 疫疾與流行을鑑ᄒᆞ고[illegible]

大韓民國商務總會 告白

廣告

內部認可 **民權自治制** 全　定價 三拾五錢

本書는民權의制限과自治의[illegible]例를詳細纂輯하야各地方民會組織에應用키必要하오니[illegible]有志同胞는早速購覽하시옴

發行所 廣韓書舖

全 中部寺洞 敎育月報社

全 西部[illegible] 文明書舖

全 京鄕各書舖

[illegible]

[illegible]

國文附解 **新撰尺牘** 全　洋裝 一圓十錢　半洋 八十五錢　書裝 [illegible]

新撰國文 **家庭尺牘**　傍附漢字 二十五錢

各種藥品은總發行所는漢城[illegible]濟生堂大藥房本鋪

登錄認可

[illegible]新製 **淸心保命丹**　發行所 漢城南大門內 濟生堂大藥房

(米國製藥丸[illegible]添付)(三貼分入)
定價金二十五錢
(壹貼 九十粒入 定價[illegible])
此藥은全國到處마다隨處販賣홈

蔘茸大補元　[illegible]元氣[illegible]滋胃健脾之劑 [illegible]

蛔積殺虫散　[illegible]虫[illegible]之妙藥 [illegible]

起死回生 **回生丹**　[illegible]吐瀉腹痛[illegible]速效 [illegible]

久滯大通丸　新久積滯[illegible]之神劑 二十五전

[illegible] **解熱散**　[illegible]感氣[illegible]并效 [illegible]

寸虫沒虫藥　寸虫[illegible]之妙藥 [illegible]

去根生新 **沃度膏**　[illegible]其他[illegible]去核生新也 [illegible]

뎡는拔根藥　[illegible]速效 [illegible]十전

特製百應膏　大小瘡[illegible]神效也 [illegible]十錢

止足汗臭藥　足에[illegible]臭를除[illegible]

其他有名賣藥洋藥各種都賣散賣

地方에는小包로信送홈

藥[illegible]大賣[illegible]

◉共愛堂大藥房製造各種藥品發行表

壯陽復元丹　專治[illegible]　八圓分六圓七十錢

良藥消化 **靈[illegible]丹**　[illegible]

淸耳[illegible]　[illegible]

眼科聖藥 **淸眼水**　眼疾[illegible]

淸肺丸　[illegible]五錢

解瘧至寶丸　[illegible]

感冒特效 **消熱散**　[illegible]

五淋專治 **通淋丸**　[illegible]

小兒濟命散　[illegible]

皮膚神藥 **靈効液**　[illegible]

并治 **疾痢散**　[illegible]

久滯神效 **養胃散**　[illegible]

神效 **止瀉丸**　[illegible]

治痰鎭咳丸　[illegible]

蛔積散　[illegible]

能治齒痛水　[illegible]

解凝膏　[illegible]

家庭救急方　前[illegible]學校敎官 朴容南　全[illegible] 定價金 三拾錢

賣藥所 皇城南部大廣橋十九統七戶 共愛堂大藥房　各處支店特約所

學部檢定 **初等大東歷史**　定價金 三十錢

學部檢定 **初等修身** 全　朴晶東 著　金泰玉 發行　同文社　價定金 二十五錢

發行所 南部上[illegible]洞十九統九戶

發賣所 京鄕各有名書舖

社告

○中[illegible]

○廣告料

四號活字[illegible]

每日壹寸(英尺)에新貨廿五錢

貳週日壹寸에 貳圓五拾錢

壹個月壹寸에 [illegible]

(自號行至[illegible]行에[illegible]壹寸)

長期限의[illegible]

◉大韓每日申報 各處支社[illegible]

平安道 / 黃海道 / 咸鏡道 / 慶尙道 / 忠淸道 / 江原道 [illegible]

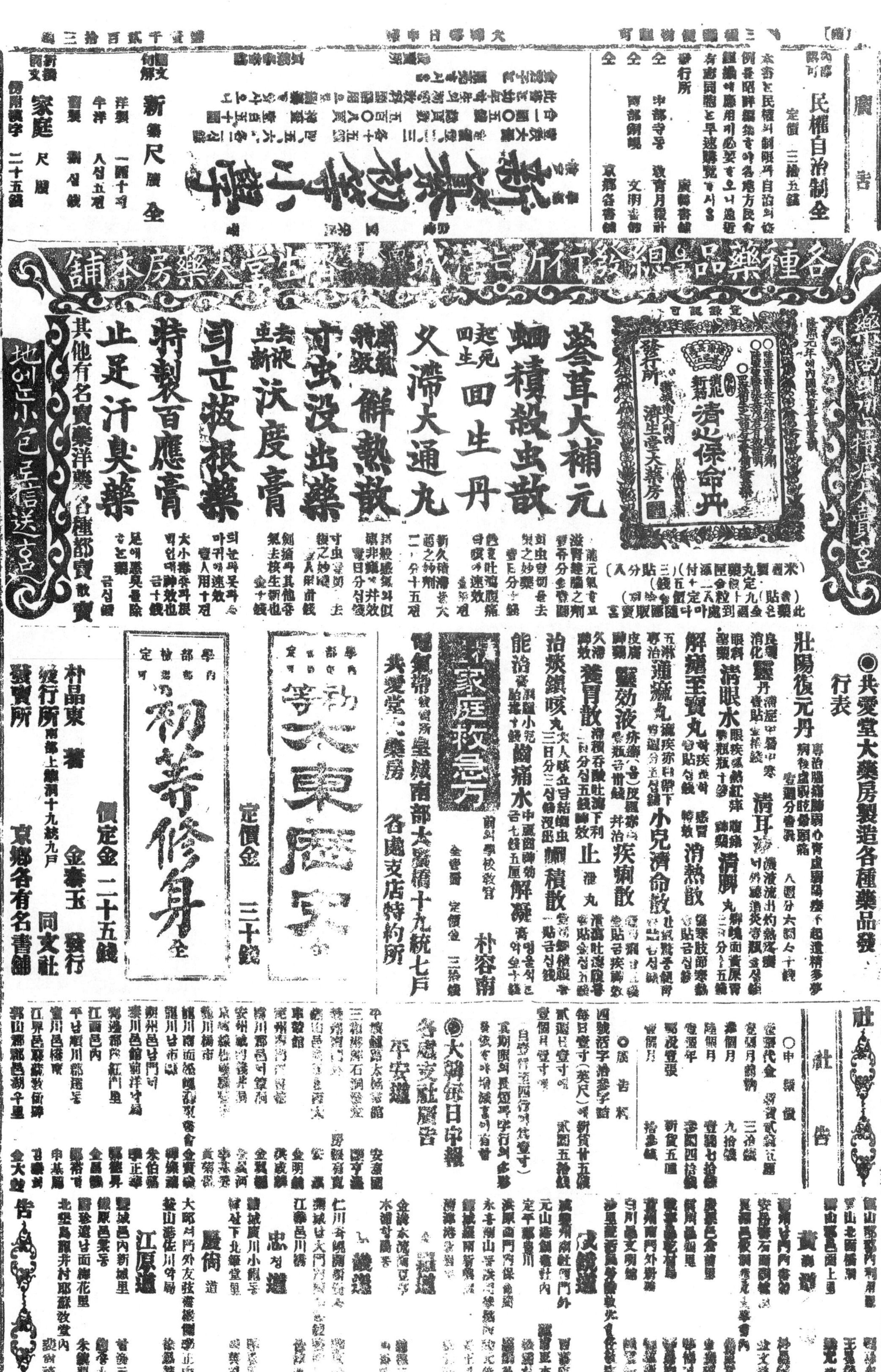

第七卷

大韓每日申報

第[illegible]拾四號

月曜及休日休刊

Responsible for Publication Alfred Weekley Marnham.

論說

◎論麗史誣筆

壹部東國史를披覽ᄒᆞᄂᆞᆫ客은 倒置ᄒᆞ며忠逆을變亂ᄒᆞ야眞珠魚目의混雜이極甚ᄒᆞ니讀史者의興歎ᄒᆞᆯ處가壹二에不止ᄒᆞ거ᄂᆞᆯ더러其中에가장人으로ᄒᆞ여금髮이竪ᄒᆞ고血이沸ᄒᆞ야擲筆却하ᄂᆞᆫ者ᄂᆞᆫ吁ᄒᆞᆫ者가有ᄒᆞ니卽高麗將의裵仲孫金通精兩公의說話ᄒᆞᆫ事가是로다

大抵元宗以後高麗의國恥ᄂᆞᆫ엇지可히忍言ᄒᆞ리오國王과太子가王京에不在ᄒᆞ고燕京(元都)에在ᄒᆞ며國號와施令이政府에不在ᄒᆞ고元主에게在ᄒᆞ며疆土ᄂᆞᆫ割奪을累被ᄒᆞ며人民은徵求를不堪ᄒᆞ니所謂國家ᄂᆞᆫ其名은雖存ᄒᆞ나其實은已亡ᄒᆞᆫ이니蓋檀君三千餘年以來로壹次刦運이라

然이나如此刦運을遭ᄒᆞ고도江山이寂寞ᄒᆞ고人物이憔悴ᄒᆞ야隋煬帝를擊退ᄒᆞ던乙支文德이不現ᄒᆞ며唐太宗을討斥ᄒᆞ던泉蓋蘇文이不來ᄒᆞ고但只衆々然幾千百萬의奴隸頭顱者가卑劣根性을抱ᄒᆞ고事大主義를講ᄒᆞ야三千里半島大國에壹個血男兒가無ᄒᆞ더니

彼蒼이有意ᄒᆞ사裵金兩公이叡를杖ᄒᆞ고國民의歌哭聲中에셔奮起ᄒᆞ니其應募ᄒᆞᆫ者ᄂᆞᆫ解散된別抄軍兵이며其據有ᄒᆞᆫ者ᄂᆞᆫ耽羅珍島뿐이라蓋其隱據ᄒᆞᆫ바磨ᄒᆞᆫ故로乃功을成치못ᄒᆞ얏스나然이나義士의劍에賊膽이自摧ᄒᆞ며忠臣의淚에軍心이愈奮ᄒᆞᆫ故로孤軍弱卒로蒙古大將忻都와相遇ᄒᆞ야孤懸壹島에蟻援이不來ᄒᆞ고血戰二年에糧餉이已竭ᄒᆞ얏스되其殘刀缺刃으로도能히飛ᄒᆞ야萬敵을斬ᄒᆞ고及其地窮勢竭ᄒᆞᆷ에ᄂᆞᆫ七十壯士와壹人도投降者가無ᄒᆞ야個々히劍에伏ᄒᆞ야死ᄒᆞ얏스니其義烈이果然何如ᄒᆞ뇨故로千古史家가[illegible]敢一筆로此義를賛ᄒᆞ야[illegible]國內人[illegible]ᄒᆞ야금鄕에尸ᄒᆞ며戶에祝케ᄒᆞᆯ비어ᄂᆞᆯ

乃反麗史를觀ᄒᆞᆫ則曰逆賊이라ᄒᆞ며二二則曰逆賊이라ᄒᆞ야此兩大偉人을舞乎罪戮不赦ᄒᆞᄂᆞᆫ歸人으로[illegible]ᄒᆞ얏스니嗚呼라是가何等의偏見이뇨

余가其由를追究컨대蓋兩公이蒙古를反抗ᄒᆞᄂᆞᆫ同時에朝廷까지反抗ᄒᆞᆫ故로彼奴輩가此로由ᄒᆞ야逆賊의罪名을遽加ᄒᆞᆷ이로다

然이나兩公은其眼에國家만有ᄒᆞ며其心에國家만有ᄒᆞᆫ者니엇지其他를知ᄒᆞ리오況中君主及政府의命令은卽蒙古의指揮를受ᄒᆞᄂᆞᆫ者오君主及政府의自意가아닌즉我가此에服從ᄒᆞ면卽蒙古에服從ᄒᆞᆷ이어ᄂᆞᆯ兩公의朝廷反抗ᄒᆞᆷ이엇지得已ᄒᆞᆷ비리오

兩公의忠義가朴犀金慶孫과彷彿ᄒᆞ나朴犀金慶孫은蒙古ᄂᆞᆫ敢抗ᄒᆞ얏스되朝廷은敢抗치못ᄒᆞᆫ故로其忠義의名을保ᄒᆞ얏거니와裵金兩公은蒙古도抗ᄒᆞ며朝廷도抗ᄒᆞᆫ故로逆賊의名을得ᄒᆞᆷ이로다

國家를可救치못ᄒᆞᆯ진뎌忠臣될도我不顧ᄒᆞ며國家를可救ᄒᆞᆯ진ᄃᆡ逆賊됨도我不辭ᄒᆞᆷ이兩公의心事니兩公이有知ᄒᆞ면今日此言을聞ᄒᆞ면莞爾에不過ᄒᆞᆯ지나

往古史家가忠義先民을厚誣ᄒᆞ고國家精神을暗殺ᄒᆞᆷ을痛ᄒᆞ야壹言으로畧辨ᄒᆞ노라

官報

▲隆熙三年拾月壹日

▲部令

內部令第五號

地方費法第二條에依ᄒᆞ야地方費會計規則을左와如히定ᄒᆞᆷ

隆熙三年九月二十九日

內部大臣朴齊純

地方費會計規則

第壹條 地方費와會計에關ᄒᆞ야ᄂᆞᆫ本則及別노히規定ᄒᆞᄂᆞᆫ者外會計法、歲入歲出處理順序、稅外諸收入取扱規程、物品會計規程、物品出納處理順序並政廳의工事又ᄂᆞᆫ物件의賣買와貸借規程을準用ᄒᆞᆷ但歲入歲出處理順序第拾六條及第三拾三條의報告에關ᄒᆞᆫ事項第拾七條、第십八條、第貳십七條、第二십八條、第三十四條、乃至第三拾七條、第四拾條及第四十一條稅外諸收入取扱規程第十條ᄂᆞᆫ此限에不在ᄒᆞᆷ

會計法第貳拾七條의二及物品會計規程第二十四條第貳拾五條의度支部大臣의職務ᄂᆞᆫ內部大臣이此를行ᄒᆞ고政府의工事又ᄂᆞᆫ物件의賣買及貸借規程第一條의二에會計檢査局이라ᄒᆞᆷ은內部大臣으로ᄒᆞᆷ

第貳條 漢城府尹及觀察使ᄂᆞᆫ協力費에關ᄒᆞᆫ契約其他의法律行爲를擔任ᄒᆞᆷ

漢城府尹及觀察使ᄂᆞᆫ前項權限의壹部를部下官吏에게委任ᄒᆞᆷ을得ᄒᆞᆷ

第三條 漢城府尹及觀察使ᄂᆞᆫ定額預算內의支出을ᄒᆞ기爲ᄒᆞ야必要ᄒᆞᆫ壹時借入金ᄒᆞᆷ을得ᄒᆞᆷ

壹時借入金은年度內의收入으로써此를償還ᄒᆞᆷ을要ᄒᆞᆷ

(未完)

外報

◎露國奮起 露國政府ᄂᆞᆫ前日協約ᄒᆞᆫ際에淸日兩國이秘密ᄒᆞᆫ內約이有ᄒᆞᆫ줄을知ᄒᆞ고露國大使를經由ᄒᆞ야日本政府에交涉ᄒᆞ얏다더라

◎露使交送 哈爾賓에서遭難問題의原因으로露國駐淸公使ᄂᆞᆫ交送된다ᄂᆞᆫ說이有ᄒᆞ다더라

◎露紙不平 露國의新聞은淸日協約에對ᄒᆞ야不平ᄒᆞᆫ記事를揭載ᄒᆞ얏다더라

◎露船飛行 露國의飛行船은試驗을經ᄒᆞ얏ᄂᆞᆫ데成功을得ᄒᆞ얏다더라

◎勝戰歡迎 西班牙軍이摩洛哥국르쿠山全部를占領ᄒᆞ고歡呼喝采聲中에西班牙國旗를山頂上에樹ᄒᆞ얏ᄂᆞᆫ데西班牙壹般國民은大히歡迎ᄒᆞᆫ다더라

◎希王과希民 希臘아뎐스市民은大集會를開ᄒᆞ고國王에게對ᄒᆞ야行政改革을要求ᄒᆞ얏ᄂᆞᆫ데王의答辭에曰朕은政府及議會와서此要求ᄒᆞᆷ이可ᄒᆞᆫ줄로信ᄒᆞ며日朕의希望은國家의興復이憲法範圍內에서實現됨이라ᄒᆞ얏다더라

◎希人戰熱 希臘의人心은全然變ᄒᆞ야土耳其와開戰ᄒᆞ기로熱狂ᄒᆞ야群衆이王宮을包圍ᄒᆞ고熱狂ᄒᆞ며萬歲를唱ᄒᆞ며大喝采를行ᄒᆞ얏ᄂᆞᆫ데크리트島保護列國과土耳其의新交涉을行ᄒᆞᆫ다더라

◎爭論又開 페아데시와쿠크시ᄂᆞᆫ北極探險에對ᄒᆞ야又復爭論을開始ᄒᆞ얏다더라

◎英艦交代 英國新造巡洋艦미노또-우號ᄂᆞᆫ支那艦隊中킹알푸레드號와交代ᄒᆞᆫ다더라

◎移民輸送 大連驛을據ᄒᆞᆫ즉美國人아즈킨손시ᄂᆞᆫ露國移民壹萬人을哈爾賓으로모집ᄒᆞ야布哇로輸送ᄒᆞᄂᆞᆫ中이라더라

學報

◎仁校擧業 平南順川郡鐵北面仁昌學校々長리基운氏ᄂᆞᆫ該仁穆與他任員諸氏가該校諸般事務를熱心贊助ᄒᆞᆷ으로晝夜勤徒ᄒᆞ야八십餘名이達ᄒᆞ얏고去月貳십日에卒業式을擧行ᄒᆞ얏ᄂᆞᆫᄃᆡ卒業生의名은左와如ᄒᆞ니

吳秉綱 金基穆 康仁奎 리昇鉉 康鳳官 康相業 朴炳夏

雜報

◎隨聞更議 昨年本報雜報欄에洪鍾祐씨가春川葛月里砂金礦을暗自採掘ᄒᆞᆫ다ᄒᆞᆷ은隨聞揭載ᄒᆞ얏더니更聞ᄒᆞᆫ則씨가春川郡河床礦을請願ᄒᆞᆫ後에壙名이相違되야証止ᄒᆞᆫ事件은有ᄒᆞ나暗自採掘ᄒᆞᆫ다ᄂᆞᆫ說은全是中間에서搆誣者의做出ᄒᆞᆷ이라더라

詞藻

夷齊歎

쥬려죽으라고、首陽山에드럿거니。
엇지혈마먹으라고、고사리를키엿스랴。
物性도、굽은거시怪異치로뎌뜻요뭇、키엿노라。

雜報

◎諸工賜金 去五日에 太皇帝陛下께옵서 日人諸工渡部에게 金貨百五拾圓과 銀製韓國杯一雙을 下賜호셧다더라

◎特下宮爵 大皇帝陛下께옵셔 完王君李昇薨逝에 對호사 豐國副祭官李垠와 禮式葬儀는 宮內府로 從優奉行호라호시고 義親王에 遣侍從致祭호되 祭文은 親撰以下矣 勿易名之典은 依李俊鎔을 成服趨禮에 議設하고 仍令侍從으로 致祭호라신 旨를 宮內府에 下호옵셧다더라

◎因何上疏 咸陽郡居前郎趙顯昊가 太皇帝陛下께 上疏호는 大旨는 [illegible] 疏狀을 抱持호고 敎化門內에 直入호야 把守巡査에게 被逐호얏다더라

◎閔伍論說 韓國書國沐潤式의 小安國家會에 侵犯又敎하야서 謹啓호신 敎自上 從分에 有호오시되 [illegible] 치안니호 故로 閔氏가 去土曜日에 地方裁判所에 裁判을 請호얏다더라

◎奉審還渡 奉審官閔丙奭氏는 去日에 洪陵에 馳詣호야 奉審摘奸호 後에 仍留監祭호고 日昨還渡호얏다더라

◎大臣例會 昨日에 各部大臣及參與官이 統監府에서 例會를 開호고 [illegible] 議件을 討議호얏다더라

◎學大辭職 學部大臣 [illegible] 辭職호 理由를 聞호즉 閣議에 總理大臣의 完用氏의 暫屬肥己의 事가 去益顯著호야 吾輩는 不如退讓이라호고 其地位를 辭因호 言影響이 [illegible] 로 見機辭職홈이라는데 昨日政府大臣例會에 決定되얏스리라하더라

◎訪問相繫 總理相公相 朴齊純 南氏가 何事件을 因홈인지 再昨日下午三時頃에 永宣君李址鎔氏를 私邸로 訪問호고 長久談話호얏다더라

◎何故爭詰 總理大臣李完用과 內部大臣宋秉畯 兩氏間에 何等感情이 有호지 無關係가 有호던지 日昨에 互相爭詰호야 雲鶴等波가 激起호얏다더라

◎會議何多 度支部에서는 來二十日頃에 各地方財務監督局장을 召集호야 會議를 開호다더라

◎裁判增設 法部에서 本月十日에 楚山、成川、金山、黃州區裁判所를 增設호다더라

◎宋氏不應 某會員某某兩氏가 日前에 同協辦會에 宋氏를 勸誘호고 本會에서 發刊하는 新聞經費를 擔當支發호고 設新聞社의 主人되기를 强請호얏더니 宋氏는 堅拒不應호얏다더라

◎諸氏長書 徐相春과 炳善等 諸氏가 再昨日 內閣과 統監府에 長書를 提呈하얏다는데 其內容인즉 觀察使와 郡守를 薦報홈이 不公平하즉 更히 可堪人才를 擇用케 하라고 하얏다더라

◎奈何反對 海豐府院君尹澤榮氏에게 債務를 國庫金으로 報償하기로 政府에서 議定한 意를 [illegible] 宮內府大官小官이 三保松은 惟獨反對하얏다더라

◎因病未果 學務局長 尹致昨시는 近日身病을 因하야 多日仕進치 못하얏다더라

◎强盜處絞 强盜犯李秦仁 [illegible] 以下八人을 處絞하기로 法部大臣이 上奏裁可하야 九月二十五日에 京城監獄署에서 執行하얏다더라

◎納贓何當 監獄署에 滯囚호 裵升鎬氏가 自己田庄을 放賣호다더니 更히 有何思想인지 水原郡武陽城等地에 在호 千餘石秋收田畓文券을 沒數히 總理大臣李完用氏의게 納贓호얏다더라

◎接待員出發 英國 [illegible] 나 元帥를 接待하기 爲하야 日本砲兵中佐吉田의 一行이 昨日 龍山셔 出發하야 滿洲로 向하얏다더라

◎崔氏巡林 山林局長崔相敦氏는 昨日에 山林 [illegible] 數名을 率하고 南山保安林을 巡察하얏다더라

◎山監山直配置 各地方各陵에 山監九拾貳人과 山直九拾壹人을 配置하다더라

◎深田出發 農商工部度量衡課장 深田이는 地方에 度量衡을 實施키 爲하야 昨日 新義州等地로 發往하얏다더라

◎法令審査 內部에서는 昨日에 法令審査會를 開하고 漢城府官吏浮當金等에 關하야 審査하얏다더라

◎漁權件數 九月中 農商工部에서 漁業權 許可한 數는 十三件인대 本年四月부터 許可한 總數는 二百人件이라더라

◎警船旣到 內部에서 日本에 注文한 警備船雙中 五隻은 再昨日에 露水港에 到着하얏고 其他隻은 旣히 發航하얏다더라

◎監船將發 稅關所屬監視船이 近近到着하더인데 內部警務局에서 龍岩浦某浦等地에 巡査를 派送하야 乘組員으로 配置하다더라

◎搜漁船團束 咸鏡南北道沿海의 淸國人의 搜漁船을 團束하기 爲하야 內部에서 巡査四五名을 日間派送하다더라

◎翻譯採用 內部에서는 各地方裁判所에 韓人翻譯主事를 配置하기로 하얏는데 今回에 約三拾名을 採用하기 爲하야 來二十五日頃에 試驗을 行하다더라

◎巡查漸增 巡査를 益益增置하는데 今年內增置한 數가 日巡査가 百三十七名이오 韓巡査三십人이라더라

◎曆書發刊 學部에서 隆熙四年度曆書를 韓國印刷局에 契約發刊하다더니 該役이 竣工됨으로 該曆書를 昨日學部로 輸入하얏다더라

◎花技調査 漢城府辯護士某氏는 近日花技局을 設하고 同志幾人을 會同하야 數百圓을 得取하얏다는 說이 有하야 其眞假를 調査하는 中이라더라

◎日人數爻 京城居留民團管轄下에 在한 日人의 現在數는 戶數가 七千五百六十七戶오 人口가 三萬七千三百五십九名이라더라

◎醫官早退 大韓醫院官吏는 事務의 煩劇을 因하야 每日下午五時에 仕退하더니 近日流行病이 漸次止熄됨으로 昨日부터 上午十二時에 仕退한다더라

◎日人合謀 [illegible] 水道會社와 日人 [illegible] 何等不快한 感情이 有하다더니 日本三浦理事가 日本人民에게 大韓水道會社의 水道를 使用함에 注意할 事項을 告示하얏는데 日人들은 去月二十六日부터 二十八日까지 水道의 水를 汚濁함으로 彼를 損害를 [illegible] 하야 理事廳에 請願하다더라

◎蘇復發給 [illegible] 流行病에 罹患하얏다가 蘇復된 者에게는 蘇復證發給 十圓式을 支給하기로 防疫本部에서 擬定하는 中이라더라

◎爲防時疫 近日各裁判所에서 裁判을 開할 時에 호疫의 傳染이 [illegible] 하다더니 何等 故를 因함인지 日을 遷延하야 人民의 傍聽을 不許한다더라

◎某某日人 日人水產會社所屬尾ㅏ宇吉이가 去月三拾日에 海州附近媒島에서 漁業하는데 義兵七名이 日人의 漁船을 襲擊하야 宇吉을 殺하고 [illegible] 兵中三名이 日人에게 被捉되야 該警署에셔 取調를 當하야 日我軍가 日本人을 沒數滅殺코저 하다가 不幸至此라고 하얏다더라

◎寢息可期 衛生局에서 再昨日上午六時부터 昨日上午六時까지 漢城內外에 流行病新患者數를 調査한즉 合爲三名內에 日人이 [illegible] 이라는 바 其病勢가 至히 寢息되깃다더라

◎義擊日兵 九月三拾日夜에 義兵五拾餘名이 忠淸道禮山郡에 突入하야 警察署 [illegible] 衝突하고 憲兵과 日巡査로 數時間衝突하얏다더라

◎義將被捉 九月二十四日에 [illegible] 義將 [illegible] 石付姜大敬 兩人은 部下二拾五名을 率하고 日憲兵隊와 交戰하다가 被捉되얏다는데 此兩人은 再昨年 [illegible] 郡選擧局을 襲擊하고 日人들을 殺害하얏스며 當時部下兵이 二百餘名이 [illegible] 하얏다더라

◎寔用慈惠 去日五日에 耶蘇敎牧師 [illegible]

◎道貨被捉 [illegible] 名人이 紙貨를 僞造하다가 情跡이 現露하야 [illegible] 警察署에 被捉하얏다더라

◎因何事故 [illegible] 郡 [illegible] 錄名人이 因 [illegible] 留連 [illegible] 이라더니 何等 故를 因함인지 日昨 警視廳에 被捉하얏다더라

◎審査更四 監獄署의 多數滯囚 吉永珠시를 再昨日 地方裁判所에서 押上하야 審査後에 還囚하얏다더라

◎請願贊助 湖南學會에서 全羅南北道에 義捐金을 收聚하기 爲하야 內部에 承認次로 贊成請願을 提出하얏다더라

學界

◎夜校奸擴 甑山財務署長 [illegible] 利殷시는 敎育의 熱心하야 同郡公立普通學校內에 夜學科를 附設하고 該附近人士를 多數募集하야 熱誠敎授하는데 同郡財務署主事金 [illegible] 와 郡主事 [illegible] 시가 極力贊成하야 學員이 益增加하다더라

○東京電報○

四日發

◎陸軍減費 日本陸軍省은 經費를 節減코자 하야 目下方針을 調査中이라더라

◎調印訓電 西澤局 [illegible] 問題는 今番解決된 故로 日本外務省은 瀨川廣門日本領事에게 對하야 速히 調印하라고 訓電을 發하얏다더라

五日發

○紐育電報○

◎探險 [illegible] 民族 [illegible] 會 [illegible] 博士 [illegible] 探險 [illegible] 報를 提出하다더라

五日發

○北京電報○

◎張氏病篤 淸國張之洞氏는 數日來病勢가 更히 危重 [illegible] 故로 [illegible] 憂慮한다더라

五日發

▲警鍾大鳴▼

▲仁王山에 걸닌落照 流水갓치 넘어가고 千門萬戶 등불빗은 不夜城에 되얏대 於焉間에 밤이깁허 寂滅鍾 [illegible] 閣에 子鍾소리 뎅 [illegible] 하나 [illegible] 호린精神 맑어진다 더鍾소리 [illegible] 다가 [illegible] 世界 [illegible] 醒할까

▲三角山上上峰에 더鍾을 한번 놉히달고 大鐵椎로 힘세ᄭ 쳐셔 宏壯하게 그소리 [illegible] 城中 길흔밤에 頑固思想 不變 [illegible] 形便모르 [illegible] 귀창이 뚜러지게 어셔밧비 서워 [illegible] 洪水滔天

▲白頭山上上峰에 더鍾을 한번 놉히달고 [illegible] 그소리 [illegible] 三道에 모든 人民 [illegible] 暗昧 [illegible] 肉을 [illegible] 精神 이번 적나게 어셔밧비 서워내여 [illegible] 世紀 大舞臺에 新國民이 되게하오

▲漢拏山上上峰에 더鍾을 한번 놉히달고 우렁차게 두다려서 東洋天 [illegible] 漢 [illegible] 同胞 [illegible] 놉은 [illegible] 世界 [illegible]

▲六洲 [illegible] 너른곳에 [illegible] 鍾을 한번 놉히달고 [illegible] 壯快 [illegible]

[illegible]

廣告

本人의職牌를六月에落이在於楊州郡兩面獐等村李醫坪인바去戊戌年遺失時에新舊文券을셔失ᄒ얏기茲에廣告ᄒ오니僉君子と照亮爲要

京中部小笠洞三拾二統拾戶

告主 崔仁植 告白

訃告

平大谷徐相七

氏以宿患於八月拾八日卯時別世茲以訃聞

子 丙喜 告白

本學堂에서本月拾壹日月曜(陰曆月廿八日)에開學ᄒ깃시니舊學員은屆期來學ᄒ고新학員은請募ᄒ오니有志青年은陸續來學ᄒ시오

私立培材高等學堂 告白

◎開學廣告

本校에서今에病氣로因ᄒ야休學이옵더니本月(月曜)十壹日에開學ᄒ옴

西北協成學校

敬啓者本報と創刊有年에其論議의明正과其報道의迅速이諸君子의讚許ᄒ신바라近日에遠近志士의歡迎ᄒ오며韓國에도稍々히購覽ᄒと紳士가有ᄒ온바今에更히江湖上僉覽諸씨를紹介ᄒ기爲ᄒ야本報館所在地及報價를左開廣告ᄒ오니願覽諸씨と速々히左記로通奇ᄒ시옴

本館所在地 哈爾濱瓦牙街

報價壹個月先給 俄貨捌角

仝 三個月先給 俄貨貳圓

但報價と先給ᄒ을要홈

遠東報館 告白

○測量界 僉彥은一覽此特別廣告호

本商會에서年來로測量界의需要를承ᄒ와機械類를信實히奉副이온바近日森林의對ᄒ測量은法令으로頒布가됨ᄒ시거날京鄉同胞가此를未解ᄒ고躊躇度日키로茲에法律頒布의事項과近日農部에照會等書類를參考ᄒ시기爲ᄒ와該詳掲載ᄒ오니 海內僉彥은深諒ᄒ신後該期限內로申告ᄒ시와後悔의歎이無케ᄒ심을祝홈

○隆熙貳年壹月二拾壹日法律第壹號森林法이頒布되미附則第拾九條의云 森林山野의所有者と本法施行日노부터三個年以內로森林山野의地籍及面積의畧圖를添付ᄒ야農商工部大臣에게申告ᄒ되期間內에申告치아니ᄒと者と總히國有로見做홈(卽隆熙五年壹月廿日以내됨)約壹年間期限에僅在

○山林測量及證明에對ᄒ야異論이或有ᄒ기로洪州郡守閔泳이가此에對ᄒ야農商工部山林局에照會ᄒ얏더니該照復에森林山野地라도一切히證明을與ᄒ다ᄒ얏고

○襄陽郡守權奎洛시가또ᄒ此事件에對ᄒ야法部民事局에照會ᄒ얏더니該局에서答復ᄒ左와如ᄒ기其全文을揭載ᄒ야森林證明에對ᄒ壹般誤解를釋코ᄌᄒ노라

○襄陽郡守의照會 勅令第四十七號土地家屋所有權證明規則에對ᄒ야未詳ᄒ點이有ᄒ옵기茲에三項을左開仰佈ᄒ오니照諒ᄒ오셔三項을逐條示明ᄒ심을爲要

隆熙二年九月拾九日 法部民事局長始榮 閣下左開三項

一、土地種目은光武拾壹年二月土地家屋證明規則에關ᄒ야貴部訓令과如히所有權證明規則에도田답산林을壹切土地로認定하올지 一、土地家屋所有權證明規則施行細則第壹條에云ᄒ디文記其他證憑書類를添付ᄒ다하얏스나世守의山林과新築의家屋은所有權이事實上十分確實ᄒ야도證憑書類가無ᄒ고其他調査上所有權이確實ᄒᆫ를認ᄒᆯ時と證明을與ᄒ을지 一、山林도證明ᄒ境遇면田畓證明簿樣式에依ᄒ야種目明區別ᄒ올지事局長의照復 貴關證件은接準하온바右と三項이幷히貴照와如히照料ᄒ옵기茲의布復ᄒ오니 照亮ᄒ심을爲要

隆熙二年九月貳十壹日 襄陽郡守權鍾洛 閣下

本商會營業部大畧

漢城南署磚洞六十貳統拾戶

測量機械 製圖機械 貿易販賣商 書籍各種 學校用品

KIM

金龍商會

此外라도購求ᄒ시と디로周旋ᄒ깃슴

店主 金龍觀 謹告

各種東西洋藥中國唐材藥大發賣所 和平堂藥房

藥局의[illegible]大賣出喜

遠地에도小包로信送喜

健胃消滯 八寶丹

起死回生 蘇回生丹 水

麝香消瘡丹

胎養調經丸

陰陽雙補 滋陽丸

阿烟斷引藥

速效去根 全治丸

鎭咳散

消積散

寸白殺虫 蟲藥

蛔滅散

玉容 顔水

解毒 治通 膏

其他有名賣藥 都賣散賣

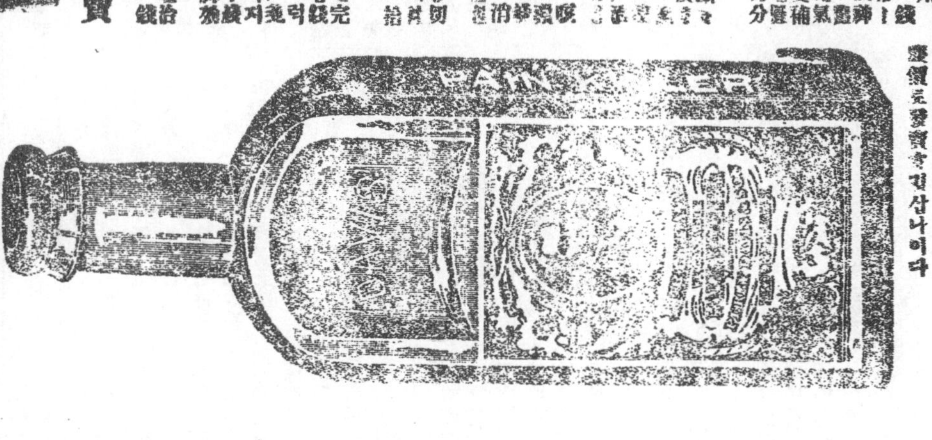

◎秘製止痛藥

此藥은美國에有名ᄒ신醫學士의製品이온바諸症에外塗內服ᄒ면無不立效인바吐瀉 霍亂 轉筋下痢等流行急症에尤極神效ᄒ와多數生命을救ᄒ오니此藥을常備ᄒ시와疾病을預防코ᄌ하시と이と速速來購ᄒ시겟삽나이다

▲內科所用▼ 左開

胃痙攣 吐瀉 咳嗽 肚滯 心痛 肝病 胃熱 口內之癰 哮喘 小兒吐瀉 抽筋 瘧疾 暖氣 胃黑痛 不[illegible] [illegible] 軟弱 [illegible] [illegible] 霍亂 腹痛 食傷風 不消化 疹子 傷寒 肚痛 痢疾 [illegible] [illegible]病 暑夏吐瀉

▲外科所用▼

火疔창 寒창 跌打損傷 腰背痛 茸창 指甲疽 咽喉痛 蟲蛇刺咬 凍창 腦氣筋痛 癬

發賣所 磚洞韓美興業株式會社事務所

本學校에서 流行病을 因하야 停學하얏더니 今에 病氣가 減消하기로 本月 日(月曜)에 開學함

校洞 西北學會內 農林講習所
私立培材高等學堂 告白

獸醫募集廣告

一 獸醫免許狀 有한 者 貳
名右員을 時募集하니 志望에 諸
君은 履歷書를 携帶하고 本部로 來臨홈

京城南部美洞三十壹統貳戶
大韓屠獸組合本部

新撰 家庭 尺牘
新 尺牘 全
洋裝 一圜十錢
牛洋 八十五錢
書牘 四十錢
國文句解
新撰國文
二十五錢

各種藥品을 總發行所는 濟生堂大藥房本舖

官許認可

隆熙元年에 內國博覽會에서 賞牌를 得홈

濟生保命丹

發行所 濟生堂大藥房

(米國製丸藥匣添付)(三貼分入)
定價金二十五錢
(每貼九十粒入定價金拾錢)
此藥은 全國到處마다 隨處販賣홈

蔘茸大補元
蛔積殺虫散
起死回生 回生丹
久滯大通丸
感氣特效 解熱散
寸虫沒出藥
去病生新 沃度膏
司乙拔根藥
特製百應膏
止足汗臭藥
其他有名賣藥洋藥各種都賣散賣

地方에 小包로 信送홈

共愛堂大藥房製造各種藥品發行表

壯陽復元丹
消化靈丹
淸眼水
淸耳液
淸脾丸
解熱至寶丸
消熱散
通淋丸
小兒濟命散
靈効液
疾痢散
養胃散
止瀉丸
治痰鎭咳丸
一積散
能治齒痛水
解凝膏

共愛堂大藥房
各處支店特約所
京城南部太平橋十九統七戶

家庭救急方

前外學校教官 朴容南
定價金 三十錢

學部檢定
東國歷史 全
定價金 三十錢

學部檢定
初等修身 全
朴晶東 著
金泰玉 發行
價定金 二十五錢
發行所 南部上犁洞十九統九戶 同文社
發賣所 京鄕各有名書舖

社告

廣告料

大韓每日申報
各處支社廣告

平安道
咸鏡道
黃海道
京畿道
忠淸道
慶尙道
江原道

江西邑內
江界邑
寧邊郡
朔州邑
龍川
平壤
安州
三和郡
元山港
永興
沙里院
定平郡
仁川
開城
水原
洪川
安岳邑
海州邑
長淵邑
大邱西門外
釜山港
蔚珍
北靑邑
咸興

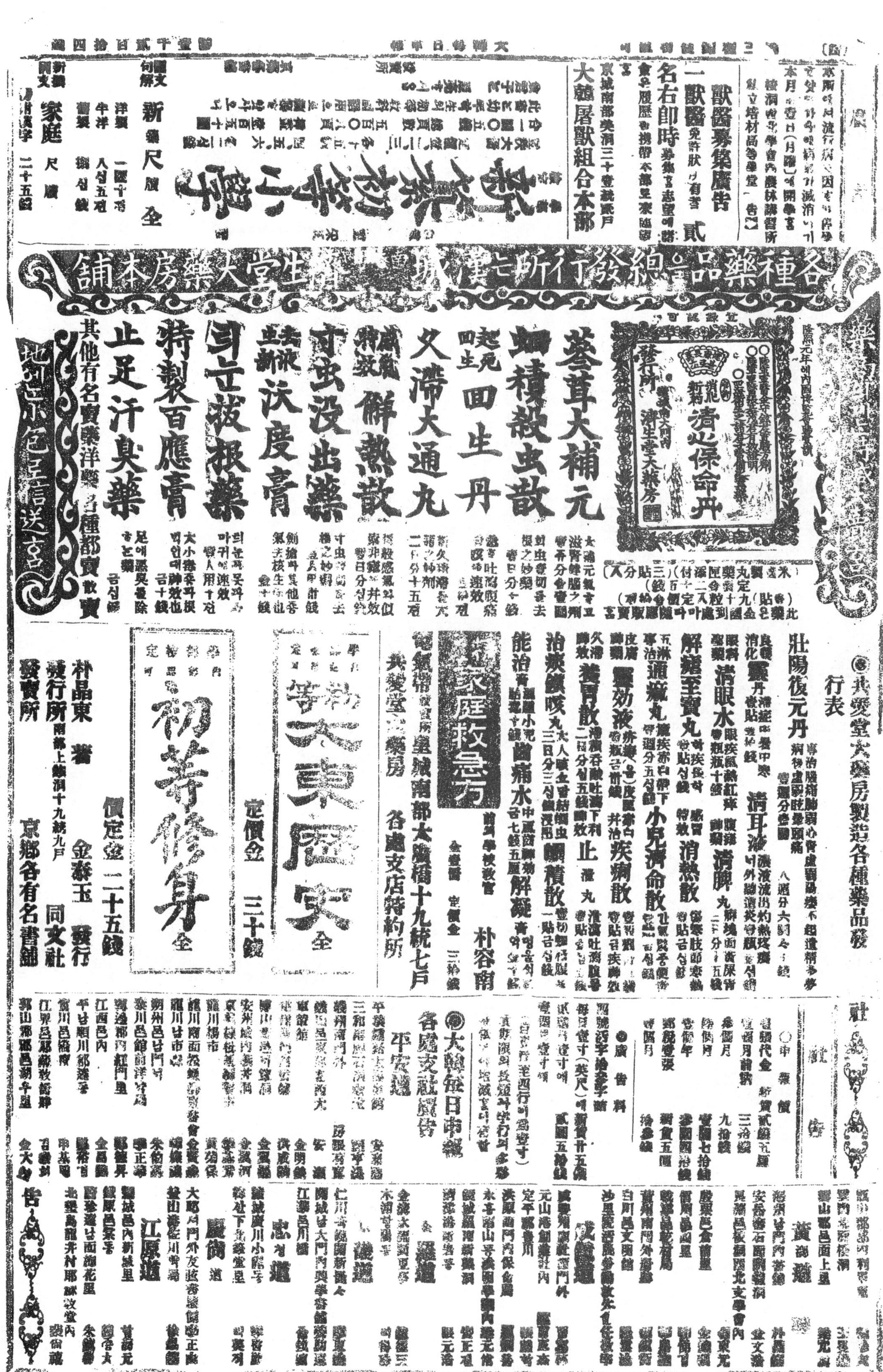

第七

大韓每日申報

第千貳百拾五號

月曆
曜時
及日
慶休
節刊

檀君開國四千二百四十二年
孔子元年二千四百六十一年
大韓開國五百十八年
日本明治四十二年
耶穌降生一千九百九年
陰己酉八月二十四日庚子

Responsible for Publication
Alfred W. Marnham

發行兼編輯人 萬咸
發行所
京城南部????
大韓每日申報社

寄書

◉吊漢拏山

瀛洲生

漢拏山은本部의第壹巨山이오抑亦本國의第三靈山（壹金剛二智異三漢拏）이라其頭祖山의來脉을受하야大海上에屹立홈者니往古鴻濛의初에高夫梁三聖人이降降하야全島를敎化하야本島로爲하야西隅의靈雄됨이되엿던바中間에蒙古의占領홈바되여橘柚는事大舘에日登하며永平天馬가徵貢路에頻走하얏스나既而오絶世巨傑崔瑩將軍이出現하야蒙古를掃平하고疆土를再整하니於是乎疆收雨霽하고海波風定하야島民이此中에睡眠홈지五百年이라彼決決한太平岸을備하며此巍巍한漢拏山을仰하야山河美哉의歎을發하고天壤無久로무仁天日月下에서生活홈을不知하얏더니嗚乎라今日이何時인지惟漢이日作하고陰雲이起하야濟州全島가地獄中에陷하얏도다各面各村에盡是外人의氣焰뿐이며漢拏山壹半分은居然「勝田」의斷去홈을被하얏도다自古로他人의土地를占有한者ㅣ有하지만은勝田과又치容易히한者ㅣ無하니一錢도不費하며一矢도不遺하고只是子子赤身이空手로來하야壹次測量하고드디여自家所有로認하고本國人은도로혀耕收도不敢하며遊覽도不敢하니此가今文無古文無의奇聞이아닌가

余가天에問코자하나天이漠漠하며地에叩코자하나地가隤隤하며官吏를責코자하나彼昏鬼는足히責할것이업스며人民을罪코자하나彼蠢物을足히罪할것이업도다然則余가何處에向하야此를鬪할가嗚乎라漢拏山에나一哭吊하리로다

漢拏山아々々々君은國界의雄山이라珍禽奇獸만雄出하고虎豹豺狼은敢히接치못하게하더니（山中에惡獸가不産하는고로居人曰山靈所爲）오늘날은엇지하야壹하가의管轄이되얏나슬푸도다漢拏山아

漢拏山아々々々君은海中에名山이라琪花瑤草만産出하고荊棘惡樹는敢生치못하더니오늘날은엇지壹하가의支配가되얏나슬푸도다漢拏山아

漢라二章。

記者曰此書를讀하매산然히淚가下하는도다然이나今日에可吊홀者ㅣ엇지한라뿐인가金剛도壹한바이며智異도壹한바이며妙香九月도壹한바이며雞龍太白도壹한바이며其他巨山小岳名山名岳이라又原野陵谷溪澗河川이皆壹한바이니엇지數한라만可吊하리오然이나人民私有의土地는往往知此히外人에게見奪하는것은是人民의罪라測量도不肯하며所有證明도不徵하다가맛초녀如此히外人의手中에屬홈이니郡孟시의云홀바「自伐人侮自侮人侮」가엇지虛語인가

官報

▲▲隆熙三年拾月壹日 官報

部令

內部令第五號

地方費會計規則（續）

第四條 會計年度經過後에至하야歲入에不足이生홀時는翌年度의歲入을繰充홈을得홈

第五條 過年度에屬홀經費는現年度豫算定額에對하야出納홈이可홈
前項의支拂은其所屬年度의豫算定額中不用된金額을超過홈을不得홈

第六條 地方費에屬홀現金及物品의出納은政府에屬홀當該出納官吏로호야금此를掌케호되漢城府尹及觀察使는觀察出納官吏를命홈을得홈

第七條 地方費에屬홀現金은漢城府及各道에在홀銀行에預金호되府尹及觀察使의命令을依호야支出홈이可홈

第八條 左에揭홀事項은預先內部大臣의認許를受홈을要홈

一 歲入歲出豫算으로써定홀者를除홀外에地方費의負擔이될義務를擔任호고及其權利를拋棄하는事
二 壹時借入金을爲홀事
三 翌年度以後에收入을繰入하야使用케호는事
四 借用을計하야設置호는事
五 繼續費를定하고又는此를變更하는事
六 豫算外의發途에充케爲하야豫備費를支出하는事
七 預算各項의金額을流用하는事
八 翌年度에預算定額을推移하는事（完）

道令

京畿道令第貳號

地方費賦課規則은左와如히定홈

隆熙三年九月二十七日 京畿道觀察使 金思默

地方費賦課規則

第壹條 地方費에充用홀賦課金의課目及課率은如左홈

壹 地稅의附加稅 本稅百分의五
二 屠場稅
屠牛壹頭에對하야金壹圜
屠豚壹頭에對하야金貳十錢
屠羊壹頭에對하야金二十錢
三 市場稅 放賣價格百分의壹

第貳條 地稅의附加稅는本稅와同時에此를徵收홈
附加稅徵收에對하야는國稅徵收에關홀規定을準用홈

第三條 屠場稅는翌月五日內에此를徵收홈

第四條 屠場主는每月末日을限하고其屠殺數를財務署에申告홈이可홈

第五條 市場稅는開市마다此를徵收홈
但常設市場에在하야는翌月五日內에此를徵收홈

第六條 市場稅는市場又는數個市場마다財務署長의認許를受한市場管理人으로하야금此를徵收케홈

第七條 市場管理人은市場의開市及其放賣價格을開市마다財務署에申告홈
但常設市場에在하야는市場管理人은每月末日을限하고放賣價格을財務署에申告홈이可홈

第八條 第四條及第七條의申告를怠하거나虛僞의申告를홀時는五圜以下의罰金又는拘留에處홈

附則

第九條 本令은隆熙三年十月壹日부터施行홈

外報

◎條約發布 土耳其와露國의通商條約은近日에발表할터이다

◎露德衝突 露都半官報는露國行政區域에居留하는德國商人의關係로哈爾賓에서德人의侵掠홈을對하야德人의侵掠的狀態를痛論하얏다더라

◎兩國敗北 摩洛哥제로안地方으로進擊한西班牙偵探的選擧를猛烈히襲擊하야非常히敗北하엿는데將軍과大尉貳名과中尉若干名과兵卒四百名이死하고負傷者約八拾名인데救援兵數隊를西班牙에서派出하야摩洛哥로向하얏다더라

◎摩國駐兵 摩洛哥에永久駐屯하기로한西班牙守備兵數는約壹萬五千名으로決定하얏다더라

詞藻

和夷齊歌　箕下生

伯夷叔齊놉흔節槪、後世人도追仰하네。
首陽山에採薇하온、獨善其身그아닌가。
찰하리、櫛風沐雨中에獻身하야、濟蒼生。

雜報

●於亦樂乎 總相리紛田宮相閔丙奭씨と朴齊純農相과趙重應兩氏가再昨日下午에武時에紫霞洞松石園에前往消暢하얏다더라

●任職勸告 宮내府大臣閔丙奭시가日昨에軍部大臣리載崑시를訪問하고從遊任職하라고勸告하얏다더라

●統監訪問 학大나宮大가君다로所閒에訊□하承寧府總管趙東潤씨는昨日에統監府를訪問하얏다더라

●旣退更叙 내部地方官資格審査會에셔第□次退却하얏던리敎使시를何等顧護가自有하지擧竟明川郡守로叙任하얏다더라

●郡面變更 各道의郡郡面里를變更하기爲하야내部에셔現今整理中이라더라

●相孤巡 總相리完명氏と其從任性九氏가叢民의게被捉한事에對하야觀察에指揮하야別巡查貳십名을抱川郡으로派遣하얏다더라

●行動調査 興선司번김珏鉉시と挽近何等曆節이有하지某處에셔히시의行動을調査한다하이라더라

●財政會期 度支部에서財務監督局장에會議하기로흔已經하얏거나와寥給當日로爲始하야四日間에會하기로預定하얏다더라

●日人鐵道熱 元山居留日人들은京元鐵道의急速布設하기를今期日本議會에請願키爲하야村人葭濱及文谷兩人을運動委員으로選定하야六日에東京으로派送하얏다더라

●日人協議 日人들은三남鐵道로나京義鐵道等을先히布設을이可하다하야仁川에入會等地居留日人들이昨日에田議會를하게하고協議하얏다더라

●於浦督納 前參成시가鐵川郡守在任時에公貨欠逋가不少한야度支部에서督促中이라더라

●號牌請願 金炳薰趙憲夏시等이人民의號牌를實施次로내部警務局에請願하얏다더니認許가出來치아니홈으로日昨에再次請願하얏다더라

●年年增 旣報와如히本年에警察署를增設하거니와來年度裁判所增加하는時에는警察官吏도益々增置하리라더라

●巡查又選 警視廳에서日前에巡查五十名을試取하얏는不遠間三十名을又爲試取하더라

●農銀處理 地方費處理할銀行은農工銀行으로決定하고處理方法은度支部에서製定할터이라더라

●中村出張 日本軍司令部砲兵大尉中村이는全羅道討伐隊狀況을視察키爲하야再昨日夜龍山에셔出發하야榮山浦로向하얏다더라

●何不支給 神宮奉敬會에셔東大門外에神宮을新建築한다하니石材價와役費를不爲支給함으로役夫들이一場沸鬱하얏다더라

●權氏呼訴 黃간郡居權리局시가其祖山은大邱郡居최相益시의山에入葬한故로최시가大邱郡裁判所에起訴하야權시가落訟納고한後因爲逃躲한故로權시가該事由를京城地方裁判所에呼訴하얏다더라

●林會求償 山林協會에서는山林과荒蕪地를測量할費用으로二十萬圓을得償케로運動한다더라

●古今學問 价川郡中南面龍源里居權文在氏婦人은年今三十三歲인데昨年臘十二月念三日에雙男을胎産하얏다더라

●實業實施 永同郡金永範鄭淳宇及殷洙諸시等이該郡에實業發展키爲하야實業契를組織하고人民들노各其勞動生活케하야原野에植木하고沼澤에養魚等事를必要로認하야現今設備中이라더라

●野蔽日入 館井洞居金春根氏家接隣에日人이居留하는데金시家通溝水道를塡塞하야不得通流케하는故로김시가서部警察署에呼訴하얏다더라

●殊常者多 郭산郡守金遺丕시가受由上京하야其本第에留連中이라는데再昨日下午六時頃에別巡查모樣과如한人二名이來到하야憲兵司令部에서捕捉以來하라하고領去하다가本願寺前에到着하야는毆打에暫留하라하고히兩人은不知去處하니居久에前署에服할者數名이히김시家에來到하야家産을搜索하얏다더라

●學部通牒 학部에셔臨時防疫所를設置하얏는데城내各官立학校에通牒하되一般教員中에自來用藥品을本所에申請實用하고價金을繳納케하라하얏다더라

●衛生方針 再昨日下午三時에안商洞金益顧劉世煥諸氏가貞慶坊人民을教化門前普光학校로會同하야衛生上必要한方針을演說하얏다더라

●豫防委員 防疫本部에셔는韓人豫防委員百八拾貳名을任用하야各警察署니防疫區域내에配置하야人民에게豫防을施行케한다더라

●非疫是飢 貞洞居리啓鎬氏가生活程度가窘艱하야數日을絶火하얏는데飢渴이滋甚한야房니에偃臥하얏더니行巡々查가來見하고虎列剌에罹患한로認하야避病院으로昇去하얏다더라

●止息不遠 내部衛生局에셔再昨日上午六時로부터昨日上午六時까지한城내外에流行病新罹患數를調查한則伊爲九名내에日人이三名이라더라

●傳道派遣 長老教會에셔는布哇에留學하는人에게布教키爲하야傳道師尹誠烈洪定植兩시를不日派送한다더라

●義將逮捕 去月三十日에全남羅州郡伊老面奉산里서義兵將尹相聲시가日憲兵派遣所憲兵에게逮捕되얏는데시는已往咸平羅州等地에서橫行하며咸平松溪里에大砲와銃彈等兵器를多數藏置하얏더니今番에並히押收되얏다더라

●義將被捉 십月頃에全北井邑等地에栗時순義兵將前邊上리喆用시가仁分遣所日憲兵에게被捉하얏는데시는再昨年부터部下六七名을率하고장城茂長地에橫行하얏다더라

●義討故需 陰曆八月십五日頃에義兵白樂순徐□□에來到하야近處富饒한人民의게需錢을多數討去하얏다더라

●鴉片之毒 前□判리海鵬氏가鴉片을嗜喫하다가昨日警視廳에被捉하얏다더라

●學徒越獄 □部警察署에被囚하얏던리範燮시는該署에셔數次審査하다가地方裁判所로越送하얏다더라

●三犯改役 監獄署에滯囚한僞造貨犯金克用由漢甫兩人은十五年役으로從犯白鳳善은三年役으로强盜犯權士俊과竊盜犯黃用得은五年役에處하기로再昨日에宣告하얏다더라

●鄭家賊警 再昨夜에强盜五名이東幕居鄭석洪氏家에突入하야四百餘圓價値되는汁物을奪去하얏다더라

學界

●次第上學 虎疫을因하야各學校들停학하얏는데現今病勢가漸次稍息됨으로各學校에서本月八日부터一切上學한다더라

○東京電報○

◎北海經營 日本의北海道經營案은旣히大藏니務兩省의協議가終了되얏는데近々決定된다더라

◎淸國新鐵道 松花江으로부터綏遠에至하는捌百里되는鐵道는貳千萬兩의經費로來年에竣工하기로決定하얏다더라

◎德紙와露國 哈爾賓鐵道附近의宗主權行政權에關하야德國露國間에紛議가發하야德國新聞紙는分謂를說明하고要求하얏다더라

◎露鐵工事 露政府는西比利亞複線工事와黑龍江鐵道中部東部線布設에對하야調査가結了되얏슴으로明春解氷后에는全線의大工事를始하리라더라 以上五日發

◎西軍大敗 西班牙軍이메릴라에서大敗하야非常히損害를被하얏는데이가후스將軍은負傷하얏고西軍은更히萬五千의援兵을送하얏다더라

◎西摩大戰 去土曜上午에西班牙及摩洛哥兩軍의戰爭은非常히劇烈하야西軍은四十名이死亡하고二百九十名이負傷하얏는데尙且前進하는西軍에게對하야摩洛哥人五千名은激烈히攻擊하다더라

◎露國造艦計畫 露國은首相議長의下에特別委員會를組하고海軍參謀本部에起案한造艦計畫을協議하얏다더라

◎露國電信 露國은本國과勘察加半島間에無線電信을設하기로工事를始하얏는데今秋中에完成된다더라

◎伊藤旅行 日本伊藤公은皇太子殿下의聽許를受하야哈爾賓及滿洲方面으로旅行한다더라 以上六日發

○北京電報○

◎攝政王慰問 淸國元老張之洞시의病勢가危急하미攝政王殿下께서其邸에臨하사慰問하얏다더라

◎張氏卒逝 淸國張之洞시는攝政王慰問에對하야皇의厚恩을感泣하고後事를委託하고昨日午後九時에逝去하얏다더라 以上五日發

◎張氏後任 張之洞시의後任은徐世昌시로推選된다더라 六日發

時事問答

▲大韓宣道會黨이聯合演說을세운다는虛說만흔데入들은도혼機몇낫다고억개춤추어가며韓日聯合鼓吹한대글세그런說說이야小聯合이성기겟네太聯合이生기나

▲國是遊說團에서는무슨手가크게나서돈이만히싱겻는지大同日報引繼하야新聞세지發刊을하며大韓協會準備하대글세그런模樣이야口遊說가不足하니筆遊說를兼하라나

▲商務組合所에서는道賭領을寶食하던蠅群又흔愚氓들은氣를쓰고運動하며貿易하지자負商寶買代身낫대글세그런貌樣이야商務組合그兩班은存富가되야볼셜

▲엇던頑舊學會에는貳拾萬圓이生겻다니只今韓國各社會가無錢不成하다는데運動費가만히싱기고학會는잘되깃데글세그런貌樣이야銅臭맛흔냄새들이

▲衣衆교育愚民들은書院復設運動하다가遠소에게學費먹고아모對答도헛되다니羞愧낫나보데글세그런模樣이야어서밧비너러가셔教育이나힘써보지

▲神宮奉敬會에셔는漢城新報그新聞을機關으로민늘고서四百圓식넘다하니리에실컨것들同類相聚잘맛낫데글세그런貌樣이야異情로다그會에는무슨돈이그리만아

社告

北墾島 龍井村耶蘇敎堂內에本支社를拾月壹日부터設置ᄒᆞ고謏爾禧氏로支社事務를委任ᄒᆞ얏스니該附近地에셔本申報購覽ᄒᆞ실 僉君子ᄂᆞᆫ謏爾禧氏에게請求ᄒᆞ시옴

去月本社投函에「靑志士壹言」이란論文을寄ᄒᆞᆫ人氏ᄂᆞᆫ本社總務室로來訪ᄒᆞ야壹次面接ᄒᆞᆷ을望ᄒᆞᆷ

大韓每日申報社

雜報

◎兩氏還曺 韓國紳士리鳳운金載璜兩氏가淸國에渡往ᄒᆞ야海外風霜에多年閱苦ᄒᆞ다가昨日歸國ᄒᆞ얏다더라

◎李氏歸國 韓國紳士리淳必氏ᄂᆞᆫ美國布哇에셔多年居留ᄒᆞ다가日昨에歸國ᄒᆞ얏다더라

◎閔氏義捐 前判書閔泳麟氏가孤兒院에經費를補用ᄒᆞ기爲ᄒᆞ야三昨日에金貨百圜과白米십石을捐付ᄒᆞ얏다더라

◎捐金募集 [...]에셔財政이困難ᄒᆞ야壹般居民이다義捐金을募集ᄒᆞ고次로收金委員幾人을選擧ᄒᆞ얏다더라

◎崔氏長書

故贊政崔益鉉씨遺稿(勉菴集)을治安妨害라ᄒᆞ야너部에셔押收ᄒᆞ엿ᄂᆞᆫ[...]報에已揭어니와其門徒[...]銓九씨承會[...]大臣宋秉畯씨의[...]質問[...]

正三品崔銓九謹書于

너部大臣閣下昨日以部令就見揚[...]先生文集中六冊及兩錄二冊合捌冊稱以治安妨害並押收事也部令限日[...]先生門徒之列[...]心痛久未能自定旣又自訟[...]無狀生不能服勤執贄事以老安之際歿不能保其遺稿以傳其道於後世慣懣輪囷直欲死而無知也

雖然閤下爲此擧未審何意耶昔以斯惡不爲義理所容遂敗天下所藏經籍載焚之驟斥胥惡程氏學禁[...]皆抵罪今然天下誦詩書孔孟遍滿학者推尊程시書亞於六籍而莫不笑以斯聽斥胥之愚閤下果使天下無吾先師能過於以斯聽斥胥者乎夫吾先師立身行己七拾餘年本末炳然如日月之耀中天仑岳之鎭[...]固[...]在乎文字然[...]之跡立言之實則非文[...]保守非爲公[...]世之[...]後章疏及[...]膾炙雖與僅走卒皆能口傳而亦誦之閤下固不能[...]而戮之也且閤下爲[...]妨害夫치妨害[...]固[...]陷害人之登[...]也然不亦閤過慮之深耶先師當[...]上[...]於君[...]以論於民者莫非尊[...]保全生民之策而上不與下無[...]卒之竄逐異域而死而莫之救夫以先師忠義之感天亦[...]變爲履[...]而古人所謂不得於人者如彼則今[...]寂寞空言[...]有加於此者亦有何妨害閤下之治安者也抑閤下之[...]惡於吾先師[...]必以不少[...]於閤下之罪[...]其文学之[...]於[...]借此治安妨害之[...]而欲滅棄之也然閤下之功罪已自定於閤下之[...]術[...]之[...]也假使[...]先[...]閤下苟[...]罪[...]下其將[...]閤下[...]人有傷於水火而惡之遂欲棄水而滅火者或謂之日曦不可也盍順水火之性而謹子之防也夫義理者人心而文字者不過載義理之具也今不爲順人心而徒惡義理欲滅其文字與傷水火而欲滅水火者無異適見其愚之甚也今閤下亦當自思其所爲順人心否乎而已不當爲棄水滅火之計而不深察於鄙等之言也惟閤下試思之焉

廣告

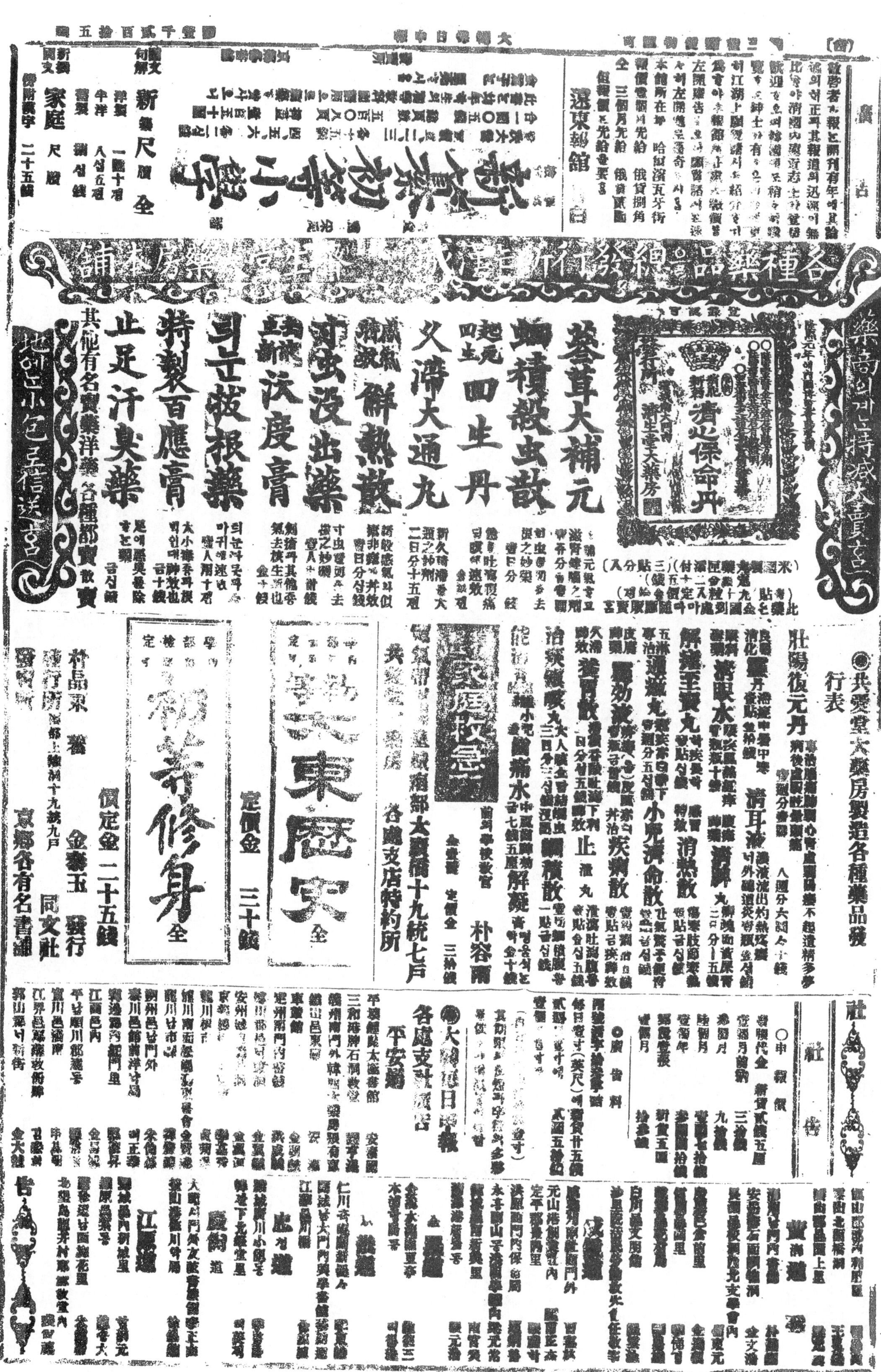

第七卷

大韓每日申報

第千貳百拾六號

月曜及休日時癈刊

西曆一千九百九年 檀君開國四千二百四十二年 箕子元年三千[illegible]十一年 大韓開國五百十八年 日本明治四十二年 韓國隆熙三年 陰己酉八月二十五日 [illegible]

Responsible for Publication Alfred Weekley Marnham.
發行兼編輯人 英國人 萬咸
發行所 [illegible] 大韓每日申報社

論說

◎儒學會의 名稱變更

頭에 孔子를 戴ᄒᆞ며 背에 聖[illegible]을 負ᄒᆞ얏다ᄒᆞ고 「大學之道ᄂᆞᆫ 在明明德」을 講ᄒᆞ야 雉猶[illegible] 雉鴟가 假作ᄒᆞ야 [illegible] 儒敎의 面目을 假粧ᄒᆞ야 儒敎를 滅亡코ᄌᆞᄒᆞ던 大東學會가 突然히 其名을 變ᄒᆞ야 孔子敎會가 되얏도다

吾輩가 [illegible] 彼의 罪를 悔ᄒᆞ고 善에 遷ᄒᆞ라 ᄒᆞ나 且大[illegible]ᄒᆞ면 全國이 同口痛斥ᄒᆞᄂᆞᆫ바인 故로 [illegible]道[illegible]인가 ᄒᆞ더니

更히 一報를 接ᄒᆞᆫ즉 此亦伊藤의 指揮오 日本人의 贊成ᄒᆞᆫ바라 當初趙重應이 北村[illegible]大聖[illegible]와 相合ᄒᆞ야 該會를 設立ᄒᆞᆫ 意思ᄂᆞᆫ 何오 盖韓國上等社會ᄂᆞᆫ 皆是儒敎中人이니 儒敎徒를 沒數히 附日黨이 되게ᄒᆞ면 是ᄂᆞᆫ 韓國內 上等社會가 附日黨이 될지라 故로 伊藤시의 二萬圓을 借ᄒᆞ야 該會를 設立ᄒᆞ고 全國儒敎徒를 旭日旗下로 聚立케ᄒᆞᆷ이라

凶哉며 彼輩여 彼輩가 國家의 興亡도 不恤ᄒᆞ거든 엇지 儒敎의 盛衰를 恤ᄒᆞ며 君父의 安危도 不顧ᄒᆞ거든 엇지 孔子의 尊否를 顧ᄒᆞ리오 彼의 知ᄒᆞᄂᆞᆫ바ᄂᆞᆫ 日本뿐이며 [illegible]ᄒᆞᄂᆞᆫ바ᄂᆞᆫ 統監뿐이라 全國人士를 驅ᄒᆞ야 儒敎徒의 儒敎를 愛ᄒᆞᄂᆞᆫ바 心으로 日本을 愛코자 ᄒᆞ며 孔子를 尊ᄒᆞᄂᆞᆫ바 心으로 統監을 尊코ᄌᆞ ᄒᆞ나 全國人이 此에 不從ᄒᆞᆯ가 恐ᄒᆞᆫ 故로 爲先此策을 案出ᄒᆞ야 儒敎를 尊崇ᄒᆞᆫ다ᄒᆞ며 春草滿庭ᄒᆞ던 明倫堂門을 復開ᄒᆞ고 伊藤씨를 邀ᄒᆞ야 大學을 講述ᄒᆞ며 布告同胞文을 發ᄒᆞ야 [illegible]儒者를 威脅的으로 驅人코ᄌᆞ ᄒᆞ나

然이나 四千載國家의 元氣가 未泯ᄒᆞ고 二千萬同胞의 秉彝가 尙存ᄒᆞ도다 [illegible] 森然爭指ᄒᆞ야 人人이 大東學會를 唾ᄒᆞ며 人人이 [illegible]會를 罵ᄒᆞ야 紛紛히 第二進會의 徽號를 奉呈ᄒᆞᆫ 故로 彼輩의 凶計가 未遂ᄒᆞ더니

今日에 至ᄒᆞ야 又何樣의 別運動이 有ᄒᆞ며 何等의 布告文을 發ᄒᆞ야 [illegible] 某處에서 二十萬圓을 給ᄒᆞ야 該會를 擴張ᄒᆞ며 又大東學會四字ᄂᆞᆫ 全國의 唾罵되야 發展에 不適ᄒᆞ야 孔子敎會로 改稱ᄒᆞ얏다 云ᄒᆞᄂᆞᆫ도다

眞心으로 孔子를 尊ᄒᆞ면서 孔子敎會를 立ᄒᆞ면 誰가 不可라 ᄒᆞ리오 만은 今彼輩ᄂᆞᆫ 孔子를 尊ᄒᆞᆷ이 아니오 孔子를 賣ᄒᆞᆷ이라 疆土를 已賣ᄒᆞ며 人民을 已賣ᄒᆞ고 又先聖을 賣ᄒᆞ나니 哀哉며 痛哉로다

前日 二萬圓 今日 二十萬圓을 摘食ᄒᆞᆷ은 太甘타 말지어다 其價値ᄂᆞᆫ 爾의 國魂을 奪ᄒᆞ며 爾의 民心을 換ᄒᆞ며 爾의 心腸皮血肉을 剝去ᄒᆞ나니

爾狗彘輩야 豈回思ᄒᆞᆯ다

此論을 已草ᄒᆞ고 更히 回思ᄒᆞᆫ즉 儒敎에ᄂᆞᆫ 孔子敎會가 有ᄒᆞ며 耶蘇敎에ᄂᆞᆫ 東洋傳道館이 有ᄒᆞ며 佛敎에ᄂᆞᆫ 淨土敎會가 有ᄒᆞ며 又[illegible]敬義會가 有ᄒᆞ니 韓國內 宗敎上 勢力이 又何如ᄒᆞ뇨

官報

▲隆熙三年九月二十九日 官報

道令

咸鏡北道令第六號

地方費法第四條에 依ᄒᆞ야 本道地方費賦課金賦課規則을 左와 如히 制定ᄒᆞ야 玆에 公布ᄒᆞᆷ

隆熙三年九月貳拾七日 咸鏡北道觀察使 [illegible]

咸鏡北道令第六號

地方費賦課金賦課規則

第壹條 地方費로 充ᄒᆞᄂᆞᆫ 賦課金의 課目及課率은 左와 如ᄒᆞᆷ

壹 地稅附加稅 本稅百分의五

貳 屠場稅 屠牛壹頭에 對ᄒᆞ야 金五十錢

三 市場稅 放賣價格百分의壹

第二條 地稅附加稅ᄂᆞᆫ 本稅와 同時에 此를 徵收ᄒᆞᆷ 附加稅徵收에 對ᄒᆞ야ᄂᆞᆫ 國稅徵收에 關ᄒᆞᆫ 規定을 準用ᄒᆞᆷ

第三條 屠場稅ᄂᆞᆫ 翌月五日內에 此를 徵收ᄒᆞᆷ

第四條 屠場主ᄂᆞᆫ 每月末日을 限ᄒᆞ고 其屠殺數를 財務署에 申告ᄒᆞᆷ이 可ᄒᆞᆷ

第五條 市場稅ᄂᆞᆫ 每市마다 此를 徵收ᄒᆞᆷ 但常設市場에 在ᄒᆞ야ᄂᆞᆫ 翌月五日內에 此를 徵收ᄒᆞᆷ

第六條 市場稅ᄂᆞᆫ 壹市場 又ᄂᆞᆫ 數個市場마다 財務署長의 認許ᄒᆞᆫ 市場管理人으로 ᄒᆞ야곰 此를 徵收케ᄒᆞᆷ

第七條 市場管理人은 市場의 開市日及其放賣價格을 開市마다 財務署에 申告ᄒᆞᆷ 但常設市場에 在ᄒᆞ야ᄂᆞᆫ 市場管理人은 每月末日을 限ᄒᆞ고 放賣價格을 財務署에 申告ᄒᆞᆷ이 可ᄒᆞᆷ

第捌條 第四條及第七條의 申告를 怠ᄒᆞᆫ 時ᄂᆞᆫ 五圜以下의 罰金又ᄂᆞᆫ 拾日以內의 拘留에 處ᄒᆞᆷ

附則

第九條 本令은 隆熙三年拾月壹日로부터 此를 施行ᄒᆞᆷ

▲隆熙三年拾月四日 官報

道令

忠淸南道令第五號

本年法律第拾貳號地方費法第四條에 依ᄒᆞ야 內部大臣及度支部大臣의 認可를 經ᄒᆞ야 賦課金의 課目課率納期其他賦課에 關ᄒᆞᆫ 規則을 左와 如히 定ᄒᆞᆷ

隆熙三年九月貳拾九日 忠淸南道觀察使 崔廷德

地方費賦課金賦課規則

第壹條 地方費에 充ᄒᆞᆫ 賦課金의 課目及課率은 如左ᄒᆞᆷ

壹 地稅附加稅 本稅百分의五

二 屠場稅 屠牛壹頭에 對ᄒᆞ야 金壹圜 屠豚壹頭에 對ᄒᆞ야 金十錢

三 市場稅 放賣價格百分의壹

（未完）

外報

◎德國巨艦 德國大戰鬪艦 헤리코운로號의 姊妹艦 오스도리스랍도號ᄂᆞᆫ 웨르힘스와ー후에서 進水ᄒᆞ얏다더라

◎[illegible]中止 露國은 구리미아에셔 陸軍大演習을 擧行코져ᄒᆞ다가 露國皇后의 病患을 因ᄒᆞ야 中止ᄒᆞ얏다더라

◎[illegible] [illegible]ᄂᆞᆫ 大[illegible]旗가 [illegible] 문뎨니 그로 京城[illegible]ᄒᆞᆫ다더라

◎[illegible] [illegible]ᄂᆞᆫ 政府[illegible]에 政略을 轉[illegible]ᄒᆞ야 [illegible] 내기다 公을 退職ᄒᆞ야 [illegible]ᄒᆞ얏다더라

◎列強注目 日本의 今番秋期大演習에 對ᄒᆞ야 列強이 頗히 注目ᄒᆞᄂᆞᆫ데 既히 露英德法伊奧各國에셔 武官을 派遣ᄒᆞ깃다고 日本에 請求ᄒᆞ얏다더라

◎西澤調印 西澤島問題ᄂᆞᆫ 去五日에 調印을 畢ᄒᆞ얏ᄂᆞᆫ데 西澤의 賠償金은 合三萬圓이라더라

◎德探被捉 法國에셔 男子七名과 女子二名이 德國間諜의 嫌疑로 被捉ᄒᆞ얏다더라

◎[illegible]敎戰 摩洛哥王은 西班牙軍에 對ᄒᆞ야 宗敎戰爭을 布告ᄒᆞ얏다더라

◎露國探險 노바셈블나島에 露國探險隊ᄂᆞᆫ 구로스灣의 地点과 가리海間에 新道路를 發見ᄒᆞ고 又其灣附近에셔 大石炭礦을 發見ᄒᆞ얏ᄂᆞᆫ데 目下其灣沿岸에 漁業場을 設立ᄒᆞ기로 準備ᄒᆞᆫ다더라

◎土國抗法 土耳其政府ᄂᆞᆫ 法國이 中央亞弗利加의 와다이地方을 占領ᄒᆞᄂᆞᆫ 것을 反抗ᄒᆞ얏다더라

◎英美親睦 日前美國허드손紀念祭에 陸軍大行列은 未曾有의 盛典을 呈ᄒᆞ얏ᄂᆞᆫ데 英國水兵도 參列ᄒᆞ얏고 特히 英國水兵의게ᄂᆞᆫ 歡呼가 盛ᄒᆞ야 英美兩國間에 國民的親睦을 表彰ᄒᆞ얏다더라

詞藻

◎天心

天心에 돗ᄂᆞᆫ 달과、水面에 부ᄂᆞᆫ 바람。
上下聲色 相應ᄒᆞ여、淸淨世界 되엿서라。
언제나、世界風塵 쓰러너코、이와ᄀᆞ치。

雜報

●處分下除 太皇帝陛下께오셔再昨日下午五時에各廟社殿宮官吏의省記를修呈ᄒᆞ라신處分을下ᄒᆞ오셧다더라

●侍從命還 皇后陛下께셔三昨日下午二時에侍從院[illegible]德壽宮[illegible]留連ᄒᆞᄂᆞᆫ[illegible]所에命還ᄒᆞ사[illegible]文簿를持來ᄒᆞ라ᄒᆞ오셧다더라

●義王臨葬 故完平君의葬禮ᄂᆞᆫ本月二十一日에行ᄒᆞᄂᆞᆫ데義親王殿下께셔도葬地에往臨ᄒᆞ신다더라

[illegible]

學界

[illegible]

○東京電報○

◉陰曆廢止問題

[illegible]

◉美使渡日

[illegible]

◉孫氏病篤

[illegible]

◉韓日新航路

[illegible]

◉張大臣後任

[illegible]

▲罪人學校▼

[illegible]

社告

去月本社投函에「寄志士警言」이란論文을寄ᄒᆞᆫ人氏ᄂᆞᆫ本社總務室로來訪ᄒᆞ야壹次面接ᄒᆞᆷ을切望ᄒᆷ

本報第二面末欄에揭載ᄒᆞᄂᆞᆫ評論은今에同胞諸君子의識見을交換發採키爲ᄒᆞ야募集을開始ᄒᆞ오니有志ᄒᆞ신人氏ᄂᆞᆫ各其思想을融通ᄒᆞ야陸續製送ᄒᆞ시ᄋᆞᆸ

評論揭載ᄂᆞᆫ本報에已揭載者와同壹케ᄒᆞ기를要ᄒᆷ

評論三枚를應募揭載ᄒᆞ면本報를無料로壹朔送呈ᄒᆞ야厚意를謝ᄒᆞ깃ᄉᆞᆸ

評論을製送ᄒᆞ시ᄂᆞᆫ諸氏ᄂᆞᆫ住所를詳記ᄒᆞ야本社編輯室로致付ᄒᆞ시ᄋᆞᆸ

大韓每日申報社

雜報

◎支保登難　全南各郡에橫行ᄒᆞ던義兵將沈南壹全琫用兩氏가部下兵을解送ᄒᆞ고不知去處인ᄃᆡ目下附近憲兵補助員들이解散歸化ᄒᆞᆫ人民을更히捉致ᄒᆞ야無限詰難ᄒᆞᄂᆞᆫ故로人民이支保ᄒᆞ기登難ᄒᆞ다더라

◎新韓報禁止　新韓國報第二卷第貳拾九号ᄂᆞᆫ治安을妨害라ᄒᆞ야發매頒布를禁止ᄒᆞ얏다더라

◎金氏被捉　北部外郊管內居金宗植氏가義兵의干連이有ᄒᆞ다ᄒᆞ야日前北部警察署에被捉ᄒᆞ얏다더라

◎日賊被捉　賊漢日人近藤清雄이가京城內外와仁川江華等地로出沒ᄒᆞ더니數日前에仁川警察署에被捉ᄒᆞ얏다더라

◎安郡賊警　去月貳拾五日夜에强盜 名이安城郡內申某商店에突入ᄒᆞ야金貨數千圜을奪去ᄒᆞ고該郡市街에居住ᄒᆞᄂᆞᆫ日人梅村의家로轉向ᄒᆞ야日女를結縛ᄒᆞ고多數錢財를奪去ᄒᆞ얏다더라

廣告

本人에養子文植이今貳拾年積功養育ᄒᆞ여老時依托이나ᄒᆞᆯ지런니彼此에意合相得지못ᄒᆞ여罷養ᄒᆞ엿기로仰佈ᄒᆞ오니京鄕間知僉ᄂᆞᆫ照亮ᄒᆷ

西部仁達坊社稷동四十九統六戶　朴興奎　告白

本支店은在上海東洋烟艸公製造廠과專賣特約ᄒᆞ야各種烟草를販賣인바出張所를安城과烏山에設ᄒᆞ고安城主任은洪鍾珏으로烏山主任은洪淳克으로定ᄒᆞ얏ᄉᆞ오니卷烟販賣의有意ᄒᆞ시ᄂᆞᆫ僉君子ᄂᆞᆫ右處에枉臨相議ᄒᆞ시고本店附近地에出張을設코져ᄒᆞ시거던本支店에來臨面議ᄒᆞ시ᄋᆞᆸ

法韓會社水原支店　告白

本人이南大門內萬物廛黃淵處에九月晦日推次金百二元七拾五錢手形票壹張을不知中셔失이온ᄃᆡ手形票書頭日字ᄂᆞᆫ臨八月初拾日이오니誰某拾得ᄒᆞ셔도休紙施行ᄒᆷ

開城南門內深泉　閔東奎　白

高陽中面注葉里所在退潑兩字田文券과判決書類를高陽郡元堂面舟橋等地에셔遺失ᄒᆞ얏사오니拾得ᄒᆞ시니ᄂᆞᆫ田文券은休紙로施行ᄒᆞ시고判決書類ᄂᆞᆫ本人에게傳致ᄒᆞ시면厚謝ᄒᆷ

新門內雲橋八統四戶　리輔元　白

論語 孟子

全壹冊　四百五拾六頁　定價金　壹圜

全壹冊　五百三십貳頁　定價金　壹圜

右貳書ᄂᆞᆫ吾人의德育上最要ᄒᆞᆫ書籍이온바其篇帙이浩繁ᄒᆞ야學者의閱讀에供ᄒᆞ기難ᄒᆞᆫ故로今回에諸儒의小註를刪去ᄒᆞᆫ後大文은國語로懸吐ᄒᆞ야諺解를傍付ᄒᆞ고大註ᄂᆞᆫ無漏集編ᄒᆞ야携帶와閱讀에兩便케ᄒᆞ야廉價로發售ᄒᆞᄂᆞ이다

二千部　爲限ᄒᆞ고拾月三十壹日ᄭᆞ지ᄂᆞᆫ定價의貳割을減ᄒᆞ고 八十錢 으로發售ᄒᆞᆷ

發行兼發售所

北部小安洞 **大韓書林**

中部布屛下 **廣學書舖**

各種東西洋藥中韓國唐材卸賣所發賣大林中發賣所 京城鍾路 和平堂藥房

藥商의게ᄂᆞᆫ特減大賣ᄒᆷ

遠地에ᄂᆞᆫ小包로信送ᄒᆷ

建胃消滯 八寶丹　積滯와胃腹痛과頭痛眩暈을鎭正ᄒᆞᄂᆞ니每包拾錢二包廿五錢

起死回生 蘇生水　吐瀉腹痛과濕泄轉筋霍亂吐瀉腹痛下痢痰咳에神效每包

麝香消瘡丹　梅毒下疳頭瘡과濕瘡에神效

胎養調經丸　婦人冷病帶下와月經不調에神效

陰陽雙補 滋陽丸　陽氣不足元氣不足陰陽雙補

阿烟斷引藥　阿片引을斷ᄒᆞᄂᆞᆫ藥

連珠去根 全治丸　連珠瘰癧을根治

鎭咳散　痰을消ᄒᆞ고咳를止ᄒᆞᄂᆞᆫ藥

消積散　陳積食滯를消化ᄒᆞᄂᆞᆫ藥

寸白殺虫 絲虫藥　寸白虫을殺ᄒᆞᄂᆞᆫ藥

蛔滅散　蛔積腹痛을完治

玉容 顔水

解毒 通治膏　太小瘡을通治

其他有名賣藥都賣散賣

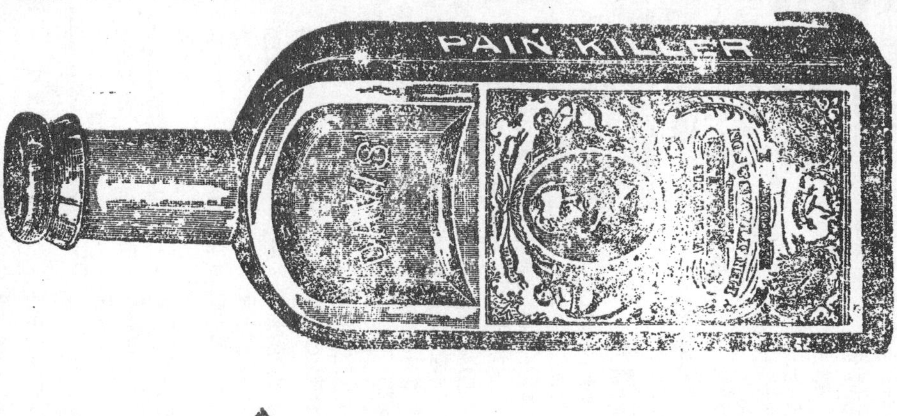

◎改製止痛藥

此藥은美國에有名ᄒᆞᆫ의학博士가研究發明ᄒᆞᆫ靈藥이라左開諸症에外塗內服ᄒᆞ면無不立效인바吐瀉霍亂轉筋下痢等流行急症에尤極神效ᄒᆞ와多救生命이오니藥業에從事ᄒᆞ시ᄂᆞᆫ이와疾病을預防코ᄌᆞᄒᆞ시ᄂᆞᆫ이ᄂᆞᆫ速速購買ᄒᆞ시면廉價로發賣ᄒᆞ깃삽니이다

左

▲內科所用
胃酸酸　吐瀉　咳嗽　肚滯　心痛　肝病　胃熱　口內之瘡　哮喘　小兒吐瀉　抽筋　瘧疾　噯聲　胃氣痛　腎癰寒　腹瀉　霍亂　食傷風　不消化　疹子　傷寒　肚痛　痢疾　齒痛　腎病　暑夏吐瀉

▼外科所用
火疔창　凍창　跌打損傷　蛇창　指甲疽　腰骨痛　咽喉痛　毒蛇刺咬　凍창　腦氣筋痛　癬

發賣所　礡洞韓美興業株式會社藥局所

大韓每日申報

隆熙貳年 第拾七[illegible]

第七[illegible]

月曜及慶節時日休刊

[illegible]紀元四千二百四十一年
檀君開國四千二百四十一年
箕子元年三千三十一年
大韓開國五百十七年
西紀一千九百八年
隆熙二年
[illegible]己酉八月二十五日 壬寅

Responsible for Publication Alfred Weekley Marnham.
[illegible]英國人 萬咸
發行所
[illegible]三號第[illegible]
大韓每日申報社

寄書

◉國內老人同胞

(前號續)

龍川 [illegible]永保

高堂明鏡에霜鬢을悲ᄒᆞᄂᆞᆫ老人同胞여[illegible]山落日에流水를嘆ᄒᆞᄂᆞᆫ老人同胞여[illegible]老人同胞여[illegible]材[illegible]花[illegible]老[illegible]結ᄒᆞ니老人同胞ᄂᆞᆫ何等結果를成ᄒᆞ겟ᄂᆞ뇨

大抵老人同胞ᄂᆞᆫ少年보다歲月을多經ᄒᆞ얏스며[illegible]廣ᄒᆞ며[illegible]經驗도多ᄒᆞ야[illegible]危民困을救ᄒᆞᆯ[illegible]往往誤謬[illegible]何[illegible]方策을思ᄒᆞ야[illegible]俗習의腐敗를改革ᄒᆞ며[illegible]新鮮[illegible]國計民生[illegible]利[illegible]發[illegible]서어ᄂᆞᆯ

今에老人[illegible]國計民生에利益될事가[illegible]지無ᄒᆞ지[illegible]究ᄒᆞᆫ境은未知어니와現今我韓이維新의時運을當ᄒᆞ야新[illegible]을圖ᄒᆞᆯ지[illegible]今幾[illegible]執[illegible]者ᄂᆞᆫ淚를滴ᄒᆞ며勸勉ᄒᆞ고登壇演說ᄒᆞᄂᆞᆫ者ᄂᆞᆫ血淚를灑ᄒᆞ야勸勉ᄒᆞ이只是[illegible]向ᄒᆞᆯ[illegible]오老人界에對ᄒᆞ야[illegible]旣[illegible]腐敗[illegible]ᄒᆞ니無[illegible]用[illegible]所用[illegible]니無所勸勉이라[illegible]肉[illegible]ᄒᆞ거ᄂᆞᆯ抑[illegible]老人同胞ᄂᆞᆫ此報를接ᄒᆞ면好[illegible]息을聞ᄒᆞᆫ듯[illegible]吾輩이老[illegible]何等을[illegible]謀ᄒᆞ며吾輩[illegible]腐[illegible]何藥을圖ᄒᆞ며오[illegible]井蛙[illegible]籠[illegible]蚕繭이自縛ᄒᆞ[illegible]縮[illegible]嗚呼

라何如是姑耻之甚이며何如是懦弱之極乎아

嗚呼라此貳拾世紀新時代를當ᄒᆞ야國의文明을言ᄒᆞ자면覺人二人[illegible]學ᄒᆞ야能習ᄒᆞᆯ비아니오[illegible]國의人民을[illegible]야習ᄒᆞᆯ지니今에老人同胞ᄂᆞᆫ비록老[illegible]얏스나旣히二千萬同胞의一分子되야頭에韓天을戴ᄒᆞ고足은[illegible]韓地를履ᄒᆞ며腹에[illegible]穀을充ᄒᆞ며身에韓衣를着ᄒᆞ며[illegible]義務恩[illegible]ᄒᆞ며吾[illegible]少[illegible]重ᄒᆞ며[illegible]百年王化을[illegible]ᄒᆞᆫ者도吾韓少年보다深ᄒᆞ야[illegible]韓民의義務를[illegible]代價[illegible]納치못[illegible]韓民의責任[illegible]貢[illegible]치못ᄒᆞ며如是ᄒᆞ야此二十世紀新舞臺에登ᄒᆞ야文明의樂을享ᄒᆞᆯ때오

或者ㅣ曰老ᄒᆞᆫ人이老ᄒᆞ며精神이凋耗ᄒᆞ고氣力이消落ᄒᆞ야硏究ᄒᆞᆯ지라도青年에不及ᄒᆞ고勉耐[illegible]의[illegible]이青年에不及ᄒᆞ며眼花ᄂᆞᆫ霧와如ᄒᆞ야字를難辨ᄒᆞ며[illegible]ᄂᆞᆫ麻와如ᄒᆞ야蟻役의事를[illegible]ᄒᆞᆯ지니[illegible]個作[illegible]此가固然ᄒᆞ나然[illegible]支那人梁啓超씨가言ᄒᆞ되大抵國家를[illegible]國民人人이其責任이有ᄒᆞ니賢智者ᄂᆞᆫ其責任이愈大ᄒᆞ고不肖者ᄂᆞᆫ其責任이稍少ᄒᆞ다ᄒᆞ얏스니今에老人同胞가비록青年에不及ᄒᆞᆯ지나엇지其責任에至ᄒᆞ야無ᄒᆞ다ᄒᆞ리오

嗚呼라余의年은志學에未及ᄒᆞ야知識도無ᄒᆞ고經驗도無ᄒᆞ고聞見도無ᄒᆞ고德行도無ᄒᆞ야老

人의少子된行實을踐키難ᄒᆞ고國家에國民된姿格을具ᄒᆞ기無ᄒᆞ야人道實踐의方法을聞ᄒᆞ며國家維持의方策을講ᄒᆞᆯ새[illegible]미양老人을遇ᄒᆞ면傍ᄒᆞᆫ니其閒ᄒᆞᆫ논바ᄂᆞᆫ有時乎某夜骨牌[illegible]得失과有時乎某사酒品의議下等談論뿐이라沼々ᄒᆞ니此가[illegible]可ᄒᆞ리오嗚呼라是人同胞여老人同胞여國家의國民된[illegible]야[illegible]엔尊老가되얏스니[illegible]年을[illegible]ᄒᆞ야[illegible]人士를[illegible]엔父祖가되얏스니子孫을[illegible]ᄒᆞ야[illegible]成ᄒᆞᆯ[illegible]責任이안닌가

[illegible]豈言으로[illegible]告ᄒᆞ노니老人同胞여吾輩少年[illegible]同胞ᄂᆞᆫ非[illegible]則是[illegible]朋이오非孫則是孫의友이니[illegible]自己의子孫을[illegible]朋友를[illegible]心을誠[illegible]ᄒᆞ야[illegible]衰[illegible]勇[illegible]有言호ᄃᆡ百歲의少[illegible]行[illegible]三歲의[illegible]有[illegible]스니此ᄂᆞᆫ誠[illegible]心志와勇敢[illegible]가[illegible]비록[illegible]ᄒᆞ나靑[illegible]릴지[illegible]誠[illegible]心志와勇敢[illegible]氣가[illegible]비록少ᄒᆞ나老人이된다ᄒᆞ야[illegible]今日[illegible]老人同胞도此心志와此[illegible]가有ᄒᆞ면[illegible]燈[illegible]에[illegible]研究ᄒᆞᆯ도可ᄒᆞ며東西[illegible]稼穡을從事ᄒᆞᆯ도可ᄒᆞ며學校를設ᄒᆞ야青年을敎育ᄒᆞᆯ도可ᄒᆞ며社會에[illegible]ᄒᆞ야國民을[illegible]導ᄒᆞᆯ도可ᄒᆞᆯ지라老人同胞여其有思ᄒᆞᆯ지어다

▲隨錄 [illegible]月四日 官報

△三[illegible]

度支部令第五號

[illegible]地方稅賦課規則(續)

第貳條 地稅附加稅ᄂᆞᆫ本稅와同時에此를徵收ᄒᆞᆷ

附加稅徵收에對ᄒᆞ야ᄂᆞᆫ國稅徵收에[illegible]規定을準用ᄒᆞᆷ

第三條 屠場稅ᄂᆞᆫ翌月五日內에此를徵收ᄒᆞᆷ

第四條 屠場主ᄂᆞᆫ每月末日을限ᄒᆞ야其屠殺數를財務署에申告ᄒᆞᆷ이可ᄒᆞᆷ

第五條 市場稅ᄂᆞᆫ市마다此를徵收ᄒᆞᆷ但常設市場에在ᄒᆞ야ᄂᆞᆫ翌月五日內에此를徵收ᄒᆞᆷ

第六條 市場稅ᄂᆞᆫ賣市場又ᄂᆞᆫ[illegible]市場마다財務署의[illegible]ᄒᆞᆫ市場管理人으로ᄒᆞ야금此를徵收케ᄒᆞᆷ

第七條 市場管理人은市場의[illegible]市[illegible]賣放賣價格을[illegible]마[illegible]財務署에申告ᄒᆞᆷ但常設市場[illegible]在ᄒᆞ야ᄂᆞᆫ市場管理人은[illegible]末日[illegible]限ᄒᆞ야放賣價格을財務署에申告ᄒᆞᆷ이可ᄒᆞᆷ

第八條 第四條及第七條의申告를息[illegible]ᄒᆞ며又ᄂᆞᆫ虛僞의申告를[illegible]ᄒᆞᆫ時ᄂᆞᆫ五圜以下의罰金又ᄂᆞᆫ[illegible]以內의拘留에處ᄒᆞᆷ

附 則

第九條 本令은隆熙三年[illegible]月[illegible]日로부터施行ᄒᆞᆷ

隆熙三[illegible]法律第十號地方費法[illegible]依ᄒᆞ야[illegible]閣[illegible]總理大臣度支部大臣[illegible]同[illegible]可를得ᄒᆞ야[illegible]道地方費賦課規則을左와如히制定ᄒᆞᆷ

隆熙二年九月貳拾六日

忠淸南道觀察使 [illegible]

忠淸南道令第三號

地方費賦課規則

第壹條 地方費로充用ᄒᆞᆯ賦課[illegible]의課目及課率은如左ᄒᆞᆷ

壹 [illegible]稅附加稅本稅百分의五

貳 屠場稅屠牛壹頭에對ᄒᆞ야[illegible]金壹圜五拾錢

三 市場稅放賣價格百分의壹

第二條 地稅附加稅ᄂᆞᆫ本稅와同時에此를徵收ᄒᆞᆷ

附加稅徵收에對ᄒᆞ야ᄂᆞᆫ國稅[illegible]

外報

◉法國派兵 法國政府ᄂᆞᆫ알제[illegible]及摩洛哥間國境에軍隊를派送ᄒᆞ얏다더라

◉淸領確認 西澤島問題ᄂᆞᆫ今番解決됨으로淸國의領土權을確認ᄒᆞ얏다더라

◉公使召喚 新任駐淸[illegible]國公使구렌시ᄂᆞᆫ赴任[illegible]際에華盛頓에서召喚되야此或東方問題에關ᄒᆞᆫ訓令을受ᄒᆞᆫ듯ᄒᆞ다[illegible]

◉憂辛羅網 露國皇后ᄂᆞᆫ其皇太子가無政府黨에게犧牲이될가憂懼ᄒᆞ야神經病에罹ᄒᆞ얏다더라

◉露德紛議 哈爾賓에서露國官吏가德國人麥酒製造所에[illegible]器械를押收ᄒᆞ미德國人이[illegible]憤抗ᄒᆞ야露國官吏를毆打ᄒᆞᆫ지라此事件은德國領事[illegible]中傷ᄒᆞᆷ에關ᄒᆞ야露德兩國間에紛議가起ᄒᆞ야露國[illegible]德國商人等은德國商品을排斥ᄒᆞᆫ다더라

◉[illegible]露交涉 淸國[illegible]駐在露國公使ᄂᆞᆫ黑龍江地方에馬賊을掃滅ᄒᆞ기爲ᄒᆞ야自國軍隊出動ᄒᆞ기를追請ᄒᆞ얏스나淸國政府ᄂᆞᆫ此가條約違反이라고抗議ᄒᆞ얏다더라

詞藻

[illegible]義[illegible]

天下[illegible]、容易ᄒᆞᆫ일업나니、
바람부러、
[illegible]고며、눈마저셔온돌보앗는냐。
아모리、너[illegible]위협[illegible]흑독ᄒᆞᆫ들、
[illegible]片精神이야[illegible]

(未完)

廣告

本冊肆에셔各種書籍을新刊及層[illegible]ᄒᆞ고書籍[illegible]圖以上請求ᄒᆞ시ᄂᆞᆫ이[illegible]特別減價ᄒᆞ고郵送呈送ᄒᆞ오며代金은[illegible]換ᄒᆞᆯ것
測量機具와學徒用品도放賣ᄒᆞᆷ

平壤[illegible]耶蘇敎書[illegible]

尹[illegible]

本館[illegible]을[illegible]任[illegible]後에業務[illegible]加[illegible]ᄒᆞ고書籍[illegible]圖以上[illegible]特別[illegible]引[illegible]이오니僉君子ᄂᆞᆫ[illegible]求ᄒᆞ시ᄋᆞ
測量器[illegible]와學徒用品[illegible]도具備[illegible]合

平壤[illegible]大[illegible]書[illegible]

館主 [illegible]昇[illegible]
主任 宋[illegible]
事務 金[illegible]

本人이[illegible]門[illegible]處[illegible]에九月晦日推尋ᄒᆞᆯ二元七拾五錢手形을[illegible]不知中에서失ᄒᆞ얏기로[illegible]手形은[illegible]字[illegible]八月初[illegible]이오[illegible]某[illegible]ᄒᆞᆫ것이니此로休紙로[illegible]ᄒᆞᆷ

開城[illegible]深泉

尹東[illegible]

本所에셔流行病을因ᄒᆞ야停學ᄒᆞ얏더니今에病勢가滅消이기로本月拾일日(月曜)에開學ᄒᆞᆷ

[illegible]校[illegible]事務所

本人이九月貳拾[illegible]日南大門停車場에셔一십圜手標와紙貨[illegible]壹圜八拾錢을並失ᄒᆞ얏기로玆以廣告ᄒᆞ오니外國人은拾得ᄒᆞ미라도休紙로施行

宗務院 [illegible]晦光

雜報

●丸藥下賜 太皇帝陛下께옵셔 [illegible]宮에셔[illegible]丸藥五百介를 下賜하셧다더라

●法官[illegible] 昨日統監府에셔 [illegible]官[illegible]홈을 [illegible]司法權引繼에 對혼重要件을 協議하얏다더라

●兩相辭任 辭職請願을 度支部大臣[illegible]氏와法部大臣[illegible]兩氏가依免홈을 [illegible]

●[illegible] [illegible]로其代는[illegible]

●因何長歸 珍山郡守朴承欽氏는何等事件을因홈인지 日間內閣에[illegible]辭表를提呈하얏다더라

●何等效勞 [illegible]大[illegible]田教堂[illegible]의昇康永祜諸氏가日前俄館[illegible]員[illegible]에對하야效勞가有홈으로[illegible]官職을得코져[illegible]運動中이라더라

●[illegible] 誰歟 大韓新聞社長[illegible]植씨가儒教를尊崇發展케홀라고[illegible]나個人의資格으로는到底不能홈[illegible]成均館長을被任코져運動홈다는巷說이派[illegible]

●土地調査 度支部土地調査局에셔는年末明年初에土地調査홀事로[illegible]

●[illegible] [illegible]

●互相何督 [illegible]各[illegible]所[illegible]財[illegible]에[illegible]

●是果何計 各地方財務[illegible]局長들은國有[illegible]組合所를設立케홀[illegible]

●日人派送 [illegible]部에셔는各地方寺社를調査홀기爲先事務官麻田[illegible]를[illegible]道로派送홀다더라

●兩又派送 財産整理局에셔各地方官[illegible]

●學生請願 日本留學生中代表[illegible]

●香祝下送 各地方所在[illegible]

●宣諭書特出 [illegible]

●[illegible]家病多 流行病[illegible]

●英師와虎疫 英國元帥[illegible]

●不可等閑 學部에서[illegible]

●官校解潔 [illegible]防疫委[illegible]

●貞慶坊衛生 貞慶坊[illegible]

●死亦喫錢 宮內府防疫[illegible]

●監督又到 [illegible]

●移屬學部 度支部及[illegible]

●[illegible]夫 卒逝 [illegible]

●[illegible]島虎疫 [illegible]

●罪人何多 [illegible]

○露都電報○

●滿大新任 [illegible]

●露政府滿足 [illegible]

●波斯와列國 巴里[illegible] 英美法[illegible]波斯[illegible]

○東京電報○

●日本總預算 日本[illegible]度歲入[illegible]總豫算[illegible]

●攝政王의吊慰 清國[illegible]

●特賜四品 清國皇帝[illegible]

●鐵道大擴張 日本政[illegible]

●貯金設[illegible] 日本[illegible]

●戰役[illegible] [illegible]

●航路獎勵 [illegible]

世界疑 [illegible]

宇宙間의 [illegible]

雜報

●美敎師還期 美國宣敎師亞歷山大壹行이今月拾日에入京ᄒᆞᆫ다더니更聞ᄒᆞᆫ즉九日에入城ᄒᆞ야十日下午三時에鍾路靑年會館에셔演說ᄒᆞ엿다더라

廣告

本人所有家屋北部樓閣洞九十八統八戶瓦七間半草五間半과九十九統十戶草四間九十九統十壹戶草三間과茅屋七十八統八戶草八間合四所板刻文券與證書를不幸並爲家中에遺失ᄒᆞ야不知去處ᄒᆞ얏스오니何人이던지拾得이라도休紙로施行ᄒᆞᆷ

北部仁達坊樓閣洞 失主 蘇夫人 告白

漢北鎭私立○明學校長○○受ᄒᆞ셔敎育에決心ᄒᆞ야郡內紳士諸氏와協同ᄒᆞ고學校를設立ᄒᆞ야獨立目的과我韓의今日形便을○○○○○民心○○○○郡村學徒가○○○○○○學徒가廣募되야國語○○○○郡內人士가有志之望이太有ᄒᆞ기玆以廣告ᄒᆞᆷ

許墊通 告白

本所에셔業金管理事가有ᄒᆞ와特別總會를本月九日(陰八月十六日)上午拾二時에開ᄒᆞ오니宗人은○期來參ᄒᆞ심을望ᄒᆞᆷ

金海金氏宗約所

本人等이○○○○農業資生ᄒᆞ다가於今年木棉蟲害로歉荒이極甚ᄒᆞ야特蒙減稅三分之一ᄒᆞ얏스나○○○○○○三分之一○○○○○十月拾日○○

○○○人民等 告白

大韓每日申報千壹百九十壹號雜報欄內稅主橫徵題下에興德郡稅務主事洪○晉시는郡內에稅收員壹人과書員幾人을置ᄒᆞ고考結時에每結頭二拾錢式收捧ᄒᆞ고捧稅時에每結頭壹圓式加捧ᄒᆞᆫ故로民怨이沸騰ᄒᆞ다ᄒᆞ엿더라ᄒᆞ니本郡財務主事洪○晉시가政治高明ᄒᆞ야務圖○○에民皆信服인대受此誣陷이極係排枉이오기逐條辨明이다온즉面稅金領收員을分置ᄒᆞ기로上年夏에民會收議ᄒᆞᆫ즉暴徒창擾ᄒᆞᆷ을因ᄒᆞ야願行ᄒᆞᆯ無ᄒᆞ기財務監督局에報告ᄒᆞ여度支部訓令을奉ᄒᆞᆫ즉郡內에二員을置ᄒᆞ야領收ᄒᆞ엿스며考結時屆員을選定擧行ᄒᆞᆫ則紙筆墨價와手數料로每結錢二十錢은列邑通行之例이어元稅金八圓外에壹里도加捧이無ᄒᆞ와民所共認인즉壹郡之說은尤極虛無ᄒᆞᆫ바此個陰陷挾嫌謀陷이기玆以廣告ᄒᆞ오니 僉君子는照亮ᄒᆞ오

全北興德郡縣內

面長	李邦植
民人代表	朴형종
北面々長	柳○敎
民人代表	朴○琪
豊東面長	金世鎬
民人代表	金基澤
二東面長	리陽煥
民人代表	呂洪鎬
壹南面長	柳희甲
民人代表	金應三
二南面長	金在合
民人代表	金鳳鎬
壹西面長	리炳來
民人代表	金基奎
二西面長	리以軒
民人代表	沈鐵澤
富安面長	리模榮
民人代表	宋鉉相

本人名號兩之韻字를改ᄒᆞ야醫字로行ᄒᆞ오니內外國知舊僉員은照亮ᄒᆞ심을

釜山鎭佐川里前主事李醫兩白

論語

全壹冊 四百五拾六頁

定價金 壹圓

孟子

全壹冊 五百三십貳頁

定價金 壹圓

右貳書는吾人의德育上最要ᄒᆞᆫ書籍이온바其編帙이浩繁ᄒᆞ야學者의閱讀에便ᄒᆞ기難ᄒᆞᆫ故로今回에諸經의小註를刪去ᄒᆞ고大文은國語로懸吐ᄒᆞ야諺解를傍付ᄒᆞ고大註는無漏集錄ᄒᆞ야携帶와閱讀에兩便케ᄒᆞ야廉價로發售ᄒᆞ옵ᄂᆞ이다

二千部에限ᄒᆞ고拾月三十壹日ᄭᆞ지ᄂᆞᆫ定價의貳割을減ᄒᆞ고 八十錢으로發售ᄒᆞᆷ

發行兼發售所

北部小安洞 大韓書林

中部布屛下 廣學書舖

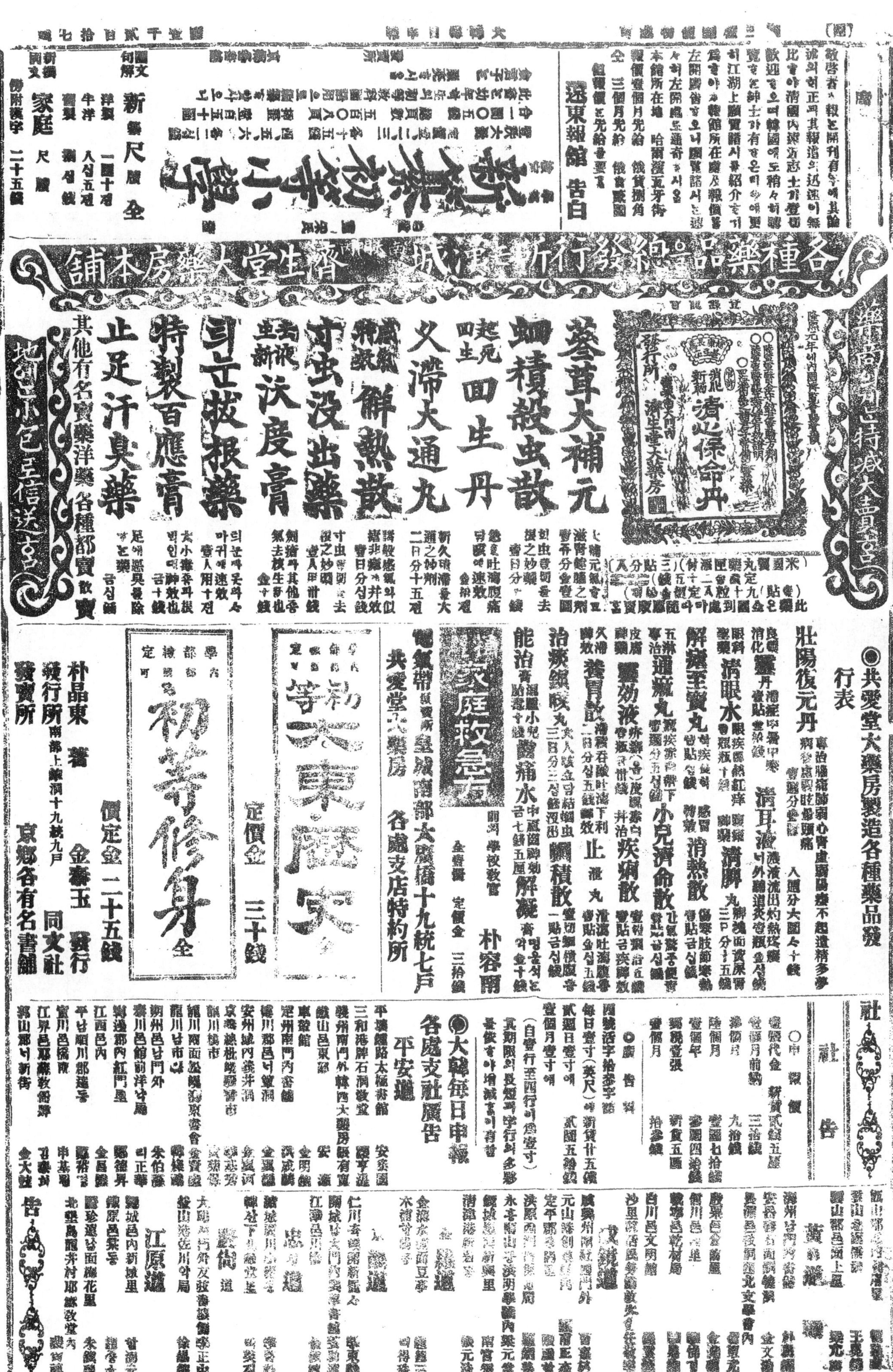

大韓每日申報

第七卷

第千貳百拾八號

月曜及祝日休刊

檀君開國四千二百四十二年
箕子元年三千三十一年
大韓開國五百十八年
日本明治四十二年
淸國宣統元年
陰己酉八月廿七日癸卯

Responsible for Publication Alfred Weekley Marnham.
發行兼編輯人 萬咸
發行所 京城南部水標橋北邊 大韓每日申報社

論說

◎弔施蘭敎氏大夫人

嗚呼라韓國女子敎育界에瑞星되는施蘭敎시太夫人이逝ᄒᆞ얏스니吾儕가엇지可히嚶吊가無ᄒᆞ리오

夫人의渡韓ᄒᆞ던時가壹千八百八十五年이니今에距ᄒᆞ기二十有四年이라

渡韓ᄒᆞᆫ當年에韓國女子敎育의未興ᄒᆞᆷ을閔欲ᄒᆞ야貞洞壹隅에梨花學堂을創設ᄒᆞ고[illegible]이始러라

代에나風氣가未開ᄒᆞ야人心이蒙昧ᄒᆞ야女子敎育이何物인지不知ᄒᆞᄂᆞᆫ故로學堂만設ᄒᆞ고人民은寥々ᄒᆞ야壹個學生이無ᄒᆞ얏더니라

凡人이此를當ᄒᆞ면慾且喜ᄒᆞ며倦且厭ᄒᆞ야退縮ᄒᆞ기易ᄒᆞᆯ지어ᄂᆞᆯ夫人이不然ᄒᆞ야學徒를得ᄒᆞ기爲ᄒᆞᆯ수록夫人이求ᄒᆞ기愈勤ᄒᆞ셔

爲先病者를視察ᄒᆞ며病人을援救ᄒᆞ야但只壹年少病女子를得ᄒᆞ지라病을救ᄒᆞ야完人이되게ᄒᆞᆫ後에文을敎授ᄒᆞ며니壹年을度ᄒᆞ매學徒가계오五六人이되얏더라

避險許多의困難을經ᄒᆞ고今日에至ᄒᆞ매該學徒가近二百名에達ᄒᆞ니

此는夫人의熱誠이며忍耐며其偉匹의實踐ᄒᆞᆫ바니此熱誠과此忍耐로由ᄒᆞ야韓國女學界의曙光을始放ᄒᆞ야深閨屋裡에唯酒食是議ᄒᆞ던女子가智識이漸開ᄒᆞ며舊習이去ᄒᆞ고眞理를篤信ᄒᆞ야未來女子의模範을垂ᄒᆞ니此는皆夫人의賜ᄒᆞᆷ이라

女子뿐아니라卽男子라도壹切韓國人된者면誰가夫人에게向ᄒᆞ야又手膜拜치아니ᄒᆞ리오

但吾儕는惜ᄒᆞ노니[illegible]蒼蒼이夫人의壽幾年을更假ᄒᆞ얏스면女子界의幸福됨이[illegible]乃翩然히世를棄ᄒᆞ고天國에往ᄒᆞ지라吾儕는夫人을拜ᄒᆞ며女子界를爲ᄒᆞ야悲ᄒᆞ노라

道令

▲隆熙三年拾月四日 官報

忠淸北道令第三號

地方費賦課金賦課規則 (續)

第四條 屠場主는每月末日을限ᄒᆞ고其屠殺數를財務署에申告ᄒᆞᆷ이可ᄒᆞᆷ

第五條 市場稅는開市마다此를徵收ᄒᆞᆷ但常設市場에在ᄒᆞ야는翌月五日以內에此를徵收ᄒᆞᆷ

第六條 市場稅는壹市場又는數個市場마다財務署장의認許ᄒᆞᆫ市場管理人으로ᄒᆞ야금此를徵收케ᄒᆞᆷ

第七條 市場管理人은市場의開市日及其放賣價格을開市마다財務署에申告ᄒᆞᆷ但常設市場에在ᄒᆞ야는市場管理人은每月末日을限ᄒᆞ고放賣價格을財務署에申告ᄒᆞᆷ이可ᄒᆞᆷ

第八條 第四條及第七條의申告를怠ᄒᆞ거나又는虛僞의申告를ᄒᆞᆫ時는五圜以下의罰金又는十日以下의拘留에處ᄒᆞᆷ

附則

第九條 本令은隆熙三年拾月壹日로부터此를施行ᄒᆞᆷ

(完)

▲隆熙三年拾月九日 官報

道令

全羅南道地方費賦課金賦課規則을左와如히制定ᄒᆞ야玆에公布ᄒᆞᆷ

隆熙三年九月三十日

全羅南道觀察使 [illegible]斗璜

全羅南道令第貳號

地方費賦課金賦課規則

第壹條 地方費로賦課ᄒᆞᄂᆞᆫ課金及課率은如左ᄒᆞᆷ

壹 地稅附加稅 地稅本稅百分의五

二 屠場稅 屠牛壹頭에對ᄒᆞ야金壹圜

三 市場稅 放賣價格百分의壹

第貳條 地稅附加稅는本稅와同時에此를徵收ᄒᆞᆷ
附加稅徵收에關ᄒᆞ야는國稅徵收에關ᄒᆞᆫ規定을準用ᄒᆞᆷ

第三條 屠場稅는翌月五日內에此를徵收ᄒᆞᆷ

第四條 屠場主는每月末日을限ᄒᆞ고其屠稅數를財務署에申告ᄒᆞᆷ이可ᄒᆞᆷ

第五條 市場稅는開市마다此를徵收ᄒᆞᆷ但常設市場에在ᄒᆞ야는翌月五日內에此를徵收ᄒᆞᆷ

第六條 市場稅는壹市場又는數個市場마다財務署장의認許ᄒᆞᆫ市場管理人으로ᄒᆞ야금此를徵收케ᄒᆞᆷ

第七條 市場管理人은市場의開市日及其放賣價格을開市마다財務署에申告ᄒᆞᆷ但常設市場에在ᄒᆞ야는市場管理人은每月末日을限ᄒᆞ고放賣價格을財務署에申告ᄒᆞᆷ이可ᄒᆞᆷ

第八條 第四條及第七條의申告를怠ᄒᆞ거나又는虛僞의申告를ᄒᆞᆫ時는五圜以下의罰金又는十日以內의拘留에處ᄒᆞᆷ

附則

第九條 本令은發布日부터施行ᄒᆞᆷ

外報

◎美統領演說 美國大統領타프트씨는[illegible]其他各地에서形勢를論ᄒᆞ야日本과美國은乃至百年間을世界問題에[illegible]注意ᄒᆞᄂᆞᆫ것이라ᄒᆞ야演說ᄒᆞ엿다더라

◎馬賊猖獗 淸國[illegible]內姚南附近에는馬賊이甚히猖獗ᄒᆞᆫ다더라

◎露兵捉日 西比利亞에서는日本人二名이露國哥薩克兵에게捉ᄒᆞᆫ바되얏다더라

◎土國과外人 土耳其政府는列國이治外法權의約定書를廢止코자ᄒᆞᆷ에對ᄒᆞ야地方官吏에게外國人을特別待遇ᄒᆞ라고訓令ᄒᆞ얏다더라

◎土元帥引見 法國大統領은巴里에來遊ᄒᆞᆫ土耳其陸軍元帥우겟도바사씨를引見ᄒᆞ얏다더라

◎西國言明 西班牙政府는메리라에援兵壹萬五千을派送ᄒᆞ며[illegible]日戰城을擴張ᄒᆞᆷ은無ᄒᆞ다ᄒᆞ얏다더라

◎凶漢被捉 美國코로레돈州포르리드에서大統領타프트씨가自行車를乘ᄒᆞᆫ時에何許人이短銃을藏ᄒᆞ고大統領을接近[illegible]

寄書

◎靑年의劣敗를嘆ᄒᆞᆷ

幼年 [illegible]鎬相

生은方在未成이오方修學이나旣無經驗之健全이오亦無才識之瞻富이라[illegible]今古之事跡을[illegible]放浪而[illegible]嗚呼[illegible]舜何人也며余何人也오[illegible]是何快言이[illegible]然[illegible]

[illegible]格物致知ᄒᆞ야導率民族於[illegible]壹致ᄒᆞ며獨作春秋ᄒᆞ야筆討戰國諸侯ᄒᆞ고崇儒佈道ᄒᆞ야爲萬歲宗敎之主ᄒᆞ신孔子도亦其人也시니可以効矣오

常慕人生之無常ᄒᆞ야慨嘆婆羅門之專橫ᄒᆞ고有憫蒼生之敎ᄒᆞ야離棄位ᄒᆞ고入山苦學六年에豁明ᄒᆞ야豁然得其正覺ᄒᆞ야遂乃出山說法ᄒᆞ니其義는排斥婆羅門ᄒᆞ고呼唱平等之主義ᄒᆞ야新成一宗敎ᄒᆞ던釋迦도亦其人이니可以効矣오

塵與隋唐之巨寇ᄒᆞ고蘇々烈々於後世ᄒᆞᆫ乙支文德之事도可以行矣오殖於滿洲ᄒᆞ야建立大帝國ᄒᆞ던金傑之偉業도可以行矣오冒弑君之惡名ᄒᆞ고解散國會ᄒᆞ야受尊觀之嫌而無憚ᄒᆞ던克林威爾之愛民도可以行矣오不顧國內之分裂ᄒᆞ며不憚戰爭之塗炭ᄒᆞ고毅然而放奴令於南美ᄒᆞ던林肯之公理도可以行矣오挾泰山以超北海라도亦可行矣리라

噫라今我國勢가果何如哉아化育民族을孔子와如히ᄒᆞ며救濟世界를釋迦와如히ᄒᆞ며奮銳武力을乙支文德과如히ᄒᆞ며擴張國土를金傑와如히ᄒᆞ며愛護同胞를克林威爾와如히ᄒᆞ며平等自由를林肯와如히ᄒᆞᆯ時代라然而不念不能之二字ᄒᆞ고藏於胸中ᄒᆞ야不爲惡小而爲之ᄒᆞ며不爲善小而不爲ᄒᆞ야孜孜勉勵ᄒᆞ며長久不懈ᄒᆞ면可免盈科後進ᄒᆞ야[illegible]萌芽發[illegible]

若其自暴自棄ᄒᆞ야獨立[illegible]我[illegible]何[illegible]民族[illegible]由[illegible]夫[illegible]莫[illegible]步也[illegible]故로西言에此自助[illegible]

[illegible]食ᄒᆞ고飽ᄒᆞ면喜ᄒᆞ며[illegible]而不知[illegible]人之所以爲[illegible]有異於是也라

人과文明之所以爲文明은以其人이唯玩惕ᄒᆞ야[illegible]自强之念이消ᄒᆞ며偷安之故로自奮之氣ㅣ亡ᄒᆞ니若是乎棄其所以爲人之[illegible]自伍於群[illegible]니其自尊者其惟在進取希望之点乎ㄴ뎌

詞藻

江山 야

江山에는 곳갓은、人物은 어찌 變遷ᄒᆞ노。

絕世偉人곳엿도、無數창鬼 亂만ᄒᆞ다。

江山아、泉蓋蘇文乙支文德速히還出ᄒᆞ야、新面目을。

雜報

●[illegible]下安寧 太皇帝陛下께셔 宗廟에 [illegible]三千圜을 下賜ᄒ샤셔 [illegible]宮니에 下ᄒ셧다더라

●東宮奉陵 大皇帝陛下께옵서 [illegible]奉[illegible]提[illegible]를 [illegible]陵에 [illegible]詣ᄒ야 [illegible] 仍留臨祭ᄒ셰 [illegible] 諸[illegible]의 壹切 事[illegible]以來ᄒ야ᄒ오셧다며라

●勸勞擔何 今番韓國銀行이 設立되야 從來第一銀行에셔 處理ᄒ던 事務를 引繼ᄒ엿ᄂ대 韓國政府에셔ᄂ 第一銀行人員 日人 시原等諸人의게 敍勳ᄒ기를 提議ᄒ다더라

●吊禮擧行 完平君李昇應氏 [illegible] 壹發[illegible]吏가 [illegible] 吊ᄒ[illegible]行ᄒ엿다더라

●[illegible] [illegible]議[illegible]에서 [illegible]國[illegible]다 [illegible]身[illegible]養을 [illegible]ᄒ야 [illegible]朝[illegible]鐵[illegible]併 [illegible]對ᄒ[illegible]關係[illegible]다더라

[illegible]計不[illegible]遲 司法權委任結果 [illegible] 貸付ᄒ[illegible]額ᄒ야 [illegible]變[illegible] 充用키 [illegible]日[illegible]各[illegible]變[illegible]ᄒ야 [illegible]貸付키로 [illegible]ᄒ엿다더니 其計劃이 [illegible]ᄒ엿다더라

●會富入京 [illegible]에 渡往ᄒ얏[illegible] 法部大[illegible] 司法[illegible]委員 [illegible]

●[illegible]用[illegible]說 現너[illegible]에 [illegible]說이 頗々ᄒ야 [illegible]臣의完[illegible]ᄂ 絶對的으로 盡力ᄒ게 [illegible]運動ᄒ야 現椅子를 不失ᄒ[illegible] 結果로 寧賃이 [illegible]ᄒ야 [illegible]中[illegible]椅子도 [illegible]ᄒ야 [illegible]를 比較的 表面에ᄂ 平穩을 表顯가 有ᄒ지마ᄂ데 [illegible]相과 度支의 [illegible]를 [illegible]ᄒ야 [illegible]相은 [illegible]大로 轉任ᄒ[illegible]ᄂ 宮相의 後任을 [illegible]ᄒ다ᄂ데 日[illegible]委任實施ᄒ 同時에 [illegible]實이 現出ᄒ리라더라

●[illegible]問題 [illegible]務[illegible]局長의 [illegible]今[illegible]ᄂ 來[illegible]부터 始ᄒ[illegible]인데 [illegible]要[illegible]問題ᄂ 來年度地方[illegible]計[illegible]有[illegible]調査와 地方[illegible]實施에 關ᄒ 事와 其他 二십[illegible]問[illegible]가 有ᄒ다더라

●郡守合格 內部에셔 日前地方官[illegible]査委員會를 開ᄒ고 郡守[illegible]合人 二十二名을 審査ᄒ얏ᄂ데 [illegible]監府同意를 經ᄒ얏다며라

●[illegible]推[illegible] 日本留學生代表 諸氏가 留學生監督을 從速叙任ᄒ라고 學部에 報告ᄒ은 已報어니와 該任은 石[illegible]衡氏가 被選되얏ᄒ다더라

●[illegible]結[illegible]額 度支部에서 自隆熙二年壹月以後로 三年七月[illegible]日[illegible]지 各地方[illegible]에서 [illegible]結[illegible]을 調査ᄒ[illegible]의 [illegible]合金額이 四千五百五拾餘元에 至ᄒ얏다더라

●治療[illegible]額 度支部司稅局主事 [illegible]가 全州財務局[illegible]에 [illegible]屯土를 調査ᄒ고 同[illegible] 太田[illegible]車場에서 [illegible]療中인[illegible] [illegible]에셔 [illegible]部에 [illegible] 費와 治療費를 支撥ᄒ라고[illegible]더라

[illegible]

●[illegible]倉[illegible]設立 度支部에셔ᄂ 韓米의 混[illegible]을 [illegible]ᄒ야 倉[illegible]을 設立ᄒ기로 計劃ᄒ[illegible]ᄃᆡ [illegible]度支部에셔 問題에 [illegible]ᄒ야 第壹回會議를 開催ᄒ얏다더라

●鹽船已發 稅關監視船六隻은 [illegible]日本下關에셔 出發ᄒ얏ᄂ데 二十日頃에 來着ᄒ리이오

本[illegible]ᄂ 아즉 決定치못ᄒ얏ᄂ데 仁川이나 鎭南浦附近에 定ᄒ리라더라

●尹氏歸國 [illegible]務局長[illegible]興致[illegible]氏의 妹氏가 [illegible]에 留學ᄒ다가 再昨日[illegible]歸國ᄒ얏다더라

●親衛豫算 親衛府來年度의 豫算은 約三拾萬圜이라더라

●英帥入京 英國陸軍元帥키치나將軍은 本二拾七八日頃에 京義線으로 入京ᄒ다더라

●致書[illegible]件 宮中顧問[illegible]允用氏가 其從姪[illegible] 人氏 被捉ᄒ事에 對ᄒ야 [illegible]州郡守의게 致書ᄒ되 [illegible]郡巡査를 派送ᄒ야 義徒를 隨[illegible]捉得後 卽時 [illegible]ᄒ라 ᄒ얏다더라

●閔[illegible]調査 閔[illegible]氏의 何事[illegible]因ᄒ인지 警視廳에셔 調査中[illegible]다

●[illegible]文[illegible]檢[illegible] 商務組合所長[illegible] [illegible]關ᄒ야 [illegible]事가 [illegible]圖[illegible] [illegible]掲[illegible] [illegible]組合[illegible]文[illegible]沒入檢査ᄒ[illegible]中[illegible]이라더라

●敎會[illegible]延 [illegible]宮奉敬會에셔 [illegible]國[illegible]擴張에 着手ᄒ야 爲先 [illegible]監督으로 [illegible] [illegible]問으로 [illegible] [illegible]總裁ᄂ [illegible] [illegible]長으로 昇[illegible]시라더라

●[illegible] [illegible]宮奉敬會員[illegible]申 [illegible]度[illegible] [illegible]六名[illegible] 第壹[illegible]는 食料品

●討[illegible] 代金을 延拖不報ᄒ[illegible]理店에 [illegible] 徐弘周氏가 右[illegible]代金을 [illegible]持[illegible]中部警察署에 呼訴ᄒ얏다더라

●[illegible]氏注目 承寧府理事吳[illegible]泳氏의 不精[illegible]事項이 新聞上에 揭[illegible]된 [illegible]러 [illegible]浪[illegible]으로 [illegible]觀[illegible]에서 其行動을 注目中이라더라

●呂[illegible]卞明 申[illegible]賢氏가 [illegible]司令部 被捉ᄒ事에 關ᄒ야 承[illegible]府總管[illegible]民[illegible]氏도 補捉ᄒ라ᄒ[illegible]ᄂ데 [illegible]部通譯[illegible]시의 周旋으로 [illegible]卞明[illegible]提呈ᄒ고 捕捉되엿슴은 中止ᄒ얏다더라

●水道競爭 大[illegible]水道會社에서 龍山市街에 水道를 延長코저ᄒ 道路使用을 [illegible]漢城[illegible]人民團과 交涉中인데 [illegible]人들은 斷然拒絶ᄒ고 [illegible]津水道를 開始ᄒ야 [illegible]人民團의 經營事業上으로 ᄒ다더라

●孔夫子誕辰 本日은 孔夫子誕辰이신 故로 學[illegible]種氏가 [illegible]發起ᄒ[illegible]同[illegible]敎會에서 成均館[illegible]不聞堂으로 會同ᄒ야 紀念祝典을 擧行ᄒ고 衆[illegible]ᄒ야 [illegible]敎開敎式을 設行ᄒ[illegible]次로 [illegible]部大臣[illegible]等官과 [illegible]般紳士의게 請牒ᄒ얏다더라

●兩報押收 新韓國報貳卷第貳拾六七捌號와 大東共報七[illegible]號ᄂ 治安을 妨害라ᄒ야 發賣頒布를 禁止ᄒ얏다더라

●[illegible]南發行 [illegible]南[illegible]晉[illegible] [illegible]發刊ᄒᄂ 慶南日報ᄂ 來拾五日부터 發行된다더라

●測量節次 私有순林測量에 [illegible]ᄒ은 一般皆知ᄒᄂ 바이어니와 其測量申告ᄒᄂ 節次ᄂ 私有순林을 測量ᄒ後 [illegible]地方官에게 土地證明規則을 依ᄒ야 證明ᄒ거나 農商工部에 直接申告ᄒᄂ데 人民中에 [illegible]節次[illegible]知[illegible]ᄒ야 彷황ᄒᄂ[illegible]有ᄒ다더라

●日費二圜 避病院에셔 日女看護婦를 排置ᄒ얏[illegible] 日費金二圜式을 給與ᄒ다더라

●不告徵罰 山林洞[illegible]立敎雲氏의 子婦와 同畜洞[illegible]김용[illegible]民氏의 夫人이 今番流行病에 罹死ᄒ을 所管警察署에 不爲告發ᄒ고 [illegible]目埋葬ᄒ事로 南部警察署에 對提囚ᄒ고 罰金을 徵納ᄒ라고 督促ᄒᄂ 中이라더라

●新[illegible]數 [illegible]午前六時후 [illegible]九日午前六時지 虎疫新[illegible]者가 京城에 [illegible]人십捌名 水原에 八名 [illegible]에 壹名 [illegible]州에 貳名 [illegible]州에 二名 定州에 壹名 義州에 壹名이라더라

●[illegible]保放 中部警署에서 地方裁判所[illegible]越交[illegible]範[illegible]氏ᄂ 昨에 保放ᄒ얏다더라

●囚徒破獄 再昨夜午後六時에 忠州監獄囚徒貳拾捌名이 破獄逃走ᄒ얏다더라

●文集被捉 安[illegible]居文集[illegible]何[illegible]悖戾ᄒ行動이 有ᄒ지 再昨夜에 [illegible]部警察署에 被捉ᄒ얏다더라

●民何支保 [illegible]南大[illegible]等部에ᄂ [illegible]이 [illegible]居人들이 支保키[illegible]ᄒ다더라

●救世開會 夜珠峴敎[illegible]會에서 本日에 第[illegible]回[illegible]年會를 設行ᄒ고 音樂[illegible]升[illegible]ᄒ야 多數人員을 迎接ᄒ[illegible]上午십時下午[illegible] 卅分間 七[illegible] 仍히 三[illegible]連[illegible]會[illegible]다더라

●[illegible]人[illegible]班[illegible] 釜순[illegible]成學校장으로 잇던 荒[illegible]平二郞은 何等[illegible]心이 [illegible]의[illegible]生과 兩班들을 募集[illegible]育[illegible]必要[illegible] [illegible]度[illegible]相當[illegible]學校[illegible]設立[illegible]目下計劃中이[illegible]所[illegible]平[illegible]에나 太郞[illegible]

學界

●尹[illegible]捐助 [illegible]紳士尹邦鉉시ᄂ 敎育界에 熱心ᄒ야 西間島[illegible]設立[illegible]牧民學校의 經費를 補助ᄒ기爲ᄒ야 金貨拾圓을 捐助ᄒ얏다더라

●青年[illegible]學 皇城基督敎青年會館에셔 近日流行病을 因ᄒ야 停學ᄒ얏다가 本月십[illegible]부터 開學ᄒ다더라

●金氏[illegible]願 成均館講師[illegible]托金東[illegible]시ᄂ 學部에 辭免請願ᄒ얏다더라

●女校興旺 吉州郡有志紳士諸시와 京城普成學校主[illegible]鍾浩시가 協議ᄒ야 該校內에 女學校를 創設ᄒ얏ᄂ데 [illegible]鍾浩申完[illegible]兩씨ᄂ 贊成金을 [illegible]捐助ᄒ[illegible]다[illegible]고 金[illegible]波姜銀珠兩시ᄂ 義捐金을 補助ᄒ[illegible]合으로 該校情況이 漸次興旺ᄒ야 生徒가 四拾餘名에 達ᄒ얏다더라

●光興其興 全北興德郡後浦光興學校敎師[illegible]承[illegible]시ᄂ 敎育에 熱誠ᄒ으로 諸般學生이 一層[illegible]感ᄒ야 [illegible]情況이 漸[illegible] [illegible]리[illegible]시의 熱心敎授ᄒ은 人皆稱頌ᄒ다더라

●崔氏熱誠 [illegible]津港에 居ᄒᄂ 紳士崔[illegible]氏ᄂ 不贍[illegible]產으로 [illegible]育界에 熱心ᄒ야 該港私立學校經費를 補助키爲ᄒ야 金貨[illegible]圓을 寄[illegible]ᄒ고 生徒[illegible] [illegible]熱誠勸[illegible]으로 數시[illegible]誠心[illegible]感服ᄒ고 [illegible]稱頌ᄒ[illegible]々ᄒ다더라

○東京電報○

●電信協會 日本遞信省의 [illegible]線[illegible]協議[illegible]遞信省에서 六[illegible]로 引續[illegible]ᄒ다더라

●伊藤渡滿期 [illegible]本 伊藤公은 [illegible]一[illegible] [illegible]向[illegible]滿洲[illegible] 아 西比利亞에 赴ᄒ다더라

●日本의 就學兒童 日本에서ᄂ 本年八月末日에 至ᄒ야 國兒童의 就學數를 調査ᄒ즉 百分의 九八強이 되ᄂ데 此를 十年前에ᄂ 百分의 六十、二十年前에ᄂ 百分의 十八에 比較ᄒ면 非常히 進步ᄒ얏다더라 以上九[illegible]발

照妖眼

▲엇던儒生보랑이면宋秉畯曾爲ᄒ야서中樞院에獻議ᄒ고無罪타고辨明ᄒ니儒生名稱약갑도다[illegible]賊爲[illegible]辨說ᄒᄂ그런儒生어데잇나네무숨儒生이라附賊生이分明ᄒ고

▲엇던儒者보랑이면孔子崇奉籍托ᄒ고儒敎徒를籠絡ᄒ며外人賄賂飽喫ᄒ니儒者名稱약갑도다儒敎팔아賄賂먹ᄂ그런儒家어데잇나네가무숨儒者러냐亡國者가分明ᄒ고

▲엇던報館보랑이면普天白日昭々下에倀鬼面目뻔덕이며妖口妄談ᄒ니報館名稱약갑도다[illegible]伐ᄒᄂ그런報館어데잇나네가무숨報館이라[illegible]報館이分明ᄒ고

▲엇던志士보랑이면[illegible]勢力[illegible]外人奴隷甘作ᄒ야民[illegible]挫折ᄒ니志士名稱약갑도다奴隷擧動ᄒ면서그런志士어데잇나네가무숨志士러냐[illegible]士가分明ᄒ고

▲엇던佛徒보랑이면[illegible]休靜西山다닝고[illegible]淨土敎宗하져[illegible]外[illegible]佛徒師[illegible]佛徒名稱약갑도다佛[illegible]빌어附外ᄒᄂ그런佛徒어데잇나네가무숨佛徒러냐媚外[illegible]가分明ᄒ다

▲半島江山沉々ᄒ야漆夜갓치어두운데[illegible]頭鬼[illegible]妖들이無數ᄒ게[illegible]動ᄒ니照妖眼이붉앗거놀재어데로逃亡ᄒ나壹々獲出ᄒ後에[illegible]邪[illegible]大[illegible]ᄒ야妖物消滅ᄒ리로다

廣告

에道光으以來로性區別例時不然當此時代宜別豊居族禑且有閑散遊議事故以仰告의門諸君子僉本月二十八日上午十時에[illegible]部大廣橋寧川邊三統七戸에齊會屆期賁臨伏望（雨則明日）
외士 林炳厚 金炳秀 金錫夏 洪[illegible]哲 金良秀 [illegible]寬[illegible] 趙炳璉 林赫采 김在淳 安景[illegible]等告白

本人이九月二十五日南大門停車場에서壹百圜手票와紙貨[illegible]圜入十錢을幷失하얏기로玆以廣告하오니內外國人은拾得하야도休紙로施行
宗務院 리晦光

宗人祖父産業에富有하더니平日本人의父子와從兄弟의所遺의所有地인[illegible]谷坪九石餘落과[illegible]散珠坪八石坪九石餘落과鹹堤月[illegible]坪五十餘石落과同水下里坪拾餘石落과臨陂酒谷坪一九石餘落은本人父子의所有이온데[illegible]餘畓都總은去年十月分에本人家親이因其親命하야下去南道幹事라니即時祖父에게所從兄弟가乘其喪事하야別言取遺囑之하고飜然抑之하야右畓中鎭安臨陂二處를自爲奪去之勢기로本人父子가不勝忿鬱하야爲先臨陂畓만문證明於本郡하얏거늘從兄弟가抑又出强하야押抹하고向人倡說하되至于揭載新聞의關之無據閑說有如此抑鬱事乎아挽歸正[illegible]在하온바凶暴이至此하야無據不測의事가有할런지至今의도本人從兄弟相發相爭의弊端을知悉하와勿施하심을茲以廣告함
大芳洞五統六戸 韓相稷 告白

本人이丙午六月分에西署蛤洞六十五統七戸草家九間板券을燒火하얏기로玆以廣告함 家主林[illegible]浩

高陽郡守崔恒錫씨는莅任二載에愛民如子하고政淸이如水하야邑弊民瘼을無遺除祛하고且春於交遞하야民賴以安하나壹脚鷗春이오百里活佛은萬口成碑하고仝郡財務署長徐丙院시도凡百稅政을公平處理하야民爲冤徵之稅하고官有淸白之政하며[illegible]聲이載路하온바崔郡守之善政과徐署長之淸白은可爲牧民者之模範이옵기玆以廣佈함
高陽郡元堂面松峴里各洞長 金昌鎬等 告白

本册肆에서[illegible]를豊居擴張하옵고書籍五圜以上을請求하시는特別減價하야郵遞로送呈하고代金은[illegible]換하시옵測量機具와學校用品도大發賣함
平壤鍾路耶蘇敎書冊舖

被洞西北學會內農林講習所

本人所有家屋北署[illegible]閣洞九十八統八戸瓦七間半草五間半과九十九統十戸[illegible]四間九十九統十四戸[illegible]三間部[illegible]十一戸草三間部[illegible]七拾八統八戸草八間合四座家券文券與測量圖를爲家中이藏置하얏더니不知中에失하얏사오니內外國人間拾得이라도休紙施行함
西部仁達坊[illegible]洞 英國人 康夫人 告白

本人名[illegible]字를改하야字로行하오니內外國知舊僉員은照亮하시옴
益山郡佐川里[illegible]主李[illegible]雨白

本人先祖讓寧大君致祭日字를定하야九月五日宗家吉祭祖値退定十月十日東部會宗[illegible]朔來臨
西部桃洞宗中有司李奎[illegible]告白

本月[illegible]日(月曜)부터[illegible]하야[illegible]病[illegible]으로[illegible]因하야停學하얏더니病氣가減消이기[illegible]學함

論語
孟子

全壹册 四百五拾六頁 定價金 壹圜
全壹冊 五百三십貳頁 定價金 壹圜

右貳書는吾人의德育上最要한書籍이온바其編秩이浩繁하야學者의閱讀에供하기難한故로今回에諸儒의小註를删去하고其大文은國語로懸吐하야諺解를傍付하고大註는無漏彙錄하야携帶와閱讀에兩便케하야廉價로發售하옵나이다

二千部爲限하고拾月三十日까지는定價의減額을減하고八十錢으로發售하옴

發行兼發售所
北部小安洞 大韓書林
中部布屛下 廣學書舖

各種東西洋[illegible]藥品[illegible]賣[illegible]所 [illegible]全[illegible]藥房

藥品의各種特效를全部發賣함

健胃消滯 八寶丹
起死回生 回生水
麝香消瘡丹
胎養調經丸
陰陽雙補 滋陽丸
阿烟斷引藥
遠珠去根 全治丸
鎭咳散
[illegible]積散
寸虫殺出 蠟虫藥
蛔滅散
五淋治 [illegible]水
解通 解毒治[illegible]膏
其他有名賣藥都賣散賣

遠地에는小包로信送함

◉必效止痛藥

此藥은美國의有名한의사의發明한藥이온[illegible]左記諸症에外塗內服하야[illegible]奇效가잇사오니吐瀉霍亂轉筋下痢等流行急症에尤極神效하와多救生命이오니藥業[illegible]은[illegible]하시고預防코져하시는이는速速來購하시압廉價로發賣하옵나이다

▲內科所用▼
胃酸 吐瀉 咳嗽 肚漲 心痛 肝[illegible] 胃熱 口內之瘡 哮喘 小兒吐瀉 抽筋 瘧疾 噯[illegible] 胃氣痛 [illegible]裡傷寒 民痺 [illegible]秋痢 [illegible]痢 [illegible] [illegible] 痰[illegible] 防瀉 食傷風 [illegible]消化 疹[illegible] 傷寒 肚痛 痢疾 頭痛 [illegible]背痛 暑熱吐瀉

▲外科所用▼
火疔瘡 [illegible]瘡 腰背痛 跌打損傷 [illegible]瘡 指甲疽 咽喉痛 蟲蛇刺咬 凍瘡 腦氣筋痛

發賣所 韓國韓美興業株式會社[illegible]

社告

○申報價
壹張代金 新貨貳錢五厘
壹個月前納 三拾錢
參個月 九拾錢
陸個月 壹圓七拾錢
壹個年 參圓四拾錢
郵稅壹張 新貨五厘
壹個月 拾參錢

○廣告料
四號活字拾參字詰
每日壹寸(英尺)에 新貨廿五錢
貳週日壹寸에 貳圓五拾錢
壹個月壹寸에 [illegible]
(自壹行至四行이爲壹寸)
其期限의長短과字行의多寡를依ᄒᆞ야增減홈이有홈

◉大韓每日申報各處支社廣告

平安道
[illegible]

咸鏡道
[illegible]

黃海道
[illegible]

京畿道
仁川 [illegible]

忠淸道
[illegible]

全羅道
[illegible]

慶尙道
大邱 [illegible]

江原道
[illegible]

告

第七[illegible]號

大韓每日申報

隆熙三年[illegible]月拾九日

月曜及祝日休刊 / 陰曆

發行兼編輯人 英國人 萬咸 Responsible for Publication Alfred Weekley Marnham.

發行所 大韓每日申報社

論說

◎東亞基督敎協會

東洋傳道館(又稱福音會)이美城에派送設立됨은本報에累揭홈이어니와今에又聞훈즉日本東京에서東亞基督敎協會를設立혼다는報道를接훈터又發起世可喫홀티로다[illegible]趣旨書에云호얏스되東亞基督敎協會設立의必要及理由는架言을不須홀터라支那에傳播훈지이百年을旣越호고日本의開敎됨이五十餘年을經호얏스나朝鮮의基督敎도亦然홀지라[illegible]會設立훈好機가아닌가호얏고又其書左方에該會設立提案者를列錄호마下와略如호니在東京中國合衆敎會[illegible]在東京韓國靑年會幹事金貞植이오其外에는日人인디金貞植이는是眞然의冒[illegible]이오시쎄개월즉察告치도아니훈者라시[illegible]此書를聞훈즉誥責홀으로시의姓名을塗抹호얏더라

嗚乎라救世敎의福音이韓國에入훈後로釋放의眞理를求훈者ㅣ[illegible]趙[illegible]現今韓國志士ㅣ太半敎[illegible]이[illegible]耶蘇[illegible]耶蘇[illegible]仰[illegible]도[illegible]東[illegible]傳[illegible]도反對[illegible]도反[illegible]日耶蘇[illegible]唯[illegible]

으로聖人호라호야壹邊으로趨旨書를[illegible]호며壹邊으로遊說者를派호야各處로行호면서人을誘호고其或買錄하야該會에入케호나니嗚乎라人々이金貞植이가[illegible]誰가此를設然히拒호리오其趣旨에云호바朝鮮의基督敎가亦豈大問題라홈이何謂오基督敎의未盛홈을憂홈인가益未盛已盛홈을勿問호고是를韓國의基督敎가되지안코日本의基督敎가되게홈이로다韓國의基督敎여果然彼의計圖홈는바와如히日本의基督敎가되라는가抑不然호가[illegible]國敎中諸公은晝夜로此問題를研究홀지어다

官報

▲隆熙三年八月十二日 官報

部令

度支部令第二三號

面交付金控除의件을左갓치定홈

隆熙三年八月十日 度支部大臣 任善準

國稅徵收[illegible]面[illegible]交付金은[illegible]國庫[illegible]納入[illegible]

交付金相當額은匯位를切捨호야錢位에止홈이可홈

附則

本令은隆熙三年十月一日로부터施行홈

隆熙二年十月度支部令第四拾壹號面交付金處理順序는本令施行日로부터廢止홈

度支部令第二四號

隆熙三年二月度支部令第六號國稅徵收法施行細則第五號書式을左와如히改正홈

附則

本令은隆熙三年十月一日로부터施行홈

隆熙三年八月十日 度支部大臣 任善準

第五號書式

現金給付할者와領收畢報告書와領收畢通知書와領收證書가有홈

(裏面) 注意

一 金額은明瞭히記載홈이可홈

二 壹金以下[illegible]國庫에納入홈이可훈總金額을記載홈이可홈

三 國庫給付高는國庫에納入홈이可훈總金額에서面交付金控除高를減去훈金額을記載홈이可홈

四 面交付金控除高는國庫에納入홈이可훈總金額의百分之二에相當훈金額을記載홈이可홈但匣位는斷去호야錢位에止홈이可홈

五 [illegible]枚其히金庫[illegible]

六 [illegible]當該[illegible]庫

又는郵便局所에納付호고領收證을受홈이可홈

七 領收證은年度마다稅別로(頁名冊)에編綴호야保存홈이可홈

▲隆熙三年拾月拾壹日 官報

法律

朕이海上衝突豫防法을裁可호야玆에頒布케호노라

御名 御璽

隆熙三年拾月八日 內閣總理大臣 李完用

法律第貳拾七號

海上衝突豫防法

總則

本法은海岸과海洋에接續호야[illegible]所를不問호고凡航行船舶에適用홈[illegible]航호기得홀水上에在훈船舶에適用홈[illegible]

(未完)

外報

●西軍撤退 摩洛哥國에西班牙軍戰爭은終結되얏슴으로西班牙軍은更히조만간으로撤退호얏다더라

●伊藤協議 日本伊藤公은去[illegible]日에外務省에往호야小村外大臣을訪問호고滿洲政策에關호야協議를장[illegible]談論호얏다더라

●張死哀出 淸國張之洞씨死去後에慶親王은袁世凱를上京케호기로攝政王에게催促호얏다더라

●意國衝突 [illegible]大統領타프트씨는알나쓰카를植民政治下에置코저훈디太平洋沿岸諸州는此를反對훈다더라

●美國抗議 美國國務省에서는淸國日本의滿洲協約에對호야抗議를提出홀지[illegible]研究[illegible]

●美人運動 美國資本家와對[illegible]代表者쓰트레ㅡ드[illegible]總督[illegible]家으로[illegible]其目的은[illegible]貨排斥[illegible]機關[illegible]等[illegible]買收코저홈이라더라

●[illegible]英國[illegible]濟[illegible]航[illegible]保護[illegible]

●德領事[illegible]哈爾賓駐在德國領事는全滿洲[illegible]裁判權을主張홈이아니오同港在留德國人[illegible]訴訟[illegible]裁判[illegible]

●露淸解決 哈爾賓問題로露[illegible]間紛爭[illegible]互相說明홈[illegible]因[illegible]解決[illegible]

●[illegible]拒絶 淸國[illegible]留[illegible]奉天[illegible]付[illegible]土地開墾[illegible]權[illegible]獲[illegible]鑛[illegible]

●美人競爭 美國人스트ㅡ래도시가淸國[illegible]總督과協議훈것은[illegible]淸[illegible]協約上權利와同[illegible]權利를得코저홈인디其[illegible]部分은成功되얏다는說이有호다더라

雜俎

●飢不啄粟

[illegible]例[illegible]는[illegible]飢不啄粟壯[illegible]업슬것[illegible]。萬物[illegible]、놉혼節槪[illegible]至[illegible]、[illegible]奴隷[illegible]、무[illegible]含[illegible]。

雜報

◉誕辰賜與　今月廿日은本이시오殿下의시오賜宴皇太子殿下의誕辰이신故로祗候官與柱從承寧府參從과漢韓兩國官員에게參與케爲하야數日後에發度한다더라

◉法律違格　昨日政府에셔內閣總理大臣의副署로法律第二十七號에上衝突豫防法을發布하얏는데自來法令發布의形式으로定하야施行홈及勅令은親署와御璽의節次를經한後에總理大臣이有關係各大臣과共히副署하게어늘法律은다만總理大臣의副署만으로違格이되얏다더라

◉衝突權限　別項과如히新發布된海上衝突豫防法이總相의副署만有하얏나니度支部通稅局官制와衝突豫防等規定이發布된則此外分明히農商工部官制中水上運輸에關흔것이어날此亦度支部의越權이라고物論이有하다더라

◉內閣變動說　內閣이變動되고新內閣이組織된다는說이頻繁하나其와變動을統監府에셔其後補者로李容九其他某某人을經營中이라하며顧問內田良平氏를日本政府에서召還한다는說이有하더라

◉總理訪問　總理大臣中樞院議長允植閔丙奭其他某某大官이昨日에塔洞僧房에往하야海豊府院君尹澤榮을訪問하얏다더라

◉諡號改正　故忠愍公閔泳煥氏의諡號를改正하라고저하야宮內府에셔現方擬議中이라더라

◉兩相談話　內部大臣朴齊純氏가再昨日에李總理와兩時間을閱雲亭에會同하야談話하얏다더라

◉實施司法　法部에서實施홀司法廳官制와法院試驗法案은本月二十日에發布하리라더라

◉職員錄　統監府에셔同府及所屬官署職員錄을編整하야冊式으로各部에發送하얏다더라

◉主事塡充　內部主事與闕이二窠인대此를塡充키爲하야該部에셔五人을銓定하야內閣에送하야文官銓衡을行케하얏다더라

◉判事敍任　法官養成所卒業生七名이判事로敍任되얏다더라

◉學部試驗　各道에勤巡査와成績優秀者는學部로登用홀豫定인바試驗을行하야十九名을及第者가有하며十三日에召集하야考試試驗을行하다더라

◉通譯試取　來十四日에內部에셔通譯을試取하다더라

◉鐵道運動　京元鐵道敷設에關하야京城과仁川의日本人聯合會議는本月中에京城에셔協議會를開하야該鐵道運動委員을選定한다더라

◉淸領交送　釜仁川元山駐在淸國領事는大交送되얏는데仁川領事는外務部主事王邦藩氏로代理하고同領事는仁川領事代理馬永發氏라더라

◉官舍又建　敎化門西邊에在한直房을毀撤하고璿源殿을建築한다더라

◉技師來到　日本에셔는岡山農事試驗場技師靑山三次郞이來到하얏다더라

◉外師配置　各地方에셔검사를行하는外國醫師를配置하야此를檢查한다더라

◉移轉經費　地方郡衙의位置를移轉하는經費는地方費로支出한다더라

◉度量衡法　農商工部에셔度量衡法의主旨를起草한다더라

◉逋吏被囚　潭陽郡守在任時에公貸欠逋가不少하야度支部에셔調査中이라더라

◉牛疫流行　近日牛疫이流行하야檢疫을施行한다더라

◉檢疫擴張　釜山輸出牛檢疫所에서檢疫을擴張한다더라

◉大同宗敎　去日에成均館에셔大同宗敎開敎式을擧行하얏더라

◉瓦斯工事　日人의瓦斯會社에서瓦斯管埋設工事를始하얏다더라

◉京韓銀會　韓國銀行의創立總會는來二十九日에東京에서開한다더라

◉文獻押收　忠淸南道公州의文獻補遺二卷을出版許可를受치아니하고出版하얏다하야內部에서押收하얏다더라

◉類類相從　漢城新報社長田村萬之助가三昨日에國是遊說團에入參하얏다더라

◉日管鐵道　日人의管理하는鐵道는京釜와京元線과木浦居留日人들은三南鐵道를敷設하야期於히同期에起工하기로熱心希望한다더라

◉水道致書　水道에對하야日人民團에셔影響이有하다고居留民團長에게送交하얏다더라

◉義兵將被殺　義兵將鄭容基는三昨日에被殺되얏다더라

◉義兵執殺　黃海道金川等地에義兵이多數出沒하면서富饒한人民의穀包를執去하얏다더라

◉最沒執留하야不得放還케흔다더라

◉何不解歸　景祐宮避病院에何不解歸하고滯留한人이合二十餘名인바病根이擧皆除去되엿스나言論動作이平常과如하야且解歸치아니한다고卷論이紛紜하다더라

◉疫勢漸歇　漢城衛生會에셔流行病新患者가再昨日上午六時부터今日上午六時까지五名이라더라

◉鴉片斷引　京城小公洞에留하는淸人은亦是藥局에서鴉片을斷引하는方法을搜査하야其携理處에서阿片과嗎啡等을多數發見하야試驗하고其效를調査한다더라

◉憲補被捉　憲兵補助員卞某는鴉片을吸喫한情跡이現露되야憲兵隊本部에被囚되얏다더라

◉鐵路敷設　去土曜日에漢城에潛入한馬居鎭은家에서五十餘圓價値를奪去하얏다더라

◉滿洲傳道　美國宣敎師中有名한亞歷山大氏가數十人을率하고東洋에傳道하기爲하야滿洲에서傳道하고已報어니와到着하야昨日下午三時에鍾路靑年會館에서講演하얏다더라

◉亞歷山大氏講演　西人靑年會의亞歷山大氏演說을聞하고博士呉道爲氏가通譯하야讚美歌를唱하고講演하야非常한盛況을呈하얏더라

◉名士來到　昨日下午四時에는諸詢하다더라

◉官廳請邀　明兩日下午에는各官私立學校에서學生을請邀하야五十四日에總理大臣이各國紳士를請邀하야博士諸氏가輪回演說하얏다더라

學界

◉隆興擴張　西部西門內普成小學校內에新設한農業講習所는隆興講習所로改稱하고農部에서該所를擴張하야其他學科를設置하기로하얏다더라

◉碑洞興士團에서는該所長兪吉濬氏가其他會員과協議하야實業講習所의關係事項을研究하기로하얏다더라

◉慶節休刊　本日은韓國紀元節인故로本報를休刊

○東京電報○

◉歲入不足額　日本明年度歲入은五億壹千四百萬圓으로歲出에對하야二千六百萬圓의不足을致하얏다더라

◉伊藤旅行과美國　日本伊藤公이滿洲旅行에對하야美國官吏와協約에關하야答辯하기로하얏다더라

◉伊山會見　日本伊藤公이日間滿洲로向하야途中에長春에서滿洲에與하야山縣公과會見하얏다더라

◉委任法規　韓國法規에關한司法權委任及監獄實施에關한法規를制定하였다더라　以上翌日發

一筆吟

▲湖南鐵道事件으로노려흔제異常한사람들이政府로부터收用치지도더勳키는것을듣고다

▲平壤警察의巡査가林場에서民家屋을毀撤하야文字를公用으로기록하얏스니此時代엔虛하야

▲檢疫巡査가노라고병을避病院에드러보내는데其病者는비곱흔놈이더라

社告

北墾島 龍井村耶蘇敎堂內에 本支社를 〇月壹日부터 設置ᄒ고 〇〇〇內로 支社事務를 委任ᄒ얏스니 該附近〇〇에서 本申報購覽ᄒ실 僉君子ᄂ 〇〇〇氏에게 〇求ᄒ시옴

本報第二面末欄에 揭載ᄒᄂ 評論은 今番 同胞諸君子의 議見을 〇〇〇採키爲하야 募集을 開始ᄒ오니 有志ᄒ신 人士ᄂ 各其思想을 融通ᄒ야 隨意製送ᄒ시옴

評論諸篇은 本報에 已揭ᄒ 者와 同一ᄒ거나 〇ᄒ 要ᄒ

評論二枚를 〇〇揭載ᄒ면 本報〇〇〇〇〇送呈ᄒ야 厚意를 〇ᄒ깃숨

評論〇〇〇ᄒ지 諸〇〇任所 〇〇〇〇〇〇〇〇〇致付ᄒ시옴

大韓每日申報社

謹報

〇〇〇〇南大門外〇〇町에서 洗濯〇〇ᄂ 人 黑沼德造가 〇〇部大漢門前宮內府柴炭御用達〇〇에서 柴炭을 買用ᄒ고 該代金을 延拖不報ᄒᄂ 故로 〇〇部主〇佑炳氏가 代金을 推尋ᄒ〇〇理事廳에 起訴ᄒ야 〇〇人이 落科ᄒ얏ᄂ 〇〇時逃走ᄒ얏다더라

廣告

本人의 陰八月廿二日에 方測〇字姓名章을 路中에서 失ᄒ얏기 廣告ᄒ오니 僉君子ᄂ 照亮ᄒ시옴

平南〇川〇山由面下里〇〇〇

本人이 南大門內萬物廛貰一間을 〇〇에 陰九月晦日推尋次로 壹百二十七十〇〇手形票壹張을 不知何處에서 失이온ᄃ 手形票〇頭日字ᄂ 陰八月初拾日이오니 誰某拾得ᄒ셔도 休紙施行홈

南城南門內深泉 尹東奎 白

本人의 家夫金〇明所有남部〇陶坊〇洞七拾統十三戶瓦家五〇文券을 乙巳年分의 家夫가 〇〇〇〇의 借與ᄒ얏더니 家夫가 丁未正月身死ᄒ〇〇推覓次로 屢次〇下ᄒ야 竟至〇失ᄒ야 方〇立旨之際에 〇〇〇名人이 〇家買得ᄒ〇로 換券〇去ᄒ〇〇漢城〇〇〇〇訴ᄒ야 〇〇〇〇招致質問ᄒ〇〇以不知로 納〇ᄒ〇〇券은 自〇勿施ᄒ〇〇사오니 內外國人은 照亮ᄒ심

김〇明妻〇召史 告白

本人이 李枝夏處에 買得ᄒ 家屋契約書를 本年陰五月念後에서 失ᄒ얏기 初壹日로 誤解廣告ᄒ얏숨기 該에 正誤廣告ᄒ오니 知照明亮ᄒ심을 爲要

龍川楊西面北坪洞 金晉惠 告白

本人이 本港〇〇〇學基〇〇推次金三拾圓於音을 本港碎石〇〇〇殊現處의 典執ᄒ얏더니 於音을 偶然見失故로 廣告ᄒ오니 誰某拾得이던지 休紙施行ᄒ심望홈

〇〇港碎石洞 洪成〇 告白

本人이 水原停車場에서 紙匣의 〇〇를 仁川〇〇夫〇〇山〇〇文券壹張과 錢二百五십兩票를 〇〇失故로 廣告ᄒ오니 內外國人은 拾得하여도 休紙홈

文〇서 告白

本人 西部仁達坊〇〇洞 美國人 康夫人 告白

本人所有家屋 〇〇〇〇〇九십八統八戶瓦七間半草五間半과 九십九統〇戶坤〇間九십九統〇〇戶草三間에 〇〇〇〇七拾八統八戶草八間合〇〇〇刻文券與測量圖를 並爲家中에 藏置이러니 不知中에 失ᄒ얏스오니 內外國人間拾得이라도 休紙施行홈

◉學員募集廣告

本所에서 第〇回農林夜學員을 募集ᄒ오니 志願人은 本所에 願ᄒ심을 敬要

科程

農學〇〇 蠶桑〇要 林業學 家畜學 〇〇學 果樹栽培論 實用森林學 土壤學 肥料學 簿記 商業 會〇 〇語

卒業期限 〇〇〇

試驗日字 拾月貳십五日(陰九月〇貳日)

試驗科目 作文 算術

開學日字 拾月貳拾七日(陰九月十四日)

但實習은 春節

中部磚洞興士團內

隆興農林講習所

本人의 墓松〇〇以上十大株를 〇〇〇〇가 斫伐〇〇ᄒ 訴訟을 〇〇〇〇〇〇〇시가 判決ᄒ〇〇〇〇〇〇原告落科ᄒᄂ 片語로써 本人을 落科ᄒ야 〇〇ᄒ오니 〇豈有如此判決乎잇가 不勝抑鬱ᄒ와 〇〇方〇判所에 控訴ᄒ〇次로 玆廣布홈

〇州古〇面〇山洞〇〇〇 告白

本人의 姓名正字圖章을 陰七月二十六日에 〇國〇〇〇〇〇에서 又見失故로 並에 廣告홈

平北〇州〇門外〇〇〇 告白

敬啓者本報ᄂᆞᆫ開刊有年에其論說의公正과其報道의迅速이[illegible]比ᄒᆞ야淸國內遠近志士로[illegible]歡迎ᄒᆞ오며韓國에도稍々[illegible]覽ᄒᆞᆫ紳士가有ᄒᆞ온ᄃᆞ[illegible]江湖上購覽諸氏를紹介ᄒᆞ기爲ᄒᆞ야本報館所在處及報價를左開廣告ᄒᆞ오니購覽諸氏ᄂᆞᆫ逐々히左開處로送交ᄒᆞ시옵

本館所在處 哈爾濱五牙街

報價壹個月先給 俄貨捌角

全 三個月先給 俄貨貳圓

但報價ᄂᆞᆫ先給을要홈

遠東報館 告白

新撰初等小學

新訂尺牘 全

新撰 家庭尺牘

社告

○申報價

壹張代金 新貨貳錢五厘

壹個月前納 三拾錢

參個月 九拾錢

陸個月 壹圓七拾錢

壹個年 參圓四拾錢

郵稅壹張 新貨五厘

壹個月 拾參錢

○廣告料

四號活字拾參字詰

每日壹寸(英尺)에新貨卄五錢

貳週日壹寸에 貳圓五拾錢

壹個月壹寸에

(自壹行至四行이爲壹寸)

其期限의長短과字行의多寡를從ᄒᆞ야增減홈이有홈

◉大韓每日申報各處支社廣告

平安道

平壤鍾路太極書館 安泰國

三和港牌石洞敎堂 [illegible]

義州南門外韓西大藥房 [illegible]

鐵山邑東部 安[illegible]

車輦館 金明[illegible]

定州南門內書舖 洪成[illegible]

博川郡邑內[illegible] 金[illegible]

安州城內義井洞 金[illegible]

京義線[illegible] 金基秀

龍川楊市 [illegible]

龍川南面[illegible]

龍川남市 [illegible]

朔州邑남門外 朱伯[illegible]

泰川邑館前洋靴局 [illegible]

寧邊郡內[illegible]門里 [illegible]

江西邑內 金[illegible]

平남順川郡[illegible] [illegible]

宣川邑[illegible] 申基[illegible]

江界[illegible] [illegible]

郭山郡[illegible]新街 金大[illegible]

黃海道

瓮山郡[illegible]利用里 [illegible]

[illegible]山郡面橋洞 王[illegible]

[illegible]山郡邑面上里 [illegible]

海州남門內書舖 [illegible]

安岳[illegible]石[illegible]洞 [illegible]

長淵邑[illegible]西北支學會內 [illegible]

[illegible]邑倉前里 金[illegible]

信川邑[illegible]里 [illegible]

[illegible]邑[illegible]材局 [illegible]

[illegible]川邑文明館 [illegible]

沙里院[illegible] [illegible]

咸鏡道

咸興州南社西門外 [illegible]

元山港[illegible]社內 [illegible]

定平[illegible] [illegible]

洪原[illegible]門內[illegible]局 [illegible]

永興南山[illegible]洪明學[illegible]內 [illegible]元[illegible]

鏡城[illegible]南新興里 南宮[illegible]

城津港新[illegible] [illegible]元[illegible]

全羅道

全州[illegible]水流[illegible]亭 [illegible]三

木浦[illegible] [illegible]得[illegible]

京畿道

仁川[illegible]新[illegible] [illegible]東[illegible]

開城남大門內興學書館 [illegible]

江華邑[illegible] [illegible]

忠淸道

[illegible]城[illegible]川小[illegible] [illegible]

[illegible]下北[illegible]堂里 [illegible]

慶尙道

大邱西門外友[illegible]書館 [illegible]正由

釜山港[illegible]川[illegible]局 [illegible]

江原道

[illegible]城邑內新[illegible]里 [illegible]

[illegible]原邑[illegible] [illegible]大

[illegible]남面[illegible]花里 朱[illegible]

北[illegible]島龍井村[illegible]敎堂內 [illegible]

告

光武九年八月拾壹日第三種郵便物認可 明治三十八年八月拾壹日 [第三種郵便物認可] 木曜日 陽曆壹千九百九年拾月拾四日 (壹)

第七卷

大韓每日申報

第千貳百貳拾號

月曜日及歲時慶節休刊

檀君開國四千二百四十二年
箕子元年三千三十一年
大韓開國五百十八年
日本明治四十二年
淸國宣統元年
己酉九月大初一日丁未

Responsible for Publication Alfred Weekley Marnham
發行兼編輯人英國人 萬咸
發行所
京城南部[illegible]
大韓每日申報社

論說

●今日韓國民族의所遭

本記者ᄂᆞᆫ英國人이라豈其自國主義로써韓[illegible]ᄒᆞ며韓國民族의所遭ᄒᆞᆫ境界를遂審ᄒᆞᆫ兩國에對ᄒᆞ야觀感이若存若無ᄒᆞᆯ지나苟히人心이有ᄒᆞᆫ者ᄂᆞᆫ人의陷溺ᄒᆞᆷ을見ᄒᆞ고本然의惻隱이發生ᄒᆞ야몬聲大呼ᄅᆞᆯ不已ᄒᆞᆷ이至情이아닌가所以로本記者가諸君의登分柱省ᄒᆞᆷ을希望ᄒᆞ야長[illegible]呼ᄒᆞᆷ을不已ᄒᆞ되登與塗耳에喜若不聞ᄒᆞ니此가諸시의感覺力이不足ᄒᆞ야如是ᄒᆞᆷ인가抑又本報의言辭가懇欸치못ᄒᆞ야誠으로써人을感發치못ᄒᆞᆷ인가

並에含默을又不容忍ᄒᆞ야壹言을更告ᄒᆞ노니其靜聽虛受ᄒᆞᆯ지어다

大抵今日韓國人民이敎育과實業을二者로分ᄒᆞ야言ᄒᆞ나其實은敎育과實業이엇지二事가되리오但舊日敎育은富ᄒᆞᆫ後에敎ᄒᆞᆫ다ᄒᆞ얏스나今日敎育은敎ᄒᆞᆫ後에富ᄒᆞᆷ을適當ᄒᆞ도다何也오蓋今日敎育은富敎育과如ᄒᆞ[illegible]單純ᄒᆞᆫ五倫敍에止치아니ᄒᆞ고人民生活上에就ᄒᆞ야[illegible]農학商학工학이有ᄒᆞᆫ지라此를학ᄒᆞ면實業의발달이其中에自在ᄒᆞ거ᄂᆞᆯ諸시가觀ᄒᆞᆫ今日은生活上에實業이急務라ᄒᆞ면서도敎育ᄂᆞᆫ發展ᄒᆞᆯ計圖에對ᄒᆞ야[illegible]을忘却ᄒᆞ며實業上組織을[illegible]에對ᄒᆞ야首肯을不許ᄒᆞ니如此ᄒᆞ고此時代에立ᄒᆞ야生活을求코ᄌᆞᄒᆞᆷ이醫컨대貧元解脫ᄒᆞᆫ積病의人이相當ᄒᆞᆫ藥餌를拒絶ᄒᆞ고中풍痛寒을不慣ᄒᆞᆷ과如ᄒᆞᆷ이니其不死幸生의理가萬無ᄒᆞᆫ者ㅣ아닌가第[illegible]京城니民族의目下生活을觀ᄒᆞ면掬涕淚를미욱不禁ᄒᆞᆯ지로다壹般男女가尙今새겨醫日昏夢에醉ᄒᆞ야甸九段을聯綴ᄒᆞ고束手安坐ᄒᆞ야是國고ᄌᆞ러ᄒᆞ며家會器用을典賣ᄒᆞ고ᄯᅩ修繕ᄒᆞᆫ節은如前ᄒᆞ고ᄌᆞᄒᆞᆫ[illegible]財시ᄯᅩ亦難覺性이具有ᄒᆞᆫ者ㅣ能히如此ᄒᆞ고ᄯᅩ持久生活ᄒᆞᆯ能力이有ᄒᆞᆫ가否ᄒᆞᆫ가本記者ᄂᆞᆫ愚ᄒᆞᆫ으로[illegible]今年明年을不出ᄒᆞ야滿洲墨埃처지ᄃᆞ도他人에게悉皆典賣ᄒᆞᆯ지니此에對ᄒᆞ야想覺이便諸시가自亡을速케ᄒᆞᆷ이오他人이諸시를亡케ᄒᆞᆷ이아니로다

且或地方財産家들은敎育上義務와實業上組合을勸처反對ᄒᆞ야曰法律과政治의權이我의所有가아닌즉敎育과實業을奬勵ᄒᆞᆫ들[illegible]除ᄒᆞᆯ가無ᄒᆞ다ᄒᆞ고例辭도設拒ᄒᆞ며我田我屋을我가帶有生活ᄒᆞ즉誰가侵奪ᄒᆞᆯ理가有ᄒᆞ리오ᄒᆞ야康衢烟月에太平生活을永樂ᄒᆞᆯ듯시壯談ᄒᆞ다ᄒᆞ니此ᄂᆞᆫ議시가今時를思ᄒᆞ고今日도不思ᄒᆞᆷ이로다燎原의火와滔天의水가其勢를熾ᄒᆞ며誰가其網을漏脫ᄒᆞᆯ能力이有ᄒᆞ리오假令甲家ᄂᆞᆫ富ᄒᆞ고乙家ᄂᆞᆫ貧ᄒᆞ면乙家가保生ᄒᆞᆯ介輪을[illegible]ᄒᆞ면到ᄒᆞ야其所有가盡數히他人에게歸ᄒᆞ되甲家ᄂᆞᆫ其富를恃ᄒᆞ고長久安業을夢ᄒᆞ다가及其言諸不顧ᄒᆞ고鹽俗不同ᄒᆞᆫ異族이來居ᄒᆞ에ᄂᆞᆫ畢竟我田我屋의賣買與否도不問ᄒᆞ고他所로移住ᄒᆞᆯ지오又彼所에到ᄒᆞ야도如是ᄒᆞᆫ境遇를又是難免ᄒᆞᆯ者이니此ᄂᆞᆫ諸시의目下所遭가아닌가諸시가如此히災禁ᄒᆞᆫ境界에在ᄒᆞ고도壹毫悔悟의心이無ᄒᆞ니此ᄂᆞᆫ曾前以來로國民敎育이不立ᄒᆞᆫ原因이아닌가今에諸시가猛省을壹加ᄒᆞ야敎育上義務와實業上組織에對ᄒᆞ야血力을盡ᄒᆞ고步武를共進ᄒᆞ면諸시의目下災禁도脫免ᄒᆞᆯ機會가自至ᄒᆞᆯ지며已失ᄒᆞᆫ國家의法律政治權도回復ᄒᆞᆯ日이自有ᄒᆞᆯ지나不然ᄒᆞ면目下苟生을是欲ᄒᆞ면紅人의慘을諸시가不免ᄒᆞ리로다

外報

●將聘用 德國將校ᄂᆞᆫ土耳其敎官으로赴任ᄒᆞᆫ다더라

●露國鐵道費 露國政府에셔ᄂᆞᆫ鐵道新設費六千二百萬루블을臨時費로支出ᄒᆞ야黑龍江線과且加爾迂回線과西比利亞複線에分用케ᄒᆞᆫ다더라

●鐵道所管 淸國郵傳部尙書ᄂᆞᆫ鐵道政策을統壹ᄒᆞ기爲ᄒᆞ야粤漢鐵道를郵傳部所管으로移ᄒᆞᆫ다더라

●墨國颶風 墨西哥에셔ᄂᆞᆫ颶風이有ᄒᆞ야漁夫三千名이溺死ᄒᆞ얏다더라

●岑撫督登用 淸國政府ᄂᆞᆫ岑春煊을登用ᄒᆞ려ᄒᆞᆫ다더라

●張시追悼會 去拾日에張之洞시의追悼會를東京西本願寺에셔擧行ᄒᆞᄂᆞᆫ대長孫[illegible]厚와셔胡駐淸公使及一般淸國留學生等數千名이來會ᄒᆞ얏다더라

●土延否定 土耳其政府에셔ᄂᆞᆫ露帝訪問ᄒᆞ기爲ᄒᆞ야리바차에派遣ᄒᆞᆫ特派大使ᄂᆞᆫ따다넬丛海峽問題及크리트島問題를交涉ᄒᆞᆷ이라ᄒᆞᄂᆞᆫ報道를否定ᄒᆞᆫ다더라

●留학生派遣 淸國政府에셔ᄂᆞᆫ德國크르프兵器製造所에학生을派遣ᄒᆞ기로交涉ᄒᆞ얏다더라

●西摩小戰 西班牙度支大臣은日摩洛哥에對ᄒᆞᆫ戰爭이大槪目的을達ᄒᆞ얏슨즉此後에ᄂᆞᆫ小部隊衝突에不過ᄒᆞ리라言ᄒᆞ얏다더라

●日本減損 日本에셔ᄂᆞᆫ今後滿洲에對ᄒᆞᆫ經營이大히減損코져ᄒᆞᄂᆞᆫ[illegible]今番伊藤公의滿洲旅行도此에影響을及ᄒᆞᆫ듯ᄒᆞ다ᄂᆞ라

●露大臣旅行 露國度支大臣은실三日露都에셔出發ᄒᆞ야極東으로向ᄒᆞᆫ다ᄂᆞᆫ대其目的은滿洲及西比利亞를視察ᄒᆞᆷ이라ᄒᆞ며又哈爾賓鐵道附近[illegible]權問題를解決코ᄌᆞᄒᆞ며又淸公使를[illegible]勛ᄒᆞ야淸露案件을決斷코ᄌᆞᄒᆞ야北京으로赴ᄒᆞᆫ다ᄂᆞᆫ說도有ᄒᆞᆫ데如何ᄒᆞᆫ지今番[illegible]行은注目ᄒᆞᆫ다더라

●淸軍艦自造 淸國에셔ᄂᆞᆫ軍艦을漢陽의工廠에셔自造ᄒᆞ고大艦은經費를準備ᄒᆞ야購入ᄒᆞ자고主張ᄒᆞᄂᆞᆫ議가有ᄒᆞ다더라

●瑞學開會 萬國[illegible]同萬國地理學協議會ᄂᆞᆫ來年七月에瑞典國都城에셔開ᄒᆞᆫ다ᄂᆞᆫ데同盟列國은各其委員銓衡其他事件을準備ᄒᆞᆫ다더라

●船渠建設 加拿多에셔ᄂᆞᆫ巨大ᄒᆞᆫ船渠建造의贊成이極熱ᄒᆞ야今年도우루후스二個所에船渠를建設ᄒᆞᆫ다더라

●[illegible] 露國度支大臣及駐淸露國公使와日本伊藤公이滿洲에셔會見ᄒᆞᆫ다ᄂᆞᆫ데何等問題를惹起ᄒᆞᆯ지라ᄒᆞ고露人警戒의險許이有ᄒᆞ다더라

雜報

●水源保護 內部에셔ᄂᆞᆫ纛島龍山의兩水源을保護ᄒᆞ기爲ᄒᆞ야纛島로부터용산鐵橋에至ᄒᆞᄂᆞᆫ漢江流域에셔漂[illegible]衣其他洗滌을ᄒᆞ거나又ᄂᆞᆫ屎尿吐物塵芥其他汚穢物을投棄ᄒᆞᄂᆞᆫ事를禁止ᄒᆞ얏ᄂᆞᆫ데若違令者와[illegible]ᄂᆞᆫ십圓以下罰金이나貳十日以下拘留의處分을ᄒᆞ기로ᄒᆞᆫ다더라

●哀此鰥人 由來南韓地方의人民들이竹細工、漆器、製紙等工業으로産業을作ᄒᆞᄂᆞᆫ者ㅣ多ᄒᆞ더니近者에ᄂᆞᆫ此等工業이去益衰縮ᄒᆞ야往往十分壹에不過ᄒᆞᄂᆞᆫ故로貧困ᄒᆞᆫ狀態에陷ᄒᆞᆫ者가多ᄒᆞ다더라

●乾沒逃走 神宮奉敬會中[illegible]과외鄭[illegible]시에料理價金不償ᄒᆞᆷ으로料理店主人이起訴ᄒᆞ얏다ᄒᆞᆷ은已報어니와該시等이覓機逃走ᄒᆞ얏슴으로昨日中部警察署에셔奉敬會副事務長申泰鉉시ᄅᆞᆯ捉囚審問ᄒᆞᆫ다더라

●誤砲凶害 日本官費留학生尹學鉉시가本年春期에卒業歸國ᄒᆞ얏다가今番流行病을因ᄒᆞ야安산鄕第로下去ᄒᆞ얏ᄂᆞᆫ데同郡駐在日憲兵과酬酌ᄒᆞᆯ際에何等說話가有ᄒᆞ던지尹시를憲兵인줄노誤認ᄒᆞ고因卽砲殺ᄒᆞ얏다ᄂᆞᆫ故로憲兵司令部에셔憲兵數名을派送調査ᄒᆞᄂᆞᆫ中이라더라

●學會又起 前主事趙[illegible]顯시와日人大深落介等幾人이發起ᄒᆞ야官立學成學會를組織ᄒᆞ다ᄂᆞᆫ데資本金募集은壹千圓에至ᄒᆞ얏다더라

●[illegible] 日人某의組織ᄒᆞᆫ所謂統[illegible]會ᄂᆞᆫ再昨日에第三會를開催ᄒᆞ얏ᄂᆞᆫ데學部高等官도出席ᄒᆞ얏다더라

●兩坊民會 去十一일에仁昌崇信兩坊에셔民國會를開催ᄒᆞ야任員을選定ᄒᆞ고虎疫預防에關ᄒᆞᆫ會議도有ᄒᆞ얏다더라

●閔氏被捉 前判書閔丙漢시ᄂᆞᆫ일前에被捉ᄒᆞ얏ᄂᆞᆫ데其理由ᄂᆞᆫ義州郡居朴聖根시와關係가有ᄒᆞᆷ을因ᄒᆞᆷ이라더라

●幻灯將到 救世軍에셔ᄂᆞᆫ宗敎에關ᄒᆞᆫ幻灯器械를本國에往文ᄒᆞ얏ᄂᆞᆫ데來土曜일에到着ᄒᆞᆫ다더라

●潤盜竊起 本月壹日夜에楚山郡[illegible]面桐柯洞金吉良家에强盜六名이短銃과六刀를携ᄒᆞ고突入ᄒᆞ야物品을奪去ᄒᆞ얏다ᄒᆞ며又去八日夜에도京義線批峴停車場附近[illegible]청人强盜[illegible]名이한人[illegible]名을殺ᄒᆞ얏다더라

●同[illegible]殺 平壤居留淸人羽柴助八이[illegible]去ᄒᆞᆫ일의[illegible]業者일人二名과爭鬪ᄒᆞ다가該二人이六穴砲로羽柴를銃殺ᄒᆞ고仍卽逃走ᄒᆞ얏다더라

●日人相殺 去九日夜에鐵與에셔[illegible]日人[illegible]이[illegible]爭鬪ᄒᆞ야大刀로相刺ᄒᆞ얏ᄂᆞᆫ데壹名이被殺ᄒᆞ얏다더라

詞藻

●聾盲歌

雷聲이振動ᄒᆞ여도、귀먹으면못드르며。白日이中天ᄒᆞ여도、소경되면못보나니。爾호다、耳目이聰明ᄒᆞᆫ들時局事에눈어둡고귀먹으면、쓸ᄃᆡ무솜。

雜報

●贈藥丸下賜 大皇帝陛下의셔 明敎로 典醫府에셔 御藥丸을 頒賜ᄒᆞ야 府部院廳에 每百介式을 頒賜케 ᄒᆞ셧다더라

●豫算追加 平壤水道事業費 二千三百円[illegible]追加豫算은 決可되얏다더라

●渡日延期 祗候官 嚴柱益씨ᄂᆞᆫ [illegible] 誕辰에 參與키 爲ᄒᆞ야 日本에 渡去ᄒᆞ랴더니 便宜ᄒᆞᆫ [illegible] 渡日ᄒᆞ기로 決定ᄒᆞ얏다더라

●[illegible]賻儀 [illegible]君의 昇遐ᄒᆞᆫ 喪事에 對ᄒᆞ야 總理李完用씨ᄂᆞᆫ 五百圜 [illegible] 百圜을 捐賻ᄒᆞ얏다더라

●[illegible] 昨日에 各大臣이 統監官邸에 會同ᄒᆞ고 [illegible] 選擧ᄒᆞᄂᆞᆫ 件과 司法權實施에 關ᄒᆞᆫ 問題를 議論ᄒᆞ얏다더라

●閣議[illegible] [illegible] 內閣에셔ᄂᆞᆫ 例[illegible]

●[illegible]任 [illegible]에셔 再昨[illegible] 三湖[illegible]道에 關ᄒᆞᆫ 重要事件으로 [illegible] 政[illegible] 打電ᄒᆞ얏ᄂᆞᆫ [illegible] 鐵路에 同問題[illegible]ᄒᆞ얏다더라

●[illegible] 京城 仁川 룡山 木浦 群山 [illegible] 商業會議所에셔 [illegible] 鐵道의 數[illegible]

●[illegible] 日本[illegible] 한 滿[illegible]

●[illegible]院廢止 [illegible] 設置[illegible]件 [illegible] 決ᄒᆞ고 [illegible] 豫算은 昨[illegible]閣[illegible]

●司法試驗 昨日法部에셔 司法試驗을 始ᄒᆞ얏다더라

●韓族[illegible] 司法權委任의 實施가 近近發表되ᄂᆞᆫ 故로 此에 關[illegible] 保가 有ᄒᆞᆫ 韓國法規ᄂᆞᆫ 일간 改定될터이라

●[illegible]政統監 日本政府에셔ᄂᆞᆫ 韓國統監府를 廢止ᄒᆞ고 韓滿軍政을 統監ᄒᆞᆯ 意向가 有ᄒᆞ다ᄂᆞᆫ데 伊藤公의 滿洲視察도 此目的에 在ᄒᆞ다더라

●[illegible]島口館 [illegible]島의 日本領事館은 本月二十六日頃에 [illegible]村에 開館ᄒᆞᆯ 豫定이라더라

●同時發表 [illegible]大의 後任은 [illegible] 確定되얏다ᄂᆞᆫ데 아직 發表치 아니ᄒᆞ얏스나 [illegible]의 選任ᄒᆞᄂᆞᆫ 同時에 發表되리라더라

●宮相選任說 宮內府大臣 [illegible] 件으로 因ᄒᆞ야 [illegible]지 遞任되얏다ᄂᆞᆫ 說이 有ᄒᆞ다더라

●何故[illegible] 親衛府長官 [illegible]가 有何[illegible]인지 三昨日에 趙重應씨의 私邸로 訪問ᄒᆞ야 家事와 公務를 與執ᄒᆞ고 金貨 壹萬五千圜을 得償ᄒᆞ기를 懇請ᄒᆞ얏다더라

●兩犯[illegible] 强盜殺人犯 金致[illegible]과 强盜犯 [illegible]三名을 [illegible] 法[illegible]上 [illegible]裁ᄒᆞ야 大邱監獄에셔 執行ᄒᆞ얏다더라

●[illegible]由 前參奉 金思洪씨 等八人의 [illegible] 監府[illegible] 長[illegible] 事件에 對ᄒᆞ야 [illegible] 警察署에셔 三昨[illegible]

●[illegible] 渡日途次에 馬關[illegible] 中[illegible] 死去ᄒᆞᆫ [illegible]시ᄂᆞᆫ 從[illegible]品

●[illegible] 副領[illegible] 副領[illegible]

●[illegible]任 [illegible]

●法部試取 法部에셔 去日[illegible] 日에 法官養成所[illegible] 譯官補 五십名을 試取ᄒᆞ얏다더라

●李[illegible]調査 [illegible] 官[illegible]가 已往에 宮內部[illegible] 重玉시에 [illegible] 圖給ᄒᆞ마ᄒᆞ고 千餘圜을 討食ᄒᆞᆫ 事가 有ᄒᆞ다ᄒᆞ야 其處에셔 現方調査中이라더라

●[illegible]秋興 [illegible] 禮式官 [illegible] 同미昨日 淸凉里에셔 丹楓會를 發行ᄒᆞ얏다더라

●國籍決擬議 韓人이 國外에 [illegible]住ᄒᆞᄂᆞᆫ 外國人과 互相嫁娶ᄒᆞᄂᆞᆫ데 關ᄒᆞ야 國籍이 無ᄒᆞᆷ으로 當局者ᄂᆞᆫ 國籍法을 制定ᄒᆞ기로 擬議ᄒᆞᆫ다더라

●因誤更刊 隆熙四年度曆書를 룡산印刷局에셔 印刊ᄒᆞ야 [illegible] 輸入ᄒᆞ얏ᄂᆞᆫ바 어니와 皇后陛下 坤元節日字를 誤[illegible]ᄒᆞᆷ으로 更히 印刷ᄒᆞᆫ다더라

●忠壇祭[illegible] 明십五일은 元定ᄒᆞᆫ 奬忠壇祭인 故로 親衛府에셔 [illegible]ᄒᆞ얏다더라

●[illegible] 地方行政監督은 從來로 [illegible]當局者가 監督ᄒᆞ엿스나 地方經費가 [illegible] 地方行政이 繁忙이 多ᄒᆞᆷ으로 [illegible] 局[illegible] 特別히 監督方法을 研究ᄒᆞᆫ다더라

●豫算[illegible] 目下[illegible]의셔 提[illegible]ᄒᆞᆫ [illegible]豫算은 [illegible]部와 [illegible] 現方調査中이라더라

●銀行[illegible] [illegible]地方에 設立ᄒᆞᆫ 農工銀行을 分離ᄒᆞ야 不動産[illegible]銀行으로 [illegible] 中央當局[illegible] 地方當局[illegible] 斷行ᄒᆞᆫ다더라

●[illegible] 韓國에셔 英日[illegible] 것은 日本[illegible]

●[illegible] [illegible] 農商工部에[illegible] 中[illegible]에서 [illegible]ᄒᆞ다더라

●輸牛失敗 自來韓國의 生牛輸出이 甚盛ᄒᆞ야 [illegible] 財源이 되더니 現[illegible] 兩政府에서 韓牛輸出制限을 設ᄒᆞ얏ᄂᆞᆫ데 韓牛의 需[illegible]가 大減ᄒᆞ야 牛價가 非常히 低落ᄒᆞᆫ지라 昨年五六月頃에ᄂᆞᆫ 牛壹頭平均價格이 六拾圜에 達ᄒᆞ더니 現今은 平均二拾餘圜에 不過ᄒᆞ다더라

●販賣定格 農商工部에셔ᄂᆞᆫ 改正ᄒᆞᆫ 度量衡法에 依ᄒᆞ야 特別히 販賣價格을 定ᄒᆞ얏다더라

●商館又築 農商工部에셔ᄂᆞᆫ 商品陳列館이 狹隘ᄒᆞᆷ으로 [illegible] 建築ᄒᆞ다더라

●時間如舊 [illegible]部에셔 虎疫을 因ᄒᆞ야 仕務時間을 短縮ᄒᆞ얏더니 虎疫이 今已絶滅ᄒᆞᆷ으로 [illegible]부터 時간을 更히 如舊히 ᄒᆞ얏다더라

●[illegible]漁船又來 [illegible]人의 網漁船 六十餘隻은 再昨日 釜山에 入港ᄒᆞ야 蔚山方面으로 向ᄒᆞ얏다더라

●[illegible] 非[illegible]說耶 大韓水道會社 [illegible] 賣却ᄒᆞᆫ다ᄂᆞᆫ 說이 有ᄒᆞ다ᄂᆞᆫ데 [illegible]會社代表人 [illegible] 日本東京에셔 交涉中이라ᄒᆞ며 日人[illegible]은 或資本團을 組織ᄒᆞ야 買收코저ᄒᆞ며 又日本興業銀行에셔도 資金全部로 此를 買收코저 [illegible]說이 有ᄒᆞ다더라

●[illegible]疫快[illegible] [illegible]部衛[illegible] 再昨日上午六[illegible]부터 昨[illegible] 午六時까지 漢城 내 流[illegible] 調査ᄒᆞᆫ즉 [illegible]人[illegible]이라더라

●宣敎師[illegible]送 [illegible] 基督敎靑年會[illegible] 城基督敎會에셔 [illegible]敎師[illegible] 派送ᄒᆞ기로 決定ᄒᆞ얏다더라

●淸潔[illegible] 內部衛生局에셔 漢城내外 大淸潔을 本月拾五일부터 [illegible]豫定이라더라

●病人移接 [illegible]門外 孔德里 病院과 水口門外 [illegible]院에서 治療ᄒᆞ던 病人을 [illegible]ᄒᆞ야 [illegible] 避病院으로 [illegible] 移接케 ᄒᆞ얏다더라

●[illegible] 任學[illegible]完用氏의 [illegible]九시가 [illegible]州에서 義兵에게 [illegible] 李完用氏가 [illegible] 日憲兵隊에 救援을 請求ᄒᆞᆷ 급히 日[illegible] 九시 [illegible] 逃躱ᄒᆞ얏다 [illegible]ᄒᆞ야 附近의 憲兵分遣所로 往投ᄒᆞ얏다더라

●[illegible] [illegible]兵 義兵二[illegible]餘名이 去九日에 [illegible]州旺[illegible]面沙川里居 金[illegible] 家에 到ᄒᆞ야 軍需錢 三百圜을 受去ᄒᆞ얏다더라

●[illegible] 去月二[illegible]日下午[illegible]時에 [illegible]部 [illegible]面 [illegible]里 [illegible] 姜基[illegible]시 部下 義兵[illegible] 십二名이 [illegible] 駐在日憲兵[illegible] 交戰ᄒᆞᆷ이 [illegible] 敗走ᄒᆞ얏다더라

●[illegible] [illegible] 金[illegible] 去[illegible]日에 義兵[illegible] [illegible]部隊 吉原大尉 [illegible]拾五名과 交[illegible] [illegible] 船이 轉覆ᄒᆞ야 日兵二名이 溺死ᄒᆞ고 [illegible] 負傷ᄒᆞ얏다더라

○海蔘威電報○

◎制限自由港 [illegible] 大[illegible]포로철 [illegible] 制限自由港[illegible] 興[illegible] 憲[illegible]

◎露度相[illegible]向 露度相 [illegible] 포로철로 [illegible] 三日에 [illegible] 露都를 發ᄒᆞ야 哈爾賓으로 向ᄒᆞ얏[illegible] 此[illegible] 全部를 終了ᄒᆞ기 爲ᄒᆞ야 特히 同氏로 列[illegible]

○論敦電報○

◎商務院長宣明 英國商務院장 차진氏ᄂᆞᆫ 만일 上院에셔 政府[illegible]豫算案을 否決ᄒᆞ면 自由黨은 [illegible]이 豫算案에 干涉ᄒᆞᄂᆞᆫ 權利의 有無를 國民의게 問ᄒᆞᆯ 것이오 [illegible] 宣言ᄒᆞ얏다더라

○東京電報○

◎滿洲銀行 日本大藏省[illegible] 主[illegible] ᄒᆞ야 滿洲銀行設置에 關ᄒᆞᆫ 調査[illegible] 再[illegible] 設立될 [illegible]이라더라

◎露度相東亞行 露[illegible] 海蔘威[illegible]ᄒᆞ기 爲ᄒᆞ야 露都[illegible] 向ᄒᆞ[illegible]

◎司法委任의 結果 本[illegible] 統監府會議에셔 [illegible] 司法權委任에 關ᄒᆞᆫ 諸法規及同任用令[illegible] 原案[illegible] 可決ᄒᆞ얏다더라

◎殿下幸行 韓國皇太子殿下의셔ᄂᆞᆫ 來十六日[illegible] 輕井澤에 幸行ᄒᆞ셧다가 二日後[illegible] 還幸[illegible]

◎哈爾賓會見 [illegible] 伊藤公은 [illegible]末에 哈爾賓에셔 露國大藏大臣 [illegible] 會見ᄒᆞᆯ [illegible]이라더라

○香港電報○

◎美使免職 [illegible] 美國公使 [illegible] 크레인시ᄂᆞᆫ 赴任ᄒᆞᄂᆞᆫ 途中에셔 [illegible] 滿洲政策에 論議ᄒᆞᆫ 故로 美日兩國交上 [illegible]

▲魔術世界▲

▲韓國內의 物産은 生牛輸出이 第[illegible] 此 [illegible] 山[illegible] 貯[illegible] 千萬[illegible] 牛[illegible] [illegible]

[illegible]

社告

北墾島 龍井村耶蘇敎堂內에本支社를設置ᄒᆞ고[illegible]氏로支社事務를委任ᄒᆞ얏스니該附近地에셔本申報購覽ᄒᆞ실僉君子ᄂᆞᆫ該[illegible]에게請求ᄒᆞ시옵

大韓每日申報社

廣告

本人의[illegible]部[illegible]化坊[illegible]洞[illegible]統十二戶草家七間牛[illegible]券을去六月分에[illegible]處에借與ᄒᆞ얏더니[illegible]死ᄒᆞ얏ᄂᆞᆫ지라右文券을[illegible]執ᄒᆞ엿거든[illegible]登[illegible]日너[illegible]되君過此限[illegible]

平壤染織所學員募集廣告

現今平壤城[illegible]染織所를創設ᄒᆞ야染織課를並히敎授ᄒᆞ오니有志ᄒᆞ신이ᄂᆞᆫ本月廿日內로(陰九月八日)來訪ᄒᆞ와規則을問議ᄒᆞ시옵

隆熙三年十月십二日

平壤染織所 裵永煒 告白

訃告

水原郡松村權[illegible]學氏大人副尉公龜仁氏以宿患으로八月二[illegible]日寅時別世知舊間爲此

沈魯冕 告白

本人이[illegible]南大門內萬物廛[illegible]一間에[illegible]九月晦日推尋次로百二圜七十五錢의手形票를張[illegible]不知中에[illegible]失ᄒᆞ온바手形票頭日字ᄂᆞᆫ隆熙[illegible]月[illegible]日이오[illegible]誰某ᄂᆞ拾得ᄒᆞ셔도休紙施行홈

開城南門內深泉 尹東奎 白

◉學員募集廣告

本所에서第[illegible]回農林硏究學員을募集ᄒᆞ오니有志ᄒᆞ신이ᄂᆞᆫ本所에請願ᄒᆞ심을敬要

科程

農學大意 蠶業大要 作蠶學 家畜學 [illegible]學 土壤學 果樹栽培論 肥料學 實習森林學 [illegible] 簿記 [illegible] 會話 [illegible]語

[illegible]

九月十四日

但實習은春節

中部磚洞興士團內

隆興農林講習所

[illegible]祖父[illegible]富[illegible]本人의父[illegible]兄[illegible]及遺[illegible]石[illegible]落[illegible]谷坪[illegible]從兄弟[illegible]月分[illegible]因[illegible]親命[illegible]去[illegible]祖父[illegible]從兄弟[illegible]取[illegible]右[illegible]父子[illegible]證明[illegible]從兄弟[illegible]揭載新聞[illegible]之[illegible]凶[illegible]至[illegible]契[illegible]可[illegible]

平壤鐘路大井洞[illegible]戶[illegible]告白

漢城藥業總合所

[illegible]胡椒와雪糖[illegible]六兩[illegible]定[illegible]位[illegible]照亮[illegible]始[illegible]施行홈

學員募集廣告

[illegible]男女兩科[illegible]尋常小學[illegible]志願者[illegible]

一[illegible]年齡八歲至十五歲

一 入學金新貨五十錢

一 月謝金新貨貳十五錢

[illegible]細則[illegible]校에來問ᄒᆞ시오

新門內[illegible]私立永信學校

本人이九月二十日路上에서黑角[illegible]形[illegible]章을[illegible]失ᄒᆞ얏스니[illegible]則休紙施行ᄒᆞ시옵

平壤鐘路崔祥현 白

[illegible]館[illegible]務[illegible]加[illegible]上[illegible]特[illegible]君子[illegible]陸續[illegible]

平壤鐘路太極書館

館主 李昇薰

主任 宋鎭遠

事務 金根瀅

藥廣告

蘇生丹

[illegible]消瘡丹

胎養調經丸

陰陽雙補 滋陽丸

阿片斷引藥

[illegible]丸

[illegible]咳散

[illegible]散

殺虫藥

滅[illegible]散

[illegible]水

其他有名賣藥 都賣散賣

◉秘製止痛藥

[illegible]

吐瀉霍亂 轉筋下痢[illegible]急

症에尤極神效ᄒᆞ와多救生命

[illegible]

▲[illegible]所[illegible] 左開

[illegible] 咳嗽 肚痛 心痛 肝病 胃熱 口內之病 哮喘 小兒[illegible] 抽筋 瘧疾 [illegible] 腹痛 不消化 傷寒 [illegible] 疹 [illegible] 腰骨痛 跌打損傷 咽喉痛 毒蛇新咬 凍瘡

發賣所 [illegible]韓美興業株式會社[illegible]所

遼東報館 告白

敬啓者本報と創刊有年에其論議의剛正과其報道의迅速이[illegible]
比す야淸國與露近에士가壹[illegible]
歡迎す오며韓國에도稍稍히購覽す[illegible]
히江湖上購覽諸시紹介す기[illegible]
爲す야本報館所在處及報價를
左開廣告す오니購覽諸시と[illegible]
々히左開處로通寄す시옴
本館所在地 哈爾濱五牙街
報價壹個月先給 [illegible]
全三個月先給 [illegible]
[illegible]先給을要홈

家庭尺牘 全
新撰 尺牘 全
洋裝 一圓十전
[illegible]

社告

○本報價

壹個月 [illegible]
參個月 三拾錢
陸個月 九拾錢
壹個年 壹圓七拾錢

○廣告料

每日英尺壹寸에（自壹行至四行이爲壹寸）新貨廿五錢
貳週日壹寸에 貳圓五拾錢
壹個月壹寸에 五圓

◉大韓每日申報各處支社廣告

平安道

黃海道

咸鏡道

京畿道

忠淸道

全羅道

慶尙道

江原道

北墾島

[illegible]

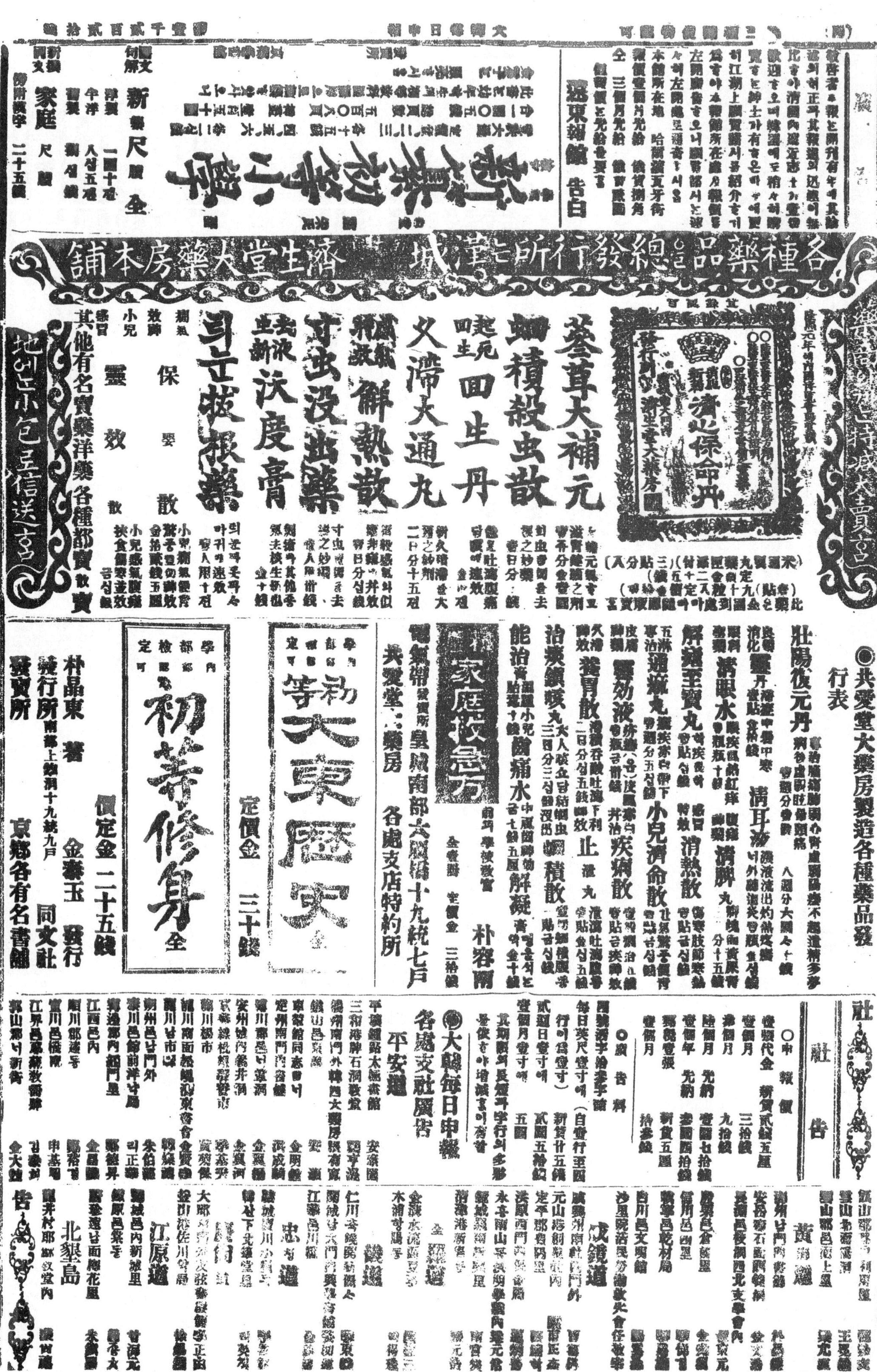

[illegible]
大韓每日申報
[illegible]

月曜及日曜休刊
[illegible]
隆熙三年[illegible]火曜
Responsible for Publication Alfred Weekley Marnham.
發行兼編輯人英國人 萬咸
發行所
大韓每日申報社

論說

◎警告各學會

現今韓國[illegible]會가爭起ᄒᆞ야日畿湖學會曰[illegible]北學會曰關東學會曰嶠南學會曰[illegible]種々法人이[illegible]都에中央을建ᄒᆞ얏ᄉᆞ니代表諸씨가集ᄒᆞᆫ[illegible]竭ᄒᆞ며誠을殫ᄒᆞ야做成ᄒᆞᆫ[illegible]오又外面으로[illegible]智[illegible]發展ᄒᆞᆫ과敎育의奬勵[illegible]前進ᄒᆞᆯ듯ᄒᆞ며[illegible]力과各학校의聯合이[illegible]ᄒᆞᆯ듯ᄒᆞ니于今마[illegible]야但[illegible]綫[illegible]生[illegible]振興[illegible]니此ᄂᆞᆫ會[illegible]代[illegible]責이아니오但히[illegible]方[illegible]未可[illegible]所致이니[illegible]思[illegible]代表[illegible]責[illegible]永辭치못ᄒᆞᆯ지라何也오

大抵中央本會[illegible]執務ᄒᆞᄂᆞᆫ者ㅣ誠心으로써人을論導ᄒᆞ며精神으로써人을聯絡ᄒᆞ면大韓民族의[illegible]忠厚[illegible]特性이[illegible]지[illegible]永히[illegible]埋[illegible]無ᄒᆞᆯ지니代表諸시ᄂᆞᆫ果然誠心으로써人을誘導ᄒᆞ얏ᄉᆞ며精神으로써人을聯絡ᄒᆞ얏ᄂᆞᆫ가[illegible]日二人이同心이면其利ㅣ斷金이라ᄒᆞ얏고語에日精神[illegible]到면金石도成ᄒᆞᆫ다ᄒᆞᄂᆞᆫ바諸시가形式[illegible]敎育團體[illegible]作ᄒᆞ고精神[illegible]學會[illegible]務[illegible]況今[illegible]振ᄒᆞᆯ이此에至ᄒᆞᆫ者ㅣ아닌[illegible]勢ᄂᆞᆫ[illegible]厓末ᄂᆞᆫ只啓隨ᄒᆞᄂᆞᆫ지라諸시가登ᄒᆞᆫ二日에早滅ᄒᆞ[illegible]獻爲ᄒᆞ야千丈[illegible]獄에陷落ᄒᆞᆫ同胞ᄅᆞᆯ大聲疾呼로遑々然拯濟ᄒᆞᆯ이諸시의責任이어ᄂᆞᆯ乃日民氣가如是萎落ᄒᆞ되無可奈何[illegible]不相響應ᄒᆞ[illegible]亦[illegible]策[illegible]야坐[illegible]歎ᄒᆞ고臥[illegible]憂ᄒᆞᆯ뿐이니然[illegible]諸시가卻走[illegible]前[illegible]是圖[illegible]아닌가毁又[illegible]方人士[illegible]論[illegible]自已와[illegible]身[illegible]江湖와山樊에隱ᄒᆞ엿슬지나耳目은備有ᄒᆞᆯ지라進[illegible]以[illegible]志士의血이日沸ᄒᆞ야成大涯萬里[illegible]楓葉[illegible]風[illegible]竹葉[illegible]殺[illegible]服[illegible]方[illegible]諸시[illegible]好[illegible]人[illegible]情이니[illegible]ᄂᆞᆫ志士諸시가何故[illegible]因[illegible]致血의[illegible]茶飮又[illegible]가此ᄂᆞᆫ無他ᄂᆞᆫ諸시[illegible]爲ᄒᆞ야生命을代贖ᄒᆞᆯ이며[illegible]爲[illegible]精神을鼓[illegible]ᄒᆞᆯ이아닌[illegible]今에各학會[illegible]對ᄒᆞᆫ[illegible]가只是[illegible]을隨ᄒᆞ며[illegible]ᄒᆞ야各其[illegible]當ᄒᆞᆫ援助를注意ᄒᆞᆯ뿐이오別[illegible]至[illegible]ᄒᆞᆫ事가아니거날諸시가但히爪甲의小疵를[illegible]ᄒᆞ고[illegible]膨과大腫을不知ᄒᆞ니傍觀者[illegible]야[illegible]失望大[illegible]不忍ᄒᆞᆫ者이로다何幸近日에西來消息을聞ᄒᆞ니三和港[illegible]士[illegible]敎시等三十六人이西北學會[illegible]費不足[illegible]充補ᄒᆞ기爲ᄒᆞ야義捐會를發起ᄒᆞ고多數金額을送致ᄒᆞ얏다ᄒᆞ며鳳山[illegible]川[illegible]郡도[illegible]第五[illegible]從ᄒᆞ야[illegible]發起ᄒᆞᆫ다ᄒᆞ니西北人士諸시의慷慨奮起ᄒᆞᄂᆞᆫ忠義ᄂᆞᆫ謳歌[illegible]며崇拜ᄒᆞᆫ지已久ᄒᆞᆫ지라藹々ᄒᆞᆫ논新鐘登聲이四港登小林에서又發ᄒᆞ야學界의大波瀾을喚送ᄒᆞ거날胡爲乎畿湖의大와嶠南의雄으로而況학文이特히有名ᄒᆞᆫ地인뒤義俠의풍이今日에掃如ᄒᆞ야豎會館의定居도尙此未遑ᄒᆞ니此ᄂᆞᆫ團躰의缺点과家力의不合ᄒᆞᆫ所以가아닌가

嗚乎라畿湖地方에第二季節直시와第三季節直시가更히發ᄒᆞ처못ᄒᆞᆫ가嗚乎라[illegible]의獨力으로畿湖全體를維持치못ᄒᆞᆯ지오豈林祐敎시의獨力으로西北全體를維持치못ᄒᆞᆯ지니各々精神을奮ᄒᆞ며義血을注盡ᄒᆞ야目的[illegible]到達ᄒᆞ기를期ᄒᆞ면[illegible]寒後陽春이天理가自在ᄒᆞᆯ지니幸히自助를先勉ᄒᆞᆯ지어다

▲隆熙三年拾月拾壹日 官報

法律

法律第貳拾七號

海上衝突豫防法 (續)

本法中流船이라ᄒᆞᆷ은帆으로써運轉ᄒᆞᄂᆞᆫ汽力을不用ᄒᆞᄂᆞᆫ[illegible]ᄂᆞᆫ帆船으로看做ᄒᆞ고流力을用ᄒᆞᄂᆞᆫ時ᄂᆞᆫ帆을用ᄒᆞᆷ과不用ᄒᆞᆷ의別이無히流船으로看做ᄒᆞᆷ이可홈

本法中流船이라ᄒᆞᆷ은凡機關의作用에因ᄒᆞ야運轉ᄒᆞᄂᆞᆫ船舶을謂홈

本法中船舶航行中이라ᄒᆞᆷ은碇泊或은繫留又ᄂᆞᆫ坐礁膠沙ᄒᆞ지아닌境遇를謂홈

船燈

本法中船燈에關ᄒᆞᆫ規定이得ᄒᆞ라ᄒᆞᆷ은晴天과晴夜에在ᄒᆞ야認得ᄒᆞᆷ을謂홈

第貳條 船燈에關ᄒᆞᆫ規定은天氣의如何ᄅᆞᆯ不關ᄒᆞ고日沒로부터日出[illegible]지必히遵守ᄒᆞᆷ이可ᄒᆞᆷ此時間中은本法에定ᄒᆞᆫ船燈의外에此에紛雜ᄒᆞ기易ᄒᆞᆫ燈을揭ᄒᆞᆷ이不可홈

(未完)

外報

●美艦派送 美國政府ᄂᆞᆫ[illegible]人의阿片密輸人을禁止키爲ᄒᆞ야布哇로軍艦세처스號를派送ᄒᆞ얏다더라

●南美革命 南亞米利加파라케ㅣ[illegible]에ᄂᆞᆫ革命이起ᄒᆞ얏다더라

●露皇旅行 露國皇帝ᄂᆞᆫ近日[illegible]伊太利에赴ᄒᆞ야[illegible]國王[illegible]ᄒᆞ기로決定ᄒᆞ고[illegible]土耳[illegible]旅行은[illegible]ᄒᆞ얏다더라

●[illegible] 西班牙ᄂᆞᆫ摩洛[illegible]得對ᄒᆞ야[illegible]摩洛哥[illegible]節은[illegible]件을만져[illegible]摩洛哥王[illegible]西班牙와[illegible]局[illegible]結을宜言ᄒᆞ얏다더라

●學生示威運動 塞耳維亞國學生은二州合倂ᄒᆞᆫ選年에際ᄒᆞ야同國市街에서練步ᄒᆞ며서墺地利를攻擊ᄒᆞ고絕叫ᄒᆞ얏고[illegible]屋[illegible]幕을垂ᄒᆞ며商店은戶를閉ᄒᆞ얏고又同國民은此로[illegible]國表[illegible]라고憤慨ᄒᆞ얏다더라

●海軍改革 法國新任海軍卿라베에씨ᄂᆞᆫ海軍大改革에着手ᄒᆞ얏다더라

●首相新任 希臘議會ᄂᆞᆫ[illegible]閉ᄒᆞ얏ᄂᆞᆫ데로ㅣ마시씨가首相으로推選되야陸軍改革은旣히[illegible]許ᄒᆞ얏다더라

●經濟戰爭 英國포링크、무랑자스、코스바씨代表者로후렌치씨ᄂᆞᆫ去七日淸國奉天에來ᄒᆞ야八日에서總督과會見ᄒᆞ얏ᄂᆞᆫ데其目的은畢竟美國을對抗ᄒᆞᆫ計策이有ᄒᆞᆫ鐵路인데滿洲에英美德[illegible]等經濟戰爭이愈々激烈ᄒᆞᆯ[illegible]더라

●[illegible]獨占 土耳其政府ᄂᆞᆫ今番英土國間艦船運送業에關ᄒᆞᆫ英國의獨占權을[illegible]許ᄒᆞ얏ᄂᆞᆫ데期限은七十五年이라더라

●英軍事會議 英國陸軍省은海空軍[illegible]議를開ᄒᆞ고同委員部[illegible]組織[illegible]더라

●衛生[illegible]延[illegible] [illegible]三月에法京巴里[illegible]萬國학校衛生會議ᄂᆞᆫ同年八月로延期되얏다더라

●[illegible]救助決議 目下比利時[illegible]에[illegible]海上船舶[illegible]戰[illegible]救助[illegible]決議ᄒᆞ얏다

●廢帝欲逃 土耳其廢帝ᄂᆞᆫ勞動ᄒᆞᄂᆞᆫ銃隊으로사로니카幽所를逃亡코저ᄒᆞ얏다더라

●法將[illegible]後 摩洛哥에在ᄒᆞᆫ法國司令官[illegible]後[illegible]其原因ᄒᆞ摩洛哥에서西班牙軍의前進ᄒᆞᆫ것을[illegible]憤慨ᄒᆞ야諷刺를加ᄒᆞᆫ所以라더라

●英相言論 英國度支大臣로이더쪄지씨ᄂᆞᆫ뇌우키숄에서演說ᄒᆞ야[illegible]上院이財政大改革命을行코자ᄒᆞ니下院은此를制勝치아니치못ᄒᆞ리라ᄒᆞ얏ᄂᆞᆫ데各新聞은或此를[illegible]力攻擊ᄒᆞ며或此를極力贊成ᄒᆞᆫ다더라

●[illegible]出發 淸國海軍籌辦大臣載洵貝勒과薩鎭氷씨等은歐洲列强의海軍을視察次로去拾[illegible]出發ᄒᆞ얏다더라

學界

●何以難乎 去番에日人大久保가各坡에到着ᄒᆞᆫ時에畿鄕[illegible]立[illegible]學학교敎師가허고生徒를指揮ᄒᆞ야停車場에出往歡迎ᄒᆞ다ᄒᆞᆷ이生徒中[illegible]勸시等이絕對的으로反對ᄒᆞ기를太久保가於我何關이며本교가來往迎送ᄒᆞᆫ機關이아니라ᄒᆞ얏되니허고에서[illegible]시等을排斥ᄒᆞᆫ徒라指斥ᄒᆞ야卽爲黜学ᄒᆞ얏다ᄂᆞᆫ데[illegible]시의言論이正當ᄒᆞ거날何以黜학ᄒᆞ얏고ᄒᆞ야批評이多有ᄒᆞ다

●[illegible]敎共濟 [illegible]州晉[illegible]학교학徒[illegible]信[illegible]炎[illegible]會[illegible]沒[illegible]屑[illegible]교任[illegible]학徒[illegible]思[illegible]敎[illegible]的[illegible]金額을捐助[illegible]義擧를莫不稱[illegible]

●[illegible]況 [illegible]源泉[illegible]成學[illegible]行ᄒᆞ얏[illegible]擧諸시가激[illegible]의思想을[illegible]洲[illegible]哲[illegible]組織[illegible]勸奬[illegible]喜[illegible]見[illegible]

●學界喜聞 [illegible]和港商業會議所에서[illegible]私立[illegible]徒[illegible]勸奬ᄒᆞ기爲[illegible]月[illegible]二[illegible]繼天紀元節慶祝式을擧行ᄒᆞ고因ᄒᆞ야秋期聯合運動式을施行ᄒᆞ엿ᄂᆞᆫ데生徒가六百餘人이오觀光紳士가數千에至ᄒᆞ엿ᄉᆞ며該會議[illegible]一般生徒에게多數賞品을施與ᄒᆞ얏다더라

雜俎

●何必英雄

처위를막자ᄒᆞ면、구타여미단옷가。

國民을구자ᄒᆞ면、何必英雄이랴。

아마도、國民의同心合力이、第一일듯。

雜報

●紀念品下賜 大皇帝陛下께셔 昨年 巡狩時에 陪從ᄒᆞᆫ 韓日 官吏의게 紀念品을 下賜ᄒᆞ옵시ᄂᆞᆫ데 去番 扈駕ᄒᆞᆫ 日官吏의게 賜與ᄒᆞ신 것은 已報어니와 昨日에 各府部 隨駕 韓人官吏의게 金銀磁計 銀製煙草匣等品을 頒下ᄒᆞ셧다더라

●物品頒送 韓族官邸柱에시가 明年六日에 발程渡日ᄒᆞᆫ다ᄂᆞᆫ데 嚴貴妃殿下께셔ᄂᆞᆫ 皇太子殿下의 銀製花瓶及其他物品을 皆送ᄒᆞ신다더라

●嚴氏辭陛 嚴侯ㅣ 嚴柱益시가 明日에 발程渡日홈은 關頂과 如ᄒᆞ거니와 本日에 太皇帝及 大皇帝兩陛下께 辭陛ᄒᆞᆫ다더라

●木曜閣會 再日은 內閣木曜例會인데 總理大臣以下各大臣이 會同ᄒᆞ야 時急公務를 提議ᄒᆞᆫ다더라

●伊藤來韓說 日本伊藤公이 今番 滿洲視察ᄒᆞᄂᆞᆫ 道에 韓國에 來ᄒᆞᆫ다ᄂᆞᆫ 說이 有ᄒᆞ다더라

●太臣日人 日本에셔ᄂᆞᆫ 韓國政府에 日人大官을 配置ᄒᆞ야도 猶爲不足ᄒᆞ다ᄒᆞ야 日人으로 大臣을 지任ᄒᆞ기로 決定ᄒᆞ얏ᄂᆞᆫ데 近間 施行ᄒᆞᆯ다더라

●兩相詰難 宮大臣 丙奭시가 選任되리라ᄂᆞᆫ 說은 已報어니와 其內容을 聞ᄒᆞᆫ즉 伊藤統監은 時所入費 數千圜을 分排ᄒᆞ고 [illegible] 發論ᄒᆞ며 閔官人이 反對ᄒᆞ기를 業務를 傳詢치아니ᄒᆞ고 自擅으로 擔任ᄒᆞ얏시면 엇지 向誰分排ᄒᆞ지 ᄂᆞᆫ냐ᄒᆞ고 互相詰難이 有ᄒᆞᆫ 所以라더라

●運動何多 日本留學生監督이 現闕됨은 衆所知了ᄒᆞᄂᆞᆫ 바어니와 此窠를 圖得코져ᄒᆞ야 總理大臣의 宛用시의게 請囑運動ᄒᆞᄂᆞᆫ 者가 逐日 登至ᄒᆞᆫ다더라

●休紙同歸 金督永氏가 與栗院에 卞明ᄒᆞ야 中樞院에 獻議書를 提呈ᄒᆞᆫ 事ᄂᆞᆫ 已報어니와 獻議ᄒᆞᆫ 日에 議院에서 卽時 徵還ᄒᆞ얏더니 金氏가 更히 郵便으로 傳納ᄒᆞ엿ᄂᆞᆫ데 議院에셔 領受ᄒᆞ야 審案을 不開會時에 提出치아니ᄒᆞ얏다더라

●郭倅依免 郭山郡守 金道濟가 兩部에 請願辭免ᄒᆞ얏더니 依免이 되얏다더라

●法國代理 法國總領事 루베氏ᄂᆞᆫ 今番 歸國ᄒᆞ야 副領事 모리스 베야루氏가 代理視事ᄒᆞᆫ다더라

●日醫部試取 中樞院과 警察官鍊習所에셔 昨日에 日人醫師의 試取를 設行ᄒᆞ엿다더라

●譯主經試 昨日 內部에서 選譯主事試驗을 擧行ᄒᆞ얏ᄂᆞᆫ데 應試者가 二百餘名中에 合格者 貳拾四名을 採用ᄒᆞᆫ다더라

●日主事增置 本年에 日本人 郡主事 五拾名을 各地方에 配置ᄒᆞ엿ᄂᆞᆫ데 其 成績이 優良ᄒᆞᆷ으로 明年度에ᄂᆞᆫ 各郡에 日人主事 壹式 配置ᄒᆞᆫ다더라

●捕繁項目 [illegible]에서 提出ᄒᆞᆫ 捕繁方費 豫算項目은 土木勸業補助費를 分ᄒᆞᆫ대 臨時會新築及廳舍費로 支出ᄒᆞᆫ다더라

●特別慰金 故留學生監督 申海永씨의 遺族에게 對ᄒᆞ야 學部에서 慰勞金 五百八十圜을 特別支給ᄒᆞ얏다더라

●何必日人 日本人 津江滿壽ᄂᆞᆫ 統監府의 推薦으로 官立漢城高等女學校의 教授를 叙任ᄒᆞ얏다더라

●會社有法 從來 韓人의 會社設立이 頗多ᄒᆞᆫ데 當局에서ᄂᆞᆫ 何等 憂慮가 有ᄒᆞ다ᄒᆞ야 會社法을 制定ᄒᆞᆫ다ᄂᆞᆫ데 現今 法典調查局에셔 起草ᄒᆞᆫ다더라

●規則發表 地方費賦課徵收規則 擲個條가 昨日 發表되엿다더라

●漢城稅率 漢城府의 地方費ᄂᆞᆫ 市場稅를 五等에 分ᄒᆞ얏ᄂᆞᆫ데 營業等에 月稅 百七十圜에 達ᄒᆞ고 屠牛 每頭에 [illegible]ᄒᆞ며 [illegible] 家頭에 廿錢이오 所有權取得稅ᄂᆞᆫ 土地家屋 價格 千分四오 典當權取得稅ᄂᆞᆫ 債權額의 千分貳ᄒᆞ다더라

●月倅依舊 礪山郡守 미相天氏와 漢陵參奉 김晉圭시ᄂᆞᆫ 監獄署에 滯囚된지가 已久ᄒᆞᆫ데 如何ᄒᆞᆫ 處辦이 無ᄒᆞ고 該兩氏의 月俸은 依舊히 支撥ᄒᆞᆫ다더라

◎濟州不穩

濟州島에ᄂᆞᆫ 近者의 民心이 太段 洶洶ᄒᆞᆫ데 其原因은 本島의 水產業이 萎敗홈을 因ᄒᆞ야 金融이 枯渴ᄒᆞ며 又 郡守가 二十歲以上 六十歲以下 되ᄂᆞᆫ 人의 姓名을 錄來ᄒᆞ라ᄒᆞ고 訓令ᄒᆞ엿ᄂᆞᆫ데 一般民間에 풍說이 流行ᄒᆞ기를 此ᄂᆞᆫ 淸日戰爭時에 人民을 新世코져홈이라ᄒᆞ고도 ᄒᆞ며 又 日人들이 剝皮의 器械를 持來ᄒᆞ야 島民을 捕殺乃已ᄒᆞᆫ다ᄒᆞ야 人民이 或 牛豚을 殺ᄒᆞ야 酒를 痛飮ᄒᆞ고 產業을 放棄ᄒᆞᄂᆞᆫ 者도 有ᄒᆞ며 或 痛憤을 不勝ᄒᆞ야 山頂에셔 墮ᄒᆞ야 自殺ᄒᆞᄂᆞᆫ 者도 有ᄒᆞ며 又 酒草稅 等이 人民을 苦痛케 ᄒᆞᆫ다ᄒᆞ야 頹廢怠惰ᄒᆞ야 家產을 不顧ᄒᆞᄂᆞᆫ 者 多ᄒᆞ며 又 公立普通學校 [illegible] 生徒一同이 [illegible] 盟退學ᄒᆞ야 [illegible] 敎諭를 痛恨 [illegible] 日本人 [illegible] 騷亂이 起ᄒᆞ고 [illegible] 漁業 [illegible] 如ᄒᆞᆫ 것 [illegible] 殺戮 [illegible] 非常ᄒᆞᆫ데 [illegible] 漁場은 [illegible] 多ᄒᆞᆫ 故로 [illegible] 紛爭 [illegible] 全島에 [illegible] 城內 [illegible] 人을 襲擊코ᄌᆞᄒᆞ다가 不果ᄒᆞ엿스나 其氣勢ᄂᆞᆫ 益盛ᄒᆞ다더라

●機械標本分給 陸武官學校에서 使用ᄒᆞ던 機械標本을 學部에서 引繼ᄒᆞᆷ은 已報어니와 學部에서 本日에 官立漢城師範學校와 外國語學校와 成均學校와 高等女學校에 分給ᄒᆞ얏다더라

●去發歸保 度支部에서 各財務監督局에 訓令ᄒᆞ고 結稅百分의 二十分을 增加收納ᄒᆞ라ᄒᆞ얏ᄂᆞᆫ데 此區別 結頭에 一圓六十錢이 增加되엿슴으로 民情이 大段 散亂ᄒᆞ얏다더라

●家產執行 度支部에서 [illegible]郡守 吉泳洙시의 家產을 執行ᄒᆞ엿ᄂᆞᆫ데 來十二月五日에 什物을 競賣ᄒᆞᆫ다더라

●巡查悖行 楊川巡查 林弘植氏ᄂᆞᆫ 民籍에 遂行ᄒᆞ면서 民籍을 遲滯ᄒᆞ다ᄒᆞ고 人民에게 作弊ᄒᆞ며 路上에서 何許人民을 毆打ᄒᆞ며 或 婦人의게 凌辱을 加ᄒᆞ니 如此官吏下에ᄂᆞᆫ 民難支保라ᄒᆞ고 人心이 沸鬱ᄒᆞᆫ다더라

●衛荷拋棄 龍山等地에 在ᄒᆞᆫ 衛荷商業ᄒᆞᄂᆞᆫ 某某시가 葡萄二貫을 放賣次로 入城ᄒᆞᄂᆞᆫ데 南大門內 警察巡查 幾名이 葡萄二貫을 沒收ᄒᆞ야 川渠에 拋棄ᄒᆞ얏다더라

●李氏呼訴 廟洞居 李某시가 屠獸場經主라 稱ᄒᆞ고 瀛津郡居 리春三시의 牛二隻을 買牧ᄒᆞᆫ 後 價金을 不給ᄒᆞ고 隱避不現ᄒᆞᆫ 故로 리시가 昨日 警務廳에 告訴ᄒᆞ얏다더라

●韓會借款 大韓協會에서 財政困難홈을 因ᄒᆞ야 第一銀行에 三千圜을 借款ᄒᆞ엿다ᄂᆞᆫ [illegible]

●義兵被捉 日憲兵과 補助員 五六名이 楊州等地에서 義兵三名을 捕捉ᄒᆞ야 東大門外 電車로 搭乘上來ᄒᆞᄂᆞᆫ데 安甘川等地에서 義兵壹名이 逃走ᄒᆞ다가 還爲被捉ᄒᆞ얏다더라

●義兵交戰數 八月中에 義兵과 日兵이 交戰ᄒᆞᆫ 數ᄂᆞᆫ 三十貳番이오 義兵의 戰死ᄒᆞᆫ 數ᄂᆞᆫ 三百九十四이오 日兵과 衝突ᄒᆞᆫ 義兵의 名數ᄂᆞᆫ 五千四百六拾名이라더라

●探用留日 昨日 警視廳에서 從前 [illegible] 防疫事務에 從事ᄒᆞ기 爲ᄒᆞ야 增募ᄒᆞᆫ 五拾名 巡查ᄂᆞᆫ 永히 解雇케ᄒᆞ엿다가 各道警察署 巡查로 採用ᄒᆞ기로 決定ᄒᆞ엿다더라

●日人厚待 大韓醫院에서ᄂᆞᆫ 自今爲始ᄒᆞ야 日人의 貧困ᄒᆞᆫ 病者ᄂᆞᆫ 施院療費로 治療ᄒᆞᆫ다더라

●何不解送 昨祐宮避病院에서 治療ᄒᆞᄂᆞᆫ 病者 幾名이 全治ᄒᆞ야 言語動作이 平常과 如ᄒᆞ되 該院에서 解送치아니홈으로 再昨夜에 越墻逃走ᄒᆞ얏다더라

●許接面會 昨祐宮避病院에서 病患者의 家族이나 其他親知人이 每日 下午三時로부터 同五時까지 病者와 面會코ᄌᆞᄒᆞ면 許諾ᄒᆞᆫ다더라

●疫部決議 昨日 防疫部에서 評議會를 開ᄒᆞ고 左開事項을 決議ᄒᆞ엿ᄂᆞᆫ데 昨五日부터 防疫本部를 解ᄒᆞ고 [illegible] 鬪場과 [illegible]會의 團束도 解ᄒᆞ고 飮食物 [illegible] 取締ᄂᆞᆫ 繼續ᄒᆞᆫ다더라

●把守撤去 [illegible] 流行病이 發生ᄒᆞᆫ 後로 四門에 巡查를 把守ᄒᆞ야 [illegible] 名을 把守ᄒᆞ야 [illegible] 禁止ᄒᆞ더니 [illegible] 부터 把守를 撤去ᄒᆞ엿다더라

●[illegible] 泥峴等地 [illegible] 에셔ᄂᆞᆫ 人 幾名이 虎疫에 罹ᄒᆞ엿다더라

●强盜押上 釜산等地에셔 强盜壹名을 捕捉ᄒᆞ야 昨日 北部署에 押上ᄒᆞ얏다더라

●教師捐付 敎世軍匠領 許嘉[illegible] 시가 [illegible] 地方 [illegible] 費로 [illegible] 貳拾圜式 捐付ᄒᆞ얏다더라

●韓商請求提出 大韓工業會에서 去永曆 [illegible] 開ᄒᆞ고 政府에 貸金 三拾萬圜을 請求ᄒᆞ기로 提出ᄒᆞ얏다더라

●支會請究 大韓協會 [illegible] 支會 [illegible] 節이 有ᄒᆞᆫ즉 [illegible] 提說ᄒᆞ얏ᄂᆞ니 [illegible] 에서 封還ᄒᆞ얏다ᄂᆞᆫ데 支시ᄂᆞᆫ 期於히 辭免코ᄌᆞᄒᆞᆫ다더라

●委員選定 去拾貳日에 大韓協會에서ᄂᆞᆫ 政見協定委員 拾名을 選定ᄒᆞ얏ᄂᆞᆫ데 今後의 政見은 [illegible] 進會와 交涉ᄒᆞ다ᄒᆞ며 又 [illegible] 會에셔도 不[illegible] 政見委員을 選定ᄒᆞᆫ다더라

●[illegible] 大韓協會에서 三[illegible] 日에 評議會를 開ᄒᆞ고 [illegible] 會와 交涉ᄒᆞ기 爲ᄒᆞ야 委員 幾人을 選定ᄒᆞ얏다더라

●兩派演說 大韓協會 兩派의 聯合演說會ᄂᆞᆫ 虎疫流行홈을 因ᄒᆞ야 一時 中止ᄒᆞ얏더니 來[illegible] 日頃에 [illegible] 演說臺에셔 政談演說會를 開催ᄒᆞᆫ다더라

○東京電報○

◎法官發表 [illegible] 韓國司法權委任實施件에 [illegible] 司法官任命도 [illegible] 發表ᄒᆞᆫ다더라

◎日將歸期 向春 [illegible] 歐洲의 [illegible] 視察及 [illegible] 中將 [illegible] 武田 [illegible] 大尉 [illegible] 行은 [illegible] 七日 [illegible] 出發 [illegible] 明年 [illegible] 에 歸國ᄒᆞᆫ다더라

◎日艦增派 日本에셔 [illegible] 沿岸 [illegible] 日人漁業 [illegible] 心 [illegible] 艦隻을 增派ᄒᆞ얏다더라

◎淸國製砲 淸國 戰艦 [illegible] 具구ᄂᆞᆫ 大砲製造計劃으로 [illegible] 社에 增派ᄒᆞ기로 建議 [illegible] 政府에셔 此를 容許ᄒᆞ야 [illegible] 政府 [illegible] 라더라

四面楚歌

▲불상ᄒᆞ다 [illegible] 義兵으로 [illegible] 죽엇ᄂᆞᆫ가 [illegible]

▲[illegible] 韓人身勢 [illegible] 아닌가

▲平山申氏 大森林을 日人들이 모라와셔 [illegible] 斫伐ᄒᆞ얏다지 [illegible] 百年을 禁ᄒᆞ야 愛護ᄒᆞ던 森林이 [illegible] 當ᄒᆞ야 [illegible] 飛去ᄒᆞ니 [illegible] 森林 말 [illegible] 到 [illegible] 中 [illegible] 山이지

▲趙惠夏 [illegible] 炳 [illegible] [illegible]

社告

北墾島 龍井村耶蘇敎堂內에本支社를陰月壹日부터設置ᄒᆞ고張啓爵氏로支社事務를委任ᄒᆞ얏스니해附近地에셔本申報購覽ᄒᆞ실 僉君子ᄂᆞᆫ張啓爵氏에게請求ᄒᆞ시오

本報第二面末欄에揭載ᄒᆞᄂᆞᆫ評論은今에諸胞諸君子의識見을更爲採集키爲ᄒᆞ야募集을開始ᄒᆞ오니有志ᄒᆞ신人ᄂᆞᆫ[illegible]選[illegible]製送ᄒᆞ시ᄋᆞᆸ 評論續設[illegible]已揭[illegible]와 詳論[illegible]要함 所選三篇을[illegible]揭載ᄒᆞ고本報를無料로送呈ᄒᆞ야厚意를謝ᄒᆞ깃ᄉᆞᆸ 評論을製送ᄒᆞ시ᄂᆞᆫ諸氏ᄂᆞᆫ住所와姓名을詳記ᄒᆞ야本社編輯室로致付ᄒᆞ시ᄋᆞᆸ

大韓每日申報社

始興郡永登浦財務署長이榕承씨와郡使用面書記朴濟夏씨를帶同ᄒᆞ고每日夜深ᄒᆞ면附近閭里酒店에來往ᄒᆞ야兩班을稱ᄒᆞ고人民을無故히毆打威脅ᄒᆞ며酒食을强討ᄒᆞ야酒商과村民이安保無路ᄒᆞ오니如此官人은若不改還ᄒᆞ면始興果川兩郡境內가魚肉이될터인故로玆以廣告ᄒᆞᆷ 리陸儀 金相元等 白

[illegible]人이九月二十日路上에서黑角에四方形姓名章을失ᄒᆞ얏스니雖某人拾得ᄒᆞ야도休紙로施行ᄒᆞ시[illegible]

平壤鍾路 [illegible]祥 告

平壤染織所學員募集廣告

現今平壤에染織所를創設ᄒᆞ고染課를[illegible]히敎授ᄒᆞ오니一般實業에有志ᄒᆞ시ᄂᆞᆫ이ᄂᆞᆫ本月廿日內로(陰九月八日)來訪ᄒᆞ야本所에와規則을問議ᄒᆞ시ᄋᆞᆸ

隆熙三年 月 日

平壤染織所 裵永煒 告白

本所에서再昨九日에評議會를開ᄒᆞ고事務處理를ᄒᆞᄂᆞᆫ中劣品藥材等은永爲不用ᄒᆞ기로確定ᄒᆞ고人蔘甘艸石胡椒와雪糖唐屬은價封을改良ᄒᆞ며斤兩은重量斤으로改定ᄒᆞ왓소오니同業諸員과僉位ᄂᆞᆫ以此照亮ᄒᆞ고此廣告로爲始ᄒᆞ야施行ᄒᆞᆷ

漢城藥業總合所

學員募集廣告

本校에男女兩校에尋常小學科學員을募集ᄒᆞ오니志願者ᄂᆞᆫ陰九月五日內로[illegible]呈ᄒᆞ심을[illegible]

一 年齡八歲至十五歲
一 [illegible]
一 入學金新貨五拾錢
一 月謝金新貨貳十五錢

但細則은本校에來問ᄒᆞ시오

新門內 私立永信學校

謹報

[illegible]通川郡에[illegible] 平安道[illegible]昨夏水災로[illegible]自己가[illegible]救恤[illegible] 東部蓮花坊[illegible] 漢[illegible]氏가[illegible] [illegible]方在[illegible]

◎學員募集廣告

本所에서第一回農林夜學員을募集ᄒᆞ오니志願人은本所에請願ᄒᆞ심을敬要

科程

農學大意 蠶桑大要 作蠶學 家畜학 獸醫學 果樹栽培論 實用森林學 土壤학 肥料學 簿記 商業 會社 [illegible]語

本科期限 壹個年

試驗日字 拾月貳십五日(陰九月拾貳日)

試驗科目 作文 算術

開學 十月[illegible]日(陰九月十八日)

但[illegible]

中部磚洞興士團內

隆興農林講習所

本館에[illegible]任[illegible]을改差後에事務를更加擴張ᄒᆞ고[illegible]籍五[illegible]으로[illegible]特別割引ᄒᆞ[illegible]오니僉君子ᄂᆞᆫ陸續請求ᄒᆞ시ᄋᆞᆸ [illegible] [illegible]具備ᄒᆞ얏ᄉᆞᆸ

平壤[illegible]太極書館

館主 李昇薰

主任 宋鍾遠

事務 金[illegible]

活版製造

本店 韓國京城長谷川町

各種東西洋[illegible]

藥商의[illegible]特式大賣告

健胃消滯 八寶丹

起死回生 蘇生水

麝香消瘡丹

胎養調經丸

陰陽雙補 滋陽丸

阿烟斷引藥

連珠去根 全治丸

鎭咳散

消積散

寸白蛔出 殺虫藥

蛔滅散

玉容水

通治膏

其他有名賣藥 [illegible]

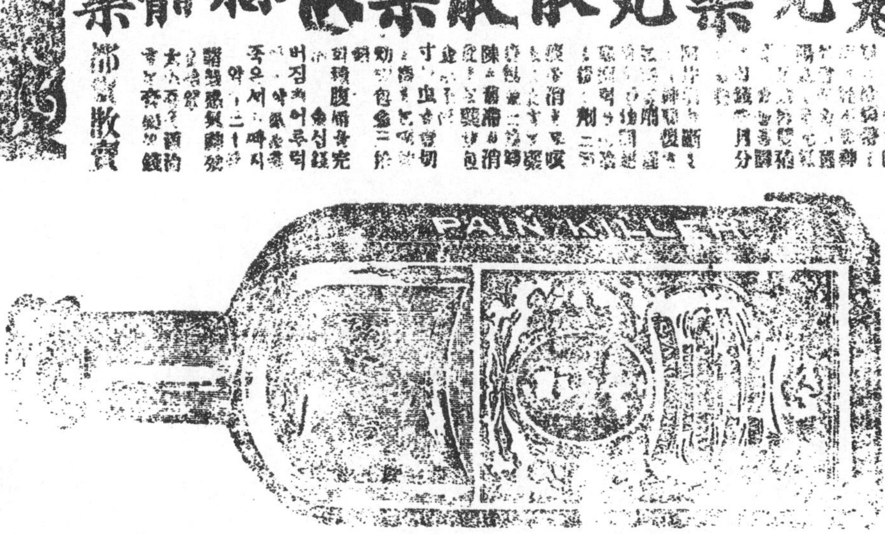

◎[illegible]製止痛藥

此藥은[illegible] 諸症에[illegible]

吐瀉 霍亂 轉筋下痢 等流行急症에尤極神效ᄒᆞ와多數生命이오니[illegible]

預防코ᄌᆞ[illegible]

左開

內科所用

胃[illegible]酸 吐瀉 咳嗽 肝[illegible] 心痛 肝病 胃熱 口內之瘡 哮喘 小兒[illegible]

發賣所 [illegible]株式會社[illegible]

各種藥品을總發行所는漢城濟生堂大藥房本舖

◎申報價

壹個月 三拾錢

三個月 九拾錢

陸個月 先納 壹圓七拾錢

壹個年 先納 參圓四拾錢

郵稅壹張 新貨五厘

每個月 拾參錢

○廣告料

四號活字拾參字詰

每一行壹寸에 (自壹行至四行)

新貨卄五錢

貳回目壹寸에 貳圜五拾錢

壹個月壹寸에 五圜

其期限의長短과字行의多少를從하야增減홈이有함

◎大韓每日申報各處支社廣告

平安道

咸鏡道

黃海道

全羅道

忠淸道

慶尙道

江原道

北墾島

大韓每日申報

第七卷　第千貳百廿貳號

月曜及日曜休刊 (歲時休刊)

發行兼編輯人 英國人 萬咸 (Responsible for Publication Alfred Weekley Marnham)

發行所 京城 大韓每日申報社

寄書

◎天下에無難事　松下生

嗚乎라天下의事를爲할지인정不能할者가無하도다世界에有名한彼二大工役을論할지라도秦始皇의萬里長城과隋煬帝의運河와又彼蘇士運河의役이上下數千載에絶大한事業이아닌가萬若普通眼孔으로此를睹하면實로不能의事일듯하나彼三大工役을經營한者가畢竟反事의事로觀하야畢竟其目的을達하얏도다試看하라華盛頓은窮谷俠風으로亞美利加의獨立旗를高擧하얏고瑪志尼는弱冠少年으로至意太利의統一功을倡導하얏나니彼가同一한人類로대事業의偉大함은何故로人의以上에出하얏는가此는無他라但勇敢冒險의思想이始終如一하야孫孫向上한으로畢竟目的의地에到達한者ㅣ아닌가今日韓國同胞의目下當爲할事業은彼長城運河의巨役이아니라但只可及的能力으로써强民의思想을鼓發하며國民의精神을喚醒하야智識으로敎育하며實業으로産業을獎勵하야次第로擴張하면諸시가卽貳瑞盛頓의織動을建立할지며貳瑪志尼의偉績을發現하리니와萬若此를不爲하고其事業을國讎의肩에付하야人의讐를惟覩하야日此事는至難하니我의所當爲가아니라하며日彼事는至難하니我의所當爲라야하면二千萬民族中에自任自負할者가誰오此는諸시의自己를自任할者라故로日諸시心頭와口頭에佩服할要訣은天下無難事五字에不過하다하노니諸시는再三自復할지어다

官報

▲隆熙三年九月二十八日 官報

法律

法律第貳號

海上衝突豫防法(續)

第二條　汽船이航行할時에必히左의灯을揭揚함이可함

壹　前檣或其前面에나又는前檣을不具한時는本船의前方에船體上貳拾尺보다低치아니한所에若船幅이貳拾尺을超한時는其船幅보다低치아니한所에鮮明한白灯壹箇를揭揚함이可함然이나船體上四拾尺以上의所에揭揚함을不要함此灯은常히不同함이無한光을발하야鍼盤의貳拾間을照함에擔適하며其射光을左右舷外에셔點間式卽船의正首로부터各舷正橫後의二點까지及하도록裝置함을要하고且少하야도五海里의距離로부터見得할者를用함이可함

二　右舷에綠灯을揭揚함이可함此燈은恒常同壹한光을發하야鍼盤의十點間을照하게製造하며其射光을船의正首로부터右舷正橫後의貳點까지及하도록裝置하고且少하야도二海里의距離로부터見得할者를用함이可함

三　左舷에紅燈을揭揚함이可함此灯은常히同壹한光을발하야鍼盤의十點間을照하게製造하고其射光을船의正首로부터左舷正橫後의二點까지及하도록裝置하고且少하야도二海里의距離로부터見得할者를用함이可함

四　本條第貳項第三項의舷燈에는其燈으로부터前에少하야도三尺의突出한隔板을具한燈의側에裝置하고右舷의綠光은左舷에在한船으로부터、左舷의紅光은右舷에在한船으로부터見得치아니하도록함이可함

五　汽船航行中은本條第一項에規定한白燈外에同種의白燈一個를增揭함을得함但此境遇에在하야는其兩燈을龍骨線上에前後에隔하야其前灯을後燈으로부터少하야도十五尺下方에揭하고且其前後의距離는上下의距離보다多함을要함　未完

外報

◎英使免職理由　新任駐淸美國公使크렌시가免職되얏다는說이有한데其理由는시카고에셔日淸協約以外에密約이有하다는說을抗議하려고聲明하얏스나此는右協約의內容을調査한結果로淸國에赴任한後에는列國公使로하야금自己의抗議를贊成케하려고計劃하노라하는旨로新聞記者의게語한것이新聞紙上에發表되여美國國務省의政策을저의하는所以라더라

◎戴시品評　淸國新任軍機大臣戴鴻慈시는沉重嚴厚하고大事를果斷하며爲政大體를知하다고品評이有하다더라

◎諮議院設　淸國吉林巡撫陳昭常시는上奏하되同省議員選擧民은省城에集合하야諮議局의開設을準備中이라더라

◎袁시出動　淸國袁世凱시는張之洞시를吊하기爲하야北京으로向하얏다더라

◎美使赴任　美國은駐淸公使크렌시의任地出發을承認하얏는대今冬에愼重한態度를持하라고警戒하얏다더라

◎皇儲談論　土耳其皇儲는見함에게言하야曰土耳其는憲政施行第壹年에多大한進步가有하얏다하고歐洲巡覽의意向이有함을發表하얏고又文明普及에有益한事를讚嘆하얏다더라

◎英德提督　英德兩國海軍提督을爲하야英國紐育에셔宴會가有하얏는데市長게란시는德皇의平和愛好하는것을祝賀하며又英國提督은演說하야曰英德兩國民은友誼的으로競爭함은可하나讎敵的行爲는不可하다하며又日兩國海軍은永久히親交를保하리라하얏다더라

◎日本憂慮　日本은駐淸美公使크렌시의志加高市에셔發表한談論이列國을誘導하야日本의至計劃을沮害할까憂慮한다더라

◎露帝巡行　露帝는本月下旬에伊太利에赴하고又로마에圓王을訪問하고二十五日에歸國하야十二月에冬宮에赴한다더라

◎露土平和　今番土耳其使節이露國外務大臣과會談한結果로土耳其外交政策은露國과共하야平和를增進케하기로認定하얏다더라

◎加拿運動　加拿多에는軍艦建造의運動이盛大하다더라

◎土使問國　土耳其使節이本月아도바사登行은바자地方에셔昭發하얏는데露都半官報的報道에日土使節의露國訪問은露土兩國에互相善意의存在와兩國民利害의共同함과政治經濟兩方面에相互信用發達하는事를證明하얏다더라

◎飛行大會　日前法國巴里附近치유비시地方에셔開한飛行機大會에來觀者가貳拾萬人에達하얏다더라

◎西班牙增兵　西班牙政府는八萬名의陸軍을十二萬六千名으로增加할計劃이라더라

◎自由港說　海蔘威警備隊長支大臣이極東에視察한結果로該港市民의希望을從하야海蔘威를自由港으로할計畫이라는說이有하더라

◎摩國土族沮喪　사비에레쓰摩國土族의陣營은西班牙軍의게降服하얏고摩洛哥土民軍은目下饑死에瀕하야意氣가沮喪하얏다더라

學界

◎學界魔物　普成學校々主李鍾浩시가明川郡에下往하얏다가該郡進成學校學徒의請願을因하야任員諸시와協議하고該校名稱을明成이라改稱케하얏더니該郡居하는金재榮시가李鍾浩시의學을觀樂道여報한後에意威하야設立을改하고又李시를排日黨이라하고日憲兵隊及警察署에誣陷하는故로該郡有志人士가極口辨明하야李시가僅히免禍하얏는대此는金지가該校에日人監督等을請來하야自己가勢力을弄코자하며又自己가一進會黨派인故로進成이라는校名을保存코자함으로該시를極力反對함이라하며라

◎兩何心腸　學李浩시가明川郡에셔秋期大運動會를開하얏는대該郡居하는金재榮시가此運動會를極力妨害하야觀察府에誣報하야人心을激動하는動이라하고故로公私立學校가往來치말나는訓令이有하얏스며又他校在學者들以違反所爲로警察署에謀陷하야百般沮戲하며又리사가地에協成學校를設立하고經費를自擔하얏더니가排日學校라고警察署에誣告하야히校任員들사가支援하얏스며又히西北學會를散解코자하는故로輿論이沸騰하며又김시와同心協力하는玄斗映시는項踵毛髮이門에되所遺이거날此等李...皆唾罵한다더니大운金재榮시가遂成하고生徒의往來를嚴禁하얏스되此生徒들은退學을當하더라도此를不計하고히運動會에往參하얏다더라

◎鍾城日校　桂洞의砲兵隊營門에臨時防疫事務所를設置하고日人事務員을排置하얏더니韓語夜學科를設立하고高等學校助手金敎煥氏를延聘敎授하더라

詞藻

◎天必誅

世上의奸細輩들、當時富貴징거마는。

天道가杳冥할듯、福善禍淫어길쇼나。

진실노、巨惡大慾은、天必誅之。

雜報

●義務發與 承寧府總管趙民熙氏는 太皇帝陛下의 勅旨를 奉承하야 皇太子 千秋慶節에 勸與케홈을 爲야 昨日下午二時에 尊壽를 贈하엿다더라

●電報奉賀 大皇帝陛下께옵서는 本月 留學하시는 皇太子殿下께 日電報를 發送하사 今番 千秋慶節에 泰平歷遍을 하셧다하더라

●學徒善送 太皇帝陛下께옵서 昨日 韓洞進明女學校에 廣蘇九三百介를 下賜하셧는데 同校職員及生徒가 聖恩을 頌祝하엿다더라

●聖諭陛覽 文皇帝陛下께옵서 伊藤公시 滿洲視察하는 事에對하야 特使를 返하야 電報를 발送하셧다더라

●三氏敍任 內部에서 郡守三統을 修定하얏는데 任實郡守는 千葉旭시로 萬頃은 植田相시로 扶安은 浦甲式시로 敍任되얏다더라

●支出裁可 義兵鎭壓費二萬六千六百一圓과 仁川火災救恤費千壹百八拾七圓을 豫備金中支出하기로 裁可되엿다더라

●又爲延期 統監官嚴柱益씨가 渡日次로 今日에 發程하다더니 銀製花甁의 工役이 未竣홈으로 皇太子殿下 誕辰後에 渡去하기로 延期하얏다더라

●何其模糊 韓大臣金應시가 其시를 反對하야 日前 副議長 上衝突議防法會議에 提出홈한데 否도不知라고 云하엿다는데 此 處理가 法令의 違格이니 布告後에 還發하기 懇請하야 署에 脫落되엿은 官報에 誤錄한엿다더라

●諸王兩祭 總理大臣李完用 內大臣朴齊純 法大臣高永喜 度大臣重應 氏가 昨日上午十時에 內部로 會同하얏다가 防疫委員 諸시를 帶同하고 長諸宮 避病院에 前往하야 病者의 情況을 視察하얏다더라

●諸相發程 農商工部大臣趙重應시는 釜山水産獎勵會에 參與하기 爲하야 今日上午九時頃에 南大門으로 발向한다더라

●審議會議 大審院長 渡邊시와 檢事總長 國分以下 諸人이 昨日法部大官室에 會集하야 司法權委任實施에 關한 準備를 議論하엿다더라

●北又同事 日本서 韓國內 裁判制度의 實權을 後에 司法權을 讓受하고 韓國政府에 交涉하엿다더라

●課長協議 學部의 局課長이 昨日에 會同하야 法學校設立에 關한 事件과 其他 問題를 決定하엿다더라

●圖型委任 統監府에서 英日博覽會에 出品할 韓國型을 人에게 委托製造케 하엿다더라

●登切需用 法部內에서 檢事를 ... 官吏를 增設하기로 하얏다더라

●監督增設 官制의 告示를 從하야 江原道 江華 河東 晋州 等 八處에 區裁判所를 增設하엿다더라

●警察擴張 警務局에서는 豫算을 增加하야 第二百六十萬圓으로 警察署와 警察을 增加하기로 하엿다더라

●宋氏被免 平壤郡地方裁判所判事 宋來璇시는 辭職請願을 提出하엿다더라

●內部調飭 內部에서 各道에 訓飭하되 寺刹에 關하야 處理를 嚴飭하라 하엿다더라

●日津譯術 政府에서 翻譯官 近又發布하는 日本法律을 翻譯하야 發布하는 것이라더라

●驗査當行 監査院에서 各地方에 派送하야 各港 諸官의 査察을 施行하엿다더라

●口試又經 內部에서 昨日三淸洞武官學校에서 初試를 行하야 合格者五十名에게 口頭試驗을 經하엿다더라

●鐵道速設 日本에서는 京元湖南兩鐵道를 明年부터 工事에 着手하기로 決定하엿는데 初年度豫算이 ○○萬圓이오 此外에도 義線架設及修築과 平南線數의 合計가 壹百五十萬圓이라더라

●疫費經費 防疫本部에서 設立以來經費는 約二萬圓이라더라

●丁藝開會 忠淸南道觀察道에서는 工藝展覽會를 開하엿다더라

●民籍調照 內部民籍課에서 三道各部長에게 照會하되 民籍調査에 同音異字가 有하야 行政上障碍가 有하니 注意하라 하엿다더라

●韓會請願 韓國會에서 新門外에 在한 寺廟를 會館으로 使用하기 爲하야 內部에 請願하엿다더라

●漢土秋收 漢城財務署에서 管內 土地秋收를 調査하야 秋收期를 承認하엿다더라

●礦業許可 去月까지 礦業請願이 百七十件인데 許可한 것이 百五十八件이오 砂礦請願은 百六十壹件인데 許可한 것이라더라

●到處日會 京畿安城郡邑內에도 日本人居留者가 八拾餘名에 達하엿는데 日本人會를 設立하엿다더라

●鄭氏起訴 利川郡守安植시가 去壬寅年九月分에 居民 鄭奉喆시의게 錢壹千五百兩을 貸用하고 尙今不報하는故로 鄭시가 昨日京城地方裁判所에 起訴하엿다더라

●成飮成塡 日前警視廳에서 漢城內 井水를 調査하야 甲乙丙丁四等으로 分別하얏는데 甲乙은 飮料에 取用하고 丙丁은 塡埋하다더라

●新聞刊行 孔子敎會에서는 學人들로 新聞을 發行하기로 하엿다더라

●經濟會組織 趙鎭泰尹晶鉉 等 京城實業家諸시가 發起하야 國民經濟會를 組織하기로 運動中이라더라

●事務所移轉 大成宗敎會에서 事務所를 西部仁達坊으로 移轉하얏다더라

●穀物被害 近日江原道平海郡에는 暴雨가 有하야 穀物이 被害되엿고 平安道江界郡과 川郡에는 降雹이 有하야 穀物被害가 不少하다더라

●穩城初雪 咸鏡北道穩城郡에는 昨朝에 初雪이 降하엿다더라

●仁港警論 日昨仁川港에서 仁川港警察署에서 港內 客主를 招集하야 營業上 有益한 目的으로 說諭하엿다더라

●明其不然 東大門外 月里에 居하는 學生이 再昨年十月分에 生活이 困難하야 ...

●義兵의게 被縛而去하얏다가 逃還하야 ... 義兵 ... 憲兵司令部에 ...

●義將被捉 全羅南道 義兵大將沈南一 部下七百餘名을 率하고 日兵과 交戰하다가 義將 姜武景 以下 義兵을 捕捉하얏다더라

●擧動可嘉 慶南道 人士 ... 婚姻 ... 多數金額을 捐出하야 ...

●日兵敗潰 本月六日에 忠南 義兵數十名이 銃을 携帶하고 憲兵討伐隊와 交戰하다가 日兵의 砲擊이 激烈하야 義兵이 敗潰하고 補助員 壹名이 負傷하엿다더라

●寶貴熱心 咸興郡 ... 寶貴 ... 振興 ... 製紙 ... 紙製造器械와 其他 多數를 購入하야 ...

●寺殿稱頌 黃海道 ... 山郡 ... 奉祀 ...

東京電報

貴賓優遇

... 元帥 ... 貴賓으로 優遇하야 芝離宮을 接待케 하엿다더라

日船釋放

露領沿海州에서 ... 漁業 ... 日本漁船能登丸을 ... 釋放되엿다더라

武官招待

日本寺內 陸相은 今番 特別大演習 ... 武官을 招待하엿다더라

▲去月二十一日 慶興郡 東北方 約四十里地에서 義兵四十名이 憲兵分遣所 上等兵 ... 名과 衝突하엿다더라

▲去月二十一日에 乃城北方約三十里 ... 義兵二十名이 ...

抽筆一欸

▲濟州島의 人民들은 外人侵奪을 ... 生業을 失하고 ... 自殺 ...

▲觀光團員들이 日本에 到하야 ... 遊說演說 ... 國民精神 ... 奴隸 ...

▲中央政府凡百事 ... 官員들이 ...

▲某論兩大臣드르오 孔子敎會 ...

社告

本報第二面末欄에揭載ᄒᆞᄂᆞᆫ評論은今에同胞諸君子의識見을交換發採키爲하야募集을開始ᄒᆞ오니有志ᄒᆞ신人士ᄂᆞᆫ各其思想을融通ᄒᆞ야陸續製送ᄒᆞ시ᄋᆞᆸ
評論體裁ᄂᆞᆫ本報에已揭ᄒᆞᆫ者와同ᄒᆞ게ᄒᆞ기를要홈
評論三投ᄅᆞᆯ續募揭載ᄒᆞᆫ면本報ᄅᆞᆯ無料로壹朔送呈ᄒᆞ야厚意ᄅᆞᆯ謝ᄒᆞᆷ
評論ᄋᆞᆯ投送ᄒᆞ시ᄂᆞᆫ諸氏ᄂᆞᆫ住所姓名을詳記ᄒᆞ야本社編輯室로致付ᄒᆞ시ᄋᆞᆸ

大韓每日申報社

廣告

本人의陜川郡梅村所有草家九間文券二張을陰八月廿日에서失ᄒᆞ얏소온가茲에廣告ᄒᆞ오니誰某拾得이라도休紙施行홈
太郎面上面后洞二百七拾統二戶 徐敎淳 白

本人이西部下水溢里七十統八戶五八間草四間文券을立旨을서失ᄒᆞ얏스니內外國人은拾得ᄒᆞ거든休紙施行홈 □相 白

本人의弟(文敎)性行이不敬ᄒᆞ야挾雜類로互相動作ᄒᆞ오매外國人의게債를지은지오나內外國人은晃款치마시ᄋᆞᆸ
安州南松面龍潭里 **洪文晟**

本人이累年ᄅᆞᆯ肺病으로呻吟ᄒᆞ야西洋有名의醫師에施療를受ᄒᆞ여도效驗이無ᄒᆞ더니漢城南署의鄭某字病院外科室에서顯道英使시와神奇妙術로根治手術을受ᄒᆞ야十五日만에全治ᄒᆞ얏기感謝를表홈
病者 寺洞居孫基瑞 告白

本人이九月廿七日路上에서手匣壹個를서失ᄒᆞ얏ᄂᆞᆫᄃᆡ匣中에在ᄒᆞᆫ本人의四方形姓名章과栗時都의國際와雅希洛의壹百六圓四십錢於音을並失ᄒᆞ얏스니誰某拾得ᄒᆞ든지休紙施行ᄒᆞ시ᄋᆞᆸ
平壤隆興面四里李澄鐵 字應셩 白

本人子鍾淳이가年少愚迷ᄒᆞ고晝困浮浪ᄒᆞ야不聽父祖之言ᄒᆞ고日夜流連酒色雜技之場ᄒᆞ고且誘人雜類之謀ᄒᆞ야挾雜ᄒᆞ야僞造田宅文券面을事欺ᄒᆞ야續債이오니惟願放債業酒之內外僉員은分錢盃酒라도明勿施欺홈
平北宜川郡古寺面篤洞里 李鍾奎 告白

本人이本月旬間에手標與陰陽刻圖形氣章을遺失ᄒᆞ얏사오니內外國人은勿爲施行ᄒᆞ시ᄋᆞᆸ
忠南燕岐郡北二面洪在丁告白

學員募集廣告

本校에셔男女兩校에尋常小學科學員을募集ᄒᆞ오니志願者ᄂᆞᆫ陰九月初五日內로請願書를提呈ᄒᆞ심을要홈
一 入學年齡八歲至십五歲
一 開學ᄂᆞᆫ陽曆九月初五日
一 入學金新貨五拾錢
一 月謝金新貨貳十五錢
但細則은本校에來問ᄒᆞ시오
新門內禮拜堂立 **永信學校**

漢城藥業總合所

本所에셔再昨九日에評議會를開ᄒᆞ고事務處理를ᄒᆞᄂᆞᆫ中劣品藥材等은永爲不用하기로確定ᄒᆞ고人蔘甘艸月石胡椒와雪糖屬의封을改良ᄒᆞ여拾六兩重壹斤으로改定ᄒᆞ얏ᄉᆞ오니同業員과以此照亮홈
此廣告ᄒᆞ든日로始ᄒᆞ야施行홈

始興郡永登浦駐在所警長□榕承시가郵便所預金夏를帶同ᄒᆞ고每夜深ᄒᆞ면附近國里酒店에往來ᄒᆞ며兩班을藉稱ᄒᆞ고人民을無故히毆打威脅ᄒᆞ며酒食을强討ᄒᆞ야酒商과村民이支保키難ᄒᆞ오니如此官人은若不改過ᄒᆞ면始興果川兩郡境內가魚肉이되겟기로故로玆以廣告홈
미姓儀 金相元等 白

平壤鍾路太極書館

本館에셔營業을擴張ᄒᆞ야書籍을更加購求ᄒᆞ오며內外國書籍을特別廉價로發賣ᄒᆞ오니僉君子ᄂᆞᆫ陸續購求ᄒᆞ시ᄋᆞᆸ
湖鹿機具와學徒用品等도具備ᄒᆞ얏ᄉᆞᆸ

館主 李昇薰
主任 宋鐘遠
事務 金根瀅

◎學員募集廣告

本所에셔第一回農林夜學員을募集ᄒᆞ오니志願人은所에請願ᄒᆞ심을敬要

科程
農學大意 蠶業大要 作蠶學
家畜學 獸醫學 果樹栽培論
實用森林學 土壤學 肥料學
簿記 商業 會話 日語

本業期限 壹個年
試驗日字 陰九月貳십五日(陽曆…)
試驗科目 作文 算術
開學日字 陰十月貳拾七日(陽曆…)
但實習은春節

中部磚洞興士團內
隆興農林講習所

合種東西洋…大發賣所…和平堂藥房

藥商의게特減大賣홈

健胃消滯 **八寶丹**
起死回生 **回生水**
麝香消瘡丹
胎養調經丸
陰陽雙補 **滋陽丸**
阿烟斷引藥
連珠去根 **全治丸**
鎭咳散
消積散
寸虫殺出 **殺虫藥**
滅□散
其他有名賣藥

遠地에ᄂᆞᆫ…送呈홈

◎**鎭痛止痛藥**

吐瀉霍亂轉筋下痢ᄂᆞᆫ流行急症에尤極神效ᄒᆞ와多救生命

左開 ▲內科用法▼ 胃腸病 吐瀉 咳嗽 腸滯 心痛 肝病 胃熱 口內瘡 咳喘 小兒吐瀉 痲痺 …
▲外科用法▼ 火疔 …

發賣所 韓國京城 美興藥業株式會社事務所

廣告

[illegible]

右書中[illegible]二[illegible]當을自爲[illegible]

[illegible]

[illegible]其論[illegible]其報道의迅速이[illegible]

[illegible]韓國에도稍々히[illegible]

[illegible]紳士가有[illegible]

[illegible]湖上賜覽諸시를紹介[illegible]

[illegible]本報發賣所在處及報價를

左開廣告[illegible]니照覽諸시[illegible]

本館所在處 哈爾濱瓦牙街

報價壹個月先給 俄貨[illegible]

全 三個月先給 俄貨[illegible]

[illegible]先給을要홈

遠東報館 告白

社告

○申報價

壹個月 新貨貳錢五厘

[illegible]個月 三拾錢

[illegible]個月 九拾錢

[illegible] 先納 壹圓七拾錢

[illegible] 先納 參圓四拾錢

[illegible]壹張 新貨五厘

[illegible]個月 拾參錢

○廣告料

國號活字拾參字에

每日英尺壹寸에(自壹行至四行이라壹寸) 新貨廿五錢

[illegible]壹寸에 貳圓五拾錢

[illegible]個月壹寸에 五圓

其期限의長短과字行의多寡를從ᄒᆞ야增減ᄒᆞᆷ이有홈

◉大韓每日申報各處支社廣告

平安道

平壤[illegible]太極書館 安泰國

三和港[illegible]石洞[illegible] 韓[illegible]

[illegible]西大藥房 張有寬

[illegible]

江西邑內 金昌鎬

[illegible]紅門里 [illegible]

[illegible]

江原道

鐵原邑[illegible]

[illegible]

北墾島

龍井村耶穌敎堂內

告

仁川[illegible]

江華邑[illegible]

[illegible]

慶尙道

大邱[illegible]

釜山港[illegible]

全羅道

木浦[illegible]

咸鏡道

元山港[illegible]

定平郡[illegible]

咸興[illegible]

永興[illegible]

鏡城[illegible]

清津港[illegible]

黃海道

[illegible]

白川邑文明[illegible]

沙里院[illegible]

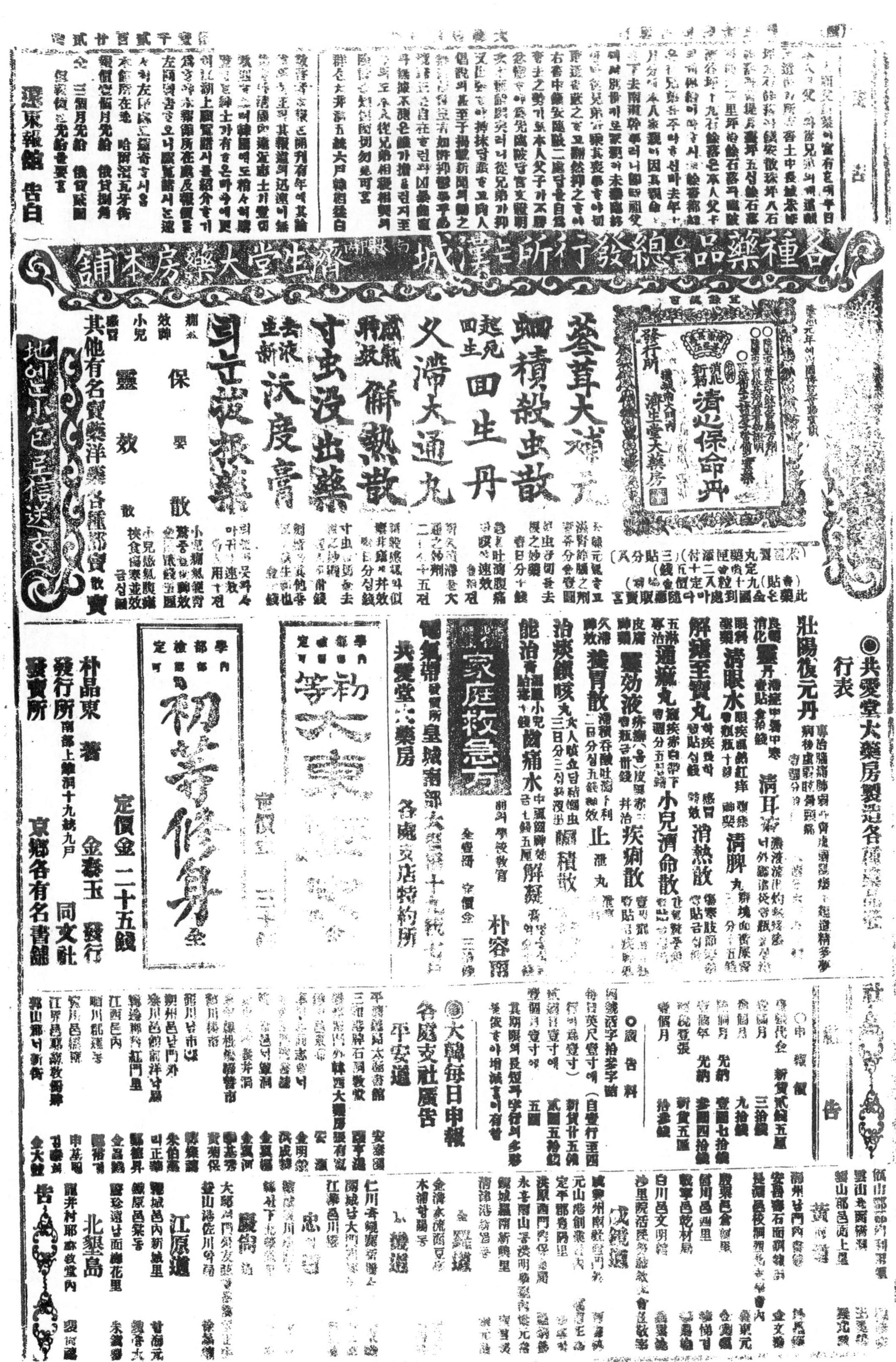

大韓每日申報

月曜日及慶節休刊

發行兼編輯人 裵說 (Responsible for Publication Alfred Weekley Marnham)

論說

讀太陽報拍案一叫

日本東京에셔刊行ᄒᆞᄂᆞᆫ太陽報第十二號를讀ᄒᆞᆫ즉韓國統治의將來라ᄒᆞᄂᆞᆫ問題에至ᄒᆞ야其論說의槪意를見ᄒᆞ건ᄃᆡ爲ᄒᆞ야發表ᄒᆞᆫ바ᄅᆞᆯ見ᄒᆞ건ᄃᆡ其後의所論을槪擧ᄒᆞ건ᄃᆡ如左ᄒᆞ니

今回締結ᄒᆞᆫ韓國司法權委任에依ᄒᆞ야韓國이日本에司法權委任ᄒᆞᆫ事ᄂᆞᆫ當行ᄒᆞᆯ事이니別로批評ᄒᆞᆯ것도아니며委任ᄒᆞᆫ結果로言ᄒᆞ면지ᄂᆞᆫ前年丁未七月協約에己成ᄒᆞᆫ事實이오今番은但히其具體的으로實現ᄒᆞᆫ者니從來로司法權은日本人이掌握ᄒᆞ얏스나韓國皇帝의名에依ᄒᆞ야執行ᄒᆞ얏거니와今後ᄂᆞᆫ日本皇帝의名으로代ᄒᆞ야施行ᄒᆞᆯ者니此ᄂᆞᆫ再昨年七月日韓協約中에此를作ᄒᆞ야順次로名實을共收ᄒᆞᆫ것이라此ᄂᆞᆫ伊藤公의卓見이已達ᄒᆞᆫ者라ᄒᆞ얏스며

軍部廢止에就ᄒᆞ야ᄂᆞᆫ丙午年七月軍隊解散을斷行ᄒᆞᆷ이可ᄒᆞ나當時에僅히近衛隊의御衛隊가殘存ᄒᆞ얏스니此ᄂᆞᆫ當時의半에不過ᄒᆞᆫ즉이라今度의解散은永爲廢除를目的ᄒᆞ며니當然ᄒᆞᆫ事라ᄒᆞ얏스며

現今韓國政府의殘留ᄒᆞᆫ것은內部、學部、農商工部、度支部等이라ᄒᆞᆯ지라度支部ᄂᆞᆫ韓國財政의當大機關이라ᄒᆞ나韓國中央銀行이特別協約에依ᄒᆞ야旣히日本人에組織ᄒᆞᆫ바오財政權이太半은日本政府의掌中에歸ᄒᆞᆫ지라其權을統監의任意로我에任ᄒᆞᆯ가ᄒᆞ얏스며

敎育上에關ᄒᆞ야ᄂᆞᆫ學部主腦部에日本人을入ᄒᆞ야敎科書編纂에與ᄒᆞ야敎員傭聘配置의實權을主司ᄒᆞᆫ즉此ᄂᆞᆫ韓國의物이라ᄒᆞ야도過言이아닐지라ᄒᆞ얏스며

地方行政에關ᄒᆞ야도各道觀察使下에事務官은日本人이專任ᄒᆞᆫ지라然ᄒᆞ나此事務官의地位가太卑ᄒᆞᆫ즉各部의次官과如히事務上의權力이少ᄒᆞ니게ᄒᆞᆷ이可ᄒᆞ다ᄒᆞ얏스니

嗚呼噫嘻라彼論者의所見이여野心이滿腔ᄒᆞ야澤서水를竭ᄒᆞ고寸鱗도不遺코져ᄒᆞ나原來韓國은四千年歷史를有ᄒᆞᆫ國이오其人民이至弱ᄒᆞᆫ듯ᄒᆞ나오히려二千萬韓國民族이有ᄒᆞ며其土地가비록狹小ᄒᆞᆫ듯ᄒᆞ나오히려三千里天府金湯이有ᄒᆞ나니엇지三戶의勢로國을復ᄒᆞᆯ日이無ᄒᆞ리오靜히義理上으로思ᄒᆞ야原國의勢를恢復ᄒᆞᆯ萬全의策이아닌가

噫又韓國國民이耳와目이有ᄒᆞ거던此를見ᄒᆞ고此를聞ᄒᆞ야猛虎가傍에在ᄒᆞ야骨血을剝食코저ᄒᆞ야도醉睡를如前히ᄒᆞᆯ재오夬가前에追ᄒᆞ야羽翅를弋코저ᄒᆞ야도安眠을如前히ᄒᆞᆯ지ᄂᆞᆫ가蜂蠆의毒이비록至微ᄒᆞ나人이畏避ᄒᆞ며蚊虻의聲이비록至小ᄒᆞ나雷를能成ᄒᆞᄂᆞ니諸시ᄂᆞᆫ早速히壹心壹力으로奮起ᄒᆞ야韓國을强ᄒᆞ며變衰爲盛ᄒᆞ야東洋平和를圖ᄒᆞ고韓國의獨立을保持ᄒᆞ면本記者도亦諸시로더부러榮光을共享코져ᄒᆞ노라

官報

▲隆熙三年拾月拾壹日 官報

法律

法律第貳拾七號

海上衝突豫防法(續)

第三條 汽船이他船을引ᄒᆞ고航行ᄒᆞᄂᆞᆫ時ᄂᆞᆫ兩舷燈을揭ᄒᆞᆫ外에白灯二個를上下에少ᄒᆞ야도六尺을隔ᄒᆞ야連揭ᄒᆞᆷ이可ᄒᆞᆷ但此白燈은第二條第一項의白燈과同一ᄒᆞᆫ構造로且同一ᄒᆞᆫ場所에揭ᄒᆞᆷ을要ᄒᆞᆷ然이나貳隻以上을引ᄒᆞᄂᆞᆫ時ᄂᆞᆫ其引ᄒᆞᄂᆞᆫ船의船尾로부터最後에被引ᄒᆞᄂᆞᆫ船舶의船尾까지의距離六百尺以上의境遇에在ᄒᆞ야ᄂᆞᆫ右該個의白灯으로부터上方或ᄂᆞᆫ下方六尺의所에同種의白灯壹個를增揭ᄒᆞᆷ이可ᄒᆞᆷ

本條의引船은被引船舶의操舵目標로ᄒᆞ야烟突後又ᄂᆞᆫ後檣의前面에小形의燈壹個를揭ᄒᆞᆷ을得ᄒᆞᆷ但此燈은本船正橫으로부터前面에見得치아니ᄒᆞ도록ᄒᆞᆷ을要ᄒᆞᆷ

第四條 事變으로因ᄒᆞ야運轉自由를不得ᄒᆞᄂᆞᆫ船舶은夜間에在ᄒᆞ야ᄂᆞᆫ第二條第壹項에規定ᄒᆞᆫ白灯과同壹ᄒᆞᆫ高處에셔最히見得키易ᄒᆞᆫ所에(汽船이면其白灯의代에)二個의紅灯을上下에少ᄒᆞ야도六尺을隔ᄒᆞ야連揭ᄒᆞᆷ이可ᄒᆞᆷ此紅燈은周圍가少ᄒᆞ야도二海里의距離로부터見得케ᄒᆞᆷ을要ᄒᆞ고又晝間에在ᄒᆞ야ᄂᆞᆫ最히見得키易ᄒᆞᆫ所에直徑二尺의黑球或은黑色의形象二個를上下에少ᄒᆞ야도六尺을隔ᄒᆞ야連揭ᄒᆞᆷ이可ᄒᆞᆷ

海底電信線의布設又ᄂᆞᆫ引上에從事ᄒᆞᄂᆞᆫ船舶은夜間에在ᄒᆞ야ᄂᆞᆫ第二條第壹項에規定ᄒᆞᆫ白燈의位置에(汽船이면其白燈의代에)三個의燈을上下에少ᄒᆞ야도六尺式을隔ᄒᆞ야連揭ᄒᆞᆷ이可ᄒᆞᆷ但此等三個의內에上下의二個ᄂᆞᆫ紅色中央의壹個ᄂᆞᆫ白色으로周圍가少ᄒᆞ야도二海里의距離로부터見得케ᄒᆞᆷ을要ᄒᆞ고又晝間에在ᄒᆞ야ᄂᆞᆫ最히見得키易ᄒᆞᆫ所에直徑貳尺以上의形象三個를上下에少ᄒᆞ야도六尺式을隔ᄒᆞ야連揭ᄒᆞᆷ이可ᄒᆞᆷ但上下의貳個ᄂᆞᆫ紅色球形을要ᄒᆞ며中央의壹個ᄂᆞᆫ白色堅菱形을用ᄒᆞᆷ이可ᄒᆞᆷ（未完）

外報

▲諮議局 北京電을據ᄒᆞᆫ즉各省諮議局에서ᄂᆞᆫ今月一日부터事務를開始ᄒᆞ고傍聽을許ᄒᆞ얏다더라

▲印度反亂 印度쇼항王領土에서英人을反對ᄒᆞᄂᆞᆫ反亂이起ᄒᆞ야當局者들은彼等의首領을對ᄒᆞ야鎭壓ᄒᆞ기로決ᄒᆞ얏다더라

▲中美革命 中央美洲니카라과共和國에서ᄂᆞᆫ革命이起ᄒᆞ얏다더라

▲英艦着日 탐은中將의率ᄒᆞᆫ英國支那艦隊ᄂᆞᆫ去拾四日에日本橫濱에入港ᄒᆞ얏다더라

▲淸國鐵道借款 那桐及徐世昌兩시가粵漢及川漢鐵道의借款件에關ᄒᆞ야英美法日四國代表와會見ᄒᆞᆫ結果로疑問이解決되야上奏裁可를經ᄒᆞ고勅令으로發佈ᄒᆞ얏다더라

▲露國撤兵 露國에셔ᄂᆞᆫ昨年에波斯로派遣ᄒᆞ얏던諸部隊를撤還ᄒᆞ얏다더라

▲黑海新港 今番新建築ᄒᆞᆫ黑海의新港은콘스탄즈아港으로부터마니야政府에서ᄂᆞᆫ開港式을擧行ᄒᆞ얏다더라

▲露帝歸程 露國皇帝ᄂᆞᆫ伊太利를訪問ᄒᆞ고瑞西와德國을經ᄒᆞ야歸國ᄒᆞ리라더라

▲陸海會議 英國政府ᄂᆞᆫ殖民地對策을具商키爲ᄒᆞ야特別히上硏究ᄒᆞᆯ陸海軍會議를組織ᄒᆞ기로官報에發表ᄒᆞ얏다더라

▲淸國上諭 淸廷에서ᄂᆞᆫ淸曆九月朔日에上諭를下ᄒᆞ되諸議局에셔開議ᄒᆞᄂᆞᆫ議員들은利害를切實討議ᄒᆞ야上下一致로公益을勿妨ᄒᆞ고法律을勿背ᄒᆞ라ᄒᆞ얏다더라

▲務是免官 美國國務卿은駐淸公使크렌시를免官식이고其免官의公文書를發布ᄒᆞ얏다더라

▲暴風殺人 美國南部地方에暴風이有ᄒᆞᆫ結果로七百名이死ᄒᆞ얏다더라

▲首領召喚 英國皇帝ᄂᆞᆫ바ᄅᆞ긴합에서自由黨과保護黨의首領을召喚ᄒᆞ얏다더라

▲颶風被害 큐파、하바나、及美國후로리다州에大颶風이有ᄒᆞ야損害가二三萬弗에達ᄒᆞ고家屋數百戶와烟草製造所가破壞ᄒᆞ얏다더라

▲鐵道王遺產 美國鐵道王하리만시의遺產은六千萬磅에達ᄒᆞᆫ다더라

▲兩시乘船 淸國海軍考察大臣洵貝勒及薩鎭氷시ᄂᆞᆫ上海에至ᄒᆞ야德國船을乘ᄒᆞᆫ다더라

詞藻

▲秋夜月（古調）

洞庭秋夜月이、楚襄王의넉시되여。

七百平湖에、두러시밝은뜻은。

田三閭의、魚腹裡忠魂을、밝히고져。

雜報

●銀時計下賜 大皇帝陛下께셔 今番巡幸時에 扈從한 陪從奉員에게 紀念品을 下賜하신은 已報하얏거니와 更聞한즉 供奉女官에게도 花銀製時計各壹箇式을 下賜하셧다더라

●趙의 被任說 挽近以來로 內閣變動의 說이 喧藉함은 一般知了하는 바이어니와 總理大臣은 前農商工部大臣 趙重應氏가 被任되리라는 說이 有하다더라

●農相餞別 農商工部大臣 趙重應氏가 昨日上午九時에 釜山港에 發程하얏는데 總理以下各大臣은 南大門外停車場에 前往餞別하얏다더라

●兩夫人往訪 侍從院卿 尹德榮氏의 夫人과 [illegible]夫人이 再昨日 安岩洞에 出往하야 [illegible]院君 [illegible]을 訪問하얏다더라

●日本의 滿洲政策 今番 伊藤公의 滿洲旅行은 哈爾賓에서 露國度支大臣 코코쳐후와 會見하고 重要한 問題에 就하야 交涉할터이라는데 氏가 歸國한 後에는 日本의 滿洲政策이 變更하리라더라

●清國防備 清國은 韓國에 對한 邊防上으로 義州府附近에 防備를 急히 한다더라

●兩氏談話 [illegible]君과 [illegible]氏가 再昨日下午七時에 閔泳徽氏를 訪問하고 數時間談話하얏다더라

●유유何會 俵學部次官이 本日上午十時에 花園亭에서 學部日本人官吏와 家族으로 유유會를 設行한다더라

●銀行總會 韓國銀行의 株金募收는 昨日까지 完了하얏는데 二十九日에 總會를 開하기로 決定하얏다더라

●兩犯執行 强盜犯 申士一과 强盜殺人犯 李永成을 處絞할 事로 法部大臣이 上奏裁可하야 京城監獄署에서 執行하얏다더라

●厚意致賀 李總理는 向日暴民에게 被捉하얏던 其令侄이 日憲兵隊의 救助로 無事歸家함을 感謝하야 再昨日 日人隊長 [illegible]原이를 訪問하고 厚意를 致賀하얏다더라

●今明擧行 [illegible]銓考試驗은 其前에는 依例히 成均館에서 擧行하더니 今番 大試驗은 [illegible]部로 定하고 又試驗時間은 貳時間으로 定하얏다더라

●藝妓觀察 各財務監督局長은 本日兩城에 出張하야 藝妓狀況을 視察한다더라

●筆記試驗 法部에서 擧行하는 判事筆記試驗은 終了되얏스므로 明日부터 口述試驗을 行하다더라

●萬圓先給 內部에서 大韓醫院의 經費二萬圓을 度支部에 請求하얏더니 預備金中으로 壹萬圓은 先支撥하얏고 壹萬圓은 追後支撥하다더라

●醫學移接 中部醫學校는 明日에 敦化門前에 在한 [illegible]으로 移接하다더라

●移照宮屋 咸鏡北道慶源郡에 在한 [illegible]堂建設을 奉하던 [illegible] 使시가 韓國人民의 代表가 되야 內部에 請願하얏더니 內部에서는 所管이 아니라하야 宮內府로 移照하얏다더라

●地方費處理 地方費를 農工銀行에서 處理케할 事로 內部와 度支部에서 交涉을 畢了하얏는데 日昨 度支部에서 各農工銀行에 命令을 交付하얏다더라

●航路不必要 淸津元山과 日本敦賀간에 航行하는 三角航路는 日本人의 經營하던바인데 日本遞信省書記官 [illegible]이가 調査한 結果로 開始할 必要가 無함으로 廢止할다더라

●船價定式 京畿觀察使 金[illegible]氏가 沿江各郡에 訓示하되 行客往來하는 津船貫을 每人에게 一錢式 收捧하라 하얏다더라

●監獄制度 司法權委任實施後에 監獄은 本監九箇所 分監十箇所를 設置하고 監獄制度는 [illegible]人分房組織을 採用하는데 [illegible] 現今研究中이라더라

●[illegible]到着 再昨日에 [illegible] 人隻이 麗水에 到着하얏다더라

●戶口增加 目下各地方에서 民籍을 調査함은 人所共知어니와 戶數及人口가 [illegible]乃至兩倍의 增加가 有하다더라

●日牛華貿 農商工部日人技手 本多는 今日에 出發渡日하야 [illegible] 種牛와 種羊을 買來할다더라

●壹會講會 壹進會에서 再昨日下午七時에 評議會를 開하고 [illegible] 政見을 協定發表할 人을 選擧하기로 決定하얏다더라

●何不速廢 國是遊說團에서 經費支用件을 修定하야 政府에 請求하얏는데 如何한 區處가 無함으로 自然廢止할듯하다더라

●臨時裁判 [illegible]氏가 孤兒院事件에 對하야 京城地方裁判所에서 裁判하야 [illegible] 委任狀을 推[illegible]하야 [illegible] 印章은 更히 民事局에 還付하고 [illegible] 起訴를 推去하얏다더라

●其派何多 目下京城에 在留한 日人의 宗敎派數는 西十五인데 其敎派는 [illegible]

●領士被奪 龍岩浦下流 [illegible] 從來韓國領士로 認知하던바인데 [illegible]會員 金[illegible]氏가 [illegible]島의 芦를 刈取하더니 淸人 高源永이가 安東縣駐在 淸國領事의 [illegible]을 稱하야 [illegible]島가 淸國領土라하고 主張하며 金氏의 刈芦를 拒絶하는지라 龍岩浦駐在日憲兵所와 淸國官廳간에 交涉이 有하얏스나 淸國警察署에서는 韓人의 撤還을 要請하며 [illegible] 賠償金을 徵收코져하다더라

●宜其解放 竹洞宮에서 使用하던 領傔을 一齊解放하야 自由生活케하는데 每名에 金貨一圓式 分給하얏다더라

●宣其聰明 용仁郡富谷洞居 [illegible]이가 昨年分에 義兵에게 被執되야 不得已隨從하다가 [illegible]兵分遣所에 被捉되야 京城地方裁判所로 押上하얏다는데 其學식이 [illegible] 地方裁判所에서 [illegible] 說明하얏다더라

●虎疫渡日 日本京都嵐山附近에 虎列刺가 發生하야 其勢가 [illegible] 死亡者ㅣ 五十餘名에 達하얏다더라

●日本虎疫 日本門司와 [illegible]山地方에도 虎疫이 發生하얏다더라

●春川虎患 九月十六日 江原道春川郡[illegible] 虎가 [illegible]地方人 [illegible]

●如何不[illegible] 永成門[illegible] 四代[illegible] 自由生活[illegible]

●巫士設會 來土曜日下午七時에 巫士[illegible]氏가 彰義門外[illegible] 敎堂에서 幻燈會를 設行한다더라

◉感荷寄付 北靑郡西[illegible]里[illegible]氏가 本社經費로 金貨[illegible]을 寄付하얏기 玆에 感意를 表하노라

●[illegible] 昨日大韓協會[illegible] 下에 會計[illegible]

▲地方消息▼

▲去月貳十七日 咸鏡南道安邊東南方約二十里地에서 義兵四十名이 [illegible]分遣所上等兵貳名及補助員五名과 巡査貳名과 衝突하얏다더라

▲去月十五日 江原道[illegible]川西北方約十五里地에서 義兵三十名이 [illegible]憲兵分遣所上等兵壹名及補助員二名과 衝突하얏다하고

▲去月十八日 黃海道[illegible]石東北方約四十里地에서 義兵四十名이 [illegible]憲兵分遣所上等兵壹名及補助員二名과 衝突하얏고 又溫井院西方約二十里地에서 義兵二名이 [illegible]院憲兵分遣所上等兵三名及補助員五名과 衝突하얏다하고

▲同日 咸鏡道倉坪西方約[illegible]里地에서 義兵十七名이 [illegible]地憲兵分遣所上等兵壹名及補助員三名과 衝突하얏다하고

▲去月十九日 金化中溪東北方約三十里地에서 義兵四名이 [illegible]憲兵分遣所上等兵壹名及補助員三名과 衝突하얏다하고

▲去月十三日 [illegible]北方約貳十里地에서 義兵十名이 [illegible]郡[illegible]分遣所上等兵貳名及補助員[illegible]과 衝突하얏다하고

▲同日 江原道伊川西北方約四十里地에서 義兵五名이 [illegible]郡憲兵分遣所上等兵二名及補助員[illegible]과 衝突하얏다하고

▲去月十四日 金化月城里東南方約十五里地에서 義兵五名이 [illegible]憲兵分遣所上等兵壹名及補助員三名과 衝突하얏다하고

▲同日 慶北乃城西方約五十里地에서 義兵十名이 [illegible]憲兵分遣所上等兵壹名及補助員貳名과 衝突하얏다더라

◯論說電報◯

◉美公使主義 今番駐淸美國公使 크렌씨는 元來親露主義者라더라

▲時局一評▼

▲法部革罷된後에는 法部官吏들은 退官金을 먹는다지만 官吏들은 [illegible]으로 幻身하야 日本官吏되여 가며 [illegible] 官吏는 또 [illegible]

▲平壤[illegible]立學校에서 日人[illegible] 反對하고 學徒들을 [illegible] 學校가 [illegible] 學校를 [illegible] 日人[illegible]

▲殖民政策잘된다 明年부터 日主事들 各郡마다 配置한다지 地方官廳보랑이면 [illegible] 日本사람이오 如干韓人官吏들은 奴隷노릇들할밧게 이것亦是不足하야 [illegible]

▲滿韓法이나며나만 滿韓에 섞긴殘民 失所[illegible] 法律이라 [illegible] 民情不顧하니 不敎而[illegible] 問題之術이오구나 [illegible] 設計할 方法업가

▲엇던[illegible]人 政府[illegible] 貸付金[illegible] 스니 그마음이 [illegible] 잘갑기로 [illegible] 수업서 잇수주기

雜報

◎親睦會總會 本日西北學生親睦會에서總會를開ᄒᆞ고事務를處理ᄒᆞᆫ後討論ᄒᆞᆫ다ᄂᆞᆫ디僉셔夏시가批評ᄒᆞ다더라

廣告

本人의西部盤松坊冷洞百七十七統十四戶草家四간文券을學在搜處換執셔失故茲以廣告

學行西 白

本洞居ᄒᆞᄂᆞᆫ本人의弟妹文在哲이가昨年三月에無故出他不還ᄒᆞ야其老母情景이幾至死境인ᄃᆡ或知得ᄒᆞ셧이ᄂᆞᆫ速々勸歸케ᄒᆞ심을切望

慶南機張郡上西面熊川洞 孫鐵鉉 白

北部安國坊小安洞八統八戶瓦家三拾八간짐은舍兄劉都事滋璧시家而兄主去月初二日已爲喪逝이온ᄃᆡ通內出入屬族자浮浪敗類輩가寡居宗姪婦와幼年次侄相準을奸誘甘言ᄒᆞ야同家舍와田庄간에暗欲與執或欲放賣ᄒᆞ오니ᄉᆞ상의弟將侄及親戚ᄒᆞ깃스나右緣由를先告宗中이고並에廣告ᄒᆞ오니勿論內外國人ᄒᆞ고切勿견欺ᄒᆞ시옵

尹滋柄

本人에于在京의字更明인ᄃᆡ本浮浪ᄒᆞ야不遵父訓ᄒᆞ고與挾雜輩로上京ᄒᆞ야僞造文券ᄒᆞ와買執得價코ᄌᆞᄒᆞ오니內外國人은切勿見欺ᄒᆞ시옵

江原道江陵郡南二里內谷里 崔允謙 告白

本人이拾月拾四日路中에셔黑角函圖章을見失ᄒᆞ얏스며該章을拾得則休紙施行ᄒᆞ시옵

南大門內 리聖漢 白

白川邑私立東明學校ᄂᆞᆫ設立ᄒᆞᆫ지于今四年에晝夜學生이貳百五拾六人이오補習科學生이六拾人이온ᄃᆡ其中優等卒業生은京城高等學校로上送受業ᄒᆞ고本校에셔ᄂᆞᆫ邑村靑年을繼續募集ᄒᆞ야邁進習工케ᄒᆞ온즉太有進就之望이오나本校範圍가漸廣ᄒᆞ고經費가浩大ᄒᆞ야以財政艱難으로今當閉校之境矣러니本校任員諸시가慨歎此校之中廢ᄒᆞ고奮발義勇ᄒᆞ야各其承會田답平與이라도不顧自家之生計ᄒᆞ고擔責義助ᄒᆞ야本校를盡以支保케ᄒᆞ오니寔或富人之願助ᄒᆞ도與雖容易ᄒᆞ거니와況以不贍之家産으로自願出義가誠誼可賀오亦將科於他校이옵기並에廣布홈

義助任員氏名如左

總監 趙景植 壹百拾圜

孫宣永 六拾圜

學監 劉容弼 壹百拾圜

姜濟馨 六拾圜

吳俊根 六십圜

黃海道白川郡西村面雪里五統七戶私立東明學校長崔□□ 白

學員募集廣告

本校에셔男女兩校에尋常小學科學員을募集ᄒᆞ오니志願者ᄂᆞᆫ陰九月初五日內로請願書를提呈ᄒᆞ심을望홈

一 求學年齡八歲至十五歲
一 開學日字陰九月初五日
一 入學金新貨五拾錢
一 月謝金新貨貳十五錢

但細則은本校에來問ᄒᆞ시오

新門內禮拜堂立 永信學校

本人이西部下水溢里七十統八戶瓦八間草間文券과立旨를見失ᄒᆞ얏스니內外國人간拾得ᄒᆞ올거든休紙施行可홈

李珪相 白

◎於興郡本登浦財務署長李璿承行政如左

登移來四朔內에本洞酒稅ᄂᆞᆫ與他不同ᄒᆞ야米貳斗讓酒者에稅金拾圜式以至毆打督捧事

登陸八月廿八日新設場市에泥醉卽往ᄒᆞ야雖小殘烟草業草商을打之逐之ᄒᆞ며烟草稅를徵捧ᄒᆞ며市民을打之ᄒᆞ야設場에防害事로人民이散業之境이요

登還鬼味里等地村家에親往ᄒᆞ야農酒를雖貳三碗이라도執責ᄒᆞ야乃至孕婦落胎之境이요

登深夜에閭閻酒店에來ᄒᆞ야行爲가橫正ᄒᆞ야甚至短杖毆打에竟至閉業之境

以上各條로緣ᄒᆞ야民心이不伏ᄒᆞ오니法之所在에不能黙自措處故將欲學訴이기玆에廣告홈

學萬善 李泰頫 金鶴爵
金云학 崔光二 金國鉉
金中□ 리性儀 李漢成
吳大成 文致先 劉元實
成明信

本人의弟(文敬)性行이不敏ᄒᆞ야挾雜輩로互相勸作ᄒᆞ오며外國人의게得債코ᄌᆞᄒᆞ오니內外國人은見欺치마시옵

安州南松面龍潭里 洪文晟

本館에셔壹般任員을改差後에業務를更加擴張ᄒᆞ옵고書籍五圓以上에特別減價로흘터이오니僉君子ᄂᆞᆫ陸續購來ᄒᆞ시옵 測量器械具와學徒用品紙類도具備ᄒᆞ얏슴

平壤鍾路太極書館

館主 李昇蕃
主任 宋鎭遠
事務 金根 謹

各種本國西洋藥品[illegible]大發賣所 和平堂藥房

藥商의게ᄂᆞᆫ特減大賣홈

健胃消滯 八寶丹

起死回生 蘇生水 回生水

麝香消瘡丹

胎養調經丸

陰陽雙補 滋陽丸

阿烟斷引藥

建珠去根 全治丸

鎭咳散

消積散

寸白殺虫 殺虫藥

蛔滅散

玉容顔水

解毒治疳膏

其他有名賣藥 都賣散賣

遠地에ᄂᆞᆫ小包로信送홈

◎麗製止痛藥

此藥은英國에有名ᄒᆞᆫ의사□□□□本司에서發明ᄒᆞᆫ藥인ᄃᆡ左開諸症에外塗內服ᄒᆞ면無不立效인바 吐瀉 霍亂 轉筋下痢等流行急症에尤極神效ᄒᆞ와多救生命이오니諸君은從此ᄒᆞ시ᄂᆞᆫ이와疾病을預防코ᄌᆞᄒᆞ시ᄂᆞᆫ이ᄂᆞᆫ速速購買ᄒᆞ시압

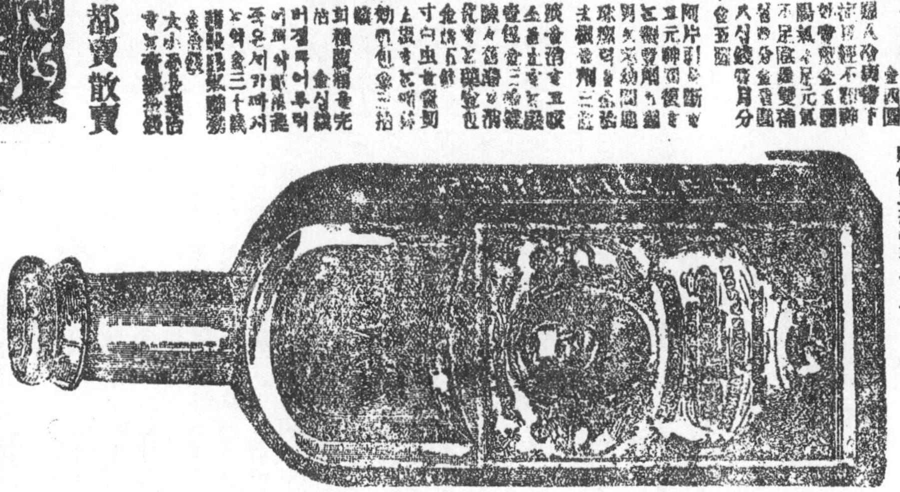

左開

▲內科所用▼

胃酸 吐瀉 咳嗽 肚滯 心痛 肝病 胃熱 口內之瘡 哮喘 小兒吐瀉 抽筋 腸疾 嘔吐 胃氣痛 腹裡傷暑 頭痛 身平軟弱 暈眩 氣管病 霍亂 腹瀉 食傷 不消化 疹子 傷寒 肚痛 痢疾 喉痛 肉腫病 暑夏吐瀉

▲外科所用▼

疣疾 毒瘡 跌打損傷 腰骨痛 瘡痒 瘡疽 咽喉痛 蟲蛇咬傷 凍瘡 腦氣筋痛 等

發賣所 韓國韓美興業株式會社事務所

本人父[illegible]兄[illegible]의[illegible]遺骸를[illegible]所有土中長[illegible]朱哥九石餘落과[illegible]散殊哥八石餘落과[illegible]五섬餘石落과同本下里哥[illegible]餘石落과臨陂酒谷坪十九石餘落은本人父子의[illegible]이[illegible]시[illegible]餘香都[illegible]은從兄弟[illegible]去年十月分에本人家親이因其親命ᄒᆞ야下去南[illegible]幹ᄒᆞ려니郡[illegible]祖父며[illegible]呈察親이未[illegible]臨終인[illegible]從兄弟가乘其喪事ᄒᆞ야[illegible]取[illegible]之ᄒᆞ고[illegible]然抑之ᄒᆞ야右畓中[illegible]安臨陂二處ᄂᆞᆫ自爲[illegible]之勢기至本人父子가不勝忿鬱ᄒᆞ야爲先臨陂당官文證明[illegible]러니從兄弟가抑又[illegible]强ᄒᆞ야[illegible]抹ᄒᆞ고向人倡[illegible]의甚至于揭載新聞의[illegible]之[illegible]抑[illegible]誣[illegible]正[illegible]自在ᄒᆞᆫ[illegible]以[illegible]不測은[illegible]至[illegible]從兄[illegible]相[illegible]의險[illegible]切勿[illegible]可홈

[illegible]六戶[illegible]相[illegible]告白

被[illegible]有年[illegible]其論[illegible]迅速[illegible]士[illegible]稍々[illegible]上[illegible]紹介ᄒᆞ기[illegible]及報價를[illegible]左[illegible]諸시ᄂᆞᆫ[illegible]左開[illegible]本館所在地 哈爾濱瓦牙街

一個月先給 俄貨[illegible]角
三個月先給 俄貨貳圓
[illegible]先給을要홈

還東報館 告白

○申報價

一個月 新貨貳拾五錢
三個月 [illegible]
六個月 [illegible]
一個年 [illegible]

○廣告料

[illegible]

大韓每日申報 各處支社廣告

平安道

北墾島

[illegible]

第七卷

大韓每日申報

第千貳百廿四號

月曜及慶節翌日休刊

西曆一千九百九年十月十九日
大韓開國五百十八年
[illegible]

Responsible for Publication Alfred Weekley Marnham.
發行兼編輯人英國人 萬咸
發行所
京城南部[illegible]
大韓每日申報社

論說

儒敎를賣하는賊

嗚呼라我韓三千里江山이儒敎와하고我韓二千萬人民이儒敎를奧하李完用趙重應兩人이外面은且腹이不充하며其喉가不潤한지라今에學人植聲이仲介者作하야儒敎를又是賣與코자하는도다凶哉라此計여愚哉라此輩여今日韓國儒林이或腐敗無餘한양스나數千年以來의遺風餘韻이尙存하야綿綿한脈이一期於히保守코자하며其他忠果也의鑑別이自在하야筆로能히褒하며舌로能히誅하는公眼이儒林諸시中에自有하거늘公等이비록百奸千凶을施할지라도靈覺이具有한儒林諸시가誣服盲從할理가萬無하지만는假使儒林이極頭腐敗하야公等의魔說을曲從한다할지라도公等도本天良이有한者라엇지自國의數千年宗敎와幾百萬儒林을二十萬元代金으로日本에賣渡코자하는가賣金이雖日可貴나非義不取라는聖訓이有치아니하며官爵이雖日可貴나非道不取라는懿箴이有치아니한가本記者는英人이라儒敎의奧意는平昔에講究치못하얏스나此乃東洋四千年來에修齊治平의道이오如是히正大한道를懲托하야讒心을售하며猖鬼를作코자하니嗚呼라公等을對하야足責할바ㅣ無하나韓國을爲하야一痛哭하며儒敎를爲하야又懲吊하노니公等은此言을三復할지어다抵豈猜의小로天下의目을能掩치못하며点螢의蔽로太陽의光을能蔽치못하나니孔子의道는至正至大한者라엇지壹陰脅小輩의汚辱을因하야其光을失할理가有하리오만은但只公等의所爲를痛惜하야警言으로써告하노라

外報

●政府非難 倫敦電에曰西班牙共和黨首領레노아、후에루레루시는政府에對하야赦免을哀願하얏스나終是파루세로나에서銃殺을當하얏는대羅馬法皇은敢히宜懲을撤消를勸告하얏다하며社會主義者는該處刑이不穩當하다하야抗議하고集合을催하는데擾亂을惹起할念慮가有하다하며

●希武官結社 希臘國軍隊의士官들은秘密結社가有하다는데此는土耳其를攻擊키爲하야軍人拾八萬을準備하엿다더라

●賠償要求 土耳其國아다나地方虐殺當時에外國人에對加한損害의賠償을列國이土耳其에要求하얏는데土耳其는此를拒絕하엿스나列國은尙且強硬히要求한다더라

●中央革命 中央亞美利加니가라과國革命黨은首府마리유후이루로를包圍하얏다더라

●會見豫議 露國에서言하야日露國度支大臣及伊藤公이哈爾賓에서會見할은豫히兩國政府의議論이有하다하얏다더라

●諮議開局 淸國直隸에서拾四日에諮議局을開하얏는대國民들은國旗를懸하고憲政實施의盛典을祝하얏다더라

●露移民消息 露國新聞에曰露國移民四百名이布哇에上陸하얏는대美國官吏는百名만上陸을認하고其他는革命黨이라하야送還하얏는데此는國際問題가되리라하얏더라

●蘭艦着港 荷蘭艦隊는去十七日에橫濱에到着하얏다더라

●日商拘引 海蔘威에在한何許日人商店에서野菜中에綢緞을混雜하야密輸入한事가發覺되야拘引을當한後에罰金四千圓을稱하얏다더라

●革命家處刑 維也納電에曰西班牙國急進改革家후란세스코、후에루레루시는西國最近時代의革命煽動巨魁로西班牙政府의求刑한바되얏는대欺시가有하야自己의無罪를證明키爲하야申請하얏스나此를聽許치아니하고非文明的審判으로去十三日에銃殺하얏다는지라此를因하야法國伊太利比利時英國等國에서非常히憤怒를惹起하야反抗的集會가盛行하는데此等國에駐在한西班牙大使館은警護한다더라

●端方及밧시 淸國端方시는軍機處에入하고其後任은밧春煊시가襲한다는說이有하다더라

●露淸鐵道協約 露淸鐵道境界協約은本月末에哈爾賓에서調印한다더라

●日貨排斥 滿洲의奉天에서는日貨排斥의熱이極盛하다더라

●크시揚言 前駐淸美國公使크렌시는揚言하야日志加古新聞紙記者를對하야非難할바가아니라余는只是大統領이라프르시가余에게所望한希望을實行코자함이라하얏다더라

●西摩將交戰 摩洛哥國土民等은三方面으로分하얏는대其貳隊은西班牙軍에對時하고西軍을向하는바攻擊을行하는데不久에土民軍의聯合攻擊이有하리라하얏더라

●處刑의影響 西班牙에서후에루레루시를銃殺한結果로該國社會黨은反對를起하야示威運動을行하얏고又伊太利에서도各市에暴動이發하야中止하고又巴里에서는群衆은亞페시로首領을作하야西班牙大使館附近에서示威運動을試하야日西班牙王及太后는虐殺者라하고絕叫하고故로警官은放砲하야此를防止하얏스며又南美亞然丁共和國파우루궤이共和國各首府에서도此示威가有하얏다더라

●露國[illegible] 露國에서는今番에要塞船渠의建築과도레드도노ㅣ도型戰艦을建設키爲하야經費用으로六億留를支出한다더라

●土大臣言明 土耳其國內務大臣은印度의回回敎徒가波斯灣沿邊아레즈포혜地方에移住코자하는旨를言明하얏다더라

學界

●明新聚明 江華島和龍社龍岩村明東義塾은趙龍允설學監金羅鴻珠監金定圭諸시가熱心觀務한結果로敎師는日本太學校卒業生高永[illegible]시가名譽로出席하고財務는政治會計金河奎와書記崔岐鳳諸시도各其職務를盡力함으로校況이漸漸發達하야前塗之望이大有하다더라

●講習實習 龍洞興士團內付屬한新興農業講習所에서講師諸시와學員三十餘人이再昨日上午九時에[illegible]島模範場에前往하야實地見習을行하얏다더라

●朴氏逝世 倉洞隆熙講習所簿記講師朴愚秉시는名譽로出席하야熱心敎授하더니脚氣를因하야屢月呻吟하다가去十五日에不幸히逝世하얏는지라該校任員及生徒諸시가莫不嗟惜한다더라

●白倅優績 [illegible]川郡守金鳳熙시가政治에慣熟하고敎育에熱心함은已知하얏거니와該倅가境內에躬行하며學問에必要함을家喻戶說하야學校五十餘處를設立하고農民蠶婦까지도新聞을購覽케함으로該郡人民의程度가漸次발展한다더라

●金氏熱心 長기郡守金永銖시는敎育에熱心하야該郡境內에陽明長明開明等三個학교를設立하고生徒를對하야激切히勸獎함으로該校情況이漸次發達된다더라

學報

●西隣卒業 日昨에新門外普昌義塾內西隣夜학校에서日語速成科卒業試驗을經하얏는데卒業生이如左

李昌會 劉秉浹 金永植
吳熙煥 [illegible]儀 南相稷
鄭承鎬 徐相旭 姜漢琦
金振聲 閔天祿

詞藻

●至誠

諸葛亮은그누구며、華盛頓은知人이라。
그도사람나도사람、彼此사람같毅이라。
아마도、丈夫의事業成就키는、至誠貳字。

雜報

●箭門修補 各陵紅箭門이頹敗ᄒᆞᆫ處가多ᄒᆞᆷ으로更히修補ᄒᆞ기爲ᄒᆞ야材木을伐採ᄒᆞᆯ次로再昨日宮內府에서農商工部에照會ᄒᆞ얏다더라

●風流宰相 法部大臣高永喜氏가再昨日에安駉壽玉리在正리祖信諸氏를帶同ᄒᆞ고東小門外自己亭子에前往ᄒᆞ야鎭日消暢ᄒᆞ얏다더라

●官吏運動 度支部에서敎官吏가來日曜日獎忠壇에서運動會를設行ᄒᆞᆫ다더라

●中野發程 內部警務局中野部長은洪州郡警察署落成式에參與ᄒᆞ기爲ᄒᆞ야今明간발程ᄒᆞᆫ다더라

●內閣例會 昨日은月曜內閣例會인데總理以下各大臣이會同ᄒᆞ야今番防疫費支出件과其他時急公務를協議ᄒᆞ얏다더라

●區域配付 內部에서漢城府及십三道의行政區域一覽表를修定印纂ᄒᆞ얏ᄂᆞᆫ데各府部院과統監府까지壹件式발送ᄒᆞᆫ다더라

●官吏觀病 內部高等官諸씨가昨日下午二時頃에順化病院에前往ᄒᆞ야病者의情況을觀察ᄒᆞ얏다더라

●曆書發送 學部에서來年度曆書를漢城內各請願人에게壹々발送ᄒᆞ얏다더라

●日醫賞與 今番防疫事務의從事ᄒᆞᆫ日人醫師의게賞與金은支給ᄒᆞᆯ터인데每名에二百圜乃至三百圜式分等給與ᄒᆞᆫ다더라

●兪씨向西 漢城府民會長兪吉濬시ᄂᆞᆫ遂安祥原兩郡에水銀鑛業務를組織ᄒᆞ기爲ᄒᆞ야農工銀行日人技師壹名을帶同ᄒᆞ고再昨日上午八時에京義鐵路로登程ᄒᆞ얏다더라

●韓國訪問 德國總領事子리더우겔시ᄂᆞᆫ昨日에統監府通譯官을逆問ᄒᆞ얏다더라

●警官亦更 司法權委任實施ᄒᆞᆫ同時에韓國內警察官의大更迭이有ᄒᆞᆯ터인ᄃᆡ就中警視廳의서多數의異動이有ᄒᆞ리라더라

●韓人自耳乎 本今壹月三日은日本天長節인데在韓日人을이此日에司法權委任紀念祝賀를미ᄒᆞ기로協議中이라더라

●果能活民乎 東拓會社副總裁閔泳綺氏ᄂᆞᆫ無依遊食之民을救濟ᄒᆞᆫ다稱ᄒᆞ고活民院을設立次로某々大臣과協議ᄒᆞᆫ다더라

●拓員發程 昨日拓殖社理事松嶺某氏가黃海道內金鑛을視察ᄒᆞᆯ次로發程ᄒᆞ얏다더라

●兩々反對 去土曜日에大韓協會에서總會를開ᄒᆞ고壹進會와交涉委員을選定ᄒᆞᆫ事件을公佈ᄒᆞ랴ᄂᆞᆫ데育何層節인지該會員申奎植趙완九량氏가反對ᄒᆞ얏다더라

●農商奔走 明年三月의日設ᄒᆞᄂᆞᆫ日本福岡縣共進會의出品ᄒᆞᆯ韓國模型圖表及各種物産工藝品을目下農商工部의서着々準備ᄒᆞᆫ다더라

●兩派演說會 壹進大韓兩會ᄂᆞᆫ來二十三日午後壹時에慶熙宮內에서聯合大演說會를開ᄒᆞ기로內定ᄒᆞ얏다더라

●韓銀任員 韓國銀行總裁其他理事等의任命을來二十九日第一回株主總會日에發表ᄒᆞᆫ다더라

●徐시提議 丁未年國債報償收聚ᄒᆞᆫ國債報償金은旣爲數額이不充ᄒᆞ야國債를辦勸치못ᄒᆞ얏슨즉同金을時監督堂은目下金融不通時代에適用지못ᄒᆞᆫ事이時拾三省道郡에서各其代表壹人을選合ᄒᆞ야全國의對ᄒᆞᆫ公益事業의히金을取用ᄒᆞᆯ事를協議ᄒᆞᆷ이可ᄒᆞ다ᄒᆞ야太郎部居師十餘相돈餘丙奎諸氏가發起ᄒᆞ야本年십壹月七日에各代表諸氏가京城南明敎育會々館內로會同ᄒᆞᆷ을기를希望ᄒᆞᆫ다더라

●韓物日査 日人關野貞이가韓國에古物을調査次로平壤에逗留ᄒᆞ다가再昨日前에安州等地로前往ᄒᆞ얏다더라

●鄕校儀節 鄕校敎會에서鄕宮을奉ᄒᆞᆫ時에祭典과儀仗의定式을磨鍊ᄒᆞᄂᆞᆫ데祭典은韓國廟社의禮와儀仗은殿宮의節로依倣ᄒᆞᆫ다더라

●地主督券 潭陽郡居리光秀시가히附近人民의田畓三千餘石落文券을携帶ᄒᆞ고拓殖會社에典執ᄒᆞ야得價分用ᄒᆞ기를運動ᄒᆞ다가屢月을延拖ᄒᆞᄂᆞᆫ故로地主등이文券을還推ᄒᆞᆯ次로同氏를督迫ᄒᆞᆫ다더라

●檀君敎佈 吳基鎬鄭運諾氏가主唱ᄒᆞ야檀君宗敎를傳佈ᄒᆞᄂᆞᆫ데檀君節牌를中部泥洞羅寅永시家에奉安ᄒᆞ고入道時에焚香拜ᄒᆞ며誓辭를朗讀ᄒᆞ고佈明書를無代金分給ᄒᆞ며自國山古經閣에서修道ᄒᆞᆫ白峯神兄大宗師에印章을捺紙ᄒᆞ야入道證書를給與ᄒᆞᆫ다더라

●日會又立 忠南溫陽郡溫泉里在留日人은去陰壹日에總會를ᄒᆞ고日本人會를設立ᄒᆞ얏다더라

●其義可尙 東部蓮洞居리範承氏가今番流行病에罹ᄒᆞ야擧內巡査가水口門外病院으로昇送ᄒᆞ얏ᄂᆞᆫ데該시別室이其家人의려謂ᄒᆞ야曰我雖賤妾이나所天이不幸ᄒᆞ면吾亦從死라ᄒᆞ고藥餌를求ᄒᆞ다가三歲乳兒를其隣家의付托ᄒᆞ고病院에前往ᄒᆞ야八個日間을晝夜救療ᄒᆞ야幸以蘇完ᄒᆞ얏ᄂᆞᆫ데처婦人의誠義를人多稱頌ᄒᆞᆫ다더라

●淸民呼訴 忠北淸州郡蘆峴里에서日人이金鑛을開採ᄒᆞᄂᆞᆫ데礦夫에行悖가無雙ᄒᆞᆯ뿐더러犯人ᄒᆞᆫ民有田畓의價金을不給ᄒᆞᆷ으로해地人民의代表閔相春등이因數年兩시가農商工部에呼訴ᄒᆞ얏다더라

●韓鐵輸去 韓國政府의所有殷栗載寧량鐵鑛은日人若松製鐵所에讓渡ᄒᆞ엿ᄂᆞᆫ데히製鐵所에서ᄂᆞᆫ兼二浦의精煉所를設立ᄒᆞ고鐵을精鍊ᄒᆞ야若松으로輸送ᄒᆞᆫ다더라

●鏡城氷雪 鏡城郡의去십四日朝의最低氣溫이零下壹度七分의至ᄒᆞ야初氷이有ᄒᆞ며長白山의ᄂᆞᆫ雪深이엿다더라

●鴨島保管 鴨綠江下流에在ᄒᆞᆫ新彌坪鳾鎭土間島ᄂᆞᆫ去십貳日에淸日兩國官吏가히島에出張ᄒᆞ야會見交涉ᄒᆞᆫ結果로當時韓人側官吏가保管ᄒᆞ야領土權의確定되기까지保有ᄒᆞ기로ᄒᆞ얏다더라

●虎疫總計 京城附近의虎疫이初發以來로京城의韓人八百三십七名中의全治가四십一名이오死亡이七百二십三名이오日本人百貳십八名中의全治가五十三名이오死亡이七十三名이오龍山의韓人百貳拾貳名中의全治가貳십六名이오死亡이人십六名이오日本人十八名中에全치가四名이오死亡이九名이오蘇島의韓人四拾三名中의全치가五名이오死亡이三십名이라더라

●兩將被捉 십月십日에義將將永根氏가羅州三加面平村에潛伏ᄒᆞ얏다가任石里憲兵分派所上等兵三名과補助員七名에게被捉되야山中에藏置ᄒᆞᆫ알던多數兵器도並히押收되얏고本月十二日에義將羅學化ᄂᆞᆫ羅州郡谷面九川里에潛伏ᄒᆞ엿다가榮山浦分遣隊日下士二名과等兵三名補助員四名의게被捉ᄒᆞ야其兵器及金品等屬도並히押收되엿다더라

●市民撤廛 開城郡南門內朝市場은昨年四月分에新設ᄒᆞ야小々商民이集合ᄒᆞᄂᆞᆫ場인데觀察道에서地方費賦課與賦課規則을頒布ᄒᆞᆫ後로히市場商民의게本場稅百分의壹을上納ᄒᆞ라고財務署에示가有ᄒᆞᆫ故로去십大日부터市民를이齊撤廛ᄒᆞ고方且觀察道에申願ᄒᆞᆯ計劃이라더라

●日本虎疫 日本京都附近에虎列剌가漸發蔓延ᄒᆞᄂᆞᆫ데壹日을不出ᄒᆞ야罹患者가百餘名이오死者가三拾餘名인데其病毒이甚히慘烈ᄒᆞ다더라

●山中怪物 忠北報恩俗離山에居ᄒᆞᄂᆞᆫ리成春爲名人은六甲道士이라自稱ᄒᆞ고怪異ᄒᆞᆫ行動이多ᄒᆞ다더라

●劫奪押付 北部齋洞居民合섭시가昨夜에光化門前通衢로過去ᄒᆞᄂᆞᆫ데何許强盜가突出ᄒᆞ야衣冠을劫奪코ᄌᆞᄒᆞ거날히시가足척捕縛ᄒᆞ야警視廳에押付ᄒᆞ얏다더라

●酒廠竣工 孔德里에設立ᄒᆞᆫ釀酒廠ᄂᆞᆫ已爲竣工ᄒᆞ고目下에器械를準備中인데明年度壹月부터ᄂᆞᆫ營業을實施ᄒᆞᆫ다더라

●日人繁榮 晉州在留日人上原三四郞等은日本人繁榮을圖謀ᄒᆞ기爲ᄒᆞ야奔走ᄒᆞᄂᆞᆫ데其目的은該地方有利事業에關ᄒᆞ야各地方에通信紹介ᄒᆞᆫ다더라

●生活之窮賊 東亞烟草會社에서職工을各方募集中인데各普通학校의生徒들이此에應募코저ᄒᆞ야退학者가或有ᄒᆞ다더라

●忠日之功 리忠在시ᄂᆞᆫ義兵討伐에功勞가有ᄒᆞ다ᄒᆞ야日本陸軍省에서賞與金十圜을寄付ᄒᆞ얏다더라

●兩徐被捉 徐春根徐道相兩民가七百餘坪되ᄂᆞᆫ田土文券을僞造ᄒᆞ야漢城府에證明을成出코ᄌᆞᄒᆞ다가僞跡이現露되야監獄署에被囚ᄒᆞ얏다더라

●姜氏被捉 北部外郊三牌字內巡山巡査壹名이昨年십月分에義兵의게砲殺을當ᄒᆞ얏ᄂᆞᆫ데其原因은沙器幕洞居姜化順시의指嗾에因ᄒᆞᆷ이라ᄒᆞ야北部警署에서姜시를捉囚ᄒᆞ얏다ᄒᆞ더라

○東京電報○

●叢己發布 日本의서ᄂᆞᆫ韓國의裁判所會同司法廳官制其他司法權의關ᄒᆞᆫ諸勅令二十四件을本日官報의발布ᄒᆞ엿다더라

●兩線復活 日本에서ᄂᆞᆫ韓國京元湖南鐵道에關ᄒᆞ야閣議를開ᄒᆞᆫ時에通信省의要求ᄒᆞᄂᆞᆫ新事業은勿論이오實行新路案을削除키로ᄒᆞ야京元湖南兩線은數費도否決ᄒᆞᆫ데至ᄒᆞ야豫算査定이終了되얏슨ᄃᆡ桂首相기兩線의必要急催를主張ᄒᆞᆫ結果로形勢가急變ᄒᆞ야二線을並히來年度에起工ᄒᆞ기로決定되얏다더라

●露伯來日 露國위테伯은不日간日本에來ᄒᆞᆫ다더라

●袁氏動靜 淸國袁世凱시ᄂᆞᆫ又北京에셔大政界에注意를要ᄒᆞᆫ다더라

●淸露交涉 淸日案件은兩滿島問題가解決된後에緊要問題가終了되얏슴으로淸國은露國에對ᄒᆞ야目下兩國案件을審議ᄒᆞᄂᆞᆫ데其案件은(壹)黑龍江流域區劃及江口(二)在蒙古姚南地方民撤退請求及蒙事館撤退(三)이루쿠스크稅關의淸國製茶輸出課稅에對ᄒᆞᆫ抗議(四)庫倫의俄人監督(五)蒙古의露國借款을壞採掘權等인바駐淸露公使의淸國外務部間에商議彦氏가協議中이라더라

以上十六日發

打租歌

啞俗生

▲田園에秋成ᄒᆞ니黃雲이滿地로다蓬頭突鬢農夫들이打租歌를唱和ᄒᆞ네그노리가有理ᄒᆞ다

▲蓬頭突鬢우리農夫晝夜勤苦漢擧지어新穀登登ᄒᆞ고보니力作之功이아닌가春窮夏困다지고나져정업시살니로구

▲그도그러ᄒᆞ거니와至今헤아려보니걱정업다來年성각이나ᄒᆞ明春窮夏困또잇나니아모조독우리벗님春夏秋冬四時節을쉬지말고勞動ᄒᆞ여밤낫으로지니보세

▲필ᄂᆞ主簽우리農夫眼鼻莫미거ᄉᆞ업시汗血ᄒᆞ야매勤勞로ᄒᆞᆫ穀食收穫ᄒᆞ야全國同胞살녀니ᄂᆡ事業中의第壹이라

▲그도그러ᄒᆞ거니와國家事業ᄒᆞᄂᆞᆫ同胞農事질음全無ᄒᆞ여바라ᄂᆞᆫ農夫로다아모조독우리벗님愛國思想잇거든낭國家基本더志士를만히々々먹여보세

▲蠶衣破冠우리農夫良田樂土조흔곡식바리々々실어다가賣國賊을살찌우니우리待接牛馬갓치그勞困히痛ᄒᆞ다

▲그도그러ᄒᆞ거니와亂臣賊子저이들도우리同胞이아닌가저리륵ᄒᆞ리ᄒᆞ니아모조독우리벗님惡感情을품지말고善良ᄒᆞ게歸化식혀國民充數ᄒᆞ여보세

雜報

●挾雜餘習 南部학동居洪俊杓氏가西部新村居李載雨氏로對ᄒᆞ야發奉帖紙訛誤을請求ᄒᆞᆫ거날리氏가何樣雜招의關係가有ᄒᆞᆫ던지依其煩擾ᄒᆞᆷ을보앗더니洪氏ᄂᆞᆫ誘人陷罪ᄒᆞᆯ思想이有ᄒᆞᆫ인지該帖紙를携帶ᄒᆞ고卽時所管警察署에告發ᄒᆞᆯ지라警署에서리洪氏를聯逮取調ᄒᆞᆫ다더라

●完쾌得出 昨日順化病院에서檢驗院內病人을檢査ᄒᆞ얏ᄂᆞᆫᄃᆡ蘇完健强ᄒᆞᆫ者ᄂᆞᆫ本日內로齊出送ᄒᆞᆫ다더라

廣告

專在丁未壹月에國債報償ᄒᆞᆯ務捐金은甚我同胞의血과淚로集ᄒᆞᆫ바라粟稀所激에斷烟捐金이幅湊響應ᄒᆞ라가末乃目的에達치못ᄒᆞᆷ은國民에程道가未滿足而然矣온況今各新報上으로推究ᄒᆞ건ᄃᆡ京鄕을勿論ᄒᆞ고金額鳩聚로以ᄒᆞ야或侵細辯의簸弄과乾沒之弊가有ᄒᆞ다ᄒᆞ니此를聞ᄒᆞᆫ者ㅣ膽寒肚裂은尙忍言哉아旣是國債報償ᄒᆞ치못ᄒᆞᆫ境遇에至ᄒᆞ얏신즉貯金額數ᄂᆞᆫ亂散弊源을作ᄒᆞ야一般疑訝을惹起ᄒᆞᆯ뿐不是라金融이不通ᄒᆞ고渴望ᄒᆞᄂᆞᆫ此時代에在ᄒᆞ야如斯ᄒᆞᆫ巨額으로善良ᄒᆞᆫ方針을不圖ᄒᆞ고專事拋置ᄒᆞᆯ理가豈有ᄒᆞ리오然이나京則京鄕則鄕으로各自行動은決코完全ᄒᆞᆫ義務라謂ᄒᆞ기難ᄒᆞ니於三省會에서議決ᄒᆞ고全國에對ᄒᆞᆫ公益에取用ᄒᆞᆷ이適合ᄒᆞᆫ듯ᄒᆞ와昨秋에郡部代表二人을京城合所로委送ᄒᆞ야做策未遂ᄒᆞ고至今所慨歎이러니本郡에都聚ᄒᆞᆫ金七千餘圓에其間利殖並ᄒᆞ야共爲八千圓을當市農工銀行에預金ᄒᆞ온바現今本郡會壹起에此金額을何如區處로方在硏究이오나我本郡ᄂᆞᆫ全國此事에對ᄒᆞ야與他逈別ᄒᆞᆫ發起ᄒᆞᆫ責任이有ᄒᆞ기자自斷ᄒᆞᆫ義에獨先處理가有難事體이옵기茲에左開ᄒᆞᆫ廣布ᄒᆞ오나將三省有志ᄒᆞᆫ者ᄂᆞᆫ郡也道也代表壹人以上으로本年陰曆九月七日(陽九月廿五日)下午二時에京城興濟橋教育會館內로齊々會同ᄒᆞ시와團議論에從長取決ᄒᆞ심을希望

其或伊日에議席이來頒ᄒᆞ던지落着이無期ᄒᆞᆯ時에ᄂᆞᆫ本郡所貯金은勢不獲已ᄒᆞ와當地公益上으로自由措處ᄒᆞ기로認定ᄒᆞᆷ

壹會議場所ᄂᆞᆫ面會更定ᄒᆞᆷ

一道部代表ᄂᆞᆫ各該地方機關의私章으로捺ᄒᆞᆫ委任狀이며社會代表員은各其會委任狀을携帶事

慶北太邱郡 徐相돈 徐丙憲 씨宗魁 崔永燮 치외 等

本人의弟(文敏)性行이不敏ᄒᆞ야挾雜亂類로互相動作ᄒᆞ오며內外國人의게得債코ᄌᆞᄒᆞ오니內外國人은見欺치마시옵

安州南松面龍潭里 洪文晟

本人이去陰六月緖五日夜에本邑客店에서圖章을何許人이持去ᄒᆞ얏ᄉᆞ오니勿論內外國人ᄒᆞ고勿爲見欺ᄒᆞ시옵

安岳郡싱근미 尹鎰七

本人이本年舊五月分에姓名章을閪失ᄒᆞ고新章을擬行ᄒᆞ오니內外國人은照亮ᄒᆞᆷ

北署觀光坊洽字洞二十九統四戶 崔容柱

本人의舍姪桂秀가雜類의게見誘ᄒᆞ야本人의圖章을僞造得債코저ᄒᆞ니內外國人은見欺치勿ᄒᆞᆷ

殷寧郡左巢面雞鳴洞 金正洪 白

李丙玟大夫人竹山吳씨以痼疾陰九月初三日巳時棄世

京中部東谷十九統四戶

長子丙玟
次子丙완
三子丙琳
四子丙瑛
護喪崔鳳燮

本人이姓名章을見失ᄒᆞ오니知者ᄂᆞᆫ照亮ᄒᆞ시오

李升謨 告白

東部蓮花坊二十契六統四戶孫榮基를鳳基로改名ᄒᆞ오니知舊間照亮ᄒᆞᆷ

孫鳳基 告白

業務大擴張廣告

同胞의愛護ᄒᆞ심으로弊所專業이日新月盛ᄒᆞ옵기로業務를大擴張ᄒᆞ고左開各種을製造ᄒᆞ오니從前來購ᄒᆞ심을爲望

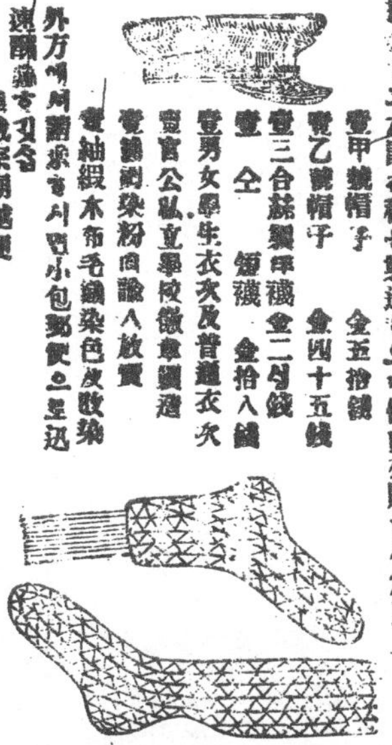

壹甲號帽子 金五拾錢
壹乙號帽子 金四十五錢
壹三合絲製毛襪 金二십錢
壹仝 編襪 金拾八錢
壹男女學生衣次及普通衣次
壹官公私立學校徽章製造
壹顔料染粉商論入散賣
壹紬緞木布毛織染色及改染

外方에서請求ᄒᆞ시면小包郵便으로迅速酬應ᄒᆞ깃숩

皇城宗廟越便

中谷染織工所主金德昌 告白

各種東西[illegible]和平堂藥房

藥商의게特減大賣홈

八寶丹
回生蘇生水
麝香消瘡丹
胎養調經丸
陰陽雙補滋陽丸
阿烟斷引藥
連珠去根全治丸
鎭咳散
[illegible]積散
寸白殺虫絛虫藥
蛔[illegible]散
[illegible]頭瘡水
[illegible]治[illegible]膏

其他有名賣藥都賣散賣

遠地에도[illegible]

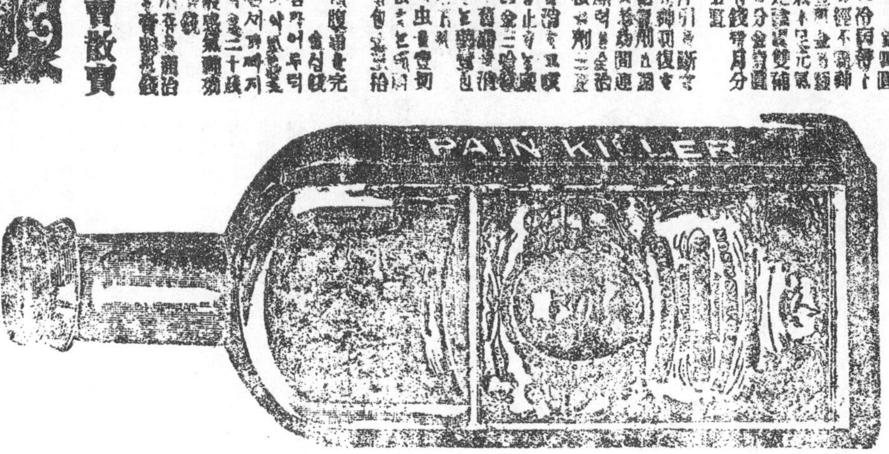

祕製止痛藥

[illegible]諸症에外塗內服ᄒᆞᆫ즉[illegible]立效인바

吐瀉霍亂轉筋下痢等流行急症에尤極神效ᄒᆞ야多救生命이오니[illegible]預防코ᄌᆞᄒᆞ시[illegible]

左開 ▲內科所用▼

胃部諸證
吐瀉
咳嗽
肚滯
心痛
肝病
胃熱
口內之瘡
哮喘
小兒吐瀉
抽筋
瘧疾
嘔吐
胃氣痛
[illegible]傷寒
[illegible]痺
[illegible]軟弱
黃病
[illegible]
氣管病
霍亂
腹瀉
食傷飽
不消化
疹子
傷寒
肚痛
痢疾
頭痛
腎病
暑夏吐瀉

▲外科所用▼

火傷
[illegible]
跌打損傷
腰痛
[illegible] 指甲疽
咽喉痛
[illegible]
腦氣筋痛

發賣所 磚洞韓美興藥株式會社事務所

社告

○申報價
壹個月 …
[illegible]

○廣告料
四號活字拾參字詰
每日英尺壹寸에 …
[illegible]

◎大韓每日申報各處支社廣告

平安道 [illegible]
咸鏡道 [illegible]
黃海道 [illegible]
江原道 [illegible]
京畿道 [illegible]
忠淸道 [illegible]
慶尙道 [illegible]
全羅道 [illegible]
北墾島 [illegible]

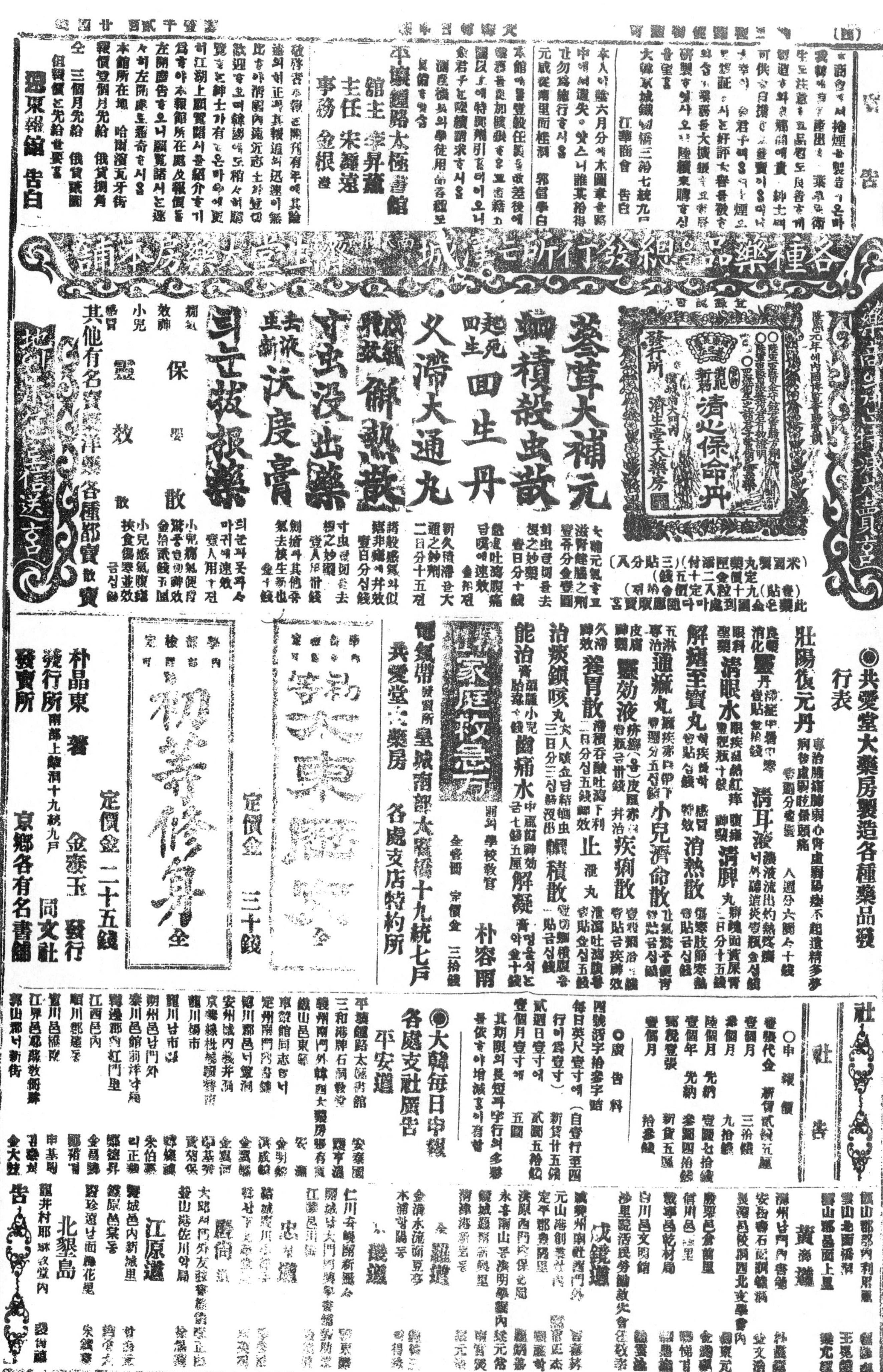

第千貳百卄五號

大韓每日申報

第七卷

月曜日及慶日休刊

Responsible for Publication Alfred Weekley Marnham.

大韓每日申報社

論說

◉可憐ᄒᆞ다 斯民이여

地方으로從ᄒᆞ야來ᄒᆞᄂᆞᆫ人이滿面秋色을帶ᄒᆞ고記者를訪ᄒᆞ며喟然ᄒᆞ야曰

現今地方에産業은益々頽ᄒᆞ고金融은益々竭ᄒᆞ야民情이困瘁ᄒᆞᆷ이日甚ᄒᆞᆫ中에況今年은蒼天도斯民을不顧ᄒᆞ사水災에人畜이沒ᄒᆞ고旱孽에田野가荒ᄒᆞ야飽々ᄒᆞᆫ民이聊生의嘆이有ᄒᆞ거날乃者雪上에霜을加ᄒᆞ드시政府에셔課稅ᄒᆞ야曰家屋稅曰烟草稅曰家屋稅曰市場稅曰酒稅曰牛稅曰屠宰稅等雜稅가俱出ᄒᆞ며所謂財務署官吏ᄂᆞᆫ其誅求가嚴酷ᄒᆞ고橫悖가層出ᄒᆞ야一般民情의激々ᄒᆞᆫ光景은人의目으로忍睹치못ᄒᆞ깃다云ᄒᆞ며

記者ㅣ曰可憐ᄒᆞ다斯民이여今日中央政府를顧ᄒᆞᆫ대斯民을愛ᄒᆞᄂᆞᆫ者ㅣ其誰며地方官廳을顧ᄒᆞᆫ대斯民을愛ᄒᆞᄂᆞᆫ者ㅣ其誰오刀劍의柄을授ᄒᆞ얏스며碩鼠의食을任ᄒᆞ얏나니斯民의斯境에當ᄒᆞᆷ이亦不怪ᄒᆞ도다

然이나彼當局者에게一問ᄒᆞ노니當局者々々々여諸君도亦人類어니엇지斯民을不顧ᄒᆞᆷ이此에至ᄒᆞ논가

只今斯民의困이極度에達ᄒᆞᆷ은諸君도亦目睹ᄒᆞᄂᆞᆫ바라諸君이何等誅求를不加ᄒᆞ야도斯民이凍餒를不免ᄒᆞᆯ지며何等扶腸을有與ᄒᆞ야도斯民이安樂을不得ᄒᆞ깃거ᄂᆞᆯ乃者斯民을溝壑에擠入ᄒᆞᆷ을何忍ᄒᆞᄂᆞᆫ고

諸君이然曰此等雜稅를徵收ᄒᆞᆷ은政府에셔獨施ᄒᆞᆫ바아니라世界各國을看ᄒᆞ건ᄃᆡ酒稅家屋稅等雜稅가有ᄒᆞᆷ은現世界常例어날乃今子의所言은太甚치아니ᄒᆞᆫ가ᄒᆞ게나此ᄂᆞᆫ不然ᄒᆞ니彼列國은政府에셔實業을獎勵ᄒᆞ야人民이産業을增殖ᄒᆞ야財富가日로增進ᄒᆞ며民財가膨脹ᄒᆞᆫ故로雜稅가多ᄒᆞ야도人民이怨言이無ᄒᆞ며負擔에堪ᄒᆞ야도人民의生活이足ᄒᆞ거니와今此韓國은政府가産業을獎勵치못ᄒᆞᆯ뿐아니라도리혀貽害ᄒᆞ야人民의産業을增殖치못ᄒᆞᆯ뿐아니라도리혀頹廢ᄒᆞ야民國이俱空에至ᄒᆞ고餓莩가網望ᄒᆞᆫ際에ᄂᆞᆫ救濟ᄒᆞ거날乃者政府ᄂᆞᆫ셔救濟의策은絶ᄒᆞ고도리혀此等誅求를加ᄒᆞᆷ은斯民을溝壑에擠入ᄒᆞᆷ이아니오何인가

又必曰現今韓國은國家事業이愈繁ᄒᆞᆫ時代라國家의經費가愈多ᄒᆞᆷ을隨ᄒᆞ야國民의負擔이愈重ᄒᆞᆷ은不可避의事勢ᄒᆞᆯ지나此又不然ᄒᆞ니今日韓國에國家事業의愈繁이何오軍部가旣破ᄒᆞ고法部가又撤ᄒᆞ야國家의經費ᄂᆞᆫ愈多ᄒᆞ며又況日本의借款金과貸付金이有ᄒᆞ되國民의負擔은愈重ᄒᆞᆷ이何故오余ㅣ知ᄒᆞ깃다近者韓國에日人官吏의俸給金과賞與金과所謂官廳建設費와所謂土地整理費와日本의廟苗費와日本의牛羊買來ᄒᆞᆫ此等의費額이甚히巨大ᄒᆞ나니엇지國家의經費가愈多치아니ᄒᆞ며國民의負擔이愈重치아니ᄒᆞ리오此等의經費를節省ᄒᆞ야人民의塗炭을拯救ᄒᆞᆷ이可ᄒᆞ거날乃者政府에셔此等賦課를行ᄒᆞᆷ은斯民을溝壑에擠入ᄒᆞᆷ이아니오何인가

又必曰只今韓國政府로曰今의指導를受ᄒᆞ야人民을啓發코저ᄒᆞ며國家를啓富코저ᄒᆞ거날엇지民國에不利ᄒᆞᆫ賦課를行ᄒᆞ리오ᄒᆞᆯ지나然이나今日所謂啓發이니啓富니ᄒᆞᄂᆞᆫ言을余ㅣ已知ᄒᆞ얏노라人民의窮敗가日甚ᄒᆞ야도此ᄂᆞᆫ不顧ᄒᆞ고過重의索徵을橫加ᄒᆞ야其骨血을甘浚ᄒᆞᆷ이所謂啓發이며國用의啓蹐이甚ᄒᆞ야도此ᄂᆞᆫ不夢ᄒᆞ고無用의廢費를亂作ᄒᆞ야剝奪ᄒᆞᆷ이是事ᄒᆞᆷ이所謂啓富인가此가斯民을溝壑에擠入ᄒᆞᆷ이아니오何인가

嗟夫라斯民이여彼文明列國에셔ᄂᆞᆫ壹個稅를分稅를徵ᄒᆞᆷ에도반다시人民의輿論을從ᄒᆞ며人民의可決을要ᄒᆞ거날乃者斯民은甘ᄒᆞ야도受ᄒᆞ며苦ᄒᆞ야도受ᄒᆞ야苦、痛、病、死、를壹切甘入에偏任ᄒᆞ얏스니何處에哀訴ᄒᆞ며何處에求救ᄒᆞ리오

嗟夫라

外報

●暗殺防遏　英國大統領타프트시가덕싸쓰州及墨西哥의境界되ᄂᆞᆫ덕바쇼橋上에셔墨西哥大統領과會見ᄒᆞᆯ時를期ᄒᆞ야시卄暗殺黨이라ᄂᆞᆫ徒黨가志加斯市에州警覺되얏ᄂᆞᆫ대此를防遏ᄒᆞ기爲ᄒᆞ야極히嚴重ᄒᆞᆫ警戒를施ᄒᆞ얏다더라

●兩統領會見　英國及墨西哥의兩大統領은英國南部덕싸쓰州에셔會見ᄒᆞ얏다더라

●競爭鐵道　英美신듸캣트國에셔ᄂᆞᆫ日人의南滿鐵道社와競爭ᄒᆞ기爲ᄒᆞ야錦州로부터業吉林兩府를經由ᄒᆞ야齊々哈爾에連ᄒᆞᄂᆞᆫ淸國國外鐵道의敷設을數設ᄒᆞ기로淸國政府와協定中이라더라

●日本國會期　日本議會ᄂᆞᆫ십二月二십五日로召集ᄒᆞ기로決定되얏다더라

●伊國排西　伊太利首府羅馬에셔ᄂᆞᆫ西班牙僧正이排斥을當ᄒᆞ야萬歲街上에出現ᄒᆞ면生命이危殆ᄒᆞᆯ터이라ᄒᆞ며又伊國政府에셔ᄂᆞᆫ此際에西班牙國과外交關係를斷絶ᄒᆞ지라ᄂᆞᆫ激語를放出ᄒᆞ얏ᄂᆞᆫ대各新聞은此社會主義의反抗運動을鼓舞ᄒᆞᆫ다더라

●梁氏辭職　淸國外務部尙書梁敦彦씨ᄂᆞᆫ軍機大臣等의留任勸告를不聽ᄒᆞ고今回에辭職ᄒᆞ얏다더라

●會期延期　無政府黨페렐씨의死刑宣告를因ᄒᆞ야同黨의敵氣를喚起ᄒᆞᆫ지라伊國皇帝의露京訪問을延期ᄒᆞᆫ다더라

●北海道大火　日本北海道釧路에셔大火가出ᄒᆞ야家屋이過半燒失ᄒᆞ얏고室蘭에도出火ᄒᆞ야二十四戶가燒失되얏다더라

●排貨益盛　淸國의日貨排斥運動은近者益盛ᄒᆞ야奉天各商店은日本商品의賣買를躊躇ᄒᆞ고其看板ᄭᅡ지殆皆撤去ᄒᆞ얏스며新民屯에셔도運動者가各商店에遊說ᄒᆞᆫ다더라

●反抗騷動　今番西班牙페렐씨死刑을因ᄒᆞ야法國巴里에셔反抗的大暴動이起ᄒᆞ야死傷者가有ᄒᆞ고軍隊召集이有ᄒᆞ얏스며白耳義의京城에셔ᄂᆞᆫ約壹萬人인데西班牙公使館에投石ᄭᅡ지ᄒᆞ얏스며又西班牙에셔도大示威運動이有ᄒᆞ야劇場店鋪等이閉ᄒᆞ고羅馬에셔ᄂᆞᆫ西班牙商品을排斥ᄒᆞ고諸新聞은共히페렐씨를悲慘ᄒᆞ다니이ᄂᆞᆫ대畢竟流血的慘劇이有ᄒᆞ얏다더라

●巴里暴動　去십四日夜에法國巴里에셔暴動이大起ᄒᆞ야未曾有의光景을呈ᄒᆞ얏다더라

雜報

●韓人과日法　日本에셔司法權委任에關ᄒᆞ야韓國人에게關係되ᄂᆞᆫ件을發布ᄒᆞ얏ᄂᆞᆫ대其要領이如左ᄒᆞ니

壹　統監府裁判所ᄂᆞᆫ本令其他法令에特別規定을除ᄒᆞᆫ外에ᄂᆞᆫ韓國人에對ᄒᆞ야韓國法規를適用ᄒᆞᆷ

壹　韓國人과韓國人간이아닌時ᄂᆞᆫ民事事件에日本法規를適用ᄒᆞᆷ但韓國人에對ᄒᆞᆫ裁判의執行은韓國法規에依ᄒᆞᆷ

(가)原告又ᄂᆞᆫ被告가口頭辯論期日에出頭아니ᄒᆞᆫ境遇에ᄂᆞᆫ裁判所가適當ᄒᆞ다고認ᄒᆞᄂᆞᆫ限ᄒᆞ야申請에依ᄒᆞ거나職權으로써闕席判決을行ᄒᆞᆷ을得ᄒᆞᆷ

(나)日本民事訴訟法第百拾壹條第貳項第三項第貳百십條第二百四十六條乃至第二百四拾八條第二編第二章第二節第四百貳拾八條第四百卄九條規定은適用치아니ᄒᆞᆷ

壹　檢事又ᄂᆞᆫ司法警察官은統監의許可를受ᄒᆞ야韓國의親任官又ᄂᆞᆫ勅任官을逮捕ᄒᆞᆷ을得ᄒᆞᆷ但急速을要ᄒᆞᄂᆞᆫ時ᄂᆞᆫ卽時逮捕ᄒᆞ고報告ᄒᆞᆷ

壹　假出獄에關ᄒᆞᆫ規定은韓國法規를依ᄒᆞ야處刑된者에게도此를適用ᄒᆞᆷ

詞藻

●答張永保　祖翁

老將은無心이라、靑年들아웃지마소。白首赴難구든마음、靑年의게讓頭ᄒᆞ라。우리도、錦換酒한ᄂᆞᆫ뜻은、待時도라。

雜報

●御駕親迎 本日은日本에遊學하시는韓國 皇太子殿下의 千秋慶節인故로 太皇帝陛下께오셔昨日에 御親電을發하시고또賜費貳千圓을寄送하셧다더라

●宮中祝賀 宮內府大臣以下勅奏判任官諸員이 皇太子殿下 千秋慶節의祝賀를기爲ᄒ야昨日祝賀를맛달로ᄒ얏다더라

●晉謁陛見 曾禰統監은來日에石井少將韓駐箚憲兵隊장等을帶同ᄒ고 大皇帝陛下께 陛謁ᄒ다더라

●統監例會 昨日統監府의셔各部大臣이例會를開ᄒ얏다더라

●農大入城 農大臣重應시는釜山檢疫所의廢式에往參ᄒ얏다가昨日入城ᄒ얏다더라

●法校官制加表 法官養成所가法學校로된은豈殿知了ᄒ는바어니와其官制는本月豈日의發表되다더라

●謝石木浦著 日軍兩合部明石等諜은兩韓暴兵討伐狀況을觀察ᄒ기爲ᄒ야出발ᄒ얏는去십七日에木浦에着ᄒ얏다더라

●醫官亦變 兩洪稀委任ᄒ는同時에韓國在留日人醫官은醫院으로巡査ᄒ자統監府官員의資格으로轉換되다더라

●面廢合發表 面의廢合은各道觀察使所聞을依ᄒ야內部大臣이調査ᄒ든바貳三道는旣已終了되얏슴으로日間發表되다더라

●扶助金協議 內閣法制局長兪星濬漢城府尹張憲植諸氏等이昨日下午七時頃에韓帝局長의致許氏家에會同ᄒ야故留學生醫學中尚永氏의遺族扶助金募集ᄒᆞᆯ事件을協議ᄒ얏다더라

●長湍勢宏 尹致昨韓憲植시事이開設ᄒ야東土曜日의開城郡의農足會를設行홀次로設備員을選定ᄒ얏는대京城의는尹致昨韓憲植시요開城郡의는兪郡守韓宇鉉시오한日兩國官吏合五六十名이會同을豫定이오會程時외는憲兵補助員及醫官이保護홀터이라더라

●恩金請求 廢撤호鐵道軍用鐵道用地調査局의退官 恩賜金을內部에셔支給次로度支部에請求ᄒ얏는대韓國官吏判任官은各五圓乃至貳십圓에지日人判任官은二십圓으로三十圓에지給與홀다더라

●永同落成 永同郡醫署를新建築ᄒ고本日의落成式을擧行호다는대內部醫務局長孫井茂는祝詞를製送ᄒ얏다더라

●醫官增置 內部醫務局에셔地方各害處에醫官을排置홀次로五醫에稍飭ᄒ고服務호는巡査中으로履歷書를修定ᄒ야本月二十五日內로送交ᄒ라ᄒ얏다더라

●體操敎師增設 官立外國語學校의體操敎師가元來壹員뿐인되多數學員을統率敎授ᄒ기困難이有ᄒ야壹員을增設ᄒ얏다더라

●內人困況 雲峴宮內에現在內人이合爲二拾二名인대近日經濟困難을因ᄒ야幾月간月俸을支給지못ᄒ얏슴으로該內人들이或接屑ᄒ는者도有ᄒ고解放ᄒ기爲願ᄒ는者도有ᄒ다더라

●記者聯袂 來二십三日에각新聞記者가聯合ᄒ야東大門外塔洞僧房에前往ᄒ야聯袂會를開ᄒ다더라

●吉永請願 度支部에셔吉永洙氏의家舍를執行홀時에其兒祖治雖影幀까지執行홀지라吉承植仁植等諸氏가其影幀을還給ᄒ라고該部에請願ᄒ얏다더라

●菜場請願 笠井등居洪慶柱蓮洞居朴喜默光희門內居朴靜元萬號氏가菁菜貸場을開設홀次로塔洞及園寺門外五간地段을限三十年間借許ᄒ라고再昨日中署에請願ᄒ얏다더라

●派巡捕犬 再昨日中部警察署에셔는無牌飼犬을撲殺ᄒ기爲ᄒ야巡査로ᄒ여금屠獸手三名을領率ᄒ고坊內에巡回케ᄒ얏다더라

●大同發刊 大同日報第二號는今日부터發刊혼다더라

●法政國文報 法政新聞社에셔國文新聞을日間發刊혼다더라

●防疫所廢止 宮內府에設置ᄒ얏던防疫衛生所는本日부터廢止ᄒ기로決定ᄒ얏다더라

●劉霖寢息 坡州文山浦에서去番流行病을因ᄒ야場市를三回廢止ᄒ얏더니近日病根이寢息혼故로市場도復舊ᄒ얏다더라

●勿發可慎 近日漢城內病疫之患이太熾ᄒ야衣冠及貨幣를見奪ᄒ는弊가種々有之ᄒ니豊般出行者는注意홀바이라더라

●儒哉其人 全羅莞島郡古今島內面々長黃敎玫氏는年今三십에公私職務를敏活處理ᄒ야民得頼安ᄒ더니去六月分에義兵數拾名이來ᄒ야金을執去ᄒ야軍需錢을請求홀際에日憲兵隊가突來放銃ᄒ야仍爲致斃ᄒ지라境內人士가莫不嗟惜ᄒ야葬時에追悼會를設行ᄒ얏고日憲兵隊에셔도其情境을憫惜히너여多少賻儀가有ᄒ얏스나該氏家에셔半却不受ᄒ얏다더라

●徵金押物 李源氏外貳名이出版法의違犯을ᄒ얏다ᄒ야去十三日木浦區裁判所에셔李源氏는著作者로李承發金玉發兩氏는發行者로各罰金貳拾圓의處ᄒ고書籍七拾貳冊과其他物品을沒收ᄒ얏다더라

●借從肉價 장湍郡江北面李洪里執綱當時李시는每月五六次式本郡의出入ᄒ면셔酒食費를畫殺洞民의게徵收홈으로民怨이浪籍ᄒ다더라

●戶籍生弊 平南甑山郡各八面戶籍調査에對ᄒ야四面은該郡巡査가調査ᄒ고四面은江西郡의憲兵에調査ᄒ는데憲兵所到面에는酒烟費라稱ᄒ고每戶에金六錢式收歛ᄒ얏다더라

●憲兵行悖 海州地方에는憲兵補助員等이民간에行悖作弊가有ᄒ야民怨이沸騰홈으로該地觀察官及地方官이該狀을內部로修報ᄒ얏다더라

●財務非行 韓山郡財務署長尹헌來氏는徵稅를勵行ᄒ야細叔의通犯으로도甘境을縛出路上ᄒ야酒店에押囚ᄒ얏고又七旬老婦를結縛杖打ᄒ야幾死僅生ᄒ얏고出張執行홀時에婦女의飮食을搜探執行ᄒ며考卜價는前例ᄂ錢式收歛ᄒ던것을십錢式加捧홈으로該郡內壹般人民이去拾五日郡底에會同ᄒ야尹氏를聲討ᄒ는데同尹氏는該會席에出頭ᄒ야强詞辨明ᄒ다가撰屈逃避ᄒ얏고該會에셔는將次尹氏의行爲를顚列ᄒ야財務監督局에呼訴ᄒ기로決議ᄒ얏다더라

●외士慈眷 北部齋洞居金鐘聲氏가癩病疾이有ᄒ나家勢가赤立ᄒ야治療지無路러니同部帶洞居의士人民昇氏가金氏의情境을憐憫ᄒ야代金을不受ᄒ고刀圭를運試ᄒ야惡疾을快祛케홈으로李시에慈善心을人皆稱頌ᄒ다더라

●寶城義擾 去十三日에全南寶城郡수鳥面에셔義兵女將女燮와該部下百餘名이該郡駐在日兵과數時間을交戰ᄒ얏는데兩陣死傷은未詳ᄒ다더라

●全郡義擾 去십二日頃에全州地方에셔義兵幾拾名이作隊ᄒ야電桿木을妨害折拔도ᄒ며有ᄒ다고該地憲兵等이搜探ᄒ도報告ᄒ얏다더라

●僧侶遭難 陰八月二십二日에江原道金剛山楡岾寺에義兵二十餘名이乘夜突入ᄒ야僧侶를亂打ᄒ고金貨二百餘圓과布木等物을收取ᄒ얏는데寺樣이甚히蕭索ᄒ야保存之望이無ᄒ다더라

●左道亂變 忠北鎭川等地居ᄒ던稱ᄒ는巡巢黨其自號는仙라ᄒ고楊州等地로出沒ᄒ며人에吉凶禍福을能判ᄒ다ᄒ며人民을迷惑케ᄒ고財貨를歎取ᄒ다가ᄂ解散郡警察에被捉ᄒ얏다더라

●通蹤鬪捕 鐵物橋居李貞善氏의演興해貿를沼辦ᄒ다가巨組에當限을負ᄒ고去二月分에秦齊木浦等地로逃躱ᄒ얏는대現今警視廳에셔詗捕ᄒ는中이라더라

●農物被害 咸南遂津等地에는霜雪이進降ᄒ야豊凶農作物은大損害가有ᄒ다더라

●雲山大雹 十月二十九日雲山方面의는大雹이降ᄒ야農作物의大損害가有ᄒ앗다더라

●蠶賀蚕種 中部典洞居蠶會社總務韓用찬氏는九體씨을合賣ᄒ야蚕種을多數貿來ᄒ次로日間上海에人員을派遣홀다더라

●成犯處絞 官印僞使犯成叅植은日昨控訴院에셔役十年에宣告를받앗다더라

●六犯再審 京城地方裁判所의셔强盜殺人犯한學先吳永俊等六人을日昨의再審査ᄒ얏다더라

●聯合之故 韓國國會聯合에對ᄒ야各地方에셔大韓協會를小豐進會라는批評이有ᄒ며韓二會聯合에는議論이有홈으로該支會員中自退者가陸續之ᄒ다더라

●何聯網詰 聯合會에셔去土曜日에總務會를開ᄒ고該聯合委員십二人을選定ᄒ얏는데該會長李容九氏는同會評李희德氏에게有何弊端이던지豐協相詰이有ᄒ앗다더라

●興業會議 韓興興業會社에셔三昨日下午壹時에株主金奎植李範圭林炳恒洪聖根諸氏가會同ᄒ야金奎植氏를總代로選定ᄒ야美國에派送홈을協議ᄒ앗다더라

●鄕球運動 本日下午三時에大昌體育部와靑年會가各聯合ᄒ야訓鍊院에셔鄕球運動會를設行혼다더라

●致堂盛擴 耶蘇敎牧師元杜尤氏가今番渡美ᄒ얏을時에金貨二十萬圓을齎來ᄒ얏는데漢城內各敎堂을一新修理홀次로現今調査ᄒ는中이라더라

●品評會又設 農商工部에서는農産物品評會에서는십四日부터기會ᄒ얏는데本日에褒賞給與式을擧行혼다더라

●體育有會 趙璣殷金聲鎭李基東三氏가體育硏究會를發起ᄒ야來月四日에徽文學會內에總會를開ᄒ고體操敎師를還ᄂ홀다더라

●慶節休刊 本日은大韓 皇太子殿下의 千秋慶節인故로慶祝ᄒ기爲ᄒ야本日休刊홈

▲動物觀覽▼

喧俗生

▲與宵ᄒ雨잠간기고滿大秋
峥嵘ᄒ데瀟颯風ㅎ구뎝고ᄌ
步亂步ᄂ저거러動物園엘드
가니飛禽走獸모아드러彬々
々具備ᄒ데我們閱覽도ᄒ더드
動物與緣절노는다

▲勇猛스런더虎猊은ᄒ聲咆
ᄒ고보면貝獸震駭ᄒ건만은
籠絡더衛ᄒ鐵柵生涯不免
하야自由行動못ᄒ고垂山
氣무삼일가鐵國內에失勢英
비身世와髣髴ᄒ다

▲丁巧스런더猿猴는괴지못
小々伎倆남의숭니
遙進化못ᄒ보고外樣숭니
따가繫索中에목을너고遊
獲죄던말가機處所에化
네貌樣과髣髴ᄒ다

▲文彩잇는더鸚鵡는工巧스
입을놀녀조리죠흔말만ᄒ더
圈鎖月豆흔곳에翱翔
ᄒ고鐵籠中에놉히달너嚶々
々무삼일가遊說團
네伎倆과髣髴ᄒ다

▲풍流스런더白鶴은音律
精神일어娛樂소리ᄒ는데
々兩翅흘흘ᄂ너춤츄기
으니羅絆ᄒ얼긴身世무삼
悲그러ᄒ지演劇場觀光士女
네知覺과髣髴ᄒ다

▲妖怪스런더狐狸는深山中에
깁히뭇쳐美人態를장ᄒ야
迷人術삼니너
ᄒ야隱身處ᄒ여업고欲死
總떠ᄌ스韓國亂賊
비舉動과방불ᄒ다

廣告

粵在丁未壹月에國債報償을義捐ᄒ고我同胞의血과淚로集合ᄒ미라哀痛所激에斷烟斷酒ᄒ여醵湊醵聚ᄒ라가末乃目的에遂치못ᄒ온國民에程違가未滿足而然矣온況今各新聞上으로推究ᄒ면京鄕을勿論ᄒ고金額鳩聚ᄒ엿ᄂᆞᆫ바或侯擱置의狡弄과乾沒之弊가有ᄒ다ᄒ니此를聞ᄒ온若ㅣ膽寒肚裂은尙恐言哉아旣是國債報償치못ᄒ고竟逾ᄒ야至於貯金數發은亂藏無源ᄒ作ᄒ야一般疑雲을蓋勿ᄒ고不是哀會議이不遠ᄒ고齊聚會論ᄒ온此時代에在ᄒ야如斯ᄒ巨額으로善後方針을不圖ᄒ고該事措置ᄒ理가豈有ᄒ리오鑑於此則省鄕湖鄕으로定ᄒ自今以後決定金及義務를謂키爲ᄒ야二十三省會員을議決ᄒ至於에對ᄒ公益에取扱ᄒ미適合ᄒ옴ᄉᆞ와昨秋에鄕郡代表二人을表選ᄒ야會所에至ᄒ야做策未途ᄒ至今所議款이약厚ᄒ鄕郡의額數ᄂᆞᆫ金七千餘圜이오該利殖金과共金八千圜ᄒ當市廳工廠行이요頂金은마現今鄕에奮起ᄒ以金額을倒卸旣鄕의方在硏究이오나我大邱府ᄂᆞᆫ此를對ᄒ야與他適用을發起ᄒ資比에有ᄒ엿ᄉᆞᆸ니다自願償設ᄒ야獨先監理ᄒ고有難事體에ᄒ야莅ᄒ야左議案에宣ᄒ오니於三省有志ᄒ신僉尊은鄕也道也各代表와人以上으로本年拾壹月七日(陰九月廿五日)下午二時에京城興洞暗開敎育會ᄉᆞ館內로齊ᄒ야同參ᄒ시와開設議論에從長取決ᄒ심을伏望

再其或伊ᄒ야議席이未開ᄒ더ᄅᆞ도落席이ᄋᆞ期會ᄒ다가不能ᄒᆞ면本郡에貯金ᄒ不獲已ᄒ오와當場公社上으로自由措處ᄒ기로認定ᄒᆞᆷ

寶會議事所ᄂᆞᆫ面會更定ᄒᆞᆷ

一道郡代表ᄂᆞᆫ各該地收金時에用ᄒ던單子와發起員의私章으로捺ᄒ고委任狀이며社會代表員은各其會委任狀을携帶事

慶北太邱郡　徐相돈
徐內雲　미宗勉
崔永煥　최斗錫等

本人의所有田畓文券ᄌᆞᆷ十四斗落이在於忠淸牙山郡東面豊北院洞坪이온바賣渡次證明書草件에計面而里長의圖章만捺之ᄒ고買受人捺章ᄒ야漢城南部竹洞居리容敎시에게以郵付送ᄒ엿더니中間遺失ᄒ야得休紙施行이기로玆以廣告

忠淸溫陽郡西山里印鑑錦廣告

西署盤石坊南部契下洞二百四십大統壹戶瓦家文券이家主의姓名ᄋᆞ로八月晦間에遺失ᄒ엿기로玆以廣告ᄒ오니內外國人은照亮ᄒ시옵　洪爾萬

本人의姓名章을去月십五日頃에서失ᄒ엿ᄉᆞ오니玆以廣告ᄒ오니誰某拾得이라도勿爲施行ᄒ옵西署養生坊倉洞統五號捌壹戶　金允興

今般京城理事廳許可를得ᄒ야勞働人夫供給業을開始ᄒ엿ᄉᆞ오니西部銅峴農工部廣場에事務所를設置ᄒ엿사오니一般勞働人夫雇傭ᄒ실僉君子ᄂᆞᆫ多小를不顧ᄒ시고御用ᄒ시ᄂᆞᆫ이ᄂᆞᆫ應期ᄒ심을希望ᄒ옵追에韓人勞働者ᄂᆞᆫ職務를望ᄒᄂᆞᆫ이ᄂᆞᆫ本組에申出ᄒᆞᆷ이可ᄒᆞᆷ

銅峴農商工部前　京城勞働組

本人이隆熙二年九月分에姓名章을見失ᄒ고新章을刻ᄒ엿사오니內外國人은照亮ᄒ옵

東署崇善坊於義洞貳십四統九戶　呂炳植

李丙玟ᄂᆞᆫ夫ᄂᆞᆫ竹山與ᄂᆞᆫ氏以病으로隆熙九年十一月三日巳時에棄世

京中部東谷十九統四戶
孤子丙玟
夫子丙元
三子丙琳
四子丙瑛
孫喪主泰興

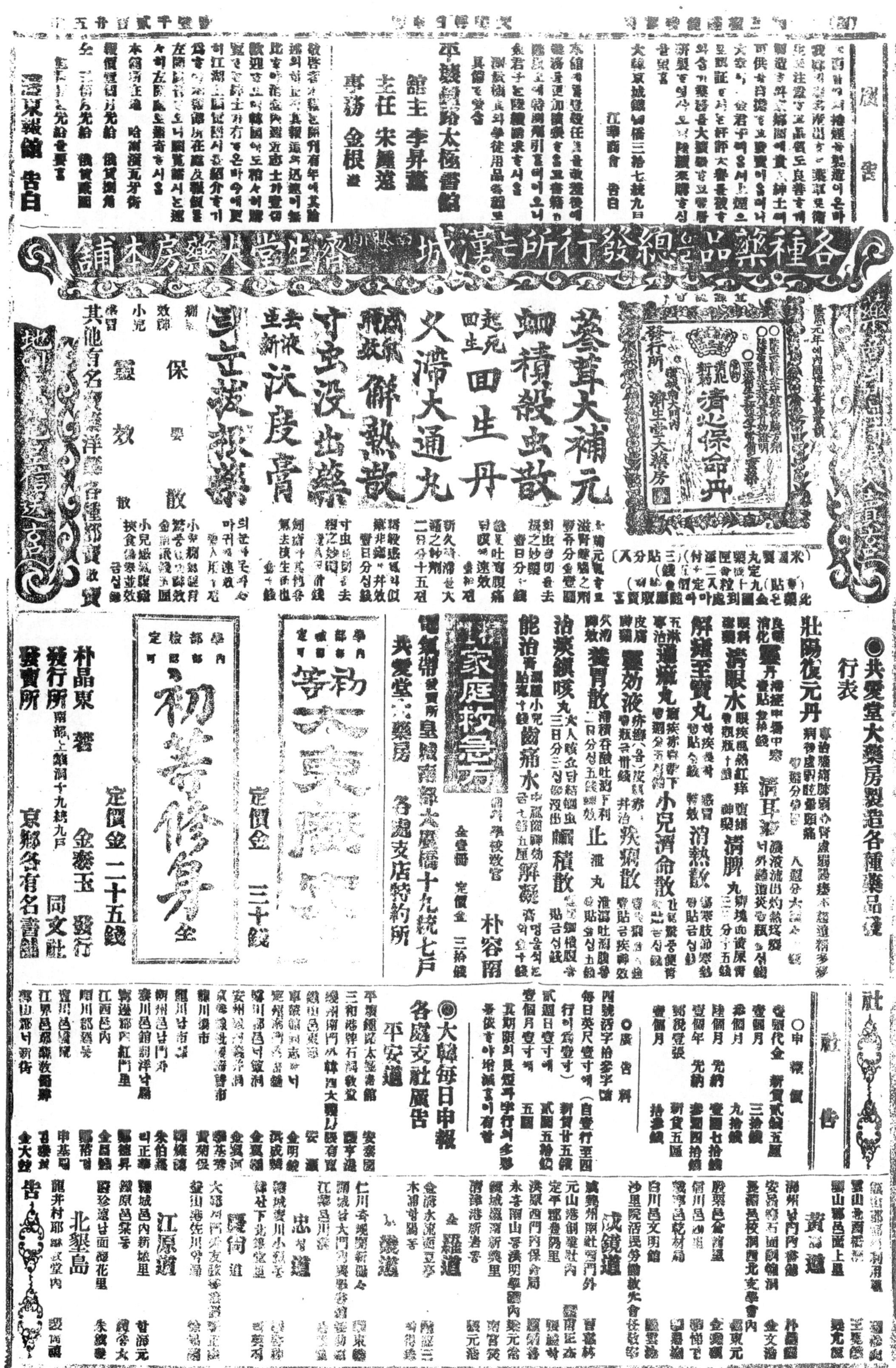

第七[...]

大韓每日申報

第千貳百廿六號

月歲 隱時 及日 慶休 節刊

檀君開國四千二百四十二年
[...]元年三千[...]十一年
大韓開國五百十八年
[...]明治四十二年
[...]宣統元年
陰曆己酉[...]月[...]九日乙卯

Responsible for Publication
Alfred Weekley Marnham.
發行兼編輯人 萬咸
[...]
大韓每日申報社

論說

●讀大阪每日報

嗚乎라 昨日에 外交權을 奪去ᄒᆞ고 又今日에 通信權을 奪去ᄒᆞ며 明日에 軍政을 奪去ᄒᆞ고 又明日에 司法을 奪去ᄒᆞ야 得隴望蜀의 慾이 愈往愈大ᄒᆞᆫ 彼日本人의 心腸을 誰가 不知ᄒᆞ리오마ᄂᆞᆫ 乃今日 大阪每日新聞을 讀ᄒᆞ건ᄃᆡ 自家心腸의 眞面目을 公然暴出ᄒᆞ야 人으로 ᄒᆞ여곰 大驚을 可吃ᄒᆞᆯ지로다

彼가 畧曰 現今 日本이 韓國政府에 日人大臣을 置ᄒᆞᆫ다ᄒᆞ나 決코 此로써 滿足ᄒᆞ다 謂치 못ᄒᆞᆯ지오 惟統監이 權力을 發揮ᄒᆞ야 韓國政務를 委任ᄒᆞᆷ이 可ᄒᆞ도다 然이나 此가 決코 過激ᄒᆞᆫ 處置가 아니니 前例가 既多ᄒᆞᆫ지라 外交權이 既然ᄒᆞ고 警察權이 既然ᄒᆞ얏고 通信交通이 既然ᄒᆞ얏고 司法이 既然ᄒᆞ얏고 財政의 一部가 既然ᄒᆞ얏나니 更히 敎育、農商工으로 始ᄒᆞ야 內政에 及ᄒᆞᆷ은 當然ᄒᆞᆫ 順序라 此乃 吾輩가 向者에 軍部廢止 司法委任의 時를 乘ᄒᆞ야 敎育權을 委任ᄒᆞ고 學部를 廢止ᄒᆞᆷ이 保護政策上에 必要ᄒᆞ다ᄒᆞᆫ 所以니 今番 學大[...]의 辭職은 此를 實行ᄒᆞᆯ 好機會가 아닌가

如此히 政務를 委任ᄒᆞᆷ에 對ᄒᆞ야 韓人 一部의 反對가 有ᄒᆞᆯ 뜻ᄒᆞ나 然이나 彼等은 但只 政治的 地位를 得코져 ᄒᆞᄂᆞᆫ 虛榮的 野心이 有ᄒᆞᆫ 者이오 眞正ᄒᆞᆫ 經國濟民의 大抱負를 實試코져 ᄒᆞᄂᆞᆫ 者가 아니[...]寧히 多數가 日本이나 統監의 直接統治를 希望ᄒᆞ나니 然 吾輩ᄂᆞᆫ 韓國統治의 組織을 壹變ᄒᆞ야 切히 直接統治를 施ᄒᆞᄂᆞᆫ 境遇、達ᄒᆞ기를 遂ᄒᆞ노라 ᄒᆞ얏더라

記者曰 嗚乎라 彼의 此言이 無ᄒᆞ야도 壹般 有眼者ᄂᆞᆫ 早早 看破ᄒᆞ마ᄂᆞᆫ 此言을 得ᄒᆞ야 自하여 自白ᄒᆞ다ᄒᆞ도다 嗚乎 晚矣라ᄒᆞᆯ지나 [...]半分이ᄂᆞ마 精神이 有ᄒᆞᆫ 者야 此言을 [...]ᄒᆞ고 엇지 投筆壹痛哭지 아니ᄒᆞ리오

大抵 只今 韓國政府에 名色으로ᄂᆞᆫ 日韓人大臣이 有ᄒᆞ다ᄒᆞ나 其實際를 論ᄒᆞ면 韓人大臣은 壹個 傀儡에 不過ᄒᆞ거ᄂᆞᆯ 此가 不足ᄒᆞ야 日人大臣을 置ᄒᆞᆷ도 오히려 今人 氣塞의 事어ᄂᆞᆯ 此도 又不足ᄒᆞ야 日日人大臣이 不滿足ᄒᆞ다ᄒᆞ며 日韓政務를 可委任이라ᄒᆞ야 其勃勃野心이 火又치 熾ᄒᆞ도다

又只今 韓國에 所謂 政府가 有ᄒᆞ며 所謂 政務가 有ᄒᆞ나 모다 虛名뿐이오 其實은 日人이 主張ᄒᆞᄂᆞ니 大臣 韓人이 有ᄒᆞ던지 日人이 有ᄒᆞ던지 政府가 有ᄒᆞ던지 無ᄒᆞ던지 政務를 委任ᄒᆞ던지 不委任ᄒᆞ던지 亦何를 足惜ᄒᆞ며 何를 足喜ᄒᆞ리오 만은 彼의 言과 如히 外交、通信、交通、軍政、司法、財政이 秋風落葉갓치 次第로 飛去ᄒᆞ고 只今까지 無用의 虛影이라도 餘存ᄒᆞᆫ 者ᄂᆞᆫ 只是 敎育、農商工、內務等 政務가 아닌가

乃者 彼가 此壹件까지 虛名의 存留라도 肯許치 아니ᄒᆞ야 畢竟 此等의 主義를 貫徹ᄒᆞ나 嗚乎라 彼의 慾이 아모리 巨ᄒᆞᆫ들 엇지 此에 至ᄒᆞᆫ가

日人 各各이여 諸君이 言必稱 韓國을 保護ᄒᆞ니 施政改善을 ᄒᆞ며 東洋平和를 維持ᄒᆞ니 ᄒᆞ더니 如此히 室을 毁ᄒᆞ고 子까지 取ᄒᆞ며 血을 吸ᄒᆞ고 骨까지 剝ᄒᆞ야 壹寸權 壹分權도 無遺奪去ᄒᆞ니 此가 保護며 此가 施政改善이며 此가 東洋平和인가

然이나 彼日人이 何를 可責ᄒᆞ다 否ᄒᆞ리오만은 吾儕 韓人同胞ᄂᆞᆫ 何를 壹[...]ᄒᆞᆯ노니 오 獸가 아니거ᄂᆞᆯ 엇지 如此히 無心ᄒᆞ야

嗚乎 韓人[...]諸公에 告ᄒᆞ노니 五條約이 되던도 困睡가 猶如ᄒᆞ며 七協約이 되야도 醉夢에 猶不覺ᄒᆞ야 軍政司法權이 浮去ᄒᆞ야도 [...]猶未振ᄒᆞ야 所謂 政客은 飢鳥가 蟲을 爭ᄒᆞ드시 大臣運動에 奔走ᄒᆞ며 所謂 人民은 燕巢幕上에 安ᄒᆞ드시 薄田破屋을 苟安ᄒᆞ야 國力은 日去ᄒᆞ던 民氣ᄂᆞᆫ 日下ᄒᆞ며 國權은 日滅ᄒᆞᄂᆞᆫ더 民心은 愈萎ᄒᆞ니 諸公 各各이여 諸公의 前途가 當何如ᄒᆞᆯ고

彼日人의 所謂 韓人은 虛榮的 野心뿐이오 經國濟民의 抱負가 無ᄒᆞ다ᄒᆞ며 韓人이 日本의 直接統治를 希望ᄒᆞᆫ다 ᄒᆞᆷ이 비록 騙子의 臆斷이나 然이나 本韓人 諸公의 一頂針을 作ᄒᆞᆫ 者니라

嗚乎라 諸公이 果然 只今부터라도 愛國의 精神을 발揮ᄒᆞ야 自存의 氣力을 養成ᄒᆞ면 已去ᄒᆞᆫ 外交權도 可還이오 已去ᄒᆞᆫ 司法權도 可還이오 已去ᄒᆞᆫ 軍政財政等權도 可還ᄒᆞ려니와 若 今日이 昨日又ᄒᆞ며 明日이 今日又ᄒᆞ면 政務ᄂᆞᆫ 姑舍ᄒᆞ고 諸公의 壹家壹身을 烈火中에 投ᄒᆞ며 諸公의 乃子乃孫을 敵餌頭에 奉ᄒᆞ나니라

外報

●列國騷亂　倫敦電에 日勞働同盟ᄒᆞᆫ 페렐 死刑을 反抗키 爲ᄒᆞ야 伊太利全國에 二十四時간을 互ᄒᆞ야 同盟休業을 宣言ᄒᆞ얏ᄂᆞᆫ데 伊國 후렌스、미랑네 약루와 埃及도 ᄯᅩᄒᆞᆫ 스포와 法國 里昂 其他 各地方에 暴動이 起ᄒᆞ야 多數의 死傷이 有ᄒᆞ얏다더라

●路局活動　淸國天津에서ᄂᆞᆫ 諮議局會에 諮議局에서 皆論이 却擾ᄒᆞ야 勢頗히 政府를 反對ᄒᆞ고 印紙稅의 廢止를 主張ᄒᆞ엿다더라

●排貨甚熱　淸國에서ᄂᆞᆫ 日貨排斥이 甚熾ᄒᆞ야 淸日物品去來를 全혀 杜絶코져 ᄒᆞ며 其運動手段이 極妙ᄒᆞ야 商店의 看板[...]撤去ᄒᆞ고 日本商品을 擧皆 深藏케ᄒᆞ며 以往에ᄂᆞᆫ 綿寸 綿布 烟草等은 排斥치 아니ᄒᆞ더니 今番에ᄂᆞᆫ 甚히 猛烈ᄒᆞ야 壹切 排斥ᄒᆞ며 軍隊學生等도 日本物貨를 全혀 不買ᄒᆞ고 新民屯에서 日貨排斥黨 首魁ᄂᆞᆫ 同地諮議局議長으로 選擧되얏다더라

●鐵道競爭　英美資本家團體ᄂᆞᆫ 盛京省錦州府와 齊齊哈爾間의 鐵道敷設에 關ᄒᆞ야 淸國과 協議ᄒᆞ얏ᄂᆞᆫ데 日本은 淸國에 對ᄒᆞ야 淸國의 行動을 反對치 아니ᄒᆞᄂᆞ나 向者 締結된 淸日協約上 權利ᄂᆞᆫ 維持ᄒᆞᆯ 것다고 通告ᄒᆞ얏다더라

●西相辨明　西班牙國外部大臣은 辨明ᄒᆞ야 日 페렐의 死刑에 處ᄒᆞᆷ으로 列國이 激昂ᄒᆞᆷ은 誤解로 因ᄒᆞᆷ이오 ᄯᅩ 該人이 가ᄯᅩ로나 地方暴徒에 加入ᄒᆞᆫ 것이 確實ᄒᆞ다 ᄒᆞ얏다더라

●希王苦惱　希臘國王께서ᄂᆞᆫ 世ᄂᆞᆫ 크리트島에 對ᄒᆞᆫ 列强의 態度ᄂᆞᆫ 希臘現時의 革命運動을 惹起ᄒᆞᆷ이라ᄒᆞᄂᆞᆫ 意見이 有ᄒᆞ고 軍隊에서 皇子等을 排斥코져 ᄒᆞᄂᆞᆫ 議會의 議案을 甚히 非難ᄒᆞ얏다더라

●英國新港　英國皇太子殿下ᄭᅦ서 去十五日에 英國新軍港 로우아港의 開港式을 擧行ᄒᆞ얏다더라

●西國內亂　西班牙國 셀세롱나에서 再次 大會正의 爆裂彈을 投ᄒᆞᆫ 者ㅣ 有ᄒᆞ얏고 西班牙政府ᄂᆞᆫ 無政府黨員 페렐시의 裁判書類를 公布ᄒᆞ기로 準備中이며 ᄯᅩ 페렐시 死刑에 對ᄒᆞ야 示威運動 及 同情을 表ᄒᆞᄂᆞᆫ 開會가 繼續ᄒᆞ다더라

●德墺條約會議　德墺兩國條約解釋에 關ᄒᆞᆫ 會議ᄂᆞᆫ 去[...]八日부터 開始ᄒᆞ얏다더라

●露使要求　露國新聞에 據ᄒᆞᆫ즉 駐淸露國公使ᄂᆞᆫ 淸國政府에 對ᄒᆞ야 齊齊哈爾에서 愛琿에 達ᄒᆞᄂᆞᆫ 鐵道敷設權을 要求ᄒᆞ얏다이라ᄒᆞ얏더라

●兩線連絡點　錦齊鐵道와 南滿鐵道의 連絡點은 程家屯과 國圖가 된다더라

●錦齊線計劃　日人의 滿鐵會社의 利益을 防害ᄒᆞ려ᄂᆞᆫ 錦齊鐵道ᄂᆞᆫ 淸國郵傳部尙書 徐世昌氏의 計劃이라 錦州 朝陽 新庄 胡林 昌武縣 程家屯을 經ᄒᆞ야 洮南府의 達ᄒᆞᄂᆞᆫ 五百六十哩(英里)의 工費ᄂᆞᆫ 銀四千萬兩이오 再 齊齊哈爾까지 延長ᄒᆞ면 千哩의 工費가 七千萬兩을 要ᄒᆞᆯ더인대 露國政府ᄂᆞᆫ 此를 傍觀ᄒᆞᆫ던지 利用ᄒᆞᆫ던지 他件과 交換ᄒᆞᄂᆞᆫ 利益을 要求ᄒᆞᆯ던지 此ᄂᆞᆫ 壹大興味가 有ᄒᆞᆫ 問題라더라

●希王退位　倫敦電을 據ᄒᆞᆫ즉 希臘國의 皇子等은 任意로 陸軍委員의 職을 辭ᄒᆞ얏ᄂᆞᆫ데 希臘國王은 依然히 其王位에 留ᄒᆞ야 其尊嚴을 維持키 難ᄒᆞ야 退位ᄒᆞᆯ 境遇에 至ᄒᆞ얏다더라

●希王候補者　希臘海軍將校等 議ᄂᆞᆫ 만일 國王께셔 壹世가 退位ᄒᆞᄂᆞᆫ 境遇에ᄂᆞᆫ 王位를 이를 ᄶᅥ지公의게 捧ᄒᆞ기로 決議ᄒᆞ얏다더라

學界

●學生運動　來貳십四日(日曜) 上午八時에 西北學生親睦會에서 在京西北學生의 大運動會를 東小門外 三仙坪에서 開ᄒᆞ다더라

●竹倅奬學　竹山郡守 李潤永씨ᄂᆞᆫ 該郡[...]面 明新學校經費 五십圜을 捐助ᄒᆞ고 學徒를 熱心勸奬ᄒᆞᆫ다더라

●學校補助　咸鏡北道 會寧鎭城에 西北學會支學校를 設立ᄒᆞ얏ᄂᆞᆫ데 學部에서 奬勵補助金 二百五십圜을 交附ᄒᆞ얏다더라

●實業校設立　平北定州에ᄂᆞᆫ 去番 學部官吏가 該地에 出張ᄒᆞᆫ 時에 勸論ᄒᆞᆫ 結果 公立實業學校를 新設ᄒᆞᄂᆞᆫ대 不日內 認可된다더라

●師範生實習　師範學校에서 三年級學員中 學力이 優勝ᄒᆞᆫ 者로 工業科에서 십六人 農學科에 拾六人을 選擇ᄒᆞ야 實地를 見習ᄒᆞᆯ 次로 工科學員은 去月晦日부터 付屬小學校를 冬期까지 敎授케ᄒᆞ고 農學科學員은 冬期로 春期까지 敎授ᄒᆞᆫ 後 畢業證書를 授與ᄒᆞᆫ다더라

●家興有人　咸南永興 耀德面居 金時禹氏ᄂᆞᆫ 年近六十에 敎育의 急務됨을 覺知ᄒᆞ고 其子 履喆씨와 相議ᄒᆞ야 同面耀興學校에 校務를 全擔ᄒᆞ야 熱心做去ᄒᆞᆷ으로 人皆稱頌ᄒᆞᆫ다더라

詞藻

●勇進無退　觀海生

句踐王의 忍耐力은、拾年만에 成功ᄒᆞ고。
蘇中郞의 굿은 節槪、千萬古에 빗나도다。
우리도、勇進無退ᄒᆞᆫ 마음으로、더와 ᄀᆞᆺ치。

雜報

●誕節陞見　再昨日은　皇太子殿下　千秋慶節인故로各府部大臣等은　太皇帝陛下께陞見ᄒᆞ얏고宗戚諸氏ᄂᆞᆫ　太皇帝陛下께　問安ᄒᆞ얏다더라

●慶節招待　日本에　留學ᄒᆞ시ᄂᆞᆫ我國　皇太子殿下께셔ᄂᆞᆫ　千秋慶節에日本皇太子及各皇族을招待ᄒᆞ옵셧다더라

●園遊停止　坤元節慶宴은流行病을因ᄒᆞ야停止ᄒᆞ얏슴으로來三十日祕苑에셔更히盛大ᄒᆞᆫ園遊會를擧行ᄒᆞᆯ터인ᄃᆡ曾禰統監及其他外國高等官이會同ᄒᆞᆫ다더라

●動物園開園　昌德宮內動物園의工役은既히全部竣工되얏슴으로來三十日에內苑事務局에셔盛大ᄒᆞᆫ開園式을擧行ᄒᆞᆫ다ᄂᆞᆫᄃᆡ當日에大皇帝及　皇后兩　陛下께옵셔該式場에　御臨ᄒᆞ옵시고翌일부터人民의縱覽을許ᄒᆞᆫ다더라

●曾禰陞見　前報와如히曾禰統監이其夫人照子와隨員等을帶同ᄒᆞ고昨日上午十點時에昌德宮에進詣ᄒᆞ야　大皇帝陛下께　陛見ᄒᆞ고司法權에關ᄒᆞᆫ讓渡件을上奏ᄒᆞ얏다더라

●夫妻叙勳　別項과如히昨日曾禰統監이　陛見ᄒᆞᆫ後에　大皇帝陛下께옵셔曾禰統監에게ᄂᆞᆫ叙勳一等瑞鳳大綬章을ᄒᆞ시고曾禰照子에게ᄂᆞᆫ叙勳一等寶冠章을賜ᄒᆞ옵셧다더라

●法部廢止　法部廢止에關ᄒᆞᆫ勅令案은旣히內閣會議를經ᄒᆞ얏ᄂᆞᆫᄃᆡ日間統監의承認을經ᄒᆞ야發表되리라더라

●統府豫算　統監府來年度豫算은三百餘萬圓을增加ᄒᆞ얏ᄂᆞᆫᄃᆡ判費ᄂᆞᆫ拾六万圓이오小學補助費ᄂᆞᆫ二萬餘圓이라더라

●閣議廢法　昨日各大臣이定例閣議를開ᄒᆞ고法部諸官制廢止의件과其他를決議ᄒᆞ얏다더라

●卽決裁判　司法權委任同時에日本違警罪犯에比ᄒᆞᆫ輕微ᄒᆞᆫ犯罪ᄂᆞᆫ罰金을規定ᄒᆞ야罰金卅圓以下笞刑廿度以下拘留過料에當ᄒᆞᆫ犯罪ᄂᆞᆫ警察官이卽決裁判을行ᄒᆞ고此에對ᄒᆞᆫ正式裁判을請ᄒᆞ기를得ᄒᆞ게ᄒᆞ야郡守의卽決裁判에對ᄒᆞ야도亦是同一ᄒᆞ다더라

●其價感突　司法權實施期가不遠ᄒᆞᆫ즉韓人辯護士ᄂᆞᆫ資格을墜失ᄒᆞᆯ가ᄒᆞ야漢城辯護士諸氏가去十七日洪在祺氏家에會同ᄒᆞ야其活方針을協議ᄒᆞ얏다더라

●贊議選定　中樞院議長金允植氏가三昨日下午八時에內相朴齊純시를訪問ᄒᆞ고關妹中往ᄒᆞᆫ宋秉畯者의獻議書ᄂᆞᆫ壹切勿受ᄒᆞ기로協議ᄒᆞ얏다더라

●內部設會　內部次官岡喜七郎씨가本日下午六時에翠雲樓에셔晩餐會를設ᄒᆞ고今番防疫事務에從事ᄒᆞ던韓日兩國官吏를請邀宴待ᄒᆞᆫ다더라

●議器紀念　伊藤시가今番滿洲觀察中에會見ᄒᆞᆫ內外人에게紀念品으로高麗磁器를寄贈ᄒᆞᆯ터인ᄃᆡ어ᄯᅥᆫ物品을購入送附ᄒᆞ라고曾禰統監에게電報가有ᄒᆞᆫᄃᆡ曾禰統監은卽時日人大岡의게購入을請ᄒᆞ얏다더라

●照子歸國　曾禰統監의夫人曾禰照子ᄂᆞᆫ本日歸國ᄒᆞᆫ다더라

●官房仍舊　內部官舍를釐新建築ᄒᆞᄂᆞᆫᄃᆡ唯獨大臣官房은紀念的으로仍舊存置ᄒᆞᆫ다더라

●日韓人開會　警視廳警部園田이春川區裁判所判事로轉任ᄒᆞᆫ事에對ᄒᆞ야昨日下午三時에自己私邸에留別會를ᄒᆞ고該國官吏를請邀宴待ᄒᆞ얏다더라

●鎌田轉任　內部警務局警部鎌田은淸州區裁判所判事로轉任되얏ᄂᆞᆫᄃᆡ去土요日巳城館에셔留別宴을行ᄒᆞ얏다더라

●鐵道狂熱　元山居留日人들은京元鐵道豫定線沿道의實地踏査를行ᄒᆞ기로不日經營ᄒᆞᆫ다더라

●拓社運動　拓殖會社ᄂᆞᆫ明春부터水産業을ᄒᆞ기로豫定으로目下西沿岸地方에社員을派送ᄒᆞ야實地調査中인ᄃᆡ其漁獲의區域이甚大ᄒᆞ다더라

●其樂必極　今番司法權委任ᄒᆞᆷ에對ᄒᆞ야日人渡邊暢國分三亥城數馬世古祐次郞等이此를祝賀ᄒᆞ기爲ᄒᆞ야二拾日午後五時花月樓에셔日人石塚長官與官統監府高等官大久保宇佐川等諸人을招請ᄒᆞᆫ다더라

●別般盛宴　度支部에셔ᄂᆞᆫ近日曾禰統監及各部與官을仁川鹽船으로招待ᄒᆞ야船遊와觀覽ᄒᆞ며盛宴을可ᄒᆞ다더라

●忠察遞任　忠南觀察使權鳳廷氏ᄂᆞᆫ郡守選擧에不公平ᄒᆞᆫ事가有ᄒᆞ다ᄒᆞ야內部에셔調査를行ᄒᆞ얏ᄂᆞᆫᄃᆡ不遠間遞任되리라ᄂᆞᆫ說이有ᄒᆞ다더라

●其意可想　忠北觀察使權鳳洙氏ᄂᆞᆫ日前에各郡守를會同ᄒᆞ야說明ᄒᆞ되司法權委任이實施ᄒᆞ기前에人民의게告示ᄒᆞ야山債訟을速히決末ᄒᆞ라ᄒᆞ얏다더라

●舊貨整理　舊白銅貨ᄂᆞᆫ來拾二月末日로絶對的通用을禁止ᄒᆞ기로決定ᄒᆞ얏ᄂᆞᆫᄃᆡ現存額收入에關ᄒᆞ야政府에셔現今其方針을研究中이라더라

●財調終了　數日前부터開會ᄒᆞᆫ財務局長會議ᄂᆞᆫ去十九日까지終了ᄒᆞ얏다더라

●金氏發程　學部主事金俊秀氏ᄂᆞᆫ慶南全南으로朴勝奎氏ᄂᆞᆫ忠北江原兩道로學務를視察ᄒᆞ기爲ᄒᆞ야數日後發程ᄒᆞᆫ다더라

●病院觀察　內部判任官一同이再昨日에同化病院을觀察ᄒᆞ얏ᄂᆞᆫᄃᆡ現患者四十七名內에男이三拾二오女가拾五인ᄃᆡ從速放還ᄒᆞ기를呼冤ᄒᆞᄂᆞᆫ者ㅣ多數ᄒᆞ다더라

●女教獎勵　學部에셔ᄂᆞᆫ各道에設施ᄒᆞᆫ女學校를獎勵ᄒᆞᆯ次로注意擴張ᄒᆞ기로現方擬定中이라더라

●寺刹調査　內部寺社課에셔全國寺刹을調査ᄒᆞ얏ᄂᆞᆫᄃᆡ寺ᄂᆞᆫ九百五十七이오僧은四千九百二十八이오尼ᄂᆞᆫ五百六十三이라더라

●森林編入　咸鏡利原郡南面松端里國有森林은農商工部에셔保安林에編入ᄒᆞ얏다더라

●元帥觀覽　英國키쳐나元帥ᄂᆞᆫ貳拾九日夜에入京ᄒᆞᆯ豫定인ᄃᆡ同元帥가陶器古器物類를嗜好ᄒᆞᆫ다ᄒᆞ야宮內府에셔保存ᄒᆞᆫ韓國陶器及古器物類를觀覽케ᄒᆞᆫ다더라

●外人勿施　居留地其他雜居地에在留ᄒᆞᄂᆞᆫ外國人에게ᄂᆞᆫ地方費賦課徵稅를勿施ᄒᆞᆫ다더라

●先諸仍新　宋子大全板本이日要의被燒ᄒᆞᆷ은累報어니와儒林諸氏가其處에呈書를提出ᄒᆞ야板本代金을請求ᄒᆞᆫ故로李容元氏로都袖를推薦ᄒᆞ야既히得請ᄒᆞ얏으니其令孫이何樣挽諉ᄒᆞ엿던지시외圖章을其孫이藏置ᄒᆞ얏더니中間斬持ᄒᆞᄂᆞᆫ지라儒林諸시가其老悖ᄒᆞᆷ을郡藩에너여他人을屬定ᄒᆞᄂᆞᆫ中이라더라

●日本貿貨額　日本大藏省關査를據ᄒᆞᆫ즉日本現在貿貨額은四億四千六百五십五萬七千六百四十壹圓이라더라

●烟社募工　東亞烟草會社에셔職工三千名假量을需用ᄒᆞ기爲ᄒᆞ야昨日부터試取ᄒᆞ기始ᄒᆞ얏다더라

●鯨社請認　日人의主張ᄒᆞᄂᆞᆫ捕鯨株式會社ᄂᆞᆫ今番巨濟島에셔其事業을始ᄒᆞ기로ᄒᆞ고基地及漁船使用을農商工部에請願ᄒᆞ얏다더라

●隨請隨許　新門外□□機監督으로監獄署를加設ᄒᆞᆷ은已報어니와監督內公廨建築ᄂᆞᆫ日本民團에셔小學校를設立ᄒᆞᆯ次로度支部에請願ᄒᆞ야認許를得ᄒᆞ얏다더라

●李家執行　□視廳에被囚ᄒᆞᆫ前局長李容復氏家屋을日昨執行ᄒᆞ얏다더라

●東鐵始乘式　東萊輕便鐵道始乘式은來月初에擧行ᄒᆞᆫ다더라

●輿仗移轉　慶福宮에藏置ᄒᆞ얏던輦輿儀仗等을再昨日昌德宮으로運搬ᄒᆞ얏다더라

●匠手呼冤　前晉州郡監蔡殷工匠의工價를尙不支撥ᄒᆞᆫ故로工匠等이辯護士張燾氏의게委任ᄒᆞ야去月晦日京城地方裁判所에訴訟을提起ᄒᆞ얏ᄂᆞᆫᄃᆡ其工價數萬圓을將次支撥ᄒᆞᆫ다더라

●其額太厚　元山居留日人吉田秀次郞이ᄂᆞᆫ韓政府의補助金年額四萬七千圓과韓政府所有□□艦과豐號의貸與를受ᄒᆞ야元山釜山與釜山雄基西湖江陵간의定期航路를經營ᄒᆞ더니近又補助金의增額을請願ᄒᆞ얏다더라

●院地橫占　東萊津四忠書院內地段은元來四忠子孫의所有地로貳百餘年을傳來ᄒᆞ던바인ᄃᆡ昨冬에臨時財産調査局에셔該地段을日人中島司馬之助의借請에限십年許借ᄒᆞᆫ지라該局의處分을抗議ᄒᆞ야認許를작消ᄒᆞ라ᄒᆞ되尙今延拖推托ᄒᆞᄂᆞᆫ故로該院掌儀金鶴鎭氏와其餘紳士儒生가聯名ᄒᆞ야統監府에長書를發出ᄒᆞ고該地段을前還付ᄒᆞ라ᄒᆞ얏다더라

●龍山初氷　昨日龍山에ᄂᆞᆫ初氷이有ᄒᆞ얏다더라

●係是無根　한영興業株式會社에셔株主諸시가協議ᄒᆞ고金剛植시를美國에派送ᄒᆞᆫ다ᄂᆞᆫ事ᄂᆞᆫ至今無根의說이라더라

○東京電報○

●議會解散　戰時增稅되얏던地租輕減問題ᄂᆞᆫ今番議會에出現ᄒᆞᆯ重要問題인ᄃᆡ政府에셔ᄂᆞᆫ絶對的으로輕減을反對ᄒᆞ야議會解散을期ᄒᆞ기로決心ᄒᆞ다더라　십九日發

●間島開放　淸國政府에셔ᄂᆞᆫ拾壹月二日부터間島의龍井村外三個所를開放ᄒᆞᆯ旨를發表ᄒᆞ얏다더라

●都督府廢止　日本에셔ᄂᆞᆫ關東都督府廢止說에對ᄒᆞ야當局者가日將來對外政策上此問題의發生은當然ᄒᆞ나其實行期ᄂᆞᆫ豈二年을要ᄒᆞ리라ᄒᆞ엿다더라　以上二십日發

●露沿海州漁業　露國에셔ᄂᆞᆫ沿海州에在ᄒᆞᆫ鮭鱒의類를歐洲로輸出키로計劃ᄒᆞᆫ다더라　二십日發

○論敎電報○

●改革案否決　希臘改革案은議會에셔陸軍將校側의反對로否決되얏다더라　拾九日發

國文歌

皷吹生

▲ㄱ字ᄒᆞ나쓰고보니記憶ᄒᆞᆯ세ᄉᆞᄉᆞᄉᆞ國家羞耻記憶ᄒᆞ세우리大韓獨立ᄒᆞ면永久無窮토록康衢烟月太平歌에自由謠樂누리던당今日羞恥□ᄒᆞ거면죽가저셔못잇깃네

▲가字ᄒᆞ나쓰고보니□□ᄒᆞ다우리同胞大韓人은毅然儀容ᄒᆞ곳에잇더니無知不仁偎鬼ᄂᆞᆫ月給分에貪이나서外人의게諂附ᄒᆞ야自家兄弟相殘ᄒᆞ니氣가막혀못살깃네

▲나字ᄒᆞ나쓰고보니니ᄯᅢ파ᄂᆞᆫ뎌太宦은南山捷徑ᄎᆞ자가셔晉夜乞哀ᄒᆞᆯ망졍삼ᄂᆞᆫ家事ᄂᆞᆫ不關ᄒᆞ니勸告ᄒᆞ여도不聽ᄒᆞ고論駁ᄒᆞ도無效ᄒᆞ니답답ᄒᆞᆫ소이너心懷더入骨ᄒᆞᆷ을잇지ᄒᆞᆯ가

▲다字ᄒᆞ나쓰고보니다ᄒᆡ하ᄂᆞᆫ더歲月은挽留ᄒᆞᆯ者누구잇나流水又치펄ᄉᆞ흘너ᄒᆞᆫ번가면고만이라壹分壹秒虛送말고國家事爲研究ᄒᆞ야靑年時期勿失ᄒᆞ고晝夜勇進ᄒᆞ여보세

▲라字ᄒᆞ나쓰고보니羅網西刊이世界에소ᄉᆡ날곳이ᄒᆡ엇더아모쪼록精神ᄎᆞ려姑息之計마라고冒險思想길너여恢ᄉᆞ稅ᄉᆞ이天地에ᄯᅥ그물을거여너고自由行動ᄒᆞ여보세

▲마字ᄒᆞ나쓰고보니魔獄中에ᄲᅡ진百姓우고셔ᄂᆞᆫ못죽깃네사러生前竭力ᄒᆞ야우리國權侵害者를壹平驅除ᄒᆞ고列强國과並駕ᄒᆞ야五洋大洲너른天地우리國光빗너보세

社告

北墾島 龍井村承新發堂內에本支社를拾月壹日부터設置ᄒ고 趙尙㴤氏로支社事務를委任ᄒ얏스니해附近處에셔本申報購覽ᄒ실 僉君子ᄂ該分舘에請求ᄒ시오

大韓每日申報社

雜報

●又爲敗訴 嶺셔彭漢榮洪永淳兩씨가天道敎書印刷費를不當히請求ᄒ다가控訴院에셔敗訴됨은已揭ᄒ엿거니와更히大審院에申訴ᄒ엿다가致敗訴를又當ᄒ엿다더라

●處役內容 成鎭植氏를役십年에處홈은已報어니와其內容은該氏가端川郡稅務主事在任時에官印을行使ᄒ야金額을擅許ᄒ고金貨三百圜을取喫ᄒ所以라더라

●李氏被捉 前抱川郡守李海慶氏ᄂ公貨欠逋의因ᄒ야昨日에警視廳으로被捉ᄒ얏다더라

●義將被捉 本月십五日에延安郡延陵面에셔義兵將孔太元氏의副將千順浩氏以下二名이日憲兵에게被捉ᄒ얏다더라

●私鑄犯被捉 前參尉李時宇씨家에留連ᄒᄂ□□私鑄犯으로日昨日憲兵司令部에被捉ᄒ얏ᄂᆫ데其口招를因ᄒ야時宇씨도被捉ᄒ얏다더라

●申氏追悼 普成專門學校에셔講師諸氏와普設學員이發起ᄒ야申海永氏의追悼會를來二拾五日에校內에셔設行ᄒ다더라

●合爲拾貳 再昨日下午壹時에大韓協會에셔議事員會를開ᄒ고政見協定委員二人을加選ᄒ얏다더라

●政見員懇親 再昨日下午七時에韓國兩會政見協定委員諸氏가明月舘에會同ᄒ야懇親會를開ᄒ얏다더라

●何議敎根 太東학會를換稱ᄒ孔子敎會ᄂ政府後援의敎派오大同敎ᄂ儒林社會의敎派라一般人의公許이有ᄒ다더라

●整理會決議 安東金시宗親셔셔光東학校를引繼ᄒ야不通ᄒ期에ᄂ他校로移屬케ᄒ事를會議ᄒ야前期記書와學會代表人을選ᄒ야昨日下午六時에齋室에會同ᄒ야公益婦會整理會를設ᄒᄂ데安東金시宗中셔셔ᄂ在人도不參ᄒ故로延期되얏스며尤判事相鏞兩人이로實際委員을選定ᄒ고來土요日에再次會ᄒ기로決定ᄒ얏다더라

●외士總會 林炳厚金海秀諸씨가發起ᄒ야東洋에傳來ᄒ던외衛生을硏究ᄒ야同胞의疾病을廣濟ᄒ目的으로大韓외士總合所를組織ᄒ고趣旨書를發布ᄒ얏ᄂᆫ데來二十四日上午十時에□橋興業學校內에셔各社會紳士를請邀ᄒ야大總會를開ᄒ다더라

廣告

本所에셔洋屬毛綸을各色으로直輸入ᄒ야廉價로發賣ᄒ옵ᄂᆫ데物品과織組가堅固ᄒ며染色이不變ᄒ와經濟上에第壹要緊ᄒ오며各地方貿易을便利키爲ᄒ와郵便小包로開廳ᄒ야代金을引換ᄒ깃사오니 僉君子ᄂ陸續請求ᄒ심을大望

京城小龍洞

洪順福毛織商店

一進會와大韓協會兩會가本月二十三日(土요)下午一時에西門外獨立館(國民演說臺)에셔演說會를開ᄒ고一般人士의傍聽을許홈

演題

兩會聯結의主旨

國利民福의前途

國民一致의勢力

人心團結은國家의要素

演士 尹孝定 韓錫振 鄭雲復 劉載漢

一進會 大韓協會 告白

本部에셔來二十四日(日曜日)上午八時에東小門外三僊坪에大運動會를設行ᄒ오니在京西北學生은齊赴ᄒ셔伊日上午七時에西北學會舘內로來臨ᄒ시옴

兩北學生親睦會體育部

再 点心은各自準備携帶ᄒ시옴

本人이麻浦契三十八統三戶草家大圖籍文記二張을陰閏月分에셔失故仰布ᄒ오니誰某拾得ᄒ와도休紙施行홈 林基奭

京中部東谷十九統四戶

李丙玟大夫人竹山吳시以宿患陰九月初三日巳時棄世

長子丙玟 次子丙완 三子丙琳 四子丙瑛

護喪崔萬燮

全南海南郡守趙重觀시가政牛數에對ᄒ야慈悲이라四步로通行國里ᄒ야諄々然敎之ᄒ니到底의潮況이如嬰兒之望慈母ᄒ야暴徒誤解而梗化者當時歸順이數百人에達ᄒ오니鷄春有脚이라本郡駐在司令官大尉古原理市씨亦與之以德政民에無不感服ᄒ야三軍到處에雞犬이不驚ᄒ고兒女가爭迎ᄒ니四境이無事ᄒ니民之生命豈不在斯乎豈不在斯乎아故로玆以廣告홈

隆熙三年十月拾五일

海南郡花二面海倉里李仁必

今般京城理事廳許可를得ᄒ야勞働人夫供給業을開始ᄒ에付ᄒ야南部葉洞鋼鐵工部에事務所를設置ᄒ얏사오니一般勞働人夫雇傭ᄒ실 僉君子ᄂ多小를不關ᄒ시고御用ᄒ시ᄂ이ᄂ應用ᄒ심을希望ᄒ옵고沿道에勞働者를雇募ᄒ오니希望ᄒᄂ이ᄂ本組로申込홈이可홈

銅峴 京城勞働組

今我醫士大總會가本月貳十四日上午十時(陰九月拾壹日)日曜日)에南部醫師 僉君子ᄂ無論不聞不知之欸ᄒ시고壹々來會于南部□橋興業學校內ᄒ시와便醫道로煥然復興ᄒ옵기를望홈

隆熙三年十月二拾壹日

大韓醫士總合所 告白

大韓醫士總合所 趣旨書

人之有生에所患者ᄂ疾病也라人有疾病에면國乃病焉故로醫其國者ㅣ必先醫病ᄒ야躋民壽域ᄒ고永享壽平ᄒᄂ니是以로伏羲시ᄂ作天元玉冊ᄒ시고神農시ᄂ作本草經ᄒ시고軒轅시ᄂ作靈素內經ᄒ사三大聖이出ᄒ사而儲藏于靈蘭者ᄂ亘万世의醫壽之寶石也라其後越人이研閱經旨ᄒ야作八十壹難經ᄒ고仲景은作傷寒三百九十七法ᄒ고東垣은作內傷諸篇ᄒ고河間丹溪ᄂ作雜病諸條ᄒ고景岳은類註內經ᄒ고其餘諸賢은或演義於傷寒ᄒ며或闡奧於內傷雜病이나然而于若千年來로明醫ᄂ가奚止國家諸賢이며我東明醫가亦其許廉而先生而已哉아鄭經에日堯何人也오舜何人也오有爲者ㅣ亦若是다ᄒ시니後之人도硏究經義ᄒ고博採羣書ᄒ야能通傷寒則今之仲景이오能通內傷則今之東垣이오能通雜病則今之河間丹溪오能通內經則今之景岳也니何憂乎不成이리오現今醫之陰陽이博學而得之也오非性之自然也라豈非歎哉며豈不勉哉아顧今競爭時代에社會也學會也ㅣ互相爭起ᄒ야發展智識ᄒ고勸奬教育ᄒ야汲汲然務圖進就도다惟我醫界ᄂ寂々無聞ᄒ야依舊做夢ᄒ고不思研究ᄒ야竟使醫道로泯滅無傳ᄒ니非但先聖之罪人이라扁鵲之罪人乎아噫我醫士ᄂ奮發志氣ᄒ고壹體團合ᄒ야闡明祖術ᄒ야拯濟生命으로爲義務ᄒ야忠告我政府ᄒ고學校也病院也를特立于我韓中央ᄒ고敎授講習明師ᄒ며廣募在鄕青年ᄒ야面圖勉强ᄒ야使斯道로煥然復明ᄒ고共享醫國壽民之福을千萬伏祝

隆熙三年拾月 日

發起人 林炳厚 金海秀 金鎭夏 金良濟 洪종哲 趙炳瑾 金寬植 李炳益 景瑚 盧駒榮 李享셥 鄭存徹 리喜豐 等

本人革匣內에匠字直書魚頂形姓名章과閏月九日金壹百三拾圜田字玉代金參玉價受取와欠丁目당二卜落與執ᄃ成證票와金六圜三拾錢을於九月四日午后六時五分에行流東路淸溪處에遺失ᄒ야得ᄒ시거든勿爲施行

盤山鐵凡登洞 潤明 告白

學在丁未壹月에國債報償을義捐ᄒ야獨金은吾同胞의血汗으로集ᄒ미다國債報所에斷烟捐金이輻湊ᄒ얏ᄂ라가末乃目的을達치못ᄒ國民이程道가未滿足而然矣은現今各新報上으로推究ᄒ면京鄕의勿論ᄒ고會議衆으以ᄒ야或保管의與弄과乾沒之弊가有ᄒ다ᄒ니此를關ᄒ者ㅣ膽寒肚裂은無忍言哉아旣是國債를報償치못ᄒ고歸還ᄒ야至ᄒ얏신ᄃ財金의處置은亂發源을作ᄒ야疑雲을起ᄒ엿슨不是本金이不遠ᄒ고原本을渦溺ᄒᄂ此時代에在ᄒ야如斯ᄒ巨額으로卷民ᄒ方針을不圖ᄒ고壹理ᄒ理가豈有ᄒ리오然이ᄂ事則京鄕郡으로各自行動은決코完全ᄒ義務ㅣ라謂ᄒ기難ᄒ니拾三道가會議로議決ᄒ全國에對ᄒ公益에取用홈이適合ᄒ矣ᄒ와昨秋에郡郡代表二人을京總合所로委送ᄒ야做策未遂ᄂ至今所慨歎이라原來郡郡에都聚ᄒ金七千餘圜에其間利殖ᄒ야共金八千圜을當市農工銀行에預金ᄒ온바現今郡會發起에此金額을何如區處로力在研究이오나我太邱ᄂ全國此事에對ᄒ야與他迥別은發起之責任에有홍이ᄂ自願擔當ᄒ야獨先處置가有難ᄒ오니에左開處有ᄒ오니滿三道有志ᄒ신僉彦은郡中道乃代表壹人以上으로來年月七日(陰九月廿五日)下午二時에京城典洞幡洞敎育會館內로齊々會同ᄒ시와國民議論에從長取決ᄒ심을希望

再其戚伊의識見에未圖던지落者이無期ᄒ同時에各郡郡財金은勢不獲已ᄒ와當地公登上으로自由措處ᄒ기로認定홈

一道郡代表ᄂ金額收金時準用ᄒ던章과發起員의私章으로捺ᄒ委任狀이며社會代表員은各其會委任狀을携帶事

慶北太邱郡 徐相돈 徐內奎 □宋勉 崔永煐 최斗鍋 等

業務大擴張廣告

同胞의愛顧ᄒ심으로弊所營業이日就月盛ᄒ옵기로業務를大擴張ᄒ고左開各種을製造ᄒ오니僉位ᄂ前來購買ᄒ심을望

一甲號帽子 金五拾錢

一乙號帽子 金四十五錢

一三合絲製襪 金二十錢

一仝 綿襪 金拾八錢

一男女學生衣次及普通衣次

一官公私立學校徽章製造

一各種洋染物依託人放賣

一紬緞木布毛織染色及洗染

外方에셔請求ᄒ시면小包郵便으로迅速酬應ᄒ깃습

京城東闕越便

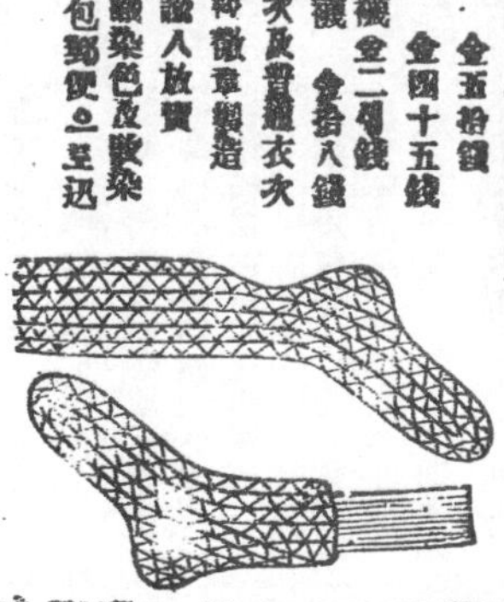

中谷染織工所主金德昌 告白

家庭救急方
前외 學校敎官 朴容爾 著
全壹冊 定價金 三拾錢

學部檢定 [illegible]
初等大東歷史
定價金 三十錢

學部檢定
初等修身 全
朴晶東 著
定價金 二十五錢
金泰玉 發行
發行所 南部上犁洞十九統九戶 同文社
發賣所 京鄕各有名書舖

第七卷

大韓每日申報

第千二百廿七號

月曜及休日停刊

西曆一千九百九年
開國五百十八年
大韓隆熙三年
日本明治四十二年
己酉九月初十日

Responsible for Publication — Alfred Weekley Marnham.
發行兼編輯人英國人 萬咸
發行所
京城西署法部後洞三統
大韓每日申報社

論說

◉兩黨聯合 對ᄒᆞ야

嗚乎라一進會와大韓協會가手를提携ᄒᆞ고聯合就位旗幟下로趨向ᄒᆞᄂᆞᆫ도다

大抵一國의國民이되야兄弟가戈를尋ᄒᆞ며蕭墻에亂이起ᄒᆞ면彼兩黨이今此以民등의字를唱ᄒᆞ며尋常行路人이라도맛당시嗚呼歡迎ᄒᆞᆯ지어날而况枝筆이殘ᄒᆞ도록國民을提倡ᄒᆞᄂᆞᆫ苦싸ᄒᆞᄂᆞᆫ吾儕야其感이當何如ᄒᆞ리오

吾儕가此晉을聞ᄒᆞᆫ第幾日에可히此事를爲ᄒᆞ야批評을試ᄒᆞᆯ지나然이나吾儕가此를發ᄒᆞᄂᆞᆫ故로熱心으로贊助코ᄌᆞᄒᆞ며此를重히ᄒᆞᄂᆞᆫ故로輕言을慎코ᄌᆞᄒᆞ야至今까지寄幅紙面을惜ᄒᆞ얏더니只今此聯合이漸漸理論을由ᄒᆞ야事實로移ᄒᆞ며抽象을變ᄒᆞ야具體를成ᄒᆞ니吾儕가此時에在ᄒᆞ야엇지一言이無ᄒᆞ리오故로如是히數々贊辭를발ᄒᆞ야意見을畧述코ᄌᆞᄒᆞ노라

大抵事가不意에出ᄒᆞᆫ즉疑가多ᄒᆞ며事가重大에在ᄒᆞᆫ즉慮가深ᄒᆞᆫ지라彼兩黨聯合의說을一般世人의疑慮가層匝ᄒᆞ야眼花가亂ᄒᆞ고胸竹이茫ᄒᆞ야日「(壹)彼兩黨의歷史를思ᄒᆞ면一進會ᄂᆞᆫ宣言書以後에賣國黨의旗幟를高竪ᄒᆞ고附日派의勢力을盛持ᄒᆞ던者오大韓協會ᄂᆞᆫ其內容이야如何ᄒᆞ던지自强會의化身을托ᄒᆞ고愛國黨의態度를飾ᄒᆞ던者어날今日聯合은何故오(二)現今當局의禁網이甚密ᄒᆞ야社會의聯合은姑舍ᄒᆞ고個人의偶語도猶難거ᄂᆞᆯ今此兩黨이聯合ᄒᆞ미彼가何等妨害를不加ᄒᆞᆷ은何故오(三)彼日人이此에對ᄒᆞ야嫌疑의態[illegible]ᄒᆞ고歡迎의意를呈ᄒᆞᆷ은何故오」ᄒᆞ야其惑이愈甚ᄒᆞᄂᆞᆫ도다

然이나今日에在ᄒᆞ야此疑慮를打破ᄒᆞ야雲霧를披ᄒᆞ고靑天을睹ᄒᆞᄂᆞᆫ듯世人으로ᄒᆞ야금此兩黨聯合이果然韓國의光彩오韓國의靈福이오韓國의導師라ᄂᆞᆫ徽號를奉呈케ᄒᆞᆯ도兩黨에在ᄒᆞ고抑又歡이變ᄒᆞ야怒를作ᄒᆞ며望이絶ᄒᆞ야憤을起ᄒᆞ고兩手로鬼를即ᄒᆞ며日兩黨은終是韓國의禍胎오韓國의惡魔오韓國의逆賊이라ᄒᆞ게ᄒᆞᆷ도亦兩黨에在ᄒᆞ나니今日兩黨의擔負가엇지重且難치아니ᄒᆞᆫ가

然則如何ᄒᆞ여야兩黨이此擔負의能否에判決을下ᄒᆞᆯ싸日惟今日에其主義를定ᄒᆞᆷ에在ᄒᆞ니라

然則其主義를如何히定ᄒᆞᆷ이可ᄒᆞᆯ싸即一進會主義로定ᄒᆞᆷ이可ᄒᆞᆯ싸大韓協會主義로定ᄒᆞᆷ이可ᄒᆞᆯ싸抑或折衷主義로定ᄒᆞᆷ이可ᄒᆞᆯ싸

(壹)大韓協會主義로定ᄒᆞ면如何ᄒᆞᆯ싸此主義ᄂᆞᆫ即一進會가其面目을少改ᄒᆞ고大韓協會의旗號를共執ᄒᆞᆷ이니其結果를論ᄒᆞ면

(甲)당黨自體에及ᄒᆞᄂᆞᆫ影響은如何ᄒᆞᆯ싸 一進會ᄂᆞᆫ稍變ᄒᆞ고大韓協會가膨脹ᄒᆞᆷ이니라

(乙)國家에及ᄒᆞᄂᆞᆫ影響은如何ᄒᆞᆯ싸 國家의利害ᄂᆞᆫ後日을望ᄒᆞᆯ뿐이니라何故오彼大韓協會가七大綱領을叫ᄒᆞᆫ지已久ᄒᆞ얏스나一場空論에不過ᄒᆞ얏나니今此양黨이聯合ᄒᆞᆷ에도亦一般인所以니라

(二)一進會主義로定ᄒᆞ며如何ᄒᆞᆯ싸 此主義ᄂᆞᆫ即大韓協會가其面目을發變ᄒᆞ고一進會의旗幟을去作ᄒᆞᆷ이니其結果를論ᄒᆞ면

(甲)양黨自體에及ᄒᆞᄂᆞᆫ影響은如何ᄒᆞᆯ싸 一進會ᄂᆞᆫ膨脹ᄒᆞᆯ뿐이오大韓協會ᄂᆞᆫ亡ᄒᆞᆷ이니라

(乙)國家에及ᄒᆞᄂᆞᆫ影響은如何ᄒᆞᆯ싸 國家의速亡을促ᄒᆞᆯ지언뎡國家에利益됨은毫無ᄒᆞ리라何故오(一)該黨의勢力이强大ᄒᆞ야其目的을容易히實行ᄒᆞ며(二)國民의精神氣力이益々銷鑠을致ᄒᆞ며(三)外人이其主義를實行ᄒᆞᆷ에勢力이尤少ᄒᆞᆫ所以니라

(三)折衷主義로定ᄒᆞ면如何ᄒᆞᆯ싸 此主義ᄂᆞᆫ一進會와大韓協會가其性質을調和ᄒᆞ야共腹히徵去ᄒᆞᄂᆞᆫ主義니果然何等의好方法이存ᄒᆞᆫ지도不知커니와만일附外主義로立脚을試ᄒᆞ며政權攫取로心膓을作ᄒᆞ야口로만國利民福을呼ᄒᆞ던亦是亡國의機關됨을不免ᄒᆞᆯ지니其結果를論ᄒᆞ면

(甲)양黨自體에及ᄒᆞᄂᆞᆫ影響은如何ᄒᆞᆯ싸 此ᄂᆞᆫ醫가娼女와愚婦가共謀ᄒᆞ야藥을賣ᄒᆞᆷ과一般이니라

(乙)國家에及ᄒᆞᄂᆞᆫ影響은如何ᄒᆞᆯ싸 此ᄂᆞᆫ一進會主義를取ᄒᆞᆷ과一般이니實害도可想ᄒᆞᆯ바無ᄒᆞ니라

然則今日彼양黨이如何ᄒᆞᆫ主義를取ᄒᆞᆷ이可ᄒᆞᆯ싸日特別主義를立ᄒᆞᆷ이可ᄒᆞ니라 未完

外報

◉示威運動 페렐시의死刑에對ᄒᆞ야示威運動者數萬人은倫敦트라팔갈쓰쿠에아에集ᄒᆞ야激烈ᄒᆞᆫ演說을試ᄒᆞ고社會黨代議士의領袖等은西班牙皇帝ᄂᆞᆫ虐殺者라ᄒᆞ고非難ᄒᆞᆷ을合ᄒᆞ으로以ᄒᆞ야其後西班牙大使館方面과及羅馬天主堂의警官을增派ᄒᆞ야群衆을追散ᄒᆞ얏고又巴里及法國重要都市에도示威運動이起ᄒᆞ으로巴里且各地의西班牙領事館은警護中이라ᄒᆞ더라

◉英廷決心 英國政府에서ᄂᆞᆫ豫算財政案을上院에서否決ᄒᆞᄂᆞᆫ境遇에ᄂᆞᆫ首相아스키쓰씨ᄂᆞᆫ全國與論에訴ᄒᆞ기爲ᄒᆞ야議會의太勢를轉ᄒᆞᆯ手段으로皇帝에게對ᄒᆞ야大抗擊을行ᄒᆞ고上院과對抗ᄒᆞ기로決定ᄒᆞ얏다더라

◉西班牙大衝突 西班牙國議會ᄂᆞᆫ極히不穩ᄒᆞᆫ光景中에再次開會ᄒᆞ얏ᄂᆞᆫ데內閣々員等은共和黨側과大衝突ᄒᆞ얏고共和黨員은페렐시死刑에對ᄒᆞ야反抗ᄒᆞ고現首相마우라시의政策은大攻擊을被ᄒᆞ얏ᄂᆞᆫ데同國政治上의危機가將迫ᄒᆞ다더라

◉土國政府失敗 土耳其國의알바니아討伐이失敗ᄒᆞᆫ結果로기가親王은알바니아에自治權을設定ᄒᆞᆯ意見으로써各國政府의意向을探知ᄒᆞᆫ다더라

◉張시銅像 北京電을據ᄒᆞᆫ즉 張文襄公(之洞)生前의功勞를追憶ᄒᆞ기爲ᄒᆞ야學部大臣其他諸人이發起ᄒᆞ야銅像을建設ᄒᆞ기로企圖ᄒᆞᄂᆞᆫ데각大臣들도賛成ᄒᆞᄂᆞᆫ者ㅣ多ᄒᆞ다더라

◉木요島武備 伯林電을據ᄒᆞᆫ즉 濠洲師知會議에서木요島[illegible]諸官은木요島의武備가必要ᄒᆞᆷ을論ᄒᆞ며日本移民이[illegible]을恐怖ᄒᆞᆫ다더라

◉크시後任 紐育電을據ᄒᆞᆫ즉 駐淸美國公使크레인씨ᄂᆞᆫ赴任ᄒᆞ기前에辭職되얏ᄂᆞᆫ데其後任은큐바島知事안피에씨가任命되리라더라

◉斷髮決行 北京電을據ᄒᆞᆫ즉 淸國은西太后御大葬后에官吏軍人學生巡警의斷髮을決行ᄒᆞ기로決定ᄒᆞ얏다더라

◉太后柩奉移 全電을據ᄒᆞᆫ즉 故太皇后의柩ᄂᆞᆫ來月九日에北京을發ᄒᆞ야[illegible]二日에普陀山谷[illegible]에奉移ᄒᆞᆫ다더라

◉列國海軍費 來年度의列强海軍豫算은如左ᄒᆞ니

英國은 二億五千百四십二萬七千餘圜
德國은 一億九千五百八십三萬餘圜
美國은 一億二千七百七십八萬餘圜
法國은 一億三千八百五十三萬餘圜
露國은 一億〇〇貳拾八萬餘圜
日本은 八千九拾四萬八千八百餘圜
伊國은 六千七百五십五萬餘圜

學界

◉三山運動 城北洞三山義塾에서ᄂᆞᆫ來日曜日에東小門外三仙坪에서秋期運動을設行ᄒᆞᆫ다더라

詞藻

◉合則成 觀瀾生

적고적은티끌이나、한데모혀 山이되고。
가ᄂᆞᆫ물결흘너가서、한데합히 바다된다。
이러툿、二千萬人團合ᄒᆞ면、何事不成。

雜報

◎御還親臨 三昨日韓國 皇太子殿下 千秋慶節에日本天皇及皇后陛下께셔宮內大臣을派送ᄒᆞ야親駕ᄒᆞ야祝辭와酒品을贈進ᄒᆞᆫᄃᆡ此에對ᄒᆞ야韓國 大皇帝陛下께옵셔再昨日에 御謝電을被ᄒᆞ셧다더라

◎兩殿下下賜 韓國 太皇帝皇后 陛下께옵셔 曾彌統監의夫人照子에게織物兩卷과仙爐貳個를 下賜ᄒᆞ옵셧다더라

◎兩相任免 度支部太臣任善準씨가免任ᄒᆞᆫ代에法部大臣高永喜氏가轉任ᄒᆞ고法部大臣李載崑氏가免任ᄒᆞᆫ代에前判書李容稙氏가被任되야昨日上午十一時에親任式을擧行ᄒᆞ얏다더라

◎內閣更迭說 度支部大臣學部大臣이更迭됨은別項과如ᄒᆞ거니와總理大臣도將次遞任되고其代에內大臣宋秉畯氏가轉任ᄒᆞ며其代에ᄂᆞᆫ錦陵尉朴泳孝氏가被任ᄒᆞ기로內定되얏다ᄂᆞᆫ說이播傳ᄒᆞ다더라

◎法部署理 法部廢止ᄒᆞᆫ後法部大臣事務ᄂᆞᆫ新任度支部大臣高永喜氏가臨時署理를被命ᄒᆞ얏다더라

◎醫院官制改定 選任된任善準씨의建議ᄒᆞᆫ바ᄂᆞᆫ依例히中樞院顧問으로轉任ᄒᆞᆯ터인ᄃᆡ顧問의窠가狹窄ᄒᆞ므로中樞院官制를多少改正ᄒᆞᆫ다더라

◎預算增加 中樞院顧問의窠數를將次增加ᄒᆞᆯ터인고로該院明年度預算도隨而增額된다ᄂᆞᆫᄃᆡ每任善準李載崑량시의年俸은各二千圜이라더라

◎照子出發 旣報와如히昨日上午九時에統監夫人曾彌照子가韓國兩途에就ᄒᆞ얏ᄂᆞᆫ데各大臣과內外國高等官들이南門外停車場에齊集餞別ᄒᆞ얏다더라

◎兩君南行 本日에完興君李載冕永宣君李埈鎔兩氏가鐵山部에在ᄒᆞᆫ興延君墓에省楸行을作ᄒᆞᆫᄃᆡ宮內府에셔京城駐箚日憲兵大將에게通牒ᄒᆞ야憲兵二名을派送保護ᄒᆞ라ᄒᆞ얏다더라

◎是非風說 日本에滯在ᄒᆞᆫ宋秉畯氏ᄂᆞᆫ來二拾七日內로歸國ᄒᆞᆫ다ᄂᆞᆫ說이有ᄒᆞ다더라

◎日將駁論 南路洲駐在日軍將官豐田은再昨日上午九時에各觀偵人及憲兵을會同ᄒᆞ야韓語에不通ᄒᆞᆫ자ᄂᆞᆫ探偵에除援ᄒᆞᆯ事를駁論ᄒᆞ얏다더라

◎倉庫決議 度支部에셔設置倉庫를設立ᄒᆞᆫ後旣設ᄒᆞ얏거니와今番財務局長會議에該倉庫新設ᄒᆞᆯ事를決議ᄒᆞ얏ᄂᆞᆫᄃᆡ設置倉庫의數ᄂᆞᆫ一箇ᄂᆞᆫ爲先仁川에試驗的으로設立에着手ᄒᆞ며倉庫의經費ᄂᆞᆫ政府가相當ᄒᆞᆫ補助金을與ᄒᆞ기로ᄒᆞ얏다더라

◎吳氏轉任 內部警務局主事吳錫裕시가警務部로轉任ᄒᆞᆫ事에關ᄒᆞ야該局官吏들이今日下午六時에送別宴을開催ᄒᆞᆫ다더라

◎潤島官吏撤還 間島에셔韓島에領事館이設ᄒᆞᆫ同時에韓國內部에셔派遣ᄒᆞᆫ觀察部主事等은并撤還된다더라

◎警署增設 十一月一日부터增設ᄒᆞᆫ貳십個所警察署ᄂᆞᆫ其任署가如左ᄒᆞ니
京畿道에安城江華漣川이오
忠淸南道에瑞山天安이오
全羅南道에海南이오
慶尙南道에河東密陽金海오
慶尙北道에金泉義城永川이오
江原道에鐵原通川平昌이오
咸鏡兩道에甲山이오
黃海道에瓮津黃州오
平安北道에宣川이라더라

◎地方豫算認可 平安北道本年度地方費豫算貳萬圜과京畿道本年度豫算壹萬九千圜이認可되얏다더라

◎越權不許 京畿觀察使金思黙씨가江原道鐵原寶盖山深源寺香炭基址를漣川郡境으로移屬ᄒᆞᆫ事로訓令을發ᄒᆞ엿더니內部에셔該觀察使의게訓飭ᄒᆞ되此ᄂᆞᆫ越權의事이니移屬訓令을撤消ᄒᆞ라ᄒᆞ얏다더라

◎平波發程 內部府郡課長平渡信은水原觀察道會計事務를調査ᄒᆞ기爲ᄒᆞ야再昨日에自京發向ᄒᆞ얏다더라

◎三宅南行 農商工部事務官三宅眞太郞은最近衛施行準備로觀察키爲ᄒᆞ야日間慶尙南北道로出發ᄒᆞᆫ다더라

◎因何罷官 隆陵參奉李命鵬柱시가永懷園參奉으로轉任ᄒᆞᆫ지數朔에壹不入直ᄒᆞᆷ으로罷免되얏다더라

◎學部勸告 學部에셔禮院에셔醫氏의解職ᄒᆞ기를勸告ᄒᆞ얏다더라

◎銀行引繼 第一銀行에셔韓國銀行에引繼ᄒᆞᆫ財産의整理ᄂᆞᆫ既히終了ᄒᆞᆫ바ᄂᆞᆫ데引繼의期日은拾壹月二十一日(日曜日)二十二日二十三日로定ᄒᆞ고釜山을除ᄒᆞᆫ外에本支店出張所도同日引繼되고引繼ᄒᆞᆫ時ᄂᆞᆫ財務監督局度支部高等官監督局事務官이立會ᄒᆞᆫ다더라

◎韓銀宴會 韓國銀行仁川支店長韓相鳳氏ᄂᆞᆫ昨日下午七時에各社會代表人을明月館으로請邀宴待ᄒᆞ얏다더라

◎韓牛品評 日本鹿兒島에셔來十壹月拾九日부터第二回鹿兒島畜産共進會를開催ᄒᆞᆫ다ᄂᆞᆫᄃᆡ農商工部에셔ᄂᆞᆫ韓國畜牛를出品코자ᄒᆞ야目下商議中이라더라

◎韓牛需要 韓國輸出貿易上에重要物産되ᄂᆞᆫ畜牛가日本에셔分布되ᄂᆞᆫ地方은從來에九州四國等地인ᄃᆡ將來에ᄂᆞᆫ關東諸地方에도其需要가頗多ᄒᆞ리라더라

◎何不知悛 京城孤兒院에셔再昨日下午貳時頃에該院서等幾人이會同ᄒᆞ야新任院監리春根씨選出ᄒᆞᆫ事項을協議ᄒᆞ얏다더라

◎運動何益 監獄署에多月滯囚ᄒᆞᆫ尹始炳氏ᄂᆞᆫ無罪得放ᄒᆞ라고某處에運動ᄒᆞᆫ다ᄂᆞᆫ說이有ᄒᆞ다더라

◎食姓頗好 滯囚ᄒᆞᆫ姜錫鎬氏를無罪放出ᄒᆞ기로警務官李完爾氏가運動ᄒᆞᆫ다ᄂᆞᆫ報에已揭이나와始興振威等地에在ᄒᆞᆫ姜氏田畓을李氏家에셔送人秋收ᄒᆞᆫ다더라

◎降雹被害 平北宣川郡台山面古府國地方에ᄂᆞᆫ去月三日에雨雹이降하야農作被害가不少ᄒᆞ다더라

◎義將募兵說 兩關居리長春시가報恩俗離山을根據地로作ᄒᆞ고部下兵八십餘名을領率ᄒᆞ고該兩道에橫行ᄒᆞ며義兵을募集ᄒᆞᆫ다더라

◎捉捕訓探 抱川郡에셔擴行ᄒᆞ던義兵將趙某시가上原逗留ᄒᆞᆫ다ᄂᆞᆫ說이有ᄒᆞᆷ으로警視廳에셔現今訓探中이라더라

◎義將被捉 義兵將卢台善氏가上京逗留ᄒᆞ다가日前에日憲兵에게被捉ᄒᆞ얏다더라

◎李氏再捕 警視廳에被捉ᄒᆞ얏다가保放된前參判李範晉시ᄂᆞᆫ更히警視廳案件이有ᄒᆞ다ᄒᆞ야再次地方裁判所에셔中部警察署로還押ᄒᆞ고從速招待ᄒᆞ라ᄒᆞ얏다더라

◎欲圖逃緣 通津郡居沈壽汝氏가陰八月分에仝郡瑞島山監督文致明시에게金貨二千圜을借與ᄒᆞ고該金額ᄒᆞᆫ시의田庄劵書類帖을典執ᄒᆞ얏다가秋收時에情跡이現露ᄒᆞ야沈시ᄂᆞᆫ該監을捉ᄒᆞ얏다더라

◎呈訴得放 公貨欠逋로警視廳에被捉ᄒᆞ얏던時治道시ᄂᆞᆫ田畓文券을提納ᄒᆞ고日昨蒙放ᄒᆞ얏다더라

◎兩犯處役 强盜犯吳永云과奸犯人尤가량人은日昨地方裁判所에셔役拾年으로宣告ᄒᆞ얏다더라

◎賊患猶有 賊漢幾名이再昨夜에徐相鉉씨私邸에潛入ᄒᆞ야兒皮와其他什物幾十圜價値를竊取以去ᄒᆞ얏다더라

◎擲球傳報 去日曜日午後三時에訓練院에셔靑年會運動部와大韓醫學部가會同ᄒᆞ야第二回擲球競爭을ᄒᆞᆫ은已報어니와靑年會運動部에셔勝点을得ᄒᆞ얏다더라

◎盜犯被捉 盜賊漢爲名人이何等於音紙를僞造ᄒᆞᆫ事가有ᄒᆞ다ᄒᆞ야中部警署에被捉取調中이라더라

◎大同教演說 大同教에셔來廿四日上午十一時에磚洞普成學校內에演說會를開ᄒᆞ고金源極시ᄂᆞᆫ孔子의聖之時라ᄂᆞᆫ問題로元泳義시ᄂᆞᆫ儒敎ᄂᆞᆫ人道의本領이란問題로演說ᄒᆞᆯ터인ᄃᆡ教外人이라도紳士가多數來聽ᄒᆞ기를希望ᄒᆞᆫ다더라

◎姜犯覆審 御璽僞造犯姜尙顯을再昨日에地方裁判所에셔覆審査ᄒᆞ고監獄署에還囚ᄒᆞ얏다더라

◎先後何關 進入論당會에셔本日獨立館에演說ᄒᆞᆫ事件으로新聞에廣告를揭載ᄒᆞᆯ時에大韓協會에셔ᄂᆞᆫ該會名을先揭ᄒᆞ고져ᄒᆞ고靑年會에셔ᄂᆞᆫ進會名을先揭코져ᄒᆞ야兩會員間에시가相詰難ᄒᆞ얏다더라

◎國安被捉 安仁國安泰俊兩人이曾成館도博物館子를多數히竊取放賣ᄒᆞᆫ지라情跡이綻露ᄒᆞ야所管警察署에被捉ᄒᆞ얏다더라

◎其價也鉅 大韓協會基本金二萬圜中八千圜은政界中有力者幾人이吸喫ᄒᆞ고猶爲不足ᄒᆞ야更히西日을換出ᄒᆞ야廿萬圜을運動費로ᄒᆞᆫ디孔子敎價値ᄂᆞᆫ다고世人의批評이有ᄒᆞ다더라

◎太極講研 太極教宗本部臨時事務所에셔來日曜日下午에点에講研會를開ᄒᆞ고道不遠人人之爲道而遠人不可以爲道라ᄂᆞᆫ問題로講演ᄒᆞᆫᄃᆡ會君子가多數來參ᄒᆞ기를希望ᄒᆞᆫ다더라

◎嬌兩親睦 來一拾四日下午二時에嬌兩學生親睦會에셔定時總會를嬌洞教育會館內에開ᄒᆞ고會務를處理ᄒᆞᆫ다더라

○東京電報○

◎韓鐵所管 日本에셔ᄂᆞᆫ韓國鐵道ᄂᆞᆫ鐵道院所管으로ᄒᆞ야特別會計로經營ᄒᆞ고補助金을交付ᄒᆞᆫ다ᄒᆞ며更히韓國에셔經理局을設ᄒᆞ기로決定ᄒᆞ얏다더라

◎湖南京元線總豫算 日本에셔ᄂᆞᆫ湖南京元兩線의敷設費ᄂᆞᆫ三千七百萬圜으로定ᄒᆞ고來年度에ᄂᆞᆫ三百萬圜을支出ᄒᆞᄂᆞᆫ中百五十萬圓은京義線改修費라더라

◎露軍備大擴張 露國은歐洲各國의增加를實行中인ᄃᆡ更히海軍도本年度에ᄂᆞᆫ億貳千八萬八千三百十圓의巨額을支出ᄒᆞ고明年度에ᄂᆞᆫ內債餘萬圜으로豫算ᄒᆞ얏고要塞築港에至ᄒᆞ기를注ᄒᆞᄂᆞᆫ露國의軍備擴張은只今極點에達ᄒᆞ얏다고推察ᄒᆞ더라

◎日度大將更 日本桂首相은度大臣의兼任을辭ᄒᆞ고其後任은阪谷男이任命된다더라

以上二十二日發

蝙鼠相詰 啞俗生

▲仁川港口群鼠輩가乘時勢力逞猖ᄒᆞ야百般惡行을ᄒᆞ다가兇猛ᄒᆞ가發生ᄒᆞ매滅族ᄒᆞ야亡命ᄒᆞ여漢城으로避ᄒᆞ야漢城內에蒼蝙輩난驅逐令에쫏겨나셔오다가ᄯᅩ만나ᄂᆞᆫ其歷史評論ᄒᆞᆷ제그談話가可笑로다

▲(蝠)可憎ᄒᆞ다너의鼠族즁도적절手段나셔虎假虎威甘作ᄒᆞ여自鑑人種ᄒᆞ다가國殺令에남은목숨苟苟亡命可憐ᄒᆞ나酷ᄒᆞᆫ사네의身世어너곳에容身ᄒᆞᆯ까

▲(鼠)네歷史를이여보니換殺令이싸따ᄒᆞᆫ은네行事를작시면賣人則明可笑롭다遼奧晉管다니면서生命機關남의食物廉恥업시씰어먹고刻剝人民살자가虎列剌에揚揚ᄒᆞ여徽菌虫을引導ᄒᆞ여流染全國ᄒᆞ떠다가驅逐令에魂飛魄散ᄒᆞ얏기도ᄯᅡ에업ᄯᅡ네罪惡ᄒᆞ勸惑차만琉璃獄이맛당ᄒᆞ다

▲(蝠)왜이ᄉᆞᆺᄉᆞᆺ네말잠간들어보니네行爲나니行事나同功異體되엿스니出人噬嚙兇ᄒᆞᆫ소나ᄒᆞ虫밧미悔悟ᄒᆞ여罪惡事ᄯᅥ머미고將功贖罪ᄒᆞ여보세

▲(鼠)찌작ᄉᆞᆺ찌ㅣ찌됴홀시ᄒᆞ네말씨로

廣告

本敎에서 本月貳십四日日요上午十壹時에演說會를磚洞普成학校內에設ᄒᆞ오니社會僉彦은屆期來臨ᄒᆞ시옴

演題 演士

孔子ᄂᆞᆫ聖之時 金源極

儒敎ᄂᆞᆫ人道의本領 元泳義

大同敎와今日 鄭원九

大同敎 告白

本月拾八日에京城寺동留ᄒᆞᄂᆞᆫ金聚壹의書函을接見ᄒᆞ즉內紙에金昌培라所去札壹度가同封이라辭意ᄂᆞᆫ土地文券與執相關이라ᄒᆞ며其委任代表與券人의金昌培라ᄒᆞᆫ故로與金昌培로質卞則隆熙三年壹月二拾壹日의自己가行ᄒᆞᆫ事요無關於本人父子요昌培도非本人之子名이오文券도僞造라ᄒᆞ나世或有橫罹之患故로玆에廣告ᄒᆞ오니內外國人은照亮ᄒᆞᆷ

慶南金海郡右部面沓谷里 金用汝 告白

本人의高祖首祖兩代山坂이在於水原郡喬洞面梅灘里와龍仁郡谷面內西斤川이온바本人이辛丑年分에松楸宗孫석珪의價當錢八千五百兩에買來而恐其重濯ᄒᆞ야依舊守護이온바山下居支孫輩積이가包不測之心ᄒᆞ고行不法之事ᄒᆞ야晴自斥賣코ᄌᆞ오니內外國人은切勿見欺ᄒᆞ심을伏望

李承殷 告白

北部僕[illegible]坊仁洞壹統五戶鄭裕準瓦家六間板刻文券을光武七年分에서失故로廣告ᄒᆞ오니內外國人간拾得ᄒᆞ와도休紙施行ᄒᆞᆷ

鄭敬謙 告白

◎학員募集廣告

本所에셔農林兩科를分設ᄒᆞ고夜學員을募集ᄒᆞ오니有志僉員은來議ᄒᆞ시옴

農科

農學大意 蚕業大要 作蚕學 果樹栽培論 家畜학 獸의學 土壤학 肥料學

林科

森林學 植物학 果樹栽培論 土壤學 肥料학 商業簿記 會計簿記 日語

卒業期限 壹個年

試驗日字 拾月貳십五日（陰九月拾貳日）

試驗科目 作文 算術

開學日字 拾月貳拾七日（陰九月十四日）

但實習은春節

中部磚洞興士團內

隆興農林講習所

隆熙三年壹月貳十壹日에金昌培土地僞造文券을執奪於京居申某處時의金錢인바本人의自己學요昌培ᄂᆞᆫ虛名인즉勿用汝父ᄒᆞᄂᆞᆫ初無相關故로玆에廣告內外國人은照亮ᄒᆞᆷ

慶南金海郡左部面府蹄里留 金昌培 告白

一進會와**大韓協會**兩會가本月二十三日(土요)下午一時에西門外**獨立舘**(國民演說臺)에서**演說會**를開ᄒᆞ고官民人士의傍聽을許ᄒᆞᆷ

演題

兩會聯結의主旨

國利民福의前途

國民一致의勢力

人心團結은國家의要素

演士

尹孝定

韓錫振

鄭雲復

劉載漢

一進會

大韓協會 告白

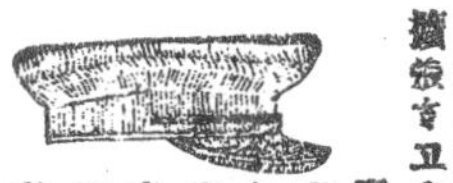

業務大擴張廣告

同胞의愛護하심으로弊所事業이日就月盛ᄒᆞ옵기로業務를大擴張ᄒᆞ고左開各種을製造ᄒᆞ오니僉前來購ᄒᆞ심을爲望

特甲號帽子 金五拾錢

特乙號帽子 金四十五錢

壹三合絲製襪 金二十錢

壹仝 短襪 金拾八錢

壹男女學生衣及普通衣次

行官公私立學校徽章製造

壹韓國染織但論人放價

紬緞木布毛織染色及洗染

外方에셔請求ᄒᆞ시면小包郵便으로送達圖ᄒᆞ깃ᄉᆞᆸ

京城宗廟越便

中谷染織工所主金德昌 告白

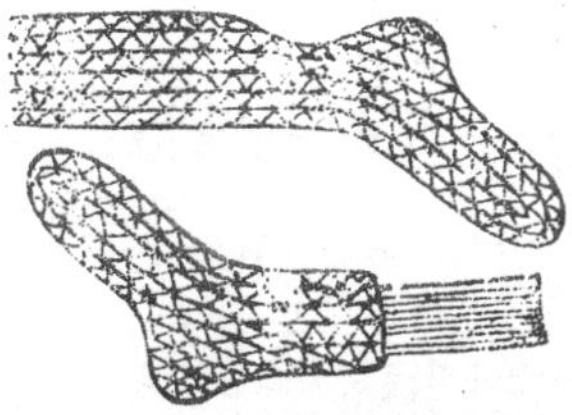

和平堂藥房

藥商의게도持藏大賣ᄒᆞᆷ

健胃消滯 回生水

起死回生 蘇生丹

麝香消瘡丹

胎養調經丸

陰陽雙補 滋陽丸

阿片斷引藥

速去根株 全治丸

鎭咳散

[illegible]散

殺蟲藥

蛔滅散

[illegible]水

[illegible]

其他有名賣藥

遠地에

◎[illegible]製止痛藥

此藥은藥學에有名ᄒᆞᆫ의학博士가[illegible]ᄒᆞᆫ[illegible]이라左開諸症에使用ᄒᆞ면不立效인바

吐瀉 [illegible] 轉筋下痢等流行急症에尤爲神效ᄒᆞ와多數生命

預防코ᄌᆞᄒᆞ시ᄂᆞᆫ이ᄂᆞᆫ速速來購ᄒᆞ시면

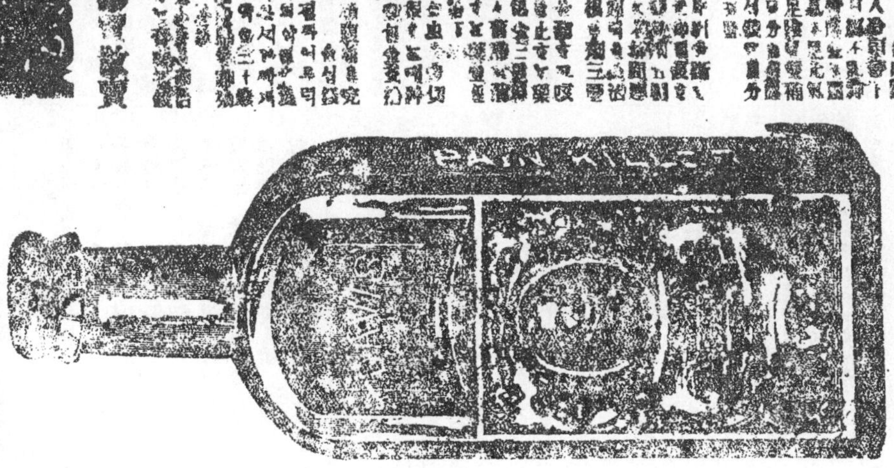

左開

▲內科所用▼

胃酸 吐瀉 咳嗽 肚痛 心痛 肝病 胃熱 口內之疾 咳嗽 小兒吐瀉 抽筋 虐疾 頭痛 胃氣痛 四[illegible]傷寒 [illegible]痒 鼻口[illegible] [illegible]病 [illegible] 氣管病 霍亂 [illegible] 食[illegible] 不消化 疹子 傷寒 吐痢 [illegible] [illegible] 四[illegible]痛 [illegible]頭吐瀉

▲外科所用▼

[illegible] [illegible] 跌打損傷 [illegible] [illegible] 痧瘡 [illegible] [illegible] [illegible]

發賣所 [illegible]藥業株式會社事務所

廣告

本商會에셔捲煙을製造ᄒᆞ온바東萊에有名産出ᄒᆞᆫ葉草로衛生에注意ᄒᆞ고品質도良善ᄒᆞ게江華와京鄕間에貴人紳士ᄭᅴ可供ᄒᆞ기爲ᄒᆞ야發賣이오며니大幸이僉君子ᄭᅴ셔上煙으로認證ᄒᆞ셔ᄂᆞᆫ好評大譽를蒙ᄒᆞ와今에發賣를大擴張ᄒᆞ고雙層研製ᄒᆞ엿사오니陸續來購ᄒᆞ심을望ᄒᆞᆷ

大韓京城鐵物橋三拾七統九戶

江華商會　告白

本館에셔壹般任員을改差後에事務를更加擴張ᄒᆞ옵고書籍五萬以上에特別割引ᄒᆞᆯ터이오니僉君子ᄂᆞᆫ陸續請求ᄒᆞ시옵測量機具와學徒用品各種도具備ᄒᆞ얏숨

平壤鍾路　太極書館

館主　李昇薰

主任　宋鎭逵

事務　金根澄

敬啓者本館을開刊有年에其論說의正確ᄒᆞᆷ과報道의迅速이無比ᄒᆞ야淸國海外同志士의歡迎ᄒᆞ오며購覽이日漸ᄒᆞ야大陸覽ᄒᆞ오나僉士가有ᄒᆞ온바今에更히江湖上國民聯자의紹介ᄒᆞ기爲ᄒᆞ야本館發賣所在處及報價를左開廣佈ᄒᆞ오니閱覽諸씨ᄂᆞᆫ速速히左開에照ᄒᆞ야請求ᄒᆞ시옵

本館所在地　哈爾濱瓦牙街

報價壹個月先給　俄貨壹角

全　三個月先給　俄貨貳角

但報價ᄂᆞᆫ先給을要흠

遠東報館　告白

坊 南大門內 濟生堂大藥房本鋪

藥은到處特賣大賣홈

隆熙元年에韓國博覽會에서賞牌

消化 新葯 清心保命丹

陸軍軍醫官金守鉉君이發明ᄒᆞᆫ方劑

陸軍軍醫官張□□君이有效證明

行所 京城南大門內 濟生堂大藥房

(米國製丸藥匣添付)(三貼分入)

(定價金二十五錢)

(四貼九十粒入定價金外刊)

此藥은全國到處마다隨處販賣홈

蔘茸大補元 大補元氣ᄒᆞ고滋腎健脾之劑 壹劑分金壹圓

蛔積殺虫散 蛔虫을切去ᄒᆞᄂᆞᆫ根之妙藥 壹日分十錢

起死回生 回生丹 急症吐瀉腹痛에速效 金十錢

消滯大通丸 新久積滯之妙劑 二日分十五錢

感寒解熱散 諸般感氣와似瘧非瘧에并效 壹日分十錢

寸白去虫殺虫藥 寸虫을驅去之妙藥 壹人用廿錢

去陳生新 沃度膏 瘡腫과其他를去陳生新也 金十錢

티눈拔根藥 티눈과마기에速效 壹人用十전

保嬰散 小兒驚氣鬱悶에神效 金五圜

靈效散 小兒感氣腹痛挾食傷寒에并效 금십錢

其他有名賣藥洋藥各種都賣散賣

地方小包로信送홈

◉共愛堂大藥房製造各種藥品發行表

壯陽復元丹 專治腎虛陽痿不起遺精多夢病後虛弱肢體頭痛 壹週分金壹圓 入週分大圓各十錢

靈丹 良藥消化 滯症中暑中寒 壹貼金拾錢

淸眼水 眼科聖藥 眼疾熱紅痒 壹瓶拾錢

淸耳液 濃液流出灼熱疼痛너外聽道炎 壹瓶金십錢

淸脾丸 頭痛神藥 脾胃面黃尿 三日分十五錢

解瘧至寶丸 각疾瘧 壹貼십錢

消熱散 感冒特效 傷寒肢節寒熱 壹貼금십錢

通淋丸 五淋專治 淋疾赤白帶下 壹週分五십錢

小兒濟命散 간氣驚風便秘 壹貼금십錢

靈効液 皮膚聖藥 疥癬(옴)皮膚病 壹瓶금廿錢

疾痢散 壹般痢疾并治 壹貼금拾錢

養胃散 久滯神效 消積吞酸吐瀉下利 二日分삼五錢

止瀉丸 泄瀉吐瀉腹痛 壹貼金십五錢

治痰鎭咳丸 大人咳嗽담結 三日分三十錢

蛔積散 壹切蛔積腹痛 一貼금십錢

能治齒痛水 中風齒神効 금七錢五厘

解凝膏 소아명울억드 金十錢

家庭救急方

前外學校敎官　朴容爾

全壹冊　定價金三拾錢

電氣帶發賣所　皇城南部太廣橋十九統七戶

共愛堂藥房　各處支店特約所

學部檢定 內部認可

初等大東歷史 全

定價金三十錢

學部檢定 內部認可

初等修身 全

定價金二十五錢

朴晶東 著　金泰玉 發行

發行所 南部上犁洞十九統九戶 同文社

發賣所 京鄕各有名書舖

社告

○申報價

壹號代金　新貨貳錢五厘

壹個月　三拾錢

參個月　九拾錢

陸個月　先納　壹圓七拾錢

壹個年　先納　參圓四拾錢

郵稅壹張　新貨五厘

壹個月　拾參錢

○廣告料

四號活字拾參字詰

每日英尺壹寸에(自壹行至四行이爲壹寸)　新貨廿五錢

貳週日壹寸에　貳圜五拾錢

壹個月壹寸에　五圜

其期限의長短과字行의多寡를從ᄒᆞ야增減홈이有홈

◉大韓每日申報各處支社廣告

平安道

平壤鍾路太極書館　安泰國

三和港牌石洞敎家　崔亨道

義州南門外韓西大藥房　有寬

鐵山邑東部　安□

東萊館同志　金明翰

定州南門內　洪成鶴

博川郡邑　金鎭鶴

安州城內　金鎭河

京義線枇杷驛前　崔淑元

龍川市　黃瑞保

龍川남市　崔錫鎬

朔州邑남門外　宋伯□

泰川邑館前洋약局　리正參

寧邊郡內紅門里　鄭德昇

江西邑內　金昌鎭

順川郡　羅裕□

寧邊邑　申基□

江界邑耶蘇敎會　김□□

郭山郡니新街　金大鉉

黃海道

價川郡邑內　□□□

載寧邑西學洞　王□□

長淵郡邑面上里　梁尤□

海州남門內書舖　朴□□

安岳邑石面　金文□

長淵邑校洞西北支學會內　□東元

殷栗邑倉前里　金□□

信川邑西里　□悌□

載寧邑乾材局　□□□

白川邑文明舘　□□□

咸鏡道

沙里院活民勞動夜學會任敎室　□□□

咸興州邑西門外　曹□□

元山港創業社內　□南正杰

定平郡　□□□

洪原西門內保合局　□□□

永興驛山前漢明學校內　梁元□

鏡城羅南新興里　南宮□

清津港新岩동　□元浩

全羅道

全州水流亭　□□□

木浦항　□得□

京畿道

仁川寺洞新□　□東□

開城남大門內興學書舖　□□□

江華邑川□　金□□

忠청道

□城廣川小□동　□□□

□삼下　□□

慶尙道

大邱서門外友弦書舖　□正□

釜山港佐川약局　徐□□

江原道

□城邑內新城里　曾□元

□原邑□동　□□

□珍遠남面□花里　朱□□

北墾島

龍井村耶蘇敎堂內　□□□

第七卷

大韓每日申報

第千貳百卅八號

月曜日及慶節休刊

檀君開國四千二百四十二年
箕子元年三千三十一年
大韓開國五百十八年
日本明治四十二年
淸國宣統元年
己酉九月十一日丁巳

Responsible for Publication Alfred Weekley Marnham.
發行兼編輯人 英國人 萬咸
發行所 大韓每日申報社

論說

◉兩黨聯合에對ᄒᆞ야 (續)

特別主義ᄂᆞᆫ何오

曰第(壹)眞正ᄒᆞᆫ政黨으로自任ᄒᆞᆷ이라 만일眞正ᄒᆞᆫ政黨이되지못ᄒᆞ고政權爭奪의目的으로黨을集ᄒᆞ거나名利攫得의目的으로黨을樹ᄒᆞ야其眼에公益은無ᄒᆞ고私益만有ᄒᆞ며其腦에國家ᄂᆞᆫ無ᄒᆞ고黨與만有ᄒᆞ면엇지可ᄒᆞ리오只今韓國에往々政黨二字를誤解ᄒᆞ야實國心으로團成ᄒᆞᆫ社會도曰政黨이라ᄒᆞ며仕宦熱로集會ᄒᆞᆫ社會도曰政黨이라ᄒᆞ며又何等主見이無ᄒᆞ고木石의權又저衆ᄒᆞᆫ社會도曰政黨이라ᄒᆞ나니嗚呼라此가엇지政黨인가故로眞正ᄒᆞᆫ政黨으로自任ᄒᆞ야國家의輿論을代表ᄒᆞ며國家의精神을發揮ᄒᆞ여야可ᄒᆞ고

第(二)眞正ᄒᆞᆫ愛國心을發揮ᄒᆞᆷ이라 眞正ᄒᆞᆫ政黨으로自任ᄒᆞᆯ지라도眞正ᄒᆞᆫ愛國心이아니면不可ᄒᆞ나니試思ᄒᆞ라만일口로ᄂᆞᆫ國家々々ᄒᆞ면서心으로ᄂᆞᆫ大臣觀樂을夢ᄒᆞ며筆로ᄂᆞᆫ國家々々ᄒᆞ면서腕으로ᄂᆞᆫ名譽利慾을獲ᄒᆞ랴면엇지可ᄒᆞ리오只今韓國에往々假愛國心을抱ᄒᆞᆫ者ㅣ有ᄒᆞ야愛國者의面目을戴ᄒᆞ고亡國者의手脚을弄코ᄌᆞᄒᆞ나니嗚呼라此가엇지愛國心이리오故로眞正ᄒᆞᆫ愛國心을發揮ᄒᆞ야幾ᄒᆞ야도愛國心을不忘ᄒᆞ며食ᄒᆞ야도愛國心을不忘ᄒᆞ며生ᄒᆞ면力으로愛國心을發揮ᄒᆞ며死ᄒᆞ면魂으로愛國心을保ᄒᆞ야國家의魔가有ᄒᆞ면氣를竭ᄒᆞ야擊退ᄒᆞ고國家의光이有ᄒᆞ면血을灑ᄒᆞ야歡迎ᄒᆞ여야可ᄒᆞ고

第(三)眞正ᄒᆞᆫ經國方法을發現ᄒᆞᆷ이라 眞正ᄒᆞᆫ政黨이되야眞正ᄒᆞᆫ愛國心이有ᄒᆞ며라도眞正ᄒᆞᆫ經國方法이아니면不可ᄒᆞ나니試思ᄒᆞ라虛名을將ᄒᆞ야經國方法을徒飾ᄒᆞ거나痴計를將ᄒᆞ야經國方法을誤行ᄒᆞ면엇지可ᄒᆞ리오只今韓國에往々經國方法을虛飾又誤解ᄒᆞᆫ者ㅣ有ᄒᆞ야或空殼의言論을藉ᄒᆞ야經國方法을作코ᄌᆞᄒᆞ며或敵人의羈絆을甘ᄒᆞ야經國方法을作코ᄌᆞᄒᆞ나니此ᄂᆞᆫ誤路가아니면痴想이라此가엇지經國方法이리오故로眞正ᄒᆞᆫ經國方法을奮興ᄒᆞ야刀劍이來ᄒᆞ야도其方法을奮興ᄒᆞ며鼎鑊이來ᄒᆞ야도其方法을奮興ᄒᆞ며如何ᄒᆞᆫ苦痛、煩悶、危險이有ᄒᆞ야도其方法을奮興ᄒᆞ야國民의大活動을準備ᄒᆞᆯ이可ᄒᆞ니라

果然兩黨에以上三段으로主義를定ᄒᆞ면其前途를庶可能ᄒᆞᆯ진더

嗚呼一進會여嗚呼大韓協會여諸君의責任이今日로始ᄒᆞ야誰ᄒᆞ며諸君의目的이今日로始ᄒᆞ야何ᄒᆞ나니諸君은果然何主義를取코ᄌᆞᄒᆞᄂᆞᆫ가

吾儕ᄂᆞᆫ諸君을愛ᄒᆞ며諸君을愛ᄒᆞ노라

或諸君이曰此ᄂᆞᆫ吾輩의已消盡ᄒᆞᆫ바라子의是言이中學生에게小學讀本을敎ᄒᆞᆷ이아닌가ᄒᆞᆯ지나吾儕ᄂᆞᆫ誠心으로諸君에게此를望ᄒᆞᆯ뿐이며

又或諸君이曰果然子言과如ᄒᆞᆯ진ᄃᆡ此時局에在ᄒᆞ야實行을不得ᄒᆞᆯ지니無用의오論이아닌가ᄒᆞᆯ지나君如是ᄒᆞ면도리혀不聯合만不如ᄒᆞ며不聯合만不如ᄒᆞᆯ뿐아니라各自解散ᄒᆞᆷ만不如ᄒᆞᆯ지며

又或諸君이曰能히子言과如히實行치못ᄒᆞᆯ지라도國民統一이엇지可賀ᄒᆞᆯ者ㅣ아닌가ᄒᆞᆯ지나此ᄂᆞᆫ決코不然ᄒᆞ니國民이統一ᄒᆞ야國魂을擁護ᄒᆞ며國光을闡顯ᄒᆞ면其統一을可賀어니와만일國民이統一ᄒᆞ야魔窟로幷入ᄒᆞ면何를可賀ᄒᆞ리오可賀ᄂᆞᆫ姑舍ᄒᆞ고可弔ᄒᆞᆯ지니라

嗚呼兩黨이여吾儕ᄂᆞᆫ棒又喝을擧ᄒᆞ고諸君의前途를祝ᄒᆞ노니諸君은熟히吾儕의此語를勿負ᄒᆞᆯ지어다 (完)

外報

◉飛行器成功　칸베루伯은自製飛行器를乘ᄒᆞ고壹時間四十基米突을飛行ᄒᆞ얏스며又에ᄯᅦ엘塔을繞ᄒᆞ야飛行ᄒᆞ얏다더라

◉蘇士租借權延期　伯林電을據ᄒᆞᆫ則蘇士運河會社의租借權과及同運河를埃及政府에還附ᄒᆞᆯ期限은延期되얏ᄂᆞᆫᄃᆡ同會社ᄂᆞᆫ其代償으로三百萬磅及純利益의四分壹을埃及政府에支拂ᄒᆞᆫ다더라

◉中美革命　中央美洲니가라과國에ᄂᆞᆫ革命이熾盛ᄒᆞᆷ으로各港灣은閉鎖되얏다더라

◉澳門暴風雨　淸國澳門港에ᄂᆞᆫ暴風雨가有ᄒᆞ얏다더라

◉阿國騷亂鎭壓　阿比西尼亞國의騷亂은鎭壓되얏다더라

◉露분國紛擾　분란은露國과分離ᄒᆞᆫ陸軍을駐屯ᄒᆞ려ᄒᆞᆫ다가露國의게拒絕을當ᄒᆞ야兵役代에壹年二百萬磅을提出ᄒᆞ랴ᄂᆞᆫ命이有ᄒᆞ얏스나今回에분란은此를拒絕ᄒᆞ고各國納稅ᄭᆞ지도拒絕ᄒᆞᆷ을因ᄒᆞ야露國軍隊ᄂᆞᆫ분란을占領ᄒᆞ려ᄒᆞᆫ다더라

◉淸國海軍勢力　淸國軍艦中戰鬪에堪耐ᄒᆞᆯ戰鬪艦은北洋所屬이六隻南洋所屬이四隻福建省에四隻廣東省에雙隻이라더라

◉無線電信　日本遞信省에서ᄂᆞᆫ來十貳月壹日에西本布哇間三千哩에無線電信의試驗을行ᄒᆞᆫ다더라

雜報

◉孝感貞感　리감현시가孤兒院事件으로紛爭을起ᄒᆞᆫ뿐은各報에已揭어니와近日리감현시가該院을更히壹進會勢力圈套下에賄入코ᄌᆞᄒᆞ야該院을幾年前에壹進會에讓與ᄒᆞᆫ様으로契約書를僞造ᄒᆞ야院產을盜據코저孤兒等을甘誘ᄒᆞ다가畢竟不聽ᄒᆞ면디시가直히俗軍保存ᄒᆞᆫ門을破碎ᄒᆞ고孤兒等을亂打ᄒᆞ야重傷ᄒᆞ엿스며仍히壹進會員을件ᄒᆞ야院該任員을差出ᄒᆞ고現任院監리春世시를期欲黜逐코저ᄒᆞᄂᆞᆫ대孤兒等은리감현시와壹進會員을一切反對ᄒᆞ야憤激이甚ᄒᆞ다ᄂᆞᆫᄃᆡ此에對ᄒᆞ야中署에서리감현과春世諸시를招待ᄒᆞ야前後事實을一場訊問ᄒᆞ얏다더라

◉미시寄付　本日上午八時에西北학生親睦會에서三仙坪에運動會를設行ᄒᆞᆫ다ᄒᆞᆷ은已報어니와其會員리鍾滿시가賞品에需用ᄒᆞᆯ空冊鉛筆等物品을多數寄付ᄒᆞ얏다더라

◉學生觀楓　外國語학校壹般학員이昨日東大門外花溪寺에前往ᄒᆞ야觀楓會를設行ᄒᆞ얏다더라

◉錦陵捐助　錦陵尉朴泳孝시ᄂᆞᆫ普光學校經費를補助ᄒᆞ기爲ᄒᆞ야明年度부터自己月俸中拾分壹을每朔捐付ᄒᆞ기로內定ᄒᆞ얏다더라

◉商校協議　官立商業學校에셔任員諸氏와壹般學員이運動部를組織ᄒᆞ고每人每月捐金五錢式收捧ᄒᆞ기로協議ᄒᆞ얏다더라

◉進退兩難　前儀洞學校生徒鄭泰信시ᄂᆞᆫ妙年有志ᄒᆞᆫ紳士인ᄃᆡ美國에渡往ᄒᆞ야留學ᄒᆞ로上海를經由ᄒᆞ다가旅費가乏絕ᄒᆞ야難進難退ᄒᆞᆷ으로道路에셔彷徨ᄒᆞᄂᆞᆫ情勢ᄂᆞᆫ實로嗟惜不已ᄒᆞᆯ바라더라

◉兩明合壹　永興郡洪仁國文明학校ᄂᆞᆫ리東益孫大益諸시의熱心으로設立ᄒᆞᆫ지于今三年에히校장金重烈시가多數義捐ᄒᆞ야校況이日進ᄒᆞᄂᆞᆫ中近里明新學校任員嚴達洙咸泰冕諸시가團合的主義로兩校를合壹ᄒᆞ야熱心敎育ᄒᆞ미生徒가五拾餘名에達ᄒᆞ얏다더라

學界

◉普光夜校　貞慶坊普光학校에서本月拾六日부터高明ᄒᆞᆫ講師를延聘ᄒᆞ야夜학科를繼續敎授ᄒᆞᆫ다더라

雜錄

◉牛耳經

분齊ᄒᆞ게하는소도、왈ㅣᄒᆞ면웃둑서며。

한거ᄒᆞ게셧ᄂᆞᆫ쇼도、이라ᄒᆞ면급히간다。

엿지타、政府의當局者들은勸告論駁이無數ᄒᆞᆫ至ᄒᆞ여도、눈도아니깜짝。

雜報

●下賜鑛砲 大皇帝陛下께옵셔再昨日에 皇宮醫(?)係登殿宮吏의게藥師丸外介式 下賜하옵셧다더라

●瀛豐陸見 瀛豐寺院君尹澤榮氏가日昨에 皇后陛下께謁見하고自己가債務로困難한狀況을登々上奏하얏다더라

●豫備金支出 濟島公立普通學校建築에關한經費金八百四十二圓을豫備금中支出하기로上奏 裁可되얏다더라

●獸疫費決議 農商工部所管臨時獸疫費五千六百九圓을豫備금中支撥할事로昨日內閣會議에提出決議하얏다더라

●兩部聯署 學部에서法學校官制를規定하야內閣에請議할次로度支部의聯署를承認하얏다더라

●統監視察 曾禰統監은明日에工業傳習所를視察할터이라더라

●船法將布 既報와如히政府에서日國船舶에關한法律을發布할터인데既히草案이滿與官會議를經하얏다더라

●兩相訪問 新任學部大臣李容植시와新任度支部大臣高永喜시는再昨日午後二時에統監을訪問하얏다더라

●學臣致謝 李학相이觀覽시는昨日曾禰統監을訪問하고在官中統監의指導한것을致謝하얏다더라

●內相訪問 三昨日下午七時頃에內相朴齊純氏가總相李完用氏를訪問하고選任할學部大臣의區處方法을協議하얏다더라

●學相任廳 新任學部大臣李容植시는昨日부터本部에任廳하엿는데該部一般高等官과觀國體를實行하얏다더라

●人不敢出 總理大臣李完用氏는公債犯過가六拾萬圓이오電氣會社의債務가壹百七拾萬圓이며天一銀行에貯置한金額은壹百萬圓이라더라

●設宴奔走 십월三日에京城在留日人들이司法權委任實施에對하야紀念祝賀會를미呂은已報이니와現今八百圓豫算으로神宴會準備에奔走한다더라

●總相設宴 總理大臣李完用氏가本日上午十二時에翠雲亭에셔가發起盛設하고今番防疫事務에從事하던統監府와國官吏를邀宴招待한다더라

●俱樂部宴會 書記官長韓昌洙氏가昨日貴族齋에漢城俱樂部에셔各大臣及內外高等官을請邀宴待하얏다더라

●觀察設宴 曾禰統監이昨日下午六時에慶會樓에셔宴會를設하고防疫事務에勤勞하던官吏를登々招待하얏다더라

●豫算會議 去貳拾日부터度支部各局課의豫算公議는昨昨日에지各部가終了되얏는데昨日에更히審查하얏다더라

●七人合格 法部에서司法試驗規則에依하야本年에續豊同試驗을經하는데合格者는김基鑽鄭俊謨따琮夏시等七人이라더라

●果有實踐否 宮內府禮式官高희誠待從김弼九시等諸人이妓生을帶同하고明月館에每夜會同하야花套局을設하고금貨得失이不少하다고何許人이醫觀에投書한事가有한데한道이셔는何人의所爲인지現方偵探中이라더라

●水利監督 水利組合制度가監督上不備한바이有하야內部에셔內部主管事務로移屬하고위組合法律을硏布하야각道에셔監督케할터이라더라

●官吏辭職 內部官吏數십名이昨日北漢山城에前往하야觀楓會를設하고本日入城한다더라

●果能保存否 社寺에古物中에堅牢壯麗한者와其中所有寶物은內部에셔保存키爲하야委員을置코즈한다더라

●煤炭日用 目下農商工部와統監府는平壤無烟炭坑은海軍省에寄附한것인데日本海軍省에셔韓國政府를催促하야其規模를擴張케하고今番에日本德山煉炭所長海軍機關大佐武田秀雄에게派送하야實地調査를行케하야機械的設備를施케한다는데其經費가非常히多大하야韓國의現今財政으로는施設이甚히困難하야其財源을考究中이라더라

●石灰發掘 日人平賀는平壤에石灰를發掘키爲하야二십七日에出發한다더라

●內部促飭 內部에셔各道觀察에게面名及數爻를調査하기爲하야各道에訓令을발하얏는데惟獨慶尙南道及咸南道에셔는該報가尙無함으로再次促飭하얏다더라

●度量衡擴張 改正度量衡의普及區域은現今에는江原道至部와其他各道擴要地인데明年부터三個年을期하고至部를實行키로計劃한다더라

●醫員聘 淸州全州新義州地方에慈惠醫院을設置함은已報하얏거니와該院의醫師는韓國統監府醫官을屬聘하기로決定하얏다더라

●美領來旅 美國代辭總領事쏠드시는廿日에全羅道光州로出張하얏다더라

●本郡移轉 慶北永化郡廳舍를去十壹日에同郡春陽面縣洞으로移轉하얏다더라

●永信社設立 內部主事嚴柱澤시는永信斷絨社를設立하고各項冊子及紙卷烟의製造를事務를擔任한다더라

●大同社整頓 大同日報社總務로侍從印晉九氏가專擔就擴張하기로決定하고社名은國元植氏를推選하얏다더라

●兩氏被審 昨日上午九時頃에中部警察署에셔리堪(?)春世萬시를招待하야再次審問하얏다더라

●金君又訴 伊勢守(?)김益慶氏光山에春川舊里在할때議歷金春植氏의松楸를斫伐한事가有함에既히歷歷裁判한에김氏가松價을推徵할次로更히日本司令部에呼訴하얏다더라

●棉花豐作 慶尙道의棉花는作物中最要品으로木浦港에年年輸出額이三십萬圓에達한는데本年에도豐作이되얏다더라

●新聞押收 新韓民報第百四拾九號及五拾號는治安을妨害하야內部令으로押收頒佈를禁止하엿다더라

●偽造江山 漢城太井洞에셔韓人同盟이製造하는江山이라紙卷烟은味品이良好하더니價金이低歇하다現今外國烟草會社에셔烟草競爭을試하는日을際하야愛國性이有한同胞는自國品을需用함이可하다더라

●女工又募 東亞烟草會社에셔今日上午七時에女子職工을募集한다더라

●韓人隨(?)部 去十九日에鐵兵十餘名이廣州郡沙川面金正哲氏家에來到하야唐木三四疋과貰三十圓을强奪하야討去하얏다더라

●盧(?)設訟 積城郡南面閑山里居住盧浩氏가義兵千邊의誣陷을因하야日憲兵司令部에被囚하얏는데同里居住宋敬信김恩克等數十人이日昨該部에辨明書를提出하얏다더라

●高郡虎疫 高陽郡內에는近日虎疫이流行하야罹死한人이十餘人에達하얏다더라

●釜山豫防 釜山港警察署에셔는其隣近地方에出張하야防疫을實行하야罹傷된者에게治療費壹百八十三圓을內部에셔支撥하얏다더라

●義將被捉 義兵倡義大將김鏡石씨는從兵百餘名을率하고坪康伊川等地에橫行하다가去十九日安邊郡佳山에셔금化日守備隊에被捉되야京城憲兵隊로押送되얏다더라

●楊郡竊發 楊州郡金谷驛에는近日竊盜의患이頻々하야는데此를調探키爲하야醫院에셔巡査를派送하얏다더라

●學校放送 前參判李時宇氏의孫婦(?)는作口招를因하야被捉되엿던바已揭하얏거니와履次審查되야罪犯이無함으로再昨日放還하얏다더라

●偽犯宣告 幣製偽造犯으로監獄에多日滯囚하얏던리쫌峻시는役二年에宣告하얏다더라

●洋品作購買 韓美興業株式會社에셔外洋에出品作으로虎皮와現方購買中인데價爻의高歇은不計한다더라

●兩名經商 美國人魚丕信元杜光등시는該社와各地方에宗敎及教育을擴張코자한다더라

●磁器彫殘 中部寺洞等地旅館主人石某煥씨는湖興社에經費를支撥하는데演說에觀光者가稀少하야該社가維支할方針이無함으로隨時는損害가不無하다더라

●何故退會 大韓商務組合副長吳致(?)씨는去拾八日에退會하엿는디商務總督部를新設함다더라

●商會借款 商會設義會에셔는去十九日에任員會를開하고同會維持費의借款件을決議하엿다더라

●兩氏辭免 大成宗敎會장원館(?)위員延哲시를推選하얏는데再昨日에시는請願辭免하얏다더라

●聯合演說 聲湖(?)學會聯合大演說會는昨日午後壹時에國民演說臺에셔開하얏는데聽衆이多數에達하얏다더라

●建築費捐付 畿湖學校建築費를充用키爲하야畿湖學會任員及學員諸시가金額을捐付하얏는데合爲八百九拾二圓五十錢이라더라

●靑館開演 明二십五日(月曜)下午七時三拾分에鍾路靑年會館에셔演說會를開한다더라

○哈爾賓電報○

◉高官派遣 哈爾賓에서日本伊藤公의暗殺後淸國이曾見함에對하야淸國北京外務部는特히高等官二名을派遣하야會見의顚末을窺探코져한다더라

◉銀行閉店 美國桑港에在한는日本人勞働者의금融機關되는日美銀行은금內銀行破產의影響을被하야閉店에至하엿다더라

○東京電報○

◉預算什誤 昨紙電報中에京元湖南兩線의工事費及은名稱이互誤보土京義線改修費의來年度豫算이三百萬圓이며京元은三百五十萬圓의誤植이라더라

(十月二十三日)

▲隱老謎話

▲梧桐은落하고蟋蟀이鳴하며洞房에는皎々한窓月下에독居人이細對하야濁醪一盃마신後에슈々적기利答하대

▲여보게참호랑이나다죽나베자네그호아니호라近日死刑刺말인가한얘세그호는吐滿도죽을뻔이지節에에언제든업셧나그려사뭇잡어먹든猛虎인가안세猛虎야사뭇옛말이냐傷한짓네

▲그러면老獸割腹한九尾호인가안얘세九尾狐는王蛋이나亡하였지疆土入民을亡힛나니그러면蜀人의斥하던虎인가그호도안얘세그러면조오먹은입인가그조아니예

▲그러면조네호는古今天下에별별호업세그려하니조네따위開明으로는그호못이러니깃네이호는形體도업고實體도업고名稱만있는호인데幾千三千里되고廢하면千里되고歲월목은生鮮이마며지금奚適하야썽키고呎는리관남실수남엇베이어허우는호가그리宏壯하여그십현온죽은채곳하얀먹하나經魚도千年묵으면龍이되는데千歲나된狐가죽으면그저죽깃나望해나안한다며변躍하면그호도비살되며저썩는냄시稱亂하리

▲그러면그호무삼호인가알수업세갑々하니그稱으로번々히名稱되혼보호

社告

本報第二面末欄에揭載하는評論은今에同胞諸君子의意見을交換採取키爲하야募集을開始하오니有志하신人士는各其思想을融運하야陸續投送하시옵評論體裁는本報에已揭한者와同樣케하기를要함

評論三段을應募揭載하면本報를爲하야呈贈하오니評論을投送하시는諸氏는住所姓名을詳記하야本社編輯室로致付하시옵

廣告

大韓每日申報社

本人이西署西江坊新水鐵里七統五戶居宋規煥所居卿家拾四間板刻文券壹度를典執하얏다가今年三月二十五日分에大門에萱惠廳內에서失하얏스오니誰某拾得하야도休紙施行함

西署龍山坊土亭里拾號壹戶居 朴承석 告白

長湍大南面私立通明支學校는去年九月에設立하얏는데不過五朔에經費가困難하야幾乎廢止러니軍面郡王觀權씨가家勢不贍하나敎育에熱心하와該校를今春에郡面聖谷里로移設하고校費를擔任하며니商業의所關事가有하야現今京郡에留하나經費를自擔하와維持케하니허시와熱心을玆에廣佈함

校長 孫宗仁
김漢源
總監 리寅根
事務 孫宅潤

私立 普成中學校

壹年級學生을補缺次로增募하니志願學人은拾壹月십日內로入學請願할事

試驗科目은本校에來問할事

西北學生 親睦會體育部

本部에서來貳십四日(日曜日)上午八時에東小門外三仙坪에서大運動會를設行하오니在京西北學生은齊히伊日上午七時에西北學會館內로來臨하시옵

再 点心은各自準備携帶하시옵

本人의姓名章을去九月八日에路上에서失한故로新造使用하오니知舊間照亮함

박仁浩 白

本人의姓名章을只以名字使用함이不可한故로俱姓名更造하오니知舊間照亮함

婁友三 白

隆熙二年秋에有志諸시의捐金으로校舍를設立하야學徒는六십餘員이오捐金人名은如左

朴鳳潤 壹百圓 學永根
박讚奎 각五십圓 金連福
白利賢 韓서奎 康千善
趙益洙 각卄圓 文恩翊
洪基換 金致貞 각十五圓
金京希 吳東化 文成玉
金益弘 宋元國 吳永燮
朴元興 玄亨道 崔成賢
曹德善 리東彬 黃希鎭
각卄圓 리國俊 吳利섭
김允寬 각십五圓 劉在煥
鄭希賓 리贊翊 方君玉
김九祥 朴元植 김鳳基
黃龍섭 林基鳳 安應守 朴齊成
洪士寬 玄時憲 金斗雲 康鳳煥
金永得 高明德 文燦根

各十元 朴昌模 金丁俊
沈俊健 朴孝承 趙京云
崔國祚 申元泰 金炳俊
丞聖根 李宗默 朴淳明
金鎔贊 崔化成 金千碩
林京老 張萬吉 郭應哲
鄭廷賢 김贊奎 韓夏洙
金基重 吉淳成 崔國祿
林明化 김致彥 各五元
朴鳳周 朴永枝 김益洙
各四元 吳士赫 金永三
吳基道 朴用燦 任鳳喈
徐祥祚 김鳳赫 白鳳贊
宋能俊 趙淳奎 金中玉
張鳳德 최昌洙 田鳳永
리炳祚 文道京 王鳳鎬
朴三圓 韓憲化 鄭贊實
김淳澤 김中甫 鄭花鳳
崔祥烈 車成守 김得稻
鄭致爵 朴南七 白河賢
劉德弼 리仁福 崔贊基
張處賓 김昌化 崔鶴河
리鎔섭 김希道 徐孝正
리甫京 김永俊 黃基宗
김炳希 崔應化 리龍섭
김昌化 崔서河 김希道
徐孝正 리甫京 김永俊
黃基宗 김丙希 崔應化
리文學 김得淳 李武圓
김贊厚 리枝方 김吉弘
崔永璨 김口吉 韓文祥
白亨德 張永伯 김宗洛
김桂豐 張支守 김宜基
崔允承 리化善 車成辰
박成叔 崔永植 박瑞섭
姜寶貫 金利用 姜寶圓
김又伯 리興燁 리丙植
明在賢 卓成九 張得鳳
김恩永 김入龍 崔昌善
許善斗 김吉松 박致化
각豐圓

平北雲山北面鐵洞義務학校
校長 김道淵
學監 卓聲胄

昨月십五日廣告에朴宇夏시도官吏舉行에對함은無關係하기로貴下를取消로玆以正誤함

永登浦 리性儀 金相元

隆熙三年壹月貳十壹日에金屋培士와偽造文券을執奪於京居申某氏時의金鍰일이證據인바本人의自己專요屋培는虛名인즉金用汝父子는無相關故로茲에廣告하니外國人은照亮함

慶南金海郡左部面府里留 金昌培 告白

本人은高祖曾祖兩代山坂이在於水原郡廣州面梅灘里와龍仁郡谷面斤川이온바本人이辛丑年分에松楸 宗孫석珪와同富錢八千五百兩을買來而恐其童濯하야依舊守護이온바山下居住輩가包藏禍心하야行不法之事하이暗自斥賣하기로兩外國人은勿爲見欺하십伏望

李承殷 告白

本月拾八日漢城府寺洞留宿하는本郡俊秀坊仁淵豊村居鄭裕金乘豐의書函을投送하얏는데內紙에金昌培의所去札價度가封한分에分하야六洞契券과光武七年分에서失하얏기로告하오니內外國人간拾得하와도休紙施行함

鄭敬義 告白

本月拾八日夜에漢城寺洞留宿한下關隆熙三年十二月二十日에金昌培의自己專行으로本人父子요屋培로非本人之子이오文券도偽造에하는或橫罹之患故로玆에廣告하오니內外國人은照亮함

慶南金海郡右部面谷里 金用汝 告白

業務大擴張廣告

同胞의愛護하심으로營業所事務가日로隆盛하와左開와如히製造하오니一位前에購入하심을爲望

甲號帽子 金五拾錢
乙號帽子 金四十五錢
壹三今綜製單襪 金二十錢
壹 仝 綿襪 金拾八錢
壹男女學生衣衣及普通衣衣
壹官公私立學校徽章製造
壹德國染料直輸入放賣
壹紬緞木布毛綿染色及改染

外方에서購求하시면小包郵便으로迅速搬送하깃습

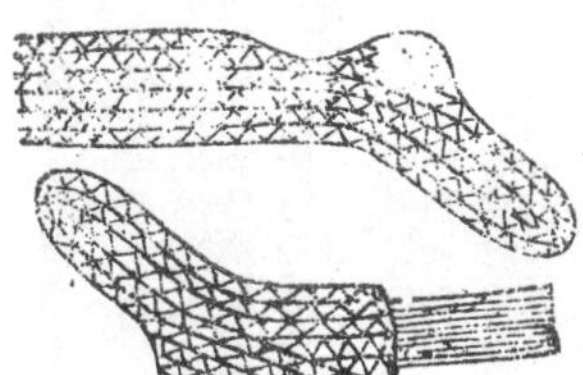

京城宗廟越便

中谷染織工所主金德昌 告白

◎韓製止痛藥

此藥은美國에有名한의학博士의發明한藥이라左開諸症에外塗內服하면不立效인바吐瀉와轉筋과痢疾等流行急症에尤極神效하와多救生命이오니服藥에從事하시와疾病을預防코저하시는이는速速來購하시면廉價로發賣하깃삽나이다

左開

效能所用

叶瀉 咳嗽 泄瀉 心痛 肝病 胃熱 口內之瘡 腹痛 小兒吐瀉 頭痛 腸痛 霍亂 痢疾 急性 ...

發賣所 韓國韓美興業株式會社事務所

社告

○申報價
壹個月 三拾錢
參個月 九拾錢
陸個月 先納 壹圓七拾錢
壹個年 先納 參圓四拾錢
號外壹張 新貨五厘
壹個月 拾參錢

○廣告料
四號活字拾參字에
每日英尺壹寸에 (自壹行至四行이爲壹寸) 新貨廿五錢
貳週日壹寸에 貳圓五拾錢
壹個月壹寸에 五圓
其期限의 長短과 字行의 多寡를 依ᄒᆞ야 增減홈이 有홈

◉大韓每日申報 各處支社廣告

平安道
平壤鍾路太極書館 安泰國
三和港[illegible]石洞敎堂 [illegible]
義州南門外韓西大藥房 [illegible]
鐵山邑東部 安[illegible]
宣川[illegible] 金明[illegible]
定州南門內[illegible] [illegible]
博川郡邑[illegible] 金[illegible]
安州城內義井洞 金[illegible]
京義線[illegible] 賈[illegible]
龍川楊市 [illegible]
龍川남市 [illegible]
朔州邑남門外 朱伯[illegible]
楽川邑館前洋[illegible] 리正[illegible]
寧邊郡內紅門里 [illegible]
江西邑內 金[illegible]
順川郡[illegible] [illegible]
肅川邑[illegible] 申[illegible]
江界邑[illegible] 김[illegible]
郭山郡[illegible] 金大[illegible]

黃海道
殷山郡[illegible]利用[illegible] [illegible]
[illegible]山北面[illegible] 王[illegible]
[illegible]山郡邑面上里 [illegible]
海州남門內書舖 朴[illegible]
安岳[illegible]石面[illegible] 金文[illegible]
[illegible]邑[illegible]西北支學會內 [illegible]東元
[illegible]邑[illegible] 金[illegible]
信川邑四里 [illegible]
[illegible]邑[illegible]材局 [illegible]
白川邑文明館 [illegible]
沙里院活民[illegible]會任[illegible]

咸鏡道
咸興州南社西門外 [illegible]
元山港[illegible]社內 [illegible]
定平郡[illegible]里 [illegible]
洪原西門內保命局 [illegible]
永흥[illegible]山[illegible]洪明[illegible]內[illegible]元[illegible]
鏡城[illegible]新興里 南[illegible]
清津港新岩동 [illegible]元[illegible]

全羅道
金堤水流面豆亭 [illegible]
木浦항[illegible]동 [illegible]得[illegible]

京畿道
仁川[illegible]新[illegible] [illegible]東[illegible]
開城남大門內興學[illegible] [illegible]
江華邑[illegible] [illegible]

忠淸道
[illegible]城廣川小[illegible]동 [illegible]
[illegible]下北[illegible]堂里 [illegible]

慶尙道
大邱서門外友[illegible] [illegible]正[illegible]
釜山港佐川약局 徐[illegible]

江原道
[illegible]城邑內新城里 [illegible]海元
鐵原邑[illegible]동 [illegible]
[illegible]珍遠남面[illegible]花里 朱[illegible]

北墾島
龍井村耶[illegible]敎堂內 [illegible]

第千貳百廿九號

大韓每日申報

月報 [illegible]

[illegible]千九百九年十月[illegible]
[illegible]三十一年
大韓[illegible]十八年
[illegible]十二年
[illegible]
[illegible]九月[illegible]三日[illegible]

Responsible for Publication Alfred Weekley Marnham.
發行兼編輯人英國人 萬咸
[illegible]
大韓[illegible]日申報社

論說

(論)國權이無ᄒᆞ고 民權을夢ᄒᆞᄂᆞᆫ 痴物輩

食을知ᄒᆞ고飽를求ᄒᆞ니飽[illegible]지得ᄒᆞ며水를[illegible]ᄒᆞ야鬼ᄂᆞᆫ世求ᄒᆞ니鬼ᄂᆞᆫ엇지得ᄒᆞᆯ바

嗚呼라國權이無ᄒᆞ고셔民權을求ᄒᆞ니民權을엇디可得ᄒᆞ리오近日韓國에何許痴物輩가國家가亡ᄒᆞ야疆土가他人所有에歸ᄒᆞᆯ지라도民權만得ᄒᆞ면歡迎코자ᄒᆞ며民族이他人掌中에歸ᄒᆞᆯ지라도民權만得ᄒᆞ면歌舞코자ᄒᆞᄂᆞ니嗟夫라彼痴物輩여

大抵國權은民權의源泉이라國權이有ᄒᆞ여야民權이生ᄒᆞ며民權은國權의縮圖라國權이有ᄒᆞ여야民權이作ᄒᆞᄂᆞ니國權이無ᄒᆞ고엇지民權이有ᄒᆞ리오

然이나彼輩가非惡이라乃愚니余ㅣ其愚를惜ᄒᆞᆷ이로다

大抵彼가愚ᄒᆞᆫ故로時勢를不知ᄒᆞ며愚ᄒᆞᆫ故로彼輩의目的을不知ᄒᆞ며愚ᄒᆞᆫ故로目前의滅亡을不知ᄒᆞᄂᆞ니라

彼가時勢를不知ᄒᆞᄂᆞᆫ지라故로只今도本古中古의時代를與夢ᄒᆞ야已往百濟가亡ᄒᆞ고新羅가併ᄒᆞ미百濟의民도新羅民의同等權을得ᄒᆞ고新羅가亡ᄒᆞ고高麗가興ᄒᆞ미新羅民도高麗民의同等權을得ᄒᆞ던時代로知ᄒᆞ나니彼國聯併時代ᄂᆞᆫ皇室의競爭時代오政府의競爭時代라故로皇室은亡ᄒᆞᆯ지라도民族은如前ᄒᆞ고政府를變ᄒᆞᆯ지라도民族은如前ᄒᆞ엿지만今日은民族의競爭時代라民族이劣敗ᄒᆞ면衰退ᄒᆞᆯ뿐아니며滅亡ᄒᆞᆯ뿐아니어ᄂᆞᆯ彼愚가엇지如斯ᄒᆞᆫ가

又彼가彼邊의目的을不知ᄒᆞᄂᆞᆫ지라故로人이我를半爲豆코ᄌᆞ ᄒᆞ야도不知ᄒᆞ며人이我를魚肉코자ᄒᆞ야도不知ᄒᆞ야人이曰保護ᄒᆞᆫ다ᄒᆞ면此를信ᄒᆞ고人이曰指導ᄒᆞᆫ다ᄒᆞ면此를信ᄒᆞ야自己가如何ᄒᆞᆫ地에入ᄒᆞᄂᆞᆫ지不知ᄒᆞ고刀鋸에臨ᄒᆞ야安樂을夢ᄒᆞ며虎狼을向ᄒᆞ야宥恕를望ᄒᆞᄂᆞ니彼愚가엇지如斯ᄒᆞᆫ가

又彼가目前의滅亡을不知ᄒᆞᄂᆞᆫ지라故로萬般의權을無遺剝去ᄒᆞ고萬般의利를無遺剝去ᄒᆞ야滿朝가前後로陷ᄒᆞ게ᄒᆞᆫ後에當ᄒᆞ얏스되오히려酔睡가翩翩ᄒᆞ며登歌를敢히自由치못ᄒᆞ고哀哭을敢히自由치못ᄒᆞ야生命은已乏ᄒᆞ고殘形의肉塊만餘ᄒᆞ얏스되오히려安臥가如酣ᄒᆞ나니彼愚가엇지如斯ᄒᆞᆫ가

嗚呼라地獄에坐ᄒᆞ야天堂인가疑ᄒᆞᄂᆞᆫ諸君이여諸君이여모리民權々々ᄒᆞ야도國權을先還치못ᄒᆞ면民權이不歸來ᄒᆞᄂᆞ니라

法律

▲隆熙三年拾月拾壹日 官報

法律第貳拾七號

海上衝突豫防法 (續)

本條의船舶이全히運行치아니ᄒᆞᆯ時ᄂᆞᆫ舷燈을揭ᄒᆞᆷ이不可ᄒᆞ然이나運行ᄒᆞᄂᆞᆫ時ᄂᆞᆫ必히此를揭ᄒᆞᆷ이可ᄒᆞᆷ

本條規定의燈及形狀은運轉自由를不得ᄒᆞ야他船의航路를避ᄒᆞ기不能ᄒᆞᆫ信號로認ᄒᆞᆷ이可ᄒᆞᆷ

本條의信號ᄂᆞᆫ遭難信號와混同ᄒᆞᆷ이不可ᄒᆞᆷ遭難信號ᄂᆞᆫ第三拾壹條에此를規定ᄒᆞᆷ

第五條 航行中의帆船及他船에被引ᄒᆞᄂᆞᆫ船舶은第二條第貳項第三項의舷灯만揭ᄒᆞᆷ이可ᄒᆞ고決코同條第壹項의檣燈을揭ᄒᆞᆷ이不可ᄒᆞᆷ

第六條 小形船이航行中天氣의關係에因ᄒᆞ야綠紅舷灯의二灯을揭置ᄒᆞ기難ᄒᆞᆫ時ᄂᆞᆫ何時던지使用ᄒᆞ기得ᄒᆞ도록點火ᄒᆞ야此를手近處에備置ᄒᆞ고他船이我船에向ᄒᆞ야漸近ᄒᆞ야來ᄒᆞ던지又ᄂᆞᆫ我船이他船에向ᄒᆞ야漸近ᄒᆞ야往ᄒᆞᄂᆞᆫ時ᄂᆞᆫ衝突을防ᄒᆞ기에充分ᄒᆞᆫ時間을定ᄒᆞ야其舷灯을他船으로부터最히見得ᄒᆞ기易ᄒᆞ도록各舷에表示ᄒᆞᆷ이可ᄒᆞᆷ但此時綠光은左舷으로부터、紅光은右舷으로부터見得ᄒᆞᆷ且아모조록各舷正橫後의二點으로부터後方에見得치아니ᄒᆞ도록ᄒᆞᆷ을要ᄒᆞᆷ (未完)

外報

●西內閣變動 페렐시의死刑을因ᄒᆞ야西班牙內閣은辭職ᄒᆞ고自由黨出身의前首相모렛코시가新內閣을組織ᄒᆞ얏다더라

●阿片禁止 奉天諮議局에서ᄂᆞᆫ阿片을禁止ᄒᆞ기로決議ᄒᆞ얏다더라

●滿車衝突 日本東海道木曾川에서滿車가衝突ᄒᆞ야即死者가二名이오重傷者가多數에達ᄒᆞ고列車貳臺가粉碎되고機關車ᄂᆞᆫ河中에落ᄒᆞ얏다더라

●크島自治運動 伯林電을據ᄒᆞᆫ즉크리드島에셔ᄂᆞᆫ自治制를得ᄒᆞ기[illegible]大[illegible]運動이起ᄒᆞ얏다더라

●露使還土 [illegible]土耳其皇帝ᄭᅴ[illegible]特[illegible]答禮特使로君士坦丁堡에派遣[illegible]ᄒᆞ얏다더라

●土國製艦 土國政府ᄂᆞᆫ今回에ᄯᅳ레드노트型戰鬪艦七隻을製造ᄒᆞᆯ計劃이有ᄒᆞ다더라

●沿海州開發 仝電을據ᄒᆞᆫ즉露國政府ᄂᆞᆫ沿海州의工業을發達키爲ᄒᆞ야數年前부터種々의[illegible]策中이더니現今에[illegible]二航[illegible]을盛旺케ᄒᆞᆯ目的으로勸業加[illegible]吳高[illegible]克[illegible]方에셔種々實行的政策에着手ᄒᆞᆫ다더라

●鐵道王後任 紐育[illegible]을據ᄒᆞᆫ즉故鐵道王하리만씨의後任으로ᄂᆞᆫ로벗트씨가鐵道會社長이되얏다더라

●回敎會議 伯林電을據ᄒᆞᆫ즉埃及王은메카에赴ᄒᆞ야諸般回々敎問題에關ᄒᆞᆫ會議를開[illegible]ᄒᆞ기爲ᄒᆞ야大僧正네지에오及僧正제이르와會議ᄒᆞᆫ다더라

●法國對摩輿論 [illegible]을據ᄒᆞᆫ즉法國巴里의輿論은[illegible]摩洛哥에對ᄒᆞ야强硬ᄒᆞᆫ手段을取ᄒᆞᆷ이必要가有ᄒᆞ다ᄒᆞᆫ다더라

●摩王强硬 [illegible]을據ᄒᆞᆫ즉摩洛哥國王은[illegible]西班牙의提言을拒絶ᄒᆞ얏다더라

●摩國排西貨 仝電을據ᄒᆞᆫ즉摩洛哥ᄂᆞᆫ同國內에西班牙商品에對ᄒᆞ야排斥을行ᄒᆞᆫ다더라

學界

●北寺楓 善隣商業學校에셔ᄂᆞᆫ職員及生徒一同이[illegible]北漢山城에셔秋期運動會를設行ᄒᆞ얏다더라

●[illegible] 日本東京明治[illegible]在[illegible]韓人留學生諸氏ᄂᆞᆫ[illegible]을組織ᄒᆞ야各其[illegible]學業을完成케ᄒᆞ되或[illegible]世[illegible]徵收ᄒᆞ고[illegible]雜誌에揭載ᄒᆞ고規則을制定ᄒᆞ[illegible]中相悅[illegible]無故ᄒᆞ[illegible]規則을不遵ᄒᆞᄂᆞᆫ故[illegible]氏를對ᄒᆞ야無[illegible]論責ᄒᆞ얏다더라

●[illegible]胞의教育精神 俄領[illegible]에居留ᄒᆞᄂᆞᆫ韓人民會에셔學校를設立ᄒᆞ고尋常小學校[illegible]等小學校程度를兼設教授ᄒᆞᆯ目的으로學生을募集ᄒᆞ야陰[illegible]에開學式을擧行ᄒᆞ얏다더라

●興守優績 興陽郡守朴齊斌씨ᄂᆞᆫ[illegible]治蹟이頗著ᄒᆞᆫᄃᆡ教育에熱心ᄒᆞ야學校가漸次興起ᄒᆞᆫ다더라

●藁坡夜學 南部[illegible]洞藁陶학校에셔本月貳拾二日부터夜學速成課를設置ᄒᆞ고簿記와民商法教科書와商業大要等을教授ᄒᆞᆫ다ᄂᆞᆫᄃᆡ入學金과月謝金은不受ᄒᆞ고名譽로教授ᄒᆞᆫ다더라

●劉氏歡迎 紳士劉履均시가下鄕次로元山에到着ᄒᆞ얏ᄂᆞᆫᄃᆡ該港各學校男女학徒와壹般人士들이[illegible]歡迎ᄒᆞ얏고該氏ᄂᆞᆫ壹般학徒를對ᄒᆞ야壹場勸獎ᄒᆞ얏다더라

詞藻

●無情歲月 無情ᄒᆞᆫ歲月이無情ᄒᆞ여、白髮을재촉ᄒᆞ네。愛國으로病든몸이、어이업서한숨이라。出하미、東轉時代이셔가고活動期會速히오게、지촉케라。

雜報

●閔氏謁見 侍從院卿尹德榮氏가 再昨日下午壹時에 德壽宮에 陛見ᄒᆞ얏다더라

●問安使派送說 皇貴妃殿下게셔 日本에 留學ᄒᆞ시ᄂᆞᆫ 皇太子殿下ᄭᅴ 問安使로 侍從李鎬漢氏를 ᄯᅩ 月上旬頃에 派送ᄒᆞᆯ 預定이라더라

●者斗依願 三昨日 德壽宮에셔 各著者計室上謁臣에게 七朔月俸條三十五圜式 頒賜ᄒᆞ셧다더라

●晉謁觀察 再昨日下午二時에 晉州統監이 北部齋洞造林場을 觀察ᄒᆞ얏다더라

●何責之有 去去요에 統監府例會에 伊藤博齊統氏ᄂᆞᆫ 何等失措가 有ᄒᆞ얏던지 統監이 特히 內相을 對ᄒᆞ야 面責ᄒᆞᆫ되 大臣의 資格을 不失ᄒᆞ고 大臣의 體統을 顯念ᄒᆞ라ᄒᆞ얏ᄂᆞᆫ대 特히 內相은 報答無語ᄒᆞ엿다더라

●淸領訪問 昨日 淸國總領事ᄂᆞᆫ 元山領事馬光과 仁川領事買文燕과 領事王鴻濤와 同伴ᄒᆞ야 統監府를 訪問ᄒᆞ얏다더라

●有何運動 內閣變更說이 壹時喧藉ᄒᆞ더니 近日에ᄂᆞᆫ 各大臣의 椅子가 比前鞏固ᄒᆞ다ᄂᆞᆫ 說이 有ᄒᆞ다더라

●銀行任官 昨日에 總相以下 各大臣이 隆議를 ᄒᆞ고 韓國銀行總裁ᄂᆞᆫ 日人市原盛宏으로 同理事ᄂᆞᆫ 水越理平, 三島太郞, 木村雄次로 同監事ᄂᆞᆫ 伊藤治郞, 濱口吉右衛門으로 任命ᄒᆞ기로 可決ᄒᆞ얏ᄂᆞᆫ디 日間發表되리라더라

●俱樂園宴 曾禰와 如前總理大臣李完用시가 兩昨日上午十點時에 漢城俱樂部에서 宴會를 設行ᄒᆞ얏ᄂᆞᆫ데 各部大臣及防疫委員諸시가 會同ᄒᆞ얏고 總相李完用시ᄂᆞᆫ 宴會趣旨를 說明ᄒᆞ고 內部次官岡喜七郞이 答辭ᄒᆞ얏다더라

●勸侵調査 今番防疫委員諸氏에게 賞與金을 支給ᄒᆞᆫ다홈은 已報ᄒᆞ얏거니와 防疫에 從事ᄒᆞ던 官吏中 勸侵을 現方調査中이라더라

●豫算增加 明年度內部各局課의 豫算은 其審査가 次槪終了되얏스며 地方局豫算이 約三십萬圜의 增額에 達ᄒᆞ얏ᄂᆞᆫ데 其理由ᄂᆞᆫ 地方郡主事의 增加가 最大ᄒᆞᆫ 原因이라더라

●法令審査 昨日內部에셔 法令審査會를 開ᄒᆞ고 地方官制改正件其他事項을 審査ᄒᆞ얏다더라

●急設因願 韓國居留日本人聯合商業會議所에서ᄂᆞᆫ 京元湖南兩線急設에 關ᄒᆞᆫ 建議書를 日本으로 派員送致ᄒᆞ야 各政黨의 領首及內閣大臣에게 鐵道急設의 必要를 陳述ᄒᆞᆫ다더라

●拓殖觀察 拓殖社副總裁閔泳綺시及日人吉原이ᄂᆞᆫ 馬山方面을 觀察次로 再昨日에 出發ᄒᆞ얏다더라

●無物不賣 政府에셔ᄂᆞᆫ 年前에 巨額을 費ᄒᆞ야 購入ᄒᆞ얏던 軍艦揚武號와 廢兵器를 名古屋에 放賣ᄒᆞ기로 決定ᄒᆞ얏다더라

●宮府通牒 御苑事務局에셔 來三十日開園式을 擧行ᄒᆞᆫ다ᄂᆞᆫ 宮內府에셔 內外國高等官과 各社會代表와 各新聞記者諸氏에게 請牒을 發送ᄒᆞ얏다더라

●或去或薦 三陟郡主事權琪氏ᄂᆞᆫ 通川郡守로 內定되얏고 春川郡主事[illegible]東根시ᄂᆞᆫ 金化郡守로 [illegible]觀察使가 薦報ᄒᆞ얏다더라

●內次出發 內部次官岡喜七郞은 本日에 出發歸國ᄒᆞᆫ다더라

●日將報告 南韓駐屯附屬指揮官日本少將渡邊이ᄂᆞᆫ 討伐狀況을 報告ᄒᆞ기 爲ᄒᆞ야 日間日本軍司令官을 訪問ᄒᆞᆫ다더라

●山田歸國 滿州觀察中에 在ᄒᆞ던 日本參謀本部附山田이ᄂᆞᆫ 今番韓國을 觀察ᄒᆞ고 昨日歸國ᄒᆞ얏다더라

●松井開宴 警務局長松井은 再昨日下午六時에 內部警務局에서 晩餐會를 設ᄒᆞ고 各局警察官吏를 招待ᄒᆞ얏다더라

●處理宴會 學部壹般高等官들이 再昨日下午六時에 日人俱樂部에서 晩餐會를 設ᄒᆞ고 日本에서 渡來ᄒᆞᆫ 實業學務局長眞野를 請邀宴餞ᄒᆞ얏다더라

●小川出張 農商工部事務官小川이ᄂᆞᆫ 英日博覽會及日本名古屋共進會에 對ᄒᆞ야 韓國出品에 關ᄒᆞᆫ 事件으로 日間出張ᄒᆞᆫ다더라

●御苑觀覽 本月壹日부터 宮內府御苑內博物館動物園植物園의 縱覽을 許可ᄒᆞᄂᆞᆫ데 來三拾日에ᄂᆞᆫ 韓日兩國高等官이 觀覽ᄒᆞᆫ다더라

●眞可痛歎 日人側에셔ᄂᆞᆫ 韓國東沿岸各處가 日本山陰北陸과 相對ᄒᆞ야 日本民移植에 良好ᄒᆞᆫ 地方인ᄃᆡ 交通이 不便ᄒᆞᆫ 故로 慶北江原咸鏡道等沿岸에 日本漁民이 多數會集ᄒᆞ얏스나 [illegible] 繁榮치 못ᄒᆞᆫ지라 日人吉田秀次郞等의 航路經營에 對ᄒᆞ야 韓政府가 補助金支出은 不惜ᄒᆞ나 但韓國財政이 不贍ᄒᆞ야 藥의 希望에 不副ᄒᆞᆫ다ᄒᆞ고 痛歎不已ᄒᆞᆫ다더라

●工會經營 大韓工業會에서ᄂᆞᆫ 남한地方에 廣大ᄒᆞᆫ 土地를 購入ᄒᆞ야 實業에 着手ᄒᆞᆯ터인데 今年分 各種收入이 有ᄒᆞᆫ뎃ᄒᆞ고 其會總裁와 [illegible]시ᄂᆞᆫ 이 總理에게 政府補助金支出을 催促ᄒᆞ얏다더라

●豫算又增 來年度各部豫算은 約百萬元이 增加되얏ᄂᆞᆫ데 政府에셔ᄂᆞᆫ 其財政이 尤甚키 爲ᄒᆞ야 韓國財政調査로 施行ᄒᆞ나 畢竟其財源을 下ᄒᆞ야 徵稅機關改革에 擬ᄒᆞ야 財務長等收稅의 所入經費를 減削코ᄌᆞᄒᆞᆫ다더라

●尹氏執行 安河郡首書記尹[illegible]氏가 公貨를 欠逋逃走ᄒᆞᆫ 事에 對ᄒᆞ야 現任郡守尹燮시의 家産什物을 度支部에서 執行ᄒᆞ얏다더라

●李氏控訴 前醫學校敎官李氏가 光州觀察使在任時에 靈光郡守李文福氏의 財産을 奪取ᄒᆞᆫ 事가 有ᄒᆞ다ᄒᆞ야 李文福氏ᄂᆞᆫ 裁判所에 控訴ᄒᆞ야 本日裁判을 開始ᄒᆞᆫ다더라

●參尉出張 日憲兵隊參尉金永元氏ᄂᆞᆫ 地方情形을 視察키 爲ᄒᆞ야 楊州等地로 出張ᄒᆞ엿다가 日前又歸ᄒᆞ엿ᄂᆞᆫ데 更히 春川郡으로 出張ᄒᆞᆫ다더라

●美夫人南行 美國富豪펜드夫人은 二十三日夜에 入京ᄒᆞ얏ᄂᆞᆫᄃᆡ 今日南大門驛列車로 新義州를 經ᄒᆞ야 奉天을 經ᄒᆞ야 北京에 往ᄒᆞᆫ다더라

●閔氏再訴 韓兵干連이 有ᄒᆞᆫ [illegible] 宅九시를 日前 [illegible] 山上下里居民 [illegible] 이 其曖昧ᄒᆞᆫ 事實을 辨明코ᄌᆞ 昨日 [illegible]에 控訴ᄒᆞ얏다더라

●生命傷命 所謂韓國生命保險株式會社建築工場에셔 昨日上午九時頃에 日人役夫壹名이 韓人役夫壹名의 頭를 擲棒으로 毆打ᄒᆞ야 流血이 淋漓ᄒᆞ얏ᄂᆞᆫ데 傍觀者가 莫不酸鼻ᄒᆞ얏다더라

●民何聊生 陽川郡所在驛屯土ᄂᆞᆫ 元來賭租로 收捧ᄒᆞᄂᆞᆫ 定例가 有ᄒᆞ더니 今年에ᄂᆞᆫ 面長諸시가 幷作例로 變更ᄒᆞ야 派人督捧ᄒᆞᄂᆞᆫ 故로 該作人等이 財務監督局에 呼訴ᄒᆞ기 爲ᄒᆞ야 上京者가 有ᄒᆞ다더라

●饑民嗷嗷 平北龍川郡府內面地方에ᄂᆞᆫ 昨八月二十日頃에 暴雨가 暴下ᄒᆞ야 穀物에 被害가 慘酷ᄒᆞᆷ으로 民情이 嗷嗷ᄒᆞ다더라

●北署督費 昨日北部警察署에셔 學內人民에게 衛生費를 督捧ᄒᆞ기 爲ᄒᆞ야 出番巡査를 並爲派送ᄒᆞ얏다더라

●同義會開 前參書官閔元植氏가 商業을 發展ᄒᆞᆯ 目的으로 大韓同義會를 組織ᄒᆞ고 內部에 認許를 請願ᄒᆞ얏다더라

●兩氏放還 安仁國安俊兩人이 [illegible] 被捉ᄒᆞ야 [illegible] 中 [illegible] 시가 [illegible] 呼訴ᄒᆞ얏ᄂᆞᆫ데 安仁國과 安俊兩人이 成館으로 多年使役ᄒᆞᆷ을 因ᄒᆞ야 被捉되얏다가 後에 無罪로 放送ᄒᆞ얏다더라

●鴉烟犯被捉 南部詩洞居住 雲開徐[illegible]시ᄂᆞᆫ 鴉烟을 吸食ᄒᆞ다가 三昨日南署警察에 被捉ᄒᆞ얏다더라

●日校旅行 京城居留日本人小學校에셔ᄂᆞᆫ 淸國安東縣으로 修學旅行을 作ᄒᆞᆫ다더라

●醫士總會 再昨日下午壹時에 漢城醫學校內에셔 大韓醫士總合會를 開ᄒᆞ엿ᄂᆞᆫ데 徐丙孝 金鴻秀 諸氏와 各社會紳士諸氏二百餘名이 出席ᄒᆞ얏다더라

●在美同胞의義擧 美國加哇島嘉加月里에 在ᄒᆞᆫ 韓國童蒙會에서 京城孤兒院에 美貨五弗을 寄附ᄒᆞ고 全會代表書記羅威시ᄂᆞᆫ 該院前院主에게 特函으로 傳致ᄒᆞ얏다더라

●音樂會設行 外國紳士와 婦人들이 來月五日(金曜)下午八点鐘에 新門外馬田旅館에셔 音樂會를 設行ᄒᆞᄂᆞᆫ데 各種音樂과 講話가 有ᄒᆞ고 英國軍樂隊도 特히 來會ᄒᆞ고 入場券은 三種에 分ᄒᆞ야 五十錢壹圜貳圜을 受ᄒᆞ야 其收得金은 孤兒와 盲文學校에 補用ᄒᆞᆯ터인ᄃᆡ 韓國同胞의 多數來參ᄒᆞᆷ을 希望ᄒᆞᆫ다더라

●體育會開會 徽文義塾敎師趙源[illegible]시等이 體育硏究會를 組織ᄒᆞ얏ᄂᆞᆫ데 再昨日下午壹時에 韓洞學成學校에셔 總會를 開ᄒᆞ고 事務를 整理ᄒᆞ얏다더라

●靑年開會 通洞靑年會館에서 去番病魔를 因ᄒᆞ야 開會를 停止ᄒᆞ얏다가 來日下午七時에 紳士劉鎭瓚시가 產業의 必要에 對ᄒᆞᆫ 問題로 演說ᄒᆞᆫ다ᄂᆞᆫ데 從今以後로ᄂᆞᆫ 繼續開會ᄒᆞᆫ다더라

●太極講硏 太極敎宗師部에서 去四日에 硏究會를 開ᄒᆞ얏ᄂᆞᆫ데 會員이 多數ᄒᆞᆫ지라 四拾餘人도 傍聽入席ᄒᆞ야 [illegible] 諸시가 講演ᄒᆞ고 第六回講硏會를 [illegible]ᄒᆞ고 閉會ᄒᆞ얏다더라

●整理會續開 安東金氏宗約所에셔 光東學校를 廢止ᄒᆞᆫ 事에 對ᄒᆞ야 去土曜日에 小安洞金鎔赫시家에 公議妨害整理會를 開ᄒᆞ고 柳瑾卿永寧兩시로 委員을 選定ᄒᆞ야 金氏族黨會를 委任ᄒᆞ고 來土曜日에 整理會를 開ᄒᆞ기로 決議ᄒᆞ얏ᄂᆞᆫ대 金시家에셔 措處가 正當치 못ᄒᆞᆫ 境遇에ᄂᆞᆫ 會에셔 裁判所에 訴訟을 提起ᄒᆞᆫ다더라

◯東京電報◯

◎稅關新設 日本에셔ᄂᆞᆫ 門司港에 稅關을 新設ᄒᆞ고 拾月五日부터 施行ᄒᆞᆫ다더라 (五日發)

斑駁世界 (綠名氏)

▲開化風이 一吹ᄒᆞ야 半島를 震盪ᄒᆞᆫ지 五百年來傳ᄒᆞ던 舊物의 變遷과 突變이라 過渡時代에 新舊物이 混錯ᄒᆞ니 形形色色 다 그 狀態ᄂᆞᆫ 斑駁되얏스니

▲太陽曆이 드러오니 太陰曆이 錯雜된다 新日子도 國慶이오 [illegible] 巷에ᄂᆞᆫ 國天地와 [illegible] 日子計數를 糊塗ᄒᆞ니 얼숭덜숭 曆書ᄂᆞᆫ 天變界에 斑駁이오

▲新貨幣가 流通ᄒᆞ니 舊貨幣가 廢止되엿 地方集錢 紙貨쓰고 葉錢은 相混ᄒᆞ고 加數가 錯難ᄒᆞ니 얼숭덜숭 財政界에 斑駁이오

▲新服制가 드러오니 舊服制가 變換되 사ᄅᆞᆷ은 古套엇 사ᄅᆞᆷ은 爲ᄒᆞ게 義冠 [illegible] 威儀ᄂᆞᆫ 其殊ᄒᆞ니 얼숭덜숭 文物은 衣服界에 斑駁이오

▲新宗敎가 드러오니 舊術이 不行ᄒᆞᆫ다 엇던 사ᄅᆞᆷ은 天父찻고 엇던 사ᄅᆞᆷ은 孔子崇拜 殊ᄒᆞ니 國力이 될숭일나 얼숭덜숭 信仰은 宗敎界에 斑駁이라

▲饑形부터 殊ᄒᆞ니 情지 離散ᄒᆞ고 物質부터 多端ᄒᆞ니 精神까지 어ᄂᆞ대나 苟ᄒᆞᆫ 면은 大手段이 困境ᄒᆞ야 折衷取合다 잘ᄒᆞ고 統一主義세워볼기

雜報

◎宜各自愼 演興社唱夫等은何等不美ᄒᆞᆫ行爲가有홈인지警視廳에셔其行動을登々調査ᄒᆞᆫ다더라

廣告

南陽郡新里面所在田답證券셤石落을洪시宗당으로侵孫治厚가今年四月分에本人의게典執ᄒ얏ᄂᆞᆫ데支孫들이僞造로移賣ᄒ지말나ᄒ더니不意今番에盡案ᄒ야秋收記까지셔失ᄒᆞᆫ故으로新聞에廣告ᄒ얏스니世上에如此ᄒᆞᆫ僞証을作ᄒ야賣ᄒ미오故로玆以廣告ᄒ오니內外國人은切勿見欺ᄒ시옴

北部鐵多坊三淸洞셤貳統壹戶 安葵柱

本人의所有忠南德山郡大鳥旨面大德山面所在田畓二十餘石落官證印量案壹度와其他田畓圖形記三度와秋收記抄件二度를德山大川市附近에셔陰九月六日에遺失ᄒ얏스니誰가拾得ᄒ와도休紙施行홈

德湖 김濟昌

本人京替石洞居權司稷許買得畓忠淸道城郡技內面羅山前等處所在畓石落券證明本郡守請文券을持ᄒ다가鐵川郡光惠洞우金等處에셔失ᄒ얏스니誰某拾得ᄒ거던休紙로施行홈

京北部小安洞 權重兌 告白

本人의家가在於阿峴權故丞契所에百六統九戶온바辛丑年分에김召史를五百兩에買入ᄒ얏더니가癸卯年分에還給贖ᄒ고賣券文紙를推尋ᄒ와따가셔失ᄒ얏사오니內外國人은照亮홈

李大吉 告白

東部崇教坊里門동四十四統七戶에居ᄒᄂᆞᆫ文姓屋草家九間立旨壹張을本人이執持ᄒ얏다가陰八月旬間에路中에셔失ᄒ얏ᄉᆞ오니內外國人間에其拾得ᄒ와도休紙施行홈

申泰奎 告白

德源港及北魚所產郡客主與諸賈殿

貴處所產北魚ᄂᆞᆫ卽各道需用之物而與敝港으로無直接關係者ᄂᆞᆫ新來客主醫藥이零星ᄒ야無可借用人故로目敝港의셔所送ᄒᆞᆫ米穀도多大ᄒ나亦無可議處故也라本會ᄂᆞᆫ湖西湖南各郡의資產家가多數合力而剏設者ᄋᆡ오니 貴所北魚와鄙所米穀의貿易을互相往來ᄒ야以達兩港商業을擴張

全北群山港 湖上館商會 告白

本人의從姪미瑛이號ᄂᆞᆫ弄山或云農山이ᄒ니沉惑酒色ᄒ야不顧父母妻子ᄒᄂᆞᆫ데家產을蕩敗ᄒ야不有餘地로何不變習ᄒ고要人出債ᄒ야如渴求飮ᄒ오니內外國人은錢物間相關이아니ᄒ야야毋至自失追悔홈

本家 東萊府西下面萬德里

本府 鄭浦僑寓

前參奉朴馨鉉 告白

本商會에셔捲煙을製造이온바我韓에有名産出ᄒᄂᆞᆫ葉草로衛生上注意ᄒ고品質도良善ᄒ게製造ᄒ와京鄕間에賣人紳士에可供자自備ᄒ고發賣이옴이니僉君子ᄂᆞᆫ購用ᄒ옵셔ᄂᆞᆫ煙으로多評證ᄒ시ᄂᆞᆫ好評大譽을被ᄒ와今後에繁務를大擴張ᄒ고精益을研究ᄒ여사오니陸續來購ᄒ심을望홈

大韓京城鐵物橋三拾七統九戶 江華商會 告白

本會에重要ᄒᆞᆫ事項이有ᄒ와陰月三십日(土曜)下午壹時에臨時總會를美興洞中東學校內에서開ᄒ깃ᄉᆞ오니會員諸位及有志僉彦同照來臨ᄒ심을敬要

大韓工業會 告白

本人이本年陰五月分에姓名章을셔失ᄒ고新章을施行ᄒ오니內外國人은照亮홈

南署薰陶坊楸동契第五統四戶 徐敬二

本人南部下永溢里七십八統七戶草家十二間印許草셔失故로玆以廣告ᄒ오니誰某拾得休紙施行홈

金致心 告白

長湍太南面私立通明支校ᄂᆞᆫ去年九月에設立ᄒ얏ᄂᆞᆫ데不過五朔에經費가困難ᄒ야幾乎廢止러니附近儒紳權씨가家勢不贍ᄒ나敎育에熱心ᄒ와設校를今春에面各谷里로移設ᄒ고經費를擔任ᄒ며商業에所關事가有ᄒ야現今大邱郡에留ᄒ나經費를自擔ᄒ와維持케ᄒ니其熱心을玆에廣布홈

校長 孫宗仁 김濟源

贊監 미實模

學務 孫宅潤

惟玆文川은峽川殘邑으로昨年水災ᄒ空前絶後ᄒ飢饉酷烈은約可忍言哉아此際本人이猥莅是郡ᄒ야自顧不材가所當爲에職分을盡ᄒ나皆答道理가無ᄒ니如ᄒ야니嗚呼라天闢이佑ᄒ니歐亞列國에寫像을呈ᄒ고人文이漸彰ᄒ니蒼白의異種이親愛ᄒ仁과融合救濟의義가古今一代로다層居諸君子여是郡饑荒에對ᄒ야內外國諸氏의義捐이登繁ᄒ니稟의義理와像然無今ᄒ노라本人도木石의冥頑은아님으로是郡人民의代表가되야微忱을敢陳ᄒ와殊恩을仰答코자ᄒ되염勝ᄒ族詠ᄒ고毛頭을充盡ᄒᆞᆯ지라도高遠博厚를不能萬壹이오다故로太署를暴ᄒ야慶抃贊賀ᄒ노니我郡諸君子여天寬이包容ᄒ니君爾化際이오仁民愛物ᄒ니如水就下로다隣國諸君子여交際有道ᄒ니齊楚無過이오急難이在義ᄒ니晉秦相輸오다社會諸氏여死生를肉骨니若恫在己ᄒ고甘苦同與ᄒ니君自其口로다海外學生이여寸肝을剖寄ᄒ니日月이在彼ᄒ고拶淚을交迸ᄒ니山河가在此로다婦人諸氏여慈深誠우草木이數粟이오耿介孤毅ᄂᆞᆫ金石有聲이로다吁此ᄒ福과取ᄒ濱死의民에再生의恩을蒙ᄒ야昭明世界에呼吸을復得ᄒ고活ᄒ야會에爵祿을共享ᄒ니欲報之德은昊天罔極이라鏤之金石도可也며鐫之絲竹도宜也나撗太者ᄂᆞᆫ能名焉이오深厚者ᄂᆞᆫ不可論焉이라故로隣國意識으로暴白을報謝ᄒ야願ᄒ야月露ᄒ니城郭殘落動植의鄕明凡有血氣ᄒᆞᆫ山歌野咏ᄒ야千秋에壽傳코자ᄒ노니分才短舌과錙銖小見으로左開諸氏의雅量욕音에對ᄒ야萬壹을形容ᄒ리오飮河者知足而已요소이다

咸鏡南道觀察道와官廳 合金壹百圓

元山港각官廳과商民 合金壹千一百五十七圓五拾錢

文川郡官民 合金兩千壹百四十圓九十八錢

元山商務會 合金壹百七十六圓四十錢

咸鏡北道金州各官廳 合金七拾八圓三십七錢

咸鏡南道各郡 合금壹百九十四圓六십五錢

全羅南道觀察道각官廳 合금七十四圓셤九錢

京城龍山印刷局工場 合금拾圓

咸鏡南道咸興郡豐湖里 김昇煥 금二十圓

咸美合衆國各民 合금二百五십八拾錢 (由安昌浩氏)

(加五伊리위금二拾圓) 由太韓每日申報社

文川郡守徐廷淑 白

藥務大醫院 告

同胞의愛護ᄒ심으로幹務事業이日就月盛ᄒ옵기로業務를大擴張ᄒ고左開各品을製造ᄒ오니位前에購ᄒ심을望

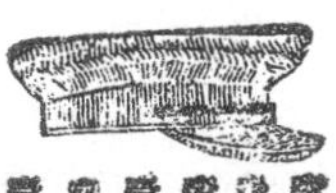

壹甲號帽子 金五拾錢

壹乙號帽子 金四十五錢

壹三合絲製靴襪 金二十錢

壹仝 綿襪 金拾八錢

壹男女學生衣次及普通衣次

壹官公私立學校徽章製造

壹各國染料販賣及人放賣

壹紬緞木布毛絲染色及改染

外方에셔請求ᄒ시면小包郵便으로迅速酬應ᄒ깃숩

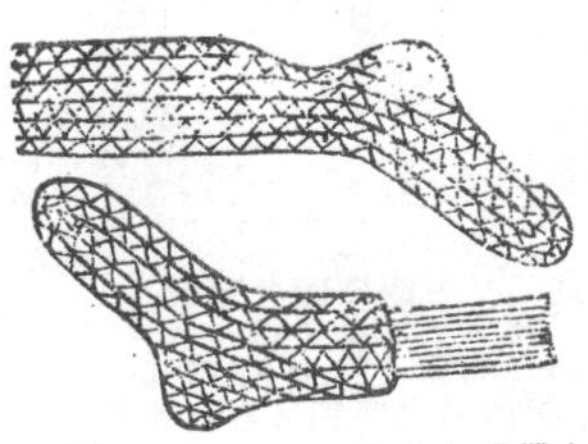

京城宗廟越便

中谷染織工所主金德昌 告白

◎新製止痛藥

此藥은美國에有名ᄒᆞᆫ의학博士의발明ᄒᆞᆫ바未司의발明ᄒᆞᆫ藥이라左開諸症에外他內服ᄒ면無不立效인바吐瀉霍亂轉筋下痢等流行急症에尤極神效ᄒ와多救生命이오니藥藥從容ᄒ시ᄂᆞᆫ이와疾病을預防코져ᄒ시ᄂᆞᆫ이ᄂᆞᆫ速速來購ᄒ시되廉價로放賣ᄒ깃사오니

左開

▲內科所用▼

胃痙攣 吐瀉 咳嗽 肚滯 心痛 肝病 胃熱 口內之瘡 哮喘 小兒吐瀉 抽筋 瘧疾 噯氣 疝氣痛 耳神經痛 氣痺 身手軟弱 痢疾 暈船 氣管病 霍亂 瀉泄 食傷 不消化 疹子 傷寒 肚痛 痰疾 頭痛 胸背痛 暑夏吐瀉

▲外科所用▼

疔瘡 瘡 跌打損傷 腰骨痛 瘡 指甲疽 咽喉痛 蟲蛇蜇咬 凍瘡 腦氣筋痛 癬

發賣所 磚洞韓美興業株式會社事務所

廣告

江華郡仙源面外州洞私立區山靑校에서秋期運動을設行ᄒᆞᆫᄃᆡ寄附諸氏가如左ᄒᆞ오
郡守韓永福 空冊二十卷 韓明학교 紙筆
鄭大(?)鉉 二圜六十錢 宋堯春
金正鎭 곡(?)壹圜廿錢

김석烈 宋範석 宋堯鉉
金正穆 朱우석 리基薰
각(?)俊 金炳憲 鄭淳弼
姜致俊 김영仁 鄭光鉉
安雨植 鄭基采 尹元植
黃佑潤 韓晩喜 韓泰珠
鄭淳默 鄭淳撤 各八拾錢
裴安燁 정淳霖 劉暫連
김仁通 安慶植 崔淳鳳
李應烈 李應杜 金容鎬
宋鳳(?)打 金晉鉉 宋雨象
金光榮 金鍾根
柳鍾鎭 김義植 柳永三
李□文 리德存 徐丙台
李□俊 安□鉉 安參淳
黃元석 申泰泳 黃河登
黃潤永 金斗鉉 徐丙鼎
朴讚會 鄭寅奎 各四十전
麥석九 石敬鐵 정 徹
宋啓洛 洪德運 韓□鉉
尹龍錫 □□淳 □康運
尹行錫 閔□鎬 각廿錢
金明奎 石仮五箇 洪淳석
三대(?)석 石板壹打 韓寅珠
□□□ 石鐘壹打 陶象玉
□鍾□ 黃東潤 崔守命
박□□ 黃長潤 河義成
□元□ 韓璞鉉 각十전
江華私立區山학校 告白

本宗規則改爲制定ᄒᆞ고九月拾八日上午十時特爲宗會于紫(?)洞都有司宅ᄒᆞ오니僉宗座(?)卽來臨爲望

平山申氏大宗中

隆熙二年秋에有志紳士의捐金으로本校를設立ᄒᆞ야學徒ᄂᆞᆫ六十餘員이오捐金氏名은如左

朴鳳潤 壹百圜 李永稷
李鐵奎 각五十圜 金漢禧
尚明賢 韓석泰 康ㅅ善
趙益珠 각卅圜 安鳳鉉
洪基俊 金炳貞 각廿五圜
金東善 吳秉化 文成玉
金益弘 宋元國 吳永燮
朴大興 安亨植 崔成賢
曹潔善 리東彬 黃希鎬
朴廿圜 리國俊 吳利석
金允寬 각十五圜 劉在淪
鄭希賢 리鶴淵 方有玉
김九祥 曹元植 김鳳基
實圜석 林基鳳 安應守 朴齊成
洪士寬 文時憲 金斗雲 康鳳煥
金永得 高明儀 文鍾根
各十元 朴鳳煥 金丁俊
沈俊健 朴孝永 趙京云
崔鍾祚 申元燮 金炳俊
李鎭根 李宗默 朴淳明
金鍾實 崔化成 金千碩
林京老 張鳳吉 郭鍾哲
李廷賢 김贊奎 韓永珠
金基重 吉淳成 崔炳祿
林寧化 김致彦 各五元
朴鳳德 朴泰枝 김泰珠
各西元 梁士彬 金永三
吳基道 朴用球 任東浩
徐祥祚 김鳳赫 崔鳳賢
宋鍾俊 韓淳奎 金中玉
金鳳德 최昌洙 田□永
리炳祚 文道永 王鍾鎬
각三圜 韓季化 鄭贊實
김淳澤 김中甫 鄭在鳳
崔祥烈 車成守 김鍾弼
鄭致鎬 朴南七 白河賢
劉應龍 리仁福 崔贊基
張應賢 김昌化 崔國河
리龍석 김希道 徐孝正
리甫永 김永俊 黃基宗
김炳希 崔應化 리龍석
김炳化 崔炳河 김希道
徐孝正 리甫永 김永俊
黃基宗 김丙希 崔應化
리文擧 김得淳 곡(?)鳳圖
김贊厚 리枝方 김吉弘
崔永泰 김泰吉 韓文祥
白亨植 張永伯 김宗洛
김桂豐 黃ㅅ任 김宣基
崔允承 리化善 車成辰
박成叔 崔永祿 박□석
姜贊實 金利用 姜贊國
김□伯 리□燁 리丙植
明在賢 卓成九 張得鳳
김應永 김八龍 崔昌善
許善斗 김吉松 박致化
각□□

平壤雲山北面鎭洞義務學校
校長 김運福
學監 卓□賓

本館에셔壹般任員은改差ᄒᆞ엿ᄉᆞᆸ고業務를更加擴張ᄒᆞ옵기로特別割引ᄒᆞ야...僉君子ᄂᆞᆫ...

平壤...大...館

...

遼東號館 告白

本館所在地 哈爾濱...
本館所在ᄒᆞᆫ江湖上...
...

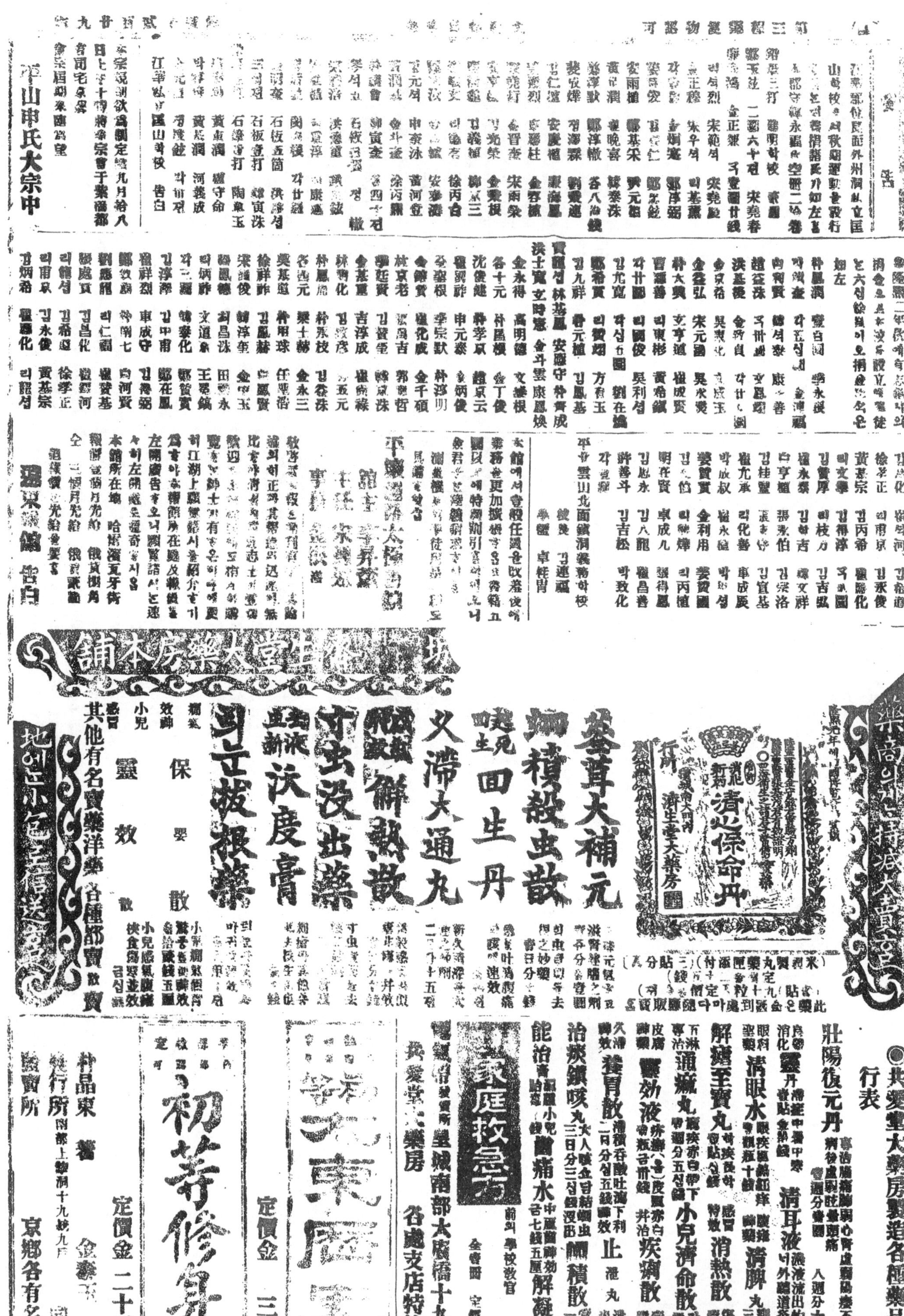

第千貳百三拾號

大韓每日申報

第七卷

月就 雜時 及日 廢休 新刊

檀君開國四千二百四十二年
箕子元年三千三十一年
大韓開國五百十八年
日本明治四十二年
耶蘇降生一千九百九年
陰己酉九月十四日庚申

Responsible for Publication Alfred Weekley Marnham.
發行兼編輯人 英國人 萬咸

論說

●亡國人의痴想을憐ᄒ노라

亞細亞洲某某亡國人中에佛教信者가佛教ᄂ興國의教라ᄒ고替揚ᄒ며基督教ᄂ亡國의教라ᄒ고憤慨ᄒ거날

聞者가笑ᄒ야曰子의國은小乘의佛教를信仰ᄒ야社會의秩序를破壞ᄒ고佛塔의建立으로國財가罄竭ᄒ고踏寺의痴習으로民産이頹廢ᄒ야畢竟亡國에至ᄒ얏스니小乘佛教가亡國의教가아닌가ᄒ즉

其信者가勃然히怒ᄒ야曰佛教를篤信ᄒᄂ國은分明히興起ᄒ다ᄒ며極口反駁ᄒ더라

記者ㅣ曰嗚乎라大抵宗教가興國의機械를作ᄒ도有ᄒ나亦亡國의機械를作ᄒ도有ᄒ나니此ᄂ但其信者如何에在ᄒ지라엇지何宗教가入ᄒ면國이興ᄒ고何宗教가入ᄒ면國이亡ᄒ다稱ᄒ리오彼亡國人이本來佛教의小乘으로其國을斃케ᄒ고도尙且不悟ᄒ야如彼云云ᄒ니嗚乎라佛教를信ᄒ야도其方道가國에害ᄒ면國이亡ᄒ고其方道가國에利ᄒ면國이興ᄒ지오基督教를信ᄒ야도其方道가國에害ᄒ면國이亡ᄒ고其方道가國에利ᄒ면國이興ᄒ지어ᄂ彼의迷信이엇지如彼히甚ᄒ가嗚乎ㅣ라余ㅣ韓國宗教信者가或此의覆轍을蹈ᄒ까恐懼ᄒ노라

又其國學紳士가曰我國人은其氣力과其頭腦가歐洲人에게不讓ᄒ다ᄒ거날

聞者가冷笑ᄒ야曰果然이면如此ᄒ氣力이有ᄒ고如此ᄒ頭腦가有ᄒ君輩가何故로他族의土人々々ᄒᄂ輕蔑을受ᄒ며蹈躪的으로權利를喪奪ᄒ고도默然히過去ᄒᄂ뇨ᄒ다

其人이曰否々라已往我國々王時代ᄂ暗黑時代라鐵道도不敷ᄒ고汽車도無ᄒ고拾餘世紀의壓制가沼々不息ᄒ야惡政府가誅求를苛酷히ᄒ더니只今他族의治下에入ᄒ야ᄂ權利의束縛은當ᄒ얏스나目前에ᄂ已往惡政府時代보다猶愈ᄒ다ᄒ거날

聞者ㅣ許曰此人은其國某學校의教師라此人에게教育을受ᄒᄂ其國子女ᄂ其前途가當如何ᄒ냐ᄒ고慨歎히嘲歎ᄒ얏다더라

記者ㅣ曰嗚乎라壹何惡政府의暴行만但慣ᄒ고永世他國族의奴隷ᄂ不恐ᄒ야奴隷되기를自甘ᄒ며牛馬되기를自辜ᄒ니彼ㅣ엇지可恰ᄒ物이아닌가此가비록林을爲ᄒ야雀을驅ᄒ惡政府의所致나然이나彼人民이壹半分이라도知識이有ᄒ며精神이有ᄒ면엇지其口로如此ᄒ言을吐ᄒ리오

大抵人이我의國을滅ᄒ고我의族을縛ᄒ면彼가아모리鳳의饌으로我를食ᄒ며金玉의堂으로我를養ᄒ다도我가오히려朝에哭ᄒ며暮에哭ᄒ야我의壓을不復이면不止ᄒ며我의族은不救면不已ᄒ지어날而況奴隷를現作ᄒ고漸滅ᄒᄂ方路를踏ᄒ거ᄂ彼의奴性ᄒ야엇지如彼히堅ᄒ가又彼가所謂학校教師로此等의奴性이有ᄒ니其種族의前途를余ㅣ尤悲ᄒ노라

嗚乎라余ㅣ韓國愚民이或此의覆轍을蹈ᄒ까甚懼ᄒ며又韓國教育家가或此의覆轍을蹈ᄒ까尤其懼ᄒ노라

外報

●兩帝會見 伯林電을據ᄒ즉德國皇帝ᄂ伊太利皇帝와會見ᄒ기로遂ᄒ얏다더라

●直接選擧 仝電世據ᄒ즉德國聯邦에서ᄂ議會에서ᄂ議會議選擧에三級制를廢ᄒ고처음으로直接選擧法을採用ᄒ얏다더라

●摩王調停 仝電을據ᄒ즉摩洛哥國王은가별쓰民族과西班牙國間에仲裁를試ᄒ더라더라

●大慧星出現 하레大慧星은七拾四年만에去九月十壹日에미국소聯國天文臺寫眞에박혓ᄂ디本年秋冬交節(西曆拾貳月卽孟冬)에出現ᄒ리라더라

●露請拒絶 露國政府ᄂ淸國政府에對ᄒ야利益均霑이라爲名ᄒ고愛琿齊々哈爾鐵道의合同布設을請求ᄒ얏스나拒絶되얏다더라

●露相着哈 露國度相코코프쵸프시ᄂ貳拾四日에哈爾賓에着ᄒ얏다더라

●錫督會伊 東三省總督錫良시ᄂ伊藤시의會見ᄒ고滿洲問題에關ᄒ야淸國의希望을述ᄒ얏다더라

●土勃國境爭鬪 土耳其와勃加利兩國々境에서激烈ᄒ爭鬪가起ᄒ얏ᄂ데此爭鬪를禁ᄒ기爲ᄒ야增援兵을派遣ᄒ얏다더라

●英領激震 英領벨누취스탄國子엣타地方에激震이有ᄒ야벨포드停車場과子엣타鐵道의諸建築物은全然破壞되고死者가二百五名이오負傷者ᄂ二名이라더라

●露伊新關係 論敦電을據ᄒ즉伊國各新聞은露帝와伊國王間이露伊協約의導火線되기를希望ᄒ며又露國과伊國이[illegible]締結되기를期待ᄒᄂ데露國新聞은露帝의伊國訪問으로써三國同盟에害를줄노懸念을抱ᄒ얏다더라

●會見注意 哈爾賓電을據ᄒ즉露國度相과日本伊藤公의哈爾賓會見은露國輿論界에서各國의注意도不少ᄒ데法國新聞通信員과英國新聞記者及奉天英國總領事도近々當地에來着ᄒ다더라

●澳匈分離說 論敦電을據ᄒ則澳匈國皇帝프란즈、요세프陛下ᄂ澳匈兩國內閣聯合會議에서요쓰씨니크씨及他大臣과會同ᄒ야此際에兩國內閣에一致ᄒ을努力ᄒ기를懇論ᄒ얏스나各大臣等은愈々此議를拒絶ᄒ얏ᄂ데此結果로因ᄒ야事態의何等變化가出現ᄒ줄노期待ᄒ다더라

學界

●兩시傳學 楊州郡石積面石隅洞居紳士韓璟履와承萬兩시가에동명書學校에對ᄒ야시ᄂ답십斗落田과貳日畊이시ᄂ답三斗落田壹日畊을寄附ᄒ고熱心勸勉ᄒ으로校況이日進ᄒ고衆頌이藉藉ᄒ다더라

●成明更振 장湍郡上道面成明學校ᄂ財政이窘絀ᄒ야廢止ᄒ境遇에至ᄒ얏더니該郡守學兩宰시가熱心奬勵ᄒ고學父兄諸시가極力捐助ᄒ結果로校況이[illegible]ᄒ다더라

●[illegible] 安岳郡乾紅面私立[illegible]學校ᄂ該面內諸般紳士가[illegible]校長孜弘시가一般經費를專擔ᄒ야校舍를新建築ᄒ고紳士申志학[illegible]激切ᄒ言辭로聽從[illegible]募集ᄒ야校況이漸[illegible]諸시의教育界熱心을[illegible]더라

●中學熱誠 忠淸紳士申錫九시ᄂ教育에熱心ᄒᄂ바[illegible]國教育界에財政困難을因ᄒ야鮮克有終ᄒᄂ數이有ᄒ얏더니海外各國에留학ᄒᄂ私費학生中或학費窮乏ᄒ으로中途反還ᄒ은대옥慨歎히녀여財政家十三人을締結ᄒ고각出金額ᄒ야營業所를設立ᄒ고存本取利ᄒ야永久助給ᄒ기로同盟協議ᄒ다더라

●朝陽有光 黃海道鳳山郡萬泉面檢洞朝陽學校ᄂ有志紳士李台健忠健兄弟와其侄宗夏三시의專擔義務로設立ᄒ얏ᄂ데校況이日益擴張ᄒ야七八십名學徒를熱心教育ᄒ고尙且京城西北학會々館建築費不足額에對ᄒ야多數捐補ᄒ얏슴으로該시等의教育上熱心을人皆稱頌ᄒᄂ다더라

雜錄

●南陽農夫

躬耕南陽諸葛亮은、草堂에서나온후로。漢室을中興코저、鞠躬盡瘁ᄒ얏것만。至今에、岩穴中隱士ᄂ、무슴經綸。

○哈爾賓電報○

◉伊藤被狙擊 伊藤博文公은今朝哈爾賓에셔韓人에게狙擊을當ᄒᆞ엿다더라

◉三發三中 伊藤公은彈丸三發을受ᄒᆞ야途中되엿ᄂᆞᆫ데甚히危篤ᄒᆞ고狙擊者ᄂᆞᆫ捕縛되엿다더라

以上二十六日發

○北京電報○

◉軍機大臣任命 淸國攝政王은端方을[illegible]ᄒᆞᆫ後軍機大臣으로任命ᄒᆞᆷ은[illegible]熱心ᄒᆞ게[illegible]ᄒᆞᄂᆞᆫ那桐의言을是認ᄒᆞᆷ이라더라

◉德淸大學 淸國敎育의目的으로德國이靑島에建設ᄒᆞᆫ德淸大學은落成되얏ᄂᆞᆫ데去廿五日에淸國官民을招待ᄒᆞ야盛大히開校式을擧行ᄒᆞ얏다더라

○東京電報○

◉總督會見 日本伊藤公과淸國奉天總督은二時間餘가되도록會見ᄒᆞ얏다더라

以上二十六日發

雜報

◉[illegible]加選 皇后陛下의侍讀官一人을加選ᄒᆞᆫ다더라

◉伊藤公暗殺 滿洲旅行中에在ᄒᆞᆫ伊藤公은昨朝哈爾賓에셔韓人에게暗殺되얏다고朝鮮日日新聞은號外를發ᄒᆞ엿더라

◉[illegible]會議 從來에大臣會議와港務會議ᄂᆞᆫ火요와金요에各其開會ᄒᆞ더니今番에[illegible]會ᄒᆞ기로定ᄒᆞ야來週부터ᄂᆞᆫ火요日에ᄒᆞ기로決定ᄒᆞ얏다더라

◉集賢官敘勳 國朝寶鑑纂輯校正官李容元氏以下[illegible]從事ᄒᆞ던官吏ᄂᆞᆫ階級을分ᄒᆞ야敘勳ᄒᆞ얏다더라

◉度相始仕 新任度支部大臣高永喜氏ᄂᆞᆫ再昨日부터仕進을始ᄒᆞ얏다더라

◉法官訪問 法部가不日廢止될터인고로日昨에同部[illegible]官一同이高永喜氏를訪問ᄒᆞ고廢部後自己等의處方法을問議ᄒᆞ얏다더라

◉又欲借款 [illegible]部에셔來年度豫算의增加가太多ᄒᆞᆷ으로借款을要치아니ᄒᆞ면不可ᄒᆞ다ᄂᆞᆫ說이有ᄒᆞ다ᄂᆞᆫ데度支部次官荒井氏와日本政府와交涉을[illegible]ᄒᆞ야決定되리라더라

◉岡喜[illegible]發 前報와如히內部次官岡喜七郎이昨日上午九時에發程ᄒᆞᄂᆞᆫ데各大臣及內外國高等官들이南門外停車場ᄭᆞ지前往餞別ᄒᆞ얏다더라

◉韓國內容 內部次官岡喜七郎의歸國ᄒᆞᆷ은前報와如ᄒᆞ거니와其內容인즉來月旦日부터施行ᄒᆞᆯ司法權에關係된事項의報告를爲ᄒᆞᆷ이라더라

◉五觀選任說 慶南全南慶北咸北五觀察使가選任된다ᄂᆞᆫ說은各報에已揭ᄒᆞ얏거니와爲先慶北觀察使朴重陽氏ᄂᆞᆫ不遠間選任된다더라

◉李氏被任說 大韓新聞社長李人稙氏ᄂᆞᆫ學務局長을被任ᄒᆞᆫ다더라

◉[illegible] 已往에ᄂᆞᆫ軍人將校를監差ᄒᆞ라면拔擢試驗을經ᄒᆞᆫ後에敍任ᄒᆞᄂᆞᆫ데現今親衛府에셔ᄂᆞᆫ[illegible]中已往[illegible]考試ᄒᆞ야試差ᄒᆞ기로決定ᄒᆞ얏다더라

◉醫官更迭 [illegible]醫院醫官의更迭은現今實行ᄒᆞᄂᆞᆫ中인데已發表된者ᄂᆞᆫ僅二名에不過ᄒᆞ나日前[illegible]新聞에發表된바와[illegible][illegible]中에依然存續ᄒᆞᆫ者ᄂᆞᆫ僅히二名[illegible]오醫師도大異動이되야遞差十貳名을警部[illegible]任用ᄒᆞᆫ同時에四十餘名에更迭ᄒᆞᆯ리라더라

◉兩費支出 地方費로支出ᄒᆞᆫ官吏의手當金會宅料ᄂᆞᆫ國庫金으로支出ᄒᆞᄂᆞᆫ官吏와同一ᄒᆞ게磨鍊ᄒᆞᆫ다더라

◉[illegible]觀覽 政府에셔日本에注文ᄒᆞ야製造ᄒᆞᆫ[illegible]이仁川港에到泊ᄒᆞ얏ᄂᆞᆫ데曾禰統監과各府部大臣及其他高等官이此를觀覽ᄒᆞ기爲ᄒᆞ야昨日上午八時四十分에京仁線으로發往ᄒᆞ얏다더라

◉[illegible]觀察 日昨에渡韓ᄒᆞᆫ日本文部省實業學務局長眞野ᄂᆞᆫ昨日仁川港實業學校를觀察ᄒᆞ고本日에ᄂᆞᆫ京城師範學校와官立高等女學校를觀察ᄒᆞᆫ다더라

◉直員紛擾 仁同郡[illegible]直員이現闕되얏ᄂᆞᆫ데該郡居張氏門中에셔此를圖得ᄒᆞ기爲ᄒᆞ야或會員을賣ᄒᆞ야運動ᄒᆞᄂᆞᆫ者도有ᄒᆞ고或某[illegible]員을符同ᄒᆞ야圖點을圖ᄒᆞᄂᆞᆫ者도有ᄒᆞ고或官吏를紹介ᄒᆞ야[illegible]을圖ᄒᆞᄂᆞᆫ者도有ᄒᆞᆫ데現今時代를當ᄒᆞ야直員을榮華로知ᄒᆞ고如此히紛競ᄒᆞᆷ은實로可歎ᄒᆞ다ᄒᆞ고輿論이有ᄒᆞ다더라

◉醫生[illegible]試 本二十九日에成均館에셔[illegible]醫生을試取ᄒᆞᆯ터인데[illegible]生을會集面試ᄒᆞᆫ다더라

◉社稷享費 內部에셔[illegible]社稷壇享祀費를制定ᄒᆞᄂᆞᆫ데十壹園에ᄂᆞᆫ壹百十圓으로三百十八圓에ᄂᆞᆫ三千六百九十圓으로更磨鍊ᄒᆞ얏다더라

◉唱歌嚴禁 京鄕各學徒의時局에關ᄒᆞᆫ唱歌를使用ᄒᆞᆷ이不可ᄒᆞ다ᄒᆞ야本年六月分에學部에셔禁止ᄒᆞ얏스나[illegible]今使用ᄒᆞᆷ이有ᄒᆞᆷ으로學部에셔漢城府와各觀察道에訓飭ᄒᆞ고嚴禁ᄒᆞ게ᄒᆞ라ᄒᆞ얏다더라

◉[illegible]解聘 防疫事務에關ᄒᆞ야日本셔雇聘ᄒᆞᆫ[illegible]醫師諸氏ᄂᆞᆫ解雇됨으로昨日京釜列車로歸國ᄒᆞ얏다더라

◉武官派送 來[illegible]月에擧行ᄒᆞᄂᆞᆫ日本陸軍大演習에參觀케ᄒᆞ기爲ᄒᆞ야政府에셔[illegible]진과等四氏를派送ᄒᆞᆫ다더라

◉[illegible]視察 平壤[illegible]炭을日本海軍省에셔需用ᄒᆞᆷ은已[illegible]어니와已往法國人[illegible]社에셔三十萬圓資本으로[illegible]人ᄒᆞ야[illegible]採掘機械를近者에平壤으로輸送使用ᄒᆞᆫ다ᄒᆞᆫ즉今年內로五萬五千噸을採掘ᄒᆞᆯ豫定이라ᄒᆞ더라

◉鐵椎供覽 英國元帥키치나氏가日間渡韓ᄒᆞᆷ은人所共知어니와博物館에在ᄒᆞᆫ滄海力士의鐵椎를該元帥에게供覽ᄒᆞᆯ事로親衛府에셔宮內府에照會ᄒᆞ얏다더라

◉因忙未果 今番英國키치나元帥가渡韓하ᄂᆞᆫ時에在京英人들이大歡迎會를開ᄒᆞ려ᄒᆞ더니元帥가暇隙이無ᄒᆞᆫ故로未果ᄒᆞ얏다더라

◉惠及衆民 政府에셔[illegible]貸國債萬圓을水道局에支撥ᄒᆞ고人民의需用에[illegible]淡水를無料使用케ᄒᆞ얏다더라

◉[illegible]便[illegible] 韓國瓦斯會社에셔電車運行을迅速케ᄒᆞ기爲ᄒᆞ야電氣鐵路를雙方敷設ᄒᆞᆫ다더라

◉[illegible]棲居 者老[illegible]支部所管으로就[illegible]ᄒᆞᆫ後[illegible]人民이貧困ᄒᆞ야[illegible]村[illegible]을便宜로[illegible]住接케ᄒᆞ며英國[illegible]外에셔棲居ᄒᆞ더라

◉艇隊根據移轉 韓國沿岸警備에在ᄒᆞᆫ日本第四艇隊의根據地ᄂᆞᆫ從來[illegible]에러니今回에ᄂᆞᆫ馬山으로移轉ᄒᆞ얏다더라

◉商組請願 [illegible]商務組合[illegible]徐相[illegible]氏가商務組合本部의名義로日憲兵[illegible]名을派送ᄒᆞ야[illegible]壓ᄒᆞ고商務를遮行ᄒᆞᆫ[illegible]再昨日에憲兵所에[illegible]請願ᄒᆞ얏다더라

◉不忍其怨 漢城衛生會에셔管轄人民에對ᄒᆞ야衛生費로星火督促ᄒᆞ야[illegible]收聚ᄒᆞ되肥料品과汚穢物은[illegible]不掃去ᄒᆞᆫ다고民怨이喧藉ᄒᆞ다더라

◉[illegible] [illegible]島居[illegible]元[illegible]氏ᄂᆞᆫ家勢가不贍ᄒᆞ되遂善之心이有ᄒᆞ야藥材[illegible]多[illegible]ᄒᆞ야[illegible]病[illegible]을援ᄒᆞ며[illegible]救活ᄒᆞᆫ者가頗多ᄒᆞ되今番流行病에도[illegible]然히救活者가多數ᄒᆞ며藥價ᄂᆞᆫ[illegible]分不受ᄒᆞᄂᆞᆫ故로衆頌이藉藉ᄒᆞ다더라

◉大東押收 大東共報第七十五號ᄂᆞᆫ治安을妨害라ᄒᆞ야內部에셔發賣頒布를禁止ᄒᆞ얏다더라

◉湖上商會擬立 [illegible]川港及金州郡[illegible]實業家[illegible]氏[illegible]資金을鳩聚ᄒᆞ야湖上商會를擬立ᄒᆞ고[illegible]國物貨를直接輸入ᄒᆞ며貨物交通을便利케ᄒᆞᄂᆞᆫ데會員은三百餘人에達ᄒᆞ얏다더라

◉[illegible] 本月七日慶尙北[illegible]化郡小川面居沈鎭七氏家에義兵將[illegible]基哲氏以下七名이留宿ᄒᆞᄂᆞᆫ데尉珍[illegible]憲兵將校[illegible]시가部下八名을率來ᄒᆞ고[illegible]歸ᄒᆞ야[illegible]가我義兵의[illegible]報ᄒᆞ야[illegible]奪[illegible]ᄒᆞ얏고又良民을[illegible]ᄒᆞ나니[illegible]殺無[illegible]敎ᄒᆞ고沈氏家庭에셔銃殺ᄒᆞᄂᆞᆫ데[illegible]下[illegible]大將徒黨[illegible]名을率ᄒᆞ고蔚珍郡에往ᄒᆞ야[illegible]去銃殺ᄒᆞ엿다더라

◉朴犯宣告 强盜殺人犯朴聖德을絞首로再昨日控訴院에셔宣告ᄒᆞ얏다더라

◉[illegible]道 警視總監이逐賊事件으로警察官吏가晝夜奔走ᄒᆞ야賊蹤을調探ᄒᆞ더니南門內居朴星七[illegible]名을再昨夜에逮捕ᄒᆞ야[illegible]失物品을還推ᄒᆞ얏다더라

◉義蹤調探 去[illegible]二[illegible]日義兵將姜基東氏가[illegible]名을率ᄒᆞ고抱川[illegible]經出ᄒᆞ야[illegible]鐵山으로[illegible]往ᄒᆞ얏다ᄂᆞᆫ說이有ᄒᆞᆷ으로日憲兵及巡査가其踪跡을調探ᄒᆞᆫ다더라

◉可[illegible]崇學 英領布哇에在ᄒᆞᆫ韓人留學者가[illegible]至ᄒᆞᆷ으로今秋期開學에[illegible]不足ᄒᆞ야入學지못ᄒᆞᆫ者가千餘名에達ᄒᆞ얏다더라

◉[illegible]商業會 英領[illegible]에在ᄒᆞᆫ[illegible]韓人[illegible]靑年熱心과[illegible]人士[illegible]商業會를[illegible]ᄒᆞ야去月十三日에[illegible]新[illegible]總會를開ᄒᆞ고鳩財[illegible]所得[illegible]不惜ᄒᆞ고[illegible]百圓[illegible]捐[illegible]ᄒᆞᆫ者가[illegible]百[illegible]ᄒᆞ야[illegible]滿[illegible]氏가莫不感賀ᄒᆞ[illegible]學[illegible]出ᄒᆞ[illegible]合[illegible]鳩合ᄒᆞ야會[illegible]成立ᄒᆞ얏ᄂᆞᆫ데[illegible]會[illegible]特色을[illegible]ᄒᆞ고[illegible]校[illegible]進ᄒᆞ기로[illegible]ᄒᆞ다더라

△大阪[illegible]投票▼

△漢城[illegible]投[illegible]校[illegible]時代[illegible]오니投[illegible]販賣[illegible]點[illegible]

△[illegible]點누구런고五[illegible]締結[illegible]外交[illegible]帝國[illegible]ᄒᆞ야保護下에[illegible]欲못이[illegible]五大[illegible]

△座[illegible]點누구런고百[illegible]모[illegible]삼이[illegible]介欲[illegible]自己人[illegible]잘ᄯᅡᆯ기ᄂᆞᆫ宋[illegible]最[illegible]

△[illegible]點누구런고[illegible]車中[illegible]人手中[illegible]最[illegible]

△[illegible]點누구런고[illegible]

△[illegible]滿[illegible]李完用[illegible]最大[illegible]

△[illegible]擇定[illegible]其[illegible]枚[illegible]

雜報

●大同教演說 既報와如히去日曜日上午十一時에普成학校內에서大同教演說會를開ᄒᆞ고紳士金源極元泳義諸씨가三시가細序ᄒᆞ야激切히演說ᄒᆞᆫᄃᆡ會員百餘名이聽講ᄒᆞ얏다더라

●孔子教開會 孔子教會에서去日曜日下午二時에總會를開ᄒᆞ고該會細則을改定ᄒᆞ얏다더라

●親友會任員 靑年親友會에서去土曜日에普成학校內에例會를開ᄒᆞ고任員을組織ᄒᆞ얏ᄂᆞᆫ데會長은金礪躍(?)시오副會長은李鍾浩(?)시오總務ᄂᆞᆫ李東寧씨로監督은朴重夏시로選定ᄒᆞ얏다더라

●靑館派員 靑年會館에서月條代金을收入ᄒᆞ기爲ᄒᆞ야[illegible]駐在ᄒᆞᆫ金起秀[illegible]翼四氏로收金委員을選定ᄒᆞ야各地方에派送ᄒᆞᆫ다ᄂᆞᆫᄃᆡ旅費ᄂᆞᆫ四十圜式支給ᄒᆞ엿다더라

●牧隱影幀奉安式 中部壽進洞影堂에奉安ᄒᆞ얏던牧隱李先生의影幀을見失ᄒᆞ얏다ᄂᆞᆫ은已報ᄒᆞ얏거니와該影堂을完全重修ᄒᆞ고去日曜日下午一時에韓山李氏가宗會를開ᄒᆞ고影幀奉安式을行ᄒᆞ얏다더라

●兩會演說 兩光(?)水英數館金募(?)事件에對ᄒᆞ야普進大韓兩會에서日昨獨立館에勤勉的으로演說을開ᄒᆞ다더라

●普進會協議 昨日下午三時에普進會에서會長副會長及政務委員諸氏가會同ᄒᆞ야何等事件을秘密協議ᄒᆞ얏다더라

廣告

本月十一日本報雜報欄內에義兵이本人家에來到ᄒᆞ야唐木三疋과金貨三拾圜을討去ᄒᆞ얏다ᄂᆞᆫ說은純是無根之說이기로玆에廣告ᄒᆞᆷ

果川郡軍浦停車場居金聖瑞白

秋嫰祚의債權者의게廣告

秋嫰祚에對ᄒᆞ야債權이有ᄒᆞᆫ者ᄂᆞᆫ其債權金額과債權証書의謄本을添付ᄒᆞ고債權者의住所를明記ᄒᆞ야南部大坪坊寫字洞第三統八戶木尾法律事務所로申請ᄒᆞᆷ이可ᄒᆞ되本月二十日(陰九月八日)까지申告치아니ᄒᆞᆯ진ᄃᆡ債權을銷除ᄒᆞ고支拂치아니ᄒᆞᆷ

隆熙三年拾月二拾七日

債務者 秋嫰祚 의財産整理所

京南部大坪坊寫字洞三統八戶

木尾法律事務所

壹年級學徒를補缺ᄒᆞ고또增募ᄒᆞ니願學人은拾壹月십日內로入學請願ᄒᆞᆷ 試驗科目은本校에來問ᄒᆞᆷ

私立 普成中學校

南陽郡新里面所在田畓二십石落을洪氏宗中으로典執ᄒᆞ엿던原가今年四月分에本人의게典執ᄒᆞ얏ᄂᆞᆫ데支孫들이他處로移買ᄒᆞ지말나ᄒᆞ더니不意今者에畓案과秋收記를시지失ᄒᆞ얏ᄂᆞᆫ故로新聞에廣告를ᄒᆞᄂᆞ니世上에如此ᄒᆞᆫ證書ᄂᆞᆫ[illegible]가有ᄒᆞ거든故로玆以廣告ᄒᆞ오니 內外國人은切勿見欺ᄒᆞᆷ

北署鐵長坊三清洞拾統義壹戶 [illegible]英柱

●隆熙二年秋에有志諸시의捐金으로本校를設立ᄒᆞ야學徒ᄂᆞᆫ大십餘員이오捐金氏名은如左

朴鳳潤 壹百圜 鄭永模
朴鎭奎 각五십圜 金達鳳
白利賢 韓석泰 康千善
趙亞洙 각拾圜 文鳳翔
洪基俊 金致貴 각廿五圜
金京希 吳東化 文成玉
金益弘 宋元龍 吳永贊
朴大興 玄亨運 崔成賢
曹鳳勝 리東彬 賈希叡
각廿圜 리國俊 吳利성
김允寬 각십五圜 劉在鎬
鄭希賢 리贊翊 方有玉
김九祥 朴元緖 김鳳基
賈觀성 林基鳳 安應守 朴齊成
洪士寬 玄時泰 金斗雲 康鳳煥
金永得 高明德 文基根
各十元 朴昌根 金丁俊
沈俊健 朴孝承 趙京云
崔國祚 申元泰 金炳俊
金聖根 리宗默 朴鍾明
金鍾贊 崔化成 金千碩
林京老 張萬吉 郭應哲
鄭延賢 김贊奎 韓京洙
金基直 吉淳成 崔錫森
林明化 김致彦 各五元
朴鳳用 朴永根 김益洙
各四元 梁士赫 金永三
吳基道 朴用珠 任學浩
徐祥祚 김鳳赫 白鳳贊
宋龍俊 韓淳奎 金中玉
鄭鳳德 최昌洙 田國永
리炳祚 文道承 王冕鎭
각三圜 鄭泰化 鄭贊實
김淳祥 김中甫 鄭在鳳
崔祥烈 車成守 김得爾
鄭致鎬 朴南七 金河賢
鄭應龍 리仁國 崔贊基
張應實 김昌化 崔錫河
리龍성 김希益 徐孝正
리用承 김永俊 黃基宗
김炳希 崔應化 리龍성
김昌化 崔석河 김希益
徐孝正 리用京 김永俊
黃基宗 김丙善 崔應化
리文學 김得淳 곽承國
김賛厚 리枝方 김吉弘
崔永泰 김봉商 韓文祥
白亨道 張衆伯 김秉洛
김桂豐 張友守 김宣基
崔允泰 리化善 車成辰
박成叔 崔永植 박南성
裵賢實 金利用 裵贊國
김文伯 리興燁 리丙植
明在實 車成九 張得鳳
김恩永 김八龍 崔昌善
許善과 김吉松 박致化
각壹圜

平安北道雲山北面鎭洞普成학校
校長 김達國
學監 車祥齊

本人의養子미瑛이號ᄂᆞᆫ弄山인ᄃᆡ云而後에가沈惑酒色ᄒᆞ야不顧父母妻子ᄒᆞ고蕩敗家產에不有餘地ᄒᆞ며或ᄒᆞ야使習ᄒᆞ오니人의債를如渴求飮ᄒᆞ오니內外國人은金錢物品相關에가毋至白失追悔ᄒᆞᆷ

本家 東萊府西下面萬德里
本府 [illegible]
前參奉朴際銓 告白

業爲大擴張廣告

同胞의愛護ᄒᆞ심으로弊所營業이日就月盛ᄒᆞ옴기로營業을大擴張ᄒᆞ고各種을製造ᄒᆞ오니位前ᄋᆡ購ᄒᆞ심을爲望

特甲號帽子 金五拾錢
特乙號帽子 金四十五錢
壹三合絲襪 一雙金二十錢
壹仝 綿襪 金拾八錢
壹男女學生衣夾段背襪衣夾
特官公私立學校徽章製造
壹[illegible]團染紛論人放賣
特紬緞木棉毛織染色及改染
外方에서請求ᄒᆞ시면小包郵便으로送遞ᄒᆞᆷ을要ᄒᆞᆷ

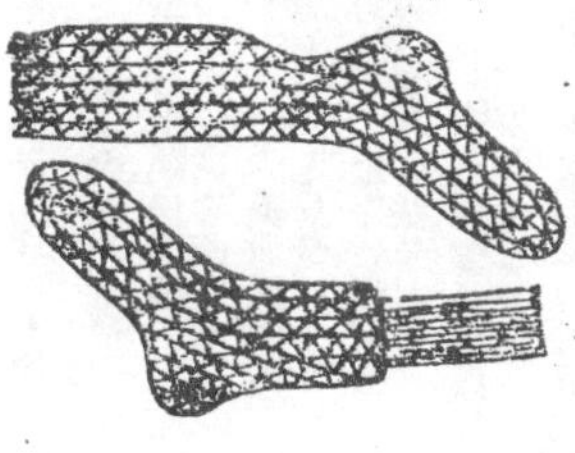

東城宗廟越便
中谷染織工所主金德昌 告白

長湍大韓啓明學校ᄂᆞᆫ去年九月에設立ᄒᆞ얏ᄂᆞᆫᄃᆡ不過五個月에經費가困難ᄒᆞ야幾乎廢止ᄒᆞ더니郡守王殷權시가[illegible]不論ᄒᆞ나教育에熱心ᄒᆞᆫ[illegible]今春에南面[illegible]으로移設ᄒᆞ고校費를擔任ᄒᆞ야[illegible]今大邱에留ᄒᆞ나經費를擔任ᄒᆞ야維持케ᄒᆞ니허시ᄂᆞᆫ熱心을玆에廣布ᄒᆞᆷ

校長孫宗仁 김濟源
校監리寅根 事務孫宅潤

本會에重要ᄒᆞᆫ事項이有ᄒᆞ와拾月三十일(土曜)下午一時에臨時總會를寺洞中東學校內에서開ᄒᆞᆫ다오니會員은一般會員及有志諸彦은期於來參ᄒᆞ심을敬要

大韓工業會 告白

東部崇教坊里門동四十四統七戶리漢文家屋文券九간立旨紙를他人이與執ᄒᆞ야[illegible]月旬間에路中에서失ᄒᆞ얏사오니內外國人은[illegible]拾得ᄒᆞ와도休紙施行ᄒᆞᆷ

申泰奎 告白

◎靈藥止痛藥

此藥은美國에有名ᄒᆞᆫ의학博士의發明ᄒᆞᆫ無雙ᄒᆞᆫ靈藥이라左記諸症에外塗內服ᄒᆞ면無不立效인바

吐瀉 霍亂 轉筋 下痢 等流行急症에 尤極神效ᄒᆞ와多救生命이오니藥業에從事ᄒᆞ시ᄂᆞᆫ이와疾病을預防코ᄌᆞᄒᆞ시ᄂᆞᆫ이ᄂᆞᆫ速速來購ᄒᆞ시면廉價로賣買ᄒᆞᆯ것삽나이다

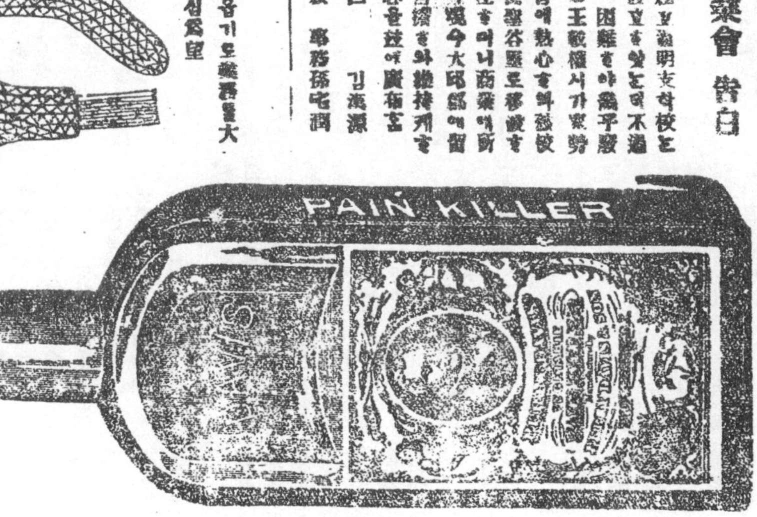

左開

▲內科所用▼ 胃酸 吐瀉 咳嗽 胆滯 心痛 肝病 胃熱 腸內之痛 喉嚨 小兒吐瀉 抽搐 瘧疾 [illegible]

▲外科所用▼ [illegible]

發賣所 韓美興業株式會社事務所

社告

○申報價

壹號代金	新貨貳錢五厘
壹個月	三拾錢
參個月	九拾錢
陸個月	先納 壹圓七拾錢
壹個年	先納 參圓四拾錢
郵稅壹張	新貨五厘
壹個月	拾參錢

○廣告料

四號活字拾參字詰 每日英尺壹寸에(自壹行至四行이면壹寸) 新貨廿五錢
貳週日壹寸에 貳圓五拾錢
壹個月壹寸에 五圓
其期限의長短과字行의多寡를從하야增減홈이有홈

◉大韓每日申報各處支社廣告

平安道 … 平壤 … 三和港 … 義州 … 鐵山 … 宣川 … 定州 … 安州 … 成川 … 江西邑內 … 肅川 … 順川 … 江界

黃海道 … 海州 … 安岳 … 殷栗 … 信川 … 白川邑文明館

咸鏡道 … 咸興 … 元山港 … 北靑 … 城津港新豊洞

京畿道 … 水原 … 仁川港 … 開城

忠淸道 … 公州 … 淸州

慶尙道 … 大邱西門外 … 釜山港佐川藥局

江原道 … 春川 … 鐵原邑

北墾島 … 龍井村耶蘇敎堂內

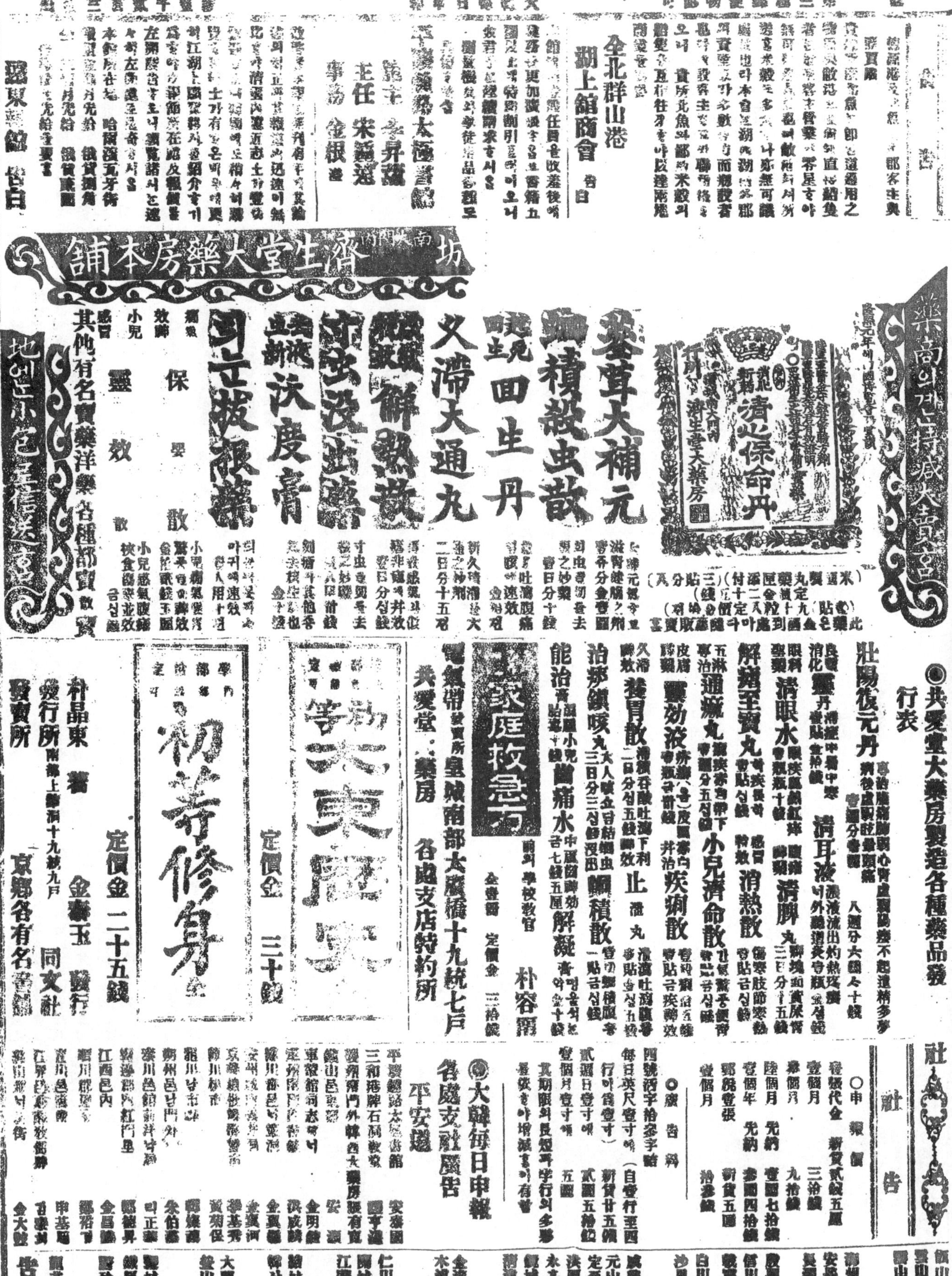

[illegible]
第千貳百卅壹號
大韓每日申報
Responsible for Publication Alfred Weekley Marnham.

[illegible] 及日 [illegible] 休刊

寄書

◎女子教育에 對ᄒᆞ야　金致淳

惟我韓國이 權肇以來로 四千餘年을 聖神이 繼繼ᄒᆞ시고 儒賢이 輩出ᄒᆞ야 文治가 實興ᄒᆞ고 忠孝가 隆盛ᄒᆞᆫ으로 列國의 侵侮가 [illegible] 自守의 權能이 存ᄒᆞ야 [illegible] 享有ᄒᆞ더니 現今 六洲가 交通ᄒᆞᆷ에 至ᄒᆞ야ᄂᆞᆫ 國勢가 墮落ᄒᆞ고 [illegible] 權은 掃除ᄒᆞ야 堂堂ᄒᆞᆫ 四千年古國으로 斯境에 至ᄒᆞ니 此何故오 大易의 象은 時를 隨ᄒᆞ야 變易ᄒᆞ고 聖人의 道ᄂᆞᆫ 世를 與ᄒᆞ야 推移ᄒᆞ거날 嗟我韓國은 古今의 異를 不知ᄒᆞ야 新教育이 發達치 못ᄒᆞᆫ 故라

然이나 只今이라도 靑年의 教育을 汲汲히 ᄒᆞ면 優勝을 可圖며 幸福을 可期ᄒᆞᆯ지나 然이나 靑年教育에 雖且難ᄒᆞᆯ지라 大凡教育은 家庭의 教育을 善受ᄒᆞᆫ 後에 學校教育을 善受ᄒᆞ며 學校教育을 善受ᄒᆞᆫ 後에야 社會教育을 善受ᄒᆞᆯ지어날 今也에 家庭教育을 善受ᄒᆞᆫ 靑年이 幾個뇨

然則 教育을 發達ᄒᆞᆯ 原因은 家庭教育이오 家庭教育은 女子教育에 在ᄒᆞ거ᄂᆞᆯ 我韓人士ᄂᆞᆫ 若無所聞ᄒᆞ야 女子教育에 對ᄒᆞ야 冷笑ᄒᆞᆯ 事로 知ᄒᆞ니 奈何오 惟我同胞ᄂᆞᆫ 女子教育을 汲汲히 勉勵ᄒᆞ야 國家의 幸福을 歡迎ᄒᆞᆷ을 希望ᄒᆞ노라

試思ᄒᆞ라 只今 我國에 所謂 女學 [illegible] 女子界・修 [illegible] 徒然 [illegible] 界에 [illegible] 余ᄂᆞᆫ [illegible] 惟 [illegible] 工니 惟我同胞ᄂᆞᆫ 諒ᄒᆞᆯ지어다

外報

◎兩帝會見關係　伊國新聞은 伊露兩帝의 會見이 伊墺法間의 良好ᄒᆞᆫ 三國關係를 鞏固케 ᄒᆞᆫ다 ᄒᆞ얏고 墺國各新聞은 兩帝會見의 結果로 伊墺德三國同盟에서 伊國을 脫去ᄒᆞᆯ 것은 아니나 但露帝의 旅路를 墺國으로 經過치 아니ᄒᆞᆷ은 墺國에 對ᄒᆞᆫ 惡感情을 表示ᄒᆞᆷ이라 ᄒᆞ얏더라

◎西軍熱病　論敦電을 據ᄒᆞᆫ則 摩洛哥 매릴나港에 駐屯ᄒᆞᆫ 西班牙 軍隊에ᄂᆞᆫ 熱病이 發生ᄒᆞ얏다더라

◎西摩動機　論敦電을 據ᄒᆞᆫ즉 目下 西班牙軍을 反抗ᄒᆞᄂᆞᆫ 가 [illegible]族을 鎭撫ᄒᆞᆯ 目的으로 派遣ᄒᆞᆫ 摩洛哥王의 密使ᄂᆞᆫ 當地에 到着ᄒᆞ얏다더라

◎指揮官發言　西班牙大臣으로 新任ᄒᆞ야 摩洛哥戰爭을 指揮ᄒᆞᄂᆞᆫ 西班牙의 웨이라 將軍은 摩洛戰爭을 迅速히 終結ᄒᆞᆯ 方策이 有ᄒᆞ다고 公言ᄒᆞ얏다더라

◎英國의 鐵寶線　北京電을 據ᄒᆞᆫ則 去二十四日에 英國代表公使ᄂᆞᆫ 梁敦彥시를 外務部로 訪問ᄒᆞ고 英國이 錦齊鐵道에 對ᄒᆞ야 資本貸與ᄒᆞᆯ 意가 有ᄒᆞᆷ을 陳述ᄒᆞ얏다더라

◎露藏相東遊目的　露國度相의 東遊ᄒᆞᄂᆞᆫ 目的은 東淸鐵道의 將來經營方針과 自由港閉鎖와 露淸銀行合併問題에 關ᄒᆞᆷ을 調査ᄒᆞᆷ이라더라

◎英德演說　論敦電을 據ᄒᆞᆫ則 英德[illegible]相그레이시ᄂᆞᆫ 演說ᄒᆞ야 日 [illegible] 形勢ᄂᆞᆫ 至今 暗潮가 向ᄒᆞ야 巴爾幹半島及波斯의 紛擾가 漸漸 靜穩에 就ᄒᆞ고 歐洲平和ᄂᆞᆫ 將來가 頗히 良好ᄒᆞᆫ 兆가 有ᄒᆞ다 ᄒᆞ얏다더라

◎[illegible]省代表召集　淸國政府ᄂᆞᆫ 湖廣總督陳夔龍에게 對ᄒᆞ야 湖北湖南兩廣東四川의 代表者를 專漢鐵道借款에 關ᄒᆞ야 郵傳部委員과 協議ᄒᆞ기 爲ᄒᆞ야 二週間以內에 上京ᄒᆞ라고 通知ᄒᆞᆷ을 電訓ᄒᆞ얏다더라

◎委員任命　淸國郵傳部尙書 徐世昌시ᄂᆞᆫ 左侍郞汪大燮 左參議梁士詒 兩시로 鐵道借款交涉委員을 任命ᄒᆞ얏다더라

學界

◎歡迎設會　日本에서 多年留學ᄒᆞ야 學業을 卒業ᄒᆞᆫ 醫學士 [illegible] 相 [illegible] 金源極 三시를 歡迎ᄒᆞ기 爲ᄒᆞ야 咸鏡學生親睦會에서 來日曜日上午九時에 咸南鄕契家로 [illegible] 歡迎會를 開ᄒᆞᄂᆞᆫ대 當日學生과 其他觀光諸人이 多數來會ᄒᆞᆷ을 望ᄒᆞᆫ다더라

◎運動盛況　三昨日 東部管內 私立各學校가 聯合ᄒᆞ야 三個坪에서 運動會를 設行ᄒᆞ얏ᄂᆞᆫ데 當日紳士諸시의 捐助物品도 多數ᄒᆞ얏고 會衆이 如雲ᄒᆞ야 大盛況을 呈ᄒᆞ얏다더라

◎可言可惡　楊[illegible]郡石積面石 [illegible] 邦 [illegible] 起 [illegible] 熱心 [illegible] 郡 [illegible]

◎鄕[illegible]熱心　[illegible] 谷 [illegible] 紳士洪 [illegible] 元 [illegible] 立 [illegible] 多 [illegible] 年 [illegible] 敎師 [illegible]

◎安停勤學　[illegible] 蘇 [illegible] 시ᄂᆞᆫ 莅任以後로 教育에 熱誠 [illegible] 郡內 多數學 [illegible] 勸 [illegible] 近日에ᄂᆞᆫ 郡학校 [illegible] 郡內聰俊을 募集教育ᄒᆞ고 [illegible] 意로 懲 [illegible] 警中에 ᄯᅡ미막

◎孫政熱心　內部土木局技手 孫應模시ᄂᆞᆫ 治道監督次로 公州 八貴亭에 駐箚ᄒᆞ야 晝則公務에 勤勞ᄒᆞ고 夜則靑年을 募集ᄒᆞ야 熱心教育ᄒᆞ며 校費를 自擔ᄒᆞᆷ으로 山村風氣가 漸次開發ᄒᆞᆫ다더라

◎黃新又新　黃海道長淵郡邑 新學校ᄂᆞᆫ 經費가 窘拙ᄒᆞ야 維持ᄒᆞᆯ 實難ᄒᆞ더니 紳士安致模시가 明年秋期까지 名譽로 敎授ᄒᆞ기로 校中에 說明ᄒᆞ고 熱心敎授ᄒᆞᆷ으로 校況이 漸進ᄒᆞᆫ다ᄂᆞᆫ대 시의 教育에 熱誠ᄒᆞᆷ을 一般稱頌ᄒᆞᆫ다더라

◎蓮校擴張　豐德郡西面中蓮里 蓮湖學校ᄂᆞᆫ 設有年에 經費가 窘拙ᄒᆞ더니 有志紳士 李圭白 鄭圭永 等 諸시 以下 二拾四人이 各其義金을 捐出ᄒᆞ야 四拾餘圜에 達ᄒᆞ얏고 就中 김錫禹시ᄂᆞᆫ 租[illegible]石을 擲助ᄒᆞ얏ᄂᆞᆫ데 特히 校況이 漸進ᄒᆞᆷ면 ᄯᅥ러 諸시의 敎育에 熱心ᄒᆞᆷ을 無不稱頌ᄒᆞᆫ다더라

◎[illegible]明果明　[illegible]濟郡居紳士孫宗仁 [illegible]源 [illegible] 諸시가 協議ᄒᆞ고 [illegible] 谷里에 [illegible]明學校를 設立 [illegible] 半年에 經費가 困 [illegible] 廢止되게 [illegible] 面長王 [illegible] 勢로 教育 [illegible] 延聘ᄒᆞ고 聰俊子 [illegible] 擔當ᄒᆞ야 [illegible] 시의 敎育熱誠 [illegible]

◎[illegible]　江華郡位良面外 [illegible] 國山學校에서 本月십二日에 [illegible] 郡內 四拾四學校를 會同ᄒᆞ야 秋期運動會를 設行ᄒᆞ얏ᄂᆞᆫ대 [illegible] 科優等生을 賞與ᄒᆞᆫ 後에 [illegible] 郡守 [illegible] 와 紳士金光瓚시가 熱心으로 勸勉ᄒᆞ얏ᄂᆞᆫ데 觀光諸人이 莫不嗚呆ᄒᆞ얏다더라

雜報

◎有志貴人　忠남唐津郡居 金永準시가 現今人民이 法律에 [illegible]昧ᄒᆞᆷ을 慨歎ᄒᆞ야 法律講習所를 設立ᄒᆞ고 講師李範聲시를 延聘ᄒᆞ야 郡內靑年을 敎育ᄒᆞᄂᆞᆫ데 經費ᄂᆞᆫ 自擔ᄒᆞᆫ다더라

◎代金不要　靑年會館에서 發刊ᄒᆞᄂᆞᆫ 月報ᄂᆞᆫ 元來代金을 不受ᄒᆞ고 無料로 送配ᄒᆞᄂᆞᆫ데 昨報에 揭載ᄒᆞᆫ 收金委員을 派送ᄒᆞᆫ다ᄂᆞᆫ 說은 傳之者誤라더라

詞藻

◎너세간　惟我生

너세간다헬치니、갈ᄒᆞ자두쌍이로다。
天下寶物만타ᄒᆞ되、너ᄀᆞᆺ흔것 당ᄒᆞᆯ손가。
眞實노、ᄒᆞᆫ번만두면 世上에
쥐두미들은、失魂落魄。

○大連電報○

◎遭變詳報 伊藤公이 [illegible]行으로자 卄六日午前九時에 哈爾賓에 着ᄒᆞ야 俄國大藏大臣으로 列車內에서 伊藤공을 訪問ᄒᆞ야 二十分間談話ᄒᆞᆫ後에 哈爾賓日本總領事川上씨의 先導로 同이 下車ᄒᆞ야 露國守備隊ᄂᆞᆫ 國民團及露國文武官을 一巡ᄒᆞ고 同歡迎團體의 整列ᄒᆞᆫ곳으로 步行ᄒᆞ야 露淸兩官과 各國代表者와 順次握手ᄒᆞ고 日本人團體의 整列ᄒᆞᆫ [illegible]所로 更히 引還코자 ᄒᆞᆯ時에 露國軍隊整列ᄒᆞᆫ 側에서 突然히 砲聲이 起ᄒᆞ야 刹那間에 彈丸三發이 公의 右腹背部의 中ᄒᆞᄆᆡ 隨行[illegible] 中村滿鐵總裁와 [illegible] 伊藤公을 抱ᄒᆞ고 [illegible] 露國[illegible] 同[illegible] 車에 扶入ᄒᆞ야 [illegible] 醫師와 露國[illegible] 共히 [illegible]救援ᄒᆞ엿스나 三十分後에 絶命ᄒᆞ엿ᄂᆞᆫ데 犯人은 [illegible] 假裝ᄒᆞᆫ [illegible]人인데 [illegible] 銃으로 伊藤公을 先射ᄒᆞ고 川上과 森[illegible]의 右腕[illegible] 連射ᄒᆞ고 [illegible]理事의 左足을 射ᄒᆞ엿고 [illegible] 犯人은 伊藤公의 게 壓迫[illegible] 恨을 報ᄒᆞ노라고 [illegible]ᄒᆞ엿다더라

◎伊藤識言 伊藤公이 二三日[illegible]부터 暗殺될이 本望이라고 小山技師에게 語ᄒᆞ엿ᄂᆞᆫ데 此語ᄂᆞᆫ 識言이 되얏다더라

◎云自元山 伊藤公狙擊ᄒᆞᆫ 韓人은 元山으로부터 海蔘威를 經ᄒᆞ야 二十五日 哈爾賓驛에 到着ᄒᆞ얏다고 自白ᄒᆞ엿다더라

◎從容自若 狙擊을 加ᄒᆞᆫ 韓人의 貌樣은 其服裝이 洋服에 日本人과 彷似ᄒᆞ며 就縛ᄒᆞᆯ際와 又敢聞言時에 從容自若ᄒᆞ얏다더라

◎遺骸大連着 伊藤公의 遺骸ᄂᆞᆫ 臨時列車로 哈爾賓부터 長春에 向ᄒᆞ야 更히 滿鐵南行列車로 [illegible] 大連에 着ᄒᆞ얏다더라

◎二名被縛 伊藤公이 搭乘ᄒᆞ던 列車ᄂᆞᆫ 元來 嚴重히 警戒ᄒᆞ야 加ᄒᆞ엿ᄂᆞᆫ데 狙擊을 當ᄒᆞ던 前夜(即卄五日)에 [illegible] 列車가 [illegible]河口를 通過ᄒᆞᆯ際에 [illegible] 拳銃을 持ᄒᆞᆫ 韓人二名을 捕縛ᄒᆞ얏다더라

◎露官吊送 北京駐剳露國公使 호루와트씨와 其他露國官憲은 伊藤公의 遺骸를 長春驛까지 吊送ᄒᆞ엿다더라

○犯人引渡 狙擊을 行ᄒᆞᆫ 韓人은 露國官憲이 嚴重히 取調를 行ᄒᆞᆫ後 日本에 引渡ᄒᆞ얏다더라

○一分六發 犯人은 七連발에 [illegible] 六發을 放ᄒᆞ얏ᄂᆞᆫ데 其時間은 僅히 一分이라더라

○東京電報○

◎侍從急派 日本天皇陛下ᄂᆞᆫ 伊藤公의 遭難을 聞ᄒᆞ고 侍從及侍從武官을 急派ᄒᆞ얏다더라

◎東京驚愕 日本東京市中에ᄂᆞᆫ 伊藤公遭難의 報에 [illegible]ᄒᆞ며 上下가 驚愕ᄒᆞ야 措處를 不知ᄒᆞ고 元老[illegible] 國當及各政黨의 往復이 頻繁ᄒᆞ얏다더라

◎皇儲御吊問 韓國皇太子殿下ᄂᆞᆫ 伊藤公遭難의 報를 接ᄒᆞ시고 [illegible]武官[illegible]를 善[illegible] 大磯에 遣ᄒᆞ야 伊藤夫人梅子를 吊問케ᄒᆞ옵셧다더라

◎御使差遣 韓國皇太平殿下께서도 日侍從武官을 大磯에 派送ᄒᆞ야 滿洲로 差遣ᄒᆞ옵셧다더라

◎韓人五六 伊藤公에게 加害ᄒᆞᆫ 韓人이 五六名이라ᄂᆞᆫ데 伊藤公은 腹部에 二丸이 貫通ᄒᆞ고 其他擦過ᄒᆞᆫ丸이 數箇라더라

○伊藤暗殺者 伊藤公을 暗殺ᄒᆞᆫ 人은 平壤人[illegible] 안이라더라

以上貳拾七日發

雜報

◎[illegible] 咸北慶興[illegible]은 大韓太祖高皇帝[illegible]龍興[illegible]基인데 [illegible]地人民들이 殿閣을 建築ᄒᆞ고 [illegible] 位牌를 奉安ᄒᆞ기로 [illegible]府에 請願ᄒᆞ얏슴으로 [illegible]使[illegible] 此를 因ᄒᆞ야 宮內府에 報告ᄒᆞ얏ᄂᆞᆫ데 事體重大ᄒᆞ니 不可遽議라고 回照ᄒᆞ얏다더라

◎紀念碑獻議 [illegible] 餘人이 太皇帝陛下와 皇太子殿下의 紀念碑閣을 建設ᄒᆞ기 旨로 [illegible] 中樞院에 獻議ᄒᆞ야 [illegible] 提呈ᄒᆞ얏다더라

◎[illegible] 再昨日 皇貴妃殿下께서 [illegible]의게 [illegible] 賜給ᄒᆞ셧다더라

◎選[illegible]至 皇貴妃殿下께옵서 女侍[illegible]人을 選置ᄒᆞ옵시고 月俸은 下賜ᄒᆞ실은 已報어니와 該侍從[illegible] 圖得코저ᄒᆞᄂᆞᆫ者 [illegible] 每日[illegible]院君[illegible]시家에 [illegible]至ᄒᆞᆫ다더라

◎特赦蒙恩 湖州監獄에서 役十五年에 [illegible] 特赦을 旨로 法部大臣이 上奏ᄒᆞ야 裁可되얏다더라

◎親電御送 大皇帝陛下께옵서 伊藤公遭難에 對ᄒᆞ야 日皇陛下에게 [illegible] 御電[illegible]으셧고 又伊藤公夫人梅子에게도 御弔電을 발送ᄒᆞ옵셧다더라

◎三氏의 連向 伊藤公의 遭難ᄒᆞᆫ事에 對ᄒᆞ야 侍從院卿尹德榮씨ᄂᆞᆫ 太皇帝陛下의 勅使로 [illegible] 總理大臣李完用씨ᄂᆞᆫ 內閣代表로 昨日上午六時에 發程ᄒᆞ야 [illegible] 大連地方으로 向ᄒᆞ얏다더라

◎[illegible]王[illegible]說 伊藤公遭變에 對ᄒᆞ야 大皇帝陛下께옵서 日本으로 特使를 派遣ᄒᆞ신다ᄂᆞᆫ데 義親王殿下께서 往ᄒᆞ실듯ᄒᆞ다ᄂᆞᆫ 說이 有ᄒᆞ다더라

◎御宴停止 伊藤公凶報로 因ᄒᆞ야 來三日坤元節에 賜宴[illegible]款을 停止ᄒᆞ신 勅旨를 下ᄒᆞ셧다더라

◎代理派送 [illegible] 伊藤公遭變에 對ᄒᆞ야 [illegible] 代理로 本日 大連에 派送ᄒᆞ얏다더라

◎倉[illegible]京 [illegible] 再昨夜의 倉[illegible] 仁川으로부터 [illegible]邸ᄒᆞ야 法部次官倉富[illegible] 密議ᄒᆞ고 [illegible] 裁判[illegible] 仁川[illegible] 哈爾賓으로 急送ᄒᆞ엿다더라

◎[illegible]會議 昨日[illegible]에서ᄂᆞᆫ 伊藤公遭變[illegible] 評議가 [illegible]ᄒᆞ얏다더라

◎特別閣會 [illegible]臣이 昨日上午九時에 特別內閣會議를 開ᄒᆞ고 伊藤公返柩事에 對ᄒᆞ야 協議ᄒᆞ얏다더라

◎內閣動搖 今番伊藤公遭變에 因ᄒᆞ야 現內閣은 動搖된다ᄂᆞᆫ 說이 有ᄒᆞ다더라

◎因[illegible]廢仕 各府部大臣들은 昨日[illegible]府에 臨時特別會를 開ᄒᆞ기 爲ᄒᆞ야 本府仕進은 廢止ᄒᆞ얏다더라

◎府民長[illegible] 漢城府民會장 俞吉濬씨ᄂᆞᆫ 伊藤公喪事에 [illegible] ᄒᆞ기 爲ᄒᆞ야 昨日大連으로 발向ᄒᆞ얏다더라

◎隨員並行 總理의 [illegible]時의 隨員은 [illegible]部秘書官上村正己로 [illegible]씨의 隨員은 侍從徐丙協시로 選擇ᄒᆞ얏다더라

◎鍋島[illegible] 統監府外務部長鍋島ᄂᆞᆫ 昨日 總理大臣과 同伴ᄒᆞ야 大連으로 發向ᄒᆞ얏다더라

◎領事吊問 在京各國領事ᄂᆞᆫ 統監邸를 [illegible]ᄒᆞ고 弔詞를 述ᄒᆞ얏다더라

◎各閣致慰 總相以下各大臣이 伊藤公의 被殺됨을 致慰ᄒᆞ기 爲ᄒᆞ야 昨日上午八時에 齊히 統監邸를 訪問ᄒᆞ얏다더라

◎統府警戒 伊藤공暗殺된 報道가 有ᄒᆞᆫ後로 [illegible] 成拍手喝采[illegible] 暗殺[illegible] 統監府[illegible]에ᄂᆞᆫ 嚴重히 警戒ᄒᆞ얏다더라

◎記者決議 昨二十六日午後九時에 在京[illegible]新聞記者[illegible] 京城旅館에 會同ᄒᆞ야 伊藤公의 [illegible] 哀悼[illegible] 韓人의 排日思想[illegible] 慣慨ᄒᆞ야 [illegible]交際에 [illegible] 決[illegible] 輿論을 喚起[illegible] 當局[illegible]援을 [illegible] 決議ᄒᆞ고 [illegible] 訪問ᄒᆞ엿ᄂᆞᆫ데 其決議文은 如左ᄒᆞ고

曰 伊藤공이 韓人凶手에 仆ᄒᆞᆷ은 排日[illegible] 表現됨으로 [illegible] 當局者가 對韓政策上에 最後의 解決을 行ᄒᆞ기를 期待ᄒᆞᆷ

吾人은 皇帝陛下가 伊藤공遺[illegible]에 對ᄒᆞ야 [illegible] 日本의 [illegible]ᄒᆞ야 我上下의게 謝罪ᄒᆞ기를 希望ᄒᆞᆷ

◎殊常者取調 本月三日에 [illegible] 經ᄒᆞ야 海蔘威로 向ᄒᆞ던 殊常者[illegible] 伊藤公에게 加害ᄒᆞᆫ者가 或此人인가ᄒᆞ야 取調ᄒᆞᆫ다더라

◎[illegible]吊問 [illegible]에서ᄂᆞᆫ 伊藤公遭變에 對ᄒᆞ야 吊問[illegible]더라

◎[illegible]會決議 大韓協會에서ᄂᆞᆫ 伊藤공遭難에 對ᄒᆞ야 協議ᄒᆞᆫ가 有ᄒᆞ엿ᄂᆞᆫ데 同會의 代表로 [illegible] 訪問ᄒᆞ야 [illegible] 遺族의 [illegible] 決議ᄒᆞ엿고 今番此事가 韓國民의 [illegible]가아니라고 辨表ᄒᆞ다ᄂᆞᆫ 說이 有ᄒᆞ다더라

◎[illegible]指揮 伊藤公의 凶音이 到[illegible] 以後로 [illegible]에서 [illegible]에 指揮ᄒᆞ야 非番巡査와 別巡査들을 合番ᄒᆞ야 人民의 行動何如 街路上의 密話를 恪別嚴察ᄒᆞ얏다더라

◎[illegible]把守 [illegible] 完用氏私邸에ᄂᆞᆫ 再昨日以後부터 [illegible] 把守ᄒᆞ야 [illegible] 往ᄒᆞᄂᆞᆫ 賓客을 調査ᄒᆞᆫ다더라

◎學[illegible]停行 前學部大臣[illegible]씨ᄂᆞᆫ 昨[illegible] 津[illegible] 程ᄒᆞᆯ라다가 伊藤公의 凶報를 接ᄒᆞ고 因爲停止[illegible]

◎日[illegible]揭 [illegible] 號外[illegible] 日本[illegible]에서ᄂᆞᆫ 排[illegible] 伊藤公遭難의 報를 接ᄒᆞ고 [illegible] 國旗를 [illegible] 飄揚ᄒᆞ며 [illegible] 開ᄒᆞ고 萬歲를 唱[illegible] 揭載ᄒᆞ얏[illegible] 此[illegible] 說을 揭佈ᄒᆞᆫ [illegible] 右列[illegible]에 對ᄒᆞ야 證[illegible] 即時提出ᄒᆞᆯ지어다

◎[illegible]人城 中樞院顧問[illegible]根澤씨ᄂᆞᆫ 昨日入城ᄒᆞ야 農相[illegible] 訪[illegible] 談話ᄒᆞ얏다더라

◎[illegible]拜觀 [illegible] 縱覽은 從來[illegible]二[illegible] 限ᄒᆞ얏ᄂᆞᆫ데 今二十七日以後로 月요日을 除ᄒᆞ고 [illegible] 每日[illegible] 縱覽을 許可ᄒᆞ고 昌德宮[illegible]苑[illegible] 水요日及土요日에 限ᄒᆞ야 拜觀을 許可ᄒᆞᆫ다더라

賞菊有感

愛菊生

△[illegible]情[illegible]月[illegible] 秋九月에 [illegible] 籬下에 菊花ᄂᆞᆫ [illegible] 衣[illegible] 花下獨酌[illegible] 衆花[illegible] 限芳香[illegible] 感[illegible]다

△菊花[illegible] 方[illegible] 三月好時節[illegible] 百花爭妍[illegible] 繁華世界[illegible] 中[illegible] 夜[illegible] 風지[illegible] 우리[illegible] 又치

△菊花야 [illegible] 蕭[illegible] 寒[illegible] 滿天霜[illegible] 金[illegible] 精[illegible] 우리[illegible] 又치

△菊花야 [illegible] 節士[illegible] 구러나[illegible] 날[illegible] 봄[illegible] 재

社告

僅俗의 評論一枚를 製送하야 已爲揭載하얏기로 報酬無料로 壹圓送呈함

大韓每日申報社

雜報

●以家易土 中樞院顧問權重顯氏는 寺洞에 在한 家舍를 金三千圓에 放賣하야 至北茂朱等郡에 九十石秋收하는 田庄을 買收하얏다더라

●興業稅規 地方費로 收入하는 興業稅는 昨日內部에서 規則을 編制하야 近々發布할터인바 來月十日頃부터 實施한다더라

●旅行者調査 昨日警視廳에셔 各警察署로 訓飭하고 漢城內에 人民中에 或外國或地方에 旅行하는 者가 有하거든 一一히 調査하라 하얏다더라

●元帥出迎 [illegible] 石井少將은 英國에 가셔 元帥를 出迎키 爲하야 日昨安東縣으로 向하얏다더라

●慰勞決定 日本實業[illegible]局長이 [illegible] 各學校를 [illegible] 察함은 已報어니와 學部에셔 慰勞金二百圜을 [illegible] 하기로 決定하얏다더라

●挾妓被逐 [illegible]

[illegible]

●記者聯會 [illegible] 各新聞記者諸氏가 昨日下午六時에 皇城新聞社로 會集하얏다더라

●有何運動 [illegible] 氏는 日本에 滯留하는 宋秉畯씨를 [illegible]

●[illegible] 經[illegible] 求하라 하얏다더라

●日船覆沒 日本人[illegible] [illegible]

●趙門將訴 [illegible]

●兇士面議 [illegible]

●義兵斷線 去十八日[illegible]

●[illegible] 學務[illegible] 孔子教會[illegible]

[illegible]

廣告

●興業會開催 大韓工業會에셔 去土曜에 任員會를 開하고 大韓興業會와 [illegible] 統一하기로 議定하얏다더라

●青年會演說 鐘路靑年會館에셔 本月下七時半에 金[illegible] 演說한다더라

本人의 養子[illegible]가 沈湎酒色하야 不顧父母妻子하고 蕩敗家産에 不有餘地하며 不悛習하고 要人出債를 如渴求飮하오니 內外國人은 錢物間相關이 마가 母至后失하고 追悔함

本家 東萊府西下面萬德里

本人의 姓名圖章을 [illegible] 信用하야 [illegible] 改刊하오니 [illegible] 照亮함

[illegible]

●特別廣告 京城銅峴和平堂大藥房 [illegible]

秋嚇祚 의債權者에 [illegible]

木尾法律事務所

秋嚇祚 의財産整理所

京南部大坪坊 [illegible] 三統八戶

隆熙三年拾月二拾七日

木尾法律事務所

私立 普成中學校

[illegible]

業務大擴張廣告

[illegible]

●甲號帽子 [illegible]

●乙號帽子 [illegible]

三合絲[illegible]

全 [illegible]

男女[illegible]衣及普通衣

[illegible]公私立學校徽章製造

[illegible]染料[illegible]放賣

[illegible]紬緞木棉毛織染色及[illegible]染

外方에셔 [illegible] 小包郵便으로 迅速閱應할지옴

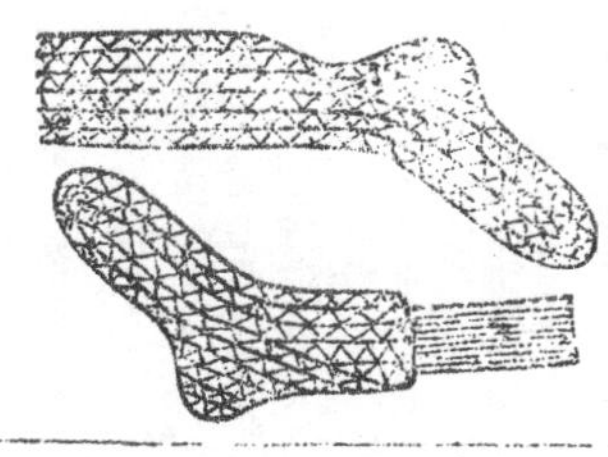

京城宗廟越便

中谷染織工所主金德昌 告白

可認物便郵種三第

全北群山港 湖上舘商會 告白

……魚之即……需用之……直接……營業이……零星ᄒᆞ야……湖……湖……諸郡……諸多ᄒᆞ나……可……全力而……設……諸……主客……聯……貴……魚와……所來穀의……互相往來ᄒᆞ야以……兩地

坊南門內 濟生堂大藥房本舖

淸心保命丹 濟生堂大藥房

此藥은全國到處마다隨處販賣홈
定價金二十五錢

參茸大補元

殺蟲積散

回生丹

滯大通丸

解熱散

沃度膏

保嬰……

共愛堂大藥房製造各種藥行表

壯陽復元丹 專治……

淸耳液

消化靈丹

淸眼水

淸脾丸

解瘴至寶丸

消熱散

通淋丸

小兒濟命散

皮膚……效液

疾痢散

養胃散

止瀉丸

治痰鎭咳丸

……積散

能治……齒痛水

解……膏

家庭救急方

學校敎官 朴容……

全……定價金……錢

電氣帶發賣所 皇城南部……

共愛堂大藥房 各處支店……

社告

○申報價

新聞代金 壹個月 新貨貳拾五錢

參個月 七拾錢

陸個月 先納 壹圓七拾錢

壹個年 先納 參圓四拾錢

新聞壹張 新貨五厘

○廣告料

四號活字拾參字詰 每日英尺壹寸에(自發行至四行이爲壹寸)新貨廿五錢

貳週日壹寸에 貳圓五拾錢

壹個月壹寸에 五圓

其期限의長短과字行의多少를從ᄒᆞ야增減ᄒᆞᆷ이有홈

◎大韓每日申報 各處支社廣告

平安道 ……

黃海道 ……

咸鏡道 ……

慶尙道 ……

全羅道 ……

忠淸道 ……

京畿道 ……

江原道 ……

北墾島 ……

(隆熙三年九月二十九日)　　金曜日　　(第三種郵便物認可)

第千貳百卅二號

大韓每日申報

月曜及日曜休刊

大韓開國五百十八年
檀君開國四千二百四十二年
己酉九月

Responsible for Publication
Alfred Weekley Marnham.

論說

◎奮鬪時代에立한吾人

吾人이今日奮鬪時代에立하야身을是에從하고生을是에競하나니吾人의此時代가果然如何한時代오

不幸이로다吾人의此時代여幸이로다吾人의此時代여

吾人이此時代에立한故로盲風을冒하며暗雨를冒하고苦痛의戰을하며危險의戰을하나니此가엇지不幸이아닌가吾人이此時代에立한故로勝利가有하며進步가有하야文明의花를就하야取하며福樂의鐘을就하야撞하나니此又엇지幸이아닌가

然則吾人이如何히하면可히此時代에立하야不幸을變하고幸을作하야大々赫々的의優勝旗를擧揚할까

第(壹)吾人은自信力을善養할이可하도다 大抵自信力이無하면頹陷에陷하며虛怯에陷하야萎靡懦弱에其魂을失하며宙水夜月에其氣가挫하야結果ㅣ劣敗의白旗를竪하나니故로吾人은自信力을善養하야宇宙에獨尊으로自認하며社會의先驅로自許하야泰山도我가可越이라하며大海도我가可決이라하야大希望大勇氣를鼓勵하여야可하고

第(二)吾人은忍耐力을堅持할이可하도다 大抵忍耐力이無하면怯懦를作하며衰退를作하하며多困苦에膽이縮하고多危險에氣가衰하야其結果ㅣ劣敗의旗를竪하나니故로吾人은忍耐力을堅持하야[illegible]其氣가益壯하고[illegible]其腦에砲聲이[illegible]하며矢石이亂飛하야도此에不[illegible]하며雷霆이猛下하야도此를不憚하야大勇大忍力을發揮할지어다하고

第(三)吾人은勇進力을鼓舞할이可하도다 大抵勇進力이無하면畏縮을生하며沮喪을生하야始에其[illegible]를[illegible]議하다가終에鬪를退하며其結果ㅣ劣敗의旗를竪하나니故로吾人은勇進力을鼓舞하야苟安에不淫하며威武에不屈하야大洋의壯濤又치潤々히進하며强陣의勇兵又치閃々히進하야大目的의大事業을成就하여야可할지니라

嗚呼라吾人이여吾人은愈奮愈勵하며愈興할지로다吾人의優勝旗가彼에在하니라

因하야韓國同胞에게一言을呼하노니幸히同胞는徒然히小零務에怯치말며小挫敗에頹落치말고進하며進하야文明의花를同胞의手로收하며福樂의鐘을同胞의手로鳴하야鐘을執할吾儕로하야금起舞케할지어다

吾儕는同胞에게向하야祝하며實로大하노니同胞는自信力、忍耐力、勇進力을益奮發하라果然此를能奮發하면文明福樂이自臨來할나니라

法律

△隆熙三年拾月拾壹日 官報

法律第貳拾七號

海上衝突豫防法(續)

此綠紅의各燈을錯置함에無함에容易히取扱하기爲하야綠燈은綠色、紅燈은紅色으로外面을塗하고且適當한隔板을備置함이可함

第七條 總積量四十噸未滿의汽船總積量貳십噸未滿의帆船及櫓權으로써運轉하는船은行航할時에는第二條第壹項第二項第三項에規定한燈을揭함을不得할然하나若此를揭치아니하는時는此시左의規定에從함이可함

壹、四拾噸未滿의汽船

甲 船의全部又는烟突或은其前面에在하야舷綠上九尺으로부터低치아니하고且最히見得하기易한所에第二條第壹項에規定한構造裝置로하야少하야도貳海里의距里로부터可히見得할白燈壹個를揭함이可함

乙 第二條第二項第三項에規定한構造裝置로少하야도壹海里의距離로부터見得할綠紅의兩舷燈을揭하며又는船首로부터各舷正橫後의貳点까지右舷은綠色左舷은紅色의射光을及하게製造한兩色燈壹個를揭함이可함但此灯은船灯으로부터少하야도三尺下方에揭함을要함

二、漁艇은第壹項甲의白灯을舷綠上九尺의所로부터下方에揭함을得함然이나其白燈은乙의兩色灯보담高함을要함

三、貳십噸未滿의航船은帆을用하되지或櫓權을用할에不揭하고壹面은綠色壹面은紅色으로玻璃를用한燈籠壹個를手近處에備置하야漁船或我船에向하야漸近하야來하든지又는我船이他船에向하야漸近할時는衝突을防하기에充分한時間을[illegible]表示함이可함[illegible]

四、櫓權으로써運轉하는船은櫓權[illegible]帆을用함에[illegible]色의燈籠壹個를[illegible]備置하야衝突을防하기에充分[illegible]表示함이可함本條에[illegible]第[illegible]條[illegible]項及第[illegible]條末項의燈을揭함에不及함

(未完)

◎智利海軍擴張 智利國內閣은[illegible]費四百萬磅을支出하기로決定하얏다더라

◎丹國危機 丹國內閣은總辭職하야아니치못함에至하얏다더라

◎巴拿馬運河 華盛頓電報를據한즉巴拿馬運河는千九百[illegible]三年에되지아니하면通運치못하겟다더라

◎哈市貨排斥 哈爾賓에서는[illegible]商品에對하야大々的으로排斥하기를準備中이라고彼得堡에서[illegible]報道가有하다더라

◎露度相演說 露國度相코코프초프는莫斯科에서演說할時[illegible]日本[illegible]鐵道將來의經營은從來[illegible]單純的方針及政治的方針을變更한다고斷言하얏다더라

◎總統不望 美國大統領타프트시의不人望의評은美國西部諸州에漸起한다더라

◎伊國激震 伊太利國에는再次激烈한地震이有하얏다더라

◎太油坑發見 南美智利國南部에서莫大石油坑을發見하얏다더라

◎問題又起 크리트島問題는土耳其에對하야再次抗議를提出하얏는데此는希臘이此問題에關하야不利가有함을國家에도알듯하다더라

◎露帝別法相 廿四日伯林電을據한則露國皇帝는伊太利國에서歸途에法國領土로通過하는데外相피손시를引見하실터이라더라

◎西軍司令官 西班牙國에서는[illegible]路軍은摩洛哥國의프地方에서[illegible]司令官으로任命되얏다더라

◎西國平和意見 西班牙政府는急速히摩洛哥와의戰爭을終局케할意가有하다더라

◎法艦隊出發 法國戰鬪艦三隻은摩洛哥탄절노向하야拔錨하얏다더라

◎土國對希宣言 土耳其政府는希臘政府에對하야크리트島의代議士는希臘議會에參加케함을戰爭으로表示할것이라고宣言하얏다더라

◎露國議會 露國國會는開會[illegible]

詞藻

白鷗詞

白沙汀紅蓼邊에、굼니는니메
白鷗는。
한님에무셋실물고도、풍雨中
에굼니는니。
엇사다、사룸들은제것업고도、
차결줄을。

○大連電報○

◎遺骸歸國 伊藤公의遺骸는二十八日午前十時에秋洲艦으로歸國ᄒᆞ다더라

◎中村隨行 中村滿鐵總裁는伊藤公의遺骸를隨行ᄒᆞ야歸國ᄒᆞ다더라

以上二十八日발

○東京電報○

◎國葬發表 日本에셔ᄂᆞᆫ昨夜官報號外로以ᄒᆞ야伊藤公을國葬으로行ᄒᆞ기로發表ᄒᆞ얏다더라

◎國葬期發表 伊藤公의葬儀ᄂᆞᆫ來十一月五日에執行ᄒᆞ기로決定ᄒᆞ얏다더라

◎伊藤昇叙 伊藤公은特旨로位階를進ᄒᆞ야從壹位로昇叙ᄒᆞ얏다더라

◎五人共謀 伊藤公을暗殺ᄒᆞᆫ者ᄂᆞᆫ平壤人[illegible]이오其餘共謀者가五名이라더라

◎犯人引渡說 露國政府의結果로露國은犯人等을日本에引渡ᄒᆞ기로同意ᄒᆞ얏ᄂᆞᆫ디審理ᄂᆞᆫ韓國京城에셔行ᄒᆞᆫ다더라 以上二十八日發

◎露官負傷 伊藤公을狙擊ᄒᆞᆯ時에露國將官一名도負傷ᄒᆞ얏다더라 廿七日발

雜報

◎統邸親臨 伊藤公遭難ᄒᆞᆫ事로發喪日에公式으로弔儀ᄒᆞᆫ故로大皇帝陛下께옵셔昨日下午三時頃에統監官邸에親臨ᄒᆞ사弔問ᄒᆞ옵시고同五時에還御ᄒᆞ옵셧ᄂᆞᆫ대侍從[illegible]은前日과如ᄒᆞ얏다더라

◎[illegible]問安 大皇帝陛下께옵셔統監府에幸行ᄒᆞ시고還御ᄒᆞ시ᄂᆞᆫ路에德壽宮에問安ᄒᆞ옵셧다더라

◎[illegible] [illegible]과如히大皇帝陛下께옵셔昨日統監邸의行幸ᄒᆞ옵셔伊藤公遭難의對ᄒᆞᆫ御弔辭을下ᄒᆞ옵시고又伊藤公의게哀悼을表코저統監의親見을下問ᄒᆞ옵시고又特使를義親王으로太皇帝陛下의御使ᄂᆞᆫ[illegible]及政府代表ᄂᆞᆫ趙重應으로日本의弔遣ᄒᆞ엿다고勅語가發ᄒᆞ셧ᄂᆞᆫ대伊藤公의葬儀에對ᄒᆞ야祭祀料三萬元과又恩賜라ᄂᆞᆫ諡號를下賜ᄒᆞ옵신다더라

◎[illegible] 太皇帝 大皇帝兩陛下께옵셔每朔孤兒院에經費壹百五十圓式下賜ᄒᆞ시다가近日은該院의經費를宮內府가天聽에達ᄒᆞ야三個條를姑未劃下ᄒᆞ신고로該院經費가大段困難ᄒᆞ다ᄒᆞ더라

◎韓國御弔使 韓國大皇帝陛下께셔伊藤公의逝去에對ᄒᆞ야皇太子殿下께셔御弔詞를御渡送ᄒᆞ옵셧다더라

◎特使派送 伊藤公逝去에對ᄒᆞ야韓國朝廷에셔義親王殿下와及[illegible]重應을勅使로派送ᄒᆞ야弔詞를奉ᄒᆞ고日本에渡往케ᄒᆞ기로內定되얏다ᄂᆞᆫ데總理大臣李完用氏의歸京을待ᄒᆞ야決定ᄒᆞᆯ다더라

◎義王訪問 義親王殿下께셔ᄂᆞᆫ昨日午前十時에統監邸를訪問ᄒᆞ고伊藤公被殺에對ᄒᆞ야弔辭를述ᄒᆞ얏다더라

◎統監發表 統監府에셔ᄂᆞᆫ伊藤公의發喪을發表ᄒᆞ고國葬을行ᄒᆞᆯ事를公布ᄒᆞ얏다더라

◎內閣協議 內閣에셔昨日上午十二時에各府部院會計課長을招請ᄒᆞ야伊藤公의賻儀事項을協議ᄒᆞ얏다더라

◎公式發布 日本政府로셔伊藤公의遭難을公式으로發布ᄒᆞ야統監府에到着ᄒᆞᆫ故로政府에셔農相趙重應氏에게轉布ᄒᆞ얏ᄂᆞᆫ데該大臣은即日上午九時頃에總理大臣官邸에會同ᄒᆞ야伊藤公의遭難ᄒᆞᆫ事項의發布ᄒᆞᆫ事를協議ᄒᆞ얏다더라

◎[illegible]慰問 統監府에셔昨日上午十時에伊藤公遭難ᄒᆞᆫ事를各部[illegible]에通知ᄒᆞᆫ故로各部奏任官以上官吏가同日下午二時에統監府에往ᄒᆞ야慰問禮를行ᄒᆞ얏다더라

◎號外官報宣示 宮內府에셔ᄂᆞᆫ伊藤公의遭難ᄒᆞᆫ事項을號外官報로宣示ᄒᆞ얏다더라

◎日人協議 日人들은鍾路에셔居留民會를開ᄒᆞ고伊藤公事件에對ᄒᆞ야當局者에게提議할事를協議ᄒᆞ엿다더라

◎興中[illegible] 農商工部次官木內ᄂᆞᆫ三昨夜에法務院次官[illegible]理局長池田과農商工次官[illegible]等을招待ᄒᆞ고宴會를排設ᄒᆞ얏다가忽然伊藤公의凶報를接ᄒᆞ고一同이驚愕痛哭ᄒᆞ야宴會를撤ᄒᆞ고追悼會를行ᄒᆞ얏다더라

◎民會獻弔 漢城居民會에셔ᄂᆞᆫ伊藤公遭難에對ᄒᆞ야再昨日上午九時에京城市民에게通知를發ᄒᆞ얏다더라

◎弔文委員選定 壹進會에셔ᄂᆞᆫ伊藤公被殺ᄒᆞᆫ事에對ᄒᆞ야弔文을製送ᄒᆞᆯᄉᆡ其委員은弔文部長委員은國民新報社長崔永年氏로選定ᄒᆞ얏다더라

◎原因調探 伊藤公遭難ᄒᆞᆫ事에對ᄒᆞ야其原因이或自京으로派送ᄒᆞ얏ᄂᆞᆫ가ᄒᆞ야[illegible]에ᄂᆞᆫ偵探客을閭巷間에多數派送ᄒᆞ야不分晝夜ᄒᆞ고秘密調探中이라더라

◎偵探派送 警視廳에셔ᄂᆞᆫ伊藤公事件에對ᄒᆞ야哈爾賓으로偵探員을派送ᄒᆞ야內調가有ᄒᆞ엿다더라

◎音律禁止 伊藤公遭難에對ᄒᆞ야哀悼를表ᄒᆞ기爲ᄒᆞ야今日부터三일간音律을禁止ᄒᆞ라고本日漢城府에셔府令으로發ᄒᆞ얏다더라

◎[illegible] 度支部大臣高永喜氏ᄂᆞᆫ再昨日總理大臣臨時署理를發命ᄒᆞ얏다더라

◎忠南郡守會 忠南觀察道에셔近日郡守會議를開ᄒᆞ엿ᄂᆞᆫ데內部에셔日人[illegible]壹名을派送監視케ᄒᆞ얏다더라

◎福田轉任 警務局警部福田이가春川區裁判所에로轉任ᄒᆞ야再昨日上午八時에發程ᄒᆞᄂᆞᆫ데韓國警察官吏가東門外에出往餞別ᄒᆞ얏다더라

◎[illegible]會考 成均館製會考를本日成均館에셔施行ᄒᆞᆫ다ᄂᆞᆫ데已報어니와試題ᄂᆞᆫ該館內關係[illegible]이오[illegible]ᄂᆞᆫ上午十時로試券紙ᄂᆞᆫ學部에셔給ᄒᆞ고筆硯墨과午飯은自辦ᄒᆞᆫ다ᄒᆞ얏더라

◎盧氏入城 大韓農業會會員盧伯麟氏ᄂᆞᆫ該會에需用할物品을日本東京에셔買得ᄒᆞ야三昨日에入城ᄒᆞ얏다더라

◎[illegible]赴任 新任[illegible]郡守[illegible]元氏ᄂᆞᆫ赴任次로三昨日에發程ᄒᆞ얏다더라

◎水道費請撥 內部所管仁川水道ᄂᆞᆫ工役費不足額이四萬二千二百餘圓인데內部에셔度支部로照會ᄒᆞ고從速支撥ᄒᆞ라ᄒᆞ얏다더라

◎郡主優績 慶北順興郡主事徐延麟氏ᄂᆞᆫ自己月俸으로窮民의農糧을捐助ᄒᆞ며行政이慣熟홈으로頌聲이藉藉ᄒᆞ다더라

◎放奴頌德 中樞院議官權重顯氏가年前에奴婢를解放ᄒᆞᆯ時에每名下金五元式分給ᄒᆞ얏더니近日該奴婢들이生活無路ᄒᆞ야大家復入ᄒᆞᆷ으로權氏ᄂᆞᆫ接濟[illegible]中이라더라

◎柴場調査 西部[illegible]鍾[illegible]滋盛氏等이柴場所를設始ᄒᆞ기로警視廳에請願ᄒᆞᆫ事ᄂᆞᆫ已報어니와再昨日警視廳에셔五部內의柴場基地를壹々調査ᄒᆞ얏다더라

◎巡査賞金 警視總監[illegible]에셔盜賊行ᄒᆞᆫ賊漢을刑事巡査金某가捕獲ᄒᆞ얏슴에對ᄒᆞ야巡査에게賞金二百圓을贈與ᄒᆞ얏다더라

◎相懷督推 再昨日中署에셔向日虎疫으로死亡者의親屬을招集ᄒᆞ야相懷를督納ᄒᆞ얏다더라

◎南方擾亂 全南地方에義兵을剿滅ᄒᆞ기爲ᄒᆞ야討伐隊를派遣ᄒᆞᆫ事ᄂᆞᆫ所共知어니와義兵의死者가三百七十四人이오被擄者가壹千五十五人이오鹵獲物은銃이貳百九十五個오器刀가三百三十柄이라더라

◎此世[illegible] 大韓民報社에셔財政이困難ᄒᆞ야[illegible]人[illegible]에金壹百圓을借款ᄒᆞ얏다더라

◎[illegible] [illegible]源氏가淸人料理店[illegible]英樓及[illegible]英樓에셔料理를百三十餘圓을負債ᄒᆞ야上討[illegible]ᄒᆞ고抛不報償ᄒᆞᆷ으로該淸人店主가警察署에自拘留ᄒᆞ고六十[illegible]를增加ᄒᆞ야壹百九十餘圓의手續을勤節ᄒᆞ얏ᄂᆞᆫ데該氏의父親[illegible]氏가[illegible]에셔超辨ᄒᆞ얏ᄂᆞ니[illegible]子弟를[illegible]束ᄒᆞ야此等行爲가無케ᄒᆞ라ᄒᆞ얏다더라

◎日人被殺 慶北安東郡石塔面에셔日人木下由藏이가[illegible]徒에게砲殺되얏다더라

◎旅[illegible]被捉 前郡守徐彭輔氏가不通ᄒᆞ므로[illegible]部에셔被捉ᄒᆞ얏다가無事放還ᄒᆞ얏더니何事件을因ᄒᆞᆷ인지更히被捉ᄒᆞ얏다더라

◎[illegible]被捉 中部[illegible]洞居[illegible]서[illegible]犯으로中部警察署에被捉ᄒᆞ얏다더라

◎[illegible] [illegible]部大臣[illegible]容植氏ᄂᆞᆫ大同教會[illegible]의任을[illegible]任ᄒᆞ기[illegible]辭免請願ᄒᆞ얏다더라

◎婦人會義捐 三和港維新婦人會々員[illegible]ᄂᆞᆫ西北學會會館建築費를補助ᄒᆞ기爲ᄒᆞ야升米節儉ᄒᆞ야[illegible]捐助ᄒᆞ야金[illegible]餘圓을送致ᄒᆞ고公函을並寄ᄒᆞ얏ᄂᆞᆫ데其盛誠이[illegible]切ᄒᆞ야閱者가莫不感歎ᄒᆞ얏다더라

◎沈氏[illegible] 松沈[illegible]家會[illegible]處所有[illegible]山을[illegible]賣ᄒᆞ기로決議ᄒᆞ얏ᄂᆞᆫ데賣渡ᄒᆞᆫ諸[illegible]沈相[illegible]氏가自[illegible]擔負ᄒᆞ얏다더라

◎學[illegible] [illegible]推尊ᄒᆞᆫ次로多年[illegible]留ᄒᆞᆫ金과[illegible]시ᄂᆞᆫ[illegible]費가窮拙ᄒᆞ야[illegible]身無策ᄒᆞᆷ에[illegible]金貨十元을捐助ᄒᆞ얏다더라

◎警[illegible]社開會 漢城[illegible]社에셔昨日下午壹時에任員會를開ᄒᆞ고[illegible]屋證明[illegible]考問ᄒᆞ기爲ᄒᆞ야[illegible]ᄒᆞ기로決定ᄒᆞ얏다더라

◎救世[illegible]開會 [illegible]珠[illegible]에셔來三十日下午七時에幻灯會三十[illegible]日下午貳時에[illegible]人會를[illegible]開會ᄒᆞ고同七時에英人[illegible]시가解說ᄒᆞ고十一月[illegible]日下午七時에[illegible]시가[illegible]會ᄒᆞ고金[illegible]시가講說ᄒᆞᆫ다더라

◎四面愁聲

▲文明進步ᄒᆞ랴면殖産獎勵ᄒᆞ다ᄒᆞ며新事業을[illegible]生活[illegible]萬限[illegible]四面[illegible]山도다보니愁歎之聲뿐이로세

▲못살겟네々々々[illegible]廚ᄂᆞᆫ桂玉다[illegible]汚穢物을推積ᄒᆞ야[illegible]滿室ᄒᆞ며衛生費ᄂᆞᆫ督促ᄒᆞ야星火又치[illegible]各坊曲에愁聲이오

▲못살겟네々々々[illegible]致枯渴이[illegible]代에商販[illegible]彫殘[illegible]力[illegible]糊口之資[illegible]市場税ᄂᆞᆫ또셩거[illegible]商業家에愁聲이오

▲못살겟네々々々[illegible]旱之災荐疊ᄒᆞ야[illegible]凶인[illegible]網又치얽킨[illegible]茫然ᄒᆞ고附加稅ᄂᆞᆫ[illegible]所人[illegible]가[illegible]ᄒᆞ니民不聊生이어이[illegible]農業者에愁聲이오

▲못살겟네々々々[illegible]窘々이山[illegible]作[illegible]ᄒᆞ고八九[illegible]車[illegible]方은[illegible]稅[illegible]포긔々々[illegible]土[illegible]稅어이[illegible]山峽에[illegible]愁聲이라

▲人民이[illegible]國家根本이어[illegible]根本부터[illegible]固[illegible]枝葉이[illegible]茂[illegible]人民[illegible]痒ᄒᆞ면[illegible]新事業[illegible]가[illegible]하나[illegible]當局諸公[illegible]改[illegible]ᄒᆞ여보쇼

社告

唾俗生이 評論二枚를 題送ᄒ야 已爲揭載ᄒ얏기 本報를 無料로 壹朔送呈홈

北墾島 龍井村瑞甸書塾內에 本支社를 特爲設置ᄒ고 墾島內에 本報 發售事務를 委任ᄒ얏스니 該地方僉君子ᄂ 本報를 購覽ᄒ실 境遇에ᄂ 本支社로 請求ᄒ시옴

本報第二面末欄에 揭載ᄒᄂ 評論은 今에 同胞諸君子의 議論을 交換ᄒ며 聯絡ᄒ야 該事業을 開始ᄒ오니 有志ᄒ신 人民ᄂ 各其感想을 隨意로 ᄒ야 詳細히 記送ᄒ시옵 評論投稿ᄂ 本報에 已揭ᄒ 者와 同一ᄒ게 ᄒ기 要홈 評論二枚를 記送ᄒ면 本報를 無料로 壹朔 送呈ᄒ겟기 玆에 佈告홈

評論을 投送ᄒ시ᄂ 諸君은 住所 姓名을 記ᄒ야 本社로 郵送ᄒ시옵

大韓每日申報社

學界

◎校友開會期 來日下午에 官立漢城高等學校에서 校友會를 開ᄒᆫ다더라

◎竹시熱心 平南永柔郡에서 ᄂ 有志紳士가 義捐金을 擔出ᄒ야 校舍를 建築ᄒ고 學校를 設立ᄒ얏ᄂᄃᆡ 靑年子弟를 多數募集ᄒ야 熱心敎育홈으로 該郡人民이 稱頌ᄒᆫ다더라

◎繼續又新 陽川郡雞新學校ᄂ 設立ᄒᆫ지 已經數年이나 校況이 尙且蕭條ᄒ더니 該郡有志紳士 金錫之가 熱心으로 義捐金三시기로 是奮발ᄒ야 不顧家事ᄒ고 校務를 專擔ᄒ야 敎育에 熱心홈으로

生徒가 八십餘에 達ᄒ얏고 該地方 人民이 團合ᄒ야 盡心 知識이 漸次發達ᄒ니 今에 ᄂ 郡內 ◎向進熱心 ◎小學校ᄂ 經費가 不足ᄒ야 維持ᄒ기 難ᄒ더니 ... 讚美ᄒᆫ다더라

◎擴合發展 三和港私立學校ᄂ 三個學校를 合幷ᄒ고 現今 學徒가 數百名에 達ᄒ야 該校合同式을 擧行ᄒ얏ᄂᄃᆡ 公私立學校 敎員諸氏와 學徒父兄들이 參席ᄒ야 敎授의 勸勉ᄒᆫ 事業을 讚揚ᄒᆫ다더라

◎文學熱心 興士團內에 國文講習所를 設ᄒ고 敎師를 延聘ᄒ야 學徒를 募集ᄒ야 新科로 敎授ᄒ기로 決定ᄒ얏다더라

廣告

本月十一日 本報雜報欄內에 載ᄒᆫ 支那人 鄭雲이 來到ᄒ야 ... 正平 金貨三拾圓을 討去ᄒ얏다ᄂ 說은 純是無根之說이기로 玆에 更正廣告홈

梁川郡 ... 金 ... 告白

秋爀祚 의 債權者에게 廣告

秋爀祚에 對ᄒ야 債權이 有ᄒᆫ 者ᄂ 其債權金額과 債權證書 等을 添付ᄒ고 債權者의 住所 姓名을 記ᄒ야 南部太平坊宮字洞 第三統八戶 木尾法律事務所로 申告ᄒ되 本月三拾壹日(陰九月十八日)外지 申告치 아니ᄒ면 債權을 放棄ᄒᆫ 것으로 支拂치 아니홈

隆熙三年拾月二拾七日

秋爀祚 債務者

秋爀祚 의 財産整理所

京南部太平坊宮字洞三統八戶

木尾法律事務所

業務大擴張廣告

同胞의 愛護ᄒ심으로 弊所의 事業이 日就月盛ᄒ옵기 로 業務를 大擴張ᄒ고 左開各種을 製造ᄒ오니 位愛購覽ᄒ심을 務望

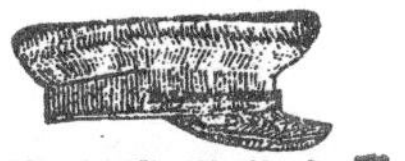

甲號帽子 金五拾錢

乙號帽子 金四十五錢

三角縫帽子 金二十錢

仝 貳號 金拾八錢

男女學生衣次及各種衣次

官公私立學校徽章製造

各種團染圖畫人故賣

絹紬羅木綿毛織染色及收染

外方에서 請求ᄒ시면 小包郵便으로 迅速發送ᄒ겟숨

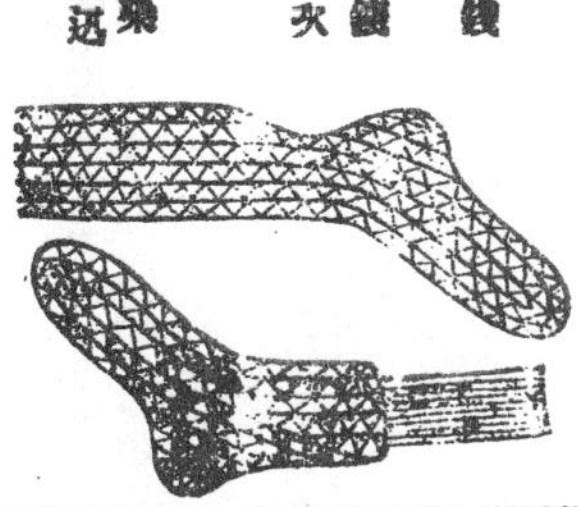

製造販賣人

中谷染織工所主金德昌 告白

◎京城鍾路濟生堂大藥房開業七週年紀念彩票抽籤榜目

壹等 ○壹○六 京城人

二等 壹壹壹四 東萊金致弘

仝 二三六五 京城人

仝 ○七五二 平壤韓昌善

仝 ○九四七 楊州李致旗

三等 一貳○○ 大邱朴太卿

壹七三七

壹四四六 平壤韓淼詢

○九八七

○壹三九

貳四二○

壹三三五

壹三壹二 太邱朴大卿

一壹壹九

○二四七

○八七九 大邱朴大卿

壹六四八

○三六四

二三八五

壹八四○

二貳八三

二二九貳

○大六九 平壤金正商

一八八二

○六四壹 平壤金正商

○五七四

壹壹三四 大邱朴大卿

○四五四

○大六七 平壤金正商

壹八○壹

○三大三

○○大六

一九○○

○五九二

壹四一六 平壤韓淼詢

○壹一九

一四二一 平壤趙淼詢

○五○九

○九○七 大邱朴太卿

○五四○

○八○五

一一二八 大邱朴太卿

○七四一 平壤韓弘均

二壹七三

一九三五

四等 壹二五八 大邱朴大卿

二三四壹

壹八○六

○○壹二

○壹五大

貳○七貳

壹○五○

壹○壹九 大邱朴大卿

二○○七

○六壹八 平壤金正商

壹四○九 平壤韓淼詢

二○壹五

○壹四六

壹○六四 大邱朴大卿

○○○壹

○五壹六

○壹○六

○貳六五

○壹六八

貳壹四九

二四七八

壹○八九

○壹貳貳

○壹五九

壹四○○ 平壤韓淼詢

一八四二

壹六八○ 平壤金正商

一八七壹

○四貳七

壹二四○

○二七○

○四五五

○三二九

壹四七三

○○壹一

○壹三五

○四四○

一三三二

貳壹七五

○二二五

○六二二 平壤金正商

○○八一

○七○九 平壤趙弘均

一六五五

○九八四

二○八○

○六四八

二一三七

○○三二

○八七一

○一五二

○濟生堂大藥房支店及出張所表

漢城南大門內濟生堂大藥房本舖 李庚鳳

仁川港 杏峴 濟生堂第一分店 李興國

開城南門內 二分店 具又賢

仝 咸興西門外 三分店 李鳳林

仝 馬山港東城 四分店 孫雲卿

海州宗路 五分店 金洛鉉

仝 水口門內 六分店 崔寅琪

仝 宜川邑 七分店 魯品權

仝 漢城銅峴 八分店 張基茂

沙里院場市 九分店 吳南駿

仝 東浦港 十分店 金景洙

仝 長湍土城洞 十壹分店 田景元

仝 陽川奬洞 十二分店 李鍾浩

仝 富平西門外 十三分店 鄭鳳源

仝 鐵原邑 十四分店 梁聖學

仝 北國島龍井村 拾五分店 裵南禧

平壤鍾路 一出張所 田恒畯

仝 釜山港 草梁 二出張所 金觀圭

仝 安東邑 三出張所 丁璣玉

仝 大邱南門內 四出張所 崔景成

仝 金州邑 五出張所 趙奎哲

仝 水原 六出張所 白成俊

仝 괴山邑 七出張所 金興基

仝 鐵原 八出張所 具文卿

晉州 泉洞 九出張所 南正午

仝 江陵 拾出張所 羅在恒

仝 忠州早遲 十壹出張所 孫秉準

仝 鍾城 十二出張所 朴宗植

仝 淸國奉天 拾三出張所 廣壹萱

仝 淸國大連 拾四出張所 金季國

仝 淸國九連城 拾五出張所 元東杓

仝 淸國鳳凰城 拾六出張所 王世昌

仝 淸國烟台 拾七出張所 邵浩哲

仝 淸國天津 拾八出張所 周爲靖

其他內外國代理店特約店은 紙面이 不足ᄒ야 壹一枚記인이 와 九月對日圖賣表가 如左홈

內國에 五千捌百六拾三處

外國에 八百九拾六處

都合六千七百五十九處也

廣告

[illegible]港과北關所産部客主與[illegible]

貴港所産各種은卽各港需用之物而與敝港으로셔直接貿易者는近來客主營業이皆是로다貴港[illegible]所人[illegible]敝港에서所產米穀은多ᄒᆞ나亦無可論[illegible]湖南湖[illegible]部[illegible]多數ᄒᆞ力而[illegible]設者[illegible]發起ᄒᆞ오니貴所北魚와部에米穀의[illegible]來往[illegible]以達兩港[illegible]

全北群山港
湖上商會 告白

[illegible]

全羅北道[illegible]

[illegible]

第七[illegible]號

大韓每日申報

第[illegible]號

月說 隔時 及日 驛休 郵刊
[illegible]個月 …三十…十一錢
大韓…四十八錢
日本…十二錢
…
…十七…號

Responsible for Publication
Alfred Weekley Marnham.
發行兼編輯人 萬咸
發行所
京城[illegible]
大韓每日申報社

論說

●韓大衛氏의學校設立을賀ᄒᆞ노라

噫라我西洋人이萬里海外에來ᄒᆞ야韓國의文明을扶助ᄒᆞ야韓國人士의知識을發ᄒᆞ며韓國運命의前途를勗ᄒᆞᆷ은實로吾儕의喝采歡迎ᄒᆞᄂᆞᆫ바ㅣ라

京城에濟衆院醫學校가有ᄒᆞ며平壤에盲啞學校가有ᄒᆞᆷ이聞ᄒᆞᆫ바ㅣ어니와今又美國齒醫師韓大衛氏가齒醫學校를設立ᄒᆞ고韓國子弟를敎育코져ᄒᆞᆫ다ᄒᆞ더라

蓋我西洋人은文明의先驅를作ᄒᆞ야文明의旗幟를遍揭ᄒᆞ며文明의種子를播ᄒᆞ야文明의結實을共饗ᄒᆞᄂᆞᆫ者ㅣ라而況西의文明이東으로漸ᄒᆞ야東洋의曙光을喚起ᄒᆞᄂᆞᆫ此時代에며而況韓國은風雨가晦冥ᄒᆞ고江山이慘憺ᄒᆞ야文明을病者의藥又渴者의水又치求ᄒᆞᄂᆞᆫ此時代이오彼濟衆院은韓國醫學界의天荒을破ᄒᆞ야其醫術의恩은半島間閻에廣被ᄒᆞ얏고其敎育의功은醫人博士를養成ᄒᆞ얏나니其效果가果然如何ᄒᆞ며彼盲啞學校ᄂᆞᆫ韓國盲啞界에來[illegible]ᄒᆞᆫ聾音을傳ᄒᆞ야其技藝를發ᄒᆞ며其氣識을기ᄒᆞ얏나니其效果가又果然如何ᄒᆞ뇨

只今韓大衛氏의齒醫學校가設立되면其效果가반다시濟衆院과盲啞校로ᄒᆞ야금專美케ᄒᆞᆷ이無ᄒᆞ지로다

故로吾儕ᄂᆞᆫ韓大衛氏의敎育事業을爲ᄒᆞ야贊成을呈ᄒᆞ노라

然이나吾儕ᄂᆞᆫ我西洋人諸君에對ᄒᆞ야오히려希望ᄒᆞᄂᆞᆫ바ㅣ多ᄒᆞ노니

(壹)我西洋人은韓國人의苦痛을救ᄒᆞ며韓國人의威光을勉ᄒᆞᆷ으로責任을作ᄒᆞ야急人의仁을興奮ᄒᆞ며人道의正義를鼓吹ᄒᆞ야一醫院을設立ᄒᆞ며一學校를設立ᄒᆞᆷ에도慈善的精神的으로以ᄒᆞ며義理的으로因ᄒᆞ야我西洋人士의高格을自勵ᄒᆞ며

(二)我西洋人은達全ᄒᆞᆫ手腕을發揮ᄒᆞ고健全ᄒᆞᆫ功果를收獲ᄒᆞ야社會의太導師로自任ᄒᆞᆯ지라

如此ᄒᆞ면韓國內에서我西洋人의事業이아모愉快ᄒᆞ게來臨ᄒᆞ고我西洋人의光彩가아모輝煌ᄒᆞ게[illegible]及ᄒᆞᆯ은實로吾儕의自惜ᄒᆞᄂᆞᆫ바ㅣ니望ᄒᆞ건ᄃᆡ諸君은愈愈勉勵ᄒᆞ며愈愈活動ᄒᆞ야彼濟衆院盲啞學校等의事業이益益蔚興케ᄒᆞᆯ지어다

法律

▲隆熙三年拾月拾壹日 官報

法律第貳拾七號

海上衝突豫防法（續）

第八條 水先船이水先業務를執行ᄒᆞ야其營業所에在ᄒᆞᆯ時ᄂᆞᆫ他船舶에要ᄒᆞᄂᆞᆫ燈을表示치아니ᄒᆞ고周回로부터見得ᄒᆞᄂᆞᆫ白燈一個를檣頭에揭ᄒᆞ고且十五分時를超치아니ᄒᆞᄂᆞᆫ短時의間隙으로써閃火燈或은燈數를發ᄒᆞᆷ이可ᄒᆞᆷ水先船이ᄂᆞᆫ點火ᄒᆞᆫ紅燈을準備ᄒᆞ야他船舶이我船에向ᄒᆞ야漸近ᄒᆞ야來ᄒᆞ던지又ᄂᆞᆫ我船이他船에向ᄒᆞ야漸近ᄒᆞ야往ᄒᆞᄂᆞᆫ時ᄂᆞᆫ我船의進行ᄒᆞᄂᆞᆫ方向을示ᄒᆞ기爲ᄒᆞ야短時의間隙으로써此를表示ᄒᆞᆷ이可ᄒᆞᆷ此時綠光은左舷으로부터紅光은右舷으로부터見得치아니ᄒᆞ게ᄒᆞᆷ을要ᄒᆞᆷ

水先人을要招ᄒᆞᄂᆞᆫ船舶에直付ᄒᆞᆫ水先船은白燈을檣頭에揭ᄒᆞᄂᆞᆫ代에隨時로此燈을表示ᄒᆞ고又前項의舷燈의代에一面은綠色一面은紅色의玻璃를用ᄒᆞᆫ灯籠一個를手近處에備置ᄒᆞ고前項의規定에依ᄒᆞ야此를使用ᄒᆞᆷ을得ᄒᆞᆷ

免許水先人의乘務專用에供ᄒᆞᄂᆞᆫ水先汽船이水先業務에爲ᄒᆞ야其營業所에在ᄒᆞ야碇泊치아니ᄒᆞᆯ時ᄂᆞᆫ第一項의規定에依ᄒᆞ야水先船의要ᄒᆞᄂᆞᆫ灯及閃火의外에檣灯의下方八尺의所에周圍가少ᄒᆞ야도二海里의距離로부터見得ᄒᆞᆯ紅燈一個를增揭ᄒᆞ고且航行中의船舶에要ᄒᆞᄂᆞᆫ舷燈을揭ᄒᆞᆷ이可ᄒᆞᆷ　（未完）

外報

●建軍新組織　希臘國會에希臘黨은目下同國新建軍組織案을提出ᄒᆞ얏ᄂᆞᆫᄃᆡ該案은約四拾五萬人의軍隊를準備ᄒᆞ려ᄒᆞ고其中에半은正規兵으로ᄒᆞ고半은民兵으로成立될것이나該案은外國의反抗을受ᄒᆞᆯ터이오且其費用이頗히多大ᄒᆞ다더라

●諸公使協議　淸國上海에外國居留民例ᄂᆞᆫ居留地를北部에延長ᄒᆞ야鐵道에達케ᄒᆞ기로工部局의計劃이可決되얏ᄂᆞᆫᄃᆡ各國領事ᄂᆞᆫ此를駐淸公使의게申請ᄒᆞ고諸公使ᄂᆞᆫ外務部와協議中인ᄃᆡ或은困難ᄒᆞᆫ問題를起ᄒᆞᆯᄂᆞᆫ지不知ᄒᆞ다더라

●하리大彗星　德國天文臺에셔大彗星을發見ᄒᆞᆷ은已報어니와此地球에셔距離가二拾三日間가라면貳億壹千萬哩식될터이니肉眼으로見ᄒᆞ지못ᄒᆞ깃스나來年三四月頃에ᄂᆞᆫ肉眼으로도曉頭에ᄂᆞᆫ觀測ᄒᆞᆯ터이오五月中旬에ᄂᆞᆫ地球에셔約壹千貳三百萬里의距離에셔自沒頭ᄒᆞ야少見ᄒᆞᆯ터이라ᄒᆞ며西曆壹六八貳年에此大彗星이出現ᄒᆞ야世界各天文臺를驚動케ᄒᆞ얏ᄂᆞᆫᄃᆡ英國의하리씨가以前壹五三壹年及壹六○七年에도出現ᄒᆞᆫ거시라ᄒᆞ고以後一七五九年에再現ᄒᆞ리라고預言ᄒᆞ얏더니果然其年에出現ᄒᆞᆫ지라以後로하리彗星이라命名ᄒᆞ얏고其後一八三五年에又現ᄒᆞ얏스니其週期ᄂᆞᆫ平均七拾六年間인ᄃᆡ今回에ᄂᆞᆫ七十四年半동안이오歷史上記錄ᄒᆞ면秦始皇時에彗星이出ᄒᆞ얏다ᄒᆞ거시卽此大彗星인줄노推測ᄒᆞᆫ다더라

學界

●醫校剏立　美國齒醫師한대위시가京城南大門니自巳私邸에齒醫학校를剏設ᄒᆞ고韓國학生을敎育ᄒᆞᆯᄯᅢ此學校에셔ᄂᆞᆫ將次南門外濟衆院과聯合從業ᄒᆞᆯ터이오該院의新建築이完備되면此學校ᄂᆞᆫ該院니로移付ᄒᆞ고又該院에ᄂᆞᆫ齒科部를增設ᄒᆞᆯ다더라

●美氏熱心　咸南利原郡居美國人셔氏ᄂᆞᆫ元來文學大家로該局에셔金이有ᄒᆞ야敎育을擴張ᄒᆞ기爲ᄒᆞ야周歷ᄒᆞ며熱誠勸勉ᄒᆞ야학校를多數設立ᄒᆞ며學徒中經費가困難ᄒᆞᆫ자ᄂᆞᆫ百方周旋ᄒᆞ야期至成就케ᄒᆞᆷ으로該郡人士心을人皆稱頌ᄒᆞᆫ다더라

●兩氏熱誠　平北鐵山郡居[illegible]昌成吳昌殷兩시ᄂᆞᆫ敎育에熱心ᄒᆞ야該郡東萊館居김國衛시를日本에留學케ᄒᆞ고其學費ᄂᆞᆫ兩시가合力擔任ᄒᆞ기로已經兩年이오將來에도永久擔當ᄒᆞ기로決定ᄒᆞ얏다ᄂᆞᆫᄃᆡ兩시의敎育熱誠은人皆稱頌ᄒᆞᆫ다더라

●雲倅勝績　平北雲山郡守리啓奭시ᄂᆞᆫ敎育界에熱心ᄒᆞ야該郡紳士諸씨를勸ᄒᆞ야時急先務를說明ᄒᆞ고境內懇切히勸諭ᄒᆞ야各處에學校를設施ᄒᆞ고多數靑年을敎育ᄒᆞ며且該郡水災虫災에罹ᄒᆞ야救恤方針을極盡히ᄒᆞᆫ故로境內稱頌이藉藉ᄒᆞ다더라

●宜陽勞ᄉᆞ　宜川郡南面鳳洞朝陽學塾은設立兩載에校況이日就零落ᄒᆞᄆᆡ該郡守金斗鉉시가該校에躬往ᄒᆞ야老少人士를會同ᄒᆞ고敎育의現今時宜急務되ᄂᆞᆫ故로激切히奬勵ᄒᆞᆫ結果로該區人民이覺悟開發되야多數財政을自願捐出ᄒᆞ야校堂을增加建築ᄒᆞ며多數靑年이爭先入學ᄒᆞᄂᆞᆫ故로國境紳士가無不稱頌ᄒᆞᆫ다더라

●兩시熱心　敎育에有志紳士鄭泰永金昌鎬兩시가京畿高陽郡에敎育이不振ᄒᆞᆷ을慨歎ᄒᆞ야該郡內人民의게激切히說明ᄒᆞ며莊戶曉喩ᄒᆞᆫ結果로該郡元堂面에元興義塾을剏立ᄒᆞ고聰俊靑年을募集ᄒᆞ야五十餘人에達ᄒᆞ얏고金昌鎬시ᄂᆞᆫ該塾에所入財政을自擔捐出ᄒᆞᄂᆞᆫ故로校況이漸次擴張ᄒᆞᆫ다더라

雜俎

●白頭山

白頭山을바라보니、그氣像이雄壯ᄒᆞ다。

人傑은地靈이오、時勢ᄂᆞᆫ造英雄이라。

아마도、無數英雄産出키ᄂᆞᆫ、이山이매。

○東京電報○

◉犯人姓名　犯人운지안(旣電)은歐文으「웃칠안」인데歐文書式에名을姓보다先置ᄒᆞᄂᆞᆫ故로此를譯音으로讀ᄒᆞ면안웅칠이나漢字로ᄂᆞᆫ卽安應七이라安應七은名高ᄒᆞᆫ暗殺黨의黨魁로海蔘威의在住ᄒᆞ던者라더라　廿八日발

◉九名捕縛　哈爾賓의셔ᄂᆞᆫ犯人連累者九名을捕縛ᄒᆞ엿다ᄒᆞ며

◉中川北行　檢事長中川暇介ᄂᆞᆫ光濟號로大連에上陸ᄒᆞ야卽時臨行列車로長春에向ᄒᆞ얏다더라

◉學校休業　日本文部省에서ᄂᆞᆫ故伊藤公의國葬當日에全國各學校에休業을命ᄒᆞ기로商議ᄒᆞᆫ다더라

◉各國吊電　英國皇帝伊太利皇帝及墨西哥大統領은伊藤公遭難의對ᄒᆞ야吊電이有ᄒᆞ엿다더라　以上二拾九日着

雜報

◉曾禰陛見　曾禰統監은昨日午前九時의德壽宮의進詣ᄒᆞ야　太皇帝陛下ᄭᅦ陛見ᄒᆞ고同時에昌德宮의進詣ᄒᆞ야　大皇帝陛下ᄭᅦ陛見ᄒᆞ얏다더라

◉兩大使發　承寧府副總管[illegible]은　太皇帝陛下　勅命으로　義親王殿下ᄂᆞᆫ　大皇帝陛下　勅命으로伊藤公의吊禮大使를被命ᄒᆞ야昨上午九時에日本東京을向ᄒᆞ야出발ᄒᆞ얏다더라

◉隨員隨發　吊禮大使가出發ᄒᆞᆷ은別項과如ᄒᆞ거니와宮內府次官小宮三保松　義親王宮總辨金宅基同宮侍尉尹仁用宮內府禮式官朴錫官、府事務囑托佐的諸氏ᄂᆞᆫ隨員으로발程ᄒᆞ얏다더라

◉勅使出발期　伊藤公葬儀의勅使一行은리總理閣下列로京城의決定ᄒᆞ야明日出발ᄒᆞᆫ다더라

◉三日停朝市　伊藤公凶變에對ᄒᆞ야三日停朝市ᄒᆞ라신　旨를下ᄒᆞ옵셧ᄂᆞᆫ데宮內府에셔ᄂᆞᆫ此　旨를漢城府及警視廳에訓令ᄒᆞ고內部에셔ᄂᆞᆫ各觀察道에發訓ᄒᆞ얏다더라

◉嚴使派發　皇貴妃殿下ᄭᅦ셔ᄂᆞᆫ嚴柱益시를　皇太子殿下ᄭᅦ問安使로派送ᄒᆞ야本日발程ᄒᆞ다더라

◉法部官制廢止　司法權委託期日이迫頭ᄒᆞᆷ으로法部官制廢止에關ᄒᆞ야判檢事官吏定員과俸給令、裁判所書記長及裁判所書記官等定員、裁判所通譯官及通譯官補、監獄署官制、未決囚已決囚押送規則、監獄規則、監獄官服制及提灯徽章制定의件、裁判所構成法、裁判所構成法施行法、裁判所設置法、民刑事訴訟에關ᄒᆞᆫ件、未開港區裁判所事務處理에關ᄒᆞᆫ件等을明三十一日까지限ᄒᆞ야廢止ᄒᆞᆫ다신　勅令을昨日官報로頒布ᄒᆞ얏다더라

◉宮大夫電請　韓國　皇太子殿下宮大夫高羲敬氏ᄂᆞᆫ三昨日下午六時에宮內府로電報ᄒᆞ고伊藤公遺凶에對ᄒᆞ야吊禮節次를錄示ᄒᆞ라ᄒᆞ얏다더라

◉內閣會議　各部대臣이昨日上午十一時에閣議를會同ᄒᆞ야伊藤公葬禮에祭祀料三万元支撥ᄒᆞᆯ事件과其他事項을協議ᄒᆞ얏다더라

◉歸航書仁　大連으로向ᄒᆞ얏던弔慰問使一行은三山島海上에서丘體를表ᄒᆞ고仍히歸航ᄒᆞ야昨日午後의仁川의着ᄒᆞ얏다더라

◉遺恨之故　伊藤公國葬ᄒᆞᄂᆞᆫ當日에統監府발起로追悼會를設行ᄒᆞᆫ다ᄂᆞᆫ데伊藤公이韓人의게被害ᄒᆞᆷ은伊藤公의遺恨이라ᄒᆞ야當日在韓日本人만集會ᄒᆞ고韓人은參會를嚴禁ᄒᆞᆫ다ᄂᆞᆫ說이有ᄒᆞ다더라

◉商上吊問　韓國吊問使가搭乘ᄒᆞᆫ光濟號ᄂᆞᆫ昨日십時에大連에着ᄒᆞ얏ᄂᆞᆫ데吊問使一行은三山島海中에셔秋津洲船을追及ᄒᆞ야丘體를表ᄒᆞ얏다ᄂᆞᆫ報가有ᄒᆞ다더라

◉各官廳吊電　各府部院廳主務官諸氏ᄂᆞᆫ再昨日上午十二時에閣議會同ᄒᆞ야日本樞密院과伊藤公夫人의게吊電을發送ᄒᆞ얏다더라

◉葬期變更　伊藤公의葬期ᄂᆞᆫ십壹月五日로決定ᄒᆞᆷ은旣히報文으로揭載ᄒᆞ엿더니更히四日로改定ᄒᆞ얏다고再昨夜統監府에電報가來到ᄒᆞ얏다더라

◉禮相發程　農商工部大臣趙重應씨ᄂᆞᆫ內閣代表로渡日ᄒᆞᆯ다ᄒᆞᆷ은已報어니와明再明日間에發程ᄒᆞ기로擬定ᄒᆞ얏다더라

◉學大痛恨　學部대臣은漢城府及各觀察道各地方長官에게對ᄒᆞ야各地方諸學校에命令ᄒᆞ야伊藤公國葬當日에一齊休學ᄒᆞ야學員學徒로ᄒᆞ야금謹弔의意를表케ᄒᆞ라고痛恨의辭로訓令ᄒᆞ얏다더라

◉國分歸國　統監府에셔ᄂᆞᆫ國分秘書官을代表로伊藤公葬儀에往參ᄒᆞ라ᄂᆞᆫ데本日出發ᄒᆞᆫ다더라

◉進會吊員出發　一進會에셔ᄂᆞᆫ伊藤公凶變에對ᄒᆞ야丘體委員洪肯섭朴東煥兩氏를選定ᄒᆞ야昨日上午九時에日本으로弔往ᄒᆞ얏다더라

◉兩會協議　伊藤公葬期後에ᄂᆞᆫ一進會와大韓協會가聯合ᄒᆞ야追悼會를獨立館에設行ᄒᆞ고伊藤公遺族의게救恤金을捐付ᄒᆞ기로協議ᄒᆞ얏다더라

◉兩府派送　伊藤의遭難ᄒᆞᆫ事實에關ᄒᆞ야調查ᄒᆞᆯ事件이有ᄒᆞᆷ으로昨日上午八時에統監府에셔韓人巡查一人을平壤郡으로派送ᄒᆞ얏다더라

◉預算支出議　度支部所管家屋買收費四萬二百五十八圜을豫備金中에서支出ᄒᆞ기로內閣會議에決定ᄒᆞ얏다더라

◉完興入城　忠淸德山郡의謫往ᄒᆞ얏던完興君李載冕氏登程七십餘名은再昨日本川郡趙慶鎬氏家에留宿ᄒᆞ고昨日入城ᄒᆞ얏다더라

◉鄭卿任說　內閣書記官長韓昌洙氏ᄂᆞᆫ太郎觀察使로轉任ᄒᆞ고其代에ᄂᆞᆫ帝國新聞社長鄭雲復氏가被任ᄒᆞ기로內定되얏다더라

◉兩氏渡日　內部土木局長劉猛씨ᄂᆞᆫ土木에關ᄒᆞᆫ事項으로民籍課長趙九氏ᄂᆞᆫ警務及民籍에關ᄒᆞᆫ事項을視察ᄒᆞ기爲ᄒᆞ야本日上午九時에日本으로出장ᄒᆞᆫ다더라

◉司藥面試　昨報와如히昨日上午九時成均館에서司藥面試를經行ᄒᆞ얏ᄂᆞᆫ데試選된者ᄂᆞᆫ學部囑託官閔健植學敎總監시와事務官遠谷으로選定ᄒᆞ얏고學部大臣李容稙시도出席ᄒᆞ얏다더라

◉財產規程修報　平北觀察使柳赫魯시ᄂᆞᆫ該道內財產規程을編製ᄒᆞ야內部로修報ᄒᆞ얏다더라

◉平察報告　平南觀察使리軫鎬ᄂᆞᆫ道內의火災狀況을調査ᄒᆞ야內部로報告ᄒᆞ고救恤金을請求ᄒᆞ얏다더라

◉賞金四万　防疫事務에從事ᄒᆞᆫ巡查에賞與金은甲乙丙丁四等으로分給ᄒᆞᆫ다더라

◉元帥入京　英國키치나元帥ᄂᆞᆫ昨日午后십時二十分에京城에到着ᄒᆞ얏ᄂᆞᆫ데旅館은孫澤孃邸로定ᄒᆞ얏다더라

◉入京後元帥　英國키치나元帥ᄂᆞᆫ本日午前에統監府와軍司令部를訪問ᄒᆞ고武器觀覽과博物館觀覽ᄒᆞ고午后統監邸晩餐會에參與ᄒᆞᆫ다더라

◉元帥答訪　曾禰統監과本軍司令官은英國키치나元帥의게答訪ᄒᆞᆫ다더라

◉因訴報謝　忠南牙山郡守鄭海觀시ᄂᆞᆫ該郡曲橋居김靑雲시ᄀᆡ로致ᄒᆞ야答刑을施ᄒᆞ얏더니其里各人民等이該郡警察署에呼訴ᄒᆞᆷ으로警察署에셔ᄂᆞᆫ內部로轉報ᄒᆞ얏다더라

◉礦夫請願　中部典洞居黃各周趙泉敏諸氏ᄂᆞᆫ鑛夫會社를設立ᄒᆞᆫ故로所管警察署에請願ᄒᆞ얏다더라

◉柴炭商調查　再昨日北署에서ᄂᆞᆫ管內柴炭商에姓名을登々調查ᄒᆞ얏다더라

◉宜勸勸敎　鐵山郡金明俊氏가鴉片을吸ᄒᆞᆫ故로至死境ᄒᆞ얏더니該郡醫院鄭石台金鳳官兩氏가責受ᄒᆞ고爛熟히여러方으로勸勉救濟ᄒᆞ야至今完人을成ᄒᆞ얏다더라

◉典物逃躱　中部校洞居典當主人金某ᄂᆞᆫ各人의典執ᄒᆞᆫ物品五萬餘兩價値와他人의계越貿ᄒᆞ고永爲逃躱ᄒᆞ얏다더라

◉玄鶴孤飛　韓國觀察使閑시寫眞에서寄信一度와金貨一圓을허리시에게郵便으로付逃ᄒᆞ얏ᄂᆞᆫ데女鶴名스며리지의圖章을僞造ᄒᆞ야去ᄒᆞᆷ으로허人을方調查中이라더라

◉通蹤調探　前郡守閔丙星氏ᄂᆞᆫ巨額의公貨를犯逋ᄒᆞ고知機逃躱ᄒᆞ얏ᄂᆞᆫ데近日該氏가京城에逗留ᄒᆞᆫ다ᄂᆞᆫ說이有ᄒᆞᆷ으로警視廳에셔秘密調探ᄒᆞᆫ다더라

◉書籍押收　北部苑洞居崔炳夏氏의冊肆에疑點이有ᄒᆞᆫ지再昨日警視廳에셔該家의所有ᄒᆞᆫ書籍을登々押收ᄒᆞ얏다더라

◉共報押收　海蔘威에셔發行ᄒᆞᄂᆞᆫ大東共報第七拾六號七十七號ᄂᆞᆫ治安妨害에關ᄒᆞ야內部大臣이發賣頒布를禁止ᄒᆞ얏다더라

◉浴堂口業　崔得興氏가寬部詩洞에韓一沐浴湯을新設ᄒᆞ얏ᄂᆞᆫ데韓人中에此業을營ᄒᆞᄂᆞᆫ者ㅣ間或有之ᄒᆞ엿스나皆永久히維支치못ᄒᆞ야到今ᄒᆞ야ᄂᆞᆫ惟此湯一處뿐이라더라

◉兩氏慈善　咸興郡津部面社蕃邑兩面에ᄂᆞᆫ夏間에水災가頗多ᄒᆞ얏ᄂᆞᆫ디該郡財務署長金從欽氏가金三十圜을捐出ᄒᆞ야救濟者를救恤ᄒᆞ고該郡人梁潤稙氏도巡査의義捐이不少ᄒᆞᆷ으로郡內人民의頌聲이藉々ᄒᆞ다더라

◉義兵又起　茂州郡地方ᄂᆞᆫ近日義兵이更히漸起ᄒᆞᆫ다더라

◉韓館捕獲　再昨日南부郡管內에韓館에서ᄂᆞᆫ義兵一名과議嫌疑者一名을捕縛ᄒᆞ얏다더라

◉鄭犯被捉　窃盜犯鄭春成은再昨日中署에被捉ᄒᆞ얏다더라

◉李犯被捉　中部宮洞居李弘植氏ᄂᆞᆫ本月二十七日에詐欺取財罪로北署에被捉ᄒᆞ얏다더라

◉靑館講論　今日下午七時三拾分에鍾路靑年會館에서討論會를講論會로變ᄒᆞ고輪回講論ᄒᆞᆫ다더라

▲痼疾難醫▲

▲一朝一夕엇은病은治療ᄒᆞ기容易치만五百餘年굿은病은다ᄉᆞ릴수잇셔엇다勸論ᄒᆞ도쓸ᄃᆡ업고攻駁ᄒᆞ야도效되너奄々垂盡ᄒᆞᆫ病勢에곽삼ᄃᆡ로써불傍觀者가답々ᄒᆞᆯ바

▲承寧侍從某某씨ᄂᆞᆫ濱溺海에賣ᄒᆞ나시에새밥은亂覺社요오날밤은賣社의會名妓엽헤셔고無限醜態부리며가宣介紹逢號令風에妓生잇고落興ᄒᆞ니狩樂癖이痼疾이오

▲徽文塾閔씨ᄂᆞᆫ학校箇設立ᄒᆞᆫ後에經濟흥다더니무삼經費不足ᄒᆞ야謝ᄒᆞᆫ말이런인가鋼絲데가박하도록무손길노을쥐며놈솟게너가라나吝財癖이痼疾이오

▲각방에生은用其介맛보라經難間ᄒᆞ지에가榜ᄒᆞ니會考날이當ᄒᆞ너營曰나기만苦待ᄒᆞ며燥鬱症이成病爲將大將에揚揚奔走ᄒᆞ야宕巾벗ᄂᆞᆫ痼疾이오

▲女侍讀抄選ᄒᆞ사多數恩金磨鍊ᄒᆞ며漢城內有女者ᄂᆞᆫ侍讀奬圖得코ᄌᆞᄒᆞ야捷徑차저골ᄌᆡ習入ᄒᆞ더니門庭이若市미터엿어贊諸遜ᄒᆞᆫ더態度ᄂᆞᆫ選擇ᄒᆞᆫ痼疾일세

▲博物館에드러가셔滄海力士쓰던남은鐵椎子介ᄒᆞ미러오고第一滄海力士ᄂᆞᆫ어너浩蕩ᄒᆞᆫ良試驗ᄒᆞ야博浪沙中白日下에秦天子ᄅᆞᆯ놀니도시痼疾鬼를모라다가長夜痼疾열어시면

社告

唯俗도이 評論 枚를 製送ᄒᆞ야 已爲揭載ᄒᆞ얏기 本報를 無料로 壹朔送呈홈

北墾島 龍井村耶穌敎堂內에 本支社를 본月壹日부터 設置ᄒᆞ고 發行事務ᄂᆞᆫ 本社事務를 委任ᄒᆞ얏ᄉᆞ니 該附近地에서 本申報購覽ᄒᆞ실 僉君子ᄂᆞᆫ 該支社에 請求ᄒᆞ시옴

ᄂᆞᆫ 報第二面末欄에 揭載ᄒᆞᄂᆞᆫ 評論은 今에 同胞諸君子의 議論을 交換ᄒᆞ기 爲ᄒᆞ야 寄稿를 開始ᄒᆞ오니 有志ᄒᆞ신 人士ᄂᆞᆫ 各其思想을 融通ᄒᆞ야 陸續製送ᄒᆞ시옴 評論體裁ᄂᆞᆫ 本報에 已揭ᄒᆞᆫ 者와 同樣케 ᄒᆞ기를 要홈 評論三枚를 揭載ᄒᆞᆫ 者ᄂᆞᆫ 本報를 無料로 壹朔送呈ᄒᆞ야 厚意를 表謝ᄒᆞᆯ 事 評論을 製送ᄒᆞ시ᄂᆞᆫ 諸氏ᄂᆞᆫ 住所를 詳記ᄒᆞ야 本社編輯室로 致付ᄒᆞ시옴

大韓每日申報社

雜報

◎大同演說 日昨大同敎會에서 磚洞普成學校內에 演說會를 開ᄒᆞᆫ 事ᄂᆞᆫ 已報어니와 紳士金源極氏가 孔子의 聖之時者라ᄂᆞᆫ 問題로 演說ᄒᆞᆫ 演草가 如左ᄒᆞ니 今日은 太同敎의 講演會를 開ᄒᆞᆫ 日이니 大抵 我가 太同이라ᄂᆞᆫ 武字의 名義ᄂᆞᆫ 禮記禮運篇에서 旣悉ᄒᆞ실 줄 더인즉 多論ᄒᆞᆯ바 無ᄒᆞ오나 열어분 習熟ᄒᆞ시기 口讀ᄒᆞ시ᄂᆞᆫ 바와 如히 單純히 言ᄒᆞ다면 儒敎가 是耳라 然ᄒᆞᆫ즉 儒敎의 本來를 言ᄒᆞᆯ진ᄃᆡ 伏羲시 書契創造ᄒᆞ以下로 黃帝神農堯舜禹湯文武周公ᄭᅡ지 傳來ᄒᆞᆫ 뎐敎ㅣ 孔子ᄭᅴ셔 祖述憲章ᄒᆞ실이오 特別히 此敎를 自唱ᄒᆞ야 惟壹思位를 自占ᄒᆞ심은 아니라 凡儒處宗敎로 觀ᄒᆞ면 釋시 曰 我ᄂᆞᆫ 天上天下에 惟我獨尊이라 ᄒᆞ며 耶穌曰 我ᄂᆞᆫ 獨壹無貳ᄒᆞᆫ 上帝의 眞子라 ᄒᆞ얏ᄉᆞ니 此ᄂᆞᆫ 但其自己의 智로 進入을 誘導ᄒᆞ야 殆히 衆人이 敬服ᄒᆞ게 홈이나 孔子ᄂᆞᆫ 不然ᄒᆞ야 鄙夫라도 可히 兩端을 竭ᄒᆞ며 三人이 行ᄒᆞᆷ에 可히 我師를 得ᄒᆞᆯ지라 ᄒᆞ얏ᄉᆞ니 其學問의 自範圍가 若是히 廣大ᄒᆞᆫ지라

今日我들의 現勢를 觀ᄒᆞᆯ지라도 議者가 輒曰 國家의 文弱이 儒敎의 罪라 ᄒᆞ니 此ᄂᆞᆫ 儒敎의 眞理를 不知ᄒᆞᄂᆞᆫ 所以로다 孔子가 비록 儒敎를 始唱ᄒᆞ시지ᄂᆞᆫ 아니ᄒᆞ셧스나 儒敎門에 入ᄒᆞ야ᄂᆞᆫ 先師가 될지라 孟子ᄭᅴ셔 말ᄉᆞᆷᄒᆞ시기를 孔子ᄂᆞᆫ 聖之時者라 ᄒᆞ얏ᄉᆞ니 余도 此言을 信ᄒᆞ노이다 是故로 余가 今日에 孔子ᄂᆞᆫ 聖之時者라ᄂᆞᆫ 問題로 僉君子의 前에 敢히 陳ᄒᆞ노니 言辭가 비록 鄙陋ᄒᆞᆯ지라도 諒察ᄒᆞ시기를 ᄇᆞ라ᄂᆞ이다

大抵孔子의 道ᄂᆞᆫ 太和元氣가 四時에 流行홈과 ᄀᆞᆺᄒᆞᆫ지라 春이 太和元氣ㅣ 아니면 春이 되지 못ᄒᆞᆯ지오 夏가 太和元氣ㅣ 아니면 夏가 되지 못ᄒᆞᆯ지오 秋冬이 亦然ᄒᆞᆫ지라 然ᄒᆞᆫ즉 孔子의 道ᄂᆞᆫ 何時에던지 不適當ᄒᆞᆯ 時가 無ᄒᆞᆯ지라 何也오 孔子의 敎가 貳千年前人을 對ᄒᆞ야 言ᄒᆞᆫ 者이며 壹毫閉關의 人을 對ᄒᆞ야 言ᄒᆞᆫ 者이로되 其道義ᄂᆞᆫ 萬世不易ᄒᆞᆫ 者ㅣ 多ᄒᆞᆫ 中 其別義ᄂᆞᆫ 與時推移ᄒᆞᆫ 者ㅣ 不少ᄒᆞᆫ즉 萬世에 孔子로 ᄒᆞ야금 今日에 生ᄒᆞ얏스면 敎旨가 반다시 더옥 廣博ᄒᆞ야 損益이 有ᄒᆞᆯ지라 何者오 今我國民이 春秋戰國時代에 人이 아니오 二千年後에 人이 되얏스며 壹鄕壹國에 人이 아니오 世界的人이 되얏슨즉 其敎意가 亦貳千年後와 世界的人의게 適當ᄒᆞᆯ지라 何以知其然也오 道千乘之國ᄒᆞ되 節用而愛人이라 ᄒᆞ얏스니 此ᄂᆞᆫ 經濟學을 發端ᄒᆞᆫ 言論이라 ᄒᆞᆯ지오 大學은 孔子의 遺書ㅣ 曾子가 述ᄒᆞᆫ 者라 此에 格物致知를 首唱ᄒᆞ얏스니 是ᄂᆞᆫ 物理學을 發端ᄒᆞᆫ 言論이라 ᄒᆞᆯ지며 政治에ᄂᆞᆫ 冉子季路오 文學에ᄂᆞᆫ 子游子夏라 ᄒᆞ얏스니 是ᄂᆞᆫ 政治와 文學을 發端ᄒᆞᆫ 者라 ᄒᆞᆯ지로다

二千年前에 時代와 鎖國閉關에 人物을 對ᄒᆞ야 敎科가 若是히 設備ᄒᆞ얏슨즉 東西洋潮가 震盪ᄒᆞᄂᆞᆫ 時代를 遭遇ᄒᆞᆫ진ᄃᆡ 列强之間에 足跡이 不休ᄒᆞᆯ지오 今日所聞 天文 地理 電氣 聲光의 學을 愈益發明ᄒᆞ야 正德 利用 厚生의 利澤이 人民의게 普及케 ᄒᆞᆯ지오 今日我國에 腐儒輩와 如히 故紙를 墨守ᄒᆞᆯ 理ㅣ 萬無ᄒᆞᆯ지라 須淵爲邦之問을 答ᄒᆞ심을 推測ᄒᆞ야 보시오 行夏之時ᄒᆞ며 乘殷之輅ᄒᆞ며 服周之冕이라 ᄒᆞ얏스니 因時制宜ᄒᆞᆫ 大規模를 可見ᄒᆞᆯ 者이 ᄋᆞ닌가

我國이 汎稱儒敎의 國이라 自處ᄒᆞ니 果然 孔子의 敎를 實行ᄒᆞᆫ 者ㅣ 有ᄒᆞ오닛가 詩賦詞章流의 尋章摘句ᄒᆞᄂᆞᆫ 末技之末技로써 自稱曰 孔子之徒라 ᄒᆞ며 朝廷之上과 州郡之間에 欺君虐民ᄒᆞᄂᆞᆫ 雀鼠輩도 亦不無口誦孔子ᄒᆞ며 地方에 學校에 絃誦이 絕ᄒᆞ야 矣勿論ᄒᆞ고 僥倖躐差와 例債謝祟ㅣ 民產을 難保ᄒᆞ얏스니 孔子垂敎之本意가 果曾如是乎잇가 宗敎의 虛名을 冒ᄒᆞ미 若是히 甚ᄒᆞᆫ 故로 國家의 今日實禍가 此極에 至ᄒᆞ얏나니다

所以로 今日에 儒敎를 實行ᄒᆞ야 國家의 中興을 是圖코자 홈으로 朋友講習의 設을 取ᄒᆞ야 會名을 大同敎라 ᄒᆞ고 儒林界에 思想을 丕變케 ᄒᆞ며 一般國民의 道德性을 鼓吹키 爲ᄒᆞ야 發起ᄒᆞᆫ 者라 然ᄒᆞᆫ즉 諸氏ᄂᆞᆫ 大同二字에 對ᄒᆞ야 疑問이 必有ᄒᆞᆯ지라 請컨ᄃᆡ 其理由를 申辨ᄒᆞ리다 蓋儒敎가 五帝時代로 自ᄒᆞ야 始行ᄒᆞ얏슨즉 此時ᄂᆞᆫ 大同의 世오 三王以後時代ᄂᆞᆫ 小康의 世라 其儒敎의 本領을 求ᄒᆞ면 卽 大同之道가 是耳라 ᄒᆞᆯ지니 本會大同의 名이 此에 基因홈이로소이다 今에 本人이 本敎會의 擴張方針을 論述코ᄌᆞ ᄒᆞ노니 (未完)

[illegible]

全北群山港
湖上組商會 告白

[illegible]

平壤[illegible]太極書館

總長 李昇薰
主任 宋鎭[illegible]

[illegible]

遼東[illegible]館 告白

[illegible]

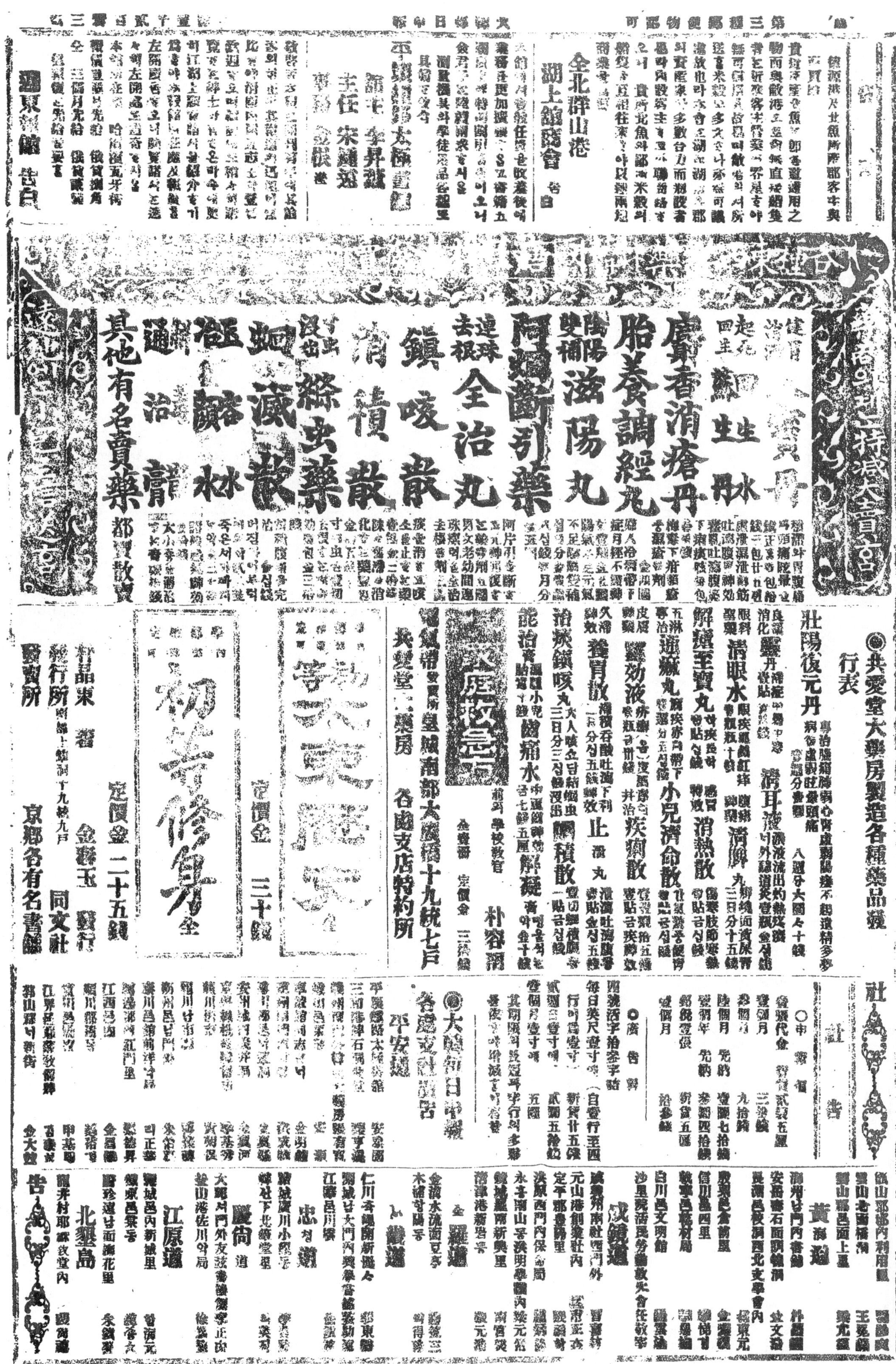

第七號

大韓每日申報

月曜及休日停刊

隆熙三年一月 … 一號
光武元年三十年 …
大韓每日申報 … 十九號
日本明治四十二年
韓國 … 發行
… 九年 …

Responsible for Publication
Alfred Weekley Marnham.
發行兼編輯人 萬咸
…

論說

◎今日吾儕의 憂ᄒᆞᄂᆞᆫ바

今日吾儕가韓國의光榮을 … 何이며吾儕의目을矚ᄒᆞᄂᆞᆫ憂 … 아니며何가吾儕의心을傷ᄒᆞᄂᆞᆫ憂가아니리오

敎育의發達치못홈도吾儕의憂오實業의振起치못홈도吾儕의憂오政權이墜落홈도吾儕의憂오法權이泯滅홈도吾儕의憂오其他萬般의事가何가吾儕의憂가아니리오마ᄂᆞᆫ吾儕의最先最大憂ᄒᆞᄂᆞᆫ바ᄂᆞᆫ卽一般國民의知識과一般國民의精神이奮發치못홈이라

一般國民의知識과一般國民의精神이奮起치못홈지라故로國家의其生命을國ᄒᆞ며故로公益에其力을惜ᄒᆞ며故로橫曲複雜에[illegible]故로政界에至ᄒᆞ야ᄂᆞᆫ政權攫取에夢ᄒᆞ며故로學校에入ᄒᆞ야浮華術을硏ᄒᆞ나學知ᄒᆞ기로目的을삼ᄂᆞᆫ故로假音만爲ᄒᆞ야舊習을頑固히守ᄒᆞ기로氣力을盡ᄒᆞ며故로敎의事ᄂᆞᆫ退步만[illegible]進步ᄂᆞᆫ無ᄒᆞ며[illegible]ᄒᆞ나니

彼韓國의光榮을望ᄒᆞ거나와不忍ᄒᆞ야吾儕가不忍言ᄒᆞ거니와此一般國民의知識과精神이且此國民에存ᄒᆞᆫ實로甚ᄒᆞ도다

生은貴族으로待遇ᄒᆞ다ᄒᆞ며其儒生이滿面喜色으로得ᄒᆞᄂᆞᆫ氣가有ᄒᆞ니嗚呼彼儒生이此時에何時인지彼의夢中活에如斯ᄒᆞ며

又何[illegible]方에[illegible]村里에[illegible]을[illegible]其[illegible]入ᄒᆞ야雞卵介[illegible]黃果[illegible]請洞長[illegible]堅[illegible]彼愚[illegible]此時가何時이며彼의夢[illegible]如[illegible]

又何[illegible]其郡에土豪[illegible]其郡私立學校[illegible]外人을請來ᄒᆞ야[illegible]巨額을運[illegible]已往返[illegible]土豪輩가郡守縣令輩를符同ᄒᆞ고無告殘民을討食ᄒᆞᄂᆞᆫ手段[illegible]弄[illegible]ᄒᆞ야嗚呼彼土豪에此時가何時이며彼의夢中活이如斯ᄒᆞᆫ가

鳴呼라此時代에生ᄒᆞᆫ韓國人士가맛당히自奮ᄒᆞ야曰我가我國家의威靈을復挽치못ᄒᆞ면我가아모리貴族華族이되며아모리大臣輔國崇祿大夫가되며아모리宏壯ᄒᆞᆫ勢力을得ᄒᆞ더라도오히려市의[illegible]恥[illegible]이可히날乃[illegible]當蹈不當의事를作ᄒᆞ야徒然히外人의嘲弄만取ᄒᆞ며外人의笑侮만買ᄒᆞ니此가果然何ᄒᆞ五

故로吾儕ᄂᆞᆫ此를最先憂最大憂ᄒᆞᄂᆞᆫ바ㅣ로다

如此히無知識無精神ᄒᆞᆫ이ᄆᆞ로全國民이皆然ᄒᆞᆫ이아니나國家의運命은卽一般國民의反映이니一般民이向[illegible]

法律

△隆熙三年拾月拾壹日 官報

法律第貳拾七號

海上衝突豫防法 (續)

[illegible]項의水先漁船이水先業務를行ᄒᆞ기爲ᄒᆞ야其營業所에在ᄒᆞ야碇泊ᄒᆞᄂᆞᆫ時ᄂᆞᆫ第一項의規定에依ᄒᆞ야水先船에要ᄒᆞᄂᆞᆫ燈及閃光의外에前項에規定에依ᄒᆞ야紅燈을增揭ᄒᆞᆷ이可ᄒᆞᆷ但舷燈을揭ᄒᆞᆷ이不可ᄒᆞᆷ

水先船이其營業所에在ᄒᆞ지아니ᄒᆞᆫ水先業務에從事치아니ᄒᆞᄂᆞᆫ時ᄂᆞᆫ其積量에相當ᄒᆞᆫ他船과同樣의燈을揭ᄒᆞᆷ이可ᄒᆞᆷ

第九條 漁船은航行中特히本條에規定이有ᄒᆞᆫ境遇를除ᄒᆞᆫ外에其積量에相當ᄒᆞᆫ航行中의船舶에對ᄒᆞ야規定ᄒᆞᆫ燈을揭ᄒᆞ거나又ᄂᆞᆫ此를表示ᄒᆞᆷ이可ᄒᆞᆷ

[illegible]甲板船舶은全部를塗裝ᄒᆞᆫ甲板에因ᄒᆞ야海水의浸入을防치못ᄒᆞᄂᆞᆫ船舶이夜間漁業에從事ᄒᆞᆫ에當ᄒᆞ야其放出ᄒᆞᄂᆞᆫ漁具와端과ᄂᆞᆫ船舶의水平上으로距離가百五십尺以內되ᄂᆞᆫ時ᄂᆞᆫ四周로부터見得ᄒᆞᆯ白燈一個를揭ᄒᆞᆷ이可ᄒᆞᆷ

(未完)

外報

◎葡國前首相激論 昔七日論敎黨을攻擊ᄒᆞ야西班牙前首相[illegible]革命黨 [illegible]上院에서[illegible]爲ᄒᆞ얏다[illegible]

◎[illegible]國의[illegible]自由黨員[illegible]政府黨[illegible]激烈ᄒᆞᆫ演說을試ᄒᆞ야[illegible]革命黨員等은西班牙[illegible]謀[illegible]事를[illegible]

◎[illegible] 昔七日[illegible]此에對ᄒᆞ야[illegible]共和[illegible]全國[illegible]

◎南阿聯邦總督 라[illegible]中[illegible]글니드스톤시ᄂᆞᆫ今回英領南阿聯邦殖民地에最初總督으로任命되얏다더라

◎露帝歸程 露國皇帝ᄂᆞᆫ目下歸國의路程을取ᄒᆞ엿ᄂᆞᆫ데[illegible]同一ᄒᆞᆫ路程을取ᄒᆞ리라더라

◎英上院休會 英國上院에서ᄂᆞᆫ豫算案施行上에研究ᄒᆞ기爲ᄒᆞ야八月八日브터休會ᄒᆞ얏다더라

◎[illegible]艦倉庫爆發 目下英國에[illegible]三港에[illegible]修繕[illegible]艦[illegible]倉庫가爆發ᄒᆞ야[illegible]入名이負傷[illegible]

◎[illegible]土耳其皇帝[illegible]甲裝[illegible]ᄂᆞᆫ同國에派遣ᄒᆞᆫ[illegible]敎官[illegible]將校[illegible]拜謁[illegible]德國軍隊[illegible]成功을深히稱贊[illegible]

◎萬國海運組合 [illegible]萬國海運組合을設立ᄒᆞ얏ᄂᆞᆫ데德國海運協會ᄂᆞᆫ此에參加치안[illegible]

◎勃塞兩國關係 勃加利亞王은塞維亞國을漫遊ᄒᆞ야[illegible]太子와懇篤ᄒᆞᆫ歡迎을受ᄒᆞ얏ᄂᆞᆫ데塞維亞國과勃加利國과聯合ᄒᆞ리라ᄂᆞᆫ風說은全然無根이라더라

◎飛行損害 英國란가스터[illegible]飛行機[illegible]損害[illegible]

◎日本殖民計劃 日本巴西會社에서ᄂᆞᆫ南美洲巴西國의殖民計劃을實行ᄒᆞ기爲ᄒᆞ야同首府에오、레、자누[illegible]

◎[illegible]于서[illegible]昔七日[illegible]勝人[illegible]

雜報

◎大同演說 (續)

第一은我國에儒敎의[illegible]가深與ᄒᆞ고文字가佶屈ᄒᆞᆷ에由ᄒᆞᆫ지라[illegible]以後로ᄂᆞᆫ國民의知識을啓發ᄒᆞ기爲ᄒᆞ야經傳中緊要ᄒᆞᆫ章句ᄂᆞᆫ擇取ᄒᆞ야國漢文으로譯ᄒᆞ야目錄[illegible]簡辭로每月朔望[illegible]中央地方을勿論ᄒᆞ고[illegible]敎[illegible]演ᄒᆞᆯ事이오

第二ᄂᆞᆫ靑年敎育界에目下急務로써物質上敎育을是圖ᄒᆞ나將來의國性을充養ᄒᆞᄂᆞᆫ데ᄂᆞᆫ道德上鼓吹로阻勉ᄒᆞ야[illegible]進取ᄒᆞᆯ事이오

第三은我宗主義니孔子가支那에生ᄒᆞ신故로支那를尊ᄒᆞ야尊華로[illegible]ᄒᆞ심이니萬一我國에生ᄒᆞ얏드면我國을尊ᄒᆞ야尊我國을尊ᄒᆞ야ᄂᆞᆫ것이孔子를善히[illegible]ᄂᆞᆫ者라謂ᄒᆞᆯ지오

[illegible]同主義니[illegible]卽今所謂[illegible]主義聖人의謂ᄒᆞ신바人不獨親其親ᄒᆞ고不獨子其子ᄒᆞᄂᆞᆫ[illegible]爲先本敎會內로부터實行ᄒᆞ야養老院을設置ᄒᆞ고父老를供奉ᄒᆞ며幼稚院을設置ᄒᆞ고子弟를敎養ᄒᆞ며卽是獨親其親ᄒᆞ고[illegible]其子의[illegible]大同敎의復明ᄒᆞᆷ을可期ᄒᆞᆯ지며國光을發表ᄒᆞᄂᆞᆫ[illegible]ᄒᆞᆯ지니鳴乎滿堂僉君子여[illegible]乃力ᄒᆞ시기를千萬伏望ᄒᆞ나니다 (完)

詞藻

◎白髮 아

半늙어[illegible]엇스니、다시젊든못ᄒᆞ여도。國家事業을[illegible]ᄒᆞ면、그잇홈은[illegible]

○大連電報○

◎滿洲出張 日本滿洲都督府에方法을檢察官溝淵은伊藤公狙擊ᄒᆞᆫ犯人을引取ᄒᆞ기爲ᄒᆞ야哈爾賓으로出張ᄒᆞ얏다더라 貳拾九日發

○東京電報○

◎韓銀總會 작日午前十時에日本東京에셔韓國銀行總會를開ᄒᆞ고松尾鶴太郞委員長이仍爲任命ᄒᆞᆫ事로報告ᄒᆞ얏다더라 三十日發

雜 報

◎御慶陸覽 再昨日下午七時에統監府에셔尹澤榮氏가 皇帝陛下ᄭᅴ 大皇帝陛下와 陛下ᄭᅴ셔同九時에還御ᄒᆞ얏다더라

◎英元帥陛見 英國기처나將軍은昨日下午九時에 慶德宮에進詣ᄒᆞ야 太皇帝陛下ᄭᅴ陛見ᄒᆞ얏다더라

◎皇答電 大皇帝陛下ᄭᅴ옵셔伊藤公逝去에對ᄒᆞ야日皇陛下ᄭᅴ弔電을 御발送ᄒᆞ심은已報어니와再작日日皇陛下의答電이有ᄒᆞ얏다더라

◎勅使入京 大連灣에旅行ᄒᆞ얏던總理大臣李完用氏의一行은再昨日下午五時에入城ᄒᆞ얏ᄂᆞᆫ데侍從院卿尹德榮氏ᄂᆞᆫ即時 昌德宮에 復命ᄒᆞ얏다더라

◎大使中止 義親王殿下ᄭᅴ옵셔 大皇帝陛下의 勅使로日本에渡去ᄒᆞ시ᄂᆞᆫ事項은再작日號外로報道ᄒᆞ얏거니와其後日本政府에서打電ᄒᆞ기를此際伴ᄒᆞ야大使를派遣ᄒᆞᆯ것이아니라ᄒᆞᆷ으로大使ᄂᆞᆫ中止ᄒᆞ고特히宮內府大臣閔丙奭을差遣하야 大皇帝陛下ᄭᅴ 親書를日本皇帝陛下ᄭᅴ 奉呈ᄒᆞ고伊藤公葬禮에會葬ᄒᆞ신 旨를下ᄒᆞ옵셧다더라

◎東宮服制 韓國 皇太子殿下ᄭᅴ옵셔伊藤公喪變에對ᄒᆞ야師弟之禮로三箇月服制를行ᄒᆞ옵신다더라

◎特派會葬 閔丙奭趙重應兩氏ᄂᆞᆫ伊藤公葬儀에參與키爲ᄒᆞ야日本에出發ᄒᆞ얏ᄂᆞᆫ데對ᄒᆞ야再昨日下午九時에 皇上으로特賜金千圜式을下賜ᄒᆞ얏다더라

◎讀者痛傷 農相趙重應氏가작日發表ᄒᆞᆫ바를聞ᄒᆞᆫ즉如ᄒᆞ거니와總理大臣李完用氏以下各部大臣과其他貴族及元老諸氏와宮內女官三人이南門外停車場에出往餞別ᄒᆞ얏다더라

◎御慰奉謝 伊藤夫人梅子ᄂᆞᆫ 太皇帝陛下ᄭᅴ셔弔電御發送ᄒᆞ옵심에對ᄒᆞ야御慰電을奉謝ᄒᆞᄂᆞᆫ旨로電報ᄒᆞ얏다더라

◎勅令發佈 작日官報에俸給令中改正件、閣員派遣職員廢止件、地方官制中改正件을勅令으로발布ᄒᆞ얏다더라

◎遭凶光景 伊藤公이三發彈丸을中ᄒᆞ야第一丸은右腕肋骨을通ᄒᆞ고第二丸은肋骨部를通ᄒᆞ고第三丸은上膊외中部를貫通ᄒᆞ얏ᄂᆞᆫ데伊藤公은中丸ᄒᆞᆫ後에露國總理大臣과辭를述ᄒᆞᆷ에對ᄒᆞ야「韓國때문」이라고答ᄒᆞ고負傷後三拾分을經ᄒᆞ야薨逝ᄒᆞ얏다더라

◎日人重感 伊藤公逝去後日本의政界ᄂᆞᆫ大缺陷을作ᄒᆞ엿다ᄂᆞᆫ데伊藤公의逝去ᄂᆞᆫ進步的文治派의中心을失ᄒᆞᆷ이니兩國諒解가其後를變ᄒᆞ지나其位置와力量에桂侯ᄂᆞᆫ略似ᄒᆞ고考僧의手段은反히桂侯에劣ᄒᆞ며又其勢力이桂侯에不及ᄒᆞ며又西園寺侯ᄂᆞᆫ大隈伯가[illegible]ᄒᆞᆫ데況保守的武斷派山縣公이生在ᄒᆞ니만일西園寺가其位置와勢力을失ᄒᆞ면保守的武斷派가즉盛ᄒᆞ야世界大勢에違反ᄒᆞ고國民希望을違背ᄒᆞᆯ列國의猜疑를惹致ᄒᆞᆯ憂慮가有ᄒᆞ다고日本大阪每日報에揭載ᄒᆞ엿더라

◎葬費支撥 韓國政府에서ᄂᆞᆫ伊藤公葬費二萬圜을支出ᄒᆞ얏다더라

◎英元帥陛覽 再작日에入城ᄒᆞᆫ英國기처나將軍은작日上午십時頃에 慶運宮에拜觀ᄒᆞ얏ᄂᆞᆫ데所經道路에韓日兩國巡査가羅列戒嚴ᄒᆞ얏더라

◎英元帥慰問 英國기처나將軍은작日 慶運宮을拜觀ᄒᆞᆫ後因ᄒᆞ야曾禰統監을訪問ᄒᆞ고伊藤公의弔意를表ᄒᆞ얏다더라

◎博邦答電 宮大閔丙奭시와次官小宮씨가巴里에在ᄒᆞᆫ伊藤博邦씨게弔電을發ᄒᆞ얏더니작셔答電이來到ᄒᆞ얏다더라

◎鶴岡歸國 農商工部督記官鶴岡이ᄂᆞᆫ遺族과共히出발ᄒᆞ야歸國ᄒᆞ엿다더라

◎統監旣發 旣報와如히統監府總務官國分象太郞이昨日上午九時에歸國ᄒᆞᆫᄂᆞᆫ데各大臣及高等官諸氏가南門外停車場에出往餞別ᄒᆞ얏다더라

◎鍋島歸京 統監府外務部長鍋島ᄂᆞᆫ작日歸京ᄒᆞ야統監과面會ᄒᆞ고伊藤公遭難後의情況을詳細陳說ᄒᆞ엿다더라

◎俞氏入城 大連灣에前往ᄒᆞ얏던漢城府民會長俞吉濬氏가再昨日入城ᄒᆞᆫᄂᆞᆫ데該會에서出往迎接코져ᄒᆞ더니副會長尹孝定氏가反對ᄒᆞ기를該民會程時에會에共司가無ᄒᆞ야손쳐迎接이不可다ᄒᆞ얏다더라

◎各代表出發 中樞院議長金允植시ᄂᆞᆫ元老의代表로同副贊議鄭丙朝시ᄂᆞᆫ十數의代表로俞吉濬시ᄂᆞᆫ漢城府民會代表로伊藤公葬儀에參列키爲ᄒᆞ야本日出發ᄒᆞᆫ다더라

◎審査會延期 度支部에서去二十七日에部內審査會를行ᄒᆞ다가伊藤公凶報를因ᄒᆞ야仍爲停止ᄒᆞ얏ᄂᆞᆫ데來月曜日에開會ᄒᆞ기로延期ᄒᆞ얏다더라

◎記者弔慰 在京日本人記者團에서ᄂᆞᆫ統監部雲復兩氏로代表를定ᄒᆞ야再작日下午三時에統監府에前往ᄒᆞ야伊藤公爵의弔意를表ᄒᆞ얏다더라

◎青年會吊禮 再昨日鍾路靑年會館에서一般敎人이會同協議ᄒᆞ고國외東京에在ᄒᆞᆫ靑年會에打電ᄒᆞ야伊藤公의弔禮式을擧行ᄒᆞ라ᄒᆞ얏다더라

◎勞働者被捉 再昨日龍山等地에서勞働者貳人이伊藤公遭難事에對ᄒᆞ야互相談話ᄒᆞ다가日憲兵에게被捉ᄒᆞ얏다더라

◎代試者議 再昨日成均館에서司業會試를經行ᄒᆞᆫᄂᆞᆫ데代試人貳十名이發覺되야卽地退送ᄒᆞ얏다더라

◎國進會親隊 來十一月三日은日本天長節인故로統監官邸에서國進會를設行ᄒᆞᆯ다ᄒᆞ더니府辭奏任官以上에게[illegible]ᄒᆞ고同夫人을請ᄒᆞ다ᄒᆞ얏더라

◎區域發表 內部에서ᄂᆞᆫ작日官報로全國警察署名稱位置及管轄區域을발表ᄒᆞ엿다더라

◎保護延期請願 宮內府開學尤瑁民家에保護巡査ᄂᆞᆫ八月登日부터十月三十一日까지終期되얏ᄂᆞᆫ데該氏가再昨에警視廳에請願ᄒᆞ고來年登月登까지延期ᄒᆞ다ᄒᆞ얏다더라

◎派官引繼 法部에서句管ᄒᆞ던七號宮屋證明規則이內部로引繼됨은已報어니와內部에서該文簿及其他事務를引繼次로官吏를派送ᄒᆞ얏다더라

◎觀察入城 慶尙南北道에駐在ᄒᆞᆫ觀察寺를觀察ᄒᆞᆯ次로出張ᄒᆞ얏던內部主事朴忍緖氏及日人主事豐名으로再昨日에還任ᄒᆞ얏다더라

◎日民增多 昨年中日本理事廳管內에日本居留民側에서居留ᄒᆞ야牛가壹萬九千二百七十三頭오豚이一萬三千三百七十頭인데此를觀ᄒᆞ야도日本殖民의增加를可知ᄒᆞ겟다더라

◎因何戒嚴 再昨日下午八時頃에日憲兵及警察官이鍾路로부터南大門近處까지戒嚴이有ᄒᆞ얏다더라

◎西署調査 西部警察署에서ᄂᆞᆫ巡査를派遣ᄒᆞ야管內人民中陰八月十八日에外國旅行者의有無를調査ᄒᆞ얏다더라

◎幹事優績 忠淸道懷陽郡外南面朴章煥氏ᄂᆞᆫ恪勤職務ᄒᆞᆫ바ᄂᆞᆫ러今年에戶稅로分之로을自當辦納ᄒᆞᆷ으로聲이頗有ᄒᆞ다더라

◎大韓社長推選 大同日報社社長에前郡守李紹鐘氏로再昨日推選ᄒᆞ얏다더라

◎長湍義擾 三昨日義兵數十名이長湍郡高浪浦市에突入ᄒᆞ야附近面長兩人을[illegible]一隻을砲殺ᄒᆞ얏다ᄂᆞᆫ說이有ᄒᆞᆷ으로再昨日憲兵이該地에出發ᄒᆞ얏다더라

◎義擾伊院 再작夜十時頃에義兵約百餘名이京釜線伊院驛을襲擊ᄒᆞ야停車場과其他人家屋를燒燬破壞ᄒᆞ고電信電話와列車가一時不通되얏고數驛間人은避難ᄒᆞ얏ᄂᆞᆫ데此義兵은從來圖韓地方에서日兵과數次交戰ᄒᆞ고德睿山附近에橫行ᄒᆞ다가今番伊藤公事件으로搜索가頻繁ᄒᆞᆫ時를乘ᄒᆞ야交通을遮斷코조ᄒᆞᆷ이라ᄒᆞ며其大將은文泰洙시라더라

◎日人自殺 작朝泥峴地料理屋에서日人小川爲名人이從屋ᄒᆞᆫ女와何等事件이有ᄒᆞᆫ지該女에게爭ᄒᆞ야拳銃을放ᄒᆞ야負傷케ᄒᆞ고渠亦自殺ᄒᆞ얏다더라

◎新報押收 新韓民報第一百五拾一號와百五十二兩號와新韓國報第二券第三十一號ᄂᆞᆫ治安을妨害ᄒᆞᆫ다ᄒᆞ야內部에서發賣頒布를禁止ᄒᆞ얏다더라

◎閔祀執行 前郡守閔丙吉氏ᄂᆞᆫ公貨壹百여圜을私用ᄒᆞᆫ故로再昨日下午三時度支部에서該氏家產을執行ᄒᆞ얏다더라

◎徐氏越獄 公通事件으로在囚ᄒᆞᆫ徐彰輔氏ᄂᆞᆫ今明間裁判을開ᄒᆞᆫ다ᄂᆞᆫ說이有ᄒᆞ야所로越交ᄒᆞ얏다더라

◎竊盜被逮 再昨日下午八時頃에中部上廉洞等地에서竊盜一人이婦女에衣物을奪去ᄒᆞ다가人民의追捕를被ᄒᆞ야銀簪을投棄逃走ᄒᆞ얏다더라

◎成犯被捉 成樂龍爲名者가姓名을假正하여變稱하고中部寺洞[illegible]에서自行車等을[illegible]ᄒᆞ다가再昨日司令部에被捉ᄒᆞ얏다더라

◎何故被捉 平壤居金석相氏ᄂᆞᆫ何等事件을因ᄒᆞᆷ인지再昨日에京釜線으로上京ᄒᆞ다가南大門外停車場에서被捉되얏다더라

◎民會何據 三昨日延禧坊民會에서延禧共成學校를設立ᄒᆞᆯ次로內宗서諸시四十餘人이議事會를開ᄒᆞ얏ᄂᆞᆫ데日警이巡査구

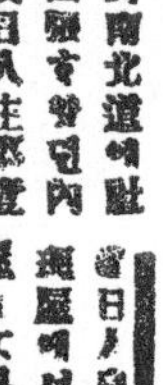

編末一揮

▲나ᄂᆞᆫ바람부ᄂᆞᆫ대로ᄂᆞᆫ바람불ᄂᆞᆫ대로위로왓나今番伊藤公事에對ᄒᆞ야該人記者團에셔議文을製成ᄒᆞ야號外ᄭᅵ지頒布ᄒᆞ고巡衛에揭示ᄒᆞ고統府에提出ᄒᆞ야소경말도막힐놈도못본이가엇셧더니그議文을擧論에揭載ᄒᆞ엿나고父母國을無視ᄒᆞ나너不敢의談話이니語不擇이니罪惡이니痛憎이니奴隸이니저리저리研究ᄒᆞ야도동안ᄒᆞᆫ말을ᄒᆞ엿스 記者團의議文을刊行ᄒᆞᆫ大人은누구며漢城報를編輯ᄒᆞᆫ大人은누구인지是是大人은一般인대自己ᄂᆞᆫ議文을反對ᄒᆞᆫ他人의膽量ᄂᆞᆫ是非ᄒᆞ너▲허ㅡ남을은말ᄉᆞ개漢城報도主幹ᄒᆞᄂᆞᆫ人이라도編輯은歸人이라ᄒᆞ니人으로釋義에對ᄒᆞ야波傷ᄒᆞᄂᆞᆫ言詞를보면自然憤慨ᄒᆞ나니그러ᄒᆞᆫ데지▲허ㅡᄌᆞ네갓치어ᄂᆡ득ᄒᆞᆫ면속에기쉽지네見識愛國心이잇스면그議文을提出ᄒᆞᆫ記者團에抗議를提ᄒᆞ던지駁論을發ᄒᆞᆯ것이지나무ᄂᆞᆫ건너노코비라ᄂᆞᆫ格으로제집의셰怒염나셔자ᄒᆞᆫ닥에가끔니ᄂᆞᆫ格으로우리ᄭᅦ다말ᄒᆞᆫ단말연기ᄉᆞ허ㅡ記者團에對ᄒᆞ야말ᄒᆞᆯ수잇나[illegible]미로셔야노ᄂᆞᆫ國서시게잇스니與안헤셔무삼말ᄒᆞ나ᄉᆞ허ㅡ그의면序謂奴隸라ᄂᆞᆫ말은眞出自家肚ㅡ로

社告

本社에서活字를改良키爲ᄒᆞ야現方設備ᄒᆞ던바從事費가繁紕ᄒᆞ야時日을遲延ᄒᆞᆷ은我支社及讀者諸公도同情의關歎이有ᄒᆞᆯ바라아모조록代金을速還換送ᄒᆞ시와相助의厚誼를表ᄒᆞ시기를切望ᄒᆞ오며活字ᄂᆞᆫ購미到着ᄒᆞ얏슴으로設備ᄒᆞ기爲ᄒᆞ야幾日間停刊ᄒᆞᆯ깃사오니此ᄂᆞᆫ將次時期를確定ᄒᆞ야更히仰佈ᄒᆞ깃삽

大韓每日申報社

本社에서 十一月一日(陰九月십九日)爲始ᄒᆞ야新聞을倍加擴張發行ᄒᆞ오니僉君子ᄂᆞᆫ來臨爲要

圓覺社

陽川許氏譜所를定于漣川左贊里ᄒᆞ오니僉宗氏ᄂᆞᆫ照亮ᄒᆞᆷ

陽川許氏譜所 告白

◎特別廣告

本會事務所를拾壹月四日에新築ᄒᆞᆫ北部大安洞二統一戶로移接ᄒᆞ오며本會設立學校도同月五日에右家舍로移接ᄒᆞ오니京鄕會員及會員과本校학生諸君은照亮ᄒᆞᆷ

畿湖興學會

本會臨時總會를業已廣告이온바伊藤太師薨逝ᄒᆞᆷ에對ᄒᆞ야哀意를表ᄒᆞ기爲ᄒᆞ야本月總會를來十一月六日(土曜)下午一時로退定ᄒᆞ오니會員及有志紳士 屆期光臨于典洞中東學校內ᄒᆞ심을敬要

大韓工業會 告白

本人及西署盤松坊太平洞五십統[illegible]戶瓦家舍[illegible]契約書를路中에서失故로以廣告休紙施行ᄒᆞᆷ 鄭燾昌 告白

本院에서今年壹月부터米博士[illegible]를延聘ᄒᆞ야[illegible]親務이옵더니病院事務가爲煩多ᄒᆞ야壹分醫士ᄂᆞᆫ難[illegible]ᄒᆞ옵기로미京城南門濟衆院에서[illegible]明ᄒᆞᆫ선醫學博士金弼淳氏를延聘ᄒᆞ얏사오니病家에신僉員은特爲來臨ᄒᆞ야問症ᄒᆞ시던지或書信으로問症ᄒᆞ시던지或至急病患이有ᄒᆞ오면[illegible]ᄒᆞ시면即委往診察ᄒᆞ야[illegible]이다[illegible]ᄒᆞ시면從其便宜ᄒᆞ시와調病ᄒᆞ옵심을望ᄒᆞᆷ

平北宣川郡仁濟病院 主務 梁聖朝 告白

廣告

本人이因丙與處錢財ᄒᆞ야奪時에證貫錢으로金鳳鉉시가恒稱立證云ᄒᆞ기로去歲에旨裁判에提證ᄒᆞ얏더니被告가何謀乎지今叙金시금의被告와證任及謄書官을東ᄂᆞᆫ尹영子與保證巡査證人으로戰次威挾曰汝가原告의證人되면父子의職을不保ᄒᆞ리아니라我의運動으로原告가與實落料니原告가[illegible]有ᄒᆞ다고今에更히我의證人稱據를謄納ᄒᆞ라기에不勝其勢ᄒᆞ야書給云ᄒᆞ니被告가向者에또金仁鉉[illegible]을買證ᄒᆞ엿나슨又原告의證人을威挾買之ᄒᆞ야敢히提證ᄒᆞᆫ則眞證이되ᄂᆞᆫ지公評을要ᄒᆞᆷ

章洞八십八統拾戶 朴燦奎 白

本人의姓名正字內圓形角圖章을本年八月十일日間에遺失ᄒᆞ얏기로以廣告ᄒᆞ오니誰某拾得이던지歸之無效ᄒᆞᆷ伏望

三和府[illegible]里面栗谷里 安慶欽 白

業務大擴張廣告

同胞의愛護ᄒᆞ심으로弊所事業이ᄂᆞᆫ就月隆ᄒᆞ옵기로業務를大擴張ᄒᆞ고左開各種을製造ᄒᆞ오니位前來購ᄒᆞ심爲望

甲號帽子 金五拾錢
乙號帽子 金四十五錢
三合絲製洋襪 金二十錢
仝 毛襪 金拾八錢
男女學生衣次及習靴衣次
官公私立學校徽章製造
各種染粉自醬入放賣
紬緞木布毛織染色及脫染

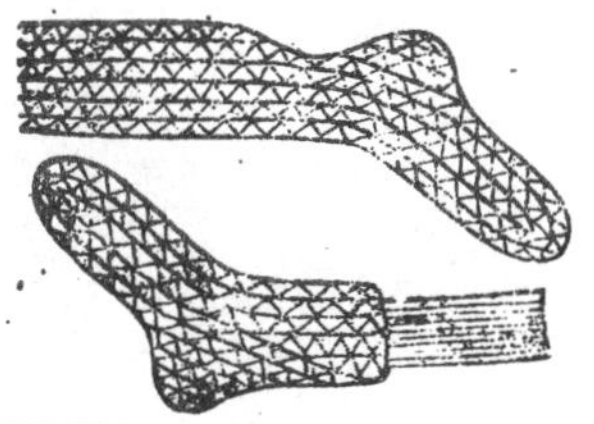

外方에서請求ᄒᆞ시면小包郵便으로送遞ᄒᆞᆷ을깃슴

長城宗廟越便

中谷染織工所主金德昌 告白

本人이今月二十九日에姓名漢文篆本版章과國文章二介를失ᄒᆞ얏사옴기로以廣告ᄒᆞ오니誰某拾得ᄒᆞ와도勿爲施行ᄒᆞᆷ

西部孔德里場洞十統二戶 金錫模 告白

◎特別廣告

前途有望ᄒᆞᆫ滿天下에健全ᄒᆞᆫ我大韓國民에게謹告ᄒᆞᆸᄂᆞ이다

우리漢陽商會ᄂᆞᆫ開廳以來의便益을供ᄒᆞ기爲ᄒᆞ야外國物貨製造業과特約을締結ᄒᆞ고我大韓國에特賣되ᄂᆞᆫ메파ー또멘로스로아ᄂᆞᆫ萬物이具備ᄒᆞᆫ店舖를組織ᄒᆞ고親切安全確實ᄒᆞᆫ方法으로써都會及小賣로여러분으로ᄒᆞ여금活動流行에가장適合ᄒᆞᆫ善良ᄒᆞᆫ物品을廉價로供給ᄒᆞ옵나이다

우리漢陽商會ᄂᆞᆫ紳士의便益을圖ᄒᆞ기爲ᄒᆞ야歐美雜貨와洋服附屬品과防寒用品을完全備置ᄒᆞ얏고

우리漢陽商會ᄂᆞᆫ학界에隆盛을圖ᄒᆞ기爲ᄒᆞ야文房諸具와學校用品을完全備置ᄒᆞ얏고

우리漢陽商會ᄂᆞᆫ淑女의便宜를圖ᄒᆞ기爲ᄒᆞ야女子用品과細工物材料를完全備置ᄒᆞ얏고

우리漢陽商會ᄂᆞᆫ愛煙家의便益을圖ᄒᆞ기爲ᄒᆞ야呂宋國埃及土耳其의煙草를完全備置ᄒᆞ얏고

우리漢陽商會ᄂᆞᆫ衛生家에福音을與ᄒᆞ기爲ᄒᆞ야新鮮純良ᄒᆞᆫ葡萄酒、위스키、부란듸、各種洋酒類及食料品을完全備置ᄒᆞ얏고

우리漢陽商會ᄂᆞᆫ旅行家의便益을圖ᄒᆞ기爲ᄒᆞ야至毛布旅行用具를完全備置ᄒᆞ얏고

우리漢陽商會ᄂᆞᆫ交際家의便益을圖ᄒᆞ기爲ᄒᆞ야優美ᄒᆞᆫ贈答品을完全備置ᄒᆞ얏고

우리漢陽商會ᄂᆞᆫ地方諸彦의便益을圖ᄒᆞ기爲ᄒᆞ야郵便注文을特히勸ᄒᆞ고地方注文은더욱低廉히迅速配達케ᄒᆞ옵고

우리漢陽商會ᄂᆞᆫ從來의愛顧를報ᄒᆞ기爲ᄒᆞ야左의方法으로써五百圓의景品을進呈ᄒᆞᆸ노ᄅᆡ

拾壹月壹日부터兩月貳拾日까지景品券을贈呈ᄒᆞ고二拾五日에抽籤施行ᄒᆞᄂᆞᆫ데各新聞社에서立會ᄒᆞ기有ᄒᆞᆷ

一等一人	一百圓	物品	
二等二人	一百圓	仝	各五十圓
三等五人	五十圓	仝	各十圓
四等十人	五十圓	仝	各五圓
五等二十人	五十圓	仝	各二圓五十錢
以下ᄂᆞᆫ無		空籤	

大韓漢城鍾路 漢陽商會 電話一九一番

○濟生堂大藥房支店及出張所表

漢城南大門內濟生堂大藥房本舖 李庚鳳

仁川港寺峴	濟生堂	第一分店	李興國
開城南門內	仝	二分店	具又賢
咸興南門外	仝	三分店	李恩林
馬山港東城	仝	四分店	孫雲卿
海州崇路	仝	五分店	金洛鉉
太邱남門內	仝	六分店	崔寅琪
宣川邑내	仝	七分店	魯晶植
漢城銅峴	仝	八分店	吳基茂
沙里院場市	仝	九分店	吳南駿
木浦港	仝	十分店	金覺洙
長湍土城洞	仝	十壹分店	[illegible]敬元
博川[illegible]洞	仝	十二分店	리鍾益
清州西門外	仝	십三分店	鄭國鎬
鐵原邑	仝	拾四分店	秦學華
北[illegible]島龍井村	仝	拾五分店	裴[illegible]禧
平壤鍾路	仝	第一出張所	田恒駿
釜山港[illegible]梁	仝	二出張所	[illegible]
安東邑	仝	三出張所	金鎭圭
大邱南門內	仝	四出張所	崔景成
全州[illegible]契	仝	五出張所	趙秉哲
永[illegible]邑	仝	六出張所	白成俊
平山邑	仝	七出張所	金明基
鐵[illegible]浦后浦	仝	八出張所	吳文翰
晉州泉洞	仝	九出張所	南正午
江陵[illegible]	仝	拾出張所	羅[illegible]恒
忠州早巖	仝	십一出張所	孫承準
[illegible]	仝	十二出張所	[illegible]宗植
清國奉天	仝	拾三出張所	[illegible]
清國大連	仝	拾四出張所	金[illegible]
清國九連城	仝	拾五出張所	元秉杓
清國鳳凰城	仝	拾六出張所	王[illegible]昌
清國煙臺	仝	拾七出張所	[illegible]濟哲
清國天津	仝	拾八出張所	[illegible]應靖

其他內外國代理店特約店은紙面이不足ᄒᆞ야壹一枚記인에와九月卄日副告表기如左ᄒᆞᆷ

內國에五千捌百六拾三處

外國에八百九拾六處

都合六千七百五十九處也

全北群山港
湖上綸商會 告白

平壤 … 太極書館
主任 宋麟道
事務 金根

廣東書館 告白

八寶丹
廣香消瘡丹
起死回生 蘇生水
胎養調經丸
陰陽雙補 滋陽丸
鴉片斷引藥
連珠去根 全治丸
鎭咳散
消積散
寸白蟲 殺虫藥
浣滌散
淋水
治齒
其他有名賣藥 都賣散賣

◉共愛堂大藥房製造各種藥品發行表

壯陽復元丹 八週分大圜六十錢
淸耳湯
消化靈丹
淸眼水
淸脾丸
癖瘧至寶丸
消熱散
五淋通瀝丸
小兒濟命散
靈効液
疾痢散
養胃散
止瀉丸
治痰鎭咳丸
瘰積散
能治齒痛水

家庭救急

朴容爾

共愛堂大藥房 皇城南部大廣橋 … 統七戶
各處支店特約所

初等大東歷史 定價金三十錢

初等倫理學 定價金二十五錢

朴晶東 著 金䥝玉 發行
發行所 南部上犁洞十九統九戶 同文社
發賣所 京鄕各有名書舖

社告

○中報價
壹個月
參個月
六個月
壹個年

○廣告料

大韓每日申報
各處支社

平安道
黃海道
咸鏡道
江原道
慶尙道
忠淸道
全羅道
北墾島

告

大韓每日申報

第千二百號
月段 隔時及日 發行

發行兼編輯人 英國人 萬咸
Responsible for Publication Alfred Weekley Marnham.

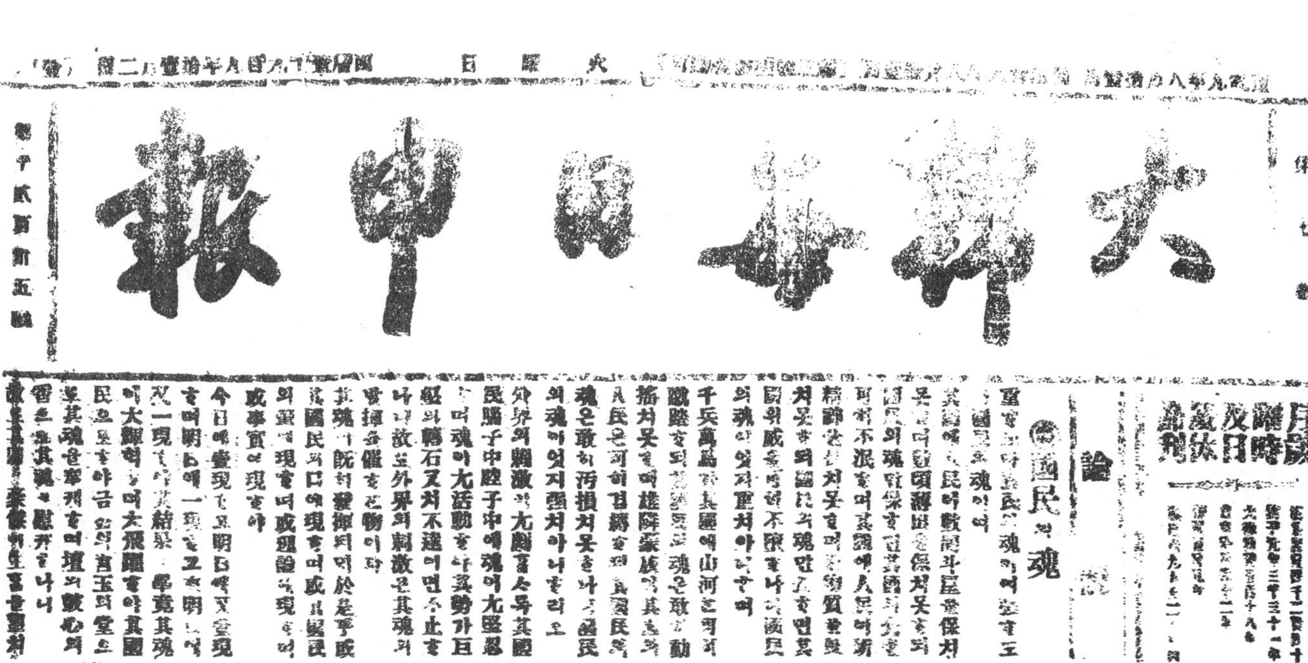

論說

●國民의 魂

至大至剛혼者 國家의 魂이오 至重至貴혼者 國民의 魂이니 [illegible] 國民의 魂이어

其國에 其民이 數百萬이라도 保持치 못하되 頭腦를 保치못하면 其國民의 魂을 保호야 其國이 不泯하며 其國에 人民이 衍하며 不泯하며 其國에 人民이 [illegible]

精神을 保치못하며 物質도 [illegible] 치못하되 國은 魂만 存하면 其國의 威를 保하며 不衰하나니 國民의 魂이 엇지 重치아니하리오

千兵萬馬가 其國에 山河를 직히 [illegible] 路하되 魂은 [illegible] 動搖치못하며 雄降豪族의 其 [illegible] 人民은 可히 召하야 [illegible] 國民의 魂은 敢히 汚損치못하나니 國民의 魂이 엇지 強치아니하리오

外界의 刺激이 尤劇할수록 其國民腦子中에 魂이 尤堅하며 魂이 尤活動하야 其勢가 巨經의 轉石又치 不達이면 不止하나니 故로 外界의 刺激은 其魂의 發揮를 催하는 [illegible] 物이라

其魂이 既히 發揮되매 於是乎 國民의 口에 現하며 或 其國民의 筆에 現하며 或 理論에 現하며 或 事實에 現하야

今日에 發現하고 明日에 又發現하며 明日에 一現하고 又明日에 又一現하야 結果 畢竟 其魂이 大輝하며 大張하야 其國民으로 [illegible] 하야곰 [illegible] 堂으로 [illegible] 其魂을 率하며 道의 [illegible] 心의 [illegible] 其魂이 [illegible] 하나니

[illegible] 其魂을 [illegible] 하는 者는 [illegible]

今日에 政治나 教育이 敎호를 [illegible] 하며 實業이 與하ᄂ 望치아니라 오직 此國民의 魂이 不滅홈을 望하며

故로 其國에 학術의 發達을 望치아니하며 技藝가 進홈을 愛치아니하며 法律이 [illegible] 홈을 愛치아니하며 政治가 [illegible] 홈을 愛치아니하고 오직 此國民의 魂이 健全홈을 愛하며

故로 其國에 土地가 廣홈을 誇치아니하며 人民이 衆홈을 誇치아니하며 財政이 富홈을 誇치아니하며 軍器가 壯홈을 誇치아니하며 砲臺가 險홈을 誇치아니하며 兵艦이 雄홈을 誇치아니하고 오직 此國民의 魂이 強홈을 誇하나니

嗚呼라 如斯히 國民의 魂이 有하면 其國民이 可히 雙手로 國利를 挽回하야 其國家로 하야곰 樂土를 作하며 其民族으로 하야곰 福音을 歌하리니

國民의 魂이 엇지 重치아니하며 엇지 強치아니하리오

法律

▲隆熙三年 拾月 拾壹日 官報

法律第貳拾七號

漁上衝突豫防法 (續)

無甲板船이 夜間漁業에 從事하야 其放出한 漁具의 端과 本船間의 水平上距離가 百五拾尺을 超하는 時는 [illegible] 一個를 揭하되 [illegible] 他船이 [illegible]

二

하야 漸近하는 時는 又는 他船이 我船에 向하야 漸近하야 來하는 時는 其白燈의 下方에 少하야도 三尺을 隔하고 且漁具의 結着한 方向에서 水上으로 少하야 五尺을 隔하야도 白燈을 增表함이 可홈

第四條 流網漁業은 [illegible] 甲板船을 除한 外에 流網에 從事하는 船舶은 網의 全部又는 一部를 水中에 投下한 時에 其最見得하기 易한 所에 白燈二個를 揭함이 可홈

此兩燈은 上下에 距離가 六尺보담 不少하되 十五尺보담 不多하며 且船骨線으로 測한 前後의 距離가 五尺보담 不少하되 十尺보담 不多하며 下燈은 他燈의 下方에 裝置하고 其下燈은 網의 方向으로 裝置함이 可홈 此兩燈이 [illegible] 周圍가 少하야도 三海里의 距離로부터 見得홀 者를 要홈

總積量二十噸未滿의 帆走漁船은 地中海及日本國幷朝鮮國沿海에 在한 時는 前다시 兩燈中其下燈을 揭홈을 要치아니홈

又는 他船이 我船에 向하야 漸近하면 他船이 我船에 向하야 漸近하는 時는 我船으로부터 見得한 白燈一個를 同호 位置(網又는 漁具의 方向에 在하야)에 表示홈이 可홈

(未完)

外報

●羅國交涉後任說　二十八日 伯林電을 據호즉 目下 哈爾賓에서 露國度相코々체므프시는 日露政府間 交涉을 爲하야 伊藤公後任者를 任命호진대 其確定되기 까지 東亞에 滯在할터이라 하엿더라

●土國의 軋轢　全權을 掌握혼 土耳其 壯丁堡에 [illegible] 文官武官間에 軋轢이 益々激烈하야 將校 [illegible] 軍제프레트、파시아씨는 將校 [illegible] 團에 向하야 [illegible] 하며 將校 [illegible] 政治에 干與하는 者는 處分한다고 戒飭하엿다더라

●日本의 相伏變　東京電을 據호즉 日本에서 小村外相은 貳拾九日 荷蘭國艦隊司令官의 御陪食에 列하얏다가 御前에 伺候하야 數時間 [illegible] 奏上하얏다더라

●希臘論敎案을 [illegible] 希臘海軍士官等은 內閣을 攝政하고 希臘의 [illegible] 革命을 [illegible] 最後通牒을 致하얏다는데 列國은 數名을 貶하고 此國家의 撰政에 提出하얏다는데 列國은 今回 希臘政府에 對하야 通牒하기를 [illegible] 要求하얏다더라

今回 希臘政府에 對하야 通牒하기를 今後에 依然히 同國士官等의 運動이 不止하야 同國內에 紛亂을 釀出홈에 至하면 不得已干涉함에 至하겟다고 하얏다더라

●土國內閣迭送　土耳其議會가 再開홈 結果로 힐미파시아의 內閣은 瓦解되고 聯合進步黨(靑年土耳其黨) 委員은 現伊國駐剳土國大使 하게, 페아시를 新內閣首相으로 選定하기로 決定하얏다더라

●西國議會解散　西班牙國新首相모렛트씨는 同國議會를 解散하기로 決하얏는데 總選擧는 來年貳月로 執行하기로 期待하는데 若國議會가名集의 때政爭이 激烈하야 擾亂的光景을 現出홈에 至하리라 하더라

●公古國改革案　公古國改革案은 比利時議會에 提出될터인데 同案의 內容은 千九百拾貳年까지에 面積三百萬헥탈되는 地方을 除한外에는 全國을 漸次自由貿易에 開放하고 [illegible] 租稅를 輕減하며 一强制勞働을 漸次廢止하며 且二千三百萬元의 重要事業을 繼續年度에 割當하리라 하더라

●英外相辭任　英國外相 [illegible] 드스톤씨는 [illegible] 南阿總督에 필리되기로 [illegible] 辭職하얏다더라

●土皇行幸　土耳其皇帝는 小亞細亞 스메르나에 行幸하는데 歡迎하는 民衆은 別로히 하고 土都에 歸航은 擔任한 艦隊로 護衛하얏고 群衆의 歡呼가 盛況을 呈하얏다더라

學界

●普光遠足　去[illegible]에 中部貞慶坊內 普光학校에서 東大門外 塔洞[illegible]에 前往하야 秋季遠足會를 設하얏는데 該坊內有志諸氏의 捐助로 會況이 圓滿하얏고 梁鳳基씨는 空冊百卷과 水墨[illegible]帖 [illegible]을 特捐하야 學生을 勸勉하얏다더라

●普通運動　河東郡私立普通學校에서 去月始六日에 該郡館射場에서 秋期運動會를 設行하는데 各學校職員과 生徒와 內外國官吏及觀光人이 三千人에 達하고 賞品寄附가 四十元에 達하야 無前盛況을 呈하얏다더라

詞藻

●平沙落鴈

平沙에 落鴈하고、江村에 日暮로다、漁船은 도라들고、白鷗는 잠들적에 어듸셔 一聲長笛은 잠든나를 깨우는고 [illegible]、어대[illegible] 漁磯로。

○東京電報○

◎陸海軍吊意 日本海陸軍은伊藤公遺骸가橫須賀에來到ᄒᆞᆫ當日로吊意를表ᄒᆞ야四時九發의吊砲를發ᄒᆞ고又靈柩를發送ᄒᆞᆯ時에新橋에着ᄒᆞᆫ時ᄂᆞᆫ陸軍이元帥에對ᄒᆞᆫ奉迎式을使ᄒᆞ야吊砲를發ᄒᆞᆫ다ᄒᆞ며公의勳績은元帥以上에在ᄒᆞ다ᄒᆞ야國葬ᄒᆞᆫ日에도同樣의吊砲ᄂᆞᆫ發ᄒᆞ리라더라

(以上三拾壹日發)

◎人口統計 日本內閣統計局調査를據ᄒᆞᆫ즉昨年末全國人口ᄂᆞᆫ四千九百四십八万八百三十七人이라더라

◎日官任命 日本에서ᄂᆞᆫ統監府司法廳事官以下官吏를今에任命ᄒᆞ얏다더라

◎局長急行 日本外務省政務局長倉知鐵吉은今朝에哈爾賓으로急行ᄒᆞ얏다더라

◎秋津來着 伊藤公의靈柩를奉載ᄒᆞᆫ軍艦秋津洲ᄂᆞᆫ今朝八時三十五分에橫須賀에着ᄒᆞ얏다더라

以上拾一月壹日發

雜報

◎追悼會施行說 太皇帝陛下께셔ᄂᆞᆫ來四日伊藤公國葬當日에追悼會에臨幸ᄒᆞ실터이라ᄂᆞᆫ說이有ᄒᆞ다더라

◎皇儲會葬 韓國皇太子殿下께셔ᄂᆞᆫ大皇帝陛下의代理로伊藤公葬儀에參臨ᄒᆞ실터이라더라

◎撫育總裁任命說 日本에서皇太子殿下御留學ᄒᆞ시ᄂᆞᆫ韓國皇太子殿下의撫育總裁를侯爵으로任命ᄒᆞᆫ다ᄂᆞᆫ說이有ᄒᆞ다더라

◎變更說又生 內閣變更說은屢次報道ᄒᆞ얏거니와來三日日本天長節園遊會를經行ᄒᆞᆫ後에ᄂᆞᆫ一切變更되리라ᄂᆞᆫ說이喧藉ᄒᆞ다더라

◎政策不變說 伊藤公事件에對ᄒᆞ야韓國에ᄂᆞᆫ重大ᄒᆞᆫ關係ᄂᆞᆫ不起ᄒᆞ려니와日本의對韓政策이斷然變更홈은容疑ᄒᆞᆯ바ㅣ無ᄒᆞ다고東京의通報가有ᄒᆞ다더라

◎總理何議 李總理大臣은東京으로부터歸京ᄒᆞᆫ後의卽時各大臣을私邸로召集ᄒᆞ야何事件을密議ᄒᆞ얏다더라

◎園遊會延期 明日은日本天長節인故로統監府에서園遊會를設行ᄒᆞᆫ다더니意外事故가有ᄒᆞ야更히延期ᄒᆞ게되얏다더라

◎賻儀金實數 內閣에셔伊藤公喪事에對ᄒᆞ야賻儀金二萬圜을支送ᄒᆞᆫ다ᄂᆞᆫ說은各新聞에揭載ᄒᆞ얏더니更히詳探ᄒᆞᆫ즉十三萬圜을支給ᄒᆞ얏다더라

◎賻儀金贈付 先輩君閔泳徽氏와永宣君李載完氏ᄂᆞᆫ伊藤公遺族에게一萬圜式賻儀金四千圜을捐ᄒᆞ얏ᄂᆞᆫ데趙重應氏ᄂᆞᆫ特別性을贈ᄒᆞ얏다더라

◎韓氏渡日 帝國新聞社長鄭雲復氏ᄂᆞᆫ全國新聞代表로全克鼎氏ᄂᆞᆫ西北學會의代表로伊藤公國葬에參與키爲ᄒᆞ야昨日上午九時에南大門發列車로渡日ᄒᆞ얏다더라

◎宗教代表渡日 大同教總務리範生氏ᄂᆞᆫ儒教代表로昨日京釜鐵道로日에前往ᄒᆞ야伊藤公의國葬에參行ᄒᆞᆫ다더라

◎紀念碑建設 商務組合所에셔ᄂᆞᆫ故伊藤公의紀念碑를建設ᄒᆞ기로發起ᄒᆞ얏다더라

◎ 立ᄒᆞᆫ大皇帝陛下御賜金五千餘圜을去三十日에發刊ᄒᆞ얏다더라

◎整理會停止 光東學校廢止

◎全州上京 全州觀察使申應熙氏ᄂᆞᆫ內部에面議ᄒᆞᆯ事가有ᄒᆞ야上京ᄒᆞ얏다더라

◎府會停止 伊藤公喪事로因ᄒᆞ야府民會ᄂᆞᆫ姑爲停止ᄒᆞ고各團隊를發ᄒᆞ얏다더라

◎犯人連累 哈爾賓犯人의連累로三十餘名을捕縛ᄒᆞ얏다ᄒᆞ며犯人은天主教徒며射擊의巧妙ᄒᆞᆫ壯士라ᄒᆞ더라

◎伊藤公靈柩 哈爾賓居留韓人中有力者ᄂᆞᆫ伊藤公의靈柩를奉迎ᄒᆞ고哈爾賓에셔吊儀를行ᄒᆞ얏다더라

◎弔儀代表 伊藤公吊慰次로商業會議所代表者가昨日上午九時에列車로渡日ᄒᆞ얏다더라

◎約束不實 東亞外他物品을押收ᄒᆞᆫ故로警察에서搜探中이라더라

◎渡日中止 日本軍司令官大久保大將은陸軍大演習에參列次로渡日코져ᄒᆞ다가伊藤公事變으로中止ᄒᆞ얏다더라

◎移民規則 東洋拓殖會社에서ᄂᆞᆫ移民規則의草案을旣히完了ᄒᆞ얏ᄂᆞᆫ데明春早터實行ᄒᆞᆯ次로各地의移民을募集ᄒᆞᆫ다더라

◎宋氏揚言 日本에在ᄒᆞᆫ宋秉畯氏ᄂᆞᆫ伊藤公遭變에對ᄒᆞ야日今韓民의所爲가不穩ᄒᆞ니秩序를保持ᄒᆞᆯ次로不可不今後의韓國은太變化를作ᄒᆞᆯ뜻이라ᄒᆞ얏다더라

◎視察團入京 日本實業團二十六名은昨夜에入京ᄒᆞ얏다더라

◎兩氏渡日 學部會計課長金漢奎氏와學部主事金東勳氏ᄂᆞᆫ學部의文簿及會計事務를檢査ᄒᆞ기爲ᄒᆞ야來五日에渡日ᄒᆞᆫ다더라

◎衛兵出張 學部主事金東勳氏ᄂᆞᆫ去四日頃에木浦地方으로出張ᄒᆞᆫ다더라

◎鳳凰出發 韓英元氏ᄂᆞᆫ再昨日上午九時에京釜線列車로日本으로向ᄒᆞ얏다더라

◎警務擴張 今番警察署가二十七個所로增設ᄒᆞᆫ計劃에依ᄒᆞ야旣히設置ᄒᆞᆫ所도六十九個라ᄒᆞ며且九個所를擴張ᄒᆞ다더라

◎不過二十 咸均兩道實業面試에應試人은大約二十餘人이오其중入榜人은二十餘人이라더라

◎巡警敍任 內部에서試取ᄒᆞᆫ巡檢部主事三拾餘名은昨日에내各地方으로派遣ᄒᆞ얏다더라

◎敎員敍任 內部에서龍山守備隊로派遣ᄒᆞᆫ敎任官을敍任케ᄒᆞ얏다더라

◎警務調査 年前五條約時에安岳郡人趙氏政府大官의謀殺ᄒᆞ라던各人의姓名을探偵ᄒᆞ야調査ᄒᆞᆫ다더라

◎禦苑縱覽始 昌德宮內御苑事務局所管博物館動物園植物苑은十一月一日부터人民의縱覽을許ᄒᆞ얏ᄂᆞᆫ데大人은弘化門으로入ᄒᆞ야縱覽券을十錢으로定ᄒᆞ고小人은半額이라더라

◎狂疾及苑 外部에서苑內에狂疾者가有ᄒᆞ야擾亂케ᄒᆞᆫ다ᄂᆞᆫ說은不許ᄒᆞᆫ다더라

◎康陵參奉 康陵參奉이時急ᄒᆞ야封門外沿人所에서慶尙南道金山郡에서不拘ᄒᆞ고慶尙南道調査ᄒᆞ얏다더라

◎擧手再被 曾往에日本同盟罷工ᄒᆞ던擧手三百名은再復歸ᄒᆞ얏다더라

◎黑法學生 新刊學生等이學部에請願ᄒᆞ얏다더라

◎沒收物件 晋州鎭衛隊에서金人의前郵便局과沒收ᄒᆞᆫ千圜을奪取ᄒᆞᆫ者를逮捕ᄒᆞ얏다더라

◎趙氏辭任 趙氏는去土曜日에辭任ᄒᆞ얏다더라

◎國有採掘 國有林內에在ᄒᆞᆫ金鑛을採掘ᄒᆞᆫ다더라

◎債款交涉 二千圜의債款은銀行에셔交涉ᄒᆞᆫ다더라

◎三千餘圜 昨年十月부터今年에지于三千九百餘圜이라더라

◎行衛不明 伊藤公遭變時에居留日人三名은行衛가不明ᄒᆞ다더라

◎不調 不調ᄒᆞ다더라

◎安岳發掘 平壤大成學校에對ᄒᆞ야安岳郡에셔ᄂᆞᆫ該郡憲兵分遣所에서被捉ᄒᆞ얏다고兩司令部에押送ᄒᆞ얏다ᄂᆞᆫ說이有ᄒᆞ다더라

◎決議發刊 日人이月刊으로法政新聞을國漢文으로每日發刊ᄒᆞᆫ다더니來月에發刊ᄒᆞᆫ다더라

◎推選 該社長으로推選ᄒᆞ고財政은故判事南宮濬氏의令男摩永氏가擔任ᄒᆞ야今明間에發行ᄒᆞᆫ다더라

◎義將被捉 去月三十日에全羅道羅山北方約二十里에서日本討伐隊가義兵將金海山을被捉ᄒᆞ얏다더라

◎大同發刊 大同月報第二號ᄂᆞᆫ三十日에發刊ᄒᆞ얏다더라

◎犯被捉 中部典洞居宅에셔去二十九日下午十時에强盜犯二名이司令部에被捉ᄒᆞ얏다더라

◎偵探被捉 北部警察署에서李甲이去三十日에入城ᄒᆞᆫ다ᄂᆞᆫ消息을聞ᄒᆞ고南部苑洞等地에셔盜賊을多數逮捕ᄒᆞ야送致ᄒᆞ얏다더라

◎李氏被捉 學甲시가去三十日平壤에셔車에搭乘ᄒᆞ고京城으로向ᄒᆞ다가長湍停車場에셔被捉ᄒᆞ야憲兵司令部에被囚ᄒᆞ얏다더라

◎被捉何多 韓都守金明勝氏ᄂᆞᆫ三十日上午六時에龍山工局에셔瓊環氏ᄂᆞᆫ同日上午十時에憲兵隊司令部에被捉ᄒᆞ얏다더라

◎青類並捉 ○甲과瓊鎬兩人은口憲兵司令部에被捉되얏다ᄂᆞᆫ說이有ᄒᆞ다더라

◎音樂會延期 外國紳士諸氏가來金曜日新門外西國領事館에서音樂會를設行ᄒᆞ려ᄒᆞᆫ바延期ᄒᆞ얏다더라

代身

△進化가代身ᄒᆞ法이우리에學이要所謂으로가뭐시ᄀᆞ모도다이마로學보아玉기에생각이날길ᄉᆞᄇᆞᆫ베들이어ᄒᆞ여代身ᄒᆞ며

社告

北墾島 龍井村耶蘇敎堂內에本支社를拾月壹日부터設置호고醫學博士로支社事務를委任호앗스오니附近地에셔本申報購覽호실 僉君子는該支社로來購호시옴

本報第二面末欄에揭載호논評論은今에同胞諸君子의識見을交換ᄒ기爲ᄒ야募集을開始ᄒ오니有志ᄒ신人士논各其思想을融通ᄒ야陸續投送ᄒ시옵
評論投稿ᄂ本報에已揭載호者와同一ᄒ기롤要홈

評論三枚를爲募揭載ᄒ면本報를無料로壹朔送呈ᄒ야厚意를表홈

評論을投送ᄒ시논諸氏논住所를詳記ᄒ야本社編輯室로投付ᄒ시옴

大韓每日申報社

廣告

本人이去月三十日下午에南門停車場에셔澤章與於音領收證書入호紙匣을遺失이온바拾得ᄒ신이가廣告ᄒ오니遺失物을還送ᄒ시면厚謝ᄒ깃슴니다
中部貢洞第九戶 韓徽秦

本人의名啟行을在庸으로改名ᄒ오니 京東門外龍島梧洞二十統壹戶 朴在庸 告白

本所에셔日語補缺生을募集ᄒ오니願學ᄒ시는 僉君은速히來議ᄒ심
開學日字拾一月五日
但時間 上午九時 至 拾壹時
期限七個月
西部暘谷四拾三統七戶
日語專門講習所

本人이國形姓名章을路中에셔失ᄒ엿기新鑄方形章을施行ᄒ오니知舊간照亮ᄒ시옴
尾洞九십九統십壹戶 盧文甚

◉特別廣告

本會事務所를本月四日에新築ᄒ 北部大安洞二統一戶로移接ᄒ오며本會設立學校도同月五日에右家舍로移接ᄒ오니京鄉支會及會員과本校학生諸君은照亮ᄒ심
畿湖興學會

本人以西部養生坊太平洞五十統十八戶瓦家一坐를買得ᄒ야新契約書外舊文記를路中에셔遺失ᄒ얏기玆以廣告ᄒ오니休紙施行홈
鄭錫昌 告白

本人이今月二十九日에姓名漢文篆本橋章과國文章二介를遺失ᄒ엿사오니某人이든지拾得ᄒ엿사오나勿施行ᄒ심
西部孔德里壇洞十統三戶 金德模 告白

雜報

◎情境可矜 孤兒院은財政이窘乏ᄒ야所收孤兒가八十餘名인디孤兒의朝夕飯食을廢止ᄒ엿논디同院基本이白米二石뿐이라ᄒ니聞者가悲ᄒ더라

◎南陽强盜 去月二十八日上午一時에東門外興仁門에셔楊州郡居金盜二名이突出ᄒ야楊州郡居金某를結縛ᄒ고金六圓을奪取ᄒ얏다더라

◎無報竟日 中部廟洞居劉某氏가竊盜犯으로被捉되엿다더니報이來ᄒ매累次調査ᄒ되實犯이아닌고로因爲放免ᄒ엿다더라

◎物盜越獄 水原警察署에셔監禁ᄒ얏던竊盜犯一名이去二十九日에越獄逃走ᄒ얏다더라

染織大擴張廣告

同胞의愛護ᄒ심을蒙ᄒ와本所營業이日就月盛ᄒ옵기로營業을擴張ᄒ고左開各種을製造ᄒ오니僉位는來購ᄒ심을爲望

一甲號帽子 金五拾錢
一乙號帽子 金四十五錢
一三合絲襪 每雙金二十錢
一仝 每雙金拾八錢
一男女學生衣服及普通衣服
一官公私立學校徽章製造
一韓國染料直輸入放賣
一紬緞木布毛線染色及改染

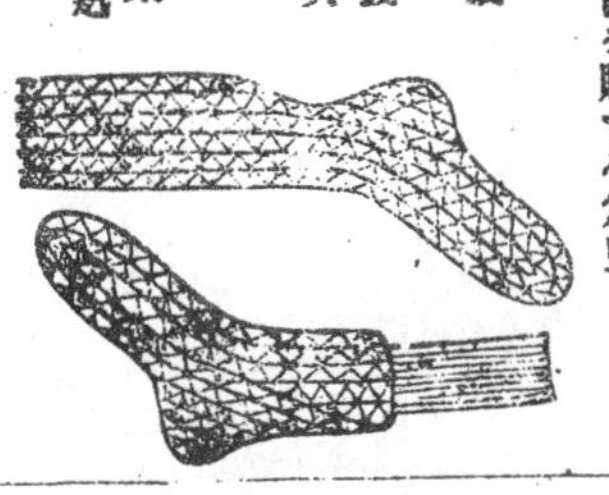

外方에셔請求ᄒ시면小包郵便으로迅速副應ᄒ깃슴

黑纓廛廟越便
中谷染織工所主金德昌 告白

◉特別廣告

前途有望ᄒ고滿天下에健全ᄒ我大韓國民에게講演ᄒ나이다
우리漢陽商會논同胞諸彦의便益을供ᄒ기爲ᄒ야外國物貨製造場과特約을締結ᄒ고我大韓國의關係되논메파ー도ー씬ー로스ー로아ー國과寫眞物의具全ᄒ店鋪를組織ᄒ야親切安全確實ᄒ方法으로州和一般의自及小賣로여러분으로ᄒ여금時勢流行에가장適合ᄒ물품과良好ᄒ物品을廉價로供給ᄒ옵나이다
우리漢陽商會논紳士의便益을圖ᄒ기爲ᄒ야歐米雜貨와洋服附屬品과防寒用品을完全備置ᄒ얏고
우리漢陽商會논學界에隆盛을圖ᄒ기爲ᄒ야文房諸具와學校用品을完全備置ᄒ얏고
우리漢陽商會논淑女의端麗를圖ᄒ기爲ᄒ야女子用品과細工物及化粧料를完全備置ᄒ얏고
우리漢陽商會논愛烟家의便益을圖ᄒ기爲ᄒ야呂宋烟草及土耳其卷煙草를完全備置ᄒ얏고
우리漢陽商會논衛生家에福音을與ᄒ기爲ᄒ야新鮮純良ᄒ葡萄酒, 위스키, 싸ー랏, 洋酒類와食料品을完全備置ᄒ얏고
우리漢陽商會논旅行家의便益을圖ᄒ기爲ᄒ야毛布等旅行用具를完全備置ᄒ얏고
우리漢陽商會논交際家의便益을圖ᄒ기爲ᄒ야贈答品을完全備置ᄒ얏고
우리漢陽商會논地方諸彦의便益을圖ᄒ기爲ᄒ야郵便의特約을ᄒ고地方注文은더욱低廉ᄒ게迅速副應ᄒ겟ᄉᆞ오며
우리漢陽商會논從來의愛顧를報ᄒ기爲ᄒ야左와方法으로써五百圓의景品을進呈ᄒ논ᄃᆡ每壹圓에對ᄒ야景品券壹枚式을進呈ᄒ고二拾五日로期限을
拾壹月壹日부터同月貳拾日ᄭᆞ지景品券을進呈ᄒ고二拾五日에抽籤을施行ᄒ논ᄃᆡ各新聞에廣告ᄒ올터이오니

一等一人 一百圓 物品
二等二人 一百圓 仝 各五十圓
三等五人 五十圓 仝 各十圓
四等十人 五十圓 仝 各五圓
五等二十人五十圓 仝 各二圓五十錢
以下ᄂ無 空籤

大韓漢城鐘路
漢陽商會
電話一九一番

○濟生堂大藥房支店及出張所表

漢城南大門內濟生堂大藥房本舖		李庚鳳
仁川港 丰峴 濟生堂第一分店		李寅國
開城南門內 仝	二分店	具 又賢
咸興西門外 仝	三分店	李晟林
馬山港東城 仝	四分店	孫豐卿
海州東路 仝	五分店	金 洛鉉
大邱남門內 仝	六分店	金寅琪
寧邊邑내 仝	七分店	曾昌植
漢城鐘峴 仝	八分店	張應茂
沙里院場市 仝	九分店	吳南 鉉
木浦港 仝	十分店	金英珠
長淵土城洞 仝	十壹分店	尹景元
博川鎭洞 仝	十二分店	리鍾瀅
宜川西門外 仝	十三分店	鄭基源
鐵原邑 仝	拾四分店	蔡鑒華
龍岡島龍井村 仝	拾五分店	裴□禧
平壤鐘路 仝	一出張所	田恒駿
釜山港卓峴 仝	二出張所	김成玉
安東邑 仝	三出張所	金鎭圭
大邱南門內 仝	四出張所	朴景成
全州南門契 仝	五出張所	趙奉哲
水原南昌동 仝	六出張所	白成俊
平山邑 仝	七出張所	金明基
鎭南浦后浦 仝	八出張所	吳文卿
晉州 裵泉洞 仝	九出張所	南正午
江陵鍾橋洞 仝	拾出張所	羅仁恒
忠州早遊 仝	十一出張所	孫承準
淸國威海衛 仝	십二出張所	林宗桓
淸國奉天 仝	拾三出張所	康普宣
淸國大連 仝	拾四出張所	金珍國
淸國九連城 仝	拾五出張所	元炳灼
淸國鳳凰城 仝	拾六出張所	王相昌
淸國煙台 仝	拾七出張所	李時哲
淸國天津 仝	拾八出張所	尹鳳翊

其他內外國代理店特約店은紙面이不足ᄒ야壹一枚記인이와九月卅日調査表가如左홈
內國에五千捌百六拾三處
外國에八百九拾六處
都合六千七百五十九處也

社告

○申報價
壹個月 … 新貨 貳拾五錢 (新貨 三拾錢)
參個月 … 九拾錢
陸個月 先納 壹圓七拾錢
壹個年 先納 參圓四拾錢
郵稅 壹張 新貨五厘
壹個月 拾參錢

○廣告料
四號活字拾參字를
每日英尺壹寸에(自壹行至四行이爲壹寸) 新貨廿五錢
貳週日壹寸에 貳圓五拾錢
壹個月壹寸에 五圓
其期限의長短과字行의多寡를依ᄒᆞ야增減ᄒᆞᆷ이有ᄒᆞᆷ

◎大韓每日申報 各處支社廣告

平安道
平壤鍾路 太極書館 安泰國
三和港 [illegible] 石洞 [illegible] [illegible]
義州南門外 韓西大藥房 [illegible]
鐵山邑東部 [illegible]
車輦館 [illegible] [illegible]
定州南門內 [illegible] [illegible]
博川郡邑 [illegible] [illegible]
安州城內 [illegible] 金 [illegible]
京義 [illegible] [illegible]
龍川 [illegible] [illegible]
龍川 [illegible] [illegible]
朔州邑 南門外 朱伯 [illegible]
渭原郡 [illegible] [illegible]
楚山邑 [illegible] [illegible]
江西邑內 金 [illegible]
順川郡 [illegible] [illegible]
寧邊 [illegible] 申 [illegible]
江界邑 [illegible] [illegible]
郭山郡 [illegible] 金大 [illegible]

黃海道
殷山郡 [illegible] [illegible]
安岳 [illegible] 王 [illegible]
瓮山郡邑 [illegible] [illegible]
海州 [illegible] 朴 [illegible]
安岳 [illegible] 金文 [illegible]
長淵邑 [illegible] 西北支學會內
殷栗邑 [illegible] 金 [illegible]
信川邑 [illegible] [illegible]
載寧邑 [illegible] [illegible]
白川邑文明館 [illegible]
沙里院 [illegible] [illegible]

咸鏡道
咸興 [illegible] [illegible]
元山港 [illegible] [illegible]
定平郡 [illegible] [illegible]
洪原 [illegible] [illegible]
永興 [illegible] [illegible]
鏡城 [illegible] 南宮 [illegible]
清津港 [illegible] [illegible]

全羅道
全州 [illegible] [illegible]
木浦 [illegible] [illegible]

京畿道
仁川 [illegible] [illegible]
開城 [illegible] [illegible]
江華邑 [illegible] [illegible]

忠清道
[illegible] [illegible]
[illegible] [illegible]

慶尙道
大邱 [illegible] [illegible]
釜山港 [illegible] [illegible]

江原道
[illegible] [illegible]
[illegible] [illegible]

北墾島
龍井村 [illegible] [illegible]

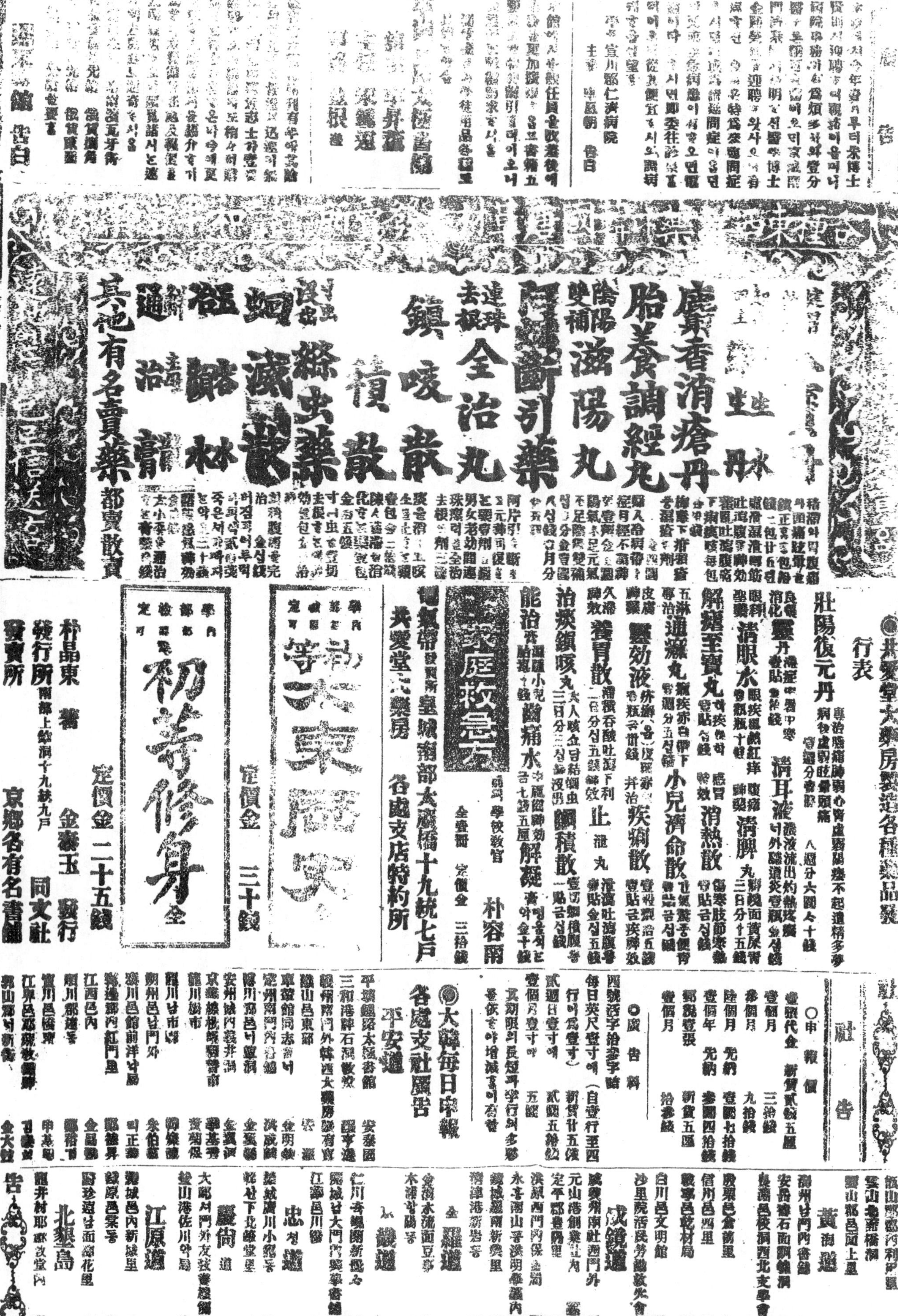

大韓每日申報

第七號 ... 第一千貳百十六號

月設 隨時 及日 議休 第刊

西曆一千九百九年 開國五百十八年 大韓隆熙三年 日本明治四十二年 ... 九月十一日 丁未

Responsible for Publication Alfred Weekley Marnham.

發行兼編輯人 英國人 萬咸

發行所 京城中部水標橋北邊 大韓每日申報社

論說

孤兒院을悲홈

홍노괴

嗚呼라 當今慈善大家의鐘을鳴홈이며 韓半島四五千載에未曾有하던 孤兒院三字를首唱하야 彼街頭에彷徨하야 凍餒를泣하는 孤兒를暖飽케하며 彼父母를早喪하야 養育을失훈孤兒를發育홈으로 名譽가一時에重噪하던 孤兒院이여

吾儕가此를聞하고 孤兒院主를 感하야 父子를釋迦佛로尊하며 韓國諸般人士들爲하야 誠으로賀하며 孤兒院을爲하야 血로祝하얏더니

乃者四五星霜을未過하야 醜聲이換籍하며 紛擾가亂起하니 此果何事며 此果何事오

只今李氏의發議와 ○氏의 一派의執可執否는 衆議에未詳하는바ㅣ라 吾儕가 노노히처야니와

吾儕는孤兒院의將來를爲하야 一言을發하노니

諸君이만일公益을爲하야 紛爭을徒起하며 私憤을將하야 勝負를期決하면 畢竟孤兒院의前途를暗黑界에墜하야 孤兒들을溝壑에輸하며 前功을虧하야 失하지니此ㅣ엇지可懼의者가아닌가

大抵孤兒院은無告可矜하 孤兒를發育키爲하야 設立한者라 孤兒院의責任을擔한者는必日 我가飢하야도 彼孤兒는飽케하며 我가寒하야도 彼孤兒는暖케하며 我를爲하야 彼孤兒를 敎育치못하야도 彼孤兒는敎育하며 我子는餓하야도 彼孤兒는是饑하며 其精神을是畵하지어다 乃者紛擾만爭하야 攻擊을相加하야 孤兒의身을凍케하며 腹을餓케하니 嗚呼라 諸君이여 所謂慈善家의名號를 佩한諸君이 엇지自愧치아니한가

大抵孤兒院은營利的事業이아니라 慈善的公業이며 私益的事業이아니라 公益的事業이니 孤兒院의責任을擔한者ㅣ必日院主는誰가한던지 院監은誰가한던지 孤兒院만維持한면是幸이라하며 誰가可한던지 誰가否한던지 孤兒院만擴張한면是福이라하야 慈善만知하고 私慾은不知하며 公益만計하고 私慣은不知하여야 乃者黨與를樹하야 互相攻擊하며 呼吸가蠢하야 諸君이여 所謂慈善家의名號를佩한諸君이 엇지孤兒에게可愧치아니한가

大抵孤兒院은文明의實績이며 社會의光彩니 孤兒院의責任을擔한諸君이必日此가院의光彩가滿한면 文明의 標目이顯한이며 此가院의光彩가盡한면 社會의 光彩가없는 것이니 엇지乃者維持의策은不計하고 毛疵만見하며 擴張의道를 不先하고 瑕疵만作하나니 嗚呼 諸君이여 所謂慈善家의名號를佩한諸君이 엇지世人에게可愧치아니한가

諸君諸君이여 諸君은可及的으로 護步하야 兒院으로其壽가長케하며 兒院으로其光이爛케할지어다

△隆熙三年 拾月拾壹日 官報

法律

法律第貳拾七號

海上衝突豫防法 (續)

三 第壹에規定한甲板船을除한外에延繩을結構하거나又는延繩을從事한 漁業에從事한는船舶으로 錨泊치아니한고又는人에依하야停留치아니한는漁業에從事한 船舶은 延繩의種類에應하야航行하는船舶又는帆船에對하야 規定한燈을揭함이可함 (未完)

外報

●土延公債募集 土耳其政府는 論敦에서 七百萬磅의公債를募集하기로交涉한다더라

●御史缺棄 淸國御史石長信은 時弊를擧하야上奏하되 (壹)司法行政의混合을防하야 司法權을獨立케하고 (二)外交의失敗는人民의惡感情을惹한 外務部를督責하야 牛은與論을從함이可하고 (三)各省校出身의人을重用하야 人物刷新을行함이可하다하얏다더라

●國人被殺 露領니코다이엣스크地方에서는 日本商民二個이 馬賊의게被殺하얏다더라

●德相赴伊 二十九日伯林電을據한즉 德國宰相베트만、홀 웩씨가 還羅에赴하다는說을揭하얏다더라

●淸帝特使特術 德國皇帝는目下軍事를硏究하기爲하야 歐洲에留學하는淸國將校의게對하야 德國陸軍諸學校의入學을許可할 旨로命令하셧다더라

●摩國과德國 法國殖民省에서摩洛哥와德國간에 締結한 일을 언명하되 法德兩國에摩洛哥에 相對한 共同出山하는것을永續할터이라하얏다더라

●土王言明 土耳其皇帝는君士坦丁堡에서 이쓰시드氏를접견하고 漫遊旅行을終了한後에近東鐵道와土耳其國文明進步上에多大한價値가有하다고言明하얏다더라

●希臘風雲 希臘內閣에서曰希臘水雷艇隊司令官치아발로스는 叛亂을謀하야 兩國海軍造艦과相對하는 登島를占領하얏는데 同國陸軍及海洋艦隊는 雷艇隊를砲擊하얏고 水雷艇隊도此에應戰하얏는데 現今官軍과叛徒間에 鬪爭이有하다더라

●淸議改正 淸國에서는 會議政務處王大臣等이 服制改正件에關하야 會議하되 明春부터軍人警察官敎育家와三品以上人의服制를改正하기를 定하얏는데此에 關한 條件을 階段에 依하야 改正하기로 斷定하얏다더라

●砲彈注文 土耳其에서는新式砲는德國에注文하고砲彈은英國에注文하얏다더라

●摩葡議和 摩洛哥國카필스種族은 西班牙國에平和談判을 申請하얏다더라

●露官赴遼 露國노보에프레미야新聞은 滿洲外務局長平란씨가 遼陽에 赴한다는說을揭하얏더라

●希國內亂 希臘電에 論據한즉 希臘海軍大臣은 海軍士官의要求를 從하야 辭表를提出하엿는데 全國軍人團에서는內政改革을實行할터이라하고 海軍士官의率한 兵二約二百名은 사라미쓰島에在한 造船廠을 占領하얏고 海軍省은陸軍으로護衛하얏는데 軍人團은海軍大臣을逆賊이라 하고 宣言하얏다더라

●德國對摩要求 德國은目下摩洛哥國王무라이、하피드의 게對하야 部에對한 負債를 償還하기를要求하얏다더라

●英塞關係 英國外務大臣그레이씨는 塞維亞外相을引見하고 塞維亞國은其內地産業發展에就하야 英國資本家의 援助를得하기를希望한다하얏다더라

學界

●鐵嶺熱心 江華島大檢學校 興學과 學校를 維持하고 敎師를延聘하야 學徒四十餘名을熱心敎育하는데 附近各洞에도 뎌희의 誠心을 欽仰하야 四五處學校가 鱗次로 設立되얏다더라

●分內當然 平北鐵州郡主事 事實珠씨는 事務에 嫻熟할뿐더러 敎育에 有意하야 該郡興東學校에 維持方針을 極力協助한다더라

詞藻

●千丈米

千丈峰이놈다하도、 가고가면 뭇찰ㅎ고。

天下事가어려워도、 ㅎ고ㅎ면 성공ㅎ리。

某條목、 目的地에 到達로 록熱心血誠을쉬지마소、 志士들아。

○東京電報○

◎遺骸新橋着 本日午 後壹時에伊藤公의遺骸가新橋 驛에到着ᄒᆞᆫᄃᆡ出迎者가數 千名에達ᄒᆞ얏다더라

◎川上向蘇 伊藤公遭 變ᄒᆞᆫ際에銃擊을被ᄒᆞᆫ田中川上 兩領事ᄂᆞᆫ哈爾賓病院에入ᄒᆞ야 治療가良好ᄒᆞ다더라 (以上東京電)

雜報

◎幸行時刻과路次 太皇帝陛 下께옵셔明日統監官邸에 幸 行ᄒᆞ실은旣報어니와其時刻 과 御路次ᄂᆞᆫ如左ᄒᆞ니同日上 午九時四十分에出 御ᄒᆞ사大 漢門、新作路、黃土峴、鍾路、銅 物橋、南屏、水標橋、前永禧殿 前路、泥峴大路로從ᄒᆞ사統監 邸에 御臨ᄒᆞ사 慰問ᄒᆞ옵시 고同十時三十分에 還御ᄒᆞ신 다더라

◎各相陛見 總理大臣李完用 氏以下各部大臣들이昨日上午 十時頃에大禮服으로 大皇帝 陛下께 陛見ᄒᆞ얏다더라

◎統監陛見 度支部大臣은統監 日에光秀統監代理田口等을帶同ᄒᆞ고 太皇帝陛下께 陛見ᄒᆞ얏 다더라

◎救恤金殘額 地方騷擾를因 ᄒᆞ야被害ᄒᆞᆫ韓人의遺族救恤金 은 太皇帝陛下께옵서已往十 萬圓을 劃下ᄒᆞ셧ᄂᆞᆫᄃᆡ內部에셔 相當히支給ᄒᆞ고殘額이六千 四百拾圓假量인ᄃᆡ該遺族을更 次精査ᄒᆞ야支給홀處가無ᄒᆞ면 右殘額은[illegible]返納ᄒᆞᆫ다더라

◎所愁何愁 近日來로韓相리 完用氏家에ᄂᆞᆫ內外[illegible]眷이愁亂 度了ᄒᆞᄂᆞᆫ親族이오來賓이지[illegible] 絕不棲ᄒᆞᆫ다더라

◎先何後何 學部大臣李容植氏ᄂᆞᆫ 保護巡査를辭却지아니ᄒᆞ더니近日 에ᄂᆞᆫ何等思想이有홈인지韓日 巡査가前後에擁護ᄒᆞᆫ다더라

◎日法官任命 統監府裁判所 司法官들은再昨日任命되얏다 더라

◎次第開廳 統監府區裁判所 ᄂᆞᆫ旣히[illegible]個所가開廳되고本 月中에[illegible]個所를더始ᄒᆞ고其 外二十餘個所ᄂᆞᆫ明年六月까지全 部가開廳된다더라

◎司法已始 司法權委任實施 가昨日부터開始되얏ᄂᆞᆫᄃᆡ韓 國政府에셔ᄂᆞᆫ日本政府에셔公 布ᄒᆞᆫ統監府各種法令을日 韓文報以外로公示ᄒᆞ얏다더라

◎慶賀會開期 京城在留日人 들이司法權委任慶賀會를擧行 ᄒᆞ기로協議ᄒᆞᆫ은旣報어니와伊 藤公의遭變을當ᄒᆞ야停止ᄒᆞ고 다시本月中旬頃에期於히 盛大慶宴을開ᄒᆞᆫ다더라

◎權氏入京 永同郡에在ᄒᆞᆫ 中樞院顧問權重顯氏ᄂᆞᆫ伊藤公 의吊問을行ᄒᆞ기爲ᄒᆞ야再昨日 에上京ᄒᆞ얏다더라

◎高等官追悼 明日奬忠壇에 셔韓國高等官諸氏가伊藤公追 悼會를設行홀터인故로昨日內 部에셔各部에通牒을發ᄒᆞ얏다 더라

◎學徒參禮 明日奬忠壇에셔 伊藤公追悼會를設行홈은前項 과如ᄒᆞ거니와私立各學校生 徒도一切參禮ᄒᆞ기로決定ᄒᆞ얏 다더라

◎官吏休仕 明日은伊藤公葬 日인故로各府部院廳一般官吏 가追悼ᄒᆞ기爲ᄒᆞ야當日休仕홀 다더라

◎一進會追悼 一進會에셔明 日下午二時에伊藤公追悼會를 獨立館에設行ᄒᆞᄂᆞᆫᄃᆡ主祭ᄂᆞᆫ會 長李容九氏오[illegible]朗讀委員은 [illegible]氏라더라

◎國民演說會追悼 國民演說會에 셔明日永導寺에往ᄒᆞ야伊藤 公의追悼會를設行ᄒᆞᆫ다더라

◎三氏又捕 去月三十日哈 爾賓에셔韓國人우連俊金成玉 鄭大鎬三氏를捕縛ᄒᆞ얏다ᄂᆞᆫ電 報가統監府에來到ᄒᆞ얏다더라

◎姓名禁揭 特派[illegible]에셔[illegible] 府申飭을因ᄒᆞ야昨日上午십一 時에各新聞記者와月報編輯人 을招請ᄒᆞ야伊藤公事件에連累 되ᄂᆞᆫ者의姓名을不爲揭載ᄒᆞ라 ᄒᆞ얏다더라

◎其人何人 대邱府某某等三 名은伊藤公遭變에對ᄒᆞ야韓國 上下가日本에謝罪홀必要가有 ᄒᆞ다고檄文을各道에발ᄒᆞᆫ다ᄂᆞᆫ 說이有ᄒᆞ다더라

◎犯人自白 伊藤公을狙擊ᄒᆞᆫ 安應七이ᄂᆞᆫ自白ᄒᆞ되日甲午에 셔生ᄒᆞ야鋼礦에從事ᄒᆞ다가義 兵을擧ᄒᆞ야[illegible]知己가役戮을 當ᄒᆞᆫ者多홈으로怨恨이骨髓에入 ᄒᆞ얏다가今番伊藤公旅行을際 ᄒᆞ야發心ᄒᆞ고哈爾賓에來ᄒᆞ얏 다云ᄒᆞ얏다더라

◎懸板改付 再昨日統監府司 法廳에셔韓國法部의事務를引渡 ᄒᆞ고法部懸板은統監府司法部 로、大審院懸板은高等法院으로 改付ᄒᆞ얏다더라

◎敎授被任 前書記官石鎭衡 氏ᄂᆞᆫ日本留學生監督의任으로 內定되얏다더니學部에셔新設 ᄒᆞᆫ法學校의敎授를被任ᄒᆞ얏 다더라

◎曾根免官 內藏院關度課主 事日人曾根長은[illegible]課長과何等 相議이有ᄒᆞ야再昨日免官ᄒᆞ얏 다더라

◎九人又增 內部地方局에셔 ᄂᆞᆫ日人主事五名을增加叙任ᄒᆞ 기로內定ᄒᆞ얏다ᄂᆞᆫᄃᆡ被任홀 將次[illegible]ᄒᆞᆯ다더라

◎拾卄餘武官學校長의 關과其他東親王等拾七 人에게對ᄒᆞ야分等ᄒᆞ야 一切勞動이라

◎代手假籍 會試에代手 應試ᄒᆞᆫ者은通ᄒᆞ거니와 代手의手數料五十圜乃至六 十圜이지ᄒᆞ얏다더라

◎試券仍留 前日에已往에 ᄂᆞᆫ司試試者에게還給 ᄒᆞ더니從今으로ᄂᆞᆫ該部에仍 留ᄒᆞ야存ᄒᆞᆫ다더라

◎司業揭榜 司業科合格 者貳十九人이學部에셔揭 榜ᄒᆞ얏ᄂᆞᆫ데日上午十時學 部에셔合格人을會同ᄒᆞ야 證書를授與ᄒᆞ얏다더라

特社告

本社에셔變更活字를改新改 良ᄒᆞ고諸機械를擴張ᄒᆞ올ᄂᆞᆫ 바其設備에多少時日을 須ᄒᆞ지라此月木曜日부터 停刊ᄒᆞ야五日을經ᄒᆞ고來九日 (火曜)부터刊行ᄒᆞ겟ᄉᆞ오니 愛讀 僉君은 照亮ᄒᆞ시옵 停刊內에重要ᄒᆞᆫ事件이有 ᄒᆞᆫ時ᄂᆞᆫ號外로發刊ᄒᆞ야 讀者諸位耳目을不昧케ᄒᆞ 오며니[illegible] 照亮ᄒᆞ시옵

大韓每日申報社

◎譯官歸京 北韓을觀察ᄒᆞ 던統監府前通譯官은去二日 夜에歸京ᄒᆞ얏다더라

◎韓國內部 新歷代殿陵及社 稷壇의春秋享祀費를學部所管 으로至年度支部에셔來年度부 터ᄂᆞᆫ內部에移管ᄒᆞ리라더라

◎陵參照會 內部地方局長이 京畿觀察使에게照會ᄒᆞ고開城 廣州麻田에在ᄒᆞᆫ歷代殿陵의子 孫階任의姓名을一々調査ᄒᆞ라 ᄒᆞᆫ다더라

◎銀行券額數 隆熙三年度에 第一銀行券平均發行額이십[illegible] 萬六千二百三十六圓이오正貨 準備額이三萬九千四百拾四圓 이오保證額이七萬六千八百二 십二圓이라더라

◎所探何事 [illegible]에 셔偵探客을多數派送ᄒᆞ야何等 事件을秘密調探中인ᄃᆡ其對韓 社記者새지聯絡ᄒᆞ야期於探知 ᄒᆞᄂᆞᆫ中이라더라

◎留客調査 近日來로新門外 와西門外停車場에셔西北으로 來往ᄒᆞᄂᆞᆫ行客을一々調査ᄒᆞᆫ다 더라

◎電社劃引 電氣會社에셔자 家私立學校生徒에게劃引票를 給與ᄒᆞ기爲ᄒᆞ야該社에셔任員 一名을昨日學部에派送ᄒᆞ야各 學校의名稱을一々記帳ᄒᆞ얏다 더라

◎觀兵中止 本日龍山에셔行 고저ᄒᆞ던日本駐箚軍觀兵式은 [illegible] 特히中止ᄒᆞ얏다더라

◎食堂設置 京義線直行列車 內에ᄂᆞᆫ食堂을부터設ᄒᆞ야料理其他食 品을備置ᄒᆞ야旅客需用에應ᄒᆞᆫ 다더라

◎憲兵活動 韓國駐剳日本憲 兵隊ᄂᆞᆫ何事件을因ᄒᆞ야四五日 以來로大活動을開始ᄒᆞ얏다더라

◎日兵演習 日本第六師團에 셔ᄂᆞᆫ작日龍山兵營本庫北附近에 셔聯合演習을行ᄒᆞ얏다더라

◎義兵執數 [illegible]郡에在ᄒᆞᆫ桂 洞居生士ᄂᆞᆫ今年秋收가五百餘 石인ᄃᆡ義兵이來到ᄒᆞ야租包를 中折ᄒᆞ야半은[illegible]에輸納ᄒᆞ고其外 ᄂᆞᆫ舍音家에積置ᄒᆞ라ᄒᆞ얏다더 라

◎許氏再訴 忠北[illegible]郡居朴 斗秉氏가中部後橋洞居金俠氏 를紹介ᄒᆞ여國香文券을典執ᄒᆞ 고金二千圓을某某人에게借款 ᄒᆞ야設金을設ᄒᆞ니가中間乾沒고 지라박셔가中署에呼訴ᄒᆞ야設 시를捉囚ᄒᆞ얏다가仍卽保放ᄒᆞ 얏ᄂᆞᆫ데該씨ᄂᆞᆫ因ᄒᆞ야逃躱不現ᄒᆞ ᄂᆞᆫ故로再昨日朴시가中署에再 訴ᄒᆞ얏다더라

◎獵銃誤射 三昨日上午十二 時에東門外[illegible]里에셔日人이 獵銃을放ᄒᆞ다가該里居金花先 氏의面部를中傷ᄒᆞ얏ᄂᆞᆫᄃᆡ該시 의子姪이卽時日人을追捕ᄒᆞ여 中署에押囚ᄒᆞ고該시ᄂᆞᆫ大韓病 院으로昇送ᄒᆞ야治療ᄒᆞᄂᆞᆫᄃᆡ生死ᄂᆞᆫ 未判이라더라

◎繙譯聘用 法政新聞은明日 부터發刊홀터인ᄃᆡ漢城新報社 員趙漢翊시가法政新聞社의繙 譯으로聘用되얏더라

◎[illegible] 趙[illegible]相趙重完 諸시가設立ᄒᆞᆫ가나다商店에셔 ᄂᆞᆫ分傭人을置ᄒᆞ고各大官及貴 家에朝夕饌物을配達ᄒᆞᄂᆞᆫᄃᆡ 代金은月給으로收入ᄒᆞᆫ다더라

◎鄭氏發說 鄭東說氏ᄂᆞᆫ平 北博川郡守로[illegible]所에再除 되얏ᄉᆞ며[illegible] 回被捉하얏다ᄂᆞᆫ說이有ᄒᆞ다더 라

◎盜耶非耶 去三十日夜에中 部麻耳洞居[illegible]李基東씨家 에何許人이突入ᄒᆞ여金五元을 强奪ᄒᆞ얏다더라

◎強盜猶多 去月二十九日夜 에强盜五名이各持銃劍ᄒᆞ고廣 州郡[illegible]酒店에突入ᄒᆞ야行勒 ᄒᆞ야千餘圜價値되ᄂᆞᆫ物品을奪取 ᄒᆞ얏다더라

◎湖州賊黨 西來人의傳說을 聞ᄒᆞᆫ즉平安湖州等地에ᄂᆞᆫ賊黨 이日熾ᄒᆞ야銃劍을携帶ᄒᆞ고行 路와閭閻에晝夜를不分ᄒᆞ고傷 人奪財홈으로民心이騷擾ᄒᆞ야 特至離散홀境이라더라

◎特別休刊 本社에셔 活字改良에準備ᄒᆞ기爲ᄒᆞ야明 日부터五日間休刊홈

漢城記者아

▲漢城新報의記者가今我報에 對ᄒᆞ야架理荒說構捏ᄒᆞ야淡 辱侵害ᄒᆞ야我人들도알거 니와日復日深惡ᄒᆞ야揭々自 得ᄒᆞᄂᆞᆫ貌樣그目的을推究ᄒᆞ면 心腸부터凶險ᄒᆞ다

▲漢城記者말드러라너도亦是 韓人으로[illegible]ᄒᆞ야且 人에게雇傭되야今日境遇ᄒᆞ 야[illegible]救濟못ᄒᆞ고보도同胞 [illegible] 존말에네心腸을推究ᄒᆞ면 殘忍ᄒᆞ기짝이업다

▲漢報記者말드러라奸滑之謀 包藏ᄒᆞ야[illegible]搆陷ᄒᆞ며 虛無模糊荒說을네가搆造 ᄒᆞ나昭昭ᄒᆞᆫ上天의鬼神 도無畏ᄒᆞ냐네心腸을推究ᄒᆞ면 殘忍ᄒᆞ기짝이업다

▲漢報記者야드러라[illegible] 心이여더荒說을엇지ᄒᆞ며 欺兵方냐너에一時耳目眩亂 케ᄒᆞᆯ天然[illegible] 路에네心腸을推究ᄒᆞ면 殘忍ᄒᆞ기짝이업다

▲漢報記者말드러라[illegible] 몸이팔녀[illegible]지엇도보니罪 惡生活로[illegible]身世엿지 ᄒᆞ나[illegible]네[illegible]深責ᄒᆞ 바업고네心腸을推究ᄒᆞ면 殘忍ᄒᆞ기짝이업다

▲白[illegible]너의말은餘々提論 ᄒᆞᆯ것업고[illegible]두고人 道上의[illegible]上大綱만 니와一般人心이有ᄒᆞ거던此等心 腸洗滌ᄒᆞ야[illegible]ᄒᆞ야마ᄒᆞ고 시人物이되여보소

廣告

本人이梨峴內聖司倉福隣邊에陰九月二십日推欠三십七號三千四百拾兩於音一片을서失ᄒᆞᆷ얏기玆에廣告ᄒᆞ오니內外國人間에該票用得ᄒᆞ와도休紙施行ᄒᆞᆷ

明洞 趙一淵 告白

本人이去年三十壹년에外國人에게서國貨與於音領收證並入ᄒᆞᆫ紙匣을서失이온바此廣告ᄒᆞ며오니或有拾得者면所厚謝ᄒᆞᆷ깃ᄉᆞᆸ니다

中部貞洞卅壹統九戶
趙鎭泰

本所에서洋屬毛絲를各色으로直輸入ᄒᆞ야廉價로發賣ᄒᆞ옵ᄂᆞᆫ바物品과織組가堅固ᄒᆞ며染色이不變ᄒᆞ와經濟上에第壹要素ᄒᆞ오며各地方貿易을便利키爲ᄒᆞ와郵便小包로聯絡ᄒᆞ야代金을引換ᄒᆞᆯ짓ᄉᆞ오니 僉君子ᄂᆞᆫ陸續購求ᄒᆞ심을大望

京城小龍洞
洪順羅毛織商店

本人의住景欄에申請ᄒᆞ야 ……ᄒᆞᆫ爲의規則을不遵ᄒᆞ고…… 追認ᄒᆞ야禁制ᄒᆞᆯ道理가無ᄒᆞ기로聚欠廣告도ᄒᆞ얏거니와日前에日人辯護士本多潤시가來言ᄒᆞ되本人의圖章과本人의弟의圖章을捺ᄒᆞ고借用ᄒᆞᆫ거시有ᄒᆞ다ᄒᆞ오니豈有如此ᄒᆞᆫ 欺瞞ᄒᆞᆯ手이我國夫人은本人 ᄒᆞ고本人의圖章으로 借給之人이何不來質而爲之爭이며俱是無賴輩의詭計로將試之計오니內外國人은切勿貿賠ᄒᆞ고永勿干涉ᄒᆞᆷ

中部長通坊東谷三십統壹戶
미枝培 告白

本人이陽十月三십日해中浪下里所在땁三石쎰三斗落田五息耕沙院奇삼十八斗落에今年秋收記壹卷을東門外路中에서失故로廣告ᄒᆞ오니內外國人間拾得ᄒᆞ와도右秋收記ᄂᆞᆫ休紙施行ᄒᆞᆷ

公洞大路立統六戶居根植告白

本人의名字ᄅᆞᆯ以元字로改名行用ᄒᆞ엿더니圖章을서失故로以前老字圖章으로復用ᄒᆞ니知舊間照亮ᄒᆞ시오

平南成川 石履基 告白

大日本國會議員辯護士

勳四等 森肇 法律事務局廣告

本事務局은左開ᄒᆞᆫ特殊技倆과利益을併有ᄒᆞᆷ

壹、本事務局은大韓光武九年으로부터京仁과平壤에法律事務局을特設ᄒᆞ야其間許多訴訟案件에于與ᄒᆞ야就中韓國人士相關訴事ᄂᆞᆫ專心辯護ᄒᆞ야旣往原被告ᄅᆞᆯ勿論ᄒᆞ야落科ᄒᆞᆷ이無ᄒᆞᆷ

二、本事務局은大韓國의人情과風俗과法律에通曉ᄒᆞ니法律事務를請囑ᄒᆞ기至便ᄒᆞᆷ

三、謝禮金이薄ᄒᆞ야誠實迅速히處辦ᄒᆞ야貧寒者의訴事인즉鑑查ᄒᆞ야合理ᄒᆞᆫ案件이면無料로極盡辯護ᄒᆞᆷ

四、遠方各郡各洞里에居ᄒᆞ시ᄂᆞᆫ人士ᄂᆞᆫ書信으로訴訟의査驗과訴訟辯護ᄅᆞᆯ請囑ᄒᆞᆷ을得ᄒᆞᆷ

五、本事務局은仲介人을不介ᄒᆞᆫ當者에直接ᄒᆞ야應囑ᄒᆞᆷ

六、本事務局에ᄂᆞᆫ熟通ᄒᆞᆫ通譯과老鍊ᄒᆞᆫ事務員이事務에從事ᄒᆞᆷ

隆熙三年十壹月壹日

平安南道平壤新市街山手町既番地

森肇法律事務局

(電話 六 三 壹 番)

染務大擴張廣告

同胞의愛顧ᄒᆞ심으로野所事業이漸就月盛ᄒᆞ옵기로染務를大擴張ᄒᆞ고左開各種을製造ᄒᆞ오니僉尊來購ᄒᆞ심爲望

壹甲號帽子 金五拾錢
壹乙號帽子 金四十五錢
壹三合絲製洋襪 金二십錢
壹 仝 短襪 金拾八錢
壹男女學生衣及服背道衣次
壹官公私立學校徽章製造
壹德國染粉直輸入放賣
壹紬緞木綿毛絲染色及改染

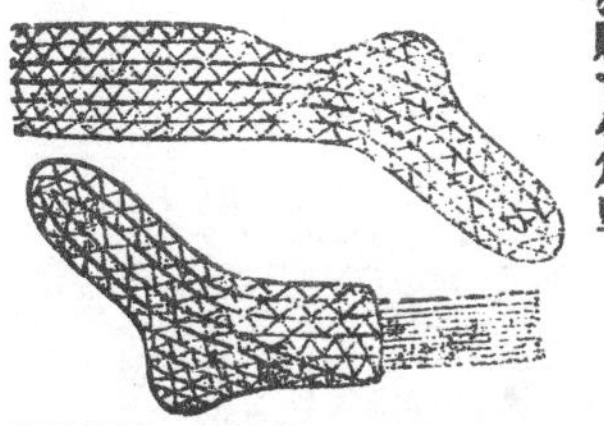

外方에서請求ᄒᆞ시면小包郵便으로迅速酬應ᄒᆞᆷ

皇城 鍾廟越便

中谷染織工所主金德昌 告白

◉特 別 廣 告

諭途有望ᄒᆞᆫ滿天下에健在ᄒᆞᆫ我大韓國民에게謹告ᄒᆞ옵나이다
우리漢陽商會ᄂᆞᆫ同胞諸彦의便益을供ᄒᆞ기爲ᄒᆞ야外國物貨製造場과特約을締ᄒᆞ고我大韓國의總代되ᄂᆞᆫ페파ー도멘도스토아。萬物이具全ᄒᆞᆫ店舖를組織ᄒᆞ고親切安全確實ᄒᆞᆫ方法으로ᄡᅥ都賣及小賣로여러분으로ᄒᆞ여금奇妙流行에가장適合ᄒᆞᆫ좋은物品을廉價로供給ᄒᆞ옵나이다
우리漢陽商會ᄂᆞᆫ紳士의便益을圖ᄒᆞ기爲ᄒᆞ야歐美雜貨와洋服附屬品과防寒用品을完全備置ᄒᆞ얏고
우리漢陽商會ᄂᆞᆫ학界에隆盛을圖ᄒᆞ기爲ᄒᆞ야文房諸具와學校用品을完全備置ᄒᆞ얏고
우리漢陽商會ᄂᆞᆫ淑女의進步를圖ᄒᆞ기爲ᄒᆞ야女子用品과細工物의原料를完全備置ᄒᆞ얏고
우리漢陽商會ᄂᆞᆫ愛烟家의便益을圖ᄒᆞ기爲ᄒᆞ야呂宋國埃及土耳其各國煙草를完全備置ᄒᆞ얏고
우리漢陽商會ᄂᆞᆫ衛生家의福音을與ᄒᆞ기爲ᄒᆞ야新鮮純良ᄒᆞᆫ葡萄酒、위스키、ᄲᅵ랑듸、等洋酒類及食料品을完全備置ᄒᆞ얏고
우리漢陽商會ᄂᆞᆫ旅行家의便益을圖ᄒᆞ기爲ᄒᆞ야毛布等旅行用具를完全備置ᄒᆞ얏고
우리漢陽商會ᄂᆞᆫ交際家의便益을圖ᄒᆞ기爲ᄒᆞ야高尙優美ᄒᆞᆫ贈答品을完全備置ᄒᆞ얏고
우리漢陽商會ᄂᆞᆫ地方諸彦의便益을圖ᄒᆞ기爲ᄒᆞ야郵便部를特設ᄒᆞ고地方注文은더욱低廉히迅速配達ᄒᆞ옵고
우리漢陽商會ᄂᆞᆫ從來의愛顧를報ᄒᆞ기爲ᄒᆞ야左의方法으로ᄡᅥ五百圓의景品을進呈ᄒᆞ옵ᄂᆞᆫ데每壹圓에對ᄒᆞ야景品券壹枚式이오며期限은
拾壹月壹日부터同月貳拾日까지景品券을進呈ᄒᆞ고二拾五日에抽籤을行ᄒᆞᄂᆞᆫ데各新聞社에서立會가有ᄒᆞ옴

一等 一人 一百圓 物品
二等 二人 一百圓 仝 各五十圓
三等 五人 五十圓 仝 各十圓
四等 十人 五十圓 仝 各五圓
五等二十人 五十圓 仝 各二圓五十錢
以下ᄂᆞᆫ 無 空籤

大韓漢城鐵路
漢陽商會
電話一九一番

○濟生堂大藥房支店及出張所表

漢城南大門內		濟生堂大藥房本舖	李庚鳳
仁川港畓峴		濟生堂第一分店	李興國
開城南門內	仝	二分店	具又賢
咸興西門外	仝	三分店	李鳳林
馬山港東城	仝	四分店	孫雲卿
海州樂路	仝	五分店	金洛鉉
太邱남門內	仝	六分店	崔寅璂
宣川邑내	仝	七分店	魯晶權
漢城鍾峴	仝	八分店	洪基茂
沙里院場市	仝	九分店	吳南駿
木浦港	仝	十分店	吳晃洙
長淵土城洞	仝	十壹分店	尹景元
博川與洞	仝	十二分店	리鍾瀅
吉州西門外	仝	십三分店	鄭鳳漸
鐵原邑	仝	拾四分店	秦聖華
北韓島龜井村	仝	拾五分店	姜禧
平壤鍾路	仝	一出張所	田恒畯
釜山港草梁	仝	二出張所	김璣玉
安東邑	仝	三出張所	金傾圭
大邱南門內	仝	四出張所	崔景成
全州西門契	仝	五出張所	趙奎哲
水原南陽	仝	六出張所	白庚俊
平山邑	仝	七出張所	金鶴基
鎭南浦后浦	仝	八出張所	具文卿
晉州樂泉洞	仝	九出張所	南正午
江陵邱鶴洞	仝	拾出張所	羅仕恒
忠州早洞	仝	십一出張所	孫承準
慶興	仝	十二出張所	韓宗植
淸國奉天	仝	拾三出張所	康景宣
淸國大連	仝	拾四出張所	金聖國
淸國九連城	仝	拾五出張所	元東杓
淸國鳳凰城	仝	拾六出張所	王世昌
淸國烟台	仝	拾七出張所	崔浩哲
淸國天津	仝	拾八出張所	司馬靖

其他內外國代理店特約店은紙面이不足ᄒᆞ야壹一枚記인에와九月卅日調查表가如左ᄒᆞᆷ
內國에五千捌百六拾三處
外國에八百九拾六處

都合六千七百五十九處也

主 ……ㅅ 부터 米國博士 醫學博士 …… 金麟榮 씨를 迎聘하와 特爲診斷開症 病하신 …… 宜川郡仁濟病院 ……

平壤宜川郡仁濟病院
主務 李源朝 告白

本館에서 營業任員을 改選하얏기 …… 更加擴張하고 書籍五 …… 特別割引홀 터이오니 僉君子 ……

平壤 太極書館
館主 李昇薰
主任 安泰國
事務 金根灐

發啓ᄒᆞᆫ지 于今三個月有年에 …… 報道의 迅速이 無 …… 志士가 愛讀 …… 江湖上 僉君子는 …… 本館 所在地는 …… 左開ᄒᆞᆫ 諸氏에게 ……

報價 壹個月先給 拾貳錢
仝 三個月先給 參拾五錢
但 報價는 先給을 要홈

西北學會 …… 告白

合東西洋 ……

消 …… 回生丹
廣香消瘡丹
胎養調經丸
滋陽丸
…… 引藥
全治丸
鎭咳散
消積散
…… 虫藥
…… 散
…… 林
其他有名賣藥 都賣散賣

壯陽復元丹

專治腎癨 …… 八選分大劑 …… 錢

消化靈丹 …… 壹貼 …… 錢
淸耳液 …… 壹貼 …… 錢
淸眼水 眼疾 …… 壹瓶 十錢
淸脾丸 …… 三貼分 十五錢
解瘧至寶丸 …… 壹貼 …… 錢
消熱散 …… 壹貼 …… 錢
通淋丸 五淋專治 …… 赤白帶下 ……
小兒濟命散 …… 壹貼 …… 錢
靈效液 皮膚 …… 赤斑(合)皮膚 ……
疾痢散 幷治 …… 壹貼 …… 錢
養胃散 久滯 …… 止瀉丸 …… 壹貼 金拾五錢
治痰鎭咳丸 …… 三日分 …… 錢
痢積散 …… 一貼 金 …… 錢
能治齒痛水 …… 金七錢五厘
解凝膏 ……

家庭救急方

前의 學校敎官 朴容南 著
全壹冊 定價金 …… 錢

發賣所 皇城南部太平橋十九統七戶 共愛堂藥房
各處支店特約所

學部檢定 勸學 初等大東歷史 全
定價金 三十錢

學部檢定 勸學 初等修身 全
定價金 二十五錢

朴晶東 著
金錫玉 發行
發行所 南部上犁洞十九統九戶 同文社
發賣所 京鄕各有名書舖

○ 廣告料

每日英尺壹寸에 ……
貳週日 壹寸 ……
壹個月 壹寸 ……

○ 大韓每日申報 各處支社廣告

平安道
黃海道
咸鏡道
江原道
忠淸道
京畿道
北墾島

檀君開國四千二百四十二年
箕子元年三千三十一年
大韓開國五百十八年
本報創刊日
光武八年七月十八日

大韓每日申報

Responsible for Publication
Alfred Weekley Marnham.
發行兼編輯人 英國人 萬咸
發行所
京城南部石井洞三統洋尾家
大韓每日申報社

第七卷　月曜及慶節歲時日休刊　第一千二百三十七号

論說

◉是日吾儕의所感

本紙가活字改良을因ᄒᆞ야四五日간을讀者諸君에게謝絶ᄒᆞ엿다가今日新면目으로諸君을對ᄒᆞ니吾儕의所感이實로長ᄒᆞ도다

大抵首를回ᄒᆞ야本紙의歷사를顧컨ᄃᆡ幾多의困難을經ᄒᆞ며幾多의悲憤을費ᄒᆞ며幾多의慘담을積ᄒᆞ엿나니吾儕의所感이此에在ᄒᆞᆫ가曰否라又本紙가發刊以來로千마와戰ᄒᆞ며萬귀와戰ᄒᆞ되氣力이日膨脹ᄒᆞ며精신이日新선ᄒᆞ엿나니吾儕의所感이此에在ᄒᆞᆫ가曰否라又本紙가諸君과相握ᄒᆞᆫ以來로諸君은本紙를愛ᄒᆞ며本紙는諸君을愛ᄒᆞ야久ᄒᆞᆯ수록尤篤ᄒᆞ엿나니吾儕의所感이此에在ᄒᆞᆫ가曰否라.

試思ᄒᆞ라本紙의創刊이五六星霜을經ᄒᆞ야今此活字가消磨에已至ᄒᆞ도록日로한國의國魂을招ᄒᆞ며日로한國의國光을喚ᄒᆞ엿거날乃者國魂은愈退ᄒᆞ고國光은愈沒ᄒᆞ야今日에坐ᄒᆞ야本紙創刊當日을回想ᄒᆞ면恰然히地下에坐ᄒᆞ야天上을望ᄒᆞᆷ과同ᄒᆞ니吾儕의所感이當何如ᄒᆞ리오

嗚乎諸君이여今日로始ᄒᆞ야本紙는益益히誠으로諸君을接ᄒᆞ노니諸君도益益히誠으로本紙를對ᄒᆞ야今番新活字가消磨에不至ᄒᆞ야셔諸君이國魂을大奮發ᄒᆞ며諸君이國光을大振興ᄒᆞ야吾儕로ᄒᆞ야금俯仰에無愧케ᄒᆞᆯ지어다

因ᄒᆞ야吾儕는諸君에게望ᄒᆞ는바가多ᄒᆞ노니

本紙는諸君을爲ᄒᆞ야歌ᄒᆞ며諸君을爲ᄒᆞ야哭ᄒᆞ며諸君을爲ᄒᆞ야祝ᄒᆞ며諸君을爲ᄒᆞ야夢ᄒᆞ야諸君으로더브러哀樂을同ᄒᆞ며榮辱을同ᄒᆞ며死生을同ᄒᆞ리니望ᄒᆞ건ᄃᆡ諸君은幸히本紙를負치말지며

本紙는本紙前途에풍雲이愈變ᄒᆞ며마鬼가愈起ᄒᆞ야本紙를喝ᄒᆞ며本紙를搖ᄒᆞᆯ지라도本紙는勇氣를愈愈竭鼓ᄒᆞ야本紙의目的을不達이면不止ᄒᆞ리니望ᄒᆞ건ᄃᆡ諸君은幸히本紙를侮치말지며

本紙는諸君의藥石을作ᄒᆞ야諸君에게病이有ᄒᆞ면반다시攻ᄒᆞ며諸君의良友를作ᄒᆞ야諸君에게過가有ᄒᆞ면반다시責ᄒᆞ야諸君의自新을催ᄒᆞ리니望ᄒᆞ건ᄃᆡ諸君은幸히本紙를仇視치말지어다

果然諸君이吾儕의斯言을不負ᄒᆞ면可히三千里疆土가完璧을作ᄒᆞ며二千萬同胞가樂園에趨ᄒᆞ는一導선이될지니라

或者必曰只今한國形勢가漏船이已沈ᄒᆞ고傾廈가已覆ᄒᆞ엿나니아모리本紙가禿筆을舞ᄒᆞ야苦규ᄒᆞ며아모리諸君이長足을奮ᄒᆞ야勇進ᄒᆞᆯ지라도何가亦益이리오ᄒᆞᆯ지나此는決코不然ᄒᆞ니人의言에曰、進만有ᄒᆞ고退가無ᄒᆞ면目的地에必達乃已、라ᄒᆞᆷ과如히本紙도日日進ᄒᆞ며諸君도日日進ᄒᆞ면何를可憂며何를可懼리오

嗚乎라諸君이여諸君이吾儕의斯言을不信ᄒᆞᆯ진ᄃᆡ蒼天이彼에在ᄒᆞ니라

外報

◉日本陸軍大演習　日本天황陛下씌셔는去六日에久邇宮梨本宮兩殿下山縣元帥寺內陸相與大將及英國키치나元帥等과ᄒᆞᆷ씌黑磯愛宕山에셔大演習을觀戰ᄒᆞᆯ싀兩軍은那須野原에셔交戰ᄒᆞᆯ터인ᄃᆡ其壹般方略은北軍은阿武隈川을沿ᄒᆞ야南進中이오南軍은此를對ᄒᆞ야鬼怒川을沿ᄒᆞ야北進ᄒᆞ고北軍은박川에南軍은氏家에各其司令部를置ᄒᆞ고南軍은五日에敵의騎兵部隊가黑磯寒川附近에停止ᄒᆞᆫ것을見ᄒᆞ엿고北軍은五日午后에敵의騎兵隊가箒川左岸사기附近에停止ᄒᆞ는것을見ᄒᆞ엿는ᄃᆡ如斯히戰期가漸漸迫頭ᄒᆞ엿다더라

◉露國計劃　露國政府는芬蘭의불그縣合倂ᄒᆞ는事를延期ᄒᆞ엿다더라

◉張熱支線　淸國은張家에셔熱河에至ᄒᆞ는鐵道支線을敷設ᄒᆞ기로調査中이라더라

◉移住民反對　露領西比利亞에移住ᄒᆞᆫ韓國人들은露國政府의追放條例를反對ᄒᆞ야露國議會에訴ᄒᆞ엿다더라

▲文壇▼

▲天喜堂詩話

虎頭將軍崔瑩氏가累次支那日本等外寇를擊退ᄒᆞ고其百戰百勝의餘威를席ᄒᆞ야大兵으로遼瀋에驅入ᄒᆞ야高句麗舊疆을恢復ᄒᆞ라ᄒᆞ다가時運이不幸ᄒᆞ야大志를未成ᄒᆞ고反히刑戮에就ᄒᆞ미至今ᄭᆞ지將軍의事를談ᄒᆞ는者ㅣ慷慨의淚를不灑ᄒᆞ는者ㅣ無ᄒᆞ니라頃者에一友人이將軍의詩二首를錄送ᄒᆞ엿는ᄃᆡ其語가莊潔ᄒᆞ고其調가激烈ᄒᆞ고其意가雄渾ᄒᆞ야足히將軍의人格을想像ᄒᆞᆯ너라其一曰(가마귀눈비마자、희는ᄃᆺ검노매라。夜光明月이、밤인들어두으랴님向ᄒᆞᆫ一片단心、가실줄이잇스랴)其二는曰(눈마자휘엿노라、굽은솔웃지마라。春풍에픠인옷이、每樣에고을소냐。풍飄飄雪紛紛ᄒᆞᆯ제、네야나를부르라)

聲音의道가人을感ᄒᆞᆷ이深ᄒᆞ도다往年에朴齊純李址鎔等이其政權을旣失ᄒᆞ고心火鬱鬱ᄒᆞᆫ中에消日ᄒᆞ기爲ᄒᆞ야琴쥬를携ᄒᆞ고龍山江정에伴往ᄒᆞ더니時에秋葉이正황ᄒᆞ야四山이蕭瑟ᄒᆞ고夕陽이江면에倒暎ᄒᆞ야琉璃世界를作ᄒᆞ니失志者의感懷를助ᄒᆞᆯ지라쥬數巡에蘇島날탕牌數人을招ᄒᆞ야歌一曲을奏케ᄒᆞ더니其歌에有云ᄒᆞ되(處子죽은鬼신은、道令의房으로모라너코、道令죽은귀신은、處子의房으로모라너코。우리죽은귀신은、민忠正大監네을ᄯᅡ러라)ᄒᆞ엿더라齊純이此를聞ᄒᆞ더니慨然히節을격ᄒᆞ며日人生이誰가一死가無ᄒᆞ리오만은彼와如히死所를得ᄒᆞᆫ者ㅣ능히幾人인고ᄒᆞ고手中의쥬盃를擲下ᄒᆞ엿다云ᄒᆞ니噫라彼朴氏가萬一五條約以前에此等歌를早聞ᄒᆞ엿스면민忠正의넉을隨ᄒᆞ엿슬는지　未完

雜報

◉先定會員　徐상敦諸氏가國債報償금을處理ᄒᆞ기로발起ᄒᆞᆫ事에對ᄒᆞ야再昨日븟터中東學校內에會議를開ᄒᆞ고各社會代表諸氏가出席ᄒᆞ야爲先會員을選定ᄒᆞ기로決議ᄒᆞ엿는ᄃᆡ十三道의代表人各二人式京城各社會의代表各二人式報償금保管所의代表各一人式을選定ᄒᆞ기로決定ᄒᆞ엿다더라

◉英황御탄辰　本日은英國황帝陛下에탄日인故로통監府와各領事團에셔敬意를表ᄒᆞᆯ터인ᄃᆡ淸國領事는大葬日이상値되는故로昨日에英國총領事관을訪問ᄒᆞ엿다더라

◉淸國大葬日　本日은淸國太황太后陛下의大葬日인故로淸國총領事관及各國領事團과淸國商人等은半旗를揭ᄒᆞ야敬意를表ᄒᆞᆫ다더라

◉平民騷擾　平壤來信을據ᄒᆞᆫ즉該郡경察官吏는人民家에每日二三次式往來ᄒᆞ면셔賓客의出入과主人의有無를調査ᄒᆞᆷ으로人民等은騷擾難堪ᄒᆞ다더라

◉시天敎聲明　시天敎에셔京城孤兒院에凡百事務를擔任ᄒᆞ깃다고各社會에聲明서를刊布ᄒᆞ엿더라

◉讚英發起　민泳雨李敏英諸氏가發起ᄒᆞ야伊등公에銅像을建立ᄒᆞ기로東亞讚英會를組織ᄒᆞ고趣旨서를發布ᄒᆞ엿다더라

◉法令審査　去六日에內部에셔法令審査會를開ᄒᆞ고大韓醫院附屬醫學校規則을商議ᄒᆞ엿다더라

◉李氏初審　日司令部에被捉ᄒᆞᆫ前局長李鍵鍾氏는日昨初審을經ᄒᆞ엿는ᄃᆡ該氏家에셔押收ᄒᆞᆫ書類를一一考問ᄒᆞ엿다더라

◉果商총會　漢城果商組合所에셔本日에총會를開ᄒᆞ고商業과衛生에關ᄒᆞᆫ事項을說明ᄒᆞᆫ다더라

觀 詞

▲觀每日報　李庚봉

直哉董狐　春秋필法　光爭日月　明若耳目
長夜경鍾　昏衢炳燭　亂賊是懼　魔鬼遁跡
陟臧黜否　勸善懲惡　獨立基礎　廣濟藥石
聲聲木鐸　言言금玉　心焉愛之　敢不頂祝

詞藻

◉聽雁

秋霜에놀닌기럭이、셰룩셰룩울고가니。
蕭瑟寒풍에、네어ᄃᆡ로向ᄒᆞ는냐。
至今에、人生된우리를도녀와ᄀᆞᆺ치、定處업서。

廣告

電報

◉三氏免官說 東京各新聞記者가聯合運動ᄒᆞ야韓國內상朴齊純同次官岡喜七랑경務局長松井무를懲戒免官ᄒᆞ자ᄂᆞᆫ議가有ᄒᆞᆫ뒤此ᄂᆞᆫ伊등公暗殺連累者取締에不늣홈에基因홈이라더라

◉演習御覽 日本天황陛下ᄂᆞᆫ本日都宮停車場에셔御발輦ᄒᆞ야黑磯驛에下車ᄒᆞ야高久行所에셔與참謀총長의게各軍의行動을詳細聽聞ᄒᆞ고戰況을御覽ᄒᆞ엿다더라 以上東京發 六日着

◉記者團活動 日本東京新聞통信記者團은昨夜階樂園에集會ᄒᆞ야對한問題의根本的解決에對ᄒᆞᆫ意見을交換ᄒᆞ고一團體를組織ᄒᆞ야六名의常務委員을撰定ᄒᆞ고大活動을ᄒᆞ기로決定ᄒᆞ엿다더라

◉秉畯復起 宋秉畯等은今番事件을因ᄒᆞ야李內각의交迭을計劃ᄒᆞᆫ다더라

◉韓銀評價 韓國銀行이第壹銀行에셔引繼ᄒᆞᆯ土地建物器物等의評價ᄂᆞᆫ先차契約에因ᄒᆞ야再昨年時價뒤로買入ᄒᆞᄂᆞᆫ뒤其금額을打산ᄒᆞ면約百五十萬圓이라더라 以上東京發 七日着

◉大統領無事 美國前大통領루스벨트氏가狩렵을行ᄒᆞ다가猛獸의게咬殺을被ᄒᆞ엿다홈은該氏一行의消息이一時斷絕홈을因ᄒᆞ야某통信員의發電이有ᄒᆞ엿더니今에該氏一行이無事歸來ᄒᆞ엿다고亞弗利加유나잇데드스테잇쓰푸레쓰特派통信員에發電이有ᄒᆞ엿다더라 紐育발 七日着

雜報

◉太皇帝動駕 太황帝陛下ᄭᅴ옵셔去四日上午九時四十分에통監府에 臨幸ᄒᆞ사慰問을行ᄒᆞ옵셧ᄂᆞᆫ뒤馬車를御乘ᄒᆞ옵시고承寧府총管趙民熙가驂乘ᄒᆞ엿고禮式官高義誠이前導ᄒᆞ엿스며 황宮경察係에셔경衛ᄒᆞ엿다더라

●玉度復常 황貴妃殿하ᄭᅴ옵셔過日來玉度가靡寧ᄒᆞ시더니近日夬復ᄒᆞ셧다더라

●慶節賜饌 再昨日은한國황太子殿하의 陰曆탄日인故로 各황族及承候官들이德壽宮에 陛見ᄒᆞ엿ᄂᆞᆫ뒤 太황帝陛하ᄭᅴ옵셔 賜饌ᄒᆞ셧다더라

●황孫탄生 去月二十九日에義親王ᄭᅴ옵셔近幸ᄒᆞ시던本宮內人졍氏ᄂᆞᆫ황孫을탄生ᄒᆞ엿다더라

●曾彌陛見 曾彌통監이 大황帝 太황帝兩陛下ᄭᅴ答禮ᄒᆞ기爲ᄒᆞ야去五日上午十時三十分에 챵德宮과 德壽宮에陛見ᄒᆞ엿다더라

●勅使歸國 日本에渡往ᄒᆞ엿던韓國勅使민丙奭氏의一行은本日午後三時에日本新橋驛에셔出發ᄒᆞ야歸國의途에就ᄒᆞ엿다더라

●非訛則休 苑洞居李甲氏家에今番日憲兵이搜索을行ᄒᆞ야重大ᄒᆞᆫ密勅을發見ᄒᆞ엿다ᄂᆞᆫ說은日本內地各報에揭지ᄒᆞᆫ바有ᄒᆞ나某當局者의觀測을聞ᄒᆞᆫ則伊등公遭變에關ᄒᆞᆫ審查ᄂᆞᆫ其關係眞相이既히明빅ᄒᆞ야大勢力處와關係가有ᄒᆞ다ᄂᆞᆫ說은既히取消되엿슨즉此事件을한國自體의責任으로歸ᄒᆞᆯ수업고但對한政策의一部만變動될지니此等事實노推ᄒᆞᆫ건뒤其密勅押收說은必是訛傳이거나或已往休紙에不過홈이라고ᄒᆞᆫ다더라

●舊빅銅回收額 舊빅銅貨ᄂᆞᆫ去月末日ᄭᆞ지回收額이三億八千三萬二千三百八十枚인뒤此에關ᄒᆞᆫ資本금은九百三十二萬九千七百三十九圓이라其使용期ᄂᆞᆫ來月末日ᄭᆞ지限ᄒᆞᆫ故로政府에셔引上에關ᄒᆞᆫ注意文十八萬枚를發刊ᄒᆞ야各道郡에配付ᄒᆞᆫ다더라

●閉井始개 過般虎疫에消毒ᄒᆞ기爲ᄒᆞ야閉鎖ᄒᆞ엿던各坊曲井戶ᄂᆞᆫ日前에개通을許ᄒᆞ엿다더라

●日人追悼 曾彌통監以下日人官吏及居留民들은去四日日軍司令部에회同ᄒᆞ야伊등公追悼회를設行ᄒᆞ엿ᄂᆞᆫ뒤各國總領事도往參ᄒᆞ엿다더라

●忠壇會況 去四日下午二時에官民一同이奬忠壇에회同ᄒᆞ야伊등公의追悼회를設行ᄒᆞ엿ᄂᆞᆫ뒤內각代表ᄂᆞᆫ總相李完용氏宮內府代表ᄂᆞᆫ시從院卿윤德榮氏漢城府民회代表ᄂᆞᆫ윤孝定氏가出席ᄒᆞ고회來은萬餘名假量이라더라

●郡守修定 內部에셔郡守五六窠를修定ᄒᆞ야內각에提議ᄒᆞ고통監府에同意를請ᄒᆞ엿ᄂᆞᆫ뒤日間頒布된다더라

●졍姓調查 哈爾賓에셔被捉ᄒᆞᆫ졍大호氏ᄂᆞᆫ本住所가北部紫霞洞이라ᄂᆞᆫ說이有홈으로該洞內졍姓人을현今逐戶調查ᄒᆞᆫ다더라

◉犯人의眞名 伊등公을狙擊ᄒᆞᆫ韓國人은取調ᄒᆞᆫ結果로安應七은僞名이오本名은安重根인뒤四年前잔島에往ᄒᆞ야幾個僞名을용ᄒᆞ다가현今잔島에在ᄒᆞ야ᄂᆞᆫ安多默이라稱ᄒᆞ엿다ᄒᆞ며昨年에한國人某로더브러伊등公暗殺을誓약ᄒᆞ기爲ᄒᆞ야左手小指를切斷ᄒᆞ엿다더라

◉犯人消息 犯人安重根其他連累者八名을長春日本憲兵分遣所憲兵十二名과경部巡查等이大連으로護往ᄒᆞ엿ᄂᆞᆫ뒤安重根은年이三十一歲오顏이細長ᄒᆞ고準이高ᄒᆞ며眉目이細ᄒᆞ며鬚가薄ᄒᆞᆫ뒤其狀態가平然自若ᄒᆞ며其外連累者도頗히得意의色이有ᄒᆞᆫ뒤其中安重根은強硬히경官을對ᄒᆞ야曰我輩가國家에生命을捧獻홈은志士의本分이어ᄂᆞᆯ如此히虐待를加홈은不當의事이라飮食等物도如此히粗物을供홈은堪食지못ᄒᆞᆯ바니我輩를大臣으로待遇ᄒᆞ라ᄒᆞ야不平의氣가有ᄒᆞ엿다ᄒᆞ며犯人等을旅順監獄에囚ᄒᆞ엿ᄂᆞᆫ뒤取調等事ᄂᆞᆫ一切秘密히ᄒᆞᆫ다더라

◉次第件事 本月一日브터法部를廢止ᄒᆞ고大審院及지判所의名稱을變更홈은既報ᄒᆞ엿거니와人民等訴訟셔類에도日文을使용케ᄒᆞ고印紙도日本印紙를若용케ᄒᆞ고年号도明治字를標題케ᄒᆞᆫ다더라

●手當磨鍊 內部에셔各郡守의交際手當금을二百圓以上三百圓以內로磨鍊ᄒᆞ야明年度브터施行ᄒᆞ기로度支部에同意를請ᄒᆞ엿다더라

●區域數爻 內部地方局에셔全國行政區域을調查ᄒᆞ엿ᄂᆞᆫ뒤府가十一이오郡이三百十八이오面이四千三百四十이라더라

●농大歸期 伊등公國葬式에참與키爲ᄒᆞ야渡日ᄒᆞ엿던농大趙重應氏ᄂᆞᆫ二三日滯在ᄒᆞᆫ後歸國ᄒᆞᆯ터이요隨員鶴岡이ᄂᆞᆫ他事務를因ᄒᆞ야一箇月잔滯在ᄒᆞᆯ預定이라더라

▲拓사活動 拓殖會사에셔平安道沿岸漁業經營에關ᄒᆞᆫ調查를因ᄒᆞ야出張ᄒᆞᆫ사員이十名에達ᄒᆞ엿ᄂᆞᆫ뒤本月中에ᄂᆞᆫ調查를終ᄒᆞ고主務部에認可를請ᄒᆞᆫ다더라

●日官知面 新任高等法院長渡邊暢以下一般官吏ᄂᆞᆫ昨日下午一時頃에경視總監官저에前往ᄒᆞ야知面禮를行ᄒᆞ엿다더라

●視察出發 學部主事姜大哲氏와日人柳田事務官은學事視察次로本日에황히道地方으로出發ᄒᆞᆫ다더라

●十四斷指 伊등公을狙격ᄒᆞᆫ安重根은露領煙秋居한人崔某의部下인뒤昨年春에該한人이決死隊十四名과同謀ᄒᆞ고伊등公及日本武斷派와한日協約에調印ᄒᆞᆫ한國諸大臣을悉皆暗殺ᄒᆞ기로盟約ᄒᆞ야左手無名指를斷ᄒᆞ엿ᄂᆞᆫ뒤安重根이卽其一人이오安重根은恒常自誓ᄒᆞ야曰三年內에伊등을暗殺치못ᄒᆞ면自殺ᄒᆞ야自己의無능을謝ᄒᆞ깃노라聲言ᄒᆞ엿다더라

●旋捉旋放 西部夜珠峴居김明濟氏가三昨日에日軍司令部에被捉ᄒᆞ엿다가旋卽放還ᄒᆞ엿ᄂᆞᆫ뒤其裏由인則伊등公被害事에對ᄒᆞ야哈爾賓에셔捕獲ᄒᆞᆫ졍大호氏와查訊가有ᄒᆞᆫ줄로誤認홈이라더라

●訖法氏出發 美國宣教師訖法氏ᄂᆞᆫ歸國次로去四日午後에仁川으로下往ᄒᆞ야翌日午後에仁川發瀛船을乘ᄒᆞ고大連으로向ᄒᆞ야出發ᄒᆞ엿다더라

●荷蘭公使旅졍 日本駐箚荷蘭國公使로이인氏夫婦ᄂᆞᆫ滿한을漫遊ᄒᆞᆯ次로去금曜日夕에入京ᄒᆞ엿다가昨日仁川으로하往ᄒᆞ야本日大連으로向ᄒᆞᆫ다더라

◉猶恐讓頭 商務組合部長李學宰氏等이伊등公의頌德碑를건立次로趣旨셔를刊布ᄒᆞ고南部駱동에臨時事務所를設置ᄒᆞ고總相以下各大臣과其他元老及紳士제氏에게贊成을要求ᄒᆞ엿다더라

●皮ᄉᆞ繳消 昨年八月分농商工部에셔認許ᄒᆞᆫ大한獸皮會ᄉᆞᄂᆞᆫ何등廚절이有홈인지日前에認許를繳消ᄒᆞ엿다더라

●依勢之故歟 某處偵探人中詰熙氏ᄂᆞᆫ日前에中部壽進洞황河一庵ᄉᆞ에셔雇傭ᄒᆞᄂᆞᆫ김俊澤을無端毆打ᄒᆞ야重傷에至홈으로中署에被捉ᄒᆞ엿더니某處電話가中署에답지ᄒᆞ야卽時放免ᄒᆞ엿다더라

◉六氏逮捕說 哈爾賓에셔陝川郡居張壽明端川郡居柳浩老咸興郡居卓公圭洪時臣南道先定山郡居김煒七諸氏를捕縛ᄒᆞ엿다ᄂᆞᆫ電信이某處에來到ᄒᆞ엿다더라

●李氏被捉 李鍾浩氏가향第로부터元山을通過ᄒᆞ다가當地警察署에被捉ᄒᆞ엿ᄂᆞᆫ뒤京城에在ᄒᆞᆫ同氏家宅을搜索ᄒᆞ야셔類ᄭᆞ지一並押收ᄒᆞ엿다더라

●罪囚抵抗 去月廿七日光州監獄에셔罪囚姜士文等十二名이突然히看守의佩劍及監卒의拳총을奪ᄒᆞ야激烈히抵抗ᄒᆞᄂᆞᆫ故로該看守長以下가極力鎭壓ᄒᆞ엿다더라

▲풍說何關 青年會에셔伊등公追悼會를發起ᄒᆞ랴다가某某諸氏가反對ᄒᆞ엿다ᄂᆞᆫ풍說이有홈으로某處에셔秘密調探ᄒᆞᆫ다더라

▲青관演說 今日下午七時에鍾路青年會관에셔京城日報사長을請邀ᄒᆞ야新聞事業의必要라ᄂᆞᆫ問題로演說ᄒᆞᄂᆞᆫ뒤儆信學校와培材學堂과徽文의학의學生을請요ᄒᆞ야參聽케ᄒᆞᆫ다더라

◉誕日休刊 本日은英國황帝陛하의 탄日인故로一日休刊홈

▲舊商新話▼

▲ᄉᆞ랑홉다讀者諸公一面之分업셧스되心中ᄭᆞ지相照ᄒᆞ고千里之遠격히스되朝暮간에相遇로다源源相繼ᄒᆞ며信息이五日간을相阻ᄒᆞ니記者讀者兩方간에동동往來ᄒᆞᄂᆞᆫ懷抱一日不見如三秋分彼我之別다를손가

▲ᄉᆞ랑홉다讀者諸公暫時相阻恨치마오舊活字가頑朽ᄒᆞ야滿紙濃雲鼎鴉飛에魚魯字를莫辨ᄒᆞ니愛讀心은雖感ᄒᆞ나多費眼力ᄒᆞᆫ도다同情贊助ᄒᆞᆷ을닙어新活字를準備ᄒᆞ니五져星霜이紙面에新光彩가出현ᄒᆞ오

▲ᄉᆞ랑홉다讀者諸公新光彩만歡迎마오新聞이라ᄒᆞᄂᆞᆫ것은玩好物이아니로다對狼躑躅이時代에千辛萬苦무릅쓰고一枝筆을쎄여들제斷斷不變이目的은한國前途ᄲᅮᆫ이오니아모됴록奮發ᄒᆞ야新思想을振作ᄒᆞ오

▲ᄉᆞ랑홉다讀者諸公新思想이잇다히도實地事業업고보면徒思無益이아닌가舊時代에腐敗習慣不遺苗脈打破ᄒᆞ야軋轢心을다발이고團合力을養成ᄒᆞ며歛退心을矯革ᄒᆞ고進化法을講究ᄒᆞ야新事業을進行ᄒᆞ오

▲ᄉᆞ랑홉다讀者諸公彼亦丈夫我丈夫ᄂᆞᆫ先哲들도일은비라ᄒᆞ고보면다ᄀᆞᆺᄒᆞ니天定優劣잇슬손가二千萬衆ᄃᆞ種族이渾然一心進步ᄒᆞ야自新之民되고보면人心所到天亦助라四千餘年舊國에新命運이不遠ᄒᆞ오

廣告

洪允厚本非宗孫而每欲偸斫구木偸典位土故年前已有捧手票矣內外國人切勿見欺
南陽洪氏宗中有司秉厚 ᄇᆡᆨ

本人의子宗기가素性이不敏ᄒᆞ야專事優유에符同雜類ᄒᆞ고出債爲業이옵기玆에廣布ᄒᆞ오니內外國人잔切勿見欺ᄒᆞᆷ
平壤安州화陽里 ᄇᆡᆨ酉鎭 ᄇᆡᆨ

本郡古邑面玉泉里居前참判李建容氏가本校에正租三十石을寄附ᄒᆞ엿기로本校에셔該氏의公益의務를感謝ᄒᆞ기로厚誼를表ᄒᆞ기爲ᄒᆞ야基本으로殖利ᄒᆞᆯ깃기로玆에廣告ᄒᆞᆷ
楊平郡邑內面 私立龍門學校 ᄇᆡᆨ

本人의子錘基가浮浪悖類로欺人取財將至蕩產故玆廣告ᄒᆞ오니毋論內外國人은切勿相關ᄒᆞᆷ
西部戰笠洞一百十二통七戶 김禎植 告ᄇᆡᆨ

本人에子元호가遊學次로離家八朔에消息絕無ᄒᆞ니某處에留ᄒᆞ던지셔信을付郵ᄒᆞ야死生을無疑케ᄒᆞᆷ
황ᄒᆡ道지寧 梁基檜

本人이去陰七月二十八日夜에正字方形姓名圖章을賊漢에게見失後更以圓形陰陽刻으로施行ᄒᆞ오니知舊잔照亮ᄒᆞᆷ
황ᄒᆡ道松禾下龍門面外石花 李宗求告 ᄇᆡᆨ

本人의姓名김滋善을泰림으로改名ᄒᆞ엿ᄉᆞ옵기玆以廣告ᄒᆞ오니知舊잔照亮ᄒᆞ시옵
大子郡民會內김泰림 白

去陰三月晦日에順安郡한炳烈許錢五百兩出債捧標字를賊患中셔失故玆以申告ᄒᆞᆷ
永柔郡김炳起 告ᄇᆡᆨ

本人이隆德面四里周洞卅八통四戶瓦家十八잔家契를衣欌에藏置러니不知中셔失되엿기玆에廣告ᄒᆞ니內外國人은拾得ᄒᆞ와도休紙施行ᄒᆞ옵
平壤周洞方迺형 告ᄇᆡᆨ

本人의五代祖山이水原梅灘高祖山이龍仁西川에在ᄒᆞ야累百年長養松楸를本人再從叔承殷이가辛丑年의錢三十兩을宗孫錫珪게貸給ᄒᆞ엿더니宗孫이略賣子木以償ᄒᆞ라ᄒᆞᆫ즉梅灘全局을七千五百兩에賣與ᄒᆞ고其後所養椽木數百株를又爲斫伐ᄒᆞ고西川局內三分貳를伐賣ᄒᆞ니價値幾爲數萬금이라錫珪가痛忿其所爲ᄒᆞ야셔飭墓直ᄒᆞ야使不得更伐矣러니錫珪不幸作故ᄒᆞᆫ즉承殷이隱然爲自家物ᄒᆞ야又欲賣與이기本人이放賣ᄒᆞ야位土와祭器準備ᄒᆞ랴ᄒᆞᆫ즉本人더러盜賣라揭재新聞ᄒᆞ니孰非孰是를公評ᄒᆞ시오承殷行爲ᄂᆞᆫ所后家從氏錢三百兩貸給ᄒᆞ고自家祖父山도剝割土皮ᄒᆞ고水原大황橋민判셔升호氏碑각은萬餘금自家錢으로改建ᄒᆞ니此非所厚者薄이오所薄者厚요
龍仁西斤川居李杏稙 告ᄇᆡᆨ

大子春秋令市ᄂᆞᆫ全國商民交易上一大都會也라挽近俗漸頹廢ᄒᆞ야ᄀᆡ徹이時晚에商况見害와交易拘碍가不啻大關이라故로今春令에爛商會議ᄒᆞ와ᄀᆡ徹日字를從公改良이되春令은陰三月一日ᄀᆡ市同三十日撤市ᄒᆞ고秋令은陰十一月一日ᄀᆡ市同三十日撤市ᄒᆞ기로玆에廣布ᄒᆞ오니全國商民同胞ᄂᆞᆫ咸悉ᄒᆞ와진期交易ᄒᆞ심을敬要
藥商立規與業會 告ᄇᆡᆨ

本人이陽十月三十日에中浪하里所在답三石十三斗落田五息耕沙院답十八斗落에今年秋收記一卷을東門外路中에셔失故玆廣告ᄒᆞ오니內外國人間拾得ᄒᆞ와도右秋收記ᄂᆞᆫ休紙施行ᄒᆞᆷ
公洞六十五통六戶 扈根植 告ᄇᆡᆨ

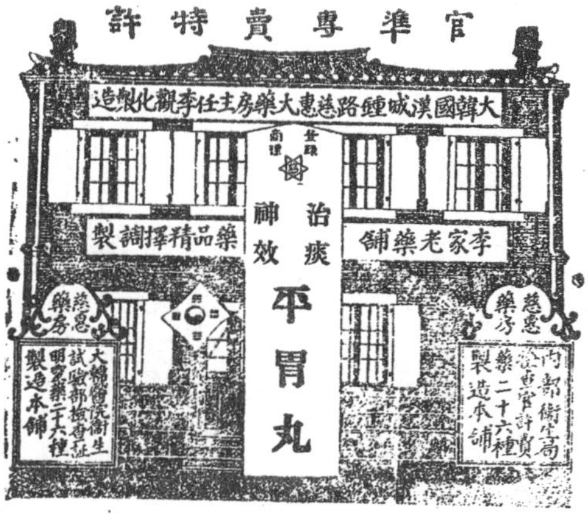

江湖漫遊客談話 雞山生

秋月江天에葛巾鶴발두老翁이一葉漁艇雙낙시로世上功名ᄒᆞᄌᆞᄒᆞ고ᄇᆡᆨ鷗로벗슬삼아上流下流任去來에蘇翰림에羽化詩며장學士에로賦篇을길이을퍼徘徊ᄒᆞ니霜楓에烏啼ᄒᆞ고ᄇᆡᆨ蘆에鴈규로다淸江흐르ᄂᆞᆫ물은秋天과一色이오山寺찬북소리ᄂᆞᆫ漁村에三更이라어듸셔一聲漁笛이풍便에멀이온다초工아ᄇᆡ띄어라月色구경ᄒᆞ여보자瓠樽淸醪로相對兩衰翁ᄒᆞ야一盃一盃復一盃後에醉興이陶陶ᄒᆞᆫ中童子야藥囊열고消化新劑가져오라술셔여보리로다童子엿자오되丸劑은淸心丸蘇合丸이잇ᄉᆞᆸ고湯藥은人蔘養胃湯과對금飲子잇ᄉᆞ오니命令되로ᄒᆞ오리다此ᄂᆞᆫ陳藥이라不可ᄒᆞ다現今時代ᄂᆞᆫ文明的時代인즉世界上個人마다新世界新空氣를恰受ᄒᆞ엿ᄉᆞ니吾儕가雖老나亦是化育中一物인즉現時代文明的藥品으로第一良好ᄒᆞᆫ最發明者를가저오되요셔에新聞을閱覽ᄒᆞᆫ즉淸心保命단과蔘茸大補元이最히新發明ᄒᆞᆫ消化補元ᄒᆞᄂᆞᆫ新藥品이니그를가저오라童子엿자오되그藥品은밋쳐預備치못ᄒᆞ엿ᄉᆞ이다그러면郵便으로代금引換法이잇ᄉᆞ니곳請求ᄒᆞ미읏더ᄒᆞ냐童子엿ᄌᆞ오되此亦容易無妨ᄒᆞ오나遲緩ᄒᆞᆯ念慮가잇ᄉᆞ온즉됴흔道리가잇ᄉᆞ오이다濟生堂支덤이府郡處處에잇ᄉᆞ온즉邑底가不遠ᄒᆞ오니瞬息간求來ᄒᆞᄂᆞᆫ거시됴을듯ᄒᆞ오이다老翁이欣然ᄒᆞ야童子를命送ᄒᆞᆫ지一瞬간에淸心保命단과合茸大補元을求來ᄒᆞᆫ지라兩老翁이江心水一鍾으로呑下幾粒에牙頰에生香ᄒᆞ고心신이爽快ᄒᆞ야悅然如嘗단娘中煉來之九轉丸ᄒᆞ야氣重身輕에將羽化而登仙일ᄉᆡ老翁이相顧而驚曰此ᄂᆞᆫ眞新藥也로다吾儕가老於江干ᄒᆞ야未知新空氣之如此신異ᄒᆞ니吾儕ᄂᆞᆫ人간一棄物也로다梢工을命ᄒᆞ야ᄇᆡ를져어江干에되이니時夜將半에四顧無人이오霜露旣降에寒氣襲人이로다童子을불너瓠樽을다시녈고洗盞更酌一二三盃먹은後에扣舷一歌에東方이欲曙로다相與枕藉乎舟中ᄒᆞ야不知天日之正午而모爾

▲特別廣告

前途有望ᄒᆞᆫ滿天下에健在ᄒᆞᆫ我大한國民에게謹告ᄒᆞ옵나니다

우리漢陽商會ᄂᆞᆫ同胞諸彦의便益을供ᄒᆞ기爲ᄒᆞ야外國物件製造場과特約을締ᄒᆞ고我大한國의第一되ᄂᆞᆫ데파ㅡ도멘트스토아卽萬物이具全ᄒᆞᆫ덤舖를組織ᄒᆞ고親切安全確實ᄒᆞᆫ方法으로써都賣及小賣로여러분으로ᄒᆞ야금時勢流行에가쟝適合ᄒᆞᆫ善良ᄒᆞᆫ物品을廉價로供給ᄒᆞ옵나이다

우리漢陽商會ᄂᆞᆫ紳士의便益을圖ᄒᆞ기爲ᄒᆞ야歐美雜貨와洋服附屬品과방寒用品을完全備置ᄒᆞ엿고

우리漢陽商會ᄂᆞᆫ學界에隆盛을圖ᄒᆞ기爲ᄒᆞ야文房諸具와學校용品을完全備置ᄒᆞ엿고

우리漢陽商會ᄂᆞᆫ淑女의進運을圖ᄒᆞ기爲ᄒᆞ야女子용品과細工物의原料를完全備置ᄒᆞ엿고

우리漢陽商會ᄂᆞᆫ愛煙家의便益을圖ᄒᆞ기爲ᄒᆞ야呂宋國埃及土耳其各國煙草를完全備置ᄒᆞ엿고

우리漢陽商會ᄂᆞᆫ衛生家에福音을與ᄒᆞ기爲ᄒᆞ야新鮮純良ᄒᆞᆫ葡萄酒、위스키、색란듸、等洋酒類及食料品을完全備置ᄒᆞ엿고

우리漢陽商會ᄂᆞᆫ旅行家의便益을圖ᄒᆞ기爲ᄒᆞ야포毛布等旅行용具를完全備置ᄒᆞ엿고

우리漢陽商會ᄂᆞᆫ交際家의便益을圖ᄒᆞ기爲ᄒᆞ야高尙優美ᄒᆞᆫ贈答品을完全備置ᄒᆞ엿고

우리漢陽商會ᄂᆞᆫ地方諸彦의便益을圖ᄒᆞ기爲ᄒᆞ야郵便部를特設ᄒᆞ고地方注文은더욱低廉히迅速配達케ᄒᆞ옵고

우리漢陽商會ᄂᆞᆫ從來의愛顧를報ᄒᆞ기爲ᄒᆞ야左의方法으로써五百圓의景品을進呈ᄒᆞ옵ᄂᆞᆫᄃᆡ每一圓에對ᄒᆞ야景品券一枚式이옵고期限은十一月一日브터同月二十日ᄭᆞ지景品券을進呈ᄒᆞ고二十五日에抽籤을行ᄒᆞᄂᆞᆫᄃᆡ各新聞사에셔立會가有ᄒᆞ옵

一等一人	一百圓	物品	
二等二人	一百圓	仝	各五十圓
三等五人	五十圓	仝	各十圓
四等十人	五十圓	仝	各五圓
五等二十人	五十圓	仝	各二圓五十錢
以下ᄂᆞᆫ	無	空籤	

大韓漢城鍾路 漢陽商會
電話一九一番

社告

申報價
壹장代금 新貨二錢五厘
壹個月 三十錢
參個月 九十錢
陸個月 先納 壹圜七十錢
壹個年 先納 參圜四十錢
郵稅 壹장 新貨五厘
壹個月 十三錢

廣告料
四号活字拾三字詰
每日寸尺一寸에(自一行至四行이爲一寸) 新貨卄五錢
二个日壹寸에 二圜五十錢
壹個月壹寸에 五圜
但期間의長短과字行의多小를依ᄒ야增減홈이有홈

檀君開國四千二百四十二年
箕子元年三千三十一年
大韓開國五百十八年
本報創刊日 光武八年七月十八日

大韓每日申報

發行兼編輯人 英國人 萬咸
Responsible for Publication Alfred Weekley Marnham.
發行所 京城南部石井洞三層洋屋家 大韓每日申報社

第七卷 月曜及慶節歲時日休刊 第一千二百三十八号

論說

◉已往亡命客諸氏에게對ᄒᆞᆫ一言

亡命客諸氏(乙未內閣)가已往韓國獨立時節에目을張ᄒᆞ고腕을扼ᄒᆞ며陳腐ᄒᆞᆫ舊制度를打破ᄒᆞ고文明의新改革을斷行ᄒᆞᆫ다고揚揚自誇ᄒᆞ며一時責任內閣을組織ᄒᆞ야其手腕을試ᄒᆞ다가時勢가不利ᄒᆞ야命을逃ᄒᆞ고竄을作ᄒᆞ야島國山河를遠踏ᄒᆞ엿스니

悲夫라諸氏여諸氏의運命이엇지其崎嶇ᄒᆞ엿던가

然이나諸氏가一去ᄒᆞᆫ後에國事는日非ᄒᆞ고國勢가日下ᄒᆞ미於是乎國中人士(新進派中)가諸氏를慷慨追想ᄒᆞᄂᆞᆫ者ㅣ多ᄒᆞ니此盖諸氏를社會의先進이오改革의前驅로認ᄒᆞᆷ이라

諸氏가日本에遁伏ᄒᆞ야十餘星霜이되도록域外山河에身勢를悲ᄒᆞ고天涯風雪에頭발이白ᄒᆞ다가畢竟乙巳風雲이韓國의面目을一變ᄒᆞᆫ後에大逆의罪案을始洗ᄒᆞ고故國의江山을再睹케되니嗚乎라諸氏의蒙赦歸國이幸인가抑不幸인가

諸氏가歸ᄒᆞ미國中人士가又紛紛曰亡命客諸氏가歸ᄒᆞ니或敎育을擴張ᄒᆞ라ᄂᆞᆫ가或實業을振興ᄒᆞ라ᄂᆞᆫ가抑或何等大政略大經綸을張ᄒᆞ야國家의再造를務ᄒᆞ라ᄂᆞᆫ가ᄒᆞ야加額跳望ᄒᆞ더니乃者諸氏가歸國ᄒᆞᆫ後에其所事가果何오

彼丁未政變에大打격을被ᄒᆞ고濟州孤島에寒月을泣ᄒᆞᄂᆞᆫ朴泳孝氏ᄂᆞᆫ可否를不可論이어니와俞吉濬、張博、金允植、(金氏ᄂᆞᆫ亡命客은아니나亦其時黨類)趙羲淵等諸氏를睹ᄒᆞ건ᄃᆡ或禿餘의발을携ᄒᆞ고仕宦界에나奔走ᄒᆞ며或脂葦의身을作ᄒᆞ야勢力界에나趨向ᄒᆞ야心猿意馬가奔馳不暇(或敎育實業에留意ᄒᆞᆫ事도有ᄒᆞ나此盖全鼎에一臠)ᄒᆞ니

於是乎前日加額跳望ᄒᆞ던者가稍稍然天을仰ᄒᆞ며嘆ᄒᆞ야始에其遠望을疑ᄒᆞ고終에其誤望을恨ᄒᆞᄂᆞᆫ도다

嗚乎라吾儕ᄂᆞᆫ此等의輿情을거ᄒᆞ야諸氏에게一따ᄒᆞ노니諸氏가此言을聞ᄒᆞ미諸氏의心에倘何如오

諸氏가或曰吾輩가政界풍雲에一次馳騁ᄒᆞ다가敗北을當ᄒᆞᆫ後로ᄂᆞᆫ國家라ᄂᆞᆫ觀念은淡然을作ᄒᆞ고個人主義나守ᄒᆞ야餘年을終코자ᄒᆞ노라ᄒᆞ면此ᄂᆞᆫ鄙夫의痴想이라吾儕가擧論치도아니ᄒᆞᆯ지며

又或曰只今은國家가傾頹를已作ᄒᆞ야如何히苦心ᄒᆞ며如何히賈勇ᄒᆞᆯ지라도無益의事라ᄒᆞ면此ᄂᆞᆫ懦夫의囈言이라又吾儕가擧論치도아니ᄒᆞ려니와

萬若諸氏가曰吾輩가今日頭를稽ᄒᆞᆷ은後日頭를擧ᄒᆞᆯ豫備라故로吾輩ᄂᆞᆫ溫和手段을飾ᄒᆞ야國家의文明을徐圖ᄒᆞ며民族의福利를準備ᄒᆞᆫ다ᄒᆞ면吾儕가반다시一言을可已치못ᄒᆞᆯ지니果然如사하면

(一)人民을導ᄒᆞ야無精神界로驅入키易ᄒᆞ며

(二)諸氏가身勢만徒誤ᄒᆞ며心力만徒費ᄒᆞ고人民을服從키難ᄒᆞ며

(三)諸氏가如사히信用을大失ᄒᆞᆫ後에ᄂᆞᆫ如何ᄒᆞᆫ好事業을經營ᄒᆞ야도人民이此를虛飾으로徒歸ᄒᆞ고도리혀諸氏의舊日汚名을信認ᄒᆞᆷ에至ᄒᆞᆯ지니라故로吾儕ᄂᆞᆫ寧히諸氏가何等事業도經營치아니ᄒᆞ고田園에閑臥ᄒᆞ야兒孫이나弄ᄒᆞᆷ을希望ᄒᆞᆯ지언정今日과如히奔馳不暇ᄒᆞᄂᆞᆫ것은甚히惜ᄒᆞ노라

官報

第四千五百貳号

隆熙三年十月十一日

法律

法律第二十七号

히上衝突豫방法 續

總積量二十噸未滿의帆走漁船은地中히及日本國並한國의沿岸에在ᄒᆞ야ᄂᆞᆫ반다시兩灯中其下燈을揭ᄒᆞᆷ을要치아니ᄒᆞᆷ

然이나此를不揭ᄒᆞᄂᆞᆫ時ᄂᆞᆫ他船이我船에向ᄒᆞ야漸近ᄒᆞ야來ᄒᆞ던지又ᄂᆞᆫ我船이他船에向ᄒᆞ야漸近ᄒᆞ야往ᄒᆞᄂᆞᆫ時ᄂᆞᆫ少ᄒᆞ야도一히里의距離로븟터見得ᄒᆞᆯ빅燈一個를同一ᄒᆞᆫ位置(釣繩의方向에在ᄒᆞ야)에表示ᄒᆞᆷ이可ᄒᆞᆷ 未完

外報

◉西摩平和件 西班牙國은리무種族과平和條約을締結ᄒᆞᄂᆞᆫ條件으로써摩洛哥에同國領土擴張ᄒᆞ기를要求ᄒᆞ엿다더라

◉英豫算通過 英國來年度豫算은下院에서通過되엿다더라

◉希臘叛魁 希臘國의叛魁몰쓰海軍大尉ᄂᆞᆫ去三日夜에逮捕되엿다더라

◉露國明年豫算 露國明年度豫算은度支部에서種種項目中에一億九千萬馬克을消除ᄒᆞ엿다더라

◉露帝引見拒絕 露國皇帝陛下께셔ᄂᆞᆫ오뎃사에서波斯廢帝와個人的引見을拒絕ᄒᆞ엿다더라

◉大演習終了 日本陸軍大演習은去九日에終了ᄒᆞ고翌日에閱兵式及宴會가有ᄒᆞ엿다더라

◉波斯不穩 波斯北方의蠻族은尙然掠奪을盛行ᄒᆞᄂᆞᆫᄃᆡ同地駐在露領事及同居留民은無事ᄒᆞ다더라

◉法國徵兵制 法國은罪人排斥ᄒᆞᆯ目的으로徵兵制를改革ᄒᆞ엿다더라

◉히軍根據地 英國은北極오크네島스케쌔프로에新히軍根據地를設置ᄒᆞᆫ다더라

◉英國上院豫算 英新聞쎄일리텔리그라프의所報를거ᄒᆞᆫ즉英國上院의豫算案否決ᄒᆞᆯ것은明確히決定되엿ᄂᆞᆫᄃᆡ람쓰타운卿의動議提出을期待ᄒᆞᆫ라더라

◉協議개始 淸日協約에未解된安奉沿線守備隊問題ᄂᆞᆫ近日奉天에서協議를개始ᄒᆞᆯ터이라더라

◉波斯典寶 德惠蘭來電을거ᄒᆞᆫ則波斯政府ᄂᆞᆫ알젠빌暴徒鎭壓에要ᄒᆞᆯ經費支辨에關ᄒᆞ야非常ᄒᆞᆫ會議를開ᄒᆞ고확室의珍寶를典當ᄒᆞ기로可決ᄒᆞ엿다더라

▲文 壇▼

▲天喜堂詩話 (續)

詩란者ᄂᆞᆫ國民言語의精華라故로强武ᄒᆞᆫ國民은其詩부터强武ᄒᆞ며文弱ᄒᆞᆫ國民은其詩부터文弱ᄒᆞ나니一國의盛衰治亂은大抵其國詩에서可驗ᄒᆞᆯ지오又其國의文弱을回ᄒᆞ야强武에入코ᄌᆞᄒᆞᆯ진ᄃᆡ不可不其文弱ᄒᆞᆫ國詩부터改良ᄒᆞᆯ지라余가近世我國에流行ᄒᆞᄂᆞᆫ詩歌를觀ᄒᆞ건ᄃᆡ太半流靡淫蕩ᄒᆞ야風俗의腐敗만釀ᄒᆞᆯ지니世道에關心ᄒᆞᄂᆞᆫ者가汲汲히其改良을謀ᄒᆞᆷ이可ᄒᆞ며又其中에서特히民俗에有益ᄒᆞᆯ만ᄒᆞᆫ詩歌를蒐集ᄒᆞ야詩界의國粹를保全ᄒᆞᆷ이可ᄒᆞᆯ지나但古ᄉᆞ가殘缺ᄒᆞ야三國時代에眞正强武ᄒᆞᆫ詩歌ᄂᆞᆫ得見키難ᄒᆞ니惜哉로다

往者에雩嵐이風騷續選一卷을寄送ᄒᆞᆫ바此를開讀ᄒᆞᆫ즉是本朝以來帝王將相名儒達士의詩歌를載ᄒᆞ엿더라其名이旣是續選인즉其前篇이必有ᄒᆞᆯ지며是篇이又是本朝初葉으로爲始ᄒᆞ엿슨즉其前篇은必是三國勝朝時代를錄ᄒᆞ엿슬지니然則其中에或忠溫達乙支文德諸公의出軍歌도載有ᄒᆞᆯ지며又或陽山歌(新羅人이名將歆運의戰死를慰ᄒᆞᆫ歌)會蘇歌(新羅人의勸農歌)等도載有ᄒᆞᆯ지라此書가若出ᄒᆞ면我國詩界에一大紀念이될뿐더러又古ᄉᆞ의缺文을補ᄒᆞᆯ者ㅣ甚多ᄒᆞᆯ리니엇지余의夢寐渴求ᄒᆞᄂᆞᆫ비아니리오만은우강家에所存은只是此續篇뿐이라ᄒᆞ며又其他藏書家들은凡一般서籍을忠州잘은고비의錢米를吝惜ᄒᆞᆷ과如ᄒᆞ니何處에從ᄒᆞ야此를得見ᄒᆞ리오今에我國人다려問曰我國詩가何時에始ᄒᆞ엿나뇨ᄒᆞ면或曰類利王의黃鳥詩가是라ᄒᆞ며或曰乙支文德의遺于仲文詩가是라ᄒᆞ나是ᄂᆞᆫ皆漢詩오國詩가아니라五百年來文學家案上에但只漢詩만堆積ᄒᆞ야馬上寒食途中暮春이童孺의初等小學이되며洛城一別胡騎長驅가校塾의專門敎科가되고國詩에至ᄒᆞ야ᄂᆞᆫ笆籬邊에閑棄ᄒᆞᆫ지幾百年이니嗚乎라此亦國粹衰落의一原因인져 (未完)

雜報

◉哀此民情 面長이有ᄒᆞᆫ以來로各面所謂都任名色은一切革罷되엿ᄂᆞᆫᄃᆡ惟獨楊州郡都尺面은都任名色이依舊尙存ᄒᆞ야面內事務ᄂᆞᆫ別無關涉ᄒᆞ되秋成後面內收穀은如前徵捧코ᄌᆞᄒᆞᄂᆞᆫ지라窮蔀殘民이秋無擔石ᄒᆞᆫᄃᆡ面長面主人、勸農、洞長、其他學校費、都任等雜歛이日多ᄒᆞ미人民의生活程度ᄂᆞᆫ去益困難ᄒᆞ야怨聲이日作ᄒᆞᆫ다더라

○測量界紛鬪 大韓測量총管會와大韓測量事務所間에互相詰難ᄒᆞᆷ은累報ᄒᆞᆫ바어니와來十五日에更히裁判을開始ᄒᆞᆫ다ᄂᆞᆫᄃᆡ卞一氏가證거人으로被招ᄒᆞ엿다더라

◉學校總數 近日學部에서各道官公私立學校及學會數를調査ᄒᆞ엿ᄂᆞᆫᄃᆡ官立高等學校가六、同實業學校四、同普通學校가一百三、私立高等學校가一、同實業學校가五、同普通學校가十五、補助指定學校가二十三、其他各種學校가一千二百二十六、補助學校가三十一、宗敎學校가八百二十八、學會가二十八인ᄃᆡ總校數ᄂᆞᆫ二千二百三十六이라더라

○所擔者何 시天敎에서孤兒院事務를擔任ᄒᆞ기로各社會에聲명서를發布ᄒᆞᆷ은已報어니와該院의情況을詳探ᄒᆞᆫ즉依舊履行ᄒᆞᆯ뿐이오孤兒等의反對도一向如前ᄒᆞ다ᄒᆞ며시天敎人젼台鉉氏가孤兒院幹事를請요寞待ᄒᆞ고孤兒等을說誘ᄒᆞ야該敎에附屬케ᄒᆞ여달나ᄒᆞ엿스나該氏ᄂᆞᆫ反對不聽ᄒᆞ엿다더라

詞藻

▲聽 流

紫霞洞에흘너드니。
仙人橋나린물이、
半千年王業地에、
물쇼리만依舊ᄒᆞ다。
古今事를ᄉᆡᆼ각ᄒᆞ니、
눈물겨워。

電報

韓國問題同志會 日本의新聞通信記者團에셔發起ᄒᆞᆫ韓國問題同志會ᄂᆞᆫ目下成립되야齊히同志를糾合ᄒᆞ기로決定ᄒᆞ엿다더라

對韓問題와記者團 對韓問題에對ᄒᆞ야大히國論을喚起키爲ᄒᆞ야成립된日本東京大坂新聞記者團은準備委員으로磯田和五郞相島勘次郞倉士白龍橋藤一奧田誠夫繁野珠城等六人을選擧ᄒᆞ야各元老閣臣及政黨首領을訪問ᄒᆞ고右六人으로諸般周旋을行케ᄒᆞ야本日부터活動을開始ᄒᆞᆫ다더라 東京電 九日着

雜報

吊使復命 日本에前往ᄒᆞ엿던吊使閔丙奭氏一行은再昨日下午八時에入城ᄒᆞ엿ᄂᆞᆫ딕閔丙奭氏ᄂᆞᆫ卽時 昌德宮에復 命ᄒᆞ엿다더라

朴氏復命 承寧府副摠管朴齊斌氏ᄂᆞᆫ再昨日入城ᄒᆞ던同時에 太皇帝陛下ᄭᅴ 復命ᄒᆞ고伊藤公葬禮에參與ᄒᆞᆫ狀况과皇太子殿下의 御留學ᄒᆞ시ᄂᆞᆫ情况을一一上 奏ᄒᆞ엿다더라

紀念品頒賜 大皇帝陛下ᄭᅴ옵셔西南巡狩時에扈從ᄒᆞᆫ韓國官人에게紀念物品을頒 賜ᄒᆞ식은已報어니와日人官吏에게ᄂᆞᆫ銀製花瓶을本日頒 賜ᄒᆞ신다더라

派兵護衛 日本學生界에셔ᄂᆞᆫ今番伊藤公事件에對ᄒᆞ야一府沸騰ᄒᆞᆫ狀態가有ᄒᆞᆷ으로日本政府에셔兵丁二個中隊를派遣ᄒᆞ야韓國 皇太子殿下를護衛ᄒᆞᆫ다더라

△**御筆閣竣成** 咸南安邊郡釋王寺에셔 太皇帝陛下의 御筆閣을營建ᄒᆞ야既히竣工되엿合으로該寺에셔日前에御筆閣寫眞一度와碑文印板一張을宮內府로奏呈ᄒᆞ야 德壽 昌德兩宮에獻進케ᄒᆞ엿다더라

金氏陛見 元老代表로渡日ᄒᆞ엿던中樞院議長金允植氏ᄂᆞᆫ昨日上午十一時에 昌德宮에陛見ᄒᆞ엿다더라

宮大陛見 宮大閔丙奭氏ᄂᆞᆫ昨日午前十一時에 德壽宮에進詣ᄒᆞ야 太皇帝陛下ᄭᅴ 陛見ᄒᆞ고滯日中狀况을奏聞ᄒᆞ엿다더라

吊使出迎 吊使의一行이入城ᄒᆞᆷ은別項과如ᄒᆞ거니와총相李完用시從院卿尹德榮兩氏ᄂᆞᆫ水原郡ᄭᆞ지宮中顧問李允用氏ᄂᆞᆫ永登浦ᄭᆞ지前往迎接ᄒᆞ엿고其他各大臣及高等官諸氏ᄂᆞᆫ南大門停車場에셔迎接ᄒᆞ엿다더라

統저會集 昨日午後에李총理以下各大臣及各次官이統監저에會集ᄒᆞ엿다가政務論議ᄂᆞᆫ無ᄒᆞ고二時半에散會ᄒᆞ엿다더라

吊使保護 宮相閔丙奭氏와承寧府副摠管朴齊斌氏와其他隨員이吊使로滯日ᄒᆞᆯ時에日本別巡查五六名이其旅館을保護ᄒᆞ엿다더라

申察出發 上京ᄒᆞ엿던全北觀察使申應熙氏ᄂᆞᆫ大子守備隊長의請요를因ᄒᆞ야本日下往ᄒᆞᆫ다ᄂᆞᆫ딕其理由ᄂᆞᆫ全南道內의義兵을鎭靜ᄒᆞᆫ功勞로宴待코저ᄒᆞᆷ이라더라

殖利說調查 內相朴齊純氏ᄂᆞᆫ前議官金某의게金幾萬圓을割給ᄒᆞ야西江等地에셔殖利ᄒᆞᆫ다ᄂᆞᆫ說이有ᄒᆞᆷ으로其處에셔其內由를秘密調查ᄒᆞᆫ다더라

露生其皮 總相李完用氏의門人李某ᄂᆞᆫ總相의動靜을逐日探得ᄒᆞ야某處에密報ᄒᆞᆫ다더라

宜有此論 本月一日부터司法權委任을實行ᄒᆞ고訴訟서類에明治年号를用케ᄒᆞᆷ은既報어니와平壤辯護士安秉瓚氏가同地控訴院及地方裁判所에對ᄒᆞ야意見을陳述ᄒᆞ엿ᄂᆞᆫ딕其要旨를據ᄒᆞᆫ즉本年七月二十三日韓日兩國約定서第一條에韓國政府ᄂᆞᆫ司法及監獄事務를日本政府에委托이라ᄒᆞ엿스니委托代理의關係로論ᄒᆞ면代理者가委任者의名義로其代理權範圍內에셔權利를使行ᄒᆞᆷ이本旨인즉今此統監府裁判所ᄂᆞᆫ卽韓國司法事務를代理ᄒᆞᄂᆞᆫ機關에不過ᄒᆞ니官廳은雖是日本官廳이나司法은卽是韓國司法이라故로韓國人民에對ᄒᆞ야韓國法規를適用ᄒᆞ나니韓國人은尙히其生命財産을韓國法律의保護를受ᄒᆞᄂᆞᆫ지라然則韓國人의訴訟事件에ᄂᆞᆫ韓國의名義(卽韓國年号)를表示ᄒᆞᄂᆞᆫ것이法理에適合ᄒᆞ다ᄒᆞ엿ᄂᆞᆫ딕該院長永島岩所長元木直一이安氏의意見을是認ᄒᆞ야採用ᄒᆞ기로動議ᄒᆞ엿다더라

設市請願 中部典洞前시衛三隊營門內에場市를設立ᄒᆞᆯ次로漢城府尹張憲植氏가內閣에請議ᄒᆞ엿다더라

國民追悼發起 漢城府民會에셔伊藤公을爲ᄒᆞ야國民大追悼會를設行ᄒᆞᆯ次로議員會를開ᄒᆞ고追悼會日子ᄂᆞᆫ來二十六日로定ᄒᆞ고各港口及地方代表人의게再昨日請牒을發送ᄒᆞ엿다더라

吉松娶妻 度支部文書課長吉松이가陰來月初旬頃에娶妻式을擧行ᄒᆞᆯ터인故로該部一般官吏가二圓以下一圓以上의扶助金을募集ᄒᆞ엿ᄂᆞᆫ딕今百餘圓에達ᄒᆞ엿다더라

修道費支撥 光州郡으로부터진州郡ᄭᆞ지道路를修築ᄒᆞᆫ다ᄂᆞᆫ딕役費二十一萬圓을政府에셔支撥ᄒᆞ엿다더라

京奉直通期 安奉鐵道의改修工事와鴨綠江의架橋工事가完成ᄒᆞ야京城奉天間을直通ᄒᆞᆯ時期ᄂᆞᆫ隆熙六年三月頃이되리라고滿鐵會社理事清野의談이有ᄒᆞ다더라

兩露發明 孫友在氏가東西酒制를참互ᄒᆞ야新爲發明ᄒᆞᆫ松露柏露酒ᄂᆞᆫ品味가淸冽ᄒᆞᆯ뿐더러去濕治冷ᄒᆞ고輕醉易醒ᄒᆞ야衛生에有助ᄒᆞᆫ지라孫承在李鎔浩氏等이此를擴張ᄒᆞ기爲ᄒᆞ야西部尾洞九十三統八戶에第一松露釀造所를設ᄒᆞ고發賣에着手ᄒᆞᆫ다더라

兩氏入京 北間島에派出勤務ᄒᆞ던內部主事金莖培劉命烈兩氏ᄂᆞᆫ再昨日에上京ᄒᆞ엿다더라

賣却乃已 韓國政府에셔軍艦揚武號를放賣ᄒᆞᆷ은已報어니와日本大阪原田商會에셔四萬二千圓에落札ᄒᆞ야買去ᄒᆞ기로決定되엿다더라

本願寺追悼 京城終南山日人本願寺에셔ᄂᆞᆫ去七日에伊藤公의追悼會를設行ᄒᆞ엿다더라

內部通牒 內部에셔各官吏의게年末慰勞金을給與ᄒᆞᆯ事에對ᄒᆞ야各道所管職員의成績을考徵키爲ᄒᆞ야各道에提出方法에關ᄒᆞᆫ通牒을發ᄒᆞ엿다더라

因病停賀 本日은伊太利황帝의탄日인딕在京同國領事가病席에在ᄒᆞᆷ으로內外國官人의祝賀ᄂᆞᆫ停止된다더라

▲**韓銀開業** 韓國銀行은來廿二日부터業務를開始ᄒᆞᆫ다ᄂᆞᆫ딕同日에開始ᄒᆞᆯ各支점과出張所ᄂᆞᆫ支점은平壤、仁川、元山이오出張所ᄂᆞᆫ鎭南浦、大子、馬山、木浦、群山、咸興、鏡城、開城、安東縣、城津이오將次大子와釜山에도支점을設置ᄒᆞᆫ다더라

△**韓銀監理** 韓國銀行監理은度支部서記官藤原正文이가被任ᄒᆞ엿다더라

韓銀登記 韓國銀行은日本商法의適用을受케되엿ᄂᆞᆫ딕昨日京城區裁判所에登記節次를畢ᄒᆞ고登記料一萬圓을納付ᄒᆞ엿다더라

李氏一行入城 本年六月分에北間島에셔淸日人間에衝突ᄒᆞᆫ事를因ᄒᆞ야出張ᄒᆞ얏던警部李敎承氏와巡查二十名은再昨夜에入城ᄒᆞ엿다더라

燈臺又設 關稅局에셔ᄂᆞᆫ本月十日부터鴨綠江水運島에燈臺를新設ᄒᆞᆯ意로告示ᄒᆞ엿다더라

通譯主事採用 郡通譯主事二十餘名을採用ᄒᆞᄂᆞᆫ딕一兩日間發表된다더라

○**耆老所預算** 耆老所明年度預算은金貨六千圓으로算定ᄒᆞ엿다더라

○**自作難逭** 大子財務署長尹炳吉氏ᄂᆞᆫ挾雜事件이綻露되야該道地方裁判所에셔役八年에宣告ᄒᆞ엿다더라

○**何不公選** 近日各郡에面長을各該面知事人으로選定ᄒᆞᆷ은通行의例인딕惟獨廣州郡에ᄂᆞᆫ邑中吏배로面長을差出ᄒᆞᄂᆞᆫ故로面內事實에生熟도判異ᄒᆞᆯ뿐더러吏胥의舊習을往往使行ᄒᆞᄂᆞᆫ者ㅣ有ᄒᆞᆷ으로人民의怨弊이不無ᄒᆞ다더라

幾經報告 京畿觀察道에셔ᄂᆞᆫ本年度地方費中으로公私學校에補助ᄒᆞᆫ金額이一千三百餘圓이라고學部에報告ᄒᆞ엿다더라

△**物品徵集** 韓國政府에셔英日博覽會에出品ᄒᆞᆯ物品은目下募集中인딕農商工部에셔ᄂᆞᆫ昨日鑛産物을陳ᄒᆞ야木內次官에게觀覽식엿다더라

吊金十萬 韓國政府에셔伊藤公遺族에게吊慰金十萬圓을贈送ᄒᆞᄂᆞᆫ事ᄂᆞᆫ既報어니와再昨日內閣會議에셔豫算外支出ᄒᆞ기를可決ᄒᆞ엿ᄂᆞᆫ딕伊藤公家에셔此를引受ᄒᆞ기로ᄒᆞ엿다더라

給水規則發布 仁川平壤의水道工事가既히竣成되엿合으로昨日內部에셔水道給水規則을發布ᄒᆞ엿다더라

鍋島出發 統監府外務部長鍋島ᄂᆞᆫ墨西哥公使로轉任되엿ᄂᆞᆫ딕昨日南大門列車로歸國ᄒᆞ엿다더라

外人無料 御苑事務局에셔日本學生과其他外國人은無料縱覽을許ᄒᆞ되宮內府庶務課의紹介를要케ᄒᆞᆫ다더라

○**認可件數** 農商工部에셔本月中認可를與ᄒᆞᆫ漁業權件數ᄂᆞᆫ數百件에達ᄒᆞᆯ뜻ᄒᆞ다더라

賣淫調查 警視廳에셔漢城內密賣淫女를嚴密調査ᄒᆞᆫ다더라

懲飭行悖 全北井邑萬頃等郡은憲兵補助員의行悖가最甚ᄒᆞᆷ으로人民의怨聲이藉藉ᄒᆞ다더라

兩犯審查 詐欺犯으로被囚ᄒᆞᆫ金진圭와公濟事件으로被囚ᄒᆞᆫ申慶均兩氏를昨日地方裁判所에셔審查ᄒᆞ엿다더라

○**始郡義擾** 去四日夜에賊黨近十名이義兵이라稱ᄒᆞ고始興郡金甲伯氏家에突入ᄒᆞ야該家에留連ᄒᆞᄂᆞᆫ淸人一名을銃傷ᄒᆞ고物品을多數奪去ᄒᆞ엿다고該地경察署에셔內部로修報ᄒᆞ엿다더라

△**義州初氷** 義州에ᄂᆞᆫ去三日에初氷이來ᄒᆞ야江河가結氷ᄒᆞ엿다더라

▲時聞瑣錄▼

▲成均司業試取後에合格者를選拔ᄒᆞ야揭榜ᄭᆞ지되엿더니二十九人되ᄂᆞᆫ中에代試者가ᄯᅩ셔겨셔調査이니罷榜이니許多說이猥藉ᄒᆞ니옹生員님더頭上에宕巾幅이그리엇나헐번宅이ᄯᅩ나깃고

▲元老界에엇던분은靑[illegible]山川나려가셔餘年이[illegible]養코져[illegible]화族을告別타가好道理를苟待ᄒᆞ고長安쌀쉽ᄯᅩ울니니五六[illegible]은다지나고半截不落어이ᄒᆞ나글잘ᄒᆞ고속업기ᄂᆞᆫ元老中에第一이지

▲泥峴商점某日人은觀光次로渡日ᄒᆞ엿던韓人들의寫眞帖을石板으로印刷ᄒᆞ야各其一本式交ᄒᆞ고五圓價를請ᄒᆞ엿다니[illegible]셔잘맛기ᄂᆞᆫ鬼神보다더용ᄒᆞ고밋쳐업시남ᄂᆞᆫ쟝ᄉᆞ文明國의手段인지

▲伊藤氏가遭難後에日本國의學生들은不平思想激起ᄒᆞ야韓學生을對ᄒᆞ면은無端威嚇種種ᄒᆞ고毆打ᄭᆞ지ᄒᆞ니러니怒甲移乙더行動은足責ᄒᆞᆯ비업거니와亡國民이되고보면留學인들ᄒᆞᆯ수잇나

▲孤兒院의學徒들은追悼會에往參타가日人의게被打ᄒᆞ고경官의게告訴ᄒᆞ되尸位溺職더警官은聽若不聞ᄒᆞ엿다니日人勢力두려워셔莫敢誰何그러ᄒᆞᆫ가誰怨誰咎ᄒᆞᆯ것업시韓國人이된탓이지

雜報

●三報押收 美國桑港에셔發行ᄒ는新한民報第一百五十三号와布아에셔發行ᄒ는新한國報第三十二三十三兩号와露領히蔘威에셔發行ᄒ는大東共報第七十八號至八十一四號는治安妨害라ᄒ야內部에셔押收ᄒ엿다더라

●義將被捉 義將全헌山氏의舊將全千年氏는全氏의部下되엿던義兵約三百餘名을率ᄒ고全氏幕僚李江年氏도全氏의部下되엿던義兵約二百餘名을率ᄒ고李永俊氏와氣脉을通ᄒ야大活動을準備ᄒ다가本月二日咸平日憲兵分遣所에三氏가並히被捉되엿고銃刀等兵器도押收되엿다더라

●日商被殺 京畿道安城邑에在留ᄒ는日本商人二名은韓人强盜에게被殺ᄒ엿다더라

●賊黨被捉 九月二十五日夜에馬賊十餘名이拳銃을携帶ᄒ고平北龍岩浦附近에突入ᄒ야該地居住日人家를襲擊ᄒ야其夫妻의咽喉를繩索으로緊結ᄒ야氣絶에至케ᄒ고物品을奪去ᄒ엿는ᄃ去月二十七日에該黨邱煥臣以下十餘名이警察署에被捉ᄒ엿다더라

●金氏被捉 槐山郡山水洞居金正圭氏는中部典洞等地에來留ᄒ다가義兵干連이有ᄒ다ᄒ야三昨日警視廳에被捉ᄒ엿다더라

●趙氏被捉 黃히道平山郡居趙在乾氏가上京次로滊車를搭乘ᄒ고三昨日下午十二時南門驛에到着ᄒ엿다가卽時日憲兵分隊所에被捉ᄒ엿다더라

●成犯越交 自行車를偸賣ᄒ다가日軍司令部에被捉ᄒ成樂容은裁判所로越交ᄒ엿다더라

●李夫人被招 再昨日上午十時에中部警察署에셔露國에滯留ᄒ는前公使李範진氏의夫人을招致하야李氏에過去歷ᄉ와現今行動을一一査問ᄒ後卽時放還ᄒ엿다더라

●兩李詗探 李秦寬李東植兩氏가年前히蔘威에渡往ᄒ엿는ᄃ近日歸國ᄒ여西部貞洞等地에逗留ᄒ다는說이有ᄒ으로某處에셔該氏의蹤跡을秘密형探ᄒ다더라

●敎堂新刱 新門內禮拜堂에셔該敎堂을新建刱ᄒ次로一般敎人에게捐助를請求ᄒ다더라

●靑舘開演 今日下午七時에鍾路靑年會舘에셔演說會를開ᄒ고紳士林圭氏를請邀演說ᄒ다더라

●勢所必至 近日來各學校生徒는生活에困難ᄒ야實業家에雇傭資生ᄒ次로請願退學者가多數ᄒ다더라

廣告

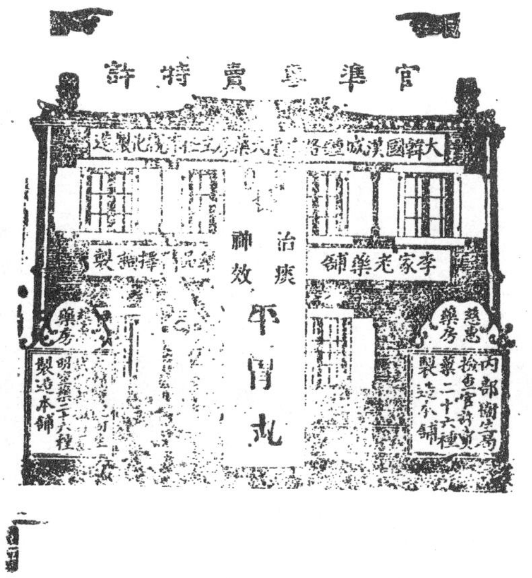

江湖漫遊客談話　醒山生

秋月江天에葛巾鶴氅두老翁이一葉漁艇雙냥시로世上功名을辭ᄒ고빅鷗로벗을숨아上流ᄒ流任去來에蘇翰림에羽化詩며樽學士에로綸篇을길이을퍼徘徊ᄒ니霜楓에鳥啼ᄒ고빅蘆에鴈宇로다淸江흐르는물은秋天과一色이오山寺찬북소리는漁村에三更이라어디셔一聲漁笛이풍便에멀이온다조工이아니며어라月色구경ᄒ여보자瓢樽淸醪로相對兩裏翁ᄒ야一盃一盃復一盃後에醉興이陶陶한中童子야痰鬱열고消化新ᄉ가져오라술서여보리로다苣子엿자오되丸은淸心丸蘇合丸이엇숩고湯藥은人參養胃湯과對合飮子잇ᄉ오니命令ᄃ로ᄒ오리다此는陳藥이라不可ᄒ다현今時代는文明的時代인즉世界上個人마다新世界新空氣를恰受ᄒ엿ᄉ니吾儕가雖老ᄂ亦是化育中一物인즉현時代文明的藥品으로第一良好한最發明者를가저오되요서에新聞을閱覽ᄒ즉淸心保命단과蔘茸大補元이最히新發明한消化補元ᄒ는新藥品이니그를가져오라童子엿자오되그藥品은밋쳐預備치못ᄒ엿ᄉ이다그러면郵便으로代金引換法이잇ᄉ니곳請求ᄒ미엇더ᄒ나童子엿ᄌ오되此亦容易無妨ᄒ오나遲緩ᄒ念慮가잇ᄉ오즉五百道理가잇ᄉ오니이다濟生堂支店이府都處處에잇ᄉ온즉其店가不遠ᄒ오니瞬息往求來ᄒ는거시됴올듯ᄒ오이다老翁이欣然ᄒ야童子를命ᄒ야ᄃ一瞬간에淸心保命단과蔘茸大補元을求來한지라兩老翁이江心水一鍾으로呑下幾粒에牙頰에生香ᄒ고心신이爽快ᄒ야悅然如醉ᄒ도다爐中煉來之九轉丸ᄒ야何羨重身輕에將羽化而登仙일셔老翁이相顧而笑曰此는近新藥也로다吾儕가老於江干ᄒ야未知新空氣之如此新異ᄒ니吾儕는人간一種物也로다梢工을命ᄒ야빈를져어江干에다이니既降에寒氣襲人이로다童子를불너瓢樽을다시넘고洗盞更酌一二三盃며은後에東方이欲曙로다中ᄒ야不知天日之明ᄒ여

廣告

本館에셔事務를更加擴張ᄒᆞᆸ고書籍五圓以上에特別割引ᄒᆞᆷ더이오니僉君子ᄂᆞᆫ陸續請求ᄒᆞ시옵

測量器具와學徒用品各種도具備ᄒᆞ엿ᄉᆞᆸ

平壤鍾路太極書舘

舘主 李昇薰

主任 宋鍾遠

事務 金根瀅

本人山阪이在於水原梅灘里와龍仁西斤川이온바如干松楸를本人先親이辛丑年分에三從曾祖承殷氏에게斥賣ᄒᆞᆫ거시的確ᄒᆞ거날支孫善穗이가有何心腸인지宗中에發通ᄒᆞ야稱爲宗事ᄒᆞ고已賣之物을勒奪再賣코ᄌᆞᄒᆞ오니內外國人은切勿見欺ᄒᆞ시옵

宗孫 李定求 告白

洪允厚本非宗孫而每欲偸斫子木偸典位土故年前已有捧手票矣內外國人切勿見欺

南陽洪氏宗中有司秉厚 빅

本人의子宗긔가素性이不敏ᄒᆞ야專事優유에符同雜類ᄒᆞ고出債爲業이ᄋᆞᆸ기玆에廣布ᄒᆞ오니內外國人잔切勿見期ᄒᆞᆷ

平壤安州화陽里 빅酉鎭 빅

本人에子元호가遊學次로離家八朔에消息絶無ᄒᆞ니某處에留ᄒᆞ던지셔信을付郵ᄒᆞ야死生을無疑케ᄒᆞᆷ

황히道지學 梁基楨

○漢陽商會廣告

前略 [illegible] 天下에健在ᄒᆞᆫ我大韓國民에게謹告ᄒᆞᆸ나이다

우리漢陽商會ᄂᆞᆫ同胞諸彦의便益을供ᄒᆞ기爲ᄒᆞ야外國物件製造場과特約을締ᄒᆞ고我大한國의第一되ᄂᆞᆫ데파-도멘트스토아卽萬物이具全ᄒᆞᆫ뎜舖를組織ᄒᆞ고親切安全確實ᄒᆞᆫ方法으로써都賣及小賣로여러분으로ᄒᆞ야금時勢流行에가장適合ᄒᆞᆫ精良ᄒᆞᆫ物品을廉價로供給ᄒᆞᆸ나이다

우리漢陽商會ᄂᆞᆫ紳士의便益을圖ᄒᆞ기爲ᄒᆞ야歐美雜貨와洋服附屬品과방寒用品을完全備置ᄒᆞ엿고

우리漢陽商會ᄂᆞᆫ學界에隆盛을圖ᄒᆞ기爲ᄒᆞ야文房諸具와學校용品을完全備置ᄒᆞ엿고

우리漢陽商會ᄂᆞᆫ淑女의進運을圖ᄒᆞ기爲ᄒᆞ야女子용品과細工物의原料를完全備置ᄒᆞ엿고

우리漢陽商會ᄂᆞᆫ愛煙家의便益을圖ᄒᆞ기爲ᄒᆞ야呂宋國埃及土耳其各國煙草를完全備置ᄒᆞ엿고

우리漢陽商會ᄂᆞᆫ衛生家에福音을與ᄒᆞ기爲ᄒᆞ야新鮮純良ᄒᆞᆫ葡萄酒、위스키、색란듸、等洋酒類及食料品을完全備置ᄒᆞ엿고

우리漢陽商會ᄂᆞᆫ旅行家의便益을圖ᄒᆞ기爲ᄒᆞ야포毛布等旅行용具를完全備置ᄒᆞ엿고

우리漢陽商會ᄂᆞᆫ交際家의便益을圖ᄒᆞ기爲ᄒᆞ야高尙優美ᄒᆞᆫ贈答品을完全備置ᄒᆞ엿고

우리漢陽商會ᄂᆞᆫ地方諸彦의便益을圖ᄒᆞ기爲ᄒᆞ야郵便部를特設ᄒᆞ고地方注文은더욱低廉히迅速配達케ᄒᆞᆸ고

우리漢陽商會ᄂᆞᆫ從來의愛顧를報ᄒᆞ기爲ᄒᆞ야左의方法으로써五百圓의景品을進呈ᄒᆞᆸᄂᆞᆫ디每一圓에對ᄒᆞ야景品券一枚式이옵고期限은十一月一日붓터同月二十日ᄭᆞ지景品券을進呈ᄒᆞ고二十五日에抽籤을行ᄒᆞᄂᆞᆫ디各新聞사에셔立會가有ᄒᆞᆸ

		物品
一等一人	一百圓	仝 各五十圓
二等二人	一百圓	仝 各五十圓
三等五人	五十圓	仝 各十圓
四等十人	五十圓	仝 各五圓
五等二十人	五十圓	仝 各二圓五十錢
以下ᄂᆞᆫ無		空籤

大韓漢城鍾路

漢陽商會

電話一九一番

○[illegible]

漢城南大門[illegible]本舖 [illegible]

仁川港梱峴 [illegible] 一分店 李[illegible]

開城南門內 仝 二分店 具又㕜

咸興西門外 仝 三分뎜 李봉림

馬山港東城 仝 四分뎜 孫雲卿

海州宗路 仝 五分店 金洛鉉

大子南門內 仝 六分뎜 崔寅긔

宣川읍內 仝 七分뎜 노品權

漢城銅峴 仝 八分뎜 張基茂

沙里院場市 仝 九分店 吳南駿

木浦港 仝 十分뎜 김晛洙

長淵土城洞 仝 十一分뎜 尹景元

博川美洞 仝 十二分뎜 李鍾瀅

吉州西門外 仝 十三分뎜 정봉漸

鐵原읍 仝 十四分뎜 진樂화

北間島龍井촌 仝 十五分뎜 裵尙禧

平壤鍾路 仝 一出張所 田恒唆

부山港草梁 仝 二出장所 김璣玉

安東읍 仝 三出장所 김愼圭

大子南門內 仝 四出장所 崔景成

全州西一契 仝 五出장所 趙奎哲

水原南창洞 仝 六出장所 빅成俊

槐山읍 仝 七出장所 김明基

鎭南浦后浦 仝 八出장所 具文卿

晋州 紫泉洞 仝 九出장所 南正午

江陵錦鶴洞 仝 十出장所 羅在恒

忠州早遯 仝 十一出장所 孫承準

露領히숨威 仝 十二出장所 朴宗桓

清國奉天 仝 十三出장所 庚一宣

清國大連 仝 十四出장所 김鍾國

清國九連城 仝 十五出장所 元東표

清國봉凰城 仝 十六出장所 王世昌

清國煙台 仝 十七出장所 張浩哲

清國天津 仝 十八出장所 司馬靖

其他內外國代理뎜特約뎜은紙面이不足ᄒᆞ야一一枚記치못ᄒᆞ거니와九月卅日調查表가如左ᄒᆞᆷ

內國에五千八百六十三處

外國에八百九十六處

都合六千七百五十九處也

社告

申報價

壹장代금	新貨二錢五厘	
壹個月	三十錢	
參個月	九十錢	
陸個月	先納	壹圓七十錢
壹個年	先納	參圓四十錢
郵稅	壹장	新貨五厘
壹個月		十三錢

廣告料

四号活字拾三字詰

每日英尺一寸에(自一行至四行이爲一寸) 新貨卄五錢

二주日壹寸에 二圓五十錢

壹個月壹寸에 五圓

但期限의長短과字行의多小를依ᄒᆞ야增減ᄒᆞᆷ이有ᄒᆞᆷ

大韓每日申報各處支社廣告

平安道

平壤鍾路太極서관 安泰國

三和港碑石洞敎堂 裵형湜

義州南門外한西大藥房張有寬

鐵山郡內東部 安灝

車輦관同志會內 김明현

定州南門內서舖 洪成麟

博川郡內算洞 김翼樞

安州城內安陵書館 김翼河

京義線枇峴驛停車場前李基秀

龍川南市驛 韓燦禧

龍川楊市 황菊保

渭州郡南門外 朱伯英

泰川郡內관前洋藥局 李正화

寧邊郡內紅門里 鄭德昇

江西郡內 金昌煥

宣川郡橋南 申基周

江界邑內 김泰熙

郭山郡內新街 김大현

甑山郡內利用里 崔診爽

雲山北면橋洞 玉쾌支

雲山郡內 成元澤

順川郡達洞 정裕[illegible]

[illegible]城邑內西下里[illegible] 許[illegible]의

黃海道

히州南門內서舖 朴[illegible]鎭

安岳壽石面訓鍊里 韓경敎

長淵邑校洞西北支學會內 崔東元

殷栗郡倉前里 김光礪

信川郡內四里 李悌경

재寧郡乾材藥局 李鼎均

白川郡文明舘 趙雲泳

沙里院活民勞働救火會任敬宰

咸鏡道

咸興州南社西門外 曹喜림

元山港創業社 황甫正杰

定平郡豐陽里 張禮學

洪原西門內保命局 羅炳善

永興南山洞洪明學校內梁元常

清津港新興洞 張元浩

全羅道

金溝水流面豆졍 趙德三

木浦港陽洞 李得珠

京畿道

仁川栅峴開新冊ᄉᆞ 李東皓

開城南大門內興學書舖姜助遠

江화郡內川橋 俞鎭植

忠清道

結城廣川小龍洞 李啓祚

한山下北필堂里 李英植

慶尙道

大邱西門外友弦書樓側李正山

부山港佐川藥局 徐錫奎

江原道

杆城읍新城里二통三戶咸海元

鐵原읍棠洞 趙鍾大

蔚珍遠南面梅花里 朱鎭壽

北墾島

北墾島龍井촌耶蘇敎堂內 裵尙禧

告

檀君開國四千二百四十二年
箕子元年三千三十一年
大韓開國五百十八年
本報創刊日
光武八年七月十八日

大韓每日申報

發行兼編輯人 英國人 萬咸
Responsible for Publication Alfred Weekley Marnham
發行所
京城南部石井洞三層洋屋家
大韓每日申報社

第七卷　月曜及慶節歲時休日休刊　第一千二百三十九号

論說

◎此亦小問題가 아니라

噫라所謂改官制度實施以來로彼中央政府ᄂᆞᆫ擧論ᄒᆞᆯ바도無ᄒᆞ거니와

乃者地方官廳을睹ᄒᆞ건ᄃᆡ裁判所의權力集点이韓人이아니오警察署에權力集点이韓人이아니오財務署의權力集点이韓人이아니오郡에郡守가有ᄒᆞ나憲兵所巡査所掌中에隊를敢容치못ᄒᆞ며道에觀察이有ᄒᆞ나書記官事務官胝下에頭를敢擧치못ᄒᆞᄂᆞ니

今日韓人官吏된者가自家同胞에向ᄒᆞ야一寸의功을試코ᄌᆞᄒᆞ야도其亦下手ᄒᆞᆯ處가杳然ᄒᆞ도다

然이나只今ᄭᆞ지近民의小職을帶ᄒᆞ야上으로上級官廳의政令을實施ᄒᆞ며下으로閭巷人民의事情을通曉ᄒᆞᄂᆞᆫ者ㅣ오직面長이아닌가

面長이官員은아니나公吏의權限을保有ᄒᆞ엿스며民權은無ᄒᆞ나自治의性質을包含ᄒᆞᆫ者니故로其地位가甚히卑ᄒᆞ나其國家에對ᄒᆞᆫ責任은實로重ᄒᆞ며其權力이甚히微ᄒᆞ나其人民에對ᄒᆞᆫ關係ᄂᆞᆫ實로大ᄒᆞ야已往風憲執網의時代보다尤可自警ᄒᆞᆯ바니然則面長된者가此殆乎岌岌民不聊生의歲月을當ᄒᆞ야可히民生에利ᄒᆞ다ᄒᆞ면力을竭ᄒᆞ야勉强ᄒᆞ며民生에害ᄒᆞ다ᄒᆞ면腕을扼ᄒᆞ야杜絶ᄒᆞ야設或權力이不足ᄒᆞ야知ᄒᆞ고도莫救ᄒᆞᆯ境遇가有ᄒᆞ더라도心은是에惓惓ᄒᆞ야今日天窮地蹙ᄒᆞᆫ地頭에坐ᄒᆞᆫ同胞와生과死ᄅᆞᆯ共히ᄒᆞᆷ이亦同胞된者의責任이어날

噫彼面長輩가往往此天地가何天地인지도不知ᄒᆞ고此觀察郡守의勢力이頹敗ᄒᆞ고憲兵巡査의氣焰이熱ᄒᆞᆫ時代를利用ᄒᆞ야其細小의手段을弄ᄒᆞ야財務署나分派所나或憲兵隊等處에媚를納ᄒᆞ며勢를藉ᄒᆞ야同胞의禍를겨起ᄒᆞ고自家의肥를謀ᄒᆞᆯᄉᆡ

或殘民에게壓制를放사ᄒᆞ며或殘民에게誅求를橫行ᄒᆞ며或敎育을妨害ᄒᆞ며或生業을妨害ᄒᆞ며乃至財産、身體、生命에危險을加ᄒᆞ야昔日鄕任吏胥輩가貪官汚吏를挾勢ᄒᆞ고橫恣攫奪ᄒᆞ던舊惡戱를再演코ᄌᆞᄒᆞ니

噫라彼의愚頑이엇지如此ᄒᆞ뇨只今韓人된者가設或不得已外人의權力을借ᄒᆞᆯ境遇가有ᄒᆞᆯ지라도오히려涕를出ᄒᆞ며一蹶踏再蹶踏ᄒᆞᆯ지어ᄂᆞᆯ엇지彼의勢力을藉ᄒᆞ야我의同胞를侮ᄒᆞᆷ이如此ᄒᆞᆫ가

同胞同胞여同胞ᄂᆞᆫ外人만怨치말지어다非秦滅六國、六國滅六國이니同胞中에도如此ᄒᆞ거던彼外人이야何를足怨ᄒᆞ리오吾儕의此言이苛言이아니라實로不得已에出ᄒᆞᆫ바니

彼面長中에도賢良方正ᄒᆞ야國家를思ᄒᆞ고同胞를思ᄒᆞᄂᆞᆫ諸氏야吾儕의此言을不待ᄒᆞ려니와或醉夢이尙深ᄒᆞ야愚頑에自溺ᄒᆞᄂᆞᆫ者ᄂᆞᆫ

此言을三復ᄒᆞ야同胞의利益을圖ᄒᆞ라

此가비록豺狼을捨ᄒᆞ고狐狸를問ᄒᆞᆷ과如ᄒᆞᆫ듯ᄒᆞ나此亦小問題가아니니라

官報

第四千五百貳号
隆熙三年十月十一日

法律

法律第二十七号
히上衝突豫방法 續

四 打網(總히히底에船具를曳ᄒᆞᄂᆞᆫ者를包含홈)을용ᄒᆞ야漁業에從事ᄒᆞᄂᆞᆫ船舶은左의規定에依홈

甲

漁船은第二條第一項에規定ᄒᆞᆫ빗燈의位置에三色의燈籠一箇를揭ᄒᆞ고尙其下方六尺보담不少ᄒᆞ고十二尺보담不多ᄒᆞᆫ所에빅色의燈籠一箇를增揭ᄒᆞᆷ이可홈

此三色燈은船의正首로븟터左右各二點ᄶᆞ지ᄂᆞᆫ빅色其處로븟터各舷正橫後의二點ᄶᆞ지右舷은綠色左舷은紅色의射光을及ᄒᆞ게製造ᄒᆞ고且耗置ᄒᆞᆷ을要홈又빅灯은常히同一ᄒᆞᆫ亮明의光을發ᄒᆞ야周回를照ᄒᆞ도록製造ᄒᆞᆫ者를要홈

未完

外報

◎喰人種族　麻尼刺(呂宋國)來電을거ᄒᆞᆫ즉알시라들리、아일란드島의喰人種族은英國人三名과淸國人三名을捕去ᄒᆞ엿ᄂᆞᆫᄃᆡ英國人一名을除ᄒᆞᆫ外에其餘五名은盡喰ᄒᆞ엿다더라

◎東鐵賣却說　露國政府ᄂᆞᆫ東淸鐵道經營上에年年一千萬留가缺損됨으로此를賣却ᄒᆞᆷ이可ᄒᆞ다ᄂᆞᆫ議가有ᄒᆞᆫᄃᆡ淸國은美國의資本을得ᄒᆞ야此를買收ᄒᆞ란다ᄂᆞᆫ傳說이有ᄒᆞ더라

◎露相暗殺陰謀　哈爾賓來電을거ᄒᆞᆫ즉哈爾賓에서히蔘威에至ᄒᆞᄂᆞᆫ鐵道沿線에서露國度支大臣코코프ᄶᅦ프氏를暗殺ᄒᆞ라던陰謀가發覺되엿ᄂᆞᆫᄃᆡ此ᄂᆞᆫ伊藤公의遭變으로刺激된露國虛無黨員의陰謀인ᄃᆡ鐵道에爆裂彈을伏ᄒᆞ야度相의乘車를顚覆破壞ᄒᆞ라던計劃이라犯人은一名도檢擧치못ᄒᆞ엿ᄂᆞᆫᄃᆡ目下에嚴重히搜索中이라더라

◎獲境兵五千　淸國政府ᄂᆞᆫ今回에又貝加爾方面에兵士五千을駐屯케ᄒᆞ엿다더라

◎齊히鐵道問題　露國度相이極東에視察ᄒᆞᆫ結果로露國이從來希望ᄒᆞ던齊齊哈爾暉春히蔘威間鐵道敷設에關ᄒᆞᆫ調査가詳細히되엿ᄂᆞᆫ고로該度상이露都에歸着ᄒᆞᆫ後에ᄂᆞᆫ該鐵道問題ᄂᆞᆫ一層具體的으로計劃이되리라더라

◎元帥回覽　日本大演習에參列ᄒᆞ엿던英國키치나元帥ᄂᆞᆫ去六日부터日本帝室의御待遇를辭絶ᄒᆞ고京都奈良大阪等地를回覽ᄒᆞᆫ後二十一日에歸國ᄒᆞᆫ다더라

◎英德協約主張　伯林保守黨의機關報ᄂᆞᆫ英德兩國이互相間確然히其領土保全을計ᄒᆞ기爲ᄒᆞ야條約을締結ᄒᆞᆷ이有利ᄒᆞ다고稱道ᄒᆞ엿다더라

◎英日博覽追加豫算　論敦에서開催ᄒᆞᄂᆞᆫ英日博覽會의追加豫算으로二十五萬圓을提出ᄒᆞᆯ터이라더라

◎奴隸廢止令　土耳其政府에서ᄂᆞᆫ奴隸廢止令을公布ᄒᆞ엿다더라

◎英國巨艦　英國政府에서計劃ᄒᆞᄂᆞᆫ甲裝巡洋艦라이온은噸數가二萬六千二百五十噸이오速力이二十八節이오長이七百英尺이라더라

◎西太后葬儀　淸國西太后의葬儀ᄂᆞᆫ去九日에擧行ᄒᆞ엿ᄂᆞᆫᄃᆡ儀仗兵二中隊가先驅ᄒᆞ고攝政王殿下以하各大臣各國大使公使其他가奉送ᄒᆞ엿고市民一般은吊意를敬表ᄒᆞ야頗히嚴肅壯大ᄒᆞᆫ儀式을呈ᄒᆞ엿다더라

◎最高飛行　飛行家포란氏ᄂᆞᆫ英國센리州한타운ᄲᅢ그에셔九百七十七呎된ᄂᆞᆫ高處에ᄶᆞ지飛翔ᄒᆞ엿다더라

◎葡皇出發　七日路透通信을據ᄒᆞᆫ즉葡萄牙皇帝ᄂᆞᆫ西班牙馬德里英國倫敦及法國巴里를公式으로訪問ᄒᆞᆯ次로出發ᄒᆞ엿ᄂᆞᆫᄃᆡ馬德里市에셔ᄂᆞᆫ特히警戒를嚴히ᄒᆞᆫ다더라

文壇

▲天喜堂詩話 (續)

余의見ᄒᆞᆫᄂᆞᆫ바國詩中에其流傳最舊ᄒᆞᆫ者를擧ᄒᆞ면高僧了義가國文을始創ᄒᆞ고佛敎를讚美ᄒᆞᆫ眞言이是라ᄒᆞᆯ지나然이나此ᄂᆞᆫ梵詩를飜譯ᄒᆞᆫ者라國詩로冒稱ᄒᆞᆷ이不可ᄒᆞ고其次ᄂᆞᆫ崔都統鄭圃隱의단心歌가될지라崔都統의詩ᄂᆞᆫ前段에已錄ᄒᆞᆫ지라今에圃隱시全篇을錄지ᄒᆞ노라시曰

죽어죽어一百番다시죽어。白骨은塵土되고넉시야잇던업던님向ᄒᆞᆫ一片단心가실줄이잇스라

古代에ᄂᆞᆫ人君으로國家의中心點을合은故로崔都統鄭圃隱의단心歌가其終章에ᄂᆞᆫ皆(님向ᄒᆞᆫ一片단心)이란語로結ᄒᆞ엿스니(님)은人君을謂ᄒᆞᆷ이니라

未完

學界

◎敎師有人　楊平郡私立龍門學校敎師柳永穆氏ᄂᆞᆫ徽信學校三年生으로年令二十에學問을勉勵ᄒᆞ더니今年秋期에龍門學校에서敎師가無ᄒᆞ야一般任員이憂慮ᄒᆞᆷ을聞知ᄒᆞ고慨然히一個年敎授를擔負ᄒᆞ야各科를誠心敎授ᄒᆞᄂᆞᆫᄃᆡ該校에서薪水之費를供給코ᄌᆞᄒᆞᆫ즉此ᄂᆞᆫ吾人의義務가아니라余의薪水之費로他事業을經營ᄒᆞᆷ이可ᄒᆞ다ᄒᆞ고校務를實心做去ᄒᆞᆯᄲᅮᆫ아니라持身端雅ᄒᆞ고言辭慷慨ᄒᆞᆷ으로學徒等은無不感服ᄒᆞ고任員과一般人士가莫不愛敬ᄒᆞᆫ다더라

◎三氏興學　機張郡養成學校ᄂᆞᆫ財政이窘拙ᄒᆞ야幾至廢境이러니該郡守兵然皓郡主事金仕鎰直員鄭寅準三氏가校務를自擔ᄒᆞ야領俸助費ᄒᆞ고躬行村落ᄒᆞ야學會를組織ᄒᆞ며各紳士의捐金이二千餘圓이오學徒가百餘名에達ᄒᆞ야前進之望이大有ᄒᆞ다더라

◎運動盛況　黃海道延安白川兩郡各私立學校가聯合ᄒᆞ야秋期大運動을設行ᄒᆞ엿ᄂᆞᆫᄃᆡ學徒가合爲六千名假量이오學徒의活潑ᄒᆞᆫ氣像은學界의模範이될만ᄒᆞ엿다더라

詞藻

◎憫愚

열업고속업ᄂᆞᆫ분네、어이더리어리셔어。
大事業에싱각업고、一時富貴탐을ᄂᆡ나。
슬프다、托身ᄒᆞᆯ곳업셔지면、무ᄉᆞᆷ富貴

雜報

◎其意可悲 日本에滯留ᄒᆞ옵시ᄂᆞᆫ韓國 皇太子殿下ᄭᅴ서ᄂᆞᆫ往者渡日ᄒᆞ엿던吊使閔丙奭을對ᄒᆞ야曰現今太師가已故ᄒᆞ야輔育이姑無人ᄒᆞᆫ즉暫時乘暇ᄒᆞ야 父皇陛下ᄭᅴ朝覲코져ᄒᆞ니此意를 德壽宮에轉稟ᄒᆞ라ᄒᆞ셧다더라

◎賞金下賜 向者流行病을預방ᄒᆞ기爲ᄒᆞ야 德壽宮에從事ᄒᆞ던官吏ᄂᆞᆫ 太皇帝陛下ᄭᅴ옵서賞與金을分等 下賜ᄒᆞ셧다더라

◎吊使危險 韓황陛下의特使閔丙奭 太皇帝陛下의御使朴齊斌氏等은去一日에日本東京에着ᄒᆞ엿슬際에東京에서ᄂᆞᆫ伊藤公遭難으로因ᄒᆞ야輿論이沸등ᄒᆞ고人民은殺氣를帶ᄒᆞ미警官의警衛保護가極히嚴重ᄒᆞ엿스나벌셔一日人이閔宮相의게협迫狀을郵便으로寄ᄒᆞ야曰我伊藤公이暗殺을當ᄒᆞ엿ᄂᆞᆫ데貴特派와如ᄒᆞᆫ것은裁處ᄒᆞ야도猶爲不足이라ᄒᆞ엿스며又此等과如ᄒᆞᆫ書片이續續不絶ᄒᆞ엿고京橋區內에서ᄂᆞᆫ殊常者八名이現出ᄒᆞᆫ고로閔宮상一行은戒嚴ᄒᆞ야出入이未便ᄒᆞ고日皇의謁見ᄒᆞᆯ긔會도無ᄒᆞ야國書ᄂᆞᆫ日本宮內大臣을經由捧呈ᄒᆞ고幸히無事還國ᄒᆞ엿다더라

◎秘密何談 再昨日下午八時에內大朴齊純宮大閔丙奭農大趙重應三氏가総相李完用氏를私더로訪問ᄒᆞ고數時間을秘密談話ᄒᆞ엿ᄂᆞᆫ데內閣政務에關ᄒᆞᆫ事件인듯ᄒᆞ다더라

◎寫眞到着 伊藤公을暗殺ᄒᆞᆫ安重根의寫眞이旅順으로부터統監府에到着ᄒᆞ엿ᄂᆞᆫ데身體가甚大ᄒᆞ고眉가多ᄒᆞ고雙眼에光彩를帶ᄒᆞ엿스며八字髯이薄列ᄒᆞ며唇이緊結ᄒᆞ고面上에愁色을帶ᄒᆞ고鐵鎖로腰邊을縛ᄒᆞ야手등을結ᄒᆞ고獄扉前에直立ᄒᆞᆫ像을撮影ᄒᆞ엿ᄂᆞᆫ데將次統監府로부터警視廳을經ᄒᆞ야各警察署와其他連累者검擧上에必要ᄒᆞᆫ各道警察署에配布ᄒᆞᆯ터이라더라

◎永宣訪問 永宣君李埈鎔氏ᄂᆞᆫ再昨日에中樞院議長金允植氏를訪問ᄒᆞ고伊藤公葬儀에參觀ᄒᆞᆫ狀況을談話ᄒᆞ엿다더라

◎補助又請 忠淸黃히兩道間沿히航行을開始ᄒᆞ기爲ᄒᆞ야仁川居留日人加來等이韓政府에對ᄒᆞ야補助金三萬八千圓을請求ᄒᆞ엿다더라

◎來年地方費 來年度地方費豫算은既히內部에서度支部에提出ᄒᆞ엿ᄂᆞᆫ데京畿全羅南北道慶尙南北道ᄂᆞᆫ約十萬圓이오忠淸南北道黃히道ᄂᆞᆫ七八萬圓이오其他道ᄂᆞᆫ三四萬圓式된다더라

◎小宮留連 吊使로渡日ᄒᆞ엿던閔병奭氏의隨員小宮三保松은宮內府官制改定에關ᄒᆞ야아즉日本에留連ᄒᆞᆫ다더라

◎兩氏回程期 日本에前往ᄒᆞᆫ兪吉濬氏ᄂᆞᆫ來十五日頃에回程ᄒᆞ고高義駿氏ᄂᆞᆫ二週日後에回程ᄒᆞᆫ다고電信이來着ᄒᆞ엿다더라

◎兩餠이俱適口 監查院卿張錫周氏ᄂᆞᆫ頌德碑建議所에贊成員도被任ᄒᆞ고東亞贊英會總裁도被選ᄒᆞ엿ᄂᆞᆫ데李學宰氏가該事件에對ᄒᆞ야張氏를訪問ᄒᆞ고兩手執餠ᄒᆞᆫ다고一場論駁ᄒᆞ엿다더라

◎貸付金變更說 日本政府에서韓國政府에貸付ᄒᆞ던金額은司法權委任으로因ᄒᆞ야變更된다ᄂᆞᆫ데本年分도十一月에司法權委任이實施된故로二個月分을扣除ᄒᆞᆫ다더라

◎行政談話會 內部地方局에서ᄂᆞᆫ地方行政事務를研究키爲ᄒᆞ야地方出張吏員을會同ᄒᆞ야每月一回式談話會를開ᄒᆞᆫ다더라

◎分舘開始 間島日本총領事舘東道溝分舘은去九日부터開始ᄒᆞ엿다고統監府에報告ᄒᆞ엿다더라

◎淸船漸退 韓히에淸國密漁船의出沒은嚴密히杜絶홈을因ᄒᆞ야漸次減退된다더라

◎人員移轉 日本第一銀行人員들이多數히韓國銀行各支점長等要職을被任ᄒᆞ기로決定ᄒᆞ엿다더라

◎各宮調查 宮內府에서ᄂᆞᆫ主事申昇均渡邊正丸을派送ᄒᆞ야漢城內各宮을調查ᄒᆞᆫ다더라

◎院狀查問 再昨日上午十時에中部警察署에서前孤兒院主李弼선氏를招致ᄒᆞ여該院設立ᄒᆞᆫ前後歷々와現今侍天敎에서引繼ᄒᆞᄂᆞᆫ裏由를一一查問ᄒᆞ엿다더라

◎公逋火督 前郡守閔丙星氏가진州郡守在任時에公貨欠逋가七萬餘圓인데度支部에서星火督促홈으로該氏ᄂᆞᆫ方在困難中이라더라

◎有何不美 寧遠郡守田德龍氏ᄂᆞᆫ行政上에不美ᄒᆞᆫ事가有ᄒᆞ다ᄒᆞ야該郡民金基涉氏가內部에請願ᄒᆞ고從速免官ᄒᆞ라ᄒᆞ엿슴으로內部에서ᄂᆞᆫ當地警察署에申飭ᄒᆞ야田氏의行爲를調查ᄒᆞᆫ다더라

◎控院公判 昨日控訴院에서內亂犯趙錫祐强盜殺人犯金範伊等을公判ᄒᆞ엿다더라

◎出品件購買 大창洋行에서法國巴里城에出品ᄒᆞ기爲ᄒᆞ야鍮器累百圓價值를韓美興業會社에委托購買ᄒᆞᆫ다더라

◎改之爲善 北部齋洞居前參判朴泳薰氏의令孫朴贊禹氏ᄂᆞᆫ徽文義塾의學徒로花柳場에放蕩ᄒᆞ야庭訓과師敎를不從ᄒᆞᄂᆞᆫ데此等惡習으로因ᄒᆞ야青年界에不美ᄒᆞᆫ影響이及ᄒᆞᆫ다고批評이有ᄒᆞ다더라

◎시場承認 李應鍾氏等이發起ᄒᆞᆫ시場淸潔所ᄂᆞᆫ近日警視廳에서認許를出給ᄒᆞ엿다더라

◎兩洪相爭 莞島郡助藥島智郡島荷衣島三島ᄂᆞᆫ元來仁穆王后ᄭᅴ서貞明公主에게下賜ᄒᆞ신土地인故로該土地所出米苞一百五十石을公主의嗣孫이傳來收捧ᄒᆞᄂᆞᆫ데安義郡居洪祐承氏가該庄[illegible]擅自放賣코져ᄒᆞᄂᆞᆫ故로其嗣孫洪承永氏와互相爭詰ᄒᆞᆫ다더라

◎所思在銅 前判書閔泳雨氏가伊藤公의銅像을鑄립次로東亞贊英會를組織ᄒᆞ야內部에請願ᄒᆞ엿더니該部에서警視廳에指揮ᄒᆞ야該氏等의身分과何思想으로因ᄒᆞ야銅像을鑄립코져ᄒᆞᄂᆞᆫ지詳細調查ᄒᆞ라ᄒᆞ엿다더라

◎直員溺職 淸河郡鄕校直員郭太仁氏ᄂᆞᆫ年今二十인데花柳場에沉惑ᄒᆞ야校宮焚香을累朔曠闕홈으로該郡守徐相競氏가其事實을擧ᄒᆞ야上府에報告ᄒᆞ엿다더라

◎韓히日漁 本年內平安道沿히에日人漁船은一百七十三隻에達ᄒᆞ엿ᄂᆞᆫ데鴨綠江龍岩浦等地에서黃히道椒島에至ᄒᆞ기ᄭᆞ지各種魚類를盛獲ᄒᆞ야每船漁獲이各八百圓價値에達ᄒᆞ엿다더라

◎尹蹤詗探 忠北淸風郡居前參奉尹殷衡氏가義兵의軍物을貿去ᄒᆞᆯ次로中部廟洞等地에逗留ᄒᆞᆫ다ᄂᆞᆫ說이有홈으로某處에서嚴密형探ᄒᆞᆫ다더라

◎義將被捉 黃海道平山郡西下面에서去七日에義兵中隊長申竣彬氏(義兵將李鎭龍氏部下第五中隊長)가平山分遣所日憲兵及補助員의게被捉ᄒᆞ엿다더라

◎窩主被捉 北部松峴居嚴錫佑氏家에서某某諸人이雜技局을設ᄒᆞ고中部東谷居李漢星의金七百圓을奪取ᄒᆞᆫ事가發露되여三昨日嚴氏가窩主犯으로中署에被捉ᄒᆞ엿다더라

◎金氏被捉 平北義州郡居金東億氏가히蔘威로부터鄕第에歸ᄒᆞ다가義州警察署에被捉ᄒᆞ엿ᄂᆞᆫ데今明間京城으로押上ᄒᆞᆫ다더라

◎정家賊警 再昨夜七時에强盜二名이各持凶器ᄒᆞ고中麻洞居정顯의氏家에突入ᄒᆞ야金貨二百圓과其他物品을奪去ᄒᆞ엿다더라

◎支敎堂建築 一進會長李容九氏ᄂᆞᆫ十三道支部會에侍天敎堂을建築ᄒᆞᆯ次로金四千圓式劃給ᄒᆞ엿다더라

◎興業開會 昨日國民興業會에서侍天敎堂內에發起總會를開ᄒᆞ고任員을選定ᄒᆞ엿ᄂᆞᆫ데各地方에도支會를設立ᄒᆞᆯ次로委員을派送ᄒᆞᆫ다더라

◎親睦發起 金道弼朴贊翊諸氏가畿內學生親睦會를發起ᄒᆞ엿ᄂᆞᆫ데來日曜日에發起總會를大安洞畿湖學校內에開ᄒᆞᆫ다더라

◎懇親兼運動 中部校洞官立普通學校에서本日上午八時에學父兄懇親會를開ᄒᆞ고兼ᄒᆞ여秋期大運動을設行ᄒᆞᆫ다더라

◎大同有舘 大同敎에서前畿湖學會會舘을使用ᄒᆞᆯ次로學部에請願홈은已報어니와該部에서即時認許홈으로日間移接ᄒᆞ고來日曜日下午一時에任員會를開ᄒᆞ고會務를處理ᄒᆞᆫ다더라

◎善隣有同窓 去六日에善隣商業學校第一二回卒業生諸氏가該校에會同ᄒᆞ야友誼를親睦ᄒᆞ고商業을振興ᄒᆞᆯ目的으로善隣同窓會를組織ᄒᆞ고幹事ᄂᆞᆫ金敎旭金熙廷李圭홍張喆金永近諸氏로選定ᄒᆞ고會員은該卒業生三十二人으로組織ᄒᆞ엿ᄂᆞᆫ데各其相當ᄒᆞᆫ資格이有홈으로進就之望이有ᄒᆞ다더라

▲屛門技戲▼

▲霜風은蕭瑟ᄒᆞ고酒灯은初懸ᄒᆞᆫ데屛門社會三四人이濁醪一椀痛飮後에멍석자리둘너안저두젼ᄒᆞᆫ목씌여노코우리심심ᄒᆞ니牌나ᄒᆞᆫ번잡어보세

▲허죠ᄒᆞᆫ말일세무슴니기ᄒᆞ여불가지금警官은오락가락ᄒᆞᄂᆞᆫ데돈쇼리를니다가ᄂᆞᆫ쥬리경방망이를칠거시오ᄯᅩ此時代ᄂᆞᆫ世界各國이優劣을競爭ᄒᆞᄂᆞᆫ時代가아닌가우리도各國代表로勝負나ᄒᆞᆫ번決斷ᄒᆞ세

▲(甲)그리ᄒᆞ세至今世上은勢力밧긔더죠ᄒᆞᆫ것잇나나ᄂᆞᆫ東洋天地에惟一强國되ᄂᆞᆫ日本의代表로아기牌나보겟네

▲(乙)東洋만第一인가於今西洋에서도强權이膨脹ᄒᆞ고東洋ᄭᆞ지勢力을覬覦ᄒᆞ기ᄂᆞᆫ俄國이第一일네나ᄂᆞᆫ俄國代表로ᄒᆞᆫ牌보겟네

▲(丙)그사ᄅᆞᆷ勢力은다무엇이여이世上우엇던[illegible]第一이니東西洋을統計ᄒᆞ여도財産이만키ᄂᆞᆫ美國이第一이라데나ᄂᆞᆫ美國代表로ᄒᆞᆫ牌보겟네

▲(丁)나ᄂᆞᆫ勢力도업고財産도업다고ᄌᆞ네[illegible]이만만이보고먹을ᄌᆞ비로아네그러나ᄂᆞᆫ그ᄃᆡ로本國心을일치안코朝鮮代表로物主나됨세

物主가두젼을[illegible]見기牌ᄒᆞᆫ張式各其[illegible]닌뒤에物主牌를ᄲᅢ여두고(甲)ᄲᅢ여라온타단장에되고(乙)ᄲᅢ여라울타나도단장에되고(丙)ᄲᅢ여라울타나도단장에되고最後物主가ᄲᆡᆫᄂᆞᆫ데ᄒᆞᆫ장을ᄲᅢ여보니스믈ᄒᆞᆫ뭇시라입맛슬쩍쩍다시며헐슈업시[illegible]것고ᄯᅡ라지장은복슴이어헐슈업시석장지ᄯᅳ려가고다기[illegible]장치소(甲)그러ᄒᆞ시오야장의왓녀나갑오라갑ᄌᆞ[illegible]리로구나오놀이야못먹나(日字四畫本字五畫合計九畫)(乙)이칠네저칠네이갑오ᄂᆞᆫ뉘갑오만무ᄒᆞᆫ가갑오라갑ᄌᆞ[illegible]리로구나(人邊二畫我字七畫合計九畫)(丙)허갑가너무만타이것殊常ᄒᆞ구나오도갑오ᄂᆞᆫ숭륙이라ᄂᆞᆫ갑오일세(羊字六畫大字三畫合計九畫)物主ᄂᆞᆫ갑오등쌀에精神을일코웃쌍을ᄲᅢ어잔신히죄여보다가高聲大喊ᄒᆞᄂᆞᆫ말이올타올타장장귀ᄒᆞ니(韓字十二畫선字十七畫合計二十九畫)一버락갑오ᄯᅩ낫고나四對格으로ᄡᅥ러라네所謂갑오가몃살먹어뒤여진게냐

▲甲乙[illegible]히여눈人구넝쌘홀일ᄯᅩ보앗고복구넝의반은넘어자[illegible]것도되ᄲᅢ앗기네그려갑오잡고도못먹ᄂᆞᆫ[illegible]다시불것잇나받은[illegible]히오고人力[illegible]부르ᄂᆞᆫ잡놈도업고만各散歸家ᄒᆞ야니집이나직혀보세

社告

雲山邑支社員梁允植氏辭免ᄒᆞᆫ代에咸元澤氏로安岳支社員金文浩氏辭免ᄒᆞᆫ代에韓楨敎氏로擇定ᄒᆞ엿스니各該支社로本報購覽ᄒᆞ시ᄂᆞᆫ僉君子ᄂᆞᆫ照亮ᄒᆞ시오

大韓每日申報社

廣告

特別廣告

本人의仲父淳培氏가平安南道安州青山面南七里에居生ᄒᆞ옵ᄂᆞᆫ바數三年前에ᄂᆞᆫ種種서信이有ᄒᆞ옵더니再昨年以後ᄂᆞᆫ서信이頓絶ᄒᆞ오니其裏由를不知ᄒᆞ와紆鬱難堪이온지라玆에廣告ᄒᆞ오니誰某이시던지本人중父의生死와現居地를知得ᄒᆞ시ᄂᆞᆫ八氏ᄂᆞᆫ一時勞苦을不惜ᄒᆞ시고海外同胞와情境을矜憐ᄒᆞ사卽時大韓每日申報사로通知ᄒᆞ야주시기를千萬懇[illegible]

OK In
Korean Church
Ewa, Oahu T. H.

美國布哇五河鄕韓人敎會內　崔玉仁

[illegible]月十日夜[illegible]賊時에版刻家券大[illegible]洞二十二統十二戶와李鍾協氏가金엿기處에所捧ᄒᆞᆫ十九間標紙一度를遺失ᄒᆞ엿기廣告ᄒᆞ오니休紙施行홈

[illegible]洞二十二統十二戶정顯의白

徽文義塾內에作文專習所를設립ᄒᆞ고來月曜(十一月十五日)무터開學ᄒᆞ오니文學에有志ᄒᆞ신 僉君子ᄂᆞᆫ陸續入學ᄒᆞ시옵

一、學科　作文專門
一、學員數　八十名內
一、入學金　三十錢
一、月謝金　三十錢

作文專習所　白

中部相思洞二十七統六戶金錫奎處陰九月晦日推次當錢七千二百五十兩於音一片서失ᄒᆞ엿기玆에廣告ᄒᆞ오니內外國人間誰某拾得ᄒᆞ와도休紙施行홈

金興秀　告白

禹錫命父親奎鼎氏今月廿七日子時別世京鄕親戚爲知悉

帶洞十三統三戶共榮社支점護喪所禹聖謨　告白

本人에家人金眞玉이가本人의게欺瞞行爲가有ᄒᆞ고逃避不現인바本人의親知[illegible]間切勿相關見欺ᄒᆞ시옵

中部勳洞十二統一戶趙命九白

大邱春秋令市ᄂᆞᆫ全國商民交易上一大都會也라挽近俗漸頹廢ᄒᆞ야ᄆᆡ徹이時晩에商況見害와交易拘碍가不啻大關이라故로今春令에爛商會議ᄒᆞ와ᄆᆡ徹日字를從公改良이되春令은陰三月一日ᄆᆡ市同三十日撤市ᄒᆞ고秋令은陰十一月一日ᄆᆡ市同三十日撤市ᄒᆞ기로玆에廣布ᄒᆞ오니全國商民同胞ᄂᆞᆫ[illegible]ᄒᆞ와진期交易ᄒᆞ심을敬要

藥商ᄋᆡ規興業會　告白

本人에圖章을昨年十一月分에路中서失故新章을更刻ᄒᆞ야ᄉᆞ오니知舊間照亮홈

任德在　告白

本人이開城驛前에東美運送部를開設ᄒᆞ고鐵道貨物를取扱ᄒᆞ야擧速運送ᄒᆞ오니僉君子ᄂᆞᆫ來議ᄒᆞ심敬要

開城驛前
東美運送部支점
摠務　尹東圭
事務　馬泰奎

本人四寸前參奉植이가中無所主ᄒᆞ야家長의訓을不遵ᄒᆞ고無賴輩로追逐ᄒᆞ야本人의兄嫂手章을僞捺ᄒᆞ고債用을ᄒᆞᆫ다ᄒᆞ기로禁制ᄒᆞᆯ道가無ᄒᆞ와廣告ᄒᆞ오니內外國人은切勿信聽ᄒᆞ고永勿干涉ᄒᆞ옵

社稷洞三十三統六戶尹道植白

我韓酒類가清濁燒藥四種에無過이온바米麴배釀이旣無良法ᄒᆞ야酒味或酸或苦에大有妨於衛生이옵기로此를改良ᄒᆞ야松露와栢露兩酒를新發明ᄒᆞ온바外國의精規와本國의素要를參互取得ᄒᆞ야血氣를補ᄒᆞ고풍濕을治ᄒᆞᄂᆞᆫ藥材로化成其美ᄒᆞ니松露의酒味ᄂᆞᆫ本國藥酒보다色甚濃艷ᄒᆞ고味甚香醇ᄒᆞ오며栢露의酒味ᄂᆞᆫ本國燒酒보다色甚精潔ᄒᆞ고味甚香冽ᄲᅮᆫ더러且稱醉易醒ᄒᆞ야使飮者로終日把盃에頭痛口逆이少無ᄒᆞ고反有益於衛生ᄒᆞ오믄乃實驗의公認이오釀造에特色이온지라玆에廣布ᄒᆞ오니內外國 僉彦은陸續沽飮ᄒᆞ시옵

登錄商標　松露　定價金一瓶十五錢　栢露　定價金一瓶二十錢

但誰某던지販賣코져ᄒᆞ시거던本所로來議ᄒᆞ시면特別割引으로酬應ᄒᆞ깃슴

發賣所京城西部尾洞九十三統八戶　松露第一釀造所

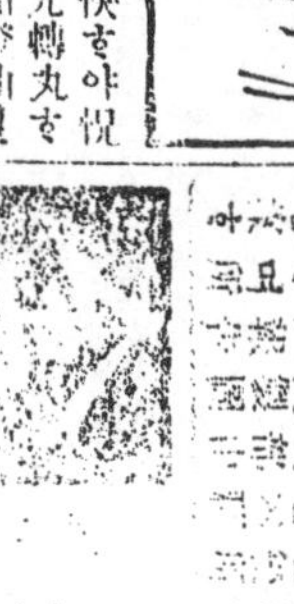

江湖漫遊客談話　駿山生

秋月江天에葛巾鶴발무老翁이一葉漁艇雙나시로世上功名을쥭ᄒᆞ고빅鷗로벗숨아上流ᄉᆞ流任去來에蘇翰림에羽化詩며장學士에료牌篇을길이울퍼徘徊ᄒᆞ니荻楓에烏啼ᄒᆞ고빅蘆에鴈규로다淸江ᄒᆞᆫ르ᄂᆞᆫ물은秋天과一色이오山寺찬북소ᄅᆡᄂᆞᆫ漁村에[illegible]更이라어ᄃᆡ셔一聲漁笛이풍便에덜이온다초工아비ᄯᅥ어라月色구경ᄒᆞ여보자瓠樽淸醪로相對兩漁翁ᄒᆞ야一盃一盃復一盃後에詩興이陶陶ᄒᆞᆫ中童

히新發明ᄒᆞᆫ消化補元ᄒᆞᄂᆞᆫ新藥品이니그를가져오라童子엿자오되그藥品은밋쳐預備치못ᄒᆞ엿스이다그러면郵便으로代금引換法이잇스니곳請求ᄒᆞ미웃더ᄒᆞ나童子엿ᄌᆞ오되此亦容易無妨ᄒᆞ오나遲緩ᄒᆞᆯ念慮가잇ᄉᆞ온즉됴흔道리가잇ᄉᆞ오이다濟生堂支덤이府郡處處에잇ᄉᆞ온즉邑底가不遠ᄒᆞ오니瞬息간求來ᄒᆞᄂᆞᆫ거시됴을듯ᄒᆞ오이다老翁이欣然ᄒᆞ야童子를命送ᄒᆞᆫ지一瞬간에淸心保命단과舍拌大補元을求來ᄒᆞᆫ지라兩老翁이江心水一鍾으로各ᄒᆞ幾粒에牙頰

[illegible]ᄒᆞ야[illegible]가져오라[illegible]서[illegible]子엿자오되丸[illegible]이잇습고[illegible]飮子잇ᄉᆞ오[illegible]리다此ᄂᆞᆫ[illegible]라[illegible]今時代ᄂᆞᆫ[illegible]時代[illegible]世界上個人마다[illegible]ᄒᆞ엿스니[illegible]是化行中一物[illegible]明的藥品으로[illegible]ᄒᆞᆫ[illegible]者를가져오되[illegible]ᄒᆞᆫ즉淸心保命단과[illegible]大補元이最

에生香ᄒᆞ고心신이爽快ᄒᆞ야悅然如嘗단爐中煉來之九轉丸ᄒᆞ야氣頂身輕에羽化而[illegible]仙일시老翁이[illegible]此ᄂᆞᆫ[illegible]藥也로다[illegible]於江干ᄒᆞ야未知新空氣之如此신異ᄒᆞ니[illegible]僻ᄂᆞᆫ人간一奇物也로다[illegible]工을命ᄒᆞ야비를져어江干에ᄃᆡ이니時夜將半에四顧無人이오[illegible]旣降에寒氣襲人이로다[illegible]불너瓠樽을다시널고[illegible]一二三盃먹은後에[illegible]東方이欲曙로다[illegible]中ᄒᆞ야不知天日之[illegible]

廣告

本관에셔事務를更加擴張ᄒᆞ옵고셔籍五圓以上에ᄂᆞᆫ特別割引ᄒᆞᆯ터이오니僉君子ᄂᆞᆫ陸續請求ᄒᆞ시옵

測量긔具와學徒用品各種도具備ᄒᆞ엿ᄉᆞᆸ

平壤鍾路太極書舘

舘主 李昇薰

主任 宋鍾遠

事務 金鎭澄

本人의子用濟가年今二十二에爲人이幼弱ᄒᆞ야悖類의誘引을因ᄒᆞ야欲得外債云故累次揭載新聞ᄒᆞ엿건니와陰九月初十日의更히出家ᄒᆞ야踵跡不知故廣告如是告白ᄒᆞ오니內外國人은切勿見欺홈

中署琵琶洞五十四統七戶 金斗晏 白

洪允厚本非宗孫而每欲偸斫子木偸典位土故年前已有捧手票矣內外國人切勿見欺

南陽洪氏宗中有司秉厚 ᄇᆡᆨ

本人의子宗긔가素性이不敏ᄒᆞ야專事優유에符同雜類ᄒᆞ고出債爲業이옵기玆에廣布ᄒᆞ오니內外國人잔切勿見欺홈

平壤安州화陽里 ᄇᆡᆨ酉鎭 ᄇᆡᆨ

本人에子元호가遊學次로離家八朔에消息絕無ᄒᆞ니某處에留ᄒᆞ던지서信을付郵ᄒᆞ야死生을無疑케홈

황히道지寧 梁基楨

特別廣告

前途有望ᄒᆞᆫ滿天下에健在ᄒᆞᆫ我大한國民에게謹告ᄒᆞ옵나이다

우리漢陽商會ᄂᆞᆫ同胞諸彥의便益을供ᄒᆞ기爲ᄒᆞ야外國物貨製造場과特約을締ᄒᆞ고我大한國의第一되ᄂᆞᆫ대파ㅣ도멘도스토아即萬物이具全ᄒᆞᆫ덤舖를組織ᄒᆞ고親切安全確實ᄒᆞᆫ方法으로써都賣及小賣로여러분으로ᄒᆞ야금時勢流行에가장適合ᄒᆞᆫ善良ᄒᆞᆫ物品을廉價로供給ᄒᆞ옵나이다

우리漢陽商會ᄂᆞᆫ紳士의便益을圖ᄒᆞ기爲ᄒᆞ야歐美雜貨와洋服附屬品과방寒用品을完全備置ᄒᆞ엿고

우리漢陽商會ᄂᆞᆫ學界에隆盛을圖ᄒᆞ기爲ᄒᆞ야文房諸具와學校용品을完全備置ᄒᆞ엿고

우리漢陽商會ᄂᆞᆫ淑女의進運을圖ᄒᆞ기爲ᄒᆞ야女子용品과細工物의原料를完全備置ᄒᆞ엿고

우리漢陽商會ᄂᆞᆫ愛煙家의便益을圖ᄒᆞ기爲ᄒᆞ야呂宋國埃及土耳其各國煙草를完全備置ᄒᆞ엿고

우리漢陽商會ᄂᆞᆫ衛生家에福音을與ᄒᆞ기爲ᄒᆞ야新鮮純良ᄒᆞᆫ葡萄酒、위스키、샤란듸、等洋酒類及食料品을完全備置ᄒᆞ엿고

우리漢陽商會ᄂᆞᆫ旅行家의便益을圖ᄒᆞ기爲ᄒᆞ야포毛布等旅行용具를完全備置ᄒᆞ엿고

우리漢陽商會ᄂᆞᆫ交際家의便益을圖ᄒᆞ기爲ᄒᆞ야高尙優美ᄒᆞᆫ贈答品을完全備置ᄒᆞ엿고

우리漢陽商會ᄂᆞᆫ地方諸彥의便益을圖ᄒᆞ기爲ᄒᆞ야郵便部를特設ᄒᆞ고地方注文은더욱低廉히迅速配達케ᄒᆞ옵고

우리漢陽商會ᄂᆞᆫ從來의愛顧를報ᄒᆞ기爲ᄒᆞ야左의方法으로써五百圓의景品을進呈ᄒᆞ옵ᄂᆞᆫ듸每一圓에對ᄒᆞ야景品券一枚式이옵고期限은十一月一日붓터同月二十日ᄭᆞ지景品券을進呈ᄒᆞ고二十五日에抽籤을行ᄒᆞᄂᆞᆫ듸各新聞사에셔立會가有ᄒᆞ옵

一等一人	一百圓	物品	各五十圓
二等二人	一百圓	仝	各五十圓
三等五人	五十圓	仝	各十圓
四等十人	五十圓	仝	各五圓
五等二十人	五十圓	仝	各二圓五十錢
以下ᄂᆞᆫ	無	空籤	

大韓漢城鍾路 漢陽商會

電話一九一番

健胃消滯 **八寶丹** 積滯와冒腹痛과頭痛眩暈을鎭正ᄒᆞᆫ一包十錢三包廿五錢

起死回生 **回蘇生水** 虛泄濕泄轉筋吐瀉腹痛신効霍亂吐瀉腹痛下痢痰咳每包金十錢

廣香消瘡丹 梅毒下疳頭瘡풍濕瘡一劑금四圓

胎養調經丸 婦人冷病帶下症月經不調신効一劑金五圓

陰陽雙補 **滋陽丸** 陽氣不足元氣不足陰陽雙補十日分金一圓八十錢一月分金五圓

阿片斷引藥 阿片引을斷ᄒᆞ고元神回腹ᄒᆞᄂᆞᆫ藥一劑五圓

連珠去根 **全治丸** 男女老幼간連珠라력을全治去根一劑三圓

鎭咳散 痰을消ᄒᆞ고히소를止ᄒᆞᄂᆞᆫ藥一包金三十錢

消積散 陳陳舊滯을消化ᄒᆞᄂᆞᆫ藥一包金十五錢

寸白殺虫 **殺虫藥** 寸ᄇᆡᆨ虫을一切去根ᄒᆞᄂᆞᆫ듸신効一包金三十錢

蛔滾散 회積腹痛을完治금十錢

林水 버짐과어루력이의藥二十錢 죽은셔가싸지ᄂᆞᆫ藥금三十錢 諸般感氣신効금十錢

通治膏 大小瘧을통治ᄒᆞᄂᆞᆫ膏藥十錢

其他有名賣藥

都 齊散 賣

社告

申報價

壹장代금		新貨二錢五厘
壹個月		三十錢
參個月		九十錢
陸個月	先納	壹圓七十錢
壹個年	先納	參圓四十錢
郵稅	壹장	新貨五厘
壹個月		十三錢

廣告料

四号活字拾三字詰

每日英尺一寸에 (自一行至四行이爲一寸) 新貨廿五錢

二쥬日壹寸에 二圓五十錢

壹個月壹寸에 五圓

但期限의長短과字行의多小를依ᄒᆞ야增減홈이有홈

大韓每日申報各處支社廣告

平安道

平壤鍾路太極서관 安泰國

三和港碑石洞敎堂 裵형湜

義州南門外한西大藥房 張有寬

鐵山郡內東部 安灝

車輦관同志會內 김明헌

定州南門內서舖 洪成麟

博川郡內鐺洞 김翼樞

安州城內安陵書館 김翼河

京義線枇峴驛停車場前 李基秀

龍川南市驛 韓燦禧

龍川楊市 황菊保

朔州郡南門外 朱伯英

泰川郡內관前洋藥局 李正화

寧邊郡內紅門里 鄭德昇

江西郡內 金昌煥

宣川郡橋南 申基周

江界邑內 김泰熙

郭山郡內新街 김大현

甑山郡內利用里 崔診爽

雲山北면橋洞 玉冕主

雲山郡內 崔元□

順川郡達洞 정□□

昌城邑內西下里□통貳戶 許□익

黃海道

히州南門內서舖 朴昌鎬

安岳壽石面訓鍊里 韓정敎

長淵邑校洞西北支學會內 崔東元

殷栗郡倉前里 김光礪

信川郡內四里 李悌경

재寧郡乾材藥局 李鼎均

白川郡文明館 趙雲泳

沙里院活民勞動救火會 任敬宰

咸鏡道

咸興州南社西門外 曺喜림

元山港創業社 황甫正杰

定平郡豐陽里 張禮學

洪原西門內保命局 羅炳善

永興南山洞洪明學校內 梁元常

淸津港新興洞 張元浩

全羅道

金溝水流面豆경 趙德三

木浦港陽洞 李得珠

京畿道

仁川杻峴開新冊肆 李東皥

開城南大門內興學書舖 姜助遠

忠淸道

江화郡內川橋 兪鎭植

結城廣川小龍洞 李啓□

한山下北필堂里 李英稙

慶尙道

大邱西門外友弦書樓側 李正由

부山港佐川藥局 徐錫주

江原道

杆城읍新城里一통三戶 威海元

鐵原읍棠洞 趙鍾大

蔚珍遠南面행花里 朱鎭韓

北墾島

北墾島龍井村耶蘇敎堂內 裵尙禧

告

檀君開國四千二百四十二年
箕子元年三千三十一年
大韓開國五百十八年
本報創刊日 光武八年七月十八日

大韓每日申報

Responsible for Publication Alfred Weekley Marnham
發行兼編輯人 英國人 萬咸
發行所 京城南部石井洞三層洋屋家 大韓每日申報社
第七卷 月曜 慶節歲時日休刊 第一千二百四十号

論說

各學生親睦會에 對ᄒᆞᆫ 勸告

噫라五學會가並起ᄒᆞ야東西의鼓角을齊鳴ᄒᆞᄂᆞᆫ其波及이靑年學生界에傳染ᄒᆞ야學生親睦會가又爭起ᄒᆞᆫ셔於是乎

關東湖南嶠南湖西西北五學生親睦會가旗幟를亂飜ᄒᆞ더니近又五에其一을加ᄒᆞ야畿內學生親睦會가設立되엿도다

噫라彼히外列强을睹ᄒᆞᆫ건ᄃᆡ所謂學會가十百으로數ᄒᆞᆯ지나然이나大槪曰法學會曰政學會曰工學會曰農學會曰天文學會曰地理學會等뿐이오今日韓國과如히西北畿湖關東等學會ᄂᆞᆫ罕見ᄒᆞᆯ바ㅣ라噫라彼法政農工等學會ᄂᆞᆫ法學이나政學等學術을研究키爲ᄒᆞ야設立됨이어니와乃此西北畿湖等學會ᄂᆞᆫ何를研究코ᄌᆞᄒᆞᆷ인가

然이나此韓國各學會ᄂᆞᆫ今日文明吸入의新時代를當ᄒᆞ야各히其手腕으로爲先其道의人俗을改良ᄒᆞ며爲先其道의敎育을擴張ᄒᆞ야畢竟全國人俗을改良ᄒᆞ며全國敎育을擴張ᄒᆞ라ᄂᆞᆫ者로自認ᄒᆞ나니此實韓國今日時代에難免의勢나吾儕ᄂᆞᆫ오히려各學會가今日에親密ᄒᆞ며明日에親密ᄒᆞ야畢竟國民大團合이作ᄒᆞ기를希望ᄒᆞ거니와

今此學生親睦會에對ᄒᆞ야ᄂᆞᆫ特尤一筆을擧ᄒᆞ야擁護의誠을呈코ᄌᆞᄒᆞ노니

諸君이今日關東嶠南湖西等의小門戶를各設ᄒᆞᆷ은果然何意思요

諸君이此問題에對ᄒᆞ야或曰此가別個事件이아니라但以同道學生으로遠地에留學ᄒᆞ미自然面目이慣ᄒᆞ며心神이適ᄒᆞ야親密의情誼를敦睦코져ᄒᆞᆷ이니此가엇지可치아니ᄒᆞᆫ가ᄒᆞᆯ지나此猶眼孔細小者의言이니

全國學生이모다同胞兄弟어ᄂᆞᆯ何必同道學生에게만親密의情誼를敦睦ᄒᆞ리오然則全國學生이其手를共携ᄒᆞ고一道로並趨ᄒᆞ야國民團合의大基礎를作ᄒᆞᆷ이可ᄒᆞ거ᄂᆞᆯ諸君이엇지此를不思ᄒᆞᄂᆞᆫ가

又諸君이此問題에對ᄒᆞ야或曰此가비록正當ᄒᆞᆫ理論이나然이나我國人의智識이아즉幼稚ᄒᆞ야範圍가만일廣博ᄒᆞ면人心이自然渙散ᄒᆞ나니故로爲先同道의學生을親睦키爲ᄒᆞᆷ이라ᄒᆞᆯ지나此又猶不然ᄒᆞ니

噫라諸君은文明의先驅오國家의主人이라幼稚ᄒᆞᆫ智識을發展케ᄒᆞᆯ者ㅣ諸君이아니며渙散ᄒᆞᆫ人心을團合케ᄒᆞᆯ者ㅣ諸君이아닌가諸君이此를不能ᄒᆞ면誰가能ᄒᆞ리오嗚乎諸君이여諸君이엇지此를不思ᄒᆞᄂᆞᆫ가

又諸君이此問題에對ᄒᆞ야或曰此又비록正當ᄒᆞᆫ理論이나然이나只今吾輩의先進된人士가猶且五學會를設立ᄒᆞ엿나니吾輩의學生親睦會ᄂᆞᆫ오히려第二問題라ᄒᆞᆯ지나此又猶不然ᄒᆞ니

諸君은已往腐敗時代의國民이아니오第二世新선國民이라文明의敎育을受ᄒᆞ야國民統一의大慧眼이有ᄒᆞ며革新의智識을長ᄒᆞ야舊習打破의大刀斧를執ᄒᆞ엿나니엇지先進을徒效ᄒᆞ야勇氣를自沮ᄒᆞ리오嗚乎諸君이여諸君이엇지此를不思ᄒᆞᄂᆞᆫ가

諸君은早早히各學生親睦會를連合ᄒᆞ야一大帝國學生親睦會의旗幟를高竪ᄒᆞ라

吾儕ᄂᆞᆫ其親이長ᄒᆞ노라

官報

第四千五百貳号

隆熙三年十月十一日

法律

法律第二十七号

海上衝突豫防法 續

乙 帆船은常히同一ᄒᆞᆫ亮明의光을發ᄒᆞ야周回를照ᄒᆞ게製造ᄒᆞᆫ빅色의燈籠一箇를揭ᄒᆞ고且他船이我船에向ᄒᆞ야漸近ᄒᆞ야來ᄒᆞ던지又ᄂᆞᆫ我船이他船에向ᄒᆞ야漸近ᄒᆞ야往ᄒᆞᄂᆞᆫ時ᄂᆞᆫ衝突을방홈에充分ᄒᆞᆫ時間을定ᄒᆞ야最히見得ᄒᆞ기易ᄒᆞᆫ所에白色의閃火又ᄂᆞᆫ炬火一箇를表示ᄒᆞᆷ이可ᄒᆞᆷ

甲及乙에規定ᄒᆞᆫ諸燈은少ᄒᆞ야도二히里의距離로부터見得ᄒᆞᆯ者를要ᄒᆞᆷ

五 桁網을用ᄒᆞ야牡蠣採取에從事ᄒᆞᄂᆞᆫ船舶其他桁網을用ᄒᆞ야漁業에從事ᄒᆞᄂᆞᆫ船舶은打網을用ᄒᆞ야漁業에從事ᄒᆞᄂᆞᆫ船과同一ᄒᆞᆫ燈을揭ᄒᆞ고此를表示ᄒᆞᆷ이可ᄒᆞᆷ

六 漁션은本條에規定ᄒᆞᆫ燈을揭ᄒᆞ고及此를表示ᄒᆞᄂᆞᆫ外에何時던지閃火를用ᄒᆞ고且漁業用의燈火를用ᄒᆞᆷ을得ᄒᆞᆷ

七 長이百五十尺未滿의漁션碇泊中에ᄂᆞᆫ周回가少ᄒᆞ야도一海里에距離로부터見得ᄒᆞᆯ白燈一箇를揭ᄒᆞᆷ이可ᄒᆞᆷ

長이百五十尺以上의漁션碇泊中은周回가少ᄒᆞ야도一히里의距離로부터見得ᄒᆞᆯ빅燈一箇를揭ᄒᆞ고且第十一條에規定ᄒᆞᆫ白燈一箇를增揭ᄒᆞᆷ이可ᄒᆞᆷ

長이百五十尺未滿과百五十尺以上됨을不問ᄒᆞ고碇泊中의漁船이漁網其他漁具를結着ᄒᆞᆫ時ᄂᆞᆫ他船이我船에向ᄒᆞ야漸近ᄒᆞ야來ᄒᆞᄂᆞᆫ時碇泊燈의下方에少ᄒᆞ야도三尺을隔ᄒᆞ고且漁網其他漁具의方向에셔水平上에少ᄒᆞ야도五尺을隔ᄒᆞ야白燈一個를增表ᄒᆞᆷ이可ᄒᆞᆷ 未完

外報

◎日國地震 日本에셔ᄂᆞᆫ去十日午后三時十四分에全國에亙ᄒᆞᆫ地震이有ᄒᆞ엿ᄂᆞᆫᄃᆡ四國과九州에最히强烈ᄒᆞ엿다더라

◎英國航行權 土耳其政府ᄂᆞᆫ英國이請求ᄒᆞᆫ유라ᄎᆡ스、타이그리쓰兩河의獨占航行權許可ᄒᆞ기를躊躇ᄒᆞᆫ다더라

◎日人被害 露領니코라이쓰크에셔馬賊數名이去月二十五日에日人時計商졈에闖入ᄒᆞ야日人三名을殺害ᄒᆞ엿다더라

◎德國大計劃 德國政府ᄂᆞᆫ淸國膠州灣에셔起點ᄒᆞ야淸國、西藏、阿富汗、南部波斯를經ᄒᆞ야마게쏫트鐵道와聯絡ᄒᆞᄂᆞᆫ大幹鐵道를新設ᄒᆞᆯ計劃이有ᄒᆞ다ᄂᆞᆫᄃᆡ露國은特히此를憂慮ᄒᆞ야大端이注意ᄒᆞᆫ다더라

◎크島瀕危 크리트島問題ᄂᆞᆫ頗히急迫에瀕ᄒᆞ엿ᄂᆞᆫᄃᆡ其解決은頗히重視ᄒᆞᆯ것이라더라

◎非洲와英德 德國殖相떼른베루이氏ᄂᆞᆫ倫敦의阿非利加協會에셔演說ᄒᆞ기를阿非利加에英德兩國利害ᄂᆞᆫ共通케ᄒᆞᆫ다ᄒᆞ엿다더라

◎軍令發布 日本은改正步兵操典施行에關ᄒᆞᆫ軍令을發布ᄒᆞ엿다더라

◎減租運動大會 日本에셔ᄂᆞᆫ來年에猛烈히減租國民大會를開ᄒᆞ고示威運動을ᄒᆞᆯ議가有ᄒᆞ다더라

◎無線電信 日本에셔ᄂᆞᆫ十二月十四十五兩日에日本銚子와美國布와間三千五百히里의無線電信을試驗ᄒᆞᆯ터이라더라

◎最長無線電 日本郵船會社의美國航路船安藝丸은去八日에落石局에셔二千三百五十히里되ᄂᆞᆫ곳에셔無線電信을通ᄒᆞ엿ᄂᆞᆫᄃᆡ此ᄂᆞᆫ實노未曾有ᄒᆞᆫ長距離의通信이라더라

◎銅價暴騰 英國倫敦에셔ᄂᆞᆫ銅價가暴騰ᄒᆞ엿다더라

◎兩王同伴 葡萄牙王陛下ᄂᆞᆫ西班牙都城에到着ᄒᆞ야西班牙王陛下와同伴入宮ᄒᆞ엿다더라

▲文 壇▼

▲天喜堂詩話 (續)

漢詩ᄂᆞᆫ漢文과共히我國에輸入ᄒᆞ야一種文學을成ᄒᆞᆫ者라箕聖이傳敎ᄒᆞᆯ時에必也殷周에行用ᄒᆞᄂᆞᆫ풍雅頌等으로國人을敎ᄒᆞᆫ事가有ᄒᆞᆯ지나古사에可徵ᄒᆞᆯ處가無ᄒᆞ며或麥秀歌를箕聖의作ᄒᆞᆫ비라ᄒᆞ나此ᄂᆞᆫ張谿谷이微子詩로昭晳히辨正ᄒᆞᆫ비라再次置疑ᄒᆞᆯ餘地가無ᄒᆞ니我東의漢詩鼻祖ᄂᆞᆫ不得不類利王黃鳥詩로推ᄒᆞᆯ지나其詩旨가自家夫婦間缺感을叙述ᄒᆞᆷ에不過ᄒᆞ니足히稱道ᄒᆞᆯ비無ᄒᆞ고其後에乙支文德이平壤城下兵馬공憁의際에五言一首를著ᄒᆞ야于仲文을欺弄ᄒᆞ엿스니其臨陣閑雅의풍度를足히想見ᄒᆞᆯ지나將軍의詩라詩人의詩가아니며又一時誘敵의語라任情率意의作이아니니足히諷詠ᄒᆞᆯ비無ᄒᆞ고其後에許多詩學士가輩出ᄒᆞ엿스나皆李杜韓蘇의唾餘를拾ᄒᆞ야戰事를悲觀ᄒᆞ고苟安을謳歌ᄒᆞ야事大主義만鼓吹ᄒᆞᆯ뿐이오能히眼光을大放ᄒᆞ야東國尙武的精神을發揮ᄒᆞᆫ者ㅣ無ᄒᆞ니嗚乎라外語外文의國魂을移奪ᄒᆞᆯ魔力이果然如此ᄒᆞᆫ저余가勝朝及本朝千餘年間漢詩家人物을歷數ᄒᆞ미欷歔를不堪ᄒᆞᄂᆞᆫ비로라故로余ᄂᆞᆫ嘗謂ᄒᆞ되我國의流傳ᄒᆞᄂᆞᆫ漢詩ᄂᆞᆫ南怡詩(白頭山石磨刀盡、豆滿江波飮馬無、男兒二十未平敵、後世誰稱大丈夫)一首와崔瑩詩(三尺劍頭安社稷、一條鞭末整乾坤)一句만存錄ᄒᆞ고其餘ᄂᆞᆫ一切火炬에付코ᄌᆞᄒᆞ노니嗚乎라此言이비록過激ᄒᆞᆫ듯ᄒᆞ나抑亦有志者의同認ᄒᆞᆯ바가아닌가雖然이나彼千餘年來漢詩家가腦를腐ᄒᆞ며血을灑ᄒᆞ야螢窓雪案間蕭條生涯로其死後姓名二字를傳코ᄌᆞᄒᆞ던者가今日九原下에셔此言을聞ᄒᆞ면齒를切ᄒᆞ고哀哭ᄒᆞᆯ者ㅣ果然幾人이나될ᄂᆞᆫ지 未完

詞藻

◎波 波 히

百年을산다히도、百年이거얼마며
憂患疾苦다졔ᄒᆞ면、놈ᄂᆞᆫ날이얼마되나。
至今에、泰山又치싸헌일을、어셔어셔。

電報

◎義勇維持難 日本히事局의義勇艦隊ᄂᆞᆫ旣히二隻이竣成되엿스나其構造가不經濟인故로物議가頻出ᄒᆞ야維持키가困難ᄒᆞ다ᄂᆞᆫ批難이多ᄒᆞ다더라 東京발 十二日着

雜報

◎君夫人謁見 昨日上午十一時에完興君李載冕氏의夫人이창德宮에進詣ᄒᆞ야 大皇帝及皇后兩 陛下ᄭᅴ 謁見ᄒᆞ엿다더라

◎特別金下賜 방疫委員諸氏에게賞與金을 下賜ᄒᆞ심은各報에已揭어니와該委員中李恒九氏에게ᄂᆞᆫ特別金五百圜을 下賜ᄒᆞ셧다더라

◎大久保陛見 駐韓日本軍司令官大久保ᄂᆞᆫ來十五日에出發歸國ᄒᆞᄂᆞᆫᄃᆡ本日午前十時에日人小倉國本等을帶同ᄒᆞ고 大皇帝陛下ᄭᅴ 陛見ᄒᆞᆫ다더라

◎改定件頒布 文官任用法中改定의件을 勅令으로頒布ᄒᆞ엿다더라

◎齋藤出發 日人大佐齋藤의一行은昨日淸津港에서出發ᄒᆞ야釜山을向ᄒᆞᆫ다고統監府에電報가來ᄒᆞ엿다더라

◎書記官歸任 韓國銀行設立事件에關ᄒᆞ야渡日ᄒᆞ엿던度支部書記官河內山은再昨日歸任ᄒᆞ엿다더라

◎韓銀開宴 韓國銀行에서ᄂᆞᆫ來二十一日에第一銀行에서財產을引繼ᄒᆞ야二十四日부터業務를開始ᄒᆞᄂᆞᆫᄃᆡ本月二十七八日頃에韓國文武官及曾禰統監以下日本官吏等千餘名을招待ᄒᆞ야倂ᄒᆞ히銀行設立宴을開催ᄒᆞᆫ다ᄂᆞᆫᄃᆡ會場은南大門附近으로ᄒᆞᆫ다더라

◎郡守敍任 內部에서郡守幾窠를修定ᄒᆞ야統監府에同意를請ᄒᆞᆷ은前報에已揭어니와敍任件을據ᄒᆞᆫ즉蔚珍은權純九、慈仁은洪창燮、通川은崔祺集、豐德은俞斌益、漣川은정容漢諸氏라더라

◎宜其罷免 長城郡守金潤창氏ᄂᆞᆫ內部에서該郡被害人民에게支撥ᄒᆞᄂᆞᆫ救恤金을乾沒ᄒᆞᆫ事件으로免官ᄒᆞ엿다더라

◎修道費議決 舊義州로부터新義州ᄭᆞ지道路를修築ᄒᆞᄂᆞᆫᄃᆡ役費一千七百餘圜을支撥ᄒᆞ기로內閣會議에提議決定ᄒᆞ엿다더라

◎未發行引繼 未發行에屬ᄒᆞᆫ日本第一銀行券은韓國銀行에引繼되야豫定ᄃᆡ로發行ᄒᆞᆫ다더라

◎出迎者多 日本에前往ᄒᆞ엿던一進會副會長洪肯燮遊說團員鄭應卨氏一行이再昨日下午八時에入城ᄒᆞ엿ᄂᆞᆫᄃᆡ警視副監具然壽氏와衛生局長廉仲模氏와一進會員들이出迎ᄒᆞ엿다더라

◎樂園落成 漢城俱樂園修理工役이不遠間竣成된다ᄂᆞᆫᄃᆡ內閣大臣의發起로落成式을盛設ᄒᆞᆫ다더라

◎裁所公函 再昨日裁判所에서宮內府에公函ᄒᆞ되國忌日에刑事를執行ᄒᆞᆷ이未安ᄒᆞ니國忌日子를錄送ᄒᆞ라ᄒᆞ엿다더라

◎爲整財產 宮內府에서各宮을調査ᄒᆞᆷ은已報어니와將次各宮所有財產의統計表를調製ᄒᆞᆫ다더라

◎漢府地方費 漢城府에서本年度의地方費賦課稅를收納ᄒᆞ엿ᄂᆞᆫᄃᆡ歲入金이三千圜이오歲出經常費中에土木費가二百五十圜이오人民救恤金이五百圜이오教育獎勵費가二百圜이라더라

◎豫算回付 隆熙四年度韓國政府各部豫算案은昨日에全部를度支部에提出ᄒᆞ엿ᄂᆞᆫᄃᆡ財務當局에서卽時整理에着手ᄒᆞ야今月中에査定方침을決定ᄒᆞ야參與官會議에回付ᄒᆞᆫ다더라

◎恤金磨鍊 內部에서水災를被ᄒᆞᆫ地方에救恤金을磨鍊ᄒᆞ엿ᄂᆞᆫᄃᆡ平北에七百圜이오平南에二千六百五十圜이오咸南에一千六百五十圜으로算定ᄒᆞ고地方局長이各該道觀察使의게照會ᄒᆞ엿다더라

◎業者其誰 本日은韓國漁業協定書가發表되여韓國漁業界에大變動이生ᄒᆞᆫ第一回紀念日이라ᄒᆞ야農商工部水產局에서盛大ᄒᆞᆫ紀念宴을設ᄒᆞ고餘興이滔滔ᄒᆞ야歡樂을表ᄒᆞᆫ다더라

◎施痘告示 內部衛生局에서一般人民에게秋期種痘를施行ᄒᆞᆯ터인ᄃᆡ旣往施痘人이라도成績이不好ᄒᆞᆫ者와成績이良好ᄒᆞᆫ지라도五個年이已過ᄒᆞᆫ者와其他種痘에希望이有ᄒᆞᆫ者ᄂᆞᆫ一切施痘ᄒᆞ기로各坊曲에揭示ᄒᆞ엿다더라

◎韓巡試取 警視廳에서來十五日에韓人巡査二十餘名을試取ᄒᆞᆫ다더라

◎纛民呼訴 纛島箭串里等地에在ᄒᆞᆫ驛屯土를東拓會社에서引繼ᄒᆞᆫ後로土地所出을計ᄒᆞ야十分四를收捧ᄒᆞᄂᆞᆫᄃᆡ前例에比ᄒᆞ면猶是過重ᄒᆞ다ᄒᆞ야該作人玉雲植金弘植氏等數十人이昨日漢城財務署에呼訴ᄒᆞ엿다더라

◎日會中止 韓國在留日人들이伊藤公遭變에對ᄒᆞ야時局問題에關ᄒᆞᆫ意見을發키爲ᄒᆞ야大會를開ᄒᆞ랴다가何等解결이有ᄒᆞ야停止ᄒᆞ엿다더라

◎何其徑庭 國民新報社에서各新聞團을聯合ᄒᆞ야伊藤公追悼會를設行코져各新聞社에請函을發送ᄒᆞ엿더니各社에서事故를因ᄒᆞ야不參ᄒᆞᆫ지라國民新報社에서單獨히追悼會日子와任員을差定ᄒᆞ고各社에서會合決定ᄒᆞᆫ樣으로報紙에發布ᄒᆞᆫ지라各新聞社長諸氏가聯名ᄒᆞ야國民新報社에致函ᄒᆞ야其事實의徑庭됨을論及ᄒᆞ고且伊藤公事에對ᄒᆞ야修히官民追悼會가有ᄒᆞᆯ뿐더러現今漢城府民會에서大追悼會를發起ᄒᆞᆫ즉吾儕ᄂᆞᆫ該會一班에參列ᄒᆞᆷ이妥當ᄒᆞ다ᄒᆞ엿다더라

◎尙須增築 典洞前侍衛三隊營門內에場市를設ᄒᆞᆫ다ᄂᆞᆫ說은已報어니와該營舍間數가本來三百餘間인ᄃᆡ場市를設ᄒᆞᄂᆞᆫ境遇에ᄂᆞᆫ狹窄ᄒᆞᆫ慮가有ᄒᆞ다ᄒᆞ야三百餘間을更히建築ᄒᆞᆫ다더라

◎因겁致命 醴泉郡居金天슈氏及郭姓人이去月頃에該郡甘泉里로過去ᄒᆞ다가日憲兵을望見ᄒᆞ고畏겁逃走ᄒᆞᄂᆞᆫᄃᆡ該憲兵이銃丸을亂放ᄒᆞ야金天슈ᄂᆞᆫ被死ᄒᆞ엿고郭姓人은重傷을被ᄒᆞ엿다고該郡守가內部로報告ᄒᆞ엿다더라

◎兩과宜禁 東部梨峴等地에서苦椒商ᄒᆞᄂᆞᆫ金光洙氏가大小兩과를使用ᄒᆞ야賣買上에不公平ᄒᆞᆫ事가有ᄒᆞᆷ으로何許斷발人이過去ᄒᆞ다가其裏由를詰難ᄒᆞ미該署內巡査가商業界에無端妨害를與ᄒᆞᆫ다ᄒᆞ야該斷발人을押去ᄒᆞ야及其訊問ᄒᆞᆫ즉乃南部刑事巡査인故로卽時放還ᄒᆞ엿다더라

◎鬱郡有校 鬱島郡을新設後에鄕校가無ᄒᆞᆷ으로該郡居鄭석淵氏가經費를自擔建築ᄒᆞᆫ지라該郡守가事實을擧ᄒᆞ야學部로報告ᄒᆞ엿ᄂᆞᆫᄃᆡ該部에서ᄂᆞᆫ宮內府及掌禮院에照會ᄒᆞ야位牌造成ᄒᆞᆯ事件을協議ᄒᆞᆫ다더라

◎同謀者押囚 全州郡居金宗舜氏가同郡居金箕涉氏를誘引ᄒᆞ야雲峴宮舍音一處를圖給ᄒᆞ마ᄒᆞ고金三百圜을欺取ᄒᆞ고仍爲逃避ᄒᆞᆫ故로金箕涉氏가中署에呼訴ᄒᆞ여該同謀人李貞奎氏를押囚ᄒᆞ엿다더라

◎孫犯越交 北署에被提ᄒᆞᆫ內亂犯孫英植은再昨日裁判所로越交ᄒᆞ엿다더라

◎竹郡賊警 去水曜日曉頭에强盜六名이各持凶器ᄒᆞ고竹山郡勝竹洞吳順川家에突入ᄒᆞ야若干錢財를奪去ᄒᆞ엿다더라

◎湖南總會 湖南學會에서來日曜日下午一時에通常總會를開ᄒᆞ고財政方침과諸般事項을協議ᄒᆞᆫ다더라

◎校況困難 박洞普成學校ᄂᆞᆫ校主李鍾浩氏가經費를專擔ᄒᆞ다가該氏가鄕第에下往ᄒᆞᆷ을因ᄒᆞ야任員諸氏의幾朔月俸을未及支撥ᄒᆞ고因히日軍司令部에被提ᄒᆞ여放免이尙遲ᄒᆞᆷ으로該校現況이大段困難ᄒᆞ야維持沒策ᄒᆞ다더라

◎大同社任員 大同日報社長李紹鍾氏가出席ᄒᆞ야一般任員을組織ᄒᆞ엿ᄂᆞᆫᄃᆡ顧問은安翊善總務ᄂᆞᆫ金창洙理事ᄂᆞᆫ洪淳甲營業部長은李忠植諸氏라더라

◎靑館討論 今日下午七時에鍾路靑年會館에서討論會를開ᄒᆞ고富而無驕가易於貧而無諂이란問題로互相討論ᄒᆞᆫ다더라

學界

◎留學생愛國淚 大丘郡無怠洞居李文熙氏가留學次로今年一月末에日本福岡縣에渡往ᄒᆞ야熱心做工ᄒᆞᄂᆞᆫᄃᆡ旅費가窘乏ᄒᆞ야辛苦를備經ᄒᆞ고仍히身病에罹ᄒᆞ야故國으로返向ᄒᆞᄂᆞᆫᄃᆡ一般留學생을對ᄒᆞ야祖國情況을陳說ᄒᆞ고一場痛哭ᄒᆞ엿다더라

◎視察發程 靑友奬學會會長全泓國氏ᄂᆞᆫ北靑學界를視察ᄒᆞ기爲ᄒᆞ야高明ᄒᆞᆫ講師를帶同ᄒᆞ고來二十日頃에發程ᄒᆞᆫ다더라

◎私校意見 各私립學校가聯合ᄒᆞ야學部에意見을提呈ᄒᆞ엿ᄂᆞᆫᄃᆡ官私立學校의職員會를合同ᄒᆞᆯ件、私립學校學徒로官립學校理科教授를參觀케ᄒᆞᆯ件、官私립學校寄宿舍를設립ᄒᆞ고學徒를收容ᄒᆞᆯ件、教科用圖書를同一케ᄒᆞᆯ件、教育費擔負區域을定ᄒᆞᆯ件인ᄃᆡ學部에서ᄂᆞᆫ其實施與否를現方協議中이라더라

◎書堂何多 忠淸南道各郡의教育現狀을聞ᄒᆞᆫ즉書堂이六百八十六이오學徒가四千九十六人이오教科書ᄂᆞᆫ漢文만爲主ᄒᆞ고韓國歷사地理를加ᄒᆞᆫ處도有ᄒᆞ며公私立普通學校ᄂᆞᆫ百十二處오學徒ᄂᆞᆫ五千四百七十二人이오教員은三百三十人이라다라

◎作文專習 某某教育家諸氏가徽文義塾內에作文專習所를設립ᄒᆞ고漢文及國漢文作文法을專門으로教授ᄒᆞᆫ다더라

◎女校運動 官立高等女學校에서再昨日城北洞飮碧亭에서秋期運動을設行ᄒᆞ엿다더라

◎成績展覽會 再昨日官립於義洞普通學校에서學徒成績品展覽會를開ᄒᆞ고各社會紳士를請요ᄒᆞ엿다더라

◎寧倅興學 寧邊郡守梁鳳濟氏ᄂᆞᆫ이任三載에殫心圖治ᄒᆞᆯ뿐더러教育에有意ᄒᆞ여郡底와各面에學校를多數設립ᄒᆞ고靑年을勸奬ᄒᆞᆫ다더라

▲神中靈神▼

▲許多造化다품기ᄂᆞᆫ魍魎보다더용ᄒᆞ고許多勢力具備키ᄂᆞᆫ夜叉보다더미셥다上天下地이中間에못ᄒᆞᆯ일이업셧스니銅絲이라ᄒᆞᄂᆞᆫ鬼神靈신中에第一일세

▲兒女腹中窄窄裏에太陽빗도不見ᄒᆞ고胞中生活ᄒᆞ던兒孩銅絲님시맛고보면容易ᄒᆞ게나온다지

近來일을못보앗나冶隱先生더影幀이度支部에執行되여相當價를準納ᄒᆞ면依舊出給ᄒᆞᆫ다ᄒᆞ니죽은사ᄅᆞᆷ그림ᄌᆞ도銅絲神이드러가면容易ᄒᆞ게나오겟데

▲九重禁門다헷치고紫闥內에直入ᄒᆞ야죽은者도살게ᄒᆞ고ᄉᆞᄂᆞᆫ者도죽게ᄒᆞᆷ은孔方兄의勢力이지

近來일을못보앗나고ᄌᆞ大監姜錫ᄒᆞᄂᆞᆫ監獄署에滯囚ᄒᆞ야죽을地境된다더니總理大監더門庭에銅絲神이突入ᄒᆞ미七年處役더罪案이忽地白[illegible]되겟다데

▲銅絲神이잇고보면두억神도부런다니同是鬼神一般인ᄃᆡ무ᄉᆞᆷ勢力宏壯ᄒᆞ야그러랴시尊嚴ᄒᆞᆫ가

近來일을못보앗나崔英會長門內文은銅像鑄造더經營에밤낫업시熱등ᄒᆞ니蓮花界上天然佛이무ᄉᆞᆷ새로發動인가銅絲神에ᄭᅳ녀와셔法鼓업ᄂᆞᆫ춤을츄지

社告

雲川邑支社員梁允植氏辭免ᄒᆞᆫ代에咸元澤氏로安岳支社員金文浩氏辭免ᄒᆞᆫ代에韓楨敎氏로擇定ᄒᆞ엿ᄉᆞ니各該支社로本報購覽ᄒᆞ시ᄂᆞᆫ僉君子ᄂᆞᆫ照亮ᄒᆞ시옴

大韓每日申報社

雜報

◎歡迎會退定　咸南學生親睦會에셔發起ᄒᆞᆫ崔麟韓相愚金源極三氏의歡迎會ᄂᆞᆫ明日曜日上午九時로退定ᄒᆞ야咸南道契內에셔設行ᄒᆞᆫ다더라

廣告

惟我晋州藥令定規를春令은陰一月二十五日로開市ᄒᆞ고秋令은陰十月二十五日로開市ᄒᆞ야擬市ᄂᆞᆫ十一月二十五日로確定ᄒᆞ엿ᄉᆞ오니遠近僉君子ᄂᆞᆫ照亮ᄒᆞ시며方今秋令不遠ᄒᆞ온니屆期來臨ᄒᆞ심을千萬敬要홈

慶南晋州令藥商　告白

美國大學法律大學士
早稻田大學法學士
後藤進平
電話五〇六
仁川仲町二丁目
誠實에法律事務에從事홈

本府明五里에本人에所居家垈田土은世傳莫重宗基宗土故로曾祖父가與其少子德灌으로雖分家出居ᄒᆞ되宗基文券則曾祖父가親自執持이다가本年四月에曾祖父가還汲于本人家이온바卒哭後에推尋文券則德灌이隱匿不給ᄒᆞ오니內外國人은切勿見欺홈

平北龍川府內上面明五里　張士鉉　白

國債報償金을全國에大同處理되기爲ᄒᆞ야各新報上廣告로十三省同胞의게議席을敢請ᄒᆞ엿ᄉᆞᆸ더니及其會日에各道郡代表가何其寥星인지會席이未圓ᄒᆞ고落着이無期ᄒᆞᆫ境遇인즉設或善良ᄒᆞᆫ方針과特異ᄒᆞᆫ義務가有ᄒᆞᆯ지라도人無合同에亦將奈何오末由不得ᄒᆞ와鄙郡셔義捐ᄒᆞᆫ貯金은當地公益上으로取用ᄒᆞᆯ터이옵게玆에廣布홈

慶北大子郡　徐相돈
李一雨　柳尙輔
徐基夏　李宗勉
崔永煥　채斗錫
上京代表　徐丙奎
仝(郡民會摠務)徐興均
仝　鄭海鎭　等　告白

本人이四角姓名章을셔失ᄒᆞ고圓形으로新刻施行홈

西署盤松坊池下契峴底洞三統二十一戶　金聖鉉

本人이원동금호門前居張明秀氏를屢次尋訪라가不逢故廣告ᄒᆞ오니西署倉洞四統六戶李承旨家로卽速枉臨望홈

楊州九雲洪淳直　白

徽文義塾內에作文專習所를設립ᄒᆞ고來月曜(十一月十五日)무터開學ᄒᆞ오니文學에有志ᄒᆞ신僉君子ᄂᆞᆫ陸續入學ᄒᆞ시옵

作文專門
一、學科　作文專門
一、學員數　八十名內
一、保證金　三十錢
一、月謝金　三十錢

作文專習所　白

本人에家人金眞玉이가本人의게欺瞞行爲가有ᄒᆞ고逃避不現인바本人의親知或舍音間切勿相關見欺ᄒᆞ시옵

中部勳洞十二統一戶趙命九白

本人이開城驛前에東美運送部를開設ᄒᆞ고鐵道貨物를取扱ᄒᆞ야擧速運送ᄒᆞ오니僉君子ᄂᆞᆫ來議ᄒᆞ심敬要

開城驛前
東美運送部支졈
摠務　尹東圭
事務　馬泰奎

本人四寸弟植前名宜植이가中無所主ᄒᆞ야家長의敎訓을不遵ᄒᆞ고無賴輩로追逐ᄒᆞ야本人의兄嫂手章을僞捺ᄒᆞ고債用을ᄒᆞᆫ다ᄒᆞ기로禁制ᄒᆞᆯ道가無ᄒᆞ와廣告ᄒᆞ오니內外國人은切勿信聽ᄒᆞ고永勿干涉ᄒᆞ심

社稷洞三十三統六戶尹道植白

我韓酒類가淸濁燒藥四種에無過이온바米麴비釀이旣無良法ᄒᆞ야酒味或酸或苦에大有妨於衛生이옵기로此를改良ᄒᆞ야松露와栢露兩酒를新發明ᄒᆞ온바外國의精規와本國의秦要를參互取得ᄒᆞ야血氣를補ᄒᆞ고풍濕을治ᄒᆞᄂᆞᆫ藥材로化成其美ᄒᆞ니松露의酒味ᄂᆞᆫ本國藥酒보다色甚濃艶ᄒᆞ고味甚香醇ᄒᆞ오며栢露의酒味ᄂᆞᆫ本國燒酒보다色甚精潔ᄒᆞ고味甚香洌ᄲᅮᆫ더러且輕醉易醒ᄒᆞ야使飮者로終日把盃에頭痛口逆이少無ᄒᆞ고反有益於衛生ᄒᆞ오믄乃實驗의公認이오釀造에特色이온지라玆에廣布ᄒᆞ오니內外國僉彦은陸續沽飮ᄒᆞ시옵

登錄商標　松露　定價金一瓶十五錢　栢露　定價金壹瓶二十錢

但誰某던지販賣코져ᄒᆞ시거던本所로來議ᄒᆞ시면特別割引으로酬應ᄒᆞ깃ᄉᆞᆸ

發賣所京城西部尾洞九十三統八戶　松露第一釀造所

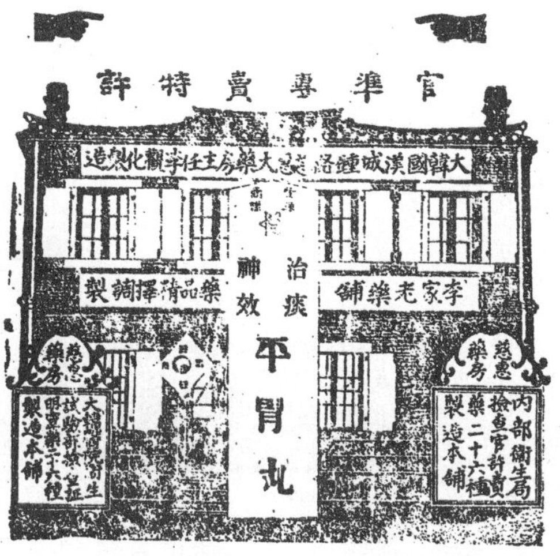

○敬啓者本商會에서測量界僉彥에酬應을承ᄒᆞ와測量機械類은年來로販賣ᄒᆞ온바幸히僉彥의愛顧ᄒᆞ신을蒙ᄒᆞ와弊졈에光榮을謝ᄒᆞ오며森林山野所有權을確實히承認ᄒᆞᆯ時期가緊迫ᄒᆞᆷ으로證明報告等셔式에對ᄒᆞ야間間히弊졈으로惠問ᄒᆞ시옵기玆의大槪셔式을左記ᄒᆞ와ᄉᆞ오니히諒ᄒᆞ신後迅速히注意ᄒᆞ실을務望

一、隆熙三年一月廿一日法律第一號로森林山野所有者의證明規則이頒布되미本令頒布日로부터三個年以內로ᄒᆞᆫ此期를失ᄒᆞ면國有로見做ᄒᆞᆷ이라

一、셔式森林山野所有者ᄂᆞᆫ箇測又ᄂᆞᆫ以圖로製圖五張ᄒᆞ며三張은本郡에證明을申請ᄒᆞ면本郡에셔ᄂᆞᆫ所有者가分明無疑ᄒᆞ면一張은證明簿에登錄ᄒᆞᆫ後所有者게로完付ᄒᆞ고一張은本郡에잉案ᄒᆞ며一張은農商工部山林局에報告ᄒᆞᆷ이라　一二張製圖ᄂᆞᆫ農商工部山林局에地籍報告을申請ᄒᆞ면該郡에調査ᄒᆞ며所有權이確定ᄒᆞ면一張은잉案ᄒᆞ고一張은所有者게로交付ᄒᆞᆷ이라(셔式이以上과如ᄒᆞᆷ)

京城南部棗洞六十三統十戶
測量製圖器械貿易販賣商

金龍商會

謹告

▲特別廣告

우리漢陽商會ᄂᆞᆫ同胞諸彦의便益을供ᄒᆞ기爲ᄒᆞ야外國物件製造塲과特約을締ᄒᆞ고我大한國의第一되ᄂᆞᆫ데파-도멘도스토아卽萬物이具全ᄒᆞᆫ뎜鋪를組織ᄒᆞ고親切安全確實ᄒᆞᆫ方法으로써都賣及小賣로여러분의로ᄒᆞ야금時勢流行에가쟝適合ᄒᆞᆫ善良ᄒᆞᆫ物品을廉價로供給ᄒᆞ엿나이다

우리漢陽商會ᄂᆞᆫ紳士의便益을圖ᄒᆞ기爲ᄒᆞ야歐美雜貨와洋服附屬品과방寒用品을完全備置ᄒᆞ엿고

우리漢陽商會ᄂᆞᆫ學界에隆盛을圖ᄒᆞ기爲ᄒᆞ야文房諸具와學校용品을完全備置ᄒᆞ엿고

우리漢陽商會ᄂᆞᆫ淑女의進運을圖ᄒᆞ기爲ᄒᆞ야女子용品과細工物의原料를完全備置ᄒᆞ엿고

우리漢陽商會ᄂᆞᆫ愛烟家의便益을圖ᄒᆞ기爲ᄒᆞ야呂宋國埃及土耳其各國烟草를完全備置ᄒᆞ엿고

우리漢陽商會ᄂᆞᆫ衛生家에福音을與ᄒᆞ기爲ᄒᆞ야新鮮純良ᄒᆞᆫ葡萄酒, 위스키, 색란듸, 等洋酒類及食料品을完全備置ᄒᆞ엿고

우리漢陽商會ᄂᆞᆫ旅行家의便益을圖ᄒᆞ기爲ᄒᆞ야포毛布等旅行용具를完全備置ᄒᆞ엿고

우리漢陽商會ᄂᆞᆫ交際家의便益을圖ᄒᆞ기爲ᄒᆞ야高尙優美ᄒᆞᆫ贈答品을完全備置ᄒᆞ엿고

우리漢陽商會ᄂᆞᆫ地方諸彦의便益을圖ᄒᆞ기爲ᄒᆞ야郵便部를特設ᄒᆞ고地方注文은더욱低廉히迅速配達케ᄒᆞ엿고

우리漢陽商會ᄂᆞᆫ從來의愛顧를報ᄒᆞ기爲ᄒᆞ야左의方法으로써五百圓의景品을進呈ᄒᆞ옵ᄂᆞᆫ디每一圓에對ᄒᆞ야景品券一枚式이옵고期限은十一月一日붓터同月二十日ᄭᆞ지景品券을進呈ᄒᆞ고二十五日에抽籤을行ᄒᆞᄂᆞᆫ디各新聞샤에셔會가有ᄒᆞ옵

一等	一人	一百圓	物品	
二等	二人	一百圓	仝	各五十圓
三等	九人	五十圓	仝	各十圓
四等	十人	五十圓	仝	各五圓
五等	二十人	五十圓	仝	各二圓五十錢

以下ᄂᆞᆫ無　空籤

大韓漢城鍾路
漢陽商會
電話一九一番

廣告

本館에서事務를更加擴張ᄒᆞ옵고셔新五圓以上에特別割引ᄒᆞᆯ터이오니僉君子ᄂᆞᆫ陸續請求ᄒᆞ시옵

測量기具와學徒用品各種도具備ᄒᆞ엿슴

平壤鍾路太極書舘

舘主 李[illegible]薰

主任 宋鍾遠

事務 金根澄

本人의子用濟가年今二十二에爲人이幼弱ᄒᆞ야悖類의誘引을因ᄒᆞ야欲得外貨云故累次揭載新聞ᄒᆞ엿건니와陰九月初十日의更히出家ᄒᆞ야踪跡不知故廣告如是告白ᄒᆞ오니內外國人은切勿見欺ᄒᆞᆷ

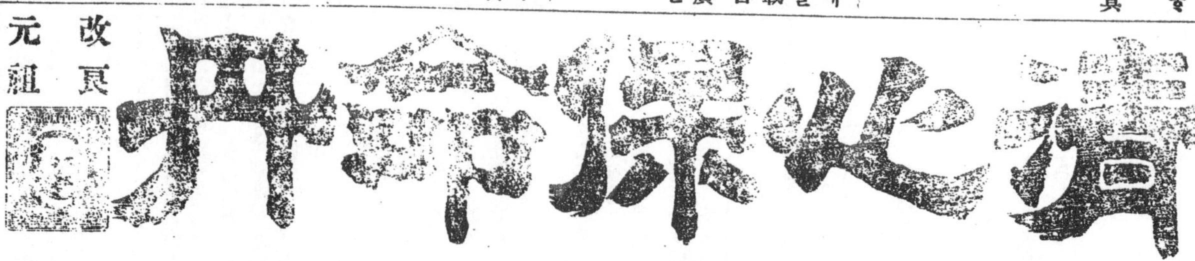

中署[illegible]洞五十四統七戶 金斗晏 白

本人에子元ᄒᆞ가遊學次로離家八朔에消息絕無ᄒᆞ니某處에留ᄒᆞ던지서信을付郵ᄒᆞ야死生을無疑케ᄒᆞᆷ

황해道재寧 梁基檜

大邱春秋合市ᄂᆞᆫ全國商民交易上一大都會也라挽近俗漸頹廢ᄒᆞ야개徵이時晩에商況見害와交易拘碍가不當大關이라故로今春今에龝商會議ᄒᆞ와개徵日字를從公改良이되春令은陰二月一日개市同三十日撤市ᄒᆞ고秋令은陰十一月一日개市同三十日撤市ᄒᆞ기로玆에廣布ᄒᆞ오니全國商民同胞ᄂᆞᆫ咸悉ᄒᆞ와진期交易ᄒᆞ심을敬要

大邱商工規興業會 告白

改良元祖 淸心保命丹

廣告

(참조흔걸)

○旅行ᄒᆞᆯ때나、집에잇슬때에、恒常몸에진일藥은、淸心保命단밧게또어듸잇나

참그럿치

○年年이冬節이면痰빗고기침ᄒᆞᄂᆞᆫ사름이오작만ᄒᆞᆫ가、그것슨우리나라土疾일세、다른히ᄂᆞᆫ고만두고昨年겨울만ᄒᆞ야도、그藥먹고效驗본사름이萬餘名에達ᄒᆞ엿다네、

응藥이야참조치

○그뿐인가今年怪疾에效驗못본사름이또어듸잇나、百發百中이지藥은참靈藥이야

○消化不良이며酒醉와水土不服이며口熱惡臭와中暑中寒이며船車眩暈에ᄂᆞᆫ무엇시조흔가、이藥처름神奇ᄒᆞᆫ藥이또잇지

참世界에第一이로곤

○無病ᄒᆞᆫ사름이라도恒常長服ᄒᆞ면腸胃가健全ᄒᆞ고心神이爽快ᄒᆞᆫ걸

응—그럿쿠말구

○그藥은어듸셔파ᄂᆞᆫ가處處에다잇지

○濟生堂本舖ᄂᆞᆫ어듸인가셔울南大門近方이지

廣告

[illegible]

健胃消滯 八寶丹
積滯와冒腹痛과頭痛眩暈을鎭正ᄒᆞᆫ一包十錢

起死回生 蘇生丹·回生水
虛泄濕泄轉筋吐瀉腹痛신效 錢三包卄五錢
霍亂吐瀉腹痛下痢痰咳每包金十錢

廣香消瘡丹
梅毒下疳頭瘡과濕瘡 一劑금四圓

胎養調經丸
婦人冷病帶下症月經不調신效一劑金五圓

陰陽雙補 滋陽丸
陽氣不足元氣不足陰陽雙補 十日分金一圓八十錢 一月分金五圓

阿片 斷引藥
阿片引을斷ᄒᆞ고元神回腹ᄒᆞᄂᆞᆫ藥一劑五圓

連珠去根 全治丸
男女老幼간連珠라력을全治去根一劑三圓

鎭咳散
痰을消ᄒᆞ고히소를止ᄒᆞᄂᆞᆫ藥一包金三十錢

消積散
陳陳舊滯을消化ᄒᆞᄂᆞᆫ藥一包金十五錢

寸白 殺虫藥
寸빅虫을一切去根ᄒᆞᄂᆞᆫ딕신效一包金三十錢

[illegible]
蛔積腹痛을完治금十錢

[illegible]
버짐과어루러기의藥二十錢
죽은서가ᄊᆡ지ᄂᆞᆫ藥금三十錢

[illegible]
諸般懸氣신效금十錢
大小瘧을통治ᄒᆞᄂᆞᆫ膏藥十錢

其他有名賣藥 都賣散賣

社告

申報價

壹장代금		新貨二錢五厘
壹個月		三十錢
參個月		九十錢
陸個月	先納	壹圓七十錢
壹個年	先納	參圓四十錢
郵稅	壹장	新貨五厘
壹個月		十三錢

廣告料

四号活字拾三字詰

每日英尺一寸에(自一行至四行이爲一寸) 新貨卄五錢

二쥬日壹寸에 二圓五十錢

壹個月壹寸에 五圓

但期限의長短과字行의多小를依ᄒᆞ야增減ᄒᆞᆷ이有ᄒᆞᆷ

大韓每日申報各處支社廣告

平安道

平壤鍾路太極서관 安泰國
三和港碑石洞敎堂 裵형湜
義州南門外한西大藥房 張有寬
鐵山郡內東部 安灝
車輦관同志會內 김明현
定州南門內서舖 洪成麟
博川郡內館洞 김翼樞
安州城內安陵書舘 김翼河
京義線批峴驛停車場前 李基秀
龍川南市驛 韓燦禧
龍川楊市 황菊保
朔州郡南門外 朱伯英
泰川郡內관前洋藥局 李正화
寧邊郡內紅門里 鄭德昇
江西郡內 金昌煥
宣川郡橋南 申基周
江界邑內 김泰熙
郭山郡內新街 김大현
甑山郡內利用里 崔診爽
雲山北면橋洞 王覓玄
雲山郡內 [illegible]
順川郡達洞 정錫[illegible]
昌城邑內西下里壹통貳戶 許익

黃海道

海州南門內서舖 朴昌鎭
安岳邑石面訓鍊里 韓정敎
長淵邑校洞西北支學會內 崔東元
殷栗郡倉前里 김光礪
信川郡內四里 李悌경
재寧郡乾材藥局 李鼎均
白川郡文明館 趙雲泳
沙里院活民勞働救火會 任敬宰

咸鏡道

咸興州南社西門外 曹喜림
元山港創業社 황甫正杰
定平郡豐陽里 張禮學
洪原西門內保命局 羅炳善
永興南山洞洪明學校內 梁元常
淸津港新興洞 張元浩

全羅道

金溝水流面豆정 趙德三
木浦港陽洞 李得洙

京畿道

仁川栗峴開新冊肆 李東浩
開城南大門內興學書舖 姜助遠
江화郡內川橋 俞鎭植

忠淸道

[illegible]川小龍洞 李啓寧
한山下北필堂里 李英逵

慶尙道

大邱西門外友弦亭樓側 李正由
부山港佐川藥局 徐錫希

江原道

杆城읍新城里一통三戶 咸海元
鐵原읍堂洞 趙鍾大
蔚珍遠南面梅花里 朱鎭[illegible]

北墾島

北墾島龍井村耶蘇敎堂內 裵尙禧

告

檀君開國四千二百四十二年
箕子元年三千三十一年
大韓開國五百十八年
本報創刊日
光武八年七月十八日

大韓每日申報

Responsible for Publication Alfred Weekley Marnham.
發行兼編輯人 英國人 萬咸
發行所
京城南部石井洞三府洋屋家
大韓每日申報社

第七卷 月曜及慶節歲時休日休刊 第一千二百四十一号

論說

◉西道沿海의漁場

記者가向者에南韓沿岸으로從來ᄒᆞᆫ一客을遇ᄒᆞ엿ᄂᆞᆫ디其客이曰吁라余가東으로江原道沿海에遊ᄒᆞ며南으로慶尙全羅兩道沿海에遊ᄒᆞ미處處에漁船이如雲ᄒᆞ야隊로進退ᄒᆞ며隊로散聚ᄒᆞᄂᆞᆫ디其漁夫ᄂᆞᆫ모다九州人이아니면大阪兒라余ㅣ仰天嘆息을不已ᄒᆞ엿노라ᄒᆞ더라又頃日濟州島에셔ᄂᆞᆫ韓日人의漁業競爭이극烈ᄒᆞᆫ디韓人은生業을失ᄒᆞ고凍餒에驅ᄒᆞ야或山項에登ᄒᆞ야自殺을遂ᄒᆞᆫ다ᄒᆞ더라

記者ㅣ曰噫라此가엇지南韓沿海뿐이며又엇지濟州뿐이리오近者東洋拓殖會社에셔西道沿海의漁業을經營ᄒᆞᆷ은世人의已知ᄒᆞᄂᆞᆫ바어니와

噫라今年內에도日人의漁船이西道沿海에出漁ᄒᆞᆫ者가一百數十隻이오每船에漁獲ᄒᆞᆫ價値가八百圓에達ᄒᆞᆫ다ᄂᆞᆫ디又彼東洋拓殖會社가着手ᄒᆞᄂᆞᆫ日에ᄂᆞᆫ其光景이當如何ᄒᆞᆯᄂᆞᆫ지

噫라彼韓人同胞가從來에閉門鎖戶ᄒᆞᆫ小天地에閑臥ᄒᆞ야外人의漁業競爭과如ᄒᆞᆫ것은夢想치도아니ᄒᆞ던바ㅣ라彼西道沿海同胞도已往無事時節에在ᄒᆞ야(延平바다에돈실너가자)ᄂᆞᆫ漁歌나閑唱ᄒᆞ며今日에不漁ᄒᆞ면明日에漁ᄒᆞ고此村이不漁ᄒᆞ면彼村이漁ᄒᆞ야海中의産을庫中의物로知ᄒᆞ더니今此競爭이奇絕ᄒᆞᆫ時代를遭ᄒᆞ야勢力이旣無ᄒᆞ고機具가又乏ᄒᆞ니其得失의如何ᄂᆞᆫ不問에可知ᄒᆞᆯ바로다

噫라西道沿海同胞여同胞ᄂᆞᆫ或此에注意ᄒᆞᄂᆞᆫ者ㅣ有ᄒᆞᆫ가

大抵韓國沿海ᄂᆞᆫ漁産이甚히豐足ᄒᆞ야可히世界三大漁場에名을爭ᄒᆞᆯ만ᄒᆞᆫ者라韓國同胞의乃祖乃父가四千餘年이나此를保守ᄒᆞ야今日同胞에게傳授ᄒᆞᆷ은徒然히他人의來漁를爲ᄒᆞᆷ이아니어ᄂᆞᆯ乃者同胞가一首鯨一尾魚를專有치못ᄒᆞᆷ은果然誰의罪오只今日本漁民이潮가驅ᄒᆞ드시滔滔入來ᄒᆞ야四面沿海에日尤密布ᄒᆞ나니同胞가奮力競爭ᄒᆞ야도오히려退敗를徒作ᄒᆞ야枯死를難免ᄒᆞᆯ지어날如此히沉衰가日甚ᄒᆞᆷ은實로一嘆을不禁ᄒᆞᆯ바로다日前農商工部水産局에셔韓日漁業協定書의紀念日이라고紀念宴을盛設ᄒᆞ고漫興이滔滔라ᄒᆞ니噫라此又엇지一奇聞이아닌가

官報

第四千五百貳号
隆熙三年十月十一日

法 律

法律第二十七号
海上衝突豫防法 續

八 漁船이漁業에從事中漁具가岩礁其他障碍物에纏着ᄒᆞᆷ을因ᄒᆞ야停留ᄒᆞᆫ時ᄂᆞᆫ晝間에在ᄒᆞ야ᄂᆞᆫ第十에規定ᄒᆞᆫ晝間信號를引下ᄒᆞ고夜間에在ᄒᆞ야ᄂᆞᆫ碇泊船과同一ᄒᆞᆫ燈을表示ᄒᆞ고及霧中降雪其他暴雨中에ᄂᆞᆫ碇泊船에對ᄒᆞ야規定ᄒᆞᆫ霧中信號를ᄒᆞᆷ이可ᄒᆞᆷ(第十五條第四項及末項참照)

九 霧中降雪其他暴雨中에流網打網桁網又ᄂᆞᆫ延繩을用ᄒᆞ야漁業에從事ᄒᆞᄂᆞᆫ總積量二十噸以上의船舶을滊船에在ᄒᆞ야ᄂᆞᆫ滊笛或은滊角帆船에在ᄒᆞ야ᄂᆞᆫ號角을用ᄒᆞ야一分時보담不多ᄒᆞᆫ間隙으로써一聲을發ᄒᆞ고此에繼ᄒᆞ야號鐘을鳴ᄒᆞᆷ이可ᄒᆞᆷ總積量二十噸未滿의漁船은반다시此信号를ᄒᆞᆷ을要치아니ᄒᆞᆷ然이나此를不爲ᄒᆞᄂᆞᆫ時ᄂᆞᆫ一分時보담不多ᄒᆞᆫ間隙으로써適宜히他의有效ᄒᆞᆫ音響信号를ᄒᆞᆷ이可ᄒᆞᆷ

十 網延繩又ᄂᆞᆫ打網을用ᄒᆞ야漁業에從事ᄒᆞᄂᆞᆫ船舶이航行中晝間에在ᄒᆞ야ᄂᆞᆫ最히見得ᄒᆞ기易ᄒᆞᆫ所에籃其他의信号를揭ᄒᆞ야漸近ᄒᆞ야來ᄒᆞᄂᆞᆫ他船에其漁業中인事를表示ᄒᆞᆷ이可ᄒᆞᆷ若碇泊中의船舶이漁具를投下치아니ᄒᆞᆫ時ᄂᆞᆫ他船의漸近ᄒᆞ야來ᄒᆞᄂᆞᆫ時에同樣의信号를他船의航過ᄒᆞᄂᆞᆫ舷側에셔表示ᄒᆞᆷ이可ᄒᆞᆷ

本條에依ᄒᆞ야特히規定ᄒᆞᆫ燈을揭ᄒᆞ거나又ᄂᆞᆫ此를表示ᄒᆞᆷ을要ᄒᆞᄂᆞᆫ션舶은第四條第一項及第十二條末項의燈을揭ᄒᆞᆷ에及치아니ᄒᆞᆷ

第十條 他船에追越코ᄌᆞᄒᆞᄂᆞᆫ船舶은他션에向ᄒᆞ야船尾로부터白燈을表示ᄒᆞ고又ᄂᆞᆫ閃火를發ᄒᆞᆷ이可ᄒᆞᆷ

本條에從ᄒᆞ야表示ᄒᆞᆫ白燈은豫히션尾에揭置ᄒᆞᆷ을得ᄒᆞᆷ然이나此燈은少ᄒᆞ야도一海里의距離로부터見得ᄒᆞᆯ者로常히同一ᄒᆞᆫ亮明의光을發ᄒᆞ고鍼盤의十二點間을照ᄒᆞ게製造ᄒᆞ며션의正後로부터左右에六點開式射光이及ᄒᆞ도록隔板을裝置ᄒᆞ고아모도록舷燈과同一ᄒᆞᆫ高로揭ᄒᆞᆷ

第十一條 長이百五十尺未滿의션船이碇泊中은前方의最히見得ᄒᆞ기易ᄒᆞ게ᄒᆞ야션體上으로부터二十尺을超치아니ᄒᆞᆫ所에白燈一箇를揭ᄒᆞᆷ이可ᄒᆞᆷ此燈은常히同一ᄒᆞᆫ亮明의光을發ᄒᆞ야周回가少ᄒᆞ야도一海里의距離로부터見得ᄒᆞᆯ者를要ᄒᆞᆷ

長이百五十尺以上의션舶이碇泊中은前方의最히見得ᄒᆞ기易케ᄒᆞ야션體上二十尺以上四十尺以下의所에前項의白燈一箇를揭ᄒᆞ고且션尾或은其最近에在ᄒᆞ야前方의燈으로부터少ᄒᆞ야도十五尺下方에同種의白燈一箇를揭ᄒᆞᆷ이可ᄒᆞᆷ

本條션舶의長은本션션籍證書面의長에依ᄒᆞᆷ이可ᄒᆞᆷ션路或은其最近에在ᄒᆞ야乘揭ᄒᆞᆫ션舶은本條白灯의外에尙히第四條第一項에規定ᄒᆞᆫ紅灯二箇를揭ᄒᆞᆷ이可ᄒᆞᆷ

未完

外報

◎土海開放 土耳其政府ᄂᆞᆫ自國領海에航海自由를許ᄒᆞ기로計劃ᄒᆞᆫ다더라

◎英德親睦 英國巡遊中에在ᄒᆞᆫ德國殖民大臣데룬부루히氏ᄂᆞᆫ류아부루商業會議所에招待ᄒᆞᆫ바되엿ᄂᆞᆫ디其會議所議長이一場演說ᄒᆞ야曰英德兩國에關ᄒᆞᆫ誤解에最後解決이有ᄒᆞᆷ을希望ᄒᆞ고兩國間戰爭이有ᄒᆞ리라ᄂᆞᆫ說은滑稽에不過ᄒᆞ다ᄒᆞ엿ᄂᆞᆫ디데룬氏가答曰德人이英人에對ᄒᆞ야最良好의感情이有ᄒᆞᆷ을保證ᄒᆞᆫ다ᄒᆞ엿다더라

◎土國通牒 土耳其政府ᄂᆞᆫ列强에通牒ᄒᆞ되土耳其國宗主權下에크리트島自治政府를設置ᄒᆞ야海島問題를解決ᄒᆞ깃다고要求ᄒᆞ엿다더라

◎摩王答辨 摩洛哥王은德國에셔負債償還에關ᄒᆞᆫ諸件을解決ᄒᆞᄌᆞ고要求ᄒᆞᆷ에對ᄒᆞ야回避的答辨書를送付ᄒᆞ엿다더라

◎西軍又進 摩洛哥에在ᄒᆞᆫ西班牙軍의一箇師團은土民軍에對ᄒᆞ야更히進擊을開始ᄒᆞᆫ다더라

◎法國又促 法國外相은摩洛哥國에對ᄒᆞ야最後決斷을促ᄒᆞᆫ다더라

◎英殖相說明 英國上院에셔殖民大臣크레인伯이소탄홈伯의質問에對ᄒᆞ야說明ᄒᆞ기를英國은淸國山東省에잇ᄂᆞᆫ礦山及鐵道에關ᄒᆞ야ᄂᆞᆫ德國의特權으로承認ᄒᆞ고又萬里長城以北에잇ᄂᆞᆫ鐵道에關ᄒᆞ야ᄂᆞᆫ英露와英日間에鐵道協約을締結ᄒᆞᆫ以來로淸國에在ᄒᆞᆫ新設鐵道ᄂᆞᆫ淸國政府의監督을受케되엿슨즉此事件은今後에不可不其面目을大異케ᄒᆞᆯ것이라고ᄒᆞ엿ᄂᆞᆫ디該大臣의論旨ᄂᆞᆫ卽揚子江鐵道와山東省鐵道ᄂᆞᆫ門戶開放主義를維持ᄒᆞᆯ것이라고ᄒᆞᆷ일너라

◎墺使兼任 駐日墺國大使그렌쎄그男은今回에暹羅駐箚兼任을被命ᄒᆞ야來十八日에同國盤谷으로向ᄒᆞ야出發ᄒᆞᆫ다더라

◎英國豫算附議 英國豫算案은旣히上院에附議ᄒᆞ엿ᄂᆞᆫ디타임스報의報道를據ᄒᆞᆫ즉該豫算은極히重大ᄒᆞᆫ問題를包含ᄒᆞ야國民의게諮問치아니ᄒᆞ고ᄂᆞᆫ通過치못ᄒᆞ깃ᄂᆞᆫ고로上院의在野黨은此를修正ᄒᆞᄂᆞᆫ動議를提出ᄒᆞᆯ터이라더라

◎露相歸國 露國度支大臣코코치로프氏ᄂᆞᆫ去十日에歸國次로哈爾賓을出發ᄒᆞ엿다더라

◎海軍擴張 日本은明治四十五年度부터第四期海軍擴張에着手ᄒᆞᆫ다더라

◎露相攻격墺相 露國外相이쓰쏄쓰키氏ᄂᆞᆫ墺國이뽀쓰니아、헤르쪽에고부이나를倂呑ᄒᆞᆷ에關ᄒᆞ야墺國外相에렌탈男의게公文書를致ᄒᆞ야嚴烈ᄒᆞᆫ文辭로攻격ᄒᆞ엿ᄂᆞᆫ디此에對ᄒᆞ야ᄂᆞᆫ露國新聞紙에셔도非難ᄒᆞᆫ다더라

▲文 壇▼

▲天喜堂詩話 (續)

往者에金允植氏가前統監願留次로日本에渡往ᄒᆞ더니彼中漢詩家들이金을富士山下에邀宴ᄒᆞᆯ시金이該山으로爲題ᄒᆞ고一詩를成ᄒᆞ엿ᄂᆞᆫ디(怪怪奇奇摠不同、化工於此技應窮、森沉劍戟皆兵氣、羅列兒孫盡父風)이라云云ᄒᆞ엿더라噫라彼의外國崇拜ᄒᆞᄂᆞᆫ劣性이何如是오外國人物을崇拜ᄒᆞᆯ뿐아니라外國山川ᄭᆞ지崇拜ᄒᆞ엿도다噫라

未完

詞藻

※是 何 症※

무러보쟈三角山아、이니마음어이ᄒᆞ여。듯ᄂᆞᆫ디로속이셕고、보ᄂᆞᆫ디로열이나노。아마도、괴이ᄒᆞᆫ이症勢를、알니업셔。

電報

既北又南 北極探險에成功ᄒ고歸來ᄒᆫ베아리大佐는更히五年間을期ᄒ야南極을探險ᄒ려고企圖ᄒᆫ다더라 紐育發 十三日着

親王渡滿 日本伏見宮貞愛親王과東伏見宮依仁親王은旅順忠魂碑除幕式에參列키爲ᄒ야滿洲에渡ᄒᆫ다더라

韓鐵合倂期 日本에셔統監府鐵道廳을鐵道院에合倂ᄒ는事는十二月一日에實施ᄒ기로決定ᄒ엿다더라

韓鐵局長 別電과如히韓鐵管理를移轉ᄒᆫ後에는日本鐵道院에韓鐵管理局이라는名稱으로局長을置ᄒ는ᄃᆡ現任大屋長官이任命되고其他從業員도異動된다더라

西桂會見 日本桂首相은西園寺政友會총裁를駿河臺에訪問ᄒ고會談이數時에至ᄒ엿는ᄃᆡ此는樞상後任問題를因홈이라ᄒ나畢竟伊藤公兇變後政界에變化를因ᄒ야意思를豫히疏通코져홈이라는說이有ᄒ다더라 東京電 以上十三日着

犯人審問 向日關東都督府地方法院으로護送ᄒᆫ犯人安重根外八名에對ᄒ야平石法院長과溝淵檢察官은尙且哈爾賓에滯在ᄒ야取査中인故로一回도正式豫審을開치못ᄒ엿고警察上取調만行ᄒ는ᄃᆡ明石參謀長과倉知政務局長이립會審理ᄒ는中이라더라 大連電 十三日發

雜報

◉派官問安 大皇帝陛下쎄옵셔再昨日上午十一時에侍從李䄵永을 德壽宮에 命送ᄒ샤 太皇帝陛下쎄 問安ᄒ셧다더라

◉勳章下賜 皇后陛下쎄옵셔再昨日上午十時에 仁政殿東行閣에御臨ᄒ샤各 皇族夫人과各大官의夫人十三名과女官三人을命招ᄒ샤瑞鳳勳章을頒賜ᄒ옵시고仍히同夫人一同을率ᄒ시고 御苑을御覽ᄒ옵셧다더라

◉銀物下賜 大皇帝陛下쎄옵셔海豐府院君尹澤榮氏에게銀製花甁一雙과銀盤床二座와金時計一枚를三昨日에 下賜ᄒ셧다더라

◉曾彌陛見 曾彌統監은昨日午前十一時半에大久保軍司令官及小倉岡本石井等諸人을帶同ᄒ고 창德宮에 進詣ᄒ야韓皇陛下쎄 陛見ᄒ엿는ᄃᆡ大久保는來十五日歸國ᄒ다ᄒ고上奏ᄒ엿고小倉以外에該一同이德壽宮에 進詣ᄒ야 太황帝陛下쎄 陛見ᄒ고大久保는歸國의意를上 奏ᄒ엿다더라

◉完興陛見 昨日上午十二時에完興君李載冕氏가 德壽宮에 陛見ᄒ엿다더라

◉內相陛見 內部大臣朴齊純氏가再昨日上午十一時에 太皇帝陛下쎄 陛見ᄒ고仍히嚴貴妃殿下쎄 謁見ᄒ엿다더라

◉免役懇乞 前郡守吉永洙氏가公遞로因ᄒ야五個年徵役에處ᄒ엿는ᄃᆡ該氏令男吉殷植氏가總相李完用氏에게長書를提呈ᄒ고 太皇帝陛下쎄 奏聞ᄒ야特免ᄒ기를懇乞ᄒ엿다더라

◉愈出愈奇 徐起淳等諸氏가韓日兩國皇帝陛下 御眞을奉安ᄒ고頌德碑를刱建ᄒᆯ計劃으로李載邦閔泳奎李容元金鶴鎭金聲根南廷哲金思濬李應翼諸氏를발起人으로選定ᄒ고趣旨書에捺章ᄒ기를要ᄒ민金思濬氏는捺章ᄒ고其他諸氏는事係重大ᄒ다ᄒ야捺章을不許ᄒ엿는ᄃᆡ昨日警視廳巡査가該趣旨書를携帶ᄒ고金聲根南廷哲李應翼諸氏의게發起理由를質問ᄒ엿다더라

◉漢府廢止說 京城日本理事廳은今番司法權委任實施의結果로純全ᄒᆫ行政긔關이되엿다ᄒ야韓國漢城府를廢止ᄒ야日本理事廳으로合倂ᄒ자는議論이起ᄒ엿는ᄃᆡ다만漢城府뿐아니라全國에此制度를實行ᄒᆯ지라此에關ᄒ야形式으로韓日協約을締結ᄒᆫ다는說이有ᄒ다더라

◉學相訪問 再昨日下午一時에學상李容稙氏가內상朴齊純氏를私뎌로訪問ᄒ엿다더라

◉文書課餞別宴 內部文書課主事權純九氏가郡守로轉任ᄒᆫ事에關ᄒ야該課一般官吏가同僚의誼를表ᄒ기爲ᄒ야餞別宴을設行ᄒᆫ다더라

◉日人祝賀 在韓日人들이來十七日에官民有志秋季大親睦會를開ᄒ고京城旅館에셔司法權委任實施祝賀宴을開ᄒᆫ다더라

◉地方費協議 地方費와敎育事務의關係로當局者가既히屢協議ᄒ엿는ᄃᆡ去十二日에도學部次官俵孫一과地方局長澤田間에協議가有ᄒ엿다더라

◉地方費出納 內部에셔地方費現金出納節次를規定ᄒ엿다더라

◉兩線敷設費 京元三南兩鐵道敷設費年度分에對ᄒ야統監府에셔日本度支部에其增額을交涉中이러니其決定ᄒᆫ바를聞ᄒᆫ즉來年度에는兩線敷設費가三百五十萬圓이오京義線改修費가百十萬圓이오來明年度에는兩線敷設費가三百五十萬圓이오京義線改修費가百萬圓인ᄃᆡ其後年度額은아즉決定치아니ᄒ엿다더라

◉張氏運動 東亞贊英會總裁張錫周氏는政府와合同ᄒ야銅像을鑄造ᄒ기로現今運動中이라더라

◉頌德豫算 頌德碑建議所의豫算은六千圓으로決定ᄒ엿다더라

◉兩氏繳還 頌德碑建議所에셔各處에贊成望帖을送致ᄒ엿더니一進會長李容九大韓協會長金嘉鎭兩氏는何等理由가有ᄒᆷ인지該望帖을繳還ᄒ엿다더라

◉水社不服 日本理事官이向來水道使用問題에關ᄒ야大韓水道會社에對ᄒ야賠償金을要求ᄒ엿는ᄃᆡ該會社에셔는不服ᄒ고理事官은亦是强硬히交涉ᄒ야尙今落着이되지못ᄒ엿다더라

◉比帝命名日 明日은比利時확帝시호쌀르第二世陛下의命名日인故로同國領事館에셔는祝賀를行ᄒᆫ다더라

◉德領事晚餐 德國總領事는昨日에日人石塚小松本多等을招待ᄒ야晚찬會를開ᄒᆫ다더라

◉兌換券增發 第一銀行兌換券의發行額은旣히千二百萬圓以上에達ᄒ엿는ᄃᆡ實로稀有의增發이라더라

國債와通貨

韓國의國債총額은三千八百八十七萬九百七十三圓이오國內에現行貨는一千九百四十萬四千七百八十圓이라더라

◉崔氏談話 京城內韓人新聞團에셔伊藤公追悼에關ᄒ야國民新報社에致函ᄒᆫ事는昨報에已揭어니와該社長崔永年氏가某新聞社에來言ᄒ기를我社와我們은資格이卑劣ᄒᆷ인지同業界에셔恕視ᄒ는듯ᄒ니我는將次請願自退ᄒ깃다ᄒ엿다더라

◉一郡四主 各地方郡主事를每郡에四人式配置ᄒ기로決定ᄒ엿는ᄃᆡ地方課秘書課詞訟課通譯課에各一人이라더라

◉處理會開會 國債報償金處理會에셔來月曜日京城商業會議所內에셔任員會를開ᄒᆫ다더라

◉崔氏被選 漢城普信社長崔晶圭氏는漢城新報社總務를被選ᄒ엿다더라

◉日學士渡韓 日本大學敎授文學博士荻野由之는韓國內學務를視察ᄒ기爲ᄒ야日昨에渡韓ᄒ엿다더라

◉神谷調査 忠淸北道書記官神谷이는該道의現狀을精密調査中인ᄃᆡ將次忠淸北道一般이란冊子를發布ᄒᆫ다더라

◉北署査問 北部警察署에셔는巡査를各人民家에派送ᄒ야戶主의親戚有無와外國遊覽者의有無를巡廻査問ᄒᆫ다더라

◉巡査罷免 警視廳刑事巡査金鎭國氏는挾雜事가綻露되야罷免을當ᄒ엿다더라

◉其父安在 李淑賢氏의女兒라ᄒ고年七歲名富男이라는兒孩가銅雀津에셔失路ᄒ야現今西部司온洞卄六統一戶趙鏞弼氏家에留在ᄒ는ᄃᆡ其父母가趂速覓去ᄒ기를希望ᄒᆫ다더라

◉鹿子致斃 御苑內動物園에셔金三百圜에買養ᄒ는鹿子一頭가三昨日無端致斃ᄒ엿다더라

◉義日交戰 去十一日楊州附近杏增里에셔義兵十三名이楊州日憲兵及補助員과交戰ᄒ엿다더라

◉一殺三放 抱川松隅에셔義兵三十餘名이凶器를携帶ᄒ고日人四名을捕獲ᄒ야其中一名을銃殺ᄒ고三名을繼殺코져ᄒ다가還爲放送ᄒ엿는ᄃᆡ日憲兵隊에셔憲兵을急派ᄒ엿다더라

◉義將被殺 全南長城郡內山中에셔去一日에義將黃在豐氏가日憲兵及補助員의게被捉ᄒ고軍器等物도一切押收되엿는ᄃᆡ黃氏가被捉ᄒ던同時에二尺大刀로日兵을斬殺코ᄌᆞᄒ다가未遂ᄒ엿고押去ᄒ던中路에縛繩을切斷ᄒ고奔走ᄒ다가銃殺을被ᄒ엿다더라

◉義徒被縛 去十二日麻田郡東面에셔義將金垂斗氏의部下로驍名이有ᄒᆫ林又先氏는鎭城分遣所日憲兵及補助員을遇ᄒ야極力抵抗ᄒ다가力盡被縛ᄒ엿고林氏의同類秋三萬氏와其他鄭云景氏도被捉되엿다더라

◉李氏被捉 忠南洪州郡居李春鳳氏는再昨日下午一時에南門驛에셔日憲兵에게被捕ᄒ엿다더라

◉關東親睦開會 關東學生親睦會에셔夏期休學과流行病疫을因ᄒ야數月停會ᄒ엿다가本日上午十時關東學會會館內에月例總會를開ᄒ고事務를處理ᄒ는ᄃᆡ一般學生이多數來參ᄒ기를希望ᄒᆫ다더라

◉大同開會 昨日下午一時에大同敎會에셔任員會를開ᄒ고會務를處理ᄒ엿다더라

◉青舘開會 今日下午三時에鍾路青年會舘에셔福音會를開ᄒ고內閣法制局長俞星濬氏를請ᄒ야講道ᄒᆫ다더라

▲四大明堂▼

▲漢陽山川도라보니三角山은磅礴ᄒ고漢江水는洋洋이라餘龍支派回抱ᄒ야天作名地許多ᄒᆫᄃᆡ當場富貴速發地는四大明堂第一일세

寅葬卯發에 富貴繁華地

▲第一明堂어ᄃᆡ미뇨大東會가主山되고文筆峰이羅列이라大臣一窠쏘다져셔當代發福ᄒᆯ거시니李容稙氏써보시오孔子敎가名穴이라

中得李歸에 幽鶯下木格

▲第二明堂어ᄃᆡ미뇨遊說舌노作局ᄒ야朱雀峰이둘엿고나下棺ᄒᆫ지未一年에觀察使가놀것시니安升玉氏써보시오觀光團이名穴이라

千里行龍에 鸜鵒出巢格

▲第三明堂어ᄃᆡ미뇨大磯山川등에지고銅山으로作案이라貴人格은업더ᄅᆡ도食粟發蔭ᄒᆯ것시니閔泳雨氏써보시오贊英會가名穴이라

齋밥님셔에 老佛念僧格

▲第四明堂어ᄃᆡ미뇨ᄒᆫ名稱비러너여挾雜으로作局이라빗돌바닥ᄒᆯ고보면暫時療飢될거시니李學宰氏써보시오頌德碑가名穴이라

三年굴돌에 飢狗望厠格

▲福人들이達吉地라엇던사름福力됴아져런大地엇어쓰노無限福蔭發出ᄒ야繁華富貴누리거던朴상의나차저가셔幣帛이나만이ᄒ지

速發易速敗 조심들ᄒ오

社告

雲山邑支社員梁允植氏辭免ᄒᆞᆫ代에咸元澤氏로安岳支社員金文浩氏辭免ᄒᆞᆫ代에韓植敎氏로擇定ᄒᆞ엿스니各該支社로本報購覽ᄒᆞ시ᄂᆞᆫ僉君子ᄂᆞᆫ照亮ᄒᆞ시ᄋᆞᆸ

大韓每日申報社

雜報

◉醫院請牒　大韓醫院附屬醫學校의落成式과第二回卒業證書授與式을來十六日下午一時에設行ᄒᆞᆫ다ᄂᆞᆫ뒤該院長菊池常三郞이各大臣及高等官及各社會에請牒을發送ᄒᆞ엿다더라

廣告

來十五日上午十時에京城鍾路商業會議所內에國債報償處理會를開ᄒᆞ오니該會員은屆期光臨ᄒᆞ심을敬要

國債報償處理會準備員　白

本人의姓名圖章을陰曆四月에셔失ᄒᆞ고陰六月에更刻施用ᄒᆞ엿기玆以廣布홈

龍山坊桃花洞金成俊　白

本人의子玄光運이가維類를符同ᄒᆞ야得債云云ᄒᆞ오니內外國人은切勿見欺ᄒᆞ시ᄋᆞᆸ．

陳召ᄉᆞ　告白

十四日上午十一時에一般學生은本校內로齊臨ᄒᆞ시ᄋᆞᆸ

法學校　二年生等　告白

測量製圖의關ᄒᆞᆫ一切事務를迅速히酬應홈

全南寶城郡松谷面江洞里

山陽測量事務所曹圭永　謹告

國債報償金을全國에大同處理되기爲ᄒᆞ야各新報上廣告로十三省同胞의게議席을敢請ᄒᆞ엿ᄉᆞᆸ더니及其會日에各道郡代表가何其零星인지會席이未圓ᄒᆞ고落着이無期ᄒᆞᆫ境遇인즉設或善良ᄒᆞᆫ方針과特異ᄒᆞᆫ義務가有ᄒᆞᆯ지라도人無合同에亦將奈何오末由不得ᄒᆞ와鄙郡셔義捐ᄒᆞᆫ貯金은當地公益上으로取用ᄒᆞᆯ터ᄋᆞᆸ계玆에廣布홈

慶北大子郡　徐相돈　李一雨　柳尙輔　徐基夏　李宗勉　崔永煥　채ᄌᆞ錫
上京代表　徐丙奎
仝(郡民會摠務)徐興均
仝　鄭海鎭　等　告白．

測量製圖器械 其他附屬品文具 都賣散賣

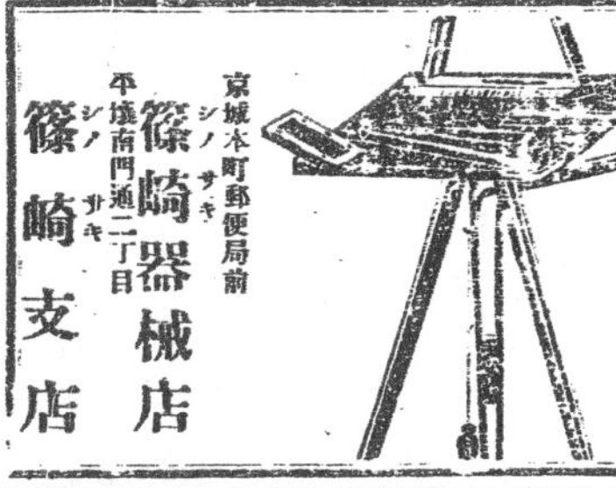

京城本町郵便局前
篠崎器械店
平壤南門通二丁目
篠崎支店

惟我晋州藥令定規를春令은陰二月二十五日에開市ᄒᆞ야三月二十五日에撤市ᄒᆞ오며秋令은陰十月二十五日로開市ᄒᆞ야撤市ᄂᆞᆫ十一月二十五日로確定ᄒᆞ엿ᄉᆞ오니遠近　僉君子ᄂᆞᆫ照亮ᄒᆞ시며方今秋令不遠ᄒᆞ온니屆期來臨ᄒᆞ심을千萬敬要홈

慶南晋州令藥商　告白

(營業目錄)

○測量機械　○製圖機械　○美濃紙類　○學校用品(各種)
○谷香葉卷煙草(我國特產)　○山月紙卷煙草

各樣製圖等式所序에川答을應ᄒᆞ오며外他라도請求ᄒᆞ시ᄂᆞᆫ뒤ᄂᆞᆫ地方이ᄂᆞᆫ引換小包로遞呈ᄒᆞ깃ᄉᆞᆸ

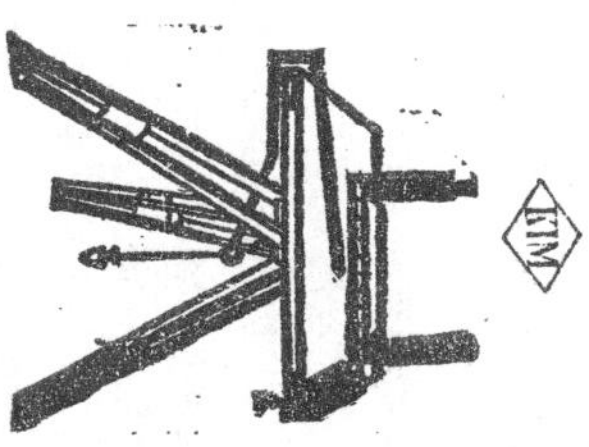

KIM

金龍商會

測量製圖器械貿易販賣商
京城南部銅峴六十一統十戶

主人 金膺龍　謹告

▲特別廣告

前途有望ᄒᆞᆫ滿天下에健在ᄒᆞᆫ我大한國民에게謹告ᄒᆞᄋᆞᆸ나이다우리漢陽商會ᄂᆞᆫ同胞諸彦의便益을供ᄒᆞ기爲ᄒᆞ야外國物貨製造場과特約을締ᄒᆞ고我大한國의第一되ᄂᆞᆫ데파ㅡ도멘도스도아節萬物이具全ᄒᆞᆫ덤舖를組織ᄒᆞ고親切安全確實ᄒᆞᆫ方法으로셔都賣及小賣로여러분으로ᄒᆞ야금時勢流行에가쟝適合ᄒᆞᆫ善良ᄒᆞᆫ物品을廉價로供給ᄒᆞᄋᆞᆸ나이다

우리漢陽商會ᄂᆞᆫ紳士의便益을圖ᄒᆞ기爲ᄒᆞ야歐美雜貨와洋服附屬品과방寒用品을完全備置ᄒᆞ엿고

우리漢陽商會ᄂᆞᆫ學界에隆盛을圖ᄒᆞ기爲ᄒᆞ야文房諸具와學校용品을完全備置ᄒᆞ엿고

우리漢陽商會ᄂᆞᆫ淑女의進運을圖ᄒᆞ기爲ᄒᆞ야女子용品과細工物의原料를完全備置ᄒᆞ엿고

우리漢陽商會ᄂᆞᆫ愛煙家의便益을圖ᄒᆞ기爲ᄒᆞ야呂宋國埃及土耳其各國煙草를完全備置ᄒᆞ엿고

우리漢陽商會ᄂᆞᆫ衛生家에福音을與ᄒᆞ기爲ᄒᆞ야新鮮純良ᄒᆞᆫ葡萄酒、위스키、색란듸、等洋酒類及食料品을完全備置ᄒᆞ엿고

우리漢陽商會ᄂᆞᆫ旅行家의便益을圖ᄒᆞ기爲ᄒᆞ야포毛布等旅行용具를完全備置ᄒᆞ엿고

우리漢陽商會ᄂᆞᆫ交際家의便益을圖ᄒᆞ기爲ᄒᆞ야高尙優美ᄒᆞᆫ贈答品을完全備置ᄒᆞ엿고

우리漢陽商會ᄂᆞᆫ地方諸彦의便益을圖ᄒᆞ기爲ᄒᆞ야郵便部를特設ᄒᆞ고地方注文은더욱低廉히迅速配達케ᄒᆞᄋᆞᆸ고

우리漢陽商會ᄂᆞᆫ從來의愛顧를報ᄒᆞ기爲ᄒᆞ야左의方法으로써五百圓의景品을進呈ᄒᆞᄋᆞᆸᄂᆞᆫ뒤每一圓에對ᄒᆞ야景品券一枚式이ᄋᆞᆸ고期限은十一月一日부터同月二十日ᄭᆞ지景品券을進呈ᄒᆞ고二十五日에抽籤을行ᄒᆞᄂᆞᆫ뒤各新聞社에셔立會가有ᄒᆞᄋᆞᆸ

		物品
一等一人	一百圓	仝　各五十圓
二等二人	一百圓	仝　各十圓
三等五人	五十圓	仝　各五圓
四等十人	五十圓	仝　各五圓
五等二十人	五十圓	仝　各二圓五十錢
以下ᄂᆞᆫ	無	空籤

大韓漢城鍾路

漢陽商會

電話一九一番

改良元祖　淸心保命丹　改良元祖

廣告

(참조흔걸)

○旅行ᄒᆞᆯ떠나、집에잇슬떠에、恆常몸에진일藥은、淸心保命단밧게또어뒤잇나참그럿치

○年年이冬節이면痰빗고기침ᄒᆞᄂᆞᆫ사ᄅᆞᆷ이오작만ᄒᆞᆫ가、그것슨우리나라十疾일세、다른히ᄂᆞᆫ고만두고昨年겨울만ᄒᆞ야도、그藥먹고效驗본사ᄅᆞᆷ이萬餘名에達ᄒᆞ엿다네、

응藥이야참조치

○그뿐인가수年怪疾에效驗무본사ᄅᆞᆷ이또어뒤잇나、百發百中이지藥은참靈藥이야

○消化不良이며酒醉와水土不服이며口熱惡臭와中暑中寒이며船車眩暈에ᄂᆞᆫ무엇시조ᄒᆞᆫ가、이藥처ᄅᆞᆷ神奇ᄒᆞᆫ藥이또업지

○無病ᄒᆞᆫ사ᄅᆞᆷ이라도恒常長服ᄒᆞ면腸胃가健全ᄒᆞ고心神이爽快ᄒᆞᆫ걸

참世界에第一이로곤

응ㅡ그럿쿠말구

○그藥은어뒤셔파ᄂᆞᆫ가處處에다잇지

○濟生堂本舖ᄂᆞᆫ어뒤인가서울南大門近方이지

廣告

廣告

本관에서事務를更加擴張ᄒ엿고서籍五圓以上에特別割引홀터이오니僉君子ᄂᆫ陸續請求ᄒ시옵

測量긔具와學徒用品各種도具備ᄒ엿ᄉᆞᆸ

平壤鍾路太極書舘

舘主 李昇薰
主任 宋鍾遠
事務 金根瀅

本人이開城驛前에東美運送部를開設ᄒ고鐵道貨物을取扱ᄒ야擧速運送ᄒ오니僉君子ᄂᆫ來議ᄒ심敬要

開城驛前
東美運送部支점
摠務 尹東圭
事務 馬泰奎

本人에子元支가遊學次로離家ᄒ야八朔에消息絶無ᄒ니某處에留ᄒ던지서信을付郵ᄒ야死生을無疑케홈

황ᄒᆡ道지寧 梁基檜

大邱春秋令 市ᄂᆫ全國商民交易上一大都會也라挽近俗漸頽廢ᄒ야ᄆᆡ徹이時晩에商况見害와交易拘碍가不啻大關이라故로今春令에爛商會議ᄒ와ᄆᆡ徹日字를從公改良이되春令은陰三月一日ᄆᆡ市同三十日撤市ᄒ고秋令은陰十一月一日ᄆᆡ市同三十日撤市ᄒ기로玆에廣布ᄒ오니全國商民同胞ᄂᆫ咸悉ᄒ와진期交易ᄒ심을敬要

藥商立規興業會 告白

◎**特別廣告**

敬啓者本報ᄂᆫ開刊有年에其論議의ᄒᆞ正과其報道의迅速이無比ᄒ야淸國內遠近志士가一切歡迎ᄒ오며韓國에도稍稍히購覽ᄒᄂᆫ紳士가有ᄒ온바今에更히江湖上購覽諸氏를紹介ᄒ기爲ᄒ야本報관所在處及報價를左開廣告ᄒ오니願覽諸氏ᄂᆫ速速히左開處로홍奇ᄒ시옵

本관所在地　哈爾賓瓦牙街
報價一個月先給　俄貨八角
仝　三個月先給　俄貨二圓
但報價ᄂᆫ先給을要홈

遠東報舘 告白

我韓酒類가淸濁燒藥四種에無過이온바米麴배釀이旣無良法ᄒ야酒味或酸或苦에大有妨於衛生이옵기로此를改良ᄒ야松露와栢露兩酒를新發明ᄒ온바外國의精規와本國의素要를參互取得ᄒ야血氣를補ᄒ고풍濕을治ᄒᄂᆫ藥材로化成其美ᄒ니松露의酒味ᄂᆫ本國藥酒보다色甚濃艶ᄒ고味甚香醇ᄒ오며栢露의酒味ᄂᆫ本國燒酒보다色甚精潔ᄒ고味甚香烈ᄒᆯ뿐더러且輕醉易醒ᄒ야使飮者로終日把盃에頭痛口逆이少無ᄒ고反有益於衛生ᄒ오믄乃實驗의公認이오釀造에特色이온지라玆에廣布ᄒ오니內外國 僉彦은 陸續沽飮ᄒ시옵

登錄商標 **松露** 定價金一瓶十五錢　栢**露** 定價金壹瓶二十錢

但誰某던지販賣코저ᄒ시거던本所로來議ᄒ시면特別割引으로酬應ᄒ깃ᄉᆞᆸ

發賣所京城西部尾洞九十三統八戸 **松露第一釀造所**

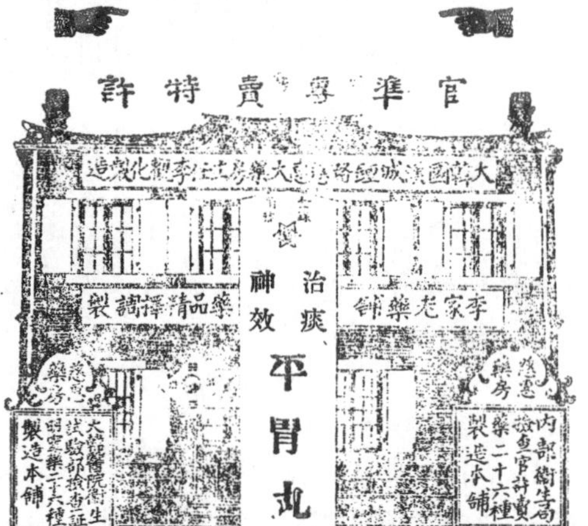

各種東西洋…賣藥… 和平堂藥房

健胃消滯 **八寶丹** 積滯와冒腹痛과頭痛眩暈을鎭正ᄒᄂᆫ一包十錢

起死回生 **蘇生水** 吐瀉霍亂泄瀉腹痛에神効 每包五錢

廣濟消瘡丹 梅毒下疳과頭瘡一劑四圓

胎養調經丸 婦人冷病과經不調帶下一月分 四圓

陰陽雙補 **滋陽丸** 陽不足陰不足元氣補 一金八十錢 一月分 五圓

阿片斷引藥 阿片引을斷ᄒᄂᆫ神劑 一劑五圓

連球去根 **全治丸** 男女老幼全治 一劑三圓

鎮咳散 痰咳를止ᄒᄂᆫ藥 一包三十錢

消積散 化陳積 一包十錢

寸白虫 **殺虫藥** 寸白虫을去ᄒᄂᆫ神効 一包三十錢

蛔蟲藥 腹痛을治ᄒᄂᆫ 一包十錢

解毒 **通經散** 諸般感氣에神効 三十錢

諸毒治膏 大小瘡腫을治ᄒᄂᆫ膏藥十錢

其他有名賣藥 都賣散賣

遠地에ᄂᆫ郵便으로送呈홈

社告

申報價

壹張代金		新貨二錢五厘
壹個月		三十錢
參個月		九十錢
陸個月	先納	壹圓七十錢
壹個年	先納	參圓四十錢
郵稅	壹張	新貨五厘
壹個月		十三錢

廣告料

四号活字拾三字詰
每日英尺一寸에（自一行至四行이爲一寸）新貨廿五錢
二週日壹寸에 二圓五十錢
壹個月壹寸에 五圓
但期限의長短과字行의多小를依ᄒ야增減홈이有홈

大韓每日申報 各處支社廣告

平安道

平壤鍾路太極書舘	安泰國
三和港碑石洞敎堂	裴亨湜
義州南門外韓西大藥房	張有寬
鐵山郡內東部	安瀩
車輦舘同志會內	金明헌
定州南門內書舖	洪成麟
博川郡內寬洞	金翼樞
安州城內安陵書舘	金翼河
京義線枇峴驛停車場前	李基秀
龍川南市驛	韓燦禧
龍川楊市	黃菊保
剚州郡南門外	朱伯英
泰川郡內관前洋藥局	李正華
寧邊郡內紅門里	鄭德昇
江西郡內	金昌煥
宣川郡橋南	申基周
江界邑內	金泰熙
郭山郡內新街	金大헌
甑山郡內利用里	崔診爽
雲山北面橋洞	王覲支
雲山郡內	咸元澤
順川郡邃洞	鄭裕景
昌城邑內西下里壹統貳戶	許익

黃海道

ᄒᆡ州南門內書舖	朴昌鎭
安岳壽石面訓鍊里	韓경敎
長淵邑校洞西北支學會內	崔東元
殷栗郡倉前里	金光礪
信川郡內四里	李悌경
載寧郡乾村藥局	李鼎均
白川郡文明舘	趙雲泳
沙里院活民勞働救火會	任敬宰

咸鏡道

咸興州南社西門外	曹喜林
元山港創業社	皇甫正杰
定平郡豐陽里	張禮學
洪原西門內保命局	羅炳善
永興南山洞洪明學校內	梁元常
淸津港新興洞	張元浩

全羅道

金溝水流面豆亭	趙德三
木浦港陽洞	李得珠

京畿道

仁川桃峴開新冊ᄉ	李東皓
開城南大門內興學書舖	姜助遠
江華郡內川橋	俞鎭植

忠淸道

結城廣川小龍洞	李啓祚
韓山下北필堂里	李英稙

慶尙道

大邱西門外交陡書樓側	李正由
釜山港佐川藥局	徐錫夲

江原道

杆城邑新城里一統三戶	咸海元
鐵原邑宗洞	趙鍾大
蔚珍遠南面梅花里	朱鎭喜

北墾島

北墾島龍井村耶蘇敎堂內	裴尙禧

告

檀君開國四千二百四十二年
箕子元年三千三十一年
大韓開國五百十八年
本報創刊日
光武八年七月十八日

大韓每日申報

Responsible for Publication Alfred Weekley Marnham.
發行兼編輯人 英國人 萬咸
發行所
京城南部石井洞三府洋屋家
大韓每日申報社

第七卷　月曜及慶節歲時休刊　第一千二百四十二号

論說

◎山林測量에對ᄒᆞᆫ一嘆

客이地方으로從ᄒᆞ야記者를來見ᄒᆞ고禮를叙ᄒᆞᆫ後에曰

近者森林法發布以來로地方人民이山林測量의必要를知ᄒᆞ고千辛萬苦를費ᄒᆞ야森林을測量ᄒᆞᆫ後에其申告證明의道를不知ᄒᆞ야躕躇ᄒᆞᄂᆞᆫ中에

或農商工部로直接申告ᄒᆞ랴ᄒᆞ야上京逗留ᄒᆞᄂᆞᆫ者도有ᄒᆞ며或郡守에向ᄒᆞ야證明을請ᄒᆞᄂᆞᆫ者도有ᄒᆞᄃᆡ

農商工部에셔ᄂᆞᆫ申告를受ᄒᆞ고도確實ᄒᆞᆫ證明件을不與ᄒᆞᆫ다ᄒᆞ야一時地方人民이測量圖를負ᄒᆞ고郡衙로往ᄒᆞ야證明을請ᄒᆞᆫ즉所謂郡守된者ᄂᆞᆫ或曰此非郡守所管이라ᄒᆞ야退却도ᄒᆞ며或曰規式을不知ᄒᆞ니姑待後日ᄒᆞ라ᄒᆞ야留置도ᄒᆞ며又第一可怪ᄒᆞᆫ者ᄂᆞᆫ頃者度支部에셔土地測量의不必要로發訓ᄒᆞᆫ後에此를山林測量도禁止ᄒᆞᆷ이라ᄒᆞ야百般으로靳持ᄒᆞ야證明을不與ᄒᆞᄂᆞᆫ故로人民이於是에百念이瓦解ᄒᆞ야測量圖를休紙로供ᄒᆞ고自家山坂을向ᄒᆞ야淚만灑ᄒᆞᄂᆞᆫ者ㅣ多ᄒᆞ다ᄒᆞ더라

記者曰噫라其然ᄒᆞ리로다大抵只今政府에셔人民生死에精神이不到ᄒᆞᆯ뿐더러所謂地方官吏ᄂᆞᆫ外人에게納媚ᄒᆞ야批頰이나得免ᄒᆞ기에區區ᄒᆞ며上官에게趨附ᄒᆞ야斗祿이나得保ᄒᆞ기에汲汲ᄒᆞᆫ中에又最可嘆ᄒᆞᆯ者ᄂᆞᆫ法令一條를正當히解釋ᄒᆞᄂᆞᆫ者ㅣ幾希ᄒᆞ야假令測量에關ᄒᆞᆫ法令을論ᄒᆞ야도此를果然郡守가證明을與ᄒᆞᆷ이可ᄒᆞᆫ지觀察使가證明을與ᄒᆞᆷ이可ᄒᆞᆫ지農商工部가證明을與ᄒᆞᆷ이可ᄒᆞᆫ지不知ᄒᆞ나니

吁可惜이로다彼가旣히識力이無ᄒᆞ고又智識이無ᄒᆞ니엇지人民의福利를不壞ᄒᆞ리오

然이나人民된者ᄂᆞᆫ能히益益不惰ᄒᆞ야目的을達ᄒᆞ고야已ᄒᆞ면亦可憂ᄒᆞᆯ바無ᄒᆞ거니와乃者申告證明의道가明白ᄒᆞ야政府가鼓舞ᄒᆞ고官吏가盡力ᄒᆞᆯ지라도오히려山林測量을夢外로看ᄒᆞᄂᆞᆫ人民이許多ᄒᆞ던中에如此히障碍困難을遭ᄒᆞ미乃孑孑然相顧ᄒᆞ야尤其等閑過去ᄒᆞ리니此가可憂ᄒᆞᆯ바라

噫라測量期間이於焉間에二個星霜을過ᄒᆞ엿거ᄂᆞᆯ其間依法實行ᄒᆞᆫ者ㅣ幾個人이뇨

只今에ᄂᆞᆫ其期限이無幾ᄒᆞᆫ지라尤可汲汲ᄒᆞᆯ바니

望ᄒᆞ건ᄃᆡ官吏된者ᄂᆞᆫ一半分이라도人民의福利를思ᄒᆞ야證明을怱怱許施ᄒᆞ며人民된者ᄂᆞᆫ益益勉强ᄒᆞ야自家山林을釐舟에輸送치말지어다

記者가屢屢히測量에對ᄒᆞ야言을發ᄒᆞᆷ은實로徒然ᄒᆞᆷ이아니니라

官報

第四千五百貳号
隆熙三年十月十一日

法　律

法律第二十七号
히上衝突豫방法　續

第十二條　各船이他船의注意를喚起ᄒᆞᆷ이必要가될時ᄂᆞᆫ本法에規定ᄒᆞᆫ션燈의外에尙히閃火를發ᄒᆞ거나或은難션信號와混同치아니ᄒᆞᆯ爆裂信號를發ᄒᆞᆷ을得ᄒᆞᆷ

第十三條　本法션灯의規定은二艘以上우軍艦又ᄂᆞᆫ軍艦의護送되ᄂᆞᆫ션舶에增揭ᄒᆞᆫ列位燈及信號燈에關ᄒᆞ야各國政府에셔特히制定ᄒᆞᆫ規則의施行을妨害치못ᄒᆞ며又션舶所有主가其國政府의許可를受ᄒᆞ고登簿公告의節次를經ᄒᆞ야私用ᄒᆞᄂᆞᆫ識別信號의使用을妨害치못ᄒᆞᆷ

第十四條　滊션이晝間에帆으로만運轉ᄒᆞᆯ지라도其연突을不引ᄒᆞᄂᆞᆫ時ᄂᆞᆫ前方의最히見得ᄒᆞ기易ᄒᆞᆫ所에直徑二尺의黑球或은黑色形象一箇를揭ᄒᆞᆷ이가ᄒᆞᆷ

霧中信號

第十五條　航行中의船舶에關ᄒᆞ야本條에規定ᄒᆞᆫ信號를ᄒᆞᆷ에ᄂᆞᆫ左의号信器를用ᄒᆞᆷ이가ᄒᆞᆷ

滊船은滊笛或은滊角
帆船及他션에被引ᄒᆞ야運行ᄒᆞᄂᆞᆫ船舶은霧中號角

本條中長聲이라ᄂᆞᆫ것은四秒乃至六秒의時間의發聲을謂ᄒᆞᆷ

滊船은滊力其他此의代用ᄒᆞᆯ者에因ᄒᆞ야發聲ᄒᆞᄂᆞᆫ適當ᄒᆞᆫ滊笛或은滊角을音響의妨害物이無ᄒᆞᆫ所에裝置ᄒᆞ고且號鍾及機關의作用에因ᄒᆞ야發聲ᄒᆞᄂᆞᆫ適當ᄒᆞᆫ霧中號角을備ᄒᆞᆷ이可ᄒᆞᆷ又總積量二十噸以上의帆船은滊船과同樣의號鍾及霧中號角을備ᄒᆞᆷ이可ᄒᆞᆷ

霧中降雪其他暴雨中은晝夜의別이無히左의各項에規定ᄒᆞᆫ信號를ᄒᆞᆷ이가ᄒᆞᆷ

一　滊船航行中은二分時보담多치아니ᄒᆞᆫ間隙으로써長聲을一發ᄒᆞᆷ이가ᄒᆞᆷ

二　滊船航行中運轉을止ᄒᆞ고速力을不有ᄒᆞᆫ時ᄂᆞᆫ二分時보담多치아니ᄒᆞᆫ間隙으로써長聲을二發ᄒᆞᆷ이可ᄒᆞᆷ但其二發의間隙은大約一秒時됨을要ᄒᆞᆷ

三　帆船航行中은一分時보담多치아니ᄒᆞᆫ間隙으로써右舷이開ᄒᆞ면一聲을發ᄒᆞ고左舷이開ᄒᆞ면二聲을連發ᄒᆞ고셔의正橫後에風을受ᄒᆞᆫ時ᄂᆞᆫ三聲을連發ᄒᆞᆷ이가ᄒᆞᆷ

四　船舶碇泊中은一分時보담多치아니ᄒᆞᆫ間隙으로써大約五秒時間을劇烈이號鍾을鳴ᄒᆞᆷ이가ᄒᆞᆷ

未完

外報

◎公債有望　摩洛哥使節이法國巴里에셔公債를募集ᄒᆞᄂᆞᆫᄃᆡ頗히有望ᄒᆞ다더라

◎希國形勢　希臘王은該國現勢가益益有望ᄒᆞ고國中諸紛擾도大略解決된줄로思惟ᄒᆞ며又其國將來히軍은陸軍과상待ᄒᆞ야優勢를占有ᄒᆞᆯ줄로確信ᄒᆞ노라고演述ᄒᆞ엿ᄂᆞᆫᄃᆡ陸軍軍人團은此際에稍稍讓步ᄒᆞᆷ에至ᄒᆞᆫ다더라

◎張秦線計劃　淸國에셔ᄂᆞᆫ秦皇島로부터居庸關ᄭᆞ지鐵道를敷設ᄒᆞ고京張線의支線으로張秦線이라名稱ᄒᆞᆫ다더라

◎英히軍元帥　英國第一軍司令卿피와셀氏ᄂᆞᆫ히軍元帥로被任ᄒᆞ엿다더라

◎新聞贊同　荷蘭諸新聞은女皇及皇婿가英國을訪問ᄒᆞᆷ에對ᄒᆞ야賛同ᄒᆞᄂᆞᆫ意를表ᄒᆞ엿다더라

◎露國議會　露國政府ᄂᆞᆫ今期議會에히軍擴張及其豫算과其他鐵道敷設에關ᄒᆞᆫ重要ᄒᆞᆫ提案이有ᄒᆞᆫᄃᆡ來十二月에開會ᄒᆞᆫ다더라

◎名譽金盃　空中飛航긔를成功ᄒᆞᆫ쯔에쯔뻬르伯은法國學士會에셔金盃를領受ᄒᆞ엿다더라

◎露國移民　布와에在ᄒᆞᆫ日本移民을對抗ᄒᆞᆯ計畫으로同地耕主等이雇傭ᄒᆞᆫ露國移民約二百二十名은既히該地에到着ᄒᆞ엿다더라

◎美國鎭守府　布와신쥬灣은美國히軍鎭守府로選定되엿다더라

▲文　壇▼

▲天喜堂詩話 (續)

詩歌ᄂᆞᆫ人의感情을陶融ᄒᆞᆷ으로目的ᄒᆞ나니宜乎國字를多用ᄒᆞ고國語로成句ᄒᆞ야婦人幼兒도一讀에皆曉ᄒᆞ도록注意ᄒᆞ여야國民智識普及에效力이乃有ᄒᆞᆯ지어ᄂᆞᆯ近日에各學校用歌를聞ᄒᆞᆫ즉漢字를雜用ᄒᆞᆷ이太多ᄒᆞ야唱ᄒᆞᄂᆞᆫ學童이其趣味를不悟ᄒᆞ며聽ᄒᆞᄂᆞᆫ行人이其語意를不知ᄒᆞ니是가何等效益이有ᄒᆞ리오是亦敎育界의欠點이라可云ᄒᆞᆯ지로다一友人이일즉其著ᄒᆞᆫ바愛國吟丈夫吟各一首를余에게誦傳ᄒᆞᄂᆞᆫᄃᆡ國語로爲主ᄒᆞ고漢字ᄂᆞᆫ若干助入ᄒᆞ야老嫗도可解라余ㅣ此를愛ᄒᆞ야左에錄ᄒᆞ노라

愛國吟曰제몸은ᄉᆞ랑컨만、나라ᄉᆞ랑왜못ᄒᆞ노、國家疆土업서지면、몸둘곳이어ᄃᆡ뇨、찰아리몸은죽더ᄅᆡ도、이나라ᄂᆞᆫ、

丈夫吟曰長劍을놉히들고、宇宙間에徘徊ᄒᆞ니、萬古興亾은智中에歷歷ᄒᆞ고、六大部洲ᄂᆞᆫ眼中에恢恢ᄒᆞ다、아마도丈夫의得意秋ᄂᆞᆫ、이ᄯᅢ인듯

未完

詞　藻

※酒※

술이라ᄒᆞᄂᆞᆫ거슬、서로업시먹지마쇼。
一心團合일을ᄒᆞ여、文明富强ᄒᆞᆫ然後에。
四海로、泰平酒비저、萬姓同醉。

電報

◉歲出入總計 日本度支部調查를聞ᄒᆞᆫ즉今年十月卅一日까지歲入總計가三億七千六十二萬一千六百九十圓三十錢이오歲出總計ᄂᆞᆫ二億五千六百十二萬八百三十四圓이라더라

◉元帥歸國 日本에留ᄒᆞ던英國키치나元帥ᄂᆞᆫ十六日에西向ᄒᆞ야十九日神戶에셔乘셔歸國ᄒᆞᆫ다더라

東京발 以上十四日着

◉本鄕歸國 歐洲를視察ᄒᆞ던本鄕少將一行은十日露都에셔出發ᄒᆞ엿ᄂᆞᆫ뒤十二月二日에ᄂᆞᆫ東京에着ᄒᆞᆫ다더라

◉支店廢止 日本郵便會社의히蔘威及仁川兩支점은今番에廢止ᄒᆞ기로內定되엿ᄂᆞᆫ뒤其事務ᄂᆞᆫ代理점을置ᄒᆞ고處理케ᄒᆞᆫ다더라

◉韓國과記者團 日本에셔新聞記者其他同志者가昨夜偕樂園에會合決議ᄒᆞ야曰吾儕ᄂᆞᆫ韓國近狀에對ᄒᆞ야根本的으로對韓政策을一變ᄒᆞᆯ必要를認ᄒᆞ고此를遂行ᄒᆞ기를期ᄒᆞ노라ᄒᆞ엿다더라

◉遊客多來 秋氣觀光을爲ᄒᆞ야日本에漫遊ᄒᆞᄂᆞᆫ他國人은現今多數에達ᄒᆞ야橫濱旅舘에셔만宿泊ᄒᆞᄂᆞᆫ者도百六十七名이라더라

東京발 以上十五日着

雜報

◉十萬圓裁可 政府에셔伊藤公遺族의게贈與ᄒᆞᄂᆞᆫ金十萬圓은隆熙二年度剩餘金으로支出ᄒᆞ기로 裁可되엿다더라

◉支出裁可 帝室債務支出金二千七百圓을預備金中에셔支出ᄒᆞ기로 裁可되엿다더라

◉內閣例會 昨日總相以下各大臣이內閣月曜例會를開ᄒᆞ고緊要ᄒᆞᆫ公務를提議ᄒᆞ엿다더라

◉四相會議 再昨日下午三時에學상李容植度상高永喜農相趙重應三氏가총相李完用氏私第에會同ᄒᆞ야何等事件을數時間協議ᄒᆞ엿다더라

◉大久出發 軍司令官大久保ᄂᆞᆫ南韓義兵討伐의結果와駐韓軍情을日皇에게奏聞ᄒᆞ기爲ᄒᆞ야昨日上午九時에京釜線列車로前香坂法務院長과同伴歸國ᄒᆞ엿ᄂᆞᆫ뒤總相以下各大臣과其他高官等들이南大門驛에셔餞送ᄒᆞ엿다더라

◉內相遞職說 內部大臣朴齊純同部次官岡喜七郞警務局長松井茂諸氏를免官ᄒᆞᆫ다ᄂᆞᆫ說은已往電文으로揭布ᄒᆞᆫ바어니와更聞ᄒᆞᆫ즉內部大臣은人民을統率ᄒᆞᄂᆞᆫ職責이有ᄒᆞᆫ뒤此任에適合치못ᄒᆞ야哈爾賓의變怪가有ᄒᆞ다ᄒᆞ야將次遞職된다ᄂᆞᆫ說이有ᄒᆞ다더라

◉統監뎌失火 昨日正午에統監官뎌綠泉亭南便헌下에셔出火ᄒᆞ엿ᄂᆞᆫ뒤園丁이是를見ᄒᆞ고卽時聲을畔ᄒᆞ야同府員及消방等이艱辛히鎭火ᄒᆞ엿스나同亭은伊藤公의好紀念으로永久히保存ᄒᆞᆯ建造物인故로曾禰統監은特別驚愕ᄒᆞ엿고此急報를聞ᄒᆞ고問慰次見舞人이來集ᄒᆞ야一時非常히混雜ᄒᆞ엿ᄂᆞᆫ뒤其原因은種種風說이多ᄒᆞ다더라

◉何事夜行 宮內府大臣閔丙奭과豐府院君尹澤榮兩氏가再昨日下午八時頃에寺洞居閔泳찬氏를訪問ᄒᆞ고同十二時에散歸ᄒᆞ엿다더라

◉市原歸國 韓國銀行總裁日人市原이ᄂᆞᆫ昨日歸國ᄒᆞ엿다더라

◉荒井歸任 日本에滯留ᄒᆞ던度支部次官荒井이ᄂᆞᆫ本日東京셔出發ᄒᆞ야歸任ᄒᆞᆫ다더라

◉何用調查 某處에셔ᄂᆞᆫ何等關係가有ᄒᆞᆷ인지各元老及大臣諸氏의平日身分과現今行動을秘密調查ᄒᆞᆫ다더라

◉勤怠調查 本月은各吏員의定期陞給期인故로目下勤怠才能等에就ᄒᆞ야調查中이라더라

◉署長赴任 新任ᄒᆞᆫ南警察署長山田貞吉郞은本日에下仁ᄒᆞ야히路로赴任ᄒᆞᆫ다더라

◉李氏轉任說 警視廳第二課長李憲珪氏ᄂᆞᆫ日間郡守로轉任된다더라

◉司業敍任說 學部에셔ᄂᆞᆫ今番試取ᄒᆞᆫ司業中에新知識이有ᄒᆞᆫ人員은無試驗檢定으로副訓導를敍任ᄒᆞᆫ다더라

◉珍倅免官 珍島郡守徐丙潤氏ᄂᆞᆫ軍人接待費라稱ᄒᆞ고境內富豪의게金錢을求索ᄒᆞ야官吏의體面을汚辱ᄒᆞᆷ으로免官을當ᄒᆞ엿다더라

◉視察出發 學部書記官李敏應氏外一名이慶北及忠北二道의學事를視察ᄒᆞ기爲ᄒᆞ야本日에出발ᄒᆞᆫ다더라

◉廢後尙徵 地方費令을實施ᄒᆞᆫ結果로從來地方에셔徵收ᄒᆞ던雜稅ᄂᆞᆫ廢止되엿ᄂᆞᆫ뒤該令을實施ᄒᆞᆫ後에도二三道에셔尙且徵收ᄒᆞᆫ金額이四五萬圓에達ᄒᆞᆫ지라此를國庫에納付케ᄒᆞᆫ다더라

◉尹家執行 前郡守尹變燮氏ᄂᆞᆫ公逋事件으로日前度支部에셔該氏家屋을執行ᄒᆞ야家眷이道路에棲屑ᄒᆞᄂᆞᆫ뒤當初該氏가公錢을上納次로該郡吏胥를眼同輸送ᄒᆞ다가中路에셔逢賊ᄒᆞᆫ證據가確實ᄒᆞᆷ으로該氏의所遭를人多矜惻ᄒᆞᆫ다더라

◉社寺保存會 各道에在ᄒᆞᆫ古社寺建築物中에永久히保存ᄒᆞᆯ만ᄒᆞᆫ貴重物이不尠ᄒᆞᆫ뒤此를放置ᄒᆞ면徒히廢朽腐滅의虞가不無ᄒᆞ다ᄒᆞ야內部에셔社寺保存會를組織ᄒᆞ야상當히保護ᄒᆞᆯ方침을講究ᄒᆞᆫ다ᄂᆞᆫ뒤其經費ᄂᆞᆫ來年度預算에編入ᄒᆞᆯ터이라더라

◉追悼姑停 日本에滯在ᄒᆞᆫ兪吉濬氏ᄂᆞᆫ漢城府民會로電報ᄒᆞ되國民大追悼會의발起ᄂᆞᆫ姑爲停止ᄒᆞ라ᄒᆞ엿다더라

◉一滯一歸 韓人新聞團의代表로伊藤公國葬에往參ᄒᆞ엿던鄭雲復金丸兩氏가同伴歸國ᄒᆞ다가鄭氏ᄂᆞᆫ日本觀光團의宴待를因ᄒᆞ야姑爲留連中이오金氏ᄂᆞᆫ再昨日下午八時에入城ᄒᆞ엿다더라

◉三社追悼 韓人新聞團에셔伊藤公追悼會事件으로互相間逕庭이生ᄒᆞᆷ은已報어니와再昨日下午二時에大韓新聞國民新報漢城新報三社에셔東大門外元興寺에前往ᄒᆞ야追悼會를設行ᄒᆞ엿다더라

◉百日開宴 再昨日은淸豐都正李히昇氏의今男百日인故로盛宴을開設ᄒᆞ엿ᄂᆞᆫ뒤各皇族內外賓客이多數往參ᄒᆞ엿다더라

◉閔朴相詰 陰竹郡居朴暢河氏가年前에參奉一窠를圖得ᄒᆞᆯ次로倭증十五匹을閔泳徽氏에게納賂ᄒᆞ엿더니參奉은烏有에歸ᄒᆞ고物品만乾沒ᄒᆞᆷ으로日前에該物品을還推코ᄌᆞ一場詰難ᄒᆞ엿다더라

◉賞金贈與 昨日警視廳에셔방疫에從事ᄒᆞ던巡查諸人의게賞與金을贈與ᄒᆞ엿다더라

◉貰廉乘多 韓日瓦斯會社에셔開業祝賀의意를表ᄒᆞ기爲ᄒᆞ야數日前부터鍾路電車貰를每區에三錢式領收ᄒᆞᆷ으로乘客이比前增加ᄒᆞᆫ다더라

◉毁墻築道 南部竹洞等地에道路를修築키爲ᄒᆞ야前永禧殿大門과東墻을毁撤ᄒᆞ엿다더라

◉警官擔銃 近日以來로何等警衛ᄒᆞᆯ事件이有ᄒᆞᆷ인지警察官吏中에擔銃巡回者가或有ᄒᆞ다더라

◉何不痛禁 平南安州郡에ᄂᆞᆫ淸日人이合同ᄒᆞ야所謂三十六契라ᄂᆞᆫ雜技를設ᄒᆞ고人民을誘引ᄒᆞ야每日得失이五六百圓에達ᄒᆞᆷ으로家産을蕩敗ᄒᆞᆫ者ㅣ比比有之ᄒᆞ되當地警官은聽若不聞ᄒᆞᄂᆞᆫ지嚴禁치아니ᄒᆞᆫ다고輿論이藉藉ᄒᆞ다더라

◉日兵歸國 龍山水原大子方面에駐在ᄒᆞ던日本步兵及騎砲工兵八百四十八名은昨日龍山列車로出發歸國ᄒᆞ엿고今日에ᄂᆞᆫ平壤駐在日本步兵八百四十二名이歸國ᄒᆞᄂᆞᆫ뒤此ᄂᆞᆫ兵役에滿期되여歸休ᄒᆞᆷ이라더라

◉伊驛尙戒 伊院驛에셔襲擊을當ᄒᆞᆫ後로附近人民을指揮ᄒᆞ야每夜二十名式輪回行警케ᄒᆞᆷ으로居民等의困難이莫甚ᄒᆞ다더라

◉愚哉是人 近日閭巷間에一種怪說이流行ᄒᆞ야曰江原道地方에셔一老牛가一老人을産出ᄒᆞ엿ᄂᆞᆫ뒤該老人이豫言ᄒᆞ기를明年은虎疫이今年보다百培尤甚ᄒᆞᆯ터이니其豫방法은豆粥을喫ᄒᆞᆷ에在ᄒᆞ다ᄒᆞ야互相傳說ᄒᆞ다ᄂᆞᆫ뒤愚昧ᄒᆞᆫ婦女들은是를惑信ᄒᆞ야豆粥을炊식ᄒᆞᄂᆞᆫ者가多ᄒᆞ다더라

◉兩報押收 新韓民報百五十四号와新韓國報第二卷三十四号ᄂᆞᆫ治安을妨害라ᄒᆞ야內部에셔押收ᄒᆞ엿다더라

◉慈善其人 通津郡居정學均氏ᄂᆞᆫ醫藥에從事ᄒᆞ야貧寒ᄒᆞᆫ同胞에게ᄂᆞᆫ無料施術ᄒᆞ고本年春에正租四十餘石을分ᄒᆞ야貧民을救濟ᄒᆞ엿ᄂᆞᆫ뒤該郡守趙東喜氏가事實을擧ᄒᆞ야內部에報告ᄒᆞ고特別히褒揚ᄒᆞ기를要求ᄒᆞ엿다더라

◉兩氏向南 侍天敎를倡始ᄒᆞ던崔濟愚氏의舊基와墳墓가慶州郡龍潭里에在ᄒᆞᆫ뒤該地에敎堂을建築ᄒᆞᆯ次로該敎員金演局朴衡采兩氏가昨日當地로發向ᄒᆞ엿다더라

◉李氏寄付 紳士李丙斗氏가孤兒院의困難ᄒᆞᆫ狀況을矜憫히녀겨白米一石을寄付ᄒᆞ엿다더라

◉裴氏被捉 中部長橋居裴星煥氏와鎭川郡居朴炳斗氏間에財政關係로상持ᄒᆞᄂᆞᆫ事ᄂᆞᆫ已報어니와裴氏가該事件을因ᄒᆞ야逃躱ᄒᆞᆯ次로再昨日上午九時에南大門驛에셔滊車를搭乘ᄒᆞ다가中部警察署에被捉ᄒᆞ엿다더라

◉李氏被捉 全北沃溝郡居李鳳來氏ᄂᆞᆫ義兵干連이有ᄒᆞ다ᄒᆞ야去十二日南門驛에셔日憲兵에게被捉ᄒᆞ엿다더라

◉李家賊警 三昨日下午七時에强盜七名이南部笠井洞居李志善氏家에突入ᄒᆞ야金貨七百五十圓을掠奪ᄒᆞ엿다더라

◉法會開會 法學協會에셔去十四日上午十時養正義塾內에總會를開ᄒᆞ고緊要ᄒᆞᆫ事務를處理ᄒᆞ엿다더라

◉奬學會開會 咸南青友奬學會에셔學校를設립ᄒᆞᆯ次로三昨日評議會를開ᄒᆞ고方針을硏究ᄒᆞ엿다더라

◉大同敎任員 旣報와如히大同敎會에셔三昨日任員會를開ᄒᆞ고總長은金允植氏로總事ᄂᆞᆫ趙命熙氏로選定ᄒᆞ엿다더라

▲燈▼

▲秋夜長兮未央ᄒᆞ니夢不成兮思悠悠라滿心鬱鬱못니겨셔出門彷徨ᄒᆞ여보니萬戶千門寂寥ᄒᆞᆫ뒤휘煌ᄒᆞᆫ ᄉᆞ뎌灯불은觸目生感절노난다

▲長竿우에燈불빗츤色酒家가여긔로다金融沽渴이時代에朝夕生活難繼인뒤酒色場에往來者ᄂᆞᆫ쓴치안코如前ᄒᆞᆫ가그燈빗이可憎ᄒᆞ고

▲層樓우에燈불빗츤演극場이여긔로다新演극을演出ᄒᆞ야風俗改良ᄒᆞᆫ다더니돈푼낙기急ᄒᆞ여셔淫蕩歌만依舊ᄒᆞ니그燈빗이可憐ᄒᆞ고

▲南山밋회燈불빗츤外人家屋여긔로다五百餘年王業地에客反爲主되단말가제家屋을賣喫者ᄂᆞᆫ가셔살곳어ᄃᆡ미뇨그燈빗이可驚이오

▲高堂우에燈불빗츤夜學校가여긔로다晝而勞働夜而學에生活知識兼進ᄒᆞ면됴흔긔會오난놀에獨立긔礎될것시니그燈빗이可喜로다

社告

雲山邑 支社員梁允植氏辭免한代에 咸元澤氏로 安岳支社員金文浩氏辭免한代에 韓植教氏로擇定하엿스니 各該支社로本報購覽하시는 僉君子는照亮하시옵

大韓每日申報社

學界

○消金督納　師範學校卒業生李承亨氏는學部大臣의命令을不待하고大韓醫院附屬學校에變名入學하엿다하야學部에셔該氏의修業中消耗金一百三十餘圜을督納中이라더라

○學員被出　平壤郡官립高等學校學員崔禹善安淳恒楊應七朴在경崔德信氏等은校則을不遵하고不美한行爲가有하다하야該校長이出學을命하엿다더라

○兩校展覽會　官립美洞普通學校와官립貞洞普通學校에셔去十四日부터本日까지教育品展覽會를開하엿는데各社會紳士가多數參觀하엿다더라

○湖興新興　林炳赫氏는元來教育에熱心하는人士인데陰九月間에忠州地方을遊歷하다가該地에教育이不興함을慨歎이녀여面內紳士를面面躬訪하야湖興學校를協力設립하고青年을募集하는데不出一旬에五十餘名이出席하엿고校長은韓창愚氏로校監은金演昇氏로學監은朴主烈氏로講師는林炳赫李熙재兩氏로選定하엿다더라

○宜其稱頌　京城西部土당里居紳士吳璣善氏가江華郡에遊다가郡內私立普창學校의視察하고勸奬金十圜을寄附함으로該氏의教育上公益心을一郡이稱頌한다더라

○洪氏興學　東部往十里박石峴居하는洪淳明氏는教育에熱心하야該洞旺新學校에經費를捐助하고家舍五間을借與하야女子教育部를兼設함으로該氏의誠意를無不稱頌한다더라

○權氏奬學　庇仁郡桃湖居前郡守金鍾權氏는獨立學校를設립하고青年을募集教育하는데校舍와經費를自擔하기로決心하엿다더라

○丁氏熱心　全南谷城郡居丁日宅氏는教育에熱心하야該郡通明學校에金四十圓을寄付하고校中凡務를盡力看護함으로境內紳士諸氏가無不協心하야同聲相助한다더라

○兩科夜學　南部小筆洞私立光南學校夜學部에셔高明한講師를延聘하야簿記、日語、兩科를教授한다더라

廣告

本人의所在西部龍山坊瓮里契卅四統六戶草家四間文券不知中셔失故玆廣告誰某拾得休紙施行함

李致雲 白

本人이篆字姓名圖章을今春에셔失하고今에正字로雕刻함

灩島一契上洞

崔振九 白

本人의姓名章을十一月十二日夜에平壤郡宋國彬家에셔賊失하엿사오니內外國人은照亮함

安州南松面龍潭里 洪彝道 白

本人이隆德面四里周洞卅八統四戶瓦家十八間家契를衣櫥에藏置러니不知中셔失되엿기玆에廣告하니內外國人은拾得하와도休紙施行하옴

平壤周洞方遒亭 告白

本人이陰今廿九日上午二点에彰義門外造紙所新倉洞八統五戶盧尙宮집에셔逢賊한物品을左開하옴

山蔘一介二兩二錢五分重
虎彈子一介
廣木五十尺
笠　一介
宕巾一介
熊膽一介　五分重
周衣一介
現金千兩
主宅失物에는衣服銀物等屬沒數並家券

江原道平창大乶山月精寺

李桂浩 告白

南部樂善坊后洞六十八統十一戶居金聲振이去丁未年分에承蒙漢城府許可狀하야草家七間半을建築하왓는데本月十四日에出入하다가以夔弊之致로該許可狀을셔失하왓시니누구시던지拾得하시거던本人의게傳致하심을務望함

隆熙三年十一月十五日

金聲振 告白

本院을昨年陰十一月分에設립하고平壤醫士崔龍化氏로同事開業이옵더니右員이因事歸鄕되옵기互相分掌하고京城濟衆院에셔卒業하고該院에셔診療에從事하던醫學博士申창熙洪鍾殷兩氏를延聘視務하오니有病僉員은來議調理하심을仰要

義州府南門外救世病院

主務員 金志河 告白

本人의子玄光運이가雜類를符同하야得債云云하오니內外國人은切勿見欺하시옵

陳召사 告白

測量製圖의關한一切事務를迅速히酬應함

全南寶城郡松谷面江洞里

山陽測量事務所曹圭永 謹告

本所에셔洋屬毛織을各色直輸入하야廉價로發賣하옵는데物品과織組가堅固하며染色이不變하와經濟上에第一要緊하오며各地方貿易을便利케爲하와郵便小包로酬應하야代金을引換하겟사오니 僉君子는陸續請求하심을伏望

京城小龍洞

洪順福 毛織商店

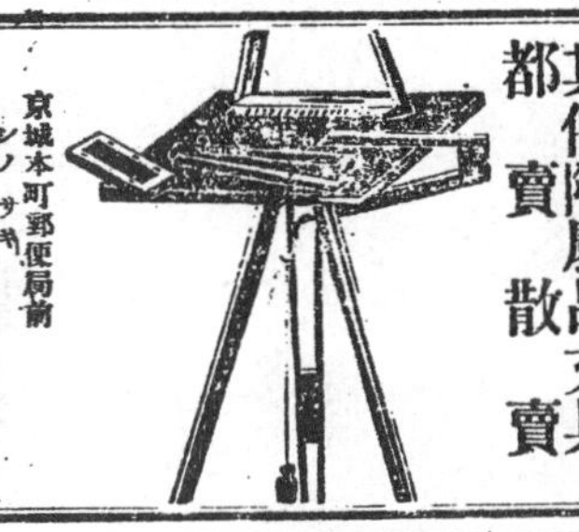

測量製圖器械
其他附屬品文具
都賣散賣

京城本町郵便局前
篠崎(シノザキ)器械店
平壤南門通二丁目
篠崎(シノザキ)支店

惟我晉州藥令定規를春令은陰二月二十五日에開市하야三月二十五日에撤市하오며秋令은陰十月二十五日로開市하야撤市는十一月二十五日로確定하엿사오니遠近 僉君子는照亮하시며方今秋令不遠하온니屆期來臨하심을千萬敬要함

慶南晉州令藥商 告白

誠實에法律事務에從事함

美國大學法律大學士
法律學士
早稻田大學法學士
後藤連平
電話五〇六
仁川仲町二丁目

(營業目錄)

○測量機械　○製圖機械　○美濃紙類　○學校用品

(我國)○谷香葉卷煙草　(特產)○山月紙卷煙草

各樣製圖等材式樣에圖答을酬應하오며外他라도請求하시는디로地方의는引換小包로遞呈할것

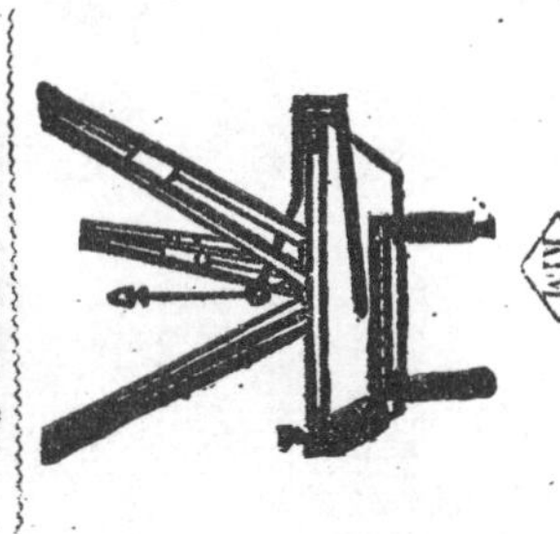

測量製圖器械貿易販賣商
京城南部泰洞六十二統十戶

金應龍商會

主人 金應龍 謹告

▲特別廣告

前途有望한滿天下에健在한我大한國民에게謹告하옵니이다

우리漢陽商會는同胞諸彥의便益을供하기爲하야外國物作製造場과特約을締하고我大한國의第一되는데파ー도멘도스토아卽萬物이具全한뎜舖를組織하고親切安全確實한方法으로써都賣及小賣로여러분으로하야금時勢流行에가장適合한善良한物品을廉價로供給하옵나이다

우리漢陽商會는紳士의便益을圖하기爲하야歐美雜貨와洋服附屬品과방寒用品을完全備置하엿고

우리漢陽商會는學界에隆盛을圖하기爲하야文房諸具와學校용品을完全備置하엿고

우리漢陽商會는淑女의進運을圖하기爲하야女子용品과細工物의原料를完全備置하엿고

우리漢陽商會는愛煙家의便益을圖하기爲하야呂宋國埃及土耳其各國煙草를完全備置하엿고

우리漢陽商會는衛生家에福音을與하기爲하야新鮮純良한葡萄酒、위스키、색란듸、等洋酒類及食料品을完全備置하엿고

우리漢陽商會는旅行家의便益을圖하기爲하야포毛布等旅行용具를完全備置하엿고

우리漢陽商會는交際家의便益을圖하기爲하야高尙優美한贈答品을完全備置하엿고

우리漢陽商會는地方諸彥의便益을圖하기爲하야郵便部를特設하고地方注文은더욱低廉히迅速配達케하옵고

우리漢陽商會는從來의愛顧를報하기爲하야左의方法으로써五百圓의景品을進呈하옵는데每一圓에對하야景品券一枚式이옵고期限은十一月一日부터同月二十日까지景品券을進呈하고二十五日에抽籤을行하는데各新聞사에셔立會가有하옵

一等一人	一百圓	物品	
二等二人	一百圓	仝	各五十圓
三等九人	五十圓	仝	各十圓
四等十人	五十圓	仝	各五圓
五等二十人	五十圓	仝	各二圓五十錢
以下는	無	空籤	

大韓漢城鍾路

漢陽商會

電話一九一番

申報價

壹張代金	新貨二錢五厘	
壹個月	三十錢	
參個月	九十錢	
陸個月	先納	壹圓七十錢
壹個年	先納	參圓四十錢
郵稅	壹張	新貨五厘
壹個月		十三錢

廣告料

四号活字拾三字詰

每日英尺一寸에 (自一行至四行이爲一寸) 新貨卄五錢

二週日壹寸에 二圓五十錢

壹個月壹寸에 五圓

但期限의長短과字行의多小를依ᄒᆞ야增減홈이有홈

大韓每日申報各處支社廣告

平安道

平壤鍾路太極書館 安泰國
三和港碑石洞教堂 裴亨湜
義州南門外韓西大藥房 張有寬
鐵山郡內東部 安 灝
車輦館同志會內 金明헌
定州南門內書舖 洪成驎
博川郡內舊洞 金聖樞
安州城內安陵書館 金鼎河
京義線枇峴驛停車場前 李基秀
龍川南市驛 韓燦禧
龍川楊市 黃菊保
渭州郡南門外 朱伯英
泰川郡內관前洋藥局 李正華
寧邊郡內紅門里 鄭德昇
江西郡內 金昌煥
宣川郡橋南 申基周
江界邑內 金泰熙
郭山郡內新街 金大현
甑山郡內利用里 崔診爽
雲山北面橋洞 王冕言
雲山郡內 [illegible]
順川郡[illegible]洞
邑城邑內西下里[illegible]統貳戶 許 익

黃海道

해州南門內書舖 朴昌鎭
安岳壽石面訓鍊里 韓경敎
長淵邑校洞西北支學會內 崔東元
殷栗郡倉前里 金光礪
信川郡內四里 李悌경
載寧郡乾材藥局 李鼎均
白川郡文明館 趙雲泳

咸鏡道

沙里院活民勞働救火會 任敬宰
咸興州南社西門外 曹喜林
元山港創業社 皇甫正杰
定平郡豐陽里 張禮學
洪原西門內保命局 羅炳善
永興南山洞洪明學校內 梁元常
清津港新興洞 張元浩

全羅道

金溝水流面豆亭 趙德三
木浦港陽洞 李得珠

京畿道

仁川杻峴開新冊숨 李東皓
開城南大門內興學書舖委助遠
江華郡內川橋 俞鎭植

忠清道

結城廣川小龍洞 李啓祚
韓山下北필堂里 李英穗

慶尙道

大邱西門外友弦書樓側 李正由
釜山港佐川藥局 徐錫命

江原道

杆城邑新城里二統三戶 咸海元
鐵原邑棠洞 趙鍾大
蔚珍遠南面梅花里 朱鎭壽

北墾島

北墾島龍井村耶蘇教堂內 裴尙禧

告

檀君開國四千二百四十二年
箕子元年三千三十一年
大韓開國五百十八年
本報創刊日
光武八年七月十八日

大韓每日申報

發行兼編輯人 英國人 萬咸
發行所
京城南部石井洞三府洋屋家
大韓每日申報社

第七卷 月曜及慶節歲時日休刊 第一千二百四十三号

論說

◉女子教育에對ᄒᆞᆫ一論

只今韓國에女子教育이新興ᄒᆞ야一般女子界의光線이起ᄒᆞ니此가果然如何히感嘆ᄒᆞᆯ事오然이나新空氣가驅入ᄒᆞᄂᆞᆫ同時에弊風이隨至ᄒᆞ니卽女子教育界의侈習이是라

噫라女子教育의目的이何에在ᄒᆞᆫ가

曰(一)知德體의新教育을受ᄒᆞ야健全ᄒᆞᆫ人物이됨에在ᄒᆞ며(二)子女를義方으로教導ᄒᆞ야家庭의教育을振興ᄒᆞᆷ에在ᄒᆞ며(三)夫婦가和樂으로共勉ᄒᆞ야家門의福利를增長ᄒᆞᆷ에在ᄒᆞ니라

然則侈習이健全ᄒᆞᆫ人物을作ᄒᆞᄂᆞᆫ方法인가曰否라腐敗ᄒᆞᆫ人物을作ᄒᆞᄂᆞᆫ方法이니라侈習이家庭의教育을振興ᄒᆞᄂᆞᆫ方法인가曰否라家庭의教育을滅亾케ᄒᆞᄂᆞᆫ方法이니라侈習이家門의福利를增長ᄒᆞᄂᆞᆫ方法인가曰否라家門의福利를破壞ᄒᆞᄂᆞᆫ方法이니라

果然이면只今韓國女子教育界의侈習이可賀ᄒᆞᆯ者인가可弔ᄒᆞᆯ者인가

彼女子教育界를試看ᄒᆞ라所謂女學徒가往往其身에遍ᄒᆞᄂᆞᆫ者ᄂᆞᆫ綾羅紗紬오其頭발衣裳은天姸에近ᄒᆞ고其洋鞋洋傘은華麗에過ᄒᆞ고其他所飾이恰然히妓女의態를粧ᄒᆞᆫ者ㅣ有ᄒᆞ니噫라新教育은發展치못ᄒᆞ야셔侈習만滋長ᄒᆞ니此가엇지可弔ᄒᆞᆯ者ㅣ아닌가

此가비록政府當局者의過오一般紳士의過오一般人民의過오父母의過오學徒의過나然이나其第一過를負ᄒᆞᆯ者ᄂᆞᆫ卽教育家가是라教育家된者ᄂᆞᆫ可히汲汲注意ᄒᆞ야此惡習의萌芽를除去ᄒᆞ고善良ᄒᆞᆫ校風을養成ᄒᆞᆯ지어다

萬一不然ᄒᆞ야愈往愈甚ᄒᆞ면女子教育을因ᄒᆞ야도리혀弊풍만長ᄒᆞᆯ지니懼ᄒᆞ노라

古昔聖人이冶容의戒를垂ᄒᆞᆷ이亦此가有ᄒᆞᆫ바니吾儕의此言이實로徒言이아니며

又吾儕가女子社會로ᄒᆞ야금已往草衣木食의遺풍을襲ᄒᆞ라ᄒᆞᆷ이아니라但只清潔은勵ᄒᆞᆷ이可ᄒᆞ되侈習은不可ᄒᆞ며莊鮮은守ᄒᆞᆷ이可ᄒᆞ되侈習은不可ᄒᆞ며文明은奮取ᄒᆞᆷ이可ᄒᆞ되侈習은不可ᄒᆞ다ᄒᆞᆷ이니吾儕의此言이實로苟言이아니며

又吾儕가女子社會로ᄒᆞ야금高遠難行의事를行ᄒᆞ라ᄒᆞᆷ이아니라但只布木이나麻苧를着ᄒᆞᆷ이可ᄒᆞ고綾羅紗紬를着ᄒᆞᆷ은不可ᄒᆞ며頭발衣裳은舊習의不美를改良ᄒᆞᆷ은可ᄒᆞ되奢華ᄂᆞᆫ禁ᄒᆞᆷ이可ᄒᆞ며洋傘洋鞋ᄂᆞᆫ新制의便利를模仿ᄒᆞᆷ은可ᄒᆞ되儉質을務ᄒᆞᆷ이가ᄒᆞ며又가及的으로本國의所産을用ᄒᆞ며本國의國粹를保ᄒᆞᆷ이가ᄒᆞ다ᄒᆞᆷ이니吾儕의此言이實로오言이아니니라

記者가向日博物館에遊ᄒᆞ다가偶然히韓國女學徒와日本女學徒를遇ᄒᆞ니日本女學徒ᄂᆞᆫ自家의頭발制度로木綿衣服을着ᄒᆞ엿ᄂᆞᆫᄃᆡ韓國女學徒ᄂᆞᆫ洋쪽頭발이美麗ᄒᆞ고毛紗衣裳을曳ᄒᆞᄂᆞᆫ지라記者가此를睹ᄒᆞ고喟然히日本은文明을接ᄒᆞ야振興ᄒᆞ고韓國은文明을接ᄒᆞ야頹敗ᄒᆞᆫ原因을想ᄒᆞ엿노라

又此等弊풍을睹ᄒᆞ고或者ᄂᆞᆫ女子教育의不必要를唱ᄒᆞᄂᆞᆫ者ㅣ有ᄒᆞ나此ᄂᆞᆫ亦是愚迷者의眼孔이니汲汲히女子教育을改良ᄒᆞᆷ은가ᄒᆞ되女子教育을否認ᄒᆞᆷ은大不가ᄒᆞ니라

一般有志同胞ᄂᆞᆫ一邊으로女子教育을大擴張ᄒᆞ야文明의旗를歡迎ᄒᆞ며一邊으로侈習을打破ᄒᆞ야健全ᄒᆞᆫ女子社會를造ᄒᆞ라

官報

第四千五百貳號 隆熙三年十月十一日

法律

法律第二十七號 續

히上衝突豫방法

五 他船을引ᄒᆞ고運航ᄒᆞᄂᆞᆫ船舶、히底電信線의布設或은引上에從事ᄒᆞᄂᆞᆫ船舶及航行中運轉自由를不得ᄒᆞ야漸近ᄒᆞ야來ᄒᆞᄂᆞᆫ他船의航路를避ᄒᆞ기不能ᄒᆞ거나又ᄂᆞᆫ本法에遵ᄒᆞ야運轉ᄒᆞ가不能ᄒᆞᆫ船舶은本條第一項及第三項에規定ᄒᆞᆫ信號의代에二分時보담多치아니ᄒᆞᆫ間隙으로써三聲을連發ᄒᆞ고卽長聲을一발ᄒᆞᆫ後直히短聲을二발ᄒᆞᆷ이可ᄒᆞᆷ又他션에被引ᄒᆞ야運航ᄒᆞᄂᆞᆫ션船도此의信號를ᄒᆞᆷ은無妨ᄒᆞ나他의信號를ᄒᆞᆷ은不可ᄒᆞᆷ 未完

外報

◉巡撫發程 吉林來電을據ᄒᆞᆫ즉同省巡撫陳昭常氏ᄂᆞᆫ露國度支大臣코코치로프氏를會見ᄒᆞ기爲ᄒᆞ야哈爾賓에往ᄒᆞ엿다더라

◉土國商務省 土耳其政府ᄂᆞᆫ今回에商務省을設置ᄒᆞᆫ다더라

◉覺書送致 韓者最後크리트島에關ᄒᆞᆫ覺書를發ᄒᆞ엿다가同島保護列國에게拒絕된土耳其政府ᄂᆞᆫ今回에更히同覺書를德國及墺國政府에送致ᄒᆞ엿다더라

◉露國議會 露國議會ᄂᆞᆫ大露黨과穩利黨이合同成립ᄒᆞ엿ᄂᆞᆫᄃᆡ政府ᄂᆞᆫ此를因ᄒᆞ야堅實ᄒᆞᆫ政府黨員百名을得ᄒᆞ엿다더라

◉皇儲歡待 墺國皇儲푸란쯔펄지난드氏ᄂᆞᆫ妃殿下와共히德國皇帝를隨ᄒᆞ야伯林에到着ᄒᆞ엿ᄂᆞᆫᄃᆡ德國宮中에셔ᄂᆞᆫ宴會及狩獵을開催ᄒᆞᄂᆞᆫᄃᆡ宰相베트만氏도陪席ᄒᆞᆫ다더라

◉教育總監 前德國東亞艦隊司令官海軍中將제을펠氏ᄂᆞᆫ히軍教育總監으로被任ᄒᆞ엿다더라

◉三國利親 英國首상아쓰크이쓰氏가셀드홀에셔親德主義로演說ᄒᆞ엿ᄂᆞᆫᄃᆡ英國各新聞에셔만聲援을與ᄒᆞᆯ뿐아니라德國新聞에셔도此를贊同ᄒᆞ엿고又法國탄新聞에셔도此가輿論에大變化를生ᄒᆞᆯ것이라고贊揚ᄒᆞ엿다더라

◉伊露協約否認 伊太利政府ᄂᆞᆫ半官的報紙에揭布ᄒᆞ야今回라코늬지地에셔露伊兩帝가會見ᄒᆞᆫ際의成文의協約이締結되엿다ᄂᆞᆫ說을否認ᄒᆞ엿다더라

◉葡清仲裁 葡萄牙와清國間에國境問題ᄂᆞᆫ尙今싸지解決되지못ᄒᆞᆫ故로結局은仲裁裁判에附ᄒᆞ리라더라

◉大西洋颶風 大西洋에颶風이起ᄒᆞ야船舶의損害가多大ᄒᆞ엿다더라

◉印度海溢 西印度에ᄂᆞᆫ大히海溢이有ᄒᆞ야死傷者가夥多ᄒᆞ엿다더라

◉旅順開放 日本政府에셔ᄂᆞᆫ旅順에軍港을廢ᄒᆞ야商港으로ᄒᆞ기를決ᄒᆞ고日間發表ᄒᆞᆫ다더라

◉英德條約 英德仲裁裁判條約은今後數年間其契約을延長케ᄒᆞ엿다더라

◉航路許可 土耳其政府ᄂᆞᆫ英土聯合滊船會社에유프레이트及티그리쓰河의航路開始를許可ᄒᆞ엿다더라

▲文 壇▼

▲天喜堂詩話 (續)

帝國新聞에일즉國字韻(날발갈、낭장상等)을懸ᄒᆞ고國文七字詩를購賞ᄒᆞ엿스니此七字詩도或一種新國詩體가될가曰否라不可ᄒᆞ다英國詩ᄂᆞᆫ英國詩의音節이自有ᄒᆞ며俄國詩ᄂᆞᆫ俄國詩의音節이自有ᄒᆞ며其他各國詩가皆然ᄒᆞ나니萬一甲國의詩로乙國의音節을效ᄒᆞ면是ᄂᆞᆫ鶴膝을鳧脚으로換ᄒᆞ며狗尾를黃貂로續ᄒᆞᆷ이니其孰長孰短孰善孰惡은姑舍ᄒᆞ고狀態의不類가엇지可笑치아니리오試ᄒᆞ야此國文七字詩를一讀ᄒᆞ라其艱삽ᄒᆞᆷ이果然何如ᄒᆞ뇨且堂堂獨립ᄒᆞᆫ國詩가自有ᄒᆞ거ᄂᆞᆯ何必支那律體를依倣ᄒᆞ야龍鍾崎嶇의態를作ᄒᆞ리오又或近日各學校에셔日本音節을效ᄒᆞ야十一字歌를製ᄒᆞᄂᆞᆫ者ㅣ間有ᄒᆞ니此亦國文七字詩를製ᄒᆞᄂᆞᆫ類인져余도일즉某校學生의託을爲ᄒᆞ야此十一字歌를製給ᄒᆞᆫ바追後에此를悔悟ᄒᆞ엿스나往事라可追ᄒᆞᆯ비아니로다萬一該校學生이余에게改製를求ᄒᆞ면余가補過ᄒᆞ기爲ᄒᆞ야此를不辭ᄒᆞᆯ깃노라 未完

詞藻

※徒言※

입뇹다世上사롬、입늘만셩ᄒᆞ여셔。이러니더러니말만ᄒᆞ고、實地事業全혀업네。엇지타、岌업ᄒᆞᆫ이런ᄯᅢ에、말만ᄒᆞ노。

電報

◎淸日交涉 淸國北京에 滯在ᄒᆞᆫ 日本總領事小池ᄂᆞᆫ 奉天에 赴任ᄒᆞ야 旅順炭採掘區域及炭稅等에 對ᄒᆞ야 淸國委員과 交涉을 開ᄒᆞ야 解決ᄒᆞ깃다ᄂᆞᆫ 意로 日本外務部에 公電이 有ᄒᆞ엿다더라

◎露度相旅 露國度相코코치로푸氏ᄂᆞᆫ 합爾賓에셔 北京으로 赴ᄒᆞᆫ다더라

◎憲兵反還 合爾賓에셔 連累者를 搜索ᄒᆞᄂᆞᆫ 日本憲兵은 擧動殊常의 韓人이 都無ᄒᆞᆫ 故로 近日反還ᄒᆞᆫ다더라

以上東京發 十六日着

雜報

◎修道費議決 去月曜內閣例會에 議決ᄒᆞᆫ 案件을 追聞ᄒᆞᆫ즉 康津、해南、順天、長興、河東等군間에 道路를 修[illegible]인ᄃᆡ 工役費ᄂᆞᆫ 十一萬圓을 豫備金中에셔 支出ᄒᆞ기로 決定ᄒᆞ엿다더라

◎因病停參 曾彌統監은 昨日大韓醫院附屬醫學校落成式에 參與ᄒᆞ랴다가 身病을 因ᄒᆞ야 中止ᄒᆞ엿다더라

◎對韓問題將起 日本의 今期議會에셔ᄂᆞᆫ 韓國에 對ᄒᆞᆫ 大問題를 唱ᄒᆞ리라ᄂᆞᆫᄃᆡ 其主要問題ᄂᆞᆫ 伊藤公遭變에 關ᄒᆞᆫ 日本政府의 對韓政策에 對ᄒᆞ야 桂內閣의 不信任을 決議ᄒᆞᆯ지오 其次ᄂᆞᆫ 拓殖會社問題에 對ᄒᆞ야 三十萬圓補助金의 無意味ᄒᆞᆷ을 論駁ᄒᆞᆯ거시오 又韓人大臣이 統監政治를 損傷ᄒᆞᆫ다ᄒᆞ야 次官制度의 失敗를 論ᄒᆞ야 別問題를 提出ᄒᆞᆯ지오 又地方行政의 不一을 攻擊ᄒᆞᆫ다ᄒᆞ며 其他財政問題와 興業銀行借入金使用과 新聞通信검束事件가 出島에 在留韓人保護와 在外韓人監督等問題가 起ᄒᆞᆫ다ᄂᆞᆫ 說이 有ᄒᆞ다더라

◎追悼費分排 伊藤公葬日에 設行ᄒᆞᆫ 官民追悼會經費ᄂᆞᆫ 五百六十五圓이라ᄂᆞᆫᄃᆡ 各府部院廳奏任官以上에게 分等斂合ᄒᆞ기로 內閣에셔 議決ᄒᆞ야 各部로 通知ᄒᆞ엿다더라

◎裁判所增設 來年四月에ᄂᆞᆫ 區裁判所三十三個所를 增設ᄒᆞ기로 豫定ᄒᆞ엿다더라

◎水社反對 日本理事官三浦가 水道使用者의 損害額二萬四千圓餘를 大韓水道會社에 請求ᄒᆞ엿더니 該社에셔 此를 不應ᄒᆞᆯ뿐아니라 反對를 提起ᄒᆞ야 水道給水를 停止ᄒᆞ깃다고 回答ᄒᆞ엿다더라

◎兩部交涉 各地方에 在ᄒᆞᆫ 學田은 性質上地方財產에 屬ᄒᆞᆫᄃᆡ 地方費에 編入치못ᄒᆞ엿다ᄒᆞ야 度支部와 學部가 交涉ᄒᆞ더니 近近落着된다더라

◎失火原因 統監府綠泉亭의 失火原因은 暖爐의 煙突로 發火ᄒᆞ야 헌下에 移燃ᄒᆞᆷ이라더라

◎出於何計 農大趙重應氏ᄂᆞᆫ 何思想을 因ᄒᆞᆷ인지 社會에 對ᄒᆞ야 搆捏謀害ᄒᆞᆫ다ᄂᆞᆫ 說이 有ᄒᆞ더라

◎同志와 世評 韓國問題에 對ᄒᆞ야 日本同志會의 計劃이 有ᄒᆞ나 此ᄂᆞᆫ 小策士의 愚見이라고 識者間에 嗤笑가 有ᄒᆞ다더라

◎特別品縱覽 統監府特許局에셔 明日부터 特許品陳列所를 公開ᄒᆞ고 一般人에게 無料로 縱覽을 許ᄒᆞᆫ다더라

◎入場不許 京城在留日人들이 司法權委任祝賀會를 開ᄒᆞᆷ은 已報어니와 該日에 韓國人은 一切入場을 不許ᄒᆞᆫ다더라

◎兩氏入城 伊藤公葬儀에 參列키爲ᄒᆞ야 日本에 渡往ᄒᆞ엿던 鄭雲復 俞吉濬兩氏ᄂᆞᆫ 昨日下午八時에 入城ᄒᆞ엿다더라

◎僧房晩餐 侍從吳一泳 尹寅求 尹錫範諸氏ᄂᆞᆫ 再昨日東大門外창洞僧房에 前往ᄒᆞ야 晩餐會를 開ᄒᆞ엿다더라

◎一辭一肯 閔泳雨氏가 東亞協英會副總裁를 選定ᄒᆞᆯ次로 閔泳徽 閔京鎬兩氏를 躬訪勸告ᄒᆞ엿ᄂᆞᆫᄃᆡ 閔泳徽氏ᄂᆞᆫ 辭免ᄒᆞ엿고 閔京鎬氏ᄂᆞᆫ 肯락ᄒᆞ엿다더라

◎任羊可愛 辯護士安秉瓚氏가 平壤控訴院及地方裁判所에 對ᄒᆞ야 韓國人訴訟書類에 隆熙年號를 用ᄒᆞᆷ이 可ᄒᆞᆫ줄노 意見를 提出ᄒᆞᆷ은 前報에 已揭어니와 同裁判所長이 安氏意見을 統監府司法廳에 報告ᄒᆞ엿더니 該廳에셔 回電ᄒᆞ기를 韓國人訴訟書類에ᄂᆞᆫ 隆熙年號를 用ᄒᆞ라ᄒᆞᆷ으로 同所에셔 司法廳電意를 一般人民에게 發表ᄭᆞ지ᄒᆞ엿다더라

◎天日鹽配送 仁川港朱安天日製鹽場에셔 製鹽各二包式各府部院廳에 配送ᄒᆞ야 看色品에 供ᄒᆞ엿다더라

◎願聞其實 坡州군居張基夏氏ᄂᆞᆫ 其父母에게 特別ᄒᆞᆫ 孝誠이 有ᄒᆞᆷ으로 該道觀察使가 內部로 修報ᄒᆞ고 褒揚을 要求ᄒᆞ엿ᄂᆞᆫᄃᆡ 該部에셔 現方協議中이라더라

◎屠規發送 內部에셔 製定ᄒᆞᆫ 屠獸規則을 各觀察道로 發送ᄒᆞ고 一切施行케ᄒᆞ엿다더라

◎爲便徵貰 度支部會計課에셔 該部所管家屋貰를 收納ᄒᆞ기 爲ᄒᆞ야 各其居接人과 保證人을 招入ᄒᆞ야 姓名을 收錄ᄒᆞ엿다더라

◎中氏追悼 故學部書記官中村永氏의 追悼會를 발起ᄒᆞᆷ은 前報에 已揭어니와 處所ᄂᆞᆫ 磚洞普成學校內로 日子ᄂᆞᆫ 來卄日土曜下午一時로 定ᄒᆞ엿다더라

◎李氏入城 孤兒院監李春世氏ᄂᆞᆫ 前院主李愚선氏事件에 對ᄒᆞ야 中署에 告訴를 提出ᄒᆞ엿다가 親患急報를 因ᄒᆞ야 延期를 申請ᄒᆞ고 鄕第에 下去ᄒᆞ엿ᄂᆞᆫᄃᆡ 仍히 遭故ᄒᆞ야 葬禮를 過行ᄒᆞ고 去[illegible]日에 入城ᄒᆞ엿다더라

◎[illegible]依任舊 李春世氏가 入城ᄒᆞᆷ은 別項과 如ᄒᆞ거니와 中署에셔 該氏를 招致ᄒᆞ야 孤兒院事務를 依前擔任케ᄒᆞ고 李愚선 朴衡采兩氏를 招致ᄒᆞ야 侍天敎에 引繼ᄒᆞᄂᆞᆫ事ᄂᆞᆫ 勿施ᄒᆞ라ᄒᆞ엿다더라

◎連累氏名 目下旅順에 拘留ᄒᆞᆫ 安重根外連累者의 氏名年齡住所ᄂᆞᆫ 左와 如ᄒᆞ니

氏名	年齡	住所
安重根	三、一	平南平壤門外
曺道先	三、一	咸南洪原縣
禹連俊	三、〇	京城東署
金麗生	三、〇	咸北明川
柳江露	一、八	慶北豐基郡
정大鎬	三、六	京城北署盛洞
金成玉	四、九	京城北署河洞
九潭		慶北〇〇郡
金衡在	三、〇	現住哈爾賓
卓公瓊	三、六	咸南中荷里

◎連累十四 伊藤公暗殺連累者ᄂᆞᆫ 旣히 捕縛ᄒᆞᆫ者가 旅順에 安重根外七名이오 哈爾賓에도 七名이 有ᄒᆞ다더라

◎判決尚遲 安重根은 右手無名指를 切斷ᄒᆞ엿스나 速捕된 連累者ᄂᆞᆫ 斷指者가 無ᄒᆞ고 又其口供ᄒᆞᆫ바와 其他調査에 상左가 有ᄒᆞᆷ을 因ᄒᆞ야 廣히 其搜查를 要ᄒᆞᄂᆞᆫ 故로 判決日은 尚遠ᄒᆞ다더라

◎三紙斬奸狀 旅順에 選囚ᄒᆞᆫ 安重根은 牢獄中에셔 紙와 鉛筆을 求ᄒᆞ야 伊藤公暗殺에 關ᄒᆞ야 斬奸狀을 作ᄒᆞ엿ᄂᆞᆫᄃᆡ 其辭語가 白紙三張에 滿ᄒᆞ엿다고 大阪每日新聞에 揭載ᄒᆞ엿더라

◎柳氏取調 伊院驛運輸會社社員柳士國氏ᄂᆞᆫ 有何事件인지 永同군日憲兵分遣所에 被捉ᄒᆞ야 現今取調中이라더라

◎被害者查報 全南各군에셔 地方騷擾를 因ᄒᆞ야 被害ᄒᆞᆫ 人民의 姓名及數爻를 調査ᄒᆞ야 內部로 報告ᄒᆞ엿다더라

◎日商亦困 京鄕間에 財政이 益益困難ᄒᆞᆷ은 一般知了ᄒᆞᄂᆞᆫ바어니와 仁川港에 居留ᄒᆞᄂᆞᆫ 日人商民들도 此影響을 因ᄒᆞ야 棄業歸國者가 種種有之ᄒᆞ다더라

◎原民오오 原州군守李宅圭氏ᄂᆞᆫ 何思想을 因ᄒᆞᆷ인지 境內에 방穀令을 發布ᄒᆞᆷ으로 財政이 疎通치못ᄒᆞ야 民情이 嗷오ᄒᆞ다더라

◎應試何多 再昨日上午九時에 警視廳에셔 韓人巡查試取를 經ᄒᆞ엿ᄂᆞᆫᄃᆡ 應試者가 二百餘人이오 入格者가 四十二人인ᄃᆡ 其中二十一人만 採用ᄒᆞᆫ다더라

◎大同社日刊 大同日報社營業部長李忠稙氏ᄂᆞᆫ 金五百圓을 借欵ᄒᆞ야 來十八日부터 日報를 發刊케ᄒᆞᆫ다더라

◎果有是耶 美術工場에셔 純金大花瓶一雙을 製造ᄒᆞᆯ時에 金二十兩重을 隱匿ᄒᆞ야 代銀으로 混和ᄒᆞ엿고 銀瓶三百七十箇를 製造ᄒᆞᆯ時에 銀二百兩重을 作奸ᄒᆞ엿다ᄂᆞᆫ 說이 有ᄒᆞᆫᄃᆡ 此ᄂᆞᆫ 監督諸人의 不愼ᄒᆞᆫ 所以인지 重大ᄒᆞᆫ 物品을 製造ᄒᆞᆯ時에 如此不精ᄒᆞᆫ 說이 有ᄒᆞᆷ은 該主務諸人이 盡力精查ᄒᆞᆯ바이라고 輿論이 有ᄒᆞ다더라

◎精米合資 北部齋洞居尹응燮氏ᄂᆞᆫ 日本人市村과 合資ᄒᆞ야 南部筆洞等地에 精米器械를 設置ᄒᆞᆫ다더라

◎兩氏出張 李浩稙 金佐漢諸氏가 染織會社를 發起ᄒᆞᆷ은 已報어니와 該社를 新義州에 設置ᄒᆞ고 支社를 京城에 分設ᄒᆞᆯ 計劃인ᄃᆡ 新義州의 位置를 視察ᄒᆞᆯ次로 李金兩氏가 日間出張ᄒᆞᆫ다더라

◎義兵留穀 開城長湍金川군等地에ᄂᆞᆫ 義兵이 出沒ᄒᆞ며 居民의 穀苞를 執留ᄒᆞ야 不得放賣케ᄒᆞᆫ다더라

◎義蹤詗探 義兵將姜基東氏가 楊州郡洪陵等地에 潛伏ᄒᆞ엿다ᄂᆞᆫ 說이 有ᄒᆞᆷ으로 昨日警視廳에셔 巡查를 派送형探ᄒᆞᆫ다더라

◎兩犯宣告 再昨日控訴院에셔 內亂犯趙錫祐ᄂᆞᆫ 役終身으로 趙德章은 役十五年으로 宣告ᄒᆞ엿다더라

◎强盜審問 再昨日地方裁判所에셔 强盜犯朴聖男等七名을 公審ᄒᆞ엿다더라

◎盜犯押上 再昨日下午四時에 水原警察署에셔 强盜犯咸熙甲等十五名을 京城地方裁判所로 押上ᄒᆞ엿다더라

◎鴉片犯押交 再昨日西部警察署에셔 鴉片犯秦永化를 捕獲ᄒᆞ야 地方裁判所로 押交ᄒᆞ엿다더라

◎吳氏被捉 住所未詳ᄒᆞᆫ 吳一煥氏ᄂᆞᆫ 何事件을 因ᄒᆞᆷ인지 再昨日西署에 被捉ᄒᆞ엿다더라

◎處理會開會 旣報와 如히 再昨日下午一時에 商業會議所內에셔 國債報償金處理會를 開ᄒᆞ엿ᄂᆞᆫᄃᆡ 時間이 短促ᄒᆞ야 圓滿히 議決치못ᄒᆞ고 但[illegible]檢定委員만 選定ᄒᆞ고 明木曜日에 更히 會集ᄒᆞ기로 決定ᄒᆞ엿다더라

◎感謝會發起 五十二日에 校洞普通學校에셔 秋期運動會를 開設ᄒᆞ고 學父兄의 懇話會를 開ᄒᆞᆷ은 已報어니와 學父兄諸氏가 一般學徒의 成績을 一第觀覽ᄒᆞ고 任員諸氏의 敎導ᄒᆞᆫ 誠力을 感服ᄒᆞ야 其厚意를 酬謝코져 慰勞感謝會를 발起ᄒᆞ야 本卄二日下午六時에 永成館에셔 宴會를 開ᄒᆞ고 同校任員一同을 請待ᄒᆞᆫ다더다

▲社會燈▼

▲萬丈峰第一層에 一点孤燈높피걸고 宇宙大局觀察ᄒᆞ니 複雜ᄒᆞᆫ 社會上의 千態萬狀呈露ᄒᆞᆫ다

▲支那大幅은 古代文明으로 自處ᄒᆞ더니 文明이 索寞이 되얏ᄂᆞᆫ지 某省總督이 投書箱을 設置ᄒᆞ고 志士의 言論을 求聞ᄒᆞ엿더니 何許腐儒가 鐵道建築이 不必要라고 投書ᄒᆞ엿다지 此等人類ᄂᆞᆫ 羲農時代에 生長ᄒᆞ엿드면 黃帝氏의 舟車制度도 反對ᄒᆞᆯ더이지

▲日國에셔ᄂᆞᆫ 陸軍大演習을 開設ᄒᆞ고 英國키치나元帥를 請邀ᄒᆞ야 盛大ᄒᆞᆫ 軍容을 참觀케ᄒᆞ엿스니 아마도 今日은 武力時代이어 우리ᄂᆞᆫ 무엇으로 他人에게 誇張ᄒᆞᆯ샤 二千萬人團體ᄒᆞ면 더ᄒᆞᆫ 强兵ᄯᅩ잇슬샤

▲半島江山도라보니 宗敎世界되엿고나 各種宗敎許多ᄒᆞ다 儒敎唱[illegible]寥寥더니 一時爭唱ᄒᆞᄂᆞᆫ 소ᄅᆡ 曲調曲調다르고나 孔子敎니 太極敎니 大同敎니 大成敎니 形形色色各립ᄒᆞᆫ다 一儒林의 部分이 三分五裂ᄒᆞ고보면 무삼 社會되깃ᄂᆞᆫ가 여보시오 儒林諸君 稱神言을 삼칠이오 今日時代를 當ᄒᆞ야ᄂᆞᆫ 團合力이 第一이아닌가

社告

雲山邑 支社員梁允植氏辭免ᄒᆞᆫ代에 咸**元澤**氏로 **安岳**支社員金文浩氏辭免ᄒᆞᆫ代에 **韓植教**氏로擇定ᄒᆞ엿스니 各該支社로本報購覽ᄒᆞ시ᄂᆞᆫ 僉君子ᄂᆞᆫ照亮ᄒᆞ십

大韓每日申報社

雜報

◎賊漢何多　陰去月二十五日銅雀津飯廛巨리에서賊漢十七名을捕縛ᄒᆞ엿다더라

◎教堂調査　平安北道教堂調査表를據ᄒᆞᆫ즉耶蘇教堂이一百五十七箇所內에男女信徒가二千五百三名이오天道教堂이一百五十九箇所內에男女信徒가四萬六十二名이라더라

學界

◎鎭倅知務　鎭川郡守朴初陽氏ᄂᆞᆫ政治에恪勤ᄒᆞᆯ뿐더러教育에有意ᄒᆞ야該郡文明學校의經費를相助ᄒᆞᆯ次로境內紳士를盡力勸諭ᄒᆞ며邑底勞働者六十餘名을該校로每夜召集ᄒᆞ야教育을奬勵ᄒᆞᆷ으로蒙昧ᄒᆞᆫ思想이稍稍開發ᄒᆞᆫ다더라

◎桂南日進　富平군玉山面素砂리私립桂南學校ᄂᆞᆫ徐相大李啓賢尹百憲諸氏가協力設立ᄒᆞ야認許까지承準ᄒᆞ엿ᄂᆞᆫ뒤校長以下一般任員이熱心勸奬ᄒᆞᆫ結果로學徒가日益增加ᄒᆞ야現今六十餘名에達ᄒᆞ엿다더라

◎養心紀念　私立養心女學校에셔來十九日에第一回紀念式을設行ᄒᆞᆫ다ᄂᆞᆫ뒤該校長尹高羅氏가一般教育界에著名ᄒᆞᆫ紳士와其他各社會代表者에게請牒을發送ᄒᆞ엿다더라

◎漢校父兄會　官립漢城高等學校에셔來二十日下午一時에學員父兄會를開ᄒᆞ고家庭教育에關ᄒᆞᆫ事를協議ᄒᆞᆫ다더라

◎朝陽益明　慶北奉化군乃城面朝陽學校ᄂᆞᆫ昨年二月에設립ᄒᆞ야本年八月에認許를承ᄒᆞ엿ᄂᆞᆫ뒤郡內紳士諸氏가土地를寄付ᄒᆞ야經費를相助ᄒᆞᆷ으로校況이漸次擴張ᄒᆞᆫ다더라

廣告

本人子琦植或稱憲植字奇玉自幼時可謂失眞二十年來愚癡行悖不可形喩累入學校一無終始近與悖類沉惑於技塲色界敗亾無餘中且欲得債云內外國人切勿見欺ᄒᆞ십

셔部唐皮洞
一統十戶　尹泰乾　告白

故學部書記官申헌永君의追悼會를左記日時에設行ᄒᆞ오니상愛ᄒᆞ시던知舊ᄂᆞᆫ屆期 來參ᄒᆞ시와以表同情ᄒᆞ심을望ᄒᆞᆷ

隆熙三年十一月　日
發起人　金允植　等

一 日時　十一月二十日(土曜)下午一時

一 處所　磚洞普成專門學校內

惟我先祖文成公神道碑와各位碑碣修葺과局內測量事로定有司派送ᄒᆞ오니　僉宗은誠心齊力ᄒᆞ십

京中部大寺洞坤大井洞七統四戶　順興安氏宗會所　告白

本人이本月四日에姓名章을失ᄒᆞ엿스니誰某拾得則休章施行ᄒᆞᆷ

頭安郡冬花面馬山里　朴寅恪　告白

本人이陰九月廿七日에本面弘德學校前路에셔姓名章을서失則誰某拾得休章施行ᄒᆞᆷ

平壤外川面二里정熙淳　告白

本人等이多年煙草職工으로爲業ᄒᆞᆸᄂᆞᆫ뒤수에至ᄒᆞ와工塲數가千餘名에達ᄒᆞ도록一定ᄒᆞᆫ規則이無ᄒᆞᆷ을痛歎ᄒᆞ와今月十五日에職工諸人이聯合組合ᄒᆞᆯ意로總會를開ᄒᆞᆸ다가未定ᄒᆞᆫ事項이有ᄒᆞᆸ기에陽今月二十日에更히工塲大總會를南部園井洞七十三統七戶全永善家에셔開ᄒᆞ오니各處煙草職工은來臨상議ᄒᆞ기를敬要

煙草職工組合會發起人
朴重箕　徐廷泰等卄三人　白

本院을昨年陰十一月分에設립ᄒᆞ고平壤醫士崔龍化氏로同事開業이ᄋᆸ더니右員이因事歸鄕됩기互相分掌ᄒᆞ고京城濟衆院에셔卒業ᄒᆞ고該院에셔診療에從事ᄒᆞ던醫學博士申창熙洪鍾殷兩氏를延聘視務ᄒᆞ오니有病僉員은來臨調理ᄒᆞ심을仰要

義州府南門外救世病院
主務員　金志河　告白

本人의子玄光運이가雜類를符同ᄒᆞ야得債云云ᄒᆞ오니內外國人은切勿見欺ᄒᆞ십

陳召ᄉ　告白

本人이隆德面四里周洞卄八統四戶瓦家十八間家契를衣襱에藏置러니不知中셔失되엿기玆에廣告ᄒᆞ니內外國人은拾得ᄒᆞ와도休紙施行ᄒᆞᆷ

平壤周洞方道亨　告白

活版製造

活字鑄造 活版製造 機械製造 各種印刷用品 石版洋墨 和洋紙 本場製品一式

△韓國印刷局製品委托販賣所
△東京小林名刺紙委托販賣所

本店 東京市日本橋區長谷川町二丁目
韓國京城長谷川町
江川活版製造所支店
機械製作部 東京牛込區牛込ステーション前

△オルデス商會インキ販賣所
△大阪印材製造所圖章販賣所

本所에셔洋風 絨을各色直輸入ᄒᆞ야廉價로發賣ᄒᆞᆸᄂᆞᆫ뒤物品과織組가堅固ᄒᆞ며染色이不變ᄒᆞ와經濟上에第一要緊ᄒᆞ오며各地方貿易을便利키爲ᄒᆞ와郵便小包로酬應ᄒᆞ야代金을引換ᄒᆞ겟ᄉᆞ오니　僉君子ᄂᆞᆫ陸續請求ᄒᆞ심을伏望

京城小龍洞
洪順福　毛織商店

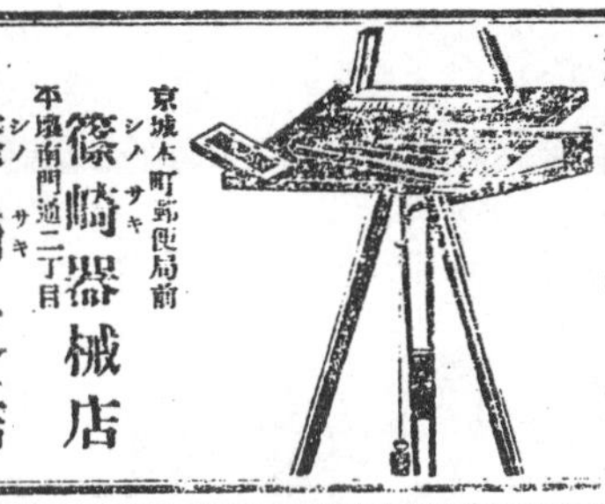

測量製圖器械
其他附屬品文具
都賣散賣

京城本町郵便局前
篠崎(シノサキ)**器械店**

平壤南門通二丁目
篠崎(シノサキ)**支店**

惟我晉州藥令定規를春令은陰二月二十五日에開市ᄒᆞ야三月二十五日에撤市ᄒᆞ오며秋令은陰十月二十五日로開市ᄒᆞ야撤市ᄂᆞᆫ十一月二十五日로確定ᄒᆞ엿ᄉᆞ오니遠近　僉君子ᄂᆞᆫ照亮ᄒᆞ시며方今秋令不遠ᄒᆞ온니屆期來臨ᄒᆞ심을千萬敬要ᄒᆞᆷ

慶南晉州令藥商　告白

本人의姓名章을十一月十二日夜에平壤郡宋國彬家에셔賊失ᄒᆞ엿ᄉᆞ오니內外國人은照亮ᄒᆞᆷ

安州南松面龍潭里　洪彛道　白

(營業目錄)

○測量機械　○製圖機械　○美濃紙類　○學校用品　(各種)

(我國)○谷香葉卷煙草　(特產)○山月紙卷煙草

各樣製圖等寫式圖序에目錄을酬應ᄒᆞ오며外他라도請求ᄒᆞ시ᄂᆞᆫ뒤地方의ᄂᆞᆫ引換小包로遞呈ᄒᆞ깃ᄉᆞᆸ

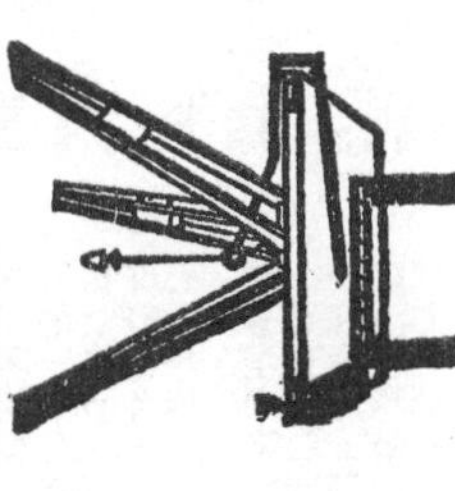

金龍商會

主人　金應龍　謹告

測量製圖器械賣買物販賣商
京城南部棗洞六十二統十戶

▲特別廣告

前途有望ᄒᆞᆫ滿天下에健在ᄒᆞᆫ我大한國民에게謹告ᄒᆞᆸᄂᆞ이다

우리漢陽商會ᄂᆞᆫ同胞諸彥의便益을供ᄒᆞ기爲ᄒᆞ야外國物品製造塲과特約을締ᄒᆞ고我大한國의第一되ᄂᆞᆫ데파ᅳ트멘트스토아卽萬物이具全ᄒᆞᆫ덤舖를組織ᄒᆞ고親切安全確實ᄒᆞᆫ方法으로써都賣及小賣로여러분으로ᄒᆞ야금時勢流行에가쟝適合ᄒᆞᆫ善良ᄒᆞᆫ物品을廉價로供給ᄒᆞᆸᄂᆞ이다

우리漢陽商會ᄂᆞᆫ紳士의便益을圖ᄒᆞ기爲ᄒᆞ야歐美雜貨와洋服附屬品과방寒用品을完全備置ᄒᆞ엿고

우리漢陽商會ᄂᆞᆫ學界에隆盛을圖ᄒᆞ기爲ᄒᆞ야文房諸具와學校용品을完全備置ᄒᆞ엿고

우리漢陽商會ᄂᆞᆫ淑女의進運을圖ᄒᆞ기爲ᄒᆞ야女子용品과細工物의原料를完全備置ᄒᆞ엿고

우리漢陽商會ᄂᆞᆫ愛煙家의便益을圖ᄒᆞ기爲ᄒᆞ야呂宋國埃及土耳其各國煙草를完全備置ᄒᆞ엿고

우리漢陽商會ᄂᆞᆫ衛生家에福音을與ᄒᆞ기爲ᄒᆞ야新鮮純良ᄒᆞᆫ葡萄酒、위스키、ᄲᅳ란듸、等洋酒類及食料品을完全備置ᄒᆞ엿고

우리漢陽商會ᄂᆞᆫ旅行家의便益을圖ᄒᆞ기爲ᄒᆞ야포毛布等旅行용具를完全備置ᄒᆞ엿고

우리漢陽商會ᄂᆞᆫ交際家의便益을圖ᄒᆞ기爲ᄒᆞ야高尙優美ᄒᆞᆫ贈答品을完全備置ᄒᆞ엿고

우리漢陽商會ᄂᆞᆫ地方諸彥의便益을圖ᄒᆞ기爲ᄒᆞ야郵便部를特設ᄒᆞ고地方注文은더욱低廉히迅速配達케ᄒᆞᆸ고

우리漢陽商會ᄂᆞᆫ從來의愛顧를報ᄒᆞ기爲ᄒᆞ야左의方法으로써五百圜의景品을進呈ᄒᆞᆸᄂᆞᆫ뒤每一圜에對ᄒᆞ야景品券一枚式이ᄋᆸ고期限은十一月一日부터同月二十日ᄭᆞ지景品券을進呈ᄒᆞ고二十五日에抽籤을行ᄒᆞᄂᆞᆫ뒤各新聞社에셔立會가有ᄒᆞᆸ

一等　一人	一百圜	物品
二等　二人	一百圜	仝　各五十圜
三等　五人	五十圜	仝　各十圜
四等　十人	五十圜	仝　各五圜
五等　二十人	五十圜	仝　各二圜五十錢
以下ᄂᆞᆫ　無		空籤

大韓漢城鍾路
漢陽商會
電話一九一番

廣告

本관에셔事務를更加擴張ᄒᆞ옵고셔籍五圓以上에特別割引ᄒᆞᆯ터이오니僉君子는陸續請求ᄒᆞ시옵

測量기具와學徒用品各種도具備ᄒᆞ엿솝

平壤鍾路太極書館

館主 李昇薰
主任 宋鍾遠
事務 金根瀅

本人이開城驛前에東美運送部를開設ᄒᆞ고鐵道貨物을取扱ᄒᆞ야擧速運送ᄒᆞ오니僉君子는來議ᄒᆞ심敬要

開城驛前 東美運送部支점
摠務 尹東圭
事務 馬泰奎

本人에子元호가遊學次로離家八朔에消息絶無ᄒᆞ니某處에留ᄒᆞ던지셔信을付郵ᄒᆞ야死生을無疑케홈

황히道지寧 梁基倫

大邱春秋令

市는全國商民交易上一大都會也라挽近俗漸頹廢ᄒᆞ야기徹이時晩에商況見害와交易拘碍가不啻大關이라故로今春令에爛商會議ᄒᆞ와기徹日字를從公改良이되春令은陰三月一日기市同三十日撤市ᄒᆞ고秋令은陰十一月一日기市同三十日撤市ᄒᆞ기로玆에廣布ᄒᆞ오니全國商民同胞는咸悉ᄒᆞ와진期交易ᄒᆞ심을敬要

藥商立規興業會 告白

●特別廣告

敬啓者本報는開刊有年에其論述의히正과其報道의迅速이無比ᄒᆞ야淸國內遠近志士가一切歡迎ᄒᆞ오며韓國에도稍稍히購覽ᄒᆞ는紳士가有ᄒᆞ온바今에更히江湖上購覽諸氏를紹介ᄒᆞ기爲ᄒᆞ야本報관所在處及報價를左開廣告ᄒᆞ오니願覽諸氏는速速히左開處로통奇ᄒᆞ시옵

本관所在地 哈爾賓瓦牙街
報價一個月先給 俄貨八角
仝 三個月先給 俄貨二圓
但報價는先給을要홈

遼東報館 告白

我韓酒類가淸濁燒藥四種에無過이온바米麴비釀이旣無良法ᄒᆞ야酒味或酸或苦에大有妨於衛生이옵기로此를改良ᄒᆞ야松露와栢露兩酒를新發明ᄒᆞ온바外國의精規와本國의素要를參互取得ᄒᆞ야血氣를補ᄒᆞ고풍濕을治ᄒᆞᄂᆞᆫ藥材로化成其美ᄒᆞ니松露의酒味ᄂᆞᆫ本國藥酒보다色甚濃艶ᄒᆞ고味甚香醇ᄒᆞ오며栢露의酒味ᄂᆞᆫ本國燒酒보다色甚精潔ᄒᆞ고味甚香洌뿐더러且輕醉易醒ᄒᆞ야使飮者로終日把盃에頭痛口逆이少無ᄒᆞ고反有益於衛生ᄒᆞ오믄乃實驗의公認이오釀造에特色이온지라玆에廣布ᄒᆞ오니內外國僉彦은陸續沽飮ᄒᆞ시옵

登錄商標 **松露** 定價金一瓶十五錢 栢**露** 定價金壹瓶二十錢

但誰某던지販賣코져ᄒᆞ시거던本所로來議ᄒᆞ시면特別割引으로酬應ᄒᆞ깃솝

發賣所京城西部尾洞九十三統八戶 **松露第一釀造所**

官準專賣特許

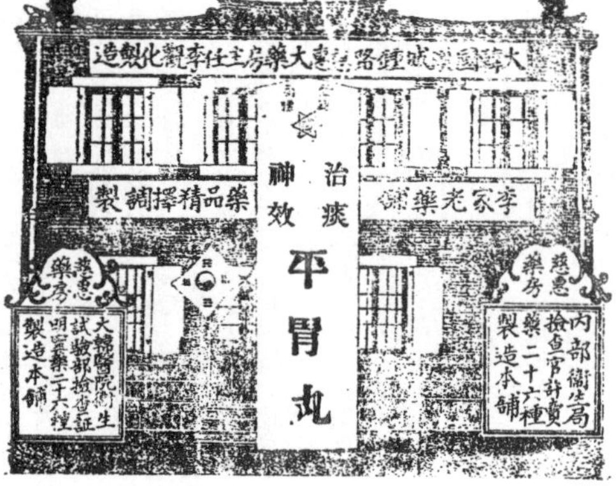

各種東西洋藥과韓國唐草材大發賣所 (京城鍾路 川杻峴) 和平堂藥房

健胃消滯 八寶丹 積滯와胃腹痛 과頭痛을一包十 鎭正ᄒᆞᆫ一包五 錢三包廿五錢

起死回生 蘇生散 [illegible]

麝香消瘡丹 [illegible]

胎養調經丸 婦人冷症一月經不調神効 一劑四圓

陰陽雙補 滋陽丸 陽氣不足元氣不足陰陽雙補 一劑五圓 十日分金一圓 一月分金五圓

阿片斷引藥 阿片引을斷ᄒᆞ고元氣를回復ᄒᆞᄂᆞᆫ藥 一劑五圓

建珠去根 全治丸 男女老幼勿論ᄒᆞ고全治 一劑三圓

鎭咳散 痰을消ᄒᆞ고咳를止ᄒᆞᄂᆞᆫ藥 一包二十錢

消積散 陳舊積滯에 一包三十錢

寸虫殺虫 絲安藥 寸白虫을去根 一包金三十錢

蛔蟲藥 積腹痛을治ᄒᆞᄂᆞᆫ藥 一包金十錢

[illegible] 諸般感氣에神効 一包金三十錢

通經 治膏 大小瘡腫에 一貼金十錢

其他有名賣藥

都賣 散賣

其他國內各藥房에서製造ᄒᆞᄂᆞᆫ各種藥이俱備ᄒᆞ오니隨用請求ᄒᆞ시면迅速키代金引換으로付送ᄒᆞ깃솝

京城鍾路 仁川杻峴 平壤鍾路

和平堂主人 李應善

社告

申報價

壹張代金		新貨一錢五厘
壹個月		三十錢
參個月		九十錢
陸個月	先納	壹圓七十錢
壹個年	先納	參圓四十錢
郵稅	壹張	新貨五厘
壹個月		十三錢

廣告料

四号活字拾三字詰

每日英尺一寸에(自一行至四行이爲一寸)	新貨廿五錢
二週日壹寸에	二圓五十錢
壹個月壹寸에	五圓

但期限의長短과字行의多小를依ᄒᆞ야增減홈이有홈

大韓每日申報各處支社廣告

平安道

平壤鍾路太極書館 安泰國
三和港碑石洞教堂 裵亨湜
義州南門外韓西大藥房 張有寬
鐵山郡內東部 安灝
車輦館同志會內 金明헌
定州南門內書舖 洪成麟
博川郡內營洞 金聖樞
安州城內安陵書館 金聖河
京義線枇峴驛停車場前 李基秀
龍川南市驛 韓檬禧
龍川楊市 黃菊保
通州郡南門外 朱伯英
泰川郡內관前洋藥局 李正華
寧邊郡內紅門里 鄭德昇
江西郡內 金昌煥
宣川郡橋南 申基周
江界邑內 金泰熙
郭山郡內新街 金大현
甑山郡內利用里 崔診爽
雲山北面橋洞 王覺主
雲山郡內 咸元
順川郡邑洞 鄭裕
昌城邑內西下里三統二戶 [illegible]

黃海道

해州南門內書舖 朴昌
安岳邑面訓鍊里 韓정
長淵邑校洞西北文學會內 崔東
殷栗郡倉前里 金光
信川郡內四里 李鍚
載寧郡乾材藥局 李鼎
白川郡文明舘 趙雲
沙里院活民勞働救火會 丁敬

咸鏡道

咸興州南社西門外 曹喜
元山港創業社 皇甫正
定平郡豐陽里 張禮
洪原西門內保命局 羅鵬
永興南山洞洪明學校內 梁元
淸津港新興洞 申泰

全羅道

金溝水流面草亭 趙德
木浦港竹洞 李得

京畿道

仁川杻峴新冊肆 李東
開城南大門內興學書舖 姜助
江華郡內川橋 兪鎭

忠淸道

結城廣川小龍洞 李啓祚
韓山下北리堂里 李英

慶尙道

大邱西門外友弦書樓 李正由
釜山港佐川藥局 徐錫

江原道

杆城邑新城里二統三戶 咸海元
鐵原邑堂洞 趙鍾大
蔚珍遠南面梅花里 朱鎭壽

北墾島

北墾島龍井村耶蘇教堂內 裵尙禧

告

檀君開國四千二百四十二年
箕子元年三千三十一年
大韓開國五百十八年
本報創刊日 光武八年七月十八日

大韓每日申報

Responsible for Publication Alfred Weekley Marnham.
發行兼編輯人 英國人 萬咸
發行所 京城南部石井洞三府洋屋家 大韓每日申報社

第七卷 月曜及慶節歲時休日休刊 第一千二百四十四号

論說

◎生計와知識의併進ᄒᆞᆷ을祝ᄒᆞ노라

外人의移殖이日增ᄒᆞ고經濟의恐慌이日甚ᄒᆞ야人人이朝不慮夕의憂가有ᄒᆞ나記者ᄂᆞᆫ以爲ᄒᆞ되今日大韓人의可憂ᄒᆞᆯ바가此에不在ᄒᆞ다ᄒᆞ노라

記者가南鄕에觀ᄒᆞᆫ즉義日醫擾에民居가盡蕩ᄒᆞ고雜稅徵收에民情이益오ᄒᆞ야所見이甚悶ᄒᆞ나此로由ᄒᆞ야一利가反有ᄒᆞ니卽遊食者의日減ᄒᆞᆷ이是라螢雪寒窓에雙手를呵ᄒᆞ야性理를談論ᄒᆞ던士子도陳編을捨ᄒᆞ고南畝에歸ᄒᆞ야糊口의策을講ᄒᆞ며杏花紅爐에春衣를典ᄒᆞ야酒德을頌ᄒᆞ던蕩子도盃盤을擲ᄒᆞ고貧身의道를究ᄒᆞ며峽村黑屋에骨唾를挑ᄒᆞ던進賜主生員主도塵冠을脫却ᄒᆞ고前者에寧死不爲ᄒᆞ리라ᄒᆞ던工商各業을是問ᄒᆞ며高廈巨閣에粱肉을厭ᄒᆞ던大監子令監子도長髻를斷下ᄒᆞ고已往에奴隷視之ᄒᆞ던巡査一窠를是願ᄒᆞ야曰班曰常曰老曰少曰男曰女를勿論ᄒᆞ고箇箇生涯二字에其眼이赤ᄒᆞ니嗚乎라人民經濟界의恐慌은此에一斑을可推ᄒᆞᆯ지나然이나遊民浪子가漸少ᄒᆞ고農家商戶가漸多ᄒᆞᆷ은抑亦不可誣의事實이라

諺에曰(苦者ᄂᆞᆫ樂之本)이라ᄒᆞ며又曰(陷之死地而後에生)이라ᄒᆞ니今日人民의困苦ᄒᆞᆷ을見ᄒᆞᆷ에眼淚ᄒᆞᆯ비며語ᄒᆞᆷ에喉咽ᄒᆞᆯ비나但困苦가甚ᄒᆞᆷ에煩惱가生ᄒᆞ며煩惱가甚ᄒᆞᆷ에奮發이生ᄒᆞ야長刀闊斧로險阻를開闢ᄒᆞ고生路를覓得ᄒᆞᆷ이不難ᄒᆞᆯ지라故로此에ᄂᆞᆫ憂悶ᄒᆞᆯ비無ᄒᆞ다ᄒᆞᆷ도可ᄒᆞ거니와但吾儕의憂ᄒᆞᄂᆞᆫ바가別有ᄒᆞ니此生計의困苦를由ᄒᆞ야思想이日卑劣ᄒᆞ고知識이日退縮ᄒᆞᆷ이是라大抵往昔에ᄂᆞᆫ閉關鎖國의夢에酣ᄒᆞ야一隅에僻處ᄒᆞ야知見을擴充ᄒᆞᆯ路가無ᄒᆞ나然이나天産物이既豊ᄒᆞ미一般人民의思想이生計一途에만齷齪ᄒᆞ지아니ᄒᆞ야何以ᄒᆞ면道德家가될가ᄒᆞ며何以ᄒᆞ면學問家가될가ᄒᆞ며何以ᄒᆞ면文章家가될가ᄒᆞ며何以ᄒᆞ면政界의傑物이될가ᄒᆞ며何以ᄒᆞ면亂世의功臣이될가ᄒᆞᄂᆞᆫ等高尙ᄒᆞᆫ思想을有ᄒᆞᆫ者가不少ᄒᆞ더니只今에ᄂᆞᆫ嗚乎耗矣라朝起ᄒᆞᆷ에一飯이無策ᄒᆞ며夕息ᄒᆞᆷ에兩脚이難伸이어니奚暇에其他를念ᄒᆞ리오비록聰明ᄒᆞᆫ子弟가有ᄒᆞ야此를善教善養ᄒᆞ면將來에東方의拿破倫이될지며第二의李舜臣이될지라도目前燃眉의患이至急ᄒᆞ니眞所謂明日의鷄가今日의卵만不如ᄒᆞᆫ지라故로此를驅策ᄒᆞ야前山에薪를刈ᄒᆞ라ᄒᆞ며後園에田을鋤ᄒᆞ라ᄒᆞ야初等小學一卷을未讀케ᄒᆞ고實業에從事ᄒᆞ게ᄒᆞ미世界의新知識은姑舍ᄒᆞ고漢學의舊知識도漸泯ᄒᆞ나니此ᄂᆞᆫ今日全國人心의趨勢라嗚乎라엇지哀惜치아니ᄒᆞᆫ가

國民乎國民乎여遊食의弊習을점革ᄒᆞ고生計를求ᄒᆞᆷ은可賀이나知識이無ᄒᆞ면비록千百萬箱의穀을儲ᄒᆞ며億百萬金의貨를積ᄒᆞ야도將來虎口에供ᄒᆞᆯ뿐이니아모리千艱萬苦의中이라도或新聞을購讀ᄒᆞ며或學校를設立ᄒᆞ야文明知識을輸入ᄒᆞᆯ지어다

官報

第四千五百貳号 隆熙三年十月十一日

法律

法律第二十七號 海上衝突豫防法 續

總積量二十噸未滿의帆선은반다시前數項에規定ᄒᆞᆫ信號를ᄒᆞᆷ을要치아니ᄒᆞᆷ이나其信号를爲치아니ᄒᆞᄂᆞᆫ時ᄂᆞᆫ一分時보담多치아니ᄒᆞᆫ間隙으로써適宜히他의音響信号를ᄒᆞᆷ이可ᄒᆞᆷ

・霧中速力

第十六條 霧中降雪其他暴雨中은各船이現時의狀況에注意ᄒᆞ야適度의速力을以ᄒᆞ야進行ᄒᆞᆷ이가ᄒᆞᆷ

瀛船이其正橫으로부터前面에當ᄒᆞ야他船의霧中信號를聞ᄒᆞ고其所在에定ᄒᆞᆷ을得치못ᄒᆞᆯ時ᄂᆞᆫ아모됴록機關의運轉을止ᄒᆞ야全히衝突의虞가無ᄒᆞᆷ에至ᄒᆞ기ᄭᆞ지其運行에注意ᄒᆞᆷ이가ᄒᆞᆷ

航 方

衝突의危險은其現況에依ᄒᆞ야我션에向ᄒᆞ야漸近ᄒᆞ야來ᄒᆞᄂᆞᆫ他船의方位를看守ᄒᆞ야此를豫知ᄒᆞᆷ을得ᄒᆞᆷ若其方位의變更을確認치못ᄒᆞᆯ時ᄂᆞᆫ危險이有ᄒᆞᆫ者로知ᄒᆞᆷ이可ᄒᆞᆷ

第十七條 二艘의帆션이互상漸近ᄒᆞ야衝突의虞가有ᄒᆞᆫ時ᄂᆞᆫ其一船으로부터左와如히他션의航路를避ᄒᆞᆷ이可ᄒᆞᆷ

一 一杯에開치아니ᄒᆞᆫ船은一杯에開ᄒᆞᆫ船의航路를避ᄒᆞᆷ이可ᄒᆞᆷ

二 左舷에一杯에開ᄒᆞᆫ船은右舷에一杯에開ᄒᆞᆫ船의航路를避ᄒᆞᆯ이可ᄒᆞᆷ

三 一杯에開치아니ᄒᆞᆫ二艘의船이風을受ᄒᆞᄂᆞᆫ舷과不同ᄒᆞᆫ時ᄂᆞᆫ左舷에풍을受ᄒᆞᆫ션으로부터他셔의航路를避ᄒᆞᆷ이가ᄒᆞᆷ

四 一杯에開치아니ᄒᆞᆫ二艘의船이풍을受ᄒᆞᄂᆞᆫ현과同ᄒᆞᆫ時ᄂᆞᆫ풍上의션으로부터풍下의션의帆路를避ᄒᆞᆷ이可ᄒᆞᆷ

五 션尾로부터풍을受ᄒᆞᆫ션은他션의航路를避ᄒᆞᆷ이가ᄒᆞᆷ

第十八條 二艘의瀛船이正이直向又ᄂᆞᆫ殆히直向으로行逢ᄒᆞ야衝突의虞가有ᄒᆞᆫ時ᄂᆞᆫ兩船이共히鍼路를右舷에轉ᄒᆞ야互相他셔의左舷의方을行過ᄒᆞᆷ이가ᄒᆞᆷ

本條ᄂᆞᆫ兩션이正히直向ᄒᆞ거나又ᄂᆞᆫ殆히直向으로行逢ᄒᆞ야衝突의虞가有ᄒᆞᆫ時에限ᄒᆞ야適用ᄒᆞᆷ이가ᄒᆞᆷ兩션이各各其鍼路를保ᄒᆞ야互相替行ᄒᆞᄂᆞᆫ時에ᄂᆞᆫ適用ᄒᆞᆷ이가치아니ᄒᆞᆷ

本條를應用ᄒᆞᆯ境遇ᄂᆞᆫ兩션이共히正이直向ᄒᆞ거나又ᄂᆞᆫ殆히直向으로行逢된時卽晝間에在ᄒᆞ야ᄂᆞᆫ我션의檣과他션의檣이一直線又ᄂᆞᆫ殆히一直線에見ᄒᆞᆯ時夜間에在ᄒᆞ야ᄂᆞᆫ互相他션의兩舷燈을見ᄒᆞᆷ에限ᄒᆞᆷ이가ᄒᆞᆷ

本條ᄂᆞᆫ晝間에他션이我鍼路를橫切ᄒᆞ야我션의前面에見ᄒᆞᄂᆞᆫ時又ᄂᆞᆫ夜間에我션의紅燈이他션의紅燈에對ᄒᆞ거나或은我션의綠灯이他션의綠燈에對ᄒᆞᄂᆞᆫ時又ᄂᆞᆫ我션의前面에綠燈을不見ᄒᆞ고紅燈을見ᄒᆞ거나或은紅燈을不見ᄒᆞ고綠燈으로見ᄒᆞᄂᆞᆫ時又ᄂᆞᆫ綠紅의兩燈을我션의前面으로부터他位置에見ᄒᆞᄂᆞᆫ時ᄂᆞᆫ適用ᄒᆞᆷ이가치아니ᄒᆞᆷ

未完

外報

◎外部電報 雲南에在ᄒᆞᆫ德國武官四名은蒙古事情을視察ᄒᆞᆯ次로發程ᄒᆞ엿ᄂᆞᆫᄃᆡ善히保護를加ᄒᆞ라고淸國外部에셔庫倫辦事大臣에게電報ᄒᆞ엿다더라

◎波國議會 波斯國議會ᄂᆞᆫ十五日에開會ᄒᆞᆯ터인ᄃᆡ議員은政府黨이多ᄒᆞ다더라

◎日本新兵 日本本年度新兵數ᄂᆞᆫ約七萬七千九百餘人이라더라

◎中村視察 日本東京에在ᄒᆞᆫ中村滿鐵総裁ᄂᆞᆫ安奉全線을視察ᄒᆞ기爲ᄒᆞ야日間出發ᄒᆞᆫ다더라

◎出雲消息 無線電信試驗에從事ᄒᆞ던日艦出雲丸은本日호놀눌루에到着ᄒᆞ엿다더라

◎領事拒絶 東三省総督錫良氏ᄂᆞᆫ露國政府가洮南府에領事館設置ᄒᆞᆷ을拒絶ᄒᆞ엿다더라

◎兩션衝突 英法兩國瀛선이新嘉坡에셔衝突ᄒᆞ엿ᄂᆞᆫᄃᆡ法國瀛션은沉沒ᄒᆞ엿고英國瀛션에도死傷者가多ᄒᆞ다더라

◎炭坑慘死 美國셰리炭坑에火災가有ᄒᆞᆷ으로四百名이燒死ᄒᆞ엿다더라

◎淸古條約 淸國政府ᄂᆞᆫ古倫比亞國과通商條約을締結코저ᄒᆞᄂᆞᆫ意가有ᄒᆞ다ᄂᆞᆫᄃᆡ其調査를駐法淸國公使에게電報ᄒᆞ엿다더라

◎爆彈無效 印度總督은夫人과ᄒᆞᆷ게아멧트아파트에行ᄒᆞᄂᆞᆫᄃᆡ凶漢이有ᄒᆞ야二個의爆裂彈을投ᄒᆞ엿스나破裂치아니ᄒᆞᆫ故로幸히無事ᄒᆞ엿다더라

◎統領過冬 南美아젠타인前大統領키스롤氏ᄂᆞᆫ西班牙마들잇드府에來着ᄒᆞ엿ᄂᆞᆫᄃᆡ氏ᄂᆞᆫ此冬期를同國마라가港에셔過코저ᄒᆞᄂᆞᆫᄃᆡ키스롤氏의西班牙訪問은何如ᄒᆞᆫ지政治上重大ᄒᆞᆫ意味가有ᄒᆞᆷ이라더라

▲文 壇▼

▲天喜堂詩話 (續)

甲午東學의諸魁首ᄂᆞᆫ皆一時妖鬼에不過ᄒᆞ나獨彼古阜首擾者全봉準은革命家의精神이饒有ᄒᆞ고兵略이神速ᄒᆞ야彼日本人의崇拜를大受ᄒᆞᄂᆞᆫ者라봉準의起事ᄒᆞ던時에一歌가湖南에流行ᄒᆞ야曰(서야서야八王(全字破字)서야、네가어이나왓너냐、솔닙댓닙푸릇푸릇、幸혀봄철인가나왓더니。白雪이풀풀헌날인다、더건너、靑松綠竹이놀속엿다)嗚乎라봉準의方略으로萬一稍後히出現ᄒᆞ야世界의風潮를觀察ᄒᆞ고時機를利用ᄒᆞ엿더면後來其可觀의成就가必有ᄒᆞᆷ은尙論家의並認ᄒᆞᆯ비니此歌가果然明白히道破ᄒᆞ엿도다未知케라其作者가何人歟아

未完

詞藻

※愛國身※ 重生子

니몸을뭇지마쇼、前生이愛國士니。前生後生다지니도、愛國精神못변커든。三千里江山에寥寥無聞ᄒᆞᆫ、이런션가。

廣告

電報

◎親任式擧行 本日午前十時에日本公爵山縣有朋은樞密院議長으로男爵牧野伸顯은樞密院顧問으로任命ᄒᆞ야親任式을行ᄒᆞ엿다더라
東京發 十七日着

雜報

○大君廟致祭 大皇帝陛下씌옵서來二十二日에議寧大君廟에致祭를設行ᄒᆞ옵신다ᄂᆞᆫᄃᆡ祭文은自 上으로 親撰以 下ᄒᆞ옵신다더라

○支出件蒙裁 大皇帝陛下씌옵서地方에 幸行ᄒᆞ신經費十六萬五千圓과今番日本에派遣ᄒᆞᆫ弔使의經費八百圓을隆熙二年度國庫金剩餘條中에셔支出ᄒᆞ기로셔閣總理大臣及度支部大臣이聯署上 奏ᄒᆞ야 裁可를蒙ᄒᆞ엿다더라

○誓告日休暇 本日은 廟社誓告日인故로各府部院廳官吏가一日休暇ᄒᆞᆫ다더라

○因宴停會 昨水曜日은內閣例會인ᄃᆡ統監府宴會를因ᄒᆞ야會議를停止ᄒᆞ엿다더라

○搬舍中止 總相李完用氏ᄂᆞᆫ北部壯洞으로搬移를經營ᄒᆞ다가伊藤公事件이出ᄒᆞ미內閣이變更될ᄭᆞ憂慮ᄒᆞ야搬移를未遑ᄒᆞᆫ다더라

○天長宴退行 向日統監府에셔天長節宴會를開ᄒᆞ랴다가伊藤公事件을因ᄒᆞ야停止ᄒᆞ고昨日로延期設行ᄒᆞ엿ᄂᆞᆫᄃᆡ韓國各大臣이一齊往參ᄒᆞ엿다더라

○部令頒布 地方費賦課金徵收費用에關ᄒᆞᆫ件을內部令으로昨日官報에發布ᄒᆞ엿더라

○庶務規製成 內部에셔ᄂᆞᆫ各道官廳의事務處理를敏活케ᄒᆞ기爲ᄒᆞ야庶務規定을製成ᄒᆞ야既히審査를終了ᄒᆞ엿다더라

○地區沿革溯考 統監府에셔ᄂᆞᆫ地方區域沿革의歷史를參考ᄒᆞ기爲ᄒᆞ야內部에交涉ᄒᆞ고八道를二十三府로變更ᄒᆞ엿다가更히十三道로製定ᄒᆞᆫ理由를溯考ᄒᆞᆫ다더라

○調査會新設 統監府에셔ᄂᆞᆫ地方行政의首尾不整ᄒᆞᆷ을刷新改良ᄒᆞᆫ다ᄒᆞ야地方行政調査委員會를新設ᄒᆞᆫ다더라

○海豐借欵 海豐府院君尹澤榮氏ᄂᆞᆫ經用이困難ᄒᆞ다ᄒᆞ야日前에其姻戚金某의家券을韓佛興業社에借執ᄒᆞ고金二千圓을借款ᄒᆞ엿다더라

○更進一步 李學宰氏가伊藤公의頌德碑를發起ᄒᆞᆷ은累報어니와兼ᄒᆞ여銅像을鑄造ᄒᆞᆯ次로經費三萬圓을豫算ᄒᆞ고日昨宮中顧問李允用氏를訪問ᄒᆞ야該事件을協議ᄒᆞ엿다더라

○次官視察 農商工部次官木內重四郞은本日光濟号를搭乘ᄒᆞ고各沿海를視察ᄒᆞᆯ次로出發ᄒᆞᆫ다ᄂᆞᆫᄃᆡ其視察目的은沿岸航路의狀况과日人經營의漁區와漁業請願에關ᄒᆞᆫ實地를調査ᄒᆞ야從來에堆積ᄒᆞᆫ漁政事務及航路問題等을敏速解決ᄒᆞᆯ터이라더라

○褒狀注意 內部大臣은德行을奬勵ᄒᆞ야治績을表示코져各地方善行者의게對ᄒᆞ야褒狀贈與ᄒᆞ기를益益注意ᄒᆞᆫ다더라

○兩氏歸國期 日本에出張ᄒᆞᆫ內部土木局長劉猛民籍課長趙鼎九兩氏ᄂᆞᆫ來二十一日頃에發程歸國ᄒᆞᆯ預定이라더라

○齋藤入京 前間島派出所長齋藤大佐一行은昨日下午八時卄分에入京ᄒᆞ엿다더라

○俞氏滯留 日本에前往ᄒᆞ엿던俞吉濬젼雲復兩氏가共히入城ᄒᆞᆫ다더니更히後報를據ᄒᆞᆫ즉俞氏ᄂᆞᆫ府民會를擴張ᄒᆞᆯ計劃과其他運動ᄒᆞᆯ事件이有ᄒᆞ야아즉東京에滯留ᄒᆞᄂᆞᆫᄃᆡ來二十日頃에歸國ᄒᆞᆫ다더라

○鄭氏出迎 既報와如히帝國新聞社長鄭雲復氏가再昨日入城ᄒᆞ엿ᄂᆞᆫᄃᆡ崔永斗吳世昶諸氏와日人大垣丈夫等數十餘人이南門驛에셔歡迎ᄒᆞ엿다더라

○日人祝賀會 泥峴日本人居留民團에셔昨日司法權委任祝賀會를設行ᄒᆞ엿ᄂᆞᆫᄃᆡ度支部日人官吏가往參ᄒᆞᆷ으로該部韓人官吏ᄂᆞᆫ自然休暇되엿다더라

○警視急行 內部警務局警視境喜明은重要ᄒᆞᆫ使命을帶ᄒᆞ고今日大連으로急行ᄒᆞᆫ다더라

◎辯士雇聘說 安重根事件에對ᄒᆞ야俄國地方에居留ᄒᆞᄂᆞᆫ韓人民團에셔義捐金을募集ᄒᆞ야俄國人으로辯護士를雇聘ᄒᆞᆫ다ᄂᆞᆫ說이有ᄒᆞ다더라

○安氏辭職 旅順에逮囚된安重根의親제安定根氏ᄂᆞᆫ年이二十八이오其次제安奉根氏ᄂᆞᆫ年이二十四이라ᄂᆞᆫᄃᆡ安定根氏ᄂᆞᆫ今春ᄭᆞ지도京城養正義塾에셔修業ᄒᆞ엿고安奉根氏ᄂᆞᆫ現今鎭南浦普通學校副訓導로在任ᄒᆞ더니今回其兄의消息을聞ᄒᆞ고辭職請願을提出ᄒᆞ야去十六日에依免되엿다더라

○虛實偵探 濟州島에滯留ᄒᆞᄂᆞᆫ錦陵尉朴泳孝氏가日間歸京ᄒᆞᆫ다ᄂᆞᆫ說이有ᄒᆞᆷ으로某處에셔虛實을偵探ᄒᆞᆫ다더라

○慶察修報 慶北觀察使朴重陽氏ᄂᆞᆫ管下各郡警察署에被囚罪人의食料費를磨鍊ᄒᆞ야內部로修報ᄒᆞ엿다더라

○權倅受勅 新任蔚珍郡守權純九氏ᄂᆞᆫ再昨日詣闕受 勅ᄒᆞ엿ᄂᆞᆫᄃᆡ不遠間發程ᄒᆞᆫ다더라

○闕內習樂 昨日北闕內에셔ᄂᆞᆫ日本妓生이會集ᄒᆞ야妓樂을鍊習ᄒᆞ엿다더라

○銀行通知 三昨日天一銀行에셔各府部院廳에通知ᄒᆞ고一般官吏에月俸貯蓄金을調査ᄒᆞ깃스니各其金額數와氏名을一一錄送ᄒᆞ라ᄒᆞ엿다더라

○欲掩不得 信川郡內에陳結處卜을從實査得ᄒᆞ야度支部에報告ᄒᆞ엿더니該部에셔民間怨徵을諒悉ᄒᆞ야依數蠲減ᄒᆞ엿ᄂᆞᆫᄃᆡ各面長들이有何思想인지一向掩置ᄒᆞ고尙不頒布ᄒᆞᆷ으로一般人民이注目ᄒᆞᆫ다더라

○閔氏受傷 前判書閔種默氏ᄂᆞᆫ再昨日午際에散步ᄒᆞ다가失足顚倒ᄒᆞ여短杖에面部를重傷ᄒᆞ여方在危境이라더라

○李家執行 前郡守李時宰氏ᄂᆞᆫ公逋를因ᄒᆞ야日前度支部에셔家産을執行ᄒᆞ엿ᄂᆞᆫᄃᆡ李氏家眷은所向無處ᄒᆞ야東西棲屑ᄒᆞᆫ다더라

○貸在元帥 度支部에셔各公逋郡守에게稅錢을督納ᄒᆞᆷ은一般共知ᄒᆞᄂᆞᆫ바어니와郡守中差人出給ᄒᆞᆫ明證이有ᄒᆞᆫ者도此ᄂᆞᆫ一切勿問ᄒᆞ고但其郡守에게만督捧ᄒᆞᆷ으로曖昧ᄒᆞ다ᄂᆞᆫ怨聲이多有ᄒᆞ다더라

○署長斂怨 陰城郡財務署長日人小澤은無地虛結을勒捧ᄒᆞᆷ으로民寃이藉藉ᄒᆞ다더라

○請願移付 法政新聞을本月三日부터日報로刊行ᄒᆞ라다가諸般設備가未及ᄒᆞ야內部에延期를請願ᄒᆞ엿더니該請願狀을警視廳으로移付ᄒᆞ엿다더라

○鍾閣改築說 鍾路普信閣을三層으로改築ᄒᆞ야鍾聲을普及케ᄒᆞᆫ다더라

○事事如是 某處偵探客言은本日이 義親王殿下의탄日인故로확室에셔金二千圓과緞屬十疋을下賜ᄒᆞ시고承寧府侍從李恒九氏ᄂᆞᆫ銀製花瓶一雙과盤床一座를呈納ᄒᆞ엿다고探報ᄒᆞ야某處에報告ᄒᆞ엿다ᄂᆞᆫᄃᆡ義親王殿下의탄日은實로陽曆三月에在ᄒᆞᆫ자라所謂偵探客들이此等明瞭ᄒᆞᆫ事件에도尙히如此ᄒᆞᆫ搆誣가有ᄒᆞ니他事에야可論ᄒᆞᆯ바ㅣ無ᄒᆞ다고輿論이有ᄒᆞ다더라

○漢社行動 漢城新報社에셔何許日人을敎唆ᄒᆞ야鍾路漢陽商會에來到ᄒᆞ야漢城新報에廣告를揭載ᄒᆞ라고累累强請ᄒᆞ고甚至於恐動的으로威嚇ᄒᆞ기를終是廣告를揭載치아니ᄒᆞ면商會에對ᄒᆞ야不好ᄒᆞᆫ說話를新報에揭布ᄒᆞᆫ다ᄒᆞ더니昨日該新報上에悍陽商會奸惡手段이라題ᄒᆞ고無理ᄒᆞᆫ說話를揭ᄒᆞ야商業界에秩序를攪亂케ᄒᆞᆷ으로商業界에有名ᄒᆞᆫ諸氏와商業會議所에셔發論ᄒᆞ야該新報社를起訴ᄒᆞ야발刊을停止케ᄒᆞ기로今方手續中이오該商會에셔ᄂᆞᆫ卽時該新報社에對ᄒᆞ야質問을提出ᄒᆞ엿더니該社에셔理屈無語ᄒᆞ고但明日紙上에正誤ᄒᆞ마고自服ᄒᆞ엿다라더

○翁孃連累 居住未詳ᄒᆞᆫ禹啓一氏의夫婦가三昨日警視廳에被捉ᄒᆞ엿ᄂᆞᆫᄃᆡ卽哈爾賓에셔被捉ᄒᆞᆫ禹連俊氏의翁孃이라더라

○何事調探 金致權爲名人은何等事項이有ᄒᆞᆷ인지警視廳에셔現方혓探ᄒᆞᄂᆞᆫ中이라더라

○水賊奪穀 前參判吳正根氏의農庄이黃히道빅川郡等地에在ᄒᆞᆫᄃᆡ其秋收租苞를船裝運輸ᄒᆞ다가日前杏州等地에셔水賊의게見奪ᄒᆞ엿다더라

◎誓告日休刊 本日은 廟社誓告日인故로一日間休刊홈

學界

○尤當衛愼 西間島牧民學校長朴永運氏ᄂᆞᆫ該校의情况을擧ᄒᆞ야學部大臣에게申請書를提呈ᄒᆞ고同情贊成ᄒᆞ기를要求ᄒᆞ엿더니學部에셔同情贊成ᄒᆞᄂᆞᆫ文牒을發ᄒᆞ고並히 勅語徽旨와敎育에關ᄒᆞᆫ章程五冊과敎科書二百冊을該校長에게下附ᄒᆞ엿다더라

○商科增設 官立高等學校에셔商業科를增設ᄒᆞᆯ터인ᄃᆡ商業票本을購買ᄒᆞᆯ次로三昨日學部에金三百圓을請求ᄒᆞ야承認ᄒᆞ엿다더라

○東明更明 振威郡私립東明義塾은故進士金晴熙氏가設립ᄒᆞᆫ바인ᄃᆡ該氏가身故ᄒᆞᆫ後에校况이日頹ᄒᆞ야解散ᄒᆞᆯ境에至ᄒᆞᆫ지라該塾長申錫塾監朴準國兩氏가此를慨歎히녀여京居李在英氏를敎師로雇聘ᄒᆞ야諸般規模를擴張ᄒᆞ고該校內에勞働夜學校를兼設ᄒᆞ야夜學生이八十餘名에達ᄒᆞ엿다더라

▲時談一叢▼

閑時生

▲枯渴枯渴ᄒᆞ더니 참말마르나부데 무엇시 마르단말인가 압다모를것잇나 요ᄉᆡ間非을 도라보면 집장ᄯᅥ에 善根을 못ᄉᆞ너니 朝夕ᄯᅥ에 쌀이업너니 집집마다 걱정쇼리ᄂᆞᆫ 玉皇上帝를 보러가넌듯시 하ᄂᆞᆯ끗헤다앗데그려 허 그뿐이라던가 日前巡査試取에 皇室近戚이 入格되엿단말 못드럿나 仁王山虎狼이가 왜가암이불알을 ᄒᆞᆯ넌다ᄂᆞᆫ말은 잇지만은 以若兄제의戚으로 여북ᄒᆞ면 그地境이되깃나 참말 딱ᄒᆞ여 韓國形便

▲親密ᄒᆞ세 親密ᄒᆞ세ᄒᆞ더니 참말 드러붓나부데 왜 遊說團에셔ᄂᆞᆫ 隣誼를 敦睦ᄒᆞᆫ다고 밤낫 ᄯᅥ들고 敬義會에셔ᄂᆞᆫ 兩國國祠ᄭᆞ지 合奉ᄒᆞ더니 近日 엇던분네ᄂᆞᆫ 兩國 皇帝ᄭᆞ지 合奉ᄒᆞ기로 발起ᄒᆞᆺ다지 君民國祠가 二러케密接ᄒᆞ면 畢竟 드러붓ᄂᆞᆫ 속이니 허 두고보세 그분네ᄂᆞᆫ 그러케 납불다가 畢竟 두나라를 하나만ᄃᆞᆯ기 쉬우리 아무려던지 ᄶᅡ쟝ᄂᆞᆯ이어

▲우리먹을곳 싱겻데 왜 압다 南山골 ᄯᅡᆯ각발生員ᄂᆞᆯ이 司法權委任에 典役가나셔 祝賀宴을ᄒᆞᆫ다네 受托者가 잔치ᄒᆞᄂᆞᆫᄃᆡ 委托者가 가고보면 不托一椀이야 게잇지 어ᄃᆡ가깃나 얼ᄊᆞ잘도 가깃네 韓人名色은 그림ᄌᆞ도 얼는 못ᄒᆞᆫ다네 그러면 남의물건 가져가고 物主도 모로ᄂᆞᆫ 경위가잇나 압다 이사ᄅᆞᆷ 좀을ᄌᆞ나 ᄭᅮᆷ을ᄭᅮ나 오ᄂᆞᆯ 世界에 경위를 차저 ᄂᆡ것 주고 ᄲᅣᆷ맛ᄂᆞᆫ 格모르나

社告

雲山邑支社員梁允植氏辭免ᄒᆞᆫ代에咸元澤氏로安岳支社員金文浩氏辭免ᄒᆞᆫ代에韓植敎氏로擇定ᄒᆞ엿ᄉᆞ니各該支社로本報購覽ᄒᆞ시ᄂᆞᆫ僉君子ᄂᆞᆫ照亮ᄒᆞ시옵

大韓每日申報社

雜報

○大虎噉人 去四日下午七時江原道楊口郡南面上水內里에셔大虎가出現ᄒᆞ야木材商ᄒᆞᄂᆞᆫ金春弘氏를咬去ᄒᆞ엿ᄂᆞᆫᄃᆡ其翌日에至ᄒᆞ야死體를南方山上에셔發見ᄒᆞ엿다더라

○賊徒掘塚 長湍開城豐德郡等地에셔韓日人賊漢들이高麗磁器를採取ᄒᆞ기爲ᄒᆞ야麗塚을乘夜穿掘ᄒᆞᄂᆞᆫ弊가種種有之ᄒᆞᆷ으로子孫이有ᄒᆞᆫ墳墓ᄂᆞᆫ緊緊把守ᄒᆞᆫ다더라

○靑舘開演 今日下午七時에鍾路靑年會舘에셔演說會를開ᄒᆞ고石鎭衡氏를請邀ᄒᆞ야敎育를將次엇지進行ᄒᆞᆯ고ᄒᆞᄂᆞᆫ問題로演說ᄒᆞᆫ다더라

廣告

惟我先祖文成公神道碑와各位碑碣修葺과局內測量事로定有司派送ᄒᆞ오니 僉宗은誠心齊力ᄒᆞ시옵

京中部大寺洞坤大井洞七統四戶 順興安氏宗會所 告白

本人先山在於[illegible]陽郡[illegible]面[illegible]良洞[illegible]面該山券[illegible]失[illegible]告誰某拾得休紙施行[illegible] [illegible] 告白

本人이[illegible]姓名章을失ᄒᆞ엿스니誰某拾得[illegible]休章施行 [illegible]郡[illegible]面[illegible]山里 朴[illegible] 告白

仁川府多所面松峴洞二十八統四戶草家六間文券을今八月分에셔失故로玆에廣告ᄒᆞ오니誰某拾得이라도休紙施行ᄒᆞᆷ 家主 魯伯헌 告白

本人이家卷舊文記를家中의셔失故로廣告ᄒᆞ오니內外國人은拾得ᄒᆞ와도休紙施行ᄒᆞᆷ 麻浦大井洞卅統二戶黃敬守白

本人陽十一月十五日圖章許失故廣告外內國人切勿見欺ᄒᆞᆷ 黃海道海州邑內居 車德周 告白

本人이本月九日에圓形姓名章을셔失ᄒᆞ엿ᄉᆞ오니誰某拾得ᄒᆞ와도休章施行ᄒᆞ옵 平壤隆德面旬里金鎭厚 告白

白泰洙白泰洙야離父七年에極恨結한父病謝世라卽還面見코幽明冤恨을忍勿更作하라 慶北金山邑病父朴鎭 急告

本所에셔各種洋말을製造ᄒᆞ와고特爲廉價로發賣ᄒᆞ오니願買僉君子ᄂᆞᆫ光臨請求ᄒᆞ시옵 東門外一橋十統五戶 東洋말製造發賣所 告白

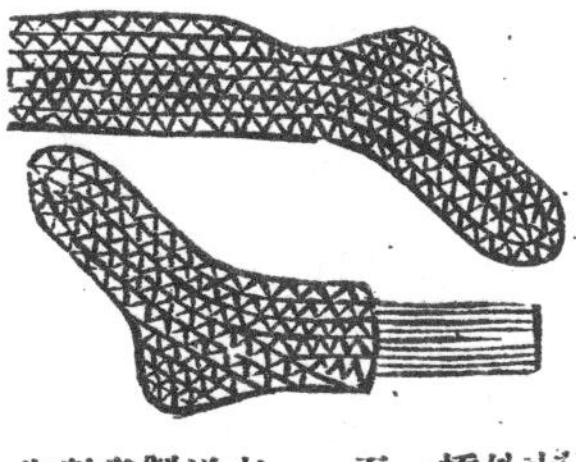

本人이陰本月初四日에水橋附近에셔電車를搭乘ᄒᆞᆫ際에左開手票를藏置ᄒᆞᆫ手匣을셔失ᄒᆞ엿습기玆以廣告ᄒᆞ오니誰某拾得이던지休紙施行ᄒᆞᆷ 此를拾得ᄒᆞ신이가本人의게로來傳ᄒᆞ시면厚謝ᄒᆞ깃습

左開

紫岩李景順處推次於音二片
一 一千五兩十月十五日標
一 三千八百兩十月二十日標
藥峴趙處推次於音一片
七千四百兩十月晦日標
紫岩方義景處推次於音
一千九百兩十月 日標
阿峴李元汝處推次於音
三千八百兩十月二十日標
大廣橋朴眞泰處推次於音
二千兩三月晦日標(過限)
廣東朴處推次於音
九百兩九月晦日標
二橋洪處推次於音三片
一 一千九百兩三月廿日標
一 千九百兩三月晦日標
一 千九百兩九月晦日標
魚塵後金仲伯處推次於音三片
合六千七百兩(過限)
往十里姜處推次於音
一千兩十一月十五日標
於義洞崔處推次於音五百兩
寺洞金禹星手標
八百二十五兩

此外에五六片陳標가有ᄒᆞᆫ되同休紙施行ᄒᆞᆷ

南部履洞六十二統一戶 朴榮洙 告白

故學部書記官申甸永君의追悼會를左記日時에設行ᄒᆞ오니생愛ᄒᆞ시던知舊ᄂᆞᆫ屆期來參ᄒᆞ시와以表同情ᄒᆞ심을望ᄒᆞᆷ

隆熙三年十一月 日 發起人 金允植 等

一 日時 十一月二十日(土曜)下午一時
一 處所 磚洞普成專門學校內

本人이隆德面四里周洞卅八統四戶瓦家十八間家契를衣櫃에藏置러니不知中셔失되엿기玆에廣告ᄒᆞ니內外國人은拾得ᄒᆞ와도休紙施行ᄒᆞ옵 平壤周洞方迺亨 告白

誠實에法律事務에從事ᄒᆞᆷ

美國大學法律大學士 法律學士 早稻田大學法學士 後藤連平 電話五〇六 仁川仲町二丁目

測量製圖器械其他附屬品文具都賣散賣

京城本町郵便局前 篠崎器械店 平壤南門通二丁目 篠崎支店

惟我晉州藥令定規를春令은陰二月二十五日에開市ᄒᆞ야三月二十五日에撤市ᄒᆞ오며秋令은陰十月二十五日로開市ᄒᆞ야撤市ᄂᆞᆫ十一月二十五日로確定ᄒᆞ엿ᄉᆞ오니遠近 僉君子ᄂᆞᆫ照亮ᄒᆞ시며方今秋令不遠ᄒᆞ온니屆期來臨ᄒᆞ심을千萬敬要ᄒᆞᆷ 慶南晉州令藥商 告白

本人이陰九月廿七日에本面弘德學校前路에셔姓名章을셔失ᄒᆞ엿ᄉᆞ오니誰某拾得休章施行ᄒᆞ옵 平壤外川面二里경熙淳 告白

(營業日錄)

○測量機械 ○製圖機械 ○美濃紙類 ○學校用品(各種)

(我國)○谷香紙卷煙草 (特産)○山月紙卷煙草

各樣製圖等書式順序에問答을酬應ᄒᆞ오며外他라도請求ᄒᆞ시ᄂᆞᆫ되로地方의ᄂᆞᆫ引換小包로遞呈ᄒᆞ겟숩

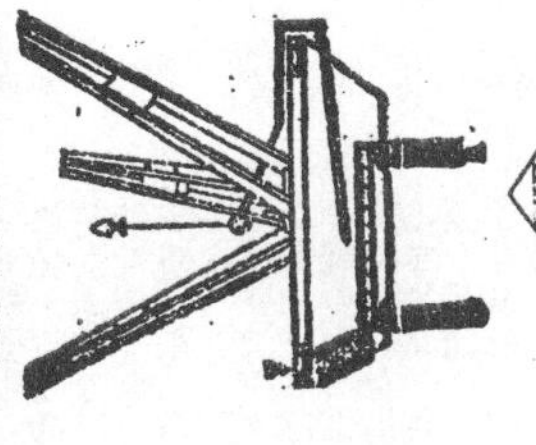

測量製圖器械及販賣商 京城南部苧洞六十二統十戶

主人 金應龍 謹告

化痰止咳ᄒᆞ고順氣消滯ᄒᆞ며水土不服에奇效가有ᄒᆞᆫ天下第一靈妙之劑

淸心保命丹

改良元祖　改良元祖

廣告

(참조흔걸)

○旅行ᄒᆞᆯ떠나、집에잇슬떠에、恆常몸에진일藥은、淸心保命단밧게또어듸잇나착그럿치

○年年이冬節이면痰빗고기침ᄒᆞᄂᆞᆫ사ᄅᆞᆷ이오작만ᄒᆞᆫ가、그것은우리나라土疾일세、다른히ᄂᆞᆫ고만두고昨年겨울만ᄒᆞ야도、그藥먹고效驗본사ᄅᆞᆷ이萬餘名에達ᄒᆞ엿다네、용藥이야참조치

○그뿐인가今年怪疾에效驗못본사ᄅᆞᆷ이또어듸잇나、百發百中이지藥은참靈藥이야

○消化不良이며酒醉와水土不服이며日熱惡臭와中韓中寒이며船車暈症에ᄂᆞᆫ무엇시조흔가、이藥쳐름神奇ᄒᆞᆫ수이쏘업지

○無病ᄒᆞᆫ사ᄅᆞᆷ이라도恒常長服ᄒᆞ면腸胃가健全ᄒᆞ고心神이爽快ᄒᆞᆫ걸

○그藥우이서ᄑᆞᄂᆞᆫ가용ᄒᆞ그럿코말구處處에다잇지

○濟生堂本舖ᄂᆞᆫ어듸인가서울南大門通方이지

廣告

廣告

本人子琦植或稱憲植字奇玉自幼時可謂失眞二十年來愚痴行悖不可形喩累入學校一無終始近與悖類沉惑於技場色界敗亡無餘中且欲得債云內外國人切勿見欺ᄒᆞ시ᄋᆞᆸ

서部唐皮洞一統十戶 尹泰乾 告白

活版製造

△活字鑄造機械並印刷材料販賣所
△東京本社製活版委託販賣所
本店 東京市日本橋區通油町二丁目
韓國京城長谷川町
仁川活版製造所支店
東京牛込區市谷

本관에셔事務를更加擴張ᄒᆞᄋᆞᆸ고서籍五圓以上에特別割引홈터이오니僉君子ᄂᆞᆫ陸續請求ᄒᆞ시ᄋᆞᆸ

測量긔具와學徒用品各種도具備ᄒᆞ엿ᄉᆞᆸ

平壤鍾路太極書舖

館主 李秀薰
主任 宋鍾遠
事務 金鐵瀅

大邱春秋令

市ᄂᆞᆫ全國商民交易上一大都會也라挽近俗漸頹廢ᄒᆞ야ᄆᆡ徹이時晩에商民의見害와交易拘碍가不啻大關이라故로今春令에爛商會議ᄒᆞ와ᄆᆡ徹日字를從公ᄒᆞ야改良이되春令은陰三月一日ᄆᆡ市同三十日撤市ᄒᆞ고秋令은陰十一月一日ᄆᆡ市同三十日撤市ᄒᆞ기로玆에廣布ᄒᆞ오니全國商民同胞ᄂᆞᆫ咸悉ᄒᆞ와진期交易ᄒᆞ심을敬要

藥商立規興業會 告白

遼東報館 告白

◎特別廣告

僉者本報ᄂᆞᆫ開刊有年에其論의히正과其報道의迅速이無ᄒᆞ야淸國內遠近志士가一切迎ᄒᆞ오며韓國에도稍稍히購ᄂᆞᆫ紳士가有ᄒᆞ온바今에更仁湖上購覽諸氏를紹介ᄒᆞ기ᄒᆞ야本報관所在處及報價를請廣告ᄒᆞ오니願覽諸氏ᄂᆞᆫ速히左開處로웅奇ᄒᆞ시ᄋᆞᆸ

本관所在地 哈爾賓瓦牙街
報價 一個月先給 俄貨八角
全 三個月先給 俄貨二圓
但報價ᄂᆞᆫ先給을要홈

我韓酒類가淸濁燒藥四種에無過이온바米麴배釀이旣無良法ᄒᆞ야酒味或酸或苦에大有妨於衛生이ᄋᆞᆸ기로此를改良ᄒᆞ야松露와栢露兩酒를新發明ᄒᆞ온바外國의精規와本國의秦要를參互取得ᄒᆞ야血氣를補ᄒᆞ고풍濕을治ᄒᆞᄂᆞᆫ藥材로化成其美ᄒᆞ니松露의酒味ᄂᆞᆫ本國藥酒보다色甚濃艶ᄒᆞ고味甚香醇ᄒᆞ오며栢露의酒味ᄂᆞᆫ本國燒酒보다色甚精潔ᄒᆞ고味甚香冽뿐더러且輕醉易醒ᄒᆞ야使飮者로終日把盃에頭痛口逆이少無ᄒᆞ고反有益於衛生ᄒᆞ오믄乃實驗의公認이오釀造에特色이온지라玆에廣布ᄒᆞ오니內外國 僉彦은 陸續沽飮ᄒᆞ시ᄋᆞᆸ

登錄商標 松露 定價金一 瓶十五錢　栢露 定價金壹 瓶二十錢

但誰某던지販賣코저ᄒᆞ시거던本所로來議ᄒᆞ시면特別割引으로酬應ᄒᆞ깃ᄉᆞᆸ

發賣所京城西部尾洞九十三統八戶 松露第一釀造所

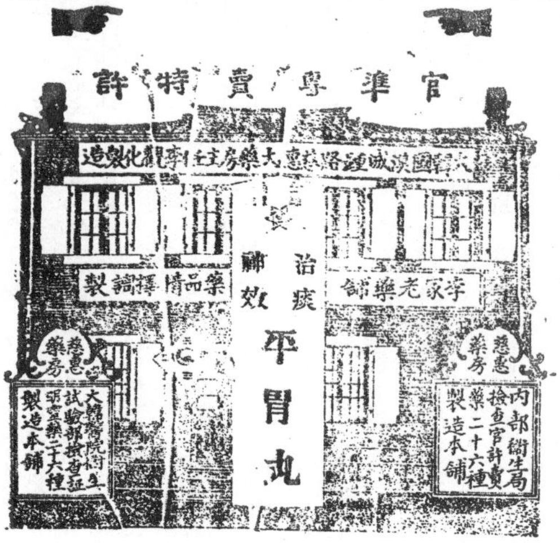

各種東西洋藥과韓國唐草材大發賣所 仁川桃峴 京城鍾路 和平堂藥房

八寶丹
起死回生 蘇生水
齊香消瘡丹
胎養調經丸
陰陽雙補 滋陽丸
阿片斷引藥
逐疾拔根 全治丸
鎭咳散
消積散
寸白殺虫 驅虫藥
蛔瀉散
保嬰 ...
通經 治疳膏
其他有名賣藥

胃腹와眩痛 과頭痛眩包을 鎭正효一五十 錢三包廿轉錢 盧泄濕泄신筋 吐瀉腹痛腹効 霍亂吐瀉每痛 下痢痰咳每包 金十錢 梅毒下疳頭瘡 濕瘡一劑四圓

婦人冷病帶下 症月經不調신 効一劑金五圓 陽氣不足元氣 不足陰陽雙補 十日分金一圓 人十錢一月分 金五圓

阿片引을斷홈 고元神回腹홈 는藥一劑五圓 男女老幼간連 珠[illegible]을全治 去根一劑三圓

痰을消ᄒᆞ고 嗽을止ᄒᆞᄂᆞᆫ藥 一包金三十錢 陳舊滯를消ᄒᆞᄂᆞᆫ藥 化ᄒᆞᄂᆞᆫ藥一包金十五錢 寸白虫을去根ᄒᆞᄂᆞᆫ効一包金三十錢 治ᄒᆞᄂᆞᆫ積腹痛을完治 諸般感氣에 大小瘡瘇을治ᄒᆞᄂᆞᆫ膏藥十錢

都賣散賣

其他國內各藥房에셔製造ᄒᆞᄂᆞᆫ各種藥이俱備ᄒᆞ오니隨用請求ᄒᆞ시면迅速히代金引換으로付送ᄒᆞ깃ᄉᆞᆸ

京城鍾路 仁川桃峴 平壤鍾路 和平堂主人 李應善

社告

新報價
壹張代金 新貨一錢五厘
壹個月 三十錢
參個月 九十錢
陸個月 先納 壹圓七十錢
壹個年 先納 參圓四十錢
郵稅 壹張 新貨五厘
壹個月 十三錢

廣告料
四号活字拾三字詰
每日英尺一寸에(自一行至四行이爲一寸) 新貨卄五錢
二週日壹寸에 二圓五十錢
壹個月壹寸에 五圓
但期限의長短과字行의多小를依ᄒᆞ야增減홈이有홈

大韓每日申報各處支社廣告

平安道

平壤鍾路太極書館 安泰國
三和港碑石洞敎堂 裴亨湜
義州南門外韓西大藥房 張有寬
鐵山郡內東部 安灝
車輦館同志會內 金明헌
定州南門內書舖 洪成麟
博川郡內鎭洞 金翼樞
安州城內安陵書館 金鎭河
京義線桃峴驛停車場前 李基秀
龍川南市驛 韓燦禧
龍川楊市 黃菊保
湖州郡南門外 朱伯英
泰川郡內관前洋藥局 李正華
寧邊郡內紅門里 鄭德昇
江西郡內 金昌煥
宣川郡橋南 申蓍周
江界邑內 金泰熙
郭山郡內新街 金大현
甑山郡內利用里 崔彭爽
雲山北面橋洞 玉賢主
雲山郡[illegible] 咸允[illegible]
順川郡慈洞
昌城邑內西下里壹統貳戶 鄭裕崑

黃海道

海州南門內書舖 朴昌鎭
安岳壽石面訓鍊里 韓정敎
長淵邑校洞西北支學會內 崔東元
殷栗郡倉前里 金光礪
信川郡內四里 李悌경
載寧郡乾材藥局 李鼎均
白川郡文明館 趙雲泳
沙里院活民勞動救火會 任敬宰

咸鏡道

咸興州南社西門外 曹喜林
元山港創業社 皇甫正杰
定平郡豐陽里 張禮學
洪原西門內保命局 羅炳善
永興南山洞洪明學校內 梁元常
淸津港新興洞 張元浩

全羅道

金溝水流面豆亭 趙德三
木浦港陽洞 李得珠

京畿道

仁川桃峴新冊肆 李東皓
開城南大門內興學書舖 姜助遠
江華郡內川橋 俞鎭植

忠淸道

結城廣川小龍洞 李啓祚
韓山下北필堂里 李英柏

慶尙道

大邱西門外友弦書樓 李重山
釜山港佐川洞藥局 徐錫奎

江原道

杆城邑新城里二統三戶 咸海元
鐵原邑栄洞 趙鍾大
蔚珍遠南面梅花里 朱鎭韶

北墾島

北墾島龍井村耶蘇敎堂內 裴尙禧

告

檀君開國四千二百四十二年
箕子元年三千三十一年
大韓開國五百十八年
本報創刊日
光武八年七月十八日

大韓每日申報

第七卷 月曜及慶節歲時休日刊 第一千二百四十五号

發行兼編輯人 英國人 萬咸
Responsible for Publication Alfred Weekley Marnham.
發行所 京城南部石井洞三層洋屋家 大韓每日申報社

論說

◎教師와 財政家가 合資ᄒᆞᆷ이 可ᄒᆞᆷ

挽近에 一般有眼者가 教育의 時急ᄒᆞᆷ을 知ᄒᆞ야 京鄕都鄙를 勿論ᄒᆞ고 資金을 鳩聚ᄒᆞ야 學校를 設ᄒᆞ고 子弟를 教ᄒᆞᆯᄉᆡ 學問의 進步가 幼穉ᄒᆞᆫ 時代인 故로 小學校教師될 資格을 持ᄒᆞᆫ 者도 幾希ᄒᆞᆫ지라 於是乎各學校에셔 千里를 不遠ᄒᆞ고 教師를 求ᄒᆞᆷ이 渴者의 飮ᄀᆞᆺ치 甚ᄒᆞ니 歷사地誌幾行만 講ᄒᆞ고 算術物理幾何만 習ᄒᆞᆫ 者ᄂᆞᆫ 其價를 高索ᄒᆞ야 或每朔四五十圜 或每時間一圜에 至ᄒᆞᄂᆞᆫ지라

噫此財政의 恐慌이 太甚ᄒᆞ야 人民이 朝夕을 難繼ᄒᆞᆯ 時代에 在ᄒᆞ야 富者ᄂᆞᆫ 囊을 傾ᄒᆞ고 貧者ᄂᆞᆫ 力을 竭ᄒᆞ야 一學校를 新建設ᄒᆞ미 彼教師된 者가 其學校의 資本을 盡飽ᄒᆞ야 一年에 一洞이 渴ᄒᆞ고 二年에 一面이 渴ᄒᆞᄂᆞᆫ 故로 畢竟學校ᄂᆞᆫ 維持의 道가 乏ᄒᆞ야 學徒ᄂᆞᆫ 解散ᄒᆞ고 教師ᄂᆞᆫ 退歸ᄒᆞ나니 嗚乎可嘆이로다

大抵只今韓人된 者ㅣ 錢이 有ᄒᆞᆫ 者ᄂᆞᆫ 錢을 國家에 獻ᄒᆞ고 錢이 無ᄒᆞᆫ 者ᄂᆞᆫ 力을 國家에 獻ᄒᆞ야 智識이 有ᄒᆞᆫ 者ᄂᆞᆫ 智識을 獻ᄒᆞ고 技藝가 有ᄒᆞᆫ 者ᄂᆞᆫ 技藝를 獻ᄒᆞ고 學術이 有ᄒᆞᆫ 者ᄂᆞᆫ 學術을 獻ᄒᆞ여야 可ᄒᆞᆯ지니 乃今教育界로 論ᄒᆞ야도 錢이 有ᄒᆞᆫ 者ᄂᆞᆫ 錢을 出ᄒᆞ거니와 錢이 無ᄒᆞᆫ 者ᄂᆞᆫ 力을 出ᄒᆞᆯᄲᅮᆫ이라 果然이면 教師된 者가 旣히 學識이 有ᄒᆞᆫ즉 此學識을 獻ᄒᆞᆷ이 亦相當ᄒᆞᆫ 責任이 아닌가

教師諸氏여 記者ᄂᆞᆫ 諸氏가 學識을 出ᄒᆞ고 財政家ᄂᆞᆫ 錢을 出ᄒᆞ야 合資的組織으로 教育界를 維持ᄒᆞᆷ을 望ᄒᆞ노라

然이나 此가 教師된 者로 ᄒᆞ야금 絶對的名譽教授를 施ᄒᆞ라 ᄒᆞᆷ이 아니라 但只若干의 薪水金을 受ᄒᆞ고 公益思想을 發揮ᄒᆞᆷ이 可ᄒᆞ다 ᄒᆞᄂᆞᆫ 바로라 萬一不然ᄒᆞ야 學校가 紛紛廢倒ᄒᆞ고 乃已ᄒᆞ면 國民教育이 何境에 至ᄒᆞ며 抑又教師된 者ᄂᆞᆫ 學術을 何處에 施ᄒᆞ며 月銀을 何處에 受ᄒᆞ리오

或曰只今韓國教師의 月銀이 外國에 比ᄒᆞ면 尙少ᄒᆞᆯᄲᅮᆫ 아니라 況此月銀의 高ᄂᆞᆫ 學者의 功勞를 酬ᄒᆞ며 後進의 發達을 催ᄒᆞᆷ이라 ᄒᆞ나 此ᄂᆞᆫ 實로 韓國今日의 時代를 不思ᄒᆞᆫ 者의 言이라 國情의 慘담이 日甚ᄒᆞ고 民生의 困瘁가 日急ᄒᆞ야 教育界의 悲運이 目前에 在ᄒᆞ거ᄂᆞᆯ 奚暇에 此를 論ᄒᆞ리오

吾儕가 此言을 發ᄒᆞᆷ은 決코 教師된 者가 利益을 壟斷ᄒᆞᆫ다 ᄒᆞᆷ이 아니라 但只教師된 者로 ᄒᆞ야금ᄌᆞ 善心을 出ᄒᆞ야 教育界의 運命을 繁榮케 ᄒᆞᆷ을 勸告ᄒᆞᆷ이니 教師中에도 義務教育을 擔ᄒᆞ고 公益事業을 勉ᄒᆞᄂᆞᆫ 諸氏에게ᄂᆞᆫ 項祝을 不已ᄒᆞᆯᄲᅮᆫ이어니와 或不然ᄒᆞᆫ 諸氏ᄂᆞᆫ 吾儕의 此言을 諒ᄒᆞᆯ지어다

官報

第四千五百貳號
隆熙三年十月十一日

法律

法律第二十七號
海上衝突豫방法 續

第十九條 二艘의 滊선이 互相航路를 橫切ᄒᆞ야 衝突의 虞가 有ᄒᆞᆫ 時ᄂᆞᆫ 他선을 右현에 見ᄒᆞᄂᆞᆫ 선으로부터 他선의 航路를 避ᄒᆞᆷ이 가ᄒᆞᆷ

第二十條 帆선과 滊선이 互상 漸近ᄒᆞ야 衝突의 虞가 有ᄒᆞᆫ 時ᄂᆞᆫ 滊선으로부터 帆선의 航路를 避ᄒᆞᆷ이 가ᄒᆞᆷ

第二十一條 本法航方에 依ᄒᆞ야 二船의 內에 一船으로부터 他船의 船路를 避ᄒᆞᄂᆞᆫ 時ᄂᆞᆫ 他船이 其鍼路及速力을 保ᄒᆞᆷ이 가ᄒᆞᆷ 但他船이 天氣密濛ᄒᆞ거나 又ᄂᆞᆫ 其他事故에 因ᄒᆞ야 航路를 避ᄒᆞᄂᆞᆫ 船의 處置ᄲᅮᆫ으로ᄂᆞᆫ 衝突을 避키 不能ᄒᆞ야 兩船이 接近ᄒᆞᆫ 事를 認ᄒᆞᄂᆞᆫ 時ᄂᆞᆫ 亦自臨機衝突을 避ᄒᆞᆷ에 至當ᄒᆞᆫ 處置를 ᄒᆞᆷ이 가ᄒᆞᆷ

第二十二條 本法航方에 依ᄒᆞ야 他船의 航路를 避ᄒᆞ기 得ᄒᆞᆯ 船은 아모도록 他船의 前面을 橫切치 아니ᄒᆞᆷ이 가ᄒᆞᆷ

第二十三條 本法航方에 依ᄒᆞ야 他船의 航路를 避ᄒᆞᆯ 滊船은 他船에 漸近ᄒᆞᆫ 時時宜에 應ᄒᆞ야 速力을 緩ᄒᆞ고 或은 運轉을 止ᄒᆞ며 又ᄂᆞᆫ 後退ᄒᆞᆷ이 가ᄒᆞᆷ

第二十四條 總히 他船을 追越ᄒᆞᄂᆞᆫ 션은 本法航方中前數條의 規定에 不拘ᄒᆞ고 他船의 航路를 避ᄒᆞᆷ이 가ᄒᆞᆷ
總히 他船의 兩舷이 正橫後의 二點以外 卽夜間에 在ᄒᆞ야ᄂᆞᆫ 舷燈을 見키 難ᄒᆞᆫ 位置로부터 其船을 追越코ᄌᆞ ᄒᆞᄂᆞᆫ 船舶은 此를 追越船으로 ᄒᆞ야 其後兩船의 位置에 變更이 來ᄒᆞ야도 其追越船으로써 本法의 航路橫切船이라 不爲ᄒᆞᄂᆞᆫ 故로 其船은 他船을 全히 追越ᄒᆞ야 了ᄒᆞ기ᄭᆞ지 他船의 航路를 避ᄒᆞᆯ 者로 ᄒᆞᆷ
晝間에 他船을 追越코ᄌᆞ ᄒᆞᄂᆞᆫ 船舶으로 前項에 記載ᄒᆞᆫ 方位의 內外를 辨知키 難ᄒᆞᆫ 者ᄂᆞᆫ 本船을 追越船으로 看做ᄒᆞ야 他船의 航路를 避ᄒᆞᆷ이 가ᄒᆞᆷ

第二十五條 滊船이 狹隘의 水道에셔 無難히 通航ᄒᆞ기 得ᄒᆞᆯ 時ᄂᆞᆫ 其中流의 右側卽本船의 右舷에 當ᄒᆞᆫ 方을 航行ᄒᆞᆷ이 가ᄒᆞᆷ

第二十六條 航行中의 帆船은 網或은 繩을 用ᄒᆞ야 漁業에 從事ᄒᆞᄂᆞᆫ 帆션의 航路를 避ᄒᆞᆷ이 가ᄒᆞᆷ 但漁션이라도 任意로 他션의 通行ᄒᆞᆯ 線路를 妨害치 못ᄒᆞᆷ

第二十七條 本法을 履行ᄒᆞᆷ에 當ᄒᆞ야 運行及衝突에 關ᄒᆞ야 百般의 危險에 注意ᄒᆞᆷ은 勿論이어니와 若危險이 切迫ᄒᆞ야 本法을 履行ᄒᆞ기 不能ᄒᆞᆫ 特別境遇에 在ᄒᆞ야ᄂᆞᆫ 其危險을 避ᄒᆞ기 爲ᄒᆞ야 臨機의 處置를 ᄒᆞᆷ에 注意ᄒᆞᆷ이 가ᄒᆞᆷ

航路의 信號

第二十八條 本條中短聲이라 ᄒᆞᄂᆞᆫ 것은 大約一秒時間의 發聲을 謂ᄒᆞᆷ
航行中의 滊션이 他션에 漸近ᄒᆞ야 鍼路를 變코ᄌᆞ ᄒᆞᄂᆞᆫ 時ᄂᆞᆫ 滊笛或은 滊角으로셰 左의 信號를 ᄒᆞ고 他선에 我선의 鍼路를 通知ᄒᆞᆷ이 가ᄒᆞᆷ
短聲一發 我션鍼路를 右舷에 取ᄒᆞᆷ
短聲二發 我션鍼路를 左舷에 取ᄒᆞᆷ
短聲三발 我션全速力으로 後退ᄒᆞᆷ

未完

外報

◎匈國議會 匈牙利商務大臣 ᄭᅩᆺᄉᆞ트氏가 失勢ᄒᆞᆷ을 因ᄒᆞ야 同國議會ᄂᆞᆫ 解散케 되엿다더라

◎分立不裁可 ᄭᅩ슈트氏ᄂᆞᆫ 墺國皇帝兼匈牙利國王 프란쓰요셉陛下가 國立銀行을 分離ᄒᆞ야 墺匈兩國에 各設ᄒᆞᆯ 事에 裁可치 아니ᄒᆞᆯ 것을 確言ᄒᆞ엿다더라

◎投彈致殺 南美亞然丁國의 無政府黨員은 警視總監의 馬車에 爆彈을 投ᄒᆞ야 其秘書官을 暗殺ᄒᆞ엿다더라

◎波斯暴行 波斯國土人은 暴行을 不止ᄒᆞᄂᆞᆫ 故로 露國政府에셔ᄂᆞᆫ 兵二千을 國境에 送ᄒᆞ엿다더라

◎淸帝健康 淸國皇帝ᄂᆞᆫ 皇太后의 撫育를 受ᄒᆞ야 至極健全히 成長ᄒᆞᆫ다더라

◎炭坑爭抗 駐淸英國公使ᄂᆞᆫ 淸國灤州炭坑의 採掘權을 要求ᄒᆞ나 直隸省諮議局議員은 北京外部에 對ᄒᆞ야 同炭坑을 外國에 讓與ᄒᆞᆷ이 不可ᄒᆞ다고 極力爭抗ᄒᆞ기로 決ᄒᆞ엿다더라

◎極東移民 露國은 本年度에 盛大히 其國民을 極東各地에 移殖코져 ᄒᆞᄂᆞᆫ 計畫이 有ᄒᆞ야 農商部의 決議를 經ᄒᆞ엿ᄂᆞᆫ듸 同國官憲은 政治上及軍事上理由로 極東及中央西細亞에 移民ᄒᆞᆷ이 不可不必要ᄒᆞ다고 極力保護를 加ᄒᆞᆫ다더라

◎慘事後報 美國셰리炭坑에셔 壓死ᄒᆞᆫ 者ᄂᆞᆫ 二百五十名이라고 公表ᄒᆞ엿다더라

◎英德條約 英德通商假協約은 아마 締結될 듯ᄒᆞ다더라

◎自由居住 瑞西德國兩國間에 自由居住에 關ᄒᆞᆫ 條約은 兩國間에 非常히 滿足ᄒᆞᆷ으로 調印ᄒᆞ엿다더라

○談叢○

劍心

▲내가 鄕谷에 觀景ᄒᆞ니 未墾ᄒᆞᆫ 陳荒地면 有無主를 勿論ᄒᆞ고 日人이 鳩占ᄒᆞ야 揷標起墾ᄒᆞᆫ즉 어리셕은 韓人들은 그ᄯᅡᆼ 한마직이를 엇어 붓치라고 너도나도 競爭ᄒᆞ니 네밥그릇 남네주그 床밋헤셔 밥풀주서먹ᄂᆞᆫ 格이로고

▲내가 某郡某學校를 過ᄒᆞ다가 一學生이 地誌를 讀ᄒᆞ거ᄂᆞᆯ 島와 半島의 區別를 問ᄒᆞᆫ듸 동구란것우 全島오 길죽ᄒᆞᆫ 것은 半島라고 對答ᄒᆞᄂᆞᆫ지라 誰가 如此히 教授ᄒᆞ더뇨 問ᄒᆞᆫ즉 諸學生이 一齊答曰 先生님이 云云ᄒᆞ더이다 ᄒᆞ니 噫라 此等先生은 심닙을 賴ᄒᆞ人字를 가짐賴라고 ᄒᆞᆯ 先生이 아닌가

▲鄕谷靑年이 日語에만 滋味되련다고 言嘗말지어다 다른 科學은 教授ᄒᆞᆯ 教師가 無ᄒᆞ거니 日語맛긔 맛드릴거시 잇소

▲公州鷄龍山밋헤 一妖人이 出現ᄒᆞ엿ᄂᆞᆫ듸 그 姓은 車가오 밤낫 외우ᄂᆞᆫ 呪文은 하ᄂᆞᆯ天 누루黃 ᄯᅡ地字ᄲᅮᆫ인 故로 일홈은 千字라 遠近愚民이 이것을 異人이라 ᄒᆞ야 車千字宅을 ᄎᆞᆺᄌᆞ가ᄂᆞᆫ 사ᄅᆞᆷ이 놀로 百餘名이오 이 呪文을 잘 닑으면 銃丸에 生水라 ᄒᆞ니 萬一車千字가 千字를 ᄯᅦ히고 童蒙先習을 닑ᄂᆞᆫ 놈이면 뎨子가 百萬名이 되고 各國兵艦이 太平洋에셔 제절로 破沉될셰

詞藻

※兩難※

거누구ᄂᆞᆫ 나를 좃나、말좀ᄒᆞ여 보라고。
거누구ᄂᆞᆫ 나를 보고、말을부터 말나ᄒᆞ니。
아마도、ᄒᆞ라고 말나고 간에、내가 늚어。

廣告

電報

◎輔育總裁決定 韓國 皇太子殿下의輔育總裁는岩倉宮內大臣으로決定되엿다더라

◎桂相西下 日本首相桂太郞은豫定과如히伊勢太廟의參拜와大阪造幣局을視察ᄒᆞ기爲ᄒᆞ야十二月上旬에出發ᄒᆞ기로內定ᄒᆞ엿는ᄃᆡ豫算內示會는旅行終了後에開ᄒᆞᆯ터이라더라

◎問題漏洩 日本에서는中等敎員檢定試驗問題가漏洩ᄒᆞᆫ事件은當局者도其事實이有ᄒᆞᆷ을明言ᄒᆞ엿는ᄃᆡ學相旅行中에도調查를進行ᄒᆞ야大臣의存否如何는不拘ᄒᆞ고責任者의處分을行ᄒᆞᆫ다더라 東京發 以上十八日着

◎日人建碑 日本에셔는旅順白玉山에露日戰役表忠碑를建ᄒᆞᆫ다는ᄃᆡ日皇씌셔建設費金五千圓을下賜ᄒᆞ엿다더라 東京發 十九日着

雜報

◎洪氏遞任說 中樞院贊議洪承穆氏를遞任ᄒᆞᆯ次로日前內閣에提議ᄒᆞ고統監府에同意를請ᄒᆞ엿는ᄃᆡ該氏는將次辭職請願을提出ᄒᆞᆫ다더라

◎兩氏憂懼 宮內府大臣閔丙奭侍從院卿尹德榮兩氏가日前大久保司令官이歸國ᄒᆞᆯ時에何等緊幹이有ᄒᆞ야餞別을未遑ᄒᆞ엿는ᄃᆡ這邊에셔此를由ᄒᆞ야憾情이有ᄒᆞ다ᄒᆞᆷ으로兩氏가方在憂懼中이라더라

◎兩氏訪問 宮內府大臣閔丙奭侍從院卿尹德榮兩氏는再昨日上午十時에海豐府院君尹澤榮氏를訪問ᄒᆞ고下午一時頃에入城ᄒᆞ엿다더라

◎各其主張 今番伊藤公暗殺事件이발生ᄒᆞᆫ後에警視廳警務局과憲兵隊의行動이統一치못ᄒᆞ다ᄒᆞ야韓國內에셔는今番事件에關ᄒᆞᆫ審查等事務를統監府總務長官이主張ᄒᆞ고關東都督府에셔는名石參謀長이主張ᄒᆞᆫ다더라

◎副監闕仕 警視副監具然壽氏는何等형繁에奔忙ᄒᆞᆷ인지本廳에는十餘日仕進을闕ᄒᆞ엿다더라

◎開極日慶祝 陰曆本月三日은檀君開極日인故로檀君敎員二百餘人이苑洞羅寅永氏家에會集ᄒᆞ야慶祝宴을設ᄒᆞ엿는ᄃᆡ中樞院議長金允植氏는茶菓一[illegible]을議定會에寄付ᄒᆞ엿다더라

◎調查會任員 統監府에셔韓國地方調查委員會를新設ᄒᆞᆫ다ᄒᆞᆷ은已報어니와調查委員長은統監府總務長官으로委員四名은內度農學各部次官으로幹事는統監府書記官으로充用ᄒᆞ고尙且書記若干을置ᄒᆞᆫ다더라

◎行政協議 韓國地方行政刷新에關ᄒᆞ야岡喜及桂太郞及平田等이目下協議中이라더라

◎日主增聘 內部에셔는來年度에日人郡主事를增聘ᄒᆞᆫ다는ᄃᆡ其豫算은三十萬圓으로計算ᄒᆞ엿다더라

◎日主何多 各道府郡의現在日人主事는道에八十七名이오郡에四十四名인ᄃᆡ元來百三十一名中에欠員이八名이라더라

◎全南郡守會 全南觀察道에셔는來二十八日에郡守會를開設ᄒᆞᆯ터인ᄃᆡ內郡에報告ᄒᆞ고職員一名을派送참席케ᄒᆞ라ᄒᆞ엿다더라

◎豐倅知面 新任豐德郡守兪鎭[illegible]氏는昨日內部에前往ᄒᆞ야各局課長과知面禮를行ᄒᆞ엿다더라

◎宮次入城 宮內府次官小宮三保松은再昨日下午八時에入城ᄒᆞ엿다더라

◎委任何多 農商工部所管載寧殷栗長連三鐵鑛은日人製鐵所長官中村이가實地를視察ᄒᆞᆫ後에其一切權利를獲得ᄒᆞ기爲ᄒᆞ야目下其細目을交涉中인ᄃᆡ韓國政府에셔는此鐵鑛經營을日本政府에委任ᄒᆞᆫ다더라

◎其論可怪 漢城府民會長兪吉濬氏가日本某新聞記者를對ᄒᆞ야保護國에는政黨社會가無ᄒᆞ다고談論ᄒᆞᆫ事가有ᄒᆞ야該言論을新聞에發布ᄒᆞ엿는ᄃᆡ日人大垣丈夫가該新聞社에向ᄒᆞ야質問ᄒᆞ기를保護國에는엇지政黨社會가無ᄒᆞ나ᄒᆞ엿더니該社에셔答言ᄒᆞ기를此는韓人兪吉濬氏의言論이라ᄒᆞ엿다더라

◎商組追悼 商務組合部에셔는來二十七日南部公洞石鼓壇內에셔伊藤公追悼會를設行ᄒᆞᆫ다더라

◎警廳招諭 日前警視廳에셔閔泳雨李學宰兩氏를招致ᄒᆞ여本銅像과頌德碑를發起ᄒᆞ거던本廳에請願ᄒᆞ야認許를承ᄒᆞᆫ後에事務를執行ᄒᆞ라ᄒᆞ엿다더라

◎兩論不一 再昨日下午三時에頌德碑建議所에셔李學宰尹進學兩氏가會同ᄒᆞ야李氏는銅像을建造ᄒᆞᆯ자ᄒᆞ고尹氏는頌德碑만建立ᄒᆞᆯ자ᄒᆞ야兩方의議論이不一ᄒᆞᆷ으로一塲紛擾가起ᄒᆞ야終是落着치못ᄒᆞ엿다더라

◎贊英開會 再昨日下午一時에東亞贊英會를開ᄒᆞ고會長閔泳雨氏가辭免ᄒᆞᆫ代에前學相李載崑氏로推薦ᄒᆞ엿는ᄃᆡ李氏는會長을辭免코져ᄒᆞᆫ다더라

◎兩氏被毆 一進會國民農會社社員韓景源徐采兩氏는荒蕪地를開墾ᄒᆞᆯ次로信川郡等地에前往ᄒᆞ엿다가該地農民의게被毆重傷ᄒᆞ야病院에셔治療中이라더라

◎儒生長書 儒生金思洪氏가地方郡守를相當히擇任ᄒᆞ야人民을安堵케ᄒᆞ라고內部大臣의게長書를提出ᄒᆞ엿다더라

◎廢地徵租 仁川郡에在ᄒᆞᆫ武市及別市田畓이昨今兩年에歉荒을被ᄒᆞ여陳廢處가種種有之ᄒᆞᆷ으로作人等이賭租를尙今滯納ᄒᆞ엿더니該郡稅務署에셔作人等을捉致ᄒᆞ여兩年陳廢地賭租를一一勒捧ᄒᆞᆷ으로民冤이藉藉ᄒᆞ다더라

◎審問開始 關東都督府法務院에셔安重根外連累者八人의審問을去十三日부터開始ᄒᆞ고一週日內로豫審에附ᄒᆞᆯ터인ᄃᆡ陰謀는海蔘威及哈爾賓에셔企畫ᄒᆞ엿고韓國京城에는連絡이無ᄒᆞ다는報道가有ᄒᆞ고又京城에셔調查ᄒᆞᆫ것도亦同一意見에歸着ᄒᆞ엿스나尙且豫審의進行을從ᄒᆞ야新事實이發見될는지未知라더라

◎移住已久 安重根은近日韓國으로부터哈爾賓에往ᄒᆞᆫ者가아니라已往부터家族ᄭᆞ지哈爾賓으로移住ᄒᆞ엿다더라

◎撲犬告示 北署에셔管內坊曲에揭示ᄒᆞ되飼犬에頸環이無ᄒᆞᆫ者가種種有之ᄒᆞ야衛生上에妨害가有ᄒᆞᆷ으로日本人이周行ᄒᆞ야無牌犬을撲殺ᄒᆞᆯ터이니大小民人은知悉ᄒᆞ라ᄒᆞ엿다더라

◎琉球人漂流 三昨日에琉球人六名이仁川에上陸ᄒᆞ엿는ᄃᆡ此는本月三日에琉球에셔乘션出발ᄒᆞ엿다가風波를遭하야去十一日臺灣海峽으로漂流ᄒᆞ엿는ᄃᆡ英國션의救護를被ᄒᆞ야仁川에來着ᄒᆞᆷ이라더라

◎新聞又出 國是遊說團에셔世觀新聞을日間發刊ᄒᆞᆫ다더라

◎面長美績 洪州郡上西面面長韓聲教氏는結錢收刷에公正無冤ᄒᆞ며人民의知識을發展키爲ᄒᆞ야新聞購覽를熱心勸勉ᄒᆞᄂᆞᆫᄃᆡ面內에木碑가森列ᄒᆞ엿다더라

◎灰商慈善 西大門外居洞石灰商趙貞協方顯元兩氏가設立ᄒᆞᆫ者인ᄃᆡ品好ᄒᆞᆫ石灰를多數積置ᄒᆞ고廉價로放賣ᄒᆞ미內外國人間需用이日多ᄒᆞᆯᄲᅮᆫ더러過番虎疫이流行ᄒᆞᆯ時에貧寒ᄒᆞᆫ同胞의게는無代金으로石灰를付與ᄒᆞ야消毒을施케ᄒᆞᆷ으로該氏의慈善心을人皆稱頌ᄒᆞᆫ다더라

◎龍王無心 海西地方은義兵이各浦에방殺ᄒᆞ야섬卜를不許ᄒᆞ되惟獨延安等地에在ᄒᆞᆫ閔忠正公家秋穀二百餘包를出浦ᄒᆞ야셔裝上京ᄒᆞ다가江華海洋에셔因風致敗ᄒᆞ엿다더라

◎巡查使酒 龍山警察署刑事巡查李建호氏는三昨日에泥醉ᄒᆞ야東幕等地로過去ᄒᆞ다가洞民을無端히鐵椎로毆打ᄒᆞ야三名이重傷ᄒᆞᆫ故로洞民이將次聯署ᄒᆞ야警察署에呼訴ᄒᆞᆯ터이라더라

◎一死一傷 本月九日에義將蔡應彥氏가部下二十三名을率ᄒᆞ고谷山郡梨花洞附近에出沒ᄒᆞ는ᄃᆡ江原道住廉州分遣所長福田이上等兵二名과補助員四名을率ᄒᆞ고咸南永豐社大松洞에追至ᄒᆞ야約一時間을激戰ᄒᆞ엿는ᄃᆡ義兵一名은死ᄒᆞ고一名은負傷ᄒᆞ엿다더라

◎近畿義援 京畿道驪州廣州果川各郡에는再昨年來로有名ᄒᆞᆫ義兵大將尹致章氏가多數ᄒᆞᆫ部下를領率ᄒᆞ고頻頻出沒ᄒᆞ다가昨年十一月下旬에警察憲兵分遣所에逮捕되야一時靜穩ᄒᆞ더니數日前부터義兵長李春三氏가部下八名을率ᄒᆞ고驪州果川兩郡으로往來ᄒᆞ는ᄃᆡ所帶軍器는新式洋銃이七柄이오拳銃이一柄이오軍刀가一柄이오服裝은憲兵補助員과同一ᄒᆞ다는ᄃᆡ再昨日新筆洞憲兵分遣所에셔澤田特池等이補助員을率ᄒᆞ고鎭爲街路로[illegible]ᄒᆞ엿다더라

◎討錢留營 義兵將李漢昌安鍾根兩氏가部下四十餘名을領率ᄒᆞ고日前[illegible]大衛洞에突入ᄒᆞ여該洞에在ᄒᆞᆫ閔[illegible]의秋收를[illegible]留ᄒᆞ고洞人李某에게金貨를請求ᄒᆞ엿다는說이有ᄒᆞ다더라

◎尹氏被捉 中部里門洞居前觀察使尹吉炳氏는公清事件을因ᄒᆞ야再昨日下午二時警視廳에被捉ᄒᆞ엿다더라

◎技犯被捉 再昨夜中部校洞居金重鉉氏家에셔雜技를設ᄒᆞ다가巡查에게發覺되여該家主及李基東朴思元李姓女等諸人이中署에被捉ᄒᆞ엿는ᄃᆡ賭錢은一百十圓이라더라

◎兩犯被捉 一進會員[illegible]氏의合男[illegible]及李[illegible]兩氏가宮內府印章을僞造ᄒᆞ다가昨日上午一時中署에被捉ᄒᆞ엿다더라

◎僞偵被捉 東大門外往十里居張伯萬[illegible]兩人이日前憲兵隊偵探이라稱ᄒᆞ고鳳凰洞에前往ᄒᆞ여民財를討索ᄒᆞ다가再昨日警視廳에被捉ᄒᆞ엿다더라

◎仁川賊警 仁川管內[illegible]安面石岩里에는去六日에火賊十六名이突入ᄒᆞ야八箇家屋을破壞ᄒᆞ고又富平郡東陽里[illegible]氏家에脅迫狀을送致ᄒᆞ엿는ᄃᆡ仁川署에셔火賊李[illegible]二名을捕縛ᄒᆞ야同黨의[illegible]ᄒᆞ고再昨夜에[illegible]部以下巡查四名이富平郡方面으로發向ᄒᆞ엿다더라

◎商組總會 商務組合部에셔는來二十九日에總會를開ᄒᆞᆫ다ᄃᆡ各道支部員이[illegible]上京ᄒᆞᆫ다더라

◎親睦總會 [illegible]에셔來日曜日上午十[illegible]學校內에셔總會를開ᄒᆞᆫ다더라

▲社會燈▼

▲逢荒世界가되니ᄭᅡ [illegible] 報社의 [illegible]가 [illegible] ᄒᆞᆫ가보네 [illegible] 바람에 投票장ᄉᆞ가 [illegible] 다는ᄃᆡ 그돈은 다 [illegible] 나 허 豪傑도 [illegible] 家산을 파러야 돈이 [illegible] 목ᄌᆞ터러노아도 [illegible] 되는豪傑 암만팔[illegible] 돈이 어북아쉬어야 [illegible] 會에가셔 廣告를 [illegible] ᄒᆞ나허 그裏許를 말ᄒᆞ면 입이더러워 그만두세

▲近來偵探군들은 [illegible] 方謂도 용ᄒᆞᆫ데 [illegible] 단日도 더의 마음ᄃᆡ로 [illegible] 고 形體업는 돈을 [illegible] 잘ᄒᆞᆫ데 그ᄯᅡ위 [illegible] 閭巷間의 도라다니면서 [illegible] 천지 [illegible] 안된쇼리 쥬셔쥬셔 [illegible] 가 附窠으로 모라너니 [illegible] 昧히 얼신사람 [illegible] 怨痛ᄒᆞᆫ것나 그ᄯᅡ위 [illegible] 一層만 進步되면 [illegible] 幻ᄒᆞᆫ 才調로 天地도 [illegible] 覆ᄒᆞᆯ터이오 無形錢을 [illegible] 눈귀로 鬼神의 影子ᄭᆞ지 볼 더이여

▲文 壇▼

▲天喜堂詩話 (續)

客이漢詩數首를携ᄒᆞ고余를示ᄒᆞᄂᆞᆫ뒤句句에新名詞를참入ᄒᆞ야成ᄒᆞᆫ지라其中(滿製芳菲不等秀、자林禽鳥自由鳴)이라云ᄒᆞᆫ一聯을指ᄒᆞ여曰此兩句ᄂᆞᆫ東國詩界革命이라可稱ᄒᆞᆯ비라ᄒᆞ고怡然히自得의色이有ᄒᆞ거ᄂᆞᆯ余ㅣ曰吾子의用心이良苦ᄒᆞ도다ᄒᆞ연은此로支那詩界의革命이라ᄒᆞᆷ은可ᄒᆞ거니와東國詩界의革命이라云ᄒᆞᆷ은不可ᄒᆞ니詣東國詩가何오ᄒᆞ면東國語、東國文、東國音으로製ᄒᆞᆫ者가是오詩中에稍手眼을放ᄒᆞᄂᆞᆫ者가是라ᄒᆞᆯ지어ᄂᆞᆯ今에子가漢字詩를作ᄒᆞ고貿然히自信ᄒᆞ여曰我가東國詩界革命家가誰오ᄒᆞ면東國詩界革命家라ᄒᆞ니抑亦愚悖ᄒᆞᆷ이아닌가 未完

雜 報

◎遞理會開會 再昨日下午一時商業會議所內에셔國債報償遞理會를開ᄒᆞ엿ᄂᆞᆫ뒤會長은尹雄烈氏로推薦ᄒᆞ엿다더라

◎青年講論 今日下午七時에鍾路青年會館에셔講論會를開ᄒᆞ고道德上問題로輪回講論ᄒᆞᆫ다더라

◎親睦會討論 嶺南學生親睦會에셔來日曜日下午二時에討論會를嶺南學校內에開ᄒᆞᆫ다더라

學 界

◎洪氏慈善 蓮洞敬新學校學生洪巴基氏ᄂᆞᆫ家勢가赤貧ᄒᆞ야學資를難辦ᄒᆞ더니養正義塾學生洪一永氏가慈善的으로洪氏의學費를專擔支給ᄒᆞ야學業을繼修케ᄒᆞᆫ다더라

◎觀鎭校紀念 北部觀鎭學校에셔明日上午十一時에期립第一回紀念式을行ᄒᆞᆫ後特別會를開ᄒᆞ고事務를處理ᄒᆞᆫ다더라

廣 告

本人에所有南部薰陶坊學洞九統三戶四戶家屋을丁未年四月分에漢城府認許狀을承ᄒᆞ야變更建築인바該認許狀二度를不知中셔失故로玆에廣告ᄒᆞ오니誰某拾得이라도休紙施行ᄒᆞᆷ

家主 金興敏 告白

本人의名洪圭로刻ᄒᆞᆫ章과字武卿으로刻ᄒᆞᆫ章을隆熙三年十一月十三日釜山셔遺失故崔洪圭三字로改章ᄒᆞ엿시니知舊照亮

崔洪圭 告白

公 告

本月二十日第一銀行으로셔業務의引繼를受ᄒᆞ와同月二十四日로부터本行諸般業務를開始ᄒᆞᆯ것슴기玆에公告ᄒᆷ

十一月十九日

韓國銀行

學員募集廣告

本校에셔高明ᄒᆞᆫ教師를迎聘ᄒᆞ옵고簿記速成科로晝夜學生을募集ᄒᆞ오니志願 僉君子ᄂᆞᆫ今陰十月十五日內로來臨于宣川書籍總支점ᄒᆞ와諸般學規를詳細問議ᄒᆞ심爲要

宣川郡私立簿記學校

校長 吉祥興

本人이本月九日에圓形姓名章을셔失ᄒᆞ엿ᄉᆞ오니誰某拾得ᄒᆞ와도休章施行ᄒᆞ옵

平壤隆德面旬里金鎭厚 告白

本人이家卷舊文記를家中의셔失故로廣告ᄒᆞ오니內外國人은拾得ᄒᆞ와도休紙施行ᄒᆷ

麻浦大井洞卅統二戶黃敬守白

本人八世祖母貞明公主房賜牌土地가在於康津助藥島智島荷衣島面助藥島ᄂᆞᆫ洪承永所有요荷衣島ᄂᆞᆫ各子孫分衿處也라五十年前本人祖父買得各宅分衿ᄒᆞ야受賭以來이다가至已亥年ᄒᆞ야奪入內藏院矣러니客年春에本人再從이請願於調查局ᄒᆞ야自內閣上 奏還下ᄒᆞ야前後文蹟이昭詳커ᄂᆞᆯ今洪承永이以荷衣島로稱以渠之所有ᄒᆞ고廣布各新聞ᄒᆞ야欲爲裁判云ᄒᆞ니究其心性에可痛可笑故로玆에廣布ᄒᆷ

洪祐勝 告白

本人子琦植或稱憲植字奇玉自幼時可謂失眞二十年來愚痴行悖不可形喩累入學校一無終始近與悖類沉惑於技場色界敗亡無餘中且欲得債云內外國人切勿見欺ᄒᆞ사옴

西部唐皮洞一統十戶 尹泰乾 告白

[illegible]

故學部書記官申hi永君의追悼會를左記日時에設行ᄒᆞ오니생愛ᄒᆞ시던知舊ᄂᆞᆫ屆期 來參ᄒᆞ시와以表同情ᄒᆞ심을望ᄒᆷ

隆熙三年十一月 日

發起人 金允植 等

一 日時 十一月二十一日(土曜)下午一時

一 處所 磚洞普成專門學校內

本人이陰九月廿七日夜에黨盜에게姓名章과文券五丈를見奪ᄒᆞ온바玆에廣布ᄒᆷ

安州燕湖面高陽里 金聲集 白

仁川府多所面松峴洞二十八統四戶草家六間文券을今八月分에셔失故로玆에廣告ᄒᆞ오니誰某拾得이라도休紙施行ᄒᆷ

家主 魯伯현 告白

本人이隆德面四里周洞卅八統四戶瓦家十八間家契를衣櫃에藏置러니不知中셔失되엿기玆에廣告ᄒᆞ니內外國人은拾得ᄒᆞ와도休紙施行ᄒᆞ옵

平壤周洞方迺亨 告白

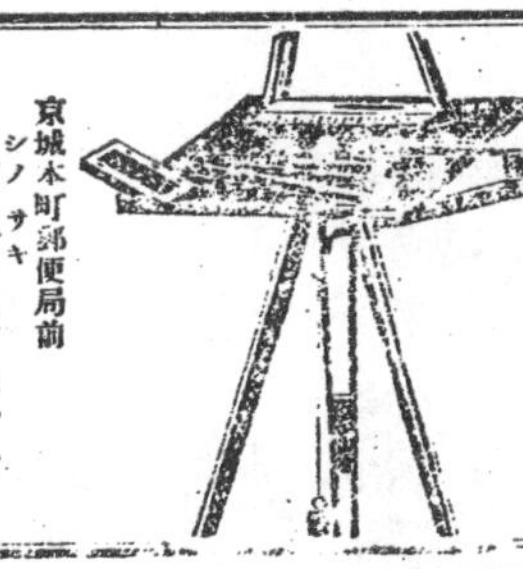

測量製圖器械其他附屬品一切都賣散賣

京城本町郵便局前 篠崎(シノサキ)器械店

平壤南門通二丁目 篠崎(シノサキ)支店

惟我晋州藥令定規를春令은陰二月二十五日에開市ᄒᆞ야三月二十五日에撤市ᄒᆞ오며秋令은陰十月二十五日로開市ᄒᆞ야撤市ᄂᆞᆫ十一月二十五日로確定ᄒᆞ엿ᄉᆞ오니遠近 僉君子ᄂᆞᆫ照亮ᄒᆞ시며方今秋令不遠ᄒᆞ온니屆期來臨ᄒᆞ심을千萬敬要ᄒᆷ

慶南晋州令藥商 告白

本人이陰九月卄七日에本面弘德學校前路에셔姓名章을셔失則誰某拾得休章施行ᄒᆞ옵

平壤外川面二里정熙淳 告白

社告

申報價

壹張代金	新貨二錢五厘	
壹個月		三十錢
參個月		九十錢
陸個月	先納	壹圓七十錢
壹個年	先納	參圓四十錢
郵稅	壹張	新貨五厘
壹個月		十三錢

廣告料

四号活字拾三字詰
每日英尺一寸에(自一行至四行이爲一寸) 新貨卄五錢
二週日壹寸에 二圓五十錢
壹個月壹寸에 五圓
但期限의長短과字行의多小를依ᄒᆞ야增減홈이有홈

大韓每日申報各處支社廣告

平安道

平壤鍾路太極書舘 安泰國
三和港碑石洞敎堂 裵亨湜
義州南門外韓西大藥房 張有寬
鐵山郡內東部 安灝
車輦舘同志會內 金明현
定州南門內書舖 洪成麟
博川郡內鐘洞 金鎭樞
安州城內安陵書舘 金義河
京義線批峴驛停車場前 李基秀
龍川南市驛 韓燦禧
龍川楊市 黃菊保
湖州郡南門外 朱伯英
泰川郡內관前洋藥局 李正華
寧邊郡內紅門里 鄭德昇
江西郡內 金昌煥
宣川郡橋南 申基周
江界邑內 金泰熙
郭山郡內新街 金大현
甑山郡內利用里 崔診爽
雲山北面橋洞 王覓立
雲山郡內 咸元澤
順川郡達洞 鄭裕景
昌城邑內西下里壹統貳戶 許익

黃海道

히州南門內書舖 朴昌鎭
安岳壽石面訓鍊里 韓정敎
長淵邑校洞西北支學會內 崔東元
殷栗郡倉前里 金光礪
信川郡內四里 李悌귀
載寧郡乾材藥局 李鼎均
白川郡文明舘 趙雲泳

咸鏡道

沙里院活民勞働救火會 任敬安
咸興州南社西門外 曹喜林
元山港創業社 皇甫正木
定平郡豐陽里 張禮學
洪原西門內保命局 羅炳善
永興南山洞洪明學校內 梁元常
淸津港新興洞 張元浩

全羅道

金溝水流面豆亭 趙德三
木浦港陽洞 李得珠

京畿道

仁川杻峴冊肆 李東皓
開城南大門內興學書舖 姜助遠
江華郡內川橋 俞鎭植

忠淸道

結城廣川小龍洞 李啓祚
韓山下北필堂里 李英稙

慶尙道

大邱西門外友弦書樓側 李正山
釜山港佐川藥局 徐錫希

江原道

杆城邑新城里二統三戶 咸海元
鐵原邑棠洞 趙鍾大
蔚珍遠南面梅花里 朱鎭壽

北墾島

北墾島龍井村耶蘇教堂內 裵尙禧

告

檀君開國四千二百四十二年
箕子元年三千三十一年
大韓開國五百十八年
本報創刊日
光武八年七月十八日

大韓每日申報

Responsible for Publication Alfred Weekley Marnham
發行兼編輯人 英國人 萬咸
發行所 京城南部石井洞三府洋屋家 大韓每日申報社

第七卷　月曜及慶節歲時日休刊　第一千二百四十六号

論說

個人主義로生을求치말지어다

國事가日非ᄒᆞᆯᄉᆞ록世道가日汚ᄒᆞ야於是乎政治界教育界實業界間에往往個人主義를唱ᄒᆞ는者가出ᄒᆞ니

其說에曰山已窮水已盡이라民族保全의道는嗚乎晩矣니個人主義나將ᄒᆞ야余의一身一家나保全ᄒᆞᆷ이斯可라ᄒᆞ더라

嗚乎慘哉라此主義여此主義가人을殺ᄒᆞ는도다

大抵只今은民族競爭의時代라甲族乙族과大族小族이모다鼓角을齊鳴ᄒᆞ야進ᄒᆞ며刀劍을共翻ᄒᆞ야戰ᄒᆞᆯᄉᆡ其競爭場中에셔幸히勝利를得ᄒᆞ야凱歌를唱ᄒᆞ는者는其民族이繁榮을共作ᄒᆞ고不幸히劣敗를遭ᄒᆞ야降旗를樹ᄒᆞ는者는其民族이溝壑에同歸ᄒᆞ나니此時代는到底히個人主義로生活을不得ᄒᆞᆯ時代인져而況今日韓國은風雨가晦冥ᄒᆞ고魔鬼가亂跳ᄒᆞ야民族의存亾盛衰가一발에係ᄒᆞ엿나니此日이果然如何히岌業ᄒᆞᆫ日이뇨

乃者今日에坐ᄒᆞ야個人主義를唱ᄒᆞ는者야엇지可悶可痛可憐치아니ᄒᆞᆫ가

彼輩가民族과個人의關係를不知ᄒᆞ는지라故로民族의興亾盛衰가個人에게無關ᄒᆞᆫ줄로思惟ᄒᆞ나니此가實로可悶ᄒᆞᆫ바며

彼輩가既히個人主義를唱ᄒᆞ는지라故로一洞에는害ᄒᆞ야도個人에만利ᄒᆞ면樂ᄒᆞ며一郡에는害ᄒᆞ야도個人에만利ᄒᆞ면歌ᄒᆞ며一國에害ᄒᆞ야도個人에만利ᄒᆞ면舞ᄒᆞ나니此가實로可痛ᄒᆞᆫ바며

彼輩가如斯히個人主義만膨脹ᄒᆞ야於是乎公을剝ᄒᆞ야私를肥ᄒᆞ며衆을害ᄒᆞ야身만利케ᄒᆞ다가畢竟其民族이淪喪ᄒᆞ는日에는其一身도鑿舟에投ᄒᆞ고其一家도烈火에葬ᄒᆞᆯ지라此가實로可憐ᄒᆞᆫ바로다

嗚乎同胞여同胞의國家가腐敗에漸至ᄒᆞᆷ은何故오其端이亦多ᄒᆞ나個人主義가其大端이니故로韓國過去의汚사를作ᄒᆞᆫ者는曰個人主義가是며

同胞의境遇가慘담에迫在ᄒᆞᆷ은何故오其端이亦多ᄒᆞ나個人主義가其大端이니故로韓國現在의慘狀을作ᄒᆞᆫ者는曰個人主義가是며

同胞前途의마가何오其端이亦多ᄒᆞ나個人主義가其大端이나故로韓國將來의大憂가亦曰個人主義가是라

惟望ᄒᆞ노니同胞는過去와現在를睹ᄒᆞ고將來를戒懼ᄒᆞ야既覆의轍을再蹈치말지어다

同胞同胞여同胞中에或此個人主義를抱ᄒᆞᆫ者는此劣根性을大刀濶斧로汲汲斷去ᄒᆞ고民族의主義를大奮發ᄒᆞ라

民族의隋落이卽個人의隋落이며民族의振興이卽個人의振興이니個人을保全코저ᄒᆞ면먼저民族을保全ᄒᆞᆷ이可ᄒᆞᆯ지라

嗚呼라個人主義로生을求치말지어다個人主義가人을殺ᄒᆞ나니라

官報

第四千五百貳號
隆熙三年十月十一日

法律

法律第二十七号
海上衝突豫防法 續

懈怠의責

第二十九條 本法은點燈信號又는見張의怠와其他海員의常務又는臨機의處置에必要ᄒᆞᆫ注意의怠로부터生ᄒᆞᆫ結果에對ᄒᆞ야船、션主、션長、海員으로ᄒᆞ야금其責을免치못ᄒᆞᆫ者로ᄒᆞᆷ

特例

第三十條 本法은地方長官이規定ᄒᆞᆫ港、川其他內히의運行의關ᄒᆞᆫ持別規則의施行을妨害치못ᄒᆞᆷ

難船信號

第三十一條 危難에罹ᄒᆞ야他船又는陸地로부터救助를要ᄒᆞ는션船은左의信號를同時又는別로히使用ᄒᆞᆷ이가ᄒᆞᆷ

晝間信號

一 大約一分時의間隙으로써砲又는其他의爆裂發火信號를一發ᄒᆞᆷ
二 萬國船舶信號書에揭載ᄒᆞ는알、씨의難船信號를表示ᄒᆞᆷ
三 方形旗의上又는下에球或은此에類似ᄒᆞᆫ者를揭ᄒᆞ는遠隔信號를表示ᄒᆞᆷ
四 霧中信號器로계間斷업시音響을발ᄒᆞᆷ

夜間信號

一 大約一分時의間隙으로써砲又는其他의爆裂발火信號를一發ᄒᆞᆷ
二 船上의發焰(다ー록桶油樽等을燃燒ᄒᆞᆫ類)
三 星火를발ᄒᆞ는標彈或은火箭을一次一발式間間打揚ᄒᆞᆷ
四 霧中信號器로써間斷업시音響을發ᄒᆞᆷ

附則

本法中船舶積量噸數에關ᄒᆞ야日本形船은十石으로써一噸에通算ᄒᆞᆷ

完

外報

◎製船割引 德國造션組合은亞然丁共和國의軍艦製造委托을受ᄒᆞ고製造費에對ᄒᆞ야非常ᄒᆞᆫ割引을提出ᄒᆞ엿는ᄃᆡ英國造션所에셔는該割引方法이不正當ᄒᆞᆷ으로思惟ᄒᆞᆫ다더라

◎清政界現狀 清國에셔는西太后大葬後政界에急激ᄒᆞᆫ動搖가無ᄒᆞ고只是服制를改正ᄒᆞ야洋裝으로變更ᄒᆞᆯ터인ᄃᆡ材料는支那產을取ᄒᆞ고因ᄒᆞ야斷발令을發布ᄒᆞᆫ다는說이有ᄒᆞ더라

◎社會黨跋扈 南美亞然丁國에는無政府黨의運動이盛ᄒᆞ야政府黨員三千人을放逐ᄒᆞ려ᄒᆞᆷ으로一般戒嚴令을實施ᄒᆞ엿다더라

◎印度新聞의論難 印度新聞은政府改革을攻擊ᄒᆞ엿다더라

◎葡王訪英 葡萄牙國王마노엘二世는法國써엘불港에셔英法軍艦에護衛를被ᄒᆞ야十六日포쓰마우스軍港에到着ᄒᆞ엿는ᄃᆡ英國皇太子殿下는同軍港에出迎同列ᄒᆞ야윈졸宮으로入ᄒᆞ엿는ᄃᆡ同宮에셔英國皇帝皇后陛下及皇族一同이歡迎ᄒᆞ엿다더라

◎土國議會 土耳其議會開院式에賜ᄒᆞᆫ勅語는同國과諸外國間關係가親密ᄒᆞᆷ을述ᄒᆞ엿고又國會議長은青年土耳其黨前議長구ᄌᆞ파시아氏가再次當選되엿다더라

◎清日交涉 撫順炭坑及其他未決의滿州問題로本月十七日부터清日兩國이交涉을開始ᄒᆞ엿다더라

◎波斯叛兵 波斯의叛兵은露軍의勸告로因ᄒᆞ야알더벨要塞에셔撤去ᄒᆞ엿다더라

◎露商相任命 露國銀行頭取씨라시에프氏는商務大臣으로被任ᄒᆞ엿다더라

◎日本軍團組織 日本陸軍은戰後師團을增設ᄒᆞᆷ과共히歐美陸軍의編制로軍團을組織ᄒᆞ려는議가有ᄒᆞ야目下軍事참議官의重要ᄒᆞᆫ宿題가되엿다더라

◎親英主義 駐英德國大使멧텔伯은만치에스터商業會議所及去來員에對ᄒᆞ야演說ᄒᆞ는ᄃᆡ熱心으로親英的主義를發表ᄒᆞ엿다더라

◎投彈二個 印度大守민트氏는印度아미크바르市에셔馬車로馳去ᄒᆞᆯ際에羣集中으로부터二個의爆裂彈을投ᄒᆞ엿는ᄃᆡ一個는護衛卒가命中ᄒᆞ엿스나爆裂ᄒᆞᆫ事는無ᄒᆞ고一個는爆裂ᄒᆞ야同行者一人이負傷ᄒᆞ엿다더라

◎公使招待 德國皇帝는伯林駐剳清國公使陰창氏를十一月十五日킬港에開催ᄒᆞᆫ海軍宣誓式及今回實務에服ᄒᆞ는新造戰艦을檢閱ᄒᆞᆯ時에招請ᄒᆞ엿다더라

◎覺書履行 土耳其外部大臣은最近의크릿트島에關ᄒᆞᆫ覺書의履行을遷延ᄒᆞ기로同意ᄒᆞ엿다더라

談叢

劍心

▲예젹에一小兒가有ᄒᆞ니初에는大言을발ᄒᆞ다가終에는小言을作ᄒᆞ는지라一日은大雪을見ᄒᆞ고曰此가쌀ᄀᆞᆺᄒᆞ면父曰무엇ᄒᆞ게兒曰粥을쑤어먹게一日은夏雲을見ᄒᆞ고曰此가綿花ᄀᆞᆺᄒᆞ면父曰무엇ᄒᆞ게兒曰쥐구녁막게又一日은卒然叫曰天下의鐵을聚ᄒᆞ엿스면父曰汝가此鐵을將何用고兒曰大劍을鑄ᄒᆞ리이다父曰汝가此劍을將何用고兒曰此劍을持ᄒᆞ고龍床下에入코ᄌᆞᄒᆞ나이다父가其不測의言을發ᄒᆞᆯ가恐ᄒᆞ야이놈그것이무ᄉᆞᆫ소리냐고責望ᄒᆞ다가更히그終末ᄭᆞ지大言됨을喜ᄒᆞ야復問曰龍床下에入ᄒᆞ야將何爲오兒曰上監님발홉을ᄭᅡᆨ거드리랴ᄒᆞ나이다

近日新進學生이發軔ᄒᆞᆯ初頭에는或李舜臣으로自期ᄒᆞ며或華盛頓으로自期ᄒᆞ다가終末에追議官一員을作ᄒᆞ며辯護士一位를得ᄒᆞ면便히志滿意足ᄒᆞ야俾斯麥의聯邦事業이나成就ᄒᆞᆫ듯ᄒᆞ나니此가此小兒의同類가아닌가

▲예젹에一愚兒가有ᄒᆞ니右手를不用ᄒᆞ고左手를用ᄒᆞᆷ으로父母가恒常呵責ᄒᆞ야右手를改用케ᄒᆞ고ᄌᆞᄒᆞ되畢竟不能ᄒᆞ더라一日은其母와相向坐ᄒᆞ야同食ᄒᆞ니母의右手잇는便이卽兒의左手잇는便이라兒가勃然히其母의手를指ᄒᆞ여曰(어마니도이便손으로먹으면서나는이便손으로못먹게ᄒᆞ니웬일이오)ᄒᆞ며怒氣가發ᄒᆞ야面色이赤ᄒᆞ거놀母가其愚를悶ᄒᆞ야再三諭論ᄒᆞ되맛ᄎᆞᆷᄂᆡ覺悟치못ᄒᆞ더라

近日志士가或山林에臥ᄒᆞ야一事를不作ᄒᆞ면셔諸葛亮의降中으로自處ᄒᆞ며或奴性을抱ᄒᆞ야外人에게趨附ᄒᆞ면셔越句踐의會稽로自處ᄒᆞ야外面에相對됨만知ᄒᆞ고內容의反對됨은不知ᄒᆞ니此가此愚兒의同類가아닌가

詞藻

有思

半空에걸닌달과、멀니오는玉저소리◎
千愁萬恨을、어이그리ᄌᆞ어니노。
千里에、同志者와오두고、잠못드러。

電報

◎**輔育總裁將** 韓 日本岩倉宮內府大臣은掌典長을兼ᄒᆞ야宮中府中政務가多端ᄒᆞᆫ故로韓國皇太子殿下의輔育總裁를任ᄒᆞ기困難ᄒᆞ니不遠間輔育總裁ᄂᆞᆫ他適任者로選用ᄒᆞ리라더라

◎**商法改正** 日本法律取調委員會에셔目下起草中인商法改正案은來月에脫稿ᄒᆞ야主査會에셔整理ᄒᆞ야來月十日에法制局으로回付ᄒᆞᆯ터이라더라

◎**本野歸國** 駐露日本大使本野ᄂᆞᆫ去十五日莫사科에셔出發ᄒᆞ엿ᄂᆞᆫᄃᆡ十二月上旬에日本에着ᄒᆞᆫ다더라

◎**寫眞將到** 伊藤公이哈爾賓에셔遭變ᄒᆞ던活動寫眞은當時一露人이伊藤公着驛의時에撮影ᄒᆞ엿ᄂᆞᆫᄃᆡ露度大와會見ᄒᆞᆫ貌樣과安重根이가躍出ᄒᆞ야七連發의短銃으로伊藤公을狙격ᄒᆞᄂᆞᆫ光景과其他秘書官古谷等의顚倒ᄒᆞᄂᆞᆫ實況等을精密히撮影ᄒᆞ엿스ᄆᆡ各國同業者의買收競爭이극烈ᄒᆞ엿ᄂᆞᆫᄃᆡ日本英字新聞짜판큐래쓰社員賴母木이가一萬五千圓에買收ᄒᆞ야來月十日에東京으로持來ᄒᆞᆫ다더라

以上東京電 廿日着

雜報

◎**親電御發送** 大皇帝陛下ᄭᅦ옵셔今番 皇太子殿下의輔育總裁新任命됨에對ᄒᆞ야 皇太子와日皇及岩倉에게 親電을御발送ᄒᆞ옵셧다더라

◎**出羽等陛見** 昨日仁川에入港ᄒᆞᆫ日本第二艦隊司令長官出羽及第六師團長木越等이本日午前十一時에昌德宮에進詣ᄒᆞ야 大皇帝陛下ᄭᅦ 陛見ᄒᆞᆫ다더라

◎**發起果誰** 徐起淳氏外某某人이韓日兩國 皇帝의 御眞을奉安ᄒᆞᆯ次로趣旨書ᄭᅡ지刊布ᄒᆞᆷ은人所共知어니와昨日下午三時에李翊主氏家에會同ᄒᆞ야발起總會를開ᄒᆞ엿다더라

◎**向隅有歎** 從二品李호奭氏가中樞院贊議를圖得ᄒᆞ기爲ᄒᆞ야日昨總理大臣李完用氏를訪問ᄒᆞ고現今政府ᄂᆞᆫ吾李의家族社會라ᄂᆞᆫ世評이有ᄒᆞᆫᄃᆡ余가編落됨이抑鬱ᄒᆞ다ᄒᆞ고累累申托ᄒᆞ엿다ᄂᆞᆫ說이有ᄒᆞ다더라

◎**路中見督** 總理大臣李完用氏가年前黃用性氏에게金貨二千圓을貸用ᄒᆞᆫ事가有ᄒᆞ야黃氏가屢度督促ᄒᆞ되于今延拖ᄒᆞ엿다ᄂᆞᆫᄃᆡ黃氏의弟濚性氏가再昨日上午十一時頃竹洞四街里로過去ᄒᆞᄂᆞᆫᄃᆡ李總상이適其時仕進次로過去ᄒᆞ거날黃氏가人力車를挽執ᄒᆞ고債錢을責出ᄒᆞᆫ즉總理가答ᄒᆞ기를余家에往ᄒᆞ야侍從과協議ᄒᆞ라ᄒᆞ되黃氏ᄂᆞᆫ期於督捧ᄒᆞ라ᄒᆞ매保護日巡査가驅逐ᄒᆞᄂᆞᆫ지라黃氏가言ᄒᆞ기를總理大臣遞任되ᄂᆞᆫ日에更히訪問ᄒᆞ깃노라ᄒᆞ고因卽退去ᄒᆞ엿다더라

◎**代書代行** 各府部院廳及裁判所에韓人代書所ᄂᆞᆫ一齊廢止ᄒᆞ고日人이該業務를代行ᄒᆞᆫ다더라

◎**主事試取** 宮內府電務課에셔韓人主事一人을採用ᄒᆞᆯ次로再昨日上午十一時主殿院에셔試取를經ᄒᆞ엿ᄂᆞᆫᄃᆡ應試者가十二人에達ᄒᆞ엿다더라

◎**地方費會議** 昨日午前十一時에內部에셔來年度地方費會議를開ᄒᆞ고土木衛生其他各種事業에地方費로支用ᄒᆞᆯ意見을決定ᄒᆞ엿다더라

◎**漢府敎育** 漢城府에셔ᄂᆞᆫ本年度地方費中으로敎育會를設立ᄒᆞ고師範學校敎師를延聘ᄒᆞ야算術體操等을敎授ᄒᆞᆫ다더라

◎**武藤發程說** 內部武藤事務官은全南觀察道郡守會議에參與ᄒᆞ기爲ᄒᆞ야日間發程ᄒᆞᆫ다더라

◎**出出奇計** 伊藤公遭難ᄒᆞᆫ事에關ᄒᆞ야十三道代表人이渡日待罪ᄒᆞᆫ다ᄒᆞ야新寧郡地方委員黃應斗農會長朴祥琦氏等이발起ᄒᆞ야本月二十三日獨立舘에會同ᄒᆞ야日本東京에前往ᄒᆞᆯ事를協議ᄒᆞᆫ다고急告書를各地方에刊布ᄒᆞ엿다더라

◎**理由十五條** 大阪朝日新聞을據ᄒᆞᆫ즉旅順地方法院에셔安重根의豫審을終了ᄒᆞ고重罪裁判에移ᄒᆞᆯ터인ᄃᆡ公判에ᄂᆞᆫ傍聽을禁ᄒᆞᆯ터이오安重根은伊藤公暗殺ᄒᆞᆫ理由를十五條로申提ᄒᆞ엿ᄂᆞᆫᄃᆡ

一 明成皇后를殺害ᄒᆞᆫ事
二 光武九年十一月에保護條約五個條를締結ᄒᆞᆫ事
三 隆熙元年七月에韓日協約七個條를締結ᄒᆞᆫ事
四 太皇帝를廢ᄒᆞᆫ事
五 陸軍을解散ᄒᆞᆫ事
六 良民을殺戮ᄒᆞᆫ事
七 利權을掠奪ᄒᆞᆫ事
八 敎科書를燒棄ᄒᆞᆫ事
九 新聞의購覽을禁止ᄒᆞᆫ事
十 銀行券을發行ᄒᆞᆫ事
十一 三百萬圓國債를募集ᄒᆞᆫ事
十二 東洋平和를攪亂ᄒᆞᆫ事
十三 保護政策이名實不副ᄒᆞᆫ事
十四 日本孝明先帝를殺害ᄒᆞᆫ事
十五 日本及世界를欺瞞ᄒᆞᆫ事

라ᄒᆞ고又連累者의氏名은如左ᄒᆞ니
曺道元 禹連俊 卓公奎
金麗水 金盛玉 柳江露
鄭大鎬 金衡在라ᄒᆞ엿더라

◎**林法將改** 農商工部에셔ᄂᆞᆫ現在森林法이不備ᄒᆞᆫ處가有ᄒᆞ다ᄒᆞ야此를改正ᄒᆞᆫ다ᄂᆞᆫᄃᆡ目下起艸中이라더라

◎**原島西向** 畜産課長日人原島ᄂᆞᆫ種牛購入의事務를帶ᄒᆞ고本日平安道方面으로出張ᄒᆞᆫ다더라

◎**銅論競勝** 頌德建議所에셔李學宰尹進學兩氏가互相異論ᄒᆞᆷ은已揭어니와該兩論을投票取決ᄒᆞ야畢竟李氏의銅像論이多數됨으로尹氏ᄂᆞᆫ不平을懷ᄒᆞ야監督의任을辭免ᄒᆞᆯ次로再昨日請願書를提出ᄒᆞ엿다더라

◎**張氏計劃** 去十五日에監査院卿張錫周氏ᄂᆞᆫ頌德建議所와東亞贊英會를合設ᄒᆞᆯ計劃으로內相朴齊純氏를訪問ᄒᆞ고共力贊助ᄒᆞ기를要求ᄒᆞ엿다더라

◎**齋藤出張** 內部警務局警視齋藤은何等警察事件이有ᄒᆞᆫ지再昨日元山港으로出張ᄒᆞ엿다더라

◎**市場狀況配付** 內部에셔各府郡의市場狀況을編纂ᄒᆞ야참考的으로各道에一件式발送ᄒᆞ엿다더라

◎**日艦着仁** 日本第二艦隊吾妻秋津洲最上三隻이昨日仁川港에入來ᄒᆞ엿다더라

◎**中川入城** 去月旅順에出張ᄒᆞ엿던檢事正中川은再昨日午後十時에入城ᄒᆞ엿다더라

◎**濫捧致怨** 水原郡梅山停車場에居留ᄒᆞᄂᆞᆫ日人山根淸一이安山等地에在ᄒᆞᆫ東山農庄을管轄ᄒᆞᄂᆞᆫᄃᆡ賭租를濫捧ᄒᆞᆷ으로作人等의冤聲이藉藉ᄒᆞ다더라

◎**韓民不穩** 韓山郡財務署長尹헌求氏가徵租上에不公平ᄒᆞᆫ事가有ᄒᆞᆷ으로人民等이郡底에集會ᄒᆞᆫ事ᄂᆞᆫ已報어니와去月十五日에도人民들이新市場에聚合ᄒᆞ엿ᄂᆞᆫᄃᆡ該郡巡査憲兵及江景警部가出張ᄒᆞ야人民集會를執탈ᄒᆞ고代表人盧景興氏等三人을捕縛ᄒᆞ엿ᄂᆞᆫᄃᆡ人民等은愈憤激ᄒᆞ야各面에代表를更히選定ᄒᆞ고尹氏를期於히罷免케ᄒᆞ기로決議ᄒᆞ엿다더라

◎**果無其責耶** 日昨國民新報에孤兒投書라題ᄒᆞ고六孤兒의說話를揭載ᄒᆞ되院監李春世氏ᄂᆞᆫ慈善의魔라指稱ᄒᆞ고院務에勉力ᄒᆞ던白樂善洪正裕兩氏가虎疫에逝去ᄒᆞᆷ은懲惡의天理라ᄒᆞ고各新聞의公正ᄒᆞᆫ言論을駁論ᄒᆞ엿ᄂᆞᆫᄃᆡ孤兒中에ᄂᆞᆫ一人도投書ᄒᆞᆫ者가無ᄒᆞᆫ지라孤兒等이大端憤激ᄒᆞ야該社에質問ᄒᆞᆫ즉該社에셔答ᄒᆞ기를此ᄂᆞᆫ人의投書를揭ᄒᆞᆷ이니本社ᄂᆞᆫ責任이無ᄒᆞ다ᄒᆞ엿다더라

◎**시場不許** 北部玉洞居朴東根氏가西小門內伏車橋等地에시場을開設ᄒᆞᆯ次로西署에請願ᄒᆞ엿더니該署에셔화室에至近ᄒᆞ다ᄒᆞ야不許ᄒᆞ엿다더라

◎**全南義兵** 全羅道麗水郡에셔ᄂᆞᆫ去十七日에義兵十四名이警備船과交戰ᄒᆞ엿고八日靈岩郡六日海南郡에셔도交戰ᄒᆞ엿스며去月廿九日에ᄂᆞᆫ海南方面에셔警備船二隻과交戰ᄒᆞ엿다더라

◎**被打起訴** 國民農業會社社員韓景源氏等이信川郡農民의게被打ᄒᆞᆫ事ᄂᆞᆫ昨報에已揭어니와韓氏가日人辯護士莊子斌의게委任ᄒᆞ야本日에起訴ᄒᆞᆫ다더라

◎**換幣營業** 李圭翊趙東琳諸氏가砂金幾萬兩重을買得ᄒᆞ야日本大阪造幣局에元位貨를鑄造貯置ᄒᆞ고通行紙貨를交換渡來ᄒᆞ야實業을經營ᄒᆞᆯ意로統監府에請願承認ᄒᆞ야日間渡日ᄒᆞᆫ다더라

◎**民事不因** 監獄署에滯囚ᄒᆞ엿던民事罪人은近日에一體解放ᄒᆞ엿ᄂᆞᆫᄃᆡ自今以後로ᄂᆞᆫ民事罪人의拘囚法을勿施ᄒᆞᆫ다더라

◎**嚴氏被毆** 再昨夜에泥洞居嚴春三氏가典洞安應先酒家에入ᄒᆞ야酒果八十錢價値를討喫ᄒᆞᆫ後代金六十錢만出給ᄒᆞ고二十錢은追後報給ᄒᆞ마ᄒᆞ엿더니젹主가嚴氏를曳出ᄒᆞ야無數毆打ᄒᆞ엿ᄂᆞᆫᄃᆡ嚴氏ᄂᆞᆫ鮮血이亂出ᄒᆞ엿다더라

◎**老而沒覺** 南部[illegible]洞居韓致中氏ᄂᆞᆫ年今六十인ᄃᆡ再昨日毛橋等地日人家에셔撞球ᄒᆞ다가巡査에게발現되여毆打를被ᄒᆞ고衣冠ᄭᅡ지裂破되엿다더라

◎**李犯宣告** 昨日地方裁判所에셔强盜犯李學瑞를處絞에宣告ᄒᆞ엿다더라

◎**崔氏豫審** 監獄署에被囚ᄒᆞᆫ崔炳憲崔在鶴兩氏ᄂᆞᆫ再昨日地方裁判所에셔豫審ᄒᆞ엿다더라

◎**兩犯宣告** 再昨日控訴院에셔强盜犯梁良山은役終身으로安濬弼은役十年으로宣告ᄒᆞ엿다더라

◎**尹氏放免** 公貨欠逋로警視廳에被捉ᄒᆞ엿던尹吉炳氏ᄂᆞᆫ納入日字를定期ᄒᆞ고因爲蒙放ᄒᆞ엿다더라

◎**靑舘講說** 本日下午三時에鍾路靑年會舘에셔臨時會를開ᄒᆞ고李源兢氏가講說ᄒᆞᆫ다더라

▲社會燈▼

▲요셔 알수업ᄂᆞᆫ일 더러잇데 왜 國民新報에셔 六孤兒의 投書를 揭載ᄒᆞ고 分明히 남의 投函인줄노 該社에ᄂᆞᆫ 責任이 無ᄒᆞ다ᄒᆞ엿ᄂᆞᆫᄃᆡ 京城孤兒院의 孤兒ᄂᆞᆫ 一人도 投書者가 無ᄒᆞ다니 그 投書ᄂᆞᆫ 어ᄃᆡ셔 왓ᄂᆞᆫ지 허 모를것잇나 侍天敎에셔 慈悲心法으로 孤兒院을 管轄ᄒᆞ랴다가 目的을 不達ᄒᆞ니ᄭᅡ 國民新報社에다 孤兒院ᄒᆞ나를 다시 設始ᄒᆞ엿나배

▲韓日兩國 皇帝의 御眞을 合奉ᄒᆞ고 頌德碑를 建ᄒᆞᆫ다고 金聲根氏가 首發起人이되야 新山上의 揭布ᄒᆞᆫ것 보앗나 ᄒᆞ루를 겨우지나 金聲根氏ᄂᆞᆫ 발起ᄒᆞᆫ事가 都無ᄒᆞ다고 廣告를 ᄂᆡ엿스니 그런 莫重ᄒᆞᆫ事를 談論ᄒᆞ면서 남의 姓名을 無難히 도적질 ᄒᆞᆫ단말인가 雜類가 그러케만ᄒᆞ면 國事ᄂᆞᆫ ᄲᅥᆫ다리 어굿낫셔

▲ᄌᆞ네 大垣丈夫의 演說드럿나 總理大臣이 統監의 指揮를 밧어 細木千正을 求ᄒᆞ랴고 地方官吏의게 分付ᄒᆞ엿더니 價文을 不給ᄒᆞᆯᄭᅡ 念慮ᄒᆞ야 酬應ᄒᆞᄂᆞᆫ 官吏가 都無ᄒᆞ엿스니 此ᄂᆞᆫ 總理의 信用이 無ᄒᆞᆷ이라고 一場說明 ᄒᆞ더라지 以若首相의 地位로 官吏의 信用이 無ᄒᆞᆷ은 可笑롭지ᄯᅡᆫ은 自己의 地位로 韓人에對ᄒᆞᆫ 信用은 何如ᄒᆞᆫ지 솜입과갈입의 比例差를 吾反求ᄒᆞᆯ일이지

◀文壇▶

▲天喜堂詩話（續）

吾子가萬一詩界革命者가되고져홀진ᄃᆡ彼阿羅郎。寧邊東臺等國歌界에向ᄒᆞ야其頑陋를改革ᄒᆞ고新思想을輸入홀지어다如此ᄒᆞ여야婦女가皆吾子의詩를讀ᄒᆞ며兒童이皆吾子의詩를誦ᄒᆞ야全國의感情과風俗이조變되야吾子가詩界革命家始祖가되려니와倘或漢字詩를將ᄒᆞ야此로國人의感念을興起코ᄌᆞᄒᆞ다가ᄂᆞᆫ비록索士比亞（英國大詩人）의神筆을揮홀지라도是ᄂᆞᆫ幾個人의閒坐諷詠홈에供홀而已니何故로云然고ᄒᆞ면卽彼가東國語東國文으로組織ᄒᆞᆫ東國詩가아닌故니吾子의用心은良苦ᄒᆞ도다만은其計가實誤로다ᄒᆞᆫᄃᆡ客이憮然良久에退曰先生의言이果然ᄒᆞ다ᄒᆞ더라　未完

雜報

◎興業社總會　韓美興業株式會社에셔來十二月一日下午三時에第一回定期總會를開ᄒᆞᆫ다더라

◎月緣中斷　妓女月出이가中學橋居洪致善氏와同居ᄒᆞ다가何等齟齬이有ᄒᆞᆫ지各分他適ᄒᆞ엿ᄂᆞᆫᄃᆡ洪氏ᄂᆞᆫ月出의義父李창根을致嫌ᄒᆞ엿던지去三日下午八時에洪氏가李창根을何許寄宿舘에引致ᄒᆞ야無限詰難ᄒᆞ엿다더라

◎大同開會　大同教會에셔今日下午一時에任員會를開ᄒᆞᆫ다더라

學界

◎工業討論　今日下午一時에工業傳習所學生諸氏가工業討論會를普成中學校內에開ᄒᆞ고染織은木工과金工은化學과陶器ᄂᆞᆫ土木과各其二科式三部에分ᄒᆞ야工業의眞理와生活上要用되ᄂᆞᆫ先後를互相討論ᄒᆞᄂᆞᆫᄃᆡ有志諸氏의傍聽을許ᄒᆞᆫ다더라

廣告

社告

申報價

壹張代金		新貨一錢五厘
壹個月		三十錢
參個月		九十錢
陸個月	先納	壹圓七十錢
壹個年	先納	參圓四十錢
郵稅	壹張	新貨五厘
壹個月		十三錢

廣告料

四号活字拾三字詰
每日英尺一寸에(自一行至四行이爲一寸) 新貨廿五錢
二週日壹寸에 二圓五十錢
壹個月壹寸에 五圓
但期限의長短과字行의多小를依ᄒᆞ야增減홈이有홈

大韓每日申報各處支社廣告

平安道

平壤鍾路太極書館 安泰國
三和港碑石洞敎堂 裵亨湜
義州南門外韓西大藥房 張有寬
鐵山郡內東部 安灝
車輦館同志會內 金明헌
定州南門內書舖 洪成麟
博川郡內鎭洞 金昌楨
安州城內安陵書館 金永河
京義線杻峴停車場前 李基秀
龍川南市驛 韓燦禧
龍川楊市 黃國保
肅州郡南門外 朱伯英
泰川郡內관前洋藥局 李正華
寧邊郡內紅門里 鄭德昇
江西郡內 金昌煥
宣川郡橋南 申基周
江界邑內 金泰熙
郭山郡內新街 金大현
甑山郡內利用里 崔診爽
雲山北面橋洞 王冕主
雲山郡內 咸[illegible]
順川郡達洞 鄭[illegible]
昌城邑內西下里壹統貳戶 許[illegible]

黃海道

해州南門內書舖 朴昌[illegible]
安岳鑄石面訓鍊里 韓져[illegible]
長淵邑校洞西北支學會內 崔東[illegible]
殷栗郡倉前里 金光[illegible]
信川郡內四里 李悌[illegible]
載寧郡乾材藥局 李鼎[illegible]
白川郡文明館 趙雲[illegible]
沙里院活民勞働救火會 任敬[illegible]

咸鏡道

咸興州南社西門外 曹喜[illegible]
元山港創業社 皇甫正[illegible]
定平郡豐陽里 張禮[illegible]
洪原西門內保命局 羅炳[illegible]
永興南山洞洪明學校內 梁元[illegible]
淸津港新興洞 張元[illegible]

全羅道

金溝水流面豆亭 趙德一
木浦港陽洞 李得[illegible]

京畿道

仁川杻峴新冊肆 李東[illegible]
開城南大門內興學書舖 姜助[illegible]
江華郡內川橋 俞鎭[illegible]

忠淸道

結城廣川小龍洞 李啓[illegible]
韓山下北堂里 李英[illegible]

慶尙道

大邱西門外友弦書樓側 李正中
釜山港左川藥局 徐錫五

江原道

杆城邑新城里二統三戶 咸海[illegible]
鐵原邑棠洞 趙鍾[illegible]
蔚珍遠南面梅花里 朱鎭[illegible]

北墾島

北墾島龍井村耶蘇敎堂內 裵尙[illegible]

社告

檀君開國四千二百四十二年
箕子元年三千三十一年
大韓開國五百十八年
本報創刊日
光武八年七月十八日

大韓每日申報

第七卷 月曜及慶節歲時日休刊 第一千二百四十七号

Responsible for Publication
Alfred Weekley Marnham.
發行兼編輯人 英國人 萬咸
發行所
京城南部石井洞三層洋屋家
大韓每日申報社

論說

◉此魔習을何術로打破

一忠臣이死ᄒᆞ미何等生涯件이나生ᄒᆞᆫ듯시祠宇를建ᄒᆞ노라고洋洋大談ᄒᆞ면셔逐兎의走犬又치銅臭를四方에覓ᄒᆞ며一儒賢이出ᄒᆞ미何等大機會나逢ᄒᆞᆫ듯시書院을設ᄒᆞ노라고得得自誇ᄒᆞ면셔번間의齊人又치餘瀝을到處에乞ᄒᆞ던魔習이여

彼가果然忠臣을爲ᄒᆞ며果然儒賢을爲ᄒᆞᄂᆞᆫ誠心으로如斯ᄒᆞ면吾儕가當拜賀謳歌홀지나彼가不然ᄒᆞ야忠臣을爲홈이아니라錢을爲홈이며儒賢을爲홈이아니라錢을爲홈이니此가엇지痛惜치아니ᄒᆞᆫ가

彼無廉無恥의徒가如斯히忠臣을賣ᄒᆞ며儒賢을賣ᄒᆞᄀᆡ홈으로生活上第一方法을作ᄒᆞ엿스니此亦人民衰退의一狀態며國家腐敗의一原因인저

蓋此輩의如此홈은(一)生業이困難ᄒᆞᆫ故니彼輩가元來遊衣遊食의徒로子가哔을不知ᄒᆞ며妻가織을不知ᄒᆞ야生道ᄂᆞᆫ無ᄒᆞ고飢寒은迫ᄒᆞᄂᆞᆫ故로禮義廉恥正理人道를不顧ᄒᆞ고莠民의行을甘作홈이며(二)道德이腐敗ᄒᆞ야世道가日降ᄒᆞ고人心이日腐ᄒᆞ야義ᄂᆞᆫ無ᄒᆞ고慾만肆홈이며(三)法律이暗昧ᄒᆞ야奸輩가無畏ᄒᆞ고殘民이無告ᄒᆞᆫ所以라此亦國家를爲ᄒᆞ야一嘆을不已홀바로다

只今은局勢가已變遷ᄒᆞ고民生이方憔悴라前日兩手를遊ᄒᆞ고暖飽를謀ᄒᆞ던者도반다시勞働을事ᄒᆞ며前日虛影을捉ᄒᆞ야富貴를夢ᄒᆞ던者도반다시實業을務ᄒᆞ야舊汚染을洗ᄒᆞ고新風潮를趨홈이可ᄒᆞ거ᄂᆞᆯ乃者其魔習이愈往愈甚ᄒᆞ야飢眼을閃ᄒᆞ면셔錢穴을尋ᄒᆞ니此實可惜ᄒᆞᆫ바라

大抵彼輩가비록不足掛齒의小魔나然이나此가人民의衰退를愈作홈이며國家의腐敗를愈作홈이니吾儕가엇지一言을得已ᄒᆞ리오

嗚乎라魔習이不去ᄒᆞ면新事業이不進ᄒᆞ나니何術로以ᄒᆞ야此魔習을打破홀샤

마輩마輩여此時代가何時代오挾雜도已矣오紛競도已矣니急히마習을打破ᄒᆞ고新事業을作ᄒᆞ라

如斯히마習을張ᄒᆞ야分銅을得ᄒᆞ더라도此로君輩의生命을得保치못ᄒᆞ나니라

官報

號外

隆熙三年十一月一日

內閣告示第三十三號

司法及監獄事務委托의結果로日本國에셔公布ᄒᆞᆫ法令等各件은左와如홈

隆熙三年十一月一日
內閣總理大臣李完用

〇勅令第二百三十六號
（明治四十二年十月十六日）

統監府裁判所令

第一條 統監府裁判所ᄂᆞᆫ統監에直屬ᄒᆞ야韓國에在ᄒᆞᆫ民事刑事의裁判及非訟事件에關ᄒᆞᆫ事務를掌홈

第二條 統監府裁判所를分ᄒᆞ야區裁判所、地方裁判所、控訴院及高等法院으로홈

統監府裁判所의設置、廢止及管轄區域은統監이此를定홈

統監府裁判所에統監府判事를置ᄒᆞ되判事ᄂᆞᆫ勅任又ᄂᆞᆫ奏任으로홈

第三條 區裁判所ᄂᆞᆫ裁判所構成法에定ᄒᆞᆫ區裁判所、地方裁判所ᄂᆞᆫ同法에定ᄒᆞᆫ地方裁判所의職務를行홈

控訴院은地方裁判所의裁判의對ᄒᆞᆫ控訴及抗告、高等法院은地方裁判所又ᄂᆞᆫ控訴院의第二審의判決에對ᄒᆞᆫ上告及控訴院의裁判에對ᄒᆞᆫ抗告에就ᄒᆞ야裁判을行홈

高等法院은前項의外裁判所構成法에定ᄒᆞᆫ大審院의特別權限에屬ᄒᆞᆫ職務及第一審且終審으로ᄒᆞ야韓國황族의犯ᄒᆞᆫ罪로禁錮以上又ᄂᆞᆫ韓國法規에依ᄒᆞ야禁獄以上의刑에處홈이可ᄒᆞᆫ者의裁判을行홈

第四條 區裁判所ᄂᆞᆫ前條第一項의外韓國人의犯ᄒᆞᆫ罪로써左의各號의一에該當ᄒᆞᆫ者의裁判을行홈

一 韓國法規에依ᄒᆞ야一年以下의懲役、禁獄、罰金笞刑又ᄂᆞᆫ拘留의刑에該當ᄒᆞᆫ罪

二 韓國刑法大全第五百九十二條、第五百九十五條第五百九十六條第六百一條乃至第六百三條、第六百十六條、及第六百十七條의罪

三 前號의罪의贓을分ᄒᆞ거나又ᄂᆞᆫ買得、受寄ᄒᆞᆫ罪

四 韓國刑法大全第六百四十四條의罪

前項第一號의罪에對ᄒᆞ야ᄂᆞᆫ再犯以上으로ᄒᆞ야處分홈이可ᄒᆞᆫ境遇라도區裁判所에셔其裁判을行홈

第五條 統監은地方裁判所의事務의一部를取扱케ᄒᆞ기爲ᄒᆞ야管轄區域內의區裁判所에地方裁判所의支部를設置홈을得홈

支部의職員은支部를設置ᄒᆞᆫ區裁判所의職員으로써此에充홈

第六條 統監은地方裁判所의管轄區域內의一의區裁判所에屬ᄒᆞᆫ裁判事務의全部又ᄂᆞᆫ一部를其地方裁判所의管轄區域內의他의區裁判所로ᄒᆞ야금取扱케홈을得홈

第七條 區裁判所ᄂᆞᆫ判事單獨으로裁判을ᄒᆞ고地方裁判所及控訴院은三人의判事、高等法院은五人의判事로써組織ᄒᆞᆫ部에셔合議ᄒᆞ야裁判홈

高等法院의何部에셔上告를審問ᄒᆞᆫ後從來의判決例에異ᄒᆞᆫ意見을有ᄒᆞᆫ時ᄂᆞᆫ其部ᄂᆞᆫ此를高等法院長에報告ᄒᆞ고高等法院長은各部를聯合ᄒᆞ야更히此를審問ᄒᆞ고且其裁判을ᄒᆞ게홈

前項의境遇에在ᄒᆞ야ᄂᆞᆫ判事의三分의二以上列席홈을要홈

未完

外報

◉法案通過 英國上院은愛蘭土地法案에對ᄒᆞ야妥協的修正案을通過ᄒᆞ엿ᄂᆞᆫ딕蓋此ᄂᆞᆫ政府의同意가有홈이라더라

◉禁衛軍擴張 淸國에셔ᄂᆞᆫ禁衛軍第二期擴張을計劃ᄒᆞ고本月二十日부터北京에셔新兵을募集ᄒᆞᄂᆞᆫ딕其計劃은步兵一聯隊騎兵一大隊砲兵一大隊工兵一中隊輜重兵一中隊를編成홀터인딕新年末ᄭᆞ지畢了ᄒᆞ깃다더라

◉英皇訪問 英國皇帝황后兩陛下ᄂᆞᆫ來年에早速히葡萄牙法國西班牙等諸國을訪問ᄒᆞ리라더라

◉內閣危機 伊太利現內閣은信用이無ᄒᆞ야船舶補助案에反對를被ᄒᆞ야危機가臨迫ᄒᆞ엿다더라

◉芬蘭議會 芬蘭議會ᄂᆞᆫ露國陸軍維持費中에八十萬磅納付홀事를否決홈으로解散케되엿다더라

◉航路補助 美國大統領타프트氏ᄂᆞᆫ來月에開會ᄒᆞᄂᆞᆫ議會에航路補助案을提出홀터이라더라

◉尙書謁見 本月十七日淸國外部尙書梁敦彦氏가謁見홈은朝廷에셔歐洲에駐在ᄒᆞᆫ各淸國公使가連名ᄒᆞ야次回海牙平和會議에淸國에셔準備홀意見을上奏ᄒᆞᆫ事件을下問홈이라더라

◉親王出發 丁抹國와루데마엘親王은暹羅로向ᄒᆞ야出發ᄒᆞ엿ᄂᆞᆫ딕同國으로부터更히日本에到着ᄒᆞ리라더라

〇談叢〇

▲喪服鳶、 劍心

一片空山에春林이蒼蒼ᄒᆞᆫ딕一首母雉가衆雛를率ᄒᆞ고下ᄒᆞᆫ다天鳶이飛過ᄒᆞ다가兩翼을張ᄒᆞ고猛烈히下搏ᄒᆞ니一雛ᄂᆞᆫ葉底에伏ᄒᆞ며一雛ᄂᆞᆫ林間에隱ᄒᆞ야衆雛가各各巧避ᄒᆞ나鳶이望雛의歎을發ᄒᆞ고空手로歸去ᄒᆞ더라翌日에一計를按出ᄒᆞ야頭에孝巾을戴ᄒᆞ며身에喪服을着ᄒᆞ고儼然히下ᄒᆞ야枯草를食ᄒᆞ거ᄂᆞᆯ母雉가前問曰鳶님近日에이딕지窮塞ᄒᆞ오엇지惡草를잡숩닛가鳶曰否라余가日昨에父喪을遭ᄒᆞ야食肉을못ᄒᆞᄂᆞᆫ故니라母雉가此를癡信ᄒᆞ고其子를出ᄒᆞ야無慮히狎遊ᄒᆞ더니鳶이呼雨一聲에衆雛를一一히攫食ᄒᆞ거ᄂᆞᆯ母雉가怒詰曰賢公도若此히欺詐ᄒᆞ나잇가鳶이笑曰余가今日에卒然히虛勞病이發ᄒᆞ야不得已用權食肉ᄒᆞ노라

近世에平和를唱ᄒᆞ며正義를說ᄒᆞᄂᆞᆫ强國이無非此喪服납은鳶이니腐儒輩ᄂᆞᆫ文明二字를誤解치말지어다

▲再盲兒、夕陽路傍에行人이稀少ᄒᆞ되一過客이地를叫ᄒᆞ며坐哭ᄒᆞᆫ다鄕村一學究가過ᄒᆞ다가其故를問ᄒᆞᆫ딕客曰余ᄂᆞᆫ四十年盲人이라執홀際ᄂᆞᆫ手가目이되며行홀際ᄂᆞᆫ足이目이되야無目의苦를不知ᄒᆞ더니今日行路의次에兩眼이忽開ᄒᆞ야仰ᄒᆞᆫ즉天日이照耀ᄒᆞ며俯ᄒᆞᆫ즉山川이怳惚ᄒᆞ야寸步도能行홀수가無ᄒᆞ야是以坐哭ᄒᆞ나이다學究笑曰爾目을緊閉ᄒᆞ야依前히盲人을作ᄒᆞ면無憂ᄒᆞ리라ᄒᆞᆫ딕該過客이再拜曰先生의言이果是ᄒᆞ이다

近日山林頑固客들이往往新世界의風潮를過ᄒᆞ야津頭에셔坐哭ᄒᆞᄂᆞᆫ者ㅣ許多ᄒᆞᆫ딕指南의車로此를引導ᄒᆞᄂᆞᆫ者ᄂᆞᆫ無ᄒᆞ고徒히幾個오儒가此를誤導ᄒᆞ야頑根을長保ᄒᆞ나니禍哉라斯世여再盲人의多홈이엇지此에至ᄒᆞ뇨

詞藻

※招隱※

萬壑千峰雲深處에、뭇쳐잇는隱士들아。
조는드시조는드시、鶴의춤만보단말가。
엇지타、宗社生靈不關ᄒᆞ고、더리無心。

廣告

電報

◉銅像建設 日本神戶縣廳에서服部知事가發起ᄒ야伊藤公銅像建設協議會를開ᄒ엿다더라

◉度大辭職說 露國度支大臣은伊藤公遭難에對ᄒ야渡日의目的이有ᄒ더니外部大臣이스퓔스키氏와何等衝突이有ᄒ故로首상이皇帝의御命으로써度支部大臣을召還ᄒ지라度大는此를因ᄒ야極東에在ᄒ任務를完成키不能ᄒ엿다고不快의感으로써極東을去ᄒ엿는ᄃ畢竟一旬을不過ᄒ야度支大臣은辭職홈에至ᄒ리라더라 以上東京發 卄二日着

雜報

◉陛見과警衛 旣報와如히再昨日上午十時에曾禰統監이仁川에入港ᄒ第二艦隊將校及第六師團長木越小將等을帶同ᄒ고 昌德宮에 陛見ᄒ엿는ᄃ路次에警衛가嚴密ᄒ여韓日巡查가左右林立ᄒ고平服ᄒ巡查等은玩覽人의貌樣으로各市점에三四人式潛入ᄒ여長時間을秘密警察ᄒ엿다더라

◉義王有欠 義親王殿下께셔氣候가 微欠ᄒ야三昨日下午四時安商浩氏診察所에入診ᄒ셧다더라

◉永宣消暢 永宣君李埈鎔氏는消暢ᄒ기爲ᄒ야再昨日下午一時에龍山李址鎔氏江亭에前往ᄒ엿다가同八時에還더ᄒ엿다더라

◉日人需用說 中樞院副贊議諸氏中에半數以上은明年度에地方官吏로轉任ᄒ內定이오其代에는日本人으로需用ᄒ다는說이有ᄒ다더라

◉觀察增置說 十三觀察道의區域이상遠ᄒ야行政上不便ᄒ事端이有ᄒ다ᄒ야更히觀察幾窠를增設ᄒ기로現今擬議中이라는ᄃ明年度부터實施되리라더라

◉五察遞任說 忠南觀察崔廷德慶北觀察朴重陽慶南觀察黃鐵咸北觀察尹甲炳全南觀察申應熙諸氏를遞任ᄒ기로內定되엿는ᄃ此窠를圖得ᄒ기爲ᄒ야近日內部大臣을訪問ᄒ는者가沓至ᄒ다더라

◉郡存面更 地方區域의廢合은現今內部에서愈愈實行ᄒ기로決定ᄒ야各道를調查ᄒ엿는ᄃ郡의區域은現今制度로姑爲保全ᄒ지오面의廢合은咸鏡南道에三十一有餘處오其他各道도次第整理ᄒ다더라

◉兩氏轉任說 內部秘書官徐丙業氏는中樞院副贊議로轉任ᄒ고其代에는鎭川郡守朴初陽氏가被任ᄒ다더라

◉通俗講話 度支部囑托關野博士谷井文學士栗山工學士三人이國內古代建物藝術及史學의調查를結了ᄒ엿는ᄃ該部次官荒井賢太郞이本日下午一時에廣通館에서講話會를設ᄒ고各府部奏任官을請邀ᄒ다더라

◉通譯任命 軍隊通譯主事二十八名은昨日內部에서任命ᄒ엿다더라

◉日兵遊覽 吾妻秋津洲로仁川에入港ᄒ日本水兵數百名은再昨日 昌德宮內動植博三物園을觀覽ᄒ고昨日上午十一時頃에는 景福宮及 昌德宮을輪回拜觀ᄒ엿다더라

◉領事還京 淸國總領事馬廷亮氏는再昨日仁川에下往ᄒ엿다가昨日午前에歸京ᄒ엿다더라

◉淸日交涉 淸國居留地問題로淸國總領事와統監間에交涉을開ᄒ엿는ᄃ淸國이讓步의意를示ᄒ야近近解決된다더라

◉李氏反對 東亞贊英會와頌德建議所를合同ᄒ次로三昨日閔泳雨氏가尹進學氏를請邀協議ᄒ엿는ᄃ李氏는兩會趣旨가不同ᄒ다ᄒ야合同을反對ᄒ엿다더라

◉俞氏入城 日本에渡往ᄒ엿던俞吉濬氏는本日下午七時에入城ᄒ다는ᄃ漢城府民會에서歡迎會를準備ᄒ다더라

◉臺灣人入京 臺灣遊藝人五名이日前入京ᄒ엿다더라

◉器械請賣 曾禰統監이製紙業을擴張ᄒ랴ᄒ다는說이有ᄒ엿는ᄃ此를因ᄒ야美國人우農商工部에向ᄒ야製紙器械를賣渡홀次로請願者가多數ᄒ엿다더라

◉　案尙遠 韓國船舶法은日下農商工部에셔度支部의回付ᄒ艸案을受ᄒ야立案中인ᄃ完成의期는尙遠ᄒ다더라

◉無料觀覽 昌德宮內 御苑은昨日부터無料로觀覽을許ᄒ엿다는說이有ᄒ다더라

◉追悼會況 旣報와如히三昨日下午一時에普成學校內에서申히永氏의追悼會를設行ᄒ엿는ᄃ會長은金允植氏가出席ᄒ고總相李完用氏는趣旨를說明ᄒ고俞星濬氏는歷ᄉ를朗讀ᄒ고魚容善氏는追悼文을朗讀ᄒ고學相李容植農相趙重應遞學相李載崑三氏는慰辭를陳說ᄒ고申히永氏의子姪이答辭를述ᄒ고撮影後閉會ᄒ엿는ᄃ出席員이四百餘人에達ᄒ엿다더라

◉總相捐金 申히永氏의追悼會況은別項과如ᄒ거니와總相李完用氏는該會에對ᄒ야金五十圓을捐助ᄒ엿다더라

◉欠逋何多 從二品金天浩氏는光州羅州兩郡守在任時에公錢欠逋가巨額에達ᄒ엿는ᄃ度支部에셔督促이頻數홈으로金氏는方在困難中이라더라

◉郡主溺職 安城郡主事는郵便에關ᄒ事務를趂不處理홈으로通信及受信人의稱冤이有ᄒ다더라

◉日人休暇 本日은日本新嘗祭日인故로日人官吏가一日休暇ᄒ다더라

◉日女病歸 高等女學校敎師日女赤穗千春은身病을因ᄒ야昨日上午九時에京釜列車로歸國ᄒ엿다더라

◉慰金半貯 警視廳에셔防疫에從事ᄒ던巡查에게慰勞金을分給홀더인ᄃ該金中半數는銀行에積置케ᄒ다더라

◉日巡轉任 警視廳訊問係日人巡查下條는三昨日城津港裁判所繙譯官補로轉任ᄒ엿다더라

◉李氏黜會 一進會員李範喆氏는何等不正ᄒ行動이有ᄒ야日前에黜會를當ᄒ엿다더라

◉鳴冤起草 沈鍾瑞李啓薰兩氏가財產關係로詰難홈은一般知了ᄒ는바어니와沈鍾瑞氏가水原及果川郡에在ᄒ田畓을秋收홀次로家人을派送ᄒ엿더니中樞院顧問李根澤氏의沮戲를因ᄒ야秋收를停止ᄒ엿는ᄃ沈氏는該事에對ᄒ야各社會에公布홀次로鳴冤書를起草ᄒ엿다더라

◉革製社竣成 俞一煥氏가日本에游學ᄒ야革製法을卒業歸國ᄒ엿다는ᄃ尹致晟氏가資本을鳩聚ᄒ야南大門外에革製會社를建築ᄒ는ᄃ工事가旣히竣成됨으로來月二日부터開業ᄒ다더라

◉共用栓還收 虎疫이流行홀時에開放ᄒ엿던京城水道共用栓은來二十六日부터還收ᄒ다더라

◉新韓押收 桑港에셔發行ᄒ는新韓民報第一百五十五号는治安을妨害라ᄒ야內部에셔押收ᄒ엿다더라

◉燒盡天物 前協辦沈相翊氏의田庄이忠南沔川郡에在ᄒᄃ本年秋收租二百餘苞를舍廊家에積置ᄒ엿더니義兵의衝火를被ᄒ야沒數灰燼ᄒ엿다더라

◉定郡義蹤 去十六日에義兵二百餘名이忠南定山郡土其谷에入據ᄒ야數日逗留ᄒ엿다는ᄃ該附近에駐在ᄒ日憲兵及巡查는現今蹤跡을追探ᄒ기에奔走ᄒ다더라

◉橫被搜索 義兵將柳錫泰氏가北部樓閣洞柳某家에潛伏ᄒ엿다ᄒ야三昨夜軍司令部에셔補助員을多數派送ᄒ야柳氏家를匝圍ᄒ고內外를搜索ᄒ엿는ᄃ該家主의親屬柳錫泰氏가現今普成學校에셔算術을敎授ᄒ는ᄃ姓名이義將과同一ᄒ故로一時訛傳된所以라더라

◉奴婢解放 小安洞居前主事閔藝植氏는自已鄕第에셔使用ᄒ던奴婢三人을一切解放ᄒ야自由生活케ᄒ엿다더라

◉陷人狼狽 江華內可面黃淸洞居尹碩鏞氏等幾名이其隣居李晃宰朴承七兩人을雜技局에誘引ᄒ야家產을蕩敗케ᄒ엿다더라

◉筆蹟受去 劉禧烈氏의令男이警視廳에被捉홈은已報어니와該廳에셔參考홀事가有ᄒ다ᄒ야劉禧烈氏의筆蹟을受去ᄒ엿다더라

◉私鑄犯被捉 開城郡居申明淑氏는私鑄犯으로該郡日憲兵駐在所에被捉ᄒ야三昨日京城日軍司令部로押上ᄒ엿다더라

◉財主被捉 安城郡財務署主事朴承秉은强盜嫌疑로該郡警察署에被囚ᄒ엿는ᄃ該犯의口招를因ᄒ야郡內人民이多數被捉ᄒ엿다더라

◉太極開講 太極敎宗本部에셔去日曜日에第六回講研會를開ᄒ고臨時講長徐相鶴氏가出席ᄒ고敎正呂永丘敎員具貴書李相麟韓鼎命諸氏가講義를朗讀ᄒ엿는ᄃ參講員이三十餘人에達ᄒ엿다더라

◉親睦開會 嶺南學生親睦會에셔再昨日下午一時에總會를開ᄒ고該會運動部에捐助홀金額을收合홀次로委員李之鎬氏等三人을選定ᄒ엿다더라

◉工業會開會 大韓工業會에셔再昨日臨時總會를開ᄒ고元老及大臣中에贊成員을選定ᄒ고株金收合홀事件을議定ᄒ엿다더라

◉畿湖開會 去二十日畿湖學會에셔總會를開ᄒ고任員을改選ᄒ엿는ᄃ會長은趙民熙氏로評議員은金相天氏等五人으로選定ᄒ엿다더라

◉靑館幻燈會 今日下午七時三十分에鍾路靑年會館에셔幻燈會를開ᄒ고該館總務米國人巴樂萬氏가米國最初工業에何如와近者進步에何如를比較ᄒ야幻燈으로說明ᄒ다더라

▲社會燈▼

▲요식 비ᄉ돌장ᄉ는 큰수가 나깃데 왜 日本에셔는 日露戰役에 死亡ᄒ 軍兵을紀念ᄒ기 爲ᄒ야 旅順白玉山에 忠魂碑를 세우고 商務組合部에셔는 伊藤公을紀念ᄒ기 爲ᄒ야 頌德碑를세우고 徐起淳氏는 韓日兩皇帝를 崇奉ᄒ기 爲ᄒ야 頌聖碑를 세운다는ᄃ 숭어가 뛰니ᄭ 망둥이도 뛰는格으로 一進會에셔는 義兵의게 마져 죽은 會員들을爲ᄒ야셔 各地方에 紀念碑를 세운다지 아무려턴지 財政이 枯渴ᄒ 이時代에 石手는 數가낫셔

▲近日엇던 분네는 渡日謝罪 ᄒ깃다고 急告書를 발布ᄒ엿다니 무ᄉᆷ 罪過를 自作ᄒ엿는지 謝罪는 ᄒ로지만 霜天遠程에 渡海ᄒ는 情勢는 ᄆᆡ우 可矜ᄒ여 韓國에 廢棄不用ᄒ던 楷杖이나 ᄒ짐 질머지고 갓가운 司法廳에 드러가셔 ᄆᆡ나 좀 마져스면 贖罪가 될는지

▲頌聖建議의 발起人은 金聲根氏도 아니라ᄒ고 閔泳韶氏도 아니라는ᄃ 徐起淳氏는 丁寧 承諾ᄒ엿다고 廣告를 ᄯ 니엿스니 가마귀가 검다ᄒ들 雌雄이야 모르깃나 廣告料만 虛費ᄒ고 남의耳目을 못가리면 畢竟 兩失이될셰

▲總理大臣은 黃淮性의 價帳을 질머지고 多年延拖ᄒ다가 白書大都에 無限請難을 當ᄒ다지 동냥은 못줄망졍 박아지는 왜 ᄭ치여 保護巡查는 生前다리고 다니나 아마 控訴院 出入을 ᄯ ᄒ고 십흔게여

◀文 壇▶

◀天喜堂詩話 (續)

彼無知妄靑年들이往往叫唱曰我國을亾케ᄒᆞᆫ者ᄂᆞᆫ詩라ᄒᆞ니嗚呼라其不思ᄒᆞᆷ이엇지此에至ᄒᆞᄂᆞ뇨今에姑且至近의理로喩ᄒᆞ리니大抵吾輩가喜가有ᄒᆞ미歡呼가無코ᄌᆞᄒᆞᆫ들得乎며怒가有ᄒᆞ미憤叫가無코ᄌᆞᄒᆞᆫ들得乎며哀怨이有ᄒᆞ미凄凉灑泣이無코ᄌᆞᄒᆞᆫ들得乎며苦痛이有ᄒᆞ미呻吟狂啼가無코ᄌᆞᄒᆞᆫ들得乎아大凡詩란者ᄂᆞᆫ即此歡呼、憤叫、凄凉灑泣、呻吟狂啼等의情態로結成ᄒᆞᆫ文言이니詩를廢코ᄌᆞᄒᆞ면是ᄂᆞᆫ國民의喉를閉ᄒᆞ며腦를破ᄒᆞᆷ이니此ㅣ엇지可ᄒᆞ며此ㅣ엇지可ᄒᆞ리오故로余ᄂᆞᆫ嘗言호ᄃᆡ詩가盛ᄒᆞ면國도亦盛ᄒᆞ며詩가衰ᄒᆞ면國도亦衰ᄒᆞ며詩가存ᄒᆞ면國도亦存ᄒᆞ며詩가亾ᄒᆞ면國도亦亾ᄒᆞᆫ다ᄒᆞ노라或曰然則本朝五百年來에有名ᄒᆞᆫ詩人은前代보담多ᄒᆞ엿ᄉᆞ나其國民은前代에不及ᄒᆞ야壬辰에倭의八道가搶攘ᄒᆞ며丙子에胡의京城이不守ᄒᆞ야(天心錯莫臨江水、廟算凄凉對落暉)의何에君臣의血淚만灑ᄒᆞ엿ᄉᆞ며(回思丙子年間事、幾斷王孫塞外魂)의語가後人의遺恨만胎ᄒᆞ엿ᄉᆞ니詩의功이何에在ᄒᆞᆫ가曰噫라本朝以來로果然詩學이盛ᄒᆞ엿ᄉᆞ며詩學이盛ᄒᆞᆫ後에果然國恥가頻來ᄒᆞ엿ᄉᆞ니子가詩를咎ᄒᆞᆷ이亦宜로다만은但子가詩의何物됨을不知ᄒᆞ고詩를妄論ᄒᆞᄂᆞᆫ도다

未完

雜 報

◎欽善彌彰　朴暢河氏가閔泳徽氏의게倭ᄌᆞ十五万을贈遺ᄒᆞᆫ事ᄂᆞᆫ已報어니와閔氏가朴氏다려該事實을新聞上에揭布ᄒᆞ엿려고累累恐喝ᄒᆞᆫ다ᄂᆞᆫᄃᆡ주物을贈與ᄒᆞᆷ은五年前이아니라二十年前事이요朴暢河라ᄂᆞᆫ暢字ᄂᆞᆫ龍字가誤傳되엿고納賂ᄒᆞᆫ本意ᄂᆞᆫ筮仕를求ᄒᆞᆷ이아니라復職을希望ᄒᆞᆷ이오朴氏ᄂᆞᆫ新聞上에揭布ᄒᆞ기를請求ᄒᆞᆷ이初無ᄒᆞᆫᄃᆡ無端히恐喝을當ᄒᆞᆷ이曖昧ᄒᆞ니아못조록正誤ᄒᆞ여달나고朴龍和氏가本社에來言ᄒᆞ더라

學 界

◎日女病劇　高等女學校日女教師가身病을因ᄒᆞ야歸國의途에就ᄒᆞᄂᆞᆫᄃᆡ一般學徒ᄂᆞᆫ銀製花瓶을製贈ᄒᆞᆯ次로各名下에金十錢式收歛ᄒᆞᆫ다더라

◎金華展覽　金華教育會ᄂᆞᆫ西大門外金華山附近官私立學校가連絡ᄒᆞ야教育을發展ᄒᆞ기로組織ᄒᆞᆫ바인ᄃᆡ去十四日부터十六日ᄶᆞ지教育品展覽會를設ᄒᆞ고高等과實業教育品의位置ᄂᆞᆫ貞洞普通學校인ᄃᆡ高等出品이三百六十六種이오實業出品이三百五種이오普通教育品位置ᄂᆞᆫ美洞普通學校인ᄃᆡ出品이一千二百八十三種이오統計表數가三十三本이오참考品이二十一本이며出品學校ᄂᆞᆫ高等이六校요實業이五校오普通이四十四校며縱覽統計ᄂᆞᆫ學員이七千五百三十四人이오內外國紳士及夫人이五千八十四人이며開會式은貞洞校로閉會式은美洞校로ᄒᆞ고會長金重煥氏ᄂᆞᆫ展覽會趣旨를說明ᄒᆞ고副會長李舜夏氏ᄂᆞᆫ會事를報告ᄒᆞ엿ᄂᆞᆫᄃᆡ該會의設備와展覽의實況과教育의成績이韓國에初有ᄒᆞᆫ盛事라더라

廣 告

彰義門外弘智門內十五統五戶草家四間文券을不知中서失ᄒᆞ엿ᄉᆞ니誰某拾得休紙施行ᄒᆞᆷ

家主　金龍根　告白

本人의名應煥을相五로改稱ᄒᆞ오니知舊間照亮ᄒᆞᆷ

咸安　韓相五　告白

本人의姓名四方圖章을遺失ᄒᆞ엿기廣告ᄒᆞ니知舊間照亮ᄒᆞᆷ

全北興德郡富安面樓洞　鄭현達　白

敬啓日本國工手學校遊學生平南永柔郡朴廷義氏以身病昨年至月還國病未復當今月十六日未時別世內外國知舊間照亮

子碩觀　再弟廷元　廷賢

十一月十八日護喪李允根

本人이다년속병으로신고중에유명ᄒᆞ다ᄂᆞᆫ의약을만이쓰되빅약이무효ᄒᆞ야긔지사경에된문죽셔되문밧모화관거ᄒᆞᄂᆞᆫ박쥬ᄉᆞ용희씨가유명ᄒᆞᆫ의연이라ᄒᆞ기방문후병논을한즉과연이기의약을쓴즉불과십일간에완人이되오니은공은티산이경ᄒᆞ고이러케신효ᄒᆞᆫ의약을本人만아ᄂᆞᆫ거시불가ᄒᆞ거로쳠군자의게양고ᄒᆞ오니조양ᄒᆞ시압

경긔미평도중안상니　李德三　告白

北部觀光坊松峴洞十八統九戶五十四間을戊申四月分에崔載鏞이가家主田孝根處에八百圜의貰入이라가過限ᄒᆞᆫ림旨를서失故로玆以廣告ᄒᆞ오니誰某拾得休紙施行ᄒᆞᆷ

崔載鏞

本人이慶尙南道咸安郡에往達ᄒᆞ다가遇然得病ᄒᆞ야庶至死境타가本郡上里面前主事韓允良氏가數年典當局을발달ᄒᆞ야邑村間貧民의게得人心之名望이太多ᄒᆞᆯ뿐더러此人之德澤으로殘命을還生ᄒᆞ야千里他鄕에無事이還故ᄒᆞ와報恩이無路故世上에班布ᄒᆞ오니內外國　僉君子照亮ᄒᆞᆷ

金仁燮　告白

本人의子金甲天이가五年前에無故出門ᄒᆞ야至今것入來치아니ᄒᆞ고甲天의父親도以此病死ᄒᆞ고本人이六十老境에無依無托ᄒᆞ오니誰某던지金甲天을보시ᄂᆞᆫᄃᆡ로보니쥬시면金貨十圜과衣服一襲을厚謝ᄒᆞ깃ᄉᆞᆸ

大子達西面梨峴居金召ᄉᆞ　白

本人이宮內府御用으로六七年間服務ᄒᆞᆸ다가現今本店을中部大寺洞音樂隊前에開ᄒᆞᆸ고各國洋屬毛織을多數設備ᄒᆞᆸ고新式流行各種洋服을完實ᄒᆞᆫ裁縫으로調進ᄒᆞᆸᄂᆞᆫ바製度ᄂᆞᆫ堅固ᄒᆞ고價金은特廉ᄒᆞ오며信實　僉位의게ᄂᆞᆫ價格中排朔으로도酬應ᄒᆞ오니大韓同胞의營業을愛顧ᄒᆞ시ᄂᆞᆫ　僉位ᄂᆞᆫ枉臨ᄒᆞ시던지郵便으로通奇ᄒᆞ시면各項洋服質見本을特呈酬應ᄒᆞ깃ᄉᆞ오니愛顧ᄒᆞ심을務望

大寺洞等一洋服店主

姜在元　告白

營業品目

文武及大禮服　各種
統監府官服　各種
新式流行通常服　各種
外套　各種
學生服　各種
帽子　各種

但主日休業

◎聚仙茶園大演극廣告

本園에서淸國北京에有名ᄒᆞᆫ唱戲隊를招請ᄒᆞ야絕代ᄒᆞᆫ技藝를演奏ᄒᆞᄂᆞᆫ바特別히韓國同胞의愛賞ᄒᆞ심을供코ᄌᆞᄒᆞ와其演奏ᄒᆞᄂᆞᆫ事를韓國國文으로繙刊ᄒᆞ야每位에進呈ᄒᆞ고淸國語能通ᄒᆞ신韓國人을請ᄒᆞ야每區節繙譯說明ᄒᆞᆯ터이오며本月二十一日부터開場ᄒᆞ오니大韓國同胞ᄂᆞᆫ特別賞玩ᄒᆞ심을望ᄒᆞᆷ

紅箭門內聚仙茶園演극場

(營業目錄)

○測量機械　○製圖機械　○美濃紙類　○學校用品(各種)

(我國)○谷香菸卷煙草　(特產)○山月紙卷煙草

各樣製圖等式斷序에用咨을酬應ᄒᆞ오며外他라도請求ᄒᆞ시ᄂᆞᆫᄃᆡ로地方의ᄂᆞᆫ引換小包로遞呈ᄒᆞ겟습

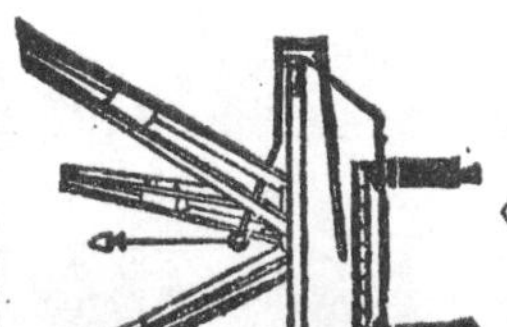

測量製圖器械　賣買物販賣商

京城南部銅峴六十二統十戶

金龍商會

主人　金應龍　謹告

化痰止咳ᄒᆞ고順氣消滯ᄒᆞ며水土不服에奇效가有ᄒᆞᆫ天下第一靈妙之劑

改良元祖　**清心保命丹**　改良元祖

廣 告

(참조ᄒᆞᆯ걸)

○旅行ᄒᆞᆯ써나、집에잇슬써에、恒常몸에진일藥은、清心保命단밧게또어ᄃᆡ잇나참그럿치

○年年이冬節이면痰빗고기침ᄒᆞᄂᆞᆫ사ᄅᆞᆷ이오작만ᄒᆞᆫ가、그것은우리나라土疾일세、다른히ᄂᆞᆫ고만두고昨年겨울만ᄒᆞ야도、그藥먹고效驗본사ᄅᆞᆷ이萬餘名에達ᄒᆞ엿다네、응藥이야참조치

○그뿐인가今年怪疾에效驗못본사ᄅᆞᆷ이또어ᄃᆡ잇나、百發百中이지藥은참靈藥이야

○消化不良이며酒醉와水土不服이며口熱惡臭와中暑中寒이며船車眩暈에ᄂᆞᆫ무엇시조흔가、이藥처럼神奇ᄒᆞᆫ藥이또엇지

참世界에第一이로곤

○無病ᄒᆞᆫ사ᄅᆞᆷ이라도恒常長服ᄒᆞ면腸胃가健全ᄒᆞ고心神이爽快ᄒᆞᆫ걸

응ㅣ그럿쿠말구

○그藥은어ᄃᆡ셔파ᄂᆞᆫ가處處에다잇지

○濟生堂本舖ᄂᆞᆫ어ᄃᆡ인가셔울南大門近方이지

廣 告

廣告

本관에서事務를更加擴張ᄒᆞ옵고書籍五圓以上에特別割引ᄒᆞᆯ터이오니僉君子ᄂᆞᆫ陸續請求ᄒᆞ시옵

測量긔具와學徒用品各種도具備ᄒᆞ엿ᄉᆞᆸ

平壤鍾路太極書舖

舘主 李昇薰
主任 宋鍾遠
事務 金樹瀅

大邱春秋令

市ᄂᆞᆫ全國商民交易上一大都會也라挽近俗漸頹廢ᄒᆞ야ᄀᆡ徹이時晩에商況見害와交易拘碍가不啻大關이라故로今春令에爛商會議ᄒᆞ와ᄀᆡ徹日字를從公改良이되春令은陰三月一日ᄀᆡ市同三十日撤市ᄒᆞ고秋令은陰十一月一日ᄀᆡ市同三十日撤市ᄒᆞ기로玆에廣布ᄒᆞ오니全國商民同胞ᄂᆞᆫ咸悉ᄒᆞ와진期交易ᄒᆞ심을敬要

藥商立規興業會 告白

特別廣告

敬啓者本報ᄂᆞᆫ開刊有年에其論述의히正과其報道의迅速이無比ᄒᆞ야淸國內遠近志士가一切歡迎ᄒᆞ오며韓國에도稍稍히購覽ᄒᆞᄂᆞᆫ紳士가有ᄒᆞ온바今에更히江湖上購覽諸氏를紹介ᄒᆞ기爲ᄒᆞ야本報관所在處及報價를左開廣告ᄒᆞ오니願覽諸氏ᄂᆞᆫ速速히左開處로통奇ᄒᆞ시옵

本관所在地 哈爾賓瓦牙街
報價 一個月先給 俄貨八角
仝 三個月先給 俄貨二圓
但報價ᄂᆞᆫ先給을要홈

遠東報館 告白

本所에서洋屬毛織을各色直輸入ᄒᆞ야廉價로發賣ᄒᆞ옵ᄂᆞᆫ듸物品과織組가堅固ᄒᆞ며染色이不變ᄒᆞ와經濟上에第一要緊ᄒᆞ오며各地方貿易을便利키爲ᄒᆞ와郵便小包로酬應ᄒᆞ야代金을引換ᄒᆞ겟ᄉᆞ오니 僉君子ᄂᆞᆫ陸續請求ᄒᆞ심을伏望

京城小龍洞
洪順福 毛織商店

本人이早年喪夫ᄒᆞ고遺腹子崔廣植을싀叔家에養育ᄒᆞᆫ지二十餘年矣러니近有雜類의所誘로出入無定則或有債用之弊라도無一分報給之勢오니內外國人은切勿見欺ᄒᆞ시옵

南部寫字洞三統五戶
싀叔家留 李召사 告白

學員募集廣告

本校에서高明ᄒᆞᆫ敎師를迎聘ᄒᆞ옵고簿記速成科로晝夜學生을募集ᄒᆞ오니志願 僉君子ᄂᆞᆫ今陰十月十五日內로來臨千宣川書籍總支점ᄒᆞ와諸般學規를詳細問議ᄒᆞ심爲要

宣川郡私立簿記學校
校長 吉祥典

測量製圖器械
其他附屬品文具
都賣散賣

京城本町郵便局前
篠崎(シノサキ)器械店
平壤南門通二丁目
篠崎(シノサキ)支店

公告

本月二十日第一銀行으로서業務의引繼를受ᄒᆞ와同月二十四日로부터本行諸般業務를開始ᄒᆞᆫ깃ᄉᆞᆸ기玆에公告홈

十一月十九日
韓國銀行

各種東西洋藥과韓國唐草材大發賣所 (京城鐘路 仁川柳峴) 和平堂藥房

健胃消滯 八寶丹
起死回生 蘇生丹 回生水
麝香消瘡丹
胎養調經丸
陰陽雙補 滋陽丸
阿片斷引藥
逐珠去根 全治丸
鎭咳散
消積散
寸虫殺虫 殺虫藥
蛔滅散
[illegible]林水
通治膏
其他有名賣藥

積滯와胃腹痛과頭痛眩暈을鎭正ᄒᆞᆫ一包十錢三包卄五錢
虛泄濕泄轉筋吐瀉腹痛신効霍亂吐瀉腹痛下痢痰咳每包金十錢
梅毒下疳頭瘡ᄒᆞ濕瘡一劑금四圓
婦人冷病帶下症月經不調신効一劑金五圓
陽氣不足元氣不足陰陽雙補十日分金一圓八十錢一月分金五圓
阿片引을斷ᄒᆞ고元神回腹ᄒᆞᄂᆞᆫ藥一劑五圓男女老幼잘連珠라며을全治去根一劑三圓
痰을消ᄒᆞ고히소를止ᄒᆞᄂᆞᆫ藥一包金三十錢
陳陳舊滯을消化ᄒᆞᄂᆞᆫ藥一包金十五錢
寸빅虫을一切去根ᄒᆞᄂᆞᆫ듸신効一包金三十錢
회積腹痛을完治금十錢
버집과어루력이의藥二十錢
죽은서가싸지ᄂᆞᆫ藥금三十錢
諸般感氣신効금十錢
大小瘇을동治ᄒᆞᄂᆞᆫ膏藥十錢

都賣散賣

其他國內各藥房에서製造ᄒᆞᄂᆞᆫ各種藥이俱備ᄒᆞ오니隨用請求ᄒᆞ시면迅速키代金引換으로付送ᄒᆞ깃ᄉᆞᆸ

京城鍾路 仁川柳峴 平壤鍾路
和平堂主人 李應善

社告

申報價

壹張代金 新貨二錢五厘
壹個月 三十錢
參個月 九十錢
陸個月 先納 壹圓七十錢
壹個年 先納 參圓四十錢
郵稅 壹張 新貨五厘
壹個月 十三錢

廣告料

四号活字拾三字詰
每日英尺一寸에(自一行至四行이爲一寸) 新貨卄五錢
二週日壹寸에 二圓五十錢
壹個月壹寸에 五圓
但期限의長短과字行의多小를依ᄒᆞ야增減홈이有홈

大韓每日申報各處支社廣告

平安道

平壤鍾路太極書館 安泰國
三和港碑石洞敎堂 裴亨湜
義州南門外韓西大藥房 張有寬
鐵山郡內東部 安灝
車輦館同志會內 金明현
定州南門內書舖 洪成麟
博川郡內[illegible]洞 金翼樞
安州城內安陵書館 金鳳河
京義線枇峴驛停車場前 李基秀
龍川南市驛 韓燦禧
龍川楊市 黃菊保
朔州郡南門外 朱伯英
泰川郡內관前洋藥局 李正華
寧邊郡內紅門里 鄭德昇
江西郡內 金昌煥
宣川郡橋南 申基周
江界邑內 金泰熙
郭山郡內新街 金大현
甑山郡內利用里 崔診爽
雲山北面橋洞 王冕主
雲山郡內 咸元澤
順川郡達洞 鄭裕景
昌城邑內西下里壹統貳戶 許 익

黃海道

해州南門內書舖 朴昌鎭
安岳壽石面訓鍊里 韓정敎
長淵邑校洞西北支學會內 崔東元
殷栗郡倉前里 金光礪
信川郡內四里 李悌경
載寧郡乾材藥局 李鼎均
白川郡文明舘 趙雲泳
沙里院活民勞働救火會 任敬宰

咸鏡道

咸興州南社西門外 曹喜林
元山港創業社 皇甫正杰
定平郡豐陽里 張禮學
洪原西門內保命局 羅炳善
永興南山洞洪明學校內 梁元常
淸津港新興洞 張元浩

全羅道

金溝水流面豆亭 趙德三
木浦港陽洞 李得珠

京畿道

仁川柳峴開新冊사 李東皓
開城南大門內興[illegible]書舖 姜助遠
江華郡內川橋 俞鎭植

忠淸道

結城廣川小龍洞 李啓祚
韓山下北필堂里 李英植

慶尙道

大邱西門外友弦書[illegible]側 李正山
釜山港佐川藥局 徐錫斧

江原道

杆城邑新城里二統三戶 咸海元
鐵原邑栗洞 趙鍾大
蔚珍遠南面梅花里 朱鎭壽

北墾島

北墾島龍井村耶蘇敎堂內 裴尙禧

社告

檀君開國四千二百四十二年
箕子元年三千三十一年
大韓開國五百十八年
本報創刊日 光武八年七月十八日

大韓每日申報

第七卷 月曜及慶節歲時日休刊 第一千二百四十八号

Responsible for Publication Alfred Weekley Marnham.
發行兼編輯人 英國人 萬咸
發行所 京城南部石井洞三層洋屋家 大韓每日申報社

論說

◎國民教育을施ᄒᆞ라

教育家諸氏여諸氏는國民教育을施ᄒᆞᆯ지어다

只今國中에學校가星羅棋布ᄒᆞ엿스나果然國民教育을施ᄒᆞ는學校가幾個오

或者吾儕의此言을聞ᄒᆞ고必曰學校가有ᄒᆞ면國民教育이有ᄒᆞᆷ이니乃今子의說은果然何를云ᄒᆞᆷ인고ᄒᆞᆯ지나、

吾儕의此言이何故오ᄒᆞ면大抵學校에셔算術理科나教授ᄒᆞ다고國民教育이아니며地誌歷ᄉ나教授ᄒᆞᆫ다고國民教育이아니며英語日語나教授ᄒᆞᆫ다고國民教育이아니라國民의精神을鼓吹ᄒᆞ며國民의氣力을培養ᄒᆞ여야可謂國民教育이니如斯히國民教育이有ᄒᆞ여야可히國民을養成ᄒᆞ야國家의動脈을作ᄒᆞ며教育의善果를收ᄒᆞᆯ지라

乃者不然ᄒᆞ야耶蘇教學校에셔는國民을養成치아니ᄒᆞ고耶蘇教徒를養成ᄒᆞ며天主教學校에셔는國民을養成치아니ᄒᆞ고天主教徒를養成ᄒᆞ며天道教學校에셔는國民을養成치아니ᄒᆞ고天道教徒를養成ᄒᆞ며或自洞의財產을他手에不讓ᄒᆞᆯ目的으로學校를設ᄒᆞ야洞民里民이나養成ᄒᆞ며或算術日語로微官이나釣得ᄒᆞᆯ目的으로學校를設ᄒᆞ야통譯巡查나養成ᄒᆞ며又何等目的이無ᄒᆞ고蠢然痴然ᄒᆞᆫ無血虫을養成ᄒᆞ면此가엇지國民教育인가

此는耶蘇教徒의教育이오國民教育은아니며天主教徒의教育이오國民教育은아니며天道教徒의教育이오國民教育은아니며洞民里民의教育이오國民教育은아니며통譯巡查의教育이오國民教育은아니며無血虫의教育이오國民教育은아니니엇지學校가有ᄒᆞ면國民教育이有ᄒᆞ다可云ᄒᆞ리오

만일如斯ᄒᆞ면耶蘇教는振興ᄒᆞᆯ지며天主教는振興ᄒᆞᆯ지며天道教는振興ᄒᆞᆯ지연졍國家는振興치못ᄒᆞᆯ지며又洞民里民통譯巡查其他無血虫輩가多出ᄒᆞ면國家가益益衰退ᄒᆞᆯ뿐이오一毫도振興ᄒᆞᆯ道는無ᄒᆞᆯ지니果然如斯ᄒᆞᆯ진ᄃᆡ教育은ᄒᆞ야亦何用ᄒᆞ리오

嗚呼教育家諸氏여四千年國ᄉ의重光이諸氏一身에係ᄒᆞ며三千里疆域의再完이諸氏雙肩에在ᄒᆞ나니諸氏는國民教育을施ᄒᆞ야國民을養成ᄒᆞ라

官報

號外

隆熙三年十一月一日

內閣告示第三十三號

○勅令第二百三十六號 (續)

統監府裁判所令

第八條 統監은地方裁判所又는其支部의判事의一人又는數人에게其裁判所又는支部의裁判權에屬ᄒᆞᆫ刑事의豫審을命ᄒᆞ는事를得ᄒᆞᆷ

高等法院長은第三條第三項의豫審을ᄒᆞᆷ이可ᄒᆞᆫ各別의境遇에對ᄒᆞ야該院의判事又는下級裁判所의判事에게此를命ᄒᆞ는事를得ᄒᆞᆷ

第九條 統監府裁判所에檢事局을並置ᄒᆞᆷ

檢事局은統監의管理에屬ᄒᆞ야韓國에在ᄒᆞᆫ檢察事務를掌ᄒᆞᆷ

檢事局의管轄區域은此를並置ᄒᆞᆫ裁判所의管轄區域과同ᄒᆞᆷ

檢事局에統監府檢事를置ᄒᆞ되檢事는勅任又는奏任으로ᄒᆞᆷ

檢事는檢察事務에對ᄒᆞ야上官의命令에從ᄒᆞᆷ이可ᄒᆞᆷ

第十條 統監府裁判所에書記를置ᄒᆞ되書記는判任으로ᄒᆞᆷ

書記는裁判所及檢事局에附屬ᄒᆞᆷ

第十一條 統監府裁判所에通譯官又는通譯生을置ᄒᆞ되通譯官은奏任、通譯生은判任으로ᄒᆞᆷ

통譯官及통譯生은裁判所及檢事局에附屬ᄒᆞᆷ

第十二條 高等法院에高等法院長을置ᄒᆞᆷ

高等法院長은統監의指揮監督을承ᄒᆞ야該院의行政事務를掌理ᄒᆞᆷ

第十三條 控訴院에控訴院長을置ᄒᆞᆷ

控訴院長은統監의指揮監督을承ᄒᆞ야該院의行政事務를掌理ᄒᆞ고管轄區域內下級裁判所의行政事務를指揮監督ᄒᆞᆷ

第十四條 地方裁判所에地方裁判所長을置ᄒᆞᆷ

地方裁判所長은其裁判所의行政事務를掌理ᄒᆞ고管轄區域內區裁判所의行政事務를指揮監督ᄒᆞᆷ

第十五條 區裁判所의判事는其裁判所의行政事務를掌理ᄒᆞᆷ

判事二人以上이有ᄒᆞᆫ時는上席의判事가前項의職務를行ᄒᆞᆷ

第十六條 高等法院、控訴院及地方裁判所의各部에部長을置ᄒᆞᆷ

部長은各其長官의命을承ᄒᆞ야部의事務를掌ᄒᆞᆷ

(未完)

外報

◎遼河改修 遼河改修工事中双臺子에石堤는既히過半竣功ᄒᆞ야明年早春에는完成ᄒᆞᆯ希望이有ᄒᆞ고其地의上流及河口의浚渫工事는아즉着手ᄒᆞ기困難ᄒᆞ리라더라

◎僧正被殺 伯林報를據ᄒᆞᆫ즉베루갓고僧正은無政府黨員의爆烈彈에殺害를被ᄒᆞ엿다더라

◎保守黨例會 英國保守黨協會는만치에스테에셔例年會를開ᄒᆞᆯ서바루호아氏는演說ᄒᆞ엿는ᄃᆡ熱心으로關稅改正과英國殖民地의優先稅를主張ᄒᆞ엿다더라

◎ᄒᆡ軍視察 清國ᄒᆡ軍視察員一行은清國公使及伊太利德國兩國의代表者의出迎을受ᄒᆞ고論敦으로向ᄒᆞ야出發ᄒᆞ엿는ᄃᆡ到處에非常ᄒᆞᆫ歡迎을受ᄒᆞ고英國ᄒᆡ軍提督코란드及外部書記官알스돈兩氏는英國ᄭᆞ지隨從ᄒᆞ엿는ᄃᆡ同一行은英國各ᄒᆡ軍鎭守府各船渠及造船所를視察ᄒᆞᆫ다더라

◎太平洋新艦隊 今回英國政府는太平洋新艦隊를編成ᄒᆞ고恒常濠州及뉴지란드ᄒᆡ面의警備를作ᄒᆞ려ᄒᆞ고뜨레드노트模型의戰艦은旗艦이되야根據를支那ᄒᆡ로定ᄒᆞ리라더라

◎德國風雪 德國에는大風雪이有ᄒᆞᆷ으로交通이杜絕ᄒᆞ엿다더라

◎縱貫鐵道 喜望峰埃及間의亞弗利加縱貫鐵道는公果自由國國境에達ᄒᆞ엿다더라

◎英葡條約 英葡兩國商條約은今回에調印ᄒᆞ엿다더라

◎三國同盟 巴爾幹半島의勃加利、塞維亞、몬테네그로三國에셔는三角同盟을形成코저ᄒᆞ는形勢가有ᄒᆞ다더라

◎移民獎勵 日本臺灣總督府는臺東廳下의農作地를測量ᄒᆞ야設計를大略完成ᄒᆞ고來年度부터는盛大히移民을獎勵ᄒᆞ리라더라

◎蘇河益掘 論敦電을據ᄒᆞᆫ즉蘇士運河에最大戰鬪艦이通航ᄒᆞ도록掘ᄒᆞᆯ計劃이有ᄒᆞ다더라

◎美艦出發 南美니카라과國大統領히라야將軍이美人二名을死刑에處ᄒᆞᆷ으로美國에셔는巡洋艦三隻을니카라과國으로向ᄒᆞ야出發ᄒᆞ라고命ᄒᆞ엿다더라

◎憲政會上奏 清國天津憲政研究會는清日協約改訂並同協約締結의當局者된外務尙書梁敦彥處罰에關ᄒᆞᆫ上奏文을奉呈ᄒᆞ기爲ᄒᆞ야總代를選定ᄒᆞ야今月十九日에北京을向ᄒᆞ야出發ᄒᆞ엿는ᄃᆡ憲政研究會는直隸諮議局員으로組織ᄒᆞᆫ것이라더라

○談叢○

劍心

▲현누덕이감발ᄒᆞᆫ소곰장사하나이隆冬풍日셔미기훌훌날나는날에소곰ᄒᆞᆫ짐잔뜩지고傷寒病든놈喘促ᄒᆞ듯시헐금써금ᄒᆞ며艱辛히黃澗秋풍嶺밋헤니르러셔고기를쳐다보니山은하늘에ᄯᅡᆨ부터잇고눈은길길히싸혀넘어갈싱각젼혀업다쥬막을차져드러가셔樓宿ᄒᆞᆯ셕이되지쳐운날에이되지險ᄒᆞᆫ山을엇지넘으리오아모ᄯᅢ라도날이좀풀닌後에나나셔리라ᄒᆞ엿더니秋풍嶺고기우에속빈古木나무가오ᄂᆞᆯ밤에도우루루ᄒᆞ며ᄂᆡ일밤에도우루루ᄒᆞ야밤마다우루루소리가ᄭᅳᆺ치지안는지라이소리에겁이나셔동졀츈졀다지니고보리가눌웃눌웃ᄒᆞ도록고기넘ᄉ기는姑舍ᄒᆞ고아리목에ᄯᅡᆨ드러안져門밧게도나셔지못ᄒᆞ니라

評曰죠고마ᄒᆞᆫ艱難에겁을ᄂᆡ여勇斷치못ᄒᆞ는者는이소곰장사아니될者가드무니라

(鹽商躕躇)

▲쏘악이ᄒᆞᆫ마리가왼여름을두고瓦家를몃百間지을사草家를몃十間지을사洋製屋을지을사ᄒᆞ야항아리장사가雞算ᄒᆞ드시밤낫經營ᄒᆞ다가秋풍이우루르니러나니라쓸ᄃᆡ업다草家瓦家다고만두어라藏身之策이急急ᄒᆞ다ᄒᆞ고말은갈닙우에셔알만치어리ᄒᆞ고고속으로드러가니라

評曰大抵天下事가小를積ᄒᆞ여야大를成ᄒᆞᆯ지어ᄂᆞᆯ彼愚夫는往往히太山ᄀᆞᆺ치큰일을一朝에成코자ᄒᆞ고功塔의漸高ᄒᆞᆷ은不肯ᄒᆞ나니其終에쏘악이집만지을而已로다

(쏘악經營)

詞藻

❀悲白발❀

놈도쥰바업고、나도밧은바업것마는。어이ᄒᆞᆫ白발이、두귀밋출侵노ᄒᆞ노。至今에、風塵을쓸지못ᄒᆞ고、늙기슬어、

雜報

◎大君廟致祭 大皇帝陛下께옵서再昨日完興君李載冕을讓寧大君廟에 派遣ᄒᆞ사 致祭ᄒᆞ옵셧다더라

◎永宣陛見 永宣君李埈鎔氏ᄂᆞᆫ再昨日上午十二時 德壽宮에 陛見ᄒᆞ고下午四時에ᄂᆞᆫ 昌德宮에 陛見ᄒᆞ엿다더라

◎皇太子鴨獵 韓國 皇太子殿下께서ᄂᆞᆫ去二十一日에岩倉宮과末松子爵으로共히日本濱離宮에셔鴨獵을行ᄒᆞ셧다더라

◎尹孫訟因 礪山郡居尹敬重氏가답土三百餘石落을慶善宮에抑鬱히納付ᄒᆞ엿다ᄒᆞ야帝室財産整理局에屢度請願ᄒᆞᆫ結果로 大皇帝陛下께옵서該답을還數還給ᄒᆞ라신 勅敎를下ᄒᆞ옵셧ᄂᆞᆫᄃᆡ總理大臣李完用氏가門客孫錫基氏를紹介ᄒᆞ야尹氏의庄土를私買ᄒᆞᄌᆞᄒᆞ고文券과測量案을取得ᄒᆞᆫ後에價金을不給ᄒᆞᄂᆞᆫ故로尹氏가地方裁判所에起訴ᄒᆞ야去十九日에總相은傍聽人으로出頭ᄒᆞ고農相은傍聽으로列席ᄒᆞ엿ᄂᆞᆫᄃᆡ總相은孫氏를有단코져ᄒᆞ나事實이明白ᄒᆞᆷ으로畢竟遂意치못ᄒᆞ엿다더라

◎派人運動 總理大臣李完用氏ᄂᆞᆫ伊藤公遭難ᄒᆞᆫ後로其地位가鞏固치못ᄒᆞᆯ까念慮ᄒᆞ야親知人一名을日本에派送ᄒᆞ야運動ᄒᆞ엿ᄂᆞᆫᄃᆡ如意치못ᄒᆞᆫ貌樣이有ᄒᆞ다고觀測者의說이有ᄒᆞ다더라

◎惟恐人知 總理大臣李完用氏의政治事件이日本新聞에種種漏揭됨으로其發布됨을방塞ᄒᆞ기爲ᄒᆞ야日本新聞界에周旋ᄒᆞᄂᆞᆫ中이라더라

◎幸逢好機 歸附鳳氏ᄂᆞᆫ觀察一席을圖得ᄒᆞ기爲ᄒᆞ야前學部大臣李재昆氏를紹介運動ᄒᆞᆫ다더라

◎三氏觀覽 三昨日下午一時에總相李完用農相趙重應兩氏가親衛府長李秉武氏를訪問ᄒᆞ고仍히三氏가同伴ᄒᆞ야北壯洞에在ᄒᆞᆫ總相家舍를觀覽ᄒᆞ엿다더라

◎總相寄金 總理大臣李完用氏ᄂᆞᆫ近日日本新聞記者의게金貨五百圓을寄付ᄒᆞ엿다더라

◎爲用日人 內閣法制局外事課長을日人으로敍任ᄒᆞ기爲ᄒᆞ야本課長은中樞院判任贊議로轉任ᄒᆞᆫ다더라

◎贊議轉任 中樞院贊議金海秀洪承穆南奎熙諸氏等은奎章閣提學으로轉任ᄒᆞ기로內定ᄒᆞ엿다더라

◎鄭氏入京 麻田郡主事로漣川郡守를新任ᄒᆞᆫ鄭容漢氏ᄂᆞᆫ受勅ᄒᆞᆯ次로三昨日入城ᄒᆞ엿다더라

◎韓亦隨休 昨日은日本國神嘗祭日인故로各府部院廳日人官吏가一切休暇ᄒᆞ엿ᄂᆞᆫᄃᆡ因히韓國官吏도仕進을停止ᄒᆞ엿다더라

◎移屬審查 各觀察使가郡守를薦報ᄒᆞᆫ以來로或不美ᄒᆞᆫ事가有ᄒᆞ다ᄂᆞᆫ聽聞이狼藉ᄒᆞ고或資格不合者를薦報ᄒᆞᆫ다ᄒᆞ야將次該官制ᄂᆞᆫ廢止ᄒᆞ고內部地方官資格審查會에셔郡守薦報를專擔ᄒᆞ기로內定되엿다더라

◎出品件修定 學部에셔英日博覽會出品件을修定ᄒᆞ엿ᄂᆞᆫᄃᆡ韓國敎育狀況一般과官公립學校及私塾寫眞과學部統計表와敎科用圖書等이라더라

◎背石歸銅 頌德建議所에셔李學宰尹進學兩氏의論議가不一ᄒᆞᆷ은已報어니와尹氏ᄂᆞᆫ該所監督의任을辭免ᄒᆞ고東亞贊英會로歸附ᄒᆞ엿다더라

◎頌聖任員協議 頌聖建議所에셔任員을選定ᄒᆞᆯ次로昨日協議ᄒᆞ엿ᄂᆞᆫᄃᆡ總裁副總裁ᄂᆞᆫ皇族中으로上議長副議長은元老中으로公事議長은中樞院代表로副議長은成원代表로選定ᄒᆞᆫ다더라

◎治道費請撥 全南으로부터慶南까지道路를改築ᄒᆞᆫ다ᄒᆞᆷ은已報어니와再昨日內部에셔度支部로照會ᄒᆞ고治道費十一萬圓을斯速支撥ᄒᆞ라ᄒᆞ엿다더라

◎露軍報告 露國憲兵軍曹의報告를聞ᄒᆞᆫ즉略曰伊藤公이哈爾賓을行ᄒᆞᆯ時에蔡家溝에셔韓人四名이下車ᄒᆞ야一名이北行列車를乘ᄒᆞᄂᆞᆫᄃᆡ其臨別에辭色이決然ᄒᆞ야相抱泣下ᄒᆞᄂᆞᆫ지라其後殘餘韓人을旅館外에出入지못ᄒᆞ게ᄒᆞ엿다가伊藤公의凶報를接ᄒᆞ고卽時捕縛ᄒᆞᆫ즉該人等이各히拳銃을持ᄒᆞ엿ᄂᆞᆫᄃᆡ伊藤公의遭變을聞ᄒᆞ고歡喜를不勝ᄒᆞ야(韓國萬歲掠奪者伊藤의末路를見ᄒᆞ라)絶叫ᄒᆞ엿다더라

◎技手測量 度支部에셔韓日人技手二名을漢城內에派送ᄒᆞ야日昨부터測量事務에着手케ᄒᆞ엿다더라

◎尹家執行 交河郡守尹夔燮氏가公貨二千餘圓을欠逋ᄒᆞᆫ故로度支部에셔該氏家舍를執行ᄒᆞᆫ다더라

◎視察出張 신原憲兵隊長과陸軍참領朴榮喆氏ᄂᆞᆫ憲兵分遣所를視察ᄒᆞᆯ次로昨日에仁川을經由ᄒᆞ야海州로出張ᄒᆞ엿다더라

◎巡查鍊習 各警察署巡查一同이每週金曜日에北闕內에會同ᄒᆞ야大敎鍊을鍊習ᄒᆞᆫ다ᄂᆞᆫᄃᆡ去金曜日부터始行ᄒᆞ엿다더라

◎日艦出發 出羽中將木越小將의一行은本日上午九時에仁川港에셔出發ᄒᆞ야旅順으로向ᄒᆞᆫ다더라

◎被奪欲推 侍從武官申羽均氏가義州郡守在任時에碧동郡居李圻鎔氏의金貨一百三十圓을勒奪ᄒᆞᆫ事가有ᄒᆞ다ᄒᆞ야李氏가該錢을裁判推尋次로近日上京ᄒᆞ엿다더라

◎到處沮戲 沈鍾璟氏가東大門外屠獸場附近에在ᄒᆞᆫ基地一座를測量證明次로再昨日技手를派送ᄒᆞ엿더니中樞院顧問李根澤氏가巡查를派送ᄒᆞ야測量을禁止ᄒᆞ엿다더라

◎遠近無關 宮상閔영奭氏의別室翡翠事件이某新聞에種種揭載되ᄂᆞᆫᄃᆡ此ᄂᆞᆫ所住家屋이新聞社와隔近ᄒᆞᆷ이라ᄒᆞ야他處로搬移코ᄌᆞᄒᆞ되閔宮상은行爲若否에在ᄒᆞ고新聞社遠近에關係가無ᄒᆞ다ᄒᆞ야搬移를不聽ᄒᆞᆫ다더라

◎金礦請認 公州郡居黃民秀洪在興兩氏가該郡新上面等地에石金礦을發見ᄒᆞ엿ᄂᆞᆫᄃᆡ採掘認許를得ᄒᆞᆯ次로農商工部에請願ᄒᆞ엿다더라

◎慶南報擴張 慶南日報社에셔慶南管下各郡洞里를計劃ᄒᆞ야每洞一度式分傳ᄒᆞ기로契約ᄒᆞ야現今刊行紙數가八千餘度에達ᄒᆞ엿ᄂᆞᆫᄃᆡ該社資本은三萬圓으로設始ᄒᆞ엿다더라

◎寄付一千圓 大韓新聞社의活字改良ᄒᆞᄂᆞᆫ事에關ᄒᆞ야總理大臣李完用氏가特別金一千圓을寄付ᄒᆞ엿다ᄂᆞᆫ說이有ᄒᆞ다더라

◎山僧汰任 金溝郡金山寺主僧과行우礦軍을符同ᄒᆞ야寺內長僧을毆打ᄒᆞ고寺物을斥賣ᄒᆞ야私欲을是充ᄒᆞ고美女를呢近ᄒᆞ야行樂을是事ᄒᆞᆷ으로寺刹이難保之境에至ᄒᆞᆫ지라各寺僧侶가會同ᄒᆞ야該裏由를上刹總務의게報告ᄒᆞ고과行을除汰ᄒᆞᆫ代에僧德禹로該寺主任을差出ᄒᆞ엿다더라

◎義將詗探 義兵將姜基東氏가東大門外紅樹洞等地에留連ᄒᆞ엿다ᄂᆞᆫ說이有ᄒᆞᆷ으로再昨日日軍司令部에셔憲兵을派送형探ᄒᆞ엿다더라

◎想因誤陷 北部昭格洞居姜學秀氏ᄂᆞᆫ秋收次로漣川鄕第에下去ᄒᆞ엿다가義兵干連으로該郡警察署에被捉ᄒᆞ엿ᄂᆞᆫᄃᆡ必是嫌疑者의誣陷인듯ᄒᆞ다더라

◎義將審查 監獄署에多月被因ᄒᆞᆫ義兵將金洙敏氏ᄂᆞᆫ昨日控訴院에셔審查를行ᄒᆞ엿다더라

◎朴將被捉 部下百餘名을率ᄒᆞ고慶尙全羅等地에橫行ᄒᆞ던義兵中大將朴文守氏가知禮郡에셔巡查隊에게被捉ᄒᆞ야二十日大子警察署로護送되엿다더라

◎念七月食 本月二十七日夜에月食이有ᄒᆞᆯ터인ᄃᆡ京城仁川地方에셔午后四時四十三分零月出ᄒᆞᆯ時에現ᄒᆞᆫ다더라

◎一死二傷 去十九日海州監獄에셔已決囚三名이脫獄逃走ᄒᆞ랴다가一名은看守에게斬殺을被ᄒᆞ고二名은負傷ᄒᆞ엿다더라

◎형探何多 前副尉李順用氏가年前에公貨五百圓을窃取遠逃ᄒᆞ엿ᄂᆞᆫᄃᆡ近日南部後井洞等地에潛居ᄒᆞᆫ다ᄂᆞᆫ說이有ᄒᆞ야警視廳에셔現今형探中이라더라

◎李氏被招 侍天敎人李喆榮氏ᄂᆞᆫ同敎人을對ᄒᆞ야同敎目的을論非ᄒᆞ다가該敎人의告訴를被ᄒᆞ야中部警察署에被招ᄒᆞ엿다가因卽蒙放ᄒᆞ엿다더라

◎尹氏運動 監獄署에多月滯因ᄒᆞᆫ尹始炳氏ᄂᆞᆫ總理大臣을紹介ᄒᆞ야放免ᄒᆞ기를運動ᄒᆞᆫ다더라

◎林犯越交 警視廳에被捉ᄒᆞᆫ强盜犯林龍祿은再昨日裁判所로越交ᄒᆞ엿다더라

◎不善학分 前度支大臣魚允中氏의令男魚英善氏가再昨日齋洞等地에셔過去女人을對ᄒᆞ야戲학을發ᄒᆞ다가行巡巡查의게발見되여所管警察署에被捉ᄒᆞ엿다더라

◎女子界曙光 女學徒金淑媛氏等이女子討論會를發起ᄒᆞ야再昨日下午一時養源學校內에셔開會ᄒᆞ엿ᄂᆞᆫᄃᆡ一般會員이決議ᄒᆞ기를今日女學生界에修習이滋成ᄒᆞᆷ으로社會上議論이不無ᄒᆞ니吾儕ᄂᆞᆫ期於히質朴ᄒᆞᆫ文明을是則ᄒᆞ고浮華ᄒᆞᆫ習을務ᄒᆞ기로目的ᄒᆞᆯ지니爲先今日以後로부터一般會員은紬緞衣物을一切身邊에掛着치말고粗麤ᄒᆞᆫ木屬으로黑染服着ᄒᆞ기로一齊同盟ᄒᆞ엿다더라

◎商組困難 商務組合部에셔來二十六日總會를開ᄒᆞᆯ터인故로經費六百圓을該部監督尹進學氏가自擔ᄒᆞ엿더니該氏가銅像事件으로該任을辭免ᄒᆞ미會費ᄂᆞᆫ出辦無路ᄒᆞ야方在困難中이라더라

▲社會燈▼

▲革環이 엽ᄂᆞᆫ것은 人類生에 妨害가 된다니 가쥭만 차고다니면 사ᄅᆞᆷ은 長生不死ᄒᆞᄂᆞᆫ 妙法이 잇나

예젼 居獨子ᄂᆞᆫ 藏陽子를 쓰고 다니더니 近日 居獨子ᄂᆞᆫ 갭帽子를 쓰고 다니니 그건 무ᄉᆞᆷ 새ᄭᆞ닭인지 허 韓國이 開明ᄒᆞ야 人類가 平等되니ᄭᆡ 기잡을 사ᄅᆞᆷ이 어ᄃᆡ잇나 不可不 他人을 雇用ᄒᆞᄂᆞᆫ 게이지

▲그러나 더러니히도 韓國에 文明制度ᄂᆞᆫ 次次 發展이 되나보데 왜 以若大臣의 地位로 裁判所의 呼出을만나 控訴院 出入을 다ᄒᆞ니 예젼 專制時代로 보면 미우 進步가 아니되엿나 허 進步로 말ᄒᆞ면 文明보다 挾雜이 더 잘되엿지 總理인지 國利인지 어북 挾雜을 ᄒᆞ엿스면 徒집뒤에 강아지 ᄶᅩᆾ쳐다니드시 裁判廷 밋해 ᄶᅩᆾ겨 다니깃나 그ᄶᅢ위 ... 은 쇠명만 무ᄒᆞ니

▲全國에 돈 만키로 有名ᄒᆞ고 나무군은 아니여도 갈키질 잘ᄒᆞ기로 ᄒᆞᆫ참 셰샹ᄒᆞ고 참奉ᄒᆞᆫ 商갑으로 佞죵 十五正을 홉작 ᄂᆞ려미시던 분네 倭주입즈다려 新聞을 내엿다고 ᄶᅣᆼᄶᅣᆼ 으르더라지 구던니가 실게던 빗슬 씻쳐야지 ᄶᅣᆼ은 ᄶᅡ노 코 惡臭를 못나게 다른사ᄅᆞᆷ은 코도 업ᄂᆞᆫ게 아ᄂᆞᆫ게야

▲天下에 無不對라더니 못ᄒᆞᆫ 일도 만ᄒᆞᆫ게여 나ᄂᆞᆫ 지ᄂᆞᆫ 여름에 보니ᄭᆡ 果川을 다ᄂᆞᆫ 엇던사ᄅᆞᆷ이 뉘집 마루를ᄒᆞ다가 欠逋가 나서 뒤ᄭᅳᆫ집에 十餘日 逗留ᄒᆞᆫ 當ᄒᆞᆫᄃᆡ 그분네도 엇ᄒᆞ다려 新聞을 내엿다고 ᄶᅣᆼᄶᅣᆼ 으르더라데 다른사ᄅᆞᆷ은 귀도 업ᄂᆞᆫ줄노 아ᄂᆞᆫ게야

▲文　壇▼

▲天喜堂詩話（續）

今에余가爲先詩의能力을說明ᄒᆞ고其次詩道와國家의關係를詳論ᄒᆞ리니子ᄂᆞᆫ且頭腦를冷靜ᄒᆞ고此를聽ᄒᆞᆯ지어다卽今吾儕가漠然淵坐라가金節齋의朔風歌（朔풍은나무끗ᄐᆡ불고。明月은눈속에찬ᄃᆡ。萬里邊城에一長劍집고서셔。쉬파람ᄒᆞᆫ소ᄅᆡ에거칠거시업서라）를諷吟ᄒᆞ미忽然肝膽이과大ᄒᆞ며쇼然疲臥라가南將軍의長劍詞（長劍을쌔여들고。白頭에올나보니。大東天地에腥塵이ᄌᆞᆷ겨셔라。언졔나南北풍塵을헷쳐볼ᄭᆞ노라）를快讀ᄒᆞ미樂然頭髮이上指ᄒᆞ며沉憂鬱鬱ᄒᆞ다가（어와뎌白鷗）一章을漫誦ᄒᆞ미心神이怡然ᄒᆞ며情事悠悠ᄒᆞ다가（子規야우지마라）一句를微諷ᄒᆞ미感淚가潛然ᄒᆞ야詩가人情을感發홈에如此히不可思議의能力이有ᄒᆞᆫ지라是以로其詩가武烈ᄒᆞ면全國이武烈ᄒᆞᆯ지며其詩가淫蕩ᄒᆞ면全國이淫蕩ᄒᆞᆯ지며其詩가雄健ᄒᆞ면全國이雄健ᄒᆞᆯ지며其詩가柔弱ᄒᆞ면全國이柔弱ᄒᆞᆯ지며其他勇悍猖狂猛奮纖分或善或惡或美或醜가無非詩歌의支配力을受ᄒᆞᄂᆞᆫ바인ᄃᆡ試思ᄒᆞ라我國의流行ᄒᆞᄂᆞᆫ詩가果然何如ᄒᆞᆫ詩이뇨　未完

雜　報

◎李氏不黜　昨報에揭載ᄒᆞᆫ一進會員李範喆氏가黜會를當ᄒᆞᆺ다ᄂᆞᆫ記事ᄂᆞᆫ傳之者誤라더라

學　界

◎可爲模範　皇城基督敎青年會學館內에서徐丙조諸氏가會同ᄒᆞ야韓國産縣布로黑色을染ᄒᆞ야學生의衣服을製着ᄒᆞ고帽子도韓國人織組物品으로灰色을染ᄒᆞ야갭을製用ᄒᆞ되韓人의게委托製造ᄒᆞᆯ次로意見을提出ᄒᆞ엿ᄂᆞᆫᄃᆡ一般學生이同意可決ᄒᆞ야一週日內實施ᄒᆞ기로決定ᄒᆞ엿다더라

◎孫氏義捐　天道敎主孫秉熙氏ᄂᆞᆫ同德女子義塾에每朔金十圓式定例로捐付ᄒᆞᄂᆞᆫᄃᆡ日前에特別金百圓을又爲寄付ᄒᆞ엿다더라

◎韓氏義捐　咸南定平郡伊朱面居韓錫영氏ᄂᆞᆫ年今五十이로ᄃᆡ教育에有意ᄒᆞ야該郡協成中學校에金十圓을義捐ᄒᆞ엿다더라

◎禹氏寄付　利原郡松端里居ᄒᆞᄂᆞᆫ禹錫範氏ᄂᆞᆫ該郡遮湖에서秋期聯合大運動會를擧行ᄒᆞᆯ時에私立與新學校生徒五十餘名의午찬을自擔ᄒᆞ고洋말一部式寄付ᄒᆞ엿다더라

◎匡韓日進　平南永柔郡海粟面內面里居宋大憲金承泰諸氏가熱心教育ᄒᆞ야該面滿金里에匡韓學校를設立ᄒᆞ엿ᄂᆞᆫᄃᆡ校室은宋大憲氏가自擔建築ᄒᆞ고其他有志諸氏가隨力義捐ᄒᆞ야校況이日進ᄒᆞ고生徒가八九十名에達ᄒᆞ야進就之望이大有ᄒᆞ다더라

◎靈明日明　洪原郡私립靈明學校ᄂᆞᆫ任員朴致英姜燦九申永均李基洙諸氏가熱心視務ᄒᆞᆫ結果로學徒가日進ᄒᆞ야七十餘名에達ᄒᆞ엿ᄂᆞᆫᄃᆡ尙且西北學會支會를組織ᄒᆞᄂᆞᆫ中이라더라

◎雲山運動會　雲山郡紳士李枺植康時豊康鳳轅金鼎淵李義坤氏等이發起ᄒᆞ야去五日에秋期運動會를開設ᄒᆞ고優等學生의게多數賞品을施與ᄒᆞ야盛況을呈ᄒᆞ고郡主事白享道氏ᄂᆞᆫ各學校生徒를對ᄒᆞ야勸勉的으로演說ᄒᆞ엿다더라

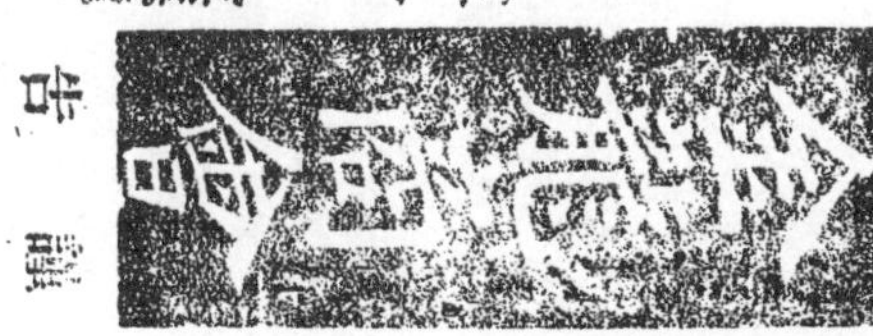

廣　告

廣告

本관에셔事務를更加擴張ᄒᆞ옵고셔籍五圓以上에特別割引ᄒᆞᆯ터이오니僉君子ᄂᆞᆫ陸續請求ᄒᆞ시옵

測量긔具와學徒用品各種도具備ᄒᆞ엿숩

平壤鍾路太極書舖

館主 李昇薰
主任 宋鍾遠
事務 金鍰瀅

大邱春秋令市ᄂᆞᆫ全國商民交易上一大都會地라挽近俗漸頹廢ᄒᆞ야ᄀᆡ徹이時晩에商況見害와交易拘碍가不啻大關이라故로今春令에爛商會議ᄒᆞ와ᄀᆡ徹日字를從公改良이되春令은陰三月一日ᄀᆡ市同三十日撤市ᄒᆞ고秋令은陰十一月一日ᄀᆡ市同三十日撤市ᄒᆞ기로玆에廣布ᄒᆞ오니全國商民同胞ᄂᆞᆫ咸悉ᄒᆞ와진期交易ᄒᆞ심을敬要

藥商立規興業會 告빅

◉特別廣告

敬啓者本報ᄂᆞᆫ開刊有年에其論述의ᄒᆡ正과其報道의迅速이無比ᄒᆞ야淸國內遠近志士가一切歡迎ᄒᆞ오며韓國에도稍稍히購覽ᄒᆞᄂᆞᆫ紳士가有ᄒᆞᆫ바今에更히江湖上購覽諸氏를紹介ᄒᆞ기爲ᄒᆞ야本報관所在處及報價를左開廣告ᄒᆞ오니願覽諸氏ᄂᆞᆫ速速히左開處로좋奇ᄒᆞ시옵

本관所在地 哈爾賓瓦牙街

報價一個月先給 俄貨八角
仝 三個月先給 俄貨二圓

但報價ᄂᆞᆫ先給을要ᄒᆞᆷ

遠東報館 告白

化痰止咳ᄒᆞ고順氣消滯ᄒᆞ며水土不服에奇效가有ᄒᆞᆫ天下第一靈妙之劑

改良 元祖

淸心保命丹

改良 元祖

廣告

(참조ᄒᆞᆫ길)

○旅行ᄒᆞᆯ때나、집에잇슬때에、恒常몸에진일藥은、淸心保命단밧게또어듸잇나참그럿치

○年年이冬節이면痰빗고기침ᄒᆞᄂᆞᆫ사ᄅᆞᆷ이오작만ᄒᆞᆫ가、그것은우리나라土疾일세、다른히ᄂᆞᆫ고만두고昨年겨을만ᄒᆞ야도、그藥먹고效驗본사ᄅᆞᆷ이萬餘名에達ᄒᆞ엿다네、

○그럼이야참조ᄒᆞᆫ藥이야참조치

○그뿐인가今年怪疾에效驗못본사ᄅᆞᆷ이또어듸잇나、百發百中이지

藥은참靈藥이야

○消化不良이며酒醉와水土不服이며口熱惡臭와中暑中寒이며船車眩暈에ᄂᆞᆫ무엇시조ᄒᆞᆫ가、이藥처럼神奇ᄒᆞᆫ藥이또업지

참世界에第一이로곤

○無病ᄒᆞᆫ사ᄅᆞᆷ이라도恒常長服ᄒᆞ면腸胃가健全ᄒᆞ고心神이爽快ᄒᆞᆫ길

응ㅡ그럿쿠말구

○그藥은어듸셔파ᄂᆞᆫ가處處에다잇지

○濟生堂本舖ᄂᆞᆫ어듸인가셔울南大門近方이지

廣告

各種東洋西藥과韓國唐草材大發賣所 京城鍾路 仁川杻峴 和平堂藥房

健胃消滯 八寶丹 — 積滯와冒腹痛파頭痛眩暈을鎭正ᄒᆞᆫ一包十錢三包卄五錢

起死回生 蘇生丹 回生水 — 虛泄濕泄轉筋吐瀉腹痛신效霍亂吐瀉腹痛下痢疾咳每包金十錢、

麝香消瘡丹 — 梅毒下疳頑瘡풍濕瘡一劑금四圓

胎養調經丸 — 婦人冷痢帶下症月經不調신效一劑金五圓

陰陽更補 滋陽丸 — 陽氣不足元氣不足陰陽變補十日分金一圓八十錢一月分金五圓

阿片斷引藥 — 阿片引을斷ᄒᆞ고元氣回腹ᄒᆞᄂᆞᆫ藥一劑五圓

連珠去根 全治丸 — 男女老幼잔連珠라력을全治去根一劑三圓

鎭咳散 — 痰을消ᄒᆞ고히소흘止ᄒᆞᄂᆞᆫ藥一包金三十錢

消積散 — 陳陳舊滯을消化ᄒᆞᄂᆞᆫ藥一包金十五錢

寸白 殺蟲藥 — 寸빅虫을一切去根ᄒᆞᄂᆞᆫ듸신効一包金三十錢

[illegible]散 — 회積腹痛을完治금十錢

[illegible] — 버집파어루럭이의藥二十錢 죽은세가쌔지ᄂᆞᆫ藥금三十錢 諸般感氣신效금十錢

[illegible]膏 — 大小瘧을롱治ᄒᆞᄂᆞᆫ膏藥十錢

其他有名賣藥 都賣散賣

其他國內各藥房에서製造ᄒᆞᄂᆞᆫ各種藥이俱備ᄒᆞ오니隨用請求ᄒᆞ시면迅速히代金引換으로付送ᄒᆞ깃숩

京城鍾路 仁川杻峴 平壤鍾路 和平堂主人 李應善

社告

申報價

壹張代金 新貨二錢五厘
壹個月 三十錢
參個月 九十錢
陸個月 先納 壹圓七十錢
壹個年 先納 參圓四十錢
郵稅 壹張 新貨五厘
壹個月 十三錢

廣告料

四号活字拾三字詰
每日英尺一寸에(自一行至四行이爲一寸) 新貨卄五錢
二週日壹寸에 二圓五十錢
壹個月壹寸에 五圓
但期限의長短과字行의多小를依ᄒᆞ야增減ᄒᆞᆷ이有ᄒᆞᆷ

大韓每日申報各處支社廣告

平安道

平壤鍾路太極書館 安泰國
三和港碑石洞敎堂 裴亨湜
義州南門外韓西大藥房 張有寬
鐵山郡內東部 安灝
車輦館同志會內 金明현
定州南門內書舖 洪成麟
博川郡內簞洞 金[illegible]樞
安州城內安陵書館 金[illegible]河
京義線枇峴驛停車場前 李基秀
龍川南市驛 韓燦禧
龍川楊市 黃菊保
朔州郡南門外 朱伯英
泰川郡內관前洋藥局 李正華
寧邊郡內紅門里 鄭德昇
江西郡內 金昌煥
宣川郡橋南 申基周
江界邑內 金泰熙
郭山郡內新街 金大현
甑山郡內利用里 崔診爽
雲山北面橋洞 王冕圭
雲山郡內 咸元澤
順川郡達洞 鄭裕景
昌城邑內西下里壹統貳戶 許 익

黃海道

해州南門內書舖 朴昌鎭
安岳壽石面訓鍊里 韓정敎
長淵邑校洞西北支學會內 崔東元
殷栗郡倉前里 金光礪
信川郡內四里 李悌경
載寧郡乾材藥局 李鼎均
白川郡文明館 趙雲泳
沙里院活民勞動救火會任敬宰

咸鏡道

咸興州南社西門外 曹喜林
元山港創業社 皇甫正杰
定平郡豐陽里 張禮學
洪原西門內保命局 羅炳善
永興南山洞進明學校內 梁元常
淸津港新興洞 張元浩

全羅道

金溝水流面豆亭 趙德三
木浦港陽洞 李得珠

京畿道

仁川杻峴開新冊사 李東皓
開城南大門內興盛書舖 姜助遠
江華郡內川橋 兪鎭植

忠淸道

結城廣川小龍洞 李啓祚
韓山下北필堂里 李英稙

慶尙道

大邱西門外友技書樓側 李正由
釜山港佐川藥局 徐錫斉

江原道

杆城邑新城里二統三戶 咸海元
鐵原邑棠洞 趙鍾大
蔚珍遠南面梅花里 朱鎭壽

北墾島

北墾島龍井村耶蘇敎堂內 裴尙禧

告

檀君開國四千二百四十二年
箕子元年三千三十一年
大韓開國五百十八年
本報創刊日
光武八年七月十八日

大韓每日申報

Responsible for Publication Alfred Weekley Marnham.
發行兼編輯人 英國人 萬咸
發行所
京城南部石井洞三層洋屋家
大韓每日申報社

第七卷 月曜及慶節歲時日休刊 第一千二百四十九号

論說

◎今日韓國人士의中庸

古聖이曰爵祿도可辭오白刃도可蹈언뎡中庸은不可能이라ᄒᆞ엿더라

噫라只今韓國同胞中에或過或不及ᄒᆞᄂᆞᆫ者ㅣ何其多오彼古聖의言이此를謂홈인가ᄒᆞ노라

試看ᄒᆞ라或者ᄂᆞᆫ眼光이狹ᄒᆞ고根性이劣ᄒᆞ야個人觀念만綳中ᄒᆞᆫ지라故로何以ᄒᆞ면余의一身이富貴ᄒᆞᆯᄭᆞ何以ᄒᆞ면余의一家가生存ᄒᆞᆯᄭᆞ何以ᄒᆞ면婦女玉帛을多致ᄒᆞᆯᄭᆞ何以ᄒᆞ면良田美宅을多營ᄒᆞᆯᄭᆞᄒᆞ야其思想이是오其目的이是오其働作이是오其夢寐祈禱가是니何暇에國家라ᄂᆞᆫ觀念이得生ᄒᆞ리오此가卽不及이오

又或者ᄂᆞᆫ眼界가太高ᄒᆞ고胷襟이太濶ᄒᆞ야世界觀念이瀰滿ᄒᆞᆫ지라故로曰何以ᄒᆞ면東洋이平和ᄒᆞᆯᄭᆞ何以ᄒᆞ면黃白이不競ᄒᆞᆯᄭᆞ何以ᄒᆞ면世界各國이平等旗를共執ᄒᆞᆯᄭᆞ何以ᄒᆞ면世界人類가自由鍾을共鳴ᄒᆞᆯᄭᆞᄒᆞ야其思想이是오其目的이是오其働作이是오其夢寐祈禱가是니又何暇에國家라ᄂᆞᆫ觀念이得生ᄒᆞ리오此가卽過라

吾儕가此言을發홈은何故오ᄒᆞ면卽過不及이皆是國家에害되ᄂᆞᆫ所以니라

不及이何故로國家에害ᄒᆞ뇨ᄒᆞ면(一)其人이國家에利益될働作이無ᄒᆞᆫ所以며(二)國家를剝ᄒᆞ야個人을肥ᄒᆞᄂᆞᆫ所以며(三)其傳染이波及ᄒᆞ야國民을腐敗케ᄒᆞᄂᆞᆫ所以며

過가何故로國家에害ᄒᆞ뇨ᄒᆞ면(一)其人이國家에利益될働作이缺ᄒᆞᆫ所以며(二)世界를爲ᄒᆞ야國家를損ᄒᆞᄂᆞᆫ所以며(三)其傳染이波及ᄒᆞ야國民을淡泊케ᄒᆞᄂᆞᆫ所以라

然則何가中庸인가曰國家觀念이是已니라

大抵個人觀念으로如何히熱등ᄒᆞᆯ지라도其國家가敗亡ᄒᆞᄂᆞᆫ日에ᄂᆞᆫ個人도亦敗亡ᄒᆞᆯ지며世界觀念으로如何히瞑狂ᄒᆞᆯ지라도世界가平和ᄒᆞ기前에其國家가먼져敗亡ᄒᆞᆯ지니

國家觀念을奮起ᄒᆞ야國家의實力을長ᄒᆞ며國家의威聲을震홈이今日韓國人士의惟一ᄒᆞᆫ天職이라故로記者ᄂᆞᆫ曰中庸은國家觀念이是已라ᄒᆞ노라

故로志士ᄂᆞᆫ其家를不顧ᄒᆞ며其身을不顧ᄒᆞ며其頭腦、骨、血을不惜ᄒᆞ야國家만知ᄒᆞ고個人은不知ᄒᆞ나니此皆中庸을取키爲홈이며故로志士ᄂᆞᆫ同胞를對ᄒᆞ야ᄂᆞᆫ活佛이되며慈母가되ᄋᆢ다가異族과爭홈에ᄂᆞᆫ刀劍도되며豺狼도되야國家만知ᄒᆞ고世界ᄂᆞᆫ不知ᄒᆞ나니此亦中庸을取키爲홈이니라

嗚呼라同胞ᄂᆞᆫ過도取치말며不及도取치말고오쟉中庸을取ᄒᆞ라此가同胞의護身符니라

官報

號外

隆熙三年十一月一日

內閣告示第三十三號

○勅令第二百三十六號 續

統監府裁判所令

第十七條 高等法院檢事局에高等法院檢事長을置홈

高等法院檢事長은統監의指揮監督을承ᄒᆞ야該局의事務를掌理ᄒᆞ고下級檢事局을指揮監督홈

第十八條 控訴院檢事局에控訴院檢事長을置홈

控訴院檢事長은該局의事務를掌理ᄒᆞ고管轄區域內下級檢事局을指揮監督홈

第十九條 地方裁判所檢事局에地方裁判檢事正을置홈

地方裁判所檢事正은該局의事務를掌理ᄒᆞ고管轄區域內區裁判所檢事局을指揮監督홈

第二十條 區裁判所의檢事ᄂᆞᆫ該裁判所檢事局의事務를掌理홈

檢事二人以上이有ᄒᆞᆫ時ᄂᆞᆫ上席의檢事가前項의職務를行홈

第二十一條 高等法院及控訴院에書記長을置호다書記長은奏任으로홈

書記長은院長及檢事長의命을承ᄒᆞ야庶務를掌홈

第二十二條 書記ᄂᆞᆫ上官의指揮를承ᄒᆞ야庶務를從事홈

第二十三條 通譯官及通譯生은上官의指揮를承ᄒᆞ야繙譯及通譯에從事홈

第二十四條 統監府裁判所及檢事局職員의定員은各裁判所及檢事局을通ᄒᆞ야左와如홈

判事	三百二十九人
檢事	八十五人
書記長	四人
通譯官	四人
書記	三百六十八人
通譯生	百八十七人

第二十五條 韓國人으로셔判事又ᄂᆞᆫ檢事된者ᄂᆞᆫ民事에在ᄒᆞ야ᄂᆞᆫ原告被告가共히韓國人된境遇、刑事에在ᄒᆞ야ᄂᆞᆫ被告人이韓國人된境遇에限ᄒᆞ야其職務를行홈

第二十六條 區裁判所檢事의職務ᄂᆞᆫ統監府警視、統監府警部又ᄂᆞᆫ統監府裁判所書記로ᄒᆞ야금此를行케홈을得홈

第二十七條 統監府裁判所及檢事局의事務處理에關ᄒᆞᆫ規程은統監이此를定홈

附 則

第二十八條 本令은明治四十二年十一月一日로부터此를施行홈

統監府法務院官制ᄂᆞᆫ此를廢止홈

第二十九條 本令施行前理事廳又ᄂᆞᆫ韓國의區裁判所、郡衙或은地方裁判所에셔受理ᄒᆞᆫ訴訟事件及非訟事件은現在ᄃᆡ로理事廳에係ᄒᆞᆫ者에在ᄒᆞ야ᄂᆞᆫ管轄에關ᄒᆞᆫ規定에從ᄒᆞ야相當ᄒᆞᆫ區裁判所又ᄂᆞᆫ地方裁判所에、韓國의區裁判所又ᄂᆞᆫ郡衙에係ᄒᆞᆫ者에在ᄒᆞ야ᄂᆞᆫ其所在地를管轄ᄒᆞᄂᆞᆫ區裁判所에、韓國地方裁判所에係ᄒᆞᆫ者에在ᄒᆞ야ᄂᆞᆫ其所在地를管轄ᄒᆞᄂᆞᆫ地方裁判所에移ᄒᆞᆫ者로ᄒᆞ고既爲ᄒᆞᆫ裁判은第一審及第二審의區別에從ᄒᆞ야各其區裁判所又ᄂᆞᆫ地方裁判所에셔此를爲ᄒᆞᆫ者로看做홈

（未完）

外報

◎水雷艇爆裂 英國포쓰마우쓰軍港에셔水雷艇이爆裂ᄒᆞ야破損되엿ᄂᆞᆫᄃᆡ二名이負傷ᄒᆞ엿다더라

◎垂簾聽政說 淸國에셔ᄂᆞᆫ隆裕皇太后의垂簾聽政ᄒᆞᆫ다ᄂᆞᆫ풍說이再起ᄒᆞ엿다더라

◎火山發見 南洋가나리야羣島中지넬푸島에셔新噴火山을發見ᄒᆞ엿다더라

◎强制敎育 淸國學部에셔ᄂᆞᆫ宣統二年二月로부터强制敎育法을實行ᄒᆞᆯ意로各省提學使에게電訓ᄒᆞ엿다더라

◎拒欵公憤 淸國諮議局議員의中心이되야粵漢鐵道借欵을拒絶ᄒᆞᆯ目的으로組織ᄒᆞᆫ鐵道協會의第二回會席에셔議員一名이演說을ᄒᆞ엿ᄂᆞᆫᄃᆡ悲憤慷慨의餘에洋刀로써其指를切斷ᄒᆞ고是身으로써國家의犧牲에供ᄒᆞ기를誓ᄒᆞᆫ다ᄒᆞ고絶叫ᄒᆞ야大히人心을激勵ᄒᆞ엿고諮議局에셔借欵을拒絶ᄒᆞ고淸國獨力敷設의議案을可決홈으로부터有志者의資金提供을豫約ᄒᆞᆫ金額이既히一千萬弗에達ᄒᆞ엿다더라

◎投資交涉 西伯利로부터來ᄒᆞᆫ確報를據ᄒᆞᆫ즉某外國資本家ᄂᆞᆫ西伯利富源을開拓ᄒᆞᆯ目的으로西伯利鐵道豫定線에投資코져ᄒᆞ야露國政府에交涉中이라더라

◎露國鐵道 露國에셔ᄂᆞᆫ鐵道豫算에關ᄒᆞ야來年度臨時費豫算으로交通省에셔八千九百萬留를支出ᄒᆞ기로決定ᄒᆞ엿ᄂᆞᆫᄃᆡ該豫算으로써來年度에敷設ᄒᆞᆯ線路가十處라더라

◎淸日交涉 淸日兩國에셔ᄂᆞᆫ旅順炭坑問題以外에滿州鹽問題及沿岸漁業問題에關ᄒᆞ야交涉을始ᄒᆞ기로決ᄒᆞ엿다더라

○談 叢○

劍 心

▲西人이澳洲를처음發現ᄒᆞᆯ際土蠻이森林中에셔突出ᄒᆞ야人을遇ᄒᆞ면口를張ᄒᆞ고攫食ᄒᆞ거ᄂᆞᆯ兵威로壓ᄒᆞ야도不止ᄒᆞ며人道로說ᄒᆞ야도不聽ᄒᆞᄂᆞᆫ지라耶蘇敎會에셔此를敎導코ᄌᆞᄒᆞ야無數히宣敎師를派送ᄒᆞ야天父의使命으로土蠻를說諭ᄒᆞ더니說諭만不行ᄒᆞᆯᄲᅮᆫ아니라幾多의宣敎師를一一히土蠻의腹中에葬送ᄒᆞ엿더라敎會에셔徒히憂歎ᄒᆞᆯ而已더니一個手足斷絶된病身敎師一人이出曰我가能히此를引導ᄒᆞ리라ᄒᆞ고印度膏로手足을製着ᄒᆞ고澳洲에渡ᄒᆞ야山林에向ᄒᆞ니羣蠻이爭出ᄒᆞ야噉食코ᄌᆞᄒᆞ거ᄂᆞᆯ該敎師가笑曰汝等은亂來치말지어다我가我身을分ᄒᆞ야汝等을飽食케ᄒᆞ리라ᄒᆞ고左手를拔ᄒᆞ야左來者에게投ᄒᆞ며右手를拔ᄒᆞ야右來者에게投ᄒᆞ고又其左足右足을拔ᄒᆞ야投ᄒᆞ니羣蠻이크게驚恠ᄒᆞ야敢히食지못ᄒᆞ거날이에天國의福音을宣ᄒᆞ야各其悔改홈을勸ᄒᆞ야羣蠻殺人의俗을漸革ᄒᆞ니라

評曰戰爭홈에人을殺ᄒᆞ기城에盈ᄒᆞ며弱國을呑ᄒᆞ야一種族數百萬數千萬되ᄂᆞᆫ人口를滅盡ᄒᆞ면셔儼然히文明人道의邦國으로自處ᄒᆞ고彼野蠻人을反譏ᄒᆞ니一人을食ᄒᆞᄂᆞᆫ罪가一國을食ᄒᆞᄂᆞᆫ罪와何如오莊生의云ᄒᆞᆫ바竊鉤者誅竊國者侯가此를謂홈이아닌가嗚呼라彼食人의蠻은僞造의手足을斷ᄒᆞ야能히感化식혓거니와此食國의蠻은비록眞個의手足을斷ᄒᆞ야도能히悔改케ᄒᆞ기難ᄒᆞᆯ진져

詞 藻

※能 幾 時※

桃李花發봄이가면、綠陰芳草여름되고。梧桐葉落가을後에、雪滿窮巷겨을된다、듯거라、一時强暴로橫行ᄒᆞᄂᆞᆫ、無理者들。

電報

◎端總督罷免 清國直隷總督端方氏ᄂᆞᆫ西太后葬儀를行ᄒᆞᆯ際에不敬ᄒᆞᆫ事件이有ᄒᆞ다ᄂᆞᆫᄃᆡ其略은靈塲의樹木을濫伐ᄒᆞ야電柱로使用ᄒᆞᆫ等事이라此로因ᄒᆞ야李鴻章氏의子李國杰氏의彈劾을被ᄒᆞ야再昨二十三日에罷免을當ᄒᆞ엿다더라

◎博邦歸着 伊藤公의令男伊藤博邦은昨夜八時三十分에日本東京에歸着ᄒᆞ엿다더라

◎東洋視察 前駐日德國大使포온홀맨氏ᄂᆞᆫ蘇士河를經ᄒᆞ야東洋을視察ᄒᆞᆯ터인ᄃᆡ日本도訪問ᄒᆞ리라더라 以上東京發 卄四日着

雜報

◎派官問安 大皇帝陛下ᄭᅴ옵셔再昨日에侍從李㽦永을德壽宮에 命送ᄒᆞ샤 太皇帝陛下ᄭᅴ 問安ᄒᆞ셧다더라

◎統ᄃᆡ會議 再昨日은統監ᄃᆡ定例大臣會議日인ᄃᆡ日本新嘗祭日이상値되야休會ᄒᆞ고昨日下午에開會ᄒᆞ엿다더라

◎變更何多 明年度一月分에ᄂᆞᆫ中央政府及地方行政의官制를一切變更ᄒᆞ기로內定되엿다ᄂᆞᆫᄃᆡ行政上에不美ᄒᆞᆫ官吏ᄂᆞᆫ免官된다더라

◎蘇氏長書 瓮山郡居蘇錫政氏ᄂᆞᆫ內部大臣朴齊純氏에게長書를提出ᄒᆞ엿ᄂᆞᆫᄃᆡ觀察使가郡守薦報ᄒᆞᄂᆞᆫ官制를廢止ᄒᆞ고內部에서直接擇差ᄒᆞ라ᄒᆞ엿다더라

◎江察遷任說 江原道觀察使李圭完氏ᄂᆞᆫ不遠間遷任된다더라

◎郡守薦報 平安南道中和順安祥原三郡의郡守가欠員되엿ᄂᆞᆫᄃᆡ該道觀察李珍鎬氏가郡守候補者十名을薦報ᄒᆞ엿다더라

◎說論之效 前郡守安昇玉氏ᄂᆞᆫ農相趙重應氏를紹介ᄒᆞ야地方說論의功勞를藉托ᄒᆞ고觀察使를運動ᄒᆞᄂᆞᆫᄃᆡ慶北으로內定되엿다더라

◎急告無效 伊藤公遭凶에對ᄒᆞ야日本에前往謝罪ᄒᆞᆯ次로某某諸人이發起ᄒᆞᆷ은已報어니와再昨日下午二時에國民演說臺에서議事會를開ᄒᆞ라다가來참者가無ᄒᆞ야停止ᄒᆞ엿고本日下午一時에中部典洞金明五氏家에서開會ᄒᆞ기로退定ᄒᆞ엿스나會員이有ᄒᆞᆯᄂᆞᆫ지不知ᄒᆞ깃다더라

◎內部茶話 內部에서黃海道書記官澤田等의入京을因ᄒᆞ야茶話會를開ᄒᆞ고地方事情을講論ᄒᆞᆫ다더라

◎書記上京 忠南觀察道沼澤書記官은該道內地方費로地方教育에補用ᄒᆞᆯ事件을協議코ᄌᆞᄒᆞ야書記二人을學部로派送上來ᄒᆞ엿다더라

◎清官入京 再昨日에清國武官張仁國覃師范氏等四人이入京ᄒᆞ야統監府를訪問ᄒᆞ엿다더라

◎阿部將歸 第一銀行支점事務를監督ᄒᆞᆯ次로木浦에出張ᄒᆞ엿던度支部事務官日人阿部秀太郞은本日木浦셔出발ᄒᆞ야歸任ᄒᆞᆫ다더라

◎尙須補助 內部에서ᄂᆞᆫ來年度地方費로土木及其他事業을經營ᄒᆞᆫ다ᄂᆞᆫᄃᆡ尙且國庫金의補助를受ᄒᆞᆯ必要가有ᄒᆞ다ᄒᆞ야度支部로交涉ᄒᆞᆫ다ᄂᆞᆫ說이有ᄒᆞ다더라

◎預金出給 已往海外에逗留ᄒᆞ던尹仲植氏ᄂᆞᆫ十餘年前上海淮豐銀行에預金四萬圓을任置ᄒᆞ엿다가尹氏ᄂᆞᆫ身故ᄒᆞ엿ᄂᆞᆫᄃᆡ今番該銀行에서統監府로通知ᄒᆞ고尹氏의遺族을覓得ᄒᆞ야該金額을給與ᄒᆞ라ᄒᆞᆫ故로統監府에서日前尹氏의妻金氏를搜出ᄒᆞ엿ᄂᆞᆫᄃᆡ日間該預金本利並七萬圓을出給ᄒᆞᆫ다더라

◎銀行開業 韓國銀行은昨日부터一般業務를開始ᄒᆞ엿다더라

◎引繼終了 韓國銀行이第一銀行의事務를引繼ᄒᆞᆫ結果로第一銀行에對ᄒᆞᆫ韓國銀行의負債金額은七百八十餘萬圓이라더라

◎尹氏下鄕 前觀察使尹吉炳氏ᄂᆞᆫ近日財政이窘艱ᄒᆞᆷ으로調過ᄒᆞᆯ道理가極難ᄒᆞ다ᄒᆞ야魯城鄕第로率眷下去ᄒᆞᆫ다더라

◎部內語學 度支部一般官吏가韓日語學講習所를設始ᄒᆞ고韓人은三十錢日人은五十錢式捐出ᄒᆞ야教師의手當金을支給ᄒᆞ기로協議ᄒᆞ엿다더라

◎隨處流涎 農商工部山林局囑托日人木間이가江原道森林視察次로出張ᄒᆞ엿다가去十三日에歸京ᄒᆞ엿ᄂᆞᆫᄃᆡ該人의談을聞ᄒᆞᆫ즉千餘里에亙ᄒᆞᆫ金剛山脈에松櫟等森林이重疊ᄒᆞ고其間에農牧의地가有ᄒᆞ야垂涎ᄒᆞᆯ處가多ᄒᆞᆫᄃᆡ此地ᄂᆞᆫ韓國의一大富源이라고云ᄒᆞ엿다더라

◎落訟稱怨 年前 德壽宮을重建ᄒᆞᆯ時에韓用錫鄭龍文裵學成洪淳模等諸氏가木石鐵物等을進供ᄒᆞ고價額을尙今未推ᄒᆞᆷ으로辯護士張燾氏의게委任ᄒᆞ야財產整理局과屢度裁判ᄒᆞ다가畢竟落科되엿ᄂᆞᆫᄃᆡ抑冤을不勝ᄒᆞ야將次統監府에長書를提出ᄒᆞᆫ다더라

◎連累撮影 安重根의連累者禹連俊等八人을撮影ᄒᆞ야警視廳及各地方警察署에分布ᄒᆞ엿다더라

◎印刷局落成 度支部所管龍山印刷局의擴張工事가竣成됨으로來二十七日下午二時에落成式을擧行ᄒᆞᆫ다ᄂᆞᆫᄃᆡ度支部大臣高永喜氏가各部奏任官에게請牒을발送ᄒᆞ엿다더라

◎視察入城 慶尙南北道에學事視察次로出張ᄒᆞ엿던學部主事金俊水氏와日人秋原은再昨日에入城ᄒᆞ엿다더라

◎撤還京城 內部에서ᄂᆞᆫ間島에派出ᄒᆞ엿던主事警部巡查等二十餘名을京城으로撤還ᄒᆞ엿ᄂᆞᆫᄃᆡ各其職務를從ᄒᆞ야隨宜配置ᄒᆞᆫ다더라

◎稷民呼訴 稷山郡財務主事日人水橋와通譯李鍾洙書記李心喆三氏가符同ᄒᆞ야結錢을任意加捧ᄒᆞ고酒稅를每戶에一圓十錢式督捧ᄒᆞᄂᆞᆫᄃᆡ或抗拒ᄒᆞᄂᆞᆫ人民이有ᄒᆞ면無數毆打ᄒᆞᆷ으로郡民代表吳錫永氏가公州支監督局에告訴ᄒᆞ야現今詰難中이라더라

◎車牌調查 昨日中部警察署에서該管內人力車夫를招集ᄒᆞ야名牌를一一調查ᄒᆞ엿다더라

◎演興沒興 中部琵琶洞居尹周烈氏夫人은三昨日夜演興社를觀覽ᄒᆞ고歸路에失足顚仆ᄒᆞ야重傷을被ᄒᆞ엿슴으로擔舁而歸ᄒᆞ엿다더라

◎秋月可尙 妓生秋月은年方十六에妓業을賤陋히녁이여기業에辭退코ᄌᆞ累累懇求ᄒᆞ되기夫宋秉洙가强制不許ᄒᆞᆷ으로該기女가中署에呼訴ᄒᆞ엿ᄂᆞᆫᄃᆡ該署에서宋秉洙를數次招致ᄒᆞ야該기女의所願을依施ᄒᆞ라ᄒᆞ되一向頑拒ᄒᆞᆷ으로再昨日에ᄂᆞᆫ恪別히嚴飭ᄒᆞ엿다더라

◎銃丸發見 忠淸北道堤川警察署에서本月二十三日에前全州鎭衛隊모슬銃五梃과彈丸百發이隱匿되엿던것을發見ᄒᆞ엿다더라

◎果有是耶 南部會賢坊水橋居韓泳祖氏가甲辰年分에西小門內司倉洞居申泰興氏에게家券一張을典執ᄒᆞ고當錢萬兩을債用ᄒᆞ야五六年間利子를依例備報ᄒᆞ더니去年十二月分에申氏가空印札紙四張을携帶ᄒᆞ고韓氏다려言及ᄒᆞ기를家券을證明으로成出ᄒᆞᆯ터이니圖章을捺給ᄒᆞ라ᄒᆞ고證明費五圓ᄭᆞ지取去ᄒᆞ엿ᄂᆞᆫᄃᆡ申氏가卽時該紙面에韓泳祖이가申泰興의錢一千一百圓을貸用ᄒᆞᆫ樣으로手記를造作ᄒᆞ고韓氏와一面不知ᄒᆞᆫ金景植韓基瑞兩人을保證으로書ᄒᆞ야近日京城地方재判所에擧訴ᄒᆞ엿다더라

◎言之醜也 前正尉尹致뎌氏ᄂᆞᆫ女學徒李惠訥과月露의緣이有ᄒᆞ엿ᄂᆞᆫᄃᆡ情跡이近近綻露되여惠訥은難學을當ᄒᆞ야江華로下往ᄒᆞᆫ지라尹氏ᄂᆞᆫ該女를納入코져ᄒᆞ나父母의禁止가有ᄒᆞ고桑中의餘戀을未遣ᄒᆞ야洪某와共히江華로向ᄒᆞ엿다더라

◎失火何多 昨日午前四時量에泥峴等地日人羽田家에서失火ᄒᆞ야家屋이全燒되엿ᄂᆞᆫᄃᆡ其火根은溫突에서起ᄒᆞ엿다더라

◎南方義兵 南來人의傳說을據ᄒᆞᆫ즉聞慶延豊等地에ᄂᆞᆫ義兵將韓鳳瑞氏가部下二百八十名을領率ᄒᆞ고該地附近에橫行ᄒᆞ면서日人을逢ᄎᆞᆸ加害ᄒᆞᆫ다더라

◎慘哉是命 三昨日下午四時瑞興郡興水院驛近地에서韓人一名이鐵道軌輪에轢致斃ᄒᆞ엿ᄂᆞᆫᄃᆡ機關手의不審인지致斃者의不謹인지原因은姑未詳知어니와當場骨肉이糜爛ᄒᆞ야血流如泥ᄒᆞ엿고屍身은軌外에引置ᄒᆞ고滊車ᄂᆞᆫ直行如前ᄒᆞ엿ᄂᆞᆫᄃᆡ其慘慄ᄒᆞᆫ狀態가目不忍見이라더라

◎金氏申訴 洪陵令金晋圭氏가欺騙犯으로被捉ᄒᆞᆷ은已報어니와日前地方裁判所에서役三年에宣告ᄒᆞ엿ᄂᆞᆫᄃᆡ該氏가不服ᄒᆞ고控訴院에申訴ᄒᆞᆫ다더라

◎偵探被毆 某處偵探人李鍾寅氏ᄂᆞᆫ再昨夜團成社에서乘醉橫行ᄒᆞ다가日憲兵補助員에게毆打를被ᄒᆞ엿다더라

◎一放四滯 雜技犯으로中署에被捉ᄒᆞᆫ金重鉉等五人中에前協辦李基東氏ᄂᆞᆫ無事放免ᄒᆞ엿고李召ᄉᆞ等四人은尙今滯囚中인ᄃᆡ李基東氏ᄂᆞᆫ該召ᄉᆞ와何等關係가有ᄒᆞᆫ지半因中安否를中署門外에逐夜來問ᄒᆞᆫ다더라

◎火盜見逐 强盜七名이各持洋鐵假刀ᄒᆞ고果川郡芝良洞에突入ᄒᆞ야石鼎兼氏家屋과李奇有氏시堆에衛火ᄒᆞᆯ際에洞民百餘人이合力逐出ᄒᆞ엿다더라

◎大同開會 大同教에서去日曜日任員會를開ᄒᆞ라다가不得已ᄒᆞᆫ事故를因ᄒᆞ야停止ᄒᆞ엿ᄂᆞᆫᄃᆡ本日下午六時로更히開會ᄒᆞᆫ다더라

◎大成買舘 大成宗教學會總務卓在潤氏ᄂᆞᆫ該會를擴張ᄒᆞᆯ方침으로西部仁達坊社稷洞에在ᄒᆞᆫ家屋二十餘間을會舘으로買入ᄒᆞ엿다더라

◎青舘演說 今日下午七時에鍾路青年會舘에서演說會를開ᄒᆞ고紳士金一者氏를請邀ᄒᆞ야三省吾身이란問題로演說ᄒᆞᆫ다더라

▲社會燈▼

▲嶺外山川에 文明運이 도라오니ᄭᆞ 慶南日報는 創刊未幾에 八千餘度를 發行ᄒᆞᆫ다지 吾儕는 공충多事ᄒᆞᆫ때를 際ᄒᆞ야 該報創刊에 祝詞도 못ᄒᆞ고 至今것 缺然ᄒᆞᆫ 感情이 有ᄒᆞ더니 今日발展의 喜報를 接ᄒᆞ미 깃거운 마음은 比ᄒᆞᆯ곳이 업네

▲막비의 醜態는 不顧ᄒᆞ고 傍觀의 譏嘲를 欲掩ᄒᆞ너 黃金만 輸送ᄒᆞ면 醜貌가 婉容될ᄭᆡ 쇠ᄉᆞ속이라넌 [illegible] 가사리ᄀᆞᆺ치덥븨는 쟈쟈 [illegible] 이 쇠ᄉᆞ쪼각을 ᄒᆞᆫ런 [illegible] 면 種種 손을 버릴 [illegible]

▲安州엇던 學校에서는 學徒가 相逢歌를 부른다고 警官이 禁止ᄒᆞ더라지 아 이사ᄅᆞᆷ 입으로 나오는 歌詞에 무엇이 못ᄒᆞ다고 止를ᄒᆞ엽다 요셔 行世ᄒᆞᆯ 쟈로 쓰는 治安妨害란 文字 모르나 그것시 못된다고 禁止ᄒᆞ더라데 [illegible] 警官은 [illegible]

▲漢城新報는 [illegible] ᄒᆞ기爲ᄒᆞ야 一日停刊 ᄒᆞᆫ다 더니 于今 三日이 지나도 續刊ᄒᆞᆫ 紙面을 보지 못ᄒᆞ니 아마 그 新聞 二百號만 紀念ᄒᆞ면 永永 停刊이 되깃 나보데 아 이사ᄅᆞᆷ들아 事情을 그ᄃᆡ지도 모로나 財政은 窮渴ᄒᆞ고 商會에서 廣告도 아니노코 自然 內困症이 잇서 그러ᄒᆞᆫ가보데

▲文 壇▼

▲天喜堂詩話 (續)

國詩로言ᄒᆞ면 (南薰殿달발근데八元八凱거나리시고) ᄒᆞᆫ閒淡의詩뿐이며 (말업ᄂᆞᆫ靑山態度업ᄂᆞᆫ流水) 란放狂의詩뿐이며 (말은가자고네굽을ᄯᅡᆼᄯᅡᆼ치ᄂᆞᆫ듸님은잡고落淚ᄒᆞᆫ다) ᄒᆞᆫ淫蕩의詩뿐이며 (風波에놀낸沙工비ᄑᆞ라말을사니) ᄒᆞᆫ厭退에詩뿐이오又幾百年以來로漢詩가一般社會間에盛行ᄒᆞ엿스나亦皆此等語此等意뿐이아닌가落花芳艸ᄂᆞᆫ其心境이며歎窮嗟卑ᄂᆞᆫ其趣旨며對酒當歌人生幾何ᄂᆞᆫ其情懷며無可奈何不如歸去ᄂᆞᆫ其普通用語오此外에ᄂᆞᆫ他境이無ᄒᆞ며此外에ᄂᆞᆫ他情이無ᄒᆞ니此로社會의公德을陶鑄ᄒᆞᆯᄉᆡ必不能이며此로軍國民의感情을釀造ᄒᆞᆯᄉᆡ必不能이로다仲尼ㅣ云 (禮云禮云玉帛云乎哉樂云樂云鐘鼓云乎哉) 아ᄒᆞ셧스니詩云詩云이여果然此等詩를云ᄒᆞᆷ인가噫라外面으로詩가我國에莫盛ᄒᆞ다ᄒᆞᆯ지나內容을察ᄒᆞ면我國의詩가亾ᄒᆞᆫ지已久라ᄒᆞᆯ지라詩가亾ᄒᆞ엿거니國民의思想이何由로高尙ᄒᆞ며國民의精神이何由로結合ᄒᆞ리오故로我國今日現狀은彼等非詩의詩로此를致ᄒᆞ엿다ᄒᆞᆷ도亦可ᄒᆞ도다切望ᄒᆞ노니今日國家前途에留意ᄒᆞᄂᆞᆫ志士여不可不詩道를振興ᄒᆞᆷ에留意ᄒᆞᆯ지니라

(未完)

雜 報

◎不如安土　中部於義洞居盧應元氏ᄂᆞᆫ去七月分上海等地로率眷渡去ᄒᆞ엿더니水土不服을因ᄒᆞ야再昨日에還爲渡來ᄒᆞ엿다더라

◎嘉倅善績　慶北長기郡守金永銖氏ᄂᆞᆫ이任週年에勞苦를不憚ᄒᆞ고境內에每月出張ᄒᆞ야農商을勸ᄒᆞ며父老를問ᄒᆞ며使人各守職業케ᄒᆞ며又外交에嫺熟ᄒᆞᆷ으로一郡이賴安ᄒᆞ야稱頌이藉藉ᄒᆞ다더라

◎郡主有人　長기郡主事朴在鳳氏ᄂᆞᆫ素性이端雅廉直ᄒᆞ고郡便事務와外人交涉과學校事務에心力을罄竭ᄒᆞ고手段이敏活ᄒᆞ야一境이稱頌ᄒᆞᆫ다더라

◎處女失所　再昨日下午七時에中部㖟洞等地에서何許十三歲女兒가街路에彷徨ᄒᆞᄂᆞᆫ듸東署巡查가該女兒를東署로押付ᄒᆞ야根因을查問ᄒᆞᆫ즉中部校洞居李廷호氏의女子로繼母의虐待를不堪ᄒᆞ야自發ᄒᆞ고出來ᄒᆞ엿다ᄒᆞᆷ으로東署에서中署에電話ᄒᆞ야事實을調查ᄒᆞᆫ다더라

◎明洞回祿　昨日上午一時에南部明洞尹창植氏沐浴湯에서失火ᄒᆞ야家屋及諸般物品二千餘圜價値를沒數燒燼ᄒᆞ고拓殖會社와附近日人家屋ᄭᆞ지延及小燒ᄒᆞ엿ᄂᆞᆫ듸同六時에撲滅ᄒᆞ엿다더라

學 界

◎明新日新　竹山郡守李潤永氏가郡內紳士沈鎭奎氏와協力ᄒᆞ야近二面栗里에明新普通學校를設立ᄒᆞ엿ᄂᆞᆫ듸不滿一旬에學員이一百餘名에達ᄒᆞ엿다더라

◎樂器注文　徽文義塾에서一般學生의게音樂을實習케ᄒᆞ기爲ᄒᆞ야樂器를買來ᄒᆞᆯ次로美國에注文ᄒᆞᆫ다더라

◎敎師義務　載寧郡左栗面居羅錫基氏ᄂᆞᆫ該面普明學校에語學科를擔任敎授ᄒᆞ다가今秋期에留學ᄒᆞᆯ次로敎師의任을辭免ᄒᆞ미一般任員이語學敎師의欠결로晝宵憂慮ᄒᆞᄂᆞᆫ지라該氏가其誠意를感歎ᄒᆞ야慨然히留學을延期ᄒᆞ고一個年間無料敎授ᄒᆞ기로自擔ᄒᆞ야校況이倍前進就ᄒᆞᆫ다더라

社告

申報價

壹張代金 新貨二錢五厘
壹個月 三十錢
參個月 九十錢
陸個月 先納 壹圓七十錢
壹個年 先納 參圓四十錢
郵稅 壹張 新貨五厘
壹個月 十三錢

廣告料

四号活字拾三字詰
每日英尺一寸에(自一行至四行이爲一寸) 新貨廿五錢
二週日壹寸에 二圓五十錢
壹個月壹寸에 五圓
但期限의長短과字行의多小를依ᄒᆞ야增減홈이有홈

大韓每日申報各處支社廣告

平安道

平壤鍾路太極書舘 安泰國
三和港碑石洞敎堂 裵亨湜
義州南門外韓西大藥房 張有寬
鐵山郡內東部 安灝
車輦舘同志會內 金明鉉
定州南門內書舖 洪成麟
博川郡內簞洞 金翼樞
安州城內安陵書舘 金翼河
京義線枇峴驛停車場前 李基秀
龍川南市驛 韓燦禧
龍川楊市 黃菊保
[illegible]州郡南門外 朱伯英
泰川郡內관前洋藥局 李正華
寧邊郡內紅門里 鄭德昇
江西郡內 金昌煥
宣川郡橋南 申基周
江界邑內 金泰熙
郭山郡內新街 金大鉉
殷山郡內利用里 崔診爽
雲山北面橋洞 王冕鎬
雲山郡內 咸元澤
順川郡達洞 鄭裕昱
昌城邑內西下里壹統貳戶 許 익

黃海道

海州南門內書舖 朴昌鎭
安岳壽石面訓鍊里 韓楨敎
長淵邑校洞西北支學會內 崔東元
殷栗郡倉前里 金光礪
信川郡內四里 李悌敬
載寧郡乾材藥局 李鼎均
白川郡文明舘 趙雲泳
沙里院活民勞働救火會 任敬宰

咸鏡道

咸興州南社西門外 曹喜林
元山港創業社 皇甫正杰
定平郡豐陽里 張禮學
洪原西門內保命局 羅炳善
永興南山洞洪明學校內 李元常
淸津港新興洞 張元浩

全羅道

金溝水流面豆亭 趙德三
木浦港陽洞 李得珠

京畿道

仁川杻峴開新冊舖 李東皓
開城南大門內興學書舖 姜助遠
江華郡內川橋 兪鎭植

忠淸道

結城廣川小龍洞 李啓祚
韓山下北필堂里 李英穂

慶尙道

大邱西門外友弦書樓側 李正由
釜山港佐川藥局 徐錫斉

江原道

杆城邑新城里二統三戶 咸海元
鐵原邑棠洞 趙鍾大
蔚珍遠南面梅花里 朱鎭壽

北墾島

北墾島龍井村耶蘇敎堂內 裵尙禧

社告

檀君開國四千二百四十二年
箕子元年三千三十一年
大韓開國五百十八年
本報創刊日
光武八年七月十八日

大韓每日申報

發行兼編輯人 英國人 萬咸
Responsible for Publication Alfred Weekley Marnham.
發行所
京城南部石井洞三層洋屋家
大韓每日申報社

第七卷 月曜及慶節歲時休日刊 第一千二百五十號

論說

◎慶南日報를 祝하노라

翩翩한 一紙가 地方同胞의 消息을 滿帶하고 南天으로 從하야 飛來하더라

手를 忙하야 眼에 照하니 此乃慶南日報로다

此慶南日報를 接하미 居然히 一感이 腦를 觸하니

噫라 韓國十三道雄府巨邑이 棋又치 布하엿스되 所謂地方新聞은 惟此慶南日報 一個가 始出한지라

大抵韓國의 陳腐한 舊慣을 打破하고 文明의 風潮를 歡迎하랴면 慶尙北道에도 幾個慶南日報가 有하고 全羅南道에도 幾個慶南日報가 有하고 全羅北道에도 幾個慶南日報가 有하고 黃海道에도 幾個慶南日報가 有하고 江原道에도 幾個慶南日報가 有하고 其他忠南忠北平南平北咸南咸北에도 반다시 幾個慶南日報가 有하여야 可하거날 乃此慶南日報一個가 始有하니 此紙를 讀하는 同胞는 於心에 何如하며

彼列强으로 論하면 千餘戶되는 市邑에도 반다시 新聞社가 有하고 百餘戶되는 村巷에도 반다시 新聞社가 有하며 大都會에는 數百種으로 數하고 小都會에도 數十種으로 數하야 其國民된 者가 食은 可闕이언뎡 新聞은 不可闕이라하며 衣는 可闕이언뎡 新聞은 不可闕이라하거놀 乃者韓國에는 十三道地方에 此慶南日報 一個가 始有하니 此紙를 讀하는 同胞는 於心에 何如하며

又彼韓國內居留日本人은 異鄕客族이오 天涯乞兒로도 數十名數百名만되면 반다시 一新聞社를 設하야 其氣脈을 相通하며 其利益을 爭導하거놀 乃者韓國同胞는 萬餘戶或幾千戶되는 地方에도 一個新聞社가 無하다가 今에 此慶南日報一個가 始有하니 此紙를 讀하는 同胞는 於心에 何如하오

吾儕는 此紙를 接한 一感으로 同胞에 告하노니 同胞는 幸히 奮發할지어다

然이나 新聞은 人民의 福利를 鼓吹하는 者며 國家의 文明을 喚起하는 者니 其責任이 如何히 重한고

如此히 重한 責任을 辜負하면 其又엇지 國民의 罪人이 아니리오

嗚乎 慶南日報여 奮하며 進하야 人民의 福利를 鼓吹하며 國家의 文明을 喚起하야 其責任을 快擔하라

吾儕는 筆을 擧하야 君의 前途를 祝하노라

官報

號外

隆熙三年十一月一日

內閣告示第三十三號

○勅令第二百三十六號

統監府裁判所令 續

第三十條 本令施行前統監府法務院又는 韓國의 控訴院에셔 受理한 訴訟事件又非訟事件은 現在디로 其所在地를 管轄하는 控訴院에 移한 者로함

統監府法務院의 既爲한 裁判은 高等法院、韓國의 控訴院의 既爲한 裁判은 前項의 控訴院에셔 此를 爲한 者로 看做함

本令施行前韓國의 大審院에셔 受理한 訴訟事件及非訟事件은 現在디로 高等法院에 移한 者로하고 既爲한 裁判은 高等法院에셔 此를 爲한 者로 看做함

○勅令第二百三十七號

(明治四十二年十月十六日)

統監府裁判所司法事務取扱令

第一章 總則

第一條 統監府裁判所에 在한 司法事務의 取扱에 關하야는 通常裁判所에 在한 例에 依함

第二條 司法事務에 關하야 司法大臣에 屬하는 職務는 統監이 此를 行함

第三條 執達吏에 屬하는 職務는 統監府裁判所書記가 此를 行함 但裁判所又는 檢事局의 長은 警察官吏其他適當으로 認하는 者로하야금 此를 行케함을 得함

第四條 辯護士의 行함이 可한 職務는 韓國의 辯護士가 亦此를 行함을 得함

第五條 裁判所는 必要한 境遇에 在하야 辯護士가 아닌 者를 訴訟代理人又는 변護人으로 選任함을 得함

第二章 民事訴訟節次

第六條 民事의 當事者는 변護士가 有한 時라도 裁判所의 許可를 得하야 訴訟能力者를 代理人으로함을 得함

前項의 許可는 何時라도 此를 繳消함을 得함

第七條 假住所에 하는 送達은 此를 受함이 可한 人에 出會치 못하는 時는 假住所의 主人又는 成長한 同居의 親族或은 雇人에게 此를 함을 得함

第八條 書記가 裁判所內에셔 送達을 受함이 可한 者에게 書類를 交付하고 受取證을 提出케한 時는 送達을 함과 同一한 效力을 生함

第九條 訴訟關係人이 期日에 出頭함이 可한 旨를 記載한 書面을 提出한 時는 期日呼出을 함과 同一한 效力을 生함

第十條 期日의 變更又는 期間의 伸長은 當事者가 合意한 境遇라도 相當한 理由가 有함이 아니면 此를 許치 아니함

第十一條 受命判事又는 受托判事는 檢證의 境遇에 在하야 申陳에 依하거나 又는 職權으로써 裁判所의 決定을 待치 아니하고 檢證事項에 關하야 證人을 訊問하거나 又는 鑑定을 命함을 得함

第十二條 證人及鑑定人은 此를 忌避함을 得치 못함

第十三條 判決은 職權으로써 此를 送達함 判決의 送達은 其正本을 交付하야 此를 爲함

第十四條 再度의 闕席判決에 對하야는 故障을 申陳함을 得치 못함

第十五條 控訴의 提起는 控訴狀을 原裁判所에 提出하야 此를 爲함

第十六條 判然히 許치 못할 控訴又는 判然히 法律上의 方式에 適치 아니하거나 或은 其期間의 經過後에 起한 控訴는 原裁判所決定으로써 此를 却下함 此決定에 對하야는 卽時抗告함을 得함

(未完)

外報

◎英帝賜찬 英國皇帝는 淸國海軍視察員一行을 英國윈잘宮殿에 招待하야 午찬을 賜하셧다더라

◎開戰說反對 北美紐育에셔 쌕라이안氏는 德國大使와 同意味가 有한 演說를 試하엿는디 英德開戰說은 愚者의 談論이라고 云하엿다더라

◎徵稅訓令 露國政府에셔는 哈爾賓行政廳에 對하야 訓令을 發하기를 當地駐在한 外國人에게 徵稅할 時에 境遇를 因하야 强制執行을 行하라하엿다더라

◎墺國陰謀 墺國陸軍參謀官에 對하야 毒殺陰謀를 行한 者가 有하엿는디 大尉一名中尉二名이 致死하엿다더라

◎法總督召喚 安南革命에 關한 事件으로 因하야 法領印度支那總督크레코푸스기氏는 巴里로 召喚되엿다더라

◎總督更迭 直隸總督端方氏가 罷免된 代에는 湖廣總督陳夔龍氏가 被任되고 湖廣總督은 江蘇巡撫瑞良氏가 被任된다더라

◎輸入稅增加 和蘭政府에셔는 輸入稅增率案을 議會에 提出하엿다더라

◎日人死傷 淸國安奉沿線에셔 淸國馬賊에게 日本人十名이 死傷하엿다더라

◎德國豫算 德國豫算中에는 亞細亞土耳其의 아다나及트레피젠드의 領事館設置費를 包含하엿다더라

◎增海減陸 德國에셔는 本年度의 海軍豫算은 百二十五萬磅을 增加하고 陸軍에는 百五十萬磅을 減縮하기로 하엿다더라

◎役員免官 紐育에셔는 稅關不正事件에 關하야 同役員의 免官을 當한 者가 本月廿日까지 百四名에 達하엿다더라

○談叢○

柳슈雲 韓石峰 劍心

▲柳슈雲辰소이 幼時에 畵를 喜하야 父兄이 글씨쓰라고 됴희를 쥬면 亂墨으로 揮灑하야 風竹도 그리며 雨竹도 그리며 枯竹瘦竹도 그리고 글씨는 한字도 쓰지 안커날 父가 怒하야 좋아리를 치더니 슈雲이 坐泣한지 良久에 席上에 亂墜한 淚點을 仍히 指爪로 룩룩 그니 點點이 竹葉이오 葉葉이 神畵라 父가 此를 見하고 歎曰 汝는 天生의 畵家니 我가 此를 强沮함이 不可하다하고 自後로는 其畵竹함을 다시 禁止치 안터니 마참니 本朝名畵가 되니라

評曰 固着한 天性은 革코져 함이 不可하며 特長한 天資는 變코져 함이 不可하거날 已往士人家에셔는 兒가 生하미 其性質이 商에 近한지 農에 近한지 一切不問하고 惟佶屈敖牙한 漢文을 授하다가 不能하면 첩曰 此는 無才한 豚犬이라하니 엇지 可하리오 然이나 父母가 子를 敎함에 其材質에 近한것을 求함이 可할뿐아니라 卽自己가 學함에도 또한 性質에 適한 바를 求함이 可하니라

▲韓石峰의 母親은 賣餠을 業하고 其子(卽石峰)를 遣하야 書를 學케하더니 數年만에 歸來하엿거날 母가 暗中에 燈을 滅하고 數個字를 題케한 後에 仍히 火를 張하고 就視하니 字畵이 或大或小하며 或斜或誤하야 辨識하지 못할지라 母가 笑曰 汝가 數年遊學에 何를 學하엿나뇨 汝의 遊學이 汝母의 餠業만 不如하다하고 다시 燈을 滅하고 餠을 造하야 火前에 視하니 大小輕重이 個個如一하더라 石峰이 感奮하야 再次膝下를 辭하고 遠方에 遊하야 求師就學한지 多年에 大書家가 되니라

評曰 雖小技의 成就라도 家庭敎育에 係함이 如是한저

詞藻

※白鷗야※

白鷗야 나지마라, 말훈마티무러보쟈。名區勝地를, 어디어디보앗나냐。自古로, 景槪絶勝키는, 大韓江山。

電報

◉元帥滿洲行 英國키치나元帥ᄂᆞᆫ本月二十三日에上海로부터滿洲로向ᄒᆞ엿다더라

◉露鐵道와美人 露國西伯利鐵道並行線二線은美國資本家團에셔敷設ᄒᆞ기로決定ᄒᆞ엿ᄂᆞᆫᄃᆡ露帝도此를贊成ᄒᆞ고露度大의極東行은此를爲홈이라더라

以上東京發 廿五日着

雜報

◉三件蒙裁 帝室債務審査會規則廢止件과帝室債務出訴에關ᄒᆞᆫ廢止件과度支部官制改正件을總理大臣李完用度支部大臣高永喜兩氏가聯署上 奏ᄒᆞ야 裁可를蒙ᄒᆞ엿다더라

◉支出蒙裁 臨時民籍調査費三千四百八十圜을隆熙二年度國庫剩餘金中에셔支出ᄒᆞ기로裁可되엿다더라

◉內閣例會 昨日은內閣例會인故로總理大臣以下各部大臣이一齊參會ᄒᆞ엿다더라

◉非日不接 內相朴齊純氏ᄂᆞᆫ近日私第에셔日人來訪者만接見ᄒᆞ고韓人은一切謝絶ᄒᆞᆫ다더라

◉三氏三派論 農相趙重應宮相閔丙奭兩氏가再昨夜總상李完用氏私第에會同ᄒᆞ야西北學會大韓協會壹進會三派에關ᄒᆞᆫ事件을秘密談論ᄒᆞ엿다더라

◉區域變更 十三道內의行政區域을便利케ᄒᆞ기爲ᄒᆞ야將次變更ᄒᆞᆫ다ᄂᆞᆫᄃᆡ內閣에셔各府部院廳으로通知ᄒᆞ고官吏中으로地質調査委員各一人式選定ᄒᆞ라ᄒᆞ엿다더라

◉囑托料薄 漢城內家屋酒草稅를收刷ᄒᆞᄂᆞᆫ囑托員의料金은該收金中百二條를除給ᄒᆞᄂᆞᆫᄃᆡ收入이零星ᄒᆞ야料金이太薄홈으로囑托員中辭免셔를提出ᄒᆞᄂᆞᆫ者가多數ᄒᆞ다더라

◉何等不美 牙山郡守鄭綸朝大興郡守金潤秀氏等은行政上에不美ᄒᆞᆫ事가有ᄒᆞ다ᄒᆞ야該道觀察使崔廷德氏가內部로修報ᄒᆞ엿다더라

◉朝夕待令 地方勸諭委員을被命ᄒᆞ엿던安升玉氏가觀察使로內定됨은人所共知어니와近日에ᄂᆞᆫ總理大臣家에朝夕으로待令ᄒᆞᆫ다더라

◉警局編纂 內部警務局에셔ᄂᆞᆫ韓國從來의警察上行政如何와範圍如何와及其沿革에關ᄒᆞᆫ件을編纂ᄒᆞᆫ다더라

◉壹日千圜 度支部內未勘金整理局에셔ᄂᆞᆫ各郡守의公逋督捧額이每日平均一千圜에達ᄒᆞᆫ다더라

◉觀光之效 從二品鄭萬朝氏ᄂᆞᆫ總相李完用氏의게運動ᄒᆞ야忠南觀察使로內定이되엿ᄂᆞᆫᄃᆡ此ᄂᆞᆫ觀光團의效力이라더라

◉倉富開宴 倉富司法廳長官은該廳開始式과新任披露宴을兼ᄒᆞ야今日日本官民을花月樓로招待ᄒᆞᆫ다더라

◉農部審査會 農商工部에셔ᄂᆞᆫ數日前부터該部內에重要事務審査委員會를設ᄒᆞ야商工局長菊池가委員長이되고셔記官鶴岡大塚等은委員이되엿ᄂᆞᆫᄃᆡ漁業免許未墾地及國有山野貸付等問題로昨日午后一時에第一回審査會를開ᄒᆞ엿다더라

◉何其瀆職 各地方殿陵參奉은直所에不在ᄒᆞ야其職務를蔑視홈으로目下嚴重히規程을制定中이라더라

◉新聞辭絶 典膳司長金珏현氏ᄂᆞᆫ某新聞上에自己事實를論評ᄒᆞ엿다嫌惡ᄒᆞ야十餘年購覽ᄒᆞ던新聞을一朝辭絶ᄒᆞ엿다더다

◉韓日作行 內部事務官日人武藤과同部主事金鍾和氏ᄂᆞᆫ來二十八日全南郡守會에往參홀次로昨日上午八時京仁列車로發程ᄒᆞ엿다더라

◉贊成不贊 頌德建議所에셔天道敎主孫秉熙氏의게贊成長望帖을裁送ᄒᆞ엿더니孫氏ᄂᆞᆫ社會上에干涉지아니ᄒᆞᆫ깃다ᄒᆞ야該帖을還送ᄒᆞ엿다ᄂᆞᆫ說이有ᄒᆞ다더라

◉失信逢詰 徐起淳李益雨兩氏가頌聖建議所趣旨셔를外上으로新聞에廣告ᄒᆞ고代金은該兩氏가擔當報給홀줄노定日捺章ᄒᆞ엿ᄂᆞᆫᄃᆡ及其限日이經過ᄒᆞ되一分도償還치아니ᄒᆞᄂᆞᆫ故로某新聞社와一塲詰難이有ᄒᆞ엿다더라

◉府氏歡迎 再昨日下午七時에漢城府民會에셔該會長俞吉濬氏의歡迎會를明月館에設行ᄒᆞ엿다더라

◉毁物引繼 敦化門으로부터統監府까지道路를修築ᄒᆞ기爲ᄒᆞ야前永禧殿을毁撤ᄒᆞ엿ᄂᆞᆫᄃᆡ度支部에셔該毁撤物을引繼코져內部로照會ᄒᆞ야承認ᄒᆞ엿다더라

◉銀券發行額 十一月七日부터同月十三日까지第一銀行券發行平均額은一千二百三十一萬圓인ᄃᆡ內에正貨準備額이四百十八萬六千四百圓이오保證準備額이八百十二萬三千六百圓이라더라

◉希望則大 農商工部에셔韓日兩國農業統計表를調成ᄒᆞ엿ᄂᆞᆫᄃᆡ韓國의米麥과大豆의産出이日本收穫額보다差減이有ᄒᆞ나前途改良發達의希望은大有ᄒᆞ다더라

◉入少出多 隆熙四年度政府豫算額은內部農商工部度支部學部에其增額이巨大ᄒᆞ야合五百餘萬圓에達ᄒᆞᄂᆞᆫᄃᆡ明年度收入增額은僅히百萬圓에不過ᄒᆞᄂᆞᆫ故로其充用의道가困難ᄒᆞ다더라

◉文郡基金 咸南文川郡鐵鑪에對ᄒᆞᆫ義捐金의分配殘餘額은該觀察道에셔管理規則을制定ᄒᆞ야將來同郡罹災基本金으로備用ᄒᆞᆫ다더라

◉客舍將空 各地方에客舍ᄂᆞᆫ從來闕牌를奉安ᄒᆞ던處인ᄃᆡ今番에闕牌를一切奉上ᄒᆞ기로決定ᄒᆞ고其客舍ᄂᆞᆫ地方所用에供ᄒᆞᆫ다더라

◉空院宿直 中樞院內統監府法務院이現方空虛ᄒᆞ엿ᄂᆞᆫᄃᆡ漢城府에셔ᄂᆞᆫ何等意思가有ᄒᆞᆫ지中樞院에交涉도無ᄒᆞ고再昨夜에韓日人官吏各一人을派送宿直케ᄒᆞ엿다ᄂᆞᆫᄃᆡ可謂無經緯衙門이라고批評이有ᄒᆞ다더라

◉反荷其杖 李根澔氏가年前光州觀察在任時에茂長郡居姜大直氏의金貨二百圓을勒奪ᄒᆞᆫ事가有ᄒᆞᆫᄃᆡ姜氏가該錢을還推次로日前上京ᄒᆞ야李氏에게言及ᄒᆞᆫ다가其門人崔某에게驅逐을被ᄒᆞᆫ지라憤氣를不勝ᄒᆞ야將次地方裁判所에起訴ᄒᆞᆫ다더라

◉公山草木 去二十一日朝에伊藤博邦이海參威에到着홀際에停車塲에怪異ᄒᆞᆫ韓人二名이博邦의動靜을窺察ᄒᆞᄂᆞᆫ模樣이有ᄒᆞ여一時戒心ᄒᆞ엿다더라

◉御苑通知 창德宮 御苑事務局에셔各學生縱覽時에참考ᄒᆞ기爲ᄒᆞ야學部로通知ᄒᆞ고漢城內各私立學校名稱과數爻를一一히調査示明ᄒᆞ라ᄒᆞ엿다더라

◉學生縱覽 御苑事務局에셔再昨日부터各學員의縱覽을無料로開始ᄒᆞ엿ᄂᆞᆫᄃᆡ同日上午十時에官立高等師範普通學校等學生請氏가團体로縱覽ᄒᆞ엿다더라

◉駱駝病斃 御苑事務局動物園에셔金二百五十圜에買養ᄒᆞ던駱駝一頭가再昨日因病致斃ᄒᆞ엿다더라

◉實非院報 孤兒院前院主李愚셔氏가該院視務時에週報를刊行ᄒᆞ다가院主免任時에該報도亦爲停刊ᄒᆞ엿ᄂᆞᆫᄃᆡ院監李春世氏가視務ᄒᆞᆫ後에李氏가無理히詰難ᄒᆞ다가近日은自外로週報를續刊ᄒᆞ되該院事實을違反倒錯ᄒᆞ야孤兒院週報라名稱ᄒᆞᄂᆞᆫ故로該院에셔內部와警視廳에請願ᄒᆞ고發刊을禁止ᄒᆞ라ᄒᆞ엿다더라

◉討隊撤還說 全南各郡에出駐ᄒᆞ엿던討代隊ᄂᆞᆫ義擾가稍息홈으로日間撤還ᄒᆞᆫ다ᄂᆞᆫᄃᆡ這間衝突에戰死ᄒᆞᆫ日憲兵이八名이오補助員이八名이오病死ᄒᆞᆫ日憲兵이三名이오補助員이四名이라더라

◉哀此無辜 全南等地에셔討代隊와義兵이頻煩衝突홈은人所共知어니와靈巖郡近地에ᄂᆞᆫ無罪被殺ᄒᆞᆫ人民이百餘名이라더라

◉淸人刺日 昨日上午四時頃에小公洞地에셔淸人이日人一名을以刀刺傷ᄒᆞ야命在頃刻이라ᄂᆞᆫᄃᆡ其理由ᄂᆞᆫ未詳ᄒᆞ다더라

◉從何得來 近頃各地에蜂起ᄒᆞᄂᆞᆫ義兵이往往露國式五連發軍銃을携帶ᄒᆞ엿ᄂᆞᆫᄃᆡ或은該銃이露日戰役時에露國이使用ᄒᆞ던最新式精製品이라ᄒᆞ나該銃은日本軍人이鹵獲ᄒᆞ야韓國에輸入ᄒᆞᆫ事도無ᄒᆞ고又露國軍器의賣買ᄂᆞᆫ頗히嚴禁ᄒᆞᄂᆞᆫ바인ᄃᆡ此를携帶ᄒᆞᆫ義兵이不少홈은尋常ᄒᆞᆫ手段이아니라고云云ᄒᆞᆫ다더라

◉火災何多 鍾路徐興源氏家銀房에셔昨日上午五時에失火ᄒᆞ야七十餘圜價値된ᄂᆞᆫ物品을燒燼ᄒᆞ엿다더라

◉義兵押上 水原日憲兵隊에셔義兵崔敬先氏를捕縛ᄒᆞ야再昨日京城地方裁判所로押上ᄒᆞ엿다더라

◉技犯贖笞 雜技犯으로中署에被囚ᄒᆞᆫ金重鉉氏等을該署에셔笞一百에宣告ᄒᆞ엿ᄂᆞᆫᄃᆡ各其贖錢十圜式納呈ᄒᆞ엿다더라

◉水商任員 昨日下午一時에漢城內水商一同이訓鍊院에會同ᄒᆞ야任員을選定ᄒᆞ엿다더라

◉嶠南親睦總會 嶠南學生親睦會에셔來日曜日下午二時에嶠南敎育會館內에셔定期總會를開ᄒᆞᄂᆞᆫᄃᆡ嶠南一般學生이多數來參ᄒᆞ기를希望ᄒᆞᆫ다더라

◉敎授法討論 漢城府에셔學部指揮를承ᄒᆞ야漢城內各私립學校에通知ᄒᆞ고一般職員을將次師範學校에會同ᄒᆞ야各科敎授方法을討論케ᄒᆞᆫ다더라

◉救世演說 英國救世軍副將巡行監督히근스氏가日前渡韓ᄒᆞ엿ᄂᆞᆫᄃᆡ來日曜日上午十一時와下午七時에夜珠峴救世軍營內에셔特別救助會를開ᄒᆞ고演說ᄒᆞᆫ다더라

◉醫士紀念 來日曜日에醫士研究會에셔第一回紀念式을徽文義塾內에셔設行ᄒᆞᆫ다더라

▲社會燈▼

▲여보게 나ᄂᆞᆫ 日人工學者의 講論ᄒᆞ엿다ᄂᆞᆫ 말을 드르닛가 참 긔가막혀 韓國이 녯제ᄂᆞᆫ 美術技藝가 極히 精巧ᄒᆞ엿다가 漸漸 退步가되야 只今은 볼것이 專혀업스니 그게 웨일이야 그中에 古代美術品이 殘塊中에 埋在ᄒᆞᆫ것을 韓人은 發現도 못히보고 日人이 發現ᄒᆞ야 研究를ᄒᆞᄂᆞ니 講論을ᄒᆞᄂᆞ니 그게 또 웨일이야 참 긔가막혀 못살긋네

▲여보 頌德所의 발起員 銅像을ᄒᆞ던지 石碑를 ᄒᆞ던지 싸홈이나 말고 ᄒᆞ야보오 祭祀지니며 祭酒賦 셔치ᄂᆞᆫ 貌樣으로 이리빗쪽 뎌리빗쪽 풍波만 잘니이나 비렁이가 裂橐ᄒᆞ면 동량쌀만 虛費ᄒᆞ지

▲國是遊說團이 西方으로 다니면서 國是演說을ᄒᆞᆫ다더니 그成績이 엇더케되엿나 成績이 다 무엇이야 地方人民들이 듯지도 아니ᄒᆞ고 욕만ᄒᆞ엿다데 허 그人民들이 國是를 모르잇사 그러ᄒᆞᆫ게지 이사롬 남의속을 그러케 모르나 그게 참말 國是를 아ᄂᆞᆫ 싸롬이라네 어 오른말일셰 그러면 遊說團은 狼狽인걸

文壇

天喜堂詩話（續）

申霞澤光河氏는科詩로鳴훈者나然이나其實은氏가科詩에長훌뿐아니라漢文과漢詩에尤長ᄒᆞ며又詩에長훌뿐아니라卽其卓犖훈奇氣가一世의傑人이라可稱훌지라性이旅行을喜ᄒᆞ야八域의山河를閱覽ᄒᆞ며其老年에北遊ᄒᆞ야白頭山에登ᄒᆞ야（兩岸蒼崖三百里女眞黃葉落朝鮮）의句를吟ᄒᆞ고旣歸의朝廷에奏ᄒᆞ야兵을養ᄒᆞ야鴨綠江以西並呑홈을主張ᄒᆞ나時人이皆狂士로目ᄒᆞ야其言을不用ᄒᆞ엿스니後來志士의同憾훌비로다嗚呼라氏는엇지五百年蕭條오權훈詩人과並稱훌者리오

南國綠草봄白菜는밤이슬오기만기다리고우리蒼生萬벽셩은大院位大監도로오시기만기다린다。此는大院君이淸國에被拘ᄒᆞ엿슬時에各地에流行ᄒᆞ던鄕歌나當時人心이大院王에게繫홈은可히推想훌비라王이비록梟悍홈이過ᄒᆞ야往往誤國의事를作훈것이多ᄒᆞ나能히猛斷ᄒᆞ며能히驚擧ᄒᆞ야弊政을除홈이不一ᄒᆞ야百餘年來政治界에第一指를可屈훌지니斯民의如斯히謳歌想望홈이亦宜ᄒᆞ도다

未完

寄書

李根英

北美墨西哥國에留ᄒᆞ는우리韓人의現今情形이此世에서再生훈人이라비록卒然樂地를得홈도아니오生計가豐饒홈도아니나大抵九層地獄에鬼曹가殘命을纔延ᄒᆞ고四年異域에奴隸가冤籍을始贖홈이니今日을當ᄒᆞ야三旬九食을못ᄒᆞ고十生九死가되엿슬지라도其於再生者에再生之樂이無ᄒᆞ리오

盖前事를略陳ᄒᆞ건ᄃᆡ去乙巳年春에日本殖民會社代理人大庭貫一의奸計에眩惑되야韓人男女老弱一千三十二人이賣渡훈奴隸가되엿는ᄃᆡ太平洋船中에困況을屢度ᄒᆞ다가及其有佳단이란州에到着훈즉二十餘雇主가우리韓人을秋夕節에分肉ᄒᆞ듯年少善役者를爭頭分派ᄒᆞ야登陸훈翌日부터威협使役ᄒᆞ는ᄃᆡ

蔴田에除草라ᄒᆞ는것은二十五英尺方田으로爲限ᄒᆞ야工錢은二十五錢式이며樹木이稠鬱ᄒᆞ되無非枳棘의藪요草林이密雜ᄒᆞ되無非쏘익이풀일뿐더러此俗에雇奴된者는不得着靴ᄒᆞ야寸步難進ᄒᆞ며且蔴樹에摘葉ᄒᆞ는事는其苦莫甚훈지라

未完

雜報

◎喫鴉被捉　南部銅峴警察署에서再昨日鴉煙犯朴慶俊等三名을捕得ᄒᆞ야裁判所로越交ᄒᆞ엿다더라

學界

◎日校增加　京城居留日本民團小學校는現今學徒가二千六百餘名인ᄃᆡ近來에新入學員이次第增加홈으로校舍가狹隘ᄒᆞ야容納키難훈ᄃᆡ來年度에는更히一校를增設훌計劃이라더라

廣告

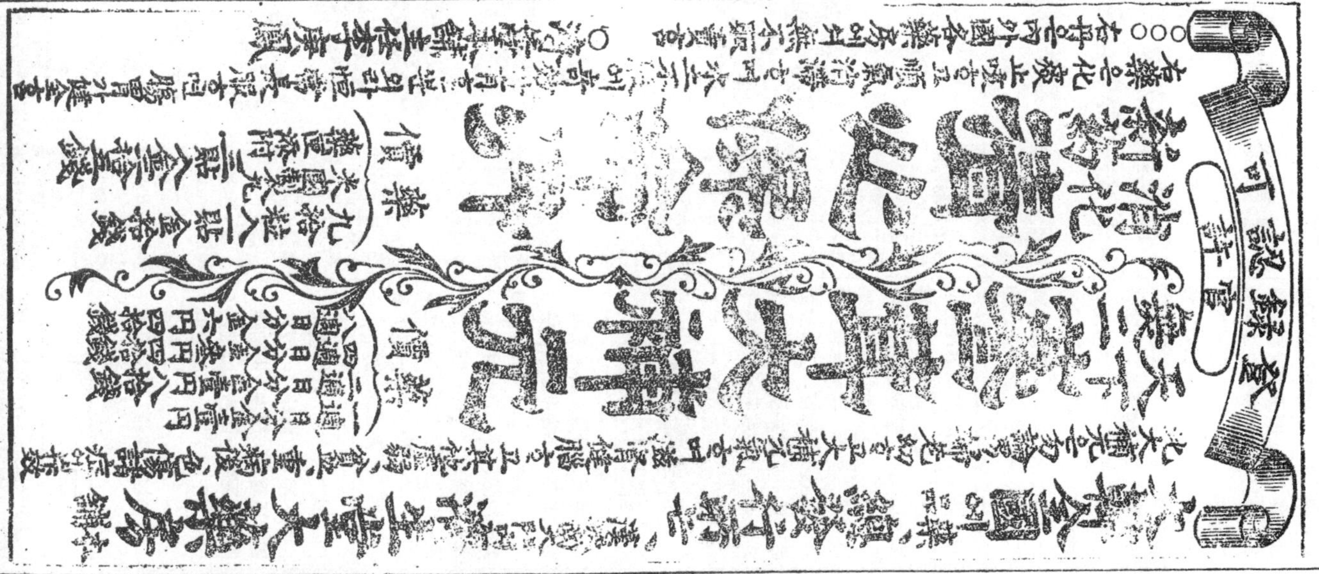

社告

申報價
壹張代金 新貨二錢五厘
壹個月 三十錢
參個月 九十錢
陸個月 先納 壹圓七十錢
壹個年 先納 參圓四十錢
郵稅 壹張 新貨五厘
壹個月 十三錢

廣告料
四号活字拾三字詰
每日英尺一寸에(自一行至四行이爲一寸) 新貨卄五錢
二週日壹寸에 二圓五十錢
壹個月壹寸에 五圓
但期限의長短과字行의多小를依ᄒᆞ야增減홈이有홈

大韓每日申報各處支社廣告

平安道
平壤鍾路太極書舘 安泰國
三和港碑石洞敎堂 裵亨湜
義州南門外韓西大藥房 張有寬
鐵山郡內東部 安瀅
車輦舘同志會內 金明鉉
定州南門內書舖 洪成麟
博川郡內鷺洞 金翼樞
安州城內安陵書舘 金翼河
京義線枇峴驛停車場前 李基秀
龍川南市驛 韓燦禧
龍川楊市 黃菊保
朔州郡南門外 朱伯英
泰川郡內관前洋藥局 李正華
寧邊郡內紅門里 鄭德昇
江西郡內 金昌煥
宣川郡橋南 申錫周
江界邑內 金泰熙
郭山郡內新街 金大鉉
甑山郡內利用里 崔診爽
雲山北面橋洞 王冕鎬
雲山郡內 咸元澤
順川郡達洞 鄭裕景
昌城邑內西下里壹統貳戶 許익

黃海道
해州南門內書舖 朴昌鎬
安岳邑石面訓鍊里 韓楨敎
長淵邑校洞西北支學會內 崔東元
殷栗郡倉前里 金光礪
信川郡內四里 李悌敎
載寧郡乾材藥局 李鼎均
白川郡文明舘 趙雲泳
沙里院活民勞動救火會任敬宰

咸鏡道
咸興州南社西門外 曹喜林
元山港創業社 皇甫正杰
定平郡豐陽里 張禮學
洪原西門內保命局 羅炳善
永興南山洞洪明學校內 梁元常
淸津港新興洞 張元浩

全羅道
金溝水流面豆亭 趙德三
木浦港陽洞 李得珠

京畿道
仁川杻峴開新冊ᄉᆞ 李東皓
開城南大門內興學書舖 姜助遠
江華郡內川橋 俞鎭楠

忠淸道
結城廣川小龍洞 李啓彦
韓山下北필堂里 李英植

慶尙道
大邱西門外友弦書樓側 李正由
釜山港佐川藥局 徐錫予

江原道
杆城邑新城里二統三戶 咸海元
鐵原邑棠洞 趙鍾大
蔚珍遠南面梅花里 朱鎭壽

北墾島
北墾島龍井村耶蘇敎堂內 裵尙禧

告

檀君開國四千二百四十二年
箕子元年三千三十一年
大韓開國五百十八年
本報創刊日
光武八年七月十八日

大韓每日申報

Responsible for Publication Alfred Weekley Marnham.
發行兼編輯人 英國人 萬咸
發行所 京城南部石井洞三層洋屋家 大韓每日申報社

第七卷 月曜及慶節歲時休日休刊 第一千二百五十一号

論說

◉生活能力의不進을嘆하노라

今日韓人의政治能力이不進도可嘆이오學術能力이不進도可嘆이오其他道德宗教法律各方面의能力이不進도皆可嘆이로ᄃᆡ生活能力의不進이尤其可嘆홀바라

大抵文明의驅入을際ᄒᆞ야其文明을消化ᄒᆞ면生活이愈進興ᄒᆞ고其文明을消化치못ᄒᆞ면生活이愈頹縮홈은不可免의事며況世界各民族經濟戰爭의秋를際ᄒᆞ야勝ᄒᆞ면存ᄒᆞ고敗ᄒᆞ면亾홈이亦不可免의事어놀

今此韓國同胞가經濟枯竭ᄒᆞᆫ今日에坐ᄒᆞ야生活能力의不進이如是ᄒᆞ니是ㅣ엇지可嘆홀바가아닌가

彼大企業大殖産의能力은姑舍ᄒᆞ고細小ᄒᆞᆫ事로論ᄒᆞ야도切草時代가過去ᄒᆞ고卷煙時代가來ᄒᆞ거던切草業을棄ᄒᆞ고卷煙을製ᄒᆞ며藥酒時代가過去ᄒᆞ고麥酒時代가來ᄒᆞ거던藥酒業을棄ᄒᆞ고麥酒를釀ᄒᆞ며硫황셩냥時代가過去ᄒᆞ고自起황셩냥時代가來ᄒᆞ거던硫황셩냥業을棄ᄒᆞ고自起황셩냥을造ᄒᆞ여야可ᄒᆞ거놀

乃者韓國에는切草時代가過去ᄒᆞ고卷煙時代가來ᄒᆞ미卷煙을製ᄒᆞ는者가韓人이아니오日人이며藥酒時代가過去ᄒᆞ고麥酒時代가來ᄒᆞ미麥酒를釀ᄒᆞ는者가韓人이아니오日人이며硫황셩냥時代가過去ᄒᆞ고自起황셩냥時代가來ᄒᆞ미自起황셩냥을造ᄒᆞ는者가韓人이아니오日人인즉已往切草業者藥酒業者硫황셩냥業者는何를食ᄒᆞ고生ᄒᆞ며又只今外國人産業競爭이극烈ᄒᆞ야大小利源을攫盡ᄒᆞ나니此日에在ᄒᆞ야萬若外人이漁船一隻을備ᄒᆞ면我는二隻을備ᄒᆞ며外人이金銀一礦을開採ᄒᆞ면我는二礦을開採ᄒᆞ며外人이森林一處를經營ᄒᆞ면我는二處를經營ᄒᆞ여야可ᄒᆞ거날

乃者韓國에는外人이漁船을備ᄒᆞ면我는漁網을棄ᄒᆞ며外人이礦山을開採ᄒᆞ면我는礦山을廢ᄒᆞ며外人이森林을經營ᄒᆞ면我는森林을荒ᄒᆞ나니엇지敗亾을得免ᄒᆞ리오

向者에西道來人의言을接ᄒᆞᆫ즉雲山金礦은美人의經營ᄒᆞ는바인ᄃᆡ一箇年利益이二四百萬圓에達ᄒᆞᆫ다ᄒᆞ는지라記者가此言을聞ᄒᆞ고浩歎을不已ᄒᆞ엿노니大抵一資本家의經營ᄒᆞ는一金礦에셔年年三四百萬圓의利益을得ᄒᆞ거날韓人은何를做ᄒᆞ고坐ᄒᆞ야無錢만日嘆ᄒᆞ는가

今日은到底히已往閉門時代와又치一頃田一畝답이나畊ᄒᆞ야百物을需應ᄒᆞ고生活을得홀時代가아니라商工의戰이日로半島에震盪ᄒᆞ나니徒然히目을閉ᄒᆞ고後園의石田幾日畊을誇치말지며又況農畊의權도同胞의手에長留치못ᄒᆞ나니其或發憤勇往홀지어다

又第一可憐ᄒᆞᆫ者는從來社會의廢棄物로自暴ᄒᆞ는遊食의徒는只今에도以前捉虛의手를揮ᄒᆞ며不生産的人物이되야空得의錢을夢홈이是로다

然이나只今韓國形勢를睹ᄒᆞ건ᄃᆡ何等好政府가上에坐ᄒᆞ야社會政策을發揮ᄒᆞ며國民經濟를奮興ᄒᆞ기는不可望이니오즉國民된者가生活能力을自長ᄒᆞ며生活能力을自奮홈이可ᄒᆞ니라

吾儕가何故로此에惓惓ᄒᆞ노ᄒᆞ면

蓋此生活能力의不進이卽學術道德宗教法律各方面의能力을沮害ᄒᆞ며消融ᄒᆞ는一不幸이되나니故로吾儕가尤其惓惓如是홈이로다

嗚呼同胞여奮發홀지어다奮발ᄒᆞ야文明을消化ᄒᆞ며競爭에圖勝홀지어다不然ᄒᆞ면畢竟公家二千萬生命이溝壑에入ᄒᆞ나니라

官報

號外

隆熙三年十一月一日

內閣告示第三十三號

○勅令第二百三十六號

統監府裁判所令 續

第十七條 前條의境遇를除ᄒᆞᆫ外控訴의提起가有ᄒᆞᆫ時는書記는速히訴訟記錄과共히控訴狀을控訴裁判所에送致홈이可홈

第十八條 控訴裁判所는事件을原裁判所에返還홈이可ᄒᆞᆫ境遇에在ᄒᆞ야도當事者合意의申陳이有ᄒᆞᆫ時는直히本案의변論及判決을홈을得홈

第十九條 事件의移送又는返還의判決을受ᄒᆞᆫ當事者가其判決確定의日로부터六月內에移送又는返還을受ᄒᆞᆫ裁判所에口頭辯論期日指定의申請을ᄒᆞ지아니ᄒᆞ는時는其申請을ᄒᆞ는權을失홈

第二十條 第十五條乃至第十七條의規定은上告에此를準用홈

第二十一條 檢事는必要로認ᄒᆞ는時는裁判所의通知를求ᄒᆞ야其意見을述홈을得홈

第二十二條 民事訴訟法第五編의規定은此를適用치아니홈

第三章 刑事訴訟節次

第二十三條 裁判所는官吏、公吏의作ᄒᆞᆫ書類로셔刑事訴訟法第二十條、第二十一條其他同法規定의形式에瑕疵가有ᄒᆞᆫ者에對ᄒᆞ야는當該官吏、公吏로ᄒᆞ야금此를補正케ᄒᆞ야有效되게홈을得홈

第二十四條 刑事訴訟法第七十八條及第百四條의規定에依ᄒᆞ야市町村長의立會를要ᄒᆞ는境遇에在ᄒᆞ야는相當ᄒᆞᆫ立會人이有홈으로써足홈

第二十五條 檢事는急速의處分을要ᄒᆞ는者로思料ᄒᆞ는時는公訴提起前에限ᄒᆞ야檢證、搜索、物件執留를ᄒᆞ고又는被告人、證人을訊問ᄒᆞ거나或은鑑定을命ᄒᆞ는等豫審判事에屬ᄒᆞᆫ處分을홈을得홈但勾留狀을發ᄒᆞ고罰金、科料及費用賠償의言告를ᄒᆞ거나又는宣誓를ᄒᆞ게홈을得치못홈

檢事는司法警察官으로ᄒᆞ야금前項의處分을ᄒᆞ게홈을得홈

第二十六條 裁判所又는豫審判事는必要ᄒᆞᆫ境遇에在ᄒᆞ야는司法警察官으로ᄒᆞ야금檢證、搜索、物件執留를ᄒᆞ고又는證人을訊問ᄒᆞ거나或은鑑定을命케홈을得홈

第二十七條 受命判事又는受託判事는檢證의境遇에在ᄒᆞ야必要가有홈으로認ᄒᆞ는時는裁判所의決定을待치아니ᄒᆞ고搜索、物件執留를ᄒᆞ고證人을訊問ᄒᆞ거나又는鑑定을命홈을得홈

第二十八條 裁判所는公判開廷前이라도檢證、搜索、物件執留又는證人鑑定人의呼出을決定홈을得홈

第二十九條 刑事訴訟法第二百三十七條及第二百六十四條第三項의規定은死刑又는無期의懲役或은禁錮에該當홈이可ᄒᆞᆫ事件에限ᄒᆞ야此를適用홈

第三十條 區裁判所는一年以下의懲役、禁錮又는三百圓以下의罰金에處홈이可ᄒᆞᆫ者로認ᄒᆞᆫ事件에在ᄒᆞ야被告人이其罪를自白ᄒᆞᆫ時는他의證憑의取調를ᄒᆞ지아니홈을得홈

第三十一條 一年以下의懲役、禁錮又는三百圓以下의罰金을言告ᄒᆞᆫ判決에對ᄒᆞ야는證據에關ᄒᆞᆫ理由를省略홈을得홈

前項의境遇에在ᄒᆞ야控訴의申陳이有ᄒᆞᆫ時는判決裁判所는理由書를作成ᄒᆞ야記錄과共히此를控訴裁判所에送致홈이可홈 （未完）

外報

◉借欵反對 淸國外務部에셔는會議를開ᄒᆞ야錦州齊齊哈爾鐵道에資金貸付를請ᄒᆞ는英美兩國의要求를拒絶ᄒᆞ기로決定ᄒᆞ엿스며郵傳部尙書는四川及兩廣의人民이集會ᄒᆞ야粤漢川漢兩鐵道를外國資金으로敷設홈을反對ᄒᆞᆫ다ᄒᆞᆫ즉此借欵은一時停止ᄒᆞᄌᆞ고提議ᄒᆞ엿다더라

◎坑夫慘死 去二十三日에日本福岡縣鞍手郡大野海炭坑에셔瓦斯가爆發ᄒᆞ야坑夫二百名이死傷ᄒᆞ엿다더라

◎鹿兒鐵道竣工 日本鹿兒島의鐵道工事는近近竣工되야來十二月一日부터開通된다더라

◎淸露談判 東淸鐵道區域內行政問題에關ᄒᆞᆫ淸露談判은露都로移ᄒᆞᆫ다는風說이有ᄒᆞ나眞僞는아직未詳ᄒᆞ다더라

◎將軍後任 淸國成都將軍馬亮의後任으로甘肅副都統玉崑將軍이任命되엿다더라

○談叢○

劍心

▲支那古說부에云ᄒᆞ엿스되一縣官이居官에甚廉ᄒᆞ야民財를秋毫도不犯ᄒᆞ엿스되爲人이元來擬闇ᄒᆞ야奸猾吏의籠絡으로官事가板蕩되엿더라死後에冥府에셔其罪를鞠ᄒᆞ더니縣官曰我가作官에民財는一芥도不取ᄒᆞ고水만飮ᄒᆞ엿거날何故로我를罪ᄒᆞ나뇨冥府曰汝가誤事의罪는大ᄒᆞ고廉의功은小ᄒᆞ니萬一廉의一字만是求홀진ᄃᆡ木人을庭에置ᄒᆞ면水ᄭᆞ지飮치아니ᄒᆞ리니君보다更勝치아니ᄒᆞᆯ가

國民된者ㅣ國民義務를不知ᄒᆞ고惟政府만是仰ᄒᆞ다가及其國亾에靦然自解曰是는政府의罪오我에게는無關이라ᄒᆞ니萬一冥府에셔罪를論ᄒᆞ면此等廉吏와同科ᄒᆞ리니嗚乎라

▲羅馬時에一天文學者가日中의黑子를發現ᄒᆞ고王의게奏聞ᄒᆞᆫᄃᆡ王이下諭曰汝의此言이必誤로다我가亞利矢突의全集을繙ᄒᆞ야此等說이無ᄒᆞ니汝의此言이必誤로다

學術을明코ᄌᆞ홀진ᄃᆡ眞理에據홈이可ᄒᆞ거날古代에東西를無論ᄒᆞ고惟古人의言을是從ᄒᆞ야我眼의黑ᄒᆞᆫ者라도古聖曰白이라ᄒᆞ엿스면我亦曰白이라ᄒᆞ며我眼에白ᄒᆞᆫ者라도古賢曰黑이라ᄒᆞ엿스면我亦曰黑이라ᄒᆞ야奴隷의習이學理上一大障碍를作ᄒᆞ엿거니와現今은自由時代니凡我學者는古人의奴가되지말지어다

詞藻

※理難測※

잔솔만잇는山도、그속에猛虎잇고。
보라미가져더릭도、묵은꿩을能히잡네。
眞實로、현황難測ᄒᆞᆫ거슨、世上理致。

電報

◎露國帆船法 露國은外國帆船의沿岸貿易營業法을發布ᄒ야千九百十三年一月ᄭᆞ지韓國國境에서오리아灣ᄭᆞ지外國帆船의貿易을許可ᄒ엿다더라

◎中學御入學 日本에御留學ᄒ시는韓國 皇太子殿下ᄭᅴ셔는明年四月부터學習院中學部에 御入學ᄒ옵시기로內定되엿다더라

◎清宮暗鬪 清國에셔는西太后葬儀를因ᄒ야隆裕皇太后와共히東陵에赴ᄒ엿던同治帝의妃俞后貴妃准后貴妃新貴妃等이死를期ᄒ고歸京치아니ᄒ는ᄃ宮中의暗鬪가益盛ᄒ다더라

以上東京발 二十六日着

雜報

◎通知何晚 義親王殿下ᄭᅴ옵셔去十月二十八日에 王子를탄生홈은已報어니와該宮에셔再昨日에該事實을宮內府로通知ᄒ엿슴으로宮內府에셔는官報에告示ᄒᆫ다더라

◎重大何事 總理大臣李完用氏는何等重大ᄒᆫ事件을起艸ᄒ야統監府로送ᄒ엿는ᄃ該府에셔는日本政府로轉送處理케ᄒ엿다는巷說이喧藉ᄒ나其的確與否는姑未詳知라더라

◎屬邦宣言說 日本에滯在ᄒᆫ宋秉畯은伊藤公遭變을好機로看做ᄒ야韓國을日本의屬邦되기로運動ᄒᆫ다는ᄃ一進會의有力者들은宣言서를秘密起草ᄒᆫ다는傳說이藉藉ᄒ다더라

◎水宣消暢 再昨日下午一時에永宣君李埈鎔氏가彰義門外三溪洞에前往消暢ᄒ엿다더라

◎何等事件 總相李完用農相趙重應兩氏는何等事件이有ᄒᆫ지日夜相訪ᄒ며耳語가密勿ᄒ다더라

◎委員擔任 十三道區域改正에關ᄒ야地質調查委員을選定ᄒᆫ다홈은已報ᄒ엿거니와內閣總理大臣以下各部大臣과奎章閣卿趙同熙監查院卿張錫周中樞院議長金允植漢城府民會長俞吉濬諸氏가該任을擔任ᄒᆫ다는說이有ᄒ다더라

◎因何相憎 農商大臣趙重應氏는何事件을因홈인지今番日本에往還ᄒᆫ後로帝國新聞社長鄭雲復氏를一層憎惡ᄒᆫ다더라

◎宮相謝客 宮內府大臣閔丙奭氏와朴燦奎氏間에錢財相關으로互상裁判홈은累揭ᄒ엿거니와朴氏가每日閔宮상을訪問督促홈으로此를방禦ᄒ기爲ᄒ야來賓을一切謝絶ᄒᆫ다더라

◎韓鐵案可決 韓國鐵道合併案과統監府鐵道職員任用令等을去二十四日日本樞密院에셔可決ᄒ엿다더라

◎增加何多 學部明年度豫算總額은八十七萬五千圓인ᄃ本年度에比ᄒ면經常費로二萬八千圓學校建築費로八萬五千圓實業學校新設費로九萬三千圓이增加되엿다더라

◎無聊散會 再昨日中部某處에셔는伊藤公事件에對ᄒ야謝罪使派遣協議會를開ᄒ엿다가決末이無ᄒ고散會ᄒ엿다더라

◎其策甚妙 輔國閔泳徽氏는各辯護士를種種私저로請邀ᄒ야盛饌을進饋ᄒᆫ다더라

◎纖祭調查 京畿觀察使金思默氏는內部地方局長의照會를因ᄒ야麻田廣州開城三郡에在ᄒᆫ各殿陵의子孫有無居住姓名數爻를一一調查ᄒ엿다더라

◎伊領事入院 伊太利領事는近日身病이有ᄒ야大韓醫院에셔治療中인ᄃ病勢가頗히危重ᄒ다더라

◎郡守運動 清풍郡居李殷衡氏는郡守一窠를圖得ᄒ기爲ᄒ야前主事洪承哲氏를紹介ᄒ야忠北觀察使權鳳洙氏의게緊札一度를討付ᄒ엿다더라

◎視察入城 黃海道內의學事視察次로發程ᄒ엿던學部繙譯官李完應氏의一行이昨日에入城ᄒ엿다더라

◎橫民投書 江原道橫城郡守沈興澤氏는行政上에虐民ᄒᆫ事가有ᄒ니卽地免官ᄒ라고內部에投書一枚가來到ᄒ엿다더라

◎陵寢調查 掌禮院에셔昨日人員二名을京城附近에在ᄒᆫ各陵寢에派送ᄒ야陵寢所屬財團及位置如何를調查케ᄒ엿다더라

◎阿蘇請願 日本福岡縣居日人阿蘇惟教는伊藤公의神祠를韓國京城에設ᄒ깃스니認許ᄒ라고內部大臣의게請願ᄒ엿다더라

◎清武官出發 清國武官張國仁覃師范舒清阿唐寶潮四氏는去二十四日朝에京城을出發ᄒ야新義州를經ᄒ야安東縣方面으로向ᄒ엿다더라

◎蠶繭要求 韓國內작蠶은絲品이極히良好ᄒ다ᄒ야清國山東작蠶會社에셔漢城內작蠶組合所로通知ᄒ고該蠶繭의多數輸出ᄒ기를要求ᄒ엿다더라

◎典券得償 前參判閔京호氏는有何緊用인지廣州郡에在ᄒᆫ一百五十石秋收ᄒ는답券을韓[illegible]社에典執ᄒ고金貨三千圓을得償ᄒ엿다더라

◎창尹治績 慶南창原府尹申錫麟氏는이任三觀에政治清白ᄒ야人民이感化ᄒ고外交嫺熟ᄒ야港口가興旺ᄒ며教育에熱心ᄒ야一府之內에十三學校를設립ᄒ고實業에有志ᄒ야各社會를組織ᄒ고農商을勸勉ᄒ야殖產을獎勵홈으로全府人民이無不稱頌ᄒᆫ다더라

◎水商會後報 既報와如히再昨日下午一時에金明俊金龍一氏等二百餘人이訓鍊院에會集ᄒ야水商組合所를組織ᄒ엿는ᄃ總裁는金宗漢顧問은俞吉濬總務는金明俊諸氏로該所位置는中部校洞前右文舘內로定ᄒ고五部에支所長을設置ᄒ여水商營業을外人手中에勿歸케ᄒ기로議定ᄒ엿다더라

◎運社擴張 南大門外大韓運輸會社에셔實業家金時鉉氏로會計長을選定ᄒ엿는ᄃ日前부터視務ᄒ야業務를一層擴張ᄒᆫ다더라

◎東釜線竣工 釜山鎭에셔東萊溫泉ᄭᆞ지鐵道를敷設ᄒ여已爲竣工ᄒ엿는ᄃ來十二月一日부터開通ᄒᆫ다더라

◎臨江架橋 京義線間臨津江에大架橋를建設ᄒ야再昨日實地運車를試驗ᄒ고來十二月一日부터一般列車通行을開始ᄒᆫ다는ᄃ臨津江停車場은廢止된다더라

◎何不辭償 西部工曹後洞居李宜榮氏가同部松橋居鞋商崔德在氏의게鞋價一圓을負ᄒ고數三年을延拖不報ᄒ엿는ᄃ去二十四日崔氏가李氏의紙貨가有홈을見ᄒ고鞋價를督推ᄒ다가紙貨를手攫ᄒ야兩片으로分裂된지라李氏가支署에告訴ᄒ야片紙貨를還推홀時에崔氏는巡查의게足蹴을被ᄒ엿는ᄃ崔氏는更히西署에呼訴ᄒ엿다더라

◎哀哉慘哉 前承旨申炳休氏는近日生活程度가極困ᄒ야妻啼兒呼ᄒ는情景을目不忍見이라ᄒ야三昨夜에飲鴆自斃ᄒ엿다더라

◎何不痛禁 安州等地에三十六契로因ᄒ야敗產流離者가多ᄒ다홈은前報에已揭어니와方帝錫爲名人은百餘圓을見失ᄒ고鬱火를不勝ᄒ야飲藥自斃ᄒ엿스되該地警官은置之不禁ᄒᆫ다고巷說이紛紜ᄒ다더라

◎義日衝突 去二十一日義兵將姜基東延基羽兩氏가部下二百餘人을領率ᄒ고抱川郡松隅等地에셔日憲兵과長時間을衝突ᄒ엿는ᄃ日憲兵二名이被死ᄒ엿다는說이有ᄒ다더라

◎楊郡義兵 去二十三日下午六時에義兵將韓某가部下九十餘名을領率ᄒ고楊州郡順康園等地에셔日憲兵과數時間을衝突ᄒ엿는ᄃ兩邊死傷은未詳ᄒ다더라

◎是何蠻習 再昨日下午八時頃에不知何許人이夜珠峴路邊에新生兒를遺棄ᄒ엿는ᄃ附近支所에셔發見ᄒ야姑爲保管ᄒ고遺棄者를搜索ᄒ는中이라더라

◎鄉廳燒燼 厚창郡鄉廳은憲兵補助員이居接ᄒ는ᄃ本月八日下午五時에失火沒燒ᄒ엿다더라

◎安倅處役 大子郡裁判所에滯囚ᄒᆫ安東郡守宋憲冕氏는役七年에宣告되엿다더라

◎李氏還捉 監獄署에滯囚ᄒ엿다가越獄逃走ᄒᆫ李鳳來氏는再昨日日軍司令部에更爲被捉ᄒ엿다더라

◎李犯審查 再昨日控訴院에셔强盜殺人犯李順凡을審查ᄒ엿다더라

◎技犯越交 東署에被捉ᄒᆫ雜技犯李順基李順七兩人은昨日裁判所로越交ᄒ엿다더라

◎奇家庇人 阿峴勒橋居金德文氏는元來慈善心이有ᄒᆫ人士인ᄃ該洞居方文淑鄭某兩人이貧寒無家홈을矜恤히녁여各其一間家屋을建築以給ᄒ야奠接케ᄒ엿다더라

◎感謝宴發起 官立高等學校學員父兄諸氏가發起ᄒ야來十二月四日下午六時明月舘에셔感謝宴을設行ᄒ고該校任員一同을請邀宴待ᄒ기로議定ᄒ엿는ᄃ設備委員은安鍾和氏等五人으로選定ᄒ엿다더라

◎大同任員 大同教에셔再昨日下午六時에任員會를開ᄒ고副總長은中樞院顧問李址鎔氏로議事副長은金鼎鎭氏로推選ᄒ엿다더라

◎有志齎恨 信川郡東部面居李德禧氏는近地同胞五六百名을糾合ᄒ야農林會를組織ᄒ엿는ᄃ今年亢旱을因ᄒ야秋穫이全無홈으로救恤의方法을研究코져晝夜憂慮ᄒ더니資本이無ᄒ야深恨을抱ᄒᆫ다더라

◎商會退定 商務組合部에셔昨日大總會를開ᄒ랴다가明日上午九時로退定ᄒ고位置는永導寺로定ᄒ엿다더라

◎青舘討論 今日下午七時에鍾路青年會舘에셔討論會를開ᄒ고爲師之道는溫古가勝於知新이란問題로可否便이互相討論ᄒᆫ다더라

▲社會燈▼

▲開化時代를 만나닛ᄭᅡ 子경홀 物件이 만이싱기나보데 우리도 술이나 ᄒᆫ盞바더가지고 花開洞으로 觀光이나 가세 아 이사룸요시 단楓도 다 盡ᄒ고 山川만 蕭瑟ᄒᆫᄃ 무슴구경홀게 잇단말인가 옵다 同種族이 차져오면 松虫이며 리 흔늘듯 쌀쌀 너둘느고 ᄯᅩ각발이 얼는ᄒ면 젓 ᄲᅧ러진 子息 어미나 만는드시 반겨ᄒ는 그畵像 구경좀ᄒ세 허허 그러면 구경도 外人밧긔 못ᄒ깃네그려

▲安應七은 狙擊當場에 [illegible]時捕縛ᄒ엿다고 當日[illegible] 西國에 傳布ᄒ엿는ᄃ 安[illegible] 警察署에셔는 境內 [illegible]名者 安應七을 追後 逮捕ᄒ엿[illegible] 京城分遣所에셔는 某鄕居 同名者安應七의 書信을 押收 詰問ᄒ엿다니 ᄒᆫ참잡현홀셔 아마도 釋迦如來와 [illegible] 安應七이 엇지 그리 多數처 化身法이 잇는게야

▲ᄒ라는 질삼은 아니ᄒ고 말나는 그짓슨 엇지 그리 잘ᄒ여 양쪽에 [illegible] 두 오금이 반짝 [illegible] 竟 江華바람을 ᄯᅩ [illegible]지 기生秋月은 나히 不過 十六歲에 기業를 안했다고 醫官의게 呼訴ᄭᆞ지ᄒ고 抵死不從ᄒᆫ다지 [illegible]도 귀가 잇거던 남의行實 좀 드러보아 學問을 ᄒ랴거던 그짓만 비지말고 秋月을 비여보지

雜報

◎各領事異動 京城駐在各國領事ᄂᆞᆫ大異動이有ᄒᆞᆫᄃᆡ比利時總領事빙가드氏ᄂᆞᆫ쿨럼비야代理公使로榮轉ᄒᆞ고其後任은香港駐在領事후氏가榮轉될지오英國總領事의後任은日本神戶駐在領事보ㅣ나ㅣ氏오美國領事의後任은日本神戶駐在領事시로모아氏라더라

◎救助費編入 內部에셔來年度地方費豫算에罹災救助費를編入ᄒᆞᆯ터인ᄃᆡ地方費中으로支給치못ᄒᆞᆯ境遇에ᄂᆞᆫ國庫로부터支給ᄒᆞ기로ᄒᆞᆫ다더라

◎內部事業 內部來年度豫算의事業은交通機關의完備와衛生上設費와土木勸業罹災救助學校補助道路修築地方官吏增設等이라더라

◎既北又南 日人工學博士關野의一行은南韓을視察ᄒᆞᆯ次로昨日出發ᄒᆞ엿다더라

◎歲出入과國債 韓國本年度歲入合은二千六百三十八萬六千六百四十五圜이오歲出合은二千六百三十三萬九千四百三十圜인ᄃᆡ國債額은五千五百五十四萬九千九百七十三圜이라더라

◎漁業件出付 農商工部水產局에셔漁業免許件二百三十件을該部重要事務審查會제一回會議에出付ᄒᆞ엿다더라

◎漁業法範圍 漁業稅法第二條第三號乃至第五號의漁業種別은其範圍에疑義가有ᄒᆞ다ᄒᆞ야農商工部와度支部에셔協議ᄒᆞᆫ結果로其標準을決定ᄒᆞ얏ᄂᆞᆫᄃᆡ

一 第三號데一種許可漁業의漁具小地曳網數ᄂᆞᆫ網의全長이百五十尋以下되ᄂᆞᆫ者로ᄒᆞ고

二 데四號데二種許可漁業의漁具小打瀨網은肩幅七尺未滿의漁船의셔使用ᄒᆞᄂᆞᆫ者로ᄒᆞ고

三 데五號데三種許可漁業漁具小手繰網數ᄂᆞᆫ二人以下乘在ᄒᆞᆫ漁船에셔使用ᄒᆞᄂᆞᆫ者로ᄒᆞᆫ다더라

◎新韓押收 桑港에셔發行ᄒᆞᄂᆞᆫ新韓民報第百五十六号ᄂᆞᆫ治安妨害라ᄒᆞ야內部大臣이押收ᄒᆞ엿다더라

廣告

政府에셔改正ᄒᆞ신度量衡器를本所로販賣委托ᄒᆞ시물ᄒᆞ와如左ᄒᆞᆫ物品을販賣ᄒᆞ오니 僉君子ᄂᆞᆫ陸續注文ᄒᆞ심을務望ᄒᆞᆷ

尺 三十二種
升斗 五十八種
衡 三十五種

中部瑞麟坊鍾路上米廛越便二十二統八戶
政府度量衡器委托販賣所 鄭斗煥

本人이今年陰四月分에鹽一百三十石을慶北仁同郡倭舘驛前客主金應三氏家에賣買ᄒᆞ되四十石은放ᄒᆞ고九十石은任置ᄒᆞ온바放ᄒᆞᆫ掌記에九十石任置條를懸錄ᄒᆞ엿드니掌記를셔失ᄒᆞ엿ᄉᆞᆸ기玆의公布ᄒᆞ오니內外國僉彦은或有拾得이라도休紙施行ᄒᆞ시ᄋᆞᆸ
富平郡毛月串良才洞宋弼塡 白

本人의父親金君玉氏가去年十月에商販次嶺南으로出往後消息이絕無故로本人이今八月부터各處로周行尋訪ᄒᆞ되莫知所向이오니誰某逢着이ᄋᆞᆸ거던致此誠意ᄒᆞ와速速還家케ᄒᆞ시ᄋᆞᆸ
咸北會寧永山面好安洞 在釜港 金基連 告白

國債報償金處理에對ᄒᆞ야一般會員의게意見서를提出ᄒᆞ기로前日評議會에議決되엿스니地方으로上來ᄒᆞ신代表諸氏ᄂᆞᆫ該意見서를今土曜上午十二時에鍾路商業會議所臨時事務所로提出ᄒᆞ시ᄋᆞᆸ
國債報償金處理會 告白

本人의族侄相愚가測量事로嶺南에下去인바其親患이現有ᄒᆞ되所住處를未知ᄒᆞ와玆에廣告ᄒᆞ오니誰某이ᄋᆞᆸ던지或聞知ᄒᆞ시거던京北部大安洞三十四統五戶安泰号로通知ᄒᆞ여쥬시면厚謝ᄒᆞᆯ깃소이다
白川郡雲山面沈翼澤 告白

右人은事勢에依ᄒᆞ야解雇ᄒᆞ고玆에廣告ᄒᆞᆷ
社員 **曾我部義衞**
京城廣告社

東部蓮花坊統內登子洞二統四戶瓦一間艸一間文券을陰本月初三日路中서失이ᄋᆞᆸ기玆에廣告ᄒᆞ오니誰某拾得ᄒᆞ와도休紙施行ᄒᆞᆷ
家主曹萬汝 廣告

本人의名壽泳에泳字를以永字로改定ᄒᆞ오니知舊間洞悉ᄒᆞ오ᄋᆞᆸ
慶基殿典祀補吳壽永 告白

本社에셔**水宮歌**라ᄂᆞᆫ滑稽的新演劇을今日부터設行ᄒᆞᄂᆞᆫᄃᆡ人工으로製造ᄒᆞᆫ獸類魚族의各種形體가天然히活動ᄒᆞᆯ뿐더러별主簿의愛君단忠과兎先生의權變奇謀ᄂᆞᆫ智識開發上大趣味가有ᄒᆞ오니 僉君子ᄂᆞᆫ速枉觀覽ᄒᆞ시ᄋᆞᆸ
十一月廿六日 **圓覺**社 告白

本院에셔現今에前院主李愚濬氏와不關인바該氏가本院에不知케ᄒᆞ고週報를自外발刊인ᄃᆡ本院事實을違反記載ᄒᆞ야本院週報라名稱ᄒᆞᆷ이一大挾雜이기玆廣告ᄒᆞ오니內外國 僉君子ᄂᆞᆫ本院週報로認치마시ᄋᆞᆸ
京城孤兒院 告白

特別社告

本社에셔名함印刷를一層改良ᄒᆞ야各色紙品을多數準備ᄒᆞ고定價ᄂᆞᆫ低廉ᄒᆞ게 僉君子의所請ᄃᆡ로酬應ᄒᆞ옵ᄂᆞᆫ中婦人과學徒의게ᄂᆞᆫ特別히減ᄒᆞᆯ터이오니照亮來議ᄒᆞ심을敬要ᄒᆞᆷ
大韓每日申報社

瑞士建國誌 定價金十五錢
元賣所 京城石井洞 大韓每日申報社
發賣所
京城布屛門下 廣學書舖
仝 罷朝橋越便 中央書舖
仝 鍾路 大東書舖
仝 倘洞 博文書舖
仝 廣橋 滙東書舘
仝 鍾路 古今書海舘
仝 龍洞 海星書舘
仝 承洞 警心書舘
仁川杻峴 開新冊肆
開城南門內 興學書舖
平壤鍾路 太極書舘
安州義井洞 冊肆
海州南門內 書舖
寧邊城內 耶蘇教書舖

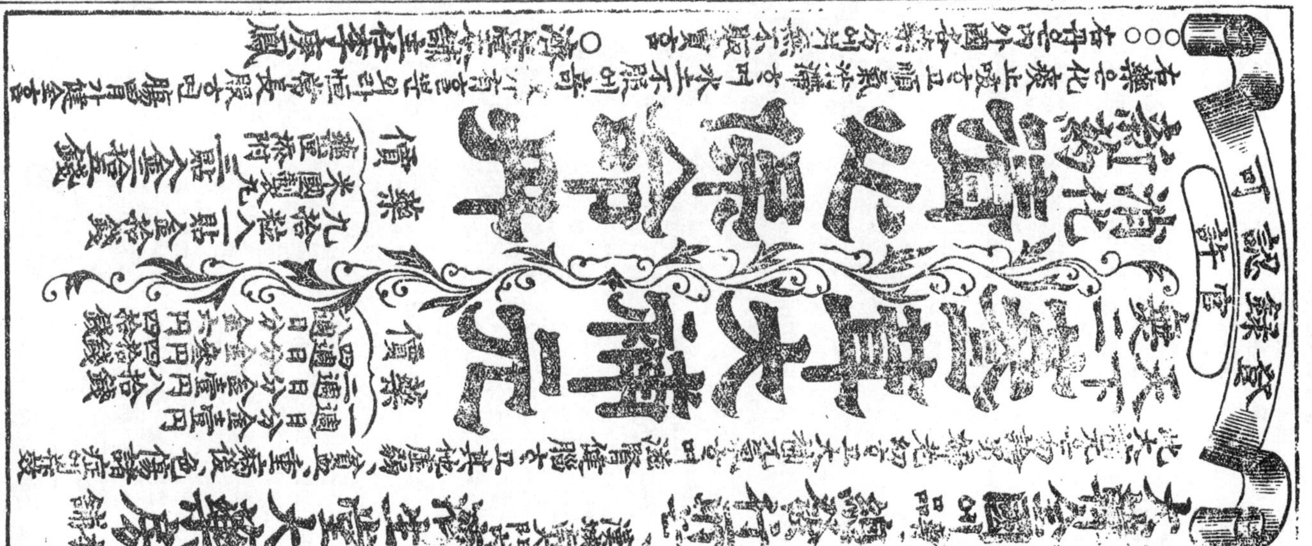

本人의名順成을台和로改定ᄒᆞ엿ᄉᆞ오니 知舊間 照亮ᄒᆞᆷ
中部壽洞李台和 白

測量製圖器械 其他附屬品文具 都賣 散賣

京城本町郵便局前 **篠崎器械店**
平壤南門通二丁目 **篠崎支店**

學員募集廣告

本校에셔高明ᄒᆞᆫ教師를迎聘ᄒᆞ옵고簿記速成科로晝夜學生을募集ᄒᆞ오니志願 僉君子ᄂᆞᆫ今陰十月十五日內로來臨于宣川書籍總支店ᄒᆞ와諸般學規를詳細間議ᄒᆞ심을要
宣川郡私立簿記學校 校長 吉祥與

大邱春秋令

市ᄂᆞᆫ全國商民交易上一大都會也라挽近俗漸頹廢ᄒᆞ야可徵이時晩에商況見害와交易拘碍가不啻大關이라故로今春令에爛商會議ᄒᆞ와可徵日字를從公改良이되春令은陰三月一日에市同三十日撤市ᄒᆞ고秋令은陰十一月一日에市同三十日撤市ᄒᆞ기로玆에廣布ᄒᆞ오니全國商民同胞ᄂᆞᆫ照亮ᄒᆞ와진期交易ᄒᆞ심을敬要
藥商立規興業會 告白

廣告

特別大割引

本館에서事務를更加擴張ᄒᆞ옵고書籍五圓以上에特別割引ᄒᆞᆯ터이오니僉君子ᄂᆞᆫ陸續請購ᄒᆞ시옵

諸般書籍과測量機具와學徒의用品各種도具備ᄒᆞ엿숩

平壤鍾路 太極書舖
館主 李承薰
主任 宋鍾遠
事務 金鍛瀅

◉特別廣告

敬啓者本報ᄂᆞᆫ開刊有年에其論說의公正과其報道의迅速이無比ᄒᆞ야淸國內遠近志士가一切歡迎ᄒᆞ오며韓國에도稍稍히購覽ᄒᆞᄂᆞᆫ紳士가有ᄒᆞ온바今에更히江湖上購覽諸氏를紹介ᄒᆞ기爲ᄒᆞ야本報發刊所在處及報價를左開廣告ᄒᆞ오니願覽諸氏ᄂᆞᆫ速速히左開處로寄ᄒᆞ시옵

本發刊所在地　哈爾賓瓦牙街
報價一個月先給　俄貨八角
仝　三個月先給　俄貨二圓
但報價ᄂᆞᆫ先給을要홈

遠東報館 告白

內部認可

商業經營法 全

一 商業經營法 은文明的商業의方法을指導ᄒᆞ며法律上商事의規定을說明ᄒᆞᆫ商業界의顧問이오
一 商業經營法 은商行爲의奇妙ᄒᆞᆫ術法과商去來의深奧ᄒᆞᆫ手段을陳述ᄒᆞᆫ商業家의秘訣이오

安國善氏 著

一 商業經營法 은會社設립節次와手形行使法과銀行去來等을論述ᄒᆞᆫ商業有志者의座右銘이오
一 商業經營法 은商業上의原理와經濟上의現象을實際的으로抄寫ᄒᆞᆫ實業學校의敎科書오

廣學書舖 發行

定價金 四十錢　郵遞料 四錢

京城中部布屛下三十七統六戶 廣學書舖金상萬謹告

本所에셔洋屬毛織을各色直輸入ᄒᆞ야廉價로發賣ᄒᆞ옵ᄂᆞᆫ딕物品과織組가堅固ᄒᆞ며染色이不變ᄒᆞ와經濟上에第一要緊ᄒᆞ오며各地方貿易을便利키爲ᄒᆞ와郵便小包로酬應ᄒᆞ야代金을引換ᄒᆞ겟ᄉᆞ오니 僉君子ᄂᆞᆫ陸續請求ᄒᆞ심을伏望

京城小龍洞
洪贊福 毛織商店

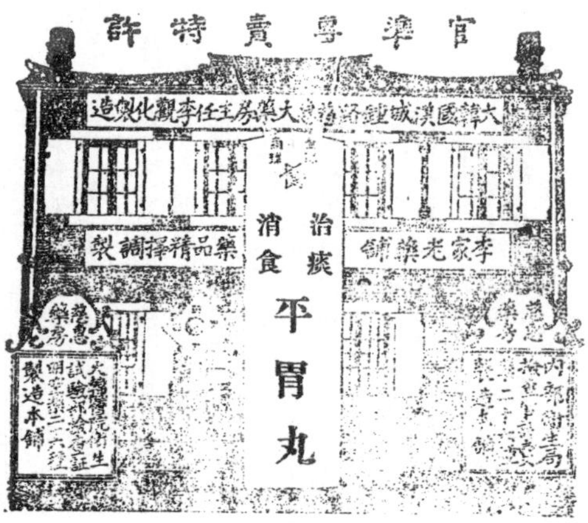

各種東西洋藥品韓國唯一大發賣所 和平堂藥房

便胃消滯 八寶丹
積滯와胃腹痛과頭痛과眩暈을鎭正ᄒᆞᆫ一包十錢三包廿五錢

生脉丹
虛泄濕泄轉筋吐瀉腹痛신効霍亂吐瀉腹痛下痢痰咳每包金十錢

麝香消瘡丹
梅毒下疳頭瘡등濕瘡一劑금四圓

胎養調經丸
婦人冷帶下症一月經不調신効一劑金五圓

陰陽雙補 滋陽丸
陽氣不足元氣不足陰陽雙補十日分金一圓八十錢一月分金五圓

阿片斷引藥
阿片引을斷ᄒᆞ고元神回腹ᄒᆞᄂᆞᆫ藥一劑五圓

遺珠去根 全治丸
男女老幼잔連珠라적을全治去根一劑三圓

鎭咳散
痰을消ᄒᆞ고소를止ᄒᆞᄂᆞᆫ藥一包金三十錢

消積散
陳陳舊滯을消化ᄒᆞᄂᆞᆫ藥一包金十五錢

寸白良劑 殺虫藥
寸白虫을一切去根ᄒᆞᄂᆞᆫ딕신効一包金三十錢

蛔滯散
회積腹痛을完治금十錢

治淋
버짐과어루럭이의藥二十錢
죽은셔가빠지ᄂᆞᆫ藥금三十錢
諸般感氣신効금十錢

通治膏
大小瘡을통治ᄒᆞᄂᆞᆫ膏藥十錢

其他有名賣藥
都賣散賣

其他國內各藥房에셔製造ᄒᆞᄂᆞᆫ各種藥이俱備ᄒᆞ오니隨用請求ᄒᆞ시면迅速히代金引換으로付送ᄒᆞ깃숩

京城鍾路 仁川枇峴 平壤鍾路
和平堂主人 李應善

社告

申報價
壹張代金 新貨一錢五厘
壹個月 三十錢
參個月 九十錢
陸個月 先納 壹圓七十錢
壹個年 先納 參圓四十錢
郵稅 壹張 新貨五厘
壹個月 十三錢

廣告料
四号活字拾三字詰
每日英尺一寸에(自一行至四行이爲一寸) 新貨廿五錢
二週日壹寸에 二圓五十錢
壹個月壹寸에 五圓
但期限의長短과字行의多小를依ᄒᆞ야增減홈이有홈

大韓每日申報 各處支社廣告

平安道
平壤鍾路太極書館 安泰國
三和港碑石洞敎堂 裵享湜
義州南門外韓西大藥房 張有寬
鐵山郡內東部 安瀗
車輦館同志舍內 金明鉉
定州南門內書舖 洪成麟
博川郡內營洞 金鼎樞
安州城內安倉書館 金熙河
京義線枇峴驛停車場前 李基秀
龍川南市驛 韓爆禧
龍川楊市 黃瀰保
○州郡南門外 朱伯英
泰川郡內관前洋藥局 李正華
寧邊郡內紅門里 鄭德昇
江西郡內 金昌煥
宣川郡橋南 申基周
江界邑內 金泰熙
郭山郡內新街 金大鉉
甑山郡內利用里 崔診爽
雲山北面橋洞 王晛鎬
雲山郡內 咸元澤
順川郡達洞 鄭裕昱
昌城邑內西下里壹統貳戶 許익

黃海道
海州南門內書舖 朴昌鎭
安岳碌石面訓鍊里 韓楨敎
長淵邑梭洞西北支學會內 崔東元
殷栗郡倉前里 金光璐
信川郡內四里 李悌敎
載寧郡乾材藥局 李鼎均
白川郡文明館 趙雲泳

咸鏡道
沙里院活民勞働救火會 任敬宰
咸興州南社西門外 曹喜林
元山港創業社 皇甫正杰
定平郡豐陽里 張禮學
洪原西門內保命局 羅炳善
永興南山洞洪明學校內 梁元常
淸津港新興洞 張元濬

全羅道
金溝水流面豆亭 趙[illegible]
木浦港陽洞 李[illegible]

京畿道
仁川枇峴開新冊ᄉᆞ 李東[illegible]
開城南大門內興學書舖姜助遠
江華郡內川橋 俞鎭[illegible]

忠淸道
結城廣川小龍洞 李[illegible]
韓山下北필堂里 李英[illegible]

慶尙道
大邱西門外友弦書樓側 李[illegible]
釜山港佐川藥局 徐錫[illegible]

江原道
杆城邑新城里二統三戶 咸海元
鐵原邑棠洞 趙鍾大
蔚珍遠南面梅花里 朱鎭壽

北墾島
北墾島龍井村耶蘇敎堂內 裵尙禧

告

大韓每日申報

檀君開國四千二百四十二年
箕子元年三千三十一年
大韓開國五百十八年
本報創刊日 光武八年七月十八日

Responsible for Publication Alfred Weekley Marnham.
發行兼編輯人 英國人 萬咸
發行所 京城南部石井洞三府洋屋家 大韓每日申報社

第七卷　月曜及慶節歲時日休刊　第一千二百五十二号

論說

今日宗教家에게 要ᄒᆞᄂᆞᆫ바

西哲이有言ᄒᆞ되(宗教ᄂᆞᆫ國民의母)라ᄒᆞ니盖國民의品性을陶鑄ᄒᆞ며風俗을轉移ᄒᆞᄂᆞᆫ能力이宗教에莫過ᄒᆞᆫ故로曰母라ᄒᆞᆷ이니라然則母의責任을負ᄒᆞ며母의義務를行ᄒᆞᆯ者ᄂᆞᆫ宗教家가是니偉哉라宗教家여엇지此를輕타ᄒᆞ리오

所以로清教徒가英美를興ᄒᆞ며喇馬教徒가蒙古를亾ᄒᆞᆷ이니宗教家된者ㅣ此에瞿然히三思ᄒᆞᆯ비아닌가

或者ᄂᆞᆫ妄論ᄒᆞ되(某教ᄂᆞᆫ興國教오某教ᄂᆞᆫ亾國教니爲國者ㅣ某教를捨ᄒᆞ고某教를從ᄒᆞᆷ이可ᄒᆞ다ᄒᆞ나)是ᄂᆞᆫ吾儕의不取ᄒᆞᄂᆞᆫ비라現時文明國의信仰ᄒᆞᄂᆞᆫ耶蘇教를從ᄒᆞ고도亾ᄒᆞᆫ國이有ᄒᆞ니波芬埃及이是오印度에셔産出ᄒᆞᆫ佛教를從ᄒᆞ고ᄂᆞᆫ興ᄒᆞᆫ者가有ᄒᆞ니日本이是오今日에ᄂᆞᆫ回教國이雖衰ᄒᆞ나往昔에ᄂᆞᆫ固龐然ᄒᆞᆫ大帝國을建ᄒᆞ던者이라此로써觀ᄒᆞ건ᄃᆡ何教를用ᄒᆞ던지宗教家가優ᄒᆞ면其教가興國教가되며宗教家가劣ᄒᆞ면其教가亾國教가되ᄂᆞᆫ바니라

何如ᄒᆞᆫ宗教家라야其教로國을能興ᄒᆞ나뇨曰國家主義를有ᄒᆞᆫ宗教家가是라此主義를有ᄒᆞ면其教로써其國을興ᄒᆞ며此主義를不有ᄒᆞ면其教로써其國을亾ᄒᆞᄂᆞ니宗教家의擔負ᄒᆞᆫ비如是히大ᄒᆞ며如是히重ᄒᆞ거ᄂᆞᆯ

嗚乎라東國ㅅ를羅ᄒᆞ건ᄃᆡ國家主義를有ᄒᆞᆫ宗教家가能히幾人이뇨

東國이已往에ᄂᆞᆫ佛教가國教되엿다가本朝以來로ᄂᆞᆫ儒가盛ᄒᆞ고佛이衰ᄒᆞ니儒ᄂᆞᆫ入世의教오佛은出世의教인즉儒教時代의國家主義가宜乎佛教時代에過ᄒᆞᆯ듯ᄒᆞ나惜乎라儒教徒의論爭點이孔道佛道의是非ᄲᅮᆫ이며漢學宋學의邪正ᄲᅮᆫ이며程朱陸王의可否ᄲᅮᆫ이며靜退牛栗의優劣ᄲᅮᆫ이오國家二字에ᄂᆞᆫ眼을着ᄒᆞᆫ者ㅣ無ᄒᆞ니惜哉라數百年來諸先正의治道를講ᄒᆞᆷ이雖勤ᄒᆞ나是를講ᄒᆞ야檀君의遺産을擴張코ᄌᆞᄒᆞᆷ이아니라唐虞의後繼됨을誇코ᄌᆞᄒᆞᆷ이며學術을究ᄒᆞᆷ이雖篤ᄒᆞ나是를究ᄒᆞ야韓國의學案을光輝코ᄌᆞᄒᆞᆷ이아니라程朱의忠臣됨을樂ᄒᆞᆷ이라其精神이如是ᄒᆞᆫ故로丙子以後北伐의論이國恥를雪ᄒᆞ라ᄒᆞᆫ者ㅣ아니오儒教宗主國의産業을恢復ᄒᆞ라ᄒᆞ엿도다

李華西ᄂᆞᆫ韓國儒家의巨匠이오山崎闇齊ᄂᆞᆫ日本儒家의巨匠이니二人의學術文章을較ᄒᆞᆯ진ᄃᆡ山崎氏가華西門下의一侍童에不過ᄒᆞᆯ지나然이나華西ᄂᆞᆫ曰(今日吾輩之責在儒教盛衰至於國家存亾猶屬第二件事)라ᄒᆞ고山崎ᄂᆞᆫ曰(有來侵吾國者雖孔子爲將顔子爲先鋒吾當以讐敵視之)라ᄒᆞ니嗚乎라韓日의强弱은卽兩國儒教徒의精神에觀ᄒᆞ야도可判ᄒᆞᆯ비로다

今日에至ᄒᆞ야韓國宗教가儒ᄲᅮᆫ아니라耶蘇教도有ᄒᆞ며天主教도有ᄒᆞ니其中에國家主義를抱ᄒᆞᆫ宗教家가何處에在ᄒᆞᆫ가然이나吾儕의耳目所及으로記ᄒᆞᆫ즉一次宗教家의名을帶ᄒᆞ면佛國民이되며天國民이될ᄲᅮᆫ이오韓國民되ᄂᆞᆫ者ᄂᆞᆫ罕ᄒᆞ니噫라

官報

號外　隆熙三年十一月一日

內閣告示第三十三號

○勅令第二百三十六號

統監府裁判所令　續

第三十二條　刑事訴訟法第二百六十九條의境遇를除ᄒᆞᆫ外第一審의訴訟節次가法律에違反된事가有ᄒᆞ더라도判決에影響을及치아니ᄒᆞᄂᆞᆫ時ᄂᆞᆫ控訴裁判所ᄂᆞᆫ控訴를棄却ᄒᆞᆷ이可ᄒᆞᆷ

第三十三條　故障、控訴、上告又ᄂᆞᆫ抗告ᄅᆞᆯᄒᆞᆷ을得ᄒᆞᆷ이可ᄒᆞᆫ者ᄂᆞᆫ期間內라도其權利를抛棄ᄒᆞᆷ을得ᄒᆞᆷ

第三十四條　辯護人은上訴를ᄒᆞᆷ을得치못ᄒᆞᆷ

附　則

本令은明治四十二年十一月一日로부터此를施行ᄒᆞᆷ

韓國에在ᄒᆞᆫ裁判事務取扱規則은此를廢止ᄒᆞᆷ

○勅令第二百三十八號

(明治四十二年十月十六日)

第一條　統監府裁判所ᄂᆞᆫ本令其他法令에特別ᄒᆞᆫ規定이有ᄒᆞᆫ境遇를除ᄒᆞᆫ外에韓國人에對ᄒᆞ야ᄂᆞᆫ韓國法規를適用ᄒᆞᆷ

第二條　韓國人과韓國人이아닌者의間의民事事件에對ᄒᆞ야ᄂᆞᆫ左의變更으로써日本法規를適用ᄒᆞᆷ但韓國人에對ᄒᆞᆫ裁判의執行은韓國法規에依ᄒᆞᆷ

一　原告及ᄂᆞᆫ被告가口頭辯論의期日에出頭치아니ᄒᆞᆫ境遇에在ᄒᆞ야ᄂᆞᆫ裁判所에셔適當ᄒᆞᆷ으로思料ᄒᆞᆫ時에限ᄒᆞ야申陳에依ᄒᆞ거나又ᄂᆞᆫ職權으로써闕席判決을行ᄒᆞᆷ을得ᄒᆞᆷ

二　民事訴訟法第百十一條第二項第三項、第二百十條、第二百四十六條乃至第二百四十八條、第二編第二章第二節、第四百二十八條及第四百二十九條의規定은此를適用치아니ᄒᆞᆷ

第三條　檢事又ᄂᆞᆫ司法警察官은統監의許可를受ᄒᆞ야韓國의親任官又ᄂᆞᆫ勅任官을逮捕ᄒᆞᆷ을得ᄒᆞᆷ但急速을要ᄒᆞᄂᆞᆫ時ᄂᆞᆫ直히此를逮捕ᄒᆞ고報告ᄒᆞᆷ이可ᄒᆞᆷ

第四條　假出獄에關ᄒᆞᆫ規定은韓國法規에依ᄒᆞ야處刑ᄒᆞᆫ者에게亦此를適用ᄒᆞᆷ

附　則

本令은明治四十二年十一月一日로부터此를施行ᄒᆞᆷ

○勅令第二百四十號

(明治四十二年十月十六日)

韓國에在ᄒᆞᆫ犯罪即決令

第一條　統監府警視又ᄂᆞᆫ統監府警部로셔韓國서警察署長、分署長된職務를有ᄒᆞᆫ者又ᄂᆞᆫ其代理를ᄒᆞᆫ者ᄂᆞᆫ其警察署又ᄂᆞᆫ分署의管轄區域內에在ᄒᆞᆫ左의犯罪를即決ᄒᆞᆷ을得ᄒᆞᆷ

一　拘留又ᄂᆞᆫ科料의刑에處ᄒᆞᆷ이可ᄒᆞᆫ罪

二　韓國法規에依ᄒᆞ야笞刑、拘留又ᄂᆞᆫ三十圜以下의金罰의刑에處ᄒᆞᆷ이可ᄒᆞᆫ罪

(未完)

外報

●議會閉會　英國議會ᄂᆞᆫ來月二日에閉會ᄒᆞᆫ다더라

●清國憲政觀　論敦타임쓰新聞社에셔ᄂᆞᆫ清國憲政前途에就ᄒᆞ야稍히懷疑的議論을試ᄒᆞ야曰各省諮議局이中央政府에對ᄒᆞ야反對가多ᄒᆞᆷ은將來에一大議論을惹起ᄒᆞᆯ前兆라ᄒᆞ엿더라

●議員被死　美國미조리州에셔選擧된下院議員데야몬르氏ᄂᆞᆫ同州맛트라市의저宅에셔火災에被死ᄒᆞ엿다더라

●英將清國行　英國陸軍總監사ー푸런치大將은十一月二十六日에法國馬耳寨港에셔滊船우루단號를乘ᄒᆞ고清國에到ᄒᆞ야守備兵을檢閱ᄒᆞᆫ다더라

●稅關收入增加　清國大連에本年度稅關收入은昨年에比ᄒᆞᆫ즉百萬兩이增加될希望이有ᄒᆞ다더라

●排斥日貨　清國營口에셔ᄂᆞᆫ日화排斥의熱이沈靜되야스나海城에셔ᄂᆞᆫ餘焰이尙盛ᄒᆞ다더라

●警備兵交替　清國瑜妃以下各貴妃等은尙今ᄭᅡ지東陵에在ᄒᆞ야歸京치아니ᄒᆞᆷ으로肅親王은數若에派遣ᄒᆞ엿던警備兵과交替ᄒᆞ야更히二百名을派遣ᄒᆞᆫ다ᄂᆞᆫᄃᆡ清國宮中에ᄂᆞᆫ不可思議의狀態가有ᄒᆞ야注意를惹起ᄒᆞᆫ다더라

●法德親善　巴里電을據ᄒᆞᆫ즉法國外相피숀氏ᄂᆞᆫ同國下院에셔摩洛哥問題를討論ᄒᆞᄂᆞᆫ中에德國의忠心을賞讚ᄒᆞᄂᆞᆫ辭를呈ᄒᆞ엿고法德의關係가一般歐州의形勢와共히親善의緖에就ᄒᆞᆫ다고感謝의意를表ᄒᆞ엿다더라

●會期延長　清國奉天諮議局은會期終了에至ᄒᆞ엿스나아직重要問題의商議를未終ᄒᆞᆫ故로十日間閉會期를延長ᄒᆞ엿다더라

●意思疏通　公果國改革教會書記官長엣트몬트모렐氏ᄂᆞᆫ홀에셔一場演說을試ᄒᆞ엿ᄂᆞᆫᄃᆡ今者英德兩國은公果自由問題에關ᄒᆞ야互相意思의疏通을見ᄒᆞᆷ에至ᄒᆞᆫ것을信ᄒᆞᆫ다고述ᄒᆞ고遂히國際會議ᄂᆞᆫ不日召集開會ᄒᆞᆫ다云ᄒᆞ엿다더라

○談叢○

劍心

偉人의頭角

▲機警、崔忠愍(瑩)公幼時에山에遊ᄒᆞ더니衆人이聚譁ᄒᆞ거날其故를問ᄒᆞᆫ즉盖山中人이檻을設ᄒᆞ고一老虎를捉ᄒᆞ엿더니一村童이戲ᄒᆞ너라고檻上으로徐行ᄒᆞ다가一足이偶陷ᄒᆞ매虎가其口를張ᄒᆞ고來含ᄒᆞ야啣치도아니ᄒᆞ며放치도아니ᄒᆞᄂᆞᆫ지라衆人이相議ᄒᆞ되虎를放出코ᄌᆞᄒᆞ나出ᄒᆞᆫ後에衆人을傷ᄒᆞᆯ가可恐이오虎를射殺코ᄌᆞᄒᆞ나殺ᄒᆞᆯ時에該童의足을傷ᄒᆞᆯ가可慮이니此를如何ᄒᆞᆷ이可ᄒᆞᆫ가ᄒᆞ야聚譁ᄒᆞᆷ이더라公이此를見ᄒᆞ고卽時竿頭에一말을掛ᄒᆞ야假人足을粧ᄒᆞ야檻間으로投ᄒᆞ니虎가急히童子의足을捨ᄒᆞ고假足을來含ᄒᆞ거날於是에無事히虎를殺ᄒᆞ니라

▲公德、李梧里(元翼)少時에巷路로夜行ᄒᆞ다가偶然히葉三文을溝中에墮ᄒᆞᆫ지라村人을募集ᄒᆞ야炬를執ᄒᆞ고溝를探ᄒᆞ야該錢을搜出ᄒᆞ니其費가葉一兩에至ᄒᆞ더라人이此를譏ᄒᆞ야曰一兩錢을棄ᄒᆞ야三文錢을得ᄒᆞ니此是愚人의事라ᄒᆞ거날公이笑曰不然ᄒᆞ다我一人으로言ᄒᆞ면此一兩을費ᄒᆞ야彼三文을得ᄒᆞ니損만有ᄒᆞ고益이無ᄒᆞᆯ듯ᄒᆞ나全國으로言ᄒᆞ면此固有ᄒᆞᆫ一兩錢은損失됨이아니오三文錢만復得ᄒᆞᆷ이니何損이有ᄒᆞ뇨

詞藻

❀感　時❀

煙霧ᄂᆞᆫ자옥ᄒᆞ고、月色은희미ᄒᆞ다。
三角山놉흔峰은、녜와ᄀᆞᆺ치蔚蔚ᄒᆞᆫᄃᆡ●
엇지라、英雄은한번가고、消息업서。

電報

◉韓人入露 伊藤公遭難以來로多數의韓人이露國國境으로入ᄒᆞᆫ다ᄒᆞ야露國官吏의態度ᄂᆞᆫ頗히迷惑ᄒᆞᆫ貌樣인ᄃᆡ注意를大加ᄒᆞᆫ다더라 東京發 二十七日着

雜報

◉笑啼不敢 伊藤公이致斃ᄒᆞ던當日에 太皇帝陛下ᄭᆡ옵셔喜悅의色을帶ᄒᆞ시고一時樂笑ᄒᆞ셧다ᄂᆞᆫ風說을做出ᄒᆞᆫ者가有ᄒᆞ다ᄂᆞᆫᄃᆡ此에對ᄒᆞ야日人警視呼子友一郞이承寧府總管以下諸人을六七次訊問ᄒᆞ야樂笑의曲折을窮詰ᄒᆞ고甚至於當日 창德宮 問安使로 德壽宮에參內ᄒᆞ엿던宮內府侍從洪仁内氏ᄭᆞ지再三招問ᄒᆞ고又侍從李龍漢氏를委任ᄒᆞ야 德壽宮女官ᄭᆞ지一切嚴訊ᄒᆞ엿다ᄂᆞᆫᄃᆡ該풍說은當初李龍漢氏가造作ᄒᆞ야呼子警視의게告及ᄒᆞᆷ이라더라

◉義王問安 義親王殿下ᄭᆡ옵셔再昨日下午三時에 德壽宮에進詣ᄒᆞ야 太皇帝陛下ᄭᆡ問安ᄒᆞ셧다더라

◉奉答電來着 日前 大皇帝陛下ᄭᆡ옵셔皇太子 輔育總裁任命에關ᄒᆞ야日皇陛下及岩倉宮相에게 御親電을發送ᄒᆞ심은已報어니와昨日에日皇陛下及岩倉宮相의奉答電이來着ᄒᆞ엿다더라

◉其意深遠 伊藤公遭難ᄒᆞᆫ後로 大皇帝陛下의 詔勅과學部大臣及次官이各學校職員의게說諭ᄒᆞᆫ文字를學部에셔收集ᄒᆞ야四千部를刊出ᄒᆞ야各官公私立學校에配付ᄒᆞᆫ다더라

◉統監龍山行 曾禰統監은昨日龍山에往ᄒᆞ야印刷局落成式에參與ᄒᆞ엿다더라

◉年終金提議 去木曜日內閣例會에셔一般官吏에게年終賞與金支撥件을提議ᄒᆞ엿다더라

◉度大動靜 度大高永喜氏ᄂᆞᆫ突然히昨夜로渡日ᄒᆞ기를決定ᄒᆞ엿ᄂᆞᆫᄃᆡ此行은日本東京에直往ᄒᆞ야日本桂首相과會見ᄒᆞ고桂氏와共히大阪造幣局을視察ᄒᆞᆫ다稱ᄒᆞ나畢竟重大ᄒᆞᆫ事件이有ᄒᆞᆷ이라ᄂᆞᆫ說이有ᄒᆞ다더라

◉法規續編配付 內閣法制局에셔隆熙二年度下半期로爲始ᄒᆞ야本年度上半期ᄭᆞ지新定又ᄂᆞᆫ改定ᄒᆞᆫ諸法令을收集ᄒᆞ야法規續編이라ᄂᆞᆫ冊子上下卷을刊出ᄒᆞ야各府部院廳에一部式發送ᄒᆞ엿다더라

◉邑誌送交 十三道區域을改定ᄒᆞᆯ次로委員ᄭᆞ지選定ᄒᆞᆷ은已報ᄒᆞ엿거니와內閣에셔內部로通知ᄒᆞ야各郡邑誌를一一送交ᄒᆞ라ᄒᆞ엿다더라

◉一進會行動 一進會에셔ᄂᆞᆫ伊藤公葬儀에往참ᄒᆞ엿던同會副會長洪肯燮氏가歸國ᄒᆞᆫ後로屢屢히會議를開ᄒᆞ고日本上下에對ᄒᆞ야謝罪ᄒᆞᆯ方法을研究ᄒᆞᆫ다더니韓國統治權全部를日本에委托ᄒᆞ기로日皇陛下ᄭᆡ上奏文을捧呈ᄒᆞᆫ다고唱道ᄒᆞᆫ다ᄂᆞᆫ說이有ᄒᆞ다더라

◉謝罪派任員 伊藤公遭凶에對ᄒᆞ야日本에前往謝罪ᄒᆞ기로發起ᄒᆞᆫ黃應斗諸氏ᄂᆞᆫ再昨日上午十一時에中部寺洞等地로會同ᄒᆞ야任員을選定ᄒᆞ엿ᄂᆞᆫᄃᆡ會長은尹大燮總務ᄂᆞᆫ黃應斗會計ᄂᆞᆫ金台煥書記ᄂᆞᆫ梁貞煥諸氏로選定ᄒᆞ엿다더라

◉牌號奇特 黃應斗氏等이會議ᄒᆞᆷ은別項과如ᄒᆞ거니와渡日ᄒᆞᆯ事ᄂᆞᆫ無期限으로中止ᄒᆞ고該會所門牌ᄂᆞᆫ渡日謝罪十三道人民代表臨時會議所라揭付ᄒᆞ엿다더라

◉拓社計劃 東洋拓殖會社에셔全國內支社를設置ᄒᆞᆯ터인ᄃᆡ爲先南韓地方에支社를設置ᄒᆞᆯ計劃으로羅州榮山浦에該社任員을派送視察ᄒᆞ엿다더라

◉慶南警官會 慶南警察署에셔ᄂᆞᆫ去二十二日에各郡警察署長會를開ᄒᆞ엿다가再昨日閉會ᄒᆞ엿다더라

◉昨日開宴 再昨日은承寧府總管趙民熙氏에生日인故로各大臣及內外高等官을私뎌로請邀宴待ᄒᆞ엿다더라

◉狗苟之輩 地方遊說委員으로被選ᄒᆞ엿던金德洙氏ᄂᆞᆫ觀察使一窠를圖得ᄒᆞᆯ次로總理大臣李完用氏家에朝夕待令ᄒᆞᆫ다더라

◉航路經營破裂 仁川居留日人某某等의周旋ᄒᆞ던西沿岸航路補助事件은破裂되엿다더라

◉博覽會出品件 英日博覽會에對ᄒᆞᆫ韓國出品物은韓國模型韓人人形家屋화幣其他古代陶磁器金屬耕品甲胄弓矢金屬器等其他植物各種及京城仁川等寫眞等인ᄃᆡ合計二百四十九点이라더라

◉京龍戶口 警視廳에셔京城과龍山에民籍調査를畢了ᄒᆞ엿ᄂᆞᆫᄃᆡ戶數合이五萬八千七百五十五요人口合이二十三萬四千二十三人이라더라

◉빙氏歸國 京城에駐在ᄒᆞ엿던舊比利時領事빙카氏가쿨롬비야國代理公使로轉任ᄒᆞᆷ은已報어니와本日에出발歸國ᄒᆞᆫ다더라

◉比領事赴任 新任比利時領事샤리기시야氏ᄂᆞᆫ再昨日上午八時에釜山列車로入城ᄒᆞ엿다더라

◉祠財調査 慶南觀察使ᄂᆞᆫ內部地方局의指揮를承ᄒᆞ야龍南郡에在ᄒᆞᆫ忠烈祠에財産을調査ᄒᆞ엿ᄂᆞᆫᄃᆡ該郡前郡守高義駿氏가該祠답土一千八百餘圓價値를放賣ᄒᆞ엿다고修報ᄒᆞ엿다더라

◉調査畢了 宮內府에셔韓日主事를派送ᄒᆞ야各宮의財産과用度를調査ᄒᆞᆷ은已報어니와三昨日ᄭᆞ지該事務를畢了ᄒᆞ엿다더라

◉民籍表提納 警視廳에셔ᄂᆞᆫ本年度漢城內의民籍調査表를修定ᄒᆞ야內部에提納ᄒᆞ엿다더라

◉乾餱以愆 廣州郡駐在所巡查宜泰泳氏가近日에該郡內民籍을調査ᄒᆞ기爲ᄒᆞ야村間에周行ᄒᆞᄂᆞᆫᄃᆡ人民中에或食料品을不善支供ᄒᆞ면威협이無雙ᄒᆞ야民情이嗷오ᄒᆞ다ᄂᆞᆫ傳說이有ᄒᆞ다더라

◉偵探紛競 統監府에셔各地方ᄭᆞ지偵探을排置ᄒᆞᆯ次로人格可合者를募集ᄒᆞᆫ다ᄂᆞᆫᄃᆡ應募者의紛競이大端ᄒᆞ다더라

◉委員褒狀 過番仁川港虎疫이流行ᄒᆞᆯ時에該港居丁致國崔愼翰李東皓張乃興金鳳儀鄭興澤李鍾煥韓禹根申昇均鄭順澤李德來丁祥燮禹載命康仁鎔吳基泳諸氏가臨時방疫委員의事務를名譽로擔任ᄒᆞ엿ᄂᆞᆫᄃᆡ內部에셔各其褒賞狀을授與ᄒᆞ고賞與金도追後支給ᄒᆞᆫ다더라

◉神宮會收錢 神宮敬義會에셔近日經費가窘絀ᄒᆞ야同會員에게五十錢式을徵收ᄒᆞ엿ᄂᆞᆫᄃᆡ此를酬應키難ᄒᆞᆫ人은진時退會ᄒᆞᆫ다더라

◉築道築怨 務安府尹韓致愈氏ᄂᆞᆫ境內道路를修築ᄒᆞ되每戶三人式赴役케ᄒᆞ고躬行監督ᄒᆞ며短杖으로役夫를毆打ᄒᆞᆷ으로民怨이藉藉ᄒᆞ다더라

◉假偵行悖 정泰根爲名人이司令部偵探이라稱ᄒᆞ고坡州恭陵場市에居ᄒᆞᄂᆞᆫ朴某를威협ᄒᆞ야金화一千兩을勒討ᄒᆞ엿다ᄂᆞᆫ說이有ᄒᆞ다더라

◉何忍拒絶 新門外監獄署에滯囚ᄒᆞᆫ罪人의家族들이囚人을接見키爲ᄒᆞ야面會請願書를繕呈ᄒᆞ면該獄看守長田基蒼氏가拒而不許ᄒᆞᄂᆞᆫ故로其家族의稱怨이狼藉ᄒᆞ다더라

◉動物頻斃 창德宮內動物園에셔飼育ᄒᆞᄂᆞᆫ麋一首가再昨日에無故致斃ᄒᆞ엿ᄂᆞᆫᄃᆡ飼養者의不勤ᄒᆞᆫ所致인듯ᄒᆞ다더라

◉漢社無信 漢城新報社에셔大東舘活版所에委托ᄒᆞ야新聞을印出ᄒᆞ더니印刷費三百四十餘圓도不급ᄒᆞ고一言의罷約도無히去二十五日부터창新舘으로印刷를轉托ᄒᆞ엿ᄂᆞᆫᄃᆡ該社에셔當初大東舘과契約ᄒᆞᆯ時에三年內印刷를他處로移轉ᄒᆞ면賠償金二百圓을徵出ᄒᆞᆯ줄노立約ᄒᆞ엿다더라

◉義將發令 平山郡창義遊擊陣一中隊長申貞熙氏가附近各郡各面里長에게發令ᄒᆞ엿다ᄂᆞᆫ槪意를聞ᄒᆞᆫ즉萬萬時急ᄒᆞᆫ事件이有ᄒᆞ니每面에軍需錢八十圓式을진速來納ᄒᆞ되若或遲緩ᄒᆞᄂᆞᆫ境遇에ᄂᆞᆫ重繩을難免이라ᄒᆞ엿다더라

◉嚴氏起復 侍從嚴柱東氏ᄂᆞᆫ近日外艱을丁ᄒᆞ엿ᄂᆞᆫᄃᆡ起復의命을承ᄒᆞ엿다더라

◉義盜雙審 再昨日控訴院에셔義兵魏承煥氏와強盜白雲龍을豫審ᄒᆞ엿다더라

◉三犯宣告 再昨日地方裁判所에셔強盜犯朴光先은處絞로詐欺取財犯崔炳憲氏의父子ᄂᆞᆫ役六個月로宣告ᄒᆞ엿다더라

◉劉氏放免 官印僞造嫌疑로中署에被捉ᄒᆞ엿던劉載錫氏ᄂᆞᆫ昨日無事放免ᄒᆞ엿다더라

◉申氏三審 公補犯으로監獄署에滯囚ᄒᆞᆫ前郡守申慶均氏ᄂᆞᆫ再昨日地方裁判所에셔第三回審問을經ᄒᆞ엿다더라

◉強盜押上 長水郡警察署에셔捕捉ᄒᆞᆫ強盜犯洪明玉은再昨日京城裁判所로押上ᄒᆞ엿다더라

◉農銀窃盜 慶南晋州農工銀行支점에셔ᄂᆞᆫ去十五日頃에窃盜가闖入ᄒᆞ여紙화八百圓을見失ᄒᆞ엿다더라

◉日盜被捉 日人渡邊國三郞은去二十四日에窃盜犯으로北署에被捉ᄒᆞ엿다더라

◉金家賊警 去二十四日午前十一時에北部三淸洞金俊植氏家에強盜一名이突入ᄒᆞ야紙화十圓及其他物品三十餘圓價値를奪取ᄒᆞ엿다더라

◉日賊何多 日人賊漢一名이西洋木十餘匹을竊取ᄒᆞ야南長洞屛門等地에셔歇價로放賣ᄒᆞ엿다ᄂᆞᆫᄃᆡ該賊漢은再昨日警察署에被捉ᄒᆞ엿다더라

◉水組演說 水商組合所를組織ᄒᆞᆷ은已報어니와再昨日下午一時에更히議事會를中部校洞前右文舘內로開ᄒᆞ고總務全明俊氏가進行方침을演說ᄒᆞ엿ᄂᆞᆫᄃᆡ會員二百餘名이出席ᄒᆞ엿다더라

◉關東親睦開會 關東學生親睦會에셔本日上午十時에定期會를關東學會舘內에開ᄒᆞ고親睦事務를處理ᄒᆞᆫ다더라

◉靑舘福音會 今日下午三時에鍾路靑年會舘에셔福音會를開ᄒᆞ고敎師韓支振氏를請邀講道ᄒᆞᆫ다더라

◉咸會討論 咸南學生親睦會에셔本日下午六時에臨時討論會를咸南道契內에開ᄒᆞᆫ다더라

▲鸚鵡人物▼

嗤笑子

▲古今事를閱覽ᄒᆞ니十分君子아니면은言行相符어렵지만苟有人心ᄒᆞ고보면저헤말만ᄒᆞᆯ수잇나요서人物ᄋᆞ혀보면半點眞心都無ᄒᆞ고야불말만ᄒᆞ니鸚鵡ᄉᆡ와일반일세

▲學問界의엇던少年新書籍을얻어보고理學이니化學이니物理諸學다아ᄂᆞᆫ체미미講論ᄒᆞ엿ᄂᆞᆫᄃᆡ寶花ᄀᆞᆺ치亂唆ᄒᆞ나研究치의不足ᄒᆞ야實用處가太無ᄒᆞ니可惜ᄒᆞᆯᄉᆞ뎌鸚鵡여

▲社會界의엇던紳士民國形態다아ᄂᆞᆫ체이리ᄒᆞ면民志團結ᄒᆞ고山河淸淸리ᄒᆞ야一場演說잘ᄒᆞ지만그行爲를볼짝시면假眞春秋ᄂᆞᆫ이나그鸚鵡도可惜일세

▲通譯界에엇던사ᄅᆞᆷ心腸ᄉᆞ자變幻ᄒᆞ야他人指使ᄒᆞᄂᆞᆫᄃᆡ로如恐不及喋喋ᄒᆞ고此小嫌隙잇고보면附衍增益늘녀니야同胞狀害일숨으니惟惡ᄒᆞᆯᄉᆞ그鸚鵡ᄂᆞᆫ鴟梟ᄀᆞᆺ흔種類로다

▲昇平時代當ᄒᆞ여ᄂᆞᆫ的實ᄒᆞ더人物도애過一生ᄒᆞ엿지만競爭劇烈이時代ᄂᆞᆫ鸚鵡人物所用업다어서밧비悔悟ᄒᆞ야實心改圖ᄒᆞ고보면隴山鸚鵡더ᄋᆡ世가朝陽鳳凰되리로다

廣告

本人이金三千八百圓을貸用次約束手形一千三百圓一千圓六百圓五百圓四百圓合五張을捺印出給居間人矣러니事不如意ᄒᆞ야右手形票를還推爲言則終無覓來ᄒᆞ와玆以告白ᄒᆞ니內外國人照亮홈

吳寅默　廣告

中部典洞四十六統六戶韓用찬氏家의大韓작蠶組合所를本月二十四日에西部鑰洞一百九十三統三戶鄭鎭弘氏家로移接ᄒᆞ오니京鄕知舊間照亮홈

大韓작蠶組合長崔獻圭　告白

본인이금월십오일남문도즁에셔협낭을유실ᄒᆞ와ᄉᆞᆸᄂᆞᆫ딕견실물픔이如左홈
홍산히안면동쌍이교승세츄ᄎᆞ금화二十圓票一丈又三圓六十錢票一丈아산읍리교영처츄ᄎᆞ금화三十圓七十錢限十一月晦표一丈아산신즁리윤딕진처當文一千二百三十六兩二錢五分표一丈과一千兩표一丈과안셩읍닉리양하쳐今月晦日推次金貨十四圓二十錢표一丈과小鐵궤열쇠두마ᄀᆡ와셩명도장이오니誰某拾得ᄒᆞ거던倉內雜貨商趙中元處로전ᄒᆞ시면후ᄉᆞᄒᆞ리다

孫永秀　告白

本人與朴根英現方裁判則李鳳相金時京兩氏速爲來臨歸正焉

京南大門外남井洞二百三十統八戶曹功烈家留金利恒　告白

本人에姓名圖章을陰八月分에平壤地에서서失故로改刻施行ᄒᆞ오니知舊間照亮홈

鰲川川弓里李永祿　告白

李範興氏의居處를指示ᄒᆞ시면誰某間厚謝ᄒᆞ깃ᄉᆞᆸ

李範贊　告白

前主事金舜鍵을泳鍵으로改名ᄒᆞ오니知舊間照諒홈

平南江西郡草里面　金泳鍵

本人이陰十月十三日에公貨上納次로本郡郵便取扱所往還이다가所持手巫一個를路中셔失이온바巫中藏置物은申基周處에金七十七圓。五十八圓。二十圓任置票三枚와魯贊昇處에金五十五圓四十五錢、六十六圓、九十九圓六十五錢、三十三圓、四十五圓任置票五枚及新貨八十錢並셔失이오니內外國人間拾得이라도休紙施行홈

平北宣川郡山面面長　田竣闢　告白

辯護士 事務所

前檢事 前判事 宋振玉
京城南部美洞三十四統八戶

本人이昨日平壤으로出來ᄒᆞ다가平壤停車場에셔各處人叢立中에腰帶ᄒᆞ엿던錢十五圓有ᄒᆞᆫ佮를不知中落地이옵더니沙里院居金成辰氏가追後乘車이다가拾遺ᄒᆞ시고個個人의게出給ᄒᆞᆯ意로宣告ᄒᆞᆯ時에本人이마츰腰帶ᄒᆞ엿던錢佮를詳考이온즉不知中落失을確然覺知ᄒᆞ고此意言告ᄒᆞ와千萬夢外에還得ᄒᆞ엿ᄉᆞ오니世又有誠氏清潔之意乎잇가錢之多少는莫論ᄒᆞ옵고四方僉君子前에金成辰氏의淸白之心感謝表白홈

隆熙三年十一月廿一日
黃海道鳳山沙里院　姜錫亨　白

今春에弊園果木五十株以上買去ᄒᆞᆫ신中에或枯死ᄒᆞᆫ것잇스면今十一月十五日內로通知케ᄒᆞ시오若違期則換給ᄒᆞᆯ수업ᄉᆞᆸ

平壤鍾路果木農園事務所內　金利涉

本人이今夏卜鄕時禮山吾元里面祿野電浦坪址字댭八斗落과寫字댭五斗落文券을見失이기玆廣告ᄒᆞ오니誰族屬間拾得이라도內外國人은休紙施行홈

京城東部後井洞　朴在衡　告白

◉漢陽商會抽籤當選番号

一等　四二五〇
二等　一五六五　二一七九
三等　二四四一　三三五一　一七四九　四〇二八　一四三四
四等　三七四七　一〇五四　四〇七〇　二〇〇二　一二二一　三八二八　一八五九　一九九六　四一六五　九〇一　二三四一
五等　五二六　四九四五　一五九七　四九一〇　一一三五　一三五七　二一二　二二三七　二四九九　三三九九　四九三〇　二四六〇　四六九三　二八一三　三三〇五　二四九七
九五　四八四六　一二四三

地方에**在**ᄒᆞ신**人士**는景**品券**의**番号**를**通知**ᄒᆞ시옵

本會社를西部餘慶坊武橋刀子洞八十六統十戶로移接ᄒᆞ옵고業務를一層擴張ᄒᆞ오니照亮ᄒᆞ시옵

漢城材木炭株式會社

政府에셔改正ᄒᆞ신度量衡器를本所로販賣委托ᄒᆞ시믈蒙ᄒᆞ와如左ᄒᆞᆫ物品을販賣ᄒᆞ오니僉君子는陸續注文ᄒᆞ심을務望홈

尺　三十二種
升斗　五十八種
衡　三十五種

中部瑞麟坊鍾路上米廛越便二十二統八戶
政府度量衡器委托販賣所　鄭斗煥

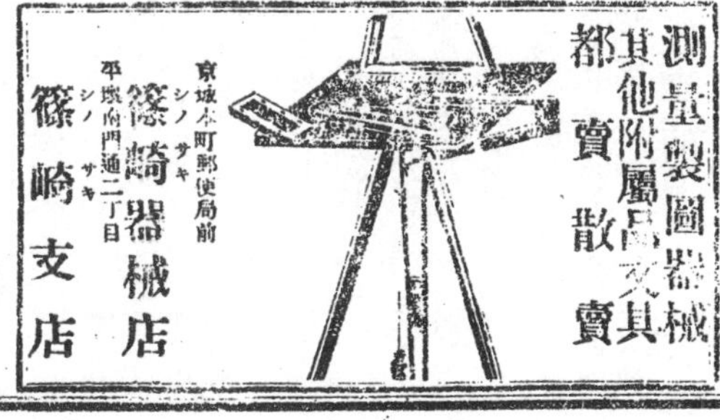

本人이池相獻處에推次手標當五文六千五百兩二張과三千五百兩一張合三張을셔失ᄒᆞ왓기玆에廣告ᄒᆞ오니雖某拾得ᄒᆞ와도休紙施行홈

開城南大門外廣橋　尹光五

本人의族侄相愚가測量事로嶺南에下去ᄒᆞᆫ인바其親患이現有ᄒᆞ되所住處를未知ᄒᆞ와玆에廣告ᄒᆞ오니誰某이옵던지或聞知ᄒᆞ시거던京北部大安洞三十四統五戶安秦号로通知ᄒᆞ여쥬시면厚謝ᄒᆞ깃소이다

白川郡雲山面沈翼澤　告白

社員 **曾我部義衞**
右人은事勢에依ᄒᆞ야解雇ᄒᆞ고玆에廣告홈

京城廣告社

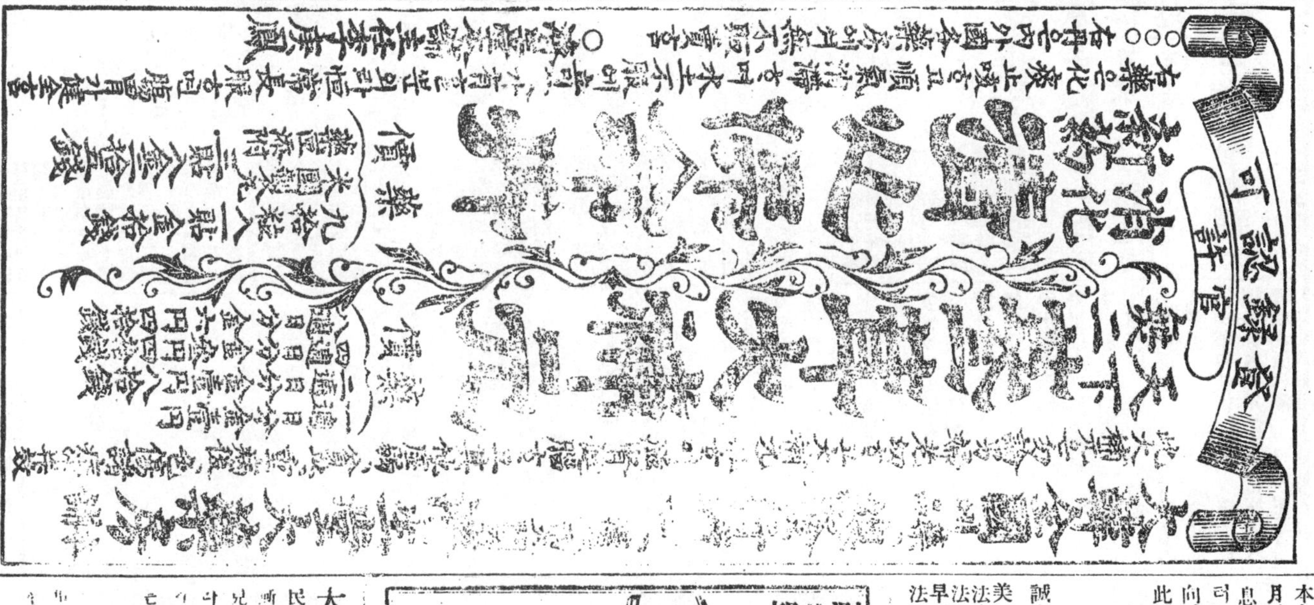

本人의父親金君玉氏가去年十月에商販次嶺南으로出往後消息이絕無故로本人이今八月부터各處로周行尋訪ᄒᆞ되莫知所向이오니誰某逢着이옵거던致此誠意ᄒᆞ와速速還家케ᄒᆞ시옵

咸北會寧永山面好安洞
在釜港　金基連　告白

誠實에法律事務에從事홈

美國大學法律大學士
法律學士
早稻田大學法學士
後藤連平　電話五〇六
仁川仲町二丁目

測量製圖器械其他附屬品文具
都賣 散賣

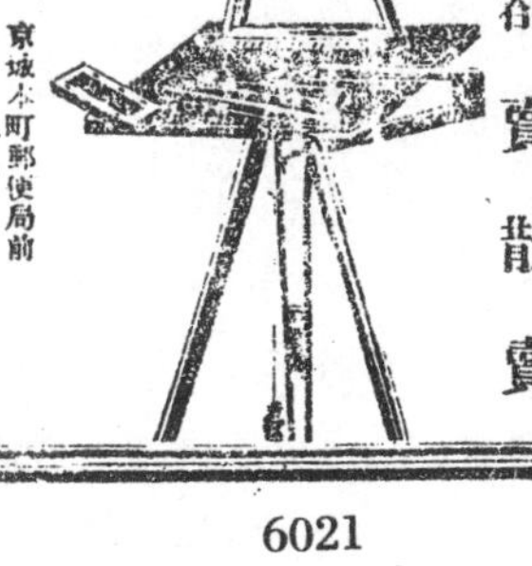

京城本町郵便局前
篠崎(シノザキ)**器械店**
平壤南門通二丁目
篠崎(シノザキ)**支店**

大邱春秋令市는全國商民交易上一大都會也라挽近俗漸頹廢ᄒᆞ야ᄆᆡ徹이時晩에商況見害와交易拘碍가不啻大關이라故로今春令에爛商會議ᄒᆞ와ᄆᆡ徹日字를從公改良이되春令은陰三月一日ᄆᆡ市同三十日撤ᄒᆞ고秋令은陰十一月一日ᄆᆡ同三十日撤市ᄒᆞ기로玆에廣告ᄒᆞ오니全國商民同胞는咸悉ᄒᆞ와진期交易ᄒᆞ심을敬要

藥商立規興業會　告白

廣告

特別大割引

本館에서業務를更加擴張ᄒᆞ옵고書籍五圓以上에特別割引ᄒᆞᆸ더이오니僉君子ᄂᆞᆫ陸續請購ᄒᆞ시옵

諸般書籍과測量機具와學徒의用品各種도具備ᄒᆞ엿ᄉᆞᆸ

平壤鍾路 太極書館

館主 李昇薰
主任 宋鍾遠
事務 金[illegible]瀅

特別廣告

敬啓者本報ᄂᆞᆫ開刊有年에其論述의ᄒᆡ正과其報道의迅速이無比ᄒᆞ야淸國內遠近志士가一切歡迎ᄒᆞ오며韓國에도稍稍히購覽ᄒᆞᄂᆞᆫ紳士가有ᄒᆞ온바今에更히江湖上購覽諸氏를紹介ᄒᆞ기爲ᄒᆞ야本報관所在處及報價를左開廣告ᄒᆞ오니願覽諸氏ᄂᆞᆫ速速히左開處로통奇ᄒᆞ시옵

本관所在地 哈爾賓瓦牙街
報價一個月先給 俄貨八角
仝 三個月先給 俄貨二圓
但報價ᄂᆞᆫ先給을要ᄒᆞᆷ

遠東報館 告白

内部認可

商業經營法 全

一 商業經營法 은文明的商業의方法을指導ᄒᆞ며法律上商事의規定을說明ᄒᆞᆫ商業界의顧問이오
一 商業經營法 은商行爲의奇妙ᄒᆞᆫ術法과商去來의深奧ᄒᆞᆫ手段을陳述ᄒᆞᆫ商業家의秘訣이오

安國善氏 著

廣學書舖 發行

定價金 四十錢 郵遞料 四錢

京城中部布屛下三十七統六戶 廣學書舖金상萬謹告

一 商業經營法 은會社設립節次와手形行使法과銀行去來等을論述ᄒᆞᆫ商業有志者의座右銘이오
一 商業經營法 은商業上의原理와經濟上의現象을實際的으로抄寫ᄒᆞᆫ實業學校의敎科書오

本所에셔洋屬毛織을各色直輸入ᄒᆞ야廉價로發賣ᄒᆞ옵ᄂᆞᆫ디物品과織組가堅固ᄒᆞ며染色이不變ᄒᆞ와經濟上에第一要緊ᄒᆞ오며各地方貿易을便利케爲ᄒᆞ와郵便小包로酬應ᄒᆞ야代金을引換ᄒᆞ겟ᄉᆞ오니 僉君子ᄂᆞᆫ陸續請求ᄒᆞ심을伏望

京城小龍洞
洪順福 毛織商店

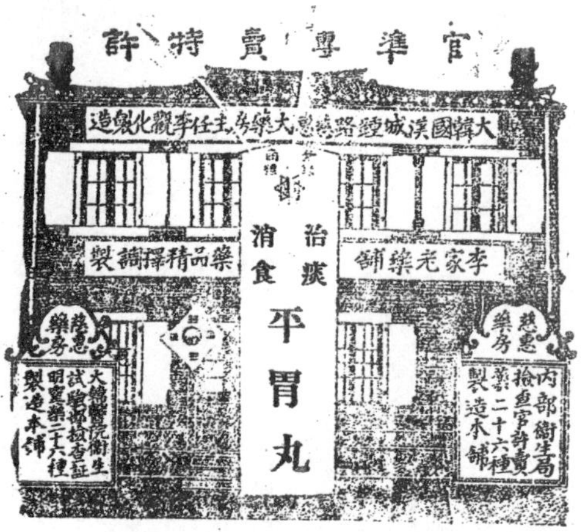

各種東西洋藥과韓國唐草材大發賣所 京城鍾路 仁川柤峴 和平堂藥房

健胃消滯 八寶丹 — 積滯와冒腹痛과頭痛과肢痺을鎭定ᄒᆞᆫ一包十錢三包卄五錢

起死回生 回生水 — 虛泄濕泄轉筋吐瀉腹痛신效霍亂吐瀉腹痛下痢痰咳每包金十錢

磨香消瘡丹 — 梅毒下疳頭瘡一劑금四圓

胎養調經丸 — 婦人冷病帶下症月經不調신效一劑金五圓

陰陽雙補 滋陽丸 — 陽氣不足元氣不足陰陽雙補十日分金一圓八十錢一個月分金五圓

阿片斷引藥 — 阿片引을斷ᄒᆞ고元神回腹ᄒᆞᄂᆞᆫ藥一劑五圓

逐瘀去根 全治丸 — 男女老幼ᄌᆞ連珠라력을全治去根一劑三圓

鎭咳散 — 痰을消ᄒᆞ고ᄒᆡ소를止ᄒᆞᄂᆞᆫ藥一包金三十錢

消積散 — 陳陳舊滯을消化ᄒᆞᄂᆞᆫ藥一包金十五錢

[illegible]藥 — 寸빅虫을一切去根ᄒᆞᄂᆞᆫ디신效一包金三十錢

[illegible] — 회積腹痛을完治금十錢

[illegible] — 버짐과어루럭이의藥二十錢

[illegible] — 죽은셔가ᄲᅡ지ᄂᆞᆫ藥금三十錢

[illegible] — 諸般感氣신效금一錢

[illegible]治[illegible]膏 — 大,瘇을통治ᄒᆞᄂᆞᆫ膏藥十錢

其他有名賣藥 都賣散賣

其他國內各藥房에서製造ᄒᆞᄂᆞᆫ各種藥이俱備ᄒᆞ오니隨用請求ᄒᆞ시면迅速키代金引換으로付送ᄒᆞ깃ᄉᆞᆸ

京城鍾路 仁川柤峴 平壤鍾路 和平堂主人 李應善

社告

申報價

壹張代金		新貨一錢五厘
壹個月		三十錢
參個月		九十錢
陸個月	先納	壹圓七十錢
壹個年	先納	參圓四十錢
郵稅	壹張	新貨五厘
壹個月		十三錢

廣告料

四号活字拾三字詰

每日英尺一寸에(自一行至四行이爲一寸)	新貨卄五錢
二週日壹寸에	二圓五十錢
壹個月壹寸에	五圓

但期限의長短과字行의多小를依ᄒᆞ야增減ᄒᆞᆷ이有ᄒᆞᆷ

大韓每日申報各處支社廣告

平安道

平壤鍾路太極書館 安泰國
三和港碑石洞敎堂 裵亨湜
義州南門外韓西大藥房 張有寬
鐵山郡內東部 安灝
車輦館同志會內 金明鉉
定州南門內書舖 洪成麟
博川郡內鹽洞 金翼樞
安州城內安陵書館 金翼河
京義線批峴驛停車場前 李基秀
龍川南市驛 韓燦禧
龍川楊市 黃菊保
耕州郡南門外 朱伯英
泰川郡內관前洋藥局 李正華
寧邊郡內紅門里 鄭德昇
江西郡內 金昌煥
宣川郡橋南 申基周
江界邑內 金泰熙
郭山郡內新街 金大鉉
甑山郡內利用里 崔診爽
雲山北面橋洞 王冕鎬
雲山郡內 咸元澤
順川郡達洞 鄭裕景
昌城邑內西下里二統貳戶 許익

黃海道

海州南門內書舖 朴昌鎭
安岳醫石面訓鍊里 韓楨敎
長淵邑校洞西北支學會內 崔東元
殷栗郡倉前里 金光礪
信川郡內四里 李悌敎
載寧郡乾材藥局 李鼎鈞
白川郡文明館 趙雲泳
沙里院活民勞働救火會 任敬宰

咸鏡道

咸興州南社西門外 曹喜林
元山港創業社 皇甫正杰
定平郡豐陽里 張體學
洪原西門內保命局 羅炳奎
永興南山洞洪明學校內 [illegible]
淸津港新興洞 張[illegible]

全羅道

金溝水流面豆亭 趙[illegible]
木浦港陽洞 李得珠

京畿道

仁川柤峴開新冊사 李東皓
開城南大門內興學書舖 姜助遠
江華郡內川橋 兪鎭檣

忠淸道

結城廣川小龍洞 李啓祚
韓山下北필堂里 李英稙

慶尙道

大邱西門外友弦書樓側 李正由
釜山港佐川藥局 徐錫斧

江原道

杆城邑新城里二統三戶 咸海元
鐵原邑棠洞 趙鍾大
蔚珍遠南面梅花里 朱鎭壽

北墾島

北墾島龍井村耶蘇敎堂內 裵尙禧

告

檀君開國四千二百四十二年
箕子元年三千三十一年
大韓開國五百十八年
本報創刊日 光武八年七月十八日

大韓每日申報

Responsible for Publication Alfred Weekley Marnham.
發行兼編輯人 英國人 萬咸
發行所 京城南部石井洞三層洋屋家 大韓每日申報社

第七卷 月曜及慶節歲時日休刊 第一千二百五十三号

論說

◉一進會를哀ᄒᆞ노라

光武九年十一月에好時節이來ᄒᆞ엿다고滿幅溢辭로宣言서를亂發ᄒᆞ던一進會가近又秘密會를開ᄒᆞ고會議가頻繁ᄒᆞ다니果然何等宣言서가又出ᄒᆯᄂᆞᆫ지大抵彼의五臟六腑ᄂᆞᆫ普天下가洞見ᄒᆞᄂᆞᆫ바라一進會라ᄒᆞ면三尺童子도반다시怒氣가面에滿ᄒᆞ며一進會라ᄒᆞ면無知村嫗도반다시唾罵가口에溢ᄒᆞ나니吾儕가筆을擧ᄒᆞᆷ은도리혀贅言이오

又彼가宋秉畯李容九를其頭에戴ᄒᆞ고五條約七協約을其口로歌ᄒᆞ며附外黨의大旗幟를其前에立ᄒᆞ고載欣載奔ᄒᆞᄂᆞᆫ者ㅣ니百宣言서가有ᄒᆞ며千宣서가有ᄒᆞᆫ들又何를足恠리오만은吾儕가今又筆을擧ᄒᆞᆷ은何를以ᄒᆞᆷ이뇨ᄒᆞ면

蓋彼가日人이아니며淸人이아니며歐羅巴人이아니며亞弗利加人이아니오彼ᄂᆞᆫ韓人이라彼旣韓人이어니韓國에福이來ᄒᆞ야도彼가其福을浴ᄒᆯ지며韓國에禍가來ᄒᆞ야도彼가其禍를被ᄒᆯ지어날

乃者彼가福을惡ᄒᆞ고禍를樂ᄒᆞ며福을棄ᄒᆞ고禍로趨ᄒᆞ니其又엇지可憐치아니ᄒᆞᆫ가

彼가無知ᄒᆞᆫ餓鬼輩로其眼에睹ᄒᆞᄂᆞᆫ바ᄂᆞᆫ錢幾圓뿐이오國家ᄂᆞᆫ不知ᄒᆞ며其腦에映ᄒᆞᄂᆞᆫ바ᄂᆞᆫ官幾級뿐이오國家ᄂᆞᆫ不知ᄒᆞᄂᆞᆫ故로如斯ᄒᆞᆷ이나噫彼五條約에彼가其力을竭ᄒᆞ엿스되自家의利가無多ᄒᆞ며七協約에彼가其誠을殫ᄒᆞ엿스되自家의勢가不長ᄒᆞ엿거ᄂᆞᆯ彼의不悟가엇지如此ᄒᆞ뇨吾儕ᄂᆞᆫ彼를哀ᄒᆞ노라

又彼가自來에伊藤氏로信仗을作ᄒᆞ며宋秉畯으로先鋒을作ᄒᆞ다가如今에伊藤氏ᄂᆞᆫ逝去ᄒᆞ고宋秉畯은失勢ᄒᆞ야自家運命이衰退에落ᄒᆞᆫ故로彼가其勢力을再張ᄒᆞ며其活動을再試코져ᄒᆞ야如斯ᄒᆞᆷ이나彼가如何히媚를納ᄒᆞ며如何히功을要ᄒᆞ더라도畢竟鳥盡의弓을作ᄒᆯ지어ᄂᆞᆯ彼의愚가엇지如此ᄒᆞ뇨吾儕ᄂᆞᆫ彼를哀ᄒᆞ노라

又彼가或曰如今國家가已頹盡ᄒᆞ야吾輩가不如斯ᄒᆞ야도敢亾을不可免이니五條約七協約으로吾輩를苛責ᄒᆞᆷ은其亦抑菀이라ᄒᆯ지나此ᄂᆞᆫ不然ᄒᆞ니設或國家의勢가隨ᄒᆞ고民族의道가窮ᄒᆞ야恥辱이來ᄒᆞ고苦痛이來ᄒᆞ더라도其國民된者ᄂᆞᆫ반다시哀哭으로此를當ᄒᆞ며血淚로此를記ᄒᆯ지어ᄂᆞᆯ彼ᄂᆞᆫ도리혀壇鼓로此를祝ᄒᆞ며歌舞로此를迎ᄒᆞ야火에自投ᄒᆞ며水에自溺ᄒᆞ니彼의愚가엇지如此ᄒᆞ뇨吾儕ᄂᆞᆫ彼를哀ᄒᆞ노라

一進會一進會여韓國의亾을太甘치말지어다韓國이亾ᄒᆞ면君輩도亾ᄒᆞ나니라

官報

號外

隆熙三年十一月一日

內閣告示第三十三號 續

○勅令第二百三十六號

韓國에在ᄒᆞᆫ犯罪卽決令

第二條 卽決은正式의裁判을用치아니ᄒᆞ며被告人의陳述을聽ᄒᆞ고證憑을取調ᄒᆞ야直히其言告를ᄒᆞᆷ이可ᄒᆞᆷ

被告人을呼出ᄒᆯ必要가無ᄒᆞᆫ時又ᄂᆞᆫ此를呼出ᄒᆞ야도出頭치아니ᄒᆞᄂᆞᆫ時ᄂᆞᆫ卽히其言告書의謄本을本人又ᄂᆞᆫ其住居에送達ᄒᆞᆷ을得ᄒᆞᆷ

第三條 卽決의言告를受ᄒᆞᆫ者가此에服치아니ᄒᆞᄂᆞᆫ時ᄂᆞᆫ管轄裁判所에正式의裁判을請求ᄒᆞᆷ을得ᄒᆞᆷ

第四條 正式의裁判을請求ᄒᆞᄂᆞᆫ者ᄂᆞᆫ卽決의言告를ᄒᆞᆫ官署에申陳書를提出ᄒᆞᆷ이可ᄒᆞᆷ其期間은第二條第一項의境遇에在ᄒᆞ야ᄂᆞᆫ言告가有ᄒᆞᆫ日로부터三日、同條第二項의境遇에在ᄒᆞ야ᄂᆞᆫ送達이有ᄒᆞᆫ日로부터五日로ᄒᆞᆷ

前項의期間內에正式의裁判을請求치아니ᄒᆞᄂᆞᆫ時ᄂᆞᆫ卽決의言告ᄂᆞᆫ確定ᄒᆞᆫ者로ᄒᆞᆷ

第五條 前條의申陳을受ᄒᆞᆫ官署ᄂᆞᆫ速히訴訟에關ᄒᆞᆫ一切의서類를管轄裁判所檢事에게送致ᄒᆞᆷ이可ᄒᆞᆷ

第六條 拘留의言告를ᄒᆞᆫ境遇에在ᄒᆞ야必要로認ᄒᆞᄂᆞᆫ時ᄂᆞᆫ第四條에定ᄒᆞᆫ期間內被告人을留置ᄒᆞᆷ을得ᄒᆞᆷ但刑期에相當ᄒᆞᆫ日數를超ᄒᆞᆷ을得치못ᄒᆞᆷ

科料又ᄂᆞᆫ罰金의言告를ᄒᆞᆫ時ᄂᆞᆫ其金額을假納케ᄒᆞᆷ이可ᄒᆞᆷ若納치아니ᄒᆞᄂᆞᆫ時ᄂᆞᆫ第四條에定ᄒᆞᆫ期間內被告人을留置ᄒᆞᆷ을得ᄒᆞᆷ

前項留置의期間은一圓을一日에折算ᄒᆞᆫ日數를超ᄒᆞᆷ을得치못ᄒᆞᆷ但一圓未滿의端數ᄂᆞᆫ一日에折算ᄒᆞᆷ

未完

外報

◉領事更迭 淸國大連에駐在ᄒᆞᆫ英國領事콜던氏ᄂᆞᆫ今回馬尼剌領事로轉任ᄒᆞ고其後任은日本神戶에駐在ᄒᆞ엿던代理領事폐든氏가被任ᄒᆞᆫ다더라

◉移民委員認可 露國皇帝ᄂᆞᆫ黑龍江에移住ᄒᆞᄂᆞᆫ同國移民事務에關ᄒᆞᆫ委員을選擧ᄒᆞ기로認可ᄒᆞ엿다더라

◉鐵道勸奬 印度아즈바사무사쟈(西藏境에近ᄒᆞᆫ)에駐在ᄒᆞᆫ英國駐在官우이랍손氏ᄂᆞᆫ王립地理學協會에서演說을試ᄒᆞ엿ᄂᆞᆫ딕印度와淸國間에貿易의大發展ᄒᆯ手段으로印度로힛트와레를經ᄒᆞ야淸國四川省ᄭᆞ지鐵道敷設ᄒᆞ기를勸奬ᄒᆞ엿다더라

◉延長과解散 英國內閣은十二月二日ᄭᆞ지議會를延期ᄒᆞ엿ᄂᆞᆫ딕만일財政案이否決될時ᄂᆞᆫ來月에ᄂᆞᆫ期於히解散ᄒᆞ기로決ᄒᆞ엿다더라

◉海豹獵禁止 美國政府ᄂᆞᆫ海豹獵規定을改正ᄒᆞ기爲ᄒᆞ야萬國會議開催를提議코져ᄒᆞᄂᆞᆫ딕此ᄂᆞᆫ英美日露諸國이아라스카領海의遠洋魚獵을禁止ᄒᆞᄂᆞᆫ事에同意ᄒᆞᆷ을因ᄒᆞᆷ이라더라

◉海軍計畫 法國政府의新海軍計劃案을據ᄒᆞᆫ즉同國은千九百十五年ᄭᆞ지十五隻의도렛드노도模型의戰艦을建造ᄒᆞ기로豫定ᄒᆞ엿다더라

◉蒙古官憲上奏 淸國蒙古烏里雅蘇臺參贊大臣奎煥氏ᄂᆞᆫ本月二十四日北京에來ᄒᆞ야攝政王에게謁見ᄒᆞ고長時間蒙古의事情을奏聞ᄒᆞ엿고且長文으로上奏ᄒᆞ엿다더라

雜報

◉梁氏意見

國債報償金處理會에서各會員에게該金處理에關ᄒᆞᆫ意見書를提出ᄒᆞ라ᄒᆞ엿ᄂᆞᆫ딕該會評議員梁起鐸氏가陳述ᄒᆞᆫ意見書ᄂᆞᆫ左와如ᄒᆞ니

國債報償金은我全國民의血이오我全國民의魂이라此金으로旣히目的을未達ᄒᆞ엿슨즉速히處理를行ᄒᆞᆷ이可ᄒᆞ되其處理가善良ᄒᆞ면國民의精神이不泯ᄒᆞ며國民의志氣가不墮ᄒᆯ지오其處理가善良치못ᄒᆞ면國民의精神을泯ᄒᆞ며國民의志氣를墮ᄒᆯ지라目下地方人民의輿情을睹ᄒᆞᆫ즉或此金이消融되엿슴ᄭᆞ疑慮ᄒᆞᄂᆞᆫ者도有ᄒᆞ며或此金을京城中央에만保管ᄒᆞᆷ이不可ᄒᆞ다ᄂᆞᆫ者도有ᄒᆞ니此點에도注意치아니ᄒᆞᆷ이不可ᄒᆞ고

又處理方法에對ᄒᆞᆫ物議를據ᄒᆞᆫ즉或은存本取利ᄒᆞ야學校를設립ᄒᆞ자ᄒᆞ며或은殖產을振興ᄒᆞ자ᄒᆞ며或은銀行을設施ᄒᆞ자ᄒᆞ나至若殖產銀行等事業은事實上完全成就를難期ᄒᆯ지니故로本員의意見에ᄂᆞᆫ

各處保管金額을各其分散ᄒᆞ야各該地方收金委員會長發起人等中着實有信用者에게其收納額數되로還附ᄒᆞ되特別ᄒᆞᆫ規則을定ᄒᆞ야金額을消融치말고殖利만ᄒᆞ엿다가

國民이國家에對ᄒᆞᆫ義務에相當ᄒᆞᆫ處理의機會가生出ᄒᆞ거던一時에還納케되거나殖利가興창ᄒᆞ야本目的을速達케되거나不然ᄒᆯ지라도各該地方의存在ᄒᆞᆫ國民共同所有의義務財產으로永久保存ᄒᆞ게ᄒᆞᆷ이良策일듯ᄒᆞ오이다

但如斯히各該地方으로還附ᄒᆯ時에本會에서ᄂᆞᆫ爲先各處保管金을一統調查ᄒᆞ야或消融된境遇에ᄂᆞᆫ查覈徵出ᄒᆯ지며地方各收金所를統轄ᄒᆞᄂᆞᆫ規則을定ᄒᆞᆷ이可ᄒᆞ다ᄒᆞ노이다

然이나此金은全國民의金이니一個人或一個社會或幾個代表者의意見으로左右키不可ᄒᆞ고全國民의輿論을要ᄒᆞᆷ이可ᄒᆞᆫ지라此方法이頗히困難ᄒᆯ듯ᄒᆞ나本會評議會에提出된各人의意見을收合列擧ᄒᆞ야新聞廣告로全國民에遍告ᄒᆞ고一定ᄒᆞᆫ期限內에可否를受ᄒᆞ야從多數取決ᄒᆞᆷ이可ᄒᆞ다ᄒᆞ엿다더라

○談叢○

哲人의面目　　劍心

▲操修 趙靜庵(兆祖)先生이年이十六에春夜의月色을乘ᄒᆞ야書를讀ᄒᆞ더니隣家一少女가墻外에서竊聽ᄒᆞ다가뉴亮ᄒᆞᆫ讀聲에其春懷를不勝ᄒᆞ야墻을踰ᄒᆞ야來ᄒᆞ거날先生이色을正ᄒᆞ야女子修身의道로諄諄히諭ᄒᆞ며曰鑽墻穿穴은禽獸의行이니汝가罪를悔ᄒᆞ거던我의撻楚를受ᄒᆞ라ᄒᆞ고桑枝를折ᄒᆞ야其臀을撻ᄒᆞ엿더니該女子가出嫁後에淑女가되야閨範으로聞ᄒᆞ더라

▲耿介 李退溪(황)先生이其所居의隣에一李樹가有ᄒᆞᆫ딕其技가先生家의墻內로延ᄒᆞ야離離紅熟ᄒᆞᆫ其實一個가地에落ᄒᆞ엿거날先生이兒子輩의拾食ᄒᆯ가恐ᄒᆞ야此를將ᄒᆞ야墻外로投ᄒᆞ니其志操의耿介ᄒᆞᆷ이如此ᄒᆞ더라

▲探究 徐花潭(敬德)先生幼時에野에出ᄒᆞ야菜를採케ᄒᆞ더니凡三日을空筐으로入ᄒᆞ거날父母가其由를問ᄒᆞᆫ딕曰第一日에見ᄒᆞ던종달새가第二日에其飛의高가幾丈을加ᄒᆞ며第三日에又幾丈을加ᄒᆞ미此를探究코ᄌᆞᄒᆞ야採菜를忘ᄒᆞ니이다父母曰汝가然則其理를解ᄒᆞ엿나뇨曰此ᄂᆞᆫ無他라地氣의溫度가日升ᄒᆞᆷ으로彼鳥의飛가日高ᄒᆞᆷ이라故로兒ᄂᆞᆫ此鳥의名(종달)을改ᄒᆞ야從地理라ᄒᆞ고자ᄒᆞ노이다

詞藻

❀感 雪❀

白雪이나리ᄂᆞᆫ곳에、 汚穢之物다무첫다。
뉘라셔뎌와ᄀᆞᆺ치、 奇異ᄒᆞᆫ造化부려。
一時에、無數ᄒᆞᆫ魔鬼輩를、업시ᄒᆞᆯ고。

電報

◉美尼危境　中央亞米利加니카라과駐在美國副領事는재라야에서拘禁되야銃殺되엿다는報道가美國에到達ᄒᆞ미美國政府는卽時砲艦과水兵運送船을差遣ᄒᆞ엿는ᄃᆡ兩國形勢가益益危境에陷ᄒᆞᆫ다더라

◉尼國騷亂　니카라과內閣은革命黨에게急迫되야將次顚覆될貌樣인ᄃᆡ該國은內憂外患이交至ᄒᆞᆷ으로騷亂이甚ᄒᆞ다더라

以上東京發　二十九日着

雜報

◉百圓下賜　太皇帝陛下ᄭᅴ압셔前太僕司長金宅鎭氏의时政이窘艱ᄒᆞᆷ을　下聞ᄒᆞ옵시고金貨一百圓을　下賜ᄒᆞ옵셧다더라

◉親서奉呈　曾彌統監은昨日午前十時에　昌德宮에進詣ᄒᆞ야　大皇帝陛下ᄭᅴ　陛見ᄒᆞ고日皇陛下의親서를奉呈ᄒᆞ엿는ᄃᆡ其親서는去番韓國特使가伊藤公遭變後에奉去ᄒᆞ엿던　御親서에對ᄒᆞᆫ答서인듯ᄒᆞ다더라

◉兩君陛見　完興君李載冕永宣君李埈鎔兩氏는三昨日下午一時에　德壽宮에　陛見ᄒᆞ엿다더라

◉調査件交付　大皇帝陛下ᄭᅴ압셔西南　巡狩時에扈從ᄒᆞᆫ韓日官吏에게紀念章을　頒賜ᄒᆞ신다ᄒᆞᆷ은已報어니와三昨日宮內府에서該調査서를表勳院으로交付ᄒᆞ엿다더라

◉度相餞別　既報와如히度相高永喜氏가三昨日下午十時에渡日次로發程ᄒᆞ엿는ᄃᆡ總相以下各大臣이南門譯에서餞別ᄒᆞ엿다더라

◉渡日內容　度支部大臣高永喜氏의渡日ᄒᆞᆷ은別項과如ᄒᆞ거니와其內容을聞ᄒᆞᆫ즉　大皇帝陛下의　勅命을　奉承ᄒᆞᆷ이라더라

◉統監府通知　統監府에서는日本議會에對ᄒᆞ야韓國政府의政務를詳細說明키爲ᄒᆞ야十二月五日內로所管事務의過去現在及將來計劃의狀况을調査通知ᄒᆞ라고韓政府에通知ᄒᆞ엿다더라

◉趙相訪問　農相趙重應氏는再昨日下午四時에內상朴齊純氏를私저로訪問ᄒᆞ엿다더라

◉俱樂園午饌　內閣서記官洪運杓氏가再昨日上午十二時에漢城俱樂園에서午饌會를設ᄒᆞ고總상以下諸大臣을請邀宴待ᄒᆞ엿다더라

◉議事錄發布　向日內部에서各道서記官을召集ᄒᆞ야會議를開ᄒᆞ엿는ᄃᆡ其會議時記事錄中으로撰出ᄒᆞ야內部에서印刷발布ᄒᆞᆫ다더라

◉局員陶汰　龍山印刷局의韓日人奏任官以下職工ᄭᆞ지一切陶汰ᄒᆞᆫ다는ᄃᆡ年終賞與金과慰勞金을급與ᄒᆞᆫ라더라

◉木內着元　北韓沿岸을視察次로出張ᄒᆞ엿던農商工部次官木內의一行은三昨日淸津서出발ᄒᆞ야元山에來着ᄒᆞ엿다더라

◉證明遲滯　來月十五日에는各部에서支出證明을會計檢査局에請求ᄒᆞᆯ터인ᄃᆡ各部事務가遲滯된結果로該期內에提出치못ᄒᆞᆯ貌樣이라더라

◉移屬內部　各地方의水利組合은從來度支部所轄이나其性質이元來內部管轄됨이適當ᄒᆞᆫ故로向者兩部가交涉中이더니內部管轄에屬ᄒᆞ기로決議되엿슴으로內部에서不日內로組合法을制定發布ᄒᆞᆫ다더라

◉執務定期　十三道區域改正에關ᄒᆞ야執務긔限을定ᄒᆞ엿는ᄃᆡ十一月二十二日로爲始ᄒᆞ야十二月二十二日ᄭᆞ지處理ᄒᆞᆯ터이라더라

◉兩氏訪問　再昨日下午八時量에帝國新聞社長鄭雲復警視副監具然壽兩氏가一進會長李容九氏를訪問ᄒᆞ고何等事件을密議ᄒᆞ엿다더라

◉審查開會　農商工部內重要事務審查회에서漁業許可件에關ᄒᆞ야昨日下午一時의審查회를開ᄒᆞ엿다더라

◉逆耳之嫌　國是遊說團員鄭應卨高羲奎等諸氏가三昨日圓覺社內에서演說會를開ᄒᆞ엿는ᄃᆡ各新聞社長及記者를無數詬辱ᄒᆞ엿다더라

◉文部通知　日本國文部省에서韓國學部로通知ᄒᆞ고韓國一般敎育界에關ᄒᆞᆫ狀况及풍俗等을調查示明ᄒᆞ라ᄒᆞ엿다더라

◉兒玉歸任　日本東京에渡往ᄒᆞ엿던統監府會計課長兒玉이는本月二十七日에歸任ᄒᆞ엿다더라

稅率增加

各道에서來年度地方費는今年度보다增捧ᄒᆞᆯ터인ᄃᆡ地稅率을百分五以上으로增捧ᄒᆞ고各種營業稅其他各稅를增徵ᄒᆞ기로ᄒᆞ야內部度支部의認可를請ᄒᆞᆫ다는ᄃᆡ該兩部에서는認可를與ᄒᆞᆫ다더라

◉公逋督捧　宋準憲氏가年前錦山郡守在任時에公貨三百圜을欠逋ᄒᆞ엿는ᄃᆡ度支部에서警視廳으로指揮ᄒᆞ야捉囚督捧中이라더라

◉玄氏起訴　玄興澤氏가蔘價事件으로　德壽宮의對ᄒᆞ야訴訟을提起ᄒᆞᆯ次로日人辯護士本多潤에게委任ᄒᆞ엿는ᄃᆡ皇室代理人은承寧府總管趙民熙氏로被告를定ᄒᆞᆫ다더라

◉洪氏被招　從二品洪鳳均氏는年前茂長郡守在任時에民財八百圓을奪取ᄒᆞᆫ事件이有ᄒᆞ다ᄒᆞ야三昨日에京城地方裁判所에서該氏를招出審查ᄒᆞ엿다더라

◉一向執迷　李愚선氏가孤兒院事件으로李春世氏를一向相持ᄒᆞ야漢城府에控訴를提出ᄒᆞ엿는ᄃᆡ該府에서昨日午前十時에兩方證據人各二人을呼出ᄒᆞ엿다더라

◉京城風雪　京城의再昨夜부터暴風이作ᄒᆞ야被害ᄒᆞᆫ處가不少ᄒᆞ다는ᄃᆡ昨朝의는雨霰과雨雪이有하엿다더라

◉理宜如此　一進會의셔統治權을日本의委托ᄒᆞ기로上奏文을捧呈ᄒᆞᆫ다ᄒᆞᆷ은前報의已揭어니와該會의셔曾往宣言서를發布ᄒᆞᆫ以後로其利益은不過頭領幾個人의及ᄒᆞᆯ而已오會員全部는徒히国民의唾罵만受ᄒᆞᆯ뿐이라今回上奏文도但히若箇首領人의主唱뿐인즉該會員全體는前轍을鑑ᄒᆞ야樂從ᄒᆞᆯ者가稀少ᄒᆞᆯ듯ᄒᆞ다더라

◉宋氏被捉　法政新聞編輯人宋元燮氏가西部警察署에被捉ᄒᆞ엿다는ᄃᆡ其理由는尹敬重氏가宋氏를對ᄒᆞ야該社事務員一窠를圖급ᄒᆞ라ᄒᆞ고金貨幾百圜을該社로寄付ᄒᆞ엿더니到今ᄒᆞ야는宋氏를詐欺取財로搆誣ᄒᆞᆷ이라더라

◉新聞團演奏會　各新聞團에서發起ᄒᆞ야西北水災救恤金을募集ᄒᆞᆯ次로演奏會를設行ᄒᆞᆫ다더라

◉其爭不息　信川郡獐川坪옥事동로居民과韓景源氏間에紛判ᄒᆞᆫ事는尙今未決中인ᄃᆡ上狀原동을韓氏가又爲橫斷ᄒᆞᆫ故로坪內土主와韓氏間에詰難이又起ᄒᆞ야土主諸人이現方被囚中이라더라

◉不其夥乎　信川郡廳에서는土地家屋證明用紙를每一張에金二十錢式賣下ᄒᆞᆫ는ᄃᆡ其價文이比他倍高ᄒᆞ다고民怨이有ᄒᆞ다더라

◉捐金助費　懷德郡에서該郡校宮을修理ᄒᆞ는ᄃᆡ工費가窘絀ᄒᆞ야了役이無期ᄒᆞ더니該郡外南面五里洞居紳士崔永鉉崔南鉉兩氏가金貨五十圓을捐付ᄒᆞ야修理를完成ᄒᆞ엿는ᄃᆡ該郡守는境內에告示ᄒᆞ야崔氏의尊聖心을布諭ᄒᆞ엿다더라

◉乘醉自刺　理발組合所長尹庠勳氏는何等感情이有ᄒᆞᆫ인지再昨日上午一時에醉中을乘ᄒᆞ야小刀로頸腹을自刺ᄒᆞ야流血이淋漓ᄒᆞ엿는ᄃᆡ該氏에夫人이獨力으로挽留키不能ᄒᆞ여所管巡查에게告急ᄒᆞᆷ으로卽時北署에押囚ᄒᆞ엿다가酒醒後에說諭放送ᄒᆞ엿다더라

◉車役代費　前郡守申最熙氏는貪困을因ᄒᆞ야衛生費一二三度를未納ᄒᆞ엿는ᄃᆡ三昨日中署에서一個日車夫服役을식혓다더라

◉金家執行　大安洞居前判서金興圭氏가家券을日人에게典執ᄒᆞ고債錢을得用ᄒᆞᆫ後에十餘朔邊利를未報ᄒᆞᆷ으로日人이警視廳에呼訴ᄒᆞ야昨日에金氏家產什物을沒數執行ᄒᆞ엿다더라

◉始倅有志　始興郡守羅基貞氏는郡內人民에게發令ᄒᆞ야明年度農作物의虫災를預방ᄒᆞᆯ次로답土를本年度冬期에起耕ᄒᆞ라ᄒᆞ되民不擧行ᄒᆞᆷ으로或勒制或說諭에專力ᄒᆞᆫ다더라

◉商業界指南　安國善氏가著作ᄒᆞᆫ商業經營法은韓國現時商業에關ᄒᆞᆫ經營法設備法其他手形行使法各種機關利用法을詳細히編述ᄒᆞᆫ者인ᄃᆡ一般商業界에指南이될만ᄒᆞ다더라

◉大東押收　海蔘威에서發行ᄒᆞᄂᆞᆫ大東共報第八十二號至八十五号ᄭᆞ지治安을妨害라ᄒᆞ야內部大臣이押收ᄒᆞ엿다더라

◉宋氏被捉　內部主事宋義植氏는何事件이有ᄒᆞᆫ인지三昨日下午十一時에團成社를觀覽ᄒᆞ다가筆洞分遣所에被捉ᄒᆞ엿다더라

◉李氏保放　開城日憲兵分遣所에被囚ᄒᆞᆫ李甲氏는去二十六日에保放ᄒᆞ엿다더라

◉趙女被捉　三湖居趙姓女가再昨日下午一時에中部寺洞居日人佐佐木家에서掛鍾一座를竊取ᄒᆞ다가中署에被捉ᄒᆞ엿다더라

◉金氏黜會　青年會員金景潤氏는會規에違返된事가有ᄒᆞ다ᄒᆞ야黜會를當ᄒᆞ엿다더라

◉日蓮設始　權東鎭李德用金晉玉等諸氏가南長洞等地에日蓮宗敎會를設始ᄒᆞ엿는ᄃᆡ入會金은每人에二十錢式領受ᄒᆞᆫ다더라

◉商組開會　商務組合本部에서十三道商民代表를會集ᄒᆞ야再昨日永導寺에서都總會를開ᄒᆞ엿는ᄃᆡ軍警兩廳偵探客이多數出往ᄒᆞ야該會動靜을詗察ᄒᆞ엿다더라

◉政見停會　大韓協會에서再昨日下午七時에政見委員會를開ᄒᆞᆯ次로一進會에通牒ᄒᆞ엿더니一進會에서不참ᄒᆞᆷ으로該會를停止ᄒᆞ엿다니라

◉青舘演說　鍾路青年會舘에셔本日下午七時半에演說會를開ᄒᆞ고該會總務金麟氏가青年會之歷ᄉᆞ란問題로演說ᄒᆞᆫ다더라

▲社會燈▼

▲一進會에셔는 日前 花溪寺에셔 別別藥品을 고앗나보데 一次宣言書만 ᄒᆞ야도 千秋不朽의 功名을 ᄒᆞ엿는ᄃᆡ 무엇시 ᄯᅩ 不足ᄒᆞ야 그ᄯᅡ위 妙方을 研究ᄒᆞ노 다죽게된 病勢에 永永氣絕을 식키랴고 그런 藥을 고아너여

▲잔밤의 번ᄀᆡ는 번쩍번쩍 天動은 우룽우룽 아마 謝罪派가 미우 悚懼ᄒᆞ엿슬걸 罪가 잇거던 相當ᄒᆞᆫ 法律노 棍杖을 맛던지 懲役을 ᄒᆞ던지 處絞를 ᄒᆞ던지 勘罪가 잇셔야지 謝罪ᄒᆞᆯ 罪는잇고 勘罪를 못當ᄒᆞ면 天罰이 可慮이지

▲白雪은 훗날니고 日氣는 猝寒ᄒᆞᆫᄃᆡ 夜照ᄀᆡ에 바친 兒孩는 어러죽기나 免ᄒᆞ엿는지 기르기가 실커던 낫치를 말던지 나는노코 니바리면 그生命은 엇지ᄒᆞ노 子息을 바리는 기집은 아마 雜○이어

▲世上에 굿흔일도 만흔게야 엇던 작ᄌᆞ는 自己아달이 內外國에 出沒ᄒᆞ면셔 危險ᄒᆞᆫ 事業을 做作ᄒᆞᆫ다고 官廳에 出頭ᄒᆞ야 永永 父子가 아니되깃다고 請願을 ᄒᆞ엿다지 아마 維新時代가 되니ᄭᅡ 倫理도 新倫理가 生기는게야

雜報

○兩會聲明書草案

大韓一進兩會가聯結ᄒᆞᆫ後에第一回政見委員會를開ᄒᆞ고兩會聯結에對ᄒᆞᆫ聲明셔를發布ᄒᆞ기로議決ᄒᆞ엿다ᄂᆞᆫᄃᆡ其聲明셔草案全文은左와如ᄒᆞᆷ

我兩會가從來의憾情을一掃ᄒᆞ고國事에對ᄒᆞ야一致協力을誓약ᄒᆞᆷ은目下國民의慘狀을救濟ᄒᆞ며國家의福利를增進코ᄌᆞᄒᆞᆷ이오決코區區ᄒᆞᆫ野心으로一時的聯結을行ᄒᆞᆷ이아니라既往의事實을鑑ᄒᆞ며將來의方針을慮ᄒᆞ야我兩會에聯結로써幸히擧國一致의實効를擧ᄒᆞ야自奮自勵ᄒᆞ여我國運의向上發展에盡瘁ᄒᆞᆯ而已라現내閣은百般政令을國民의게了解케ᄒᆞ기不能ᄒᆞ야識見이有ᄒᆞᆫ者ᄂᆞᆫ悲歌慷慨ᄒᆞ며思量이無ᄒᆞᆫ者ᄂᆞᆫ自暴自棄ᄒᆞ야국運을危殆케ᄒᆞᆯ뿐아니라국民生活의困難이日甚一日ᄒᆞ나於今에救濟方法을講究치아니ᄒᆞ면前途에如何ᄒᆞᆫ慘狀을再演ᄒᆞᆯᄂᆞᆫ지不知ᄒᆞᆯ지니是ᄂᆞᆫ政治問題로見ᄒᆞ던지社회問題로論ᄒᆞ던지焦眉急務에屬ᄒᆞᆷ이라故로擧국一致自奮自勵를要ᄒᆞᄂᆞᆫ所以의一이오

且夫日本의對韓關係ᄂᆞᆫ既往協約明文에自在ᄒᆞ니其要旨ᄂᆞᆫ即我韓文明이富强의域에達ᄒᆞ야制度가完備ᄒᆞᆷ에至ᄒᆞᆯ時ᄭᆞ지其關係를繼續ᄒᆞᆷ에不過ᄒᆞ나然이나若我民族이愈益潰裂ᄒᆞ며國勢가愈益危險ᄒᆞ야更히救濟치못ᄒᆞᆯ境遇에至ᄒᆞ면假令協약에如何ᄂᆞᆫ明文이有ᄒᆞᆯ지라도是乃虛文에終歸ᄒᆞᆯ이니其時를當ᄒᆞ야ᄂᆞᆫ世界列强의同情은彼의在ᄒᆞ고我에不在ᄒᆞᆯ지니然則我國運의消長과國民의興亡은惟我同胞의自覺心如何에在ᄒᆞᆯ뿐이니是가擧국一致自奮自勵를要ᄒᆞᄂᆞᆫ所以의二오

蓋日本政客論中에韓國을經營ᄒᆞᆷ은日本을利케ᄒᆞᆯ뿐이오韓人의利害를顧慮ᄒᆞᆯ必要가無ᄒᆞᆫ즉迅速히各種權利를自國에吸收ᄒᆞ야他年의自衛方法을講究ᄒᆞ기로主張ᄒᆞᄂᆞᆫ者ㅣ有ᄒᆞ야所謂韓日合邦論、韓日聯邦論、日人大臣任命論이擧皆此派에所說에基因ᄒᆞ야新聞上에頻頻揭播ᄒᆞ나然이나其朝野의識者ᄂᆞᆫ皆曰韓國을經營ᄒᆞᆷ은彼我共通利益을增進케ᄒᆞᆷ에在ᄒᆞ고兩國間厚薄의區別을립ᄒᆞᆷ에不在ᄒᆞᆫ지라會者世界에對ᄒᆞ야韓國擁護의宣言이有ᄒᆞᆫ즉天하의公義에據ᄒᆞ야終始一貫치아니치못ᄒᆞᆯ이니目下保護의關係ᄂᆞᆫ韓國국情의自招ᄒᆞᆫ結果오其協약도韓국의文明이富强의進ᄒᆞᆷ을긔ᄒᆞᆷ이니此對韓方침은世界列强이首肯하ᄂᆞᆫ바ㅣ라

韓人이苟能韓國을自滅케아니ᄒᆞ고我國의眞意를諒解ᄒᆞᆯ지면日本은恒常此方針으로써韓國의對ᄒᆞᆷ이可ᄒᆞ다ᄒᆞ니右兩說의孰公孰私ᄂᆞᆫ智者를不待ᄒᆞ고可知ᄒᆞᆯ바ㅣ라今에日本政府와統監府ᄂᆞᆫ前說을捨ᄒᆞ고後說을取ᄒᆞ야我韓에駐劄ᄒᆞᆫ曾禰統監은一體同仁主義를宣言ᄒᆞ야產業政策에盡瘁ᄒᆞ고彼此의愛憎厚薄이無ᄒᆞ기를期ᄒᆞᆫ다云ᄒᆞ나日本은립憲代議政治로國家輿論의嚮背에依ᄒᆞ야國是를定ᄒᆞᄂᆞᆫ國家ㅣ라國民의自覺如何와國情夷險如何를從하야其국論이如何히勃興ᄒᆞᆯᄂᆞᆫ지도亦未可知니然則我同胞ᄂᆞᆫ一心協力ᄒᆞ야국家狀態를漸益向上케ᄒᆞ야써前說의勃興을豫방치아니치못ᄒᆞᆯ이니是가擧국一致自奮自勵를要ᄒᆞᄂᆞᆫ所以의三이라

嗚呼라我兩會ᄂᆞᆫ斯히公平ᄒᆞᆫ地位에립ᄒᆞ야如사히正當ᄒᆞᆫ理由로써聯結을行ᄒᆞ고協力을誓ᄒᆞ야擧國一致의實効를擧ᄒᆞ며一은國民의慘狀을救濟ᄒᆞ며一은國家의福利를增進코저ᄒᆞᆷ에在ᄒᆞ거ᄂᆞᆯ世間一派의策士ᄂᆞᆫ自己의術略을利用키爲ᄒᆞ야兩會의聯結을指ᄒᆞ야或은合邦의準備라ᄒᆞ며或은聯邦의運動이라ᄒᆞ니是ᄂᆞᆫ我兩회의眞意를誤認ᄒᆞᆷ의出ᄒᆞᆷ이아니면即中傷코저ᄒᆞᆷ의出ᄒᆞᆷ이라何則고我兩會의聯結ᄒᆞᆫ本意ᄂᆞᆫ兩國協약의精神을標準ᄒᆞ야日本의善良ᄒᆞᆫ指導扶掖을信認ᄒᆞ며實力을養成ᄒᆞ야他日의自治를긔圖ᄒᆞ기로爲主ᄒᆞ야日本人士의極端論을一切排斥코저ᄒᆞᆷ이니如許ᄒᆞᆫ理由가豈有ᄒᆞ리오故로兩會의國家에對ᄒᆞᆫ大方침을ᄂᆡ로同胞의게公告ᄒᆞ며外로世界에廣布ᄒᆞ기爲ᄒᆞ야玆의聲明셔를發表ᄒᆞᆷ

廣告

社告

申報價

壹張代金		新貨二錢五厘
壹個月		三十錢
參個月		九十錢
陸個月	先納	壹圓七十錢
壹個年	先納	參圓四十錢
郵稅	壹張	新貨五厘
壹個月		十三錢

廣告料

四号活字拾三字詰

每日英尺一寸에 (自一行至四行이爲一寸)	新貨卄五錢
二週日壹寸에	二圓五十錢
壹個月壹寸에	五圓

但期限의長短과字行의多小를依ᄒᆞ야增減홈이有홈

大韓每日申報 各處支社廣告

平安道

平壤鍾路太極書館 安泰國
三和港碑石洞敎堂 裴亨湜
義州南門外韓西大藥房 張有寬
鐵山郡內東部 安灝
車輦館同志會內 金明鉉
定州南門內書舖 洪成麟
博川郡內場洞 金鑾樞
安州城內安陵書館 金翼河
京義線批峴驛停車場前 李基秀
龍川南市驛 韓燦禧
龍川楊市 黃菊保
朔州郡南門外 朱伯英
泰川郡內관前洋藥局 李正華
寧邊郡內紅門里 鄭德昇
江西郡內 金昌煥
宣川郡橋南 申蕃周
江界邑內 金泰熙
郭山郡內新街 金大鉉
甑山郡內利用里 崔診爽
雲山北面橋洞 王冕鎬
雲山郡內 威元澤
順川郡達洞 鄭裕景
昌城邑內西下里壹統貳戶 許[illegible]

黃海道

海州南門內書舖 朴昌鎭
安岳邑石面訓鍊里 韓禎敎
長淵邑校洞西北支學會內 崔東元
殷栗郡倉前里 金光礪
信川郡內四里 李悌敬
載寧郡乾材藥局 李鼎均
白川郡文明館 趙雲泳
沙里院活民勞働救火會 任敬宰

咸鏡道

咸興州南社西門外 曹喜林
元山港創業社 皇甫正杰
定平郡豐陽里 張禮學
洪原西門內保命局 羅炳善
永興南山洞洪明學校內 梁元常
清津港新興洞 張元[illegible]

全羅道

金溝水流面豆亭 趙[illegible]
木浦港陽洞 李[illegible]

京畿道

仁川杻峴開新冊肆 李東[illegible]
開城南大門內興學書舖 [illegible]
江華郡內川橋 俞[illegible]

忠清道

結城廣川小龍洞 李[illegible]
韓山下北필堂里 李英[illegible]

慶尚道

大邱西門外友弦書舖側 李[illegible]由
釜山港佐川藥局 徐錫[illegible]

江原道

杆城邑新城里二統三戶 咸海元
鐵原邑棠洞 趙鍾大
蔚珍遠南面梅花里 朱鎭[illegible]

北墾島

北墾島龍井村耶蘇敎堂內 裴尙[illegible]

告

檀君開國四千二百四十二年
箕子元年三千三十一年
大韓開國五百十八年
本報創刊日
光武八年七月十八日

大韓每日申報

發行兼編輯人 英國人 萬咸
Responsible for Publication Alfred Wrekley Marnham.
發行所
京城南部石井洞三層洋屋家
大韓每日申報社

第七卷 月曜及慶節歲時日休刊 第一千二百五十四號

寄書

◉忠告我韓耶蘇教兄弟

尹鑑

上帝ᄭᅴ셔ᄂᆞᆫ新約에示ᄒᆞ신바言을恪守ᄒᆞᄂᆞᆫ者의게ᄂᆞᆫ福을賜ᄒᆞ시고恪守치안ᄂᆞᆫ者의게罪를下ᄒᆞ시나니新約은即上帝ᄭᅴ셔一般信者의게特與ᄒᆞ신法律이라然이나此法律은國家의制定ᄒᆞᆫ바法律에比ᄒᆞ면其意義가甚奧ᄒᆞ야蒙昧ᄒᆞᆫ兄데ᄂᆞᆫ誤犯키易ᄒᆞ도다

新約路可福音六章二十七節에曰汝의怨讐를愛ᄒᆞ라ᄒᆞ엿고上帝의十誡命中에云父母를孝敬ᄒᆞ라ᄒᆞ엿스니然則一時不虞에何許强漢이已家에突入ᄒᆞ야已의父親을殺害ᄒᆞ려ᄒᆞᆯ際에其漢의게加害치아니ᄒᆞ고但勸諭와祈禱만ᄒᆞ면已의父親이將被害ᄒᆞᆯ지니此ᄂᆞᆫ父母를孝敬ᄒᆞ라ᄒᆞᆷ에違反이되며已의父親을爲ᄒᆞ야其漢의게加害ᄒᆞ야勸諭와祈禱가無ᄒᆞ면怨讐를愛ᄒᆞ라ᄒᆞᆷ에違反될지니如此ᄒᆞᆫ時에何如히ᄒᆞᆷ이愛가되며何如히ᄒᆞᆷ이孝가되여完全히上帝의法律에適合ᄒᆞᆯ가

曰其漢을嚴密히結縛ᄒᆞ야笞刑幾百度를加ᄒᆞ던지懲役幾十年에處ᄒᆞ던지ᄒᆞᆷ이其漢을愛ᄒᆞᆷ이오其父母ᄭᅴ孝ᄒᆞᆷ이니蓋怨讐를愛ᄒᆞ라ᄒᆞᄂᆞᆫ愛ᄂᆞᆫ其肉體에對ᄒᆞᆫ愛가아니오其良心에對ᄒᆞᆫ愛가即是라何者오ᄒᆞ면其漢이刑을受ᄒᆞ고役을被ᄒᆞ며苦痛의入骨ᄒᆞᆷ을不勝ᄒᆞ야乃暗然히自己의所行을后悔ᄒᆞ야庶幾乎本性을恢復ᄒᆞᆯ지니

然則其肉體ᄂᆞᆫ一時에困難을當ᄒᆞ엿스나良心은將來에遷善ᄒᆞᆷ을得ᄒᆞ야天國의民을作ᄒᆞᆯ지라若勸諭와祈禱만懇切히ᄒᆞ고一拳의打격도不爲ᄒᆞ면反히余의방禦ᄒᆞᆷ이無ᄒᆞᆷ을喜幸ᄒᆞ야此後로彼ᄂᆞᆫ眼中에正義가都無ᄒᆞ고胸中에惡心이日積ᄒᆞ야悔改ᄒᆞᆯ期가杳然ᄒᆞ리니然則彼만罪惡에陷ᄒᆞᆯᄲᅮᆫ아니라已도亦怨讐를愛치못ᄒᆞᆷ으로天國의民이되기難ᄒᆞᆯ지라

且國家怨讐에對ᄒᆞᆫ愛와祖國宗社에對ᄒᆞᆫ忠도亦此에無異ᄒᆞ야若敵이我國에侵犯ᄒᆞ야其國家를害ᄒᆞ고其同胞를殘ᄒᆞ면一齊奮起ᄒᆞ야極力방禦ᄒᆞ여야可히我가人道를盡ᄒᆞ며彼도無道를免케ᄒᆞᆯ지니

此가即宗社에對ᄒᆞ야忠이되며仇敵에對ᄒᆞ야愛가되ᄂᆞᆫ지라若戰爭ᄒᆞᆷ은罪가된다誤解ᄒᆞ야勸諭祈禱만ᄒᆞ면自國을保全치못ᄒᆞ고反히自國을傾覆ᄒᆞᆷ이되며仇敵을遷善케못ᄒᆞ고反히仇敵으로惡을長케ᄒᆞᆷ이됨이라於是乎亡國人이되여犧牲의待遇를免치못ᄒᆞᆯ지며亦上帝의法律에犯ᄒᆞ여地獄의刑을免키難ᄒᆞᆯ지로다

嗚呼라我韓耶蘇敎徒ᄂᆞᆫ實노此를不辨ᄒᆞᄂᆞᆫ兄데가十에五六에居ᄒᆞ야但長老助事의言만是信ᄒᆞ고他人의忠告ᄂᆞᆫ不信ᄒᆞ야國家를澌滅코ᄌᆞᄒᆞ며民族을牛馬코ᄌᆞᄒᆞᄂᆞᆫ魔鬼가來ᄒᆞᆯ지라도此를勸諭祈禱로待코ᄌᆞᄒᆞ니惜哉라

官報

號外

隆熙三年十一月一日

內閣告示第三十三號 續

第七條 前條第一項의留置期間은拘留의刑期에此를通算ᄒᆞ고同條第二項의留置期間은其折算ᄒᆞᆫ金額으로써科料又ᄂᆞᆫ罰金의金額에算入ᄒᆞᆷ

第八條 留置를被ᄒᆞᆫ者가正式의裁判을請求ᄒᆞ야呼出狀의送達이有ᄒᆞᆫ時ᄂᆞᆫ直히其留置를解ᄒᆞᆷ이可ᄒᆞᆷ

附 則

本令은明治四十二年十一月一日로부터此를施行ᄒᆞᆷ

○統監府令第二十八號

（明治四十二年十月二十一日）

統監府裁判所設置의件

統監府裁判所를設置ᄒᆞ고其名稱、位置及管轄區域을別表와치定ᄒᆞᆷ

各裁判所開廳의期日은更히此를告示ᄒᆞᆷ

附 則

本令은明治四十二年十一月一日로부터施行ᄒᆞᆷ

未完

外報

○談判不和 清國과葡萄牙間에澳門境界問題ᄂᆞᆫ葡萄牙委員의態度가强硬ᄒᆞ야談判이順成치못ᄒᆞᆫ故로清國境界談判委員은急히北京으로歸ᄒᆞ엿ᄂᆞᆫ데葡國에셔ᄂᆞᆫ仲裁裁判說을提起ᄒᆞ엿다더라

○美墨協力 墨西哥政府에셔美國國務省에電報ᄒᆞ기를니카라과國이目下破裂의狀態에陷ᄒᆞ엿ᄂᆞᆫ데其危難을救ᄒᆞᄂᆞᆫ方法으로美國政府에셔干涉ᄒᆞᆷ에對ᄒᆞ야墨西哥에셔도助力ᄒᆞᆫ깃다고云ᄒᆞ엿다더라

○親王狩獵 英國아사及바로리샤兩親王은明年一月부러狩獵次亞弗利加로向ᄒᆞ야出遊ᄒᆞ엿다가五月頃에歸國ᄒᆞᆯ터이라더라

○視察員과祝砲 清國海軍視察委員一行은英國포쓰모쓰軍港에셔海軍營造物을巡覽ᄒᆞ엿ᄂᆞᆫ데該港旗艦은同一行에對ᄒᆞ야祝砲二十一發을放ᄒᆞ엿다더라

○會費增額 清國에ᄂᆞᆫ清曆明年四月에開會ᄒᆞᄂᆞᆫ南洋勸業博覽會費ᄂᆞᆫ元來五十萬弗로豫算ᄒᆞ엿ᄂᆞᆫ데此가不足ᄒᆞ다고二十萬弗을增加ᄒᆞ야七十萬弗로ᄒᆞ기를兩江總督張人駿氏가上奏ᄒᆞ엿다더라

○北極探險報告 쿡크氏ᄂᆞᆫ自家의北極發見에關ᄒᆞ야二萬五千言의報告를丁抹코펜하겐에送達ᄒᆞ엿다더라

○英帝增勳 英國皇帝陛下ᄭᅴ옵셔清國官員에게大勳章을贈與ᄒᆞ엿ᄂᆞᆫ데清國海軍視察委員載詢貝勒에게ᄂᆞᆫ광쓰大十字章이오薩提督에게ᄂᆞᆫ써인트마이ᄏᆞᆯ大十字章이오駐英清國公使李經芳氏에게ᄂᆞᆫ광쓰大十字章이라더라

○工事巡察 新任湖廣總督瑞徵氏ᄂᆞᆫ黃浦江浚渫工事를巡察ᄒᆞ기爲ᄒᆞ야去二十六日에上海에來着ᄒᆞ엿ᄂᆞᆫ데數日을滯在ᄒᆞᆫ다더라

○商工相更迭 露國商工務大臣지루야졉氏ᄂᆞᆫ依願免官ᄒᆞ고其代에ᄂᆞᆫ帝國銀行總裁지마섬氏가被任된다더라

○默契端緒 勃牙利國首府솜프이아에셔同國國王후엘치난드及塞爾維亞國王피타兩王이會見ᄒᆞᆷ은兩國이永久的默契의端緖가됨으로看做ᄒᆞᆯ지오右의結果ᄂᆞᆫ露國外交의努力ᄒᆞᆫ所以라더라

○會長自薦 露國首相수도리빈氏ᄂᆞᆫ自願ᄒᆞ야極東植民委員會長이되엿다더라

雜報

◉韓會寄函

大韓一進兩會聯結에對ᄒᆞᆫ聲明書草案은前報에已揭어니와該草案은去十月二十日大韓協會에셔提出ᄒᆞ여公布ᄒᆞ기로約定ᄒᆞᆫ者인ᄃᆡ近日一進會에셔ᄂᆞᆫ何等思想이有ᄒᆞᆫ지該聲明書發布에對ᄒᆞ야斬特ᄒᆞᆫ模貌이有ᄒᆞᆷ으로三昨日大韓協會에셔一進會에送致ᄒᆞᆫ函文이如左ᄒᆞ니

敬啓者去十月二十日我兩會政見協定委員會에本會委員等이提出ᄒᆞᆫ兩會聯結主旨聲明書草案에對ᄒᆞ야貴會委員韓錫振氏의動議로此聲明書ᄂᆞᆫ同情ᄒᆞᄂᆞᆫ바인즉今番演說會經過後에即時原案을修正發表ᄒᆞᄌᆞᄒᆞ미劉揆漢氏의再請으로原動議가多數可決되고修正委員을兩會各二人式選定됨은已有會錄在案이온바伊後時局이多事ᄒᆞᆷ으로尙今再議를未遑이더니近日政治界의機宜를因ᄒᆞ야我兩會가該聲明書를斯速發表ᄒᆞᆯ必要가有ᄒᆞᆫ줄노思惟ᄒᆞ기로本會政見協定委員이貴會委員과合席協議코저ᄒᆞ야公函으로訂日仰請인바昨接答函에弊會의會務가鞅掌ᄒᆞ야委員이出他或多事未暇ᄒᆞ야今不可以應參集合이니更俟幾日ᄒᆞ야指定仰布等因이라然則委員의合席協議ᄂᆞᆫ因勢難强이나至若聲明書發表ᄒᆞ야ᄂᆞᆫ時不可逸이오本會ᄂᆞᆫ該셔에對ᄒᆞ야無可修正處故로聲明셔草案을別附仰布ᄒᆞ오니以此不日發表ᄒᆞᆷ이何如ᄒᆞᆯᄂᆞᆫ지 照亮示明ᄒᆞ심을爲望

隆熙三年十一月二十八日

大韓協會長金嘉鎭

一進會長李容九 閣下

○談叢○

劍 心

▲村閭의人이恒常小兒를操束ᄒᆞ야曰外人이來ᄒᆞ거던出門치말나彼가汝를捉去ᄒᆞ리라ᄒᆞ며外人이來ᄒᆞ거던啼泣치말나彼가汝를참斬ᄒᆞ리라ᄒᆞ며外人이來ᄒᆞ거던問ᄒᆞᄂᆞᆫ말外에ᄂᆞᆫ他語를勿作ᄒᆞ라彼가汝를殺害ᄒᆞ리라ᄒᆞ야兒의氣를殺ᄒᆞ고兒의腔만養ᄒᆞ니將來韓國에ᄂᆞᆫ無血男만充滿ᄒᆞ지아니ᄒᆞᆯ가

▲何人이던지自家에歸ᄒᆞᄂᆞᆫ것을入ᄒᆞᆫ다ᄒᆞ며他人家에向ᄒᆞᄂᆞᆫ것을出ᄒᆞᆫ다ᄒᆞ거ᄂᆞᆯ今人恒言에ᄂᆞᆫ清國에往ᄒᆞ라면（清國드러간다）ᄒᆞ며日本에往ᄒᆞ라면（日本드러간다）ᄒᆞ며祖國에來ᄒᆞᄂᆞᆫ것을（너나라에나온다）ᄒᆞ니言語上에도主客을分別ᄒᆞ지못ᄒᆞᄂᆞᆫ지

▲他人이自己父의不正ᄒᆞᆫ行爲를擧ᄒᆞ야辱ᄒᆞ거나自己兄의不美ᄒᆞᆫ事를擧ᄒᆞ야辱ᄒᆞ면此를怒ᄒᆞ며此를痛ᄒᆞ야自己父兄歷ᄉᆞ如何ᄂᆞᆫ不問ᄒᆞ고辱ᄒᆞᄂᆞᆫ人과決鬪코ᄌᆞᄒᆞ건만은祖國歷ᄉᆞᄂᆞᆫ他人이如何히嘲ᄒᆞ던지如何히侮ᄒᆞ던지尋常히此를聽ᄒᆞ니今人이私德은幾分間存餘ᄒᆞ엿스나公德은缺陷됨이已甚ᄒᆞᆫ저

▲同一ᄒᆞᆫ精神을抱ᄒᆞ며同一ᄒᆞᆫ趣旨를秉ᄒᆞ고同一ᄒᆞᆫ目的地에向ᄒᆞᄂᆞᆫ者라야同一ᄒᆞᆫ團體를可織ᄒᆞᆯ지어날今日의人士ᄂᆞᆫ往往精神趣旨目的은不問ᄒᆞ고但大ᄒᆞᆫ曰團體ᄒᆞ여야國을可興이라ᄒᆞ며民을可强이라ᄒᆞ니粘液質이無ᄒᆞᆫ散沙를一盤中에聚ᄒᆞ면是가團體될슈잇슬가

詞藻

◉老 病◉

늙거든病업거나、病들거든늙지말거나。
늙거니病들거니、幷行ᄒᆞ여侵노ᄒᆞ니。
命ᄒᆞ다、國家의危急ᄒᆞᆫ일을어이ᄒᆞ리、青年들아、

電報

◎中將罹病　日本陸軍中將矢吹는重病에罹ᄒᆞ엿다더라

◎美領事攻擊　淸國大連駐在美國領事는日本對滿政策에關ᄒᆞ야詳細히攻격ᄒᆞ야本國政府에報告ᄒᆞ엿다더라

◎淸國政界暗鬪　淸國에셔는直隸總督端方氏가罷免된後로北京에는宮中府中에暗鬪가益益극렬ᄒᆞ야政治界에一大變亂이有ᄒᆞᆯ貌樣이라더라

以上東京發　十一月卅日着

雜報

◎桑是下賜　宮內府秘書官金東完氏의所有貞洞家屋은太皇帝陛下계옵서　下賜ᄒᆞ신것인데內藏院에서는該家屋을還納ᄒᆞ라홈으로金氏가漢城府에請願ᄒᆞ고自己所有로證明을圖出ᄒᆞ엿다더라

◎統府例會　昨日에各大臣及參與官은統監府에例會를開ᄒᆞ고各部政務를討議ᄒᆞ엿다더라

◎馬領事協議　昨日에淸國總領事馬廷亮氏는韓國內淸國專管居留地設定問題를因ᄒᆞ야統監府에訪問協議ᄒᆞ엿다더라

◎年終賜金　各大臣次官及高等官의계年終特賜金이有홈은年例인데今年에는次官以下特賜金을勿施ᄒᆞᆯ줄로再昨日宮內府에서各府에通知ᄒᆞ엿다더라

◎작蠶經營　總理大臣李完用氏는明年度부터國內작蠶을實施ᄒᆞ다ᄒᆞ야積립金二十萬圜을準備ᄒᆞ고十三道內에작蠶適當ᄒᆞᆫ地段을現方調査中이라더라

◎日賜又聘　昌德宮內植物園에서는何等事務가頻劇홈인지日人山內長世等三人을囑托으로日昨에雇聘ᄒᆞ엿다더라

◎兩世追贈　慶北觀察使朴重陽氏의父祖兩代는奎章閣直提學及提學으로追贈되엿다더라

◎李氏請願說　恩彦宮所有山坂이　洪陵外垓字內로犯入되엿는데此를還推코저ᄒᆞ야李完鎔氏가農商工部에請願ᄒᆞᆫ다더라

◎技師不必要　內部에셔慶北觀察道로發訓ᄒᆞ고地方費支辦에關ᄒᆞ야技師一人을設置ᄒᆞ라ᄒᆞ엿는데該道觀察使朴重陽氏는技師를設置ᄒᆞᆯ必要가無ᄒᆞ다고內部에報告ᄒᆞ엿다더라

◎校土問題落着　各地方所在鄕校所有土地는從來에度支部와學部에셔管轄을爭ᄒᆞ더니日前參與官會議에셔學部管轄에屬케ᄒᆞ기로決定ᄒᆞ엿는데學部에셔管理方法을規定中이라더라

◎審査會決定　再昨日農商工部審査會에셔元山城津間漁業免許百二十件을審査決定하엿다더라

◎剩餘金支出　釜山警察署草梁出張所新營費로一千五百六十六圜을국庫剩餘金中으로支出ᄒᆞᆫ다더라

◎秉畯急促　日本在留宋秉畯은一進會長李容九氏에계韓日關係問題解決에關ᄒᆞᆫ事로頻頻急促ᄒᆞᆫ다더라

◎謝罪派困難　渡日謝罪十三道人民代表臨時會議所에셔旅費를難辦ᄒᆞ야渡日을無期限中止ᄒᆞ엿는데現今某廳에셔는不日渡日ᄒᆞ라는催促이有홈으로困難이莫甚ᄒᆞ다더라

◎門牌遭裂　渡日謝罪派의會所를寺洞으로定홈은已報어니와何許人의所爲인지該門牌를裂破홈으로更爲셔揭ᄒᆞ되隨揭隨裂ᄒᆞᆫ다더라

◎可謂盡忠　東亞贊英會副總裁閔泳雨氏는伊藤公銅像鑄造費一萬五千圜을自己가爲先擔當支出ᄒᆞ기로決定ᄒᆞ고水原郡에在ᄒᆞᆫ自家山坂을典執得債ᄒᆞ기로四處周旋中이라더라

◎閔氏調査　東亞贊英會發起人閔泳雨氏의履歷及所有財産을警視廳에셔調査ᄒᆞᆫ다더라

◎廳舍又剏　農商工部에셔其官廳이狹窄ᄒᆞ다ᄒᆞ야更히廳舍를增剏ᄒᆞᆫ다는데來春에는落成된다더라

◎住所혀探　前觀察使정周永前郡守閔丙星兩氏는何事件을因홈인지警察署에셔住所를혀探ᄒᆞᆫ다더라

◎居住人契約　度支部에셔該部所管家屋에居接ᄒᆞ는人民의계契約을締結ᄒᆞᆯ次로昨日上午十時에各居接人과保證人을招待ᄒᆞ엿다더라

◎英夫人請待　英國總領事가不遠間歸國ᄒᆞᆯ터인故로西學峴宗古敎會에셔去二十七日에該夫人을請邀ᄒᆞ야宴待ᄒᆞ엿다더라

◎因풍延期　日本國土木及民籍의事項을視察ᄒᆞ기爲ᄒᆞ야滯日ᄒᆞ던內部土木局長劉猛民籍課長趙聲九兩氏는昨日入城ᄒᆞ기로預定ᄒᆞ엿더니近日풍勢를因ᄒᆞ야延期ᄒᆞ엿다고內部에電報가來到ᄒᆞ엿다더라

◎古物撮影　統監府特許局에陳列ᄒᆞ기爲ᄒᆞ야昨日警視廳에셔는古代衣冠制度와警察官吏의服色을一一撮影ᄒᆞ엿다더라

◎陵寢調査　內部에셔慶南及平南觀察道로발訓ᄒᆞ고管下各郡에在ᄒᆞᆫ歷代殿陵의子孫居住와數爻를一一修報ᄒᆞ라ᄒᆞ엿다더라

◎修道費支出　晋州郡으로부터三川浦까지道路를修剏ᄒᆞ는데役費四千六百圜을內部에셔支撥ᄒᆞ엿다더라

◎無利不營　東洋拓殖會社社員日人尾高次郞은京釜間密陽郡三浪津에一大屠獸場을設置ᄒᆞ기爲ᄒᆞ야釜山理事廳에請願ᄒᆞ엿다더라

◎漢府處判　旣報와如히再昨日漢城府에셔孤兒院事件을處判ᄒᆞ엿는데院主는李恩션氏로院長은李春世氏로仍舊視務케ᄒᆞ고尙且院監一人敎授三人評議員二十人을置ᄒᆞ고其他事務는該府에셔擔任ᄒᆞ엿다더라

◎金氏上京　趙鼎允氏는年前秦川郡守在任時에該郡居金秉기氏의金貨一百三十五圜을討取ᄒᆞᆫ事가有ᄒᆞ다ᄒᆞ야金氏가裁判推尋次로上京ᄒᆞ엿다더라

◎何不速判　前郡守申錫賢氏는監獄署에滯囚ᄒᆞᆫ지三四朔이已過ᄒᆞ엿스되裁判歸決이無ᄒᆞᆫ故로該氏의令男秦俊氏가從速歸決ᄒᆞ라고地方裁判所에再三請願ᄒᆞ엿다더라

◎東闕被損　再昨日上午三時頃에풍雷가交作홈은一般知了ᄒᆞ는바어니와　昌德宮內仁政殿東行閣窓壁이電氣에衝격ᄒᆞᆫ바되여破損하엿다더라

◎李氏無關　承寧府侍從李龍漢氏가　德壽宮風說을造作ᄒᆞ여呼子警視의계告及ᄒᆞ엿다는說은隨聞揭재ᄒᆞ엿더니今에李氏의函辭를據ᄒᆞᆫ즉조是無根의事인故로玆에前記事를取消ᄒᆞ노라

◎警官入城　忠北各郡에警察事務를帶ᄒᆞ고出張ᄒᆞ엿던警視廳訊問係巡査朴有溶氏와日人巡査久松繁은三昨日入城ᄒᆞ엿다더라

◎合資買土　法人弗愛當韓人金秉輝兩氏가資本金數萬圜을鳩聚ᄒᆞ야延安백川等地에土地를多數히買取或典執ᄒᆞ엿다더라

◎足費何費　廣州郡居富饒人들은村間貧人의계債錢을급ᄒᆞ고及其督刷ᄒᆞᆯ時에는債務者의게宜例히足費一圜式을督捧홈으로人怨이有ᄒᆞ다더라

◎同化開業　醫學博士金熙영氏는京城濟衆院에셔卒業ᄒᆞᆫ醫士인데今回西道를遊歷ᄒᆞ다가一般閭巷에病院이稀少홈을槪歎ᄒᆞ야龍川楊市에同化病院을設始ᄒᆞ고黃菊保氏와共히同業ᄒᆞ야一般有病ᄒᆞᆫ同胞를救療ᄒᆞ기로目的ᄒᆞᆫ다더라

◎屠肆撤業　公州府內의屠獸場을設始ᄒᆞᆫ後로該場主가牛每頭에金二圜式收捧ᄒᆞ야財務署의稅金을納ᄒᆞ더니去十月부터地方稅를實施ᄒᆞᆫ後牛每頭에金一圜을更爲徵收ᄒᆞ미各販賣人들은營業上利益이無ᄒᆞ다ᄒᆞ야撤肆廢業ᄒᆞᆫ지가于今十餘日이되엿다더라

◎勞働解散　東部活民勞働會는財政困難을因ᄒᆞ야日前에解散ᄒᆞ엿다더라

◎侍天敎支金　三昨日侍天敎에셔各地方支敎에敎堂建剏費三萬圜을支撥ᄒᆞ엿다더라

◎相救之義　阿峴大井洞居洪萬吉氏가去月十五日에火災에罹ᄒᆞ야家屋을燒燼ᄒᆞ엿는데其友人韓昌順氏는家勢도貧乏ᄒᆞ야笠工爲業ᄒᆞ는터인데該被燒家屋을蓋覆ᄒᆞ기爲ᄒᆞ야蓋草二駄를捐付ᄒᆞ엿다더라

◎養源觀覽　私립養源女學校一般職員及學徒들은昨日　昌德宮內　御苑을觀覽ᄒᆞ엿다더라

◎行動詗探　鎭川郡居朴重三鄭雲睦兩氏는義兵將李時榮氏와干連이有ᄒᆞ다ᄒᆞ야某處에셔其行動을혀探ᄒᆞ는中이라더라

◎宋氏放還　公貨欠逋事件으로警視廳에被囚ᄒᆞ엿던宋準憲氏는昨日에蒙放ᄒᆞ엿다더라

◎姜氏被捉　新門外鍮洞居하는前副尉姜某는何事件을因홈인지三昨日警視廳에被捉하엿다더라

◎公是曖昧　西部後洞居ᄒᆞ는黃敬德氏는日人의告訴를因ᄒᆞ야竊盜犯으로西署에被捉ᄒᆞ엿는데事實이曖昧ᄒᆞ다는說이有ᄒᆞ다더라

◎違則被捉　中部壽進洞淨地에셔屠肆營業ᄒᆞ는黃河一洪鍾覺兩人은屠獸規則에違反이有ᄒᆞ다ᄒᆞ야中署에被捉ᄒᆞ엿다더라

▲團合爲上▼

啞笑子

▲戶外寒풍瑟瑟ᄒᆞ고壁上孤燈耿耿ᄒᆞᆫ데一枕輾轉不寐中에時局事를思量ᄒᆞ니千頭萬緖이나心算百般經綸許多ᄒᆞ나畢竟에는所用업고團合이니團結이니陳談累說되엿지만그以外는別數업다

▲白紙張을늘더리도마쥬늘면가비엽고貉賊질을ᄒᆞ더리도손마저야되리로다二人同心ᄒᆞ더라도其利斷金ᄒᆞᆯ니인데千萬人이同心ᄒᆞ면그利益이엇덜소나無論무숨일이던지團合히야되리로다

▲斯道講明ᄒᆞ는일도學人ᄒᆞᆯ노못ᄒᆞ나니三千제子더부시고詩書禮樂刪定ᄒᆞ야繼往開來큰事業을垂之萬世ᄒᆞ엿스며萬章之徒더부시고仁義七篇著述ᄒᆞ야闡學之功세웟스니團合力이이아닌가

▲國家興復ᄒᆞ는일도人당ᄒᆞᆯ노못ᄒᆞ나니一旅衆을團合ᄒᆞ야凶徒逆斉勦滅ᄒᆞ고祀夏配天ᄒᆞ엿스니夏少康의鴻烈이오會稽山의五千甲을生聚敎訓團合ᄒᆞ야沼吳雪恥ᄒᆞ엿스니越句踐의雄圖로다

▲團合力이업고보면材力조쳐쓸되업다握鉤伸鐵殷王紂는ᄉ智싸지兼全컨만飾非拒諫일만삼고輿馬宮室崇尙ᄒᆞ야衆叛親離ᄒᆞ고보니宗室三仁쓸디업고億萬臣姿잇다ᄒᆞᆫ들周家三千當ᄒᆞᆯ소냐

▲團合力이업고보면勇ᄒᆞᆫ체도쓸되업다氣力五ᄒᆞᆫ項壯士는雄視天下ᄒᆞ엿것만嫉賢嫉能ᄒᆞ고보니婦人之仁쓸되잇나一范增을못쓰거니獨伐將軍어이ᄒᆞ리八千子데星散後에楓落吳江可憐ᄒᆞᆯᄉ

▲二千萬衆우리同胞自利私營말고公共利益圖謀ᄒᆞ며時詳痛落望말고遠大事業經營ᄒᆞ야渙散心을다바리고團合力을養成ᄒᆞ면能히調攝ᄒᆞᆯ것이니陳談으로勿歸ᄒᆞ고實地進行ᄒᆞ여보쇼

學界

◉私學爲公 靈州郡馬鐵里私立光明學校는校長閔泳韶氏의運動으로公立廣興學校가되엿다더라

廣告

本人의圓形姓名章을本年九月分에不知中遺失흐엿기玆에廣告흐니誰某拾得흐야도無效로홈 李亨振

本人所有南署漢江坊普光里四統十五戶家契白紙舊券十餘張을셔失흐엿기廣告흐니誰某拾得흐야도休紙로홈 李根滿

前正尉韓性鎭大人從一品勅任議官公去陰十月初一日戌時에水原鄕第에셔卒逝흐셧기告白홈 護喪 蔣漢俊

本人에姓名正字圖章을陰九月初五日分에셔失故로玆以廣布흐오니知舊僉照亮홈 義州水鎭西䧺龍洞白雲鶴 告白

本人이龍川府楊市에救世病院을設립흐고醫師金鳳天氏를延聘흐와兩年視務이옵다가金鳳天氏는不得已흔事로還家흐옵고京城魚丕信濟衆院에셔卒業흔醫學博士金熙영氏를延聘흐와同化病院이라改稱흐옵고凡百을十分擴張하오니內外科를勿論흐고疾病에苦흐시는同胞는來議흐시면本院에셔는濟衆에目的을達흐고 僉君子는康寧의幸福을享흘너이오니照亮흐시옵
隆熙三年十一月 日
龍川楊市同化病院主務 黃義保

本人이忠淸南道天安郡下里面停車塲의在흔沈상晃의草家十五間半一座와草家十間一座證券을懷中紙匣의遺置흐엿다가陰十月十六日自京乘車下去時에該紙匣全部를見失흐엿시니誰某拾得흐여도休紙施行홈 天安郡東里居 沈彥商 告白

◉大韓帝國咸鏡南道咸興郡私立一能學校落成歌
大韓國億萬歲富强흘事는學校를設립홈에全혀잇도다
檀箕遺業을基礎定흐고獨립에精神으로기동숨긴네
團體力으로도리걸고셔國富民强이들쏘이로세
文明的으로ㅏ량히고셔實地事業이츄예되긴네
有志紳士로椽木걸고셔熱心의義務가평子터로다
自由權理로방을드리고自治制度로蓋瓦흡시다
空氣呼吸을門戶허고셔愛國의思想이琉璃窓이라
各科程으로塗비허고셔內地彊土가大廳房일세
開明發達로련席흐온후有進無退가掛鍾이로세
治國平天下로珠聯흐엿고修身齊家로付壁흐엿네
血誠的形筆로懸板써너니一能學校가名稱이로세
庭松窓竹은士節이되고盆葵野芹은臣忠이로다
志士英雄을모허놋코셔新智發達을研究흡시다
惟新風潮로墨을갈라셔培養心으로敎育이로다
精神的으로工夫혀써셔爲國의獻身을악재마시오
三千里錦繡文明世界여載臺土大歡迎落成宴일세
韓半島二千萬우리民族이六大洲五大洋光線이로다
四面에啣張갓튼셔列强들과並駕聯轡의同等될시다
太極의國旗를놉히달고셔吾君萬年을慶祝흡시다
國泰民安樂大韓帝國이千萬歲億萬歲無窮이로다
咸興郡一能學校 告白

本人이昨年陰十月初二日에韓必興에게金二百圜을債給흐고本年十月晦日로定限흐여手標以置矣昨日路中에셔失흐엿사오니誰某間拾得則休紙施行홈 平壤大成學校內朴泳寬 告白

本社事務所를平壤시足面下七里馬山洞으로移置흐옵기玆에廣告흐오니僉君子는照亮홈 平壤磁器製造株式會社 告白

李範興氏의居處를指示흐시면誰某間厚謝흐깃솜 李範贊 告白

辯護士 前檢事 前判事 宋振玉
事務所 京城南部美洞三十四統八戶

本會社를西部餘慶坊武橋刀子洞八十六統十戶로移接흐옵고業務를一層擴張흐오니照亮흐시옵 漢城材木의炭株式會社

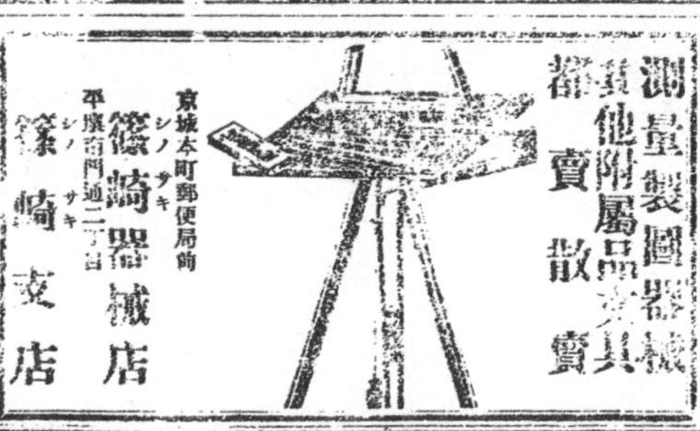

誠實에法律事務에從事홈
美國大學法律大學士 法律學士 早稻田大學法學士 後藤連平
電話五〇六 仁川仲町二丁目

舊柒原南龜居前참奉周時成氏가少時貧窮흐엿다가年至四十에致富이더니今至老境에所持家產田圃을分給子弟흘서該田답總計九百六十餘斗落을分흐야其三分一은許與子제흐고其餘二分은貧寒諸族과姻婭戚黨二十餘戶에一一分급흐고該邑學校에도답五斗落을捐付흐엿기로隣邑人民이無不讚其仁德흐고行路聞者도亦自來稱德이無日不絕흔實的을聞흐고本人等이感服其盛義흐야揭載新聞廣告홈
慶南昌原府舊馬山城山里 金寶漢 具麟元 告白

特別社告
本社에서名啣印刷를一層改良흐야各色紙品을多數準備흐고定價는低廉흐게 僉君子의所請되로酬應흐옵는中婦人과學徒의게는特別히減흘터이오니照亮來議흐심을敬要홈
大韓每日申報社

瑞士建國誌
元賣所 京城石井洞 大韓每日申報社 定價金十五錢
發賣所
京城布屛門下 廣學書舖
仝 罷朝橋越便 中央書舖
仝 鍾路 大東書舖
仝 尙洞 博文書舖
仝 廣橋 滙東書館
仝 鍾路 古今書海館
仝 龍洞 海星書館
仝 承洞 警心書館
仁川杻峴 開新冊肆
開城南門內 興學書舖
平壤鍾路 太極書館
安州義井洞 冊肆
海州南門內 書舖
寧邊城內 耶蘇敎書舖

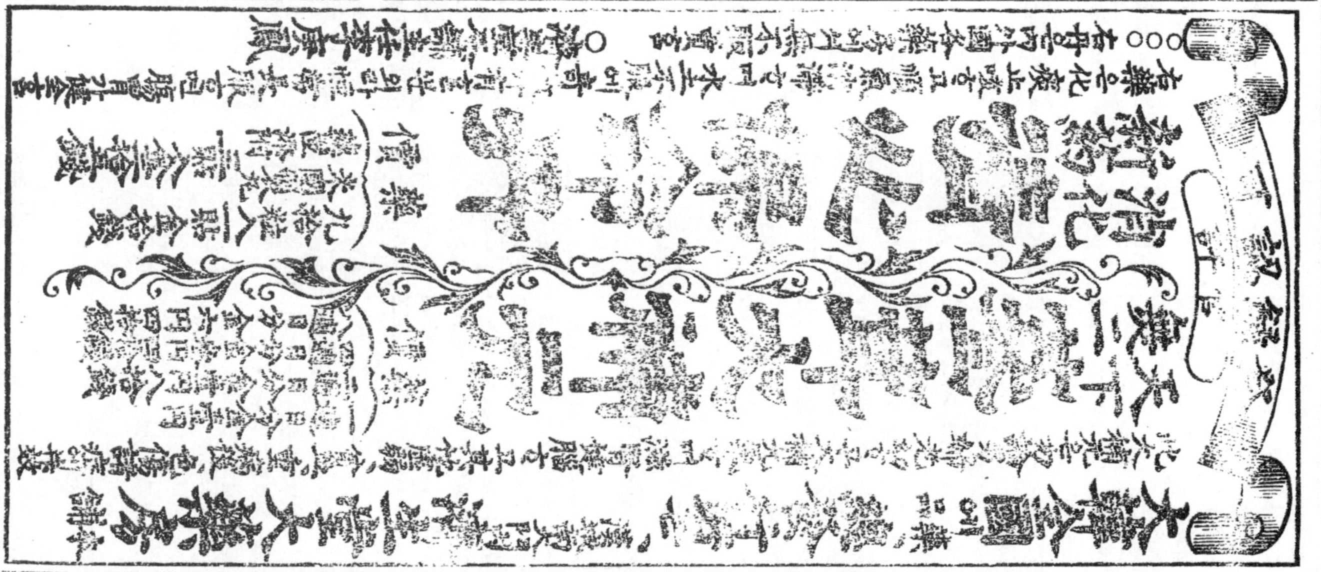

本人의父親金君玉氏가[illegible]年十月에商販次嶺南으로出往後消[illegible]이오니誰某逢着이옵거던致此意흐와速速還家케흐시옵 咸北會寧永山面好安洞 在釜港 金基連 告白

今春에弊園果木五十株以上買去흔신中에或枯死흔것잇스면今十一月十五日內로通知케흐시오若違期則換給흘수업솝 平壤鍾路果木農園事務所內 金利涉

測量製圖器械其他附屬品都賣散賣

京城本町郵便局前 篠崎器械店 シノザキ
平壤南門通二丁目 篠崎支店

大邱春秋令
[illegible]는全國商民交易上一大都會也라[illegible]俗沿頹廢흐야긔徹이時晩에[illegible]況見害와交易拘碍가不啻大[illegible]이라故로今春令에爛商會[illegible]와긔徹日字를從公改良이되[illegible]令은陰三月一日[illegible]十日撤市흐고秋令은陰十[illegible]月[illegible]撤市흐기로[illegible]布흐오니全國商民[illegible]흐와진期交易흐심을敬[illegible] 藥商[illegible]規與要會 [illegible]

[illegible]特別大割引

本館에서 營業務를 擴張ᄒᆞ고 書籍[illegible]以上에 特別割引ᄒᆞ야 드리오니 僉君子는 陸續請購ᄒᆞ시옴

諸般書籍과 測量機具와 學徒의 用品 各種도 具備ᄒᆞ엿슴

平壤鍾路 太極書館
館主 李[illegible]薰
主任 宋鍾遠
專務 金[illegible]瀅

特別廣告

敬啓者本報는 開辦有年에 其論說의 的確과 其報道의 迅速이 無比ᄒᆞ야 滿洲內遠近志士가 一切歡迎ᄒᆞ며 韓國에도 稍稍히 購覽ᄒᆞᄂᆞᆫ 紳士가 有ᄒᆞ온바 今에 更히 江湖에 購覽諸氏를 紹介ᄒᆞ기 爲ᄒᆞ야 本報관所在處及報價를 左開廣告ᄒᆞ오니 願覽諸氏는 速速히 左開處로 통奇ᄒᆞ시옴

本관所在地 哈爾賓 瓦牙街
報價 一個月先給 俄貨八角
仝 三個月先給 俄貨二圓
但報價는 先給을 要홈

遠東報館 告白

內部認可

商業經營法 全

一 商業經營法 은 文明的商業의 方法을 指示ᄒᆞ며 法律上商事의 規定을 說明ᄒᆞᆫ 商業界의 顧問이오
一 商業經營法 은 商行爲의 奇妙ᄒᆞᆫ 術法과 商去來의 深奧ᄒᆞᆫ 手段을 陳述ᄒᆞᆫ 商業家의 秘訣이오

安國善氏 著

廣學書舖 發行

定價金 四十錢 郵遞料 四錢

京城中部布屛下三十七統六戶 廣學書舖 金상萬 謹告

一 商業經營法 은 會社設립節次와 手形行使法과 銀行去來等을 論述ᄒᆞᆫ 商業有志者의 座右銘이오
一 商業經營法 은 商業上의 原理와 經濟上의 現象을 實際的으로 抄寫ᄒᆞᆫ 實業學校의 敎科書오

本所에서 洋屬毛織을 各色直輸入ᄒᆞ야 廉價로 發賣ᄒᆞᆸᄂᆞᆫ데 物品과 織組가 堅固ᄒᆞ며 染色이 不變ᄒᆞ와 經濟上에 第一要緊ᄒᆞ오며 各地方貿易을 便利키 爲ᄒᆞ와 郵便小包로 酬應ᄒᆞ야 代金을 引換ᄒᆞ겟ᄉᆞ오니 僉君子는 陸續請求ᄒᆞ심을 伏望

京城小龍洞
洪順福 毛織商店

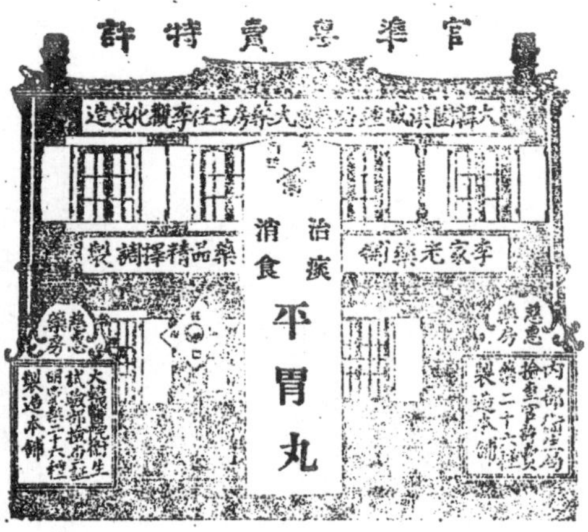

[illegible]東西洋藥과 韓國唐草材大發賣所 (京城鍾路 仁川柱峴) 和平堂藥房

[illegible]八[illegible]
[illegible] 蘇生水
麝香消瘡丹
胎養調經丸
陰陽雙補 滋陽丸
阿片斷引藥
速球去根 全治丸
鎭咳散
消積散
殺虫藥
蛔滅散
[illegible]水
通治膏
其他有名賣藥

積滯의[illegible]腹[illegible] 과頭[illegible] 鎭[illegible] 錢三[illegible]錢
虛泄瀉泄[illegible] 吐瀉腹痛신効
霍亂吐瀉腹痛 下痢痰咳每包 金十錢
梅毒下疳頭瘡 号瀉瘡一[illegible] 금四圓
婦人冷病帶下 症一月經不調신効 一劑金五圓
陽氣不足元氣不足陰陽雙補 十日分金一圓 八十錢一月分 金五圓
阿片引을斷ᄒᆞ고元神回腹ᄒᆞᄂᆞᆫ藥一劑五圓 男女老幼간連珠라[illegible]을全治 去根一劑三圓
痰을消ᄒᆞ고히소를止ᄒᆞᄂᆞᆫ藥 一包金三十錢
陳陳舊滯을消化ᄒᆞᄂᆞᆫ藥一包 金十五錢
寸빅虫을一切去根ᄒᆞᄂᆞᆫ되신効一包金三十錢
회積腹痛을完治 금十錢
버짐과어루럭이의藥二十錢
죽은세가빠지ᄂᆞᆫ藥금三十錢
諸般感氣신効 금一錢
大,癰을통治ᄒᆞᄂᆞᆫ膏藥十錢
都賣散賣

其他國內各藥房에서 製造ᄒᆞᄂᆞᆫ 各種藥이 俱備ᄒᆞ오니 隨用請求ᄒᆞ시면 迅速히 代金引換으로 付送ᄒᆞ깃슴

京城鍾路 仁川柱峴 平壤鍾路
和平堂主人 李應善

[illegible]

申報價
壹張代金 新貨二錢五厘
壹個月 三十錢
參個月 九十錢
陸個月 先納 壹圓七十錢
壹個年 先納 參圓四十錢
郵稅 壹張 新貨五厘
壹個月 十三錢

廣告料
四号活字拾三字詰
每日英尺一寸에 (自一行至四行이爲一寸) 新貨廿五錢
二週日壹寸에 二圓五十錢
壹個月壹寸에 五圓
但期限의長短과字行의多小를依ᄒᆞ야增減홈이有홈

大韓每日申報 各處支社廣告

平安道
平壤鍾路太極書館 安泰國
三和港碑石洞敎堂 [illegible]亨湜
義州南門外韓西大藥房 張有寬
鐵山郡內東部 安灝
車輦館同志會內 金明鉉
定州南門內書舖 洪成麟
博川郡內館洞 金翼樞
安州城內安陵書館 金翼河
京義線枇峴驛停車場前 李基秀
龍川南市驛 韓燦禧
龍川楊市 黃菊保
[illegible]州郡南門外 朱伯英
泰川郡內관前洋藥局 李正華
寧邊郡內紅門里 鄭德昇
江西郡內 金昌煥
宜川郡橋南 申基周
江界邑內 金泰熙
郭山郡內新街 金大鉉
甑山郡內利用里 崔診爽
雲山北面橋洞 王冕鎬
雲山郡內 [illegible]
順川郡達洞 [illegible]
昌城邑內西下里[illegible] [illegible]

黃海道
海州南門內書舖 朴[illegible]
安岳鄕石面訓鍊里 韓[illegible]
長淵邑校洞西北支會內 [illegible]
殷栗郡倉前里 [illegible]
信川郡內四里 李[illegible]
載寧郡乾材藥局 李鼎[illegible]
白川郡文明館 趙雲泳
沙里院活民勞働敎大會 任敬宰

咸鏡道
咸興州南社西門外 曹[illegible]
元山港創業社 [illegible]
定平郡豐陽里 張[illegible]
洪原西門內保命局 [illegible]
永興南山洞洪明學校內 [illegible]元常
淸津港新興洞 張元[illegible]

全羅道
金溝水流面豆亭 趙[illegible]
木浦港陽洞 李[illegible]

京畿道
仁川栗峴開新冊ㅅ 李[illegible]
開城南大門內[illegible] [illegible]
江華郡內川橋 俞[illegible]

忠淸道
結城廣川小龍洞 李啓[illegible]
韓山下北里堂里 李漢[illegible]

慶尙道
大邱西門外友弦[illegible] 李[illegible]
釜山港佐川藥局 徐錫[illegible]

江原道
杆城邑新城里二統三戶 咸海元
鐵原邑棠洞 趙鍾六
蔚珍遠南面梅花里 朱鎭[illegible]

北墾島
北墾島龍井村耶蘇敎堂內 [illegible]

告

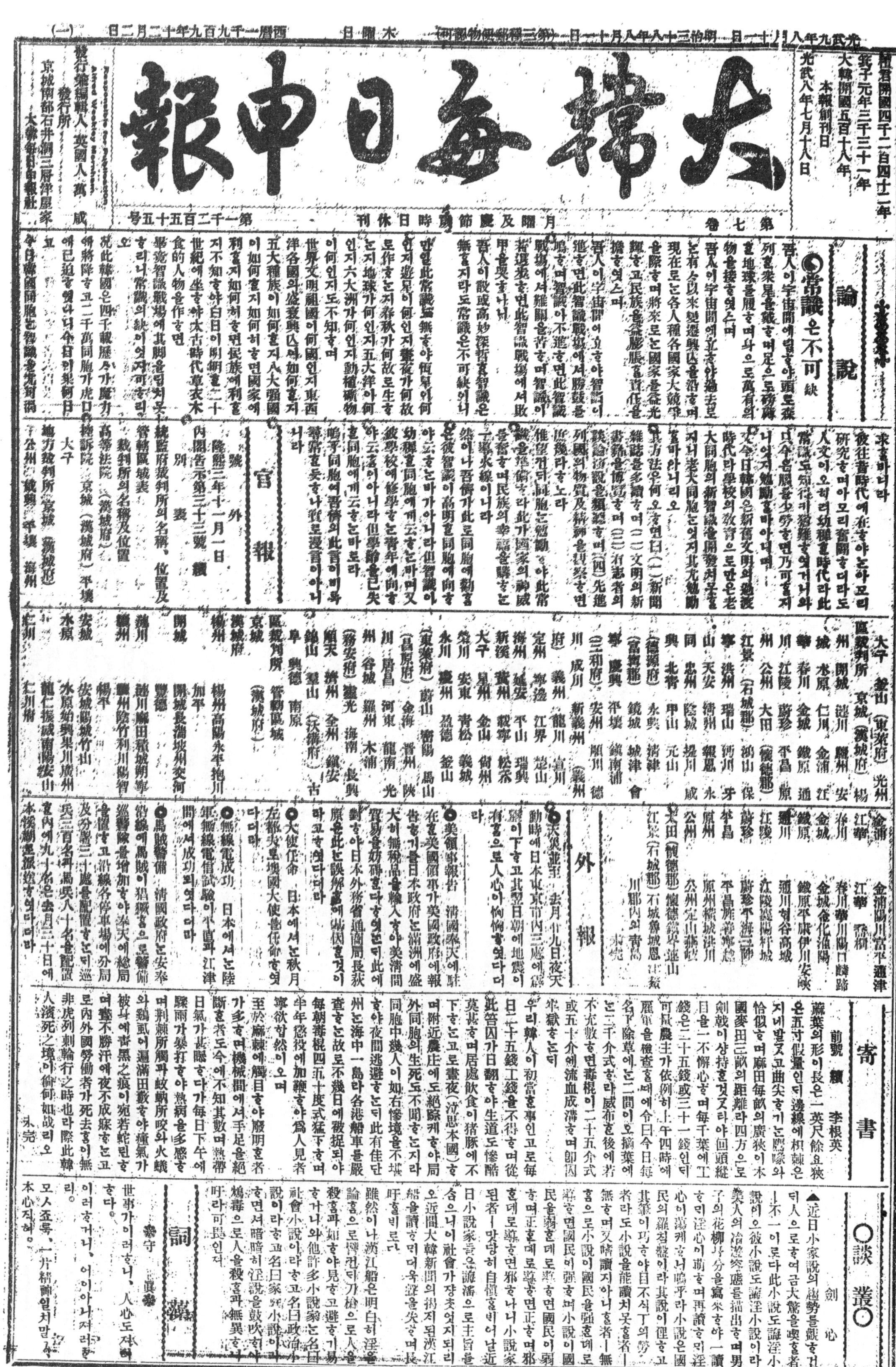

檀君開國四千二百四十二年
箕子元年三千三十一年
大韓開國五百十八年
本報創刊日 光武八年七月十八日

大韓每日申報

發行兼編輯人 英國人 萬咸
發行所 京城南部石井洞三層洋屋家 大韓每日申報社
第七卷 月曜及慶節翌時日休刊 第一千二百五十五号

論說

◎常識은不可缺

吾人이宇宙間에립ᄒᆞ야頭로森列ᄒᆞᆫ來星을戴ᄒᆞ며足으로磅礴ᄒᆞᆫ地球를履ᄒᆞ며身으로萬有의物을接ᄒᆞ엿스며

吾人이宇宙間에立ᄒᆞ야過去로ᄂᆞᆫ有今以來變遷興亡을沿ᄒᆞ며現在로ᄂᆞᆫ各人種各國家大競爭을際ᄒᆞ며將來로ᄂᆞᆫ國家를益光輝ᄒᆞ고民族을益膨脹ᄒᆞᆯ責任을擔ᄒᆞ엿스며

吾人이宇宙間에立ᄒᆞ야智識이進ᄒᆞ면此智識戰場에서勝鼓를鳴ᄒᆞ며智識이不進ᄒᆞ면此智識戰場에서難關을苦ᄒᆞ며智識이若退步ᄒᆞ면此智識戰場에서敗甲을曳ᄒᆞ나니

吾人이設或高妙深哲ᄒᆞᆫ智識은無ᄒᆞᆯ지라도常識은不可缺이니

만일此常識이無ᄒᆞ야何星이何인지遊星이何인지晝夜가何故로作ᄒᆞᄂᆞᆫ지春秋가何故로生ᄒᆞᄂᆞᆫ지地球가何인지五大洋이何인지六大洲가何인지動植礦物이何인지도不知ᄒᆞ며

世界文明嗣國이何國인지東西洋各國의盛衰興亡이如何ᄒᆞᆫ지五大種族이如何ᄒᆞᆫ지八大强國이如何ᄒᆞᆫ지如何ᄒᆞ면國家에利ᄒᆞᆫ지如何ᄒᆞ면民族에利ᄒᆞᆫ지不知ᄒᆞ야白日이明明ᄒᆞᆫ二十世紀에坐ᄒᆞ야太古時代草衣木食的人物을作ᄒᆞ면畢竟智識戰場에其脚을립치못ᄒᆞ리니常識의缺이엇지可ᄒᆞ리오

況此韓國은四千載歷史가魔力에將降ᄒᆞ고二千萬同胞가虎口에已迫ᄒᆞ엿스니今日이果何日고

今日韓國同胞ᄂᆞᆫ智識을先[illegible]求ᄒᆞᆯ바니라

彼往昔時代에在ᄒᆞ야ᄂᆞᆫ아모리研究ᄒᆞ며아모리奮鬪ᄒᆞᆯ지라도人文이오히려幼穉ᄒᆞᆫ時代라此常識도知得ᄒᆞ기難ᄒᆞ엿거니와只今은腦를少勞ᄒᆞ면乃可ᄒᆞᆯ지니엇지勉勵ᄒᆞᆯ바아니며

又今日韓國은新舊文明의過渡時代라學校의敎育으로만은老大同胞의新智識을開發치못ᄒᆞᆯ지니老大同胞ᄂᆞᆫ엇지其尤勉勵ᄒᆞᆯ바아니리오

其方法은何오ᄒᆞ면曰(一)新聞雜誌를多讀ᄒᆞ며(二)文明의新書籍을博覽ᄒᆞ며(三)有志者의談論演說을親聽ᄒᆞ며(四)先進列國의物質及精神을視察ᄒᆞ면庶幾라ᄒᆞ노라

惟望컨ᄃᆡ同胞ᄂᆞᆫ勉勵ᄒᆞ야此常識을準備ᄒᆞ라此가國家의神威를發奮ᄒᆞ며民族의幸福을釀ᄒᆞᄂᆞᆫ導火線이니라

然이나吾儕가此로同胞에勸ᄒᆞᆷ은彼智識이高明ᄒᆞᆫ同胞에向ᄒᆞ야云ᄒᆞᄂᆞᆫ바가아니라但智識이幼穉ᄒᆞᆫ同胞에게云ᄒᆞᄂᆞᆫ바며又學校에修學ᄒᆞᄂᆞᆫ靑年에向ᄒᆞ야云ᄒᆞᆷ이아니라但學齡을已失ᄒᆞᆫ同胞에게云ᄒᆞᄂᆞᆫ바로라

嗚乎同胞여吾儕의此言이비록尋常ᄒᆞᆫ듯ᄒᆞ나實로漫言이아니니라

官報

號外

隆熙三年十一月一日

內閣告示第三十三號 續

別表

統監府裁判所의名稱、位置及管轄區域表

裁判所의名稱及位置

高等法院 (漢城府)

控訴院 京城(漢城府) 平壤 大邱

地方裁判所 京城(漢城府) 公州 咸興 平壤 海州 大邱 釜山(東萊府) 光州

區裁判所 京城(漢城府) 楊州 開城 漣川 驪州 安城 水原 仁川 金浦 江華 春川 金城 鐵原 通川 江陵 蔚珍 平昌 原州 公州 大田(懷德郡) 江景(石城郡) 鴻山 保寧 洪州 瑞山 牙山 天安 淸州 報恩 永同 忠州 陰城 堤川 咸興 北靑 甲山 元山(德源府) 永興 淸津(富寧郡) 鏡城 城津 會寧 慶興 平壤 鎭南浦(三和府) 安州 順川 德川 成川 新義州(義州府) 義州 龍川 宣川 定州 寧邊 江界 楚山 海州 延安 平山 瑞興 新溪 黃州 載寧 松禾 大邱 星州 金山 尙州 榮川 安東 靑松 義城 永川 慶州 盈德 釜山(東萊府) 蔚山 密陽 馬山(昌原府) 金海 晉州 陜川 居昌 河東 龍南 光州 谷城 羅州 木浦(務安府) 靈光 海南 長興 順天 濟州 全州 鎭安 錦山 群山(沃溝府) 古阜 興德 南原

區裁判所	管轄區域
京城	(漢城府)
漢城府	
楊州	楊州高陽永平抱川加平
開城	開城長湍坡州交河豐德
漣川	漣川麻田積城朔寧
驪州	驪州陰竹利川陽智楊平
安城	安城陽城竹山
水原	水原始興果川廣州龍仁振威南陽安山
仁川	仁川府
金浦	金浦陽川富平通津
江華	江華喬桐
春川	春川華川陽口麟蹄
金城	金城金化淮陽
鐵原	鐵原平康伊川安峽
通川	通川歙谷高城
江陵	江陵襄陽杆城
蔚珍	蔚珍平海三陟
平昌	平昌旌善寧越
原州	原州橫城洪川
公州	公州定山燕岐
大田(懷德郡)	懷德鎭岑連山
江景(石城郡)	石城魯城恩津[illegible]川郡內외靑陽

未完

外報

◎天災並至 去月卄九日夜天動時에日本東京市內三處에霹靂이下ᄒᆞ고其翌日朝에地震이有ᄒᆞᆷ으로人心이恟恟ᄒᆞ엿다더라

◎美領事報告 淸國奉天에駐在ᄒᆞᆫ美國領事가美國政府에報告ᄒᆞ기를日本政府ᄂᆞᆫ滿洲에盛大히無稅品을輸入ᄒᆞ야美淸間貿易을妨碍ᄒᆞᆫ다ᄒᆞ엿ᄂᆞᆫᄃᆡ此에對ᄒᆞ야日本外務省通商局長荻原은此ᄂᆞᆫ誤解ᄒᆞᆷ에出因ᄒᆞᆫ것이라고ᄒᆞ엿다더라

◎大使任命 日本에서ᄂᆞᆫ秋月左都夫로墺國大使를任命ᄒᆞ엿다더라

◎無線電成功 日本에서ᄂᆞᆫ陸軍無線電信試驗이平直과江津間에서成功되엿다더라

◎馬賊警備 淸國政府ᄂᆞᆫ安奉沿線에馬賊이猖獗ᄒᆞᆷ으로警備巡警隊를增加ᄒᆞ야奉天에總局을置ᄒᆞ고沿線各停車場에分局及分署三十處를配置ᄒᆞᄂᆞᆫᄃᆡ巡兵三百名과馬兵八十名을配置ᄒᆞᆫ內에九十名은去月三十日에本溪湖로派送ᄒᆞ엿다더라

寄書

前號續 李根英

蔴葉의形이長은一英尺餘요狹은五寸假量인ᄃᆡ邊線에枳棘은지네발ᄀᆞᆺ고曲尖ᄒᆞ기ᄂᆞᆫ鷹嘴와恰似ᄒᆞ며麻田每畝의廣狹이本國麥田三畝의距離라四方으로劍戟이상持ᄒᆞᆫ것ᄀᆞᆺ라야回頭縱目을一不懈心ᄒᆞ며每千葉에工錢은二十五錢或三十一錢인ᄃᆡ可恨農主가依例히上午四時에驅軍을檢査ᄒᆞᆯ때에令曰今日每名下除草에ᄂᆞᆫ二間이오摘葉에ᄂᆞᆫ二千介式ᄒᆞ라威布ᄒᆞᆫ後에若不充數ᄒᆞ면毒棍이二十五介式或五十介에流血成滯ᄒᆞ며即囚牢獄ᄒᆞᄂᆞᆫᄃᆡ

우리韓人이初當ᄒᆞᆫ事인고로每日二十五錢工錢을不得ᄒᆞ며從此笞囚가日翻ᄒᆞ야生道도慘酷莫甚ᄒᆞ며居處飮食이猪豚에不下ᄒᆞᄂᆞᆫ고로晝夜(泣思本國)ᄒᆞ며附近農庄에도絶踪케ᄒᆞ야局外同胞의生死도不聞ᄒᆞᄂᆞᆫ지라同胞中幾人이如右慘境을不堪ᄒᆞ야夜間逃避ᄒᆞᄂᆞᆫᄃᆡ此有佳단州ᄂᆞᆫ海中一島라各港船車를嚴査ᄒᆞᄂᆞᆫ故로不幾日에被捉되야每朝毒棍四五十度式猛下ᄒᆞ며半年懲役에加鞭ᄒᆞ야爲人見者寧欲합然이오며

至於麻棘에觸目ᄒᆞ야廢明ᄒᆞᆫ者가多ᄒᆞ며機械間에서手足을絶斷ᄒᆞᆫ者도今에不知其數며熱帶日氣가甚曝ᄒᆞ다가每日下午에驟雨가暴打ᄒᆞ야熱病을多感ᄒᆞ며荊棘所觸과蚊蚋所咬와火蟻와鷄虱이遍滿田藪ᄒᆞ야瘴氣가被身에靑黑之痕이宛若蛇皮ᄒᆞ며鬱不勝汗에夜不成寐ᄒᆞᄂᆞᆫ고로內外國勞働者가死去ᄒᆞᆷ이無非虎列刺輪行之時也라際此韓人濱死之境이何如哉리오

未完

○談叢○

劍心

▲近日小家說의趨勢를觀ᄒᆞ건ᄃᆡ人으로ᄒᆞ여금大驚을喫ᄒᆞᆯ者ㅣ不一이로다此小說도誨淫小說이오彼小說도誨淫小說이라美人의冶遊쇄態를描出ᄒᆞ며男子의花柳사分을寫來ᄒᆞ야一讀ᄒᆞ미淫心이萌ᄒᆞ며再讀ᄒᆞ미淫心이蕩케ᄒᆞᄂᆞ니嗚乎라小說은國民의羅針盤이라其說이俚ᄒᆞ고其筆이巧ᄒᆞ야目不識丁의勞動者라도小說을能讀치못ᄒᆞᆯ者ㅣ無ᄒᆞ며又嗜讀치아니ᄒᆞᆯ者ㅣ無ᄒᆞᆷ으로小說이國民을强ᄒᆞᆫ데로導ᄒᆞ면國民이强ᄒᆞ며小說이國民을弱ᄒᆞᆫ데로導ᄒᆞ면國民이弱ᄒᆞ며正ᄒᆞᆫ데로導ᄒᆞ면正ᄒᆞ며邪ᄒᆞᆫ데로導ᄒᆞ면邪ᄒᆞ나니小說家된者ㅣ맛당히自愼ᄒᆞᆯ비어ᄂᆞᆯ近日小說家ᄂᆞᆫ誨淫으로主旨를숨으니이社會가장ᄎᆞᆺ엇지되리오近間大韓新聞의揭지된漢江船을讀ᄒᆞ미더욱歎을失ᄒᆞ며長吁ᄒᆞᆯ비로다

雖然이나漢江船은明白히淫을論ᄒᆞᆷ으로譬컨ᄃᆡ가槍으로人을殺ᄒᆞᆷ과如ᄒᆞ야見ᄒᆞ고避ᄒᆞ기易ᄒᆞ거니와他許多小說家ᄂᆞᆫ名曰社會小說이라ᄒᆞ고名曰政治小說이라ᄒᆞ고名曰家庭小說이라ᄒᆞ면서暗暗히淫說을鼓吹ᄒᆞ야鴆毒으로人을殺ᄒᆞᆷ과無異ᄒᆞ니吁라可畏인저

詞藻

守眞

世事가이러ᄒᆞ니、人心도저러ᄒᆞ다。
이러ᄒᆞ거니、어이아니저러ᄒᆞ리。
모人죠록、一片精神일치말고、本心직혀。

電報

◉度相着京 度支部大臣高永喜氏의一行은本日午前九時에東京에到着ᄒᆞ야直히鳥井坂韓國 皇太子殿下 御用ᄃᆡ에達ᄒᆞ야 問安ᄒᆞ엿다더라

東京發 十一月三十日着

雜報

◉親王問安 義親王同 妃兩殿下ᄭᅴ서再昨日下午一時에德壽宮에進詣ᄒᆞ야 太皇帝陛下ᄭᅴ 問安ᄒᆞ셧다더라

◉農相南行 農商工部大臣趙重應氏ᄂᆞᆫ何等緊要ᄒᆞᆫ事項을因ᄒᆞᆷ인지昨日上午八時에京釜線列車를搭乘ᄒᆞ고釜山港에前往ᄒᆞ엿ᄂᆞᆫᄃᆡ各大臣이南大門外停車塲에前往餞送ᄒᆞ엿다더라

◉運動雙發 侍從李明九氏ᄂᆞᆫ春川郡牛頭坪水利組合所를設置ᄒᆞᆯ次로運動ᄒᆞᄂᆞᆫᄃᆡ日人淸島三吉과並發이되야現今相持中이라더라

◉輕鐵開通 日人藤山定七은黃州郡景朱坊等地에셔鐵광을開採ᄒᆞᄂᆞᆫᄃᆡ黃州停車塲에셔景朱坊ᄭᆞ지輕便鐵路를敷設ᄒᆞ야昨日부터開通ᄒᆞᆫ다더라

◉義蹤형探 義兵將文奉珠文泰西朴明雲三氏가入城潛伏ᄒᆞ엿다ᄂᆞᆫ說이有ᄒᆞᆷ으로某處에셔秘密형探ᄒᆞᆫ다더라

◉纔附見習 前判書趙慶鎬氏의令男漢億氏ᄂᆞᆫ向日警視廳巡査試取에入格ᄒᆞ엿ᄂᆞᆫᄃᆡ三昨日見習生에附ᄒᆞ엿다더라

◉運動何多 總相李完用氏ᄂᆞᆫ慶南晋州郡前坪에ᄎᆞᆨ狀收稅ᄒᆞᆯ次로現今運動中이라더라

◉完興設宴 完興君李재冕氏ᄂᆞᆫ再昨日下午五時漢城俱樂部에셔晩餐會를設ᄒᆞ고各大臣及內外國高等官을請邀宴待ᄒᆞ엿다더라

◉遞巡調査 統監府에셔ᄂᆞᆫ何事件을因ᄒᆞᆷ인지以往遞職ᄒᆞᆫ巡査에氏名及居住를一一調査ᄒᆞᆫ다더라

◉醫部試取 昨日上午十時警視廳에셔醫部를試取ᄒᆞ엿ᄂᆞᆫᄃᆡ巡査及監督巡査中으로應試ᄏᆡᄒᆞ엿다더라

◉鐵道經營 晋州郡에셔三川浦ᄭᆞ지道路를修ᄎᆞᆨᄒᆞ야旣히竣工ᄒᆞ엿ᄂᆞᆫᄃᆡ更히鐵道를敷設ᄒᆞ기로計劃中이라더라

◉府役將減 宮內府에셔役員를不遠間減額ᄒᆞᆫ다더라

◉誤報妄探 李東植氏가海蔘威로부터貞洞等地에來留ᄒᆞᆫ다고某處偵探人의報告가有ᄒᆞ야日夜詗探ᄒᆞ엿ᄂᆞᆫᄃᆡ其實狀인즉淸國에入籍ᄒᆞᆫ李同春氏가渾春地方으로부터該地에來留ᄒᆞᆷ을誤傳ᄒᆞᆷ이라더라

◉務民請願 全南務安府를木浦로移轉ᄒᆞᆫ後該郡人民等은官民交涉上不便이有ᄒᆞ다ᄒᆞ야該郡代表林鳳俊崔明瑞等諸氏가舊邑에還復ᄒᆞ야달나고觀察府를經ᄒᆞ야內部에請願ᄒᆞ엿다더라

◉巡査罷免 中署巡査崔漢國氏ᄂᆞᆫ酒色塲에出沒ᄒᆞ다가再昨日罷免되엿다더라

◉收贖放免 庖肆營業人黃河一이가被捉ᄒᆞᆷ은已報어니와再昨日笞五度에宣告ᄒᆞ야收贖放免ᄒᆞ엿다더다

◉李家回祿 中部板井洞居李石應氏家에셔再昨日下午七時에失火ᄒᆞ야瓦家八間과貯置金一千五百圓과其他物品二千五百圓價値를沒數燒燼ᄒᆞ엿다더라

◉起訴反落 前承旨沈理燮氏ᄂᆞᆫ日前에人力車夫와賃金을相持ᄒᆞ야北部紫橋巡査派出所에被判ᄭᆞ지ᄒᆞ다가反히落科ᄒᆞ엿다더라

◉新韓押收 美領布와에셔發行ᄒᆞᄂᆞᆫ新韓國報第二卷第三十五号ᄂᆞᆫ治安을妨害라ᄒᆞ야內部에셔押收ᄒᆞ엿다더라

◉濟島傳說 濟州島의傳說을據ᄒᆞᆫ즉朴泳孝氏ᄂᆞᆫ近日上京ᄒᆞᆯ準備中인ᄃᆡ不遠間內閣이變更되면宮相의任을據ᄒᆞᆫ다云云ᄒᆞᆫ다더라

◉廢銅립石 東亞贊英會에셔伊藤公의銅像은廢止ᄒᆞ고紀念碑를建립ᄒᆞ기로決定ᄒᆞ야昨日警視廳에請願ᄒᆞ엿다더라

◉申氏轉任 社稷署典祀補申錫龍氏ᄂᆞᆫ義陵參奉으로轉任ᄒᆞ엿다더라

◉黃氏起訴 典洞毛衣廛主人黃聖律氏가十餘日前에其隣居金明五氏의게毛物三百四十圓價値를外上으로限五日出급ᄒᆞ엿더니金氏가因爲逃躱ᄒᆞᆫ故로再昨日黃氏가地方裁判所에起訴ᄒᆞ엿다더라

◉加郡義兵 加平等地에ᄂᆞᆫ近日義兵이熾盛ᄒᆞ야境內各面長의게指揮ᄒᆞ야軍需錢을多數請求ᄒᆞᄂᆞᆫ故로面長들의困難이莫甚ᄒᆞ다더라

◉靑舘幻燈 今日下午七時三十分에鍾路靑年會舘에셔幻燈會를開ᄒᆞ고該會學監具禮九氏가機械改良은國運前進의要素이란問題로說明ᄒᆞᆫ다더라

◉救世軍相援 韓國救世軍을援助擴張ᄒᆞᆯ事件으로英國히근스副將及韓人姜奏府趙重吉三氏가爛商協議ᄒᆞ고該副將이韓國救世軍景況을本國에歸報ᄒᆞ고特別注意ᄒᆞ야極力援助ᄒᆞ기로決定ᄒᆞ엿ᄂᆞᆫᄃᆡ將來救世軍狀況을數數히英國에詳報ᄒᆞ야各國救世軍에公布ᄒᆞᆫ다더라

◉家貰契約 度支部에셔該部所管家屋의居住人과擔保人을招待ᄒᆞᆷ은已報어니와家屋貰ᄂᆞᆫ每朔每間에五十錢式定ᄒᆞ고借住期間은本年十二月一日부터隆熙六年十一月末日ᄭᆞ지定ᄒᆞ야契約을締結ᄒᆞ엿다더라

◉日打韓人 龍山印刷局에셔落成式을擧行ᄒᆞᆷ은已報어니와該局職員이會席에參與키爲ᄒᆞ야假花지달을造作ᄒᆞᆯ時에植字室에셔日人島野甲太郞이韓人尹永源氏를無端히剪刀로亂打ᄒᆞ야重傷된故로佐藤病院에셔治療ᄒᆞᆫ다더라

◉建ᄎᆞᆨ費捐付 西部宗橋基督敎堂을一新建ᄎᆞᆨᄒᆞᄂᆞᆫᄃᆡ該建ᄎᆞᆨ費二千圓을美國信徒姜夫人이捐付ᄒᆞ엿다더라

◉尹李訟因 尹敬重氏의祖父가去辛丑年에身故ᄒᆞ엿ᄂᆞᆫᄃᆡ其小室李召ᄉᆞᄂᆞᆫ子女間俱無ᄒᆞ야情境이可矜ᄒᆞᆫ지라尹氏家에셔其生前資活之方으로林川郡所在답一千四百七十二斗落과龍安郡所在답一千四百四十三斗落을劃給ᄒᆞ엿더니近日李召ᄉᆞ가該답을自己所有로證明을成出ᄒᆞ야其幹事人金在恪氏와同謀ᄒᆞ야該답을斥賣코져ᄒᆞᆷ으로尹敬重氏가江景警察署에起訴對質ᄒᆞ야現今公州地方裁判所에셔審理中이라더라

漁業界慘況

目下北韓方面에ᄂᆞᆫ明太魚漁獲의期인故로韓人의漁船이日日數千百雙式出漁ᄒᆞᄂᆞᆫᄃᆡ去月二十九日午前五時부터疾풍이激烈ᄒᆞ야慘凄ᄒᆞᆫ萬疊의怒濤가驚起ᄒᆞᆫ光景을呈ᄒᆞ엿ᄂᆞᆫᄃᆡ咸南警察部長이昨日午前七時에農商工部로送致ᄒᆞᆫ公電을據ᄒᆞᆫ즉激浪이尙今不止ᄒᆞᆫ故로幾隻의破傷ᄒᆞᆫ實數ᄂᆞᆫ詳知키不能ᄒᆞ나至今ᄭᆞ지調査ᄒᆞᆫ바를據ᄒᆞᆫ즉新浦部內에셔二百七十隻의漁船이出ᄒᆞ엿ᄂᆞᆫᄃᆡ其還歸ᄒᆞᆫ數ᄂᆞᆫ僅히三十四隻이오其他ᄂᆞᆫ行衛가不明ᄒᆞ고新昌部內에셔破傷ᄒᆞᆫ船舶이五十六隻이오行衛不明ᄒᆞᆫ船舶이二十八隻이오死者가二十名이오其他利原端川等各郡에도遭難ᄒᆞᆫ者가多數ᄒᆞ다더라

◉元氏處役 公貨欠逋犯으로監獄署에被囚ᄒᆞ엿던元有常氏ᄂᆞᆫ地方裁判所에셔役三年에宣告ᄒᆞ엿다더라

◉三犯審査 勅紙僞造犯朴泰陽御寶僞造犯金東圭紙貨僞造犯申元淑等을再昨日地方裁判所에셔第一回審査를ᄒᆞ엿다더라

◉何不痛禁 開城郡에ᄂᆞᆫ近日淸人들이三十六契란雜技로愚迷ᄒᆞᆫ人民을誘入ᄒᆞ야家產을蕩敗ᄒᆞᄂᆞᆫ者가非一非再인ᄃᆡ警察官吏들은知而不禁ᄒᆞᄂᆞᆫ지民怨이有ᄒᆞ다더라

◉新倅請願 永川郡北習面及慈川面은元來新寧郡附屬地로셔百餘年前에永川郡으로移附되엿다ᄂᆞᆫᄃᆡ新寧郡守李鍾國氏가內部로報告ᄒᆞ고右兩面을依前還附ᄒᆞ라ᄒᆞ엿다더라

◉私鑄犯被捉 西江居林奎鉉爲名人이北部體府洞等地에셔私鑄ᄒᆞᆫ情跡이綻露되야再昨日警視廳에被捉ᄒᆞ엿다더라

◉開國年代調査 內部에셔ᄂᆞᆫ開國年代表를調査ᄒᆞ엿다ᄂᆞᆫᄃᆡ其內容은十三道區域沿革調査에關係가有ᄒᆞᆷ이라더라

◉理事廳監督 從來로地方行政은中央政府가監督ᄒᆞ고中央政府ᄂᆞᆫ統監府가監督ᄒᆞ엿ᄂᆞᆫᄃᆡ統監府權力이普及지못ᄒᆞᆫ다ᄒᆞ야各道行政을日本理事廳에셔監督케ᄒᆞᆫ다더라

◉演극觀覽 京城駐在淸國總領事馬廷亮氏ᄂᆞᆫ統監府高等官의夫人을請邀ᄒᆞ야淸國演劇을觀覽케ᄒᆞᆫ다더라

◉視察員開會 各地方學事視察員諸氏가再昨日學部에會同ᄒᆞ야視察狀況의報告會를開設ᄒᆞ고地方敎育方침을說明ᄒᆞ엿다더라

◉木內出發 內部次官木內ᄂᆞᆫ去月卄九日元山셔出發ᄒᆞ다가暴풍을遭ᄒᆞ야元山으로回程ᄒᆞ엿더니昨朝에出發ᄒᆞ엿다더라

◉鴨綠結氷 鴨綠江은再昨朝에全部가結氷되엿다더라

◉規定將改 日本人文官任用規則을韓政府에셔制定ᄒᆞ엿스나一邊으로統監府에도日本人官吏推薦規定이有ᄒᆞᆫ故로韓國政府의規定은無用의物이되엿다ᄒᆞ야將次改定ᄒᆞᆫ다더라

◉上下相詰 廣州郡에近日殺獄이有ᄒᆞᆷ으로該郡守吳秦泳氏가書記一名을派送看檢ᄒᆞ고該旅費를支撥ᄒᆞ라고觀察道에請求ᄒᆞ엿더니該道에셔答訓ᄒᆞ기를獄事ᄂᆞᆫ依例警察署에셔管轄處理ᄒᆞᄂᆞᆫ것이라ᄒᆞ고論責을反加ᄒᆞᆫ지라該郡守가再次報告ᄒᆞ되字牧의任으로在ᄒᆞ야人民中에殺獄이有ᄒᆞ야도晏然看過ᄒᆞᆷ이可ᄒᆞ냐ᄒᆞ고現今上下官間에詰難中이라더라

▲社會燈▼

▲銘旌을 쓸ᄯᅢ 職함이 만어야 兩班이라 ᄒᆞᆫ다더니 近日 寺洞뉘집에ᄂᆞᆫ 門牌도 미우 宏壯ᄒᆞ다데 오 寺洞에 국직국직ᄒᆞᆫ 兩班이ᄉᆞᄂᆞᆫ줄알지. 大匡輔國崇祿大夫란 門牌가 더러 걸녓나 허 이사롬 守舊派이로고 벼살도 네젼 벼살은 至今 所用이업셔 維新時代에 事業도 新ᄒᆞ고 門牌도 新ᄒᆞ여야 可謂 新世界 人物이라 ᄒᆞᄂᆞᆫ거이지 아무러ᄒᆞᆫ지 그분네들 죽은뒤에 紅明紬나 열남은자 석너다가 地方委員彙 渡日謝罪 十二道人衆代表 會議員이라고 銘旌이나 쓰게드면 그名聲은 千秋에 석지 아니ᄒᆞᆯ터이오 그地體ᄂᆞᆫ 三韓甲族보다 나을터이여

▲그러치만 나ᄂᆞᆫ 드르니ᄭᆞ 近日 그門牌가 잇다금 어ᄃᆡ로 ᄀᆞᆺ다가 도로오고 도로오고ᄒᆞᆫ다데 門牌가 하도 훌륭ᄒᆞ니ᄭᆞ 무슴造化가 부더그러ᄒᆞᆫ가 허 엇던사롬의 所爲인지 알수ᄂᆞᆫ업지만은 謝罪派의 罪狀이 너무만타고 잇다금 側職을 當ᄒᆞ나 보데 그런됴흔 명旌거리를 엇드라거던 旅費가 窘迫ᄒᆞ야 望門投食을 ᄒᆞ더리도 椳杖이나 어셔 질머지고 日本이나 건너가셔 죽여쥬시오 謝罪나 ᄒᆞ여볼일이지

▲명픈못되ᄂᆞᆫ 衛生費도 밧을슈가 업셔셔 郡守를 잡어다가 人力車를 살니면셔 雪上加霜으로 그것도 不足ᄒᆞ야 地稅인지 雜稅인지 ᄯᅩ올닌단 말인가 全國人民을 다잡어다가 人力車에 호강이나 ᄒᆞ고십허셔

▲文　壇▼

▲天喜堂詩話（續）

洪景來年十餘에鄕塾에就ᄒᆞ야遊學ᄒᆞ더니一日은其師가危欄에跨ᄒᆞ야것거ᄂᆞᆯ景來가手로擠ᄒᆞᄂᆞᆫ지라 師가 大驚回顧ᄒᆞᆫᄃᆡ 笑曰(時勢가하도조아뫼貧ᄒᆞ기不可ᄒᆞᆫ故니이다)ᄒᆞ더라 其童年에著ᄒᆞᆫ科詩 題曰送荆軻)一句가人間에流傳ᄒᆞᄂᆞᆫᄃᆡ曰秋風易水壯士拳白日阿房秦皇頭라ᄒᆞ엿스니其詩가政히其人과酷肖ᄒᆞ도다

古代에ᄂᆞᆫ儒賢長者가皆國詩와鄕歌를喜ᄒᆞ야典重活潑ᄒᆞᆫ著作이多ᄒᆞ며又花朝月夕朋儕會集의際에往往長吟短唱으로遣興ᄒᆞ야其풍流를可想인ᄃᆡ邇來百餘年間은此一道가但只蕩子淫妓에歸ᄒᆞᆯ뿐이오萬一上等社會諷詠ᄒᆞᄂᆞᆫ士子이면國詩一句를能製치못ᄒᆞ며鄕歌一節을解吟치못ᄒᆞᆷ으로詩歌ᄂᆞᆫ愈愈히淫靡의方에奔ᄒᆞ고人士ᄂᆞᆫ愈愈히愉快의道가絕ᄒᆞ니國民萎敗의故가비록多端ᄒᆞ나此도또ᄒᆞᆫ一端이될진져今에於賢의短歌數節을錄ᄒᆞ노라退溪詩曰雷霆이破山ᄒᆞ나聾者ᄂᆞᆫ못듯나니白日이中天ᄒᆞ야도瞽者ᄂᆞᆫ못보나니우리ᄂᆞᆫ耳目聰明男子로聾瞽ᄀᆞᆺ치말으리라金裕器詩曰春풍桃李花들아고은빗을ᄌᆞ랑마라長松綠竹을歲寒에보려무나亭亭ᄒᆞᆫ落落ᄒᆞᆫ節을고칠줄이잇스랴尹善道詩曰松間石室에가셔曉月을보려ᄒᆞ니空山落葉에길을어이차저가리어ᄃᆡ셔白雲이조차오니女蘿衣가무거워라

未完

雜　報

◎西北會寄函　西北學會에셔西北五道各支會及支校에送致ᄒᆞᆫ全文이如左ᄒᆞ더라

本會目的은同胞의子姪를敎育ᄒᆞ며幼穉ᄒᆞᆫ民智를開發ᄒᆞ야天下의大勢와現在의地位를自覺케ᄒᆞ야穩健ᄒᆞᆫ態度와眞實ᄒᆞᆫ心地로文明前途에漸次進去를期圖홈에在ᄒᆞᆫ것은我一般會員이無不確守ᄒᆞᄂᆞᆫ바오全部人士가亦皆確悉ᄒᆞᄂᆞᆫ바이라如斯ᄒᆞᆫ目的으로若或政黨間에干涉이有ᄒᆞ면法律에不許ᄒᆞᄂᆞᆫ바오니本支會員은本會主義에違反치勿ᄒᆞ고此時를際ᄒᆞ야愈其愼重ᄒᆞᆫ態度로十分注意하야敎育事業에或妨害를貽홈이無케홈을爲要

學　界

◎五認三請　官립仁川實業商學校公립釜山實業商學校私립會寧實業農林學校私立咸一實業農林學校公립定州農林學校에ᄂᆞᆫ設립認可를與ᄒᆞ엿ᄂᆞᆫᄃᆡ公립濟州實業農林學校私립宣川實業農林學校私립咸北七織女學校ᄂᆞᆫ現今其認可를學部의請願ᄒᆞᄂᆞᆫ中이라더라

◎何其遷延　靑城私立文昌學校에셔承寧府侍從李恒九氏로贊成長을推薦ᄒᆞ야望帖을發送ᄒᆞ엿ᄂᆞᆫᄃᆡ李氏ᄂᆞᆫ該帖을接受ᄒᆞᆫ지二十餘日만에無故還退ᄒᆞ엿다더라

◎正敎校新ᄎᆞᆼ　希臘敎堂內正敎學校에셔附屬女學校를新門外紅門洞에新建ᄎᆞᆼᄒᆞ여不日竣工ᄒᆞᆯ터인ᄃᆡ學徒ᄂᆞᆫ來年一月頃에募集ᄒᆞᆫ다더라

◎忠郡有校　忠州郡牧溪居紳士諸氏가義金數千圓을鳩聚ᄒᆞ야學校를設立ᄒᆞ엿ᄂᆞᆫᄃᆡ生徒가近一百名에達ᄒᆞ엿고勞働夜學校를又設ᄒᆞ야商業諸人으로ᄒᆞ여금從便受業케ᄒᆞ며附近人民도各其模範ᄒᆞ야各洞에夜學을設始ᄒᆞ고勞働者로ᄒᆞ여금沒數就學케ᄒᆞᆯ計劃이라더라

廣　告

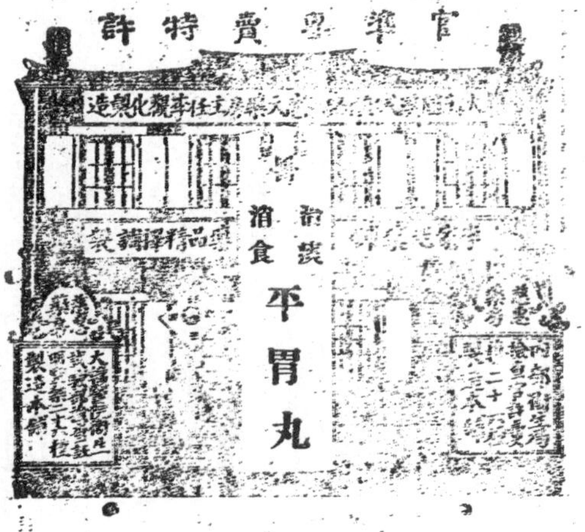

社告

申報價

壹張代金	新貨一錢五厘	
壹個月		三十錢
參個月		九十錢
陸個月	先納	壹圓七十錢
壹個年	先納	參圓四十錢
郵稅	壹張	新貨五厘
壹個月		十三錢

廣告料

四号活字拾三字詰
每日英尺一寸에(自一行至四行이爲一寸) 新貨廿五錢
二週日壹寸에 二圓五十錢
壹個月壹寸에 五圓
但期限의長短과字行의多小를依호야增減홈이有홈

大韓每日申報 各處支社廣告

平安道

平壤鍾路太極書館　安泰國
三和港碑石洞敎堂　裵[illegible]湜
義州南門外韓西大藥房　張有寬
鐵山郡內東部　安濬
平[illegible]館同志會內　金明鉉
定州南門內書舖　洪成[illegible]
博川郡內[illegible]洞　金[illegible]
安州城內安陵書館　金鼎河
京義線[illegible]峴驛停車場前　李基秀
龍川南市驛　韓燦禧
龍川楊市　黃[illegible]保
[illegible]州郡南門外　朱伯英
秦川郡內관前洋藥局　李正華
寧邊郡內紅門里　鄭德昇
江西郡內　金昌煥
宣川郡橋南　申基周
江界邑內　金泰熙
郭山郡內新街　金大鉉
甑山郡內利用里　崔診爽
雲山北面橋洞　王[illegible]
雲山郡內　咸元澤
順川郡達洞　鄭裕景
昌城邑內西下里壹統貳戶　許[illegible]

黃海道

海州南門內書舖　朴昌鎭
[illegible]　[illegible]敎
長淵邑[illegible]文學會內　[illegible]
[illegible]　[illegible]
[illegible]　金光[illegible]
信川郡內四[illegible]　李[illegible]敬
載寧郡乾材藥局　李鼎[illegible]
白川郡文明館　趙雲泳
沙里院[illegible]會社　任敬宰

咸鏡道

咸興[illegible]門外　曹[illegible]
元山[illegible]　[illegible]正杰
定平[illegible]　張禮學
洪原西門內[illegible]局　羅炳吉
永興[illegible]內　[illegible]元常
淸津[illegible]　張元[illegible]

全羅道

金溝水[illegible]　趙[illegible]
木浦[illegible]洞　李得珠

京畿道

江華[illegible]　俞[illegible]植
開城[illegible]　[illegible]助連
仁川[illegible]　李東[illegible]
[illegible]　李啓[illegible]
[illegible]山北[illegible]里　李英穗

慶尙道

大邱西門外[illegible]　李正山
[illegible]山港[illegible]　徐錫奎

江原道

杆城邑新城里一統三戶　咸海元
鐵原邑[illegible]洞　趙鍾大
蔚珍遠南面梅花里　朱鎭[illegible]

北墾島

北墾島龍井村耶蘇敎堂內　裵[illegible]

告

檀君開國四千二百四十二年
箕子元年三千三十一年
大韓開國五百十八年
本報創刊日
光武八年七月十八日

大韓每日申報

第七卷 月曜及慶節歲時日休刊 第一千二百五十六号

發行兼編輯人 英國人 萬咸
Responsible for Publication Alfred Weekley Marnham
發行所 京城南部石井洞三層洋屋家 大韓每日申報社

論說

◎寧欲無言

一邊에ᄂᆞᆫ贊英會가起ᄒᆞ며一邊에ᄂᆞᆫ頌德會가出ᄒᆞ며一邊에ᄂᆞᆫ謝罪宣言書를草ᄒᆞ며一邊에ᄂᆞᆫ謝罪論을唱ᄒᆞ야白童黔童이足을並ᄒᆞ야蹈舞ᄒᆞ니嗚呼라彼를爲ᄒᆞ야警告ᄒᆞᆷ이可ᄒᆞᆯ새勸戒ᄒᆞᆷ이可ᄒᆞᆯ새筆을執ᄒᆞ야徘徊ᄒᆞᆷ을不已ᄒᆞ더니

彼日人도其醜態를忍覩치못ᄒᆞ얏던지日昨京城新報에韓人의保護色이라題ᄒᆞ고一論이有ᄒᆞᆫᄃᆡ略曰

動物이란者ᄂᆞᆫ必也ᄯᅱ위인의所謂自己의生存을圖ᄒᆞᄂᆞᆫ保護色이有ᄒᆞ니蝗虫은草色과相似ᄒᆞᆫ靑色이有ᄒᆞ며尺蠖은枯木色과相似ᄒᆞᆫ褐色이有ᄒᆞ고澳洲에棲息ᄒᆞᄂᆞᆫ가메리옹은境遇를隨ᄒᆞ야色을變ᄒᆞᄂᆞ니右와如히敵의目을避ᄒᆞᄂᆞᆫ自然妙色이是保護色이라

韓人은此가메리옹과如ᄒᆞᆫ一種奇妙의保護色이有ᄒᆞᆫ者라故로前統監의凶變이作ᄒᆞ미韓人이遺憾업시其保護色을發輝ᄒᆞ야或은國民代表者로ᄒᆞ여금日本國民의憤怒를釋케ᄒᆞᆷ이可ᄒᆞ다ᄒᆞ며或은皇帝가渡日ᄒᆞ야日本에謝ᄒᆞᆷ이可ᄒᆞ다ᄒᆞ며或은頌德碑를樹ᄒᆞ야國民의衷意를示ᄒᆞᆷ이可ᄒᆞ다ᄒᆞ며或은韓國統治의權을擧ᄒᆞ야日本에委任ᄒᆞᆷ이可ᄒᆞ다ᄒᆞ며或은合邦連結ᄒᆞᆷ이可ᄒᆞ다ᄒᆞ며或은日本臣民이되야國民幸福을圖ᄒᆞᆷ이可ᄒᆞ다ᄒᆞ니此가卽韓民의元明時代以來久鍛積鍊ᄒᆞᆫ保護色이라ᄒᆞ얏더라

嗚呼라贊英一進頌德謝罪諸會아此論을讀ᄒᆞ미能히頑顏이赧치아니ᄒᆞᆫ가

保護色을換言ᄒᆞ면卽奴隸根性이是라예예小人小人ᄒᆞᄂᆞᆫ者가奴라ᄒᆞ던지隸라ᄒᆞ던지牛馬라ᄒᆞ던지犬豕라ᄒᆞ던지엇지此가可恥인줄을知ᄒᆞ리오만은雖然이나一毫라도人性이有ᄒᆞ면必也汗이背에出ᄒᆞ련만은

雖然이나禽虫의保護色은生存을圖ᄒᆞ거니와人類의保護色은滅亡만招ᄒᆞᄂᆞ니엇지可悲치아니ᄒᆞ뇨

余가又一憾이有ᄒᆞ노니此等保護色을帶ᄒᆞᆫ種子ᄂᆞᆫ小部分에不過ᄒᆞ고眞個純全ᄒᆞᆫ韓民의大部分이自在ᄒᆞ것만은但大部分되ᄂᆞᆫ國民은國家思想이發達치못ᄒᆞ며政治能力이長進치못ᄒᆞ야彼小部分保護色을帶ᄒᆞᆫ奴隸根性派의跳梁을聽ᄒᆞ니또엇지可惜지아니ᄒᆞ뇨

官報

號外 隆熙三年十一月一日

內閣告示第三十三號 續

別表

區裁判所	管轄區域
鴻山	鴻山扶餘林川韓山舒川庇仁
保寧	保寧藍浦오川(內에靑島를除ᄒᆞᆷ)
洪州	洪州禮山大興靑陽結城
瑞山	瑞山海美泰安
沔川	沔川唐津德山
牙山	牙山新昌溫陽
天安	天安平澤稷山木川全義
淸州	淸州鎭川淸安文義
報恩	報恩懷仁靑山
永同	永同沃川黃간
忠州	忠州淸風延豐
陰城	陰城槐山
堤川	堤川永春丹陽
咸興	咸興定平長津洪原
北靑	北靑利原端川
甲山	甲山三水

未完

外報

◎互相訪問 葡萄牙皇帝ᄂᆞᆫ巴里에到着ᄒᆞ얏ᄂᆞᆫᄃᆡ葡萄牙皇帝와法國大統領후아리엘氏가互相訪問ᄒᆞ얏다더라

◎兩王歷訪 塞爾維亞首府벨크레드報道를據ᄒᆞᆫ즉勃牙利皇帝及황后ᄂᆞᆫ當地를訪問ᄒᆞ리라ᄒᆞ얏고又其後公報를據ᄒᆞᆫ즉塞爾維亞황帝ᄂᆞᆫ露國皇室及其他諸皇室을訪問ᄒᆞ리라ᄒᆞ얏다더라

◎西軍격進 西班牙軍一萬六千名은나로루東北方에位置를占領ᄒᆞ얏고摩洛哥土民軍은退却되얏다더라

◎暴風被害 南亞美利加古倫比亞國에暴풍이有ᄒᆞ야日本人二十名이死亡ᄒᆞ얏다더라

◎自由港問題 露國度支部大臣이旅行ᄒᆞᆫ結果로海蔘威自由港問題ᄂᆞᆫ再開치안키로決定되얏다더라

◎汽船沈沒 日本橫濱과上海、大連間에航行ᄒᆞ며木材를送運ᄒᆞ던汽船象潟丸(一千三百七十三噸)은去月二十四日大連에셔出發ᄒᆞ야橫濱으로向ᄒᆞ다가途中에셔激浪을遭ᄒᆞ야沈沒ᄒᆞ얏ᄂᆞᆫᄃᆡ乘組員三十三名이溺死ᄒᆞ얏다더라

◎議會再開 英國議會ᄂᆞᆫ本月一日에再開ᄒᆞ얏다더라

◎鐵道窟完成 南美智利、亞然丁兩國의鐵道를聯絡ᄒᆞ야안데쓰山을橫斷ᄒᆞᆫ鐵道窟三千二百八十碼ᄂᆞᆫ完成되얏다더라

◎攻격日本 淸國奉天에駐在ᄒᆞᆫ美國領事가美國政府에對ᄒᆞ야日本政府에셔滿洲로無稅品을輸入ᄒᆞ야美淸間貿易을妨碍ᄒᆞᆫ다고報告ᄒᆞᆫ것은已揭ᄒᆞ얏거니와華盛頓當局者ᄂᆞᆫ今日ᄭᆞ지此를秘密에附ᄒᆞ고毫末도發表ᄒᆞᆫ事가無ᄒᆞ얏스나去月二十八日紐育타임쓰新聞紙ᄂᆞᆫ此報告全文을記載ᄒᆞᆷ으로因ᄒᆞ야日本政府가條約을違犯ᄒᆞᆫ다고攻격ᄒᆞᄂᆞᆫ聲이處處에不絶ᄒᆞᆫ다더라

◎分離問題 匈牙利國首相은墺匈皇帝에게謁見ᄒᆞ라고墺國京城維也納으로被召되얏ᄂᆞᆫᄃᆡ墺匈兩國의分離問題ᄂᆞᆫ此謁見으로因ᄒᆞ야調停되리라고期待ᄒᆞᆫ다더라

◎英帝仲裁 南美智利國政府가米國아루소ᄉᆞ會社에讓與ᄒᆞᆫ鑛山事件으로因ᄒᆞ야兩國이國際間波瀾을惹起ᄒᆞᆫ爭論問題에對ᄒᆞ야英國皇帝陛下가仲裁者로指名되얏다더라

◎端方養老計 淸國端方氏ᄂᆞᆫ去月二十八日에家族을率ᄒᆞ고北京으로歸ᄒᆞ야前門外에宅地를買ᄒᆞ고永住養老ᄒᆞ기爲ᄒᆞ야花苑을作ᄒᆞᆫ다더라

雜報

○林氏意見 國債報償金處理會員林岦正氏가該會에對ᄒᆞ야陳述ᄒᆞᆫ意見書全文이如左ᄒᆞ니

國債報償金捐醵에對ᄒᆞ야國民의血誠으로出ᄒᆞᆷ은更히贅論ᄒᆞᆯ바無ᄒᆞ거니와旣히額數가未充ᄒᆞ야目的을未達ᄒᆞ얏슨즉各其保管所에積貯ᄒᆞ야今日에至ᄒᆞᆷ은實노事實의自然ᄒᆞᆫ바라雖然이나此에對ᄒᆞ야國民에게多少影響을貽ᄒᆞᆷ은大槪數端이有ᄒᆞ니

當初此金을募集ᄒᆞᆯ時에斷斷血誠이國家에對ᄒᆞᆫ義務로出ᄒᆞᆷ이어ᄂᆞᆯ悠悠三數年間에何等進爲의事業이無ᄒᆞ고枯木과如히一處에拋係ᄒᆞ얏슨즉此ᄂᆞᆫ國民으로ᄒᆞ야금奮興의思想을耗케ᄒᆞᆷ이오

金融이枯渴ᄒᆞᆫ此時代에多數ᄒᆞᆫ金額을各其保管所에만積置ᄒᆞ야殆히不動産物과無異ᄒᆞ얏슨즉其影響이亦且經濟恐慌의一部分原因이되얏슬지라

尙且此金保管에對ᄒᆞ야或乾沒消融等說이流布ᄒᆞ야一般國民의疑端을惹起ᄒᆞᆷ은더욱國民의信仰心을失ᄒᆞ야團合力을渙케ᄒᆞᆷ이니今에處理方法을講究ᄒᆞᆯ진ᄃᆡ不可不已上數端에對ᄒᆞ야旣往의不足을補ᄒᆞ고將來의善果를圖ᄒᆞᆯ지니

此金을收合ᄒᆞᆯ時에何地方을勿論ᄒᆞ고各其主管者가有ᄒᆞ야收合所勸捐所等의名稱이有ᄒᆞ엿스니今에此金을將ᄒᆞ야各其主管者에게分配ᄒᆞ야存本殖利ᄒᆞ야其利子로各該地方의敎育或實業等事에助用케ᄒᆞ고本金은嚴重히保管케ᄒᆞᆯ지니其履行方法은

爲先委員을選定ᄒᆞ야現在保管所金額을調査ᄒᆞ되消融處가有ᄒᆞ거던本會로부터協力徵推ᄒᆞ고

各地方主管者에게領收證을依ᄒᆞ야照數出給ᄒᆞ되個人身分으로出捐ᄒᆞᆫ金額은各其所居區域을從ᄒᆞ야主管者에게並爲出給ᄒᆞ고

原金保管에對ᄒᆞ야規則을制定ᄒᆞ되詳密히[illegible]規ᄒᆞ야將來消融의弊를방ᄒᆞᆯ지니

如此然後에國民의疑惑도可以解矣오共公의利益도可以均及이오財政의流通도可以有助니本人의意見은此를適當ᄒᆞᆫ줄노思惟ᄒᆞᆫ다ᄒᆞ얏더라

○談叢○

劍心

▲奴隸工夫 東窓下에兒孩三四名이모혀안저노ᄂᆞᆫᄃᆡ其中一兒가洋洋自得의態로자랑ᄒᆞ야曰나ᄂᆞᆫ幼時人적부터우리큰댁兩班의고옴을사라고玉洞簫불기春香歌ᄒᆞ기舞童춤추기를잘ᄇᆡ홧ᄂᆞᆫᄃᆡ내가洞簫를ᄒᆞᆫ번불미나아리마님이겨節을ᄒᆞ고소리를ᄒᆞᆫ번ᄒᆞ미셔방님이拍手를ᄒᆞ고춤을ᄒᆞᆫ번츄미娥氏가喝采를ᄒᆞᆫ다ᄒᆞ거ᄂᆞᆯ座中兒孩들이모다그劣性을笑ᄒᆞ엿다더라

슯흐다요시이에日語ᄌᆞ조박算術낫치나ᄇᆡ화가지고奏判任人個나엇어ᄒᆞ랴고헐떡거리며다니ᄂᆞᆫ者들은더큰ᄃᆡ兩班의고옴ᄉᆞᄂᆞᆫ奴兒가아닌가

▲挾雜敎育 或人이其子뎨를對ᄒᆞ야말ᄒᆞ기를무슴노릇을ᄒᆞ던지돈만버러라ᄒᆞ며또말ᄒᆞ기를제것업시잘먹ᄂᆞᆫ것은萬古英雄豪傑이니라ᄒᆞ야그子뎨에게正義人道ᄂᆞᆫᄀᆞ라치지아니ᄒᆞ고挾雜의心을鼓吹ᄒᆞ니그것은可謂挾雜敎育이야

슬흐다요시에ᄂᆞᆫ時代가變ᄒᆞ야挾雜도못ᄒᆞ게되엿건만挾雜家들이엇지그리於斯盛인지그理由를ᄉᆡᆼ각건ᄃᆡ다름아니라멧百年을挾雜敎育만식인[illegible]이어父가子에게敎ᄒᆞᄂᆞᆫ것도挾雜兄이弟에게敎ᄒᆞᄂᆞᆫ것도挾雜長이幼에게敎ᄒᆞᄂᆞᆫ것도挾雜이닛가挾雜家가多出ᄒᆞᆯ밧게잇나언제나큰決雲劍을엇어다가더挾雜學校를부서닐ᄭᆡᄒᆞ노라

詞藻

❀雜 知❀

山名은白頭라도、그氣像은蒼翠ᄒᆞ고。
梨花ᄂᆞᆫ白雪ᄀᆞᆺ되、그열미ᄂᆞᆫ靑實네라。
烈士의、ᄀᆞᆺ은節槪겻만보고、어아알니。

電報

◉軍官更迭 日本에셔ᄂᆞᆫ海軍各長官及陸軍官員이大更迭되엿다더라　東京發　一日着

◉政客致疑 桑港市에上陸ᄒᆞᆫ韓國政客四名은支那人으로假冒ᄒᆞ엿스나伊藤公暗殺의共謀者로嫌疑가된故로警察署에셔ᄂᆞᆫ日本領事의取調委托을受ᄒᆞ야探偵中이더니該政客等은知機逃避ᄒᆞ엿다더라　桑港發　二日東京經由

◉預算案否決 英國上院에셔ᄂᆞᆫ本日議會에셔二百七十五票의多數로豫算案을否決ᄒᆞ엿다더라

◉憲法上危機 英國議會에셔ᄂᆞᆫ來年一月에總選擧를擧行ᄒᆞᆯ터인ᄃᆡ豫算案을否決ᄒᆞᆫ結果로憲法上에前代未聞ᄒᆞ던危機를惹起ᄒᆞ려ᄒᆞᆫ다더라　論敦發　以上二日東京經由

雜報

◉安重根來歷 伊藤公爵暗殺者安重根의來歷을詳聞ᄒᆞᆫ즉本性이猛ᄒᆞ고幼時부터行獵을偏嗜ᄒᆞᄂᆞᆫᄃᆡ山坂에往來ᄒᆞ기를飛鳥와如히ᄒᆞ며풍露에寢宿ᄒᆞ야도苦惱가無ᄒᆞ며銃法이精巧ᄒᆞ야百發百中ᄒᆞ더라一日은清商一人이安의父親을訪問ᄒᆞ고酒後에相詰ᄒᆞ다가拳으로打ᄒᆞ며足으로척ᄒᆞ고去ᄒᆞ더니安이獵還ᄒᆞ야此事를聞ᄒᆞ고憤氣를不勝ᄒᆞ야該清人을追ᄒᆞᆯ시安岳等地에셔逢着ᄒᆞ야擔銃으로射ᄒᆞ야一發에卽殺ᄒᆞ고仍히避身ᄒᆞ야京城에來ᄒᆞ니此時ᄂᆞᆫ韓日間重大問題가層生ᄒᆞᆯ時인ᄃᆡ保安會가刱設되엿거ᄂᆞᆯ安이此會에入參코져ᄒᆞ야該會長을訪見ᄒᆞ고時局事를談論ᄒᆞ더니該會長이其目的을問ᄒᆞ거날答曰我가林權助를殺ᄒᆞ기爲ᄒᆞ야壯健人二十名을準備ᄒᆞ엿스니會中으로셔三十名만選出ᄒᆞ야合五十人의決死隊만組織ᄒᆞ면林權助를屠殺ᄒᆞᆷ이反掌ᄀᆞᆺ지容易ᄒᆞ리라ᄒᆞᆫ즉會長以下가決死二字에ᄂᆞᆫ無一言ᄒᆞᄂᆞᆫ지라安이拍掌大笑曰弱虫과如ᄒᆞᆫ殘生으로幾千人의頭領을엇지擔任ᄒᆞ리오ᄒᆞ고卽時起去ᄒᆞ야海蔘威로入ᄒᆞ야秘密히行動ᄒᆞ다가今番事件을釀出ᄒᆞ엿다더라

◉金倅優績 博川郡守金尙弼氏ᄂᆞᆫ現今嘉山郡守를署理ᄒᆞᄂᆞᆫᄃᆡ學校를勸奬ᄒᆞ야教育을振興ᄒᆞ며兩郡內解면ᄒᆞᆫ產卅가有ᄒᆞ면米饔을分饋ᄒᆞ고歲時에ᄂᆞᆫ父老의게饌肉으로問恤ᄒᆞᆫ다더라

◉竹內上京 慶北觀察道書記官竹內ᄂᆞᆫ公務에協議ᄒᆞᆯ事가有ᄒᆞ야再昨日에上京ᄒᆞ엿다더라

◉尹氏訪問 前侍從武官尹致晟氏ᄂᆞᆫ再昨日下午四時에總相李完用氏를私뎌로訪問ᄒᆞ고大韓工業會經費金借欵事件을協議ᄒᆞ엿다더라

◉偵探又出 寺洞居具某ᄂᆞᆫ日憲兵隊特武清本에게無料로偵探ᄒᆞ야쥬기를要求ᄒᆞ미清本이具氏名刺를取ᄒᆞ야秘密偵探이라書ᄒᆞ고捺章以給ᄒᆞ엿ᄂᆞᆫᄃᆡ具氏ᄂᆞᆫ名刺傍面에日憲兵部囑托六字를加書ᄒᆞ엿다더라

◉仁港慘報 日昨暴풍을因ᄒᆞ야仁川港內에셔多數船隻이沉破되엿ᄂᆞᆫᄃᆡ大概調查를據ᄒᆞᆫ즉忠南泰安郡居金連三瑞山郡居安明玉海美郡居安順汝忠南居張春明瑞山居朴元汝泰安居朴某仁港枇峴居朴聖根諸氏의所有船이라ᄒᆞ며金連三의船人柳道津은溺死ᄒᆞ고安順汝의船人三名은去處不明ᄒᆞ고白米粳大豆牛皮蓆料等裝載物이多數損失되엿다더라

◉一胎三男 義州郡西部洞居姜仁善氏의夫人이去月十四日에一胎三男을生ᄒᆞ엿다고該道觀察使가內部로修報ᄒᆞ엿다더라

◉韓銀披露會 新任韓國銀行總裁市原은來土曜下午三時에韓國銀行新築工場에셔披露會를開ᄒᆞᆫ다고各府部院廳奏任官의게通牒을發送ᄒᆞ엿다더라

◉調查件交付 內部에셔甲山北青等郡에情況을調查ᄒᆞ야其案件을統監府로送交ᄒᆞ엿다더라

◉旗中別旗 內閣書記官長韓昌洙氏ᄂᆞᆫ年前昌原監理在任時에人民地段價數萬圓을乾沒ᄒᆞᆫ事가有ᄒᆞ다ᄂᆞᆫᄃᆡ該郡代表李重煥氏等五六人이上京ᄒᆞ야壯紙로白旗를製ᄒᆞ야韓氏의前後行蹟을旗面에列書ᄒᆞ야日前韓氏仕進時에該旗를揭揚隨後ᄒᆞ엿ᄂᆞᆫᄃᆡ該旗를將次漢城內에輪示ᄒᆞ고裁判所에告訴ᄒᆞᆫ다더라

◉育梨轉任 晋州監獄署長日人育梨勇司ᄂᆞᆫ京城監獄署長으로轉任ᄒᆞ야日前上京ᄒᆞ엿다더라

◉院主協議 孤兒院院主院監兩氏가再昨日에會同ᄒᆞ야議事員選置方法을協議ᄒᆞ엿ᄂᆞᆫᄃᆡ一進大韓兩會에各二人式으로各新聞社其他社會에各一人式選定ᄒᆞ기로決定ᄒᆞ엿다더라

◉審查槪聞 安重根以下連累人들은旅順監獄署內假法庭에셔日夜로嚴重히審問ᄒᆞᄂᆞᆫ中인ᄃᆡ該事件의內容如何와連累關係의範圍ᄂᆞᆫ當局審查官等이最히秘藏ᄒᆞᄂᆞᆫ故로到底히得聞키難ᄒᆞ다ᄒᆞ며審查에關ᄒᆞᆫ書類ᄂᆞᆫ露清文及韓文等을數架에積置ᄒᆞ야一一히繙譯調查ᄒᆞᆯ터이오又多額의手數料를費ᄒᆞ야韓國內各地及浦鹽哈爾賓上海等地에往復ᄒᆞᆫ電報照會等文字를蒐集中이라ᄒᆞ며從來該地監獄에셔韓人의게對ᄒᆞᆫ處置ᄂᆞᆫ清人과同一ᄒᆞᆫ方法을用ᄒᆞ더니今番에ᄂᆞᆫ特別히日人과同一ᄒᆞᆫ待遇를與ᄒᆞ야一日二三次式獄內運動을許ᄒᆞ며又審問時에도拷問이나鞭撻을不加ᄒᆞ고自由로所懷를無遺吐露케ᄒᆞᆫ다ᄒᆞ며安重根은哈爾賓오로부터大連에護送ᄒᆞᆯ時에瀛車內에셔護送者를對ᄒᆞ야（余를맛當히志士로待遇ᄒᆞ라）ᄒᆞ며（爾等微賤ᄒᆞᆫ巡查輩ᄂᆞᆫ神聖ᄒᆞᆫ余의身體에手를敢近치말나）ᄒᆞ야護送者를罵倒ᄒᆞ엿고獄中에在ᄒᆞ야도泰然히熟睡를成ᄒᆞᆷ으로其膽氣雄大ᄒᆞᆷ을莫不吃驚ᄒᆞᆫ다ᄒᆞ며其他連累者ᄂᆞᆫ審查結果를尚未探得ᄒᆞᆷ으로所犯輕重과關係淺深을知得키難ᄒᆞᆫᄃᆡ審查官은就中三人을嚴密히取調ᄒᆞ고其他ᄂᆞᆫ審查를終了ᄒᆞᆫ듯ᄒᆞ며此로因ᄒᆞ야五名의게ᄂᆞᆫ所持貨幣로食物을隨意購入케ᄒᆞ며書信도自由발送케ᄒᆞᆫ다더라

◉洋말開業 內部主事朴忠緖氏ᄂᆞᆫ實業에注意ᄒᆞ야自己家에洋말器械三座를買置ᄒᆞ고現今組織中이라더라

◉僞名誣譖 寧遠郡守田德龍氏가不美ᄒᆞᆫ事가有ᄒᆞ다고該郡民金基涉氏가內部에請願ᄒᆞ엿다ᄂᆞᆫ事ᄂᆞᆫ前報에已揭어니와更히詳報를據ᄒᆞᆫ즉田氏ᄂᆞᆫ元來賢明ᄒᆞᆫ太守오金氏도請願ᄒᆞᆫ事가初無ᄒᆞᆫᄃᆡ何等嫌隙이有ᄒᆞᆫ者가郡民의名을僞署ᄒᆞ야內部에誣告ᄒᆞᆷ이라더라

◉次第團束 從來韓人各學校에셔敎授ᄒᆞᄂᆞᆫ唱歌中에排日的不穩의文字가不尠ᄒᆞᆷ으로幼穉ᄒᆞᆫ學童腦裏에唱歌의歌曲이最히其思想을左右ᄒᆞ기易ᄒᆞ다ᄒᆞ야當局者ᄂᆞᆫ目下에一般普通的唱歌를編纂中이오又休操에도兵式體操만行ᄒᆞ고徒手體操等을廢切ᄒᆞᆷ이不可ᄒᆞ다ᄒᆞ야今後에ᄂᆞᆫ此等에對ᄒᆞ야嚴重히團束ᄒᆞᆫ다더라

◉反對準備 一進會에셔統治權을日本에委托ᄒᆞ기로密議가有ᄒᆞ다ᄒᆞᆷ은內外報紙에旣지ᄒᆞᆫ바어니와此에對ᄒᆞ야韓國各社會에셔ᄂᆞᆫ一切反對ᄒᆞ기로準備中이라더라

◉安氏轉任 度支部書記官安國善氏ᄂᆞᆫ國庫課長으로轉任되엿다더라

◉統監招待 曾彌統監은再昨日午後六時에韓國銀行總裁市原以下諸人을請邀宴待ᄒᆞ엿다더라

◉乘人不幸 俄國에滯留ᄒᆞᄂᆞᆫ李範晋氏가去丁亥年分順天郡守在任時에智島郡居李鍾浩氏에게委任ᄒᆞ여古今島等地에葉五千兩價値되ᄂᆞᆫ庄土를買置ᄒᆞ고年年秋收ᄒᆞ더니李鍾浩氏가身故ᄒᆞ미其子時雨氏가自己田답을强奪ᄒᆞ엿다稱ᄒᆞ고李範晋氏의令男璣鍾氏家에近日來到ᄒᆞ여百般惹鬧ᄒᆞᄂᆞᆫᄃᆡ李璣鍾氏ᄂᆞᆫ現今日軍司令部에滯因ᄒᆞ고婦女들만在家ᄒᆞ여所措를罔知ᄒᆞᆫ다더라

◉被捉理由 內部主事宋義植氏가日軍司令部에被捉ᄒᆞᆷ은已報어니와該氏가北間島에出張ᄒᆞ엿다가日前還京ᄒᆞ엿ᄂᆞᆫᄃᆡ俄國에滯留ᄒᆞᄂᆞᆫ李範晋氏와何等連絡이有ᄒᆞ다ᄒᆞᆷ이라더라

◉漁業交換 韓國沿海에來漁ᄒᆞᄂᆞᆫ清國漁船우嚴密ᄒᆞᆫ團束을被ᄒᆞᄂᆞᆫᄃᆡ向者日人이清日兩國間에韓海漁業과清海漁業을互相交換ᄒᆞ기로協定ᄒᆞ자ᄒᆞ엿스나清國이斷然拒絶ᄒᆞ엿더니近者此論이再起ᄒᆞ엿다더라

◉豫算查定 隆熙四年度歲入歲出總豫算은現今度支部에셔查定을急速히ᄒᆞᄂᆞᆫᄃᆡ來九日頃ᄭᆞ지此을畢ᄒᆞ고來十四日에ᄂᆞᆫ參與官會議에付ᄒᆞᆫ다더라

◉賞金減率 政府에셔급與ᄒᆞᄂᆞᆫ本年度年末賞與金운昨年度에比ᄒᆞ면稍히減率된다더라

◉永信契풍波 東部往十里에所謂永信契라ᄂᆞᆫ出桶契가有ᄒᆞᆫᄃᆡ何等曲折이有ᄒᆞᆫ지該契에셔金경泰李承훈兩氏로代表를選定ᄒᆞ여調查ᄒᆞᆫ즉爲先該契任員中李正來氏의欠縮條가四十四萬兩이有ᄒᆞᆫ故로該契任員一同을改差코져ᄒᆞ야一塲풍波가大起ᄒᆞ엿다더라

◉義將處絞 義兵將鄭用大氏ᄂᆞᆫ處絞에宣告ᄒᆞ엿다더라

◉暗汲被捉 中部校洞居李在杜氏ᄂᆞᆫ水桶水를暗汲ᄒᆞ다가發現되여中署에被捉ᄒᆞ엿다더라

◉李氏觀化 中外醫藥申報社長李庚鳳氏ᄂᆞᆫ身病으로因ᄒᆞ야去月三十日午前十一時三十分에長逝ᄒᆞ엿다더라

◉太極敎移接 太極敎宗本部事務所를中部琵琶洞七十四統六戶로移接ᄒᆞ엿다더라

◉韓美社開會 旣報와如히韓美興業株式會社에셔再昨日下午三時에總會를開ᄒᆞ엿ᄂᆞᆫᄃᆡ時間이短促ᄒᆞᆷ으로文簿만報告ᄒᆞ고昨日下午三時에繼續開會ᄒᆞ야事務를處理ᄒᆞ엿다더라

◉法學開會 本日下午四時에法學協會에셔定期評議會를開ᄒᆞᆫ다더라

▲社會燈▼

▲說論委員 安升玉氏ᄂᆞᆫ 觀察使로 內定이되엿ᄂᆞᆫᄃᆡ 或說에ᄂᆞᆫ 觀光團의 效力이라ᄒᆞ고 某報에ᄂᆞᆫ 孔方兄의造化라ᄒᆞ엿스니 아마 四千圓銅錄神이 春三月觀光力보다 나을터이지 觀察使 月給兩은 外人 交際費로 다 盡ᄒᆞᆯ터이오 四千圓 資本金은 어ᄃᆡ가 차져오나 아마 그쟝ᄉᆞ도 ᄯᅩ밋졋지

▲예젼 부쳐님은 慈悲心이 만라더니 近日 부쳐님은 빗쏙性이 만ᄒᆞᆫ게야 時代가 變遷ᄒᆞ니ᄭᅡ 佛性도 달너가ᄂᆞᆫ지 銅을ᄒᆞ던지 石을ᄒᆞ던지 제祖上 祭祀지니듯 精誠만 드렷스면 남의집 忠臣은 녀녀 ᄒᆞᆯ터인ᄃᆡ 죠흠만 不合ᄒᆞ면 빗쏙빗쏙 姓名을도려 가지고 讚會이니 退會이니 나잡바지기만 됴아ᄒᆞ여

▲허 이사롬 남의속도 모르넌고 銅을ᄒᆞ여야 像에도 바르고 ᄶᅵ셔럭이 죠쥬셔서 부쳐님 목구녀에도 바르지 石을ᄒᆞ면 所望이 틀니잇가 自然 빗쏙性이 날수밧긔 허 仁王山虎猴이가 初저녁에는 살진암퀴를 바라고 밧석 도라다니다가 서벽에는 王긔암이 불알도 ᄒᆞᆯ니 본다네 아모리 所望과ᄀᆞᆺ치 洽足은 못ᄒᆞᆯ지라도 石은 가루좀 못 ᄒᆞᆯ터보나

▲文 壇▼

▲天喜堂詩話 (續)

西河先生林椿은前朝에大詩人이라蒙古亂後에國耻를雪코ᄌ호야海內에奔走호면셔時調、雜歌、漢詩等을作호야惓惓히一禿筆로國魂을呼호며民氣를鼓호나時勢가不利호야마참ᄂ孤憤을抱호고道塗에셔老死호미至今ᄭ지論者가其志를悲호ᄂᆞᆫ비라然이나先生의死後에遺著을繼호者가無호고又其文集이兵火에泯沒호야一葉도傳後되지못호엿스니嗚呼라엇지可惜지아니호가余가일즉先生으로써伊太利詩人단데의게比호나然이나단데ᄂᆞᆫ其一寸의筆下에能히瑪志尼를產出호야舊羅馬의榮光을挽回호엿거ᄂᆞᆯ先生은死後六七百年에國은依舊히弱호고民은依舊히劣호니先生의目이將且地下에셔不瞑홀진저余가東文選及東詩選을閱호미間有호나其詩가平平호야氣力이絕無홀ᄲᅮᆫ더러且一字一句도民國의憂에及호者가無호야ᄾᆞ에稱호先生의遺跡과較호미氣味가一毫도不近호지라是以로미양此에疑를置호엿더니및昇湖ᄾᆞ說을讀호즉此ᄂᆞᆫ本朝 肅廟時에淸道僧某가石窟中에셔發見호者라호엿ᄂᆞᆫ지라噫라此가엇지先生의詩리오其人의贋造됨이無疑호도다然이나先生眞作의詩ᄂᆞᆫ尙今ᄭ지得見호處가無호고但于山文抄에先生文一首를자호엿ᄂᆞᆫ듸其中一節에云호엿스되（國無大小係于民時無利鈍係于才苟能導民以勇養才有法何畏乎强敵何畏乎劉徹楊廣忽必烈）이라호엿더라其辭를執호야推求호건듸此ᄂᆞᆫ先生의文됨이無疑호도다然이나先生의忠憤義烈이如彼호지만其傳後된者ㅣ此一首ᄲᅮᆫ이니可히勝歎홀ᄶᅡ雖然이나我國奴隸文學의社會에此一首의得傳홈이또호天幸인저

未完

學 界

◉韓氏寄鍾 去二十五日에樓閣洞新明學校에셔第二回紀念式을設行호엿ᄂᆞᆫ듸北壯洞居前主事韓秀敏氏가擊鍾一個를捐付호엿다더라

◉普通校廢止 黃海道金川郡公립普通學校ᄂᆞᆫ廢止되엿다고學部에셔公布호엿다더라

◉夜校興旺 儆新學校學生尹麟杜氏와平壤崇實學校學生金鷺燁氏가夏期放學을因호야鄕第에在홀時에勞働靑年을敎育호기爲호야自己舍廊에夜學校를設立호고學員十餘名을募集敎授호다가秋期開學을當호야各其上學홀時에張黍用朱泰鉉諸氏의게敎導의任을委托호엿ᄂᆞᆫ듸校况이日進호야現今學徒가五十名에達호엿다더라

◉視作雞肋 李學宰氏가東部駱成義塾長을被任호지于今三四朔에一不出席호고且塾長의任을不爲辭免홈으로該塾에셔ᄂᆞᆫ事務處理에障碍가多有호다고批評이有호다더라

◉捐金助校 去月二十八日東大門內光武臺에셔該洞私립東彰學校에經費窘拙홈을聞호고當日收入金六十圓을全數補助호엿고紳士金永根氏ᄂᆞᆫ二圓李鍾成金興祿李千宗全鍾源諸氏ᄂᆞᆫ各一圓姜潤健裴聖仲諸氏ᄂᆞᆫ各五十錢式補助호엿다더라

廣 告

廣告

特別大割引

本館에서業務를更加擴張ᄒᆞᆸ고書籍五圜以上에特別割引홀터이오니僉君ᄌᆞ는陸續請購ᄒᆞ시옵

諸般書籍과測量機具와學徒의用品各種도具備ᄒᆞ엿숩

平壤鍾路 太極書館
館主 李昇薰
主任 宋鍾遠
事務 金根濙

◉特別廣告

敬啓者本報는開刊有年에其論述의正과其報道의迅速이無比ᄒᆞ야淸國內遠近志士가一切歡迎ᄒᆞ오며韓國에도稍稍히購覽ᄒᆞ는紳士가有ᄒᆞ온바今에更히江湖上購覽諸氏를紹介ᄒᆞ기爲ᄒᆞ야本報관所在處及報價를左開廣告ᄒᆞ오니願覽諸氏는速速히左開處로통奇ᄒᆞ시옵

本관所在地 哈爾賓瓦牙街
報價一個月先給 俄貨八角
仝 三個月先給 俄貨二圓
但報價는先給을要흠

遠東報館 告白

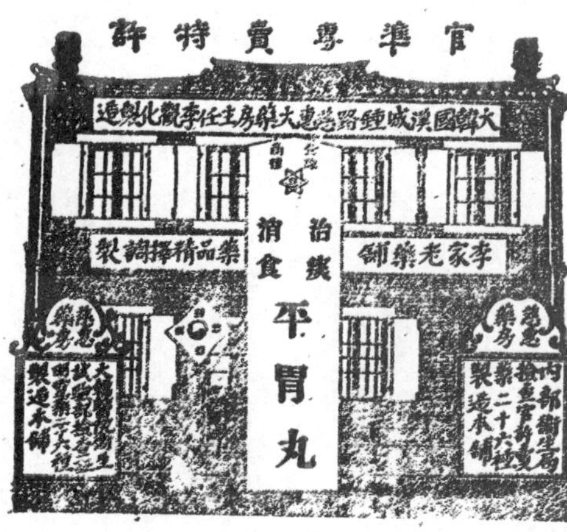

內部認可

商業經營法 全

一 商業經營法은文明的商業의方法을指導ᄒᆞ며法律上商事의規定을說明ᄒᆞᆫ商業界의顧問이오

一 商業經營法은商行爲의奇妙ᄒᆞᆫ術法과商去來의深奧ᄒᆞᆫ手段을陳述ᄒᆞᆫ商業家의秘訣이오

安國善氏 著

一 商業經營法은會社設립節次와手形行使法과銀行去來等을論述ᄒᆞᆫ商業有志者의座右銘이오

一 商業經營法은商業上의原理와經濟上의現象을實際的으로抄寫ᄒᆞᆫ實業學校의敎科書오

廣學書舖 發行

定價金 四十錢 郵遞料 四錢

京城中部布屛下三十七統六戶 廣學書舖金상萬謹告

本所에서洋屬毛織을各色直輸入ᄒᆞ야廉價로發賣ᄒᆞᆸ는ᄃᆡ物品과織組가堅固ᄒᆞ며染色이不變ᄒᆞ와經濟上에第一要緊ᄒᆞ오며各地方貿易을便利케爲ᄒᆞ와郵便小包로酬應ᄒᆞ야代金을引換ᄒᆞ갯ᄉᆞ오니僉君子는陸續請求ᄒᆞ심을伏望

京城小龍洞
洪順福 毛織商店

各種東西洋藥과韓國唐草材大發賣所 和平堂藥房

八寶丹 積滯와胃腹痛과頭痛眩暈을鎭正ᄒᆞᆫ一包十錢三包廿五錢

回生水 蘇生丹 虛泄濕泄轉筋吐瀉腹痛신效 霍亂吐瀉腹痛下痢痰咳每包金十錢

麝香消瘡丹 梅毒下疳頭瘡香瀉瘡一劑금四圓

胎養調經丸 婦人冷病帶下症一月經不調신效一劑金五圓

[illegible]滋陽丸 陽氣不足元氣不足陰陽雙補十日分金一圓八十錢一月分金五圓

阿片斷引藥 阿片引을斷ᄒᆞ고元뻬回腹ᄒᆞ는藥一劑五圓

[illegible]全治丸 男女老幼잔連珠라도을全治去根一劑三圓

鎭咳散 痰을消ᄒᆞ고소嗽를止ᄒᆞ는藥一包金三十錢

消積散 陳陳舊滯을消化ᄒᆞ는藥一包金十五錢

[illegible]安藥 寸빅虫을一切去根ᄒᆞ는ᄃᆡ신效一包金三十錢

[illegible]散 회積腹痛을完治금十錢

[illegible]水 비짐과어루럭이의藥二十錢 족은서가쌔지는藥금三十錢

[illegible]治[illegible] 諸般感氣신效금十錢 大ᄒᆞᆫ瘡을몽治ᄒᆞᆫ膏藥十錢

其他有名賣藥 都賣散賣

其他國內各藥房에서製造ᄒᆞ는各種藥이俱備ᄒᆞ오니隨用請求ᄒᆞ시면迅速키代金引換으로付送ᄒᆞ깃숩

京城鍾路 仁川杻峴 平壤鍾路 和平堂主人 李應善

社告

申報價

壹張代金 新貨二錢五厘
壹個月 三十錢
參個月 九十錢
陸個月 先納 壹圓七十錢
壹個年 先納 參圓四十錢
郵稅 壹張 新貨五厘
壹個月 十三錢

廣告料

四号活字拾三字詰
每日英尺一寸에(自一行至四行이爲一寸) 新貨卄五錢
二週日壹寸에 二圓五十錢
壹個月壹寸에 五圓
但期限의長短과字行의多小를依ᄒᆞ야增減홈이有홈

大韓每日申報各處支社廣告

平安道

平壤鍾路太極書館 安泰國
三和港碑石洞敎堂 裵亨湜
義州南門外韓西大藥房 張有寬
鐵山郡內東部 安 灝
車輦舘同志會內 金明鉉
定州南門內書舖 洪成麟
博川郡內鐘洞 金翼樞
安州城內安陵書舘 金翼河
京義線枇峴驛停車場前 李基秀
龍川南市驛 韓燦禧
龍川楊市 黃菊保
㟁州郡南門外 朱伯英
寧川郡內관前洋藥局 李正華
寧邊郡內紅門里 鄭德昇
江西郡內 金昌煥
宣川郡橋南 申基周
江界邑內 金泰熙
郭山郡內新街 金大鉉
甑山郡內利用里 崔診爽
雲山北面橋洞 王冕鎬
雲山郡內 咸元澤
順川郡達洞 鄭裕景
昌城邑內西下里壹統貳戶 許 의

黃海道

海州南門內書舖 朴昌鎭
安岳壽石面訓鍊里 韓楨敎
長淵邑校洞西北支學會內 崔東元
殷栗郡倉前里 金光礪
信川郡內四里 李悌敬
載寧郡乾材藥局 李鼎均
白川郡文明舘 趙雲泳

咸鏡道

沙里院活民勞動救火會 任敬宰
咸興州南社西門外 曺喜林
元山港創業社 皇甫正杰
定平郡豊陽里 張禮學
洪原西門內保命局 羅炳善
永興南山洞洪明學校內 梁元常
淸津港新興洞 張元浩

全羅道

金溝水流面豆亭 趙德三
木浦港陽洞 李得珠

京畿道

仁川杻峴開新冊肆 李東皓
開城南大門內興學書舖 姜助遠
江華郡內川橋 兪鎭植

忠淸道

結城廣川小龍洞 李啓祚
韓山下北필堂里 李英穉

慶尙道

大邱西門外友弦書樓側 李正由
釜山港佐川藥局 徐錫𪒯

江原道

杆城邑新城里二統三戶 咸海元
鐵原邑棠洞 趙鍾大
蔚珍遠南面梅花里 朱鎭壽

北墾島

北墾島龍井村耶蘇敎堂內 裵尙禧

告

檀君開國四千二百四十二年
箕子元年三千三十一年
大韓開國五百十八年
本報創刊日
光武八年七月十八日

大韓每日申報

發行兼編輯人 英國人萬咸
Responsible for Publication: Alfred Weekley Marnham.
發行所
京城南部石井洞三層洋屋家
大韓每日申報社

第七卷　月曜及慶節歲時日休刊　第一千二百五十七号

論說

◎內地同胞와留外同胞

內地에셔아모리生活이難ᄒᆞ다經濟가窘ᄒᆞ다行動을任意로못ᄒᆞᆫ다ᄒᆞ야도

離親戚去墳墓ᄒᆞ고空空ᄒᆞᆫ兩赤拳으로外國에出留ᄒᆞᄂᆞᆫ同胞에比ᄒᆞ면

其居가猶安ᄒᆞ며其金이猶多ᄒᆞ고又行動을不自由ᄒᆞᆯ지라도敎育殖產等業은何人이禁止ᄒᆞᄂᆞᆫ바아니니

宜乎內地同胞의事業이留外同胞보담突過ᄒᆞᆯ지어ᄂᆞᆯ

乃者實際에觀ᄒᆞᆫ즉不然ᄒᆞ야留外同胞ᄂᆞᆫ不過幾千名되ᄂᆞᆫ桑港布와等地留民과不過幾萬名되ᄂᆞᆫ海蔘威等地留民으로도會舘이幾個가有ᄒᆞ며報舘이幾個가有ᄒᆞ며學校가幾個가有ᄒᆞ고歌ᄒᆞᆷ에國家를爲ᄒᆞ기歌ᄒᆞ며哭ᄒᆞᆷ에國家를爲ᄒᆞ기哭ᄒᆞᄂᆞᆫ데

內地를觀ᄒᆞ건데數萬人을有ᄒᆞᆫ大邑으로도一學校를設立지아니ᄒᆞ며數千人을有ᄒᆞᆫ大村으로도一新聞을購讀지아니ᄒᆞ고新時代新世界의風潮가項上에日迫ᄒᆞ되冥然히不覺ᄒᆞ니此가何故이뇨

嗚乎라是ᄂᆞᆫ無他라一則內地에蟄居ᄒᆞ야彼我의對照가都無ᄒᆞᆫ故며一則他人의光을觀ᄒᆞ야彼我의對照가頻繁ᄒᆞᆫ故로다

今夫人이墻內에蟄ᄒᆞ야他家人은一個도젹面치못ᄒᆞ고惟父母兄弟만是狃是隨ᄒᆞ면自家를愛ᄒᆞᄂᆞᆫ情이不深ᄒᆞ나니何故오蓋他家와對峙ᄒᆞᆫ然後에我家가有ᄒᆞᆫ줄을知ᄒᆞ며我家가有ᄒᆞᆫ줄을知ᄒᆞᆫ然後에我家를愛ᄒᆞᆯ줄을知ᄒᆞ나니萬一他家와對峙치아니ᄒᆞ면我의家도我가忘ᄒᆞ기易ᄒᆞᆯ지라

此와如히數百年來韓人은國을鎻ᄒᆞ야隣에淸日이有ᄒᆞ야도足이不到ᄒᆞ며外에歐美가有ᄒᆞ야도耳에不聞ᄒᆞ고惟此國內에셔嬉嬉ᄒᆞ야我國과他國의對照가無ᄒᆞ거니何處에셔愛國心이生ᄒᆞ리오만은

留外同胞에至ᄒᆞ야ᄂᆞᆫ他文明外國에往ᄒᆞ야彼自由의鍾聲을日聞ᄒᆞ며獨립의旗彩을日睹ᄒᆞ고自家의身世를回顧ᄒᆞᆫ즉不知幾千層되ᄂᆞᆫ地獄에下落ᄒᆞᆫ被保護國의流離民이라於是乎骨이酸ᄒᆞ며胷이痛ᄒᆞ야我ᄂᆞᆫ何日에나彼와如히自由ᄒᆞᆯ가我ᄂᆞᆫ何日에나彼와如히活動ᄒᆞᆯ가我ᄂᆞᆫ何日에나彼와如히黃金時代를逢ᄒᆞᆯ가我ᄂᆞᆫ何日에나彼와如히茶飯生涯를享ᄒᆞᆯ가ᄒᆞᄂᆞᆫ等各種思想이腦에衝擊ᄒᆞ야國家의亾을不願코ᄌᆞᄒᆞ야도不能ᄒᆞ며同胞의苦를不恤코ᄌᆞᄒᆞ야도不能ᄒᆞ야水던지火던지荆棘이던지險阻던지當ᄒᆞᄂᆞᆫ데로斬ᄒᆞ며遇ᄒᆞᄂᆞᆫ데로斬ᄒᆞ고惟國家에有利ᄒᆞᆫ事이면能爲ᄒᆞᄂᆞᆫ바라

然이나在內者ᄂᆞᆫ多數오留外者ᄂᆞᆫ少數라少數의覺醒奮發로ᄂᆞᆫ國事를能濟치못ᄒᆞ리니何以로此在內의同胞도一切히覺醒奮發케ᄒᆞᆯ고噫라

官報

號外

隆熙三年十一月一日

內閣告示第三十三號 續

別表

區裁判所	管轄區域
元山(德源府)	德源府安邊文川
永興	永興高原
淸津(富寧郡)	富寧茂山
鏡城	鏡城明川
城津	城津吉州
會寧	會寧鍾城穩城
慶興	慶興源慶
平壤	平壤中和順安祥原
鎭南浦(三和府)	三和府龍岡江西甑山
安州	安州肅川永柔价川
順川	順川
德川	德川寧遠孟山
成川	成川江東陽德
新義州(義州府)	義州府內의古城面光城面古邑面枇峴面津留面威化面威遠面月化面鐵山郡內의西林面站面
義州	義州府(內의新義州區裁判所所轄地域을除흠) 朔州昌城
龍川	龍川府鐵山(內에西林面站面을除흠)
宣川	宣川龜城
定州	定州郭山嘉山博川
寧邊	寧邊泰川雲山熙川
江界	江界慈城厚昌
楚山	楚山碧潼渭原
海州	海州瓮津
延安	延安白川
平山	平山金川兎山
瑞興	瑞興遂安
新溪	新溪谷山
黃州	黃州鳳山
載寧	載寧安岳信川
松禾	松禾長淵殷栗
大邱	大邱漆谷慶山慈仁淸道
星州	星州高靈玄風
金山	金山知禮開寧善山仁同
尙州	尙州咸昌聞慶龍宮
榮川	榮川豐基順興奉化
安東	安東醴泉禮安
靑松	靑松眞寶英陽

未完

外報

◎美國干涉　美國中央政府ᄂᆞᆫ秘密命令을桑港市에下ᄒᆞ야三軍用船의出發을準備ᄒᆞ라ᄒᆞ엿ᄂᆞᆫ데此事件이進行됨에ᄂᆞᆫ斷定코니카라과國의코한트地方을占領ᄒᆞᆯ意인데同地를占領ᄒᆞᆫ즉니카라과大統領졔라야氏의執政은終了되고革命軍이勝利를得ᄒᆞ리라고美國政府에셔決心ᄒᆞ엿다더라

◎日人死傷　英領加奈多뱅코버에셔大北鐵道列車가轉覆ᄒᆞ야日本人死者가二十二名이오負傷者가十五名이라더라

◎美國觀光團　美國觀光團六百四十名과通譯三十名이來月頃에日本에來遊ᄒᆞᆯ意로鐵道院에交涉中이라더라

◎美德博覽會　來年春에伯林에美德博覽會를開ᄒᆞᆫ다더라

◎阿片會議　淸國에셔ᄂᆞᆫ第二回阿片煙會議를開ᄒᆞᆫ다ᄂᆞᆫ說이有ᄒᆞ다더라

◎德帝勅語　德國皇帝ᄂᆞᆫ議會開院式에勅語를下ᄒᆞ엿ᄂᆞᆫ데德、伊、墺、三國同盟의協同에關ᄒᆞᆫ事項을論ᄒᆞ엿다더라

◎三國談判　公果國事件에關ᄒᆞ야ᄂᆞᆫ英、德及比時利三國政府間에談判을開ᄒᆞᆷ에至ᄒᆞ리라더라

◎東洋貿易　伊太利國은今番에東洋商業擴張委員會를組織ᄒᆞ엿다더라

◎希臘內閣　希臘에셔ᄂᆞᆫ陸軍協會의運動을因ᄒᆞ야希臘內閣이破裂ᄒᆞ기易ᄒᆞ다더라

寄書

前號續　李根英

又有加霜之禍ᄒᆞ야쇠가쇠를먹고살이살을먹ᄂᆞᆫ것ᄀᆞᆺ치其時通辭權丙淑이가農庄에巡行ᄒᆞᆯ時에農主의게秘議ᄒᆞ되

우리韓人性質은使役極難ᄒᆞ니工錢을多給지못ᄒᆞ거던韓國法律되로棍杖을試用ᄒᆞ라ᄒᆞᆫ故로因爲成俗된지라

萬不得已로四年期限만苦待ᄒᆞᆯ이大旱에甘雨ᄀᆞᆺ치ᄒᆞᄂᆞᆫ중에噫彼農主가揚言ᄒᆞ되爾等은此庄에셔永永係身ᄒᆞ엿스니猝塞ᄒᆞ거던錢物를取用ᄒᆞ라ᄒᆞ온즉此處풍俗에農主의게負債되면至於子孫ᄭᆞ지奴籍에不免ᄒᆞᄂᆞᆫ데其法이甚危且酷ᄒᆞ야無論某人ᄒᆞ고其農庄範圍內에因在ᄒᆞ야雇價ᄂᆞᆫ至薄ᄒᆞ고口政이甚急ᄒᆞ면負債에犯入키易ᄒᆞ니豈不憤哉아同胞中有知覺ᄒᆞᆫ幾人이相爲勸告ᄒᆞ되腰帶를强約ᄒᆞ고僅僅糊口潤膓ᄒᆞ다가四年後에도不爲放送ᄒᆞ면生死間一事를定ᄒᆞᄌᆞᄒᆞ야食不望米ᄒᆞ고衣不掩身ᄒᆞᄂᆞᆫ데何幸今年五月十二日이期限을終ᄒᆞᄂᆞᆫ時라

未完

○談叢○

劍心

▲古談(一)　녯젹希臘에ᄒᆞᆫ어리셕은사ᄅᆞᆷ이잇ᄂᆞᆫ데自己집에셔養畜ᄒᆞᄂᆞᆫ蜜蜂이ᄭᅩᆺ을가져오노라고날마다비리타스놉흔山을넘어왓다넘어갓다ᄒᆞᄂᆞᆫ것을보고미우그勞苦ᄒᆞᄂᆞᆫ것을불상히녀여이에그蜜蜂의羽翼을ᄭᅳᆫ허버리고ᄭᅩᆺ을만히ᄯᅡ다가벌桶압헤두엇ᄂᆞᆫ데그後부터ᄂᆞᆫ그蜜蜂이蜜을釀치못ᄒᆞ엿다ᄒᆞ더라

슬프다이蜜蜂이蜜을釀치못ᄒᆞᆷ은勞働치못ᄒᆞᆫ所以가아닌가吾人도이와ᄀᆞᆺ하勞働을아니ᄒᆞ고ᄂᆞᆫ아모것도되지아니ᄒᆞ거ᄂᆞᆯ韓國에ᄂᆞᆫ往往놀기만됴화ᄒᆞ고勞働ᄒᆞ기ᄂᆞᆫ슬혀ᄒᆞᄂᆞᆫ사ᄅᆞᆷ이만흐니實로ᄒᆞᆫ번嘆息ᄒᆞᆯ만ᄒᆞ도다

▲古談(二)　녯젹ᄒᆞᆫ사ᄅᆞᆷ이亞剌比亞로旅行을ᄒᆞ다가路를失ᄒᆞ야荒沙曠野로드러가니비ᄂᆞᆫ곱ᄒᆞ고人家ᄂᆞᆫ업ᄂᆞᆫ지라忽然一大米橐이路邊에잇ᄂᆞᆫ것을보고크게깃버열어보니米ᄂᆞᆫ업고黃金뿐이라그사ᄅᆞᆷ이仰天嘆息曰余가平生에黃金을願ᄒᆞ엿더니只今荒沙白草中에餓莩가되엿스니此黃金이雖多ᄒᆞ나將何用고ᄒᆞ엿다더라

슬프다黃金이貴ᄒᆞ기ᄂᆞᆫᄒᆞ나生命이잇슨뒤에야黃金도所用이잇나니只今韓國에엇던사ᄅᆞᆷ들은黃金에精神이팔녀제生命부터잇ᄂᆞᆫ國家를害ᄒᆞ니亦是可憐ᄒᆞᆫ人生이로다

▲古談(三)　李太白은支那大文章이라少時에匡山으로드러가글工夫를ᄒᆞ다가채成功을못ᄒᆞ고苦楚를익이지못ᄒᆞ야山外로나오ᄂᆞᆫ데洞口에셔ᄒᆞᆫ老嫗가鐵杵를갈거ᄂᆞᆯ李氏가보고恠異히녀여問曰그것은갈아무엇ᄒᆞ나뇨嫗曰바ᄂᆞᆯ을민ᄃᆞᆯ고져ᄒᆞ노라ᄒᆞᆫ데李氏가그말을듯고크게感動ᄒᆞ야도로드러가부즈런히工夫를ᄒᆞ야文章이되엿다더라

슬프다무슴일이던지久勤積苦치아니ᄒᆞ고ᄂᆞᆫ成功을못ᄒᆞ거날只今엇던사ᄅᆞᆷ은무슴일을始作ᄒᆞ다가죠곰어려우면버리고버리고ᄒᆞ야今日東明日西又明日南ᄒᆞ니참앗갑도다

詞藻

❀毋蹰躇❀　雪月娘子

英雄이ᄯᅡ로업고、萬人一心英雄이라。
歲月은살ᄀᆞᆺ흔데、ᄶᅡᆫ英雄을求치마쇼。
바라노라、同胞ᄂᆞᆫ야蹰躇말고、나가기를。

電報

○親王病篤 日本賀陽宮親王은身病이危篤ᄒᆞ다더라 東京發 三日着

雜報

○演說會發起 一進會事件에對ᄒᆞ야各社會에서反對ᄅᆞᆯ準備ᄒᆞᆫ다ᄒᆞᆷ은前報에已揭어니와各元老大臣과紳士諸氏가發起ᄒᆞ야明日上午十二時圓覺社內에서國民大演說會ᄅᆞᆯ開ᄒᆞ고一進會ᄅᆞᆯ聲討ᄒᆞᆫ다더라

○何等紛競 學部編輯局主事一窠가現闕되야大東專門學校學員鄭秦桓氏로試取ᄒᆞ엿ᄂᆞᆫᄃᆡ該部大臣及局長間에何等紛競이有ᄒᆞ엿던지鄭氏ᄂᆞᆫ更히學務委員으로叙任ᄒᆞ엿다더라

○六窠修定 內部에서觀察使六窠ᄅᆞᆯ修定ᄒᆞ야統監府에同意ᄅᆞᆯ請ᄒᆞ엿ᄂᆞᆫᄃᆡ內部次官岡喜七郞이가還任ᄒᆞᆫ後에頒布된다더라

○警廳查問 再昨日警視廳에서渡日謝罪派의代表桂應奎尹大燮兩氏ᄅᆞᆯ招待ᄒᆞ야渡日謝罪ᄒᆞᄂᆞᆫ理由ᄅᆞᆯ查問ᄒᆞ엿다더라

○技術官開議 來六日農商工部에서開ᄒᆞᄂᆞᆫ技術官會議에ᄂᆞᆫ農作에關ᄒᆞᆫ二十三個事件을協議ᄒᆞᆫ다더라

○松井開宴 內部警務局長松井茂ᄂᆞᆫ該部次官의代理로來六日下午六時京城旅館에서晩餐會ᄅᆞᆯ設ᄒᆞ고內部高等官을請邀宴待ᄒᆞᆫ다더라

○平察報告 平壤군學慶宮附屬基址ᄅᆞᆯ該군日憲兵隊에서使用ᄒᆞᆯ意로該道觀察使에게照會ᄒᆞ엿슴으로該觀察使ᄂᆞᆫ內部로電報ᄒᆞ엿다더라

○凶謀형探 一進會長李容九氏ᄅᆞᆯ暗殺ᄒᆞ랴ᄂᆞᆫ黨派가有ᄒᆞ다ᄂᆞᆫ風說이有ᄒᆞᆷ으로某處에서秘密형探ᄒᆞᆫ다더라

○楊民等訴 楊州郡金谷洪陵初点地垓字ᄅᆞᆯ黃点ᄒᆞᆯ時에人民의累代墳墓ᄶᅡ지破堀ᄒᆞ고所有山坂이多數犯入되엿ᄂᆞᆫᄃᆡ人民等이該山坂을還推코져農商工部에累度請願ᄒᆞ되如何ᄒᆞᆫ判決이無ᄒᆞᆫ故로再昨日人民四百餘名이農商工部에等訴ᄒᆞ엿다더라

○謝罪派請願 渡日謝罪派에서所入經費ᄅᆞᆯ人民에게徵斂ᄒᆞᆯ意로警視廳에請願ᄒᆞ엿다더라

○任氏訪問 前度支部大臣任善準氏ᄂᆞᆫ再昨日上午十時頃에前學大李載崑氏ᄅᆞᆯ訪問ᄒᆞ고數時間談話ᄒᆞ엿다더라

○寺僧獻品 金剛山榆점寺主僧이月支國製造品鍾一介와香爐一座와鸚鵡杯一雙을 御覽件으로博物園에獻上ᄒᆞ엿ᄂᆞᆫᄃᆡ其志가嘉尙이라ᄒᆞ야宮內府에서該道觀察使에게發訓ᄒᆞ고賞與金五百圜을支給ᄒᆞ라ᄒᆞ엿다더라

○玄訴一審 玄興澤氏가皇室에對ᄒᆞ야裁判ᄒᆞᆫ다ᄒᆞᆷ은已報ᄒᆞ엿거니와再昨日地方裁判所에서第一回審查ᄅᆞᆯ行ᄒᆞ엿ᄂᆞᆫᄃᆡ兩方에서ᄂᆞᆫ代理人이出頭ᄒᆞ엿다더라

○北郡慘狀 去月二十八日暴風에各地慘況은已爲揭布ᄒᆞᆫ바어니와北青郡에ᄂᆞᆫ漁業從事者八百餘名이致死ᄒᆞ엿고行衛不明者가一千八百餘名이오破船이三十六隻인ᄃᆡ其慘酷ᄒᆞᆫ情狀은目不忍見이라고該郡에서內部로電報ᄒᆞ엿다더라

○謝罪派上京 謝罪派에서各地方으로傳檄ᄒᆞᆫ것은世所共知어니와現已上京ᄒᆞᆫ者가九十餘名인ᄃᆡ將次上京ᄒᆞᆯ者ᄅᆞᆯ合ᄒᆞ면一百四五十名에達ᄒᆞ리라더라

○兩氏放還 前秘書丞尹憲燮提調洪鳳均兩氏가公補事件으로警視廳에被捉되엿다가清納期限을定ᄒᆞ고蒙放ᄒᆞ엿다더라

○責有所歸 清州地方에ᄂᆞᆫ郵便書信이或間月遲滯ᄒᆞᆷ으로通信者의稱怨이有ᄒᆞ다더라

○校基擬賣 大安洞前德語學校基址ᄅᆞᆯ學部에서現今放賣ᄒᆞ기로擬議中이라더라

○謝罪派得債 渡日謝罪派에서十三道人民代表라稱ᄒᆞ고十三人을不遠間日本에派送ᄒᆞᆫ다ᄂᆞᆫᄃᆡ旅費所用金三千圓을天一銀行에서得債ᄒᆞᆫ다더라

○何處出捐 謝罪派事務所家貰ᄅᆞᆯ每朔三十五圜式約定ᄒᆞ엿ᄂᆞᆫᄃᆡ泰仁郡所謂人民代表로上來ᄒᆞᆫ柳種奎氏ᄂᆞᆫ再昨日該事務所에서發論ᄒᆞ기ᄅᆞᆯ家屋貰金과日本派送費ᄅᆞᆯ萬一民間에排斂ᄒᆞᄂᆞᆫ境遇에ᄂᆞᆫ到底不可ᄒᆞ다고極力反對ᄒᆞ엿다더라

○政見員開會 大韓一進兩會에서昨日下午二時商業會議所內에政見委員會ᄅᆞᆯ開ᄒᆞ엿다더라

○大同開會 大同教에서再昨日下午七時에任員會ᄅᆞᆯ開ᄒᆞ고副長李埈鎔氏가出席ᄒᆞ엿ᄂᆞᆫᄃᆡ財政方침과十三道地方課設置件을協議ᄒᆞ엿다더라

○韓美社續會 再昨日韓美興業株式會社에서總會ᄅᆞᆯ續開ᄒᆞ고馬箕敬邦元重邊基錫尹泰善朴奉烨李鍾默諸氏로理事ᄅᆞᆯ選定ᄒᆞ엿다더라

○義蹤詷探 義兵將文泰洙氏가朴秉植으로姓名을變ᄒᆞ고入投浸留ᄒᆞᆫ다ᄂᆞᆫ說이有ᄒᆞᆷ으로某處에서秘密偵探ᄒᆞᆫ다더라

○憲補被捉 瑞山郡憲兵補助員韓益東氏ᄂᆞᆫ人民의金貨幾十圜을欺取ᄒᆞ고逃身上京ᄒᆞ야寺洞等地에留連ᄒᆞ다가再昨日日憲兵司令部에被捉ᄒᆞ엿다더라

○露甘運動 日人露甘은神宮敬義會ᄅᆞᆯ更히組織ᄒᆞᆯ次로運動中이라더라

○洑上加洑 前判書南廷哲氏의庄土가黃海道白川郡玉山浦에在ᄒᆞ야幾十年築洑灌漑ᄒᆞᄂᆞᆫᄃᆡ該郡居一進會員朴男進金炳衍氏等이日前該洑上에更히一洑를加築ᄒᆞ야原洑에ᄂᆞᆫ滴水를不下케ᄒᆞᆷ으로庄土가將次廢之境이된지라南氏가將次訴訟을提起ᄒᆞᆫ다더라

○領事將到 新任京城駐在英國領事보나氏와美國領事시드모아氏ᄂᆞᆫ數日間到任ᄒᆞᆫ다더라

○領事將歸 比利時新任領事부레보쟈氏ᄂᆞᆫ日間歸國ᄒᆞᆫ다더라

○中佐完快 英國키치나元帥의隨員보쟈中佐ᄂᆞᆫ身病이有ᄒᆞ야大韓醫院에서治療ᄒᆞ더니近日身病이快差ᄒᆞᆫ故로日間發程歸國ᄒᆞᆫ다더라

○劉將被捉 義將劉秉괴氏가求禮郡에서被捉ᄒᆞ엿ᄂᆞᆫᄃᆡ該氏가統監政治ᄅᆞᆯ反對ᄒᆞ고政府ᄅᆞᆯ顚覆ᄒᆞ며日本軍隊ᄅᆞᆯ격退ᄒᆞ고國權을恢復키爲ᄒᆞ야金泰元金律等諸氏로日兵을對抗ᄒᆞᆫ罪가有ᄒᆞ다ᄒᆞ야光州地方裁判所로送致ᄒᆞ엿다더라

○免稅實施 政府에서本年五月廿六日에清津港經由間島及渾春地方輸出入物貨의關稅免除ᄒᆞᄂᆞᆫ法律을發布ᄒᆞ엿스나其間島問題로至今ᄭᆞ지實施치못ᄒᆞ엿ᄂᆞᆫᄃᆡ今番에ᄂᆞᆫ愈愈實施키爲ᄒᆞ야該法의施行細則을再昨日統監府에提出ᄒᆞ야承認을得ᄒᆞ엿ᄂᆞᆫᄃᆡ會寧慶興에ᄂᆞᆫ稅關監視署ᄅᆞᆯ新設ᄒᆞ고其實施期ᄂᆞᆫ來十五日이나來月一日로定ᄒᆞᆫ다더라

○警備船消息 全羅南道沿邊에警備船을置ᄒᆞᆷ은世所共知어니와九月十六日以來로活動을開始ᄒᆞ엿ᄂᆞᆫᄃᆡ義兵及嫌疑者六名을捕捉ᄒᆞ엿다더라

○面長無事 數日前에義兵이加平郡에突入ᄒᆞ야上北面長金在浩下北面長崔某兩氏ᄅᆞᆯ提去ᄒᆞ다가永平郡에到着ᄒᆞ야日憲兵의襲격을被ᄒᆞᆷ으로該兩面長은無事放還ᄒᆞ엿다더라

○水源視察 青年會員諸氏ᄂᆞᆫ今日纛島에前往ᄒᆞ야水源地ᄅᆞᆯ視察ᄒᆞᆫ다더라

○金家賊警 强盜二名이再昨夜에壽進洞金錫恒氏家에突入ᄒᆞ야金環一介其他物品을多數奪去ᄒᆞ엿다더라

○日學徒頻死 日本居留民團學校學徒ᄂᆞᆫ近日에頻頻死亡ᄒᆞᄂᆞᆫᄃᆡ此ᄂᆞᆫ猩紅熱病을因ᄒᆞᆷ이라더라

○青館講論 今日下午七時에鍾路青年會舘에서講論會ᄅᆞᆯ開ᄒᆞ고此世ᄅᆞᆯ파揚ᄒᆞ야正穀과粃糠을分別ᄒᆞᆯ者誰也오ᄒᆞᄂᆞᆫ問題로講論ᄒᆞᆫ다더라

○趙氏無關 金炳麒氏가趙鼎允氏의게金貨一百三十圜을見奪ᄒᆞ엿다ᄂᆞᆫ事에對ᄒᆞ야更聞ᄒᆞᆫ즉金氏의父宗麟氏가鄕錄時에不由本鄕而濟出西京ᄒᆞ야挾雜輩의게納賂ᄒᆞ고倫名入錄ᄒᆞᆫ事가發現ᄒᆞ야當時平北觀察白性基氏가발訓派巡ᄒᆞ고倫鄕例錢을依定式捧納ᄒᆞᆫ事요趙氏ᄂᆞᆫ關係가無ᄒᆞ다더라

學界

○維支會發起 泰仁郡直員柳稱奎古阜郡地方委員殷在吉順天郡地方委員尹升赫三氏가發起ᄒᆞ야來日曜日에全羅南北道紳士中在京諸氏ᄅᆞᆯ湖南學會內로會同ᄒᆞ고該學會維持方침을協議ᄒᆞᆫ다더라

○南氏寄付 前承旨南章熙氏ᄂᆞᆫ黃海道白川郡玉山浦所在渡津貰收入中으로每年租六石式該洞私立小學校에寄付ᄒᆞᆫ다더라

○宜其有愧 地方學事視察員의談을據ᄒᆞᆫ즉江華郡居留日人生徒ᄂᆞᆫ四名에不過ᄒᆞ되小學校ᄅᆞᆯ設립ᄒᆞ엿고安岳郡居留日人生徒ᄂᆞᆫ六七名에不過ᄒᆞ되小學校ᄅᆞᆯ設립ᄒᆞᆫ지라外人의教育程度ᄅᆞᆯ推ᄒᆞ야韓人을觀ᄒᆞ건ᄃᆡ羞汗이自出ᄒᆞᆫ다ᄒᆞ엿다더라

○一光更興 黃海道載寧郡西湖面一光學校ᄂᆞᆫ洪敏植南熲祐孫炳鐸諸氏가刱設ᄒᆞᆫ바인ᄃᆡ財政이窘絀ᄒᆞᆷ으로幾至半途而廢러니永柔郡居金濬根韓尚鎬兩氏가極力贊成ᄒᆞᆫ結果로維持의望이更有ᄒᆞ다더라

○實業開校 新門外金華教育會에서美洞普通學校內에實業夜學校ᄅᆞᆯ設립ᄒᆞ고再昨日下午六時에開學式을擧行ᄒᆞ엿다더라

○兩氏熱心 明川居洪殷植金檄ᄒᆞᆫ兩氏가該郡協成學校에熱心視務ᄒᆞ야校務에完全進就ᄅᆞᆯ期圖ᄒᆞᆫ다고北來人의稱頌이藉藉ᄒᆞ다더라

○禹氏捐金 仁川港禾村洞居前侍從禹恒鼎氏ᄂᆞᆫ私立仁明學校ᄅᆞᆯ訪問ᄒᆞ고金五圜을寄付ᄒᆞ엿다더라

[illegible]

▲司法權도 업ᄂᆞᆫ질안에 □判들은 ᄆᆡ우 놉지이ᄒᆞ더고 輔國이 呼出을 만나더니 ᄒᆞᆫ번 더올나가셔 大臣이 被告도되고 皇族ㅣ 裁判을 만나더니 ᄒᆞᆫ번 더올나가셔 皇室도 被告가된다지 그러케 올나가도 關係가 업슬터이면 나ᄂᆞᆫ 玉皇上帝ᄅᆞᆯ 被告로ᄒᆞ고 裁判ᄒᆞᆫ번ᄒᆞ여보깃네 同是大民은 一般인ᄃᆡ 强ᄒᆞᆫ놈이 혀만밋고 弱ᄒᆞᆫ놈을 먹게ᄒᆞᄂᆞᆫ게 公理에 合當ᄒᆞᆫ지 不可ᄒᆞᆫ지 公開裁判을 ᄒᆞ여볼일이어 돈이나 두어푼 엇어다가 雷公將軍으로 辯護士를 세우고 天地神明으로 證據人을 세우고 日月노 圖章을 쳐셔 訴紙ᄒᆞᆫ張 呈ᄒᆞ깃네

▲皇室地位ᄂᆞᆫ 놉혀가며 國權은 다러나고 젼의 업던 銀行은 設립ᄒᆞ며 돈푼은 다마르니 世上에 곤ᄃᆞᆯ날 除히노코 몃아리 셰어볼일 다만ᄒᆞᆫ게야 銀行設립의 披露會ᄂᆞᆫ 누가질겨 잔치를ᄒᆞ노 韓人은 飢寒이 滋甚ᄒᆞ야 飲藥自死를 ᄒᆞᄂᆞᆫᄃᆡ 또분네 ᄂᆞᆷ은 남의것 가지고 호강을 ᄒᆞ라고 張船도 너무 도차

▲엇던儒生은 內部大臣에게 郡守ᄅᆞᆯ 直接差出ᄒᆞ라고 長書ᄅᆞᆯ提出ᄒᆞ엿다더니 엇던郡守ᄂᆞᆫ 日人으로 郡主事ᄅᆞᆯ 没數配置ᄒᆞ라고 報告를 修呈ᄒᆞ엿다지 아마도 納諂ᄒᆞᄂᆞᆫ 才調ᄂᆞᆫ 날마다 進步ᄒᆞᄂᆞᆫ게야 郡守個나 맛보던지 觀察個나 ᄯᅳᆨᄯᅳ라ᄂᆞ 그ᄯᅳ위 詔을잡ᄉᆞ지만 畢竟은 所望도 틀닐셰

▲文　壇▼

▲天喜堂詩話 (續)

自來泰東人은詩人의地位를低看ᄒᆞ야是가風化에無關ᄒᆞ며政敎에無關ᄒᆞ고但只黃葉村席門中에셔虫鳴蛙叫ᄒᆞᄂᆞᆫ一個世外棄物로知ᄒᆞ니嗚呼라此ᄂᆞᆫ誤解의大誤解로다

大詩人이卽大英雄이며大詩人이卽大偉人이며大詩人이卽歷ᄉᆞ上의一巨物이라故로亞寇馬陶淵明輩가비록山林에居ᄒᆞ야足跡이世에不出ᄒᆞ엿스나其著ᄒᆞᆫ바詩集이一世를風動ᄒᆞ야人心을支配ᄒᆞᆷ에至ᄒᆞ니大抵변士의舌과俠士의劍과政客의手腕과詩人의筆端이其效用의遲速은異ᄒᆞ나世界를陶鑄ᄒᆞᄂᆞᆫ能力은一이라故로大宗教家가教를布ᄒᆞᆷ에爲先詩歌에從事ᄒᆞ야此로써人心을移改ᄒᆞ나니三國時代佛教徒의鄕歌와支那六朝時達磨慧能의喝句와舊約經中의詩篇가皆詩니詩의功用을此에可知ᄒᆞᆯ지저　完

廣　告

本人이陰三月晦日에永柔金炳起處에付標而錢五百兩貸用이다가陰九月四日에並本利畢報이온ᄃᆡ標文則同炳起가賊患中에失故不得推覓이기玆에廣告

順安郡外田面韓炳烈　告白

本人의父親金君玉氏가去年十月에商販次로鏡南으로出往後消息이絶無ᄒᆞᆷ으로本人이今八月早러名處로周行尋訪ᄒᆞ되莫知所向이오니諸某逢着이ᄋᆞ거던致此誠意ᄒᆞ와速速還家케ᄒᆞ시옵

咸北會寧永山面好安洞
在釜港　金基連　告白

近日一種流言이猥藉ᄒᆞ야訛로써訛를傳ᄒᆞ며人心이眩惑ᄒᆞ야不穩ᄒᆞᆫ狀態에近ᄒᆞ기로本人等이此에對ᄒᆞ야衆疑를解釋케ᄒᆞ기爲ᄒᆞ야玆에國民大演說會를本月五日(日曜)正午에西部夜照峴圓覺社內에開催ᄒᆞ고韓日兩國親善關係에基ᄒᆞ야左開변士演說이有ᄒᆞ오니一般同胞ᄂᆞᆫ照亮　齊參ᄒᆞ심을敬要

隆熙三年十二月三日

臨時國民大演說會發起人

閔泳奎閔泳韶金宗漢朴容大南廷哲李重夏李軒卿鄭萬朝鄭鳳時金申洙尹相衍姜敬熙尹起元李應翼趙命熙李章勳李斗淵李胤鍾趙鏡九李圭漢申光熙李學宰姜　曄韓麒洙李甲重尹喬榮崔鍾允李春世文　鐸嚴柱憲李玄文

演說問題		변士氏名
韓日親善의關係	변士	閔泳韶 李重夏
問一進會	仝	高義駿 李圭漢
國民의心得	仝	李人植 朴永運
叱다邪魔	仝	鄭應卨 文　鐸
過去을反省ᄒᆞ야將來을警戒	仝	李膺鍾 鄭寅頎

本人이龍川府楊市에救世病院을設립ᄒᆞ고醫師金鳳天氏를迎聘ᄒᆞ와兩年視務이ᄋᆞᆸ다가金鳳天氏ᄂᆞᆫ不得已ᄒᆞᆫ事로還家ᄒᆞᄋᆞᆸ고京城魚丕信濟衆院에서卒業ᄒᆞᆫ醫學博士金熙영氏를迎聘ᄒᆞ와同化病院이라改稱ᄒᆞᄋᆞᆸ고凡百을十分擴張하오니內外科를勿論ᄒᆞ고疾病에辛苦ᄒᆞ시ᄂᆞᆫ同胞ᄂᆞᆫ來議ᄒᆞ시면本院에서ᄂᆞᆫ濟衆에目的을達ᄒᆞ고　僉君子ᄂᆞᆫ康寧의幸福을享ᄒᆞᆯ터이오니照亮ᄒᆞ시ᄋᆞᆸ

隆熙三年十二月　日
龍川楊市同化病院主務實衛

本會目的은敎育에專在ᄒᆞ고政黨社會에干預가無ᄒᆞᆷ은本會員이確守ᄒᆞᆯ뿐아니라世人이皆確認ᄒᆞᄂᆞᆫ바인ᄃᆡ何許猜忌者가無根의說을做出ᄒᆞ야本會眞相에汚點을加ᄒᆞ오니誠可浩歎이기로玆에廣布ᄒᆞ오니本支會員과社會僉員은照亮ᄒᆞ시옵

西北學會　告白

本人이隆熙二年五月分에尙州郡林永萬聞慶郡高有勳訴訟事件에對ᄒᆞ야前平理院裁判에買답證據人으로出頭時에龍宮郡三沙員所買該답斯字七十七답四負五束과松字四十二답六負八束合七斗落明文二度를證據次로該院에納上이ᄋᆞᆸ더니林高兩人訴訟은業已歸決이온지라該文劵을完還次로控訴院에請願ᄒᆞᆫ즉本年七月二十日에林高兩人書類中에倂付되여大邱地方裁判所에送達ᄒᆞ엿다ᄒᆞᄋᆞᆸ기往探ᄒᆞᆫ즉該所命令이控訴院에서不來라ᄒᆞ거ᄂᆞᆯ控訴院更ᄒᆞ야其時訴訟記錄을閱覽ᄒᆞᆫ즉納上ᄒᆞᆫ證據揭載確實ᄒᆞᆫᄃᆡ有何關係인지高有勳의게該文劵이在ᄒᆞ니事甚訝惑이라此亦高有勳之俠雜인즉將次起訴還推ᄒᆞᆯ터이와內外國人은切勿見欺ᄒᆞᆷ

聞慶郡山南面德岩里高彦孝白

西部長興洞二十七統八戶瓦十八間魯德允家金憲周에게四萬兩貰居ᄒᆞᆫ立旨서失故誰某拾得ᄒᆞ와도休紙施行ᄒᆞᆷ　魯德允白

朔寧郡守文台源氏와郡主事朴宗烟氏가本郡學校에補助金十圓을每朔月俸ᄒᆞ고且本郡民崔氏署丞公山訟에對ᄒᆞ야公直判決ᄒᆞ엿다ᄒᆞ고郡民이擧皆稱頌ᄒᆞ엿다더라

朔寧郡郡內面大寺里　崔炳善　告

本院은韓國一般人民을爲ᄒᆞ야設立ᄒᆞᆷ은僉彦의已知ᄒᆞᄂᆞᆫ바어니와自今으로事務를一層擴張ᄒᆞ고診察을더욱精密히ᄒᆞ기爲ᄒᆞ야時間을午前十時부터午後四時ᄭᆞ지無料로診察ᄒᆞ오며또特別診察所를置ᄒᆞ고些少의診察料로貴客의便宜를圖ᄒᆞ오니診察을要ᄒᆞᄂᆞᆫ僉彦은照亮을爲要

但特別ᄒᆞᆫ境遇에在ᄒᆞ야ᄂᆞᆫ時間을勿論ᄒᆞ고其請求를應ᄒᆞᆷ

京城南大門外　濟衆院告白

本人之子劉**澤**相은早孤餘生으로寡母侍下에年今二十이나沒覺愚癡러니悖類之誘引을因ᄒᆞ야內外國人許에無典出債를作爲能事ᄒᆞ니這間見敗ᄂᆞᆫ已屬過境이나將欲裁判歸正인바以寡居事力으로隨處勸債ᄂᆞᆫ蕩産而不得了勸이니自今以後로ᄂᆞᆫ劉澤相之姓名으로出債成票及他人債票에立保居間等事로或着名或捺章과至於各廛各舖上等事ᄂᆞᆫ并爲勿施次로玆以廣布ᄒᆞ오니內外國人은切勿見欺ᄒᆞ야雖一錢價値貨物이라도外後悔ᄒᆞᆷ

〔□□〕洞三十四統九戶　安召史　告白

本會社ᄅᆞᆯ西部餘慶坊武橋刀子洞八十六統十戶로移接ᄒᆞᄋᆞᆸ고業務를一層擴張ᄒᆞ오니照亮ᄒᆞ시옵

漢城材木의炭株式會社

本人이去陰本月初七日下午十一時의淸賊十餘名이突入房中ᄒᆞ야紙貨二百二十四圓과圖章을奪去ᄒᆞ엿ᄉᆞ오니勿論內外國人ᄒᆞ고此圖章을勿爲施行ᄒᆞᆷ

平北雲山克城洞商民洪錫禹白

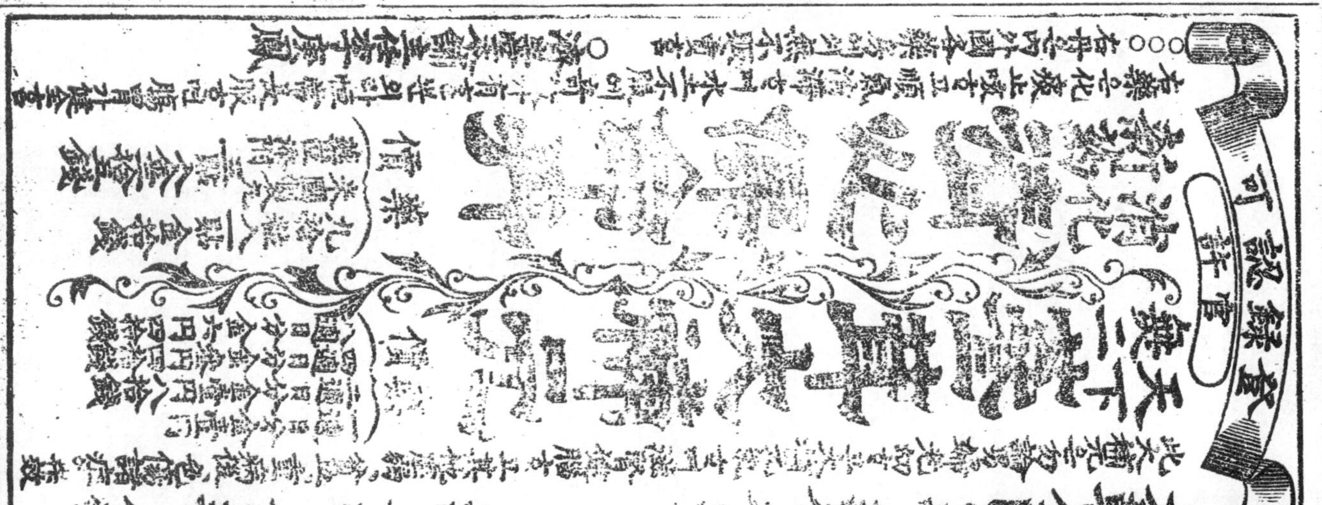

士〔瑞〕**建國誌**

元賣所

京城　石井洞　大韓每日申報社
定價金十五錢

發賣所

京城　布屛門下　廣學書舖
仝　罷朝橋越便　中央書舖
仝　鍾路　大東書舖
仝　尙洞　博文書舖
仝　廣橋　匯東書館
仝　鍾路　古今書海舘
仝　龍洞　海尾書館
仝　承洞　醫心書館
仁川杻峴　開新冊肆
開城南門內　執學書舖
平壤鍾路　太極書館
安州義井洞　冊肆
海州南門內　書舖
寧邊城內　耶蘇敎書舖

辯護士　前檢事 前判事　**宋振玉**

事務所　京城南部美洞三十四統八戶

本所에서各種洋말을製造ᄒᆞᄋᆞᆸ고特爲廉價로發賣ᄒᆞ오니願買僉君子ᄂᆞᆫ光臨請求ᄒᆞ시옵

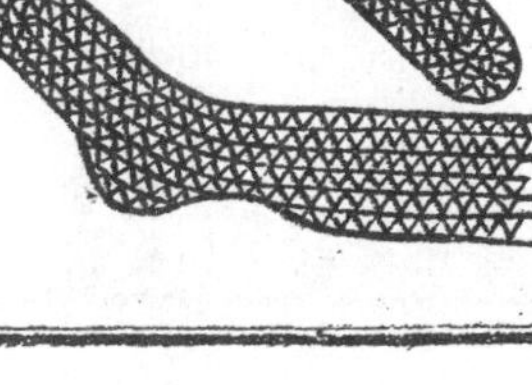

京城東大門外
第二伏車橋十一統九戶
東興洋말製造發賣所
朴漢英　告白

廣告

特別大割引
本館에서業務를更加擴張ᄒᆞ옵고書籍五圓以上에特別割引홀터이오니僉君子ᄂᆞᆫ陸續請購ᄒᆞ시옴
諸般書籍과測量機具와學徒의用品各種도具備ᄒᆞ엿슴
平壤鍾路
太極書館
館主　李昇薰
主任　宋鍾遠
事務　金櫶澄

◎特別廣告

敬啓者本報ᄂᆞᆫ開刊有年에其論述의正과其報道의迅速이無比ᄒᆞ야淸國內遠近志士가一切歡迎ᄒᆞ오며韓國에도稍稍히購覽ᄒᆞᄂᆞᆫ紳士가有ᄒᆞ온바今에更히江湖上購覽諸氏를紹介ᄒᆞ기爲ᄒᆞ야本報관所在處及報價를左開廣告ᄒᆞ오니願覽諸氏ᄂᆞᆫ速速히左開處로통命ᄒᆞ시옴
本관所在地　海蔘威瓦牙街
報價一個月先給　俄貨八角
全　三個月先給　俄貨二圓
但報價ᄂᆞᆫ先給을要홈
遠東報館　告白

內部認可

商業經營法 全

一 商業經營法　은文明的商業의方法을指導ᄒᆞ며法律上商事의規定을說明ᄒᆞᆫ商業界의顧問이오
一 商業經營法　은商行爲의奇妙ᄒᆞᆫ術法과商去來의深奧ᄒᆞᆫ手段을陳述ᄒᆞᆫ商業家의秘訣이오
安國善氏　著
廣學書舖　發行
定價金　四十錢　郵遞料　四錢
京城中部布屛下三十七統六戶　廣學書舖金상萬謹告
一 商業經營法　은會社設립節次와手形行使法과銀行去來等을論述ᄒᆞᆫ商業有志者의座右銘이오
一 商業經營法　은商業上의原理와經濟上의現象을實際的으로抄寫ᄒᆞᆫ實業學校의敎科書오

本所에서洋屬毛織을各色直輸入ᄒᆞ야廉價로發賣ᄒᆞ옵ᄂᆞᆫ데物品과織組가堅固ᄒᆞ며染色이不變ᄒᆞ와經濟上에第一要緊ᄒᆞ오며各地方貿易을便利키爲ᄒᆞ와郵便小包로酬應ᄒᆞ야代金을引換ᄒᆞ겟ᄉᆞ오니　僉君子ᄂᆞᆫ陸續請求ᄒᆞ심을伏望
京城小龍洞
洪順福　毛織商店

官準專賣特許

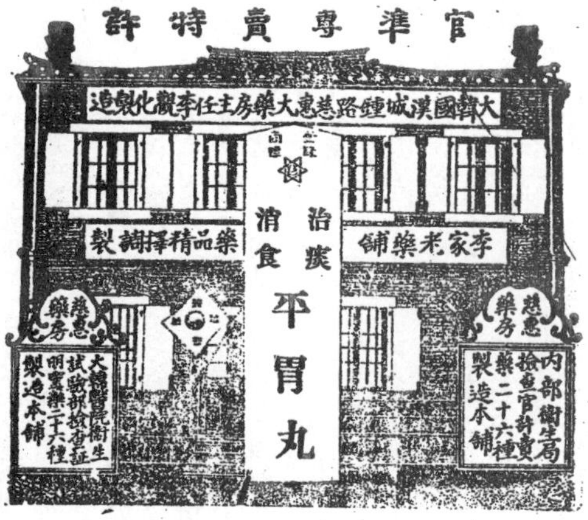

各種東西洋藥과韓國唐草材大發賣所　京城鍾路　仁川杻峴　和平堂藥房

健胃消滯 八寶丹
積滯와冒腹痛과頭痛眩暈을鎭正ᄒᆞᆫ一包十錢三包廿五錢

起死回生 蘇生水 回生丹
虛泄濕滯轉筋吐瀉腹痛신效霍亂吐瀉腹痛下痢痰咳每包金十錢

麝香消瘡丹
梅毒下疳頭瘡풍濕瘡一劑금四圓

胎養調經丸
婦人冷病帶下症一月經不調신效一劑金五圓

滋陽丸
陽氣不足元氣不足陰陽雙補十日分金一圓八十錢一月分金五圓

斷引藥
阿片引을斷ᄒᆞ고元神回腹ᄒᆞᄂᆞᆫ藥一劑五圓

連珠去根 全治丸
男女老幼자連珠라럭을全治去根一劑三圓

鎭咳散
痰을消ᄒᆞ고소를止ᄒᆞᄂᆞᆫ藥一包金三十錢

消積散
陳陳舊滯을消化ᄒᆞᄂᆞᆫ藥一包金十五錢

殺虫藥
寸빅虫을一切去根ᄒᆞᄂᆞᆫ데신效一包金三十錢

[illegible]
회積腹痛을完治금十錢

[illegible]水
버짐과어루럭이의藥二十錢
죽은세가때지ᄂᆞᆫ藥금三十錢

[illegible]治
諸般感氣신效금ᅵ錢

[illegible]膏
大ᄂᆞ瘇을롱治ᄒᆞᄂᆞᆫ膏藥十錢

其他有名賣藥
都賣散賣

其他國內各藥房에서製造ᄒᆞᄂᆞᆫ各種藥이俱備ᄒᆞ오니隨用請求ᄒᆞ시면迅速키代金引換으로付送ᄒᆞ깃슴
京城鍾路
仁川杻峴
平壤鍾路
和平堂主人　李應善

社告

申報價
壹張代金　新貨二錢五厘
壹個月　三十錢
參個月　九十錢
陸個月　先納　壹圓七十錢
壹個年　先納　參圓四十錢
郵稅　壹張　新貨五厘
壹個月　十三錢

廣告料
四号活字拾三字詰
每日英尺一寸에(自一行至四行이爲一寸)　新貨廿五錢
二週日壹寸에　二圓五十錢
壹個月壹寸에　五圓
但期限의長短과字行의多少를依ᄒᆞ야增減홈이有홈

大韓每日申報各處支社廣告

平安道

平壤鍾路太極書館　安泰國
三和港碑石洞敎堂　裵亨湜
義州南門外韓西大藥房　張有寬
鐵山郡內東部　安　灝
車輦館同志會內　金明鉉
定州南門內書舖　洪成麟
博川郡內韓洞　金翼樞
安州城內安陵書舘　金翼河
京義線批峴驛停車場前　李基秀
龍川南市驛　韓燦禧
龍川楊市　黃菊保
州郡南門外　朱伯英
泰川郡內관前洋藥局　李正華
寧邊郡內紅門里　鄭德昇
江西郡內　金昌煥
宣川郡橋南　申基周
江界邑內　金泰熙
郭山郡內新街　金大鉉
甑山郡內利用里　崔診爽
雲山北面橋洞　王冕鎬
雲山郡內　咸元澤
順川郡達洞　鄭裕景
昌城邑內西下里壹統貳戶　許　익

黃海道

해州南門內書舖　朴昌鎭
安岳壽石面訓鍊里　韓植敎
長淵邑校洞西北支學會內　崔東元
殷栗郡倉前里　金光礪
信川郡內四里　李悌敬
載寧郡乾材藥局　李鼎珣
白川郡文明館　趙雲泳
沙里院活民勞動救火會　任敬宰

咸鏡道

咸興州南社西門外　曹喜林
元山港創業社　皇甫正杰
定平郡豐陽里　張禮學
洪原西門內保命局　羅炳善
永興南山洞洪明學校內　梁元常
淸津港新興洞　張元浩

全羅道

金溝水流面豆亭　趙德三
木浦港陽洞　李得珠

京畿道

仁川杻峴開新冊사　李東皓
開城南大門內興學書舖　姜助遠
江華郡內川橋　俞鎭植

忠淸道

結城廣川小龍洞　李啓祚
韓山下北필堂里　李英稙

慶尙道

大邱西門外友弦書樓側　李正由
釜山港佐川藥局　徐錫斧

江原道

杆城邑新城里二統三戶　咸海元
鐵原邑棠洞　趙鍾大
蔚珍遠南面梅花里　郭鍾우

北墾島

北墾島龍井村耶蘇敎堂內　裵尙禧

告

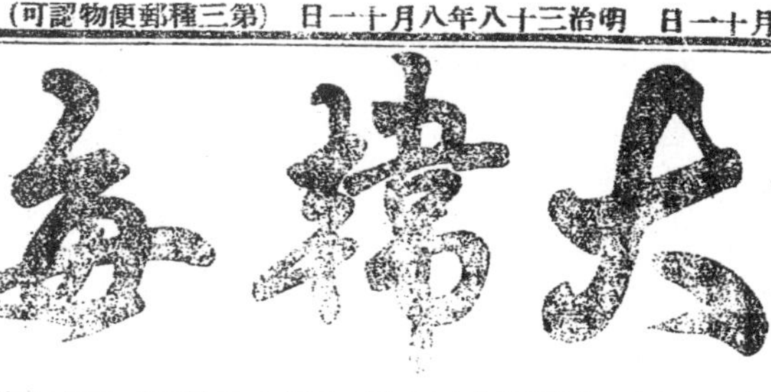

檀君開國四千二百四十二年
箕子元年三千三十一年
大韓開國五百十八年
本報創刊日 光武八年七月十八日

大韓每日申報

發行兼編輯人 英國人 萬咸
Responsible for Publication Alfred Weekley Marnham
發行所 京城南部石井洞三層洋屋家 大韓每日申報社
第七卷 月曜及節歲時日休刊 第一千二百五十八号

論說

◎一進會아

嗟爾一進會아爾ᄂᆞᆫ獨大韓國民이아닌가五條의火를煽ᄒᆞ며七協의波를助ᄒᆞ야一進會三字만聞ᄒᆞ면國民의齒가已冷이거날猶爲未足ᄒᆞ야今又一種의怪宣言書를做出ᄒᆞᄂᆞᆫ가

嗟爾一進會아三千里疆土가盡破ᄒᆞ고二千萬生命이盡死ᄒᆞ면爾ᄂᆞᆫ能히獨存ᄒᆞᆯ듯ᄒᆞᆫ가

嗚乎라今日大韓의國勢를觀ᄒᆞ건ᄃᆡ甚至於司法權ᄭᆞ지撤廢되고其餘存ᄒᆞᆫ것은大韓二字의虛名ᄲᅮᆫ이니此虛名이有ᄒᆞ다고國이未亡ᄒᆞ엿다ᄒᆞᆷ은不可ᄒᆞ며此虛名이有ᄒᆞ다고民이未死ᄒᆞ엿다ᄒᆞᆷ은不可ᄒᆞ나然이나告朔의羊도공子가其名을忍去치못ᄒᆞ엿거던況此國家라政府라ᄒᆞᄂᆞᆫ名인가

爾가비록此를恢復ᄒᆞ야名實이俱全ᄒᆞᆫ國家가되게ᄂᆞᆫ못ᄒᆞ며名實이俱全ᄒᆞᆫ政府ᄂᆞᆫ되게못ᄒᆞᆯ지언정엇지차마其名ᄭᆞ지去코ᄌᆞᄒᆞ나뇨

嗟爾一進會아五條約時에爾가아니라도五條約은五條約되로되엿슬지며七協約時에爾가아니라도七協約은七協約되로되엿슬지며今番에政合邦이되던지大韓國號가去ᄒᆞ던지爾가他人의傀儡될ᄲᅮᆫ이오爾가能히自行ᄒᆞᆯ바ᄂᆞᆫ아니나韓國의臣民이되야엇지차마此言을出ᄒᆞ나뇨

嗚乎라一進會一團의全數가四十萬名에至ᄒᆞ니其人이엇지다賣國ᄒᆞᆯ精神ᄲᅮᆫ이며엇지다亡國ᄒᆞᆯ目的ᄲᅮᆫ이리오만은惜乎라彼蠢蠢蚩蚩者가何를知ᄒᆞ리오不過是宋秉畯李容九等幾個頭領者의魔術下에昏醉ᄒᆞ야賣國이何인지亡國이何인지不覺ᄒᆞ고他人의舞에蹈躍ᄒᆞᄂᆞᆫ도다

嗟爾一進會아彼李也宋也야何를惜ᄒᆞ리오但只自己의衣飯椀만豐足케ᄒᆞᆯ수가有ᄒᆞ면祖國三千里金甌를將ᄒᆞ야一棒에破碎ᄒᆞᆷ도不恤ᄒᆞ며同胞二千萬生命을驅ᄒᆞ야一劍에蹂躙ᄒᆞᆷ도不顧ᄒᆞ나니況彼四十萬人一團이賣國亡國의惡坑에入ᄒᆞᆷ을何惜이리오만은吾의惜ᄒᆞᄂᆞᆫ바ᄂᆞᆫ四十萬의衆人이豈肯히叛國鬼됨을惜ᄒᆞ노라

嗚乎全國同胞아乙巳以後大韓國家가虛名만餘存ᄒᆞ엿지만은今日에至ᄒᆞ야ᄂᆞᆫ此虛名ᄭᆞ지抹殺코ᄌᆞᄒᆞᄂᆞᆫ者ㅣ有ᄒᆞ니라嗚乎라今日에至ᄒᆞ야ᄂᆞᆫ此虛名ᄭᆞ지抹殺코ᄌᆞᄒᆞᄂᆞᆫ者ㅣ有ᄒᆞ니라

官報

號外

隆熙三年十一月一日

內閣告示第三十三號 續

別表

區裁判所	管轄區域
義城	義城義興軍威比安
永川	永川新寧河陽
慶州	慶州延日興海長鬐
盈德	盈德寧海淸河
釜山(東萊府)	東萊府梁山機張 鬱島
蔚山	蔚山彦陽
密陽	密陽靈山창寧
馬山(창原府)	창原府咸安
金海	金海
晋州	晋州泗川단城宜寧
陜川	陜川草溪三嘉
居昌	居昌安義咸陽山淸
河東	河東昆陽南海
龍南	龍南固城巨濟
光州	光州長城潭陽昌平 同福
谷城	谷城求禮
羅州	羅州南平綾州
木浦(務安府)	務安府智島
靈光	靈光咸平
海南	海南莞島珍島
長興	長興康津靈巖寶城
順天	順天光陽麗水突山 興陽
濟州	濟州大靜旌義
全州	全州金溝金堤益山 礪山高山
鎭安	鎭安長水
錦山	錦山珍山龍潭茂朱
群山(沃溝府)	沃溝府萬頃臨陂 咸悅龍安
古阜	古阜扶安泰仁井邑
興德	興德高敞茂長
南原	南原淳昌任實雲峰

未完

外報

◎視察員消息 淸國에셔派遣ᄒᆞᆫ各國敎育視察大臣良撥氏ᄂᆞᆫ부리모ㅡ스地方에到着ᄒᆞ엿고淸國海軍視察委員一行은英國海軍學校를視察ᄒᆞ엿다더라

◎英國造艦 英國造艦所에셔ᄂᆞᆫᄯᅳ레드노ㅡ트模型의戰艦一隻과一等裝甲巡洋艦一隻을製造ᄒᆞ기로着手ᄒᆞ엿다더라

◎航路問題 土耳其國議會에셔ᄂᆞᆫ英國의메소포타이아航路占有權에關ᄒᆞ야質問을提出ᄒᆞᆫ다더라

◎露波談判 波斯南部의遊牧民이露國領事의一行을襲擊ᄒᆞᆫ事件에關ᄒᆞ야露國外部에셔ᄂᆞᆫ波斯에對ᄒᆞ야嚴重히談判ᄒᆞ기로決定ᄒᆞ엿다더라

◎聯合運動 淸國江蘇諮議局員은福建諮議局에到ᄒᆞ야國會를終速히開會ᄒᆞᆯ事를都察院에請願ᄒᆞ기爲ᄒᆞ야各省諮議局을聯合ᄒᆞ야來十七日上海에集合코져ᄒᆞᄂᆞᆫ事를說ᄒᆞ엿ᄂᆞᆫᄃᆡ福建諮議局全議員도贊同ᄒᆞ야委員三名을選擧ᄒᆞ엿고尙且遊說員이各省을向ᄒᆞ야遊說ᄒᆞᆫ다더라

◎海軍局廢止 美國海軍卿마이세氏ᄂᆞᆫ海軍局廢止의訓令을發ᄒᆞᄂᆞᆫ同時에副官의職을供ᄒᆞᆯ旗艦附將校로組織된參謀本部를設置ᄒᆞ기로命令ᄒᆞ엿ᄂᆞᆫᄃᆡ此ᄂᆞᆫ前海軍卿론크氏가長久히論議ᄒᆞᆫ問題인ᄃᆡ此를變更ᄒᆞᆷ은最히必要ᄒᆞᆫ改革이라고一般히思考ᄒᆞᆫ다더라

◎平和殿竣工式 和蘭海牙市에셔ᄂᆞᆫ來一千九百十三年에同地에셔平和殿竣工式을祝賀ᄒᆞ기爲ᄒᆞ야萬國大博覽會를開催ᄒᆞ깃다ᄂᆞᆫ議가有ᄒᆞ다더라

◎武器購入 淸國東三省總督錫良氏ᄂᆞᆫ德國禮和、義昌兩洋行으로부터步兵銃三千挺과彈丸五百萬發을買入ᄒᆞ엿다더라

◎英德協約 東阿弗利加公果國國境에關ᄒᆞ야英德兩國의協定은調印ᄒᆞᆷ에至ᄒᆞ엿ᄂᆞᆫᄃᆡ互相讓步ᄒᆞ엿다더라

◎法葡條約 法國과葡萄牙兩國間에ᄂᆞᆫ新通商調約이締結되엿다더라

◎暗殺者捕縛 法國巴里에셔ᄂᆞᆫ알제리아人은其國陸軍大臣푸론將軍으로誤認ᄒᆞ고에란트將軍을射격ᄒᆞ다가失敗ᄒᆞ야卽時捕縛되엿다더라

寄書

前號 續 李根英

前期四月分에北美桑港韓人國民會地方總會에셔墨國同胞吊問次로委員黃思溶邦化重兩氏를全權特派ᄒᆞ야自由解散을提倡ᄒᆞ야及其解散ᄒᆞᄂᆞᆫᄃᆡ各農主들이韓人의動靜을窺察ᄒᆞ고不得已放出ᄒᆞᆯ서已往에雇價도契約書ᄃᆡ로遵給지아니ᄒᆞ고期限竣役人의賞금百圓도全爲背約ᄒᆞᄂᆞᆫ故로屢次訴訟ᄒᆞ엿ᄂᆞᆫᄃᆡ此府觀察使도農主며裁判長도農主라更訴無處되엿ᄉᆞ며負債ᄒᆞᆫ人은執留拘迫ᄒᆞ고年二十一歲未滿ᄒᆞᆫ無父母兒童은保護權이有ᄒᆞ다藉稱ᄒᆞ고執留ᄒᆞ되或慮逃走ᄒᆞ야晝役夜囚ᄒᆞ며放出된同胞ᄂᆞᆫ手無分銀ᄒᆞ야回國은姑舍ᄒᆞ고當場旅宿ᄒᆞᆯ資도無ᄒᆞᆫ故로望日부터辛[illegible]ᄒᆞ고[illegible]ᄒᆞ던蘇田事務[illegible]爲局[illegible]에[illegible]日[illegible]에[illegible]보답加給ᄒᆞ기를請ᄒᆞᆫ즉農主들이鼻笑ᄒᆞ되汝等이服從ᄒᆞ면[illegible]라[illegible]ᄒᆞ리라ᄒᆞ며到今[illegible]ᄒᆞ야進退維谷之境이되엿고近日此國新聞上揭載와[illegible]을據ᄒᆞᆫ즉韓國內地智民를募集ᄒᆞ[illegible]資本家에셔移民[illegible]를東洋으로出帆식혓다ᄒᆞ니

嗚呼라其實由를確想ᄒᆞ건ᄃᆡ四年使用ᄒᆞᆫ韓人으[illegible]節에可謂[illegible]되自由人의履價에對ᄒᆞ야不得不加給ᄒᆞᆯ經緯인故로外地講[illegible]에陷ᄒᆞᆫ人民을又募ᄒᆞ야幾年間所謂契約을誣結ᄒᆞ야牛馬之役을服從케ᄒᆞᆯ凶計며此處移民ᄒᆞᄂᆞᆫ法이國權이弱ᄒᆞ며政府가墜落된國에民으로만偏晴ᄒᆞ야安南國民이던지印度國民이던지名稱殖民이라ᄒᆞ고

未完

○談叢○

劒心

▲一深深山村에一頑固學究가잇다

ᄒᆞ로ᄂᆞᆫ學究가兒童[illegible]初命晋大夫魏斯趙籍韓虔을가라치ᄂᆞᆫᄃᆡᄒᆞᆫ兒孩가뭇기를先生님晋大夫가어나나라ᄉᆞ람입닛가(學究)大國사ᄅᆞᆷ일다(見孩)그러면우리가大國사ᄅᆞᆷ입닛가(學究)아닐다(見孩)그러면우리나라에ᄂᆞᆫ녯적에사ᄅᆞᆷ이업섯나요왜大國사ᄅᆞᆷ의니이기만ᄒᆞ요學究가大聲喝道曰요놈小國놈이大國에對ᄒᆞ야敢히犯這ᄒᆞᆫ말을ᄒᆞ나냐ᄒᆞ더라더라

엄ᄒᆞ다이것이다멧百年來로事大主義를鼓吹ᄒᆞᆫ惡結果가아닌가

또ᄒᆞ로ᄂᆞᆫ山外客이偶來ᄒᆞ엿다가學究를對ᄒᆞ야曰우리가以往에ᄂᆞᆫ孔子만聖人인줄알앗더니도리어싱각ᄒᆞᆫ즉釋迦도一聖人耶蘇도一聖人이더고學究가勃然大怒曰西洋夷人가운데무슴聖人이잇서釋迦와耶蘇를우리大聖至聖孔夫子와다가비기ᄂᆞ고齒를切ᄒᆞ며腕을揮ᄒᆞ며세굽네[illegible]더라더라

슬프다頑固家ᄂᆞᆫ이支那聖人만아ᄂᆞᆫ것이이ᄀᆞᆺ흔지라더支那사ᄅᆞᆷ은自尊自大ᄒᆞ나爲ᄒᆞ야그러ᄒᆞ거니와韓國사ᄅᆞᆷ을은무슴새음에그러ᄒᆞᆫ가亦一嘆ᄒᆞᆯ일이로다

또ᄒᆞ로ᄂᆞᆫ郵遞夫가便紙를來傳ᄒᆞᄂᆞᆫ지라學究가이것을보고大驚大怒ᄒᆞ야曰응夷狄의바람이드러왓곤응ᄒᆞ며그便紙를地에擲ᄒᆞ고杖을亂揮ᄒᆞ야郵遞夫를逐ᄒᆞ다가그便紙겻봉을보니以往親故의便紙라學究가大怒罵曰응그놈도夷狄다되엿곤응그놈ᄒᆞ며不日로絕交書를써보니더라더라

슬프다頑固家가文明反對ᄒᆞᄂᆞᆫ것이다이싸위니참可惜ᄒᆞᆫ일이아닌가

詞藻

靑年 雪月娘子

世上이怪異도다、青年들아드러보소。
東海風波危險ᄒᆞᆫ데、떠나가ᄂᆞᆫ우리江山。
아마도、붓드러回復키ᄂᆞᆫ、우리青年。

雜報

◎御覽準備　大皇帝陛下씌옵셔 日間動物園을 御覽ᄒᆞ실터인故로 宮內府에셔 鹵簿節次를 現今準備中이라더라

◎何等密議　總理大臣以下各大臣이 去水曜日에 漢城俱樂團에 會同ᄒᆞ야 何等秘密事項을 協議ᄒᆞ되 外人은 一不參席케ᄒᆞ고 下午十時頃에 各散ᄒᆞ엿다더라

一進會提議

一進會에셔ᄂᆞᆫ 再昨夜에 大會를 開ᄒᆞ고 在京會員約二百五十名과 地方會員八十餘名이 出席ᄒᆞ야 韓日合併問題를 決議ᄒᆞᆫ 結果로 昨日 大皇帝陛下씌 上奏文을 奉呈ᄒᆞ고 曾禰統監의게 建議書를 送致ᄒᆞ엿다더라

◎趙氏談話　承寧府總管趙民熙氏가 再昨日에 議府一般官吏를 對ᄒᆞ야 曰今番一進會에셔 不日間宣言書를 發布ᄒᆞᆯ터이니 吾儕ᄂᆞᆫ 該宣言書를 抵死反對ᄒᆞ고 該會를 期於히 解散케ᄒᆞ도록 周旋ᄒᆞᄌᆞᄒᆞ엿다더라

李亦反對

一進會에셔 大皇帝陛下씌 奉呈ᄒᆞᆫ 韓日合併上奏文은 總相李完用氏가 自己手에 留置ᄒᆞ고 아즉 奉呈치아니ᄒᆞ엿ᄂᆞᆫ데 該上奏文을 奉呈ᄒᆞᆯ時에ᄂᆞᆫ 李氏도 反對的으로 上奏文을 奉呈ᄒᆞᆫ다ᄂᆞᆫ 說이 有ᄒᆞ다더라

兩會分裂

前報와如히 再昨夜六時에 大韓一進兩會政見委員들이 鍾路商業會議所에 會同ᄒᆞ엿ᄂᆞᆫ데 一進會에셔 韓日合併을 極力唱道ᄒᆞ미 大韓協會에셔ᄂᆞᆫ 憤激抗爭ᄒᆞ엿고 昨日에ᄂᆞᆫ 兩會分裂의 聲明書를 一進會로 送致ᄒᆞ엿다더라

(一)叩問忠安

伊藤公葬日에 慶北新寧郡守李鍾國氏가 該郡普通學校內에 追悼會를 設ᄒᆞ고 農會會長朴祥琦 地方委員黃應斗諸氏와 其他農會會員諸氏를 招誘共參케ᄒᆞ고 仍히 揚手大言曰 韓國滅亡이 非朝卽夕이라 前閔泳煥崔益鉉等鄙陋漢이 死ᄒᆞᆯ時에ᄂᆞᆫ 國民諸漢이 哀慟如父母ᄒᆞ더니 今此世界英雄韓國恩人伊藤公이 遭難ᄒᆞᆷ에ᄂᆞᆫ 一漢도 悲悵ᄒᆞᄂᆞᆫ者가 無ᄒᆞ다ᄒᆞ고 仍히 該郡八面面長을 發令招集ᄒᆞ야 黃應斗諸氏로 渡日謝罪를 발起케ᄒᆞ고 郡民每戶에 旅費金四錢式一齊督捧ᄒᆞᄂᆞᆫ中이라더라

◎統府申飭　統監府에셔 內部警務局에 申飭ᄒᆞ야 本年度의 民籍調査狀況을 報來ᄒᆞ라ᄒᆞ엿다더라

◎同志會行動　日本에셔ᄂᆞᆫ 朝鮮問題同志會에셔 去一日午後에 櫻田俱樂部에 開會ᄒᆞ엿ᄂᆞᆫ데 來六日에 再次委員會를 開ᄒᆞ고 宣言書를 起草ᄒᆞ기로 決定ᄒᆞ엿다더라

演說有因

元老及紳士諸氏가 국民大演說會를 발起ᄒᆞᆷ은 已報어니와 元來現內閣과 一進會ᄂᆞᆫ 氷炭과 如히 並립지 못ᄒᆞᆯ지라 一進會에셔 頻頻히 現內閣을 顚覆코저ᄒᆞ미 總相李完用氏ᄂᆞᆫ 自己의 地位를 鞏固코저ᄒᆞ다가 今番괴會를 乘ᄒᆞ야 韓국을 永久히 日本에 附屬ᄒᆞ기로 特別運動을 試ᄒᆞᄂᆞᆫ데 一進會에셔 政合邦問題를 先次着手ᄒᆞ야 宣言書를 起草ᄒᆞᄂᆞᆫ지라 總相은 此를 沮戱키爲ᄒᆞ야 李人稙氏를 紹介ᄒᆞ야 各元老와 紳士를 激勸ᄒᆞ야 圓覺社의 演說을 釀出ᄒᆞᆷ이라더라

◎演說會準備　國民大演說會發起人諸氏가 昨日下午三時에 農相趙重應氏私邸로 會同ᄒᆞ야 演說에 關ᄒᆞᆫ 事項을 協議ᄒᆞ엿다더라

奴會宣言

一進會에셔 今番발表ᄒᆞᆫ 韓日合併宣言書를 據ᄒᆞᆫ즉 略曰 我 皇室萬歲尊崇의 基礎를 鞏固ᄒᆞ고 我人民이 同等待遇의 복利를 享有ᄒᆞᆷ은 劣等되ᄂᆞᆫ 現今保護關係를 解脫ᄒᆞ야 同等政治下에 權利를 得ᄒᆞᆷ에 在ᄒᆞ니 故로 法律上政合邦을 斷行ᄒᆞ야 時勢를 應ᄒᆞᆷ이 可ᄒᆞᆫ지라 嗚呼二千萬국民이 欲生不得欲死不得의 悲境을 當ᄒᆞ야 奴隷의 侮蔑을 脫ᄒᆞ고 犧牲의 困苦를 免코ᄌᆞᄒᆞ면 韓日民同等伍列됨에 在ᄒᆞ다ᄒᆞ엿더라

記者曰 嗚乎魔輩恠舌이 一至此哉아 韓국을 將ᄒᆞ야 日本에 合ᄒᆞ면 人民은 北海道의 蝦夷될而已어ᄂᆞᆯ 今에 曰人民은 日本民과 同等된다ᄒᆞ니 嗚乎恠哉라 爾誰欺오 欺天乎아

◎此時何時　昨日은 前判書李載克氏의 生日인故로 皇族諸氏를 請邀宴待ᄒᆞ엿ᄂᆞᆫ데 妓生十餘名이 一場娛樂을 呈ᄒᆞ엿다더라

旅順消息

獄中에 滯在ᄒᆞᆫ 安重根等은 日本飮食으로 待遇ᄒᆞᄂᆞᆫ데 或은 其携帶品을 賣ᄒᆞ야 佳好ᄒᆞᆫ 食品을 買食ᄒᆞ며 其中에 或妻子를 思ᄒᆞ며 故鄕을 望ᄒᆞ야 淚를 灑ᄒᆞᄂᆞᆫ者도 有ᄒᆞ되 惟獨安은 憂國의 志士ᄂᆞᆫ 妻子를 不思ᄒᆞᆫ다 言ᄒᆞ며 伊藤公暗殺에 對ᄒᆞ야 關係人은 一人도 無ᄒᆞ고 唯自己一人의 意思라 云ᄒᆞ며 安의 素性이 酒를 非常히 嗜好ᄒᆞᄂᆞᆫ데 二三年前부터 韓國이 獨立ᄒᆞ기前ᄭᆞ지ᄂᆞᆫ 禁酒ᄒᆞ기로 誓ᄒᆞ엿다더라

◎轉任要求　侍從副卿李會九氏ᄂᆞᆫ 日前總相李完用氏를 訪問ᄒᆞ고 所帶職을 監査院卿과 相換ᄒᆞ기로 要求ᄒᆞ엿다더라

◎三氏云參　日昨內部에셔 觀察使六窠를 修定ᄒᆞ야 統監府同意를 請ᄒᆞᆷ은 已報어니와 其中에 吳世昌權東鎭鄭萬朝三氏가 參與ᄒᆞ엿다더라

◎澤田出張　內部地方局長澤田은 水原郡道路를 視察키爲ᄒᆞ야 明日該地方으로 出張ᄒᆞᆫ다더라

◎享費請撥　各歷代殿陵의 秋期享祀費를 支撥ᄒᆞ라고 內部에셔 度支部로 照會ᄒᆞ엿다더라

◎訃則妙矣　中樞院顧問李根澤氏ᄂᆞᆫ 沈鍾瑞氏와 裁判事件이 尙今未決되엿ᄂᆞᆫ데 李氏ᄂᆞᆫ 변護士某某氏를 頻頻請邀宴待ᄒᆞᆫ다더라

◎新曆分給　學部에셔 來年度曆서를 各府部院廳과 各觀察郡守와 其他官公립普通學校에 一分給ᄒᆞ엿다더라

◎派巡형探　抱川等地에 出沒ᄒᆞᄂᆞᆫ 義兵情跡을 형探ᄒᆞ기爲ᄒᆞ야 再昨日軍司令部에셔 偵探人을 派送ᄒᆞ엿다더라

◎面長有碑　驪州郡近南面長沈在熙氏ᄂᆞᆫ 一般職務에 勤懇廉公ᄒᆞᆷ으로 面內人民이 合同ᄒᆞ야 淸德愛人이란 石碑를 竪立ᄒᆞ엿다더라

◎新韓押收　美領布와에셔 發行ᄒᆞᄂᆞᆫ 新韓國報第三十六號ᄂᆞᆫ 治安을 妨害라ᄒᆞ야 內部에셔 押收ᄒᆞ엿다더라

◎何等干連　前平理院前居ᄒᆞᄂᆞᆫ 金善交氏ᄂᆞᆫ 何等干連이 有ᄒᆞ다ᄒᆞ야 某處에셔 秘密調探ᄒᆞᆫ다더라

◎强弩之末　前侍從副卿李範晉氏ᄂᆞᆫ 家產을 蕩敗ᄒᆞᆫ後 東西樓府ᄒᆞ더니 中樞院顧問李址鎔氏를 紹介ᄒᆞ야 長橋等地에 在ᄒᆞᆫ 承寧府所管家舍一座를 借得ᄒᆞ야 三昨日往接ᄒᆞ엿다더라

◎坡郡義兵　數日前에 義兵이 坡州郡基谷等地에 到ᄒᆞ야 洞民에게 軍需錢을 請求ᄒᆞ엿다더라

◎金家執行　大韓協會長金嘉鎭氏ᄂᆞᆫ 忠南觀察在任時에 公貨犯逋가 有ᄒᆞᆷ으로 該氏所有家屋을 三昨日度支部에셔 執行ᄒᆞ엿다더라

◎廣橋火災　再昨日下午十時에 南部廣橋趙秉憲氏家에셔 失火ᄒᆞ야 附近四戶가 延燒ᄒᆞ엿ᄂᆞᆫ데 損害가 二萬餘圓假量이라더라

◎公逋犯初審　故警務使金在豐氏의 令男章鉉氏가 大邱財務署主事在任時에 公貨五百圓을 犯逋ᄒᆞᆫ 事가 有ᄒᆞ야 監獄署에 滯囚ᄒᆞ엿더니 再昨日京城地方裁判所에셔 初審을 經ᄒᆞ엿다더라

◎靑館講道　今日下午三時에 鍾路靑年會館에셔 복音會를 開ᄒᆞ고 美國人牧師왜ㄹ본氏를 請邀ᄒᆞ야 講道ᄒᆞᆫ다더라

◎巡査還京　廣州等地에 賊警을 鎭定키爲ᄒᆞ야 派送ᄒᆞ엿던 韓日巡査四人은 再昨日還京ᄒᆞ엿다더라

◎黃召ᄉᆞ請願　慶北大邱郡居黃召ᄉᆞ가 四年前에 八歲女兒名達順을 見失ᄒᆞ엿ᄂᆞᆫ데 何許淸女가 誘引上京ᄒᆞ다가 警視廳에 發見되엿다ᄂᆞᆫ 說이 有ᄒᆞᆷ으로 黃召ᄉᆞ가 該女兒를 尋覓ᄒᆞᆯ次로 再昨日警視廳에 請願ᄒᆞ엿다더라

◎地方費承認　慶北觀察道에셔 地方費를 七千六百圓으로 槪算ᄒᆞ고 徵收事件을 內部에 報告ᄒᆞ엿ᄂᆞᆫ데 該部에셔ᄂᆞᆫ 承認ᄒᆞ엿다더라

◎漁業審査　農商工部에셔 昨日에 免許漁業審査會를 開ᄒᆞ엿ᄂᆞᆫ데 漁業免許件이 百七十九件이오 其地域은 全南忠淸黃海方面이라더라

◎農部通知　今番北韓暴風慘害에 關ᄒᆞ야 農商工部에셔ᄂᆞᆫ 釜山水產組合本部及元山支部에 通知ᄒᆞ되 該慘害의 詳細調査와 救濟方法을 報告ᄒᆞ라ᄒᆞ엿다더라

◎藥業所議決　漢城藥業總合所에셔 去月三十日에 評議會를 開ᄒᆞ고 藥業進就에 關ᄒᆞᆫ 事를 協議ᄒᆞ고 爲先各藥局에 不精或腐敗ᄒᆞᆫ 材料를 嚴禁키爲ᄒᆞ야 檢察員十人을 選定ᄒᆞ여 各藥局에 派送調査ᄒᆞ기로 決定ᄒᆞ엿ᄂᆞᆫ데 日子ᄂᆞᆫ 陰十一月一日노 開始ᄒᆞᆫ다더라

◎多財爲病　財產家李根培氏ᄂᆞᆫ 金貨數千圓을 鳩聚ᄒᆞ야 長安社를 一層擴張ᄒᆞ라ᄒᆞᆫ다더라

◎賞金分等　各署방疫委員에 賞與金을 上自十圓으로 下至五圓ᄭᆞ지 分等支撥ᄒᆞᆫ다더라

◎趙氏被捉　東部黃橋居趙昌奎氏ᄂᆞᆫ 私印僞造犯으로 再昨日中署에 被捉ᄒᆞ엿다더라

電報

漫遊渡日期

美國紐育푸링크시시크라쓰商會에셔 發起ᄒᆞᄂᆞᆫ 日本漫遊團七百餘名은 明年一月十日頃에 日本에 來着ᄒᆞᆯ預定이오 尙且同商會ᄂᆞᆫ 明年三月에 更히 第二回漫遊團七百餘名을 招集ᄒᆞᆫ다더라

英艦着手

英國政府에셔ᄂᆞᆫ 뜨레드노트形戰鬪艦四隻을 建造ᄒᆞ기로 決定ᄒᆞ야 來年一月부터 工役에 着手ᄒᆞᆫ다더라

以上東京發　四日着

▲社會燈▼

▲楚越氷炭ᄀᆞᆺ치 臭味가 相殊ᄒᆞ던 大韓·進會ᄂᆞᆫ 何等思想이 忽出ᄒᆞ야 聯結의 聲을 唱ᄒᆞ고 爛熳同歸의 路를 尋ᄒᆞ더니 二個月을 겨우지나 一幅聲明書로 意見이 不合ᄒᆞ야 分裂이 또 된다지 區區ᄒᆞᆫ 現狀을 維持ᄒᆞ야 羈絆身世를 保存ᄒᆞᄌᆞᄂᆞᆫ 主旨可矜도ᄒᆞ고 불상치아니ᄒᆞᆫ가 그것도 過滿ᄒᆞ야 異論을 提唱ᄒᆞ면 그 心腸은 不言可知이지

▲오날 圓覺社에ᄂᆞᆫ 구경ᄒᆞᆯ일 잇나보데 국직국지 묵은兩班 셕금셕금 新進少年 이리더리 모혀안져 朱砂符젹 海桐木에 玉樞經을 排設ᄒᆞ고 邪鬼들을 쫏ᄂᆞᆫ다데 허 요ᄉᆡ世上은 邪鬼가 하도만ᄒᆞᆫ넌ᄶᆡ 經읽ᄂᆞᆫ 判數中에 挾邪가 업슬ᄂᆞᆫ지 아모러턴지 病勢ᄂᆞᆫ 危急ᄒᆞ고 다른藥은 別노업고 經이나 ᄒᆞᆫ번 단단히 읽어 불일이여 邪魔가 ᄶᅩᆺ겨가게 經을 읽ᄂᆞᆫ지 우리도 照魔鏡이나 ᄒᆞ나들고 구경이나 가보셰

▲요ᄉᆡᄂᆞᆫ 新官制가 施行된니ᄶᆡ 職品高下를 알수업데 地方委員兼渡日謝罪團이 놉흔지 日憲兵部囑托 秘密偵探이 놉흔지 職함字數가 만키ᄂᆞᆫ 謝罪團이 놉흔듯ᄒᆞ고 憲兵特武의 圖章으로보면 偵探派가 놉흔ᄃᆞᆺᄒᆞ데 허 이사ᄅᆞᆷ 圖章만 잇스면 第一인가 日憲兵部囑托은 不過自下로 造作ᄒᆞᆫ 借함인가보데 허 功名이라면 눈ᄭᅡᆯ이 붉거지ᄂᆞᆫ 世上에 借함은 벼살이아닌가 여북ᄒᆞᆫ 榮光으로 아러야 月給도업ᄂᆞᆫ 偵探을 다니나

▲偉人遺蹟

▲東國巨傑 崔都統　錦頰山人

第一章 緖論

生前에ᄂᆫ其鉦鼓所向에山飛海립ᄒ더니死後에ᄂᆫ九原荒草에往跡이凄凉ᄒ며生前에ᄂᆫ其指揮所定에天淸日朗ᄒ더니死後에ᄂᆫ數行歷ᄉ에靈光이寂寞ᄒ야疆埸에熱灑ᄒᆫ凜凜忠血은狗奴輩의安唾를受ᄒ며天壤에照耀ᄒᆫ堂堂戰勳은盲ᄉ家의抹殺을遭ᄒ고無情ᄒᆫ一片赤墳만靑山에屹然ᄒᆫ者ㅣ我東國絕代巨傑崔都統이아닌가

幸哉라我國近世에崔都統一人이有ᄒ도다不幸哉라我國近世에崔都統一人만有ᄒ도다我勃勃尙武의夫餘族으로近世에至ᄒ야ᄂᆫ其聲光이忽墮ᄒ야僅히崔都統一人이有ᄒ니엇지如此히不幸ᄒᆷ이有ᄒ리오만은然이나崔都統一人으로由ᄒ야足히國ᄉ를光ᄒ며我夫餘族의精神이不死ᄒᆷ을證ᄒ리니또엇지一大幸이아니라ᄒ리오　未完

學界

○大東生退學　大東專門學校二年級生徒ᄂᆫ再昨日에一齊退學ᄒ엿ᄂᆫ되其內容은各科教授諸氏가仕進을不勤ᄒ야上學時間이太半不及ᄒᄂᆫ弊도有ᄒ고且漢文科程을三時間으로定ᄒᆷ이太히長遠ᄒ다ᄒᆷ이라더라

廣告

北署順化坊樓閣洞八十九統十戶草家八間沈遠明買立旨를中間셔失故玆以廣告誰某拾得이라도休紙施行ᄒᆷ

戶主 金聖熙 告白

本人이去陰八月分에金五百圜을李氏前이라記ᄒ고鍾路全興瑞處에二朔邊二十圜에捧標債給이더니去陰九月卄七日에本人의家屋失火時에該標紙를서失ᄒ엿ᄉ오니內外國人間若爲拾得則休紙施行ᄒ시옵

平壤隆德面影池洞 田舜九 白

方今嶺南**大**邱에藥令이不遠ᄒᆫ故本商會에서特別이測量界僉員의게便宜을圖ᄒ기爲ᄒ와代理점을大邱驛北門外東美運送部內의特設ᄒ엿ᄉ오이測量機械을右所總務**李重來**氏의게相議ᄒ심을敬要

測量器械 製圖器械 販賣商

京城南部棗洞六十二統十戶

KIM **金龍商會** 謹告

本人이大韓醫院學員을爲ᄒ와永遠寄宿舍를建築이온바宿所와食品을精潔케ᄒ오니　僉員은照亮ᄒᆷ

統內永遠寄宿舍主人 金鍾憲 金濟翼 白

本教에셔陰曆本月二十五日上午十時에開教式을北部弘濟院老嫗堂으로設行ᄒ오니男女教會員은光臨ᄒ심을敬要

神道神理教事務所 告白

本會目的은教育에專在ᄒ고政黨社會에干預가無ᄒᆷ은本會員이確守ᄒᆯ뿐아니라世人이皆確認ᄒᄂᆫ바인ᄃᆡ何許猜忌者가無根의說을做出ᄒ야本會眞相에汚點을加ᄒ오니誠可浩歎이기로玆에廣布ᄒ오나本支會員과社會僉員은照亮ᄒ시옵

西北學會 告白

本人이龍川府楊市에救世病院을設립ᄒ고醫師金鳳天氏를迎聘ᄒ와兩年視務이옵다가金鳳天氏ᄂᆫ不得已ᄒᆫ事로還家ᄒ옵고京城魚丕信濟衆院에서卒業ᄒᆫ醫學博士金熙영氏를迎聘ᄒ와同化病院이라改稱ᄒ옵고凡百을十分擴張하오니內外科를勿論ᄒ고疾病에罹苦ᄒ시ᄂᆫ同胞ᄂᆫ來議ᄒ시면本院에서ᄂᆫ濟衆에目的을達ᄒ고　僉君子ᄂᆫ康寧의幸福을享ᄒᆯ터이오니照亮ᄒ시옵

隆熙三年十一月　日

龍川楊市同化病院主務 黃菊

朔寧郡守文台源氏와郡主事朴宗烟氏가本郡學校에補助金十圓을每朔月俸ᄒ고且本郡民崔氏署丞公山訟에對ᄒ야公直判決ᄒ엿다고郡民이擧皆稱頌ᄒ엿다더라

朔寧郡郡內面大寺里 崔炳善 告

辯護士 前檢事 前判事 **宋振玉**

事務所 京城南部美洞三十四統八戶

本所에셔各種洋말을製造ᄒ옵고特爲廉價로發賣ᄒ오니願買僉君子ᄂᆫ光臨請求ᄒ시옵

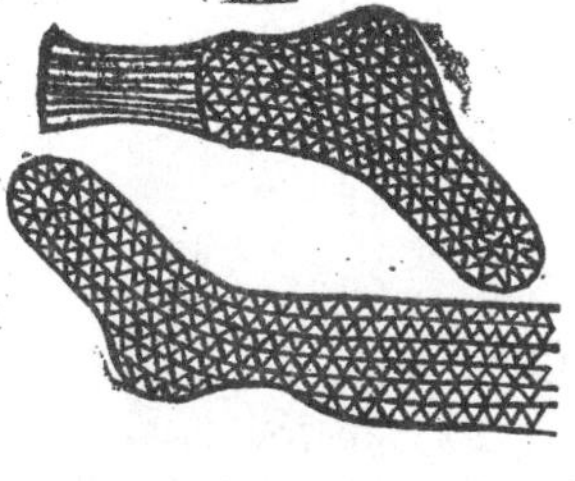

京城東大門外第二伏車橋十一統五戶

東興洋말製造發賣所 朴漢英 告白

本院은韓國一般人民을爲ᄒ야設立ᄒᆫ은僉彦의已知ᄒᄂᆫ바어니와自今으로事務를一層擴張ᄒ고診察을더욱精密히ᄒ기爲ᄒ야時間을午前十時부터午後四時ᄭᆞ지無料로診察ᄒ오며또特別診察所를置ᄒ고些少의診察料로貴客의便宜를圖ᄒ오니診察을要ᄒᄂᆫ僉彦은照亮을爲要

但特別ᄒᆫ境遇에在ᄒ야ᄂᆫ時間을勿論ᄒ고其請求를應ᄒᆷ

京城南大門外 濟衆院告白

本人之子劉**澤**相은早孤餘生으로寡母侍下에年今二十이나沒覺愚癡ᄒ더니悖類之誘引을因ᄒ야內外國人許에無典出債를作爲能事ᄒ니這間見敗ᄂᆫ已屬過境이나將欲裁判歸正인바以寡居事力으로隨處勘債ᄂᆫ蕩產而不得了勘이니自今以後로ᄂᆫ劉澤相之姓名으로出債成票及他人債票에立保居間等事로或着名或捺章과至於各廛各舖ᄒ야雖一錢價値貨物이라도外上等事ᄂᆫ幷爲勿施次로玆以廣布ᄒ오니內外國人은切勿見欺後悔ᄒᆷ

南部席洞三十四統九戶 安召ᄉ 告白

本會社를西部餘慶坊武橋刀子洞八十六統十戶로移接ᄒ옵고業務를一層擴張ᄒ오니照亮ᄒ시옵

漢城材木及炭株式會社

誠實에法律事務에從事ᄒᆷ

美國大學法律大學士 法律學士 早稻田大學法學士 **後藤連平** 電話五〇六

仁川仲町二丁目

可認許官

大韓全國에藥業界 ……

右藥은化痰止嗽ᄒ고順氣消滯ᄒ며水土不服에奇效가有ᄒᆯ뿐외라恒常長服ᄒ면腸胃가健全ᄒᆷ

○○○右丹은內外國各藥房에서無不販賣ᄒᆷ

○濟生堂藥舖主任李庚鳳

瑞士建國誌 譯

元賣所 京城 石井洞 大韓每日申報社

定價金十五錢

發賣所

京城 布屛門下 廣學書舖

仝 罷朝橋越便 中央書舖

仝 鍾路 大東書舖

仝 尙洞 博文書舖

仝 廣橋 滙東書舖

仝 鍾路 古今書海

仝 龍洞 海星書舘

仝 承洞 醫心書舘

仁川杻峴 開新冊肆

開城南門內 興學書舖

平壤鍾路 太極書舘

安州義井洞 冊肆

海州南門內 書舖

寧邊城內 耶蘇教書舖

特別社告

本社에셔名啣印刷를一層改良ᄒ야各色紙品을多數準備ᄒ고定價ᄂᆫ低廉ᄒ게　僉君子의所請되로酬應ᄒ옵고中婦人과學徒의게ᄂᆫ特別히減價ᄒ오니照亮來議ᄒ심을敬要ᄒᆷ

大韓每日申報社

廣告

特別大割引

本館書業務를更加擴張ᄒᆞ옵고書籍五割以上에特別割引ᄒᆞ오니僉君은陸續請購ᄒᆞ시옵

諸般書籍과測量機具와學徒의用品各種도具備ᄒᆞ엿숍

平壤鍾路 太極書館

館主 李昇薰
主任 宋鍾遠
事務 金[illegible]瀅

◉特別廣告

敬啓者本報ᄂᆞᆫ開刊有年에其論述의히正과其報道의迅速이無比ᄒᆞ야清國內遠近志士가一切歡迎ᄒᆞ오며韓國에도稍稍히購覽ᄒᆞᄂᆞᆫ紳士가有ᄒᆞ온바今에更히江湖上購覽諸氏를紹介ᄒᆞ기爲ᄒᆞ야本報관所在處及報價를左開廣告ᄒᆞ오니願覽諸氏ᄂᆞᆫ速速히左開處로통奇ᄒᆞ시옵

本관所在地 哈爾賓瓦牙街
報價一個月先給 俄貨八角
全 三個月先給 俄貨二圓
但報價ᄂᆞᆫ先給을要홈

遠東報館 告白

一 商業經營法 은文明的商業의方法을指導ᄒᆞ며法律上商事의規定을說明ᄒᆞᆫ商業界의顧問이오
一 商業經營法 은商行爲의奇妙ᄒᆞᆫ術法과商去來의深奧ᄒᆞᆫ手段을陳述ᄒᆞᆫ商業家의秘訣이오

安國善氏 著

內部認可

商業經營法 全

廣學書舖 發行

定價金 四十錢 郵遞料 四錢

京城中部布屛下三十七統六戶 廣學書舖金상萬謹告

一 商業經營法 은會社設립節ᄎᆞ와手形行使法과銀行去來等을論述ᄒᆞᆫ商業有志者의座右銘이오
一 商業經營法 은商業上의原理와經濟上의現象을實際的으로抄寫ᄒᆞᆫ實業學校의敎科書오

本所에서洋屬毛織을各色直輸入ᄒᆞ야廉價로發賣ᄒᆞ옵ᄂᆞᆫ듸物品과織組가堅固ᄒᆞ며染色이不變ᄒᆞ와經濟上에第一要緊ᄒᆞ오며各地方貿易을便利키爲ᄒᆞ와郵便小包로酬應ᄒᆞ야代金을引換ᄒᆞ겟ᄉᆞ오니僉君子ᄂᆞᆫ陸續請求ᄒᆞ심을伏望

京城小龍洞 洪順福 毛織商店

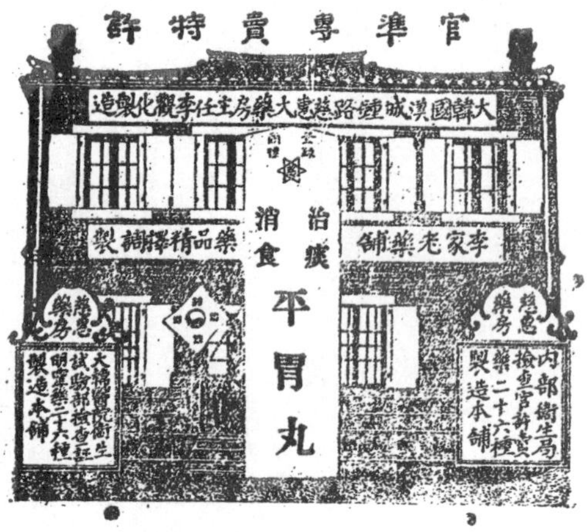

各種東西洋藥과韓國唐草材大發賣所 和平堂藥房

藥商의게도特別大賣홈

八寶丹

效能 主治 ○新[illegible] ○水土不服 ○[illegible] ○諸般病後 ○伯[illegible]食後 [illegible]

方藥은內國到處에隨處販賣ᄒᆞᄂᆞᆫ妙劑오 [illegible]

[illegible]
婦人冷病帶下月經不調等에靈藥
一劑金五圓

[illegible]消毒丹
梅毒下疳頭瘡風濕瘡에一切神效
一劑金四圓

[illegible]
阿片引을斷ᄒᆞ고元神回復ᄒᆞᄂᆞᆫ藥
一劑金五圓

另告
其他國內各藥房에서製造ᄒᆞᆫ各種靈藥이俱備ᄒᆞ오니隨用請求ᄒᆞ시면迅速히代金引換으로付送ᄒᆞ게습니다

京城鍾路
仁川杻峴
平壤鍾路
和平堂主人 李應善

遠地에도小包로信送홈

社告

中報價
壹張代金 新貨二錢五厘
壹個月 三十錢
參個月 九十錢
陸個月 先納 壹圓七十錢
壹個年 先納 參圓四十錢
郵稅 壹張 新貨五厘
壹個月 十三錢

廣告料
四号活字拾三字詰
每日英尺一寸에(自一行至四行이爲一寸) 新貨廿五錢
二週日壹寸에 二圓五十錢
壹個月壹寸에 五圓
但期限의長短과字行의多小를依ᄒᆞ야增減홈이有홈

大韓每日申報各處支社廣告

平安道
平壤鍾路太極書館 安泰國
三和港碑石洞敎堂 裴亨湜
義州南門外韓西大藥房 張有寬
鐵山郡內東部 安濬
車輦館同志會內 金明鉉
定州南門內書舖 洪成麟
博川郡內鹽洞 金翼樞
安州城內安陵書館 金翼河
京義線枇峴驛停車場前 李基秀
龍川南市驛 韓燦禧
龍川楊市 黃菊保
[illegible]州郡南門外 朱伯英
泰川郡內관前洋藥局 李正華
寧邊郡內紅門里 鄭德昇
江西郡內 金昌煥
宜川郡橋南 申基周
江界邑內 金泰然
郭山郡內新街 金大鉉
甑山郡內利用里 崔診爽
雲山北面橋洞 王[illegible]鎬
雲山郡內 咸元澤
順川郡達洞 鄭裕景
昌城邑內西下里壹統貳戶 許 의

黃海道
해州南門內書舖 朴昌鎭
安岳壽石面訓鍊里 韓楨敎
長淵邑校洞西北支學會內 崔東元
殷栗郡倉前里 金光礪
信川郡內四里 李悌敎
載寧郡乾材藥局 李鼎均
白川郡文明館 趙雲泳
沙里院活民勞働救火會 任敬宰

咸鏡道
咸興州南社西門外 曹喜林
元山港創業社 皇甫正杰
定平郡豐陽里 張禮學
洪原西門內保命局 羅炳善
永興南山洞洪明學校內 梁元常
清津港新興洞 張元浩

全羅道
金溝水流面豆亭 趙德三
木浦港陽洞 李得珠

京畿道
仁川杻峴開新冊ᄉᆞ 李東皓
開城南大門內興學書舖 姜助遠
江華郡內川橋 俞鎭植

忠清道
結城廣川小龍洞 李啓祚
韓山下北필堂里 李英稙

慶尙道
大邱西門外友弦書樓側 李正由
釜山港佐川藥局 徐錫斉

江原道
杆城邑新城里二統三戶 咸海元
鐵原邑棠洞 趙鍾大
蔚珍遠南面梅花里 郭鍾우

北墾島
北墾島龍井村耶蘇敎堂內 裴尙禧

告

大韓每日申報

檀君開國四千二百四十二年
箕子元年三千三十一年
大韓開國五百十八年
本報創刊日
光武八年七月十八日

發行兼編輯人 英國人 萬咸
Responsible for Publication Alfred Weekley Marnham.
發行所
京城南部石井洞三層洋屋家
大韓每日申報社

第七卷　月曜及慶節歲時休日休刊　第一千二百五十九号

論說

◎告韓國同胞

嗚呼我二千萬同胞아一進會合邦聲明書가又出矣라同胞눈目이有호야此를覩호눈가耳가有호야此를聽호눈가

嗚呼我二千萬同胞아薪을燃호눈者눈火也나風을煽호야炎을導호눈者눈一進會也요人을溺호눈者눈水也나船을覆호야波를迎호눈者눈一進會也라

同胞乎同胞乎여國家눈同胞의國家오彼一進會의私物이아니라同胞의血이冷치아니호고同胞의眼에塵土가未沒호엿거니엇지我의固有호公物을將호야彼么魔輩傀儡를任他호리오

彼所謂聲明書와上疏文과內閣及統監府에提出호文字를考호건디一則同胞를藉重홈이오一則同胞를愚弄홈이라大槪數端을擧호건디

彼上疏及長書에言必稱二千萬國民의代表라호엿스니彼魔黨을統計호여도數千에不過홀뿐더러況此合邦問題눈不過數三個의賊魁와一百四十名의魔黨이聚首密謀호바인디肆然히國民代表로自居홈은一邊同胞를藉重호고一邊同胞를陵侮호야비록如何히誣罔홀지라도敢히誰何홀者ㅣ無호줄노思料홈이아닌가

彼所謂問題名目을政合邦이라稱호엿스니單純히合邦二字만擧호면오히려同胞의覺醒이有홀재호야古無今無호政合邦字를唱호니此눈同胞의智識을暗昧히녀여片時耳目을瞞過코져홈이오

彼가又現狀이岌業호야欲生不得生호고欲死不得死호며奴隸犧牲이目下에在호고二千萬生命이靡有孑遺에陷호다호엿스니

目下韓國에生호야菽麥을粗辨호눈者야誰가此를不知호며又韓日關係눈自今始現호바가아닌디彼輩가前日에눈韓國이獨立호엿고生民이安樂호다고開口에其舌을掉호고操筆에其樂을贊호더니忽至今日에此等危迫호言辭를粧홈은何也오妖婦의涙눈哀情의哀가아니라人의眼을眩호야精神을迷코저홈이니一則時象을痛說호야同胞의信認을得코저홈이오一則人民을恐動호야凶險을必售코저홈이아닌가

彼가又同等政治를獲得호야皇室의萬歲尊榮을鞏固호고人民의一등待遇를享有호다호엿스니

噫라足히與論홀바無호도다虎口에跨호야天國을仰호며奴籍에入호야公卿을夢홈은비록三尺童子라도能欺치못홀바이로다

嗟乎同胞아彼輩의藉重호눈바도同胞오欺瞞호눈바도同胞오愚弄호눈바도同胞니同胞눈試思호라堂堂호四千載神聖遺族으로二千萬兄弟를擁有호고三千里疆土를保有호야一個么魔輩의傀儡를任他호눈가同胞를藉호야國을賣호되同胞눈手를袖호고口를噤호면此눈同胞가國을賣홈과相去幾何오嗟乎라同胞여

外報

◎波斯承認　波斯國遊牧民이露國副領事의一行을襲격호事로露波兩國이談判호다홈은已揭호엿거니와波斯國政府눈露國에對호야犯罪者의處罰과損害의賠償을承認호엿다더라

◎瑜妃失敗　淸국에서눈瑜妃等監禁決議에對호야大公主리妃等이瑜妃에게密報호故로監禁令이到着호기前에瑜妃등이隆福寺에出호엿눈디廟議눈瑜妃에게加法코저호눈議가有호다더라

◎德國議會　德國에서눈議會를開호엿눈디德帝의勅語에눈英德通商協定의遲延됨을論호고又摩洛哥에눈德法의關係가頗히滿足호精神으로進行됨을表明호엿다더라

◎下院決議　英國下議院에서首相아스키쓰氏눈皇帝가議會의解散을裁可호엿다고宣言호고更히上院에서反對호決議案을採決호기로호야從多數可決되엿눈디議員과傍聽人間에눈連續喝采를起호엿다더라

雜報

◎一進會上內閣書

一進會長李容九等一百萬會員代表二千萬國民頓首再拜謹上議于內閣總理大臣李完用閣下

李容九等謹按　我大韓國之位置由大日本帝國之扶護以保其安全若無復容杞憂然推之旣往考之將來我大韓國前途修路悠邈轉有不禁殷憂輓近宇內大勢一變國際競爭增劇尤甚勝之者興敗之者亾此天演之理必至之勢印度緬甸爪와比律賓之所以亾滅安南暹羅之所以傾覆支那之所以衰頹未嘗有不是之由也如蔑有甲午之役大日本帝國之義克救我急甲辰之役大日本帝國之勇克排我難則我大韓國宗廟社稷亦何以得有今日焉我大韓國之有今日一靡不由大日本帝國之扶護故韓日協約擧我外交軍事司法三大權委任諸大日本帝國此亦所以保全我社稷扶持其宗本也然我如恃斯協約以謂可保無事太平於萬世者是知有今日而不知有明日者已寧知宇內大勢日動月移瞬時不息若一朝東亞之平和破列國之均勢壞以至顚頓我大韓國之位置則君臣流亾社稷丘墟之虞商鑑不遠也近在緬甸在安南在爪와在比律賓此李容九등之所以夙夜殷憂罔攸措也李容九等上觀之天時下察之人事切之於我大韓國之前途保全我社稷民人可永遠之道唯在實行日韓合邦而已矣如有別策者詭變之計非所以應於時務中於大道也請嘗試論之李容九等愼察大日本帝國對我之眞意曰甲午曰甲辰未曾貳其德方針一定終始無渝曰保全我韓國社稷民人也曰擔保東亞大局之平和也顯若其孚益然其仁迺見夫天皇陛下禮　我皇帝陛下及皇太子殿下之優渥恩愛瑩澈可以見矣然則我大韓國先在今日自我提言之君臣上下一德不疑以倚賴大日本　天皇陛下組成合邦日韓一家俾我　皇室永享萬世尊榮俾我人民共躋一등班列而我之信誓亦有如皦日矣大日本　天皇陛下之推誠若彼於我社稷乎必有天壤無窮之榮於我民乎必有同化日昇之寵兩翼振身兩輪扶輿何憂乎邦權之或不振東亞局勢之致不可擔保哉夫我之與日本地理上相一致也人種上相一致也歷々上相一致也宗敎上相一致也文學上相一致也風俗上相一致也經濟上相一致也政治上相一致也分之弱木可撓合之儼然一大雄邦況乎日本旣先超入世界一等國列也在昔德乙聯邦分裂爲法朗西所蹂籍德乙聯邦統合稱覇歐洲大陸今者日韓合邦者所以保全我社稷民人以深固東方安寧之根礎擔保亞細亞局面之平和順應宇內之大勢也今也아大韓國之位置旣定大日本國之誠信旣感孚아二千萬民衆而世界列국之認容日韓關係決無挾議其間勳策振古無前鴻業唯此時爲然謹代表二千萬民衆上議閣下閣ㅏ請代表百僚執奏之　天陛閣ㅏ亦首班臺閣秉持鈞衡其於邦家安危之決也必同感李容九등之血衷矣李容九등無任區區之至

隆熙三年十二月四日

一進會長李容九
同　會員百萬人

內閣總理大臣李完用　閣下

寄書

前號續　李根英

及其率來호야壓制爲事호고或有據義不順從者면違約이라호야渠之農庄內에極難호事로懲役케호야馬商이困馬를鞭호듯頑丁이勞牛를打호눈것ズ치叱之笞之호며囚之懲之호야其虐待困迫은口道筆記키難호지라貴社主筆閣下눈據此揭頒호시와已往千名에所當호禍를鑑호야內地同胞中에更無染及케호옵소셔外洋에滯留호눈一般韓人이內地慘境을非不聞也라諸氏가或金錢을得코저或學問을修코저虛聞만듯고호번鬼關에誤投호면北으로合衆國에前往코ᄌ호나三年前부터東洋勞働者를一齊禁入호눈지라進退維谷의蹤跡을痛恨홀터이고避狐逢狽의歎을追悔홀지라玆에一서를構呈호오니願我父老눈各其子侄를團束호야數萬里孤魂됨이업시호며無論某日某月호고墨국移民募集호눈事가傳播되거던鑑此爲戒호야無或應募케호심을渴望홈

隆熙三年九月八日

墨國美利多地方會會長李根英

大韓每日申報社主筆　閣下

完

○談叢○

劍心

▲泰西人耶摩爾林이曰運數와境遇라호눈名詞눈오직薄弱호人物의唱호눈바니强毅호人物은決코某事눈運數가그러호닛가홀수업다某事눈境遇가그러호닛가홀슈업다눈言을不發호다호엿더라

噫라只今國事의興亾을運數와境遇로歸호고奮邁를不計호눈者들이여余눈此輩人이彼耶摩爾林의言을早聞치못홈을嘆호노라

▲泰西人埃亞哥曰世間一切事가皆其人의自作호눈바니譬컨디園者가其園에荊棘을植호던지薔薇를植호던지皆園者의自作호눈바오農者가爪를種호야爪를得호던지豆를種호야豆를得호던지皆農者의自作호눈바며又工者가土瓦를作호던지金時計를作호던지蓬門矮屋을作호던지高樓巨閣을作호던지皆工者의自作호눈바니오직먼저自擇을善히홈에在호다호엿더라

噫라大抵吾人이亾國人이되던지興國人이되던지英雄이되던지牛馬가되던지皆自擇自作호눈바니彼卑劣호人物되기를自擇호야卑劣호人物을自作호눈者들이여余눈此輩人이彼埃亞哥의言을早聞치못홈을嘆호노라

詞藻

❀不遠復❀　雪月娘子

東風에붉은쏫츤、南風을슬허마라。
天地의循環理致、明春이또잇도다。
덧업시、일흔國權도、不遠間에。

電報

日本債額 去月末日ᄭᆞ지日本국債現在額은二十七億七百八十萬千五百八十五圓內에償還이壹億二千二百四十五萬百五圓이오現今負債額이二十五億八千五百三十六萬千四百八十圓이라더라

商法改正協議 日本政友會代의士ᄂᆞᆫ商法改正案에對ᄒᆞ야齊의를行ᄒᆞ엿다더라

有馬逝去 日本佐世保鎭守府司令長官海軍中將有馬新壹은赤痢病에罹ᄒᆞ야逝去ᄒᆞ엿다더라

東京發　以上六日着

雜報

◎御苑親覽　大황帝陛하ᄭᅴᄋᆞᆸ셔昨日上午十二時에　御苑에動駕ᄒᆞ사諸般物品을　御觀覽ᄒᆞᄋᆞᆸ셧다더라

◎北白川宮陛見　日本北白川宮殿하ᄂᆞᆫ昨日上午九時에入城ᄒᆞ야仝十일時頃에　챵德宮에進詣ᄒᆞ야　大황帝陛하ᄭᅴ　陛見ᄒᆞ고因ᄒᆞ야　景복宮을　拜觀ᄒᆞ엿다더라

國民會後報　既報와如히再昨日正午에圓覺社에셔國民大演說會를開ᄒᆞ고元老以下聽衆四千餘名이出席ᄒᆞ엿ᄂᆞᆫ더一進會合邦問題에對ᄒᆞ야其凶逆不道ᄒᆞᆫ罪惡을極口痛罵ᄒᆞ며喝采의聲이天地를震ᄒᆞ엿고自今以後로一進會ᄂᆞᆫ國民이아닌줄노認定ᄒᆞᄌᆞᄒᆞ야滿塲會員이全數可決되엿고尙且國民會事務所를圓覺社內에定ᄒᆞ고該問題가破壞되기前ᄭᆞ지繼續執務ᄒᆞᆫ다더라

◎國民會決心　國民大연說會를開ᄒᆞᆷ은別項과如ᄒᆞ거니와臨時會長은閔泳韶氏오書記ᄂᆞᆫ李海朝李存世兩氏오幹事ᄂᆞᆫ李重夏金敎獻李膺鍾氏등十八人으로選定ᄒᆞ고一進會에極惡不軌ᄒᆞᆷ을臚列ᄒᆞ여將次內閣及統監府에長書ᄒᆞ고繼續ᄒᆞ야國民大연說會를開ᄒᆞ기로決心ᄒᆞ엿다더라

◎日軍觀覽　日本水軍一百名이昨日上午九時　昌德宮內動植博三物園을觀覽ᄒᆞ고同十一時에退出ᄒᆞ엿다더라

◎總相訪問　總相李完用氏ᄂᆞᆫ再昨日에農相趙重應氏와共히曾彌統監을訪問ᄒᆞ고一時間談話ᄒᆞ엿다더라

◎大臣會議　各部大臣이再昨日上午十二時에總相李完用氏私뎌로會同ᄒᆞ야何等事件을協議ᄒᆞ엿다더라

◎內閣更迭說　近日內閣이更迭된다ᄂᆞᆫ說이頻緊ᄒᆞᆫ더其中農度兩相의椅子ᄂᆞᆫ仍存ᄒᆞᆫ다더라

◎總理뎌密議　總相李完用氏ᄂᆞᆫ去五日午前十壹時에曾彌統監뎌에셔退歸ᄒᆞ야各部大臣을自己뎌에召集ᄒᆞ고密議가有ᄒᆞ엿ᄂᆞᆫ더其確聞을거ᄒᆞᆫ즉壹進會上셔ᄒᆞᆫ處置에對ᄒᆞ야商議ᄒᆞ고上셔를奏達치아니ᄒᆞ기로內定ᄒᆞ엿다더라

◎度相入城　日本에渡往ᄒᆞ엿던度相高永喜氏가再昨日下午八時에入城ᄒᆞ엿ᄂᆞᆫ더總相李完用氏ᄂᆞᆫ水原驛ᄭᆞ지前往迎接ᄒᆞ엿고其餘大臣及高等官諸氏ᄂᆞᆫ南門驛에셔迎接ᄒᆞ엿다더라

一進總務退會　一進會總務韓錫振氏ᄂᆞᆫ該會合邦問題가發表ᄒᆞᆷ에對ᄒᆞ야慨然히歎息ᄒᆞ야日韓國의臣民으로ᄂᆞᆫ此會에忍參치못ᄒᆞᆯ깃다ᄒᆞ고永退會ᄒᆞ기로請願셔를提出ᄒᆞ엿다더라

◎次第退會　國民演說會狀況은別項과如ᄒᆞ거니와一進會員權丙俊氏가演說을聽罷ᄒᆞᆫ後聽衆을對ᄒᆞ야日本人이始也昏迷ᄒᆞ야一進會에參入ᄒᆞ엿더니到今彼의行動을觀ᄒᆞ미一日이라도比肩키不可ᄒᆞ야玆에退會ᄒᆞ니唯願國民同胞ᄂᆞᆫ容恕ᄒᆞ라ᄒᆞ미聽衆이齊聲讚美ᄒᆞ야拍手歡迎ᄒᆞ엿다더라

◎奪人所有　再昨日國民大연說會를開ᄒᆞᆯ時에韓日警部及巡查가來到ᄒᆞ야연辭를起草코져會長及書記에使用ᄒᆞᄂᆞᆫ筆墨床을奪取自用ᄒᆞᆷ으로會務處理에困難이頗多ᄒᆞ엿다더라

◎既演又談　各元老諸氏ᄂᆞᆫ再昨日圓覺社에셔연說會를罷ᄒᆞ고當夜農相私뎌로會同ᄒᆞ야數時間談話ᄒᆞ엿다더라

韓會決心　三昨夜大韓協會에셔一般任員이會同ᄒᆞ야一進會所謂政合邦問題를期於히反對勿施케ᄒᆞ기로決議ᄒᆞ엿다더라

◎奴會保護　近日一進會本部에ᄂᆞᆫ日憲兵巡查各二人이保護ᄒᆞᄂᆞᆫ더昨日부터ᄂᆞᆫ韓巡查六名을加派ᄒᆞ엿다더라

國民大會發起　再昨日大韓協會에셔臨時議事員會를開ᄒᆞ고一進會의所謂政合邦問題에對ᄒᆞ야국民大會를발起ᄒᆞ기로議決ᄒᆞ엿ᄂᆞᆫ더其발起全文은左와如ᄒᆞ니

嗚乎不吊라天이降割于아韓ᄒᆞ샤有一種乖戾之氣가鍾生于국民之中ᄒᆞ야聚而爲團ᄒᆞ니曰一進會라斫喪국運ᄒᆞ고流毒同포ᄒᆞ야罪盈惡積而爲全국之所棄擲이어날尙有餘孽이終不悔禍ᄒᆞ야又於今日에발表其所謂合邦聲明書ᄒᆞ야以亂아韓日兩국之時政方針ᄒᆞ고動搖아全國之人心而使之各懷疑懼ᄒᆞ되以渠奸凶若干輩私見으로冒稱代表아二千萬국民이라ᄒᆞ야敢欲眩惑于世界之耳目ᄒᆞ니此於국家前途에關係가甚重ᄒᆞ고국民體面에恥辱이滋甚이라擬以本月十二日(日曜)正午로於漢城府民會構內에大會아在漢城各團體代表員ᄒᆞ야議決非合邦大與論ᄒᆞ고從以收의於各地方ᄒᆞ야以定今日之국是ᄒᆞ노니伏願屆期來臨

但每團體의代表員은十人으로限ᄒᆞ고當日에委任狀을携帶ᄒᆞᆷ

◎一進可矜　日人某將軍의談話를거ᄒᆞᆫ즉略曰彼一進會의合邦聲明은實로順序를不知ᄒᆞᄂᆞᆫ不謹愼의事니遺憾을不勝ᄒᆞᆯ깃고又此가韓日關係促進의一現象이나惟可矜ᄒᆞᆫ바ᄂᆞᆫ一進會의此後身勢라彼가韓국內純粹ᄒᆞᆫ親日派인더今番事ᄂᆞᆫ一部策士術中에墮落ᄒᆞ야時긔를不顧ᄒᆞ고輕擧妄動ᄒᆞᆷ이니空然히識者의同情을失ᄒᆞ엿고因ᄒᆞ야韓日大事를誤ᄒᆞ엿스니實로可惜ᄒᆞᆫ事오此後彼등은落木猿의貌樣으로悲鳴을不免ᄒᆞᆯ지니此實可憐ᄒᆞ마ᄒᆞ엿다더라

◎爲敢復渡　日本滯留ᄒᆞᄂᆞᆫ宋秉畯의書信과電報가近日一進會本部에日夜來到ᄒᆞᄂᆞᆫ더不遠間歸국ᄒᆞᆫ다ᄂᆞᆫ說이有ᄒᆞᆷ으로二昨日上午十時에警視廳高等係警視渡邊鷹次郞이一進本部에前往ᄒᆞ야宋의事實을探問ᄒᆞ엿다더라

◎稅官調查　度支部稅務監督局에셔ᄂᆞᆫ各地方稅務官吏에行蹟을秘密調查ᄒᆞᆫ다더라

辯士雇聘說　上海에在留ᄒᆞᄂᆞᆫ閔泳翊氏ᄂᆞᆫ伊藤公暗殺者安重根의변護士을雇入ᄒᆞ키爲ᄒᆞ야金四萬圓을支出ᄒᆞᆯ더인더上海海參威美國方面에在留ᄒᆞᄂᆞᆫ韓人에게對ᄒᆞ야도右費用의支出을勸誘中이오변護士ᄂᆞᆫ法國과露國에最히敏腕ᄒᆞᆫ名士를雇聘코져ᄒᆞᆫ다더라

人民意向　一進會合邦聲明셔에對ᄒᆞ야一般人民의意向은彼一進會가旣히日本人이되엿고韓국국民이아닌즉如何히惡行動이有ᄒᆞ더리도韓국民의行爲가아닌줄노認定ᄒᆞᆫ다더라

◎家中顧問　北部大安洞居前判셔閔京鎬氏ᄂᆞᆫ日人으로家中顧問을雇聘ᄒᆞ야每朔三十圓式支撥ᄒᆞᄂᆞᆫ미家事를勿論巨細ᄒᆞ고一切委任ᄒᆞ엿다더라

◎其人何人　李璣鎭氏가日軍司令部에被囚ᄒᆞᆷ은已報어니와日前夜에何許洋服人이該氏本家에來到ᄒᆞ야司令部偵探朴永基라稱ᄒᆞ고李氏의夫人을請見ᄒᆞ며其令男의在囚情形을傳說ᄒᆞ엿ᄂᆞᆫ더該人의行色이極히殊常ᄒᆞ엿다더라

奴會所使　所謂渡日謝罪團이란魔行에對ᄒᆞ야壹般人民이誰人의指嗾인지불知ᄒᆞ야疑訝가多端ᄒᆞ더니今에其情跡이발現되엿ᄂᆞᆫ더該團발起人尹大燮爲名者가本是壹진會黨으로彼會의指嗾을受ᄒᆞᆷ이라더라

◎審查開會　昨日하午일時부터農商工部에셔免許漁業審查會를開ᄒᆞ엿다더라

◎一進送金　一進會에셔ᄂᆞᆫ去十四日에郵便으로各道支部에運動費를送致ᄒᆞ엿다더라

◎壹士謂謂　新寧郡守李鍾국氏가謝罪派旅費金을民斂ᄒᆞᆫ다ᄒᆞᆷ은前報에已揭어니와該道觀察府에셔民斂이불可ᄒᆞᆫ줄노訓意가有ᄒᆞ미李郡守ᄂᆞᆫ該民斂이强制에出ᄒᆞᆷ이아니오人民이自願ᄒᆞᄂᆞᆫ줄노回報코져八面面長을招集ᄒᆞ야圖章을捧ᄒᆞᆯᄉᆡ六面面長은郡守를畏겁ᄒᆞ야惟惟捺給ᄒᆞ엿고南面面長은適時불參ᄒᆞ엿고縣內面長朴南植氏ᄂᆞᆫ此가民願이아니라고終是圖章을不捺ᄒᆞ엿다더라

◎韓銀支뎜　韓국銀行支뎜을設置ᄒᆞᆯ터인더區域은仁川平壤元山大邱鎭南浦木浦馬山群山咸興城津開城鏡城安東縣으로定ᄒᆞ고每支뎜의資本金은일萬圓式으로定ᄒᆞ엿다더라

◎何不公決　義州龍川등地에在ᄒᆞᆫ民有軍役土를국有에編入ᄒᆞᆫ事件으로白用錫車瑞坤諸氏가監督局에請願ᄒᆞᆷ은既히累報ᄒᆞ엿거니와該局指令이終是姻意치못ᄒᆞᆷ으로陰本月六日에各土主男女老幼數萬名이會同ᄒᆞ야本府及警察署財務署에등訴ᄒᆞᄂᆞᆫ더呼寃의聲이滿天ᄒᆞᆫ지라府尹及警察署에셔ᄂᆞᆫ上府에番報ᄒᆞ야期於히辨白ᄒᆞᆯ意로壹塲說諭ᄒᆞ엿다더라

◎强制批頰　義州軍役土事件으로土主諸人이各官廳에呼訴ᄒᆞᆷ은別項과如ᄒᆞ거니와古寧朔面居獨孤田氏가總代로財務署에請願셔를提呈ᄒᆞᆯ時에日人署長이威脅的으로獨孤氏의頰을數三連打ᄒᆞ야笠子ᄭᆞ지破裂된지라獨孤氏ᄂᆞᆫ該笠을將ᄒᆞ야警察署에刑事訴訟을提出ᄒᆞᆯ더이라더라

◎復線又設　韓日電氣瓦사株式會社ᄂᆞᆫ南大門驛附近道路에電車復線을設ᄒᆞ기로計劃ᄒᆞ엿다더라

◎木內着京期　農商工部次官木內ᄂᆞᆫ今朝釜山에上陸ᄒᆞ야同夜에着京ᄒᆞᆫ다더라

◎大垣訪問　再昨日에日人大垣丈夫ᄂᆞᆫ曾彌統監과石塚長官을訪問ᄒᆞ엿다더라

◎何處容身　昨日京城商業會議所에셔任員會를開ᄒᆞ고壹進會所謂聲明事件에對ᄒᆞ야該聲明셔ᄂᆞᆫ還却ᄒᆞ고壹진會員으로商業所의員이된者ᄂᆞᆫ壹並割名ᄒᆞ기로決議하엿다더라

◎拾章待主　南部美洞居金상烈氏가學校印章二枚를路上에셔拾得ᄒᆞ야銅峴警察分署에任置ᄒᆞ고本主의來覓ᄒᆞ기를希望ᄒᆞᆫ다더라

◎량折致死　再昨日中部上寺洞居安致憲氏家에셔ᄂᆞᆫ량이無端折墜ᄒᆞ엿ᄂᆞᆫ더該氏의子婦(二十二歲)ᄂᆞᆫ卽時壓死ᄒᆞ엿다더라

◎日艦出港　日本練習艦隊ᄂᆞᆫ來九日午前八時에仁川에셔出港ᄒᆞᆯ더이라더라

◎青舘幻燈　今日下午七時三十分에鍾路青年會舘에셔幻燈會를開ᄒᆞ고世界에著名ᄒᆞᆫ布로美국人그린필드氏가說明ᄒᆞᆫ다더라

◎聲明셔又刊　一進會에셔ᄂᆞᆫ日前發表ᄒᆞᆫ合邦聲明셔를更히純국文으로發刊ᄒᆞᆫ다더라

◎西小押上　日人西小三[illegible]等犯罪가有ᄒᆞᆫ지楊州警察署에셔捕獲ᄒᆞ야再昨日京城裁判所로押上ᄒᆞ엿다더라

雜報

一進會上疏文

一進會長李容九等一百萬會員代表二千萬臣民誠惶誠恐頓首頓首謹百拜 上言于 大皇帝陛下伏以臣等聞之人窮則反本故憂悲愁苦未曾有不呼父母疾痛慘怛未曾有不號天今陛下我二千萬同胞之父母而我三千里疆土之天也是以敢以所號天者號之於陛下以所呼父母者呼之於陛下臣等之分噫豈忍呼號지於陛下哉惟願陛下至仁至慈垂聖聽于不忠之言令得終其辭說臣等之苦衷實有苦於死之苦何者欲死者弗能死欲生而弗能生也

此不唯在臣등而獨然我二千萬同胞實欲死而弗能死欲生而弗能生矣蓋夫今以我大韓國擬之病人命脉之絕也旣已久矣臣등之呼號之徒抱死尸而慟哭也人謂之未死徒見死尸之猶尙生耳今我大韓國形勢豈得無似此乎外交何在哉無可以陛下之旨與隣邦哉也財政何在哉無可以陛하지志與하臣謀也軍機何在哉無可以陛下之威用諸寇盜也法憲何在哉無可以陛下之仁加諸匹夫也百官有司分職掌政其登賢擇良者誰也哉陛下爲二千萬同胞臣民請淵鑑之臣등代二千萬同胞臣民請盡陳苦衷夫國民者與國生與國死固其所也然屢遭危急存亾之秋未曾一聞皇詔的確宣國民以死守陛下何不早使臣등與國死乎陛下之至仁不忍見二千萬同胞胥共淪死亾有子遺乎朝旣劇之夕又월之將非具五刑之後則不許卽死也譬如蚯蚓苦于蟻屯宛轉熱沙之上其願一踏殺也久矣在昔西土之民哀訴其君曰與我自由否則與我死臣등豈敢求自由唯請死生唯陛下之命已 陛下旣不忍賜死豈亦不忍賜生乎二千萬同胞臣民可謂虢을困極矣서曰擇在帝心又曰念玆在玆唯 陛下决擇之易曰困于石據于蒺藜入于其室不見其妻凶甲午以際臣등熟察我國運每泣此爻象母乃天道之窮困至極乎何人事之不相周旋矣當彼日淸交兵之秋也苟我之中正不惑乎宜執北向之禮與日本絕矣我苦以之滅夷乎世界誰無亾國破家執禮歸于正命足矣 太祖高황帝之訓曰北不失禮南不失信終始祖訓其亾也不亦榮乎我旣一夕忽爾裂五百年禮服飄요乎自昡于獨立之嘉號雖欲不困於石其可得哉其一聽日本旣昌言獨립也我陸無일寨兵海無一艦卒此豈國之可名焉哉宜一意聽於日本更始一新期于獨립之實行而事不出此却疑日本二三其德日本 天황陛下之寬仁大度不我聲討而克弟撫我而我不唯每事自失信實蔑棄 太祖高皇帝之聖訓獨恃其外交之詭變雖欲不據于蒺藜其可得哉故致국母之變山河貪憤抑亦誰之故也乎或不國其國而播遷俄館于租界或宣言中립而喜外交之巧妙故日俄約和先定我所服屬而我之見剝外交權抑亦誰之故也乎然廷臣未悟屢出詭計徼倖危괴于萬一終以致海牙事件挑發禪位委政之不得已皆莫非失禮喪信自招之寇也孔子曰非所困而困焉名必辱非所據而據焉身必危旣辱且危危朝將至安其可得見邪嗚呼嗚呼臣등至今守斯死尸安乎適歸哉蓋亦友其本而已矣曰禮曰信反我祖訓而已矣誠如是則外間輿論沸등日韓合邦新造一大帝국之議庶幾使二千萬同胞始知死處新得其生焉乎臣등請陳說其由夫檟簣鋭矣且不尙論已考之於兩국史賾其人族之不可分二家也奮矣及日本兵與唐兵戰我白馬江敗績百濟終以亾韓日遂各守其封疆然使聘相通農商相사高麗導元兵侵日本屬其邊民也邊民怨冊復讐私艤兵船侵掠支那沿海我亦莫不歲蒙其餘毒於是乎始有倭寇然使我實扇斥倭之風在壬辰之役後若夫至近代日本 天황陛下以其天縱웅開國지運揚萬世一系지祖德丕二千五百年建國지鴻業其信其義如山如斗아지不沒于淸豈非 天皇지德乎아지不入于俄豈非 天皇지仁乎而아尙未戢斥倭之氣每報恩以怨徒事排日翻然而思之豈不禽獸之心乎幸今아輿論之傾注合邦可見民이之漸覺睡天也且夫往古漢唐逐아君置其郡縣也山東流民亾入아者非有關繫於本土開督府置軍屯山海萬里轉運不貲前積遠征之怨後受무武之譏故武帝歎汾河太宗祭魏徵之碑當是時아半島秘來降去叛지策可以自保全已今也不焉日本人지歸아土每歲以萬計皆有關繫其本土而與아民利害相通지端日繁矣加旃政治經濟運用皆敗其手以此同居異治지勢駸至六七年後則將漸建新日本于아韓土아韓民何力善頡頏지以至陵遲數十年後彼主而아奴負者韓而騎者日矣陛下雖獨南面稱大韓國 大皇帝無親出政則何手善援自昭지韓奴置지日人對坐지地哉例지歐美人지亾人지국非歐美人지亾지而其국人지自亾也而怨咨曰[?]遣아樂得發아荀公法有戚矣幸而아지與日本本出同族未生相[?]지適異今迨相혀지未甚廓然撤其疆域쟈除兩鄰지樊籬俾兩民自由遊一政敎下均享同居同治지福利則誰辨此弟此兄焉矧日本天황陛下지至仁其化育아二千萬同胞善令爲同等지民也必矣然則欲生而弗能生者於是乎新得生欲死而弗能死者於是乎知死處矣反祖本而更始禮義誠信지俗蟬세保護劣等國民지名實一超而上新大合衆世界一等民族지列可謂疊華始開景星鳳凰相見也此非臣等二千萬同포敢後陛下而先已利澤又非民爲重君爲輕지意夫大韓지不能爲大韓者由不珍其家珍故以雲浮幻現虛假而無一實也今自反省其本唯合禮與信以專注지於一方而已矧日本황室者剖判以來一胤無姓實萬國지所無匹維아 皇室幸蒙殊遇與日本황室俱存亾則五百年必絕지祀却續炎于萬也與日本天壤無窮矣此以必至지災孼轉得無上景복者非邪故臣等言念結成合邦者所以擧檀箕四千有載不日自擠不測지深淵臣等弗取也磨지大典起羅麗三千里疆不易지磐堡者若夫嬌于協約지浮文綢繆須迨未雨跋巡所以噬臍唯陛下爲二千萬民命請速决行大事至其鬱興邦국楷定東亞局勢利斷金于一天和蘭蘡千萬邦지盛德大業則 陛下與大日本天황陛下一其聖謨지所致臣等何敢贊于鴻圖臣等代二千萬衆敢陳苦衷唯仰祝云宗社蹄萬世不易지基願起于此唯伏祝云民人一等同列지福願止於此臣李容九등無任알手翹足지赤誠臣李容九등誠惶誠恐昧死昧死叩頭泣血謹上聞

隆熙三年十二月四日

一進會長臣李容九

同　一百萬人

此疏辭에對ᄒᆞ야韓국輿論을거ᄒᆞᆫ즉其文法이韓국文法이아니오日人文法과如ᄒᆞᆫ즉必是日人手中에셔出ᄒᆞᆫ듯ᄒᆞ다ᄒᆞ며其無禮不敬의句語ᄂᆞᆫ雖他국臣民이라도如是키不敢ᄒᆞ다ᄒᆞ더라

高氏演說

再昨日圓覺社에셔國民大演會를開ᄒᆞᆷ은一般共知ᄒᆞᄂᆞᆫ바어니와紳士高羲駿氏의演辭ᄂᆞᆫ左와如ᄒᆞ니

滿堂諸君에對ᄒᆞ야余ᄂᆞᆫ今日大演說會를當ᄒᆞ야問一進會란問題를揭ᄒᆞ고一場辨論을試코ᄌᆞᄒᆞ엿더니昨日에발布된一進會聲明서를閱覽ᄒᆞᆫ즉彼會所謂主義精神을知得ᄒᆞᆯ지기更히玆에**打一進會**라ᄂᆞᆫ問題로改正辨論코ᄌᆞᄒᆞᆸ나이다

大抵一進會가出生以來로行動ᄒᆞᆫ前後來歷을見ᄒᆞᆯ진ᄃᆡ彼가日俄戰爭時에아국에最히親善ᄒᆞᆫ日本軍隊를補佐ᄒᆞᆫ行動에對ᄒᆞ야ᄂᆞᆫ아韓一般社會가其功勞를多大히感謝ᄒᆞᄂᆞᆫ비로다然이나彼ᄂᆞᆫ此壹事에功勞를藉ᄒᆞ야其間아국上하에對ᄒᆞ야妄動悖說이極甚ᄒᆞ엿스니卽何也오噫라彼會頭領宋秉畯은往時에內部大臣의要任을帶ᄒᆞ고西巡 幸行時에車內에셔一武官과**相鬪拔劍**ᄒᆞᆫ最**大不**敬事件이起ᄒᆞ며況且近頃에外字及韓字新聞을見ᄒᆞᆫ즉彼宋秉畯이아韓을某邦의**屬國**으로運動ᄒᆞᆫ다或은**合邦**으로周旋ᄒᆞᆫ다ᄂᆞᆫ流言이浪藉ᄒᆞ더니果然昨日에壹進會ᄂᆞᆫ一片**聲明書**를發布ᄒᆞ야曰**韓日兩國**은**政合邦**으로定ᄒᆞᆫ다ᄂᆞᆫ妄談悖說을又唱ᄒᆞ니彼등은韓日間국際에協約ᄒᆞᆫ明文도專然不知ᄒᆞ엿던지此ᄂᆞᆫ非但韓日兩국間이라世界締盟各국에對ᄒᆞ야韓日兩국政府에셔聲明公認된바卽重大ᄒᆞᆫ국際問題에係ᄒᆞᆫ바를不過百十의少數되ᄂᆞᆫ壹進會가議決聲明ᄒᆞ야全국上하로ᄒᆞ야금突然驚히疑惧케ᄒᆞ니彼등은所謂政合방이란性質을詳知ᄒᆞ고如此히聲明ᄒᆞ엿ᄂᆞᆫ지不知ᄒᆞᆫ깃도다아大韓국家에主權은實로神聖ᄒᆞᆫ신우리 大황帝陛하의所有ᄒᆞ신바라韓국국民된者ㅣ誰가焉敢이主權及국體의關係를輕히變更코ᄌᆞᄒᆞ리오如此**無父無君**ᄒᆞᆫ**悖逆의行動**은全국民이一致聲討ᄒᆞᆷ이可ᄒᆞ고又彼輩의輕擧妄動은韓日有志間에冷笑를受ᄒᆞᆷ은勿論이나然이나尙今未開程度에在ᄒᆞᆫ아韓同포로ᄒᆞ야금徒히激憤搔動케ᄒᆞ야治安을방害케ᄒᆞᆯ뿐아니라此를因ᄒᆞ야韓日兩국現狀의關係及協約의精神을無視ᄒᆞᆷ으로來頭의禍根을胚胎케ᄒᆞᆷ이니如此ᄒᆞᆫ徒를웃지韓국政黨이라云ᄒᆞ깃소且彼輩ᄂᆞᆫ未滿百十의少數되ᄂᆞᆫ會員으로號曰百萬이라虛張ᄒᆞ며言必稱국民代表라自稱ᄒᆞ니識者의冷笑를受ᄒᆞᆷ은定ᄒᆞᆫ事이나然이나彼會ᄂᆞᆫ**大不**敬**罪人宋秉**畯을頭領으로戴ᄒᆞ야**屬國合邦**시悖說을濫唱ᄒᆞ야全국上하를眩惑케ᄒᆞ니彼등도實로韓民耶否耶壹進會員도苟히韓국民일진ᄃᆡ宋秉畯의前後行動을默視키不可ᄒᆞ거던反히此를擁護ᄒᆞ야壹動壹靜을宋秉畯와指揮하에壹任코ᄌᆞᄒᆞ니가憐ᄒᆞ다壹進會員이여彼등과如히宋秉畯에奴僕으로自處ᄒᆞᄂᆞᆫ鄙陋지輩가엇지韓국政黨이라고云ᄒᆞ리오壹進會야深思ᄒᆞ라壹進會三字만語ᄒᆞ야도국民全體가擧皆逆賊으로認定ᄒᆞ니耳目이俱備ᄒᆞᆫ者ᄂᆞᆫ엇지飜然改悟ᄒᆞᆷ이無ᄒᆞ리오勸告ᄒᆞ노니汝輩ᄂᆞᆫ此際에不忠悖逆의壹一野心家를斷然除汰ᄒᆞ고幷이大大的改革을施ᄒᆞ야殖產興業등의국家前途에實益이잇ᄂᆞᆫ事業의盡心盡力케ᄒᆞ기를望ᄒᆞ고如此ᄒᆞᆫ悖惡을相時ᄒᆞ야因循ᄒᆞ면遂히壹二野心家의利用ᄒᆞᆫ빈되고畢乃에ᄂᆞᆫ全국民에仇敵이되여汝등의容ᄒᆞᆯ天地가無ᄒᆞᆷ의至ᄒᆞ리니壹進會ᄂᆞᆫ三思ᄒᆞ라

廣告

本院은韓國一般人民을爲ᄒᆞ야設立ᄒᆞᆷ은僉彦의已知ᄒᆞᄂᆞᆫ바어니와自今으로事務를一層擴張ᄒᆞ고診察을더욱精密히ᄒᆞ기爲ᄒᆞ야時間을午前十時부터午後四時ᄭᆞ지無料로診察ᄒᆞ오며또特別診察所를置ᄒᆞ고些少의診察料로貴客의便宜를圖ᄒᆞ오니診察을要ᄒᆞᄂᆞᆫ僉彦은照亮을爲要

但特別ᄒᆞᆫ境遇에在ᄒᆞ야ᄂᆞᆫ時間을勿論ᄒᆞ고其請求를應ᄒᆞᆷ

京城南大門外 濟衆院告白

本人之子劉澤相은早孤餘生으로寡母侍下에年今二十이나沒覺愚癡러니悖類之誘引을因ᄒᆞ야內外國人許에無典出債를作爲能事ᄒᆞ니這間見敗ᄂᆞᆫ已屬過境이나將欲裁判歸正인바以寡居事力으로隨處勘債ᄂᆞᆫ蕩產而不得了勘이니自今以後로ᄂᆞᆫ劉澤相之姓名으로出債成票及他人債票에ᄃᆞ保居間等事로或着名或捺章과至於各廛各舖ᄒᆞ야雖一錢價値貨物이라도外上等事ᄂᆞᆫ并爲勿施次로玆以廣布ᄒᆞ오니內外國人은切勿見欺後悔ᄒᆞᆷ

南部席洞三十四統九戶 安召ᄉᆞ 告白

本人이龍川府楊市에救世病院을設립ᄒᆞ고醫師金鳳天氏를迎聘ᄒᆞ와兩年視務이옵다가金鳳天氏ᄂᆞᆫ不得已ᄒᆞᆫ事로還家ᄒᆞ옵고京城魚丕信濟衆院에셔卒業ᄒᆞᆫ醫學博士金熙영氏를迎聘ᄒᆞ와同化病院이라改稱ᄒᆞ옵고凡百을十分擴張하오니內外科를勿論ᄒᆞ고疾病에辛苦ᄒᆞ시ᄂᆞᆫ同胞ᄂᆞᆫ來議ᄒᆞ시면本院에셔ᄂᆞᆫ濟衆에目的을達ᄒᆞ고 僉君子ᄂᆞᆫ康寧의幸福을享ᄒᆞᆯ터이오니照亮ᄒᆞ시옵

隆熙三年十二月 日

龍川楊市同化病院主務黃菊保

京城水道共用栓給水廣告

自十二月八日爲始ᄒᆞ야各共用栓을今日新聞과配傳ᄒᆞᄂᆞᆫ時間表를依ᄒᆞ야每日開栓給水ᄒᆞ며水票ᄂᆞᆫ各共用栓附近마다水票賣下所에셔三十一지게式(石油桶二枚가卽一지게)汲水ᄒᆞᆯ票紙一枚에金貳拾捌錢式에賣下ᄒᆞ깃고水道水를每지게式請求ᄒᆞᆯ時마다水標를來呈ᄒᆞ시옵

但水標分賣所幾處를增募ᄒᆞ오니共用栓附近에居住ᄒᆞᄂᆞᆫ僉君子ᄂᆞᆫ速速來議ᄒᆞ시옵

大韓水道會社

本人의姓名圖章과李世鎭氏담價九百兩標壹丈을陰曆十月初六日勿禁등地에셔失ᄒᆞ오니圖章은勿施ᄒᆞ고錢標ᄂᆞᆫ歸於休紙ᄒᆞ시물伏望ᄒᆞᆷ

梁山郡하北面草山里居일統二戶 李相호 告白

本人이慶南靈山郡桃泉面居ᄒᆞ옵더니父親輔權氏가上京ᄒᆞᆫ지于今七年에消息이無ᄒᆞ와玆에廣告ᄒᆞ오니誰某시던지或相知ᄒᆞ시고通知ᄒᆞ시면厚謝ᄒᆞ깃ᄉᆞᆸ니다

南門外藍井洞二百三十統十壹戶朴聖龍家留子辛龍憲 告白

本人에山녹이在於光化面地境등地矣去丁酉年分逢賊患難中셔失故玆以仰告誰某拾知切勿施行ᄒᆞᆷ

龍光化地境北谷 李元贊 白

本人이去陰八月分에金五百圓을李氏前이라記ᄒᆞ고鍾路全典瑞處에二朔邊二十圓에捧標債給이더니去陰九月廿七日에本人의家屋失火時에該標紙를셔失ᄒᆞ엿ᄉᆞ오니內外國人間若爲拾得則休紙施行ᄒᆞ시옵

平壤隆德面彰池洞田舜九白

朔寧郡守文台源氏와郡主事朴宗烟氏가本郡學校에補助金十圓을每朔月俸ᄒᆞ고且本郡民崔氏署丞公山訟에對ᄒᆞ야公直判決ᄒᆞ엿다고郡民이擧皆稱頌ᄒᆞ엿다더라

朔寧郡郡內面大寺里 崔炳善 告

方今嶺南大邱에藥令이不遠ᄒᆞᆫ故本商會에셔特別이測量界僉員의게便宜을圖ᄒᆞ기爲ᄒᆞ와代理점을大邱驛北門外東美運送部內의特設ᄒᆞ엿ᄉᆞ오이測量機械을右所總務李重來氏의게相議ᄒᆞ심을敬要

測量器械 製圖器械 販賣商

京城南部棗洞六十二統十戶

KIM 金龍商會 謹告

本人이大韓醫院學員을爲ᄒᆞ와永遠寄宿舍를建築이온바宿所와食品을精潔케ᄒᆞ오니 僉員은照亮ᄒᆞᆷ

統內永遠寄宿舍主人 金鍾憲 金濟翼 白

本所에셔各種洋말을製造ᄒᆞ옵고特爲廉價로發賣ᄒᆞ오니願買僉君子ᄂᆞᆫ光臨請求ᄒᆞ시옵

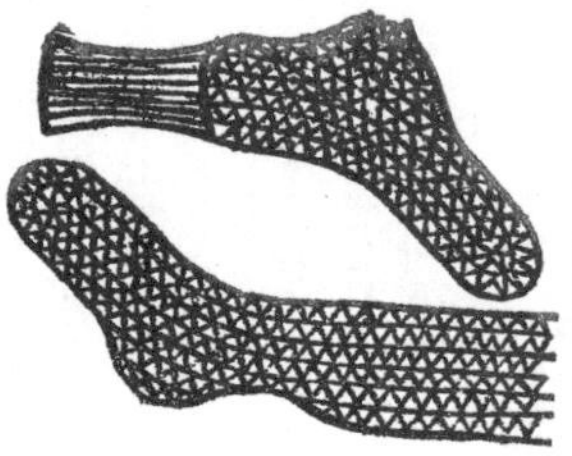

京城東大門外第二伏車橋十一統五戶

東興洋말製造發賣所

林漢英 告白

內部認可

商業經營法 全

安國善氏 著

一 商業經營法 은文明的商業의方法을指導ᄒᆞ며法律上商事의規定을說明ᄒᆞᆫ商業界의顧問이오

一 商業經營法 은商行爲의奇妙ᄒᆞᆫ術法과商去來의深奧ᄒᆞᆫ手段을陳述ᄒᆞᆫ商業家의秘訣이오

一 商業經營法 은會社設립節次와手形行使法과銀行去來等을論述ᄒᆞᆫ商業有志者의座右銘이오

一 商業經營法 은商業上의原理와經濟上의現象을實際的으로抄寫ᄒᆞᆫ實業學校의教科書오

定價金 四十錢 郵送料 四錢

廣學書舖 發行

京城中部布屛下三十七統六戶 廣學書舖金상萬謹告

本所에셔洋屬毛織을各色直輸入ᄒᆞ야廉價로發賣ᄒᆞ옵ᄂᆞᆫ디物品과織組가堅固ᄒᆞ며染色이不變ᄒᆞ와經濟上에第一要緊ᄒᆞ오며各地方貿易을便利케爲ᄒᆞ와郵便小包로酬應ᄒᆞ야代金을引換ᄒᆞ겟ᄉᆞ오니 僉君子ᄂᆞᆫ陸續請求ᄒᆞ심을伏望

京城小龍洞 洪順福 毛織商店

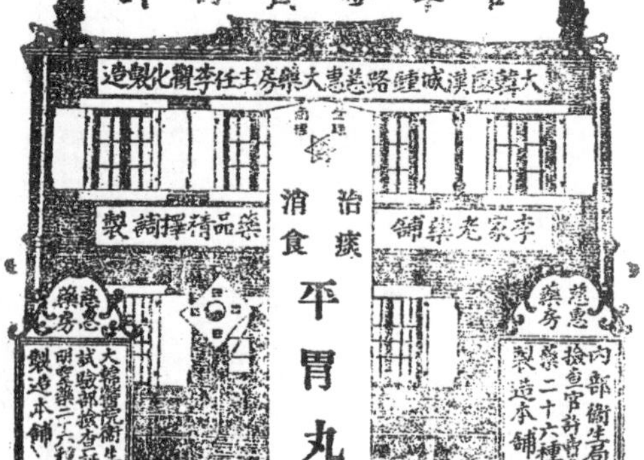

各種東西洋藥韓國唐草材大發賣所 和平堂藥房

藥商의게ᄂᆞᆫ特減大賣ᄒᆞᆷ

八寶丹

效能 主治 ○新舊滯 ○水土不服 ○胸腹痛 ○咳嗽 ○諸般病 ○恒常食後

婦人冷病帶下月經不調等에靈藥 一劑金五圓

梅毒下疳頭瘡風濕瘡에一切神效 一劑金四圓

阿片引을斷ᄒᆞ고元神回復ᄒᆞᄂᆞᆫ藥 一劑金五圓

另告 其他國內各藥房에셔製造ᄒᆞᆫ各種靈藥이俱備ᄒᆞ오니隨用請求ᄒᆞ시면迅速히代金引換으로付送ᄒᆞ게슴니다

京城鍾路 仁川柤峴 平壤鍾路 和平堂主人 李應善

遠地에ᄂᆞᆫ小包로信送ᄒᆞᆷ

京 城 Seoul Water Supply. 水 道

Time-Table for Opening of Service Hydrants.

午前 a. m. 共用栓開栓時間表 午後 p. m.

區域 \ 時間	6-30	7-00	7-15	7-30	7-45	8-00	8-15	8-30	8-45	9-00	9-15	9-30	9-45	10-00	10-15	10-30	10-45	11-00	11-15	12-30	1-00	1-30	1-45	2-00	2-30	3-00	3-15	3-30	3-45	4-00	4-15	4-30	4-45	5-00
1	1	2		3		4		5		6			7		8		9		10		11	12		26	25	24		23		22		21		20
2	13	14		15		203		16		17		18		28		27		19		13	14	15		203	16	17		18		28		27		19
3	29	30		31		32		33		34		35		36		37		38		29	30	31		32	33	34		35		36		37		38
4	39	40		41		42		43		58		47		44		45		46		39	40	41		42	43	58		47		44		45		46
5	52	51		50		49		48		57		56		55		54		53		52	51	50		49	48	57		56		55		54		53
6	68	69		70		71		72		73		59		60		61		62		68	69	70		71	72	73		59		60		61		62
7	74	75		82		98		81		80		78		79		77		76		74	75	82		98	81	80		78		79		77		76
8	87	86		85		84		83		99		97		96		94		95		87	86	85		84	83	99		97		96		94		95
9	137	136		135		133		134		102		101		100		92		93		137	136	135		133	134	102		101		100		92		93
10	114	115		116		117		118		119		110		111		112		113		114	115	116		117	118	119		110		111		112		113
11	109	107		108		120		121		126		125		124		122		123		109	107	108		120	121	126		125		124		122		123
12	106	105		104		103		132		131		129		127		128		130		106	105	104		103	132	131		129		127		128		130
13	153	154		156		157		155		152		151		150		143		138		153	154	156		157	155	152		151		150		143		138
14	139	140		141		142		144		145		146		147		148		149		139	140	141		142	144	145		146		147		148		149
15	91		88		89		90		165			164			163			162		91	88		89		90		165		164		163		162	
16	167		166		172		171		170			168			216			161		167	166		172		171		170		168		216		161	
17	179		178		182		177		176			175			174			173		179	178		182		177		176		175		174		173	
18	63		65		67		66		64			180		181		183		184		63	65		67		66	64		180		181				184
19	193		186		192		185		187			188		189		190		191		193	186		192		187	187		188		189				191
20	202		194		195		201		200		196		199		204		207			210	212	211		209	208	206		205			198			197
21	213		160		169		159		158			217			214			215		213	160		169		159		158		217		214		215	

Note:-The figures refer to numbers painted on the Service Hydrants. Tickets, each costing 28 sen and available for 31 jiggy loads of water, can be purchased at shops adjoining every Hydrant. Each Hydrant will be opened twice daily for half to three-quarters of an hour. except those in districts Nos. 1 and 20, which will only be opened once.

表中ノ數字ハ共用栓ノ番號ヲ示ス各共用栓ノ附近ニ水券(三十一負荷分廿八錢)販賣所ヲ設ク、各共用栓ハ表記 開栓時間後三十分乃至四十五分間一日二回開栓ス、但第一區及ヒ第廿區ニ於テハ一日一回トス

告白 使用水管數目開列 凡附近水管有店舖發賣水牌每牌准挑三十一担水價値二十八錢各號水管每日開二次每次約三十分乃至四十五分鐘之久惟第一號及第二十號水管每日僅開一次特此告白

西曆千九百〇九年十二月一日

廣告

凡城內에不良ᄒᆞᆫ井水를飮用ᄒᆞᆷ으로由ᄒᆞ야生ᄒᆞᄂᆞᆫ衛生上危害을注意케ᄒᆞ기爲ᄒᆞ야茲以廣佈ᄒᆞ옵ᄂᆞᆫ디그井水가飮用ᄒᆞ기에不適ᄒᆞ고危害ᄒᆞᆫ理由를試問ᄒᆞ건디其事由가如左ᄒᆞᆷ

一、漢城갓치人衆ᄒᆞᆫ都會에셔淺井水를取用ᄒᆞᄂᆞᆫ데水質이飮用에不適ᄒᆞ고危害치안이ᄒᆞᆫ水가無ᄒᆞᆷ은非他라地中에셔水가井中으로浸入ᄒᆞᆯ時에所經地域이不潔ᄒᆞ고汚濁ᄒᆞᆫ고로井水에不潔ᄒᆞᆫ거시混合ᄒᆞ미요如是不潔ᄒᆞᆫ거시即生病케ᄒᆞᄂᆞᆫ根因이온디特히腸炎病과吐瀉病과痢疾과虎列刺病의原因됨이라

二、近間에大韓醫院에셔漢城內各處十四個所井水水質를化學的試驗을經ᄒᆞ야써本會社水道水와比較ᄒᆞ얏ᄂᆞᆫ디各處井水가統히不良ᄒᆞᆯ뿐不啻라飮用에不適ᄒᆞ며危害ᄒᆞ다ᄒᆞ고本水道에水質은良好ᄒᆞ다ᄒᆞ고該院에셔確實證明ᄒᆞ얏스니勿論誰某ᄒᆞ고該試驗成蹟表을願見ᄒᆞ시거든鍾路本會社로來臨考覽ᄒᆞ시옵

三、純良ᄒᆞᆫ水를引用ᄒᆞᆷ으로써疾病을減ᄒᆞ고死病에罹ᄒᆞᆯ者의數를多히減ᄒᆞᆯ뿐不啻라一城之民에健康을增進ᄒᆞ고安寧을永享ᄒᆞᆷ은世界에셔普通經驗ᄒᆞᆫ事實이며醫藥上消費金을減省ᄒᆞ미不少ᄒᆞᆯ티이요尙且多大ᄒᆞᆫ利益은即生命을廣濟ᄒᆞ고罹病之患이無ᄒᆞ며體育上氣力이强壯케ᄒᆞᆷ으로人民의氣勢가降盛ᄒᆞ야一城의發展이增益케ᄒᆞᄂᆞᆫ게인데此漢城은如是히他都會에셔經驗ᄒᆞᆫ實蹟으로써此案을可히鑑定ᄒᆞᆯ슈가有ᄒᆞᆫ지라大抵此等詳報ᄅᆞᆯ人人이不可熟知라故로茲에詳細說明ᄒᆞ야世界各都會處에셔不良ᄒᆞᆫ井水ᄂᆞᆫ閉塞ᄒᆞ고純良ᄒᆞᆫ水를飮用ᄒᆞᆷ으로由ᄒᆞ야見利ᄒᆞᆫ거시何如ᄒᆞᆫ게多大ᄒᆞᆫ은거슬左에告明ᄒᆞ노라

亞米利加洲클람비아都市ᄂᆞᆫ飮料水를漢城과갓치不良ᄒᆞᆫ井水ᄂᆞᆫ或純良ᄒᆞᆫ江水로供給ᄒᆞ엿ᄂᆞᆫ티一市五區域內에腸炎病(專히不良ᄒᆞᆫ水를飮用ᄒᆞᆷ으로由ᄒᆞ야生ᄒᆞᄂᆞᆫ病)을罹ᄒᆞ야死者의數가添增ᄒᆞ야比例的으로分配ᄒᆞᆫ즉每區域에井數와近似ᄒᆞᆫ지라各區에井水及死者의數가如左ᄒᆞᆷ

每年腸炎病에罹ᄒᆞ야死者의數爻	水井의數爻
一九七	一四〇
一七九	七〇
二四	三四
八四	四七
五二	一八

該病을罹而免死者의數ᄂᆞᆫ右第一行의記ᄒᆞᆫ數爻에近於十倍로計之인즉病死者의數가該地各處에有ᄒᆞᆫ井數를比例的分配數를隨ᄒᆞ야增加ᄒᆞᆫ거슬昭然可知더라

純良ᄒᆞᆫ水를飮用ᄒᆞᆷ으로由ᄒᆞ야見利ᄒᆞᆫ事實의確據가有ᄒᆞᆫ거슬左開表中에茲又論明ᄒᆞ노니此ᄂᆞᆫ世界各都會處에셔純良ᄒᆞᆫ水道給水를敷設以前에와現今漢城과如히給水를敷設ᄒᆞᄂᆞᆫ期間에와敷設ᄒᆞ야飮用以後에每年平均一萬人에對ᄒᆞ야腸炎病을罹ᄒᆞ여死ᄒᆞᆫ者의數를示明ᄒᆞᆷ

每年平均一萬人에對ᄒᆞ야腸炎病의罹ᄒᆞ야死者에數爻

各都市의名稱	水道給水飮用以前	給水敷設期間	敷設後飮料水供給時
무늬치	二二	一四	六、三
단식	二〇		二、四
부러슬로	一〇	四、一	三、二
푸랜크포트	七、四	五、九	一、五
伯林	九、二	七、六	二、九
뷔에나	一二、〇	四、八	二、一
쌕루셀	一〇、	八、六	三、七
倫敦	一〇、二	九、三	四、五
보쓰톤	一七、四	六、六	五、六
부루쿠린	三、二	二、二	一、五

統히此事實에對ᄒᆞ야世界에셔一定ᄒᆞᆫ決言이有ᄒᆞ니即純良ᄒᆞᆫ飮料水ᄂᆞᆫ生命을健康케ᄒᆞᄂᆞᆫ데最大緊要者라ᄒᆞ고不良ᄒᆞᆫ水를飮用ᄒᆞ얏써도氣力이猶爲壯健ᄒᆞ다고迷信치말지어다不良ᄒᆞᆫ水를飮用ᄒᆞ야써도氣力은姑爲康健ᄒᆞᄂᆞᆫ疾病과死亡에危患을罹ᄒᆞᆯ外恒常憂慮中에셔生長ᄒᆞ얏다ᄒᆞᆫ거시요九泉之下로千百人이ᄂᆞᆫ逝去者가此關重이如何ᄒᆞᆷ을早先曉得ᄒᆞ야緊切히預防ᄒᆞ얏드면身體가猶爲健康ᄒᆞ야安享ᄒᆞ얏슬者ㅣ多有ᄒᆞᆯ거시即虎列刺病과痢疾과腸炎病과吐瀉病과外他傳染病에罹ᄒᆞ야非命横死者ㅣ是也며又此關係를曉解ᄒᆞ야壯盛ᄒᆞᆫ게安享ᄒᆞᄂᆞᆫ他國都市와漢城의死亡者計算表와相照ᄒᆞ면漢城은幾乎三四倍ᄂᆞᆫ其數가尤多ᄒᆞ니豈不惜哉아

近間에醫學博士쓰크랜튼氏의來函을接閱ᄒᆞ온즉以上事實의緊要ᄒᆞᆫ바를確然히証明ᄒᆞ얏기로左에譯載ᄒᆞᆷ

啓者ᄂᆞᆫ大抵不純ᄒᆞᆫ飮料水와不潔ᄒᆞᆫ井水로由ᄒᆞ야生ᄒᆞᄂᆞᆫ危害ᄅᆞᆯ臆測키不能ᄒᆞ며漢城에死亡者의數가多ᄒᆞ온데特히夏間에와及其他時節에虎列刺病과吐瀉病과其他傳染病이頻頻히流行ᄒᆞᆷ은即城內井水가顯然히不良ᄒᆞᆫ所致인줄을昭然可知라故로凡他大都市에셔ᄂᆞᆫ人衆ᄒᆞᆫ地域에有ᄒᆞᆫ井水ᄂᆞᆫ飮用키不能ᄒᆞ고純良ᄒᆞᆫ水로供用ᄒᆞᆷ이緊要的으로認行ᄒᆞᄂᆞᆫ지라此漢城及附近에有ᄒᆞᆫ水井은太半이ᄂᆞᆫ淺近ᄒᆞ야各種汚物과害毒物이混合ᄒᆞ엿ᄂᆞᆫ데黴菌은危險ᄒᆞᆫ病을生케ᄒᆞ며腐敗的과奇生動物의卵이(蛔虫等物의卵)多數히含有ᄒᆞ야셔食飮料用에不適ᄒᆞ며凡水의純良與否ᄂᆞᆫ其味로以ᄒᆞ야判斷키不能ᄒᆞᆫ거시水의部分이不純ᄒᆞᆷ을含有ᄒᆞ얏스면미양佳香好味를早ᄒᆞᄂᆞᆫ事實이有ᄒᆞᆫ지라今般水道를新設ᄒᆞ야飮料水를供給ᄒᆞᆫ즉漢城人民이從來使用ᄒᆞ든井水의危險ᄒᆞ든바를可히免ᄒᆞ겟다ᄒᆞ노라此水道水를大韓醫院의셔精密히試驗ᄒᆞ엿ᄂᆞᆫ데水가極히純良ᄒᆞᆫ事로認證ᄒᆞ엿슨즉是以로食飮用으로城中에井水를取用ᄒᆞᆷ을廢止ᄒᆞ고此水道水로代用ᄒᆞᄂᆞᆫ거시最히完全ᄒᆞ고賢明ᄒᆞᆫ方法이라可謂ᄒᆞᆯ지옵니다

一千九百九年二月十八日在韓國京城醫學博士쓰크랜튼謹函이라ᄒᆞ엿스니唯望

僉彦은當此時機ᄒᆞ야一般勸諭를嘉納ᄒᆞᆯ지어다

城內에不純ᄒᆞᆫ井水를飮用ᄒᆞᆯ時마다곳生命에健康을危害케ᄒᆞ미라是以로巨額金을消費ᄒᆞ여水道를敷設ᄒᆞ와給水케ᄒᆞᄂᆞᆫ데井水와如히不費少額ᄒᆞ고取用ᄒᆞ기ᄂᆞᆫ勢不可得이ᄂᆞᆫ試用者도既多언이와實是價格이低廉ᄒᆞᆫ거슬不久可解라最極純良ᄒᆞᆫ漢江水를供給之方과給水架設ᄒᆞᄂᆞᆫ費額이如何ᄒᆞᆫ거슨鍾路大韓水道會社로來臨ᄒᆞ시면詳細告明ᄒᆞ올니다

一千九百九年十二月一日

有限責任 **大韓水道會社支配人兼技師長** 에취、지、포쓰터바함 **告白**

檀君開國四千二百四十二年
箕子元年三千三十一年
大韓開國五百十八年
本報創刊日
光武八年七月十八日

大韓每日申報

發行兼編輯人　英國人 萬咸
Responsible for Publication Alfred Weekley Marnham
發行所
京城南部石井洞三層洋屋家
大韓每日申報社

第七卷　月曜及慶節歲時日休刊　第一千二百六十号

論說

◉再告韓國同胞

嗚呼大韓全國同胞아彼幾個妖魔一進會爲名者가同胞의手를縛ᄒᆞ며同胞의口를鉗ᄒᆞ며同胞의皮를剝ᄒᆞ며同胞의血을吸ᄒᆞ며水로同胞의頭에灌ᄒᆞ며火로同胞의胷에投ᄒᆞ며刀山劍藪荊天棘地로同胞의前途를掩ᄒᆞ야檀君子孫二千萬人을一個도子遺업시滅盡코ᄌᆞᄒᆞᄂᆞᆫ되同胞ᄂᆞᆫ엇지默然히坐視ᄒᆞ리오

彼가果然何天에落來ᄒᆞᆫ妖魔인가其前後歷ᄉᆞ가但只亾國滅種ᄒᆞᆯ行事ᄲᅮᆫ이라其罪를盡書ᄒᆞ라면南山의竹도猶少ᄒᆞᆯ지라今에大略만擧ᄒᆞ건ᄃᆡ露日의砲聲이纔訖ᄒᆞ미卽時宣言書를發ᄒᆞ야四千載國權을永移케ᄒᆞᆫ者도一進會오海牙問題를奇貨로視ᄒᆞ야其首領者로ᄒᆞ야금 太皇帝씌禪位를逼ᄒᆞ고七協約을締結ᄒᆞ야日人이滿政府되게ᄒᆞᆫ者도一進會오觀察郡守等說로愚氓을欺弄ᄒᆞ야比比히賣家鬻庄ᄒᆞ고入會케ᄒᆞᄂᆞᆫ者도一進會오偵探客이되야無辜良民을義兵이니暴徒이나ᄒᆞ야日兵銃下에慘殺를被케ᄒᆞᄂᆞᆫ者도一進會오不逞者를縱ᄒᆞ야村氓의財産을勒奪ᄒᆞᄂᆞᆫ者도一進會오農産水業의細細利益ᄭᅡ지搜探ᄒᆞ야日人에게奉呈ᄒᆞᄂᆞᆫ者도一進會오五條七協의成立日에紀念宴을大設ᄒᆞ야自國滅亾을慶祝ᄒᆞᄂᆞᆫ者도一進會오討滅隊를組織ᄒᆞ야同胞ᄭᅵ리自相屠殺ᄒᆞᄂᆞᆫ者도一진會오螟蛉敎育을主張ᄒᆞ야第二世國民되ᄂᆞᆫ者의精神을剝奪ᄒᆞ야外國을崇拜케ᄒᆞᄂᆞᆫ者도一진會오國家를賣渡ᄒᆞ고其酬勞金을受ᄒᆞ야幾個頭領이洋洋히分食ᄒᆞᄂᆞᆫ者도一진會오軍隊를散ᄒᆞ던지法權을撤ᄒᆞ던지一府禍坑이深ᄒᆞ미欣欣히舞蹈ᄒᆞᄂᆞᆫ者도一진會오其긔關國民新報를設ᄒᆞ야指鹿爲馬의奸筆을揮ᄒᆞᄂᆞᆫ者도一진會오逆賊政府와腸肚가相連ᄒᆞ야日로賣國을是事ᄒᆞᄂᆞᆫ者도一진會오其凶魁宋秉畯을日本에送置ᄒᆞ야惟祖國滅亾을計圖ᄒᆞᄂᆞᆫ者도一진會니嗚呼라八萬里地球를踏遍ᄒᆞ며四千載歷ᄉᆞ를掀翻ᄒᆞ야도一진會ᄀᆞᆺᄒᆞᆫ賣國賊이豈有ᄒᆞ리오

今日大韓에何物이餘存ᄒᆞ엿ᄂᆞᆫ가外交도彼賊이賣渡ᄒᆞ엿ᄉᆞ며軍警도彼賊이賣渡ᄒᆞ엿ᄉᆞ며森林礦山도彼賊이賣渡ᄒᆞ엿ᄉᆞ며敎育權도彼賊이賣渡ᄒᆞ엿ᄉᆞ며司法權도彼賊이賣渡ᄒᆞ엿ᄉᆞ며政府官吏窠도彼賊이미渡ᄒᆞ고餘存ᄒᆞᆫ者ᄂᆞᆫ大韓이라名稱ᄒᆞᄂᆞᆫ空殼子ᄲᅮᆫ이러니今에ᄂᆞᆫ彼賊이此空殼子ᄭᅡ지一口에齧碎코ᄌᆞᄒᆞ야所謂合邦聲名서가出ᄒᆞ엿나니嗚乎同胞여知ᄒᆞᄂᆞᆫ가否ᄒᆞᄂᆞᆫ가

大抵此國은二千萬國民의國이오一進會의國이아니어ᄂᆞᆯ國民이국事를不問ᄒᆞᆷ으로彼幾個妖賊이得得히自躍ᄒᆞ야국民代表라自稱ᄒᆞ고셔五條約을歡迎ᄒᆞ며七協約을締結ᄒᆞ야全국同胞를悲境에驅入ᄒᆞ고今又未足ᄒᆞ야韓日合邦論을主唱ᄒᆞ나니嗚乎同胞아生ᄒᆞ엿ᄂᆞᆫ가死ᄒᆞ엿ᄂᆞᆫ가

或者ᄂᆞᆫ長病에苦痛을忘ᄒᆞᆷ갓치五條約日에熱沸ᄒᆞ던血이冷ᄒᆞ며七協約時에狂發ᄒᆞ던氣가灰ᄒᆞ야合邦의聲明서가巷谷에雪飛ᄒᆞ야도尋常히看過ᄒᆞ나試思ᄒᆞ라合邦以後에ᄂᆞᆫ檀君을背ᄒᆞ고天照太神을奉ᄒᆞᆯ지며君父를棄ᄒᆞ고明治天皇을拜ᄒᆞᆯ지며祖國旗를抛ᄒᆞ고太陽의彼旗를擎ᄒᆞ리니同胞此時에心中이何如히苦痛ᄒᆞᆯ깃나뇨

奇哉라彼一진會의魔舌이여外交權의讓渡를獨立의福音이라ᄒᆞ며一般利益의剝奪을幸福의種子라ᄒᆞ던故技를又演ᄒᆞ야今其洋洋滿紙의聲明서에合邦ᄒᆞ면 皇室이尊崇된다ᄒᆞ며合邦ᄒᆞ면民복이增進된다ᄒᆞ며合邦ᄒᆞ면保護의羞恥가脫却된다ᄒᆞ니嗚乎라深深地獄을天國이라指稱ᄒᆞᄂᆞᆫ惡魔아其舌의奸慝ᄒᆞᆷ과其辭의불敬ᄒᆞᆷ이엇지此極의至ᄒᆞ나뇨

蔽一言ᄒᆞ고彼一진會ᄂᆞᆫ韓국이一寸이라도餘ᄒᆞ면一寸을滅ᄒᆞ며韓民이壹個라도餘ᄒᆞ면壹個를殺ᄒᆞ라ᄒᆞᄂᆞ니同胞同胞아知ᄒᆞᄂᆞᆫ가否ᄒᆞᄂᆞᆫ가生ᄒᆞ엿ᄂᆞᆫ가死ᄒᆞ엿ᄂᆞᆫ가

外報

◉總督排斥　清國直隷省人民은新任總督陳夔龍氏를排斥키爲ᄒᆞ야運動에着手ᄒᆞᆫ다더라

◉兩國同意　英德兩국政府ᄂᆞᆫ比利時의公果국行政改革에對ᄒᆞ야同意ᄒᆞᆯᄲᅮᆫ이오特別要求ᄂᆞᆫ無ᄒᆞ리라더라

◉歐洲暴風　歐洲에ᄂᆞᆫ大暴風이起ᄒᆞ야電信交通이一時遮斷ᄒᆞ엿다더라

雜報

◉所謂一進會合邦聲明書全文

嗟我檀君四千사神聖ᄒᆞᆫ歷ᄉᆞ를持有ᄒᆞ며我 太祖五百年創恢ᄒᆞᆫ洪基에奠居ᄒᆞᄂᆞᆫ二千萬國民同포아國家ᄂᆞᆫ獨립ᄒᆞ고人民은自由ᄒᆞ야競爭舞臺에翱翔活潑코ᄌᆞᄒᆞᄂᆞᆫ祖國精神은二千萬腦子에充滿ᄒᆞᆫ줄을勿論認知ᄒᆞᆯ바이라若其此등精神이脫落ᄒᆞ야他의羈絆되기를安ᄒᆞ며人의奴隷되기를要ᄒᆞ야阿附依賴에만甘心自嗜ᄒᆞᆯ지면此ᄂᆞᆫ紅奴黑蠻의種族도猶恥ᄒᆞᆯ것이라謂ᄒᆞᆯ지나但히局勢를盱衡ᄒᆞ고時기를善變키不能ᄒᆞ야反히沉淪의毒을吸受ᄒᆞ고亾滅의禍를坐招ᄒᆞᆯ末路에自陷코도朦然不省ᄒᆞᆯ지면祖國精神이腦子에充滿ᄒᆞᆯ지라도已無及矣의恨을抱ᄒᆞᆯ다름이니此를際ᄒᆞ야杞天을憂치아니치못ᄒᆞᆯ今日이라試思ᄒᆞ라國民二千萬口의目前岌嶪ᄒᆞᆫ現狀이果然何如ᄒᆞ뇨欲生不得生ᄒᆞ며欲死不得死ᄒᆞ야奴隷犧牲의悲境에墮落ᄒᆞᆫ今日에坐ᄒᆞ야過去를推ᄒᆞ고將來를思ᄒᆞᆯ지면前塗가茫蒼ᄒᆞ고晨光이叢迷ᄒᆞᆫ感念이豈無ᄒᆞ리오此ᄂᆞᆫ天의不恤ᄒᆞᆷ도不是오人의自取라謂ᄒᆞᆯ지니甲午에日本이日清戰役을起ᄒᆞ야巨億의戰費를消ᄒᆞ고累萬의戰士를喪ᄒᆞ야清國의羈絆을脫却ᄒᆞ고我韓의獨립을確有ᄒᆞ엿거ᄂᆞᆯ政治를濁亂ᄒᆞ고好訌를排격ᄒᆞ야此萬世基礎를善守키不能ᄒᆞᆷ도我韓人의自取오畢竟日露戰爭의因果를媒介ᄒᆞ야日本의損害가甲午에十倍나生ᄒᆞᆷ을不顧ᄒᆞ고露人의虎口에一塊肉을免케ᄒᆞ고東洋全局의平和를維持ᄒᆞ엿거ᄂᆞᆯ此善隣主義를樂從키不能하고朝秦暮楚의弊害가生ᄒᆞᆷ으로外交權을他에讓與ᄒᆞ고保護條約을成립ᄒᆞᆷ에至ᄒᆞᆷ도我韓人의自取오韓日關係가既히親密ᄒᆞᆫ以來에憾情을融解ᄒᆞ며工藝를師受ᄒᆞ야文明模範을寸取尺進ᄒᆞᆯ것이어ᄂᆞᆯ反히海牙問題를生ᄒᆞ야一大政變을喚起ᄒᆞ고七條約을繼續成립ᄒᆞᆷ도我韓人의自取오時勢一變ᄒᆞᆫ以後에도殖産을是懋ᄒᆞ야生活을舒케ᄒᆞ며敎育을是展ᄒᆞ야智識을達케ᄒᆞᆯ거이어ᄂᆞᆯ三年間一事를不張ᄒᆞ며一業을不振ᄒᆞ야內에ᄂᆞᆫ權利를競爭ᄒᆞ고外에暴匪가猖獗ᄒᆞ야人民의生活이朝不慮夕ᄒᆞ야漸漸極度에陷케ᄒᆞᆷ도我韓人의自取오伊藤太師의人民을懷綏ᄒᆞ며 東宮을輔導ᄒᆞ야我韓에殫勞ᄒᆞᆷ이可히難忘ᄒᆞᆯ거이어ᄂᆞᆯ意外의哈爾賓變怪를生ᄒᆞ야日本全國의輿論이沸등ᄒᆞ야對韓政策에根本的解決을主唱ᄒᆞᆷ이何등危險을喚起ᄒᆞᆯᄂᆞᆫ지不知ᄒᆞᆷ도我韓人의自取이니我韓은自是專制政治이라人民의權利를束縛ᄒᆞ야不敢自由ᄒᆞ던民族인즉其自取ᄒᆞᆫ責任은擔任ᄒᆞᆯ者ㅣ有ᄒᆞ거니와過去를推ᄒᆞ야將來를思ᄒᆞᆯ지면安危存亾이決코民族의責任에在ᄒᆞᆫ前途이라可히不遠ᄒᆞᆫ殷鑑을不照ᄒᆞ며可히既覆ᄒᆞᆫ越車를不戒ᄒᆞ야五百年宗社ᄂᆞᆫ邱墟에歸ᄒᆞ고二千萬生命은靡有子遺ᄒᆞᆫ慘境에自陷ᄒᆞᆷ을忍히越視秦瘠ᄒᆞᆷ今日이리오今日은何日인고外交一欵은既히讓與ᄒᆞᆫ結果가有ᄒᆞ거니와財政이我에在ᄒᆞᆫ가軍기가我에在ᄒᆞᆫ가通信이我에在ᄒᆞᆫ가法章이我에在ᄒᆞᆫ가所謂條約은一死物에便歸ᄒᆞ고駸駸然국氣民命은一死地에自落ᄒᆞ니今日이非復昨日인즉明日이又安知非復今日이리오然즉昨日에今日은불知ᄒᆞ엿거니와今日에明日을不得不豫備ᄒᆞᆯ지니嗟我二千萬국民의腦子에充滿ᄒᆞᆫ祖국精神를奮발ᄒᆞ고大聲疾呼ᄒᆞ야方今日本輿論의主唱ᄒᆞᄂᆞᆫ根本的解決이라ᄂᆞᆫ問題에對ᄒᆞ야瀾을방ᄒᆞ며波를息ᄒᆞ고我 황帝陛下와大日本 天황陛下의天聽에上徹ᄒᆞᄂᆞᆫ一團精誠으로哀訴ᄒᆞ야我皇室의萬歲尊崇ᄒᆞᄂᆞᆫ基礎를鞏固ᄒᆞ며我人民의一等待遇ᄒᆞᄂᆞᆫ福利를享有ᄒᆞ야政府와社會를益益展발ᄒᆞ기로主唱ᄒᆞ야一大政治긔關를成立ᄒᆞᆯ지면我韓의保護劣등에在ᄒᆞᆫ羞恥를解脫ᄒᆞ고同등政治의在ᄒᆞᆫ權利를獲得ᄒᆞᄂᆞᆫ法律上政合邦이라謂ᄒᆞᄂᆞᆫ一問題이라此를了解키不能ᄒᆞᄂᆞᆫ者ᄂᆞᆫ合倂이니附庸이니屬국이니領土이니色色不同ᄒᆞᆫ訛言을煽動ᄒᆞ야人心을疑惑ᄒᆞ고국是를攪亂ᄒᆞ야茫昔ᄒᆞᆫ前途를去益昏迷케ᄒᆞᄂᆞᆫ曚昧者流이니不足擧論이어니와老鍊ᄒᆞᆫ政治家와慷慨ᄒᆞᆫ有志士ᄂᆞᆫ此擧에對ᄒᆞ야日本이對韓政策에此를容認ᄒᆞᆯᄂᆞᆫ지不知허깃다고思慮를勞焦ᄒᆞᆯ지니果然日本황室과政府와輿論이此를容認ᄒᆞᆯᄂᆞᆫ지도不知ᄒᆞᆫ즉我二千萬國民의일同訴求ᄒᆞᆯ精誠에在ᄒᆞᆫ지라嗚呼라此를幸히成립ᄒᆞ야兩翼同飛ᄒᆞ며兩輪共轉의政治範圍下에欲生不得生ᄒᆞ고欲死不得死ᄒᆞᄂᆞᆫ我二千萬國民은奴隷된侮蔑를脫ᄒᆞ며犧牲된困苦를免ᄒᆞ고同等伍列에一新回避ᄒᆞ야餘地에確立ᄒᆞ고前步를試進하야實力을養成ᄒᆞ면前途의快樂을享有ᄒᆞ고他日의活躍을可得ᄒᆞᆷ은確然明瞭ᄒᆞᆯ바이라嗚呼라今此萬死一生의路를訴求ᄒᆞᆷ은檀君四千사歷ᄉᆞ와 太祖五百年洪基의宗廟社稷을永奠ᄒᆞ며神聖民族을安堵코ᄌᆞᄒᆞᆫ일片公心에出ᄒᆞᆷ이오若其時긔를利用코ᄌᆞᄒᆞᆯ지면天神必殛ᄒᆞᆯ지니唯我二千萬國民同胞의게誓告ᄒᆞᄂᆞᆫ此旨를聲明ᄒᆞ노라

詞藻

❀미國賊❀

人類아닌긔즘승도、제主人을
몰져마다、
쇠리치며압발들고、반겨라고
뛰놀거든、
엇지타、미國賊의더무리ᄂᆞᆫ、外
人보면。

電報

◉同志議決　日本에셔는新聞記者及政治家의組織된朝鮮問題同志會에셔昨夜開會ᄒ고韓國問題에關ᄒ야決議文을發布ᄒ엿다더라　東京發　七日着

雜報

◉義王陛見　義親王殿下씌옵셔　大皇帝陛下게　陛見ᄒ고今番所謂一進會聲明書에關ᄒ事를上　奏ᄒ다가歔泣ᄒ셧다는說이有ᄒ다더라

◉尹李相談　皇后宮大夫尹寓善氏는再昨日下午七時頃에宮中顧問李允用氏를訪問ᄒ고今番一進會聲明書에關ᄒ야一場談話ᄒ엿다더라

◉永宣省楸　永宣君李埈鎔氏는再昨日下午二時에往十里完恩君墓所에前往省楸ᄒ엿다더라

◉大臣會議　李總理以下各大臣及各參與官은昨日下午一時에統監邸에會集ᄒ야定例大臣會議를開ᄒ엿다더라

◉木內入城　農商工部次官木內重四郞은昨日下午八時에入城ᄒ엿다더라

◉宴則可乎　再昨日은中樞院顧問李址鎔氏의生日인故로龍山江亭에셔盛宴을開ᄒ고　황族及高등官諸氏를請邀ᄒ엿는ᄃ妓樂이多數등待ᄒ미李氏가言ᄒ기를現今民국多事ᄒ時에기樂이不可ᄒᄲ더러新聞上에批評이有ᄒ터이니謝却ᄒ라ᄒ엿다더라

◉宋會沒況　向日漢城府民會長俞吉濬氏가滯日ᄒ時에宋秉畯이가東京三緣亭에宴會를開ᄒ고俞氏及日本在野政客三千名을請帖ᄒ엿는ᄃ來參者가三十人에不過ᄒ엿고其中一人은宋을對ᄒ야無數詬辱ᄒ으로會況이無聊ᄒ엿다더라

◉凶書竟却　所謂壹진會上疏文과上內閣서는昨日에還却되엿다더라

◉誰玄乃閔　前正領玄興澤氏가직室에對ᄒ야裁判ᄒ다는事는일時誤傳의說인ᄃ該氏가承寧府委任으로皇室所管財產을推尋코저上海에滯在ᄒ閔泳翊氏와裁判ᄒ는事가有ᄒᄃ此에對ᄒ야誤傳됨이라더라

◉前期購覽　內閣大臣某氏는一進會聲明셔를발布ᄒ기前에一進會員을紹介ᄒ야該聲明셔草本을金十五圓에購覽ᄒ엿다더라

◉日賓又拒　內相朴齊純氏가韓人來賓을謝絶ᄒ다ᄒ은已報어니와近日은何等事業을做出ᄒ는지日人來訪者ᄭ지一切謝却ᄒ다더라

◉社長着仁　海蔘威韓字新聞大東共報社長露國人미하이로뷔지氏는去四日仁川에來着ᄒ엿다는說이有ᄒ다더라

◉魔魁潛伏　所謂一進會長李容九는今番合邦聲明書를發布ᄒ後로一般人民의게不意의禍를被ᄒ가恐懼ᄒ야自家에不敢住接ᄒ고該會所謂顧問內田良平과共件ᄒ야日人料理덤淸華亭에잠伏ᄒ는中이라더라

◉罪團長書　謝罪團黃應斗는何事件을因ᄒ인지再昨日內部大臣朴齊純氏에게長書를提出ᄒ엿다더라

◉宜其相賀　韓錫振氏가今番一進會에自退ᄒ은各新聞에揭布ᄒ바어니와該氏의親知人들은韓氏를訪問ᄒ고退會ᄒ事에對ᄒ야致賀ᄒ는者가답至ᄒ다더라

◉悖셔還投　一進會에셔所謂合邦聲明셔를各府部院廳奏任官以上에게各一枚式郵便으로送致ᄒ엿는ᄃ中樞院에셔는議長以下一般奏任官諸氏가悖惡ᄒ聲明셔를領受ᄒ必要가無ᄒ다ᄒ야一進會本部로還投ᄒ엿다더라

◉恐겁之故　一進會副會長洪肯燮은三昨日부터杜門不出ᄒᄲ아니라或尋訪ᄒ는者가有ᄒ면出他ᄒ엿다聲言ᄒ고來賓을一切謝絶ᄒ다더라

尹氏又退

一進會總務尹吉炳氏가一進會에對ᄒ야退會請願셔를提出ᄒ엿는ᄃ略曰今番上疏文은滿幅辭意가多有人臣所不可道之句語ᄒ니雖有殺身喪命之擧라도誓不共參於告君文字中矣니本人名을會簿에永刊ᄒ라ᄒ엿다더라

其惡難恕

壹進會副會長洪肯燮은昨日의退會하엿다는ᄃ洪은元來該會重任을帶하야此等問題를釀出하엿슨즉所犯이至重ᄒᄲ더러日前皇城新聞記者를瞞하야合邦問題를隱護하려ᄒ으로推ᄒ지라도其反覆凶險이又如何ᄒ禍心을包ᄒ시불知ᄒ지라吾儕는彼가아모리改過自新코즈ᄒ지라도其罪惡을斷然히容恕치못하리라하노라

◉到處見逐　西大門內勞働會本部에셔壹進會聲明셔를繳還ᄒ고據理峻責ᄒ엿다더라

◉有何運動　壹進會副會長洪肯燮은今明間日本에秘密渡往ᄒ다더라

◉日人推測　一進會聲明셔에對ᄒ야日人邊에셔는日本陸軍派의指嗾가有ᄒ듯ᄒ다고推測ᄒ다더라

國民會開會

昨日下午三時에國民大演說會에셔議事會를開하고會長閔泳韶氏가出席하야任員을選定하엿는ᄃ副會長은李헌卿氏로幹事는朴容大閔泳린閔贊호氏등七十일人으로셔記는李舜夏會計는芮宗錫庶務는鄭應卨交涉은文鐸諸氏로定하엿고該會事務를處理키爲하야義捐金을寄付ᄒ것이合五十圓인ᄃ人力車夫들도各其雇金을出捐하엿고幹事會는每日下午일時로定하엿다더라

◉澤田入城　水原郡道路開通式에往참ᄒ엿던內部地方局長澤田은再昨日에入城ᄒ엿다더라

◉日兵入京　日本練習艦隊兵員一百十餘名이昨日入京ᄒ엿다더라

◉視察出發　師範學校長金爽基氏가學部主事數三人을帶同ᄒ고江原道黃海道의學事를視察ᄒ次로本日에出發ᄒ다더라

一進日退

韓錫振權丙俊兩氏가一진會에自退ᄒ은已報어니와其餘會員도自退請願셔를提出ᄒ는者가답至ᄒ야불過數日에六十餘人에達ᄒ엿다더라

◉北白川歸艦　再昨日入京ᄒ엿던日本北白川宮殿下는昨日午前八時에出발歸艦ᄒ엿다더라

◉婦女界實業　漢城內有志婦女들이發起ᄒ야實業的으로一會社를組織ᄒ다는ᄃ造酒造장裁縫等事에注意ᄒ다더라

◉湖南維持會　既報와如히柳種奎氏等의發起로再昨日湖南學會內에全羅南北道紳士가會集ᄒ야該會維持方針을協議ᄒ엿는ᄃ當日義捐金이七十餘圓에達ᄒ엿다더라

◉烏飛之嫌　秦川郡居金秉麒氏는現今京城에留在ᄒ는ᄃ同德女子義塾學徒尹星子가學費가不贍ᄒ을聞ᄒ고金六圓과二正을補助ᄒ엿더니該學徒가仍히去處가不明ᄒ지라再昨日該女의義父가金氏를致疑ᄒ야該女를誘引隱匿ᄒ엿다ᄒ고一場惹鬧ᄒ엿는ᄃ金氏는實노曖昧ᄒ다더라

◉憲補押交　再昨日下午十時長安社에셔日憲兵補助員趙性學諸人이觀覽人을無端毆打ᄒ는ᄃ韓日巡査가合同ᄒ야補助員四人을捕縛ᄒ야中署로押交ᄒ엿다더라

◉李家回祿　再昨日下午十時量에內需司前李某家에셔失火ᄒ야家屋二間을燒燼ᄒ엿다더라

◉醫官安用　開城府內에淸人들이三十六契를設ᄒ야民弊가有ᄒ다ᄒ은已報어니와日人典當舖에家屋典執ᄒ者를調査ᄒ즉三千戶에近ᄒᄃ此는全혀財政恐慌의所致ᄲ아니라該契로因ᄒ야典家ᄒ者가過半이라더라

◉度部勝訴　從來帝室債務審査會에審査ᄒ結果로不當要求及期滿免除등債務에對ᄒ야불服을唱ᄒ者四十五件의金額이七十餘萬圓인ᄃ地方裁判所及控訴院에審理를經ᄒ야被告度支部변護士日人岡田의변護로度支部가勝訴하엿다더라

◉院土引繼　忠州郡財務署에셔該郡丹月里에在ᄒ林忠愍公의書院附屬田十三日畊을引繼秋收ᄒ엿는ᄃ鄭雲학林完植氏等이內部에請願ᄒ고該田을依舊還屬케ᄒ라ᄒ엿다더라

◉民怨斗大　廣州郡財務署에셔宣永濟氏로幹事를差出ᄒ야各宮土의賭租를收捧ᄒ엿는ᄃ新大斗를使用ᄒ으로民怨이漲藉ᄒ다더라

◉於渠何責　前承旨吳享根其他某某諸氏가再昨夜에妓生數名을帶同ᄒ고演興社에前往ᄒ야諸般演극을觀覽ᄒ다가何등戱謔이有ᄒ엿는ᄃ國恩을蒙被ᄒ者가現今民情沸鬱ᄒ時에演臺에追逐ᄒ다고壹般批評이有ᄒ다더라

◉舊貨禁止　舊白銅貨는本月以後에는絶對的通用을禁止ᄒ는故로今日부터度支部에셔仝部職員金融總合員農工銀行員等를各道樞要地에派遣ᄒ야舊白銅화交換에從事ᄒ다더라

◉日顧奔走　一進會가今番聲明셔를발布ᄒ고輿論의大唾罵를受ᄒ는故로該會顧問日人內田良平이此輿論을방止코저奔走ᄒ야再昨日來로菊池謙讓과數次會議ᄒ고菊池는大垣丈夫와會見ᄒ엿고昨日午后에도大垣이가菊池를訪問協議ᄒ는ᄃ內田이亦爲來訪ᄒ엿스며菊池는大垣에게向ᄒ야一進會의窮迫ᄒ情狀을哀訴ᄒ고大韓協會의現時狀態를變케ᄒ기를固請ᄒ엿다더라

◉其情可矜　靈山郡桃一洞居辛輔楨氏가癸卯年分에上京ᄒ야于今信息이無ᄒ故로其令男容憲이其蹤跡을探得키爲ᄒ야方今京城에逗留하는ᄃ道路에彷徨하며晝夜哀號ᄒ다더라

◉米商組合발起　劉勳崔聖源諸氏가발起ᄒ야梨峴等地에大韓米商組合所를設립ᄒ엿는ᄃ穀物을斥미ᄒ時에石皮ᄭ지件미ᄒ야買者의便利를圖ᄒ며南門東門鍾路紫岩四處의米廛稅를收刷ᄒ야財務署에請納ᄒ기로決定하엿다더라

▲一進會아▼

▲一進會아一進會아五條約만ᄒ더ᄅ도네功名이已高ᄒ고七協約만ᄒ더ᄅ도네欲望이已充일ᄃ무合谿鑿못다ᄎ워合邦셔를또ᄒ나냐一身富貴좃타ᄒ늘너도亦是韓人이지그런일을엇지ᄎ아

▲一進會아一進會아五條七協다ᄒ後에그結果를못보나냐全國影響姑舍ᄒ고一進會만보더ᄅ도外人의게奴隸待遇同胞의게國賊唾罵그身世가엇더ᄒ가利害上의關係로도이런일은못ᄒ리라

▲一進會아一進會아네黨與들統計ᄒ여도數千名에不過ᄒᄃ무合聲勢虛張코저百萬이라假稱ᄒ노녀의又ᄒ凶逆輩는萬萬名이잇더ᄅ도齒數ᄒ빅아니어늘國民이니代表이니네言辭가可痛코나

▲一進會아一進會아彌天大惡지어노코區區殘命保全코저憲兵이니巡査이니압뒤門을擁護ᄒ치만二千萬衆더同胞의滿腔熱血무코보면窄窄ᄒ수이天地에容身ᄒ곳업셔지니네身世가可憐코나

▲一進會아一進會아爾輩所謂頭領이야肥己熱에換腸ᄒ야窮天巨惡짓더ᄅ도頓不顧ᄒ거니와새업는會員輩야무ᄉ殺氣바라노라萬里前程그릇치노어셔밧비退會ᄒ야國民分子되야보쇼

雜報

一進會上統監書

大韓國一進會長李容九等一百萬會員代表大韓國二千萬民衆恐惶頓首再拜謹上書代表大日本國　天皇陛下韓國統監子爵曾彌荒助閣下伏惟貴大日本天皇陛下膺天命首出震極秉鈞于萬邦之允協轉樞于東亞之時雍宏謨如天鴻烈如日於戲離矣哉今也閣下受鉞於閫外布德於八垓文武之化澤蒙草木頑嚚之民靡弗思自新當是時李容九等抑亦何言焉哉然今敢代表二千萬民衆以訴之于閣下以必期弁聲達於天聽者誠以邦家萬世不拔之洪基不宜不預建之於今日太平無事之際也夫李容九等晝夜不寐以思晝夜不食以念惕焉而懼翻然而悟者所謂日韓關係之前途也蓋夫安考扶之傾者顚之適者生之弗適者滅之天演之理昭於今古之星轉奔競之狀審於宇內之趨步而今按我亞細亞局面寔當第二十世紀世界奔競之衝傾者之顚洵有不勝殷鑑嗚乎天下誰不云乎世界文明與瀛寰日新與電氣並進地喪山海之阻人絶遠邇之分萬국一室四海同胞各享복利共樂平和雖然利之所在爭之所存歐米列國皆爭騰其국帑咸莫非陸海軍備競均勢之故其小弱爲強大所呑往往有如猿貪虎噬然者介國其間者亦誰不云乎軋軋乎其危哉雖云天演之理乃然若夫皇建其極叙其可範不宜如是爪裂牙決之不仁也歟此豈非世界文明上一大恨事哉李容九等又反顧自眷敝邦有不忍道者夫敝邦之爲地勢也東南夾海貴邦可以隣捍制海之天機也西北接壤二大可以要扼長白之地脈三面瀕海可以當萬方競進之要路乃其江湖之所匯注山岳之所起時風雨呈祥百穀致瑞地下則伏金鐵無盡之寶藏水上則浮魚鹽不貲之富庫天用사金城湯池附之二千萬衆二千萬衆亦旣庶矣何苦自泣貧弱不能自奮爲文明國民此抑有故也曰敝邦未曾定建國之國是也未曾립經국之大本也其國力乎每細强隣之勢其民生乎終無可久之計膠株小弱不自知劍去刻舷之愚李容九等噫豈忍道哉若非賴貴　天皇陛下至仁至德則敝邦之沉淪社稷爲墟旣已久矣敝君臣其復何得仰天日於今日望文明於將來哉嗚呼敝邦開國不爲不悠遠矣孜其治亂興亾之所由來易鑑已迨至本朝其年五百如有所樹然亦實臣事大邦以幾保王位元傾則附明明亾則附清清之不我庇豈得不復拂亂其情乎李容九등噫豈忍復道哉故국是如幻국本如雲其將安乎建一置不移之根基保宗社於萬代安民生於無疆焉李容九等恐惶頓首謹按貴大日本天皇陛下一讓清廷也奮幹坤之神武二觀於俄人也顯旋天之靈기揚東瀛仙洲之桂芳被寰宇强最之月冠此雖由廣運天縱授命弗違抑亦由負剖判象先之帝庇廓天壤無窮之玄圖也而已國本如是噫嘻誰不欽嚮哉於是乎在列국環視之間保護敝邦抗宗主之高義指導赤子提委政之大綱誠夫天之誘其衷敝邦之與貴邦利害旣已相須政敎旣已相和所謂日韓關係者致慶吊一家矣此亦陰乎全非人力宜以此時照之兩국青ㅅ鑑之宇內大勢破敝국之幻是拔敝邦之雲本與我二千萬衆更始擧禕箕四千有載不磨之大典起羅濟三千里疆不易之盤堡今天下或謂明明協約有如天鑑何虞於敝邦之安危哉此未知條約者死物更改唯在人也夫國際關係者藤蘿然如氣壓高低來去離奇變幻朝불謀夕若一朝生兩국不相保之事情誰恃其空文或敝邦불幸君臣式微中露百姓傷歌黍離而協約旣改廢乎尙何日責在貴邦況列國競진之日夕孔棘將不追綢繆陰雨故李容九등乃抗顔曰邦家萬世不拔之洪基唯宜預建之於今日太平無事之際而已然則建之如何曰創립日韓合방時也此불特爲敝방自保云爾也實維貴大日本국自衛之道不特爲貴大日本國自衛之道也所以兩翼鼓身兩輪行輿陽以支持東亞局勢陰以保任世界列國之平和也嗚乎敝邦之於貴邦四千有載交通不絶或離或合或睽爭或和親雖然種族同本言語同源文字同用習俗同風宗敎同趣學藝同尙況地理之相倚不唯唇齒而政治經濟之利害一致不可相離致如今日固非支那俄羅斯劃以長白天限之可比類也若或敝邦而孤于貴鄰乎猶鳥之不可隻翼而飛車之不可片輪而行尙何謂樊籬之不可相撤之有哉嗚乎敝二千萬民之於天下其又何思何慮焉曰維懷敝국室尊榮萬世而已矣曰唯望民生복利超入一等國列而已矣是以李容九恐惶頓首敢願大日本天皇陛下至仁至德天涵海包建皇極于無極創成日韓合邦憫敝君臣于萬萬春俾與貴국室終始一天永蒙神聖無窮之德澤而俾敝二千萬民衆公是斯定大本斯立一超躋聖域普同享天慶灌湯池于瀛水耀日精于金城豈所謂擧禕箕四千有載不磨之大典起羅麗三千里疆不易之盤堡者非耶在昔德乙聯邦分裂爲法國西所蹂籍德乙聯邦統合稱覇歐洲大陸分之弱木易撓合之强幹難斧所冀新合邦之力陽之以深固東方治安之根礎支持東亞局勢陰之以標揭天理人道保任世界列국之平和欽奉斯帝命確然開萬代之洪基以銷彼世界文明上一大恨事永徇鐸이範于先進文明諸邦國不亦至慶至幸乎李容九등謹代表二千萬民衆中心顒孚敢以籲天唯閣下採納之令達天聽李容九等恐惶頓首無勝氷淵之至

隆熙三年十二月四日

一進會長　李容九

同　一百萬人

統監子爵曾彌荒助　閣下

廣告

廣告

京城水道共用栓 給水廣告

自十二月八日爲始ᄒ야各共用栓을今日新聞과配傳ᄒᄂᆞᆫ時間表를依ᄒ야每日開栓給水ᄒ며水票ᄂᆞᆫ各共用栓附近마다水票賣下所에셔三十一지게式(石油桶二枚가卽一지게)汲水ᄒᆯ票紙一枚에金貳拾捌錢式에賣下ᄒ깃고水道水를每지게式請求ᄒᆯ時마다水標를來呈ᄒ시옵

但水標分賣所幾處를增募ᄒ오니共用栓附近에居住ᄒᄂᆞᆫ僉君子ᄂᆞᆫ速速來議ᄒ시옵

大韓水道會社

本人이慶南靈山郡桃泉面居ᄒ옵더니父親輔權氏가上京ᄒᆫ지于今七年에消息이無ᄒ와玆에廣告ᄒ오니誰某시던지或相知ᄒ시고通知ᄒ시면厚謝ᄒ깃습니다

南門外藍井洞二百三十統十壹戶朴聖龍家留子辛龍憙 告白

本人이去陰八月分에金五百圓을李氏前이라記ᄒ고鍾路全興瑞處에二朔邊二十圓에捧標債給이더니去陰九月廿七日에本人의家屋失火時에該標紙를셔失ᄒ엿스오니內外國人間若爲拾得則休紙施行ᄒ시옵

平壤鹽德面彰池洞田舜九 白

朔寧郡守文台源氏와郡主事朴宗烟氏가本郡學校에補助金十圓을每朔月俸ᄒ고且本郡民崔氏署丞公山訟에對ᄒ야公直判決ᄒ엿다고郡民이擧皆稱頌ᄒ엿다더라

朔寧郡郡內面大寺里 崔炳善 告

社告

申報價

壹張代金 新貨二錢五厘

壹個月 三十錢

參個月 九十錢

陸個月 先納 壹圓七十錢

壹個年 先納 參圓四十錢

郵稅 壹張 新貨五厘

壹個月 十三錢

廣告料

四号活字拾三字詰

每日英尺一寸에(自一行至四行이爲一寸) 新貨廿五錢

二週日壹寸에 二圓五十錢

壹個月壹寸에 五圓

但期限의長短과字行의多小를依ᄒ야增減ᄒᆷ이有ᄒᆷ

大韓每日申報 各處支社廣告

平安道

平壤鍾路太極書舘 安泰國
三和港碑石洞敎堂 裴亨湜
義州南門外韓西大藥房 張有寬
鐵山郡內東部 安灝
車輦舘同志會內 金明鉉
定州南門內書舖 洪成麟
博川郡內聲洞 金翼樞
安州城內安陵書舘 金翼河
京義線枇峴驛停車場前 李基秀
龍川南市驛 韓燦禧
龍川楊市 黃菊保
朔州郡南門外 朱伯英
泰川郡內광前洋藥局 李正華
寧邊郡內紅門里 鄭德昇
江西郡內 金昌煥
宣川郡橋南 申基周
江界邑內 金泰熙
郭山郡內新街 金大鉉
甑山郡內利用里 崔診爽
雲山北面橋洞 王覓鎬
雲山郡內 咸元澤
順川郡達洞 鄭裕景
昌城邑內西下里壹統貳戶 許익

黃海道

히州南門內書舖 朴昌鎭
安岳壽石面訓鍊里 韓楨敎
長淵邑校洞西北支學會內 崔東元
殷栗郡倉前里 金光礪
信川郡內四里 李悌敬
載寧郡乾材藥局 李鼎均
白川郡文明舘 趙雲泳
沙里院活民勞動救火會 任敬宰

咸鏡道

咸興州南社西門外 曹喜林
元山港創業社 皇甫正杰
定平郡豐陽里 張禮學
洪原西門內保命局 羅炳善
永興南山洞洪明學校內 梁元常
淸津港新興洞 張元浩

全羅道

金溝水流面豆亭 趙德三
木浦港陽洞 李得珠

京畿道

仁川杻峴開新冊肆 李東皓
開城南大門內興學書舖 姜助遠
江華郡內川橋 俞鎭植

忠淸道

結城廣川小龍洞 李啓祚
韓山下北필堂里 李英稙

慶尙道

大邱西門外友弦書樓側 李正由
釜山港佐川藥局 徐錫斉

江原道

杆城邑新城里二統三戶 咸海元
鐵原邑棠洞 趙鍾大
蔚珍遠南面梅花里 郭鍾옥

北墾島

北墾島龍井村耶蘇敎堂內 裴尙禧

告

檀君開國四千二百四十二年
箕子元年三千三十一年
大韓開國五百十八年
本報創刊日 光武八年七月十八日

大韓每日申報

第七卷 月曜及慶節歲時日休刊 第一千二百六十壹号

Responsible for Publication Alfred Weekley Marnham.
發行兼編輯人 英國人 萬咸
發行所 京城南部石井洞三層洋屋家 大韓每日申報社

論說

告內閣

韓國現今內閣大臣諸氏에게一問ᄒᆞ노라

怪氣이方張ᄒᆞ고疑雲이未息ᄒᆞ니諸氏ᄂᆞᆫ장ᄎᆞᆺ如何ᄒᆞᆫ態度를執코ᄌᆞᄒᆞ나뇨

諸氏의已往歷ᄉᆞ를論ᄒᆞ면彼凶賊一進會와一般이라五條約을結ᄒᆞᆷ에도一進會와共ᄒᆞ며七協約을成ᄒᆞᆷ에도一進會와共ᄒᆞ며其他許多罪惡을著ᄒᆞᆷ이一毫도一進會와無異ᄒᆞᆫ者라故로韓日合邦聲明서가初現ᄒᆞᆷ에全國人이皆諸氏가一進會와氣脈이相通ᄒᆞᆫ者로認ᄒᆞ야疑懼가正深ᄒᆞ고且吾儕도幾分間疑點을置ᄒᆞ엿더니라

而今에ᄂᆞᆫ彼一進의凶서가退却을被ᄒᆞ매目下凶說에對ᄒᆞ야ᄂᆞᆫ諸氏가一進會와角立된줄로一般知了ᄒᆞ엿스나一邊論者ᄂᆞᆫ云ᄒᆞ되合邦凶說은本來諸氏가主唱코ᄌᆞᄒᆞ다가一進會에게先鞭을輸ᄒᆞᆫ故로諸氏가妬怒의情이生ᄒᆞ야此를反對ᄒᆞᆫ다ᄒᆞ며又一邊論者ᄂᆞᆫ云ᄒᆞ되今諸氏中幾個人이日本에渡往ᄒᆞ야此論을實行코ᄌᆞᄒᆞ다가國民의輿論에驚ᄒᆞ며日本의不許에無奈ᄒᆞ야突然反對論者가되다ᄒᆞ며

又朝鮮日日신聞을據ᄒᆞᆫ즉高永喜가日本에在ᄒᆞᆯ時에韓國을日本에合幷ᄒᆞ야人民은日本人民이되고元老大臣은日本華族됨이可ᄒᆞ다ᄂᆞᆫ等說을唱ᄒᆞ엿다ᄒᆞ니然ᄒᆞᆫ가否ᄒᆞᆫ가諸氏ᄂᆞᆫ巨惡이山積ᄒᆞ고信用의墮落이已久ᄒᆞ야過往의罪를贖ᄒᆞᄌᆞ면幾千百處의塔廟를建ᄒᆞ여야可ᄒᆞᆯ지不知ᄒᆞ시어ᄂᆞᆯ況罪上에加罪코ᄌᆞᄒᆞᄂᆞᆫ가

一進會에셔ᄂᆞᆫ曰李完用等이賣國ᄒᆞᆯ凶計를抱ᄒᆞ야若何若何ᄒᆞᆫ事가有ᄒᆞ다ᄒᆞ며諸氏ᄂᆞᆫ曰一進會가禍心을包藏ᄒᆞ야凶서를발表ᄒᆞ엿다ᄒᆞ야恰然히悖子가父產斥賣를爭ᄒᆞᆷ과如ᄒᆞ니엇지可愧치아니ᄒᆞᆫ가

諸氏가장ᄎᆞᆺ如何ᄒᆞᆫ態度를執코ᄌᆞᄒᆞᄂᆞᆫ지不知ᄒᆞ거니와吾儕ᄂᆞᆫ諸氏가地獄을向치말고좀光明의路로向ᄒᆞᆷ을血願ᄒᆞ노라

姑且筆을停ᄒᆞ고諸氏의向路를察ᄒᆞ노라

官報

號外

隆熙三年十一月一日

內閣告示第三十三號 續

○統監府令第二十九號

(明治四十二年十月二十一日)

地方裁判所支部設置의件

仁川、春川、淸州、元山、淸津、新義州、晋州、木浦及全州의區裁判所에所屬地方裁判所의支部를設置ᄒᆞᆷ

支部ᄂᆞᆫ別表에定ᄒᆞᆫ所管區裁判所管區域內의事件에就ᄒᆞ야地方裁判所의職務를行ᄒᆞᆷ

支部開廳의期日은更히此를告示ᄒᆞᆷ

附 則

本令은明治四十二年十一月一日로부터施行ᄒᆞᆷ

別 表

地方裁判所支部管轄表

支部의名稱	所管區裁判所
京城地方裁判所仁川支部	仁川區裁判所 金浦區裁判所 江華區裁判所
京城地方裁判所春川支部	春川區裁判所 金城區裁判所 鐵原區裁判所 通川區裁判所 江陵區裁判所 蔚珍區裁判所 平昌區裁判所 原州區裁判所
公州地方재判所淸州支部	淸州區재判所 報恩區재判所 永同區재判所 忠州區재判所 陰城區재判所 堤川區재判所
咸興地方재判所元山支部	元山區재判소 永興區재判소
咸興地方재判所淸津支部	淸津區재判소 鏡城區재판소 城津區재판소 會寧區裁판소 慶興區裁판소

外報

⊙美니宣戰 紐育電을據ᄒᆞᆫ즉美國국務大臣노쓰크쓰氏ᄂᆞᆫ華盛頓에駐在ᄒᆞᆫ니카라과國公使에게旅行券을交附ᄒᆞ엿ᄂᆞᆫ데노쓰크쓰氏가其理由를說明ᄒᆞ야曰국內에動亂을惹起ᄒᆞ고共和制度를破壞ᄒᆞᆫ니카라과국大統領제라야氏ᄂᆞᆫ中美의平和에對ᄒᆞᆫ威嚇에不外ᄒᆞ다ᄒᆞ엿ᄂᆞᆫ데美국에셔ᄂᆞᆫ軍艦아루반號와요크다운號가旣히出발命令을受ᄒᆞ엿고海兵二千名은니카라과국후리유루트에上陸ᄒᆞ엿고又二千名은去二日에費府에셔乘艦ᄒᆞ엿ᄂᆞᆫ데此ᄂᆞᆫ兩국이국交를斷絕ᄒᆞ고交戰ᄒᆞᄌᆞᄂᆞᆫ狀態오니카라과국의事態ᄂᆞᆫ一刻을猶豫치아니ᄒᆞ야全국이革命의慘禍를當ᄒᆞᆯ지며其中大統領제라야氏ᄂᆞᆫ正義와法規를無視ᄒᆞᄂᆞᆫ者오美국과關係가危殆에昭ᄒᆞᆫ動機ᄂᆞᆫ二名의美人을處刑ᄒᆞᆫ事件이오昨年美國이墨西哥와聯合ᄒᆞ야干涉을試ᄒᆞ엿스되滿足ᄒᆞᆫ効果를不得ᄒᆞ엿ᄂᆞᆫ데니카라과국이十五年間을紛亂의狀態에在ᄒᆞᆷ으로美국內閣에셔ᄂᆞᆫ默在키難ᄒᆞ다ᄒᆞ야今에ᄂᆞᆫ斷然히同국의平和와秩序를回復코저ᄒᆞᄂᆞᆫ故로美국政府에셔ᄂᆞᆫ去六日에議會를開ᄒᆞ고宣戰을布告ᄒᆞ엿다더라

⊙澳門仲裁 淸國政府에셔ᄂᆞᆫ澳門境界問題를海牙仲裁裁判에附ᄒᆞ기로決定ᄒᆞ엿다ᄂᆞᆫ報道가有ᄒᆞ다더라

ᄒᆞ엿다더라

⊙勞働黨宣言 英國勞動黨은上院全廢ᄒᆞ기로宣言書를發表ᄒᆞ엿ᄂᆞᆫ데上院은此를極力反抗ᄒᆞ리라더라

⊙英人言論 英國前論敦市參事會員사말가스사미유류氏ᄂᆞᆫ聲言ᄒᆞ야曰日本이金塊輸入과關稅政策과工場建設等事件으로因ᄒᆞ야英國으로부터數百萬資金을吸收ᄒᆞ엿ᄂᆞᆫ데英人은空然히其公債證書만有ᄒᆞᆯ뿐이오其利害關係ᄂᆞᆫ英國政策에違反ᄒᆞᆷ이라云ᄒᆞ엿다더라

雜報

⊙天道教發文 天道教에셔今番一進會合邦聲明서가出ᄒᆞᆫ後에該教慈善主義로十三道에발表ᄒᆞᆫ全文이如左ᄒᆞ더라

廣濟蒼生

우리ᄂᆞᆫ宗教사ᄅᆞᆷ으로性靈일가와肉身일가를一般으로사랑ᄒᆞᄂᆞᆫ性質을가졋스며性靈죽ᄂᆞᆫ것을肉身죽ᄂᆞᆫ것보다더불상히녁이ᄂᆞᆫ마암이잇ᄂᆞᆫ者ㅣ라오날날더불상ᄒᆞ고可憐ᄒᆞᆫ一進會侍天教사ᄅᆞᆷ을살님일에對ᄒᆞ야엇지더운눈물과悽凉ᄒᆞᆫ마암이업스리오

當初에日本이東洋平和主義를主張ᄒᆞ야우리大韓政治를保護ᄒᆞᆯ뿐이오우리나라를合併ᄒᆞ야自己나라의合邦을만들나ᄂᆞᆫ生覺이아니어ᄂᆞᆯ妄녕되고怪異ᄒᆞᆫ더一진會에셔말ᄒᆞ기를우리나라로日本에合邦ᄒᆞᄂᆞᆫ것이可ᄒᆞ다ᄒᆞ야猥濫히그뜻으로써우리황上쎄ㅣ疏ᄒᆞ며우리政府에上서ᄒᆞ고또日本황帝쎄上疏ᄒᆞ며統監府에長서ᄒᆞ엿스니이ᄂᆞᆫ우리나라의罪人뿐아니라또ᄒᆞᆫ日本의平和主義를紊亂케ᄒᆞᄂᆞᆫ日本罪人이라稱ᄒᆞᆷ이可ᄒᆞ도다

그런고로우리政府와一般人民이다一進會罪狀에對ᄒᆞ야나라百姓으로待接ᄒᆞᆯ마암이頓然히업스니더불상ᄒᆞ고可憐ᄒᆞᆫ一진會人이어ᄂᆞ天地에그몸을能히容납ᄒᆞ리오

그런즉一進會에셔나온시던교의身勢가더옥可憐치아니ᄒᆞᆫ가一진會ᄂᆞᆫ本來侍天教의어미라그어미가惡ᄒᆞᆫ罪를짓고뭇발길에차이여죽게되엿ᄂᆞᆫ데그子息되ᄂᆞᆫ侍天教가엇지天호을노平安ᄒᆞ리오어미죽ᄂᆞᆫ빈속에落胎되ᄂᆞᆫ侍天教가너무悽凉ᄒᆞ도다

그러나一進會ᄂᆞᆫ죽어도侍天教ᄂᆞᆫ죽지아니ᄒᆞᄂᆞᆫ方法이잇스니우리同胞를爲ᄒᆞ야甚히다幸ᄒᆞ도다本來一進會ᄂᆞᆫ政黨性質로組織ᄒᆞᆫ者ㅣ아오侍天教ᄂᆞᆫ宗教名義로成립ᄒᆞᆫ者ㅣ인즉政黨의危險ᄒᆞᆫ行動과宗教의慈善ᄒᆞᆫ目的이셔로다른시라一進會ᄂᆞᆫ危險ᄒᆞᆫ行動으로남의危險ᄒᆞᆫ발길에죽으려니와侍天教의慈善目的이남의게慈善ᄒᆞ기ᄂᆞᆫ姑舍ᄒᆞ고몬저自己몸에慈善ᄒᆞᄂᆞᆫ生覺을두엇스면慈善은살니ᄂᆞᆫ方法이니慈善속에侍天教의ᄉᆞ사로살方法이잇도다

方法은다름이아니라純然ᄒᆞᆫ宗教마암으로순良ᄒᆞᆫ宗教사ᄅᆞᆷ이되야韓日兩國에得罪ᄒᆞᆫ더一進會를拒絕ᄒᆞ며그拒絕ᄒᆞᆫ態度를世上에發布ᄒᆞ면世上사ᄅᆞᆷ이깃버ᄒᆞ기를몸에ᄯᆞ무던바지를버스며얼골에소ㅣ가족을버슴과ᄀᆞᆺ치爽快히녁이리니이ᄂᆞᆫ侍天教의셔로살方法이로다

만일拒絕치못ᄒᆞ거던侍天教名義ᄂᆞᆫ一進會에돌녀보니고自己가侍天教에自退ᄒᆞ야侍天教와셔로關係가업ᄂᆞᆫ것을表ᄒᆞ면그自退ᄒᆞᄂᆞᆫ것은하ᄂᆞᆯ도自由를막지못ᄒᆞ리니 (未完)

○談叢○

劍心

▲專心致志아니ᄒᆞ면아니됨

우리가무삼일을ᄒᆞ던지專心致志아니ᄒᆞ면그일이되지아니ᄒᆞ나니더古人의ᄒᆞᆫ일을보라

사라림夫人은西國에有名ᄒᆞᆫ歌人이라어ᄃᆡ를가던지반다시一歌譜를携ᄒᆞ며무숨談論을ᄒᆞ던지事務를보던지ᄒᆞ다가도些少ᄒᆞᆫ暇隙이잇스면반다시俯首低吟ᄒᆞ야歌를硏究ᄒᆞ며歌를彫琢ᄒᆞ야이러ᄒᆞᆷ으로큰歌人이되엿다더라

李恒氏ᄂᆞᆫ數百年前有名ᄒᆞᆫ詩人이라一日은匹驢를騎ᄒᆞ고군邑을向ᄒᆞᄂᆞᆫ데時ᄂᆞᆫ春三月이라處處春山은靑羅色을帶ᄒᆞ고樹樹名花ᄂᆞᆫ白雪香을飛ᄒᆞᄂᆞᆫ데自然詩思가動ᄒᆞ야詩肩을聳ᄒᆞ고詩腸을鼓ᄒᆞ노라고渾身精神이詩境으로만馳入ᄒᆞᆫ지라忽然驢가橫奔ᄒᆞ고人은落下ᄒᆞ엿스되李氏ᄂᆞᆫ오히려不知ᄒᆞ고詩만思ᄒᆞ다가詩를成ᄒᆞ고身을顧ᄒᆞ니驢ᄂᆞᆫ何處로往ᄒᆞ엿ᄂᆞᆫ지自己ᄂᆞᆫ碧草春田에玉山을作ᄒᆞᆫ지라遂起身歸來ᄒᆞ엿다더라

噫라此兩人을試看ᄒᆞᆯ지어다如是ᄒᆞᆫ故로能히名歌人이되며名詩人이되엿나니一曲歌一篇詩도오히려如是ᄒᆞ거던況此에셔大ᄒᆞᆫ事業을經營ᄒᆞᄂᆞᆫ者리오

詞藻

責啄木

啄木鳥야어리셕다、속빈古木좁지마라。
그속에다네집두고、좁기로만일솜나냐
하로밤、急ᄒᆞᆫ風雨모러치면、너는어이。

電報

實業團歸國 日本渡美實業團澁澤男一行은來十七日日本橫濱에來着혼다더라

德大使歸任 歸國ᄒᆞ엿던駐日德國大使문무男은昨日日本敦賀에來着ᄒᆞ야本日日本동京에入ᄒᆞ엿다더라

出品物輸送 英日博覽會事務局에서ᄂᆞᆫ橫濱神戶門司等地에出張소를設ᄒᆞ고出品物運輸를開始ᄒᆞᄂᆞᆫ되來卄二日부터各便船에輸送혼다더라

日人言論 一進會合邦聲明에關ᄒᆞ야日本某將軍은冷評ᄒᆞ야曰韓日關係의終極点은明若觀火인되同會가無誠意혼聲明서를발ᄒᆞ야反히排日思想을唱起케홈은甚히不謹愼혼바라日本이必要時긔에到達ᄒᆞ면斷然히處置홀지니何必該會聲明서를待ᄒᆞ리오ᄒᆞ엿다더라

日人渡來 日本猶신會에서ᄂᆞᆫ對韓問題에關ᄒᆞ야協議가有ᄒᆞ엿ᄂᆞᆫ되其結果로代議士數名을渡韓케ᄒᆞ야統監府及韓政府의態度를監視혼다더라

日山破裂 昨夜에日本信濃淺淵山이大鳴動ᄒᆞ며噴火가有ᄒᆞ야火焰이數里에及ᄒᆞ야其形狀이慘憺ᄒᆞ다더라 東京發 以上八日着

美尼消息 니카라과國形勢ᄂᆞᆫ依然혼되美國海兵일千名은부리유부루에到着ᄒᆞ엿다더라 紐育발 八日着

王妃逝去 丁抹國親王妃殿下ᄂᆞᆫ逝去ᄒᆞ엿다더라 論敦電 八日着

雜報

◉疏서起草 國民大演說會에서 大황帝陛下ᄭᅴ 上奏홀疏文과內閣及統監府에提出홀長서를現今起草中이라더라

◉壹進憤激 總理李完用氏가再昨日에秘서官을壹進會本部에送ᄒᆞ야該會所謂合邦 上奏文을却下홈으로言及ᄒᆞ엿ᄂᆞᆫ되壹진會에서ᄂᆞᆫ大段憤激ᄒᆞ야該上奏文奉呈ᄒᆞ기를總理大臣에게再次迫請ᄒᆞ엿다더라

◉剩餘金支出 今年虎疫流行時방疫費一萬八千七百三十四圜을國庫剩餘金으로支出ᄒᆞ기로 裁可되엿다더라

令人骨冷 日前에渡日혼度支部大臣高永喜氏ᄂᆞᆫ日本東京에서桂首相과面會ᄒᆞ고韓日合倂의議를提出ᄒᆞ엿다ᄂᆞᆫ說이有혼되其條項은左와如ᄒᆞ다더라

一 韓國皇帝ᄂᆞᆫ從前되로置홀事
一 元老ᄂᆞᆫ日本華族과同列케홀事
一 相當혼履歷이有혼者ᄂᆞᆫ秩祿을給홀事
一 韓國民은日本에入籍ᄒᆞ야日本의臣民이될事
一 韓國에서行ᄒᆞᄂᆞᆫ政務의首班은(郞大臣) 韓國人으로홀事

◉宋也避身 一進會聲明書에對ᄒᆞ야日本輿情에ᄂᆞᆫ有何別思想인지不穩혼態度가有홈으로該地滯留宋秉畯은容身키難ᄒᆞ야馬關等地로避身ᄒᆞ엿다더라

◉處處蜂起 漢城內紳士諸氏가발起ᄒᆞ야國民新報社를廢止ᄒᆞ고一進會를解散케홀次로協議혼다더라

◉卞氏退職 度支部主事卞鍾相氏ᄂᆞᆫ日前에退職請願을提出ᄒᆞ엿ᄂᆞᆫ되該部에서將次慰勞金을支撥ᄒᆞ기로協議ᄒᆞ엿다더라

敎人觀望 今番合邦聲明서에對ᄒᆞ야京鄕各處에大聲討를提起코져耶蘇敎人中某某諸氏가發起文數萬枚를出刊ᄒᆞ엿ᄂᆞᆫ되統監府와政府에서上疏及長서를退却ᄒᆞ야該案이自歸勿論될뿐더러一進會副會長以下諸員이稍稍退會ᄒᆞ야該會가不攻自破홀境에至혼故로該聲討文을姑爲留案ᄒᆞ고沈重히觀望혼다더라

◉朴氏被任說 普通學교敎授朴齊賢氏ᄂᆞᆫ京畿觀察使金思默氏의薦報를因ᄒᆞ야日間郡守를被任혼다ᄂᆞᆫ說이有ᄒᆞ다더라

◉金閔協議 再昨夜大韓協會長金嘉鎭氏가國民大演說會長閔泳韶氏를私뎌로訪問ᄒᆞ고會務에關혼事件을協議ᄒᆞ엿다더라

◉罹災費支出 今年夏咸鏡南道水害에對ᄒᆞ야該道觀察使가救助費로應急支出혼금額二百九十七圓二十錢은內部罹災費로支出ᄒᆞ엿다더라

◉國民會쇼移接 국民大演說會事務소를鍾路商業會議소로移接ᄒᆞ엿ᄂᆞᆫ되商業소에서ᄂᆞᆫ該會館을無料로借與ᄒᆞ엿다더라

◉李氏獻議 正三品李舜夏氏가中樞院에獻議ᄒᆞ되一進會頭領宋秉畯李容九의罪狀을依法勘處ᄒᆞ고一進會를亟令解散케홀意로政府에建議ᄒᆞ라ᄒᆞ엿다더라

◉更被幹事 國民大演說會書記李春世氏ᄂᆞᆫ孤兒院事務를因ᄒᆞ야書記를辭免ᄒᆞ고幹事로被選ᄒᆞ엿다더라

◉其亦良心 各府部院廳官吏中에已往에ᄂᆞᆫ一進會勢力下에仕宦을圖得코져運動도ᄒᆞ고該會를掩護도ᄒᆞ더니近日에至ᄒᆞ야ᄂᆞᆫ該會를對ᄒᆞ야言必稱逆賊이라혼다더라

◉監視署又設 會寧慶興兩地方에稅關監視署를設置하기로度支部에서告示ᄒᆞ엿다더라

◉三浦出張 京城在留日本理事官三浦ᄂᆞᆫ水原道路視察次로昨日出발ᄒᆞ엿다가本日入京혼다더라

◉同志會入京 朝선問題同志會員秋岡이ᄂᆞᆫ再昨夜渡韓ᄒᆞ야巴城旅館에投宿ᄒᆞ엿다ᄂᆞᆫ되同會員북田大谷등人도明日入京혼다더라

◉局長說明 內部土木局長劉猛氏ᄂᆞᆫ昨日上午十一時에各局課長를大臣官房에會同ᄒᆞ고土木視察의事項을說明ᄒᆞ엿다더라

◉免稅規程頒布 度支部에서間島及훈春地方에免稅貨物規程을製定頒布ᄒᆞ엿다더라

◉戶口更查 警視廳에서漢城內戶口를旣히調查ᄒᆞ엿ᄂᆞᆫ되精密치못ᄒᆞ다ᄒᆞ야韓日巡查가更히調查혼다더라

◉其額甚巨 農商工部에서ᄂᆞᆫ平壤炭坑採掘을大擴張코ᄌᆞᄒᆞ야來年度豫算은七十萬圓으로ᄒᆞ고煉炭소를炭坑附近이나平壤城에設置혼다더라

◉日人視察 學部官吏日人秋山福島等은實業敎育狀況을視察키爲ᄒᆞ야日間全北忠南慶北等地로發向혼다더라

◉不如早退 一進會聲明書를發表혼後로各地方人民들이該會員을對ᄒᆞ면仇敵으로視ᄒᆞ야其狀態가頗히不穩혼故로近畿會員들은此를堪過키難ᄒᆞ야城內로携入ᄒᆞᄂᆞᆫ者가多數ᄒᆞ다더라

◉平渡出張 內部府군課長平渡ᄂᆞᆫ何等調查홀事件이有ᄒᆞ다ᄒᆞ야昨日上午八時에京義線으로平壤地方에出張ᄒᆞ엿다더라

◉五六合格 內部에서再昨日下午二時에地方官審查委員諸氏가會同ᄒᆞ야各觀察使의郡守薦報를審查ᄒᆞ엿ᄂᆞᆫ되十餘人提出中에合格者가五六名이라더라

◉農大訪問 農大趙重應氏ᄂᆞᆫ再昨日午后四時에李總理를訪問ᄒᆞ고壹時間談話ᄒᆞ엿다더라

◉觀光增加 近間外國人이韓국에觀光次로渡來ᄒᆞᄂᆞᆫ者가漸次增加혼다더라

◉韓氏退社 帝國新聞社總務韓基準氏ᄂᆞᆫ日前에退社ᄒᆞ엿다더라

◉度量衡實施 警視廳에서再昨日부터新製度量衡을施用키爲ᄒᆞ야舊用品은一切收入ᄒᆞ엿다더라

◉反對長서 鄭萬朝呂圭亨諸氏ᄂᆞᆫ一進會聲明서를反對ᄒᆞ야內閣及統監府와日本政府에長서를提呈ᄒᆞ엿다더라

◉警察嚴重 今番一進會聲明書發布以來로世論이沸등ᄒᆞ고政界가混雜ᄒᆞ다ᄒᆞ야當局者間에議論이有혼되其內容은日本이司法權委任을受혼結果로日本治安警察法을施行ᄒᆞ야檢事의職權으로嚴重히監督코져혼다더라

◉依山窃發 忠南天安郡廣德山等地에ᄂᆞᆫ賊警이日夜不絕홈으로民情이騷擾ᄒᆞ다더라

◉閔侯奔走 前洗馬閔영植氏ᄂᆞᆫ一進會查察員으로一般物議를秘密偵探키爲ᄒᆞ야日夜奔走혼다더라

◉到處見却 一進會소謂合邦聲明서를日皇陛下ᄭᅴ奉呈ᄒᆞ라고統監에게委托홈은一般知了ᄒᆞᄂᆞᆫ바어니와統監府에서ᄂᆞᆫ該서를退却ᄒᆞ엿다더라

◉派兵壓境 北韓地方에露領과接近혼處에ᄂᆞᆫ尙今ᄭᆞ지警備가不完全ᄒᆞ야義兵의往來가有ᄒᆞ고其他危險혼事가有ᄒᆞ다ᄒᆞ야該地境에ᄂᆞᆫ嚴重히警戒ᄒᆞ기로統監府에서此를商議ᄒᆞᄂᆞᆫ中이오其方法은畢竟某某地方에ᄂᆞᆫ軍隊를多數派送혼다더라

◉徵稅額數 九月末ᄭᆞ지政府徵稅額을據혼즉調定額이一千三十四萬五千六百二十四圓七十일錢四分인되收納額은五百三十萬五千六百六十八圓四錢九分이라더라

◉日人橫奪 李明昇氏가平北寧邊郡等地에金礦一區를測量ᄒᆞ여農商工部認許를圖得홀次로羅寅輝氏에게委任ᄒᆞ고羅氏ᄂᆞᆫ寧邊郡居吳錫周氏를紹介周旋ᄒᆞ더니吳氏가何許日人과符同ᄒᆞ엿던지日人이該金礦을已爲承認ᄒᆞ엿다ᄒᆞ고中間橫出홈으로李明昇氏가將次訴訟을提起혼다더라

◉自招其辱 日前에高陽郡巡查가掌禮院指揮를承ᄒᆞ야睿陵에前往ᄒᆞ야各陵園의入葬年月을調查ᄒᆞᄂᆞᆫ되入直參奉黃炯氏가醉中說去ᄒᆞ기를余ᄂᆞᆫ詳知키未能하니此陵誌를考ᄒᆞ라ᄒᆞ거ᄂᆞᆯ巡查가該陵誌로黃氏의[illegible]腦을打ᄒᆞ고更히足을擧ᄒᆞ야蹴倒ᄒᆞ엿다더라

▲社會燈▼

▲所謂 國民報ᄂᆞᆫ 아모리 凶黨의 긔關이 되엿지만 堂堂혼 國民輿論을 滑稽的演劇으로 肆然히 攻斥ᄒᆞ니 王法을 正ᄒᆞ야 亂賊을 誅ᄒᆞ라면 彼輩ᄂᆞᆫ 黨與之律에 先伏ᄒᆞ야도 餘罪가 尙有홀걸

▲所謂 李容九ᄂᆞᆫ 日本에셔 合邦을 認準치아니ᄒᆞ면 限死抵抗키로 決死隊를 組織ᄒᆞ엿다더니 近日에ᄂᆞᆫ 日人料理뎜에셔 晝夜潛伏혼다지 그러케 굿은決心이 죽기ᄂᆞᆫ 두려운가 아마 決死隊를 組織혼게아니라 解散隊를 組織혼게여

▲所謂 謝罪派ᄂᆞᆫ 무슴罪를 혼짐 잔득 걸머지고 日本을가너니 旅費를 辦ᄒᆞ너니 한참 擾亂ᄒᆞ더니 近日은 罔兩이 太陽을 見혼드시 ᄌᆞ라가 短頸을 縮ᄒᆞ드시 各其解散을 唱혼다지 더러 大罪를 負ᄒᆞ고 謝罪를 못當ᄒᆞ면 畢竟죽ᄂᆞᆫᄂᆞᆯ에 地獄은 못免홀걸

▲소謂李學宰ᄂᆞᆫ 頌德쇼를 設始ᄒᆞ고 銅石論이 不合ᄒᆞ야 비쪽비쪽 싸홈질에 裂聲이 擾亂ᄒᆞ더니 國民會에 ᄯᅳ드러셔 銅像攻駁說을 듯고 勃勃怒氣가 또발ᄒᆞ야 自願退會 ᄒᆞ엿다지 비쪽性이잘나기ᄂᆞᆫ 누구누구 第壹이여

▲人力車夫 某某人은 國民會에 經費를 補用ᄒᆞ라고 ᄯᅡᆷ이나게 엇은돈을 分分으로捐助혼다지 國民의 良心은져러타시 惓惓혼되 國民會의 結果ᄂᆞᆫ 果然 국民의 소望을 不負홀ᄂᆞᆫ지 남의춤에 놀지말고 네精神을 줄차려셔 實心으로 나가보오

偉人遺蹟

▲東國 ▲巨傑·崔都統 錦頰山人 (續)

第一章 緖論

吾輩가我國人을讀하다가檀君三十五世紀勝朝元宗以後로부터近世에至하기까지凡七百餘年間事를閱하미怒발이突上하고憤拳이頻握하야一部人冊을葉葉지裂하야火中에投코자하는者ㅣ屢次가되는도다盖此七百年間은我동國山河에天日이暗黑하며風色이慘惡하는時代라檀君扶婁의聖蹟을掃殘하며句麗渤海의遺産을賣盡하야一大奴隸地獄을造成하고其中에坐하야我는君이라하며爾는臣이라하고我는官이라하며爾는民이라하고我는宰相이라하며爾는大將이라하고我는儒賢이라하며爾는淸流라하고我는政治家라하며爾는外交家라하고我는詩家며爾는文學家라하고無事할時에는奴隸의舌을熟鍊하며有事할時에는奴隸의膝을齊屈하야大元大明大淸의上典宅號가屢變하니迎新送舊의禮節이煩亂하고小邦小朝小臣의下賤名稱이已慣하니特립自尊의精神이衰滅이로다

未完

雜報

◎何衛可濟 咸南咸興郡에夏間水災는既히報道한바어니와今에被害調査表를據한즉人命溺死가男十五女六이오沈水田이四百三日四息畊이오답이四百四十七石八升落이오沈〃穀損害價格이二萬八千四百二十四圓餘오家屋及什物損害額이二萬一千二百四十七圓假量이오堤堰橋梁修理豫算이四千一百九十七圓假量인딕該郡에셔救濟方針을研究하나巨額의金貨를鳩聚키難하야方且憂慮中이오爲先境內에셔收合한義捐金이三百四十二圓五十錢이라더라

◎商業소開會 商業會議소에셔一般商民이來土曜日下午一時에總會를開하는딕一進會에對한處理方法을協議한다더라

◎毆人犯押上 楊州郡警察署에셔毆人犯김相日等四名을捕獲하야再昨日京城裁판소로押上하엿다더라

◎逋犯處役 監獄署에滯囚한公逋犯金重鉉氏는再昨日京城地方裁판소에셔役三年에宣告하엿다더라

◎靑舘開演 鍾路靑年會舘에셔今日下午七時의演說會를開하고日本人牧師木原을請邀하야道德의表準이란問題로演說한다더라

◎兩犯宣告 强盜犯朴楚木朴善鳴兩人은日昨地方裁판소에셔役五年에宣告하엿다더라

◎義將處絞 監獄署에被囚한義兵將鄭定春氏를再昨日地方裁판소에셔處絞로宣告하엿는딕該氏는控訴院에不服申告셔를提出하엿더니退却不受하엿다더라

◎義將被捉 義將沉南壹氏의起軍將張文黃氏는榮山浦日憲兵分遣隊에被捉하엿다더라

◎義將被殺 義將沈光玉氏는日兵의게被捉하엿다가脫身逃走하야山中으로避하다가日兵의게銃殺을當하엿다더라

學界

◎以狀褒人 金重煥氏는學務에勤務한成績이有하다하야再昨日學部에셔褒狀을與하엿다더라

◎柳氏勸勉 皇城新聞社長柳瑾氏는日前孤兒院에前往하야學徒를勸勉하고空冊二百卷을寄付하엿다더라

◎培英維支 鐵原郡私립培英學校는財政이窘絀하야廢止할境에至하엿더니漣川郡官仁面沙器幕居酒商徐敬植氏가金一百圓을捐付하고其他人士가隨力爭捐하야校况을維支케하엿다더라

◎學싱觀覽 成均舘學員일동이昨日上午十일時에官립師範高등兩學校를觀覽하엿는딕漢城高등學校에셔는物理化學을實地로觀覽하엿다더라

◎解剖實習 生理研究大韓醫院附屬醫學校에셔는監獄署와交涉하야處絞한屍體를解剖하여學생實習에供한다는딕再昨日부터解剖에着手하야일個月間實習한다더라

廣告

南部明哲坊雙林洞一百二十四統五戶를金貳拾圓에貰入한韓忠植은傳貰出去하고放립旨는家主가셔失故로玆以廣告하오니誰某拾得休紙施行홈

家主 吳貞善 告白

本人의名慶善之慶字를以景字로改定하오니知舊間照亮홈

大寺洞 朴景善 告白

從一品李容直氏가陰己酉十月二十四日巳時別世이기廣告하오니知舊間 照亮하시을伏望

護喪 金宗洞

本人이平北郭山郡北面長敬洞金礦請願셔를本月四日에趙兌允金相嘻兩氏와同日提呈하엿기玆에廣布홈 朴昌根 告白

本人의姓名圖章을本年一月分에셔失하고更刻施行이옵게前章은勿施之意로玆以廣布홈

西部紅門洞 白南壽 告白

廣告

潘南朴氏大宗會事以陰曆十二月初六日會同于西部倉洞十八統九戶副總管齊斌氏宅爲定鄕宗中各派知事人一人選送參會企望

潘南朴氏宗中有司朴이陽 告白

本人이慶南靈山郡桃泉面居하옵더니父親輔植氏가上京하지于今七年에消息이無하와玆에廣告하오니誰某시던지或相知하시고通知하시면厚謝하깃삽니다

南門外藍井洞二百三十統十壹戶朴聖龍家留子辛龍憲 告白

本人의姓名彫刻純金반지를今月四日에盜難에罹하야셔失이옵기該印形使用셔類則自今으로自셔外에는無效로玆以廣告홈 仁川港內洞丁致國 告白

본인이유치시에부친을이산하고모친을따라한쥰호씨에게양육을바든고로본인의셩명을한응민으로힝세이옵더니한쥰호씨가별세하옵셔삼년상을필하고또지금본셩부친을차진고로본셩을차져송창인으로셔명하오니지구잔료량하심을망홈

대사동삼십일통ᄉ호송창인빅

移館擴業廣告

本舘을大貫洞上隅로移하고各種서籍과帽子와學徒用品을大加擴張하고特歇발賣하오니陸續請求하옵

編輯部를置하고셔籍을編述발刊하며裁縫所를附하야帽子服裝을製造하며文房諸具와帽子附屬品과毛織布木이具備홈

平壤大貫洞上隅 光明書觀 主 朴致祿 金燦斗 韓承坤

本堂에셔 大發賣하는 亞支 戒煙丸은 鴉片斷은하는딕有効神明일뿐不啻라일匣만試服하야도립効됨은確實하고身體를强建케하난靈藥이오니內外국僉彦은急速히購去하시오

南部小公洞

是亦堂藥局總代理 白

本人이去廿二日夜에南大門停車場에갓다오다가紙匣一介를遺失하엿는딕右匣內에草坪文券辨護士張燾의게쥬고맛튼標紙와測量器械標紙와名함二十章과錢六百餘兩을倂失하기에玆以廣告하오니僉君子는拾得하드리도本家로가져오심을伏望홈

右標를施行치마시옵

北部小安洞入統八戶尹相準告

本院은韓國一般人民을爲하야設立한은僉彦의已知하는바어니와自今으로事務를一層擴張하고診察을더욱精密히하기爲하야時間을午前十時부터午後四時까지無料로診察하오며또特別診察所를置하고些少의診察料로貴客의便宜를圖하오니診察을要하는僉彦은照亮을爲要

但特別한境遇에在하야는時間을勿論하고其請求를應홈

京城南大門外 濟衆院告白

本人之子 劉澤相은早孤餘生으로寡母侍下에年今二十이나沒覺愚癡러니悖類之誘引을因하야內外國人許에無典出債를作爲能事하니這間見敗는已屬過境이나將欲裁判歸正인바以寡居事力으로隨處勘債는蕩産而不得了勘이니自今以後로는劉澤相之姓名으로出債成票及他人債票에立保居間等事로或着名或捺章과至於各廛各舖하야雖一錢價値貨物이라도外上等事는幷爲勿施次로玆以廣布하오니內外國人은切勿見欺後悔홈

南部席洞三十四統九戶 安召ᄉ 告白

本人이龍川府楊市에救世病院을設립하고醫師金鳳天氏를迎聘하와兩年視務이옵다가金鳳天氏는不得已한事로還家하옵고京城魚丕信濟衆院에셔卒業한醫學博士金熙영氏를迎聘하와同化病院이라改稱하옵고凡百을十分擴張하오니內外科를勿論하고疾病에辛苦하시는同胞는來議하시면本院에셔는濟衆에目的을達하고 僉君子는康寧의幸福을享할더이오니照亮하시옵

隆熙三年十二月 日

龍川楊市同化病院主務黃菊保

瑞士建國誌

元賣所 京城 石井洞 大韓每日申報社

定價金十五錢

發賣所

京城 布屛門下 廣學書舖
仝 龍朝橋越便 中央書舖
仝 鍾路 大東書舖
仝 尙洞 博文書舖
仝 廣橋 匯東書館
仝 鍾路 古今書海舘
仝 龍洞 海星書舘
仝 承洞 醫心書館
仁川杻峴 開新冊肆
開城南門內 興學書舖
平壤鍾路 太極書舘
安州義井洞 冊肆
海州南門內 書舖
寧邊城內 耶蘇敎書舖

特別社告

本社에셔名함印刷를一層改良하야各色紙品을多數準備하고定價는低廉하게 僉君子의所請되로酬應하옵는中婦人과學徒의게는特別히減할터이오니照亮來議하심을敬要홈

大韓每日申報社

廣告

特別大割引

本舘에셔業務를更加擴張ᄒᆞ옵고書籍五圓以上에特別割引ᄒᆞᆫ더이오니僉君子ᄂᆞᆫ陸續請購ᄒᆞ시옵

諸般書籍과測量機具와學徒의用品各種도具備ᄒᆞ엿슴

平壤鍾路
太極書舘
舘主 李昇薰
主任 宋鍾遠
事務 金?澄

特別廣告

敬啓者本報ᄂᆞᆫ開刊有年에其論說의公正과其報道의迅速이無比ᄒᆞ야淸國內遠近志士가一切歡迎ᄒᆞ오며韓國에도稍稍히購覽ᄒᆞᄂᆞᆫ紳士가有ᄒᆞ온바今에更히江湖上購覽諸氏를紹介ᄒᆞ기爲ᄒᆞ야本報관所在處及報價를左開廣告ᄒᆞ오니願覽諸氏ᄂᆞᆫ速速히左開處로송奇ᄒᆞ시옵

本관所在地 哈爾賓瓦牙街
報價一個月先給 俄貨八角
全 三個月先給 俄貨二圓
但報價ᄂᆞᆫ先給을要홈
遠東報舘 告白

內部認可

商業經營法 全

安國善氏 著

一 商業經營法 은文明的商業의方法을指導ᄒᆞ며法律上商事의規定을說明ᄒᆞᆫ商業界의顧問이오
一 商業經營法 은商行爲의奇妙ᄒᆞᆫ術法과商去來의深奧ᄒᆞᆫ手段을陳述ᄒᆞᆫ商業家의秘訣이오
一 商業經營法 은會社設립節次와手形行使法과銀行去來等을論述ᄒᆞᆫ商業有志者의座右銘이오
一 商業經營法 은商業上의原理와經濟上의現象을實際的으로抄寫ᄒᆞᆫ實業學校의敎科書오

定價金 四十錢 郵遞料 四錢

廣學書舖 發行

京城中部布屛下三十七統六戶 廣學書舖金상萬謹告

本所에셔洋屬毛織을各色直輸入ᄒᆞ야廉價로發賣ᄒᆞ옵ᄂᆞᆫ데物品과織組가堅固ᄒᆞ며染色이不變ᄒᆞ와經濟上에第一要緊ᄒᆞ오며各地方貿易을便利케爲ᄒᆞ와郵便小包로酬應ᄒᆞ야代金을引換ᄒᆞ겟ᄉᆞ오니 僉君子ᄂᆞᆫ陸續請求ᄒᆞ심을伏望

京城小龍洞
洪順福 毛織商店

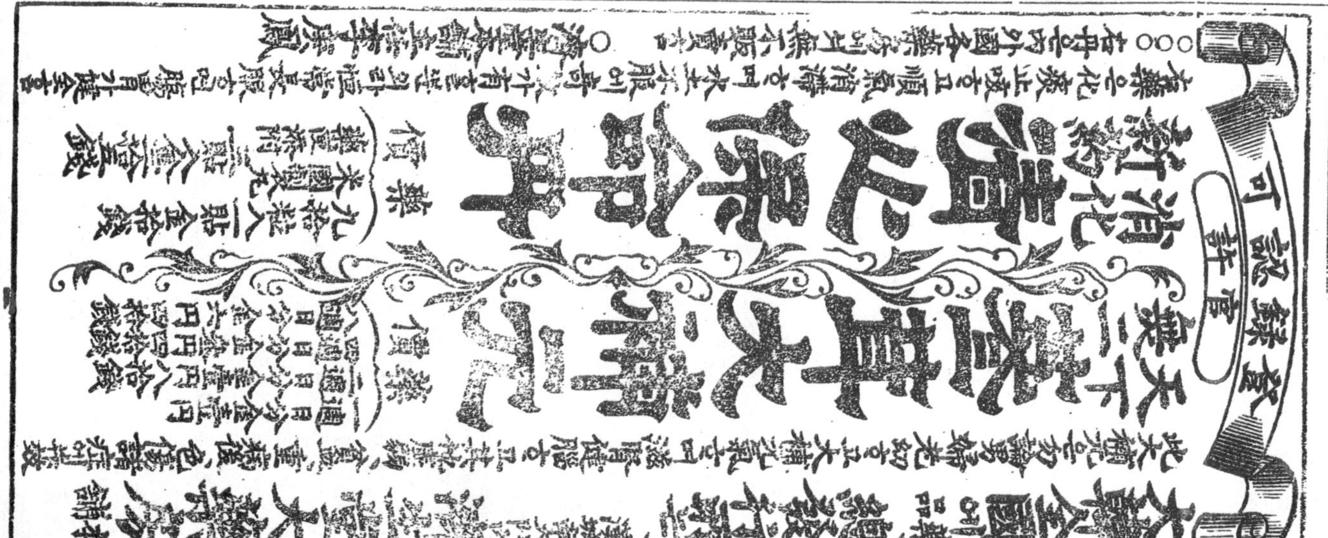

社告

申報價

壹張代金 新貨二錢五厘
壹個月 三十錢
參個月 九十錢
陸個月 先納 壹圓七十錢
壹個年 先納 參圓四十錢
郵稅 壹張 新貨五厘
壹個月 十三錢

廣告料

四号活字拾三字詰
每日英尺一寸에(自一行至四行이爲一寸) 新貨卄五錢
二週日壹寸에 二圓五十錢
壹個月壹寸에 五圓
但期限의長短과字行의多小를依ᄒᆞ야增減홈이有홈

大韓每日申報各處支社廣告

平安道

平壤鍾路太極書舘 安泰國
三和港碑石洞敎堂 裴亨湜
義州南門外韓西大藥房 張有寬
鐵山郡內東部 安瀰
車輦舘同志會內 金明鉉
定州南門內書舖 洪成麟
博川郡內鐙洞 金翼樞
安州城內安陵書舘 金翼河
京義線批峴驛停車場前 李基秀
龍川南市驛 韓燦禧
龍川楊市 黃菊保
州郡南門外 朱伯英
泰川郡內관前洋藥局 李正華
寧邊郡內紅門里 鄭德昇
江西郡內 金昌煥
宣川郡橋南 申基周
江界邑內 金泰熙
郭山郡內新街 金大鉉
甑山郡內利用里 崔診爽
雲山北面橋洞 王㒖鎬
雲山郡內 咸元澤
順川郡達洞 鄭裕昱
昌城邑內西下里壹統貳戶 許이

黃海道

해州南門內書舖 朴昌鎭
安岳壽石面訓鍊里 韓楨敎
長淵邑校洞西北支學會內 崔東元
殷栗郡倉前里 金光礪
信川郡內四里 李悌敎
載寧郡乾材藥局 李鼎均
白川郡文明舘 趙雲泳
沙里院活民勞働救火會 任敬宰

咸鏡道

咸興州南社西門外 曹喜林
元山港創業社 皇甫正杰
定平郡豐陽里 張禮學
洪原西門內保命局 羅炳善
永興南山洞洪明學校內 樊元常
淸津港新興洞 張元浩

全羅道

金溝水流面豆亭 趙德三
木浦港陽洞 李得珠

京畿道

仁川栗峴開新冊肆 李東晧
開城南大門內興學書舖 姜助遠
江華郡內川橋 兪鎭植

忠淸道

結城廣川小龍洞 李啓祚
韓山下北필堂里 李英稙

慶尙道

大邱西門外友弦書樓側 李[illegible]由
釜山港佐川藥局 徐錫介

江原道

杆城邑新城里二統三戶 咸海元
鐵原邑棠洞 趙鍾大
蔚珍遠南面梅花里 郭[illegible]

北墾島

北墾島龍井村耶蘇敎堂內 裴[illegible]

告

檀君開國四千二百四十二年
箕子元年三千三十一年
大韓開國五百十八年
本報創刊日 光武八年七月十八日

大韓每日申報

第七卷 月曜及慶節歲時日休刊 第一千二百六十二号

Responsible for Publication Alfred Weekley Marnham.
發行兼編輯人 英國人 萬咸
發行所 京城南部石井洞三層洋屋家 大韓每日申報社

論說

◎告國民會

目下極惡大慾一進會를聲討ᄒᆞ기爲ᄒᆞ야國民大會와國民大演說會가並起홈에對ᄒᆞ야一般同情을表ᄒᆞᆯ비이나

然이나今日이何日이뇨疑雲이正深ᄒᆞ고風說이正熾ᄒᆞᆫ딕內閣諸大臣이元來國民이信用치못ᄒᆞ던人物이오隣强意向은又如何ᄒᆞᆫ擧動을執ᄒᆞᆯ는지難知ᄒᆞᆯ今日이니國民된者ㅣ時局을望ᄒᆞᄆᆡ當如何히心을勞ᄒᆞ리오

吾儕의過慮인지不知ᄒᆞ거니와何處에又一進會가有ᄒᆞ야第二聲明書를發表ᄒᆞ면國民會에서當如何히抵敵코ᄌᆞᄒᆞ나뇨

韓國民이自來로國家思想이健ᄒᆞ고政治能力이强ᄒᆞ면十一進會가有ᄒᆞ며百一進會가有ᄒᆞ야億千萬紙의聲明書를出ᄒᆞᆯ지라도足懼ᄒᆞᆯ비아니오足慮ᄒᆞᆯ비아니어니와

吾儕의恐ᄒᆞ는바는韓民同胞가專制의毒을慣吸홈으로何事이던지政府의鼻息을仰ᄒᆞ며政府의風下에趨홈이已久ᄒᆞ니萬一千萬不幸히外國新聞의揭載ᄒᆞᆫ內閣新五條締結의說이果然ᄒᆞ거나日本이又何等의阻力을加ᄒᆞ야도國民의正氣가依然히不退홈을得ᄒᆞᆯ는지

嗚乎國民會여眞正ᄒᆞᆫ國民의旗幟를執ᄒᆞ고正義의路를向ᄒᆞ야進ᄒᆞ되內閣을依賴치말며外人을依賴치말고純全ᄒᆞᆫ國民의自립心으로以ᄒᆞᆯ지어다

已往韓國에士論或民論의起ᄒᆞᆫ日이不無ᄒᆞ지만은其源을探ᄒᆞ면純正ᄒᆞᆫ士論과民論이아니라幾個野心家가或勢家의指揮로以ᄒᆞ며或外人의指揮로以ᄒᆞ다가一番壓迫을遇ᄒᆞ면蜂ᄀᆞᆺ치聚ᄒᆞ엿다가魚ᄀᆞᆺ치散ᄒᆞ야民黨歷史에一汚點을留ᄒᆞ엿나니엇지後起者의戒ᄒᆞᆯ비아니리오

今日國民會는國民의面目을保ᄒᆞ고國民의義氣를揮ᄒᆞ야前進ᄒᆞ고舊日民黨의轍을勿蹈ᄒᆞᆯ지어다

外報

◎墨國否認 昨年美國과協同ᄒᆞ야니카라과國에干涉ᄒᆞ던墨西哥國은今番美國國務卿의强硬政策을否認ᄒᆞᆫ다더라

◎淸軍器買入 淸國廣東雲南兩江等各省師團及禁衛軍에서는大砲二百餘門을德商에게買入ᄒᆞ기로契約을締結ᄒᆞ엿고奉天第二十二鎭에서는小銃을德商에게買入ᄒᆞᆫ다더라

◎兩氏演說 英國上院保守黨首領란쓰돈侯는프리모쓰港에在ᄒᆞᆫ自由統一派會議의席上에서演說ᄒᆞ엿는딕政府提出의社會主義豫算案을接受ᄒᆞ기前에先히국民의承認을經홈이可ᄒᆞᆫ事를要求ᄒᆞᆫ上院의行動에就ᄒᆞ야변護ᄒᆞ엿고又將來急進黨에屬ᄒᆞ야同黨의勢力을增大케ᄒᆞᆯ多數貴族이有ᄒᆞᆯ事實을承認ᄒᆞ엿고又今回政府에게排斥을被ᄒᆞᆫ關稅改革을實行ᄒᆞᆯ意見으로委員을選定ᄒᆞᆫ事를說明ᄒᆞ엿고其次에오스틴지암바렌氏의演說이有ᄒᆞ엿다더라

雜報

◎天道敎發文 (續)

拒絶ᄒᆞ던지自退ᄒᆞ던지急速히自己몸을사랑ᄒᆞ야惡ᄒᆞᆫ일홈과危殆ᄒᆞᆫ刧運을免ᄒᆞᆯ지어다關雲長은팔을나수라고써도글것거던ᄒᆞ물며몸을살니랴고本來남의살붓첫던것을떼바리기야무엇이어려우리오

두번生覺ᄒᆞᆯ지어다水雲大神師ᄭᅴ셔는保國安民ᄒᆞ기를걱정ᄒᆞ셧는딕一進會에서는남의나라에合邦되기를自願ᄒᆞ엿스니一進會가僥倖으로世上사ᄅᆞᆷ의게罪를免ᄒᆞ더ᄅᆡ도大神師의다시오실ᄯᅢ에는그罪를免치못ᄒᆞ리니一進會로어미를숨는侍天敎에잇기도不可ᄒᆞᆫ일이오ᄯᅩ設使罪가업더ᄅᆡ도大神師를慕仰ᄒᆞ는마암에엇지참아一進會의子息노릇ᄒᆞ는侍天敎에일홈을붓쳐두리오

大神師와海月神師의하ᄂᆞᆯᄀᆞᆺᄒᆞ신道德과鬼神ᄀᆞᆺᄒᆞ신造化로도慘酷ᄒᆞᆫ厄運과無數ᄒᆞᆫ禍難을밧으샤사ᄅᆞᆷ이四十餘萬名이죽고四十六年만에야비로소宗敎面目이世上에낫하낫거던又況侍天敎는皇室에罪人이오國家에罪人이오人民에罪人이오社會에罪人이오大神師에罪人이오海月神師에罪人이되는一進會속에서나온者ㅣ라萬古天下에容납지못ᄒᆞᆯ一進會가自己私欲으로創립ᄒᆞᆫ侍天敎를能히扶持ᄒᆞᆯ줄노生覺ᄒᆞ는가우리황上의民臣되는同胞와우리大神師의門徒되는사ᄅᆞᆷ은義理上에도一進會와聯結치못ᄒᆞᆯ지오道理上에도一進會와聯結을못ᄒᆞᆯ지니堂堂ᄒᆞᆫ人格을가진우리同胞는亂臣賊子의뒤를ᄯᅡ라亂臣賊子가되지말지로다

大神師와海月神師ᄭᅴ셔는三七字발근理致를世上에傳ᄒᆞ샤世上사ᄅᆞᆷ이다天國사ᄅᆞᆷ이되게ᄒᆞ시랴고自己의重ᄒᆞᆫ生命을악기지아니ᄒᆞ셧는딕一進會는무ᄉᆞᆷ生覺으로우리나라를덜나기前에남을주어奴隸國을만늘냐고所謂聲明書를발布ᄒᆞ엿는고勢力이不足ᄒᆞ야남의게ᄯᅦ제여도抑菀痛哭ᄒᆞᆯ터인딕제몸ᄒᆞ나가남의奴隸되기됴아ᄒᆞ는生覺으로무죄ᄒᆞᆫ우리同胞二千萬人ᄭᆞ지ᄭᅳ러다가奴隸가되라고日本에上서ᄒᆞ엿스니異常ᄒᆞ고야릇ᄒᆞᆫ져창ᄌᆞ를가진一進會를우리兩位神師의門徒되는同胞야엇지참아ᄒᆞᆫᄌᆞ리에안지리오

우리는참아侍天敎사ᄅᆞᆷ이一進會와ᄒᆞᆫ퉁에싸이여萬古天下에容납지못ᄒᆞᆯ罪人이되는것을볼수업서피ᄀᆞᆺ흔눈물을ᄲᅳ스며두어마듸말ᄉᆞᆷ을記錄ᄒᆞ야侍天敎人의살길를引導ᄒᆞ니侍天敎人은어셔어셔一進會를拒絶ᄒᆞ던지侍天敎에自退ᄒᆞ던지急速히周旋ᄒᆞ야惡ᄒᆞᆫ물을무릅쓰지말지어다惡ᄒᆞᆫ물을ᄒᆞᆫ본쓴뒤에는다시벗기어려오니侍天敎人은어셔어셔살길노向ᄒᆞᆯ지어다

우리天道敎人은侍天敎人이或暗昧ᄒᆞ야살길을찻지못ᄒᆞᆫ사ᄅᆞᆷ을보거던實心으로引導ᄒᆞ야살길을가라치며서로사랑ᄒᆞ기를우리敎人과ᄀᆞᆺ치ᄒᆞ야性靈일가의사랑ᄒᆞ는情을表ᄒᆞᆯ지어다

(完)

學界

◎體育講習 一般學界에體育을完全케ᄒᆞ기爲ᄒᆞ야美洞鳳鳴學校內에師範體育講習所를設립ᄒᆞ고熱心敎授ᄒᆞᆫ다더라

◎賢哉此人 延安郡洪長七里觀德亭延興學校校主申宗均氏는二十餘間校舍를自擔建築ᄒᆞ며八十餘名學徒의朝夕飯을自擔供饋ᄒᆞ며敎師月給四十圓도自擔支給ᄒᆞ고該面內十七洞에每洞金五圓式劃給ᄒᆞ야各其勸業會를設립케ᄒᆞ고每朔一次式該氏家에會同ᄒᆞ야敎育殖産等說話로諄諄誨諭ᄒᆞᆫ다더라

◎捐金助費 光武學校生徒崔升夏氏는學資가困難ᄒᆞ야廢學之境이되엿는딕仁川港居張乃興李東皓兩氏와郵船會社에서金一圓式捐付ᄒᆞ엿다더라

◎投麯信敎 漣川郡沙器幕居徐敬植氏가鐵原郡培英學校에金百圓을寄付홈은已報어니와徐氏는數年前에酒商으로爲業ᄒᆞ다가耶蘇敎를尊信ᄒᆞᆫ後에造酒爲業홈이不可ᄒᆞᆫ줄노覺知ᄒᆞ고所有麯子等物을一幷抛棄ᄒᆞ야前業을斷廢ᄒᆞ고純全ᄒᆞᆫ道德心을培養ᄒᆞᆫ다더라

◎元氏寄付 松禾郡金融組合所通譯元學律氏는該郡邑內日新女學校에每朔金壹圓五十錢式捐付ᄒᆞ고其他時計校印등物을寄付ᄒᆞ엿다더라

◎解職育英 全州東門外居趙千鍾氏는當地監督局에勤務하다가敎育界에有意하야去月分에該職을固辭하고東門內李正淑氏家에夜學校를設립하야多數學員을義務로敎授하는딕良好ᄒᆞᆫ結果가多大하다더라

◎李氏創校 慶北禮安郡居李忠鎬李中泰李中翰諸氏가敎育이急務됨을覺醒하고家族學校를設립하야陶山院有物로基本金을作ᄒᆞᆫ다더라

◎製衣庇寒 瑞興郡興水院私립學校生徒俞應圭는早孤餘生으로貧寒無依ᄒᆞ되學問에有志ᄒᆞ야該校에入學ᄒᆞ엿는딕冬寒에衣資가無ᄒᆞ야懸鶉單衫으로禦寒이無路ᄒᆞᆫ지라該校一般ᄒᆞᆨ徒가義金을鳩集ᄒᆞ야冬服壹襲을製給하엿다더라

○談叢○

劍心

▲路易十四는法國의梟君이라一日은其宰相가루베루를顧ᄒᆞ며嘆息曰噫라我大法國의猛將精兵으로彼蕞爾小國和蘭을能破치못ᄒᆞ니其故가何오가루베루對曰國의强弱을大小로論ᄒᆞᆯ바아니라其國民의品格如何로論ᄒᆞᆯ바니國民의强壯ᄒᆞᆫ品格은卽金城鐵壁이라可破치못ᄒᆞ나이다ᄒᆞ엿다더라

善타가루베루의言이여果然其國民이獨립自由의品格을抱ᄒᆞ엿스면猛將이何며精兵이何오世에三千里金湯과二千萬民族으로도오히려人을畏ᄒᆞ는者ㅣ有ᄒᆞᆫ가余ㅣ恥를不堪ᄒᆞ노라

▲新羅末年에甄萱이左에衝ᄒᆞ고弓裔가右에突ᄒᆞ야三韓統一의古威光이水泡를作ᄒᆞᆫ지라彼庸愚ᄒᆞᆫ金傅가白旗를竪ᄒᆞ고高麗陣에投ᄒᆞᆷ이王子大聲痛哭曰君臣父子가當背城一戰ᄒᆞ야死를決ᄒᆞᆯ지니엇지一千年社稷으로輕輕히人에與ᄒᆞ리오ᄒᆞ되庸君奴臣이步를齊ᄒᆞ야松岳山下의殘俘를作ᄒᆞ엿더라

余가新羅ᄉᆞ를讀ᄒᆞ다가此에到ᄒᆞ야始에怒氣가瀰漫ᄒᆞ고終에大喝을不已ᄒᆞ엿노니大抵新羅가赫居世以來로其堂堂國ᄉᆞ의光이如何ᄒᆞ며文武王以來로其烈烈國家의威가如何ᄒᆞ엿나뇨乃者敵兵이境에未臨ᄒᆞ야셔一矢를不曾被ᄒᆞ며一刃을不曾交ᄒᆞ고君臣父子가敵陣에屈膝ᄒᆞ되恥를오히려不知ᄒᆞ엿스니悲夫라

詞藻

❀椎 碎❀

太白山박달나무、가지數가몃千萬고。
한가지취능청잡어석거、몽치한끼다듬어놀고。
바수리라、자나ᄭᅢ으나ᄭᅢ으나자나합부로와직근뚝닥、亂賊叢를。

電報

◉唐氏重病 清國唐紹怡氏ᄂᆞᆫ錫良總督의代行으로清日懸案解決任務를任ᄒᆞᆫ다ᄒᆞ나該氏ᄂᆞᆫ重病에罹ᄒᆞ엿스즉此必渡說인ᄃᆞᆺᄒᆞ다더라

◉美人渡清說 美國太平洋沿岸實業家ᄂᆞᆫ清국政府의招請을應ᄒᆞ야來春三四月頃에渡清ᄒᆞ기로決定ᄒᆞᆫ다더라

◉兩氏辭職說 清국慶親王及梁敦彦氏ᄂᆞᆫ辭職ᄒᆞ기로決意ᄒᆞ엿다더라

以上北京발 九日着

◉美統領敎書 美국大統領타프트氏가국會에對ᄒᆞ야美國政府가긔회均等主義와清국保全主義를尊重히홈이可ᄒᆞᆫ事와日本實業團渡美에對ᄒᆞᆫ等事로敎셔를送ᄒᆞ엿다더라

華盛頓발 九日着

◉露度大轉任 向日昭爾賓에來ᄒᆞ엿던露度大코코칠로푸氏ᄂᆞᆫ清국駐在大使를被任ᄒᆞᆫ다더라

◉露后病篤 露국皇后陛下ᄂᆞᆫ病勢가危篤ᄒᆞᆫ故로황族諸氏를召集ᄒᆞ엿다더라

以上伯林발 九日着

◉日王病逝 日本賀陽宮邦憲王은逝去ᄒᆞ엿다더라

東京발 九日着

雜報

◉一進開會 內閣에서一進會上奏文을退却ᄒᆞᆫ事에對ᄒᆞ야一進會에서再昨日下午三時에總會를開ᄒᆞ고該上奏文을貫徹ᄒᆞ기前에ᄂᆞᆫ雖千百番이라도退還呈ᄒᆞ기로決議ᄒᆞ고即時郵便으로付上ᄒᆞ엿ᄂᆞᆫᄃᆡ會員五十九人이出席ᄒᆞ엿다더라

◉內閣例會 昨木曜日에內閣例會를開ᄒᆞ고一進會聲明셔에對ᄒᆞ여議論ᄒᆞ엿ᄂᆞᆫᄃᆡ一般國民이如此히反對ᄒᆞᆫ즉內閣에서도相當ᄒᆞᆫ處分이有ᄒᆞ여야ᄒᆞᆯ지니一進會員中現帶官職이有ᄒᆞᆫ者를爲先除汰ᄒᆞ자ᄒᆞ엿다더라

◉再呈再却 壹進會에서上疏文을再呈홈은別項과如ᄒᆞ거니와昨日內閣例會에서總理以下各大臣이會同ᄒᆞ야該文을再却ᄒᆞ기로決議ᄒᆞ엿다더라

◉府會將開 張基濂崔錫彰玄은諸氏가發起ᄒᆞ야來土曜日漢城府民會舘內에府民회를開ᄒᆞ고一進會를解散ᄒᆞ고國民報를閉鎖ᄒᆞ라고政府에獻議ᄒᆞᆫ다더라

◉尹氏免官 侍從尹範植氏ᄂᆞᆫ一進會員이라ᄒᆞ야再昨日免官을當ᄒᆞ엿ᄂᆞᆫᄃᆡ該會에서ᄂᆞᆫ此를聞ᄒᆞ고大談ᄒᆞ기를奏任官은擾動ᄒᆞᆯ지언졍勅任官ᄭᆞ지ᄂᆞᆫ擾動키不能ᄒᆞ리라ᄒᆞ엿다더라

◉樞院決議 昨日은中樞院木曜例會인故로議長以下贊副議諸氏가會同ᄒᆞ엿ᄂᆞᆫᄃᆡ李舜夏氏의獻議를因ᄒᆞ야내閣에建議ᄒᆞ기로決定ᄒᆞ엿다더라

◉進會戒嚴 三昨夜에국民新報社에셔一進會本部로電話ᄒᆞ되국民大演說會에서本部를燒打ᄒᆞᆯ狀態가有ᄒᆞ다홈으로該本部에셔ᄂᆞᆫ嚴密히警戒ᄒᆞᆫ다더라

◉一進大運動 壹進회員金時鉉氏ᄂᆞᆫ天壹銀行에셔金十萬圜을出債携帶ᄒᆞ고日本에渡往ᄒᆞ엿ᄂᆞᆫᄃᆡ合邦에對ᄒᆞᆫ運動費로支用코져홈이라더라

◉誤植改正 學部에서日本三省堂에委托ᄒᆞ야敎科書를多數刊出ᄒᆞ엿ᄂᆞᆫᄃᆡ板本中幾個文字가誤植되엿다ᄒᆞ야日人壹名을學部로派送ᄒᆞ야現方改正ᄒᆞᄂᆞᆫ中이라더라

◉警廳指揮 昨日警視廳에셔國民大演說회회長閔泳韶氏와국民大회회長金嘉鎭氏를招請ᄒᆞ야該兩회의開회를아즉停止ᄒᆞ라고指揮ᄒᆞ엿다더라

◉帝社可疑 帝國新聞社總務韓基濂氏가退社홈은已報어니와該社長도近日以來去處를不知ᄒᆞ고該新聞은何等曲折이有ᄒᆞᆫ지今番與國이聲討ᄒᆞᄂᆞᆫ一進會合邦書에對ᄒᆞ야一言의論駁이無홈으로一般輿論이大段疑惑ᄒᆞᆫ다더라

◉奔走爲用 內閣會議에서一進會員으로官職을帶ᄒᆞᆫ者ᄂᆞᆫ一切除汰ᄒᆞᆫ다ᄂᆞᆫ說이傳播되미中央政府에在ᄒᆞᆫ一進會員들은其眞假를探知코뎌東西奔走ᄒᆞᆫ다더라

◉庵原言論 漁業免許請願件數가六千件에至ᄒᆞ엿ᄂᆞᆫᄃᆡ水産課長日人庵原이가某氏를對ᄒᆞ야韓國海面이廣大ᄒᆞ야日本漁夫의收容이有餘ᄒᆞ다云하엿다더라

◉退者雲集 去七日로부터八日ᄭᆞ지京城내에在ᄒᆞᆫ一進會員退會者가九十名에達ᄒᆞ엿ᄂᆞᆫᄃᆡ以今形便으로推ᄒᆞ면不過幾日에該會名稱이永爲消滅ᄒᆞᆯ것다고物論이藉藉ᄒᆞ다더라

◉處理會開會 再昨日下午二時에황城新聞社內에셔國債報償金處理會를開ᄒᆞ엿다더라

◉兩察免官說 咸北觀察使尹甲炳氏와忠南觀察使崔廷德氏ᄂᆞᆫ一進會員이라ᄒᆞ야內閣에셔免官ᄒᆞ기로內定ᄒᆞ엿다더라

◉南氏將發 嶠南學會에셔慶南에在ᄒᆞᆫ一般學校를勸諭ᄒᆞᆯ次로委員南亨佑氏가日間발程ᄒᆞᆫ다ᄂᆞᆫᄃᆡ該氏가昨日學部에前往ᄒᆞ야勸諭事件을協議ᄒᆞ엿다더라

◉進會揚言 一進會員이逢人첩說ᄒᆞ되政合邦實施後에ᄂᆞᆫ統監府가撤歸ᄒᆞᆫ다云ᄒᆞᆫ다더라

◉技手試取 漢城府에셔測量技手六人을加選ᄒᆞᆯ次로日間試取ᄒᆞᆫ다더라

◉無員之長 抱川郡一進支會ᄂᆞᆫ元來自退者가多ᄒᆞ야會長壹人會員壹人만存在ᄒᆞ더니今番에會員壹人ᄭᆞ지退會ᄒᆞ고現存者ᄂᆞᆫ所謂會長壹人이라더라

◉專用韓人 度部支內韓日語講習所敎師ᄂᆞᆫ從來韓日人을併置ᄒᆞ더니近日에ᄂᆞᆫ韓人洪鍾旭徐基殷兩氏만選定ᄒᆞ엿다더라

◉撤部築道 日本政府에셔該國都의道路를修築ᄒᆞ기로決定ᄒᆞ야韓國留學生監督部를毁撤ᄒᆞᆫ다더라

◉其論正當 一진會員權重琦氏ᄂᆞᆫ該會上疏文을見ᄒᆞ고日韓國臣民이되야此會에不出ᄒᆞᄂᆞᆫ者ᄂᆞᆫ逆名을難免이라ᄒᆞ고該會일同에對ᄒᆞ야從速退會ᄒᆞ야性命을保ᄒᆞ라고勸告文을발布ᄒᆞ엿다더라

◉國民報謬揭 昨日국民신報에揭載ᄒᆞ기를西北學會에셔議事會를開ᄒᆞ고呂相翊氏가說明ᄒᆞ야日本會目的은敎育에在ᄒᆞ고政黨에干預가無ᄒᆞᆫ즉愼重ᄒᆞᆫ態度를守ᄒᆞ야國民大演說會에勿參ᄒᆞ라ᄒᆞ엿ᄂᆞᆫᄃᆡ西北學會에셔ᄂᆞᆫ議事會를開ᄒᆞᆫ事도無ᄒᆞ고呂相翊이란會員도初無ᄒᆞᆫ故로送函質問ᄒᆞ엿다더라

◉一日九十 各處에발送ᄒᆞ엿던一進會聲明셔ᄂᆞᆫ退却을當ᄒᆞ여該會本部로還入ᄒᆞᆫ數爻가三昨日로부터再昨日ᄭᆞ지九十餘度에達ᄒᆞ엿다더라

◉總監訓諭 警視總監若林이ᄂᆞᆫ昨日에高等警察官을召集ᄒᆞ야此時에特別注意ᄒᆞ야嚴重히團束ᄒᆞ라고訓諭ᄒᆞ엿다더라

◉統監歸國期 曾禰統監은來年一月六七日頃에出발歸國ᄒᆞ기로豫定ᄒᆞ엿다더라

◉周氏義務 濟州에留生ᄒᆞ야海業에從事ᄒᆞ던同胞가年來葛山東萊巨濟三處에流落ᄒᆞ야千餘名蹤跡이浮萍과如ᄒᆞᆫ지라釜山港居周時鎔氏가其情景을矜悶히여겨海業契를設립ᄒᆞ야保護에盡力ᄒᆞ엿ᄂᆞᆫᄃᆡ尙且未盡ᄒᆞᆫ事가有ᄒᆞ다ᄒᆞ야更히海業保護會라名稱ᄒᆞ고規則을製定ᄒᆞ야將來該同胞의營業生死의關ᄒᆞᆫ保護를實施ᄒᆞᆯ意로今番農部에請願ᄒᆞᆫ다더라

◉醫務局出品 내部醫務局에셔ᄂᆞᆫ本朝初葉以來로警察官制度의沿革을三期로分ᄒᆞ야英日博覽회에撮影出品ᄒᆞᆫ다더라

◉演辭押收 國民大演說회에셔日前國是社에셔演說ᄒᆞᆫ辭意를編述發刊ᄒᆞ야各地方에頒布ᄒᆞᆯ次로各신聞社에委任配達케ᄒᆞ엿더니昨日警察署에셔該紙를一切押收ᄒᆞ엿다더라

◉法令審査會 內部에셔再昨日下午三時頃에法令審査會를開ᄒᆞ고居獻規則에關ᄒᆞ야施行細則을協議ᄒᆞ엿다더라

◉孔子敎請願 공子敎會에셔每朔望에成均舘文廟에參拜ᄒᆞ고經義를講論ᄒᆞᆯ것다고學部에請願ᄒᆞ엿다더라

◉翰興社布告文 翰興社에셔一진회의罪惡을聲討ᄒᆞᆯ次로布告文을現方製定ᄒᆞᆫ다더라

◉韓俗日探 日本荻野博士ᄂᆞᆫ日本文科大學의委托으로韓국의風俗習慣을實地調査ᄒᆞᄂᆞᆫᄃᆡ該人이京城에來到ᄒᆞ면學部에셔該調査에關ᄒᆞᆫ講演을開케ᄒᆞᆫ다더라

◉配付禁止 壹진회에셔日前에발表ᄒᆞᆫ韓日合邦聲明셔를各道支部及其他地方紳士의게配付ᄒᆞ기로ᄒᆞ엿더니政府에셔ᄂᆞᆫ地方人心이動搖될가恐懼ᄒᆞ야配付를禁止ᄒᆞ엿다더라

◉慶寒報告 陝川郡守朴從鎔氏가該郡圖徒錢二百十四圜과官舍신買費와義兵討伐費를擅自私用ᄒᆞ엿스니依法處理ᄒᆞ라고該道觀察使黃鐵氏가내部로報告ᄒᆞ엿다더라

◉平海風雪 江原道平海郡에ᄂᆞᆫ去月三十日에大風雪이有ᄒᆞ야家屋顚倒가二戶오損害를被ᄒᆞᆫ家屋이八百六十六戶오電柱도七個가倒ᄒᆞ엿다더라

◉義將被殺 全南義將申甫鉉氏의先鋒將李長仙氏가長城郡신村等地에셔德水日憲兵隊에被捉ᄒᆞ야即時銃殺되엿다더라

◉種牛輸送 今番農商工部에셔購入ᄒᆞᆫ平南所産種牛十九頭ᄂᆞᆫ昨日龍山에到着ᄒᆞ엿ᄂᆞᆫᄃᆡ即時慶尙忠清等地로輸送ᄒᆞᆫ다더라

◉兩領事着任 京城駐在신任美국總領事씨드모아氏ᄂᆞᆫ去七日에着任ᄒᆞ엿고신任英국總領事보나氏ᄂᆞᆫ昨日에着任ᄒᆞ엿다더라

◉馬賊襲日 安奉線鳳金山領麓에在ᄒᆞᆫ日本人家屋에ᄂᆞᆫ馬賊이襲來ᄒᆞ야日本人十名이負傷ᄒᆞ엿다더라

▲社會燈▼

▲宮內府侍從尹範植은一進會員이라ᄒᆞ야免官을當ᄒᆞ엿다니極惡大憝宋秉畯은樞職을仍帶케ᄒᆞ고頑凶巨賊李容九ᄂᆞᆫ喘息을尙假ᄒᆞ면셔區區不足數의壹尹만除汰ᄒᆞ면公平의衛이되깃ᄂᆞᆫ가아마도首領을先治ᄒᆞ고歸順者를撫綏ᄒᆞ여야人心이自服ᄒᆞᆯ걸

▲平壤郡壹진會ᄂᆞᆫ聲明셔를본然後에大集會를開ᄒᆞ고退會解散ᄒᆞ기로決定ᄒᆞ엿다니天性이未泯ᄒᆞᆫ同胞ᄂᆞᆫ져러ᄒᆞᆫ良心이發生ᄒᆞᄂᆞᆫᄃᆡ皇恩을偏被ᄒᆞ야觀察郡守를擁有ᄒᆞᆫ壹진會ᄂᆞᆫ壹道憤心이不生ᄒᆞᄂᆞᆫ가今日此聞을見ᄒᆞ고도報上性이無ᄒᆞᆫ者ᄂᆞᆫ犬馬만不若ᄒᆞ지

▲壹進會ᄂᆞᆫ미우잘되[illegible]에진흥ᄒᆞᆫ副會長의姓名을아ᄂᆞ냐金澤鉉이라ᄒᆞᄂᆞᆫ者인ᄃᆡ[illegible]賢이라ᄒᆞᄂᆞᆫ[illegible]上에讐姓이不好ᄒᆞ다고金澤鉉이가되엿[illegible]데남에귀를爲ᄒᆞ야셔父祖傳來ᄒᆞ던姓字를改換ᄒᆞ야[illegible]姓에歸附ᄒᆞᄂᆞᆫ[illegible]도無[illegible]ᄂᆞᆫ[illegible]계야

▲漢城신報社ᄂᆞᆫ[illegible]ᄒᆞ야一진會에셔人金각을마보랴다가[illegible]外論을[illegible]出ᄒᆞ엿다지[illegible]을[illegible]ᄂᆞᆫ[illegible]말이엿[illegible]謬揭ᄒᆞ니아모리[illegible]ᄒᆞ지만너무[illegible]말만도아ᄒᆞ면[illegible]지

▲偉人遺蹟

▲東國 ▲巨傑 崔都統　錦頰山人

第一章 緖論 續

嗚乎라此ᄂᆞᆫ闇黑時代劣魔窟穴이라彼所謂聖賢이何物이며彼所謂英雄이何物이며抑彼所謂忠臣烈士가又何物인가奴隷의眼으로觀ᄒᆞ면彼가果聖賢이며彼가果英雄이며彼가果忠臣烈士이나萬一一步로進ᄒᆞ야天賦純潔ᄒᆞᆫ獨립心을將ᄒᆞ야此로觀ᄒᆞ면此도一奴隷며彼도一奴隷라

凡此七百餘年歷々ᄂᆞᆫ只是蠢蠢ᄒᆞᆫ奴隷頭腦로充塞ᄒᆞᆫ歷々니此七百餘年歷々를讀ᄒᆞ미我가我國民을爲ᄒᆞ야哀舞의聲이地球動ᄒᆞᄂᆞᆫ도다然則此七百餘年曆々上에ᄂᆞᆫ果然一二個人도能히國家의精神을發揮ᄒᆞ며拜外의頑夢을打破ᄒᆞ고我檀君子孫의眞面目을見ᄒᆞᆫ者ㅣ無ᄒᆞᆫ가日余가此에憤慨를抱ᄒᆞ고十三道山河를掀繙ᄒᆞ며半千年人物을窮搜ᄒᆞ야長夜雲天에驀照ᄒᆞᄂᆞᆫ明星을歷數ᄒᆞ더니　未完

廣告

本團事務를處理키爲ᄒᆞ야本月十三日(月曜)下午一時에總會를本事務所內에開ᄒᆞ오니一般團員은　屆期枉參ᄒᆞ십

隆熙三年十二月八日

南部棗洞朴宮內六十二統七戶

國是遊說團　告白

本會定期總會를今月十一日(土曜)下午一時에典洞中東學校內에셔開ᄒᆞ오니一般會員及有志　僉彦은屆期來臨ᄒᆞ심을務望ᄒᆞᆷ

大韓興業會　告白

本人이仁川港龍洞第十九統四戶草家四間文券을十月分에셔失이ᄋᆞᆸ기玆에廣告ᄒᆞ오니誰某拾得이라도休紙施ᄒᆞᆷ

家主　金德敏　告白

本人之床重孫子應春이가年今二十九歲에不事產業ᄒᆞ고沿溺佇隣居金壽崇之誘引ᄒᆞ야騙謀亂債가非一非再而謂以債錢ᄒᆞ고及其限日ᄒᆞ야甚至於應春之迷童許에勒捧改標ᄒᆞ고況且所居古城面龍門洞所在家垈一坐與連付田畓五日耕을僞劵欲賣ᄒᆞ오니內外國人은切勿見欺ᄒᆞᆷ

義州府西門內朴致格　告白

本堂에셔大發賣ᄒᆞᄂᆞᆫ亞支那戒煙丸은鴉片斷은ᄒᆞᄂᆞᆫᄃᆡ有効神明일뿐不啻라일번만試服ᄒᆞ야도립効됨은確實ᄒᆞ고身體를强建케ᄒᆞᄂᆞᆫ靈葯이오니內外국僉彦은急速히購去ᄒᆞ시오

南部小公洞

是亦堂藥局總代理　白

本人의姓名彫刻純金반지를今月四日에盜難에罹ᄒᆞ야셔失이ᄋᆞᆸ기該印形使用셔類則自今으로自셔外에ᄂᆞᆫ無效로玆以廣告ᄒᆞᆷ

仁川港內洞丁致國　告白

廣告

潘南朴氏大宗會事以陰曆十二月初六日會同于西部倉洞十八統九戶副總管齊斌氏宅爲定鄕宗中各派知事人一人選送參會企望

潘南朴氏宗中有司朴이陽　告白

▲黃海灘風濤光景▼

譚山生

江雪初霽ᄒᆞ고風日이向暖ᄒᆞ니政是小春天氣라將欲行船ᄒᆞᆯ셔一聲汽笛에船頭에飄揚太極旗影이라汪洋高帆이泛出八尾海ᄒᆞ니波瀾不競에浩無際涯ᄒᆞ고上下天光에一色平鋪로다滿載商旅가乃至一百五六十人이라相與乘坐甲板上ᄒᆞ야縱目而觀之ᄒᆞ니翩천白鷗ᄂᆞᆫ相親相近ᄒᆞ고潛泳河豚은或露或沉ᄒᆞ니一路上海面風景은說不盡之一幅奇畵러라俄頃에船長이來言ᄒᆞ되已近黃海灣云이라諸客이或談或모ᄒᆞ고一詩一酒ᄒᆞ야若作盛遊而過ᄒᆞᆯ셔遠遠天末에一点黑雲이微布ᄒᆞ고北風이捲起中望見一大高嶽山根이如의와ᄒᆞ야走出海面三四十里蹲踞ᄒᆞ니其形이嶄험如狮虎之張牙爬瓜라船影ᄒᆞᆯ爾飛前ᄒᆞ니風猛波壯ᄒᆞ고檣傾楫頹ᄒᆞ야老龍은掀天攪海ᄒᆞ고長鯨ᄂᆞᆫ噴波縮浪ᄒᆞ니怒濤가一起에二山이湧出이라船長이倉皇來言ᄒᆞ되此地ᄂᆞᆫ卽長山串也니諸客은愼重云而退어ᄂᆞᆯ客이面面相顧ᄒᆞ니船中이隨其風浪之飜空ᄒᆞ야人物이顚倒相雜ᄒᆞ니人個個頭暈ᄒᆞᆫ縱橫ᄒᆞ고手脚은高低로다心旨神迷ᄒᆞ야魂靈兒飛去半天上이라就中飄然一美少年이年可弱冠에玉顏星眸로冠着學徒帽子ᄒᆞ고肩下着一領毛織黑色周衣ᄒᆞ고手提洋裝之水牛皮帒ᄒᆞ고不動聲色而來坐客前ᄒᆞ야笑容怡語로敬禮以後에一塲演說ᄒᆞ니其槪意를略擧則諸君이遭此風波에喪魂失神ᄒᆞ야如死體一般ᄒᆞ니何其愚昧之甚耶오際玆新風潮ᄒᆞ야搭乘外국船ᄒᆞ고涉彼大海에豈無預備之신發明藥料平아海上風波ᄂᆞᆫ宜其易遭者어ᄂᆞᆯ不思預방ᄒᆞ고甘受困難ᄒᆞ니果其開明之未展이로다欣然綻開藥帒ᄒᆞ고先以淸心保命단幾粒식呑下ᄒᆞ야因定眩暈安胃然後에更以蔘茸大補元幾粒식連呑ᄒᆞ야鎭神補元ᄒᆞ고陳述其藥品之効能ᄒᆞ니衆船客이擧手齊拍ᄒᆞ고相揖以賀ᄒᆞ야大讃其新發明之藥品과開明的高見이러라於焉間風靜浪息일셔安全順流ᄒᆞ야定船於南港이라衆船客이各自跳下三板船ᄒᆞ야從陸발行而歸ᄒᆞᆯ셔互相執手以別焉이러라

德國일버펄드地方의파벤파부리케染料會社ᄂᆞᆫ韓國에在ᄒᆞᆫ本社의組織員되ᄂᆞᆫ僉位의게通告ᄒᆞ노니本會社가日本大阪의日人會社에셔此末端에揭示ᄒᆞᆫ本社의已久ᄒᆞᆫ登錄商標에犯科ᄒᆞᆫ事에對ᄒᆞ야裁判得勝이온바又本社의特意主顧ᄒᆞ시ᄂᆞᆫ僉位와其他關係되ᄂᆞᆫ僉位의게表明ᄒᆞ노니本社의商標나或此와類似ᄒᆞᆫ것이라도犯用ᄒᆞᆫ標이有ᄒᆞᆫ者ᄂᆞᆫ今無ᄒᆞ오며本社ᄂᆞᆫ世所共知ᄒᆞᄂᆞᆫ本社製品을韓國으로陸續輸入케ᄒᆞᆯ터이오며且本社商標를僞造ᄒᆞ야輸入ᄒᆞᄂᆞᆫ者ㅣ更有ᄒᆞ면卽告訴ᄒᆞᆯ터이오니特이愼戒ᄒᆞ십

商

標

商

標

方今嶺南大邱에藥令이不遠ᄒᆞᆫ故로本商會에셔特到이測量界僉員의게便宜를圖ᄒᆞ기爲ᄒᆞ와代理점을大邱驛北門外東美運送部內의特設ᄒᆞ엿ᄉᆞ오니測量機械를右所總務李重來氏의게相議ᄒᆞ심을敬要

測量器械
製圖器械　販賣商

京城南部棗洞六十二統十戶

KIM

金龍商會　謹告

今月二日路上에셔本人의篆字姓名章을셔失ᄒᆞ엿기로更히正字신章을使用ᄒᆞᆸ기玆에廣告ᄒᆞᆷ

金君瞻　廣告

本人이平北郭山郡北面長敬洞金礦請願셔를本月四日에趙允金相疇兩氏와同日提呈ᄒᆞ엿기玆에廣布ᄒᆞᆷ

朴昌根　告白

移館擴業廣告

本館을大貫洞上隅로移ᄒᆞ고各種셔籍과帽子와學徒用品을大加擴張ᄒᆞ고特款발賣ᄒᆞ오니陸續請求ᄒᆞᆸ編輯部를置ᄒᆞ고셔籍을編述발刊ᄒᆞ며裁縫所를附ᄒᆞ야帽子服裝을製造ᄒᆞ며文房諸具와帽子附屬品과毛織布木이具備ᄒᆞᆷ

平壤大貫洞上隅

光明書觀主　朴致祿　金燦斗　韓承坤

本人의姓名篆字圖章을本月二日에셔失ᄒᆞ고正字로更刻施用ᄒᆞ오니舊章은誰某拾得ᄒᆞ거던勿施ᄒᆞᆯ事

朴石陽　告빅

特別社告

本社에셔名함印刷를一層改良ᄒᆞ야各色紙品을多數準備ᄒᆞ고定價ᄂᆞᆫ低廉ᄒᆞ게　僉君子의所請되로酬應ᄒᆞᆸᄂᆞᆫ中婦人과學徒의게ᄂᆞᆫ特別히減ᄒᆞᆯ너이오니照亮來議ᄒᆞ심을敬要ᄒᆞᆷ

大韓每日申報社

廣告

特別大割引

本館에셔業務를更加擴張ᄒᆞ옵고書籍五圜以上에特別割引ᄒᆞᆯ터이오니僉君ᄒᆞᄂᆞᆫ陸續請購ᄒᆞ시옵

諸般書籍과測量機具와學徒의用品各種도具備ᄒᆞ엿슴

平壤鍾路
太極書館
舘主 李昇薰
主任 宋鍾遠
事務 金鎭瀅

◉特別廣告

敬啓者本報ᄂᆞᆫ開刊有年에其論述의히正과其報道의迅速이無比ᄒᆞ야淸國內遠近志士가一切歡迎ᄒᆞ오며韓國에도稍稍히購覽ᄒᆞᄂᆞᆫ紳士가有ᄒᆞ온바今에更히江湖上購覽諸氏를紹介ᄒᆞ기爲ᄒᆞ야本報관所在處及報價를左開廣告ᄒᆞ오니願覽諸氏ᄂᆞᆫ速速히左開處로통奇ᄒᆞ시옵

本관所在地　哈爾賓瓦牙街
報價一個月先給　俄貨八角
仝　三個月先給　俄貨二圓
但報價ᄂᆞᆫ先給을要홈

遠東報館 告白

◉特別廣告

本社의셔同胞의衛生을注意ᄒᆞ야美國의셔經驗單方으로流行通用ᄒᆞᄂᆞᆫ靈藥聖劑를買入ᄒᆞ야左開廣布ᄒᆞ오니有病君子와藥業에從事ᄒᆞ시ᄂᆞᆫ僉彥은爭先事購ᄒᆞ시옵

分賣와都賣에差別이有ᄒᆞ야一打(十二個)以上의都賣에ᄂᆞᆫ特別割引홈

左開

秘製止痛藥
效能　外塗內服無處不適　消滯　止瀉　絶瘧　治痢無不神效홈

喜蘇膏藥
效能　頭面　身體一切痛症　積年風濕　除瘀　生선之道립卽奏效홈

亞麟香膠
效能　毋論男女老少　勿嫌年久日淺一切、咳소　服之則其效如神홈

委花藥膏
效能　痔疾　聯珠瘡　燒跌傷螫咬等　諸症無雙聖藥

委花糖水藥
效能　疝症　花柳毒　凡不潔血所祟症　婦人虛弱등症靈驗홈

牛汁藥酒
效能　毋論男女老少氣血虛弱者服之則大補元氣身體强健홈

韓美興業株式會社事務所

本院은韓國一般人民을爲ᄒᆞ야設立홈은僉彥의已知ᄒᆞᄂᆞᆫ바어니와自今으로事務를一層擴張ᄒᆞ고診察을더욱精密히ᄒᆞ기爲ᄒᆞ야時間을午前十時부터午後四時ᄭᆞ지無料로診察ᄒᆞ오며또特別診察所를置ᄒᆞ고些少의診察料로貴客의便宜를圖ᄒᆞ오니診察을要ᄒᆞᄂᆞᆫ僉彥은照亮을爲要

但特別ᄒᆞᆫ境遇에在ᄒᆞ야ᄂᆞᆫ時間을勿論ᄒᆞ고其請求를應홈

京城南大門外　濟衆院告白

本人之子劉澤相은早孤餘生으로寡母侍下에年今二十이나沒覺愚癡러니悖類之誘引을因ᄒᆞ야內外國人許에無典出債를作爲能事ᄒᆞ니這間見敗ᄂᆞᆫ已屬過境이나將欲裁判歸正인바以寡居事力으로隨處勘債ᄂᆞᆫ蕩産而不得了勘이니自今以後로ᄂᆞᆫ劉澤相之姓名으로出債成票及他人債票에立保居間等事로或着名或捺章과至於各廛各舖ᄒᆞ야雖一錢價値貨物이라도外上等事ᄂᆞᆫ幷爲勿施次로玆以廣布ᄒᆞ오니內外國人은切勿見欺後悔홈

南部席洞三十四統九戶　安召ㅅ 告白

本人이龍川府楊市에救世病院을設립ᄒᆞ고醫師金鳳天氏를迎聘ᄒᆞ와兩年視務이옵다가金鳳天氏ᄂᆞᆫ不得已ᄒᆞᆫ事로還家ᄒᆞ옵고京城魚丕信濟衆院에서卒業ᄒᆞᆫ醫學博士金熙영氏를迎聘ᄒᆞ와同化病院이라改稱ᄒᆞ옵고凡百을十分擴張하오니內外科를勿論ᄒᆞ고疾病에辛苦ᄒᆞ시ᄂᆞᆫ同胞ᄂᆞᆫ來議ᄒᆞ시면本院에서ᄂᆞᆫ濟衆에目的을達ᄒᆞ고　僉君子ᄂᆞᆫ康寧의幸福을享ᄒᆞᆯ터이오니照亮ᄒᆞ시옵

隆熙三年十二月　日
龍川楊市同化病院主務黃菊保

內部認可

商業經營法 全

一 商業經營法　은文明的商業의方法을指導ᄒᆞ며法律上商事의規定을說明ᄒᆞᆫ商業界의顧問이오
一 商業經營法　은商行爲의奇妙ᄒᆞᆫ術法과商去來의深奧ᄒᆞᆫ手段을陳述ᄒᆞᆫ商業家의秘訣이오

安國善氏 著

廣學書舖 發行

定價金 四十錢　郵遞料 四錢

京城中部布屛下三十七統六戶　廣學書舖金상萬謹告

一 商業經營法　은會社設립節次와手形行使法과銀行去來等을論述ᄒᆞᆫ商業有志者의座右銘이오
一 商業經營法　은商業上의原理와經濟上의現象을實際的으로抄寫ᄒᆞᆫ實業學校의敎科書오

本所에셔洋屬毛織을各色直輸入ᄒᆞ야廉價로發賣ᄒᆞ옵ᄂᆞᆫ디物品과織組가堅固ᄒᆞ며染色이不變ᄒᆞ와經濟上에第一要緊ᄒᆞ오며各地方貿易을便利케爲ᄒᆞ와郵便小包로酬應ᄒᆞ야代金을引換ᄒᆞ겟ᄉᆞ오니　僉君子ᄂᆞᆫ陸續請求ᄒᆞ심을伏望

京城小龍洞
洪順福 毛織商店

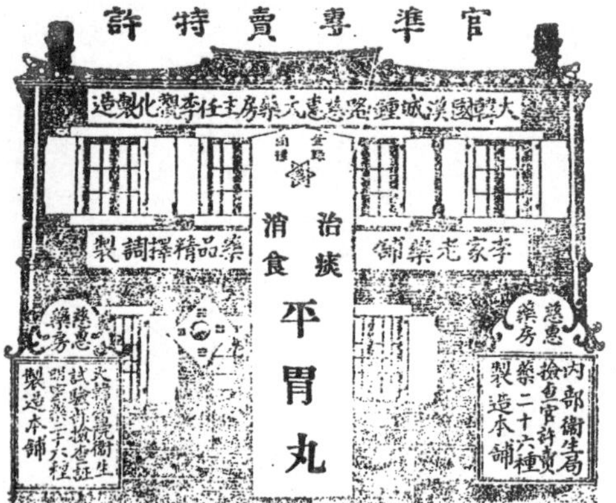

各種東西洋藥材唐國料物大發賣所 和平堂藥房

藥商의게도特減大賣홈

八寶丹

效能 主治 ○○新舊滯 ○○胸腹痛 ○○恒常 ○○不適宜服 … 內國到處의 … 隨處販賣홈

婦人冷病帶下月經不調等에靈藥　一劑金五圜

梅毒下疳頭瘡風濕瘡에一切神效　一劑金四圜

阿片引을斷ᄒᆞ고元神回復ᄒᆞᄂᆞᆫ藥　一劑金五圜

另告

其他國內各藥房에서製造ᄒᆞᆫ各種靈藥이供備ᄒᆞ오니隨用請求ᄒᆞ시면迅速히代金引換으로付送ᄒᆞ게ᄉᆞᆸ니다

京城鍾路
仁川梱峴
平壤鍾路

和平堂主人　李應善

遠地에ᄂᆞᆫ小包로信送홈

檀君開國四千二百四十二年
箕子元年三千三十一年
大韓開國五百十八年
本報創刊日
光武八年七月十八日

大韓每日申報

第七卷 月曜及慶節歲時休日休刊 第一千二百六十三号

Responsible for Publication Alfred Weekley Marnham.
發行兼編輯人 英國人 萬咸
發行所
京城南部石井洞三府洋屋家
大韓每日申報社

論說

◎日人의朝鮮問題同志會宣明書

日本東京에셔揭布한朝鮮問題同志會宣言書를得하야左에揭하노라其文에曰

帝國이韓半島에對한국是를定함이已久한ᄃᆡ建國以來로凡此半島에有事할際未嘗不此국是에準據하야此解決을試치아님이업고近明治二十七八年三十七八年의兩役도亦並此國是를阻碍한者에向하야膺懲을加함에不外한지라蓋政策이萬一국是에戾하면半島는實로동洋禍亂의導火하는根源地오政策이萬一國是와合하면半島는實로東洋平和의楔子라韓半島의關係가亦重且大하다謂할지로다顧컨ᄃᆡ半島保護權의我에歸함이早已五箇星霜이나然이나當局의施措가每每此국是에不副하야犧牲을供함이愈多하고國策은反히日荒한지라統治의要는恩威並行에在하거늘當局의施措는懷柔에偏하야威信이墜하야亂氓反噬의意를助長하야動輒我宗主權을撼搖코ᄌᆞ하는者ㅣ有함에至하야秘密社을結하며陰謀團을成하며或暴徒의橫行을作하며或凶竪의跳梁을作하야所謂排日的思想이八道에彌漫하야所在에互히氣勢를煽揚하니近者哈爾賓凶變ᄀᆞᆺ흔것은此가一발作에不外하는바라凡此類는畢竟我半呑半吐的政策의餘弊니俚諺의所謂蛇를半殺한者라究極에는彼此間其弊를不堪할지로다

大抵국安을不保하야權義가紛更하고民이適歸할바를不知하면此는一千萬衆의不幸뿐아니라其餘弊를享하는者는帝國이實로其最가될지니今에此를爲하야計치아니하면將且潰決四出하야不可收拾함에至하리니然즉엇지我宗主의權利를實하며我保護의任務를全하며또한엇지我國是를遂行하리오

嗚乎라如此江山을人에게附할진댄已어니와苟帝國의국是를遂行하야東洋幾億의生民으로平和의幸복을長享케하고져할진댄吾人은從來의姑息彌縫的政策을改하야一面은八道一千萬衆의塗炭을救하며一面은帝국의利益을保維하고因하야我황의盛德을八굉에遍케하야宇宙化育의大도를資補함을冀치아니치못할지라

朝션問題同志會가於是乎成하니是가實로一黨一派의議가아니니라

오직국論을喚起하며當局을鞭撻하야此에後勁이되야써韓人上下에示하야其向할바를知케하고져하노니同憂의士는相率來會할지어다

右는日本內韓日合倂論의一派라彼가合倂을唱할진댄國을東하며種을奴하는事는藏하고乃日韓人의塗炭을救한다하니此가一進會聲明書와同一의口套가아닌가

然이나彼의說은自국을爲하야他人을欺함이니恠할비無하거니와一進會는他國을爲하야同胞를欺하라고此等語를作하니吁라是가何心腸인가

噫라此妖彼梟가桴鼓가相應하니將來의結局이如何할는지天을仰하야一問코ᄌᆞ하노라

官報

號外

隆熙三年十一月一日

內閣告示第三十三號 續

別表

地方裁判所支部管轄表

支部의名稱	所管區裁判所
平壤地方裁判所新義州支部	新義州區裁判所
	義州區裁判所
	龍川區裁判所
	宣川區裁判所
	定州區裁判所
	寧邊區裁判所
	江界區裁判所
	楚山區裁判所
釜山地方裁判所晋州支部	晋州區裁判所
	陝川區裁判所
	居昌區裁判所
	河東區裁判所
	龍南區裁判所
光州地方裁判所木浦支部	木浦區裁判所
	海南區裁判所
	長興區裁判所
	順天區裁判所
	濟州區裁判所
光州地方裁判所全州支部	全州區裁判所
	鎭南區裁判所
	錦山區裁判所
	羣山區裁判所
	古阜區裁判所
	興德區裁判所
	南原區재判所

○統監府令第三十號

未開廳區재判所事務處理에關한件

(明治四十二年十月二十一日)

別表上欄에記載한區재판쇼가開廳됨에至하기지지下欄에記載한區재판쇼에셔此를處理함

附則

本令은明治四十二年十一月一日로부터施行함

別表

未開廳區裁判所	事務處理區裁판所
漣川區재判쇼	開城區裁判쇼
金浦區지판쇼	仁川區裁판쇼
鐵原區지判쇼	金城區裁판쇼
平창區지判쇼	原州區裁판쇼
保寧區裁판쇼	鴻山區지판쇼
瑞山區재판쇼	洪州區지판쇼
沔川區裁판쇼	洪州區지판소

未完

外報

◎埃及王歡迎 亞剌比亞메카에在留하는土耳其人은埃及王을歡迎하고且모하메드의聖廟까지儀仗兵으로保護코져準備中이라더라

◎希王公言 希臘國王조지壹世는謁見者에對하야同國에셔最近의紛爭은크리트島問題의困難으로起한一時的憎惡心으로出함에不過한다고公言하고且各王子가其軍職을解하야國家公務의服할事를不許함에至함은諸王子에對하야最히侮辱을加함이라는感情을發表하엿다더라

◎增稅訓兵 南洋英領뉴실란드에셔는二年間의條約으로써總收入品에對하야二分五里의增稅를課하기로하엿고又議會는國방하기爲하야壯丁訓鍊案을討議한다더라

◎瑜妃等歸京 清국菩陀谷東陵에在하야還京을不肯하던瑜妃珣妃진妃의三人은去五日午後二時에無事히北京으로歸하엿다더라

◎鐵道起工 清국川漢鐵道會社는同鐵道株金募集을畢하고去九日에起工式을擧行할意로清國郵傳部에電報가來하엿다더라

◎飛行機學校 法국政府에셔는五個의空中飛行機及軍用飛行과學校의設立을命하엿다더라

◎露艦完成 德국단지즈히의소造船所는海蔘威에셔使用할露국義勇艦隊의最終船을露국으로製送하엿다더라

◎清商破産 清國奉天에有力한清商泰鴻順은破産하엿는ᄃᆡ負債額이十萬兩이라더라

◎西帝被手術 西班牙皇帝알퐁존十三世는耳及咽喉部가病患에罹한故로外科手術을受함에至하엿다더라

◎比國人抗議 比利時國各大臣僧正及市長其他有力者가連署하야世界各國의議會及新聞社에對하야公果國統治에關한攻擊에對한抗議書를送하엿는ᄃᆡ其中英國에送한者는同國이正義를愛하고國家를尊敬하는点으로써同情을求하엿다더라

◎清使電請 露國에駐在한清國公使薩蔭圖氏는黑龍江、吉林外蒙古及支那土耳其斯坦에關한清露間에未決한交涉案件을速히解決하야將來에誤解를不招케하라고北京政府에電請하엿다더라

○談叢○

劍心

▲엇던外國사람들이韓國사람을嘲弄하며우셔갈아ᄃᆡ彼는懶惰者라故로긴담비ᄃᆡ에낭자기로歲月을보낸다하며또갈아ᄃᆡ彼는懦弱者라故로남의鞭撻을맛나되憤한줄을모르다하더라

슬프다ᄃᆡ外國사람들이韓人을客觀的으로만보고이런不當한月評을ᄂᆞ리나니韓人이엇지果然그러한民族이리오ᄃᆡ三國時代를ᄉᆡᆼ각하야보라그國人의勤勉이엇더하엿스며그國人의武强이엇더하엿는가不幸히高麗中葉以後로國運이沉衰하고民賊만跳起하야國家의蔑弱을榮光으로밋으며人民의拙退를長策으로알아所謂有勢者는其遊食의勢力을밋고勤勉치아니하며無勢者는其禍身의資本을두려워勤勉치아니하야되ᄃᆡ여오날날의懶惰를일우엇나니이懶惰는決코民族의性質은아니오

또高麗以後로所謂崇文抑武의主義가全國의큰中毒이되고所謂階級名分의制度가全국의큰禍種이되야於是乎區區識字의者流가武士를侮蔑하며蚩蚩無知의政策이武力을撲滅하야武官은第二流의冤痛을밧고軍人은最下賤의屈辱을當하야全國人民이武途에나가기를市撻갓치붓그러워하엿스니이民族이엇지懦弱으로變치아니하리오이懦弱이決코民族의性質은아니니라그뿐아니라이慘雲이漠漠하고苦獄이沉沉한中에셔도往往국民의大光彩를발揮하는者ㅣ東西에閃閃하나니이民族이엇지懶惰者懦弱者인가이ᄀᆞᆺ치先天的이아닌弊習은決코一朝에조變할수잇나니라

先儒權近이曰楊廣李世民의雄强으로도一敗塗地하야我鋒을不敢當하엿나니此民의强壯을可知라此民을鼓하야國力을養하면可히富强을大耀하리라하엿스니此論이庶近이로다

詞藻

◎霹靂椎◎

天地가廣濶한ᄃᆡ、許多寶物만타지만。山蔘鹿茸金銀銅鐵、ᄂᆡ와所願아니로다。至今에、時急히緊用될거슨、霹靂椎뿐。

電報

◎日領舘設立 論敦電을據ᄒᆞᆫ즉領事舘設置에關ᄒᆞᆫ日本土耳其間交涉은結果가良好ᄒᆞ야日本은土耳其京城君士坦丁堡에領事舘을設ᄒᆞᆫ다더라 伯林電 九日着

◎統監更迭說 日本에서ᄂᆞᆫ曾禰統監更迭說이流傳ᄒᆞᄂᆞᆫᄃᆡ後任은長谷川大將이라ᄒᆞ고曾禰統監에歸국說은確報라더라

◎萬國大博會 千九百十五年巴拿馬運河竣功에對ᄒᆞ야萬國大博覽會를開催ᄒᆞᆫ다더다

◎旅順消息 安重根以下連累者八名은豫審을既히終結ᄒᆞ고地方法院長眞鍋가書類를審理中인ᄃᆡ其犯跡範圍에對ᄒᆞ야ᄂᆞᆫ一邊北韓方面에對ᄒᆞ야調査를繼續ᄒᆞᄂᆞᆫ中이오公判은來年一月下旬에된다더라

◎旅順口開放 旅順口ᄂᆞᆫ日本에서商港으로開放ᄒᆞ기로決議ᄒᆞ야本年內로發表될터이라더라 東京발 以上十日着

◎比王病篤 比利時王레오볼드陛下ᄂᆞᆫ身病이危篤ᄒᆞ다더라 論敦發 十日着

雜報

◎署名謝恩 大皇帝陛下씌옵셔巡幸時紀念的으로各扈從諸臣의게物品을頒賜ᄒᆞᆷ은已報어니와該物品을祇受ᄒᆞᆫ奏任官以上諸臣이來十六日부터十八日ᄭᆞ지仁政殿玄關에서署名ᄒᆞ야謝恩의意를表ᄒᆞᆫ다더라

◎疏書並押 國民大演說會에서各地方에配達ᄒᆞᆫ演說草를押收ᄒᆞᆷ은已報어니와再昨日該會에서幹事會를開ᄒᆞ고韓日兩 皇帝陛下씌上奏文과內閣及統監府에長書草를公布ᄒᆞ고次第進呈ᄒᆞᆯ次로總代委員閔泳徽洪弼周李舜夏金重漢四氏를選定ᄒᆞ엿ᄂᆞᆫᄃᆡ同日下午六時中署에서警部及韓日巡査를派送ᄒᆞ야該書類를一並押收ᄒᆞ엿다더라

◎辯士旅順着 露國人미하일로프氏가英국人도크라쓰변護士를帶同ᄒᆞ고上海로부터旅順에到着ᄒᆞ야安重根을변護ᄒᆞᆯ意로關東都督府에許可를請ᄒᆞ엿ᄂᆞᆫᄃᆡ미하일로프氏ᄂᆞᆫ海蔘威에서發行ᄒᆞᄂᆞᆫ大東共報에干涉이有ᄒᆞᆫ人이라더라

◎支出件蒙裁 內部所管地方警察과密費四千五百圓을國庫剩餘金中에서支出ᄒᆞᆯ意로上奏 蒙裁ᄒᆞ엿다더라

◎運動費支出說 總相李完用氏ᄂᆞᆫ一進會의動靜을探知코져ᄒᆞ야北部苑洞居ᄒᆞᄂᆞᆫ李某等三氏의게各一百五十圓의運動費를與ᄒᆞ엿다ᄂᆞᆫ說이有ᄒᆞ다더라

◎集合禁止 大韓協會에서발起ᄒᆞ야來日曜日에國民大會를開코져ᄒᆞᆷ은一般共知어니와警視廳에서民心이騷動된다ᄒᆞ야人民集合을禁止ᄒᆞᆷ으로該會ᄂᆞᆫ姑히停止ᄒᆞᆯ貌樣이라더라

◎兩領事訪問 新任美國總領事씨드모아氏와英國總領事ᄲᅢ나氏ᄂᆞᆫ昨日午前十一時에曾禰統監을訪問ᄒᆞ고歸途에統監府石塚長官을訪問ᄒᆞ엿다더라

◎暹官入京 暹羅國內務次官비아시사와데프氏ᄂᆞᆫ再昨日에入京ᄒᆞ야이쓰로ᄒᆞ우쓰에投宿ᄒᆞ고昨日에 昌德宮 景福宮圜丘壇及動物園을巡覽ᄒᆞ고同日午後에曾禰統監及石塚總務長官을訪問ᄒᆞ엿다더라

◎國民會上內閣書

中外民人等은謹沐浴上書于內閣總理大臣閣下ᄒᆞ노니伏以亂臣賊子ᄂᆞᆫ天下人人이皆得以誅之ᄒᆞ나니噫彼大逆不道一進會가千百에不滿ᄒᆞᄂᆞᆫ少數로敢曰百萬이라ᄒᆞ며又其內幾個人의逆類로敢曰二千萬을代表ᄒᆞᆫ다ᄒᆞ야絕悖無嚴ᄒᆞᆫ聲明서를均布ᄒᆞ며窮凶極惡ᄒᆞᆫ上疏文을奏達코져하니是ᄂᆞᆫ我神檀四千年國體를變更코져ᄒᆞᆷ이며 擧李五百年主權을移動코져ᄒᆞᆷ이니國家와皇室의大罪人이오臣民의讐賊이온즉覆載間에暫時라도其生息을許ᄒᆞᆷ이不可ᄒᆞ온故로國民의聲討ᄒᆞᄂᆞᆫ義로其逆類를將하야邦刑에亟正ᄒᆞ심을乞ᄒᆞ노니晷刻을遲留치마시고亟速斷行ᄒᆞ시와神人의憤을快雪케ᄒᆞ야一進會ᄂᆞᆫ亟令解散ᄒᆞ고巨魁宋秉畯李容九ᄂᆞᆫ必處常刑ᄒᆞ야쥬시기를伏望ᄒᆞᆷ

隆熙三年十二月十日

中外民人 閔泳韶 等

內閣總理大臣 閣下

◎兩相憂慮 向日에渡日ᄒᆞ엿던高度相이日本桂首相과面會ᄒᆞ고五條合邦說을提出ᄒᆞ엿다ᄒᆞᆷ은內外報紙에揭布ᄒᆞᆫ바어니와桂首相은此에對ᄒᆞ야自국政黨의論議도未定ᄒᆞ고設或合邦을締結ᄒᆞᆯ지라도高度相의要求ᄃᆡ로組織ᄒᆞᆯ必要가無ᄒᆞ다ᄒᆞ야許諾지아니ᄒᆞ엿다ᄂᆞᆫᄃᆡ李總相及高度相은該事가未諧됨으로其地位가不固ᄒᆞᆯᄭᅡᄒᆞ야方且憂慮中이라더라

◎內侍決議 內侍高正羣羅世煥等諸氏가國民會를발起ᄒᆞ야一進會所謂政合邦問題를期於히反對ᄒᆞ기로決議ᄒᆞ엿다더라

◎長書提呈 국民大演說會에서ᄂᆞᆫ昨日內閣及統監府에一進會攻討ᄒᆞᄂᆞᆫ長서를提呈ᄒᆞ엿다더라

◎何等秘密 再昨日下午七時에度相高永喜農相趙重應宮中顧問李允用諸氏가總相李完用氏私저에會同ᄒᆞ야何等事件을秘密協議ᄒᆞ엿다더라

◎鄭氏旋還 再昨日下午五時頃에中部警察署에서國民大演說會任員鄭應卨氏를招去ᄒᆞᆷ은各報에已揭어니와向日圓覺社에서演說ᄒᆞᆫ演辭를地方에發布치말나고勸諭ᄒᆞ고因卽放送ᄒᆞ엿다더라

◎道書記入京 京畿觀察道書記官鹽川은公務에關ᄒᆞᆫ協議事項이有ᄒᆞ다ᄒᆞ야昨日上京ᄒᆞ야內部高等官을訪問ᄒᆞ엿다더라

◎樞院建議 昨日中樞院에서李舜夏氏의獻議를因ᄒᆞ야內閣에建議서를提呈ᄒᆞ엿다더라

◎兩氏入城 全南郡守會議에參與ᄒᆞ엿던內部主事金鍾利事務官武藤은再昨日에入城ᄒᆞ엿다더라

◎大久保出發 向者歸국ᄒᆞ엿던韓국駐在日本軍司令官大久保大將은再昨夜十一時에日本新橋에서발程ᄒᆞ야歸任의途에就ᄒᆞ엿다더라

◎陞級件協議 日昨內閣會議에各官廳奏판任官의陞級件을協議ᄒᆞ엿ᄂᆞᆫᄃᆡ日間頒布된다더라

◎十六入格 內部地方官資格審査會에서ᄂᆞᆫ薦報者二十三人內에十六人이入格되엿다더라

◎申訴豫審 前參奉金晋圭氏가處役을不服ᄒᆞ고申訴를提出ᄒᆞᆷ은已報어니와再昨日控訴院에서預審을經ᄒᆞ엿다더라

◎府民會協議 漢城府民會에서ᄂᆞᆫ昨日集會ᄒᆞ야何等協議가有ᄒᆞ엿다더라

◎有罪何樂 渡日謝罪團長黃應斗氏ᄂᆞᆫ再昨夜에同會員六七人을帶同ᄒᆞ고典洞色酒家에서迭宕娛樂ᄒᆞ엿다더라

◎宜乎詗探 前協辦李基東氏등이雜技犯으로被捉ᄒᆞ엿다가蒙放ᄒᆞᆷ은一般知了ᄒᆞᄂᆞᆫ바어니와該氏等이近日에도故習을不悛ᄒᆞ고賭技에從事ᄒᆞᆫ다ᄂᆞᆫ說이有ᄒᆞᆷ으로警視廳에서秘密형探ᄒᆞᆫ다더라

◎技手加選 度支部에서測量技手를選置키爲ᄒᆞ야日間測量卒業生中으로限百名試取ᄒᆞᆫ다더라

◎趙氏美擧 安城津頭면居趙基化氏가奴婢十餘名을解送ᄒᆞ야自由生活케ᄒᆞ엿다더라

◎安用爲哉 新任一進會副會長金澤鉉氏ᄂᆞᆫ地方支部長의게電報를發送ᄒᆞ고每部에知事人五名을從速選送ᄒᆞ라ᄒᆞ엿다더라

◎其情可矜 平南水災에酷害를被ᄒᆞᆫ人民이內部에救恤金을請願ᄒᆞᆫ次로日昨四十餘名이男負女戴ᄒᆞ고上京ᄒᆞ엿ᄂᆞᆫᄃᆡ道路에栖屑ᄒᆞᄂᆞᆫ情况은慘불忍見이라더라

◎模型圖垂成 英日博覽會及福岡共進會에出品ᄒᆞᆯ韓國模型圖ᄂᆞᆫ日下복岡市에서製作中인ᄃᆡ一은本年에竣工ᄒᆞ고一은明年一月에竣成될豫定이라더라

◎武田被任說 平壤無烟炭礦經營에對ᄒᆞ야農商工部에서七十萬圓을支出ᄒᆞᆷ은已報어니와該採炭所長은日人武田秀雄이가被任ᄒᆞᆫ다더라

◎漁業審査 農商工部에서再昨日에第四回免許漁業審査會를開ᄒᆞ고西海岸에屬ᄒᆞᆫ百五十件의許否를決定ᄒᆞ엿ᄂᆞᆫᄃᆡ來月曜日에ᄂᆞᆫ全南海岸에屬ᄒᆞᆫ百三十件을審査ᄒᆞᆫ다더라

◎貯金奬勵 平北楚山地方委員會에서ᄂᆞᆫ一般人民의貯蓄心을奬勵ᄒᆞ기爲ᄒᆞ야各地方委員들이先히郵便貯金을實行ᄒᆞ엿ᄂᆞᆫᄃᆡ度支部에서ᄂᆞᆫ此를贊成ᄒᆞ기爲ᄒᆞ야去月初에同部次官이各道財務監督局長에게通知ᄒᆞ엿다더라

◎委任之故 · 強盜殺人犯李永培를去七日京城監獄署에서絞刑을執行ᄒᆞ엿ᄂᆞᆫᄃᆡ司法權을日本에委任ᄒᆞᆫ結果로 上奏一款은勿施되고但總理大臣의指揮로施行ᄒᆞ엿다더라

◎恐有衝突 地方商務社員이處處結團됨은壹般知了ᄒᆞᄂᆞᆫ바어니와今番壹進會聲明서에關ᄒᆞ야該會員과衝突될念慮가有ᄒᆞᆷ으로壹進會와商務組合所長李學宰氏間에交涉이頻數ᄒᆞ다더라

◎或諭或責 再昨日警視總監이各會頭領를招致ᄒᆞ야勸喩ᄒᆞ되近日來人心이騷動ᄒᆞ기易ᄒᆞ니執務上에一層注意ᄒᆞ라ᄒᆞ고一進會長李容九을對ᄒᆞ야大責ᄒᆞ되所謂聲明서를거然발布ᄒᆞ야人心을騷動케ᄒᆞ고韓日兩國의親密을損傷케ᄒᆞ엿다고一場論駁ᄒᆞ미李ᄂᆞᆫ묵묵無言ᄒᆞ엿다더라

◎僞貨犯越交 警視廳에被捉ᄒᆞᆫ紙貨僞造犯白享澤氏ᄂᆞᆫ再昨日지판所로越交ᄒᆞ엿다더라

◎靑舘討論 今日下午七時에鍾路靑年會舘에서討論會를開ᄒᆞ고學問成就ᄂᆞᆫ博覽이勝於勤讀이란問題로可否便이互相討論ᄒᆞᆫ다더라

◎大成敎開會 大成宗敎會에서昨日上午十二時에臨時評議會를開ᄒᆞ고一進會反對ᄒᆞᆯ事件을協議ᄒᆞ엿다더라

▲社會燈▼

▲開明世界니民智發達이니ᄒᆞ더니요셔도어리셕은同胞가더러잇ᄂᆞᆫ게여왜天道敎의布告文을못보앗나大神師인지海月神師인지다시온다造化가잇다別別酬酌을다힛스니가기ᄂᆞᆫ九泉으로갓ᄂᆞᆫᄃᆡ오기ᄂᆞᆫ어ᄂᆡ때에온단말인가神師ᄂᆞᆫ鬼神곳흔造化가잇스닛가萬年後에나復生ᄒᆞ라나迷信을ᄒᆞᆯ터이니神師도고만두고銃귀에물이나낫스면죠흘네

▲韓國에財物이업서쓰ᄒᆞ너니金錢이말나죽너니ᄒᆞ더니나ᄂᆞᆫ보니ᄭᆡ돈이만히서쓰ᄒᆞᄂᆞᆫ겔네압다이사ᄅᆞᆷ요셔閭巷物情도모르나飢寒이切骨ᄒᆞ야怨聲은漲天ᄒᆞᄂᆞᆫᄃᆡ무ᄉᆞᆷ돈이만히서나라가쓰ᄒᆞᆫ단말인가허李鳳來白完爀嚴柱益의所聞도못드럿나金貨十萬圓을協力辦出ᄒᆞ야一進會의合邦實施를運動ᄒᆞ라고日本을보냇다네그ᄶᅡ위人物은當初거지나되여돈이나업섯스면韓국名字가하루나더지탱ᄒᆞᆯ걸

▲閔氏ᄂᆞᆫ門運이大通ᄒᆞ니ᄭᆡ別別人物이다나ᄂᆞᆫ게여부처님은銅을하랴고晝夜發動ᄒᆞ더니閔뎡植이란쟈者ᄂᆞᆫ一進會偵探을다니너라고요셔[illegible]을못잔다지合邦이된두에功臣이야될테지만죽은두에閔忠正을만나면棍杖ᄒᆞᆯ個ᄂᆞᆫ못免ᄒᆞᆯ걸

▲偉人遺蹟

東國巨傑 崔都統 錦頰山人

第一章 緒論 續

書床이寂寞ᄒᆞ고靑燈이明滅ᄒᆞᆫᄃᆡ突然히眼精은曙星과如히躍ᄒᆞ며鬚角은箇箇히天을向ᄒᆞ야森立ᄒᆞᆫ一大傑丈夫가余眼前에儼립ᄒᆞ니嗚呼라此가余의寤寐崇拜ᄒᆞ던崔都統이로다崔都統의死가今에五百餘年을已經ᄒᆞ엿스나余의目中의ᄂᆞᆫ崔都統의面貌가昔現ᄒᆞ며余의耳中에ᄂᆞᆫ崔都統의咳唾가長聞ᄒᆞᄂᆞᆫ도다我崔都統이어余目뿐아니라我二千萬人目에晋現ᄒᆞ며余耳뿐아니라我二千萬人耳에徧聞ᄒᆞᆯ지어다幾百年來의我國人이卑劣魔의面貌만見ᄒᆞ고公의面貌ᄂᆞᆫ不見ᄒᆞ며卑劣魔의聲音만聞ᄒᆞ고公의聲音은不聞ᄒᆞᆫ故로此偉大國民이居然卑劣國民을成ᄒᆞ엿도다

東海의魚龍도公의姓字를稱記ᄒᆞ며遼野의草木도公의雄名을稱惜ᄒᆞᄂᆞᆫᄃᆡ此靈慧ᄒᆞᆫ國民으로ᄒᆞ야금公의面目을全忘케ᄒᆞᆷ은엇지奴輩ᄉᆞ家의咎가아니며奴輩ᄉᆞ家의咎가아닌가麗ᄉᆞ에崔都統의北伐一事를論ᄒᆞ엿스되一則曰老悖라ᄒᆞ며二則曰狂妄이라ᄒᆞ야崔都統의一身을呪罵ᄒᆞᆷ이不至ᄒᆞᆫ바無ᄒᆞ니衛輩가비록百番呪罵를加ᄒᆞᆫ들엇지崔都統의一毛를損ᄒᆞ리오만은然이나崔都統은檀君의賢孫이며夫餘族의代表라其口로積氣을噏제ᄒᆞ며其手로落日을挽廻ᄒᆞ고凜凜雪白의大劍을揮ᄒᆞ야國家의獨립을毗ᄒᆞ던者이니我國民된者ㅣ人人마다公을尸祝ᄒᆞ며人人마다公을夢寐ᄒᆞ며人人마다公의懷抱ᄒᆞᆫ目的과ᄀᆞᆺ치前進ᄒᆞ엿스면我國의光이天壤에照耀ᄒᆞ야東西列國이敢히來侮치못ᄒᆞ엿슬지어놀 未完

廣告

本人이前居新昌郡인바舍弟吉祥字成玉이上京數年에終無消息ᄒᆞ니誰某逢見通知厚謝

小山林洞卅八統九戶文星七白

本人之承重孫子應春이가年今二十九歲에不事産業ᄒᆞ고滔溺於隣居金麟崇之誘引ᄒᆞ야騙懲亂債가非一非再而謂以債錢ᄒᆞ고及其限日ᄒᆞ야甚至於應春之迷童許에勒捧改標ᄒᆞ고況且所居古城面龍門洞所在家垈一坐與連付田답五日耕을僞劵欲費ᄒᆞ오니內外國人은切勿見欺홈

義州府西門內朴致格 告白

瑞士建國誌

元賣所 京城 石井洞 大韓每日申報社

定價金十五錢

發賣所

京城 布屛門下 廣學書舖
仝 罷朝橋越便 中央書舖
仝 鍾路 大東書舖
仝 尙洞 博文書舖
仝 廣橋 滙東書館
仝 鍾路 古今書海館
仝 龍洞 海星書館
仝 承洞 醫心書舘
仁川杻峴 開新冊肆
開城南門內 興學書舖
平壤鍾路 太極書館
安州義井洞 冊肆
海州南門內 書舖
寧邊城內 耶蘇敎書舖

▲黃海灣風濤光景▼

鼈山生

江雪初霽ᄒᆞ고風日이向暖ᄒᆞ니政是小春天氣라將欲行船ᄒᆞᆯ시一聲汽笛에船頭에飄揚太極旗影이라汪洋高帆이泛出八尾海ᄒᆞ니波瀾不競에浩無際涯ᄒᆞ고上下天光에一色平鋪로다滿載商旅가乃至一百五六十人이라相與乘坐甲板上ᄒᆞ야縱目而觀之ᄒᆞ니翩翩白鷗ᄂᆞᆫ相親相近ᄒᆞ고潛泳河豚은或露或沉ᄒᆞ니一路上海面風景은說不盡之一幅奇畵러라俄頃에船長이來言ᄒᆞ되已近黃海灣云이라諸客이或談或모ᄒᆞ고一詩一酒ᄒᆞ야若作盛遊而過ᄒᆞᆯ서遠遠天末에一点黑雲이微布ᄒᆞ고北風이捲起中望見一大高嶽山根이如의斗ᄒᆞ야走出海面三四十里蹲踞ᄒᆞ니其形이嶄嶮如綢虎之張牙爬瓜라船影ᄒᆞᆯ衝飛前ᄒᆞ니風猛波壯ᄒᆞ고檣傾楫頹ᄒᆞ야老龍은掀天攪海ᄒᆞ고長鯨ᄂᆞᆫ噴波縮浪ᄒᆞ니怒濤가一起에二山이湧出이라船長이倉皇來言ᄒᆞ되此地ᄂᆞᆫ卽長山串也니諸客은愼重云而退어놀客이面面相顧ᄒᆞ니船中이隨其風浪之翻空ᄒᆞ야人物이顚倒相雜ᄒᆞ니人個個頭顱ᄂᆞᆫ縱橫ᄒᆞ고ᄀᆞ脚은高低로다心昏神迷ᄒᆞ야魂兒飛去半天上이라就中飄然一美少年이年可弱冠에玉顏星眸로冠着學徒帽子ᄒᆞ고肩下着一領毛織黑色周衣ᄒᆞ고手提洋裝之木牛皮帒ᄒᆞ고不動聲色而來坐客前ᄒᆞ야笑容怡語로敬禮以後에一場演說ᄒᆞ니其槪意를略擧則諸君이遭此風波에喪魂失神ᄒᆞ야如死體一般ᄒᆞ니何其愚昧之甚耶오際玆新風潮ᄒᆞ야搭乘外국船ᄒᆞ고涉彼大海에豈無預備之신發明藥料乎아海上風波ᄂᆞᆫ宜其易遭者어늘不思預방ᄒᆞ고甘受困難ᄒᆞ니果其開明之未展이로다欣然綻開藥帒ᄒᆞ고先以淸心保命단幾粒식呑下ᄒᆞ야因定眩暈安胃然後에更以蔘茸大補元幾粒식連呑ᄒᆞ야鎭神補元ᄒᆞ고陳述其藥品之効能ᄒᆞ니衆船客이擧手齊拍ᄒᆞ고相揖以賀ᄒᆞ야大讚其新發明之藥品과開明的高見이러라於焉間風靜浪息일서安全順流ᄒᆞ야定船於南港이라衆船客이各自跳下三板船ᄒᆞ야從陸발行而歸ᄒᆞᆯ서互相執手以別焉이러라

廣告

德國일버펠드地方의파벤파부리켄染料會社ᄂᆞᆫ韓國에在ᄒᆞᆫ本社의組織員되ᄂᆞᆫ僉位의게通告ᄒᆞ노니本會社가**日本大阪**의**日人會社**에서此末端에揭示ᄒᆞᆫ本社의已久ᄒᆞᆫ**登錄商標**에**犯科**ᄒᆞᆫ事에對ᄒᆞ야裁判得勝ᄒᆞ엿ᄂᆞ이다

又本社의特意主顧ᄒᆞ시ᄂᆞᆫ僉位와其他關係되ᄂᆞᆫ僉位의게表明ᄒᆞ노니本社의商標나或此와**類似**ᄒᆞᆫ것이라도犯**用**ᄒᆞᆫ標이有ᄒᆞᆫ者ᄂᆞᆫ존無ᄒᆞ오며本회社ᄂᆞᆫ世所共知ᄒᆞᄂᆞᆫ本社製品을韓國으로陸續輸入케ᄒᆞᆯ터이오며且本社商標를贋**造**ᄒᆞ야**輸入**ᄒᆞᄂᆞᆫ者ㅣ更有ᄒᆞ면卽告訴를當ᄒᆞᆯ터이오니特이愼戒ᄒᆞ시옵

商

標

商

標

今月二日路上에서本人의篆字姓名章을서失ᄒᆞ엿기로更히正字신章을使用ᄒᆞ옵기玆에廣告홈

金君晦 廣告

方今嶺南**大**邱에樂命이不遠ᄒᆞᆫ故本商會에서特到이測量界僉員의게便宜를圖ᄒᆞ기爲ᄒᆞ와代理점을大邱驛北門外東美運送部內의特設ᄒᆞ엿ᄉᆞ오니測量機械를右所總務**李重來**氏의게相議ᄒᆞ심을敬要

測量器械 製圖器械 販賣商

京城南部棗洞六十二統十戶

KIM **金龍商會** 謹告

本人이仁川港龍洞第十九統四戶草家四間文卷을十月分에서失이옵기玆에廣告ᄒᆞ오니誰某拾得이라도休紙施홈

家主 金德敏 告白

移館擴業廣告

本館을大貫洞上隅로移ᄒᆞ고各種서籍과帽子와學徒用品을大加擴張ᄒᆞ고特款발賣ᄒᆞ오니陸續請求ᄒᆞ옵

編輯部를置ᄒᆞ고서籍을編述발刊ᄒᆞ며裁縫所를附ᄒᆞ야帽子服裝을製造ᄒᆞ며文房諸具와帽子附屬品과毛織布木이具備홈

平壤大貫洞上隅 光明書觀 主 朴致祿 金燦斗 韓承坤

本堂에서大發賣ᄒᆞᄂᆞᆫ亞**支**니**戒煙**丸은鴉片斷은ᄒᆞᄂᆞᆫᄃᆡ有効神明일뿐불啻라일匣만試服ᄒᆞ야도립効됨은確實ᄒᆞ고身體를强建케ᄒᆞᄂᆞᆫ靈約이오니內外국僉彦은急速히購去ᄒᆞ시오

南部小公洞

是亦堂藥局總代理白

本會定期總會를今月十一日(土曜)下午一時에典洞中東學校內에서開ᄒᆞ오니一般會員及有志僉彦은屆期來臨ᄒᆞ심을務望홈

大韓興業會 告白

本人이車中에서金帒를見失而博物運送部出付三隻物票與金永化處三十圓手票를並爲서失ᄒᆞ엿스니誰某拾得이던지休紙施行ᄒᆞ시옵

木浦南橋洞六統八戶李相지白

谷居ᄒᆞᄂᆞᆫ趙基華氏ᄂᆞᆫ本以縉紳家裔로維新風潮를感覺ᄒᆞ시와歷代傳來ᄒᆞ시던奴僕近二十名을一時解放作良ᄒᆞᆫ故로如此恩德을不敢泯默이옵기玆에廣布홈

安城西面 劉창根
崔應三 玄慶善등告白

◉歲暮와漢陽商會

多忙ᄒᆞ고流矢갓ᄒᆞᆫ隆熙三年의日月은임의그結局을告코져ᄒᆞ고希望의曙光잇ᄂᆞᆫ隆熙四年의幸福은到來ᄒᆞ옵나이다玆에우리大韓國民이誠心誠意로固心經營ᄒᆞᄂᆞᆫ漢陽商會ᄂᆞᆫ大韓國人士를爲ᄒᆞ야新年及歲暮에贈答ᄒᆞᄂᆞᆫ嶄新流行品을多數輸入ᄒᆞ고驚天動地的大廉價大活動으로여러분을歡迎ᄒᆞ옵나이다○愛顧ᄒᆞ시오漢城鍾路漢陽商會를○電話ᄂᆞᆫ一九一番이오

陰十月八日夜에賊漢이突入ᄒᆞ야本人의四方圖章과各處에在ᄒᆞᆫ田답字號及卜數所錄記를奪去ᄒᆞ얏기玆以廣告ᄒᆞ오니內外國人은照亮홈

鳳山舍人坊月下山延子實 白

布哇何益古義捐
金在律 十圓 閔義敬
朴子弘 咸謚容 金學瑞
朴晩福 명守逸 各二圓
徐遠根 李錫準 各一圓
慶南梁山郡正明學校 告

◉特別廣告

本社의셔同胞의衛生을注意ᄒᆞ야美國의셔經驗單方으로流行通用ᄒᆞᄂᆞᆫ靈藥聖劑를買入ᄒᆞ야左開廣布ᄒᆞ오니有病君子와藥業에從事ᄒᆞ시ᄂᆞᆫ僉彦은爭先事購ᄒᆞ시옵

分賣와都賣에差別이有ᄒᆞ야一打(十二個)以上의都賣에ᄂᆞᆫ特別割引홈

左開

秘製止痛藥
效能 外塗內服無處不適
消滯 止瀉 絕瘧 治痢無不神效홈

喜蘇膏藥
效能 頭面 身體一切痛症
積年風濕 除瘀 生선之道립卽奏效홈

亞麟香膠
效能 毋論男女老少 勿嫌年久日淺一切 咳소 服之則其效如神홈

委花藥膏
效能 痔疾 瘰癧 燒跌傷螫咬等 諸症無雙聖藥

委花糖水藥
効能 痳症 花柳毒 凡不潔血所祟症 婦人虛弱등症靈驗홈

牛汁藥酒
効能 毋論男女老少氣血虛弱者服之則大補元氣身體强健홈

韓美興業株式會社事務所

本院은韓國一般人民을爲ᄒᆞ야設立ᄒᆞ옴은僉彦의已知ᄒᆞᄂᆞᆫ바어니와自今으로事務를一層擴張ᄒᆞ고診察을더욱精密히ᄒᆞ기爲ᄒᆞ야時間을午前十時부터午後四時ᄭᆞ지無料로診察ᄒᆞ오며ᄯᅩ特別診察所를置ᄒᆞ고些少의診察料로貴客의便宜를圖ᄒᆞ오니診察을要ᄒᆞᄂᆞᆫ僉彦은照亮을爲要

但特別ᄒᆞᆫ境遇에在ᄒᆞ야ᄂᆞᆫ時間을勿論ᄒᆞ고其請求를應홈

京城南大門外 濟衆院告白

本人之子劉澤相은早孤餘生으로寡母侍下에年今二十이나沒覺恐擬러니悖類之誘引을因ᄒᆞ야內外國人許에無典出債를作爲能事ᄒᆞ니這間見敗ᄂᆞᆫ已屬過境이나將欲裁判歸正인바以寡居事力으로隨處勸債ᄂᆞᆫ蕩産而不得了勘이니自今以後로ᄂᆞᆫ劉澤相之姓名으로出債成票及他人債票에立保居間等事로或着名或捺章과至於各廛各舖ᄒᆞ야雖一錢價値貨物이라도外上等事ᄂᆞᆫ并爲勿施次로玆以廣布ᄒᆞ오니內外國人은切勿見欺後悔홈

南部席洞三十四統九戶 安召사 告白

本人이龍川府楊市에救世病院을設립ᄒᆞ고醫師金鳳天氏를迎聘ᄒᆞ와兩年視務이옵다가金鳳天氏ᄂᆞᆫ不得已ᄒᆞᆫ事로還家ᄒᆞ옵고京城魚丕信濟衆院에셔卒業ᄒᆞᆫ醫學博士金熙영氏를迎聘ᄒᆞ와同化病院이라改稱ᄒᆞ옵고凡百을十分擴張하오니內外科를勿論ᄒᆞ고疾病에辛苦ᄒᆞ시ᄂᆞᆫ同胞ᄂᆞᆫ來議ᄒᆞ시면本院에셔ᄂᆞᆫ濟衆에目的을達ᄒᆞ고 僉君子ᄂᆞᆫ康寧의幸福을享ᄒᆞᆯ러이오니照亮ᄒᆞ시옵

隆熙三年十二月 日
龍川楊市同化病院主務黃菊保

官準專賣特許

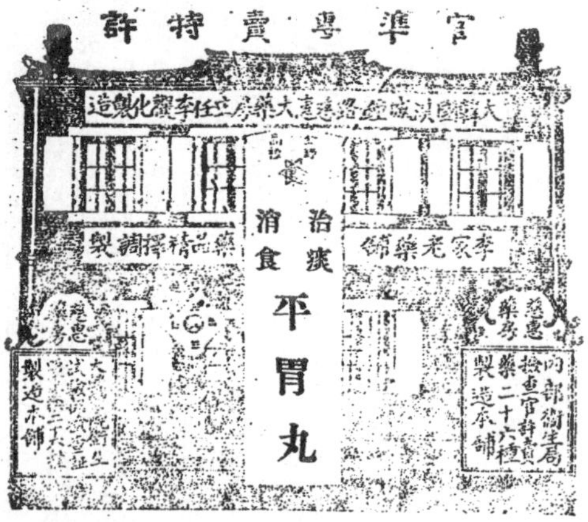

本所에셔洋屬毛織을各色直輸入ᄒᆞ야廉價로發賣ᄒᆞ옵ᄂᆞᆫ데物品과織組가堅固ᄒᆞ며染色이不變ᄒᆞ와經濟上에第一要緊ᄒᆞ오며各地方貿易을便利케爲ᄒᆞ와郵便小包로酬應ᄒᆞ야代金을引換ᄒᆞ겟ᄉᆞ오니 僉君子ᄂᆞᆫ陸續請求ᄒᆞ심을伏望

京城小龍洞 洪順福 毛織商店

內部認可

商業經營法 全

安國善氏 著

一 商業經營法 은文明的商業의方法을指導ᄒᆞ며法律上商事의規定을說明ᄒᆞᆫ商業界의顧問이오
一 商業經營法 은商行爲의奇妙ᄒᆞᆫ術法과商去來의深奧ᄒᆞᆫ手段을陳述ᄒᆞᆫ商業家의秘訣이오
一 商業經營法 은會社設립節次와手形使法과銀行去來等을論述ᄒᆞᆫ商業有志者의座右銘이오
一 商業經營法 은商業上의原理와經濟上의現象을實際的으로抄篇ᄒᆞᆫ實業學校의敎科書오

定價金 四十錢 郵遞料 四錢
京城中部布屛下三十七統六戶 廣學書舖 發行
廣學書舖金상萬謹告

各種東西洋 ……

八寶丹

主治 ○○新舊滯症 其他水土不服 胸腹痛 內傷氣 ○○痢疾 排除 ○○諸般病症 頭痛 食後 ……

一劑金五圓

一劑金四圓

一劑金五圓

另告

其他國內各藥房에서製造ᄒᆞᆫ各種靈藥이具備ᄒᆞ오니隨用請求ᄒᆞ시면迅速히代金引換으로付送ᄒᆞ게ᄉᆞᆸ니다

京城鍾路 仁川栮峴 平壤鍾路 和平堂主人 李應善

遠地에ᄂᆞᆫ小包로信送홈

檀君開國四千二百四十二年
箕子元年三千三十一年
大韓開國五百十八年
本報創刊日
光武八年七月十八日

大韓每日申報

第七卷 月曜及慶節歲時休日刊 第一千二百六十四号
發行兼編輯人 英國人 萬咸
Alfred Weekley Marnham. Responsible for Publication
發行所
京城南部石井洞三層洋屋家
大韓每日申報社

論說

◉又一告內閣當局者諸氏

內閣當局者諸氏여氏等이只今에何事를作ᄒᆞ나뇨

一邊에ᄂᆞᆫ一進會의聲明書가現ᄒᆞ며一邊에ᄂᆞᆫ國民會가起ᄒᆞᄂᆞᆫᄃᆡ氏等은何事를作ᄒᆞ나뇨

內外國各新聞에ᄂᆞᆫ總理가屬邦됨을運動ᄒᆞᆫ다ᄒᆞ며高度大가日本에在ᄒᆞᆯ時에新五條成立을主唱ᄒᆞ엿다ᄒᆞ며內閣閣員諸氏가金力으로各社會와各新聞과結合ᄒᆞ엿다ᄒᆞ며五江力士를募集ᄒᆞ야一進會와決鬪ᄒᆞ라ᄒᆞᆫ다ᄒᆞ며其他此類의種種怪說을現出ᄒᆞ니

嗚乎라只今氏等이果然何心을抱ᄒᆞ야何事를作ᄒᆞ나뇨

氏等이君主輔弼의任에居ᄒᆞ야百姓疑懼의今日을當ᄒᆞ엿스니宜乎邪論을壓ᄒᆞ고公論을收ᄒᆞ야人心을安靜히ᄒᆞ여야可ᄒᆞᆯ지어날此ᄂᆞᆫ姑舍ᄒᆞ고乃者氏等이賣國凶心을抱ᄒᆞ엿다ᄒᆞ야도聽ᄒᆞᆯ뿐이며氏등이何等秘密運動이有ᄒᆞ다ᄒᆞ야도聽ᄒᆞᆯ뿐이오一張明白ᄒᆞᆫ告諭를發ᄒᆞ야疑雲을昭釋케ᄒᆞᆷ도不肯ᄒᆞ고幾日間爲ᄒᆞᆫ바事가一進會의上書를退ᄒᆞᆫ것뿐이오度大高永喜ᄂᆞᆫ該部秘書官朴容九의名으로新五條主唱이無根의說이라고數字셔函으로新聞에正誤를請ᄒᆞᆫ것뿐이니此가輔弼의責을盡ᄒᆞᆷ이며人心을安靜히ᄒᆞᆷ인가

噫라氏等이白癡가아니거ᄂᆞᆯ此時에如此히白癡又ᄒᆞᆷ은何故며氏等이盲聾者가아니거날此時에如此히盲聾者又ᄒᆞᆷ은何故오

故로人心이愈疑ᄒᆞ야氏等이必也一種凶心을抱有ᄒᆞ엿다ᄒᆞ며各儕도氏等에게此一問이有ᄒᆞᆷ이로니

嗚乎氏等이여氏等은快히心을披ᄒᆞ며腸을剖ᄒᆞ야人에게示ᄒᆞ야此疑雲을解ᄒᆞᆯ지어다

氏等이賣國賊을作ᄒᆞᆫ지凡幾次이뇨乙巳五條에第一次賊名을得ᄒᆞ며丁未七協에第二次賊名을得ᄒᆞ며其他許多事件에作賊ᄒᆞᆷ이累次인ᄃᆡ

今에此習이又발ᄒᆞ야同胞를欺ᄒᆞ고國을賣ᄒᆞ면

國民이雖弱ᄒᆞ나氏等이長富貴를能히享ᄒᆞᆯ가

吾儕가年來衆矢의的을隨ᄒᆞ야空然히氏등을射ᄒᆞᆷ이아니라今日의猥藉ᄒᆞᆫ怪說을聞ᄒᆞ고氏等의歷ᄉᆞ를溯ᄒᆞ며氏等의心腸을揣ᄒᆞ매金人의緘을學ᄒᆞ기不可ᄒᆞᆫ故로此에又問ᄒᆞᆷ이니

氏등은亟亟히心을披ᄒᆞ야國民에게示ᄒᆞᆯ지어다

官報

號外

隆熙三年十一月一日

內閣告示第三十三號 續

別表

未開廳區裁判所	事務處理區裁判所
牙山區裁판쇼	天安區재판소
報恩區裁판쇼	淸州區재판소
陰城區裁판쇼	忠州區재판소
甲山區裁판쇼	北靑區재판소
順川區裁판쇼	安州區재판소
延安區裁판쇼	海州區재판소
平山區판쇼	瑞興區재판소
新溪區재판쇼	瑞興區재판소
星州區재판소	大邱區재판쇼
靑松區재판소	安東區재판소
陜川區재판소	晋州區재판쇼
谷城區재판소	光州區재판쇼
靈光區재판소	木浦區재판쇼
南海區재판쇼	長興區재판소
鎭安區재판소	全州區재판소
興德區재판소	古阜區재판쇼

○統監府令第三十一號

(明治四十二年十月二十一日)

統監府監獄及統監府監獄設置의件

統監府監獄及統監府監獄分監을設置ᄒᆞ고其名稱位置를別表又치定ᄒᆞᆷ

附 則

本令은明治四十二年十一月一日로부터施行ᄒᆞᆷ

別 表

名稱	位置
京城監獄	韓國京城
京城監獄仁川分監	韓국京畿道仁川
京城監獄春川分監	韓국江原道春川
永登浦監獄	韓國京畿道永登浦
公州監獄	韓國忠淸南道公州
公州監獄淸州分監	韓국忠淸北道淸州
咸興監獄	韓國咸鏡南道咸興
咸興監獄元山分監	韓國咸鏡南道元山
咸興監獄淸津分監	韓국咸鏡北道淸津
平壤監獄	韓國平安南도平壤
平壤監獄新義州分監	韓국平安北도新義州
海州監獄	韓國黃海도히州

未完

外報

◉境界協約 公果國附近에셔英德兩國境界劃定에對ᄒᆞᆫ協約은近日에발表될터인ᄃᆡ國境에就ᄒᆞ야ᄂᆞᆫ別노히改正된것이無ᄒᆞ다더라

◉兩派妥協 英國自由黨은社會派와妥協되야三角競爭은停止된故로兩派에셔도互讓的으로候補者를撤退ᄒᆞ기로協議中이라더라

◉大砲供給 德國구룹푸會社ᄂᆞᆫ和蘭國軍隊用新式大砲의供給을都給으로任ᄒᆞ엿다더라

◉海相변박 德國海軍大臣푸온지루빗츠氏ᄂᆞᆫ議會에셔演說ᄒᆞ기를킬造船所疑獄에關聯ᄒᆞᆫ海軍行政上의攻擊을反박ᄒᆞ엿다더라

◉聯合歡迎 南阿聯合宣告ᄂᆞᆫ英國株式取扱所階段에셔朗讀ᄒᆞ엿ᄂᆞᆫᄃᆡ其結論에英國皇帝ᄂᆞᆫ滿足ᄒᆞᆫ意思를表ᄒᆞ엿고無數의羣衆은各市와共히熱心으로其意를歡迎ᄒᆞ엿다더라

◉英國貿易 英國本年度十一月의貿易表를據ᄒᆞᆫ즉輸入額은千九百七十萬七百四十一磅인ᄃᆡ輸出額보담四百十九萬四千磅이增加되엿다더라

◉總督着任 淸國新任直隷總督陳夔龍氏ᄂᆞᆫ去十月에着任ᄒᆞ엿다더라

◉大使往還 日本駐劄德國大使문무氏ᄂᆞᆫ乘暇歸國ᄒᆞ엿더니去七日下午八時三十分에日本新橋列車로歸任ᄒᆞ엿다더라

◉兩將更迭 英國에셔ᄂᆞᆫ타푸라쓰將軍과南亞弗利加소마리란드에駐在ᄒᆞ엿던고루토將軍과交代ᄒᆞ라고任命ᄒᆞ엿ᄂᆞᆫᄃᆡ其變更은政略上秘密에附ᄒᆞᆯ事이라더라

◉關稅改革反對 英國棉花聯合會長마카라氏ᄂᆞᆫ報告書를發ᄒᆞᄂᆞᆫᄃᆡ關稅改革은棉花貿易上에最히危險ᄒᆞ다ᄒᆞ엿다더라

◉淸國憲政 淸國各省諮議局에셔各三人式委員을選定ᄒᆞ야來月上海에協議會를開ᄒᆞ고憲政實施期를三年즘短縮ᄒᆞ기를決議ᄒᆞᆫ다ᄂᆞᆫ說이有ᄒᆞ다더라

雜報

◉國民大演說會呈曾彌統監書

大韓民人等謹沐浴上書于統監閣下伏以國體非匹夫之所得變更主權非下民之所可擅動亂臣賊子何代無之寧有如韓國所謂一進會者哉其所謂聲明書生等不知其何據也其所謂上疏文生等不忍其正視也窮凶絕悖固非臣民之所敢道者而猶此不足獻長書於貴府又欲以妖言達于貴國天황陛下是可忍也孰不可忍也彼雖自號曰百萬其實散漫餘黨不過幾千而且痴蠢無識不辨菽麥其所謂頭領宋秉畯李容九若個人援日本人內田良平爲其顧問做出極惡大憝之妖說陷其徒黨於不義乃又敢曰代表二千萬其虛妄悖逆不待生等之卞而閣下所明燭者也竊惟日韓關係漸加親善從此順勢利導則可期與情信賴共享복利彼輩怨以不法之言做出平地風波攪亂民心衆論沸등以訛傳訛轉及地方馴致疑懼之心再燃已冷之灰不以此時亟將一進會凶逆之徒快伸邦刑則恐有不測之禍發於未料之地而司法之權既歸委任故國民之識者舉皆延頸而待之願聞凶輩之不日伏法也伏願閣下以尊我 皇室之心護我國家之念行光明正大之處分我國民得伸聲討之大義一進會亟令解散巨魁宋秉畯李容九得就常刑之地不任祈祝之至

隆熙二年十二月十日

大韓中外民人閔泳韶 等

子爵曾彌統監 閣下

○談叢○

劍心

▲少壯國 日人이韓국을老耄國이라指ᄒᆞ야筆로嘲ᄒᆞ며口로弄ᄒᆞ더라

日人이支那를指ᄒᆞ야老大국이라云ᄒᆞᄂᆞᆫ故로梁啓超ㅣ憤然曰老大에셔尤悲ᄒᆞᆫ者ㅣ無ᄒᆞ거ᄂᆞᆯ彼輩가支那를老大國이라ᄒᆞ니支那가엇지老大國이리오余의眼中에ᄂᆞᆫ少年中國이完然ᄒᆞ다ᄒᆞ엿더라

噫라彼가支那를向ᄒᆞ야ᄂᆞᆫ老大라ᄒᆞ고韓국을向ᄒᆞ야ᄂᆞᆫ老耄라ᄒᆞ니其韓國을侮辱ᄒᆞᆷ의尤甚이亦極ᄒᆞ도다

大抵人이老耄ᄒᆞ면死期가在邇ᄒᆞᆷ과又치國이老耄ᄒᆞᆷ에도亦死期가在邇ᄒᆞ나니此老耄二字가엇지國人된者의哀哭ᄒᆞᆯ바ㅣ아니리오

若韓國人이此와如ᄒᆞᆫ侮辱을遭ᄒᆞ면서도오히려憤발이無ᄒᆞ면果然韓國은老耄국인ᄃᆡ然이나韓국은決코老耄국이아니라病國이니라

韓국이檀君時代에呱呱의聲이出ᄒᆞ야三韓時代에幼年時代가過ᄒᆞ고麗羅濟時代에少年英氣가勃勃ᄒᆞ다가高麗以降으로病祟가漸발ᄒᆞ야奴性이腦를浸ᄒᆞ고惡政이身을傷ᄒᆞ야今日에至ᄒᆞ야ᄂᆞᆫ喘息의奄奄이急ᄒᆞ엿나니韓국은老耄국이아니라病국이니라

噫라老耄국은不可救언뎡病국은可救니果然此病만治ᄒᆞᄂᆞᆫ日에ᄂᆞᆫ一捲土重來ᄒᆞᄂᆞᆫ少壯國이될지로다

詞藻

❀奴隸歌❀

廣廈千間넓은집과、沃野千里됴흔田土。
몃千年을傳來ᄒᆞ니、靑邱基業그아닌가。
엇지타、그財産을眼闇ᄒᆞ여、남의奴隸、

電報

◎蒙古部廢止議 清국에서는露국의侵略을방하기爲하야蒙古部를廢止하고更히一廳을新設코저하는되蒙古는此를反對한다더라

◎船舶檢疫 清국上海에서는日本神戶를黑死病流行地로認하고神戶로부터來着하는船舶은檢疫하기로決定하엿다더라

以上東京발 十一日着

◎蔡相辭職 清국度支部尙書蔡澤公은辭職疏를奏上하엿다더라

北京電 十一日着

◎瓦斯局爆發 德국함버그우이야프엔瓦斯局이爆발되야死亡者가十二名이오重傷者도數多하다더라

伯林電 十一日着

雜報

◎勅語懇惻 太皇帝陛下께옵서承寧府總管趙民熙를對하샤合邦聲明서에關하야懇惻하신勅語를下하옵셧다더라

◎支出裁可 隆熙號修繕補助費六千二百四十六圓을국庫剩餘金으로支出할件을上 奏蒙裁하엿다더라

◎一進開會 再昨日下午二時에一進會에서評議會를開하고新任評議長尹定植氏가出席하야內閣에서第二次退却한上奏文을期於히奉呈하기로決議하엿는되會員五十四人이出席하엿다더라

◎旋出旋入 一進會副會長洪肯燮은退會하엿다고聲言하더니再昨日該會評議會에更히出席하엿다더라

◎入者退却 北部苑洞居徐彰輔氏는再昨日一進會本部에前往하야入會하기를請願하엿는되一進會에서는四週日後에入會하라고退却하엿다더라

◎三氏渡日說 李允用金嘉鎭張錫周三氏는總相李完用氏의密托을帶하고今日上午九時에南大門발急車로渡日한다는傳說이有하다더라

◎李氏周旋 一進會會計金時鉉氏가運動費十萬圓을携帶하고日本에渡往함은已報어니와該金錢을辦出할時에開城郡居富豪李健赫氏도共力周旋하엿다더라

◎木內招接 昨日內部次官木內는日人官吏를招接하엿다더라

◎統部內訓 統監府訓令中司法警察官이外국人에對한執務規定에改正이有한故로統監府高等法院檢事가其適用의條項을統監府檢事警視警部憲兵隊에內訓을발하엿다더라

◎一進稱快 一進會에서는大韓協會에서발起한國民大會가停止됨을聞하고拍手稱快하며日勿論某事하고成否는都在日人命令이라하엿다더라

◎派人偵探 一進會에서秘密偵探十餘人을各社會에暗派하야物議를採探한다더라

◎歲計表編纂 內部에서各道地方費歲出入에關하야歲計表를現今編纂中인되竣了되는되로各道에一件式發送한다더라

◎國民會停止 국民大演說會에서는昨日부터事務를停止하엿다더라

◎處處密議 再昨日下午七時에趙農相高度相諸氏는總相李完用氏私더로會同하고鄭應卨芮宗錫諸氏는國民大演說會長閔泳韶氏私더로會同하야何등事件을密議하엿다더라

◎容九被毆 一進會長李容九는再昨夜淸華亭에서韓人의게毆打를被하엿는되該毆打人은卽時逃避하엿다더라

◎新聞團發起說 國民新報는一進會의機關이라하야各新聞團에서該社와交涉을拒絶하기로目下發起中이라더라

◎懸金購象 御苑事務局動物園에서象一頭를買入할次로金四千圓을豫算하고淸國南京及印度등地에서貿來할計劃이라더라

◎俞氏不應 張基濂玄은諸氏가三昨日에漢城府民會長俞吉濬氏를訪問하고該會에서도一進會聲討하기를勸告하엿는되俞氏는不應하엿다더라

◎국民會決議 국民大演說會에서內閣에長서를提呈함은已報어니와內閣에서如何한處理가無하면更히長서하기로決議하엿다더라

◎院卿勸告 侍從院卿尹德榮氏가侍從嚴柱東氏를對하야勸告하되今番壹進會에서合邦聲明서를發布한後에는該會員과同僚키不可하니卽時辭職하라하엿다더라

◎暹次出發 日前入京하엿던暹羅국內務次官하시사와데프氏는昨日午前九時에南大門발列車로出발하엿다더라

◎鍋島傳任 統監府參與官鍋島桂次郞은比利時駐劄全權公使를被任하엿다더라

◎慶察修報 慶南觀察使黃鐵氏는管下各郡에政務監督할規程을製定하야內部로修報하엿다더라

◎忽成楚越 一進會에서偵探을各官廳에派送하야總理以下各大臣의動靜을秘密探知하다가情跡이綻露되엿는되一般官吏는同僚中一進會員을對하면恒茶飯의言語도酬酌지아니하고互相間楚越의人과如히看過한다더라

◎吉田請願 元山居留日人吉田秀次郞은政府에向하야北韓航路變更及補助增額을請願하엿는되當局者는此를必要로認하야目下實地를調査中이라더라

◎衛生開會說 來十五日內部에서漢城衛生會를開하고歲入歲出預算을評議한다더라

◎細則認可 昨日內部에서屠獸法施行細則에對하야咸南一道를除한外十二道에는擧皆認可하엿다더라

◎伊領事長逝 漢城駐劄伊太利總領事카사듸氏가身病으로大韓醫院에서多日治療하다가昨朝에奄然長逝하엿는되氏는年紀가六十이오日本과韓국에來駐한지가二十星霜이오一男三女가有한되吾儕는該令男令孃에게對하야吊意를表하노라

◎同名之嫌 前郡守金基容氏가多數한公逋를因하야隱避不現하는되驪州郡財務署長金基龍氏의姓名이該氏의姓名과聲相近함으로其家產을執行하엿다가卽時還給하엿다더라

◎合倂運動 頌德建議所公事議長張錫周氏는頌德建議所와東亞贊英會를合倂할次로極力運動中이라더라

◎頌德所移接 頌德建議所는再昨日中部典洞李台夏氏家로移接하엿다더라

◎查問多端 再昨日下午一時에中署에서漢城新報社主幹田村萬之助를招出하야국民大演說會의廣告를揭載하엿다고一場查問하엿다더라

◎件件押收 耶蘇教人諸氏가一進會를聲討할次로布告文을印刷하엿다함은已報어니와再昨日中署에서該文을並爲押收하엿다더라

◎童子尙憤 平壤居十三歲童子金貞根은向日국民新報에揭載한一進會聲明서를見하고憤怒를不勝하야卽時該社로繳還하는되無父無君大逆不道魔報社長이라고서送하엿다더라

◎金氏請願 金在殷氏가忠州郡守在任時에義兵討伐費와官吏交際費를結錢中으로一千七百餘圓을挪用하엿는되度支部에서該金額을督納함으로金氏는內部에請願하고其所用經費를支撥하라하엿다더라

◎增數何多 本年八月分에國內居留日人의戶口를調査하엿는되戶가四萬二千三百四十九오口가十四萬四千八百七十六인되昨年八月調査表와比較하면戶의增加가七千二百八十九오口의增加가二萬三千四百十四이라더라

◎紀念兼落成 再昨日은侍天教濟世主탄生紀念日이라하야該教徒三百餘人이會同하여上午十一時와下午十一時에祈禱를行하고兼하여該教堂落成式을設行하엿다더라

◎煙社風波 東部東亞煙草會社에서韓국婦女를募集雇用하는되日前該社內에서韓日婦女間에爭詰이有하야日女가韓女를毆打하엿슴으로該日女를卽時逐出하고韓女一般은憤鬱退社하엿는되賃錢을取引키爲하야東部警察署에呼訴한다더라

◎利郡義兵 利川郡沿路에는近日義兵이忽起하야雜발한行客을見첩調査함으로行路가極難하다더라

◎姑未放還 開城日憲兵隊에被捉한李甲氏가保放되엿다함은隨聞揭載하엿더니更히詳報를據한즉아즉은放還치아니하엿스나不遠間放釋이될뜻하다더라

◎青館복音會 今日下午三時에鍾路青年會館에서복音會를開하고該會英語總教師美國人申愛道氏가講道한다더라

◎水商被捉 水商尹東安張民燮兩氏가水道會社掌栓手李雲先氏等을毆打한事가有하야尹張兩氏가昨日中署에被捉하엿다더라

◎恩連賊警 恩津連山等郡에는巡查服裝한賊徒가頻頻出現하야民財를强奪함으로民情이大端騷擾하다더라

◎湖南通常會 今日下午一時에湖南學會에서通常總회를開한다는되同道人士가一齊來參하기를希望한다더라

◎保管會續聞 釜山港居周時鎔氏가濟州海業民保管會를創設함은前報에已載하엿거니와更聞한즉該會의資本金은二千一百圓이오任員은周時鎔全炷淑金基贊諸氏로選定하고趣旨서를將且발布한다더라

學界

◎孔子教開教式 孔子教會에서本月十九日成均館에서開教式을設行한다더라

◎學部職員會 學部에서昨日下午一時에各普通學校職員會를開하고教育上方針을協議하엿다더라

社會燈

▲西歐新風潮가日漲하야漢城內에洋屋制度가漸次發展되더니近日에는新聞廣告板에도層層巍巍돌집을미우宏壯히지엇데言論을束縛하야도분슈가잇셔야지廣告싸지엽기는너무已甚한걸아마도覆板廣告讀法을또니여야할터이여

▲韓國에兩班이란物件은世界上에第一無等한寶物인가보데年前洪州에서는倡義中軍을너일적에地體싸홈이나셔더가리가더질번하엿다더니近日國民會에서는總代委員을뽑을적에元老重臣은不可하다고是非가낫다데나라는亡히도鬚髥이나두어즈쎗치고가리츰이나잘독구면元老地位가미우놉히질걸

▲충말兩班은國家보담도한層놉흔게여이番의內閣엇던분은合邦問題를提出할적의韓國大臣은日本의華族되기를要求하엿다지國家는업셔저도兩班만되엿스면平生所願을다풀는지그싸위로兩班을求하다가는죵놈밧긔못될걸

▲合邦聲明書는發布한지가已久하되押收令이안나더니國民演說草는발刊하던當日夜에押收令이벼락갓흐니아마聲明서는治安에有助하고演說草는妨害가大端한게여건너다보면졀더라고抑揚之間에意思는可知이지

▲日本同志會는무슴脈을보랴고韓國을건너왓나半殺蛇가옴질옴질하니새診脈을히보랴고다죽은줄알고함부루덤비다가한번삭물니면石雄黃차지러다니너라고辱을볼걸

◀偉人遺蹟

▲東國巨傑 崔都統　錦頫山人

第一章 緒論 續

悲夫라公의面目이爾張의呪罵聲裡에被掩ᄒ야我國民이公을竟忘ᄒ고公의志ᄂ繼ᄒ者ㅣ無ᄒ엿스니爾輩의罪를可히勝誅ᄒ가

崔都統이嘗曰（吾가國事를中夜에獨籌ᄒ고翌朝에都堂에赴ᄒ야諸相에게語ᄒ즉一人도余와同心者가無ᄒ다）ᄒ엿스니悲哉라其言이여七十平生에心力을竭ᄒ야國事를謀ᄒ되同志者一個를未得ᄒ고隻掌으로獨鳴ᄒ엿도다

雖然이나余ᄂ當時數百朝官에公의同心者가無ᄒ을不悲ᄒ고後來五百年數百億兆國民에公의同心者가無ᄒ을悲ᄒ노니一時에公의同心者가無ᄒ며公의心만苦ᄒ而已어니와五百年來에公의同心者가無ᄒ며국民의恥辱이頻ᄒ엿스며一時에公의同心者가無ᄒ며公의力만悴ᄒ而已어니와五百年來에公의同心者가無ᄒ며국民의苦痛이深ᄒ엿도다

嗚呼라一時에公의同心者가無ᄒ은一高麗王朝의不幸이어니와五百年來로公의同心者가無ᄒ은即我大東全국의不幸이로다

未完

廣告

本人圓形半篆刻圖章陰本月十七日서失故以正字章施行則內外국人間照亮敬要

平壤郡돌串面下四里李洙南白

本人이陰十月廿九日에圖章을서失ᄒ엿기更히水晶으로彫刻ᄒ엿스오니內外국人間照亮ᄒ시오

張輔衡 告白

◀黃海灣風濤光景▶

壽山生

江雪初霽ᄒ고風日이向暖ᄒ니政是小春天氣라將欲行船ᄒ실서一聲瀛笛에檣頭에飄揚太極旗影이라汪洋高帆이泛出八尾海ᄒ니波瀾不競에浩無際涯ᄒ고上下天光에一色平舖로다

滿載商旅가乃至一百五六十人이라相與乘坐甲板上ᄒ야縱目而觀之ᄒ니翩翩白鷗ᄂ相親相近ᄒ고潛泳河豚은或露或沉ᄒ니一路上海面風景은說不盡之一幅奇畵러라

俄頃에船長이來言ᄒ되已近黃海灣云이라諸客이或談或모ᄒ고一詩一酒ᄒ야若作盛遊而過ᄒ서遠遠天末에一点黑雲이微布ᄒ고北風이捲起中望見一大高嶽山根이如의斗ᄒ야走出海面三四十里躋踞ᄒ니其形이嶄험如獅虎之張牙爬瓜라船影ᄒ爾飛前ᄒ니風猛波壯ᄒ고檣傾楫頹ᄒ야老龍은掀天攪海ᄒ고長鯨ᄂ噴波縮浪ᄒ니怒濤가一起에二山이湧出이라船長이倉皇來言ᄒ되此地ᄂ即長山串也니諸客은愼重云而退어ᄂ客이面面相顧ᄒ니船中이隨其風浪之翻空ᄒ야人物이顚倒相雜ᄒᄂ人個個頭顱ᄂ縱橫ᄒ고手脚은高低로다心昏神迷ᄒ야魂靈兒飛去半天上이라

就中飄然一美少年이年可弱冠에玉顔星眸로冠着學徒帽子ᄒ고肩下着一領毛織黑色周衣ᄒ고手提洋裝之水牛皮帒ᄒ고不動聲色而來坐客前ᄒ야笑容怡語로敬禮以後에一場演說ᄒ니其槪意를略擧則諸君이遭此風波에喪魂失神ᄒ야如死體一般ᄒ니何其愚昧之甚耶오際玆新風潮ᄒ야搭乘外국船ᄒ고涉彼大海에豈無預備之신發明藥料乎아海上風波ᄂ宜其易遣者어ᄂ不思預방ᄒ고甘受困難ᄒ니果其開明之未展이로다

欣然綻開藥帒ᄒ고先以清心保命단幾粒식呑下ᄒ야因定眩暈安胃然後에更以蔘茸大補元幾粒식連呑ᄒ야鎭神補元ᄒ고陳述其藥品之効能ᄒ니衆船客이擧手齊拍ᄒ고相揖以賀ᄒ야大讚其新發明之藥品과開明的高見이러라

於焉間風靜浪息일서安全順流ᄒ야定船於南港이라衆船客이各自跳下三板船ᄒ야從陸발行而歸ᄒ서互相執手以別焉이러라

□□安城辰과臬谷居ᄒᆞᄂᆞᆫ趙基華氏ᄂᆞᆫ本以縉紳家裔로維新風潮를感覺ᄒᆞ시와屢代傳來ᄒᆞ시던奴僕近二十名을一時解放作良ᄒᆞᆫ故로如此恩德을不敢泯默이옵기玆에廣布홈

安城西面 劉창根
崔應三 玄慶善등告白

◉歲暮와漢陽商會

多忙ᄒᆞ고流矢갓ᄒᆞᆫ隆熙三年의日月은임의그結局을告코저ᄒᆞ고希望의曙光잇ᄂᆞᆫ隆熙四年의幸福은到來ᄒᆞ옵나이다玆에우리大韓國民이誠心誠意로固心經營ᄒᆞᄂᆞᆫ漢陽商會ᄂᆞᆫ大韓國人士를爲ᄒᆞ야新年及歲暮에贈答ᄒᆞᄂᆞᆫ嶄新流行品을多數輸入ᄒᆞ고驚天動地的大廉價大活動으로여러분을歡迎ᄒᆞ옵나이다○愛顧ᄒᆞ시오 漢城鍾路漢陽商會를○電話ᄂᆞᆫ一九一番이오

本人之承重孫子應春이가年今二十九歲에不事産業ᄒᆞ고滔溺於隣居金麟崇之誘引ᄒᆞ야騙惑亂債가非一非再而認以債錢ᄒᆞ고及其限日ᄒᆞ야甚至於應春之迷童許에勒捧改標ᄒᆞ고況且所居古城面龍門洞所在ᄒᆞᆫ家垈一坐與連付田답五日耕을僞券欲賣ᄒᆞ오니內外國人은切勿見欺홈

義州府西門內朴致格 告白

◉特別廣告

本社의셔同胞의衛生을注意ᄒᆞ야美國의셔經驗單方으로流行通用ᄒᆞᄂᆞᆫ靈藥聖劑를貿入ᄒᆞ야左開廣布ᄒᆞ오니有病君子와藥業에從事ᄒᆞ시ᄂᆞᆫ僉彦은爭先事購ᄒᆞ시옵

分賣와都賣에差別이有ᄒᆞ야一打(十二個)以上의都賣에ᄂᆞᆫ特別割引홈

左開

秘製止痛藥
效能 外塗內服無處不適 消滯 止瀉 絶瘧 治痢無不神效홈

喜蘇膏藥
效能 頭面身體一切痛症 積年風濕 除瘀 生션之道 립卽奏效홈

亞麟香膠
效能 毋論男女老少 勿嫌年久日淺一切咳소 服之則其效如神홈

委花藥膏
效能 痔疾 聯珠瘡 燒跌傷螫咬等諸症無雙聖藥

委花糖水藥
効能 疝症 花柳毒 凡不潔血所祟症 婦人虛弱등症靈驗홈

牛汁藥酒
効能 毋論男女老少氣血虛弱者服之則大補元氣身體强健홈

韓美興業株式會社事務所

本院은韓國一般人民을爲ᄒᆞ야設立홈은僉彦의已知ᄒᆞᄂᆞᆫ바어니와自今으로事務를一層擴張ᄒᆞ고診察을더욱精密히ᄒᆞ기爲ᄒᆞ야時間을午前十時부터午後四時ᄭᆞ지無料로診察ᄒᆞ오며ᄯᅩ特別診察所를置ᄒᆞ고些少의診察料로貴客의便宜를圖ᄒᆞ오니診察을要ᄒᆞᄂᆞᆫ僉彦은照亮을爲要

但特別ᄒᆞᆫ境遇에在ᄒᆞ야ᄂᆞᆫ時間을勿論ᄒᆞ고其請求를應홈

京城南大門外 濟衆院告白

本人이姓名正字圖章을陰九月初五日分에州內面靑田洞等地에셔서失ᄒᆞ오니知舊間照亮홈

義州州內面靑田洞金龍됴告白

本人이車中에셔金帶를見失而博物運送部出付三隻物票與金永化處三十圓手票를並爲셔失ᄒᆞ엿스니誰某拾得이던지休紙施行ᄒᆞ시옵

木浦南橋洞六統八戶李相진白

本人이龍川府楊市에救世病院을設립ᄒᆞ고醫師金鳳天氏를迎聘ᄒᆞ와兩年視務이옵다가金鳳天氏ᄂᆞᆫ不得已ᄒᆞᆫ事로還家ᄒᆞ옵고京城魚丕信濟衆院에셔卒業ᄒᆞᆫ醫學博士金熙영氏를迎聘ᄒᆞ와同化病院이라改稱ᄒᆞ옵고凡百을十分擴張하오니內外科를勿論ᄒᆞ고疾病에辛苦ᄒᆞ시ᄂᆞᆫ同胞ᄂᆞᆫ來議ᄒᆞ시면本院에셔ᄂᆞᆫ濟衆에目的을達ᄒᆞ고 僉君子ᄂᆞᆫ康寧의幸福을享ᄒᆞᆯ터이오니照亮ᄒᆞ시옵

隆熙三年十二月 日

龍川楊市同化病院主務黃菊保

陰十月八日夜에賊漢이突入ᄒᆞ야本人의四方圖章과各處에在ᄒᆞᆫ田답字號及卜數所錄記를奪去이옵기玆以廣告ᄒᆞ오니內外國人은 照亮홈

鳳山舍人坊月下山延子實 白

內部認可

商業經營法全

一 商業經營法 은文明的商業의方法을指導ᄒᆞ며法律上商事의規定을說明ᄒᆞᆫ商業界의顧問이오

一 商業經營法 은商行爲의奇妙ᄒᆞᆫ術法과商去來의深奧ᄒᆞᆫ手段을陳述ᄒᆞᆫ商業家의秘訣이오

安國善氏 著

廣學書舖 發行

定價金 四十錢 郵遞料 四錢

京城中部布屛下三十七統六戶 廣學書舖金상萬謹告

一 商業經營法 은會社設립節次와手形行使法과銀行去來等을論述ᄒᆞᆫ商業有志者의座右銘이오

一 商業經營法 은商業上의原理와經濟上의現象을實際的으로抄寫ᄒᆞᆫ實業學校의敎科書오

本所에셔洋屬毛織을各色直輸入ᄒᆞ야廉價로發賣ᄒᆞ옵ᄂᆞᆫ디物品과織組가堅固ᄒᆞ며染色이不變ᄒᆞ와經濟上에第一要緊ᄒᆞ오며各地方貿易을便利케爲ᄒᆞ와郵便小包로酬應ᄒᆞ야代金을引換ᄒᆞ겟사오니 僉君子ᄂᆞᆫ陸續請求ᄒᆞ심을伏望

京城小龍洞
洪順福 毛織商店

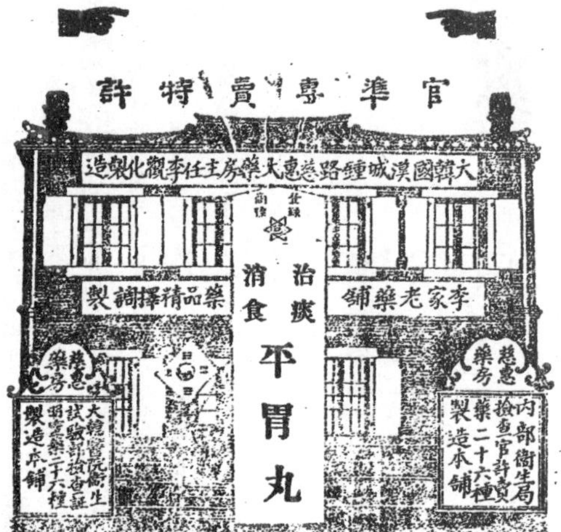

各種東西洋藥과韓國唐草材大發賣所 和平堂藥房

藥商의게는特別大廉賣홈

八寶丹

效能 主治
鎭痛과其他○○新舊滯症 水土不服 口熱不利 胸腹痛 痢疾 咳嗽 癘疫을排除ᄒᆞ며諸般恒常食後不適ᄒᆞᆫ頭病을預防ᄒᆞᄂᆞᆫ妙劑요 劑量은宜服
右藥은內國運遍到處에販賣홈

回生丸
阿片引을斷ᄒᆞ고元神回復ᄒᆞᄂᆞᆫ藥
一劑金五圓

梅毒消瘡丹
梅毒下疳頭瘡風濕瘡에一切神效
一劑金四圓

調經丹
婦人冷病帶下月經不調等에靈藥
一劑金五圓

另告
其他國內各藥房에서製造ᄒᆞᆫ各種靈藥이俱備ᄒᆞ오니隨用請求ᄒᆞ시면迅速히代金引換으로付送ᄒᆞ게ᄉᆞᆸᄂᆞ이다

京城鍾路
仁川杻峴
平壤鍾路
和平堂主人 李應善

遠地에는小包로信送홈

光武九年八月十一日 明治三十八年八月十一日 (第三種郵便物認可) 火曜日 西曆一千九百九年十二月二十四日 (一)

檀君開國四千二百四十二年
箕子元年三千三十一年
大韓開國五百十八年
本報創刊日 光武八年七月十八日

大韓每日申報

第七卷 月曜及慶節歲時休日休刊 第一千二百六十五号

發行兼編輯人 英國人 萬咸
Responsible for Publication Alfred Weekley Marnham.
發行所 京城南部石井洞三層洋屋家 大韓每日申報社

論說

眞理와幸福

向者日人報紙에韓人을論ᄒᆞ노라題ᄒᆞ고略曰人生의目的이眞理發揮에在ᄒᆞᆫ가幸福增進에在ᄒᆞᆫ가韓人은眞理發揮로目的지말고幸福增進으로目的ᄒᆞ라하엿더라

記者가此를讀ᄒᆞ고喟然良久에曰此가日人의筆이어니엇지不然ᄒᆞ리오此가日人의言이어니엇지不然ᄒᆞ리오然이나可憐ᄒᆞᆫ바ᄂᆞᆫ韓人兄弟中에或幸福二字를誤解ᄒᆞ야日人의此言과正合홈이是라ᄒᆞ엿노라

大抵只今韓人된者ᄂᆞᆫ맛당히眞理發揮로護身符를作홀지나何故오ᄒᆞ면即韓人에게ᄂᆞᆫ眞理가是幸福인所以니라

試思ᄒᆞ라彼希臘人이眞理를發揮ᄒᆞᆫ故로今日幸福이有ᄒᆞ며合衆國人이眞理를發揮ᄒᆞᆫ故로今日幸福이有ᄒᆞ며伊太利人이眞理를發揮ᄒᆞᆫ故로今日幸福이有ᄒᆞ고彼波埃越等國은眞理ᄂᆞᆫ發揮치못ᄒᆞ고幸福을盲求ᄒᆞᆫ故로今日慘禍를不免ᄒᆞ엿나니眞理下에幸福을不求ᄒᆞ고何에求ᄒᆞ리오

只今或人輩ᄂᆞᆫ幸福의道를誤ᄒᆞ야不義로幸福을求코저ᄒᆞ나니幸福만不得홀ᄲᅮᆫ아니라其惟慘禍가來ᄒᆞᄂᆞᆫ도다

眞理ᄂᆞᆫ不知ᄒᆞ고幸福만求ᄒᆞᄂᆞᆫ지라故로外人에附홈으로幸福을求ᄒᆞ며故로祖國을害홈으로幸福을求ᄒᆞ며故로一進會로幸福을求ᄒᆞ며故로觀光團으로幸福을求ᄒᆞ며故로國是遊說團으로幸福을求ᄒᆞ며故로商務組合所로幸福을求ᄒᆞ며故로五賊이有ᄒᆞ며故로七賊이有ᄒᆞ며故로魑魅魍魎이白晝에橫行ᄒᆞ나니悲夫라眞理ᄂᆞᆫ不知ᄒᆞ고幸福만求ᄒᆞᄂᆞᆫ禍가此極에至ᄒᆞ도다

噫라君子ᄂᆞᆫ眞理만知ᄒᆞ고幸福은不知ᄒᆞᄂᆞᆫ듯ᄒᆞ나實은此가眞正ᄒᆞᆫ幸福을知홈이라君子가國家再造에其身을獻ᄒᆞ고同胞救濟에其命을供ᄒᆞ야國家가興起치못ᄒᆞ면寧死연뎡不已ᄒᆞ며同胞가安寧치못ᄒᆞ면寧死연뎡不已라ᄒᆞ야飢寒苦痛悲慘은不顧ᄒᆞ고國家와同胞로더부러休戚生死를同홈이彼蚯蚓又ᄒᆞᆫ者의小眼孔으로睹ᄒᆞ면實로幸福을不知홈인듯ᄒᆞ나畢竟其國家로ᄒᆞ야금泰山에措ᄒᆞ며其同胞로ᄒᆞ야금樂土에登ᄒᆞᄂᆞᆫ日이有ᄒᆞ나니此가眞正ᄒᆞᆫ幸福이아니오何인가

嗚乎同胞여同胞ᄂᆞᆫ此眞理를仗ᄒᆞ라眞理가同胞의生命이니라又彼劣性者의面目을戴ᄒᆞ고奴隷輩의心膓을肆ᄒᆞ야不義로幸福을求ᄒᆞᄂᆞᆫ者類여君輩가아모리營營苟苟ᄒᆞ야도如彼ᄒᆞᆫ手段으로ᄂᆞᆫ到底히幸福은不得ᄒᆞ고慘禍만當ᄒᆞ리니戒懼홀지어다

外報

●公債發行案 美國度支部年度報告를據ᄒᆞᆫ즉巴拿馬運河支出費로三千四百萬弗을增加ᄒᆞ고又負債額은七千三百萬弗이오來千九百十一年에生홀剩餘金은三千六百萬弗이나巴拿馬運河出費로因ᄒᆞ야千二百萬弗이缺欠되ᄂᆞᆫ故로右缺欠을塡充ᄒᆞ기爲ᄒᆞ야三分利附巴拿馬公債의발行、稅制、及流通貨幣의整理를提案ᄒᆞ엿다더라

●淸露交涉 哈爾賓市自治制에關ᄒᆞᆫ細目을協定ᄒᆞ기爲ᄒᆞ야淸露官憲間에交涉을開始ᄒᆞᆫ다더라

●航路協議 露國黑龍江沿道稅關監長及黑龍江水路課長이哈爾賓에來着ᄒᆞ야淸露官憲과共히委員會를組織ᄒᆞ고淸國松花江航路에關ᄒᆞᆫ事項을協議中이라더라

●博覽會閉會 淸國湖北博覽會ᄂᆞᆫ非常히結果가良好홈으로閉會期를十五日間延期ᄒᆞ야去十二日에閉會ᄒᆞ엿ᄂᆞᆫᄃᆡ授賞者ᄂᆞᆫ一等이十名이오二등이十六名이오三等이十六名이라더라

●諸帝訪問 諾威國皇帝하콘七世ᄂᆞᆫ皇后모오드陛下와共히英國에幸行ᄒᆞᄂᆞᆫ中路에丁抹首府고벵하겐市에來着ᄒᆞ엿다더라

●摩國平和 摩洛哥國메리라港附近에鐵道工事ᄂᆞᆫ再次着手ᄒᆞ엿고礦産採掘事業은新年부터開始홀터이오又各土族의酋長은日日歸順ᄒᆞᄂᆞᆫ故로摩洛哥國에駐剳ᄒᆞ엿던西班牙의豫備後軍은目下撤還中이라더라

●無稅茶輸入 英國稅關은去六日及七日兩日에無稅茶十萬九千斤을輸入ᄒᆞ엿ᄂᆞᆫᄃᆡ當局者ᄂᆞᆫ右無稅茶에對ᄒᆞ야課稅額과同一ᄒᆞᆫ額의保證金을出홀事를目下計劃中이라더라

●元帥演說 英國元帥로버트氏ᄂᆞᆫ聯合軍務會院에서演說ᄒᆞ엿ᄂᆞᆫᄃᆡ空中飛行船을戰時에使用홀事와英國은該飛行船活用이諸列强보다在後ᄒᆞᆫ즉此時에大히覺悟ᄒᆞ야其發達을不可不計라고公言ᄒᆞ엿다더라

●日人請援 黑龍江沿岸지야린타에서淸國人이日本人에게對ᄒᆞ야暴行을加ᄒᆞᄂᆞᆫ故로日本人은哈爾賓日本領事에게電報를發ᄒᆞ야援助를請求ᄒᆞ엿다더라

雜報

●安氏寄書 隆熙二年三月二十一日海蔘威海朝新聞(今大東共報)에記ᄒᆞᆫ바를同港日人金村生의譯出ᄒᆞᆫ것을隆熙三年十二月三日大阪朝日新聞에揭載된바安重根의寄書全文이如左ᄒᆞ니

人心을結合ᄒᆞ야國權을興復ᄒᆞ라ᄂᆞᆫ激切ᄒᆞᆫ貴社社說에深感되ᄂᆞᆫ바有ᄒᆞ야淺見을不顧ᄒᆞ고敢히一語를寄ᄒᆞ노라

夫人이萬物에貴ᄒᆞ다홈은他에在ᄒᆞᆫ것이아니라三綱五倫을解ᄒᆞᄂᆞᆫ故라故로人이世에處ᄒᆞ미第一에身을修ᄒᆞ고第二에家를齊ᄒᆞ고第三에國을保홀지라然則人은心과體를相合ᄒᆞ야生을保ᄒᆞ고家ᄂᆞᆫ父母妻子의和合에依ᄒᆞ야維持ᄒᆞ고國은國民上下의團結에依ᄒᆞ야保存ᄒᆞᄂᆞᆫ바어ᄂᆞᆯ悲夫라我國은今日如此慘淡의境遇에陷홈은無他라不和가其一大原因이로다

不和의病因은驕傲病이라許多害毒이驕傲로부터萌ᄒᆞ나니假令盜賊을作홀지라도數人이合홈然後에他人의財産을掠奪ᄒᆞ고博徒의數도同類를待ᄒᆞ야비로소他人의金錢을奪홈을得ᄒᆞ거날所謂驕慢의輩ᄂᆞᆫ不然ᄒᆞ야己보다優ᄒᆞᆫ者를猜ᄒᆞ고己보다弱ᄒᆞᆫ者를侮ᄒᆞ고同等되ᄂᆞᆫ者와ᄂᆞᆫ相爭不下ᄒᆞ나니엇지互相結合홈을得ᄒᆞ리오

然이나驕傲를匡홈은謙遜이是라人이萬一各各謙遜으로爲至ᄒᆞ야自己를卑ᄒᆞ며他人을敬ᄒᆞ야他人이自己를責홈을甘ᄒᆞ며自己가他人을責홈을寬ᄒᆞ고自己功을他人에게讓ᄒᆞᆫ진ᄃᆡ人이禽獸가아니어던엇지相和치아니ᄒᆞ리오

昔者에某국王이臨死에兒孫輩를招ᄒᆞ야鞭을壹箇式與하면서此를折하라하미個個히折斷하거ᄂᆞᆯ更히壹束의鞭을與하면서此를折하라하미折斷치못하ᄂᆞᆫ지라王이乃戒曰汝等이萬壹我死後에兄제의心을壹致치아니하면容易히他人의折ᄒᆞᄂᆞᆫ바되려니와心을壹致ᄒᆞ면엇지他人에게被折ᄒᆞ리오ᄒᆞ엿거날今日我同胞ᄂᆞᆫ心을互相和合지못ᄒᆞᆫ故로故國의山川이倭奴의奪ᄒᆞᆫ바되엿스되尙且倭賊을爲ᄒᆞ야我의內情을探ᄒᆞ야彼에게通ᄒᆞ고又忠義의同胞를驅ᄒᆞ야生命을倭賊의手에斷케ᄒᆞ니其心事를思ᄒᆞᆫ건ᄃᆡ憤이天을徹ᄒᆞ야痛嘆을不堪홀지도다

故國山川을望ᄒᆞᆫ즉同胞가冤死ᄒᆞ고無罪ᄒᆞᆫ祖先의白骨을掘ᄒᆞᄂᆞᆫ聲을忍聞치못홀지도다醒ᄒᆞ라沿海洲(露領)에在ᄒᆞᆫ我同胞아本國의此消息을聞치못ᄒᆞ엿ᄂᆞᆫ가

公等의一家親戚은皆大韓土에在ᄒᆞ고公等의祖先墳墓ᄂᆞᆫ母국山河에在치아니ᄒᆞᆫ가根이枯ᄒᆞ면枝葉도枯ᄒᆞ나니祖先의血族이이임의辱을受ᄒᆞ엿스니我의身은將且如何히홀가

我同胞아各各不和의二字를打破하고結合의二字를守하야子女를敎育하고靑年子弟ᄂᆞᆫ死를決하야速히我의國權을恢復ᄒᆞᆫ後에太極旗를高建하고妻子眷屬과獨立館에相會하야一心團體로六大洲가震動토록大韓帝國萬歲를唱홈을期하노라

○談叢○

▲姜邯贊과加富爾 劍心

加富爾가劣弱ᄒᆞᆫ伊太利에서生ᄒᆞ야餉을籌ᄒᆞ며兵을養ᄒᆞ야墺地利를격退ᄒᆞ고姜邯贊이殘敗ᄒᆞᆫ高麗에서生ᄒᆞ야餉을쥬ᄒᆞ며兵을養ᄒᆞ야契丹을擊退ᄒᆞ엿스니其雌伏免脫의手段이略同ᄒᆞ엿도다

然이나加富爾以後의伊太利ᄂᆞᆫ其强이如彼ᄒᆞ며姜邯贊以後의高麗ᄂᆞᆫ其弱이依舊ᄒᆞ니同一ᄒᆞᆫ英雄의建設ᄒᆞᆫ國家로强弱의差가若此홈은何故오是ᄂᆞᆫ無他라

一則顯宗은庸劣ᄒᆞ야伊太利國王又치圖治ᄒᆞ지안코亂이旣平ᄒᆞ미嬉戱홀而已며一則高麗朝臣民이蒙昧ᄒᆞ야伊太利國民又치奮발치안코兵이旣退ᄒᆞ미昏睡홀而已니엇지伊太利又치强홈을得ᄒᆞ리오

是故로伊太利國民은當日에加富爾가一日만無ᄒᆞ면幹者가相을失ᄒᆞ며乳兒가母를失ᄒᆞᆫ듯시확확히求ᄒᆞ엿거ᄂᆞᆯ姜邯贊은一次靖亂以後에開地에擲ᄒᆞ야政事를與聞치못ᄒᆞ엿스니噫라

▲悲哉韓國英雄의歷ᄉᆞ

三國時代乙支文德金庾信諸公歷ᄉᆞ의殘缺홈은一般同慨ᄒᆞᄂᆞᆫ비라然이나是ᄂᆞᆫ或時代가疎遠ᄒᆞᆫ所致라ᄒᆞ려니와即姜邯贊崔瑩諸公은六百年內外의人物이로ᄃᆡ其事蹟이荒落ᄒᆞ며金時敏鄭起龍諸公은二三百年內外의人物이로ᄃᆡ其行狀이疏略ᄒᆞ고即李忠武盟山誓海의義跡도其自筆ᄒᆞᆫ日記及狀啓가아니더면吾輩가其行事의如何를可考ᄒᆞᆯ處가無홀지니嗚乎라當時敵愾捍外의腔血을抱ᄒᆞ고補天擊日의手腕을揮ᄒᆞᆫ大人物로百餘年이纔過ᄒᆞ면後世國民이幾乎相忘의域에置ᄒᆞ니惜哉라

詞藻

❀再完人❀

耳目도눈과귓고、手足도온젼것만。
어어업슨굴네쓰고、全身不遂되단말가。
急急히「굴네벗고、完人되여。

電報

合邦과日本 合邦問題의眞相은漸漸判明하고新聞의論調도一變하야統監의攻격聲이漸重하다더라

電線經營 日本台灣總督府에서台灣과日本間海底電線複線工事費를二百五十萬圓으로豫算하야揭載하엿는데內閣에서도可決하리라더라

海軍復興 清國政府는海軍을復興하기爲하야本年度부터海軍學生을日本砲術學校에入學케하고其他英美法德等各國에도留學生을派遣하기로決定하엿다더라

鐵道連絡會議 今春露국京城에開하엿던露日鐵道連絡未了案件을協定하기爲하야露국에서第二回會議開催을日本에通知하엿는데日本에서도同意하고今回會議는大連에서開하깃다더라

同志會연說 十三日上午壹時에朝鮮問題同志會에서政談大연說會를日本錦輝館에開하엿는데聽衆이三千名에達하엿다더라

以上東京發 十三日着

露달條約否定 露國은半官的으로露國政府와달賴喇麻間에秘密條約을締結하엿다는上海通信을否定하엿다더라

伯林발 十三日着

雜報

○大皇帝觀幸說 大황帝陛下셔옵서不遠間 德壽宮에觀幸하옵신다더라

○支出件裵裁 去木曜內閣例會에서清國舊債三十五萬圓과故伊藤公祭幣及銀瓶製造費를國庫剩餘金中으로支발할件을協議하야上 奏蒙裁하엿다더라

○總相訪問 總相李完用氏는再昨日上午十時에曾禰統監을訪問하엿다더라

○四相協議 再昨日上午十一時에內相朴齊純度相高永喜兩氏가總相李完用氏를訪問하고同十二時에三氏가同伴하여農大趙重應氏를訪問하엿는데時局에關한事를協議하엿다더라

○樞院建議 中樞院에서李舜夏氏의獻議서를粘付하야政府에建議하되宋秉畯의顧問의任을卽爲免除하고其餘도李氏의議서를依하야裁處하라하엿다더라

○統一會追悼 漢字統一會에서再昨日午前十一時頃에永道寺에前往하야伊藤公追悼會를設行하엿는데李載崑氏는開會趣旨를說明하고池錫永氏는追悼文을朗讀하고李完用氏는慰辭를陳述하엿다더라

○追悼後密議 總理以下各大臣은永導寺追悼會를行한後에別室로會集하야秘密의議가有하엿는데此는內閣攻격의預방策을講究함이라는說이有하더라

○總理運動說 總理大臣李完用氏는巨大의金額을鳩聚하야何等運動하는事가有하다고일般物議가有하다더라

○合併協議 張錫周氏가頌德建議所와東亞贊英會를合並할次로運動한다함은已報어니와再昨日上午十二時에兩方人諸氏가張氏家에會同하야合並할事를協議하다가決案을成立치못함으로來水曜日下午一時에更히議事會를開한다더라

○風說查問 國民大演說會에서勞働者三百名을募集하여一進會本部를破壞한다는風說이有함으로警視廳에서연說會幹事員崔宗錫氏를對하야其根因有無를查問하엿다더라

○未知孰狂 新門外居柳憲相氏가日昨에內相朴齊純氏를訪問코저私더로前往하엿더니保護巡查가通刺를不許하고其來由를詰問하는지라柳氏가答하기를現今逆賊一進會聲明書에對하야政府에서何如히措處할는지質問코즈한다하며巡查는該人다려狂人이라指稱하고拒絕하엿다더라

○변士協議 三昨日下午二時에漢城內변護士諸氏가總會를開하고一進會聲明書에對하여措處方法을協議하엿다더라

○儒生發通說 儒生金東弼氏는一進會를聲討할次로各地方에발通하엿다는說이有함으로某處에서秘密형探中이라더라

○規則製定 學部에서各郡鄉校財產管理規則을製定하엿는데每郡에일件式발送할터이라더라

○警廳指揮 警視廳에서各署에指揮하고近日一進會의行動如何를秘密調探하라하엿다더라

○中署說諭 再昨日上午十時에中署에서管內各社會頭領을招請하여說諭하되政治上에關한事件은社會에干涉이無하니特別注意하라하엿다더라

○平壤工事費 政府에서는平壤의土木工事費를二十八萬圓으로하야五個年間繼續事業으로한다더라

○統府例會 本日統監府에서大臣例會를開한다더라

○查定終了 韓국政府의來年度豫算額은度次荒井及豫算決算課長이查定하야昨日까지終了하엿다더라

○半旗吊意 伊太利領事逝去에對하야統監府及各領事館에서昨日에半旗를揭하야吊意를表하엿다더라

○暴風被害 向日全南에暴風이有하야光州에六十八戶木浦에百九十二戶麗水에三百五十戶가被害하고木浦에서는全壞家가五十戶오漁船壹隻이被害하고生死不明者가四人이오江原道平海郡에漂着한漁船은蔚珍人申仁彥氏에所有인데船客九名은行衛가不明하다더라

○警署落成式 平壤警察署開署式을昨日에擧行하엿다더라

○大久保入城 大久保大將은昨日下午八時十分에南大門列車로入京하엿다더라

○明石歸京 旅順에出張하엿던日本憲兵參謀長明石小將은再昨夜歸京하엿다더라

○地方費支出 平壤農林講習所經費는來年度부터地方費로支出한다더라

○豐慶宮修理 西京豐慶宮은頹落의處가有하다하야將次修理한다더라

擅稱代表 家僧團體漢城普信社長崔晶圭以下職員幾名은該團體數千餘名을代表하엿다假稱하고壹進會합邦聲明서에贊成하는誓約서를提出하엿다더라

○義殺日人 平山郡南川等地에居留하는日人일名이遊獵하는데義將李鎭龍氏의部下三十名이該日人을包격하야遂히격殺하엿다더라

○義將被捉 慶尙道昌原附近에서義兵徐丙熙氏가馬山警察署에被捉하야憲兵守備隊로押付되엿다더라

○請願狀退却 國民大演說會에서內部와警視廳에請願하고一進會에서頒布한合邦聲明서를押收하라하엿는데內部에서說諭하기를地方에頒布한것은不過幾度인즉不必擧論이오此後로는更히발送치못하리라하고該請願狀은退却하엿다더라

○其說不一 安重根에對하야변護士雇聘한다는說은已報어니와目下法국의有名한변護人二人을雇聘하기로交涉中이라더라

○伊領事葬禮 京城駐在伊太利總領事킈삿틔氏가逝去함은已報어니와昨日楊花津에서葬禮를擧行하엿다더라

○次第編纂 學部에서는普通教科서編纂事務를既히畢了하엿슴으로更히高等教科서를編輯한다더라

○再발論訓 內部에서全南觀察使에게발訓하고管下各郡의面里名稱及數爻를精查報來하라하엿는데尙今遲滯하야事務處理에妨碍가不少함으로內部에서昨日論訓을발하엿다더라

○小杉歸國說 學部小杉事務官은各官立普通學校의應用할理化學器械를注文買來할次로日間歸국한다더라

○名不虛得 慈惠夫人會에서孤兒院에對하야洋木十餘疋과綿花幾十斤을寄付하엿다더라

○挾雜免官 懷德郡財務署主事南廷桓邊奉金等이前公州稅務官李稚玉과符同하야丙午年年度의災結免稅件을私自分食하엿는데近日該情跡이綻露되야免官하엿다더라

○廣興擴張 南部竹洞廣興商店에서店務를一層擴張하기爲하야內外國物品을多數購入하고本月十一日부터來一月二十一日까지物品五十錢價值에景品券一枚式付與發賣한다더라

○金家執行 前觀察使金奎昌氏는漢城共同倉庫會社에債錢千餘圓을負함으로日前警視廳에서該氏의家產을執行하엿다더라

○坊民憤鬱 龍山坊에一進會長李容九의白鶴亭이有한데日前에該坊人民等이集會하여逆賊의家舍와隣接함이不可하다하고該家屋을毁破코저하는데該坊主務諸人이極力挽止하엿다더라

○新韓押收 桑港에서발行하는新韓民報第百五十七號同八號는治安을妨害라하야內部에서발賣頒布를禁止하엿다더라

○李氏將訴 平南甑山郡居李君七氏가去己亥年分에平壤大同江面地方에在한炭礦을承認하야採掘에着手할時에平壤居前參領鄭觀朝氏가合資同事하야利益을共分하기로契約하고及其採掘한後에는八萬餘石石炭을鄭氏가私自賣喫하되李氏는其勢力에見壓하야抑鬱을莫伸한지라將次前後事實을擧하야地方裁判所에起訴한다더라

○宣民憤激 平北宣川郡에서는一進會聲明서가발布된後에民心이大端憤激하야人民二千餘名이該郡客舍前에會合하야변士邊達聖李元實金得贊三氏가激切히演說하고壹進會를期於히撲滅하기로決議하엿다더라

○譏察越交 日軍司令部譏察李善昌氏는何등挾雜이有하엿던지警視廳에被捉하야三昨日裁判所로越交하엿다더라

○大同社申請 大同日報社에서는金八百圓을借款하야來十六日부터發刊할意로三昨日內部에申請하엿다더라

○行路慘命 公州素鐵后峴에서賊漢三名이行客一人을殺害하엿는데屍身의行具를檢查한즉京東谷居閔泳天이란名함과황城基督敎靑年會任員의書札一度가有하며屍身은該山上에埋置하고屍主의來覓하기를待한다더라

○無事放免 李圭贊氏는竊盜嫌疑로中署에被捉하엿다가昨日에無事放免하엿다더라

○義殺一進 利川地方에義兵이熾盛함은已報어니와三昨日同郡居一進會一名을砲殺하엿다더라

○韓會總會 三昨日下午壹時大韓協會에서定期總會를開하고義事員沈宜性玄은氏等十五人을選擧하고同五時에會員壹同이李海朝氏家晚餐會에參與하엿다더라

○靑館開연 鍾路靑年會館에서明日下午七時에연說會를開하고前會長奇一氏를請邀하야時乎時乎不再來란問題로연說한다더라

○靑館大演奏會 鍾路靑年會館에서濟恤貧寒의慈善目的을達코저東西洋古今音樂과歐亞洲家의風俗에關한大연奏會를設하야漢城內紳士의게供覽홈마더라

雜報

◉布告天下文

日本東京에在ᄒᆞᆫ大韓興學會에셔一進會聲明書에對ᄒᆞ야布告ᄒᆞᆫ全文이如左ᄒᆞ니

嗚呼라我二千萬兄弟姊妹아亾韓存韓이卽在此日이오滅身保身도亦在此日이라堂堂忠義로自作懲剕之周ᄂᆞᆫ猶云得策이어니와苟苟姑息으로肯効妾吳之越은決不可論이라膏황이逼身ᄒᆞ니瞑眩을宜投오妖氣이彌天ᄒᆞ니掃淸乃已로다凶彼國賊一進會가宣言餘惡이尙此未거ᄒᆞ야彼所謂韓日合邦之論을今又肆然提唱ᄒᆞ니其在爲民爲臣之道에可忍言可忍筆哉아究此一罪라도萬不容貸온况自光武九年以來로彼之行動은似韓而實非韓人이오彼之用心은効日而甚於日人이라

徵昔觀今에彼之此擧가又是謟外偎惡之滋長과肥己私慾之發作에使我四千年榮譽之歷ᄉᆞ로一朝而焚燬於人ᄒᆞ고更使我二千萬神聖之種族으로一夕而奴隷於他ᄒᆞ니彼之行動이何如是之妖孼이며彼之用心이何如是之凶險也오彼雖號曰百萬이나我韓民族이其非二千萬乎아除거彼百萬之妖物이라도猶有我一千九百萬之愛韓民衆則以一千九百萬之多數로默許其百萬之少數가可乎아

蓋名正理順則匹夫之勇으로萬人無敵이온况我ᄂᆞᆫ不啻名正理順이라以數言之라도亦居彼之十九倍之多ᄒᆞ니以我正正堂堂之大韓精神으로聲討彼惋惋回回之妖마羣少가莫此之容易也어날何憚而不爲之리오放我正氣ᄒᆞ야使彼邪침으로消縮自盡이正在此日이라誠恩之어다緬昔鴻荒之時에剖叢披莽ᄒᆞ야奠我生靈者ㅣ非一千九百萬之祖宗이며啓我文物者ㅣ非我一千九百萬之祖宗乎아我祖宗이以是로遺我子孫ᄒᆞ시고我子孫이以是로受我祖宗ᄒᆞ니是國也ᄂᆞᆫ卽我室家也며倉庫也라今爲四千載保守靑邱이幾作詭腕之犧牲ᄒᆞ고三千里完全金甌가將墳獰慾之溝壑이라言念及此에不覺心寒而骨冷이로다

對此一進會之合議ᄒᆞ야日本政府ᄂᆞᆫ但取其壁上觀望之態度ᄒᆞ고若無干涉ᄒᆞ니際此而得喪興替가全在我一唱一默之片時間이라維我全國人民이抵死同聲ᄒᆞ야半執堅守則目下凄慘은尙可免也어니와若晏然看過를如前七條約五條約時則將至於莫言之境ᄒᆞ리니願我愛국愛家之一千九百萬兄弟姊妹ᄂᆞᆫ勿失此機어다

本會ᄂᆞᆫ一學生之團體라單以興學二字로名實相照ᄒᆞ야養成將來之大국民으로爲唯一目的故로年來多少問題에忠臣義ᄉᆞ之血이非至一再로되含忍到此者ᄂᆞᆫ所恃內地에先進父兄이自在ᄒᆞ고遺傳疆土가依存故矣러니今此問題ᄂᆞᆫ更無將來之可期라歷ᄉᆞ爲間諸蓬瀛ᄒᆞ고山河焉變作琉球矣리니凡戴韓天而履韓地ᄒᆞ며具韓骨而有韓血者ㅣ孰不推胷痛哭而繼之以死乎아此乃本會之所以大聲壹呼也라願我愛韓知韓之壹千九百萬兄弟姊미아壹出死力하야萬口疾呼하야討誅一進會之逆天悖道之罪하고復活我幾顚之祖국이어다如此而生則幸이오如此而死亦榮이어니와不如此而苟生於국破家亾之日則以我神聖壹千九百萬之民衆으로反不爲國賊壹進會之奴隷乎아於斯二者에取捨何在오如失此機而奄過了壹年二年則白頭之南에檀君苗裔가靡有子遺ᄒᆞ고靑邱之內에韓代衣冠은實難復睹矣리니及到是日에縱有父死未葬之子와兄戮不復之弟가携手상吊ᄒᆞ야有淚盈掬인들何補之有리오放聲大哭에言不知裰ᄒᆞ노니嗚呼我大韓壹千九百萬兄弟姊미아

隆熙三年十二月九日

在日本東京　大韓興學會

廣告

▲黃海灣風濤光景▼　　璽山生

江雪初霽ᄒᆞ고風日이向暖ᄒᆞ니政是小春天氣라將欲行船홀시一聲竅笛에頭에飄揚太極旗影이라汪洋高帆이泛出八尾海ᄒᆞ니波瀾不競에浩無際涯ᄒᆞ고上下天光에一色平鋪로다滿載商旅가乃至一百五六十人이라相與乘坐甲板上ᄒᆞ야縱目而觀之ᄒᆞ니翩翩白鷗는相親相近ᄒᆞ고潛泳河豚은或露或沉ᄒᆞ니一路上海面風景은說不盡之一幅奇畵러라俄頃에船長이來言ᄒᆞ되已近黃海灣云이라諸客이或談或모ᄒᆞ고一詩一酒ᄒᆞ야若作盛遊而過홀ᄉᆡ遠遠天末에一点黑雲이微布ᄒᆞ고北風이捲起中望見一大高嶽山根이如의과ᄒᆞ야走出海面三四十里蹲踞ᄒᆞ니其形이嶃함如獅虎之張牙爬瓜라船影이翻飛前ᄒᆞ니風猛波壯ᄒᆞ고檣傾楫頹ᄒᆞ야老龍은掀天攪海ᄒᆞ고長鯨는噴波縮浪ᄒᆞ니怒濤가一起에二山이湧出이라船長이倉皇來言ᄒᆞ되此地는卽長山串也니諸客은愼重云而退어늘客이面面相顧ᄒᆞ니船中이隨其風浪之翻空ᄒᆞ야人物이顚倒相雜ᄒᆞ니人個個頭顱는縱橫ᄒᆞ고手脚은高低로다心昏神迷ᄒᆞ야魂靈은飛去半天上이라

就中飄然一美少年이年可弱冠에玉顏星眸로冠着學徒帽子ᄒᆞ고肩下着一領毛織黑色周衣ᄒᆞ고手提洋裝之木牛皮帒ᄒᆞ고不動聲色而來坐客前ᄒᆞ야笑容怡語로敬禮以後에一場演說ᄒᆞ니其槪意를略擧則諸君이遭此風波에喪魂失神ᄒᆞ야如死軆一般ᄒᆞ니何其愚昧之甚耶오際玆新風潮ᄒᆞ야搭乘外국船ᄒᆞ고涉彼大海에豈無預備之신發明藥料乎아海上風波는宜其易遺者어늘不思預방ᄒᆞ고甘受困難ᄒᆞ니果其開明之未展이로다

欣然綻開藥帒ᄒᆞ고先以淸心保命단幾粒식吞下ᄒᆞ야因定眩暈安胃然後에更以蔘茸大補元幾粒식連呑ᄒᆞ야鎭神補元ᄒᆞ고陳述其藥品之効能ᄒᆞ니衆船客이擧手齊拍ᄒᆞ고相揖以賀ᄒᆞ야大讃其新發明之藥品과開明的高見이러라

於焉間風靜浪息일ᄉᆡ安全順流ᄒᆞ야定船於南港이라衆船客이各自跳下三板船ᄒᆞ야從陸발行而歸홀ᄉᆡ互相執手以別焉이러라

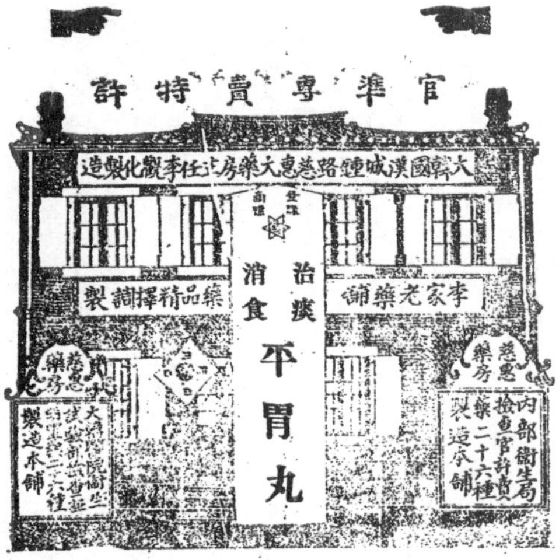

檀君開國四千二百四十二年
箕子元年三千三十一年
大韓開國五百十八年
本報創刊日
光武八年七月十八日

大韓每日申報

Responsible for Publication: Alfred Weekley Marnham.
發行兼編輯人 英國人 萬咸
發行所 京城南部石井洞三層洋屋家 大韓每日申報社

第七卷 月曜及慶節歲時日休刊 第一千二百六十六号

論說

◉嗚呼兩魔아

嗚呼라一進會合邦聲明書가出ᄒᆞᆫ미所謂大韓人種이되야此를抵抗치못ᄒᆞ며此를掃除치못ᄒᆞ고도리혀同情ᄒᆞᄂᆞᆫ者ㅣ有ᄒᆞ며도리혀歡迎ᄒᆞᄂᆞᆫ者ㅣ有ᄒᆞ니人의不仁이此에至ᄒᆞᄂᆞᆫ가

彼所謂商務組合部長李學宰所謂普信社長崔晶圭가一進會合邦聲明을贊成ᄒᆞ노라고一魔ᄂᆞᆫ公函을送交ᄒᆞ고一魔ᄂᆞᆫ誓約서를提出하엿ᄂᆞᆫᄃᆡ其魔舌과其怪態가可憐도하고又可痛도하도다

嗚呼라兩魔아爾輩도大韓國民이어니엇지참아一進會의合邦을贊成하며엇지참아合邦이爲國事業이라하며엇지참아合邦이國家國民의大幸福이라하ᄂᆞᆫ가

嗚呼라兩魔아爾輩가一進會의合邦聲明을反對치ᄂᆞᆫ못ᄒᆞᆯ지언정同情ᄭᆞ지ᄒᆞᆷ은何心腸이며壹進會를討罪치ᄂᆞᆫ못ᄒᆞᆯ지언정歡迎ᄭᆞ지ᄒᆞᆷ은何心腸인가壹進會의合邦聲明은韓國의國家를將하여日本에合ᄒᆞᆷ이며韓國의國民을將하여日本에附ᄒᆞᆷ이니韓人된者마당히淚를洒하고此聲明을反對ᄒᆞᆯ지며마당히腕을扼하야此聲明을討罪ᄒᆞᆯ지어날乃者爾輩ᄂᆞᆫ反對치ᄂᆞᆫ아니하고同情하며討罪치ᄂᆞᆫ아니하고歡迎하니爾輩가果然何心腸인가

嗚呼라兩마아爾輩가奴隸가되고마鬼가되랴거던爾輩나될지어ᄂᆞᆯ엇지하야爾輩의同胞를驅하야奴隸를作코ᄌᆞ하며마鬼를作코ᄌᆞ하야曰組合員三百萬名이라하며曰同志者二千餘名이라하야無辜ᄒᆞᆫ同胞를賣하ᄂᆞᆫ가

然이나彼의所謂二千餘名三百萬名이라홈은卽數千에不過하ᄂᆞᆫ一進會가百萬이라自稱ᄒᆞᆷ과壹般이나然이나오히려幾千名幾萬名은될지니

彼兩魔야宋秉畯의奴오李容九의犬이라不足惜이어니와今此幾千名普信社員同胞와幾萬名商務組合員同胞가壹朝에彼李學宰崔晶圭二人에게見賣하야賣國賊의汚名을同帶하니此가엇지可痛치아니ᄒᆞᆫ가

然ᄒᆞᆫᄃᆡ幾千名幾萬名의同胞가此兩마에게見매하고도오히려不問하며二千萬의同胞가此兩마의賣國家賣同胞ᄒᆞᆷ을見하고도오히려不問하니民氣의墮落ᄒᆞᆷ이엇지此에至하엿ᄂᆞᆫ가悲夫라

官報

號外

隆熙三年十一月一日

內閣告示第三十三號 續

別表

名稱	位置
大邱監獄	韓國慶尙北도大邱
釜山監獄	韓國慶尙南도釜山
釜山監獄晋州分監	韓國慶尙南도晋州
光州監獄	韓국全羅南도光州
光州監獄全州分監	韓國全羅北도全州
光州監獄木浦分監	韓國全羅南道木浦

統監府令第三十四號

(明治四十二年十月二十三日)

辯護士規則

第一條 統監府裁判所에셔변護士의職務를行ᄒᆞᄂᆞᆫ者ᄂᆞᆫ辯護士名簿에登錄됨을要홈

第二條 各地方裁判所檢事局에변護士名簿를置홈

변護士ᄂᆞᆫ其姓名을登錄ᄒᆞᆫ地方裁判所의所屬으로홈

第三條 左에記載ᄒᆞᆫ者ᄂᆞᆫ변護士名簿의登錄을申請홈을得홈

一 변護士法에依ᄒᆞ야변護士되ᄂᆞᆫ資格을有ᄒᆞᆫ者

二 韓國人으로서변護士試驗에合格ᄒᆞᆫ者

三 韓國人으로서韓國의判事、檢事번護士又ᄂᆞᆫ統監府裁判所의判事檢事되엿던者

第四條 左에記載ᄒᆞᆫ韓國人은변護士名簿에登錄됨을得지못홈

一 禁獄又ᄂᆞᆫ禁錮以上의刑에處되엿던者

二 懲戒處分을因ᄒᆞ야判事、檢事又ᄂᆞᆫ辯護士의資格을喪失ᄒᆞᆫ者

第五條 변護士名簿의登錄을請ᄒᆞᄂᆞᆫ者ᄂᆞᆫ登錄을受코ᄌᆞᄒᆞᄂᆞᆫ地方裁判所檢事局을經由ᄒᆞ야統監에게申請서를提呈홈이可홈

登錄申請서에ᄂᆞᆫ資格에關ᄒᆞᆫ證明서를添附홈이可홈

第六條 地方裁判所檢事局에서登錄申請서를受理ᄒᆞᆫ時ᄂᆞᆫ檢事正은第三條及第四條의要件을調査ᄒᆞ야意見을附ᄒᆞ야此를統監에게提出홈이可홈

第七條 변護士名簿의登錄은統監의命令에依ᄒᆞ야地方裁判所檢事局이此를行홈

第八條 변護士名簿登錄의緻消ᄂᆞᆫ左의境遇에所屬地方裁判所檢事局이此를行홈

一 申請이有ᄒᆞᆫ時

二 死亡ᄒᆞᆫ時

三 除名된時

四 第四條에該當ᄒᆞᆫ時

第九條 변護士名簿의登錄又ᄂᆞᆫ其緻消를申請ᄒᆞᄂᆞᆫ者ᄂᆞᆫ左의區別을從ᄒᆞ야手數料를納付홈이可홈

一 新規登錄金二十圓

二 登錄換金十圓

三 登錄의緻消金一圓

手數料의納付ᄂᆞᆫ申請書에收入印紙를貼附ᄒᆞ야此를行홈이可홈

第十條 地方裁判所檢事局에서辯護士名簿에登錄을行ᄒᆞᆫ時ᄂᆞᆫ其登錄番號及年月日을統監에게報告ᄒᆞ며且此를本人에게通知홈이可홈

登錄을緻消ᄒᆞᆫ時도亦前項에準홈

第十一條 변護士名簿의등錄又ᄂᆞᆫ其緻消를行ᄒᆞᆫ時ᄂᆞᆫ統監府公報로써此를公告홈

未完

外報

◎轉任軍司令官 英國政府ᄂᆞᆫ英領소마리란드의軍務知事코루르氏를亞丁軍司令官으로任命ᄒᆞ엿다더라

◎對淸質問 露國에駐在ᄒᆞᆫ淸國公使薩蔭圖氏ᄂᆞᆫ淸國外部에電請ᄒᆞ기를露國政府가英美資本團과錦齊鐵道의關係에就ᄒᆞ야頗히注意ᄒᆞᆯ것이라고淸국에意見을質問ᄒᆞ엿스니如何히回答홈이可ᄒᆞᆯ지特히回電ᄒᆞ라ᄒᆞ엿다더라

◎日布增稅 法國下院은關稅案을審議ᄒᆞᆫ結果로不精ᄒᆞᆫ日本絹布의輸入稅率을增加ᄒᆞ야最低ᄂᆞᆫ三法四分의三、最高ᄂᆞᆫ六法으로ᄒᆞ기를決定ᄒᆞ엿다더라

◎製艦着手 濠洲共和政府ᄂᆞᆫ英國海軍省에向ᄒᆞ야近日戰艦及巡洋艦各一隻式建造에着手ᄒᆞᄂᆞᆫ意를電報ᄒᆞ엿다더라

◎墺國國事犯裁判 墺國維也納에셔政治上犯罪에關ᄒᆞᆫ裁判이開始되엿ᄂᆞᆫᄃᆡ被告ᄂᆞᆫ向日크로아지야地方會議에對ᄒᆞ야攻격文을發表ᄒᆞ엿던프리뎬크博士及匈牙利國黨員等인ᄃᆡ被告等은墺國의푸쓰니아及헤루쓰에벤나兩州의合倂을破壞코ᄌᆞᄒᆞᄂᆞᆫ意見으로塞爾維亞국과結托ᄒᆞ야陰謀를圖코져ᄒᆞᄂᆞᆫ件에關ᄒᆞ야被告번護士ᄂᆞᆫ本件의證據書類로塞爾維亞國官文書를持ᄒᆞ엿ᄂᆞᆫᄃᆡ該裁判은世界人의注目을惹起ᄒᆞᆫ다더라

◎極東問題 露都新聞을據ᄒᆞᆫ즉度相코코칠로푸氏ᄂᆞᆫ歸京ᄒᆞ야首相及外相과長時間을會見ᄒᆞ엿ᄂᆞᆫᄃᆡ外相과ᄂᆞᆫ極東問題에關ᄒᆞᆫ意見의相反이有ᄒᆞ야目下上奏文을起草中인ᄃᆡ度相은不日間謁見을行ᄒᆞᆯ터이오陸相은此度相의意見을同意ᄒᆞᆫ다더라

◎石炭輸入 濠洲니유싸우쓰왈쓰州政府ᄂᆞᆫ極東에向ᄒᆞ야石炭五萬噸의注文을發ᄒᆞ엿ᄂᆞᆫᄃᆡ만일同地에셔坑夫의同盟罷業이十個日間을繼續ᄒᆞᆯ時ᄂᆞᆫ更히五萬噸을注文ᄒᆞ깃다더라

〇談叢〇

▲古人의思想發表의難 劍心

思想발表의利器ᄂᆞᆫ舌과筆이是인ᄃᆡ一吐ᄒᆞᆫ미人으로ᄒᆞ야금心이快ᄒᆞ며神이爽ᄒᆞᄂᆞᆫ者ᄂᆞᆫ舌이筆에過ᄒᆞ나遠地에播ᄒᆞ며後世에傳ᄒᆞᄂᆞᆫ者ᄂᆞᆫ筆이오舌이아니라故로비록哲理가胷에빈紛ᄒᆞ며政見이心에盈溢ᄒᆞᆯ지라도此를발表ᄒᆞᆷ은不得不筆을待ᄒᆞᆯ지어ᄂᆞᆯ古代에ᄂᆞᆫ國文을輕히ᄒᆞ고漢文만尙ᄒᆞᆷ으로言文이一致되지못ᄒᆞᆫ故로心으로能히思ᄒᆞ며口로能히言ᄒᆞ야도幾十年漢文에用力ᄒᆞ야著作을能치못ᄒᆞ면到底히此를簡冊에셔ᄒᆞ야後에傳ᄒᆞᆯ수無ᄒᆞ고且或漢文에能ᄒᆞ야其思想을能히發表ᄒᆞᆯ지라도幾個漢文學者以外에ᄂᆞᆫ能히解讀ᄒᆞᄂᆞᆫ者ㅣ無ᄒᆞᆫ故로塵箱에藏ᄒᆞ야蠹食에供ᄒᆞᆯ而已니惜哉라故로國을善爲ᄒᆞᄂᆞᆫ者ᄂᆞᆫ言文一致의道에注重ᄒᆞᄂᆞ니라

▲國ᄉᆞ의逸事

三國遺事에鄕傳을셔ᄒᆞ야曰金庾信이唐兵과合ᄒᆞ야百濟를滅ᄒᆞᆫ後에仍히奇計를用ᄒᆞ야皆坑殺ᄒᆞ엿다ᄒᆞ며洪耳溪가燕京에使ᄒᆞ다가遼陽鷄冠山에一碑가有ᄒᆞᆫᄃᆡ唐太宗李世民이淵蓋蘇文에게大敗ᄒᆞ야單騎로走ᄒᆞ다가此山에留宿ᄒᆞ엿다고記載ᄒᆞᆫ것을親見ᄒᆞ엿다ᄒᆞ며牧隱貞觀吟에謂是囊中一物耳那知玄花落白羽아ᄒᆞ야世民이東侵ᄒᆞ다가戰敗喪目ᄒᆞᆷ을明言ᄒᆞ엿고明人鄭曉의著ᄒᆞᆫ吾學編에明太祖朱元璋이我國에入寇ᄒᆞ다가崔瑩에게大敗ᄒᆞᆷ을明記ᄒᆞ엿거ᄂᆞᆯ國ᄉᆞ에皆不載ᄒᆞᆷ은何故오是蓋事大主義에被縛ᄒᆞ야此等을一切抹殺ᄒᆞᆷ이로다

余가平壤에遊ᄒᆞ더니居人이相傳曰本郡石多山下에乙支文德勝戰碑가有ᄒᆞ더니本朝中葉에此를椎倒ᄒᆞ야地中에埋ᄒᆞ엿다ᄒᆞ니然則三國以來許多ᄉᆞ籍도此碑와同歸ᄒᆞ야若是히無傳ᄒᆞᆷ이아닌가噫라

詞藻

❀知我誰❀

伯牙의峨洋曲은、鍾子期가知音ᄒᆞ고。
高漸離의擊筑聲은、荊壯ᄉᆞ가和答햇네。
問노라、나의愛國歌ᄂᆞᆫ、누가和答。

電報

賃金高騰

布와日本移民의同盟罷業이有ᄒᆞᆫ後로賃金高등은去一日부터實行되엿다더라 桑港發 十四日着

同志會公布

日本錦輝館에서開ᄒᆞᆫ朝鮮問題同志회演說회에서는일進회합邦論의對하야聯絡이無ᄒᆞᆫ事를公布하엿다더라 東京발 十三日着

雜報

○總相運動 總相李完用氏는一進會를期於히撲滅코자諸般方面으로繼續運動ᄒᆞᆫ다는디一進會員十名을金五千圓에買收ᄒᆞ고再昨日下午五時에某某兩人을敎唆ᄒᆞ야買收者十人과共히一進會攻駁ᄒᆞᆯ事件을協議ᄒᆞ엿다더라

○度大晬宴 昨日은度支部大臣高永喜氏의六十一回晬日인故로總理以下各大臣과內外國高等官을請邀宴待ᄒᆞ엿다더라

○其然其然 總理李完用氏는李容九를刺殺ᄒᆞ기爲ᄒᆞ야宋某로李容九의出入을窺ᄒᆞ나戒嚴이甚ᄒᆞᆫ故로其目的을不達ᄒᆞ엿다는說이有ᄒᆞ다더라

府會建白

漢城府民會에서漢城府를經由ᄒᆞ야內閣에建白ᄒᆞᆫ全文이如左ᄒᆞ니

伏以漢城府民等이彼極惡大慝一進會의凶疏에對ᄒᆞ야忠憤의激ᄒᆞᆫ바에萬口雷同의聲討ᄒᆞ는大義로彼一進會를解散ᄒᆞᆯ事及其凶疏를率先頒布ᄒᆞᆫ國民新報社를閉鎖ᄒᆞᆯ事로政府에建議ᄒᆞ야實行을甍蒙ᄒᆞ는故로民意에在ᄒᆞᆫ바를擧ᄒᆞ야玆에建白ᄒᆞᆷ

漢城府民회長俞吉濬

內閣總理大臣 閤下

○外玆子還給 各陵外玆子는各其所有人民의게還出給ᄒᆞ기로決定되엿슴으로掌禮院掌典官朴胄彬氏가日間出張ᄒᆞ야定界에着手ᄒᆞᆫ다더라

○尹氏揚揚 承寧府侍從尹範植氏가一進會聲明서를各親知人의게分給ᄒᆞᆷ으로同府總管이免官報告서를宮內府에提出하엿더니宮內次官의沮戱를因하야勿施되엿는디該尹氏는意氣가揚揚하다더라

○理或然矣 일進會聲明서에對하야某處에서는韓國人民의動靜을觀瞻하는디軍隊側에서는乘時實施가無妨하다고某處의勸告ᄒᆞᆫ다더라

○因函揭 淸河郡鄕校直員郭太仁氏가校宮焚香을闕ᄒᆞᆷ으로該郡守가上府에報告하엿더니今에該郡守徐相晃氏의公函을據ᄒᆞᆫ즉初無ᄒᆞᆫ事實이라하엿기玆에前記事를取消하노라

○所傳何事 軍司令官大久保大將은昨日上午十時半에曾禰統監을訪問하고일時間談話하엿는디日本政府로부터何等事件을傳諭ᄒᆞᆷ이라더라

○制度同壹 韓日官吏共通制度는兩국政府間交涉을因하야漸次實施된다는디其官等及俸給制度는日本과同壹ᄒᆞᆫ制度를用ᄒᆞᆫ다더라

○觀覽許可 英日博覽회出品物은統監府英日博覽회事務所의陳列하엿는디明日의公衆의觀覽을許ᄒᆞᆫ다더라

○哀此沒覺 一進會光武學校卒業生으로現今工業傳習所의二年級生으로在ᄒᆞᆫ金某는元來咸興郡人인디今番一進會聲明事件에對ᄒᆞ야本報의論文을讀ᄒᆞ다가渠會를攻駁ᄒᆞ엿다ᄒᆞ야紙面을裂破ᄒᆞ는지라在傍ᄒᆞ엿던學生諸氏가憤激ᄒᆞ야曰汝는韓國人種이아니냐全國人民이共憤ᄒᆞ는事에對ᄒᆞ야汝敢如是ᄒᆞ니不可仍置라ᄒᆞ고毆之打之ᄒᆞ믹各學員이同聲齊起ᄒᆞ야羣拳이답至ᄒᆞᆷ으로重傷을被ᄒᆞ야現今大韓醫院에서治療中이라더라

○朝夕訪問 輔국閔泳徽氏는何等協議가有ᄒᆞᆫ지總相李完用氏를朝夕訪問ᄒᆞᆫ다더라

○農林校新設 目下技術官會議에參列하기爲하야滯京하는中央農會羣山支會長三浦技師는昨日學部次官을訪問하고羣山에農林學校新設에建議서를提出하엿는디豫算을確定ᄒᆞᆫ後에야決定하깃다하엿다더라

○衛生費總額 漢城衛生會에서七月一日부터十一月末日사지要ᄒᆞᆫ經費總計數는七萬三百圓二十七錢인디每一戶一個月에平均二十八錢五厘式이라더라

○烟社設立 梁壽賢李明鉉李寅升朴熙澤諸氏가合資ᄒᆞ야北部坪井洞四十五統一戶에山海烟草商會를設始ᄒᆞ고業務를擴張ᄒᆞ는디酒는執務上에妨害가有ᄒᆞ다ᄒᆞ야同社員은一切斷飮ᄒᆞ기로決議ᄒᆞ엿다더라

○年終金折半 本年度各府部院廳官吏의年終賞與金은經用을節減키爲ᄒᆞ야昨年度보다折半給與ᄒᆞ기로協議中이라더라

○朴氏運動 前局長朴弘錫氏는宮內府秘書官金東完氏를紹介ᄒᆞ야宮內府典膳課長을圖得코저現方運動中이라더라

○公憤所激 國民新報社長崔永年氏가日昨玉洞某家에서盃盤을對ᄒᆞ고與人酬酌ᄒᆞ다가一進會合邦問題에對ᄒᆞ야極口贊美ᄒᆞ는지라淸風學校敎師具璜書氏가適히傍聽ᄒᆞ다가憤氣를不勝ᄒᆞ야盃盤及火爐等物을擧ᄒᆞ야崔氏를亂打ᄒᆞ야一塲風波가大作ᄒᆞ엿다더라

○楊倅免官說 楊州郡守朴永大氏는行政上에不美ᄒᆞᆫ事件이有하다하야該郡民人等이統監府에長서를投하엿는디統監府에서는內部로交涉하야該氏에行蹟을秘密調査하는디不遠間免官된다더라

○所用何處 拓殖會社副總裁閔泳綺氏는北部桂洞에在ᄒᆞᆫ洋屋을四萬八千圓에斥매하여四萬圓은已爲費用하고現存金이八千圓인디目下何等運動이有ᄒᆞᆫ지七千圓이不足하다하야借欵하기를周旋ᄒᆞᆫ다더라

○壹日兩會 參與官會議는昨日上午統監府에서大臣會議는昨日下午壹時統監邸에서開하엿다더라

○三次調査 農商工部水産局에서는漁業出願에對하야第三次漁地를調査하기爲하야全羅慶尙忠淸京畿黃海各道로局員十六名을派送ᄒᆞᆯ터인디二三日間出발ᄒᆞᆫ다더라

○延期開회 再昨日에開회하려던免許漁業審査회는便宜를因하야壹日間延期하야昨日下午의開회하엿다더라

○地主稱冤 鎭海灣을日本의셔軍用地로收用하는디該地段內의私有地所有者는稱冤이多大하다더라

○地方費用途 來年度地方費의大部分은道路修築事業의充用ᄒᆞᆯ터인디其不足額은국庫金으로支출ᄒᆞᆫ다더라

○兒玉將歸 統監府서記兒玉은今番日本議會에政府委員으로任命되야來廿七日頃에歸國ᄒᆞᆫ다더라

○韓銀總會期 韓國銀行에서는來年二月十日頃에第一回股主總會를日本東京에開하고第二回總會는來年八月에開ᄒᆞᆫ다더라

留學生憤激

大韓興學會의布告聲討等文은昨今兩紙에已爲揭布ᄒᆞ엿거니와該會는卽日本에留學ᄒᆞ는韓國學生團이라今番聲明事件에對ᄒᆞ야同學生七百餘人이會集ᄒᆞ야一晝夜를忘寢廢食ᄒᆞ고非常히激昂ᄒᆞ다가韓國內에國民大연說會와國民大會가組織됨을聞ᄒᆞ고該兩會에共參同事ᄒᆞᆯ次로高元勳李豐載兩氏를總代로派送ᄒᆞ야四昨日入城ᄒᆞ엿다더라

處處壓倒

大韓興學회總代兩氏가入京ᄒᆞᆷ은別項과如하거니와昨日上午九時警視廳의서該兩氏를招請하야學生身分으로政治行動이不可하니急速渡日하되萬壹遲緩하면壹並押因하깃다하고其布告文及內閣에提出ᄒᆞᆯ長서等서類를壹切押收하엿다더라

冒稱何多

商務組合部長李學宰等은全국商民三百萬名을代表ᄒᆞ엿다冒稱ᄒᆞ고一進會에對ᄒᆞ야合邦贊成書를提出ᄒᆞ엿는디該서中에各道支部長의姓名을列서ᄒᆞ엿다더라

○宜有是議 商務組합部에서壹進회聲明서의同情을表ᄒᆞᆷ은別項과如하거니와當局者는此組합部가官吏의警告를無視하고政治的行動을行하엿다하여將次團束을嚴加ᄒᆞᆫ다더라

○韓銀股券 韓國銀行股券은目下龍山印刷局에서印刷하는中인디來年五月頃의交付ᄒᆞᆫ다더라

○何意取調 再昨日某處에서韓국에在ᄒᆞᆫ警備船의行動及成績을急急取調ᄒᆞᆷ이可하다는意로統監府에電報하엿는디統監府에서는昨日詳細ᄒᆞᆫ答電을發하엿다더라

○博覽會出品件 學部에서各官립普通學校學徒의圖畵及習字等件을英日博覽會에出品ᄒᆞᆫ다는디官립高等學校는一般學員을撮影出品ᄒᆞᆫ다더라

○借欵運動 神宮敬義會會長金在珣氏는財政이困難ᄒᆞᆷ으로前協辦李根培氏의家券을借得ᄒᆞ야借欵을運動ᄒᆞᆫ다더라

○官廳移接 宮內部所屬官廳은來十八日에敦化門內新築廳舍로移接ᄒᆞᆫ다더라

○陵裔一覽表 內部에서各歷代殿陵의子孫居住를調査ᄒᆞ엿는디參考ᄒᆞ기爲ᄒᆞ야一覽表를現方製定ᄒᆞ는中이라더라

○隨處團束 再昨日北部警察署에서苑洞居李將鍾氏를招請ᄒᆞ야說論ᄒᆞ기를既往敎育에從事ᄒᆞ는境遇에는政治言論에干涉이不可ᄒᆞ니注意ᄒᆞ라ᄒᆞ엿다더라

○濱島歸國 警視廳濱島警視는何等緊急事務를因ᄒᆞᆷ인지日昨出발歸國하엿다더라

○奚獨地方 近日地方에錢慌이日甚ᄒᆞ야數十戶一部落에도一圓의貨幣가絶無ᄒᆞ고就中紙幣는尤極등貴ᄒᆞ야所用이有ᄒᆞᆯ時는每圓에四五錢加計를要ᄒᆞ는故로嗷오의聲이漲天ᄒᆞᆫ다더라

○三婦人捐金 新門內居婦人三氏가再昨日國民大演說會에補助金을寄付ᄒᆞ엿는디太召사가二十五錢李召사가十錢金召사가十錢이라더라

○警官之責 平北江界郡에는無賴者流들이鴉烟을喫ᄒᆞ는者가多有ᄒᆞ야財産과生命에損害가多大ᄒᆞ되該郡警官들은知而不禁ᄒᆞ는지民怨이大端ᄒᆞ다더라

釜民開會

釜山港富平洞勸業靑年會에서會長金敎哲氏以下一般會員이去十二日下午七時에特別會를開ᄒᆞ고一進會合邦問題에對하야反對的으로激切히연說하고義捐金五圓을鳩聚하야國民大연說會에寄付하엿다더라

○漢江結氷 近日來天氣가酷寒ᄒᆞ야數日前부터漢江이結氷ᄒᆞ엿다더라

○身退金推 貞慶坊內普光學校任員은一進會員이多有ᄒᆞᆫ故로擧皆自退ᄒᆞ고該坊閭에補助ᄒᆞᆫ金額을還出給ᄒᆞ라고督促이滋甚ᄒᆞ다더라

○安氏被捉 安永重氏가玄風郡守在任時에公貨五千圓을犯逋ᄒᆞ엿슴으로再昨日中部警察署에被捉ᄒᆞ엿다더라

○義蹤혐探 義兵崔應大氏가新門外에來留ᄒᆞᆫ다는說이有ᄒᆞᆷ으로某處에서秘密혐探ᄒᆞᆫ다더라

○水商被捉 漢城內水商諸氏가營業上關係로水道會社에對ᄒᆞ야往往衝突이有ᄒᆞᆫ디再昨日下午七時에水商等이該社琉璃窓을打破ᄒᆞ고紛競을惹出ᄒᆞ다가鄭南好朱東俊朴仁學金昌善四氏가中署에被捉ᄒᆞ엿다더라

社告

咸從邑校洞金炳善氏에게本支社를認許設립ᄒᆞ엿스니該附近에셔本申報購覽ᄒᆞ실 僉彦은金炳善氏에게請求ᄒᆞ시고代金과本社에對ᄒᆞᆫ諸般事를該氏와交涉ᄒᆞ심을爲要

大韓每日申報社

雜報

◎大韓興學會討國賊一進會文

嗟爾國賊아聽此聲討ᄒᆞ라頑爾凶竪는人面獸心이라蠢我民族ᄒᆞ고賣我祖國ᄒᆞ야罪惡이貫盈ᄒᆞ니발難擢數ㅣ라秉이同胞ㅣ扼腕切齒ᄒᆞ야欲食爾肉이日已久矣어날嗟爾蠢頑이尙不悔悛ᄒᆞ고肆惡이愈極이라曩於宣言에驅民犬馬ᄒᆞᆫ듸蠅狗爾黨이不以爲足ᄒᆞ며怙勢弄權ᄒᆞ야散軍廢位ᄒᆞᆫ듸鴟梟爾徒가不以爲足ᄒᆞ며藉名自衛ᄒᆞ야同惡相濟에殺忠屠義ᄒᆞᆫ듸豺狼爾徒가猶爲不足ᄒᆞ야乃於今日에跪乞合邦에委人以主權ᄒᆞ니嗚呼ㅣ라爾亦四千年食韓衣韓之餘族으로賣韓而不知愧ᄒᆞ고亾韓而不知懼ᄒᆞ야不惟恐懼羞恥之不顧ㅣ라孜孜腐心은非亾韓則不止ᄒᆞ고汲汲盡力에民於日而後已ᄒᆞ니是抑八十萬爾衆人人之所欲爲耶아抑亦凶睒奸容이陰唱陽和에做出禍孽ᄒᆞ야煽動至此耶아賢者ㅣ用勢에天下ㅣ治ᄒᆞ고不肖者ㅣ用勢에其國이必亾이라噫爾奎容之輩는貪勢於不忍ᄒᆞ고用權於不測ᄒᆞ야徹頭徹尾에包藏禍心ᄒᆞ고奸凶詭譎이罔有紀極ᄒᆞ니嗚呼ㅣ라賣爾父毋之國ᄒᆞ니是는實爾父毋也오委人統治之權ᄒᆞ니是는委爾君主也而暗鬪賣爾父毋之金에爭訌이紛紛ᄒᆞ고自伐廢棄君主之功에得意揚揚ᄒᆞ니醜亦甚矣ㅣ라是可忍乎아罵爾唾爾는頂天立地者ㅣ靡不皆然ᄒᆞ고戮爾嚙爾는左爾右爾者ㅣ亦應謀矣ㅣ리라爾以諂附外勢로認作能事ᄒᆞ야奴顔婢膝로苟保殘命이나若有秉이而見爾心臟者則當以忠義로爲正路ᄒᆞ리니爾雖終身狗苟ᄒᆞ야求欲保軀全家ㅣ라도後必見走狗之烹也어날哀爾頑蠢無賴가知不及此ᄒᆞ야一動一擧가殘忍凶悖ᄒᆞ야與我同胞로忍作不共戴天之讐ᄒᆞ니二千萬之包闔誅戮이將在目前ᄒᆞ고天地神祇之照臨禍罰이迫在頭上이어ᄂᆞᆯ爾且恬然肆惡에置身於不當之地ᄒᆞ야洋洋自得이나涸轍之魚와覆巢之卵이라圖欲久矣인들豈能得乎아今此吾黨이一言戒之ᄒᆞ노니爾可飜然悔過ᄒᆞ야散爾徒黨에歛爾凶跡ᄒᆞ고鹹爾凶竪ᄒᆞ야立謝同胞則庶見萬一之寬容이어니와爾若一向執迷ᄒᆞ야虺蜴是ᄉᆞ則不惟二千萬在此ㅣ라蒼天이在彼니라

隆熙三年十二月　日

在日本東京大韓興學會

◎僧侶協議　三昨日上午十二時元興寺에셔僧侶一百五十餘人이會同ᄒᆞ야佛敎振興과寺刹擴張에關ᄒᆞᆫ事를協議ᄒᆞ엿다더라

◎人與俱焚　去月十八日에庇仁郡壇舍가被燒ᄒᆞ엿는ᄃᆡ該舍內居金宗西氏가同時被燒ᄒᆞ엿다더라

◎理直竟勝　尹敬重孫錫基兩氏의답訟事는昨日에判決되엿는ᄃᆡ尹氏가得勝ᄒᆞ엿다더라

◎大同議事會　大同敎에셔昨日下午七時에의事會를開ᄒᆞ고未備ᄒᆞᆫ任員을組織ᄒᆞ고新製ᄒᆞᆫ規則을公布ᄒᆞ엿다더라

◎哀此凍屍　去十二日仁川에셔는五十歲假量된老人이凍死ᄒᆞ엿고十五日에는京城西小門外四街에僵尸一名이有ᄒᆞ엿다더라

◎青舘演奏會　明日下午七時三十分에鍾路青年會舘에셔연奏會를開ᄒᆞᆯ터인ᄃᆡ婦人席은연臺上層에別設ᄒᆞ야混雜이無케ᄒᆞᆫ다더라

◎義將被捉　義兵將朴元馨氏는日昨坡州文山浦憲兵隊에被捉ᄒᆞ엿다더라

廣告

◀黃海灣風濤光景▶　　聾山生

江雪初霽ᄒᆞ고風日이向暖ᄒᆞ니政是小春天氣라將欲行船홀시一聲瀛笛에船頭에飄揚太極旗影이라汪洋高帆이泛出八尾海ᄒᆞ니波瀾不競에浩無際涯ᄒᆞ고上下天光에一色平鋪로다滿載商旅가乃至一百五六十人이라相與乘坐甲板上ᄒᆞ야縱目而觀之ᄒᆞ니翩천白鷗ᄂᆞᆫ相親相近ᄒᆞ고潛泳河豚은或露或沉ᄒᆞ니一路上海面風景은說不盡之一幅奇畵러라

俄頃에船長이來言ᄒᆞ되已近黃

海灣云이라諸客이或談或모ᄒᆞ고一詩一酒ᄒᆞ야若作盛遊而過홀시遠遠天末에一点黑雲이微布ᄒᆞ고北風이捲起中望見一大高嶽山根이如의斗ᄒᆞ야走出海面三四十里蹲踞ᄒᆞ니其形이嶄험如獅虎之張牙爬瓜라船影홀爾飛前ᄒᆞ니風猛波壯ᄒᆞ고檣傾楫頹ᄒᆞ야老龍은掀天攪海ᄒᆞ고長鯨ᄂᆞᆫ噴波縮浪ᄒᆞ니怒濤가一起에三山이湧出이라船長이倉皇來言ᄒᆞ되此地ᄂᆞᆫ卽長山串也니諸客은愼重云而退어ᄂᆞᆯ客이面面相顧ᄒᆞ니船中이隨其風浪之翻空ᄒᆞ야人物이顚倒相雜ᄒᆞ

니人個個頭顱ᄂᆞᆫ縱橫ᄒᆞ고手脚은高低로다心昏神迷ᄒᆞ야魂靈兒飛去半天上이라

就中飄然一美少年이年可弱冠에玉顔星眸로冠若學徒帽子ᄒᆞ고肩下着一領毛織黑色周衣ᄒᆞ고手提洋裝之水牛皮帒ᄒᆞ고不動聲色而來坐客前ᄒᆞ야笑容怡語로敬禮以後에一場演說ᄒᆞ니其概意를略擧則諸君이遭此風波에喪魂失神ᄒᆞ야如死體一般ᄒᆞ니何其愚昧之甚耶오際玆新風潮ᄒᆞ야搭乘外국船ᄒᆞ고涉彼大海에豈無預備之신發明藥料乎아海上風波ᄂᆞᆫ宜其易遭者어

ᄂᆞᆯ不思預방ᄒᆞ고甘受困難ᄒᆞ니果其開明之未展이로다

欣然綻開藥帒ᄒᆞ고先以淸心保命단幾粒식呑下ᄒᆞ야因定眩暈安胃然後에更以蔘茸大補元幾粒식連呑ᄒᆞ야鎭神補元ᄒᆞ고陳述其藥品之効能ᄒᆞ니衆船客이擧手齊拍ᄒᆞ고相揖以賀ᄒᆞ야大讚其新發明之藥品과開明的高見이러라

於焉間風靜浪息일식安全順流ᄒᆞ야定船於南港이라衆船客이各自跳下三板船ᄒᆞ야從陸발行而歸홀식互相執手以別焉이러라

光武九年八月十一日 明治三十八年八月十一日 (第三種郵便物認可) 木曜日 西曆一千九百九年十二月十六日

檀君開國四千二百四十二年
箕子元年三千三十一年
大韓開國五百十八年
本報創刊日 光武八年七月十八日

大韓每日申報

Responsible for Publication Alfred Weekley Marnham
發行兼編輯人 英國人 萬咸
發行所 京城南部石井洞三層洋屋家 大韓每日申報社

第七卷 月曜及慶節歲時休日刊 第一千二百六十七号

論說

◎賀兩團同胞

商務部同胞와普信社同胞를賀ᄒᆞ노라

大抵崔晶圭ᄂᆞᆫ普信社同胞의公賊이오李學宰ᄂᆞᆫ商務部同胞의公賊이라

一個崔晶圭와一個李學宰가幾千幾萬의同胞를驅ᄒᆞ야一進會의後軍을作코져ᄒᆞ기에吾儕ᄂᆞᆫ實로同胞를爲ᄒᆞ야慨嘆을不已ᄒᆞ엿더니

普信社同胞ᄂᆞᆫ業已萬口同聲으로崔晶圭를逐出ᄒᆞ야其足跡을普信社에不容케ᄒᆞ엿고商務部同胞도ᄯᅩᄒᆞᆫ腕을扼ᄒᆞ며目을瞋ᄒᆞ고一齊奮起ᄒᆞ야李學宰를逐出ᄒᆞ엿스니壯哉라普信社同胞여壯哉라商務部同胞여

盖普信社同胞가其所營은一仲介行爲者나오히려個個檀君聖祖의子孫이오堂堂大韓帝國의臣民으로大韓天地에居ᄒᆞ야大韓雨露를歌ᄒᆞᄂᆞᆫ者라엇지一個崔晶圭의指揮를隨ᄒᆞ야賣國賊을自作ᄒᆞ며

又商務部同胞ᄂᆞᆫ從來全國의有名ᄒᆞᆫ大團體라其行爲ᄂᆞᆫ褓負商業의商民이나其忠義의本性은國家의干城을可作ᄒᆞᆯ지며其身勢ᄂᆞᆫ朝東暮西의行旅나其團結의心力은國民의先驅를可作ᄒᆞᆯ지니엇지一個李學宰의妄動을任ᄒᆞ야叛國奴를甘許ᄒᆞ리오

果然今日에在ᄒᆞ야同胞의忠義心이如此ᄒᆞ며國家精神이如此ᄒᆞ니吾儕ᄂᆞᆫ賀ᄒᆞ노라

嗚乎라全國同胞여一進會合邦聲明書가出ᄒᆞᆫ지日本에셔朝鮮問題同志會가起ᄒᆞ며崔晶圭가一進會의羽翼이되ᄂᆞᆫ지李學宰가一進會의旗鼓를應ᄒᆞ야滔滔巨浪이全國에橫流ᄒᆞ니同胞ᄂᆞᆫ精神이有ᄒᆞᆫ가無ᄒᆞᆫ가吾儕ᄂᆞᆫ思가此에到ᄒᆞ미言ᄒᆞᆯ바를不知ᄒᆞ노라

故로吾儕ᄂᆞᆫ普信社同胞와商務部同胞를爲ᄒᆞ야賀를供ᄒᆞ고因ᄒᆞ야全國同胞에向ᄒᆞ야一警告를與ᄒᆞ노라

官報

號外

隆熙三年十一月一日

內閣告示第三十三號 續

辯護士規則

第十二條 변護士ᄂᆞᆫ所屬地方裁判所又ᄂᆞᆫ其管內區裁判所所在地에事務所를設ᄒᆞ고此를所屬地方裁判所檢事局에申告ᄒᆞᆷ이可ᄒᆞᆷ

所屬地方裁判所管轄地外에事務所를設ᄒᆞᆫ時ᄂᆞᆫ所屬地方裁判所檢事局及事務所所在地의地方裁判所檢事局에此를申告ᄒᆞᆷ이可ᄒᆞᆷ

第十三條 변護士ᄂᆞᆫ所屬地方裁判所마다변護士會를設ᄒᆞᆷ이可ᄒᆞᆷ但五人에未滿ᄒᆞᆫ境遇ᄂᆞᆫ此限에在치아니ᄒᆞᆷ

前項但書의境遇에셔변護士가五名以上에達ᄒᆞᆫ時ᄂᆞᆫ三十日以內에변護士會를設ᄒᆞᆷ이可ᄒᆞᆷ

第十四條 監督官은事情을因ᄒᆞ야韓國人변護士로ᄒᆞ야금別로변護士회를設케ᄒᆞ며又ᄂᆞᆫ韓國人변護士에게변護士會에加入ᄒᆞᆷ을免ᄒᆞ거나其退會를許ᄒᆞᆷ을得ᄒᆞᆷ

第十五條 변護士ᄂᆞᆫ변호士會에加入ᄒᆞᆫ後가아니면其職務를行ᄒᆞᆷ을得지못ᄒᆞᆷ但변호士會의設立이無ᄒᆞᆫ時ᄂᆞᆫ此限에在치아니ᄒᆞᆷ

第十六條 변호士及변호士會ᄂᆞᆫ所屬地方裁判所檢事正의監督을受ᄒᆞᆷ

第十七條 감督官은변호士의職務에關ᄒᆞᆫ與否를不問ᄒᆞ고其品位를汚損ᄒᆞᆯ만ᄒᆞᆫ行狀에就ᄒᆞ야論告를行ᄒᆞᆷ을得ᄒᆞᆷ

第十八條 감督官은변호士의會議에臨席ᄒᆞ야意見을陳述ᄒᆞᆷ을得ᄒᆞᆷ

第十九條 변호士會에會長를置ᄒᆞᆷ又常議員을置ᄒᆞᆷ을得ᄒᆞᆷ

會長及常議員은변호士의總會에셔此를選擧ᄒᆞ야감督官의認可를受ᄒᆞᆷ이可ᄒᆞᆷ

第二十條 변호士會ᄂᆞᆫ其會則을定ᄒᆞ야감督官을經由ᄒᆞ야統감의認可를受ᄒᆞᆷ이可ᄒᆞᆷ

第二十一條 변호士會會則에ᄂᆞᆫ會長、常議員의選擧、職務、任期에關ᄒᆞᆫ規程、議事에關ᄒᆞᆫ規程、변호士의風紀保持에關ᄒᆞᆫ規程及報酬金에關ᄒᆞᆫ規程其他會務處理에必要ᄒᆞᆫ規程을設ᄒᆞᆷ이可ᄒᆞᆷ

未完

外報

◎伊國新內閣 시ᄃᆞ니손니노男爵은伊大利自由黨聯合內閣을組織ᄒᆞ엿다더라

◎公使報告 南美智利에駐在ᄒᆞᆫ日本公使가日本에向ᄒᆞ야移民에關ᄒᆞᆫ第一回報告書를送ᄒᆞ엿ᄂᆞᆫ딕此報告에ᄂᆞᆫ南美各地에在ᄒᆞᆫ日本人이何等의職業도不爲ᄒᆞ고日日賭博이나行ᄒᆞᄂᆞᆫ者가리마市에도二百餘名인즉此狀態를速히改良치아니ᄒᆞ면不久에日本人排斥의聲이高起ᄒᆞᆯ깃고又新移民을行ᄒᆞᄂᆞᆫ同時에ᄂᆞᆫ此輩의增加될것이明確ᄒᆞᆫ즉先히此根本的改良을不行ᄒᆞ면新移民은不好ᄒᆞᆫ狀態에陷ᄒᆞᆯ깃다ᄒᆞ엿다더라

◎外相演說 德國外相시엔氏ᄂᆞᆫ德國帝國議會에셔熱心으로변明ᄒᆞ기를摩洛哥에關ᄒᆞ야法德이共同ᄒᆞᆫ好結果를生ᄒᆞᆫ바ᄂᆞᆫ盖德國이法國行動에對ᄒᆞ야公明正大ᄒᆞᆫ事를證明ᄒᆞᆯ것이라論ᄒᆞ고次에公果自由國에關ᄒᆞᆫ比利時의改革計劃은忠實히實行코져ᄒᆞᆷ은獨히各國人種에만幸福될ᄲᅮᆫ아니라又公果에셔도自由貿易의成功을見ᄒᆞᆯ이라고ᄒᆞ엿다더라

◎中美戰爭 中央亞美利加에ᄂᆞᆫ戰雲이險惡ᄒᆞ다더라

◎英將更迭 英國海軍中將우인스氏ᄂᆞᆫ라무트將軍의代에支那艦隊司令長官이되엿다더라

◎山田崩壞 日本佐賀縣西松浦郡에ᄂᆞᆫ山林十餘町及山間田답數町步가陷落崩壞ᄒᆞ엿ᄂᆞᆫ딕人心이恂恂ᄒᆞ다더라

學界

◎職員會決議 學部에셔日昨에職員會를開ᄒᆞ고各普通學校에셔應用ᄒᆞᄂᆞᆫ紙類를一致케ᄒᆞ기로決定ᄒᆞ엿다더라

◎卒業試驗 警察官練習所에셔來十八日부터第五期敎習生六十일名의卒業試험을擧行ᄒᆞᆫ다더라

◎韓日不協 大邱西上面私立壽昌學校에셔ᄂᆞᆫ교長校主一般任員이日人敎師柳熊太郞과不好ᄒᆞᆫ感情이有ᄒᆞᆫ딕該校生徒一同도亦日人敎師를反對ᄒᆞ기爲ᄒᆞ야一齊退學ᄒᆞ엿다더라

◎婦人勸學 中部典洞居李範晉氏의別室朴氏ᄂᆞᆫ自己의內外親戚間青年五六人을勸勉入學케ᄒᆞ고學費及衣食을一切自擔ᄒᆞᆫ다더라

◎講師月俸 度支部內韓日語講習所에韓、日講師二人을選定ᄒᆞᆷ은已報어니와學員의月捐金은韓人에三十錢日人에五十錢을收斂ᄒᆞ야講師月俸을十五圓으로定ᄒᆞ엿다더라

◎敎育會派員 嶠南敎育會에셔嶠南에敎育을발展ᄒᆞ기爲ᄒᆞ야勸諭委員을南亨祐朴泰薰兩氏로選定ᄒᆞ야日間派送ᄒᆞᆫ다더라

◎合成其成 朴鼎郁張志浣張志洽三氏가甑山赤芹里合成學校校務를擧皆擔任ᄒᆞᆷ으로該校情況이일層前進ᄒᆞᆯᄲᅮᆫ더러該氏에敎育界熱心ᄒᆞᆷ을人皆稱頌ᄒᆞᆫ다더라

◎部內設會 學部日人官吏ᄂᆞᆫ明年度부터該部內에韓語講習會를設始ᄒᆞᆫ다더라

◎母姉開會 日昨에齋洞官립普通學校內에母姉會를開催ᄒᆞ엿ᄂᆞᆫ딕學部에셔ᄂᆞᆫ柳田事務官을派送ᄒᆞ엿다더라

◎壺校維持 全北鎭山郡居金英振氏ᄂᆞᆫ壺山學校를剏립ᄒᆞ고校務를自擔ᄒᆞ야尙今維持ᄒᆞᄂᆞᆫ딕經費가窘拙ᄒᆞᆷ으로算術漢文科敎師ᄂᆞᆫ名譽로敎授ᄒᆞᆫ다더라

◎義務敎育 開城郡私립東興學校ᄂᆞᆫ昨年에該郡東面六里가共同設립ᄒᆞᆫ바인딕該面內板積籍田及淸潭機井等地民有私洑를學校에讓付ᄒᆞ고每年秋에別水料를收刷ᄒᆞ야校費에需用ᄒᆞ기로面里長及作人四百餘名이聯署捺章ᄒᆞ야該校長張翰淳氏가學部에承認ᄒᆞ엿다더라

○談叢○

▲屛門軍과大統領 劍

余가數年前에일즉某洞口에過ᄒᆞ더니屛門軍兩人이對語하는디甲曰竊聞컨디美國大統領이眞箇好爵이라ᄒᆞᆫ데我가美국에入ᄒᆞ야此나圖得ᄒᆞᆯ새乙曰汝가何才로此를能得ᄒᆞ리오甲曰大황帝陛下의傳敎를어더부처도아니될새

劍心曰此가비록一笑話이나五百年專制의威厲을可히想見ᄒᆞᆯ깃도다然이나只今에ᄂᆞᆫ笑話의中에도傳敎를得코ᄌᆞᄒᆞᄂᆞᆫ屛門軍은無ᄒᆞ고統監府의命令이나說ᄒᆞ며日憲兵의勢力이나仰ᄒᆞ니哀哉로다

▲竊盜者의國家主義

年前에警務廳에셔一竊盜者를捉ᄒᆞ야此를刑코ᄌᆞᄒᆞᆫ딕彼가抗言曰余가何罪가有ᄒᆞ관딕刑코ᄌᆞᄒᆞᄂᆞ뇨警官曰爾가盜者이거니엇지無罪타ᄒᆞ나뇨彼曰今日國家의憂가外국의侵侮에在치아니ᄒᆞᆫ가曰然ᄒᆞ다彼曰然즉今日에能히外국人을弱케ᄒᆞ며貧케ᄒᆞᄂᆞᆫ者ㅣ有ᄒᆞ면是가我국家의功臣인가罪人인가曰功臣이니라彼가乃斷然曰然즉余가비록竊盜이나日人의物貨를盜ᄒᆞ며西洋人의物貨를盜ᄒᆞ야外國人만害하엿고本國人의物은秋毫도犯치아니ᄒᆞ엿거날何罪로余를罪ᄒᆞᄂᆞ뇨

劍心曰此가비록竊盜이나然이나오히려能히同胞를愛ᄒᆞ나니彼同胞를賣ᄒᆞ야已의榮華를圖ᄒᆞᄂᆞᆫ亂賊輩와同語ᄒᆞᆯ비아니로다且世界의英雄이란것은無他라自國을爲ᄒᆞ야他國을盜ᄒᆞᄂᆞᆫ者니엇지此竊盜와異타ᄒᆞ리오但彼ᄂᆞᆫ手段이大ᄒᆞ야大盜가되고此ᄂᆞᆫ手段이小ᄒᆞ야小盜가되니라

詞藻

筆 劍

春秋筆劍ᄲᅢ여들고、亂臣賊子버힐진디。先斬巨魁ᄒᆞᄂᆞᆫ거시、當ᄒᆞᆫ正義로다。제비록、避코저ᄒᆞᆫ들、免ᄒᆞᆯ손가。

電報

◉瓦社決議 日本東京에在ᄒᆞᆫ韓日瓦斯電氣株式會社ᄂᆞᆫ再昨日重役會議ᄅᆞᆯ開ᄒᆞ고電車線路에關ᄒᆞᆫ資金五十萬圓을借入金으로支撥ᄒᆞ기로決算ᄒᆞ야內藤技師ᄅᆞᆯ韓國에派遣ᄒᆞ기로議決ᄒᆞ엿다더라 東京發 十五日着

雜報

◉兩君陛見 完興君李載冕永宣君李埈鎔兩氏가三昨日下午一時 德壽宮에 陛見ᄒᆞ엿ᄂᆞᆫᄃᆡ 太皇帝陛下ᄭᅴ옵셔一進會聲明書에對ᄒᆞ샤民心沸騰의狀態ᄅᆞᆯ下詢ᄒᆞ시ᄂᆞᆫᄃᆡ 勅語가極히懇惻ᄒᆞ옵셧다더라

◉毛衣下賜 皇后陛下ᄭᅴ옵셔三昨日海豐府院君尹澤榮氏의게毛衣一襲을 下賜ᄒᆞ옵셧다더라

◉總相陛見 總相李完用氏ᄂᆞᆫ再昨日上午十一時에 昌德宮에陛見ᄒᆞ엿다더라

◉李氏發電 一進會長李容九가日本에在ᄒᆞᆫ朝션問題同志會에對ᄒᆞ야聯合ᄒᆞ기ᄅᆞᆯ要求ᄒᆞ엿ᄂᆞᆫᄃᆡ總相李完用氏ᄂᆞᆫ再昨日下午五時에同志會에發電ᄒᆞ고李容九의無理ᄒᆞᆫ說을勿爲信聽ᄒᆞ라ᄒᆞ엿다더라

◉意見相歧 近日時局問題에關ᄒᆞ야內閣諸大臣은何等曲節이有ᄒᆞᆷ인지政務處理에意見이不合ᄒᆞᆫ貌樣이라더라

◉不係其類 一進會書記李範喆氏ᄂᆞᆫ宋秉畯李容九의瓜牙로合邦論을極力贊助ᄒᆞᄂᆞᆫᄃᆡ其兄李範奭氏ᄂᆞᆫ牙山郡人五十餘名을會同ᄒᆞ야國民大연說會에聯名長書ᄅᆞᆯ提出ᄒᆞ고討逆論을大唱ᄒᆞᆫ다더라

◉權氏長書 廣州郡板橋居權世煥氏ᄂᆞᆫ一進會ᄅᆞᆯ聲討ᄒᆞᆯ次로三昨日內閣에長書ᄅᆞᆯ提呈ᄒᆞ엿다더라

◉公憤攸同 崔晶圭李學宰等이一進會合邦問題에對ᄒᆞ야贊成書ᄅᆞᆯ提出ᄒᆞᆷ은前報와如ᄒᆞ거니와該等이當初一己의私見으로會員의名을僞錄ᄒᆞ야凶計ᄅᆞᆯ做出ᄒᆞᆷ이라再昨日普信社員一同이公憤을不勝ᄒᆞ야崔晶圭ᄅᆞᆯ聲罪黜退ᄒᆞ야各新聞에廣告ᄅᆞᆯ揭布ᄒᆞ며該社門前에榜文을揭示ᄒᆞ엿고商務部員諸氏도義憤이齊發ᄒᆞ야昨日該部顧問俞吉濬氏及部員一同이會同ᄒᆞ야李學宰ᄅᆞᆯ黜退ᄒᆞ엿다더라

◉警署招諭 再昨日下午三時中署에서商務組合部長李學宰氏ᄅᆞᆯ招致ᄒᆞ야一進會ᄅᆞᆯ贊成ᄒᆞᆫ事件에對ᄒᆞ야嚴切團束ᄒᆞ고日後에ᄂᆞᆫ更不妄動ᄒᆞ깃다ᄂᆞᆫ證文ᄭᆞ지收捧ᄒᆞ엿다더다

◉謝罪派발程說 謝罪派에서ᄂᆞᆫ黃應斗劉鼎煥等十三名이各道代表者라稱ᄒᆞ고來十八日에渡日ᄒᆞ기로決定ᄒᆞ엿다더라

◉大久保又訪 日軍司令官大久保大將은昨日曾彌統監을訪問ᄒᆞ고數時間談話ᄒᆞ엿다더라

◉異口同辭 長湍郡居睦源昌鄭雲稷李基浩鳳山郡居崔京植동萊府居金熙泰大邱郡留金禹夏李尙禹牙山郡居李範奭氏等五十三人이國民大演說會에對ᄒᆞ야同情을表ᄒᆞ야各其셔函을寄付ᄒᆞ엿ᄂᆞᆫᄃᆡ多數ᄒᆞᆫ函辭ᄅᆞᆯ一一히揭載키難하야姑히停止ᄒᆞ거니와大槪一進會에對ᄒᆞ야聲討ᄒᆞᄂᆞᆫ辭意ᄂᆞᆫ一口에出ᄒᆞᆷ과如히激切의憤氣가辭表에溢ᄒᆞ더라

◉公判開廷期 安重根의公判은明春에開廷ᄒᆞᆫ다더라

◉日士번護 日本번護士紀志ᄂᆞᆫ安重根의번護ᄅᆞᆯ申請ᄒᆞ엿ᄂᆞᆫᄃᆡ關東都督府法院에서許可ᄅᆞᆯ與ᄒᆞ엿다더라

◉卒業生需用 日本私費留學生朴性穆氏ᄂᆞᆫ日本東京大原簿記學校에卒業歸國ᄒᆞ엿ᄂᆞᆫᄃᆡ學部에서度支部로照會ᄒᆞ고相當ᄒᆞᆫ官職으로需用케ᄒᆞᆫ다더라

◉陽倅入城 陽川郡守李浩升氏ᄂᆞᆫ公務ᄅᆞᆯ因ᄒᆞ야再昨日에入城ᄒᆞ엿다더라

◉懲稅者繳消 礦産局에서ᄂᆞᆫ各礦業者中礦稅未納者에對ᄒᆞ야再次督促ᄒᆞ되一向遲滯ᄒᆞᄂᆞᆫ境遇에ᄂᆞᆫ採掘權을繳消ᄒᆞᆫ다ᄂᆞᆫᄃᆡ二三日間全國內四十餘處가繳消된다더라

◉支店免稅 甲山郡惠山面에統監府營林廠支店을設립ᄒᆞ엿ᄂᆞᆫᄃᆡ該地地稅九十三負ᄅᆞᆯ免除ᄒᆞ기로內閣會議에可決되엿다더라

◉剩餘金支出 本年度內部臨時經常部의罹災救恤金二千六百圓은國庫剩餘金으로支出ᄒᆞᆫ다더라

◉大同會續報 再昨日大同敎에서議事會ᄅᆞᆯ開ᄒᆞᆷ은已報어니와贊敎員은侍從院卿尹德榮氏로地方部長은皇城新聞社長柳瑾氏로選定ᄒᆞ고議事員八人을加選ᄒᆞ엿다더라

◉齎金派人 總理大臣李完用氏ᄂᆞᆫ何事務ᄅᆞᆯ因ᄒᆞᆷ인지金貨幾千圓을丁奎三氏의게出給ᄒᆞ야利川郡으로下送ᄒᆞ엿다더라

◉私더處務 內部大臣朴齊純氏ᄂᆞᆫ何事件을因ᄒᆞᆷ인지昨日本部에仕進치아니ᄒᆞᆷ으로緊急ᄒᆞᆫ公務ᄂᆞᆫ該氏私더에서處理ᄒᆞ엿다더라

◉李氏視察 學部繙譯官李完應氏ᄂᆞᆫ再昨日에同德女子義塾과女子養源學校ᄅᆞᆯ視察ᄒᆞ엿다더라

◉院主事免官 監査院主事李壽用氏ᄂᆞᆫ職務에不勤ᄒᆞᆫ다ᄒᆞ야三昨日免官ᄒᆞ엿다더라

◉視察員入京 度支部司稅局主事崔秉瓚氏와日人主事渡邊千三郞은稅務에關ᄒᆞᆫ事項ᄅᆞᆯ視察ᄒᆞᆯ次로全羅南道에出張ᄒᆞ엿ᄂᆞᆫᄃᆡ既히事務ᄅᆞᆯ終了ᄒᆞ엿슴으로日昨入京ᄒᆞ엿다더라

◉船舶氷鎖 數三日以來로寒氣가嚴酷ᄒᆞ야漢江이結氷된故로漢江下流信川及龍山間에結氷에被鎖ᄒᆞᆫ船舶이六十餘隻이라더라

◉全北人口 度支部調査ᄅᆞᆯ據ᄒᆞᆫ즉全北二十八郡內에士族의人口가二萬三千七百四十六人인ᄃᆡ土地ᄅᆞᆯ有ᄒᆞᆫ者가四千八百二十人이오鄕校의人口가二千八百四十二人인ᄃᆡ土地ᄅᆞᆯ有ᄒᆞᆫ者가一百三十六人뿐이라더라

◉火災何多 再昨日上午十時에ᄂᆞᆫ仁川居留日人釘宮喜十郞家에서失火ᄒᆞ야當家一座가被燒ᄒᆞ엿고同日下午六時에ᄂᆞᆫ京城昭格洞安益善氏家에서失火ᄒᆞ야附近二戶가延燒되ᄂᆞᆫᄃᆡ幸卽撲滅ᄒᆞ엿다더라

◉團東內議 日人側에서ᄂᆞᆫ韓國에治安警察法이無ᄒᆞ야自由政治的行動을團束ᄒᆞᆯ方法이無ᄒᆞ다ᄒᆞ야日本治安法을準用ᄒᆞ야檢事의職權으로團束케ᄒᆞ기ᄅᆞᆯ內議中이라더라

◉鑛業許可數 韓國內鑛業許可ᄅᆞᆯ受ᄒᆞᆫ者ᄂᆞᆫ韓人이一〇二、韓日人共同이一一、日人이三〇三、英人이四、美人이七、美日人共同이六、德人이六、德日人共同이一、法人이一、伊人이一이오砂鑛業은韓人이四〇、韓日人共同이一七、日人이九五、英人이一、美人이一、伊人이一、法人이一이라더라

◉面長有人 慶北長기郡內南面은數千餘戶되ᄂᆞᆫ地面인ᄃᆡ該面長孫민永氏가服務三載에持心廉勤ᄒᆞ고處事公平ᄒᆞ며坊曲에周行ᄒᆞ야父老ᄅᆞᆯ勸喩ᄒᆞ며學界ᄅᆞᆯ奬勵ᄒᆞ야青年을引進ᄒᆞ며外人交際에尤極愼密ᄒᆞ야民賴以安ᄒᆞᆷ으로面內人民은郡守의게其美績을報告ᄒᆞ고郡守ᄂᆞᆫ觀察道에轉報ᄒᆞ엿다더라

◉地方費認可 內部에서ᄂᆞᆫ隆熙四年度地方費豫算을不日間認可ᄒᆞᆫ다더라

◉豫算發表期 度支部에서各部豫算을日前에審査ᄒᆞ야參與官會議에附ᄒᆞ엿ᄂᆞᆫᄃᆡ統監府의承認을得ᄒᆞ야二十日後에ᄂᆞᆫ발表ᄒᆞᆫ다더라

◉舊貨收入額 政府에서舊화收入ᄒᆞᆫ成績을聞ᄒᆞᆫ즉舊白銅화收入數ᄂᆞᆫ三億八千二百二十萬枚오葉錢收入額은十二億二千九百四十七萬枚에達ᄒᆞ엿다더라

◉特別探知 國民新報社에서ᄂᆞᆫ近日總理大臣의行動을秘密探知코져하야該社記者에게特別金을給與ᄒᆞ엿다ᄂᆞᆫ說이有ᄒᆞ다더라

◉統一研究 平壤市街에ᄂᆞᆫ日本人居留가日繁ᄒᆞᆫ結果로韓日人이雜居ᄒᆞ야行政上區別이不便ᄒᆞ다ᄂᆞᆫᄃᆡ當局者ᄂᆞᆫ此ᄅᆞᆯ共通ᄒᆞᆯ必要가有ᄒᆞ다ᄒᆞ야目下地方行政上統一을研究ᄒᆞᆫ다더라

◉司法官會議 全國內裁判所長同檢事長各八名、控訴院長同檢事長各三名、高等法院長同檢事各八名、其他典獄數名이事務ᄅᆞᆯ議論ᄒᆞ기爲ᄒᆞ야昨日上午十時에司法廳에會合ᄒᆞ야倉富長官이一場訓示演說ᄒᆞ엿ᄂᆞᆫᄃᆡ今番協議ᄂᆞᆫ開廳後最初協議인故로各司法官의意見을合ᄒᆞ야法文等을研究曉解ᄒᆞᆯ必要가有ᄒᆞᆫ故로五日間을繼續開會ᄒᆞᆯ터이라더라

◉荻田渡洋說 統監府荻田書記官은英日博覽會出品事件에關ᄒᆞ야不遠間渡洋ᄒᆞᆫ다더라

◉倉富移接 司法廳倉富長官은西小門內司法廳官舍로移接ᄒᆞ엿다더라

◉獸驚鼠竄 利川郡內에ᄂᆞᆫ義兵이漸熾ᄒᆞ야一進會員을逢첩殺害ᄒᆞᆷ으로該會員等은殘命을苟保코져邑中으로潛避ᄒᆞᆫ다더라

◉哀此凍屍 三昨日夜珠峴附近에서ᄂᆞᆫ七十歲假量된男子와慕華舘後에서ᄂᆞᆫ六十歲假量된女人이凍死ᄒᆞ엿다더라

◉財官逝去 驪州郡財務官金基龍氏가近日身故ᄒᆞ엿ᄂᆞᆫᄃᆡ度支部에서賻儀金一百圓을支撥ᄒᆞ엿다더라

◉哀哉慘哉 東部孝橋居金時宇氏ᄂᆞᆫ生活이困難ᄒᆞ야三昨日凍餒致斃ᄒᆞ엿다더라

◉盜犯宣告 再昨日京城地方裁判所에서强盜犯盧奉鉉을役七年에宣告ᄒᆞ엿다더라

◉絞犯自縊 控訴院에서再昨日午前十一時頃에强盜犯李聖瑞ᄅᆞᆯ處絞에宣告ᄒᆞ엿ᄂᆞᆫᄃᆡ該犯이同日午后二時에自縊致死ᄒᆞᆫ지라該屍體ᄂᆞᆫ監獄署에서引繼出埋ᄒᆞᆫ다더라

◉清盜被捉 再昨日下午一時에韓清日三國巡査十餘名이北部寺洞에在ᄒᆞᆫ清人料理店和興樓ᄅᆞᆯ包圍ᄒᆞ고該店에潛伏ᄒᆞᆫ清人强盜三名을捕獲ᄒᆞ야清國巡捕廳으로交付ᄒᆞ엿다더라

▲社會燈▼

▲국民大演說會長閔泳韶氏ᄂᆞᆫ一進會의合邦問題ᄅᆞᆯ破壞치못ᄒᆞ면畢竟은生命을捨ᄒᆞ야世事ᄅᆞᆯ忘ᄒᆞ깃다고對人談話ᄒᆞ더라지五條約을締結ᄒᆞᆯ時에ᄂᆞᆫ閔忠正이有ᄒᆞ더니合邦問題ᄅᆞᆯ聲明ᄒᆞᆯ時에ᄂᆞᆫ第二閔忠正이나시라나피가그ᄯᅡ위로쇠러가지고生命을自決ᄒᆞ기ᄂᆞᆫ어려울셜布爨에도구슬이드럿다고人物價値ᄂᆞᆫ알수가업ᄂᆞᆫ게여아무러턴지來頭ᄅᆞᆯ두고볼일이지

▲商業世界가되니ᄭᅡ韓국에도販賣手段이次次進步되ᄂᆞᆫ게여笑겨ᄂᆞᆫ普信社長崔晶圭ᄂᆞᆫ多數ᄒᆞᆫ家僉ᄅᆞᆯ聯合ᄒᆞ야집잔이나興成부치고口文分을ᄯᅡ먹더니近日에ᄂᆞᆫ국家賣買에興成을좀부쳐보랴고합邦同意의誓約서ᄅᆞᆯ造出하엿다지집잔賣買에ᄂᆞᆫ證明서ᄯᅩ각으로效力이生하지만國家賣買에ᄂᆞᆫ제ᄯᅡ위장僉輩의誓約서로完證이될수잇나口文도못ᄯᅡ먹고奴隸의奴隸만될걸

▲요식ᄂᆞᆫ집안이구순치못ᄒᆞ나ᄭᅡ笑겨나ᄂᆞᆫ食口가미우만ᄒᆞᆫ가보데崔晶圭ᄂᆞᆫ普信社에서笑겨나고李學宰ᄂᆞᆫ商務部에서笑겨나고貞慶坊一進會ᄂᆞᆫ普光學校에서笑겨나고全國ᄉ一進會ᄂᆞᆫ국民中에서笑겨ᄂᆞᆫ다지農事ᄂᆞᆫ지어노코겨울은깁허오ᄂᆞᆫᄃᆡ笑겨나ᄂᆞᆫ食口ᄂᆞᆫ어ᄃᆡ가얻어먹나제집을背叛ᄒᆞ고兄弟間에笑겨나니子息中에亾骨이여

社告

咸從邑校洞金炳善氏에게本支社를認許設립ᄒᆞ엿스니該附近에셔本申報購覽ᄒᆞ실僉彦은金炳善氏에게請求ᄒᆞ시고代金과本社에對ᄒᆞᆫ諸般事를該氏와交涉ᄒᆞ심을爲要

大韓每日申報社

▲偉人遺蹟

▲▲東國巨傑 崔都統　錦頰山人

第一章 緖論 續

余가年前에舘洞에遊ᄒᆞ더니단靑煥然ᄒᆞᆫ一小祠宇가洞右에隱現ᄒᆞ거ᄂᆞᆯ居人다려問ᄒᆞ니曰崔大監이라ᄒᆞᄂᆞᆫᄃᆡ余가其遺像에肅拜ᄒᆞ니其燁然ᄒᆞᆫ兩眼이尙且遼瀋을向ᄒᆞ야睥睨ᄒᆞᄂᆞᆫ듯ᄒᆞ더라余가於是에喟然히歎을발ᄒᆞ야曰惜乎라公이何故로此에在ᄒᆞ뇨公이何故로此에在ᄒᆞ뇨當年東征西伐의匹馬長釰을捨ᄒᆞ고此에來ᄒᆞ야一二妖巫가病을禱ᄒᆞ며福을乞케ᄒᆞ니公의靈이有知ᄒᆞ면當如何ᄒᆞᆫ感情이발ᄒᆞᆯ쌰然이나萬一我국民이迷信으로公에게拜치말고正信으로公에게拜하며私福으로公에게禱치말고公福으로公에게禱ᄒᆞ면可히我國民의苦痛을療ᄒᆞ고幸福을得ᄒᆞᆯ진저

沉沉陰埃가公의歷々ᄒᆞᆫ을久掩ᄒᆞᆷ이是余의痛恨ᄒᆞᄂᆞᆫ바라故로朝野의々乘을搜ᄒᆞ며閭巷의口碑를採ᄒᆞ야公의心事를寫出코ᄌᆞᄒᆞ노니

凡我東國巨傑崔都統傳을讀ᄒᆞᄂᆞᆫ有血國民아　未完

◀黃海灣風濤光景▶

響山生

江雪初霽ᄒᆞ고風日이向暖ᄒᆞ니政是小春天氣라將欲行船ᄒᆞᆯ서一聲瀛笛에船頭에飄揚太極旗影이라汪洋高帆이泛出八尾海ᄒᆞ니波瀾不競에浩無際涯ᄒᆞ고上下天光에一色平鋪로다滿載商旅가乃至一百五六十人이라相與乘坐甲板上ᄒᆞ야縱目而觀之ᄒᆞ니翩천白鷗ᄂᆞᆫ相親相近ᄒᆞ고潛泳河豚은或露或沉ᄒᆞ니一路上海面風景은說不盡之一幅奇畵러라俄頃에船長이來言ᄒᆞ되已近黃海灣云이라諸客이或談或모ᄒᆞ고一詩一酒ᄒᆞ야若作盛遊而過ᄒᆞᆯ서遠遠天末에一点黑雲이微布ᄒᆞ고北風이捲起中望見一大高嶽山根이如의斗ᄒᆞ야走出海面三四十里蹲踞ᄒᆞ니其形이崰헝如獅虎之張牙爬瓜라船影ᄒᆞᆯ爾飛前ᄒᆞ니風猛波壯ᄒᆞ고檣傾楫頹ᄒᆞ야老龍은掀天攪海ᄒᆞ고長鯨ᄂᆞᆫ噴波縮浪ᄒᆞ니怒濤가一起에三山이湧出이라船長이倉皇來言ᄒᆞ되此地ᄂᆞᆫ卽長山串也니諸客은愼重云而退어ᄂᆞᆯ客이面面相顧ᄒᆞ니船中이隨其風浪之翻空ᄒᆞ야人物이顚倒相雜ᄒᆞ니人個個頭顱ᄂᆞᆫ縱橫ᄒᆞ고手脚은高低로다心昏神迷ᄒᆞ야魂靈兒飛去半天上이라就中飄然一美少年이年可弱冠에玉顔星眸로冠着學徒帽子ᄒᆞ고肩下着一領毛織黑色周衣ᄒᆞ고手提洋裝之水牛皮帒ᄒᆞ고不動聲色而來坐客前ᄒᆞ야笑容怡語로敬禮以後에一塲演說ᄒᆞ니其概意를略擧則諸君이遭此風波에喪魂失神ᄒᆞ야如死體一般ᄒᆞ니何其愚昧之甚耶오際玆新風潮ᄒᆞ야搭乘外국船ᄒᆞ고涉彼大海에豈無預備之신發明藥料乎아海上風波ᄂᆞᆫ宜其易遭者어ᄂᆞᆯ不思預방ᄒᆞ고甘受困難ᄒᆞ니果其開明之未展이로다欣然綻開藥帒ᄒᆞ고先以淸心保命단幾粒식呑下ᄒᆞ야因定眩暈安胃然後에更以蔘茸大補元幾粒식連呑ᄒᆞ야鎭神補元ᄒᆞ고陳述其藥品之効能ᄒᆞ니衆船客이擧手齊拍ᄒᆞ고相揖以賀ᄒᆞ야大讚其新發明之藥品과開明的高見이러라於焉間風靜浪息일서安全順流ᄒᆞ야定船於南港이라衆船客이各自跳下三板船ᄒᆞ야從陸발行而歸ᄒᆞᆯ서互相執手以別焉이러라

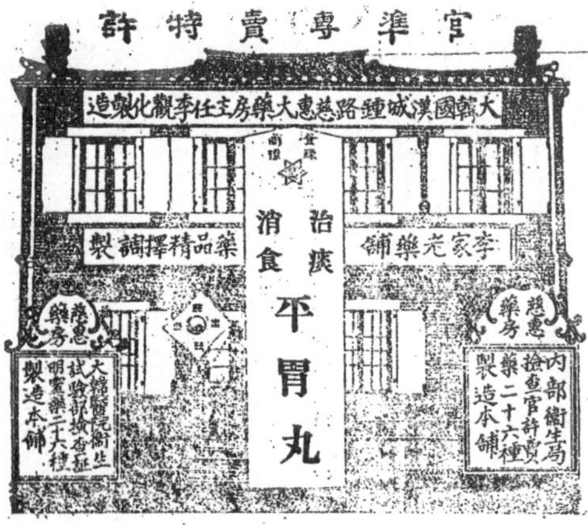

檀君開國四千二百四十二年
箕子元年三千三十一年
大韓開國五百十八年
本報創刊日
光武八年七月十八日

大韓每日申報

發行兼編輯人 英國人 萬咸
Alfred Weekley Marnham. Responsible for Publication
發行所
京城南部石井洞三層洋屋家
大韓每日申報社

第七卷 月曜及慶節歲時休刊 第一千二百六十八号

論說

◎嗟平內閣當局者

私德이敗壞ᄒᆞ고罪惡이貫盈ᄒᆞ야豺虎도不食ᄒᆞ고狗彘도不伍ᄒᆞᆯ人物이巍然히內閣椅子에據ᄒᆞ야曰總理大臣이라ᄒᆞ며曰內部大臣이라ᄒᆞ며曰學部大臣度支大臣農商工部大臣이라ᄒᆞ니嗟平라彼輩에向ᄒᆞ야警告이니勸告이니ᄒᆞᄂᆞᆫ吾儕의顔이反厚ᄒᆞ도다만은

然이나彼輩가旣是內閣의重地에在ᄒᆞ야一國二千萬民生死存亾의責을司ᄒᆞᆫ者인故로不得已牛耳에向ᄒᆞ야誦經ᄒᆞᆷ이幾次에已過ᄒᆞ엿스되噫라木又고石又ᄒᆞᆫ彼輩가頑然히耳를掩ᄒᆞ니彼輩彼輩여前生에何等業畜으로幻現된者인가

卽今國民의疑惑이果然何如ᄒᆞ며輿論의沸鬱이果然何如ᄒᆞᆫ가或曰高永喜가渡日ᄒᆞ엿슬時에新五條를締結ᄒᆞ엿다ᄒᆞ며或曰趙重應이五江壯士를購入ᄒᆞ야一進會와決鬪ᄒᆞᆫ다ᄒᆞ며或曰李完用이屬邦됨을秘密히運動ᄒᆞᆫ다ᄒᆞ며或曰李完用이李容九와賣國ᄒᆞᆷ을競爭ᄒᆞ야刺客으로李容九를刺殺ᄒᆞ랴ᄒᆞᆫ다ᄒᆞ야衆口가洶洶ᄒᆞ되何等의辨明이無ᄒᆞ며合邦凶書가巷谷에雪飛ᄒᆞ되此를任ᄒᆞ며一進徒黨이依舊히聚在ᄒᆞ되此를任ᄒᆞ야隱然히默許ᄒᆞ고頭를低ᄒᆞ며手를袖ᄒᆞ야惟統監의命令과日本政府의處分만待ᄒᆞ니嗟平彼輩여人인가獸인가

諺에曰初番作賊에其心이掉ᄒᆞ다가再次作賊에其膽이大ᄒᆞ다더니彼輩의作賊ᄒᆞᆷ이已幾番인가五條約時에第一番賣國賊이되며七協約時에第二番賣國賊이되며其他許多事件에賣國賊을作ᄒᆞᆷ이不知幾番이니十八層阿鼻地獄에投入ᄒᆞ기前에야엇지悔心이生ᄒᆞ리오

吾儕ᄂᆞᆫ知케라國滅民亾ᄒᆞ면將來作賊ᄒᆞᆯ餘地도無ᄒᆞᆯ지라彼輩가此를覺ᄒᆞᄂᆞᆫ故로어서어서疾足을擧ᄒᆞ며先鞭을着ᄒᆞ야此一片空殼子라도速히自手로賣却ᄒᆞ야日本의華族一班列에參與ᄒᆞ랴고宋秉畯과李完用이互相競爭ᄒᆞ나니奸ᄒᆞ다彼輩여毒ᄒᆞ다彼輩여

彼輩야何足責이리오만은吾儕의哀ᄒᆞᄂᆞᆫ바ᄂᆞᆫ豈豈ᄒᆞᆫ二千萬人이彼兩派의賣國競爭下에서盡亾ᄒᆞᆷ이로다

然이나彼輩도人心이有ᄒᆞ면悔悟心이生ᄒᆞ련만은

官報

號外

隆熙三年十一月一日

內閣告示第三十三號 續

辯護士規則

第二十二條 변護士會의設立이無ᄒᆞᆫ境遇又ᄂᆞᆫ第十四條에依ᄒᆞ야辯護士會加入을免ᄒᆞ거나其退會를許ᄒᆞᆫ境遇에ᄂᆞᆫ監督官은변護士會會則에代ᄒᆞᆯ만ᄒᆞᆫ命令을발ᄒᆞᆷ이可ᄒᆞᆷ

第二十三條 第十二條第二項의境遇에ᄂᆞᆫ事務所所在地의地方裁判所檢事正의監督을受ᄒᆞ며且其地의변護士會會則又ᄂᆞᆫ此에代ᄒᆞᆯ만ᄒᆞᆫ監督官의命令을遵守ᄒᆞᆷ이可ᄒᆞᆷ

前項의規定은所屬地方裁判所檢事正의監督權及必要ᄒᆞᆫ限度에서所屬변護士會會則又ᄂᆞᆫ此에代ᄒᆞᆯ만ᄒᆞᆫ監督官의命令을遵守ᄒᆞᆯ義務에影響을及ᄒᆞᄂᆞᆫ事이無ᄒᆞᆷ

第二十四條 辯護士會議의日時、處所及議題ᄂᆞᆫ변護士會로부터豫히此를監督官에게申告ᄒᆞᆷ이可ᄒᆞᆷ

第二十五條 辯護士會議에서ᄂᆞᆫ左의事項外에ᄂᆞᆫ議ᄒᆞᆷ을得지못ᄒᆞᆷ

一 法令又ᄂᆞᆫ변護士會會則에規定ᄒᆞᆫ事項

二 統監裁判所又ᄂᆞᆫ檢事局으로서諮問ᄒᆞᆫ事項

第二十六條 변護士會議에議決로法令又ᄂᆞᆫ변護士會會則에違反된者이有ᄒᆞᆫ時ᄂᆞᆫ統監은此를無效로ᄒᆞᆷ을得ᄒᆞᆷ

第二十七條 변護士가本令이나변護士會會則又ᄂᆞᆫ監督官의命令에違反ᄒᆞᄂᆞᆫ所爲가有ᄒᆞᆫ時ᄂᆞᆫ監督官은會長의申告를因ᄒᆞ거나又ᄂᆞᆫ職權으로써懲戒處分을統監에게申請ᄒᆞᆷ이可ᄒᆞᆷ

第二十八條 懲戒ᄂᆞᆫ左의四種으로하야統監이此를行ᄒᆞᆷ

一 譴責

二 三百圓以下의過料

三 一年以下의停職

四 除名

第二十九條 懲戒處分은統監府公報로써此를公告ᄒᆞᆷ

第三十條 변護士名簿ᄂᆞᆫ別表樣式에依ᄒᆞᆷ

附 則

第三十一條 本令은明治四十二年十一月一日로부터施行ᄒᆞᆷ

第三十二條 明治四十二年統監令第九號변護士規則은此를廢止ᄒᆞᆷ

第三十三條 本令施行의際에理事廳及韓國裁判所檢事局에서변護士名簿에登錄이有ᄒᆞᆫ者ᄂᆞᆫ本令施行日로부터三十日內에本令에規定ᄒᆞᆫ변護士名簿의登錄을申請ᄒᆞᆷ을得ᄒᆞᆷ

前項의境遇에ᄂᆞᆫ手數料를免除ᄒᆞᆷ

第三十四條 前條의申請을行ᄒᆞᆫ者ᄂᆞᆫ其申請의日로부터변護士의職務를行ᄒᆞᆷ을得ᄒᆞᆷ

第三十五條 本令施行前에係ᄒᆞᆫ변護士의所爲라도本令에照ᄒᆞ야懲戒ᄒᆞᆯ者이有ᄒᆞᆫ時ᄂᆞᆫ本令에依ᄒᆞ야此를懲戒ᄒᆞᆷ

未完

外報

◎美國陸戰隊 美國巡洋艦다고마號ᄂᆞᆫ華盛頓으로부터巴拿馬共和국고론으로向ᄒᆞ야陸戰隊七百名을輸送ᄒᆞ라ᄂᆞᆫ命令을受ᄒᆞ엿다더라

◎郵便協議 清日間에郵便을協議ᄒᆞ기爲ᄒᆞ야去十三日에清日兩국委員이會見ᄒᆞ엿다더라

◎化學者化仙 英國化學者루트잇ᄎᆞ히몬ᄃᆞ氏ᄂᆞᆫ逝去ᄒᆞ엿다더라

◎英德比와公果 德국外相시엔男은言明ᄒᆞ기를公果問題에關ᄒᆞ야比利時ᄂᆞᆫ德국과協商ᄒᆞᄂᆞᆫ事에加入코져ᄒᆞ며且此에對ᄒᆞ야特別委員을任命ᄒᆞ기로希望ᄒᆞ며英국도亦近近富勒薩府(比都)에서開催ᄒᆞᆯ協商에加入ᄒᆞ기로同意ᄒᆞ엿다더라

◎諸氏被任 利太利國에서新內閣을組織ᄒᆞᆫ다ᄒᆞᆷ은已報ᄒᆞ엿거니와시ᄐᆞ니손니노氏ᄂᆞᆫ總理大臣兼內部大臣으로다이지야ᄂᆞ지니伯은外部大臣으로베ᄎᆞ도로提督은海軍大臣을被任ᄒᆞ엿다더라

◎拜謁法王 避寒ᄒᆞ기爲ᄒᆞ야羅馬에滯在ᄒᆞᄂᆞᆫ비유로公夫妻ᄂᆞᆫ羅馬法王에게拜謁ᄒᆞ엿다더라

◎演說好評 德國外相及宰相이議會에서演說ᄒᆞᆫ것은已揭ᄒᆞ엿거니와此演說을維也納、羅馬、巴里、論敦及聖彼得堡에서도好評이有ᄒᆞ다더라

◎在美清人의反抗 美國政府가來年一月부터新히清國移民留置所를桑港灣의小島안지유루島에開設ᄒᆞᆯ터인ᄃᆡ當市의清國人은此가不便不利ᄒᆞ다ᄂᆞᆫ理由를說ᄒᆞ야美國大統領及勞働卿에게抗議ᄒᆞ되不聽ᄒᆞᆷ으로檄文을清國內商人에게送ᄒᆞ기를移民所開設의電報가到達ᄒᆞ기를待ᄒᆞ야美國商品을排斥ᄒᆞ라고勸告ᄒᆞ엿ᄂᆞᆫᄃᆡ目下赴任中인清國公使도此事件에對ᄒᆞ야着任後ᄂᆞᆫ美國政府의再慮를求ᄒᆞ깃다ᄒᆞ나右의清國移民所建築의事ᄂᆞᆫ數年前美國議會에서決定된것이라더라

◎對美請援 니카라과國暴徒首領에스도라다ᄂᆞᆫ大統領제라야氏가自己를壓伏코져威嚇ᄒᆞᄂᆞᆫ事에對ᄒᆞ야美國의援助를請ᄒᆞ엿ᄂᆞᆫᄃᆡ美國領事ᄂᆞᆫ此에對ᄒᆞ야證言을與ᄒᆞ엿다더라

◯談 叢◯

▲拜金國 劍心

諺에曰三日不食ᄒᆞ면賊心이必生이라ᄒᆞ니此ᄂᆞᆫ常人을道ᄒᆞᆫ語라徐花潭崔守愚諸公은一生의飢를忍ᄒᆞ고도清白의節이愈固ᄒᆞ엿거던엇지三日의飢를不能ᄒᆞ리오然이나此ᄂᆞᆫ但一二高士의能ᄒᆞᆯ비오普通國民에게望ᄒᆞᆯ바ᄂᆞᆫ아니어ᄂᆞᆯ本朝中葉以來로名相碩儒가往往國民의道德과廉恥를勵ᄒᆞᆫ다고實業을賤視ᄒᆞ며萬一士子가利字를論ᄒᆞ면人類에不齒ᄒᆞᆷ으로一般生計가凋瘁ᄒᆞ야世界第一等貧國民이되게ᄒᆞ엿스니엇지可歎차아니리오然이나三旬에一飯을得ᄒᆞ며十年에一冠을着ᄒᆞ고도惟道德上에留意ᄒᆞᄂᆞᆫ者ㅣ能히幾人이리오故로近世에至ᄒᆞ미人心이私利一路에만是趨ᄒᆞ야金錢만得ᄒᆞᆯ진ᄃᆡ父母도可背며金錢만得ᄒᆞᆯ진ᄃᆡ朋友도可殺이며金錢만得ᄒᆞᆯ진ᄃᆡ義理도不顧ᄒᆞ며金錢만得ᄒᆞᆯ진ᄃᆡ名譽도不顧ᄒᆞ야一種拜金國을成ᄒᆞ엿스니悲夫라

▲各郡邑誌

邑誌ᄂᆞᆫ各其該郡의建置沿革의歷史와物産과風土와名人의遺蹟을詳擧ᄒᆞᆫ者니此亦野乘의一種이라可히國史의闕을補ᄒᆞᆯ者이나然이나余가數郡의邑誌를閱ᄒᆞ건ᄃᆡ何其魯莽ᄒᆞᆷ이如是ᄒᆞ며訛舛ᄒᆞᆷ이如是ᄒᆞ뇨古代事를論ᄒᆞᆷ에ᄂᆞᆫ某人이此에셔出ᄒᆞ엿다某公이河를移ᄒᆞ엿다ᄒᆞᄂᆞᆫ謊談뿐이며沿革을論ᄒᆞᆷ에安州가安市城이니成川이卒本이니ᄒᆞᄂᆞᆫ盲談뿐이니甚ᄒᆞ다紀念性의缺乏이여人物事蹟은탄失이尤甚ᄒᆞ야忠逆을倒ᄒᆞ며是非를混ᄒᆞᆫ것이不一이라卽余가某郡의新刊邑誌를閱ᄒᆞ건ᄃᆡ近日人人이目擊ᄒᆞᆫ貪暴守令某를召父라ᄒᆞ며挾雜奸民某를偉人이라ᄒᆞ엿도다噫라貴戚奸臣이國柄을執ᄒᆞ매朝々가黑白을亂ᄒᆞ며悖惡官民이邑權을擅ᄒᆞ미郡々가眞僞를雜ᄒᆞ나니嗚乎라盡信書가不如無書가此를謂ᄒᆞᆷ이아닌가李仲心氏曰安東郡에新羅時代의戶籍이存ᄒᆞ더니本朝中葉에某가該郡을守ᄒᆞᆯ시此를取ᄒᆞ야壁에塗ᄒᆞ엿다ᄒᆞ니噫라此輩가엇지古籍의貴ᄒᆞᆷ을知ᄒᆞ리오

詞 藻

◎賞 月◎ 玉香娘子

初生에돗은달이、어이그리수히지노。珠簾을반만것고、西天만바라더니。於焉間、十五夜當到ᄒᆞ야、天地光明。

電報

桂相晩餐會 桂首相은今十六日下午六時에霞關에晩餐會를開ᄒᆞ엿ᄂᆞᆫ데本野大使를主人으로ᄒᆞ고露국大使마레우얼치氏을主賓으로ᄒᆞ다더라

倉知報告 十五日日本東京에開ᄒᆞᆫ閣議에ᄂᆞᆫ倉政務局長도出席ᄒᆞ엿ᄂᆞᆫ데滿洲結果에就ᄒᆞ야種種의報告가有ᄒᆞ엿다더라

鐵道合併發表 統監府鐵道廳을廢止ᄒᆞ고其事務를日本鐵道院에合併ᄒᆞᆯ件을十六日에勅令으로發表ᄒᆞ엿다더라

參與官任用令 統監府參與官特別任用令을日本에셔十六日에勅令으로發表ᄒᆞ엿다더라

以上東京發 十六日着

雜報

緞匹下賜 大皇帝陛下ᄭᅴ옵셔度支부大臣高永喜睟日에ᄎᆡ緞十匹을下賜ᄒᆞ옵셧다더라

大久保陛見 日軍司令官大久保大將은昨日 昌德宮에進詣ᄒᆞ야 大皇帝陛下ᄭᅴ 陛見ᄒᆞ고 德壽宮에進謁ᄒᆞ야 太皇帝陛下ᄭᅴ 陛見ᄒᆞ엿다더라

皇儲歸國期 日本에御留學ᄒᆞ시ᄂᆞᆫ韓國 皇太子殿下ᄭᅴ셔ᄂᆞᆫ岩倉宮內大臣과共히來年春二月下旬에歸國ᄒᆞ시기로內定ᄒᆞ셧다더라

凶疏三上 二度進呈ᄒᆞ엿다가二度却下ᄒᆞᆫ一進會上疏文은更히陳情서를添ᄒᆞ야昨日郵便으로三度進呈ᄒᆞ엿다더라

兩相相詰 內部大臣朴齊純氏ᄂᆞᆫ再昨日에總理大臣李完用氏를私第로訪問ᄒᆞ엿ᄂᆞᆫ데互相間不合ᄒᆞᆫ事가有ᄒᆞ야一場詰難ᄒᆞ엿다더라

海豐寄付 海豐府院君尹澤榮氏ᄂᆞᆫ三昨日下午一時에金貨三十圓을國民大演說會에寄付ᄒᆞ엿다더라

何等辭協 統監府에셔何등重要事項을因ᄒᆞᆷ인지昨日上午十時頃에臨時參與官會를開ᄒᆞ고數時間協議ᄒᆞ엿다더라

似關時局 昨日統監府에셔臨時參與官會를開ᄒᆞᆷ은別項과如ᄒᆞ거니와其內容은時局問題에關ᄒᆞᆫ듯ᄒᆞ다더라

統府照會 統監府에셔內閣으로照會ᄒᆞ되各府部院廳에通知ᄒᆞ야隆熙三年度一月以後로本月ᄭᆞ지各官廳에셔處理ᄒᆞᆫ重要事項을一一錄交케ᄒᆞ라ᄒᆞ엿다더라

統府委員 統監府에셔ᄂᆞᆫ今番日本議會에往參ᄒᆞᆯ委員으로石塚倉富兒玉三人을選定ᄒᆞ엿다더라

全北郡守會 全北觀察道에셔ᄂᆞᆫ本月二十日頃에管下군守會를開ᄒᆞᆯ것다ᄒᆞ고內部로報告ᄒᆞ엿다더라

農相訪問 農相趙重應氏ᄂᆞᆫ再昨日下午一時에曾禰統監을訪問ᄒᆞ엿다더라

地方會開會 統監府에셔ᄂᆞᆫ地方行政調查委員會第二回會를昨日에開ᄒᆞ엿다더라

호氏訪問 英領事館員호로이ᄃᆞ氏ᄂᆞᆫ昨日에統監府를訪問ᄒᆞ엿다더라

魔術狠狽 龍川楊西面長白洛棻ᄂᆞᆫ元來一進會員인데本月十三日에各洞長及各敎人及一進會員을會同ᄒᆞ야警察署囑托을受ᄒᆞ엿다稱ᄒᆞ고合邦問題에對ᄒᆞ야可否意見을陳述ᄒᆞ라ᄒᆞ미一般會員이皆曰不可라ᄒᆞ고仍히一進會를極口聲討ᄒᆞ미就中一進會員들도各其反對ᄒᆞ야退會ᄒᆞ기로決定ᄒᆞ고並히否字를書ᄒᆞ야捺章ᄒᆞ엿고來頭事變을隨ᄒᆞ야壹心團結ᄒᆞ기로決定ᄒᆞ엿다더라

陞級件頒布 農商工부度支부에셔ᄂᆞᆫ各官吏陞級件을再昨日頒布하엿고其餘各官廳에셔도今明間頒布ᄒᆞᆫ다더라

無處不然 三和港商業會議所任員中에一進會에入錄ᄒᆞᆫ會員이二十餘人인데今番合邦聲明書가發表된後에各其退會키로決心ᄒᆞ야一進會本部에向ᄒᆞ야名簿를刪除ᄒᆞ라고累累强請ᄒᆞᆫ다더라

行將逐出 三和府地方委員李과元은謝罪派로一進會員金宗漢은合邦派로上京ᄒᆞ엿ᄂᆞᆫ데該兩人이府民代表라自稱ᄒᆞ야諸般浮費를民間에收斂코ᄌᆞᄒᆞ나府民等은彼兩人을逆賊黨與라指稱ᄒᆞ야還鄕ᄒᆞᄂᆞᆫ時에ᄂᆞᆫ境外에逐出ᄒᆞ기로市巷間에議論이紛紜ᄒᆞ다더라

國民會議定 國民大演說會에셔一進會事件으로內閣及內部에長書를提呈ᄒᆞᆷ은一般知了ᄒᆞᄂᆞᆫ바어니와多日이經ᄒᆞ되如何ᄒᆞᆫ施措가無ᄒᆞᆷ으로昨日該會에셔總代委員을選送ᄒᆞ야兩處에質問코져ᄒᆞ엿ᄂᆞᆫ데內閣에셔木曜例會를開ᄒᆞᆷ으로質問을應受치아니ᄒᆞᆫ지라更히本日에質問ᄒᆞ기로議定ᄒᆞ엿다더라

日官還任 度支部文書課長吉松과漢城府事務官高久ᄂᆞᆫ歸國ᄒᆞ엿다가再昨夜還任ᄒᆞ엿다더라

兄弟孔懷 安重根의親弟安泰根安定根兩氏ᄂᆞᆫ其兄을面會ᄒᆞ기爲ᄒᆞ야去十三日朝에仁川을經ᄒᆞ야大連으로向ᄒᆞ엿다더라

因何相詰 洪肯燮韓錫振兩氏ᄂᆞᆫ何等關係를因ᄒᆞᆷ인지高義駿氏와現今相詰ᄒᆞᄂᆞᆫ中이라더라

李氏渡日說 大韓新聞社長李人稙氏ᄂᆞᆫ今番政變에對ᄒᆞ야李首相의密托을帶ᄒᆞ고不日間渡日ᄒᆞᆫ다ᄂᆞᆫ說이有ᄒᆞ다더라

罪團請願 所謂渡日謝罪團員黃應斗尹大燮은本日에渡日ᄒᆞᆯᄎᆞ로昨日統監府에請願ᄒᆞ고憑票를請求ᄒᆞ엿다더라

衛生會役夫와戶數 漢城衛生會에셔本年七月부터十一月末日ᄭᆞ지淸潔事務에需用ᄒᆞᆫ人夫ᄂᆞᆫ總히八萬一千名인데內에罪役人夫가七千名이오所管戶數ᄂᆞᆫ四萬九千二百二十四戶인데內에日人家屋이一萬二千三百十七戶라더라

漢報停刊 漢城新報ᄂᆞᆫ三昨日부터발行치못ᄒᆞᄂᆞᆫ데其內容인즉該社의債務가多大ᄒᆞ야伊日印刷ᄒᆞᆫ新聞를債權者가執留ᄒᆞᆫ所以라더라

宜加嚴懲 中部警察署에셔再昨日上午十時에普信社長崔晶圭氏를招致ᄒᆞ야普信社ᄂᆞᆫ不過家倘等의設립ᄒᆞᆫ바이오政治上에干涉이少無ᄒᆞ니日後에如此擧動이更有ᄒᆞ면嚴懲하깃다고說諭放送ᄒᆞ엿다더라

日屋回祿 昨日上午二時에泥峴日人魚物廛에셔失火ᄒᆞ야全家沒燒ᄒᆞ엿다더라

馬질落車 總相李完用氏ᄂᆞᆫ昨日上午十時에仕進ᄎᆞ로布廛屛門으로過ᄒᆞ다가駕馬가驚走ᄒᆞ야車下에隕倒ᄒᆞ엿ᄂᆞᆫ데腰骨이重傷ᄒᆞ엿다더라

畜產法改良 全國內鷄豚은農民에必要ᄒᆞᆫ畜產物이라ᄒᆞ야農商工部에셔明年度부터飼畜法을改良ᄒᆞ기로現方協議中이라더라

品評會褒賞式 慶北大邱에開會中인農產品評會에셔ᄂᆞᆫ來二十三日에褒賞授與式을擧行ᄒᆞᆫ다더라

偵探被黜 某處偵探人李喆榮氏ᄂᆞᆫ探報에虛妄ᄒᆞᆷ이有ᄒᆞ다ᄒᆞ야日前에逐出을被ᄒᆞ엿다더라

實無干涉 水原郡居申順用氏ᄂᆞᆫ義兵干連이有ᄒᆞ다ᄒᆞ야京城監獄署에滯囚ᄒᆞ엿ᄂᆞᆫ데該氏가實無干犯ᄒᆞᆷ으로該郡商民等及面里長이聯名擔保ᄒᆞ야商務本部에報明서를提出ᄒᆞ고法司에交涉ᄒᆞ기를請求ᄒᆞ엿다더라

審查會繼續 昨日農商工部에셔開ᄒᆞᆫ免許漁業審查會ᄂᆞᆫ全國漁業免許에關ᄒᆞ야說明ᄒᆞᆫ後巨文島漁基許否에關ᄒᆞᆫ件만決定ᄒᆞᆫ故로今日에繼續開會ᄒᆞᆫ다더라

畢竟綻露 閔京호氏가平北觀察在任時에韓龍增氏의財產을奪取ᄒᆞ엿슴으로再昨日地方裁判所에셔裁判ᄒᆞ야閔氏가落科되엿ᄂᆞᆫ데懲役幾年은在所難免이라더라

英夫人調查 英國領事의夫人은再昨日下午一時에貞洞노무손夫人을訪問ᄒᆞ고從來韓國致人의姓名을調查以去ᄒᆞ엿다더라

有挾而求 從一品李範晋氏의令男李璣鍾氏ᄂᆞᆫ哈爾賓事件嫌疑로日軍司令部에被囚ᄒᆞᆷ은一般共知ᄒᆞᄂᆞᆫ바어니와某處偵探客申某ᄂᆞᆫ無事放免케ᄒᆞᆫ다ᄒᆞ고李璣鍾氏大夫人의게金화二十圓을請求ᄒᆞ엿다더라

修理費請撥 水原郡官衙修理費ᄂᆞᆫ三百二十圓인데昨日內部에셔度支部로照會ᄒᆞ고從速支撥ᄒᆞ기를請求ᄒᆞ엿다더라

銃劍破碎 警視廳에셔已往收聚ᄒᆞᆫ五部內人民의銃劍은人民의게還出給ᄒᆞᆯ必要가無ᄒᆞ다ᄒᆞ야將次破碎ᄒᆞ기로決定ᄒᆞ엿다더라

衣服撮影 警視廳에셔已往捕盜廳將卒의服色을參考ᄒᆞ기爲ᄒᆞ야昨日上午十一時에一般衣服을撮影ᄒᆞ엿다더라

國友向仁 內部警務局警視國友ᄂᆞᆫ何事故를因ᄒᆞᆷ인지昨日上午十時頃에仁川港으로下往ᄒᆞ엿다더라

一覽表發送 內部에셔各地方官衙에셔處理ᄒᆞᆫ重要事項一覽表를修定ᄒᆞ야各觀察道로一件式발送ᄒᆞ엿다더라

得不晩乎 一進會合邦聲明서를各官廳一般官吏의게面面分傳ᄒᆞ엿ᄂᆞᆫ데宮內府에셔ᄂᆞᆫ該大臣의命令을因ᄒᆞ야再昨日沒數撤退ᄒᆞ엿다더라

履歷調查 漢城府에셔再昨日漢城에在ᄒᆞᆫ各銀行會社等重大ᄒᆞᆫ任員의履歷을調查ᄒᆞ엿다더라

義兵再盛 近間各地方에ᄂᆞᆫ義兵이再盛ᄒᆞᆫ다더라

日人經營 馬山浦附近은地質이豐沃ᄒᆞ야日人中에流涎ᄒᆞᄂᆞᆫ者ㅣ多ᄒᆞ더니日人村井이七八十萬圓을投ᄒᆞ야壹大農場을設립ᄒᆞᆯᄎᆞ로日下經營ᄒᆞᄂᆞᆫ中이라더라

交換兵渡韓 日本騎兵八十五名과野砲兵八十六名과工兵百十六名이去十壹日朝에日本熊本에셔出발하야渡韓하엿다더라

兩新聞雷同論說 昨日皇城新聞과大韓民報의論說이雷同되엿ᄂᆞᆫ데皇城新聞讀者ᄂᆞᆫ이것이大韓民報에셔皇城論說을盜賊질ᄒᆞᆫ것이라하며大韓民報讀者ᄂᆞᆫ이것이皇城新聞에셔民報論說을盜賊질ᄒᆞᆫ것이라하며或은近來新聞界에前日科擧場中換皮封하던套習이復出하엿다고論評이不一하다더라

農民困況 現今穀價가甚히下落ᄒᆞ미各地農民은困苦가無雙ᄒᆞ야嗷오頗甚하다더라

毀否質問 輔國閔泳徽氏가年前宣惠堂上在任時에全北古阜군에無地冤徵結을除給ᄒᆞᆫ事가有ᄒᆞᆷ으로該군人民이頌德碑를竪립하고碑閣을刱建하엿ᄂᆞᆫ데現今該地方에道路를修築하ᄂᆞᆫ데障碍가有하다하야該군警察署에셔中署로[illegible]知하고該碑閣毀撤與否를問하엿ᄂᆞᆫ데昨日上午十時中署에셔閔氏를招請하여碑閣毀否를問議하엿다더라

高犯被捉 住所未詳ᄒᆞᆫ高命善은强盜嫌疑로再昨日中署에被捉ᄒᆞ엿다더라

處理會開會 明十八日下午壹時에鍾路商業會議所樓上에셔國債報償金處理會總會를開ᄒᆞᆫ다더라

畿湖總會 畿湖興學會에셔明十八日(土曜)下午三時에通常總會를安洞該會館內에開ᄒᆞ고事務를處理ᄒᆞᆫ다더라

社告

咸從邑校洞金炳善氏에게本支社를認許設립ᄒᆞ엿스니該附近에셔本申報購覽ᄒᆞ실僉彦은金炳善氏에게請求ᄒᆞ시고代金과本社에對ᄒᆞᆫ諸般事를該氏와交涉ᄒᆞ심을爲要

大韓每日申報社

▲偉人遺蹟

▲東國巨傑 崔都統 續　錦頰山人

第二章 崔都統以前의我族과外族

我扶餘族이黑龍江寧古塔等地에셔孳殖ᄒᆞ야凡二千餘年을經ᄒᆞ야三國時代에至ᄒᆞ미비로소我東全土와遼瀋各處에分布ᄒᆞ야南北兩大部를成ᄒᆞ니南部ᄂᆞᆫ漢江以南에셔發達ᄒᆞᆫ者가是오北部ᄂᆞᆫ鴨綠江以北에셔發達ᄒᆞᆫ者가是라

此南北兩大部의中間에支那族이來殖ᄒᆞ야箕氏以後로漸次强盛ᄒᆞ야其餘孼이我南部를侵入홈에至ᄒᆞ고（箕準의南入이亦一證）又彼本部의支那가其實力을充足홈時에ᄂᆞᆫ恆常我族과接觸ᄒᆞ야相角홈에至ᄒᆞ니此가我扶餘族의第一敵國이오我族의北部와隣接ᄒᆞᆫ柔然契丹蒙古等族이時時로蠅起ᄒᆞ야我族과對抗ᄒᆞ며又或支那北部全土를攫取ᄒᆞ야其餘鋒으로我를睥睨ᄒᆞ니此가我扶餘族의第二敵國이오東經百卅九度朝鮮海峽의一葦水를渡ᄒᆞ야聯됴ᄒᆞᆫ三小島가有ᄒᆞ니其名曰日本이라彼日本族은或者가我南部百濟故邦의支孼로認ᄒᆞ나然이나彼의言語風俗이我族과全異ᄒᆞ고又數千餘年을我國에對ᄒᆞ야海上進步의障碍物을作ᄒᆞ엿스니엇지同族으로看做홈이可ᄒᆞ리오此가第三敵國이라　未完

雜報

◎運動說誤傳　朴弘錫氏가典繕課長을運動ᄒᆞᆫ다ᄂᆞᆫ說은傳之者ㅣ誤라더라

學界

◎蠶所申請　全北全州에在ᄒᆞᆫ蠶業傳習所ᄂᆞᆫ事務가益益발展ᄒᆞ야從前의經費로ᄂᆞᆫ不足의歎이有ᄒᆞ다ᄒᆞ야農商工部에向ᄒᆞ야補助金을申請ᄒᆞ엿ᄂᆞᆫᄃᆡ同部에셔ᄂᆞᆫ目下協議中이라더라

◎私轉爲官　龍山所在私立蠶業講習所ᄂᆞᆫ農商工部에셔明年度부터官립으로成립ᄒᆞᆫ다ᄂᆞᆫᄃᆡ豫算은壹萬三千圓으로槪算ᄒᆞ엿다더라

廣告

本所定期總會를本月十八日下午壹時(陰十壹月初六日)開ᄒᆞ오니　僉宗은屆期來臨홈

金海金氏宗約所　白

本人이年前壹達會에暫投旋退인ᄃᆡ今에所謂合邦聲名書에百萬名會員이라ᄒᆞ엿스니推想컨ᄃᆡ退會人數도亦稱其徒인듯ᄒᆞᆫ지라化外黨에投入ᄒᆞ엿던名義를仍稱키不可ᄒᆞ야本名基成의成字를以豐字로改稱ᄒᆞ고玆에廣告홈

三和港後浦朴基豐　告白

歲暮贈答品特色

我國特產 谷香葉煙草 各種

京城南署東洞六十二統十戶

KIM 金龍商會 謹告

◎同和藥房廣告

引蘇丸 定價十錢

淸心降火消痰進食消滯止泄鬱火上衝心腹胞滿輪車乘眩

用藥寶鑑　一卷一秩　定價三十錢

宗敎統一論　壹卷壹秩　定價十錢

▲位置

本舖京西小門外車洞　閔橿

郡支店 平壤西門內　宋尙愈

第一分店 東部䕺島　朴在庸

二分뎜南竹洞四街里　朴右榮

第壹代理뎜全州동村　李重翼

二代理뎜稷山笠場市　李奎甲

三代理뎜禮山邑　孔錫煥

四代理뎜堤川邑　李台永

出張所金山金泉　鄭海容

報恩　金元七

利川夫面大旺里　辛基榮

丹陽南面舍人岩　張命海

忠州　鄭公秉

水原발安場　文啓珏

中部壽進洞　盧永奎

稷山成歡　韓永元

永登浦　洪聖化

海州大德面斗峴村　朴基陽

鳳山　張義甲

其他各大都會處

紙面이不足ᄒᆞ야壹壹枚擧치못ᄒᆞ오

同和藥房本舖主　閔橿　告白

本人이葉草客主數年에各處草商雲集交易ᄒᆞᄂᆞᆫᄃᆡ內外國煙草會社에셔도連續買去ᄒᆞ고本國絕草商도多數買去ᄒᆞ옵기로一

府擴張ᄒᆞ엿ᄉᆞ오니　僉君子ᄂᆞᆫ陸續來臨ᄒᆞ시기를希望

京城西大門外尾洞百八統九戶　宋憲翼 邊昌根　告白

廣告

本院은醫科專門으로一切患者를誠勤救療ᄒᆞ오니有病僉尊은來臨問診ᄒᆞ시옵

京義線車站舖

三選堂醫院

醫學生徒募集

本院에셔現我急務의醫士를養成ᄒᆞ기爲ᄒᆞ야學校를付設ᄒᆞ고學問과實習을次第敎授ᄒᆞ되速成科卒業期間은滿二個年으로定ᄒᆞ고來三月十日(陰正月廿九日)ᄭᆞ지學生을募集ᄒᆞ오니有志僉彦은 **來議請願** ᄒᆞ시옵

入學身格

年齡　十八歲以上至三十歲

學力　普通學校卒業證셔가有ᄒᆞᆫ者(證셔가無ᄒᆞᆫ者의게ᄂᆞᆫ面試後許入)

三選堂醫院 付屬醫學校

主任講師　醫學卒業生 前陸軍軍醫　李奎영

校監　白鎭규

學監　李道敏

德國일버펠드地方의파벤파부리켄染料會社ᄂᆞᆫ韓國에在ᄒᆞᆫ本社의組織員되ᄂᆞᆫ僉位의게通告ᄒᆞ노니本會社가 **日本大阪의日人會社** 에셔此末端에揭示ᄒᆞᆫ本社의已久ᄒᆞᆫ **登錄商標** 에 **犯科** ᄒᆞᆫ事에對ᄒᆞ야裁判得勝ᄒᆞ엿ᄂᆞ이다

又本社의特意主顧ᄒᆞ시ᄂᆞᆫ　僉位와其他關係되ᄂᆞᆫ　僉位의게表明ᄒᆞ노니本社의商標나或此와 **類似** ᄒᆞᆫ것이라도犯 **用** ᄒᆞᆫ標이有ᄒᆞᆫ者ᄂᆞᆫ今無ᄒᆞ오며本회社ᄂᆞᆫ世所共知ᄒᆞᄂᆞᆫ本社製品을韓國으로陸續輸入케ᄒᆞᆯ터이오며且本社商標를贋 **造** ᄒᆞ야 **輸入** ᄒᆞᄂᆞᆫ者ㅣ更有ᄒᆞ면卽告訴를當ᄒᆞᆯ터이오니特이愼戒ᄒᆞ시옵

商

標

商

標

本所에셔洋緞毛織을各色直輸入ᄒᆞ야廉價로發賣ᄒᆞ옵ᄂᆞᆫᄃᆡ物品과織組가堅固ᄒᆞ며染色이不變ᄒᆞ와經濟上에第一要緊ᄒᆞ오며各地方貿易을便利키爲ᄒᆞ와郵便小包로酬應ᄒᆞ야代金을引換ᄒᆞ겟ᄉᆞ오니　僉君子ᄂᆞᆫ陸續請求ᄒᆞ심을伏望

京城小龍洞

洪順福 毛織商店

본인이정동잇ᄂᆞᆫ삼층벽돌집지금大韓每日申報社家屋을방매ᄒᆞᆯ터이니집사기를원ᄒᆞᄂᆞᆫ쳠군ᄌᆞᄂᆞᆫ리림샹의ᄒᆞ시옵

家主京西大門外京口下法國人　馬典　告白

北署龜山里伏字답四斗落립旨를家中에셔紛失ᄒᆞ엿기玆廣告

西部仁達坊社稷洞五十二統十四戶　權召ᄉᆞ　白

移館擴業廣告

本館을大貫洞上隅로移ᄒᆞ고各種書籍과帽子와學徒用品을大加擴張ᄒᆞ고特歇발賣ᄒᆞ오니陸續請求ᄒᆞ옵

編輯部를置ᄒᆞ고서籍을編述발刊ᄒᆞ며裁縫所를附ᄒᆞ야帽子服裝을製造ᄒᆞ며文房諸具와帽子附屬品과毛織布木이具備홈

平壤大貫洞上隅

光明書觀 主　朴致祿 金燦斗 韓承坤

◎歲暮와漢陽商會

多忙ᄒᆞ고流矢갓ᄒᆞᆫ隆熙三年의日月은임의그結局을告코저ᄒᆞ고希望의曙光잇ᄂᆞᆫ隆熙四年의幸福은到來ᄒᆞ옵나이다玆에우리大韓國民이誠心誠意로固心經營ᄒᆞᄂᆞᆫ漢陽商會ᄂᆞᆫ大韓國人士를爲ᄒᆞ야新年及歲暮에贈答ᄒᆞᄂᆞᆫ新流行品을多數輸入ᄒᆞ고驚天動地的大廉價大活動으로여러분을歡迎ᄒᆞ옵나이다◎愛顧ᄒᆞ시오漢城鍾路漢陽商會를◎電話ᄂᆞᆫ一九一番이오

▲黃海灣風濤光景▼ 覃山生

江雪初霽하고風日이向暖하니政是小春天氣라將欲行船홀식一聲汽笛에船頭에飄揚太極旗影이라汪洋高帆이泛出八尾海하니波瀾不競에浩無際涯하고上下天光에一色平鋪로다滿載商旅가乃至二百五六十人이라相與乘坐甲板上하야縱且而觀之하니翩쳔白鷗는相親相近하고潛泳河豚은或露或沉하니一路上海面風景은說不盡之一幅奇畫러라俄頃에船長이來言하되已近黃海灣云이라諸客이或談或모하고一詩一酒하야若作盛遊而過하서遠遠天末에一点黑雲이微布하고北風이捲起中望見一大高嶽山根이如의斗하야走出海面三四十里蹲踞하니其形이嶄험如獅虎之張牙爬爪라船影이爾飛前하니風猛波壯하고檣傾楫頹하야老龍은掀天攪海하고長鯨는噴波縮浪하니怒濤가一起에三山이湧出이라船長이倉皇來言하되此地는卽長山串也니諸客은愼重云而退어늘客이面面相顧하니船中이隨其風浪之翻空하야人物이顚倒相雜하니人個個頭顱는縱橫하고手脚은高低로다心昏神迷하야魂靈兒飛去半天上이러라就中飄然一美少年이年可弱冠에玉顔星眸로冠着學徒帽子하고肩下着一領毛織黑色周衣하고手提洋裝之朩牛皮帒하고不動聲色而來坐客前하야笑容怡語로敬禮以後에一場演說하니其槪意를略擧則諸君이遭此風波에喪魂失神하야如死體一般하니何其愚昧之甚耶오際玆新風潮하야搭乘外국船하고涉彼大海에豈無預備之신發明藥料乎아海上風波는宜其易遭者어늘不思預방하고甘受困難하니果其開明之未展이로다欣然綻開藥帒하고先以淸心保命丹幾粒식呑下하야因定眩暈安胃然後에更以蔘茸大補元幾粒식連呑하야鎭神補元하고陳述其藥品之効能하니衆船客이擧手齊拍하고相揖以賀하야大讚其新發明之藥品과開明的高見이러라於焉間風靜浪息일식安全廠流하야定船於南港이라衆船客이各自跳下三板船하야從陸발行而歸홀서互相執手以別焉이러라

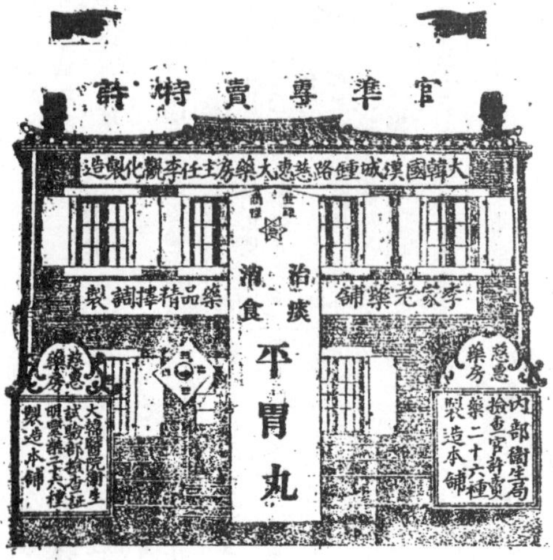

檀君開國四千二百四十二年
箕子元年三千三十一年
大韓開國五百十八年
本報創刊日
光武八年七月十八日

大韓每日申報

第七卷
月曜及慶節歲時休日休刊
第一千二百六十九号
Responsible for Publication Alfred Weekley Marnham.
發行兼編輯人 英國人 萬咸
發行所 京城南部石井洞三層洋屋家 大韓每日申報社

論說

商業上知識의必要

吾儕가恒言ᄒᆞᆫ바와如히此世界ᄂᆞᆫ商業戰鬪時代라彼眼明手快ᄒᆞᆫ外國人이所謂平和的戰鬪를唱ᄒᆞ야商兵을訓鍊ᄒᆞ며商兵을奮揮ᄒᆞ야遑遑히新物產의蓄積ᄒᆞᆫ處를四方으로爭求ᄒᆞ나니韓國도旣是亞細亞的國家를變ᄒᆞ야世界的國家를成ᄒᆞ엿슨즉不可不世界戰場에入ᄒᆞ야世界戰鬪를應ᄒᆞᆯ時代가아닌가然하거ᄂᆞᆯ乃此韓國同胞ᄂᆞᆫ오히려昔日閉門時代的思想을將ᄒᆞ고閉門時代的事業을作ᄒᆞ야他人의商船商船이海洋을震ᄒᆞ되오직舊規模로布木사시오冠宕사시오ᄒᆞᄂᆞᆫ商人뿐이며他人의新物奇貨가邱山又치積ᄒᆞ되오직舊方法으로구멍假家군밤장ᄉᆞᄒᆞᄂᆞᆫ商賈뿐이오或新式의商業을經營ᄒᆞ야外人의跋扈를對峙코져ᄒᆞᄂᆞᆫ者ㅣ一二가無ᄒᆞᆷ은아니로ᄃᆡ(漢陽商會等)實로瑞麟의角又치稀ᄒᆞ니此亦國家를思ᄒᆞᄂᆞᆫ者의一嘆ᄒᆞᆯ바라

蓋此가何故오ᄒᆞ면曰商業上知識이無ᄒᆞᆫ故라知識이無ᄒᆞ거니엇지商業의進步가有ᄒᆞ며엇지他人과競爭을圖ᄒᆞ리오

然則今日商業界를爲ᄒᆞ야盡力ᄒᆞᆯ바ᄂᆞᆫ曰商業知識의開發이니果然此를開發ᄒᆞ면可히自家의商業權利를回復ᄒᆞ며商業利益을擴張ᄒᆞᆯ지니라

然ᄒᆞ면此商業知識을開발ᄒᆞᆯ道ᄂᆞᆫ何오曰(一)商業學校를擴張ᄒᆞ며(只今善隣商業學校一個가有ᄒᆞ나此ᄂᆞᆫ韓人의學校가아니라日人의學校니엇지遺憾이아니며또方今商業學校漸起의消息이有ᄒᆞ나此亦著作의道[illegible]難ᄒᆞᆫ더)(二)新式의商業營爲를發展ᄒᆞ야短을棄ᄒᆞ고長을取ᄒᆞ며(三)商業界新聞雜誌를多讀ᄒᆞ면庶可라ᄒᆞ노라

韓國에如斯히商業上知識發達의道가遲遲ᄒᆞᆫ中에商業에關係되ᄂᆞᆫ書籍이實로草創時代에屬ᄒᆞᆫ지라往者日本東京에在ᄒᆞᆫ韓國留學生諸氏가商學界一書를發行ᄒᆞ더니何故를因ᄒᆞᆷ인지吾儕의得見이亦已久ᄒᆞ엿스니或夭逝乃已치나아니ᄒᆞ엿ᄂᆞᆫ지

然이나此亦海外에서出ᄒᆞᄂᆞᆫ者오至若內地에ᄂᆞᆫ近日에至ᄒᆞ야京城商業會議所에서商工月報를발行ᄒᆞ니蓋此月報가愈奮愈勵ᄒᆞ면可히商業界의一明星을作ᄒᆞᆯ道가有ᄒᆞ다ᄒᆞ노라

大抵只今韓國에坐ᄒᆞ야商業上知識을言ᄒᆞᆷ은實로不急ᄒᆞᆫ問題라ᄒᆞᆯ지나其亦不然ᄒᆞ니商業戰爭은實로今日世界의平和的大戰爭이라此戰爭이亦是軍艦大砲의戰爭에不下ᄒᆞᄂᆞᆫ勢力이有ᄒᆞ니라

外報

●露議員要求 露國國會의西比利亞議員等은露日戰爭中極東事情에關ᄒᆞᆫ諮問案을本期議會에提出ᄒᆞᆯ事를要求ᄒᆞ엿ᄂᆞᆫᄃᆡ議長은此를應諾ᄒᆞ엿다더라

●比皇漸快 比利時황帝ᄂᆞᆫ身病이漸次快復ᄒᆞᆫ다더라

●大連大火 去十四日夜에清國大連에ᄂᆞᆫ大火가起ᄒᆞ야商店一百四十七戶와大連病院이被燒ᄒᆞ엿ᄂᆞᆫᄃᆡ燒死ᄒᆞᆫ人은看護婦一名이오被害ᄒᆞᆫ財產은十數萬圓에達ᄒᆞ엿다더라

●德船被燒 英領香港에서一千四百噸을載ᄒᆞᆫ德國瀛船이被燒되엿다더라

●借款反對 清國에서ᄂᆞᆫ越漢川漢鐵道借款說에對ᄒᆞ야反對가將起ᄒᆞᆫ다더라

●無線電又敗 日本東京電報를據ᄒᆞᆫ즉銚子와布哇間의無線電信의試험은連又失敗ᄒᆞ엿다더라

●軍費減少 日本海軍省에서ᄂᆞᆫ軍事費를削減ᄒᆞ야來年度의軍艦行動을制限ᄒᆞ고巨額의節約을行ᄒᆞᆫ다더라

●鐵道開通式 喜望峰카이로間에亞弗利加縱貫鐵道의英國部分은公果國境ᄭᅡ지開通ᄒᆞ고去十一日에開通式을擧行ᄒᆞ엿ᄂᆞᆫᄃᆡ英國人及比利時人이參席ᄒᆞ엿다더라

雜報

內閣寄函

向者高度相이滯日ᄒᆞᆯ時에五條云云之說이有ᄒᆞᆷ으로本紙에도疑難攻駁을累加ᄒᆞ엿거니와今에內閣秘書課長高源植氏가本社에寄來ᄒᆞᆫ函辭가如左ᄒᆞ기로茲에全文을揭載ᄒᆞ노라

近年에我政府에서日本大藏省에貨幣製造를委託ᄒᆞ야大坂造幣局에서製造ᄒᆞᄂᆞᆫᄃᆡ年例試驗에立會ᄒᆞ기爲ᄒᆞ야去月二十七日에高度支部大臣이渡日之行에 東宮殿下의問候ᄒᆞ옵고故伊藤太師墓所에參拜ᄒᆞ고本月二日에還着大坂ᄒᆞ야三日에秉任大藏大臣桂總理와大坂造幣局에서立會試驗ᄒᆞ고四日에歸朝ᄒᆞᆫ事實은一般認悉ᄒᆞᄂᆞᆫ바인ᄃᆡ千萬匪意에政府에서度支部大臣으로日本에前往ᄒᆞ야五個條約을要請케ᄒᆞᆫ樣으로一種新聞의날造流布ᄒᆞᆷ을因ᄒᆞ야各新聞에轉載ᄒᆞᆷ으로民心을眩惑케ᄒᆞ니事實의虛無ᄒᆞᆯ뿐아니라何許無[illegible]의中傷的[illegible]인듯ᄒᆞ기로茲에擧實仰布ᄒᆞ오니貴社에서此函을特爲全部揭載ᄒᆞ와眩惑ᄒᆞᄂᆞᆫ民心을渙然釋悟케ᄒᆞᆷ을爲要

●臨保風害 去月二十九日下午五時에保寧군周浦面下松里沿海에서風浪이大起하야李相先氏의白米一百十八石과正租三十八石을裝載ᄒᆞᆫ船隻이沈沒하엿고同日남浦군新安面栗島에서ᄂᆞᆫ金允煥氏의正租一百三十八石을裝載ᄒᆞᆫ船隻이沈沒하엿ᄂᆞᆫᄃᆡ生命溺死가六名이오損害額이千餘圓이라더라

學界

●學父兄懇親 官립梅洞普通學校에서ᄂᆞᆫ昨日上午十時에學生父兄懇親會를設行ᄒᆞ엿다더라

●輔仁總會 輔仁學會에서ᄂᆞᆫ日昨에定期總會를開하고內部書記官羅壽淵氏로校長을選定하엿다더라

●普校學藝會 昨日官립六峴普通學校에서ᄂᆞᆫ學藝會를開催하엿다더라

●閔氏設校 利川長面居ᄒᆞᄂᆞᆫ閔仲植氏ᄂᆞᆫ自己家內에勞働夜學校를設립ᄒᆞ고敎育에熱心ᄒᆞᆫ다더라

●康氏熱心 平南舊咸從郡倉後里居康健爀氏ᄂᆞᆫ敎育界에熱心ᄒᆞ야自己舍廊으로夜學校를設립ᄒᆞ고多數青年을熱誠敎授ᄒᆞᆫ다더더

●抑何心膓 平南甑山군漢川居崔某ᄂᆞᆫ該地學校를沮戲코져愚氓等을敎嗾하야曾往學校에付屬ᄒᆞᆫ土地을還推屬公하라하야駐在所에告發케ᄒᆞᆫ다더라

●兩氏有志 水厚觀察府主事林益相鄕主事具滋鏞兩氏ᄂᆞᆫ該郡三一學校內에法律夜學을設ᄒᆞ고青年을募集ᄒᆞ야義務로敎育ᄒᆞᆫ다더라

●廣岩廣文 楊州군居李哲會安世根諸氏가協同ᄒᆞ야別非面二牌廣岩里에私立廣文學校를設立ᄒᆞ고青年子弟를募集敎授ᄒᆞᆫ다더라

●買票助校 開城北部韓英書院內基督青年會에서世界四大宗敎演說會를開ᄒᆞ고入場券을賣却ᄒᆞ엿ᄂᆞᆫᄃᆡ該價金十二圓은私립培義學校에捐助ᄒᆞ엿다더라

●文昌果창 咸南利原군西面文坪里姜賢秀姜永澤梁珠憲等諸氏가敎育이不振ᄒᆞᆷ을慨歎ᄒᆞ고該里山仰齋에文창學校를刱設하고該附近紳士諸氏가協議捐財하야校舍를一新改築ᄒᆞ고學員을多數募集ᄒᆞ야熱心敎育하ᄂᆞᆫᄃᆡ晝夜學員이百餘名에達ᄒᆞ야校況이日益進就ᄒᆞᆫ다더라

●捐金獎學 永興군居李命燮氏ᄂᆞᆫ京城畿湖學校二年級生인ᄃᆡ學費가窮拙하야廢學ᄒᆞᆯ境에至ᄒᆞᆫ지라紳士金應鎭金奎晃劉漢烈李斗전朴良善吳錫俊文창明等諸氏가其前途를愛惜히녀여各其多數에金額을逐朔捐出하야學費를繼續全擔ᄒᆞᆫ다더라

●淵新擴張 全南長興군東面淵谷私립淵新學校ᄂᆞᆫ本年春에設립하엿ᄂᆞᆫᄃᆡ該군紳士李敎根金益鎔魏啓琳魏啓善諸氏가敎育에熱誠ᄒᆞᆯ뿐더러魏啓善氏ᄂᆞᆫ該校經費를全擔支出ᄒᆞᆷ으로校況漸漸擴張하야生徒가百餘名에達하엿다더라

○談叢○

▲聖人 劍心

擬人의眼으로聖人을仰ᄒᆞ면叙ᄂᆞᆫ天資가特拔ᄒᆞ야聞見도不藉ᄒᆞ며敎育도不待ᄒᆞ고落地ᄒᆞᆫ後에自然히萬理를了悟ᄒᆞᆫ者인듯ᄒᆞ나엇지然ᄒᆞ리오聖人이盖衆人以上에超出치아님은아니나彼도亦社會業力의造成ᄒᆞᆫ바오自然히生知ᄒᆞᆫ者가아니라

故로孔子가儒敎를립ᄒᆞ며釋迦가佛敎를設ᄒᆞᆷ이皆特見으로突然히創ᄒᆞᆫ者ㅣ아니오其國의固有ᄒᆞᆫ宗敎風俗習慣等을基ᄒᆞ야造ᄒᆞᆫ비니萬一釋迦가支那에서生ᄒᆞ엿스며공子가印度에서生ᄒᆞ엿스면洙泗源頭에路를尋ᄒᆞ엿슬지며靈山會上에花를염ᄒᆞ엿슬지오又或不然ᄒᆞᆯ지라도幾分間今日吾輩眼中에映ᄒᆞᄂᆞᆫ공氏釋氏가아닐진져

▲人類知識

上古人類가初生ᄒᆞ미食을求ᄒᆞᆯ줄만知ᄒᆞ며死를避ᄒᆞᆯ줄만知ᄒᆞ다가自然界의觀感와彼我의競爭을因ᄒᆞ야知識이漸增ᄒᆞ엿고上古人이此知識으로中古人에게傳ᄒᆞ며中古人이此를擴張ᄒᆞ야又近古人에게傳ᄒᆞ매知識이愈廣ᄒᆞ나니萬一甕中에處ᄒᆞ야觀感도無ᄒᆞ며競爭도無ᄒᆞ며前人의傳授도無ᄒᆞ면多才多能ᄒᆞᆫ聖人이라도一癡童됨을未免ᄒᆞᆯ지라然則頑昧時代의人은비록特才가有ᄒᆞᆯ지라도何를資ᄒᆞ야知를充ᄒᆞ리오

詞藻

❀峨洋曲❀

疊疊衆山바라보니、世上事가저와又고。
悠悠長江구버보니、나의心思이러ᄒᆞ다。
언제나、져일다ᄒᆞ고、心思和平。

雜報

○新廳舍御觀覽　大황帝　皇后兩陛下ᄭᅴ옵서昨日下午一時에宮內府新築廳舍를　御觀覽ᄒᆞ옵셧ᄂᆞᆫᄃᆡ侍從及女官各二人이　陪從ᄒᆞ엿다더라

◎總相行動　日前에李總相이曾禰統監을訪問ᄒᆞ고伊藤公遭難에對ᄒᆞ야　大皇帝陛下ᄭᅴ옵서渡日謝罪ᄒᆞ시기로閣議에決定ᄒᆞ엿다ᄒᆞ매統監은此時民心이不穩ᄒᆞᆫᄃᆡ此事를行ᄒᆞᆷ이不可라고答ᄒᆞᆫ지라其後趙農相이統監을訪問ᄒᆞᆯ時에統監이該事實有無를更히提問ᄒᆞ매農相은該事議決場에參與치못ᄒᆞ엿다ᄒᆞ고卽時內閣으로歸ᄒᆞ야諸大臣의게問ᄒᆞᆫ즉擧皆不知라ᄒᆞᄂᆞᆫ지라農相이總相을向ᄒᆞ야內閣은一人의內閣이냐ᄒᆞ고一場論駁ᄒᆞ엿다더라

○月舘忘年會　主殿院一般官吏ᄂᆞᆫ明日曜日下午三時明月舘에셔忘年會를開ᄒᆞᆫ다더라

○因挽中止　農相趙重應氏가日間渡日ᄒᆞᆫ다ᄒᆷ은已報어니와某處의挽執을因ᄒᆞ야停止ᄒᆞᆫ다더라

○審查又開　內部에셔來金曜日地方官資格審查會를開ᄒᆞᄂᆞᆫᄃᆡ現闕郡守ᄂᆞᆫ年終內에叙任ᄒᆞ기로預定ᄒᆞ엿다더라

○欲作參考　現今政府에셔諸般統計表를奔走히製定ᄒᆞᄂᆞᆫᄃᆡ此ᄂᆞᆫ日本議會에提出ᄒᆞ야參考資料를作코져ᄒᆷ이라더라

○傷者七人　總相李完用氏가馬車에落傷ᄒᆷ은已報어니와同時에被傷ᄒᆞᆫ者가七人인ᄃᆡ其中前參尉吳天默氏의令弟가重傷을被ᄒᆞ야現今永樂町日人病院에셔治療ᄒᆞ나生死가未判中이오治療費ᄂᆞᆫ李完用氏가擔當ᄒᆞ다더라

◎兩凶聯合　所謂商務組合部內挾雜輩幾個人은尙然一進會와聯合ᄒᆞᆯ目的으로昨日下午七時明月舘에셔兩便이合同ᄒᆞ야懇親會를設行ᄒᆞ엿다더라

◎出出凶黨　徐彰輔尹致永等이一進會政合邦論을贊成ᄒᆞ야實施ᄒᆞᆯ必要가有ᄒᆞᆫ줄노內閣及統監府에長셔ᄒᆞ엿다더라

○質問駿激　前郡守安昇玉氏ᄂᆞᆫ三昨日商務組合本部에前往ᄒᆞ야一進會聲明셔에對ᄒᆞ야贊成ᄒᆞᆫ理由를質問ᄒᆞᄂᆞᆫᄃᆡ言辭가駿激ᄒᆞ야一塲風波를惹起ᄒᆞ엿다더라

○囑托出張　農商工部農務局囑托員金贇熙氏ᄂᆞᆫ全羅北道農務를視察次로昨日出張ᄒᆞ엿ᄂᆞᆫᄃᆡ往還期限은二週間으로預定ᄒᆞ엿다더라

○募兵期改定　近衛步兵大隊에셔ᄂᆞᆫ伊來士卒의現闕이有ᄒᆞ면卽時塡充ᄒᆞ더니其規則을改定ᄒᆞ고從今以後로ᄂᆞᆫ一年內春秋兩期로新兵을募集ᄒᆞ기로決定하엿다더라

○倉庫竣工　農商工部에新建築ᄒᆞᄂᆞᆫ倉庫五十坪은日昨에竣工되엿다더라

○校답調查　學部에셔ᄂᆞᆫ各地方鄕校답을調查ᄒᆞ야當地敎育費에補用케ᄒᆞᆫ다ᄂᆞᆫᄃᆡ爲先調查ᄒᆞᆫ답이七千餘斗落에達ᄒᆞ엿다더라

○監督과秘書　日本留學生監督은學部秘셔官李晩奎氏로內定되엿고其代에ᄂᆞᆫ前參尉李恒稙氏가被任ᄒᆞᆫ다더라

○漢社運動　漢城新報社에셔財政이困難ᄒᆞ야幾日停刊ᄒᆷ은人所共知어니와該社主幹田村萬之助ᄂᆞᆫ某處에機關이되야經費를挪用ᄒᆞ기로運動ᄒᆞᆫ다ᄂᆞᆫ說이有ᄒᆞ다더라

○孰不同情　釜山港勸業靑年會에셔演說會를開ᄒᆞ고金五圓을義捐ᄒᆞ야國民大演說會에寄付ᄒᆷ은已報어니와該會總代鄭昌회金辰約尹球鳳等諸氏가聯名ᄒᆞ야國民大演說會에同意贊成ᄒᆷ을同時送致ᄒᆞ엿고全州郡居鄭碩謨李命圭氏等十五人도聯名하야국民大演說會에同志셔를送致ᄒᆞ엿다더라

○新韓押收　桑港에셔發行ᄒᆞᄂᆞᆫ新韓民報第百五十九號ᄂᆞᆫ治安을妨害라ᄒᆞ야內部에셔발賣頒布를禁止ᄒᆞ엿다더라

○新聞又出　閔元植白樂均兩氏가資本金一千五百圓을積立ᄒᆞ고時事新聞을발行ᄒᆞᆯ次로內部에請願ᄒᆞ엿ᄂᆞᆫᄃᆡ該部에셔所管警署로指揮ᄒᆞ야該人等에身分을調查ᄒᆞᆫ다더라

○社員晩餐　大同日報社員一同은昨日下午三時瑞慶舘에셔晩餐會를開ᄒᆞ엿다더라

○兩氏補助說　大同敎ᄂᆞᆫ財政이窘拙ᄒᆞ야敎務處理에困難이有ᄒᆞ다ᄂᆞᆫᄃᆡ該敎副長李址鎔贊敎員尹德榮兩氏가金幾百圓을補助ᄒᆞᆫ다더라

○李巡罷免　西署巡查李根鎔氏ᄂᆞᆫ雜技犯을捕縛ᄒᆞ엿다가自下放免ᄒᆞᆫ事件으로再昨日罷免을當ᄒᆞ엿다더라

○藥彈搜索　南部公洞等地에火藥彈丸을多數貯藏ᄒᆞ엿다ᄂᆞᆫ說이有ᄒᆷ으로三昨日上午九時에巡查三十餘名이合同ᄒᆞ여下午三時ᄭᆞ지嚴密搜索ᄒᆞ엿다더라

○以牛酬功　平南陽德郡水樓橋居金元植氏가담病으로三年을呻吟ᄒᆞ야死境에垂ᄒᆞ엿더니京城西門外同和藥房에셔製造ᄒᆞᄂᆞᆫ退黃丸을服ᄒᆞ고不過幾日에完效를收ᄒᆞᆫ지라同氏가其藥効를感謝ᄒᆞ야牛一隻을寄付ᄒᆞ엿다더라

○新舊相沮　全北扶安郡茁浦居朴炳善李鉉璣諸氏가共同營業을發展키爲ᄒᆞ야旅閣組合所를設립ᄒᆞ엿ᄂᆞᆫᄃᆡ該浦內舊旅閣ᄒᆞ던辛聲錫朴京三諸氏ᄂᆞᆫ商權을獨占코져建業社를設立ᄒᆞ고組合所를百端沮戱ᄒᆞᆫ다더라

○積寃累訴　瑞山郡大山面泰安군梨園面沔川군倉宅面에在ᄒᆞᆫ民有地段이庚子年에國有로誤入되여賭租를[illegible]徵ᄒᆷ으로各地主의代表吳在泳李柱完諸氏가京鄕各官廳에數十次呼訴ᄒᆞ엿ᄂᆞᆫᄃᆡ今秋에ᄂᆞᆫ公州財務監督局日人事務官이該三面에出張調查ᄒᆞ야民有되ᄂᆞᆫ確證을得ᄒᆞ야上부에報告ᄒᆞ엿ᄂᆞᆫᄃᆡ該人民들은從速히歸正ᄒᆞ기를希望ᄒᆞᆫ다더라

○山形入城　楊州鐵原春川등군에義兵을偵探次로出張ᄒᆞ엿던山形憲兵分隊長은再昨日下午六時에入城ᄒᆞ엿다더라

○酒類改良　趙鎭泰氏ᄂᆞᆫ日人某와合資하여韓국酒類를改良ᄒᆞᆯ次로中부深井洞等地에事務所를設하고改良에着手하엿다더라

○社簿調查　警視廳에셔ᄂᆞᆫ三昨日에大同日報社文簿를調查以去ᄒᆞ엿다더라

○罪團日散　所謂謝罪團總務黃應斗氏ᄂᆞᆫ各郡地方委員의게急告셔를發ᄒᆞ야該團에不參하ᄂᆞᆫ者ᄂᆞᆫ暴徒同認ᄒᆞᆫ다ᄒᆞ야恐動的으로人衆을收聚ᄒᆞ엿스나畢竟來參者ᄂᆞᆫ七十餘人에不過ᄒᆞ고一般國民의唾罵가起ᄒᆞᆫ以來로彼七十餘人도稍稍退歸ᄒᆞ엿ᄂᆞᆫᄃᆡ近日黃氏ᄂᆞᆫ金力이有ᄒᆞᆫ者十餘人을誘合ᄒᆞ야自意로國民代表라稱ᄒᆞ고渡日ᄒᆞ기를謀ᄒᆞ나就中桂응奎金容奎趙達元張載韓동諸氏도一切退歸ᄒᆞᄂᆞᆫᄃᆡ不過幾日에謝罪團名色은自然解散될貌樣이라더라

○買收政策　李總相捐農相은一進會를撲滅키爲ᄒᆞ야高義駿氏를敎唆ᄒᆞ야李愚賢李範哲등十人을買收ᄒᆞ라ᄒᆞ고金五千二百圓을高氏의게출付ᄒᆞ엿ᄂᆞᆫᄃᆡ高氏ᄂᆞᆫ先金五十圓만李愚賢氏의게출給ᄒᆞ고事務를執行ᄒᆞᆫ後에全數金額을출給하마ᄒᆞ고該十人등은事務를執行하기前에金額을先給하라하야互相靳持하더니日昨李愚賢氏가先金五十圓을添付하야警視廳에呈狀ᄒᆞ엿다더라

◎三呈三却　三度進呈ᄒᆞᆫ一進會凶疏ᄂᆞᆫ卽時還却하엿다ᄂᆞᆫ說이有하다더라

○各大觀覽　昨日에李總理以下各大臣이統監府英日博覽會事務局에陳列ᄒᆞᆫ出品物을觀覽하엿다더라

○行政會協議　昨日統監府에셔地方行政委員會를開하고何等協議가有ᄒᆞ엿다더라

○細則將成　向日발表ᄒᆞᆫ屠獸規則은其施行細則을編成하기로內部에셔現今研究ᄒᆞᆫ다더라

○警官賞金額　京鄕各警察官의年終賞與金은七萬八千一百三十圓으로립算ᄒᆞ엿다더라

○親衛府賞與金　親衛府에셔ᄂᆞᆫ一般內外국將校의게年終賞與金을支給ᄒᆞᆯ터인ᄃᆡ年例를依ᄒᆞ야該府及步騎兩隊에셔勤務ᄒᆞᄂᆞᆫ日人軍事校官의게ᄂᆞᆫ領官一員에各一百五十圓尉官一員에各一百圓特務正校一員에各八十圓正校一員에各六十圓式支給ᄒᆞ기로預定ᄒᆞ고韓國將校의게ᄂᆞᆫ平時勤慢을隨ᄒᆞ야甲乙丙三等으로支給ᄒᆞᆯ터인故로目下其勤慢을調查中이라더라

○統府參與官會　統監府에셔昨日上午十一時에參與官會를開하고明年度預算案件을協議하엿다더라

○學部說諭　再昨日學部에셔大韓興學會總代高元勳李豊載兩氏를招請하야說諭하되學生의資格으로政治上에關係가不可하니從速渡日하야安心修업하라ᄒᆞ엿ᄂᆞᆫᄃᆡ該兩氏ᄂᆞᆫ昨日에渡日하엿다더라

○拓社員出張　東洋拓殖會社參事木原은土地를調查키爲하야廣州로出張ᄒᆞᆫ다더라

○德領事訪問　德國總領事子리유겔氏ᄂᆞᆫ昨日에統監府를訪問ᄒᆞ엿다더라

電報

◎露大臣東亞觀　露國總理大臣스톨빈伯과外相이스볼스키氏ᄂᆞᆫ共히東亞의形勢를樂觀으로迎ᄒᆞᆫ다더라
伯林電　十六日着

◎關稅局設置　淸國政府ᄂᆞᆫ渾春에關稅本局을置ᄒᆞᆫ다더라

◎實業團橫濱着　日本渡美實업團一行은今朝에橫濱港에還着하엿다더라

◎鐵道費議案　日本大藏省에셔議決하야今番議會에提出ᄒᆞᆯ韓國鐵道改良費及京元三南兩線敷設費ᄂᆞᆫ三百九十餘萬圓으로하고十一個年計劃으로하엿다더라

◎白河結氷　淸國의白河ᄂᆞᆫ結氷되야船舶의出入이杜絕되엿다더라
以上東京電　十七日着

▲魍魎世界▼

啞笑子

▲망魎이라ᄒᆞᄂᆞᆫ妖物鬼怪中에第一이라범벅덩이貪이나셔百十爲羣ᄯᅦ를지어東閃西忽奔走ᄒᆞ며興妖騁怪造化부려許多怪變醜出ᄒᆞ니沉沉長夜이世界가망량天地되엿고나

▲政府上의大官들은權利鞏固熱이나셔韓面日騰ᄶᅧ밧늘고今日南山번ᄶᅧᆨ다가明日東京다라나셔外人指揮ᄒᆞᄂᆞᆫᄃᆡ로別別政策ᄶᅡ며ᄂᆡ여傀儡塲을化成하니亾國ᄒᆞᄂᆞᆫ망魎이오

▲政黨界에逆魁들은片時權利貪이나셔世世傳來自家產을他人手中讓渡코져百萬人衆假冒ᄒᆞ야世界耳目瞞過ᄒᆞ고同等權을唱道ᄒᆞ야無知同胞愚弄ᄒᆞ니賣국ᄒᆞᄂᆞᆫ망魎이오

▲社會界에假志士ᄂᆞᆫ此社役會발起ᄒᆞ야演壇上에올나셔면民團主義다아ᄂᆞᆫ체더운피가熱沸타가演壇下에나려셔면私欲中에汩沒ᄒᆞ야죽은지가冷飛ᄒᆞ니盜名ᄒᆞᄂᆞᆫ망량이오

▲遊說界에변士들은三三五五作團ᄒᆞ야於京於鄕出沒ᄒᆞ며隣誼이니交分이니親密ᄒᆞᆫ쟈敦睦ᄒᆞᆫ쟈無知愚氓모러노코甘言利舌놀녀ᄂᆡ여自國精神抹殺ᄒᆞ니誣民ᄒᆞᄂᆞᆫ망량일세

▲大망량이小망량이이망량이더망량이許多망량엇지ᄒᆞᆯ고風雨淒淒이밤즁에乘時跳踉ᄒᆞᆫ다만은壁上掛鍾ᄯᅡᆼᄯᅡᆼ치고遠村鷄聲악악ᄒᆞ니扶桑白日도더오면네몸世를어이ᄒᆞ리

社告

咸從邑校洞金炳善氏에게本支社를認許設립ᄒᆞ엿스니該附近에셔本申報購覽ᄒᆞ실僉彦은金炳善氏에게請求ᄒᆞ시고代金과本社에對ᄒᆞᆫ諸般事를該氏와交涉ᄒᆞ심을爲要

大韓每日申報社

▲偉人遺蹟

▲▲東國巨傑 崔都統　錦頰山人　續

第二章　崔都統以前의我族과外族

血腥慘淡의苦戰을繼續ᄒᆞ야桓君二十七八世紀頃三國末葉에直至ᄒᆞ야兩手를暫斂ᄒᆞ고輪贏의大局을回顧ᄒᆞ니敵人이個個白旗를竪ᄒᆞ야我扶餘族의全勝에讓ᄒᆞᆫ지라東明王、大武神王廣開土王、扶芬奴、愚溫達、乙支文德의累度掃平을經ᄒᆞ야樂浪臨屯에繁播ᄒᆞᆫ箕氏衛氏崔氏張氏等支那族이或降或走ᄒᆞ며肅愼氏慕容氏宇文氏(周)晉六氏(隋)等各蠻族이相繼敗亡ᄒᆞᆫ後絕代英雄泉蓋蘇文이作ᄒᆞ야其移山倒海의雄略으로東西各族을征服ᄒᆞ며龍光燭天의五大刀를揮ᄒᆞ야支那의兇略를止케ᄒᆞ엿스니此ᄂᆞᆫ我北部民族의靈光이오沸流、溫祚、朴赫居世昔脫解眞武居柒夫의歷代經營을由ᄒᆞ야本十의各部落이統一되며海外의殊族이皆屏息遠走ᄒᆞᆫ後太宗王又ᄒᆞᆫ雄主와金庾信又ᄒᆞᆫ良相이並出ᄒᆞ야千年海寇의肆行을快掃코ᄌᆞᄒᆞ야萬里에軍을懸ᄒᆞ고東洋의端에深入ᄒᆞ야大阪을直擣ᄒᆞ야城下盟을結ᄒᆞ며彼三千年地險天塹을誇示ᄒᆞᄂᆞᆫ日本兒의驕嘴를摧ᄒᆞ엿스니此ᄂᆞᆫ我南部民族의靈光이로다

未完

雜報

◎居留地協定　淸국總領事와統監府에셔協議ᄒᆞ던淸國專管居留地問題ᄂᆞᆫ第三回協議를開ᄒᆞᆫ結果로協定이成立되야各其政府에報告ᄒᆞᆫ다ᄒᆞ며實施期ᄂᆞᆫ來年二月頃이라더라

◎次第調査　度支부囑托日人關野博士ᄂᆞᆫ慶州大邱等地에셔古物調査를畢了ᄒᆞ고來二十日釜山으로발向ᄒᆞᆯ터인ᄃᆡ明年五月頃에ᄂᆞᆫ韓國古代建物其他實物을調査ᄒᆞ고歷ᄉᆞ上에關ᄒᆞᆫ서籍을발刊ᄒᆞ기로豫定ᄒᆞ엿다더라

◎免官云柱　牙山郡守鄭翰朝氏가觀察使崔廷德氏의報告를因ᄒᆞ야免官됨은已報어니와鄭氏ᄂᆞᆫ元來罪過가無ᄒᆞᆫᄃᆡ崔氏가私書를累送ᄒᆞ야辭職를勸告ᄒᆞ고道主事를派送ᄒᆞ야强制로解職코ᄌᆞᄒᆞ다가畢竟알味事로內部에誣報ᄒᆞ엿다ᄒᆞ야鄭氏가將次裁判을請ᄒᆞᆫ다더라

◎豆滿成氷　豆滿江은十一月初旬부터結氷되야人馬가氷上으로通行ᄒᆞᆫ다더라

◎義兵被捉　去七日江原道淸凉里에셔義兵三名이日憲兵에게被捉ᄒᆞ엿ᄂᆞᆫᄃᆡ此가義將金學壽氏等의部下라ᄒᆞ며金學壽氏ᄂᆞᆫ自誓ᄒᆞ야曰今日韓국이日人에게占領됨이分明ᄒᆞᆫ즉吾輩ᄂᆞᆫ義兵을擧ᄒᆞ야國家를回復ᄒᆞᆫ다ᄒᆞ고云ᄒᆞᆫ다더라

◎義將被捉　義將鄭容大氏의부將權百中氏ᄂᆞᆫ去八日에通津本郡에셔被捉ᄒᆞ엿ᄂᆞᆫᄃᆡ氏ᄂᆞᆫ京畿黃海등地로橫行ᄒᆞ며日兵과交戰이四回에達ᄒᆞ엿다더라

◎盜入園閣　裕慶園丁字閣에舖陳等物을再昨夜賊漢의게見失ᄒᆞ엿다고該園官이掌禮院에報告ᄒᆞ엿다더라

◎栗洞慘禍　本月一日에草溪郡德谷面栗旨洞李時德氏家에셔失火ᄒᆞ야六十六戶가延燒ᄒᆞ엿ᄂᆞᆫᄃᆡ損害額은三千二百圓假量이라더라

◎尹氏被捉　三淸洞居ᄒᆞᄂᆞᆫ前主事尹明燮氏ᄂᆞᆫ何事件을因ᄒᆞᆷ인지昨日上午十時中署에被捉ᄒᆞ엿다더라

◎趙犯逃躲　公州警察署에셔强盜犯趙廣五等二名을捕獲ᄒᆞ야京城裁判所로押上ᄒᆞᄂᆞᆫᄃᆡ再昨日下午二時西門外停車場에셔下車ᄒᆞ다가趙犯은負縛逃走ᄒᆞ엿다더라

◎李犯宣告　再昨日控訴院에셔文書僞造犯李容슌을役七年에宣告ᄒᆞ엿다더라

◎私立補助　各地方私립學校를地方費中으로補助하기爲하야現今內부와學부가協議中이라더라

◎青館講論　今日下午七時에鍾路青年會館에셔講論會를開ᄒᆞ고人의智慧가不足ᄒᆞᆷ거던何處에求ᄒᆞᆯ고ᄒᆞᄂᆞᆫ問題로輪回講論ᄒᆞᆫ다더라

廣告

本人이商販次不得歸家多年矣러니子息衡煥兒名조은자가本人을ᄎᆞᄌᆞ지라上京ᄒᆞ야未逢ᄒᆞ고孤兒院에入學ᄒᆞ엿다가陰七月分에仁川으로下往云故로玆以廣告ᄒᆞ오며誰某시던지逢見ᄒᆞ시거던京城紫岩客主金洛榮家로指導ᄒᆞ시면厚謝ᄒᆞ깃슴

海南右水營居 丁成太 字長遠 告白

本人이年前壹進會에暫投旋退인ᄃᆡ今에所謂合邦聲名書에百萬名會員이라ᄒᆞ엿스니推想컨ᄃᆡ退會人數도亦稱其徒인듯ᄒᆞᆫ지라化外黨에投入ᄒᆞ엿던名義를仍稱키不可ᄒᆞ야本名基成의成字를以豐字로改稱ᄒᆞ고玆에廣告ᄒᆞᆷ

三和港後浦朴基豐 告白

歲暮贈答品特色

我國特産 谷香葉煙草 各種

京城南署棗洞六十二統十戶

KIM 金龍商會 謹告

特別社告

本社에셔名啣印刷를一層改良ᄒᆞ야各色紙品을多數準備ᄒᆞ고定價ᄂᆞᆫ低廉ᄒᆞ게 僉君子의所請ᄃᆡ로酬應ᄒᆞ옵ᄂᆞᆫ中婦人과學徒의게ᄂᆞᆫ特別히減ᄒᆞᆯ터이오니照亮來議ᄒᆞ심을敬要ᄒᆞᆷ

大韓每日申報社

本人이陰十月二日에圓形半篆姓名章을賊失ᄒᆞ고更히正字로刻用ᄒᆞ오니內外國人은照亮ᄒᆞᆷ

平壤시足面下四里金致淳 白

廣告

本院은醫科專門으로一切患者를誠勤救療ᄒᆞ오니有病僉尊은來臨問診ᄒᆞ시옵

京義線車輦舘 三選堂醫院

醫學生徒募集

本院에셔現我急務의醫士를養成ᄒᆞ기爲ᄒᆞ야學校를付設ᄒᆞ고學問과實習을次第敎授ᄒᆞ되速成科卒業期間은滿二個年으로定ᄒᆞ고來三月十日(陰正月廿九日)ᄭᆞ지學生을募集ᄒᆞ오니有志僉彦은 來議請願ᄒᆞ시옵

入學身格

年齡 十八歲以上至三十歲

學力 普通學校卒業證서가有ᄒᆞᆫ者(證서가無ᄒᆞᆫ者의게ᄂᆞᆫ面試後許入)

三選堂醫院 付屬醫學校

主任講師 醫學卒業生 前陸軍軍醫 李奎영

校監 白鎭규

學監 李道敏

◉特別廣告

本社의셔同胞의衛生을注意ᄒᆞ야美國의셔經驗單方으로流行通用ᄒᆞᄂᆞᆫ靈藥聖劑를貿入ᄒᆞ야左開廣布ᄒᆞ오니有病君子와藥業에從事ᄒᆞ시ᄂᆞᆫ僉彦은爭先來購ᄒᆞ시옵

分賣와都賣에差別이有ᄒᆞ야一打(十二個)以上의都賣에ᄂᆞᆫ特別割引ᄒᆞᆷ

左開

秘製止痛藥 效能 外塗內服無處不適 消滯 止瀉 絕瘧 治痢無不神效ᄒᆞᆷ

喜蘇膏藥 效能 頭面 身體一切痛症 積年風濕 除瘀 生션之道립卽奏效ᄒᆞᆷ

亞麟香膠 效能 毋論男女老少 勿嫌年久日淺一切 咳소 服之則其效如神ᄒᆞᆷ

委花藥膏 效能 痔疾 聯珠瘡 燒跌傷螫咬等 諸症無雙聖藥

委花糖水藥 効能 疝症 花柳毒 凡不潔血所祟症 婦人虛弱등症靈驗ᄒᆞᆷ

牛汁藥酒 効能 毋論男女老少氣血虛弱者服之則大補元氣身體强健ᄒᆞᆷ

韓美興業株式會社事務所

◉濟生堂廣告

本堂主李庚鳳氏ᄂᆞᆫ本人의父親인바淸心保命丹을創始發賣ᄒᆞ야營業興旺ᄒᆞ야今日과如히大發展大擴張에至ᄒᆞ니僉彦에愛顧ᄒᆞ신厚誼ᄂᆞᆫ感荷無涯이오나本堂이不幸ᄒᆞ와堂主가宿患으로棄世ᄒᆞ온지라今에本人이本堂營業을相續ᄒᆞ옵고또한統監府特許局登錄商標法에商業의信用을立ᄒᆞ기爲ᄒᆞ야改名以庚鳳ᄒᆞ옵고一般業務를本人에從兄李興國氏의게委托處理ᄒᆞ오니內外國僉彦은以此照亮ᄒᆞ신後特이愛顧ᄒᆞ심을敬望ᄒᆞᆷ

隆熙三年十二月日

漢城南大門內

濟生堂大藥房 主任 李庚鳳

代辦主任 李興國

總務 金永七

一 商業經營法은文明的商業의方法을指導ᄒᆞ며法律上商事의規定을說明ᄒᆞᆫ商業界의顧問이오

一 商業經營法은商行爲의奇妙ᄒᆞᆫ術法과商去來의深奧ᄒᆞᆫ手段을陳述ᄒᆞᆫ商業家의秘訣이오

安國善氏 著

內部認可

商業經營法 全

廣學書舖 發行

定價金 四十錢 郵遞料 四錢

京城中部布屏下三十七統六戶 廣學書舖金상萬謹告

一 商業經營法은會社設립節次와手形行使法과銀行去來等을論述ᄒᆞᆫ商業有志者의座右銘이오

一 商業經營法은商業上의原理와經濟上의現象을實際的으로抄寫ᄒᆞᆫ實業學校의敎科書오

本院은韓國一般人民을爲ᄒᆞ야設立ᄒᆞᆷ은僉彦의已知ᄒᆞᄂᆞᆫ바어니와自今으로事務를一層擴張ᄒᆞ고診察을더욱精密히ᄒᆞ기爲ᄒᆞ야時間을午前十時부터午後四時ᄭᆞ지無料로診察ᄒᆞ오며또特別診察所를置ᄒᆞ고些少의診察料로貴客의便宜를圖ᄒᆞ오니診察을要ᄒᆞᄂᆞᆫ僉彦은照亮을爲要

但特別ᄒᆞᆫ境遇에在ᄒᆞ야ᄂᆞᆫ時間을勿論ᄒᆞ고其請求를應ᄒᆞᆷ

京城南大門外 濟衆院告白

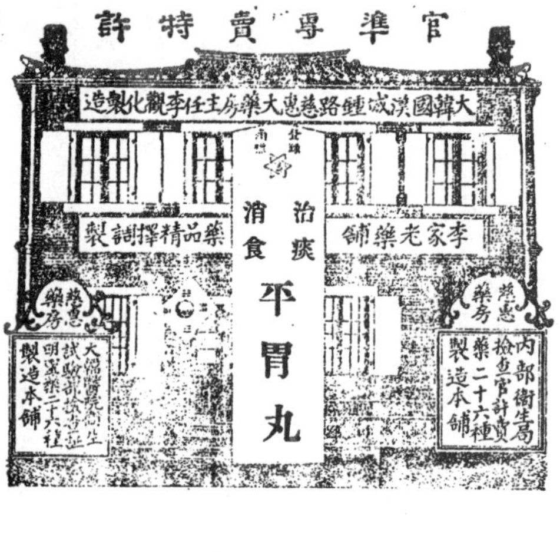

檀君開國四千二百四十二年
箕子元年三千三十一年
大韓開國五百十八年
本報創刊日 光武八年七月十八日

大韓每日申報

發行兼編輯人 英國人 萬咸
Responsible for Publication Alfred Weekley Marnham.
發行所 京城南部石井洞三層洋屋家 大韓每日申報社
第七卷 月曜及慶節慶時日休刊 第一千二百七十号

論說

◉又一李容九

國運이不幸호야亂臣賊子가逐逐히起홀서於是乎李容九輩가出호야國을賣호고民을賣호다가甚至於合邦聲明을唱호는뒤所謂徐彰輔爲名者等이韓國縉紳儒生이라自稱호고合邦聲明을贊成호야統監府에書를致호엿는뒤其辭意가實로可怪可痛호더라今에其全文을左에揭호노라

伏以韓日關係가地壤이隣接호야人種이相同호며文字가相似호야脣齒의勢와兄弟의義가幾千年歷史上에確然有據호온지라甲午淸役에我韓의獨立을主唱호고甲辰露役에我韓의疆土를保全호엿스니凡爲我國臣民者ㅣ日本의高義를孰不謳歌며日本의厚恩을誰不感戴리오日本이天下大勢를深察호며東洋全局을欲保호야凡對我韓에舌이弊도록忠告도호며力이盡도록啓導호엿스나政府는政治에蒙昧호고人民은程度가黑黯홈으로五條七協이次第締結호야外交를委托호며內政을統察호야財政警察通信軍機法權이一도所存이無호니然훈즉大韓二字는虛殼而已오名詞而止라盖强大훈國이弱小훈國을呑호고文明훈族이野蠻의族을取홈은天然훈公例라日本의强大와日本의文明으로何를憚호야不呑호며何를顧호야不取호리오我韓의宗社가邱墟되고民族이犧牲됨은理의所定이오勢의難免이어놀頑固派의與世相忘훈者는自戕의論이오匪徒輩의經年醞擬훈者는自滅의策이라萬死一生의計를出호야五百年皇基를永奠호고二千萬生靈을拯救홈은政合邦問題가是也라一進會長李容九가時機를觀察호며局勢를旴衡호야政合邦聲明서를宣布홈은大日本天皇陛下의天地大德을信賴호며統監閣下의河海弘量을欽仰호야血誠으로訴求홈이어날總理大臣李完用이皇室尊榮을不知호며民族同等을不思호고權威를使用호야民心을煽動케호니此는安寧秩序를危害호며韓日親善을沮戲홈이라如此훈政府를一時도冒據키難홈은閣下께서도洞悉無餘호실바이온즉亟行措處호시려니와韓國의孱劣과韓民의愚昧는邱墟犧牲을當호야도固不足恤이오나東洋平和를維持호고日韓親善을益勉하며我韓宗社生靈을保全호는厚恩을永存케호올진뒨政合邦問題가時機에適合호옵기冒死仰達호오니照亮호신後大日本天皇陛下께轉奏호시와不日實施케호심을伏望홈

記者曰嗚呼悲夫라彼의妖言이此에至호는가彼의一言一句가모다日本이韓國을滅홈이萬萬至當호다호며韓국이日本에게亾홈이萬萬至當호다호며一進會의合邦聲明이亦萬萬至當호다호야歌之舞之호엿스니大抵三寸의虫도履호는바되면반다시動호거놀彼는果然何等物인가彼는虫만도不若호도다盖彼는日本만知호고韓국은不知호는者라故로日本을謳歌홈이如彼호며故로曾彌統監을謳歌홈이如彼호며故로李容九를謳歌홈이如彼호야韓國을滅호야日本을廣케호기를僕僕自促홈이니嗚呼라彼는韓國의人이아니오日本의奴에對호야吾儕가又何을足誅호리오

然이나第一可痛훈바는彼가韓國縉紳儒生等이라自稱호며彼가皇基를永奠호며生靈을救濟홈은合邦問題라揚言호야外面으로韓국人인데호며韓국을爲호는데호야同胞를欺코저호며世人을欺코저홈이是라大抵此는李容九의用호던바手段을模倣홈이니徐彰輔는又一李容九인뎌

然이나彼의此文은彼李容九의合邦聲明서보라怪言魔說이又一層이나甚호니彼는果然何種魔鬼인가

嗚呼라國情의慘이此에至호는가宋秉畯李容九李學宰崔晶圭의輩가尚今싸지大韓天地間에自由偃仰을得호고又李學宰는商務部中幾個無知物을挾호고怪脚을再展훈다는뒤又此徐彰輔가出호니韓國의事를엿지忍言호리오

然而宋秉畯李容九는全國民을賣호고崔晶圭는普信社員을賣호고李學宰는商務部員을賣호더니今此徐彰輔는縉紳儒生을賣호니賣國者의手腕이엇지其同一如是훈가

外報

◉漢口黑病 清國漢口에는黑死病이發生훈故로嚴重히警戒훈다더라

◉露兵東上 露國護境軍團步兵三千名騎兵一千二百名이大砲百六十門을携호고露都에出發호엿는뒤本月二十五日長春에來着호야交代훈다더라

◉革命黨將起 清國厦門附近에革命黨蜂起의慮가有훈뒤閩浙總督松壽氏는該地道臺郭道直氏에게戒嚴을命호엿다더라

◉商標保護 英德兩政府는韓國에商標를保護호기爲호야協約을締結호기로決호엿다더라

◉清官吏辯護 清國官吏들은安奉沿線에賊類出沒은該地役夫가賃金不給을怒호야復讐的行動을作홈이오馬賊의所爲가아니라호야日本에게責任을歸호고自國을변護훈다더라

◉保守黨辨護 英國保守黨首領놀폴구公은熱心으로英國上院을辨護훈다더라

◉那皇歸國 英國에滯在호던那威皇帝同皇后兩陛下는歸國次出發호엿다더라

◉同盟會決議 英國愛蘭國民同盟會는總選擧의際에自由黨을助호기로決議호고又首相아스구이스氏의愛蘭自治宣言을歡迎훈다더라

◉波斯外債說 波斯政府는英露兩國公使에向호야五十萬磅起債를申請호엿다더라

◉上院廢止演說 英國에現政府黨크레外相及마스다만通商次官호후호스度支部次官은演說호되議會의二院制廢止가可호고上院은選擧本位됨이不可호다고痛論호엿다더라

◉伊相計策 伊太利國新外相크이치알지니伯은三國同盟을贊成호는同時에法國의舊交를再續코저훈다더라

◉外相辨明 塞爾維亞國外相은塞爾維亞와크로아지야兩國合併說을否認호고今番墺國政治疑獄에關係되는被告후리도윤크博士의所持훈塞爾維亞官文書는僞造라고云호엿다더라

學界

◉文明其明 全北鎭安郡文明學校校長全均基全斗夏校監白南永學監全夏澤事務員全承悅李來錫諸氏는校務를專擔호고教師申鉉德柳炳勛氏는畫學科를教授훈後에農民夜學科를別設호고名譽로教授호는故로該校情況이漸次擴張훌뿐더러諸氏의熱誠을人皆稱頌훈다더라

◉李氏義務 咸北明川郡石峴에居호는前參判李允在氏가咸南甲山郡銅礦普明學校에對호야二百五十圓價値되는家舍를借給호엿다는뒤該氏의教育界義務를人皆稱賛훈다더라

◉三校運動 慶北長기군에서는長明南明陽明三學校聯台運動會를該군內南面魚日市에開호엿는뒤生徒가二百五十餘人이오觀光者가人山人海를成호엿고該郡守金永銖氏와군主事朴在鳳氏와三學校校長李鍾旭孫昊永任炯淳金河斗諸氏가各其墨板空冊紙筆等物品으로優賞을施給호엿다더라

◉兩氏勤務 公立雲山普通學校副訓導金麗粲教員鄭濟殷兩氏는文學이鍊熟호고品行이誠實훈志士인뒤該校에서名譽로視務호며教育에熱誠홈으로該校程度가日益進就훌뿐더러今秋期地方運動會에普通校生徒가優等에多占하엿쓰니此는兩氏의勤實視務훈效果라고稱誦이藉藉호다더라

◉宋氏美擧 同福郡地方委員宋時勉寅勉兩氏가該郡有志紳士와協同호야本里沙坪에學校를設립호고熱心教育홈으로稱頌이藉藉훈다더라

◉旺校有望 東部往十里旺新學校는設立已久에維持키極艱호더니該校任員諸氏가該洞永信契任員姜周馨朴九培等諸氏와協議호기를該校에서六十圓式만支用호면不足額은永[illegible]에서擔當호기로決議훈故로[illegible]校情況이漸次進就훌뿐더러[illegible]契任員諸氏의誠意를無不稱[illegible]훈다더라

◉雲倅優績 平北雲山군守李啓夏氏는境內에十五學校를設립호야青年을教育호고面里에躬行호야農工商實業을勸勉호며外人을善爲交涉호야一境이安堵호다더라

○談叢○

▲古人 劍心

古人의精神은時代의趨勢를因호야死活호는者라高麗時代에佛教가盛호미拜天教의高登扶婁가死호고一切墨胡圓光等佛學者가活호며本朝以來로儒風이振호미崇佛輩의元曉義相이死호고一切晦헌弘儒等儒學者가活호니嗚乎라時勢가塚中의枯骨을驅호야躍호다가忽仆호며仆호다가更躍케호는도다萬世以後는難言이어니와今日에는古人中의誰某가再活홀者인가將高登扶婁인가晦軒弘儒인가曰噫라百鬼가跳梁호고羣虎가咆哮호는此時에孝經大學을讀호야도此를退치못홀지며릉嚴蓮華를讀호야도此를驅치못홀지라是以로深深土中에서廣開土王의碑가出現호니라

詞藻

❀能幾日❀

가시덤풀惡草라도、져은불을못당호고。
모긔ㅅ데가極盛훈들、半點烟긔견될쇼냐。
至今에、氣炎고뎜뷔는亂賊輩들、몃칠이나。

雜報

○皇妃生辰 昨日은 皇貴妃殿下의 舊曆生辰인 故로 宮中에 小宴을 排設ᄒᆞ고 各尙宮의게 賜饌ᄒᆞ셧다더라

○總相遣責 總相李完用氏ᄂᆞᆫ 日昨曾彌統監을 訪問ᄒᆞᆯ 時에 何等不協ᄒᆞᆫ 事件이 有ᄒᆞᆷ인지 激切ᄒᆞᆫ 論責을 當ᄒᆞ엿다더라

○四氏訪問 三昨日下午四時에 閔泳韶 高義駿 鄭應卨 閔宗錫 四氏가 總相李完用氏를 私第로 訪問ᄒᆞ고 商務部와 一進會에 關ᄒᆞᆫ 事件을 談話ᄒᆞ엿다더라

○次第轉任 度支部會計課長具義書氏ᄂᆞᆫ 秘書課長으로 司稅局監査課長成夏國氏ᄂᆞᆫ 會計課長으로 整理局書記官日人管田勇은 監査課長으로 轉任ᄒᆞᆫ다더라

○合邦派奔走 韓日合邦을 主唱ᄒᆞ던 者들은 韓日合邦提議의 眞相이라ᄂᆞᆫ 長文을 日本貴衆兩議員에게 送達ᄒᆞ야 合邦實施를 催促ᄒᆞ엿다ᄂᆞᆫ 說이 有ᄒᆞ다더라

○李氏決死隊 總理李完用氏ᄂᆞᆫ 坡州人宋某를 使嗾ᄒᆞ야 決死隊를 募集ᄒᆞᆫ다ᄂᆞᆫ 風說이 有ᄒᆞ다더라

○受人指導 再昨日下午一時에 國民大演說會長閔泳韶氏가 該任을 辭免코ᄌᆞᄒᆞ다가 一般會員의 反對를 被ᄒᆞ야 辭免치 못ᄒᆞ엿ᄂᆞᆫ데 其內容인즉 金允植氏의 指導를 因ᄒᆞ야 辭免코ᄌᆞᄒᆞᆷ이라더라

○統監遞任說 曾彌統監이 遞任되고 日本軍事參議長長谷川大將이 其後任을 被ᄒᆞᆫ다ᄂᆞᆫ데 長谷川氏가 被任ᄒᆞᄂᆞᆫ 同時에ᄂᆞᆫ 內部大臣朴齊純氏가 總相椅子를 高據ᄒᆞᆫ다ᄂᆞᆫ 巷說이 藉藉ᄒᆞ다더라

라

○造紙經營 帝國實業會晋州支部會員姜錫基 河龍守 陳柱炷 陳光珠等諸氏가 資本金을 鳩聚ᄒᆞ야 該道農工銀行出張所에 儲置ᄒᆞ고 造紙業을 經營ᄒᆞᆫ다더라

○軍服競賣 再昨日親衛府에셔ᄂᆞᆫ 該府에 積置ᄒᆞ엿던 士卒에 黑色舊軍服을 競賣ᄒᆞ엿다더라

○警官賞金 內部에셔ᄂᆞᆫ 各警官의 年終賞與金을 支給ᄒᆞ기 爲ᄒᆞ야 今日부터 各警察署로 辭令書를 交付ᄒᆞ엿ᄂᆞᆫ데 一等에ᄂᆞᆫ 六十五圓 下等에ᄂᆞᆫ 三十圓이라더라

解散令將頒

商務組合本部에셔 一進會를 贊成ᄒᆞᆫ 事에 對ᄒᆞ야 商民資格으로 本分을 遵守치 못ᄒᆞ고 政治上에 干涉ᄒᆞ엿다ᄒᆞ야 內部에셔 將次解散令을 頒布ᄒᆞᆫ다더라

○兩李相話 侍從副卿李會九氏가 再昨日下午一時에 宮中顧問李允用氏를 訪問ᄒᆞ고 一進會行動에 關ᄒᆞ야 一場談話ᄒᆞ엿다더라

○大同報委托 大同日報社에셔ᄂᆞᆫ 該新聞을 典洞大東舘活板所에 委托印刷케ᄒᆞ고 爲先契約金一百四十圓을 出給ᄒᆞ엿다더라

○法令配付 內部에셔 地方費에 關ᄒᆞᆫ 諸法令四千部를 印刷ᄒᆞ야 漢城府及十三道와 統監府及地方官의게 配付ᄒᆞᆫ다더라

○賞金四等 學部官吏의 年終賞與金은 視務勤慢을 調査ᄒᆞ야 甲乙丙丁四等으로 分給ᄒᆞᆫ다더라

○三日試驗 警察官練習所에셔ᄂᆞᆫ 昨日부터 連三日間卒業試驗을 行ᄒᆞᆫ다더라

○楊署落成 楊州郡新築警察署落成式을 來二十三日에 設行ᄒᆞᆫ다ᄂᆞᆫ데 該道觀察使及書記官이 往參ᄒᆞᆫ다더라

○施痘增加 內部衛生局에셔 今年度全국內人民의게 强制種痘를 施ᄒᆞᆫ 數爻가 六十四萬七千餘名에 達ᄒᆞ엿ᄂᆞᆫ데 昨年에 比ᄒᆞ면 多數增加되엿다더라

○月舘惜別 日本人居留民團長熊谷이 遞任ᄒᆞ야 不遠間歸國ᄒᆞᆫ다ᄂᆞᆫ데 兪吉濬 張憲植諸氏가 發起ᄒᆞ여 昨日下午六時明月舘에셔 惜別宴을 設ᄒᆞ엿다더라

○年終忘年 年終이 漸迫ᄒᆞᆷ으로 各府部院廳에셔ᄂᆞᆫ 忘年會를 次第開設ᄒᆞᆫ다더라

○韓會議決 再昨日大韓協會에셔 議事員會를 開ᄒᆞ고 時局問題에 對ᄒᆞ야 協議가 有ᄒᆞ엿ᄂᆞᆫ데 一進會에셔 三度進呈ᄒᆞᆫ 上疏文을 內閣에셔 如前히 退却만ᄒᆞ고 特別ᄒᆞᆫ 處分이 無ᄒᆞ면 大韓協會에셔ᄂᆞᆫ 此에 對ᄒᆞ야 相當ᄒᆞᆫ 行動을 進行ᄒᆞ기로 決定ᄒᆞ엿ᄂᆞᆫ데 昨今兩日間은 態度를 穩靜히ᄒᆞ야 政府의 處分만 伺察ᄒᆞᆫ다더라

○比舘吊詞 比利時황帝崩去ᄒᆞᆫ 公報가 韓國政府及統監府에 來到ᄒᆞᆫ 故로 昨日總理以下各大臣과 統監府總務長石塚등과 淸、英、美、露、伊、各국領事가 比利時總領事舘에 會同ᄒᆞ야 吊詞를 述ᄒᆞ고 各總領事舘에셔ᄂᆞᆫ 半旗를 下ᄒᆞ야 吊禮를 表ᄒᆞ엿다더라

○比皇年壽 今番崩逝ᄒᆞᆫ 比利時황帝陛下ᄂᆞᆫ 年이 七十四오 西曆一千八百六十五年에 卽位ᄒᆞ엿다더라

○殺弟奪財 長湍郡西面居金聖옥은 其從弟와 同件ᄒᆞ여 貿米次로 開城郡에 前往ᄒᆞ다가 聖옥이 財貨를 專取코져 其弟를 暗殺ᄒᆞ야 中路에 埋置ᄒᆞ엿ᄂᆞᆫ데 事實이 발現됨으로 該犯은 因卽逃躱ᄒᆞ엿다더라

○非語不許 從來各官廳의 直宿員은 判任官으로 人格을 勿拘ᄒᆞ고 輪回入直케ᄒᆞ더니 宮內府에셔ᄂᆞᆫ 再昨日新築廳舍로 移接ᄒᆞᆫ 後부터 直宿主事를 韓人中日語能解者一人과 日人主事一人式으로 制限ᄒᆞ엿다더라

○學宰聲言 旣報와 如히 再昨日明月舘에셔 一進商務兩會員五十八名이 會同ᄒᆞ엿ᄂᆞᆫ데 李學宰가 該會中에 公言ᄒᆞ기를 今番合邦事件은 極力贊成ᄒᆞ야 實行을 期圖ᄒᆞᆯ터이오 已往大韓協會와 如히 分離ᄒᆞᄂᆞᆫ 行動은 履行치 아니ᄒᆞᆫ다ᄒᆞ엿다더라

○期欲聲討 已往商務組合員으로 退出ᄒᆞᆫ 林華榮氏等九人이 발起ᄒᆞ야 一進會의 罪惡을 期於聲討ᄒᆞᆯ 次로 長文을 起草中이라더라

○和平堂本舖移轉 從來和平堂은 仁川藥業界에 名聲이 嘖嘖ᄒᆞᆫ 李應善氏의 熱心經營으로 同港에 本舖를 多年開業이더니 今回에 業務를 擴張ᄒᆞᆯ 計策으로 平壤에 第三支店을 新設ᄒᆞ고 本舖를 京城中央地鍾路에 移轉ᄒᆞ고 舊來本舖ᄂᆞᆫ 支店의 名義로 仁川에 姑置ᄒᆞᆯ 計劃이라더라

○支店聘醫 和平堂의 業務擴張은 別項과 如ᄒᆞ거니와 今回에 新設ᄒᆞᆫ 同堂의 平壤支店은 同地人士의 多數贊成을 得ᄒᆞ야 附屬醫院을 開設ᄒᆞ고 外來患者를 診察治療ᄒᆞᆯ터인ᄃᆡ 主任醫士ᄂᆞᆫ 京城濟衆院에셔 多年勤務ᄒᆞ던 李時雨氏가 被聘ᄒᆞ야 不日間發程視務ᄒᆞᆫ다더라

○朴氏將訴 閔丙漢氏가 寧邊府使在任時에 義州居朴性根氏의게 葉錢三萬兩을 貸用ᄒᆞ고 尙今不報ᄒᆞᆫ지라 昨年分에 朴氏가 上京推尋ᄒᆞᆫ즉 閔氏가 五千圓만 明年에 報償ᄒᆞᆯ 意로 證書를 셔給ᄒᆞ더니 朴氏가 今年八月에 上京ᄒᆞᆫ즉 閔氏가 該錢을 不報ᄒᆞᆯ 意에 出ᄒᆞᆷ이던지 警視廳에 誣告ᄒᆞ야 朴氏를 監獄署에 數月提囚ᄒᆞ엿다가 畢竟無事白放ᄒᆞ엿스나 朴氏ᄂᆞᆫ 憤恨을 不勝ᄒᆞ야 將次訴訟을 提起ᄒᆞᆫ다더라

○證書付丙 警視廳에셔 銃劍火藥團束令을 依ᄒᆞ야 民家私藏物을 押收ᄒᆞᆯ 時에 繕給ᄒᆞᆫ 證書ᄂᆞᆫ 昨日收入ᄒᆞ여 一並燒火ᄒᆞ엿다더라

○又何渡日 京城에 滯在ᄒᆞᆫ 히리쓰博士가 數日間渡日ᄒᆞᆫ다더라

○謝罪派猥猾 謝罪派渡日說은 已報어니와 警視廳에셔 謝罪派를 召喚ᄒᆞ야 日皇陛下ᄭᅴ 上셔ᄒᆞᄂᆞᆫ 事ᄂᆞᆫ 中止케ᄒᆞ고 伊藤公墓前에 往拜ᄒᆞ기만 許ᄒᆞ엿다더라

○農局事業 農商工部農務局에셔 本年度에 各種補助事業은 凡六十三件이라더라

○朴氏慈善 前官立醫學校第一回卒業生朴熙達氏ᄂᆞᆫ 多年軍醫職務에 從事ᄒᆞ다가 軍隊解散ᄒᆞᆫ 後에 平壤鍾路에 一大病院을 設立ᄒᆞ고 慈善的義務에 熱心ᄒᆞᆫ다더라

○弟逋兄勘 前郡守趙東奎氏ᄂᆞᆫ 公화欠逋가 十萬圓에 達ᄒᆞ야 度支部에셔 督促이 日甚ᄒᆞᆫ 故로 其從兄 東宮陪從武官長趙東潤氏가 自己月俸中으로 六個年定限ᄒᆞ고 扣除淸勘ᄒᆞ기로 度支部에 擔保셔를 提呈ᄒᆞ엿다더라

○漁業審査 再昨日에 農商工部에셔 漁業審査會를 開ᄒᆞ고 各島嶼附近請願件百六十件內에 百件은 許可ᄒᆞ기로 決定ᄒᆞ고 所餘六十件中에 楸子島 靑山島 大黑山 三個區域을 除ᄒᆞᆫ 外에ᄂᆞᆫ 漁業範圍에 不屬ᄒᆞᆫ 者라ᄒᆞ야 却下ᄒᆞ기로 決定ᄒᆞ엿다더라

○露황탄日 本日은 露황陛下의 탄日인 故로 露領事舘에셔 祝賀를 開ᄒᆞᆫ다더라

○組合增設 政府에셔ᄂᆞᆫ 金融組合二十七個所를 增設ᄒᆞ기로 準備中이라더라

○作人呼寃 再昨日東大門外陵田作人百七十餘名이 東洋拓殖會社에 來集ᄒᆞ야 該社의 不法을 責ᄒᆞ야 一場騷擾가 起ᄒᆞ엿ᄂᆞᆫ데 日憲兵이 出張解散케ᄒᆞ엿다더라

○假偵調査 崔仁위爲名人이 憲兵司令部偵探客이라 冒稱ᄒᆞ고 苑洞居李召ᄉᆞ의게 金貨五十圓을 奪取ᄒᆞᆫ 事가 有ᄒᆞ다ᄒᆞ야 某處에셔 其行動을 調査ᄒᆞᄂᆞᆫ 中이라더라

○佛賊被捉 日前日人賊漢二名이 東門外新興寺에 突入ᄒᆞ야 塗金佛一座를 窃取ᄒᆞ엿ᄂᆞᆫ데 該賊一名은 再昨日北署에 被捉ᄒᆞ엿다더라

○許氏入城 救世軍總司令官正領許嘉斗氏가 本月七日에 日本東京에 渡往ᄒᆞ야 救世軍을 視察ᄒᆞ고 日前에 入城ᄒᆞ엿다더라

○日三韓一 日人强盜檜山力之助等三名과 韓人强盜一名이 三昨日北署에 被捉ᄒᆞ엿다더라

○靑舘講道 今日下午三時에 鍾路靑年會舘에셔 福音會를 開ᄒᆞ고 該會英語總敎師美國人申愛道氏가 講道ᄒᆞᆫ다ᄂᆞᆫ데 該氏ᄂᆞᆫ 宗敎上信心이 篤實ᄒᆞᆫ 少年志士라 故로 該會會員이 該氏傳道에 感化ᄒᆞᆫ 者ㅣ 居多ᄒᆞ다더라

○關東總會 關東學會에셔 本日下午一時에 定期總會를 開ᄒᆞ고 事務를 處理ᄒᆞᆫ다더라

電報

鐵道院公布

日本鐵道院에셔ᄂᆞᆫ 韓國龍山에 韓鐵管理局及運輸保線의 兩事務所를 設ᄒᆞ고 其出張所를 京城과 鴨綠江에 設ᄒᆞ고 工場을 草梁 龍山 兼一浦에 設ᄒᆞ기로 公布ᄒᆞ엿다더라

比王崩逝

比利時황帝레올볼드陛下ᄂᆞᆫ 昨十七日午前에 崩逝ᄒᆞ엿다더라

以上東京電 十八日着

▲社會燈▼

▲국民會長閔元老ᄂᆞᆫ 合邦問題破壞키로 以死自誓ᄒᆞᆫ다더니 무슴妄녕 또싱겨셔 會長之任辭免ᄒᆞ노 合邦疏ᄂᆞᆫ 三上ᄒᆞ고 附和黨이 層生ᄒᆞ야 目前事가 紛沓ᄒᆞ되 죽을마음 어듸가고 살싱각만 살곳흔가

▲政府上에 더大官은 一進會를 捌因코자 萬端思想 골몰ᄒᆞ되 司法權을 讓渡ᄒᆞ야 措手無地 되엿다고 聚首相歎ᄒᆞ엿다지 내갈자루 남내쥬고 그갈드러 내목친놈 뉘를向히 怨망ᄒᆞᆯ싸 우슨恨歎다 보[illegible]고

▲徐彰輔란 더雜類ᄂᆞᆫ 天動소릐 미뒤들듯 一進會를 迎合코ᄌᆞ 絕悖極惡 더長셔를 肆然無忌 提出ᄒᆞ니 銅닙시에 換腸ᄒᆞ야 祖國싸지 모르나냐 晶圭學宰 모러다가 ᄒᆞᆫ바리에 쳐시러셔 풍都地獄 보ᄂᆡ스면

▲近衛隊兵金福成은 阿峴近處 酒壚上에 一進會를 逢着ᄒᆞ야[illegible] 邦論을 傍聽타가 忠膽義血 쇽러나셔 革帶火爐 모도드러 一場猛打ᄒᆞ엿다니 金鳳學氏 一去後에 그遺風이 寂寞더니 繼跡者가 또나왓데

社告

咸從邑校洞金炳善氏에게本支社를認許設립ᄒᆞ엿스니該附近에서本申報購覽ᄒᆞ실僉彦은金炳善氏에게請求ᄒᆞ시고代金과本社에對ᄒᆞᆫ諸般事를該氏와交涉ᄒᆞ심을爲要

大韓每日申報社

廣告

本館에서各色饌用을精美ᄒᆞ게製造充盒ᄒᆞ야水陸行旅에朝夕之供에便利需用케ᄒᆞ야左와如히廉價로發售ᄒᆞ오니四方僉君子ᄂᆞᆫ陸續請求ᄒᆞ심을望ᄒᆞᆷ

大本一盒　二十錢
中本一盒　十五錢
小本一盒　十錢

京城南部詩洞秀香館　告白

歲暮贈答品特色

我國特產　谷香葉煙草　各種

京城南署藿洞六十二統十戶

(KIM) 金龍商會　謹告

西部龍山坊孔德里契新孔德里三十統五戶草家十二間舊券十年前서失故玆以廣告

金雲淑

南部苧洞三十一統六戶에서果米商仲介를組合ᄒᆞᄂᆞᆫᄃᆡ果物之腐敗與未熟과穀類之精粗與價格을別般方針ᄒᆞᆯ次로請願ᄒᆞ엿ᄂᆞᆫᄃᆡ日間頒布되깃기廣告

徐丙翊　告白

金泰鎭氏令孃이陳晟烈氏와本月二十日上午十一時에阿峴權政承契一百九十九統四戶金氏本宅에서結婚式을擧行ᄒᆞ오니知舊間枉臨敬希　韓基東　白

本人會者誤參一進會議會宣言後想末知末流之禍故自退會已久世人尙未解祑玉故玆以廣告知舊間照亮焉

平南安州郡東上溪崔基享　白

●特種烟草

○法韓墨紙烟一匣　二十五本入具竹嘴
○鐵路標一匣二十本入具竹嘴
○鳳標　一匣　四本入具紙嘴
○囉叭標一匣五十本入具紙嘴
○白鶴標一匣　十本入具紙嘴
○鷹標　一匣　十本入具紙嘴
○虎標　一匣　十本入具紙嘴
○獅子標一匣　十本入具紙嘴
○勇士標一匣　十本入具紙嘴
●쉬잉埃及金口紙一桶百本入
○쉬잉埃及金口紙一桶　五十本入
○쉬잉埃及金口紙一匣十本入

◉本社에서在上海東洋烟草大製造廠과專賣權를特約ᄒᆞ고各種煙草를卽輸入ᄒᆞ와各代理店에支出ᄒᆞ오니僉君子ᄂᆞᆫ愛顧ᄒᆞ심을敬要

◎本社에서代理店을京城에金濬性、平壤에鄭基煥兩氏로定ᄒᆞ고其他義州、開城、釜山、元山、木浦、咸興、成津、海州、全州、晉州、淸州各處代理店을特許ᄒᆞ겟기로商業에信實ᄒᆞᆫ紳商을求ᄒᆞ오니有意僉君子者ᄂᆞᆫ來議ᄒᆞ시던지書信으로通知ᄒᆞ옵

京城小公洞
法韓烟草會社

本人이年前壹進會에暫投旋退인ᄃᆡ今에所謂合邦聲名書에百萬名會員이라ᄒᆞ엿스니推想컨ᄃᆡ退會人數도亦稱其徒인듯ᄒᆞᆫ지라化外黨에投入ᄒᆞ엿던名義를仍稱키不可ᄒᆞ야本名基成의成字를以豐字로改稱ᄒᆞ고玆에廣告ᄒᆞᆷ

三和港後浦朴基豐　告白

本人이葉草客主數年에各處草商雲集交易ᄒᆞᄂᆞᆫᄃᆡ內外國煙草會社에서도連續買去ᄒᆞ고本國絕草商도多數買去ᄒᆞ옵기로一層擴張ᄒᆞ엿스오니　僉君子ᄂᆞᆫ陸續來臨ᄒᆞ시기를希望

京城西大門外
尾洞百八統九戶　宋憲翼
　　　　　　　　邊昌根　告白

同和藥房廣告

인소환 引穌丸　定價十錢

淸心降火消痰進食消滯止泄鬱火上衝心腹脹滿轎車乘眩

用藥寶鑑一卷一秩定價三十錢
宗教統一論壹卷壹秩定價十錢

▲位置
本舖京西小門外車洞　閔橿
郡支店　平壤西門內　宋尙愈
第一分店　東部蓮島　朴在庸
二分덤南竹洞四街里　朴右榮
第壹代理덤全州동村　李重翼
二代理덤稷山笠場市　李奎甲
三代理덤禮山邑　孔錫煥
四代理덤堤川邑　李台永
出張所金山金泉　鄭海容
報恩　金元七
利川夫面大旺里　辛基榮
丹陽南面舍人岩　張命海
忠州　鄭公兼
水原발安塲　文啓珏
中部壽進洞　盧永奎
稷山成歡　韓永元
永登浦　洪聖化
海州大德面과峴村　朴基陽
鳳山　張義甲
其他各大都會處

紙面이不足ᄒᆞ야壹壹枚擧치못ᄒᆞ오

同和藥房本舖主閔橿　告白

德國일버펄드地方의파벤파부리켄染料會社ᄂᆞᆫ韓國에在ᄒᆞᆫ本社의組織員되ᄂᆞᆫ僉位의게通告ᄒᆞ노니本會社가日本大阪의日人會社에서此末端에揭示ᄒᆞᆫ本社의已久ᄒᆞᆫ登錄商標에犯科ᄒᆞᆫ事에對ᄒᆞ야裁判得勝ᄒᆞ엿ᄂᆞ이다

又本社의特意主顧ᄒᆞ시ᄂᆞᆫ　僉位와其他關係되ᄂᆞᆫ　僉位의게表明ᄒᆞ노니本社의商標나或此와類似ᄒᆞᆫ것이라도犯用ᄒᆞᆫ標이有ᄒᆞᆫ者ᄂᆞᆫ全無ᄒᆞ오며本회社ᄂᆞᆫ世所共知ᄒᆞᄂᆞᆫ本社製品을韓國으로陸續輸入케ᄒᆞᆯ터이오며且本社商標를贋造ᄒᆞ야輸入ᄒᆞᄂᆞᆫ者ㅣ更有ᄒᆞ면卽告訴를當ᄒᆞᆯ터이오니特이愼戒ᄒᆞ시옵

商

標

商
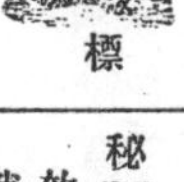
標

本人이商販次不得歸家多年矣러니子息衡煥兒名조은자가本人을ᄎᆞ지라上京ᄒᆞ야未逢ᄒᆞ고孤兒院에入學ᄒᆞ엿다가陰七月分에仁川으로下往云故로玆以廣告ᄒᆞ오니誰某시던지逢見ᄒᆞ시거던京城紫岩客主金洛榮家로指導ᄒᆞ시면厚謝ᄒᆞ깃슴

海南右水營居　丁成大
　　　　　　　字長遠　告白

本所에서洋屬毛織을各色直輸入ᄒᆞ야廉價로發賣ᄒᆞ옵ᄂᆞᆫᄃᆡ物品과織組가堅固ᄒᆞ며染色이不變ᄒᆞ와經濟上에第一要緊ᄒᆞ오며各地方貿易을便利키爲ᄒᆞ와郵便小包로酬應ᄒᆞ야代金을引換ᄒᆞ겟ᄉᆞ오니　僉君子ᄂᆞᆫ陸續請求ᄒᆞ심을伏望

京城小龍洞
洪順福　毛織商店

移舘擴業廣告

本舘을大貫洞上隅로移ᄒᆞ고各種書籍과帽子와學徒用品을大加擴張ᄒᆞ고特歇발賣ᄒᆞ오니陸續請求ᄒᆞ옵

編輯部를置ᄒᆞ고서籍을編述발刊ᄒᆞ며裁縫所를附ᄒᆞ야帽子服裝을製造ᄒᆞ며文房諸具와帽子附屬品과毛織布木이具備ᄒᆞᆷ

平壤大貫洞上隅
光明書觀　主　朴致祿
　　　　　　　金燦斗
　　　　　　　韓承坤

◉歲暮와漢陽商會

多忙ᄒᆞ고流矢갓ᄒᆞᆫ隆熙三年의日月은임의그結局을告코져ᄒᆞ고希望의曙光잇ᄂᆞᆫ隆熙四年의幸福은到來ᄒᆞ옵나이다

玆에우리大韓國民이誠心誠意로固心經營ᄒᆞᄂᆞᆫ漢陽商會ᄂᆞᆫ大韓國人士를爲ᄒᆞ야新年及歲暮에贈答ᄒᆞᄂᆞᆫ嶄新流行品을多數輸入ᄒᆞ고驚天動地的大廉價大活動으로여러분을歡迎ᄒᆞ옵나이다○愛顧ᄒᆞ시오漢城鍾路漢陽商會를○電話ᄂᆞᆫ一九一番이오

◉特別廣告

本社의서同胞의衛生을注意ᄒᆞ야美國의서經驗單方으로流行通用ᄒᆞᄂᆞᆫ靈藥聖劑를買入ᄒᆞ야左開廣布ᄒᆞ오니有病君子와藥業에從事ᄒᆞ시ᄂᆞᆫ僉彦은爭先來購ᄒᆞ시옵

分賣와都賣에差別이有ᄒᆞ야一打(十二個)以上의都賣에ᄂᆞᆫ特別割引ᄒᆞᆷ

左　開

秘製止痛藥
效能　外塗內服無處不適消滯　止瀉　絕瘧　治痢無不神效ᄒᆞᆷ

喜蘇丹藥
效能　頭面　身體一切痛症積年風濕　除擦　生션之道ᄃᆡ卽奏效ᄒᆞᆷ

亞麟香膠
效能　毋論男女老少　勿嫌年久日淺一切　咳소　服之則其效如神ᄒᆞᆷ

委花藥膏
效能　痔疾　瘰珠瘡　燒歐傷螯咬等　諸症無雙聖藥

委花糖水藥
効能　疝症　花柳毒　凡不潔血所祟症　婦人虛弱등症靈驗ᄒᆞᆷ

牛汁藥酒
効能　毋論男女老少氣血虛弱者服之則大補元氣身體强健ᄒᆞᆷ

韓美興業株式會社事務所

檀君開國四千二百四十二年
箕子元年三千三十一年
大韓開國五百十八年
本報創刊日
光武八年七月十八日

大韓每日申報

發行兼編輯人 英國人 萬咸
發行所 京城南部石井洞三層洋屋家 大韓每日申報社

第七卷 月曜及慶節歲時日休刊 第一千二百七十一號

論說

◉朝鮮問題同志會

朝鮮問題同志會의宣言서를向者譯揭ᄒᆞ야同胞에게供覽ᄒᆞ엿거니와

向日該會에셔一邊으로集會가頻繁ᄒᆞ며一邊으로韓國에派員을送ᄒᆞ며一邊으로錦輝舘에政談大演說會를開ᄒᆞ야其勢가愈往愈盛ᄒᆞᄂᆞᆫ도다

蓋此同志會의目的은吾儕가不言ᄒᆞ야도世人이共知ᄒᆞᄂᆞᆫ바어니와吾儕ᄂᆞᆫ二千萬국民同胞에向ᄒᆞ야一嘆을發ᄒᆞ노라

大抵韓國同胞가國民性質이健ᄒᆞ며國民氣力이壯ᄒᆞ면彼同志會가아모리突起ᄒᆞ며아모리活動ᄒᆞ며아모리熱등奔走ᄒᆞ며百同志會가有ᄒᆞ며千同志會가有ᄒᆞᆫ들何를可慮리오만은

乃者同胞ᄂᆞᆫ不然ᄒᆞ야淸日戰役이何故로作ᄒᆞ엿ᄂᆞᆫ지露日戰爭이何故로作ᄒᆞ엿ᄂᆞᆫ지外人이我에對ᄒᆞ야何計를設ᄒᆞᄂᆞᆫ지外人이我에對ᄒᆞ야何事를做ᄒᆞᄂᆞᆫ지不知ᄒᆞ며豺狼이來ᄒᆞ야도不知ᄒᆞ며水火가來ᄒᆞ야도不知ᄒᆞ야困睡만徒作ᄒᆞ다가五條約이成ᄒᆞ미於是乎驚ᄒᆞ며七協約이成ᄒᆞ미於是乎懼ᄒᆞ며軍政이渡去ᄒᆞᆫ後에야비로소覺ᄒᆞ며司法이渡去ᄒᆞᆫ後에야비로소知ᄒᆞ니嗚呼라迨天之未陰雨綢繆牖戶의策이엇지其拙ᄒᆞᆫ가吾儕ᄂᆞᆫ懼ᄒᆞ노라

嗚呼라同胞여同胞가五條約以前에預備ᄒᆞ엿스면五條約이無ᄒᆞ엿슬지며七協約以前에預備ᄒᆞ엿스면七協約이無ᄒᆞᆯ지오又五條約七協約以前에ᄂᆞᆫ預備치못ᄒᆞ엿슬지라도五條約七協約以後에만預備ᄒᆞ엿스면오히려軍政은不去ᄒᆞ며司法은不去ᄒᆞ엿슬지어ᄂᆞᆯ乃者昨日에도預備치못ᄒᆞ며今日에도預備치못ᄒᆞ며明日에도預備치못ᄒᆞ며又明日에도預備치못ᄒᆞ야四千載歷ᄉᆞ가魔窟에日墮ᄒᆞ야도奮勵를不思ᄒᆞ며三千里疆土가洪水에日沉ᄒᆞ야도萎縮이愈甚ᄒᆞ니엇지有志者의悲嘆ᄒᆞᆯ바아니리오只今朝션問題同志會가靑天빅日下에旗幟를高建ᄒᆞ고朝션問題를催ᄒᆞ나니同胞ᄂᆞᆫ知ᄒᆞᄂᆞᆫ가否ᄒᆞᄂᆞᆫ가

悲夫라一進會의聲明서가出ᄒᆞᄌᆞ朝션問題同志會가又起ᄒᆞ야旗鼓가相應ᄒᆞ니韓國의前途가將如何ᄒᆞᆯ꼬

同胞ᄂᆞᆫ彼等의所爲에對ᄒᆞ야研究도無ᄒᆞ며注意도無ᄒᆞ며將來如何히ᄒᆞᆯ預備도無ᄒᆞ고只是彼等의跳梁만任ᄒᆞ니韓國의前途가將如何ᄒᆞᆯ꼬

同胞同胞여國民精神을奮ᄒᆞ며國民氣力을養ᄒᆞ야如何ᄒᆞᆫ方法으로던지將來를預備ᄒᆞ라만일不然ᄒᆞ면朝션問題同志會가無ᄒᆞ야도同胞ᄂᆞᆫ牛馬됨을不免ᄒᆞ나니라

官報

號外

隆熙三年十一月一日

內閣告示第三十三號 續

辯護士規則

第三十六條 明治四十二年七月二十四日以前에理事官의許可를得ᄒᆞᆫ訴訟代理業者ᄂᆞᆫ現今間其理事廳所在地를管轄ᄒᆞᄂᆞᆫ地方裁判所及其管內區判裁所에서訴訟代理를行ᄒᆞᆷ을得ᄒᆞᆷ

第十二條第一項、第十六條、第十七條及第二十二條의規定은前項의訴訟代理業者에게此를準用ᄒᆞᆷ

第三十七條 監督官은前條의訴訟代理業者에게不適當ᄒᆞᆫ所爲가有ᄒᆞᆷ으로認ᄒᆞᆫ時ᄂᆞᆫ何時던지其業務를禁ᄒᆞᆷ을得ᄒᆞᆷ

樣式(用紙美濃紙)

本籍
住所 氏
族籍
生年月日 名
資格
登錄番號
登錄年月日
변護士會加入年月日
事務所
出張事務所
登錄繳消年月日
懲戒
備考

○統監府令第三十七號
(明治四十二年十月二十三日)

韓國人이訴訟及訴訟事件에關ᄒᆞ야韓國法規에依ᄒᆞ야收入印紙를貼附ᄒᆞᆯ境遇에ᄂᆞᆫ各相當價額의日本政府收入印紙를貼附ᄒᆞᆷ이可ᄒᆞᆷ

附 則

本令은明治四十二年十一月一日로부터施行ᄒᆞᆷ

○統監府告示第百六號
(明治四十二年十月二十一日)

統監府裁判所ᄂᆞᆫ明治四十二年十一月一日로부터此를開廳ᄒᆞᆷ

但現今間左의區裁判所ᄂᆞᆫ此를開廳치아니ᄒᆞᆷ

漣川區裁判所 金浦區裁判所
鐵原區裁判所 平昌區裁判所
保寧區裁判所 瑞山區裁判所
沔川區裁判所 牙山區裁判所
報恩區裁判所 陰城區裁判所
甲山區裁判所 順川區裁判所
延安區裁判所 平山區裁判所
新溪區裁判所 星州區裁判所
靑松區裁判所 陜川區裁判所
谷城區裁判所 靈光區裁判所
海南區裁判所 鎭安區裁判所
興德區裁判所

完

外報

◎獨占可決 土耳其議會ᄂᆞᆫ英國에셔메소보다미야航路獨占ᄒᆞᄂᆞᆫ것을可決ᄒᆞ엿ᄂᆞᆫ되此를因ᄒᆞ야內閣動搖를免ᄒᆞ엿다더라

◎大統領辭職 니카라과國大統領은辭職ᄒᆞ엿다더라

◎淸葡交涉不和 淸葡兩國間澳門境界問題에對ᄒᆞ야淸國은葡國의請求를益益拒絶ᄒᆞᆫ다더라

◎愛蘭黨決議 英國愛蘭同盟會ᄂᆞᆫ愛蘭首府다부린에大會를開ᄒᆞ고首相아스구이스氏의愛蘭自治制宣告를歡迎ᄒᆞ고此際에愛蘭人에게向ᄒᆞ야現政府의反對派統一黨을對抗ᄒᆞ야選擧票를試行ᄒᆞ라고勸奬ᄒᆞ자ᄂᆞᆫ議案을滿場一致로可決ᄒᆞ엿ᄂᆞᆫ되此會議ᄂᆞᆫ有名ᄒᆞᆫ愛蘭黨首領존렛도몬도氏가主張ᄒᆞᆷ이라더라

◎艦破兵死 日本에셔ᄂᆞᆫ驅逐艦一隻이昨日大湊로부터函館으로向ᄒᆞ다가途中에셔漂船과衝突되야沉沒되엿ᄂᆞᆫ되水兵二名이致死ᄒᆞ엿다더라

◎希臘內亂 希臘國王께지一世ᄂᆞᆫ同國의前途가有望ᄒᆞ다ᄒᆞ엿스나國內紛亂이繼續ᄒᆞ야陸軍軍人同盟團은宮廷權力以外에立ᄒᆞ야其統御를不受ᄒᆞ고同國陸海軍間에葛藤이起ᄒᆞ엿다더라

◎英德親睦 英국論敎에在ᄒᆞᆫ英德親睦委員會에셔ᄂᆞᆫ社會黨員보레즈지포로氏가兩國親睦을熱心論議ᄒᆞ엿다더라

◎德皇弟辨明 德國황弟하일즈히親王은財政顧問官에게電報를發送ᄒᆞ야德국軍艦에셔英國을敵視ᄒᆞᄂᆞᆫ乾盃辭가有ᄒᆞ다ᄒᆞᆫ說은虛報라고辨明ᄒᆞ엿다더라

雜報

◎國債償却會 淸國上海에셔ᄂᆞᆫ去十六日에支那商業會議所會頭의主張으로國債償却會를設립ᄒᆞ야第一回會議를開ᄒᆞ엿ᄂᆞᆫ되知名의支那人百餘名이出席ᄒᆞ엿고同會의目的은義捐金으로國債를償還ᄒᆞ기로ᄒᆞᆷ인되將且各省에셔實行케ᄒᆞᆫ다더라

◎謝罪團員寄函 謝罪團員李達源氏가本社에寄來ᄒᆞᆫ函辭를據ᄒᆞᆫ즉略曰尹大燮金榮斗兩人이昨日에內閣과統監府에上書ᄒᆞ고十三人을選定ᄒᆞ야日本에派遣ᄒᆞᆫ다ᄒᆞ엿ᄂᆞᆫ되本會所에ᄂᆞᆫ相議도初無ᄒᆞ엿고且此事가重大ᄒᆞ야大韓三百二十四郡에其中一郡이라도不應ᄒᆞ면不可ᄒᆞᆯ지어ᄂᆞᆯ今에一郡은姑舍ᄒᆞ고二百餘郡이不應ᄒᆞ엿스니此亦不穩當ᄒᆞᆫ事이며且尹大燮의婿淸河郡直員郭太仁은會所窓外에立ᄒᆞ야此事에不應者ᄂᆞᆫ當場打殺ᄒᆞᆫ다ᄒᆞ고高聲大喝ᄒᆞ야威협手段으로抑驅人民코져ᄒᆞ니此ᄂᆞᆫ尹大燮金榮斗兩人이本是一進會員으로李容九宋秉畯과必是內應之事라本人은割名自退ᄒᆞ노라ᄒᆞ엿더라

學報

◎元明卒業 忠南公州郡益口谷面敬天元明學校에셔第一回卒業禮式을設行ᄒᆞ엿ᄂᆞᆫ되卒業生은如左

金學洙 柳錫麟 朴奇東
徐一煥 金元周 禹達濟
宋保羅

○談 叢○

▲斷 발

劍 心

此頭上에垂垂ᄒᆞᆫ毛발을斷去ᄒᆞᆫ知識도卽有ᄉᆞ以後數千年만에始得ᄒᆞᆫ것이라第一期ᄂᆞᆫ披발時代니禽獸의毛렵과如히亂垂ᄒᆞᆷ을任ᄒᆞ야或面에覆ᄒᆞ며或背에橫ᄒᆞ니今日에坐ᄒᆞ야此狀態를想ᄒᆞ면許多不便을感ᄒᆞᆯ지나當時에ᄂᆞᆫ猛獸와相搏ᄒᆞᄂᆞᆫ時節이라此발이林間에隱匿ᄒᆞᄂᆞᆫ保護色이된바이며第二期ᄂᆞᆫ斂발時代니我國에ᄂᆞᆫ檀君이비로소발을編ᄒᆞ엿고支那에ᄂᆞᆫ三代以前부터束발의制가已有ᄒᆞ엿고西歐에ᄂᆞᆫ발을尺餘만留ᄒᆞ고半斷ᄒᆞ엿스며第三期ᄂᆞᆫ斷발時代니卽今日이是니此ᄂᆞᆫ人類頭발의歷ᄉᆞ大槪라嗚乎라人類가動物中에最靈ᄒᆞ다ᄒᆞ나一발에對ᄒᆞᆫ知識도若是遲遲히發達ᄒᆞ엿도다

然이나此例와反ᄒᆞ야卽披발或斂발時代에在ᄒᆞ야발을斷ᄒᆞᆫ種族이有ᄒᆞ니我古ᄉᆞ에辰韓南邊人의斷발과支那南越人의斷발이是니盖此等은海濱에居ᄒᆞ야日常水中에出入ᄒᆞ야魚族과競爭ᄒᆞᆷ에발이不利ᄒᆞᆫ故오又斂발或斷발時代에在ᄒᆞ야발을尙披ᄒᆞᆫ種族이有ᄒᆞ니孔子의指ᄒᆞᆫ바披발左衽의族과今日西伯利亞阿弗利加等地의野蠻이是니是ᄂᆞᆫ狉狉榛비中에잇셔外來의競爭力이少ᄒᆞ야太古의狀態를尙守ᄒᆞᆷ인더

詞藻

❀更 安 樂❀

天道ᄂᆞᆫ變幻ᄒᆞ야、四時節이循環ᄒᆞᆺ만。
人事ᄂᆞᆫ어이ᄒᆞ야、一向困難이러ᄒᆞᆫ가。
언제나、天道人事相合ᄒᆞ야、다시安樂。

雜報

◎王妃陛見 義親王妃殿下씌셔ᄂᆞᆫ再昨日下午一時에 昌德宮에 陛見ᄒᆞ엿다더라

◎皇室吊電 比利時國皇帝崩逝에對ᄒᆞ야 大皇帝陛下씌ᄋᆞᆸ셔再昨日吊電을 發ᄒᆞᄋᆞᆸ셧다더라

◎樞院吊禮 中樞院書記官朴齊헌氏ᄂᆞᆫ昨日下午一時에該院議長의代表로比利時국總領事館에前往ᄒᆞ야吊禮를行ᄒᆞ엿다더라

◎統府會議 本日統監府에셔大臣會議를開ᄒᆞ고各部來年度預算을決定ᄒᆞᆫ다더라

◎嚴重警戒 曾禰統監은일進會合邦聲明以後로內閣員을嚴戒ᄒᆞ고檄文集合等을嚴禁ᄒᆞᄂᆞᆫ데再昨日에도國分秘書官을李總相에게送ᄒᆞ야嚴重ᄒᆞᆫ警戒를與ᄒᆞ엿다더라

◎博邦感謝 伊藤公遭難後에各官립普通學校에셔賻儀金을醵集送致ᄒᆞ엿ᄂᆞᆫ데其子伊藤博邦은此에對ᄒᆞ야感謝狀을學部次官의게送致ᄒᆞ엿다더라

◎合郡實施 合郡은地方行政에重大問題이나民心이騷動될ᄭᆞ憂慮ᄒᆞ야至今ᄭᆞ지實施치못ᄒᆞ엿더니今年內幾個郡合併에對ᄒᆞ야其結果가良好ᄒᆞ다ᄒᆞ야明年에ᄂᆞᆫ合郡을斷行ᄒᆞ기로當局에셔決議ᄒᆞ고目下調查에着手ᄒᆞ엿다더라

◎郡衙亦變 各地方郡衙에位置가不便ᄒᆞᆫ處가多ᄒᆞ다ᄒᆞ야來年度合郡을實施ᄒᆞᄂᆞᆫ同時에ᄂᆞᆫ郡衙位置도一切變更ᄒᆞᆫ다더라

◎騎兵隊演藝會 昨日은近衛騎兵隊第一回創립紀念日인故로親衛府長官以下內外將校一同이會集ᄒᆞ야演藝會를開ᄒᆞ엿다더라

◎演藝會優等 騎兵隊에셔연藝會를開ᄒᆞᆷ은別項과如ᄒᆞ거니와乘馬旗取競走에ᄂᆞᆫ甲班에李基輿乙班에金學圭丙班에姜蓁馨氏와障碍飛越에ᄂᆞᆫ甲班에金明根乙班에車建順丙班에林貴福丁班에李聖챵黃聖濶戊班에李仁植氏가優等에居ᄒᆞ야賞品을取ᄒᆞ엿다더라

◎六島歸國 親衛府顧問六島中佐ᄂᆞᆫ日本陸軍省의指揮를依ᄒᆞ야日昨에歸國ᄒᆞ엿다더라

◎松井開宴 警務局長松井茂ᄂᆞᆫ昨日午後에京城旅舘에셔滯京中에在ᄒᆞᆫ各道司法官과各部次官을招宴ᄒᆞ엿다더라

◎漢府將轉 漢城府를中樞院內警察官練習所와前統監府法務院으로移接ᄒᆞ기로決定ᄒᆞ야昨日부터修理工役에着手ᄒᆞ엿다더라

◎輸出準備 統監府에陳列ᄒᆞ엿던英日博覽회出品物은三昨日부터輸出ᄒᆞ기를準備ᄒᆞᆫ다더라

◉愚弄太甚 崔晶圭가合邦贊成서를提出ᄒᆞᆯ時에該社任員의姓名章을圖得코져任員다려聲言曰現今經費가窘塞ᄒᆞ야金貨四千圓을不可不借款ᄒᆞ깃스니任員諸氏가此紙에各其捺章ᄒᆞ여야事可成就라ᄒᆞ거날任員들이無疑捺給ᄒᆞ엿더니晶圭가畢竟該紙를用ᄒᆞ야贊成서를粧出ᄒᆞ엿다더라

◎宜其痛罵 前外部大臣俞箕煥氏의夫人은徐彰輔의姊氏인ᄃᆡ徐氏가內閣及統監府에長서를提出ᄒᆞᆫ事에對ᄒᆞ야該夫人이徐氏을對ᄒᆞ여曰爾ᄂᆞᆫ國家의逆賊이오祖宗의罪人이라痛罵ᄒᆞ고仍히烟竹를擧ᄒᆞ야徐頭를亂打ᄒᆞ고從今以後로ᄂᆞᆫ男妹의誼를永絶ᄒᆞᄌᆞᄒᆞ엿ᄂᆞᆫ데徐氏ᄂᆞᆫ目今餓死가在前ᄒᆞ니ᄭᆡ此等事도不可不爲라ᄒᆞ엿다더라

◎國民會開會 再昨日국民大演說會에셔議事員會를開ᄒᆞ고政府에更히質問ᄒᆞ기로決定ᄒᆞ야質問서製定委員은鄭萬朝金敎獻池錫永三氏로推選ᄒᆞ엿고會長閔泳韶氏를勸告出席케ᄒᆞ기爲ᄒᆞ야總代를派送ᄒᆞ엿다더라

◎幹事會又開 國民大연說會에셔本日下午二時에幹事員會를開ᄒᆞᆫ다더라

◎假熱易冷 閔泳韶氏ᄂᆞᆫ國民연說會長의任을期於히辭免ᄒᆞ기로決心ᄒᆞ야請願서를再次提出ᄒᆞ엿다더라

◎欲求援助 一進회에셔去土曜日明月舘에셔商務部員과회見ᄒᆞᆷ은已報어니와再昨日에ᄂᆞᆫ更히普信社員과會同ᄒᆞ야懇親會를設行ᄒᆞ엿ᄂᆞᆫ데此ᄂᆞᆫ一進會가漸次孤弱ᄒᆞᆷ으로多少挾雜輩의援助를得코져ᄒᆞᆷ이라더라

◎傍觀尙憤 日前明月舘에셔商務部와一進會가懇親會를設ᄒᆞᆯ時에某聽偵探人들이傍觀ᄒᆞ다가兩便의行動을見ᄒᆞ고憤激을不勝ᄒᆞ야進供ᄒᆞᄂᆞᆫ食物을辭却不食ᄒᆞ엿다더라

◎秉畯行動 宋秉畯은馬關에滯在하야時勢를觀望하ᄂᆞᆫ데韓日兩國間에頻頻히暗號電報를送ᄒᆞᆫ다더라

◎商民聲討 三昨日下午二時에商務部總裁李畯鎔顧問俞吉濬兩氏가該本部에出席ᄒᆞ엿ᄂᆞᆫ데商民六十餘名이會同ᄒᆞ야李學宰를一齊聲討ᄒᆞᄂᆞᆫ故로該兩氏ᄂᆞᆫ商務部를解散ᄒᆞ고實業部를更爲組織ᄒᆞᆯ次로農商工部에請願ᄒᆞ엿다더라

◎警廳詰問 昨日警視廳에셔商務組合員尹進學金光熙兩氏를招致ᄒᆞ야李學宰를何意反對ᄒᆞ나냐고一場詰問ᄒᆞ엿다더라

◎商務反對 商務組合部員尹進學金光熙等諸氏ᄂᆞᆫ同部에셔合邦을贊成ᄒᆞᆷ은大不可라ᄒᆞ야十三道負褓商民團體를煽動ᄒᆞ야期於히合邦運動을反對ᄒᆞ기로極力運動ᄒᆞᆫ다더라

◎七罪人渡日 謝罪派十三名中에旅費가不足ᄒᆞ야黃應과宋鶴昇等七名만再昨日出發渡日ᄒᆞ엿다더라

◎士林運動 李內閣은合邦反對運動에苦心ᄒᆞ야趙重應金鶴鎭李人稙等諸氏의主幹ᄒᆞᄂᆞᆫ孔子教會로ᄒᆞ야금十三道에派員ᄒᆞ여合邦反對의目的으로儒林를運動ᄒᆞᆯ計劃인ᄃᆡ既히京城忠南忠北에ᄂᆞᆫ再昨日에出發ᄒᆞ엿고其他에ᄂᆞᆫ本日에發程ᄒᆞᆯ豫定이라더라

◎刺客入室 三昨日下午十二時에刺客一名이洪肯燮寢室에闖入ᄒᆞ엿ᄂᆞᆫ데洪은見機避身ᄒᆞ야幸히無事ᄒᆞ엿다더라

◎惟一第一 南部竹洞廣興商店主人李昇煥氏가惟一이란菓子를新發明ᄒᆞ엿ᄂᆞᆫ데各種藥品을添入製造ᄒᆞ엿슴으로効能이良好ᄒᆞ야實노衛生上에適當ᄒᆞ다더라

◎欽費欽怨 平南甑山郡漢川市에巡查駐在所를新設ᄒᆞ엿ᄂᆞᆫ데日巡查光山韓巡查金克周面長趙와和諸人이駐在所時計燈臺木楞等費라稱ᄒᆞ고二百三十圓을民間에排斂ᄒᆞᆷ으로該地民怨이藉藉ᄒᆞ다더라

◎再訴度部 義州龍川所在民有軍役土를卞白ᄒᆞᆯ次로財務監督局에再訴ᄒᆞᆷ은已報어니와該局指令이又不如意ᄒᆞᆷ으로陰本月一日에各地主及各面代表人이該事務所에會同ᄒᆞ야更히度支部에呼訴ᄒᆞ기로決議ᄒᆞ고代表人白寅善車瑞坤兩氏를選定ᄒᆞ야不日間上京ᄒᆞᆫ다더라

◎人民呼冤 黃海道瓮津郡龍淵面人民百八十五名이去十一日에該郡財務署를包圍ᄒᆞ고民有土地를國有에編入ᄒᆞᆷ이萬萬不當ᄒᆞ다고請願서를提出ᄒᆞ야其哀呼의光景이慘담ᄒᆞ엿고又其翌日에郡衙에會集ᄒᆞ엿ᄂᆞᆫ데日憲兵이解散식혓다더라

◎沈氏願留 三和府主事沈鍾禹氏ᄂᆞᆫ視務四載에美績이素著ᄒᆞᆫᄃᆡ該氏가辭退코자ᄒᆞᆷ을聞ᄒᆞ고該港民人이願留請願書를該府尹의게提呈ᄒᆞ엿다더라

◎一部犯入 典洞前兵營內에共同市場을設立ᄒᆞᆫ다ᄒᆞᆷ은已揭어니와此에關ᄒᆞ야該營과連墻된興士團一部分이犯入된다ᄒᆞ야該團內에在ᄒᆞᆫ新興講習所及大韓民報社에셔ᄂᆞᆫ相當ᄒᆞᆫ處所를廣求中이라더라

◎其情戚矣 北部大安洞居金義行氏ᄂᆞᆫ藥舖로營業ᄒᆞ다가若干債務가有ᄒᆞ야督促이日甚ᄒᆞᆷ으로飲藥自斃코ᄌᆞᄒᆞ다가未遂ᄒᆞᆫ故로其家人이所有財產을辯護士金澤松吉의게委任出給ᄒᆞ야債務를淸勘케ᄒᆞ고現今隆冬을當ᄒᆞ야道路에樓府ᄒᆞᄂᆞᆫᄃᆡ其情狀이慘不忍見이라더라

◎大東押收 大東共報第二卷第六號ᄂᆞᆫ治安妨害라ᄒᆞ야昨日內部에셔押收ᄒᆞ엿다더라

◎義兵執殺 義兵將姜基東氏ᄂᆞᆫ部下七十餘名을率ᄒᆞ고三昨日抱川郡松隅等地에來到ᄒᆞ야該地人民의秋收穀을執留ᄒᆞ야輸出을禁止ᄒᆞ엿다더라

◎義日衝突 去十八日에京畿道楊州草阜面에셔義將金秉贊氏의一隊가日憲兵과衝突ᄒᆞ엿다더라

◎金氏放免說 哈爾賓事件의嫌疑로日軍司令部에被捉ᄒᆞᆫ金明濬氏ᄂᆞᆫ事實上干犯이無ᄒᆞᆫ故로日間放免된다더라

◎金氏越交 義兵干連으로警視廳에被捉ᄒᆞᆫ金正圭氏ᄂᆞᆫ再昨日地方裁判所로越交ᄒᆞ엿다더라

◎處理會開會 三昨日下午一時에商業會議所內에셔國債報償金處理會를開ᄒᆞ고會長尹雄烈氏가辭免ᄒᆞᆫ代에俞吉濬氏가被任ᄒᆞ엿고書記ᄂᆞᆫ韓基俊氏로會計ᄂᆞᆫ崔敬淳氏로選定ᄒᆞ고各處에貯置ᄒᆞᆫ金額을調查ᄒᆞ기로議決ᄒᆞ엿다더라

◎處處見逐 國債報償金處理會를開ᄒᆞᆷ은別項과如ᄒᆞ거니와該會員中一進會員으로入參ᄒᆞᆫ者ᄂᆞᆫ一幷除名ᄒᆞ엿다더라

◎青舘演說 今日下午七時에鍾路青年會舘에셔演說會를開ᄒᆞ고瘧疾發生의理由와預방의方法으로濟衆院醫師魚丕信氏가演說ᄒᆞᆫ다더라

電報

◉阿片開會 明年四月에美國政府ᄂᆞᆫ第二回阿片會議를開ᄒᆞᆫ다ᄂᆞᆫᄃᆡ日本에도贊同을求ᄒᆞᆫ다더라

東京發 十八日着

◉滊車衝突 昨日日本京都稻荷驛에셔急行列車가補助機關車와衝突되야數名이負傷ᄒᆞ엿다더라

◉李氏行動 韓國大韓新聞社長李人稙氏가李內閣의秘密命令을帶ᄒᆞ고日本馬關으로從ᄒᆞ야變名ᄒᆞ고東京으로入코져ᄒᆞᄂᆞᆫ故로日本에셔嚴密히注意ᄒᆞᄂᆞᆫᄃᆡ該氏의渡日目的은東京의新聞을攪亂ᄒᆞᆯ事와在日本韓國留學生을使嗾ᄒᆞᆯ事와對韓同志會에對ᄒᆞ야運動ᄒᆞᆯ事와一進會行動을韓국人이反對ᄒᆞᆷ을說明ᄒᆞᆯ事라ᄒᆞ며該氏ᄂᆞᆫ運動費壹萬圓을携帶ᄒᆞ엿다더라

以上東京발 二十日着

▲勸酒歌▼

啞俗生

▲半島風雲忽慘ᄒᆞ야時局形便一變ᄒᆞ니國家事를處理코져全國同胞모하노코勸酒歌로開會ᄒᆞ야一盃二盃二千萬盃不失順序酬酌ᄒᆞ니滿場和氣融融ᄒᆞ다

▲잡으시오잡으시오이술일홈招魂酒라이술ᄒᆞᆫ잔잡으시면政府上에亾國鬼와政黨界에賣국奴가春雪ᄀᆞᆺ치消滅ᄒᆞ고病든국脉蘇復ᄒᆞ야健康長壽ᄒᆞ오리다

▲잡으시오잡으시오이술일홈自强酒라이술ᄒᆞᆫ잔잡으시면依賴心이鎭靜되여形式事業다바리고眞實地頭도라드러他人羈絆버셔나고自由行動ᄒᆞ오리다

▲잡으시오잡으시오이술일홈辟邪酒라이술ᄒᆞᆫ잔잡으시면正大之氣自復ᄒᆞ야千鬼萬魔잇더리도不敢侵犯ᄒᆞᆯ거시오斬魔劒이업더리도邪不犯正ᄒᆞ오리다

▲잡으시오잡으시오이술일홈合歡酒라이술ᄒᆞᆫ잔잡으시면二千萬心團合되여赴湯蹈火不拘ᄒᆞ고安樂界에前進ᄒᆞ야國民義務다ᄒᆞᆫ후에萬年歡樂ᄒᆞ오리라

▲偉人遺蹟

▲▲東國巨傑 崔都統 錦頰山人 續

第二章 崔都統以前의我族과外族

嗚乎偉大ᄒᆞ다此時我扶餘族의歷々여盖古代最名譽的의歷々로다

然이나此時의我民族을爲ᄒᆞ야一點遺恨을抱ᄒᆞᆯ비有ᄒᆞ니同族을合ᄒᆞ야異族을排ᄒᆞ지못ᄒᆞ고反히異族을招ᄒᆞ야同族을害ᄒᆞᆷ이是라

大抵南北兩部가互相仇視ᄒᆞᆷ은麗羅中葉으로부터已然ᄒᆞ더니其末葉에至ᄒᆞ야ᄂᆞᆫ殆히水火의相煎과如ᄒᆞ야干戈의相尋ᄒᆞᆷ이虛日이無ᄒᆞ고金庾信의賢으로도唐兵을引ᄒᆞ야高句麗를謀ᄒᆞ더라及高句麗가覆ᄒᆞ고渤海가興ᄒᆞ매其禍가稍息ᄒᆞ엿스나終是同種相愛의意가全缺ᄒᆞ야其興其亡에聞問이都無ᄒᆞ더니麗祖가初興에渤海가契丹에陷ᄒᆞ야鴨綠以西에ᄂᆞᆫ我檀君子孫의聲息이遂絶ᄒᆞ니哀哉라 未完

廣告

本店에셔發明ᄒᆞ온惟一菓子ᄂᆞᆫ上品菓子材料에各種補藥을添入ᄒᆞ야製造ᄒᆞ온故로呑飮에輕便ᄒᆞ오며養神補元의効力이大有ᄒᆞ오니僉位ᄂᆞᆫ陸續來購ᄒᆞ옵

◉老人과乳少ᄒᆞᆫ兒孩의게適當
各社會官廳事務時에點心代用
遠地에ᄂᆞᆫ代金引換으로信送
一函 二十四個入 正價十錢

南部竹洞二十二統六戶
廣興商店
店主 李昇煥 告白

廣州宣靖陵참奉李弘來가八月二十三日忌辰의祭物을奉承ᄒᆞ옵고닥졈가셔유슉ᄒᆞ고또ᄒᆞᆫ九月分의生日의五日을空官ᄒᆞ고또ᄒᆞᆫ十月十八日의무단니본집의가셔四五日을공관ᄒᆞ옵고本陵山直姜聖道를티거ᄒᆞ다ᄒᆞ고五日月給五十兩을먹고복쇽을시기고은힝가二百兩內의下廳用錢一百兩과合먹고本陵守僕紅衣처八百兩內二百兩을떼여먹고엿ᄎᆞ이잡폐가잇ᄉᆞ옵고무슈니陵軍을티거ᄒᆞ은니부지ᄒᆞᆯ슈업기廣告ᄒᆞᆷ

沈奉哲 告白

本人의陰八月十九日分에本里測量圖本五枚를本郡에經由치안코直接農商工部에上送ᄒᆞ온거슨規則에暗昧ᄒᆞ와違格이옵기玆以廣布ᄒᆞ오니愚蠢ᄒᆞᆫ심을恕諒ᄒᆞ시옵

寧邊延山面棠花里金秉根 白

從一品玄昌運陰己酉十一月六日午時別世

長子養健 次子東健
季子得健 告訃

今十八日所謂渡日謝罪派ᄂᆞᆫ非韓民代表요尹大燮金榮과個人指揮라是로本人은割名自退이誓死反對ᄂᆞᆫ警官吏가傍聽이시니演說은長不記載이오나此派渡日後若行不則之事라도各國僉尊은非韓民之罪認存ᄒᆞ시옵

慶北玄風郡地方委員李達源

本人이本郡大興面一里宋致云의所有瓦家十二間及垈地參十五坪을給價一千一百圓ᄒᆞ고成文券買收ᄒᆞ엿ᄂᆞᆫ딕右宋致云이가右金額을領受ᄒᆞᆫ後家屋新證明을成給ᄒᆞ마ᄒᆞ고右家의靑契와面洞長의捺印ᄒᆞᆫ未成貼ᄒᆞᆫ新證明紙를携帶ᄒᆞ고去十三日에逃躱ᄒᆞ엿ᄉᆞ오니內外國人은切勿見欺ᄒᆞᆷ

平壤大興面一里李奉墉 告白

病院開業廣告

天道의眞理를資ᄒᆞ고人道의原則을依ᄒᆞ야慈善의大義를主張ᄒᆞ며營利의私益을不顧ᄒᆞ고官立醫學校第一回卒業生으로軍籍에入ᄒᆞ야軍醫의職務로從事ᄒᆞ던前陸軍二等軍醫朴熙達氏를延聘ᄒᆞ야精美ᄒᆞᆫ器械와神効ᄒᆞᆫ藥品으로男女老幼의各科疾病을懇切救療ᄒᆞ오니疾病에罹ᄒᆞ신兄弟姉妹ᄂᆞᆫ來臨問議ᄒᆞ심을爲要

患者의便利를供키爲ᄒᆞ야留宿所를設ᄒᆞ고寢具와食料를恪別供給ᄒᆞᆷ

平壤鍾路私立
大同病院々主
韓敎源 告白

◉特別廣告

本里途字丁所在ᄒᆞᆫ本人의田一日半畊과답二斗落只庫를典當ᄒᆞ고得債以用次隆熙二年陰十二月二十日에典當文劵을作成ᄒᆞ야洞長李秉源이着名捺章ᄒᆞ야지ᄒᆞ엿더니該文劵을偶然이셔失이되와債錢도得用치못ᄒᆞ엿ᄉᆞ오나該劵을或拾得ᄒᆞᆫ人이有ᄒᆞ면後弊不無이옵기玆에告白ᄒᆞ오니誰某던지該劵拾得ᄒᆞ엿슬지라도休紙施行ᄒᆞᆷ

平安南道永柔**郡**
中部面城동**里**
徐敬**鎬 告白**

本人名과翼을尙璟로改名ᄒᆞ오니知舊間照亮ᄒᆞᆷ

梁山郡
前議官 沈尙璟 告白

本人이車中에셔金帒를見失而博物運送部出付三隻物票與金永化處三十圓手票를並爲셔失ᄒᆞ엿ᄉᆞ니誰某拾得이던지休紙施行ᄒᆞ시옵

木浦南橋洞六統八戶李相진白

本人이南門外五房朴致常處에陰十一月晦日推次當坪一千三百六十八兩於音一片을陰本月初六七日間셔失故로廣布ᄒᆞ오니誰某拾得休紙施行ᄒᆞᆷ

南部水口門內 趙義植 白

本館에셔各色饌用을精美ᄒᆞ게製造充盒ᄒᆞ야水陸行旅에朝夕之供에便利需用케ᄒᆞ야左와如히廉價로發售ᄒᆞ오니四方僉君子ᄂᆞᆫ陸續請求ᄒᆞ심을望ᄒᆞᆷ

大本一盒 **二十錢**
中本一盒 **十五錢**
小本一盒 **十錢**

京城南部詩洞秀香館 告白

◉有價証券賣買廣告

公債券 會社株券 銀行株券 倉庫荷證

直接 賣買
受托
擔保 **貸金**

諸證券을 各位에請求되로秘密安全케酬應ᄒᆞ오니紹介를要치마시고直接來議ᄒᆞ시옵

歲暮贈答品特色

我國特產 **谷香葉煙草** 各種
京城南署棗洞六十二統十戶
KLM **金龍商會** 謹告

南部苧洞三十一統六戶에셔果米商仲介를組合ᄒᆞᄂᆞᆫ딕果物之腐敗與未熟과穀類之精粗與價格을別般方針ᄒᆞᆷ으로請願ᄒᆞ엿ᄂᆞᆫ더日間頒布되깃기廣告

徐丙翊 告白

本堂에셔大발賣ᄒᆞᄂᆞᆫ亞**支**

戒煙丸은鴉片斷은ᄒᆞᄂᆞᆫ니되有効神明일뿐不啻라일匣만試服ᄒᆞ야도립効됨은確實ᄒᆞ고몸體를強健케ᄒᆞᄂᆞᆫ靈藥이오니內外國僉彦은急速히購去ᄒᆞ시오

南部小公洞
是亦堂藥局總代理 白

本所에셔洋屬毛織을各色直輸入ᄒᆞ야廉價로發賣ᄒᆞ옵ᄂᆞᆫ딕物品과織組가堅固ᄒᆞ며染色이不變ᄒᆞ와經濟上에第一要緊ᄒᆞ오며各地方貿易을便利키爲ᄒᆞ와郵便小包로酬應ᄒᆞ야代金을引換ᄒᆞ겟ᄉᆞ오니 僉君子ᄂᆞᆫ陸續請求ᄒᆞ심을伏望

京城小龍洞
洪順福 毛織商店

移館擴業廣告

本館을**大貫洞上隅**로**移**ᄒᆞ고**各**種書籍과帽子와學徒用品을大加擴張ᄒᆞ고特歇발賣ᄒᆞ오니陸續請求ᄒᆞ옵

編輯部를置ᄒᆞ고셔籍을編述발刊ᄒᆞ며裁縫所를附ᄒᆞ야帽子服裝을製造ᄒᆞ며文房諸具와帽子附屬品과毛織布木이具備ᄒᆞᆷ

平壤大貫洞上隅
光明書觀 主
朴致祿
金燦과
韓承坤

德國일버펠드地方의파벤파부리켄染料會社ᄂᆞᆫ韓國에在ᄒᆞᆫ本社의組織員되ᄂᆞᆫ僉位의게通告ᄒᆞ노니本會社가**日本大阪**의**日人會社**에셔此末端에揭示ᄒᆞᆫ本社의已久ᄒᆞᆫ**登錄商標**에**犯科**ᄒᆞᆫ事에對ᄒᆞ야裁判得勝ᄒᆞ엿ᄂᆞ이다

又本社의特意主願ᄒᆞ시ᄂᆞᆫ 僉位와其他關係되ᄂᆞᆫ 僉位의게表明ᄒᆞ노니本社의商標나或此와**類似**ᄒᆞᆫ것이라도犯**用**ᄒᆞᆫ標이有ᄒᆞᆫ者ᄂᆞᆫ今無ᄒᆞ오며本회社ᄂᆞᆫ世所共知ᄒᆞᄂᆞᆫ本社製品을韓國으로陸續輸入케ᄒᆞᆯ터이오며且本社商標를贗**造**ᄒᆞ야**輸入**ᄒᆞᄂᆞᆫ者ㅣ更有ᄒᆞ면卽告訴를當ᄒᆞᆯ터이오니特이愼戒ᄒᆞ시옵

商

標

商

標

◉歲暮와漢陽商會

多忙ᄒᆞ고**流矢**갓ᄒᆞᆫ**隆熙三年**의**日月**은임의그**結局**을**告**코져ᄒᆞ고**希望**의**曙光**잇ᄂᆞᆫ**隆熙四年**의**幸**福은**到來**ᄒᆞ옵나이다

玆에우리**大韓國民**이**誠**心**誠意**로**固**心**經營**ᄒᆞᄂᆞᆫ**漢陽商會**ᄂᆞᆫ**大韓國人士**를爲ᄒᆞ야**新年及歲**暮에贈**答**ᄒᆞᄂᆞᆫ嶄**新流行品**을**多數輸入**ᄒᆞ고**驚天動地的大**廉**價大活動**으로여러분을**歡迎**ᄒᆞ옵나이다○愛顧ᄒᆞ시오**漢城鍾路漢陽商會**를○**電話**ᄂᆞᆫ**一九一番**이오

廣告

特別廣告

本社의셔同胞의衛生을注意ᄒᆞ야美國의셔經驗單方으로流行通用ᄒᆞᄂᆞᆫ靈藥聖劑를貿入ᄒᆞ야左開廣布ᄒᆞ오니有病君子와藥業에從事ᄒᆞ시ᄂᆞᆫ僉彥은爭先來購ᄒᆞ시옵

分賣와都賣에差別이有ᄒᆞ야一打(十二個)以上의都賣에ᄂᆞᆫ特別割引홈

左開

秘製止痛藥

效能 外塗內服無處不適 消滯 止瀉 絕瘧 治痢無不神效홈

喜蘇膏藥

效能 頭面 身體一切痛症 積年風濕 除痰 生섬之道 딥卽奏效홈

亞麟香膠

效能 毋論男女老少 勿嫌年久日淺一切 咳소 服之則其效如神홈

委花藥膏

效能 痔疾 瘰珠瘡 燒跌傷螫咬等 諸症無雙聖藥

委花糖水藥

効能 疝症 花柳毒 凡不潔血所祟症 婦人虛弱등症靈驗홈

牛汁藥酒

効能 毋論男女老少氣血虛弱者服之則大補元氣身體强健홈

韓美興業株式會社事務所

本人이葉草客主數年에各處草商雲集交易ᄒᆞᆫ딕內外國烟草會社에셔도連續貿去ᄒᆞ고本國絕草商도多數貿去ᄒᆞ옵기로一層擴張ᄒᆞ엿ᄉᆞ오니 僉君子ᄂᆞᆫ陸續來臨ᄒᆞ시기를希望

京城西大門外尾洞百八統九戶 宋憲翼 邊昌根 告白

同和藥房廣告

登錄 許可

引蘇丸(인소환) 定價十錢

淸心降火消痰進食消滯止泄鬱火上衝心腹胞滿轎車乘眩

用藥寶鑑一卷一秩定價三十錢

宗教統一論壹卷壹秩定價廿錢

▲位置

本舖京西小門外車洞 閔檑
郡支店 平壤西門內 宋尙愈
第一分店 東部藏島 朴在庸
二分덤南竹洞四街里朴右榮
第壹代理덤全州동村 李重翼
二代理덤稷山笠場市李奎甲
三代理덤禮山邑 孔錫煥
四代理덤堤川邑 李台永
出張所金山金泉 鄭海容
報恩 金元七
利川夫面大旺里辛基榮
丹陽南面舍人岩張命海
忠州 鄭公秉
水原발安場 文啓珏
中部壽進洞 盧永奎
稷山成歡 韓永元
永登浦 洪聖化
海州大德面斗峴村朴基陽
鳳山 張義甲
其他各大都會處
紙面이不足ᄒᆞ야壹壹枚擧치못ᄒᆞ오
同和藥房本舖主閔檑告白

본인이정동잇는삼층벽돌집지금大韓每日申報社家屋을방매홀터이니집사기를원ᄒᆞᄂᆞᆫ쳠군ᄌᆞᄂᆞᆫ리림상의ᄒᆞ시옵

家主京西大門外京口下法國人 馬典 告白

廣告

本院은醫科專門으로一切患者를誠勤救療ᄒᆞ오니有病僉尊은來臨問診ᄒᆞ시옵

京義線車輦舘

三選堂醫院

醫學生徒募集

本院에셔現我急務의醫士를養成ᄒᆞ기爲ᄒᆞ야學校를付設ᄒᆞ고學問과實習을次第教授ᄒᆞ되速成科卒業期間은滿二個年으로定ᄒᆞ고來三月十日(陰正月廿九日)ᄭᆞ지學生을募集ᄒᆞ오니有志僉彥은 來議請願ᄒᆞ시옵

入學身格

年齡 十八歲以上至三十歲

學力 普通學校卒業證서가有ᄒᆞᆫ者(證서가無ᄒᆞᆫ者의게ᄂᆞᆫ面試後許入)

三選堂醫院

付屬醫學校

主任講師 醫學卒業生 前陸軍軍醫 李奎영

校監 白鎭규

學監 李道敏

濟生堂廣告

本堂主李庚鳳氏ᄂᆞᆫ本人의父親인바淸心保命丹을創始發賣ᄒᆞ야營業興旺이今日과如히大發展大擴張에至ᄒᆞ니僉彥에愛顧ᄒᆞ신厚誼ᄂᆞᆫ感荷無涯이오나本堂이不幸ᄒᆞ와堂主가宿患으로棄世ᄒᆞ온지라今에本人이本堂營業을相續ᄒᆞ옵고또한統監府特許局登錄商標法에商業의信用을立ᄒᆞ기爲ᄒᆞ야改名以庚鳳ᄒᆞ옵고一般業務를本人에從兄李興國氏의게委托處理ᄒᆞ오니內外國僉彥은以此照亮ᄒᆞ신後特이愛顧ᄒᆞ심을敬望홈

隆熙三年十二月 日

漢城南大門內

濟生堂大藥房

主任 李庚鳳
代辦主任 李興國
總務 金永七

一 商業經營法 은文明的商業의方法을指導ᄒᆞ며法律上商事의規定을說明ᄒᆞᆫ商業界의顧問이오

一 商業經營法 은商行爲의奇妙ᄒᆞᆫ術法과商去來의深奧ᄒᆞᆫ手段을陳述ᄒᆞᆫ商業家의秘訣이오

安國善氏 著

內部認可

廣學書舖 發行

定價金 四十錢 郵遞料 四錢

京城中部布屛下三十七統六戶 廣學書舖金상萬謹告

一 商業經營法 은會社設립節次와手形行使法과銀行去來等을論述ᄒᆞᆫ商業有志者의座右銘이오

一 商業經營法 은商業上의原理와經濟上의現象을實際的으로抄寫ᄒᆞᆫ實業學校의教科書오

本院은韓國一般人民을爲ᄒᆞ야設立ᄒᆞᆷ은僉彥의已知ᄒᆞᄂᆞᆫ바어니와自今으로事務를一層擴張ᄒᆞ고診察을더욱精密히ᄒᆞ기爲ᄒᆞ야時間을午前十時부터午後四時ᄭᆞ지無料로診察ᄒᆞ오며또特別診察所를置ᄒᆞ고些少의診察料로貴客의便宜를圖ᄒᆞ오니診察을要ᄒᆞᄂᆞᆫ僉彥은 照亮을爲要

但特別ᄒᆞᆫ境遇에在ᄒᆞ야ᄂᆞᆫ時 間을勿論ᄒᆞ고其請求를應홈

京城南大門外 濟衆院 告白

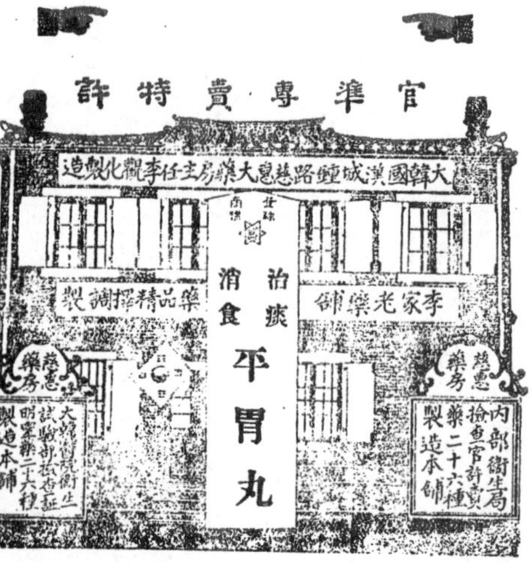

檀君開國四千二百四十二年
箕子元年三千三十一年
大韓開國五百十八年
本報創刊日
光武八年七月十八日

大韓每日申報

發行兼編輯人 英國人 萬咸
Responsible for Publication Alfred Weekley Marnham.
發行所
京城南部石井洞三層洋屋家 大韓每日申報社

第七卷 月曜及慶節歲時日休刊 第一千二百七十二号

論說

◉口腹殺人

挽近韓國에産ᄒᆞᄂᆞᆫ것이賣國鬼오現ᄒᆞᄂᆞᆫ것이賣國鬼니賣國鬼의多홈이엇지此에至ᄒᆞ나뇨

政府에서賣國ᄒᆞᄂᆞᆫ者會團에셔賣國ᄒᆞᄂᆞᆫ者商民을驅ᄒᆞ야賣國鬼되고ᄌᆞᄒᆞᄂᆞᆫ李學宰ᄀᆞᆺ흔者個人으로統監府에長셔ᄒᆞ야合邦을贊同ᄒᆞᄂᆞᆫ徐彰輔ᄀᆞᆺ흔者其他黃應斗閔泳雨ᄀᆞᆺ흔者等이오餘外에도一一히擧ᄒᆞ기難ᄒᆞ도다

嗚呼라狐狸도穴을愛ᄒᆞ며飛鳥도巢를惜ᄒᆞ거ᄂᆞᆯ彼輩ᄂᆞᆫ人類로셔自家祖宗四千年傳來ᄒᆞ던産業을擧ᄒᆞ야

人이奪ᄒᆞ기前에與ᄒᆞ며人이求ᄒᆞ기前에授ᄒᆞ랴홈은何故이뇨彼輩ᄂᆞᆫ獨히人이아닌가嗚呼라是가何故인가

悲夫라口腹이人을殺ᄒᆞᄂᆞᆫ도다口腹이人을殺ᄒᆞᄂᆞᆫ도다彼輩도耳目口鼻가人과一般이거니엇지心性이人보다異ᄒᆞ리오만은忍히此言을發ᄒᆞ며此事를作홈은口腹의罪로다

彼輩의流派를大略三에分ᄒᆞ니甲則薰門勢族으로不農不學ᄒᆞ고只是父兄의勢를席ᄒᆞ야內則大臣外則方伯의任을得ᄒᆞ야巨口를張ᄒᆞ고民血을吸ᄒᆞ야一身一家를肥ᄒᆞ던者이오乙則大臣門下에出入ᄒᆞ던走狗로셔奴隷二字에卒業ᄒᆞ며挾雜一界에覇主되야詐欺獵官에從事ᄒᆞ던者오丙則鄕谷에儒家子로셔科擧가廢ᄒᆞ며武斷이塞ᄒᆞ미三綱錄聖蹟圖感慕碑石鼓壇等涵文을持ᄒᆞ고民間에討索ᄒᆞ던者라

彼輩가如此히惡業을做ᄒᆞ야國이亾ᄒᆞ던지民이死ᄒᆞ던지皆不顧ᄒᆞ고惟自家의私利만是圖ᄒᆞ다가居然山河가破碎ᄒᆞ고時勢가變換ᄒᆞ야一般勢力이皆外人의게歸ᄒᆞ미

於是乎彼輩가各其伎倆을獻ᄒᆞ야外人의게媚홀ᄉᆡ外人이疆土를欲ᄒᆞ면疆土를與ᄒᆞ며外人이政權을欲ᄒᆞ면政權을與ᄒᆞ며外人이其父祖를罵ᄒᆞ라ᄒᆞ면父祖를罵ᄒᆞ며外人이其兄弟를殺ᄒᆞ라ᄒᆞ면兄弟를殺ᄒᆞ야百計千巧로惟外人의一笑一喜를求ᄒᆞ나니哀哉라

彼輩가若此히外人에게獻媚ᄒᆞ미其所得이幾何이뇨不過是狗ᄀᆞᆺ흔生命을暫保홀而已니

嗚呼라一身의生命을爲ᄒᆞ야一國民族의生命을殺ᄒᆞᄂᆞᆫ彼輩여一時의生命을爲ᄒᆞ야萬世子孫의生命을殺ᄒᆞᄂᆞᆫ彼輩여

今日國家의此境에至홈이卽是渠輩前日의惡果이거ᄂᆞᆯ今又未足ᄒᆞ야此等惡業을復作ᄒᆞᄂᆞᆫ가

嗚呼爾輩여口腹을忘ᄒᆞ고國家를爲ᄒᆞ면國家가生存ᄒᆞᄂᆞᆫ結果로爾一身一家도生存ᄒᆞ려니와國家를忘ᄒᆞ고口腹만爲ᄒᆞ면國家滅亾ᄒᆞᆫ後에爾의一身一家ᄂᆞᆫ何處에셔生存ᄒᆞ리오

爾輩ᄂᆞᆫ口腹을爲ᄒᆞ야永遠ᄒᆞᆫ生命을殺치말지어다

官報

號外 續

隆熙三年十一月一日

內閣告示第三十三號

內閣告示第三十四號

特許、意匠、商標及實用新案에關ᄒᆞᆫ日本국의法令은左와如홈

隆熙三年十一月一日

內閣總理大臣 李完用

○勅令第三百四號

(明治四十二年十月二十三日改正)

韓國特許令

第一條 韓국에셔特許에關ᄒᆞ야ᄂᆞᆫ特許法을依홈

但同法中帝國이라홈은韓國、外國이라홈은日本國及韓國以外의國、特許局이라홈은統監府特許局、區裁判所라홈은統監府區裁判所、大審院이라홈은統監府高等法院、通常裁判所라홈은統監府裁判所에該當홈

第二條 特許法第八條의政府ᄂᆞᆫ日本國의政府又ᄂᆞᆫ韓國의政府、同法第十二條及第十八條의帝國은日本國又ᄂᆞᆫ韓國에該當홈

但同法第十八條境遇에當ᄒᆞᆫ第十二條의代理人은韓國內의代理人에該當홈

第三條 特許法第三十條第二項의規定을依ᄒᆞᆫ特許權存續期間의延長에關ᄒᆞ야ᄂᆞᆫ明治四十二年勅令第二百九十八號를依홈

但同令中主務大臣이라홈은統監、特許局長이라홈은統監府特許局長에該當홈

第四條 本令은韓日兩國의臣民에對ᄒᆞ야발明에對ᄒᆞ야同樣ᄒᆞᆫ保護를與ᄒᆞ며且韓국에셔발明의保護에關ᄒᆞ야治外法權을行使치아니ᄒᆞᄂᆞᆫ國의臣民及人民에게도此를適用홈

附 則

本令은明治四十二年十一月一日노부터此를施行홈

舊令을依ᄒᆞ야受ᄒᆞᆫ特許ᄂᆞᆫ本令을依ᄒᆞ야受ᄒᆞᆫ者로看做홈但舊令第四條及第五條를依ᄒᆞᆫ特許에對ᄒᆞ야ᄂᆞᆫ舊令第四條第一項但셔第二項及第五條但셔의規定은其効力을仍有홈

(未完)

外報

◉國民自由黨 德國議會에셔ᄂᆞᆫ自由黨三派가合ᄒᆞ야國民自由黨이라稱ᄒᆞ엿다더라

◉露相反駁 露國外相은同氏가露國極東政策에對ᄒᆞ야德국奸策이有ᄒᆞ다고云ᄒᆞ엿다ᄂᆞᆫ說을記載ᄒᆞᆫ新聞紙에對ᄒᆞ야公式으로反駁ᄒᆞ고도리혀露德親善을說明ᄒᆞ엿다더라

◉美公使出發 新任駐淸美國公使잘ᄒᆞᆫ氏ᄂᆞᆫ淸國北京으로向ᄒᆞ야出발ᄒᆞ엿ᄂᆞᆫᄃᆡ大統領과何等協議가有ᄒᆞ엿다더라

◉尼國歡喜 니카라과大統領辭職後로全國의紛糾가掃盡되야國民이歡喜ᄒᆞᄂᆞᆫᄃᆡ에스토라다氏가大統領으로選任된다더라

◉淸軍港內定 淸국에셔ᄂᆞᆫ軍港을秦皇島附近某島나威海衛芝부間의養馬島로內定ᄒᆞᆫ다더라

◉辭職許可 淸國政府에셔ᄂᆞᆫ錫良總督의辭職을許可ᄒᆞᆫ다더라

◉墺門委員 葡萄牙墺門境界委員마지야또將軍은漢口를經ᄒᆞ야上海에셔出발ᄒᆞ야北京으로向ᄒᆞᆫ다더라

◉日人被殺 日本臺灣總督府警察課長平野ᄂᆞᆫ生蕃探險中에通譯者臺灣人에게被殺ᄒᆞ엿다더라

雜報

◉辯士告發

平壤辯護士安秉瓚氏가一進會合邦問題에對ᄒᆞ야該會長李容九를京城地方裁判所檢事局에告發ᄒᆞ엿ᄂᆞᆫᄃᆡ其全文이如左ᄒᆞ더라

告 發 狀

平壤郡大興面三里一統八戶
辯護士
告發人 安秉瓚

京城南部竹洞一進會本部
一進會長
被告人 李容九

謀大逆未遂及國權壞損에關ᄒᆞᆫ告發

事實幷申立

被告人李容九ᄂᆞᆫ隆熙三年十二月四日에一進會長으로國家의常典을無視ᄒᆞ고人民의通義를違背ᄒᆞ야其黨類宋秉畯洪肯燮等으로密計ᄒᆞ야韓日合邦問題를敢恣提唱ᄒᆞ야大韓二千萬國民의代表라詐冒ᄒᆞ고絶悖ᄒᆞᆫ聲明書를발表ᄒᆞ며窮凶ᄒᆞᆫ上疏文을奏達코져ᄒᆞ엿스니被告人이外國情形의無據ᄒᆞᆫ者를將ᄒᆞ야本國을恐動ᄒᆞ고宗廟와尊嚴之地에危害를謀ᄒᆞᆫ事實이발見ᄒᆞ야證據가明白ᄒᆞᆫ지라其行爲가刑法大全第百九十條와同法第二百條에該當ᄒᆞᆫ罪로思料이기仍ᄒᆞ야玆에告발홈

隆熙三年十二月 日
右告발人 安秉瓚

京城地方裁判所
檢事正 座下

◯談 叢◯

劍 心

▲三國以後의韓國은其國性이엇지如斯히弱ᄒᆞᆫ지政治上文化上에모다他의征服ᄒᆞᄂᆞᆫ바되고宗敎上ᄭᆞ지他의征服을當ᄒᆞ야佛敎가入ᄒᆞ미韓國的佛敎가되지못ᄒᆞ고佛敎的韓國이되며儒敎가入ᄒᆞ미韓國的儒敎가되지못ᄒᆞ고儒敎的韓국이되야害만有ᄒᆞ고益은無ᄒᆞ엿거ᄂᆞᆯ如今天主敎基督敎가入홈에도亦然홀慮가有ᄒᆞ니悲夫라

日本人이自誇曰日本은外국으로流來ᄒᆞᆫ文化宗敎등을接ᄒᆞ미반다시居然히日本的文化를成ᄒᆞ며日本的宗敎를成ᄒᆞᆫ다ᄒᆞ나니彼言의信否ᄂᆞᆫ姑舍ᄒᆞ고韓日兩國의對照表를可作홀言인뎌

▲韓國人이往往開明을誤解ᄒᆞ야或無知悖妄ᄒᆞᆫ者라도斷발洋服이나ᄒᆞ엿스면自己도開明者로自處ᄒᆞ며無識ᄒᆞᆫ守舊者들도亦彼를開明者로指稱ᄒᆞ야於是乎守舊者들이得得相顧曰開明이如彼라ᄒᆞ야도리혀頑固를益頑固케ᄒᆞ나니大抵眞正ᄒᆞᆫ開明은彼皮相開明(斷발洋服等)을謂홈이아니라眞正ᄒᆞᆫ心相開明을謂홈이니萬一開明ᄒᆞᆫ者가無知悖妄ᄒᆞ다ᄒᆞ면開明이何足貴리오此ᄂᆞᆫ開明이아니라未開니此輩ᄂᆞᆫ開明국의人이라도亦未開者어니此가엇지開明者인가彼未開者가되야開明者로自處ᄒᆞᄂᆞᆫ者ᄂᆞᆫ惡이오此未開者를指ᄒᆞ야開明者라ᄒᆞᄂᆞᆫ者ᄂᆞᆫ愚니彼惡此愚間에開明만遲遲ᄒᆞᄂᆞᆫ도다

然則斷발洋服은開明에無關ᄒᆞᆫ物인가曰否라此亦開明者의不可缺홀者니라只今守舊家가往往自家를辨護ᄒᆞ야曰心만開明ᄒᆞ면是開明이니貌樣이何關고ᄒᆞ나此實不然ᄒᆞ니此등人은其心의無惡은可尙이로ᄃᆡ其智의未開ᄂᆞᆫ可惜이니라然則彼皮相開明者의斷발洋服을何故로開明이아니라ᄒᆞ나뇨曰否라彼ᄂᆞᆫ開明을爲ᄒᆞ야斷발洋服을홈이아니라惡意로ᄒᆞ거나從時態로ᄒᆞ거나無意識으로홈이니此ᄂᆞᆫ決코開명的斷발洋服이아니니라

詞藻

❀南 至❀

冬至陽生春又來ᄂᆞᆫ、世上公道이아닌가。
疊疊히싸힌陰氣、쇼리업시消滅ᄒᆞ고。
萬物이、生新ᄒᆞ야、到處和氣。

雜報

◎命官問安 大皇帝陛下ᄭᅴ옵셔昨日에侍從을命送ᄒᆞ샤太皇帝陛下ᄭᅴ問安ᄒᆞ옵셧다더라

◎兩宮吊慰 比利時皇帝崩逝에對ᄒᆞ야 大황帝陛下ᄭᅴ옵셔는尹德榮으로 太황帝陛下ᄭᅴ옵셔는趙民熙로 勅使를定ᄒᆞ샤比國總領事館에 慰問禮를行ᄒᆞ셧다더라

◎義王妃生辰 本日은義親王妃殿下의 生辰인故로 皇族諸氏를請邀ᄒᆞ야宴會를開ᄒᆞᆫ다더라

◎比皇追悼式 比利時國總領事가발起ᄒᆞ야本日上午十一時에鍾峴天主教堂에셔比利時國황帝陛下의追悼式을設行ᄒᆞ는ᄃᆡ各部大臣이往參ᄒᆞᆫ다더라

◎特別任用令 昨日官報로稅關官吏特別任用令을발布ᄒᆞ엿다더라

◎財務法規又刊 度支部에셔는現行財務第二法規類纂이란冊子를龍山印刷局에委托出板ᄒᆞ엿는ᄃᆡ將次各財務署로一卷式發送ᄒᆞᆫ다더라

◎建築物整理 各地方所在建築은各其主管所에셔調査整理케ᄒᆞᆫ다더라

◎臨時開會 來年度歲出入預算은目下參與官會議에셔査定中인ᄃᆡ本日에는審議를終ᄒᆞ고大臣會議에付ᄒᆞᆯ터인ᄃᆡ本週內로臨時大臣會議를開ᄒᆞᆫ다더라

◎孽妖又出 江原道洪川人李圭學등七名은七道儒生代表라自稱ᄒᆞ고昨日에內閣及統監府에建議서를提出ᄒᆞ엿는ᄃᆡ其辭意는合邦이存民存國萬世에幸인즉實施가可ᄒᆞ다ᄒᆞ엿다더라

◎反對長書 前郡守閔佐鎬氏가一進會를反對ᄒᆞ야內閣에長서를提出ᄒᆞ엿다는說이有ᄒᆞᆷ으로某處에셔該氏蹤跡을秘密偵探中이라더라

◎舊書放賣 前輔國閔泳韶氏는何등緊用이有ᄒᆞᆫ지再昨日에舊서籍三千圓價値를放賣ᄒᆞ엿다더라

◎大垣歸國 大韓協會顧問大垣丈夫는歸國次로本日出발ᄒᆞᆫ다더라

◎隈本入京 日本留學生監督府에文簿를調査ᄒᆞ기爲ᄒᆞ야日本에前往ᄒᆞ엿던學部書記官日人隈本繁吉은再昨日下午八時에入京ᄒᆞ엿다더라

◎鈴木入城期 平壤大邱水原等地林業事務所를視察次로出張ᄒᆞ엿던農商工部鈴木技師의一行은明日入城ᄒᆞᆫ다더라

◎商會更립 再昨日中部典洞等地에셔商務組合員諸氏가會同ᄒᆞ야商務會를更히組織ᄒᆞ고任員을選定ᄒᆞ엿는ᄃᆡ會長은俞吉濬顧問은李奎鎔財務監督은崔錫彰總領은金光熙諸氏라더라

◎商所通文 三和港商業會議所에셔一進會聲明서에對ᄒᆞ야正議員會를開ᄒᆞ고該會員의게通知ᄒᆞᆫ全文이如左ᄒᆞ니

敬通事는今番一進會에셔所謂合邦聲明書를提布ᄒᆞᆷ은一般國民이孰不奮腕聲討哉리오現今京鄉間各團體에셔一邊으로一進會聲討文을發起ᄒᆞ며一邊으로一進會入參者를排斥ᄒᆞ야決不欲國民待遇라ᄒᆞ여民論이沸등인바本會도亦一完全無缺ᄒᆞᆫ商界社會의國民團體라本會員中에도一進會投名者가若干有之인ᄃᆡ想必間者에退會已久ᄒᆞ엿슬지나彼奸兒無雙一進會로서所謂聲明書에自稱百萬이라ᄒᆞ니此必退會人ᄭᆞ지驅入國賊인듯ᄒᆞ기로會員을友愛ᄒᆞ는道理에不可泯默ᄒᆞ야昨日正議員會議에決定된이如左키로玆以仰涌ᄒᆞ오니實心注意ᄒᆞ심을敬要

注意事項

本會員中에一進會에投名ᄒᆞ야該賊의目的을幸福으로認ᄒᆞ거던本會에除名ᄒᆞ기로請願ᄒᆞᆯ지며若本會目的과國民資格을勿失코져ᄒᆞᆯ진ᄃᆡ一進會에入錄된것을卽爲割名ᄒᆞᆫ後新聞上에亦爲廣告ᄒᆞ야一般國民으로咸無疑케ᄒᆞ되一進會錄에除名된事由를限五日內本會所에通知書를提呈ᄒᆞ야以便參考케ᄒᆞᆷ이可ᄒᆞᆷ이라ᄒᆞ엿더라

◎兩學生被縛 日本東京高等商業學校留學生平北人金益三金翼宣兩氏는出發歸國ᄒᆞ다가一進會長李容九를刺殺코ᄌᆞᄒᆞᆫ다는嫌疑者로再昨日永登浦驛에셔捕縛되엿다더라

◎學生激憤 定州公立普通學校와私립維新學校學徒一同은韓日合邦을反對키爲ᄒᆞ야激昂不平의行動이有ᄒᆞ다는ᄃᆡ目下該地에셔警戒中이라고某處에電報가來ᄒᆞ엿다더라

◎天良油然 一進會員幾十名이再昨日下午七時에永樂館料理店에會同ᄒᆞ엿는ᄃᆡ其談話를漏聞ᄒᆞᆫ즉合邦聲明서에對ᄒᆞ야一般公衆의駁論이起ᄒᆞᆯ뿐더러會員中에도退會者가無日無之ᄒᆞ니實施與否는置之勿論ᄒᆞ고吾等도早速退會ᄒᆞ야其惡名을脫却ᄒᆞᆷ이時急ᄒᆞ다ᄒᆞ엿다더라

◎處處同情 遂安郡居李杜元氏와香桐郡居金裕榮氏等十二人과价川郡居李璋洙氏등八十六人과韓山郡居吳大泳氏와牙山郡居金競稙氏諸人이國民大연說會에對ᄒᆞ야各其贊同서를寄送ᄒᆞ엿고木川郡居趙漢國氏는名刺를寄送ᄒᆞ야贊成의意를表ᄒᆞ엿다더라

◎支會質問 地方一進支會에셔는合邦聲明서에對ᄒᆞ야其理由를質問ᄒᆞᆯ次로每部三人式總代로定ᄒᆞ야上京ᄒᆞᆫ다더라

◎蝙蝠之類 一進會員朴魯學氏는退會ᄒᆞᆷ을藉托ᄒᆞ고各社會物議를偵探ᄒᆞ야一進會에密報ᄒᆞᆫ다더라

◎鹽商長書 元山港居金斗源氏가日人의게鹽一千八十八桶을見失ᄒᆞ고代金을推尋코져道路에栖屑ᄒᆞᆷ은一般世人이共知ᄒᆞ는바어니와今月十七日에更히長서를撰述ᄒᆞ야日本總相桂太郞及樞密院議長山縣有朋及衆議院議長長谷場純孝及滑稽社事務所에郵便으로送致ᄒᆞ엿는ᄃᆡ證據物로新聞紙三度式各其添付ᄒᆞ엿다더라

◎軍人請願 年前軍隊解散時에各軍人의所帶軍刀를警察署에셔押收ᄒᆞ고領收證一度만出給ᄒᆞ엿는ᄃᆡ日昨부터領收證ᄭᆞ지還收ᄒᆞ는故로軍刀主人은其代金을出給ᄒᆞ라고所管警察署에請願ᄒᆞ는者가多數ᄒᆞ다더라

◎辯士開業 務安郡木浦港區裁判所判事卞榮晩氏는司法權委任時에判事의任을辭免ᄒᆞ고中部笠洞等地에변護士營業을開ᄒᆞ는ᄃᆡ今明間開業式을行ᄒᆞᆫ다더라

◎產婆養成 陸軍騎兵副領尹致晟氏가發起ᄒᆞ야校洞等地에產婆養成所를設립ᄒᆞᆫ다더라

◎面長不法 洪州郡興口鄕面長趙炳勳氏는民間에不法行爲를施ᄒᆞᆫ다ᄒᆞ야該郡人民等이其罪狀을臚列ᄒᆞ야日昨內部에呼訴ᄒᆞ엿다더라

◎洪氏廉德 安州郡居洪承哲氏는路上에셔紙貨七圓五十錢을拾得ᄒᆞ야該郡警察署에留置ᄒᆞ고錢主를覓給ᄒᆞ엿다더라

◎閔氏被殺 東谷居前判서閔贊鎬氏는日前에生庭親喪을當ᄒᆞ야其子泳斗氏를帶同ᄒᆞ고忠南扶餘郡鄕第로下去ᄒᆞ다가中路에셔義兵을逢着ᄒᆞ엿는ᄃᆡ泳斗氏는當場被殺ᄒᆞ엿다더라

◎新韓押收 新韓國報第三十七號三十八號三十九號는治安妨害라ᄒᆞ야內部에셔押收ᄒᆞ엿다더라

◎棄兒又現 再昨日中部相思洞等地에一孩兒를遺棄ᄒᆞ엿는ᄃᆡ所管巡査가發現ᄒᆞ야孤兒院으로護送ᄒᆞ엿다더라

◎連合軍交戰 近者京畿道全部에義兵의勢力이甚盛ᄒᆞ다는ᄃᆡ去十七日麻田郡富谷等地에셔義將延起羽氏의連合軍이日憲兵과交戰ᄒᆞ엿다더라

◎全大將被捉說 義兵大將全海山氏는再昨日榮山浦日憲兵隊에被捉ᄒᆞ엿다는ᄃᆡ去番에도全海山氏가被捉ᄒᆞ엿다云ᄒᆞ엿스나此는假全海山氏오今番被捉人이眞全海山氏라ᄒᆞᆫ다는ᄃᆡ此亦假全海山氏가아닌지不知ᄒᆞᆫ다더라

◎陰郡義兵 陰城郡東道面등地에는近日來義兵이熾盛ᄒᆞ야村間에出沒ᄒᆞ면셔軍需錢을請求ᄒᆞᆷ으로民心이오오ᄒᆞ다더라

◎反對被捉 尹進學吳天默兩氏는李學宰를反對ᄒᆞᆫ事件으로再昨日上午十一時中署에被捉ᄒᆞ엿다가昨日에無事放免ᄒᆞ엿다더라

◎宋犯越交 北署에被捉ᄒᆞᆫ强盜犯宋用順을再昨日裁判所로越交ᄒᆞ엿다더라

◎技犯被捉 再昨日下午七時에中部中谷徐順甫氏家에셔趙基元及日人村瀨等四五人이花套局을設ᄒᆞ다가中署에被捉ᄒᆞ엿다더라

◎馬賊侵入 去十二日頃에馬賊이鴨綠江을渡ᄒᆞ야義州에侵入ᄒᆞ야正谷洞金炳浩氏家를突격ᄒᆞ야金品을略奪ᄒᆞ고鄰遞夫韓人二名을銃격ᄒᆞ야負傷케ᄒᆞ고卽時渡江歸去ᄒᆞ엿다더라

◎安氏保放 哈爾賓事件이발ᄉᆡᆼ後에狐疑者의嫌惡을被ᄒᆞ야龍山日憲兵分隊에被捉ᄒᆞ엿던安昌浩氏는經月調査ᄒᆞ되事實上干涉이無ᄒᆞᆫ故로日昨保放되엿다더라

◎賊警何多 昨日上午四時頃에中部漢洞閔宮相別室家에强盜四名이突入ᄒᆞ야拔劍作梗ᄒᆞ엿는ᄃᆡ所管巡査가방備ᄒᆞᆯ次로馳赴ᄒᆞ미該賊等은逃走ᄒᆞ엿다더라

◎青館懇親 今日下午八時에鍾路青年會館에셔前日演奏會에來參ᄒᆞ엿던樂師諸氏를請邀ᄒᆞ야懇親會를設ᄒᆞᆫ다더라

電報

◎同志會活動 日人中村彌六一派의對韓同志會는近近活動코져準備ᄒᆞᆫ다더라

東京發 二十日着

◎英國政爭 英國內閣員八名과上院議員十一名은政治運動에參入ᄒᆞ고地方局長반氏는닷다市에셔上院을攻擊ᄒᆞ엿는ᄃᆡ羣衆이同氏를肩上에戴ᄒᆞ고歡呼ᄒᆞ엿다더라

論敦發 二十日着

◎比皇稱號 比利時國新皇帝陛下는알바트壹世라고稱ᄒᆞᆫ다더라

◎荷內閣辭職 葡萄牙內閣은總辭職ᄒᆞ엿다더라

以上東京發 廿一日着

▲社會燈▼

▲歲月은펄펄가셔冬至날이ᄯᅩ도라온다天道는저러케循環ᄒᆞ야窮陰之下에陽脈이回生ᄒᆞ는ᄃᆡ韓國의일흔政權은언제나回復이되랴나팟죽이나만이쑤어南門밧긔녀노코外來ᄒᆞ는惡鬼들을辟除ᄒᆞ엿스면國脈이좀回復ᄒᆞ련만

▲國民會長閔泳韶氏는閔忠正을ᄯᅡ러가려고演說會를發起ᄒᆞ더니요ᄉᆡ는ᄯᅡᆫ生覺이나셔會長을가라달나고밤낫請願서만提出ᄒᆞ고會中에셔自己姓名을仍舊使用ᄒᆞᆫ다고그中에質問ᄭᆞ지ᄒᆞ더라지會長을正말ᄒᆞ기실커던自己집下人의벙거지나둘너쓰고도망이나ᄒᆞ여보지

▲徐彰輔는되지못ᄒᆞᆫ長셔ᄶᅩᆨ을지어니고俞夫人烟竹바람에벼락令을맛낫다지同是血肉은一般인ᄃᆡ夫人은忠逆을能辨ᄒᆞ고彰輔는國賊을甘作ᄒᆞ니解產이그러케들닐줄아럿스면春香의母氏나진卽請ᄒᆞ다가아달낫키를힘쓰지말나고勸告나ᄒᆞ야볼걸

▲謝罪派七罪人이渡日ᄒᆞ니ᄭᆞ近日漢城에는日氣도미우淸明ᄒᆞ고烟霧갓흔장氣도업셔지데醜雜ᄒᆞᆫ人物이ᄯᅥ나니ᄭᆞ天氣도自然相應이되는게여大磯山川은무ᄉᆞᆷ運數가不幸ᄒᆞ야져ᄯᅡ위厲物을바다드리노아마도沉沉ᄒᆞᆫ장려中에病드는ᄉᆞ룸은多數ᄒᆞᆯ걸

▲偉人遺蹟

▲東國巨傑 崔都統　錦頰山人　續

第二章　崔都統以前의我族과外族

北部ᄂᆞᆫ卽我族의발祥故地일뿐더러亦大東全國의咽喉라홀지니此를得ᄒᆞ거던全力으로守ᄒᆞ며此를失ᄒᆞ거던全力으로爭홈이可ᄒᆞ거ᄂᆞᆯ乃者檀君以後三千餘年傳授ᄒᆞ던疆土를異族의馬背에駄送ᄒᆞ고一隅에枯坐ᄒᆞ야避世의生活을做코ᄌᆞᄒᆞ니엇지可憐치아니ᄒᆞᆫ가渤海滅亾ᄒᆞ던日은麗祖創業의日이니其勃興의氣運을乘ᄒᆞ고方强의士馬를驅ᄒᆞ야同種의讐를雪홀時어ᄂᆞᆯ此時를一失ᄒᆞ며姜邯贊이龜州의役에契단을大破ᄒᆞ미其聲勢가松花江以東에震ᄒᆞ야渤海遺民의耳朶를驚醒ᄒᆞ엿스니戰勝의餘威를席ᄒᆞ고長子大進ᄒᆞ야流離無告의同族(卽渤海遺黎)를招呼ᄒᆞ야扶餘舊疆을恢復홀時어ᄂᆞᆯ此時를再失ᄒᆞ고但只豈豈無覺의陋儒劣奴만棨ᄒᆞ야閉門不出의長策을講ᄒᆞ더니　（未完）

廣告

特別廣告

本社의셔同胞의衛生을注意ᄒᆞ야美國의셔經驗單方으로流行通用ᄒᆞᄂᆞᆫ靈藥聖劑를買入ᄒᆞ야左開廣布ᄒᆞ오니有病君子와藥業에從事ᄒᆞ시ᄂᆞᆫ僉彦은爭先來購ᄒᆞ시옵

分賣와都賣에差別이有ᄒᆞ야一打(十二個)以上의都賣에ᄂᆞᆫ特別割引ᄒᆞᆷ

左開

秘製止痛藥
效能 外塗內服無處不適 消滯 止瀉 絶癨 治痢無不神效ᄒᆞᆷ

喜蘇膏藥
效能 頭面 身體一切痛症 積年風濕 除痰 生섬之道 립即奏效ᄒᆞᆷ

亞麟香膠
效能 母論男女老少 勿嫌年久日淺一切 咳소 服之則其效如神ᄒᆞᆷ

委花藥膏
效能 痔疾 瘰珠瘡 燒跌傷螫咬等 諸症無雙聖藥

委花糖水藥
効能 疝症 花柳毒 凡不潔血所祟症 婦人虛弱등症靈驗ᄒᆞᆷ

牛汁藥酒
効能 毋論男女老少氣血虛弱者服之則大補元氣身體强健ᄒᆞᆷ

韓美興業株式會社事務所

本人이葉草客主數年에各處草商雲集交易ᄒᆞᄂᆞᆫᄃᆡ內外國烟草會社에셔도連續貿去ᄒᆞ고本國絶草商도多數貿去ᄒᆞ옵기로一層擴張ᄒᆞ엿ᄉᆞ오니 僉君子ᄂᆞᆫ陸續來臨ᄒᆞ시기를希望

京城西大門外尾洞百八統九戶 宋憲翼 邊昌根 告白

同和藥房廣告

引穌丸(인소환) 定價十錢

清心降火消痰進食消滯止泄鬱火上衝心腹胞滿轎車乘眩

用藥寶鑑一卷一秩定價三十錢
宗教統一論壹卷壹秩定價十錢

▲位置

本舖京西小門外車洞 閔檑
郡支店 平壤西門內 宋尙愈
第一分店 東部藏島 朴在庸
第二分덤南竹洞四街里朴右榮
第壹代理덤全州동村 李重翼
二代理덤稷山笠場市李奎甲
三代理덤禮山邑 孔錫煥
四代理덤堤川邑 李台永
出張所金山金泉 鄭海容
報恩 金元七
利川夫面大旺里辛基榮
丹陽南面舍人岩張命海
忠州 鄭公秉
水原발安場 文啓珏
中部壽進洞 盧永奎
稷山成歡 韓永元
永登浦 洪聖化
海州大德面斗峴村朴基陽
鳳山 張義甲
其他各大都會處紙面이不足ᄒᆞ야壹壹枚擧치못ᄒᆞ오

同和藥房本舖主閔 檑告白

본인이정동잇ᄂᆞᆫ삼층벽돌집지금大韓每日申報社家屋을방매ᄒᆞᆯ터이니집사기를원ᄒᆞᄂᆞᆫ첨군ᄌᆞᄂᆞᆫ리림상의ᄒᆞ시옵

家主京西大門外京口下法國人 馬典 告白

廣告

本院은醫科專門으로一切患者를誠勤救療ᄒᆞ오니有病僉尊은來臨問診ᄒᆞ시옵

京義線車站舘 三選堂醫院

醫學生徒募集

本院에셔現我急務의醫士를養成ᄒᆞ기爲ᄒᆞ야學校를付設ᄒᆞ고學問과實習을次第敎授ᄒᆞ되速成科卒業期間은滿二個年으로定ᄒᆞ고來三月十日(陰正月廿九日)ᄭᆞ지學生을募集ᄒᆞ오니有志僉彦은 來議請願ᄒᆞ시옵

入學身格

年齡 十八歲以上至三十歲
學力 普通學校卒業證셔가有ᄒᆞᆫ者(證셔가無ᄒᆞᆫ者의게ᄂᆞᆫ面試後許入)

三選堂醫院
付屬醫學校

主任講師 醫學卒業生 前陸軍軍醫 李奎영
校監 白鎭규
學監 李道敏

濟生堂廣告

本堂主李庚鳳氏ᄂᆞᆫ本人의父親인바清心保命丹을創始發賣ᄒᆞ야營業興旺이今日과如히大發展大擴張에至ᄒᆞ니僉彦에愛顧ᄒᆞ신厚誼ᄂᆞᆫ感荷無涯이오나本堂이不幸ᄒᆞ와堂主가宿患으로棄世ᄒᆞ온지라今에本人이本堂營業을相續ᄒᆞ옵고또ᄒᆞᆫ統監府特許局登錄商標法에商業의信用을立ᄒᆞ기爲ᄒᆞ야改名以庚鳳ᄒᆞ옵고一般業務를本人에從兄李興國氏의게委托處理ᄒᆞ오니內外國僉彦은以此照亮ᄒᆞ신後特이愛顧ᄒᆞ심을敬望ᄒᆞᆷ

隆熙三年十二月日

漢城南大門內
濟生堂大藥房 主任 李庚鳳
代辦主任 李興國
支配人 金永七

內部認可

商業經營法全

一 商業經營法 은文明的商業의方法을指導ᄒᆞ며法律上商事의規定을說明ᄒᆞᆫ商業界의顧問이오
一 商業經營法 은商行爲의奇妙ᄒᆞᆫ術法과商去來의深奧ᄒᆞᆫ手段을陳述ᄒᆞᆫ商業家의秘訣이오

安國善氏 著
廣學書舖 發行

定價金 四十錢 郵遞料 四錢

京城中部布屛下三十七統六戶 廣學書舖金상萬謹告

一 商業經營法 은會社設립節次와手形行使法과銀行去來等을論述ᄒᆞᆫ商業有志者의座右銘이오
一 商業經營法 은商業上의原理와經濟上의現象을實際的으로抄寫ᄒᆞᆫ實業學校의敎科書오

本院은韓國一般人民을爲ᄒᆞ야設立ᄒᆞᆫ은僉彦의已知ᄒᆞᄂᆞᆫ바이어니와自今으로事務를一層擴張ᄒᆞ고診察을더욱精密히ᄒᆞ기爲ᄒᆞ야時間을午前十時부터午後四時ᄭᆞ지無料로診察ᄒᆞ오며또特別診察所를置ᄒᆞ고些少의診察料로貴客의便宜를圖ᄒᆞ오니診察을要ᄒᆞᄂᆞᆫ僉彦은照亮을爲要

但特別ᄒᆞᆫ境遇에在ᄒᆞ야ᄂᆞᆫ時間을勿論ᄒᆞ고其請求를應ᄒᆞᆷ

京城南大門外 濟衆院 告白

官準專賣特許

檀君開國四千二百四十二年
箕子元年三千三十一年
大韓開國五百十八年
本報創刊日
光武八年七月十八日

大韓每日申報

Responsible for Publication Alfred Weekly Marnham.
發行兼編輯人 英國人 萬咸
發行所 京城南部石井洞三層洋屋家 大韓每日申報社

第七卷　月曜及慶節歲時日休刊　第一千二百七十三号

論說

◎自稱代表者여

日下에或國民의代表라稱ᄒᆞ며或儒生의代表라稱ᄒᆞ고妖言怪說을提唱ᄒᆞᄂᆞᆫ者ㅣ多ᄒᆞ니噫라誰가汝輩에게代表됨을許ᄒᆞ엿나뇨

個人의代表가되고ᄌᆞᄒᆞᆯ진ᄃᆡ必也其人의認許를經ᄒᆞ여야可ᄒᆞᆯ지며社會의代表가되고ᄌᆞᄒᆞᆯ진ᄃᆡ必也該社會의認許를經ᄒᆞ여야可ᄒᆞᆯ지니萬壹不然ᄒᆞ야自口로代表라稱ᄒᆞ며自手로代表라셔ᄒᆞᆫ다ᄒᆞ고代表라ᄒᆞᆯ진ᄃᆡ村中에兒가壹洞代表되야該洞田土를盡賣ᄒᆞᆷ도可ᄒᆞ며邑底猾民이壹郡의代表되야該郡의財産을盡呑ᄒᆞᆷ도可ᄒᆞᆯ지니代表의義가엇지如是ᄒᆞ리오

況乎壹國或壹道의內千百萬人民의代表되ᄂᆞᆫ者ᄂᆞᆫ必也립憲國代議士推選ᄒᆞᆷ과如히推選ᄒᆞᆫ者이던지否則前日에何許權利義務를擔有ᄒᆞᆫ者라야代表이거ᄂᆞᆯ秉奎容九의壹黨이宣言셔以來로代表二字를濫用ᄒᆞ더니至今에ᄂᆞᆫ又彼幾個雜類李圭學等이儼然히七道儒生의代表라稱ᄒᆞ고鬼怪의舌을鼓ᄒᆞ니奇絶ᄒᆞ도다

嗚乎라爾鬼怪輩여今에爾의所謂建빅셔를將ᄒᆞ야通衢大路에셔讀ᄒᆞ면三尺童도爾面에唾ᄒᆞᆯ지며深山窮谷에布ᄒᆞ면壹樵夫도爾舌을斷코ᄌᆞᄒᆞᆯ지니況魚魯를粗解ᄒᆞᄂᆞᆫ士子야誰가爾를熟罵치아니ᄒᆞ리오

然ᄒᆞᆫᄃᆡ爾乃自唱曰江原道儒生의代表[illegible]ᄒᆞ며黃海道儒生의代表[illegible]ᄒᆞ며忠清道儒生의代表[illegible]ᄒᆞ며[illegible]絶ᄒᆞ도다爾所[illegible]感이此에有ᄒᆞ나니大抵挽近以來로士氣가凋敗ᄒᆞ야誰가國을亾ᄒᆞ야도不顧ᄒᆞ며誰가民을殺ᄒᆞ야도不問ᄒᆞ고惟桃源人의生涯를是做ᄒᆞᆫ故로今彼鬼怪輩가儒生代表라敢稱ᄒᆞ고賣國黨의走狗가되고ᄌᆞᄒᆞ나니

儒生等이여亟亟히時勢를研究ᄒᆞ고國事에奮發ᄒᆞᆯ지어다不然ᄒᆞ면公等은賣國心이無ᄒᆞᆯ지라도彼鬼怪輩가公等을引ᄒᆞ야不知不覺中賣國黨의일分子가되게ᄒᆞ나니戒ᄒᆞᆯ지어다

外報

◎自治宣言　英國레도몬드氏ᄂᆞᆫ다부린에셔演說ᄒᆞ야曰首相아스기氏愛蘭自治에關ᄒᆞᆫ宣言은一世紀間不名譽의聯合을脫ᄒᆞᆯ好機會를成ᄒᆞᆷ이라ᄒᆞ엿다더라

◎鑛山要求　德國은清國에對ᄒᆞ야芝罘東南六十里의桂山金鑛採掘權을要求ᄒᆞ엿다더라

◎政友會紛擾　日本에셔ᄂᆞᆫ地租問題에關ᄒᆞ야緩急兩派가互相反目ᄒᆞᄂᆞᆫᄃᆡ近間地方代議士의上京을際ᄒᆞ야暗鬪가頻繁ᄒᆞ야紛擾가起ᄒᆞᆫ다더라

◎協同否認　英國論敦報道를據ᄒᆞᆫ즉노보부레먀新聞은韓日合併에關ᄒᆞ야露日間協同이有ᄒᆞ다ᄂᆞᆫ風說을否認ᄒᆞᆫ다더라

◎軍港不廢論　日本新任鎭守府參謀長大城이ᄂᆞᆫ曰旅順은清國에셔ᄂᆞᆫ此를渤海의關門으로知ᄒᆞ고露國에셔ᄂᆞᆫ此를滿洲의根據로知ᄒᆞᄂᆞᆫ地인즉我國이此를방禦ᄒᆞᆷ에當ᄒᆞ야軍港을全然廢止ᄒᆞᆷ은不可라ᄒᆞ엿다더라

◎瑜妃自殺說　清國同治帝의妃瑜妃ᄂᆞᆫ去五日에歸京ᄒᆞ야宮中에셔自殺ᄒᆞ엿다ᄂᆞᆫ說이有ᄒᆞ다더라

◎墨國抗議　니카라과國紛亂時에美國國務卿노즈쿠스氏가墨國政府와協議가無ᄒᆞ고強硬手段을執ᄒᆞ엿다고墨國이抗議를提出ᄒᆞ엿다ᄂᆞᆫᄃᆡ蓋此ᄂᆞᆫ타프트氏就職前國務卿루드氏ᄂᆞᆫ墨國政府와相約ᄒᆞ되將來中美에干涉이有ᄒᆞᆫ境遇에兩國政府에셔協同ᄒᆞᆫ다ᄒᆞ엿ᄂᆞᆫᄃᆡ現國務卿이此를無視ᄒᆞᆫ故로抗議를提出ᄒᆞ엿다더라

雜報

◎謝罪團寄函

敬啓者大邱군居尹大燮김榮斗와新寧군地方委員黃應斗가急告書를發布ᄒᆞᆷ은想已涵諒인신바(中略)噫彼尹大燮이其婿郭太仁을符同ᄒᆞ야臨時會席에발起中一人을打殺ᄒᆞᆫ다主論行悖ᄒᆞ며有金力者六人을誘引ᄒᆞ야當夜十二点量에奪取文簿ᄒᆞ야蓄地逃走ᄒᆞ니噫라當初에發起者尹大燮이一進會인줄誰가認得ᄒᆞ엿스리오総會日에始觀其行動ᄒᆞ고至於黜會이옵더니退伏旅舘ᄒᆞ야有何運動인지個人私行을妄稱國代表라ᄒᆞ고前日總會에道代表로委任ᄒᆞᆫ證書를敢自携帶渡日ᄒᆞ니大抵國代表라稱ᄒᆞ면國民이旅費를義捐然後에야可也오會員이投票選定然後에야可也오委任狀을繕給然後에야可也어ᄂᆞᆯ私自一個人의思想으로行動이若此ᄒᆞ니渠所謂目的所在를誰能推測이며且全國人民이當此現狀ᄒᆞ야有誰委任於一進會者乎아前日道代表委任狀은自歸無効어니와一般會員이不勝憤鬱ᄒᆞ야事實를玆에仰布ᄒᆞ오니

照亮ᄒᆞ신后貴報에即爲揭載ᄒᆞ시와內外國公眼에廣布ᄒᆞ심를

敬要

隆熙三年十二月二十日

十三道民衆代表臨時會議所

	總務	桂응奎
	書記	金容圭
京畿道	事務	趙達元
黃海道	仝	甘翊龍
平北	仝	張載翰
平南	仝	方庸杜
慶北	仝	李達源
慶南	仝	崔漢範
咸北	書記	金甲明
全北	仝	蘇鎭憲
江原道	事務	黃宗南

◎白氏將訴　水原水北面魚淵洞居白南七氏의先山이該郡西新里楊淵水北三面에在ᄒᆞ야累世守護ᄒᆞ던바인ᄃᆡ京居徐相薰氏가其先祖山을水北面ᄇᆡᆨ氏山內에入葬ᄒᆞ야仍이일麓을占有ᄒᆞ고年前에廣占의欲을施코저ᄒᆞ다가文券이昭在ᄒᆞᆷ으로未遂ᄒᆞ더니今番測量時에徐氏가更히該郡에誣訴ᄒᆞ야界限을橫侵ᄒᆞᆷ으로ᄇᆡᆨ氏ᄂᆞᆫ冤枉을未伸ᄒᆞ야將次地方裁判所에起訴ᄒᆞᆫ다더라

學界

◎水校父兄會　日前水下洞普通學校에셔ᄂᆞᆫ學父兄會를開ᄒᆞ엿다더라

◎新興中興　瑞興禾回面新幕居文成模氏ᄂᆞᆫ年今八十에敎育을振興코저昨年六月分에面內紳士를面面躬勸ᄒᆞ여新興學校를協力新築ᄒᆞ고青年二十餘人을募集敎授ᄒᆞ더니近者에經費가乏絶ᄒᆞ야廢止ᄒᆞᆯ境遇에至ᄒᆞᆫ지라文氏가此를慨惜히녁여多數紳士를會集ᄒᆞ야維持方針을研究코저爲先校任을推選ᄒᆞᆯ시人望을依ᄒᆞ야文成模氏ᄂᆞᆫ校長을復任ᄒᆞ고副校長은金班燮氏로校監은李培根氏로學監은劉重烈氏로財務長은鄭在弘氏로會計ᄂᆞᆫ安景熙氏로日語算術敎師ᄂᆞᆫ李寅煥氏로漢文體操敎師ᄂᆞᆫ金鴻基氏로贊成長은韓興源氏로贊成員은金德順金聲永金斗鉉氏로選定ᄒᆞ엿ᄂᆞᆫᄃᆡ該氏등이熱心贊成ᄒᆞᆫ結果로學徒가五十餘人에達ᄒᆞ고面內人士도爭先出捐ᄒᆞ야校況이漸次興旺ᄒᆞ다더라

◎普成校豫備　普成專門學교에셔來年度부터교外生에게分給ᄒᆞᆯ講義錄을多數印刷ᄒᆞ야교外生中在鄕請覽者에게隨請應給ᄒᆞ고夏期放學間에ᄂᆞᆫ一군或數군의교外生을會集케ᄒᆞ고講師를派送ᄒᆞ야講談을開ᄒᆞ고學生의未解處를釋明케ᄒᆞ기로豫備ᄒᆞᄂᆞᆫ中이라더라

◎尹氏熱心　咸南定平郡私립協成中學校敎師尹和洙氏ᄂᆞᆫ公립學校卒業生으로年今二十五歲인ᄃᆡ昨年부터協成學校의敎師를被任ᄒᆞ야每朔月給四十圜을辭而不受ᄒᆞ고往往其家資를投ᄒᆞ야校費에補助ᄒᆞ면셔敎授方法에另加注意ᄒᆞᆷ으로現今該校가一層擴張ᄒᆞᆫ다더라

◎瑞倅知務　瑞興郡守李駿圭氏ᄂᆞᆫ政務에恪勤ᄒᆞᆯ뿐더러敎育에有意ᄒᆞ야該군新幕新興學校에經費를相助ᄒᆞᆯ次로坊內紳士를盡力勸諭ᄒᆞ며遠近學徒를多數募集ᄒᆞᆫ다더라

◎學生遮路　瑞興군新興學교敎師李寅煥氏ᄂᆞᆫ視務ᄒᆞᆫ지六七朔에一般生徒를諄諄敎誨ᄒᆞ야進就의效가大有ᄒᆞᆫᄃᆡ近日該氏가楊口군主事를被任ᄒᆞ야將且발程코저ᄒᆞ미五十餘人生徒가一齊遮路ᄒᆞ야挽執不捨ᄒᆞᆷ으로該氏ᄂᆞᆫ學徒의誠意를不忍괄却ᄒᆞ야군主事를辭免코져ᄒᆞᆫ다더라

◯談叢◯

劍心

▲巴립西가年이十八에法京巴里에遊ᄒᆞᆯ식一日은伊太利盃식을見ᄒᆞ고其奇妙를學코져ᄒᆞ야數年을研究ᄒᆞᆫ後에窯를築ᄒᆞ야造를試ᄒᆞ다가一次失敗ᄒᆞ고再次試험에又失敗ᄒᆞ고三次試험에又失敗ᄒᆞ고四次試험에漸成의機가有ᄒᆞ거ᄂᆞᆯ於是乎歡然大喜ᄒᆞ야益益勉力ᄒᆞᆯ식家産이已傾ᄒᆞ야薪炭의費가無ᄒᆞᆫ지라其門扉를折ᄒᆞ며其几案을斫ᄒᆞ야燃料에供ᄒᆞ거ᄂᆞᆯ其妻가隣人에게走告ᄒᆞᆫ즉隣人이모다狂者라고笑ᄒᆞ더라然이나熱誠所注에終是成功ᄒᆞ야大美術家로其名이世를震ᄒᆞ니라

噫라忍耐의果가此에至ᄒᆞ도다

▲一畵師가有ᄒᆞᆫᄃᆡ一日은其洞內에셔失火ᄒᆞ야自己家에火가延及ᄒᆞᄂᆞᆫ지라洞人이다奔走ᄒᆞ야或驚惶ᄒᆞ며或呼泣ᄒᆞ되惟獨此畵師ᄂᆞᆫ其火光이空에繚ᄒᆞ고烟焰이日을蔽ᄒᆞᆷ을見ᄒᆞ고手舞足蹈를不已ᄒᆞ거ᄂᆞᆯ洞人이다驚怪ᄒᆞ야問ᄒᆞᆫᄃᆡ畵師曰余가火에對ᄒᆞᆫ畵를研究ᄒᆞᄂᆞᆫ지數年에其妙를不得ᄒᆞ엿더니只今彼火焰을見ᄒᆞ미自然胸竹이滿成ᄒᆞᄂᆞᆫ지라故로喜ᄒᆞ노라ᄒᆞ더니果然其畵師가神妙를通ᄒᆞ야名이國을傾ᄒᆞ엿다더라

噫라誠心의力이此에至ᄒᆞ도다

詞藻

❀報國心❀

사름이늙드리도、마음죠차쇠히지며。
한몸이죽드리도、일홈쟈지셔을쇼냐。
至今에、急急히ᄒᆞ올일은、살身報國。

雜報

●皇室下賜　再昨日　義親王妃殿下生辰에　大皇帝陛下씌옵셔金百圓을　下賜호옵시고　皇后陛下씌셔는　女官을　命送호옵셧다더라

●君王陛見　昨日上午十二時에　義親王殿下와　完興君李載冕永宣君李埈鎔兩氏가　德壽宮에　陛見호엿다더라

●至日頒曆　昨日은舊曆冬至節인故로　大皇帝陛下씌옵셔一般親勅任官의게新曆十件式頒賜호옵셧다더라

●樞院官制議改　中樞院官制를改定홀次로內閣에셔現今協議中이라더라

●統디祝賀會　新年一月一日午前十時에曾彌統監이該官디에셔新年祝賀會를設行홀次로各府部院廳에通牒호엿다더라

●石塚開宴　統監府書記官石塚長官은再昨日下午五時掬翠樓에宴會를設호고英日博覽會에派送홀委員壹同을請待호엿다더라

◎李總理被刺

總理大臣李完用氏는昨日上午十一時鍾峴天主教堂內에셔設行호比利時皇帝陛下追悼式에參列호엿다가歸途에嚴重히前後를警衛호고乘車하야該教堂門前約七八間許에至하야는路傍에셔斷髮客一人이突出호야八寸餘에韓國製懷刀로先次前驅의車夫를刺倒호고更히躍身飛登호야車上에坐호李完用氏의腰部를刺호미氏가逃避호려홀際에背後로셔又其肩部를刺호야三個所에重傷을負호엿고該刺客은平壤人李在明인디現場에셔彂時捕縛되엿다더라

●押送警廳　刺객의事가出하미羣衆은如雲하야八方으로馳集하는디리總理는直時本디로運送하고犯人은警視廳으로押送하엿다더라

◎李總相危篤

李總理의負傷은左肩肺部內側에一處인디深이十仙智米突長이六仙智米突이肺部에達하엿고右背側에는二處인디一處는腎臟에達하엿고一處는腰部에達하엿는디長이五仙智米突深이六仙智米突이오出血은比較的少量이나內出血이有호듯하미生命이頗히危篤하다더라

●李디混雜　李總理의狙擊을被호報가各方面에達하미韓日官民이擧皆驚히하야各大臣以下各警察官吏등約數百名이總理디에羣集하야非常히混雜하엿다더라

◎李在明自白

李在明은該事由審問에對호야自빅호되最初一進會의聲明서를見호고該會長李容九를刺殺호랴고決心호야其隙을伺호던中에內閣에셔提出호엿다는五條를見호고總理李完用을刺殺호기로決心호고드디여今回의事件을行호엿다호더라더라

◎刺客의態度

刺客李在明이捕縛될際에逞力抗抵하미警衛호던巡查들이其帶劍을拔호야彼의背部를刺호故로鮮血이淋漓호고訊問室에仰臥호야訊問을應答호는디言語가明빅호고態度가自若하고其所帶凶器는五連發拳銃도懷호엿다더라

●犯人動勢　犯人李在明은一個月前에京城에來하야笠井洞빅召ㅅ家에留宿하엿는디昨朝에는鍾峴天主教堂前에셔煨栗商의貌樣을粧하고李總相의出入을伺하엿다더라

●李妻取調　李在明의妻에名은吳仁星이오年은廿一歲인디西部養心學校生徒라李氏가縛被된後直時吳氏도銅峴警察分署에被招하야取調中이라더라

●車夫卽死　李總理의車夫朴元文은重傷을被호야現場에셔卽死호엿다더라

●李在明素性　李在明은平壤城內人이오年은二十一이라六年前에美國에留學호다가歸國호엿는디時局의風雲을觀察호고政治的熱이奮發호야今番事를行홈이라더라

●李在明風姿　李在明은容貌가壯麗하고眉目이清秀하며腰部에鮮血이淋漓하엿스며眼光이烱烱하고理想과智力이明透호人이라더라

●搜索奔走　李在明이行刺當時에何許韓人二名에擧動이不穩하엿다하야急速히四方으로搜索호다더라

◎移民實行

東洋拓殖會社에셔는驛屯土整理와셔韓漁區經營이結了됨을隨호야日本民移殖을實施호기로하는디實行期는明年三月頃이라하며其時에는日本各縣知事에照會하야移民을獎勵호다더라

◎合併決議

京城에在호日人新聞記者團은再昨二十壹日에大會를開하고滿場壹致로韓日合邦問題를可決하엿다는디其決議文은大略如左하다

向者壹進會의提議호韓日合邦은姑息的合邦인즉吾儕의思想과不一호지라吾儕는世界大勢를鑑하고人道本義를重히하야韓日關係의最後解決을斷行하기로提唱하노라

●研究會又開　在京城日人新聞記者團은別項과如히大會를開호後에更히時局問題研究會를開호엿다더라

◎合併宣言書

日人新聞記者團이合邦問題를可決홈은別項과如하거니와該宣言서의概意는如左하니

韓日關係의最後解決이最善方法인디日本의二大戰役이實로此國是를完成코저홈에在호지라蓋強國이小國을合併홈은其例가多호디特히韓日의合併을可已치못홀것은內外가共知하는바니吾儕가主張하는韓日關係의根本的解決은兩國의合併을斷行하야彼我利益을作코저홈이라壹進會合邦聲明서後紛亂이甚호此時에吾儕는猛然同志로宿昔의抱負를實行코저하야韓日關係最後解決을斷行하기로提唱하노니同志는奮勵하라하엿더라

●一手販賣　李總相의先考李호俊氏가慶北觀察在任時에該地人民이頌德碑를竪호고碑閣까지建築호엿는디今番에設施호慈惠醫院을該碑閣基地에設立홀次로李總相과交涉호야畢竟該基地를三百圓에賣渡호지라該地人民等이憤激호야曰此基地가既是吾人등이共力買得호바인즉李總相은賣買에干涉홈이不可호다호야將次裁判을提起호다더라

●衣金分給　日前李總相이馬車에落傷홀時에被傷人七名은目下病院에셔治療中인디再昨日李總相이各人處에金十五圓과衣服一襲을分與호엿다더라

●雖歎何補　壹進會長李容九는再昨日清華亭에셔數三同志를對호야曰事理에曚昧호故로宋秉畯의指導를因호야適當치못호聲明서를發布호엿다가本會勢力이挫折至此홀뿐더러前途禍긔를難測이라호며恨歎不已호엿다더라

●新年換刺　學部에셔는新年一月一日上午十時에大臣以下內外國官吏一同이名刺交換會를設行호다더라

●財官會議　平壤財務監督局에셔는再昨日부터管下各財務官吏會議를開호엿다더라

●방疫賞金　親衛府에셔는방疫에從事호던內外국將校及下士의게償與金을支給호기爲호야再昨日辭令서를交付호엿는디日本將校及下士는上自百圓으로下至三十圓까지요韓國將校及下士의게는二十八圓으로三圓까지라더라

●夜間執務　農商工部山林局에셔는人民의地籍報告에對호야面籍을調査호기爲호야再昨日부터夜間視務를行호다더라

●宜速認可　盈德郡居測量卒業生金永道氏는測量圖本를所管郡守의게提呈호고認可를請願호면或二三朔延期홈으로該氏가農商工部에對호야認可規則를質問호엿는디該部에셔各郡守의게訓令호고測量請願에對호야斯速認可호라호엿다더라

◎國民會質問書

國民大演說會에셔再昨日下午二時에幹事員會를開호고政府에質問長書를提呈호기로決議호엿는디其全文이如左호니

中外人民은謹沐浴上書于內閣總理大臣閣下호오니伏以天下之極惡大懟가豈有如今日之所謂一進會者哉잇가秉畯容九之不容不敢處常刑과一進會之不容不敢命解散은即政府諸公之責也라玆以兇魁之處刑과悖會之斥散으로全國含生이齊聲셔약호야伏俟處分이于今一旬에處置之如何를未見호고一言之賜答도亦靳호시니輿論이沸등일시派遣總代호야冀達衆情이至於三四로디亦皆未蒙接見호니抑未知廟算이已定호야不待國民之言호고自有處置之法乎잇가抑以國民聲討之言을謂不足採乎잇가所以로不遑樂禍之徒가虱附兇黨호야覬覦跳踉이無所不至호니此未過幾個不齒人類之輩나可見世變之層生也라向使　廟堂으로早從民願호야當刑者刑호고當散者散이면寧有馴致此極乎리오此未始不由於處置之不早니責安所歸乎잇가幸望斯速斷行호야秉畯容九等을快正邦刑호고所謂一進會는嚴命解散호야以雪神人之憤호고先賜一言之答호야以解衆情之惑을千萬血祝

●可傳百世　楊州郡古安里路傍에는賣國賊壹進會라는六字를木碑에大서竪립호엿다더라

●商會請願　崔晶圭는普信社會計白鍾斗를紹介호야該社印章及設립時認許書類를取去홈으로再昨日同社一般社員이聯名호야漢城府에請願호고該見失物을推給호라호엿다더라

●更設一部　前普信社長崔晶圭는該社에見逐호後로幾個挾雜類를糾合호야普信社一部分을更設호고多少任員을選定호엿다더라

●因訴上京　前判서洪淳馨氏는開城人民의告訴를因호야日前에上京호엿다더라

●鴻民冤聲　鴻山郡財務署主事全德洙氏는[illegible]호다호고各面里에[illegible]土地의廣狹沃瘠을不問[illegible]房中에셔自意로發[illegible]全郡內加結數가一百七十四結零餘요就中에無土加結이多數호故로人民의怨聲이嘖嘖호다더라

●銃物押收　光州郡馬[illegible]中에셔義兵이潛聚호야[illegible]製造호다가該郡駐在所에發覺되엿는디銃五十柄과其他製造材料를押收호엿다더라

●安氏長眠　安州郡協成安興學校事務員安炳奎氏는時務를通察호던人士로該校에勤務호지二週年에財産을費호며心力을盡호야教育의振興을[illegible]더니本月十九日下午[illegible]病長逝호엿슴으로遠近人士가莫不嗟惜호다더라

◎感荷義捐

[illegible]慕新興學校에셔本社[illegible]助키爲호야金貳圓[illegible]付호엿기故에其盛[illegible]노라

電報

◎伊相演說

[illegible]伊太利首相손니伯은議會에셔演說하야日三國同盟은伯[illegible]保障홀뿐아니라伊太利의利益을確實케하는者라[illegible]라　伯林발　二十一日着

◎鐵良後任

清國東三省總督의後任은鐵良氏가될듯하다더라

◎大統領被選

中央亞米利加大統領은마코리즈스氏가撰擧되엿는디革命黨員은不承諾호다더라

以上東京발　二十二日着

雜報

○李氏退會　黃海道長連郡居前一進會員李秉植氏가退會聲言書를발布ᄒᆞ엿ᄂᆞᆫᄃᆡ其全文이如左ᄒᆞ니

本人은以鄕曲愚氓으로一進會에入參ᄒᆞᆫ지幾個年에如干財產은奉上錢에沒入ᄒᆞ고妻呼寒而兒啼飢ᄒᆞᄂᆞᆫ慘狀은目不忍見이라亦被賣國黨之指斥이기로抱羞忍恥ᄒᆞ고本會에셔保國安民ᄒᆞᄂᆞᆫ善後方策을施ᄒᆞ야將功贖罪ᄒᆞ기를渴望이더니不此之爲ᄒᆞ고反以合邦聲明等說로罪上加罪ᄒᆞ야覆載間에難容ᄒᆞᆯ逆黨을甘作코ᄌᆞᄒᆞ니彼何心腸으로極惡大憝의擧를敢行ᄒᆞ고冒稱日國民代表乎아前日之宣言서와今日之聲明서가但彼一二首괴의所爲오實非一般會員의所共認定이온又況二千萬의代表라稱ᄒᆞᆷ이리오凡爲韓族者가誰不欲梟其首而啖其肉哉아所以로本人은該會에永退ᄒᆞ오니各處一進會員은早速解散ᄒᆞ야大韓國民의一分子되기를務望ᄒᆞ노라ᄒᆞ엿더라

○李氏寄金　前協辦李根培氏ᄂᆞᆫ再昨日國民大演說會에金五圓을補助ᄒᆞ엿다더라

○同和發展　平安道傳道師宋尙愈氏가金貨千餘圓을出資ᄒᆞ야平壤郡內에同和藥房支店을設립ᄒᆞ고各處에出張所를擴張ᄒᆞ엿ᄂᆞᆫᄃᆡ同和藥房本舖主閔檣氏ᄂᆞᆫ宋氏의게勸奬品百餘圓價値되ᄂᆞᆫ藥物을寄付ᄒᆞ엿다더라

○拾車待主　西部長興庫前居全龍渟氏가去廿日夜에西十字閣等地에셔自轉車壹座를拾得ᄒᆞ야宗橋前巡査派出所에任置ᄒᆞ고車主의來覓ᄒᆞ기를待ᄒᆞᆫ다더라

○尹氏豫審　公逋事件으로監獄署에滯囚ᄒᆞᆫ前郡守尹寧求氏ᄂᆞᆫ再昨日京城地方裁判所에셔豫審ᄒᆞ엿다더라

○魚家回祿　昨日上午十壹時에松峴居前郡守魚允文氏家에셔失火ᄒᆞ야瓦家十二間과物品七百餘圓價値를燒燼ᄒᆞ엿다더라

○回祿何多　北部延희坊居崔云夏氏家에셔再昨日下午壹時에失火ᄒᆞ야草家四間이沒燒ᄒᆞ엿ᄂᆞᆫᄃᆡ損害金이五六十圓에達ᄒᆞ엿다더라

○兩犯宣告　地方裁判所에셔强盜犯金永俊秋三萬을處絞에宣告ᄒᆞ엿다더라

○實業會將轉　大韓實業會에셔北部大安洞前德語學교로移接ᄒᆞᆯ次로學部에承認ᄒᆞ야目下修理中이라더라

○青舘開演　今日下午七時에鍾路青年會舘에셔紳士金一善氏를請邀ᄒᆞ야青年의感覺이란問題로演說ᄒᆞᄂᆞᆫᄃᆡ各學교學生이多數來聽ᄒᆞᆫ다더라

廣告

本人이西部養生坊倉洞十五統十一戶本文記를셔失ᄒᆞ엿다가卽爲還覓ᄒᆞ엿ᄉᆞᆸ기玆更廣告ᄒᆞ오니昨日大韓每日申報第一千二百七十二号廣告欄內本人의貰居本文記셔失ᄒᆞᆫ廣告ᄂᆞᆫ爻周勿施ᄒᆞᆷ

尹致萬　告白

本商會에셔歲暮를當ᄒᆞ와各樣物品을擴張ᄒᆞ고原定價外에特別割引ᄒᆞ야廉價散賣ᄒᆞ오니京鄕　僉君子ᄂᆞᆫ速速來購ᄒᆞ시옵

京城鍾路　韓盛商會　告白

(電話一一三八番)

平壤私立大成學校學徒募集廣告

本學校에셔一年級補缺生及豫備科學生을增募ᄒᆞ오니　志願者ᄂᆞᆫ一月十日以內로請願서를提出ᄒᆞ옵

但入學用紙ᄂᆞᆫ本事務所에請求ᄒᆞ옵

一試驗日字　一月十一日上午九時

一試驗科目　漢文、作文、算術、地誌、歷ᄉᆞ、理科、外國語

一開學日字　一月十四日

期限이過ᄒᆞ면入學을一切拒絕ᄒᆞᆷ

隆熙三年十二月　日

平壤私立大成學校　白

本人이自今爲始ᄒᆞ야漢城中部鍾路中央競賣所를前主人等의게買收ᄒᆞ야各色物品을廉價로賣下ᄒᆞ오니內外國僉君子ᄂᆞᆫ陸續來臨ᄒᆞ심을希望ᄒᆞ오며此亦中何등物品을已典於典舖ᄒᆞ고還退치못ᄒᆞ야見失ᄒᆞᆯ境遇에ᄂᆞᆫ該典標를帶持枉臨ᄒᆞ시면該物品의好否를參量ᄒᆞ야本所에셔擔錢推物ᄒᆞ야打其價金然後에剩額은一一還付ᄒᆞ깃ᄉᆞᆸ기玆에廣告ᄒᆞᆷ

漢城中部鍾路中央競賣所

所主　白善養　告白

本店에셔發明ᄒᆞ온惟一菓子ᄂᆞᆫ上品菓子材料에各種補藥을添入ᄒᆞ야製造ᄒᆞ온故로呑飮에輕便ᄒᆞ오며養神補元의効力이大有ᄒᆞ오니僉位ᄂᆞᆫ陸續來購ᄒᆞ옵

●老人과乳少ᄒᆞᆫ兒孩의게適當各社會官廳事務時에點心代用遠地에ᄂᆞᆫ代金引換으로信送

一函　二十四個入　正價十錢

南部竹洞二十二統六戶

廣興商店

店主　李昇煥　告白

楊州蘆原面面長宋信默이가學校를設立ᄒᆞ고觀察道와學部에셔無ᄒᆞᆫ訓令이有타ᄒᆞ고六百六十餘戶民衆의게勒討ᄒᆞᆷ으로民情이嗷오ᄒᆞ야詐稱訓令ᄒᆞᆫ事로該郡에등狀ᄒᆞ고學部에까지請願ᄒᆞ깃기玆以廣布ᄒᆞᆷ

南宮진　白

病院開業廣告

天道의眞理를資ᄒᆞ고人道의原則을依ᄒᆞ야慈善의大義를主張ᄒᆞ며營利의私益을不顧ᄒᆞ고官立醫學校第一回卒業生으로軍籍에入ᄒᆞ야軍醫의職務로從事ᄒᆞ던前陸軍二等軍醫朴熙達氏를延聘ᄒᆞ야精美ᄒᆞᆫ器械와神効ᄒᆞᆫ藥品으로男女老幼의各科疾病을懇切救療ᄒᆞ오니疾病에罹ᄒᆞ신兄弟姊妹ᄂᆞᆫ來臨問議ᄒᆞ심을爲要

患者의便利를供키爲ᄒᆞ야留宿所를設ᄒᆞ고寢具와食料를恪別供給ᄒᆞᆷ

平壤鍾路私立大同病院々主

韓斆源　告白

德國일버펄드地方의파벤파부리켄染料會社ᄂᆞᆫ韓國에在ᄒᆞᆫ本社의組織員되ᄂᆞᆫ僉位의게通告ᄒᆞ노니本會社가**日本大阪의日人會社**에셔此末端에揭示ᄒᆞᆫ本社의已久ᄒᆞᆫ**登錄商標**에**犯科**ᄒᆞᆫ事에對ᄒᆞ야裁判得勝ᄒᆞ엿ᄂᆞ이다

又本社의特意主顧ᄒᆞ시ᄂᆞᆫ僉位와其他關係되ᄂᆞᆫ僉位의게表明ᄒᆞ노니本社의商標나或此와**類似**ᄒᆞᆫ것이라도犯**用**ᄒᆞᆯ權이有ᄒᆞᆫ者ᄂᆞᆫ全無ᄒᆞ오며本社ᄂᆞᆫ世所共知ᄒᆞᄂᆞᆫ本社製品을韓國으로陸續輸入케ᄒᆞᆯ터이오며且本社商標를贋**造**ᄒᆞ야**輸入**ᄒᆞᄂᆞᆫ者ㅣ更有ᄒᆞ면卽告訴를當ᄒᆞᆯ터이오니特이愼戒ᄒᆞ시옵

商

標

商

標

本舘에셔各色餽用을精美ᄒᆞ게製造充盒ᄒᆞ야水陸行旅에朝夕之供에便利需用케ᄒᆞ야左와如히廉價로發傳ᄒᆞ오니四方僉君子ᄂᆞᆫ陸續請求ᄒᆞ심을望ᄒᆞᆷ

大本一盒　二十錢

中本一盒　十五錢

小本一盒　十錢

京城南部詩洞秀香舘　告白

本所에셔洋風毛織을各色直輸入ᄒᆞ야廉價로發賣ᄒᆞ옵ᄂᆞᆫᄃᆡ物品과織組가堅固ᄒᆞ며染色이不變ᄒᆞ와經濟上에第一要緊ᄒᆞ오며各地方貿易을便利키爲ᄒᆞ와郵便小包로酬應ᄒᆞ야代金을引換ᄒᆞ겟ᄉᆞ오니　僉君子ᄂᆞᆫ陸續請求ᄒᆞ심을伏望

京城小龍洞

洪順福　毛織商店

歲暮贈答品特色

我國特產　谷香葉煙草　各種

京城南署棗洞六十二統十戶

金龍商會　謹告

本人圓形半篆刻圖章陰本月五日셔失故觀斗二字以正彫刻施行則內外國人照亮敬要

平壤돌出面三里康觀斗　白

本人이陰十壹月八日에圖章을셔失ᄒᆞ엿ᄉᆞ니內外國人은切勿見欺ᄒᆞ시옵

李重覡　告빅

本人이高陽郡神穴面內里外里津寬에在ᄒᆞᆫ田답證을널次로專往타가中路에셔답六石十三斗五升落과田七日耕文券을遺失故內外國人間拾得이라도休紙施行ᄒᆞᆷ

樓洞宮　李海昇　告白

○歲暮와漢陽商會

多忙ᄒᆞ고流矢갓ᄒᆞᆫ隆熙三年의日月은임의그結局을告코져ᄒᆞ고希望의曙光잇ᄂᆞᆫ隆熙四年의幸福은到來ᄒᆞ옵나이다玆에우리大韓國民이誠心誠意로固心經營ᄒᆞᄂᆞᆫ漢陽商會ᄂᆞᆫ大韓國人士를爲ᄒᆞ야新年及歲暮에贈答ᄒᆞᄂᆞᆫ嶄新流行品을多數輸入ᄒᆞ고驚天動地的大廉價大活動으로여러분을歡迎ᄒᆞ옵나이다○愛顧ᄒᆞ시오漢城鍾路漢陽商會를○電話ᄂᆞᆫ一九一番이오

廣告

特別廣告

本社의셔同胞의衛生을注意ᄒᆞ야美國의셔經驗單方으로流行適用ᄒᆞᄂᆞᆫ靈藥聖劑를買入ᄒᆞ야左開廣布ᄒᆞ오니有病君子와藥業에從事ᄒᆞ시ᄂᆞᆫ僉彦은爭先來購ᄒᆞ시옵

分賣와都賣에差別이有ᄒᆞ야一打(十二個)以上의都賣에ᄂᆞᆫ特別割引홈

左開

秘製止痛藥 效能 外塗內服無處不適 消滯 止瀉 絕瘧 治痢無不神效홈

喜蘇聲藥 效能 頭面 身體一切痛症 積年風濕・陰痰 生성之道 필即奏效홈

麒麟香膠 效能 毋論男女老少 勿嫌年久日淺一切 咳소 服之則其效如神홈

[illegible]膏 效能 瘧疾 [illegible] 燒跌 傷發咬等 諸症無雙聖藥

梅花精水藥 效能 瘧症 花柳毒 凡不潔血所生症 婦人諸般등症

生命藥酒 効能 毋論男女老少氣血虛衰者服之則大補元氣身體强健홈

韓美興業株式會社事務所

本人이葉草客主數年에各處草商雲集交易ᄒᆞᄂᆞᆫ디內外國煙草會社에셔도連續買去ᄒᆞ고本國絕草商도多數買去ᄒᆞ옵기로一層擴張ᄒᆞ엿ᄉᆞ오니 僉君子ᄂᆞᆫ陸續來臨ᄒᆞ시기를希望

京城西大門外尾洞百八統九戶 宋憲翼 邊昌根 告白

同和藥房廣告

引蘇丸 인소환 定價十錢

淸心降火消痰進食消滯止泄鬱火上衝心腹脹滿轎車乘眩

用藥寶鑑一卷一秩定價三十錢

宗敎統一論壹卷壹秩定價十錢

▲位置

本舖京西小門外車洞 閔樞
郡支店 平壤西門內 宋尙愈
第一分店 東部蘂島 朴在庸
二分덤 南竹洞四街里 朴右榮
第壹代理덤 全州동村 李重翼
二代理덤 稷山笠場市 李奎甲
三代理덤 禮山邑 孔錫煥
四代理덤 堤川邑 李台永
出張所金山金泉 鄭海容
報恩 金元七
利川夫面大旺里 辛基榮
丹陽南面舍人岩 張命海
忠州 鄭公秉
水原발安場 文啓珏
中部壽進洞 盧永奎
稷山成歡 韓永元
永登浦 洪聖化
海州大德面斗峴村 朴基陽
鳳山 張義甲

其他各大都會處紙面이不足ᄒᆞ야壹壹枚擧치못ᄒᆞ오

同和藥房本舖主閔 樞告白

본인이정동잇ᄂᆞᆫ삼층벽돌집지금大韓每日申報社家屋을방매ᄒᆞᆯ터이니집사기를원ᄒᆞᄂᆞᆫ쳠군ᄌᆞᄂᆞᆫ리림상의ᄒᆞ시옵

家主京西大門外京口下法國人 馬典 告白

廣告

本院은醫科專門으로一切患者를誠勤救療ᄒᆞ오니有病僉尊은來臨問診ᄒᆞ시옵

京義線車輦舘 三選堂醫院

醫學生徒募集

本院에셔現我急務의醫士를養成ᄒᆞ기爲ᄒᆞ야學校를付設ᄒᆞ고學問과實習을次第敎授ᄒᆞ되速成科卒業期間은滿二個年으로定ᄒᆞ고來三月十日(陰正月廿九日)ᄭᆞ지學生을募集ᄒᆞ오니有志僉彦은 來議請願ᄒᆞ시옵

入學身格

年齡 十八歲以上至三十歲

學力 普通學校卒業證서가有ᄒᆞᆫ者(證서가無ᄒᆞᆫ者의게ᄂᆞᆫ面試後許入)

三選堂醫院 付屬醫學校

主任講師 前陸軍軍醫 醫學卒業生 李奎영

校監 白鎭규

學監 李道敏

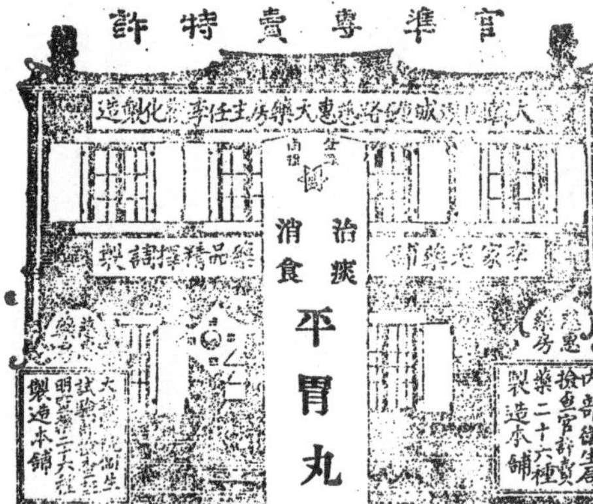

本院은韓國一般人民을爲ᄒᆞ야設立ᄒᆞᆷ은僉彦의已知ᄒᆞᄂᆞᆫ바어니와自今으로事務를一層擴張ᄒᆞ고診察을더욱精密히ᄒᆞ기爲ᄒᆞ야時間을午前十時부터午後四時ᄭᆞ지無料로診察ᄒᆞ오며또特別診察所를置ᄒᆞ고些少의診察料로貴客의便宜를圖ᄒᆞ오니 診察을要ᄒᆞᄂᆞᆫ僉彦은照亮을爲要

但特別ᄒᆞᆫ境遇에在ᄒᆞ야ᄂᆞᆫ時間을勿論ᄒᆞ고其請求를應홈

京城南大門外 濟衆院 告白

內部認可

商業經營法 全

一 商業經營法은文明的商業의方法을指導ᄒᆞ며法律上商事의規定을說明ᄒᆞᆫ商業界의顧問이오

一 商業經營法은商行爲의奇妙ᄒᆞᆫ術法과商去來의深奧ᄒᆞᆫ手段을陳述ᄒᆞᆫ商業家의秘訣이오

安國善氏 著

定價金 四十錢 郵遞料 四錢

廣學書舖 發行

京城中部布屛下三十七統六戶 廣學書舖金상萬謹告

一 商業經營法은會社設립節次와手形行使法과銀行去來等을論述ᄒᆞᆫ商業有志者의座右銘이오

一 商業經營法은商業上의原理와經濟上의現象을實際的으로抄寫ᄒᆞᆫ實業學校의敎科書오

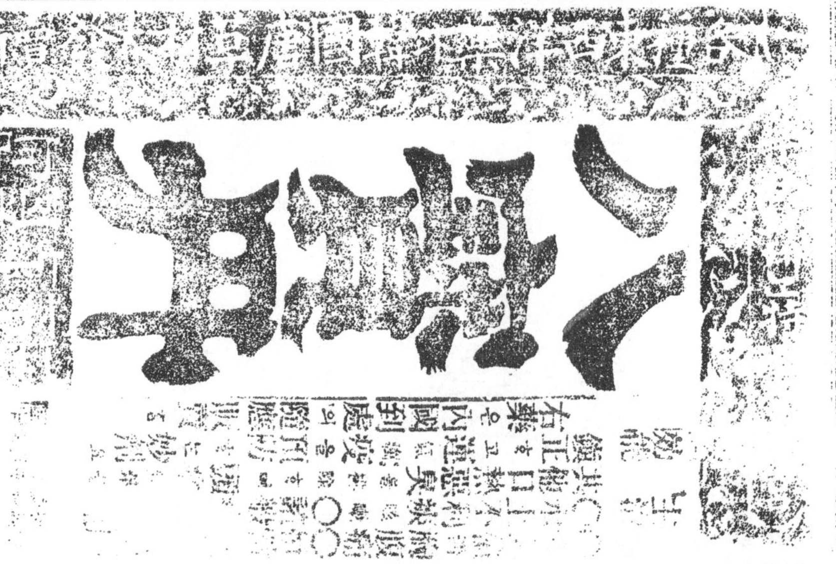

另告

其他國內各藥房에서製造ᄒᆞᆫ各種靈藥을[illegible]備ᄒᆞ오니隨川請求ᄒᆞ시면迅速히代金[illegible]으로付送ᄒᆞ게슴니다

京城鍾路 仁川[illegible]峴 平壤鍾路 和平堂主人 李應[illegible]

光武九年八月十一日 明治三十八年八月十一日 (第三種郵便物認可) 金曜日 西曆一千九百九年十二月廿四日 (一)

檀君開國四千二百四十二年
箕子元年三千三十一年
大韓開國五百十八年
本報創刊日
光武八年七月十八日

大韓每日申報

第七卷 月曜及慶節歲時日休刊 第一千二百七十四号

發行兼編輯人 英國人 萬咸
Responsible for Publication Alfred Weekley Marnham.
發行所 京城南部石井洞三層洋屋家 大韓每日申報社

論說

○告韓國政府當局者

哈爾賓의銃聲이纔終ᄒᆞ미漢城內의劍光이又現ᄒᆞ야三十年東洋風雲을左右ᄒᆞ던伊藤老公은黃泉에旣赴ᄒᆞ고時勢를巧察ᄒᆞ야作俄乍日의蝙蝠行爲로韓政府의高椅子를常據ᄒᆞ던李總理大臣은人鬼關頭에셔彷徨ᄒᆞ니此時韓日兩國當局者의腦際에若何ᄒᆞᆫ感想을作ᄒᆞᄂᆞᆫ지

嗚呼라韓國政府當局者여公등平日에萬一忠義血誠으로만天地間에立ᄒᆞ야國을愛ᄒᆞ며民을憂ᄒᆞ고一般生靈과共히平和路頭로穩步向進ᄒᆞ엿스면國家에도幸福이며人民에도幸福이며抑又公等에도幸福이될지오設或意外霹靂이晴天에셔作ᄒᆞ더라도仰ᄒᆞᆷ에不愧ᄒᆞ며俯ᄒᆞᆷ에不怍이라何를憂ᄒᆞ며何를慮ᄒᆞ리오만은

今乃不然ᄒᆞ야公等의一生事業이惟貪叨ᄲᅮᆫ이며鄙劣ᄲᅮᆫ이며私權競爭ᄲᅮᆫ이며細利壟斷ᄲᅮᆫ이라是以로國이保護의地에墜ᄒᆞ며是以로民이奴隷의境에淪ᄒᆞ엿도다

然則二千萬同胞가至仁至慈ᄒᆞ야公等을哀悶ᄒᆞ며公等을厚恕ᄒᆞᆯ지라도公等은自愧心自疑心을不禁ᄒᆞ야何處에셔奇變恠變이作ᄒᆞ던지鼠目이忽閃ᄒᆞ며狐膽이乍轉ᄒᆞ야長坂橋頭曹孟德이自己頭의有否를疑問ᄒᆞᆷ은不可免의事이라

於是乎重房複壁에起臥를秘奧히ᄒᆞ며於是乎深居罕出에人客을屛遠ᄒᆞ며於是乎外國巡査로左右를擁護ᄒᆞ며於是乎外國兵丁으로私第를保衛ᄒᆞ며於是乎李容九갓치淸華亭裡에潛伏ᄒᆞ며於是乎宋秉畯又치海外日本에遠逃ᄒᆞ야祖國同胞를仇讐又치惡ᄒᆞ며自家生命을狗彘又치保ᄒᆞ야區區數十年日月을地獄裡에셔過去ᄒᆞ나니生ᄒᆞᆷ에何樂이며死ᄒᆞᆷ에何面目으로先王先民을地下에見ᄒᆞ리오

公등이此言을聞ᄒᆞ면必曰而今에ᄂᆞᆫ已無及矣라何術로國力을挽回ᄒᆞ리오ᄒᆞᆯ지나雖然이나公等은但愛身의心을國에移ᄒᆞ며憂家의念을民에推ᄒᆞ야斯國斯民에利ᄒᆞᆯ바어던生死로以ᄒᆞ라如此ᄒᆞ다가死ᄒᆞ면歷々上名譽의一人物을作ᄒᆞᆯ지며如此ᄒᆞ다가生ᄒᆞ면壹국이平和幸福을得ᄒᆞ야公의壹身壹家ᄭᅡ지及ᄒᆞᆯ지니念ᄒᆞ라公등이여

雖然이나此言이公등의耳에豈入ᄒᆞ리오但生前地獄에셔出沒ᄒᆞᆯ而已로다

官報

號外續

隆熙三年十一月一日

內閣告示第三十四號

○勅令第三百五號

(明治四十二年十月二十三日改正)

韓國意匠令

第一條 韓國에셔意匠에關ᄒᆞ야ᄂᆞᆫ意匠法을依ᄒᆞᆷ

第二條 意匠法第四條의菊花御紋章은菊花御紋章又ᄂᆞᆫ李花御紋章에該當ᄒᆞᆷ

第三條 韓국特許令第一條但書、第二條及第四條의規定은第一條境適에關ᄒᆞ야此를準用ᄒᆞᆷ

附則

本令은明治四十二年十一月一日노부터此를施行ᄒᆞᆷ

舊令을依ᄒᆞ야受ᄒᆞᆫ意匠의登錄은本令을依ᄒᆞ야受ᄒᆞᆫ者로看做ᄒᆞᆷ但舊令第五條及第六條를依ᄒᆞᆫ登錄意匠에對ᄒᆞ야ᄂᆞᆫ舊令第五條第一項但書、第二項及第六條但書의規定은其効力을仍有ᄒᆞᆷ

○勅令第三百六號

(明治四十二年十月二十三日改正)

韓國商標令

第一條 韓國에셔商標에關ᄒᆞ야ᄂᆞᆫ商標法을依ᄒᆞᆷ

第二條 商標法第二條의菊花御紋章은菊花御紋章又ᄂᆞᆫ李花御紋章의該當ᄒᆞ며國旗、軍旗、勳章、褒章、記章은日本國又ᄂᆞᆫ韓國의國旗、軍旗、勳章、褒章、記章에該當ᄒᆞ며且政府ᄂᆞᆫ日本國政府又ᄂᆞᆫ韓國政府에該當ᄒᆞᆷ

(未完)

外報

●英公使申請 駐清英國公使쪼단氏ᄂᆞᆫ本國政府에申請ᄒᆞ되哈爾賓에領事館을設置ᄒᆞ자ᄒᆞ엿다더라

●蒙古滿洲의現狀 露國勢力範圍에在ᄒᆞᆫ清國蒙古方面은其形勢가一變ᄒᆞ엿고滿洲地方清國官吏ᄂᆞᆫ人民의排日風氣를奬勵ᄒᆞᆫ다더라

●委員訪問 法國司法卿부리안氏ᄂᆞᆫ清國海軍視察委員을訪問ᄒᆞ엿다더라

●學生義捐 清國天津에在ᄒᆞᆫ國債償還會에對ᄒᆞ야奉天清國學生이一致可決ᄒᆞ야金三千兩을醵送ᄒᆞ엿다더라

●伊帝訪問 몬테네그로新聞報道를依ᄒᆞᆫ즉伊太利皇帝同皇后陛下ᄂᆞᆫ來年八月에一艦隊를率ᄒᆞ고몬테네그로國니고라스公을안치와리에訪問ᄒᆞᆯ터이오其時에露國니고라스太公及피더太公도一艦隊와共히該地에會同ᄒᆞᆫ다더라

●海軍費增加 法國海軍費ᄂᆞᆫ曾往보다二千萬法을增加ᄒᆞ기로決定ᄒᆞ엿다더라

●清日交涉 清國撫順炭坑에對ᄒᆞ야日本이清國에提案ᄒᆞᆫ事가有ᄒᆞᆫ딕清國委員의要求를因ᄒᆞ야日本委員은協議의草案을終了ᄒᆞ엿ᄂᆞᆫ故로不遠間商議를開始ᄒᆞᆫ다더라

●兩政家談論 英國베레스포드氏가論曰英國海軍의眞相이實로恐慌을起케ᄒᆞᆫ다ᄒᆞ며후레데릭코로卿은曰英國人民이自手로海軍問題를處理치못ᄒᆞ면英人이畢竟海上管理權을失ᄒᆞ리라ᄒᆞ엿다더라

學界

●義師義捐 平南順川郡厚德面義隆學校長金元翊校監김鉉一李炳德諸氏ᄂᆞᆫ교務에熱心贊成ᄒᆞᆷ으로校況이漸次擴張ᄒᆞ고該교教師李鍾立氏ᄂᆞᆫ自己의月給으로學生의學費를捐助ᄒᆞᆫ다더라

●父老知務 咸南利原郡父老諸氏ᄂᆞᆫ新學의必要를覺知ᄒᆞ고三個所의學校를設립ᄒᆞ야青年을多數教育ᄒᆞ며京城에留學生을派送ᄒᆞ고學費ᄂᆞᆫ各其區域을從ᄒᆞ야義務로支辦ᄒᆞᆫ다더라

●廣倅興學 廣州군守吳泰泳氏ᄂᆞᆫ이任四載에九個所學교를設立ᄒᆞ고每校에幾千兩式身先出捐ᄒᆞ고區域內에寄付契約을協成ᄒᆞ야維持方針을盡力計圖ᄒᆞᆫ다더라

●華明新立 忠南洪州郡烏々面華田에華明學塾을設립ᄒᆞ야去二十壹日에開교式을擧行ᄒᆞ고塾長은黃者淵塾監은申斗鉉教師ᄂᆞᆫ文章勳李秉直諸氏로選定ᄒᆞ엿다더라

●商校漸興 咸南三水군仲坪場은流離ᄒᆞ던商民百餘戶가寓居ᄒᆞᄂᆞᆫ딕一般知識이朦昧ᄒᆞ야最大缺點이되더니丁致恒氏가商務學校를設립ᄒᆞ야教育을唱ᄒᆞᆫ지不過一年에校務가擴張ᄒᆞ야開發之望이大有ᄒᆞ다더라

○談叢○

劍心

▲余가向日에一讀書室을過ᄒᆞ다가國人의日本書籍翻譯ᄒᆞᆫ바地誌一卷을睹ᄒᆞ니有曰韓國延袤가三百里라ᄒᆞ엿더라(韓國十里가日本一리와合ᄒᆞᄂᆞᆫ故로韓國三千리ᄂᆞᆫ日本의三百리가되이어ᄂᆞᆯ譯者가直譯ᄒᆞᆫ바라)悲夫라此輩人은可謂筆로其國을抹削ᄒᆞᄂᆞᆫ者로다

國人이日書翻譯에當ᄒᆞ야實로注意ᄒᆞᆯ바인뎌

▲余가向日에一小學校를過ᄒᆞ다가該校教科用初等小學을睹ᄒᆞ니乙支文德楊萬春金庾信의雄跡은尋ᄒᆞᆯ處가無ᄒᆞ고오쟉華盛頓小野도風의事만充塞ᄒᆞ엿더라悲夫라已往韓國漢學隆盛時代에自國偉人은不知ᄒᆞ고張良陳平李太白王羲之等屬만知ᄒᆞ더니只今新文明이流入ᄒᆞᄂᆞᆫ時代에도亦是當時機械的學問을復作코져ᄒᆞᆷ인가

國人이教科셔著述에此亦注意ᄒᆞᆯ바인뎌

詞藻

❀有主物❀

天鑑이昭昭ᄒᆞ니、法網中에못서리라。

一草芥도有主之物、焉敢生心못ᄊᆡ거든。

하믈며、二千萬主人의、뎌疆土를。

雜報

◎治療費優賜 大皇帝陛下께옵셔昨日宮內府로 勅敎를下ᄒᆞ사總理李完用氏의治療費를優數送致케ᄒᆞ옵셧다더라

◎內閣例會 昨日은內閣木曜例會인故로內部大臣朴齊純氏가首席大臣으로出席ᄒᆞ야明年度豫算案件을協議ᄒᆞ엿ᄂᆞᆫᄃᆡ度支部에셔ᄂᆞᆫ特別히次官及司稅局長이往參ᄒᆞ엿다더라

◎預算査定 昨日統監府에셔大臣會議를開ᄒᆞ고明年度預算을査定ᄒᆞ엿다더라

◎內閣電報 再昨日下午一時에內閣에셔ᄂᆞᆫ總理大臣李完用氏의危險ᄒᆞᆫ狀况을日本政府에電報ᄒᆞ엿다더라

◎總理ᄃᆡ會議 各大臣은李總理ᄃᆡ에會集ᄒᆞ야李在明處置事件을商議ᄒᆞ엿다더라

◎總相入院 總相李完用氏ᄂᆞᆫ被刺ᄒᆞᆫ後現狀이漸次危篤ᄒᆞᆷ으로昨日上午十二時에大韓醫院으로舁入治療ᄒᆞᆫ다더라

◎入院時光景 李總理가醫院에入ᄒᆞᆷ은別項과如ᄒᆞ거니와入院當時에憲兵巡查十餘名이嚴重護衛ᄒᆞ엿다더라

◎總理重傷 李總理ᄂᆞᆫ負傷이深重ᄒᆞ야腎臟及肺臟에達ᄒᆞ야內出血이多量되고漸漸衰弱에陷ᄒᆞᄂᆞᆫ故로再昨夜十壹時頃ᄭᆞ지食鹽注射가四回에及ᄒᆞ엿다더라

◎朴氏署理 李總理遭難에對ᄒᆞ야內部大臣朴齊純氏가總理大臣臨時署理를被命ᄒᆞᆫ다더라

◎似不致命 李總理의負傷은肺尖과腎臟에達ᄒᆞ야內出血이甚多하엿스나呼吸과體溫이稍復하야致命의境遇에ᄂᆞᆫ不至하리라더라

◎六島還任 日本陸軍省指揮를因ᄒᆞ야歸國ᄒᆞ엿던親衛府顧問六島中佐ᄂᆞᆫ昨日還任ᄒᆞ엿다더라

◎引繼在邇 觀寧殿粟兩鐵鑛을日人에게委任ᄒᆞᄂᆞᆫ事ᄂᆞᆫ已報어니와日間引繼ᄒᆞᆫ다더라

◎處處憤激 壹進會聲明事件에對ᄒᆞ야羅憲庠徐相理諸氏ᄂᆞᆫ內閣에長서를提呈ᄒᆞ야王法으로懲治ᄒᆞ기를懇乞ᄒᆞ엿고남浦郡鄕校直員尹邦鉉氏ᄂᆞᆫ十三道鄕校에通文을飛傳ᄒᆞ야壹般士林의게齊聲共討ᄒᆞ기를勸告ᄒᆞ엿다더라

鐵民公憤

平北鐵山郡人民들이今番壹進會의聲明서를발布ᄒᆞᆷ에對하야該군通衢에서聲討演說을開始ᄒᆞ매人民數千名이各其錢囊을傾하야金貨를醵聚하며代表者를選定하야너閣總理大臣에게壹進會를解散하여달나ᄂᆞᆫ電報를발送하엿ᄂᆞᆫᄃᆡ如何ᄒᆞᆫ措處가尙無ᄒᆞᆷ으로更히長서를提呈ᄒᆞᆫ다더라

演說會又開

日人의時局問題研究會에서ᄂᆞᆫ來二十五日政談大演說會를開ᄒᆞᆫ다더라

◎洋製改築 近衛步兵大隊에서ᄂᆞᆫ明年一月頃에 昌德宮內前奎章閣을毁撤ᄒᆞ고該基地에洋製屋을新築ᄒᆞ야士卒入直所로使用ᄒᆞᆫ다더라

◎李氏論駁 國民大演說會副會長李載克氏ᄂᆞᆫ三昨日閔泳韶氏를訪問ᄒᆞ고會長辭免에對ᄒᆞ야中途背約ᄒᆞᆷ을一場論駁ᄒᆞ엿다더라

◎內田歸國 一進會顧問日人內田良平은昨日歸國ᄒᆞ엿ᄂᆞᆫᄃᆡ馬關에셔何等事件을協議ᄒᆞ고東京으로入ᄒᆞ엿다가來月頃에更히渡韓ᄒᆞᆫ다더라

◎捕縛時狀態 李在明은捕縛ᄒᆞ던現場에傍觀者가雲集如堵ᄒᆞᆫᄃᆡ神色이自若ᄒᆞ고四同顧眄ᄒᆞ며曰我ᄂᆞᆫ諸同胞를拯救키爲ᄒᆞ야此擧를行ᄒᆞ거ᄂᆞᆯ若讙ᄂᆞᆫ엇지傍觀만ᄒᆞᄂᆞ냐ᄒᆞ고仍曰今日에吾ㅣ公讐를殺ᄒᆞ엿스니快哉快哉라ᄒᆞ고萬歲를連唱ᄒᆞ며傍觀者의게烟草를請ᄒᆞ야吸烟如常ᄒᆞ엿다더라

李在明言動

李在明을昨日總相ᄃᆡ로引致ᄒᆞᆯ時에農大趙重應氏가李를對ᄒᆞ야曰爾가行凶者나ᄒᆞ매李의眼光이如星ᄒᆞ며秋霜과如ᄒᆞᆫ號令을發ᄒᆞ야曰以若趙重應으로셔貴重ᄒᆞᆫ人을對ᄒᆞ야如是下待ᄒᆞᄂᆞ냐ᄒᆞ엿고在傍巡查를顧ᄒᆞ야曰腥臭가觸鼻ᄒᆞ니卷烟一個를持來ᄒᆞ라ᄒᆞ엿다ᄒᆞ며警視廳으로押去ᄒᆞᆯ時에口不絶聲ᄒᆞ야曰總理를先殺치못ᄒᆞ고余先就死ᄒᆞ니極爲慨惜ᄒᆞᆫ事라ᄒᆞ엿다더라

◎對人壯談 李在明이壹個月前入京當時에某人에게言ᄒᆞ여曰我ᄂᆞᆫ今日韓國으로ᄒᆞ야금此悲運에陷케ᄒᆞᆫ宋秉畯李容九李完用등을鏖殺ᄒᆞ고國家社稷의百年大計를圖ᄒᆞ리라ᄒᆞ엿다더라

◎李在明豪語 李在明은警視廳訊問에對ᄒᆞ야一言을不肯吐ᄒᆞ며只云此등不必要ᄒᆞᆫ問議ᄂᆞᆫ勿行ᄒᆞ라ᄒᆞ며又曰連累者ᄂᆞᆫ壹人도無ᄒᆞ고若我의目的을未達ᄒᆞ야李完用이不死ᄒᆞ면我ᄂᆞᆫ卽時舌을嚼ᄒᆞ야死ᄒᆞᆯᄲᅮᆫ이라ᄒᆞ야豪語가堂堂ᄒᆞ다더라

◎抱此已久 警視廳에셔李在明에게同類有無를問ᄒᆞᆫ즉李在明은曰此등大事를行ᄒᆞᆷ에同類를何要리오二千萬同胞가是我의同類라ᄒᆞ며又曰我ᄂᆞᆫ十七八歲頃부터國家의元凶을殺코ᄌᆞᄒᆞ엿노라ᄒᆞ엿다더라

◎吳氏才性 李在明妻吳仁星은養心女學校에在學ᄒᆞ야其才智가過人ᄒᆞᆷ으로該校中才媛의名이有ᄒᆞ야高等科班長으로在ᄒᆞ던터인ᄃᆡ今番事件을遭ᄒᆞ야尙今訊問을因ᄒᆞ야警視廳에在ᄒᆞ다더라

◎陳供秘諱 裁判所檢事長及警視總監이再昨夜에警視廳訊問係에出席ᄒᆞ야李在明을終夜審査ᄒᆞ엿다ᄂᆞᆫᄃᆡ其陳供辭意ᄂᆞᆫ秘諱ᄒᆞᆷ을因ᄒᆞ야姑未詳知라더라

◎留學生旋放 日本留學生金益三等兩氏가刺客의嫌疑로龍山警署에被捉ᄒᆞᆷ은已報어니와該氏등은此等危險의思想을抱ᄒᆞᆫ者가아니오單純ᄒᆞᆫ學生으로冬期休暇를因ᄒᆞ야歸國ᄒᆞᄂᆞᆫ터인ᄃᆡ該署에셔도其行具서類를參考ᄒᆞᆫ後翌日에卽爲放免ᄒᆞ엿다더라

◎三氏被捉 李在明의友人韓益三李國弼金敬鎭三氏ᄂᆞᆫ再昨夜銅峴分署에逮捕되엿다더라

◎學員被捉 大韓醫院醫學校學員金龍文氏ᄂᆞᆫ李在明과共히白召ᄉᆞ家에셔酒盃를同ᄒᆞ엿다ᄒᆞ야被捉되엿고同時被捉金敬鎭氏도醫學校學員이라더라

◎蘭亦被捉 妓生蘭姬ᄂᆞᆫ李在明平日에相親ᄒᆞ던者라ᄒᆞ야再昨日銅峴分署에被捉ᄒᆞ엿다더라

◎巡查多派 李在明行刺事件에對ᄒᆞ야根因과黨與를調捕ᄒᆞᆯ次로警署各署에셔巡査를一幷派送ᄒᆞ엿ᄂᆞᆫᄃᆡ數交가不足ᄒᆞᆫ故로日人巡查中韓語粗解者를多數派送ᄒᆞ엿다더라

◎搜探奔汨 近日漢城內에刺客十餘名이潛行ᄒᆞᆫ다ᄂᆞᆫ風說이有ᄒᆞᆷ으로警視廳及憲兵司令部에셔ᄂᆞᆫ搜探事務에大段奔汨ᄒᆞ다더라

◎逐日警衛 再昨日下午七時以後에大安洞四街리로부터花開洞通路ᄭᆞ지警察官吏가羅列警衛ᄒᆞ엿고昨日에ᄂᆞᆫ各坊曲屛門에嚴密警衛ᄒᆞ엿다더라

◎西北人調查 再昨下午三時警視廳에셔高等官립學校에巡查를派送ᄒᆞ야出席簿를考閱ᄒᆞ고學徒中西北人有無를調査ᄒᆞ엿다더라

◎青年青年 去十九日에下關에셔出發ᄒᆞ야二十日釜山에入港ᄒᆞᄂᆞᆫ壹岐丸에下關에셔韓人一名이搭乘ᄒᆞ엿ᄂᆞᆫᄃᆡ其船客名籍은日本留學生元周臣이라記ᄒᆞ엿고年은二十인ᄃᆡ廿日午前六時頃에船이對州冲海에到ᄒᆞ여ᄂᆞᆫ忽然該人이船尾甲板에셔衣服을脫棄ᄒᆞ고身을怒濤中에投ᄒᆞ엿ᄂᆞᆫᄃᆡ其遺留物은가방一個中에셔籍數十冊이오셔籍中其圖章所捺處ᄂᆞᆫ破棄ᄒᆞ엿스며其死因은在日本宋秉畯을殺害코져ᄒᆞ야日本에渡往ᄒᆞ엿다가目的을未遂ᄒᆞ고空然歸國ᄒᆞᆷ이無面對人의事라ᄒᆞ고自殺을遂ᄒᆞᆫ者라ᄂᆞᆫ說이有ᄒᆞ더라

◎投石亂至 北部苑洞居徐彰輔가內閣及統監府에長書를提出ᄒᆞᆫ後로부터該氏家에每夜投石이亂至ᄒᆞᆷ으로該家眷은連夜不寐ᄒᆞᆫ다더라

◎徒書何益 青陽郡民團代表趙載道氏等三十三人과東萊居朴[illegible]輔氏等과水[illegible]居鄭復國等諸氏가국民大演說會에對ᄒᆞ야質問서를寄送ᄒᆞ엿다더라

◎時事報發刊期 閔元植氏가時事新聞을발刊ᄒᆞᆫ다ᄒᆞᆷ은已報어니와內部에請願ᄒᆞ야新年一月一日부터刊行ᄒᆞᆯ터인ᄃᆡ社長은閔元植氏로推薦ᄒᆞ엿다더라

◎憲補被死 三昨日上午十二時에楊州郡蘆院面等地에셔義兵十五名과日憲兵補助員五名이交戰ᄒᆞ엿ᄂᆞᆫᄃᆡ補助員二名이被死ᄒᆞ엿다더라

◎權氏呼訴 慶南단城郡에ᄂᆞᆫ元結總額이一千八百結인ᄃᆡ本年度財務署에셔四百餘結을增加ᄒᆞᆫ故로該郡人民代表權亮煐氏等이日昨度支部에呼訴ᄒᆞ엿다더라

◎慈惠慈惠 京城孤兒院學徒들이降冬에衣具가不贍ᄒᆞ야寒苦가頗甚ᄒᆞᆫᄃᆡ慈惠婦人會에셔其情况을聞ᄒᆞ고各其唐木縣花金錢等物을捐助ᄒᆞ야衣資를供給케ᄒᆞ엿다더라

◎製革工場 平北鐵山車輦館崔昌립金秉鉉兩氏가實業을發展ᄒᆞᆯ目的으로工業에著名ᄒᆞᆫ玄국氏와協議ᄒᆞ야當地에製革工場을設립ᄒᆞ고不日間着手ᄒᆞᆫ다더라

◎姜氏更訊 監獄署에多月滯囚ᄒᆞᆫ內侍姜錫鎬氏ᄂᆞᆫ再昨日警視廳에셔更히訊問ᄒᆞ고該廳에仍囚ᄒᆞ엿다더라

◎大成會開會 大成宗敎學會에셔昨日上午十壹時에臨時總會를開ᄒᆞ고會員三十餘人이出席ᄒᆞ야斯道闡明ᄒᆞᆯ事를爛商協議ᄒᆞ고會長은孟輔淳氏로副會長은金永悳氏로推薦ᄒᆞ고來日曜日上午十壹時에臨時總會를續開ᄒᆞ기로豫定ᄒᆞ엿다더라

◎[illegible]會[illegible]接 [illegible]會에셔ᄂᆞᆫ昨日[illegible]校로移接ᄒᆞ엿다더라

感謝[illegible]

平北鐵山郡居朴治[illegible]鄭[illegible]兩氏가本社의經費를補[illegible]ᄒᆞ기爲ᄒᆞ야金一圓을寄付ᄒᆞ엿기[illegible]其[illegible]意를感表ᄒᆞ노라

電報

同志會[illegible]動

日本의對韓同志會ᄂᆞᆫ韓國問題에關ᄒᆞ야曾彌統監의게聲明서를送ᄒᆞ고桂首相의게意見을開ᄒᆞ엿다더라

日本動靜

日本에셔ᄂᆞᆫ壹進會聲明에對ᄒᆞ야各新聞에論評이[illegible]決心이有ᄒᆞᆫ貌樣이리더라

以上東京發 廿三日

社會燈

▲民間武器押收[illegible]鐵거두더니刺客[illegible]의銃劍들은秦爐中에尙漏런가白晝大都萬目下에忽地驚浪起出ᄒᆞ니八寸餘의ᄃᆡ凶劍이용爐中에鎔入ᄒᆞ더면今日事가업섯슬ᄯᆡ

▲日人新聞記者團은一進會의聲明서가無知妄動ᄒᆞ엿다고外面冷評잘하더니研究會[illegible]合倂說을亂唱ᄒᆞ니一旬日이다못되여合倂時機到來인지그心腸도可觀이지

▲楊州古安大路傍에六[illegible]碑가新出ᄒᆞ야來人去客指點ᄒᆞ니流芳百歲忠烈碑ᄂᆞᆫ日古以來잇지만은遺臭萬年賣國碑ᄂᆞᆫ亘古今日初見이라一進會員歷々中에特色物이되깃고나

▲偉人遺蹟

▲東國巨傑 崔都統 (續) 錦頰山人

第二章 崔都統以前의我族과外族

嗚呼라競爭은人의天職이며生活ᄒᆞᄂᆞᆫ資本이라故로天職을忘ᄒᆞ고資本을棄ᄒᆞ면憔悴死境에必入홈은個人도然ᄒᆞ고一國도然ᄒᆞ나니如此히競爭에淡泊ᄒᆞᆫ國民으로엇지安樂無事홈을得ᄒᆞ리오於是乎兵殃深擊이左右交侵ᄒᆞᄂᆞᆫ도다

彼契丹이渤海를已得ᄒᆞ매政히距踊曲躍ᄒᆞ야我東을來侵홀秋이니엇지龜州一敗를因ᄒᆞ야兵戈를遐解ᄒᆞ리오但南으로支那에有事ᄒᆞ며北으로渤海遺民이報復을謀ᄒᆞᄂᆞᆫ者ㅣ尙多홈으로東犯을未暇ᄒᆞᆫ바며旣而오遼(卽契단)가亾ᄒᆞ매女眞이其地를代有ᄒᆞ야支那의宋을滅ᄒᆞ며蒙古와吐蕃을統禦ᄒᆞ고大金帝國을創建ᄒᆞ니於是乎我邦의憂가方大ᄒᆞ나幸히彼ᄂᆞᆫ元來我扶餘族의支派라故로烏雅束이曰高麗ᄂᆞᆫ我父母國이라ᄒᆞ며阿骨打ㅣ曰高麗ᄂᆞᆫ我祖宗의出ᄒᆞᆫ비라ᄒᆞ야一矢로我에加遣ᄒᆞᆫ비無ᄒᆞ니同族의觀念에由홈이아닌가然이나此ᄂᆞᆫ我邦의幸이아니라但只我邦人의苟安心만長케홈이니라 (未完)

雜報

◎傳之者誤 閔賀호氏의令男泳斗氏가被殺ᄒᆞ엿다ᄂᆞᆫ說은傳之者誤라더라

廣告

廣告

◎特別廣告

本社의셔同胞의衛生을注意ᄒᆞ야美國의셔經驗單方으로流行通用ᄒᆞᄂᆞᆫ靈藥聖劑를貿入ᄒᆞ야左開廣布ᄒᆞ오니有病君子와藥業에從事ᄒᆞ시ᄂᆞᆫ僉彦은爭先來購ᄒᆞ시옴

分賣와都賣에差別이有ᄒᆞ야一打(十二個)以上의都賣에ᄂᆞᆫ特別割引ᄒᆞᆷ

左　開

秘製止痛藥　效能　外塗內服無處不適　消滯　止瀉　絕痛　治痢無不神效ᄒᆞᆷ

喜蘇膏藥　效能　頭面　身體一切痛症　積年風濕　除痰　生선之道딥卽奏效ᄒᆞᆷ

亞麟香膠　效能　毋論男女老少　勿嫌年久日淺一切　咳소　服之則其效如神ᄒᆞᆷ

委花藥膏　效能　痔疾　瘰珠瘡　燒跌傷螫咬等　諸症無雙聖藥

委花糖水藥　効能　痳症　花柳毒　凡不潔血所祟症　婦人虛弱등症靈驗ᄒᆞᆷ

牛汁藥酒　効能　毋論男女老少氣血虛弱者服之則大補元氣身體强健ᄒᆞᆷ

韓美興業株式會社事務所

再版

新撰尺牘完篇

(附)現裁所行法令

興士團編輯部長　朴晶東氏著作　一帙一冊　正價金一圓

△今此國勢가維新ᄒᆞ고事爲가繁劇ᄒᆞᆫ時代에際ᄒᆞ야吾人도論交酬世의道가日廣日多ᄒᆞ매尺牘을不可不讀이라本尺牘은已爲刊行于世ᄒᆞ야江湖의好評을博得ᄒᆞ온바今에國漢文으로新撰增補ᄒᆞ야新舊尺牘에牛耳가되며且近日新法令의最要ᄒᆞᆫ者를類聚附刪ᄒᆞ엿ᄉᆞ오니一般人士ᄂᆞᆫ案頭에必備ᄒᆞᆷ을好셔이옴

最新刊

平面幾何學

全一冊正價金七十錢

隆熙學校學監　李命九氏著作　徽文義塾長　柳一宣氏校閱

△本셔ᄂᆞᆫ現代數學界의大方家로有名ᄒᆞᆫ柳　李兩氏의最精力을注ᄒᆞ야詳密ᄒᆞᆫ編纂을著ᄒᆞ고嚴正ᄒᆞᆫ校閱을加ᄒᆞᆫ者이온바數學敎科에無二ᄒᆞᆫ良師오獨習참考에必備ᄒᆞᆯ珍셔이온斯學術셔에劈頭的出版이오니唯我學者諸君은速購讀習ᄒᆞ심을(但著作者의捺印이無ᄒᆞᆫ者ᄂᆞᆫ僞刊으로認定ᄒᆞᆷ)

發兌元　△皇城中部罷朝橋越　中央셔舘朱翰榮　△황城西部南門外蔦岩　新舊셔林池松旭　△皇城中部典洞　光東셔局李鍾植

本舘에셔各色饌用을精美ᄒᆞ게製造充盒ᄒᆞ야水陸行旅에朝夕之供에便利需用케ᄒᆞ야左와如히廉價로發售ᄒᆞ오니四方僉君子ᄂᆞᆫ陸續請求ᄒᆞ심을望ᄒᆞᆷ

大本一盒　二十錢
中本一盒　十五錢
小本一盒　十錢

京城南部詩洞秀香舘　告白

本所에셔洋屬毛織을各色直輸入ᄒᆞ야廉價로發賣ᄒᆞ옵ᄂᆞᆫ딕物品과織組가堅固ᄒᆞ며染色이不變ᄒᆞ와經濟上에第一要緊ᄒᆞ오며各地方貿易을便利키爲ᄒᆞ와郵便小包로酬應ᄒᆞ야代金을引換ᄒᆞ겟ᄉᆞ오니　僉君子ᄂᆞᆫ陸續請求ᄒᆞ심을伏望

京城小龍洞

洪順福　毛織商店

本人이葉草客主數年에各處草商雲集交易ᄒᆞᄂᆞᆫ딕內外國煙草會社에셔도連續貿去ᄒᆞ고本國絕草商도多數貿去ᄒᆞ옵기로一層擴張ᄒᆞ엿ᄉᆞ오니　僉君子ᄂᆞᆫ陸續來臨ᄒᆞ시기를希望

京城西大門外尾洞百八統九戶　宋憲翼　邊昌根　告白

◎同和藥房廣告

引穌丸　인소환　定價十錢

淸心降火消痰進食消滯止泄鬱火上衝心腹脹滿轎車乘眩

用藥寶鑑一卷一秩定價三十錢

宗敎統一論壹卷壹秩定價十錢

▲位　置

本舖京西小門外車洞　閔橿

郡支店

第一分店　平壤西門內　宋尙愈

二分덤南竹洞四街里朴右榮　東部蓮島　朴在庸

第壹代理뎜全州동村　李重翼

二代理뎜稷山笠場市李奎甲

三代理뎜禮山邑　孔錫煥

四代理뎜堤川邑　李台永

出張所金山金泉　鄭海容

報恩　金元七

利川夫面大旺里辛基榮

丹陽南面舍人岩張命海

忠州　鄭公秉

水原발安場　文啓珏

中部壽進洞　盧永奎

稷山成歡　韓永元

永登浦　洪聖化

海州大德面斗峴村朴基陽

鳳山　張義甲

其他各大都會處

紙面이不足ᄒᆞ야壹壹枚擧치못ᄒᆞ오

同和藥房本舖主閔橿告白

移舘擴業廣告

本舘을大貫洞上隅로移ᄒᆞ고各種서籍과帽子와學徒用品을大加擴張ᄒᆞ고特歡발賣ᄒᆞ오니陸續請求ᄒᆞ옵

編輯部를置ᄒᆞ고셔籍을編述발刊ᄒᆞ며裁縫所를附ᄒᆞ야帽子服裝을製造ᄒᆞ며文房諸具와帽子附屬品과毛織布木이具備ᄒᆞᆷ

平壤大貫洞上隅

光明書觀　主　朴致祿　金燦斗　韓承坤

…엿ᄂᆞᆫ산쇼버…금大韓每日申報社家屋을방매ᄒᆞᆯ터이니집사기를원ᄒᆞᄂᆞᆫ쳠군ᄌᆞᄂᆞᆫ리림상의ᄒᆞ시옴

家主京西大門外京口下法國人　馬典　告白

廣　告

本院은醫科專門으로一切患者를誠勤救療ᄒᆞ오니有病僉尊은來臨問診ᄒᆞ시옴

京義線車蘿舘

三選堂醫院

醫學生徒募集

本院에셔現我急務의醫士를養成ᄒᆞ기爲ᄒᆞ야學校를付設ᄒᆞ고學問과實習을次第敎授ᄒᆞ되速成科卒業期間은滿二個年으로定ᄒᆞ고來三月十日(陰二月廿九日)ᄭᆞ지學生을募集ᄒᆞ오니有志僉彦은來議請願ᄒᆞ시옴

入學身格

年齡　十八歲以上至三十歲

學力　普通學校卒業證서가有ᄒᆞᆫ者(證서가無ᄒᆞᆫ者의게ᄂᆞᆫ面試後許入)

三選堂醫院
付屬醫學校

主任講師　醫學卒業生前陸軍軍醫　李奎영

校監　白鎭규

學監　李道敏

一　商業經營法　은文明的商業의方法을指導ᄒᆞ며法律上商事의規定을說明ᄒᆞᆫ商業界의顧問이오

一　商業經營法　은商行爲의奇妙ᄒᆞᆫ術法과商去來의深奧ᄒᆞᆫ手段을陳述ᄒᆞᆫ商業家의秘訣이오

安國善氏　著

內部認可

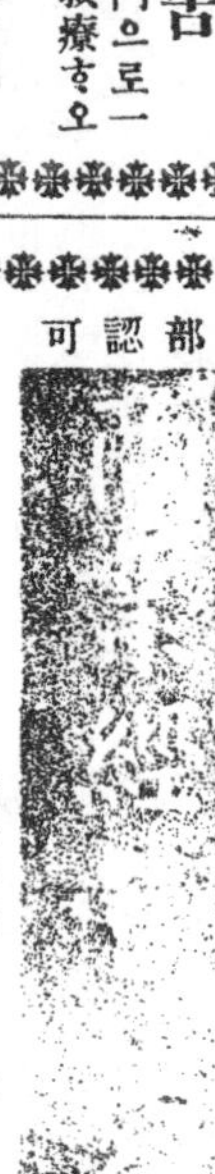

廣學書舖　發行

定價金　四十錢　郵遞料　四錢

京城中部布屛下三十七統六戶　廣學書舖金상萬　謹告

一　商業經營法　은會社設립節次와手形行使法과領行去來等을論述ᄒᆞᆫ商業有志者의座右銘이오

一　商業經營法　은商業上의原理와經濟上의現象을實際的으로抄寫ᄒᆞᆫ實業學校의敎科書오

本院은韓國一般人民을爲ᄒᆞ야設立ᄒᆞᆫ은僉彦의已知ᄒᆞ신바어니와自今으로事務를一層擴張ᄒᆞ고診察을더욱精확히ᄒᆞ기爲ᄒᆞ야時間을午前十時부터午後四時ᄭᆞ지無料로診察ᄒᆞ며…特別診察所를置ᄒᆞ고些少의診察料로貴客의便宜를…ᄒᆞ오니診察을要ᄒᆞᄂᆞᆫ僉彦은照亮을爲要

但特別ᄒᆞᆫ境遇에在ᄒᆞ야ᄂᆞᆫ時間을勿論ᄒᆞ고…求를應ᄒᆞᆷ

京城南大門外　濟…院　告白

官準專賣特許

檀君開國四千二百四十二年
箕子元年三千三十一年
大韓開國五百十八年
本報創刊日 光武八年七月十八日

大韓每日申報

Responsible for Publication Alfred Weekley Marnham.
發行兼編輯人 英國人 萬咸
發行所 京城南部石井洞三層洋屋家 大韓每日申報社
第七卷 月曜及慶節歲時日休刊 第一千二百七十五号

論說

京城日本人新聞記者團

京城日本人新聞記者團의宣言及決議文의大略은本報에已揭ᄒᆞ엿거니와

蓋韓日合邦論의前驅로一進會가起ᄒᆞ고後勁으로對韓問題同志會及新聞記者團等이起ᄒᆞ엿도다

嗚乎韓日兩國의合邦이若此容易히遂成ᄒᆯ가前後數千載干戈로相見ᄒᆞ며血蹋으로相搏ᄒᆞ던韓日兩國의合邦이今日에至ᄒᆞ야若此容易히遂成ᄒᆯ가

有史以前은不可考어니와有史以後로ᄂᆞᆫ卽兩國關係의史ᄂᆞᆫ和好의史가아니라衝突ᄉᆞ이며友睦의史가아니라仇視史인ᄃᆡ今日에至ᄒᆞ야兩國의合邦이若此容易히遂成ᄒᆯ가

彼가合邦을唱ᄒᆷ에明白히口를張ᄒᆞ야曰强國이弱國의土地를幷ᄒᆞ며弱國의人民을滅ᄒᆞ고弱國의産業을取有ᄒᆷ은當然ᄒᆞᆫ公理오公例이니今日日本이韓國을合併ᄒᆞ야土地를領ᄒᆞ며人民을奴ᄒᆷ이卽此公理公例라ᄒᆞ면吾輩가猶口를緘ᄒᆞ고無言ᄒᆞ랴니와彼가乃曰合邦ᄒᆞ면東洋의平和를維持된다ᄒᆞ며韓半島蒼生이文明의恩澤을浴ᄒᆞᆫ다ᄒᆞ며兩國의平和幸福을增進된다ᄒᆞ니嗚乎라是가人을殺ᄒᆞ고天國에登케ᄒᆞᆫ다ᄒᆷ이아닌가

彼가又日本이韓國을爲ᄒᆞ야淸俄兩大戰役에鉅億의財幣과百萬의生靈을犧牲ᄒᆞᆫ賢勞를自誇ᄒᆞ엿스나然이나此로由ᄒᆞ야三千里土地와二千萬國民을其保護圈裡에收入ᄒᆞ엿스니所得이엇지少타ᄒᆞ리오吾輩의意로彼를揣컨ᄃᆡ彼가合邦論을提唱ᄒᆞᆫ今日에卽時實行코ᄌᆞᄒᆷ이아니라一則自家의同志를糾合ᄒᆞ야合邦의方法을硏究ᄒᆞ야次第로其實을擧行ᄒᆞ며二則韓人中貪利鄙陋者와卑劣無義者를結合ᄒᆞ야其後援을合ᄒᆞ야先鋒或贊成이되게ᄒᆞ며三則一般韓人으로ᄒᆞ야금合邦의說이耳에慣ᄒᆞ며合邦의字가眼에熟ᄒᆞ야漸漸數千載以來歷ᄉᆞ的惡憾은消融케ᄒᆞ고韓日一家의思想을養成ᄒᆞ엿다가時機를相ᄒᆞ야合邦의實行을遂코ᄌᆞᄒᆷ이라

彼輩ᄂᆞᆫ又如何奇險ᄒᆞᆫ手段을抱ᄒᆞ엿ᄂᆞᆫ지難知나吾輩의觀察로ᄂᆞᆫ大略此三者에不出ᄒᆯ듯ᄒᆞ니然則今日彼等의云云은合邦實行이아니라合邦準備로다

彼今日準備로由ᄒᆞ야將來合邦의實이現ᄒᆯᄂᆞᆫ지否ᄒᆷᄂᆞᆫ지是ᄂᆞᆫ吾人의預卜ᄒᆞ지못ᄒᆯ비이나但彼ᄂᆞᆫ如此히準備ᄒᆞᄂᆞᆫᄃᆡ韓人은但只手를袖ᄒᆞ야袖手觀瞻ᄒᆞ나니將來에受動者될뿐이오被制者가될뿐아닌가吾人은此에一大悲悶을抱ᄒᆞᄂᆞᆫ비로라

他人은無論이어니와卽韓國內新聞記者ᄂᆞᆫ國民指導의地位에坐ᄒᆞ야國家利害를講ᄒᆞ며同胞休戚을究ᄒᆞᄂᆞᆫ者인즉識時俊傑이其人이有ᄒᆯ지어ᄂᆞᆯ一團을組成ᄒᆞ야彼와旗鼓를對峙ᄒᆞᄂᆞᆫ者ㅣ無ᄒᆷ은何故오此가吾輩의深惜ᄒᆞᄂᆞᆫ비로라

外報

◎議會議決 露國議會豫算委員會에셔決議ᄒᆞ되政府로ᄒᆞ야금必要ᄒᆞᆫ軍隊改正을實行케ᄒᆞᆯ지ᄒᆞ엿다더라

◎悲극作者死 有名ᄒᆞᆫ德國悲극作者그라티그레일女ᄉᆞᄂᆞᆫ뮨헨地方에셔逝去ᄒᆞ엿다더라

◎比政府要求 比利時政府에셔ᄂᆞᆫ故皇帝의遺産을故皇帝의嬖妾포칸男爵夫人이剝奪코져ᄒᆞᆫ다ᄒᆞ야該夫人에게退去를要求ᄒᆞ엿다더라

◎炭坑問題 淸國黑龍江省太平山炭坑은淸國이採掘ᄒᆞ야良好ᄒᆞᆫ成績을得ᄒᆞ엿ᄂᆞᆫᄃᆡ露국人이暗히此炭坑을採掘코져ᄒᆷ으로此를禁止ᄒᆞ나尙且不聽ᄒᆞᄂᆞᆫ故로淸國地方官은程巡撫에게對ᄒᆞ야露國官吏에게交涉ᄒᆞ고此를禁止하라고申請ᄒᆞ엿다더라

◎伊公使言明 墺京維也納駐在伊太利大使ᄂᆞᆫ墺국外務省에對ᄒᆞ야키치올치니伯이伊太利外務大臣新任ᄒᆷ을告ᄒᆞ고且該大臣이從來親密의伊墺關係를維持ᄒᆯ뿐아니라益益增進ᄒᆯ目的이有ᄒᆞ다고言明ᄒᆞ엿고德國政府에셔도伊太利大使에게同樣의通告를受ᄒᆞ엿다더라

◎商務長攻駁 英國商務院長챠칠氏ᄂᆞᆫ가루존卿에게攻駁을加ᄒᆞ엿다더라

◎戰艦建造 英國에셔ᄂᆞᆫ去土曜日부터뜨레이드노트艦二隻과戰艦的巡洋艦一隻을建造ᄒᆞᄂᆞᆫᄃᆡ千九百十二年에完成ᄒᆞᆫ다더라

雜報

◎馬賊討伐 淸國蒙古馬賊의大首魁陶克陶ᄂᆞᆫ部下百餘名을率ᄒᆞ고蒙古와黑龍江省附近삭구론山에在ᄒᆞ다가官兵三千名을逢ᄒᆞ야卽時破圍遠走코져ᄒᆞᄂᆞᆫᄃᆡ蒙古王郭爾羅斯公은親兵을率ᄒᆞ고討伐軍을助力ᄒᆞᆫ다더라

實業會指明文

商務組合員諸氏가實業會를組織ᄒᆷ은已揭어니와實業會에셔各支會에指明ᄒᆞᆫ全文이如左ᄒᆞ더라

凡我實業會ᄂᆞᆫ政黨關係가無ᄒᆞ거날近日所謂商務組合部라稱ᄒᆞᄂᆞᆫ閑散者流가商民頭領이라自稱ᄒᆞ며商民을代表ᄒᆞᆫ다ᄒᆞ고彼一進會를贊成ᄒᆞ니是ᄂᆞᆫ實業의目的을棄ᄒᆞ고政治의關係를自作ᄒᆞ야我商民을不義ᄒᆞᆫ地에陷코져ᄒᆷ이라閑散을除ᄒᆞᆫ外에古來左右商으로眞正ᄒᆞᆫ實業에從事ᄒᆞᄂᆞᆫ者ᄂᆞᆫ皆本會會員인즉彼一進會贊成ᄒᆞᆫ閑散者流와異ᄒᆞ니今以後로ᄂᆞᆫ商務組合部와判異ᄒᆞᆫ境界를劃ᄒᆞ야彼自稱頭領輩의欺蔽를受치말고各其忠實ᄒᆞᆫ本色으로商業에從事ᄒᆞ야政治上行動에切勿參涉ᄒᆷ을爲要

再此를到卽翻謄ᄒᆞ야各郡支會에一一飛飭ᄒᆞ며坊曲에揭付ᄒᆞ야使我實業商民으로咸須知悉케ᄒᆷ이라ᄒᆞ엿더라

◎靑舘慈善 鍾路靑年會舘에셔日前演奏會에入塲劵을賣却ᄒᆞᆫ金額으로白米를買入ᄒᆞ야各禮拜堂에委任ᄒᆞ야今日耶蘇탄日에城內貧寒ᄒᆞᆫ同胞에게分給케ᄒᆞᆫ다더라

學界

◎政敎兼治 利原군主事姜永翰氏ᄂᆞᆫ三年空官에視務恪勤ᄒᆞ야人民이賴安ᄒᆯ뿐더러各面에二十一個所學교를設립ᄒᆞ고靑年을熱心敎育ᄒᆞᆫ다더라

◎文坪貞德 咸南利原郡西面文坪里居姜賢秀梁珠憲李鍾勳諸氏가去七月에貞德女學교를設립ᄒᆞ야熱心敎育ᄒᆷ으로進就의望이有ᄒᆞᆫᄃᆡ就中姜賢秀氏ᄂᆞᆫ諸般교務와교費를自擔ᄒᆞᆫ다더라

◎養蒙日進 鎭安郡上道面私立養蒙學교ᄂᆞᆫ校長柳在翼校監柳在箕其他任員諸氏가熱心視務ᄒᆞᆫ結果로設立ᄒᆞᆫ지不過幾月에生徒가日進ᄒᆞ야校舍가狹窄ᄒᆷ으로更히學校를增築ᄒᆞᆫ다더라

◎郡主知務 全北鎭安郡主事白喬基氏ᄂᆞᆫ公務에恪勤ᄒᆞ고敎育에熱心ᄒᆞ야每日仕退後에ᄂᆞᆫ學校에出席ᄒᆞ야生徒를義方으로勸諭ᄒᆞ고任員과協議ᄒᆞ야學교維持方針을極力計圖ᄒᆞᆫ다더라

◎德明更明 洪州蚵耕面德明學校ᄂᆞᆫ設립以來로財政이窘絀ᄒᆞ야校況이凋殘ᄒᆞ더니該校主徐承台교長朴챵秉兩氏가殫力周章ᄒᆞ야凡務가就緒ᄒᆷ으로生徒가奮發ᄒᆞ야前進之望이有ᄒᆞ다더라

◎啓東得人 江原道三陟郡紳士諸氏가啓東學校를設립ᄒᆞ고可堪ᄒᆞᆫ敎師를雇聘치못ᄒᆷ으로慨歎이滋甚ᄒᆞ더니該郡通譯主事李淵雨氏가視務餘暇에熱心敎授ᄒᆞᄂᆞᆫ効果로該校情況이漸次振興ᄒᆞ고該교生徒ᄂᆞᆫ李氏가永遠히敎授ᄒᆷ을顒望ᄒᆞᆫ다더라

◎姜氏興學 白川郡芝村面面長姜淑永氏ᄂᆞᆫ今春에芝山學교을自擔建築ᄒᆞ고遠近靑年을募集ᄒᆞ며敎師邊周鉉姜敏元兩氏를雇聘ᄒᆞ야熱心勸學ᄒᆞᄂᆞᆫᄃᆡ生徒가五十餘名에達ᄒᆞ야前進之望이有ᄒᆞ다고隣里가莫不稱頌ᄒᆞᆫ다더라

詞藻

❀靑年아❀

金玉이보비라도、鍊磨안코光彩나며。
人材가出衆ᄒᆞᆫ들、培養안코英雄되랴。
靑年들아、放心말고工夫ᄒᆞ야、
이羞恥를。

雜報

◎兩宮下問 大皇帝陛下[illegible]서と昨日上午九時[illegible]로李總理의症勢를 下問[illegible]옵고 太皇帝陛下씌옵셔[illegible]管趙民熙副總管朴[illegible]을大韓醫院에派送慰[illegible]더라

◎皇儲電奏 總理李完用氏가被刺혼事에對ᄒ야日[illegible]留學ᄒ시と韓國皇太子殿下씌옵셔再昨日下午九[illegible]에 大皇帝陛下씌電奏ᄒ시고東宮武官一人을大韓醫院으로派送慰問케ᄒ기를奏請ᄒ셧다더라

◎新曆頒賜 大皇帝陛下씌옵셔再昨日各奏任官에게新曆一件式頒賜ᄒ옵셧다더라

◎戒心之故 總相李完用氏가被刺ᄒ던當日에各大臣家에서と來賓을一切挽留ᄒ엿다가一夜를經宿혼後放還ᄒ엿다더라

◎朦昏施術 入院혼李總相은再昨日下午九時에朦昏藥을施ᄒ고傷處를治療ᄒ엿と딕昨朝에と精神이稍復ᄒ야漸次奏效홀希望이有ᄒ다더라

◎腰部縫合 李總相의腰部傷處一個所と再昨日縫合手術을施ᄒ엿다더라

◎李總相의續聞 李完用氏의狀態と別項과如ᄒ거니와肩部로入혼刀刃은左肺部를貫通힛と딕其通孔을試험혼즉呼吸홀時에空氣가漏出ᄒ며其肺부가腫脹힛스미此가致命홀傷處오又腰部의受傷이腎臟을貫치と아니ᄒ엿스나此亦致命홀傷處인故로今明間危險에瀕ᄒ야實로安心키難ᄒ다더라

◎李氏看護 宮中顧問李允用氏と李總相을看護키爲ᄒ야尙[illegible]에서滯留혼다더라

◎警衛看護 李總相이被刺혼後宮中顧問李允用學相李載[illegible]兩氏家에と韓巡查二人式[illegible]一[illegible]會長李容九家에と日巡查[illegible]派送保護혼다더라

◎[illegible]父子 總相李完用氏가[illegible]혼後로農相趙重應氏と其側을今不離ᄒ고至誠救護ᄒと딕其誠心이李恒九보다優勝ᄒ다더라

◎各大慰問 再昨日各大臣은大韓醫院에齊往ᄒ야李總理에게慰問ᄒ엿다더라

◎度大膽落 度大高영喜氏と李總理被刺原因은當年韓日協約을締結ᄒ야國家를亾케ᄒ고今又五條件을提出ᄒ야合邦을作코ᄌ홈에在ᄒ다と說을聞ᄒ고非常히恐怖ᄒ야親戚故舊以外에と一切來客을謝絶ᄒ고內房에伏在ᄒ야警備를嚴密히혼다더라

◎忘年會協議 內部及學部官吏と來月曜日明月舘에서忘年會를設行홀次로目下協議中이라더라

◎府尹內定說 警視廳第二課長李憲圭氏と三和府尹을被任ᄒ기로內定되엿다더라

◎法典局賞與金 內閣法典調查局委員諸氏의年終賞與金은勅任에三百圓奏任에二百圓으로支撥혼다더라

◎預金額數 韓國來年度預算은再昨日大臣會議에서決定되야目下統監의承認을申請혼다と딕其額數를聞혼즉歲入經常部가壹千四百七十八萬二千八百三十七圓이오歲入臨時부가六百十三萬二千八百四十壹圓이오歲出經常부가壹千五百三十九萬五千二百八十圓이오歲出臨時부가五百五十二萬三千百九十八圓이라더라

◎演說延期 日人의時局問題研究會의연셜은何等事를因홈인지延期된다더라

◎德將下仁 孫澤孃데에서投宿혼德국將校렌스氏と去廿[illegible]日에仁川으로下往ᄒ엿다더라

◎前者向隅 水原農林學교卒業生은農商工部에서文官任用令에依ᄒ야普通文官資格을與ᄒ기로日昨에頒布ᄒ엿と딕伊前卒業生에對ᄒ야と此를準用치아니혼다홈으로前期卒業生二十餘名이將次該部에質問書를提出혼다더라

◎派員調查 日本進步黨에서と韓國政務를調查ᄒ기爲ᄒ야委員九名을選擧ᄒ엿다더라

◎警廳議決 再昨日下午一時警視廳에서各署長會議를開ᄒ엿と딕各客主其他平民家에留宿ᄒと鄕客의居住姓名을各其主人이所管警察署에報告케홀事와四大門을把守ᄒ야來往人中殊常혼態度가有혼者と全身을搜探홀事를議決ᄒ엿다더라

◎財官宴會 度支部財產整理局官吏壹同이本日下午六時에掬翠樓料理店에서晩餐會를設行혼다と딕會費と四百圓假量이라더라

◎旅費五百 一進會顧問內田良平이歸國홈은已報어니와一進會會長李容九以下一般任員이南門驛에서餞別ᄒ엿고旅費と五百圓을支給ᄒ엿다더라

◎金氏遺憾 李在明의連累者라ᄒ야被捉혼金定益氏と平壤人으로慶興夜學校에在學ᄒ던氏인딕年이廿二오眉目이秀麗혼青年이라李容九를刺殺홀計劃으로京城에來ᄒ엿다가李[illegible]行[illegible]夜에李在明과激[illegible]有ᄒ엿다ᄒ며金氏가李在[illegible]時에李在明은[illegible]協約을締結ᄒ야韓國으로今日境遇를當케혼者と全혀李[illegible]用의所爲인즉我と國家를爲ᄒ야李完用을刺殺코저ᄒ노라혼즉金氏と曰只今我國을益滅[illegible]케ᄒ고ᄌᄒ야表面으로韓日合邦을唱ᄒ고實心은合邦後大臣이나圖得코저ᄒと者と李容九니我と李容九를刺殺코저ᄒ노라然이나我と家貧ᄒ야拳銃壹個의買得도亦難ᄒ니君의携帶혼短銃을暫借ᄒ라ᄒ야互相激論ᄒ다가金氏と李在明과終是意見이不合ᄒ야李在明을助力치아니ᄒ엿다と딕今番에銅峴分署에被捉ᄒ야訊問을當ᄒ미憤然히[illegible]를下ᄒ며懷中에서短刀一個를警官前에投ᄒ며悵然曰余가李容九를刺殺코저ᄒ다가其機會를不得ᄒ야目的을未達ᄒ고空然히逮捕되니實로遺憾홀바라ᄒ엿다더라

◎李金移囚 李在明金定益兩人은再昨日下午六時에監獄署로移囚ᄒ엿と딕韓巡查四名과日巡查二名이保護ᄒ엿다더라

◎在獄情況 李在明의傷處と日本醫師가治療中이오每日三時로日本料理를供饋혼다더라

◎韓氏放免 李在明事件에關ᄒ야被捉ᄒ엿던韓鎣二氏と再昨日에放免되엿と딕該氏と元來李在明과知面도無ᄒ다더라

◎兩氏旋放 盧伯麟盧창然兩氏가李在明事件에對ᄒ야再昨日警視廳에被捉ᄒ엿と딕干犯이毫無홈으로即時放還ᄒ엿다더라

◎派兵巡察 再昨日下午一時부터軍司令部에서憲兵을各其所掌區域內에派送ᄒ야各大臣及日人高等官私뎌와各官廳及社會를輪回巡察혼다더라

◎何意入城 各地方一進會員은何事件을因홈인지再昨日東大門及東小門으로多數入城ᄒ엿다더라

◎同情日至 延豐군守曹斗煥氏와楚山郡人民壹同과鞏山港居尹大植氏와海州郡居吳寬泳氏等壹百十七人이國民大演說會에同意贊成書를寄送ᄒ엿다더라

◎視務勸告 前判書趙慶호氏의令男漢億氏가巡查에被選홈은已報어니와該氏가家庭間에不得已혼事故를因ᄒ야該任을辭免次로數日視務치아니ᄒ엿と딕警視廳警部と該廳上官의命令을依ᄒ야該氏의게勤務ᄒ기를特別勸告ᄒ엿다더라

◎旣詰又打 三昨日下午十時에北部苑洞居徐彰輔家에何許人五名이來到ᄒ야內閣及統監府에提出혼長書理由를詰問ᄒ다가仍히毆打를加ᄒ엿と딕該氏가屈伸을自由치못혼다더라

◎禍不單行 徐彰輔と毆打을被ᄒ야呻吟中인딕何事件을因홈인지昨日上午十時에警視廳에被捉ᄒ엿다더라

◎地主稱怨 水原利川間新作路犯入地段價中五十圓以內と去月分內部衛生局에서支給ᄒ고五十圓以上은尙今不給ᄒ미各地主의寃聲이狼藉ᄒ다더라

◎大同江氷 大同江은本月七八日頃부터結氷되야人馬가氷上으로往來혼다더라

◎商民反對 近日百一稅를實施에對ᄒ야平北寧邊順川定州等郡과平南龍岡江西甑山中和等郡은多日市廛을撤ᄒ고該稅金을徵納치안키로反對ᄒ야商民界狀態가大端不穩ᄒ다더라

◎時中報承認 閔元植白樂均諸氏가[illegible]中新聞을發刊혼다홈은已報어니와昨日內部에請願ᄒ야認許가出ᄒ엿다더라

◎[illegible]會設立 三和港紳士諸氏가該地人民의知識을發達키爲ᄒ야新聞雜誌縱覽會를設립ᄒ엿と딕會員이七十餘名에達혼지라本二十七日에開會式을擧行ᄒ기로決定ᄒ고韓人에발刊ᄒと各新聞雜誌를現今請求中이라더라

◎漢報永停 漢城新報社主幹田村萬之助と該社認許狀을李某에게典執得債ᄒ엿と딕李氏と其認許狀을內部에納上ᄒ고該社保證金五百圓을[illegible]去홈으로該報と永爲停刊되엿다더라

◎非義乃商 崔應大氏가義兵嫌疑가有ᄒ다ᄒ야某處에서探혼다홈은已報어니와崔氏と元來商民으로義兵에干連[illegible]이初無ᄒ다더라

◎義日交戰 [illegible]十[illegible]日午[illegible]面[illegible]地에서義兵[illegible]李[illegible]氏部下[illegible]崔[illegible]氏가義兵三十餘名을率ᄒ고日憲兵及補助員과交戰ᄒ엿다더라

◎派兵追捕 義將姜基東氏가抱川松隅等地에서日憲兵과交戰ᄒ다가左[illegible]에中丸負傷혼故로義將延基[illegible]氏가部下[illegible]名을派送保護혼다と說이有홈으로昨日軍司令部에서[illegible]四名을派送ᄒ야該部駐在日[illegible]과併力追捕ᄒ라ᄒ엿다더라

◎[illegible]死三傷 本月[illegible]日에仁川에서巡查三名이[illegible]船을乘ᄒ고永宗島方面으로向ᄒ엿다가十二日歸途에[illegible]島海上에서暴風을遭ᄒ야該船이覆沒되엿と딕韓人壹名은溺死ᄒ고巡查三名은凍傷을被ᄒ야[illegible]되엿다더라

◎[illegible]犯[illegible] [illegible]財犯서習警部[illegible]所에서役一年[illegible]告ᄒ엿다더라

◎兩氏被捉 再昨日下午[illegible]에中部中學橋[illegible]兩氏가僞貨를交換ᄒ다가[illegible]司令部에被捉ᄒ엿다더라

◎北部賊警 北部近[illegible]에と近日에賊警이頻頻ᄒ다ᄒ야該署에서巡查를派送ᄒ야[illegible]跡을探知혼다더라

◎救世營演說 本日은[illegible]日인故로今明兩日上午[illegible]時와下午二時[illegible]救世軍總[illegible]夜照[illegible]를開홀터[illegible]ᄒ야會衆[illegible]

◎慶[illegible] [illegible]

◎[illegible] [illegible]

◎公使發[illegible] [illegible]日本公使[illegible]

◎[illegible]論 日本東京[illegible]死後對韓[illegible]

廣告

本店에서 僉位의厚意를報答키爲ᄒᆞ야本月十一日로來一月二十一日ᄭᆞ지物品五十錢에景品券一枚式進呈ᄒᆞ오니勿失此期ᄒᆞ시고陸續來臨ᄒᆞ시옵
遠地에ᄂᆞᆫ代金引換으로信送

一等一人　白米七石
二等一人　白米二石
三等二人　美國金張眼鏡二個
四等三人　本國洋襪十五件
五等四人　本國烟草四箱
六等廿人　本國洋襪卄件
以下無　空籤

營業品目
學校用品　中折帽　和洋雜貨
美國眼鏡五年保險付定價三圓
惟一菓　松露酒　栢露酒
京城南部竹洞二十二統六戶

廣興商店

主人　李昇煥　告白

本園에셔北京唱戲隊를請ᄒᆞ야演극ᄒᆞ옵ᄂᆞᆫ바現今에淸國上海에셔技藝로有名ᄒᆞᆫ「연子蜚、賽연飛、冲天蜚、小연飛、滿天飛」五人을請ᄒᆞ야演극ᄒᆞ옵ᄂᆞᆫ景은사ᄅᆞᆷ이空中에ᄂᆞᆯ이ᄂᆞᆫ듯無限ᄒᆞᆫ才操를연奏ᄒᆞ오니韓國同胞ᄂᆞᆫ特別愛賞ᄒᆞ시옵

小公洞紅箭문內　大淸聚仙茶園演극場　告

活版製造

△韓國印刷局御用委托販賣所　△東京小林名刺紙委托販賣所

活字諸品　鑄製活版　活版附屬品　各種印刷機械　洋式製本

本店　東京市日本橋區
韓國京城長谷川町二丁目
三川活版製造所支店

△オルデス驛舍インキ販賣所　△戰爭付印刷機械販賣所

本人이去月廿六日에半路姓名章을失ᄒᆞ고正字로更刻이오니知舊間照亮ᄒᆞ시옵

平北義州古郡面　[illegible]京鉉　白

●白川郡芝山學교捐義金

姜源永卄圓　安秉圭　李炯
金泰熙　各十圓　姜凡조
金允寬・各六圓　趙義溶
趙昌彙　李元澤　朴泰鉉
姜奭永　趙聖日　鄭聖조
李泰善　韓京文　各二圓
元容九　李明宰　尹應五
鄭國瑞　高允明　李允京
洪千瑞　崔麒翰　金鎭寬
趙京安　各一圓　趙斗鉉
尹相翊　崔允植　各五十錢
芝山學교長　姜淑永　白

全北龍潭郡故光華金先生文集을本敎所에셔發刊ᄒᆞ야宣布于門弟子ᄒᆞ고一守李先生及孫順之崔方春李觀水安周輔董成月六人도一體遺芳케ᄒᆞ오니爲其門弟子與兄弟子孫은知照ᄒᆞ시오

大宗敎　告白

今에所謂合邦聲明書에一進會가自稱百萬이라ᄒᆞ엿스니推想컨ᄃᆡ退會人數ᄭᆞ지假稱渠徒인듯ᄒᆞᆫ바本人等이往年에暫投旋退故로玆에卞明

三和港新橋金履權　李時祐
億兩機金錫疇　李鍾善
碑石洞鄭應徠
後浦　裴容哲

本人이自今爲始ᄒᆞ야漢城中部鍾路中央競賣所을前主人等의게買收ᄒᆞ야各色物品을廉價로賣下ᄒᆞ오니內外國僉君子ᄂᆞᆫ陸續來臨ᄒᆞ심을希望ᄒᆞ오며此亦中何등物品을已典於典舖ᄒᆞ고還退치못ᄒᆞ야見失ᄒᆞᆯ境遇에ᄂᆞᆫ該典標를帶持枉臨ᄒᆞ시면該物品의好否를參量ᄒᆞ야本所에셔擔錢推物ᄒᆞ야打其價金然後에剩額은一一還付ᄒᆞ깃ᄉᆞ오기玆에廣告홈

漢城中部鍾路中央競賣所
所主　白善養　告白

特別廣告

公債證書
各株券
社債券
船卜證券
倉庫證券
鐵道貨物證券

有價證券　直接賣買
　　　　　受托賣買
保　擔貨金

▶特　別　特　別◀

現今商業界에曙光이發展을隨ᄒᆞ야銀行、會社、等確實ᄒᆞ고趣味잇ᄂᆞᆫ社會가日上增ᄒᆞ고月上盛ᄒᆞ게設立될希望이有ᄒᆞᆫ지라이又ᄒᆞᆫ同時에株券에對ᄒᆞ야相讓處가無ᄒᆞᆷ으로各位株主의希望ᄃᆡ로讓受ᄒᆞ기便利ᄒᆞᆷ과事由에因ᄒᆞ야讓渡ᄒᆞᆯ時와必要에關ᄒᆞ야臨時的資金融通의便利等事項을酬應ᄒᆞ기爲ᄒᆞ와弊商會에셔特히有價證券取引部를設立ᄒᆞ고買賣及貸付에關ᄒᆞᆫ一切事項을請求ᄒᆞ시ᄂᆞᆫᄃᆡ로秘密ᄒᆞ고安全ᄒᆞ게大注意ᄒᆞ와迅速히酬應ᄒᆞ깃ᄉᆞ오니多少를不拘ᄒᆞ시고來議ᄒᆞ심을務望홈

京城南署[illegible]洞二十六統十戶
金龍商會 (KIM)
營業主　金應龍

移館擴業廣告

本館을大貫洞上隅로移ᄒᆞ고各種書籍과帽子와學徒用品을大加擴張ᄒᆞ고特歇발賣ᄒᆞ오니陸續請求ᄒᆞ시옵 編輯部를置ᄒᆞ고書籍을編述刊行ᄒᆞ며裁縫所를附ᄒᆞ야帽子服裝을製造ᄒᆞ며文房諸具와帽子附屬品과毛織布木이具備홈

平壤大貫洞上隅　光明書觀　主　朴致祿　金燦斗　韓承坤

病院開業廣告

天道의眞理를賛ᄒᆞ고人道의原則을依ᄒᆞ야慈善의大義를主張ᄒᆞ며營利의私益을不顧ᄒᆞ고官立醫學校第一回卒業生으로軍籍에入ᄒᆞ야軍醫의職務로從事ᄒᆞ던前陸軍二等軍醫朴熙達氏를延聘ᄒᆞ야精美ᄒᆞᆫ器械와神効ᄒᆞᆫ藥品으로男女老幼의各科疾病을懇切敎療ᄒᆞ오니疾病에罹ᄒᆞ신兄弟姉妹ᄂᆞᆫ來臨問議ᄒᆞ심을爲要

患者의便利를供키爲ᄒᆞ야留宿所를設ᄒᆞ고寢具와食料를恪別供給홈

平壤鍾路私立　大同病院々主　韓敎源　告白

德國일버펠드地方의파벤파부리께染料會社ᄂᆞᆫ韓國에在ᄒᆞᆫ[illegible]노니本會社가日本大阪의日人會社에셔此[illegible]商標에犯科ᄒᆞᆫ事에對ᄒᆞ야裁判을得勝ᄒᆞ엿ᄂᆞᆫ이다
又本社의特意主願ᄒᆞ시ᄂᆞᆫ僉位와其他關係되ᄂᆞᆫ僉位의게表明ᄒᆞ노니本社의商標[illegible]類似ᄒᆞᆫ것이라도犯用ᄒᆞᆯ權利가有ᄒᆞᆫ者ᄂᆞᆫ全無ᄒᆞ오며本會社ᄂᆞᆫ世所共知ᄒᆞᄂᆞᆫ本社[illegible]國으로陸續輸入케ᄒᆞᆯ터이오며且本社商標를假造ᄒᆞ야輸入ᄒᆞᄂᆞᆫ者ᄂᆞᆫ[illegible]當ᄒᆞᆯ터이오니特이愼戒ᄒᆞ시옵

商標

商標

◉本社에셔在上海東洋烟草大製造廠과專賣權를特約ᄒᆞ고各種煙草를卽輸入ᄒᆞ와各代理店에支出ᄒᆞ오니僉君子ᄂᆞᆫ愛顧ᄒᆞ심을敬要

◉特種烟草

○法韓盟紙烟一匣　二十五本入具竹嘴
○鐵路標　一匣　二十本入具竹嘴
○鳳標　一匣　四本入具紙嘴
○囉叭標　一匣五十本入具紙嘴
○白鶴標　一匣　十本入具紙嘴
○鷹標　一匣　十本入具紙嘴
○虎標　一匣　十本入具紙嘴
○獅子標　一匣　十本入具紙嘴
○勇士標　一匣　十本入具紙嘴
●쉬잉埃及金口紙一桶百本入
○쉬잉埃及金口紙一桶　五十本入
○쉬잉埃及金口紙一匣十本入

◎本社에셔代理店을京城에金濟性、平壤에鄭基煥兩氏로定ᄒᆞ고其他義州、開城、釜山、元山、木浦、咸興、成津、海州、全州、晋州、淸州各處代理店을特許ᄒᆞ겟기로商業에信實ᄒᆞᆫ紳商을求ᄒᆞ오니有意僉君子ᄂᆞᆫ來議ᄒᆞ시던지書信으로通知ᄒᆞ옵

京城小公洞　法韓烟草會社

歲暮贈答品特色

我國特産　谷香葉煙草　各種
京城南署[illegible]洞六十二統十戶
金龍商會　謹告

本商會에셔歲暮를當ᄒᆞ와各樣物品을擴張ᄒᆞ고原定價外에特別割引ᄒᆞ야廉價散賣ᄒᆞ오니京鄕僉君子ᄂᆞᆫ速速來購ᄒᆞ시옵

京城鍾路　韓盛商會　告白
(電話一一三八番)

安泰玉名字以秉玉改定知舊照亮

安秉玉　告白

◉歲暮와漢陽商會

多忙ᄒᆞ고流矢갓흔[illegible]熙三年의日月은이미結局을告코져ᄒᆞ고[illegible]隆熙四年의曙光은[illegible]到來ᄒᆞ옵나이다 玆에우리大韓國民의幸福을[illegible]誠心誠意로固心經營ᄒᆞᄂᆞᆫ漢陽商會ᄂᆞᆫ大韓國人士를爲ᄒᆞ야新年及歲暮에贈答ᄒᆞᄂᆞᆫ新流行品을多數輸入ᄒᆞ고驚天動地的大廉賣大活動으로여러분을歡迎ᄒᆞ옵나이다○愛顧ᄒᆞ시ᄂᆞᆫ漢城鍾路漢陽商會를○電話ᄂᆞᆫ一九一番이오

廣告

特別廣告

本社의셔同胞의衛生을注意ᄒᆞ야美國의셔經驗單方으로流行通用ᄒᆞᄂᆞᆫ靈藥聖劑를貿入ᄒᆞ야左開廣布ᄒᆞ오니有病君子와藥業에從事ᄒᆞ시ᄂᆞᆫ僉彦은爭先來購ᄒᆞ시옵

分賣와都賣에差別이有ᄒᆞ야一打(十二個)以上의都賣에ᄂᆞᆫ特別割引ᄒᆞᆷ

左　開

秘製止痛藥

效能　外塗內服無處不適　消滯　止瀉　絕癨　治痢無不神效ᄒᆞᆷ

喜蘇膏藥

效能　頭面　身體一切痛症　積年風濕　除痰　生선之道　딥郎奏效ᄒᆞᆷ

亞麟香膠

效能　毋論男女老少　勿嫌年久日淺一切　咳소　服之則其效如神ᄒᆞᆷ

委花藥膏

效能　痔疾　瘰珠瘡　燒跌傷螫咬等　諸症無雙聖藥

委花糖水藥

効能　疝症　花柳毒　凡不潔血所祟症　婦人虛弱등症靈驗ᄒᆞᆷ

牛汁藥酒

効能　毋論男女老少氣血虛弱者服之則大補元氣身體强健ᄒᆞᆷ

韓美興業株式會社事務所

本人이莨菪客ᄒᆞᆫ數年에各處草商雲集交易ᄒᆞᄂᆞᆫᄃᆡ內外國煙草會社에서도連續貿去ᄒᆞ고本國絕草商도ᄯᅩ數貿去ᄒᆞ옵기로一層擴張ᄒᆞ엿ᄉᆞ오니　僉君子ᄂᆞᆫ陸續來臨ᄒᆞ시기를希望

京城西大門外尾洞百八統九戶　宋憲翼　邊昌根　告白

同和藥房廣告

引蘇丸　定價十錢

清心降火消痰進食消滯止泄鬱火上衝心腹脹滿轎車乘眩用

莨寶鑑一卷一秩定價三十錢

宗教統一論壹卷壹秩定價十錢

▲位　置

本鋪京西小門外車洞　閔橿

郡支店　平壤西門內　宋尙愈

第一分店　東部蠶島　朴在庸

二分덤南竹洞四街里朴右榮

第壹代理덤全州동村　李重翼

二代理덤稷山笠場市李奎甲

三代理덤禮山邑　孔錫煥

四代理덤堤川邑　李台永

出張所金山金泉　鄭海容

報恩　金元七

利川夫面大旺里辛基榮

丹陽南面舍人岩張命海

忠州　鄭公秉

水原발安塲　文啓珏

中部壽進洞　盧永奎

稷山成歡　韓永元

永登浦　洪聖化

海州大德面각峴村朴基陽

鳳山　張義甲

其他各大都會處

紙面이不足ᄒᆞ야壹壹枚擧치못ᄒᆞ오

同和藥房本舖主閔　橿告白

본인이정동잇ᄂᆞᆫ삼축벽돌집지금大韓每日申報社家屋을방매홀터이니집사기를원ᄒᆞᄂᆞᆫ쳠군ᄌᆞᄂᆞᆫ리림상의ᄒᆞ시옵

家主京西大門外京口下法國人　馬典　告白

廣告

本院은醫科專門으로一切患者를誠勤救療ᄒᆞ오니有病僉尊은來臨問診ᄒᆞ시옵

京義線車輂館

三選堂醫院

醫學生徒募集

本院에서現我急務의醫士를養成ᄒᆞ기爲ᄒᆞ야學校를付設ᄒᆞ고學問과實習을次第敎授ᄒᆞ되速成科卒業期間은滿二個年으로定ᄒᆞ고來三月十日(陰正月卄九日)ᄭᆞ지學生을募集ᄒᆞ오니有志僉彦은　來議請願ᄒᆞ시옵

入學身格

年齡　十八歲以上至三十歲

學力　普通學校卒業證서가有ᄒᆞᆫ者(證서가無ᄒᆞᆫ者의게ᄂᆞᆫ面試後許入)

三選堂醫院

付屬醫學校

主任講師

醫學卒業生　前陸軍軍醫　李奎영

校監　白鎭규

學監　李道敏

內部認可

商業經營法　全

商業經營法은文明的商業의方法을指導ᄒᆞ며法律上의規定을說明ᄒᆞᆫ商業界의顧問이오

商業經營法은商行爲의奇妙ᄒᆞᆫ術法과商去來의深奧ᄒᆞᆫ手段을陳述ᄒᆞᆫ商業家의秘訣이오

安國善氏　著

廣學書舖　發行

定價金　四十錢　郵遞料　四錢

京城中部布屛下三十七統六戶　廣學書舖金상萬謹告

一　商業經營法　은會社設립節次와手形行使法과銀行去來等을論述ᄒᆞᆫ商業有志者의座右銘이오

一　商業經營法　은商業上의原理와經濟上의現象을實際的으로抄寫ᄒᆞᆫ實業學校의敎科書오

再版

新撰尺牘完篇

(附)現裁所行法令

興士團編輯部長　朴晶東氏著作　一帙一冊　正價金一圓

△今此國勢가維新ᄒᆞ고事爲가繁劇ᄒᆞᆫ時代에際ᄒᆞ야吾人의交酬世의道가日廣日多ᄒᆞ미尺牘을不可不讀이라本尺牘은已爲刊行于世ᄒᆞ야江湖의好評을博得ᄒᆞ온바今에國漢文으로新撰增補ᄒᆞ야新舊尺牘에牛耳가되며且近日新法令의最要ᄒᆞᆫ者를類聚附輯ᄒᆞ엿ᄉᆞ오니一般人士ᄂᆞᆫ案頭에必備ᄒᆞᆯ好書이옵

最新刊

平面幾何學

全一冊正價金七十錢

隆熙學校學監　李命九氏著作　徽文義塾長　柳一宣氏校閱

△本서ᄂᆞᆫ現代數學界의大方家로有名ᄒᆞᆫ柳　李兩氏의最精力을注ᄒᆞ야詳密ᄒᆞᆫ編纂을著ᄒᆞ고嚴正ᄒᆞᆫ校閱을加ᄒᆞᆫ者이온바數學敎科에無二ᄒᆞᆫ良師오獨習참考에必備ᄒᆞᆯ珍서이온斯學術서에劈頭的出版이오니唯我學者諸君은速購讀習ᄒᆞ심을(但著作者의捺印이無ᄒᆞᆫ者ᄂᆞᆫ僞刊으로認定ᄒᆞᆷ)

發兌元

△皇城中部罷朝橋越　中央서舘朱翰榮

△황城西部南門外紫岩　新舊서林池松旭

△皇城中部典洞　光東서局李鍾楨

濟生堂廣告

本堂主李庚鳳氏ᄂᆞᆫ本人의父親인바淸保命丹을創始發賣ᄒᆞ야營業興旺이今日과ᄀᆞ히大發展大擴張에至ᄒᆞ니僉彦에愛顧ᄒᆞ신厚誼ᄂᆞᆫ感荷無涯이오나本堂이不幸ᄒᆞ와堂主가宿患으로棄世ᄒᆞ온지라今에本人이本堂營業을紹續ᄒᆞ옵고ᄯᅩᄒᆞᆫ統監府特許局登錄商標法에商業의信用을立키爲ᄒᆞ야李庚鳳氏名으로李興國氏의게委托處理ᄒᆞ오ᄒᆞ고一般業務를本人에從兄ᄂᆞ內外國　僉彦은以此照亮ᄒᆞ신後特이愛顧ᄒᆞ심을敬望ᄒᆞᆷ

隆熙三年十二月　日

漢城南大門內濟生大堂藥房主任　李庚鳳

代辦主任　李興國

支配人　金永七

檀君開國四千二百四十二年
箕子元年三千三十一年
大韓開國五百十八年
本報創刊日
光武八年七月十八日

大韓每日申報

第七卷 月曜及慶節歲時休日休刊 第一千二百七十六号

發行兼編輯人 英國人 萬咸
Responsible for Publication Alfred Weekley Marnham.
發行所 京城南部石井洞三層洋屋家 大韓每日申報社

論說

◉日本人의게

近者日本人이韓國合併을逐逐亂吽ᄒᆞ야政治家勢力家等으로始ᄒᆞ야在野黨新聞記者等ᄭᆞ지一並口를張ᄒᆞ고合併을吽ᄒᆞ야東旗西鼓가前後相繼ᄒᆞᆷ은世人의共知ᄒᆞᄂᆞᆫ바어니와今者前日本外務大臣林董의合倂論과朝鮮日日新聞의合併論을聞하야도其意見의一斑을可睹ᄒᆞᆯ지로다

林董은略曰韓日合邦은自然의勢오何人도此를可止치못ᄒᆞᆯ바라日本朝野가合邦論을重視치아니ᄒᆞᆷ은合邦을反對ᄒᆞᆷ이아니라合併의時機가尙早ᄒᆞ다ᄒᆞᆷ이니만일日本이愼重ᄒᆞᆫ態度만取ᄒᆞ면韓國人民은疑懼의念이增ᄒᆞ고政家ᄂᆞᆫ喧譁의事만作ᄒᆞ리니日本이此를傍觀만ᄒᆞᆷ은不仁의極이오對韓政策根本的義에背反ᄒᆞᆷ이니余ᄂᆞᆫ此際에我政府가從來執ᄒᆞ던바穩和政策을斷然一變ᄒᆞ고韓國合併을實行ᄒᆞ야永久히禍根을絶ᄒᆞᆷ을希望ᄒᆞ노라ᄒᆞ엿고

朝鮮日日新聞에ᄂᆞᆫ韓日合併의機運이既熟ᄒᆞ엿다題ᄒᆞ고略曰韓日合병은今에大勢가成ᄒᆞᆫ지라半島國民의心理的狀態도變轉ᄒᆞ야此氣運에向ᄒᆞ엿고我對韓政策의最後解決을下ᄒᆞᆯ時機도漸來ᄒᆞ엿스며四圍의形勢도將熟ᄒᆞ엿스니此際에躕躇ᄒᆞᆷ은全혀天時地利人和를放棄ᄒᆞᆷ이라試看ᄒᆞ라此解決은祖國의與論이오列國도暗裡承認ᄒᆞᆫ矣ᄒᆞ며林董伯의合併論을聞ᄒᆞ면祖國識者의態度도可知ᄒᆞᆯ지니此時에在ᄒᆞ야現狀維持를說ᄒᆞᄂᆞᆫ者ᄂᆞᆫ實로非常識의徒라經濟上으로던지半島治安上으로던지極東平和上으로던지最後解決을遲疑ᄒᆞᆯ時가아니니此를斷行ᄒᆞᆷ은天의使命이라統監旗로誘掖ᄒᆞᆫ時代ᄂᆞᆫ已過ᄒᆞ엿슨즉總督旗를樹ᄒᆞ야半島의安寧을保持ᄒᆞᆯ此時ㅣ가아닌가要컨ᄃᆡ此時此解決은오즉帝國政府가一斷ᄒᆞᆷ에在ᄒᆞ다ᄒᆞ엿더라

記者曰噫라此合併論은今日에始現ᄒᆞᄂᆞᆫ바가아니라彼의數百年數十年來政策과活動이悉皆此를爲ᄒᆞᆷ이던바인즉只今彼等이此時ㅣ를合병斷行의時ㅣ라고肆然大呼ᄒᆞᆷ이ᄯᅩ엇지可怪라ᄒᆞ리오

然이나吾儕ᄂᆞᆫ此合병論에對ᄒᆞ야日本人에게一言을發ᄒᆞ노니吾儕의此言이도리혀可愚라ᄒᆞᆯ지나日本人된者여試聽ᄒᆞ라

大抵日本이韓國을保護ᄒᆞᄂᆞᆫ以來로韓國이一毫도進步ᄂᆞᆫ無ᄒᆞ고退步만되엿스며福利ᄂᆞᆫ無ᄒᆞ고禍孼만作ᄒᆞ야人民은溝壑에將塡ᄒᆞ고國家ᄂᆞᆫ虛殼을既成ᄒᆞ엿나니彼韓國上下를對ᄒᆞ야曰韓國의安寧을保護ᄒᆞᆫ다ᄒᆞ던日本人彼世界를向ᄒᆞ야曰韓國의安寧을保護ᄒᆞᆫ다ᄒᆞ던日本人된者가人心이或有ᄒᆞ면必也汗出沾背ᄒᆞᆯ지어ᄂᆞᆯ

乃者國家가空虛ᄒᆞ고人民이憔悴ᄒᆞᆫ此時ㅣ를執ᄒᆞ야韓국合병을唱ᄒᆞ면셔도리혀揚揚言曰韓국을不合병ᄒᆞᆷ은不仁이라ᄒᆞ며韓국을合幷ᄒᆞᆷ은半島의安寧을保持ᄒᆞᆷ이라ᄒᆞ니噫라彼가誰를欺코저ᄒᆞᄂᆞᆫ가彼ᄂᆞᆫ天下人을耳目이無ᄒᆞᆫ줄로知ᄒᆞᄂᆞᆫ도다

嗚呼라日本人이여諸君이如斯히合幷을得策으로知ᄒᆞᄂᆞᆫ가此ᄂᆞᆫ決코得策이아니니何故오ᄒᆞ면諸君이아모리野心을充코저ᄒᆞ야도韓國이決코亾치아니ᄒᆞᆯ所以니라今에韓國不亾의點을略擧ᄒᆞ건ᄃᆡ

(一)韓國의主觀的形勢　日本人이但只客觀的으로韓國을觀ᄒᆞ야半島三千里를無人의境으로視ᄒᆞ나此ᄂᆞᆫ決코不然ᄒᆞ니歷ᄉᆞ的으로論ᄒᆞ야도韓國이四千餘年歷ᄉᆞ가確立ᄒᆞ야人民個個腦裡에歷ᄉᆞ的국家理想이牢確ᄒᆞ엿고文明的으로論ᄒᆞ야도韓國이往古에在ᄒᆞ야ᄂᆞᆫ恒常日本의先進국이되엿스며近來韓국의新文明이壹時彼에後ᄒᆞᆷ으로今日의懸隔을作ᄒᆞ엿스나오히려遺傳的舊文明은往往彼를凌駕ᄒᆞᆯ者ㅣ有ᄒᆞ며又況年來新文明輸入의道가漸廣ᄒᆞ야大進就의望이有ᄒᆞ며民族的으로論ᄒᆞ야도元來武强活潑의種族으로近古以來에沉泪를少當ᄒᆞ엿스나其忠君愛國의精神이烈烈常亙ᄒᆞ며殺身護국의氣力이疊疊不滅ᄒᆞ야大國民의資格을具有ᄒᆞ엿스며其他習慣的風俗的人情的各方面으로論하야도모다日本과對峙ᄒᆞᆯ者ㅣ뿐이오壹毫도日本에合幷될者ᄂᆞᆫ아니니然則韓日의對ᄂᆞᆫ彼法國과馬達加斯加의對가아니라寧히希臘과土耳其의對가될지며彼美國과布哇의對가아니라寧히瑞典과那威의對가될지라만일日本이韓국을待ᄒᆞᆷ에法국이馬達加斯加를待ᄒᆞᆷ으로以ᄒᆞ며美국이布와를待ᄒᆞᆷ으로以ᄒᆞ면畢竟失敗를不免ᄒᆞᆯ지니其故ᄂᆞᆫ卽국家의存亾은決코壹時的軍艦大砲로賭ᄒᆞᆯ바가아니오但只其국民의理想과氣力으로論ᄒᆞᆯ바인所以라果然이면日本이아모리壹時的强力으로韓국을合幷ᄒᆞᆯ지라도韓국民은決코日本의僕隷됨을長히치아니ᄒᆞᆯ지니故로吾儕ᄂᆞᆫ曰韓국의主觀的形勢를觀ᄒᆞ야도韓국이決코滅亾치아니ᄒᆞ리라ᄒᆞᄂᆞᆫ바며

(二)日本의地位上形勢　只今日本이아모리八大强國의壹位를占領ᄒᆞ엿스나日本은東亞孤국이라壹邊에ᄂᆞᆫ露國이瘡痍를方過ᄒᆞ고干戈를再鍊ᄒᆞ야頻頻히東方을眄ᄒᆞ며又壹邊에ᄂᆞᆫ美국이巴拿馬運河의幾成을乘ᄒᆞ야其脚을東洋海陸에展ᄒᆞ야所謂勢力均等主義를仗ᄒᆞ고東亞覇權을爭ᄒᆞ며其他英法德伊墺等국도壹時日本이勢力을韓滿에張ᄒᆞ야露국南下를防ᄒᆞᆷ을許ᄒᆞ엿스나決코日本의野心을사任ᄒᆞ야韓국三千里江山二千萬人民을自家物로作ᄒᆞ기를不許ᄒᆞ리니今日日本의地位가決코韓국을消下치못ᄒᆞᆯ지라만일日本이輕妄히彼歐洲人이南洋土地를席捲ᄒᆞ던手段을效ᄒᆞ야韓국에施코ᄌᆞᄒᆞ면畢竟已往淸日戰役後日本이滿洲占領의失敗를當ᄒᆞᆫ舊戲를再演ᄒᆞ야天下萬古에笑만作ᄒᆞ리니故로吾儕ᄂᆞᆫ曰日本의地位上形勢를觀ᄒᆞ야도韓국이決코滅亾치아니ᄒᆞ리라ᄒᆞᄂᆞᆫ바로라

嗚乎라日本人이여諸君이徒然히韓國의主觀的形勢도不思ᄒᆞ며日本의地位上形勢도不思ᄒᆞ고肆然히統監旗를撤還ᄒᆞ고總督旗를高竪ᄒᆞᆫ다고自誇치말지어다韓국은決코亾국이되지아니ᄒᆞ나니라

果然日本이時勢를鑑ᄒᆞ며利害를察ᄒᆞ며人道를勉ᄒᆞ야韓국人과共히自由幸福을享ᄒᆞ며文明恩澤을浴ᄒᆞ면可히韓국의福이되며日本의福이되며東洋의福이될지니嗚乎라日本人이여再思ᄒᆞᆯ지어다

然이나彼日本人이엇지吾儕의此言을肯聽ᄒᆞ리오其惟韓日兩국의不幸을作ᄒᆞᆯ而已니엇지可惜지아니ᄒᆞᆫ가

外報

◎比皇宣言　比利時新皇帝ᄂᆞᆫ聯合國으로仁愛와進步의政策을保持ᄒᆞᆯ것이라고宣言ᄒᆞ엿고首都富勒薩에서公式入都式을結了ᄒᆞ엿다더라

◎蒙古償債　蒙古郭爾羅斯王은露國債務를淸償키爲ᄒᆞ야奉天에서七個年契約으로十五萬兩을借入ᄒᆞ엿다더라

◎希臘危괴　希臘雅典形勢ᄂᆞᆫ再次危殆에陷ᄒᆞ야軍隊가召集되엿다더라

◎吳氏建議　淸國間島邊務大臣吳祿貞氏ᄂᆞᆫ延吉과吉林間에淸國이鐵道速設ᄒᆞ기를吉林巡撫의게再次建議ᄒᆞ엿다더라

◎自由黨再起　英國에서ᄂᆞᆫ將來總選擧後에ᄂᆞᆫ英國政界의勢力이再次自由黨에게歸ᄒᆞ리라더라

◎排日熱不息　淸國營口에서ᄂᆞᆫ日貨排斥의熱이尙今不息ᄒᆞ고年末에經濟狀況이不好ᄒᆞ다더라

◎官軍降服　니카라과國에ᄉᆞ도라다將軍은官軍을全然大破ᄒᆞ엿ᄂᆞᆫᄃᆡ兩軍의死傷이六百名이오官軍一千九百名이降服ᄒᆞ엿다더라

◎大臣被狙擊　루마니야國國務大臣부라치아노氏ᄂᆞᆫ虛無黨에게狙격되야輕傷을負ᄒᆞ엿다더라

◎葡國新內閣　葡萄牙國新內閣은뻬이라오氏가總理大臣이되엿다더라

詞藻

❀一心不變❀

男兒한世上에、무ᄉᆞᆷ일을못ᄒᆞᆯ쇼냐。
斷斷一心不變ᄒᆞ면、어려울것全혀업네。
至今에、國勢가이러ᄒᆞ니、더욱一心。

雜報

◎韓官問安 韓日高等官諸氏는來三十一日上午十時로同十二時ᄭᆞ지 昌德宮內 仁政殿東行閣에셔歲暮署名 問安을行ᄒᆞᆫ다더라

◎王妃陛見 義親王妃殿下씌옵셔昨日上午十二時 昌德宮에 陛見ᄒᆞ셧다더라

◎完興陛見 完興君李載冕氏는昨日上午十二時 德壽宮에 陛見ᄒᆞ엿다더라

◎皇儲問安 去二十五日은 皇貴妃殿下의 탄日인故로日本에留學ᄒᆞ시는 皇太子殿下씌옵셔는電報로 問安ᄒᆞ옵시고 皇族及祇候官諸氏는同日上午十二時 德壽宮에 陛見ᄒᆞ엿다더라

◎進明慶祝 進明女學校에셔三昨日上午十二時에一般任員及學徒가會同ᄒᆞ야 皇貴妃殿下의 탄辰慶祝을行ᄒᆞ엿다더라

◎道廳合併問題 統監府地方行政調査委員會에셔地方政廳合병問題를提出ᄒᆞ엿다는ᄃᆡ其內容은近日各地方에日本人이雜居치아니ᄒᆞᆫ處가無ᄒᆞᆫ즉此를統治키爲ᄒᆞ야理事廳을設置ᄒᆞᆯ터인ᄃᆡ其權限이觀察使와衝突ᄒᆞᆯ虞가有ᄒᆞ고經濟上行政上에不便홈이多ᄒᆞᆫ즉觀察道를廢止ᄒᆞ야理事廳에合병ᄒᆞᄌᆞᄒᆞᆷ인ᄃᆡ爲先京城仁川釜山大邱等地와如ᄒᆞᆫ大都會로부터實施ᄒᆞ리라는說이狼藉ᄒᆞ다더라

◎宣言書送布 在京城日人신聞記者團에셔는合并問題宣言셔及決議文數千部를印刷하야日本各元老各大臣兩議員其他各處에送致하엿다더라

◎연說停止 日人의時局問題研究會에셔主唱ᄒᆞᆫ연說會는停止ᄒᆞ엿다더라

◎次官賞金 各府部次官의年終賞與金을昨年度ᄭᆞ지는황室費中으로支撥ᄒᆞ엿는ᄃᆡ本年度에는各該部經費中으로特別히千円式支撥ᄒᆞ엿다더라

◎預備金支出 羅衛移轉經費는度支部預備金中으로支出ᄒᆞᆫ다더라

◎地方費總額 明年度地方費預算은各道가壹弁認可를得ᄒᆞ엿는ᄃᆡ합六十餘萬圓이라더라

◎兩氏慰問 選學相李載崑成均館長金有濟兩氏는昨日上午十時에大韓醫院에前往ᄒᆞ야李總相를慰問ᄒᆞ엿다더라

◎拓社開宴 東拓會社에셔來一月四五日頃에京城日人新聞記者와日本特派員諸人을花月樓로請邀接待ᄒᆞᆫ다더라

◎日記者忘年會 日人新聞記者及通信員諸人은昨日下午八時에京城旅館에셔忘年會를開ᄒᆞ엿다더라

◎岡喜入城 歸國ᄒᆞ엿던內部次官岡喜七郎은昨日下午七時에入城ᄒᆞ엿다더라

◎休暇無暇 農商工部會計課에셔年終을値ᄒᆞ야事務가積滯ᄒᆞᆫ故로該課官吏는去日曜日에도休暇치못ᄒᆞ엿다더라

◎警察大擴張 來年度에는警察긔關을大擴張ᄒᆞᆫ다는ᄃᆡ經費는一十壹萬九千餘圓이增加되고韓일人警察官吏가多數增加된다더라

◎局員陶汰 韓國鐵道를合倂ᄒᆞᆫ結果로韓國鐵道管理局官吏七十二人이陶汰되엿는ᄃᆡ將次[illegible]金을支給ᄒᆞᆫ다더라

◎警察入城 京畿道觀察使金思黙氏와書記官鹽川一太郎은公務를因ᄒᆞ야再昨日에入城ᄒᆞ엿다더라

◎經費之故 度支部에셔各郡守의公錢을督刷홈은一般共知ᄒᆞ는바어니와各郡吏胥의逋欠은何等疑慮의端이有ᄒᆞᆫ지아즉擧論치말나고某處指揮가有ᄒᆞ다더라

◎학室恩典 義兵이起ᄒᆞᆫ以後被害ᄒᆞᆫ人民에게對ᄒᆞ야학室에셔下賜ᄒᆞᆫ救恤金이旣히九萬四千二十二圓에達ᄒᆞ엿는ᄃᆡ尙今恩典을未蒙ᄒᆞᆫ者가有ᄒᆞ나內帑金이不足ᄒᆞ야頒給치못ᄒᆞᆫ다더라

◎忠奴又現 李學宰가若干挾雜輩를聯合ᄒᆞ야商務部를更히組織ᄒᆞ고各地方에指明셔를傳布ᄒᆞ엿는ᄃᆡ此에對ᄒᆞ야慶北所謂商務頭領李世榮은三昨日該本部로報告ᄒᆞ엿는ᄃᆡ壹進會贊成은時긔에適合ᄒᆞᆫ즉本部長의命令을水火라도不避ᄒᆞᆫ다ᄒᆞ엿다더라

◎警船亦增 來年度에는警備船五隻을增購하야釜山元山等地에排置ᄒᆞᆫ다더라

◎時局會愈動 일人時局問題研究會에셔는常議員外評議員數十名을增置하엿다더라

◎일人飛檄 일人時局問題研究會에셔는韓국內居留地民論을鼓動키爲하야各地方에檄文을飛傳하엿다더라

◎佛學會運動 京城居金世濟爲名人은佛學會를設立하기로壹大運動을試ᄒᆞᆫ다는ᄃᆡ其目的은耶蘇敎徒中排일思想이有ᄒᆞᆫ人을對抗코져홈이라더라

◎別別囑托 일本人井上雅治는農商工部의囑托을受하야歐美各국殖民地及保護국을視察키爲하야來月出발ᄒᆞᆫ다더라

◎美領事結婚 京城駐在美국副領事쿨로氏는고네리아스氏에令嬢과結婚하엿는ᄃᆡ成婚式은來三十壹일에擧行ᄒᆞᆫ다더라

◎家族調査 李在明의家族有無를調査키爲ᄒᆞ야當局에셔該人出生地官吏의게調査報告를命ᄒᆞ엿다더라

◎鄭氏訪問 帝國新聞社長鄭雲復氏는三昨日日軍司令部에滯囚ᄒᆞᆫ金明濬氏를訪問ᄒᆞ엿다더라

◎偵探勳章 某處에셔는一般偵探人의게年終賞與金을一十圓以下로三圓ᄭᆞ지支撥ᄒᆞ는ᄃᆡ高等은勳章ᄭᆞ지贈與ᄒᆞᆫ다더라

◎寇日遭毆 徐彰輔는三昨日洞口內에셔何許學徒四五人에게毆打를又遭ᄒᆞ엿다더라

◎濟老院設립 帝국實業會評議員申極氏는六十以上男女로無告에陷ᄒᆞᆫ窮民을扶救ᄒᆞ기爲ᄒᆞ야濟老院을設립ᄒᆞᆫ다더라

◎漁民嗷오 蔚珍郡沿海漁基를從來漁業者들이免許規則에依ᄒᆞ야農商工部에請願ᄒᆞᆫ지五六朔이已過ᄒᆞ엿는ᄃᆡ該郡挾雜輩들이外人을符同ᄒᆞ야契約을締結ᄒᆞ고漁基를纂奪ᄒᆞ는故로各漁民의情況이大端오오ᄒᆞ다더라

◎신韓押收 桑港에셔발行하는신韓民報第百六十號는治安妨害라하야內부에셔押收하엿다더라

◎清人妙藥 平壤在留清人王享秀氏는鴉片吸者에게施用하는妙藥이有하야治效가多有하다더라

◎[illegible]捕續續 李在明의連累者로被捉ᄒᆞᆫ者가多數ᄒᆞ다는ᄃᆡ尙且[illegible]에限하고續續逮捕中이오李東秀氏도被捉하엿다더라

◎警視廳試험 警視廳巡査敎習所에셔는三昨日月終試험을經ᄒᆞ엿다더라

◎朴倘慘況 總相遭難時에慘殺을被ᄒᆞᆫ朴元文은六十歲寡母가有홈으로總相에令男李恒九氏가家舍一座를買給ᄒᆞ고衣食을支給ᄒᆞ는ᄃᆡ其子를思ᄒᆞ야號哭ᄒᆞ는情況은慘不忍見이라더라

◎義將歸天 義將金秀敏氏는二千餘名의部下를率ᄒᆞ고軍部所管大砲를掠奪ᄒᆞ며十三道總都督의旗를揭ᄒᆞ고長湍等地로出沒ᄒᆞ다가本年八月에被捉ᄒᆞ야西大門外監獄에監囚되엿더니獄을破ᄒᆞ랴다가不成ᄒᆞ고地方判所死刑宣告를受ᄒᆞ야去十七日絞臺에셔慘逝ᄒᆞ엿다더라

◎五婦人卽死 去十八日平北泰川郡東面井蔡幕에셔婦人十壹名이汁蒸ᄒᆞ다가汁蒸屋이崩壞하야五名이卽死하엿다더라

◎盜賊被捉 忠南鴻山海岸面等地에셔일人一名이盜賊에게被殺하엿는ᄃᆡ該地憲兵分遣所에셔嫌疑者五名을逮捕하엿다더라

◎義將被捉 德裕山附近에셔去十二일頃에義將李士任氏及其部下十壹名이일憲兵에게被捉하고晉州地方에셔는義將徐炳熙氏가馬山일憲兵分遣所에被捉하엿다더라

◎義將南下 義將李鎭龍氏는去二十二일平山等地에셔일憲兵과衝突하고南方으로遂下하야同郡金岩面등地로橫行하며人畜을殺害하엿다는ᄃᆡ平山金川일憲兵分遣所는[illegible]中이라더라

◎諸氏保放說 安重根事件의嫌疑者로日本軍司令部에被囚ᄒᆞ엿던李甲李鍾浩金明濬諸氏는今明間保放된다더라

◎黃氏被捉 儆新學校敎員黃賢晟氏는李在明連累嫌疑로三昨日下午一時日軍司令部에被捉ᄒᆞ엿다더라

◎趙黃押送 趙炯九黃凡秀가永同等地에셔銀貨를僞造ᄒᆞ다가發現되야京城內에隱伏ᄒᆞ엿더니中署에被捉ᄒᆞ야三昨日該郡警察署로押送ᄒᆞ엿다더라

◎日盜被捉 長湍郡長南面山等地에셔高麗塚을破ᄒᆞ고磁器를取出ᄒᆞᆫ日人竊盜五名이三昨日該郡警察署에被捉ᄒᆞ엿다더라

◎貞慶開會 貞慶坊會에셔昨日普光學校內에特別總會를開ᄒᆞ고任員을選定ᄒᆞ엿다더라

◎青舘開演 今日下午七時에鐘路青年會舘에셔演說會를開ᄒᆞ고美國人牧師元杜尤氏를請邀ᄒᆞ야現世文明의原因으로說ᄒᆞᆫ다더라

電報

◎同志會活動 日本의韓同志會에셔는警告셔를從ᄒᆞ야統監에게送ᄒᆞ고更히實行委員長長谷川芳之助等이桂首相과會見ᄒᆞ고對韓問題를提出ᄒᆞ야意見을交換ᄒᆞ엿는ᄃᆡ其統監에게送ᄒᆞᆫ警告셔에는略曰 韓國에我宗主權이行ᄒᆞᆫ後로治本의英斷이無홈은吾輩의深慨ᄒᆞ는바라夫韓국의황室과政府는惡政을施ᄒᆞ야人民을陷ᄒᆞ는故로韓人中에合

[illegible]

招魂詞나불너보져

廣告

本人의子福景이가性本浮浪ᄒᆞ야不顧家事ᄒᆞ고酒色에沉惑ᄒᆞ야蕩敗家産ᄒᆞ고猶有不足ᄒᆞ야雜類로符同ᄒᆞ야京鄕에出沒ᄒᆞ오니錢物間內外국人은勿爲見欺ᄒᆞ심을爲要

忠南恩津江鏡浦內虹橋洞
十七統八戶金允弼 白

本所內에簿記專門卒業ᄒᆞᆫ高明講師延聘ᄒᆞ야壹月十壹日로부터敎授ᄒᆞ오니志願ᄒᆞ시ᄂᆞᆫ僉員은本所로來議ᄒᆞ시ᄋᆞᆸ

時間은自下午九時로至十時
月謝金三十錢

校洞西北學會內
農林講習所 告白

龍仁郡東邊面中洞龍谷雲字六斗落과漁汀浦垈田半日耕陽字二日耕新文記一張廿四日路中셔失ᄒᆞ엿ᄉᆞ온니誰某拾得이던지休紙施行ᄒᆞ시ᄋᆞᆸ

龍仁郡居畓主 金敎性

龍山警察署長上村豐助氏ᄂᆞᆫ赴任以來로管內人民의게指導開發에熱心ᄒᆞᆫ中警部韓浩錫氏를派送ᄒᆞ야巡査張弘模李重喆金順範李建鎬四氏로人民에生活ᄒᆞᄂᆞᆫ데消防과關을設備ᄒᆞᆷ이第一必要되ᄂᆞᆫ趣旨를說明ᄒᆞᆫ結果로麻浦一洞人民이覺悟晩時ᄒᆞ고隨勢排斂ᄒᆞ야金額一百五十圓을目下日本大阪으로注文ᄒᆞᆫ故로我一般은警察署長及警部에親切丁寧ᄒᆞᆫ効果를感謝不已이기玆以廣告ᄒᆞᆷ

麻浦洞長 林基[illegible]

本人이陰十一月六日에圓形姓名章과宋承稷處捧次二百六十兩標를并爲셔失이고今에先字로更刻使用ᄒᆞ오니誰某拾得則休紙休這施行ᄒᆞ시ᄋᆞᆸ

平壤郡林原面淸水里金[illegible] 白

本人은本來他人與受上各種證憑書類를自筆後實印押捺ᄒᆞ오며又ᄂᆞᆫ來問實蹟ᄒᆞ온後別證이有ᄒᆞ여야大小去來를施行ᄒᆞ오니內外國人은萬全無疑ᄒᆞᆫ事와親子代表라云ᄒᆞ되來問實證前에切勿見欺施行ᄒᆞᆷ

廣州郡內居石世煥 告白

本人家五世以後遺來ᄒᆞ던綿花田이在於黃海道鳳山郡洞仙坊龜巖村이온ᄃᆡ其文券을京鄕으로移徙之際에셔失이되엿기宗會ᄒᆞ고玆以廣告ᄒᆞ오니無論內外國人ᄒᆞ고休紙施行ᄒᆞᆷ을望ᄒᆞᆷ

京畿道南陽郡八灘面立岩洞
一統一戶居
全義李氏齋僖派
宗孫 漢應
贊鎬 門中告白
憲鎬
漢昌

本人이自今爲始ᄒᆞ야漢城中部鍾路中央競賣所를創立ᄒᆞ야[illegible]各色物品을廉價로賣下ᄒᆞ오니內外國僉君子ᄂᆞᆫ陸續來臨ᄒᆞ심을希望ᄒᆞ오며此亦中何등物品을已典於典舖ᄒᆞ고還退치못ᄒᆞ야見失ᄒᆞᆯ境遇에ᄂᆞᆫ該典標를帶持[illegible]臨ᄒᆞ시면該物品의好否를參量ᄒᆞ야本所에셔擔錢推物ᄒᆞ야打其價金然後에剩額은一一還付ᄒᆞᆯ터이기玆에廣告ᄒᆞᆷ

漢城中部鍾路中央競賣所
所主 白希養 告白

特別廣告

公債證書　各社株券　船卜債券　倉庫證券

鐵道債券　貨物證券

有價證券

保 擔貸金　受託賣買　直接賣買

◀特別▶

現今商業界에曙光이發展ᄒᆞᆷ을隨ᄒᆞ야銀行、會社、等의趣味잇ᄂᆞᆫ社會가日上增ᄒᆞ고月上盛ᄒᆞ야設立ᄒᆞᆷ이[illegible]타이又ᄂᆞᆫ同時에讓受ᄒᆞ기株券에對ᄒᆞ야相讓ᄒᆞᄂᆞᆫ處가無ᄒᆞᆷ으로各位希望이有ᄒᆞᆫ지라本會에셔特히臨時的資金融通의便利ᄒᆞᆷ과事由에依ᄒᆞ야[illegible]關ᄒᆞ야一切事項을特히有價證券融通의便利를圖ᄒᆞ야[illegible]會에셔應ᄒᆞ시ᄂᆞᆫ事[illegible]秘密을不拘ᄒᆞ고安全ᄒᆞ게大注意ᄒᆞᆯ터이오니[illegible]來議ᄒᆞ심을務望ᄒᆞᆷ

京城南署銅峴二十六統十戶
金龍商會 (KIM)
營業主 金應龍

病院開業廣告

天道의循環은貧ᄒᆞ고人道의原則은[illegible]ᄒᆞ야慈善의大義를主張ᄒᆞ며營利의私益을不顧ᄒᆞ고官立醫學校第一回卒業生으로軍籍에入ᄒᆞ야軍醫의職務로從事ᄒᆞ던前陸軍二等軍醫朴熙達氏를延聘ᄒᆞ야精美ᄒᆞᆫ器械와神効ᄒᆞᆫ藥品으로男女老幼의各科疾病을懇切救療ᄒᆞ오니疾病에罹ᄒᆞ신兄弟姊妹ᄂᆞᆫ來臨問議ᄒᆞ심을爲要

患者의便利를供키爲ᄒᆞ야留宿所를設ᄒᆞ고寢具와食料를恪別供給ᄒᆞᆷ

平壤鍾路私立
大同病院々主 韓敎源 告白

移館擴業廣告

本館을大貫洞上隅로移ᄒᆞ고各種書籍과帽子와學徒用品을大加擴張ᄒᆞ고特廉발賣ᄒᆞ오니陸續請求ᄒᆞ시ᄋᆞᆸ

編輯部를置ᄒᆞ고書籍을編述발刊ᄒᆞ며裁縫所를附ᄒᆞ야帽子服裝을製造ᄒᆞ며文房諸具와帽子附屬品과毛織布木이具備ᄒᆞᆷ

平壤大貫洞上隅
光明書觀主 朴致祿
金燦斗
韓承坤

德國일버펠드地方의파베파부리케染料會社ᄂᆞᆫ韓國에在ᄒᆞᆫ[illegible]되ᄂᆞᆫ僉位의게通告ᄒᆞᄂᆞ니本會社가 日本大阪의日人會社에서[illegible]에[illegible]ᄒᆞᆫ本社의已久ᄒᆞᆫ登錄商標에犯科ᄒᆞᆫ事에對ᄒᆞ야裁判得勝ᄒᆞ엿ᄂᆞ이다

又本社의特意主顧ᄒᆞ시ᄂᆞᆫ僉位와其他關係되ᄂᆞᆫ僉位의게[illegible]本社의商標[illegible]類似ᄒᆞᆫ것이라도犯用ᄒᆞᆫ標이有ᄒᆞᆫ者ᄂᆞᆫ無ᄒᆞ오며[illegible]國으로陸續輸入케ᄒᆞᆯ터이오며且本社商標를僞造ᄒᆞ야輸入ᄒᆞᆫ者[illegible]當ᄒᆞᆯ터이오니特이愼戒ᄒᆞ시ᄋᆞᆸ

商

標

商

標

安[illegible]玉名字以秉玉改
在知舊照亮

安秉玉 告白

本園에서北京唱戲隊를請ᄒᆞ야演극ᄒᆞᄋᆞᆸᄂᆞᆫ바現今에淸國上海에서技藝로有名ᄒᆞᆫ「연子蜚、賽연飛、冲天飛、小연飛、滿天飛、五人을請ᄒᆞ야演극ᄒᆞᄋᆞᆸᄂᆞᆫ景은사ᄅᆞᆷ이空中에달이여無限ᄒᆞᆫ才操를연奏ᄒᆞ오니韓國同胞ᄂᆞᆫ特別愛賞ᄒᆞ시ᄋᆞᆸ

小公洞紅箭문內 大淸聚仙茶園극場 告

製造販賣

△韓國印刷局製品委託販賣所
△東京小林名刺紙委託販賣所

本店 東京市日本橋區
韓國京城長谷川町
江川活版製造所支店

△オルアス印刷インキ販賣所
△大阪印刷製造商會販賣所

歲暮贈答品[illegible]

我國特產 谷香[illegible]

京城南署會賢洞六十一統[illegible]

金龍商會 [illegible]

本商會에서歲暮를當ᄒᆞ와各樣物品을擴張ᄒᆞ고[illegible]外에特別割引ᄒᆞ야[illegible]ᄒᆞ오니京鄕僉君子ᄂᆞᆫ[illegible]ᄒᆞ시ᄋᆞᆸ

京城鍾路[illegible]商會 告白
(電話一二三八番)

今에所謂合邦聲明書에一進會가自稱百萬이라ᄒᆞ엿스나[illegible]ᄒᆞᆫ즉退會人數ᄭᆞ지假稱ᄒᆞᆫ徒인듯ᄒᆞᆫ바本人等이往年에斬投[illegible]退故로玆에卞明

三和港新橋金[illegible] 李[illegible]
億兩機金[illegible] 李[illegible]
碑石洞鄭應徠
後浦 裵容晳

[illegible]商會 [illegible]隆熙三年의日月은[illegible]希望[illegible]隆熙四年의[illegible]到來ᄒᆞᄋᆞᆸ나이다[illegible]우리大韓國民이[illegible]同心經營ᄒᆞᄂᆞᆫ[illegible]商會ᄂᆞᆫ大韓[illegible]新年[illegible]新[illegible]輸入ᄒᆞ[illegible]大廉價[illegible]歡[illegible]商[illegible]電話[illegible]一九一番이오

廣告

◉特別廣告

本社의셔同胞의衛生을注意ᄒᆞ야美國의셔經驗單方으로流行通用ᄒᆞᄂᆞᆫ靈藥聖劑를貿入ᄒᆞ야左開廣布ᄒᆞ오니有病君子와藥業에從事ᄒᆞ시ᄂᆞᆫ僉彦은爭先來購ᄒᆞ시옵

分賣와都賣에差別이有ᄒᆞ야一打(十二個)以上의都賣에ᄂᆞᆫ特別割引홈

左 開

秘製止痛藥
效能 外塗內服無處不適 消滯 止瀉 絕瘧 治痢無不神效홈

喜蘇膏藥
效能 頭面 身體一切痛症 積年風濕 除痰 生석之道 립卽奏效홈

亞麟香膠
效能 毋論男女老少 勿嫌年久日淺一切 咳소 服之則其效如神홈

委花藥膏
效能 痔疾 聯珠瘡 燒跌 傷螫咬等 諸症無雙聖藥

委花糖水藥
効能 痳症 花柳毒 凡不潔血所祟症 婦人虛弱등症靈驗홈

牛汁藥酒
効能 毋論男女老少氣血虛弱者服之則大補元氣身體强健홈

韓美興業株式會社事務所

本人이葉草客主를에各處草商雲集交易ᄒᆞᄂᆞᆫ뒤內外國煙草會社에셔도連續貿去ᄒᆞ고本國絕草商도多數貿去ᄒᆞ옵기로一層擴張ᄒᆞ엿ᄉᆞ오니 僉君子ᄂᆞᆫ陸續來臨ᄒᆞ시기를希望

京城西大門外
尾洞百八統九戶 宋憲翼 邊昌根 告白

◉同和藥房廣告

引蘇丸

清心降火消痰進食消滯止瀉鬱火上衝心腹脹滿轎車乘眩用藥寶鑑一卷一秩定價三十錢
宗教統一論壹卷壹秩定價十錢

▲位 置

本舖京西小門外車洞 閔樞
郡支店 平壤西門內 宋尙鑫
第一分店 東部蓮島 朴在庸
二分덤南竹洞四街里朴右榮
第壹代理덤全州동村 李重翼
二代理덤稷山笠場市李奎甲
三代理덤禮山邑 孔錫煥
四代理덤堤川邑 李台永
出張所金山金泉 鄭海容
報恩 金元七
利川夫面大旺里辛基榮
丹陽南面舍人岩張命海
忠州 鄭公秉
水原발安場 文啓珏
中部壽進洞 盧永奎
稷山成歡 韓永元
永登浦 洪聖化
海州大德面斗峴村朴基陽
鳳山 張義甲
其他各大都會處
紙面이不足ᄒᆞ야壹壹枚擧치못ᄒᆞ오
同和藥房本舖主閔 樞告白

본인이정동잇ᄂᆞᆫ삼층벽돌집지금大韓每日申報社家屋을방매홈러이니집사기를원ᄒᆞᄂᆞᆫ쳠군ᄌᆞᄂᆞᆫ뒤림상의ᄒᆞ시옵
家主京西大門外東口下法國人 馬典 告白

廣 告

本院은醫科專門으로一切患者를誠勤救療ᄒᆞ오니有病僉尊은來臨問診ᄒᆞ시옵

京義線車站前
三選堂醫院

醫學生徒募集

本院에서現我急務의醫士를養成ᄒᆞ기爲ᄒᆞ야學校를付設ᄒᆞ고學問과實習을次第敎授ᄒᆞ되速成科卒業期間은滿二個年으로定ᄒᆞ고來三月十日(陰正月廿九日)ᄭᆞ지學生을募集ᄒᆞ오니有志僉彦은 **來議請願**ᄒᆞ시옵

入學身格

年齡 十八歲以上至三十歲
學力 普通學校卒業證서가有ᄒᆞᆫ者 (證서가無ᄒᆞᆫ者의게ᄂᆞᆫ面試後許入)

三選堂醫院
付屬醫學校
主任講師 醫學卒業生 前陸軍軍醫 李奎영
校監 白鎭규
學監 李道敏

內部認可

商業經營法

安國善氏 著

一 商業經營法 은文明的商業의方法을指導ᄒᆞ며法律上商事의規定을說明ᄒᆞᆫ商業界의顧問이오
一 商業經營法 은商行爲의奇妙ᄒᆞᆫ術法과商去來의深奧ᄒᆞᆫ手段을陳述ᄒᆞᆫ商業家의秘訣이오
一 商業經營法 은會社設립節次와手形行使法과銀行去來等을論述ᄒᆞᆫ商業有志者의座右銘이오
一 商業經營法 은商業上의原理와經濟上의現象을實際的으로抄寫ᄒᆞᆫ實業學校의敎科書오

定價金 四十錢 郵遞料 四錢
京城中部布屛下三十七統六戶 廣學書舖 發行
廣學書舖金상萬謹告

再版

新撰尺牘完篇

(附) 裁所現行法令

興士團編輯部長 朴晶東氏著作 全一秩二冊 正價金一圜

△今此局勢가維新ᄒᆞ고事爲가繁劇ᄒᆞᆫ時代에際ᄒᆞ야吾人도論交酬世의道가日廣日多ᄒᆞ민尺牘을不可不讀이라本尺牘은已爲刊行于世ᄒᆞ야江湖의好評을博得ᄒᆞ온바今에國漢文으로新撰增補ᄒᆞ야新舊尺牘에牛耳가되며且近日新法令의最要ᄒᆞᆫ者를類聚附輯ᄒᆞ엿ᄉᆞ오니一般人士ᄂᆞᆫ案頭에必備ᄒᆞᆷ을好셔이옵

最新刊

平面幾何學

全一冊正價 金七十錢

隆熙學校學監 李命求氏著作 徽文義塾長 柳一宣氏校閱

△本서ᄂᆞᆫ現代數學界의大方家로有名ᄒᆞᆫ柳 李兩氏의最精力을注ᄒᆞ야詳密ᄒᆞᆫ編纂을著ᄒᆞ고嚴正ᄒᆞᆫ校閱을加ᄒᆞᆫ者이온바數學敎科에無二ᄒᆞᆫ良師오獨習참考에必備ᄒᆞᆫ珍서이온斯學術서에劈頭的出版이오니唯我學者諸君은速購讀習ᄒᆞ심을(但著作者의捺印이無ᄒᆞᆫ者ᄂᆞᆫ僞刊으로認定홈)

發兌元
△皇城中部罷朝橋越 中央서舘朱翰榮
△황城西部南門外紫岩 新舊서林池松旭
△皇城中部典洞 光東서局李鍾楨

◉濟生堂廣告

本堂主李庚鳳氏ᄂᆞᆫ本人의父親인바淸심保命丹을創始發賣ᄒᆞ야營業興旺이今日과如히大發展大擴張에至ᄒᆞ니僉彦에愛顧ᄒᆞ신厚誼ᄂᆞᆫ感荷無涯이오나本堂이不幸ᄒᆞ와堂主가宿患으로棄世ᄒᆞ온지라,今에本人이本堂營業을繼續ᄒᆞ옵고또한統監府特許局登錄商標法에商業의信用[illegible]을立키爲ᄒᆞ야李庚鳳氏[illegible]으로ᄒᆞ고一般業務를本人에從兄李興國氏의게委托處理ᄒᆞ오니內外國僉彦은以此照亮ᄒᆞ신後特이愛ᄒᆞ시옵敬望홈

隆熙三年十二月 日

漢城南大門內
濟生大堂藥房 主任 李庚鳳
代辦主任 李興國
支配人 金[illegible]七

檀君開國四千二百四十二年
箕子元年三千三十一年
大韓開國五百十八年
本報創刊日
光武八年七月十八日

大韓每日申報

第七卷 月曜及慶節時歲日休刊 第一千二百七十七号

Responsible for Publication Alfred Weekley Marnham.
發行兼編輯人 英國人 萬咸
發行所 京城南部石井洞三層洋屋家 大韓每日申報社

論說

◉觀察道廢止說

韓國觀察道를廢止ᄒᆞᆫ다ᄂᆞᆫ說이有ᄒᆞ도다

日本人이韓국觀察道를廢止ᄒᆞᆫ다ᄂᆞᆫ說이有ᄒᆞ도다

統監府內行政調查會에셔韓국觀察道를廢止ᄒᆞᆫ다ᄂᆞᆫ說을提唱ᄒᆞ엿도다

此觀察道를廢止ᄒᆞᆷ은何理由가有ᄒᆞᆷ인고日各地方에日本殖民이漸漸密布ᄒᆞᄂᆞᆫ딕觀察道와理事廳의權限이互相衝突되야日人에게不便利ᄒᆞᆫ故로理事廳만置ᄒᆞ고觀察道ᄂᆞᆫ廢止ᄒᆞᆷ이라더라

噫라如斯히韓國觀察道를廢止ᄒᆞ고日本理事廳을置ᄒᆞᆷ은何故오

噫라韓국이國이아니라ᄒᆞᆯ진딕此說이猶可라ᄒᆞᆯ지나若不然ᄒᆞᆯ진딕韓국地方에韓국觀察道ᄂᆞᆫ廢止ᄒᆞ고日本理事廳만置ᄒᆞᆷ이何故오

大抵年來韓國에所謂觀察道가有ᄒᆞ며所謂觀察使가有ᄒᆞ며所謂觀察道官吏가有ᄒᆞ나其實은日本人이左ᄒᆞ고右ᄒᆞᆯ뿐인즉此가비록壹箇虛名에不過ᄒᆞ나然이나此가오히려大韓帝國政廳이오오히려大韓립國以來의地方政廳이오오히려大韓臣民統治의行政官廳이어ᄂᆞᆯ今日에至ᄒᆞ야此虛名ᄭᆞ지도不留ᄒᆞ고日本理事廳으로代ᄒᆞᆷ이何故오

曰余ㅣ知케라日人이恒常揚言曰韓국內에日人으로本位를作ᄒᆞᆷ이可ᄒᆞ고韓人으로本位를作ᄒᆞᆷ은不可ᄒᆞ다ᄒᆞ더니今에果然日人으로本位를作ᄒᆞᄂᆞᆫ目的으로此說을主唱ᄒᆞᆷ이아닌가

만일不然ᄒᆞ면設或觀察道와理事廳의權限이衝突되더라도理事廳을廢止ᄒᆞ고觀察道만置ᄒᆞᆷ이可ᄒᆞ니何故오日本殖民이아모리多數ᄒᆞᆯ지라도十數萬에不過ᄒᆞ고韓국民은二千萬인즉觀察道를廢止ᄒᆞᆷ이萬萬不可ᄒᆞ며又設或彼의經營과如히彼民幾千百萬이渡來ᄒᆞ야韓人보다多數가될지라도韓국이日本의領土가아닌즉決코觀察道를廢止ᄒᆞ고理事廳만置ᄒᆞᆷ은萬萬不可ᄒᆞᆫ所以니라

然이나彼ᄂᆞᆫ韓人의治安을圖ᄒᆞᄂᆞᆫ者가아니라日人의治安을圖ᄒᆞᄂᆞᆫ者며韓人의福利를助ᄒᆞᄂᆞᆫ者가아니라日人의福利를助ᄒᆞᄂᆞᆫ者며韓人을爲ᄒᆞᄂᆞᆫ者가아니라日人을爲ᄒᆞᄂᆞᆫ者니彼의所謂日人本位說을目的ᄒᆞ야此等의政策을用코져ᄒᆞᆷ이아닌가

果然如斯ᄒᆞᆯ진딕韓국人民은將次日本理事廳의治束을受ᄒᆞᆯ지며韓국地方은將次日本理事의管轄이될지며韓국觀察道에將次日本理事廳旗를高竪ᄒᆞᆯ지니如是ᄒᆞ면韓國人民은一美국統治下의紅人種이될지며韓국地方은一法국總督下의西貢이될지니悲夫라

然이나韓국은韓人二千萬同胞의국이라彼日人이아모리願念이無ᄒᆞᆫ들엇지此等政策을輕輕實行ᄒᆞ리오

此가但只一政策的으로鼓吹ᄒᆞᄂᆞᆫ言이오事實이아닌지도不知ᄒᆞ거니와果然이면此가何等怪變이뇨

然이나彼日人이韓國을經營ᄒᆞᆷ에寸進尺進ᄒᆞ며月甚日甚ᄒᆞᆷ은世人의共睹ᄒᆞᄂᆞᆫ바라엇지此等政策을不思ᄒᆞ리오其實行의早晩은有ᄒᆞᆯ지언뎡其事實은必無ᄒᆞ다謂키難ᄒᆞ도다

嗚呼韓國同胞여此言을聞ᄒᆞ미諸公의心에何如오

官報

號外續

隆熙三年十一月一日

內閣告示第三十四號

韓國商標令

第三條 韓國特許令第一條但서第二條及第四條의規定은第一條境遇에關ᄒᆞ야此를準用ᄒᆞᆷ

附 則

本令은明治四十二年十一月一日로부터此를施行ᄒᆞᆷ

舊令을依ᄒᆞ야受ᄒᆞᆫ商標의登錄은本令을依ᄒᆞ야受ᄒᆞᆫ者로看做ᄒᆞᆷ但舊令第五條를依ᄒᆞᆫ登錄商標에對ᄒᆞ야ᄂᆞᆫ舊令第五條但서의規定은其効力을仍有ᄒᆞᆷ

○勅令第三百七號

(明治四十二年十月二十三日)

韓國實業新案令

第一條 韓國에셔實業新案에關ᄒᆞ야ᄂᆞᆫ實用新案法을依ᄒᆞᆷ

第二條 實用新案法第四條의菊花御紋章은菊花御紋章又ᄂᆞᆫ李花御紋章에該當ᄒᆞᆷ

第三條 韓國特許令第一條但서第二條及第四條의規定은第一條의境遇에關ᄒᆞ야此를準用ᄒᆞᆷ

附 則

本令은明治四十二年十一月一日로부터此를施行ᄒᆞᆷ

本令施行前에日本國臣民、韓國臣民又ᄂᆞᆫ米國人民이日本國에셔受ᄒᆞᆫ實用新案의登錄은本令을依ᄒᆞ야受ᄒᆞᆫ者로看做ᄒᆞᆷ但其實用新案權의存續期間은日本國에셔ᄒᆞᆫ存續期間을隨ᄒᆞᆷ

前項의實用新案權者ᄂᆞᆫ本令施行時에現히韓國에셔該實用新案을用ᄒᆞᄂᆞᆫ者及其繼承人의게對抗ᄒᆞᆷ을不得ᄒᆞᆷ

本令施行前에米國에셔特許又ᄂᆞᆫ意匠의登錄을受ᄒᆞᆫ日本國臣民이나韓國臣民又ᄂᆞᆫ米國人民으로其發明又ᄂᆞᆫ意匠에對ᄒᆞ야本令施行日로부터一年內에統監府特許局에實用新案의登錄을請願ᄒᆞᆯ境遇에ᄂᆞᆫ無料로登錄을受ᄒᆞᆷ을得ᄒᆞᆷ

外報

◉端方被彈힉 清國端方氏ᄂᆞᆫ免職後에更히彈핵을被ᄒᆞ야上諭로其罪를問ᄒᆞ엿다더라

◉巴爾幹同盟 勃加利國王의露都訪問은巴爾幹同盟의成립을運動ᄒᆞ기爲ᄒᆞ야來年末ᄭᆞ지延期된다더라

◉露兵集中說 英國論敦風說을聞ᄒᆞᆫ즉露國이이루크쓰크地方에軍隊를集中ᄒᆞ엿다ᄒᆞ나德法兩國新聞은此를否認ᄒᆞᆫ다더라

◉希臘政界 希臘雅典의政界ᄂᆞᆫ危險에漸迫ᄒᆞ야海軍은軍事總監設置를反對ᄒᆞ고且新內閣을組織ᄒᆞ고其閣員의重大ᄒᆞᆫ者ᄂᆞᆫ將校同盟會에셔選擧케ᄒᆞ기를要求ᄒᆞᆫ다더라

◉夜間飛船 美國마사츄셋쓰州에셔强力灯火로飾ᄒᆞᆫ飛行,船을飛揚ᄒᆞ야其成功이良好ᄒᆞᆫ딕全國人이替賞ᄒᆞᆫ다더라

◉陳氏上奏 清國吉林巡撫陳昭常氏ᄂᆞᆫ間島狀況에對ᄒᆞ야約五萬餘字의長文을上奏ᄒᆞ엿다더라

◉鐵良辭職說 清국陸軍尙셔鐵良氏ᄂᆞᆫ失意가極ᄒᆞ야早晩間辭職ᄒᆞᆫ다더라

◉希臘政變 希臘에ᄂᆞᆫ政治的騷擾가生ᄒᆞ야陸軍軍人團及前首相데오도기쓰氏派ᄂᆞᆫ陸軍大臣의辭職을要求ᄒᆞ고陸軍軍人團은首府雅典에軍隊를召集ᄒᆞ고外國軍艦은비레유쓰港을向ᄒᆞ야回航ᄒᆞᆫ다ᄒᆞ며內閣은總辭職ᄒᆞᆯ터이오後繼內閣은라쓰후에루쓰氏가組織ᄒᆞᆫ다ᄒᆞ며國王은陸軍軍人團首領을召喚ᄒᆞ야現下時局을協議ᄒᆞᆫ다더라

學報

◉講習所卒業 度支部韓日語講習所에셔日昨卒業試험을經ᄒᆞ엿ᄂᆞᆫ딕

優等生 柳寅秀 申光休 吳健泳

○談 叢○

▲國文의起原 劍 心

今人이皆國文을本朝世宗大王이刱造ᄒᆞᆫ것으로知ᄒᆞ나實로不然ᄒᆞᆫ지라余가일즉서肆에過ᄒᆞ더니眞言集이란一冊子가有ᄒᆞᆫ딕此를閱ᄒᆞᆫ즉乃佛家에셔傳敎ᄒᆞ기爲ᄒᆞ야國漢字를交用ᄒᆞ야著出ᄒᆞᆫ者러라其中에國文의起原을說ᄒᆞᆫ一段이有ᄒᆞᆫ딕倡造ᄒᆞᆫ人氏ᄂᆞᆫ高僧了義라ᄒᆞ엿스니了義가何時人인지不知ᄒᆞ나世宗以前人됨은無疑ᄒᆞ더라

日本人이近時에地中을掘ᄒᆞ다가出雲族古代文字를發現ᄒᆞ야東洋歷ㅅ辭典에載ᄒᆞ엿ᄂᆞᆫ딕其字體의搆造가我國字와酷肖ᄒᆞ고又마메아오等字가有ᄒᆞ니是가三國時代에漢文輸渡ᄒᆞᆷ과ᄀᆞ치此文字도卽我國으로부터移去ᄒᆞᆷ이아닌가然則我國文은蓋檀君時代에已有ᄒᆞᆫ者인져

詞 藻

❀天下大勢❀

天下大勢너잘알어、 合邦譎計
亂吠ᄂᆞ냐。
蚌鷸之勢되게드면、 得利ᄒᆞᆯ者
ᄊᆞ로잇다。
아모리、無知沒覺너희輩인들、
이되도록。

廣 告

雜報

◉新年問安 大皇帝陛下게옵서來一月一日下午一時에 德壽宮에問安ᄒᆞ옵신다더라

◉進致權停 大皇帝陛下게옵서신年一日進致詞의禮ᄂᆞᆫ權停ᄒᆞ라신勅教를下ᄒᆞ옵셧다더라

◉皇室賜饌 大皇帝陛下게옵서新年壹月三日上午十壹時에各元老大臣과內外國高등官에게 賜饌ᄒᆞ옵신다더라

◉賞與品內賜 皇后陛下게옵서女侍讀에게年終賞與品으로金貨十圓과毛織周衣一件과冊褓一個式 下賜ᄒᆞ옵셧다더라

◉市川陛見 日軍司令部副官市川은再昨日下午二時에 昌德宮에 陛見ᄒᆞ엿다더라

◉侍讀增選 皇后陛下의女侍讀은本來五人인ᄃᆡ日昨에一人을增選ᄒᆞ엿다더라

◉時局談話 再昨日下午壹時에閔泳瓚氏가永宣君李埈鎔氏를訪問ᄒᆞ고時局에關ᄒᆞᆫ事件을談話ᄒᆞ엿다더라

李總相의近況

大韓醫院長談

李總相의容態ᄂᆞᆫ廿六日來로和血痰을吐ᄒᆞ엿ᄂᆞᆫᄃᆡ此ᄂᆞᆫ肺部에刃傷을受ᄒᆞᆫ餘毒이라斯症이有ᄒᆞᆷ즉은豫히期待ᄒᆞ엿스나肺炎이起ᄒᆞᆯ豫慮가有ᄒᆞ며熱度ᄂᆞᆫ八度內外에升ᄒᆞ엿스나脈博은百呼吸은廿四로부터五에至ᄒᆞ야前日보다異態가無ᄒᆞ고言語ᄂᆞᆫ別노差支가無ᄒᆞ나肺部에故障이有ᄒᆞᆷ으로必要ᄒᆞᆫ以外에ᄂᆞᆫ發音을嚴禁ᄒᆞ며廿七日上午十一時에繃帶를交換ᄒᆞ고傷口를調査ᄒᆞᆫ즉化膿의跡이無ᄒᆞ나今後經過에就ᄒᆞ야ᄂᆞᆫ三四日間最히注意를要ᄒᆞ겟다더라

總相의續聞

李總理의狀態ᄂᆞᆫ上項과如ᄒᆞ거니와昨今來症候가良好ᄒᆞ야小許의牛乳를進下ᄒᆞ며漸次免死가되ᄂᆞᆫ貌樣이라더라

◉清紙論評 清國新聞의多數ᄂᆞᆫ悉皆李完用을賣國者라고認定ᄒᆞ고李의暗刺當ᄒᆞᆷ을歡喜ᄒᆞᄂᆞᆫ貌樣이라더라

◉饌品分饋 曾禰統監은各황族及親任官에게歲儀를表ᄒᆞ기爲ᄒᆞ야饌品을分送ᄒᆞ엿다더라

◉戒嚴益嚴 李總理가遭難ᄒᆞᆫ後로各大臣家에戒嚴ᄒᆞᆷ은已報어니와近日에ᄂᆞᆫ尤極嚴密ᄒᆞ야其親知人이訪問ᄒᆞ야도把守巡查가姓名도不問ᄒᆞ고一幷逐出ᄒᆞᆫ다더라

◉秉畯發電說 日本馬關에滯在ᄒᆞᆫ宋秉畯은日昨에壹進會長李容九에게電報를發送ᄒᆞ엿다ᄂᆞᆫᄃᆡ今番所謂政合邦은日本政府에서도不應ᄒᆞᆷ으로實施키難ᄒᆞ니後機를更待ᄒᆞ라ᄒᆞ엿다더라

◉警官贈品 警視廳高等官은月俸中百分의二와判任官은月俸中百分의一을醵集ᄒᆞ야虎皮一件과緞屬一疋을購買ᄒᆞ야警視總監에게歲儀品으로贈與ᄒᆞ엿다더라

◉警廳賞金 再昨日警視廳에서壹般巡查의게年終賞與金을上自十九圓下至五圓ᄭᆞ지隨級支撥ᄒᆞ엿다더라

◉賞金協議 宮內府에서ᄂᆞᆫ典膳司熟手의게年終賞與金으로壹個月俸金을加給ᄒᆞ기로協議中이라더라

◉視察歸任 慶南地方에商業視察次로出張ᄒᆞ엿던農商工部技手趙性호氏의壹行은昨日歸作ᄒᆞ엿다더라

◉視察入京 學部事務官日人山本과官립漢城高等學校教授高橋亨等三人은釜山學事를視察ᄒᆞ고再昨日下午八時에歸京ᄒᆞ엿다더라

◉官廳休暇期 各官廳에서ᄂᆞᆫ昨日부터休暇하고一月四日에復務ᄒᆞᆫ다더라

◉防水費支出 平壤大同江防水費千餘圓을昨日內部에서支撥ᄒᆞ고該道觀察使에게發電ᄒᆞ엿다더라

◉黃察還任 黃海道觀察趙羲聞氏ᄂᆞᆫ親忌에參與ᄒᆞ기爲ᄒᆞ야上京ᄒᆞ엿다가昨日에발程還任ᄒᆞ엿다더라

◉永谷忘年 警視廳第一課長永谷隆志ᄂᆞᆫ昨日下午六時에清國人料理店麗華館에서忘年會를設ᄒᆞ고同寮一同을請邀宴待ᄒᆞ엿다더라

◉賞金何多 公逋犯隱避者를捕捉ᄒᆞᆫ巡查에게對ᄒᆞ야度支部에서賞與金幾圓式分給ᄒᆞ엿다더라

◉調查安用 某處에서五部內에在ᄒᆞᆫ新聞種類와購覽人數와各學校教科書種類를目下秘密調查中이라더라

◉遊外者調查 警視廳에서ᄂᆞᆫ各停車場에巡查를派送ᄒᆞ야外國으로從來ᄒᆞᄂᆞᆫ韓人의住所姓名을詳細調查ᄒᆞᆫ다더라

◉語會組織 韓人周時經美人奇一法人安神夫日人高橋형諸氏가昨日下午七時東洋協會에會同ᄒᆞ야韓語研究會를組織ᄒᆞ엿다더라

◉教人調查 漢城內에在ᄒᆞᆫ耶蘇教人을韓日巡查가逐戶調查ᄒᆞᆫ다더라

◉漢報引繼說 神宮敬義會長金在珣氏ᄂᆞᆫ漢城신報를引繼ᄒᆞᆯ次로目下交涉中이라더라

◉嚴氏積立 時事新聞은來壹月壹日부터發刊ᄒᆞᆯ터인ᄃᆡ祇候官嚴俊源氏가資本金三千圓을積립ᄒᆞ엿다더라

◉隨處同情 羣山港今湖學校內任恒宰氏等三十八人과大邱郡人民代表金泰林徐興均蔡憲植白應七氏等과楚山郡居池在舜氏等四十五人과礪山郡居金在哲氏等一百五十六人이國民大演說會에同意贊成서를送致ᄒᆞ엿다더라

兄弟對面

安重根의弟安恭根安定根兩氏가旅順에渡去ᄒᆞ엿다ᄒᆞᆷ은既報ᄒᆞ엿거니와獄裏의安重根은兩弟의來到ᄒᆞᆷ을聞ᄒᆞ고平凡ᄒᆞᆫ言詞로（제가、나를、보라ᄒᆞ면、뵈이기ᄂᆞᆫ、ᄒᆞ려니와、나ᄂᆞᆫ決코、보고십지、아니ᄒᆞ다）ᄒᆞ더니及其監吏의許可를得ᄒᆞ야對面ᄒᆞᆷ에至ᄒᆞ야ᄂᆞᆫ安恭根氏가先히失聲哭泣ᄒᆞᆷ을見ᄒᆞ고以若安重根의肝腸으로도心思를抑制치못ᄒᆞ야삽然히上氣되여顏色에現ᄒᆞ더니少頃에三人이强히靜穩狀態를回復ᄒᆞ야二弟가母氏의傳言을述ᄒᆞ미安重根은答辭를陳ᄒᆞ고其後二弟가安重根妻子帶歸ᄒᆞᆯ事에就ᄒᆞ야意見을問ᄒᆞᆫᄃᆡ安重根은冷然히答ᄒᆞ야曰區區ᄒᆞᆫ妻子ᄂᆞᆫ汝等이從便處理ᄒᆞ라ᄒᆞ엿다더라

◉四氏放免 安重根의連累者로被捉ᄒᆞ엿던金麗水金成玉金衡在卓公圭四氏ᄂᆞᆫ去二十四日에放免되야即時哈爾賓으로발行ᄒᆞ엿다더라

◉學部招待 日本廣島縣高等師範學校의職員及生徒가渡韓ᄒᆞᆷ은學界와如ᄒᆞ거니와昨日學部에서該員一同을會同ᄒᆞ야午餐을接待ᄒᆞ고 昌德宮과成均館을觀覽케ᄒᆞ엿다더라

◉商民憤激 平北寧邊에서ᄂᆞᆫ一般人民이市場稅를反對ᄒᆞ고市廛을撤閉ᄒᆞᄂᆞᆫᄃᆡ該郡警察署에서該人民中數名을捉囚ᄒᆞ엿ᄂᆞᆫ故로該地商民數百名이警察署를襲격ᄒᆞ야窓戶를破碎ᄒᆞᄂᆞᆫ境에至ᄒᆞ엿ᄂᆞᆫᄃᆡ當時光景이頗히慘凛ᄒᆞ엿다더라

◉水商哀訴 大韓水道會社에서近日賣水規模를改定ᄒᆞᆫ後로一般水商들이營業上妨害가有ᄒᆞ다ᄒᆞ야種種惡憾을惹起ᄒᆞᆷ은一般共知ᄒᆞᄂᆞᆫ바어니와再昨日에ᄂᆞᆫ水商總合所副長金龍一氏等以下二千餘人이聯合ᄒᆞ야水商의前後歷史와目下失業의狀況을述ᄒᆞ야內部大臣의게哀訴ᄒᆞ엿다더라

◉拾貨待主 新門內普成小學校生徒金潤昊洪性春兩氏가去廿四日南部南小洞등地에서紙貨壹張를拾得ᄒᆞ엿ᄂᆞᆫᄃᆡ本主의來覓ᄒᆞ기를待ᄒᆞᆫ다더라

◉六店沒燒 廣州月峴等地에서ᄂᆞᆫ强盜에衝火를因ᄒᆞ야酒店六戶가沒燒ᄒᆞ엿다더라

◉姜氏移囚 奉侍姜錫호氏ᄂᆞᆫ再昨日監獄署로還囚힛다더라

◉白家搜索 中部廟洞居白南亨氏ᄂᆞᆫ何等關係가有ᄒᆞᆫ지再昨日日軍司令部에서該氏家宅을搜索ᄒᆞ야壹般書類를押收ᄒᆞ엿다더라

◉高氏放免 南門外居高命善氏ᄂᆞᆫ義兵嫌疑로中署에被捉ᄒᆞ엿ᄂᆞᆫᄃᆡ累度審查ᄒᆞ되干犯ᄒᆞᆫ實跡이無ᄒᆞᆷ으로再昨日放免ᄒᆞ엿다더라

◉盜犯絞刑 强盜殺人犯李聖德同犯金熙因兩人은去二十日京城監獄署에서絞刑을執行ᄒᆞ엿다더라

◉水商被捉 水商李正龍等十餘人은再昨日水道會社에前往相詰ᄒᆞ다가所管警署에被捉ᄒᆞ엿다더라

◉獎學會祝賀 青友獎學會에서本月三十一日該會館內에新年祝賀會를開ᄒᆞᆫ다더라

學界

◉柑棗寄付 尙洞教堂에서ᄂᆞᆫ再昨日孤兒院에大棗壹櫃와蜜柑壹箱을寄付ᄒᆞ엿다더라

◉觀鎭교母姊會 三昨日下午三時에觀鎭坊學校에서學徒母姊會를開ᄒᆞ엿ᄂᆞᆫᄃᆡ出席員이七十餘人에達ᄒᆞ엿고該坊長趙民熙氏ᄂᆞᆫ金卅圓을寄付힛다더라

◉官校休學 漢城內各官립學교ᄂᆞᆫ學部令을依ᄒᆞ야昨日부터十箇日間休學ᄒᆞᆫ다더라

◉日學徒入京 日本廣島師範學校學徒十三名은再昨日에入京ᄒᆞ엿ᄂᆞᆫᄃᆡ昨日京城各小學校를觀覽ᄒᆞ고平壤과仁川을歷覽ᄒᆞᆫ後歸국ᄒᆞᆫ다더라

◉休學兼忘年 礡洞普成專門學校에서ᄂᆞᆫ去土曜日에冬期休學式을行ᄒᆞ고講師一同은同日下午六時惠泉館에서忘年會를行ᄒᆞ엿다더라

◉普校懇話 去二十三日官립水下洞普通學校內에서學父兄懇話會를開ᄒᆞ엿ᄂᆞᆫᄃᆡ參員이一百八十名에達ᄒᆞ야非常ᄒᆞᆫ盛況을呈ᄒᆞ엿다더라

◉俗新日新 咸南北青郡小俗厚面俗新學校ᄂᆞᆫ校長韓覓禹學監韓鐸承兩氏가熱心視務ᄒᆞᆫ結果로校況이日日增進ᄒᆞᆫ다더라

電報

日人活動

在京城日人신聞記者團에서發表ᄒᆞᆫ韓日合併宣言書及其決議文은日本東京신聞記者政治家其他各人等間에注意를引出ᄒᆞ엿ᄂᆞᆫᄃᆡ朝鮮問題同志會에서ᄂᆞᆫ臨時任員會를開ᄒᆞ고活動方針을定ᄒᆞ야京城日人記者團과協議키爲ᄒᆞ야樋垣良三等二名을代表者로派遣ᄒᆞᆫ다더라

內容秘密

日本人의朝션問題同志會員이桂首相과會見ᄒᆞᆫ內容은嚴密히秘諱ᄒᆞᄂᆞᆫᄃᆡ大概兩方間에意見의間隔이無ᄒᆞ다더라

以上東京발　廿八日着

▲社會燈▼

▲日人新聞記者團은合併說을亂唱ᄒᆞ야宣言서와傳檄文이內外地에雪飛ᄒᆞᆫᄃᆡ韓人新聞記者團은무ᄉᆞᆷ興致爛熳ᄒᆞ야永成館에團聚ᄒᆞ야杯盤을만狼藉ᄒᆞ고時局事ᄂᆞᆫ頓忘인가

▲年終ᄯᅢ가漸迫ᄒᆞ니某某處의偵探들은賞與金에살이ᄶᅵ고그中에다아니ᄭᅮᆷ게勳章ᄭᆞ지兼ᄒᆞᆫ다지墻內事를드러다가外人의게告발ᄒᆞ고저런功名圖得ᄒᆞ니鷹犬中에高等일세

▲信川만흔日本人은仁愛心이太過ᄒᆞ야남의나라合ᄒᆞ자고곳마다提議ᄒᆞ니他人의게施仁코져自己利害不顧ᄒᆞ고半殺蛇를싱키다가五臟부터毒이나면黃泉길은不遠ᄒᆞᆯ걸

▲度支大臣高永喜ᄂᆞᆫ李總相이被刺ᄒᆞᆫ後內房裏에蟄伏ᄒᆞ야來賓ᄭᆞ지拒絶ᄒᆞ고一層戒嚴더ᄒᆞᆫ다지禽獸ᄀᆞᆺ흔微物로도兎死狐悲ᄒᆞᆫ다더니同功一體더大臣도相感之懷나ᄂᆞᆫ게여

廣告

本人의家西部西江坊倉前里第二十三統六戶板刻文券과本人의大姑母李召史家同里第二十三統八戶板刻文券을并置ᄒᆞ엿다가陰十月晦間에다셔失ᄒᆞ고玆廣告ᄒᆞ오니內外國人間拾得이라도休紙施行홈

高德文 白

本人이陰本月初에國漢文姓名圖章을遺失ᄒᆞ엿삽기玆以廣告ᄒᆞ오니知舊間照亮홈

義州舘里面塔洞居崔晋淑告白

本園에셔北京唱戲隊를請ᄒᆞ야演극ᄒᆞ옵는바現今에清國上海에셔技藝로有名ᄒᆞᆫ、연子蜚、賽연飛、冲天蜚、小연飛、滿天飛、五人을請ᄒᆞ야演극ᄒᆞ옵는景은사ᄅᆞᆷ이空中에달이여無限ᄒᆞᆫ才操를연奏ᄒᆞ오니韓國同胞는特別愛賞ᄒᆞ시옵

小公洞紅箭문內 大清聚仙茶園演극場 告

本所內에簿記專門卒業ᄒᆞᆫ高明講師延聘ᄒᆞ야壹月十壹日로부터教授ᄒᆞ오니志願ᄒᆞ시는僉員은本所로來議ᄒᆞ시옵

時間은自下午九時로至十時

月謝金三十錢

校洞西北學會內

農林講習所 告白

本人의子福景이가性本浮浪ᄒᆞ야不顧家事ᄒᆞ고酒色에沉惑ᄒᆞ야蕩敗家產ᄒᆞ고猶有不足ᄒᆞ야雜類로符同ᄒᆞ야京鄕에出沒ᄒᆞ오니錢物間內外국人은勿爲見欺ᄒᆞ심을爲要

忠南恩津江鏡浦內虹橋洞十七統八戶金允弼 白

本校生徒白龍三이無故欠席이今爲一箇月이기本校規에依ᄒᆞ야黜學홈

私立定州五山學校

●特種烟草

◉本社에셔在上海東洋烟草大製造廠과專賣權를特約ᄒᆞ고各種煙草를卽輸入ᄒᆞ와各代理店에支出ᄒᆞ오니僉君子는愛顧ᄒᆞ심을敬要

○法韓墨紙烟一匣 二十五本入具竹嘴
○鐵路標一匣二十本入具竹嘴
○鳳標 一匣 四本入具紙嘴
○囉叭標一匣五十本入具紙嘴
○白鶴標一匣 十本入具紙嘴
○鷹標 一匣 十本入具紙嘴
○虎標 一匣 十本入具紙嘴
○獅子標一匣 十本入具紙嘴
○勇士標一匣 十本入具紙嘴
●쉬잉埃及金口紙一桶百本入
○쉬잉埃及金口紙一桶 五十本入
○쉬잉埃及金口紙一匣十本入

◎本社에셔代理店을京城에金濬性、平壤에鄭基煥兩氏로定ᄒᆞ고其他義州、開城、釜山、元山、木浦、咸興、成津、海州、全州、晋州、清州各處代理店을特許ᄒᆞ겟기로商業에信實ᄒᆞᆫ紳商을求ᄒᆞ오니有意僉君子者는來議ᄒᆞ시던지書信으로通知ᄒᆞ심

京城小公洞
法韓烟草會社

本人은本來他人與受上各種證憑書類를自筆後實印押捺ᄒᆞ와며又는來問實蹟ᄒᆞ온後別證이有ᄒᆞ여야大小去來를施行ᄒᆞ오니內外國人은萬全無疑ᄒᆞᆫ事와親子代表라云ᄒᆞ되來問實證前엔切勿見欺施行홈

廣州郡內居石世煥 告白

特別廣告

公債證書　各株券　社債券　船卜證券　倉庫證券　鐵道貨物證券

有價證券 { 直接賣買　受托賣買　保擔貸金 }

◀特別▶

現今商業界에曙光이發展홈을隨ᄒᆞ야銀行、會社、等確實ᄒᆞ고趣味잇는社會가日上增ᄒᆞ고月上盛ᄒᆞ야設立될希望이有ᄒᆞᆯ지라同時에株券에對ᄒᆞ야相議處가無홈으로各位株主의希望되는賣讓受ᄒᆞ기便利홈과事由에因ᄒᆞ야讓渡ᄒᆞᆯ時와必要에關ᄒᆞ야臨時的資金融通의便利等事項을酬應ᄒᆞ기爲ᄒᆞ야弊商會에셔特히有價證券取引部를設立ᄒᆞ고買賣及貸付에關ᄒᆞᆫ一切事項을請求ᄒᆞ시는되로秘密ᄒᆞ고安全ᄒᆞ게大注意ᄒᆞ와迅速히酬應ᄒᆞ깃ᄉᆞ오니多少를不拘ᄒᆞ시고來議ᄒᆞ심을務望홈

金龍 (KIM) 商會

京城南署棗洞二十六統十戶

營業主 金應龍

移舘擴業廣告

本舘을大貫洞上隅로移ᄒᆞ고各種書籍과帽子와學徒用品을大加擴張ᄒᆞ고特歇발賣ᄒᆞ오니陸續請求ᄒᆞ시옵

編輯部를置ᄒᆞ고서籍을編述발刊ᄒᆞ며裁縫所를附ᄒᆞ야帽子服裝을製造ᄒᆞ며文房諸具와帽子附屬品과毛織布木이具備홈

平壤大貫洞上隅

光明書舘 主 朴致祿 金燦과 韓承坤

病院開業廣告

天道의眞理를賛ᄒᆞ고人道의原則을依ᄒᆞ야慈善의大義를主張ᄒᆞ며營利의私益을不顧ᄒᆞ고官立醫學校第一回卒業生으로軍籍에入ᄒᆞ야軍醫의職務로從事ᄒᆞ던前陸軍二等軍醫朴熙達氏를延聘ᄒᆞ야精美ᄒᆞᆫ器械와神効ᄒᆞᆫ藥品으로男女老幼의各科疾病을懇切救療ᄒᆞ오니疾病에罹ᄒᆞ신兄弟姊妹는來臨問議ᄒᆞ심을爲要

患者의便利를供키爲ᄒᆞ야留宿所를設ᄒᆞ고寢具와食料를恪別供給홈

平壤鍾路私立
大同病院々主 韓敎源 告白

德國일버펠드地方의파베파부리켄染料會社는韓國에在ᄒᆞᆫ本社의組織員되는僉位의게通告ᄒᆞ노니本會社가日本大阪의日人會社에셔此末端에揭示ᄒᆞᆫ本社의已久ᄒᆞᆫ登錄商標에犯科ᄒᆞᆫ事에對ᄒᆞ야裁判得勝ᄒᆞ엿ᄂᆞ이다

又本社의特意主願ᄒᆞ시는 僉位와其他關係되는 僉位의게表明ᄒᆞ노니本社의商標나或此와類似ᄒᆞᆫ것이라도犯用ᄒᆞᆯ權利가有ᄒᆞᆫ者는全無ᄒᆞ오며本社는世所共知ᄒᆞ는本社製品을韓國으로陸續輸入케ᄒᆞᆯ터이오며且本社商標를贋造ᄒᆞ야輸入ᄒᆞ는者ㅣ更有ᄒᆞ면卽告訴를當ᄒᆞᆯ터이오니特히愼戒ᄒᆞ시옵

商

標

商

標

本人이自今爲始ᄒᆞ야漢城中部鍾路中央競賣所을前主人等의게買取ᄒᆞ야各色物品을廉價로賣下ᄒᆞ오니內外國僉君子는陸續來臨ᄒᆞ심을希望ᄒᆞ오며此亦中何등物品을已典於典舖ᄒᆞ고還退치못ᄒᆞ야見失ᄒᆞᆯ境遇에는該典標를帶持枉臨ᄒᆞ시면該物品의好否를參量ᄒᆞ야本所에셔擔錢推物ᄒᆞ야打其價金然後에剩額은一一還付ᄒᆞ깃ᄉᆞ기玆에廣告홈

漢城中部鍾路中央競賣所
所主 白善養 告白

歲暮贈答品特色

我國特產 谷香葉煙草 各種

京城南署棗洞六十二統十戶
金龍商會 謹告

本商會에셔歲暮를當ᄒᆞ와各樣物品을擴張ᄒᆞ고原定價外에特別割引ᄒᆞ야廉價散賣ᄒᆞ오니京鄕僉君子는速速來購ᄒᆞ시옵

京城鍾路 韓盛商會 告白
(電話一一三八番)

活版製造

本店 東京市日本橋區長谷川町二丁目
韓國京城長谷川町
江川活版製造所支店

今에所謂合邦聲明書에一進會가自稱百萬이라ᄒᆞ엿스니推想컨ᄃᆡ退會人數ᄭᆞ지假稱渠徒인듯ᄒᆞᆫ바本人等이往年에暫投旋退故로玆에卞明

三和港新橋金履權 李時祐
億兩機金錫疇 李鍾善
碑石洞鄭應徠
後浦裵容晳

◉歲暮와漢陽商會

多忙ᄒᆞ고流矢갓ᄒᆞᆫ隆熙三年의日月은임의그結局을告코져ᄒᆞ고希望의曙光잇는隆熙四年의幸福은到來ᄒᆞ옵나이다玆에우리大韓國民이誠心誠意로固心經營ᄒᆞ는漢陽商會는大韓國人士를爲ᄒᆞ야新年及歲暮에贈答ᄒᆞ는嶄新流行品을多數輸入ᄒᆞ고驚天動地的大廉價大活動으로여러분을歡迎ᄒᆞ옵나이다○愛顧ᄒᆞ시오漢城鍾路漢陽商會를

○電話는一九一番

廣告

◉特別廣告

本社의서同胞의衛生을注意ᄒᆞ야美國의서經驗單方으로流行適用ᄒᆞᄂᆞᆫ靈藥聖劑를貿入ᄒᆞ야左開廣布ᄒᆞ오니有病君子와藥業에從事ᄒᆞ시ᄂᆞᆫ僉彦은爭先來購ᄒᆞ시옴

分賣와都賣에差別이有ᄒᆞ야一打(十二個)以上의都賣에ᄂᆞᆫ特別割引ᄒᆞᆷ

左開

秘製止痛藥 效能 外塗內服無處不適 消滯 止痢 治痢無不神效ᄒᆞᆷ

喜蘇膏藥 效能 頭痛 身體一切痛症 積年風濕 除痰 生선之道 명即奏效ᄒᆞᆷ

亞麟香 膠 效能 毋論男女老少 勿嫌年久日淺一切 咳소 服之則其效如神ᄒᆞᆷ

委花藥膏 效能 痔疾 聯珠瘡 燒鉄傷螫咬等 諸症無雙聖藥

委花糖水藥 効能 痳症 花柳毒 凡不潔血所祟症 婦人虛弱등症靈驗ᄒᆞᆷ

牛汁藥酒 効能 毋論男女老少氣血虛弱者服之則大補元氣身體强健ᄒᆞᆷ

韓美興業株式會社事務所

廣告

故李庚鳳氏의追悼會를來隆熙四年一月二日下午一時에南大門內尙洞敎堂內靑年學院에서設行ᄒᆞ오니同君의知舊ᄂᆞᆫ屆期枉臨ᄒᆞ심을敬望

隆熙三年十二月二十八日

發起人 張基茂 李應善 朴容南 金守鉉 金永七 李錫瀅

本人이葉草客主(?)ᄒᆞ야各處草商을雲集交易ᄒᆞᄂᆞᆫ디內外國煙草會社에서도連續貿去ᄒᆞ고本國絕草商도多數貿去ᄒᆞ옵기로一層擴張ᄒᆞ엿ᄉᆞ오니 僉君子ᄂᆞᆫ陸續來臨ᄒᆞ시기를希望

京城西大門外尾洞百八統九戶 宋憲翼 邊昌根 告白

●同和藥房廣告

丸 定價十錢

淸心降火消痰進食(?)滯止泄鬱火上衝心腹脹滿轎車乘眩用藥寶鑑一卷一秩定價三十錢 宗敎統一論壹卷壹秩定價十錢

▲位置

本舖京西小門外車洞 閔橿
郡支店 平壤西門內 宋尙愈
第一分店 東部蓮島 朴在庸
二分덤南竹洞四街里朴右榮
第壹代理덤全州동村 李重翼
二代理덤稷山笠塲市李奎甲
三代理덤禮山邑 孔錫煥
四代理덤堤川邑 李台永
出張所金山金泉 鄭海容
報恩 金元七
利川夫面大旺里辛基榮
丹陽南面舍人岩張命海
忠州 鄭公秉
水原발安塲 文啓玨
中部壽進洞 盧永奎
稷山成歡 韓永元
永登浦 洪聖化
海州大德面와峴村朴基陽
鳳山 張義甲
其他各大都會處紙面이不足ᄒᆞ야壹壹枚擧치못ᄒᆞ오

同和藥房本舖主閔橿告白

본인이정동잇ᄂᆞᆫ삼층벽돌집지금大韓每日申報社家屋을방매ᄒᆞ려이니집사기를원ᄒᆞᄂᆞᆫ쳠군ᄌᆞᄂᆞᆫ리렙상의ᄒᆞ시옴

家主京西大門外京口下法國人 馬與 告白

廣告

本院은醫科專門으로一切患者를誠勤救療ᄒᆞ오니有病僉尊은來臨問診ᄒᆞ시옴

京義線車站

三選堂醫院

醫學生徒募集

本院에서現我急務의醫士를養成ᄒᆞ기爲ᄒᆞ야學校를付設ᄒᆞ고學問과實習을次第敎授ᄒᆞ되速成科卒業期間은滿二個年으로定ᄒᆞ고來三月十日(陰正月卄九日)ᄭᅡ지學生을募集ᄒᆞ오니有志僉彦은來議請願ᄒᆞ시옴

入學身格

年齡 十八歲以上至三十歲

學力 普通學校卒業證서가有ᄒᆞᆫ者(證서가無ᄒᆞᆫ者의게ᄂᆞᆫ面試後許入)

三選堂醫院 付屬醫學校

主任講師 醫學卒業生 前陸軍軍醫 李奎영

校監 白鎭규

學監 李道敏

商業經營法 全

內部認可

一 商業經營法은文明的商業의方法을指導ᄒᆞ며法律上商事의規定을說明ᄒᆞᆫ商業界의顧問이오

一 商業經營法은商行爲의奇妙ᄒᆞᆫ術法과商去來의深奧ᄒᆞᆫ手段을陳述ᄒᆞᆫ商業家의秘訣이오

安國善氏 著

定價金 四十錢 郵遞料 四錢

廣學書舖 發行

京城中部布屛下三十七統六戶 廣學書舖金상萬謹告

一 商業經營法은會社設립節次와手形行使法과銀行去來等을論述ᄒᆞᆫ商業有志者의座右銘이오

一 商業經營法은商業上의原理와經濟上의現象을實際的으로抄寫ᄒᆞᆫ實業學校의敎科書오

再版 新撰尺牘完篇

(附) 現行法令 裁所

興士團編輯部長 朴晶東氏著作 一帙二冊 正價金一圜

△今此局勢가維新ᄒᆞ고事爲가繁劇ᄒᆞᆫ時代에際ᄒᆞ야吾人도論交酬世의道가日廣日多ᄒᆞ미尺牘을不可不讀이라本尺牘은已爲刊行于世ᄒᆞ야江湖의好評을博得ᄒᆞ온바今에國漢文으로新撰增補ᄒᆞ야新舊尺牘에牛耳가되며且近日新法令의最要ᄒᆞᆫ者를類聚附輯ᄒᆞ엿ᄉᆞ오니一般人士ᄂᆞᆫ案頭에必備ᄒᆞᆯ好서이옴

最新刊 平面幾何學

全一冊正價 金七十錢

隆熙學校學監 李命求氏著作 徽文義塾長 柳一宣氏校閱

△本서ᄂᆞᆫ現代數學界의大方家로有名ᄒᆞᆫ柳 李兩氏의最精力을注ᄒᆞ야詳密ᄒᆞᆫ編纂을著ᄒᆞ고嚴正ᄒᆞᆫ校閱을加ᄒᆞᆫ者이온바數學敎科에無二ᄒᆞᆫ良師오獨習참考에必備ᄒᆞᆯ珍서이온斯學術서에劈頭的出版이오니唯我學者諸君은速購讀習ᄒᆞ심을(但著作者의捺印이無ᄒᆞᆫ者ᄂᆞᆫ僞刊으로認定ᄒᆞᆷ)

發兌元

△皇城中部罷朝橋越 中央서舘朱翰榮
△황城西部南門外紫岩 新舊서林池松旭
△皇城中部典洞 光東서局李鍾楨

檀君開國四千二百四十二年
箕子元年三千三十一年
大韓開國五百十八年
本報創刊日 光武八年七月十八日

大韓每日申報

發行兼編輯人 英國人 萬咸
Responsible for Publication Alfred Weekley Marnham.
發行所 京城南部石井洞三層洋屋家 大韓每日申報社

第七卷 月曜及慶節歲時休日休刊 第一千二百七十八号

論說

◎厄年을送ᄒᆞ노라

人生이蹉跎ᄒᆞ고歲月은如流ᄒᆞ야隆熙三年이一日이僅餘ᄒᆞ엿스니此時此人의感念이實로無窮ᄒᆞ도다

首를回ᄒᆞ야隆熙三年을顧ᄒᆞ라一年十二月三百六十日에何月이厄月이아니며何日이厄日이아닌가

本年一月以來로國事ᄂᆞᆫ愈非ᄒᆞ고民生은愈困ᄒᆞ야於是乎西巡의路에日本旗를揮揚케ᄒᆞ며於是乎至尊의駕가統監府에屢臨ᄒᆞ며於是乎敎育을束縛ᄒᆞ야人民의愛國精神을消融ᄒᆞ며於是乎出版을制限ᄒᆞ야人民의思想發表를鉗制ᄒᆞ며於是乎軍政權이飛去ᄒᆞ야軍部가廢止되며於是乎司法權을讓渡ᄒᆞ야法部가閉鎖되며於是乎水旱의災가荐至ᄒᆞ야慘禍가相望ᄒᆞ고於是乎忠義의士가橫罹ᄒᆞ야悲극이疊出ᄒᆞ며於是乎韓日無良의徒가白晝에合倂을亂唱ᄒᆞ며於是乎金融枯渴이甚ᄒᆞ야人民이凍餓에皆瀕ᄒᆞ며於是乎實業이愈頹ᄒᆞ며於是乎敎育이愈廢ᄒᆞ며於是乎萬般의悲況이交集ᄒᆞ야恥辱苦痛慘담이日로甚ᄒᆞ엿스니嗚乎라隆熙三年은韓國의大厄年이로다

然이나年의吉厄은大槪年에不在ᄒᆞ고人에在ᄒᆞᆫ지라人이能히其責任을奮擔ᄒᆞ면其年이吉年이될지며人이만일其責任을辜負ᄒᆞ면其年이厄年이되나니故로年의吉年됨도年의功이아니오人의功이며年의厄年됨도年의罪가아니오人의罪라然則今年으로ᄒᆞ야금厄年이되게ᄒᆞᆷ이亦國民同胞의責任이아닌가

又況韓國의厄年이今年뿐아니라光武九年도一厄年이며光武十年도一厄年이며光武十一年도一厄年이며隆熙元年도一厄年이며隆熙二年도一厄年이니韓國同胞된者ᄂᆞᆫ宜乎昨年을鑑ᄒᆞ야今年을戒ᄒᆞᆯ지며今年을鑑ᄒᆞ야明年을戒ᄒᆞᆯ지어ᄂᆞᆯ乃者同胞ᄂᆞᆫ不然ᄒᆞ야昨年에도亦然ᄒᆞ며今年에도亦然ᄒᆞ야年年히厄年을作ᄒᆞ야霜上에霜을加ᄒᆞᆫ듯雪上에雪을加ᄒᆞᆫ듯厄上에厄을加ᄒᆞ니엇지可嘆ᄒᆞᆯ바ㅣ아닌가

만일長如斯ᄒᆞ면畢竟同胞의國家가邱墟를永作ᄒᆞ며同胞의民族이漸滅을遂遭ᄒᆞ야大韓二字가世界에復現치못ᄒᆞᆯ지니엇지可嘆ᄒᆞᆯ바아닌가

然이나旣往은不可諫이어니와來者ᄂᆞᆫ猶可追라同胞가果然今年으로써明年을戒ᄒᆞ면可히明年을把ᄒᆞ야大吉年을作ᄒᆞᆯ지니此又可賀ᄒᆞᆯ바로다

於是乎吾儕ᄂᆞᆫ筆을擧ᄒᆞ야我二千萬同胞와共히此韓國大厄年隆熙三年을送ᄒᆞ노라

官報

號外

隆熙三年十一月一日

內閣告示第三十四號

○勅令第三百八號

(明治四十二年十月二十三日)

韓國特許辨理士令

韓國의特許辨理士에關ᄒᆞ야ᄂᆞᆫ特許辨理士令을依ᄒᆞᆷ

但同令中帝國內라ᄒᆞᆷ은日本內又ᄂᆞᆫ韓國內、特許辨理士試험이라ᄒᆞᆷ은同令第一條第二項의境遇를除ᄒᆞᆫ外特許辨理士試험又ᄂᆞᆫ韓國特許辨理士試험、特許辨理士試험委員이라ᄒᆞᆷ은韓國特許辨理士試험委員、特許局長이라ᄒᆞᆷ은統監府特許局長、特許代理業者登錄規則이라ᄒᆞᆷ은韓國特許代理業者登錄規則、官報라ᄒᆞᆷ은統監府公報에該當ᄒᆞᆷ

特許辨理士令第十五條第二項의特許局은特許局又ᄂᆞᆫ統監府特許局、第十七條의主務大臣은統監에該當ᄒᆞᆷ

韓國特許辨理士試험에關ᄒᆞᆫ事項은統監이此를定ᄒᆞᆷ.

附 則

本令은韓國特許令施行日로부터此를施行ᄒᆞᆷ

○勅令第三百九號

(明治四十二年十月二十三日)

韓國에셔特許、意匠、商標及實用新案에關ᄒᆞᆫ審判이나抗告審判及出訴에關ᄒᆞᆫ費用의件

韓國에셔特許、意匠、商標及實用新案에關ᄒᆞᆫ審判이나抗告審判及出訴의費用에關ᄒᆞ야ᄂᆞᆫ明治四十一年勅令第三百一號를依ᄒᆞᆷ

附 則

本令은韓國特許令、韓國意匠令、韓國商標令及韓國實用新案令施行日로부터此를施行ᄒᆞᆷ

○勅令第三百十號

(明治四十二年十月二十三日)

統監府特許局官制中左갓치改正ᄒᆞᆷ

第一條中(發明)의下幷第四條及第五條中(特許)의下에(實用新案)을加ᄒᆞᆷ

附 則

本令은明治四十二年十一月一日로부터此를施行ᄒᆞᆷ

(完)

外報

◎兩國默約 德國伯林라이히보데新聞은海軍軍備制限에關ᄒᆞᆫ英德兩國間의默約이完全成립되엿다고揭載ᄒᆞ엿ᄂᆞᆫ듸該事實이完全確信ᄒᆞᆯ만ᄒᆞᆫ報告라ᄒᆞᆫ다더라

◎太后憤怒 清國皇太后ᄂᆞᆫ東陵事件以來로三貴妃에對ᄒᆞᆫ憤怒가尙且不解ᄒᆞ야向者황帝崩御時加給ᄒᆞ엿던月俸五百兩을撤廢ᄒᆞᆫ故로三妃ᄂᆞᆫ益益怏怏不樂ᄒᆞᆫ다더라

◎鐵道不成說 清國錦齊鐵道ᄂᆞᆫ清국政府에셔此를敷設ᄒᆞᆷ에外國借款으로ᄒᆞᆷ이不便ᄒᆞᆯ뿐아니라其敷設地가不毛地인故로敷設ᄒᆞᆯ意가無ᄒᆞ다ᄂᆞᆫ듸英美國人은此를日本의阻碍로歸ᄒᆞᆫ다더라

◎三卿被攻擊 英國大藏大臣로이도쩌지氏ᄂᆞᆫ가루존卿미루나卿및도루돈卿二人을大攻駁ᄒᆞ야日가루존卿은印度問題를攪亂케ᄒᆞᆫ人이오미루나卿은南阿戰爭의大責任을負ᄒᆞᆫ人이오및도루돈卿은陸軍省에對ᄒᆞ야大破壞를希望ᄒᆞᄂᆞᆫ人이라고痛罵ᄒᆞ엿다더라

◎美日戰爭說 馬尼剌通信을據ᄒᆞᆫ즉該地에ᄂᆞᆫ美日戰爭熱이繼續ᄒᆞ야各地方에셔該事實이必有ᄒᆞ다고期待ᄒᆞ며秘密會議等은美日戰爭에關ᄒᆞᆫ處置를講究ᄒᆞ며此原因은比律賓人이美人에對ᄒᆞᆫ敵愾心으로出ᄒᆞᆷ이라ᄒᆞ며比律賓人派ᄂᆞᆫ美日戰爭의起를機ᄒᆞ야美국의羈絆을脫ᄏᆞ져ᄒᆞᆫ다더라

◎美將校主唱 美日戰爭은比律賓人만確信ᄒᆞᆯ뿐아니라美국陸海軍將校도亦是確信ᄒᆞᆫ다ᄂᆞᆫ듸去九日馬尼剌所在美國海陸軍俱樂部에셔海陸軍將校가美日戰爭에關ᄒᆞ야二千弗의賭를行ᄒᆞ엿ᄂᆞᆫ듸海軍將校便에셔ᄂᆞᆫ一年以內에決코成立된다ᄒᆞ며現今該地에碇泊ᄒᆞᆫ東洋艦隊八艘ᄂᆞᆫ一時拔錨ᄒᆞ나明年二月에ᄂᆞᆫ再히該地에回來ᄒᆞ리라ᄒᆞ며陸軍將校便에셔ᄂᆞᆫ十八個月後에必起ᄒᆞ리라ᄒᆞ엿ᄂᆞᆫ듸美國軍人이美日戰爭을共히想像ᄒᆞᆫ다더라

◎國債期成會 清國의國債償還期成同盟會ᄂᆞᆫ廿六日杭州에開ᄒᆞ엿ᄂᆞᆫ듸漸次各省에延及ᄒᆞ리라더라

◎造船所視察 清國海軍考察大臣一行은伊太利쩨노아地方造船所를視察ᄒᆞ엿다더라

○談 叢○

▲滅絕된人種 劍 心

人種의滅絕은近世에始有ᄒᆞᆫ것이아니라卽古代에已有ᄒᆞᆫ빈니我韓古史로觀ᄒᆞ면穢貊이江原道等地에據ᄒᆞ엿다가次次北滿洲等地로移ᄒᆞ야滅ᄒᆞ엿스며션卑가高句麗의逐ᄒᆞᆫ비되야現今西伯利亞等地에其殘喘을僅保ᄒᆞ며支那의苗族과蠻族等도亦其一例라

然이나人類의競爭力이今日又치酷烈치못ᄒᆞᆷ으로人種의繁殖도必也幾百年幾千年을經ᄒᆞ야始得ᄒᆞ며人種의滅絕도必也幾百年幾千年을經ᄒᆞ야始見ᄒᆞᄆᆡ其滅絕됨을人이卽覺지못ᄒᆞᆫ故로歷史家도此를明指치못ᄒᆞᆷ이나今日에ᄂᆞᆫ物質的文明이발達ᄒᆞ야人種의滅絕이百年或十年에一現ᄒᆞ나니엇지可驚ᄒᆞᆯ바아니리오

詞藻

✿第壹曲✿

金가마귀나ᄂᆞᆫ곳에、玉토끼도急히뛰여。隆熙三年다지나고、隆熙四年도라온다。비나니、送舊迎新第壹曲의、國權回復。

雜報

◉新年觀謁 大皇帝皇后兩陛下씌옵셔壹月壹日午前十二時三十分에德壽宮觀謁禮를行ᄒᆞ옵시고下午三時三十分에還御ᄒᆞ옵신다ᄂᆞᆫᄃᆡ陪從員은宮內府大臣侍從院卿其他各部大臣과女官四名으로定ᄒᆞ엿다더라

◉皇恩罔極 大皇帝陛下씌옵셔內醫朴宗桓을大韓醫院에頒類命送ᄒᆞ샤李總揆의容態를下詢ᄒᆞ옵신다더라

◉果是特別 宮內府次官의妻父杉山은官職도無히現今京城에居留ᄒᆞᆫ다ᄂᆞᆫᄃᆡ大皇帝陛下씌옵셔特別히金貨三百圓을下賜ᄒᆞ옵셧다더라

統監歸國期

曾彌統監은新年一月三日에歸國ᄒᆞᆫ다더라

◉統더忘年 曾彌統監은昨日下午七時統監官더에셔忘年會를設ᄒᆞ고各部大臣次官及內外국勅奏任官을請邀宴待ᄒᆞ엿다더라

◉何事奔走 內相朴齊純氏ᄂᆞᆫ李總相이被刺ᄒᆞᆫ後로何등事件에奔走ᄒᆞᆷ인지曉出暮歸ᄒᆞᄂᆞᆫ故로家人도接見키難ᄒᆞ다더라

李總相의容態

李總理ᄂᆞᆫ三昨日부터血痰을吐ᄒᆞᆷ으로現今治療를施ᄒᆞᄂᆞᆫ中이오再昨日부터發熱의氣가有ᄒᆞ며又漸漸貧血症이增ᄒᆞ야衰弱에陷ᄒᆞᄂᆞᆫ貌樣인故로其原因을研究中인ᄃᆡ如何ᄒᆞ던지其生死ᄂᆞᆫ尙今未判ᄒᆞ깃다더라

◉實業團發起 農相趙重應氏ᄂᆞᆫ古家後裔中經濟困難者를救濟ᄒᆞᆯ目的으로親切人에게委托ᄒᆞ야四色中知名者를調査ᄒᆞᆫ다ᄂᆞᆫᄃᆡ將次實業團을組織코져ᄒᆞᆷ이라더라

◉權氏入城說 永同鄕第에셔閒養ᄒᆞ던中樞院顧問權重顯氏ᄂᆞᆫ新年署名 問安에참列ᄒᆞ기爲ᄒᆞ야明日上京ᄒᆞᆫ다더라

◉半數讓與 學部大臣李容稙氏ᄂᆞᆫ年終賞與金二千圓을領收ᄒᆞ야一千圓은選學相李載崑氏의게讓與ᄒᆞᆫ다더라

◉白丁功大 李總理가遭難ᄒᆞᆯ時에內部主事日人白丁이極力保護ᄒᆞ엿다ᄂᆞᆫᄃᆡ李總理의夫人은各慰問客을對ᄒᆞ야白丁의功勞를極口致謝ᄒᆞ며白丁은將次奏任官을陞差ᄒᆞᆫ다더라

◉韓人時局觀 近日日本人이韓國合併을唱ᄒᆞᄂᆞᆫ以來로一般韓국人士의時局觀을依ᄒᆞᆫ즉皆以爲ᄒᆞ되日本이二大戰爭後에비록强국의名을得ᄒᆞ엿스나是ᄂᆞᆫ表面的이오其內容은財政이困竭ᄒᆞ며實力이不具ᄒᆞ야可謂外實內虛라ᄒᆞᆯ지요韓국은四千餘年歷史가有ᄒᆞᆫ世界有名의舊國으로三千里疆土二千萬人口가有ᄒᆞ며아모리弱ᄒᆞ다ᄒᆞ야도愛國志士가到處遍滿ᄒᆞ엿슨즉如此ᄒᆞᆫ疆土如此ᄒᆞᆫ歷史如此ᄒᆞᆫ人口如此ᄒᆞᆫ民族으로엇지日本의併呑을甘作ᄒᆞ리오ᄒᆞᆫ다더라

◉城津民長書 咸北城津府人民壹同은政合邦問題에對ᄒᆞ야內部大臣의게長셔를提呈ᄒᆞ고一進會를解散ᄒᆞ며其頭領을正刑ᄒᆞ라고懇乞ᄒᆞ엿다더라

◉李氏長書 西部龍山坊居李鎔浩氏ᄂᆞᆫ內閣에長셔를提呈ᄒᆞ야一進會의罪惡을聲討ᄒᆞ엿다더라

◉農主入城 江原道等地국有山林을調査次로出張ᄒᆞ엿던農商工部伊藤主事의壹行은昨日入城ᄒᆞ엿다더라

◉處處忘年 再昨日上午十一時에日憲兵隊長官一同이本部內에셔忘年會를開催ᄒᆞ엿다더라

◉梅博士歡迎 法典調査局顧問日人梅博士ᄂᆞᆫ再昨日下午八時에京釜列車로入城ᄒᆞ엿ᄂᆞᆫᄃᆡ韓日高等官이南門驛에셔歡迎ᄒᆞ엿다더라

◉단羽歸京 法典調査局繙譯官補日人단羽ᄂᆞᆫ風俗에關ᄒᆞᆫ事件을調査ᄒᆞᆯ次로咸南元山等地에出張ᄒᆞ엿다가三昨日下午十一時에歸京ᄒᆞ엿다더라

◉崔氏運動 警視廳警視崔台鉉氏ᄂᆞᆫ安城郡守로內定되엿ᄂᆞᆫᄃᆡ該氏ᄂᆞᆫ現帶職를維持ᄒᆞ기로極力運動ᄒᆞᆫ다더라

◉佐瀨歸任 慶尙地方에部分林을調査ᄒᆞ기爲ᄒᆞ야出張ᄒᆞ엿던農商工部佐瀨技手의一行은再昨日歸任ᄒᆞ엿다더라

◉巡俸將加 明年度에ᄂᆞᆫ警視廳及各署韓人巡査의月俸을增加ᄒᆞᄂᆞᆫᄃᆡ八級에十五圓으로預算ᄒᆞ엿다더라

◉運動廢止 學部에셔三昨日各地方官公私립學校에發訓ᄒᆞ고明年度부터聯合大運動은一併廢止ᄒᆞ라ᄒᆞ엿다더라

◉捺章欲推 前普信社長崔晶圭가一進會에誓約셔를提出ᄒᆞᆯ時에該社員의捺章을得코져借債를稱托ᄒᆞ고社員을欺瞞ᄒᆞ야捺章을得ᄒᆞ엿ᄂᆞᆫᄃᆡ該捺章人中에姜致鎬李種春裵敦夏李起三李顧敎金宜哉崔性根柳錫祺等諸氏ᄂᆞᆫ見欺를憤歎ᄒᆞ야其捺章ᄒᆞᆫ紙面을還推코져崔晶圭와一塲言詰을惹起ᄒᆞ엿ᄂᆞᆫᄃᆡ崔ᄂᆞᆫ該紙를依願出給ᄒᆞ마ᄒᆞ야風波가少息ᄒᆞ엿다더라

◉知面將行 時事新聞社長閔元植氏ᄂᆞᆫ將次各新聞社長을請邀ᄒᆞ야知面禮를行ᄒᆞᆫ다더라

◉巡査賞與 三昨日下午三時에漢城衛生會에셔勤務ᄒᆞ던巡査에게賞與金을三十五圓으로十圓ᄭᆞ지支給ᄒᆞ엿다더라

◉舘長蠻行 成均舘長金有濟氏ᄂᆞᆫ一進會員韓榮浩氏의別室을誘引同居ᄒᆞᄂᆞᆫᄃᆡ韓氏가日間裁判을提起ᄒᆞᆫ다더라

◉裁判何多 國民新報社에셔何等訴訟을因ᄒᆞᆷ인지裁判代理을雇聘ᄒᆞ야訴訟에關ᄒᆞᆫ事務를壹切委任ᄒᆞ엿다더라

◉無林造林 農商工部技師中牟田이技手五人을帶同ᄒᆞ고京城附近無林地를調査ᄒᆞ엿ᄂᆞᆫᄃᆡ明年度부터該部에셔造林을施ᄒᆞᆯ計劃이라더라

◉全氏將訴 孤兒院事務員全龍淳氏ᄂᆞᆫ該院事務를累朔服勤ᄒᆞ엿ᄂᆞᆫᄃᆡ月銀을尙不支撥ᄒᆞᄂᆞᆫ故로全氏가李愚션氏를被告로定ᄒᆞ야裁判所에呼訴ᄒᆞᆫ다더라

◉補員有人 全北茂長郡元松面兵站所補助員金用暐朴斗洽梁順明諸氏ᄂᆞᆫ日本討伐隊가橫行ᄒᆞᆯ時에人民中橫罹者를極力救護ᄒᆞᆷ으로稱頌이藉藉ᄒᆞ다더라

◉果組擴張 漢城果商組合에셔業務를擴張ᄒᆞ고組合長은權致德氏로副組長은李建植氏로理事ᄂᆞᆫ權宗九氏等四人으로監事ᄂᆞᆫ李鳳洙氏等二人으로選定ᄒᆞ고各商販要路에出張所를設ᄒᆞ고組合員을團束ᄒᆞ야行商者의게勒引抑買ᄒᆞᄂᆞᆫ舊弊를一切革除ᄒᆞ미京鄕間買賣者가莫不稱便ᄒᆞᆫ다더라

◉廣郡賊警 廣州郡雙嶺及곤峴等地에ᄂᆞᆫ近日賊警이大熾ᄒᆞ야行路가阻絶ᄒᆞᆯ境에至ᄒᆞ엿ᄂᆞᆫᄃᆡ賊漢輩ᄂᆞᆫ擧皆憲兵補助員의服色을着ᄒᆞ고或洋銃을携帶ᄒᆞᆫ者도有ᄒᆞ다더라

◉青舘開演 今日下午七時에鍾路青年會舘에셔年終特別演說會를開ᄒᆞ고法學校教授石鎭衡氏를請邀ᄒᆞ야人類에特点이라ᄂᆞᆫ問題로연說ᄒᆞᆫ다ᄂᆞᆫᄃᆡ傍聽이多數來參ᄒᆞ기를希望ᄒᆞᆫ다더라

感荷義捐

漢城果商組合所에셔本社經費를補助키爲ᄒᆞ야金貳圓을寄付ᄒᆞ엿기玆에其盛意를感表ᄒᆞ노라

年終休刊

年終이在卽ᄒᆞᆷ으로明壹日은休刊ᄒᆞ고新年壹日에新紙面을續刊ᄒᆞ오니愛讀僉君子ᄂᆞᆫ照亮ᄒᆞ시옵

學界

◉度支管理 慶善宮에셔私립淑明高等女學校、進明女學校、養心義塾에寄付ᄒᆞᆫ庄土ᄂᆞᆫ自今으로度支部에셔管理收賭ᄒᆞ야該小作料ᄂᆞᆫ學部를經由後該校에出給ᄒᆞ기로決定ᄒᆞ엿다더라

◉桂校忘年 桂山學校一般任員은三昨日下午七時洗心舘에셔忘年會를開ᄒᆞ엿다더라

◉畿湖卒業 畿湖學校에셔日昨第一回速成科卒業試험을行ᄒᆞ엿ᄂᆞᆫᄃᆡ入榜者가六十八人이오卒業證書授與式은來月初旬에設行ᄒᆞᆫ다더라

◉普昌更昌 豐德郡領井浦私립普昌學校ᄂᆞᆫ財政이窘拙ᄒᆞ야廢止ᄒᆞᆯ境에至ᄒᆞ엿더니該洞居金時仲氏가極力贊助ᄒᆞᆫ結果로校況이漸次更振ᄒᆞᆫ다더라

◉林氏義務 江原道通川郡庫底里通明學校ᄂᆞᆫ該郡紳士諸氏가設立ᄒᆞᆫ바事務員林道明氏ᄂᆞᆫ子姪間入學ᄒᆞᆫ者도姑無ᄒᆞ고財産도富饒치못ᄒᆞᆫ人으로義捐金二百圓을特付ᄒᆞ엿고諸般事務를認以己事ᄒᆞ야奔走東西에恪勤周章ᄒᆞᆷ으로校況이賴此振興ᄒᆞ고教育이從以漸進ᄒᆞᄂᆞᆫᄃᆡ該氏에公共義務를無不贊誦ᄒᆞᆫ다더라

◉淵信刱設 長興郡李敎根金益용兩氏가該郡紳士諸氏로協力ᄒᆞ야淵信學校를刱設ᄒᆞ고敎育에熱心ᄒᆞᆫ다더라

◉達校振興 大邱私立達西女學校ᄂᆞᆫ設立一年에生徒가五十餘名에達ᄒᆞ엿스나經費가窘絀ᄒᆞ야校舍를定치못ᄒᆞ엿더니該地達城親睦會에셔該會舘을借給ᄒᆞ고紳士諸氏와婦人敎育會에셔多數金額을捐助ᄒᆞ야교舍를一新擴張ᄒᆞ엿고敎育狀況이蔚然擴興ᄒᆞᆫ다더라

◉培英夜學 黃海道安岳郡私립培英學校內에夜學講習所를付設ᄒᆞ고貧家子弟數十名을敎授ᄒᆞᄂᆞᆫᄃᆡ敎師ᄂᆞᆫ炭贊圭李春三車錫三氏가擔任ᄒᆞ엿다더라

◉自助人助 咸北慶興雄尙面居宋챵禧氏ᄂᆞᆫ學業에有意ᄒᆞ야去月一日에上京ᄒᆞ엿스나經費가窘乏ᄒᆞ야上學치못ᄒᆞ엿더니中部隆興講習所에셔無料聽講을許ᄒᆞ고中部壽洞居權星勳氏ᄂᆞᆫ宋氏의學問上誠勤을奇特히녁여自己家에셔寄食케ᄒᆞᆷ으로權氏의義務를人皆稱誦ᄒᆞᆫ다더라

◉孔氏美擧 瑞興郡龍淵面丁谷居ᄒᆞᄂᆞᆫ文彩龍氏ᄂᆞᆫ才華가出衆ᄒᆞ나家勢가淸貧ᄒᆞ야不得已歸農ᄒᆞ엿더니開城居ᄒᆞᄂᆞᆫ孔聖學氏가文氏의情况을聞ᄒᆞ고慨嘆히녁여文氏를携來ᄒᆞ야衣食과學費를專擔支給ᄒᆞ야入學케ᄒᆞ엿ᄂᆞᆫᄃᆡ공氏의敎育上公心을擧皆贊頌ᄒᆞᆫ다더라

◉韓氏熱心 京居韓鎭秀氏ᄂᆞᆫ長湍郡에在ᄒᆞᆫ韓英支셔院에經費를自擔ᄒᆞ야七十餘員學徒를熱心敎育ᄒᆞᆫ다더라

◉東明夜校 忠南禮山郡巡査姜寅燮憲兵所通譯宋秉周組合所通譯朴英秀諸氏가協同ᄒᆞ야該郡寒泉居金顯東氏家에東明夜學校를設립ᄒᆞ고學員二十餘名을敎授ᄒᆞᄂᆞᆫᄃᆡ姜宋朴三氏ᄂᆞᆫ自己月銀中三分二를捐出ᄒᆞ야校費를보用ᄒᆞᆫ다더라

▲社會燈▼

▲漢城內에水商들은水道會社난然後에營業길이ᄯᅥ러져셔濟死之境되엿다고內部大臣ᄭᅡ지져가셔請願셔를呈ᄒᆞ얏다지全국民이다죽어도一발不動ᄒᆞᄂᆞᆫ政府哀呼聲을百番ᄒᆞᆫ들[illegible]을ᄃᆡ잇나失業者만寃痛ᄒᆞ지

▲各郡守의公逋은日人도丈치督捧ᄒᆞ야入獄者와處役者가前後相望不絶ᄒᆞᆫᄃᆡ各郡吏의欠逋들은무ᄉᆞᆷ厚意特別ᄒᆞ야至今ᄭᆞ지不問ᄒᆞ노暴動될ᄭᅡ念慮ᄒᆞ야緩急手段부리지만左便쑥을다쎄이면右便쎄도마져쎌

▲農商大臣趙重應은李總相을救護코져連日侍側ᄒᆞᄂᆞᆫ誠心孝子보다優勝ᄒᆞ고朝夕으로問候코져不廢風寒奔走타가感病ᄭᅡ지드럿다지더런熱心이옴겨다가同胞들을救援코져국家事를ᄒᆞ엿스면一等忠臣되련만은

▲新舊歲가相交ᄒᆞ니殊方客族日人들은歡喜色이滿室ᄒᆞ야菜索松樹合歡草에自得之氣揚揚ᄒᆞᆫᄃᆡ韓국內에ᄂᆞᆫ主人은무ᄉᆞᆷ厄會未盡ᄒᆞ야愁慘色만滿面ᄒᆞᆫ가一心으로進步ᄒᆞ야더런厄運다보내고新年福樂누려보쇼

雜報

○憲補押交 再昨日下午十時中部鐵物橋等地에셔日憲兵補助員盧龍安氏가泥醉過去ᄒᆞᄂᆞᆫ딕行色이甚히危險ᄒᆞᆫ故로掌內巡査가警署로押付ᄒᆞ야卽時日憲兵隊로越交ᄒᆞ엿다더라

○福堂化仙 京城監獄署에滯囚ᄒᆞᆫ銀貨僞造犯金贊善은日前에因病致斃ᄒᆞ엿다더라

○竊盜被捉 北部紅峴居安雲仙은昨日鐵物橋日人家에셔厚祿古套等物을竊取ᄒᆞ다가所管警署에被捉ᄒᆞ엿다더라

○文家賊警 楊平郡서終面兩峴居文士準氏家에日前强盜七名이突入ᄒᆞ야拔劍作梗ᄒᆞ엿ᄂᆞᆫ딕文氏ᄂᆞᆫ左手가絶斷ᄒᆞ엿다더라

廣告

本人이一進會에入참ᄒᆞ엿다自退數年而至今彼所謂百萬會員云旣往自退者도疑稱其徒故로玆에廣告ᄒᆞ오니 同胞ᄂᆞᆫ照亮ᄒᆞ시옵

黃海道安岳郡東昌市寓 金洛珍 告白

本人의姓名圓形圖章을陰去月分에셔失ᄒᆞ고方形으로更刻施用ᄒᆞ오니知舊間照亮ᄒᆞᆷ

東門外片橋二統六戶洪在植白

本人이陰十一月八日分에自十月十三日로至十一月三日定限出債ᄒᆞ엿던二百兩市邊은還報而標紙ᄂᆞᆫ取尋이오나진未交周而楊市路上見失이옵기圖章도改造ᄒᆞ고玆에廣布ᄒᆞ오니誰某拾得이라도休紙勿施ᄒᆞᆷ

隆熙三年陰十一月十三日

平安北道龍川府東下面法興洞 金基河 告白

特別廣告

公債證書　合株券　社券債　船卜證券　倉庫證券　鐵道貨物證券

有價證券 ─ 直接賣買 / 受托賣買

保 擔貸金

▶特 別 特 別◀

現今商業界에曙光이發展ᄒᆞᆷ을隨ᄒᆞ야銀行、會社、等確實ᄒᆞ고趣味잇ᄂᆞᆫ社會가日노增ᄒᆞ고月노盛ᄒᆞ게設立될希望이有ᄒᆞᆫ지라이곳턴同時에株券에對ᄒᆞ야相議處가無ᄒᆞᆷ으로各位株主의希望되ᄂᆞᆫ로讓受ᄒᆞ기便利ᄒᆞᆷ과事由에因ᄒᆞ야讓渡ᄒᆞᆯ時와必要에關ᄒᆞ야臨時的資金融通의便利等事項을酬應ᄒᆞ기爲ᄒᆞ와弊商會에셔特히有價證券取引部를設立ᄒᆞ고買賣及貸付에關ᄒᆞᆫ一切事項을請求ᄒᆞ시ᄂᆞᆫ디로秘密ᄒᆞ고安全ᄒᆞ게大注意ᄒᆞ와迅速히酬應ᄒᆞ깃ᄉᆞ오니多少를不拘ᄒᆞ시고來議ᄒᆞ심을務望ᄒᆞᆷ

金龍 (KIM) 商會

京城南署廣通洞二十六統十戶

營業主 金應龍

移館擴業廣告

本館을大貫洞上隅로移ᄒᆞ고各種서籍과帽子와學徒用品을大加擴張ᄒᆞ고特별廉賣ᄒᆞ오니陸續請求ᄒᆞ오며編輯部를置ᄒᆞ고서籍을編述발刊ᄒᆞ며裁縫所를附ᄒᆞ야帽子服裝을製造ᄒᆞ며文房諸具와帽子附屬品과毛織布木이具備ᄒᆞᆷ

平壤大貫洞上隅

光明書觀 主 朴致祿 金燦斗 韓承坤

醫院開業廣告

天道의眞理를貴ᄒᆞ고人道의原則을依ᄒᆞ야慈善의大義를主張ᄒᆞ며營利의私益을不顧ᄒᆞ고官立醫學校第一回卒業生으로軍籍에入ᄒᆞ야軍醫의職務로從事ᄒᆞ던前陸軍二等軍醫朴鼎達氏를延聘ᄒᆞ야精美ᄒᆞᆫ器械와神效ᄒᆞᆫ藥品으로男女老幼의各科疾病을懇切救療ᄒᆞ오니疾病에罹ᄒᆞ신兄弟姉妹ᄂᆞᆫ來臨問議ᄒᆞ심을爲要

患者의便利를供키爲ᄒᆞ야留宿所를設ᄒᆞ고寢具와食料를格別供給ᄒᆞᆷ

平壤鍾路私立

大同病院 々主 韓敎源 告白

商標

商標

德國일버펠드地方의파벤과부리켓染料會社ᄂᆞᆫ韓國에在ᄒᆞᆫ本社의組織員되ᄂᆞᆫ僉位의게通告ᄒᆞ노니本會社가日本大阪의日人會社에셔此末端에揭示ᄒᆞᆫ本社의已久ᄒᆞᆫ登錄商標에犯科ᄒᆞᆫ事에對ᄒᆞ야裁判得勝ᄒᆞ엿ᄂᆞ이다

又本社의特意主顧ᄒᆞ시ᄂᆞᆫ僉位와其他關係되ᄂᆞᆫ僉位의게表明ᄒᆞ노니本社의商標나或此와類似ᄒᆞᆫ것이라도犯用ᄒᆞᆯ權이有ᄒᆞᆫ者ᄂᆞᆫ全無ᄒᆞ오며本회社ᄂᆞᆫ世所共知ᄒᆞᄂᆞᆫ本社製品을韓國으로陸續輸入케ᄒᆞᆯ터이오며日本社商標를贋造ᄒᆞ야輸入ᄒᆞᄂᆞᆫ者ㅣ更有ᄒᆞ면卽告訴를當ᄒᆞᆯ터이오니特이愼戒ᄒᆞ시옵

本人이陰本月初에國漢文姓名圖章을遺失ᄒᆞ엿ᄉᆞᆸ기玆以廣告ᄒᆞ오니知舊間照亮ᄒᆞᆷ

義州舘里面塔洞居崔晋淑告白

本所內에簿記專門卒業ᄒᆞᆫ高明講師를延聘ᄒᆞ야壹月十壹日로뷰터敎授ᄒᆞ오니志願ᄒᆞ시ᄂᆞᆫ僉員은本所로來講ᄒᆞ시옵

時間은自下午九時로至十時

月謝金三十錢

校洞西北學會內

農林講習所 告白

本人의子福景이가性本浮浪ᄒᆞ야不顧家事ᄒᆞ고酒色에沉惑ᄒᆞ야蕩敗家産ᄒᆞ고猶有不足ᄒᆞ야雜類로符同ᄒᆞ야京鄕에出沒ᄒᆞ오니錢物間內外국人은勿爲見欺ᄒᆞ심을爲要

忠南恩津江鏡浦內虹橋洞十七統八戶金允福 白

歲暮贈答品特色

我國特産 谷香葉煙草 各種

京城南署棗洞六十二統十戶

金龍商會 謹告

本商會에셔歲暮를當ᄒᆞ와各樣物品을擴張ᄒᆞ고原定價外에特別割引ᄒᆞ야廉價散賣ᄒᆞ오니京鄕僉君子ᄂᆞᆫ速速來購ᄒᆞ시옵

京城鍾路 韓盛商會 告白

(電話一一三八番)

本人은本來他人與受上各種證憑書類를自筆後實印押捺ᄒᆞ오며又ᄂᆞᆫ來問實蹟ᄒᆞ온後別證이有ᄒᆞ며야大小去來를施行ᄒᆞ오ᄂᆡ內外國人은萬全無疑ᄒᆞᆫ事와親子代表라云ᄒᆞ되來問實證前엔切勿見欺施行ᄒᆞᆷ

廣州郡內居石世煥 告白

◉歲暮와漢陽商會

多忙ᄒᆞ고流矢갓흔隆熙三年의日月은잉의그結局을告코져ᄒᆞ고希望의曙光잇ᄂᆞᆫ隆熙四年의幸福은到來ᄒᆞ옵나이다玆에우리大韓國民이誠心誠意로固心經營ᄒᆞᄂᆞᆫ漢陽商會ᄂᆞᆫ大韓國人士를爲ᄒᆞ야新年及歲暮에贈答ᄒᆞᄂᆞᆫ新新流行品을多數輸入ᄒᆞ고驚天動地的大廉價로大活動으로며러분을歡迎ᄒᆞ옵나이다○愛顧ᄒᆞ시오漢城鍾路漢陽商會를

○電話ᄂᆞᆫ一九一番

本人이葉草客主數年에各處草商雲集交易ᄒᆞᄂᆞᆫ딕內外國烟草會社에셔도連續貿去ᄒᆞ고本國絶草商도多數貿去ᄒᆞ옵기로一層擴張ᄒᆞ엿ᄉᆞ오니 僉君子ᄂᆞᆫ陸續來臨ᄒᆞ시기를希望

京城西大門外尾洞百八統九戶 宋憲奭 邊昌根 告白

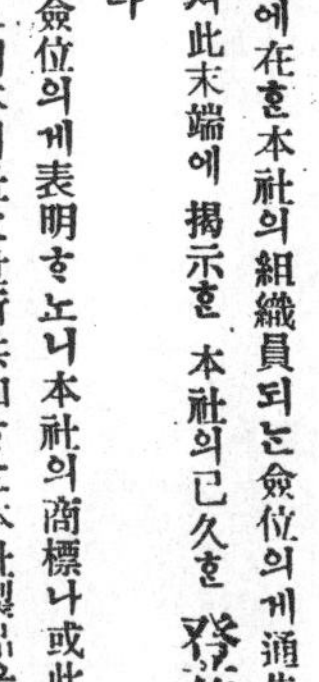

◉同和藥房廣告

청심소화환

淸心降火消痰進食消滯止泄

鬱火上衝心腹脹滿輪車乘眩

用藥寶鑑一卷一秩定價三十錢

宗敎統一論壹卷壹秩定價十錢

▲位置

本舖 京西小門外車洞 閔樞

郡支店 平壤西門內 宋尙愈

第一分店 東部蘇島 朴在庸

第二分店 南竹洞四街里 朴有榮

第壹代理店 全州동村 李重奭

二代理店 稷山笠場市 李奎甲

三代理店 禮山邑 孔錫煥

四代理店 堤川邑 李台永

出張所 金山金泉 鄭海容

報恩 金元七

利川夫面大旺里 辛基榮

丹陽南面舍人岩 張命海

忠州 鄭公兼

水原발安場 文啓日

中部壽進洞 盧永奎

稷山成歡 韓永元

永登浦 洪聖化

海州大德面斗峴村 朴基陽

鳳山 張義甲

其他各大都會處

紙面이不足ᄒᆞ야壹壹枚擧치못ᄒᆞ오

同和藥房本舖主閔樞告白

廣告

故李庚鳳氏의追悼會를來隆熙四年一月二日下午一時에南大門內尙洞教堂內青年學院에셔設行ᄒᆞ오니同君의知舊ᄂᆞᆫ屆期枉臨ᄒᆞ심을敬望

隆熙三年十二月二十八日

發起人 張基茂 李應善 朴容南 金守鉉 金永七 李錫瀅 金弘叙

본인이경동잇ᄂᆞᆫ삼층벽돌집지금大韓每日申報社家屋을방매ᄒᆞᆯ터이니집사기를원ᄒᆞᄂᆞᆫ쳠군ᄌᆞᄂᆞᆫ리담상의ᄒᆞ시옵

家主京西大門外京口下法國人 馬典 告白

廣告

本院은醫科專門으로一切患者를診察救療ᄒᆞ오니有病僉尊은來臨問診ᄒᆞ시옵

京義線車站前 三選堂醫院

醫學生徒募集

本院에서現今急務의醫士를養成ᄒᆞ기爲ᄒᆞ야學校를付設ᄒᆞ고學問과實習을次第教授ᄒᆞ되速成科卒業期間은滿二個年으로定ᄒᆞ고來三月十日(陰正月廿九日)ᄭᆞ지學生을募集ᄒᆞ오니有志僉彥은來議請願ᄒᆞ시옵

入學身格

年齡　十八歲以上至三十歲

學力　普通學校卒業證서가有ᄒᆞᆫ者(證서가無ᄒᆞᆫ者의게ᄂᆞᆫ面試後許入)

三選堂醫院
付屬醫學校

主任講師　醫學本業生 前陸軍軍醫 李奎영

校監 白鎭규

學監 李道徽

一 商業經營法　은文明的商業의方法을指導ᄒᆞ며法律上商事의規定을說明ᄒᆞᆫ商業界의顧問이오

一 商業經營法　은商行爲의奇妙ᄒᆞᆫ術法과商去來의深奧ᄒᆞᆫ手段을陳述ᄒᆞᆫ商業家의秘訣이오

安國善氏 著

內部認可

商業經營法 全

廣學書舖 發行

定價金 四十錢　郵遞料 四錢

京城中部布屛下三十七統六戶　廣學書舖金상萬謹告

一 商業經營法　은會社設립節次와手形行使法과銀行去來等을論述ᄒᆞᆫ商業有志者의座右銘이오

一 商業經營法　은商業上의原理와經濟上의現象을實際的으로抄寫ᄒᆞᆫ實業學校의敎科書오

再版

新撰 尺牘完篇

(附) 現所載行法令

興士團編輯部長　朴晶東氏著作　一帙二冊　正價金一圓

△今此局勢가維新ᄒᆞ고事爲가繁劇ᄒᆞᆫ時代에際ᄒᆞ야吾人도論交酬世의道가日廣日多ᄒᆞ미尺牘을不可不讀이라本尺牘은已爲刊行于世ᄒᆞ야江湖의好評을博得ᄒᆞᆫ바今에國漢文으로新撰增補ᄒᆞ야新舊尺牘에牛耳가되며且近日新法令의最要ᄒᆞᆫ者를類聚附輯ᄒᆞ엿ᄉᆞ오니一般人士ᄂᆞᆫ案頭에必備ᄒᆞᆯ好서이옵

最新刊

平面幾何學

全一冊正價 金七十錢

隆熙學校學監　李命求氏著作　徽文義塾長　柳一宣氏校閱

△本서ᄂᆞᆫ現代數學界의大方家로有名ᄒᆞᆫ柳　李兩氏의最精力을注ᄒᆞ야詳密ᄒᆞᆫ編纂을著ᄒᆞ고嚴正ᄒᆞᆫ校閱을加ᄒᆞᆫ者이온바數學教科에無二ᄒᆞᆫ良師오獨習참考에必備ᄒᆞᆯ珍서이온斯學術서에劈頭的出版이오니唯我學者諸君은速購讀習ᄒᆞ시ᄋᆞᆷ을(但著作者의捺印이無ᄒᆞᆫ者ᄂᆞᆫ僞刊으로認定ᄒᆞᆷ)

發兌元
△皇城中部罷朝橋越　中央서舘朱翰榮
△황城西部南門外紫岩　新舊서林池松旭
△皇城中部典洞　光東서局李鍾楨

各種東西洋藥料韓國唐草材大發賣所 和平堂藥房

□商의게ᄂᆞᆫ特減大賣ᄒᆞᆷ

旅行居家에常備靈藥

一貼價 金十錢
三貼價 金二十五錢

右藥에主治効能
新舊積滯胸腹痛恒常食後適宜服
水土不利痰咳嗽諸般病祟不敢生
其他口熱惡臭를排除ᄒᆞ며頭痛眩暈을鎭正ᄒᆞ고運氣癘疫을預防ᄒᆞᄂᆞᆫ妙劑요
右藥은內國到處의隨應販賣ᄒᆞᆷ

婦人冷病帶下月經不調等에靈藥　一劑金五圓

梅毒下疳頭瘡風濕瘡에一切神效　一劑金四圓

阿片引을斷ᄒᆞ고元神回復ᄒᆞᄂᆞᆫ藥　一劑金五圓

救陽丸　腎氣不足房事不容手足厥冷에藥　定價一圓八十錢

另告
其他國內各藥房에서製造ᄒᆞᆫ各種靈藥이俱備ᄒᆞ오니隨用請求ᄒᆞ시면迅速히代金引換으로付送ᄒᆞ게ᄉᆞᆷ니다

京城鍾路
仁川杻峴
平壤鍾路
和平堂主人　李應善

遠地에ᄂᆞᆫ[illegible]로信送ᄒᆞᆷ

檀君開國四千二百四十二年
箕子元年三千三十一年
大韓開國五百十八年
本報創刊日
光武八年七月十八日

大韓每日申報

發行兼編輯人 英國人 萬咸
Responsible for Publication Alfred Weekley Marnham.
發行所
京城南部石井洞三層洋屋家
大韓每日申報社

第七卷 月曜及慶節歲時日休刊 第一千二百七十九号

論說

◎隆熙四年을迎ᄒᆞ노라

隆熙四年이來ᄒᆞ엿도다隆熙四年이來ᄒᆞ엿도다

隆熙四年은天子龍飛의第四年이오本朝創業의第五百十九年이오檀帝建國의第四千二百四十三年이라眼을擧ᄒᆞ믹三千里山河에文明의花가爛ᄒᆞᆫ듯ᄒᆞ며耳를傾ᄒᆞ믹四千載國家에自由의鍾이鳴ᄒᆞᄂᆞᆫ듯ᄒᆞ도다

吁嗟乎라此帝國開闢以來雄大長遠ᄒᆞᆫ神聖歷史를載來ᄒᆞᄂᆞᆫ隆熙四年아

此國家가苦海에墮ᄒᆞ고民族이地獄에陷ᄒᆞᆫ今日時代를逢ᄒᆞᆫ隆熙四年아

此國民同胞가幸여今年은厄年이아닌가今年은慶年이來ᄒᆞᄂᆞᆫ가今年은福年이來ᄒᆞᄂᆞᆫ가ᄒᆞ야大旱에雲霓갓치望ᄒᆞᄂᆞᆫ隆熙四年아

吾儕ᄂᆞᆫ君에게願ᄒᆞᄂᆞᆫ바ㅣ有ᄒᆞ노니

君은韓國의福樂을東風갓치驅來ᄒᆞ며韓國의災殃을春雪갓치消去하고

君은韓國으로ᄒᆞ야금敎育이大發達ᄒᆞ며實業이大振興ᄒᆞ며政治能力이大擴張ᄒᆞ며國家精神이大奮揮케ᄒᆞ고

君은韓國의英雄을催起ᄒᆞ며韓國의惡魔를擊退ᄒᆞ야國家가再完ᄒᆞ야亞細亞東方에獨立旗를高竪ᄒᆞ며民族이雄飛ᄒᆞ야韓半島江山에自由臺를大築케ᄒᆞᆯ지어다

吾儕ᄂᆞᆫ君에게願ᄒᆞ며君에게願ᄒᆞ노라

然이나徒然히隆熙四年으로ᄒᆞ야금아모리韓국을爲ᄒᆞ야福을進ᄒᆞ라禍를退ᄒᆞ라ᄒᆞᆫ들隆熙四年이何術로福을進ᄒᆞ며何術로禍를退ᄒᆞ리오오쟉國民同胞에게在ᄒᆞ니라

是故로彼其名을世界에揚ᄒᆞ며其威가宇宙를動ᄒᆞᄂᆞᆫ國民은必也新年을迎ᄒᆞᆷ에新知識을發揮ᄒᆞᆯ心으로以ᄒᆞ며新事業을振作ᄒᆞᆯ心으로以ᄒᆞ며新福利를增進ᄒᆞᆯ心으로以ᄒᆞᄂᆞᆫ故로年年히其知識이新ᄒᆞ며年年히其事業이新ᄒᆞ며年年히其福利가新ᄒᆞ거ᄂᆞᆯ

乃者韓國同胞ᄂᆞᆫ從來로신年을迎ᄒᆞᆷ에無用의言語로以ᄒᆞ야富貴多男子를祝ᄒᆞᆯᄲᅮᆫ이며無意味ᄒᆞᆫ飮食으로以ᄒᆞ야曰귀밝기酒命길이麵等物을用ᄒᆞᆯᄲᅮᆫ이며無精神ᄒᆞᆫ文字로以ᄒᆞ야曰天增歲月人增壽春滿乾坤福滿家等句를用ᄒᆞᆯᄲᅮᆫ이며又或奇怪ᄒᆞᆫ迷信으로以ᄒᆞ야巫女卜術에게厄막이福마지를乞ᄒᆞᆯᄲᅮᆫ인즉此가何益이有ᄒᆞ리오故로禍만來ᄒᆞ고福은不來ᄒᆞᆷ이로다

而況今日이何日고仰ᄒᆞ믹大韓日月이俙微ᄒᆞ며俯ᄒᆞ매大韓山川이浮沉ᄒᆞ나니今日이果然何日고今日同胞ᄂᆞᆫ可히兩拳을握ᄒᆞ며曰昨年에ᄂᆞᆫ我가國力을挽回치못ᄒᆞ엿스나今年에ᄂᆞᆫ必挽回ᄒᆞ리라ᄒᆞ며可히兩目을瞋ᄒᆞ며曰昨年에ᄂᆞᆫ我가魔窟을破碎치못ᄒᆞ엿스나今年에ᄂᆞᆫ必破碎ᄒᆞ리라ᄒᆞ야精神을倍奮勵ᄒᆞ며勇氣를倍鼓發하야禍를逐하고福을迎ᄒᆞᆯ지어다

試思ᄒᆞ라同胞여五條約되던乙巳年이벌셔六個星霜이되지아니ᄒᆞ엿ᄂᆞᆫ가

外報

◎兩國不和 目下摩洛哥人民間에ᄂᆞᆫ西班牙국에對ᄒᆞ야神聖戰爭을開ᄒᆞ고져ᄒᆞᆫ다ᄂᆞᆫᄃᆡ西摩兩國間葛藤이再起ᄒᆞᆯ慮가有ᄒᆞ다더라

◎一院制反對 英國保守黨上院議員라밍돈氏ᄂᆞᆫ곤셋도市에서一院制反對演說을ᄒᆞ여曰上院을反對ᄒᆞᄂᆞᆫ風聲이高ᄒᆞ나一院制로國을管理코져ᄒᆞᆷ은莫大의危險ᄒᆞᆫ事라ᄒᆞ엿다더라

◎希臘改善 希臘形勢ᄂᆞᆫ陸軍大臣辭職의結果로改善의功이多ᄒᆞ다더라

◎德紙言明 德國新聞은言明ᄒᆞ야曰日本이韓國과滿洲에서德國商業上利益을害치아니ᄒᆞ면德國은日本의行動을反對치아니ᄒᆞ리라ᄒᆞ엿다더라

◎比國大赦 比利時國황帝ᄂᆞᆫ大赦를下ᄒᆞ엿ᄂᆞᆫᄃᆡ舊內閣이繼續되리라더라

◎風水大害 西班牙葡萄牙兩國에ᄂᆞᆫ大洪水가有ᄒᆞ야大損害가生ᄒᆞ고葡萄牙에ᄂᆞᆫ大風災ᄭᆞ지有ᄒᆞ엿다더라

◎法相演說 法국外相이外交上演說을ᄒᆞ야曰露法兩國은結合이極固ᄒᆞ고英露接近同時에英法協商이非常히友愛的으로出ᄒᆞ엿고伊露兩帝의會見은兩國調和를證明ᄒᆞᆯ지오摩洛哥에關ᄒᆞᆫ德法의見解도誠實히調和코져ᄒᆞᆷ이라하엿다더라

◎處刑要求 德國人부루잘도氏及伊太利人ᄲᅦᆫ조니氏가亞刺比亞南部로旅行ᄒᆞ다가同地叛徒에게土耳其人으로誤認되야被殺ᄒᆞ엿ᄂᆞᆫᄃᆡ德伊兩국은土耳其에對ᄒᆞ야凶徒處罰을要求中이라더라

恭賀
知舊愛讀僉同胞新年
多禧
大韓每日申報社員一同

○談叢○

▲東洋英雄兒의缺點 劍心

西史를閱ᄒᆞ건ᄃᆡ彼正義人道를杖ᄒᆞᆫ華盛頓林肯等은無論ᄒᆞ고即野心兒의胸中에도必也國家主義가充滿ᄒᆞᆫ故로大彼得이瑞典獅子王에게被圍ᄒᆞ야幾死에瀕ᄒᆞ야其國貴臣에게寄書ᄒᆞ여曰我가死ᄒᆞᆯ지언뎡降ᄒᆞ야國耻를貽치안는다ᄒᆞ고拿破倫이將去國ᄒᆞᆯ식其故人에게告ᄒᆞᆫ語가累累히法蘭西의榮光을祝ᄒᆞ엿거ᄂᆞᆯ東洋에ᄂᆞᆫ歷代梟雄을數ᄒᆞ야도能히此精神을有ᄒᆞᆫ者ㅣ鮮ᄒᆞ도다漢高祖曰大丈夫當如是라ᄒᆞ며李澄石曰我便爲大金皇帝足矣라ᄒᆞ야只是一身一家의計ᄲᅮᆫ이로다

詞藻

❀新年❀

ᄉᆡ히가왓다기에、窓을열고바라보니。
扶桑東天에、솟던히가또솟는다。
아마도、ᄉᆡ나라建設키도、舊主人이。

雜報

◎南宮問安 本日上午十時에는宮內府大臣侍從院卿其餘文武侍從官이 昌德宮內興福軒에서 陛見하고同十一時에는各황族及大臣들이 陛見하고同三十分에는曾彌統監과大久保軍司令官과各국總領事가 陛見하고同日下午壹時로부터同四時까지는各府부院廳奏任以上官이慶運宮惇德殿에서 太황帝陛下씌와 황貴妃殿下씌署名 問安禮를行혼다더라

◎皇儲問安

日本에留學ㅎ옵시는韓國 황太子殿下씌옵셔再昨日下午九時에 太皇帝陛下 大皇帝陛下 皇后陛下 皇貴妃殿下씌舊歲 問安을電 奏ㅎ옵셧다더라

◎御陪食과賜饌 大황帝陛下씌옵셔來五日上午十一時에仁政殿에셔各部뒤臣及勅任官二等以上의게 御陪食을 賜ㅎ옵시고六日에는勅任三等以下各奏任官에게 賜饌ㅎ옵신다더라

◎治療費下賜 太황帝陛下와황貴妃殿下씌옵셔日前李總相의게治療費金五百圓을 下賜ㅎ옵셧다더라

◎新曆特賜 太황帝陛下씌옵셔新曆二百部를侍從院과宮內府에特 賜ㅎ옵셧는뒤該府院에셔는判任官싸지各二件式頒給ㅎ엿다더라

◎年終問安 各部大臣及內外國高等官이昨日下午一時 昌德宮內仁政殿東行閣에셔年終署名問安을行ㅎ엿다더라

◎特別金下賜 大皇帝陛下씌옵셔完興君李載冕永宣君李埈씌의게年終特別金으로各一千圜式下賜ㅎ옵시고前判서閔泳린의게는四百圓을下賜하옵셧다더라

◎藥品下賜 大皇帝陛下씌옵셔三昨日李總相의게茸蔘等藥品을 下賜ㅎ옵셧다더라

◎自院造宮 農商工部大臣趙重應氏는去二十九日下午一時에總理大臣李完用氏를慰問ㅎ고仍히 德壽宮에 進詣ㅎ야太황帝陛下씌 問安ㅎ엿다더라

◎曾彌陛見 曾彌統監은昨日上午十一時 昌德宮에 進詣ㅎ야 大황帝陛下씌 陛見ㅎ고同十二時 德壽宮에 進詣ㅎ야 太황帝陛下씌 陛見ㅎ엿다더라

◎皇저受賀 韓국황太子殿下씌옵셔는本日日本御用뎌에셔韓日官吏의祝賀를 受ㅎ옵신다더라.

◎拓社員陛見期 東拓會社宇佐川總裁는來五日上午十一時에該社重役을帶同ㅎ고 大皇帝陛下게 陛見혼다더라

◎元老問安 來三日上午十時에現職이無혼元老諸氏가德壽昌德兩宮에新年署名 問安을行홀터인뒤服色은舊大禮服을用혼다더라

◎皇儲避寒說

韓국皇太子殿下씌옵셔日本熱海에避寒하시기로豫定하셧다더라

◎桂首相慰電 日本桂首相은日昨統監府를經由ㅎ야李總相의게慰電을發送ㅎ엿다더라

◎夜則拒絕 大韓醫院에셔는每日下午七時以後로는李總相의訪問者를一切拒絕혼다더라

◎總相危篤說 總相李完用氏는日來危篤혼狀態가有ㅎ다는뒤其子婦任氏도入院侍病혼다더라

◎其腸頗堅 李總相이遭難혼事에對ㅎ야閔泳瓚氏의夫人이總相의夫人趙氏를訪問ㅎ엿는뒤趙氏는言ㅎ야曰曾年長子가慘逝홀時에도一淚를不灑ㅎ엿거니와今番總相의所遭는國事에關係홈이오丈夫一生의命數가自在ㅎ니足히介意홀바無ㅎ다ㅎ엿다더라

◎何等談話 去月二十七日夜에承寧府侍從李恒九氏가若林警總을訪問ㅎ고數時間秘密談話ㅎ엿다더라

◎保護之功 李總相夫人은日人白丁의게金五百圓을贈與ㅎ야感謝혼意를表ㅎ엿는뒤白丁은內部事務官으로轉任된다더라

◎戒嚴尙嚴 三昨日統監官뎌에셔忘年會를開홈은已報어니와同日各署에셔는非番巡査를指揮ㅎ야平服으로嚴密警衛ㅎ엿다더라

◎通譯忘年 昨日下午五時日軍司令部通譯員諸氏가永成館에會同ㅎ야忘年會를開ㅎ엿다더라

◎中署祝賀會 中部警察署長日人永谷隆和는今明兩日에新年祝賀會를同署內에開ㅎ고該署勤務ㅎ던韓日警官을請邀宴待혼다더라

◎官吏忘年 宮內府官吏一同은去二十九日午後五時에淸華亭料理店에셔忘年會를設行ㅎ엿다더라

◎囑托出발期 日人井上은農商工部囑托을承ㅎ야歐米各國과淸國地方을視察홀次로來四五日頃에발程혼다더라

◎學部再訓 學部에셔各郡校土를查報ㅎ라고已往訓令을발ㅎ엿는뒤各郡中校土秋收를放賣ㅎ야校宮秋享에需用혼處가或有혼故로學部에셔는更히嚴訓을發ㅎ야不日查報ㅎ라ㅎ엿다더라

◎道事務內定 咸北觀察道事務官秦熙晟氏가遞任혼代에前郡守朴芝陽氏가被任ㅎ기로忠南觀察道事務官金甲淳氏가郡守로轉任혼代에安城郡守金英鎭氏가轉任ㅎ기로內定되엿다더라

◎怪輩又出 兎山빅神基燕岐趙慶元永同韓復履단陽朴善鉦錦山李正鎬等爲名人이儒生이라自稱하고一進會의合邦聲明을贊成하야內閣及統監府에長서하엿다는說이有하다더라

◎警廳調查 警視廳에셔는各民家에銃劍과鄕客과外國에셔來留ㅎ는者를調查혼다더라

◎巡查西行 警視廳에셔는平壤地方에警察홀事務가有ㅎ야再昨日韓日巡査二名을同地에派送ㅎ엿다더라

◎忘年保護 一進會에셔去二十九日下午一時該會本部에셔忘年會를設行ㅎ엿는뒤憲兵補助員數十名을請求ㅎ야該會本部를保護케ㅎ엿다더라

◎韓民尤冤 韓山군財務署長尹헌求氏가加卜혼事로民情이轍오홈은已揭어니와該事件에對하야監督局에셔調查홀次로事務官을派送하엿는뒤該事務官은其事實을一不調查하고請願하는各結主를强制毆出하엿는뒤此는尹氏가籠絡혼所以라하야民怨이尤多하다더라

◎夫人慈善 公州府耶蘇敎堂內美국史牧師夫人이耶蘇탄日에境內無依無托혼孤兒를招集ㅎ야衣服과飮食을多數施惠ㅎ엿다더라

◎病院設立 公州郡耶蘇教會에셔病院을設립ㅎ고慈善的으로病人을診察治療케혼다더라

◎金氏得勝 槐山郡居金容喜氏가李禹규氏와田답事件으로日昨京城裁判所에셔裁判하엿는뒤李氏가落科하엿다더라

◎民怨沸등 平北車輦館駐在所巡查日人中島利吉은廳舍修理費라稱ㅎ고金四十餘圓을付近兩面에逐戶排斂홈으로民怨이沸등하다더라

◎假義投江 朔寧郡北面居韓昌根尹景得兩人은義兵이라假稱ㅎ고民財를討索ㅎ엿는뒤義兵長延基羽氏가該兩人을結縛ㅎ야江水에投ㅎ엿다더라

◎棄兒何多 去二十九日에何許婦女가新生男子를相思洞安弘錫氏家에遺置ㅎ엿는뒤安氏는該兒를收養ㅎ깃다고所管警察署에申請ㅎ엿다더라

◎起火旋撲 宮中顧問李允用氏는其季氏를救療키爲ㅎ야大韓醫院에셔尙今留宿ㅎ는뒤日昨夜該氏宿舍에셔突然起火ㅎ야一大驚動을惹ㅎ엿는뒤幸卽撲滅ㅎ야別般損害는無ㅎ엿다더라

◎兩氏旋放 李在明의嫌疑로大韓醫院附屬醫學校學監池錫永班長孫壽景兩氏는日昨警視廳에被捉ㅎ엿다가一夜經過ㅎ고無罪放免ㅎ엿다더라

◎何事被捉 天道敎總務梁漢默同書記崔鉉昌吳相俊諸氏等은何事故를因홈지去二十八日警視廳에被捉ㅎ엿다더라

◎林氏被捉 本社社員林蚩正氏는何事件을因홈인지去二十九日警視廳에被捉ㅎ엿는뒤尙今滯囚中이라더라

◎趙氏被捉 中部里門洞居趙在根氏는何事件을因홈인지昨日上午十時中署에被招하엿다더라

◎處理會開會 去月廿八日上午十一時에國債報償金處理會에셔評議會를開하고銀行에貯置혼報償金利子를推覔하야會費를補用하기로議決하엿는뒤將次內部와警視廳에請願홀터이라더라

◎英婦人母姊會 修學院英語敎師英國婦人은去月三十日下午一時에該院學生의母姊를私뎌로請邀ㅎ야忘年會를開ㅎ엿다더라

◎歲首休刊

新年을祝賀ㅎ기爲ㅎ야明日부터休刊ㅎ엿다가來五日(水曜)에續刊홈

電報

◎艦隊着港

韓國과淸國滿洲를巡航ㅎ는日本練習艦隊는廿玖日橫須賀에着ㅎ엿다더라 東京발 前月卅日着

◎樺太賣却說

露國政府는樺太島北半部를美국에賣却코져ㅎ야目下兩國政府間에秘密交涉혼다고有力者의漏言이有ㅎ다더라 露都發 前月卅一日着

◎綿麥法律

美國大統領타프트氏는合衆國의小麥及綿花에對혼投機를制止키爲ㅎ야法律을制定혼다더라 紐育발 前月卅一日着

◎觀光來着

美國觀光團六百五十名은廿九日日本長崎에入ㅎ엿다더라

◎同志渡韓

日本對韓同志會에셔는日間該會員大谷等兩人을渡韓케혼다더라

◎狙擊訛傳

淸國攝政王이南清革命黨에게狙격을當ㅎ엿다는說이有ㅎ나此는全혀訛傳이라더라 以上東京발 前月卅一日着

▲第一筆▲

祝賀生

▲子鍾쇼릭짱짱치고鳴金鷄一唱ㅎ야東方曙色도다오니隆熙三年도라가고新日月이되엿고나枕上吉夢겨우셔여第一筆을씨여드니萬念俳佪이니中은全國同胞뿐이로다

▲同胞들아同胞들아循環ㅎ는뎌天道는至誠으로不息ㅎ야[illegible]天陰氣싸힌中에陽春·[illegible]도라온다四千餘載이[illegible]이不遠ㅎ니一心으로前進ㅎ야富强之城올나보셰

▲同胞들아同胞들아[illegible]壯快ㅎ고才慧德性[illegible]ㅎ야神聖民族生긴몸이[illegible]ㅎ면百代羞恥이아닌가[illegible]象奮發ㅎ야許多[illegible]無窮福樂누려보셰

▲同胞들아同胞들아[illegible]이江山에新春消息도라오니一千萬衆뎌槿花는가지가지生脉이라大冬雪霜[illegible]發ㅎ던긔운雨露中에發散ㅎ야四時長春되여보셰

▲同胞들아同胞들아世界[illegible]도라보니獨立旗는[illegible]ㅎ고自由鐘은걸녓도다[illegible]여올나뎌旗幟을손에[illegible]고뎌鐘鼓를짱짱울녀雄視宇宙ㅎ는날에祖國靈光빗닉보셰

삼가ᄒᆞ야 여러분의 幸福잇ᄂᆞᆫ 新年을 賀ᄒᆞᆸ

多條件의隆熙三年도임의꿈과ᄀᆞᆺ치過ᄒᆞ엿소吾輩ᄂᆞᆫ有望ᄒᆞᆫ隆熙四年을際ᄒᆞ야如何ᄒᆞᆫ感想으로歡迎ᄒᆞᆯ사　實業問題의隆熙四年은到來ᄒᆞ엿소　隆熙四年에處ᄒᆞᆫ大韓國民은實業發展으로最大問題로ᄂᆞᆫ슴지아니치못ᄒᆞᆯ機運은到來ᄒᆞ엿소　여러분回顧ᄒᆞ시오　多方面에使用ᄒᆞ던여러분의神腦를今年부터ᄂᆞᆫ實業이란問題에就ᄒᆞ야討究ᄒᆞᆸ시다

如何히ᄒᆞ면我國의最急務되ᄂᆞᆫ實業을發展케ᄒᆞᆯ가

如何히ᄒᆞ면同胞의購買力을同胞商店에集中케ᄒᆞ야吾輩의宿望ᄒᆞᄂᆞᆫ바我國微微不振ᄒᆞᄂᆞᆫ商業界의발展을期ᄒᆞᆯ가

空談虛論으로泰平世를夢見ᄒᆞ던過去時代ᄂᆞᆫ임의吾人想像에泡沫을作ᄒᆞ고극烈ᄒᆞᆫ生存競爭의風潮ᄂᆞᆫ眼前에切迫ᄒᆞ야强ᄒᆞᆫ者ㅣ弱ᄒᆞᆫ者를食ᄒᆞ고富ᄒᆞᆫ者ㅣ貧ᄒᆞᆫ者를呑ᄒᆞᄂᆞᆫ悲運에至ᄒᆞᆫ지라於是에同族相愛라同胞相助라ᄒᆞᄂᆞᆫ때聲은三千里에振動ᄒᆞ니此ㅣ實노天의趨勢가吾人으로ᄒᆞ야금進化발達케ᄒᆞᄂᆞᆫ宇宙間大原則을與ᄒᆞᆷ이로다見ᄒᆞ시요일즉同胞를愛치아니ᄒᆞ던국民은今에抑如何ᄒᆞᆫ悲境에沉淪ᄒᆞ엿ᄂᆞᆫ가然ᄒᆞᆷ으로우리韓국사ᄅᆞᆷ은반다시韓국사ᄅᆞᆷ을愛ᄒᆞᆯ지며韓國사ᄅᆞᆷ의事業을贊助치아니치못ᄒᆞᆯ지니玆에우리漢陽商會ᄂᆞᆫ以上의重大ᄒᆞᆫ使命을帶ᄒᆞ고我國商業발展에犧牲되기願ᄒᆞᆸ나니國의同胞를愛ᄒᆞ고국의事業을望ᄒᆞ시ᄂᆞᆫ여러분이여記억ᄒᆞ시오國家의根本的발展은實業奬勵에在ᄒᆞᆷ을우리漢陽商會ᄂᆞᆫ舊來의商業上諸惡習을打破ᄒᆞ고新時代의新商法으로써最히良好ᄒᆞᆫ物品을最히低廉ᄒᆞᆫ價格으로愛顧ᄒᆞ시ᄂᆞᆫ여러분에게供給ᄒᆞ야써우리나라商界의面目을一新코ᄌᆞᄒᆞ오니이와ᄀᆞᆺ치確實安全迅速親切ᄒᆞᆫ우리漢陽商會를愛願치아니ᄒᆞ시면누구를다시愛願ᄒᆞ시리오

아ㅣ우리漢陽商會ᄂᆞᆫ實노國民的愛願ᄒᆞᆯ만ᄒᆞᆫ商店이니卽二千萬의顧客이血誠으로此에同情을表ᄒᆞ야其所願ᄒᆞ시ᄂᆞᆫ바를求ᄒᆞ면迅速히良好ᄒᆞᆫ物品을廉價로得ᄒᆞᄂᆞᆫ同時에漢陽商會ᄂᆞᆫ多少의利益을得ᄒᆞ야其目的ᄒᆞᆫ바우리나라商業발展에供ᄒᆞ깃숩나이다

實노우리漢陽商會ᄂᆞᆫ商業界에奮鬪ᄒᆞᄂᆞᆫ戰士이니多大ᄒᆞᆫ障碍와困難을介意치아니ᄒᆞ고奮進ᄒᆞᄂᆞᆫ바우리나라商界를開發케ᄒᆞᄂᆞᆫ同時에顧客으로ᄒᆞ야금最少의金錢과時間으로써最大ᄒᆞᆫ滿足을得케ᄒᆞᆷ에在ᄒᆞ고其進行ᄒᆞᄂᆞᆫ方法인즉最少의利益이最大의効果를成ᄒᆞᆫ다ᄒᆞᆷ과ᄀᆞᆺ치極히薄利的主義로써確實迅速親切正直으로顧客을歡迎코ᄌᆞᄒᆞ오니紳士淑女學生여러분이여此에同情을表ᄒᆞ시오此에同情을表ᄒᆞ시오우리漢陽商會ᄂᆞᆫ海外諸製造場과特約을締結ᄒᆞ고嶄新流行의良好品을輸入ᄒᆞ며우리나라中央되ᄂᆞᆫ漢城鍾路에位ᄒᆞ야壯大ᄒᆞᆫ家屋에華麗ᄒᆞᆫ陳列로우리나라第一되ᄂᆞᆫ때파ㅣ로면토、스도아卽最完全ᄒᆞᆫ店舖를成ᄒᆞ엿슴나이다

特히地方에在ᄒᆞ신人士나或商品에精通치못하신顧客은如何ᄒᆞᆫ物品은如何ᄒᆞᆫ商店에서幾何의價格으로販賣ᄒᆞ며또同種의物品이라도外見으로ᄂᆞᆫ其眞實ᄒᆞᆫ良否를判辨키難ᄒᆞ오니弊商會ᄂᆞᆫ반다시여러분으로ᄒᆞ야금貴重ᄒᆞᆫ時間勞力費用苦心煩雜을不要케ᄒᆞ고願ᄒᆞ시ᄂᆞᆫ바의良好ᄒᆞᆫ物品을得케ᄒᆞ리니此ᄂᆞᆫ弊商會가特得ᄒᆞᆫ專門技術家를備置ᄒᆞᆫ所以요

無敎育ᄒᆞᆫ內外國奸商輩ᄂᆞᆫ商品에一定不變ᄒᆞᄂᆞᆫ定價업시손님의容貌와動作을因ᄒᆞ야臨時價格을呼ᄒᆞ나니弊商會의獨占ᄒᆞᆫ信用과特得ᄒᆞᆫ經험은可히써여러분으로ᄒᆞ야금安心ᄒᆞᆷ에足ᄒᆞᆯ지요

더욱地方에在ᄒᆞ신商業家ᄂᆞᆫ商業上에就ᄒᆞ야如何ᄒᆞᆫ事項이던지弊商會에問議ᄒᆞ시요弊店에ᄂᆞᆫ注文仲介部가有ᄒᆞ니確實安全ᄒᆞᆫ方法으로여러분의便益을圖ᄒᆞ오리다

地方에在ᄒᆞ신여러분은葉서一枚에如何ᄒᆞᆫ物品을送ᄒᆞ라注文ᄒᆞ시면迅速히送致ᄒᆞ리니此ᄂᆞᆫ歐美에서流行ᄒᆞᄂᆞᆫ通信販賣法이라實노遠隔ᄒᆞᆫ地方에在ᄒᆞ야京都第一廉價의物品을得ᄒᆞ깃도다

更히一言으로써여러분에게警告ᄒᆞ오니善良ᄒᆞᆫ物品을廉價로得고ᄌᆞᄒᆞᆷ은여러분의希望ᄒᆞ시ᄂᆞᆫ바아닌가此希望은오작우리漢陽商會에至ᄒᆞ여야其滿足을得ᄒᆞ깃숩나이다

여러분今年부터ᄂᆞᆫ同胞된大韓國民을더욱사랑ᄒᆞ야쥬시오그리ᄒᆞ고여러분의必要品을購買ᄒᆞ실時에同價어던아모죠록同胞商店에서求ᄒᆞ시오此ᄂᆞᆫ억지로請ᄒᆞᄂᆞᆫ거슨아니나吾輩의血誠으로希望ᄒᆞᄂᆞᆫ바이오

漢 陽 商 會

漢城鍾路　電話一九一番

檀君開國四千二百四十二年
箕子元年三千二十一年
大韓開國五百十八年
本報創刊日
光武八年七月十八日

大韓每日申報

發行兼編輯人 英國人 萬咸
Responsible for Publication Alfred Weekley Marnham
發行所 京城南部石井洞三層洋屋家 大韓每日申報社

第七卷　月曜及慶節歲時休刊　第一千二百八十號

論說

◉新年一感

大韓國民同胞아四千二百四十二年의舊日月을送ᄒᆞ고四千二百四十三年의新天地를迎ᄒᆞᄂᆞᆫ大韓國民同胞아同胞ᄂᆞᆫ各其個人마다一齡을增ᄒᆞ야十歲된者가十一歲되며二十歲된者가二十一歲되고同胞의祖國도亦一齡을增ᄒᆞ야四千二百四十三年이되엿도다

同胞아此時에坐ᄒᆞ야何等의感想을作ᄒᆞᄂᆞ뇨或今年에ᄂᆞᆫ幾斗답을得ᄒᆞ야農事나잘ᄒᆞᆯᄯᆡ或今年에ᄂᆞᆫ幾百圓金을得ᄒᆞ야商業이나ᄒᆞ여볼ᄯᆡ或今年에ᄂᆞᆫ大橫財運이落來ᄒᆞ야卒地에千石巨富가될ᄯᆡ或今年에ᄂᆞᆫ仕宦路를善穿ᄒᆞ야一窠郡守나ᄒᆞᆯᄯᆡ或今年에ᄂᆞᆫ某學을卒業ᄒᆞ야敎師月俸으로糊口나ᄒᆞᆯᄯᆡ或今年에ᄂᆞᆫ某社를設립ᄒᆞ야多少利益을沾得ᄒᆞᆯᄯᆡᄒᆞ야人人의感想이異ᄒᆞ고處處의悲歡이異ᄒᆞᆯ지나未知케라此中에三千里大韓국을爲ᄒᆞ야獨립을夢ᄒᆞ며二千萬大韓國民을爲ᄒᆞ야自由로祝ᄒᆞᄂᆞᆫ者ㅣ幾人이나되ᄂᆞᆫ지

彼日人을觀ᄒᆞᆫ건ᄃᆡ비록下流無知의輩라도新年相逢에合併問題가口頭初人事오新年葉서에對韓政策이셔頭第一句어ᄂᆞᆯ嗚呼同胞여或是草間巖穴에셔라도國家의前途를爲ᄒᆞ야淚를灑ᄒᆞ며對日의硏究를爲ᄒᆞ야腦를費ᄒᆞᄂᆞᆫ者ㅣ有ᄒᆞᆫ지

腐敗頑固의客은無論이어니와此新學界諸君子ᄂᆞᆫ或一身一家의私를擲ᄒᆞ고眼을世界에放ᄒᆞ며心을民國에留ᄒᆞᄂᆞᆫ者ㅣ幾人이有ᄒᆞᆫ지

嗚呼라大韓四千二百四十三年의歷史여賣國賊을汰ᄒᆞ고愛國義士만産ᄒᆞ며卑劣奴를掃ᄒᆞ고獨립國民만造ᄒᆞ며冷腦兒를退ᄒᆞ고熱血男子만降ᄒᆞ며魍魎輩를逐ᄒᆞ고眞正大人만出ᄒᆞ야大韓의光靈을世界에輝ᄒᆞᆯ지어다

嗚呼라四千二百四十三年이여汝가花의年이되지못ᄒᆞ거던霜의年이되며汝가黃金의年이되지못ᄒᆞ거던鐵血의年이되여라汝가怒濤狂浪이될지언뎡殘波細流ᄂᆞᆫ되지말지어다

嗚乎今年本報의面에ᄂᆞᆫ大韓이何如ᄒᆞᆫ大韓이될ᄂᆞᆫ지一感이腦에激刺ᄒᆞ야不止ᄒᆞ나니全國同胞ᄂᆞᆫ此感을同ᄒᆞᆫ者ㅣ幾人이有ᄒᆞᆫ지

外報

◉內閣總辭職　土耳其內閣은總辭職ᄒᆞ엿다더라

◉反對民蜂起　土耳其가英國에게듸그리쓰及유후레트兩河航行權을讓與ᄒᆞᆫ結果로小亞細亞박크닷도市에셔反對民衆이蜂起ᄒᆞᆫ다더라

◉誤中將校　淸국北京電報에曰往者負傷ᄒᆞᆫ者ᄂᆞᆫ攝政王이아니라攝政王과類似ᄒᆞᆫ壹滿人將校인ᄃᆡ犯人의自供에도該將校를攝政王으로誤認ᄒᆞ엿다云ᄒᆞᆫ다더라

◉淸국境界問題　淸국長白州知縣은滿洲協約中間島에關ᄒᆞᆫ淸국境界点을石乙水로作ᄒᆞᆷ은淸국의不利라ᄒᆞ야境界變更意見을錫總督에게申請ᄒᆞ엿ᄂᆞᆫᄃᆡ總督도此를贊成ᄒᆞ야北京政府에傳請ᄒᆞ엿다더라

◉比皇聲望　比利時황帝의勅語와入都式은頗히良好ᄒᆞᆫ聲望을得ᄒᆞ엿다더라

◉攝政催諭　淸國攝政王은大臣을召ᄒᆞ야伊犂新疆兩地方에敎育을速히發達케ᄒᆞ야新政의基礎를作케ᄒᆞ라고催諭ᄒᆞ엿다더라

◉大臣會議　淸國政府에셔ᄂᆞᆫ諸大臣이會議를開ᄒᆞ고西藏問題에關ᄒᆞ야討議ᄒᆞ되駐藏大臣에게特權을與ᄒᆞ기로ᄒᆞ엿다더라

◉製圖師被縛　英國水雷艇製圖師노루氏ᄂᆞᆫ捕縛되고其家宅을搜索ᄒᆞ야八十個의圖案及秘密設計書類와製艦圖案五個가發見되엿ᄂᆞᆫᄃᆡ軍機漏洩의危險이有ᄒᆞ엿다더라

◉前統領發向　尼國前大統領제라야氏ᄂᆞᆫ墨西哥軍艦을乘ᄒᆞ고墨西哥市에到ᄒᆞ야墨西哥大統領의歡迎會에參ᄒᆞ고更히比利時로向ᄒᆞ기로預定中이라더라

◉土內閣顚覆　英국駐在土耳其大使ᄂᆞᆫ土耳其首相으로任命된다ᄒᆞ며同國內閣의顚覆은議會特別委員會에셔決定되엿다더라

◉協約說否認　軍備縮少에關ᄒᆞᆫ英德協約成립說은英국論敦에셔半官的으로否認ᄒᆞ엿다더라

◉德人抗議　德國人은今番土耳其가英국에게商業利益上便宜를與ᄒᆞᆷ에對ᄒᆞ야抗議를提起ᄒᆞᆫ다ᄂᆞᆫᄃᆡ德國度支大臣은此事가德人産業을對抗ᄒᆞᆫ一大精神運動으로思惟ᄒᆞᆫ다더라

◉赦免請願　希臘人은最近海軍將校로叛亂에關係된者들을赦免ᄒᆞ라고請願셔를同國王에게提出ᄒᆞ엿다더라

◉談叢◉

劍心

▲余가往年에一史學先生을遇ᄒᆞ니先生이高句麗事를說ᄒᆞ다가棄子山이라ᄂᆞᆫ語에至ᄒᆞ야慨然曰棄子山은子를棄ᄒᆞᄂᆞᆫ山이니即高句麗人이其子를戰場에送ᄒᆞ엿다가敗還ᄒᆞ면此山에棄ᄒᆞᆷ이라此를睹ᄒᆞ야도足히當年高句麗全盛時代에帶甲이百萬에至ᄒᆞ고雄鎭이六十에達ᄒᆞ야强國으로東亞에名ᄒᆞᆫ原因을可想이라ᄒᆞ거ᄂᆞᆯ

余ㅣ自思曰其然其然이로다彼스발다人의棄弱子와日本人의祈戰死가皆其國民으로ᄒᆞ야금百戰百勝有進無退의氣力을陶鑄ᄒᆞ야國家의雄强을成ᄒᆞ엿슴이니我高句麗의富强이亦其所以然이有ᄒᆞᆷ이로다ᄒᆞ엿노라

大抵此時代에國ᄒᆞᆫ者ㅣ其國民에게軍國民敎育을不施ᄒᆞ고ᄂᆞᆫ決코其脚을立치못ᄒᆞ거ᄂᆞᆯ乃彼國民의敵愾心을百刀로抹殺ᄒᆞᄂᆞᆫ慘敎育을試思컨ᄃᆡ夢中에도悲淚의縱橫을不禁ᄒᆞᆯ네라　(棄子山)

▲一人이其子를訓ᄒᆞ야曰汝가筆의人이되지말고腕의人이되라汝가筆의人이되지말고腕의人이되라ᄒᆞ엿다ᄒᆞ거ᄂᆞᆯ

余가此言을聞ᄒᆞ고躍然興起曰至ᄒᆞ다斯言이여大抵吾人은決코言語文字로만社會에處ᄒᆞᆯ것이아니라반다시天을可回ᄒᆞ고地를可動ᄒᆞᆯ雙腕을揮ᄒᆞ야自已責任을實行ᄒᆞᆯ지니彼區區一筆만執ᄒᆞ야世를送迎ᄒᆞᄂᆞᆫ者야何等薄弱人들인가　(腕의人)

詞藻

◉勿悠悠◉　一月五日

走馬ᄀᆞᆺ치ᄲᆞᆯ은光陰、
ᄯᅩ도엿네。
國事의進步됨도、뎌와ᄀᆞᆺ치ᄲᆞᆯ
으고져。
밋노니、全國靑年들아、노지말
고。

雜報

◎皇躬問安 日本에滯留ᄒᆞ옵시ᄂᆞᆫ韓國 皇太子殿下ᄭᅴ옵셔去壹日 大皇帝 皇后兩陛下ᄭᅴ와 太皇帝陛下ᄭᅴ와 皇貴妃殿下ᄭᅴ 新年 問安을電報로 奏達ᄒᆞ옵셧다더라

◎祝賀時紊亂 大皇帝陛下ᄭᅴ옵셔去元朝仁政殿에 御臨ᄒᆞ샤百官의祝賀式을 受ᄒᆞ옵실時에禮式官등이如何히不齊ᄒᆞ엿던지至尊이百官休憩室로誤臨ᄒᆞ옵셔秩序가一時紊亂ᄒᆞ엿ᄂᆞᆫ딕此ᄂᆞᆫ禮式官에咎責이라고批評이有ᄒᆞ다더라

◎天恩隆重 大皇帝陛下ᄭᅴ옵셔曾彌統監에게毛衣外套一件을 下賜ᄒᆞ옵셧다더라

◎官吏休暇 本日은 仁政殿에셔各大臣及勅任官二等以上에게 御陪食을 賜ᄒᆞ옵시고兼ᄒᆞ야日本新年大祭日인故로各官廳內外國官吏가一切休暇ᄒᆞᆫ다더라

◎先期辭陛 既報와如히曾彌統監은去壹日 德壽 昌德兩宮에 陛見ᄒᆞ엿ᄂᆞᆫ딕歸국ᄒᆞᆯ次로同時辭 陛ᄒᆞ엿다더라

◎皇妃小欠 皇貴妃殿下ᄭᅴ옵셔耳部에瘇患으로目下小欠中인딕醫士安商浩氏가式日참內ᄒᆞ야診察ᄒᆞᆫ다더라

曾彌歸國

再昨日上午九時에曾彌統監이京仁列車를搭乘ᄒᆞ고歸國路에就ᄒᆞ엿ᄂᆞᆫ딕各皇族及元老大臣과各국領事와高等官諸氏가南門驛에出往餞別ᄒᆞ엿ᄂᆞᆫ딕韓日巡查와憲兵이羅列ᄒᆞ야嚴密警衛ᄒᆞ엿다더라

◎勅使下仁 曾彌統監이歸國ᄒᆞᆫ時에 大皇帝陛下ᄭᅴ셔ᄂᆞᆫ尹德榮으로 太皇帝陛下ᄭᅴ셔ᄂᆞᆫ趙民熙로 勅使를定ᄒᆞ샤仁川ᄭᅡ지餞送케ᄒᆞ옵셧다더라

◎統監解任說 曾彌統監은今番歸國後統監의任을因爲解免ᄒᆞ리라ᄂᆞᆫ兆說이藉藉ᄒᆞ다더라

◎古套寄付 曾彌統監은三昨日永宣君李埈鎔氏의게厚祿古套壹襲을寄付ᄒᆞ엿다더라

◎兩氏訪問 內相朴齊純度相高永喜兩氏ᄂᆞᆫ三昨日上午十時에完順君李載完氏를訪問ᄒᆞ엿다더라

◎李氏訪問 親衛府長官李秉武氏ᄂᆞᆫ再昨日大韓醫院에前往ᄒᆞ야李總相을訪問ᄒᆞ엿다더라

◎仕進兼訪問 內部大臣朴齊純氏ᄂᆞᆫ昨日本部에仕進ᄒᆞ야一般高等官과新年相見禮를行ᄒᆞᆫ後에海豐府院君尹澤榮氏를訪問ᄒᆞᆯ次로東大門外에出往ᄒᆞ엿다더라

◎但願如舊 內部大臣이昨日該部에셔各高等官과相見禮를行ᄒᆞᆷ은別項과如ᄒᆞ거니와各官吏를對ᄒᆞ야說諭ᄒᆞ되新年에도昨年과如히新事業을益益發展ᄒᆞ야國計民情에幸福되기를希望ᄒᆞᆫ다ᄒᆞ엿다더라

◎警護日密 內部大臣朴齊純氏ᄂᆞᆫ昨日仕進ᄒᆞᆯ時에內部後門附近에平服巡查와服裝巡查가羅립警護ᄒᆞ엿다더라

◎小將訪同 日憲兵隊長신原陸軍小將은三昨日上午十時에永宣君을訪問ᄒᆞ엿다더라

◎花瓶寄付 度支部司稅局書記官成夏國氏가同部會計課書記官으로轉任ᄒᆞᆷ은既報어니와司稅局壹般官吏가壹朔俸百分之壹를醵出ᄒᆞ야該氏에게銀製花瓶壹坐를寄付ᄒᆞ엿다더라

◎大內險口 日人代議士大內의所謂時局談을據ᄒᆞᆫ즉大略如左ᄒᆞ니 日本이保護條約締結以來로韓國大權을殆皆日本手中에收入ᄒᆞ엿스나然이나尙且進展을倍促ᄒᆞᆯ지라日本이韓國에關係되ᄂᆞᆫ行動을韓國官民의意向을問ᄒᆞᆯ바아이니日本이斷斷運行ᄒᆞᆯ지라只今韓國保護制度ᄂᆞᆫ甚憾ᄒᆞᆯ바有ᄒᆞ니外交軍事財政通信司法財政等權利가日本에皆歸ᄒᆞ엿거ᄂᆞᆯ內治上樞要되ᄂᆞᆫ行政은尙且韓國에在ᄒᆞ니此ᄂᆞᆫ不經濟의事오不健康의制度라如何ᄒᆞ던지此制度를打破ᄒᆞᆷ이可ᄒᆞ다ᄒᆞ엿다더라

◎驕則必敗 日人某通信社員一同은去一日에新年祝賀例로各社會와知舊間에葉서를分俵ᄒᆞ엿ᄂᆞᆫ딕其紙面에吾人의對韓策이라題ᄒᆞ고一二三條로分ᄒᆞ야曰一은從來의保護政治를撤ᄒᆞ고日韓의政治的關係를根本的으로解決ᄒᆞᆯ事오二ᄂᆞᆫ我同胞를韓국에移植ᄒᆞ야我국民의經濟的基礎를作ᄒᆞᆯ事오三은交通긔關의발達을計ᄒᆞ야產業을開발ᄒᆞᆯ事라ᄒᆞ엿ᄂᆞᆫ딕韓國同胞ᄂᆞᆫ此를見ᄒᆞ고怒眦로相告ᄒᆞ야曰彼에驕氣가既히極度에達ᄒᆞ엿슨즉其敗가립至ᄒᆞᆷ은明若觀火라ᄒᆞᆫ다더라

◎各部開務 各部官吏ᄂᆞᆫ昨日부터仕進視務ᄒᆞ엿다더라

◎統府仕進 統監府에셔도昨日부터官吏一同이仕進ᄒᆞ엿다더라

◎露館宴會 去三日午後九時에露國總領事館에셔宴飲會를開ᄒᆞ고各국領事館員과京城在留外國人等을招待ᄒᆞ엿다더라

◎小松陞任 統監府서記官小松綠우統監府外務部長으로陞任되엿다더라

總相近況

李總相의傷處가漸次完合ᄒᆞ나身熱이轉극ᄒᆞ고咳症이闖發ᄒᆞ야痰血을吐ᄒᆞᄂᆞᆫ딕此ᄂᆞᆫ心胃經이受傷ᄒᆞᆫ듯ᄒᆞ다ᄒᆞ야醫士ᄂᆞᆫ大端히憂慮ᄒᆞᆫ다더라

◎菊池映怯 大韓醫院長菊池ᄂᆞᆫ李總相를治療ᄒᆞᆷ으로李在明派에게襲擊을當ᄒᆞᆯ싸憂慮ᄒᆞ야巡查로嚴重警戒ᄒᆞᆫ다더라

◎六名看護 李總理의病牀에ᄂᆞᆫ六名의醫師가連次看護ᄒᆞᆫ다더라

◎講習所賞金 度支部韓日語講習所에셔ᄂᆞᆫ敎師諸氏에게特別賞與金貳十圓式增與ᄒᆞ엿다더라

◎委員減額說 內部地方官資格審查會에셔ᄂᆞᆫ從來審查委員五人을選置ᄒᆞ엿ᄂᆞᆫ딕目下三人을減額ᄒᆞ기로協議中이라더라

◎其情特厚 中樞院議長金允植氏ᄂᆞᆫ去三日에曾彌統監을餞別ᄒᆞ기爲ᄒᆞ야仁川港ᄭᅡ지前往ᄒᆞ엿다더라

◎村井入城 北韓地方을視察ᄒᆞ던憲兵司令部大尉村井은再昨日에入城ᄒᆞ엿다더라

◎荻田歸國 歐羅巴渡去의任을帶ᄒᆞᆫ統監府서記官荻田은近近出발歸國ᄒᆞᆫ다ᄂᆞᆫ딕來十九日後에渡歐의途에就ᄒᆞᆫ다더라

◎二個竟渡 向日出發ᄒᆞᆫ謝罪者一行은路費가無ᄒᆞ야釜山에셔彷徨ᄒᆞ다가二名은何等運動이有ᄒᆞ야日前渡日ᄒᆞ엿다더라

◎孫氏開宴 天道敎主孫秉熙氏ᄂᆞᆫ私뎌에셔盛宴을設ᄒᆞ고附近에在ᄒᆞᆫ同胞를招待ᄒᆞ엿다더라

◎官報印刷移轉 官報印刷의役을本年부터龍山印刷局에委托刊出ᄒᆞᆷ으로官報課一般官吏ᄂᆞᆫ將次內閣으로會同ᄒᆞᆫ다더라

◎何事憂慮 李學宰ᄂᆞᆫ何等憂慮의事가有ᄒᆞᆫ지平服巡查二名을請求ᄒᆞ야自已家宅을保護ᄒᆞᆫ다더라

◎鐵民長서 平北鐵山郡車輦舘人民代表李道政金載成兩氏가一進會聲明서를公討ᄒᆞ기爲ᄒᆞ야內閣總理大臣의게長서를提呈ᄒᆞ엿ᄂᆞᆫ딕辭意가大段嚴峻ᄒᆞ다더라

◎安民聲討 平南安州郡紳士咸承형李東稷安謙權氏等四十人이一進會를聲討ᄒᆞᄂᆞᆫ意로國民演說會에長서를送交ᄒᆞ고金貨五圓을寄付ᄒᆞ엿다더라

商民寄函

惟我商民이五百年來로忠義를篤守ᄒᆞᆷ은各社會와外國에셔도庶幾諒悉이건과陰十月十五日에凶逆李學宰가商務를擴張ᄒᆞᆫ다稱ᄒᆞ고十三道總會를開ᄒᆞ온바各掌內商民들은寂然不知이옵고趙東熙柳在豐等이自意로上京참會이온바噫彼趙柳兩人이凶逆李學宰를符同ᄒᆞ야全北商民의代表라稱ᄒᆞ고一進會聲明서를贊成ᄒᆞ온지라彼李趙柳三漢之故로數百萬商民이逆竄에混入ᄒᆞᆷ이不可ᄒᆞᆫ지라刻骨之痛을不勝ᄒᆞ야玆에伏告ᄒᆞ오니此意를不日揭布ᄒᆞ야我商民一同은彼竄에不入ᄒᆞᆷ을表示ᄒᆞ심을千萬泣祝

全北商民代表 鄭寅昌
金基弘 金順西 白忠州
趙淳昌 李喆于 朴學西
崔昌俊 朴昌東等

◎同意서又至 甑山人民代表孫觀柱氏ᄂᆞᆫ國民演說會에同意서를送致ᄒᆞ엿다더라

◎金氏退會 一進會員金錫台氏ᄂᆞᆫ該會에自退ᄒᆞᆫ聲言서를本社에送致ᄒᆞ고世界에公布ᄒᆞ기를要求ᄒᆞ엿더라

◎鐵礦讓渡詳報 載寧殷栗兩鐵礦을日本에讓渡ᄒᆞᆷ은屢報ᄒᆞ엿거니와其面積은二百七十二萬九千二百六十一坪이오日本政府에셔年年一千坪에五十錢式韓국政府에收納ᄒᆞᆫ다더라

◎商業社發起 北米桑港에居留ᄒᆞᄂᆞᆫ韓人同胞崔영만白일규諸氏가발起ᄒᆞ야商業을발達ᄒᆞᆯ目的으로韓美商業株式會社를設立ᄒᆞ고臨時事務所를該港大同保國會舘內에定ᄒᆞ엿ᄂᆞᆫ딕設립ᄒᆞᆫ지不過幾日에募集된株金이六百十餘圓에達ᄒᆞ엿다더라

◎八仙菓子 南部大山林洞居李淳命氏가八仙이란菓子를新發明ᄒᆞ엿ᄂᆞᆫ딕補益健脾ᄒᆞᄂᆞᆫ藥材를加入製造ᄒᆞ야衛生上에大端有益ᄒᆞ다더라

◎無處不然 各地方에市場稅를徵收ᄒᆞᆷ으로民情이不穩ᄒᆞᆷ은既히報道ᄒᆞᆫ바어니와平남順安永柔肅川安州等地에도商民들이三市를撤廛ᄒᆞ야損害가多大ᄒᆞᆷ으로嗷오之聲이狼藉ᄒᆞ다더라

◎國報被押 布哇셔發行ᄒᆞᄂᆞᆫ新韓국報第四十號ᄂᆞᆫ治安妨害라ᄒᆞ야內部에셔押收ᄒᆞ엿다더라

◎觸車致傷 東門外卜車橋등地居田德浩氏에八歲女兒가再昨日下午四時電車에觸傷ᄒᆞ야折脚되엿ᄂᆞᆫ딕即時大韓醫院으로昇往治療ᄒᆞᆫ다더라

◎連累多數 京城監獄에셔ᄂᆞᆫ李在明의負傷處가漸快ᄒᆞᆷ을因ᄒᆞ야審問을連行ᄒᆞᆫ다ᄂᆞᆫ딕連累者가多數ᄒᆞ다ᄂᆞᆫ說이有ᄒᆞ다더라

◎咸南總會 咸南學生親睦會에셔本日上午十一時咸南道契內에臨時總會를開ᄒᆞ고任員을改選ᄒᆞᆫ다더라

◎巫女開會 漢城內에在ᄒᆞᆫ韓日巫女一同은三昨日上午十時南部獎忠단에셔神理會를開ᄒᆞ고該營業에進行方針을協議ᄒᆞ엿다더라

學界

◎南氏南行 普成專門學校講師南亨祐氏ᄂᆞᆫ嶠南地方에勸學委員으로再昨日발程ᄒᆞ엿ᄂᆞᆫ딕講師의任은辭免ᄒᆞ고地方敎育을振興ᄒᆞ기로目的ᄒᆞᆫ다더라

社會燈

▲杉山이란뎌日人은現居職도初無ᄒᆞᆫ딕무슴功勞自居ᄒᆞ야三百圓의特賜金을감쪽갓치똑다먹노隆渥ᄒᆞ신뎌皇恩은圖報ᄒᆞᆯ길茫然ᄒᆞ니文明國의人物은廉恥들도너무됴치

▲總相子婦任夫人은病든싀父救療코ᄌᆞ醫院ᄭᅡ지드러가셔侍湯ᄒᆞ기힘쓴다지平時에ᄂᆞᆫ色養ᄒᆞ야그질검을다ᄒᆞ더니病致其憂져러ᄒᆞ니出衆ᄒᆞᆯᄉᆞ그孝誠은千萬古의特色일셰

▲內部主事白丁이ᄂᆞᆫ總相扶護그功勞로五百餘圓賞與金을儻來物노엇어먹고官職ᄭᅡ지옴긴다니觀察使나叙任ᄒᆞ야大邱郡에보냇스면無牌犬을잘잡기ᄂᆞᆫ朴氏보다나흘레지

▲自稱儒生神奎等은何物老媼所產兒ㄴ지合邦說을贊同ᄒᆞ야長서쪽을또힛다지隆熙四年이乾坤에太陽빗츤발것건만晝出ᄒᆞᄂᆞᆫ魍魎이ᄂᆞᆫ엇지그리多數ᄒᆞᆫ지逐邪呪나읽어볼싸

雜報

●趙氏被捕說　平壤居趙昌鎬氏는何等事件이有혼지某處에서日下被捕호는中이라더라

●義從譏探　義兵將李時榮氏가北部等地에來留혼다는說이有홈으로某處에서秘密히探查혼다더라

●李氏逃躱　前侍從副卿李範喬氏는何等事件이有혼지某處에서被捉中인ᄃᆡ該氏는知機逃躱호엿다더라

廣告

延安金氏譜所定于北松峴卄統五戶金德基家各派僉宗速速來議而收單名錢庚戌正月內無遺送達爲要　延安金氏大宗中白

●特別廣告

本所에서新發明혼온八仙菓子는元氣를補호고脾胃를健호기爲호야菓子材料에蔘朮等多品補材를加入製造혼故로衛生上에大有益혼實效가有호오니僉彦은陸續請求호시옴

○老人과乳兒의게適合
○學生上學時点心에經便
○旅行時에必要

遠地에는代金引換으로信呈홈

一函　二十四個入　正價十錢

南部大山林洞(孝橋通)四十四統一戶

八仙菓製造所

本人大夫人淑夫人全州李氏陰十一月二十一日未時別世　知舊間照亮

新門內　金聲圭　告白

特別廣告

公債證書　各位社債券　株券　卜券　倉庫證券　船荷證券　貨物證券　鐵道證券

有價證券 {直接賣買 / 受托賣買 / 擔保貸金}

▲特　別　　特　別▼

現今商業界에曙光이發展홈을隨호야銀行、會社、等確實호고
趣味잇는社會가日上增호고月上盛호게設立됨을希望이有호지
라이又司同時에株券에對호야相讓處가無홈으로各位株主의
希望되로讓受호기便利호고事由에因호야讓渡호時와必要에
關호야臨時的貸金融通의便利等事項을關應호기爲호와弊商
會에서特히有價證券取引部를設立호고買賣及貸付에關호一
切事項을請求호시는되로迅速호고安全호게大注意호와迅速
히關應홀것스오니多少를不拘호시고來議호심을務望홈

京城南署東大門二十六統十戶
金龍商會
主業者 金應龍

德國일버펠드地方의파엔파부리켄染料會社는韓國에在혼本社의組織員되는僉位의게通告호노니本會社가日本大阪의日人會社에서此末端에揭示혼本社의已久혼登錄商標에犯科혼事에對호야裁判得勝호엿ᄂᆞ이다

又本社의特意主願호시는僉位와其他關係되는僉位의게表明호노니本社의商標나或此와類似혼것이라도犯用혼權이有혼者는全無호오며本회社는世所共知호는本社製品을韓國으로陸續輸入케호더이오며且本社商標를贋造호야輸入호는者ㅣ更有호면卽告訴를當호더이오니特히愼戒호시옴

商標

商標

父親漢昇氏宿患으로十二月三十日에別世이기知舊僉位의게謹告홈

但一月五日에發引이오며返虞吊式은停廢홈

長子 趙齊桓
次子 趙錫桓

本所에서洋屬毛織을各色直輸入호야廉價로發賣호옵는ᄃᆡ物品과織組가堅固호며染色이不變호와經濟上에第一要緊호오며各地方貿易을便利키爲호와郵便小包로酬應호야代金을引換호겟ᄉᆞ오니　僉君子는陸續請求호심을伏望

京城小龍洞
洪順福 毛織商店

本人의第四子應釧이가不事產業호고虛蕩無比라가出家幾朔에更不入家호고亂債를求得코ᄌᆞ호오니內外國人은雖一分錢이라도全勿見欺홈

義州威遠面三下洞金義健告白

本人이一進會에入참호엿다自退數年而至今彼所謂百萬會員云旣往自退者도疑稱其徒故로玆에廣告호오니　同胞는照亮호시옴

黃海道安岳郡東昌市寓　金洛珍　告白

●本社에서在上海東洋烟草大製造廠과專賣權을特約호고各種煙草를卽輸入호와各代理店에支出호오니僉君子는愛顧호심을敬要

●特種烟草

○法韓墨紙烟一匣　二十五本入具竹嘴

○鐵路標一匣二十本入具竹嘴
○鳳標　一匣　四本入具紙嘴
○囉叭標一匣五十本入具紙嘴
○白鶴標一匣　十本入具紙嘴
○鷹標　一匣　十本入具紙嘴
○虎標　一匣　十本入具紙嘴
○獅子標一匣　十本入具紙嘴
○勇士標一匣　十本入具紙嘴
●쉬잉挨及金口紙一桶百本入
○쉬잉挨及金口紙一桶　五十本入
○쉬잉挨及金口紙一匣十本入

◎本社에셔代理店을京城에金濬性、平壤에鄭基煥兩氏로定호고其他義州、開城、釜山、元山、木浦、咸興、成津、海州、全州、晋州、淸州各處代理店을特許호겟기로商業에信實혼紳商을求호오니有意僉君子者는來議호시던지書信으로通知호옵

京城小公洞
法韓烟草會社

本人이葉草客主數年에各處草商뢎集交易호는ᄃᆡ內外國煙草會社에셔도連續貿去호고本國絕草商도多數貿去호옵기로一層擴張호엿ᄉᆞ오니　僉君子는陸續來臨호시기를希望

京城西大門外尾洞百八統九戶　宋憲翼　邊昌根　告白

●同和藥房廣告

引蘇丸

淸心降火消痰進食消滯止泄鬱火上衝心腹脹滿轎車乘眩

用藥實鑑一卷一秩定價三十錢
衆敎統一論壹卷壹秩定價十錢

▲位置

本舖京西小門外車洞　閔樞
郡支店　平壤西門內　宋尙愈
第一分店　東部蠶島　朴在庸
二分덤南竹洞四街里朴右榮
第壹代理덤全州동村李重鎬
二代理덤稷山笠塲市李奎甲
三代理덤禮山邑　孔錫煥
四代理덤堤川邑　李台永
出張所金山金泉　鄭海容
報恩　金元七
利川夫面大旺里辛基榮
丹陽南面舍人岩張命海
忠州　鄭公秉
水原발安塲　文啓珏
中部壽進洞　盧永奎
稷山成歡　韓永元
永登浦　洪聖化
海州大德面斗峴村朴基陽
鳳山　張義甲
其他各大都會處
紙面이不足호야壹壹枚擧치못호오
同和藥房本舖主閔樞告白

●特別廣告

本社의셔同胞의衛生을注意호야美國의셔經驗單方으로流行通用호는靈藥聖劑를貿入호야左開廣布호오니有病君子와藥業에從事호시는僉彦은爭先來購호시옴

分賣와都賣에差別이有호야一打(十二個)以上의都賣에는特別割引홈

左開

秘製止痛藥
效能　外塗內服無處不適消滯、止瀉　絕瘧　治痢無不神效홈

喜蘇膏藥
效能　頭面　身體一切瘡症積年風濕　除痰　生섬之道뎐卽奏效홈

亞麟香膠
效能　毋論男女老少　勿嫌年久日淺一切　咳소　服之則其效如神홈

委花藥膏
效能　痔疾　瘰珠瘡　燒跌傷螯咬等　諸症無雙聖藥

委花糖水藥
効能　疝症　花柳毒　凡不潔血所祟症　婦人虛弱등症靈驗홈

牛汁藥酒
効能　毋論男女老少氣血虛弱者服之則大補元氣身體强健홈

韓美興業株式會社事務所

檀君開國四千二百四十二年
箕子元年三千三十一年
大韓開國五百十八年
本報創刊日 光武八年七月十八日

大韓每日申報

第七卷 月曜及慶節翌日休刊 第一千二百八十一号

發行兼編輯人 英國人 萬咸
Responsible for Publication: Alfred Weekley Marnham
發行所 京城南部石井洞(二)層洋屋家 大韓每日申報社

論說

◎韓日合倂論者에게告홈

一進會의合邦說의後를繼ᄒᆞ야韓國을合倂ᄒᆞ야此三千里土地와二千萬人民을直히日本天皇의統治下에置ᄒᆞ기로主張ᄒᆞᄂᆞᆫ者가日本의政論界에도見ᄒᆞ며社論界에도見ᄒᆞ야其談이日로高ᄒᆞ니嗚乎라四千年東洋의角에屹立ᄒᆞ엿던韓國이彼의一屬縣되며二千年日本과幷峙ᄒᆞ던韓人이彼의一順奴되고已홀가言이此에及ᄒᆞ미氣가胷에塞ᄒᆞ며淚가眼에盈ᄒᆞ야筆이忍下치못ᄒᆞ도다만은雖然이나吾儕ᄂᆞᆫ日人에게一問ᄒᆞ노니韓國의合倂이如此히容易홀가

往年韓國의獨립이비록實力上의獨립은아니나獨립의名은有ᄒᆞ엿던비라名曰獨립의國으로一朝에蹉跌을受ᄒᆞ야五條約을結ᄒᆞ야外交權을撤ᄒᆞ며七協約을結ᄒᆞ야內政을干涉홈에何等障碍가無히順風張帆의勢로進行ᄒᆞ엿고其次軍部法部를廢ᄒᆞ야도韓人이頭만低홀而已며殖民政策을施ᄒᆞ여도韓人이掌만撫홀而已며經濟를如是히恐慌케ᄒᆞ야生活上大困難을與ᄒᆞ야도韓人이默默홀而已라日人이此等만觀ᄒᆞ고드듸여天下에與ᄒᆞ기易ᄒᆞᆫ者ᄂᆞᆫ韓人이라ᄒᆞ야於是乎得隴望蜀의念이益熾ᄒᆞᄂᆞᆫ中又幾個奸奴輩의合邦說이彼의先鋒이된故로彼가如此紛然히合倂論을唱홈이로다

然이나邇來韓人이劣敗ᄒᆞ고日人이優勝ᄒᆞᆫ故ᄂᆞᆫ不過是日人이西來의文明을襲取ᄒᆞ고韓人의沉睡未醒의機를乘ᄒᆞ야其計를售홈이어니와今에韓國의民智가漸開ᄒᆞ고民氣가漸壯ᄒᆞᆫ此日에合倂의實을擧ᄒᆞ기如此容易홀가此ᄂᆞᆫ日人도亦一加意홀비라

官報

隆熙三年十一月十三日

內閣告示第四十三號

特許登錄令과意匠의登錄에關ᄒᆞᆫ件과商標의登錄에關ᄒᆞᆫ件과實用新案의登錄에關ᄒᆞᆫ件과特許權存續期間延長에關ᄒᆞᆫ件과軍事上秘密을要ᄒᆞᆫ발明의特許에關ᄒᆞᆫ件과特許辨理士令과特許、意匠、商標、實用新案에關ᄒᆞᆫ審判、抗告審判及出訴에關ᄒᆞᆫ費用件과特許、意匠、商標及實用新案에關ᄒᆞᆫ手數料件에關ᄒᆞᆫ日本국法令等을左ᄀᆞᆺ치揭布홈

隆熙三年十一月九日

內閣總理大臣 李完用

○勅令第二百九十四號

(明治四十二年十月二十三日)

特許登錄令

第一章 總則

第一條 特許에關ᄒᆞᆫ登錄은左開事項에對ᄒᆞ야此를行홈

一 特許權、實施權、使用權及此等利權를目的으로ᄒᆞᄂᆞᆫ質權의設定、保存、移轉、變更、消滅、處分의制限又ᄂᆞᆫ特許法第四十四條의制限

二 特許의效力又ᄂᆞᆫ特許權의範圍에關ᄒᆞᆫ確定審決又ᄂᆞᆫ判決

三 特許法第十三條第一項의規定을依ᄒᆞᆫ代理人의選任或은變更又ᄂᆞᆫ其代理權의變更或은消滅

未完

外報

◎陸軍新制 露國議會에셔通牒ᄒᆞᆫ바陸軍新編制及配屬計劃의經費ᄂᆞᆫ合計千百萬磅인ᄃᆡ尙且一千九百十一年度에百萬磅千九百十二年度에百萬磅을增加ᄒᆞᆫ다ᄂᆞᆫᄃᆡ此ᄂᆞᆫ陸軍을改善ᄒᆞ야其勢力을增加홈이라더라

◎外債反對 清國北京에셔ᄂᆞᆫ湖北外債反對委員歡迎會를開ᄒᆞ엿ᄂᆞᆫᄃᆡ北京各學校代表者及大官等이多數臨席ᄒᆞ고委員長劉心源氏의演說이有ᄒᆞ엿ᄂᆞᆫᄃᆡ現場에셔株主應募者가多數ᄒᆞ엿다더라

◎哈爾賓問題 清露間哈爾賓行政問題에關ᄒᆞ야在北京露국有力者의意見을據ᄒᆞᆫ즉該問題에關ᄒᆞᆫ露국政府辨明셔ᄂᆞᆫ露京에셔발表되엿ᄂᆞᆫᄃᆡ此解決은前途가遼遠ᄒᆞᆫ즉八十年後에還附ᄒᆞ면斯足ᄒᆞ고又哈爾賓에셔露國이買收ᄒᆞᆫ土地ᄂᆞᆫ永久히還附치아니ᄒᆞ리라ᄒᆞᆫ다더라

◎法人資本團 法國下院에셔一議員이오로만銀行과協同ᄒᆞ야박구닷드鐵道繼續工事를行ᄒᆞ기爲ᄒᆞ야千萬法의資金을集合ᄒᆞ야德人五名法人四名墺地利及瑞西人各壹名과資本家團을瑞西크레라스地方에施設ᄒᆞ기를要求ᄒᆞ엿다더라

◎技師傭聘 清國海軍視察大臣은旣히英國技師를傭聘ᄒᆞ기로盟約ᄒᆞ엿다고本국에電報ᄒᆞ엿다더라

◎法國關稅案 法국議會에셔ᄂᆞᆫ關稅改正案을可決ᄒᆞ엿ᄂᆞᆫᄃᆡ同法은三月一日부터實行ᄒᆞᆫ다ᄒᆞ며該國商務卿은說明ᄒᆞ야曰本案은法國貿易에有益ᄒᆞ다ᄒᆞ엿다더라

◎談叢◎

▲我國의報紙 劍心

我國에ᄂᆞᆫ報紙中에官報가最先創始ᄒᆞ엿ᄉᆞ나此도惟書吏의亂抄로相傳홀ᄲᅮᆫ이오正書印行홈을禁ᄒᆞ엿고宣廟時에一書生이新聞紙를創刊ᄒᆞ다가朝廷에셔此가本國秘事를外國人에流布홈이라ᄒᆞ야其紙ᄂᆞᆫ押收ᄒᆞ고其人은禁錮ᄒᆞ엿ᄉᆞ며太황帝甲申에金玉均等이日人을聘ᄒᆞ야漢城旬報를刊ᄒᆞ다가玉均氏敗홈에報도隨廢ᄒᆞ니라嗚乎라新聞은文明事業의데一機關이아닌가此가阻力이無ᄒᆞ엿ᄉᆞ면三百歲尊齡되ᄂᆞᆫ大新聞이有ᄒᆞ엿슬진뎌

▲古代의人物

只今或人이國人中頑固人을對ᄒᆞ야熱이둥ᄒᆞ며齒를切ᄒᆞ야其頑固를痛惜ᄒᆞ기만하니此ᄂᆞᆫ決코其道를得ᄒᆞᆫ者ㅣ아니라大抵頑固人의頑固人됨은無他라其人이古代의人物인故니何故오ᄒᆞ면其身은비록二十世紀에坐ᄒᆞ엿ᄉᆞ나其精神은數百年數千年前時代에坐ᄒᆞ엿ᄉᆞ며其身은歐美文明揮揚의時代를際ᄒᆞ엿ᄉᆞ나其精神은唐虞三代와詩曰賦曰에在홀ᄲᅮᆫ이며其身은五大人種交홍의時代를際ᄒᆞ엿ᄉᆞ나其精神은程子朱子와退溪栗谷을追逐홀ᄲᅮᆫ이니此輩人은即今日人物이아니오古代人物이라古代人物을對ᄒᆞ야頑固를責홈은六七歲되ᄂᆞᆫ小兒에게對ᄒᆞ야幼稚를責홈과壹般이니何益이리오오쥭新文明의擴張을圖ᄒᆞ야新時代人物을作成홈에在ᄒᆞ니라

詞藻

❀急先務❀

一身에미인일이、許多錯亂ᄒᆞ치업다。
千思萬慮깁히ᄒᆞ야、大小輕重숣펴보니。
아마도、堂堂ᄒᆞᆫ急先務ᄂᆞᆫ、爲國獻身。

廣告

雜報

◎大內午餐宴 旣報와如히昨日上午十二時 仁政殿에셔文武百官을召集ᄒᆞ야午餐宴을開ᄒᆞ옵셧ᄂᆞᆫᄃᆡ百官은大禮服으로進參ᄒᆞ엿고 大皇帝陛下ᄭᅴ옵셔도 親臨ᄒᆞ셧다더라

◎宮中設宴 皇后陛下ᄭᅴ옵셔來八日下午一時에各 皇族夫人을 命召ᄒᆞ옵셔新年祝賀宴을設ᄒᆞ옵신다더라

◎兩勳訪問 中樞院顧問李址鎔權重顯兩氏ᄂᆞᆫ一昨日下午二時에大韓醫院에前往ᄒᆞ야李總相을訪問ᄒᆞ엿다더라

◎官紀振肅實施 各官廳에셔官紀振肅을實施ᄒᆞᆯ터인故로各官吏中資格이不合ᄒᆞᆫ者ᄂᆞᆫ一切辭職을勸告ᄒᆞᆫ다더라

◎但用日官 度支部에셔各地方稅務官廳中重要ᄒᆞᆫ地方에ᄂᆞᆫ日人官吏로셔任ᄒᆞ고韓人官吏ᄂᆞᆫ有闕無補ᄒᆞ기로議定ᄒᆞ엿다더라

◎實施懇乞 一進會長李容九ᄂᆞᆫ去二日曾禰統監을訪問ᄒᆞ고政合邦에對ᄒᆞ야實施ᄒᆞ기를懇乞ᄒᆞ엿다더라

◎誘人之計 一進會長李容九ᄂᆞᆫ向人說話ᄒᆞ기를合邦問題가實施되ᄂᆞᆫ同時에爲先官制를改正ᄒᆞ야人才를多數採用ᄒᆞᆯ터이니智識이有ᄒᆞᆫ同胞ᄂᆞᆫ從速入會ᄒᆞᆷ이必要ᄒᆞ다ᄒᆞ엿다더라

◎三氏補外說 內部主事金瓚濟沈夏慶曹秉善三氏ᄂᆞᆫ多年勤務ᄒᆞᆫ功效가有ᄒᆞ다ᄒᆞ야地方官을敍任ᄒᆞ기로協議中이라더라

◎問安單子退却 一進會에셔議首를値ᄒᆞ면宮內府에問安單子를提呈ᄒᆞᆷ은五年間遵行ᄒᆞ던年例인ᄃᆡ本年元日에ᄂᆞᆫ退却을遭ᄒᆞ엿다더라

◎韓語兼用 從來로電話를交換ᄒᆞᆯ時에日語로番號를通ᄒᆞᄂᆞᆫ故로韓人間에不便이有ᄒᆞ다ᄒᆞ야新年부터ᄂᆞᆫ韓語를無碍通用케ᄒᆞᄂᆞᆫᄃᆡ日人中에尙且韓語를能通치못ᄒᆞ야往往窒碍의弊가有ᄒᆞ다더라

◎順民不穩 平南各地方에地方稅를徵收ᄒᆞᆷ으로民心이不穩ᄒᆞᆷ은旣히累報어니와去月二十八日順川郡에셔ᄂᆞᆫ商民數百名이會集ᄒᆞ야市場管理人趙贊奎을無數毆打ᄒᆞ고財務署와駐在所로直入ᄒᆞ야終夜呼冤ᄒᆞ엿ᄂᆞᆫᄃᆡ該署에셔ᄂᆞᆫ地方稅를勿施ᄒᆞ겟다고曉諭解送ᄒᆞ엿다더라

◎水產社又設 拓殖會社副總裁閔泳綺中樞院顧問李址鎔兩氏ᄂᆞᆫ日本人某某와協力ᄒᆞ야水產合資會社를設립ᄒᆞ엿다더라

◎有何參考 警視廳에셔何等參考ᄒᆞᆯ事件이有ᄒᆞᆫ지再昨日果商組合의文簿를一一調査ᄒᆞ엿다더라

◎海豐逢訴 海豐府院君尹澤榮氏가日人本多潤에게金貨壹萬八千餘圓을債用ᄒᆞ고尙今淸帳치못ᄒᆞ엿다ᄂᆞᆫᄃᆡ該日人이右金額을推捧ᄎᆞ로日昨地方裁判所에起訴ᄒᆞ엿다더라

◎何等說話 熙川郡守金寶文氏ᄂᆞᆫ該郡壹進會員李龍三을對ᄒᆞ야時局에關ᄒᆞᆫ何等說話를交換ᄒᆞ엿ᄂᆞᆫᄃᆡ李龍三은該군守의言論을附演記草ᄒᆞ야國民新報社로送致ᄒᆞ고不日揭載ᄒᆞ라ᄒᆞ엿다더라

◎元氏義憤 安岳郡上場居元行燮氏의田土가該郡白鶴洞에在ᄒᆞ야該洞居一進會員의게多年時作을許ᄒᆞ엿ᄂᆞᆫᄃᆡ今番合邦宣言書를提出ᄒᆞᆫ後에元氏ᄂᆞᆫ痛忿을不勝ᄒᆞ야該田土를專히荒廢ᄒᆞᆯ지언뎡一進會員의게耕作을許ᄒᆞᆷ이不可ᄒᆞ다ᄒᆞ야沒數히他處로移作ᄒᆞ엿다더라

◎星儒獻議 星州郡儒生金昌洙李晉錫氏等이中樞院에獻議서를提呈ᄒᆞ엿ᄂᆞᆫᄃᆡ其槪意ᄂᆞᆫ如左ᄒᆞ니

壹進會에셔合邦聲明서를肆然頒布ᄒᆞ고其上疏文을內閣에三次呈納ᄒᆞ미內閣에셔ᄂᆞᆫ但繳還ᄒᆞᆯ而已오多士가中樞院에獻議ᄒᆞ되賜答이初無ᄒᆞᆫ지라於是乎李學宰推晶圭徐彰輔等이逆竪의走狗를甘作ᄒᆞ야狂吠가無所不至ᄒᆞ니宋秉畯李容九를引出ᄒᆞ야常刑을面施ᄒᆞ고壹進會를不日解散하야神人의憤을雪케하라하엿다더라

◎囑托見駁 沈鍾瑞氏가李根澤氏와裁判ᄒᆞᄂᆞᆫ事件을日人辯護士에게委任ᄒᆞ엿ᄂᆞᆫᄃᆡ李根澤氏ᄂᆞᆫ該辯護士에게請囑ᄒᆞ기를今番裁判事件을酬應치말고退却ᄒᆞ면其功勞를酬報ᄒᆞ깃다ᄒᆞᆫᄃᆡ변護士가李氏의無理ᄒᆞᆫ行動을論駁ᄒᆞ엿다더라

◎風浪將起 近日來某某人들은氣脉을相통ᄒᆞ야大韓協會를網打ᄒᆞᆯ計劃으로東西奔走ᄒᆞᆫ다ᄂᆞᆫᄃᆡ將次一大風浪이激起ᄒᆞᆯ貌樣이라더라

◎財主不法 忠北報恩郡財務署主事金光鉉氏ᄂᆞᆫ郡內結民을不拘老幼ᄒᆞ고陸續招致ᄒᆞ야烟竹으로毆打ᄒᆞ며冷廚에拘留ᄒᆞ고冷水를赤體에灌注ᄒᆞ야無數ᄒᆞᆫ苦楚를與ᄒᆞ며셔記를帶同ᄒᆞ고民間에躬行ᄒᆞ며人家內庭에突入ᄒᆞ야督促이火急ᄒᆞᆫᄃᆡ所管監督局에셔ᄂᆞᆫ此等不法의行爲를越視不禁ᄒᆞᆫ다고論評이有ᄒᆞ다더라

◎柴組承認 具滋益氏等이柴場組合所를設립ᄒᆞᆯᄎᆞ로警視廳에請願ᄒᆞᆷ은旣報어니와三昨日該廳에셔認許를與ᄒᆞ엿ᄂᆞᆫᄃᆡ所員壹同이再昨日南部苧洞居日人竹林著作家에셔總會를開ᄒᆞ고任員을選定ᄒᆞ엿다더라

◎供需社請願 趙秉澤李相弼諸氏가발起ᄒᆞ야株式供需會社를組織ᄒᆞᆯᄎᆞ로日前農商工部에請願ᄒᆞ고臨時事務所ᄂᆞᆫ豆석洞韓應履氏家로定ᄒᆞ엿다더라

◎尹氏渡洋 基督敎靑年會副會長尹致昊氏ᄂᆞᆫ歐美各國敎會를視察ᄒᆞᆯᄎᆞ로再明日土曜에發程ᄒᆞ야美國으로前往ᄒᆞᄂᆞᆫᄃᆡ靑年會員諸氏ᄂᆞᆫ該氏를餞別키爲ᄒᆞ야本日下午七時半에餞別宴을開ᄒᆞᆫ다더라

◎彗星과星學者 七十五年만에出現된하리彗星은昨年九月壹日부터非常ᄒᆞᆫ速力으로地球에近接되여最初에三億二千六百萬哩의距離가되던者가數月을未經하야日前에ᄂᆞᆫ僅히壹億四千萬哩의距離를成하다가至今에ᄂᆞᆫ反히地球와漸漸隔遠되여太陽으로向하나不遠間其現狀을壹變하야四月一日頃에ᄂᆞᆫ地球와最近ᄒᆞᆫ位置에到達ᄒᆞᆯ터인ᄃᆡ此時에地球와彗星의距離ᄂᆞᆫ五千六百萬哩에不過ᄒᆞᆯ터이라ᄂᆞᆫᄃᆡ此에對하야有名ᄒᆞᆫ佛國星學者의談論을據ᄒᆞᆫ즉今番彗星은西曆壹千六十六年及壹千四百五十六年의彗星과如히極히顯著ᄒᆞᆯ뿐아니라反히前二次보다尤勝ᄒᆞᆫ景況을現出ᄒᆞᆯᄂᆞᆫ지도不知하며多數ᄒᆞᆫ星學家의計算에ᄂᆞᆫ五月十八日에하리彗星이太陽의前面을통過하되其時에地球와彗星의頭部間距離ᄂᆞᆫ僅히壹千六百十四萬六千哩에不過ᄒᆞᆯᄃᆡ이며彗星의尾長은二千萬哩乃至三千五百萬哩되ᄂᆞᆫ者ㅣ多ᄒᆞᆷ으로地球와壹千六百萬哩의距離에在ᄒᆞᆫ彗星의尾ᄂᆞᆫ數時間地球를包圍ᄒᆞᆯ터인ᄃᆡ地球의空氣中酸素가彗星의尾의水素와化合되ᄂᆞᆫ時ᄂᆞᆫ地球上人類及其他動物은窒塞하야全滅될지며又此와反하야窒素의量이減小된다하면酸素가過多하야吾人은急然히肉體的活動을催進하고精神이錯亂되여人類ᄂᆞᆫ悉皆狂喜中에셔最後를遂하미至ᄒᆞᆯ터인ᄃᆡ彗星의尾ᄂᆞᆫ非常히輕하고稀薄하야其形狀이霧와如하며又此地球가壹千八百九年及壹千八百六十壹年의兩次에彗星의尾를통過ᄒᆞᆫ事이有하나何等危害를不蒙하엿슨즉天體의造化를確知키難하나今番도亦是無事하리라ᄒᆞᆫ다더라

◎金家回祿 中部寺洞居前참判金昇圭氏家에셔三昨日上午二時에失火ᄒᆞ야瓦家十間을燒燼ᄒᆞ엿다더라

◎略人犯被捉 中部禁府後洞居ᄒᆞᄂᆞᆫ朴仁昌은略人犯으로三昨日所管警署에被捉ᄒᆞ엿다더라

◎尹氏被捉 平壤居尹台鎭氏ᄂᆞᆫ東部後井洞居景召史의金班指를賣斥ᄒᆞᆫ事件에關ᄒᆞ야再昨日所管警署에被捉ᄒᆞ엿다더라

◎誘人犯被捉 北部齋洞居崔君心은隣居尹爵燮氏에女婢二人을誘引ᄒᆞᆫ事件이發現되야再昨日北署에被捉ᄒᆞ엿다더라

◎淸組開會 淸潔組合所에셔日昨에總會를開ᄒᆞ고所長은崔淳英氏로專務取締人은李憲宰其他某某日人으로選定ᄒᆞ엿다더라

◎西北無關 西北學會의運動으로金允五崔錫夏等某某氏가政黨會를設立ᄒᆞᆫ다고某報에揭載ᄒᆞ엿스나西北學會에셔ᄂᆞᆫ干涉이初無ᄒᆞᆫ事이라더라

◎靑舘開演 今日下午七時에鍾路靑年會舘에셔演說會를開ᄒᆞ고美國人牧師쎄다인氏를請邀ᄒᆞ야事業家의最要ᄒᆞᆫ法律이란問題로演說ᄒᆞᆫ다더라

學界

◎眞理會발起 公州郡永明學校內에有志紳士諸氏가眞理講演會를발起ᄒᆞ고境內靑年를募集ᄒᆞ야道德上眞理를講演ᄒᆞᆫ다더라

◎陽倅寄셔 陽川郡守李浩升氏가各種敎科서를多數購買ᄒᆞ야該郡內五學校에寄付ᄒᆞ엿다더라

◎普校友會 忠南公州郡公립普通學校學員이二百餘名에達ᄒᆞ엿ᄂᆞᆫᄃᆡ羅時榮金基哲任廷鎬李建鎬諸氏가斆學相長ᄒᆞ고患難相恤ᄒᆞᆯ目的으로校友會를발起ᄒᆞ엿다더라

◎雙校試績 果川郡私립雙明學校에셔冬期試험을經ᄒᆞ엿ᄂᆞᆫᄃᆡ校長李根澤郡守徐相準郡主事邊定基校監邊珏鉉諸氏가優數ᄒᆞᆫ賞品을施與ᄒᆞ엿다더라

◎三山經試 東小門外城北洞私立三山義塾에셔去月卄九日에學期試험을經ᄒᆞ고冬期放學式을擧行ᄒᆞ엿다더라

◎芝校經試 南部西氷庫私립芝山學校에셔去月에年終試驗을經ᄒᆞ엿ᄂᆞᆫᄃᆡ優等生이十餘人이라더라

◎南倅優績 全北南原郡守尹昌鉉氏ᄂᆞᆫ治績이優美ᄒᆞᆯ뿐더러敎育에熱心ᄒᆞ야該郡普통學校를極力贊成ᄒᆞ며測量講習所를設립ᄒᆞ고學徒百餘人을養成ᄒᆞ야境內土地를測量케ᄒᆞ엿다더라

▲社會燈▼

▲內部大臣朴齊純氏ᄂᆞᆫ新年仕進에各官吏와相見禮를行ᄒᆞ고今年에도昨年과ᄀᆞᆺ치新事業을益益발展ᄒᆞ야國家의幸福을增進케ᄒᆞᄌᆞ고一場勸勉ᄒᆞ더라지出版法이나뇌여셔言論家의自由나걺制ᄒᆞ고押收令이나내여셔人民의耳目이나塗塞ᄒᆞ고飼犬規則이나뇌여셔無罪ᄒᆞᆫ畜產이나撲殺ᄒᆞᄂᆞᆫ고ᄶᅡ위奇奇妙妙ᄒᆞᆫ新事業을또히보랴나야불야불ᄒᆞᄂᆞᆫ납솔도너무쌘쌘ᄒᆞ지

▲載寧殷栗에二百餘萬坪되ᄂᆞᆫ鐵礦은日本政府에讓渡ᄒᆞ고每年一千坪에稅金五十錢式領收ᄒᆞ기로契約을成立ᄒᆞ엿다지天府金湯이山川에許多ᄒᆞᆫ礦產은모다他人所有가되고區區ᄒᆞᆫ二百萬坪의鐵礦을經營ᄒᆞ다가그것도過滿ᄒᆞ야마져讓渡를ᄒᆞ나人心이厚ᄒᆞ거던空으로나뇌여쥬지稅金은다무엇마르게여露積담불을남내쥬고싸락이도막만쥬셔먹으면療飢가되ᄂᆞᆫ지

▲日人通信員들은新年祝賀最初頭에韓日關係를根本的으로解決ᄒᆞ고日本人民을韓國에移植ᄒᆞ기로口口相誦ᄒᆞ고人人이相傳ᄒᆞᆫ다지三千里疆土가口頭에남실남실ᄒᆞ니ᄶᅢ脾胃가밧ᄶᅡᆨ動ᄒᆞ셔ᄶᅵᆯ닥ᄒᆞᆯ生覺이나ᄂᆞᆫ게지만咽門은狹窄ᄒᆞ고食量은不宏ᄒᆞᆫᄃᆡ더러ᄒᆞᆫ巨物을싱키다가氣ᄉᆞ구녁이ᄶᅦᆨ막키고비人쌀이룩더지면져러케揚揚得得ᄒᆞ던驕氣가자라목ᄀᆞᆺ치쏙드러갈걸

社告

熙川邑內面東門外洞金錫澤氏로本支社員을認許ᄒᆞ고本年一月一日부터申報를每日發送ᄒᆞ오니該附近地에셔本申報購覽ᄒᆞ실　僉君子ᄂᆞᆫ申報代金과本社에對ᄒᆞᆫ諸般事를金澤錫氏에게請求ᄒᆞ시고該氏와交涉ᄒᆞ시옵

大韓每日申報社

廣告

本人의姓名章을十二月卄九日에路失ᄒᆞ엿ᄉᆞ기玆에廣告홈

平壤鑑興面都務所洞　趙用泰　白

●特別廣告

本所에셔新發明ᄒᆞᆫ온八仙菓子ᄂᆞᆫ元氣를補ᄒᆞ고脾胃를健ᄒᆞ기爲ᄒᆞ야菓子材料에蔘苓等多品補材를加入製造ᄒᆞᆫ故로衛生上에大有益ᄒᆞᆫ實効가有ᄒᆞ오니僉彦은陸續請求ᄒᆞ시옵

○老人과乳兒의게適合
○學生上學時点心에經便
○旅行時에必要

遠地에ᄂᆞᆫ代金引換으로信呈홈

一函　二十四個入　正價十錢

南部大山林洞(孝橋通)四十四統一戶

八仙菓製造所

本人의姓名章을陰十月一日夜에셔失ᄒᆞ엿ᄉᆞ오니知舊間照亮ᄒᆞ심

平北郭山郡西面好巖里金映燾

本人이熙川郡砂金鑛認許로金一百圓於靑을李鶴來의게소지ᄒᆞ다가竟來中路에於ᄒᆞ게陰十一月七日遺失ᄒᆞᆫ즉內外國人間拾得이라도勿施홈

中署校洞二十八統四戶　沈希澤

私立禮洞學校에寄付ᄒᆞᆫ음洒齋契답三十一斗落은本契員三十二名의先祖때옵셔鳩聚之財로買得ᄒᆞᆫ것이오當此廢齋設校之時ᄒᆞ야無數ᄒᆞᆫ靑年을敎育ᄒᆞ기爲ᄒᆞ야當當ᄒᆞᆫ義務로吾儕가協議ᄒᆞ야契約寄附ᄒᆞᆫ것이니夫何褊阨之心으로更議寄付於他校리오彼幾個李辰葉等이本契員中代表라詐稱ᄒᆞᆫ은全契員이無效로歸ᄒᆞ오니官私립間學校에主務ᄒᆞᄂᆞᆫ僉彦은愼勿見欺ᄒᆞ심을伏望

平北郭山郡郡面下端里
음洒齋契員等　李慶蘭

金信奉	承俊基	
白芝行	林石祥	
白珍行	承麟澤	
金京熙	金治玉	
金益甫	全聖肇	
白仁行	金益俊	
金京勳	金瑞鉉	

本校의寄付답中음洒齋契답三十一斗落은本校設립時에該齋契員이協同寄付ᄒᆞᄂᆞᆫ文籍를前郡守李啓爽氏가捺印ᄒᆞ시고其後署理宜川郡守金과鉉氏來臨時에도該契員이永久히寄付ᄒᆞᄂᆞᆫ意로契約書를更爲提出이기本校에셔寄付답中에編入ᄒᆞ야設립認可請願서를學部에提出이옵더니近日該契員中挾雜輩李辰葉四人이全契員三十二名을代表ᄒᆞ엿다冒稱ᄒᆞ고本校에寄付된三十一斗落을本邑公립普通學校敎監申原綱五郞氏게對ᄒᆞ야更移寄付請願서를提出ᄒᆞ엿다ᄒᆞ기玆에廣告ᄒᆞ오니該契僉彦은照亮ᄒᆞ시옵

平北郭山郡郡面下端里
私립禮洞學校校主金碩賛
校長白仁行告白

特別廣告

公債證券
合名社債券
株式證券
倉庫證券
船卜證券
鐵道貨物證券

有價證券 ━ 直接賣買 ━ 受托賣買 ━ 保擔貸金

◀特別　特別▶

現今商業界에隱光이發展홈을隨ᄒᆞ야銀行、會社、等確實ᄒᆞᆫ趣味잇ᄂᆞᆫ社會가日上增ᄒᆞ고月上盛ᄒᆞ게設立될希望이有ᄒᆞᆫ지라이又ᄒᆞᆫ同時에株券에對ᄒᆞ야相讓ᄒᆞᆯ處가無ᄒᆞᆷ으로各位株主의希望ᄃᆡ로讓受ᄒᆞ기便利ᄒᆞᆷ과事由에因ᄒᆞ야讓渡ᄒᆞᆯ時와必要에關ᄒᆞ야臨時的資金融通의便利等事項을酬應ᄒᆞ기爲ᄒᆞ야弊商會에셔特히有價證券取引部를設立ᄒᆞ고買賣及貸付에關ᄒᆞᆫ一切事項을請求ᄒᆞ시ᄂᆞᆫᄃᆡ로誠確ᄒᆞ고安全ᄒᆞ게大注意ᄒᆞ와迅速히酬應ᄒᆞᆯ지ᄉᆞ오니多少를不拘ᄒᆞ시고來議ᄒᆞ심을務望홈

京城南署廣通坊二十六統十戶
金龍商會
主業　金龍隱

德國일버펠드地方의파옌파부리겐染料會社ᄂᆞᆫ韓國에在ᄒᆞᆫ本社의組織員되ᄂᆞᆫ僉位의게通告ᄒᆞ노니本會社가**日本大阪**의**日人會社**에셔此末端에揭示ᄒᆞᆫ本社의已久ᄒᆞᆫ**登錄**商**標**에**犯科**ᄒᆞᆫ事에對ᄒᆞ야裁判得勝ᄒᆞ엿ᄂᆞ이다

又本社의特意主顧ᄒᆞ시ᄂᆞᆫ　僉位와其他關係되ᄂᆞᆫ　僉位의게表明ᄒᆞ노니本社의商標나或此와**類似**ᄒᆞᆫ것이라도犯**用**ᄒᆞᆯ權이有ᄒᆞᆫ者ᄂᆞᆫ全無ᄒᆞ오며本회社ᄂᆞᆫ世所共知ᄒᆞᄂᆞᆫ本社製品을韓國으로陸續輸入케ᄒᆞᆯ터이오며且本社商標를**贋造**ᄒᆞ야**輸入**ᄒᆞᄂᆞᆫ者ㅣ更有ᄒᆞ면卽告訴를當ᄒᆞᆯ터이오니特이愼戒ᄒᆞ시옵

商標

商標

本人의第四子應鍘이가不事產業ᄒᆞ고虛蕩無比라가出家幾朔에更不入家ᄒᆞ고亂債를求得코ᄌᆞ ᄒᆞ오니內外國人은雖一分錢이라도全勿見欺홈

義州威遠面三下洞金義健告白

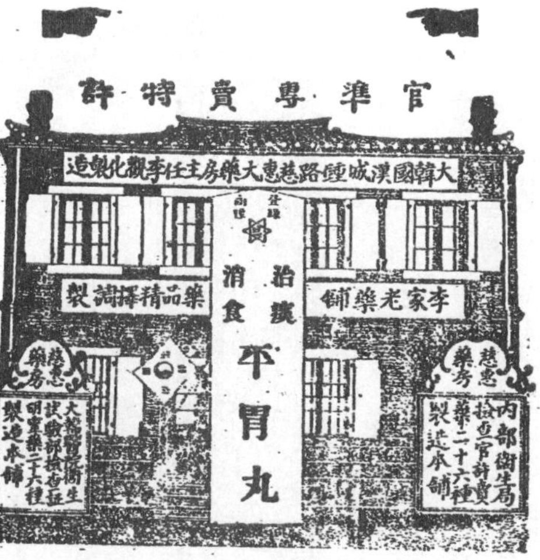

移館擴業廣告

本館을大貫洞上隅로移ᄒᆞ고各種書籍과帽子와學徒用品을大加擴張ᄒᆞ고特歇발賣ᄒᆞ오니陸續請求ᄒᆞ옵

編輯部를置ᄒᆞ고서籍을編述발刊ᄒᆞ며裁縫所를附ᄒᆞ야帽子服裝을製造ᄒᆞ며文房諸具와帽子附屬品과毛織布木이具備홈

平壤大貫洞上隅
光明書觀主
朴致祿
金燦斗
韓承坤

同和藥房廣告

本國藥材로洋製新造ᄒᆞ야各病에神効ᄒᆞ오며
用藥寶鑑全卷　定價三十錢
宗敎統一論全卷　定價十錢

平壤郡支店長　宋尙愈管內

出張所位置

第一平壤磚石洞金冕恒第二遂安粟里宋翼周第三遂安明導赫第四順川龍升里劉允文第五平壤朱村朱恩敬第六陽德佳倉李鎭亨第七成川丫波李應烈第九甑山一上里宋尙憲第十順川舍人市崔鼎燁第十一平壤司倉里金用良第十二都龍洞金鎭範第十三五柳洞金斗昱第十四張察訪洞黃錫淸第十五三和南浦康元俊第十六成川淵洞朱基鎭第十七江西箴眞池昇麟第十八甑山斑石里黃鶴表第十九平壤舊東昌宋翰周데二十長村崔善宇데二十一遂安邑石梡高義守데二十二粟里上場金春燮데二十三江東漢垈朴達鉉데二十四永柔白鷺里李翰楧紙面이不足ᄒᆞ야未能枚擧홈

京城西小門外車洞
本舖　閔 檀 白

本人이葉草客主數年에各處草商雲集交易ᄒᆞᄂᆞᆫᄃᆡ內外國烟草會社에셔도連續貿去ᄒᆞ고本國絕草商도多數貿去ᄒᆞ옵기로一層擴張ᄒᆞ엿ᄉᆞ오니　僉君子ᄂᆞᆫ陸續來臨ᄒᆞ시기를希望

京城西大門外尾洞百八統九戶
宋憲翼
邊昌根　告白

檀君開國四千二百四十二年
箕子元年三千三十一年
大韓開國五百十八年
本報創刊日 光武八年七月十八日

大韓每日申報

Responsible for Publication Alfred Weekley Marnham.
發行兼編輯人 英國人 萬咸
發行所 京城南部石井洞三層洋屋家 大韓每日申報社

第七卷　月曜及慶節歲時休日休刊　第一千二百八十二号

論說

●韓日合倂論者에게告ᄒᆞᆷ 續

日人의眼中에韓國이已往元의壓制를受ᄒᆞ며明의壓制를受ᄒᆞ며又淸의壓制를受ᄒᆞ야高麗以後六七百年을獨立을失ᄒᆞᆫ故로韓人을侮視ᄒᆞ나然이나此ᄂᆞᆫ今日과事勢가大異ᄒᆞ나니(一)此時ᄂᆞᆫ宗敎時代라人類의宗敎觀念이國家觀念보다重ᄒᆞᆫ時代인ᄃᆡ韓人이儒敎를支那에서受ᄒᆞᆫ故로此를儒敎의宗主國이라ᄒᆞ야歐洲人民이羅馬敎皇에게隷屬ᄒᆞ며歐洲帝王이羅馬敎皇에게加冠을受ᄒᆞᆷ과如히支那를待ᄒᆞᆷ이오實로兵力을畏ᄒᆞ야屈ᄒᆞᆷ이아니라然이나今日은國家思想이發達ᄒᆞᄂᆞᆫ日이니日本의歐洲的文化가韓國에輸入될지라도此로由ᄒᆞ야韓人이日本을崇拜치아니ᄒᆞᆯ지며(二)元은高麗의貴族及君主의爭權을機ᄒᆞ며明은本朝가高麗를鼎革ᄒᆞᄂᆞᆫ際에民心의決裂을機ᄒᆞ며淸은四色黨의分裂을機ᄒᆞ야其勢力을韓國에施ᄒᆞ고甲申以後日本의勝利ᄂᆞᆫ新舊黨의相猜와戚원政治의腐敗를機ᄒᆞ야其手腕을韓國內에揮ᄒᆞ엿거니와從今韓人은一致統一의念이漸盛ᄒᆞ야國家의前途를謀ᄒᆞ니今日形勢가決코往時와不同ᄒᆞ며(三)彼明淸等은不過是政府를壓迫ᄒᆞ야金幣幾千兩이나徵ᄒᆞ며人蔘幾百斤이나求ᄒᆞ야名義上으로徵貢國을作ᄒᆞᄂᆞᆫ同時에又韓政府에納送ᄒᆞᄂᆞᆫ物品이徵收ᄒᆞᄂᆞᆫ物品보다過ᄒᆞ고且人民의權利ᄂᆞᆫ敢히奪ᄒᆞ지못ᄒᆞ며人民의産業은敢히擾ᄒᆞ지못ᄒᆞ엿ᄉᆞ니然則彼가一時韓國에羈絆을授ᄒᆞᆷ은虛名뿐이라故로韓人이其苦痛을冥然不覺ᄒᆞ엿거니와今에ᄂᆞᆫ國이亾ᄒᆞ면民도亾ᄒᆞ나니韓人이日本의擧動을明淸ᄀᆞᆺ치視ᄒᆞ지아니ᄒᆞ며(四)已往日本은韓國의開化를被ᄒᆞᆫ國이라神敎ᄂᆞᆫ新羅의仙史에拾取ᄒᆞ며儒敎와佛敎ᄂᆞᆫ百濟에셔輸入ᄒᆞ며其他工藝美術도皆韓國에셔借去ᄒᆞᆫ故로即今日本의武力이아모리赫赫ᄒᆞ야도韓人의心目中에ᄂᆞᆫ日本을無視ᄒᆞ야對抗ᄒᆞᆯ心은有ᄒᆞ되屈從ᄒᆞᆯ意ᄂᆞᆫ無ᄒᆞ나니遽然히合倂을忍視치아니ᄒᆞᆯ지며(五)已往에ᄂᆞᆫ日本이韓國을侵ᄒᆞ면韓國도日本을攻ᄒᆞ야셔로不下ᄒᆞ다가本朝 太宗 世宗兩朝의對馬島征討ᄒᆞᆫ以來로韓國의征日의師가永絶ᄒᆞ엿ᄉᆞ나二千年歷史的感情이韓人의腦를支配ᄒᆞᆫ故로小兒의口에도倭놈二字가慣ᄒᆞ며婦女의眼에도壬辰一錄이熟ᄒᆞ야天이崩ᄒᆞ고地가裂ᄒᆞ야도日本에對ᄒᆞᆫ感情은不磨ᄒᆞ리니嗟彼韓日合倂論者여

(未完)

官報

隆熙三年十一月十三日
內閣告示第四十三號

○勅令第二百九十四號
(明治四十二年十月二十三日)

特許登錄令 續

第二條 假登錄은左開ᄒᆞᆫ境遇에셔此를行ᄒᆞᆷ

一 登錄의申請에必要ᄒᆞᆫ手續上의條件이具備치아니ᄒᆞᆫ時

二 前條第一號에揭載ᄒᆞᆫ權利의設定、移轉、變更又ᄂᆞᆫ消滅의請求權을保全코ᄌᆞᄒᆞᆯ時와其請求權이始期가有ᄒᆞ거나又ᄂᆞᆫ停止條件이有ᄒᆞᆯ時와其他將來에確定ᄒᆞᆯ者가될時도亦同ᄒᆞᆷ

外報

●法統領演說 法國大統領은新年忝賀를際ᄒᆞ야演說ᄒᆞ되平和推持를孜孜히ᄒᆞ야外交上에努力ᄒᆞᆫ다고云ᄒᆞ엿다더라

●美艦着日 去三日에美國太平洋艦隊旗艦二隻이日本橫濱에到着ᄒᆞ엿ᄂᆞᆫᄃᆡ後日入港ᄒᆞᄂᆞᆫ六隻과共히桑港으로向ᄒᆞᆫ다더라

●希臘消息 希臘政府ᄂᆞᆫ陸軍團의要求를因ᄒᆞ야內務大臣의退職及士都以外에在ᄒᆞᆫ各國領事館은廢止ᄒᆞ기로承認ᄒᆞ엿다더라

●視察員巡覽 淸國海軍視察委員一行은維也納에到着ᄒᆞ야馬車及護衛兵으로各地에巡覽ᄒᆞ엿다더라

●法國非難 法國政府ᄂᆞᆫ摩洛哥국의一般損害疲弊를回復ᄒᆞᆯ問題에關ᄒᆞ야考慮ᄒᆞ며又西班牙의戰爭政策을非難ᄒᆞᆫ다더라

●統一黨宣言 英國愛爾蘭의統一派ᄂᆞᆫ宣言書를발ᄒᆞ야其選擧民에게訴ᄒᆞᆫ다더라

●德國海溢 德국에셔ᄂᆞᆫ暴風이起ᄒᆞ야海溢이부레멘港을迫ᄒᆞ엿다더라

●首相後繼 伊太利駐在土耳其大使ᄂᆞᆫ土國首相되기를承諾ᄒᆞ엿다더라

●外相伯林行 塞爾維亞外相은其夫人을訪問ᄒᆞ기爲ᄒᆞ야伯林附近病院에向ᄒᆞ엿ᄂᆞᆫᄃᆡ政治的意思ᄂᆞᆫ아니라더라

●法艦到着 法국艦隊ᄂᆞᆫ몬테네그로國아지발港에到着ᄒᆞ엿다더라

○談叢○

▲惟眞理　劍心

吾人은孔子로先生을作ᄒᆞᆯᄉᆡ耶蘇로先生을作ᄒᆞᆯᄉᆡ麻哈麥으로先生을作ᄒᆞᆯᄉᆡ曰皆否否라오쟉眞理로先生을作ᄒᆞ리라

故로孔子耶蘇麻哈麥의行ᄒᆞᆫ바라도眞理에合ᄒᆞ면恭承敎ᄒᆞ려니와만일眞理에不合ᄒᆞᆫ者면吾人은頭가碎ᄒᆞᆯ더라도決斷코反抗을作ᄒᆞ야我眞理先生을惟從ᄒᆞ리라

고란經典에아모리云云ᄒᆞ엿스며新約舊約에아모리云云ᄒᆞ엿스며論語孟子에아모리云云ᄒᆞ엿스되吾人은오쟉眞理로聖經을作ᄒᆞ리라

故로如何ᄒᆞᆫ聖人經賢人傳이라도眞理에合ᄒᆞ면已어니와眞理에不合ᄒᆞ면吾人은骨이粉ᄒᆞᆯ더라도決斷코正義를仗ᄒᆞ야我眞理聖經을惟讀ᄒᆞ리라

大抵破壞가無ᄒᆞ면建設이無ᄒᆞ나니舊學說이不破壞ᄒᆞ면新學說이不建設될지며舊思想이不破壞ᄒᆞ면新思想이不建設될지며舊習俗舊制度가不破壞ᄒᆞ면新習俗新制度가不建設될지라

嗚呼라新高樓華閣을作코저ᄒᆞ거던舊席門草屋을毁ᄒᆞ며新錦衣繡服을着코저ᄒᆞ거던舊短褌汚衫을脫ᄒᆞ라

嗚呼라古人古學의奴隷된同胞들이여

詞藻

●私情업서●

낙시뭇헤걸닌고기、碧海밋헤좀겨잇고。
鐵弓에놀닌새는、向方업시날어는다。
至今에、이낙뎌이털弓은、私情업서。

廣告

雜報

◎菊池叅內 大韓醫院長日人菊池博士가再昨日上午十一時昌德宮에叅內ᄒᆞ엿ᄂᆞᆫᄃᆡ 大皇帝陛下ᄭᅴ옵서 御酒를特賜ᄒᆞ옵시고李總相의治療狀態를 下詢ᄒᆞ옵셧다더라

◎午饌下賜 昨日에 大황帝陛下ᄭᅴ옵서仁政殿에셔宮內府奏任官一同을特召ᄒᆞ샤午饌을賜ᄒᆞ셧다더라

◎大久保陛見 日本軍司令官大久保ᄂᆞᆫ昨日午前十一時三十分에 昌德宮에進詣ᄒᆞ야 大황帝陛下ᄭᅴ 陛見ᄒᆞ엿다더라

◎恩賜優渥 太皇帝陛下ᄭᅴ옵셔去月卅一日에宮內府次官小宮에게銀碗壹組書記官津輕에게銀瓶壹箇技師岡本에게紬二疋을 下賜ᄒᆞ옵시고 皇貴妃殿下ᄭᅴ옵셔小宮의妻에게銀盃壹組卷烟匣壹個를 下賜ᄒᆞ옵셧다더라

◎尹邸夜飮 宮內府大臣閔丙奭侍從院卿尹德榮兩氏ᄂᆞᆫ再昨日 仁政殿 賜饌에叅與ᄒᆞ엿다가下午二時에ᄂᆞᆫ李總理를訪問ᄒᆞ고仍히尹德榮氏私邸로會同ᄒᆞ야終夜宴會ᄒᆞ엿다더라

◎是何風說 今年四月頃에 황太子殿下歸國ᄒᆞ심에對ᄒᆞ야宮廷間에一種風說이有ᄒᆞ다ᄂᆞᆫᄃᆡ此를因ᄒᆞ야尹德榮嚴柱益兩氏間에도不和ᄒᆞᆫ貌樣이有ᄒᆞ다ᄂᆞᆫ說이有ᄒᆞ다더라

◎投瓊報芃 輔國閔泳徽氏ᄂᆞᆫ年終禮物로銀盤床一具를 義親王殿下ᄭᅴ製呈ᄒᆞ엿ᄂᆞᆫᄃᆡ同殿下ᄭᅴ셔ᄂᆞᆫ曆書五十部와空冊五十部를 答謝ᄒᆞ엿다더라

◎統監歸國內容

今番曾彌統監歸國에對ᄒᆞ야或者ᄂᆞᆫ統監更迭을爲ᄒᆞᆷ이라ᄂᆞᆫ說이有ᄒᆞ나此ᄂᆞᆫ今番曾爾統監이五十餘箇의行李를持歸ᄒᆞᆫ故로此說이有ᄒᆞᆷ이오一消息을得聞ᄒᆞᆫ즉統監의今番歸國은重大ᄒᆞᆫ事件을帶去ᄒᆞᆷ이分明ᄒᆞᆫᄃᆡ此ᄂᆞᆫ合邦合倂等은아닌듯ᄒᆞ고畢竟韓國統治權全體를統監에게委任케ᄒᆞ야同時에總理를廢止ᄒᆞ고統監이兼任ᄒᆞ리라ᄒᆞ며大小行政을一倂日本과合同ᄒᆞ야一物을作코자ᄒᆞᆷ이라ᄂᆞᆫ說이有ᄒᆞ다더라

◎路次警衛 昨日은內閣例會日인ᄃᆡ各大臣이仕進ᄒᆞᄂᆞᆫ路次에韓日巡査가嚴密警衛ᄒᆞ엿다더라

◎樞院協議 昨日은中樞院木曜例會인故로副贊議諸氏가會同ᄒᆞ야星州郡儒生의獻議書를因ᄒᆞ야內閣에建議ᄒᆞ기로協議ᄒᆞ엿다더라

◎政界消息 李完用氏의遭變을因ᄒᆞ야總理의職이久空ᄒᆞᆷ이不可ᄒᆞᆫ즉何等變動이必有ᄒᆞᆯ지니李完用氏의退職은卽現內閣의破壞됨이라然이나朴齊純氏가內閣을組織ᄒᆞᆫ다ᄒᆞᆷ은無用의空論이라ᄒᆞ며曾彌統監이今番日本召命을因ᄒᆞ야歸국ᄒᆞᆷ으로流說이頻頻ᄒᆞᆫᄃᆡ數十日內에漢城政界의大變動이起ᄒᆞᆯ듯ᄒᆞ다더라

◎益益增加 隆熙三年度에ᄂᆞᆫ地方費가十壹萬五千四百六十餘圓이오今年度에ᄂᆞᆫ六十萬餘圓에達ᄒᆞ엿ᄂᆞᆫᄃᆡ此後에漸漸增加ᄒᆞ야未久에百萬圓에至ᄒᆞ리라더라

◎漢府增官 漢城府에셔ᄂᆞᆫ地方費施設以來로事務가多繁ᄒᆞ다ᄒᆞ야主事五名技手五名을本年度에增加ᄒᆞᆫ다더라

◎淸書記新任 韓國駐在淸국各領事館書記ᄂᆞᆫ五名이新任되엿다더라

◎日主日增 內部에셔ᄂᆞᆫ今年度에日人主事二十六名을增置ᄒᆞ기로ᄒᆞ고各地方에도日人主事百名을增額ᄒᆞᆫ다더라

總相危篤

李總相의容態ᄂᆞᆫ近頗危篤ᄒᆞ야膿血을口吐ᄒᆞ며身熱이漸劇ᄒᆞᆷ으로日前부터頭部에氷蒸術을連試ᄒᆞᆫ다더라

◎次第訪問 完順君李載完義陽君李載覺兩氏와大韓醫士綜合所總代二人과警視總監若林賚藏이再昨日大韓醫院에前往ᄒᆞ야李總相을訪問ᄒᆞ엿다더라

◎李氏情摯 親衛府長官李秉武氏ᄂᆞᆫ李完用氏에게茸蔘等藥物을寄付ᄒᆞ고每日病症을書辭로採問ᄒᆞᆫ다더라

◎無事不考 內部警務局에셔ᄂᆞᆫ韓국自來의政治關係를溯考ᄒᆞ기爲ᄒᆞ야四色黨派에分立된裏由와其弊害의如何를現方叅考ᄒᆞᄂᆞᆫ中이라더라

◎新庄歸國 內部文書課長日人新庄은身病을因ᄒᆞ야去四日에歸國ᄒᆞ엿다더라

◎監督發程 新任日本留學生監督李晩奎氏ᄂᆞᆫ本月初旬頃에발程赴任ᄒᆞᆯ預定인ᄃᆡ學部一般官吏가將次餞別宴을設行ᄒᆞ기로準備中이라더라

◎石塚招宴 統監府總務長官石塚은去五日에在日本英國大使館叅事官及在京城英國總領事를招宴ᄒᆞ엿다더라

◎人衆可畏 民籍調査가日日進行ᄒᆞᄂᆞᆫᄃᆡ已爲準備ᄒᆞ엿던調査用紙가業已不足에至ᄒᆞ엿고人口가大略一千五百萬에上ᄒᆞᆯ깃ᄂᆞᆫ고로當局者ᄂᆞᆫ韓國人民의如此衆多ᄒᆞᆷ을大吃驚ᄒᆞᆫ다더라

◎同黨相仇 一進會員中에셔ᄂᆞᆫ該會長李容九를暗殺ᄒᆞ라ᄂᆞᆫ黨派가有ᄒᆞ다ᄂᆞᆫ說이有ᄒᆞᆷ으로某處에셔秘密히探中이라더라

◎聲討日至 庇仁郡鄕校直員李治權氏와泰仁郡居宋찬鏞氏等三百四十餘人은國民大演說會에長書를送致ᄒᆞ고海州郡居朴殷教氏ᄂᆞᆫ李容九의게長書를送致ᄒᆞ야一進會의罪惡을聲討ᄒᆞ엿다더라

◎楚民憤激 去月二十日에楚山郡民人數千名이會集ᄒᆞ야該郡境內에在ᄒᆞᆫ一進會員을驅黜ᄒᆞᆫ다ᄒᆞ야風色이甚히危險ᄒᆞ엿ᄂᆞᆫᄃᆡ所管警察署에셔說諭ᄒᆞᆫ効果로幸히無事ᄒᆞ엿다더라

◎國民社紀念 昨日은國民新報社刱刊第四回紀念日인故로同日下午五時에內外국新聞記者를該社內에請邀宴待ᄒᆞ엿다더라

◎安氏寄書 安重根氏의弟定根氏ᄂᆞᆫ目下旅順口鮫島町寶豐客棧에留ᄒᆞᄂᆞᆫᄃᆡ再昨日漢城에在ᄒᆞᆫ法學協會로長書一封을送致ᄒᆞ고韓人辯護士會로轉致ᄒᆞ기를要求ᄒᆞ엿다더라

安氏護安

平壤辯護士安秉瓚氏ᄂᆞᆫ旅順에被逮ᄒᆞᆫ安重根氏를辯護ᄒᆞ겟다고請願ᄒᆞ야許可를得ᄒᆞ엿슴으로日間理事廳에旅行劵을得ᄒᆞ야發程ᄒᆞᆯ計劃인ᄃᆡ旅費ᄂᆞᆫ自家의所有를傾ᄒᆞ야金百圓을辦得ᄒᆞ엿다더라

◎日僧活動 日本佛徒豐田이韓國에佛教를布設ᄒᆞᆯ次로認可를得ᄒᆞ엿다더라

◎絕對禁止 舊白銅貨ᄂᆞᆫ絕對的으로昨年末日後에ᄂᆞᆫ通用을禁止ᄒᆞ엿ᄂᆞᆫᄃᆡ回收額이九百五十萬圓이라더라

◎慈善其心 金衡鎭氏의大夫人은京城孤兒院生徒의襪子를白木으로製造寄附ᄒᆞ엿고大韓婦人實業商會에셔ᄂᆞᆫ一般孤兒의衣服을裁縫ᄒᆞ며工錢을半數만領收ᄒᆞ고貞洞教堂에셔ᄂᆞᆫ白米一石과福音八十冊을寄附ᄒᆞ고尙洞教堂에셔ᄂᆞᆫ大棗一櫃와橘一櫃를寄附ᄒᆞ엿다더라

◎行客轢死 去三日上午六時京釜線洛東江架橋에셔行人一名이瀛車에衝突되여卽時殺死ᄒᆞ엿다더라

◎尹家搜索 南門外居尹興泰氏가海州地方에前往ᄒᆞ야義兵에게銃丸을買給ᄒᆞ엿다ᄂᆞᆫ說이有ᄒᆞᆷ으로該郡日憲兵分遣所에被捉ᄒᆞ엿ᄂᆞᆫᄃᆡ再昨日下午一時京城駐在日軍司令部에셔尹氏의夫人沈召史를招致ᄒᆞ야事實有無를審問ᄒᆞ고家宅ᄭᆞ지搜索ᄒᆞ엿고水口門外居ᄒᆞᄂᆞᆫ方某도何等干連이有ᄒᆞ다ᄒᆞ야方今秘密히探中이라더라

◎溫泉日兵 咸鏡道鏡城郡朱乙溫面水坪에在ᄒᆞᆫ溫泉은神効가有ᄒᆞ고從來該地人民의共有인ᄃᆡ羅南駐在日兵이將次轉地療養地를作ᄒᆞᆫ다더라

◎新韓押收 桑港에셔발行ᄒᆞᄂᆞᆫ新韓民報第百六十一號百六十二號ᄂᆞᆫ治安妨害라ᄒᆞ야內部에셔押收ᄒᆞ엿다더라

◎義將被捉 去月廿壹日에寧海島西面等地에셔義將鄭文七氏가部下十四名을率ᄒᆞ고日憲兵及補助員과交戰ᄒᆞ다가戰敗被捉ᄒᆞ엿다더라

◎五犯脫獄 去二日에新義州監獄에셔強盜及殺人犯五名이脫獄逃走ᄒᆞ면셔看守二名을負傷케ᄒᆞ고洋刀二個를奪去ᄒᆞ엿다더라

◎全將越送 去年十二月에被捉ᄒᆞᆫ義兵大將全海山氏ᄂᆞᆫ取調를畢了ᄒᆞ고光州區裁判所로越送ᄒᆞ엿다더라

◎瑞郡義兵 去三日에義兵五名이黃海道瑞興東部面에襲入ᄒᆞ야日憲兵及補助員과交鋒ᄒᆞ엿다더라

◎坡郡賊警 坡州川峴面加佐居金在憲氏家에強盜九名이突入ᄒᆞ야金壹百五十圓과其他物品을多數奪去ᄒᆞ엿ᄂᆞᆫᄃᆡ該黨中二人은日前該郡警署에被捉ᄒᆞ엿다더라

學界

◎日生徒歸國 向者入京ᄒᆞ엿던日本廣島縣師範學校學徒十三名은去三日上午九時에京釜列車로歸國ᄒᆞ엿다더라

電報

艦車連絡

露日艦車連絡輸送期ᄂᆞᆫ一月中에兩국當事者間에協約을成ᄒᆞᆫ後來二月頃에實施ᄒᆞ기로豫定ᄒᆞᆫ다더라 東京발 五日着

不久實行

日本政府ᄂᆞᆫ輿論의趨勢를鑑ᄒᆞ야此際에韓日關係의進展ᄒᆞᆷ이必要ᄒᆞᆫ줄을感覺ᄒᆞ야統監의歸國ᄒᆞ기를待ᄒᆞ야廟議를決ᄒᆞ고議會開期中에實行ᄒᆞᆯ方針이라더라

曾彌旅程

曾彌統監은五日에馬關에入港ᄒᆞ엿다가今六日에更히光濟號를搭乘ᄒᆞ고大坂으로向ᄒᆞᆺᄂᆞᆫᄃᆡ來九日에ᄂᆞᆫ東京에到着ᄒᆞᆯ豫定이라더라

兩黨活動

英국의自由黨統一黨兩大政黨은新年에入ᄒᆞ야一大活動을開始ᄒᆞ고各地에演說會를開ᄒᆞ고黨勢擴張에努力ᄒᆞᆫ다더라

韓國問題

今期日本국會에셔進步黨政友會及又新會ᄂᆞᆫ統監政治에關ᄒᆞ야各其痛烈ᄒᆞᆫ質問을試ᄒᆞᆯ터인ᄃᆡ目下其案件을詳密히調査中이라더라

謝罪人已到

韓人의謝罪人二名은昨夜에東京에到着ᄒᆞ엿ᄂᆞᆫᄃᆡ彼輩ᄂᆞᆫ一週間滯留ᄒᆞ야伊藤公墓前에往ᄒᆞ야謝罪文을捧ᄒᆞ야自國人의手에伊藤公이殞ᄒᆞᆫ것을悼ᄒᆞ야懇篤ᄒᆞᆫ謝罪의意를表ᄒᆞᆯ터이라더라 以上東京發 六日着

西國警戒

西班牙바로셰로나地方에셔ᄂᆞᆫ擾亂이復起ᄒᆞᆯ慮가有ᄒᆞ야非常히警戒ᄒᆞᆫ다더라

內閣更迭

匈牙利內閣은更迭되고루가크쓰內閣이組織되엿다더라

危機落着

希臘에셔ᄂᆞᆫ陸軍協會에셔要求ᄒᆞᆫ바內相辭職及兩次官廢止를同意ᄒᆞᆫ故로危괴가全히落着되엿다더라 以上論敦發 五日着

飛行家慘死

法國飛行家ᄌᆞ라간치侯ᄂᆞᆫ飛行을試ᄒᆞ다가空中으로落下ᄒᆞ야慘死ᄒᆞ엿다더라

軍事會散會

比利時富羅雪府에셔ᄂᆞᆫ軍事會議를開ᄒᆞ엿다가效果가無히散會되엿다더라 以上論敦발 六日着

航行不許

露國商人이淸國松花江에航行權利를請願ᄒᆞ엿ᄂᆞᆫᄃᆡ淸國官吏ᄂᆞᆫ此를不許ᄒᆞ엿다더라 滿洲發 六日着

社告

熙川邑內面東門外洞金錫澤氏로本支社員을認許ᄒᆞ고本年一月一日부터申報를每日發送ᄒᆞ오니該附近地에셔本申報購覽ᄒᆞ실 僉君子ᄂᆞᆫ申報代金과本社에對ᄒᆞᆫ諸般事를金澤錫氏에게請求ᄒᆞ시고該氏와交涉ᄒᆞ시옴

大韓每日申報社

▲偉人遺蹟

▲▲東國巨傑 崔都統 (續)

錦頰山人

第二章 崔都統以前의我族과外族

盖世怪傑成吉思可汗(元太祖)이其中에셔産ᄒᆞ야國號曰大元이라ᄒᆞ고長鞭으로支那四百餘州를笞打ᄒᆞ며俄羅斯數萬萬方里地를役屬ᄒᆞ니其兵力에向ᄒᆞᄂᆞᆫ바면山川이色을改ᄒᆞᄂᆞᆫ지라此時에我邦人된者ㅣ兵을勵ᄒᆞ고馬를말ᄒᆞ야先ᄃᆞᆼ禦敵의勇을奮ᄒᆞ여야祖宗의歷史를不汚ᄒᆞᆯ지어ᄂᆞᆯ惜乎라彼庸君悍臣이墻內의權利로相鬪ᄒᆞ다가各各虎를引ᄒᆞ야自衛코ᄌᆞᄒᆞ야門을開ᄒᆞ고賊을延ᄒᆞ며北邊保障으로蒙古를屢破ᄒᆞᆫ朴犀崔椿命等은此를反히罪에陷ᄒᆞ야我扶餘族에排外精神을永滅코ᄌᆞᄒᆞ니嗚呼라彼惡魔鬼의作孼이여至今ᄭᆞ지讀史者의憤哭을발케ᄒᆞᄂᆞᆫ도다

未完

雜報

◎傳者之誤　三和地方委員李斗元氏가謝罪派로上京ᄒᆞ엿다홈은隨聞揭載ᄒᆞ엿더니更聞ᄒᆞᆫ즉李氏ᄂᆞᆫ謝罪派에入參ᄒᆞᆫ事이初無ᄒᆞ다더라

廣告

本人의姓名圖章與名함을昨夜에電車中에셔幷爲서失ᄒᆞ엿ᄉᆞ오니知舊間 照亮홈

東大門內興仁洞 金禹權

本人一進會退會天道敎歸來 京鄕知舊 照亮

安州郡 金光洙 張鶴林

本人이金昌善處捧欠六十圓音서失事로千二百六十五號에廣告矣千元이라誤揭이기正誤홈

平壤鄕后洞濟世醫院朴尙黔白

本港勞働組合監督姜俊植氏가身分은雖曰勞働從事나稟性은素以慈善事業홈을人皆莫不感頌ᄒᆞ더니現當嚴冬ᄒᆞ야埠頭閑産貧窶三組合中勞役人의飢寒絕火者四十餘人을救恤코져恤米八叺와賑金三十餘圓을分頒ᄒᆞ엿고且各人處當捧홀債帳一軸도亦爲燒妥홈을感恩無地ᄒᆞ야本人等이其受恩을萬一報答키爲ᄒᆞ야爲先木碑를竪立ᄒᆞ고玆以廣告ᄒᆞ오니咸須惠諒伏望

三和港役夫 崔景文等 告白

本人의姓名 崔항謹信 四方篆字圖章을偸去使用ᄒᆞᄂᆞᆫ人이有ᄒᆞ다ᄒᆞ옵기玆에廣告ᄒᆞ오니內外國人間切勿見欺ᄒᆞ시옴

肅川檢山 崔항 告백

本人이陰本月十六日本府市場에入來ᄒᆞ야淸貨三十六圓藏入ᄒᆞᆫ錢帒를路邊便所에셔忘置遺失ᄒᆞ엿ᄉᆞᆸ더니松長面江井里居李得春氏가拾得ᄒᆞ엿다가本人을訪給ᄒᆞ엿ᄉᆞᆸ기其淸白ᄒᆞᆫ高節과仁愛ᄒᆞᆫ厚誼를玆에鳴謝홈

義州松長面雲川洞張文旭告白

特別廣告

鐵道貨物證券

倉庫証券

船卜証券

社 券債

合 株券

公債證書

有價證券 ─ 直接賣買 ─ 受托賣買 ─ 保 擔保貸金

◀特 別　特 別▶

現今商業界에曙光이發展홈을隨ᄒᆞ야銀行、會社、等權實ᄒᆞ고趣味잇ᄂᆞᆫ社會가日上增ᄒᆞ고月上盛ᄒᆞ게設立될希望이有ᄒᆞᆫ지라이又ᄒᆞᆫ同時에株券에對ᄒᆞ야相議處가無ᄒᆞᆷ으로各位株主의希望되ᄂᆞᆫ讓受ᄒᆞ기便利ᄒᆞᆷ과事由에因ᄒᆞ야讓渡ᄒᆞᆯ時와必要에關ᄒᆞ야臨時的資金融通의便利等事項을酬應ᄒᆞ기爲ᄒᆞ와弊商會에서特히有價證券取引部를設立ᄒᆞ고買賣及貸付에關ᄒᆞᆫ一切事項을請求ᄒᆞ시ᄂᆞᆫ되ᄂᆞᆫ秘密ᄒᆞ고安全ᄒᆞ게大注意ᄒᆞ와迅速히酬應ᄒᆞ깃ᄉᆞ오니多少를不拘ᄒᆞ시고來議ᄒᆞ심을務望ᄒᆞᆷ。

京城南署裏屛洞二十六統十戶

金龍商會

營業主 金應龍

德國엘버펠드地方의파벤파부리켄染料會社ᄂᆞᆫ韓國에在ᄒᆞᆫ本社의組織員되ᄂᆞᆫ僉位의게通告ᄒᆞ노니本會社가**日本大阪의日人會社**에셔此末端에揭示ᄒᆞᆫ本社의已久ᄒᆞᆫ**登錄商標**에**犯科**ᄒᆞᆫ事에對ᄒᆞ야裁判得勝ᄒᆞ엿ᄂᆞ이다　僉位와其他關係되ᄂᆞᆫ　僉位의게表明ᄒᆞ노니本社의商標나或此와又本社의特意主顧ᄒᆞ시ᄂᆞᆫ**類似**ᄒᆞᆫ것이라도**犯用**ᄒᆞᆫ標이有ᄒᆞᆫ者ᄂᆞᆫ今無ᄒᆞ오며本社ᄂᆞᆫ世所共知ᄒᆞᄂᆞᆫ本社製品을韓國으로陸續輸入케ᄒᆞᆯ터이오며且本社商標를**贋造**ᄒᆞ야**輸入**ᄒᆞᄂᆞᆫ者ㅣ更有ᄒᆞ면卽告訴를當ᄒᆞᆯ터이오니特이愼戒ᄒᆞ시옴

商

標

商

標

金海郡金允正이同郡活川面所有畓十九斗落을今年正月에已爲放賣於許月禮處ᄒᆞ야同許氏가秋收ᄭᆞ지ᄒᆞ엿ᄂᆞᆫ되金允正이今年十月에右畓을又爲典執用債於美國人沈翊淳氏ᄒᆞ야今至申請之境ᄒᆞ니欺取外國人之財ᄒᆞ고邀借外國人之權ᄒᆞ야慫動韓人이莫此甚也라賣買가有先後ᄒᆞ고證明文劵이昭在則自有法司歸正之日이나爲其韓人者不勝憤嘆ᄒᆞ야玆以廣告ᄒᆞᆷ

金熙元 告白

西部龍山坊靑坡下馬碑七十一統十二戶李錫三氏의草家三間文劵을陰八月初五日에遺失ᄒᆞ엿기玆에廣布ᄒᆞ오니誰某拾得ᄒᆞ야도休紙施行ᄒᆞ시옴

洞長鄭元性

家主佐藤孫治

始祖壯節公書院遺墟壇在於谷城郡而京鄕子孫鳩財設置南原谷城兩邑買置位土以資春秋享需該土文劵京有司許傳致保管矣還有前靈光秦寬不由宗議暗自出給于億均故將舉訴寃還而其宅心莫測先行仰布以典以賣間內外國人切勿見欺홈

平山申氏大宗中 告白

◉本社에셔在上海東洋烟草大製造廠의專賣權을特約ᄒᆞ고各種烟草를卽輸入ᄒᆞ야各代理店에支出ᄒᆞ오니僉君子ᄂᆞᆫ愛顧ᄒᆞ심을敬要

●特種烟草

○法韓墨紙烟一匣　二十五本入具竹嘴

○鐵路標一匣　二十本入具竹嘴

○鳳標　一匣　四本入具紙嘴

○喇叭標一匣　五十本入具紙嘴

○白鶴標一匣　十本入具紙嘴

○鷹標　一匣　十本入具紙嘴

○虎標　一匣　十本入具紙嘴

○獅子標一匣　十本入具紙嘴

○勇士標一匣　十本入具紙嘴

●쉬잉挨及金口紙一桶百本入

○쉬잉挨及金口紙一桶　五十本入

○쉬잉挨及金口紙一匣十本入

◎本社에셔代理店을京城에金濬性、平壤에鄭基煥兩氏로定ᄒᆞ고其他義州、開城、釜山、元山、木浦、咸興、成津、海州、全州、晉州、淸州各處代理店을特許ᄒᆞ게기로商業에信實ᄒᆞᆫ紳商을求ᄒᆞ오니有意僉君子ᄂᆞᆫ來議ᄒᆞ시던지書信으로通知ᄒᆞ옵

京城小公洞

法韓烟草會社

同和藥房廣告

本國藥材로洋製新造ᄒᆞ야各病에神效ᄒᆞ오며

用藥寶鑑全卷　定價三十錢

宗教統一論全卷　定價十錢

平壤郡支店長 宋尙愈管內

出張所位置

第一平壤磚石洞金觀恒第二遂安栗里宋翼周第三遂安明導贊第四順川龍井里劉允文第五平壤朱村朱思敎第六陽德佳倉李鎭亨第七成川丫波李應烈第九甑山一上里宋尙憲第十順川舍人市崔鼎煒第十一平壤司倉里金用良第十二都龍洞金鎭範第十三五柳洞金斗昱第十四張察訪洞黃錫淸第十五三和南浦康元俊第十六成川淵洞朱基鎔第十七江西箴眞池昇麟第十八甑山斑石里黃錫表第十九平壤舊東昌宋翰周第二十長村崔善宇第二十一遂安邑石楹高義守第二十二栗里上場金春燮第二十三江東漢垈朴連鉉第二十四永柔白鷺里李翰栻紙面이不足ᄒᆞ야未能枚舉ᄒᆞᆷ

京城西小門外車洞

本舖 閔樞 白

本人이葉草客主數年에各處草商雲集交易ᄒᆞᄂᆞᆫ되內外國烟草絕草商도多數買去ᄒᆞᆷ으로一會社에셔도連續買去ᄒᆞ고本國廣播張ᄒᆞ엿ᄉᆞ오니　僉君子ᄂᆞᆫ陸續來臨ᄒᆞ시기를希望

京城西大門外

尾洞百八統九戶　宋憲翼

邊昌根　告白

◉特別廣告

本社의셔同胞의衛生을注意ᄒᆞ야美國의셔經驗單方으로流行適用ᄒᆞᄂᆞᆫ靈驗藥劑를買入ᄒᆞ야左開廣布ᄒᆞ오니有病君子와藥業에從事ᄒᆞ시ᄂᆞᆫ僉彦은爭先來購ᄒᆞ시옵

分賣와都賣에差別이有ᄒᆞ야一打(十二個)以上의都賣에ᄂᆞᆫ特別割引홈

左　開

秘製止痛藥
效能　外塗內服無處不適
消滯　止瀉　絶瘧　治痢無不神效홈

喜蘇膏藥
效能　頭面　身體一切痛症
積年風濕　除瘀　生션之道
딥卽奏效홈

亞麟香膠
效能　毋論男女老少　勿嫌年久日淺一切　咳소　服之則其效如神홈

委花藥膏
效能　痔疾　聯珠瘡　燒跌傷螫咬等　諸症無雙聖藥

委花糖水藥
効能　疝症　花柳毒　凡不潔血所祟症　婦人虛弱등症靈驗홈

牛汁藥酒
効能　毋論男女老少氣血虛弱者服之則大補元氣身體强健홈

韓美興業株式會社事務所

본인이경동잇ᄂᆞᆫ삼층벽돌집지금大韓每日申報社家屋을방매홀터이니집사기를원ᄒᆞᄂᆞᆫ쳠군ᄌᆞᄂᆞᆫ리림샹의ᄒᆞ시옵

家主京西大門外京口下法國人
馬典　告白

恭　賀　新　年

改良元祖　清心保命丹　改良元祖

漢城南大門內濟生堂大藥房

再版

新撰尺牘完篇

(附)現所裁行法令

與士團編輯部長　朴晶東氏著作　一帙二冊　正價金一圓

△今此局勢가維新ᄒᆞ고事爲가繁劇ᄒᆞᆫ時代에際ᄒᆞ야吾人도論交酬世의道가日廣日多ᄒᆞ미尺牘을不可不讀이라本尺牘은已爲刊行于世ᄒᆞ야江湖의好評을博得ᄒᆞ온바今에國漢文으로新撰增補ᄒᆞ야新舊尺牘에牛耳가되며且近日新法令의最要ᄒᆞᆫ者를類聚附輯ᄒᆞ엿ᄉᆞ오니一般人士ᄂᆞᆫ案頭에必備ᄒᆞᆯ好서이옵

最新刊

平面幾何學

全一冊正價　金七十錢

隆熙學校學監　李命求氏著作　徽文義塾長　柳一宣氏校閱

△本서ᄂᆞᆫ現代數學界의大方家로有名ᄒᆞᆫ柳　李兩氏의最精力을注ᄒᆞ야詳密ᄒᆞᆫ編纂을著ᄒᆞ고嚴正ᄒᆞᆫ校閱을加ᄒᆞᆫ者이온바數學敎科에無二ᄒᆞᆫ良師오獨習참考에必備ᄒᆞᆯ珍서이온斯學術서에劈頭的出版이오니唯我學者諸君은速購讀習ᄒᆞ심을(但著作者의捺印이無ᄒᆞᆫ者ᄂᆞᆫ僞刊으로認定홈)

發兌元
△皇城中部罷朝橋越　中央서舘朱翰榮
△황城西部南門外紫岩　新舊서林池松旭
△皇城中部典洞　光東서局李鍾楨

官準專賣特許

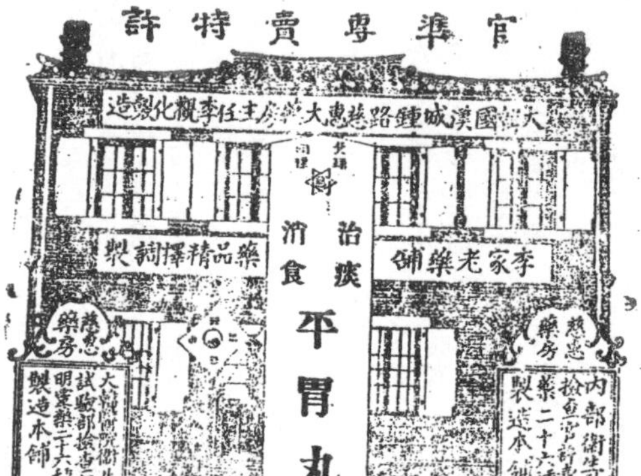

旅行居家에常備靈藥

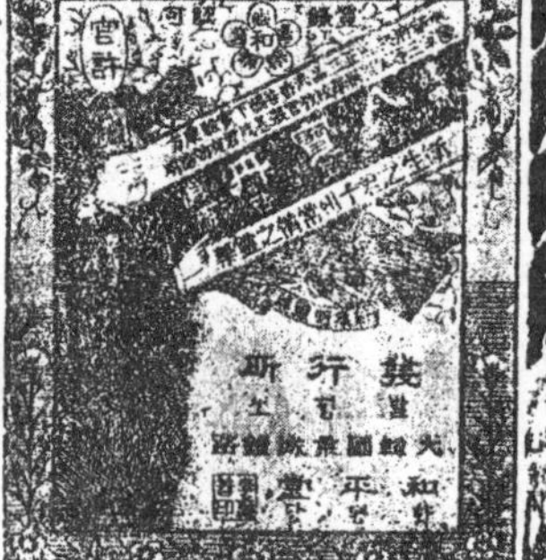

(一貼價金十五錢)
(三貼價金二十錢)

右藥에主治効能

新舊積滯胸腹痛恒常食後適宜服
水土不利痰咳嗽諸般病祟不敢生
其他口熱惡臭를排除ᄒᆞ며頭痛眩暈을
鎭正ᄒᆞ고運氣癘疫을預防ᄒᆞᄂᆞᆫ妙劑요

右藥은內國到處의隨應販賣홈

婦人冷病帶下月經不調等에靈藥
一劑金五圓

梅毒下疳頭瘡風濕瘡에一切神效
一劑金四圓

阿片引을斷ᄒᆞ고元神回復ᄒᆞᄂᆞᆫ藥
一劑金五圓

丸
腎氣不足房事不容手足厥冷에藥
定價一圓八十錢

另告

其他國內各藥房에서製造ᄒᆞᆫ各種靈藥이俱備ᄒᆞ오니隨用請求ᄒᆞ시면迅速히代金引換으로付送ᄒᆞ겟ᄉᆞᆸᄂᆡ다

京城鍾路
仁川杻峴
平壤鍾路
和平堂主人　李應善

遠地에도小包로信送홈

特減大賣홈

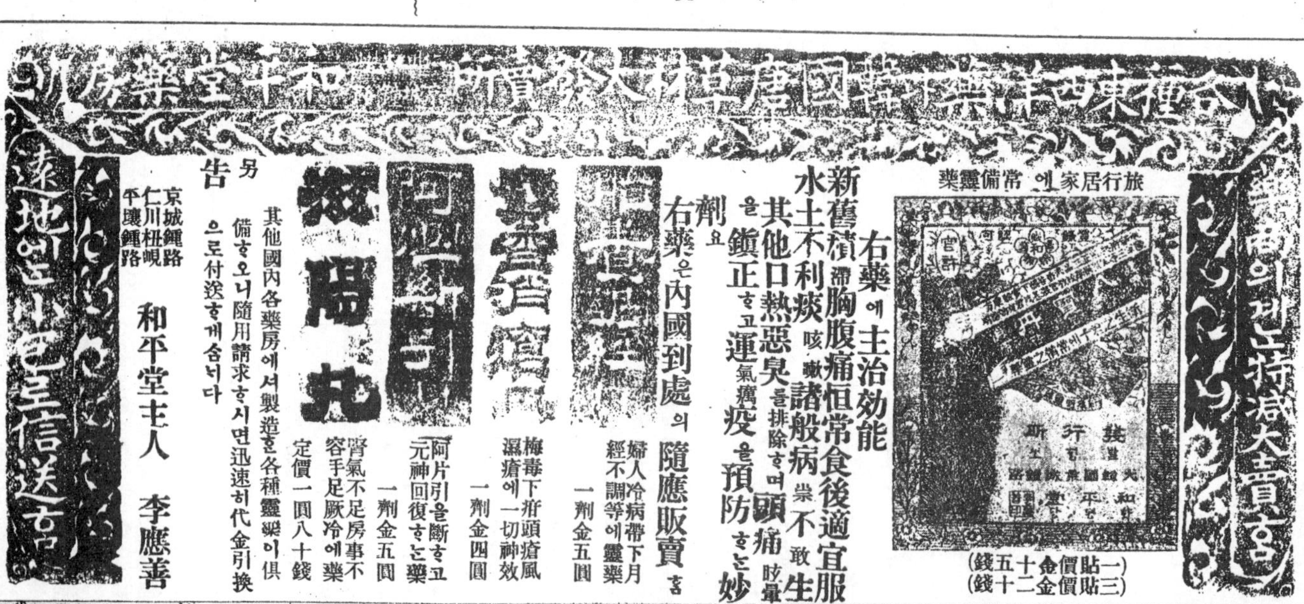

檀君開國四千二百四十二年
箕子元年三千三十一年
大韓開國五百十八年
本報創刊日
光武八年七月十八日

大韓每日申報

發行兼編輯人 英國人 萬咸
Responsible for Publication Alfred Weekley Marnham
發行所
京城南部石井洞三層洋屋家
大韓每日申報社

第七卷 月曜及慶節歲時日休刊 第一千二百八十三号

論說

◎韓日合併論者에게告ᄒᆞᆷ (續)

大抵韓國이今日此境에至ᄒᆞᆷ은幾百年東海壹角에處ᄒᆞ야對峙ᄒᆞᆫ列國이無ᄒᆞᆷ으로競爭의思想이不起ᄒᆞ야武强이三國時에不及ᄒᆞ며藝術이麗朝時에不及ᄒᆞ고沉沉히日退ᄒᆞ야此境에至ᄒᆞ엿거니와邇來世界風潮의打擊을受ᄒᆞ야頑舊의思想이丕變ᄒᆞ미血誠과公憤을抱ᄒᆞ고此國此民과生死를與共ᄒᆞ는者ㅣ日로多ᄒᆞ야山林儒者는宗教를愛ᄒᆞ던心을移ᄒᆞ야國家를愛ᄒᆞ며遊學男子는家族을愛ᄒᆞ는心을移ᄒᆞ야同胞를愛ᄒᆞ고私黨競爭의鋒을轉ᄒᆞ야公敵에게向ᄒᆞ며舊習牽纏의夢을覺ᄒᆞ야新界에現ᄒᆞ셔內의教育木鐸을振ᄒᆞ는者ㅣ愈多ᄒᆞ며外의自由空氣를輪入ᄒᆞ는者ㅣ愈盛ᄒᆞ고草野巖穴의間에不平의血을抱ᄒᆞ고風前에倚嘯ᄒᆞ는者ㅣ許多ᄒᆞ나니

然則今日日本이何를恃ᄒᆞ야韓國을合併코쟈ᄒᆞ나뇨曰長槍大砲를恃ᄒᆞᆯᄲᅮᆫ이오海軍陸兵을恃ᄒᆞᆯᄲᅮᆫ이로다嗚乎라日本이여此槍砲와軍兵의勢力으로드ᄃᆡ여三千里地圖의顏色을改ᄒᆞ며二千萬國民의生命을奪ᄒᆞᆯ가彼拿破倫의兵力으로도衆人의怨을購ᄒᆞ다가畢竟失敗에終ᄒᆞ엿나니嗚乎라日本이여此二千萬人을小覷치말지어다

已往에는日本이韓國의獨立을保全ᄒᆞᆫ다고列國에聲明ᄒᆞ며韓人의歡心을買ᄒᆞ야當年政策이順成되엿거니와如今에又東洋平和韓民福利等語로合併의順成을圖코ᄌᆞᄒᆞ는가

希臘은韓國보다小ᄒᆞᆫ半島로ᄃᆡ土耳其의羈絆을竟脫ᄒᆞ엿스며波蘭은滅亾ᄒᆞᆫ지가已百年이로ᄃᆡ俄國君臣이尙且虛無黨의劍頭에夢을頻驚ᄒᆞ나니日本이여帝國主義의虛榮을貪ᄒᆞ야慼을自貽치말지어다

日本近日의朝議를聞ᄒᆞᆫ건ᄃᆡ輿論의趨勢를鑑ᄒᆞ야統監이歸ᄒᆞᆫ後에將且韓日에關ᄒᆞᆫ問題를解決ᄒᆞᆫ다ᄒᆞ니

噫라輿論이라ᄒᆞᆷ은韓國의輿論인가日本의輿論인가彼日本의頑冥下流는目前의利만貪ᄒᆞ야如此히主張ᄒᆞ는者ㅣ多數되리니萬一此를因ᄒᆞ야合併의實을擧ᄒᆞ면韓國二千萬不平의鋒을彼가將且何로써待코ᄌᆞᄒᆞ나뇨又或韓國內幾百名奸黨을利用ᄒᆞ야此를輿論이라託ᄒᆞ고此問題를解決ᄒᆞ면是又掩耳盜鍾의策이라多數韓民이엇지晏然히坐視ᄒᆞ리오

嗚乎日本이여韓國이雖弱이나日本의腋下에入ᄒᆞ야奴厄를長飮치아니리니愼ᄒᆞ야百年大計를誤치말지어다

外報

◎社會改良 英국度相로이드ᄯᅧ지氏는리뎅크市에셔演說ᄒᆞ야曰政府는社會改良키爲ᄒᆞ야千八百萬磅을支出ᄒᆞᆫ다ᄒᆞ엿다더라

◎英度相海軍論 英國度支大臣로이드ᄯᅧ지氏는該國人海軍上要求에對ᄒᆞ야曰英국海軍이其兵數던지軍艦武器等이던지悉皆德國에對ᄒᆞ야一에三이有ᄒᆞᆫ比例인즉何等恐慌이有ᄒᆞ리오ᄒᆞ엿다더라

◎英大臣上院論 英國內閣諸大臣은上院將來에對ᄒᆞ야議論이頻頻ᄒᆞᆫᄃᆡ愛蘭事務大臣바레루氏는크리스캅에셔演說ᄒᆞ야曰上院의要用을減少ᄒᆞᆷ이可ᄒᆞ되公平ᄒᆞᆫ議員의選擧를卜院에要ᄒᆞ리라ᄒᆞ는ᄃᆡ外相크레氏及가죤卿은上院選擧制를左袒ᄒᆞᆫ다더라

◎上院必要論 英국사리스바리卿은曰急進黨이內閣의優勢를占ᄒᆞ는日에는何等詳議가無ᄒᆞ고又人民의意向도不問ᄒᆞ고何等計劃을施키易ᄒᆞᆯ지라然則上院은此等計劃에對ᄒᆞ야巨細를論難ᄒᆞᆷ이可ᄒᆞᆯ지로다大概上院은下院의熟慮를不經ᄒᆞᆫ議案에對ᄒᆞ야必要不可缺ᄒᆞᆫ防遏者되는職務가有ᄒᆞ다ᄒᆞ엿다더라

學界

◎墺皇賜章 墺地利황帝는淸國海軍視察委員一行을招見ᄒᆞ고載洵貝勒에게레오불드大十字勳章을賜ᄒᆞ고其他隨員에게도勳章을賜ᄒᆞ엿다더라

◎孤院垂廢 龍川府居張永化李昌檝諸氏가略干財政을鳩聚ᄒᆞ야昨年四月부터該府鄕校에孤兒院을設始ᄒᆞ고生徒十五名을募集敎授하더니目下經費가窘乏하야廢止ᄒᆞᆯ境에至ᄒᆞᆫ지라昨年 大皇帝陛下 西巡時恩賜金五十圓은永遠히紀念ᄒᆞᆯ目的으로立本殖利中이나繁殖ᄒᆞᆯ期望이尙遠ᄒᆞᆷ으로該院任員諸氏는方此憂慮中이라더라

◎明校經試 慶南梁山郡下北面通度寺明新學校에셔去月에第二學期試驗을經ᄒᆞ얏는ᄃᆡ同時觀光人士가數百餘名에達ᄒᆞ야一塲盛况을呈ᄒᆞ엿고該교程度가日就振興ᄒᆞᆷ은學監張濤湖校監宋雪牛兩氏가熱心勸勉ᄒᆞᆫ效果라고稱頌不已ᄒᆞᆫ다더라

◎興天其興 江華郡位良面興天洞合一學校는校長田炳奎敎師金容夏諸氏가熱心視務ᄒᆞᆫ結果로一般生徒가實心進步ᄒᆞᆯᄲᅮᆫ더러一洞父老도莫不感化ᄒᆞ야敎育의急務됨을頓悟ᄒᆞᆫ지라該校內에冬期부터夜學校를付設ᄒᆞ미生徒二十餘名이自願就學ᄒᆞ엿다더라

◎江倅知務 江華郡守韓永福氏는莅任三載에敎育을振興ᄒᆞᆯ目的으로閭巷에躬行ᄒᆞ며父老를勸喩ᄒᆞ야敎育의急務를覺知케ᄒᆞ며境內各學校를維持ᄒᆞᆯ方針으로學父兄契를設立ᄒᆞ엿다더라

◎五山興旺 定州郡私立五山學校는去月二十四日에第二回開校紀念式을擧行ᄒᆞ엿고百餘名學員의父兄이義金을各捐ᄒᆞ야五百餘圓價値되는理化學긔械를設置ᄒᆞ고긔械室을現方準備ᄒᆞᆫ다더라

○談 叢○

▲進化와退化 劍 心

某學者가進化說을主唱ᄒᆞ야東西에喧傳ᄒᆞᆷᄉᆡ於是乎世界가風靡ᄒᆞ야此學說의旗를傾向ᄒᆞ엿도다

盖吾人이進化된故로第一期動物中에서此特異ᄒᆞᆫ人類를成ᄒᆞ고第二期禽獸와競爭ᄒᆞ야勝利를得ᄒᆞ고第三期社會的生活을營ᄒᆞ고第四期국家的生活을營ᄒᆞ고뎨五期世界共通的時代를成ᄒᆞ엿도다

然而國家的生活의發達로論ᄒᆞ야도亦進化의例가漸成ᄒᆞ야뎨一期酋長時代가되고뎨二期貴族時代가되고뎨三期專制時代가되고뎨四期立憲時代가되엿모다

然이나世界에는進化만有치아니ᄒᆞ고退化도有ᄒᆞ나니他는姑舍ᄒᆞ고我國으로論ᄒᆞ야도檀君時代와扶餘時代와箕子時代는뎨一期第二期時代에宜屬ᄒᆞᆯ지오高句麗百濟新羅가起ᄒᆞ미뎨二期時代가漸過ᄒᆞ고뎨三期卽專制時代가漸固ᄒᆞ야高麗時代를經ᄒᆞ고本朝初葉을沿ᄒᆞ미居然히뎨三期되는專制時代가暗中에漸逝ᄒᆞ고도리혀一步를退ᄒᆞ야뎨二期되는貴族時代가復來ᄒᆞ엿스나此는卽국家的退化의一이라

繼ᄒᆞ야我國의文明觀을試論ᄒᆞᆫ건ᄃᆡ檀君扶餘箕子時代는文明의萌芽時代오高句麗百濟新羅는文明의方長時代오高麗中業以後로는文明이日로退ᄒᆞ다가本朝初業以來로文明復長의期가有ᄒᆞ엿스나不久ᄒᆞ고日日下降ᄒᆞ야本朝中業以後로暗黑時代에漸墜ᄒᆞ엿고今世紀에入ᄒᆞ야는드ᄃᆡ여慘담悲憤의天地를作ᄒᆞ엿도다

然이나數年來로新文明의萌芽時代를復作ᄒᆞ야其氣가始湧의泉과如ᄒᆞ니果然舊文明의遺珍을拾ᄒᆞ고新文明의大光을揮ᄒᆞ면文明의方盛時代가亦不遠ᄒᆞ도다

然而世界는進化者의世界가되나니萬一退化者가退化만ᄒᆞ면畢竟其終極은滅亾에陷ᄒᆞᆯᄲᅮᆫ이라吾人은더욱九願를作ᄒᆞ리라

詞藻

❀我 自 知❀

놈이나를辱ᄒᆞ여도、怨망부터ᄒᆞ지말고。

나를對히稱讚히도、즐겨ᄒᆞ지말ㅅ지어다。

萬事의、好否善惡을、닉가짐작。

廣告

雜報

◎問症賜食 大皇帝陛下ᄭᅴ옵셔再昨日上午十二時에侍從李甲承을大韓醫院에 命送ᄒᆞ샤李總相의治療狀況을 下詢ᄒᆞ옵시고洋料理等食物을兼 賜ᄒᆞ옵셧다더라

◎君夫人陛見 昨日下午一時에永宣君李埈鎔氏의夫人이德壽宮에 陛見ᄒᆞ엿다더라

◎仕進後陛見 宮相閔丙奭氏ᄂᆞᆫ昨日上午十時該府에仕進ᄒᆞ야一般官吏와新年相見禮를行ᄒᆞ고卽時 大皇帝陛下ᄭᅴ 陛見ᄒᆞ엿다더라

◎鶴駕將還 日本에 御留學ᄒᆞ시ᄂᆞᆫ韓國 皇太子殿下ᄭᅴ셔ᄂᆞᆫ來四月에輔育總裁岩倉을帶同ᄒᆞ시고歸國ᄒᆞ셧다가約二十日을經ᄒᆞᆫ後에更히渡日ᄒᆞ시기로預定ᄒᆞ셧다더라

◎義王消暢 義親王殿下ᄭᅴ셔再昨日塔洞僧房에 行啓ᄒᆞ야竟日消暢ᄒᆞ시고暮後歸邸ᄒᆞ옵셧다더라

◎統監과內閣 曾禰統監은五週日後에歸任ᄒᆞ기로確定ᄒᆞ엿다ᄒᆞ며來二月旬望間에ᄂᆞᆫ內閣이斷然變動되리라더라

◎狐疑萬端 總理大臣이入院以後에警察官吏로ᄒᆞ야금大韓醫院附近坊曲을警衛케ᄒᆞ고警視廳에셔ᄂᆞᆫ其服務如何를監督ᄒᆞᆫ다더라

◎巡査豫備 北署에셔ᄂᆞᆫ內相朴齊純氏가出入ᄒᆞᆯ時에警衛ᄒᆞᆯ次로服裝巡査와平服巡査各六人을每日豫備ᄒᆞᆫ다더라

◎村井滯元 北韓地方을視察ᄒᆞ던日人村井大尉ᄂᆞᆫ廿三日歸京ᄒᆞ기로預定ᄒᆞ엿ᄂᆞᆫᄃᆡ何等未了ᄒᆞᆫ事件이有ᄒᆞᆫ지日下元山港에來留中이오十一日에入城ᄒᆞ기다고三昨日某處에電報ᄒᆞ엿다더라

◎近衛隊紀念 昨日ᄂᆞᆫ韓國陸軍의刱起日인故로近衛步兵隊에셔紀念ᄒᆞ기爲ᄒᆞ야該隊門前에國旗를揭ᄒᆞ고領尉官以下一切兵丁이休暇ᄒᆞ엿다더라

◎金氏審問 再昨日日軍司令部에셔日人杉山中尉가出席ᄒᆞ야金明濬氏를審問ᄒᆞ엿다더라

◎警視入京 安重根氏審査에關ᄒᆞ야通辯ᄒᆞᆯ次로旅順에出張ᄒᆞ엿던內部警務局警視ᄂᆞᆫ去二日에京義線으로入京ᄒᆞ엿ᄂᆞᆫᄃᆡ安氏의預審은既히終了ᄒᆞᆫ듯ᄒᆞ다더라

◎連次訊問 李在明에連累者가多數ᄒᆞ다ᄒᆞᆷ은已報어니와其所謂連累者ᄂᆞᆫ慷慨憂時燕趙悲歌의無名士라ᄒᆞᆯ지나共謀者ᄂᆞᆫ無ᄒᆞ리라ᄂᆞᆫᄃᆡ連次訊問中이라더라

◎梅博士歸國 日本法學博士梅謙次郞은昨日出發歸國ᄒᆞ엿다더라

◎享祀費定算 各歷代殿陵과社稷壇享祀費를昨年度에立款이無ᄒᆞᆷ으로支撥上에困難이莫甚ᄒᆞ다ᄒᆞ야內部에셔度支部에交涉ᄒᆞ야本年度에ᄂᆞᆫ四千五百圓으로定算ᄒᆞ엿다더라

◎金組增設 本年度에增設ᄒᆞᆯ金融組合三十處ᄂᆞᆫ其設置ᄒᆞᆯ地方을現今調査中이라더라

◎農銀純益額 農工銀行의隆熙三年下半期純益金은如左ᄒᆞ다더라

漢湖	一八六九〇圓
慶尙	一〇八一五圓
平安	一三五九四圓
全州	六六八七圓
光州	一二六〇七圓
咸鏡	六八九四圓
合計	六九二九〇圓

◎兩員會宴 天一銀行事務員二十五人과果商組合所任員二十餘人이再昨日下午九時明月舘에會同ᄒᆞ야新年祝賀宴을設ᄒᆞ엿다더라

◎醫院增設 慈惠醫院을各道에一箇所式置ᄒᆞᆫ다더라

◎漢府設校 漢城府에셔ᄂᆞᆫ地方費豫算中臨時部六千八百四十九圓으로西部等地에公立普通學校를新設ᄒᆞᄂᆞᆫᄃᆡ來四月頃에ᄂᆞᆫ校舍를建築ᄒᆞᆫ다더라

◎上村保護 學部事務官日人上村正已ᄂᆞᆫ李總相의게何등難개의情이有ᄒᆞᆫ지李總相을保護키爲ᄒᆞ야大韓醫院에셔留連ᄒᆞᆫ다더라

◎黜者奴之 普成中學校生徒金錫台氏가一進會에入參ᄒᆞ엿다가今番合邦問題가出ᄒᆞᆫ後退會ᄒᆞ엿ᄂᆞᆫᄃᆡ一進會에셔總代二人을派送ᄒᆞ야會票를還推ᄒᆞᄂᆞᆫ다不問曲直ᄒᆞ고詬辱을亂加ᄒᆞ엿다더라

◎投書者被捉 向日統監府에一封匿名書가來到ᄒᆞ엿ᄂᆞᆫᄃᆡ皮封에ᄂᆞᆫ光化門郵便局消印을捺ᄒᆞ엿고內面에ᄂᆞᆫ平壤民團이라書ᄒᆞ고韓日兩國의有力ᄒᆞᆫ大官을暗殺ᄒᆞᆫ깃다고威협的說話를示ᄒᆞ엿ᄂᆞᆫᄃᆡ近日該投書人이警視廳에被捉ᄒᆞ엿다더라

◎昌民請願 慶南昌寧郡은慶北區域에相近ᄒᆞ다ᄒᆞ야該郡十六面面長代表柳興泰氏가內部에請願ᄒᆞ고慶北에移屬ᄒᆞ기를要求ᄒᆞ엿다더라

◎舊俗調査 警視廳에셔ᄂᆞᆫ各署에指揮ᄒᆞ야韓國의舊制婚禮와其他風俗上慣習을調査케ᄒᆞᆫ다더라

◎宜其論駁 高義駿文鐸兩氏ᄂᆞᆫ再昨日下午二時에輔國閔泳韶氏를訪問ᄒᆞ고國民大演說會會長을辭免ᄒᆞᆫ事에對ᄒᆞ야一場論駁ᄒᆞ엿다더라

◎何事煩劇 一進會에셔目下何等事務가煩劇ᄒᆞᆷ인지大韓勞働會任員을請邀執務케ᄒᆞᆷ으로勞働會에셔ᄂᆞᆫ幾日間停務ᄒᆞ엿다더라

◎箴函攻討 咸南端川郡에留學ᄒᆞᄂᆞᆫ金振亨氏와利厚郡居朱琳崔濟東李羽玉宋華東宋日浩諸氏가本社에長書를送致ᄒᆞ야一進會를攻討ᄒᆞ엿ᄂᆞᆫᄃᆡ其詞意가頗히峻切ᄒᆞ더라

◎一進退會 利川郡一進會評議長李晃鎔氏와寧邊郡龍山里居一進會員宋柱殷氏ᄂᆞᆫ合邦聲明書가出ᄒᆞᆫ後卽時退會ᄒᆞ고外他會員을勸告ᄒᆞ야多數解散케ᄒᆞ엿다더라

◎挾雜券又刊 商務組合部에셔ᄂᆞᆫ從來印刷事務를帝國新聞社에委托發刊ᄒᆞ더니昨日에ᄂᆞᆫ商行券六萬餘張을국民新報社에委托印刷ᄒᆞ엿ᄂᆞᆫᄃᆡ將且每張代金을二十錢式收入發賣ᄒᆞᆯ計劃이라더라

◎面長有頌 竹山郡西一面面長申稷氏ᄂᆞᆫ結錢收捧에廉直ᄒᆞᆫ公心이有ᄒᆞᆫ故로頌稱이藉藉ᄒᆞ다더라

◎蠶社經營 李載克李夏榮李鳳來李重夏李根湘諸氏等이작蠶會社를設立ᄒᆞᆯ次로再昨日下午一時에李鳳來氏家에會同ᄒᆞ야經費鳩聚等事務를協議ᄒᆞ엿다더라

◎實業誌發起 前武官學校教官沈宜昇張憲根氏等이日人과合同ᄒᆞ야韓滿實業雜誌를刊行ᄒᆞᆯ次로目下발起ᄒᆞᆫ다더라

◎農商會擴張 大韓農商協會에셔業務를擴張키爲ᄒᆞ야任員을一新組織ᄒᆞ엿ᄂᆞᆫᄃᆡ會長은韓秉洙副會長은千應洙總務ᄂᆞᆫ鄭圭燮理事ᄂᆞᆫ金升演幹事ᄂᆞᆫ尹昶浩書記ᄂᆞᆫ朴峻顯諸氏라더라

◎嶠南新年會 嶠南學生親睦會에셔來九日日曜下午二時에新年데一回總會를典洞嶠南教育會舘內에開ᄒᆞ고事務를處理ᄒᆞᆫ後講論을繼行ᄒᆞᆫ다더라

◎畿湖懇親 畿湖學會任員一同은來日曜日下午六時本會舘內에會同ᄒᆞ야新年懇親會를開ᄒᆞᆫ다더라

◎青友紀念 青友獎學會에셔本月五日에刱立第二回紀念式을設行ᄒᆞ고任員을改選ᄒᆞ엿ᄂᆞᆫᄃᆡ會長은李知性副會長은金瑞經總務ᄂᆞᆫ吳壽晶評議長은李周鉉諸氏요前會長金泓國氏ᄂᆞᆫ北青郡學事監督長으로選定ᄒᆞ엿다더라

◎咸會任員 咸南學生親睦會에셔任員을改選ᄒᆞ엿ᄂᆞᆫᄃᆡ會長은尹晃濟副會長은李周鉉總務ᄂᆞᆫ吳壽晶評議長은姜允熙諸氏라더라

◎青舘討論 今日下午七時에鍾路青年會舘에셔討論會를開ᄒᆞ고道德培養은必先於智識開發이란問題로可否便이互相討論ᄒᆞᆫ다더라

咸荷義捐

北間島龍岩村明東書塾學徒諸氏와同島에流寓ᄒᆞ야商業에從事ᄒᆞᄂᆞᆫ同胞諸氏가本社에經費를補助키爲ᄒᆞ야義捐金을募付ᄒᆞ엿ᄂᆞᆫᄃᆡ氏名과金額은如左ᄒᆞ니

崔鳳岐	五十錢
金躍淵	三十錢
金定奎	二十錢
金河奎	十錢
尹仕鉉	十錢
文定鎬	十錢
金學淵	十錢
文治政	十錢
金錫觀	十錢
全台鉉	五錢
文治旭	五錢
金勤楨	五錢
文治翰	五錢
李楨錫	五錢 (以上學徒)
車承燁	壹圓
梁秉元	五圓 (以上商業)

域外에流寓ᄒᆞᄂᆞᆫ同胞로本社의同情을深表ᄒᆞ야義金을遠寄ᄒᆞ니吾儕ᄂᆞᆫ다만物로써感謝ᄒᆞᆯ뿐아니라其懇摯ᄒᆞᆫ情注를深銘不已ᄒᆞ노라

電報

桂太郞演說

來二十一日日本議會開會初頭에桂首相이施政方針으로演說ᄒᆞᆫ다더라

所願乃成

日本에渡去ᄒᆞᆫ韓人謝罪人二名이本日故伊藤公墓前에往ᄒᆞ야謝罪의意를表ᄒᆞ고恩賜舘에셔伊藤家의饒饗을受ᄒᆞ엿다더라

移民募集

露國哈爾賓移民事務官아센시氏ᄂᆞᆫ移民二百五十名을募集키爲ᄒᆞ야西伯利에赴ᄒᆞ엿다더라

以上東京발 七日着

墺門問題

淸葡間墺門境界問題에關ᄒᆞ야交涉이不順ᄒᆞᆫ故로葡萄牙ᄂᆞᆫ英國의仲介로海牙仲裁判에付코셔ᄒᆞ나淸國이此를絕對的으로反對ᄒᆞ야交涉이困難ᄒᆞ다더라

北京발 七日着

密謀者被縛

印度政廳은ᄯᅢ간싸진의密謀가發覺된結果로三十七名이捕縛되엿다더라

論敦발 七日着

社會燈

▲商務部長李學宰ᄂᆞᆫ前吉濬氏가몽치軍을募集ᄒᆞᆫ다ᄂᆞᆫ風說을듯고나ᄂᆞᆫ하ᄂᆞᆯ이ᄂᆡ신人物이닛가몽치군이암만잇셔도겁ᄂᆞᆯ게업다고팔둑ᄀᆞᆺ흔壯談을ᄒᆞᆫ다더니近日에ᄂᆞᆫ무ᄉᆞᆷ겁을잔ᄯᅳᆨ집어잡슈ᄉᆞ고保護巡査를請ᄒᆞ다가압뒤門에느러세이노盜賊놈은제발이저려서잡힌다더니아마도ᄒᆞᆫ잔음이잇ᄉᆞ닛ᄭᅡ壯談도ᄶᅮᆨ드러가고가슴만셜넝ᄒᆞᄂᆞᆫ게여

▲一進會長李容九ᄂᆞᆫ政合邦이實施되ᄂᆞᆫ날에ᄂᆞᆫ官制부터改正ᄒᆞ야人材를등庸ᄒᆞᆯ터이니知識이有ᄒᆞᆫ者ᄂᆞᆫ自己會에投入ᄒᆞᄂᆞᆫ게必要ᄒᆞ다고無數히勸告ᄒᆞ더라지愚昧ᄒᆞᆫ地方一進會ᄂᆞᆫ觀察郡守가쏘다진다ᄂᆞᆫ통에목조른게가게人셤을넘어다보듯ᄒᆞ今五年을세웃세웃ᄒᆞ다가觀察郡守ᄂᆞᆫ槐安國으로다라나고平生못버슬逆賊감투만뒤집어썻ᄂᆞᆫ데지금도버살말만ᄒᆞ면속ᄋᆞᆸ사롬이ᄯᅩ잇슬ᄂᆞᆫ지,

▲樞院顧問李根澤은日人辯護士를차져가셔沈鍾瑞의訴訟을受理치말면相當ᄒᆞᆫ賂物을酬報ᄒᆞ깃다고請囑을ᄒᆞ엿다지三千里疆土ᄂᆞᆫ남의手中讓渡코져五條約을容易히締結ᄒᆞ더니一個人의家產은그ᄃᆡ지앗가워서讓渡ᄒᆞᆯ줄모르ᄂᆞᆫ가疆土ᄂᆞᆫ업셔져도家產만잘ᄯᅢ스면흔ᄌᆞ살人곳잇슬ᄂᆞᆫ지

社告

熙川邑內面東門外洞金錫澤氏로本支社員을認許ᄒᆞ고本年一月一日부터申報를每日發送ᄒᆞ오니該附近地에셔本申報購覽ᄒᆞ실 僉君子ᄂᆞᆫ申報代金과本社에對ᄒᆞᆫ諸般事를金澤錫氏에게請求ᄒᆞ시고該氏와交涉ᄒᆞ시옵

大韓每日申報社

▲偉人遺蹟

▲東國 ▲巨傑 崔都統 (續)

錦頰山人

第二章 崔都統以前의我族과外族

此ᄂᆞᆫ檀君三十六世紀頃이오高麗元宗在位年間이라魔輩의奴性은愈長ᄒᆞ고外族의氣燄은愈熾ᄒᆞ야我國의地獄이日深ᄒᆞᆫ지라忠烈王以後로ᄂᆞᆫ所謂君主及政府ᄂᆞᆫ敵國의傀儡가되야生殺予奪이其手에在ᄒᆞ며西北一帶의土地ᄂᆞᆫ割奪을屢被ᄒᆞ고金帛珠玉이虜廷에日走ᄒᆞ니嗟我扶餘族이여累千載相傳의獨立心이如此히銷沉코累千載相傳의愛國性이如此히泯滅코已乎아國亾民死ᄒᆞ고天愁地慘ᄒᆞ도다

局勢가三十七世紀頃忠定恭愍在位年間에至ᄒᆞ미尤令人失驚ᄒᆞᆯ事가有ᄒᆞ니彼蒙古(卽元朝)의氣燄이將衰ᄒᆞ나其强弩의末이愈熾히我國을壓勒코자ᄒᆞ며又支那南方의革命英雄이蜂起ᄒᆞᄂᆞᆫᄃᆡ每每其新說의鋒을縱ᄒᆞ야我國을[illegible]ᄒᆞ며又設[illegible]本의北[illegible]가統一[illegible]

絕續이一髮을爭ᄒᆞᄂᆞᆫ도다一切國民이個個大哀音을발ᄒᆞ야英雄의産出을祈禱ᄒᆞ더니絕代巨傑愛國偉人崔都統이作ᄒᆞ야我扶餘族의苦痛을救ᄒᆞ니라 未完

雜報

◉萬口稱頌 三和港勞働組合長姜俊植氏가附近洞生活에困難ᄒᆞᆫ同胞四十餘人의게每名下白米一斗五升과金貨八十錢式施惠홀ᄲᅮᆫ더러當捧債錢를幷皆蕩減홈으로聞者莫不稱善하며蒙惠者의頌聲이藉藉하다더라

◉盜犯押上 水原警察署에셔强盜犯尹弼天金順五等二人을再昨日京城地方裁判所로押上ᄒᆞ엿다더라

◎特別廣告

本社의서同胞의衛生을注意ᄒᆞ야美國의서經驗單方으로流行通用ᄒᆞᄂᆞᆫ靈藥을斟酌貿入ᄒᆞ야左開廣布ᄒᆞ오니有病君子와藥業에從事ᄒᆞ시ᄂᆞᆫ僉彦은爭先來購ᄒᆞ시옴

分賣와都賣에差別이有ᄒᆞ야一打(十二個)以上의都賣에ᄂᆞᆫ特別割引홈

左　開

秘製止痛藥
效能　外塗內服無處不適
消滯　止瀉　絕瘧　治痢無不神效홈

喜蘇膏藥
效能　頭面　身體一切痛症積年風濕　除瘀．生션之道딥卽奏效홈

亞麟香膠
效能　毋論男女老少　勿嫌年久日淺一切　咳소　服之則其效如神홈

委花藥膏
效能　痔疾　瘰珠瘡　燒跌傷螫咬等　諸症無雙聖藥

委花樒水藥
効能　疝症　花柳毒　凡不潔血所祟症　婦人虛弱등症靈驗홈

牛汁藥酒
効能　毋論男女老少氣血虛弱者服之則大補元氣身體强健홈

韓美興業株式會社事務所

본인이정동잇ᄂᆞᆫ삼층벽돌집지금大韓每日申報社家屋을방매홀터이니집사기를원ᄒᆞᄂᆞᆫ쳠군ᄌᆞᄂᆞᆫ리림샹의ᄒᆞ시옵

家主京西大門外京口下法國人
馬典　告白

恭　賀　新　年

改良　元祖

清心保命丹

改良　元祖

漢城南大門內濟生堂大藥房

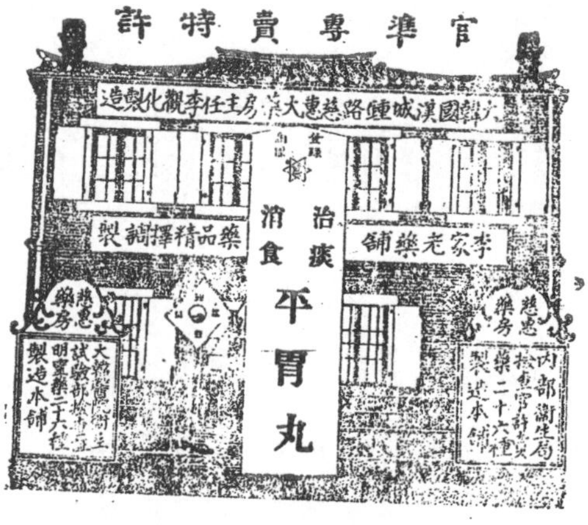

再版

新撰尺牘完篇

(附)現行法令所裁

興士團編輯部長　朴晶東氏著作　一帙二冊　正價金一圓

△今此局勢가維新ᄒᆞ고事爲가繁劇ᄒᆞᆫ時代에際ᄒᆞ야吾人도論交酬世의道가日廣日多ᄒᆞᆫ즉尺牘을不可不讀이라本尺牘은已爲刊行于世ᄒᆞ야江湖의好評을博得ᄒᆞ온바今에國漢文으로新撰增補ᄒᆞ야新舊尺牘에牛耳가되며且近日新法令의最要ᄒᆞᆫ者를類聚附譯ᄒᆞ엿ᄉᆞ오니一般人士ᄂᆞᆫ案頭에必備ᄒᆞᆯ好셔이올

最新刊

平面幾何學

全一冊正價　金七十錢

隆熙學校學監　李命求氏著作　徽文義塾長　柳一宣氏校閱

△本셔ᄂᆞᆫ現代數學界의大方家로有名ᄒᆞᆫ柳．李兩氏의最精力을注ᄒᆞ야詳密ᄒᆞᆫ編纂을著ᄒᆞ고嚴正ᄒᆞᆫ校閱을加ᄒᆞᆫ者이온바數學教科에無二ᄒᆞᆫ良師오獨習참考에必備ᄒᆞᆯ珍셔이온斯學術셔에劈頭的出版이오니唯我學者諸君은速購讀習ᄒᆞ심을(但著作者의捺印이無ᄒᆞᆫ者ᄂᆞᆫ僞刊으로認定홈)

發兌元
△皇城中部罷朝橋越　中央셔舘朱翰榮
△황城西部南門外紫岩　新舊셔林池松旭
△皇城中部典洞　光東셔局李鍾楨

各種東西洋藥材

旅行居家에常備靈藥

(一貼價金十五錢)
(三貼價金二十錢)

右藥에主治効能
新舊積滯胸腹痛恒常食後適宜服
水土不利痰咳嗽諸般病祟不敢生
其他口熱惡臭를排除ᄒᆞ며頭痛眩暈을鎭正ᄒᆞ고運氣癘疫을預防ᄒᆞᄂᆞᆫ妙劑요
右藥은內國到處의隨應販賣홈

婦人冷病帶下月經不調等에靈藥　一劑金五圓

梅毒下疳頭瘡風濕瘡에一切神效　一劑金四圓

阿片引을斷ᄒᆞ고元神回復ᄒᆞᄂᆞᆫ藥　一劑金五圓

陽丸
腎氣不足房事不容手足厥冷에藥　定價一圓八十錢

其他國內各藥房에셔製造ᄒᆞᆫ各種靈藥이俱備ᄒᆞ오니隨用請求ᄒᆞ시면迅速히代金引換으로付送ᄒᆞ게슴니다

另告

京城鍾路
仁川杻峴
平壤鍾路
和平堂主人　李應善

遠地에ᄂᆞᆫ郵便으로信送홈

特減大賣홈

檀君開國四千二百四十二年
箕子元年三千三十一年
大韓開國五百十八年
本報創刊日
光武八年七月十八日

大韓每日申報

第七卷　月曜及慶節歲時休日休刊　第一千二百八十四号

Responsible for Publication Alfred Weekley Marnham.
發行兼編輯人　英國人　萬咸
發行所
京城南部石井洞三層洋屋家
大韓每日申報社

論說

◎大韓의人口

目下政府에셔民籍調査를實施ᄒᆞᄂᆞᆫ中準備ᄒᆞᆫ調査用紙가不足을告ᄒᆞ고人口의數가將且一千五百萬에不下ᄒᆞ리라ᄒᆞ야當局者가意外의多數됨을喫驚ᄒᆞ엿더라

嗚乎라挽近日人이韓國을不多數의人口를有ᄒᆞᆫ國으로藐視ᄒᆞ야或者ᄂᆞᆫ韓國人口가一千一二百萬에不過ᄒᆞ다ᄒᆞ며或者ᄂᆞᆫ一千萬도不足ᄒᆞ다ᄒᆞ며甚則七百萬或六百萬의少數라ᄒᆞᄂᆞᆫᄃᆡ彼政府官吏輩도自國人口의數爻를不知ᄒᆞ고惟彼言을信ᄒᆞ야韓國人口를擧成數一千萬이라ᄒᆞ다가今에此意外의超過數를得ᄒᆞ엿스니其一驚ᄒᆞᆷ이固宜ᄒᆞ도다

然則一千五百萬의說은果然可信ᄒᆞᆯ가日否라今日民籍의調査가아모리精密ᄒᆞ야도三分의一을纔得ᄒᆞᆯ지라彼地方人情이將來人頭稅의刼夢을抱ᄒᆞᆫ故로비록日人巡査가閭巷에橫行ᄒᆞ며恐喝을加ᄒᆞ나一般巷民이牢諱를得策이라ᄒᆞ야婦女를隱ᄒᆞ며小兒를隱ᄒᆞ며挾戶의人口를隱ᄒᆞ며客戶의人口를隱ᄒᆞ며其他可及的ᄃᆡ로隱ᄒᆞ나니故로民籍에登ᄒᆞᄂᆞᆫ者ᄂᆞᆫ眼前에現ᄒᆞᄂᆞᆫ幾個丁口ᄲᅮᆫ이라然則調査의數가一千五百萬이면實際二千幾百萬이될지며調査의數가二千萬이면實際三千餘萬이될진져然이나吾儕ᄂᆞᆫ此에腦際를激ᄒᆞᄂᆞᆫ感情이許多ᄒᆞ도다竊聞컨ᄃᆡ人口ᄂᆞᆫ幾何級數로進步되ᄂᆞᆫ것이라一人의產ᄒᆞᄂᆞᆫ子가恒常二人이되면千年을不過ᄒᆞ야一夫壹妻의子孫이地球에充滿ᄒᆞ리라ᄒᆞ니韓國의有史以後年代만擧ᄒᆞ야도已是四千餘年이니萬壹衛生의機關이備ᄒᆞ야疾病의流行을防ᄒᆞ며經濟의狀況이裕ᄒᆞ야貧困의地獄을救ᄒᆞ며刑罰이公ᄒᆞ야濫殺이不行ᄒᆞ며政治가善ᄒᆞ야喪亂이不作ᄒᆞ야斯民의繁殖에障碍가無ᄒᆞ면四千年歷史的國民의數가엇지此二千萬內外에止ᄒᆞᆯᄲᅮᆫ이리오申象村欽氏가本朝의士氣를論ᄒᆞ야曰世宗文宗의培養ᄒᆞᆫ士氣를世祖의受禪時에一芟夷ᄒᆞ며世祖以後의培養ᄒᆞᆫ士氣를燕山이壹芟夷ᄒᆞ며中宗이又芟夷ᄒᆞ야萌芽가方長ᄒᆞ다가斧斤이忽加ᄒᆞ엿다ᄒᆞ니噫라四千年人口ᄂᆞᆫ幾番의芟夷를遭ᄒᆞ엿나뇨明君賢相이壹次培養ᄒᆞ면貪官汚吏와疾病癘疫과內亂外兵과水旱蝗虫이其後를從ᄒᆞ야芟夷ᄒᆞᄂᆞᆫ故로人口의進步가如此遲遲ᄒᆞᆷ이니此가壹可嘆ᄒᆞᆯ비오壹家의人口數를同家人이不知ᄒᆞ며壹國의人口數를同國人이不知ᄒᆞᆷ이不可ᄒᆞᆯ진즉人口調査ᄂᆞᆫ有國者의宜有ᄒᆞᆯ事라然이나韓國은古籍이蕩殘ᄒᆞ야已往에其調査의精麤가何如ᄒᆞ엿던지新羅의幾百萬口百濟의幾百萬口高句麗의幾百萬口等은只是後漢書新舊唐書等支那人의道聽塗傳에不過ᄒᆞ고本朝以後에ᄂᆞᆫ戶籍法이有ᄒᆞ나虐吏輩가恒常私利를爲ᄒᆞ야百姓을侵漁ᄒᆞ며政府에셔도往往人民에게無權利의義務를擔케ᄒᆞᄂᆞᆫ故로匿戶가常多ᄒᆞ야實數ᄂᆞᆫ不知ᄒᆞᆯ지라吾儕의恒言ᄒᆞᄂᆞᆫ바二千萬의稱도何年何月의調査를據ᄒᆞᆫ것이아니오只是四千二百三十年獨立協會員이演說臺上에셔二千萬同胞兄弟라唱ᄒᆞᆫ바이오其實은二千萬이不足ᄒᆞᆫ지越數이더되ᄂᆞᆫ지不知ᄒᆞᄂᆞᆫ비라嗚乎라國民의數爻를國人이不知ᄒᆞ야模糊暗昧ᄒᆞᆫ中에置ᄒᆞ다가今에他國人이其調査에着手ᄒᆞ야實數를발現코ᄌᆞᄒᆞ니此ᄂᆞᆫ二可嘆이로다如何ᄒᆞ던지少或六百萬多不過一千萬이라ᄒᆞ던人口가一千五百萬或二千萬에過ᄒᆞ면此亦同胞의一喜事이나然이나國家의强弱은人口의多少에不在ᄒᆞᆫ지라故로印度가二億萬人口를有ᄒᆞᆫ國이로ᄃᆡ滅亡을不免ᄒᆞ엿고美國獨立時의人口가八百萬에不滿ᄒᆞ되畢竟獨立의旗를竪ᄒᆞ엿나니嗚乎同胞여人口의多를視ᄒᆞ지말고惟志士가多ᄒᆞ며義人이多ᄒᆞ며熱血男子가多ᄒᆞᆷ을視ᄒᆞᆯ지어다

外報

◎露國抗議　德국滊船안홀트號의請求를依ᄒᆞ야德국裁判所가露日戰爭中損害賠償으로露國公債額面四百萬留를差押ᄒᆞ엿ᄂᆞᆫ故로此에對ᄒᆞ야露국政府가抗議를提出ᄒᆞ엿ᄂᆞᆫᄃᆡ其理由ᄂᆞᆫ德國裁判所가露국公債를差押ᄒᆞᆯ權利가無ᄒᆞᆫ즉此ᄂᆞᆫ世界公平ᄒᆞᆫ裁判所가判決ᄒᆞᆷ이可ᄒᆞ다ᄒᆞ엿ᄂᆞᆫᄃᆡ德國諸新聞은此에關ᄒᆞ야露國노보부레미야新聞이德國을非難ᄒᆞᆫ것을不平히녁인다더라

◎露軍團新成　露國政府ᄂᆞᆫ千九百十年度에ᄲᅮᆫ가地方中央軍團編成을準備ᄒᆞᆫ다더라

◎御史上言　淸國御史江春霖氏ᄂᆞᆫ曰新政擧行의日이不遠ᄒᆞ엿거ᄂᆞᆯ大臣輩가賄賂를公行ᄒᆞ며部下를推任ᄒᆞ야名器를濫授ᄒᆞᆷ으로百政이愈頹ᄒᆞ니各大臣을訓戒ᄒᆞ라ᄒᆞ엿다더라

◎몬王感謝　몬테네그로國니코라쓰王은法國艦隊의안치바리訪問을感謝ᄒᆞ엿다더라

學界

學報

◎光東有光　全義郡東面蘆溪居ᄒᆞᄂᆞᆫ孫昌奭鄭寅哲兩氏가該洞에私立光東學校를設立ᄒᆞ고經費와敎授를自擔ᄒᆞᄂᆞᆫᄃᆡ生徒가三十餘名에達ᄒᆞ엿고該校內夜學校를付設ᄒᆞ야樵童牧竪를敎授ᄒᆞᄂᆞᆫᄃᆡ該生徒도三十餘名에至ᄒᆞ엿다더라

◎卒業証授與式　既報와如히來十日月曜에畿湖學校에셔特別科卒業証授與式을擧行ᄒᆞᄂᆞᆫᄃᆡ一般會員과各學會代表를請邀ᄒᆞᆫ다더라

◎協成日新　咸南利原郡協成學校ᄂᆞᆫ該郡內紳士諸氏가熱心贊成ᄒᆞᆫ結果로晝夜學員이八九十名에達ᄒᆞ엿다더라

◎兩氏熱心　咸南利原郡壽巷居姜敏燮廉聖濤兩氏ᄂᆞᆫ子侄中에受業ᄒᆞᆫ者도姑無ᄒᆞᆫᄃᆡ該里學校를熱心贊助ᄒᆞᆷ으로校况이漸進ᄒᆞᆫ다더라

◎養蒙日進　鎭安郡上道面私립養蒙學校ᄂᆞᆫ校長柳在翼校監柳在箕其他任員諸氏가熱心視務ᄒᆞᆫ結果로設립ᄒᆞᆫ지不過幾月에生徒가日進ᄒᆞ야校舍가狹窄ᄒᆞᆷ으로更히學校를增築ᄒᆞ엿다더라

◎進成卒業　利川郡麻面午川私立進成學校에셔뎨一回卒業試驗을經ᄒᆞ엿ᄂᆞᆫᄃᆡ卒業生은如左ᄒᆞᆷ
嚴柱元　崔駿泳

詞藻

觀魚

잣ᄂᆞᆫ물에困ᄒᆞᆫ魚族、一時厄運슬허마라。
봄하날에큰비오면、네가즐거뛰놀니라。
至今에、世事가紛亂ᄒᆞ야、나도너와。

廣告

雜報

◎御眞奉安議 宮內府에셔ᄂᆞᆫ本年度地方各郡에 御眞을奉安ᄒᆞᆯ次로方今擬議中이라더라

◎國牌移安說 各郡에 奉安ᄒᆞᆫ 國牌ᄂᆞᆫ將次 御眞을 奉安ᄒᆞᆫ後宮內府로나觀察道로都聚 奉安케ᄒᆞᆫ다더라

◎兩氏叙勳 京畿觀察使金思默氏ᄂᆞᆫ叙勳三等八卦章을 下賜ᄒᆞ옵시고前檢事尹性普氏ᄂᆞᆫ勳五等八卦章을 下賜ᄒᆞ옵셧다더라

◎此又何疏 一進會中一部分人들은該會가合邦聲明에失敗ᄒᆞ야空然히衆民의怨을買ᄒᆞ야賣國賊의唾罵만受ᄒᆞᆷ이慨嘆ᄒᆞᆫ事라ᄒᆞ야 皇上께何等 上疏를 奏達케爲ᄒᆞ야目下 上疏文을起草中이라ᄂᆞᆫ說이有ᄒᆞ다더라

◎入棄提出 內部에셔郡守八棄를修正ᄒᆞ야日前內閣會議에提出ᄒᆞ엿다더라

◎農相遭駁 農相趙重應氏ᄂᆞᆫ三昨日日軍司令官大久保大將을往訪ᄒᆞ엿ᄂᆞᆫ딕何等不協ᄒᆞᆫ事件이有ᄒᆞ엿던지一場面駁을當ᄒᆞ엿다더라

◎添病爲慮 李總相의傷處ᄂᆞᆫ數日來快効가有ᄒᆞ야坐臥를自由ᄒᆞ고言語가如常ᄒᆞᆫ딕近日總相椅子가擾動된다ᄂᆞᆫ說이有ᄒᆞ미議氏가此를聞ᄒᆞ면病症이添劇ᄒᆞᆯ까憂慮ᄒᆞ야其兄李允用氏ᄂᆞᆫ該院에出入ᄒᆞᄂᆞᆫ人을團束ᄒᆞ야此等說을切勿開口케ᄒᆞᆫ다더라

◎度相有憤 度支部大臣高永喜氏ᄂᆞᆫ數日來로咽喉症이有ᄒᆞ야仕進을廢ᄒᆞ엿다더라

◎李氏訪李 前觀察李鎬成氏ᄂᆞᆫ再昨日大韓醫院에前往ᄒᆞ야李總相을訪問ᄒᆞ엿다더라

◎海豐開宴 海豊府院君尹澤榮氏ᄂᆞᆫ東門外安岩洞住所에셔再昨日下午三時에內外國高等官을請邀ᄒᆞ야新年祝賀宴을開ᄒᆞ엿다더라

◎宴會準備 學部에셔ᄂᆞᆫ年例를依ᄒᆞ야新年宴會를設行ᄒᆞᆯ次로現今準備中이라더라

◎李氏查簿 新任留學生監督李晩奎氏ᄂᆞᆫ昨日學部에仕進ᄒᆞ야留學生에關ᄒᆞᆫ一切文簿를查閱ᄒᆞ엿다더라

◎兩察陞級議 忠北觀察使權鳳洙全北觀察使李斗璜兩氏ᄂᆞᆫ治績이優勝ᄒᆞ다ᄒᆞ야日前內閣會議에勅任二等으로陞級ᄒᆞ기로協議ᄒᆞ엿다더라

◎臨時支出 地方中郡衙移轉을經營實施ᄒᆞᆫ다ᄂᆞᆫ딕其經費ᄂᆞᆫ度支部에셔臨時로支出ᄒᆞ기로決定ᄒᆞ엿다더라

◎典當稅賦課 忠南觀察道에셔ᄂᆞᆫ本年度地方稅로典當局稅를賦課ᄒᆞᆫ다ᄂᆞᆫ딕他道도行將實施ᄒᆞᆫ다더라

◎道主將增 各觀察道에主事二人을增置ᄒᆞ야地方費徵收事務를處理ᄒᆞ되半數以上은日人을需用ᄒᆞ기로內部에셔現今請議件을製定ᄒᆞᆫ다더라

◎商工調查 農商工部에셔本年度豫算에商工等調查費로一萬五千圓을計上ᄒᆞ엿ᄂᆞᆫ다此ᄂᆞᆫ商習慣生產及物貨集散의實况交通及金融과關等現狀을調查키爲ᄒᆞᆷ이라ᄒᆞ고實行은今明兩年으로ᄒᆞᆯ터이오調查委員은奏任判任待遇者數名及通辯若干人을置ᄒᆞ야部署를各分ᄒᆞ야一年十回式各道에出張ᄒᆞᆫ다ᄂᆞᆫ딕其職制ᄂᆞᆫ日間발布ᄒᆞ고委員은日本人으로雇用ᄒᆞᆫ다더라

◎拓社員警戒 數日前에拓殖會社總裁宇佐川等重要任員五名에게斬奸狀을投ᄒᆞᆫ者가有ᄒᆞᆫ딕其筆蹟이韓人인듯ᄒᆞ다ᄒᆞ야方今警戒中이라더라

◎井上發程期 日人井上雅二ᄂᆞᆫ本月十日頃에歸國ᄒᆞ야行李를準備ᄒᆞᆫ後來三月下旬에歐洲로向ᄒᆞᆫ다더라

◎日記者懇親 在京城日人新聞記者及通信員等은所關이有ᄒᆞᆫ警察官吏等으로昨日에懇親會를開ᄒᆞ엿다더라

◎同志會入城 政局을視察키爲ᄒᆞ야日本對韓同志會中에셔渡來ᄒᆞᄂᆞᆫ大谷等二名은昨日入城ᄒᆞ엿다더라

◎訖法氏公言 紐育所報를據ᄒᆞᆫ즉韓國에多年來留ᄒᆞ던米국人訖法氏ᄂᆞᆫ去二日頃紐育에到着ᄒᆞ야目下華盛頓에滯留中인딕氏ᄂᆞᆫ今番韓日合邦說에對ᄒᆞ야公言ᄒᆞ기를日本이韓국을合併ᄒᆞᆷ은向者日露戰爭終局時포스마우스에談判締結ᄒᆞᆫ條約에違反ᄒᆞᆷ인즉非理不當ᄒᆞᆷ이此에甚ᄒᆞᆫ者ㅣ無ᄒᆞ며又韓人으로言ᄒᆞ면決斷코合邦을不許ᄒᆞᆯ것이오만일日本이威力으로협行ᄒᆞ면韓國內에ᄂᆞᆫ戰鬪가絕息될期會가無ᄒᆞ리로다予ᄂᆞᆫ韓人을爲ᄒᆞ야行事ᄒᆞᄂᆞᆫ者이나反히盡力치아니ᄒᆞᆫ다ᄒᆞ야韓人中愛國心이富ᄒᆞᆫ者ᄂᆞᆫ予를怨ᄒᆞ며予를害코ᄌᆞᄒᆞᆫ다ᄒᆞ엿다더라

◎十三連討 平南江東郡居李奎燮李浩善李龍均金東奭李奎瀅李華濟李昌均李俊澤氏等十三人이一進會長李容九의게長書를送致ᄒᆞ야合邦聲明에關ᄒᆞᆫ罪惡을聲討ᄒᆞ엿다더라

◎遞番保護 一進會에셔ᄂᆞᆫ同會員中膂力이有ᄒᆞᆫ者十名을選擇ᄒᆞ여該會長李容九의家宅을保護ᄒᆞᄂᆞᆫ딕每晝夜에五名式遞番ᄒᆞᆫ다더라

◎安書押收 旅順에滯留ᄒᆞᄂᆞᆫ安定根氏가韓人辯護士會로書函을送致ᄒᆞᆷ은已報어니와該書函은再昨日警視廳에셔押收ᄒᆞ엿다더라

◎旅順消息 安重根의審問經過消息을得聞ᄒᆞᆫ즉아즉豫審이終結되지못ᄒᆞ고調書其他關係書類가三千餘件에至ᄒᆞ고公判開廷日은數十日後에在ᄒᆞᆯ지오辯護士ᄂᆞᆫ正式으로認可된者ᄂᆞᆫ姑無ᄒᆞ다더라

◎兩人出張 內部警務局警視境喜明及日本憲兵中尉杉山은安重根連累嫌疑者審問에關ᄒᆞᆫ一切書類를携帶ᄒᆞ고旅順에出張ᄒᆞᆫ다ᄂᆞᆫ딕境喜明은本日出발ᄒᆞ고杉山은數日後發程ᄒᆞᆫ다더라

◎牛馬總數 最近農商工部에셔全國內牛馬數를調查ᄒᆞ엿ᄂᆞᆫ딕牛가四十五萬九千四百八十二頭오馬가二萬三千七十七頭인딕黃海道瑞興遂安金川新溪兎山等五郡의馬數ᄂᆞᆫ未詳ᄒᆞᆫ故로右數中에包含치아니ᄒᆞ엿다더라

◎尹氏發程 既報와如히青年會副會長尹致昊氏가昨日上午八時에發程渡美ᄒᆞ엿ᄂᆞᆫ딕耶蘇教人과青年學校學員諸氏가南大門驛에出往餞別ᄒᆞ엿다더라

◎失屏黜人 前協辦沈相翊氏ᄂᆞᆫ日前에大屏一座를見失ᄒᆞ엿ᄂᆞᆫ딕下人의게致疑ᄒᆞᆷ인지廊底居接人을一並逐出ᄒᆞᆷ으로該人等은所向無處ᄒᆞ야道路에셔接屑ᄒᆞᆫ다더라

◎十年之計 平南甑山郡草谷面趙濟國氏ᄂᆞᆫ蠶業을實施코져ᄒᆞ야桑苗를多數栽培ᄒᆞᆫ다더라

◎瑞興小塵 日前義兵數十名이黃海道瑞興停車場附近에出沒ᄒᆞ다가新幕駐在日憲兵과數時間交戰ᄒᆞ엿다더라

◎義蹤查探 義兵將延基祐氏가高陽郡某某面長의게冬服百餘襲을請求ᄒᆞ엿다ᄂᆞᆫ說이有ᄒᆞᆷ으로某處에셔虛實을查探中이라더라

◎留學生將歸 日本明治大學校에셔優等卒業ᄒᆞᆫ柳承欽氏ᄂᆞᆫ來十五日頃에歸국ᄒᆞᆫ다더라

◎留學生調探 日本留學生尹佑炳氏가入京ᄒᆞ엿다ᄂᆞᆫ說이有ᄒᆞᆷ으로警視廳에셔目下형探中이라더라

◎李犯審查 再昨日地方裁判所에셔公貨消耗犯李東植을審查ᄒᆞ엿다더라

◎秦氏被捉 南大門內居秦用燮氏ᄂᆞᆫ詐欺取財犯으로三昨日筆洞日憲兵分隊에被捉ᄒᆞ엿다더라

◎何事被捉 中部校洞居女學徒韓定淳氏ᄂᆞᆫ何事件을因ᄒᆞᆷ인지日昨東署에被捉ᄒᆞ엿ᄂᆞᆫ딕該學生의食主人朴根燁氏도再昨日同署에被捉ᄒᆞ엿다더라

◎長통開會 長통坊會에셔本日下午一時에長통學校內에셔臨時總會를開ᄒᆞ고會務를處理ᄒᆞᆯ터인딕坊員이多數來參ᄒᆞ기를希望ᄒᆞᆫ다더라

◎青館福音會 今日下午三時에鍾路青年會館에셔福音會를開ᄒᆞ고該會宗教部總務李商在氏가講道ᄒᆞᆫ다더라

◎支會設立 青年會館內에在ᄒᆞᆫ美國聖書公會主任黃詩氏ᄂᆞᆫ會報를頒布키爲ᄒᆞ야十三道에支會를設立ᄒᆞ고將次任員을派送ᄒᆞᆫ다더라

◎可付一笑 昨日本報論說에韓日合併論者의게告ᄒᆞᆷ이라題ᄒᆞ고前三号를繼續ᄒᆞ야合併의不可ᄒᆞᆫ理由를陳述ᄒᆞ엿더니內部에셔此를治安妨害라ᄒᆞ야國漢文을并押收ᄒᆞ엿더라

電報

◎憲政大臣上奏 清國憲政考察大臣李家駒氏ᄂᆞᆫ日本憲政制度를考察ᄒᆞᆫ結果로日本의制度를模倣ᄒᆞ야地方制度詔勅制度編纂에從事ᄒᆞᄂᆞᆫ딕

一、內廷供奉의官員을區別又增加ᄒᆞᆯ事

二、宦官을廢ᄒᆞ고女官을置ᄒᆞᆯ事

三、皇族의資格을規定ᄒᆞ야典範으로尊嚴을保ᄒᆞᆯ事等에對ᄒᆞ야攝政王에게上奏ᄒᆞ엿다더라 北京발 七日着

◎德國厚遇 清國海軍視察員一行이德國伯林에到ᄒᆞ미德國오스칼親王과膠州灣總督이停車場에出迎ᄒᆞ엿ᄂᆞᆫ딕오스칼親王이特異히接待ᄒᆞ야懇切이極ᄒᆞᆫ故로載洵貝勒이其厚遇를感謝ᄒᆞ엿고德國황帝ᄂᆞᆫ載洵貝勒을特召ᄒᆞ야頸飾赤鷲大勳章을下賜ᄒᆞ엿다더라

◎露將校美國行 露국海軍將校로團成된委員은戰鬪艦을製造키爲ᄒᆞ야美國에往ᄒᆞᆫ다더라 以上伯林發 七日着

◎法關稅實施 法國關稅改正案은下院을통過ᄒᆞ엿ᄂᆞᆫ딕本年三月三十一日부터實施ᄒᆞᆫ다더라

◎法統領訪問 法國大統領은近日瑞西國을訪問ᄒᆞᆫ다더라

◎桂太郎頭痛 日本桂首相은月前以來로偏頭痛炎症에罹ᄒᆞ야葉山別庄에셔靜養ᄒᆞ야少愈歸任ᄒᆞ엿스나尙此未快ᄒᆞᆷ으로自家에셔靜養中이라더라 以上東京發 八日着

▲社會燈▼

▲學部事務官上村正已ᄂᆞᆫ李總相을保護ᄒᆞ려고大韓醫院에드러가셔多日留連ᄒᆞᆫ다지흥부가박을타셔부ᄌᆞ가되엿다닛가놀부도박을타ᄂᆞᆫ格으로白丁이가總相을扶護ᄒᆞ다가큰슈가낫다닛가上村이도脾胃가動히셔保護를좀ᄒᆞ야보나總相夫人은錢佾를ᄯᅩ여러노코潤手를부리겟고

▲商務部長李學宰ᄂᆞᆫ前日部頭領賣買에手段이낫다더니近日에ᄂᆞᆫ商民의게商行券을복뎡ᄒᆞ고二十錢式討索ᄒᆞ랴고券紙六萬張을發刊ᄒᆞ엿다지二六은十二二萬二千圓을收合ᄒᆞ면돈벼락을마질줄노豫算을ᄒᆞ엿지만李學宰에黨與라면十里나다러나ᄂᆞᆫ時代에돈쥬고惡黨券을買得ᄒᆞᆯ同胞가잇슬ᄂᆞᆫ지아마도印刷紙만虛費ᄒᆞ고銅綠은구경도못ᄒᆞ볼걸

▲謝罪團員二個人은旅費가乏絕ᄒᆞ야中途에轉輾ᄒᆞᆫ다더니畢竟大磯山川을기엄기엄건너가셔荒草墳前에俯首聽罪ᄒᆞ고伊藤家族의餽餉을得喫ᄒᆞ엿다지절ᄒᆞᆫ번ᄭᅮᆨ벅ᄒᆞ고飲食ᄒᆞᆫ床비러먹기가그러케어려워셔日本ᄭᅡ지건너가나韓국이貧寒ᄒᆞ닛가丐乞兒의情况도可憐ᄒᆞ지

社告

熙川邑內面東門外洞金錫澤氏로本支社員을認許ᄒᆞ고本年一月一日부터申報를每日發送ᄒᆞ오니該附近地에셔本申報購覽ᄒᆞ실 僉君子ᄂᆞᆫ申報代金과本社에對ᄒᆞᆫ諸般事를金澤錫氏에게請求ᄒᆞ시고該氏와交涉ᄒᆞ시옴

大韓每日申報社

雜報

○池氏被捉 平壤居池鱗瑞氏ᄂᆞᆫ上京逗留ᄒᆞ다가何等事件을因ᄒᆞᆷ인지再昨日警視廳에被捉ᄒᆞ엿다더라

○兩犯越交 中部警察署에被捉ᄒᆞᆫ竊盜犯安云先崔俊愚ᄂᆞᆫ再昨日地方裁判所로越交ᄒᆞ엿다더라

廣告

南部笠井洞四十統一戶를金錫允處一千五百兩에典給ᄒᆞ엿다가退家後該立旨를셔失故로廣布홈

戶主 李完植

本人의姓名章을昨年七月分路中에셔不知中見失後新章으로始行ᄒᆞ오니照亮爲要

西署西江坊唐人里 金聖秀

本人이陰本月十二日分에圖章을路中에셔遺失ᄒᆞ엿ᄉᆞ오니名은尙晶이오字ᄂᆞᆫ兌遠이니知舊間照亮홈

昌原府大山面守城里 河尙晶 告白

本人南門外盆洞鞋廛朴受康許陰十一月十五日捧次當一千兩八百九十号音一片셔失故廣告奚誰某拾得休紙施行金殷培白

敬啓者 新年 僉彦體度錦安ᄒᆞ심을祝賀ᄒᆞ오며過年中多大ᄒᆞᆫ同情을蒙ᄒᆞ와鳴謝不已이오며貴注文을承ᄒᆞ온同時의郵便小包에規定을未詳ᄒᆞ오셔 閣下께細明ᄒᆞᆫ郵規를暫陳ᄒᆞ와一層便宜케圖ᄒᆞ오며且ᄂᆞᆫ同情을奉答ᄒᆞᄂᆞᆫ義務이이깃슴기玆의明細事項을左開ᄒᆞ엿ᄉᆞ오니 照亮ᄒᆞ심을敬要홈

壹 郵便小包中爲先緊要ᄒᆞᆫ普通과引換만말ᄉᆞᆷ홈

壹 普通小包라謂ᄒᆞᆷ은代金을附着치안코그양발送ᄒᆞᄂᆞᆫ名詞로(普通)

壹 引換小包라謂ᄒᆞᆷ은包面上의記載된金額과物包를相換ᄒᆞᄂᆞᆫ名詞로(引換)

(郵規) 假令普通小包면受荷主께로郵局셔分傳도ᄒᆞ며又ᄂᆞᆫ郵局셔受荷主께로物包到着이란通知書를발送ᄒᆞ야受荷主로ᄒᆞ야금郵局에來ᄒᆞ야該物包를推去케도ᄒᆞᄂᆞᆫ郵規(但捺章을要홈)

(郵規) 假令引換小包ᄂᆞᆫ郵局셔荷受主께로某處셔物包가到着인ᄃᆡ引換된金額이何圜幾錢이라고통知書가來ᄒᆞᄂᆞᆫᄃᆡ此통知書와示明ᄒᆞᆫ金額을가지고該局으로往ᄒᆞ야金額을支撥ᄒᆞ고右物包를推尋ᄒᆞᄂᆞᆫ郵規(但捺章을要홈)

注意 통知書를受ᄒᆞᆫ지十日間이經過되면該物包ᄂᆞᆫ出荷主께로返送ᄒᆞᄂᆞᆫ郵規

別項記載와如히引換附ᄒᆞᆫ物包ᄂᆞᆫ每包에對ᄒᆞ야五錢의郵票가加添되고且ᄂᆞᆫ金額이上來ᄒᆞ야推尋ᄒᆞᆯ時에手料로五錢의우票가粘附ᄒᆞᆫ즉合計金十錢式이每包의加添됨

우便局又ᄂᆞᆫ取扱所가次第設立되ᄂᆞᆫ中이ᄂᆞᆫ倘或未備된地方郡邑에ᄂᆞᆫ不便ᄒᆞᆫ바인즉此ᄂᆞᆫ本商會에셔도配達區域을昭詳히認知ᄒᆞᄂᆞᆫ바이나尤且 貴下의最便ᄒᆞ고最近ᄒᆞᆫ郵便局又ᄂᆞᆫ取扱所在된郡名을示明ᄒᆞ심도尤可ᄒᆞᆯ듯

(小包重量及料金一覽表)

(普通小包)

二十兩重ᄭᆞ지	金十錢
四十兩重ᄭᆞ지	金十五錢
六十兩重ᄭᆞ지	金二十錢
九十兩重ᄭᆞ지	金三十錢
百廿兩重ᄭᆞ지	金四十錢
百五十兩ᄭᆞ지	金五十錢

(引換包에ᄂᆞᆫ前後에五錢式合十錢이加添됨)

上記ᄒᆞᆫ小包料ᄂᆞᆫ 注文請求者의負担홈

測量機械 製圖械機 美濃紙類

京城南署鼎洞六十二統十戶

貿易商 金龍商會 謹告

營業主 金應龍

德國일버펠드地方의파 밴파부리켄染料會社ᄂᆞᆫ韓國에在ᄒᆞᆫ本社의組織員되ᄂᆞᆫ僉位의게通告ᄒᆞ노니本會社가**日本大阪의日人會社**에셔此末端에揭示ᄒᆞᆫ本社의已久ᄒᆞᆫ**登錄商標**에**犯科**ᄒᆞᆫ事에對ᄒᆞ야裁判得勝ᄒᆞ엿ᄂᆞ이다

又本社의特意主顧ᄒᆞ시ᄂᆞᆫ 僉位와其他關係되ᄂᆞᆫ 僉位의게表明ᄒᆞ노니本社의商標나或此와**類似**ᄒᆞᆫ것이라도犯**用**ᄒᆞᆫ標이有ᄒᆞᆫ者ᄂᆞᆫ全無ᄒᆞ오며本회社ᄂᆞᆫ世所共知ᄒᆞᄂᆞᆫ本社製品을韓國으로陸續輸入케ᄒᆞᆯ터이오며且本社商標를贋**造**ᄒᆞ야**輸入**ᄒᆞᄂᆞᆫ者ㅣ更有ᄒᆞ면卽告訴를當ᄒᆞᆯ터이오니特이愼戒ᄒᆞ시옴

商

標

商

標

廣告

目下平壤에在ᄒᆞᆫ千葉喜一이가本組合에一切關係가無ᄒᆞ기로玆에布告ᄒᆞ오니照亮ᄒᆞ시옴

大韓屠獸場組合本部 白

本港勞働組合監督姜俊植氏가身分은雖曰勞働從事나稟性은素以慈善事業ᄒᆞᆷ을人皆莫不感頌ᄒᆞ더니現當嚴冬ᄒᆞ야埠頭閑産貧軍三組合中勞役人의飢寒絕火者四十餘人을救恤ᄒᆞ고져恤米八叺와賑金三十餘圓을分頒ᄒᆞ엿고且各人處當捧ᄒᆞᆯ債帳一軸도亦爲燒送ᄒᆞᆷ을感恩無地ᄒᆞ야本人等이其受恩을萬一報答키爲ᄒᆞ야爲先木碑를竪立ᄒᆞ고玆以廣告ᄒᆞ오니咸須惠諒伏望

三和港役夫 崔景文等 告白

本人이戊申三月十一日標主崔泰峯氏八百兩標一張을陰十一月十日에셔失故玆以廣告ᄒᆞ오니誰某間拾得이되休紙施行홈

鳳山沙里院 韓龍洙 白

延安金氏譜所定于北松峴廿統五戶金德基家各派僉宗速速來議而收單名錢庚戌正月內無遺送達爲要 延安金氏大宗中白

◉本社에셔在上海東洋烟草大製造廠과專賣權를特約ᄒᆞ고各種煙草를卽輸入ᄒᆞ와各代理店에支出ᄒᆞ오니僉君子ᄂᆞᆫ愛顧ᄒᆞ심을敬要

●特種烟草

○法韓墨紙烟一匣 二十五本入具竹嘴
○鐵路標一匣二十本入具竹嘴
○鳳標 一匣 四本入具紙嘴
○曜叭標一匣五十本入具紙嘴
○白鶴標一匣 十本入具紙嘴
○鷹標 一匣 十本入具紙嘴
○虎標 一匣 十本入具紙嘴
○獅子標一匣 十本入具紙嘴
○勇士標一匣 十本入具紙嘴
●쉬잉埃及金口紙一桶百本入
○쉬잉埃及金口紙一桶 五十本入
○쉬잉埃及金口紙一匣十本入

◎本社에셔代理店을京城에金濬性、平壤에鄭基煥兩氏로定ᄒᆞ고其他義州、開城、釜山、元山、木浦、咸興、成津、海州、全州、晋州、淸州各處代理店을特許ᄒᆞ겟기로商業에信實ᄒᆞᆫ紳商을求ᄒᆞ오니有意僉君子者ᄂᆞᆫ來議ᄒᆞ시던지書信으로通知ᄒᆞ옵

京城小公洞

法韓烟草會社

同和藥房廣告

本國藥材로洋製新造ᄒᆞ야各病에神效ᄒᆞ오며

用藥寶鑑全卷 定價三十錢

宗教統一論全卷 定價十錢

平壤郡支店長 宋尙愈管內

出張所位置

第一平壤磚石洞金冕恒第二遂安栗里宋翼周第三遂安明導赫第四順川龍升里劉允文第五平壤朱村朱愚敬第六陽德佳倉李鎭亨第七成川丫波李應烈第九甑山一上里宋尙憲第十順川舍人市崔鼎燁第十一平壤司倉里金用良第十二都龍洞金鎭範第十三五柳洞金斗昱第十四張察訪洞黃錫淸第十五三和南浦康元俊第十六成川淵洞朱基鎭第十七江西箴眞池昇麟第十八甑山斑石里黃鶴表第十九平壤舊東昌宋輸周데二十長村崔善宇데二十一遂安邑石橋高義守데二十二栗里上場金春燮데二十三江東漢垈朴達鉉데二十四永柔白鷺里李翰模紙面이不足ᄒᆞ야未能枚擧홈

京城西小門外車洞

本舖 閔 櫃 白

本人이葉草客主數年에各處草商雲集交易ᄒᆞᄂᆞᆫᄃᆡ內外國煙草會社에셔도連續貿去ᄒᆞ고本國絕草商도多數貿去ᄒᆞ옵기로一層擴張ᄒᆞ엿ᄉᆞ오니 僉君子ᄂᆞᆫ陸續來臨ᄒᆞ시기를希望

京城西大門外尾洞百八統九戶 宋憲翼 邊昌根 告白

檀君開國四千二百四十二年
箕子元年三千三十一年
大韓開國五百十八年
本報創刊日
光武八年七月十八日

大韓每日申報

第七卷 月曜及慶節歲時日休刊 第一千二百八十五号

Responsible for Publication Alfred Weekley Marnham.
發行兼編輯人 英國人 萬咸
發行所 京城南部石井洞三層洋屋家 大韓每日申報社

論說

◉敎科書와學部

近日各著述家가敎科書를著述ᄒᆞ야學部에提出ᄒᆞ고所謂檢定을請ᄒᆞᆫ즉學部에셔ᄂᆞᆫ無故히靳持ᄒᆞ야一年或二年이되도록檢定을不肯ᄒᆞᆫ다더라

大抵敎科書檢定法이一出ᄒᆞᆫ後로韓國敎科書著述人이悉皆筆을閣ᄒᆞ며口를噤ᄒᆞ고愛國獨立等字를撫ᄒᆞ며悲歎만發ᄒᆞᄂᆞᆫ中或若干의敎科書를著ᄒᆞ미其中에支離敷演ᄒᆞᆫ바가不過是平平凡凡ᄒᆞ야歷史로論ᄒᆞ면先民의大威光의跡을不得已尺에셔寸만記入ᄒᆞ며地誌로論ᄒᆞ면滿卷의語가殆皆山經水誌뿐이오其他各種敎科書가모다此의類어ᄂᆞᆯ乃者此도檢定을不肯ᄒᆞᆷ은何故오

於是乎或은曰此ᄂᆞᆫ學部에셔忠愛勇壯等文字ᄂᆞᆫ嚴禁ᄒᆞᄂᆞᆫᄃᆡ或此等敎科書中에何等有意味ᄒᆞᆫ文字가伏在ᄒᆞ야人民의思想을開發ᄒᆞᆯ싸憂慮ᄒᆞ야如是不肯ᄒᆞᆷ이라ᄒᆞ며又或은曰學部官吏가殆皆日本人인ᄃᆡ只今日本人이韓國의利益을剝取ᄒᆞᄂᆞᆫ時代에在ᄒᆞ야敎科書中所出의利益을韓人에게不與ᄒᆞ고彼가獨占코져ᄒᆞ야如是不肯ᄒᆞᆷ이라ᄒᆞ며又或은曰學部에셔如斯히他人의敎科書稿本을長久靳持ᄒᆞᆷ은必也學部가此等稿本中에셔敎科書材料를攫取키爲ᄒᆞᆷ이라ᄒᆞ며又或은別般奇怪ᄒᆞᆫ說을道ᄒᆞ야疑惑이四起ᄒᆞᄂᆞᆫ도다

嗚乎라學部여韓國學部가所謂新敎育을施ᄒᆞᄂᆞᆫ지于今十數年에過ᄒᆞ엿스되何等完成ᄒᆞᆫ國定敎科書가曾無ᄒᆞ고드ᄃᆡ여近年에至ᄒᆞ야日語敎科書가膨脹ᄒᆞ야甚至於小學교에日文理科敎科書等을用ᄒᆞᆷ에至ᄒᆞᆯ뿐인즉學部가宜乎人民中敎科書著述家를奬勵扶翼ᄒᆞᆯ지어ᄂᆞᆯ乃者如斯히敎科書檢定을靳持ᄒᆞᆷ은何忍ᄒᆞᄂᆞᆫ고

蓋今日著述家의著述ᄒᆞᆫ바敎科書中에何等獨立自由愛國等精神과偉人英雄烈士等事蹟을寫出치못ᄒᆞ엿나니此等敎科書가아모리發行된ᄃᆞᆯ엇지國民의精神氣力을鼓吹ᄒᆞᆷ에足ᄒᆞ리오만은此亦檢定을不肯ᄒᆞ니吁라可歎이로다

大抵敎科書ᄂᆞᆫ人民의思想을鑄造ᄒᆞᄂᆞᆫ器械오國家의實力을培養ᄒᆞᄂᆞᆫ機關이라此民國에大關係가有ᄒᆞᆫ敎科書를엇지韓人의手로著述키를肯許ᄒᆞ리오吾儕의此言이도리혀不思가甚ᄒᆞ도다만은學部여反思ᄒᆞᆯ지어다

外報

◉美大使言明 德國駐在美國大使ᄒᆞ루氏ᄂᆞᆫ美國으로부터歸任ᄒᆞ야德美통商條約의有望을言明ᄒᆞ엿다더라

◉土耳其公債 土耳其ᄂᆞᆫ艦隊를建設키爲ᄒᆞ야內國公債를발行ᄒᆞᆫ다더라

◉淸國大學 淸國北京大學의分科大學에셔ᄂᆞᆫ故張之洞氏의遺志를依ᄒᆞ야經、文、法、理、工、商、醫、農等八科로ᄒᆞ고今年內로開學ᄒᆞᄂᆞᆫᄃᆡ經科文科를除ᄒᆞᆫ外에ᄂᆞᆫ外國人敎師를用ᄒᆞᆫ다ᄒᆞ며外語ᄂᆞᆫ英德法三國語를採用ᄒᆞᆫ다더라

◉國債償還問題 淸國軍機處에셔ᄂᆞᆫ攝政王이國債償還奬勵의上諭를발ᄒᆞ기로希望ᄒᆞ나政治家中에尙早論을唱ᄒᆞᄂᆞᆫ者ㅣ有ᄒᆞ며上海漢字新聞은反對論을揭ᄒᆞ엿다더라

◉阿片撲滅 英國政府에셔발表ᄒᆞᆫ政治年報를據ᄒᆞᆫ즉駐淸公使쪼단氏ᄂᆞᆫ十月二十一日에阿片撲滅에關ᄒᆞ야顧問官마즈다스미유파氏의一般報告를傳達ᄒᆞ엿ᄂᆞᆫᄃᆡ미유파氏ᄂᆞᆫ淸國이十分其職務를盡ᄒᆞ엿다고信하엿다더라

◉新內閣消息 匈牙利新內閣首相루다쯔슈氏ᄂᆞᆫ非議會派인故로議會ᄂᆞᆫ解散될지오墺地利의政策은愈愈好望을得ᄒᆞ야鞏固ᄒᆞᆫ結果가有ᄒᆞ리라더라

◉保守黨論難 英國保守黨首領발포아氏ᄂᆞᆫ帝國主義者ᄂᆞᆫ모다統一黨所屬이라고唱道ᄒᆞ며且現政府ᄂᆞᆫ英國의防備를危險케ᄒᆞᄂᆞᆫ者로社會黨에게降服코져ᄒᆞᄂᆞᆫ者라ᄒᆞ며又愛蘭의自治를許ᄒᆞᆷ은英帝國을分裂코져ᄒᆞᆫ다고論述ᄒᆞ엿다더라

◉兩皇遊幸 英國皇帝와西班牙황帝ᄂᆞᆫ來年二月에共히法國비아리즈之溫泉場에遊幸ᄒᆞᆫ다더라

◉國會早開請願 淸國上海에셔十五省諸議局議員代表者로選出된國會早開請願員等은漢口에來ᄒᆞ야各團體의盛大ᄒᆞᆫ歡迎을受ᄒᆞ고京漢鐵道로上京ᄒᆞ엿다더라

雜報

◉國民會開會 國民大演說會에셔明日下午一時에幹事員會를該事務所內에開ᄒᆞ고重要事項을處理ᄒᆞᆫ다더라

◉處理開會 再昨日下午二時에畿湖興學會會舘內에셔國債報償金處理會를開ᄒᆞ고會長俞吉濬氏가出席ᄒᆞ엿ᄂᆞᆫᄃᆡ各處에積置ᄒᆞᆫ金額를調査ᄒᆞ기로議決ᄒᆞ고評議員은池錫永氏等十人으로選定ᄒᆞ엿다더라

◉關東總會 關東學會에셔再昨日下午一時에定期總會를開ᄒᆞ고評議員陳秦源曹圭大崔相學氏等六人을選定ᄒᆞ엿ᄂᆞᆫᄃᆡ關東地方에委員을派送ᄒᆞ야寄付금及月捐금을來三月內로一切收入ᄒᆞ야本年度經費를補用ᄒᆞ기로議定ᄒᆞ엿다더라

◉長通會後報 既報와如히去日曜日長통學교에셔該坊總會를開하고該교維持方針을協議하엿ᄂᆞᆫᄃᆡ他坊例를依하야瓦家每間에금二錢式草家每間에一錢式收歛하기로坊內會員이圓滿可決하엿다더라

◉靑舘開演 鍾路靑年會舘에셔去火曜日演說會ᄂᆞᆫ尹致昊氏餞別會를因ᄒᆞ야停止ᄒᆞ엿ᄂᆞᆫᄃᆡ今日下午八時에演說會를開ᄒᆞ고事業家의必要ᄒᆞᆫ法律이란問題로美人牧師떼다인氏가演說ᄒᆞᆫ다더라

學界

◉李氏演說 靑坡文昌學校學徒諸氏가知識을交換ᄒᆞ고學業을勉勵ᄒᆞᆯ目的으로學友會를組織ᄒᆞ엿ᄂᆞᆫᄃᆡ該坊內紳士李鎔浩氏를請邀ᄒᆞ야學徒의責任이란問題로演說ᄒᆞ엿다더라

◉休校復開 年終을因ᄒᆞ야休學ᄒᆞ엿던漢城內各官立學校ᄂᆞᆫ昨日上午十壹時에開校式을行ᄒᆞ엿다더라

◉日語科廢止 大東專門學校에셔再昨日下午八時敎師會를開ᄒᆞ고科程中日語ᄂᆞᆫ必要가無ᄒᆞ다ᄒᆞ야廢止ᄒᆞ엿다더라

◉七七優等 東部往十里旺新學校에셔第二學期試驗을擧行ᄒᆞ엿ᄂᆞᆫᄃᆡ優等生이四十九人이라더라

◉學生斷髮 北靑郡居德學校ᄂᆞᆫ學生이一百五十名인ᄃᆡ趙庚俊方烈諸氏의勸告로學生一同이一齊斷髮ᄒᆞ엿다더라

◉裵氏知恩 江華郡合一學校生徒裵順東氏ᄂᆞᆫ該校에셔多年受業ᄒᆞ다가無故히他校로轉學ᄒᆞ엿ᄂᆞᆫᄃᆡ其父親裵根化氏ᄂᆞᆫ合一學校의敎育ᄒᆞᆫ恩功을難忘ᄒᆞ야其子가退學ᄒᆞᆫ後라도每年租一石을該校에寄付ᄒᆞ기로決心ᄒᆞ엿다더라

○談叢○

▲公共事業의公益됨 劍心

埃及王의三角塔이天을摩ᄒᆞ며秦始皇의長城이萬里를亙하엿스니其氣魄의雄偉ᄒᆞᆷ은後世人도一驚을喫ᄒᆞᆯ만ᄒᆞ나然이나埃及은宿草에淪ᄒᆞᆫ지已久ᄒᆞ고秦은二世가못되야滅亾ᄒᆞ엿나니是가何故이오曰個人의私獨事業은아모리偉大ᄒᆞ야도國家에害되기만易ᄒᆞ고利되기ᄂᆞᆫ難ᄒᆞᆫ지라卽秦皇의長城을築ᄒᆞᆯ時에民怨을沽ᄒᆞᆷ이何如ᄒᆞ며埃及의事ᄂᆞᆫ涉遠ᄒᆞ야考ᄒᆞ기難ᄒᆞ나史家가此를評ᄒᆞ야曰一王의墓表에不過ᄒᆞ다ᄒᆞ엿슨즉此亦國家에利益되지못ᄒᆞᆷ은可히推知ᄒᆞᆯ비이라國民의公共的事業은不然ᄒᆞ야國에永遠의福이되며民에長久의利가되나니故로目下列强의軍艦의造와鐵道의設이日加ᄒᆞ되國民의幸福이되ᄂᆞᆫ비라

詞藻

❀사ᄅᆞᆷ노릇❀

天地가廣濶ᄒᆞᆫ듸、몸둘곳이어ᄃᆡ며。檀君遺族貴ᄒᆞᆫ몸에、츄ᄒᆞᆫ굴네쓰단말가。某條록、一心合力活動ᄒᆞ야、사ᄅᆞᆷ노릇。

雜報

◎尹氏上奏 히豐府院君尹澤榮氏가債務를因ᄒᆞ야日人本多潤의게逢訴ᄒᆞᆫ事에對ᄒᆞ야三昨日侍從院卿尹德榮氏가其所遭狀況과債務의所由를 大皇帝陛下ᄭᅴ上 奏ᄒᆞ엿다더라

◎紹介無效 壹進會에서 大皇帝陛下ᄭᅴ歲首 問安單子를奉呈ᄒᆞ랴다가退却을當ᄒᆞᆷ은已報어니와期於히 奉呈ᄒᆞ랴고宮닉府官吏를紹介周旋ᄒᆞ다가論駁을又當ᄒᆞ엿다더라

◎其物何物 今番渡日ᄒᆞᆫ曾彌統監의携去ᄒᆞᆫ物을或高麗磁器등珍物이라ᄒᆞ나此ᄂᆞᆫ誤解오其物이對韓政策의案件이라ᄂᆞᆫᄃᆡ此ᄂᆞᆫ統治權委任壹進會合邦論등은아니오別個具體的案件인ᄃᆡ卽現狀維持ᄂᆞᆫ不可라ᄒᆞ야故伊藤公의遺策인根本的方針을是認ᄒᆞᆷ이라ᄒᆞ며此ᄂᆞᆫ曾彌統監의壹生大經綸이라더라

◎主事陞級提議 日前內閣會議에各地方道府군主事陞級件을提出ᄒᆞ엿다더라

◎一部向隅 各官廳에서官吏中勤慢을隨ᄒᆞ야多少間陞級이되엿ᄂᆞᆫᄃᆡ惟獨農商工部官吏ᄂᆞᆫ陞級者가初無ᄒᆞ다더라

◎永宣訪問 永宣君李埈鎔氏ᄂᆞᆫ再昨日下午一時에前判書趙鼎九李忠求兩氏를訪問ᄒᆞ엿다더라

◎樞院建議 昨日에中樞院議長以下賛議諸氏가月曜例會를開하고星州군儒生김창淑氏等과安東군儒生徐丙의氏等이獻議ᄒᆞᆫ事에對ᄒᆞ야卽日內閣에建議ᄒᆞ고該辭意를實施ᄒᆞ야衆心을副케ᄒᆞ라ᄒᆞ엿다더라

◎學相開宴 學부大臣李容植氏ᄂᆞᆫ來拾五日에學부에서新年宴을開ᄒᆞ고學부官吏全부를招待ᄒᆞᆫ다더라

◎炎涼例態 趙農相은李總相과平日情誼가甚密ᄒᆞ더니近日에至ᄒᆞ야ᄂᆞᆫ政界變動說이生ᄒᆞ미趙農相이自己地位만鞏固ᄒᆞ랴고東西奔走ᄒᆞᆷ으로李總相과ᄂᆞᆫ情誼가疎遠ᄒᆞᆫ貌樣이라더라

◎月樓祝宴 日憲兵司令部榊原少將은再昨日下午五時花月樓에서內外國軍人을會同하야新年祝賀宴을開하엿다더라

◎李氏赴任期 日本留學生監督李晚奎氏ᄂᆞᆫ來拾五日頃에赴任ᄒᆞᆫ다더라

◎內部設宴說 內부에ᄂᆞᆫ該部大臣의主催로日間祝賀式을盛設ᄒᆞᆫ다더라

◎員役減額 宮內府에ᄂᆞᆫ現存員役이二百餘名에不過ᄒᆞᆫᄃᆡ其中에五十名을減額ᄒᆞᆫ다더라

◎哭生而哀 保民洞居嚴柱憲氏ᄂᆞᆫ近日에哭壹進會長李容九라ᄂᆞᆫ文字를起草ᄒᆞ엿ᄂᆞᆫᄃᆡ此ᄂᆞᆫ李容九를屍體로看做ᄒᆞ야無生긔의動物로認定ᄒᆞᆷ이라더라

◎蝙蝠之行 壹進會員김思洪李民觀등은外面으로退會ᄒᆞ엿다假稱ᄒᆞ고各社會物議와政界動靜을秘密偵探ᄒᆞ야該會本부로통知ᄒᆞᆫ다ᄂᆞᆫ說이狠藉ᄒᆞ다더라

◎安氏函辭 旅順에滯留하ᄂᆞᆫ安定根恭根兩氏가韓人辯護士會로寄來ᄒᆞᆫ書函을警視廳에서押收ᄒᆞᆷ은已報어니와三昨日該廳에서該書函을辯護士會로還送하엿ᄂᆞᆫᄃᆡ其全文이如左하니

敬啓者向日哈爾賓事件으로此地에被囚ᄒᆞᆫ安重根은卽生等의親兄이온바壹次面會를要하야此地에到着ᄒᆞ온지라日前英日辯護士諸氏의게委托ᄒᆞᆫ바도有하거니와家兄의所言을聞ᄒᆞᆫ즉滿腔所懷를壹次詳述하지못면本國辯士가無ᄒᆞᆷ이壹遺憾이라하ᄂᆞᆫ지라法院으로부터夥多ᄒᆞᆫ辯護士의許可與否를方今協議中인ᄃᆡ一週內에決定이有ᄒᆞᆯ터이오兼하야公判期限이尙遠하엿스니辯護士를隨意請求ᄒᆞ야應聘與否를聞ᄒᆞᆫ後에진期電請ᄒᆞᆷ이妥當하다고法院에命令이有ᄒᆞ온지라今日此事件에對ᄒᆞ야誰某를勿論ᄒᆞ고干預ᄒᆞ기不肯ᄒᆞᆷ은生等도非所不知이오나家兄의請求를因하야如右ᄒᆞᆫ法院命令가有하엿고且貴會ᄂᆞᆫ特히辯護를目的ᄒᆞᆷ으로因하야被嫌의慮가無ᄒᆞᆯ뜻하옵기敢히冐悚仰告하오니另加商議하신後一員辯護士의還送與否를卽爲回示하심을伏望이옵고實費금은預度이無하옵고且可否를未承하온故로先納지못하오나後日所教를依하야施行하려하오니特施하여쥬시며公判은壹月下旬에開始ᄒᆞᆫ다하오나姑未確定이오니下諒伏望이라하엿더라

◎辯士會答函 旅順에滯留ᄒᆞᄂᆞᆫ安定根恭根兩氏가韓人辯護士會로送致ᄒᆞᆫ函辭ᄂᆞᆫ別項과如ᄒᆞ거니와該會에서三昨日下午十時에答函을발送ᄒᆞ엿ᄂᆞᆫᄃᆡ本會目的은營業에不過ᄒᆞ니實費금을區劃ᄒᆞ고辯護士ᄂᆞᆫ何如人을請求ᄒᆞᄂᆞᆫ지姓名을指示ᄒᆞ라ᄒᆞ엿다더라

◎安氏出發 辯護士安秉瓚氏가安重根氏를辯護ᄒᆞ기로認許를得ᄒᆞᆷ은已報어니와昨日京義線으로발程ᄒᆞ야瀋陽을經由ᄒᆞ야來十四日旅順에到着ᄒᆞ기로預定ᄒᆞ엿다더라

◎安儒獻議 安東군儒生徐丙의全衡植氏등이中樞院에獻議의書를提出ᄒᆞ엿ᄂᆞᆫᄃᆡ其槪要ᄂᆞᆫ如左ᄒᆞ니

壹進會合邦聲明書에對ᄒᆞ야或以心誅ᄒᆞ며或以舌誅ᄒᆞ며或以筆誅ᄒᆞ되萬耳同傾에尙無正法ᄒᆞ니夫以堂堂大韓五百年王章으로不能誅壹箇賊臣乎아秉畯이以命逆魁로潛伏海外ᄒᆞ야尙逭天誅ᄒᆞ니不去其根이면何望除孼가不斬秉畯이면幾個容九가接跡而起ᄒᆞᆯ지不知ᄒᆞ리니建의政府ᄒᆞ야秉畯容九를嚴正邦刑ᄒᆞ라ᄒᆞ엿다더라

◎咸군痘疫 咸興군에ᄂᆞᆫ痘疫이발生ᄒᆞ야兒童八名이罹死ᄒᆞ엿다더라

◎學徒奬勵費 平安南道에서學徒奬勵費로地方費中에서五百七拾圓을支出ᄒᆞᆫ다더라

◎屠獸規定 屠獸業을行ᄒᆞᄂᆞᆫ者ᄂᆞᆫ所管警察署에請願ᄒᆞ야觀察使의許可를得ᄒᆞ고야行ᄒᆞᆫ다ᄂᆞᆫᄃᆡ屠獸ᄒᆞᄂᆞᆫ時ᄂᆞᆫ警察官及屠獸檢查員의檢查를受ᄒᆞᆫ다더라

◎設備已完 日人의東亞烟草株式會社ᄂᆞᆫ其設備工事가完成되엿다더라

◎一鹿千金 창德宮御苑事務局에서금壹百五十圓을擲하야大鹿壹首를買入하엿다더라

◎李氏呼訴 淸豊都正李희昇氏ᄂᆞᆫ再昨日巡查某氏의게下待의言辭를加하다가該巡查의게一場困迫을當하엿ᄂᆞᆫᄃᆡ李氏ᄂᆞᆫ事實을擧하야所管警察署에呼訴하엿다더라

◎寧民長書 平北寧邊郡人民代表趙亮均氏가一進會合邦聲明書에對ᄒᆞ야聲討ᄒᆞᄂᆞᆫ長書를內閣에提呈ᄒᆞ고국民大演說會에入參ᄒᆞᆯ意로該會에書函을送致ᄒᆞ엿다더라

◎李氏憂薪 皇城基督敎青年會運動部幹事李台湾氏ᄂᆞᆫ昨年三月에留學次로淸국上海基督敎淸人青年會에渡往ᄒᆞ엿다가猝然得病ᄒᆞ야仝年十二月分에歸국ᄒᆞ야目下南門外濟衆院에서治療中이나完效를未收ᄒᆞᆫ다ᄂᆞᆫᄃᆡ該氏ᄂᆞᆫ得病原因에對ᄒᆞ야壹點疑端을抱ᄒᆞᆫ다더라

◎產婆所任員 中部교洞助產婆養成所에서再昨日下午二時에발起會를開ᄒᆞ고任員을組織ᄒᆞ엿ᄂᆞᆫᄃᆡ所長은故洪淳寬氏大夫人朴氏로副所長은尹高羅氏로總務ᄂᆞᆫ崔善卿氏로定ᄒᆞ엿다더라

◎直者必伸 信川군獐川坪에一進會員韓景源氏等이築동ᄒᆞᆫ事에對ᄒᆞ야土主諸人이被囚ᄒᆞᆫ事ᄂᆞᆫ已揭어니와該군憲兵所長의調查ᄒᆞᆫ結果로土主諸氏ᄂᆞᆫ卽行放免ᄒᆞ고韓景源氏ᄂᆞᆫ毆人搆誣ᄒᆞᆫ事實이綻露되야重責을遭ᄒᆞ엿다더라

◎義將遺錢 去月二十八日大邱分隊日兵及補助員이寧海군烏西面寶上洞에出索ᄒᆞ야朴晚燦氏家附近에서錢二十圓를得ᄒᆞ엿ᄂᆞᆫᄃᆡ此ᄂᆞᆫ義將鄭文七氏의所藏이라ᄂᆞᆫ說이有ᄒᆞ다더라

◎大東押收 大東共報데二卷데十號ᄂᆞᆫ治安妨害라ᄒᆞ야닉部에서押收ᄒᆞ엿다더라

◎安氏被招 向日에保放되엿던安창浩氏ᄂᆞᆫ調查ᄒᆞᆯ事件이尙且未盡ᄒᆞ엿다ᄒᆞ야再昨日龍山日軍司令부에更히被招하엿다더라

電報

◎預筭案提出期 日本의本年度總豫算案及工場法案은來十八日議會에提出ᄒᆞᆯ터이오又關稅改正案은卄壹日頃에提出될터이라더라 東京發 九日着

◎英皇儲巡遊 英國皇儲에드와드、알버트殿下ᄭᅴ셔ᄂᆞᆫ明年에大英국을巡遊ᄒᆞ실터인ᄃᆡ同時一小艦隊를附ᄒᆞᆯ터이라더라 伯林發 九日着

◎美國大風雪 美국에ᄂᆞᆫ二週間前에大風雪이有ᄒᆞ엿ᄂᆞᆫᄃᆡ近頃大風雪이又有ᄒᆞ야東部를吹荒ᄒᆞ야電信이不통되야大困難을遭ᄒᆞ엿ᄂᆞᆫᄃᆡ積雪이非常ᄒᆞ미如此狀況은數年來에稀有ᄒᆞᆫ事이라더라 紐育發 九日着

◎滿洲獨立說 美國政府ᄂᆞᆫ列國과共力ᄒᆞ야滿洲에在ᄒᆞᆫ露日兩鐵道를淸國으로ᄒᆞ야금買收케하고其資금은列國에서貸與케ᄒᆞ고其協約은政治的意味를除却ᄒᆞ고滿洲로獨立國을成케ᄒᆞ고져ᄒᆞᆫ다ᄂᆞᆫᄃᆡ此提議ᄂᆞᆫ既히英法德列國의賛同을得ᄒᆞ엿다ᄂᆞᆫ電報가有ᄒᆞ다ᄒᆞ며英美德法等國이긔會均等主義로滿洲를全然中립케ᄒᆞᆷ은平和維持上에賛成ᄒᆞᆯ事라ᄒᆞ며美國政府가此를日本政府에提議ᄒᆞᆷ은去十二月中旬에在ᄒᆞ엿슨즉露國에도此時에提議ᄒᆞ엿슬지며其原因은向者英美國資本家團에서獲得ᄒᆞ엿던錦愛鐵道의敷設權이不成功될模樣인故로如此ᄒᆞᆫ新手段을行ᄒᆞᆷ인즉大統領타프트氏의極東에注目ᄒᆞᄂᆞᆫ外交的手腕의揮動을可想이라ᄒᆞ며該提議ᄂᆞᆫ日本政府에서研究ᄒᆞᄂᆞᆫ바오아즉何等回答이無ᄒᆞ엿다하며又日本에셔ᄂᆞᆫ以爲하되協約上으로論하면日本이滿洲를淸國에還附ᄒᆞᆷ이宜當하나二十八箇年間을要ᄒᆞᆯ지라하야비록列國이資금을貸與하야淸國으로하야금買收케하ᄂᆞᆫ境遇라도日本은此를反對코져ᄒᆞᆫ다더라

◎曾彌新橋着 曾彌統監의壹行은九日東京에着ᄒᆞ엿다더라

◎貝湖鐵道工事 露국政府에셔ᄂᆞᆫ貝加爾湖迂回鐵道線의工事를本年解氷期에着手ᄒᆞ기로內定ᄒᆞ엿ᄂᆞᆫᄃᆡ此ᄂᆞᆫ六個年計劃이라더라 以上東京發 十日着

▲社會燈▼

▲宮中顧問李允用은內閣椅子變動說이總相에게드러가면病中添病되겟다고來往人을團束ᄒᆞ야秘不發說ᄒᆞ엿다지三尺劍頭놉흰魂이生死關에出沒ᄒᆞ야萬念成灰되엿ᄂᆞᆫᄃᆡ總理大臣되椅子ᄂᆞᆫ永좀어도못닷겟나仕宦癖에밋친熱도氷蒸術로곳쳐보지

▲壹進會長李容九ᄂᆞᆫ合邦疏를三上타가連次退却맛ᄂᆞᆫ뒤에問安名義憑藉ᄒᆞ야奏上文을登進코져百方運動ᄯᅩᄒᆞᆫ다지全국同胞二千萬이同聲攻駁ᄒᆞᄂᆞᆫ問題皇上ᄭᅴ만上徹ᄒᆞ면實施ᄒᆞᆯ수잇슬ᄂᆞᆫ지二十世紀此時代에더民論을不顧ᄒᆞ고政黨自處可笑로다

▲京城日人繁榮會ᄂᆞᆫ巨額賞金놉히달고景品券을發行ᄒᆞ야歲暮大賣더旗발이거리거리놉녓더니抽籤日을當ᄒᆞ여서何等不公잇섯ᄂᆞᆫ지衆怨如雷ᄒᆞ더라지日本人의手段으로무숨厚意特別ᄒᆞ야三千圓의巨額金을韓人手中보닐손가稱怨者가愚者로다

雜報

○威武堂堂 義兵大將延起羽氏ᄂᆞᆫ本月六日에漣川군東方山間에서部下三十餘名을率ᄒᆞ고漣川分遣所憲兵及補助員등과交戰ᄒᆞ엿ᄂᆞᆫᄃᆡ壹般히茶褐色洋服에學生帽子를着ᄒᆞ고洋銃을携帶ᄒᆞ고喇叭喊聲에號令을下ᄒᆞ야威武가堂堂ᄒᆞᆫᄃᆡ鐵原法仙山으로退陣ᄒᆞ엿다더라

○設計殺義 黃海道平山군卄浦등地에서去七日에日憲兵二名補助員二名日巡査二名이柴草商의貌樣을粧ᄒᆞ고牛를曳ᄒᆞ며市塲으로往ᄒᆞ다가牛石橋洞附近에서義兵秋七星閔壽顯兩氏를逢ᄒᆞ야擊殺ᄒᆞ엿다더라

○連累何多 李在明의連累者가平壤以北헤蔘威方面에多ᄒᆞ다ᄂᆞᆫ說이有ᄒᆞ다ᄂᆞᆫᄃᆡ平壤警察署에서吳復元氏등拾數名을該連累者로捕捉ᄒᆞ엿ᄂᆞᆫᄃᆡ李在明壹派의秘密結社가殆히盡數被捉되엿다더라

○親睦開會 西北學生親睦會에서本日下午四時에普成學교內에서總會를開ᄒᆞ고任員을改選ᄒᆞᆫ다더라

○何事被捉 平壤居李應三氏等二人은何等事件이有ᄒᆞᆫ지該군警察署에被捉ᄒᆞ야再昨日下午十時에警視廳으로押上되엿다더라

廣告

本人의名相熙란熙字를玉字로改稱ᄒᆞ오니 知舊間照亮ᄒᆞ옵

南部苧洞六十七統十三戶 尹相玉

本人의姓名章四方形을一月二日에셔失이옵고更刻圖章ᄒᆞ야통用ᄒᆞ오니內外國人間照亮홈

平壤大興面一里倉洞李昌祐白

陽川郡郡內面月字답文券과三井面辰字답列字寒字田文券을不知中見失故玆의廣告ᄒᆞ오니內外國人은切勿見欺홈

陽川郡三井面雉峴里 權鳴玉 告白

平山申氏大宗中告白에對ᄒᆞ야谷城宗계員面을大宗中이果能知否아五六十年三世專管ᄒᆞᆫ億均이豈肯見奪於壓勒下乎아宅心難測은是乃自道니法理自在홈 申泰寬 申億均 廣告

○內外國有志紳士諸氏前

特別廣告

平安北道江界郡私立英實中學校任員들은本校擴張키爲ᄒᆞ야外地羇旅同胞와內外國有志紳士諸氏의게請助事를本校敎師黃思先金河源兩氏와事務申鶴鳳三氏씨委任ᄒᆞ야今日發行홈

隆熙三年十二月三十日

校長 邦惠法
校監 車學淵
事務 金文興 金益弘 金泰義 申鶴鳳

本所에서洋屬毛織을各色直輸入ᄒᆞ야廉價로發賣ᄒᆞ옵ᄂᆞᆫᄃᆡ物品과織組가堅固ᄒᆞ며染色이不變ᄒᆞ와經濟上에第一要緊ᄒᆞ오며各地方貿易을便利키爲ᄒᆞ와郵便小包로副應ᄒᆞ야代金을引換ᄒᆞ겟ᄉᆞ오니 僉君子ᄂᆞᆫ陸續請求ᄒᆞ심을伏望

京城小龍洞
洪順福 毛織商店

北署齋洞一東谷二十七統一戶草家九間契券를陰八月晦日에路上서失ᄒᆞ엿슨즉誰某拾得ᄒᆞ엿던지休紙施行홈

德山塲村面佳谷 李培一 告白

敬啓者 新年 僉彦體度錦安ᄒᆞ심을祝賀ᄒᆞ오며過年中多大ᄒᆞᆫ同情을蒙ᄒᆞ와鳴謝不已이오며貴注文을承ᄒᆞ온同時의郵便小包에規定을未詳ᄒᆞ오신 閣下께細明ᄒᆞᆫ郵規를暫陳ᄒᆞ와一層便宜케圖ᄒᆞ오며且ᄂᆞᆫ同情을奉答ᄒᆞᄂᆞᆫ義務이이깃슴기玆의明細事項을左開ᄒᆞ엿ᄉᆞ오니 照亮ᄒᆞ심을敬要홈

壹 郵便小包中爲先緊要ᄒᆞᆫ普通과引換만말슴홈

壹 普通小包라謂홈은代金을附着치안코그양발送ᄒᆞᄂᆞᆫ名詞로(普通)

壹 引換小包라謂홈은包面上의記載된金額과物包를相換ᄒᆞᄂᆞᆫ名詞로(引換)

(郵規) 假令普通小包면受荷主께로郵局서分傳도ᄒᆞ며又ᄂᆞᆫ郵局서受荷主께로物包到着이란通知書를발送ᄒᆞ야受荷主로ᄒᆞ야금郵局에來ᄒᆞ야該物包를推去케도ᄒᆞᄂᆞᆫ郵規 (但捺章을要홈)

(郵規) 假令引換小包ᄂᆞᆫ郵局서荷受主께로某處서物包가到着인ᄃᆡ引換된金額이何圓幾錢이라고통知書가來ᄒᆞᄂᆞᆫᄃᆡ此통知書와示明ᄒᆞᆫ金額을가지고該局으로往ᄒᆞ야金額을支撥ᄒᆞ고右物包를推尋ᄒᆞᄂᆞᆫ郵規 (但捺章을要홈)

注意 통知書를受ᄒᆞᆫ지十日間이經過되면該物包ᄂᆞᆫ出荷主께로返送ᄒᆞᄂᆞᆫ郵規

別項記載와如히引換附ᄒᆞᆫ物包ᄂᆞᆫ每包에對ᄒᆞ야五錢의郵票가加添되고且ᄂᆞᆫ金額이上來ᄒᆞ야推尋홀時에手料로五錢의우票가帖附ᄒᆞᆫ즉合計金十錢式이每包의加添됨

우便局又ᄂᆞᆫ取扱所가次第設立되ᄂᆞᆫ中이ᄂᆞᆫ倘或未備된地方郡邑에ᄂᆞᆫ不便ᄒᆞᆫ바인즉此ᄂᆞᆫ本商會에서도配達區域을昭詳히認知ᄒᆞᄂᆞᆫ바이나尤且 貴下의最便ᄒᆞ고最近ᄒᆞᆫ郵便局又ᄂᆞᆫ取扱所在된郡名을示明ᄒᆞ심도尤可홀듯

(小包重量及料金一覽表)

(普通小包)

二十兩重ᄭᆞ지	金十錢
四十兩重ᄭᆞ지	金十五錢
六十兩重ᄭᆞ지	金二十錢
九十兩重ᄭᆞ지	金三十錢
百卄兩重ᄭᆞ지	金四十錢
百五十兩重ᄭᆞ지	금五十錢

(引換包에ᄂᆞᆫ前後에五錢式合十錢이加添됨)

上記ᄒᆞᆫ小包料ᄂᆞᆫ 注文請求者의負担홈

測量機械 製圖械機 美濃紙類

京城南署棗洞六十二統十戶

貿易商 KIM
金龍商會 謹告

營業主 金應龍

德國입버펄드地方의파벤파부리겐染料會社ᄂᆞᆫ韓國에在ᄒᆞᆫ本社의組織員되ᄂᆞᆫ僉位의게通告ᄒᆞ노니本會社가 **日本 大阪**의 **日人會社** 에서此末端에 揭示ᄒᆞᆫ 本社의已久ᄒᆞᆫ **登錄 商標**에 **犯科** ᄒᆞᆫ事에對ᄒᆞ야裁判得勝ᄒᆞ엿ᄂᆞᆫ이다

又本社의特意主顧ᄒᆞ시ᄂᆞᆫ 僉位와其他關係되ᄂᆞᆫ 僉位의게表明ᄒᆞ노니本社의商標나或此와 **類似** ᄒᆞᆫ것이라도犯 **用** ᄒᆞᆫ權이有ᄒᆞᆫ者ᄂᆞᆫ全無ᄒᆞ오며本회社ᄂᆞᆫ世所共知ᄒᆞᄂᆞᆫ本社製品을韓國으로陸續輸入케ᄒᆞᆯ더이오며且本社商標를 **贋造** ᄒᆞ야 **輸入** ᄒᆞᄂᆞᆫ者ㅣ更有ᄒᆞ면卽告訴를當ᄒᆞᆯ더이오니特이愼戒ᄒᆞ시옵

商

標

商

標

本港勞働組合監督姜俊植氏가身分은雖曰勞働從事나稟性은素以慈善事業홈을人皆莫不感頌ᄒᆞ더니現當嚴冬ᄒᆞ야埠頭閑産貧軍三組合中勞役人의飢寒絶火者四十餘人을救恤코져恤米八叺와賑金三十餘圓을分頒ᄒᆞ엿고且各人處當捧ᄒᆞᆯ債帳一軸도亦爲燒妥ᄒᆞᆷ을感恩無地ᄒᆞ야本人等이其受恩을萬一報答키爲ᄒᆞ야爲先木碑를竪立ᄒᆞ고玆以廣告ᄒᆞ오니咸須惠諒伏望

三和港役夫 崔景文等 告白

本人이戊申三月十一日標主崔泰峯氏八百兩標一張을陰十一月十日에셔失故玆以廣告ᄒᆞ오니誰某間拾得이되休紙施行홈

鳳山沙里院 韓龍洙 白

同和藥房廣告

本國藥材로洋製新造ᄒᆞ야各病에神効ᄒᆞ오며

用藥寶鑑全卷 定價三十錢
宗敎統一論全卷 定價十錢

平壤郡支店長 宋尙意管內

出張所位置

第一平壤磚石洞金冕恒第二遂安栗里宋翼周第三遂安明導赫第四順川龍升里劉允文第五平壤朱村朱愚敬第六陽德佳倉李鍾亨第七成川丫波李應烈第九甑山一上里宋尙憲第十順川舍人市崔鼎燁第十一平壤司倉里金用良第十二都龍洞金鎭範第十三五柳洞金斗昱第十四張察訪洞黃錫淸第十五三和南浦康元俊第十六成川濡洞朱基鎭第十七江西箴眞池昇麟第十八甑山斑石里黃鶴表第十九平壤舊東昌宋翰周뎨二十長村崔善宇뎨二十一遂安邑石橋高義守뎨二十二栗里上場金春燮뎨二十三江東漢垈朴達鉉뎨二十四永柔白鷺里李翰模紙面이不足ᄒᆞ야未能枚擧홈

京城西小門外車洞
本舖 閔檀 白

本人이葉草客主數年에各處草商雲集交易ᄒᆞᄂᆞᆫᄃᆡ內外國烟草會社에서도連續貿去ᄒᆞ고本國絶草商도多數買去ᄒᆞ옵기로一層擴張ᄒᆞ엿ᄉᆞ오니 僉君子ᄂᆞᆫ陸續來臨ᄒᆞ시기를希望

京城西大門外尾洞百八統九戶 宋憲翼 潘昌根 告白

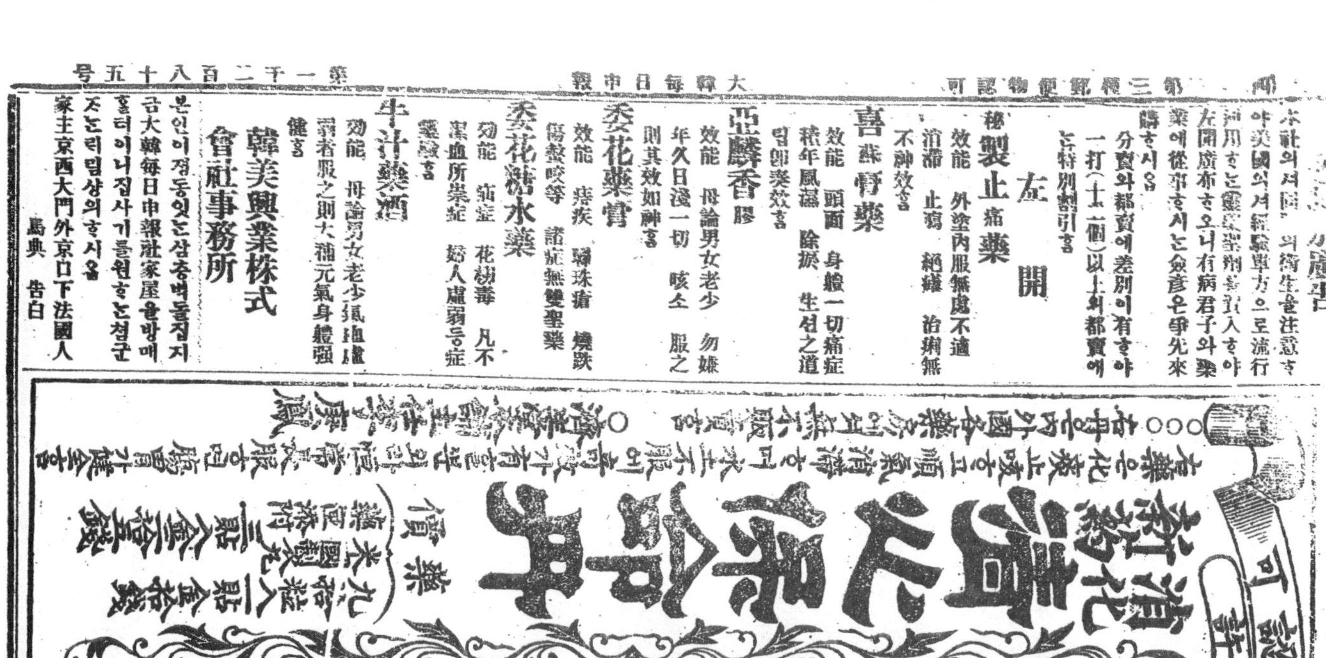

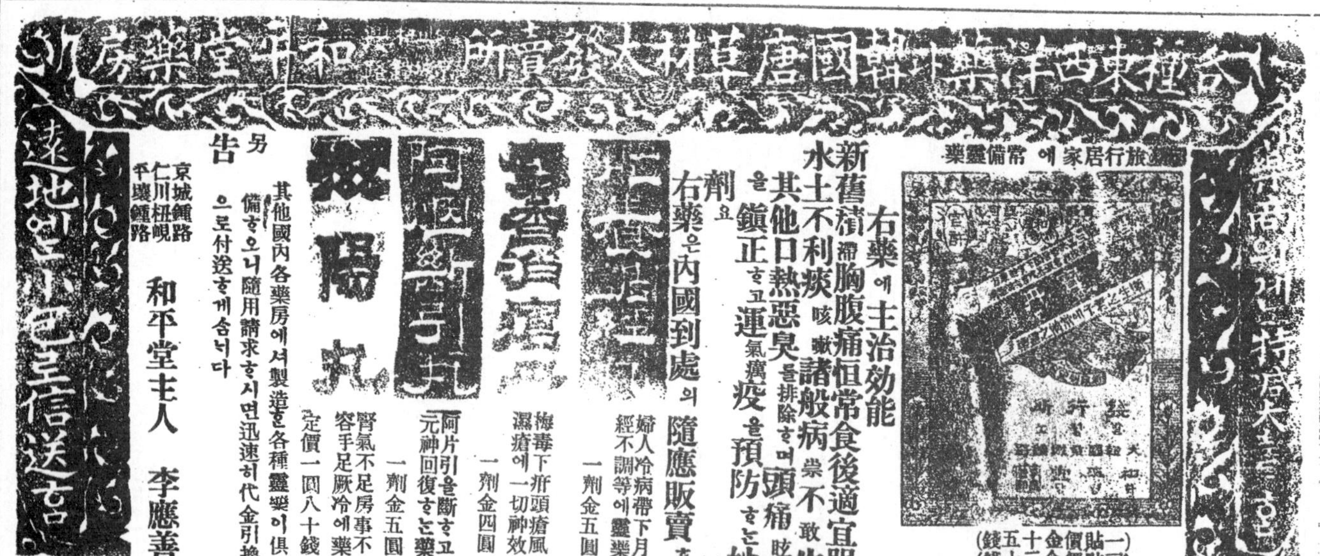

廣告

本社의셔 □衛生을注意ᄒᆞ야美國의셔經驗單方으로流行ᄒᆞ야用ᄒᆞᄂᆞᆫ靈藥을製賣ᄒᆞ오니有病君子와藥業에從事ᄒᆞ시ᄂᆞᆫ僉彦은爭先來購ᄒᆞ시옵

分賣와都賣에差別이有ᄒᆞ야一打(十二個)以上의都賣에ᄂᆞᆫ特別割引홈

左開

秘製止痛藥

效能　外塗內服無處不適

消滯　止瀉　絶罐　治痢無不神效홈

喜蘇膏藥

效能　頭面　身體一切痛症

積年風濕　除掀　生섬之道답배奏效홈

亞麟香膠

效能　毋論男女老少　勿嫌年久日淺一切　咳소　服之則其效如神홈

秀花藥膏

效能　痔疾　瘰珠瘡　燒跌傷殺咬等　諸症無雙聖藥

秀花潔水藥

効能　痲症　花柳毒　凡不潔血所祟症　婦人虛弱등症驗홈

牛汁藥酒

効能　毋論男女老少氣血虛弱者服之則大補元氣身體强健홈

韓美興業株式會社事務所

본인이졍동잇ᄂᆞᆫ삼층벽돌집지금大韓每日申報社家屋을방매홀터이니집사기를원ᄒᆞᄂᆞᆫ쳠군ᄌᆞᄂᆞᆫ리딈상의ᄒᆞ시옵

家主京西大門外京口下法國人　馬典　告白

可 認 官 許 蔘 錄 登 錄

○○○ 本局에셔 內外國各藥을 […] 製造 […]

天下第一蔘茸大補丸

消化劑 淸心保命丹

藥價 大丸 […]

藥價 […]

[…]

大韓全國의 藥總發行所ᄂᆞᆫ 漢城南大門內 濟生堂大藥房 本舖

再版

新撰尺牘完篇

(附)現行裁所法令

興士團編輯部長　朴晶東氏著作　一帙二冊　正價金一圓

△今此局勢가維新ᄒᆞ고事爲가繁劇ᄒᆞᆫ時代에際ᄒᆞ야吾人도論交酬世의道가日廣日多ᄒᆞᆫ디尺牘을不可不讀이라本尺牘은已爲刊行于世ᄒᆞ야江湖의好評을博得ᄒᆞ온바今에國漢文으로新撰增補ᄒᆞ야新舊尺牘에牛耳가되며且近日新法令의最要ᄒᆞᆫ者를類聚附輯ᄒᆞ엿ᄉᆞ오니一般人士ᄂᆞᆫ案頭에必備ᄒᆞᆯ好서이옵

最新刊

平面幾何學

全一冊正價　金七十錢

隆熙學校學監　李命求氏著作　徽文義塾長　柳一宣氏校閱

△本서ᄂᆞᆫ現代數學界의大方家로有名ᄒᆞᆫ柳　李兩氏의最精力을注ᄒᆞ야詳密ᄒᆞᆫ編纂을著ᄒᆞ고嚴正ᄒᆞᆫ校閱을加ᄒᆞᆫ者이온바數學敎科에無二ᄒᆞᆫ良師오獨習참考에必備ᄒᆞᆯ珍서이온斯學術서에劈頭的出版이오니唯我學者諸君은速購讀習ᄒᆞ심을(但著作者의捺印이無ᄒᆞᆫ者ᄂᆞᆫ僞刊으로認定홈)

發兌　△皇城中部罷朝橋越　中央서舘朱翰榮
　　　△皇城西部南門外紫岩　新舊서林池松旭
發元　△皇城中部典洞　光東서局李鍾楨

官準專賣特許

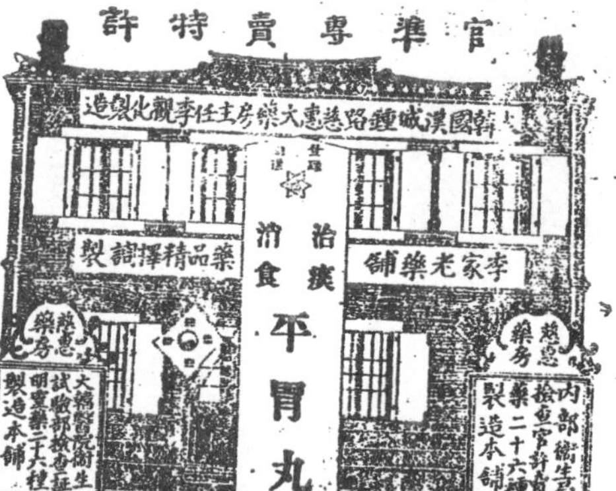

各種東西洋藥材韓國唐草材大發賣所　和平堂藥房

旅行居家에常備靈藥

(一貼價金十五錢)
(三貼價金二十錢)

右藥에主治効能

新舊積滯胸腹痛恒常食後適宜服水土不利痰咳嗽諸般病祟不敢生其他口熱惡臭를排除ᄒᆞ며頭痛眩暈을鎭正ᄒᆞ고運氣癘疫을預防ᄒᆞᄂᆞᆫ妙劑요

右藥은內國到處의隨應販賣홈

婦人冷病帶下月經不調等에靈藥　一劑金五圓

梅毒下疳頭瘡風濕瘡에一切神效　一劑金四圓

阿片引을斷ᄒᆞ고元神回復ᄒᆞᄂᆞᆫ藥　一劑金五圓

腎氣不足房事不容手足厥冷에藥　定價一圓八十錢

□陽丸

其他國內各藥房에서製造ᄒᆞᆫ各種靈藥이俱備ᄒᆞ오니隨用請求ᄒᆞ시면迅速히代金引換으로付送ᄒᆞ게ᄉᆞᆸᄂᆞ다

另告

京城鍾路　仁川杻峴　平壤鍾路

和平堂主人　李應善

遠地에ᄂᆞᆫ□□로信送홈

光武九年八月十一日 明治三十八年八月十一日 (第三種郵便物認可) 水曜日 西曆一千九百十年一月十二日 (一)

檀君開國四千二百四十二年
箕子元年三千三十一年
大韓開國五百十八年
本報創刊日
光武八年七月十八日

大韓每日申報

第八卷　月曜及慶節歲時休日休刊　第一千二百八十六号

Responsible for Publication Alfred Weekley Marnham.
發行兼編輯人 英國人 萬咸
發行所
京城南部石井洞三層洋屋家
大韓每日申報社

論說

◉滿洲와日本

滿洲ᄂᆞᆫ日本發展의門路오日本活動의根據地오日本將來의立脚點이라噫라滿洲의得喪問題ᄂᆞᆫ卽日本의死活問題로다

以故로日本이數十光陰을苦心ᄒᆞ고二大戰役에費力ᄒᆞ야數十萬人民을殺ᄒᆞ며十百億財政을擲ᄒᆞ야僅僅히此南滿洲半幅을自家手中에收入ᄒᆞ고此에鐵道를敷ᄒᆞ며此에軍警을設ᄒᆞ며此에殖民政策을鼓勵ᄒᆞ엿도다

千萬意外에錦齊鐵道가厄介를作ᄒᆞ며歐美列强이逐鹿을爭ᄒᆞ야美國大統領타프ᄐᆞ氏滿洲中立議의一片覺書가宇內에雪飛ᄒᆞ믹英국은贊成의意를表ᄒᆞ며德淸兩國도同情의答書를已發ᄒᆞ고露法兩國도反對의意思가亦無ᄒᆞ다ᄒᆞ니嗚呼라今日日本人의滿洲問題여

大抵歐美列國이此를主唱ᄒᆞᆷ은비록今日에在ᄒᆞ나其動긔ᄂᆞᆫ實로발ᄒᆞᆫ지已久ᄒᆞ나니

蓋日本과露國이滿洲南北에雄視ᄒᆞ야利權을擴張ᄒᆞ며勢力을固樹ᄒᆞ믹其他列國은殆히下手ᄒᆞᆯ處가無ᄒᆞ며又況日本의權力이露國에遠過ᄒᆞ야滿洲一部가殆히日本風下에捲入ᄒᆞ야一邊으로韓日의關係가其局을愈完ᄒᆞ며一邊으로淸日協約이衆耳를又動ᄒᆞ니彼猛虎의態로四方을雄視ᄒᆞᄂᆞᆫ歐美列强이엇지現時代利益의博集場되ᄂᆞᆫ支那大陸一要路에當ᄒᆞᆫ滿洲天地에露日兩國의跳踉을任ᄒᆞ며又엇지東方一隅小島國日本의長袖舞를坐視ᄒᆞ리오

所以로今番英美資本家團의錦齊鐵道가不成功ᄒᆞᆷ을際ᄒᆞ야由來東洋의覇權을久熱望ᄒᆞ며日本의利益과大相反되ᄂᆞᆫ美國이所謂列强의滿洲問題上一例話되ᄂᆞᆫ門戶開放平和維持機會均等主義를仗ᄒᆞ고世界에大叫ᄒᆞᆷ이로다

然則此ᄂᆞᆫ一個美國의主動뿐아니라卽世界列强의趨潮니今에此問題로因ᄒᆞᆫ飛報의槪要를略據컨ᄃᆡ

(一) 美國은露日兩國에向ᄒᆞ야南滿東淸兩鐵道를淸國에賣却케ᄒᆞ고該鐵道를中立케ᄒᆞ기로提議ᄒᆞ엿고

(二) 右鐵道를淸國이買收ᄒᆞ되其資금은英美德法等列强이共同貸與ᄒᆞᆫ다ᄒᆞ며

(三) 此鐵道ᄂᆞᆫ一切政治的軍事的使用을不許ᄒᆞ고商業上에만使用케ᄒᆞ고露日兩國의該地軍事的設備ᄂᆞᆫ撤廢ᄒᆞᆷ에至ᄒᆞᆫ다ᄒᆞ며

(四) 露英德法淸等국이此를贊同ᄒᆞᆫ다ᄒᆞ며

(五) 此ᄂᆞᆫ滿洲에在ᄒᆞᆫ露日兩國衝突의原因을除去ᄒᆞ고列國의긔會均等主義를確証ᄒᆞ며日本이西伯利攻擊을難謀ᄒᆞᆯ原因을明示ᄒᆞ야露國으로安心케ᄒᆞ고美露間에ᄂᆞᆫ滿洲에在ᄒᆞᆫ日本勢力을破壞ᄒᆞ자ᄂᆞᆫ密約이有ᄒᆞ엿다ᄒᆞ더라

此만觀ᄒᆞ야도足히此에對ᄒᆞᆫ列强의動勢를可度ᄒᆞᆯ지로다

列强의動勢가如是ᄒᆞᆫ지라彼美國이自家의目的을達키爲ᄒᆞ야竭力勇進ᄒᆞᆯ것은無論이오露國은東淸鐵道를賣却ᄒᆞ야相當ᄒᆞᆫ收入을得ᄒᆞ고一邊日本銳鋒이自然驅除되베ᄒᆞ며一邊셔伯利開發에安心傾力ᄒᆞᆯ진즉此가露國의心喜ᄒᆞᆯ바오淸國은自家發祥地되ᄂᆞᆫ滿洲를何方으로던지還覓ᄒᆞᆷ이其所願일지며英德兩國도勢力均等主義를熱心으로贊成ᄒᆞᆯ지오法國은滿洲方面에直接의關係ᄂᆞᆫ無ᄒᆞ나亦是此問題가法國에게도利만有ᄒᆞ고害ᄂᆞᆫ無ᄒᆞᆯ진즉此를贊成ᄒᆞᆷ은亦當然의事라可謂ᄒᆞᆯ지라

以故로以上列國이此를同聲贊同ᄒᆞᆷ이로다

然則此問題를因ᄒᆞ야害에迫ᄒᆞ고憤을抱ᄒᆞᆫ者ᄂᆞᆫ오쥭日本뿐이니彼日本이死를抵ᄒᆞ고反抗을作ᄒᆞᆷ은亦固然의理라然이나以若東亞一涯에在ᄒᆞᆫ小島國日本이彼列강을何로待ᄒᆞ리오오쥭已往淸日戰役後遼東還附의舊戲가復作ᄒᆞᆯ뿐이아닐지

彼日人의唱道ᄒᆞᆷ과如히此問題가卽列강이資本團을組織ᄒᆞ야露日을排斥ᄒᆞ고其勢力을代코자ᄒᆞᆷ이니此가日本에不利ᄒᆞᆯ뿐아니라淸國에不利ᄒᆞᆷ이라ᄒᆞᆯ지라도此亦列강의進行ᄒᆞᆯ뿐이니淸國의利不利를論ᄒᆞ야何益이有ᄒᆞ리오

嗚呼라日本이此死力으로得ᄒᆞ고死力으로守ᄒᆞ던滿洲를一朝輕擲ᄒᆞ기甚惜ᄒᆞ나其亦無何ᄒᆞ리로다

又設或何等變潮가起ᄒᆞ야此問題를得撤ᄒᆞᆫ다ᄒᆞ더라도畢竟日本이列强에對ᄒᆞ야何等相當의代價를不出ᄒᆞ면不可ᄒᆞᆯ진뎌

嗚乎라日本의大政治家大外交家伊藤公도既逝ᄒᆞ고又此大問題가平地에突起ᄒᆞ니彼日本人은將次何策을執코져ᄒᆞᄂᆞᆫ지

日本人이여世界ᄂᆞᆫ世界人의世界라日本의獨步를不許ᄒᆞ나니眞正ᄒᆞᆫ東洋平和의策을執ᄒᆞ야日本의地位를鞏固ᄒᆞ며東洋의幸福을維持ᄒᆞᆷ이엇지上策이아닌가

外報

◉錦齊鐵道問題　淸國錦齊鐵道ᄂᆞᆫ元來北京政府의意見을不願ᄒᆞ고錫總督이自意로英美資本團에게借欵敷設ᄒᆞ기를許ᄒᆞᆫ者인뎌北京政府ᄂᆞᆫ敷設의意가無ᄒᆞ고英美資本團은契約書交換을催促ᄒᆞᆫ다ᄒᆞ며又英美資本團이何等他權利를得코져ᄒᆞᄂᆞᆫ지도不知ᄒᆞᆫ다더라

◉美國提議와列國　美國政府ᄂᆞᆫ列國에向ᄒᆞ야覺書를送ᄒᆞ야提議ᄒᆞ엿ᄂᆞᆫᄃᆡ大略如左ᄒᆞ다더라

滿洲諸鐵道를中立케ᄒᆞ고列國이淸國을爲ᄒᆞ야資金을出ᄒᆞ야右鐵道를買收케ᄒᆞ고列國은政治上關係를破ᄒᆞ고純然ᄒᆞᆫ商業上監督權을執行ᄒᆞ되其計劃中에哈爾賓大連間에在ᄒᆞᆫ露日鐵道를包含ᄒᆞ야軍隊及軍用品의輸送을禁止ᄒᆞ야機會均等自衛上의主義에不絕衝突ᄒᆞᄂᆞᆫ禍根을一掃ᄒᆞ기로協定ᄒᆞᆷ은急務라ᄒᆞ엿다더라

右提議에對ᄒᆞ야德淸兩國은同情ᄒᆞᄂᆞᆫ回答을發ᄒᆞ고露國은熟考中이라고回答ᄒᆞ엿고英國은其主義를贊成ᄒᆞ야事件進行에露日意向을確實케ᄒᆞ자고移牒ᄒᆞ엿다더라

學界

◉成績品收集　各官立普통學校의生徒敎育成績品을日本國敎育展覽會에出品ᄒᆞ기爲ᄒᆞ야現今收集中이라더라

◉誤植更正　本報第壹千二百七十八号學界欄內普昌更昌이란題下에金時仲이란金字ᄂᆞᆫ全字의誤植이기正誤ᄒᆞᆷ

詞藻

❀繫日❀

萬斤쇠ᄂᆞ려ᄂᆡ여、길게길게노를셔아。九萬里長天에、가ᄂᆞᆫ히를ᄆᆡ여볼ᄶᅡ。國事에、獻身ᄒᆞ야쥬야로피ᄉᆞᆯᄂᆞᆫ愛國烈士、더ᄃᆡ늙게。

雜報

◎成績表御覽 日本에留學ᄒᆞ시ᄂᆞᆫ韓國 皇太子殿下ᄭᅴ옵서來四月頃에歸覲ᄒᆞ신다홈은旣報어니와日前同 殿下ᄭᅴ서太皇帝陛下ᄭᅴ電文을奏達ᄒᆞ야歸覲後에修學院學員中學力優勝者四名을帶同遊學ᄒᆞ기를請願ᄒᆞ션故로日昨 太황帝陛下ᄭᅴ옵서侍從을修學院에 命送ᄒᆞ샤一般學生의成績表와勤慢을調査ᄒᆞ야 御覽하옵셧다더라

◎債帳調査 皇后陛下ᄭᅴ옵서三昨日侍從을 命送ᄒᆞ샤海豊府院君尹澤榮氏의債帳實數를調査ᄒᆞ엿다더라

◎文官銓考 內閣에셔本日上午一時에뎨十回文官銓考의試驗을設行ᄒᆞᆫ다더라

◎參與開會 昨日統監府에셔定例參與官會議를開ᄒᆞ고京元湖南兩鐵道敷設事件等을協議ᄒᆞ엿다더라

◎叙勳件提議 再昨日닉閣會議에셔통信管理局長日人池田十三郞의叙勳件을提議하엿다더라

◎統府照會 統監府에셔內部로照會ᄒᆞ고韓國內各祠社寺의數爻와管理者의數爻를來十五日內로調査示明ᄒᆞ라ᄒᆞ엿다더라

◎永宣開宴 永宣君李埈鎔氏ᄂᆞᆫ三昨日中部泥洞別庄에셔宮相閔丙奭侍從院卿尹德榮兩氏를請邀ᄒᆞ야宴會를設ᄒᆞ엿다더라

◎完順行樂 完順君李載完氏ᄂᆞᆫ近日音樂으로世慮를消遣ᄒᆞᆫ다ᄂᆞᆫᄃᆡ以若황族의資格으로國步艱難ᄒᆞᆫ時代를當ᄒᆞ야行樂만從事ᄒᆞᆫ다고無不唾罵ᄒᆞᆫ다더라

◎李邸開宴說 親衛府長官李秉武氏ᄂᆞᆫ明日下午六時自己私邸에新年祝賀宴을設ᄒᆞ고內外국高等官을請邀宴待ᄒᆞᆫ다더라

◎農相訪問 農商工部大臣趙重應氏ᄂᆞᆫ再昨日下午三時頃에內部大臣朴齊純氏를訪問하고政界에關ᄒᆞᆫ事件으로談話ᄒᆞ엿다더라

◎度厄鎭驚 度支部大臣高永喜氏ᄂᆞᆫ李總理가遭難ᄒᆞᆫ後로恐怖의心을不勝ᄒᆞ야度厄安心ᄒᆞᆫ다ᄒᆞ고巫女를邀入ᄒᆞ야私邸에셔屢次致賽ᄒᆞ엿ᄂᆞᆫᄃᆡ其愚痴ᄒᆞᆫ思想은聞者ㅣ莫不絕倒ᄒᆞᆫ다더라

◎禱神求福 李總相의夫人趙氏ᄂᆞᆫ何등福祿을求홈인지祈禱費五十圜을尹某에게出給ᄒᆞ야目下致誠中이라더라

◎戒嚴日密 李總相이遭難ᄒᆞᆫ後로內部통用門에ᄂᆞᆫ巡査가遞番把守ᄒᆞᆫ다더니近日에ᄂᆞᆫ尤極嚴密ᄒᆞ다더라

◎日主事採用 內部에셔ᄂᆞᆫ各郡에配置ᄒᆞᆯ日人主事를採用ᄒᆞᄂᆞᆫᄃᆡ經험이多ᄒᆞᆫ者로選擇ᄒᆞᆫ다더라

◎日官懇親 學部內日人官吏ᄂᆞᆫ本日下午六時日人料理店에셔懇親會를設行ᄒᆞᆫ다더라

◎菊池渡日 大韓醫院을大擴張ᄒᆞᆫ다ᄂᆞᆫᄃᆡ其經費ᄂᆞᆫ今年度에計入ᄒᆞᆫ다ᄒᆞ며該院長菊池ᄂᆞᆫ其擴張의事件을帶ᄒᆞ고本日出발渡日ᄒᆞᆫ다더라

◎米商組合規則 大韓米商組合所에셔京城五部內各區域組合員委托販賣所에規則을頒布ᄒᆞ야一定ᄒᆞᆫ規模로手數料ᄂᆞᆫ各其價額에對ᄒᆞ야米粘太眞花은百分에三으로雜穀은百分에五로定ᄒᆞ엿다더라

◎舊貨處分 舊白銅貨가絕對的禁止되엿스나尙且殘餘ᄒᆞᆫ額이民間에在ᄒᆞ야依然통用ᄒᆞᆫ다ᄒᆞ야當局에셔其處分方針을硏究ᄒᆞᄂᆞᆫᄃᆡ地金價로買收ᄒᆞ기로決議ᄒᆞᆯ뜻ᄒᆞ다더라

◎領事團遊獵 去九日에英국總領事及露國總領事其他法國副領事諸氏가軍浦場方面에出往遊獵ᄒᆞ고歸來ᄒᆞ엿다더라

◎英領事代理 京城駐在伊太利總領事가逝去ᄒᆞᆫ後에該館事務를英國總領事가代理處辦ᄒᆞᆫ다더라

◎教堂婚禮式 再昨日鍾峴天主教堂에셔法국人大昌洋行主人과伊太利領事의第二令孃婚禮式을擧行ᄒᆞ엿ᄂᆞᆫᄃᆡ外국人六十餘名과韓人閔泳璜李健榮兩氏가參席하엿고韓國音樂隊가參會하야壹場音樂을奏하엿다더라

◎智人入京 智利국人이칠氏夫妻가日昨入京ᄒᆞ엿다더라

◎宋氏同發 辯護士安秉瓚氏가旅順으로發向홈은已揭어니와平壤郡烈洞居紳士宋在燁氏ᄂᆞᆫ旅費를自辦ᄒᆞ야安氏와同行ᄒᆞ엿다더라

◎面長請願 燕岐郡各面長諸氏가聯署ᄒᆞ야內部에請願ᄒᆞ고燕岐郡衙를該郡北壹面站山으로移轉ᄒᆞ기를要求ᄒᆞ엿다더라

◎金氏報告 各歷代殿陵參奉의月給을內部에셔各其所管觀察道로立算支撥케ᄒᆞ엿ᄂᆞᆫᄃᆡ平南觀察李軫鎬氏ᄂᆞᆫ立算中半數만支給ᄒᆞ라ᄒᆞᄂᆞᆫ故로前箕子陵參奉金環燮氏가該事由를擧ᄒᆞ야內部로報告ᄒᆞ엿다더라

◎器械注文 農商工部에셔平壤에炭鑛業所를擴張홈은已報어니와日人和田博士가該鑛所施設ᄒᆞᆯ動力器械를法國에注文ᄒᆞ엿ᄂᆞᆫᄃᆡ來八九月頃에到着ᄒᆞᆯ터이오運動實施ᄂᆞᆫ來年春期에開始ᄒᆞᆯ뜻ᄒᆞ다더라

◎實業校將設 地方費實施를隨ᄒᆞ야學部에셔全國內五個所의實業學校를設立ᄒᆞᆫ다ᄂᆞᆫᄃᆡ現今地方의關係를調査中이라더라

◎處處是怨 平南江西郡內에ᄂᆞᆫ地方稅를督捧홈으로一般商民이廢業ᄒᆞ야金融沽渴이日甚ᄒᆞᆫ故로人民의怨聲이漲天ᄒᆞᆫ다더라

◎龜民嗷오 平北龜城군地方委員金光浚氏ᄂᆞᆫ今番所謂謝罪派渡日ᄒᆞᆫ事에對ᄒᆞ야張載翰許日化兩氏를前後起送ᄒᆞ며渡日費라稱ᄒᆞ고金貨三千餘兩을民間에勒捧ᄒᆞᄂᆞᆫ故로民情이大端오오ᄒᆞ다더라

◎一進被黜 寧邊군內農務學會에셔今番一進會合邦聲明書에對ᄒᆞ야特別會를開ᄒᆞ고同會에入參하엿던一進會員十餘人을黜會ᄒᆞ엿다더라

◎崔氏應選 鍾路靑年會館內學校에셔英語를教授하던崔相浩氏ᄂᆞᆫ官立外국語學校英語教授로被選ᄒᆞ엿다더라

◎紀念設場 江陵等地에셔ᄂᆞᆫ故伊藤公의紀念을作키爲ᄒᆞ야模範農林場을設立ᄒᆞᆫ다더라

◎韓米第一 現今滿洲等地로韓국米輸入ᄒᆞᄂᆞᆫ路가漸廣ᄒᆞᆫᄃᆡ滿洲地方輸入米中에ᄂᆞᆫ韓국米가뎨一位를占ᄒᆞᆫ다더라

◎流人溺死說 南韓地方에流寓人三十餘名이鄭州義州境界로從ᄒᆞ야西間島에赴ᄒᆞ랴다가江上의薄冰을踏ᄒᆞ야忽數溺死ᄒᆞ엿다ᄂᆞᆫ說이有ᄒᆞ다더라

◎日人相殺 去八日咸鏡道羅南등地에셔日人平田이日人橋本을殺害ᄒᆞ고該地警察署에被捉ᄒᆞ엿다더라

◎次第辭免 國民大演說會副會長李載克氏ᄂᆞᆫ身病이有ᄒᆞ다ᄒᆞ야再昨日下午三時에辭免請願書를提出ᄒᆞ엿다더라

◎全大將聲望 向月榮山浦日憲兵隊에被捉ᄒᆞᆫ義兵大將全海山氏ᄂᆞᆫ任實郡菊花村人이라其名을基洪或垂鏞或鍾燁이라稱하엿고海山은其別號인ᄃᆡ年今三拾一이오純然ᄒᆞᆫ漢學風的學者로温古深博하야一点의私意가無ᄒᆞ고清直廉潔ᄒᆞᆫ眞義士라被捉後에其態度가豪放又謙讓하야古英雄의面目이有하며何等危懼ᄒᆞᆫ慮가無하야毅然히死를期ᄒᆞᆯ뿐인ᄃᆡ氏ᄂᆞᆫ實로偉大ᄒᆞᆫ志士라더라

◎果組又起 本月七日에漢城內六處果商百餘人이鍾路附近都家에會集ᄒᆞ야京城果商組合發起總會를開ᄒᆞ고任員을組織ᄒᆞ엿ᄂᆞᆫᄃᆡ所長은李建植副所長은朴有正總務ᄂᆞᆫ李完植監事ᄂᆞᆫ李鼎來諸氏라더라

◎活民活民 釜山港에活民勞働組合社를設立홈은旣히報道어니와該港勞働人中疾病에罹ᄒᆞᆫ者를極力治療ᄒᆞᆫ結果로救濟ᄒᆞᆫ人이二千餘名에達ᄒᆞᆫ지라該社長의慈善心을莫不感激ᄒᆞ야木碑가載路ᄒᆞ고稱頌이藉藉ᄒᆞ다더라

◎工事擴張 日人의經營하ᄂᆞᆫ瓦斯電氣會社에셔ᄂᆞᆫ龍山에電鐵軌道를延長하고其他工事를擴張ᄒᆞᆫ다더라

◎視察何疑 靑年會副會長尹致昊氏가各국教會를視察ᄒᆞᆯ次로渡美홈은一般共知ᄒᆞᄂᆞᆫ바인ᄃᆡ此에對ᄒᆞ야何等疑点이有ᄒᆞᆫ지某處에셔ᄂᆞᆫ其裏由를秘密調探中이라더라

◎金氏형探 儒生金東弼氏가漢城東部等地에潛伏하엿다ᄂᆞᆫ說이有홈으로某處에셔嚴密형探中이라더라

◎棄兒收埋 再昨日武橋等地에何許人이落胎兒를遺棄ᄒᆞ엿ᄂᆞᆫᄃᆡ該掌內巡査가卽時收埋ᄒᆞ엿다더라

◎李氏被招 從二品李範喬氏ᄂᆞᆫ何事故를因홈인지昨日地方裁判所에被招ᄒᆞ엿다더라

◎僞造偵探 西部社稷洞近地에셔勅紙와統監府印章을僞造ᄒᆞᄂᆞᆫ者가有ᄒᆞ다ᄒᆞ야某處에셔現方偵探中이라더라

◎造貨被捉 於義洞居裴眞錫은紙貨僞造ᄒᆞᆫ情跡이綻露되야昨日中部警察署에被捉ᄒᆞ엿다더라

◎密淫被捉 西部大平동居梁召史ᄂᆞᆫ其女息二人으로密賣淫을營業하다가再昨日所管警察署에被捉하엿다더라

電報

◎同志會出發 日本에在ᄒᆞᆫ朝鮮問題同志會에셔在韓國京城日人新聞記者團과今後活動方針을協議ᄒᆞ기爲ᄒᆞ야該會員五百木等二人이十一日新橋에셔出발하야韓國京城으로直向ᄒᆞ엿다더라

◎美露秘密交涉 美國은露領樺太를買收ᄒᆞ야東洋發展의立脚点을作코져ᄒᆞ야兩國間에秘密交涉中이라더라

◎所見一致 美國의提議ᄒᆞᆫ滿洲鐵道中立問題에對ᄒᆞ야露日兩國의所見이一致ᄒᆞ엿다더라

以上東京발 十一日着

◎美銀行準備 滿洲鐵道中立의議案이提出됨에對ᄒᆞ야美國銀行은資金全部를供給ᄒᆞ기로準備ᄒᆞ엿다더라

◎南極探險 샷클돈氏ᄂᆞᆫ南極探險ᄒᆞ기를計劃ᄒᆞᆫ다더라

以上論敦발 十一日着

▲社會燈▼

▲御苑事務뎌官吏ᄂᆞᆫ一鹿子를買入ᄒᆞᆯ제百五十圜뎌黃金을塵芥ᄀᆞᆺ치擲抛ᄒᆞ니各地方을도라보면金融枯渴日甚ᄒᆞ야餓莩者가載路ᄒᆞ고市場稅를反對ᄒᆞ야撤廛者가許多ᄒᆞᆫᄃᆡ生民塗炭不顧하고膏血을만ᄲᅢ러다가動物園만崇尙ᄒᆞ면率獸食人이아닌가

▲農商大臣趙重應은李總相이當局ᄒᆞᆯ제如兄若弟뎌情分이甘蜜보다낫다더니內閣椅子變動說이一時喧藉ᄒᆞᆫ然後에自家地位鞏固코져東西奔走일만삼고膠漆ᄀᆞᆺᄒᆞᆫ李總相은楚越之間되엿다지雲飜雨覆뎌政界에片時勢力을옴겨가니炎凉之態可笑로다

▲自稱政黨一進會ᄂᆞᆫ宣言書를頒布ᄒᆞ야保護國을自作더니合邦書를聲明後에日巡査를請ᄒᆞ다가本部ᄭᆞ지保護ᄒᆞ고有力者를選擇ᄒᆞ야會長保護ᄯᅩᄒᆞᆫ다지保護二字질기다가生命ᄭᆞ지危殆ᄒᆞ야保護中에喘息ᄒᆞ니抱頭鼠竄오ᄂᆞᆯ이야保護맛을알더이지

社告

左開兩處에本支社를設置ᄒᆞ엿ᄉᆞ오니各該附近地에셔本申報購覽ᄒᆞ실 僉君子ᄂᆞᆫ左開支社員에게請求ᄒᆞ시고代金과諸般事를一切該氏와交涉ᄒᆞ시옴

左 開

熙川 邑內面東門外洞金錫澤

群山 港九福洞壹統八戶 方在善

大韓每日申報社

雜報

○別法律將出 行政調査會에셔ᄂᆞᆫ韓국民은先天的懶惰者라ᄒᆞ야강制勞働法律을制定ᄒᆞ야강制로勞働케홈이可ᄒᆞ다고云ᄒᆞᆫ다더라

○行政硏究 地方行政에關ᄒᆞ야內部에셔大刷新을加ᄒᆞᆫ다ᄒᆞ야近近硏究會를設ᄒᆞᆫ다더라

○例會亦停 統監渡日ᄒᆞᆫ後로大臣定例會議ᄂᆞᆫ停止ᄒᆞᆫ다더라

○食肉規則 食肉監督規則을各道에셔實施ᄒᆞᆫ다ᄂᆞᆫᄃᆡ平南及江原兩道ᄂᆞᆫ現方認可를申請ᄒᆞᆫ다더라

○輸出入總額 關稅局調査를依ᄒᆞᆫ즉昨年度輸入總額이三千六百六拾四萬八千七拾圓이오輸出總額은五千二百八拾九萬七千六百五拾八圓이오關稅局收稅總額이三百拾五萬六千六百二拾九圓이라더라

○락血不止 李總理의容態가少快ᄒᆞ다ᄒᆞ나某便消息을據ᄒᆞᆫ즉尙且락血이不止ᄒᆞᆫ다더라

○官私費學生數 現今學部에셔派送ᄒᆞᆫ在日本官費留學生은八百四拾五名이오其他私費留學生은七百餘에達ᄒᆞᆫ다더라

○巡回敎師 農商工部에셔ᄂᆞᆫ本年度豫算에긔業巡回敎師를置ᄒᆞ고該敎師二名을各地方에巡回ᄒᆞ게ᄒᆞᆫ다ᄂᆞᆫᄃᆡ最初巡回地ᄂᆞᆫ韓山方面이라ᄒᆞ며敎師二名中壹名은旣히選定ᄒᆞ엿다더라

○警長會議 來拾七日에江原道管內各警察署長이會議를春川에開ᄒᆞᆫ다더라

○民籍調査續聞 民籍調査의進行은屢報어니와當初準備ᄒᆞᆫ調査用紙二百三拾二萬二千四萬餘枚가已盡ᄒᆞ야更히百二萬五千枚를增加ᄒᆞ엿다ᄂᆞᆫᄃᆡ調査終了와法令발布期ᄂᆞᆫ來三月頃에在ᄒᆞ리라더라

○南一東三 漢城府에셔城內市場稅에對ᄒᆞ야南門市場을一等地로東門市場을二等地로指定ᄒᆞ엿ᄂᆞᆫᄃᆡ東門市場內商民의配担額이南門市場보다加倍가되ᄂᆞᆫ故로前者에紛議가有ᄒᆞᆫ지라京城商業會議所에셔兩處市場의實地狀況을精査ᄒᆞ야東門市場을三等地로指定홈이適當ᄒᆞᆫ意로漢城府에申請ᄒᆞ엿더니漢城府ᄂᆞᆫ該申請을是認ᄒᆞ야將次實施ᄒᆞᆯ터이라더라

○削減者多 農商工部本年度豫算中削減된바가約四十萬圓以上인ᄃᆡ此ᄂᆞᆫ商品陳列舘擴張費十三萬八千圓及堤堰整理費等이라더라

○調査會決員 地方行政調査委員會ᄂᆞᆫ缺員이多ᄒᆞ야屢次開會치못ᄒᆞ엿다더라

○慶尙日人數 慶尙道에居留ᄒᆞᄂᆞᆫ日人數를聞ᄒᆞᆫ즉漁民은姑舍ᄒᆞ고도戶數가二千三百七拾九오人口가七千三百三十이라더라

○婦人慘命 去六日黃海道長淵郡秋花面에셔火災가有ᄒᆞ야婦人十二名이燒死ᄒᆞ엿다더라

○永福被捉 南部明洞居衛生會役夫김永복은日人家에셔一十五圓價値되ᄂᆞᆫ金指環을偸賣ᄒᆞᆫ情跡이발現되야再昨日筆洞日憲兵分隊에被捉ᄒᆞ엿다더라

○侍天敎長更迭 侍天敎長朴衡采氏가遞任ᄒᆞᆫ代에權秉悳氏가被選ᄒᆞ엿다더라

○孔子敎總會 孔子敎會에셔三昨日下午一時에定期總會를開ᄒᆞ고會員四十餘人이出席ᄒᆞ엿ᄂᆞᆫᄃᆡ入會員에게會標를發行ᄒᆞ기로決議ᄒᆞ엿다더라

廣告

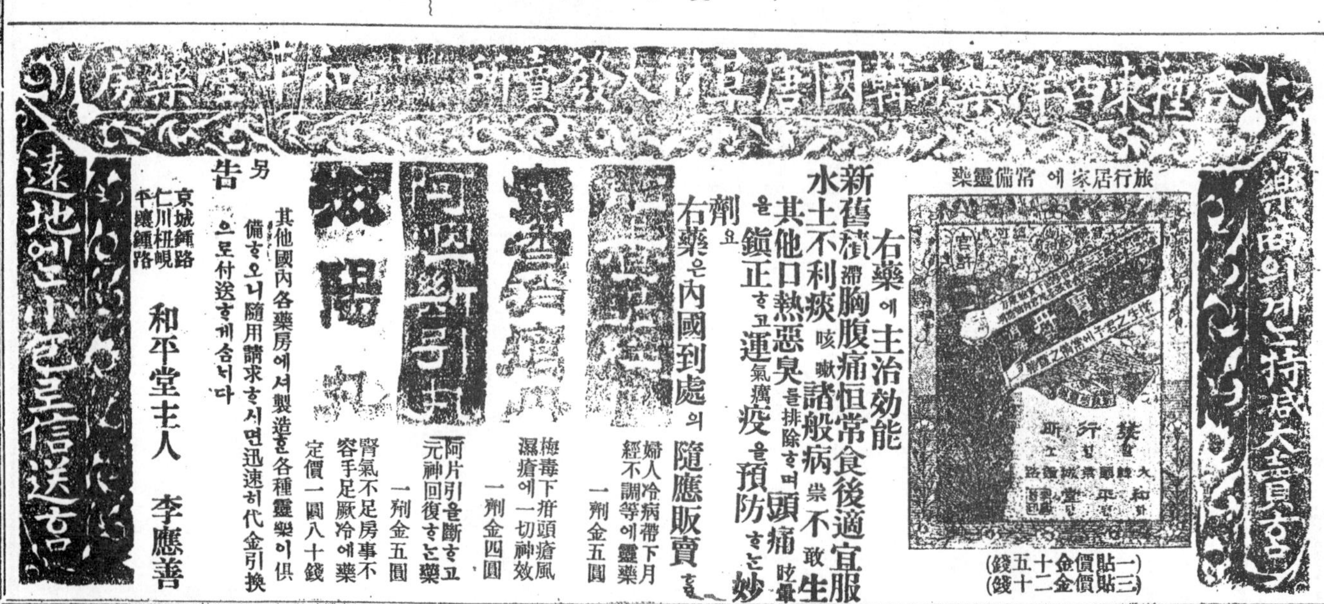

◉特別廣告

本社의셔同胞의衛生을注意ᄒᆞ야美國의셔經驗單方으로流行通用ᄒᆞᄂᆞᆫ靈藥製劑를買入ᄒᆞ야左開廣布ᄒᆞ오니有病君子와藥業에從事ᄒᆞ시ᄂᆞᆫ僉彦은爭先來購ᄒᆞ시옵

分賣와都賣에差別이有ᄒᆞ야一打(十二個)以上의都賣에ᄂᆞᆫ特別割引홈

左　開

秘製止痛藥

效能　外塗內服無處不適　消滯　止瀉　絶瘧　治痢無不神效홈

喜蘇膏藥

效能　頭面　身體一切痛症　積年風濕　除瘀　生셜之道　即奏效홈

亞麟香膠

效能　毋論男女老少　勿嫌年久日淺一切　咳소　服之則其效如神홈

麥花藥膏

效能　痔疾　驟珠瘡　燒跌傷蟄咬等　諸症無雙聖藥

麥花糖水藥

効能　疝症　花柳毒　凡不潔血所祟症　婦人虛弱등症靈驗홈

牛汁藥酒

効能　毋論男女老少氣血虛弱者服之則大補元氣身體强健홈

韓美興業株式會社事務所

본인이경동잇ᄂᆞᆫ삼층벽돌집지금大韓每日申報社家屋을방매홀터이니집사기를원ᄒᆞᄂᆞᆫ쳠군ᄌᆞᄂᆞᆫ리림상의ᄒᆞ시옵

家主京西大門外京口下法國人　馬典　告白

可　官許　試驗　查　鑑

天下第一靈藥　蔘茸大補元

消化劑　淸心保命丹

藥價　一週日分金[illegible]　二週日分金[illegible]　四週日分金[illegible]

藥價　九粒入一貼金拾錢　[illegible]

大韓全國에總發行所ᄂᆞᆫ漢城南大門內濟生堂大藥房本舖

官準專賣特許

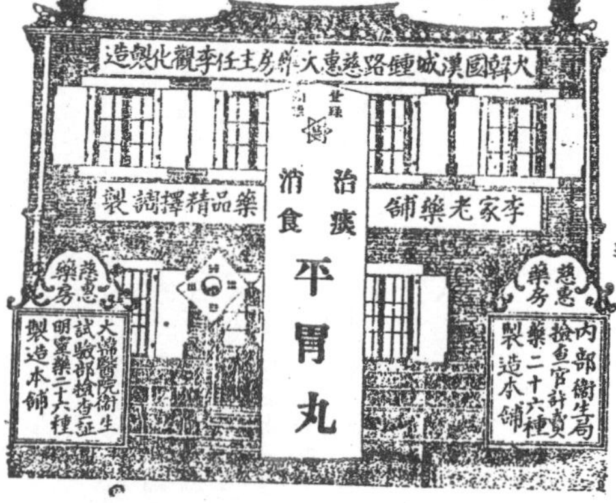

再版

新撰尺牘完篇

興士團編輯部長　朴晶東氏著作　一帙二冊　正價金一圓

△今此局勢가維新ᄒᆞ고事爲가繁劇ᄒᆞᆫ時代에際ᄒᆞ야吾人도論交酬世의道가日廣日多ᄒᆞᆫ지라尺牘을不可不讀이라本尺牘은已爲刊行于世ᄒᆞ야江湖의好評을博得ᄒᆞ온바今에國漢文으로新撰增補ᄒᆞ야新舊尺牘에牛耳가되며且近日新法令의最要ᄒᆞᆫ者를類聚附輯ᄒᆞ엿ᄉᆞ오니一般人士ᄂᆞᆫ案頭에必備ᄒᆞᆯ好셔이옵

(附)現行法令裁所

再版

中等幾何學

全一冊正價　金七十錢

隆熙學校學監　李命求氏著作　徽文義塾長　柳一宣氏校閱

△本셔ᄂᆞᆫ現代數學界의大方家로有名ᄒᆞᆫ柳　李兩氏의最精力을注ᄒᆞ야詳密ᄒᆞᆫ編纂을著ᄒᆞ고嚴正ᄒᆞᆫ校閱을加ᄒᆞᆫ者이온바數學敎科에無二ᄒᆞᆫ良師오獨習참考에必備ᄒᆞᆯ珍셔이온斯學術셔개劈頭的出版이오니唯我學者諸君은速購讀習ᄒᆞ심을(但著作者의捺印이無ᄒᆞᆫ者ᄂᆞᆫ僞刊으로認定ᄒᆞᆷ)

發兌元

△皇城中部罷朝橋越　中央셔館朱翰榮
△황城西部南門外紫岩　新舊셔林池松旭
△皇城中部典洞　光東셔局李鍾楨

[illegible]和平堂[illegible]藥房

旅行居家에常備靈藥

(一貼價金十五錢)
(三貼價金二十錢)

右藥에主治効能

新舊積滯胸腹痛恒常食後適宜服水土不利痰咳嗽諸般病祟不敢生其他口熱惡臭를排除ᄒᆞ며頭痛眩暈을鎭正ᄒᆞ고運氣癘疫을預防ᄒᆞᄂᆞᆫ妙劑요

右藥은內國到處의隨應販賣홈

[illegible]　婦人冷病帶下月經不調等에靈藥　一劑金五圓

[illegible]　梅毒下疳頭瘡風濕瘡에一切神效　一劑金四圓

[illegible]　阿片引을斷ᄒᆞ고元神回復ᄒᆞᄂᆞᆫ藥　一劑金五圓

[illegible]陽丸　腎氣不足房事不容手足厥冷에藥　定價一圓八十錢

另告

其他國內各藥房에셔製造ᄒᆞᆫ各種靈藥이俱備ᄒᆞ오니隨用請求ᄒᆞ시면迅速히代金引換으로付送ᄒᆞ게습니다

京城鍾路　仁川杻峴　平壤鍾路

和平堂主人　李應善

[illegible]特減大賣홈

遠地에도小包로信送홈

檀君開國四千二百四十二年
箕子元年三千三十一年
大韓開國五百十八年
本報創刊日
光武八年七月十八日

大韓每日申報

發行兼編輯人 英國人 萬咸
Responsible for Publication Alfred Weekley Marnham.
發行所
京城南部石井洞三層洋屋家
大韓每日申報社

第八卷 月曜及慶節歲時日休刊 第一千二百八十七号

論說

◉機會와實力

吾人의機會가無ᄒᆞ야成功을못ᄒᆞᄂᆞᆫ가實力이無ᄒᆞ야成功을못ᄒᆞᄂᆞᆫ가

曰機會가無ᄒᆞ야도成功키難ᄒᆞᆯ지며實力이無ᄒᆞ야도成功키難ᄒᆞᆯ지나然이나오쟉實力이爲先이니라

何故로然ᄒᆞᆫ가긔會가아모리有ᄒᆞ야도實力이無ᄒᆞ면成功치못ᄒᆞᆯ지며又或偶然히成功이되더라도此ᄂᆞᆫ眞正ᄒᆞᆫ成功이아닌所以니라

試思ᄒᆞ라羅唐大兵이左右로城을壓ᄒᆞ야百濟君臣이虜營에伏ᄒᆞ고百濟社稷이秋草에沒ᄒᆞᆫ後에孤裔忠臣幾個人이義를仗ᄒᆞ고兵을起ᄒᆞᆯ시其時羅唐이反目ᄒᆞ야干戈로互視ᄒᆞ엿나니果然此間에立ᄒᆞᆫ風雲兒가百濟旗를高擧ᄒᆞ고高壘大兵으로羅唐을抗ᄒᆞ엿스면可히七百年故國이復完ᄒᆞ엿슬지어늘惜哉라孤拳掲竿으로强敵을奈何오畢竟人死國亾에歸ᄒᆞ엿나니此ᄂᆞᆫ實力이無ᄒᆞ면成功치못ᄒᆞᆷ이오

又已往淸日天津條約時節에此韓國은一矢를不會遺ᄒᆞ며一錢을不會費ᄒᆞ고居然히支那의羈絆을脫棄ᄒᆞ고獨立의徽號를帶ᄒᆞ엿스니此가果然如何ᄒᆞᆫ千載一遇의好긔會던가然이나此時韓國이다만此긔會만有ᄒᆞᆯ뿐이오實力은無ᄒᆞᆫ故로偶然히一時的成功의態度가有ᄒᆞ엿스나畢竟今日境遇를作ᄒᆞ엿나니此ᄂᆞᆫ即實力이無ᄒᆞᆫ成功은眞正ᄒᆞᆫ成功이아니라ᄒᆞᆷ이라

然則吾人이實力은不長ᄒᆞ고徒然히긔會만待ᄒᆞ야天을仰ᄒᆞ고黃果自落來를夢ᄒᆞᆯ뿐이면決코成功의日이無ᄒᆞᆯ진뎌

又此뿐아니라實力만有ᄒᆞ면긔會ᄂᆞᆫ自然到來ᄒᆞᄂᆞᆫ者니人의言에曰滿世間이皆긔會라ᄒᆞᆷ이此를謂ᄒᆞᆷ이라故로實力만有ᄒᆞ면긔會의無ᄂᆞᆫ憂ᄒᆞ기不足ᄒᆞ되此와反對로긔會를當ᄒᆞ야아모리實力을求코ᄌᆞᄒᆞ야도不可得이니故로實力이無ᄒᆞ면긔會가來ᄒᆞ야도喜ᄒᆞ기不足ᄒᆞ니라

故로吾人은日로實力을長ᄒᆞ며月로實力을長ᄒᆞ야實力準備로生命을作ᄒᆞᆯ지라果然此만準備ᄒᆞ면긔會ᄂᆞᆫ得ᄒᆞ기不難ᄒᆞ니라만일不然ᄒᆞ면天이아모리好긔會를與ᄒᆞ며人이아모리好긔會를遺ᄒᆞ야도不過是無用의長物이니라

嗚呼라世에成功을希望ᄒᆞᄂᆞᆫ者여긔會가無ᄒᆞᆷ을不憂ᄒᆞ고오쟉實力이無ᄒᆞᆷ을憂ᄒᆞᆯ지어다

外報

◉保守黨演說 英國保守黨首領발포아氏ᄂᆞᆫ이루스윗치市에셔激切히演說ᄒᆞ야日急進黨이專制權占取를要求ᄒᆞᄂᆞᆫ事實을曝露ᄒᆞ엿고又一院制危險을唱ᄒᆞᆷ은不可ᄒᆞ고又愛蘭黨의投票援助를得코져ᄒᆞ야急進黨이愛蘭人에게何等約束이有ᄒᆞᆫ지도不知ᄒᆞᆯ지오又自由貿易은英國現今狀態에不必要ᄒᆞ고上院은英國人民의決定ᄒᆞᄂᆞᆫ바計劃의必要ᄒᆞᆫ保障이라ᄒᆞ엿다더라

◉葡萄牙示威 淸葡兩국間墺門境界交涉은頗히困難ᄒᆞᆫ딕葡萄牙에셔ᄂᆞᆫ出兵ᄒᆞ기를準備ᄒᆞ야示威運動을行ᄒᆞ려ᄒᆞᆫ다더라

◉歐洲態度 全歐洲ᄂᆞᆫ美國의滿洲鐵道中立議에對ᄒᆞ야懷疑的態度로迎ᄒᆞᆫ다ᄂᆞᆫ說이有ᄒᆞ더라

◉錦洮鐵道問題 淸國錦洮鐵道ᄂᆞᆫ美國人과錫總督間에假約을成ᄒᆞ엿던바로淸國外部와度支部의反對意見이有ᄒᆞ엿ᄂᆞᆫ딕錫良氏ᄂᆞᆫ美人의意思가强硬ᄒᆞ야修正又廢棄키難ᄒᆞ다고意見을申達ᄒᆞᆫ故로外部度支部우傳部大臣等이該契約의修正되기를熟慮ᄒᆞᆫ다ᄒᆞ며此鐵道가後日齊齊哈爾에延長ᄒᆞᆯ默諾인故로아쟉確定치못ᄒᆞᆫ다더라

◉王宮被燒 希臘雅典에셔ᄂᆞᆫ王宮이燒火ᄒᆞ야大損害를蒙ᄒᆞ엿다더라

◉裁洵將歸 淸국海軍[illegible]大臣裁洵貝勒은來二十日頃에哈爾賓에來着ᄒᆞᆫ다더라

◉官吏義捐 淸국錫總督及程巡撫ᄂᆞᆫ去八日에官吏를會集ᄒᆞ고俸給中除割ᄒᆞ야國債償還會에捐出ᄒᆞ기로提議可決ᄒᆞ엿다더라

◉滿洲中立反對 日本各新聞과朝野政治家가悉皆滿洲鐵道中立說을强硬反對ᄒᆞᆫ다더라

學界

◉農林所簿記科 西北學會農林講習所內에셔再昨日부터簿記科를設置ᄒᆞ엿ᄂᆞᆫ딕當日入學志願者가一百二十餘名에達ᄒᆞ엿다더라

◉八歲轉學 安岳郡守署理郡主事李容夏氏ᄂᆞᆫ私塾에關ᄒᆞᆫ學部訓令을依ᄒᆞ야私塾內八歲以上學童은附近普통學교에轉學케ᄒᆞ엿다더라

◉經試展覽 西小門外私立昭義學校에셔學期試驗을經ᄒᆞ엿ᄂᆞᆫ딕優等生이四十八人이오賞品은紙筆及敎科書等으로授與ᄒᆞ엿고學生의成績을學父兄에게展覽키爲ᄒᆞ야展覽會를連三日續開ᄒᆞ엿다더라

◉韓氏熱心 咸南定平郡都與里居韓秉斗氏ᄂᆞᆫ該里興德學校에金百圓을捐助ᄒᆞ고諸般校務를熱心贊成ᄒᆞᆫ다더라

◉三倘嘉尙 三和港大上面海倉里私立三倘學校ᄂᆞᆫ耶蘇敎會에셔設立ᄒᆞᆫ바인딕該里一般人士가熱心贊成ᄒᆞ여該洞에傳來ᄒᆞ던各契錢과三百圓價格되ᄂᆞᆫ土地를捐補ᄒᆞ엿고該里居朴某ᄂᆞᆫ掛鍾一坐와國旗一面을寄付ᄒᆞ엿다더라

○談叢○

▲國粹 劍心

國粹란者ᄂᆞᆫ自國의傳來宗敎風俗言語歷史習慣上一切粹美ᄒᆞᆫ遺範을指稱ᄒᆞᆫ것이라

國性이國粹를待ᄒᆞ야保ᄒᆞ며國魂이國粹를得ᄒᆞ야立ᄒᆞ나니質言ᄒᆞ면盖我가我를尊ᄒᆞ며我가我를愛ᄒᆞᄂᆞᆫ心이國粹를因ᄒᆞ야生ᄒᆞᄂᆞᆫ비라

故로破壞라ᄒᆞᆷ은國粹를破壞ᄒᆞᆷ이아니오惡質을破壞ᄒᆞ야國粹를扶植ᄒᆞᆷ이라

萬一國粹를破壞ᄒᆞ고法國의文明을輸入ᄒᆞ면是ᄂᆞᆫ自國人을驅ᄒᆞ야法國奴를되게ᄒᆞᆷ이오國粹를破壞ᄒᆞ고德國의文明을輸入ᄒᆞ면是ᄂᆞᆫ自國人을驅ᄒᆞ야德國奴를되게ᄒᆞᆷ이라故로外國文明을輸入ᄒᆞ라ᄂᆞᆫ者ㅣ爲先國粹二字를三復ᄒᆞᆯ지어다

我國에ᄂᆞᆫ國粹主義의人이王建氏以後累千年을不見ᄒᆞ야奴性이滋長ᄒᆞ엿도다

詞藻

❀愛 月❀

碧空에두렷ᄒᆞᆫ뎌달、누가아니
사랑ᄒᆞ리。
沉沉漆夜다셔치고、光明世界
되ᄂᆞᆫ고나。
바람아、方位차져잘불어셔、오
ᄂᆞᆫ구름。

廣告

雜報

◎銅人陳列 京城駐在伊太利領事舘에셔三昨日上午十二時에銅造人像一座를 大황帝陛下ᄭᅴ 奉呈ᄒᆞ엿ᄂᆞᆫᄃᆡ卽時御苑事務局內博物苑에陳列ᄒᆞ엿다더라

◎四君陛見 完興君李載冕完順君李載完義陽君李載覺永宣君李埈鎔諸氏가再昨日下午一時 德壽宮에 陛見ᄒᆞ엿다더라

◎皐儲避寒 韓國 皇太子殿下ᄭᅴ셔ᄂᆞᆫ來二十日頃에日本田原에 御避寒ᄒᆞ신다더라

◎奬勵金支出 再昨年日本皇太子ᄭᅴ셔韓國學徒奬勵金으로五千圓을官公立六十三校에賜ᄒᆞ엿ᄂᆞᆫᄃᆡ職員과學徒의記念章을製造ᄒᆞ고餘額을銀行에儲置ᄒᆞ엿ᄂᆞᆫᄃᆡ今番學期試험終了後에品行方正ᄒᆞᆫ學徒에게賞與品을與ᄒᆞ기爲ᄒᆞ야右金額中二百五十圓을支出ᄒᆞᆫ다더라

◎但陞判任 農商工部官吏中判任官만陞級ᄒᆞ기로日前內閣會議에提議ᄒᆞ엿다더라

◎銓考後設宴 昨日上午十一時內閣에셔文官銓考試驗을經ᄒᆞᆫ後에젼考委員長俞星濬氏ᄂᆞᆫ委員一同을爲ᄒᆞ야午餐會를盛設ᄒᆞ엿다더라

◎兩相訪問 宮相閔丙奭內相朴齊純兩氏ᄂᆞᆫ去日曜日下午二時에大韓醫院에前往ᄒᆞ야李總相을訪問ᄒᆞ엿다더라

◎月舘設宴 學部高等官諸氏ᄂᆞᆫ再昨日明月舘에셔留學生監督李晚奎氏를請邀ᄒᆞ야宴會를設ᄒᆞ엿다더라

◎兩氏伴覽 前判書金晚秀氏ᄂᆞᆫ再昨日下午一時에遞學相李載崑氏를訪問ᄒᆞ고兩氏가同伴ᄒᆞ야漢城俱樂部를遊覽ᄒᆞ엿다더라

◎電工陶汰 宮內府電務課工頭中에年齡四十歲以上者ᄂᆞᆫ一切陶汰ᄒᆞ기로決定ᄒᆞ엿다더라

◎岩井南行 內部警務局警視岩井은光州警察署落成式에叅與ᄒᆞ기爲ᄒᆞ야再昨日下午四時에仁川港으로發程ᄒᆞ엿다더라

◎兩氏補外說 間島統監府派出所에在勤ᄒᆞ엿던警視姜根道書記官金海龍兩氏ᄂᆞᆫ地方郡守를叙任ᄒᆞ기로內定되엿다더라

◎內部훙牒 內部에셔ᄂᆞᆫ各道에훙牒ᄒᆞ되地方區域을愼重히調查ᄒᆞᆫ後府郡廢合의必要가有ᄒᆞᆫ時ᄂᆞᆫ卽爲報告ᄒᆞ라ᄒᆞ엿다더라

◎宮本出張 今年度種苗場新設地를選定키爲ᄒᆞ야農商工部技師日人宮本이가淸州公州等地로出張ᄒᆞ엿다더라

◎日人民團醜事 京城居日人民團에ᄂᆞᆫ稅金潛食者가有ᄒᆞ야近日來調查中인ᄃᆡ又其他一大疑獄이起ᄒᆞ야醜事가倂發될뜻ᄒᆞ다더라

◎區域將變 現今內部에셔各道郡面洞里名稱을調查ᄒᆞᆫ다ᄂᆞᆫᄃᆡ此調查에因ᄒᆞ야區域及名稱을逐次變更ᄒᆞᆫ다더라

◎혀墻召侮 日前大韓醫院에셔李總相의令男恒九氏와其侄明九氏와其甥侄韓相龍諸氏가會同ᄒᆞ야語言間父兄의姓名을斥呼ᄒᆞ다가相詰이起ᄒᆞ야韓氏ᄂᆞᆫ李氏의家庭間不美ᄒᆞᆫ事件ᄭᆞ지擧說ᄒᆞ야一塲風波가激起하엿ᄂᆞᆫᄃᆡ傍聽이莫不鼻笑ᄒᆞ엿다더라

◎產業補助費 韓政府ᄂᆞᆫ本年度歲出臨時部豫算에產業奬勵補助費十三萬八千二十六圓을計入ᄒᆞ엿ᄂᆞᆫᄃᆡ灑船補助로元山에壹萬七千圓木浦에壹萬四千八百圓釜山에三萬圓大邱製筵會社에壹千圓朝鮮水產組合에壹萬五千圓韓국中央農會에二千圓畜產業보助로六千圓자蠶種養育보助로七百五十圓農事試作及桑苗보助로七千二百圓稻扱傳習의보助로壹千五百圓其外의數種費目等이라더라

◎軍人開會 軍人俱樂部에셔昨日下午一時惠泉舘에總會를開ᄒᆞ야事務를處理ᄒᆞ고新年祝賀宴을兼設ᄒᆞ엿다더라

◎水雷爆發 去月二十一日咸鏡北道雄基灣附近海岸에浮流水雷가漂着ᄒᆞ엿ᄂᆞᆫᄃᆡ永興灣防備隊大尉石川이登船入去ᄒᆞ야此를爆발식혓다더라

◎美人入京 美국人礦業者헤아눔온氏及후물란氏ᄂᆞᆫ去十日夜에入京ᄒᆞ엿고雲山金鑛業者美國人某氏夫妻도同日入京ᄒᆞ엿다더라

◎督稅歛怨 淸州郡各面長은稅金을收捧ᄒᆞᆯ時에財務署巡查를請求ᄒᆞ야村間에帶同出沒ᄒᆞ면셔督捧이如火ᄒᆞᆫ故로貧寒ᄒᆞᆫ人民들은怨聲이沸등ᄒᆞᆫ다더라

◎面里長辨明 龍仁郡居申順用氏ᄂᆞᆫ義兵嫌疑가有하다ᄒᆞ야該郡警察署에셔京城地方裁判所로押上ᄒᆞ엿ᄂᆞᆫᄃᆡ該郡慕賢面面長及各里里長이昨日裁判所에聯名告訴ᄒᆞ야申氏의曖昧ᄒᆞᆫ事實을辨明ᄒᆞ엿다더라

◎龍民請願 平北龍川府楊下面下船沙上流에在ᄒᆞᆫ築동답은五十餘年前에民力으로築동作답ᄒᆞᆫ바인ᄃᆡ再昨年國有地調查時에面長里任이小作申告의名義如何를不知ᄒᆞ고답主의許可가無ᄒᆞᆫᄃᆡ拇章을捺給ᄒᆞ야申告書에編入ᄒᆞᆷ으로確實ᄒᆞᆫ民有地가國有의名義를得ᄒᆞᆫ지라답主等이金基權金道永諸氏로代表를定ᄒᆞ야財務署에辨明하고旅費를辦給ᄒᆞ야上部에請願케ᄒᆞ엿ᄂᆞᆫᄃᆡ于今累朔이經過ᄒᆞ되如何ᄒᆞᆫ落着이無ᄒᆞᆫ故로各답主ᄂᆞᆫ이上部에更히請願ᄒᆞᆫ다더라

◎趙氏呼訴 日本에留學ᄒᆞ야經濟科를卒業ᄒᆞᆫ韓相愚氏ᄂᆞᆫ宮洞居趙永祖氏에妻를誘引ᄒᆞᆫ事가有ᄒᆞ다ᄒᆞ야趙氏가昨日警察署에呼訴ᄒᆞ엿다더라

◎商會祝賀 三和港商業會議所에셔本月八日에新年祝賀會를開ᄒᆞ고會員諸氏가各其意見書를提出ᄒᆞ엿ᄂᆞᆫᄃᆡ大槪意見이相同ᄒᆞ야壹般實業을發達ᄒᆞ쟈ᄂᆞᆫ趣旨인ᄃᆡ就中可以採用者ᄂᆞᆫ實施키로ᄒᆞᆫ다더라

◎兩氏發程 救世軍正尉羅一里金濟基兩氏가安城等地에傳道ᄒᆞᆯ次로昨日下午三時에발程ᄒᆞ엿다더라

◎兩氏在留說 安重根의令季定根恭根兩氏ᄂᆞᆫ其兄을面會ᄒᆞ기爲ᄒᆞ야旅順에滯在ᄒᆞᆷ은人所共知어니와二月初旬에公判을開ᄒᆞᆫ다ᄒᆞᄂᆞᆫ故로該公判決末時ᄭᆞ지同地에在留ᄒᆞ리라더라

◎被捉者多數 李在明의連累者를捕捉키爲ᄒᆞ야平壤警察署에셔大活動ᄒᆞᆫ結果로六名又七名을警視廳으로捉上ᄒᆞ야本日京城監獄으로護送ᄒᆞᆫ다ᄂᆞᆫᄃᆡ前後連累者가約數十名에達ᄒᆞ엿다더라

◎新韓押收 新韓國報뎨四十二号ᄂᆞᆫ治安妨害라ᄒᆞ야內部에셔押收ᄒᆞ엿다더라

◎義蹤詗探 義兵將鄒基永氏가三昨日上京ᄒᆞ야漢城西部等地에逗留ᄒᆞᆫ다ᄂᆞᆫ說이有ᄒᆞᆷ으로某處에셔嚴密히探中이라더라

◎스리掠金 中部敦洞居韓鼎基張숙氏가懷德等地로從ᄒᆞ야再昨日歸京ᄒᆞ엿ᄂᆞᆫᄃᆡ南門內水橋等地에셔日人스리賊을逢ᄒᆞ야金三十餘圓을失ᄒᆞ엿다더라

◎靑舘開演 今日下午七時三十分에鍾路靑年會舘에셔演說會를開ᄒᆞ고蔡基斗氏를請邀ᄒᆞ야天下大勢와韓國이란問題로演說ᄒᆞᆫ다ᄂᆞᆫᄃᆡ該氏ᄂᆞᆫ日本明治大學校卒業生으로著名ᄒᆞᆫ志士라더라

電報

◎美國의提議 日人邊에議를據ᄒᆞᆫ즉滿洲鐵道中立經營에關ᄒᆞᆫ美國의提議ᄂᆞᆫ頗히漠然ᄒᆞᆫᄃᆡ南北鐵道에依ᄒᆞ야定ᄒᆞᆫ것은金州半島뿐이오關東租借地의事ᄂᆞᆫ別種問題라萬一美國의提議를日本이同意ᄒᆞᆫ다ᄒᆞ드ᄅᆡ도租借地에關ᄒᆞ야ᄂᆞᆫ何等交涉이無ᄒᆞᆯ것인즉노解釋ᄒᆞᆷ이可타ᄒᆞ며又今日二三强國이同意를表ᄒᆞ엿다ᄂᆞᆫᄃᆡ租借地를除外ᄒᆞᆫ것은滿洲開放의意가아니라고云ᄒᆞᆫ다더라

◎日本奔走 日本에셔ᄂᆞᆫ美國이滿洲中立을提唱ᄒᆞᆫ以來로日本當局者ᄂᆞᆫ晝夜不絕ᄒᆞ고該問題를調查硏究中인故로紛忙이非常ᄒᆞ고又曾彌統監은韓國統治에關ᄒᆞᆫ要務를帶ᄒᆞ고歸國ᄒᆞᆫ故로日間元老大臣會議를開ᄒᆞᆫ다더라

◎日本困難 滿鐵中立問題에對ᄒᆞ야露日兩國向背如何를觀ᄒᆞ면日本은分明히傾應치아니ᄒᆞᄂᆞᆫ貌樣이오露國은現在의利害關係로ᄂᆞᆫ日本과同一進退ᄒᆞᆯ뜻ᄒᆞ나露國이露日戰役後에ᄂᆞᆫ海蔘威로連絡ᄒᆞᄂᆞᆫ新鐵道敷設에着手ᄒᆞ야其工事가意外에順速ᄒᆞᆫ지라該鐵道가完了ᄒᆞᄂᆞᆫ日에ᄂᆞᆫ東淸鐵道를不依ᄒᆞ고直히지타方面에셔海蔘威에抵達ᄒᆞᆯ터인즉東淸鐵道ᄂᆞᆫ拋棄ᄒᆞ야도可ᄒᆞᆯ지니如此ᄒᆞᆫ境遇에ᄂᆞᆫ日本政府ᄂᆞᆫ外交上一層困難에陷ᄒᆞ리라더라

以上東京發 十一日着

◎飛行新發明 飛行家사람氏ᄂᆞᆫ千百呎되ᄂᆞᆫ高處에飛揚ᄒᆞᄂᆞᆫ新器械를造ᄒᆞ엿다더라

◎土耳其抗議 土耳其政府ᄂᆞᆫ크리트島保護列强에對ᄒᆞ야크리트島政府가希臘王에게宣盟事件으로抗議를提出ᄒᆞ엿다더라

以上伯林發 十一日着

◎美國消息 華盛頓來電을依ᄒᆞᆫ즉美國國務卿노스크쓰氏가今番滿洲中立覺書에對ᄒᆞᆫ列强의回答이數月間을要ᄒᆞᆯ줄노知하엿ᄂᆞᆫᄃᆡ此ᄂᆞᆫ列强이該提案을考究ᄒᆞᆷ에多時日을要ᄒᆞᆯ줄로信ᄒᆞᆷ이러니德英淸三國은벌셔此를贊成ᄒᆞᄂᆞᆫ意思를表示ᄒᆞ엿고露日兩國의態度ᄂᆞᆫ難知라ᄒᆞ며又노스크쓰氏ᄂᆞᆫ此覺書로因ᄒᆞ야列강으로ᄒᆞ야금滿洲鐵道의形成과此에付隨ᄒᆞᄂᆞᆫ門戶開放問題에關ᄒᆞᆫ列강의政策을言明ᄒᆞ기를論導ᄒᆞ고且將來에此目的을表示ᄒᆞᆷ에大効新聞果가有ᄒᆞ리라ᄒᆞ며又氏ᄂᆞᆫ日本의反對論評으로ᄂᆞᆫ日本이該提案을排斥ᄒᆞᆷ으로認定치못ᄒᆞᆯ것이라고ᄒᆞᆫ다더라

紐育발 十一日着

◎統府大吏迭 曾彌統監歸任의時에ᄂᆞᆫ統監府中央官吏及地方官吏中에大吏迭을行ᄒᆞᆫ다더라

◎行政大刷新 別電과如히統監府官吏가大吏迭된後에ᄂᆞᆫ行政部에셔大刷新을行ᄒᆞᆫ다더라

◎伏見宮歷訪 英國論敦에滯在ᄒᆞᄂᆞᆫ日本伏見若宮親王及其王妃ᄂᆞᆫ來二月頃에發程ᄒᆞ야德、伊、西、法、墺、和蘭、比利時、等各君主大統領을順次歷訪ᄒᆞ고歸路에美國을訪問ᄒᆞᆫ다더라

以上東京발 十二日着

▲社會燈▼

▲國民演說副會長은무숨病이暴發ᄒᆞ야더任名을辭免코져請願書를提出ᄒᆞ노國家事를着手ᄒᆞ거던鞠躬盡瘁本을바더죽은뒤에말더인ᄃᆡ片時假熱등ᄂᆞ타가多少困難當코보면萬般思가成灰ᄒᆞ니巽弱之態可笑로다

▲堂堂皇族完順君은國勢岌업이時代에民國事를엇지차고등덩둥덩風樂聲에如流歲月蹉跎ᄒᆞ노眼前風涙日迫ᄒᆞ야이江山이ᄯᅥ나가면漏船우에안진身世行樂ᄒᆞᆯ곳어ᄃᆡ잇나憂國愁를破遣코져聊以叙暢ᄒᆞᆷ이런가

▲度支大臣高永喜ᄂᆞᆫ李總相이遭難後에恐怖心이절노나셔巫女들을불너다가度厄ᄒᆞ기힘쓴다지一生事業다글너셔神人間에得罪히도祈禱에만熱心ᄒᆞ면許多厄運消滅될ᄭᅡ六十殘年더老翁도知覺업시헷늙엇네

▲謝罪派의兩個罪人伊藤墓를차져가셔謝罪文을捧讀ᄒᆞ고悲痛心을不禁ᄒᆞ야이고이고一聲涙에어이어이掩抑聲이續續不絕ᄒᆞ엿다지동지섯달찬바롬에져렁타시哀慟타가氣絕이나안되엿나그情狀도可憐토다

社告

左開兩處에本支社를設置ᄒᆞ엿ᄉᆞ오니各該附近地에서本申報購覽ᄒᆞ실 僉君子ᄂᆞᆫ左開支社員에게請求ᄒᆞ시고代金과諸般事를一切該氏와交涉ᄒᆞ십

左開

熙川邑內面東門外洞金錫澤

群山港九福洞壹統八戸 方在喜

大韓每日申報社

雜報

◎崔犯越交 西部翰林洞居崔貴成은窃盜犯嫌疑者로銅峴分署에被捉ᄒᆞ엿ᄂᆞᆫᄃᆡ再昨日地方裁判所로越交ᄒᆞ엿다더라

◎兩犯審査 再昨日控訴院에서謀殺犯禹潤九御寶僞造犯金東奎兩人을審査ᄒᆞ엿다더라

◎李氏被捉 本社社員李交담氏ᄂᆞᆫ何事件을因홈인지再昨夜警視廳에被捉ᄒᆞ엿더라

◎僞造何多 光熙門內南井洞居尹錫奉父子ᄂᆞᆫ紙貨를僞造ᄒᆞ다가銅峴分署에被捉ᄒᆞ야再昨日地方裁判所로越交ᄒᆞ엿다더라

◎白犯被捉 東部李花洞居白南奎氏ᄂᆞᆫ紙貨僞造犯으로再昨日中署에被捉ᄒᆞ엿다더라

廣告

西部孔德里活人洞九十六統一戸草家七間家券을十一月卄九日路中에서失故로廣告ᄒᆞᆸ 金致彦 告白

本人의名龍鎭을泳鎭으로改稱ᄒᆞ엿ᄉᆞ니知舊間照亮ᄒᆞ십 南門外巡洞田泳鎭 告白

孝橋鞋廛姜奉亨氏處陰十貳月貳十九日推次當文魚音壹片五百兩셔失故로廣告矣誰某拾得休紙施行 全昇泰 白

本人所居北署嘉會坊齋洞十四統十戸所在草家六間文券壹張을昨年陰七月分에路中에서不知中見失ᄒᆞ얏기玆에廣告ᄒᆞᆷ 北署嘉會坊齋洞十四統十戸 韓春植

本里二統五戸趙宗植草家八間證明券을本人이典執藏身타가陰十一月卄日에落失이기歸之無效ᄒᆞᆷ 三和港新興洞李養根

本人家가南部明哲坊靑寧尉契五統四戸인바貰立旨를還推後셔失故玆廣告 申龍均 白

廣告

交河郡一鄕諸氏에義捐金과各里에義務租ᄂᆞᆫ此後連續ᄒᆞ야列錄揭載하려니와日前寄付金이교長閔泳達氏百圓贊成長柳正秀氏二十圓任員柳용氏俞相傳氏各五圓이기玆에廣告ᄒᆞᆷ 交河郡金陵里 明倫學校

地券紛失廣告

京城南署樂善坊后洞所在一菜田一日耕四標 東李昌德家 西金東旭家 南李元敏家及道路 北金汶鍾田 右地券紛失仕候間以後發見ᄒᆞ여도無効 右 賣主 朴鳳植 買主 大橋淸三郎

本人典洞雜貨商申東憲處陰十二月十五日捧次於音四百八十兩一片셔失故廣告矣誰某拾得休紙施行ᄒᆞᆷ 裴明源 告白

敬啓者 新年 僉彦體度錦安ᄒᆞ심을祝賀ᄒᆞ오며過年中多大ᄒᆞᆫ同情을蒙ᄒᆞ와鳴謝不已이오며貴注文을承ᄒᆞ온同時의郵便小包에規定을未詳ᄒᆞ오신 閣下께細明ᄒᆞᆫ郵規를暫陳ᄒᆞ와一層便宜케圖ᄒᆞ오며且ᄂᆞᆫ同情을奉答ᄒᆞᄂᆞᆫ義務이깃ᄉᆞᆸ기玆의明細事項을左開ᄒᆞ엿ᄉᆞ오니 照亮ᄒᆞ심을敬要ᄒᆞᆷ

壹 郵便小包中爲先緊要ᄒᆞᆫ普通과引換만말ᄉᆞᆷᄒᆞᆷ

壹 普通小包라謂ᄒᆞᆷ은代金을附着치안코그양발送ᄒᆞᄂᆞᆫ名詞로(普通)

壹 引換小包라謂ᄒᆞᆷ은包面上의記載된金額과物包를相換ᄒᆞᄂᆞᆫ名詞로(引換)

(郵規) 假令普通小包면受荷主께로郵局서分傳도ᄒᆞ며又ᄂᆞᆫ郵局서受荷主께로物包到着이란通知書를발送ᄒᆞ야受荷主로ᄒᆞ야금郵局에來ᄒᆞ야該物包를推去케도ᄒᆞᄂᆞᆫ郵規(但捺章을要ᄒᆞᆷ)

(郵規) 假令引換小包ᄂᆞᆫ郵局서荷受主께로某處서物包가到着인ᄃᆡ引換된金額이何圓幾錢이라고통知書가來ᄒᆞᄂᆞᆫᄃᆡ此통知書와示明ᄒᆞᆫ金額을가지고該局으로往ᄒᆞ야金額을支撥ᄒᆞ고右物包를推尋ᄒᆞᄂᆞᆫ郵規(但捺章을要ᄒᆞᆷ)

注意 통知書를受ᄒᆞᆫ지十日間이經過되면該物包ᄂᆞᆫ出荷主께로返送ᄒᆞᄂᆞᆫ郵規

別項記載와如히引換附ᄒᆞᆫ物包ᄂᆞᆫ每包에對ᄒᆞ야五錢의郵票가加添되고且ᄂᆞᆫ金額이上來ᄒᆞ야推尋ᄒᆞᆯ時에手料로五錢의우票가帖附ᄒᆞᆫ즉合計金十錢式이每包의加添됨

우便局又ᄂᆞᆫ取扱所가次第設立되ᄂᆞᆫ中이나倘或未備된地方郡邑에ᄂᆞᆫ不便ᄒᆞᆫ바인즉此ᄂᆞᆫ本商會에서도配達區域을昭詳히認知ᄒᆞᄂᆞᆫ바이나尤且 貴下의最便ᄒᆞ고最近ᄒᆞᆫ郵便局又ᄂᆞᆫ取扱所在된郡名을示明ᄒᆞ심도尤可ᄒᆞᆯ듯

(小包重量及料金一覽表)

(普通小包)

二十兩重까지	金十錢
四十兩重까지	金十五錢
六十兩重까지	金二十錢
九十兩重까지	金三十錢
百廿兩重까지	金四十錢
百五十兩까지	금五十錢

(引換包에ᄂᆞᆫ前後에五錢式合十錢이加添됨)

上記ᄒᆞᆫ小包料ᄂᆞᆫ 注文請求者의負担ᄒᆞᆷ

測量機械 製圖械機 美濃紙類

京城南署棗洞六十二統十戸

貿易商 (KIM)

金龍商會 謹告

營業主 金應龍

德國일버펠드地方의파벤파부리켄染料會社ᄂᆞᆫ韓國에在ᄒᆞᆫ本社의組織員되ᄂᆞᆫ僉位의게通告ᄒᆞ노니本會社가 **日本** 大阪의**日人會社**에서此末端에揭示ᄒᆞᆫ 本社의已久ᄒᆞᆫ **登錄商標**에**犯科**ᄒᆞᆫ事에對ᄒᆞ야裁判得勝ᄒᆞ엿ᄂᆞ이다

又本社의特意主顧ᄒᆞ시ᄂᆞᆫ 僉位와其他關係되ᄂᆞᆫ 僉位의게表明ᄒᆞ노니本社의商標나或此와**類似**ᄒᆞᆫ것이라도犯**用**ᄒᆞᆯ權이有ᄒᆞᆫ者ᄂᆞᆫ全無ᄒᆞ오며本회社ᄂᆞᆫ世所共知ᄒᆞᄂᆞᆫ本社製品을韓國으로陸續輸入케ᄒᆞᆯ터이오며且本社商標를 僞**造**ᄒᆞ야**輸入**ᄒᆞᄂᆞᆫ者ㅣ更有ᄒᆞ면卽告訴를當ᄒᆞᆯ터이오니特이愼戒ᄒᆞ십

商

標

商

標

本人의子基珍이가年今二十六이온ᄃᆡ無故히至月二十日부터出沒府郡에蹤跡을不知ᄒᆞ와玆에廣告ᄒᆞ오니內外國僉君子ᄂᆞᆫ照亮後債用上에切勿見欺ᄒᆞᆷ 慶北高靈군開浦洪守汝 告白

本人이去丁酉年分에本面書院里所在田三時耕답三斗落을本面居朴成官處에買得ᄒᆞᆫ文券一通과合峰里所在田一日耕을義州居金孝永處에癸巳年買得ᄒᆞᆫ文券一통을幷任於舍弟禮元이더니今春에偶然셔失ᄒᆞ엿ᄉᆞ니誰某拾得이라도休紙로施行ᄒᆞᆷ 宣川郡深川面道峰里金禮淳白

本人이平壤農工銀行二株券을셔失故로本銀行에換券을請ᄒᆞ고前券은休紙ᄒᆞᆷ 義州 車元燮 告白

同和藥房廣告

本國藥材로洋製新造ᄒᆞ야各病에神効ᄒᆞ오며

用藥寶鑑全卷 定價三十錢

宗教統一論全卷 定價十錢

平壤郡支店長 宋尙愈 管內

出張所位置

第一平壤碑石洞金冕恒第二遂安栗里宋翼周第三遂安明導赫第四順川龍升里劉允文第五平壤朱村朱愚敬第六陽德佳倉李鎭亨第七成川丫波李應烈第九甑山一上里宋尙憲第十順川舍人市崔鼎燁第十一平壤司倉里金用良第十二都龍洞金鎭範第十三五柳洞金斗昱第十四張察訪洞黃錫淸第十五三和南浦康元俊第十六成川淵洞朱基鎭第十七江西箴眞池昇麟第十八甑山斑石里黃鶴表第十九平壤舊東昌宋翰周데二十長村崔善宇데二十一遂安邑石橋高義守데二十二栗里上場金春燮데二十三江東漢垈朴達鉉데二十四永柔白鷺里李翰模紙面이不足ᄒᆞ야未能枚擧ᄒᆞᆷ

京城西小門外車洞 本舖 閔檍 白

本人이葉草客主數年에各處草商雲集交易ᄒᆞᄂᆞᆫᄃᆡ內外國煙草會社에서도連續貿去ᄒᆞ고本國絕草商도多數貿去ᄒᆞᆸ기로一層擴張ᄒᆞ엿ᄉᆞ오니 僉君子ᄂᆞᆫ陸續來臨ᄒᆞ시기를希望

京城西大門外尾洞百八統九戸 宋憲製 邊昌根 告白

檀君開國四千二百四十二年
箕子元年三千三十一年
大韓開國五百十八年
本報創刊日 光武八年七月十八日

大韓每日申報

第八卷 月曜及慶節歲時日休刊 第一千二百八十八号

Responsible for Publication Alfred Weekley Marnham.
發行兼編輯人 英國人 萬咸
發行所 京城南部石井洞三層洋屋家 大韓每日申報社

論說

◉教育界의悲觀

目下地方消息을聞ᄒᆞᆫ즉各地方學校가經費의困乏을因ᄒᆞ야廢倒에至ᄒᆞᄂᆞᆫ者ㅣ十에五나된다ᄒᆞ니惜哉라

大抵國家의再造民族의生存을오즉此敎育發達에望ᄒᆞᆯ바라故로學校의興廢로民國의興廢를占ᄒᆞ며學校의存亾으로民國의存亾을占ᄒᆞᆫ다ᄒᆞ야도實로過言이아니거ᄂᆞᆯ

何乃敎育界의悲運이此에至ᄒᆞᄂᆞᆫ가

大抵民國이今日에아모리劣敗에陷ᄒᆞ엿스나오히려敎育만擴張되면後日에畢竟優勝에登ᄒᆞᆯ好運이有ᄒᆞᆯ지니彼西人所謂世界第一等의學校가有ᄒᆞᆫ國은卽世界第一等의國이니今日은비록第壹等이못되더라도後日은반다시第壹等이된다ᄒᆞᆷ이是어ᄂᆞᆯ

何乃敎育界의悲運이此에至ᄒᆞᄂᆞᆫ가

盖如此히學校가廢倒에至ᄒᆞᆷ은뎨壹金融枯竭의故오第二資本의微少를不顧ᄒᆞ고競爭的으로設立ᄒᆞ엿던故오뎨三眞正ᄒᆞᆫ敎育家가幾希ᄒᆞ고但只名譽的虛榮的野心的으로設立ᄒᆞ엿다가無端廢止ᄒᆞᄂᆞᆫ故오뎨四人民의頑舊思想이不變ᄒᆞᆫ中或壹二有志者가學契錢洞契錢等만將ᄒᆞ고學校를設立ᄒᆞ엿다가協力者ㅣ少ᄒᆞ고妨害者만多ᄒᆞᆫ故로廢止에自歸ᄒᆞᄂᆞᆫ故等이有ᄒᆞᆷ이니嗚呼라今日此境遇ᄂᆞᆫ抑已早早預想ᄒᆞᆫ바로다

然則如何히ᄒᆞ면可히敎育의運命을維持ᄒᆞᆯ까 (壹)適當ᄒᆞ도록廢合을行ᄒᆞᆷ이可ᄒᆞᆯ지로다大抵壹郡內로論ᄒᆞ면其內에數三學校만完立ᄒᆞ야도足히其壹境靑年을收容ᄒᆞᆯ지어ᄂᆞᆯ或地方에ᄂᆞᆫ急進的으로多數의學교가壹時에並起ᄒᆞ야壹郡內에百餘處或七八十處에至ᄒᆞᄂᆞᆫ者ㅣ有ᄒᆞ니以若今日韓國의經濟狀況으로엇지此多數學校를維持ᄒᆞ리오此實敎育界의壹病이니此를汲汲改良ᄒᆞ야適當히廢合ᄒᆞ야少數의完立ᄒᆞᆫ學校를成ᄒᆞᆷ이可ᄒᆞᆯ지며 (二)學교의經費를可及的으로減省ᄒᆞᆯ지로다大抵今日韓국의金融恐慌이極度에達ᄒᆞᆫ지라學校의經費를夥大히擲用ᄒᆞ면長久維持의道가甚難ᄒᆞᆯ지니可及的으로此를節省ᄒᆞᆯ道를務ᄒᆞᆯ지며 (三)人民이自進ᄒᆞ야義務敎育制度를試用ᄒᆞᆷ이可ᄒᆞ도다 大抵此敎育은實로壹二資本家의力으로만施設ᄒᆞ기를特圖치못ᄒᆞᆯ者라故로現今文明國의普通行用ᄒᆞᆷ과如히區域을定ᄒᆞ고其區域內에學校를設ᄒᆞ야區域內人民이其經費를共同負擔케ᄒᆞ여야可히長久擴張을得ᄒᆞᆯ지라此가비록政府의經營ᄒᆞᆯ바나然이나今日韓國人民은徒然히政府만坐恃ᄒᆞᆯ바아니니自進ᄒᆞ야此制度를採用ᄒᆞᆷ이엇지良策이아니리오

嗚乎라同胞여此敎育은同胞의生命이니此를勉勵ᄒᆞ라此가廢倒ᄒᆞᄂᆞᆫ日은卽同胞의生命이廢倒ᄒᆞᄂᆞᆫ日이니라

外報

◎土國通牒 土耳其政府ᄂᆞᆫ列國에通牒을發ᄒᆞ야抗議ᄒᆞ야曰크리트島行政委員이希臘土에게臣服ᄒᆞᆫ다고盟誓ᄒᆞ고又希臘議會가크리트島에自國法律을施行ᄒᆞᆫ다고決議ᄒᆞᆫ것은土耳其皇帝의宗主權을侵害ᄒᆞᆷ이莫大ᄒᆞ다ᄒᆞ엿다더라

◎商所請願 德國諸商業會議所ᄂᆞᆫ政府에請願ᄒᆞ되法國이來三月에實施ᄒᆞᄂᆞᆫ新關稅法(其中三倍增稅品이有ᄒᆞᆷ)을勿施ᄒᆞ기로談判을開ᄒᆞ라ᄒᆞ엿다더라

◎美國自信 滿洲鐵道中立에對ᄒᆞ야日本全國이反對ᄒᆞᆫ다ᄂᆞᆫ電報가日本으로부터美國에連到ᄒᆞ나美國政府ᄂᆞᆫ一毫도其意見을不變ᄒᆞᆯ뿐아니라英德兩國이美國提議를贊成ᄒᆞ엿고其他列國도贊成ᄒᆞᆯ터인즉日本이獨히反對치못ᄒᆞᆯ줄노信ᄒᆞ며露國報道에依ᄒᆞ면該國一般輿論에ᄂᆞᆫ日本이禍心을抱藏ᄒᆞ야以後露국과戰略을計ᄒᆞᆫ다고危懼ᄒᆞᆫ다ᄒᆞ며又美國紐育에셔ᄂᆞᆫ日本의疑惑이美國計劃의善良을因ᄒᆞ야解釋되면贊同ᄒᆞ리라고信ᄒᆞᆫ다더라

◎美紙言論 美國잇버타이써新聞은滿洲中立을略論曰美國의此提議ᄂᆞᆫ極東에關ᄒᆞᆫ最後의提議로日本에便宜를與ᄒᆞ고美國國際上地位가益益鞏固될지니美國의東洋活動을日本人이多數不快히녁이나此가世界平和門戶開放主義를維持ᄒᆞᄂᆞᆫ大要素라ᄒᆞ엿다더라

◎英國詔勅 英國에셔ᄂᆞᆫ議會解散詔勅이去十日에發布되엿ᄂᆞᆫ데同時에一月十五日로總選擧施行의旨를下ᄒᆞ엿다더라

◎美國覺書 美國의滿洲中立覺書中日本에送交ᄒᆞᆫ者ᄂᆞᆫ淸國領土의保全東洋平和의維持等語가有ᄒᆞ다ᄒᆞ며德國에送交ᄒᆞᆫ覺書에ᄂᆞᆫ人種上에言及ᄒᆞ엿다ᄂᆞᆫ說이有ᄒᆞ다더라

學界

◎兩校相詰 交河郡宣成學校에셔金一萬二千兩과校답幾斗落으로基本을立ᄒᆞ야經費를補用ᄒᆞᄂᆞᆫ데該郡儒林中에셔明倫學校를新設ᄒᆞ고右金與답을移屬ᄒᆞᆫ故로學部에請願承認ᄒᆞᆫ故로目下兩校에셔相詰ᄒᆞᄂᆞᆫ中이라더라

◎李氏美擧 坡州郡文山浦居李晩雨氏ᄂᆞᆫ同地紳士를會同ᄒᆞ야興學會를組織ᄒᆞ엿ᄂᆞᆫ데每朔月捐金一圓式收入ᄒᆞ야浦識에在ᄒᆞᆫ文昌學校에經費를補用케ᄒᆞᆫ다더라

○談叢○

劍心

▲無諸己而後非諸人

日人이我國人을嘲罵ᄒᆞᄂᆞᆫ喙가近日에幾百尺이나長ᄒᆞ엿ᄂᆞᆫ지彼의新聞雜志를讀ᄒᆞ면韓人의風俗이나道德을醜詆ᄒᆞᆫ語가每日幾句式有ᄒᆞ며又近日에何許人이暗黑ᄒᆞᆫ朝鮮이라著ᄒᆞ고我국人의缺點을擧ᄒᆞ야嘲罵ᄒᆞᆷ이不至ᄒᆞᆫ바가無ᄒᆞ더라,

噫라彼日本이近日에韓國보다勝ᄒᆞᆫ것은不過是歐化輸入에先鞭을着ᄒᆞᆫ故라,然이나彼가아모리歐化를襲取ᄒᆞᆷ이多ᄒᆞ되襲取ᄒᆞᆫ것은政策뿐이며技術뿐이오道德上에ᄂᆞᆫ一毫도進步가無ᄒᆞᆫ지라是故로女子ᄂᆞᆫ賣淫으로聖經을삼으며營業者ᄂᆞᆫ詐欺로長技를삼고夏月에ᄂᆞᆫ裸體赤脚者가爛熳ᄒᆞ니今日我國人이비록道德이腐敗ᄒᆞ엿스나尙且彼보다一日의長이有치아니ᄒᆞᆯ가

然이나他山之石可以攻玉이라ᄒᆞ니彼의嘲罵를因ᄒᆞ야我國人이勉戒ᄒᆞᆯ비多ᄒᆞᆫ저

詞藻

❀我主人❀ 竹松生

太白山不變色은、四千餘年如一ᄒᆞ고。漢陽城無窮花ᄂᆞᆫ、五百餘年아름답다。두어라、이江山의億千萬年主人은、우리밧게。

雜報

◎庭擊劍 明日 德壽宮內殿庭에셔警視廳巡查가擊劍大會를開ᄒᆞᄂᆞᆫ뒤 太皇帝陛下씌옵셔 御觀覽ᄒᆞ옵신다더라

◎李相夫效 李總相은日來夫ᄒᆞᆷ가有ᄒᆞᆷ으로來二十日頃에退闕ᄒᆞ기로豫定ᄒᆞ엿다더라

◎內相設宴 內部大臣朴齊純氏ᄂᆞᆫ本日下午五時에掬翠樓에셔新年宴會를設ᄒᆞ고該部高等官을宴待ᄒᆞᆫ다ᄂᆞᆫ뒤會費ᄂᆞᆫ該部大臣의交接費로支出ᄒᆞᆫ다더라

◎內部會議 昨日內部에셔ᄂᆞᆫ地方行政刷新에關ᄒᆞᆫ會議를開ᄒᆞ엿ᄂᆞᆫ뒤將次實行上에着着進步ᄒᆞᆯ計劃이라더라

◎欠員將補 別項과如히內部에셔會議를終了ᄒᆞᆫ後에現今欠員된書記官警察部長道郡主事等을採用ᄒᆞᆫ다더라

◎行政開會 統監府內地方行政調查委員會에셔昨日開會ᄒᆞ엿다더라

◎茸蔘四求 前郡守安升玉氏ᄂᆞᆫ李總理의게進供ᄒᆞᆯ次로特品의茸蔘을四求中이라더라

◎行動調查 前郡守李膺鍾前參書金祚鉉兩氏ᄂᆞᆫ何等事件을因ᄒᆞᆷ인지某處에셔其行動을調查ᄒᆞᆫ다더라

◎補助請願 江原觀察道에셔地方費中에農業獎勵費를計入ᄒᆞ엿더니此가刪除된故로更히農務局에補助를請求ᄒᆞ엿ᄂᆞᆫ뒤目下該局에셔商議中이라더라

◎調查將施 農商工部에셔商工業調查를行ᄒᆞᆫ다ᄒᆞᆷ은已報어니와該委員은日人을雇用ᄒᆞ기로ᄒᆞ야既히決定되엿슴으로其職制를日間發表ᄒᆞᆫ다ᄒᆞ며該助下ᄂᆞᆫ工業傳習所卒業生으로採用ᄒᆞᆫ다더라

◎日主增加 宮內府電務課에셔ᄂᆞᆫ日人主事五人을增加ᄒᆞᆫ다더라

◎石渡解雇 農商工部囑托日人石渡伊三郎은解雇되야日間歸國ᄒᆞᄂᆞᆫ뒤該部에셔再昨日旅費金一百二十圓을支給하엿다더라

◎同志會送文 今番日本朝鮮問題同志會에셔該會員五百木等을韓國에送ᄒᆞ고兼ᄒᆞ야京城日人記者團에送文을送ᄒᆞ엿ᄂᆞᆫ뒤其辭意의概要ᄂᆞᆫ韓國問題에關ᄒᆞ야協力ᄒᆞ기를請ᄒᆞᆷ이라더라

◎同志會入城 日本朝鮮問題同志會員五百木等二人은昨日入城ᄒᆞ엿다더라

◎日生採用 日本長崎高等商業學校日人卒업生이百十名인뒤將次韓國農商工部官吏로採用ᄒᆞ기爲ᄒᆞ야同部局長日人菊池가目下紹介中이라더라

◎餞者何多 既報와如히農商工部囑托日人井上雅二가昨日上午九時에京釜線으로歸國ᄒᆞ엿ᄂᆞᆫ뒤宮內府及統監府官吏四百餘員이南門驛에出往餞別ᄒᆞ엿다더라

◎法令審查會 內部에셔再昨日下午二時에法令審查會를開ᄒᆞ고委員諸氏가會同ᄒᆞ야各測量者의取締案件을提議ᄒᆞ엿ᄂᆞᆫ뒤將次施行規則을製定頒布ᄒᆞᆫ다더라

◎韓銀開會期 韓國銀行第壹回株主總會를來二月十七日에東京에셔開ᄒᆞ기로決定되엿다더라

◎韓銀畢役期 現今京城에新建築ᄒᆞᄂᆞᆫ韓國銀行舍宅은明年十月頃에畢役되고同十一月에任員壹同이移轉ᄒᆞᆫ다더라

◎兌換券發行額 第一銀行兌換券이昨年十二月二十七日ᄭᆞ지千三百五十四萬五千二百圓인뒤此ᄂᆞᆫ本會有의發行額이오今年春에도減少가無ᄒᆞ다더라

◎民籍課指揮 內部民籍課에셔民籍統計表를編纂ᄒᆞ기爲ᄒᆞ야各警察署에指飭ᄒᆞ야民籍調查가終了되ᄂᆞᆫ뒤로各郡面洞里의區別과人口의總數를昭詳修報ᄒᆞ라ᄒᆞ엿다더라

◎英夫人開宴 修學院英語教師英國夫人똘니氏ᄂᆞᆫ再昨日上午十一時에私邸에셔午餐會를設ᄒᆞ고仁川港英國領事의夫人과韓國화族夫人諸氏를請邀宴待ᄒᆞ엿다더라

◎徐也潛伏 苑洞居徐彰輔ᄂᆞᆫ內閣及統監府에長書를提出ᄒᆞᆫ後로種種毆打를被ᄒᆞᆫ事에對ᄒᆞ야一進會에셔治療金一百圓을支給ᄒᆞᆫ故로該家眷이賴此生活ᄒᆞᄂᆞᆫ뒤尚且戒懼의心이未거ᄒᆞᆷ인지近日에ᄂᆞᆫ桂洞居徐仁輔氏家에潛伏ᄒᆞ엿다더라

◎增校預算 學部에셔ᄂᆞᆫ本年度에官立高等女學校와外國語學校를增建築ᄒᆞ기로預算ᄒᆞ엿다더라

◎教授更迭 官立高等學校英語教授囑托李宜春氏가辭免ᄒᆞᆫ代에清風學校教師李玘鳳氏가被任ᄒᆞᆫ다더라

◎學部訓令 學部에셔ᄂᆞᆫ已往頒布ᄒᆞᆫ學會令뎨七條에依ᄒᆞ야漢城府及各觀察道에訓令ᄒᆞ고昨年度의財產及會務의狀況과會員의數爻를本月內로修報ᄒᆞ라ᄒᆞ엿다더라

◎續續採用 日人巡查採用試驗은去十二日에終了ᄒᆞ엿ᄂᆞᆫ뒤受험及뎨者가八十餘名中에露清英等外國語를能통ᄒᆞᄂᆞᆫ特殊技能者도有ᄒᆞ고中學卒業普통文官合格者等도有ᄒᆞᆫ지라又此등常識이有ᄒᆞᆫ者를多數收用ᄒᆞ기爲ᄒᆞ야來廿壹日에更히三十餘名을試取ᄒᆞᆫ다더라

◎呼子移處 皇宮警察署長日人警視呼子ᄂᆞᆫ昌德宮前新築官舍로移處ᄒᆞ엿다더라

◎參席請求 鴻山警察署에셔落成式을行ᄒᆞᆯ터인뒤該警察署長이內部로電報ᄒᆞ되官吏一名을派送參席케ᄒᆞ라ᄒᆞ엿다더라

◎使命先汰 宮內府에셔員役을減額ᄒᆞᆫ다ᄒᆞᆷ은既報어니와再昨日該府에셔爲先使令四十九名中二十四名을除汰ᄒᆞ엿ᄂᆞᆫ뒤賞與金을二十圓으로十圓ᄭᆞ지支給ᄒᆞ엿다더라

◎軍港과漁業 韓海中日人의軍港及要塞地帶에屬ᄒᆞᆫ沿海에ᄂᆞᆫ人民의漁業을禁止或制限ᄒᆞᄂᆞᆫ뒤鎮海灣猪島等海面에關하야ᄂᆞᆫ農商工部가鎮海灣要塞日軍司令官과交涉ᄒᆞ야業已決定되엿고永興灣에關ᄒᆞ야도日間交涉決定ᄒᆞᆫ다더라

◎李氏汰任 京城孤兒院主李愚션氏가同事務員間에對ᄒᆞ야不精ᄒᆞᆫ行動이有ᄒᆞ다ᄒᆞ야漢城府에셔院主의任을除汰ᄒᆞ고該院規則을新製ᄒᆞ야內部에認可를請ᄒᆞ엿ᄂᆞᆫ뒤內部에셔學部로照會ᄒᆞ고同意를請ᄒᆞ엿다더라

◎劉氏斂怨 前蔚珍郡守劉漢容氏ᄂᆞᆫ海東이라變名ᄒᆞ고該郡退吏張炯心林芝鶴等을符同ᄒᆞ고日人을嗾囑ᄒᆞ야該郡十九津所在藿岩을占奪코져測量ᄭᆞ지ᄒᆞ엿다ᄂᆞᆫ뒤採곽者의冤聲이載路ᄒᆞ다더라

◎崔氏上京 忠南洪州郡居崔致一氏ᄂᆞᆫ十餘年前에 皇后宮大夫尹嵎榮氏에게三千圓價值되ᄂᆞᆫ田庄을見奪ᄒᆞᆫ事件이有ᄒᆞ다ᄒᆞ야裁判을提起ᄒᆞᆯ次로上京準備ᄒᆞᆫ다더라

◎石氏長書 咸鏡北道十一郡儒生代表石鍾珩氏가內閣에長書를提呈ᄒᆞ엿ᄂᆞᆫ뒤其概意ᄂᆞᆫ一進會聲明書와徐彰輔李圭學等을聲討ᄒᆞᆷ인뒤旨意가頗히激烈ᄒᆞ다더라

◎魚組承認 劉昌烈崔震鏞李秉朝諸氏가咸鏡南北道北魚漁業組合所를設立ᄒᆞᆯ次로日前農商工部에請願承認ᄒᆞ엿다더라

◎韓米前途 年來滿洲地方에셔韓米需用이漸漸增加ᄒᆞᆷ으로將次每年約壹千八百石의韓米가滿洲로流入되리라더라

◎所議止此否 國民大演說會에셔再昨日下午一時에幹事員會를開ᄒᆞ고臨時會長許진氏가辭免書ᄂᆞᆫ姑爲留案ᄒᆞ엿다가來土曜日總會에提出ᄒᆞ기로決議ᄒᆞ엿다더라

◎光州報日刊 日人의主幹光州新報ᄂᆞᆫ從來週刊이더니去八日부터日刊으로改ᄒᆞ고韓日文을隔日換用ᄒᆞ야발行ᄒᆞᆫ다더라

◎巡查有人 龍川楊市에ᄂᆞᆫ從來鴉煙을吸ᄒᆞᄂᆞᆫ者ㅣ多數ᄒᆞ더니巡查金奉周氏가該市駐在所에出張ᄒᆞᆫ지不過一朔에吸烟者를一一調查ᄒᆞ야或懲責或說諭ᄒᆞ야自意悔改케ᄒᆞ고該場內鴉片商日人을逐黜ᄒᆞ야鴉煙賣買의根本을絕斷ᄒᆞ엿다더라

◎楊市不穩 各地方에셔市場稅徵納에對ᄒᆞ야民心이鬱沸ᄒᆞᆷ은累累報道어니와平北龍川楊市商民들은一齊撤市ᄒᆞ고期於히該稅ᄅᆞᆯ徵納치안키로決定ᄒᆞᆫ지라該郡財務署長과日人主事及警察署巡查十餘名이其理由를探知코져該市에來到ᄒᆞᆫ즉商民三百餘名이會同ᄒᆞ야商界情況을這這說明ᄒᆞ미該官吏가其情況을矜悶히녀여此緣由를上部에報告ᄒᆞ기로ᄒᆞ엿ᄂᆞᆫ뒤該商民은該稅勿施ᄒᆞ기前ᄭᆞ지撤市ᄒᆞ기로決定ᄒᆞ고將次上部에ᄭᆞ지呼訴ᄒᆞᆫ다더라

◎南陽島海賊 牙山郡居金光善氏가商業次로白米一百二十石을船載ᄒᆞ고仁川港으로발向코져南陽島에過ᄒᆞ다가海賊을逢ᄒᆞ야白米를沒數見失ᄒᆞ엿다더라

◎湖南開會 湖南學會에셔三昨日下午一時에評議會를開ᄒᆞ고會舘建築學교設立等事件을協議ᄒᆞ엿다더라

◎興業開會期 大韓興業會에셔來土曜日下午二時에評議會를開ᄒᆞᆫ다더라

電報

◎罪人歸程 韓人謝罪人一行은十一日午後에東京을出發ᄒᆞ야歸程에登ᄒᆞ엿다더라

東京發 十二日着

◎曾禰靜養 曾禰統監은靜養次로本日片瀨別莊에赴ᄒᆞ엿ᄂᆞᆫ뒤約三週間滯在ᄒᆞᆯ터이라더라

◎理事變檢事 日本은韓國에理事官及副理事官을統監府裁判所檢事로改ᄒᆞ고本日부터施行ᄒᆞᆯ旨를本日勅令으로發布ᄒᆞ엿다더라

◎鐵道排雪機 日本의鐵道ᄂᆞᆫ冬季積雪의被害가多ᄒᆞᆷ으로鐵道院에셔ᄂᆞᆫ特許品中의優秀ᄒᆞᆫ排雪긔를用ᄒᆞ야積雪이丈餘에達ᄒᆞᆫ越後高田信州長野等方面에셔來二月上旬부터其効力을試驗ᄒᆞ기로決ᄒᆞ엿다더라

以上東京發 十二日着

社會燈

▲滿洲風雲忽起ᄒᆞ야鐵道問題이러나니東西洋의列强국은同意書를日발ᄒᆞ고日本國의政客들은研究中에奔走ᄒᆞᆫ다十年積功다되려셔生命財產蕩盡ᄒᆞ고僅僅收得ᄒᆞᆫ土地가一片覺書風飛中에烏有先生되고보면欲心만ᄒᆞᆫ日人들은忿痛ᄒᆞ여져다죽을셜

▲歐洲壹幅葡萄牙ᄂᆞᆫ澳門境界問題가順次解決못되여서示威運動ᄒᆞ라고出兵經營또ᄒᆞ다지葡국全部록ᄒᆞ러도支那一省못되ᄂᆞᆫ뒤무슴數가생족ᄒᆞ여저런마음다나ᄂᆞᆫ지키만크고힘업기ᄂᆞᆫ支那人의羞恥지만蠐螂距轍못當ᄒᆞ면葡국猥狠이아닌가

▲韓國政府ᄃᆡ官吏ᄂᆞᆫ日人產業補助費로一十三萬八千圓을豫算案에計入ᄒᆞ니財政枯渴이時代에借款額은山積ᄒᆞᆫ뒤日本돈을엇어다가日人들만살지우고地方稅를밧노라고韓人膏血다글거셔嗷오聲이四起ᄒᆞ니韓政府의維新業은ᄃᆡ러타시妙妙ᄒᆞᆫ지

▲李總相의子姪들은大韓醫院稠座中에뭇싸홈이이러나셔李允用의姓名三字碧空우에둥ᄯᅳ고家庭間의醜說ᄶᅧ지퍼ᄯᅳ노코ᄒᆞ더라지自作證據안ᄃᆡ리도一世上이다아ᄂᆞᆫ뒤唯恐他人不知ᄒᆞ야저러타시公言인가兄弟혁墻ᄒᆞ더리도外禦侮나ᄒᆞ여보지

社告

平南順川支社員鄭裕景氏辭免ᄒᆞᆫ代에該郡柴洞孫定龍氏로擇定ᄒᆞ엿스니本報購覽僉君子는照亮ᄒᆞ시옴

左開兩處에本支社를設置ᄒᆞ엿ᄉᆞ오니各該附近地에셔本申報購覽ᄒᆞ실僉君子는左開支社員에게請求ᄒᆞ시고代金과諸般事를一切該氏와交涉ᄒᆞ시옴

左開

熙川邑內西東門外洞金錫澤

群山港九福洞壹統八戶 方在喜

大韓每日申報社

雜報

◎太和宮失火 昨日上午二時三淸洞太和宮에셔烟突의火가起ᄒᆞ야宮舍가太半燒燼되엿는디同五時에僅僅撲滅ᄒᆞ엿다더라

◎金傭破捉 南部泥峴日人商店에셔雇傭ᄒᆞ던金聖元은再昨日下午四時該店에셔六穴砲一柄과雨傘十柄을窃取逃走ᄒᆞ다가南門驛에셔被捉ᄒᆞ야西署로押囚되엿다더라

◎天道敎募金 天道敎에셔京城에在ᄒᆞᆫ全敎小學校敎師養成의敎育費로平北等地의敎徒六千餘名의게義捐金四百六十圓을募集ᄒᆞ엿다더라

廣告

本里二統五戶趙宗植草家八間證明券을本人이典執ᄒᆞ얏다가陰十一月廿日에落失이기歸之無效ᄒᆞᆷ 三和港新興洞李贊根

講師는林圭氏로位置는中部內相洞三興學校內로定ᄒᆞ고本月十四日브터日語를敎授ᄒᆞ오니入會에有志人은本校內夜學事務室로來議ᄒᆞ고上學時間은如左

甲班은午後四時乙班은七時

日語夜學硏究會 告白

本店에셔開業ᄒᆞᆫ지十六年間僉君子의愛顧ᄒᆞ심을特蒙ᄒᆞ와今年브터業務를大擴張ᄒᆞ고春夏秋冬所用으로絨屬毛織等各國高等物品을現今多數直輸入이온바各地方에셔는貿易에便利賣買키爲ᄒᆞ야特廉減價ᄒᆞ와郵便小包로酬應ᄒᆞ야代金은引換ᄒᆞ깃ᄉᆞ오니十三道各郡僉君子는隨意請求ᄒᆞ심을望

漢城中部鍾路砂器廛洞二十一統五戶

廣興泰 告白

本校校監崔聖周氏는職任을帶擔ᄒᆞ야幾乎漫散ᄒᆞᆫ校況을熱心的扶持ᄒᆞ야擴張狀態를復觀케ᄒᆞ엿ᄉᆞ니本校의右氏는方病의藥石은不待贅說이어니와本年冬에紅疹이大熾ᄒᆞ야幼弱의罹傷이種種ᄒᆞᆫ時에在ᄒᆞ야本校生徒도罹染幾瀕者ㅣ二十餘人에達ᄒᆞᆫ지라右氏가隨病隨敎ᄒᆞ며病者每人의게牛黃一二分重ᄉᆞᆨ對症投劑ᄒᆞ야信手鍊服ᄒᆞᆫ즉昨病이今愈ᄒᆞ야依舊就學ᄒᆞ엿ᄉᆞ니是氏의有靈壁不啻라右氏의慈善이愛國的誠心으로由生ᄒᆞ야厥藥이尤效ᄒᆞᆷ을確信ᄒᆞᆷ

咸興郡私立一能學校生徒等白

敬啓者 新年 僉彦體度錦安ᄒᆞ심을祝賀ᄒᆞ오며過年中多大ᄒᆞᆫ同情을蒙ᄒᆞ와鳴謝不已이오며貴注文을承ᄒᆞᆫ同時의郵便小包에規定을未詳ᄒᆞ오신 閣下게細明ᄒᆞᆫ郵規를暫陳ᄒᆞ와一層便宜케圖ᄒᆞ오며且는同情을奉答ᄒᆞ는義務이깃ᄉᆞᆸ기玆의明細事項을左開ᄒᆞ엿ᄉᆞ오니 照亮ᄒᆞ심을敬要ᄒᆞᆷ

壹 郵便小包中爲先緊要ᄒᆞᆫ普通과引換만말ᄉᆞᆷᄒᆞᆷ

壹 普通小包라謂ᄒᆞᆷ은代金을附着치안코그양발送ᄒᆞ는名詞로(普通)

壹 引換小包라謂ᄒᆞᆷ은包面上의記載된金額과物包를相換ᄒᆞ는名詞로(引換)

(郵規) 假令普通小包면受荷主게로郵局셔分傳도ᄒᆞ며又는郵局셔受荷主게로物包到着이란通知書를발送ᄒᆞ야受荷主로ᄒᆞ야금郵局에來ᄒᆞ야該物包를推去케도ᄒᆞ는郵規(但捺章을要ᄒᆞᆷ)

(郵規) 假令引換小包는郵局셔荷受主게로某處셔物包가到着인디引換된金額이何圓幾錢이라고ᄒᆞᆫ통知書가來ᄒᆞᆫ디此통知書와示明ᄒᆞᆫ金額을가지고該局으로往ᄒᆞ야金額을支撥ᄒᆞ고右物包를推尋ᄒᆞ는郵規(但捺章을要ᄒᆞᆷ)

注意 통知書를受ᄒᆞᆫ지十日間이經過되면該物包는出荷主게로返送ᄒᆞ는郵規

別項記載와如히引換附ᄒᆞᆫ物包는每包에對ᄒᆞ야五錢의郵票가加添되고且는金額이上來ᄒᆞ야推尋ᄒᆞᆯ時에手料로五錢의우票가帖附ᄒᆞᆫ즉合計金十錢式이每包의加添됨

우便局又는取扱所가次第設立되는中이나倘或未備된地方郡邑에는不便ᄒᆞᆫ바인즉此는本商會에셔도配達區域을昭詳히認知ᄒᆞ는바이나尤且 貴下의最便ᄒᆞ고最近ᄒᆞᆫ郵便局又는取扱所在된郡名을示明ᄒᆞ심도尤可ᄒᆞᆯ듯

(小包重量及料金一覽表)

(普通小包)

二十兩重ᄭᆞ지	金十錢
四十兩重ᄭᆞ지	金十五錢
六十兩重ᄭᆞ지	金二十錢
九十兩重ᄭᆞ지	金三十錢
百廿兩重ᄭᆞ지	金四十錢
百五十兩ᄭᆞ지	금五十錢

(引換包에는前後에五錢式合十錢이加添됨)

上記ᄒᆞᆫ小包料는注文請求者의負担ᄒᆞᆷ

測量機械·製圖械機 美濃紙類

京城南署棗洞六十二統十戶

貿易商 (KIM)

金龍商會 謹告

營業主 金應龍

德國일버펠드地方의파벤파부리켄染料會社는韓國에在ᄒᆞᆫ本社의組織員되는僉位의게通告ᄒᆞ노니本會社가**日本大阪**의**日人會社**에셔此末端에揭示ᄒᆞᆫ本社의已久ᄒᆞᆫ**登錄商標**에**犯科**ᄒᆞᆫ事에對ᄒᆞ야裁判得勝ᄒᆞ엿는이다

又本社의特意主顧ᄒᆞ시는僉位와其他關係되는僉位의게表明ᄒᆞ노니本社의商標나或此와**類似**ᄒᆞᆫ것이라도犯**用**ᄒᆞᆯ權이有ᄒᆞᆫ者는全無ᄒᆞ오며本회社는世所共知ᄒᆞ는本社製品을韓國으로陸續輸入케ᄒᆞᆯ터이오며且本社商標를僞**造**ᄒᆞ야**輸入**ᄒᆞ는者ㅣ更有ᄒᆞ면卽告訴를當ᄒᆞᆯ터이오니特이愼戒ᄒᆞ시옴

商

標

商

標

本人等에鴉及針이已經屢年에成癮을莫可奈何이옵더니何幸西門內淸人王秀亭氏가素以神奇妙術로不過一週日內에施術於本人等ᄒᆞ와鴉及針을永爲停止케ᄒᆞ고特成完全人ᄒᆞ엿ᄉᆞ오니內外國僉君子는照亮ᄒᆞ시옴

平壤居 張[illegible]植

平東湖 李廷烈

平穗洞 崔奭泳

本人이去年[illegible]西[illegible]分[illegible]面書院里所在田三時耕斗三斗落을本面居朴成官處에買得ᄒᆞᆫ文券一通과合峰里所在田一日耕을義州居金孝永處에己巳年買得ᄒᆞᆫ文券一통을幷任於舍弟禮元이더니今春에偶然서失ᄒᆞ엿ᄉᆞ니誰某拾得이라도休紙로施行ᄒᆞᆷ

宜川郡深川面道峰里金禮淳白

同和藥房廣告

本國藥材로洋製新造ᄒᆞ야各病에神效ᄒᆞ오며

用藥寶鑑全卷 定價三十錢

宗敎統一論全卷 定價十錢

平壤郡支店長 宋尙愈 管內

出張所位置

第一平壤磚石洞金[illegible]第二遂安栗里宋翼周第三遂安[illegible]導耕第四順川龍升里劉允文第五平壤朱村朱愚敬第六陽德佳倉李鎭亭第七成川丫波李應烈第九甑山一上里宋尙憲第十順川舍人市崔鼎爗第十一平壤司倉里金用良第十二都龍洞金鎭範第十三[illegible]柳洞金斗昱第十四張察訪洞黃錫淸第十五三和南浦康元俊第十六成川淵洞朱基鎭第十七江西箴眞池昇麟第十八甑山芿石里黃鶴表第十九平壤舊東昌宋翰周뎨二十長村崔善宇뎨二十一遂安邑石橋高義守뎨二十二栗里上場金春燮뎨二十三江東漢堡朴達鉉뎨二十四永柔白鸞里李翰模紙面이不足ᄒᆞ야未能枚擧ᄒᆞᆷ

京城西小門外車洞

本舖 閔樞 白

本人이葉草客主數年에各處草商雲集交易ᄒᆞ는디內外國烟草會社에셔도連續貿易ᄒᆞ고本國絹草商도多數貿入ᄒᆞ옵기로一層擴張ᄒᆞ엿ᄉᆞ오니 僉君子는陸續來臨ᄒᆞ시기를希望

京城西大門外尾洞百八統九戶 宋德龜 邊昌根 告白

檀君開國四千二百四十二年
箕子元年三千三十一年
大韓開國五百十八年
本報創刊日 光武八年七月十八日

大韓每日申報

發行兼編輯人 英國人 萬咸
Responsible for Publication Alfred Weekley Marnham
發行所 京城南部石井洞三層洋屋家 大韓每日申報社

第八卷 月曜及慶節歲時休日休刊 第一千二百八十九号

論說

◎漢城內實業家여 諸君은 一覽ᄒᆞ라

漢城內實業家諸君이여諸君은京城內商業會議所情況을知ᄒᆞᄂᆞᆫ가

彼商業會議所의經費가窮乏ᄒᆞ야維持가困難ᄒᆞᆫ情況을知ᄒᆞᄂᆞᆫ가

經費가窮乏ᄒᆞ고維持가困難ᄒᆞᆫ所以로韓日人商業會議所合併問題가突然暗流ᄒᆞᄂᆞᆫ情況을知ᄒᆞᄂᆞᆫ가

大抵商業會議所ᄂᆞᆫ商業上大機關이라商業의能力이此로因ᄒᆞ야進展될지며商業의利益이此로因ᄒᆞ야擴張될지어ᄂᆞᆯ乃此全國中央에在ᄒᆞᆫ商業會議所가萎靡不振廢頹乃已의悲境에墮ᄒᆞᆫ다ᄒᆞ니實업家諸君이여諸君이엇지奮發치아니ᄒᆞ리오

彼漢城一隅에在ᄒᆞᆫ日人商業會議所를試看ᄒᆞ라彼漢城居留日人이韓人十分一에도不及ᄒᆞ되오히려商업會議所의긔關이愈愈完固ᄒᆞ며愈愈發展ᄒᆞ야京城市街의全部를擧ᄒᆞ야自家風下에置코져ᄒᆞᄂᆞᆫ狀況을呈ᄒᆞ거ᄂᆞᆯ乃此漢城內實業家諸君이此商業會議所一個를維持擴張치못ᄒᆞᆷ에至ᄒᆞ니實業家諸君이여諸君이엇지奮發치아니ᄒᆞ리오

又況韓日商업會議所合併問題가出ᄒᆞᆫ다ᄒᆞ니盖只今韓日商업上關係ᄂᆞᆫ實로奮鬪가非常ᄒᆞᆫ時代라彼日人은自家商업의勝利를得코져ᄒᆞ야商업上機關를擴張ᄒᆞ며此韓人도亦自家商업의勝利를得코져ᄒᆞ야商업上긔關을擴張ᄒᆞᆷ인즉彼가此를凌駕코져ᄒᆞ거던此ᄂᆞᆫ彼를對峙ᄒᆞ야互相勝敗를決ᄒᆞᆷ이不可避의勢어ᄂᆞᆯ乃此韓日商업會議所를合併ᄒᆞ면此가韓人商업會議所인가此가日人商업會議所인가此商업會議所에셔韓人을爲ᄒᆞ야勝利를圖코져ᄒᆞᆷ인가日人을爲ᄒᆞ야勝利를圖코져ᄒᆞᆷ인가太抵合併이라ᄒᆞᆷ은勢力이對峙되며利益이相同ᄒᆞᆫ然後에야可作ᄒᆞᆯ지니今此勢力이不同ᄒᆞ며利益이相反ᄒᆞᄂᆞᆫ韓日商업會議所가合併ᄒᆞᆫ다ᄒᆞᆷ이是何說가果然이면此ᄂᆞᆫ不過是韓人商업會議所ᄂᆞᆫ廢止되고日人商업會議所만膨脹ᄒᆞᆷ이로다嗚乎라韓人實업家諸君이雖劣이나此商업會議所一個도得保치못ᄒᆞ면엇지痛歎ᄒᆞᆯ바아닌가實업家諸君이여諸君이엇지奮發치아니ᄒᆞ리오

諸君은勇往ᄒᆞ야此商업會議所를維持擴張ᄒᆞ야商업의奮鬪를勉ᄒᆞ라奮鬪를勉ᄒᆞ야勝利를得ᄒᆞ라

此商업會議所一個를維持擴張치못ᄒᆞ면此亦國民의一恥辱이아닌가

外報

◎英國新議會 英國新議會ᄂᆞᆫ二月十五日에召集ᄒᆞᆫ다더라

◎國務卿公言 美國國務卿노ᄌᆞ크쓰氏ᄂᆞᆫ曰滿鐵中立의提議ᄂᆞᆫ露日兩國에提出ᄒᆞᆯ時에預히列國意向을探得ᄒᆞ엿노라ᄒᆞ며日本全國의反對電報가到ᄒᆞ나노ᄌᆞ크쓰氏ᄂᆞᆫ强硬ᄒᆞᆫ態度로其意見을不改ᄒᆞ기로決ᄒᆞ엿고又其提議의效果가必有ᄒᆞ리라고公言ᄒᆞᆫ다더라

◎淸國歡迎 美국의滿洲中立提議에關ᄒᆞ야淸國官民이大喜ᄒᆞ야盛히歡迎ᄒᆞ며官吏邊에셔ᄂᆞᆫ美국의厚意를表ᄒᆞ기爲ᄒᆞ야錦愛鐵道借欵을成立ᄒᆞ야報酬를作코ᄌᆞᄒᆞᆫ다ᄂᆞᆫ說이有ᄒᆞ다더라

◎聖地洪水 亞剌比亞의멧가城에ᄂᆞᆫ大洪水가有ᄒᆞ야寺院이流失되엿다더라

◎美國感謝 美國國務卿노ᄌᆞ크쓰氏ᄂᆞᆫ英國政府가美國政府의提議ᄒᆞᆫ바滿鐵中立問題의主義를同意ᄒᆞᆷ에對ᄒᆞ야感謝ᄒᆞᆫ意를表ᄒᆞ엿다더라

◎德和委員 德國과和蘭의뉴세니아島境界劃定委員은本年中同島에赴ᄒᆞ야兩國境界劃定에着手ᄒᆞᆫ다더라

◎英大臣被攻擊 英國度支大臣로이드ᄶᅦ지氏ᄂᆞᆫ팔모ㅣ쓰演說會場에셔政敵의攻擊을受ᄒᆞ야反逆者라ᄂᆞᆫ嘲罵가四處로來ᄒᆞᄂᆞᆫ故로警察官이演說場을嚴重警戒ᄒᆞ엿다더라

◎第一競爭 英國에셔ᄂᆞᆫ劈頭데一選擧競爭에六十三人中保守黨員은僅僅十七名이라더라

學界

◎教育之魔 楊州郡芦元面面長宋信默氏ᄂᆞᆫ教育을振興ᄒᆞᆯ目的으로昨年七月分에昌新學校를設立ᄒᆞ고維持方針에對ᄒᆞ야該面內面里長과爛商ᄒᆞ야畓土每一斗落에租一升式收歛ᄒᆞ야校費를補用ᄒᆞ기로契約書를成立ᄒᆞ고學部內部에認可請願ᄭᆞ지ᄒᆞ엿ᄂᆞᆫᄃᆡ不意該面居南宮진氏가宋氏를反對ᄒᆞ야野昧ᄒᆞᆫ人民을煽動ᄒᆞ야收歛을沮戲ᄒᆞᄂᆞᆫ故로學校가廢倒ᄒᆞᆯ境에至ᄒᆞᆫ지라一般紳士界에憤鬱을不勝ᄒᆞ야將次學部에告訴ᄒᆞᆯ計劃이라더라

◎婦人會美擧 金海郡華山面四巖里에셔昨年正月에婦人會를設立ᄒᆞ고孝友睦연의道로規則을定ᄒᆞ엿ᄂᆞᆫᄃᆡ會員이四十餘名에達ᄒᆞ엿고又此女學生을多數募集ᄒᆞ야熱心教育ᄒᆞᆫ다더라

◎陽倅美擧 陽川군守李浩升氏ᄂᆞᆫ月前부터該군內에勞働學校를設立ᄒᆞ고學徒四十餘名을教育ᄒᆞᄂᆞᆫᄃᆡ一般經費ᄂᆞᆫ自已月俸中으로自擔ᄒᆞᆫ다더라

◎靈明其明 洪原郡私立靈明學校ᄂᆞᆫ該地有志紳士가熱心贊成ᄒᆞ야進就之望이大有ᄒᆞᆫᄃᆡ該校維支方針에對ᄒᆞ야校長朴致英副校長申永均氏以下一般任員이隨力出捐ᄒᆞ야金三百七圓五十錢을收合ᄒᆞ엿다더라

◎義校冬試 平北雲山郡北面私立義務學校에셔冬期試驗을經ᄒᆞ엿ᄂᆞᆫᄃᆡ優等生이六人이오紳士李國俊姜啓柱安碩九朴大興氏ᄂᆞᆫ教育이時急ᄒᆞᆫ目的으로一塲勸勉ᄒᆞᆫ後優數賞品을施與ᄒᆞ엿다더라

◎桂南經試 富平郡素砂里私立桂南學校에셔去月에年終試驗을經ᄒᆞ엿ᄂᆞᆫᄃᆡ優等生이甲班에十人乙班에十一人이라더라

◎八人優等 江華私立普昌學校에셔去月에데一學年級第二學期와預備科第一學期試驗을經ᄒᆞ엿ᄂᆞᆫᄃᆡ優等生이八人이라더라

◎新校振興 咸南北靑郡新昌浦新興學교ᄂᆞᆫ教師崔潤植李鳳珏高京在諸氏와學監趙基周崔明均諸氏의熱心ᄒᆞᆫ效果로學生이八十餘名에達ᄒᆞ고其他任員諸氏와該浦商民三十餘名이熱誠勤務ᄒᆞᆷ으로該校程度가日以進就ᄒᆞᆫ다더라

學報

◎蠶業所卒業 安義郡鶴峴蠶업傳習所에셔昨年十月十五日에데三期卒업式을擧行ᄒᆞ엿ᄂᆞᆫᄃᆡ卒업生은如左

愼宗淳 愼宗需 吳永煥 愼玲範 金起奭 鄭賢弼 朴來佺 金熙東 鄭溫敎 鄭鳴鍾 朴鍾根 侶政會 鄭泰鍾 愼聲지 鄭贊述 慶舜錫 金眞洪 愼宗生 李碩宰

○談叢○

▲偃武修文 劍心

東洋歷代創業帝王이前朝를旣覆ᄒᆞᆫ以後에ᄂᆞᆫ必也偃武修文四字를主唱ᄒᆞ야人民으로太平을共享케ᄒᆞᆫ다ᄒᆞ엿스니吁라奸ᄒᆞ다其計여名曰人民으로太平을享케ᄒᆞᆫ다ᄒᆞ나實則人民을禍坑에驅入ᄒᆞᆷ이로다

內의不平을除ᄒᆞᆷ도武로以ᄒᆞᆯ지며外의侵寇를禦ᄒᆞᆷ도武로以ᄒᆞᆯ지니武ᄂᆞᆫ一時도可偃ᄒᆞᆯ비아니어ᄂᆞᆯ彼民賊等이旣히自己의慾望을達ᄒᆞ야煌煌ᄒᆞᆫ寶位를有ᄒᆞ고此를子孫萬世의私業을作코ᄌᆞᄒᆞ미不得不人民의强毅不屈ᄒᆞᄂᆞᆫ氣를壓ᄒᆞᆫ然後에可ᄒᆞᆯ지라於是에兵을銷ᄒᆞ며俠을誅ᄒᆞ고儼然히下에臨ᄒᆞ야曰是가偃武修文이라ᄒᆞ니奸ᄒᆞ다其計여

且文武ᄂᆞᆫ一途라剛毅ᄒᆞᆫ然後에文이라ᄒᆞᆯ지며中正ᄒᆞᆫ然後에文이라ᄒᆞᆯ지니武를偃ᄒᆞ고야엇지文이有ᄒᆞ리오

然ᄒᆞᆫᄃᆡ彼等은文弱의文만文으로知ᄒᆞᄂᆞᆫ지此로人民을欺ᄒᆞ야渾沌迷劣의態를致ᄒᆞ야品格이墮落케ᄒᆞ엿도다嗚乎라

詞藻

❀쌍 벼 락❀

霹靂이두렵더도、九天上에떠로잇고。
虎豹가무섭지만、山林間에숨어잇다。
총으로、쌍벼락낫호랑은、烈士手段。

廣告

雜報

◎午餐御下賜 本日下午一時德壽宮殿庭에셔巡査擊劍會를開ᄒᆞᆷ은既報어니와 太皇帝陛下씌옵셔一般巡査의게盛大ᄒᆞᆫ午餐을 下賜ᄒᆞ옵신다더라

◎命使問症 大皇帝陛下씌옵셔再昨日午一時에侍從李甲承을大韓醫院에 命送ᄒᆞ샤李總理의狀態를 下詢ᄒᆞ옵셧다더라

◎書函頻數 宮內府大臣閔丙奭內部大臣朴齊純兩氏는近日來何等政務를議論ᄒᆞᆷ인지互相間書函이頻數往來ᄒᆞᆫ다더라

儒生長書

十三道儒生李容圭鄭雲和等諸氏가再昨日內閣에長書를提呈ᄒᆞ고壹進會頭領宋秉畯李容九等을邦刑에亟處ᄒᆞ라ᄒᆞ엿다더라

◎其額太高 海豐府院君尹澤榮氏의債額은五十萬圜에至ᄒᆞᆫ故로 황室에셔도支給ᄒᆞᆯ道理가無ᄒᆞ고各債主ᄂᆞᆫ督促이星火와如ᄒᆞᆷ으로尹氏ᄂᆞᆫ困難이莫甚ᄒᆞ다더라

◎日主增加 本年度부터內部에셔各道에主事二名을增加ᄒᆞᆫ다ᄂᆞᆫ듸其職務ᄂᆞᆫ地方費及會計事務를處理케ᄒᆞᆫ다더라

◎岡次歸國期 內部次官岡喜七郞은來十七日歸國ᄒᆞᆫ다더라

◎倉富歸國期 統監府司法廳長官倉富勇三郞은今番日本議會의政府委員을被任ᄒᆞ엿슴으로來十七日에出發歸國ᄒᆞᆫ다더라

◎五百木言論 日人의朝鮮問題同志會會員五百木의談話를據ᄒᆞᆫ즉略曰韓國問題의最後解決은日本當路政黨間에셔도已決ᄒᆞᆫ바오此問題ᄂᆞᆫ日本朝野가賞賛ᄒᆞᆷ은不疑ᄒᆞᆯ지오又在韓記者團諸君도大體가壹致ᄒᆞ엿고又韓人便에셔도此最後解決이有ᄒᆞ야도動搖가起ᄒᆞᆯ것을不覺ᄒᆞᆯ것이고又決行時긔에對ᄒᆞ야도朝廷에셔ᄂᆞᆫ伊藤公被害後幾日이못되야武斷的으로斷行ᄒᆞᆷ을不適ᄒᆞ다ᄒᆞ며又列國의念慮도有ᄒᆞ다ᄒᆞ나至今滿洲中立說을美國이提唱ᄒᆞ야其關係가韓國에도甚大ᄒᆞᆫ즉今日과如ᄒᆞᆫ時긔가再來치아니ᄒᆞ리라ᄒᆞ엿더라

◎日本抗議 清國이今番渾春及龍井村에稅關을新設ᄒᆞ야徵稅를開始ᄒᆞᄂᆞᆫ듸日本外務省에셔ᄂᆞᆫ已往韓清商條約에約定ᄒᆞᆫ바國境貿易에關ᄒᆞᆫ稅案及章程은兩國이協定ᄒᆞ야定ᄒᆞᆫ다ᄒᆞᆫ條文이有ᄒᆞᆫ듸今番清國이獨自課稅ᄒᆞᆷ은不可ᄒᆞ다고清政府에抗議ᄒᆞ엿다더라

◎全察報告 全北觀察使ᄂᆞᆫ地方費實施事件에關ᄒᆞ야事務處理가浩煩ᄒᆞᆷ으로本月度부터技師二人을使用ᄒᆞ깃다고內部로報告ᄒᆞ엿다더라

◎支社請願 平北書記官은內部에報告ᄒᆞ고該道內에拓殖支社設立ᄒᆞ기를要求ᄒᆞ엿다더라

◎李氏發程 既報와如히留學生監督李晚奎氏ᄂᆞᆫ昨日上午九時에發程ᄒᆞ엿ᄂᆞᆫ듸遞學大李載崑氏가南門外停車場에셔餞別ᄒᆞ엿다더라

◎地方局照會 內部地方局에셔漢城府尹에게照會ᄒᆞ고漢城內社寺處理에關ᄒᆞᆫ件을從速調查ᄒᆞ야亟爲示明ᄒᆞ라ᄒᆞ엿다더라

◎醫船醫藥 內部所管醫備船은管割區域內에在ᄒᆞᆫ島民等을救療ᄒᆞ기爲ᄒᆞ야醫士一名과藥料品을準備ᄒᆞ엿다더라

◎方針研究 已往醫士規則을발布ᄒᆞ엿스나아즉醫學卒업者가少數ᄒᆞᆫ故로實行치못ᄒᆞ엿ᄂᆞᆫ듸現今內部衛生局에셔醫學긔關이完全ᄒᆞᆯ時期ᄭᆞ지相當히實行ᄒᆞᆯ方針을研究中이라더라

◎警視講話 清津警察署長日人警視ᄂᆞᆫ事務上協議ᄒᆞᆯ件이有ᄒᆞ야日昨入京ᄒᆞ엿ᄂᆞᆫ듸再昨日警務局員一同을會同ᄒᆞ야北韓事情을講話ᄒᆞ엿다더라

◎社還米處分 內部에셔ᄂᆞᆫ各道社還米를各道書記官의意見을從ᄒᆞ야現金으로換置ᄒᆞ거나各其地方公共事업에用下ᄒᆞ기로決定ᄒᆞ엿다더라

◎無事不探 前府尹金教獻氏ᄂᆞᆫ統監府에提出ᄒᆞᆯ書類를起草ᄒᆞᆫ다ᄂᆞᆫ說이有ᄒᆞᆷ으로某處에셔秘密형探中이라더라

◎同堂之訊 前侍從副卿李範益氏가許欺取財ᄒᆞᆫ事件으로日前警視廳에被捉ᄒᆞ야監獄署에滯囚中인듸中樞院顧問李址鎔氏ᄂᆞᆫ該氏에取財條四百圜을辦給圖放ᄒᆞᆯ次로目下準備中이라더라

◎補助運動 日人松永宣次郞은忠南錦江流域公州江鏡間에瀨船航行을圖ᄒᆞ깃다고政府에向ᄒᆞ야補助金을極力運動中이라더라

◎收入日高 龍山停車場에셔一月一日부터旬日ᄭᆞ지客車收入金額이二千四百二圓이오貨車收入額이六百二圓이라더라

◎漁基調查 國有漁基ᄂᆞᆫ元來帝室財產으로宮內府에셔管理ᄒᆞ던바인듸帝室財產整理時에度支部로移轉되야現今農商工部에셔處理ᄒᆞᆫ다ᄂᆞᆫ듸四月以後에依願許可ᄒᆞᆫ다ᄒᆞ며目下其場所及面積을調查中이라더라

◎水產局出品 日本名古屋福岡兩共進會에對ᄒᆞ야韓國農商工部水產局에셔ᄂᆞᆫ明太魚青魚大口魚海蔘等物을出品ᄒᆞᆫ다더라

◎救濟勿施 農商工部에셔ᄂᆞᆫ水產組合에命ᄒᆞ야去年十一月中暴風을因ᄒᆞ야北韓地方의被害ᄒᆞᆫ狀況을調查케ᄒᆞ엿ᄂᆞᆫ듸損害가夥多치안타ᄒᆞ야救濟ᄂᆞᆫ勿施ᄒᆞᆫ다더라

◎儒生聲討 慶北善山郡儒生禹龍澤張志珣文宗赫鄭元朝崔在基崔炳達諸氏가今番一進會聲明書에對ᄒᆞ야討一進會文과布告同胞란文字를起草ᄒᆞ야各報舘과國民演說會에送致ᄒᆞ엿다더라

◎傭者欲退 東亞烟草會社에셔ᄂᆞᆫ經費가窘拙ᄒᆞ야見習及雇傭人에게日費를廉價로支撥ᄒᆞᄂᆞᆫ故로退出코ᄌᆞᄒᆞᄂᆞᆫ者가多數ᄒᆞ다더라

◎責在警官 黃州中和兩郡에ᄂᆞᆫ清人의所謂三十六契가熾盛ᄒᆞ야人民中蕩敗產업者가多數ᄒᆞ되경官들은晏然不禁ᄒᆞᆫ다고民怨이有ᄒᆞ다더라

◎昌民呼訴 慶南昌原府大山面八里에在ᄒᆞᆫ浦田九千斗落은元來確實ᄒᆞᆫ民有地인듸馬山財務署長白喆庸氏가該田을屬公코져ᄒᆞ야强制調查ᄒᆞᄂᆞᆫ故로該面內人民鄭和允氏等百十七人이聯合ᄒᆞ야釜山地方裁判所에呼訴ᄒᆞ엿다더라

◎假偵討酒 某新聞社員某某人은日前에北部碧洞居金某家에前往ᄒᆞ야日軍司令部偵探이라假稱ᄒᆞ고何等搜索件이有ᄒᆞ다ᄒᆞ며該家에所釀酒를討飮ᄒᆞ야一缸을傾盡ᄒᆞ엿다더라

◎遊外客偵探 海蔘威로부터歸國ᄒᆞᆫ崔仁吉金晰鎬李在昇三氏가漢城內에潛伏ᄒᆞ엿다ᄂᆞᆫ說이有ᄒᆞᆷ으로警視廳에셔嚴密詗探中이라더라

◎宜其調查 近日各演劇場과酒商家에或補助員或偵探人이라假稱ᄒᆞ고不正ᄒᆞᆫ行爲를施ᄒᆞ야營업上妨害가有ᄒᆞ다ᄒᆞᆷ으로警視廳에셔日軍司令部와交涉ᄒᆞ야自後로ᄂᆞᆫ此等人의行爲를壹壹調查ᄒᆞ기로協議ᄒᆞ엿다더라

◎日報押收 日本人이發行ᄒᆞᄂᆞᆫ朝鮮日日新聞第一千九百四号ᄂᆞᆫ治安에妨害가有ᄒᆞ다ᄒᆞ야發賣頒布를禁止ᄒᆞ고發行ᄭᆞ지停止ᄒᆞ엿다더라

◎馬賊危險 鴨綠江이結氷됨을因ᄒᆞ야馬賊出沒의危險이有ᄒᆞᆫ지라去年은結氷期에馬賊來襲이三十回에及ᄒᆞ엿ᄂᆞᆫ듸今年에도新義州方面에셔우遞夫壹名이馬賊의게被襲ᄒᆞ엿다더라

◎連合軍橫行 有名ᄒᆞᆫ義將姜基學延起羽兩氏의連合軍이去九日抱川方面으로橫行ᄒᆞᆫ다ᄒᆞ야抱川日憲兵分遣所에셔其蹤跡을退躡ᄒᆞᄂᆞᆫ中이라더라

◎日賊逃走 日前東部二橋等地로통過ᄒᆞᄂᆞᆫ電車內에셔日人窃盜가韓人婦女의佩刀를暗取ᄒᆞ다가발現되야該賊은因卽逃走ᄒᆞ엿다더라

◎敬天敎大盛 嶺湖等地에ᄂᆞᆫ敬天敎가熾行ᄒᆞ야五六萬名의敎徒가有ᄒᆞ다더라

◎宣敎師協議 昨日青年會舘에셔京鄕間宣敎師諸氏가聯合會를開ᄒᆞ고敎會에關ᄒᆞᆫ事件을協議ᄒᆞ엿다더라

◎處理會開會 再昨日에國債報償金處理會를開ᄒᆞ고各處에積置ᄒᆞᆫ報償金을調查ᄒᆞ기爲ᄒᆞ야金利範金相天韓基準氏等으로調查委員을推選ᄒᆞ엿다더라

◎青舘講論 今日下午七時에鍾路青年會舘에셔講論會를開ᄒᆞ고樹之善惡과人之善惡을如何辨知오ᄒᆞᄂᆞᆫ問題로輪回講演ᄒᆞᆫ다더라

電報

官吏更迭說

曾彌統監이日本政府와交涉ᄒᆞᆫ結果로近日統監府吏員及韓國政府에雇用된日人官吏가大更迭된다더라

日都督辭職

日本關東都督大島ᄂᆞᆫ歸京ᄒᆞ야外交權掌握問題로外務省에請求ᄒᆞ다가不合되야辭職ᄒᆞ엿다더라

對美同志會

日本에셔ᄂᆞᆫ從來로美國에對ᄒᆞ야緩和手段을用하야移民問題와美布合併問題에對하야도當時承諾하엿던既得權을主張치아니하고日美國希望을滿足케하엿거ᄂᆞᆯ今番滿洲中立問題를主唱ᄒᆞᆷ은實로美國意思를不解하깃다하야今後對美政策을確立케하기爲하야對美同志會가成立된다더라

美使談話繳消

日本東京各新聞은美國大使오부라이엔氏의滿洲中立上談話를記載하엿더니該大使ᄂᆞᆫ該談話를繳消식혓다더라

福岡大學

日本福岡에創立ᄒᆞᄂᆞᆫ工科大學은近日工事에着手ᄒᆞᆫ다ᄂᆞᆫ듸明年九月頃에開學된다더라

以上東京發 十四日着

▲罪人處判▼

▲韓國에兩個大罪人이有ᄒᆞᆫ듸前生此生에무숨大罪惡을지엇던지法官의게自首ᄒᆞ야勸罪를受ᄒᆞ랴고이리더리도라다닌다

▲京城으로올나와셔罪人이라自稱ᄒᆞ고自罪를自鳴ᄒᆞ되韓國은司法權을讓渡ᄒᆞᆫ故로相當히處判ᄒᆞᆯ能力이無ᄒᆞᆫ지라

▲隣국法律에勘處를受ᄒᆞ랴고日本을渡往ᄒᆞ엿더니那國의法官은何等厚意가有ᄒᆞ엿던지飮食一床만欵待ᄒᆞ고白放令을出ᄒᆞ야故국으로還黜送ᄒᆞᆫ지라

▲那箇兩漢이何等罪惡을自負ᄒᆞ엿ᄂᆞᆫ지勘處를밧지못ᄒᆞ여셔道路에棲屑ᄒᆞᄂᆞᆫ情境이可悶ᄒᆞᆫ즉二千萬同胞를會同ᄒᆞ야公開裁判을開ᄒᆞ고那兩漢을拿入ᄒᆞ야相當히處判을ᄒᆞ여보세

▲招出狀을發ᄒᆞ여那兩漢을捉致ᄒᆞᆫ後判檢事가叅列ᄒᆞ고審判官이出席ᄒᆞ야該罪目을列數ᄒᆞ다

▲爾們兩漢아聽哉어다神聖仁慈ᄒᆞ고白玉無瑕ᄒᆞᆫ我二千萬民衆이무숨罪過가有ᄒᆞ기에若個妖妄漢이敢稱曰民衆代表의罪人이라ᄒᆞ나狂吻을亂開ᄒᆞ야同胞의侮辱을召ᄒᆞ니爾의罪가一이오

▲大磯山川건너가셔荒草墳前에霜華와如ᄒᆞᆫ老頭髮을備ᄒᆞ고哀哀一聲에悲痛의樣을作ᄒᆞᆫ那時에爾們도應當心中으로自笑ᄒᆞ고外面은强淚ᄒᆞ엿스리라마ᄂᆞᆫ欺心欺人ᄒᆞ야祖國의羞辱을貽ᄒᆞ니爾의罪가二로다

▲爾們의所犯을相當히勘處ᄒᆞ라면急殺令의벼락감투를씨워서獄山郡守의黃泉府使가合當ᄒᆞ다만은十分짐작ᄒᆞ야아즉容恕ᄒᆞ거니와爾們이죽은後에ᄂᆞᆫ冥司를分付ᄒᆞ야풍都地獄으로護送ᄒᆞᆯ터이니물너가待令ᄒᆞ여라

社告

平南順川支社員鄭裕景氏辭免き代에該郡柴洞孫定龍氏로擇定で엿스니本報購覽僉君子と照亮で시옵

左開兩處에本支社를設置で엿く오니各該附近地에셔本申報購覽で실僉君子と左開支社員에게請求で시고代金과諸般事를一切該氏와交涉で시옵

左　開

熙川邑內面東門外洞金錫澤

群山港九福洞嶌統八戶方在喜

大韓每日申報社

雜報

◎咸省總會　咸南學生親睦會에셔明日曜日上午十一時에咸南學校內에셔總會를開き다더라

◎落成杳期　新建築き宮內府と近近落成式을設行で기로計劃き다더니更聞き즉經費가窘拙で야畢役期도尙遠で다더라

◎誤捉旋放　北部玉洞居前叅尉睦永錫氏と義兵嫌疑로再昨日警視廳에被捉で엿と딕簡査き즉事實이無き故로卽時放免で엿다더라

◎崔氏被捉　坡州長元面居崔仁源氏と義兵嫌疑로同郡汶山浦日憲兵隊에被捉で엿다더라

廣告

本人이琥楨을一楨으로改定で엿く오니知舊間照諒で시옵

金海郡石部面峇谷里　金一楨　白

西部龍山坊麻浦十二統六戶假家를丁未十一月分에失火で고卽爲建屋이온바證明을判出で깃기로玆以廣布で오니知舊間照亮홈

金錫俊　告白

本人의家君叅判公이以宿患으로陰曆己酉十一月二十九日申時에棄世で엿く오니知舊間照亮で시옵

南陽郡八灘面茅田二統四戶

李秉喬

秉昊

秉韶

秉魯　告白

本人이一進會에出會き지가二三年이오나知舊間에셔一進會員으로對質이옵기玆에廣告で오니知舊間照亮で시옵

平北鐵山郡金應涉　告白

時居雲山郡北面橋洞

本人이今番合邦聲明書에對で야一進會에退で옵기玆에廣告で오니知舊間照亮で시옵

雲山郡北面橋洞　李學林

本鄕　朔州郡南門外

改名　李學鍾

內外國人中에本郡管內土地를買受或典執き境遇에と買受者又と債權者가該契約書類를本郡廳에提出で야該土地에異議有無와國有에關係有無를實地踏査き後에金額을交付홈이正當き지나特別注意홈을望홈

咸安郡守　李璸永

敬啓者　新年　僉彥體度錦安で심을祝賀で오며過年中多大き同情을蒙で와鳴謝不已이오며貴注文을承で온同時의郵便小包에規定을未詳で오신　閣下게細明き郵規를暫陳で와一層便宜케圖で오며且と同情을奉答でと義務이깃삽기玆의明細事項을左開で엿く오니　照亮で심을敬要홈

壹　郵便小包中爲先緊要き普通과引換만말숨홈

壹　普通小包라謂홈은代金을附着치안코그양발送でと名詞로(普通)

壹　引換小包라謂홈은包面上의記載된金額과物包를相換でと名詞로(引換)

(郵規)假令普通小包면受荷主게로郵局셔分傳도で며又と郵局셔受荷主게二物包到着이란通知書를발送で야受荷主로で야금郵局에來で야該物包를推去케도でと郵規(但捺章을要홈)

(郵規)假令引換小包と郵局셔荷受主게로某處셔物包가到着인딕引換된金額이何圓幾錢이라고통知書가來でと딕此통知書와示明き金額을가지고該局으로往で야金額을支撥で고右物包를推尋でと郵規(但捺章을要홈)

注意　통知書를受き지十日間이經過되면該物包と出荷主게로返送でと郵規

別項記載와如히引換附き物包と每包에對で야五錢의郵票가加添되고且と金額이上來で야推尋き時에手料로五錢의우票가帖附き즉合計金十錢式이每包의加添됨

우便局又と取扱所가次第設立되と中이나倘或未備된地方郡邑에と不便き바인즉此と本商會에셔도配達區域을昭詳히認知でと바이나尤且　貴下의最便で고最近き郵便局又と取扱所在된郡名을示明で심도尤可き듯

(小包重量及料金一覽表)

(普通小包)

二十兩重싸지	金十錢
四十兩重싸지	金十五錢
六十兩重싸지	金二十錢
九十兩重싸지	金三十錢
百卄兩重싸지	金四十錢
百五十兩싸지	금五十錢

(引換包에と前後에五錢式合十錢이加添됨)

上記き小包料と　注文請求者의負担홈

測量機械　製圖械機　美濃紙類

京城南署棗洞六十二統十戶

貿易商 KIM

金龍商會

營業主　金應龍　謹告

德國일버펄드地方의파벤파부리켄染料會社と韓國에在き本社의組織員되と僉位의게通告で노니本會社가日本大阪의日人會社에셔此末端에揭示き本社의已久き登錄商標에犯科き事에對で야裁判得勝で엿と이다

又本社의特意主顧で시と僉位와其他關係되と僉位의게表明で노니本社의商標나或此와類似き것이라도犯用き權이有き者と全無で오며本회社と世所共知でと本社製品을韓國으로陸續輸入케홀터이오며且本社商標를贋造で야輸入でと者ㅣ更有で면卽告訴를當홀터이오니特이愼戒で시옵

商標

商標

本店에셔開業き지十六年間僉君子의愛顧で심을特蒙で와今年부터業務을大擴張で고春夏秋冬所用으로緞屬毛織等各國高等物品을現今多數直輸入이온바各地方에셔と貿易에便利賣買키爲で야特廉減價で와郵便小包로酬應で야代金은引換で깃사오니十三道各郡僉君子と隨意請求で심을望

漢城中部鍾路砂器廛洞二十一統五戶

廣興泰　告白

同和藥房廣告

本國藥材로洋製新造で야各病에神効で오며

用藥寶鑑全卷　定價三十錢

宗敎統一論全卷　定價十錢

平壤郡支店長　宋尙愈管內

出張所位置

第一平壤磚石洞金冕恒第二遂安栗里宋翼周第三遂安邑鄭赫第四順川龍升里劉允文第五平壤朱村朱愚敬第六陽德佳倉李鎭亨第七成川ㄚ波李應烈第九甑山一上里宋尙憲第十順川舍人市崔鼎燁第十一平壤司倉里金用良第十二郡龍洞金鎭範第十三五柳洞金斗昱第十四張綠訪洞黃錫淸第十五三和南浦康元俊第十六成川淵洞朱基鎭第十七江西箴眞池昇麟第十八甑山斑石里黃鶴表第十九平壤舊東昌宋翰周데二十長村崔壽宇데二十一遂安邑石橋烏義守데二十二栗里上場金春燮데二十三江東漢垈朴達鉉데二十四永柔白鷺里李翰楧紙面이不足で야未能枚擧홈

京城西小門外車洞

本舖　閔　櫃　白

本人이葉草客主數年에各處草商雲集交易でと딕內外國煙草會社에셔도連續買去で고本國絕草商도多數買去で옵기로一層擴張で엿く오니　僉君子と陸續來臨で시기를望

京城西大門外尾洞百八統九戶

宋憲翼

邊昌根　告白

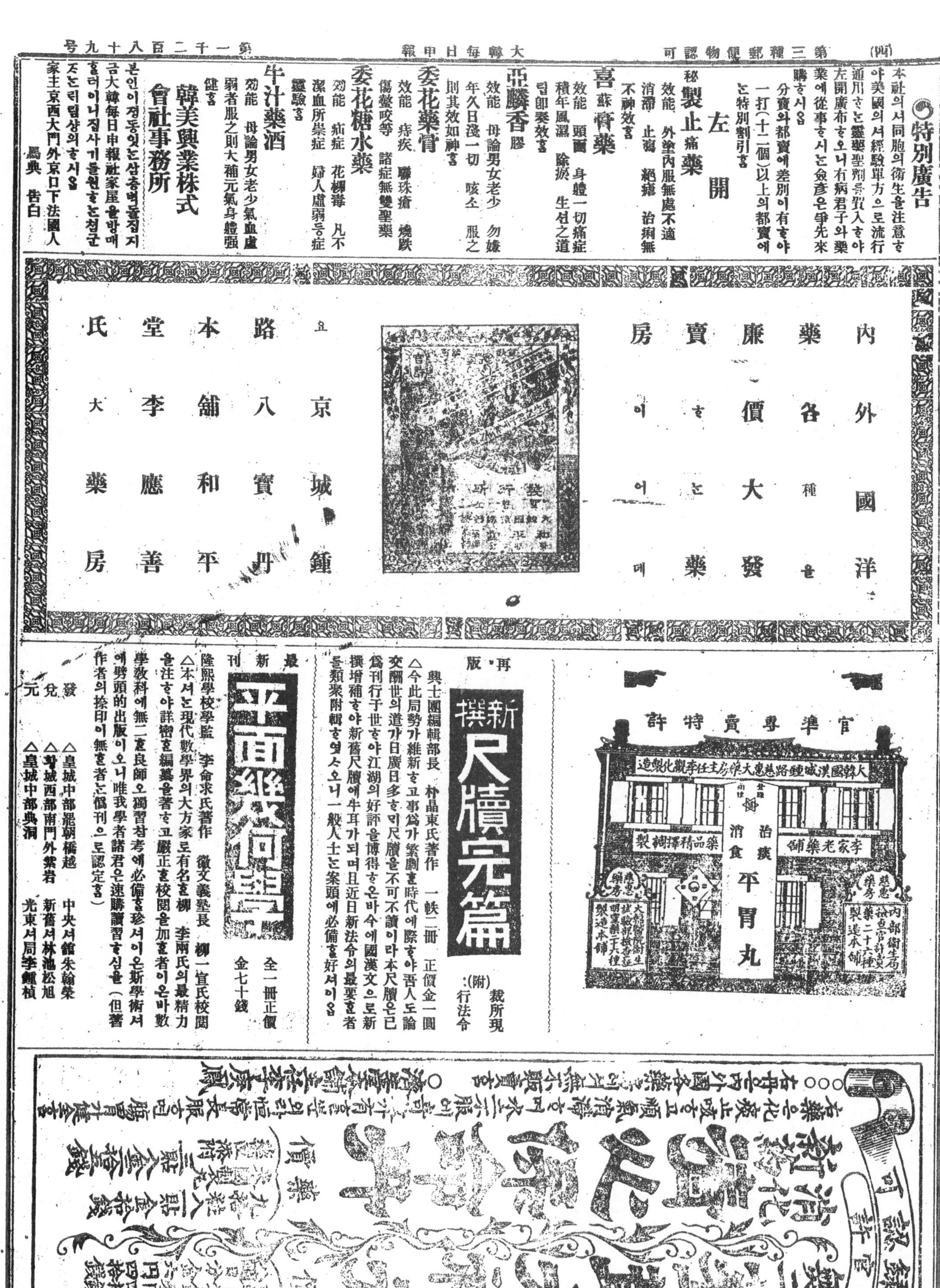

檀君開國四千二百四十二年
箕子元年三千三十一年
大韓開國五百十八年
本報創刊日 光武八年七月十八日

大韓每日申報

第八卷 月曜及慶節歲時休日刊 第一千二百九十号

發行兼編輯人 英國人 萬咸
Responsible for Publication Alfred Weekley Marnham.
發行所 京城南部石井洞三層洋屋家 大韓每日申報社

論說

◉基督教徒同胞의警醒ᄒᆞᆯ바

日人이韓半島經營에着手ᄒᆞᆫ以來로政治法律武力敎育經濟等權利를一切自家手中에入ᄒᆞ고도오히려其心이不滿ᄒᆞ야以爲ᄒᆞ기를國民의心理的作用을管理ᄒᆞᆷ에는宗敎가뎨一이라ᄒᆞ고於是乎宗敎政策을案出ᄒᆞ야一邊으로韓國各敎의勢力을對抗ᄒᆞ며一邊으로日本敎徒의橫行을奬勵ᄒᆞ야韓國宗敎權을自家에셔掌握코ᄌᆞᄒᆞ며韓국信敎者를自家에셔收攬코ᄌᆞᄒᆞᆯ셔於是乎孔子敎를擴張ᄒᆞ야儒敎의勢力을窺ᄒᆞ며於是乎日僧徒를亂派ᄒᆞ야佛敎의覇主를謀ᄒᆞ엿도다

然이나儒敎는腐敗가甚ᄒᆞᆫ지라顧慮키不足ᄒᆞ며佛敎는衰微가極ᄒᆞᆫ지라管理키容易ᄒᆞ되오작難又難ᄒᆞᆫ者는基督敎라

舊敎가韓國에始來ᄒᆞ야韓人의耳에福音을傳ᄒᆞ기는距今百餘年前에在ᄒᆞ엿스며二十餘年前에新敎가비로소盛來ᄒᆞ야英美宣敎師가孜孜布敎ᄒᆞ며韓國信敎者가逐逐增加ᄒᆞ야只今其勢力이半島天地를橫絕ᄒᆞ야數十萬敎徒가有ᄒᆞ며敎堂이七八百處오學校가三四百處라牧師와敎徒가天父의命을奉ᄒᆞ고韓國的宗敎의旗幟로堂堂井井히前進ᄒᆞ야惡을抗ᄒᆞ고善을趨ᄒᆞ며禍를避ᄒᆞ고福을迎코저ᄒᆞ니彼宗敎政策에心을勞ᄒᆞ는日人이此를驚ᄒᆞ야萬般의計를盡試ᄒᆞᆯ셔

於是乎一邊으로福音傳道舘을擴張ᄒᆞ며日本基督敎를奮勵ᄒᆞ야四處에其勢力을方張ᄒᆞ며一邊으로西洋宣敎師를操縱코저ᄒᆞᆯ셔或別般奇怪ᄒᆞᆫ流言을布ᄒᆞ야宣敎師를誹毁ᄒᆞ며或別般論媚의方策을講ᄒᆞ야宣敎師에求歡ᄒᆞ고又一邊으로韓國基督敎信者를籠絡코저ᄒᆞ야或信者를惡黨으로指ᄒᆞ야恐喝을加ᄒᆞ며或信者를甘言으로誘ᄒᆞ야收拾을圖ᄒᆞᆯ셔其計가愈出愈奇ᄒᆞ도다

嗚呼라韓國內基督敎徒同胞여從來文明을傳播ᄒᆞ며福利를趨向ᄒᆞᆷ에同胞의功이實로多ᄒᆞᆫ지라吾儕는恒常同胞를仰ᄒᆞ고此韓國運命의左右를視ᄒᆞ는바어니와

只今彼日人의宗敎政策이將何境에至ᄒᆞᆯ지不知ᄒᆞ나니同胞는警醒ᄒᆞ야光明正大의目的을勿墮ᄒᆞ고愈奮愈勵ᄒᆞ야此地獄中에墮在ᄒᆞᆫ同胞를救ᄒᆞᆯ지어다

試看ᄒᆞ라彼猶太人이敎經만抱ᄒᆞ고曠野에號치아니ᄒᆞ는가同胞가만일注意를少缺ᄒᆞ면或同胞가猶太人을復作ᄒᆞᆯ싸甚懼ᄒᆞ노라

外報

◉理科大學 土耳其政府는今番君士坦丁堡에理科大學을建設ᄒᆞᆫ다더라

◉德紙論評 美國滿洲提議에對ᄒᆞ야德國新聞은美國提議가公平ᄒᆞ고露日을反對ᄒᆞᆷ이아니라ᄒᆞ고又各國의充分妥協ᄒᆞᆷ을希望ᄒᆞ엿다더라

◉英露回答 英露兩國은土耳其羅牒에對ᄒᆞ야크리트島問題의愚鈍政策을悲嘆ᄒᆞ는意로回答ᄒᆞ엿다더라

◉希臘不穩 希臘國에는不穩의態度가有ᄒᆞ야危機가切迫ᄒᆞ다더라

◉各新聞喧傳 近者에는露日戰爭說과日本의滿洲利益說이各國新聞에喧傳ᄒᆞ엿다더라

◉美人言論 錦齊鐵道에利益關係가有ᄒᆞᆫ美國人이曰美國內鐵道에投資ᄒᆞ면其價券의高低變更이無常ᄒᆞ되淸國에投資ᄒᆞ면公使領事의干涉이有ᄒᆞᆫ故로甚히安全ᄒᆞ다ᄒᆞ엿다더라

◉秘密會議 日本外務省에셔는去十二日에秘密會議를開ᄒᆞ고大臣小村以下가會同ᄒᆞ야長時間協議ᄒᆞ엿다더라

◉英紙言論 香港英國政廳半官報는曰美國政府提議에對ᄒᆞ야露日兩國이極力反對ᄒᆞ리라ᄒᆞ나露日兩國이此를應從ᄒᆞᆷ이兩國의利益이될지오財政上事業上에困難이無ᄒᆞᆯ진즉타임쓰所論과如히政治上困難은無ᄒᆞ리라ᄒᆞ엿다더라

◉美人放言 美國人이曰만일日本이滿洲中立을不贊成ᄒᆞ면列國은日本을眞個惡敵으로看做ᄒᆞᆫ다ᄒᆞ엿다더라

◉大湖發見 英國技師슈루훌스氏는歐人八名과共히中央阿非利加에셔아카지大湖를發見ᄒᆞ엿는ᄃᆡ其底面에는帶紅色의水가數寸에達ᄒᆞ고水底에는强大ᄒᆞᆫ曹達澱物이有ᄒᆞ고廣이約二十哩인ᄃᆡ英國에셔는該曹達澱物搗셔지우간다鐵道支線을敷ᄒᆞᆫ다더라

學界

◉師範講習 平壤郡에셔師範講習所를陰正月五日에開ᄒᆞᆯᄃᆡ인ᄃᆡ講師는日本師範卒業生張膺震氏와中學卒業生金鉉식氏라더라

◉金家夜校 馬熙奎李普潤兩氏가中部泥洞金鍊百氏家에夜學校를設立ᄒᆞ고去五日에任員을選定ᄒᆞ엿는ᄃᆡ校長은呂景雲總務는尹佑炳學監은張東煥敎師는李普潤李容寬趙상基等諸氏라더라

◉廣校興旺 平北楚山郡廣明學校校長李秉翼氏는不贍ᄒᆞᆫ財産을傾ᄒᆞ야金貨百圓을該校에寄付ᄒᆞ고該附近各洞에巡行ᄒᆞ면셔各靑年을懇篤히勸勉ᄒᆞᆷ으로募集ᄒᆞᆫ學徒가七八十名에達ᄒᆞ야校況이漸次興旺ᄒᆞᆫ다더라

○談叢○

◀遼東 劍心

我國民族의活動範圍의乍縮乍廣ᄒᆞᆷ을隨ᄒᆞ야遼東面積의大小가屢變ᄒᆞᆫ지라戰國策에曰(燕東綰朝鮮遼東之利라ᄒᆞ고秦始皇이長城을築ᄒᆞᆷ에曰起臨洮至遼東ᄒᆞ라ᄒᆞ니是는今支那山海關以東을皆曰遼東이라ᄒᆞᆷ이오其後에高句麗末에云ᄒᆞᆫ遼東은今支那遼河以東을曰遼東이라ᄒᆞ고高麗以後에는我國鴨綠江以外가皆遼東이되니라

◀속구라두스

속氏는希臘哲學者라恒常敎育의普及에留意ᄒᆞ야市街에行ᄒᆞ면셔兒童과勞働者를알어듯기쉬운말로敎導ᄒᆞᆷ이無數ᄒᆞ더라大抵西歐에는宗敎家ᄲᅮᆫ아니라卽道德家哲學家들도如是히敎育의普及을主張ᄒᆞ엿거늘東洋古聖은惟王公大人이나遊說ᄒᆞ며來問ᄒᆞ는弟子만敎授ᄒᆞᆯᄲᅮᆫ이니可惜ᄒᆞ도다

詞藻

❀沙工아❀ 竹松生

有主之物비에싯고、 어긔어차
노젓는더사공아。
네힝동을보라고、 오늘ᄭᅡ지참
엿노라。
계노아라、네아모리강포ᄒᆞᆫ들、
나도너만。

雜報

◎昨日盛宴 再昨日은度相高永喜氏夫人의晬辰인故로各大臣及內外國高等官을請邀ᄒᆞ야盛宴을設ᄒᆞ엿ᄂᆞᆫᄃᆡ 太皇帝陛下ᄭᅴᄋᆞᆸ셔紬緞三匹 大皇帝陛下ᄭᅴᄋᆞᆸ셔金百圓 皇后陛下ᄭᅴᄋᆞᆸ셔金五十圓을 下賜ᄒᆞᄋᆞᆸ시고總相李完用氏ᄂᆞᆫ金五十圓農相趙重應氏ᄂᆞᆫ金三十圓을寄付ᄒᆞ엿고內外國高等官도各其多少의寄付가有ᄒᆞ엿다더라

◎皇恩隆渥 雲峴宮에셔ᄂᆞᆫ財政이困難ᄒᆞ야女官三十餘人의幾朔月俸을支發치못ᄒᆞ엿ᄂᆞᆫᄃᆡ日前 大皇帝陛下ᄭᅴᄋᆞᆸ셔其情境을 洞燭ᄒᆞᄋᆞᆸ시고金一千五百圓을 下賜ᄒᆞᄋᆞᆸ셧다더라

◎皇儲行啓 韓國 皇太子殿下ᄭᅴ셔ᄂᆞᆫ 來廿二日에日本小田原으로 御避寒하ᄋᆞᆸ시기爲하야 行啓하ᄋᆞᆸ신다ᄂᆞᆫᄃᆡ高義敬氏도隨行ᄒᆞᆫ다더라

◎宮相訪問 宮相閔丙奭氏ᄂᆞᆫ再昨日下午五時大韓醫院에前往ᄒᆞ야李總相을訪問ᄒᆞ엿다더라

◎李氏訪問 宮中顧問李允用氏ᄂᆞᆫ再昨日上午十一時에完順君李載完氏를訪問ᄒᆞ엿다더라

◎總相委托 總相李完用氏ᄂᆞᆫ農相趙重應氏에게委托ᄒᆞ야李在明의干連者를無遺형探케ᄒᆞ기를要ᄒᆞ엿다더라

◎精神稍甦 李總相은數日來精神이稍生ᄒᆞ야傷處를覺悟ᄒᆞ고叫痛의聲을發ᄒᆞᆫ다더라

◎執務變更請議 度支部建築所에셔ᄂᆞᆫ執務時間을變更ᄒᆞᆯ次로三昨日內閣에請議ᄒᆞ엿다더라

◎學部新年會 昨日下午壹時에學部大廳에셔新年宴會를設ᄒᆞ고該部壹般官吏와各官立學校職員一同을請邀宴待ᄒᆞ엿다더라

◎隱諱政策 學部次官俵孫一은該部壹般官吏를團束ᄒᆞ여曰勿論大小事ᄒᆞ고外人의게漏泄ᄒᆞ면事務處理에妨害가不少ᄒᆞ니本年度부터ᄂᆞᆫ恪別히秘密을注意ᄒᆞ라ᄒᆞ엿다더라

◎岡次歸國內容 內部次官岡喜七郞이明日歸國ᄒᆞᆷ은既報어니와日本內務省과交涉ᄒᆞ야韓國에需用ᄒᆞᆯ日人主事를日本政府現任官吏中에셔選擇ᄒᆞ야道主事二十五人과郡主事百人을雇聘ᄒᆞᆯ計劃이라더라

◎月舘留別 日軍司令部高級副官足立大佐ᄂᆞᆫ第二十八聯隊長으로轉任되야來二十二日龍山發急行車로歸국ᄒᆞᆫ다ᄂᆞᆫᄃᆡ本日下午六時花月樓에셔同僚를會同ᄒᆞ야留別宴을開ᄒᆞᆫ다더라

◎小杉出發 渡日ᄒᆞ엿던學部事務官小杉은昨日日本서出發歸任ᄒᆞᆫ다더라

◎官校職員會 來二十二日午後一時에學部에셔漢城內官立普통學校職員會를開ᄒᆞᆫ다더라

◎農部官制 農商工部에셔ᄂᆞᆫ本年度에女子蠶業講習所와種苗所와觀測所等의官制를修正ᄒᆞᆫ다ᄂᆞᆫᄃᆡ目下該案을起草하야閣議에提出ᄒᆞᆯ터이라더라

◎留學生將補 日本留學生現闕이九人이오本年春에卒業歸국ᄒᆞᆯ人이十餘名인故로學部에셔此를補缺ᄒᆞ기爲ᄒᆞ야將次留學生資格을選取ᄒᆞᆫ다더라

◎犬의傳說 통譯官補日人藤原의編述ᄒᆞᆫ바犬에關ᄒᆞᆫ傳說의壹斑이란冊子ᄂᆞᆫ校正을畢ᄒᆞ엿合으로四五日內에調製ᄒᆞ야各道警察官에게頒布ᄒᆞᆫ다더라

◎警規印刷 內部警務局에셔ᄂᆞᆫ警察에關ᄒᆞᆫ法規令達目錄을印刷ᄒᆞ야各道警察官의게頒布ᄒᆞᆫ다더라

◎兩會壹致 日前入京ᄒᆞᆫ日人五百木等二名은再昨日不知火旅舘에셔在京城時局問題研究會員等과約五時間談論하야兩便意見이壹致된故로今後數次會見後에ᄂᆞᆫ兩會가提携活動ᄒᆞᆯ計劃이라더라

◎日人遊園 京城과龍山에居留하ᄂᆞᆫ日人들은大遊園地를建設하기로協議中이라더라

◎李氏獻議 仁川郡南面居李鍾淵氏ᄂᆞᆫ該面代表로中樞院에獻議ᄒᆞ엿ᄂᆞᆫᄃᆡ本面內에飢民이合爲七百餘名이라擧皆濱死의境에至ᄒᆞ엿스니國庫金을支撥ᄒᆞ야救恤ᄒᆞᆯ意로內閣에建議ᄒᆞ라ᄒᆞ엿다더라

◎救恤金請撥 內部에셔忠南慶南北平南北等各道에隆熙三年度罹災救恤金으로四千七百餘圓을增加ᄒᆞ야度支部에照會ᄒᆞ고支撥키를請求ᄒᆞ엿다더라

◎存案件送交 度支部司稅局에셔各府郡의區別과戶口及結數와距京路程과物産等을記述ᄒᆞ야存案件으로各府部에壹件式送交ᄒᆞ엿다더라

◎水組總會 日人의韓海水産組合團은來二十日釜山에셔總會를開ᄒᆞᆫ다ᄂᆞᆫᄃᆡ漁政課長庵原과水産局主事高橋가叅席ᄒᆞᆯ터이라더라

◎庵原視察 漁政課長庵原은水産組合總會에叅席ᄒᆞ고仍히蔚山馬山木浦羣山仁川等地에理事廳事務를視察ᄒᆞᆫ다더라

◎處處補助 農商工部에셔ᄂᆞᆫ朝鮮海水産組合에委托ᄒᆞ야韓국漁民의水産業改良을圖ᄒᆞᆫ다하야該組合에金五千圓을보助하엿다더라

◎年年補助 農商工部에셔五千圓을水産組合에補助ᄒᆞᆷ은別項과如하거니와昨年度에도付條件으로金壹萬五千圓을보助하엿다더라

◎農部와會社 近來農商工部에셔會社設立請願者에對하야不認許ᄒᆞᆫ것이九十八이오認許ᄒᆞᆫ것이十一이오繳消ᄒᆞᆫ것이三이라더라

◎通行規製頒 昌德宮內御苑事務局에셔玩覽者의通行規則五條를製定頒布ᄒᆞ엿다더라

◎李氏歸國期 日本에滯留ᄒᆞᄂᆞᆫ大韓新聞社長李人稙氏ᄂᆞᆫ來二十日頃에歸國ᄒᆞᆫ다더라

◎罪人歸國 謝罪次로渡日ᄒᆞ엿던鄭寅昌宋鶴昇兩罪人은再昨日上午八時에釜山에登陸ᄒᆞ야鄭罪人은慶州本家로直向ᄒᆞ고宋罪人은入城ᄒᆞ엿ᄂᆞᆫᄃᆡ渡日時에伊藤公의女婿末松子爵은該人等에게念紀書壹度를贈與ᄒᆞ엿다더라

◎蔣氏告訴 閔京鎬氏가平北觀察在任時에朔州郡居蔣時堅氏의財産을奪取ᄒᆞᆫ事가有ᄒᆞ다ᄒᆞ야蔣氏가再昨日京城地方裁判所에告訴ᄒᆞ엿다더라

◎李氏起訴說 北署刑事巡査金泰善氏ᄂᆞᆫ三昨日下午七時毛橋等地에셔酒商李文在氏를捕縛ᄒᆞ엿다가卽時私放ᄒᆞ엿다ᄂᆞᆫᄃᆡ李氏ᄂᆞᆫ將次裁判을提出ᄒᆞᆫ다더라

◎夜正禁行 近日來로漢城內巡査派出所에셔每日下午十二時가經過ᄒᆞᆫ後에ᄂᆞᆫ人民의통行者를拘執ᄒᆞ야支所內에拘留ᄒᆞ엿다가翌日五時後에放送ᄒᆞᆫ다더라

◎南浦民憤激 向者渡日謝罪를力唱ᄒᆞ던平南人李斗元氏ᄂᆞᆫ近日鎭南浦에往赴ᄒᆞ엿ᄂᆞᆫᄃᆡ該地人民이羣聚亂罵曰我人民이何時若輩의게渡日謝罪를委托ᄒᆞ엿나냐ᄒᆞ고壹場活劇을演ᄒᆞ엿ᄂᆞᆫᄃᆡ該地警察署長이禁壓ᄒᆞ야徼힝無事ᄒᆞ엿다더라

◎國民會協議 昨日國民大演說會에셔總會를開ᄒᆞ고會長改選ᄒᆞᆫ事件과日本政府에對ᄒᆞ야時局에關ᄒᆞᆫ陳情書를提出하기로協議ᄒᆞ엿다더라

◎六名罹死 全羅道南平等地에ᄂᆞᆫ痘疫이발生하야六名이罹死하엿다더라

◎新韓押收 新韓民報第百六十三號ᄂᆞᆫ治安妨害라ᄒᆞ야內部에셔押收ᄒᆞ엿다더라

◎起訴反落 日本留學生韓相愚氏가婦女를誘引ᄒᆞ엿다ᄒᆞ야趙永祀의告訴를被ᄒᆞᆷ은已報어니와誘引ᄒᆞᆫ事實이無ᄒᆞᆫ故로起訴者가反히落科되엿다더라

◎狂犬斬殺 北部順化坊帶洞李漢善氏家飼犬壹頭가病狂하야人十名을咬傷ᄒᆞᆫ故로巡査들이捕獲次巡回하다가巡査김成用氏가右腕을被咬하엿ᄂᆞᆫᄃᆡ該巡査가直時拔刀斬殺힛다더라

◎一進開會 一進會에셔再昨日下午一時에評議會를開힛ᄂᆞᆫᄃᆡ出席人이五十餘名이라더라

◎巫會大會 韓日巫女로組織ᄒᆞᆫ奉神敎會에셔再昨日上午十時南部公洞該會舘內에셔伊藤公追悼會를設行ᄒᆞ엿ᄂᆞᆫᄃᆡ會長壽蓮顧問中木高一以下六百餘人이叅席ᄒᆞ엿고昨日上午六時에祈禱會를續開ᄒᆞ야同十二時에閉會ᄒᆞ엿ᄂᆞᆫᄃᆡ會費四百餘圓은壽蓮이가自擔ᄒᆞ엿다더라

◎巫風大作 奉神敎會에셔會況을擴張ᄒᆞᆯ計劃으로內部에請願ᄒᆞ엿ᄂᆞᆫᄃᆡ今明間承認ᄒᆞᆫ다더라

◎李家賊警 再昨夜에賊漢二十餘名이茶洞李載潤氏家에突入ᄒᆞ야物貨를多數奪去ᄒᆞ엿ᄂᆞᆫᄃᆡ李氏의寡居子婦ᄂᆞᆫ因此致命ᄒᆞ엿다더라

◎日賊逃走 仁川港에在ᄒᆞᆫ百三十銀行日人事務員은日前該銀行에셔金二萬圓을窃取逃走ᄒᆞ엿다더라

◎靑舘講道 今日下午三時에鍾路靑年會舘에셔平壤神學校學監美人裵牧師를請邀ᄒᆞ야福音會를開ᄒᆞ고講道ᄒᆞᆫ다더라

電報

統監府變改

統監府가變改된다ᄂᆞᆫ確聞을據ᄒᆞᆫ즉統監府現時總務長官制를韓國統治에適應ᄒᆞᆫ一種民政長官制로改ᄒᆞ고統監에顧問을兼ᄒᆞ야其他行政各部에大改革을斷行ᄒᆞᆫ다ᄂᆞᆫᄃᆡ改革劈頭에總務長官石塚은遞任되고後任은現叅與官某가被任ᄒᆞᆫ다더라

桂首相密議

日本桂首相은外務大臣小村과本日外交上重要問題를密議ᄒᆞ엿다더라

炭壙爆發

昨十三日에淸國撫順炭壙이爆발ᄒᆞ야卽死가十七名이오重傷者가十四名이오其他輕傷者ᄂᆞᆫ多數ᄒᆞ야慘狀을呈ᄒᆞ엿다더라

以上東京發 十四日着

南阿總督任命說

論敦통信을據ᄒᆞᆫ즉英國에셔本年부터實施되ᄂᆞᆫ南阿聯合第一回總督은現內務卿크렛드스톤氏가任命된다더라

普國公債發行說

普魯士國財政은歲入中四百萬磅이不足ᄒᆞᆫ故로公債를發行ᄒᆞ기에至ᄒᆞᆫ다더라

以上伯林發 十四日着

社會燈

▲日本國은自來美國에對ᄒᆞ야緩和手段으로移民問題와美布合併에美國의希望만滿足케ᄒᆞ엿ᄂᆞᆫᄃᆡ今回滿洲問題를忽唱ᄒᆞᆷ은果是意外에出ᄒᆞᆷ이라ᄒᆞ야今後對美政策을一變ᄒᆞ기로對美同志會를組織ᄒᆞᆫ다지

▲韓國은自來日本에對ᄒᆞ야何等手段을用ᄒᆞ엿ᄂᆞᆫ가五條約도順從ᄒᆞ고七協約도締結ᄒᆞ고外交權도讓渡ᄒᆞ고警察權도付與ᄒᆞ고軍政權도撥廢ᄒᆞ고司法權도委任ᄒᆞ야一言一事가日本의希望을違拂ᄒᆞᆷ이少無ᄒᆞᆫᄃᆡ今番所謂合併問題ᄂᆞᆫ果是何等意思에出ᄒᆞᆷ인가今後에ᄂᆞᆫ韓국도對日政策을一變ᄒᆞ기로對日同志會나組織ᄒᆞ지

▲日本新聞記者ᄂᆞᆫ自國이貧寒ᄒᆞ야財政이不贍ᄒᆞ니ᄭᅡ西歐列强이慢侮히녀여滿鐵中立問題를惹出ᄒᆞᆫ다고提論ᄒᆞ야憤激이大端ᄒᆞ다지

▲韓國은國勢가萎靡ᄒᆞ야武力이不振ᄒᆞ니ᄭᅡ隣國이慢侮히보고合併說을主唱ᄒᆞᄂᆞᆫ者가有ᄒᆞᆫ가人情은不甚相遠이라皮裏春秋가壹般인즉韓人도憤激ᄒᆞᆫ마음이잇슬셸그러나日本에財政이窮寒ᄒᆞ야져런問題가生기ᄂᆞᆫ지大政略家가一去ᄒᆞᆫ後에人材가잔난이드러셔져런陵侮를受ᄒᆞᄂᆞᆫ지그裏許도알수업지

社告

平南順川支社員 鄭裕景氏辭免한代에 該郡柴洞 孫定龍氏로擇定하엿스니本報購覽 僉君子는 照亮하시옵

大韓每日申報社

廣告

壹月十八日火曜부터各共用栓에서本會社水道水를販賣하는時間을今日發行하는新聞과伴送하는時間表되로給水하옵

大韓水道會社

本人이琥植을一植으로改定하엿사오니知舊間照諒하시옵
金海郡右部面沓谷里 金一植

慶北仁同郡東面領收員金丁魯가已酉陰十一月二十三日에地稅金徵收로面內에巡行하다가姓名圖章을見失하엿스니內外國人誰某間에得하엿거던還本하옵던지不尋하와도金丁魯信이라하는圖章은更勿見施하옵고信字를改하야章字로更刊하오니以此周知하옵소서
金丁魯 告白

今一進會自稱百萬何其會員之多乎本人等誤忝彼會라가見其悖習乖常하고不過數朔旋卽退會故玆에廣告함
三和港芝山洞 安亨濟
碑石洞 全致황 廉達瑞
新興洞 盧鳳奎
億兩機 張志範等 告白

本講習開學陰正月五日期限一朔事務所協成書舘主務鄭在命講師張膺震金鉉식兩氏及諸氏科目數學算術物理生理敎授法日語地文法學化學農學等隨宜敎授志願 僉彥趂期入學務望

平壤師範講習所 白

本人이一進會에出會한지가二三年이오나知舊間에서一進會員으로對質이옵기玆에廣告하오니知舊間照亮하시옵
平北鐵山郡金應涉 告白
時居雲山郡北面橋洞

本人이隆熙三年十二月分에姓名章을路中서失하고新章을施行하오니知子間照亮함
中署慶幸坊校洞二十九統十七戶 尹敬重 白

●特種烟草

◉本社에서在上海東洋烟草大製造廠과專賣權을特約하고各種煙草를卽輸入하와各代理店에支出하오니僉君子는愛顧하심을敬要

○法韓墨紙烟一匣 二十五本入具竹嘴
○鐵路標一匣 二十本入具竹嘴
○鳳標一匣 四本入具紙嘴
○囉叭標一匣 五本入具紙嘴
○白鶴標一匣 十本入具紙嘴
○鷹標一匣 十本入具紙嘴
○虎標一匣 十本入具紙嘴
○獅子標一匣 十本入具紙嘴
○勇士標一匣 十本入具紙嘴
●쉬잉埃及金口紙一桶百本入
○쉬잉埃及金口紙一桶 五十本入
○쉬잉埃及金口紙一匣十本入

◎本社에서代理店을京城에金濬性、平壤에鄭基煥兩氏로定하고其他義州、開城、釜山、元山、木浦、咸興、成津、海州、全州、晉州、淸州各處代理店을特許하겟기로商業에信實한紳商을求하오니有意僉君子者는來議하시던지書信으로通知하옵

京城中央代理店 李孝稙
鳳山沙理院代理店 南正祜
水原代理店 尹聖求

京城小公洞
法韓烟草會社

敬啓者 新年 僉彥體度錦安하심을祝賀하오며過年中多大한同情을蒙하와鳴謝不已이오며貴注文을承한온同時의郵便小包에規定을未詳하오신 閣下게細明한郵規를暫陳하와一層便宜케圖하오며且는同情을奉答하는義務이깃슴기玆의明細事項을左開하엿사오니 照亮하심을敬要함

壹 郵便小包中爲先緊要한普通과引換만말슴함
壹 普通小包라謂함은代金을附着치안코그양발送하는名詞로(普通)
壹 引換小包라謂함은包面上의記載된金額과物包를相換하는名詞로(引換)

(郵規) 假令普通小包면受荷主게로郵局서分傳도하며又는郵局서受荷主게로物包到着이란通知書를발送하야受荷主로하야금郵局에來하야該物包를推去케도하는郵規(但捺章을要함)

(郵規) 假令引換小包는郵局서荷受主게로某處서物包가到着인디引換된金額이何圓幾錢이라고통知書가來하는디此통知書와示明한金額을가지고該局으로往하야金額을支撥하고右物包를推尋하는郵規(但捺章을要함)

注意 통知書를受한지十日間이經過되면該物包는出荷主게로返送하는郵規

別項記載와如히引換附한物包는每包에對하야五錢의郵票가加添되고且는金額이上來하야推尋할時에手料로五錢의우票가帖附할즉合計金十錢式이每包의加添됨

우便局又는取扱所가次第設立되는中이나倘或未備된地方郡邑에는不便한바인즉此는本商會에서도配達區域을昭詳히認知하는바이나尤且 貴下의最便하고最近한郵便局又는取級所在된郡名을示明하심도尤可할듯

(小包重量及料金一覽表)

(普通小包)

二十兩重까지	金十錢
四十兩重까지	金十五錢
六十兩重까지	金二十錢
九十兩重까지	金三十錢
百廿兩重까지	金四十錢
百五十兩重까지	금五十錢

(引換包에는前後에五錢式合十錢이加添됨)

上記한小包料는 注文請求者의負担함

測量機械 製圖械機 美濃紙類

京城南署棗洞六十二統十戶

貿易商 KIM

金龍商會

謹告

營業主 金應龍

德國일버펠드地方의파벤파부리켄染料會社는韓國에在한本社의組織員되는僉位의게通告하노니本會社가 **日本** 大阪의 **日人會社** 에서此末端에 揭示한 本社의已久한 **登錄商標** 에 **犯科** 한事에對하야裁判得勝하엿는이다

又本社의特意主顧하시는 僉位와其他關係되는 僉位의게表明하노니本社의商標나或此와 **類似** 한것이라도犯 **用** 한權이有한者는全無하오며本회社는世所共知하는本社製品을韓國으로陸續輸入케할터이오며且本社商標를 贋 **造** 하야 **輸入** 하는者ㅣ更有하면卽告訴를當할터이오니特이愼戒하시옵

商

標

商

標

本店에서開業한지十六年間僉君子의愛顧하심을特蒙하와今年부터業務을大擴張하고春夏秋冬所用으로絨屬毛織等各國高等物品을現今多數直輸入이온바各地方에서는貿易에便利賣買키爲하야特廉減價하와郵便小包로酬應하야代金은引換하깃사오니十三道各郡僉君子는隨意請求하심을望

漢城中部鍾路砂器廛洞二十一統五戶 廣興泰 告白

同和藥房廣告

本國藥材로洋製新造하야各病에神效하오며

用藥寶鑑全卷 定價三十錢
宗敎統一論全卷 定價十錢

平壤郡支店長 宋尙愈 管內、出張所位置

第一平壤磚石洞金晛恒第二遂安栗里宋翼周第三遂安明導赫第四順川龍升里劉允文第五平壤朱村朱愚敬第六陽德佳倉李鎭亨第七成川丫波李應烈第九甑山一上里宋尙憲第十順川舍人市崔鼎燁第十一平壤司倉里金用良第十二都龍洞金鎭範第十三五柳洞金斗昱第十四張察訪洞黃錫淸第十五三和南浦康元俊第十六成川淵洞朱基鎭第十七江西箴眞池昇麟第十八甑山斑石里黃鶴表第十九平壤舊東昌宋翰周第二十長村崔濟字第二十一遂安邑石橋高義守第二十二粟里上場金春燮第二十三江東漢垈朴達鉉第二十四永柔白鷺里李翰模紙面이不足하야未能枚擧함

京城西小門外車洞
本舖閔樞 白

本人이葉草客主數年에各處葉商雲集交易하는디內外國煙草會社에서도連續貿去하고本國絕草商도數貿去하옵기로一層擴張하엿사오니 僉君子는陸續來臨하시기를希望

京城西大門外尾洞百八統九戶 宋憲翼 邊昌根 告白

◎特別廣告

本社의셔同胞의衛生을注意ᄒᆞ야美國의셔經驗單方으로流行通用ᄒᆞᄂᆞᆫ靈藥聖劑를貿入ᄒᆞ야左開廣布ᄒᆞ오니有病君子와藥業에從事ᄒᆞ시ᄂᆞᆫ僉彦은爭先來購ᄒᆞ시옵

分賣와都賣에差別이有ᄒᆞ야一打(十二個)以上의都賣에ᄂᆞᆫ特別割引홈

左　開

秘製止痛藥
效能　外塗內服無處不適 消滯　止瀉　絶痛　治痢無不神效홈

喜蘇膏藥
效能　頭面　身體一切痛症 積年風濕　除痰　生선之道 립卽奏效홈

亞麟香膠
效能　毋論男女老少　勿嫌年久日淺一切　咳소　服之則其效如神홈

委花藥膏
效能　疥疾　瘰珠瘡　燒跌 傷螫咬等　諸症無雙聖藥

委花糖水藥
效能　痳症　花柳毒　凡不潔血所祟症　婦人虛弱등症 靈驗홈

牛汁藥酒
效能　毋論男女老少氣血虛弱者服之則大補元氣身體强健홈

韓美興業株式會社事務所

본인이정동잇ᄂᆞᆫ삼층벽돌집지금大韓每日申報社家屋을방매홀터이니집사기를원ᄒᆞᄂᆞᆫ쳠군ᄌᆞᄂᆞᆫ리림샹의ᄒᆞ시옵

家主京西大門外京口下法國人 馬典　告白

[illegible]

內外國洋藥各種을廉價大發賣ᄒᆞᄂᆞᆫ藥房이오며

京城鍾路八寶丹本舖和平堂李應善氏大藥房

最新刊

平面幾何學

全一册正價金七十錢

隆熙學校學監　李命求氏著作　徽文義塾長　柳一宣氏校閱

△本서ᄂᆞᆫ現代數學界의大方家로有名ᄒᆞᆫ柳　李兩氏의最精力을注ᄒᆞ야詳密ᄒᆞᆫ編纂을著ᄒᆞ고嚴正ᄒᆞᆫ校閱을加ᄒᆞᆫ者이온바數學敎科에無二ᄒᆞᆫ良師오獨習참考에必備ᄒᆞᆯ珍서이온斯學術서에劈頭的出版이오니唯我學者諸君은速購讀習ᄒᆞ심을(但著作者의捺印이無ᄒᆞᆫ者ᄂᆞᆫ僞刊으로認定홈)

發兌元
△皇城中部罷朝橋越　中央서舘朱翰榮
△皇城西部南門外紫岩　新舊서林池松旭
△皇城中部典洞　光東서局李鍾楨

再版

新撰尺牘完編

一帙二册　正價金一圓

(附):現裁所行法令

興士團編輯部長　朴晶東氏著作

△今此局勢가維新ᄒᆞ고事爲가繁劇ᄒᆞᆫ時代에際ᄒᆞ야吾人도論交酬世의道가日廣日多ᄒᆞᆫ미尺牘을不可不讀이라本尺牘은已爲刊行于世ᄒᆞ야江湖의好評을博得ᄒᆞ온바今에國漢文으로新撰增補ᄒᆞ야新舊尺牘에牛耳가되며且近日新法令의最要ᄒᆞᆫ者를類聚附彙ᄒᆞ엿ᄉᆞ오니一般人士ᄂᆞᆫ案頭에必備ᄒᆞᆯ好서이옵

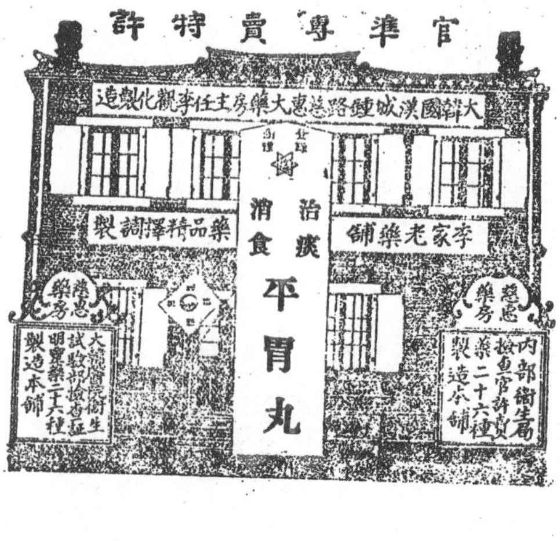

檀君開國四千二百四十二年
箕子元年三千三十一年
大韓開國五百十八年
本報創刊日 光武八年七月十八日

大韓每日申報

發行兼編輯人 英國人 萬咸
Responsible for Publication Alfred Weekley Marnham
發行所 京城南部石井洞三層洋屋家 大韓每日申報社

第八卷 月曜及慶節翌日休刊 第一千二百九十壹号

論說

◎青年界의實行主義

近日青年社會에烟을斷ᄒᆞ며酒를斷ᄒᆞᄂᆞᆫ人이日로多ᄒᆞ야數十人의青年이會集ᄒᆞᆫ處를觀ᄒᆞ면不近烟者가恒常十의二三이되며不近酒者가恒常十의七八이되더라

噫가此가비록細事이나亦一青年界의新曙光이라

口吻上一小嗜慾을斷ᄒᆞᆷ도亦難能의事라是故로回教祖麻哈麥이特別히教規를嚴立ᄒᆞ야酒를禁ᄒᆞ엿스되飮酒者가回教徒間에不絶ᄒᆞ엿스며日本德川時代에慘酷ᄒᆞᆫ法律을立ᄒᆞ야喫烟者를死刑에處ᄒᆞᆷ에至ᄒᆞ엿스나實效를奏치못ᄒᆞ엿스니人의小小嗜尙도禁斷키難ᄒᆞᆷ이如是ᄒᆞ거ᄂᆞᆯ

今日大韓青年은禁酒의敎規도不待ᄒᆞ며禁烟의刑律도不由ᄒᆞ고能히其自由의意志로慘淡ᄒᆞᆫ一刀兩段的의主義를取ᄒᆞ야一朝에勇行ᄒᆞ니엇지感賀ᄒᆞᆯ비아니리오

然이나吾儕의賀ᄒᆞᄂᆞᆫ바ᄂᆞᆫ青年의斷烟斷酒ᄒᆞᆷ을賀ᄒᆞᆷ이아니라其實行과勇斷을賀ᄒᆞ노라

萬一斷烟斷酒의其事를賀ᄒᆞᆫ다ᄒᆞᆯ진ᄃᆡ世上에烟火를惡ᄒᆞ야穀을斷ᄒᆞᄂᆞᆫ人도有ᄒᆞ거니彼에何賀리오만은今에青年은不然ᄒᆞ야曰國勢가如此ᄒᆞ거니吾輩가奚暇에烟管을執ᄒᆞ고淸談을作ᄒᆞ리오ᄒᆞ며曰時代가如此ᄒᆞ거니吾輩가奚暇에酒盃를把ᄒᆞ고風月을論ᄒᆞ리오ᄒᆞ야此嗜尙을自禁ᄒᆞᆷ이라

嗚乎라山河가破碎ᄒᆞ며天地가隸覆ᄒᆞ야刀山劍水가三千里의域內에列ᄒᆞ며惡氣殺氣가二千萬의頭上에壓ᄒᆞ야耳目에接觸ᄒᆞᄂᆞᆫ비都是慘惡不平의事인故로諸君이烟酒等小小嗜尙의物도忍御치못ᄒᆞᆷ에至ᄒᆞ니青年諸君의情境도可悲ᄒᆞ어니와若此히勇斷實行ᄒᆞᄂᆞᆫ青年은將來乘風破浪의好氣運을乘ᄒᆞ고開天闢地의大事業을建ᄒᆞᆯ日이必有ᄒᆞ리니吁라可賀로다

然ᄒᆞᆫᄃᆡ此日此時에도青樓에昏夢ᄒᆞᄂᆞᆫ色鬼와技局에出沒ᄒᆞᄂᆞᆫ蕩子ᄂᆞᆫ是何等豚犬인가

外報

◎兩黨主張 英國에셔ᄂᆞᆫ今回選擧에際ᄒᆞ야統一黨自由黨이其主張에對ᄒᆞᆫ簡短說明書를發布ᄒᆞ엿ᄂᆞᆫᄃᆡ統一黨主張에ᄂᆞᆫ曰(一)優勝ᄒᆞᆫ海軍力(二)大英帝國一層鞏固ᄒᆞᆫ結合(三)保護貿易(四)憲法擁護(五)小地主制(六)學校內宗教自由오自由黨主張은曰(一)自由貿易(二)一院制(三)愛蘭自治案이라더라

◎將校不平 土耳其軍隊의敎官된德國將校와土耳其將校間에不平이生ᄒᆞ엿다ᄒᆞ나土耳其政府ᄂᆞᆫ公然否認ᄒᆞᆫ다더라

◎列强威嚇 크리트島保護列國은同島를希臘이合併코저하ᄂᆞᆫ計劃에對ᄒᆞ야嚴正ᄒᆞᆫ回答을與ᄒᆞ고且如何ᄒᆞᆫ境遇에ᄂᆞᆫ干涉을行ᄒᆞ깃다고威嚇ᄒᆞ엿다더라

◎德國政界 德國은英國과同一ᄒᆞᆫ意味로美國提議에同意ᄒᆞ엿ᄂᆞᆫᄃᆡ伯林政界에셔ᄂᆞᆫ其決定이長時間을要ᄒᆞ리라고信ᄒᆞᆫ다더라

◎梁氏言論 淸國海軍視察員壹行中梁誠氏ᄂᆞᆫ曰淸國將來의艦隊ᄂᆞᆫ世界政策의器具로ᄒᆞᆷ이아니오東洋平和와淸國발達에必要ᄒᆞᆫ者인즉各國은淸國에援助를與ᄒᆞᆯ지오淸國은먼저巡洋艦水雷艇製造에着手ᄒᆞ리라ᄒᆞ엿다더라

◎크島讓與 크리트島問題의解決은近間決了되다ᄂᆞᆫᄃᆡ列强은土耳其로ᄒᆞ야금크리트島를希臘에讓與ᄒᆞ고其報償으로向者列强이保障ᄒᆞ엿던土耳其領土保全變更에對ᄒᆞ야賠償金을土耳其에與ᄒᆞ기로提議ᄒᆞ엿다ᄂᆞᆫ說이有ᄒᆞ다더라

◎淸國同意 滿鐵中立問題에對ᄒᆞ야美國이提議하기前에먼저淸國政府의意向을確知ᄒᆞ엿다ᄒᆞᆷ은事實이오且淸國軍機大臣二三重大ᄒᆞᆫ大臣과外務大臣이同意ᄒᆞᆫ것은確信이오淸國新聞의美國歡迎ᄒᆞᆯ것은日間에在ᄒᆞ다더라

學界

◎大明振興 熙川眞面大明學校ᄂᆞᆫ經費가不贍ᄒᆞ야一般紳士가興歎不已ᄒᆞ던바인ᄃᆡ安州居吳德衍甑山居金炳鎬該郡居李榮壎裵龍俊諸氏가敎授의任을各其三個月式名譽로擔當ᄒᆞ고該里居張仁俊氏ᄂᆞᆫ金貨十五圓을捐助ᄒᆞ엿슴으로該校情況이稍稍振興ᄒᆞᆫ다더라

◎一同入敎 洪原郡龍源面靈德里靈明學校ᄂᆞᆫ任員以下學生一同이該里基督敎에入參ᄒᆞ고該校所有瓦家四五間을該敎會에寄付ᄒᆞ엿다더라

◎姜氏熱心 咸南利原郡姜永璣氏ᄂᆞᆫ該郡普明學교에셔實驗긔械를貿來ᄒᆞᆯ時에自己財産을多數捐助ᄒᆞᆷ으로該氏의公益上熱心을人皆稱頌ᄒᆞᆫ다더라

學報

◎咸校測量卒業 咸南學校에셔測量科卒業試驗을經ᄒᆞ엿ᄂᆞᆫᄃᆡ卒業生은 李箕錫 李瀁峻 金東瀅 李文聖 李應求 趙基孝 孫敬植 洪靈龍 朴永植 張箕鍾 韓成崑 劉命汝 石義濟

○談叢○

▲無用되면廢止 劍心

天下事物이無用되면廢止됨은自然의公例라可謂ᄒᆞᆯ지라某學者가人類의將來를論ᄒᆞ야曰人類가進化를隨ᄒᆞ야盲腸은業已無用되고齒와胃도亦將無用될지니如斯히無用된者ᄂᆞᆫ畢竟廢止된다ᄒᆞ엿더라

此盖盲腸은往昔吾人이他動物과競爭ᄒᆞᆯ時에食物을此中에藏ᄒᆞ야多日을經過ᄒᆞᆷ이恰然히駱駝가儲蓄器에水를藏ᄒᆞᆷ과如ᄒᆞ엿거ᄂᆞᆯ只今에到ᄒᆞ야ᄂᆞᆫ此等機關이不必要에全歸ᄒᆞ엿스며又進化가愈作ᄒᆞᆯᄉᆞ록齒와胃도無用에漸歸ᄒᆞᆯ터인즉此盲腸、齒、胃가將皆廢止에歸ᄒᆞᆫ다ᄒᆞᆷ이라

此說이實로荒唐에近ᄒᆞᆫ者나然이나其學者의所擧ᄒᆞᆫ實例卽歐美人은洋鞋를着ᄒᆞᆫ지久ᄒᆞ엿ᄂᆞᆫ故로其足銳의力이殆滅ᄒᆞ엿고日本人은木履를着ᄒᆞᄂᆞᆫ故로其足銳의力이强ᄒᆞ다ᄂᆞᆫ說을聞ᄒᆞ건ᄃᆡ亦此無用되면廢止된다ᄒᆞᆷ이謬言이아닐ᄉᆞ

詞藻

❀相思曲❀

우뢰ᄀᆞᆺ치소리난志士、번기ᄀᆞᆺ치얼픗맛나。비ᄀᆞᆺ치오락가락、구름ᄀᆞᆺ치허여지니。胷中에、바람ᄀᆞᆺ흔한숨은、안기피듯。

廣告

雜報

●李氏陛見 前判書李載克氏는三昨日下午三時에 太皇帝陛下 召命을承ᄒ야 陛見ᄒ엿다더라

◎統監의歸國內容

曾彌統監의歸國內容은韓國地方行政을統一하야觀察道와理事廳의權利를歸一케하고警察全權을引繼하야施政上便利를圖하고又內閣各部를合倂하야事務를簡單케홀事件을日本政府에協議코저홈이라고日本新聞에揭載하엿더라

◎道次長增置說

本年度부터는地方政務를大改革혼다는ᄃᆡ各道에次長壹人式增置ᄒ기로協議中이라는說이有ᄒ다더라

●曾彌歸京 曾彌統監은再昨日午後에片瀨로부터日本東京에歸하엿다고統監府에電報가來하엿다더라

●樞院決議 昨日中樞院에서月曜例會를開ᄒ고仁川郡南面飢民의救恤金支給件을內閣에建議ᄒ기로決議ᄒ엿다더라

●杷成盛宴 各元老諸氏와現政府大臣이聯合ᄒ야再昨日上午十二時에杷成舘에서新年宴會를設行ᄒ엿다더라

●寄金四至 李総相이被刺혼後로各觀察郡守들이該氏에게治療費를陸續寄付ᄒ엿는ᄃᆡ總金額이二萬一百二十七圓에達ᄒ엿다더라

●李氏轉地說 李総相의傷處는漸漸向瘳하는貌樣이나肺炎이發하고身體의衰弱이極혼故로醫士의指揮를因하야日本豊後別府溫泉으로轉往하야療養홀計劃이라더라

●月樓晩餐 時局問題研究會議員一同은三昨日下午六時花月樓에서朝鮮問題同志會特派員五百木良三、大谷誠夫兩人을請邀ᄒ야晩餐會를開ᄒ엿다더라

●宜其懇乞 一進會長李容九는朝鮮問題同志會特派員五百木華彌人을再昨日下午一時明月舘으로請邀宴待ᄒ엿는ᄃᆡ政合邦問題를贊助實施케ᄒ라고懇乞ᄒ엿다더라

●翠樓祝賀 統監府地方部官吏는三昨日下午六時掬翠樓에서新年祝賀宴을開ᄒ엿다더라

●納詔多方 度支部에서各府部入直官吏의宿直料를磨練홀時에每夜五十錢式酌定ᄒ는ᄃᆡ該部韓人官吏가日人의게納詔ᄒ기爲ᄒ야五十錢이太過ᄒ니三十錢式만支給ᄒ야도無妨ᄒ다홈으로仍히三十錢式으로決定되엿다더라

●各道技師數 內部에서各道에技師選置件을製定ᄒ엿는ᄃᆡ漢城府에二人、京畿道에、二人忠南北에各三人、全南에壹人全北에四人、慶北에二人、慶南에四人、黃海에三人、平南에三人、平北에二人、咸南北에各二人이라더라

●導掌調査 度支部財產整理局에서各道에各宮土導掌을調査ᄒ기爲ᄒ야韓日人主事各五人을日間派送혼다더라

●岡喜出張 既報와如히內部次官岡喜七郞이昨日上午九時에발程歸國ᄒ엿는ᄃᆡ來往期限은壹個月로豫定ᄒ엿다더라

●山根渡韓說 日本에서는駐韓軍隊를慰問키爲하야侍從武官山根을派遣혼다더라

●給水規發送 內部에서官舍水道給水에關혼規則을製定ᄒ야各觀察道로壹件式發送ᄒ엿다더라

●農科書製定 目下學部에서農業敎科書를製定혼다는ᄃᆡ其目次及要項을擧ᄒ야農商工部에照會하엿다더라

●質疑順序 土地證明에關혼質疑는從來法部에서直接受理하더니只今은觀察道에質疑를提出하면觀察道에서는內部로質疑케혼다더라

●拓社請願 東洋拓殖會社에서數日前農商工部에漁業免許를請願하엿는ᄃᆡ其區域은平北沿岸이라더라

●漁業許可數 漁業法實施以來로請願件이六千餘件에達ᄒ엿는ᄃᆡ既히許可與否를決定혼것이六百件內에認可된것이三百件이오現今審査에屬혼것이千件인ᄃᆡ來二月末ᄭᆞ지許否를決定혼다더라

●未墾地認可數 國有未墾地利用法發布以後에內外人의利用許可를請願혼者가合壹千八百件이오面積이十壹萬八千七百五拾二町步인ᄃᆡ審査後許可된者가百五拾五件이오其他既得權認許를與혼것ᄭᆡ지認可總數가百九拾九件이오其面積이壹萬三千七拾二町이라더라

●謝罪報告 日前歸國혼所謂謝罪人宋鶴昇은謝罪人派遣事務所에赴하야謝罪任務의畢了를報告하엿다더라

●郵局又設 通信管理局에서中部寺洞等地에郵便局을新設ᄒ고來二十一日부터事務를開始혼다더라

●支用件配付 學部에서各官立學校의豫算支用件을製定ᄒ야各學校에配付ᄒ엿다더라

●挾雜請願退却 東亞贊英會長尹進學氏는伊藤公을紀念ᄒ기爲ᄒ야中外人民에게金十錢式收歛ᄒ야南關王廟와如히祠宇를刱建ᄒ고春秋香火를奉ᄒ깃다고三昨日警視廳에請願ᄒ엿는ᄃᆡ該廳에서挾雜으로認定ᄒ야請願書를卽時退却ᄒ엿다더라

●內人解送 雲峴宮內人二十五名의月給을年年結代錢으로支撥ᄒ다가結代錢例가廢止된고로內人을不得已解送ᄒ는ᄃᆡ宮內府에서二十五名에게 恩賜金壹千圓을支給ᄒ엿더니該內人들은抑鬱ᄒ다ᄒ야右金을還退不受ᄒ엿다더라

●其勢固然 宮內府에서除汰혼使令들은多年服役에勤勞ᄒ야其外職業이無혼자少數의貲金으로는目下凍餒를難免ᄒ깃다ᄒ야同部大臣及次官의게切迫혼陳情書를提出ᄒ엿다더라

●處處陶汰 內閣에서經費가窘絀ᄒ다ᄒ야使喚十餘名을除汰ᄒ엿는ᄃᆡ該使喚等은命脈이絶矣라ᄒ야稱冤이狼藉하다더라

●電鐵擴張 韓巳瓦斯會社에서는電車에關혼工役을擴張홀次로資金六千萬圓을預算하엿는ᄃᆡ半數는株金中에서挪用ᄒ고半數는得債ᄒ기로協議ᄒ엿다더라

●褒狀請願 故法部主事柳濟達氏의夫人朴氏는特異혼孝行이有하니褒狀을繕給하라고李愚萬氏等이內部에請願하엿다더라

●巫女淫祀 巫女諸道은關雲長等의神位를多數奉安ᄒ고第末位에는故伊藤博文의像을掛置ᄒ고三昨日에祝祭를設行ᄒ엿다더라

●金氏退會 咸北城津府新坪居一進會員金興學氏는該本部에退會請願書를提出ᄒ엿다더라

●廣新慘況 黃海道新溪高方面廣新學校에는日前義兵六七人이突入ᄒ야校舍를衝火ᄒ고教師李載根氏를向ᄒ야放銃ᄒ엿는ᄃᆡ肩部가重傷ᄒ고致命은幸免ᄒ엿다더라

●拾貨返主 熙川邑內居咸錫濠氏는金貨十二圓을路中에서拾得ᄒ엿는ᄃᆡ本主를四方으로探知ᄒ야卽爲還給ᄒ엿다더라

●金蹤詗探 多年外地에遊覽ᄒ던金蘂氏가海蔘威로부터歸京ᄒ엿다는說이有홈으로警視廳에서目下형探中이라더라

●韓會懇親 大韓協會任員諸氏는再昨日上午十一時北壯洞白雲亭에서懇親會를開ᄒ엿다더라

●均興開會 均興組合所에서再昨日下午二時에總會를開ᄒ고壹般事務를處理ᄒ엿다더라

●青舘祝賀會 今日下午三時三十分에鍾路青年會舘에서該會會員의家族을請邀ᄒ야新年新禧을祝賀ᄒ고特別大幻灯會를開ᄒ야觀覽에供ᄒ되入場券을使用ᄒ야會員의家族만許用ᄒ고男女가區別ᄒ되婦人坐席은上層에特設혼다더라

◎感荷義捐

安岳郡龍門二面遠川洞居柳元植氏가本社의經費를補助키爲ᄒ야金二十錢을寄付ᄒ엿기玆에其盛意를感荷ᄒ노라

電報

◎議會開會期

日本에서는二十二日에議會를開혼다더라

◎都督府廢止說

日本外務大臣小村은關東都督府廢止의意見이有혼ᄃᆡ都督大島의辭職혼機會를乘ᄒ야行政은民政長官에게委任ᄒ고軍政은駐韓軍司令官에게委任홀터인ᄃᆡ大久保는老軀인故로退職ᄒ고大島가駐韓軍司令官을被任혼다는說이有ᄒ다더라

◎日本考慮

美國의提議혼바滿鐵中立에對하야日本에서는아즉何等意思表明이無하나目下回答하기로考慮中이라더라

以上東京發 十六日着

◎伊藤紀念碑

在留日本人은該地의故伊藤博文氏의墓地를定하고紀念碑를建設혼다는ᄃᆡ其兩側에沖、橫川、兩人의碑도建設홀計劃이라더라

◎都督後任說

日本關東都督大島辭職에對혼一邊說에는桂首相이其留任을勸告하나大島는決코留任치아니하깃는故로後任者를選定키로桂首相小村寺內等大臣이再三協議하야現今은長谷川大將으로擬任하나該人이不願하면小村이나木越이被任홀뜻하다더라

◎徵兵協議

日本에서는寺內陸相이一月十五日부터十日間을韓國駐劄軍司令部副官及其他를招集하야徵兵에關혼協議를開혼다더라

以上東京發 十七日着

▲社會燈▼

▲時夜는寂寞ᄒ고燈燭은明滅혼ᄃᆡ엇던新進派兩少年이會坐ᄒ야두런두런이야기혼다

▲(甲)나는年前에하도아술아술혼境遇를다當힛스니(乙)무合境遇가그러케아술아술ᄒ단말인가(甲)압다義兵이혼참熾盛ᄒ야벌ᄯᅦ곳치이러날제겨졍은그곳혼겨졍이업데(乙)오죽네가富豪로齊名ᄒ니ᄭᅡ軍需錢을ᄲᅢ앗기ᄭᅡ비서그러케겨졍힛네그려(甲)아니계軍需錢이아니치만보아서도망만잘ᄒ면免홀수가잇지만近年에니가日語卒業을ᄒ엿는ᄃᆡ義兵이그러케熾盛ᄒ면日人이다ᄶᅩᆺ겨갈터이오日人만다업서지면니日語를써먹을곳이잇나十年工夫가[illegible]세阿彌陀佛이될테니[illegible]겨졍이되지그[illegible]도아[illegible]디니오시는[illegible]

▲(乙)너는新學問에[illegible]아모것도滋味가업[illegible]지[illegible]맛되릴ᄯᅢ잇데(甲)무엇이그러케맛되릴게잇단말인가(乙)압다女學校實施되는게第一고뇨ᄒ여其前頑固時代에야우리가남의집處女와寡婦의얼굴을엇지[illegible]ᄒ고그림ᄌᆞ나구경ᄒᆞᆯ수가잇나至今은女學校의教師나任員을하나圖得하야혼坐席에서言語를交換ᄒ면눈[illegible]에別別滋味가다잇데

傍聽子曰新進界中에若箇妄悖子가有ᄒ야新學의累를貽홈은尙矣어니와而今에[illegible]事에遊ᄒ고外國의風潮를[illegible]波를讀ᄒ면서其[illegible]喫ᄒ야卒業生의微[illegible]面서退妓의嬪을卜ᄒ다가天水의厄을遭ᄒ는者ㅣ往往有之ᄒ니彼兩個妄子輩에比ᄒ면其間이能幾何오噫嘻라

雜報

○何不公決　義州府十八面及龍川府五面에在ᄒᆞᆫ民有軍役土事件으로各土主의代表諸氏가府署에累訴ᄒᆞᆷ은壹般共知하는바어니와確實ᄒᆞᆫ證據가自在하되公平ᄒᆞᆫ區處가尙無ᄒᆞᆫ故로該代表人白寅善車瑞坤兩氏가昨日內部大臣에게請願書를提呈하엿다더라

○寧民歟오　載寧郡左栗右栗兩面에明禮毓祥壽進三宮庄土가有ᄒᆞ야不正當ᄒᆞᆫ賭租를徵收ᄒᆞᆷ으로隆熙元年에人民一同이呼訴ᄒᆞ야　勅令으로該徵收를革罷ᄒᆞ엿는ᄃᆡ日人鈴木延吉이該事件에何等運動이有ᄒᆞ다稱ᄒᆞ고七千餘圓의酬勞金을討索ᄒᆞ야海州地方裁判所에起訴ᄒᆞ야지ᄒᆞ다가曲直이自在ᄒᆞᆷ으로勝訴치못ᄒᆞ엿는ᄃᆡ近日에는該日人이何等斡旋이有ᄒᆞ엿던지數千戶作人等에게假押四를行ᄒᆞᆷ으로民情이大段오오ᄒᆞ다더라

○黑鉛有望　韓국諸鑛産中産額이豐富하고利益所出이特異ᄒᆞᆫ것은黑鉛礦인ᄃᆡ日本과英美德等국으로多數輸出될希望이多大하다더라

○義將被捉　義將韓仁秀氏는京畿黃海道等地로橫行하다가去拾三日楊州柴北面民樂里에서日本上等兵及補助員에게被捉하엿다더라

○淸人被捉　淸人孫榮和爲名人은安州等地에서韓人을集合하야賭博을行하다가當地警察署에被捉하엿다더라

○烟組組織　洪肯燮韓錫振等諸氏가發起ᄒᆞ야烟草組合所를組織ᄒᆞᆯ次로三昨日下午壹時長安社에서發起總會를開ᄒᆞ고任員을選定ᄒᆞ엿는ᄃᆡ所長은趙臣鏞副所長은李命永氏라더라

○金氏再審　日憲兵司令部에滯囚ᄒᆞᆫ金明濬氏는再昨日上午十壹時에日人村井中尉가出席ᄒᆞ야뎨二次審問을行ᄒᆞ엿다더라

○誤捉旋放　紙貨僞造嫌疑로中署에被捉ᄒᆞ엿던白南奎氏는實犯ᄒᆞᆫ証據가無ᄒᆞᆷ으로再昨日放送ᄒᆞ엿다더라

○漢浦賊警　平山漢浦停車場附近에서日前强盜五六名이突出ᄒᆞ야斷髮人二名과駄牛九頭를砲殺ᄒᆞ엿다더라

○田氏逢賊　大同日報社員田大奎氏는三昨日下午六時新門外阿峴等地에서窃盜三名를逢着ᄒᆞ야衣冠을見失ᄒᆞ엿다더라

廣告

▲特別廣告

本人의서子金姓七이가性本浮浪ᄒᆞ야不治産業ᄒᆞᆫ故로不得已ᄒᆞ야去丁未年分에分産ᄒᆞ엿삽더니未滿壹年에三萬餘金財産을蕩盡ᄒᆞ고東閃西忽ᄒᆞ며亂類之輩를付同ᄒᆞ야內外國人間에保證得債ᄒᆞᆯ意로壹週日前에忽出ᄒᆞᆫ故로玆以廣告ᄒᆞ오니內外國人은切勿見欺ᄒᆞ샤이다

平安南道永柔郡中部面坪村里　金氏順敬　告白

本校에서교章을去十二月一日(陰十壹月十九日)에서失ᄒᆞ엿ᄉᆞᆸ기玆以廣告ᄒᆞ오니　僉君子는　照亮ᄒᆞ옵

平南价川廣進學校

本人의子成業은姓本浮浪ᄒᆞ야貪於酒色之場ᄒᆞᆫ世俊朴致順兩人이付同協力ᄒᆞ야欺欲得債ᄒᆞ오니內外國人은切勿見欺ᄒᆞᆷ

龍川光化面龍遊洞　文明洙　告白

敬啓者는今般의西部芹洞銀杏木田의玉泉을開拓ᄒᆞ고仰布ᄒᆞ오니洗濯ᄒᆞ시는貴夫人은速速來臨ᄒᆞ시면삭지價와泉稅를廉價로定ᄒᆞ옵고布木도蒸洗ᄒᆞ오니照亮千萬

西部水芹洞銀杏木前　義信洗濯場　告白

本人의再從叔仁秤이葉一萬兩票紙를僞造ᄒᆞ고本人姓名章을僞造捺印ᄒᆞ야凶計를做出이다가事實이發覺되야僞造ᄒᆞᆫ票紙와名章을卽爲繳推이옵더니今又無據ᄒᆞᆫ掌記를僞造ᄒᆞ야辯護士의게委任ᄒᆞ야裁判을請ᄒᆞᆫ다到處唱言ᄒᆞ오니內外國僉君子는切勿見欺ᄒᆞ시옵

郭山郡　金鼎賢　告白

楊炳鎬의鎬字를以銑字로改稱ᄒᆞᆷ

三和港億兩機　楊炳銑　告白

本人이去陰十一月廿二日에自仁港至平壤中路에圖章을서失이온바式樣인則二府에上은烔驥下는崔丙薰國漢文雙刻이오니誰某拾得이라도棄物노施行ᄒᆞ오며新刻圖章을改用ᄒᆞ오니知舊間　照亮ᄒᆞᆷ

海州郡州內面東部四里訓洞　崔烔驥　白

本人이陰十二月一日에路上에서圖章을서失이옵기玆以廣告ᄒᆞ오니　僉君子는諒後幸勿見欺ᄒᆞᆷ

平北道龍川府楊下面立岩洞　白世珩　告白

本店에서開業ᄒᆞᆫ지十六年間僉君子의愛顧ᄒᆞ심을特蒙ᄒᆞ와今年부터業務을大擴張ᄒᆞ고春夏秋冬所用으로絨屬毛織等各國高等物品을現今多數直輸入이온바各地方에서는貿易에便利賣買키爲ᄒᆞ야特廉減價ᄒᆞ와郵便小包로酬應ᄒᆞ야代金은引換ᄒᆞ깃사오니十三道各郡僉君子는隨意請求ᄒᆞ심을望

振替貯金番號(韓國壹三番)

漢城中部鍾路砂器廛洞二十一統五戶　廣興泰　告白

本講習開學陰正月五日期限一朔事務所協成書館主務鄭在命講師張膺震金鉉식兩氏及諸氏科目數學算術物理生理敎授法日語地文法學化學農學等隨宜敎授志願　僉彥趂期入學務望

平壤師範講習所　白

○內外國有志紳士諸氏前

特別廣告

平安北道江界郡私立英實中學校任員들은本校擴張키爲ᄒᆞ야外地羈旅同胞와內外國有志紳士諸氏의게請助事를本校敎師黃思先金河源兩氏와事務申鶴鳳三氏씌委任ᄒᆞ야今日發行ᄒᆞᆷ

隆熙三年十二月三十日

校長　邦惠法
校監　車學淵
事務　金文興
金益弘
金泰義
申鶴鳳

慶北仁同郡東面領收員金丁魯가己酉陰十一月二十三日에地稅金徵收로面內에巡行ᄒᆞ다가姓名圖章을見失ᄒᆞ엿스니內外國人誰某間에得ᄒᆞ엿거던還本ᄒᆞ옵던지不尋ᄒᆞ와도金丁魯信이라ᄒᆞ는圖章은更勿見施ᄒᆞ옵고信字를改ᄒᆞ야章字로更刊ᄒᆞ오니以此周知ᄒᆞ옵소서

金丁魯　告白

◉本社에서在上海東洋烟草大製造廠과專賣權를特約ᄒᆞ고各種煙草를卽輸入ᄒᆞ와各代理店에支出ᄒᆞ오니僉君子는愛顧ᄒᆞ심을敬要

●特種烟草

○法韓墨紙烟一匣　二十五本入具竹嘴
○鐵路標一匣　二十本入具竹嘴
○鳳標　一匣　四本入具紙嘴
○囉叭標　一匣　五本入具紙嘴
○白鶴標　一匣　十本入具紙嘴
○鷺標　一匣　十本入具紙嘴
○虎標　一匣　十本入具紙嘴
○獅子標　一匣　十本入具紙嘴
○勇士標　一匣　十本入具紙嘴
●쉬잉埃及金口紙一桶　百本入
○쉬잉埃及金口紙一桶　五十本入
○쉬잉埃及金口紙一匣　十本入

◎本社에서代理店을京城에金濬性、平壤에鄭基煥兩氏로定ᄒᆞ고其他義州、開城、釜山、元山、木浦、咸興、成津、海州、全州、晉州、淸州各處代理店을特許ᄒᆞ겟기로商業에信實ᄒᆞᆫ紳商을求ᄒᆞ오니有意僉君子者는來議ᄒᆞ시던지書信으로通知ᄒᆞ옵

京城中央代理店　李孝稙
鳳山沙理院代理店　南正祐
水原代理店　尹聖求

京城小公洞
法韓烟草會社

▲特別廣告▶

有價證券　公債證書　各社株券　倉庫證券　船卜證券　鐵道貨物證券

有價證券　受托賣買　直接賣買　保　擔保貸金

現今商業界에曙光이發展홈을隨ᄒᆞ야銀行、會社、等이羅列ᄒᆞ고[illegible]

京城南署[illegible]洞二十六統十戶
金龍商會
營業主　金龍

同和藥房廣告

本國藥材로洋製新造ᄒᆞ야各病에神効ᄒᆞ오며

用藥寶鑑全卷　定價三十錢
宗敎統一論全卷　定價十錢

平壤郡支店長　宋尙愈　管內

出張所位置

第一平壤磚石洞金冕恒第二遂安栗里宋翼周第三遂安明導赫第四順川龍升里劉允文第五平壤朱村朱愚[illegible]第六陽德佳倉李鎭亨第七成川[illegible]應烈第八甑山一上里宋尙[illegible]第十順川舍人市崔鼎燁第十一平壤司倉里金用良第十二都龍洞金鎭範第十三五柳洞金斗昱第十四張察訪洞黃錫淸第十五三和南浦康元俊第十六成川淵洞朱基鎭第十七江西箴貞池昇麟第十八甑山斑石里黃鶴表第十九平壤舊東昌宋翰周뎨二十長村崔홈宇뎨二十一遂安邑石橋高義守뎨二十二粟里上場金春燮뎨二十三江東漢垈朴達鉉뎨二十四永柔白鱉里李端模紙面이不足ᄒᆞ야未能枚擧ᄒᆞᆷ

京城西小門外車洞
本舖　閔橿　白

本人이葉草客主數年에各處葉商雲集交易ᄒᆞ는ᄃᆡ內外國煙草會社에서도連續貿去ᄒᆞ고本國絕草商도多數貿去ᄒᆞ옵기로一層擴張ᄒᆞ엿ᄉᆞ오니　僉君子는陸續來臨ᄒᆞ시기를希望

京城西大門外尾洞百八統九戶　宋憲翼　邊昌根　告白

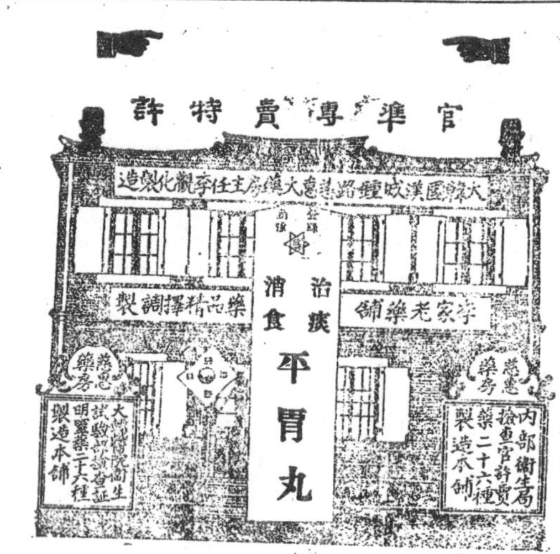

特別廣告

本社의셔同胞의衛生을注意ᄒᆞ야美國의셔經驗單方으로流行通用ᄒᆞᄂᆞᆫ靈藥聖劑를買入ᄒᆞ야左開廣布ᄒᆞ오니有病君子와藥業에從事ᄒᆞ시ᄂᆞᆫ僉彦은爭先來購ᄒᆞ시옵

分賣와都賣에差別이有ᄒᆞ야一打(十二個)以上의都賣에ᄂᆞᆫ特別割引홈

左開

秘製止痛藥

效能 外塗內服無處不適 消滯 止瀉 絶瘧 治痢無不神效홈

喜蘇膏藥

效能 頭面 身體一切痛症 積年風濕 除瘀 生셜之道립即奏效홈

亞麟香膠

效能 毋論男女老少 勿嫌年久日淺一切 咳소 服之則其效如神홈

委花藥膏

效能 痔疾 瘰珠瘡 燒跌傷蠱咬等 諸症無雙聖藥

委花精水藥

功能 痲症 花柳毒 凡不潔之所생症 婦人虛弱등症靈驗홈

牛汁藥酒

効能 毋論男女老少氣血虛弱者服之則大補元氣身體強健홈

韓美興業株式會社事務所

본인이정동잇ᄂᆞᆫ삼층벽돌집지금大韓每日申報社家屋을방매홀터이니집사기를원ᄒᆞᄂᆞᆫ쳠군ᄌᆞᄂᆞᆫ리립샹의ᄒᆞ시옵

家主京西大門外京口下法國人 馬典 告白

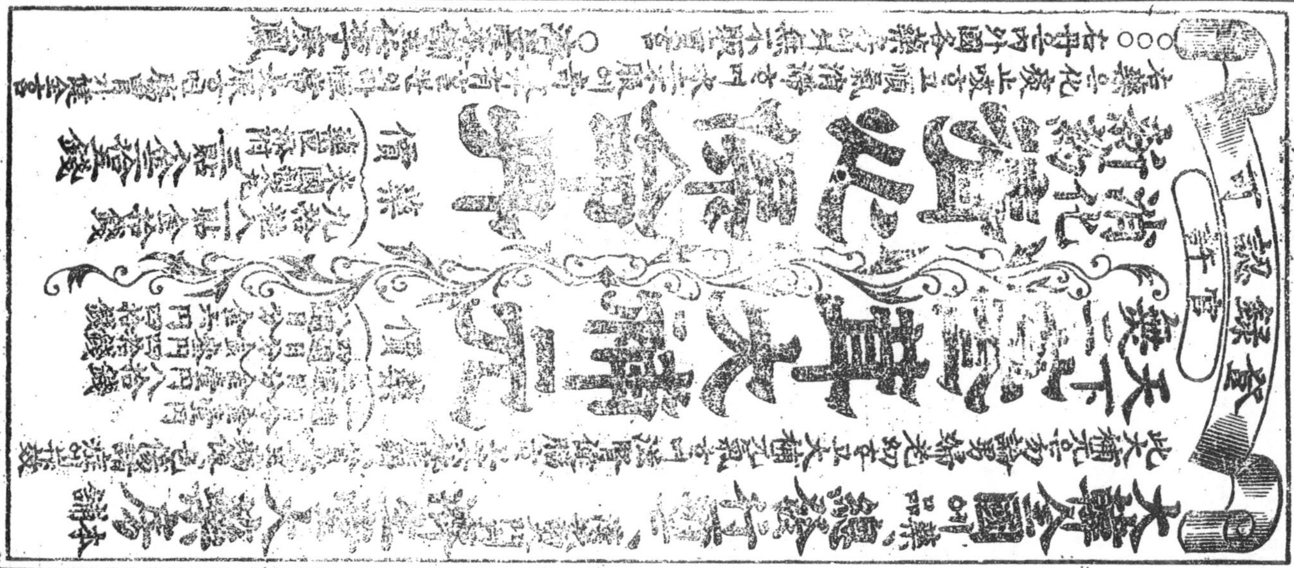

內外國洋藥各種을廉價大發賣ᄒᆞᄂᆞᆫ藥房이어데요

京城鍾路八寶丹本舖和平堂李應善氏大藥房

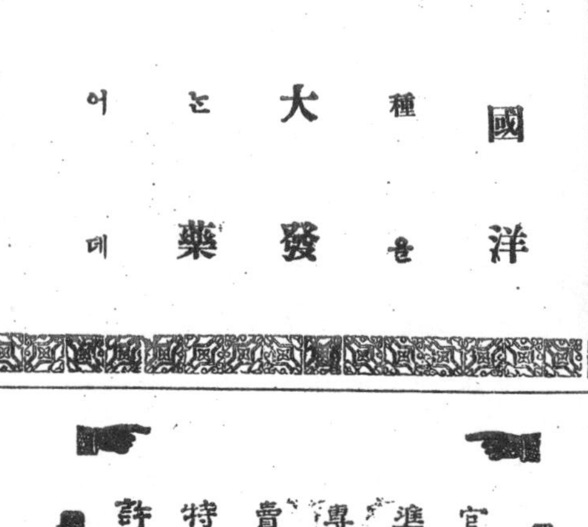

再版

新撰 尺牘完編

興士團編輯部長 朴晶東氏著作 一帙二冊 正價金一圓

△今此局勢가維新ᄒᆞ고事爲가繁劇ᄒᆞᆫ時代에際ᄒᆞ야吾人도論交酬世의道가日廣日多ᄒᆞᆫ則尺牘을不可不讀이라本尺牘은已爲刊行于世ᄒᆞ야江湖의好評을博得ᄒᆞ온바今에國漢文으로新撰增補ᄒᆞ야新舊尺牘에牛耳가되며且近日新法令의最要ᄒᆞᆫ者를類聚附輯ᄒᆞ엿ᄉᆞ오니一般人士ᄂᆞᆫ案頭에必備ᄒᆞᆯ好서이옵

(附)現所裁判法令

最新刊

平面幾何學

全一冊正價 金七十錢

隆熙學校學監 李命求氏著作 徽文義塾長 柳一宣氏校閱

△本서ᄂᆞᆫ現代數學界의大方家로有名ᄒᆞᆫ柳 李兩氏의最精力을注ᄒᆞ야詳密ᄒᆞᆫ編纂을著ᄒᆞ고嚴正ᄒᆞᆫ校閱을加ᄒᆞᆫ者이온바數學教科에無二ᄒᆞᆫ良師오獨習참考에必備ᄒᆞᆯ珍서이온斯學術서에劈頭的出版이오니唯我學者諸君은速購讀習ᄒᆞ심을(但著作者의捺印이無ᄒᆞᆫ者ᄂᆞᆫ僞刊으로認定홈)

發兌元
△皇城中部罷朝橋越 中央서舘朱翰榮
△황城西部南門外紫岩 新舊서林池松旭
△皇城中部典洞 光東서局李鍾楨

檀君開國四千二百四十二年
箕子元年三千三十一年
大韓開國五百十八年
本報創刊日 光武八年七月十八日

大韓每日申報

發行兼編輯人 英國人 萬咸
Alfred Weekley Marnham, Responsible for Publication
發行所 京城南部石井洞三層洋屋家 大韓每日申報社

第八卷　月曜及慶節歲時休日休刊　第一千二百九十二号

論說

滿洲問題에就ᄒᆞ야再論ᄒᆞᆷ

嗚乎라被保護의地獄에墮ᄒᆞ야身은荊棘에坐ᄒᆞ며眼은淚雨로掩ᄒᆞᆫ韓國同胞에게向ᄒᆞ야四隣活劇의情況을語ᄒᆞ면徒히心만傷ᄒᆞᆯ而已나然이나此地球上人類된者ㅣ世界大勢에研究가無ᄒᆞ면益益히悲境으로自趨ᄒᆞᆷ이니況韓國四千載歷史上切膚의關係를有ᄒᆞᆫ滿洲이며今日列强競爭의中心點된滿洲인가滿洲와日本이라題ᄒᆞ고本報에已論ᄒᆞᆫ바有ᄒᆞ거니와玆에更히滿洲의過去現在及未來에就ᄒᆞ야略論코ᄌᆞᄒᆞ노니嗚乎라斯論의主旨가客觀的滿洲에在ᄒᆞᆷ이아니라主觀的韓國에在ᄒᆞ니라

今에滿洲를

一 上古史上의滿洲
二 中古史上의滿洲
三 近世史上의滿洲

에分ᄒᆞ야觀ᄒᆞᆫ딘往古三四千載前後에ᄂᆞᆫ夫餘族肅愼族鮮卑族等이此地에雜處ᄒᆞ야互相爭雄ᄒᆞ다가檀聖이作ᄒᆞ며太武王廣開土王乙支文德淵蓋蘇文이繼ᄒᆞ야夫餘族의光燄을發ᄒᆞ야滿洲의覇權을握ᄒᆞ고各族이其足下에셔屛息케ᄒᆞ엿ᄉᆞ니其間에檀石槐慕容황等의爭覇가不無ᄒᆞ되皆短促의時期에不過ᄒᆞ고此에二千年間長日月의壽命을保ᄒᆞ야史上에光彩를放ᄒᆞᆫ者ᄂᆞᆫ夫餘族이라然이나此時에ᄂᆞᆫ滿洲를據有ᄒᆞᆫ者ㅣ滿洲內에셔自雄ᄒᆞᆯ而已오其聲勢가遠外에及ᄒᆞᆷ을不能ᄒᆞ엿ᄉᆞ니此ᄂᆞᆫ上古史上의滿洲오

降ᄒᆞ야高麗初葉支那五季末에及ᄒᆞ며契丹太祖天皇王阿保機가此地에셔起ᄒᆞ야渤海를滅ᄒᆞ고西으로支那를侵ᄒᆞ야石晉을亾ᄒᆞ고其後子孫이支那의黃河以北을奪有ᄒᆞ야雄國의名을振ᄒᆞ더니其後에平州奇僧金俊이女眞을訓育ᄒᆞ야此地의東北隅에셔滋殖ᄒᆞ다가及阿骨打에至ᄒᆞ야ᄂᆞᆫ마ᄎᆞᆷ내遼(卽契丹)를滅ᄒᆞ며宋을屈ᄒᆞ고金國을建ᄒᆞ며金이亾ᄒᆞ며此地가元에歸ᄒᆞ며元이亾ᄒᆞ며又明에屬ᄒᆞ야恆常東方經略上의樞要地를作ᄒᆞ다가明政이一弛ᄒᆞ며淸太祖弩爾哈齊(舊譯奴兒哈赤)가圖布倫城에셔奮起ᄒᆞ야明과爭衡ᄒᆞ더니及康熙帝에至ᄒᆞ야ᄂᆞᆫ드듸여支那를統一ᄒᆞ야卽今北京政府를建立ᄒᆞ니盖此時代부터滿洲가東洋歷史上의中心地가되야此를一據ᄒᆞ면東으로韓國과西으로支那의運命을左右ᄒᆞᆷ에至ᄒᆞ니此ᄂᆞᆫ中古史上의滿洲오

未完

外報

◎契約成立說　淸國錦齊鐵道에關ᄒᆞᆫ英美淸三國間의契約은度支部尙書載澤公의異議가繳消되고契約이마ᄎᆞᆷ내成立되엿ᄉᆞ나滿洲中立問題가有ᄒᆞᆫ故로아즉發表치아니ᄒᆞ엿다더라

◎舊艦鍊習　淸國海軍籌辦大臣載洵貝勒은軍艦製造가一時不合ᄒᆞ다ᄒᆞ야英國舊艦을購入鍊習코ᄌᆞᄒᆞᆫ다더라

◎加奈多危機　加奈多옷타와議會에셔政府에對ᄒᆞ야加奈多危急의與否를質問ᄒᆞ엿ᄂᆞᆫ딕首相로리엘氏ᄂᆞᆫ何等戰爭이無ᄒᆞ다ᄒᆞ엿고保守黨首領보렌氏ᄂᆞᆫ曰德國과早晚開戰ᄒᆞᆯ지오又開戰이無ᄒᆞ야도一大打擊을受ᄒᆞᆯ지니德國의優勢ᄂᆞᆫ英帝國을滅亾ᄒᆞᆷ이라加奈多가ᄯᅳ레드노트型戰艦을製造ᄒᆞᆷ은正當ᄒᆞᆫ義務라ᄒᆞ엿다더라

◎飛行試驗　美國飛行家볼모산氏ᄂᆞᆫ近近馬尼刺로來着ᄒᆞ야來二十二日에飛行試驗코져ᄒᆞ다더라

◎鐵王遺策　今回滿鐵中立問題에關ᄒᆞᆫ美國의提議ᄂᆞᆫ故鐵道王하리만氏의遺策이라더라

◎美國水路開鑿費　美國大統領타프트氏ᄂᆞᆫ國會에敎書를送ᄒᆞ야水路開鑿費로一億弗의金額을支出ᄒᆞ기로提議ᄒᆞ엿다더라

◎國會速開運動　淸國各省諮議局을代表ᄒᆞᆫ國會速開運動委員等은旣히北京에到着ᄒᆞ야事務所를開ᄒᆞ고運動에着手ᄒᆞᆫ다더라

◎軍隊不穩　西班牙國軍隊部內에不穩ᄒᆞᆫ形勢가有ᄒᆞᆷ으로士官數名이逮捕되엿ᄂᆞᆫ딕此ᄂᆞᆫ戰後行賞에關ᄒᆞ야不公平ᄒᆞᆫ事가有ᄒᆞᆫ所以라더라

學界

◎安倅美績　安義郡守金秉宇氏ᄂᆞᆫ莅任以後로敎育에熱心ᄒᆞ야該郡內에多數學校를成立ᄒᆞ고養蠶會社와養蠶傳習所를極力贊成ᄒᆞᆯ뿐더러日憲兵守備隊와日巡査가義兵討伐ᄒᆞᄂᆞᆫ事로該郡에往來ᄒᆞᆯ時에도嫺熟히交涉ᄒᆞᆷ으로一境人民이賴安ᄒᆞᆫ다더라

◎夜校興旺　明川土垣勞働夜學校ᄂᆞᆫ昨年夏間에設立ᄒᆞᆫ바인ᄃᆡ校舍ᄂᆞᆫ崔基津氏가自擔建築ᄒᆞ고校長은崔學禹校監은韓秉稷敎師ᄂᆞᆫ李河英崔基柄諸氏로選定ᄒᆞ엿고生徒ᄂᆞᆫ六十餘名에達ᄒᆞ엿다더라

◎興校漸興　忠州湖興學校內에勞働學校를附設ᄒᆞ고熱心敎授ᄒᆞᄂᆞᆫᄃᆡ學徒가八十餘名에達ᄒᆞ엿고該校經費가不贍ᄒᆞᆷ에對ᄒᆞ야紳士元大圭孫益均安益善徐極淳諸氏가各其金貨幾圓式捐助ᄒᆞ엿다더라

◎永校經試　通津郡月餘串面祖江永成學校에셔昨年十二月卄六日에年終試驗을經ᄒᆞ엿ᄂᆞᆫᄃᆡ優等生이七名이오校主李錫夏氏와敎師李大泳金敎龍兩氏가敎育이時急ᄒᆞᆷ을一場勸勉ᄒᆞᆫ後多數賞品을施與ᄒᆞ엿다더라

◎龜郡庶幾　平北龜城郡은該郡守金用來郡主事李春秀前主事金應漢諸氏가敎育을熱心勸奬ᄒᆞᆫ結果로一境之內에新學의風潮가蔚然振興ᄒᆞᆫ다더라

○談叢○

▲兩國史學의反比例　劍心

日本에셔ᄂᆞᆫ史學을修ᄒᆞᆷ시針갓치小ᄒᆞᆫ美事를棒갓치大케光飾ᄒᆞ고無ᄒᆞᆫ美事를有ᄒᆞᆫ듯시記ᄒᆞ거ᄂᆞᆯ

韓國에셔ᄂᆞᆫ史學을修ᄒᆞᆷ에棒갓치大ᄒᆞᆫ美事를針갓치小케縮沒ᄒᆞ고有ᄒᆞᆫ美事를無ᄒᆞᆫ듯시記ᄒᆞ나니

슬프다兩國史學의反比例됨이여彼도妄史오此도妄史라然이나後人은此妄史를觀ᄒᆞ고或眞史로認ᄒᆞ리나彼妄史의福됨과此妄史의禍됨이亦反比例가될지로다

詞藻

✿國事밧게✿

이런들엇더ᄒᆞ며、더런들엇더ᄒᆞ리。
雷霆도겁안나고、斧鉞도가쇼로다。
決斷코、一身關係ᄂᆞᆫ너몰나라、國事밧게。

廣告

雜報

◎玉度微欠 皇后陛下께옵서近日感患으로玉度가微欠ᄒᆞ옵셧다더라

◎統府例會 昨日은統監府火曜例會인故로各大臣이統監官邸에會同ᄒᆞ야該府總務長官과緊急ᄒᆞᆫ公務를提議ᄒᆞ엿다더라

◎大官明言 今番曾禰歸國ᄒᆞᆫ事에對ᄒᆞ야其携去ᄒᆞᆫ案件이合邦이나合倂이나統治權委任三者에不外ᄒᆞ다고彼邊某大官이明言ᄒᆞ엿다더라

◎改正公布 昨日官報로財務監督局官制改正件을公布ᄒᆞ고其局數와定員을增加ᄒᆞ엿다더라

儒生獻議

江東郡儒生洪泰善李翊洙黃海龍李奎南洪淳度氏等이中樞院에獻議書를提呈ᄒᆞ엿ᄂᆞᆫ데槪意ᄂᆞᆫ如左ᄒᆞ니貴院은重大ᄒᆞᆫ責任을負擔ᄒᆞ엿슨즉大逆賊子一進會를亟令解散ᄒᆞ고其頭領秉畯容九輩ᄂᆞᆫ邦刑을亟施ᄒᆞ야四千年歷史와二千萬民族의忠憤을雪케ᄒᆞ라ᄒᆞ엿다더라

上奏文退却

一進會에서去金曜日에上奏文을內閣으로奉呈ᄒᆞ엿더니內閣에서卽時退却ᄒᆞ엿다더라

◎永宣訪問 永宣君李埈鎔氏ᄂᆞᆫ再昨日下午九時에侍從院卿尹德榮氏를訪問ᄒᆞ고同十二時에歸邸ᄒᆞ엿다더라

◎兩法將成 向者度支部農商工部에서交涉ᄒᆞ던船舶法及船舶檢査法은其後度支部에서立案ᄒᆞ야昨日叅與官會議에付ᄒᆞ야通過ᄒᆞ엿슴으로近近閣議를經ᄒᆞ야統監府의承認을受ᄒᆞᆫ다더라

◎次官將歸 各部次官은日本國會에叅與키爲ᄒᆞ야次第歸國ᄒᆞᆯ터이라더라

◎倉富歸國 司法廳長官日人倉富勇三郎은再昨日上午十時에京釜列車로歸國ᄒᆞ엿ᄂᆞᆫ데各大臣及內外國高等官이南門驛에出往餞別ᄒᆞ엿고歸任期ᄂᆞᆫ來三月初旬間으로豫定ᄒᆞ엿다더라

◎研究會茶話 日人의時局問題研究會ᄂᆞᆫ昨日下午六時京城旗館에會同ᄒᆞ야茶話會를開ᄒᆞ엿다더라

◎韓銀協議 韓國銀行에서ᄂᆞᆫ昨日에重大任員會議를開ᄒᆞ고來二月十七日日本東京에서開ᄒᆞᄂᆞᆫ第一回總會에關ᄒᆞᆫ準備及營業決算等을協議ᄒᆞ엿다더라

◎別別出品 日本名古屋福岡兩共進會에서韓國政府에向ᄒᆞ야韓國風俗에關ᄒᆞᆫ件을出品ᄒᆞ라고請求ᄒᆞ엿ᄂᆞᆫ데農商工部에서ᄂᆞᆫ韓國의人形을出品ᄒᆞ기로經營ᄒᆞᆫ다더라

◎同志會歸國 日人의朝鮮問題同志會會員五百木大谷兩人은本日出發歸國ᄒᆞᆫ다더라

◎貯金勵行 度支部에서ᄂᆞᆫ各官吏에게貯金을奬勵ᄒᆞᆫ다ᄒᆞ야賞與金에對ᄒᆞ야ᄂᆞᆫ十分三을貯蓄케ᄒᆞ되如數히扣除치아니ᄒᆞ면月俸金中에서割減ᄒᆞᆫ다더라

◎農部派員 農商工部에서ᄂᆞᆫ江原道麟蹄郡에在ᄒᆞᆫ森林을調査ᄒᆞᆯ次로韓日主事貳人을日間派送ᄒᆞᆫ다더라

◎何等意見 大邱南山洞居金永斗氏ᄂᆞᆫ時局과政治上에關ᄒᆞᆫ意見書를統監府에提出ᄒᆞᆯ次로目下準備中이라더라

◎山根入京 日本에서渡來ᄒᆞᆫ駐韓軍慰問使山根은昨日入京ᄒᆞ엿다더라

◎分遣增置說 日憲兵司令部에서漢城內鍾路大安洞西小門內等地에憲兵分遣所를增設ᄒᆞᆯ次로目下協議中이라더라

張高肝腸

漢城府尹張憲植氏가漢城內各新聞社員과國民大演說會員과遊說團員을三昨日下午七時惠泉館으로請邀ᄒᆞ엿ᄂᆞᆫ데張憲植高義駿兩氏가該館에先到ᄒᆞ야耳語가秘密ᄒᆞ더니居頃에鄭應卨文鐸氏等七八人이來到ᄒᆞᆫ지라張氏가발論ᄒᆞ기를勿論某社會ᄒᆞ고國事經綸에對ᄒᆞ야互相和同ᄒᆞᆷ이可ᄒᆞ다ᄒᆞ며高氏가承意贊成ᄒᆞᄂᆞᆫ지라文鐸氏가高張兩氏의言을聞ᄒᆞ다가壹進會와融和코져ᄒᆞᄂᆞᆫ意를知ᄒᆞ고憤不自勝ᄒᆞ야高氏를向ᄒᆞ야其反覆無常ᄒᆞᆷ을詰責ᄒᆞ고仍히亂打를加ᄒᆞ엿ᄂᆞᆫ데高張兩氏의陰謀ᄒᆞᆫ行動은人皆唾罵ᄒᆞᆫ다더라

◎閔佛前途 伊藤氏銅像論을力唱ᄒᆞ던閔泳雨氏ᄂᆞᆫ經濟가去益困難ᄒᆞ야該家眷一同이日前에中部下於義洞朔貰家一座를借居ᄒᆞ엿ᄂᆞᆫ데該氏ᄂᆞᆫ何等開養을取ᄒᆞᄂᆞᆫ지廊婆一人을率ᄒᆞ고麻洞等地에서各居ᄒᆞᆫ다더라

◎安氏公判期 伊藤氏暗殺事件의連累者로逮捕된者가十七人이러니調査ᄒᆞᆫ後에先히放免된者가十三人이오目下拘留中에在ᄒᆞᆫ者ᄂᆞᆫ安重根曹道先禹連俊外一人인ᄃᆡ公判期ᄂᆞᆫ來月五六日頃이라더라

◎人口와食肉 內部衛生局에서只今漢城內人口와食肉을調査ᄒᆞ엿ᄂᆞᆫ데人口ᄂᆞᆫ韓人이十六萬壹千六百五十六人이오日人이二萬六千三百十六人이오其他外國人이千九百十四人인ᄃᆡ屠獸數ᄂᆞᆫ每日平均六十六頭요其斤數ᄂᆞᆫ壹萬七千四十七斤餘인즉壹人壹日의食肉이十五錢壹分重이라더라

◎三稅徵收額 昨年부터實施ᄒᆞᆫ酒草家屋稅ᄂᆞᆫ昨年度이八十壹萬圓으로立算ᄒᆞ엿ᄂᆞᆫ데十二月末日ᄭᆞ지徵收額이約五十萬圓이라더라

◎種苗大計劃 日人中有力家들이發起ᄒᆞ야壹大種苗會社를設立ᄒᆞᄂᆞᆫ데資金은十五萬圓으로立算ᄒᆞ고株金數三千株를募集ᄒᆞ야東大門內에서開業ᄒᆞᆯ터인ᄃᆡ蔬菜果樹桑樹其他農業에關ᄒᆞᆫ壹切種苗場을設始ᄒᆞ야全國의大利益을冈收ᄒᆞᆯ計劃이라더라

◎哀此窮民 全北龍安郡은昨年旱炎을因ᄒᆞ야白地가相連ᄒᆞᆷ은壹般有目者가共觀ᄒᆞᄂᆞᆫ바인ᄃᆡ執炎時에全結을蕩減ᄒᆞᆯ줄노財務官吏의言論이有ᄒᆞ더니及其秋捧時에ᄂᆞᆫ全結은姑舍ᄒᆞ고壹省壹束을無遺督捧ᄒᆞᆷ으로民情이오오ᄒᆞ야流離之境에至ᄒᆞ엿다더라

◎金召史起訴 中部長통坊河橋居김召史可石堂은故方時容氏의夫人인ᄃᆡ方氏의側室子長吉을已出과如히養育ᄒᆞ야于今九年을相依ᄒᆞᄂᆞᆫ바長吉의所生母ᄂᆞᆫ業已改嫁他適ᄒᆞ엿ᄂᆞᆫ데月前에該母가突出ᄒᆞ야該兒가李根澔氏의血屬이라稱ᄒᆞ고仍卽率去ᄒᆞᆫ지라金召史ᄂᆞᆫ九年間初無ᄒᆞ던說이忽至此境ᄒᆞ며該母가李氏의富貴를歆羨ᄒᆞ야此等滅倫의擧를行ᄒᆞᆫ다ᄒᆞ야地方裁判所에起訴ᄒᆞ엿다더라

◎呼冤何罪 陶汰를遭ᄒᆞᆫ宮內府使喚김貞吉氏等三十餘人이呼冤次로再昨日昌德宮金虎門前에聚集ᄒᆞ엿ᄂᆞᆫ데中部警察署에서巡査를派送ᄒᆞ야解散케ᄒᆞ고김貞吉氏ᄂᆞᆫ巡査를對ᄒᆞ야相詰ᄒᆞᆫ罪犯이有ᄒᆞ다ᄒᆞ야同署로押付ᄒᆞ엿다가一夜를經宿ᄒᆞᆫ後放送ᄒᆞ엿다더라

◎清錢押收 向來鴨綠江方面咸鏡兩北道에清人들이清국葉錢을密輸入ᄒᆞᆫ다ᄒᆞ야當局에서一邊嚴重히團束ᄒᆞ야押收를行ᄒᆞ며又壹邊으로清국領事館에交涉ᄒᆞ야禁止케ᄒᆞᆫ다더라

◎電灯總數 韓日瓦斯會社에電灯請求者가總計一千貳百戶內에七百戶ᄂᆞᆫ已爲架設ᄒᆞ고五百戶ᄂᆞᆫ姑未架設ᄒᆞ엿ᄂᆞᆫ데灯數ᄂᆞᆫ貳千貳百介라더라

◎日新聞再停 日人의朝鮮日日新聞은日前에拓殖會社無用論을揭ᄒᆞ다가發行停止를當ᄒᆞ고第四日後昨日부터解停되야其次號를발行ᄒᆞᄂᆞᆫ데拓殖會社必要論을揭ᄒᆞ엿더니再次發行을停止ᄒᆞ엿다더라

◎李賊被捉 新門外慕華館等地居李某ᄂᆞᆫ高陽等地에서海州郡居網巾商金致祚氏를誘引ᄒᆞ야賊黨에同叅ᄒᆞ기를懇請ᄒᆞ다가不應ᄒᆞᆷ으로該金氏를拔劍亂刺ᄒᆞ엿ᄂᆞᆫ데金氏가僅僅逃命ᄒᆞ다가舊把撥等地에서高陽郡駐在所日憲兵及補助員을逢着ᄒᆞ야該事由를告訴ᄒᆞᆷ으로李某를卽時追捕ᄒᆞ야該郡日憲兵隊에牢囚ᄒᆞ엿다더라

◎餘戒尙多 取財犯으로監獄署에被囚ᄒᆞ엿던李範喬氏ᄂᆞᆫ李乾夏李址鎔諸氏가各其幾百圓을辦出ᄒᆞ야取財條를請勘ᄒᆞᆫ結果로幸得放釋ᄒᆞ엿ᄂᆞᆫ데尙且他人의債務가有ᄒᆞᆷ으로李範喬氏ᄂᆞᆫ避身不現ᄒᆞᆫ다더라

◎兩犯押上 楊州郡警察署에서逮捕ᄒᆞᆫ略人犯張君心과公貨消耗犯沈章燮等을再昨日京城地方裁判所로押上ᄒᆞ엿다더라

◎盜犯越交 南部銅峴分署에被捉ᄒᆞᆫ强盜犯李相德은再昨日京城地方裁判所로越交ᄒᆞ엿다더라

◎練習所試驗 警察官練習所에서本日에第五期卒業試驗을設行ᄒᆞᆫ다ᄂᆞᆫ데內部警務局官吏가往叅ᄒᆞᆫ다더라

◎康氏歸國 布哇等地에서教育에從事ᄒᆞ던康台鉉氏ᄂᆞᆫ觀親次로三昨日歸國ᄒᆞ엿다더라

◎國民總會 去十五日下午一時에國民大演說會에서總會를開ᄒᆞ고會長閔泳韶氏가遞任ᄒᆞᆫ代에許진氏가被選되고副會長李載克氏가遞任ᄒᆞᆫ代에李膺鍾이被選되고幹事二十四人이解任ᄒᆞᆫ代에南廷의氏等二十六人이被選ᄒᆞ엿다더라

◎處理者何 國民大演說會에서本日下午一時幹事會를開ᄒᆞ고事務를處理ᄒᆞᆫ다더라

◎學友會議決 普成中學校內에서每土曜에開會ᄒᆞ던青年學友會ᄂᆞᆫ現今間事務가煩劇지아니ᄒᆞᆷ으로二週間에壹次式開會ᄒᆞ기로議決되여來二十九日下午四時에開會ᄒᆞᆫ다더라

◎研究會特開 西部盤松坊月岩洞故裴說氏家內에뎨七日安息日基督再降臨教會를權設ᄒᆞ엿ᄂᆞᆫ데新年에傳道를擴張키爲ᄒᆞ야一箇月間은每夜聖書研究會를特開ᄒᆞᆫ다더라

◎教堂準備 鍾峴天主教堂에서ᄂᆞᆫ學校를設立ᄒᆞ야普通教育을振興ᄒᆞᆯ次로目下準備中이라더라

感荷義捐

義州枇峴面亭山居閔鳳龍氏가本社의經費를補助키爲ᄒᆞ야金一圓을寄付ᄒᆞ엿기玆에其盛意를感表ᄒᆞ노라

電報

移民獎勵費

日本臺灣總督府에서ᄂᆞᆫ移民獎勵費八萬圓을計入ᄒᆞ야明年度부터實行에着手ᄒᆞᆫ다더라

東京發 十八日着

▲社會燈▼

▲說諭委員安升玉은地方說諭ᄒᆞᆫ然後에觀察一個圖得키로斷斷自恃ᄒᆞ엿더니千萬夢外李總相이平地風波忽遭ᄒᆞ야運動길이막혓다고燥鬱症이다낫다지茸蔘이나엇어다가病中救護잘힛스면훌번ᄒᆞ던觀察使가餘望이나ᄯᅩ잇슬ᄯᅡ

▲國民會員高義駿은一進會를反對ᄒᆞ야演說이니막걸니니片時假熱되ᄂᆞ더니數個月이다못되여反對者를和同코자左右周旋ᄯᅩᄒᆞᆫ다지留聲器를질머지고人民誘惑ᄒᆞ던人物무슴精神다시나서祖국事를ᄒᆞ여볼ᄭᆞ제버릇슨키못쥬지

▲商務部長李學宰ᄂᆞᆫ銅像論을主唱타가두눈알이멀ᄯᅥᆫᄒᆞ고合邦론을贊同後에肛門쌀이ᄲᅡ졋다지國精神다ᄲᅢ기고外邪症이滿腹ᄒᆞ면奇疾怪祟生기ᄂᆞᆫ건天然不易定理인ᄃᆡ李範贊의肛門쌀은몃個이나가젓기에贊成書를ᄯᅩᄒᆞᄂᆞᆫ지

▲奉神會頭壽蓮이ᄂᆞᆫ一個巫女妖怪物로九重禁門드러가셔李氏ᄃᆡ쥬차저가며怪怪舌을亂掉타가警視總監拘留風에놀닌魂이未定인ᄃᆡ무슴妄動ᄯᅩᄒᆞ랴고紀念이니祝祭이니許多淫說日唱ᄒᆞ노밋구녕이잔지러셔拘留맛슬ᄯᅩ보랴나

社告

平南順川支社員鄭裕景氏辭免ᄒᆞᆫ代에該郡柴洞孫定龍氏로擇定ᄒᆞ엿스니本報購覽僉君子ᄂᆞᆫ照亮ᄒᆞ시ᄋᆞᆸ

雜報

◎何人所爲 再昨日何許人이新門外獨立門前에揷牌揭書ᄒᆞ기를漢城內人民은當日上午十二時仁王山上으로集會ᄒᆞ라ᄒᆞ엿ᄂᆞᆫᄃᆡ所管巡査가該牌를拔取ᄒᆞ야卽時警視廳으로交付ᄒᆞ엿다더라

◎朴氏當來說 濟州에滯在ᄒᆞᆫ朴泳孝氏ᄂᆞᆫ該地氣候가不良하다하야轉地閑養키爲하야馬山으로歸來코ᄌᆞᄒᆞᆫ다더라

◎職工總合發起 徐廷泰徐廷贊劉命熙諸氏가발起하야漢城卷烟草職工總合所를組織하엿ᄂᆞᆫᄃᆡ所長은趙允鏞副長은徐永基氏로選定하엿다더라

◎賭博犯被捉 開城居留淸人數十名이韓人을誘引하야賭博을行ᄒᆞ다ᄂᆞᆫᄃᆡ日前開城警察署에서淸人三名韓人三名을現行犯으로捕捉하엿다더라

廣告

本人이本月二日에姓名을彫ᄒᆞᆫ圖章을路上에서遺失ᄒᆞ엿슨즉廣告ᄒᆞ오니內外國人은勿爲施行ᄒᆞᆷ 李重贊 告白

本人篆字圓形姓名章陰十一月分遺失ᄒᆞ고以正字楕圓形章施行ᄒᆞ오니知舊間照亮ᄒᆞ시ᄋᆞᆸ 忠南公州郡株竹里徐惠淳 白

誠實이左의事務를取扱ᄒᆞᆷ
壹 法律諸般質疑應答個人의法律顧問、
壹 民刑訴訟書類作成
壹 登記申請証明査証書類作成及代理
壹 債權取立及紛議仲裁
壹 物品代金及貸金의取立을代理ᄒᆞᆷ
京城南部水下洞拾六、三 金永壹 事務所

本人先祖贊成公諱碩圭墓所在於密陽西面谷良山麓而案山文券前已遺失故玆廣告ᄒᆞᆷ 玄擎運 玄東健 告白

本人에名이已往相殷이더니至今김相赫으로改名ᄒᆞ오니知舊間照亮ᄒᆞᆷ 北部常平坊經理廳契龜岩洞廿六統六戶 김相赫 白

木刻姓名圖章을光化門郵便局內에서遺失ᄒᆞ엿ᄉᆞ오니誰某시던지見欺치마시오 李準世 白

本人의所有地證明成出次로星州禾谷面津頭泥生田文記八張과禾谷員新興泥生舊狀軸五張과踏面牌書員圖本一張과船南面新基泥生文記一張과勝訴判決一度踏面牌圖本一張과上項證明紙捺章各二件測量圖本各三張을同封ᄒᆞ야高靈郡畓谷面尺紗里居郭順七處에委托ᄒᆞ야陽十二月二十五日에向往本郡이다가自吾道面井花里로柳木亭至相距五里之間에遺失ᄒᆞ고多日廣索而未得故로玆에廣告ᄒᆞ오니某人中에拾得ᄒᆞ엿거던本人의게로傳給ᄒᆞ심을切望切望 大邱西內洞四十統五戶 李章雨 告白

本人의名字有를裕字로改定ᄒᆞᆷ 西部盤石坊二百三十八統五戶 李德裕

本郡財務署長尹헌求ᄂᆞᆫ以年少沒覺으로無土卜一百三十餘結을加排於元結之頭ᄒᆞ야以致民擾而自知渠罪ᄒᆞ고暗訪郡民代表處而懇乞曰先納元結則加結段은次次拖去無탈云ᄒᆞ니以此推之ᄒᆞ면不啻欺民이라亦爲罔上이오며憑藉酒草稅ᄒᆞ고窮峽一根之草와郊野三農之酒를橫而徵稅ᄒᆞ니民怨이漲天이라헌求之求慾이求於不求之處ᄒᆞ니山民之嗽冤이尤積於山이라과足上京ᄒᆞ야方欲伸冤故先爲廣告以著罪ᄒᆞᆷ 忠南韓山郡民代表 盧壹愚 閔慶植 羅均悳 盧爽鎬等 告白

去辛丑年分에故沈判書相薰氏가本洞舊鎭客舍毁撤ᄒᆞᆫ基址에埋標矣러니再昨年十二月日農工銀行所事務二人이來言曰沈判書子理燮이가該基地를欲爲典執調査以來云ᄒᆞᄋᆞᆸ기此必挾雜之事라고說明以送이러니追後理燮이兩次來到ᄒᆞ야威협測圖故居民이牢拒責送이온바不意今者에該人이復售奸計ᄒᆞ야本洞全局土地를暗自取圖하야他處에典執經營이다가奸狀이綻露故玆에廣告ᄒᆞ오니內外國人은切勿見欺ᄒᆞᆷ 慶南東萊府多大洞代表朴致文韓尙兼鄭碩魯高云善李圭東等 告白

今一進會自稱百萬何其會員之多乎本人等誤參彼會라가見其悖習乖常ᄒᆞ고不過數朔에退會故玆에廣告ᄒᆞᆷ 三和港芝山洞 安亨濟 碑石洞 全致황 康達瑞 新興洞 盧鳳奎 德兩機 張志範等 告白

▲特別廣告

本人의서子金姓七이가性本浮浪ᄒᆞ야不治產業故로不得已ᄒᆞ야去丁未年分에分產ᄒᆞ엿ᄉᆞᆸ더니未滿壹年에三萬餘金財產을蕩盡ᄒᆞ고東閃西忽ᄒᆞ며亂類之輩를付同ᄒᆞ야內外國人間에保證得債ᄒᆞᆯ意로壹週日前에忽出ᄒᆞᆫ故로玆以廣告ᄒᆞ오니內外國人은切勿見欺ᄒᆞ샤이다 平安南道永柔郡中部面坪村里 金氏順敬 告白

慶北仁同郡東面領收員金丁魯가已酉陰十一月二十三日에地稅金徵收로面內에巡行ᄒᆞ다가姓名圖章을見失ᄒᆞ엿ᄉᆞ니內外國人誰某間에得ᄒᆞ엿거던還本ᄒᆞᄋᆞᆸ던지不尋ᄒᆞ와도金丁魯信이라ᄒᆞᄂᆞᆫ圖章은更勿見施ᄒᆞᄋᆞᆸ고信字를改ᄒᆞ야章字로更刊ᄒᆞ오니以此周知ᄒᆞᄋᆞᆸ소셔 김丁魯 告白

本講習開學陰正月五日期限一朔事務所協成書舘主務鄭在命講師張膺震金鉉식兩氏及諸氏科目數學算術物理生理敎授法日語地文法學化學農學等隨宜敎授志願僉彥趁期入學務望

平壤師範講習所 白

本所에서洋屬毛織을各色直輸入ᄒᆞ야廉價로發賣ᄒᆞᄋᆞᆸᄂᆞᆫᄃᆡ物品과織組가堅固ᄒᆞ며染色이不變ᄒᆞ와經濟上에第一要緊ᄒᆞ오며各地方貿易을便利키爲ᄒᆞ와郵便小包로酬應ᄒᆞ야代金을引換ᄒᆞ겟ᄉᆞ오니 僉君子ᄂᆞᆫ陸續請求ᄒᆞ심을伏望

京城小龍洞 洪順福毛織商店

本店에서開業ᄒᆞᆫ지十六年間僉君子의愛顧ᄒᆞ심을特蒙ᄒᆞ와今年부터業務을大擴張ᄒᆞ고春夏秋冬所用으로緞屬毛織等各國高等物品을現今多數直輸入ᄒᆞ온바各地方에서ᄂᆞᆫ貿易에便利賣買키爲ᄒᆞ야特廉減價ᄒᆞ와郵便小包로酬應ᄒᆞ야代金은引換ᄒᆞ깃사오니十三道各郡僉君子ᄂᆞᆫ隨意請求ᄒᆞ심을望 振替貯金番號(韓國壹三番) 漢城中部鍾路砂器廛洞二十一統五戶 廣興泰 告白

楊炳鎬의鎬字를以銑字로改稱ᄒᆞᆷ 三和港德兩機 楊炳銑 告白

◎內外國有志紳士諸氏前 特別廣告

平安北道江界郡私立英實中學校任員一同은本校擴張키爲ᄒᆞ야外地羈旅同胞와內外國有志紳士諸氏의게請助事를本校敎師黃思先金河源兩氏와事務申鶴鳳三氏의委任ᄒᆞ야今日發行ᄒᆞᆷ
隆熙三年十二月三十日
校長 邦惠法 校監 車學淵 事務 金文典 金益弘 金奉羲 申鶴鳳

特別廣告

公債證書 各社株券 船卜債券 倉庫證券 鐵道貨物證券

有價證券 直接賣買 委托賣買 保 擔保貸金

▲特別 特別▼

現今商業界에曙光이發展홈을隨ᄒᆞ야銀行、會社、等의擁宜ᄒᆞ고趣味잇ᄂᆞᆫ社會가日上增ᄒᆞ고月上盛ᄒᆞ게設ᄒᆞ되希望이有ᄒᆞᆫ지라이ᄯᆡ를當ᄒᆞ야同時에株劵에對ᄒᆞ야相議處가無홈으로各位株主의希望되ᄂᆞᆫ讓受ᄒᆞ기便利ᄒᆞ고事由에因ᄒᆞ야讓渡ᄒᆞᆯ時와必要에關ᄒᆞ야臨時的資金融通의便利等事項을酬應ᄒᆞ기爲ᄒᆞ와弊商會에서特히有價證劵取引部를設立ᄒᆞ고買賣及貸付에關ᄒᆞᆫ一切事項을請求ᄒᆞ시ᄂᆞᆫ되로誠懇ᄒᆞ고安全ᄒᆞ게大注意ᄒᆞ와迅速히酬應ᄒᆞ깃ᄉᆞ오니多少를不拘ᄒᆞ시고來議ᄒᆞ심을務望ᄒᆞᆷ

京城南署美洞二十六統十戶 金龍商會 主業 金龍惠

同和藥房廣告

本國藥材로洋製新造ᄒᆞ야各病에神效ᄒᆞ오며
用藥寶鑑全卷 定價三十錢
宗敎統一論全卷 定價十錢

平壤郡支店長 宋尙愈 管內出張所位置

第一平壤磚石洞金冕恒 第二遂安栗里宋翼周 第三遂安明導赫 第四順川龍升里劉允文 第五平壤朱村朱愚敬 第六陽德佳倉李鎭亨 第七成川丫波李應烈 第九甑山一上里宋尙憲 第十順川倉人市崔鼎燁 第十一平壤司倉里金用良 第十二都龍洞金鎭範 第十三五柳洞金斗昱 第十四張察訪洞黃錫淸 第十五三和南浦康元俊 第十六成川淵洞朱基鎭 第十七江西箴貝池昇麟 第十八甑山斑石里黃鶴表 第十九平壤舊東昌宋翰周 第二十長村崔善宇 第二十一遂安邑石橋高義守 第二十二渠里上場金春燮 第二十三江東漢堡朴達鉉 第二十四永柔白嵩里李某 紙面이不足ᄒᆞ야未能枚擧ᄒᆞᆷ

京城西小門外車洞本舖 閔樞 白

本人이葉草客主數年에各處草商을雲集交易ᄒᆞᄂᆞᆫᄃᆡ內外國煙草會社에서도連續買去ᄒᆞ고本國絕草商도多數買去ᄒᆞᄋᆞᆸ기로一層擴張ᄒᆞ엿ᄉᆞ오니 僉君子ᄂᆞᆫ陸續來臨ᄒᆞ시기를希望 京城西大門外尾洞百八統九戶 宋憲璽 邊昌根 告白

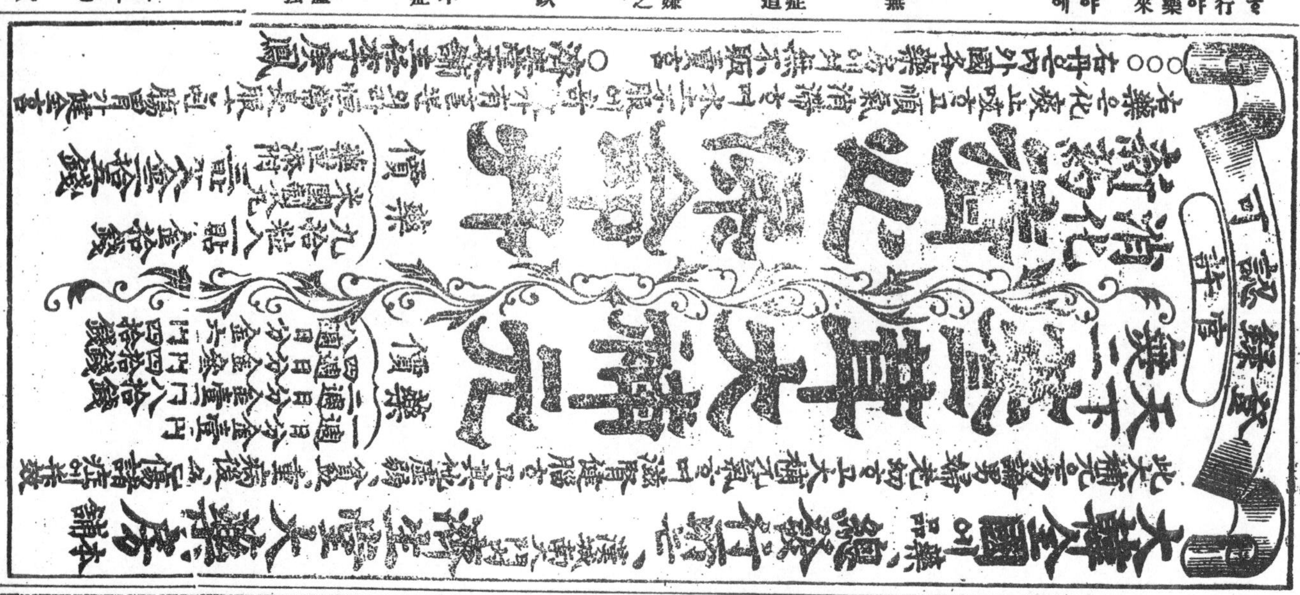

檀君開國四千二百四十二年
箕子元年三千三十一年
大韓開國五百十八年
本報創刊日 光武八年七月十八日

大韓每日申報

Responsible for Publication Alfred Weekley Marnham.
發行兼編輯人 英國人 萬咸
發行所 京城南部石井洞三層洋屋家 大韓每日申報社

第八卷　月曜及慶節歲時休日休刊　第一千二百九十三号

論說

◉滿洲問題에就ᄒᆞ야再論ᄒᆞᆷ 續

清朝가支那를統壹ᄒᆞ던時ᄂᆞᆫ即大彼得이俄羅斯를中興ᄒᆞ던時라時에俄國壹士官이西比利亞를由ᄒᆞ야黑龍江沿岸에至ᄒᆞ야此를佔據開拓ᄒᆞᆯ志가有ᄒᆞ야三百五十名의兵을來駐ᄒᆞ더니邊吏가奏聞ᄒᆞ미康熙帝가大怒ᄒᆞ야即時五萬의大兵을發ᄒᆞ며又韓國의兵을借ᄒᆞ야此를擊退ᄒᆞ고尼布楚條約을結ᄒᆞ야清俄兩國의國境을外興安嶺으로定ᄒᆞ엿ᄉᆞ니韓國史上에記ᄒᆞᆫ바羅禪同攻의役이是라是時ᄂᆞᆫ清國國力이雄强ᄒᆞ야今日衰頹의此가아니나然이나俄國의遽然斂手ᄒᆞᆷ도亦兵力의絀ᄒᆞᆷ이아니라只是西方의大問題에心惱ᄒᆞᄂᆞᆫ俄國君臣이東洋의利에餘力을用ᄒᆞᆯ隙이無ᄒᆞᆫ故라雖然이나畢竟清國咸豊年間英法聯軍役後에俄國이彼三국媾和의際에奔走効勞의功이有ᄒᆞ다ᄒᆞ고因ᄒᆞ여滿洲北部數千里地를割去ᄒᆞ니蓋是時에西洋諸國이皆東亞의통商利益만主張ᄒᆞ되其中에獨히併呑의野心을抱ᄒᆞᆫ者ᄂᆞᆫ俄國이라

既而오西力의東漸이日로劇ᄒᆞᆫ中에韓의睡도依舊ᄒᆞ며清의頑도尤甚ᄒᆞ되獨커彈丸黑子의小島國에서奮起ᄒᆞ야維新의業을建ᄒᆞ고甲午清日戰役의後에日本이戰勝의利로遼東을取ᄒᆞ니此ᄂᆞᆫ彼小島國人民의天地剖判以後初得의好夢이라洋洋ᄒᆞᆫ喜氣가天에接ᄒᆞ야左右로跳躍ᄒᆞ더니俄國이彼日本의滿洲內一部土地를染指ᄒᆞᆷ을不喜ᄒᆞ며歐西諸國도日本의驟强을不欲ᄒᆞ야突地에俄法德三國同盟의鋒으로日本을迫ᄒᆞ야遼東을還付ᄒᆞ미日人이冤憤落膽의餘에志氣를再鼓ᄒᆞ야十年의劍을磨ᄒᆞ야俄를禁ᄒᆞ고韓國의保護權을其掌中에握ᄒᆞ고滿洲의諸般利益을攫取ᄒᆞ다가今又滿洲鐵道中立의提議를遭ᄒᆞ엿도다此ᄂᆞᆫ美國이提議ᄒᆞ며列强이贊同ᄒᆞ나니日本이비록强ᄒᆞ며비록慘悍ᄒᆞ나一個孤立的島國으로엇지攘攘羣來의列强을得抗ᄒᆞ리오不過是俄日戰爭以前의韓滿交換의舊問題나再講ᄒᆞ야韓國內에서橫蹶코ᄌᆞᄒᆞᆯ而已로다

嗚乎라將來滿洲의大鹿이誰手에死ᄒᆞᆯᄂᆞᆫ지不知어니와現今世界競爭이東洋에集中ᄒᆞ고東洋問題ᄂᆞᆫ滿洲가前提되나니然則此時代滿洲ᄂᆞᆫ列强視線의注集ᄒᆞᄂᆞᆫ所이니此ᄂᆞᆫ近世史上의滿洲라

未完

外報

◉美提案과露國　美國의提出ᄒᆞᆫ滿洲鐵道中立問題에對ᄒᆞᆫ露國의態度를聞ᄒᆞᆫ則一說은美國政府에滿洲鐵道列國共營案의提出된은東清鐵道의損失及日本의壓迫을避ᄒᆞ려ᄂᆞᆫ露國의苦肉計에서出ᄒᆞᆷ이라ᄒᆞ고又一說은同問題에對ᄒᆞ야露國政府에서公式으로拒絶ᄒᆞ엿다더라

◉兩黨聯合宣言　英國保守黨首領발포ㅣ아、統一黨領袖참버레인兩氏가署名ᄒᆞ야兩黨聯合宣言書를保守黨中央本部에서發表ᄒᆞ엿ᄂᆞᆫ데該宣言書에概要ᄂᆞᆫ關稅改革은勞働者의諸階級에對ᄒᆞ야生活費을增加케아니ᄒᆞᆷ이可ᄒᆞᆫ事、關稅改革은統一으로ᄒᆞ여곰諸食料品에關ᄒᆞᆫ現行稅를低減ᄒᆞᆷ을得ᄒᆞᆫ事、失職者의數를減少케ᄒᆞᆫ事、英國領土內에서貿易을發達케ᄒᆞᆫ事等이라더라

◉統一派優勢　論敦電을據ᄒᆞᆫ즉去十五日議會議員總選擧의結果ᄂᆞᆫ統一派四十三名、自由派三十七名、勞働派六名、國民派五名이當選ᄒᆞ엿다더라

◉清朝會議　清국攝政王은滿洲鐵道中立問題에就ᄒᆞ야去十五日에各軍機大臣을宮中會議室에召集ᄒᆞ야御前會議를開ᄒᆞ엿ᄂᆞᆫ데鹿傳霖은美國의提議를極力反對ᄒᆞ고那桐及戴鴻慈ᄂᆞᆫ此問題가原來美國의善意에出ᄒᆞᆫ거신즉正히列國의趨向을看ᄒᆞ야方針을定ᄒᆞᆷ이可ᄒᆞ다ᄒᆞ고主張ᄒᆞ야具體的의決議을見ᄒᆞᆷ에不至ᄒᆞ엿다ᄒᆞ고攝政王及載洵貝勒은美國의提議ᄂᆞᆫ却히事를起ᄒᆞᆯ虞가有ᄒᆞᆫ意見이라ᄒᆞ엿다더라

學界

◉高等校請願　官立漢城高等學校에서ᄂᆞᆫ該校敎師金敎煥氏로副敎授를叙任ᄒᆞ라고三昨日學部에請願ᄒᆞ엿다더라

◉學部職員會　學部에서來二十二日下午一時에官立普통學校職員會를開ᄒᆞᆫ다더라

◉五校興旺　定州五山學校에서昨年十二月二十四日에第二回開校紀念式을擧行ᄒᆞ엿ᄂᆞᆫ데學父兄諸氏가一齊叅會ᄒᆞ엿고各其義捐金을寄付ᄒᆞ야五百圓價値의理化學機械를設備ᄒᆞ엿고校務를一層擴張ᄒᆞᆫ다더라

◉一切斷髮　金川郡內師範講習所에서ᄂᆞᆫ學員六十餘人이去一日에一切斷髮ᄒᆞ엿다더라

學報

◉一光卒業

本月四日에三和港一光學校에서第二回卒業試驗을行ᄒᆞ엿ᄂᆞᆫᄃᆡ高等科第三學年卒業生
張鴻鎭　金夏俊　金　煜
邊庸鍵
尋常科第四學年卒業生
姜基昌等二十三人

○談叢○

▲東洋革命史의缺点　劍心

彼西洋人은暴君凶黨의虐待를苦ᄒᆞ야革命을起ᄒᆞ면必也人權國利擴張의鼓를鳴ᄒᆞ야民賊의禍根을斷ᄒᆞ엿나니故로革命의結果가羅馬銅表法이되며英國大憲章이되야今日文明의淵源을開ᄒᆞ엿거ᄂᆞᆯ

此東洋에ᄂᆞᆫ古來로革命이大槪其原因은彼와同ᄒᆞ되其結果ᄂᆞᆫ彼와殊ᄒᆞ나니此ᄂᆞᆫ無他라東洋에서ᄂᆞᆫ비록暴君凶黨의虐待를苦ᄒᆞ야革命을起ᄒᆞ엿ᄉᆞ되其終局에ᄂᆞᆫ一二野心家의縱橫을任ᄒᆞ야前暴君前凶黨을除ᄒᆞᆫ後에第二暴君第二凶黨이復作케ᄒᆞ엿ᄂᆞᆫ지라以故로此韓國으로論ᄒᆞ야도新羅末年에王室의秀政이作ᄒᆞ미此를因ᄒᆞ야革命이起ᄒᆞ엿ᄉᆞ나不過王氏의基業만創開케되엿고何等人權國利에關ᄒᆞᆫ成功이無ᄒᆞ엿ᄉᆞ며高麗季世에崔家의暴橫이作ᄒᆞ미此를因ᄒᆞ야革命이起ᄒᆞ엿ᄉᆞ나又不過金仁俊의權力만突起케되엿고何等人權國利에關ᄒᆞᆫ成功이無ᄒᆞ엿ᄉᆞ니可惜ᄒᆞ도다

詞藻

❀何　心　腸❀

烈士의굿은절기、누가아니감복ᄒᆞ며。
報館에우ᄂᆞᆫ붓디、勁直ᄒᆞᆷ도ᄶᅡ업것만。
어이ᄒᆞᆫ、亂賊輩의心腸은、못칠줄을。

雜報

◎合邦贊成說 去十四日夜에朴齊純趙民熙張憲植諸氏와其他二人이侍從院卿尹德榮氏私邸에會集하야時局問題를協議하엿는디政合邦을贊同하더리도大臣地位는變動치아니하리라하엿다하며又去十七日夜에도朴齊純氏가尹德榮氏家에會集하엿던趙民熙氏等四人을招待하야政合邦贊成을協議하엿다는說이有하다더라

◎日人揚言 今番滿鐵中立問題에對하야京城에在한日人某는揚言하여曰俄日戰爭時에賠償金도勿施케한은皆美國의干涉한所以인디今回此問題를又唱한즉美日戰爭은畢竟免不得에事라하다더라

◎日主日增 學部에서日人主事二窠를增置할次로官制를改定하야內閣에提議하엿는디日間頒布한다더라

◎市原邸開宴 韓國銀行總裁市原盛宏은來二十四日午後六時에私邸에서宴會를設하고各部大臣及次官을宴待할次로請帖을發하엿다더라

◎運動何益 東亞贊英會長尹進學氏는民財를斂斂하야伊藤氏祠宇를剏建할次로警視廳에請願하엿다가退却을遭하엿는디更히統監府에出入하는金某를紹介하야該目的을期於到達하기로百般運動中이라더라

◎四處長書 平北鐵山郡人民代表姜基準김用國김允寬氏는內閣과統監府에長書를提呈하고忠南忠州郡紳士鄭晳謨氏와黃海道海州郡紳士趙雲瑞張襄殷김永泰氏以下三十六人은國民大演說會에長書를送致하엿는디其概意는幷一進會頭領을亟處常刑하고其餘黨을亟令解散하야人民의公憤을伸雪케하라하엿다더라

◎兩會決議 日人의朝鮮問題同志會員大谷五百木二人이再昨夜京城旅館에서在京城日人記者團을招待하엿는디其會見의結果는根本的現狀打破의必要로一致되야此後에는意見을疏通하야共同努力하기로決議하엿다더라

◎研究會集合 日人의時局問題研究會에서再昨日에常議員을選擧하고居留日人中有力者들을京城旅館에會集하야現狀打破的言論을亂叫하엿다더라

◎日官例會 在京城日人高等官十餘名은木曜會를組織하야去秋以來로每月二回式京城旅館에서開會한다는디本日도會集하야時局事를研究한다더라

◎醫校規則製定 大韓醫院附屬醫學校規則을內部에서製定하야度支部에同意를請하엿다더라

◎地方費豫算表 內部에서本年度地方費實施에關하야豫算表를編纂한다더라

◎斷指停金 學部에서日本國에留學하는斷指學生에게는本年度三月까지만補助金을支給하기로決定하엿는디該期限이在邇함으로留學生監督局에指揮하야該學生에게自後로는自立할道理를說諭하라하엿다더라

◎議察答照 內部地方局長이京畿觀察使에게照會하고水原始興加平交河等四郡에社稷壇修理費는地方慣例에依하야支用하라하엿는디該道에서는國庫金으로支撥하라고答照하엿다더라

◎農部購牛 農商工部에서는畜產補助費六千二百圓으로韓國牛種改良을經營한다는디壹頭에數百圓價値되는牡牛七頭牝牛三頭를外國에서購入한다더라

◎被刺後人心 今番李總理가被刺한後地方人心은大槪李氏가國家의誠意는一毫도無하고老猾陰慘의行動만行힛슨즉被刺가當然하다하야李在明의功을贊揚한다더라

◎山根慰問 日本에서渡來한駐韓軍慰問使山根은昨日龍山軍司令부에往하야大久保以下將卒에게日皇陛下의詔勅을傳하고恩賜品을傳하엿는디尙且駐韓憲兵警察官吏ᄭᅡ지慰問한다더라

◎武田入京 平壤鍊炭所長으로內定된日人武田은再昨日入京하엿는디昨日內部次官木內와何等協議가有하엿다더라

◎拓殖事業 拓殖會社에서는韓國驛屯土及宮庄等引繼한것과其他買入한土地가甚多한디此等土地를調查키爲하야昨年來로技師를各處에派送하더니近近壹大水利事業을施設한다더라

◎調查次出張 蔚山延日灣沿海에在한國有漁基를調查키爲하야水產局日人主事及技手等이昨日出張하엿다더라

◎罹災費分擔 本年度罹災救恤費總計가壹萬壹千圓이라는디其中五千圓은國庫에서負担하고六千圓은地方費로支出케한다더라

◎訊問終決期 李在明連累者의訊問은本月末日頃에終決될듯하다더라

◎何事視察 日憲兵司令部에서는何等事件을因함인지再昨日日憲兵二名을派送하야故忠正公閔泳煥氏의家宅을內外視察하엿다더라

◎憲補增選 日憲兵司令部에서는補助員十五名을增選하는디請願者가逐日沓至한다더라

◎指使之故 漢城府尹張憲植氏가各社會를日昨惠泉館으로請邀宴待하다가風波를激起함은各報에揭布한바어니와張氏의設宴한內容을聞한즉一進會의指使를承함이오會費도一進會에서擔當함이라고巷說이藉藉하다더라

◎物品移運 景福宮에積置하엿던各項物品은昨日昌德宮으로運搬하엿다더라

◎割引券使用 來三月頃에日本福岡縣에서開催하는共進會에서는韓人觀覽者를多數請邀하기爲하야鐵道管理局과交涉하야二割引往還券을使用케하엿는디二十人以上團體에게는五割引券을使用케하엿다더라

◎扶倅長逝 忠南扶餘郡守洪思悅氏는受由上京하엿더니再昨日에身病으로奄然長逝하엿다더라

◎實業新聞將出 大韓興業會長尹致晟氏는同會機關으로實業新聞을발行할計劃이라더라

◎北署說明 北部警察署에서昨日上午十時에管內人民을會同하야民籍에錯誤된處를說明하고更히修正케하엿다더라

◎高氏獻議 高永發氏는監獄署에被囚한男女罪人으로하여금才質을隨하야各其工藝를肄習케하자고中樞院에獻議하엿다더라

◎坊民將訴 貞慶坊會總務韓昌會氏는本是一進會員인故로該坊會에서逐出을被하엿는디總務在任時에會費數百圓을犯用하엿슴으로坊會에서該金을還推코저將次呼訴한다더라

◎梁氏呼訴 濟州郡居梁勝祉氏는前郡守尹元求氏에게金八千圓을見奪한事件이有하다하야日前中署에呼訴하엿는디事不如意한故로昨日警視廳에更히呼冤하엿다더라

◎崔氏申訴 監獄署에累月被囚하엿던崔炳憲崔在鶴父子는地方裁判所에서役六個月에宣告하엿는디該氏等이不服하고控訴院에申訴하야再昨日更히審查하엿다더라

◎宜其卞明 楊州郡西山面居李鵬淳氏는義兵嫌疑者로三昨日北部警察署에被捉하엿는디該郡面里長諸氏가再昨日同署에聯名請願하야該氏의曖昧함을卞明하엿다더라

◎其計亦窮 商務組合部長李學宰氏는部長에任을辭免할次로再昨日下午三時에請願書를提出하엿는디該所任員들이接受치아니하엿다더라

◎新韓押收 新韓民報第百六十四號는治安妨害라하야再昨日押收하엿다더라

◎寫眞科特設 鍾路青年會學館에서寫眞科를特設하고英人美術家와美領布와島에遊學하야寫眞術을卒業하고該島에서多年營業하던韓國寫眞師崔昌根氏를雇聘하야壹般志願者를敎授한다더라

◎青館開演 今日下午七時三十分에鍾路青年會館에서演說會를開하고紳士石鎭衡氏를請邀하야國과學文이란問題로演說한다더라

◎嶠會惜別 嶠南敎育會總務李宜鎬氏가咸昌郡守를被任한故로該會員四十餘人이再昨日下午七時惠泉館에會同하야李氏의惜別宴을開하고銀盃一件을증品하엿다더라

電報

◎都督府維持 昨日日本元老會議에서關東都督府의現狀을維持케하기로決定하엿다더라

◎露國回答 露國이美國提議에對하야如左한回答을發하엿다더라

一 滿鐵中立은全然反對함

二 錦州鐵道問題는同一處斷함

三 齊齊哈爾線問題는北部에는全然反對오南部에는付條件으로贊成함

◎桂曾協議 日本桂首相과曾彌統監의政治變改的協議는韓國의觀察使와理事廳을廢合統壹하고韓日人을同一行政機關下에處케하며中央行政部에는數名의罷免이有케하기로한다더라

◎官吏變動說 拓殖會社副總裁吉原은統監府總務長官을任한다하며木內小宮兩次官은罷免되기로內定하엿다는說이有하다더라

以上東京발 十八日着

◎統監所火災 今朝四時에日本統監府出張所에서失火全燒하야書類가燒失되엿다더라

◎曾彌辭任說 曾彌統監은辭任하기로決議하엿는디其後任은長谷川大將으로內定되고副統監은奧田義人일듯하다더라

◎日本反對說 日本政府에서는元老會議를開하고美國의提案한滿鐵中立議를反對하기로決定하야正式回答을本日發送한다더라

◎日大臣談論 曾彌統監과最近한日本某大臣은曰統監의今番歸國은韓國政務의協議를爲함이아니라重大한條件인디此案件에對하야目下內閣에서協議中인즉其決定은多少時日을要할지오滿鐵問題를因하야不便이되는貌樣이라至若石塚等遞任說은不過枝葉의事인즉아즉此問題는決定함이無하다하엿다더라

以上東京發 十九日着

▲社會燈▼

▲韓政府의大官들은經用金이不足하야各部府의使喚ᄭᅡ지次第陶汰다하면서各地方의日主事와各警署의日巡查는무合돈이그리만허百餘名式雇用하노部府院廳使喚輩도日人들노시혓드면借款額은더하여도陶汰說이永無할셜

▲漢城府尹張憲植은各社會를慫慂하야一進會에和同코저六出奇計비저니여惠泉館에모혓더니文鐸志士拳風에六出計가더느러서三十六計上上策을不知不覺ᄯᅩ썻다지漢城又치歪혼山川무合運數不吉하야저ᄶᅡ위가土主노릇

▲苑洞雜類徐彰輔는長書一幅提出하고쥬먹미를마진後에治療費를쥬서다가八口殘命쥬린창자僅僅圖生지닌다지贊英會長부쳐님도銅像論을고만두고學生이나차저가서쥬먹미나버런드면돈푼이나엇어다가朔을貰나免히볼셜

雜報

○商組困難 商務組合部에서ᄂᆞᆫ經費가困難ᄒᆞ야各商民이게補助를請求ᄒᆞ기로目下協議中이라더라

○果組新式 京城果商組合所에서ᄂᆞᆫ各果商에게指揮ᄒᆞ야新式斗升을使用ᄒᆞ고舊斗ᄂᆞᆫ一并廢止ᄒᆞ라ᄒᆞ엿다더라

○溺屍漂泊 北青郡新淸津居漁業者김衡斗氏等七名이客月日에溺死ᄒᆞ엿ᄂᆞᆫ되該尸體가日本國兵庫縣城崎郡住香村에漂到ᄒᆞ엿슴으로該縣知事가返柩歸國케ᄒᆞ고統監府로該事由를報知ᄒᆞ엿다더라

○無料搭乘 警視廳에서ᄂᆞᆫ韓日瓦斯會社와交涉ᄒᆞ야刑事巡査ᄂᆞᆫ電車를無料搭乘케ᄒᆞ엿다더라

○音樂研究 韓錫振氏等九人이調陽俱樂部를西部刀子洞에設立ᄒᆞ고音樂을研究ᄒᆞᆫ다더라

○義兵被捉 忠北堤川警察署에義兵禹夏榮氏等三名이被捉ᄒᆞ엿다더라

○關廟竊盜 客月二十四日에賊漢이南原郡關帝廟에突入ᄒᆞ야鍮燭대五件과鍮香爐四件과香盒一件과其他多數ᄒᆞᆫ祭器를竊去ᄒᆞ엿다더라

○嚴氏無關 時事新聞社積立金을嚴俊源氏가擔出ᄒᆞ엿다ᄂᆞᆫ說은初無ᄒᆞᆫ事이라더라

廣告

本人이南部樂善坊靑寧橋一甘井前八十九統九戶草家六間文券을陰本年夏間不知中에서失ᄒᆞ엿스니誰某拾得이라도休紙施行ᄒᆞ시옵

戶主 李春和 告白

中部長通坊東谷洞三統二戶五家三十四間典當契約書二度를中間셔失ᄒᆞ엿슴기廣告事

李根澤

寫眞速成大募集

本學館에셔本國에美術을發達키爲ᄒᆞ야寫眞科를特設ᄒᆞ고英人教師와美領布哇에셔寫眞術에多年從事ᄒᆞ던本國教師가教授ᄒᆞ깃ᄉᆞ오니願學僉員本月二十五日內로來議本館ᄒᆞᆷ事

皇城基督靑年會學館

本人陰六月十七日楊市金日祿家에與金利淵李景秀相弄時姓名章을見奪而翌午還推러니今聞景秀之言則利淵이無數捺章而欲爲酒標使用故奪取자碎云然而尙有疑端玆廣告

平北龍川光化面山臺洞 金處奎

楊炳鎬의鎬字를以銑字로改稱ᄒᆞᆷ

三和港億兩機 楊炳銑 告白

本人이東署崇信坊山鍾岩二統七戶安鳳奎家草家六間文券을典執ᄒᆞ엿다가不知中셔失故玆以廣告ᄒᆞ오니僉君子ᄂᆞᆫ照亮ᄒᆞ옵

南署大平坊席洞三十四統五戶 朴齊範 白

本講習開學陰正月五日期限一朔事務所協成書舘主務鄭在命講師張膺震金銈식兩氏及諸氏科目數學算術物理生理教授法日語地文法學化學農學等隨宜教授志願 僉彥趂期入學務望

平壤師範講習所 白

○內外國有志紳士諸氏前

特別廣告

平安北道江界郡私立英實中學校任員들은本校擴張키爲ᄒᆞ야外地羈旅同胞와內外國有志紳士諸氏의게請助事를本校教師黃思先金河源兩氏와事務申鶴鳳三氏의委任ᄒᆞ야今日發行ᄒᆞᆷ

隆熙三年十二月三十日

校長 邦惠法
校監 車學濶
事務 金文興
金益弘
김泰義
申鶴鳳

本店에서開業ᄒᆞᆫ지十六年間僉君子의愛顧ᄒᆞ심을特蒙ᄒᆞ와今年부터業務을大擴張ᄒᆞ고春夏秋冬所用으로緞屬毛織等各國高等物品을現今多數直輸入이온바各地方에서ᄂᆞᆫ買易에便利賣買키爲ᄒᆞ야特廉減價ᄒᆞ와郵便小包로酬應ᄒᆞ야代金은引換ᄒᆞ깃사오니十三道各郡僉君子ᄂᆞᆫ隨意請求ᄒᆞ심을望

振替貯金番號（韓國壹三番）

漢城中部鍾路砂器廛洞二十一統五戶

廣興泰 告白

日本語學音語篇

半洋裝六百餘頁
定價金壹圓四十錢
（郵稅　）

本書ᄂᆞᆫ日本에셔十數年遊學ᄒᆞ야實地의研究를積ᄒᆞ고教壇의經驗이富ᄒᆞᆫ林　圭氏가暗黑ᄒᆞᆫ我國日本語學界에大光線을放코자ᄒᆞᄂᆞᆫ誠力의産物이라一卷三編에分ᄒᆞ야第一編은假名의起原과發音의蘊奧를明示ᄒᆞ고第二編은各品詞의用例와言語의結構法을詳述ᄒᆞ고第三編은簡易ᄒᆞᆫ日常語와實用인會話對話等을總括ᄒᆞ엿ᄂᆞᆫ되皆聚精採華ᄒᆞ고從類分門ᄒᆞ야註解가明晣ᄒᆞ고秩序가整齊ᄒᆞ야斯學研究者의好材料일뿐아니라實로初學海의大指針이오獨習門의賢師友가될만ᄒᆞᆫ唯一의珍本이오니有志諸君子ᄂᆞᆫ購覽ᄒᆞ시오

總發賣處

漢城南部絲井洞五十九統五戶 新文館

日本東京市麴町區中六番町四十九番地 大韓興學會事務所

其他京鄉各書舖

▲特別廣告▼

▲最▲新 通信販賣

勿驚ᄒᆞ시오地方에在ᄒᆞ신여러분이여 僅히一錢五厘의通信費을投ᄒᆞ면多大ᄒᆞᆫ旅費와繁雜을除ᄒᆞ고能히京都第一廉價의物品을得ᄒᆞᄂᆞᆫ妙方이現出ᄒᆞ엿스니此ᄂᆞᆫ歐米各國에셔流行ᄒᆞᄂᆞᆫ通信販賣法이오 우리漢陽商會ᄂᆞᆫ떼파도멘토스도아卽萬物이具備ᄒᆞᆫ商店이니如何ᄒᆞᆫ物品이라도葉書或書簡으로某物을送致ᄒᆞ라通知ᄒᆞ시면우리ᄂᆞᆫ確實迅速低廉으로爲主ᄒᆞ야郵便或運送으로送呈ᄒᆞ깃슴나이다

아ㅣ我韓의人士로誰가우리漢陽商會를不知ᄒᆞᆯ者ㅣ有ᄒᆞ며誰가此에同情을表치아니ᄒᆞᆯ者ㅣ有ᄒᆞ리요

弊店의商品目錄은누구시던지보니라請求ᄒᆞ시면無代金으로送呈ᄒᆞ깃ᄉᆞ오니一次試驗ᄒᆞ기爲ᄒᆞ야如何ᄒᆞᆫ物品이던지注文ᄒᆞ여보시오그便利ᄒᆞᆫ方法이如何ᄒᆞᆷ을아시리다

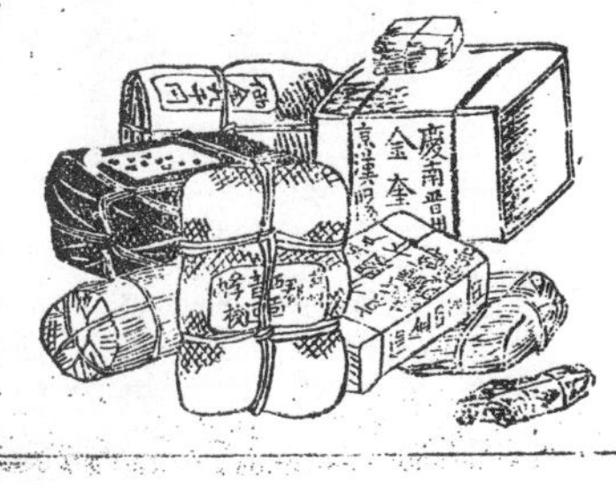

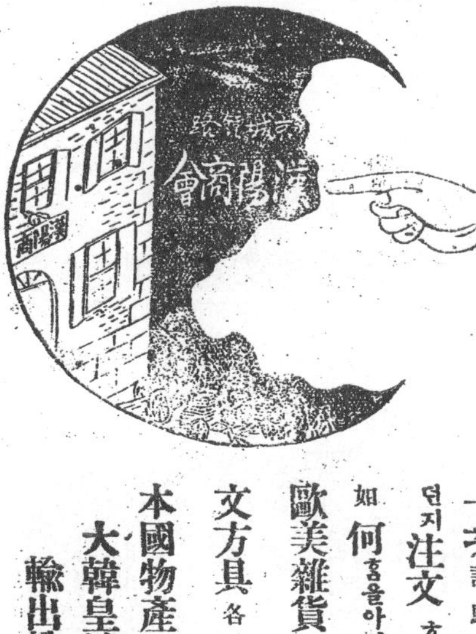

歐美雜貨各種　洋酒食料各種
文方具各種　內外衣服次各種
本國物產各種

大韓皇城鍾路
輸出輸入商 漢陽商會
電話一九一番

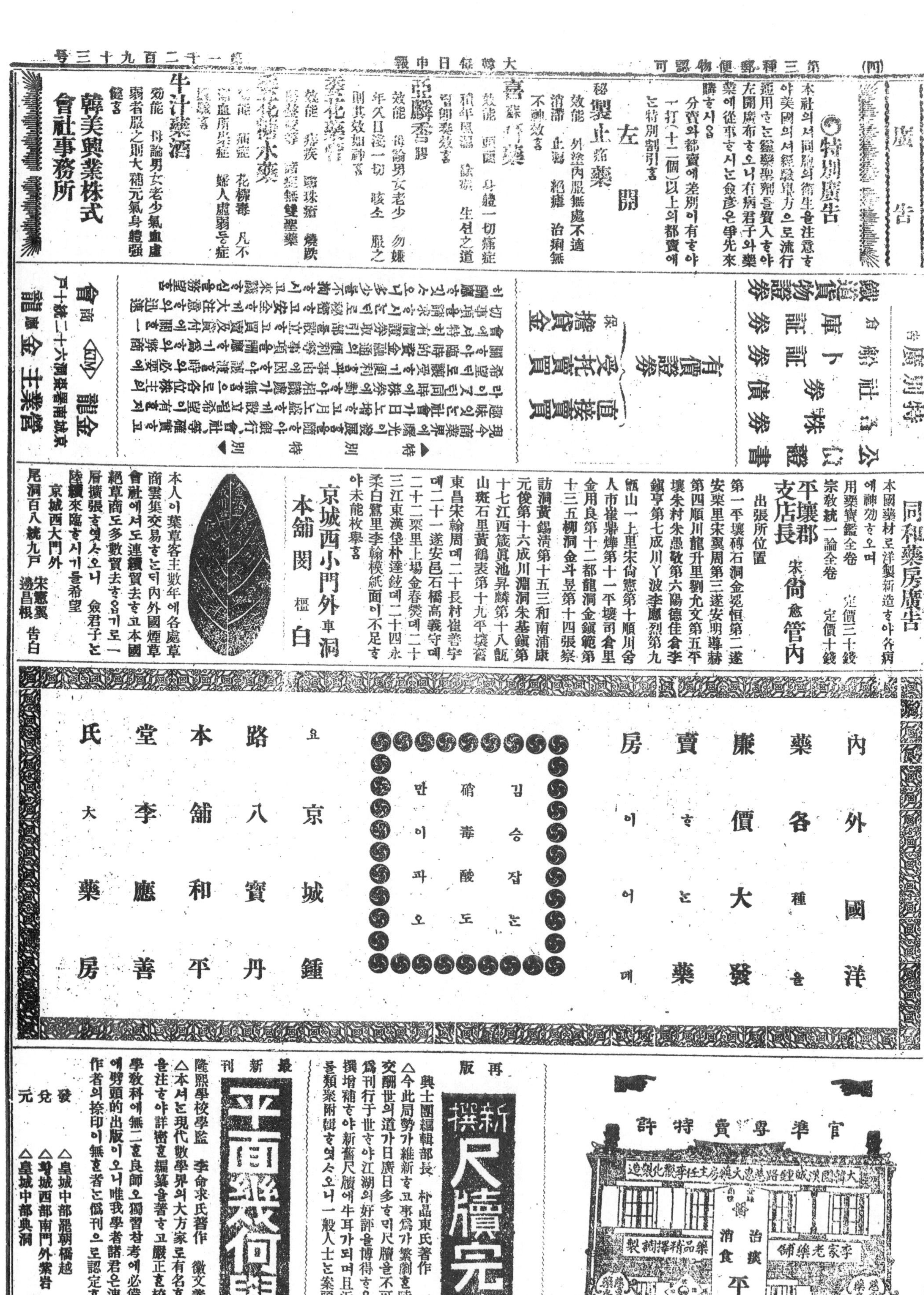

檀君開國四千二百四十二年
箕子元年三千三十一年
大韓開國五百十八年
本報創刊日
光武八年七月十八日

大韓每日申報

第八卷　月曜及慶節歲時日休刊　第一千二百九十四號

Responsible for Publication Alfred Weekley Marnham.
發行兼編輯人 英國人 萬咸
發行所
京城南部石井洞三層洋屋家
大韓每日申報社

論說

◎滿洲問題에就ᄒᆞ야再論ᄒᆞᆷ　續

滿洲歷史의趨勢가彼와如ᄒᆞᆫ쟉滿洲가將來世界史上에大勢力을占有ᄒᆞᆯ것은吾人의斷言ᄒᆞᆫ바이나然이나近世滿洲의主人翁된女眞民族은旣如彼히無能ᄒᆞ고滿滿ᄒᆞᆫ野心을抱ᄒᆞᆫ俄國은日本의打擊下에退ᄒᆞ고日本이又一時氣燄이騰上ᄒᆞ다가列强의合力的運動에屛伏의狀態를呈ᄒᆞ엿더라設令此問題가突然히中變ᄒᆞ야滿洲一幅이全혀日本勢力中에歸ᄒᆞᆯ지라도露國은捲土重來의翼을養ᄒᆞ며列國은猜忌不平의眼으로視ᄒᆞ나니此間에暫時日本의跳躍을聽ᄒᆞᆯ지언뎡長時佔據ᄒᆞᆷ은不許ᄒᆞᆯ지니嗚乎라將來滿洲의風雲이여吾儕의懸식顧觀코ᄌᆞᄒᆞ는바로다

然이나此話는姑置ᄒᆞ고飜ᄒᆞ야韓國의滿洲에對ᄒᆞᆫ關係를觀ᄒᆞ건ᄃᆡ嗟乎라朔方健兒好身手가昔何勇銳今何愚아千載以前滿洲는前段의已言ᄒᆞᆷ과如히勿論韓國의所有어니와渤海滅亡ᄒᆞᆫ以來의韓國은何故로如此히劣退ᄒᆞ엿나뇨祖先發祥의滿洲를契丹이來據ᄒᆞ야도聽ᄒᆞ며蒙古가來據ᄒᆞ야도聽ᄒᆞ며支那가來據ᄒᆞ야도聽ᄒᆞ고一隅에雌伏ᄒᆞᆷ을是甘ᄒᆞ야姜元帥龜州大捷의功이雖壯ᄒᆞ나自衛에不過ᄒᆞ며尹太師九城敗復의策이雖美ᄒᆞ나暫有에不過ᄒᆞ고(又只是長白山以東ᄲᅮᆫ)金俊建國의業이雖大ᄒᆞ나祖국史上에反響이無ᄒᆞ고又高麗中葉以後로는國境問題를恒常筆端舌端으로만解決코ᄌᆞᄒᆞ엿스니엇지可恥ᄒᆞᆯ비아니리오其末葉에至ᄒᆞ야幾히崔都統一人이出ᄒᆞ야其燭天耀地의雄眼을放ᄒᆞ며呼風喚雲의神腕을揮ᄒᆞ고鴨綠의長江을越ᄒᆞ야(一)八站을破ᄒᆞ야蒙古國의勢力을摧ᄒᆞ고(二)紅巾을斥ᄒᆞ야支那族의侵侮를禦ᄒᆞ며(三)明征東都督부眞을擊斬ᄒᆞ야彼大明太祖朱元璋의魂을飛케ᄒᆞ고古代韓族의武力을再振ᄒᆞ야自家의舊物을光復ᄒᆞ랴다가居然國朝鼎革의際를當ᄒᆞ야大志를齎ᄒᆞ고黃泉에赴ᄒᆞ엿스니此는千古讀史者의遺恨이오其後本朝에入ᄒᆞ야는金節齋의六鎭開拓이第一美擧이나其末梢에小結局으로終了ᄒᆞᆷ이可惜이오從此以後는滿洲에對ᄒᆞ야一夢을作ᄒᆞᆫ者도無ᄒᆞ고至於近世에俄日兩國이滿洲를爭ᄒᆞ야自家死活의問題가足上에落ᄒᆞ되此를冥然히不覺ᄒᆞ다가마참ᄂᆡ今日에悲境을致ᄒᆞ엿도다

夫今日에坐ᄒᆞᆫ韓人이已往滿洲에得失을語ᄒᆞᆷ은恰히亡兒의齡을數ᄒᆞᆷ과如ᄒᆞ야思ᄒᆞᆷ에可痛이오語ᄒᆞᆷ에可恥로다然이나有志君子는徒히亡國의淚를灑치말고眼을擧ᄒᆞ야世界列强의競爭點된滿洲의問題를問晝夜竭力研究ᄒᆞᆯ비라

卽今滿洲는東洋의巴爾幹半島라往昔歐洲의某國의强ᄒᆞᆷ과某國의弱ᄒᆞᆷ과某國의存ᄒᆞᆷ과亡ᄒᆞᆷ이恒常巴爾幹半島問題루더始ᄒᆞᆫ지라故로俾斯麥老雄의半生心事를此에費ᄒᆞ엿스며加富爾侯의伊太利獨立策도此問題糾葛의間에서成ᄒᆞ엿스니嗚乎라韓國今日에俾斯麥加富爾其人이有ᄒᆞ면正히滿洲問題를取ᄒᆞ야腦를費ᄒᆞᆯ日이아닌가且無常히變動ᄒᆞ는者는天下의大勢라滿洲自身이旣히自立ᄒᆞᆯ能力이無ᄒᆞᆫ故로當年俄國勢力內의滿洲가昨日日本勢力內에歸ᄒᆞ며今日列强均勢內에歸ᄒᆞ니明日又明日에는又何如ᄒᆞᆫ滿洲될는지難知며又此問題로出ᄒᆞ야將來何許大戰爭이出ᄒᆞᆯ는지도難知니奇壯ᄒᆞ다滿洲風雲의舞臺여有志男兒의出現을促ᄒᆞ는도다　未完

外報

◎清國討議官派遣　清國軍機處는今回滿洲鐵道中立問題를討議키爲ᄒᆞ야老練熟達ᄒᆞᆫ官吏를歐羅巴와亞美利加에派遣ᄒᆞ기로決定ᄒᆞ엿다더라

◎清委員과露帝　清國海軍考察委員載洵貝勒은露國皇帝씌謁見ᄒᆞ고攝政王의御問候를傳ᄒᆞ엿는ᄃᆡ露帝는今回의訪問은旣히數世紀間에橫ᄒᆞᆫ兩國의友情을益益鞏固케ᄒᆞ는導線이라고言明ᄒᆞ엿다더라

◎露日拒絕과美國　華盛頓에서는今回露國이美國國務卿노ᄌᆞ크쓰氏의滿洲鐵道中立問題의提言을拒絕ᄒᆞᆫ다는宣言을接ᄒᆞ엿스되毫不驚愕ᄒᆞᆫ다는ᄃᆡ此는美國이露佛日三國은今回提議에反對ᄒᆞᆯ줄을預期ᄒᆞᆫ所以라ᄒᆞ며又露日兩國은美國의提議를反對ᄒᆞ는事에一致ᄒᆞᆫ것이確實ᄒᆞ다더라

◎清國海軍과英國　英德兩國運動에依ᄒᆞ야清國籌辦海軍大臣載洵貝勒은戰艦을英國에서大砲及彈丸을德國에서購入ᄒᆞ기를略議ᄒᆞ엿스나歸國後에決定ᄒᆞᆯ지며又清國南北洋海軍學堂及海軍中에서一百名을選拔ᄒᆞ야其半部式을分ᄒᆞ야英德에留學케ᄒᆞ기를約定ᄒᆞ엿다더라

◎公果問題와英國　英國은公果合併問題에關ᄒᆞ야一層友誼的態度를取ᄒᆞᆫ다는ᄃᆡ右는英國황帝와比利時皇帝가私交上의親密ᄒᆞᆷ을因ᄒᆞᆷ이라더라

學界

◎補缺生選擧法　官費留學生補缺採用에就ᄒᆞ야는昨年과如히高等學校와同等되는學校卒業生中으로選拔試驗ᄒᆞᆯ터이라는ᄃᆡ日本國中學校程度以上學校에入學ᄒᆞᆯ學力이無ᄒᆞᆫ者는擧論치아니ᄒᆞᆫ다더라

○談叢○

▲淵蓋蘇文　劍心

只今我國人이項羽나일손의武功은紙墨으로歌ᄒᆞ되東洋古今에一大武功英雄淵蓋蘇文의事는記ᄒᆞ는者ㅣ殆無ᄒᆞ니吁라可悲로다

余ㅣ近代東洋人이拿破崙이나華盛頓의武功은茶飯갓치誦ᄒᆞ되天下古今에第一大武功英雄成吉思의事는說ᄒᆞ는者ㅣ幾希ᄒᆞᆷ을甚嘆ᄒᆞ엿더니只今我國人의項羽닐손等崇拜가亦此의類라此實我國人의祖國英雄崇拜心不足ᄒᆞᆫ所以로다

▲金俊

金俊이我國人으로獨拳을將ᄒᆞ고北方에入ᄒᆞ야羣衆을集ᄒᆞ며英雄을駕ᄒᆞ야東亞一方에大金國을建設ᄒᆞ고英裔가世出ᄒᆞ야一起에支那半幅을收ᄒᆞ며再起에大淸帝國을開ᄒᆞ엿나니거룩ᄒᆞ도다金俊氏의光業이여

슬프다彼日人은一個山田長政이暹羅名臣됨도歌頌ᄒᆞ는者ㅣ相望ᄒᆞ거ᄂᆞᆯ我國人은此金俊과如ᄒᆞᆫ大偉人도有無中에埋코ᄌᆞᄒᆞ니此亦我國人의民族性不足ᄒᆞᆫ表示가아닌가

詞藻

❀同胞야❀

一身의當ᄒᆞᆫ關係、제各其알것마는。
全國生靈큰關係는、어이全혀모르는고。
同胞야、同胞ㅣ라ᄒᆞ는뜻을、깁히生覺。

廣告

雜報

◎天恩隆厚 三昨日은社稷洞居金尙宮에晬日인ᄃᆡ 大皇帝陛下ᄭᅴ셔金百圓 皇后陛下ᄭᅴ셔五十圓을 下賜ᄒᆞ셧다더라

◎嚴氏歸國期 太皇帝 勅令을 奉ᄒᆞ고渡日ᄒᆞ얏던祇候官嚴柱益氏ᄂᆞᆫ來卄五日頃에歸국ᄒᆞᆫ다더라

◎無禮不敬 總理大臣李完用氏가入院ᄒᆞᆫ後로 大皇帝陛下ᄭᅴ옵셔每日慰問使를 命送ᄒᆞ옵심은一般知了ᄒᆞᄂᆞᆫ바어니와慰問使가前往ᄒᆞᄂᆞᆫ境遇이면接待員이宜例히出門陪迎ᄒᆞᄂᆞᆫ것이事體의妥當ᄒᆞᆯ터인ᄃᆡ李恆九氏ᄂᆞᆫ房屋에入處ᄒᆞ야使臣이至ᄒᆞ면但唯唯答送ᄒᆞᆯ而已라더라

◎行政統一說 韓日地方行政統壹說은所謂統監府地方行政調査會成立以前부터有ᄒᆞᆫ바이나該會設立以後에其說이愈盛ᄒᆞ야該會에셔連次協議ᄒᆞᆫ問題인ᄃᆡ地方行政合倂은協約等形式을不要ᄒᆞ고統監의權力으로斷行ᄒᆞᆫ다ᄒᆞ며又統壹後組織은理事官으로ᄒᆞ야금韓국地方長官을兼任케ᄒᆞ며其實施期ᄂᆞᆫ今番曾彌의帶去ᄒᆞᆫ中央統壹問題와共決되리라더라

◎總相決愈 李總相의症勢가漸次夬效ᄒᆞ야三週日後退院ᄒᆞ기로預定ᄒᆞ얏다더라

◎任氏訪問 前度相任善準氏ᄂᆞᆫ再昨日下午十一時에大韓醫院에前往ᄒᆞ야李總相을訪問ᄒᆞ얏다더라

◎寺院規程編製 各寺院에關ᄒᆞᆫ財産管理規程을內部에셔現方製定中인ᄃᆡ脫稿되ᄂᆞᆫᄃᆡ로內閣會議에提出ᄒᆞᆯ터이라더라

◎地方官制改正 本年度預算이旣히確定되얏슴으로各道各部에警部警視及主事等을增員ᄒᆞ기로決定ᄒᆞ야內部에셔地方官制를現今改正中이라더라

◎離婚法研究 內閣法典調査局에셔離婚法을改正ᄒᆞ기爲ᄒᆞ야現方研究中이라더라

◎制度調査會 昨日統監府에셔地方制度調査委員會를開ᄒᆞ고石塚木內等이協議ᄒᆞ얏다더라

◎曾彌片瀨往 曾彌統監은再昨日片瀨로還赴ᄒᆞ얏다고統監府에電報가來ᄒᆞ얏다더라

◎翠樓送別宴 度支部書記官日人櫻井은元山港財務監督局長으로轉任되야將次發程赴任ᄒᆞᆯ터인故로該部高等官一同이本日下午六時掬翠樓에셔送別宴을設ᄒᆞᆫ다더라

◎唾罵還非 宮內府及內閣에셔經費가窘絀ᄒᆞ다ᄒᆞ야使喚을陶汰ᄒᆞᆷ은一般共知ᄒᆞᄂᆞᆫ바어니와各部府의日人使喚은月給이韓人使喚보다幾倍가加高ᄒᆞ되陶汰減俸의擧가無ᄒᆞ고惟獨韓人의게만減汰를行ᄒᆞᆫ다고一般閭巷에唾罵가藉藉ᄒᆞ다더라

◎咸南面廢合 各군의面리를廢合ᄒᆞᆫ다ᄒᆞᆷ은旣報ᄒᆞᆫ바어니와咸鏡南道面整理에關ᄒᆞᆫ件은昨日內部令으로頒布ᄒᆞ엿더라

◎警局自修會 內部警務局一般官吏가발起ᄒᆞ야每土曜下午一時로同五時ᄭᆞ지自修會를開ᄒᆞ고事務를講究進行ᄒᆞᆫ다더라

◎蔘價應高 柴炭會社長趙鼎允氏ᄂᆞᆫ總理大臣의게進呈ᄒᆞᆯ次로山蔘을廣求中이라더라

◎臥食八字 法典調査局에셔法典을調査ᄒᆞ기爲ᄒᆞ야日本法學士梅謙次郞을囑託으로叙任ᄒᆞᆷ은已報ᄒᆞᆫ바어니와別로히事務處理ᄂᆞᆫ無ᄒᆞ고每朔月俸五百圓과舍宅料二百圓만按月支給ᄒᆞᆫ다더라

◎美哉山河 韓국沿岸은港灣島嶼가甚多ᄒᆞ야其海岸線이六千海里에達ᄒᆞᆫ즉彼世界中甚大의沿岸으로有名ᄒᆞᆫ伊太利(伊太利沿岸二千八百海리)보다二倍以上이되니實로莫大의利源이어ᄂᆞᆯ從來三航路가開設되엿스나此皆日人의經營ᄒᆞᄂᆞᆫ바오韓人은海上權利를注意ᄒᆞᄂᆞᆫ者ㅣ無ᄒᆞ니實로可嘆ᄒᆞᆯ事라더라

◎沿岸團束 當局에셔沿岸各處를團속하기爲하야仁川釜山元山淸津木浦五處에警邏船을新設ᄒᆞᆯ次로臨時費千五百圓을支出하고經常費로水夫月給貳拾圓式豫算에計入ᄒᆞᆫ다ᄂᆞᆫᄃᆡ此에關하야警務局에셔各警察署에照會ᄒᆞᆫ다더라

◎日漁民槪算 韓국沿히에日本漁民이多數移植ᄒᆞᆷ은世所共知어니와只今南沿히數處漁民의數만略計ᄒᆞ야도東萊龍珠면에五拾名이오機張大邊浦에四拾九名이오竹下浦에七名이오蔚山方魚津에卄八戶오龍南岡山村에四拾七名이오固城牛頭浦에九拾八名이오巨濟入佐村에四百名이라더라

◎技手配置說 內部에셔ᄂᆞᆫ各道에勸業土木事務를處理키爲하야技手를配置ᄒᆞᆫ다더라

◎架空鐵道 所謂日人의韓鐵增設計劃中에京城西大門역으로부터高架鐵道를架設하야市街를橫貫하야東大門方면으로終点을作코져ᄒᆞᆫ다ᄂᆞᆫ說이有하다더라

◎此又何物 李範贄等幾名이儒生이라自稱하고合邦을贊成ᄒᆞᄂᆞᆫ라고內閣에장書를提出하얏다더라

◎日委員選擧 在京城日人의韓鐵期成同盟會ᄂᆞᆫ昨日日本人商業會議所에會集하야日本국議會에對하야運動ᄒᆞᆯ委員을選擧하엿다더라

◎朴氏木浦着 朴泳孝氏ᄂᆞᆫ再昨日家族從者十壹名과共히濟州에셔出發하야木浦에着하엿ᄂᆞᆫᄃᆡ卽時馬山으로向ᄒᆞᆯ터이라더라

◎江民寄函 江東郡池區面人民代表李應洙洪輔善氏以下八人과礪山군居李치氏가一進會聲討ᄒᆞᄂᆞᆫ書函를本社에寄送ᄒᆞ엿더라

◎連累卄五 李在明의連累者로被捉된者가合卄五人인ᄃᆡ內에卄二人은皆平壤人이라더라

◎電鐵開工期 韓日瓦斯會社에셔電鐵軌道를擴張ᄒᆞᆫ다ᄒᆞᆷ은已報어니와工事ᄂᆞᆫ來三月頃부터開始ᄒᆞᆫ다더라

◎吉納威渡韓 歸국ᄒᆞ엿던韓美興業株式會社副社長美國人吉納威氏ᄂᆞᆫ渡韓次로三昨日美國에셔發程ᄒᆞ엿다ᄂᆞᆫ電信이該社에來到ᄒᆞ엿다더라

◎良心所然 咸南利原郡一進支會員張南極姜永渭李倫洙氏等이今番合邦書에對ᄒᆞ야該會長의게長書를送致ᄒᆞ야激切히論駁ᄒᆞ고仍히退會ᄒᆞ엿다더라

◎兩氏美擧 平南甑山郡財務署使喚朴之淳氏와星台面使喚金昌範氏ᄂᆞᆫ三四圓薄俸으로과屋을未備ᄒᆞ야公廨에借居ᄒᆞᄂᆞᆫ터인ᄃᆡ知識을增進키爲ᄒᆞ야烟草를斷ᄒᆞ고烟草代價로新聞을購覽ᄒᆞᆫ다더라

◎趙氏義擧 平南中和郡谷東面四里場에셔昨年四月間에失火ᄒᆞ야四十餘戶가沒燒ᄒᆞ엿ᄂᆞᆫᄃᆡ此에對ᄒᆞ야黃州郡仁濟面書巖里居ᄒᆞᄂᆞᆫ趙龍淵氏가救恤金四十圓을義捐ᄒᆞ야罹災ᄒᆞᆫ同胞諸氏를救濟ᄒᆞ엿스니該氏와如ᄒᆞᆫ慈善的義擧ᄂᆞᆫ古今罕有라고稱頌이藉藉ᄒᆞ다더라

◎妙年奇想 熙川邑面居崔鳳華金基洙朴鼎台諸氏ᄂᆞᆫ年今成童에不及ᄒᆞᆫ靑年인ᄃᆡ同儕間志氣를鼓吹키爲ᄒᆞ야靑年立志會를組織ᄒᆞ엿ᄂᆞᆫᄃᆡ會員이三十餘名에達ᄒᆞ엿다더라

◎船人慘死 去月頃에靈光法聖浦에셔日人和田楠次郞이租苞等物을船載ᄒᆞ고奉山面東栢里海岸으로向ᄒᆞ다가風浪을遭ᄒᆞ야覆船되엿ᄂᆞᆫᄃᆡ韓人梁大有秋西日朴瑞中氏等七人이溺死ᄒᆞ고物品은八百餘圓價値를損失ᄒᆞ엿다더라

◎自斃何惜 安城郡에ᄂᆞᆫ淸人의三十六計가盛行ᄒᆞᄂᆞᆫᄃᆡ該郡居李汶氏의妻가其夫의出他ᄒᆞᆷ을乘ᄒᆞ야飼牛及家産을放賣ᄒᆞ야該技賭에沒數抛棄ᄒᆞ고忿痛를不勝ᄒᆞ야服毒自斃ᄒᆞ얏다더라

◎其斃可疑 桂洞居前叅判沈相萬氏의겸人崔興淵氏ᄂᆞᆫ再昨日上午十時에盥漱ᄒᆞ다가無端坐斃ᄒᆞ엿ᄂᆞᆫᄃᆡ所管警署에셔巡査를派送ᄒᆞ야屍體를檢査ᄒᆞ엿다더라

◎韓巡試取 警視廳에셔昨日上午拾時에韓人巡査를試取ᄒᆞ얏ᄂᆞᆫᄃᆡ應試者가百餘名이라더라

◎慶興牛疫 咸北慶興에셔牛疫이발生ᄒᆞ야二頭ᄂᆞᆫ致斃ᄒᆞ고壹頭ᄂᆞᆫ撲殺ᄒᆞ엿다더라

◎民心秘探 平南价川等地에ᄂᆞᆫ何許洋服ᄒᆞᆫ韓人一名과日人一名이村間에作行ᄒᆞ면셔伊藤氏遭凶에對ᄒᆞ야民心如何를秘探ᄒᆞᆫ다더라

◎國民會致書 再昨日國民大演說會에셔幹事員會를開하고日本內閣及貴族院衆議院에長書를送致하기로決議하엿ᄂᆞᆫᄃᆡ其內閣에送致ᄒᆞᆫ長書ᄂᆞᆫ左와如하니

竊惟我二國關係益加敦睦漸向親善而敝邦有所謂壹進會者素以無賴之烏合爲國民之蟊賊乃冒稱二千萬代表唱政合邦不道之說內而攪亂民心外而貽笑萬國古今天下寧有自擧其國自背其君求合於人而自以爲生民宗社之計者哉我國民只知奉守我四千年國家奉戴我五百年皇室生而爲大韓人死而爲大韓鬼敢奉尺書以明國民之本分辨壹進會之誣妄冀無眩尊聽也

◎國民會減員 국民大演說會에셔幹事員會를開ᄒᆞᆷ은別項과如ᄒᆞ거니와該會에經費를節減키爲ᄒᆞ야庶務主任壹人會計壹人書記二人만仍置ᄒᆞ고其他任員은壹幷廢止ᄒᆞ엿다더라

◎閔氏慈善 信川郡大井面居閔泳龍氏ᄂᆞᆫ再昨年에載寧郡各學校에金幾十圓式寄付ᄒᆞ고今年에ᄂᆞᆫ田畓幾石落을分ᄒᆞ야貧族을與ᄒᆞ고其任章植氏ᄂᆞᆫ今年에雜穀幾百石을辦出ᄒᆞ야窮交貧隣을救恤ᄒᆞ엿슴으로兩氏의慈善心을莫不稱頌ᄒᆞᆫ다더라

◎金氏申訴 洪陵叅奉金晋圭氏ᄂᆞᆫ詐欺取財犯으로地方裁判所에셔役六個月에宣告ᄒᆞ엿다ᄂᆞᆫᄃᆡ該氏ᄂᆞᆫ不服ᄒᆞ고控訴院에申訴ᄒᆞ엿다더라

◎李氏被捉 漢城府書記李相來氏ᄂᆞᆫ印紙幻弄事件이發現되야再昨日警廳에被捉ᄒᆞ얏다더라

◎兩氏被捉 平壤居安泰國宋鍾遠兩氏ᄂᆞᆫ何事件을因ᄒᆞᆷ인지去十三日被捉ᄒᆞ야目下京城銅峴分署에滯囚中이라더라

◎總會特會 畿湖興學會에셔來二拾二日土曜에特別總會를開ᄒᆞ고會長以下壹切任員을改選ᄒᆞᆫ다ᄂᆞᆫᄃᆡ會員이多數出席ᄒᆞ기를希望ᄒᆞᆫ다더라

◎典舖任員自退 典舖總會總務太止善副總務張奉鎭評議長明德淳氏等은何等憾情이有ᄒᆞᆫ지請願自退하엿다더라

◎感荷義捐 載寧郡居無名氏가本社에金一圓을寄付ᄒᆞ야同情을表ᄒᆞ엿기玆에其厚意를感表ᄒᆞ노라

電報

◎淸人態度 滿洲中立問題에對하야各國態度의進行을伴하야淸國人民中或者ᄂᆞᆫ此가實行키難하고將來에一層紛擾가起ᄒᆞᆯ까疑慮ᄒᆞᆫ다더라 東京發 十九日着

◎一部交換 日本에셔ᄂᆞᆫ臨時韓國派遣隊兵의壹部를三月末에歸還케하고其補充으로各師團에셔壹中隊式派遣ᄒᆞᆫ다더라

◎回答文起草 日本政府ᄂᆞᆫ美國滿洲中立議에對하야拒絶ᄒᆞᆯ意로案文을起草中인ᄃᆡ回答期ᄂᆞᆫ壹兩日中이라더라

◎統監渡韓期 曾彌統監은諸般政務의協議를畢하고來二月下旬에渡韓ᄒᆞᆫ다더라

◎拒絶公報 露國政府에셔ᄂᆞᆫ美國政府提案을拒絶하야回答하엿다고日本駐在露국大使館에公報가有ᄒᆞ엿다더라

以上東京발 二十日着

廣告

國文 **初等大韓歷史** 特別減價二十錢

國文 **初等大韓地誌** 附地圖 特別減價十五錢

右書ᄂᆞᆫ純國文으로簡易케著述ᄒᆞ야女子社會와勞働學校의獨習케必要ᄒᆞ오니速速購覽ᄒᆞ시옵

發賣所 中部布屛下廣學書舖金相萬

文化柳氏大臣公山所在於果川飛山리壯長洞이온바累代守護ᄒᆞ옵더니不意陰拾二月九日의李判書根澤氏가特其權理하고暗葬其妻於壓近之地이오니이런不法行爲가어듸有ᄒᆞ리오柳氏諸孫이긔어히掘塚ᄒᆞ기로大端牢約中이기玆以廣告ᄒᆞᆷ

柳鳳彩 鳳來 光彩

本人이載寧군李容燮과已往去來事로紙貨二百圓을郵遞로븟쳣더니遞夫가셔失하엿ᄂᆞᆫ듸典洞居趙鍾振氏가錢票를拾得하와本人에게傳하오니感思하옵기에廣布ᄒᆞᆷ

中部豆錫洞二拾統六戶文九鉉

本人이姓名章과金世運處六拾六圜標紙를釜山셔遺失ᄒᆞ엿ᄉᆞ오니誰某던지拾得ᄒᆞ거던休紙施用ᄒᆞᆷ

杆城 韓元壹 告白

本講習開學陰正月五日期限一朔事務所協成書舘主務鄭在命講師張膺震金鉉식兩氏及諸氏科目數學算術物理生理教授法日語地文法學化學農學等隨宜教授志願 僉彥趂期入學務望

平壤師範講習所 白

本面長宋信默氏ᄂᆞᆫ素以有志士로現今教育이急先務됨을覺知ᄒᆞ고面內同志紳士와晝宵慨嘆不已ᄒᆞ옵더니隆熙三年七月中에昌興學校를設立ᄒᆞ고民智啓發이되一般經費ᄂᆞᆫ本面內所在畓을調査ᄒᆞ야每斗落에正租를五合升二升式自今秋爲始ᄒᆞ야逐年收入ᄒᆞᆯ意로各里를會同ᄒᆞ야爛議ᄒᆞᆫ後義捐ᄒᆞ기로決定되야契約書ᄭᆞ지學部에認可請願ᄒᆞ고本郡警察署에經由提出이온故各里가擧皆樂從ᄒᆞ야爭相捐租이온바不意에惡魔南宮진爲名人이面長宋信默에게請言曰公士秋收租를渠家에積置ᄒᆞ야달나ᄒᆞ온바保證人을不立ᄒᆞᆷ으로相持ᄒᆞ야不許ᄒᆞ엿더니此些少ᄒᆞᆫ嫌占을含ᄒᆞ고煽動愚頑ᄒᆞ야此時急先務教育을極力反對ᄒᆞ야날誣曰藉校而肥已라ᄒᆞ야全面人民을擾動케ᄒᆞ며學校를沮戲ᄒᆞ야同胞를野昧域에陷케ᄒᆞ려ᄒᆞ야詭譎之言으로等訴도ᄒᆞ며賊反荷杖으로新聞上廣告ᄭᆞ지ᄒᆞ엿ᄉᆞ오니世豈有如許惡習乎잇가本面人民이不勝痛恨ᄒᆞ와玆에齊陳廣告ᄒᆞᆷ

隆熙四年一月二十日

蘆原面各洞里長洞長

間村里鄭寅永　全州里曹德京
納大洞김士年　銀杏里김永順
廣石里申在潤　佳佐洞吉喜億
良才洞俞泰稙　梧木里高石辰
上谷里鄭致道　龍洞 李炳和
無愁洞姜元信　廟洞 李明三
孔德里韓弘善　葛梅洞李萬甲
壇基里김興實　佛巖里崔東夏
月溪里申泰喜　鹿川里李聖淳

本人이紫岩米廛申兩均處에陰今月十五日推次七十九号五百兩票를셔失也니誰某拾得休紙施行ᄒᆞᆷ

김基玉 告白

寫眞速成大募集

本學舘에셔本國에美術을發達키爲ᄒᆞ야寫眞科를特設ᄒᆞ고英人教師와美領布哇에셔寫眞術에多年從事ᄒᆞ던本國教師가教授ᄒᆞ깃ᄉᆞ오니願學僉員은本月二十五日內로來議本舘ᄒᆞᆯ事

皇城基督靑年會學舘

病院開業廣告

天道의眞理를資ᄒᆞ고人道의原則을依ᄒᆞ야慈善의大義를主張ᄒᆞ며營利의私益을不顧ᄒᆞ고官立醫學校第一回卒業生으로軍籍에入ᄒᆞ야軍醫의職務로從事ᄒᆞ던前陸軍二等軍醫朴熙達氏를延聘ᄒᆞ야精美ᄒᆞᆫ器械와神効ᄒᆞᆫ藥品으로男女老幼의各科疾病을懇切救療ᄒᆞ오니疾病에罹ᄒᆞ신兄弟姉妹ᄂᆞᆫ來臨問議ᄒᆞ심을爲要

患者의便利를供키爲ᄒᆞ야留宿所를設ᄒᆞ고寢具와食料를恪別供給ᄒᆞᆷ

平壤鍾路私立大同病院々主 韓敎源 告白

本人이昨年五月分에靑坡二契居하ᄂᆞᆫ劉熙昇氏畓이延安군食峴면食峴洞에在ᄒᆞᆫ背字畓二夜味壹石四斗落結卜二十九負三束果印字田壹日耕結卜三十壹負二束果雅字畓壹夜味十五斗落結卜二拾五負八속果持字畓壹夜味七斗落結卜八負이온듸合種租二石六斗落果田壹日耕되ᄂᆞᆫ文劵을典執하엿던이今年正月二拾八日夜에本人에家屋이燒火故로文劵을燒燼하엿ᄉᆞ니僉君者ᄂᆞᆫ照亮하시옵

西部龍山坊靑坡二契拾九統七戶 宋鎭圭 告ᄇᆡᆨ

本店에셔**開業**ᄒᆞᆫ지**十六年間僉君子**의愛顧ᄒᆞ심을**特蒙**ᄒᆞ와**今年**부터**業務**을**大擴張**ᄒᆞ고**春夏秋冬所用**으로緞屬**毛**織**等各國高等物品**을**現今多數直輸入**이온바**各地方**에셔ᄂᆞᆫ**貿易**에**便利賣買**키**爲**ᄒᆞ야**特廉減價**ᄒᆞ와**郵便小包**로**酬應**ᄒᆞ야**代金**은**引換**ᄒᆞ깃ᄉᆞ오니**十三道**各**郡僉君子**ᄂᆞᆫ**隨意請求**ᄒᆞ심을**望**

振替貯金番號（韓國壹三番）

漢城中部鍾路砂**器廛洞二十一統五戶**

廣興泰 告白

楊炳鎬의鎬字를以銑字로改稱ᄒᆞᆷ

三和港億兩機 楊炳銑 告白

▲特別廣告▼

▲▲最新通信販賣

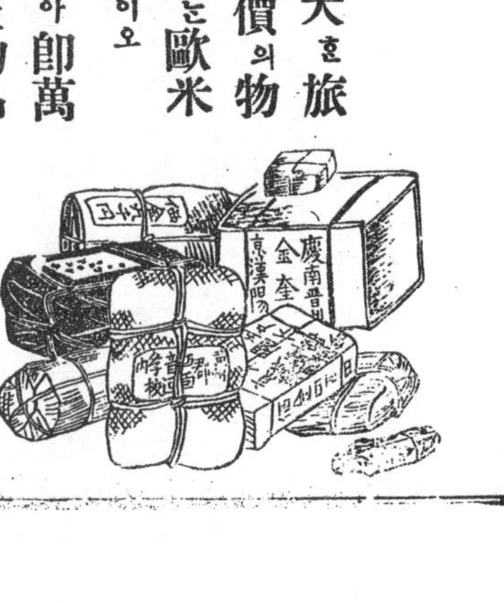

勿驚ᄒᆞ시오**地方**에**在**ᄒᆞ신여러분이여

僅히**一錢五厘**의**通信費**을**投**ᄒᆞ면**多大**ᄒᆞᆫ**旅費**와**繁雜**을除ᄒᆞ고**能**히**京**都**第一**廉**價**의**物品**을**得**ᄒᆞᄂᆞᆫ**妙方**이**現出**ᄒᆞ엿스니**此**ᄂᆞᆫ**歐米**各**國**에셔**流行**ᄒᆞᄂᆞᆫ**通信販賣法**이오 우리**漢陽商會**ᄂᆞᆫ뗴파도멘토스도아**卽萬物**이**具備**ᄒᆞᆫ**商店**이니**如何**ᄒᆞᆫ**物品**이라도**葉書**或**書簡**으로**某物**을**送致**ᄒᆞ라**通知**ᄒᆞ시면우리ᄂᆞᆫ**確實迅速低**廉으로**爲主**ᄒᆞ야**郵便**或**運送**으로**送呈**ᄒᆞ깃슴나이다

아ㅣ**我**韓의**人士**로**誰**가 우리**漢陽商會**를**不知**ᄒᆞᆯ**者**ㅣ**有**ᄒᆞ며**誰**가**此**에**同情**을**表**치아니ᄒᆞᆯ**者**ㅣ**有**ᄒᆞ리요

弊店의**商品目錄**은 누구 시던지 보니라 請**求**ᄒᆞ시면**無代金**으로**送呈**ᄒᆞ깃ᄉᆞ오니**一次**試驗ᄒᆞ기**爲**ᄒᆞ야如**何**ᄒᆞᆫ**物品**이던지**注文**ᄒᆞ여보시오 그**便利**ᄒᆞᆫ**方法**이如**何**ᄒᆞᆷ을아시리다

歐美雜貨各種　**洋酒**食**料**各種

文房具各種　**內外國衣**服**次**各種

本國物産各種

大韓皇城鍾路

輸出輸入商　漢陽商會

電話一九一番

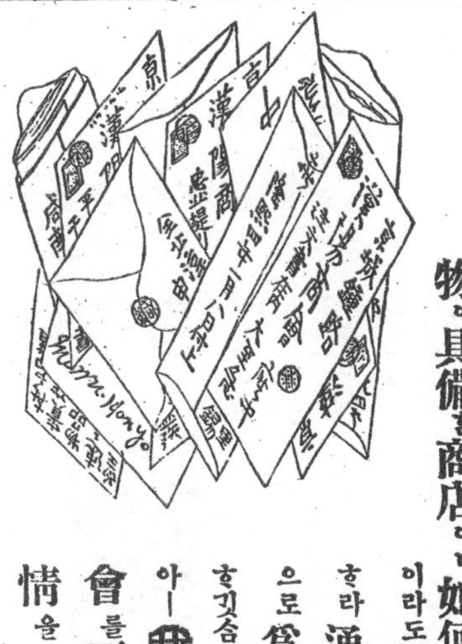

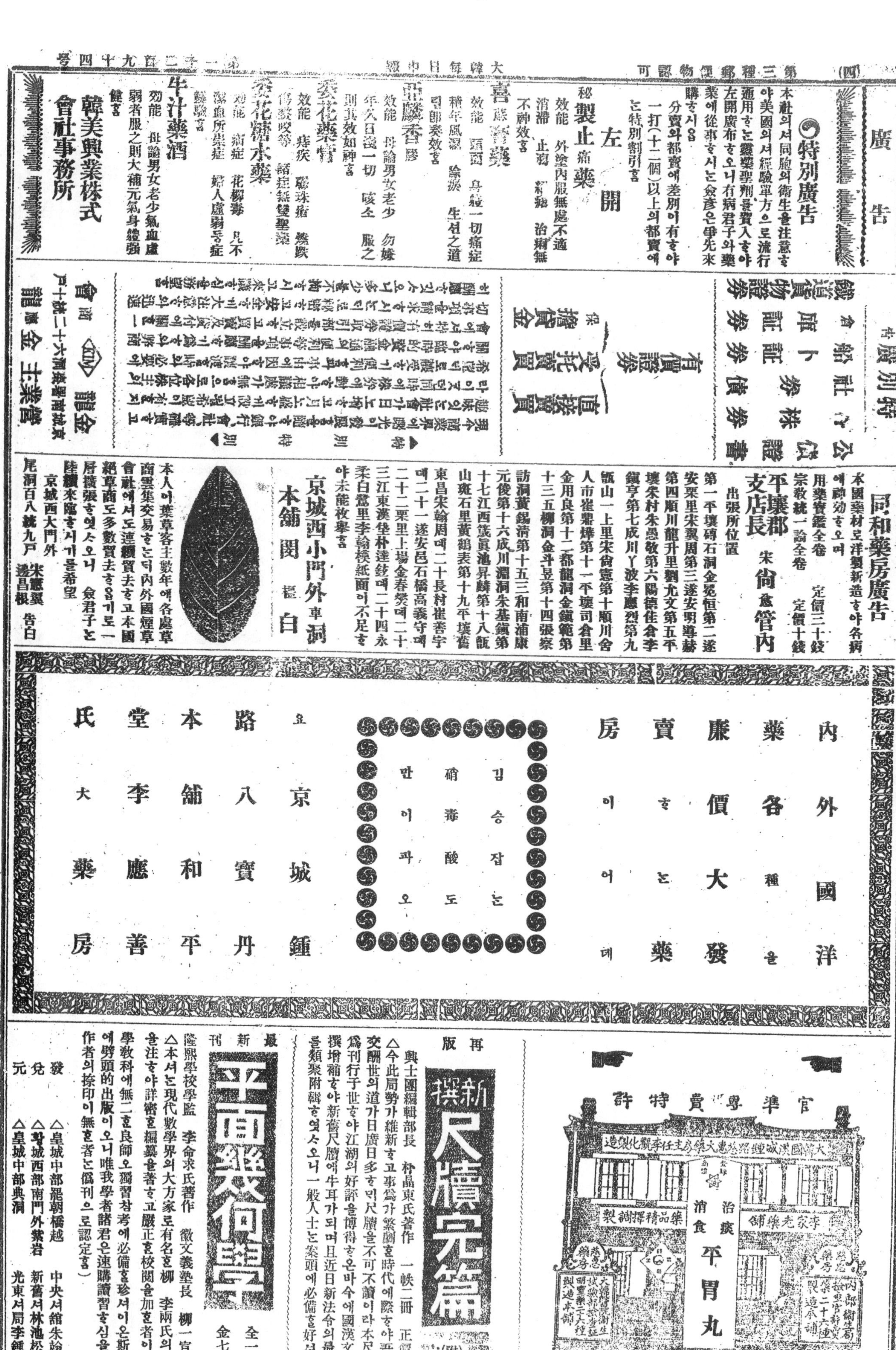

檀君開國四千二百四十二年
箕子元年三千二十一年
大韓開國五百十八年
本報創刊日 光武八年七月十八日

大韓每日申報

Responsible for Publication Alfred Weekley Marnham
發行兼編輯人 英國人 萬咸
發行所 京城南部石井洞三層洋屋家 大韓每日申報社

第八卷　月曜及慶節歲時日休刊　第一千二百九十五号

論說

◉滿洲問題에就하야再論함 (續)

且韓國內悲痛의切迫함을隨하야外國으로移住하는者ㅣ日增하나然이나歐美는韓人의航路가杜하야飛渡하기甚難하되滿洲는連陸咫尺의地라비록統監府의旅行法이背하며淸國이韓人의移植함을制限하나此男負女戴하고日日逃出하는韓人을엇지如意히遏絶하리오然則滿洲가將來韓族의注集地될은可히豫測할비라雖然이나吾儕는此移住者에게對하야特別히三大勸戒를與하노니一日思想을高尙케함이라此에移住하는者ㅣ往往全軀保家의計를抱할뿐이오愛國愛同胞의義氣를有한者는少數에居하니嗚乎라國이亡하면何處에往하던지身家도隨亡하리니文明의機關되는學校新聞等을設하야愛國事業으로相提撕함이可하며二日國粹의保全이라蓋前朝以來로恒常凶荒喪亂을際하며江을越하며山을踰하야滿洲에移居한者ㅣ許多하지만은此地에徒히女眞의跳梁함을見하며契丹의充斥함을見할뿐이오一二個韓國民族을得見키難함은何故오是는無他라移住하는韓人이國粹를保치못하야宗敎上風俗上言語上各方面을從하야女眞契丹等異族으로化去한故니엇지可惜함비아니리오今日移住의韓人은特別히國粹保存에用力할지며三日政治能力의養成이라凡美非澳各洲白人의殖民地가皆其國政府에셔彼를擁護하야如此緊嚴함이아니라只是彼等의政治能力이强하야團結에善하며自由에勇하야他人의壓迫을不受하고其足跡의到하는바에면居然一新國의形을造成함이오紅黑種人은政治能力이弱함으로曠土를民을他에讓하고到處에苦痛을泣하나니此에移住하는韓人은皆換한志意를合하야政治的天性을發揮하야他日母國에貢獻하고徒히林居獸處하야禽獸의生活을做치말지어다

嗚乎라風雨가晦冥하고龍虎가爭鬪하는間에徒悲치말며徒恨치말고政治家는政治家의天能을現하며實業家는實業家의本分을盡하야何如히하면此滿洲問題에對하야活動을善히할가하며何如히하면將來我國民도此等問題에容喙함을得할가함이皆公等의分니研究할비니라　(完)

外報

◉日本陸軍數　日本陸軍의數는表面十九箇師團인데臺灣守備隊臨時韓국派遣隊와合하야一箇師團이되는故로合廿箇師團이라稱한다더라

◉無形的效果　美國華盛頓官憲은滿洲鐵道中立提案이無形的效果에滿足하다云하고又該提案의結果는露日兩國의滿洲政策에關하야防禦的됨을得한다하엿다더라

◉英國選擧와德國　德國은今回英國의總選擧하는結果如何에對하야憂慮하야觀察한다더라

◉滿鐵共營의歡迎　海蔘威다리니우오스도즈크新聞은滿洲鐵道共營案이成立되면露國은滿洲守備隊를引揚하야專히自國領土를防備하기充足함을得할진즉軍備經濟上에對하야吾人은大히同案의成立됨을歡迎하노라하엿다더라

◉法軍의新火藥　法國陸軍은今回에溫熱濕氣光線及電波에對하야多大의抵抗力이有한新火藥을發明하엿는데其結果는即今쌔지使用하던때火藥을廢止케되엿다더라

◉匈國新內閣組織　匈牙利의獨立黨은墺匈兩國의經濟上의分離를實行코저하다가皇帝의反對를受하엿슴으로無益한事에努力하야內訌이一箇年을亙하더니今日에至하야는前子로아지야都督과헤데와리伯爵이遂히匈牙利內閣을組織하엿다더라

學界

◉語學校大發達　교洞外국語學교에는學徒가多數함으로교舍가難容에至한다하야增築할計劃으로只今學部에서設計中이라더라

◉開城學會任員　開城郡開城學會에서去八日에總會를開하고任員을改選하야會長은李健赫氏로副會長은劉元杓氏로選定하엿는데該兩氏는一郡內에敎育을大擴張하기로慨然自擔한다더라

◉孫氏捐金　天道敎主孫秉熙氏가日前仁平坊私立普通學校에金二十圓을補助하엿다더라

◉新明夜校　甕島新明村居朴雲喆黃昌玉諸氏가發起하야夜學校를設立하고該郡紳士曹仁順氏가諸校務를自擔하야敎師朴昌熙氏를雇聘하엿는데學徒는三十餘名에達하엿다더라

◉鏡明其明　全南麗水郡私立鏡明學校는該郡守金鍾休校長郭景煥校主김漢昇三氏와其他紳士諸氏가協力贊成하야進就의望이頗有하엿더니去月分에學部認可를承한後로該氏等이敎育에尤極熱心하야學徒百餘名이一體薙髮하고決心做工한다더라

○談叢○

劍心

▲冤痛한죽음

吾人의第一冤痛한죽음은곳無爲無事한몸으로自家안ㅅ방구석兒女子手中에셔죽는거시라吾人이李忠武又치죽거나林肯又치죽으면足히뇌죽음의價値로國家의威光을保全할지며足히뇌죽음의價値로民族의生命을維持할지며足히뇌죽음의價値로人類의幸福을增進할지어늘엇지하야空然히無爲無事한몸으로죽어生하야世間의寄生虫이되며死하야靑山의補土物만되리오

▲人生의羞恥

人生의最大羞恥는私已的生活로一身을終함이라人生이世上에在하야最大한義務는即國家에對한義務社會에對한義務니만일此義務를盡치못하면其人이아모리小小한義務는盡하엿더라도오히려羞恥한人物이니라

救主基督의言을奉讀하라世의不義人들을爲하야來하엿다하신言을
아마도人生의井井堂堂한路는人類를爲하는生活로身을終함에在하다하노라

詞藻

❀山雪野雨❀

北天이막다커늘、雨裝업시길을나니。
山村에눈이오고、들에는비가온다。
아마도、準備곳업스면、處處逢敗。

廣告

雜報

◎宸念懇篤 海豊府院君尹澤榮氏가債務로困難흔事에對흐야 皇后陛下씌셔 皇室費中으로每朔五百圜式을支撥흐신다는說이有흐다더라

◎二接三謝 宮相閔丙奭度相高永喜學相李容稙農相趙重應承寧府總管趙民熙諸氏가再昨日下午三時大韓醫院에前往흐야李總相을訪問흐엿는딕李總相은閔宮相趙總管만接見흐고其餘는謝絶흐엿다더라

◎永宣請願 永宣君李埈鎔氏는巡査中趙漢億氏가自己와戚誼가有흐니該氏로自己의保護을命흐라고警視廳에請願흐엿다더라

◎山根旅程 駐韓軍慰問使로渡韓흔山根은本日上午九時에龍山駐在第六師團參謀長佐藤과軍司令部副官武內와同伴흐야平壤신義州黃州開城等군分遣所를視察흐고來二十九日頃에는太田大邱馬山等地를視察흐고二月二日에는北韓地方을視察흘터이라더라

◎印章還推 故對馬島主義達이使用흐던金印一顆와銅印二顆는本是韓國政府에서製給흐야互相憑信흐다가去丙子年통商條約이成立된後에該印을韓國에還納흔故로韓國政府에서東萊府에保管케흔바인딕昨年五月分日本國에서還爲推去흐엿다더라

◎竹崎入京 全北書記官日人竹崎는各部에事務協議흘必要가有흐야再昨日入京힛다더라

◎參考件印刷 內部에서全국內府군면洞里數를精實調查흐엿는딕參考흐기爲흐야龍山印刷局에서現方印刷中이라더라

◎漢府將移 漢城府廳舍는통信管理局이使用흐고漢城府는巡査敎習所로移轉키爲흐야目下該家舍를修繕中이라더라

◎日人運動員 日本동경에滯在흔統監府書記官兒玉은昨日統監府로電報흐되日本米穀輸入稅率案에對하야在韓日人中運動者를速히渡日케하라흔故로統監府에서日人商業會議所로卽時통知하야運動委員을選定케하엿다더라

◎露國新策 露國度支部에서는海蔘威港을閉鎖흔以來로北滿洲該國貿易이不少흔惡影響을被흔故로更히沿海州에一港灣을開放하야韓國淸津港과對峙하며支那大連港과競爭키爲흐야其處所는포셋트灣으로定하야商港으로開放흔다는딕去番露國度相이親히調查흔바인즉不遠間實施된다더라

◎衛生會出入額 漢城衛生會에서昨年度衛生費收入支出件을調查흐엿는딕收入금은二十五萬七百二十四圜三錢이오支出금은二拾二萬八千八百四圜四十錢이라더라

◎緜花輸出額 木浦等地로昨年輸出된緜花와近日輸出될緜花의價格이約百萬圜에達흔다더라

◎引江入城說 漢江을引흐야京城市街너로流통케흐기爲흐야目下調查中이라는說이有흔딕其工事預算은數十萬圜巨額에達흔다는說이有하다더라

◎牛疾預防 農商工部에서牛疾을除방키爲흐야再昨年來로炭疽預방法을施흐는딕本年度에는普及케흘計劃이라더라

◎閔家投書 宮相閔丙奭氏家에何許投書壹封이來하엿는딕李完用은大韓醫院에서絶命케하고李在明으로政府大官을任命하고壹進會를解散흘旨로大皇帝陛下께奏達하라하고萬壹奏達치아니하면自由行動하깃다고威협的言辭를示하엿는딕該投書人의氏名은張基鶴이라稱흔故로警視廳에서目下嚴密히형探中이라더라

◎觀覽減數 農商工部商品陳列所에昨年에는觀覽者가壹日平均五百人이러니本年度는漸減흐야十壹日間에僅히二千三百十四人이라더라

◎住所調查 辯護士安秉瓚氏가旅順에發程흠은既報와如흐거니와某處에서는安氏의京城前住所를目下調查中이라더라

◎既往何追 安州군州北면居嚴錫顯氏는曾往一進會에入參흐엿다가該會所謂宣言書가出흔後에卽時退會흐고該면普興學교의교監書記를兼任視務흐는딕今番政合邦聲明書가出흔後에該면人士들은嚴氏가本是一進會員이라흐야反對論駁者가多數흐다더라

◎飢狗鬪骨 北部苑洞居徐彰輔가合邦을贊助흐다가數次毆打를被흐고治療金百圜을得喫흠은既報어니와贊助에同事흐던洪某는徐彰輔가該金을獨喫흐엿다흐야日昨相詰이有하엿다더라

◎別別木碑 泰仁군守崔鶴來氏는本是一進會員으로今回合邦書에關흐야贊成의意가有하다고該군人民들이其行爲를臚列흐야木碑를設立흐엿더니崔氏가其設立者를調捉흐야目下施刑中이라더라

◎成氏寄函 林川군店上里居成周喆氏가一進會聲討흐는書函을本社에送致흐엿더라

◎朴氏退會 忠北陰城군大寺洞居一進會員林炳憲氏는該會本部에退會請願書를提出흐엿다더라

◎宜其禁戢 商務組合部에서商票를발賣흔다흠은既報어니와羣山港警察署에서는高山萬頃沃溝等군商務支社員等을捉囚흐고其所謂公文等書類를押收흐고商票發賣를禁止흐엿고驪州利川等地警察署에서도商務所의挾雜을嚴禁흔다더라

◎晋民請願 慶南晋州군鳳谷面上洞에在흔釜池는元來下洞所有로千餘石落畓土의灌漑를依賴흐는處인딕所有權을證明흘次로下洞人民의代表黃圭淵氏가該군에證明申請書를提出흐고仍히上京흐야農商工部까지請願흐엿다더라

◎滾車投石 三昨日南大門발釜山行急行列車가午後六時에釜山鎭에到着흐엿는딕何許人이投石을被흐야食堂車琉璃窓이破碎흐엿고同時大邱발南大門行列車는金烏역金泉역間에서投石을被흐야貨物車가破傷흐엿다더라

◎遊外客형探說 海蔘威에留連흐던韓人五名이入京흐엿다는說이有흠으로某處에서目下秘密형探中이라는딕該韓人中二名은淸語를解흐고三名은露語를解흔다더라

◎宜乎禁止 中部警察署에서昨日上午十一時에寺洞演興社總務魏洪奭氏를招致흐야淫亂흔演劇을廢止흐고男女同席을禁止케흐라흐엿다더라

◎何不痛禁 元山港에는淸人의所謂三十六契가盛行흐야浮浪輩의沉惑이日甚흐되當地警官은嚴禁치아니흔다고輿論이藉藉흐다더라

◎其禍甚烈 昨年度虎列剌를因하야全國니戶의移動이九百五十이오人口의減損이壹千四拾九라더라

◎警廳招論 再昨日警視廳에서國民大演說會會長許진氏를招致說論흐되日本으로送致흐는長書를直接발送흠이格例에有違흐니更히覓還흐야統監府를經由발送흐라흐엿는딕許진氏는姑今依例施行흘터이나萬壹統監府에請願흔後時日을遷延흐는境遇이면更히直接발送흐깃다고答述흐엿다더라

◎聯合橫行 海州平山方면에義兵將韓貞滿孔泰元兩氏의聯合兵九拾三名이橫行흔다더라

◎義將被捉 去十六日羅州馬山면朴浦里에서義兵將朴民洪氏의副將김致洪氏가榮山浦日憲兵分遣所에被捉하엿는딕其所有洋銃壹挺刀壹個眼鏡壹個韓洋刀壹個도倂히押收되엿다더라

◎朔郡義兵 朔寧군南洙面居김홍澤氏家에日前義兵十餘名이突入흐야軍需錢을請求흐엿는딕金氏는頑拒不應흐다가卽時砲殺을遭흐엿다더라

◎請願退却 昌禮洞居李鍾滿氏는其兄鍾浩氏를保放키爲흐야日憲兵司令部에請願書를提呈흐엿더니退却不受힛다더라

◎親睦總會 畿湖學生親睦會에서來二十三日(日曜)下午壹時半에特別總會를大安洞畿湖學교너에開흐고緊急事務를處理흐는딕會員諸氏가多數來參흐기를希望흔다더라

◎共益社開會 共益社社員諸氏는再昨日明月館에서總會를開흐고事務를處理흐엿다더라

◎韓昌開會 典洞合名韓창會社에서再昨日總會를開흐고任員을選定흐엿는딕社長은法國人富來祥氏로總務는김秉徽김濬泰兩氏로事務員은朴有淳김基錫兩氏로推選흐엿다더라

◎救老院設立 六十歲以上老人孤獨無依흔貧困者를救濟키爲하야김用銖孫命根申豐熙等諸氏가發起흐야各五百圜式捐出흐고其他人士의寄付금을請흐야救老院을設立흐는딕事務所는中部李乾夏氏家로定흔다하며總裁는김在珣副總裁는尹鐸天院長은申極氏로推選흔다는說이有하다더라

◎支營又設 江界군居林一相氏는救世軍支營을承認흐야日間該營正교英國人禹一秀氏와同伴흐야江界로出張흔다더라

◎靑舘討論 今日下午七時三十分에鍾路靑年會舘에서討論會를開흐고事業成就는老成之人이勝於少壯之人이란問題로可否便이互相討論흔다더라

感荷義捐

平南中和군看東면四里居玄鳳周氏가本社의經費를補助키爲흐야금一圜을寄付흐엿기玆에其盛意를感表흐노라

電報

銅像獻上

日本東京美術學교敎授빅井保次郎은故伊藤公의半身一尺되는銅像을製作흐야韓國 皇太子殿下씌와日本皇帝황后兩陛下씌와日本황太子殿下씌獻上흐엿다더라 東京發 二十日着

鐵道公債

日本鐵道院에서는改良工事及新線竣工을圖키爲흐야鐵道國有의目的으로本年內에公債를발行흔다더라

日本反對

日本政府에서는美國의提議흔滿洲中立問題에對하야本日駐日美國大使를經흐야反對의意로回答을발하엿다더라

以上동京발 卄一日着

▲社會燈▼

▲各地方의商民들은市場稅를反對흐야商業싸지撤廢흐고警察署도襲擊흐야數千數百더集團이곳곳마다騷擾로다金融枯渴이時代에商販길이彫殘흐야分銅細利엇더리도糊口之策杳然흔딕酒草이니家屋이니附加이니市場이니別別種目더雜稅가牛毛처치層生흐니可怜흘수더同胞는뉘를밋고生活흘싸

▲苑洞작者徐彰輔는돌팔미를마진後에壹百圜의治療費를감用은갈바람을씌인後에貳萬餘圜治療費가四面沓至흔다는딕人力車夫朴文元은非命橫死當흔後에救恤金도안싱기니쇠또각도눈이잇서地體보고짜러가나모진사롬것희잇다벼락슈을忽遭하되慰勞흘者全혀업니

▲賛英會長尹進學은人民의게收斂하야伊藤祠를建立코조警視廳에請願타가退却슈을當하고서統監府를紹介하야그目的을到達코조百般運動또흔다지伊藤博文一平生은政略家로著名하야東洋風雲操縱터니一朝流然長逝後엔挾雜輩가羣聚하야寶喫物로看做하니文明국에英雄兒는白骨싸지奇貨로다

雜報

○處理會申請 國債報償금處理會에서內部와漢城府와警視廳에申請書를提出ᄒᆞ고報償금調査及保管方法에對ᄒᆞ야監督官廳의處分을請ᄒᆞ엿ᄂᆞᆫᄃᆡ其調査의關ᄒᆞ여ᄂᆞᆫ三個條文이有ᄒᆞ니

一 京鄕各地의現存額을調査ᄒᆞ야個人或團體의保管으로銀行或他機關에在ᄒᆞᆫ者의實數를檢明ᄒᆞ야調査의畢ᄒᆞ기ᄭᆞ지何如ᄒᆞᆫ名義로던지其引出을停止ᄒᆞᆯ事

二 京鄕各地의費消額을調査ᄒᆞ야可히還徵ᄒᆞᆯ者ᄂᆞᆫ監督官廳에報告ᄒᆞ야其處分을請ᄒᆞᆯ事

三 京鄕各地隱蔽額을檢出ᄒᆞ야監督官廳에報告ᄒᆞ야其處分을請ᄒᆞᆯ事라ᄒᆞ고其保管의關ᄒᆞ야ᄂᆞᆫ現存금을總合ᄒᆞᆫ後에監督官廳에報告ᄒᆞ야其聽認ᄒᆞᆷ을竢ᄒᆞᆫ다ᄒᆞ엿더라

○嶠南總會 明日(日曜)下午一時에嶠南敎育會에서新年第一回特別總會를典洞該會舘ᄂᆡ에開ᄒᆞ고會務를處理ᄒᆞᆯ터인ᄃᆡ一般會員이多數來叅ᄒᆞ기를希望ᄒᆞᆫ다더라

○馬賊作擾 去十九日에馬賊約二十名이龍岩浦方면으로襲入ᄒᆞ야韓人一名을銃傷ᄒᆞ고금品을掠奪ᄒᆞᆯ時에該地巡査가逮捕ᄒᆞ랴ᄒᆞᆫ즉馬賊이銃刀로反抗ᄒᆞ면셔韓人二名을殺害ᄒᆞ고壹名은負傷케ᄒᆞᆫ지라巡査가발砲ᄒᆞ야馬賊二名을射殺ᄒᆞ엿ᄂᆞᆫᄃᆡ其他賊徒ᄂᆞᆫ逃走ᄒᆞ엿다더라

○日盜被捉 再昨日下午十一時에日人窃盜一名이齋洞官立普통學교에闖入ᄒᆞ야時計등物을窃取ᄒᆞ다가發現되야所管警察署에被捉ᄒᆞ엿다더라

○桑門回祿 一月六日頃에果川군冠岳山寺刹에셔失火ᄒᆞ엿ᄂᆞᆫᄃᆡ損害額이五百九十圓에達ᄒᆞ엿다더라

○財署全燒 慶尙道河동군財務署ᄂᆞᆫ再昨日火災가有ᄒᆞ야全燒되엿다더라

○何事被捉 中樞院顧問李根澤氏의令男岐薰氏ᄂᆞᆫ何事件을因ᄒᆞᆷ인지再昨日果川郡日憲兵分遣所에被捉ᄒᆞ엿ᄂᆞᆫᄃᆡ日間京城司令部로押上ᄒᆞᆫ다더라

○三氏被捉 前叅尉李重寅金由鼎等三氏ᄂᆞᆫ再昨日日憲兵司令部에被捉ᄒᆞ엿다더라

○賊警誤傳 茶洞居李載潤氏家에賊警이有ᄒᆞ다ᄒᆞᆷ은傳之者ㅣ誤라더라

廣告

廣告

◉特別廣告

本社의셔同胞의衛生을注意ᄒ야美國의셔經驗單方으로流行通用ᄒᄂ靈藥聖劑를貿入ᄒ야左開廣布ᄒ오니有病君子와藥業에從事ᄒ시ᄂ僉彦은爭先來購ᄒ시옵

分賣와都賣에差別이有ᄒ야一打(十二個)以上의都賣에ᄂ特別割引홈

左 開

秘製止痛藥

效能 外塗內服無處不適 消泄 止瀉 絕痛 治痢無不神效홈

喜蘇膏藥

效能 頭面 身體一切痛症 積年風濕 除掀 生성之道 ᄒ면卽奏效홈

亞麟香膠

效能 毋論男女老少 勿嫌年久日淺一切 咳소 服之則其效如神홈

委花藥膏

效能 痔疾 瘰疬瘡 殘趺 傷螫咬等 諸症無雙聖藥

委花精水藥

効能 痳症 花柳毒 凡不潔血所巢症 婦人虛弱등症驗驗홈

牛汁藥酒

効能 毋論男女老少氣血虛弱者服之則大補元氣身體强健홈

韓美興業株式會社事務所

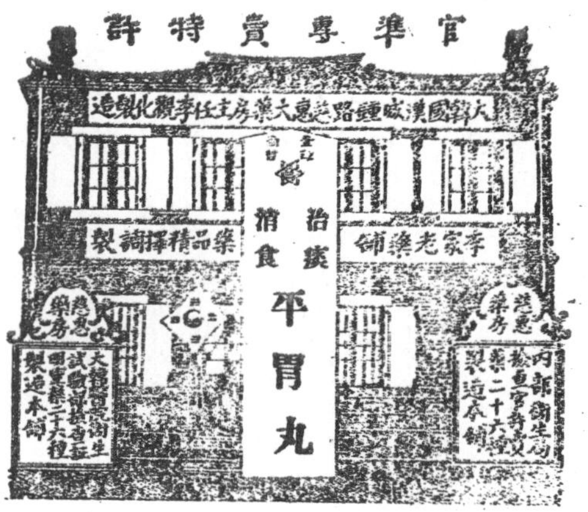

再版

新撰尺牘完篇

(附)現所裁法令行

與士團編輯部長 朴晶東氏著作 一帙二冊 正價金一圓

△今此局勢가維新ᄒ고事爲가繁劇흔時代에際ᄒ야吾人도論交酬世의道가日廣日多ᄒ니尺牘을不可不讀이라本尺牘은已爲刊行于世ᄒ야江湖의好評을博得ᄒ온바今에國漢文으로新撰增補ᄒ야新舊尺牘에牛耳가되며且近日新法令의最要흔者를類聚附錄ᄒ엿ᄉ오니一般人士ᄂ案頭에必備흘好서이옵

最新刊

平面幾何學

全一冊正價金七十錢

隆熙學校學監 李命求氏著作 徽文義塾長 柳一宣氏校閱

△本서ᄂ現代數學界의大方家로有名흔柳 李兩氏의最精力을注ᄒ야詳密흔編纂을著ᄒ고嚴正흔校閱을加흔者이온바數學教科에無二흔良師오獨習참考에必備흘參서이온斯學術서에劈頭的出版이오니唯我學者諸君은速購讀習ᄒ심을(但著作者의捺印이無흔者ᄂ僞刊으로認定홈)

發兌元
△皇城中部罷朝橋越 中央서舘朱翰榮
△황城西部南門外寀岩 新舊서林池松旭
△皇城中部典洞 光東서局李鍾楨

[illegible]大[illegible]
[illegible]包[illegible]壹[illegible]金[illegible]
價 藥 一週日分金[illegible]圓 二週日分金[illegible]圓 [illegible]週日分金[illegible]圓
價 藥 丸 拾粒入一貼金拾錢 美國製丸藥盒添附 三貼金三拾錢
[illegible]有ᄒᄂ분외라 恒常長服ᄒ면 脾胃가 健全홈
○濟生堂藥舖主任李應[illegible]
[illegible]

內外國洋藥各種을廉價大發賣ᄒᄂ藥房이어데

김승잡ᄂ硝毒酸도만이과오

京城鍾路八寶丹本舖和平堂李應善氏大藥房

檀君開國四千二百四十二年
箕子元年三千三十一年
大韓開國五百十八年
本報創刊日 光武八年七月十八日

大韓每日申報

發行兼編輯人 英國人 萬咸
Responsible for Publication Alfred Weekley Marnham.
發行所 京城南部石井洞三層洋屋家 大韓每日申報社

第八卷　月曜及陰歲節時休日刊　第一千二百九十六号

論說

◎防砲說

一友人이來言ᄒᆞ되日昨[illegible]에砲를防ᄒᆞᄂᆞᆫ[illegible]ᄒᆞ엿스되其術을試치못ᄒᆞ엿스나年前大院士이砲를防ᄒᆞᄂᆞᆫ符를佩ᄒᆞ다가其効를見치못ᄒᆞ엿스며甲午東學의徒가弓乙과水의說을唱ᄒᆞ엿스나此ᄂᆞᆫ妖怪說에不過ᄒᆞ되今日吾儕ᄂᆞᆫ眞個防砲의妙方을得ᄒᆞ엿노니願컨ᄃᆡ貴社의筆을借ᄒᆞ야二千萬國民에게傳布ᄒᆞ야不義者가來ᄒᆞ거던此를擊退ᄒᆞ며不法者가來ᄒᆞ거던此를擊退ᄒᆞ야檀祖의舊物을光復ᄒᆞ며東洋의樂園을新建ᄒᆞ고拿破崙成吉思汗의怪傑을[illegible]ᄒᆞ야其膝을蹈케ᄒᆞ며[illegible]光冒頓의魔王을斬ᄒᆞ야其頭를懸ᄒᆞ고前朝豫言者道詵氏의秘記中에[illegible]ᄒᆞᆫ바三十六國이來朝ᄒᆞᆫ다ᄂᆞᆫ句語를實現케ᄒᆞ리라ᄒᆞ노라

記者曰噫라近人某가砲丸을不入케ᄒᆞᄂᆞᆫ防彈環甲漆甲符을製造ᄒᆞᄂᆞᆫ方法이有ᄒᆞ다더니此를云ᄒᆞᆷ이며近日法蘭西에셔一種防砲의新器械를研究中이라더니此를云ᄒᆞᆷ인가

友人曰否라此가아니라吾의妙方은此等을云ᄒᆞᆷ이아니라盖檀君이建國ᄒᆞᆯ時에上帝가授ᄒᆞ신天符라刀劍이此를遇ᄒᆞ면其鋒이折ᄒᆞ며弓矢가此를遇ᄒᆞ면其족이碎ᄒᆞ며山砲野砲가遇ᄒᆞ면其丸이不發ᄒᆞ며步兵馬軍이遇ᄒᆞ면其步가不前ᄒᆞᄂᆞᆫ故로上古에用ᄒᆞ면上古에强者가되더中古에用ᄒᆞ면中古에强者가되며近世에用ᄒᆞ면近世에强者가되며小用ᄒᆞ면其國을保ᄒᆞ며大用ᄒᆞ면天下를服ᄒᆞ나니檀君이各部를統一ᄒᆞ며異族을征服ᄒᆞᆷ이即此符를用ᄒᆞᆷ이라

其後에廣開土王이此符를得ᄒᆞ야葦聲을伐ᄒᆞ야國土를廣闢ᄒᆞ엿스며乙支文德이此符를得ᄒᆞ야隋兵를退ᄒᆞ야國史를光輝ᄒᆞ엿스며蓋蘇文이此符를得ᄒᆞ야唐軍百萬을擊却ᄒᆞ엿스며大祚榮이此符를得ᄒᆞ야渤海를建ᄒᆞ며金庾信이此符를得ᄒᆞ야新羅를强케ᄒᆞ며姜邯贊이此符를得ᄒᆞ야契丹을逐ᄒᆞ엿스며數千의孤軍으로紅巾二十萬을鴨綠江에殲ᄒᆞᆫ崔瑩도此符를得ᄒᆞᆫ故며一百二十의殘兵으로日軍數萬을閑山島에破ᄒᆞᆫ李舜臣도此符를得ᄒᆞᆫ故라此符를得ᄒᆞ면鄕谷의殘民이될지라도貪暴官吏의徵索이無ᄒᆞᆯ지며此符를得ᄒᆞ면惡世의人生이될지라도不法君主의壓制를免ᄒᆞᆯ지며此符를得ᄒᆞ면亡國을可興ᄒᆞᆯ지며衰民을可興ᄒᆞᆯ지오此符를得ᄒᆞ면隣侮를可禦ᄒᆞᆯ지며外兵을可防ᄒᆞᆯ지어날

惜乎라我國民이此符를忘ᄒᆞᆫ故로不法과不義를甘受ᄒᆞ야雜稅를增ᄒᆞ면擬泣ᄒᆞᆯᄲᅮᆫ이며壓迫을與ᄒᆞ면孤憤ᄒᆞᆯᄲᅮᆫ이니엇지可憐치아니ᄒᆞ리오故로余ᄂᆞᆫ此符를傳ᄒᆞ노니符에何言을云ᄒᆞ엿나뇨曰爾儕에剛毅를佩ᄒᆞ며爾手에正義를杖ᄒᆞ고爾의同族을團結ᄒᆞ야不法不義者를禦ᄒᆞ라水가山은陷ᄒᆞ야도剛毅의爾ᄂᆞᆫ陷치못ᄒᆞᆯ지며火가木은燒ᄒᆞ야도正義의爾ᄂᆞᆫ燒치못ᄒᆞ리라ᄒᆞ엿나니此를熟讀ᄒᆞ며此를堅守하면他日我民族이自由의鍾을鳴ᄒᆞ야六洲에雄飛ᄒᆞ리라ᄒᆞ더라

記者曰嗚乎라東셔가雖遠ᄒᆞ고古今이雖殊ᄒᆞ나畢竟勝利의眞訣되ᄂᆞᆫ者ᄂᆞᆫ此剛毅ᄲᅮᆫ이며正義ᄲᅮᆫ이며鞏固ᄒᆞᆫ團結ᄲᅮᆫ이라英國의權利請願과法國의人權宣言과美國의獨立과伊太利의統一이皆此三者에셔成하엿나니此三者만有ᄒᆞ면彼大砲가[illegible]物이되리오

外報

◎清紙의滿鐵論　清國外務部御用新聞北京日報ᄂᆞᆫ滿洲鐵道中立論이라題ᄒᆞ고本件의成否ᄂᆞᆫ英日兩國에關係됨이니萬一實行ᄒᆞᆷ을得ᄒᆞ면滿洲鐵道에[illegible]勢ᄂᆞᆫ國際運河에狀勢와如ᄒᆞᆯ이이라고論ᄒᆞ엿고尙此事ᄂᆞᆫ非常히研究ᄒᆞᆫ後가아니면利害得失을判ᄒᆞ기難ᄒᆞ다ᄒᆞ엿고[illegible]實行의難ᄒᆞᆷ을論ᄒᆞ엿ᄂᆞᆫ데此ᄂᆞᆫ目下當地에輿論이라더라

◎社會黨示威　德國伯林에셔ᄂᆞᆫ普魯西選擧法政正을主張ᄒᆞᄂᆞᆫ六十二個의社會黨이示威運動을行ᄒᆞ엿ᄂᆞᆫ데何等騷擾가無ᄒᆞ엿다더라

◎日本樞院會議　日本에셔ᄂᆞᆫ去二十一日에臨時樞密院會議을開ᄒᆞ고滿鐵中立提議에對ᄒᆞᆫ顚末과幷히此에對ᄒᆞᆫ回答等에就ᄒᆞ야議論ᄒᆞ엿다ᄂᆞᆫ說이有ᄒᆞ다더라

◎借欵調印說　清國滿洲總督錫良氏ᄂᆞᆫ東三省의財政困難을拯救키爲ᄒᆞ야錦齊鐵道布設노爲名ᄒᆞ고美國에셔五千萬圓을借入ᄒᆞ야此을他에流用코져ᄒᆞ야曩者에美清組合代表者와內約ᄒᆞ엿다가本月二十二日에右條約의調印을ᄒᆞ엿다ᄂᆞᆫ說이有ᄒᆞ다더라

◎德帝海上旅行　德國皇帝ᄂᆞᆫ來三月頃에부레마ー하와순에셔北德로이도汽船會社의汽船을御搭乘ᄒᆞ고二日間海上旅行을試ᄒᆞᆫ다더라

◎貨車讓渡　동清鐵道ᄂᆞᆫ貨車全部를歐露鐵道에讓渡ᄒᆞ엿다더라

學界

◎學生斷髮　忠州牧溪동明學교學徒五十餘名과堤川內倉明新학교學徒四十餘名과忠州可興[illegible]湖學교學徒五十餘名이悉皆勇斷으로斷髮을行ᄒᆞ엿다더라

◎鳳校生退學　鳳鳴學교中學科學生諸氏ᄂᆞᆫ教科中滿足지못ᄒᆞᆫ處가有ᄒᆞ야校長에게科程增設을請求ᄒᆞ엿더니교監李容台氏가反對不從ᄒᆞᆷ으로一般學生이退學ᄒᆞ엿다더라

◎普校盛會　長城郡[illegible]川坪里私立普통學校에셔去月分에통常會를開ᄒᆞ고任員以下一般紳士가會集ᄒᆞ엿ᄂᆞᆫ데當日寄付金이千餘圓에達ᄒᆞ야校況이漸次擴張ᄒᆞ고學徒數十人은一齊斷髮ᄒᆞ엿다더라

◎三校合併　白川郡如意面私立養英學校ᄂᆞᆫ敎師李教龍朴魯壎李龍守諸氏가名譽로熱心教授ᄒᆞᄂᆞᆫ데該面養心學校와角山面華寧學校가合併ᄒᆞ야學徒가八十餘名에達ᄒᆞ엿다더라

◎金氏有志　秦川군居김尙運氏가該군에私立韓興學교를設立次로基本금數千圓을積立하고學部에請願次로上京하엿ᄂᆞᆫᄃᆡ日昨에高等學교情況을視察하엿다더라

◎安氏美捐　三和港安亨濟氏ᄂᆞᆫ該地三崇學교經費를補助키爲ᄒᆞ야金貨二十圓을寄付ᄒᆞ엿ᄂᆞᆫᄃᆡ該氏의教育界義擧를莫不稱頌ᄒᆞᆫ다더라

詞藻

◎一진狂風◎

경합방인지、ᄒᆞ웅、假合방인지、흥。
一진狂風에、집떠나가겟네、에。
이고다고、흐응、二천만동포야、興。

廣告

雜報

◎宮相陛見 宮相閔丙奭氏ᄂᆞᆫ昨日上午十二時昌德宮에 陛見ᄒᆞ엿다더라

◎午饌下賜 太皇帝陛下께옵셔來二十六日各祗候官을 命召ᄒᆞ샤午饌을 下賜ᄒᆞ옵신다더라

◎皇儲避寒 韓國 皇太子殿下께셔ᄂᆞᆫ昨日에日本小田原으로 御避寒ᄒᆞ옵셧다더라

◎官制改定 去二拾壹日에蔘政局官制及其他度支部官制改正件을發表ᄒᆞ엿다더라

◎官吏茶話會 度支部內와內部內에其事務上互相關係가有ᄒᆞᆫ官吏들은茶話會를設施ᄒᆞ고意見을疏通ᄒᆞᆫ다더라

◎日主塡充 內閣主事中視務를不勤히ᄒᆞᆫ官吏六人을拔擧ᄒᆞ야辭職케ᄒᆞ고其代에ᄂᆞᆫ日人主事二名으로敍任ᄒᆞᆫ다ᄂᆞᆫ디萬壹不勤히視務ᄒᆞᄂᆞᆫ境遇에ᄂᆞᆫ別般曉飭ᄒᆞᆷ이可커ᄂᆞᆯ遽然히免官시히고日人으로塡充ᄒᆞᄂᆞᆫ것은不可ᄒᆞ다고物論이有ᄒᆞ다더라

◎內部照會 鏡城淸津間의道路修築費七萬五千圓과海南河東間의道路修築費二十一萬圓을不日支撥ᄒᆞ라고內部에셔度支部로照會ᄒᆞ엿다더라

◎朴氏褒獎協議 故法部主事柳濟達氏의夫人朴召史의孝行을褒獎ᄒᆞ기爲ᄒᆞ야內部에셔協議中이라더라

◎趙氏入城 忠南鴻山郡에出張ᄒᆞ엿던內部民籍課長趙聲九氏ᄂᆞᆫ本日에入京ᄒᆞᆫ다더라

◎規則改正 隆熙四年度豫算에照ᄒᆞ야官立工業傳習所規則改正案을目下農商工部에셔起草中이라더라

◎繳消多數 鑛業權을得ᄒᆞᆫ者로其稅金을期限內에不納ᄒᆞᄂᆞᆫ者면其許可를繳消ᄒᆞᄂᆞᆫ디此로因ᄒᆞ야繳消를當ᄒᆞᆫ者가五拾壹名에達ᄒᆞ엿다더라

◎馬氏訪問 韓國內淸國居留地問題로淸日兩국間에交涉이漸畢ᄒᆞᆫ故로近近發表된다ᄂᆞᆫ디淸국總領事馬廷亮氏가昨日該事件에關ᄒᆞ야統監府를訪問ᄒᆞ엿다더라

◎代議士將渡 日人의朝鮮日日新聞이拓殖會社攻擊을因ᄒᆞ야二次發行停止를當ᄒᆞᆫ事에對ᄒᆞ야日本代議士花井村松兩人이議會開會中됨을不拘ᄒᆞ고該事件을調査키爲ᄒᆞ야日間渡韓ᄒᆞᆫ다더라

◎德記者入京 德國에有名ᄒᆞᆫ로칼안즈아이겔新聞社北京特派員잘즈만氏ᄂᆞᆫ韓國을視察키爲ᄒᆞ야京城에來着ᄒᆞ야孫澤孃旅館에投宿ᄒᆞᄂᆞᆫ디該氏ᄂᆞᆫ宮闕、病院、監獄、學校、印刷局、各部、水原農林模範塲、等을視察ᄒᆞ고陸路로元山에赴ᄒᆞᆫ다ᄒᆞ며昨日統監府를訪問ᄒᆞ엿다더라

◎徐蠢不悛 北部苑洞居徐彰輔가一進會를贊成ᄒᆞᄂᆞᆫ長書를提呈ᄒᆞᆷ은一般知了ᄒᆞᄂᆞᆫ바어니와更히日本桂總理의게長書를提呈ᄒᆞᆯ次로目下運動中이라ᄂᆞᆫ디何等事件을因ᄒᆞᆷ인지昨日上午十時에警視廳에被招ᄒᆞ엿다더라

◎諧計尙存 一進會에셔再昨日會員一人을大同敎總事李範圭氏에게派送ᄒᆞ야百般誘說ᄒᆞ되貴敎에셔本會를贊成ᄒᆞ면大同敎가自然擴張ᄒᆞᆯ것이오其他萬般道理가有ᄒᆞ다ᄒᆞ미該氏ᄂᆞᆫ峻辭拒絕ᄒᆞ엿다더라

◎彼何人斯 壹進會員韓昌會氏ᄂᆞᆫ各社會에親知人을訪見ᄒᆞ고壹進會贊成ᄒᆞᆷ을懇乞ᄒᆞᆫ다더라

◎安郡不穩 西關各地方에셔市塲稅收捧事에對ᄒᆞ야民心이不穩ᄒᆞᆷ은累累報道어니와安州郡人民이會集ᄒᆞ야該郡財務署에前往ᄒᆞ야該稅金을交涉ᄒᆞᆯ際에該郡警察官이威脅的으로揮劍放銃ᄒᆞ야就中七八名이負傷ᄒᆞ엿ᄂᆞᆫ디該人民이壹府憤激ᄒᆞ야投石이飛至ᄒᆞ며壹塲風波가激起ᄒᆞ엿다더라

◎王氏請願 開城郡麗陵叅奉王翰奎氏가內部에請願ᄒᆞ기를本陵의員役을除汰ᄒᆞᆫ後로賊警이太甚ᄒᆞ나保護等節을莫可施行이온즉度支部로引繼ᄒᆞᆫ陵所財産을還爲劃給ᄒᆞ야員役을更設ᄒᆞ고守護等節을如前케ᄒᆞ라ᄒᆞ엿다더라

◎調査焉用 警視廳에셔韓日巡査를派送ᄒᆞ야漢城內에在ᄒᆞᆫ各學교에敎科書種類와學員數爻를目下調査中이라더라

◎警探詰難 警視廳日人警視渡邊은三昨日偵探軍權重國氏를中樞院에派送ᄒᆞ야該院副贊議鄭蘭敎氏를訪問ᄒᆞ고濟州島에滯留ᄒᆞ던朴泳孝氏가日間歸京ᄒᆞᆫ다ᄂᆞᆫ說이有ᄒᆞᆫ즉其理由를明言ᄒᆞ라고一塲詰難ᄒᆞ엿다더라

◎果則不公 成均館生徒가有闕ᄒᆞᆫ時에ᄂᆞᆫ學力을試取塡充ᄒᆞᆷ이妥當ᄒᆞ거ᄂᆞᆯ不此之爲ᄒᆞ고學部大臣及成均館長學務局長編輯局長의親近ᄒᆞᆫ人으로學問如何를不計ᄒᆞ고無試驗塡充ᄒᆞᄂᆞᆫ故로該館敎育程度가實難發達ᄒᆞ다고一般批評이有ᄒᆞ다더라

◎何其多也 日憲兵司令部에셔補助員을增選ᄒᆞᄂᆞᆫ디對ᄒᆞ야請願書가踏至ᄒᆞᆷ은既報어니와三四日內에志願者가八百餘名에達ᄒᆞ엿다더라

◎渡邊出發 度支部技師渡邊우釜山製氷塲을視察키爲ᄒᆞ야再昨日出發ᄒᆞ엿다더라

◎如前開市 平南甑山郡內各市塲에셔市塲稅收捧ᄒᆞᄂᆞᆫ事에對ᄒᆞ야人心이大端騷擾ᄒᆞᆷ은已報어니와該稅收捧官吏가各商民의게曉喩ᄒᆞ기를商業情況을報告上部ᄒᆞ야該稅를勿施케ᄒᆞᆫ다ᄒᆞᆷ으로至今은如前히開市ᄒᆞᆫ다더라

◎伊舘競賣 伊太利國領事가身故ᄒᆞᆷ은既報어니와該氏에所用汁物를德國人갈니쓰키氏에게委任ᄒᆞ야而昨日에競賣를開ᄒᆞ엿다더라

◎韓米輸出計劃 仁川港世昌洋行에셔ᄂᆞᆫ韓國米二萬五千石을日間日本及歐洲로輸出ᄒᆞ려고目下計劃中이라더라

◎修築請願 龍山日本居留民團長이內部에請願ᄒᆞ고龍山道路를修築ᄒᆞ야달나고懇請ᄒᆞ엿다더라

◎蠻人蠻行 日人杉山悅三郞爲名漢이黃州高井面黃城村에居留ᄒᆞ다가該面豪圩里居韓人鄭聖奎氏의女息을奪去ᄒᆞᆫ故로鄭氏가黃州警察署에告訴ᄒᆞ엿더니日人杉山이가黃城村에住ᄒᆞᆫ다ᄒᆞᆷ을聞ᄒᆞ고去拾四日에鄭氏가杉山家에往ᄒᆞ야女息還送을請ᄒᆞᆫ즉杉山이가野蠻의本色으로短劍을揮ᄒᆞ야鄭氏를刺殺ᄒᆞᆫ지라鄭氏子亨淳氏가杉山을擊殺ᄒᆞ야父讐를報ᄒᆞ고仍히避去ᄒᆞ엿다더라

◎傷人奪物 日人淸水市郞이가龍南統營面吝丁武七氏家에셔留宿ᄒᆞ더니韓人七名이乘夜襲擊ᄒᆞ야淸水를重傷케ᄒᆞ고淸水의所持獵銃彈藥等를奪去ᄒᆞ엿다더라

◎一進會員被殺 日前義兵十餘名이長湍郡上道面에來到ᄒᆞ야壹進會員尹相燮을砲殺ᄒᆞ엿다더라

◎喫鴉被捉 開城居崔基大平壤居金壹龍禁後洞居吳相奎等三人이再昨日上午九時에鍾路里門洞朴養煥氏家에셔鴉烟을吸喫ᄒᆞ다가所管警察署에被捉ᄒᆞ엿다더라

◎李氏被捉 龍仁郡金良塲居李圭翌氏가幾百圓價値砂金을携帶ᄒᆞ고日本造幣局에前往ᄒᆞ야金錢을相換ᄒᆞ깃다고理事廳에請願ᄒᆞ야旅行劵을得ᄒᆞ엿ᄂᆞᆫ디更히查實ᄒᆞᆫ즉其行爲가不明ᄒᆞᆫ故로再昨日中部警察署에被捉ᄒᆞ엿다더라

◎窃盜何多 동幕居崔天成은窃盜嫌疑로三昨日日憲兵司令部에被捉ᄒᆞ엿다더라

◎文簿調査 國債報償金處理會調査委員諸氏가三昨日에報償金保管에關ᄒᆞᆫ各處文簿를調査ᄒᆞ엿다더라

◎釋迦會組織 蔡鎬錫劉天赫李承日南廷燦諸氏가發起ᄒᆞ야佛敎를振興ᄒᆞᆯ次로釋迦如來會를組織ᄒᆞ엿다더라

◎基金還推 典舖總會顧問洪奭鉉氏가該會에請願自退ᄒᆞᆷ은已報어니와基本金十圓을還爲出給ᄒᆞ라고現方相持中이라더라

◎演會開會 國民大演說會에셔本日下午壹時에幹事會를開ᄒᆞ고事務를處理ᄒᆞᆫ다더라

◎龍山坊總會 西部龍山坊會에셔本日上午十二時에總會를開ᄒᆞ고重要事務를處理ᄒᆞᆫ다더라

◎實業經營 雲山北鎭等地居池熙銈金宅西氏等이商業을擴張키爲ᄒᆞ야資金을鳩聚ᄒᆞ기로經營ᄒᆞᆫ다더라

◎義兵義捐 日前夜義兵十餘名이楊平郡西終面汶成學校에來到ᄒᆞ야該교學員을對ᄒᆞ야熱心修業ᄒᆞ라고勸勉ᄒᆞ고金貨三圓을贈與ᄒᆞ엿다더라

◎藤原出發 韓國銀行監理官日人藤原은本日出發歸국ᄒᆞ야韓銀總會에叅席ᄒᆞᆫ다더라

◎李氏義捐 白川郡無伋面居ᄒᆞᄂᆞᆫ李基永氏ᄂᆞᆫ本以貧寒ᄒᆞᆫ家勢로養英學校에正租貳石을寄付ᄒᆞ엿슴으로該氏의公益心을無不贊成ᄒᆞᆫ다더라

◎禮拜日定規例 鍾路靑年會舘에셔ᄂᆞᆫ每主日上午拾時에傳道會、下午二時에查經引導會、下午三時에福音會、同四時에西洋人福音會、同七時三拾分에役員班查經會를ᄒᆞᆫ다더라

電報

◎反對理由 日本이美國의滿洲中立議를反對ᄒᆞ야回答ᄒᆞᆷ은已報어니와其理由에ᄂᆞᆫ日本이滿洲鐵道를危險이無케既得ᄒᆞᆫ權利로信ᄒᆞᆫ다ᄒᆞ엿다더라

◎統監政治質問 日本進步黨所屬代議士大內暢三은本日에統監政治에關ᄒᆞᆫ質問書를提出ᄒᆞ엿다더라

以上東京發 廿二日着

◎特派員出發 淸國政府의派員은露國京城에셔出發ᄒᆞ야莫斯科로向ᄒᆞ엿다더라

◎重病風說 露國皇后及皇太子가重病에罹ᄒᆞ엿다고風說이有ᄒᆞ나公式으로否定되엿다더라

以上伯林發 二十二日着

▲社會燈▼

▲苑洞雜놈徐彰輔가合邦論을贊成ᄒᆞ다가돌팔매에놀낸魂이地獄구경ᄒᆞᆯ번ᄒᆞ고밋삭百圓겨우밧어주린챵ᄌᆞ쥭이ᄂᆞᆫ디合邦贊成ᄀᆞᆺ치ᄒᆞ던洪某란者ᄯᅥ 여들어쩌다귀를ᄂᆞᆫ화먹쟈으룽으룽거린다니미도ᄂᆞᆫ화마잣스면ᄶᅢ도ᄂᆞᆫ화먹지마ᄂᆞᆫ미마쥴제逃亾ᄒᆞᆫ놈廉恥업ᄂᆞᆫ너왜쥬리

▲泰仁郡守崔鶴來ᄂᆞᆫ壹進會의卒徒로셔今番合邦宣言書를極力贊成ᄒᆞᄂᆞᆫ故로그고을에人民들이그行爲를攻駁ᄒᆞ야遺臭萬年ᄒᆞ시라고木碑들을세웟ᄂᆞᆫ디設立者를잡아다가刑罰셔지ᄒᆞ엿다니不世之功제유것ᄂᆞᆫ金石에다안삭이고木碑에다삭엿다고골이잔득나셧던가

▲永宣君과侍從卿은千尙宮집밥筵에셔妓生瓊玉呼出ᄒᆞ야威之협之抑勒으로行娼ᄒᆞ던歷史中의淫談悖說奇恠事를壹壹納供ᄒᆞ게ᄒᆞ고拍掌大笑ᄒᆞ엿ᄂᆞᆫ디尙宮ᄂᆞᆯ은그悖擧를相顧唾罵ᄒᆞ엿다니尙宮內人宴席上은花柳塲이아니어던以若皇族大官으로더런蠻行可惜ᄒᆞ다

▲度相夫人花甲宴에各大官이會集ᄒᆞ야汚穢腸子니여노코허튼酬酌골나ᄒᆞᆯ제農商大臣趙重應은戰國時代當ᄒᆡᆺ드면孔夫子가되겟다고弟子ᄭᆞ지定히노코억지쥭이놉ᄒᆞ셔셔意氣揚揚ᄒᆞ드라니弱肉强食此時代에文官王이왜못되고賣國賊의從卒되여몸못노코生活ᄒᆞ노

社告

左開兩處에本支社를設置ᄒᆞ엿ᄉᆞ오니各該附近地에셔本申報購覽ᄒᆞ실　僉君子ᄂᆞᆫ左開支社員에게請求ᄒᆞ시고代金과諸般事를一切該氏와交涉ᄒᆞ시옵

左　開

熙川邑內面東門外洞金錫澤
群山港九福洞壹統八戶　方在喜

大韓每日申報社

廣告

本店에셔景品券進呈은本月十一日에畢ᄒᆞ엿ᄉᆞ오니抽籤日子가急迫ᄒᆞ와左開延期ᄒᆞ옵고本店에셔設行ᄒᆞ오니
僉位ᄂᆞᆫ恕諒ᄒᆞ심伏望ᄒᆞᆷ

景品券号數　自一号　至一二六七号
抽籤日子　隆熙四年一月卅一日　陰十一月廿一日

南部竹洞二十二統六戶
廣興商店　告白

本人이東部仁昌坊長位里居朴弘植의所有楊州郡南面蘆原下契伏在勒字畓五斗落文券을典執ᄒᆞ엿다가陰十二月十二日에美洞李澗鳳懸방의셔字号卜數를相考ᄒᆞ다가不知中셔失ᄒᆞ엿기로玆에廣告ᄒᆞ오니誰某拾得ᄒᆞ와도休紙施行ᄒᆞᆷ
崔英根　告白

本人이光武八年에本面高山洞居宋尙涉氏에게買收ᄒᆞᆫ草家十間文券을不知中셔失ᄒᆞ고同時에面長及洞長이會同ᄒᆞ야更成文券ᄒᆞ엿ᄉᆞ오니誰某拾得ᄒᆞ야如或典執之弊라도無效로看做ᄒᆞᆷ
鳳山洞仙面洛村崔致大　白

病院開業廣告

天道의眞理를賚ᄒᆞ고人道의原則을依ᄒᆞ야慈善의大義를主張ᄒᆞ며營利의私益을不顧ᄒᆞ고官立醫學校第一回卒業生으로軍籍에入ᄒᆞ야軍醫의職務로從事ᄒᆞ던前陸軍二等軍醫朴熙達氏를延聘ᄒᆞ야精美ᄒᆞᆫ器械와神効ᄒᆞᆫ藥品으로男女老幼의各科疾病을懇切救療ᄒᆞ오니疾病에罹ᄒᆞ신兄弟姊妹ᄂᆞᆫ來臨問議ᄒᆞ심을爲要

患者의便利를供키爲ᄒᆞ야留宿所를設ᄒᆞ고寢具와食料를恪別供給ᄒᆞᆷ

平壤鍾路私立
大同病院々主
韓敎源　告白

本港安亨濟氏가本校에義捐金二十圓을寄附ᄒᆞ엿기其盛意를玆庸感謝ᄒᆞᆷ
三和港私立三崇學校　告白

寫眞速成大募集

本學舘에셔本國에美術을發達키爲ᄒᆞ야寫眞科를特設ᄒᆞ고英人敎師와美領布哇에셔寫眞術에多年從事ᄒᆞ던本國敎師가敎授ᄒᆞ깃ᄉᆞ오니願學僉員은本月二十五日內로來議本舘ᄒᆞᆷ事

皇城基督靑年會學舘

私立定州五山學校學徒募集廣告

本校에셔一年級補缺生及預備科學生을增募ᄒᆞ오니　志願者ᄂᆞᆫ二月二十七日(陰正月十八日)以內로請願書를提出ᄒᆞ옵

但入學請願用紙ᄂᆞᆫ本校事務所에請求하옵

一　試驗日字　二月二十八日
一　試驗科目　漢文　作文、算術　地誌　歷史　理科　外國語
一　開學日字　三月一日

隆熙四年一月　日
私立定州五山學校　白

廣　告

中部澄淸坊相思洞契二十五統七戶五二十三間雨傘廛都家舊白紙家券七張을셔失이온바誰某拾得ᄒᆞ와도休紙施行ᄒᆞᆷ
雨傘廛　告白

國文 初等大韓歷史　特別減價二十錢
國文 初等大韓地誌 附地圖　特別減價十五錢

右書ᄂᆞᆫ純國文으로簡易케著述ᄒᆞ야女子社會와勞働學校의獨習케必要ᄒᆞ오니速速購覽ᄒᆞ시옵

發賣所　中部布屛下廣學書舖金相萬

本店에셔開業ᄒᆞᆫ지十六年間僉君子의愛顧ᄒᆞ심을特蒙ᄒᆞ와今年부터業務을大擴張ᄒᆞ고春夏秋冬所用으로緞屬毛織等各國高等物品을現今多數直輸入이온바各地方에셔ᄂᆞᆫ買易에便利賣買키爲ᄒᆞ야特廉減價ᄒᆞ와郵便小包로酬應ᄒᆞ야代金은引換ᄒᆞ깃사오니十三道各郡僉君子ᄂᆞᆫ隨意請求ᄒᆞ심을望
振替貯金番號(韓國壹三一番)
漢城中部鍾路砂器廛洞二十一統五戶
廣興泰　告白

▲特別廣告▼

▲▲最新　通信販賣

勿驚ᄒᆞ시오地方에在ᄒᆞ신여러분이여僅히一錢五厘의通信費을投ᄒᆞ면多大ᄒᆞᆫ旅費와繁雜을除ᄒᆞ고能히京都第一廉價의物品을得ᄒᆞᄂᆞᆫ妙方이現出ᄒᆞ엿ᄉᆞ니此ᄂᆞᆫ歐米各國에셔流行ᄒᆞᄂᆞᆫ通信販賣法이오
우리漢陽商會ᄂᆞᆫ메파도멘토스도아卽萬物이具備ᄒᆞᆫ商店이니如何ᄒᆞᆫ物品이라도葉書或書簡으로某物을送致ᄒᆞ라通知ᄒᆞ시면우리ᄂᆞᆫ確實迅速低廉으로爲主ᄒᆞ야郵便或運送으로送呈ᄒᆞ깃슴나이다

아ㅣ我韓의人士로誰가우리漢陽商會를不知ᄒᆞᆯ者ㅣ有ᄒᆞ며誰가此에同情을表치아니ᄒᆞᆯ者ㅣ有ᄒᆞ리요
弊店의商品目錄은누구시던지보니라請求ᄒᆞ시면無代金으로送呈ᄒᆞ깃ᄉᆞ오니一次試驗ᄒᆞ기爲ᄒᆞ야如何ᄒᆞᆫ物品이던지注文ᄒᆞ여보시오그便利ᄒᆞᆫ方法이如何ᄒᆞᆷ을아서리다

歐美雜貨各種　洋酒食料各種
文房具各種　內外國衣服次各種
本國物產各種

大韓皇城鍾路
輸出輸入商　漢陽商會
電話一九一番

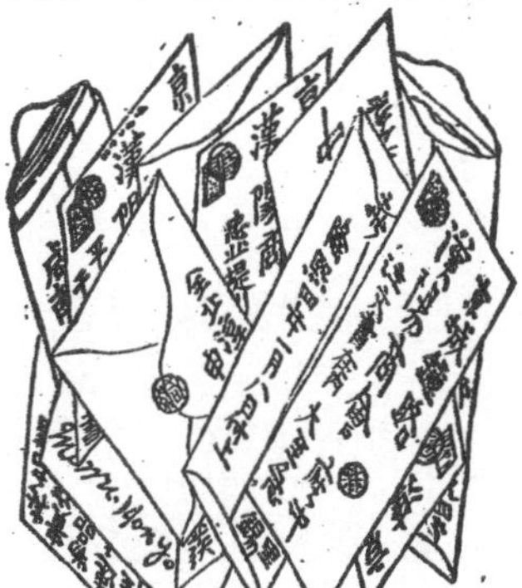

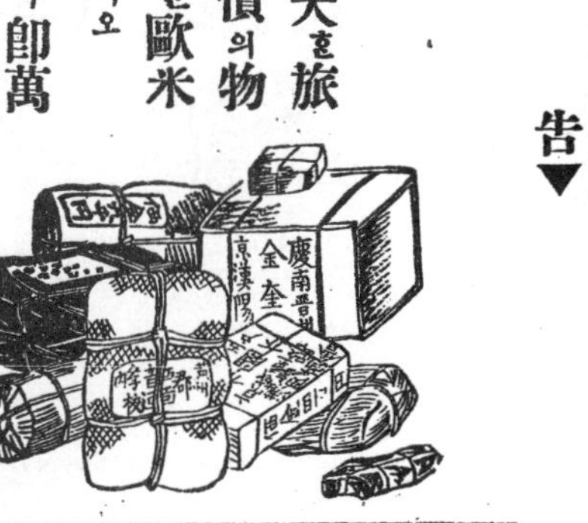

廣告

◉特別廣告

本社의셔同胞의衛生을注意ᄒᆞ야美國의셔經驗單方으로流行運用ᄒᆞᄂᆞᆫ靈藥聖劑를買入ᄒᆞ야左開廣布ᄒᆞ오니有病君子와藥業에從事ᄒᆞ시ᄂᆞᆫ僉彦은爭先來購ᄒᆞ시옵

分賣와都賣에差別이有ᄒᆞ야一打(十二個)以上의都賣에ᄂᆞᆫ特別割引ᄒᆞᆷ

左　開

秘製止痛藥

效能　外塗內服無處不適
消滯　止瀉　絕瘧　治痢無不神效ᄒᆞᆷ

蘇喜膏藥

效能　頭面　身體一切痛症
積年風濕　除痰　生션之道 旨卽奏效ᄒᆞᆷ

亞麟香膠

效能　母論男女老少　勿嫌年久日淺一切　咳소　服之則其效如神ᄒᆞᆷ

委花藥膏

效能　痔疾　聯珠瘡　燒跌傷螫咬等　諸症無雙聖藥

委花糖水藥

効能　痳症　花柳毒　凡不潔血所祟症　婦人虛弱등症靈驗ᄒᆞᆷ

牛汁藥酒

効能　母論男女老少氣血虛弱者服之則大補元氣身體强健ᄒᆞᆷ

韓美興業株式會社事務所

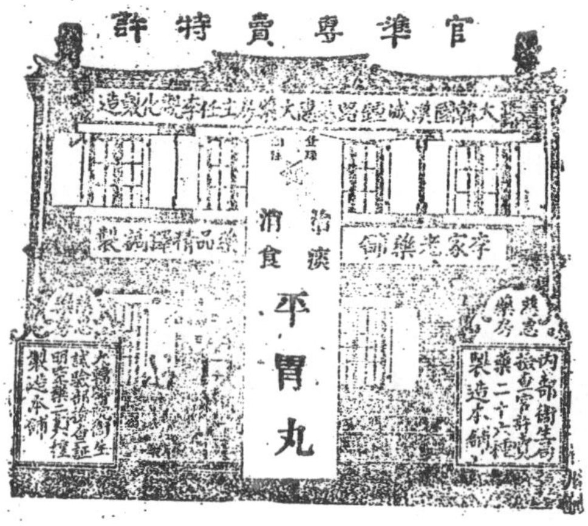

再版

新撰 尺牘完篇

(附) 現行法令裁所

興士團編輯部長　朴晶東氏著作　一帙二冊　正價金一圓

△今此局勢가維新ᄒᆞ고事爲가繁劇ᄒᆞᆫ時代에際ᄒᆞ야吾人도論交酬世의道가日廣日多ᄒᆞᆫ즉尺牘을不可不讀이라本尺牘은已爲刊行于世ᄒᆞ야江湖의好評을博得ᄒᆞ온바今에國漢文으로新撰增補ᄒᆞ야新舊尺牘에牛耳가되며且近日新法令의最要ᄒᆞᆫ者를類聚附輯ᄒᆞ엿ᄉᆞ오니一般人士ᄂᆞᆫ案頭에必備ᄒᆞᆯ好서이올

最新刊

平面幾何學

全一冊正價　金七十錢

隆熙學校學監　李命求氏著作　徽文義塾長　柳一宣氏校閱

△本서ᄂᆞᆫ現代數學界의大方家로有名ᄒᆞᆫ柳　李兩氏의最精力을注ᄒᆞ야詳密ᄒᆞᆫ編纂을著ᄒᆞ고嚴正ᄒᆞᆫ校閱을加ᄒᆞᆫ者이온바數學敎科에無二ᄒᆞᆫ良師오獨習참考에必備ᄒᆞᆯ珍서이온斯學術서에劈頭的出版이오니唯我學者諸君은速購讀習ᄒᆞ심을(但著作者의捺印이無ᄒᆞᆫ者ᄂᆞᆫ僞刊으로認定ᄒᆞᆷ)

發兌元
△皇城中部罷朝橋越　中央서舘朱翰榮
△황城西部南門外紫岩　新舊서林池松旭
△皇城中部典洞　光東서局李鍾楨

○○○ [illegible]

內外國洋藥各種을廉價大發賣ᄒᆞᄂᆞᆫ藥房이어대요

김승잡ᄂᆞᆫ硝毒散도만이파오

京城鍾路八寶丹本舖和平堂李應善氏大藥房

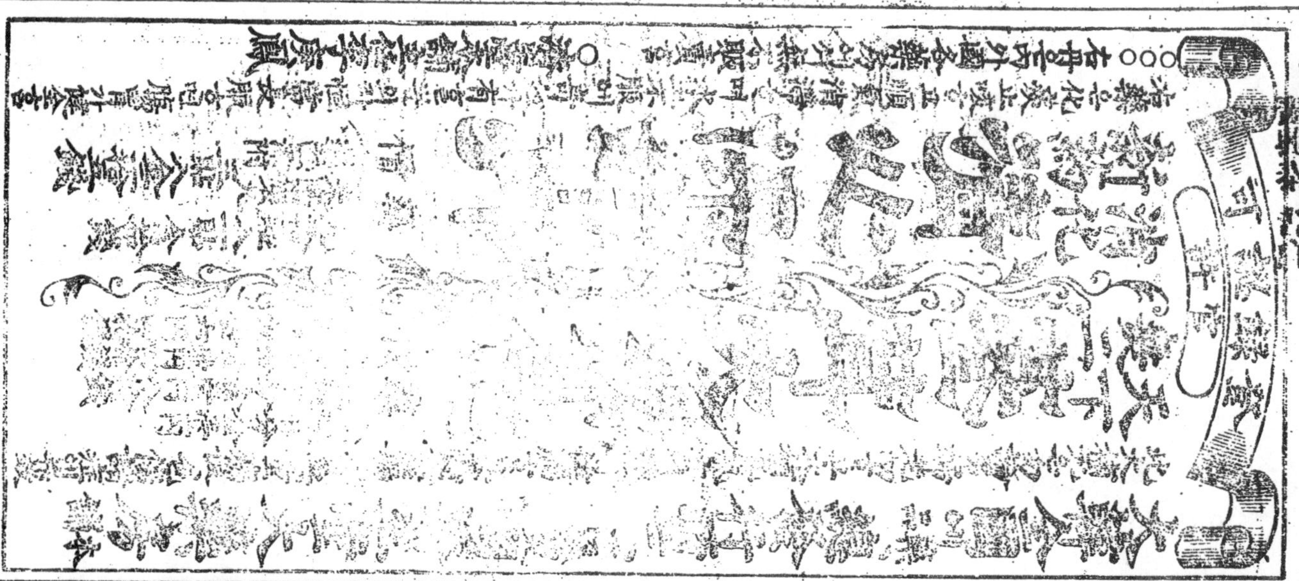

檀君開國四千二百四十二年
箕子元年三千三十一年
大韓開國五百十八年
本報創刊日 光武八年七月十八日

大韓每日申報

第八卷 月曜及慶節歲時休日休刊 第一千二百九十七号

發行兼編輯人 英國人 萬咸
Responsible for Publication Alfred Weekly Marnham.
發行所 京城[illegible]石井洞三層洋屋家 大韓每日申報社

論說

◎地方稅와民情

嗚乎當局者여今日地方生靈을救濟치ᄂᆞᆫ못ᄒᆞᆯ지언뎡反히許多地方의稅를增ᄒᆞ야人民이生活의路가無ᄒᆞᆷ에至ᄒᆞ니其手段이엇지如是히慘毒ᄒᆞ며其心法이엇지如是히殘忍ᄒᆞ뇨韓國盛時에ᄂᆞᆫ單純ᄒᆞᆫ正供外에何等雜徵이無ᄒᆞ엿거니와近世戚畹專政以後부터政治가益益히腐敗에陷ᄒᆞ야各道各郡에觀察及郡守되ᄂᆞᆫ者가權臣家의子姪親戚이아니면便是吮癰舐痔의鄙夫이며不然이면又銅臭下에서產出ᄒᆞᆫ奸細人이라是以로到任의翌日이면몬져該管內富民의數를列錄ᄒᆞ고一一히此를拖因ᄒᆞ야膏血을吮ᄒᆞ엿스니此가韓民의不幸時代라

然이나此郡에ᄂᆞᆫ貪官이有ᄒᆞ되彼郡에ᄂᆞᆫ或良守令이有ᄒᆞ야此郡에서聊生치못ᄒᆞᄂᆞᆫ人民이彼郡으로走脫ᄒᆞ야暫時의安堵를得ᄒᆞᆫ者ㅣ有ᄒᆞ엿거니와

哀ᄒᆞ다今日地方稅ᄂᆞᆫ無ᄒᆞᆫ郡이無ᄒᆞᆫ지라土屋半間만保ᄒᆞ야도稅金이幾十錢이며烟草數畝만種ᄒᆞ야도稅金이幾百分이며豕一隻만屠ᄒᆞ야도稅金이幾角이며酒一甕만釀ᄒᆞ야도稅金이幾兩이오其外已施未施의地方稅名目이許多히出ᄒᆞ니嗚乎斯民이여何地에逃生ᄒᆞ리오

韓國國民의富力이稍饒ᄒᆞ면此等稅를徵ᄒᆞᆷ이何害리오만은今乃不然ᄒᆞ야天下最貧의人은韓民이라其一家의產業은一片山田에依ᄒᆞ며年計ᄂᆞᆫ數石秫黍에托ᄒᆞ야妻呼兒啼가家家皆然ᄒᆞᆫ故로圃無多ᄒᆞᆫ秋田畓稅를出ᄒᆞᆷ에도家를傾ᄒᆞ며產을破ᄒᆞᄂᆞᆫ者ㅣ有ᄒᆞ며女子ᄂᆞᆫ手를呵ᄒᆞ고布를織ᄒᆞ며男子ᄂᆞᆫ腹을撑ᄒᆞ고柴를斫ᄒᆞ야此를賣ᄒᆞ야幾分殘金을得ᄒᆞ면米도買ᄒᆞ며太도買ᄒᆞ야恒常「자ᄒᆞᆯ벌어하로먹을」經營ᄒᆞ던人民으로서而今에ᄂᆞᆫ外物輸入의風潮를過ᄒᆞ야石油가出에荏子가日賤ᄒᆞ며石炭이現에柴價가日退ᄒᆞ며倭唐木自縫針燐寸洋燭倭餠洋酒其他新製造新器械新食料等이日進ᄒᆞ미本國產物은其價가日落ᄒᆞ고商工各業의進步ᄂᆞᆫ幼稚가尙甚ᄒᆞ야人人이生活의窘難을泣ᄒᆞᄂᆞᆫᄃᆡ突然히雜세名目을日增ᄒᆞ니人民의塗炭이前日貪官汚吏時代보다尤甚ᄒᆞ며(一)

已往에ᄂᆞᆫ人民의錢財를貪官汚吏가아모리奪去ᄒᆞ야도畢竟은다시此국에落在ᄒᆞᄂᆞᆫ物이라假令閔某趙某가民財幾千兩을奪去ᄒᆞ더ᄃᆡ도是가日本으로移去ᄒᆞᆷ도아니며淸국으로移去ᄒᆞᆷ도아니라只是大韓國內에輪迴ᄒᆞ엿거니와今日은不然ᄒᆞ야正稅雜세를收ᄒᆞ야官廳費에다用ᄒᆞ나彼官廳에在ᄒᆞᆫ者가果皆何人이뇨犬養見가아니면飯塚郞이며大阪人이아니면薩摩客이라故로此等세金이末乃에ᄂᆞᆫ皆自家日本으로輸去ᄒᆞᆯ뿐이며又韓人官吏에게入ᄒᆞᄂᆞᆫ金도泥峴料理店에投ᄒᆞ며日人매淫婦에게投ᄒᆞ야箇箇日本으로渡ᄒᆞᆯ뿐이며又或此세金으로土木建設費에用ᄒᆞ나其雇工이皆是日人이라故로此亦日本으로渡去ᄒᆞ나니日本者ᄂᆞᆫ韓國錢財의尾閭穴이라一渡ᄒᆞ면不復來하나니故로人民의塗炭이前日貪官汚吏時代보다百倍尤甚ᄒᆞ며(二)

又已往韓國이비록金融의機關이不完全ᄒᆞ엿스나今日ᄀᆞᆺ치經濟恐慌ᄒᆞ던時가有ᄒᆞ엿ᄂᆞᆫ가年來韓國에貨幣가濫惡ᄒᆞ야其整理의必要ᄒᆞᆷ은人人이皆啣ᄒᆞ엿거니와彼目賀田이財政을整理ᄒᆞᆫ다稱ᄒᆞ고舊白銅廢止說을唱ᄒᆞᆫ際甲乙丙三種에分ᄒᆞ야此를收入ᄒᆞ며又其國商民으로ᄒᆞ야금倭木唐木等을將ᄒᆞ야此銅을貿ᄒᆞᆯ시舊白銅을多擁ᄒᆞᆫ韓國商民은此가方且無用에歸ᄒᆞᆷ을恐ᄒᆞ야汲汲히彼와貿換하더니噫라彼白銅貨를日本鑄錢械에一入하면其形體ᄂᆞᆫ差小하나其價値ᄂᆞᆫ倍가되며赤銅에至하야ᄂᆞᆫ尤히可驚ᄒᆞᆯ事가有하니卽新赤銅은鷄眼ᄀᆞᆺ치小ᄒᆞ되一錢에用하며舊赤銅은牛眼ᄀᆞᆺ치大ᄒᆞ되半錢에用ᄒᆞᆷ이是라如此히奇妙ᄒᆞᆫ方法으로半價에韓國貨를輸去ᄒᆞ며又他各種의方面으로經濟의恐慌을起하야「光武二年이놀죽인다」ᄂᆞᆫ歌ᄂᆞᆫ各郡에亂ᄒᆞᆫᄃᆡ此時에各名色雜稅를日徵하니人民이何策으로써生活ᄒᆞ리오當日貪官汚吏時代를思하미天上의生活이로다(三)

然ᄒᆞᆫᄃᆡ稅吏輩가各地로橫行ᄒᆞ며雜稅를收ᄒᆞᆯ시人民이呼訴하ᄂᆞᆫ者ㅣ有ᄒᆞ면劍으로擬ᄒᆞ며棒으로加ᄒᆞ야水를乾木에求ᄒᆞ니嗚乎라民을盡殺코ᄌᆞᄒᆞᆷ인가木石ᄀᆞᆺᄒᆞᆫ官吏라도頭를一回ᄒᆞᆷ이可ᄒᆞ니라

外報

◎借欵調印 淸國外務部、度支部及郵傳部ᄂᆞᆫ錦齊鐵道借欵에就ᄒᆞ야英米兩國과協定ᄒᆞᆫ始末書를本月二十日에連署入奏ᄒᆞ엿ᄂᆞᆫᄃᆡ近日에調印ᄒᆞᆫ다더라

◎移民制限案 加奈陀內務大臣은加奈陀에入來ᄒᆞᄂᆞᆫ移民每一名의게對ᄒᆞ야三百弗의攜帶金을要ᄒᆞᄂᆞᆫ議案을本月十九日議會의提出ᄒᆞ엿다ᄂᆞᆫᄃᆡ該案은美國에서入來ᄒᆞᄂᆞᆫ下等移民을防禦ᄒᆞᆯ意思라고說明ᄒᆞ나實은東洋移民制限案됨이明白ᄒᆞ다더라

◎하레ㅣ彗星 墨西哥에하레ㅣ彗星이現ᄒᆞ엿ᄂᆞᆫᄃᆡ白晝에도能히觀望ᄒᆞᆷ을得ᄒᆞᆫ다더라

◎國會速開演說 淸國十八省의國會速開請願委員約三十九名이北京에會集ᄒᆞ야都察院에請願書申達ᄒᆞ기를迫請ᄒᆞᆫ다ᄒᆞᆷ은已報어니와本月十九日午後에北京에在ᄒᆞᆫ淸국各新聞記者及在野有志家ᄂᆞᆫ該代表者大歡迎會를前門外湖廣(湖南、湖北)會館에開ᄒᆞ엿ᄂᆞᆫᄃᆡ時에飛雪이紛紛ᄒᆞ야寒氣가肌를刺ᄒᆞ되會衆이樓上樓下에滿集ᄒᆞ야數百으로써數ᄒᆞᆯ지라三十餘名의辯士가交交登壇ᄒᆞ야政府가國民의程度가低ᄒᆞᆷ을爲名ᄒᆞ고九年을期ᄒᆞ야國會開設을約ᄒᆞᆷ은國民을欺ᄒᆞᄂᆞᆫ手段이라고述ᄒᆞ고過激ᄒᆞᆫ言을弄ᄒᆞ야政府을攻擊ᄒᆞᄂᆞᆫ者가有ᄒᆞ엿ᄂᆞᆫᄃᆡ殊히湖北代表者의演說을聞ᄒᆞ고聽衆이感動ᄒᆞ야號泣ᄒᆞᄂᆞᆫ者가有ᄒᆞ엿다더라

學界

◎三成夜學 平南江東郡晩達面恒城洞私立三成學校ᄂᆞᆫ耶蘇敎會에서設立ᄒᆞᆫ바인ᄃᆡ該洞一般人士가極力贊成ᄒᆞ야校況이日進ᄒᆞ며今年부터ᄂᆞᆫ該校內에夜學校를設置ᄒᆞ고貧寒家青年을募集ᄒᆞ야國語漢文算術地理歷史等科를敎授ᄒᆞᆫ다더라

詞藻

❀綠竹歌❀

뜰아레심은綠竹、마듸마듸衝天勢라。
그ᄃᆡ를베지마라、千萬歲를푸르르게。
自古로、韓國의忠臣烈士큰일ᄒᆞᆷ을、이에석여。

雜報

◎四忠祠致祭 大皇帝陛下께옵서南巡狩하옵실時에鷺梁津四忠祠에致祭 詔勅을下하옵심으로再昨日에始爲擧行하엿는데掌禮院卿成岐運學部大臣李容稙農商大臣趙重應奎章閣典製官尹喜求果川郡守徐相達始興郡守羅基楨諸氏가進叅하엿다더라

◎宮中小火 昨日上午十時德壽宮內惇德殿前建築所에서失火하엿다가卽時撲滅하엿는데 大皇帝陛下께옵서火報를御聞하옵시고卽時侍從李喬永을 德壽宮에 命送하옵셧다더라

◎德壽宮陛見 昨日 德壽宮內失火에對하야各大臣及統監府秘書官等이 德壽宮에進詣하야 太皇帝陛下께 陛見하엿다더라

◎暗殺虛說 去二十三日에日本桂首相이韓人에게暗殺되엿다는傳說이有하엿다는데此는風說이라더라

◎惠館開宴 親衛府長官李秉武氏는本日下午六時惠泉館에셔宴會를設하고神原少將과其他高等官을請邀宴待한다더라

◎外朴內李 慶南觀察使黃鐵氏가公務를因하야內部에報告書를修呈하엿는데表面에는內部大臣朴齊純氏閣下라書하고裏面에는學部大臣李容稙氏閣下라書하엿는데該氏의自來所得독갑이칭식이란名號는於此亦驗이라고批評이有하다더라

◎日主內定 學部第一課第二課主事가現闕되엿는데日人으로塡補하기로內定하엿다더라

◎汝韓用日 內閣에셔日人主事幾名을需用하기爲하야韓人高級主事李浩稙黃義正氏等六人을減汰하엿다더라

◎隨處除汰 內閣에셔日人으로需用하기爲하야主事를除汰함은別項과如하거니와掌禮院에셔도主事及員役을多數除汰하기로擬議中이라더라

◎調查局設立 度支部에셔는財產整理局을廢止하고土地調查局을設置할次로目下其官制를擬議中인데該事件을實施한後에는土地에關한文簿를各財務署에셔引繼할터이라더라

◎或增或移 度支部에셔日前光州郡에財務監督局을增置하엿고嶺東九郡은元山港財務監督局으로移屬하엿다더라

◎政論嚴禁 各學校中에敎師와學徒가政論을鼓吹함이大不可라하야學次俵孫一이各學校에對하야嚴禁하엿다더라

◎視察出發 度支部書記官日人陶山과同部主事李鳳鍾氏와文書課主事日人高嵜은日本大藏省文簿를視察할次로日前渡日하엿는데四週日後에還任하기로預定하엿다더라

◎逋吏調查 度支部에셔開國五百三年으로부터光武十年까지公貨犯逋官吏를調查하엿는데合爲二千三百餘名이라더라

◎出張費請撥 內部所管各警察官의出張旅費가五萬九千三百十圓인데度支部로照會하고右金額을從速支撥하라하엿다더라

◎順儒長書 平南順川郡儒生劉允선金昌鴻諸氏가內閣과統監府에長書를提呈하야壹進會와所謂儒生李奎學等을聲討하엿다더라

◎一妖又出 前郡守權直相輩가一進會를贊助하야日前內閣에長書를提呈하엿는데更히日本內閣과統監府에長書를할次로目下記草中이라더라

◎其惡日長 徐彰輔는所謂國民同志會를組織하야合邦을期於實施하라고運動中이라더라

◎叅與開會 本日統監府에셔叅與官定例會議를開한다더라

◎其額可驚 土地調查를爲하야當局에셔本年度豫算會議에該繼續事業費千四百萬圓을要求하엿다가消滅되엿다더라

◎團束嚴密 日本東京에在한大韓興學會에셔政治的行動이有하다하야警視廳에셔嚴密團束中이라더라

◎李氏南行 高麗磁器七十五種을買入하야博物館에陳列할次로御苑事務局主事李鵬增氏가再昨日慶州郡으로出發하엿다더라

◎技手實習 度支部測量技手三十餘名은實地練習기爲하야日間富平等地로出往한다더라

◎椅子運搬 景福宮에積置하엿던椅子等物을昨日 昌德宮으로搬運하엿다더라

◎學部職員會 學部에셔再昨日下午二時에第三十三回職員會를開하엿는데學部及各學校職員中에地方學事視察狀況을報告하엿다더라

◎物品支撥 各官立學校所用紙墨石炭等物은從來學部에셔劃付하는經費金으로隨意買用하더니本年度부터는學部에셔該物品을購買하야直接으로支撥한다더라

◎獸肉規則 內部에셔獸肉販賣監督規則을制定하엿는데不日各道로發布케한다더라

◎兩氏渡洋說 前叅領申昌熙金祐基兩氏가去年十二月頃에歐洲에赴往次로間島方面에往하엿다는데兩氏의此行은來三月海牙에셔再開하는萬國平和會議에赴함이라하야某邊에셔致疑中이라더라

◎工所觀覽 日前入京한德國新聞記者쌀조만氏는本日에工業傳習所를觀覽한다더라

◎殊常何人 日本東京憲兵司令部에셔再昨日某處에電信을發送하엿는데近日韓人中蹤跡殊常者가多數히日本에潛渡하엿슨즉該人等의姓名과渡日의根因을嚴密調查하라하엿다더라

◎投書何多 權立洙라稱하는人이宮相閔丙奭氏에게投書하되自己로社稷令을叙任하면軍器를製造하야兵卒을敎習할터이오不然하면後患이將有하리라하엿다는데中部警察署에셔該人을형探訊問한즉本名은權龍洙오居住는中部水門洞이라는데現今米囚取招中이라더라

◎保護請求 大韓水道會社에셔警視廳에保護巡查二名을請求하엿다더라

◎暗賣者遠擧 綾慶園書員崔允華는該園所屬沓土幾斗落을暗賣한情跡이綻露되야永永逃走하엿다더라

◎逢첩撲殺 近日漢城內에韓日人이四五名式作行하면서飼犬의頸環有無를不拘하고逢첩撲殺하야擔車에駄去하는데此를以하야動物園獸畜을飼養한다는說이有하다더라

◎賣淫女調查數 去年末에內部衛生局에셔調查한바매음女의數를略聞한즉韓人賣淫女가二千四百六十八人이오日人매음女가二千八百三十八人인데漢城內에最多하고其次는慶北咸南慶南京畿오最少處는江原道라더라

◎何不遵行 大韓米商組合所에셔壹定한規則을頒布함은已報어니와該規則을各米商이擧皆遵行이되惟獨壽洞米商張錫煥氏가尙不遵行하는故로評批이有하다더라

◎盜嫌被捉 三昨日南門外에셔韓人閔泳南日人黑川等三名이强盜嫌疑로警視廳에被捉하엿다더라

◎崔氏被捉 長橋居崔健鴻은錢財事件으로其兄及兄嫂를毆打한事가發現되야昨日中部警察署에被捉하엿다더라

◎權氏被捉 中樞院顧問李址鎔氏의門人權應賢氏는何事件을因함인지再昨日日憲兵司令部에被捉하엿다더라

◎柴組起工 崔淳英具滋益諸氏가柴場淸潔組合所를設立할次로警視廳에請願承認함은旣報어니와再昨日부터漢城內五個區域을劃定하야塲所設立工役에着手하엿는데該役費는八百圓으로預算하엿다더라

◎同情又至 利原郡居玄尙錫金潤金鴻洙金允學諸氏와連山郡居金永鵬氏等四十八人이聯名하야國民大演說會에同意贊成書를寄送하엿다더라

◎其數三千 漢城內耶蘇敎에入叅한婦人數爻가合爲二千七百十八名이라는데此는美國敎人姜夫人의調查한바라더라

◎李氏歡迎會 北靑郡敎育會長李現奎氏가現今京城에來留하는데去日曜日靑友奬學會에셔李氏를爲하야歡迎會를開하엿다더라

◎嶠南開會 嶠南敎育會에셔再昨日下午一時總會를開하고事務를處理하엿다더라

◎畿湖總會 畿湖學會에셔三昨日下午三時에總會를開하고會計監督閔衡植氏가遞任한代에陸相弼氏가被選하엿다더라

◎靑館演說 今日下午七時半에鍾路靑年會館에셔金一善氏를請邀하야寸寸之光이能大破昏이란問題로演說한다더라

電報

◎進步黨決議 日本進步黨은代議士總會에셔左와如히決議함이有하니(一)地租는田畓地租百分의壹을輕減할事(二)三稅의廢함과地租의輕減함을幷行할精神으로써此를調查할事인데右調查는豫算委員의게任한다더라

◎貴族院爭議 日本貴族院에셔는卄二日에開會하고桂首相의施政上演說이有하엿는데扶桑會有力者大木伯은首相을直迫하야曰地租의輕減은不思하고官吏增俸만必要로知하나냐한즉桂首相이曰地租輕減은本年에는實行치못하리라한데大木伯이又曰官吏增俸은地租輕減보다急務로知하나냐한즉桂首相이變色曰大木伯은他所所感이有한즉如何히說明하야도解諒치못한다더라

◎撰學法改定 日本花中、卜部、兩代議士는選擧法中改正法律案을提出하엿다더라
以上東京發 卄三日着

◎商港設備說 日本에셔旅順口를開放하야商港으로한다는데其新設備에對한費用二千萬圓以上을滿鐵會社에셔支出케하기로한故로該會社에셔社債를募集하야港灣浚渫棧橋築造等工事를施設한다더라
東京發 二十四着

▲社會燈▼

▲旭日은方昇하고館門은初開한데喚了僮子來하야淨掃床上塵하고記者先生이坐起하야文房四友를指揮한다

▲管城子야而今山林間에潛處하야守舊派로自處하는者를爾其知得乎아其名은奴隸籍에注하면서其身은日自潔이라하고其口는仁愛를談하면서同胞의慘禍는秦瘠으로視하는者는其名曰頑固鬼라爾는此輩의狀態를歷歷히摹寫하여라네聽令하엿소

▲石鄕侯야鄕曲의富豪로著名하야其目은粱肉毒에眩하며其耳는黃金聲에聾하야屈派이門庭을撲하는지霹靂이頭上을壓하는지茫然不覺하고公益이라면其頭를撓하며義捐이라면十里를走하는者는其名曰守錢虜라爾는此輩의心法을歷歷히摹寫하여라네聽令하엿소

▲玄香子야世界에大勢도不聞하고彼己의强弱도勿計하야人力은一毫를不費하면서天運만坐談하야時來運至하면鐵艦野砲가一時消滅할줄노自信하는者는其名曰妖怪鬼라爾는此輩의肖像을歷歷히摹寫하여라네聽令하엿소

▲楮先生아先生은[illegible]學界의勞를煩키難하나任一面이라借하오니惟命是從하리다

▲此等人物을掃滅하는方法은良策이別有하니明日에다시指揮하려니와僮子야날이저무니더四友를다시整齊하여라

雜報

◎獸醫派送說 內部에서屠獸法을實施ᄒᆞᄂᆞᆫ同時에一人乃至二人의獸醫를各道에派遣ᄒᆞ야獸疫檢查와食肉監督等事務를任케ᄒᆞᆫ다ᄂᆞᆫ디獸醫가不足ᄒᆞᆫ境遇에ᄂᆞᆫ警察官吏에게相當ᄒᆞᆫ知識을敎授ᄒᆞ야該事務를兼任케ᄒᆞᆫ다더라

◎彗星出現 去二十三日午後六時二十分에仁川觀測所에서月尾島附近에彗星照現ᄒᆞᆫ것을發見ᄒᆞ엿ᄂᆞᆫ디該所技師等이此를實測코져ᄒᆞ다가該彗星이雲間에沉去ᄒᆞᆫ故로實測치ᄂᆞᆫ못ᄒᆞ엿다ᄂᆞᆫ디ᄒᆞᆫ리彗星은아즉出現ᄒᆞᆯ期가早速ᄒᆞᆫ즉畢竟他彗星일듯ᄒᆞ다더라

▲偉人遺蹟

▲▲東國巨傑 崔都統 續
錦頮山人

第三章 崔都統의前半生

崔都統의名은瑩이라檀君三千六百四十五年高麗忠肅二年에生ᄒᆞ니本國이蒙古에게見敗ᄒᆞ야城下盟을結ᄒᆞᆫ後八十三年이오蒙古世祖忽必烈이支那를統一ᄒᆞᆫ後三十五年이오日本은金上洛의蒙古一岐島를陷落ᄒᆞᆫ以來로憤恨를不勝ᄒᆞ야恒常海上에出沒ᄒᆞ며我邊民에게肆毒ᄒᆞ던時러라

崔都統의先世ᄂᆞᆫ儒門이라文學으로相傳ᄒᆞ고父의名은元直이니官이司憲糾正에至ᄒᆞ야清直으로著名ᄒᆞ더라

崔都統幼時에元直이일즉膝上에抱ᄒᆞ고其名을呼ᄒᆞ야祝曰瑩아汝ᄂᆞᆫ國을家와如히愛ᄒᆞ라國勢가日로爽ᄒᆞᆷ은擧世人이家만知ᄒᆞᄂᆞᆫ故니라瑩아汝ᄂᆞᆫ黃金을石과如히視ᄒᆞ라國事가日로非ᄒᆞᆷ은擧世人이黃金만愛ᄒᆞᄂᆞᆫ故니라瑩아汝ᄂᆞᆫ戰藝를學ᄒᆞ라國恥가此에至ᄒᆞ되一矢를拔ᄒᆞ야賊에게向치못ᄒᆞ니汝父가書生됨을至恨ᄒᆞ노라汝ᄂᆞᆫ戰藝를必學ᄒᆞ라ᄒᆞ야其清淨無垢의頭腦에愛國心尙武心을注入ᄒᆞ니嗚乎라崔都統의崔都統됨이固其天姿의英卓을由ᄒᆞᆷ이나抑亦家庭敎育의效力이아닌가且崔都統이儒門子孫으로儒業을棄ᄒᆞ고戰術에從事ᄒᆞᆷ도父의遺敎러라

忠烈王이元에被拘ᄒᆞᆫ慘報가來ᄒᆞ미市井이皆廛을撤閉ᄒᆞ더니崔都統이時方十餘歲幼兒로街上에出遊ᄒᆞ다가此를怪問ᄒᆞᆫ디一街兒가戲答曰蒙古王이汝의君을拘留ᄒᆞᆷ으로商民이吊禮를表ᄒᆞ나니라云ᄒᆞ더라 未完

廣告

◎特別廣告

本社의셔同胞의衛生을注意ᄒᆞ야美國의셔經驗單方으로流行通用ᄒᆞᄂᆞᆫ靈驗聖劑를貿入ᄒᆞ야左開廣布ᄒᆞ오니有病君子와藥業에從事ᄒᆞ시ᄂᆞᆫ僉彦은爭先來購ᄒᆞ시옵

分賣와都賣에差別이有ᄒᆞ야一打(十二個)以上의都賣에ᄂᆞᆫ特別割引ᄒᆞᆷ

左開

秘製止痛藥
效能　外塗內服無處不適　消滞　止瀉　絶瘧　治痢無不神效ᄒᆞᆷ

喜蘇膏藥
效能　頭面　身體一切痛症　積年風濕　除痰　生선之道멍卽奏效ᄒᆞᆷ

亞麟香膠
效能　毋論男女老少　勿嫌年久日淺一切　咳소　服之則其效如神ᄒᆞᆷ

委花藥膏
效能　痔疾　聯珠瘡　蹉跌傷螫咬等　諸症無雙聖藥

委花糖水藥
効能　痳症　花柳毒　凡不潔血所祟症　婦人虛弱등症靈驗ᄒᆞᆷ

牛汁藥酒
効能　毋論男女老少氣血虛弱者服之則大補元氣身體强健ᄒᆞᆷ

韓美興業株式會社事務所

再版

新撰 尺牘完篇

興士團編輯部長　朴晶東氏著作　一帙二冊　正價金一圓

(附):現行法令裁所

△今此局勢가維新ᄒᆞ고事爲가繁劇ᄒᆞᆫ時代에際ᄒᆞ야吾人도論交酬世의道가日廣日多ᄒᆞ미尺牘을不可不讀이라本尺牘은已爲刊行于世ᄒᆞ야江湖의好評을博得ᄒᆞ온바今에國漢文으로新撰增補ᄒᆞ야新舊尺牘에牛耳가되며且近日新法令의最要ᄒᆞᆫ者를類聚附輯ᄒᆞ엿ᄉᆞ오니一般人士ᄂᆞᆫ案頭에必備ᄒᆞᆯ好서이옵

最新刊

平面幾何學

全一冊正價金七十錢

隆熙學校學監　李命求氏著作　徽文義塾長　柳一宣氏校閱

△本서ᄂᆞᆫ現代數學界의大方家로有名ᄒᆞᆫ柳　李兩氏의最精力을注ᄒᆞ야詳密ᄒᆞᆫ編纂을著ᄒᆞ고嚴正ᄒᆞᆫ校閱을加ᄒᆞᆫ者이온바數學敎科에無二ᄒᆞᆫ良師오獨習참考에必備ᄒᆞᆯ珍서이온斯學術서예劈頭的出版이오니唯我學者諸君은速購讀習ᄒᆞ심을(但著作者의捺印이無ᄒᆞᆫ者ᄂᆞᆫ僞刊으로認定ᄒᆞᆷ)

發兌元

△皇城中部罷朝橋越　中央서舘朱翰榮
△황城西部南門外紫岩　新舊서林池松旭
△皇城中部典洞　光東서局李鍾楨

官準專賣特許

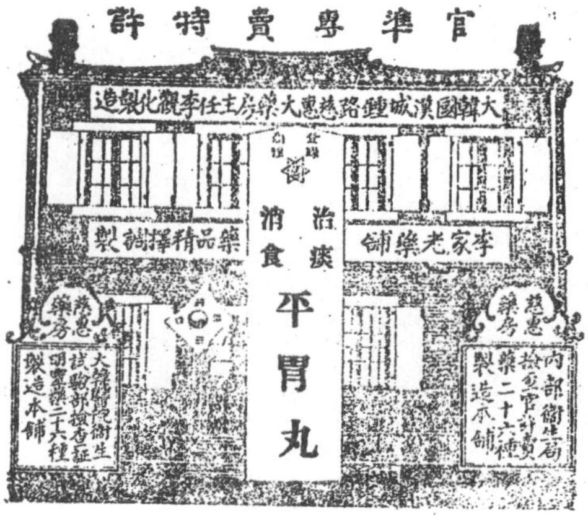

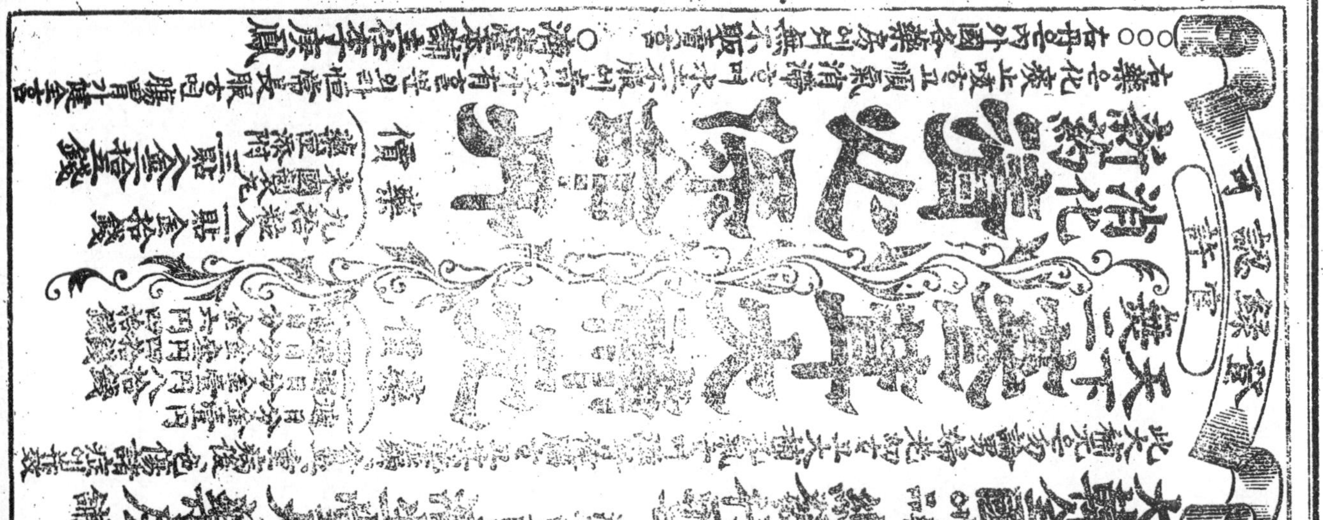

內外國洋藥各種을廉價大發賣ᄒᆞᄂᆞᆫ藥房이어데

김승잡ᄂᆞᆫ硝毒酸도만이파오

요京城鍾路八寶丹本舖和平堂李應善氏大藥房

檀君開國四千二百四十二年
箕子元年三千三十一年
大韓開國五百十八年
本報創刊日
光武八年七月十八日

大韓每日申報

第八卷　月曜及慶節歲時休日休刊　第一千二百九十八号

發行兼編輯人 英國人 萬咸
Responsible for Publication Alfred Weekley Marnham.
發行所 大韓每日申報社

論說

雜稅를苦ᄒᆞᄂᆞᆫ地方同胞에게告홈

地方雜稅의施行으로由하야人民이不聊生의悲境에益陷홈은昨報에已痛論ᄒᆞᆫ비어니와西北來의消息을聞ᄒᆞᆫ즉人意를差强케ᄒᆞᄂᆞᆫ事가有ᄒᆞ도다彼官憲과警吏의壓迫이日劇ᄒᆞ야市場에行하면셔百一稅를收ᄒᆞᆯ시猛홈은秋霜과如ᄒᆞ며急홈은星火와如ᄒᆞᆫ디人民의反動力도其度가日高ᄒᆞ야彼가劍ᄒᆞ면劍은受ᄒᆞᆯ지언뎡稅ᄂᆞᆫ不出ᄒᆞ리라ᄒᆞ며彼가棒ᄒᆞ면棒은受ᄒᆞᆯ지언뎡稅ᄂᆞᆫ不出ᄒᆞ리라ᄒᆞ야어ᄃᆡᄭᆞ지라도相抗ᄒᆞ다가甚ᄒᆞᆫ境遇이면市ᄂᆞᆫ廢ᄒᆞ며廛은撤ᄒᆞᆯ지언뎡稅ᄂᆞᆫ不出ᄒᆞ리라ᄒᆞ고其聚集等訴ᄒᆞᆯ時에官吏가抑制로解散ᄒᆞ라ᄒᆞ되抵死코不從ᄒᆞ며官吏가又或數三人을狀頭로認ᄒᆞ야捉囚ᄒᆞ면數百人이皆曰此ᄂᆞᆫ人人의不謀而同ᄒᆞᆫ事오狀頭가無ᄒᆞ다ᄒᆞ고一齊히就囚ᄒᆞᄂᆞᆫ故로官吏도感悟ᄒᆞ엿던지上部에報ᄒᆞ야善爲措處ᄒᆞ마ᄒᆞ고曉諭解送ᄒᆞ엿스니此ᄂᆞᆫ平安南北道에所在有之ᄒᆞᆫ事어니와

哀ᄒᆞ다東南各地의同胞여何其柔弱ᄒᆞ며何其委靡ᄒᆞ며何其勇敢心이缺ᄒᆞ며何其團結力이乏ᄒᆞᆫ가彼官吏輩가目만一張ᄒᆞ면鼠ᄀᆞᆺ치伏ᄒᆞ며草ᄀᆞᆺ치靡ᄒᆞ야一錢을出ᄒᆞ라ᄒᆞ야도唯唯라ᄒᆞ며一圓을出ᄒᆞ라하야도唯唯라ᄒᆞ며汝의肉을給하라ᄒᆞ야도唯唯라ᄒᆞ며汝의血을與하라ᄒᆞ야도唯唯라ᄒᆞ야牛毛ᄀᆞᆺ흔稅를徵ᄒᆞ야도一日氣를吐치못ᄒᆞ고怒ᄒᆞᆫ즉漢江을渡ᄒᆞ야睨視ᄒᆞᆯ뿐이며憤ᄒᆞᆫ즉草間에伏ᄒᆞ야吞聲ᄒᆞᆯ뿐이오或反抗을試ᄒᆞᆯ지라도其反抗上의獨一無二의方策은僅一次財務署에呼訴하다가不聽ᄒᆞ면喞喞退歸ᄒᆞᆯ뿐이니엇지可歎ᄒᆞᆯ비아니리오

嗟嗟地方同胞여此等無名의徵求에對ᄒᆞ야아모죠록官吏의反省을促ᄒᆞ며萬一不聽ᄒᆞ거던西北의同胞를效則ᄒᆞ여야萬分一의生路가有ᄒᆞ려니와若或不然ᄒᆞ야石間에셔獨ᄀᆞᆺ치生命을保ᄒᆞ라다가ᄂᆞᆫ益益히自殺穴에入ᄒᆞᆯ뿐이니戒ᄒᆞᆯ지어다

吾儕ᄂᆞᆫ如此히同胞諸君에게銘心의警告를與ᄒᆞ노니諸君諸君이여

外報

◎露國의對淸要求　露國은東淸鐵道沿線의租借期限을取消ᄒᆞ고永代租借權을獲得코져ᄒᆞ야淸國에交涉을開始ᄒᆞᄂᆞᆫ디其態度가頗히强硬ᄒᆞ다더라

◎德美關稅戰爭　德美兩國間에關稅戰爭이起ᄒᆞᆯ듯ᄒᆞᆫ디是ᄂᆞᆫ德國이美國에셔輸入ᄒᆞᄂᆞᆫ肉類及其他物品에對ᄒᆞ야特히高稅를課홈으로因ᄒᆞ야美國에셔도德國物品에對ᄒᆞ야最高率를課홈에至ᄒᆞᆫ지라盖美國現行의關稅法에ᄂᆞᆫ美國에셔輸入品에對ᄒᆞ야不利益되ᄂᆞᆫ待遇를與치아니ᄒᆞᄂᆞᆫ諸國物品에對ᄒᆞ야最低稅率을適用ᄒᆞ더니昨年度德國이美國에對ᄒᆞᆫ輸入은一億四千二百九十三萬五千五百四十七弗이오美國이德國에對ᄒᆞᆫ輸入은二億七千六百九十二萬二千八十九弗이라더라

◎露國對滿策　露國에셔新定ᄒᆞᆫ對滿政策이如左ᄒᆞ니(一)露國의滿洲殖民事業은其極東經營에關ᄒᆞ야頗히重大ᄒᆞᆫ關係가有홈으로써露國은益益該事業에保護發達을圖ᄒᆞ고鐵道及商業을擴張홈으로써滿洲經濟의關鍵을把握ᄒᆞᆯ事(二)淸國政府가滿洲及蒙古等各地에對ᄒᆞ야萬一條約上에既得ᄒᆞᆫ權利를侵害ᄒᆞᄂᆞᆫ等事가有ᄒᆞ면當히强硬ᄒᆞᆫ主義로써其責任을問ᄒᆞᆯ事(三)淸國政府에셔露淸兩國間關稅問題에就ᄒᆞ야讓步的態度를表明ᄒᆞ야交涉을開始ᄒᆞ면露國도相當히讓步ᄒᆞᆯ지나尙히露國은第一項의目的을達ᄒᆞ기爲ᄒᆞ야哈爾賓에支金庫及郵便總局을設置ᄒᆞᆷ이可ᄒᆞ고露淸道勝銀行의運用에關ᄒᆞ야ᄂᆞᆫ아직發表ᄒᆞᆯ것이無ᄒᆞᆫ事等이라더라

寄書

地方稅實施와生民의塗炭

李奎瑛

時局은日로變ᄒᆞ야暴風이天地를震ᄒᆞ며民困은時로甚ᄒᆞ야生命이朝夕에在ᄒᆞᆫ지라所謂地稅實施以後로勿論市街村落ᄒᆞ고稅金을徵收ᄒᆞ고商民을威脅ᄒᆞ며殘氓을毆打하야一般人心이益益洶洶ᄒᆞᆫ中平壤江東兩郡은市街마다實業人이全無ᄒᆞ야撤廛廢市가至于四五場ᄒᆞ야村民은囊橐이罄竭ᄒᆞ야飢寒이莫甚ᄒᆞ고商人賣買가永絶ᄒᆞ야分錢을難得ᄒᆞ니民之困瘁가日益尤甚이로다所以로世人이相吊相謂曰現今吾人은韓毫末之利라도皆是他手에讓與ᄒᆞ고十生九死에僅保生命더니當此雪上加霜之境ᄒᆞ야一無生計之方ᄒᆞ니吾一二千萬同胞ᄂᆞᆫ차라리早速壹死ᄒᆞ야如此悶極哀痛에狀을見치아니홈이可ᄒᆞ다ᄒᆞ며號天啼哭ᄒᆞᄂᆞᆫ慘狀은使其聞者로毛骨이竦然이로다嗟乎라天生萬民ᄒᆞ샤愛其赤子ᄂᆞᆫ東西萬國에一定不易之理어ᄂᆞᆯ何必吾人은若是非常ᄒᆞᆫ極點에達케되엿ᄂᆞᆫ고悲夫라天命이何其若是리오都是吾人의自作之孼이니誰를怨ᄒᆞ며誰를尤ᄒᆞᆯ리오嗟我同胞ᄂᆞᆫ寧히死ᄒᆞᆯ지라도同히死ᄒᆞ고幸히生ᄒᆞᆯ지라도同히生ᄒᆞᆯ지어다

學界

◎實科添設　官立工業傳習所에셔今番該所規則을改正ᄒᆞ야實科一科를添設ᄒᆞᆫ다더라

◎長進懇話　長進學校校長李根洪氏ᄂᆞᆫ去土曜日에該校任員及坊會任員諸氏一同을請邀ᄒᆞ야晩餐會를設ᄒᆞ고敎育에關ᄒᆞᆫ事項으로懇話ᄒᆞ엿다더라

◎成郡福音　平南成川郡四佳面上坪里居勞働同胞들은學問의必要홈을覺知ᄒᆞ고夜學을設始ᄒᆞ엿ᄂᆞᆫ디朱詳龍氏ᄂᆞᆫ自己家舍를校舍로義捐ᄒᆞ고敎師ᄂᆞᆫ李鈺均韓正俊氏로校長李炳秀氏로選定ᄒᆞ엿ᄂᆞᆫ디校況이日進ᄒᆞ야生徒가五十餘名에達ᄒᆞ엿다더라

◎咸氏刱校　平南肅川郡松里面白石里居咸益謙氏가該里에夜學校를刱設ᄒᆞ고義務로敎授ᄒᆞᄂᆞᆫ디生徒가三十餘名에達ᄒᆞ엿다더라

◎南氏刱校　楊州郡別非面面長南明熙氏ᄂᆞᆫ鶴開學校를設立ᄒᆞ고壹般經費를自擔ᄒᆞ야學員五十餘名을熱心敎授ᄒᆞᆫ다더라

◎知其時務　定州郡紳士崔學得洪成麟金俊煥諸氏가該郡內法律講習所를設立ᄒᆞ고敎師ᄂᆞᆫ成夔永氏로雇聘하엿다더라

詞藻

虎

仁王山범아무러보자、네가山中豪傑로셔。
府岩絶壁間에。어이홀노쥬려잇ᄂᆞ。
到處에、無數ᄒᆞᆫ여호무리들은、揚揚自得ᄒᆞ…

廣告

雜報

○文官銓考開會 內閣에셔本日上午十壹時에文官銓考委員諸氏가會同ᄒᆞ야文官資格을試驗ᄒᆞᆫ다더라

○眞相稀微 曾禰統監이渡日ᄒᆞᆫ後로日本東京으로從來ᄒᆞᄂᆞᆫ電報가頻頻來到ᄒᆞᆫ다ᄂᆞᆫᄃᆡ其趣旨가每變ᄒᆞ야眞相이희微ᄒᆞ다더라

○農相辭職說 農相趙重應氏ᄂᆞᆫ近日何等思想이有ᄒᆞᆫ지辭職請願書를提出ᄒᆞᆫ다ᄂᆞᆫ說이有ᄒᆞ다더라

○農相發論 農商工部大臣趙重應氏ᄂᆞᆫ日前某某大臣을對ᄒᆞ야發論ᄒᆞ되韓國에合邦이나合倂을實行ᄒᆞᄂᆞᆫ境遇에ᄂᆞᆫ地方人心이決코安靜치못ᄒᆞ리라ᄒᆞ엿다더라

○運動劇烈 前大臣李夏榮氏ᄂᆞᆫ自己黨派中某某人으로聯結ᄒᆞ야新內閣을組織ᄒᆞᆯ次로運動이劇烈ᄒᆞ다더라

○上林轉任說 度支部書記官日人上林新次郞은叅政局書記官을轉任하기로內定ᄒᆞ엿다더라

○兩察請願 忠南觀察崔廷悳氏ᄂᆞᆫ該道觀察府를燕岐郡으로移設홈이行政上에便利타ᄒᆞ야內部에請願書를提出ᄒᆞ고江原觀察李圭完氏ᄂᆞᆫ[illegible]谷郡을홍川에合홈이便利타ᄒᆞ야內部에報告ᄒᆞ엿다더라

○[illegible] 檢査[illegible]事로[illegible]宋氏[illegible]課[illegible]ᄒᆞᆫ다더라[illegible]局長[illegible]建在兩氏以下[illegible]ᄒᆞ야今番에辭[illegible]勸告를當ᄒᆞᆫ主事諸氏를再昨日瑞成館으로請邀ᄒᆞ야餞別宴을設行하엿다더라

○大木入京 平南書記官大木은何等公務를因홈인지再昨日에入京ᄒᆞ엿다더라

○技術官定員 地方費中으로設置ᄒᆞᄂᆞᆫ技術官의定員이昨日各道에指定되엿ᄂᆞᆫᄃᆡ京畿慶南平北에各二人忠南忠北黃海平南에各三人全南慶北에各四人咸南全北에各壹人이라더라

○年終金請加 全羅南道警察署에셔ᄂᆞᆫ昨年度支撥ᄒᆞᆫ年終賞與金이不足ᄒᆞ다ᄒᆞ야更히增額ᄒᆞ라고內部에電請ᄒᆞ엿다더라

○總理快復 李總理ᄂᆞᆫ本月中旬頃에左肩硬骨下에惡血의固形이有ᄒᆞ야熱度가騰升ᄒᆞᆫ故로極히憂慮ᄒᆞ엿더니去二拾日에大手術을施ᄒᆞ야約七百그람의血을排除ᄒᆞᆫ後에稍히快復ᄒᆞ여只今은距床談話를容易히ᄒᆞᆫ다더라

○自罪自知 從來韓국人民이統監政治를排斥홈은韓國內日人이韓人을詐欺ᄒᆞ며又韓人을奴隸로虐待하ᄂᆞᆫ事가不無ᄒᆞᆫ즉此亦日人의罪라고日人便에셔言ᄒᆞᆫ다더라

○財産引繼 內部에셔ᄂᆞᆫ度支部와協議ᄒᆞ야各道所在建築物以外物로地方財産에可屬ᄒᆞᆯ物은目錄을製作ᄒᆞ야財務監督局에引繼ᄒᆞ야該局에셔整理ᄒᆞᆫ後에地方財産에編入ᄒᆞ야地方費用途에供ᄒᆞᆫ다더라

○韓銀分配案 韓국銀行은第一期利益分配案을決定ᄒᆞ엿다더라

○宋書又至 日本에滯留ᄒᆞᄂᆞᆫ宋秉畯의書函이三昨日一進會本部에來到ᄒᆞ엿ᄂᆞᆫᄃᆡ合邦事件에對ᄒᆞ야日本에셔ᄂᆞᆫ自己가擔任周旋ᄒᆞᆯ터이니本會에셔ᄂᆞᆫ李學宰等을締結ᄒᆞ야結果를期圖ᄒᆞ라ᄒᆞ엿다더라

○曆商郡守 陰城郡守睦源學氏ᄂᆞᆫ本年度曆書數千部를貿易ᄒᆞ야各面長에게幾十部式分給ᄒᆞ고代金을督捧홈으로民怨이有ᄒᆞ다더라

○官吏捐助 三淸洞太和宮에居接ᄒᆞ던主馬課長李起泓氏ᄂᆞᆫ過日火災를因ᄒᆞ야多大ᄒᆞᆫ損害를被ᄒᆞ엿슴으로宮內府官吏一同이月俸中百分一를醵出捐助ᄒᆞᆫ다더라

○刺客渡日說 韓人刺客李大元等三名이李總理를治療ᄒᆞ던大韓醫院長日人菊池常三郞을狙擊코져ᄒᆞ야渡日ᄒᆞ엿다ᄂᆞᆫ說이有홈으로日本警視廳에셔目下嚴重히형探中이라더라

○韓氏自刎 內閣書記官長韓昌洙氏의令男相琦氏ᄂᆞᆫ目下日本에셔遊學中인ᄃᆡ日前에自己小室의書信을見ᄒᆞ고自刀로自刎ᄒᆞ야幾至危境되엿다ᄂᆞᆫᄃᆡ該氏大夫人은此報를接ᄒᆞ고其子婦와孫兒와同家에留하ᄂᆞᆫ日人玉村을帶同ᄒᆞ고昨日上午八時에京釜線으로發程渡日ᄒᆞ엿다더라

○船橋經費 日人上田充은漢江麻浦等地에船橋를架設ᄒᆞ기로計劃中인ᄃᆡ工役費ᄂᆞᆫ壹萬五千圓으로豫算ᄒᆞ엿다더라

○贊成會何物 徐彰輔等이發起ᄒᆞᆫ所謂國民[illegible]志贊成會ᄂᆞᆫ壹進會를贊成ᄒᆞᆫ다ᄂᆞᆫ目的을定ᄒᆞ고[illegible]으로日前李總理에게合邦[illegible]成書를提出ᄒᆞ엿더라

○飢狗一飽 前郡守權直相이一進會를贊助ᄒᆞ야內閣에長書를提呈ᄒᆞᆫ事에對ᄒᆞ야壹進會에셔秘密金五百圓을支給ᄒᆞ엿다ᄂᆞᆫ說이有ᄒᆞ다더라

○欲火所動 彌雲臺居金泰鎭爲名者ᄂᆞᆫ何等慾火가發動되엿ᄂᆞᆫ지合邦書를贊成ᄒᆞᆯ次로內閣에提出ᄒᆞᆯ長書를起草中이라더라

○凍傷預防刊出 內部警務課에셔凍傷預防心得書라ᄂᆞᆫ冊子를刊出ᄒᆞ야韓日巡査에게各壹部式頒給ᄒᆞ고該規則을施行케ᄒᆞᆫ다더라

○李氏長書 南部履洞居ᄒᆞᄂᆞᆫ李益魯氏가學部에長書를提呈ᄒᆞ엿다ᄂᆞᆫᄃᆡ其槪要를聞ᄒᆞᆫ즉近來敎育界의情態를觀察ᄒᆞ면二十歲以下된學生들이新學問의源支도不知ᄒᆞ고言必稱舊學問은無用의文字라ᄒᆞ야妄言妄動의事가多有ᄒᆞᆫ즉以今形便으로不過幾年이면四千年文學國의名稱이烏有에歸하리니當局者ᄂᆞᆫ敎育方針을研究ᄒᆞ라하엿다더라

○豚種改良 韓國의豚種이甚劣하다하야農商工部에셔外國豚種을購入ᄒᆞ야淸州黃州晉州等地로付與ᄒᆞ엿다더라

○醫師總數 現今韓國內韓人醫師의數ᄂᆞᆫ合二千六百五拾九人이오外國醫師가三百二人이라더라

○鴉針可患 近者韓國에鴉片針注射의惡風이漸多ᄒᆞ야昨年五月以後에警察官吏의게處分을當ᄒᆞᆫ者가五千百九拾人에達ᄒᆞᄂᆞᆫᄃᆡ平南咸南黃海忠南이最多ᄒᆞ다더라

○補缺試驗期 日本留學生補缺試驗은來五月頃에擧行ᄒᆞᆫ다더라

○奚獨一郡 水原郡財務署長日人小立本管은地質의沃瘠을不分ᄒᆞ고但元結中最高者를從ᄒᆞ야低下者를壹切加陞홈으로人民의怨聲이藉藉ᄒᆞ다더라

○林氏將訴 中谷居林墉氏의田畓四十餘石落이長湍郡龍井舊동에在ᄒᆞᆫᄃᆡ李範七氏가該田畓을暗出證明ᄒᆞ야賣渡코져ᄒᆞᄂᆞᆫ故로林氏가現方起訴中이라더라

○挾雜必露 忠南瑞山郡居洪在河氏ᄂᆞᆫ現今控訴院檢事洪鍾억氏의親族인ᄃᆡ同郡居李鍾奭氏(年十八)가南化甫의賣淫婦와相關ᄒᆞᆫ事를知ᄒᆞ고洪氏가其花債를多數討出ᄒᆞ야南化甫와分喫ᄒᆞᆯ思想으로李氏를自家에誘致ᄒᆞ야多數雜類로ᄒᆞ여곰威脅을加ᄒᆞ고金三百圓手票를勒捧ᄒᆞ고畓券을誘取ᄒᆞ야淸人의게典執ᄒᆞ엿다稱ᄒᆞ고該金을計邊까지하야督捧코져ᄒᆞ다가南洪兩氏의符同ᄒᆞᆫ情跡이綻露되야南은徵役에處ᄒᆞ고李洪兩氏ᄂᆞᆫ尙今裁判中이라더라

○李氏起訴 李熙直氏의鄕第가堤川郡에在ᄒᆞᆫᄃᆡ去壬寅年分에公益事를成立ᄒᆞᆯ意로獨出金貸三百六十圓ᄒᆞ야月數契로殖利ᄒᆞ고買得畓土ᄒᆞ야限十年成就코자ᄒᆞᆫ것인ᄃᆡ該郡居張大準等이乾沒奪食ᄒᆞᆫ事와且林仲宣이張大準과符同ᄒᆞ야李氏의任置錢三百五十圓까지喫納ᄒᆞᆫ事와且辛正澤等이去甲辰年分에李氏를[illegible]該郡[illegible]ᄒᆞ야[illegible]喫ᄒᆞᆫ[illegible]氏의게委任判決ᄒᆞᆫ故로洪氏가再昨日淸州郡으로發行ᄒᆞ엿다더라

○傳染病死者 昨年下半期以後에傳染病者數ᄂᆞᆫ韓人虎列剌病者千五百十四名內에死者가千二百六十二人이오赤痢病者가三百二拾[illegible]人內에死者가四拾八人이오腸窒扶斯病者가百二拾六人이오痘瘡病者가百三拾六人內에死者가六拾九人이오猩紅熱病者가七人內에死者가四人이오其他傳染病으로死者가二人인ᄃᆡ合傳染病으로罹死ᄒᆞᆫ者가千四百拾一人이오韓國在留日人中傳染病罹死者ᄂᆞᆫ二百五拾二人이라더라

○慶南暴風 去九日夜에慶南沿岸에暴風이起ᄒᆞ야韓人漁船三隻은漁民의行衛가不明ᄒᆞ고日人漁船六隻은漂流ᄒᆞ엿다더라

○農事講習 咸北富寧郡에셔ᄂᆞᆫ農事講習所를設立ᄒᆞ고各面人三名式募集講習ᄒᆞᄂᆞᆫᄃᆡ其經費ᄂᆞᆫ每戶二拾二錢式收斂ᄒᆞᆫ다더라

○傷人奪穀 忠北人金光若氏가去拾日에南陽에셔出發ᄒᆞ야仁川으로航行ᄒᆞᄂᆞᆫᄃᆡ賊漢五名이船壹隻을乘ᄒᆞ고追來ᄒᆞ더니突然히金氏의船에襲入ᄒᆞ야乘客壹名의頭部及手腕을切傷ᄒᆞ고他二名은船底에縛置ᄒᆞ고該船所載租三拾五石과米二拾五石을奪去ᄒᆞ엿다더라

○高偵調査 內部警務局에셔再昨日高等偵探尹炳喜氏를派送ᄒᆞ야漢城內各社會를壹切調査ᄒᆞ엿다더라

○勤접偵探 北壯洞居尹永燮氏ᄂᆞᆫ[illegible]ᄒᆞ야淸國上海[illegible]라

○崔隆被捕 元山港居崔隆[illegible]ᄂᆞᆫ何等重大ᄒᆞᆫ事件이有ᄒᆞ다ᄒᆞ야某處에셔嚴密형捕中이라더라

○造貨犯豫審 貨幣僞造犯尹泰權을再昨日地方裁判所에셔豫審하엿다더라

○民權新刊 李鎔浩氏가著述ᄒᆞᆫ民權自治制ᄂᆞᆫ論述이精確ᄒᆞ야紳士界에壹覽을資ᄒᆞᆯ만ᄒᆞ다더라

○韓氏寄付 漢城銀行顧問韓相龍氏ᄂᆞᆫ再昨日商業會議所에金六十圓을寄付ᄒᆞ엿다더라

○蠶業會組織 某某夫人이發起ᄒᆞ야大韓夫人蠶業會를組織ᄒᆞ고趣旨書를刊布ᄒᆞ엿다더라

○派員視察 西北學會에셔ᄂᆞᆫ會所管地方學校를視察ᄒᆞ기爲ᄒᆞ야評議員呂相翊氏를日間派送ᄒᆞᆫ다더라

電報

個人損害要求額

日露戰役의個人損害의調査ᄂᆞᆫ一千七百件에對ᄒᆞᆫ金額이壹千八百萬圓에及ᄒᆞ엿고八十萬圓의要求者가最高額이라더라

東京發 廿四日着

曾禰更迭說取消

曾禰統監이更迭된다ᄂᆞᆫ說이有하엿스나責任이有ᄒᆞᆫ日本當局者가全然히無根의說이라고前說을繳消ᄒᆞ엿다더라

東京發 二十五日

諸聞訛傳

淸國攝政王이及回海牙平和會議에淸國內各國의[illegible]

北京電 二十四日着

廣告

本所에셔時急處理ᄒᆞᆯ事가有ᄒᆞ야本月卄八日(陰十二月十八日)下午一時에特別總會를開ᄒᆞ기茲에仰布ᄒᆞ오니 僉宗은屆期 來臨ᄒᆞᆷ

金海金氏宗約所 白

本人이西部仁達坊內需司契第二十二統九戶瓦家拾間半文券을不知中셔失ᄒᆞ엿스니誰某拾得ᄒᆞ와도休紙施行ᄒᆞᆷ

家主金孝演 白

清國安東縣은與義州只隔壹江ᄒᆞ야遠近商民交易處也라去春에日語통譯者元之燦이稱設救濟會ᄒᆞ고兩國原稅外에欲棒加稅라가因衆商稱冤ᄒᆞ야自觀察道로交涉于該領事ᄒᆞ야仍即革罷ᄒᆞ고元哥은知機遠逃러니今에金福亭者가與元哥連肚ᄒᆞ야暗誘韓商ᄒᆞ야欲受名簿라ᄒᆞ오니事雖無據나後恐有弊ᄒᆞ와茲以告白ᄒᆞ오니同胞商民은見欺치勿ᄒᆞ오

義州協商支會 李俊善 金宅俊 等告 白

荷衣島三島는宗孫洪承永家의賜牌ᄒᆞ옵신것이오量案을本人이典當ᄒᆞᆫ것인ᄃᆡ洪祐勝이가擅賣코져ᄒᆞ기宗孫과本人이門長有司게申請ᄒᆞ엿더니宗會席에基址主人은宗孫承永이오量案은本人이還退ᄒᆞ기로可決이기茲에廣布ᄒᆞ오니內外國人은洪祐勝의게勿爲見欺買賣ᄒᆞᆷ

富平朝宗里居洪祐益 白

黃海道白川郡西村面上四里龜岩居閔植圭의所有京畿始興郡西面所下里墳墓山一個所와位畓九斗落證明을其族人閔魯範이가代理로申請ᄒᆞ옵는ᄃᆡ異議가有ᄒᆞᆯ가慮ᄒᆞ야廣告ᄒᆞ오니關係者가有ᄒᆞ거던揭示期限六十日內로來告ᄒᆞ되期限이過ᄒᆞ면異議가無ᄒᆞᆫ줄로認證ᄒᆞᆷ

始興郡西面面長 李瀾哲

學員募集廣告

本校에셔今番에校務를一層擴張ᄒᆞ야中學部를新設ᄒᆞ고一年級及豫備科學生을募集ᄒᆞ오니願學 僉員은二月卄六日以內로請願書를提出ᄒᆞ오되但入學用紙는本校에請求ᄒᆞ옵

一、試驗日字 二月二十六日(陰正月十七日)上午九時

一、試驗科目 一年級에는 漢文、作文、算術(四則及分數)本誌、本史 體格
豫科에는 漢文、作文、算術(四則以內) 體格

一、開學日字 三月一日(陰正月二十日)

一、入學者의年齡 十四歲以上二十五歲以下

入學者의게紹介ᄒᆞ기爲ᄒᆞ야本校講師諸氏의經歷과氏名을特揭ᄒᆞᆷ,

平壤日新學校校長 崔叡恒
前龍川龍明中學校漢文講師 李 罐
英法語卒業生 吳景煥
師範科卒業生 李寬孝
平壤耶蘇教中學堂及日本物理學校卒業生 朴尙純

隆熙四年一月二十六日
平安南道价川郡中西面石溪
私立重遠學校 白

本人弟寬洙가不良ᄒᆞ야本人의田畓文券을僞造ᄒᆞ야京鄉間出沒云則內外國人은切勿見欺ᄒᆞᆷ

平南永柔郡白鷺面金聖洙 白

本會認許請願을自警視廳으로退却을當ᄒᆞ엿다는事와會長이統監府에紹介ᄒᆞ야百般運動이라ᄒᆞᆷ은專혀無根之說이기茲에廣告ᄒᆞᆷ

東亞讚英會總務 吳天默 告白

△私立長水箕鮮學校捐助錄

南台熙 尹炳周 南張熙
崔衡默 右二十圓
韓圭鮮 姜熙俊 李復燁
柳元赫 松岡朋吉 右十圓
崔翼煥 權竝鎬 陸觀九
李文燮 右五圓
金泰亨 鄭環老 黃仁杓
朴種厚 李始煥 右三圓
金令權 李在千 李性浩
李奉奎 李明求 黃仁祚
李在涉 李大燁 柳명秀
李在익 柳溶秀 柳在允
柳景鎭 右二圓
梁在根 金洪奎 李喜白
金義權 丁大玉 丁大春
孫괴煥 梁炳烈 金思赫
右二十錢
李秉敎 李在春 李秉헌
李秉學 曹先益 李相夏
李相涉 朴正夏 金盈斗
朴淵忠 金永玉 金舜擧
徐괴漢 李宅圭 西門桂
沈基澤 金時成 韓圭祿
朴膺東 延化永 朴彰錫
右壹圓 金相亮 梁貞植
權錫圭 金용轍 右六十錢
李秉三 右五十錢
朴炳훈 河 岱 李容穆
朴元錫 姜漢鍾 朴欽來
韓弘八 韓晋燁 閔丙괴
鄭在允 朴炳允 金壽集
金萬熙 李宇均 崔化集
朴光錫 宋용재 洪在驥
右四十錢

長水郡箕鮮學校事務崔衡默

本人姓名章을遺失故更刻新章ᄒᆞ왓스니知舊間照亮ᄒᆞᆷ

南部藝洞 崔戴哲 告白

西署盤松坊權政承契二百六統三戶草家九間에申景先貰入ᄒᆞᆫ貰立旨를不知中셔失ᄒᆞ엿스니誰某拾得ᄒᆞ와도休紙施行ᄒᆞᆷ

家主 韓定錫 告白

寫眞速成大募集

本學館에、本國에美術을發達키爲ᄒᆞ야寫眞科를特設ᄒᆞ고英人教師와美領布哇에셔寫眞術에多年從事ᄒᆞ던本國教師가教授ᄒᆞ깃ᄉᆞ오니願學僉員은本月二十五日內로來議本館ᄒᆞᆷ事

皇城基督青年會學館

本店에셔開業ᄒᆞᆫ지十六年間僉君子의愛顧ᄒᆞ심을特蒙ᄒᆞ와今年부터業務을大擴張ᄒᆞ고春夏秋冬所用으로緞屬毛織等各國高等物品을現今多數直輸入이온바各地方에셔는貿易에便利賣買키爲ᄒᆞ야特廉減價ᄒᆞ와郵便小包로酬應ᄒᆞ야代金은引換ᄒᆞ깃사오니十三道各郡僉君子는隨意請求ᄒᆞ심을望

振替貯金番號(韓國壹三番)
漢城中部鍾路砂器廛洞二十一統五戶

廣興泰 告白

本人因學界事來留於本地內外知舊 僉座 照亮

平南价川石溪私立重遠學內
金壽哲 白

▲特 別 廣 告▼

▲▲最新 通信販賣

勿驚ᄒᆞ시오地方에在ᄒᆞ신여러분이여

僅히一錢五厘의通信費을投ᄒᆞ면多大ᄒᆞᆫ旅費와繁雜을除ᄒᆞ고能히京都第一廉價의物品을得ᄒᆞ는妙方이現出ᄒᆞ엿스니此는歐米各國에셔流行ᄒᆞ는通信販賣法이오

우리漢陽商會는데파도멘도스도아卽萬物이具備ᄒᆞᆫ商店이니如何ᄒᆞᆫ物品이라도葉書或書簡으로某物을送致ᄒᆞ라通知ᄒᆞ시면우리는確實迅速低廉으로爲主ᄒᆞ야郵便或運送으로送呈ᄒᆞ깃습나이다

我韓의人士로誰가우리漢陽商會를不知ᄒᆞᆯ者ㅣ有ᄒᆞ며誰가此에同情을表치아니ᄒᆞᆯ者ㅣ有ᄒᆞ리요

弊店의商品目錄은누구시던지보내라請求ᄒᆞ시면無代金으로送呈ᄒᆞ깃ᄉᆞ오니一次試驗ᄒᆞ기爲ᄒᆞ야如何ᄒᆞᆫ物品이던지注文ᄒᆞ여보시오그便利ᄒᆞᆫ方法이如何ᄒᆞᆷ을아시리다

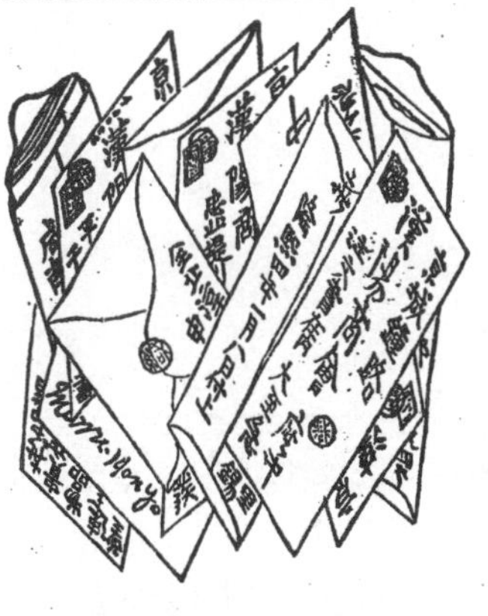

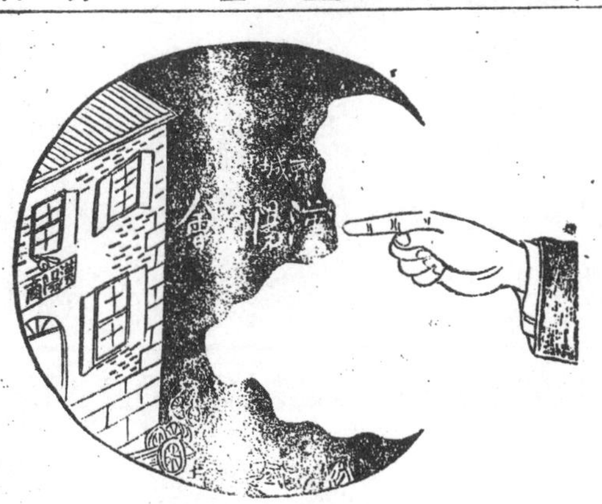

歐美雜貨各種　洋酒食料各種
文房具各種　內外國衣服次各種
本國物産各種

大韓皇城鍾路
輸出輸入商 漢陽商會
電話一九一番

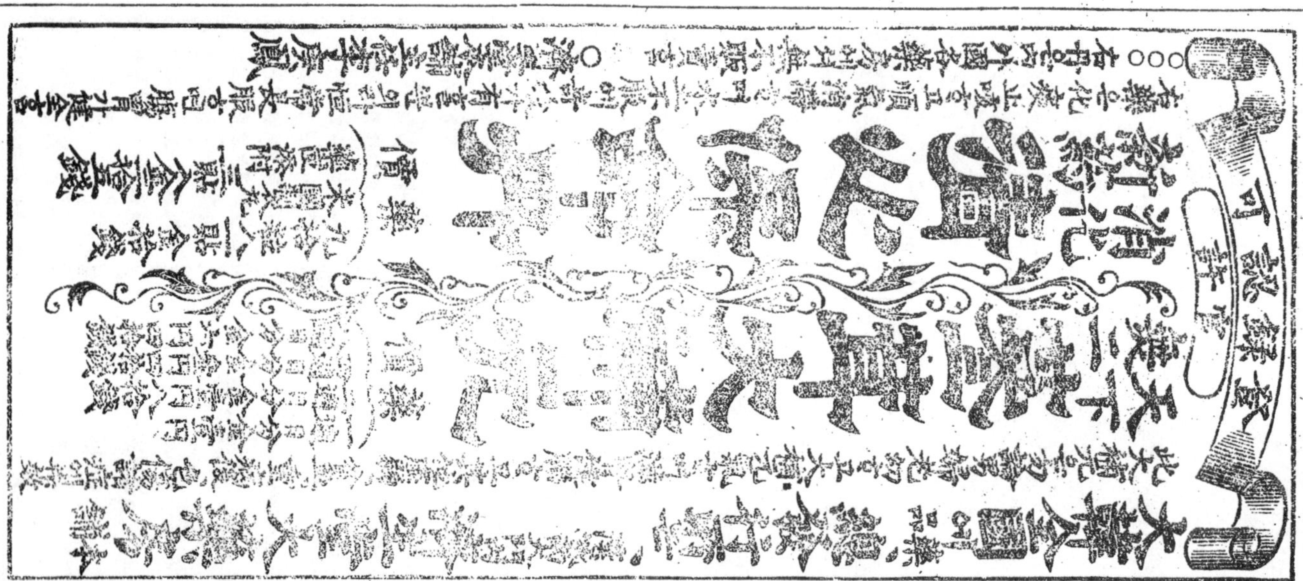

檀君開國四千二百四十二年
箕子元年三千三十一年
大韓開國五百十八年
本報創刊日
光武八年七月十八日

大韓每日申報

發行兼編輯人 英國人 萬咸
Responsible for Publication Alfred Weekley Marnham
發行所
京城西部石井洞三層洋屋家
大韓每日申報社

第八卷 月曜及慶節歲時日休刊 第一千二百九十九号

論說

理想的餓鬼地獄을設ᄒᆞ고小妖輩를監禁홈

亂臣賊子가何代에無ᄒᆞ리오만은明明ᄒᆞᆫ天日下에頭를搖ᄒᆞ며目을瞬ᄒᆞ면서祖國山河를擧ᄒᆞ야他邦에合倂코ᄌᆞᄒᆞᄂᆞᆫ亂賊은今日에初見ᄒᆞ엿도다

今日은太阿를倒持ᄒᆞ야王章이無靈ᄒᆞᆫ時라彼賊等이비록東西跳躍ᄒᆞ며左右衝突ᄒᆞ야도任置ᄒᆞᆯ而已어니와萬一天運이循環ᄒᆞ고日月이重明ᄒᆞ면三尺을快擧ᄒᆞ야流放竄殛의當律을各施ᄒᆞ려니와

玆에討ᄒᆞ라ᄒᆞᆫ즉劍이陋ᄒᆞ다ᄒᆞᆯ小妖輩가有ᄒᆞ니此ᄂᆞᆫ何罪로罪ᄒᆞᆷ이可ᄒᆞᆯ가

此小妖輩ᄂᆞᆫ爲誰오卽徐彰輔李範贊朴玟圭趙悳夏金秉勳洪性觀崔晶圭李學宰金思弼李鍾春李秉圭李圭學金憲永朴秉瀚等이是라

此小妖輩ᄂᆞᆫ一種의蚊蠅狗鼠의類로셔偶然히人類의面目을戴ᄒᆞ고人間에落下ᄒᆞᆫ者라故로國家의存亾과民族의休戚은姑舍ᄒᆞ고卽父母도不知ᄒᆞ며兄弟도不知하고惟渠의生命만知ᄒᆞ야臭를逐ᄒᆞ며瘡을吮ᄒᆞᆷ으로生涯를作ᄒᆞᆯ셰尾를權門에曳하며身을挾雜界에置ᄒᆞ야心心念念에若何히祖上의白骨을幾分에賣食ᄒᆞᆯ가ᄒᆞ며若何히人民의膏血을一口에吸入ᄒᆞᆯ가ᄒᆞ야儒林에入ᄒᆞ면三綱錄聖蹟圖을背負ᄒᆞ고閭巷에肆行ᄒᆞ면셔民財를討索ᄒᆞ며守印을佩ᄒᆞ면淫毋盜嫂의惡名을無罪人에게施ᄒᆞ야産業을白奪ᄒᆞ야腹을充ᄒᆞ고身을肥ᄒᆞ다가居然時勢가一變ᄒᆞ미前日伎倆은用ᄒᆞᆯ處가無ᄒᆞ고自家口體ᄂᆞᆫ奉養ᄒᆞᆯ道가無ᄒᆞᆫ지라千方百計로其鄙態를再演ᄒᆞ야充腸ᄒᆞᆯ處를求ᄒᆞ다가一進會合邦聲明의好긔會를遇ᄒᆞ야國民同志贊成이란狗彘會가設立되엿도다

嗚乎此輩여自家의口腹을爲ᄒᆞ야祖國을賣코ᄌᆞ하며同胞를賣코ᄌᆞᄒᆞᄂᆞᆫ가嗚乎此輩여此輩의罪ᄂᆞᆫ餓鬼地獄에投ᄒᆞᆷ이允當ᄒᆞ도다

上으로天日을不見ᄒᆞ며下에ᄂᆞᆫ不滅火를置ᄒᆞ고此輩를畋ᄒᆞ야一個ᄂᆞᆫ馬와如히口를銜ᄒᆞ며一個ᄂᆞᆫ牛와如히鼻를穿ᄒᆞ며一箇ᄂᆞᆫ狗와如히項을鎖ᄒᆞ며一箇ᄂᆞᆫ鼠와如히械에囚ᄒᆞ며其他도一一히各樣의刑을加ᄒᆞ야死코ᄌᆞᄒᆞ되不得ᄒᆞ며生코ᄌᆞᄒᆞ되不得케ᄒᆞ야萬겁不復의餓鬼가되면或者悔改의一日이有ᄒᆞᆯᄂᆞᆫ지

外報

◉美艦隊訪問淸國　美國艦隊ᄂᆞᆫ近日에淸國을訪問ᄒᆞᆫ다더라

◉美國의造艦　美國에셔ᄂᆞᆫ新히三萬噸의戰鬪艦을建造ᄒᆞᆯ事를決定ᄒᆞ야華盛頓政府ᄂᆞᆫ造船所와契約ᄒᆞ엿다더라

◉美紙駁日　美國新聞紙ᄂᆞᆫ滿鐵中立問題에對ᄒᆞ야日本이拒絶回答을發ᄒᆞᆷ에就ᄒᆞ야憤激히駁論ᄒᆞ엿다더라

◉英德學生交換運動　德國伯林에셔ᄂᆞᆫ英德兩國間에學生交換의道를開ᄒᆞ라ᄂᆞᆫ運動이起ᄒᆞ엿다더라

◉德國陸軍數　德國陸軍部에셔一千九百十年陸軍數를詳細調査하야議院에呈交ᄒᆞ엿ᄂᆞᆫᄃᆡ大小將校及兵卒이總合六十一萬五千一百九十九人이오戰馬가十一萬四千一百六十二(四)이라더라

◉美國의水雷設備　美國太平洋沿岸要塞司令官陸軍少將아사마레ㅣ氏ᄂᆞᆫ同沿岸防備에充ᄒᆞᆯ潛航水雷艇隊新設案을政府에禀請ᄒᆞ야大統領의贊同을得ᄒᆞ야實行ᄒᆞᆯ計劃이오又沿岸水雷團長아미쓰데ᄎᆞ도氏ᄂᆞᆫ去十二月中旬부터桑港灣內의重要ᄒᆞᆫ海面에水雷敷設에着手ᄒᆞ야今에其工을終了ᄒᆞ엿ᄂᆞᆫᄃᆡ灣內到處에水雷敷設이無ᄒᆞᆫ處가無ᄒᆞ다더라

學界

◉寧倅美績　平南寧遠郡守田德龍氏ᄂᆞᆫ莅任以來로該郡紳士諸氏와協力ᄒᆞ야敎育을興旺케ᄒᆞᆯ目的으로師範講習所를設立ᄒᆞ고境內聰俊子弟를多數募集ᄒᆞ야熱誠敎授ᄒᆞᆫ結果로該郡十四面에擧皆學校를刱設ᄒᆞ야敎育程度가益益增進ᄒᆞᆯ뿐더러兼且外交에嫺熟하야許多民弊를杜絶ᄒᆞᆷ으로頌聲이載路ᄒᆞ다더라

◉金氏有志　平山郡外邑面長金寬濟氏ᄂᆞᆫ該面大興學校를熱心으로贊成ᄒᆞ야諸般事務를一層擴張ᄒᆞ고敎師金觀輔金漢錫兩氏를延聘ᄒᆞ엿ᄂᆞᆫᄃᆡ學徒가日增ᄒᆞ야前進之望이有ᄒᆞ다더라

◉金氏熱心　元山港耶蘇敎中學교ᄂᆞᆫ該校敎師김鍾烈氏가熱誠敎授ᄒᆞᆫ結果로生徒가日益增加ᄒᆞ야교況이漸次振興ᄒᆞᆫ다더라

◉廣灘夜校　坡州郡廣灘面沈相恪氏ᄂᆞᆫ該地民智를發達키爲ᄒᆞ야廣新夜學校를特設ᄒᆞ고熱心敎授ᄒᆞᆷ으로學生이五六十名에達ᄒᆞ야校況이日以進就ᄒᆞᆫ다더라

◉渭原庶幾　平北渭原郡內私立普明學校ᄂᆞᆫ校長金泰鎬學監金履龜敎師池成濠朴基樊諸氏가熱心奬勵ᄒᆞᆫ結果로生徒가五十餘名에達ᄒᆞ고敎育程度가逐漸進就ᄒᆞᆫ다더라

◉華明有師　坡州條里面華明小學校ᄂᆞᆫ該校敎師車定奎氏의刱設ᄒᆞᆫ바인ᄃᆡ該校凡百事務를車氏가專自擔任ᄒᆞ야多數青年을熱心으로敎授ᄒᆞᆫ다더라

○談叢○

▲時間　劍心

華盛頓의書記一人이時를遲ᄒᆞ야出席ᄒᆞ고因ᄒᆞ야解辨ᄒᆞ야曰予의時計가偶誤ᄒᆞ야時를遲케ᄒᆞ엿다ᄒᆞ거ᄂᆞᆯ華盛頓이答曰何故로不誤ᄒᆞᄂᆞᆫ時計를不買ᄒᆞ엿나뇨不然이면엇지他處로去傭치아니ᄒᆞ나뇨ᄒᆞ엿더라

拿破崙이一日은其諸將을招ᄒᆞ야晩餐을饗ᄒᆞᆯ서諸將이時를晩ᄒᆞ야到ᄒᆞ엿거ᄂᆞᆯ拿破崙이曰諸君이이믜食事의時間을過ᄒᆞ고來ᄒᆞ엿스니只今은事務나各服ᄒᆞ라ᄒᆞ엿더라

拿破崙이又一日은墺軍을摧ᄒᆞ고因ᄒᆞ야笑曰彼가五分時間의價値를輕視ᄒᆞ엿스니此가卽彼의敗ᄒᆞᆫ所以라ᄒᆞ엿더라

噫라偉人의時間을重히ᄒᆞᆷ이此와如ᄒᆞ엿도다

詞藻

❀大　清　潔❀

牛馬皮百萬張으로、크나큰부더지어。
凶ᄒᆞᆫ창자츄ᄒᆞᆫ물건、모다쓸혀한데너허。
石炭水、깁흔곳에풍덩실더져、清潔施行。

廣告

雜報

◎治療費調査 太皇帝陛下ᄭᅴ옵셔再昨日下午一時에侍從洪運杓를大韓醫院에 命送ᄒᆞ샤李總相의治療費總額을調査ᄒᆞ옵셧다더라

◎皇妃下賜 皇貴妃殿下ᄭᅴ셔京城孤兒院學徒의周衣件으로唐木拾二疋今木八拾八疋緜花八拾八斤과洋鞋代價로金壹百七拾六圜을 下賜ᄒᆞ셧다더라

◎府節維何 皇太子殿下ᄭᅴ옵셔近頃歸國ᄒᆞ신다ᄒᆞᆷ은已報어니와又一邊說에ᄂᆞᆫ何等府節이有ᄒᆞ야或歸國지못ᄒᆞ실지도未可知라ᄂᆞᆫ說이有ᄒᆞ다더라

◎李氏談話 李夏榮氏가某氏에게言及ᄒᆞ여日曾禰統監이渡日ᄒᆞ기前에余에게內閣을組織ᄒᆞ라고密言이有ᄒᆞ엿ᄂᆞᆫᄃᆡ余ᄂᆞᆫ總理를自任ᄒᆞᆷ은不甘ᄒᆞᄂᆞᆫ바인즉李總理內閣이更迭ᄒᆞᆫ後에壹閣員이나되깃다고答ᄒᆞ엿노라ᄒᆞ엿다더라

◎審査開會 再昨日下午二時內部에서法令審査會를開ᄒᆞ고私立學校의寄付金募集에關ᄒᆞᆫ規則을提議ᄒᆞ엿다더라

◎汰韓用日說 宮內府에서ᄂᆞᆫ韓人主事八名을除汰ᄒᆞ고日人으로塡任ᄒᆞ기로目下協議中이라더라

◎兩氏寄付 調陽俱樂部에서ᄂᆞᆫ元老大臣諸氏에게贊成員[illegible]牒을發送ᄒᆞ엿ᄂᆞᆫᄃᆡ完順君李載完前叅判趙南升兩氏ᄂᆞᆫ各其金百圓을寄付ᄒᆞ엿다더라

◎規制改正 隆熙三年度內부터에서頒布ᄒᆞᆫ地方費支辦에關ᄒᆞᆫ規制ᄂᆞᆫ不適當ᄒᆞᆫ句語가有ᄒᆞ다ᄒᆞ야現方改正中이라더라

◎監視署新設 二月壹日부터[illegible]灣渡三千浦浦項濟州等地에稅關監視署를新設ᄒᆞᆫ다더라

◎統計帳備置 度支部에서ᄂᆞᆫ財務監督局과各財務署에財務統計臺帳을備置케ᄒᆞᆫ다더라

◎說明書頒布說 農商工部水產局에서ᄂᆞᆫ漁業法에關ᄒᆞᆫ說明書를製定頒布ᄒᆞᆫ다더라

◎兩日人歷覽 日本專賣局庶務課長과會計主任兩人이數日前渡韓ᄒᆞ엿ᄂᆞᆫᄃᆡ昨日에 景福宮과秘苑과東亞烟草會社를歷覽ᄒᆞ엿다더라

◎三浦西行 京城理事廳理事三浦彌五郞은平壤等地에各日憲兵分隊를視察ᄒᆞᆯ次로昨日上午九時에發程ᄒᆞ엿ᄂᆞᆫᄃᆡ往還期限은二週日로預定ᄒᆞ엿다더라

◎補員賞金 三昨日日憲兵司令部에서京鄕間補助員四千餘名에게賞금各二拾五錢式分給ᄒᆞ엿다ᄂᆞᆫᄃᆡ此ᄂᆞᆫ日本天皇皇后兩陛下가支撥ᄒᆞᆫ것이라더라

◎日甚月甚 學部에서敎科書唱歌等을嚴密團束ᄒᆞ야國民思想抑制에非常히用力ᄒᆞ되如干學部職員의巡回로ᄂᆞᆫ到底히奏功키難ᄒᆞ다ᄒᆞ야日人便에서ᄂᆞᆫ警察官吏를使用嚴禁케ᄒᆞᆷ이可ᄒᆞ다고唱言ᄒᆞᄂᆞᆫ者ㅣ有ᄒᆞ다더라

◎甕裏計算 東亞贊英會에서故伊藤氏의祠宇를刱建ᄒᆞᆯ次로預算表를修定ᄒᆞ야內部에提出ᄒᆞ엿다가三次退却을遭ᄒᆞ고日前에該表를改正提出ᄒᆞ엿ᄂᆞᆫᄃᆡ拾三道民戶를計ᄒᆞ야每戶에金拾錢式收歛ᄒᆞ되期限은拾二個月로定ᄒᆞ고收금費ᄂᆞᆫ六千圓으로預定ᄒᆞ엿다더라

◎一觀可知 國民同志贊成會會長李範贊은元來家勢가赤立ᄒᆞ야出門ᄒᆞ라면衣冠을借着ᄒᆞᄂᆞᆫᄃᆡ其妾平壤집에게蠱惑ᄒᆞ야判官使令을甘作ᄒᆞᆯ뿐아니라時時로閨罰을被ᄒᆞ야撈髮毆打가無所不至ᄒᆞ되惟令是從ᄒᆞᄂᆞᆫ壹冗劣漢으로所謂會長을自據ᄒᆞ엿ᄉᆞᆫ즉其會員의資格은從此可知라고壹般批評이有ᄒᆞ다더라

◎海牙說訛傳 申昌熙諸氏가海牙平和會에前赴ᄒᆞᆯ次로間島方面으로向ᄒᆞ엿다ᄒᆞᆷ은內外紙에揭載된바인ᄃᆡ今에其本家確報를據ᄒᆞᆫ즉海牙에赴코져ᄒᆞᆷ이아니라西間島에移住코ᄌᆞᄒᆞ야家眷ᄭᆞ지率去ᄒᆞ다가中途에서西間島形便을聞ᄒᆞ고行李를中止ᄒᆞ야申氏ᄂᆞᆫ現今楚山郡에서留連ᄒᆞᆫ다더라

◎安氏消息 平壤辯護士安秉瓚氏와同事務員高秉殷氏ᄂᆞᆫ去十七日午前九時旅順에到着ᄒᆞ야當地乃木町寶來舘에留連ᄒᆞᄂᆞᆫᄃᆡ十八拾九兩日에關東都督府高等法院과同地方法院과旅順民政署와同警察署를訪問ᄒᆞ고安重根氏를辯護ᄒᆞᆯ目的을說明ᄒᆞ엿ᄂᆞᆫᄃᆡ該公判이決末되기ᄭᆞ지約六拾日間該地에滯留ᄒᆞ깃다더라

◎旅順情報 安秉瓚氏의書信을據ᄒᆞᆫ즉安重根氏의事件이尙且檢察官手中에在ᄒᆞ야調査가僅僅畢了된故로本月下旬에平石法院長이東京으로부터還任ᄒᆞᆫ後卽時預審에付ᄒᆞ야來月中旬에公判을開始ᄒᆞᆯ듯ᄒᆞ며日本辯護士紀志도辯護ᄒᆞ기를志願ᄒᆞ엿고英國露國辯護士도辯護ᄒᆞᆯ目的으로安重根氏를面會ᄒᆞ고仍卽歸國ᄒᆞ야公判時에再來ᄒᆞ기로約束ᄒᆞ엿ᄂᆞᆫᄃᆡ辯護士의正式許可ᄂᆞᆫ平石法院長이還任ᄒᆞᆫ後에決定ᄒᆞᆯ터이오安重根氏ᄂᆞᆫ監獄에서特別待遇ᄒᆞ야自由를與ᄒᆞ고其弟定根恭根兩氏ᄂᆞᆫ現今當地鮫島町寶豊客棧에滯在ᄒᆞᄂᆞᆫᄃᆡ公判이結果된後還國ᄒᆞᆯ預定이라ᄒᆞ엿더라

◎外人課稅額 昨年度부터新徵收ᄒᆞᄂᆞᆫ酒草家屋三稅中外國人으로課稅된者가五千七百九拾壹人인ᄃᆡ금額은九千九拾壹圓이라더라

◎羣山輸出米 昨年度에羣山港으로輸出된米穀은約三拾五萬六千五拾石에達ᄒᆞᆫ다더라

◎節次冊刊出 統監府特許局에서ᄂᆞᆫ韓國特許令商標令意匠令等에關ᄒᆞ야請願節次를規定ᄒᆞᆫ冊子를刊出ᄒᆞ엿다더라

◎身分調査 中부警察署에서ᄂᆞᆫ再昨日國民大演說會에巡査를派送ᄒᆞ야同會會長以下幹事員諸氏의身分居住를壹切調査ᄒᆞ엿다더라

◎第三呼訴 宮內府에서除汰ᄒᆞᆫ員役等은昨日上午十二時金虎門前에會同ᄒᆞ야第三次呼訴ᄒᆞ엿다더라

◎宜有其怨 近日來警察官吏들이每夜各料理店과其他飮食店에巡回ᄒᆞ면셔料理를喫ᄒᆞᄂᆞᆫ人이有ᄒᆞ면其姓名과居住를壹壹록去ᄒᆞᆷ으로營業上妨害가有ᄒᆞ다ᄒᆞ야市井間怨聲이藉藉ᄒᆞ다더라

◎李氏起訴 淸州郡居李東信氏ᄂᆞᆫ前郡守李熙復氏에게畓貳石餘斗落과金二百五十圓을見奪ᄒᆞᆫ事件이有ᄒᆞ다ᄒᆞ야日前裁判所에起訴ᄒᆞ엿다더라

◎韓倅逢訴 韓山郡守김丙濟氏가去丙午年分에工曹後洞에留ᄒᆞ던李喜範氏에게酒麯會社支社認許를圖給ᄒᆞ마ᄒᆞ고금百五十圓을乾沒ᄒᆞᆫ事가有ᄒᆞ다ᄒᆞ야李氏가再昨日日憲兵司令部에告訴ᄒᆞ엿다더라

◎人民等訴 柴塲淸潔組合所에서再昨日中部下漢洞等地에塲所를修築ᄒᆞᄂᆞᆫᄃᆡ附近人民家에妨害가有ᄒᆞᆷ으로人民等이中部警察署에聯名等訴ᄒᆞ깃다더라

◎農商會請願 農商協會에서ᄂᆞᆫ漢城內肥料를都買ᄒᆞ야各農民處에分給ᄒᆞ고代金은秋收後에收捧ᄒᆞ기로日昨警視廳에請願承認ᄒᆞ엿다더라

◎挾雜又綻 商務組合部長李學宰ᄂᆞᆫ慶南固城郡所產物品收貰에對ᄒᆞ야左右社間에公文幻弄이有ᄒᆞᆫ故로該郡左社長千喜壹氏가裁判次로上京ᄒᆞ야目下準備中이라더라

◎道路測量 大邱星州玄風等郡에道路를修築ᄒᆞᆯ次로目下測量中이라더라

◎發火鍊操 龍山駐在日步兵聯隊에서ᄂᆞᆫ昨日下午七時에夜間發火鍊操를行ᄒᆞ엿다더라

◎船破人死 去二拾二日海南郡月來洞灯臺前에서船壹隻이風浪에破沈되야韓人拾名日人二名이溺死ᄒᆞ엿다더라

◎義日交鋒 去二拾壹日에伊川西面輸橋谷山中에서義將延起羽氏가部下五拾餘名을率ᄒᆞ고日巡査輩를擊退ᄒᆞ엿다더라

◎馬賊猖獗 龍川楊市東部株式會社及救世醫院에淸국馬賊約二拾名이銃槍을各持ᄒᆞ고突然襲入ᄒᆞ야韓連均鄭學甫兩氏를殺害ᄒᆞ고其他四名을負傷케ᄒᆞ고금百圓拾七錢五分其他絹布喇叭等物을奪去ᄒᆞ엿다ᄂᆞᆫᄃᆡ韓日巡査가追去ᄒᆞᆫ즉該賊徒가非常히抵抗ᄒᆞ야韓巡査를負傷케ᄒᆞ엿스나畢竟巡査등이賊徒二名을射殺ᄒᆞ고其他賊徒ᄂᆞᆫ淸領으로走去ᄒᆞ엿다더라

◎靑舘開演 今日下午七時三拾分에鍾路靑年會舘에서紳士安國善氏를請邀ᄒᆞ야經濟의現狀이란問題로演說ᄒᆞᆫ다더라

◎初無是事 弼雲臺居金泰鎭氏가合邦을贊同ᄒᆞᆫ다ᄂᆞᆫ說은初無ᄒᆞᆫ事라더라

可付一笑

昨日本報論說欄內에雜稅를苦ᄒᆞᄂᆞᆫ同胞에게告ᄒᆞᆷ이라題ᄒᆞ고西北同胞의雜稅反抗ᄒᆞᆫ事實을述ᄒᆞ고仍히東南同胞의懦弱ᄒᆞᆷ을警告ᄒᆞ엿더니此를治安妨害라ᄒᆞ야內部에셔押收ᄒᆞ엿더라

電報

滿蒙文新聞

淸國內居留露人某ᄂᆞᆫ蒙古語를통ᄒᆞᄂᆞᆫ喇嘛僧을連絡ᄒᆞ야蒙古風俗露國情況等을調査研究ᄒᆞᆫ結果로滿蒙文新聞을發刊ᄒᆞ야蒙古收攬의機關으로ᄒᆞᆫ다더라

哈爾賓發 廿五日着

國務卿閉口

露日兩國의滿洲中立反對回答에對ᄒᆞ야美國國務卿노즈크쓰氏ᄂᆞᆫ口를閉ᄒᆞ고何等意見도發치아니ᄒᆞᄂᆞᆫᄃᆡ氏로ᄒᆞ야금開口케ᄒᆞ고져ᄒᆞ야百方手段을盡ᄒᆞ던者가悉皆失敗에歸ᄒᆞ엿다더라

紐育發 二拾五日着

日議會問答

去二拾五日에日本議會에서議員大石正已가日本桂首相에게對ᄒᆞ야韓國과滿洲에關ᄒᆞᆫ日本政策을質問ᄒᆞ야曰統監政治로因ᄒᆞ야年年히數千萬圓의國費를投ᄒᆞ야도何等實效가無ᄒᆞ고排日思想만增加케되니結局根本的方針을立ᄒᆞ여야可ᄒᆞ거날政府의對韓政策이果然何如ᄒᆞ나ᄒᆞ엿ᄂᆞᆫᄃᆡ桂首相은答ᄒᆞ야曰統監政治가壹定의方針으로進行ᄒᆞᄂᆞᆫ成績은業已說明ᄒᆞ엿노라ᄒᆞ엿다더라

日移民禁止

加奈多議會에서ᄂᆞᆫ移民法第九拾六條에關ᄒᆞ야修正案을提出ᄒᆞ엿ᄂᆞᆫᄃᆡ其修正의內容은日本人移民을絶對的禁止ᄒᆞᆷ이라더라

商務官派遣

日本政府에서ᄂᆞᆫ論敦紐育漢堡香港上海天津等地에商務官을派遣ᄒᆞᆫ다더라

以上東京發 二拾六日着

▲社會燈▼

▲四友平아日前에摹寫ᄒᆞᆫ人物은맛침奔忙ᄒᆞ야卽時措處를못ᄒᆞ엿스나오날은早速히處判ᄒᆞᆯ터이니各其待令ᄒᆞ여라네等待ᄒᆞ엿쇼

▲管城子야네손으로摹寫ᄒᆞᆫ頑固鬼ᄂᆞᆫ曾往勸告도ᄒᆞ고諷諭도ᄒᆞ엿스나牛耳에經읽기라쓸ᄃᆡ가업스니이번은너의千斤重되ᄂᆞᆫ筆力과鋒銳ᄀᆞᆺᄒᆞᆫ筆尖으로項門上에一針을猛下ᄒᆞ되壓力을緊重히ᄒᆞ야兩眼眶에電光熱이發케ᄒᆞ여라네施行ᄒᆞ엿쇼

▲玄香子야所謂守錢虜ᄂᆞᆫ廉恥도都喪ᄒᆞ고論駁도不憚ᄒᆞᄂᆞᆫ頑然一塊物이라不可不懲戒處分을行ᄒᆞᆯ터이니爾의光澤質을磨ᄒᆞ되國民의罵唾를和拌ᄒᆞ야彼額上에亂擦ᄒᆞ야墨刑을施ᄒᆞ여라네執行ᄒᆞ엿쇼

▲石鄕侯야怪鬼라ᄂᆞᆫ名色은木石ᄀᆞᆺᄒᆞᆫ頑腸으로경然自是ᄒᆞ야若干頂針도不畏ᄒᆞ고墨刑도猶歇ᄒᆞ니爾의硬剛質을一擧ᄒᆞ야滄海力士가秦始皇을突擊ᄒᆞ듯시彼輩의頭腦를一手로破碎ᄒᆞ여라네擧行ᄒᆞ엿쇼

▲楮先生已上陳腐物은임의相當ᄒᆞᆫ處判을行ᄒᆞ엿거니와彼輩의悔改를待ᄒᆞ야解罰令을更出ᄒᆞᆯ터이니先生은餘紙를貯蓄ᄒᆞ야後日을待ᄒᆞ시오네退待ᄒᆞ깃소

廣告

本人名泰鎔以邦鉉改定知舊間照亮ᄒᆞᆷ
南部笠井洞四四、壹〇、尹邦鉉

本人이痢疾ᄂᆞᆫ후로안진방이되엿ᄯᆞ니至月에北部東十字橋十二統五戶皮相憲氏壹제藥에日行百里ᄒᆞ야은혜난망고로明醫로二千萬同胞에廣告ᄒᆞᆷ
樓閣洞九十四統七戶 김鼎禹 白

本郡守署理金榮薰氏ᄂᆞᆫ爲政公平ᄒᆞ고處民仁慈ᄒᆞ며熱心敎育ᄒᆞ고嫺熟交涉ᄒᆞ야進明有望에生民保活이오며向在大討伐時에不顧번지ᄒᆞ고遍行村里ᄒᆞ여暴徒有犯을到底說諭에自擔歸順者數百名에至ᄒᆞ야生靈이安堵에閭境이無ᄊᆞᄒᆞ니咸願永在오或恐失之ᄒᆞᄂᆞᆫ羣情을本人等이代表ᄒᆞᆷ
隆熙四年壹月廿二日 茂長郡民人代表 金洸鎰 김永球 김建洙 告白

日本語學音語篇

半洋裝六百餘頁
定價金壹圓四十錢
(郵稅　)

本書ᄂᆞᆫ日本에서十數年遊學ᄒᆞ야實地의研究를積ᄒᆞ고敎壇의經驗이富ᄒᆞᆫ林 圭氏가暗黑ᄒᆞᆫ我國日本語學界에大光線을放코쟈 ᄒᆞᄂᆞᆫ誠力의産物이라一卷三編에分ᄒᆞ야第一編은假名의起原과發音의蘊奧를明示 ᄒᆞ고第二編은各品詞의用例와言語의結構法을詳述 ᄒᆞ고第三編은簡易ᄒᆞᆫ日常語와實用인會話對話等을總括ᄒᆞ엿ᄂᆞᆫᄃᆡ皆聚精採華 ᄒᆞ고從類分門 ᄒᆞ야註解가明晰 ᄒᆞ고秩序가整齊 ᄒᆞ야斯學研究者의好材料일ᄲᅮᆫ아니라實로初學海의大指針이오獨習門의賢師友가될만ᄒᆞᆫ唯一의珍本이오니有志諸君子ᄂᆞᆫ購覽 ᄒᆞ시오

總發賣處
漢城南部絲井洞五十九統五戶
新文館
日本東京市麴町區中六番町四十九番地
大韓興學會事務所
其他京鄕各書舖

本會認許請願을自警視廳으로退却을當ᄒᆞ엿다ᄂᆞᆫ事와會長이統監府에紹介ᄒᆞ야百般運動이라ᄒᆞᆷ은專혀無根之說이기玆에廣告ᄒᆞᆷ
東亞讀英會總務 吳天默 告白

本人의陰十二月一日夜에强盜의게麟坤이란姓名章見奪이옵고린崐으로改章ᄒᆞ옵기玆에廣布ᄒᆞᆷ
平北价川外西面中興里 金린崐 白

忠南韓山文村權重億家舍田畓山麓을買得而証明出次로新劵과證明貳冊을持去ᄒᆞ다가中路見失이온즉無論內外國人ᄒᆞ고拾得休紙施行ᄒᆞᆷ
臨陂龜岩 吳肯善 告白

本人의姓名圖章을本月二十四日에見失이옵기玆以廣告ᄒᆞᆷ
北部樓閣洞一百二十五統十戶 李寅錫 告白

本人이西部仁達坊內需司契第二十二統九戶瓦家拾間半文劵을不知中서失ᄒᆞ엿스니誰某拾得ᄒᆞ와도休紙施行ᄒᆞᆷ
家主金孝濱 白

△私立長水箕鮮學校捐助錄
南台熙 尹炳周 南張熙
崔衡默 右二十圓
韓圭鮮 姜熙俊 李復燁
柳元赫 松岡朋吉 右十圓
崔翼煥 權竝鎬 陸觀九
李文燮 右五圓
金泰亨 鄭璟老 黃仁杓
朴種厚 李始煥 右三圓
김숙權 李在千 李性浩
李奉奎 李明求 黃仁祚
李在涉 李大燁 柳병秀
李在의 柳濬秀 柳在允
柳景鎭 右二圓
梁在根 金洪奎 李喜白
金義權 丁大玉 丁大春
孫긔煥 梁炳烈 金思赫
右二十錢
李秉敎 李在春 李秉헌
李秉學 曹先益 李相夏
李相涉 朴正夏 金盈斗
朴淵忠 金永玉 金舜擧
徐긔漢 李宅圭 西門桂
沈基澤 金時成 韓圭祿
朴膺東 延化永 朴彰錫
右壹圓 金相亮 梁貞權
權錫圭 金용徹 右六十錢
李秉三 右五十錢
朴炳훈 河岱 李容穆
朴元錫 姜漢鍾 朴欽來
韓弘八 韓晋燁 閔丙긔
鄭在九 朴炳允 金靄集
金萬熙 李宇均 崔化集
朴光錫 宋용齋 洪在驥
右四十錢
長水郡箕鮮學校事務崔衡默

西署盤松坊權政承契二百六統三戶草家九間에申景先買入ᄒᆞᆫ賣立旨를不知中서失ᄒᆞ엿스니誰某拾得ᄒᆞ와도休紙施行ᄒᆞᆷ
家主 韓定錫 告白

寫眞速成大募集

本學舘에서本國에美術을發達키爲ᄒᆞ야寫眞科를特設ᄒᆞ고英人敎師와美領布哇에서寫眞術에多年從事ᄒᆞ던本國敎師가敎授ᄒᆞ깃ᄉᆞ오니願學僉員은本月二十五日內로來議本舘ᄒᆞᆯ事

皇城基督靑年會學舘

本人의子明善이가爲人이不良ᄒᆞ야出沒府郡에欺人出債ᄒᆞ오니內外國人은切勿見欺ᄒᆞᆷ
甕津郡龍淵面外三里文光夏白

清國安東縣은與義州只隔壹江ᄒᆞ야遠近商民交易處也라去春에日語통譯者元之燦이稱設救濟會ᄒᆞ고兩國原稅外에欲捧加稅라가因衆商稱冤ᄒᆞ야自觀察道로交涉于該領事ᄒᆞ야仍卽革罷ᄒᆞ고元哥은知機遠逃러니今에金福亨者가與元哥連肚ᄒᆞ야暗誘韓商ᄒᆞ야欲受名簿라ᄒᆞ오니事雖無據나後恐有弊ᄒᆞ와玆以告白ᄒᆞ오니同胞商民은見欺치勿ᄒᆞ오
義州協商支會 李俊善 金宅俊 等 告白

荷衣島三島ᄂᆞᆫ宗孫洪承永家의賜牌ᄒᆞ옵신것이오量案을本人이典當ᄒᆞᆫ것인ᄃᆡ洪祐勝이가擅賣코저ᄒᆞ기宗孫과本人이門長有司게申請ᄒᆞ엿더니宗會席에基址主人은宗孫承永이오量案은本人이還退ᄒᆞ기로可決이기玆에廣布ᄒᆞ오니內外國人은洪祐勝의게勿爲見欺買賣ᄒᆞᆷ
富平朝宗里居洪祐益 白

▲特別廣告▼

▲最▲新 通信販賣

勿驚ᄒᆞ시오地方에在ᄒᆞ신여러분이여 僅히一錢五厘의通信費을投ᄒᆞ면多大ᄒᆞᆫ旅費와繁雜을除ᄒᆞ고能히京都第一廉價의物品을得ᄒᆞᄂᆞᆫ妙方이現出ᄒᆞ엿스니此ᄂᆞᆫ歐米各國에서流行ᄒᆞᄂᆞᆫ通信販賣法이오 우리漢陽商會ᄂᆞᆫ쎄파도멘로스도아卽萬物이具備ᄒᆞᆫ商店이니如何ᄒᆞᆫ物品이라도葉書或書簡으로其物을送致ᄒᆞ라通知ᄒᆞ시면우리ᄂᆞᆫ確實迅速低廉으로爲主ᄒᆞ야郵便或運送으로送呈ᄒᆞ깃숨나이다

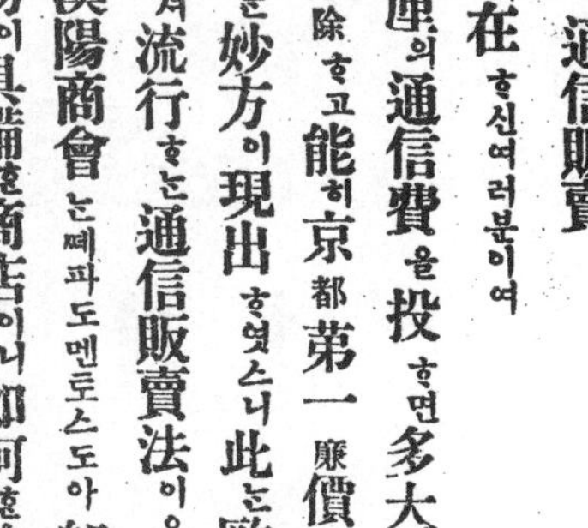

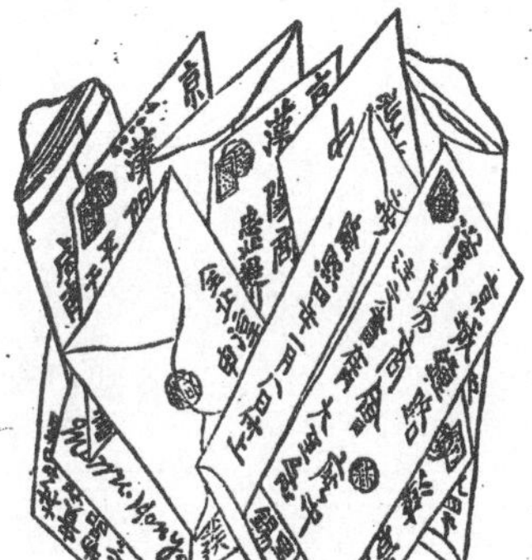

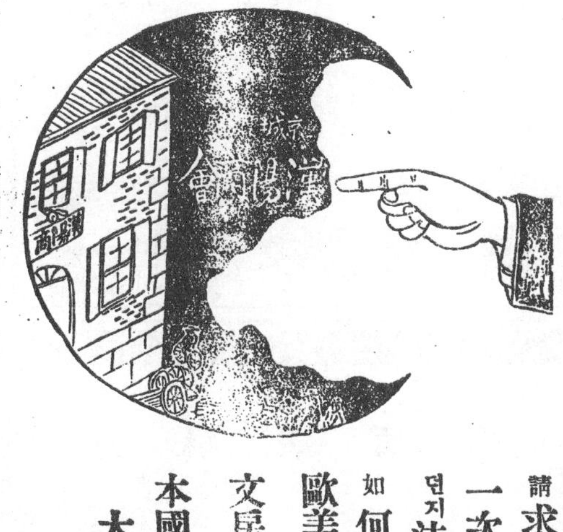

아ㅣ我韓의人士로誰가漢陽商會를不知ᄒᆞᆯ者ㅣ有ᄒᆞ며誰가此에同情을表치아니ᄒᆞᆯ者ㅣ有ᄒᆞ리요 弊店의商品目錄은누구던지보닉라請求ᄒᆞ시면無代金으로送呈ᄒᆞ깃ᄉᆞ오니一次試驗ᄒᆞ기爲ᄒᆞ야如何ᄒᆞᆫ物品이던지注文ᄒᆞ여보시오그便利ᄒᆞᆫ方法이如何ᄒᆞᆷ을아시리다

本國物産各種　歐美雜貨各種　洋酒食料各種　文房具各種　內外衣服各種

大韓皇城鍾路
輸出輸入商 漢陽商會
電話一九一番

本人因學界事來留於本地內外知舊 僉座 照亮

平南价川石溪私立重遠學內 金壽哲 白

黃海道白川郡西村面上四里龜岩居閔桓圭의所有京畿始興郡西面所下里墳墓山一個所와位畓九斗落證明을其族人閔魯範이가代理로申請ᄒᆞ옵ᄂᆞᆫ디異議가有ᄒᆞᆯ가慮ᄒᆞ야廣告ᄒᆞ오니關係者가有ᄒᆞ거던揭示期限六十日內로來告ᄒᆞ되期限이過ᄒᆞ면異議가無ᄒᆞᆫ줄로認證ᄒᆞᆷ

始興郡西面面長 李淵哲

學員募集廣告

本校에셔今番에校務를一層擴張ᄒᆞ야中學部를新設ᄒᆞ고一年級及豫備科學生을募集ᄒᆞ오니願學 僉員은二月廿六日以內로請願書를提出ᄒᆞ옵

但入學用紙ᄂᆞᆫ本校에請求ᄒᆞ옵

一、試驗日字 二月二十六日(陰正月十七日)上午九時

一、試驗科目 一年級에ᄂᆞᆫ漢文、作文、算術(四則及分數)本誌、本史 體格

豫科에ᄂᆞᆫ 漢文、作文、算術(四則以內) 體格

一、開學日字 三月一日(陰正月二十日)

一、入學者의年齡 十四歲以上二十五歲以下

入學者의게紹介ᄒᆞ기爲ᄒᆞ야本校講師諸氏의經歷과氏名을特揭ᄒᆞᆷ

平壤日新學校校長 崔叡恒

前龍川龍明中學校漢文講師 李 曜

英法語卒業生 吳景煥

師範科卒業生 朴寬孝

平壤耶蘇敎中學堂及日本物理學校卒業生 朴尙純

隆熙四年一月二十六日

平安南道价川郡中西面石溪

私立重遠學校 白

再版

新撰尺牘完篇

(附) 現所裁 行法令

興士團編輯部長 朴晶東氏著作 一帙二冊 正價金一圓

△今此局勢가維新ᄒᆞ고事爲가繁劇ᄒᆞᆫ時代에際ᄒᆞ야吾人도論交酬世의道가日廣日多ᄒᆞ미尺牘을不可不讀이라本尺牘은已爲刊行于世ᄒᆞ야江湖의好評을博得ᄒᆞ온바今에國漢文으로新撰增補ᄒᆞ야新舊尺牘에牛耳가되며且近日新法令의最要ᄒᆞᆫ者를類聚附輯ᄒᆞ엿ᄉᆞ오니一般人士ᄂᆞᆫ案頭에必備ᄒᆞᆯ好셔이옵

最新刊

平面幾何學

全一冊正價 金七十錢

隆熙學校學監 李命求氏著作 徽文義塾長 柳一宣氏校閱

△本서ᄂᆞᆫ現代數學界의大方家로有名ᄒᆞᆫ柳 李兩氏의最精力을注ᄒᆞ야詳密ᄒᆞᆫ編纂을著ᄒᆞ고嚴正ᄒᆞᆫ校閱을加ᄒᆞᆫ者이온바數學敎科에無二ᄒᆞᆫ良師오獨習참考에必備ᄒᆞᆯ珍서이온斯學術서에劈頭的出版이오니唯我學者諸君은速購讀習ᄒᆞ심을(但著作者의捺印이無ᄒᆞᆫ者ᄂᆞᆫ僞刊으로認定ᄒᆞᆷ)

發兌元

△皇城中部罷朝橋越 中央서舘朱翰榮

△皇城西部南門外紫岩 新舊서林池松旭

△皇城中部典洞 光東서局李鍾楨

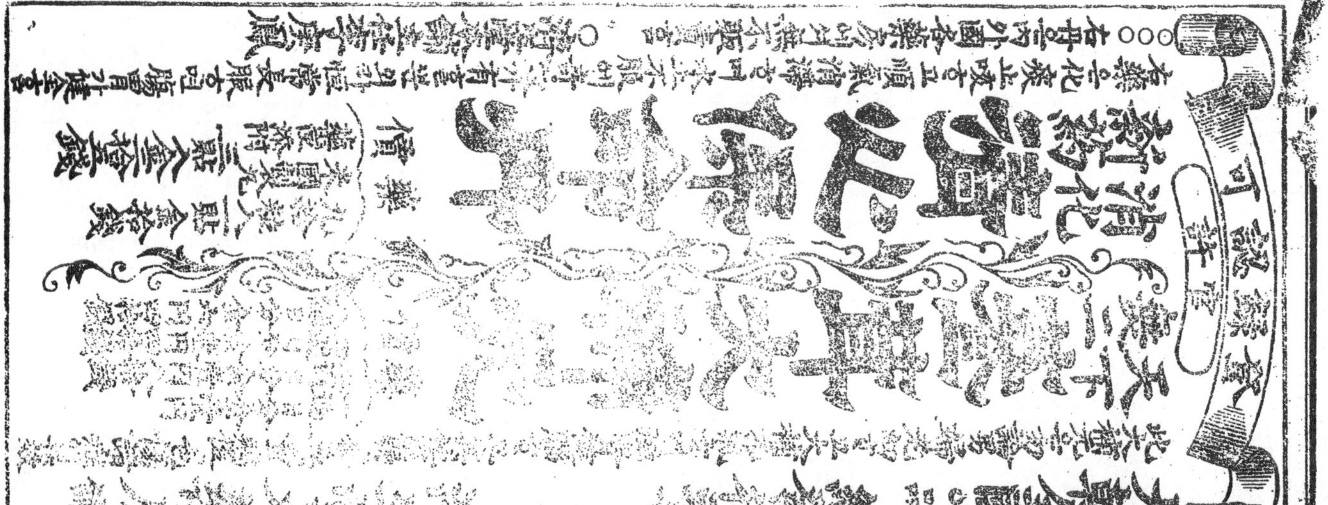

內外國洋藥各種을廉價大發賣ᄒᆞᄂᆞᆫ藥房이어대요

김승잡는 硝毒酸도 만이파오

京城鍾路八寶丹本舖和平堂李應善氏大藥房

檀君開國四千二百四十二年
箕子元年三千三十一年
大韓開國五百十八年
本報創刊日 光武八年七月十八日

大韓每日申報

Responsible for Publication Alfred Weekley Marnham.
發行兼編輯人 英國人 萬咸
發行所 京城 石井洞三層洋屋家 大韓每日申報社
第八卷　月曜及慶節歲時日休刊　第一千三百号

論說

◎鴉片吸者의增加ᄒᆞᆷ을歎ᄒᆞᆷ

其酷이비霜의毒보다過ᄒᆞ며其禍가銃劍의慘보다過ᄒᆞᆫ者ᄂᆞᆫ鴉片이是라

비霜에死ᄒᆞ며銃劍에死ᄒᆞᄂᆞᆫ者ᄂᆞᆫ一身만死ᄒᆞᆯ뿐이나鴉片에死ᄒᆞᄂᆞᆫ者ᄂᆞᆫ一身뿐이아니라一家人을死케ᄒᆞ며一國民을死케ᄒᆞᄂᆞ니라清國이前에在ᄒᆞ거니엇지戒치아니ᄒᆞ리오

盖清國이此로以ᄒᆞ야曾往英法聯軍의禍를致ᄒᆞ고도不悟ᄒᆞ며每歲數十萬人을殺ᄒᆞ면셔도不悔ᄒᆞ고其禍가益烈ᄒᆞ니彼龐然ᄒᆞᆫ巨國으로此萎靡不振을致ᄒᆞᆷ이未嘗非鴉片의爲因ᄒᆞᆫ비라今日에至ᄒᆞ야ᄂᆞᆫ稍稍히自覺ᄒᆞ야鴉片禁止의詔諭가雨ᄀᆞᆺ치民間에下ᄒᆞ며鴉片戒絶의丸藥廣告가雪ᄀᆞᆺ치新紙에繼ᄒᆞ나니將來淸國의存亾이此吸鴉者의加減與否에셔可卜ᄒᆞᆯ비어ᄂᆞᆯ奈何로近日韓人이彼의覆轍을爭蹈ᄒᆞ야鴉片吸者의數爻가日加ᄒᆞᄂᆞᆫ中鴉片針注射者의發現된數爻가五千一百九十人에達ᄒᆞ엿다ᄒᆞ니엇지可驚ᄒᆞᆯ비아니리오

嗚乎라天災로因ᄒᆞ야國을亾ᄒᆞ며兵革으로因ᄒᆞ야國을亾ᄒᆞ며政治의腐敗로因ᄒᆞ야國을亾ᄒᆞ며經濟의恐慌으로因하야國을亾ᄒᆞᄂᆞᆫ者ᄂᆞᆫ有ᄒᆞ거니와今의一片의毒藥을因ᄒᆞ야自國을自亾코자ᄒᆞᄂᆞᆫ愚夫여此를壹吸ᄒᆞ면面에黃色의鬼形을帶ᄒᆞ야健人이病夫되며子孫에게傳染ᄒᆞ야福家가禍宅되며其害가國民社會에延及ᄒᆞ야亾國滅種의禍를釀ᄒᆞ거ᄂᆞᆯ一時의惡習을忍斷치못ᄒᆞ야此等禍胎를忍釀ᄒᆞᄂᆞᆫ가釋氏의云ᄒᆞᆫ바刃頭의蜜을甘舐ᄒᆞ다가斷舌의患을不覺ᄒᆞᆫ다ᄒᆞᆷ이此를謂ᄒᆞᆷ이아닌가

如此히害만有ᄒᆞ고利ᄂᆞᆫ無ᄒᆞ며凶만有ᄒᆞ고吉은無ᄒᆞ거ᄂᆞᆯ乃者妄人이口를張ᄒᆞ야曰鴉片을吸ᄒᆞ면身體가輕快ᄒᆞ며百病이皆去ᄒᆞᆫ다ᄒᆞ면愚夫輩ᄂᆞᆫ此를信ᄒᆞ야自殺自亾의坑에入하니可惜ᄒᆞ도다

魚ᄂᆞᆫ香餌에死ᄒᆞ며獸ᄂᆞᆫ機穽에死ᄒᆞ거니와엇지人으로셔彼物類와如히愚ᄒᆞ뇨

支那의煙史를讀ᄒᆞᆫ뒤歷代君主가紅丸을服ᄒᆞ고死ᄒᆞᆫ者가多ᄒᆞ거ᄂᆞᆯ吾儕가其愚를笑ᄒᆞ엿더니今鴉片吸者의愚ᄂᆞᆫ彼의比ᄒᆞ야도千百倍更甚ᄒᆞ도다彼紅丸을服ᄒᆞᆫ者ᄂᆞᆫ其禍毒을許多히經驗치못ᄒᆞ엿거니와今에鴉片을服ᄒᆞᄂᆞᆫ者ᄂᆞᆫ耳로鴉片의毒을聞ᄒᆞ며目으로鴉片의害를觀하고도尙且此를吸ᄒᆞᄂᆞᆫ도다

告ᄒᆞ노니此輩여銃에死ᄒᆞᆯ지언뎡鴉片에死치말며劍에死ᄒᆞᆯ지언뎡鴉片에死치말며비霜에死ᄒᆞᆯ지언뎡鴉片에死치말지어다鴉片을吸ᄒᆞᄂᆞᆫ者ᄂᆞᆫ生ᄒᆞᆷ에罪人이오死ᄒᆞᆷ에罪鬼니라

記者曰數年以來로日本의淫風이吹人ᄒᆞ며淸國의鴉片癖이傳染ᄒᆞ야國門이一闢ᄒᆞᆫ뒤善ᄒᆞᆫ것은輸入지못하고惡ᄒᆞᆫ것만輸入하니噫라

外報

◎國會速開의聲援　淸國直隷憲政研究會ᄂᆞᆫ國會速開案에對ᄒᆞ야本月二十三日夜에大會를開ᄒᆞ고在北京各省代表者의게聲援을與ᄒᆞᆯ事를決議ᄒᆞ엿다더라

◎軍艦新造計劃　日本海軍은今明年間에一萬八千五百噸의裝甲巡洋艦二隻을新造ᄒᆞᆯ計畫이라더라

◎歐洲地震　歐羅巴各地에地震이有ᄒᆞ엿ᄂᆞᆫ뒤震源地ᄂᆞᆫ高加索又ᄂᆞᆫ羅馬尼亞에셔發ᄒᆞᆫ듯ᄒᆞ다더라

◎淸國海軍復興方計　淸國海軍部에셔ᄂᆞᆫ(第一)明年英德兩國에황族貴胄의子弟를留學케ᄒᆞ며(第二)速成ᄒᆞ기爲ᄒᆞ야海軍將校를派遣하며(第三)長期留學케ᄒᆞ기爲ᄒᆞ야南北洋海軍學生을派遣ᄒᆞᆯ方針이라더라

學界

◎金氏剏校　楊州郡九旨面四老里居紳士金奎[illegible]氏가該洞勞働人의知識이無ᄒᆞᆷ을慨歎ᄒᆞ야景董夜學校를設立ᄒᆞ고經費를自擔ᄒᆞ야熱心敎育ᄒᆞᄂᆞᆫ뒤學徒가三十餘名에達ᄒᆞ엿다더라

◎文進新進　咸南文川파溪里居安慶淳安慶錫兩氏ᄂᆞᆫ敎育를擴興ᄒᆞᆯ目的으로文進學校를設立ᄒᆞ고靑年을熱心勸奬ᄒᆞᆫ다더라

◎永光有光　江原道杆城郡巨津里紳士林仲賢金正賢韓元一等諸氏가永光義塾을設立ᄒᆞᆫ지月餘에生徒가日增ᄒᆞ야男生徒가五十餘名이오女學生이廿壹名에達ᄒᆞ엿고各處紳士諸氏가義捐ᄒᆞᆫ金額이三千餘圜에至ᄒᆞ야校況이益益發展ᄒᆞ고敎師尹泰來氏ᄂᆞᆫ義務로敎授ᄒᆞᆫ다더라

◎南校良績　南陽郡普興學校ᄂᆞᆫ自來高等尋常兩科로敎授ᄒᆞᄂᆞᆫ뒤該郡財務主事黃潤東氏가該校內에夜學을特設ᄒᆞ고日語와算術兩科를名譽로敎授ᄒᆞᆫ지于今五六朔인뒤成績이漸次良好ᄒᆞ다더라

◎義務將就　平北雲山郡北面義務學校ᄂᆞᆫ學監卑桂[illegible]氏가熱心勸勉ᄒᆞᆫ結果로生徒가六十餘名에達ᄒᆞ야將就之望이有ᄒᆞ다더라

○談叢○

劍心

東洋仁人은民福을進하고民賊을討코져ᄒᆞᆯ서반다시民賊을向ᄒᆞ야人民을害치말라고誡戒만作ᄒᆞ엿스니此ᄂᆞᆫ虎狼을向ᄒᆞ야人을咬치말라ᄒᆞᆷ과一般이라何益이리오

彼西洋仁人은반다시民賊의動作을杜ᄒᆞ야禍路가斷케ᄒᆞ엿나니例컨뒤虎狼을縛ᄒᆞ거나囚ᄒᆞ야人을咬ᄒᆞᆯ力이無케ᄒᆞᆷ과一般이라是以로東洋에ᄂᆞᆫ民賊이愈起ᄒᆞ고民福이愈頹ᄒᆞ엿스되西洋은民賊이息ᄒᆞ고民福이進ᄒᆞ엿도다

余ㅣ聞하니曰大抵原料品이發達치못ᄒᆞ면아모리小小ᄒᆞᆫ製造를ᄒᆞ더리도其大利益은畢竟他人의腹으로入ᄒᆞ나니只今韓國에ᄂᆞᆫ他人의原料로自手製造만ᄒᆞᄂᆞᆫ것도殆無ᄒᆞ거니와今此卷烟一箇製造를新發明ᄒᆞᆷ에도其烟草其紙其匣이모다日人에게로來ᄒᆞᄂᆞᆫ者니엇지一層奮發勇進치아니하리오往年某傳習所學生이日人敎師에게原料製造法을請學ᄒᆞᆫ즉日人이曰原料ᄂᆞᆫ我日本人이製給ᄒᆞᆯ터인즉爾輩ᄂᆞᆫ製造品에나注意하라ᄒᆞ다가大風波가激起ᄒᆞ엿다니我國人된者ㅣ或此言을聞하엿ᄂᆞᆫ지

詞藻

❀저 어 도❀

별이비록적다ᄒᆞ되、누가아니쏫겨가며。
소가비록크다ᄒᆞ되、누가몰지못ᄒᆞᆯ소냐。
아마도、크고적은걸노ᄂᆞᆫ、관계업서。

廣告

雜報

◎祭需封送 陰本月十六日은興宣王妃殿下忌日인故로 太皇帝陛下ᄭᅴᄋᆞᆸ셔祭需費五百圜을 封送ᄒᆞᄋᆞᆸ셧다더라

◎皇族陛見 再昨日은 大皇帝陛下ᄭᅴᄋᆞᆸ셔西 巡狩ᄒᆞᄋᆞᆸ신第壹回紀念日인故로永宣君李埈鎔氏及其他皇族諸氏가 昌德宮에 陛見ᄒᆞ엿다더라

◎尹庭如市 皇后陛下ᄭᅴᄋᆞᆸ셔女侍讀一人을增選ᄒᆞ신다ᄒᆞᆷ으로海豊府院君尹澤榮氏家에ᄂᆞᆫ志願者의請囑이沓至ᄒᆞ야門庭이如市ᄒᆞ다더라

◎朴相訪問 內相朴齊純氏ᄂᆞᆫ昨日上午十時에學相李容稙氏를私邸로訪問ᄒᆞ엿다더라

◎德舘祝賀 昨日은德國皇帝陛下의誕辰인故로各部大臣及統監府官吏가京城德국總領事舘에前往祝賀ᄒᆞ엿다더라

◎但用日直 度支部에셔昨年九月부터韓人官吏의宿直은廢止ᄒᆞ고日人主事만入直케ᄒᆞᆫ다더라

◎刺客渡日說 日本大阪每日新聞을據ᄒᆞᆫ즉韓人刺客五名이渡日ᄒᆞᆷ은事實인ᄃᆡ其目的이菊池醫院長에在ᄒᆞ다ᄒᆞᆷ은全然訛傳이오實狀은山縣有朋桂太郞小村外相曾彌荒助長谷川好道等을暗殺코져ᄒᆞᆷ이라하야日本警視廳에셔目下八方에偵探을派送ᄒᆞ야刺客을窺察ᄒᆞ고山縣以下五人의게嚴重히警戒ᄒᆞᆫ다ᄒᆞ엿더라

◎崔倅餞別 新任安城郡守崔台鉉氏가日間赴任ᄒᆞᆯ터인故로李春植閔致章諸氏가發起ᄒᆞ야再昨日下午七時惠泉舘에셔젼別宴을開催ᄒᆞ엿다더라

◎淸領事釜山行 淸國總領事馬廷亮氏ᄂᆞᆫ元山港財務監督局長日人櫻井과同件ᄒᆞ야三昨日夜行列車로釜山港에前往ᄒᆞ엿다더라

◎榊原視察 日憲兵隊長榊原少將은仁川港에新建築ᄒᆞᄂᆞᆫ日憲兵分遣所를視察ᄒᆞᆯ次로再昨日上午九時에發往ᄒᆞ엿다가同日下午六時에還京ᄒᆞ엿다더라

◎運動次渡日 仁川日人商業會議所會頭加來榮古郞은關稅運動事件을携帶ᄒᆞ고本日渡日ᄒᆞᆫ다더라

◎澁澤多功 日人澁澤은韓國銀行設立에對ᄒᆞ야多大ᄒᆞᆫ功勞가有ᄒᆞ다ᄒᆞ야日本황帝陛下ᄭᅴ셔金杯를下賜ᄒᆞ엿다더라

◎晬宴風波 日昨張錫周氏家에셔晬宴을設ᄒᆞ고趙羲淵金嘉鎭諸氏를請邀ᄒᆞ엿ᄂᆞᆫᄃᆡ醉中에眞情이發ᄒᆞ엿던지趙氏가金氏를對ᄒᆞ야曰君이曾前中樞院議長을帶ᄒᆞᆯ時에議官等官職을賣喫ᄒᆞ엿스니其行動이鄙陋ᄒᆞ다ᄒᆞ거날金氏ᄂᆞᆫ趙氏를駁罵하야曰君은國事犯으로海外에亾命하엿다가歸國後事業은附俄附日ᄒᆞ야國家를賣喫ᄒᆞᄂᆞᆫ者의게問病이나ᄒᆞᄂᆞᆫ納諂的行動만ᄒᆞ나냐ᄒᆞ고言往說來ᄒᆞ야互相間風波가起하엿다더라

◎韓會員訪問說 去二十四日에大韓協會主要人들이鷺梁津에靜養ᄒᆞᄂᆞᆫ俞吉濬氏를訪問ᄒᆞ고何等協議가有ᄒᆞ엿다ᄂᆞᆫ說이有ᄒᆞ다더라

◎俞氏南行 漢城府民會長俞吉濬氏ᄂᆞᆫ木浦及全州地方에設置ᄒᆞᆫ水產會社를視察ᄒᆞᆯ次로昨日에發程ᄒᆞ엿다더라

◎福島入城 日本中將福島ᄂᆞᆫ昨日入城ᄒᆞ야巴城旅舘에投宿ᄒᆞ엿다더라

◎韓海日漁 韓國沿海에日人의捕鯨者가多數ᄒᆞᆷ은人所共知어니와其捕鯨事業이益益擴張ᄒᆞ야多大ᄒᆞᆫ利益을收ᄒᆞᆫ다ᄂᆞᆫᄃᆡ近者所獲도千頭以上에達ᄒᆞ엿다더라

◎日人注集 慶北延日灣一帶地에ᄂᆞᆫ日人漁民이多數注集ᄒᆞᄂᆞᆫ處인ᄃᆡ該附近에關ᄒᆞᆫ漁業請願件이百五件에達ᄒᆞ엿다더라

◎公判將開 李在明의取調ᄂᆞᆫ漸漸進行ᄒᆞᄂᆞᆫ中인ᄃᆡ取調가畢了ᄒᆞᆫ後에ᄂᆞᆫ即時公判에付ᄒᆞᆫ다ᄒᆞ며其時裁判ᄒᆞᆯ判事ᄂᆞᆫ日人判事塚原友太郞谷多喜九와韓人判事鄭求昌氏라더라

◎宜其還却 國民同志贊成會에셔各大臣에게贊成望帖을發送ᄒᆞ엿다ᄂᆞᆫᄃᆡ宮內府大臣閔丙奭氏ᄂᆞᆫ還却ᄒᆞ엿다더라

◎獻議書起草 洪原郡儒生崔益衡魚萬善氏等이一進會를聲討ᄒᆞ기爲ᄒᆞ야中樞院에提呈ᄒᆞᆯ獻議書를起草ᄒᆞᆫ다더라

◎海儒同意 海州郡儒生李基榮氏等이國民大演說會에一進會聲討文을送致ᄒᆞ야同意를表ᄒᆞ엿다더라

◎同惡相濟 商務組合部長李學宰ᄂᆞᆫ再昨日正午에國民同志贊成會에前往ᄒᆞ야徐彰輔等을訪問ᄒᆞ고壹進會贊助事件을協議ᄒᆞ엿다더라

◎誘人入會 徐彰輔等의國民同志贊成會ᄂᆞᆫ再昨日事務所를中部寺洞前漢城新報社로移定ᄒᆞ엿ᄂᆞᆫᄃᆡ壹般經費ᄂᆞᆫ某會에셔支給ᄒᆞᆫ다ᄒᆞ고該會員等은各其親知를誘ᄒᆞ야入會ᄒᆞ기를懇乞ᄒᆞᆫ다더라

◎權氏隱避 權直相은一進會를贊成ᄒᆞ야內閣에長書를提出ᄒᆞᆫ後仍即隱避ᄒᆞ엿ᄂᆞᆫᄃᆡ警視廳에셔公通를督捧ᄒᆞᆯ次로目下형捉中이라더라

◎珍民請願說 全北珍山郡은太祖高皇帝胎封之地인ᄃᆡ地方區域合廢說을因ᄒᆞ야數年空官에民弊가莫甚ᄒᆞᆷ으로該郡人民等이郡守를從速叙任ᄒᆞ라고內部에請願ᄒᆞᆫ다더라

◎髮探又出 龍山駐在日步兵第十三聯隊에셔韓人中有髮者八十餘名을偵探으로募集ᄒᆞ야日間各地方으로派送ᄒᆞᆫ다ᄂᆞᆫᄃᆡ月俸은旅費外에十八圓으로定ᄒᆞ엿다더라

◎彦倅優績 慶南彦陽郡守朴茂永氏ᄂᆞᆫ莅任以後로人民에게實業을勸勉ᄒᆞ고貧民을愛護ᄒᆞ야田土中無故移作者를嚴禁ᄒᆞ고郡內挾雜輩의紹介로外人의게被奪ᄒᆞᆫ田土를極力交涉ᄒᆞ야盡數還推ᄒᆞ며其他教育奬勵와道路修治에格盡其務ᄒᆞᆷ으로一境이咸頌ᄒᆞᆫ다더라

◎面長得人 安州邑部面長許경氏ᄂᆞᆫ該面內青年을熱心勸奬ᄒᆞ야壹壹就學케ᄒᆞ며新聞을自擔購來ᄒᆞ야面內二拾壹洞勞働同胞의게供覽ᄒᆞ야知識을開發케ᄒᆞᆫ다더라

◎日人戶口 最近調査ᄒᆞᆫ韓國內居留日人의戶口ᄂᆞᆫ戶數가四萬二千四百九十三이오人口가十四萬四千八百四라더라

◎官校水道敷設 學部에셔各官立普通學校에水道를敷設하기로决定ᄒᆞ엿ᄂᆞᆫᄃᆡ所入經費ᄂᆞᆫ四千七百三十圓으로算定하야預備金中으로支用ᄒᆞᆫ다더라

◎縱覽規則 官立漢城高等學校에셔ᄂᆞᆫ圖書及新聞縱覽所를設置ᄒᆞ고每日一般學員으로縱覽케ᄒᆞ기爲ᄒᆞ야該規則을制定ᄒᆞ엿다더라

◎衙基築校 齋洞에在ᄒᆞᆫ前外衙門基地에學교를新建築ᄒᆞᆯ次로學部에셔測量技手를派送하야實地를測量ᄒᆞ엿다더라

◎官校架電 官立各普통學교에電話를架設ᄒᆞᄂᆞᆫᄃᆡ昨日부터工事에着手ᄒᆞ엿다더라

◎附圜盈溢 金鷄洞監獄에被囚ᄒᆞᆫ壹般罪人은將次鍾路前監獄署로移囚ᄒᆞᆫ다더라

◎演場蠻習 光武臺演劇場幹事人趙良明氏ᄂᆞᆫ年少婦女가觀覽次로入場ᄒᆞ면必執手引導ᄒᆞ며或無料引進하야風俗에紊亂이莫甚ᄒᆞ다더라

◎蠻日蠻日 日本岡山縣伊部村居德田彌兵衛ᄂᆞᆫ(七十四歲)四年前부터同村居田中이란醜婦(四十五歲)와通奸ᄒᆞ다가近來該女가更히他人과潛통ᄒᆞᆷ을知ᄒᆞ고去二十二日短刀로該女를刺傷케ᄒᆞ고德田도仍히獵銃으로自放致斃ᄒᆞ엿다더라

◎拾票待主 典洞居李台夏氏ᄂᆞᆫ三昨日鍾路里門洞等地에셔路上에遺失ᄒᆞᆫ白銅臺也銀匙著等物典執ᄒᆞᆫ票紙를拾得ᄒᆞ엿ᄂᆞᆫᄃᆡ所管巡查派出所에任置하고主人을覔給ᄒᆞ라ᄒᆞ엿다더라

◎益民被囚 日人藤井은益山郡要橋等地에水利組合所를設置ᄒᆞ고目下築狀貯水中인ᄃᆡ人民土地가多數犯入ᄒᆞᆫ故로人民等의呼訴가有ᄒᆞᆫᄃᆡ該日人은該郡警察署에何樣誣囑ᄒᆞ엿던지人民을多數捉囚ᄒᆞ엿다더라

◎葛洞回祿 日前長湍郡北面葛馬洞에義兵三十餘名이突入ᄒᆞ야人家三十餘戶를衝火ᄒᆞ엿ᄂᆞᆫᄃᆡ其原因은該洞居面長이日憲兵補助員과連絡ᄒᆞ야義兵의情跡을探報ᄒᆞᆫ所以라더라

◎廣業擴張 皇城廣業株式會社ᄂᆞᆫ營業成績이頗히良好ᄒᆞᆷ으로業務를一層擴張키爲ᄒᆞ야新株主를增募ᄒᆞᄂᆞᆫᄃᆡ應募者가多數ᄒᆞ다더라

◎金氏慈善 咸興郡居金昇渙氏ᄂᆞᆫ該郡內昨年水災를罹ᄒᆞᆫ同胞의게米穀三四石을賑給ᄒᆞ야餓莩에濱ᄒᆞᆫ生命을救濟ᄒᆞ엿合으로遠近間稱頌이藉藉ᄒᆞ다더라

◎一部釋放說 李在明事件의關係로拘引된人士中一部ᄂᆞᆫ或釋放될뜻ᄒᆞ다더라

◎大同開會 大同教에셔再昨日下午七時에議事員會를開ᄒᆞ고事務를處理ᄒᆞ엿다더라

◎誤捉旋放 日前南門外에셔强盜嫌疑로警視廳에被捉하엿던閔泳南氏ᄂᆞᆫ實犯이無ᄒᆞᆫ故로再昨日放免ᄒᆞ엿다더라

◎崔氏放免 監獄署에多月滯囚ᄒᆞ엿던崔炳憲氏ᄂᆞᆫ詐欺ᄒᆞᆫ事實이無ᄒᆞᆷ으로日昨放免되엿다더라

◎比比誤羅 閔宮相家에投書ᄒᆞᆫ嫌疑로中部警察署에被捉ᄒᆞᆫ權龍洙氏ᄂᆞᆫ實犯이無ᄒᆞᆫ故로三昨日에放免되엿다더라

◎坊民有頌 貞慶坊副團長尹致昭氏ᄂᆞᆫ該團事務를一新改革ᄒᆞ야進就의方을實心計圖ᄒᆞᄂᆞᆫ故로坊內人民이莫不感頌ᄒᆞᆫ다더라

電報

◎拓社事質問 日本에셔ᄂᆞᆫ東洋拓殖會社任員이無能하야其事業을不振케ᄒᆞᆫ다고各政黨이一般히認定ᄒᆞ고今番議會에一大質問을提出ᄒᆞ기目下調査中이라더라

◎日外相演說 日本外相小村은衆議院에셔對美反對의顚末을演說ᄒᆞ엿ᄂᆞᆫᄃᆡ其大要ᄂᆞᆫ美國의提議ᄂᆞᆫ日本의既得權을侵害ᄒᆞᆷ인즉同意키不可ᄒᆞ고又日本이門戶開放의公論을不違ᄒᆞ고將來에機會均等主義를不失ᄒᆞ야益益努力ᄒᆞ기로斷然反對ᄒᆞ노라ᄒᆞ엿다더라

以上東京發 廿七日着

▲社會燈▼

▲舊思想에腐敗物은昨日에已爲處判ᄒᆞ엿거니와新進派에腐敗物은오날繼續處判ᄒᆞ여볼새

▲新風潮를飽吸ᄒᆞ야社會上先覺의位를엄據ᄒᆞ야舌端에ᄂᆞᆫ文明二字를亂叫ᄒᆞ면셔心頭에ᄂᆞᆫ黑暗思想이叢生ᄒᆞ고白晝에ᄂᆞᆫ祖國形便을痛憤ᄒᆞᄂᆞᆫ체ᄒᆞ고夜에ᄂᆞᆫ終南捷徑에奔走ᄒᆞᄂᆞᆫ者ᄂᆞᆫ其名曰挾雜鬼오

▲外國을一覽ᄒᆞ면天國이나登ᄒᆞᆫ드시祖國은眼下로侮ᄒᆞ고同胞ᄂᆞᆫ僮僕ᄀᆞᆺ치陵ᄒᆞ야螟蛉의前身이과羸의精神을作ᄒᆞ며狐狸의殘喘이豺狼의暴威를誇ᄒᆞᄂᆞᆫ者ᄂᆞᆫ其名曰媚外鬼오

▲新學을粗聞ᄒᆞ야地理算術等名目만知ᄒᆞ면空前絶後의無上知識이有ᄒᆞᆫ듯ᄒᆞ야道德은邪僞로認ᄒᆞ며先聖은童觀으로知ᄒᆞ야輕妄浮薄ᄒᆞᆫ者ᄂᆞᆫ其名曰妖妄鬼라

▲天上天下捉鬼大將불너라東天이ᄐᆞ더지고太陽이도다오ᄂᆞᆫ이世界에져ᄯᅡ위鬼怪物이人類界에橫行ᄒᆞ야邪怪를騁ᄒᆞ고妖孼을興ᄒᆞᆫ단말이나이말저말除雜談ᄒᆞ고鐵索이나數百尺엇어다가此귀彼귀ᄒᆞᆫ모랑에치곡치곡옹똥구려十八層幽獄으로

社告

平南順川支社員鄭裕昱氏辭免ᄒᆞᆫ代에 該郡柴洞孫定龍氏로擇定ᄒᆞ엿ᄉᆞ오니本報購覽 僉君子는 照亮ᄒᆞ시옵

大韓每日申報社

雜報

◎假偵押交 東部統內居金演昌氏가日憲兵隊偵探이라假稱ᄒᆞ고再昨夜圜成社에入塲ᄒᆞ엿다가日憲兵補助員에게被捉ᄒᆞ야司令部로越交되엿다더라

◎李氏放免 砂金事件으로日憲兵司令部에被捉ᄒᆞᆫ李圭瑩氏는前大臣趙羲淵氏가擔保ᄒᆞ야日昨放免되엿다더라

◎李氏捐助 北部觀鏡坊會副會長李會九氏는該會에金貨壹百五十圜을捐助ᄒᆞ엿다더라

◎果商總會 京城果商組合所에셔日前總會를開ᄒᆞ고股金을每株에十圜式募集ᄒᆞ기로議定ᄒᆞ엿는ᄃᆡ其間應募者가三十餘株에達ᄒᆞ엿다더라

◎視察訛傳 西北學會에셔地方學校에視察員을派送ᄒᆞᆫ다는說은壹時訛傳이라더라

◎誤植改正 昨日刊行ᄒᆞᆫ本報第一面第一欄第二十二行에金思濬이란濬字는[illegible]字의誤植이기玆에正誤홈

◎相詰無根 權重國氏가中樞院副贊議鄭蘭教氏와相詰ᄒᆞ엿다는說은初無ᄒᆞᆫ事라더라

廣告

北署嘉會坊齋洞契二十一統一戶草家九間文券을陰八月晦日分에路上셔失ᄒᆞ엿ᄉᆞ온즉誰某拾得ᄒᆞ와도休紙施行홈
北署嘉會坊齋洞二十一統一戶 李珪一

◎漢語夜學員募集廣告
本學館內에셔 漢語夜學講習一課를特設하고學員을募集ᄒᆞ오니願學 僉員은陽二月十日內로請願書를本學舘에提呈홀事
皇城基督教靑年會學館 白

本人姓名曹仁植을乙巳年分에以秉璜으로改名하엿ᄉᆞ오니知舊間 照亮ᄒᆞ시옵
南部堅橋三十九統七戶曹秉璜

本人이去月廿五日平壤外城에셔姓名半篆章을失ᄒᆞ고新章을施行ᄒᆞ오니內外國人은照亮홈
龍川府良策舘全翼之 告白

警視廳認許를承ᄒᆞ야漢城柴塲組合을組織하고五部內에各定區域設柵棧ᄒᆞ고人負牛馬를入塲買賣케ᄒᆞ오니買賣 僉位는諒此施行ᄒᆞ심을要홈
官許漢城柴塲組合事務所告白

區域定界 東部蓮花坊蓮池洞
西部盤松坊下尾洞
南部樂善坊后洞
北部順化坊壯洞
中部貞善坊下於義宮洞

捐金 人負[illegible]
牛馱五錢
馬馱二錢五厘
驅婁車二錢五厘

但木炭은人負도依馬馱例요馬馱도依牛馱例로홈

開業日期는今一月二十八日노定ᄒᆞ야ᄉᆞ옵

日本語學音語篇

牛洋裝六百餘頁
定價金壹圓四十錢
(郵稅金 十四錢)

本書는日本에셔十數年遊學ᄒᆞ야實地의研究를積ᄒᆞ고教壇의經驗이富ᄒᆞᆫ林 圭氏가暗黑ᄒᆞᆫ我國日本語學界에大光線을放코자ᄒᆞ는誠力의産物이라一卷三編에分ᄒᆞ야第一編은假名의起原과發音의蘊奧를明示ᄒᆞ고第二編은各品詞의用例와言語의結構法을詳述ᄒᆞ고第三編은簡易ᄒᆞᆫ日常語와實用인會話對話等을總括ᄒᆞ엿는ᄃᆡ皆聚精採華ᄒᆞ고從類分門ᄒᆞ야註解가明晰ᄒᆞ고秩序가整齊ᄒᆞ야斯學研究者의好材料일ᄲᅮᆫ아니라實로初學海의大指針이오獨習門의賢師友가될만ᄒᆞᆫ唯一의珍本이오니有志諸君子는購覽ᄒᆞ시오

總發賣處
漢城南部絲井洞五十九統五戶 電話壹三九二番
新文館
日本東京市麴町區中六番町四十九番地
大韓興學會事務所
其他京鄉各書舖

本人의子明善이가爲人이不良ᄒᆞ야出沒府郡에欺人出債ᄒᆞ오니內外國人은切勿見欺홈
甕津郡龍淵面外三里文光履白

淸國安東縣은與義州只隔壹江ᄒᆞ야遠近商民交易處也라去春에日語譯者元之燦이稱設救濟會ᄒᆞ고兩國原稅外에欲捧加稅라가因衆商稱冤ᄒᆞ야自觀察道로交涉于該領事ᄒᆞ야仍卽革罷즉元哥은知機遠逃러니今에金福亨者가與元哥連肚ᄒᆞ야暗誘韓商ᄒᆞ야欲受名簿라ᄒᆞ오니事雖無據나後恐有弊ᄒᆞ와玆以告白ᄒᆞ오니同胞商民은見欺치勿ᄒᆞ오
義州協商支會 李俊善 金宅俊 等 告白

本人이西部仁達坊內需司契第二十二統九戶瓦家拾間半文券을不知中셔失ᄒᆞ엿ᄉᆞ니誰某拾後ᄒᆞ와도休紙施行홈
家主金孝演 白

本店에셔開業ᄒᆞᆫ지十六年間僉君子의愛顧ᄒᆞ심을特蒙ᄒᆞ와今年부터業務을大擴張ᄒᆞ고春夏秋冬所用으로緞屬毛織等各國高等物品을現今多數直輸入이온바各地方에셔는貿易에便利賣買케爲ᄒᆞ야特廉減價ᄒᆞ와郵便小包로酬應ᄒᆞ야代金은引換ᄒᆞ깃사오니十三道各郡僉君子는隨意請求ᄒᆞ심을望
振替貯金番號(韓國壹三番)
漢城中部鍾路砂器廛洞二十一統五戶
廣興泰 告白

▲特別廣告▼

▲最▲新 通信販賣

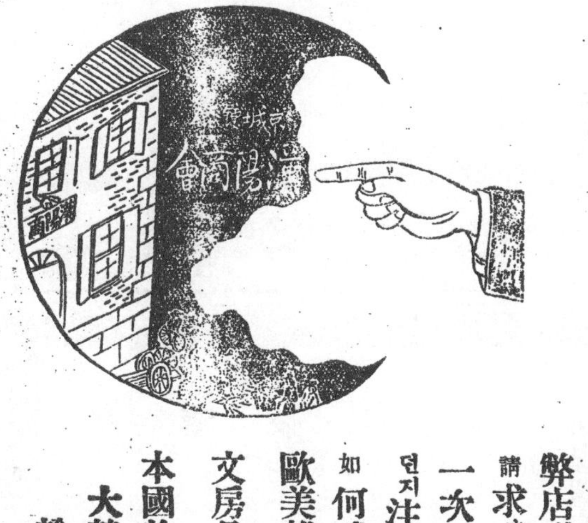

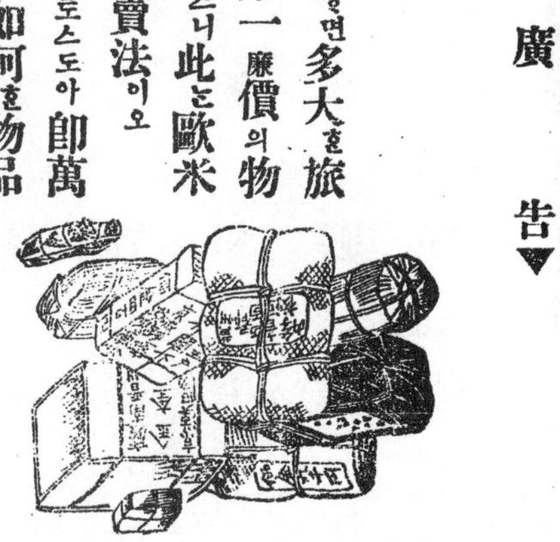

勿驚ᄒᆞ시오地方에在ᄒᆞ신여러분이여
僅히一錢五厘의通信費을投ᄒᆞ면多大ᄒᆞᆫ旅費와繁雜을除ᄒᆞ고能히京都第一廉價의物品을得ᄒᆞ는妙方이現出ᄒᆞ엿ᄉᆞ니此는歐米各國에셔流行ᄒᆞ는通信販賣法이오
우리漢陽商會는떼파도멘토스도아卽萬物이具備ᄒᆞᆫ商店이니如何ᄒᆞᆫ物品이라도葉書或書簡으로某物을送致ᄒᆞ라通知ᄒᆞ시면우리는確實迅速低廉으로爲主ᄒᆞ야郵便或運送으로送呈ᄒᆞ깃슴나이다
아─我韓의人士로誰가우리漢陽商會를不知ᄒᆞᆯ者─有ᄒᆞ며誰가此에同情을表치아니ᄒᆞᆯ者─有ᄒᆞ리요
弊店의商品目錄은누구시던지 보니라請求ᄒᆞ시면無代金으로送呈ᄒᆞ깃ᄉᆞ오니一次試驗ᄒᆞ기爲ᄒᆞ야如何ᄒᆞᆫ物品이던지注文ᄒᆞ여보시오 그便利ᄒᆞᆫ方法이如何홈을아시리다

歐美雜貨各種 洋酒食料各種
文房具各種 內外國衣服次各一
本國物産各種

大韓皇城鍾路
輸出輸入商 漢陽商會
電話一九一番

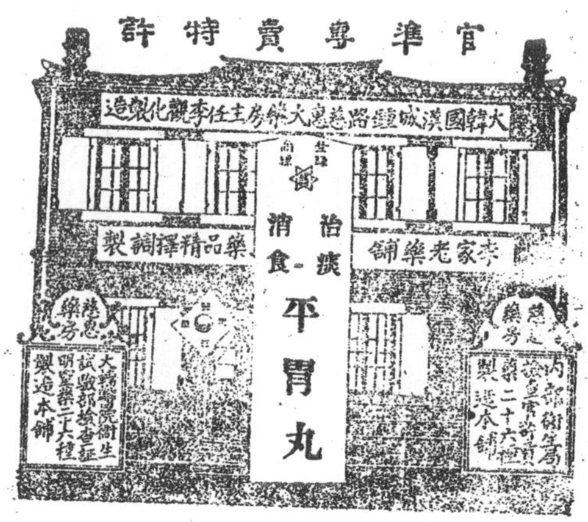

官準專賣特許
大韓國漢城鍾路巷東大韓房主任李觀化製造
李家老藥舖
藥品精擇調製
治痰消食
平胃丸

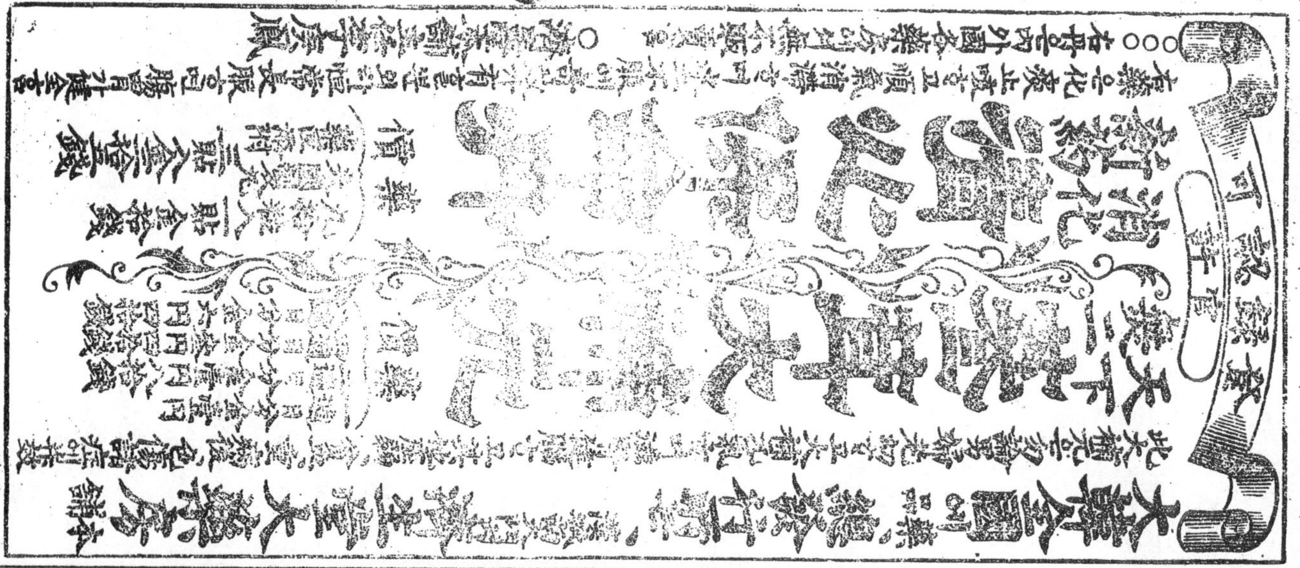

檀君開國四千二百四十二年
箕子元年三千三十一年
大韓開國五百十八年
本報創刊日 光武八年七月十八日

大韓每日申報

Responsible for Publication Alfred Weekley Marnham.
發行兼編輯人 英國人 萬咸
發行所 京城 南部石井洞三層洋屋家 大韓每日申報社
第八卷 月曜及慶節歲時日休刊 第一千三百一号

論說

◉彗星

彗星者ᄂᆞᆫ何오中心에居ᄒᆞᆫ者ᄂᆞᆫ恒星이오恒星을圍ᄒᆞ야循環ᄒᆞᄂᆞᆫ者ᄂᆞᆫ遊星이니吾人의居ᄒᆞᆫ地球도此遊星의一이오此恒星遊星의外에一種異常의星이有ᄒᆞ야其帚尾를拖長ᄒᆞ엿ᄂᆞᆫᄃᆡ或千年에一現ᄒᆞ며或百年十年에一見ᄒᆞ며或一往不返ᄒᆞ며或定期一現ᄒᆞᄂᆞ니此를稱曰彗星이라

近日出現ᄒᆞᆫ彗星은何種類에屬ᄒᆞᆷ인지未知어니와然이나吾儕ᄂᆞᆫ此에對ᄒᆞ야一種奇異의感情이現하ᄂᆞᆫ도다今日學理大明의世에處ᄒᆞ야彼를災異라고驚ᄒᆞ며彼를天戒라고恐ᄒᆞᆯ者ㅣ無ᄒᆞ니彼가비록其尾가日長ᄒᆞ며其光이日耀ᄒᆞᆯ지라도吾人은只是尋常ᄒᆞᆫ自然界의狀態로觀ᄒᆞᆯ而已어니와然이나古代에在ᄒᆞ야ᄂᆞᆫ彼가何等大勢力을人間에有ᄒᆞ엿더뇨

彼가一現ᄒᆞ면是를上帝의示警이라ᄒᆞ야直臣은筆을擧ᄒᆞ야時弊를陳ᄒᆞ며天子ᄂᆞᆫ殿을下ᄒᆞ야過失을謝ᄒᆞ고擧國人民이皆惶惶히何等大亂離를逢ᄒᆞᆯ것ᄀᆞᆺ치恐懼를抱ᄒᆞ던者라

噫라太陽中心說이上古埃及에已現ᄒᆞ며地圓論이支那周漢間에已傳ᄒᆞ엿슨즉彼時에도深識玄悟의聖人은必也此等天象이人事에無關ᄒᆞᆫ줄을解得ᄒᆞ엿슬지나但古代의愚頑ᄒᆞᆫ人을警戒ᄒᆞᆷ에ᄂᆞᆫ微渺ᄒᆞᆫ天道를說ᄒᆞᆷ이切近ᄒᆞᆫ人事를說ᄒᆞᆷ보다其功이易ᄒᆞᆫ故로此로써度世의金針을作ᄒᆞᆷ이로다

雖然이나如今에ᄂᆞᆫ文明의潮가日劇ᄒᆞ미此地球上에立ᄒᆞᆫ人類ᄂᆞᆫ迷信에陷치말고實際에趨ᄒᆞ며自然에任치말고人事를重히하여야可ᄒᆞᆯ時어ᄂᆞᆯ乃者八域을回顧ᄒᆞᆫ건ᄃᆡ尙且頑夢의一流가治亂興亡을天에托ᄒᆞ며成敗利鈍을命에委ᄒᆞ고雙手를呵ᄒᆞ고端坐ᄒᆞ야西比利亞鐵道가萬里의沙漠을經ᄒᆞ야滿洲를壓ᄒᆞᄃᆡ是ᄂᆞᆫ驚치아니ᄒᆞ며大西洋海水가巴拿馬地峽을決ᄒᆞ야大平洋을衝ᄒᆞᄃᆡ是ᄂᆞᆫ醫치아니ᄒᆞ며飛行船이空中에現ᄒᆞ야도是ᄂᆞᆫ怪치아니ᄒᆞ며無線電이八方에傳치하야도是ᄂᆞᆫ究치아니ᄒᆞ며其他四千年有史以後의初見創聞의事가層生하야도首를一回치아니ᄒᆞ고惟蒼蒼ᄒᆞᆫ天空을仰ᄒᆞ다가一星이異를呈ᄒᆞ거나一虹이奇를現ᄒᆞ면無端히驚惑ᄒᆞ야是ᄂᆞᆫ何故인가ᄒᆞ며是가何由인가ᄒᆞᄂᆞ니

嗚乎라人事의變異ᄒᆞᆷ은不知ᄒᆞ고天象의變異ᄒᆞᆷ을是驚ᄒᆞ야心을惱ᄒᆞᆷ은可解치못ᄒᆞᆯ事인저今日에坐ᄒᆞ야此想을作하ᄂᆞᆫ者ᄂᆞᆫ老朽者幾人外에不過ᄒᆞᆯ지나吾儕ᄂᆞᆫ竊히其愚를悶ᄒᆞ야忙中에一筆을擧ᄒᆞ노라

外報

◉英紙論評 英國論敦타임쓰新聞은淸國政府에셔錦齊線의敷設을許ᄒᆞ면是ᄂᆞᆫ列國의意見을衝突케ᄒᆞᆷ이라고論ᄒᆞ엿다더라

◉中立提議의眞意 美國國務卿은滿洲鐵道中立의協議가各國에承諾되깃다고ᄂᆞᆫ預期ᄒᆞ지아니ᄒᆞ엿고又錦州鐵道와其他將來滿洲에建設ᄒᆞᆯ鐵道에對ᄒᆞ야國際的監督을行ᄒᆞᆷ으로써時機가至ᄒᆞᆷ에及ᄒᆞ고淸國이現時의鐵道를任意로開放ᄒᆞᄂᆞᆫ日을當ᄒᆞ야同國에援助될素地를作ᄒᆞᆯ希望으로써此를提議ᄒᆞᆷ이라더라

◉滿洲問題와淸國輿論 淸國은美國의提議ᄒᆞᆫ滿鐵中立問題에對ᄒᆞ야輿論에三說이有ᄒᆞ니第一說은滿洲ᄂᆞᆫ今露日兩國의角逐場裡가됨으로써此를露日兩國에不委ᄒᆞ고列國下에置ᄒᆞ야平和를維持ᄒᆞᆷ은寧히淸國의利益이라ᄂᆞᆫ理由로써贊成을表ᄒᆞᆯ者라ᄒᆞ고第二說은滿洲ᄂᆞᆫ露日兩國下에在ᄒᆞ야旣히紛糾를極히ᄒᆞ엿ᄂᆞᆫᄃᆡ若此를列國下에置ᄒᆞ면如何ᄒᆞᆫ法律로以ᄒᆞ던지滿洲의管理ᄂᆞᆫ困難ᄒᆞᆫ지라然ᄒᆞ나今日의條約으로以ᄒᆞ면一定ᄒᆞᆫ期間內에滿洲를恢復ᄒᆞᆷ을得ᄒᆞ깃다ᄂᆞᆫ理由로써反對ᄒᆞᆯ者라ᄒᆞ고第三說은滿洲ᄂᆞᆫ旣히事實上으로淸國主權下에不在ᄒᆞᆫ故로滿洲가露日兩國에屬ᄒᆞ엿던지將來列國에屬ᄒᆞ던지所關이無ᄒᆞᆷ으로써定見을定치못ᄒᆞᆫ者라ᄒᆞᄂᆞᆫᄃᆡ漢字新聞申報ᄂᆞᆫ右三說中에第一說로써正當且有力ᄒᆞᆫ者라ᄒᆞᆫ다더라

學界

◉呂遞鄭代 大東學校漢文講師呂圭亨氏가辭免ᄒᆞᆫ代에鄭萬朝氏가被選ᄒᆞ엿다더라

◉光進日進 咸興郡居李杜卿氏ᄂᆞᆫ昨年五月中에進善婦人會를組織하고該會內에光進女學교를特設ᄒᆞ야生徒三十餘名을熱心敎授하ᄂᆞᆫᄃᆡ敎師ᄂᆞᆫ朱명燮韓應源兩氏가名譽로出席ᄒᆞ고經費ᄂᆞᆫ李氏가自擔ᄒᆞᆫ다더라

◉箕鮮新刱 全北長水郡漢西面居韓圭鮮南台熙諸氏가協力ᄒᆞ야箕鮮學교를設立ᄒᆞ엿ᄂᆞᆫᄃᆡ生徒ᄂᆞᆫ四十五名에達ᄒᆞ엿다더라

◉兩校一合 价川中西面石溪重遠學교ᄂᆞᆫ尹棨漢李炳基等諸氏가該地學者派頑固人士의反對를力排하고設立ᄒᆞᆫ바인ᄃᆡ近來該附近純光學校와合併ᄒᆞ야熱心做去ᄒᆞᄂᆞᆫ故로進就의望이大有ᄒᆞ다더라

◉白川喜聞 白川郡私立進明學校ᄂᆞᆫ財政이困難ᄒᆞ야維支키極難하더니該郡紳士劉英煥趙元植諸氏가各其義金을捐出ᄒᆞ야校室을增築ᄒᆞ엿고又張東植劉奎喆諸氏가發起ᄒᆞ야同郡內에勞働夜學校를設立ᄒᆞ고學員百餘名을熱心敎育ᄒᆞᆫ다더라

○談叢○

劍心

▲君과國

往古時代에在ᄒᆞ야ᄂᆞᆫ君이卽國이오國이卽君이라我國으로論ᄒᆞ야도俗語에有曰「나라에셔하신말ᄉᆞᆷ나라에셔ᄒᆞ실일」이라ᄒᆞᆷ이皆君主의ᄒᆞ신말ᄉᆞᆷ君主의ᄒᆞ신일을意味ᄒᆞᆷ이라故로政治도君의物이오法律도君의物이오宗敎와道德도君의物이오土地와人民도君의物이될ᄲᅮᆫ이러니社會의人文이漸開하고國家의意義가漸明ᄒᆞ야於是乎君이國家의機關됨을表白ᄒᆞᆫ以來로君은君이오國은國이되야人類와幸福進步가此에셔軔을發ᄒᆞ엿도다

只今에坐ᄒᆞ야오히려社會幼稚時代의君국一致를夢하ᄂᆞᆫ者ㅣ不少ᄒᆞ나識이無ᄒᆞᆫ故라엇지足히責하리오만은ᄯᅩ엇지可嘆치아니ᄒᆞᆫ가

詞藻

❀坎中連❀

밤즁에우는닭은、英雄을喚起ᄒᆞ고。
굴네벗고닷는물은、壯士를苦待컨만。
엇지타、血性잇는夫餘民族、坎中連만。

雜報

○兩氏陛見　宮相閔丙奭侍從院卿尹德榮兩氏ᄂᆞᆫ昨日下午一時 昌德宮에 陛見ᄒᆞ엿다더라

○內閣變更說　不遠間內閣이變更된다ᄂᆞᆫᄃᆡ其後任者ᄂᆞᆫ前判書金宗漢中樞院顧問李址鎔諸氏라ᄂᆞᆫ說이行ᄒᆞ다더라

○次第件事　司法權을委任ᄒᆞᆫ以後ᄂᆞᆫ韓國警察權을仍存ᄒᆞᄂᆞᆫ것이行政上에不便ᄒᆞᆷ이多ᄒᆞ니警視廳을統監府管轄로引繼ᄒᆞᄂᆞᆫ것이妥合ᄒᆞ다ᄂᆞᆫ議論이有ᄒᆞᆫᄃᆡ畢竟實施되리라더라

○漸進政策　曾禰渡日內容中에韓國地方行政官廳을廢止ᄒᆞ야日本理事廳에合併ᄒᆞᆯ事件을包含ᄒᆞ엿다ᄂᆞᆫ說은人所共知ᄒᆞᄂᆞᆫ바어니와曾禰歸任後에此를實行ᄒᆞᆯ지나若壹時에廢合을急行ᄒᆞ면民心이騷擾ᄒᆞᆯ싸憂慮ᄒᆞ야爲先漢城府를廢止ᄒᆞ야理事廳에合ᄒᆞ고咸北觀察道를廢止ᄒᆞ야理事廳에合ᄒᆞ야漸進的으로各道에實行케ᄒᆞᆫ다ᄂᆞᆫ說이有ᄒᆞ다더라

○各派軋轢　從來에統監府官吏와駐韓日軍司令部와拓殖會社等日人官吏中에文治武斷派의軋轢이屑生ᄒᆞᆫ다ᄂᆞᆫᄃᆡ今番曾禰가渡日後에代理를不置ᄒᆞ고電報로事務를處理ᄒᆞᆷ도此를因ᄒᆞᆷ이라더라

○汰六用七　內閣韓人主事六名을勸告辭職케ᄒᆞᆫ代에日人主事七名을需用ᄒᆞ기로內定되엿다더라

○日人需用說　昨年度에頒布ᄒᆞᆫ新官制中에地方各府各郡에事務官의窠가有ᄒᆞᆷ으로本年度부터該官制를實施ᄒᆞᆯ터인ᄃᆡ日本人으로需用ᄒᆞ리라더라

○恩金將撥　度相高永喜氏가三昨日內相朴齊純氏를私邸로訪問ᄒᆞ고內閣에서無故히免職된韓人主事六名을內度兩部에서三人式分排敍用ᄒᆞ자ᄒᆞ미朴內相은不應ᄒᆞ엿다ᄂᆞᆫᄃᆡ將次該六人의게退職恩賜金을支撥ᄒᆞᆫ다더라

○調査局官制　法典調査局官制를改正ᄒᆞ야倉富勇三郞으로委員長을選任ᄒᆞ고小田으로書記官을任命ᄒᆞ고其他事務官二名을增置ᄒᆞ야多數法典을速速編製ᄒᆞᆫ다더라

○月樓歡迎　日人福島中將이再昨日入城ᄒᆞᆷ은既報어니와在京城日人中勅任官以上文官과佐官以上武官이發起ᄒᆞ야來三十壹日下午五時花月樓에서盛大ᄒᆞᆫ歡迎會를開ᄒᆞᆫ다더라

○福島視察　再昨日入京ᄒᆞᆫ日人福島中將은昨日에官立高等女學校와師範學校를視察ᄒᆞ엿다더라

○趙氏要和　奎章閣卿趙同熙完興君李載冕兩氏가土地事件으로相持ᄒᆞᆷ은一般共知ᄒᆞᄂᆞᆫ바어니와趙氏ᄂᆞᆫ宮相閔丙奭氏를紹介ᄒᆞ야李氏에게私和ᄒᆞ기를懇請ᄒᆞᆫ다더라

○醫師開宴　安商浩氏ᄂᆞᆫ再昨日下午七時에醫師十七人을明月館으로請邀宴待ᄒᆞ엿다더라

○彰輔被招　徐彰輔ᄂᆞᆫ再昨日上午十時警視廳訊問係에被招ᄒᆞ엿ᄂᆞᆫᄃᆡ訊問事件이極히秘密ᄒᆞ다더라

○徐也氣高　國民同志贊成會에서ᄂᆞᆫ目下入會者에總數가九十三名인ᄃᆡ詐僞에說로會員이四五百名이라虛張ᄒᆞ며徐彰輔ᄂᆞᆫ該會設始日로부터傲慢ᄒᆞᆫ氣習이怨生ᄒᆞ야對人接語之際에初不擧目ᄒᆞ고副會長席에엄然高坐ᄒᆞ야意氣揚揚ᄒᆞᆫ故로日昨에警官某氏와偵探人某氏에게도一場面駁을遭ᄒᆞ엿다더라

○宜其恐懼　徐彰輔ᄂᆞᆫ已往學徒에게被打ᄒᆞᆫ事가有ᄒᆞᆫ以後로或尋訪人이有ᄒᆞ면何等毆迫이有ᄒᆞᆯ가恐懼ᄒᆞ야一切不在家라ᄂᆞᆫ三字로答送ᄒᆞᆫ다더라

○同聲相應　大韓商務組合部에서ᄂᆞᆫ國民新報社長崔永年으로顧問을選定ᄒᆞ엿다더라

○割譜協議　李稱翼李學宰等이政合邦을贊成ᄒᆞᆷ에對ᄒᆞ야延安李氏宗中에서ᄂᆞᆫ該兩人을割譜ᄒᆞ기로目下協議中이라더라

○派巡搜索　警視廳에서何事件을因ᄒᆞᆷ인지再昨日上午十二時에韓日巡査四名을派送ᄒᆞ야天道敎本部를搜索ᄒᆞ엿다더라

○鑑正又設　近日各裁判所에鑑正人을設置ᄒᆞ고訴訟에關ᄒᆞᆫ文案을考準케ᄒᆞᄂᆞᆫᄃᆡ日費ᄂᆞᆫ三圓以上五圓ᄭᆞ지支給ᄒᆞᆫ다더라

○同情四至　海州郡居李基榮氏等六十一人과永柔郡居金善奎金時鳳金達淵氏等十一人과連山郡居閔耆基氏等十四人과義州居林麟峻氏와熙川郡居黃宰燦氏等七十四人이國民演說會에同意贊成書를送致ᄒᆞ엿다더라

○公判開廷期　李在明은昨年末부터地方裁判所檢事가審問을行ᄒᆞ고連累者嫌疑로被捉ᄒᆞᆫ人은昨日警視廳에서地方裁判所로越交ᄒᆞ엿ᄂᆞᆫᄃᆡ來月廿五六日頃에公判을開ᄒᆞᆯ듯ᄒᆞ다더라

○民多不信　扶餘郡廳은土地家屋證明簿가昨年四月부터絕乏되엿ᄂᆞᆫᄃᆡ上部에請求支用치아니ᄒᆞ고證明請求者가有ᄒᆞ면該郡用紙에斗落及結卜數만記錄ᄒᆞᄂᆞᆫ故로人民中不信之弊가多ᄒᆞ다더라

○旅券靳持　咸興郡居盧旻洙氏ᄂᆞᆫ年前美國에渡往ᄒᆞ야布와開發會社에入參ᄒᆞ엿다가歸國ᄒᆞ엿ᄂᆞᆫᄃᆡ該地에推覓ᄒᆞᆯ不動產이有ᄒᆞᆯᄲᅮᆫ더러韓美興業株式會社出品物에二千餘圓金額을投入ᄒᆞᆫ故로該社長馬野氏를兼訪코ᄌᆞᄒᆞ야美國에渡往ᄒᆞᆯ次로統監府에旅行券을請求ᄒᆞ엿ᄂᆞᆫᄃᆡ數朔이已經ᄒᆞ되如何ᄒᆞᆫ措處가尙無ᄒᆞ다더라

○李訴退却　全州郡居李秉郁氏ᄂᆞᆫ雲峴宮舍音을多年擧行ᄒᆞ다가丙午年分에該地所產物品四百餘圓價値를該宮으로貿送ᄒᆞ엿ᄂᆞᆫᄃᆡ代金을尙不劃給ᄒᆞᄂᆞᆫ故로永宣君의게往推ᄒᆞ다가事不如意ᄒᆞ야三昨日日憲兵司令部에告訴ᄒᆞ엿더니該部에서此等訴狀은受理ᄒᆞᄂᆞᆫ權限이無ᄒᆞ다ᄒᆞ고卽時退却ᄒᆞ엿다더라

○金氏將訴　李根洪氏ᄂᆞᆫ年前金海郡守在任時에該郡居金某에게金三百餘圓을貪贓ᄒᆞᆫ事가有ᄒᆞ다ᄒᆞ야金氏가裁判推尋次로上京ᄒᆞ엿다더라

○分遣所新築　平壤郡에日憲兵分遣所를新建築ᄒᆞᆯ次로目下計劃中인ᄃᆡ該役費ᄂᆞᆫ三萬圓으로豫算ᄒᆞ엿다더라

○申訴退却　地方裁判所에서內亂犯李敎承朴來遠等을役七年에宣告ᄒᆞ엿ᄂᆞᆫᄃᆡ該兩人이不服ᄒᆞ고控訴院에申訴ᄒᆞ다가退却을當ᄒᆞ엿다더라

○信民呼訴　信川郡月川面境地院에在ᄒᆞᆫ草坪은自來民有地로轉相賣買ᄒᆞ던터인ᄃᆡ去丁未年分에一進會員金士永等十四人이該坪을强占ᄒᆞ야築垌開墾ᄒᆞ고所謂地段價ᄂᆞᆫ時價에十分一을出給ᄒᆞ고甘言利說로舊券을引取코져ᄒᆞᆷ으로各地主等이地方裁判所에呼訴ᄒᆞ엿다더라

○同窓開會　尹致旿石鎭衡諸氏가發起ᄒᆞ야明月館에서日本留學生同窓會를開ᄒᆞ엿ᄂᆞᆫᄃᆡ參席者가六十餘名에達ᄒᆞ엿다더라

○田村又動　漢城新報를主幹ᄒᆞ던日人田村萬之助ᄂᆞᆫ漢城日報를創刊키로運動ᄒᆞᆫ다더라

○葉錢回收額　葉錢回收額은本月十五日ᄭᆞ지十三億九千六百二十二萬八千八百八十枚라더라

○韓大砲出現　開城日憲兵分遣所日憲兵及補助員三名이長湍江北面卒浪里大草山中土穴中에서大砲二門彈丸四個를搜出ᄒᆞ고又該里松山中에서大砲一個를搜得ᄒᆞ엿ᄂᆞᆫᄃᆡ該大砲ᄂᆞᆫ唐金製로長이四尺五寸이오重이十五貫이오砲身右側에ᄂᆞᆫ鑄造年月及監鑄官申起立兪俊弘匠人金愛立等字를刻ᄒᆞ엿ᄂᆞᆫᄃᆡ該鑄造年月은韓國孝宗大王時代(淸國康熙十六年)인ᄃᆡ此卽數百年前韓人의製造ᄒᆞᆫ大砲오該村人의言에ᄂᆞᆫ義將김守敏氏가開城北方大興山城에서運來ᄒᆞ엿다가此處에埋置ᄒᆞᆫ것이라ᄒᆞᆫ다더라

○民智何穉　日前彗星이出現ᄒᆞᆫ後로慶北等地民間에ᄂᆞᆫ國家大變이有ᄒᆞᆯ깃다고憂慮ᄒᆞ야流言이沸騰ᄒᆞᆫ다ᄂᆞᆫ說이有ᄒᆞ다더라

○日人日增　京城內에二十餘年前부터日人居留地를設定ᄒᆞ엿ᄂᆞᆫᄃᆡ其初年에ᄂᆞᆫ人口가僅히八十九名이러니其後年年增加ᄒᆞ야昨年度에ᄂᆞᆫ二萬八千七百八十八人에達ᄒᆞ엿다더라

○三氏被捉　柳一宣安一英崔奎東三氏ᄂᆞᆫ何等事件을因ᄒᆞᆷ인지昨日下午四時警視廳에被捉ᄒᆞ엿다더라

○靑館講演　今日下午七時三十分에鍾路靑年會館에서講論會를開ᄒᆞ고誰爲我隣이라ᄂᆞᆫ問題로輪回講演ᄒᆞᆫ다더라

○兩氏慈善　前輔國閔泳徽氏ᄂᆞᆫ白米二石正肉五十斤北魚十級을孤兒院에寄付ᄒᆞ고辯護士李容相氏大夫人은沈菜一盆北魚三級을寄付ᄒᆞ엿다더라

電報

小村演說

本日日本衆議院에서小村外相이外交上演說을試ᄒᆞ엿ᄂᆞᆫᄃᆡ其槪要ᄂᆞᆫ曰美國의滿鐵中立議ᄂᆞᆫ日本의滿洲經營을抛棄케ᄒᆞᆷ인故로不同意의回答을發ᄒᆞ엿스나滿洲開放의主義를遺憾이無케ᄒᆞ기爲ᄒᆞ야旅順口를開放ᄒᆞ기로決ᄒᆞ엿ᄂᆞᆫᄃᆡ此가實行됨을隨ᄒᆞ야條約改正問題로談判을開ᄒᆞ깃다云ᄒᆞ엿다더라

東京發　二十七日着

平民廢止提議說

日人三浦安은數年來貴族院에提出ᄒᆞ던平民稱號廢止件을今番議會에更히提出코져ᄒᆞ야贊成者를求ᄒᆞᆫ다더라

豫筭減額

日本議會의地租減輕問題ᄂᆞᆫ各派가一致決議ᄒᆞ엿ᄂᆞᆫᄃᆡ此에補充될財源은高等官增俸及議員歲費議長交際費增加를延期ᄒᆞ기로ᄒᆞ고一般豫算에三百二十萬圓을減額ᄒᆞ엿다더라

統監歸任期

曾禰統監은行政改革에對ᄒᆞ야桂首相에게交涉中인ᄃᆡ豫算中機密費其他가大減省이된故로其協議가容易히結末되기難ᄒᆞ야統監의歸任期ᄂᆞᆫ二月中旬後에在ᄒᆞ다더라

同志會開會

日本의朝鮮問題同志會에서ᄂᆞᆫ本日委員總會를開ᄒᆞ고五百木大谷兩人이京城記者團과交涉ᄒᆞᆫ顚末을報告ᄒᆞ엿다더라

以上東京發　廿八日着

▲社會燈▼

▲餓鬼魁首徐彰輔ᄂᆞᆫ밋삭밧기滋味나셔미ᄂᆞᆫ또좀맛더리도돈兩돈分맛보랴구幾個雜類모화노코國民同志贊成會란餓鬼窟을設施ᄒᆞ니이近年에賣國奴가ᄒᆞ도만히싱기나ᄊᆞ閣雜府에公務處理汨沒無暇ᄒᆞ겟지만나라팔아먹으랴고의를박박쓰ᄂᆞᆫ놈들地獄불에던지라고告發이나ᄒᆞ여볼ᄭᆞ

▲日昨夜半總理家에헛괴변이나노라고廚房안에隱密處에발ᄌᆞ최를ᄒᆞᆫ번듯고엇던刺客쏘왓ᄂᆞᆫ가온집안이驚겁ᄒᆞ야쥐숨을듯尋穴ᄒᆞ더니追後에야알아본즉고양이에作亂이라그제셔야放心힛지傷弓鳥ᄂᆞᆫ曲木보고놀닌단말잇지마ᄂᆞᆫ傷劍人이猫跡듯고鼠伏ᄒᆞᆫ일初有로다自己발이져린게야

▲色界大王永宣君은侍從卿집夜宴會에참예ᄒᆞ려늘어갈제尹氏別室ᄒᆞᆫ번보고目不轉睛注視타가房門턱에걸니여셔궁둥이가상힛ᄂᆞᆫᄃᆡ朴內大ᄂᆞᆫ구경타가新聞紙에또나겟ᄉᆞᆫ비우스며말힛다니脾胃조흔君輩들은新聞上에評論밧기붓그런줄모르지만붓터잡은우리늘은評論ᄒᆞ기支離ᄒᆞ오

社告

◉大至急社告

沙里院 支社員 任敬宰
杆城 支社員 咸海元 兩氏가申報代金을多月愆納故로不得已右兩支社를來二月一日부터停廢하오니該兩處支社로本報購覽하시는 僉君子는本社로即接請求하시와間斷하는弊가無케하심을務望홈

大韓每日申報社

雜報

◉青年會懇親 鍾路青年會에셔는昨日下午六時明月舘에셔新年懇親會를開하엿다더라

◉郭氏押上 開城駐在日憲兵分遣所에被捉하엿던郭漢禹氏는三昨日筆洞日憲兵分隊로押上되엿다더라

◉兩郡寄金 閔善基氏等十四人은金三圓二十五錢熙川郡興業會會長黃지燦氏는金三圓을國民大演說會에寄付하엿다더라

◉劉女被捉 往十里居劉姓女가昨日上午八時中部교洞洪鎭泰氏家에潛入하야鍮器等物을竊取하다가所管警察署에被捉하엿다더라

◉盜犯被捉 强盜犯金基守元東常김承敦과强盜嫌疑千河龍等이再昨日中部警察署에被捉하엿다더라

◉擊球會準備 官立漢城高等學校學生과青年會學舘學生이聯合하야日間野球競爭會를設하기로目下準備中이라더라

廣告

脫會員趙觀允氏의同業人洪奭鉉氏가不遵會規하고入會金十圓을返還코자請求書를屢次提出이되自本會로細則第十條에依하야退却하엿더니何許悖類가國民新報第壹千壹百九號欄內에狂言妄說로本會에對하야搆捏揭載홈은此是新聞社之誤聞인지本會의嫌疑者의所爲인지事甚孟浪키로玆에廣布하오니同業 僉員은此無理慌說를切勿致疑하시옵

漢城典舖總會 告白

本人이無子하야同生兄의子韓俊明으로率養하엿더니韓俊明이가本人의家屋立旨文券을竊取하엿스니內外國人間一切休紙施行홈

北署安國坊小安洞十四統十戶 韓春植 告白

本人의姓名圖章을本月十五日에路中에서失하엿숩기玆에廣告홈

雲山郡東面龍湖里德峴洞 金炳顯 告白

◉學員募集廣告

本校를農林學校로變更하고學員을募集하오니志願者는二月末日內로請願書를呈出홈

試驗日字는三月一日
試驗科目은漢文、作文、算術
開學日字는三月五日
年齡은十五歲以上三十歲以下

平北昌城郡內 私立農林學校

本人이西部仁達坊內需司契第二十二統九戶瓦家拾間半文券을不知中에서失하엿스니誰某拾得하와도休紙施行홈

家主金孝演 白

日本語學書·語彙

總發賣處

漢城南部絲井洞五十九統五戶 漢城 新文館 電話三九二番

大韓留學生會

其他書舘

半洋裝六百餘頁 定價金壹圓四十錢 (郵稅金 十四錢)

本書는日本에서十數年遊學하야實地의研究를積하고教授의經驗이富한林 圭氏가晴黑한我國日本語學界에大光線을放코자하는誠力의產物이라 一卷三編에分하야第一編은假名의起原과發音의變異를明示하고第二編은各品詞의用例와言語의結構法을詳述하고第三編은簡易한日常語와實用인會話對話等을總括하엿는되皆聚精採華하고從類分門하야註解가明晰하고秩序가整齊하야斯學研究者의好材料일뿐아니라實로初學海의大指針이오獨習門의實師友가될만한唯一의珍本이오니有志諸君子는購覽하시오

鳳鳴學校中學科學生退學事에對하야學界上聽聞이乖宜할뿐더러且學生品行及學業의大關係가有한지라爲我學父兄者ㅣ默視키不可하와來日日曜上午十二時學父兄會를校洞大同舘內에開하고其衝突의原因을竅辦한後更히上學與轉學을早速歸正케할意로玆仰布하오니該退學生父兄諸氏는壹齊來臨하시옵

學生父兄中 李錫浩

◉漢語夜學員募集廣告

本學舘內에셔漢語夜學講習一課를特設하고學員을募集하오니願學 僉員은陽二月十日內로請願書를本學舘에提呈할事

皇城基督教青年會學舘 白

▲特別廣告▼

▲最新通信販賣

勿驚하시오地方에在하신여러분이여

僅히一錢五厘의通信費를投하면多大한旅費와繁雜을除하고能히京都第一廉價의物品을得하는妙方이現出하엿스니此는歐米各國에셔流行하는通信販賣法이오

우리漢陽商會는데파도멘토스도아即萬物이具備한商店이니如何한物品이라도葉書或書簡으로某物을送致하라通知하시면우리는確實迅速低廉으로爲主하야郵便或運送으로送呈하깃숩나이다

我韓의人士로誰가우리漢陽商會를不知할者ㅣ有하며誰가此에同情을表치아니할者ㅣ有하리요

弊店의商品目錄은누구시던지보닉라請求하시면無代金으로送呈하깃숩오니一次試驗하기爲하야如何한物品이던지注文하여보시오그便利한方法이如何함을아시리다

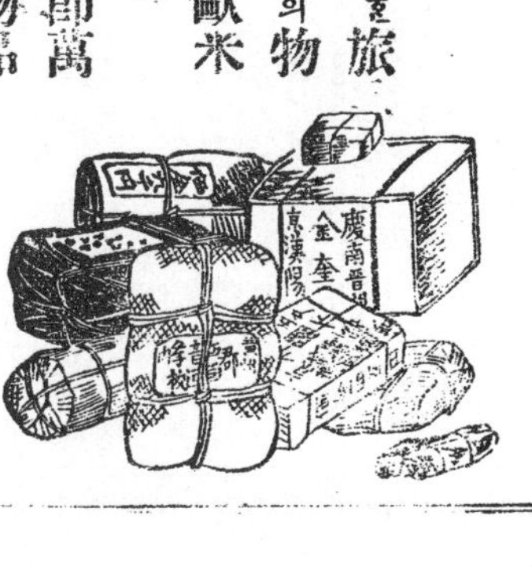

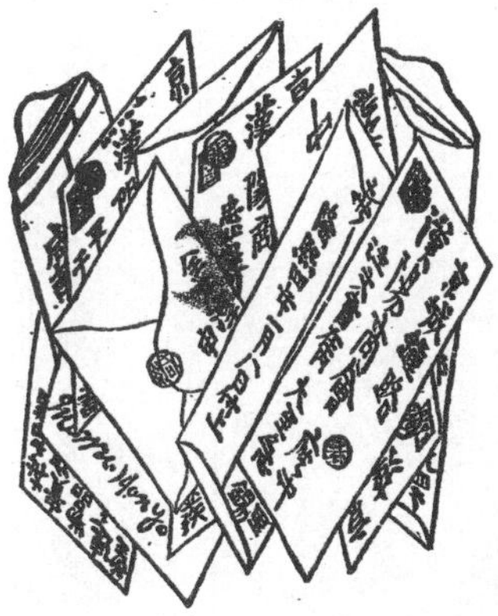

歐美雜貨各種 洋酒食料各種
文房具各種 內外國衣服次各種
本國物產各種

大韓皇城鍾路 輸出輸入商 漢陽商會
電話一九一番

廣告

清國安東縣은與義州로只隔壹江ᄒᆞ야遠近商民交易處也라去春에日語통譯者元之燦이稱設救濟會ᄒᆞ고兩國原稅外에欲捧加稅라가因衆商稱冤ᄒᆞ야自觀察道로交涉于該領事ᄒᆞ야仍卽革罷ᄒᆞᆫ즉元哥은知機遠逃러니今에金福亨者가與元哥連肚ᄒᆞ야暗誘韓商ᄒᆞ야欲受名簿라ᄒᆞ오니事雖無據나後恐有弊ᄒᆞ와玆以告白ᄒᆞ오니同胞商民은見欺치勿ᄒᆞ오

義州協商支會　李俊善　金宅俊　等 告白

本店에서開業ᄒᆞᆫ지十六年間僉君子의愛顧ᄒᆞ심을特蒙ᄒᆞ와今年부터業務을大擴張ᄒᆞ고春夏秋冬所用으로絨羅毛織等各國高等物品을現今多數直輸入이온바各地方에서ᄂᆞᆫ貿易에便利賣買키爲ᄒᆞ야特廉減價ᄒᆞ와郵便小包로酬應ᄒᆞ야代金은引換ᄒᆞᆸᄂᆞᆫ十三道各郡僉君子ᄂᆞᆫ隨意請求ᄒᆞ심을望ᄒᆞ오니

振替貯金番號（韓國壹三番）

漢城中部鍾路砂器廛洞二十一統五戶

廣興泰 告白

◎特別廣告

本社의서同胞의衛生을注意ᄒᆞ야美國의서經驗單方으로流行通用ᄒᆞᄂᆞᆫ靈藥聖劑를貿入ᄒᆞ야左開廣布ᄒᆞ오니有病君子와藥業에從事ᄒᆞ시ᄂᆞᆫ僉彥은爭先來購ᄒᆞ시옵

分賣와都賣에差別이有ᄒᆞ야一打（十二個）以上의都賣에ᄂᆞᆫ特別割引ᄒᆞᆷ

左　開

秘 製止痛藥

效能　外塗內服無處不適　消滯　止瀉　絕瘧　治痢無不神效ᄒᆞᆷ

喜蘇膏藥

效能　頭面　身體一切痛症　積年風濕　除痰　生션之道　됨卽奏效ᄒᆞᆷ

亞麟香膠

效能　毋論男女老少　勿嫌年久日淺一切　咳ᄉᆞ　服之則其效如神ᄒᆞᆷ

委花藥膏

效能　痔疾　瘰珠瘡　殲跌傷螫咬等　諸症無雙聖藥

委花糖水藥

効能　疝症　花柳毒　凡不潔血所崇症　婦人虛弱등症靈驗ᄒᆞᆷ

牛汁藥酒

効能　毋論男女老少氣血虛弱者服之則大補元氣身體强健ᄒᆞᆷ

韓美興業株式會社事務所

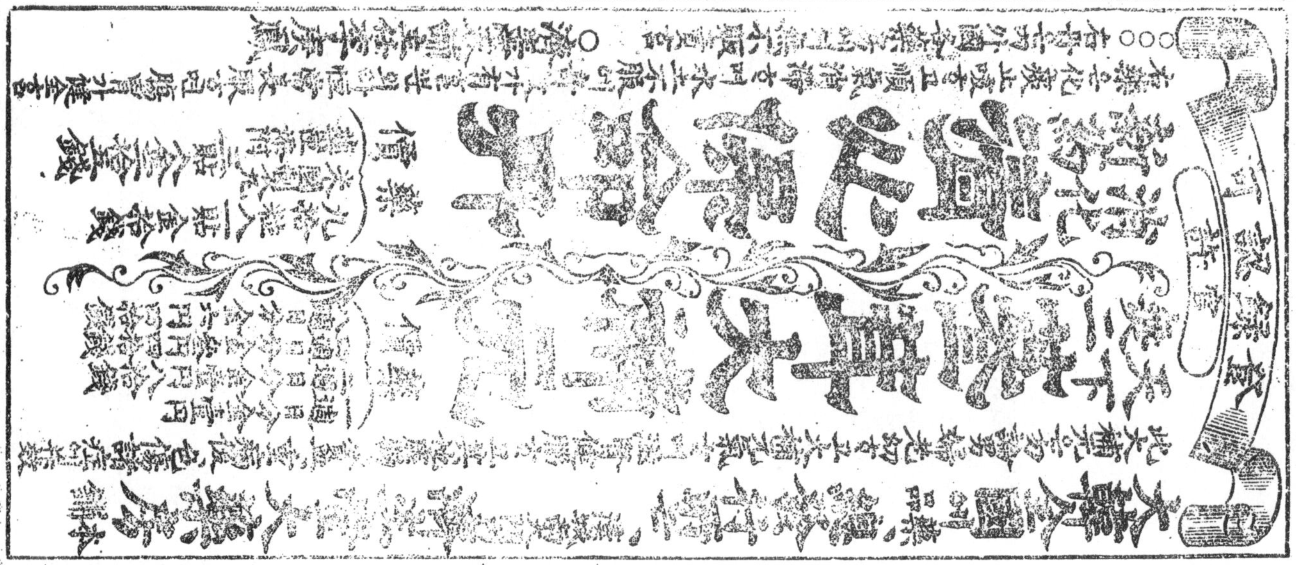

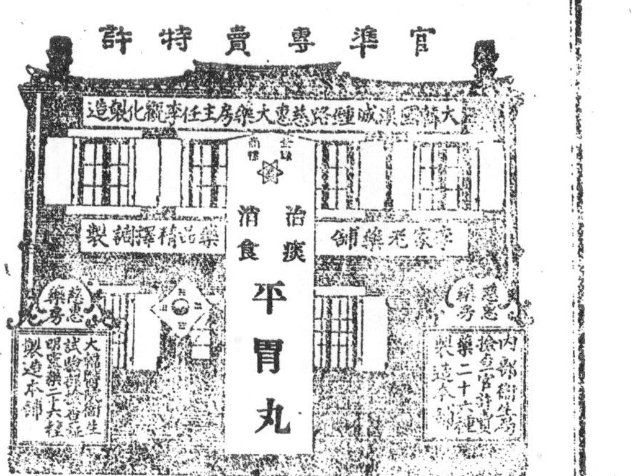

本院은韓國一般人民을爲ᄒᆞ야設立ᄒᆞᆷ은僉彥의已知ᄒᆞᄂᆞᆫ바어니와自今으로事務를一層擴張ᄒᆞ고診察을더욱精密히ᄒᆞ기爲ᄒᆞ야時間을午前十時부터午後四時ᄭᆞ지無料로診察ᄒᆞ오며또特別診察所를置ᄒᆞ고些少의診察料로貴客의便宜를圖ᄒᆞ오니診察을要ᄒᆞᄂᆞᆫ僉彥은照亮을爲要

但特別ᄒᆞᆫ境遇에在ᄒᆞ야ᄂᆞᆫ時間을勿論ᄒᆞ고其請求를應ᄒᆞᆷ

京城南大門外

濟衆院 告白

外方各處에서東西洋藥과國內新發明ᄒᆞᆫ各種藥의請求ᄒᆞ시ᄂᆞᆫᄃᆡ便利迅速을爲ᄒᆞ야仁港本舘을京城鍾路和平堂으로移設ᄒᆞᆷ은既往各新聞에揭告ᄒᆞ엿거니와此本舖和平堂에制度와儀式을攸刻廣告하옵ᄂᆞᆫ本意ᄂᆞᆫ現今과將來에　僉君子의歡迎하심을紀念하기爲ᄒᆞ야如是廣告ᄒᆞᆷ

和平堂　本舖主人　李應善　白

檀君開國四千二百四十二年
箕子元年三千三十一年
大韓開國五百十八年
本報創刊日 光武八年七月十八日

大韓每日申報

發行兼編輯人 英國人 萬咸
Responsible for Publication Alfred Weekley Marnham.
發行所 京城南部石井洞三層洋屋家 大韓每日申報社

第八卷　月曜及慶節歲時日休刊　第一千三百二号

寄書

◎觀海有感

觀海客

鬱鬱히山中에處ᄒᆞ야仰ᄒᆞᆷ에頭上의天은一掌만치大ᄒᆞ며俯ᄒᆞᆷ에足下의地ᄂᆞᆫ一席만치濶ᄒᆞ고前山은頂을觸ᄒᆞ며後山은腦를壓ᄒᆞ고謳ᄒᆞᄂᆞᆫ者ᄂᆞᆫ樵歌와牧笛뿐이며接ᄒᆞᄂᆞᆫ者ᄂᆞᆫ田老와圃翁뿐이니此에서十餘年生長ᄒᆞᆫ者ㅣ何를知ᄒᆞ리오비록塵寰中의殘瀝을從ᄒᆞ야天地의大ᄒᆞᆷ을略聞ᄒᆞ엿스나徒히虛夢만勞ᄒᆞᆯ而已러니

偶然히事를因ᄒᆞ야京釜車를乘ᄒᆞ고釜山海에往觀ᄒᆞ니嗚乎라天은何際에極하엿스며地ᄂᆞᆫ何邊에窮ᄒᆞ엿나뇨山岳이高타ᄒᆞ나觀海의眼으로觀ᄒᆞᆫ즉邱陵에不過ᄒᆞ며江河가濶타ᄒᆞ나觀海의眼으로觀ᄒᆞᆫ즉溪澗에不過ᄒᆞ도다壯ᄒᆞ다觀海여東儒ᄂᆞᆫ觀於海者難爲水라云ᄒᆞ며西儒ᄂᆞᆫ海란者가人의思想을高尙케ᄒᆞᆫ다ᄒᆞᆷ이엇지無故ᄒᆞ리오故로余ᄂᆞᆫ自謂ᄒᆞ되余의落地ᄒᆞ던日은是余의第一出世의日이오余의今日觀海ᄂᆞᆫ是余의第二出世의日이라ᄒᆞ노라

余가於是乎快極ᄒᆞ야歌ᄒᆞ며樂極ᄒᆞ야舞ᄒᆞ다가既而오忽然一種의悲觀이作ᄒᆞ야涕淚의漣漣ᄒᆞᆷ을不覺ᄒᆞ노니嗟乎라此海가其名은大韓海로ᄃᆡ其實은大韓海가아니로다

現今國際法上에國境三海哩以內를領海라하나然이나彼列强의勢力을觀ᄒᆞᆫ즉領海以外에溢出ᄒᆞᆫ지라英國은大西洋을超하야加拿陀를領ᄒᆞ며美國은大平洋을越ᄒᆞ야非律賓羣島를呑ᄒᆞ고其他德法俄與西荷諸國도皆茫茫萬里의海를過하야其權을張하거날此海ᄂᆞᆫ我家門前의히로ᄃᆡ漁業權도我에게不在ᄒᆞ며航海權도我의게不在ᄒᆞ고咫尺의旅行도自由치못ᄒᆞᄂᆞᆫ도다

太古ᄂᆞᆫ渺漠ᄒᆞ야可考치못ᄒᆞ깃스나三國以來의史를觀ᄒᆞᆫ즉海上의權利主張ᄒᆞᆫ一斑을可見ᄒᆞᆯ지라故로長壽王時에元魏의使가海를從하야百濟에往ᄒᆞᆷ을不許ᄒᆞ며新羅의使가海道로唐에入ᄒᆞ다가往往高句麗에被執ᄒᆞ엿슨즉當時의領海를幾里로定ᄒᆞᆫ은史에不傳ᄒᆞ엿스나히權을重視ᄒᆞᆷ은可知오前朝以來로ᄂᆞᆫ外競이甚罕ᄒᆞᆷ으로國人의히를視ᄒᆞᆷ이亦輕ᄒᆞ나宣廟壬辰의亂에日人이李忠武의退兵上陸ᄒᆞᆷ을要求ᄒᆞᆫ즉忠武公이毅然히拒ᄒᆞ야曰我國의히에在ᄒᆞᆫ我軍을誰가敢히退를要ᄒᆞ나뇨ᄒᆞ엿스며肅廟在位年間에東萊水卒安龍福氏가鬱陵島沿岸에來漁ᄒᆞᄂᆞᆫ日人을逐送ᄒᆞ야海權思想이一時此兩偉人의胷中에瞥現ᄒᆞ고此後로ᄂᆞᆫ民志가墮落ᄒᆞ야豆小의眼이陸地以外에ᄂᆞᆫ一步도不出ᄒᆞ야彼茫茫ᄒᆞᆫ巨浸에ᄂᆞᆫ鯨이戰ᄒᆞ던지龍이爭ᄒᆞ던지不問ᄒᆞ다가畢竟今日에至ᄒᆞ야無數魚類ᄂᆞᆫ隣廚의肴에供ᄒᆞ며許多珍貝ᄂᆞᆫ過客의囊에入ᄒᆞ고我家兄弟ᄂᆞᆫ陸內에縶ᄒᆞ야自由出入을不得ᄒᆞ니嗚乎라엇지可悲치아니ᄒᆞ뇨

허天에獨嘯ᄒᆞ다가鬱鬱을不勝ᄒᆞᆷ으로無聊히筆을抽하야一論을草ᄒᆞ야我同胞로ᄒᆞ여금히에對ᄒᆞᆫ感情을起케ᄒᆞ고저ᄒᆞ노라

外報

◎巴里의大洪水　法國巴里ᄂᆞᆫ大洪水가漲溢ᄒᆞ야水高가既히二十呎에達ᄒᆞ엿ᄂᆞᆫᄃᆡ兩岸의市街ᄂᆞᆫ一面의水로써蔽ᄒᆞ야濁水가各處에汎濫ᄒᆞᆷ으로流行病發生ᄒᆞᆯ虞가有ᄒᆞᆫᄃᆡ市民數千名은住宅을失ᄒᆞᆫ지라故로代議院은第一着의救助策을講究ᄒᆞ야八千磅의支出을可決ᄒᆞ엿다더라

◎美國의態度　日本이滿洲中立問題의拒絕에關ᄒᆞ야美國은何等의反感이無ᄒᆞ다더라

◎北亞의德國排斥　西伯利亞地方에셔ᄂᆞᆫ排德熱이極盛ᄒᆞ다더라

◎西軍凱旋　西班牙國의摩洛哥討伐隊ᄂᆞᆫ首府馬德里에셔盛大ᄒᆞᆫ凱旋式을擧行ᄒᆞ엿다더라

◎法國의暴雨　法國에大雨가降ᄒᆞ야非常ᄒᆞᆫ損害를被ᄒᆞ엿다더라

◎錦齊鐵道와列國　英國論敦타임쓰新聞은錦齊鐵道에對ᄒᆞ야論及ᄒᆞ기를淸國이此際에同鐵道의建設을許可ᄒᆞᆷ으로因ᄒᆞ야列國의分離를益大케ᄒᆞᆷ은最短慮의處置라ᄒᆞ엿다더라

◎軍器賣渡運動　淸國軍諮處에對ᄒᆞ야德國은新式潛水艇模型을、英美法은潛水艇及飛行機模型을贈與ᄒᆞ고人을派遣ᄒᆞ야其用法을說明ᄒᆞ야盛히軍器賣渡를運動中이라더라

學界

◎學父兄開會　鳳鳴學校中學科退學生의父兄諸氏가今日上午十二時에學父兄會를校洞前畿湖學會內에開ᄒᆞᆫ다더라

◎普明果明　河東郡私立普明學校ᄂᆞᆫ校長崔晦明氏가熱心視務ᄒᆞᆫ結果로生徒가五十餘名에達ᄒᆞ엿ᄂᆞᆫᄃᆡ教師徐光敦氏ᄂᆞᆫ教授에盡力ᄒᆞᆷ으로一般生徒가莫不感化하야進就之望이大有하다더라

◎咸南實業校　咸南觀察使李範來氏ᄂᆞᆫ朴齊達金寅鳳金大汝支基龍諸氏로協力ᄒᆞ야實業學校를捌立ᄒᆞ엿다더라

◎進明更明　黃海道信川郡月川面進明學校ᄂᆞᆫ設立ᄒᆞᆫ지四五年에經費가窘絀ᄒᆞ야廢止ᄒᆞᆯ地境에至ᄒᆞ엿더니該郡紳士趙翊享李榮翼吳용氏等이該교를永遠히維支ᄒᆞᆯ目的으로諸般事務를自擔ᄒᆞ고熱心教授ᄒᆞᆫ다더라

◎養蒙日進　全北鎭安郡上道面私立養蒙學校ᄂᆞᆫ校長柳在翼교監柳在箕其他任員諸氏가熱心教育ᄒᆞᆫ지不過幾個月에生徒가日進ᄒᆞ야校舍가狹少ᄒᆞᆷ으로新家屋을建築ᄒᆞᄂᆞᆫᄃᆡ任員以下一般生徒가親自赴役ᄒᆞ야不日間竣工ᄒᆞᆫ다더라

◎榮校夜學　長淵郡秋花溪面南村居金學卿氏가該洞井榮學校內夜學校를設立ᄒᆞ고熱心教授ᄒᆞᄂᆞᆫ故로學生이數三十名에達ᄒᆞ엿다더라

○談叢○

◀古人의遺光　劍心

向者余가日人의著ᄒᆞᆫ바書를讀ᄒᆞ니其中에自國이韓人에게受教ᄒᆞᆫ事를爛說ᄒᆞ다가有曰只今도奈良（日本地名）에數千年前韓人이日人에게家屋制度를教ᄒᆞᆯ時에韓人의手로作ᄒᆞᆫ巨大家屋이莊嚴히存ᄒᆞᆫᄃᆡ只今韓人은到底히能作지못ᄒᆞᆯ家屋이라ᄒᆞ엿더라

果然只今韓人이奈良에遊ᄒᆞ야數千年前韓人의遺光을覽ᄒᆞᄂᆞᆫ者ㅣ其惱가如何ᄒᆞᆯ샤

詞藻

❀希摩拉❀

希摩拉山上上峰을、한손으로검처쥐고。
八萬餘里地球星을、屛두르듯못ᄒᆞᆯ망졍。
小小ᄒᆞᆫ、障碍物處置키야、무슨念慮。

雜報

●電信局合並議 曾彌統監은通信管理局을廢止ᄒ고其事務를統監府에合併ᄒᆯ意見으로目下日本政府와協商中이라더라

●改名件통知 各府部院廳奏任官以上이改名ᄒᆞᆫ境遇이면內閣會議에提議後施行ᄒ더니從今以後로ᄂᆞᆫ各該部에셔直接處理ᄒᆫ後內閣으로통知만ᄒ라고內閣秘書官高源植氏가各府部院廳에통知ᄒ엿다더라

●趙氏勸喩 農相趙重應氏ᄂᆞᆫ國民大演說會幹事員高義駿氏를招請勸喩ᄒ되目下安重根李在明等의事件으로疑雲이四起ᄒ니演說會를解散하ᄂᆞᆫ것이妥當ᄒ다ᄒ엿다더라

●閒養準備 宮中顧問李允用氏ᄂᆞᆫ金山郡金田等地에靜居閒養ᄒᆯ次로目下準備中이라더라

●宮相開宴 宮內府大臣閔丙奭氏ᄂᆞᆫ本日下午五時花月樓에셔宴會를設ᄒ고該府高等官을請待ᄒᆫ다더라

●兩氏訪問 中樞院議長金允植遞度相任善準兩氏ᄂᆞᆫ昨日下午一時大韓醫院에前往ᄒ야李總相을訪問ᄒ엿다더라

●來賓調查 日憲兵司令部에셔再昨日下午三時에補助員을派送ᄒ야內相朴齊純氏私邸에來賓을調查ᄒ엿다더라

●山根仁川行 既報와如히日本侍從武官山根은日軍隊를慰問次로京義沿線으로向ᄒ엿다가再昨日入京ᄒ야昨日仁川으로赴ᄒ엿다더라

●福島訪問 日前渡韓ᄒᆫ日人福島中將은再昨日下午三時에內相朴齊純氏를私邸로訪問ᄒ엿다더라

●言中有意 日本中將福島ᄂᆞᆫ再昨日京城日本人學교에往ᄒ야學徒에게訓諭ᄒ야曰韓日關係ᄂᆞᆫ歷史上不淺ᄒᆯᄲᅮᆫ아니라現今我勢力이如此히發展ᄒᆫ것은同胞幾萬名을殺ᄒᆫ結果니諸子ᄂᆞᆫ此意를克體ᄒ야實行을圖ᄒ라ᄒ엿다더라

●增撥協議 日人吉田秀次郞이政府에向ᄒ야元山航路補助金을增請ᄒ엿ᄂᆞᆫ뒤度支部에셔目下協議中이라더라

●是母是子 安重根氏의母氏가辯護를委托ᄒᆯ次로平壤에到着ᄒ야安秉瓚氏와交涉ᄒᆯ時에當地警察署及憲兵隊에셔巡查及憲兵을派送ᄒ야累次詰問이有ᄒ엿ᄂᆞᆫ뒤該婦人은容貌自若ᄒ고應對如流하며曰重根의今番所行은其所由來者ㅣ久矣라露日戰役以後로晝晝夜夜言言事事가但只爲國獻身的思想에在ᄒ고平日居家時에도每事를正當主義만用하고毫末도私情을用치아니ᄒᆷ으로家中이常肅然ᄒ엿고年前國債報償金募集時에도其妻若嫂의嫁時佩物等을并令出捐曰國已垂亾矣라何物을可惜이리오ᄒ미其輩嫂도並欣欣樂從ᄒ야其旨를少拂치못ᄒ엿다하며安氏의歷史를無諱說明하미巡查憲兵들도相顧嘖嘖ᄒ여曰安重根의行事ᄂᆞᆫ吾儕가既히大驚을吃ᄒᆫ바어니와其母氏의爲人도韓國에罕有ᄒᆫ人物이라ᄒ엿다더라

●紹介沓至 昌德宮內動物園에셔各項獸類를多數買入ᄒ코져ᄒᆷ으로御苑事務局主任者를紹介ᄒ야動物賣買에口文를弋取코져ᄒᄂᆞᆫ者가逐日沓至ᄒᆫ다더라

●徵罰件提呈 히州郡守趙重觀氏ᄂᆞᆫ行政上에何等不美ᄒᆫ事가有ᄒ던지該道觀察使申應熙氏가內部에懲罰件을提呈하엿다더라

●學部發訓 學部에셔漢城府와各觀察道에訓令을發하엿ᄂᆞᆫ뒤其概意를聞ᄒᆫ즉近日來各學교職員及學員들이本分을抛棄ᄒ고時局을憤慨하야政治를論評ᄒ며社會問題에容喙ᄒ야輕擧妄動의弊가或有ᄒ니一般學員에게嚴密曉諭ᄒ야學業만勉勵케ᄒ라ᄒ엿다더라

●高校增員 官立漢城高等學교에韓日人職員이十三人인뒤學部에셔更히韓日人各一名을增置ᄒ기로協議ᄒ야韓人은該校助手김敎淳氏로內定되엿다더라

●武校視察 三淸洞前武官學교를痘苗製造所로使用코져ᄒ야內部衛生局長及技師諸氏가再昨日下午二時에該位置를視察ᄒ엿다더라

●私校視察 昨日學部漢城府主事各二人이漢城五部字內에在ᄒᆫ私立各學교를視察ᄒ엿ᄂᆞᆫ뒤其內容인즉보助金支給에關ᄒ야其優劣等級을調查ᄒᆷ이라더라

●請願金交付 釜山日人商業會議所ᄂᆞᆫ陳列舘裝置品을一新準備ᄒ고韓國政府에對ᄒ야經費補助를請願ᄒ엿ᄂᆞᆫ뒤政府에셔二千圓을日間交付ᄒᆫ다더라

●日人民有地 京城居留日人民團役所의調查를據ᄒᆫ즉同民團管內民有地ᄂᆞᆫ家宅基址가二十萬四千四百五十五坪인뒤價額은五百四十萬三千四百三十六圓이오田地가十六萬二千一百八十一坪인뒤價額이二十三萬八百十三圓이라러라

●補助申請 咸北의當局官吏ᄂᆞᆫ海産業者에게補助金을與ᄒ야氷藏庫를設置ᄒ야魚物을日本市場에輸出케ᄒ고又冷藏庫를設置ᄒ야漁業者의便利를與케ᄒ기로政府에申請하엿ᄂᆞᆫ뒤政府에셔急要ᄒᆫ事件이라하야目下調查中이라더라

●其數日增 最近調查ᄒᆫ바韓國沿海에在ᄒᆫ日人漁業者數ᄂᆞᆫ漁船이三千八百六十八隻이오漁民이一萬六千六百四十四人이라더라

●郡衙新營 地方郡衙中移設을行ᄒᆫ다ᄒᆷ은已報어니와只今內部에셔細密히實地를調查ᄒ야適當ᄒᆫ處所를擇ᄒ야新築을經營ᄒᆫ다더라

●日童所爲 去卄六日日人榊原少將이仁川으로부터入京ᄒᆯ時에瀛車에投石이亂至ᄒ야琉璃窓이破碎되엿슴으로此를排日派의所爲라ᄒ야嚴重히調索ᄒᆫ다더니日昨에發現되엿ᄂᆞᆫ뒤乃日人兒童의所爲라더라

●孫氏南行 天道敎主孫秉熙氏ᄂᆞᆫ日前에同敎徒四名과共히布敎視察키爲ᄒ야慶尙道로赴往ᄒ엿다더라

●江陵農會 去十八日江陵에셔農事講習會를開ᄒ엿다더라

●兩氏退金 一進會에셔ᄂᆞᆫ曾往會務에勤勞가有ᄒᆫ者ᄂᆞᆫ退會與否를勿論ᄒ고賞與金百圓式贈與ᄒ엿ᄂᆞᆫ뒤退會人尹吉炳洪肯燮兩氏ᄂᆞᆫ該金을退却不受ᄒ엿다더라

●警視廳說諭 再昨日警視廳에셔各社會에巡查를派送說諭ᄒ되從今以後로ᄂᆞᆫ日本政府에書類를提出코져ᄒ거던統監府에必先經由ᄒ라ᄒ엿다더라

●餓鬼開會 國民同志贊成會에셔再昨日下午二時議事會를開ᄒ고總務ᄂᆞᆫ趙德夏로幹事員은李鍾九朴東瀚等으로選定ᄒ엿ᄂᆞᆫ뒤徐彰輔ᄂᆞᆫ當時中部警察署에被捉ᄒ엿다더라

●愚哉其舌 一進會員尹載植은向人勸諭하야曰南北村知名人이團體로一進會에入參ᄒ면好官이在卽ᄒᆯᄲᅮᆫ더러韓國에在ᄒᆫ日人官吏ᄂᆞᆫ自然淘汰ᄒᆯ方針이有ᄒ다ᄒᆫ다더라

●或書或錢 鎭岑郡上下南面人民代表朴忠緖氏等은國民演說會에贊成書를送致ᄒ고碧동郡郡內面夜學講習所內金寅國孔周宣氏等十三人은聯名致書ᄒ고金三圓八十錢을寄付ᄒ엿다더라

●工業冊子配付 工業傳習所에셔ᄂᆞᆫ工業傳習一覽이라ᄂᆞᆫ冊子를發刊ᄒ야各官廳及各學校에一部式配付ᄒ엿다더라

●虎狼四求 昌德宮內御苑事務局에셔ᄂᆞᆫ虎狼一首를買入ᄒᆯ次로現方四求中이라더라

●責在警官 西小門內居留ᄒᄂᆞᆫ某淸人家에셔ᄂᆞᆫ雜技局을無日不設ᄒᄂᆞᆫ故로年少浮浪輩에家産을蕩盡ᄒᆫ者가만타더라

●黃氏意見 載寧郡居黃德永氏가國債報償金處理方針에對ᄒ야本社에意見書를送致ᄒ엿ᄂᆞᆫ뒤其要旨ᄂᆞᆫ該金으로田畓을買置ᄒ야本額을確實히保護ᄒ고利益을堅固히收得케ᄒᆷ이妥當ᄒ다ᄒ엿더라

●三氏放還 柳一宣諸氏가被捉ᄒᆷ은既報어니와其根因인즉何許人이統監府에投書ᄒ되柳一宣諸氏가大韓決死會를組織ᄒ엿다ᄒᆷ인뒤一次審問ᄒᆫ後卽時放還하엿다더라

●夫死婦從 水原南門外居柳德謙氏가(年十五)日前에因病身故ᄒ엿ᄂᆞᆫ뒤其夫人(年十八)은卽時結項從死ᄒ엿다더라

電報

●義將歸天 義兵將鄭用大氏ᄂᆞᆫ去二十六日京城監獄에셔絞刑을執行ᄒ엿다더라

◉桂首相의答辯 日本衆議院豫算委員總會에셔政友會代議士牧野耕三이가韓國鐵道에關ᄒ야質問ᄒ엿ᄂᆞᆫ뒤桂首相은韓國鐵道의現況을說ᄒ야曰交통機關의完備ᄂᆞᆫ韓國統治上의最必要ᄒᆷ으로써夙히京元、湖南、兩線을敷設코져ᄒ엿스되財源이無ᄒᆷ으로其運에至치못ᄒ엿스나來年度以後로ᄂᆞᆫ南滿鐵道에셔利益配當金三百五十萬圓이受入되면其金額으로建設費에充ᄒᆯ터인뒤政府에셔ᄂᆞᆫ一日이라도早速히完成ᄒ기를希望ᄒ나今日에在ᄒ야ᄂᆞᆫ財源이無ᄒᆫ즉來年度豫算에三百五十萬圓을計上ᄒ엿노라述ᄒ엿다더라

◉軍備減削 日本政友會ᄂᆞᆫ陸海軍預算을大減削ᄒ기로決議ᄒ엿스나陸海軍冗吏의統一과幼年學교廢止에關ᄒᆫ件은尙히調查ᄒᆫ後에決定ᄒᆯ터이라더라

◉二委員報告會 朝鮮問題同志會에셔ᄂᆞᆫ昨二十八日夜에大谷誠夫五百木良三兩人의報告會를開ᄒᆫ結果로近近委員會를開催ᄒ고今後活動方針을協議ᄒ기로決定힛다더라

◉政友迫請 日本政友會ᄂᆞᆫ全國港灣의修築速成을政府에迫請ᄒ엿다더라

以上東京發 卄九日着

◉慶王辭任 淸國慶親王은學堂總裁를辭免ᄒ엿ᄂᆞᆫ뒤今回에聽許되고載洵貝勒으로叙任을命ᄒ엿다더라

◉防穀令抗議 淸國黑龍江省防穀令發布에對ᄒ야美德露日四국領事ᄂᆞᆫ抗議를提出ᄒ엿다더라

以上北京發 卄九日着

◉巴里洪水 法國巴里市의洪水ᄂᆞᆫ尙今까지減退치아니ᄒ고外務省、美國大使館、代議院等이浸水ᄒ야益益慘狀이極ᄒ다더라

論敦發 卄九日着

▲餓鬼退送▼

▲悲風凄雨[illegible]담ᄒ되ᄂᆞᆫ뒤엽ᄂᆞᆫ餓鬼들이左依右[illegible]달녀들어與論造邪또부리니厠間料理[illegible]다가一飽食을식인後에[illegible]呪를닑어가며一一退送[illegible]

▲公逋錢은泰山ᄀᆞᆺ치監獄[illegible]가不遠ᄒ고밋구녁은破裂ᄒ되방등ᄲᅢ에걸녀잇고또곱ᄯᅩ곡더腸子ᄂᆞᆫ殷雷聲이不絕ᄒ니可怜ᄒᆫ소더餓鬼ᄂᆞᆫ徐彰輔가네로구나

▲蕭然四壁더家屋은懸磬ᄀᆞᆺ치달녀잇고飢寒不耐더[illegible]子ᄂᆞᆫ呼哭聲이漲天ᄒᆫ뒤門外一步나가려면남의衣冠비러쓰니可憐ᄒᆫ소더아鬼ᄂᆞᆫ李範[illegible]이네로구나

▲商民膏血吸取코셔[illegible]張을發行타가警察官吏號令風에魑中算이다재지고쌔진빗쌀웅켜쥐고魑魅魍魎또납三니可怜ᄒᆫ소더餓鬼ᄂᆞᆫ李學宰가네로구나

▲이런아鬼저런아鬼次例次例張口ᄒ고黃金料理이珍羞를비썩기가더지도록먹음뒤로잔득먹고東三島로귀양가셔與之偕亾ᄒ고지고急急如律令娑婆아

●殺人犯押上 水原警察署에셔放獵殺人犯申錫斗孟顯鎬張用氏ᄂᆞᆫ何事件을因홈인지再昨

●李頣被捉 某處偵探人李振殷英安城郡居安李善等七人이

●盜犯被捉 西部社稷洞居李

●鄭家賊警 承洞居鄭雲洛氏家에ᄂᆞᆫ再昨夜竊盜가潛入ᄒ야

雜報

●車氏將訴 三和府金堘面長車益模氏는面內에徵收ᄒᆞᆫ稅金으로鎭南浦芝山洞居車濟冕氏와同事取利ᄒᆞ다가車濟冕氏가稅金을欠逋ᄒᆞ야充納無路에至ᄒᆞ엿는ᄃᆡ同面長이財務署에何樣囑托ᄒᆞ엿던지車濟冕氏의四寸車濟鉉氏의家庄을沒數執行ᄒᆞᆫ지라文明時代에族徵法이不當ᄒᆞ다ᄒᆞ야車濟鉉氏는將次平壤地方裁判所에起訴코져ᄒᆞᆫ다더라

●製革發展 尹致晟盧伯麟諸氏가資本金四萬圓을積立ᄒᆞ고南大門外葛月里에大韓製革所를設置ᄒᆞᆷ은一般共知ᄒᆞ는바어니와業務가益益擴張ᄒᆞ야發展之望이大有ᄒᆞ다더라

●兩犯宣告 再昨日地方裁判所에서恐嚇取財犯安永植은役一年으로勅紙僞造犯徐榮九는役三年으로宣告ᄒᆞ엿다더라

●山本被捉 日人山本忠市는尙州郡居金元明氏에材木價四百餘圓을欺取ᄒᆞᆫ事를因ᄒᆞ야再昨日中部警察署에被捉ᄒᆞ엿다더라

●聖影奉安說 大同敎에서孔子의影幀을本會館內에奉安ᄒᆞ기로目下協議中이라더라

●貞慶開會 貞慶坊園에서再昨日下午二時總會를開ᄒᆞ고閔致說氏로收金委員을選定ᄒᆞ엿다더라

廣告

本人이陰十二月二十四日圖章을漏失ᄒᆞ엿기廣告ᄒᆞ오니知舊間照亮ᄒᆞ시오
全義場垈住 韓周永 白

廣告

清國安東縣은與義州只隔壹江ᄒᆞ야遠近商民交易處也라去春一日語통譯者元之燮이稱設救濟會ᄒᆞ고兩國原稅外에欲捧加稅라가因衆商稱冤ᄒᆞ야自觀察道로交涉于該領事ᄒᆞ야仍卽革罷즉元哥은知機遠逃러니今에金福亨者가與元哥連肚ᄒᆞ야暗誘韓商ᄒᆞ야欲受名簿라ᄒᆞ오니事雖無據나後恐有弊ᄒᆞ와玆以告白ᄒᆞ오니同胞商民은見欺치勿ᄒᆞ오

義州協商支會 李俊善 金宅俊 等 告白

店에서開業ᄒᆞᆫ지十六年間僉君子의愛顧ᄒᆞ심을特蒙ᄒᆞ와今年부터業務을大擴張ᄒᆞ고春夏秋冬所用으로絨屬毛織等各國高等物品을現今多數直輸入이온바各地方에셔ᄂᆞᆫ貿易에便利實買키爲ᄒᆞ야特廉減價ᄒᆞ와郵便小包로酬應ᄒᆞ야代金은引換ᄒᆞ깃사오니十三道各郡僉君子ᄂᆞᆫ隨意請求ᄒᆞ심을望

振替貯金番號（韓國壹三番）

漢城中部鍾路砂器廛洞二十一統五戶

廣興泰 告白

特別廣告

本社의셔同胞의衛生을注意ᄒᆞ야美國의셔經驗單方으로流行通用ᄒᆞᄂᆞᆫ靈藥聖劑를貿入ᄒᆞ야左開廣布ᄒᆞ오니有病君子와藥業에從事ᄒᆞ시ᄂᆞᆫ僉彦은爭先來購ᄒᆞ시옵

分賣와都賣에差別이有ᄒᆞ야一打(十二個)以上의都賣에ᄂᆞᆫ特別割引홈

左 開

秘 **製止痛藥**
效能 外塗內服無處不適 消滯 止瀉 絕瘧 治痢無不神效홈

喜蘇膏藥
效能 頭面 身體一切痛症 積年風濕 除痰 生션之道 [illegible]部奏效홈

亞麟香膠
效能 毋論男女老少 勿婚 年久日淺一切 咳소 服之則其效如神홈

委花藥膏
效能 痔疾 瘰珠瘡 痰跌 傷蟄咬等 諸症無雙聖藥

委花糖水藥
效能 痳症 花柳毒 凡不潔血所祟症 婦人虛弱등症靈驗홈

牛汁藥酒
效能 毋論男女老少氣血虛弱者服之則大補元氣身體强健홈

韓美興業株式會社事務所

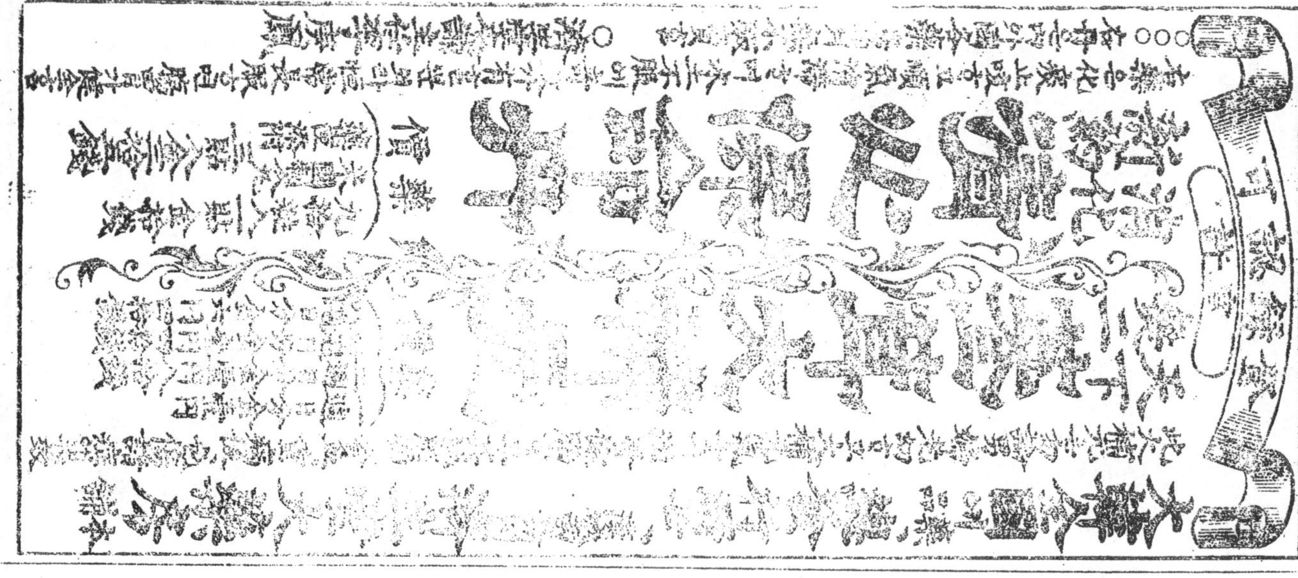

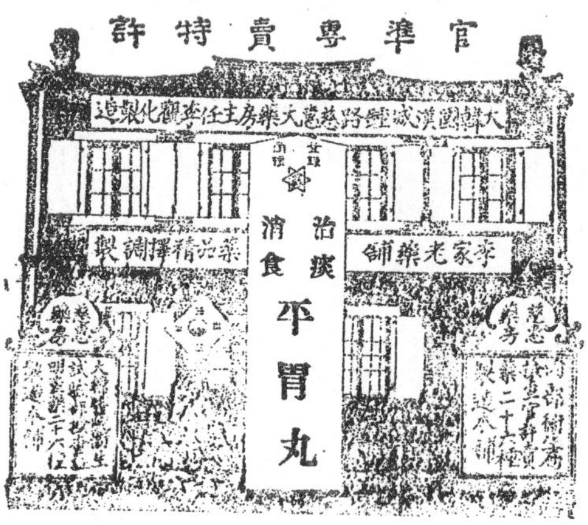

濟衆院

本院은韓國一般人民을爲ᄒᆞ야設立ᄒᆞᆷ은僉彦의已知ᄒᆞᄂᆞᆫ바어니와自今으로事務를一層擴張ᄒᆞ고診察을더욱精密히ᄒᆞ기爲ᄒᆞ야時間을午前十時부터午後四時ᄭᆞ지無料로診察ᄒᆞ오며또特別診察所를置ᄒᆞ고些少의診察料로貴客의便宜를圖ᄒᆞ오니診察을要ᄒᆞᄂᆞᆫ僉彦은照亮을爲要

但特別ᄒᆞᆫ境遇에在ᄒᆞ야ᄂᆞᆫ時間을勿論ᄒᆞ고其請求를應홈

京城南大門外

濟衆院 告白

外方各處에셔東西洋藥과國內新發明ᄒᆞᆫ各種藥의請求ᄒᆞ시ᄂᆞᆫᄃᆡ便利迅速을爲ᄒᆞ야仁[illegible]本舖를京城鍾路和平堂으로移設ᄒᆞᆷ은既往各新聞에揭告ᄒᆞ엿거이와此本舖和平堂에制度와儀式을改刻廣告하옵는本意는現今과將來에 僉君子의歡迎하심을紀念하기爲ᄒᆞ야如是廣告홈

和平堂 本舖主人 李應善 白

檀君開國四千二百四十二年
箕子元年三千二十一年
大韓開國五百十八年
本報創刊日
光武八年七月十八日

大韓每日申報

Responsible for Publication Alfred Weekly Marnham
發行兼編輯人 英國人 萬咸
發行所 京城南部石井洞三層洋屋家 大韓每日申報社
第八　月曜及慶節歲時日休刊
第一千三百三十三号

論說

◎雲山北鎭金鑛勞働同胞에게

斷烟의實行을祝賀ᄒᆞ고義金의捐付를感謝ᄒᆞᆸ

雙手를叉ᄒᆞ고雲山北鎭金鑛勞働同胞에게賀ᄒᆞ며五體를屈ᄒᆞ야雲山北鎭金鑛勞働同胞에게謝ᄒᆞ노라

同胞諸君은皆採金鑛中의苦生涯를作ᄒᆞ야衣를此로以ᄒᆞ며食을此로以ᄒᆞ며上奉下養을此로以ᄒᆞ야朝飯夕粥에汨汨ᄒᆞ나니奚暇에他를慮ᄒᆞ리오만은然이나諸君은能히壹同盟團을組織ᄒᆞ야卷烟의斷吸을實行ᄒᆞ고違約ᄒᆞᄂᆞᆫ者에게罰金을徵收ᄒᆞ며(壹)又諸君이新知識을輸入ᄒᆞ기爲ᄒᆞ야幾乎人人마다本報國文紙를購覽ᄒᆞ며(二)又諸君이其勞働所得의血汗錢을出ᄒᆞ야五圓五十錢을本社에義捐ᄒᆞ엿더라(三)

嗚乎라吾儕가恒常天下事ᄂᆞᆫ惟知識이多ᄒᆞᆫ者라야能做ᄒᆞ며金錢이多ᄒᆞᆫ者라야能做ᄒᆞ리라ᄒᆞ엿더니乃今에知ᄒᆞᆫ즉知識도無ᄒᆞ며金錢도無ᄒᆞ되唯熱性이有ᄒᆞᆫ者면能做ᄒᆞᄂᆞᆫ도다

觀ᄒᆞ라目下八域의內에讀書儒生도不無ᄒᆞ며識時人物도不無ᄒᆞ며豪富子弟도不無ᄒᆞᆫ즉만은彼의做得ᄒᆞᆫ事業이幾何ㅣ뇨牛腹洞에入ᄒᆞ야生命이나保코ᄌᆞ하며十勝地를求ᄒᆞ야子孫이나全코ᄌᆞ하ᄂᆞᆫ者ᄂᆞᆫ有ᄒᆞ나今此雲山同胞又치一團體를組織ᄒᆞ야事業을經營ᄒᆞᄂᆞᆫ者ᄂᆞᆫ見키難ᄒᆞ며紅爐에臥ᄒᆞ야樽前에歲月을送ᄒᆞ며靑樓에沉ᄒᆞ야色界에身名을誤ᄒᆞᄂᆞᆫ者ᄂᆞᆫ有ᄒᆞ나今此雲山同胞又치舊嗜尙을勇斷ᄒᆞ야後人의模範이되게ᄒᆞᄂᆞᆫ者ᄂᆞᆫ見키難ᄒᆞ며梁肉으로口를奉ᄒᆞ고錦綉로身을暖ᄒᆞ야肉體를愛養ᄒᆞᄂᆞᆫ者ᄂᆞᆫ有ᄒᆞ나今此雲山同胞又치新知를發達코져ᄒᆞ야艱辛收得ᄒᆞᆫ分錢으로新聞을購覽ᄒᆞᄂᆞᆫ者ᄂᆞᆫ見키難ᄒᆞ며博奕에幾十圓을投ᄒᆞ고花套에幾百圓을棄ᄒᆞ야家產을傾覆ᄒᆞᄂᆞᆫ者ᄂᆞᆫ有ᄒᆞ나今此雲山同胞又치公益上에捐付ᄒᆞᄂᆞᆫ者ᄂᆞᆫ見키難ᄒᆞ도다

他上中下各社會同胞여此雲山同胞가愧치아닌가知識잇다誇ᄒᆞ며財產잇다誇ᄒᆞ나一張新紙를購覽치못ᄒᆞ며一毫公益도贊助치못ᄒᆞᄂᆞᆫ同胞여此雲山同胞가愧치아닌가

吾儕가더욱雲山同胞에게對ᄒᆞ야感激不盡ᄒᆞᄂᆞᆫ바ᄂᆞᆫ捐付金이是라南田北畓을擁ᄒᆞ며千倉萬箱을積ᄒᆞᆫ者가五百圓을付ᄒᆞ며五千圓을付ᄒᆞᆫ것보다此勞働血汗의五圓五十錢金이本報愛讀의眞情을可見ᄒᆞᆯ지니엇지感激ᄒᆞᆯ뿐이아니리오

且聞ᄒᆞ니該近橋洞大岩의勞働同胞ᄂᆞᆫ此斷烟消息에感興ᄒᆞ야同盟에加入ᄒᆞ엿다ᄒᆞ니嗚乎라眞誠으로實行ᄒᆞ면博學이孔子에不及ᄒᆞ며奧議이釋迦에不及ᄒᆞ야도其效果가必著ᄒᆞᄂᆞᆫ도다

外報

◎鑛務總攬決議　清國政府ᄂᆞᆫ全國內鑛業事務를總攬키爲ᄒᆞ야鑛務大臣을任命ᄒᆞᆯ事를決議ᄒᆞ엿다더라

◎國會速開同情　清國에國會速開代表委員等은日日王侯大臣을歷訪ᄒᆞ야運動ᄒᆞᄂᆞᆫ中인ᄃᆡ此에對ᄒᆞ야那桐鹿傳霖은殊히同情을表ᄒᆞ고順天府丞李盛鐸은去月二十七日憲法制定上에國會를速開ᄒᆞᆷ이有利ᄒᆞ다ᄂᆞᆫ旨로上奏ᄒᆞ엿다더라

◎英皇御出遊　英國皇帝陛下께셔ᄂᆞᆫ來三月三日法國비아리츠浴場에御幸行ᄒᆞ신다더라

◎水中의巴里　法國巴里의電話及電燈線은洪水에斷絕ᄒᆞᆫ바되고地下鐵道도亦其運轉을中止ᄒᆞᆷ에至하엿ᄂᆞᆫᄃᆡ水勢ᄂᆞᆫ稍히減退ᄒᆞ엿다더라

◎英政府의勝算　英國商務院長우윈쓰돈、자ㅣ칠氏ᄂᆞᆫ今回總選擧에對ᄒᆞ야政府ᄂᆞᆫ百二十票의多數를贏得ᄒᆞ엿다고計算ᄒᆞ며總選擧의結果ᄂᆞᆫ現政府에對ᄒᆞᆫ全國의信任이深ᄒᆞᆷ을證ᄒᆞᆷ이라고主張ᄒᆞ며且預算案은何等의變更을不加ᄒᆞ고再히新議會에提出ᄒᆞᆯ事와上院의否決權은斷然코廢止치아니ᄒᆞᆷ이不可ᄒᆞᆫ事라고述ᄒᆞ엿다더라

◎美國의布와防備　美國上院은曩者下院에셔可決ᄒᆞᆫ布와砲臺建設費其他七百萬弗를支出ᄒᆞ기로可決ᄒᆞ엿다더라

學界

◎女校興旺　咸興郡內一般有志夫人이同心協力ᄒᆞ야淑貞女學校를設立ᄒᆞ고熱心敎授ᄒᆞᄂᆞᆫᄃᆡ學徒가百餘名에達ᄒᆞ엿다더라

◎養英庶幾　坡州島里串面養英學校ᄂᆞᆫ敎師金振河金振海諸氏가熱心敎育ᄒᆞᆫ結果로生徒가二十餘名에至ᄒᆞ엿ᄂᆞᆫᄃᆡ京居朴基陽氏ᄂᆞᆫ校舍를寄付ᄒᆞ고經費ᄂᆞᆫ面內每戶에租麥各壹斗式排斂支用ᄒᆞᆫ다더라

◎韓宮日校　京城居留日人들이中學교를建設ᄒᆞ기로經營ᄒᆞᄂᆞᆫᄃᆡ其處所ᄂᆞᆫ西大門內慶熙宮一部를使用ᄒᆞ기로審議ᄒᆞᆫ다더라

◎實業校補助　學部에셔近者各地方에實業學교七八處를新設ᄒᆞᆷ에對ᄒᆞ야內部에셔ᄂᆞᆫ學部와協議ᄒᆞᆫ後地方費中으로보助를與ᄒᆞ기로決定ᄒᆞ엿다더라

○談叢○

▲敎政一致時代　劍心

社會의組織이完全치못ᄒᆞ고文明이高尙치못ᄒᆞᆫ時代에在ᄒᆞ야ᄂᆞᆫ恒常敎政壹致된國이多ᄒᆞ나니宗敎가卽政治오政治가卽宗敎되야其君主ᄂᆞᆫ宗敎의元首오其臣民은宗敎의敎徒가되야其敎典에違ᄒᆞᄂᆞᆫ者ᄂᆞᆫ其國法을違ᄒᆞᆫ者며其敎旨를叛ᄒᆞᄂᆞᆫ者ᄂᆞᆫ其國家를叛ᄒᆞᄂᆞᆫ者라ᄒᆞ야宗敎의勢力이國을左右ᄒᆞ엿나니我國으로論ᄒᆞ야도過去儒敎方盛時代에儒家敎旨를違ᄒᆞᄂᆞᆫ者면斯門亂賊罪로其人을懲ᄒᆞᆷ과如ᄒᆞᆷ이卽敎政一致時代의一斑이라

只今은此가過去時代에已屬ᄒᆞ고敎政이分立ᄒᆞ야宗敎ᄂᆞᆫ宗敎의目的이有ᄒᆞ고政治ᄂᆞᆫ政治의目的이有ᄒᆞ야其徑路를各尋ᄒᆞ나니此亦社會의組織이漸完ᄒᆞ고文明이漸高ᄒᆞᆫ所以인ᄃᆡ

我國은儒敎的國家라然이나我國儒家ᄂᆞᆫ亦儒敎의本旨도槪失ᄒᆞ고惡막이層固ᄒᆞ엿거날此惡막을打破치못ᄒᆞ면서秉此敎政一致의觀念이膨脹ᄒᆞᆫ者ㅣ多ᄒᆞ니민망ᄒᆞ도다

詞藻

❀하마을뜻❀

雪月이滿庭ᄒᆞᆫ데、바람아부지마라。
同志者를기다릴제、발자최ㄴ가의심이라。
童子야、夜三更寂無人ᄒᆞ니、하마을뜻。

雜報

◎命使問安 大皇帝陛下씌옵셔昨日上午十時에侍從一人과女官一名을 德壽宮에命送ᄒᆞ옵셔 太皇帝陛下씌 問安ᄒᆞ옵셧다더라

◎福島陛見 日人福島中將은昨日下午三時에石塚參與官과國分書記官을帶同ᄒᆞ고 德壽宮에 陛見ᄒᆞ고因ᄒᆞ야 昌德宮內御苑을觀覽ᄒᆞ엿ᄂᆞᆫᄃᆡ 大皇帝陛下씌옵셔特別叙勳ᄒᆞ옵신다더라

◎致祭將下 正齋朴泰輔氏祠板에日間致祭를 下ᄒᆞ옵신다ᄂᆞᆫᄃᆡ該子孫은祇受節次를現今準備ᄒᆞᄂᆞᆫ中이라더라

◎賞與金支出 農商工部所管特別功勞賞與金五千五百圓은預備金中에셔支出ᄒᆞ기로 裁可되엿다더라

◎渡日準備 農相趙重應氏ᄂᆞᆫ來四月頃에日本에渡往ᄒᆞ야博覽會를觀覽ᄒᆞᆯ次로準備中이라더라

◎農相訪總相 農相趙重應氏ᄂᆞᆫ三昨日下午三時大韓醫院에前往ᄒᆞ야李總相을訪問ᄒᆞ엿다더라

◎市原開宴 韓國銀行總裁市原盛宏은再昨日下午六時花月樓에셔宴會를設ᄒᆞ고內外國新聞記者를請邀宴待ᄒᆞ엿다더라

◎閔邸宴待 宮相閔丙奭氏ᄂᆞᆫ再昨日下午四時에日人福島中將을私邸로請邀宴待ᄒᆞᆺ다더라

◎逐日歡迎 金允植趙重應張錫周趙羲淵俞吉濬諸氏等이發起ᄒᆞ야再昨日下午六時廣통館에셔福島中將의歡迎宴을設行ᄒᆞ엿다더라

◎翠樓午餐 日人石塚參與官은昨日上午十二時擲翠樓에셔午餐會를開ᄒᆞ고福島木越宇佐川等中將과榊原明石等少將을請邀宴待ᄒᆞ엿다더라

◎處處歡迎 三昨日下午七時花月樓에셔親衛府尉官一同이會同ᄒᆞ야日人福島中將의歡迎宴을開ᄒᆞ고昨日下午五時同樓에셔日人官民五十餘人이又會ᄒᆞ야福島의歡迎宴을續開하엿다더라

◎稅政調査 漢城財務署에셔北漢等地에稅政을調査徵收ᄒᆞᆯ次로再昨日에主事를派送ᄒᆞ엿다더라

◎聯署照會 內部地方局長과度支部司稅局長이聯署하야漢城府事務官과各觀察道書記官에게照會ᄒᆞ고地方費에編入ᄒᆞᆯ財産을一一調査ᄒᆞ라ᄒᆞ엿다더라

◎恩賞並撥 農商工部技師日人牟田이辭職歸國ᄒᆞᄂᆞᆫ事에對ᄒᆞ야恩賜金二千五百圓과特別賞與金一千五百圓을支給하엿다더라

◎蔘局日人 蔘政局官吏ᄂᆞᆫ日前任命되엿ᄂᆞᆫᄃᆡ局長事務官技師가悉皆日人이라더라

◎협郡廢止 江原道협谷을廢止ᄒᆞ야홍川에合ᄒᆞ기로昨日官報에頒布되엿더라

◎水道徵稅 官營水道徵稅規定은國稅徵收法을準用ᄒᆞ기로昨日官報에發布ᄒᆞ엿더라

◎蠶所官制 女子蠶業講習所官制ᄂᆞᆫ昨日官報로頒布되엿다더라

◎其意何在 水産局에셔日本福岡等地兩共進會에出品ᄒᆞᆫ다ᄒᆞᆷ은已報어니와該出品物圖表ᄂᆞᆫ韓國各地魚類와漁民의根據地와各地漁場等을昭詳調製하엿다더라

◎四人倂逮 安重根氏의連累者ᄂᆞᆫ當初十五名을檢擧하엿다가七名은當時放免ᄒᆞ고又四名은去十二月卄四日에放免ᄒᆞ고目下在囚者ᄂᆞᆫ禹延俊曹道先柳東夏鄭大鎬四人이라더라

◎公判設備 安重根氏에關ᄒᆞᆫ調査書類ᄂᆞᆫ其積이二尺五寸高에達ᄒᆞ엿스며關東都督府地方法院은公判廷으로高等法院第一訟廷을充用하기로設備中인ᄃᆡ普통傍聽席과新聞記者席을區別케ᄒᆞᆫ다ᄂᆞᆫᄃᆡ從來設置ᄒᆞ엿던一個난爐로ᄂᆞᆫ多數傍聽의滿足을與키難ᄒᆞ다하야更히一爐를加設ᄒᆞ야三百名以上의傍聽을收容ᄒᆞᆯ計劃이라더라

◎水害調査 內部에셔昨年各地水害를調査ᄒᆞ엿ᄂᆞᆫᄃᆡ平南에ᄂᆞᆫ死者가二百八十二名崩壞家屋이二千六百六十八戶오平北에ᄂᆞᆫ死者가三十二人崩壞家屋이八百七十二戶오咸南에ᄂᆞᆫ死者가五十四人崩壞家屋이千七百五十壹戶인ᄃᆡ救恤金을支給ᄒᆞ기로ᄒᆞ야平南에ᄂᆞᆫ二千六百五十圓平北에ᄂᆞᆫ七百圓咸南에ᄂᆞᆫ千六百五十圓으로給與ᄒᆞᆫ다더라

◎警署嚴諭 中部警察署에셔再昨日上午十一時에徐彰輔를招致ᄒᆞ야日本內閣에長書及趣旨書를發送치말나고嚴喩ᄒᆞ엿다더라

◎徐也鼠竄 三昨日下午四時에徐彰輔가北部安峴等地로過去ᄒᆞᄂᆞᆫᄃᆡ左右觀者가指點ᄒᆞ여曰彼가밋삭바더먹은놈이라ᄒᆞ고或은曰彼가徐彰輔란놈이라ᄒᆞᄂᆞᆫᄃᆡ徐ᄂᆞᆫ但縮頭疾走ᄒᆞ엿다더라

◎教師調査 中部警察署에셔再昨日부터管內各學校任員을招致ᄒᆞ야教師의居住氏名을調査ᄒᆞᆫ다더라

◎理屈竟落 卞鍾獻鄭基敎安鍾元氏等의栗田이訓鍊院에在ᄒᆞᆫᄃᆡ親衛府長官李秉武氏가軍人倶樂部를設立ᄒᆞ고該氏等의所有田을該部로附屬코저ᄒᆞᆷ으로地主諸氏가地方裁判所에起訴ᄒᆞ야不幸落科하고更히控訴院에申訴하야去二十六日에判決書를宣告ᄒᆞ엿ᄂᆞᆫᄃᆡ李秉武氏가落科ᄒᆞ엿다더라

◎市稅姑停 朔州郡에셔市場稅를徵收ᄒᆞ다가商民이多日撤廛ᄒᆞ야非常히激昂ᄒᆞᆷ으로該稅徵收를姑爲中止ᄒᆞ엿다더라

◎朔民有怨 朔州金礦에셔ᄂᆞᆫ器械設備와家屋建築에民有地段을犯用ᄒᆞ엿ᄂᆞᆫᄃᆡ地價를趂不報償ᄒᆞᆷ으로民怨이藉藉ᄒᆞ다더라

◎漣倅有頌 漣川郡守鄭龍漢氏ᄂᆞᆫ該郡駐在日憲兵分遣所에金六十圓을支給ᄒᆞ고各面人民에게柴、米、鷄、卵、等物請求ᄒᆞᄂᆞᆫ弊端을杜塞ᄒᆞᆫ故로人民의稱頌이藉藉ᄒᆞ다더라

◎財主濫徵 忠南連山郡財務署主事金商禹氏ᄂᆞᆫ地稅를收捧ᄒᆞᆯ時에每結頭八十錢式加捧ᄒᆞᄂᆞᆫ故로該郡人民代表金永文朴喜僉氏等이公州郡財務監督局에呼訴ᄒᆞ엿ᄂᆞᆫᄃᆡ該局에셔該郡各面領受員을招出ᄒᆞ야目下調査中이라더라

◎比昨減半 電鐵會社昨年度每日收入金이四百圓에至ᄒᆞ엿ᄂᆞᆫᄃᆡ近日에ᄂᆞᆫ財政恐慌을因ᄒᆞᆷ인지每日收入이二百圓에不過ᄒᆞ다더라

◎日雇解免 電氣會社에셔ᄂᆞᆫ財政困難을因ᄒᆞ야日人雇傭四十餘名을解免ᄒᆞ엿다더라

◎輸出牛統數 昨年八月以來牛檢疫所를開始ᄒᆞᆫ後로韓牛輸出數ᄂᆞᆫ僅히七百三十七頭에止하엿다더라

◎石炭需用額 近者京城內一般需用ᄒᆞᄂᆞᆫ石炭은壹個年內需用額이約六萬二千五百噸인ᄃᆡ價額은五千萬壹千八百圓이오其輸入은大槪日本産及淸國撫順産이라더라

◎有何不明 西京豐慶宮은其所屬이不分明ᄒᆞ다ᄒᆞ야現今度支部에셔調査中이라ᄂᆞᆫ說이有하다더라

順川風雲

平南順川郡에셔財務署官吏가市場稅를徵收ᄒᆞᆯ次로市場에出ᄒᆞ엿ᄂᆞᆫᄃᆡ多數人民이市場稅를反抗次로奮起ᄒᆞ야壹聲喊聲에銅라를鳴ᄒᆞ며該郡郡衙財務署郵便局金融組合事務所其他官舍公署를衝火沒燒ᄒᆞ고財務署長日人野澤金融組合理事日人渡邊郵便取扱所長大野等을撲殺ᄒᆞ고其他居留日人九名도數百名人民에게圍擊을被ᄒᆞ야生死가不明ᄒᆞ고該人民의憤勢ᄂᆞᆫ益益猛烈ᄒᆞ야該附近壹滯地官衙及日人을襲擊코저ᄒᆞᆫ다ᄒᆞ며該郡財務署主事韓致鳳氏ᄂᆞᆫ肅川으로逃走ᄒᆞ야平壤으로電報를發ᄒᆞ엿ᄂᆞᆫᄃᆡ平壤에셔ᄂᆞᆫ地方裁判所檢事警察官통信管理局員數名이順川으로急行ᄒᆞ엿다더라

◎蠻日蠻行 甑山郡日巡査岩田三郞은郡內居崔利涉의妻를强奸十餘次ᄒᆞ엿ᄂᆞᆫᄃᆡ去月九日夜利涉夫妻가同宿ᄒᆞᆯ際에岩田이又踰墻入戶ᄒᆞ거날利涉이其無禮ᄒᆞᆷ을詰責ᄒᆞᆫᄃᆡ岩田이反히荷杖之習으로韓巡査李元植을率來ᄒᆞ야利涉夫婦를結縛威협ᄒᆞ엿다더라

◎家産調査 中部警察署에셔ᄂᆞᆫ何事를因ᄒᆞᆷ인지前郡守柳升東氏의家産을調査中이라더라

◎柳氏長逝 控訴院判事柳東作氏가身病을因ᄒᆞ야多日呻吟ᄒᆞ다가昨日午前六時에因爲長逝ᄒᆞ엿다더라

◎衝車致斃 安洞居李春日氏ᄂᆞᆫ三昨日下午二時典洞等地에셔罪人을收載ᄒᆞᆫ檻車에衝傷ᄒᆞ야卽時漢城病院으로舁去治療ᄒᆞ다가仍爲致斃ᄒᆞ엿다더라

◎自刎何多 中部壽洞居廉夏性氏ᄂᆞᆫ再昨日下午十二時에被酒大醉ᄒᆞᆫ中何等不平의事가有ᄒᆞ던지自刀自刎ᄒᆞ다가幸不致命ᄒᆞ엿ᄂᆞᆫᄃᆡ卽時漢城病院으로舁往治療ᄒᆞᆫ다더라

◎難哉其人 日前義兵將延起羽氏가朔寧等地로行陣ᄒᆞᄂᆞᆫᄃᆡ其令男이路次에其父를拜見ᄒᆞ고自家의凍餒ᄒᆞᄂᆞᆫ情況을陳告ᄒᆞ미延氏가峻辭拒絕ᄒᆞ고少不顧恤ᄒᆞᄂᆞᆫ지라其部下一人이軍需錢五十圓을私自劃給ᄒᆞ엿더니延氏가該情을覺知ᄒᆞ고該金은公用에需ᄒᆞᆯ바니私用이不可ᄒᆞ다ᄒᆞ야仍卽還收ᄒᆞ엿다더라

◎義日交戰 日前積城郡斗逸場에셔義兵이日憲兵及補助員과數時間을激烈히交戰ᄒᆞ엿ᄂᆞᆫᄃᆡ兩陣間死傷이俱有ᄒᆞ다더라

感荷義捐

雲山郡北鎭後山에셔金鑛에從事ᄒᆞᄂᆞᆫ勞働同胞가本社의經費를補助키爲ᄒᆞ야金五圜五十錢을寄付ᄒᆞ엿기玆에其盛意를感表ᄒᆞ노라

電報

巴里[illegible]

法國에셔ᄂᆞᆫ써인河가汎濫ᄒᆞ야巴里全部城이一大湖水를化作ᄒᆞ엿ᄂᆞᆫᄃᆡ家屋이槪皆破壞ᄒᆞ고人民은避難ᄒᆞᆯ處를失ᄒᆞ야繁華壯麗로世界에有名ᄒᆞ던巴里가瞥眼間影子도無케되야溺死ᄒᆞᆫ者가無慮數十萬에達ᄒᆞ야悲號의聲이天地를動ᄒᆞ고滿目光景이慘絕悲絕ᄒᆞ다더라 東京發 卅一日着

▲社會燈▼

▲以前韓人徐載弼노至今美人때이쑨은賤ᄒᆞᆫ목숨保全코자他國가셔入籍ᄒᆞ고上等國民되엿노라祖國皇上謁見時에眼鏡쓰고뒤짐지며外臣二字敢稱터니自己라셔叛國ᄒᆞ며其妻라셔背夫ᄒᆞ야離婚ᄒᆞ지되엿다니報復之理엽슴손가美國又喜富國인에街上乞人첫낫도다至今에ᄂᆞᆫ도로혀셔劣等國의女子라도더거지를안밧을걸

▲憲兵少將榊原이가[illegible]車를搭乘ᄒᆞ고京城으로[illegible]올때에데엽ᄂᆞᆫ돌팔미가[illegible]車門을쏘와시여琉璃窓이破碎되엿네排日派의所爲라고警吏들이西出ᄒᆞ야嚴重調索ᄒᆞ더니[illegible]出ᄒᆞᆫ즉日人童의作劇이라ᄒᆞ며ᄂᆞᆫ에ᄂᆞᆫ똥만뵈고[illegible]듯日人들의눈에ᄂᆞᆫ排日派만보ᄂᆞᆫ게야[illegible]나뛰ᄂᆞᆫ格이로고

▲某會卒徒[illegible]ᄒᆞᄂᆞᆫ말이一進會에入籍ᄒᆞ야合邦問題贊成ᄒᆞ면大臣被任必應업고各官廳에日人官吏自然陶汰ᄒᆞ다하니壹進會가得勢를言ᄒᆞᆯ번셔도못ᄒᆞ네[illegible]導ᄒᆞ야薦望에[illegible]又흔卒徒로ᄂᆞᆫ地獄鬼卒合格이라他人싸지地獄으로[illegible]싱각말고네나흔지地獄가셔鬼卒難나속여보라

社告

自社稷洞으로至北壯洞本社分傳人朴昌淳除汰ᄒᆞᆫ代韓鍾海를出送하오니本社領收證업시代金을出給ᄒᆞ시면無効로認定ᄒᆞ깃ᄉᆞ오니僉君子는照亮爲要

大韓每日申報社

大至急社告

沙里院 支社員 任敬宰
杆城 支社員 咸海元 兩氏가申報代金을多月慾納故로不得已右兩支社를二月一日부터停廢ᄒᆞ오니該兩處支社로本報購覽ᄒᆞ시는 僉君子는本社로卽接請求ᄒᆞ시와間斷ᄒᆞ는弊가無케ᄒᆞ심을務望홈

大韓每日申報社

廣告

本郡守梁鳳濟氏素以文學大方家德器老成視篆三載愛民如子熱心教育家喩戶說而郡主事車國轅趙承均兩氏協輔贊成學校大興羅列境內一郡安堵萬口成碑本校교長金泰熙와校監崔致俊兩氏專擔校費擴張校務學徒雲集大有進步之望則我大韓守土臣與紳士諸氏皆如右氏之熱誠何患乎大韓之不獨立乎玆以布道 僉君子照亮焉

北道寧邊郡邑內面倉上里立彰新夜學校事務員
林容濟 告白

本人이姓名圖章路中서失ᄒᆞ야篆字刻으로改造ᄒᆞ오니知舊…名흠
…郡大召院 金浩英

漢語夜學員募集廣告

本學館內에셔漢語夜學講習一課를特設하고學員을募集ᄒᆞ오니願學 僉員은陽一月十日內로請願書를本學館에提呈홀事

皇城基督教青年會學館 白

西署龍山坊孔德里墟洞五統七戶草家九間前板刻一張仝龍山坊桃花洞外契十二統四戶草家八間前板刻一張北署延禧坊延禧宮墟洞八統二戶草家四間前板刻一張北署延禧坊老姑山里本統二戶草家十間半証明書一張及測量圖本張北署延禧坊三契滄川洞三統一戶草家五間前板刻一張北署延禧坊三契滄川洞八統六戶草家五間前立旨一張北署延恩坊末屹山里三統壹戶草家五間前板刻一張北署延禧坊二契大峴洞三統二戶草家五間前立旨二張北署延禧坊二契大峴洞四統九戶草家四間前板刻一張北署延禧坊四契細石里一統七戶草家五間前板刻一張西署盤松坊廣岩里二百十八統二戶草家十間前板刻壹張西署龍山坊孔德里墟洞八統十戶草家四間前板刻壹張을典執ᄒᆞ엿다가陰曆十一月初五日夜에逢賊ᄒᆞ야失ᄒᆞ엿ᄉᆞ오니誰某典執하와도無効홈

北署延禧坊二契大峴洞
五統一戶朴東燁 告白

本人이陰十二月一十四日圖章을漏失하엿기廣告ᄒᆞ오니知舊間照亮ᄒᆞ시옵

全義場垈住 韓周永 白

本人의姓名章四方形을壹月廿五日路中에서失ᄒᆞ고更刻圖章通用ᄒᆞ오니內外國人은照亮

平壤…南門內…白

日本語學音語篇

本書는日本에서數十年遊學ᄒᆞ야實地硏究를積ᄒᆞ고教授의經驗이富ᄒᆞᆫ林圭氏가暗黑ᄒᆞᆫ我國日本語學界에大光線을放코자ᄒᆞ는誠力의産物이라一卷二編에分ᄒᆞ야第一編은假名의起原과發音의蘊奧를明示ᄒᆞ고第二編은各品詞의用例와言語의結構法을詳述ᄒᆞ고第三編은簡易ᄒᆞᆫ日常語의實用인會話對話等을總括ᄒᆞ엿는ᄃᆡ皆聚精採華ᄒᆞ고從類分門ᄒᆞ야註解가明晰ᄒᆞ고秩序가整齊ᄒᆞ야斯學硏究者의好材料될뿐아니라實로初學海의大指針이오獨習門의寶師友가될만ᄒᆞᆫ唯一의珍本이오니有志諸君子는購覽ᄒᆞ시오

半洋裝 六百餘頁
定價金一圓四十錢
(郵稅金 十四錢)

總發賣處

漢城南部絲井洞五十九統五戶 電話壹三九二番

漢城新文館

日本東京麴町區中六番町四十九番地

分賣所 大韓興學會事務所
其他各書館

▲特別廣告▼

▲最新通信販賣

勿驚ᄒᆞ시오地方에在ᄒᆞ신여러분이여僅히一錢五厘의通信費를投ᄒᆞ면多大ᄒᆞᆫ旅費와繁雜을除ᄒᆞ고能히京都第一廉價의物品을得ᄒᆞ는妙方이現出ᄒᆞ엿스니此는歐米各國에셔流行ᄒᆞ는通信販賣法이오우리漢陽商會는세파도멘도스도아即萬物이具備ᄒᆞᆫ商店이니如何ᄒᆞᆫ物品이라도葉書或書簡으로某物을送致ᄒᆞ라通知ᄒᆞ시면우리는確實迅速低廉으로爲主ᄒᆞ야郵便或運送으로送呈ᄒᆞ깃슴니이다

아―我韓의人士로誰가우리漢陽商會를不知ᄒᆞᆯ者―有ᄒᆞ며誰가此에同情을表치아니ᄒᆞᆯ者―有ᄒᆞ리요

弊店의商品目錄은누구시던지보니라請求ᄒᆞ시면無代金으로送呈ᄒᆞ깃ᄉᆞ오니一次試驗ᄒᆞ기爲ᄒᆞ야如何ᄒᆞᆫ物品이던지注文ᄒᆞ여보시오그便利ᄒᆞᆫ方法이如何ᄒᆞᆷ을아시리다

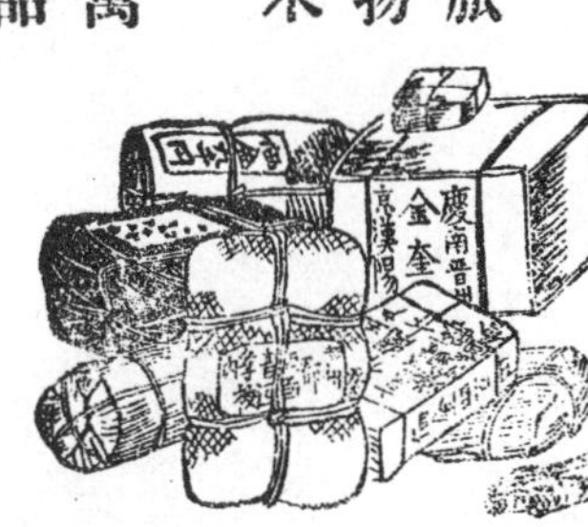

歐美雜貨各種　洋酒食料各種
文房具各種　內外國服衣各種
本國物産各種

大韓皇城鍾路
輸出輸入商 漢陽商會
電話一九一番

放會에셔趣旨書를本社에送致
權氏辨明書를據ᄒᆞᆫ즉當初相關
ᄒᆞᆫ디氣溫이攝氏氷點以下十九
開ᄒᆞᆫ다더라
◎寒氣甚烈 日來寒氣가甚烈
는來日曜日下午二時에總會를
◎執敢解散 農相趙重應氏가

告

國文 初等大韓歷史 特別減價二十錢

國文 初等大韓地誌 附地圖 特別減價十五錢

右書는 純國文으로 簡易케 著述ᄒᆞ야 女子社會와 勞働學校의 獨習케 必要ᄒᆞ오니 速速購覽ᄒᆞ시옵

發賣所 中部布屛下 廣學書舖 金相萬

本店에서 開業ᄒᆞᆫ지 十六年間 僉君子의 愛顧ᄒᆞ심을 特蒙ᄒᆞ와 今年부터 業務을 大擴張ᄒᆞ고 春夏秋冬所用으로 緞屬 毛織 等各國高等物品을 現今多數直輸入 이온바 各地方에서는 貿易이 便利賣買케 爲ᄒᆞ야 特廉減價ᄒᆞ와 郵便小包로 酬應ᄒᆞ야 代金은 引換ᄒᆞ깃사오니 十三道各郡僉君子는 隨意請求ᄒᆞ심을 望

振替貯金番號(韓國壹三番)

漢城中部鍾路砂器廛洞二十一統五戶 廣興泰 告白

◎特別廣告

本社에서 同胞의 衛生을 注意ᄒᆞ야 美國의 經驗單方으로 流行通用ᄒᆞᄂᆞᆫ 靈藥聖劑를 貿入ᄒᆞ야 左開廣布ᄒᆞ오니 有病君子와 藥業에 從事ᄒᆞ시ᄂᆞᆫ 僉彦은 爭先來購ᄒᆞ시옵

分賣와 都賣에 差別이 有ᄒᆞ야 一打(十二個)以上의 都賣에ᄂᆞᆫ 特別割引홈

左 開

(秘)製止痛藥　效能 外塗內服無處不適 消滯 止瀉 絕痛 治痢 無不神效홈

喜蘇膏藥　效能 頭面 身體一切痛症 積年風濕 除痰 生선之道 各部要效홈

亞麟香膠　效能 毋論男女老少 勿論年久日淺 一切咳嗽 服之則其效如神

委花藥膏　效能 痔疾 瘰珠瘡 燒跌傷 蟄咬等 諸症無雙聖藥

委花精水藥　效能 痢症 花柳毒 凡不潔血所祟症 婦人虛弱등症 靈驗홈

牛汁藥酒　効能 毋論男女老少氣血虛弱者服之則大補元氣身體强健홈

韓美興業株式會社事務所

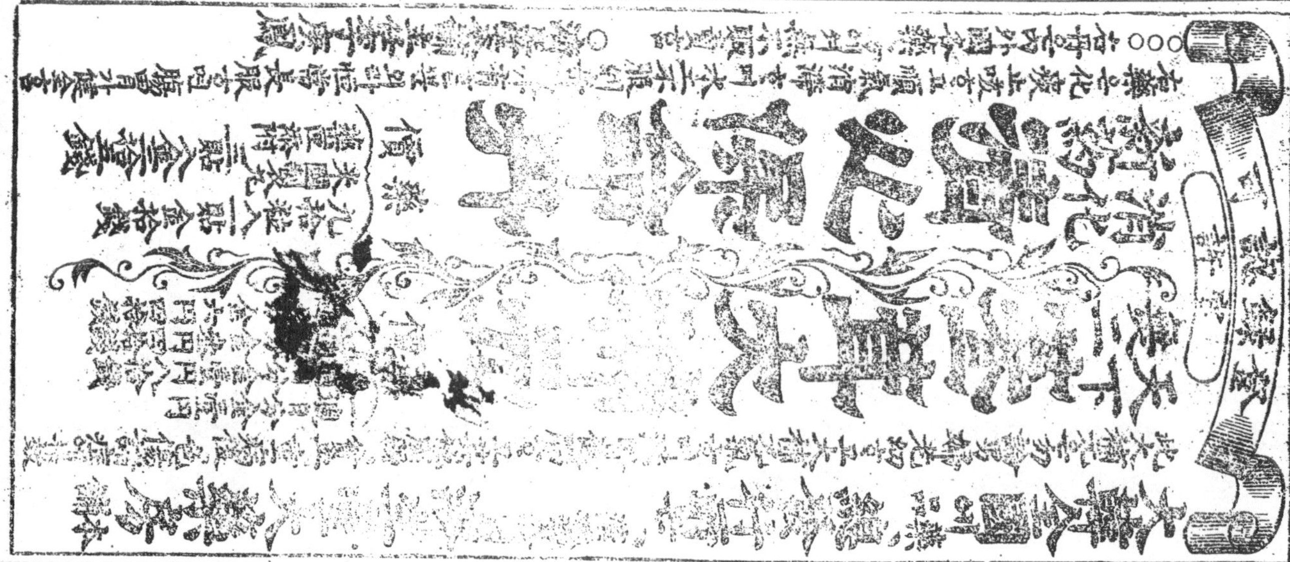

外方各處에서 東西洋藥과 國內新發明ᄒᆞᆫ 各種藥의 請求ᄒᆞ시ᄂᆞᆫ데 便利迅速을 爲ᄒᆞ야 仁港本館을 京城鍾路和平堂으로 移設홈은 既往各新聞에 揭告ᄒᆞ엿거니와 此本舖和平堂에 制度와 儀式을 板刻廣告하옵ᄂᆞᆫ 本意ᄂᆞᆫ 現今과 將來에 僉君子의 歡迎하심을 紀念하기 爲ᄒᆞ야 如是廣告홈

和平堂 本舖主人 李應善 白

本院은 韓國一般人民을 爲ᄒᆞ야 設立ᄒᆞᆫ은 僉彦의 已知ᄒᆞᄂᆞᆫ바어니와 自今으로 事務를 一層擴張ᄒᆞ고 診察을 더욱 精密히 ᄒᆞ기 爲ᄒᆞ야 時間을 午前十時부터 午後四時ᄭᆞ지 無料로 診察ᄒᆞ오며 또 特別診察所를 置ᄒᆞ고 些少의 診察料로 貴客의 便宜를 圖ᄒᆞ오니 診察을 要ᄒᆞᄂᆞᆫ 僉彦은 照亮을 爲要

但特別ᄒᆞᆫ 境遇에 在ᄒᆞ야ᄂᆞᆫ 時間을 勿論ᄒᆞ고 其請求를 應홈

京城南大門外 濟衆院 告白

檀君開國四千二百四十二年
箕子元年三千三十一年
大韓開國五百十八年
本報創刊日 光武八年七月十八日

大韓每日申報

第八卷 月曜及慶節時歲日休刊 第一千三百四号

Responsible for Publication Alfred Weekley Marnham
發行兼編輯人 英國人 萬咸
發行所 京城南部石井洞三層洋屋家 大韓每日申報社

寄書

◎文明普及의好方法

求新子

今日에處ᄒᆞ야卽壹身壹家의經營을ᄒᆞᆯ지라도不可不社會의現象과世界大勢를曉解ᄒᆞ여야ᄒᆞᆯ지며此를曉解ᄒᆞ라ᄒᆞᆯ진ᄃᆡ不得不新聞을購覽ᄒᆞ여야ᄒᆞᆯ지라

今에其故를略言ᄒᆞᆫ건ᄃᆡ商業家가新聞을不讀ᄒᆞ면物價의貴賤과輸出入의狀態를不知ᄒᆞᆯ지며農業家가新聞을不讀ᄒᆞ면各地豐凶의年形과農業上의趨勢를不知ᄒᆞᆯ지며勞働者가新聞을不讀ᄒᆞ면何處新設立의工廠에勞働者를募集ᄒᆞ야도不知ᄒᆞᆯ지며藥業者가新聞을不讀ᄒᆞ면何地方에流行病이大熾ᄒᆞ야必要의藥品을須ᄒᆞ야도不知ᄒᆞᆯ지니嗚乎라小經營小事業을做ᄒᆞ라ᄒᆞ야도新聞購讀의必要가如此ᄒᆞ거던況乎時局을睥睨ᄒᆞᄂᆞᆫ政治家이며國民을指導ᄒᆞᄂᆞᆫ敎育家인가故로海外列邦의人은茶飯은闕ᄒᆞᆯ지언뎡新聞의日覽은闕치아니ᄒᆞ며衣領은廢ᄒᆞᆯ지언뎡新聞의日閱은廢치아니ᄒᆞᆷ이單只此에由ᄒᆞᆷ이라

噫라我國人民은二千萬에達ᄒᆞ되新聞讀者ᄂᆞᆫ萬人內外에不過ᄒᆞ니是ᄂᆞᆫ全國人口二十分의一뿐이니엇지慨歎ᄒᆞᆯ비아니며엇지痛惜ᄒᆞᆯ비아니리오

我國人中에千石의富를擁ᄒᆞ며萬金의貨를藏ᄒᆞ고도或其腦가冥頑ᄒᆞ야守錢虜의徽號를得ᄒᆞᆯ지언뎡一朔新聞의價文數十錢을惜ᄒᆞ야是를購覽치아니ᄒᆞ며或其行이蕩일ᄒᆞ야十圓百圓의金을靑樓房에擲ᄒᆞᆯ지언뎡新聞이何物인지不知ᄒᆞ야是를披閱치아니ᄒᆞᄂᆞᆫ者도有ᄒᆞᆫ거니와此ᄂᆞᆫ少數頑昧者의事이라足히責ᄒᆞᆯ것이無ᄒᆞ거니와此外에ᄂᆞᆫ太半經濟艱乏에陷ᄒᆞ야眼은朝烟暮火에迷ᄒᆞ며耳ᄂᆞᆫ妻呼兒啼에厭ᄒᆞ거니奚暇에他를念及ᄒᆞ리오

是以로其眼孔이大ᄒᆞ고思想이高ᄒᆞ야新知識을輸入코ᄌᆞᄒᆞᄂᆞᆫ念頭가切ᄒᆞ나一年三四圓을出ᄒᆞ야新聞을購覽ᄒᆞᆯ事勢가못되ᄂᆞᆫ故로深山窮谷에셔勢不得已盲聾者의類되ᄂᆞᆫ者ㅣ許多ᄒᆞ니엇지慨歎ᄒᆞᆯ비아니며엇지痛惜ᄒᆞᆯ비아니리오

故로余가今者에新聞購覽의一方法을得ᄒᆞ야全國同胞에게告ᄒᆞ노니有志ᄒᆞᆫ同胞ᄂᆞᆫ暫間耳를傾ᄒᆞ야此를聽ᄒᆞᆯ지어다

此方法은非他라卽團體購覽이是라或十人이合ᄒᆞ야購覽ᄒᆞ며或二十人이合ᄒᆞ야購覽ᄒᆞ며或一面一洞이合ᄒᆞ야購覽ᄒᆞ면多則每人에壹月二三錢만出ᄒᆞ야도足ᄒᆞᆯ지며少則每人에壹月壹錢에不過ᄒᆞᆯ지니右에依ᄒᆞ야文識이稍有ᄒᆞᆫ者ᄂᆞᆫ國漢字交用ᄒᆞᆫ報紙를購覽ᄒᆞ며婦人及勞働者ᄂᆞᆫ國字純用ᄒᆞᆫ報紙를購覽ᄒᆞ되魔談怪說의報만必禁ᄒᆞ고其他ᄂᆞᆫ隨意ᄒᆞᆷ이可ᄒᆞ며洞中에壹個新聞縱覽室을設하야人人이暇隙마다自由來讀을任ᄒᆞ며該新聞紙ᄂᆞᆫ付丙或塗壁ᄒᆞ지말고精하게儲置ᄒᆞ야日後照憑叅考에用ᄒᆞ면從此로樵童牧兒의席上에劉忠烈蘇大成의황談을棄ᄒᆞ고李舜臣華盛頓의遺蹟을講ᄒᆞ며山翁野老의燈下에鄭道令郭將軍의迷信을破ᄒᆞ고亞細亞歐羅巴의大勢를論ᄒᆞ야我國前途의曙光을發ᄒᆞᆯ지니勸ᄒᆞ노니有志同胞여此方法을小視치말지어다

此方法은實로余의新硏究로按出ᄒᆞᆫ것이아니라卽永柔同胞가現已實行ᄒᆞᆫ비라該郡各面長이各洞里同胞를勸ᄒᆞ야各其團結ᄒᆞ야新聞을購覽ᄒᆞᆯ셰

葛下面에六洞里오
靑池面에三洞里오
禿山面에五洞里오
中部面에四洞里오
東部面에八洞里오
白鷺面에二洞里오
遷下面에　洞里오
通湖面에一洞里오
西部面에六洞里오
上界面에一洞里오
海栗面에六洞里니

凡十一面四十三洞八十餘人氏라엇지甚賀ᄒᆞᆯ비아니리오

永柔의文明發展은吾儕의屈指ᄒᆞᄂᆞᆫ비어니와他處同胞도此風에興起ᄒᆞ면國家風化에裨助됨이엇지淺鮮ᄒᆞ리오

風을臨ᄒᆞ야遙祝ᄒᆞ노라

外報

◎希臘의政局　希臘國雅典의軍人同盟會ᄂᆞᆫ國民大會의召集을要求ᄒᆞ엿스나國王의排斥ᄒᆞᆫ바되여形勢가頗히危急ᄒᆞ며同國內閣은軍人團의陰謀로因ᄒᆞ야全혀瓦解ᄒᆞᆷ에至ᄒᆞ엿다더라

◎歐洲大風雪　英法兩國의電信은大暴風雨雪로因하야遮斷되엿고西班牙海岸에셔ᄂᆞᆫ無數ᄒᆞᆫ船隻이沈沒되엿다더라

◎美國의義金募集　美國各都市에셔ᄂᆞᆫ法國巴里의罹災ᄒᆞᆫ人民을拯救키爲ᄒᆞ야義金募集을開始ᄒᆞ엿ᄂᆞᆫᄃᆡ旣히巨額에達ᄒᆞ엿다더라

◎提議와國務卿　美國國務卿노즈크쓰氏ᄂᆞᆫ滿洲鐵道中立提案에關ᄒᆞᆫ各國回答書에對ᄒᆞ야各國에駐在ᄒᆞᆫ美國大使의게右回答書並詳釋의全原文을接ᄒᆞ기까지何等의行動을執지말나고言明ᄒᆞ엿고一般新聞紙ᄂᆞᆫ充分히目下의形勢를了解치못ᄒᆞ나該案이提出됨으로因ᄒᆞ야美國政府가關係各國의滿洲에對ᄒᆞᆫ門戶開放에一大保障을與ᄒᆞᆫ것이無限의價値가有하다고信ᄒᆞᆫ다ᄒᆞ엿더라

學界

◎白川勸諭　白川군守全鳳薰氏ᄂᆞᆫ該군境內에太韶敎를信仰ᄒᆞᄂᆞᆫ儒林諸氏가舊學만專尙ᄒᆞ고新學을反對ᄒᆞᆷ으로敎育界에不好ᄒᆞᆫ影響이生ᄒᆞᆫ다ᄒᆞ야境內人民의게告示를發ᄒᆞ야新學의必要ᄒᆞᆷ을勸諭하엿다더라

○談叢○

▲大英雄小英雄　劍心

其氣象이英雄이오其智勇이英雄이오其功德이英雄이로ᄃᆡ或大英雄되며或小英雄되나니英雄家의面目도不壹ᄒᆞᆷ이如是ᄒᆞ도다

英雄中에도彼英國ᄏᆞ롬웰氏와如ᄒᆞᆫ人은其立志其活動其成功이壹倂人類福利뿐이니彼ᄂᆞᆫ可謂大英雄의代表者오英雄中에도或其立志其活動其成功이壹倂自家野心뿐이면此ᄂᆞᆫ可謂小英雄이라然則大小의面目을區別코ᄌᆞᄒᆞᆫ건ᄃᆡ오족其英雄의目的이人類에在ᄒᆞᆫ가自家에在ᄒᆞᆫ가하ᄂᆞᆫ二問題를區別ᄒᆞᆷ이可ᄒᆞᆯ가ᄒᆞ노라

詞藻

❀固然理❀　竹養少年

潮水가漲溢ᄒᆞᆫ들、山을어이넘어가며。霜雪이嚴酷ᄒᆞᆫ들、松竹이야엇지ᄒᆞ리。게노아라、與天地無窮우리강토、누가감히。

雜報

◎天恩隆厚 大皇帝陛下ᄭᅨ옵셔再昨日에日本中將福島에게勳一等太極章을下賜하옵셧다더라

◎活動寫眞御覽 本日은伊藤博文氏의百日祭日인ᄃᆡ大皇帝陛下ᄭᅨ옵셔夜間宮中에셔伊藤氏에關ᄒᆞᆫ活動寫眞을御覽하옵신다더라

◎派官問安 皇后陛下ᄭᅨ옵셔再昨日下午壹時에女官一人을派送ᄒᆞ샤海豊府院君尹澤榮氏에게問安ᄒᆞ옵셧다더라

◉闕牌埋安說 地方各郡에奉安ᄒᆞᆫ闕牌를各該觀察道로都聚埋安ᄒᆞᄂᆞᆫ것이時宜에妥當ᄒᆞ다고內部에셔宮內府로照會ᄒᆞ고實施ᄒᆞ기를催促ᄒᆞ엿다더라

◎警護嚴密 總理大臣李完用氏ᄂᆞᆫ數日前大韓醫院後舍春苑에散步ᄒᆞ엿ᄂᆞᆫᄃᆡ保護巡查가左右로嚴密히警護ᄒᆞ엿다더라

◎叅與會議 昨日統監府에셔叅與官會議를開ᄒᆞ엿다더라

◎文獻正誤開始 內閣에셔增補文獻備考의正誤事務를來十五日부터開始하고該出張所를北部翠雲亭으로定ᄒᆞ야氏族考中에正誤或說明홀必要가有ᄒᆞᆫ者ᄂᆞᆫ來三月末日內에內閣記錄課로提出케ᄒᆞᆫ다ᄂᆞᆫᄃᆡ該期限이過ᄒᆞᆫ後에ᄂᆞᆫ改錄請求者를一切拒絕ᄒᆞᆫ다더라

◎日主內定 宮內府主事四窠가現闕되엿ᄂᆞᆫᄃᆡ再昨日內閣例會에爲先日人으로三窠를塡任하기로議定되엿다더라

◎崔氏運動說 忠南觀察使崔廷德氏ᄂᆞᆫ京城某官吏를紹介ᄒᆞ야內部寺社課長을運動ᄒᆞᄂᆞᆫ中이라더라

◎兩會騰肚 日本國東亞贊成會에셔去月二十九日에國民同志贊成會로電報ᄒᆞ고各任員의姓名을一一錄送ᄒᆞ라ᄒᆞ얏다더라

◎愛日之故 內部에셔ᄂᆞᆫ何等事務가煩多ᄒᆞᆫ인지事務官現闕도無ᄒᆞᆫᄃᆡ日人橫野로事務를囑托ᄒᆞ엿다더라

◎技手日人 地方費中으로設置ᄒᆞᄂᆞᆫ技手ᄂᆞᆫ內部에셔日人으로任用ᄒᆞᆫ다더라

◎署長會議說 本月二十一日에咸北各警察署長은咸興에셔會議를開ᄒᆞᆫ다더라

◎菊池將渡 大韓醫院長菊池ᄂᆞᆫ來四日入城ᄒᆞ기로豫定ᄒᆞ엿다더라

◎齋藤轉任 內部主事日人齋藤은度支部事務官으로轉任ᄒᆞᆫ다더라

◎日遞日代 官立高等女學校學監日人赤穗千春이辭免歸國ᄒᆞᆫ代에日本京都高等師範學校教授中川이被任ᄒᆞ야再昨夜에入京ᄒᆞ엿다더라

◎日官舍落成 內部에셔ᄂᆞᆫ國庫金을支出ᄒᆞ야日人官吏의官舍를신門內前武官學校基址에신建築ᄒᆞ야既히落成되엿슴으로日人官吏ᄂᆞᆫ漸次該地로移接ᄒᆞᆫ다더라

◎支署更築說 警視廳에셔ᄂᆞᆫ漢城內各坊曲에在ᄒᆞᆫ舊制巡查派出所를毀撤ᄒᆞ고一新建築ᄒᆞ기로目下經營中이라더라

◎視察出張 農商工部山林局에셔ᄂᆞᆫ西部營林廠研代狀況을視察ᄒᆞ기爲ᄒᆞ야日人主事一人이統監府官吏一人을帶同ᄒᆞ고日間出張ᄒᆞᆫ다더라

◎監督府報告 日本留學生監督部에셔學部로報告ᄒᆞ고宮內府에셔派送ᄒᆞᆫ學生의本年度學資金을從速送交ᄒᆞ라ᄒᆞ엿다더라

◎沮人行止 安秉瓚氏가旅順을發向홀時에平壤警察署及理事廳에셔統監府指揮가有ᄒᆞ다稱ᄒᆞ고安氏의發行을沮尼ᄒᆞ되彼地에赴홈은單純ᄒᆞᆫ辯護主旨가아니라排日目的이有ᄒᆞᆫ樣으로隱然間威협의態를示ᄒᆞ되安氏ᄂᆞᆫ正當ᄒᆞᆫ言辭로峻拒하엿더니及其發程時에韓人巡查가瀛車內ᄭᆞ지前到ᄒᆞ야手帒等屬을携下挽止曰日警部가現方出來ᄒᆞ니姑爲留待ᄒᆞ라ᄒᆞ거날安氏曰我ᄂᆞᆫ警部의所請으로ᄂᆞᆫ下車홀理가萬無ᄒᆞ니拿引令을出ᄒᆞ야結縛이나ᄒᆞ면下車ᄒᆞ리라ᄒᆞ고互相詰抗ᄒᆞᄂᆞᆫᄃᆡ瀛車ᄂᆞᆫ欲行ᄒᆞ고手帒가無히旅行키不可ᄒᆞ야不得已下車ᄒᆞ엿더니日警部가果然人力車를驅馳ᄒᆞ야忙忙到來ᄒᆞᄂᆞᆫ지라安氏가人의行李를沮碍ᄒᆞ야已買車票를無用에屬케ᄒᆞ야損害를貽ᄒᆞᆫ事實로一場辯詰ᄒᆞᄆᆡ日警部ᄂᆞᆫ默々無言ᄒᆞ고但失禮홈을謝服ᄒᆞ며驛長의게言及ᄒᆞ야既買ᄒᆞᆫ車票를次車에仍用케ᄒᆞ라ᄒᆞ엿다더라

◎卞氏辯護 安定根恭根兩氏의辯護請求를依ᄒᆞ야漢城辯護士會에셔卞榮晩氏를發送ᄒᆞ기로決定ᄒᆞ엿ᄂᆞᆫᄃᆡ發程期ᄂᆞᆫ安氏公判日를待ᄒᆞ야差先登途홀計劃이라더라

◎死亾과職業調查 漢城內各警察署에셔ᄂᆞᆫ巡查를派送ᄒᆞ야昨年度人民의死亾有無와士夫後裔中職業有無를調查ᄒᆞᆫ다더라

◎容九渡日說 一進會長李容九ᄂᆞᆫ本月旬日頃에日本으로渡ᄒᆞᆫ다ᄂᆞᆫ說이猥藉ᄒᆞ다더라

◎日會社勃興 韓國內에셔營業ᄒᆞᄂᆞᆫ日人의各會社ᄂᆞᆫ其數가益々增加ᄒᆞ야目下三十處에達ᄒᆞ엿다더라

◎孤院整理 漢城府에셔ᄂᆞᆫ孤兒院을整理ᄒᆞ야規則을신製定ᄒᆞ고評議員을改選ᄒᆞ엿다더라

◎教師巡回 農商工部에셔巡回教師를各地方에派送ᄒᆞ야實業에使用ᄒᆞᄂᆞᆫ機械用法을教授ᄒᆞᆫ다ᄂᆞᆫᄃᆡ爲先麻苧等事業에着手ᄒᆞᆫ다더라

◎騷動調查 順川騷動事件을調查키爲ᄒᆞ야內部度支部學部에셔事務官을派遣ᄒᆞ기로決定ᄒᆞ엿다ᄒᆞ며平壤日本理事廳에셔도官吏를派送ᄒᆞ엿다더라

◎柳氏返柩 控訴院判事柳東作氏가身故홈은已報어니와來四日午前六時半에自宅에셔出棺ᄒᆞ야同七時貞洞禮拜堂에셔葬式을行ᄒᆞ고同九時十分南門驛에셔發行ᄒᆞ야博川鄕第로返柩ᄒᆞᆫ다더라

◎賻金醵集議 京城控訴院韓日人官吏ᄂᆞᆫ柳東作氏喪事에對ᄒᆞ야賻儀金을醵集ᄒᆞ기로協議ᄒᆞᆫ다더라

◎總代慰問 判事柳東作氏가身故홈에對ᄒᆞ야西北學會에셔再昨日總代二人을派送慰問ᄒᆞ엿다더라

◎趙氏寄金 前郡守趙鎭泰氏ᄂᆞᆫ鍾路商業會議所에金二百圓을寄付ᄒᆞ엿ᄂᆞᆫᄃᆡ該所에셔領收ᄒᆞᆫ各紳士의寄付金總額이二千餘圓에達ᄒᆞᆫ故로再昨日韓一銀行에貯置ᄒᆞ엿다더라

◎教團聯合說 前叅理參學新氏ᄂᆞᆫ敬天教會代表라稱ᄒᆞ고京城에逗留ᄒᆞ야該教會를國是遊說團과聯合ᄒᆞᆯ次로門下交涉中이라더라

◎燐礦歸日 日人國松來太郎小瀧信太郎兩人은北韓雄基灣卯島에셔豊富ᄒᆞᆫ良質의燐礦을發見ᄒᆞ야韓國政府의採取權認可를得ᄒᆞ엿ᄂᆞᆫᄃᆡ同島의周圍ᄂᆞᆫ三十里요每三月以後八月ᄭᆞ지ᄂᆞᆫ多數의海鳥가羣集ᄒᆞ야全島形色이積雪과如ᄒᆞᆫ處이라더라

◉順川續報 順川騷動에對하야更히公報를據ᄒᆞᆫ즉其原因은市場稅徵收로由홈이오人民은約五百名이集團되엿고郡衙、財務署、巡査駐在所、等官署ᄂᆞᆫ燒燼되엿고日人家屋二戶ᄂᆞᆫ破壞되엿ᄂᆞᆫᄃᆡ人民의死者가十餘名이오日人官吏(財務署主事取扱所長等)三名及商民五名敎師一名은아즉生死가不明ᄒᆞ다더라

◉報告壹束 順川人民騷動時에重傷을被하고殷山으로逃走ᄒᆞᆫ該郡々守의報告及各官廳의電報等의概要ᄂᆞᆫ如左ᄒᆞ니

今番地方費實施의結果로該地財務署에셔市場稅納入告知書를發布하고納稅를督促ᄒᆞᆫ즉一般商民이大激昂하야納稅를反對ᄒᆞᄂᆞᆫ故로財務署官吏가去二十九日午後三時에該郡內面洞長等을召集ᄒᆞ야納稅를命令ᄒᆞᆫᄃᆡ人民들이日人을鏖殺홈이可하다ᄒᆞ고多數蜂起ᄒᆞ야人々이木棒刀劍等을揮하고財務署主事日人野澤等을擊殺하엿다ᄒᆞ며

此時被殺ᄒᆞᆫ韓日人數ᄂᆞᆫ아즉不明하나報告의有ᄒᆞᆫ바로據ᄒᆞᆫ즉日人官吏輩(財務署主事金融組合理事郵便取扱所長等)日人居留者合八名及韓人財務主事一名이被殺ᄒᆞ얏고郡守財務署長郡主事及日人木島韓人巡查壹名은輕重傷을負ᄒᆞ얏다ᄒᆞ며該人民等이包擊奮戰ᄒᆞᆫ際에人民十餘名이致死ᄒᆞ고負傷者ᄂᆞᆫ多數ᄒᆞ다ᄒᆞ며各官署에衝火ᄒᆞ야書類器具等이一併燒却되엿다하며該人民이日人取扱所長大野를撲殺하고其面皮를剝ᄒᆞ며尸體를燒ᄒᆞ엿다더라

◎慘哉其命 日來寒氣가猛烈하야漢城內凍死者가五名인ᄃᆡ其中一名은日人이라더라

◎洪氏辨明 瑞山郡居李鍾奭洪在河兩氏가債錢事件으로控訴院에셔裁判ᄒᆞᆫ다홈은既報어니와更히洪氏의辨明을據ᄒᆞᆫ즉當初李鍾奭氏가南和甫의別家를롱奸ᄒᆞ다가事實이綻露됨으로清人王宗元의게金三百圓을得ᄒᆞ야南和甫와和好ᄒᆞ고厥後王宗元이債金을督促ᄒᆞᄆᆡ李氏가其妻弟洪淳範을紹介하야洪在河氏의게三十五斗落沓券을典執ᄒᆞ고金二百七十圓을得ᄒᆞ야清債를報ᄒᆞ엿ᄂᆞᆫᄃᆡ李氏가反히洪氏를詐欺取財로官廳에呼訴ᄒᆞ야五日拘留에四度酷刑을遭ᄒᆞ엿슴으로其抑鬱을莫伸ᄒᆞ야尙今裁判中이라더라

電報

◉吉植質問 本日日本議會豫算分科會에셔代議士吉植이가統監政治의現況과合邦問題에關ᄒᆞ야統監이나總理가說明ᄒᆞ라고要求ᄒᆞ엿ᄂᆞᆫᄃᆡ政府委員兒玉이答曰統監政治ᄂᆞᆫ本國人은勿論이오外국에도公布ᄒᆞ야日文及英文으로刊出하기로ᄒᆞᆫ즉今此要求에對하야統監에게傳言하깃노라ᄒᆞ엿다더라

◉加藤質問 日本議會代議士加藤은北韓貿易調查費신設에關ᄒᆞ야質問ᄒᆞ엿다더라

以上東京發 一月卅一日着

◉巴里減水 法國巴里에洪水가漸減되엿스나市보다低下ᄒᆞᆫ郊外ᄂᆞᆫ水底에沒ᄒᆞ야慘狀이極ᄒᆞ다더라

◉露國抗議 露國政府에셔ᄂᆞᆫ清國政府에對ᄒᆞ야錦愛鐵道借款을不同意ᄒᆞᄂᆞᆫ事로抗議를提出ᄒᆞ엿다더라

以上東京發 一日着

▲社會燈▼

長史生

▲美國政府ᄃᆡ政策은東洋事에干涉코저滿洲中立主唱ᄒᆞ고軍港地를根據코ᄌᆞ樺太島를買ᄒᆞᆫ다네百有餘年保守主義一朝夕에變更ᄒᆞ고신活動과신手段에其脚力이可觀일세

▲近日日本內地에ᄂᆞᆫ朝鮮問題同志會니又ᄂᆞᆫ對韓同志會니對美研究同志會니許多ᄒᆞᆫ志會發起ᄒᆞ야동지들을찻ᄂᆞᆫ다네동지들을부르노라잔득버린[illegible]입에다홍동지나가로안져

▲사요나라곰방와ᄂᆞᆫ人人마다例言되고바가야쇼하야ᄂᆞᆫ見童ᄭᆞ지使用ᄒᆞ니四千餘年祖國語ᄂᆞᆫ그무엇이不足ᄒᆞ야自國人이相對時에異種격舌본밧ᄂᆞᆫ고精神들을좀차리소

▲一進會長李容九ᄂᆞᆫ國家保護甘唱타가自身ᄭᆞ지保護ᄒᆞ니肉身保護잘홀망졍靈魂ᄭᆞ지保護홀ᄊᆡ無底坑의硫학불은너오기만苦待하니閻羅鬼卒號令時엔日巡查도無效되리

雜報

學교를設立ᄒᆞ기로決定하야各一

◎何事注目 阿峴居李在鎬石

◎日人躐境 鎭川郡에셔典當

◎風說查問 國民大演說會에

下午三時中部警察署에셔該會

◎太極開會期 太極教宗에셔

●實業校設立議 學部에셔慶北全北咸南平南等四處에實業來四月頃에는學員을募集홀計劃이라더라

● 호지某處에셔現今注目中이라더라

行爲가有홈으로該郡人民이會同ᄒᆞ야境外로驅逐ᄒᆞ엿다더라

爲ᄒᆞ야會員幾人을日本으로派送ᄒᆞᆫ다는說이有홈으로再昨日事實有無를查問ᄒᆞ엿는ᄃᆡ當初無根의說이라더라

ᄒᆞ다더라

社告

自社稷洞으로至北壯洞本社分傳人朴昌淳을除汰ᄒᆞ고代韓鍾海를出送ᄒᆞ오니本社領收證업시代金을出給ᄒᆞ시면無効로認定ᄒᆞᆯ것이오니 僉君子는照亮爲要

大韓每日申報社

雜報

●義將被捉 義兵將李時榮氏는三昨日天安郡日憲兵分遣所에被捉ᄒᆞ엿다더라

廣告

本店抽籤에當籤号數는如左홈

等	号數	号數
壹等	六四三	
貳等	八貳四	
三等	七七五	壹貳五壹
四等	壹壹〇壹	壹三七
	六六九	
五等	壹壹八貳	壹〇八八
	六壹五	四八六
六等	五〇貳	壹壹七九
	八六四	六六壹
	九六〇	貳三八
	五三	八四八
	貳七四	六九四
	壹〇一	五五三
	一三九	貳六八
	七六七	一〇八
	七三五	一〇四一
	六七七	七〇八

以下는物品으로進呈ᄒᆞ되每張에五匣相當홈

南部竹洞貳十貳統六戶

廣興商店 告白

本人의所有草家四間文券을셔失ᄒᆞ엿ᄉᆞ오니誰某拾得ᄒᆞ야도休紙施行홈

北部小安洞十四統十戶林春植

●漢語夜學員募集廣告

本學館內에셔漢語夜學講習一課를特設ᄒᆞ고學員을募集ᄒᆞ오니願學僉員은陽月十日內로請願書를本學館에提呈ᄒᆞᆯ事

皇城基督教青年會學館 白

本人이陰八月八日에崔鳳學處에李德潤을保證ᄒᆞ고金一百圓을債用ᄒᆞ엿다가十二月十七日에報給ᄒᆞ고還推ᄒᆞᆫ債標를必覓치안코置于手匣이라가셔失되엿슴기廣告ᄒᆞ오니內外國人間拾得ᄒᆞ면休紙施行ᄒᆞ시옵

中和內洞居李奎五 白

西署龍山坊孔德里墟洞五統七戶草家九間前板刻一張仝龍山坊桃花洞外契十二統四戶草家八間前板刻一張北署延禧坊延禧宮墟洞八統二戶草家四間前板刻一張北署延禧坊老姑山里六統二戶草家十間半證明書一張及測量圖本一張北署延禧坊三契滄川洞三統一戶草家五間前板刻一張北署延禧坊三契滄川洞八統六戶草家五間前立旨一張北署延恩坊末屹山里三統壹戶草家五間前板刻一張北署延禧坊二契大峴洞三統二戶草家五間前立旨二張北署延禧坊二契大峴洞四統九戶草家四間前板刻一張北署延禧坊四契細石里一統七戶草家五間前板刻一張西署盤松坊廣岩里二百十八統二戶草家一間前板刻壹張西署龍山坊孔德里墟洞八統十戶草家四間前板刻壹張을典執ᄒᆞ엿다가陰曆十一月初五日夜에逢賊셔失ᄒᆞ엿ᄉᆞ오니誰某執ᄒᆞ와도無効홈

北署延禧坊二契大峴洞五統一戶朴東緯 告白

日本語學書・語彙

半洋裝 六百餘頁
定價金一圓四十錢
(郵稅金 十四錢)

本書는日本에셔數十年遊學ᄒᆞ야實地研究를積ᄒᆞ고教壇의經驗이富ᄒᆞᆫ 林 圭 氏가蘊蓄ᄒᆞᆫ我國日本語學界에大光線을放코자ᄒᆞ는誠力의產物이라一卷二編에分ᄒᆞ야第一編은假名의起原과發音의變異를明示ᄒᆞ고第二編은各品詞의用例와言語의結構法을詳述ᄒᆞ고第三編은簡易ᄒᆞᆫ日常語와實用의會話對話等을總括ᄒᆞ엿는ᄃᆡ皆萃精採華ᄒᆞ고從類分門ᄒᆞ야註解가明晰ᄒᆞ고秩序가整齊ᄒᆞ야斯學研究者의好材料일ᄲᅮᆫ이니라 實로初學海의大指針이오獨習門의寶師友가될만ᄒᆞᆫ唯一의珍本이오니

有志諸君子는購覽ᄒᆞ시오

總發賣處　漢城 新文館
漢城南部綠井洞五十九統五戶 電話三二九番

分賣所　大韓興學會事務所
日本東京麴町區中六番町四十九番地

其他各書館

▲特別廣告▼

▲最新 通信販賣

勿驚ᄒᆞ시오地方에在ᄒᆞ신여러분이여

僅히一錢五厘의通信費를投ᄒᆞ면多大ᄒᆞᆫ旅費와繁雜을除ᄒᆞ고能히京都第一廉價의物品을得ᄒᆞ는妙方이現出ᄒᆞ엿스니此는歐米各國에셔流行ᄒᆞ는通信販賣法이오

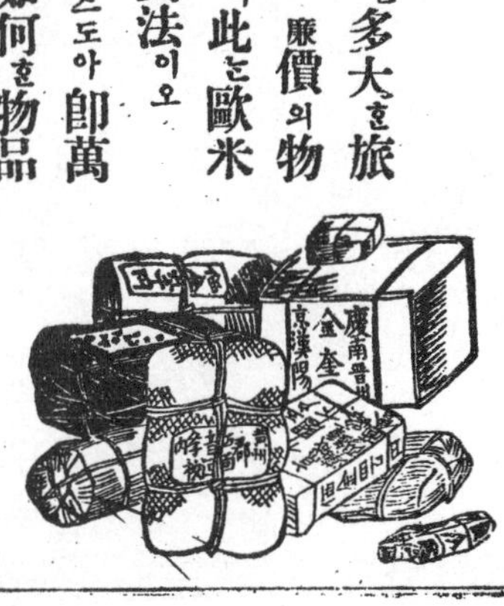

우리漢陽商會는뎨과도멘로스도아卽萬物이具備ᄒᆞᆫ商店이니如何ᄒᆞᆫ物品이라도葉書或書簡으로某物을送致ᄒᆞ라通知ᄒᆞ시면우리는確實迅速低廉으로爲主ᄒᆞ야郵便或運送으로送呈ᄒᆞᆯ것솜나이다

아-我韓의人士로誰가우리漢陽商會를不知ᄒᆞᆯ者-有ᄒᆞ며誰가此에同情을表치아니ᄒᆞᆯ者-有ᄒᆞ리요

弊店의商品目錄은누구시던지보니ᄯᅡ請求ᄒᆞ시면無代金으로送呈ᄒᆞᆯ것ᄉᆞ오니一次試驗ᄒᆞ기爲ᄒᆞ야如何ᄒᆞᆫ物品이던지注文ᄒᆞ여보시오그便利ᄒᆞᆫ方法이如何홈을아시리다

歐美雜貨各種 洋酒食料各種
文房具各種 內外國衣服次各種
本國物產各種

大韓皇城鍾路
輸出輸入商 漢陽商會
電話一九一番

廣告

國文 初等小學 韓歷史 特別減價二十錢
國文 初等大韓地誌 附地圖 特別減價十五錢
右書ᄂᆞᆫ純國文으로簡易케著述ᄒᆞ야女子社會와勞働學校의獨習케必要ᄒᆞ오니速速購覽ᄒᆞ시옵
發賣所 中部布屛下廣學書舖 金相萬

特別廣告

本社의서同胞의衛生을注意ᄒᆞ야美國의서經驗單方으로流行通用ᄒᆞᄂᆞᆫ靈驗聖劑를買入ᄒᆞ야左開廣布ᄒᆞ오니有病君子와藥業에從事ᄒᆞ시ᄂᆞᆫ僉彦은爭先來購ᄒᆞ시옵

分賣와都賣에差別이有ᄒᆞ야一打(十二個)以上의都賣에ᄂᆞᆫ特別割引홈

左開

秘製止痛藥 效能 外塗內服無處不適 消滯 止瀉 絕痛 治痢無不神效홈

喜蘇膏藥 效能 頭面 身體一切痛症 積年風濕 除痰 生[illegible]之道 [illegible]卽爽效홈

亞麟香膠 效能 毋論男女老少 [illegible] 年久日近一切 咳소 服之[illegible]效如神홈

蔘[illegible] 效能 痔疾[illegible] 火[illegible] 傷蟄咬等 諸症無雙[illegible]

蔘花糖水藥 効能 痲症 花柳毒 凡不潔血所集症 婦人癥瘕等症 靈驗홈

牛汁藥酒 効能 毋論男女老少氣血虛弱者服之則大補元氣身體强健홈

韓美興業株式會社事務所

本店에서開業ᄒᆞᆫ지十六年間僉君子의愛顧ᄒᆞ심을特蒙ᄒᆞ와今年부터業務을大擴張ᄒᆞ고春夏秋冬所用으로絨屬毛織各國高等物品을現今多數直輸入이온바各地方에서ᄂᆞᆫ貿易에便[illegible]卸賣買ᄅᆞᆯ爲ᄒᆞ야特히廉價ᄒᆞ와郵便小包[illegible]應ᄒᆞ야代金은引換ᄒᆞ깃사오니十三道各郡僉君子ᄂᆞᆫ隨意請求ᄒᆞ심을望
振替貯金番號(韓國壹三番)
漢城中部鍾路砂器廛洞二十一統五戶
廣興泰 告白

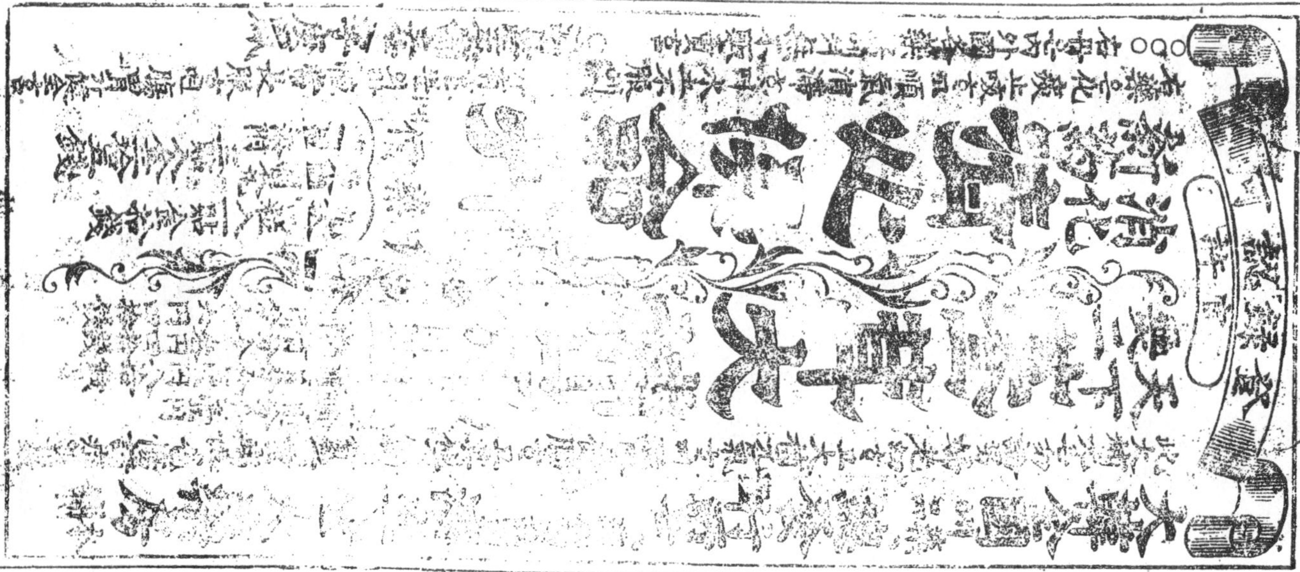

外方各處에서東西洋藥과國內所製各種藥의請求ᄒᆞ시ᄂᆞᆫ데便利迅速을爲ᄒᆞ야仁港本舖를京城鍾路和平堂으로移設홈은既往各新聞에揭告ᄒᆞ엿거니와此本舖和平堂에制度와儀式을[illegible]刻廣告하옵ᄂᆞᆫ本意ᄂᆞᆫ現今과將來에僉君子의歡迎하심을紀念하기爲ᄒᆞ야如是廣告홈
和平堂 本舖主人 李應善 白

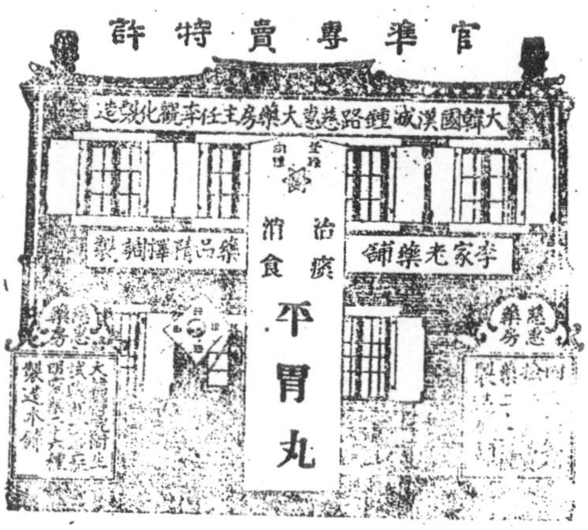

本院은韓國一般人民을爲ᄒᆞ야設立홈은僉彦의已知ᄒᆞᄂᆞᆫ바어니와自今으로事務를擴張ᄒᆞ고診察을더욱精密히ᄒᆞ기爲ᄒᆞ야時間을午前十時부터午後三時ᄭᆞ지無料로診察ᄒᆞ오며또特別診察所를置ᄒᆞ고些少의診察料로貴客의便宜를圖ᄒᆞ오니診察을要ᄒᆞᄂᆞᆫ僉彦은照亮을爲要
但特別ᄒᆞᆫ境遇에在ᄒᆞ야ᄂᆞᆫ時間을勿論ᄒᆞ고其請求를應홈
京城南大門外 濟衆院 告白

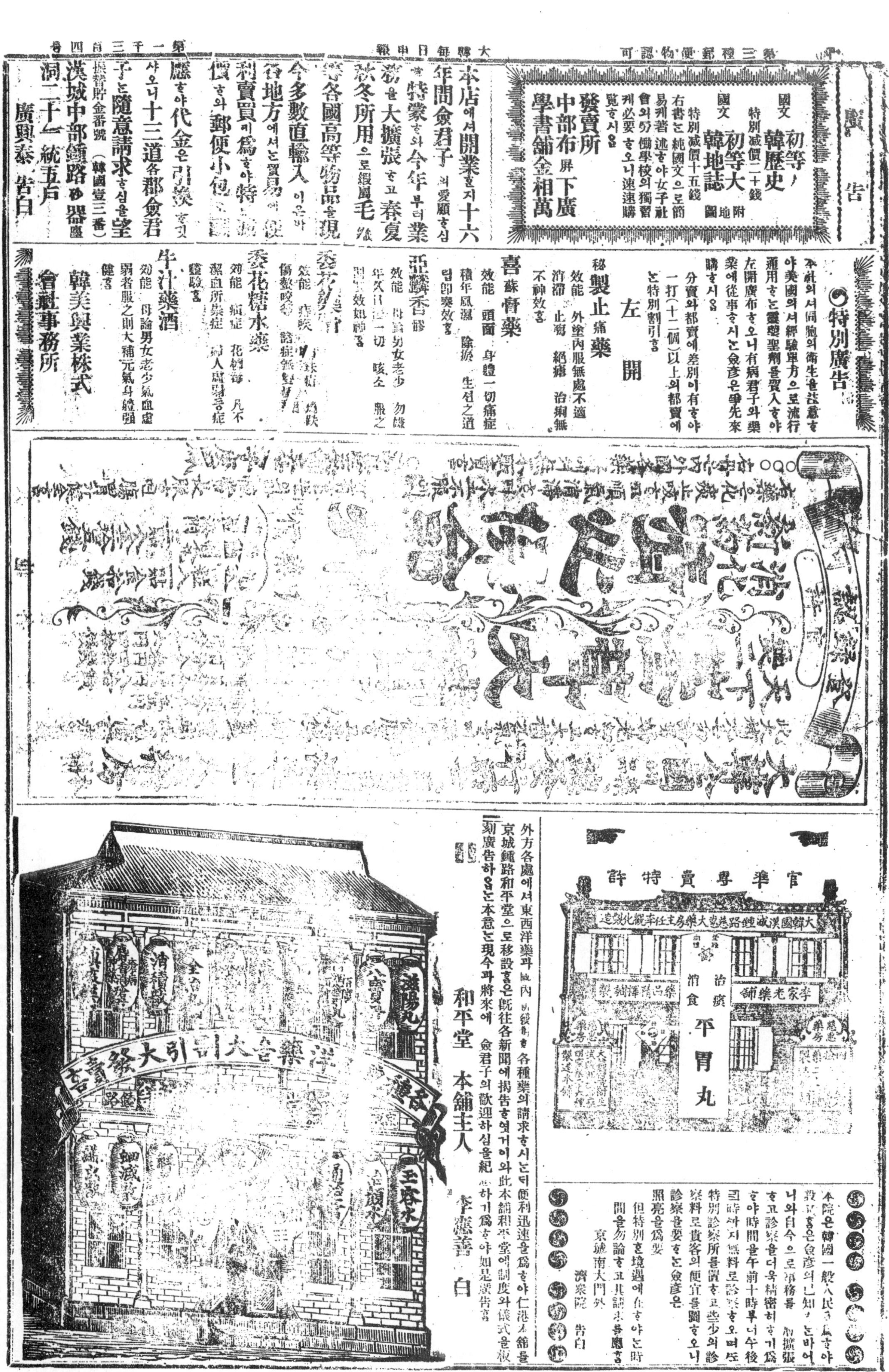

光武九年八月十一日 明治三十八年八月十一日 第三種郵便物認可
西曆一千九百十年二月三日(木曜)

檀君開國四千二百四十二年
箕子元年三千三十一年
大韓開國五百十八年
本報創刊日
光武八年七月十八日

大韓每日申報

Responsible for Publication Alfred Weekley Marnham.
發行兼編輯人 英國人 萬咸
發行所
京城南部石井洞三層洋屋家
大韓每日申報社

第八卷 月曜及祝節翌日休刊 第一千三百五号

論說

◎鳳鳴校主李鳳來氏에게告ᄒᆞ노라

鳳鳴中學校가校主任員及學生間의衝突을因ᄒᆞ야居然廢止에歸홈은吾儕가聞ᄒᆞᆫ지已久ᄒᆞ엿거니와至今ᄭᆞ지愼默을守ᄒᆞ야一言을不發홈은無他라大抵近來私校學生界에壹種怪風潮가有ᄒᆞ야敎育者에對ᄒᆞ야服從心은少ᄒᆞ고不正當의自由를樂ᄒᆞ야或科程이不滿足하다하야其增加를請ᄒᆞ며或敎師의學識이不足ᄒᆞ다ᄒᆞ야其改聘를求ᄒᆞ며始則過激ᄒᆞᆫ言辭로列名請願書를呈ᄒᆞ며終則壹齊히退學ᄒᆞ야校主及師長을협ᄒᆞ나니學生으로ᄒᆞ여금此等行動을作홈에至케홈은敎育者도其咎가全無타ᄒᆞ기難ᄒᆞ나名을學生에列하야校主의養護를受ᄒᆞ며師長의敎育을被ᄒᆞ면서些小不合의事가有ᄒᆞ다고如此의暴擧를喜作홈은決코被敎育者의行爲가아닐ᄲᅮᆫ더러抑又師를隆ᄒᆞ고長을敬ᄒᆞᄂᆞᆫ道가아니라故로今番鳳鳴中學校事도吾儕ᄂᆞᆫ此亦學生의過擧가不無ᄒᆞ리라ᄒᆞ야口를緘ᄒᆞ고手를袖ᄒᆞ야今日ᄭᆞ지至ᄒᆞ엿거니와乃者其內容의詳細를聞ᄒᆞᆫ즉

鳴乎라學生은一毫도作ᄒᆞᆫ過失이無ᄒᆞ고只是該校主李鳳來氏가學校ᄂᆞᆫ愛치안코金錢만愛하며學徒ᄂᆞᆫ愛치안코口腹만愛ᄒᆞ며公益은愛치안코私益만愛홈으로

該鳳鳴中學校가廢止됨에至ᄒᆞ엿도다

該鳳鳴中學校가廢止됨에至ᄒᆞ엿도다

鳴乎哀哉라鳳鳴中學校여

蓋該校學生이科程의不足홈을鳴願ᄒᆞᆫ事ᄂᆞᆫ有ᄒᆞ나過激히鳴願홈도아니며又自由로鳴願홈이아니오單只校長金重煥氏의言을承ᄒᆞ야鳴願ᄒᆞ엿더니校監李容台氏가喝曰此講師此科程外增加를請ᄒᆞᄂᆞᆫ者ᄂᆞᆫ退學ᄒᆞ리라ᄒᆞ며學生이此ᄂᆞᆫ校長의勸諭를承홈이거ᄂᆞᆯ退學之說이何當이뇨ᄒᆞᆫ즉容台氏再喝曰我가重費로汝等을敎育ᄒᆞ면汝等이他日에我를總理大臣이나萬石君이나되게ᄒᆞᆯ가ᄒᆞ니此ᄂᆞᆫ浪子의口法이오醉漢의語套이라學生이此를不足辨으로知ᄒᆞ고默然히出ᄒᆞ엿거ᄂᆞᆯ翌日壁上에突然히敎師ᄂᆞᆫ更不可擇選이니依願去就ᄒᆞ라ᄒᆞ엿스니

噫라請願하라ᄒᆞ야請願ᄒᆞᆫ것을如此히狂喝ᄒᆞ며狂喝ᄒᆞ야도安受ᄒᆞ거ᄂᆞᆯ又去就二字로恐喝ᄒᆞ니是ᄂᆞᆫ奴隸로學生을待홈이며狗彘로學生을視홈이니엇지可忍ᄒᆞ리오故로學生이一齊히退學ᄒᆞ엿도다

彼李鳳來가自財를費ᄒᆞ야設ᄒᆞᆫ學校를無端히廢止코ᄌᆞᄒᆞ야安坐ᄒᆞᆫ學生을校長식혀請願ᄒᆞ라ᄒᆞ며無罪ᄒᆞᆫ學生을校監식혀退學ᄒᆞ라홈이何故이뇨曰李鳳來의此校를設홈이元來佛心에서出홈이아니라蓋時勢의風潮를觀하고此皿를設ᄒᆞ야當年奸細輩되엿던罪惡을掩ᄒᆞ야社會의攻擊을免코ᄌᆞᄒᆞ다가終是愛金心이重ᄒᆞ고愛校心이薄홈으로所謂講師任員은費錢아니ᄒᆞᆯ自家食口로組織ᄒᆞ고若干의科程名色을設ᄒᆞ야人을欺ᄒᆞ엿스나畢竟鄙夫智中에些小의費用도可惜이니此가該校廢止의一遠因이오今夏日本客歡迎時에學生이此를反抗홈으로彼가愧에怒를兼ᄒᆞ며憤에憾을含ᄒᆞ엿스리니此가該校廢止의一近因이라此二因으로由ᄒᆞ야該校가맛ᄎᆞᆷ내廢止됨이로다

李鳳來야何惜이리오만은敎育界에一校가減홈을惜ᄒᆞ며學生의中途廢業됨을惜ᄒᆞ노라

然이나吾儕ᄂᆞᆫ强히李鳳來氏에계告ᄒᆞ노니君의舊惡이此校로由ᄒᆞ야將贖케되며君의名譽가此校로由ᄒᆞ야將光케되더니今君이突然히此校를廢止ᄒᆞ니鳴乎哀哉李鳳來여何處地獄으로入코ᄌᆞᄒᆞᄂᆞ뇨

外報

◎英皇御救恤 英國皇帝陛下ᄭᅴ옵서ᄂᆞᆫ法國洪水罹災者救濟ᄒᆞ기爲ᄒᆞ야論敦市長官邸에開ᄒᆞᆫ義捐金募集에對ᄒᆞ야一千기니ー(一기니ー는一磅보다一쉴링이多홈)、同皇后陛下ᄭᅴ셔ᄂᆞᆫ一千磅을下賜ᄒᆞ읍셧다더라

◎錦齊鐵道經營困難 錦齊鐵道에對ᄒᆞᆫ專門家의語ᄒᆞᆫ바를據ᄒᆞᆫ즉同線七百五十哩의沿線은遼西一部分을除ᄒᆞ면物資가豊富치못홈으로鐵道의利益이無多ᄒᆞᆫ中五千萬兩借款에對ᄒᆞ야年四分半의利子를附홈으로써此鐵道의經營은甚히困難ᄒᆞ다더라

◎巴里의困況 法國巴里市ᄂᆞᆫ今에糧食이缺乏ᄒᆞ야大困難에陷ᄒᆞ엿ᄂᆞᆫᄃᆡ暴徒가起擾홈으로軍隊ᄂᆞᆫ暴徒의게對ᄒᆞ야發砲를試ᄒᆞ엿고此를警衛키爲ᄒᆞ야守備隊를增加ᄒᆞ엿다더라

◎巴里洪水의原因 法國巴里洪水의原因은當初에非常ᄒᆞᆫ降雨로因ᄒᆞ야諸大川이汎濫ᄒᆞ고次에降雪이溶解ᄒᆞ야益히其勢를助長ᄒᆞᆫ所以라더라

◎希臘危機解決 希臘國의危機ᄂᆞᆫ暫時間에仍히解決되엿ᄂᆞᆫᄃᆡ何如ᄒᆞᆫ黨派에던지屬ᄒᆞ지아니ᄒᆞᆫ純然ᄒᆞᆫ行政的內閣을將次組織ᄒᆞᆫ다더라

學界

◎晩乃覺悟 黃北漆谷郡上枝面居李相驥氏ᄂᆞᆫ舊思想에固繫ᄒᆞ야五十星霜을擲送ᄒᆞ엿ᄂᆞᆫᄃᆡ近日에ᄂᆞᆫ新書籍을閱覽타가風潮의感이油然發生ᄒᆞ야一坊靑年을敎育ᄒᆞ기로普通學校를設立ᄒᆞ고壹邊生徒를募集ᄒᆞ고壹邊資本을鳩聚ᄒᆞᆫ다더라

◎金氏留學說 中東學校學徒金顯鎭氏ᄂᆞᆫ美國에留學ᄒᆞᆯ次로再昨日退學ᄒᆞ엿다더라

◎斷髮決議 閔涼瑗李建榮諸氏ᄂᆞᆫ公州地方을遊歷ᄒᆞ다가各學校學生을會同ᄒᆞ야時局에關ᄒᆞᆫ形便을極力說明ᄒᆞ엿ᄂᆞᆫᄃᆡ學生諸氏ᄂᆞᆫ一切斷髮ᄒᆞ기로決議ᄒᆞ엿다더라

◎郡主美績 全北鎭安郡主事白종基氏ᄂᆞᆫ公務에恪勤ᄒᆞ고敎育에留意ᄒᆞ야該郡文明學校에維持方針과敎授程度를熟心研究ᄒᆞᆫ다더라

◎醢商義捐 平南甑山郡鎭南面等地에서留連ᄒᆞ면서蛤醢商으로僅僅糊口ᄒᆞᄂᆞᆫ李大興氏ᄂᆞᆫ該洞私立彰明學校에經費窘乏홈을聞ᄒᆞ고金一圓을寄付ᄒᆞ엿다더라

詞藻

❀더욱밧비❀ 長吁生

壹身을싱각말고、國家事만힘써ᄒᆞ쇼。
나라이업셔지면、재壹身은어ᄃᆡ두리。
至今에、危急存亾之秋를當ᄒᆞᆫ우리들은、더욱밧비。

雜報

○種苗場官制改正 種苗場官制를改正ᄒᆞ야管掌事務는種苗畜種禽種豚等을配付케하고農事의短期講習及巡回敎師는農事의實地를指導케ᄒᆞ고職員은技師專任二人技手專任二十七人書記專任五人으로改定ᄒᆞ엿다더라

○書類正寫 奎章閣에서는國朝에傳來ᄒᆞ던一般書類를謄寫키爲ᄒᆞ야寫手六人을試取ᄒᆞ야目下正書中인ᄃᆡ手料金은每張에十錢式支給ᄒᆞᆫ다더라

○殘金塞責 內閣에서無故除汰ᄒᆞᆫ韓人主事六名은本日에恩賜金을給與ᄒᆞᆫ다ᄂᆞᆫᄃᆡ五十圓以上으로乃至百圓以下라더라

○農部出品期 農商工部에서日本福岡縣名古屋兩共進會出品ᄒᆞᆯ物品을明再明間輸出ᄒᆞᆫ다더라

○福島歸國 日人福島中將은再昨日發程歸國ᄒᆞ엿다더라

○順川事件協議 再昨日統監府會議室에서叅與官會議를開하고順川事件을協議ᄒᆞ엿ᄂᆞᆫᄃᆡ該事件이國法에違反ᄒᆞᆫ暴動이라ᄒᆞ야大嚴刑을施ᄒᆞ고地方費收納目的을必達하자힛다더라

○武裝行政說 今番順川事件에對하야某便에서ᄂᆞᆫ該人民을叛逆民이라하야武裝行政을實行ᄒᆞᆷ이可하다고主唱하ᄂᆞᆫ者도有하다더라

○大行搜索 平壤에서日憲兵十餘名과韓日巡査十餘名이順川으로急行하야人民十餘名을捕縛하고尙且晝夜奔走하야壹網打盡ᄒᆞᆯ計劃으로搜索을大行ᄒᆞᆫ다더라

○渡邊不死 順川騷動時에日人渡邊의被殺說은訛傳이라더라

○地方費豫算 今年度地方費豫算中에各道地稅附加稅가三十五萬三千八百五十九圓이오屠場稅가九萬四千四百二十五圓이오市場稅가二十五萬九千七百四十壹圓이라더라

○開業認許 大韓醫院卒業生李錫駿孫昶秀張基茂金守鉉四氏의게內部에서開業認許狀을交付ᄒᆞ엿다더라

○處々除汰 宮內府에서三昨日韓人役員十六名과主馬課에서韓人御馬者十一名을又爲除汰ᄒᆞ엿다더라

○宜加論駁 前參判尹錫鼎氏ᄂᆞᆫ年前永川郡守在任時에如干公逋가有ᄒᆞ야已爲淸帳ᄒᆞ엿ᄂᆞᆫᄃᆡ日前度支部에서該氏를招出ᄒᆞ야公錢을更히推尋ᄒᆞᄂᆞᆫ故로曾前淸勘ᄒᆞᆫ證書를擧ᄒᆞ야司稅局長日人鈴木의게辨白ᄒᆞ고仍히一塲論駁을加ᄒᆞ엿다더라

○晋民皺々 慶南觀察使黃鐵氏ᄂᆞᆫ道路를修築ᄒᆞᄂᆞᆫᄃᆡ民有土地를多數犯入케하고도地稅ᄂᆞᆫ依前徵收케ᄒᆞ며人民役夫를多數使用하고도役費金三十七錢式逐戶督捧ᄒᆞᆷ으로民怨이藉々ᄒᆞ다더라

○所爲止此 承寧府總管趙民熙從二品趙命熙其餘某某高等官은去月二十日夜에趙民熙氏家에會同하야雜技局을設ᄒᆞ엿ᄂᆞᆫᄃᆡ千餘圓得失이有ᄒᆞ얏다더라

○調査次出發 順川郡騷動事件을調査ᄒᆞ기爲하야內部書記官趙聲九氏와日人今村警視와花輪巡査가昨日上午九時十分에京義線으로發程하엿ᄂᆞᆫᄃᆡ來往期日은一週間으로預定하엿다더라

○學部派員 順川郡私立學校日人校監이今番騷動에重傷을被ᄒᆞ야生命이危險하다ᄂᆞᆫ電報가有ᄒᆞᆷ으로學部에서飜譯官李完應氏와日人事務官柳田을昨日上午九時에該郡으로派送하엿다더라

○關廟基地調査 內部에서漢城府에指飭하야東南關王廟의基地坪數를調査케ᄒᆞ엿다더라

○中署團束 國民同志贊成會에서內閣及統監府에長書를提出ᄒᆞᆯ次로目下起草ᄒᆞᆫ다ᄂᆞᆫ說이有ᄒᆞ야昨日上午十時中部警察署에서該會長李範贊을招致ᄒᆞ야事實을査問ᄒᆞ고更히妄動치말나고嚴密團束하엿다더라

○反遭面駁 日前中部警察署에서徐彰輔를招致ᄒᆞ야國民同志贊成會의趣旨書發布를禁止ᄒᆞᆷ은旣報어니와此ᄂᆞᆫ確有ᄒᆞᆫ事實인ᄃᆡ再昨日該會員이某新聞社에前往ᄒᆞ야正誤를懇乞ᄒᆞ다가面駁을反遭ᄒᆞ엿다더라

○顏皮甚厚 國民同志贊成會에서金宗漢氏로會長을推薦ᄒᆞᆷ으로金氏가峻拒不應ᄒᆞ고新聞에廣告ᄭᆞ지하엿슴으로該會에서所謂總代를派送하야質問ᄭᆞ지하엿ᄂᆞᆫᄃᆡ再昨日에總代를更派ᄒᆞ야會長固辭의理由를詰問ᄒᆞᄂᆞᆫᄃᆡ金氏ᄂᆞᆫ適其時出他ᄒᆞ고金氏의姨從排性鎬氏가在座ᄒᆞ엿다가該總代를論駁ᄒᆞ야日汝等이何等面目으로政合邦을贊成ᄒᆞ며金氏의게質問은다무엇이냐ᄒᆞ고一塲痛罵ᄒᆞ엿ᄂᆞᆫᄃᆡ該總代ᄂᆞᆫ默々無言하엿다더라

○到處見逐 國民同志贊成會에서中部寺洞李徵翼氏家에事務所를設하엿더니三昨日該家主의게見逐ᄒᆞ야沙器廛洞으로移接하엿ᄂᆞᆫᄃᆡ再次驅逐을被ᄒᆞᆷ으로將次校洞等地로移轉코져ᄒᆞᆫ다더라

○期欲打破 陰城郡居鄭錫永氏ᄂᆞᆫ漢城內各社會를聯合ᄒᆞ야同志贊成會를期於打破ᄒᆞ랴고上京運動中이라더라

○楊植劃簿 果商組合所任員楊植은政合邦問題를贊成ᄒᆞᆫ다ᄒᆞ야該所任員壹同이再昨日臨時總會를開ᄒᆞ고楊植의名簿를劃去ᄒᆞ엿다더라

○此又何物 前鴻山郡守李秀萬等十餘人이十三道儒生의代表라冒稱ᄒᆞ고韓日兩國政府에長書를提出ᄒᆞ야壹進會合邦問題를極口贊成ᄒᆞ엿다더라

○祥儒攻駁 祥原郡儒生李忠和氏等十餘人이聯署ᄒᆞ야一進會에寄書ᄒᆞ고政合邦問題에對ᄒᆞ야極口攻駁을加하엿다더라

○全氏請願 咸興郡居全致煥氏ᄂᆞᆫ該郡에在ᄒᆞᆫ金礦五萬餘坪을承認ᄒᆞᆯ次로日昨農商工部에請願ᄒᆞ엿다더라

○員役又訴 宮內府에서除汰ᄒᆞᆫ員役等은恩賜金도尙不支給ᄒᆞᆷ으로昨日에又爲等訴ᄒᆞ엿하다더라

◎順川騷動의詳聞

順川騷動의狀況은旣히公報等文을據ᄒᆞ야揭布하엿거니와更히西來確報를據ᄒᆞᆫ즉去月廿九日午時量에順川郡市場管理人趙景竣이百一稅를徵收ᄒᆞᆯ次로市民을强督ᄒᆞ매市民이羣起質問曰此稅를徵收ᄒᆞᆷ은何等官廳의命令을因ᄒᆞᆷ이냐ᄒᆞ거날趙曰財務署長野澤의所令이라ᄒᆞ매市民曰然則野澤의게質問ᄒᆞᆷ이可ᄒᆞ다ᄒᆞ고仍히趙와同히財務署에前往ᄒᆞ야野澤과酬酌ᄒᆞ더니言往說來間에野澤이忽地에銃을放ᄒᆞ거날市民들이一齊憤發ᄒᆞ야亂石을投ᄒᆞ고日人들은銃을放ᄒᆞ야三十分間戰塲을便成ᄒᆞ엿ᄂᆞᆫᄃᆡ畢竟日人便에셔藥彈이盡ᄒᆞᆫ덕市民數千이拚死前進ᄒᆞ야日人七名과韓人財務主事南宮奬을擊殺ᄒᆞ고財務署等官舍를燒燼ᄒᆞ엿ᄂᆞᆫᄃᆡ韓人死者ᄂᆞᆫ十名이오負傷者가十餘名이라더라

○時事報怪筆 今番順川人民이起擾ᄒᆞᆷ에對ᄒᆞ야時事新聞에셔ᄂᆞᆫ此를賊擾라題ᄒᆞ고該郡財務署에셔市場稅를賦課ᄒᆞᆷ에對ᄒᆞ야多數ᄒᆞᆫ賊徒가暴行을加하엿다고記載ᄒᆞᆫ故로批評이紛紜하다더라

○江民將訴 麻浦江口ᄂᆞᆫ每日通行ᄒᆞᄂᆞᆫ船隻이千餘艘에達하ᄂᆞᆫ航路中要地인ᄃᆡ日人上田元이該江中央에船橋를敷設하기로內部認可를得하야目下工事에着手中인ᄃᆡ航路要點에架橋를橫貫하면船路交通이不便하야麻浦龍山等沿岸이自然閉鎻에至ᄒᆞᆯ터인故로麻浦人民等이上田元의認許를繳消하라고內部에請願하엿더니于今十餘日이過하되如何ᄒᆞᆫ措處가尙無ᄒᆞᆷ으로沿江上下人民壹同이將次內部에聯署再訴ᄒᆞᆯ터이라더라

○馬賊被捉 平北朔州郡에셔ᄂᆞᆫ馬賊三名이携銃暴行하야金品을掠奪하다가該地巡查에게被捉하엿다더라

○李家搜索 宮中顧問李允用氏의別室山月에前夫子李景熙氏ᄂᆞᆫ詐欺取財ᄒᆞᆫ事件이有ᄒᆞ다ᄒᆞ야日憲兵司令部에셔逮捕ᄒᆞᆯ次로再昨日憲兵을派送ᄒᆞ야李允用氏의家宅을搜索ᄒᆞ얏다더라

○凍死何多 近日寒氣ᄂᆞᆫ年來初有ᄒᆞᆫ酷寒이라ᄂᆞᆫᄃᆡ去月三十日夜京城內에凍死者가五人이오三十一日夜에凍死者가四十餘人이라더라

○白氏自殺 京畿道利川財務署主事白熙洙氏ᄂᆞᆫ市場管理事件으로何等府節이有ᄒᆞ던지拳銃으로自殺ᄒᆞ엿다더라

○大垣又渡說 大韓協會顧問大垣丈夫ᄂᆞᆫ數日後渡韓ᄒᆞᆯ깃다ᄂᆞᆫ通信이有ᄒᆞ다더라

電報

◎移民方針言明 本日日本外相小村은議會質問에對ᄒᆞ야日政府ᄂᆞᆫ列强의形勢를算量ᄒᆞ야韓國과淸國滿洲에移民非集出ᄒᆞᆯ方針이라고言ᄒᆞ엿다더라

東京發 一日着

◎代議士質問 去壹日日本衆議院에서代議士大內가統監政治에關하야質問이有하엿ᄂᆞᆫᄃᆡ其要領은統監政治가懷柔에流ᄒᆞᆷ과政府機關의重複과官吏共용의不可와韓國人官吏任用의必要와新三稅及退韓命令의不可와司法廳組織의過大와財政獨立移民奬勵의方針等을質問하엿고代議士吉植宮古等은統監府官吏增俸에對하야質問하엿ᄂᆞᆫᄃᆡ政府委員橋本兒玉兩人은原案維持의意로答辯하엿다더라

◎順川과日本 韓國順川人民의騷動에對ᄒᆞ야日本朝野ᄂᆞᆫ非常히刺激되야韓日關係上에輕視키難ᄒᆞᆫ現象이라고注意ᄒᆞᆫ다더라

◎日本大火 日本靜岡縣下稻取村에서昨日大火가有ᄒᆞ야三百戶가全燒되고尙且燒死者가有ᄒᆞᆫ貌樣이라더라

以上東京發 二日着

◎革命黨陰謀 淸國革命黨熊成基ᄂᆞᆫ爾賓에서歐洲視察大臣載洵貝勒을暗殺ᄒᆞ랴다가陰謀가發現되야淸國官吏에게被捉하엿다더라

◎安氏公判期 安重根氏의公判은來七日부터開廷ᄒᆞᆫ다더라

以上滿洲發 二日着

▲社會燈▼

▲찬바람은蕭瑟ᄒᆞ고殘雪빗춘侵凌ᄒᆞᆫᄃᆡ客塲우에비겨안져禿餘筆을ᄲᅢ여들고而江山을도라보니滿目風烟黯淡中에보이나니慘況이오들니나니慘報로다可憐ᄒᆞᆯᄉᆞ뎌同胞를무ᄉᆞᆷ씨도펴져볼ᄭᆞ

▲漢城곳치좁은山川三兩日이다못되여四十餘名뎌僵屍가어름속에永葬ᄒᆞ니金屋中에大官들은錦衣玉食누리면서무ᄉᆞᆷ職業맛텃노라廣濟蒼生못ᄒᆞ보고져런慘況비져ᄂᆡ노그所聞도慘慘ᄒᆞ고

▲順川郡內人民들은市塲稅를反對타가砲烟丸雨亂飛中에十餘生命慘殺되니金融枯渴이時代에許多徵稅물수업셔空手陳情ᄒᆞᄂᆞᆫ同胞무ᄉᆞᆷ罪가그리만히先手放砲하단말가그所聞도慘慘ᄒᆞ다

▲슬프도다韓國同胞凍寒에도慘死하고兵刃에도慘死ᄒᆞ고無辜코도慘死ᄒᆞ고有罪코도慘死ᄒᆞ야다죽나니뎌同胞요뭇사나니뎌同胞라何月何日何時에나救世活佛싱겨나셔뎌同胞[illegible]樂ᄒᆞᆯᄭᆞ

○閔邸開宴 宮相閔丙奭氏ᄂᆞᆫ
○尹氏運動 水原郡에在ᄒᆞᆫ漢
○容九吟病 一進會長李容九
○兩氏頌聲 全南茂長郡主事
러該地方이昨年度義擾가最甚
一切無事放免케ᄒᆞ엿슴으로此
灯會를開ᄒᆞ고歐美各國商工業

等官諸氏를私邸로請邀宴待ᄒᆞ엿다더라

任을辭免ᄒᆞ고再昨日上京ᄒᆞ야拓殖會社理事를運動ᄒᆞᆫ다더라

지因爲成病ᄒᆞ야現今呻吟中이라더라

坤氏ᄂᆞᆫ敎育에熱心ᄒᆞ야郡內에在ᄒᆞᆫ各學校를熱心贊成ᄒᆞᆫ다더[illegible]

日討伐隊에被捉ᄒᆞᆫ者ㅣ多數ᄒᆞ엿ᄂᆞᆫ데該兩氏가極力交涉ᄒᆞ야[illegible]

◐[illegible]에鍾路青年會館에셔盛大ᄒᆞᆫ[illegible]

[illegible]ᄒᆞᆫ다더라

社告

自社稷洞으로至北壯洞本社分傳人朴昌淳除汰ᄒᆞᆫ代韓鍾海를出送ᄒᆞ오니本社領收證업시代金을出給ᄒᆞ시면無效로認定ᄒᆞᆯ깃ᄉᆞ오니 僉君子ᄂᆞᆫ照亮爲要

大韓每日申報社

鐵山 邑支社員安灦氏辭免ᄒᆞᆫ代에該郡邑內東部十一統六戶鄭翊氏로擇定ᄒᆞ엿고 平南順川 支社員鄭裕景 氏辭免ᄒᆞᆫ代에 該郡柴洞孫定龍氏로擇定 ᄒᆞ엿ᄉᆞ오니本報購覽 僉君子ᄂᆞᆫ 照亮ᄒᆞ시옵

大韓每日申報社

雜報

◐李氏憂懼 前承旨李內瓚氏ᄂᆞᆫ年前盈德郡守在任時에該道觀察使尹헌氏가藥價金이라稱ᄒᆞ고錢二萬兩을上納ᄒᆞ라고首書記를押上ᄒᆞ야百般鍛鍊ᄒᆞᄂᆞᆫ故로防塞不得ᄒᆞ야該郡商人金德先氏에게錢二萬兩을貸入酬應ᄒᆞ고因卽遞任ᄒᆞ야尙未淸帳ᄒᆞ엿ᄂᆞᆫ데金氏가裁判推覓ᄒᆞ기爲ᄒᆞ야上京準備ᄒᆞᄂᆞᆫ故로李氏ᄂᆞᆫ方在憂懼中이라더라

◐역逆難中 加平郡下面面長兪誼淳氏家에ᄂᆞᆫ何許人이匿名書一封을投送ᄒᆞ야其行爲를論駁ᄒᆞ엿ᄂᆞᆫ데厥後未幾에柳敬烈羅相翼崔麟相三氏가該面長을改差公薦ᄒᆞᄌᆞ고列名廣布ᄒᆞ엿슴으로該郡駐在所에셔前日匿名書도該三人의所爲라ᄒᆞ야捉囚ᄒᆞ엿다가說諭放送ᄒᆞ엿다더라

◐兩氏渡美 洪完植尹成烈兩氏ᄂᆞᆫ美國桑港에居留ᄒᆞᄂᆞᆫ韓人同胞의게耶蘇敎를傳布키爲ᄒᆞ야來十九日發程次로理事廳에憑票ᄭᆞ지得ᄒᆞ엿다더라

廣告

金奎東氏本生大人淳昌公陰十二月二十二日寅時別世玆訃告

護喪 金致相

本人이西部五宮洞朴震夏處에推次票二張中陽八月卅一日推次新貨四十圜票一張을路中에셔失故로玆以廣布ᄒᆞ오니誰某拾得ᄒᆞ와도休紙로施行ᄒᆞ시옵

毛橋 金用汝 告白

本人弟時中과族弟吉鎭이가遊學次로壹月卄八日同件出去ᄒᆞᆫ後에何校에入學인지尙今깃등信이無ᄒᆞ와廣告ᄒᆞ오니누구시던지右兩人의住所를아시면左記處所로通奇ᄒᆞ심을伏望

順安自德面韓興學校韓昌鎭 白

本人이龍山城直里八十壹統六戶朴益瑞處에打租七十六石積置票四張을셔失故로本處에更爲出票以來이오니該票를誰某拾得이라도休紙施行홈

南部弘門洞六統六戶金基重

◐漢語夜學員募集廣告

本學館內에셔 漢語夜學講習一課를特設하고學員을募集ᄒᆞ오니願學 僉員은陽二月十日內로請願書를本學館에操呈ᄒᆞᆯ事

皇城基督教青年會學館 白

日本語學音·語篇

半洋裝 六百餘頁

定價金一圜四十錢

(郵稅金 十四錢)

本書ᄂᆞᆫ日本에셔數十年遊學ᄒᆞ야實地硏究를積ᄒᆞ고敎壇의經驗이富ᄒᆞᆫ林圭氏가暗黑ᄒᆞᆫ我國日本語學界에大光線을放코자ᄒᆞᄂᆞᆫ誠力의産物이라一卷二編에分ᄒᆞ야第一編은假名의起原과發音의蘊奧를明示ᄒᆞ고第二編은各品詞의用例와言語의結構法을詳述ᄒᆞ고第三編은簡易ᄒᆞᆫ日常語의實用인會話對話等을總括ᄒᆞ엿ᄂᆞᆫ데皆聚精撰華ᄒᆞ고從類分門ᄒᆞ야註解가明晣ᄒᆞ고秩序가整齊ᄒᆞ야斯學硏究者의好材料ㅣ될뿐아니라實로初學海의大指針이오獨習門의眞師友가될만ᄒᆞᆫ唯一의珍本이오니有志諸君子ᄂᆞᆫ購覽ᄒᆞ시오

總發賣處 漢城南部絲井洞五十九統五戶 漢城新文館 電話三九二番

大韓興學會事務所 日本東京麴町區中六番町四十九番地

其他各書館 分賣所

▲特別廣告▼

▲▲最新通信販賣

勿驚ᄒᆞ시오地方에在ᄒᆞ신여러분이여

僅히一錢五厘의通信費를投ᄒᆞ면多大ᄒᆞᆫ旅費와繁雜을除ᄒᆞ고能히京都第一廉價의物品을得ᄒᆞᄂᆞᆫ妙方이現出ᄒᆞ엿스니此ᄂᆞᆫ歐米各國에셔流行ᄒᆞᄂᆞᆫ通信販賣法이오

우리漢陽商會ᄂᆞᆫ떼파도멘트스도아即萬物이具備ᄒᆞᆫ商店이니如何ᄒᆞᆫ物品이라도葉書或書簡으로某物을送致ᄒᆞ라通知ᄒᆞ시면우리ᄂᆞᆫ確實迅速低廉으로爲主ᄒᆞ야郵便或運送으로送呈ᄒᆞᆯ깃ᄉᆞᆸ나이다

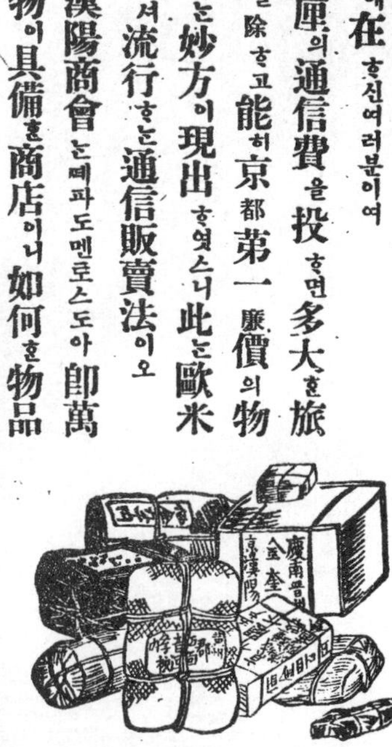

아ㅣ我韓의人士로誰가우리漢陽商會를不知ᄒᆞᆯ者ㅣ有ᄒᆞ며誰가此에同情을表치아니ᄒᆞᆯ者ㅣ有ᄒᆞ리요

弊店의商品目錄은누구시던지보시랴請求ᄒᆞ시면無代金으로送呈ᄒᆞᆯ깃ᄉᆞ오니一次試驗ᄒᆞ기爲ᄒᆞ야如何ᄒᆞᆫ物品에던지注文ᄒᆞ여보시오그便利ᄒᆞᆫ方法이如何ᄒᆞᆷ을아시리다

歐美雜貨各種 洋酒食料各種

文房具各種 內外國衣服次各種

本國物産各種

大韓皇城鍾路

輸出輸入商 漢陽商會

電話一九一番

廣告

國文 **初等大韓歷史** 特別減價二十錢

國文 **初等大韓地誌** 附地圖 特別減價十五錢

右書ᄂᆞᆫ純國文으로簡易케著述ᄒᆞ야女子社會와勞働者와學校의獨習케必要ᄒᆞ오니速速購覽ᄒᆞ시옵

發賣所 中部布屛下廛 學書舖金相萬

本店에서開業ᄒᆞᆫ지十六年間僉君子의愛顧ᄒᆞ심을特蒙ᄒᆞ와今年부터業務을大擴張ᄒᆞ고春夏秋冬所用으로絨屬毛織等各國高等物品을現今多數直輸入이온바各地方에서ᄂᆞᆫ貿易에便利賣買키爲ᄒᆞ야特廉減價ᄒᆞ와郵便小包로酬應ᄒᆞ야代金은引換ᄒᆞ깃사오니十三道各郡僉君子ᄂᆞᆫ隨意請求ᄒᆞ심을望

振替貯金番號（韓國壹三番）

漢城中部鍾路砂器廛洞二十一統五戶

廣興泰 告白

◉特別廣告

本社의셔[illegible]의衛生을注意ᄒᆞ야美國의셔經驗難方으로流行適用ᄒᆞᄂᆞᆫ靈驗異劑를貿入ᄒᆞ야左開廣布ᄒᆞ오니有病君子와藥業에從事ᄒᆞ시ᄂᆞᆫ僉彦은爭先來購ᄒᆞ시옵

分賣와都賣에差別이有ᄒᆞ야一打（十二個）以上의都賣에ᄂᆞᆫ特別割引홈

左開

秘製止痛藥
效能 外塗內服無處不適 消滯 止瀉 絕痛 治痢無不神效홈

喜蘇[illegible]藥
效能 頭痛 身體一切痛症 積年風濕 除痰 生신之道 即刻奏效홈

亞麟香膠
效能 毋論男女老少 勿嫌年久日淺一切咳소 服之則其效如神홈

委花藥膏
效能 痔疾 懸珠瘡 燒跌傷 熱咬等 諸症無雙聖藥

委花糖水藥
効能 痳症 花柳毒 凡不潔血所崇症 婦人虛弱등症 靈驗홈

牛汁藥酒
効能 毋論男女老少氣血虛弱者服之則大補元氣身體强健홈

韓美興業株式會社事務所

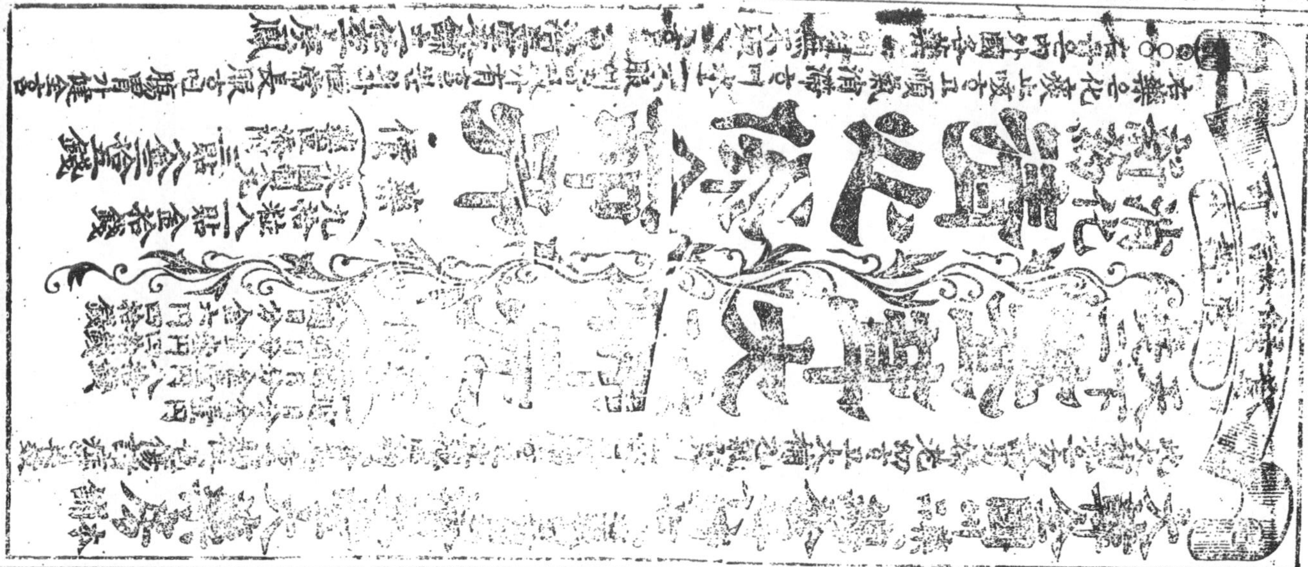

外方各處에서東西洋藥과國內新發明ᄒᆞᆫ各種藥의請求ᄒᆞ시ᄂᆞᆫ데便利迅速을爲ᄒᆞ야仁港本舘를京城鍾路和平堂으로移設홈은既往各新聞에揭告ᄒᆞ엿거니와此本舖和平堂에制度와儀式을新刻廣告하오ᄂᆞᆫ本意ᄂᆞᆫ現今과將來에 僉君子의歡迎하심을紀念하기爲ᄒᆞ야如是廣告홈

和平堂 本舖主人 李應善 白

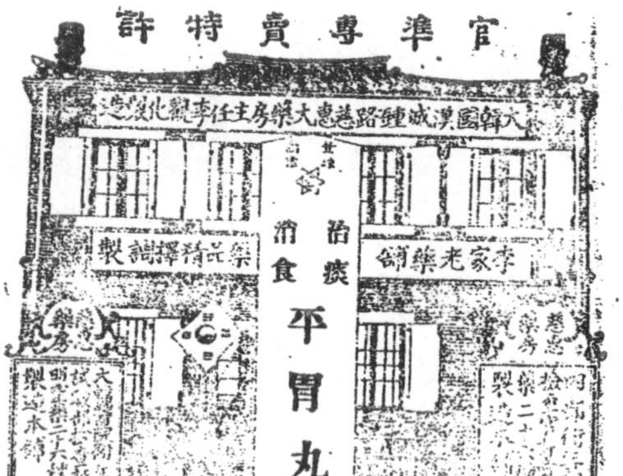

本院은[illegible]設立ᄒᆞᆫ之今[illegible]이와[illegible]ᄒᆞ고診[illegible]ᄒᆞ야時間[illegible]回昨새[illegible]無料로診[illegible]特別診察所를開ᄒᆞ고[illegible]察料로貴客의便宜를圖[illegible]診察을要ᄒᆞ시ᄂᆞᆫ僉彦은照亮을爲要

但特別ᄒᆞᆫ境遇에在ᄒᆞ야ᄂᆞᆫ[illegible]問을勿論ᄒᆞ고其請求를應[illegible]

京城南大門外
濟衆院 告白

檀君開國四千二百四十二年
箕子元年三千二十一年
大韓開國五百十八年
本報創刊日
光武八年七月十八日

大韓每日申報

Responsible for Publication Alfred Weekley Marnham.
發行兼編輯人 英國人 萬咸
發行所 京城南部石井洞三層洋屋家 大韓每日申報社

第八卷 月曜及慶節歲時休日刊 第一千三百六号

論說

富寧郡의新福音

經育華盛頓의市街에至ᄒᆞ야眼을壹放ᄒᆞ면電線은蛛絲ᄀᆞᆺ치羅ᄒᆞ며鐵道ᄂᆞᆫ蜈足ᄀᆞᆺ치列ᄒᆞ고樓閣이天을觸ᄒᆞ며燈光이夜를破ᄒᆞ나니何人이던지此에喟然히壹太息을發ᄒᆞ여曰富ᄒᆞ다斯國이여ᄒᆞ지아니ᄒᆞᆯ者ㅣ無ᄒᆞ나然이나是가天造地設ᄒᆞᆫ富國이아니라百餘年來勤儉ᄒᆞᆫ農業民의血汗中으로부터造成ᄒᆞᆫ비라嗚乎라今夫遠地旅行의人이其心에ᄂᆞᆫ壹瞥에太平洋을渡하며壹躍에長白山을越ᄒᆞ야目的地에達코져ᄒᆞ나事實上에ᄂᆞᆫ不能不許多의程路를歷ᄒᆞᆷ과ᄀᆞᆺ치穴居時代를經치안코ᄂᆞᆫ金堂玉樓를得ᄒᆞ지못ᄒᆞ며專制時代를經치안코ᄂᆞᆫ立憲共和를得ᄒᆞ지못ᄒᆞ며農業時代를經치안코ᄂᆞᆫ商工의發達을得ᄒᆞ지못ᄒᆞ나니今에美國商工의隆盛을艶ᄒᆞᄂᆞᆫ者ㅣ有ᄒᆞᆫ가몬저其農業부터學得ᄒᆞᆷ이可ᄒᆞ니라

是以로近日韓國內에何處에서ᄂᆞᆫ農學을講ᄒᆞ거나何處에서農會를設하엿다하면吾儕ᄂᆞᆫ어ᄃᆡᄭᅡ지던지此를贊誦ᄒᆞ며祝賀하엿거니와

今에第壹耳를傾ᄒᆞᆯ消息은咸鏡北道富寧郡農事講習所의設立이是라

該郡에셔農事講習所를設하고每戶二十二錢式收하야經費로用하며各面에農事上經驗이富ᄒᆞᆫ人을三人式擇ᄒᆞ야講論ᄒᆞ며又將時機를隨ᄒᆞ야農學々士를聘ᄒᆞ야農事上新知識을輸入ᄒᆞᆯ計劃이라ᄒᆞ니

其方法이時宜에適ᄒᆞ야簡ᄒᆞ되要ᄒᆞ며廣ᄒᆞ되易ᄒᆞ야全國農民同胞에게模範을垂ᄒᆞᆯ만ᄒᆞ도다

勉ᄒᆞᆯ지어다農產이不足하면製造料가乏ᄒᆞ야工이衰하며買賣品이少ᄒᆞ야商이墜하리니今日農業의發達ᄒᆞᆯ道ᄂᆞᆫ國內有志者의極力研究ᄒᆞᆯ비니勉ᄒᆞᆯ지어다

抑韓國의農業이數千年前부터已有ᄒᆞᆫ바로셔何故로至今ᄭᆞ지其農進化의阻滯됨이如此ᄒᆞᆫ지機械를問ᄒᆞ면數千年前支那에셔用ᄒᆞ던神農氏의耒耜ᄲᅮᆫ이며其農地를問하면新羅時代에遺ᄒᆞᆫ堤堰ᄲᅮᆫ이오牧畜의滋殖減縮은天然에聽ᄒᆞᆯᄲᅮᆫ이며果木의繁盛凋衰ᄂᆞᆫ地力에任ᄒᆞᆯᄲᅮᆫ이오土壤의性質을不知하며栽培와灌漑의方法을不善ᄒᆞ고但只穀雨에落種ᄒᆞ며三伏에耘田ᄒᆞ며寒露에收刈ᄒᆞᆷ만是講ᄒᆞ니噫라今日生計競爭時代에坐ᄒᆞ야農事의研究를엇지容緩ᄒᆞ리오

況外人의移殖이日加ᄒᆞᄃᆡ我의土地를善拓ᄒᆞ지못ᄒᆞ면他의據有에歸하리니尤是壹倍奮勵ᄒᆞᆯ비라

老農을募ᄒᆞ야經驗方을集ᄒᆞ며學士를延ᄒᆞ야新知識을求ᄒᆞᆷ이國民의最大急務로다

富寧同胞ᄂᆞᆫ益益히加勉ᄒᆞ야農業界에福音을廣布ᄒᆞᆯ지어다

外報

◎法王義捐 羅馬法王은巴里의大僧正에게巨額의義捐金을贈與하엿다더라

◎議會開院式 英國論敦公報를據ᄒᆞᆫ즉英國皇帝ᄂᆞᆫ二月二十一日에議會開院式을擧行ᄒᆞᆷ이可ᄒᆞ다ᄒᆞ엿ᄂᆞᆫᄃᆡ統一黨에셔ᄂᆞᆫ財政案의修正或은新豫算案을提出하깃다더라

◎英國豫算論 英國地方省長쌘쓰氏ᄂᆞᆫ도로푸리ᄐᆞ에셔新豫算案을論ᄒᆞ야曰新豫算案은窮民에對하야扶助料를與ᄒᆞᆫ다ᄒᆞ엿고데리크로닝클氏ᄂᆞᆫ曰新豫算案은海軍費의增加에對ᄒᆞ야ᄂᆞᆫ五百萬磅의支出을規定ᄒᆞ엿고公債募集에關ᄒᆞ야ᄂᆞᆫ何等의規定이無ᄒᆞ다ᄒᆞ엿다더라

◎兩相閒養 英國首相아스크쓰氏及度支大臣로이드ᄶᅧ지氏ᄂᆞᆫ疲勞된것을閒養하기爲하야리부이에라에往하엿다더라

◎親王陞任 英國皇帝ᄂᆞᆫ普魯西헤리親王을英國의名譽海軍元帥로陞任ᄒᆞ엿다더라

◎墺露融和 墺露融和에關ᄒᆞ야曩者伯林에셔傳播된諸報에ᄂᆞᆫ曰墺露兩國의融和ᄂᆞᆫ外交的會談의主題됨은無疑ᄒᆞ나아직正式의交涉이라稱ᄒᆞ기難ᄒᆞ다ᄒᆞ엿고德國政府ᄂᆞᆫ此融和로ᄡᅥ非常ᄒᆞᆫ祥事로見做ᄒᆞᆷ이可ᄒᆞ다ᄒᆞ엿다더라

◎被選擧員數 英國議員選擧의結果ᄂᆞᆫ自由黨이二百七十二名、統一黨이二百七十一名、勞働黨이四十名、國民黨이七十九名인ᄃᆡ其外에又八名이有하다더라

學界

◎孤兒院紀念式 京城孤兒院에셔本日下午一時에第四回紀念式을設行하ᄂᆞᆫᄃᆡ官吏及社會紳士를請邀宴待ᄒᆞᆫ다더라

◎義塾漸振 前郡守閔致章氏ᄂᆞᆫ同德女子義塾塾長을被任ᄒᆞᆫ지數朔에風雨를不避하고早進晚退ᄒᆞ며該塾經費를自擔ᄒᆞᄂᆞᆫ故로校況이漸次振興ᄒᆞᆫ다더라

◎一週休暇 各私立學校에셔ᄂᆞᆫ陰曆年終에一週日을休暇ᄒᆞ기로協議ᄒᆞ엿다더라

◎徐監欲退 大東學校에셔ᄂᆞᆫ經費가窘乏ᄒᆞ야一般任員의月費를支撥치못ᄒᆞᆷ으로該校校監徐相勛氏ᄂᆞᆫ請願自退코져ᄒᆞᆫ다더라

學報

◎留學說訛 中東學校生徒金觀鎭氏가美國에留學ᄒᆞᆯ次로退學하엿다ᄂᆞᆫ說은訛傳이라더라

◎揚武卒業 平南中和郡楊武坐面古棧洞私立揚武學校에셔去月十五日에第一回卒業式을行ᄒᆞ엿ᄂᆞᆫᄃᆡ
卒業生 林杞謙 尹基昌 朴鳳祥 林孝律

○談叢○

▲神聖ᄒᆞᆫ國 劍心

海島國이나大陸國은本來絕對的地理性質을有ᄒᆞ야其國民으로ᄒᆞ야금不快의嘆이有ᄒᆞ나니一은陸上의利를失ᄒᆞ고一은海上의利를失하ᄂᆞᆫ故라彼露人은海港을求하노라고西으로地中海를夢ᄒᆞ며東으로渤海를夢ᄒᆞ야腕을左右로苦攫ᄒᆞ며彼日人은大陸을求하노라고或은美洲로向ᄒᆞ며或은韓淸으로向ᄒᆞ야喙를晝夜에威張ᄒᆞᆷ이皆其所以가有ᄒᆞᆷ이아닌가아름답도다韓國은半島國이라壹邊으로海上의利를拖有ᄒᆞ엿스니進ᄒᆞ면太平洋上의大主이될지오壹邊으로陸上의利를連接ᄒᆞ엿스니動ᄒᆞ면亞細亞中의主翁이될지라此半島國에生ᄒᆞᆫ國民이엇지天을向ᄒᆞ야致謝치아니ᄒᆞ리오

詞藻

❀밧비거러❀

어제는비오더니、오ᄂᆞᆯ은바ᄅᆞᆷ분다。
千里萬里길에、風雨는무ᄉᆞᆷ일고。
암커나、不避風雨밧비거러、目的ᄯᅡᆼ로。

雜報

◎歲饌下賜 陰曆歲末이不遠ᄒᆞᆫ故로 太皇帝陛下ᄭᅴ옵서完興君李載冕氏에게優數ᄒᆞᆫ歲饌을 下賜하옵셧다더라

◎完順陛見 完順君李載完氏ᄂᆞᆫ昨日上午十二時 昌德宮에陛見ᄒᆞ엿다더라

◎恤金下賜說 皇貴妃殿下ᄭᅴ서漢城內凍死人을調查ᄒᆞ야該遺族에게各其救恤金三十圓式下賜ᄒᆞ옵신다더라

◎御親電發送 日前伊藤氏百日祭日에 大皇帝陛下ᄭᅴ옵서伊藤博邦의게 御親電을發送ᄒᆞ옵셧ᄂᆞᆫᄃᆡ伊藤博邦의 奉答電이有ᄒᆞ엿다더라

◎宮府答照 內部에서各郡闕牌를都聚埋安케ᄒᆞᆷ은已報ᄒᆞ엿거니와宮內府에서ᄂᆞᆫ內部로答照ᄒᆞ되 闕牌를各郡衙事務室樓壁에 奉安ᄒᆞ엿다가每慶節에依前致禮케ᄒᆞᄌᆞᄒᆞ엿다더라

◎委員開會 昨日上午十壹時統監府에서地方行政調查委員會를開ᄒᆞ엿다더라

◎會議件修報 平南觀察道에서郡守會議의案件을內部로修報ᄒᆞ엿다더라

◎專賣審議 牛皮ᄂᆞᆫ韓國輸出品中第四位되ᄂᆞᆫ重要物品인ᄃᆡ當局에서專賣制를設置하랴ᄒᆞ야目下審議中이라더라

◎廳舍新築 近日에開設ᄒᆞᆯ臨時土地調查局은吏員이多數에達ᄒᆞᆯ터인故로此를收容키爲ᄒᆞ야財産整理局附近에廳舍를宏壯히建築ᄒᆞᆫ다더라

◎技手又派 度支部에서測量技手三十餘人을富平等地로派送ᄒᆞ야實地를練習케ᄒᆞ엿ᄂᆞᆫᄃᆡ昨日에四十餘人을又爲派送ᄒᆞ엿다더라

◎日費減省 度支部에서各地方에出張ᄒᆞᄂᆞᆫ測量技手의게日費金을壹圓五十錢式支給ᄒᆞ더니今年度에ᄂᆞᆫ七十錢式支給ᄒᆞ기로協議ᄒᆞ엿다더라

◎中路請由 度支部臨時財産整理局技師日人掘埼小平은其母의病報를聞ᄒᆞ고官廳의許可도無히發程歸國ᄒᆞ엿ᄂᆞᆫᄃᆡ中路에서請由書를郵便으로付呈ᄒᆞ엿다더라

◎警吏怨聲 李總相이入院ᄒᆞᆫ後로該院附近地를警察官吏가晝夜警護ᄒᆞᄂᆞᆫᄃᆡ近日에ᄂᆞᆫ天氣가酷寒ᄒᆞᆷ으로警吏의怨聲이有ᄒᆞ다더라

◎慰金贈與設 李總相은警視廳訊問係에서李在明連累者檢擧에對ᄒᆞ야官吏의勤勞가有ᄒᆞ다ᄒᆞ야多少慰勞금을贈與ᄒᆞᆫ다ᄂᆞᆫ說이有ᄒᆞ다더라

◎兩日歸任 京城에滯在ᄒᆞ던平南觀察道書記官大木과理事官若松은去二日平壤으로歸任ᄒᆞ엿다더라

◎鶴岡歐洲行 農商工部鶴岡書記官은近日辭職ᄒᆞ고歐洲로發行ᄒᆞᆫ다더라

◎種苗購入說 本年度地方費中으로種苗를購入하야農民에게分配ᄒᆞᆫ다ᄂᆞᆫ說이有ᄒᆞ다더라

◎某便言論 北韓人民의性質은憤怒를當ᄒᆞ면前後를不顧ᄒᆞ고勇을奮ᄒᆞ야壹死를賭하나니元來質朴ᄒᆞᆫ人民인즉威壓의策을施ᄒᆞᆷ이不可ᄒᆞ거ᄂᆞᆯ今番順川事件도財務署官吏가먼저商民을毆打ᄒᆞᆫ故로此事件이生ᄒᆞ엿다고某便에서도言論ᄒᆞᄂᆞᆫ者ㅣ有하다더라

◎續々逮捕 順川事件으로捕縛ᄒᆞᆫ人民中四名은首魁라고電報가有ᄒᆞ다ᄒᆞ며尙且警察官吏日憲兵隊日守備隊等이協力搜索ᄒᆞ야續々逮捕中이라더라

◎順川消息 順川事件에對ᄒᆞ야其教唆者를嚴密搜索中인ᄃᆡ該地商品組合長崔鳳漢氏와基督教信徒羅學과氏를主謀者로嫌疑ᄒᆞᆫ다하며德林學校學徒七十餘名은煽動의原因이有ᄒᆞ다고致疑ᄒᆞᆫ다ᄒᆞ며現今被捉者ᄂᆞᆫ二十餘名이라더라

◎屠稅濫徵 屠獸規則施行以後로牛壹頭에稅金壹圓二十錢豕壹頭에四十錢式徵收ᄒᆞᆷ은壹般通例인ᄃᆡ雲山北鎭屠獸場營業하ᄂᆞᆫ日人石川은何等規則을準用ᄒᆞᆷ인지牛壹頭에二圓二十錢豕壹頭에六十錢式徵收ᄒᆞᆷ으로屠獸者의稱怨이有ᄒᆞ다더라

◎朴氏出帆 錦陵尉朴泳孝氏ᄂᆞᆫ再昨日下午[illegible]時에木浦에서出帆하야釜山을經ᄒᆞ야馬山으로渡航ᄒᆞᆫ다더라

◎孝行請褒 唐津郡居前叅奉趙淳敎氏ᄂᆞᆫ特異ᄒᆞᆫ孝行이有ᄒᆞ다ᄒᆞ야唐津沔川禮山德山等郡儒生朴貞淳氏等이內部에聯名請願ᄒᆞ야褒賞狀을繕給ᄒᆞ라ᄒᆞ엿다더라

◎外人調查 中部警察署에서所管內에居留ᄒᆞᄂᆞᆫ外國人數爻를目下調查中이라더라

◎柳氏奔喪 柳東作氏의令男公鐸氏ᄂᆞᆫ日本에서留學ᄒᆞ다가其親의訃音을聞ᄒᆞ고再昨日下午八時에赴喪ᄒᆞ엿다더라

◎何必賣渡 韓人中或礦山을發見ᄒᆞ야外人의게賣渡ᄒᆞᆷ은壹般數借ᄒᆞᆫ바인ᄃᆡ兪吉濬諸氏가共同經營ᄒᆞ던祥原郡水銀礦도近日該經營者中에外人의게賣渡코ᄌᆞᄒᆞᆫ다ᄂᆞᆫ說이有ᄒᆞ다더라

◎蠶社將認 李載克李夏榮諸氏及日人日戶勝造等이請願ᄒᆞᆫ작蠶會社設立件은壹兩日間認可된다더라

◎金融狀況 目下韓人의金融狀況은外人의打擊을被ᄒᆞ야困難이極ᄒᆞᆫ中의日人들과與受ᄒᆞ던金額의督促이尤甚ᄒᆞ야無限의慘況을呈ᄒᆞᆫ다더라

◎官報課出張設置 官報印刷를龍山印刷局에委托ᄒᆞᆫ以後로相距가稍遠ᄒᆞ야交涉上不便이有ᄒᆞ다ᄒᆞ야前日官報課處所로更히該課出張所를設置ᄒᆞᆫ다더라

◎旣義復役 河東海南間道路修築工事에對ᄒᆞ야義兵으로歸順ᄒᆞᆫ者들을役夫로使用ᄒᆞᆫ다ᄂᆞᆫᄃᆡ目下赴役者가百九拾名假量이라더라

◎紳坂入京 安州警察署長日人紳坂은去 日에入京ᄒᆞ엿다더라

◎哀此民情 年來各地方人民들은産業이頹敗ᄒᆞ고雜稅가日增ᄒᆞᆷ으로往々傾家流離ᄒᆞ야西間島로轉向ᄒᆞᄂᆞᆫ者ㅣ多數ᄒᆞᆫᄃᆡ定州郡新里ᄂᆞᆫ四拾餘戶洞里가全數空虛ᄒᆞ엿고郭山郡湖岩은十八戶洞里가空虛ᄒᆞ엿고尙且開春後續々移住ᄒᆞᆯ者가多數ᄒᆞ다ᄂᆞᆫᄃᆡ今冬流民中에孕婦幼兒가路上凍死者도不少ᄒᆞ고當地에旣赴ᄒᆞᆫ者도糊口住所가沒策ᄒᆞ야棲屑ᄒᆞᄂᆞᆫ情況이慘不忍見이라더라

◎漁業表一覽 水産局에서昨年末ᄭᆞ지處理ᄒᆞᆫ漁業件數ᄂᆞᆫ如左ᄒᆞ니免許漁業許可數ᄂᆞᆫ韓人이三四一一人이一一日人團體가二〇이오許可漁業許可數ᄂᆞᆫ韓人이五[illegible]日人이五一八이오請願漁業鑑札許付數ᄂᆞᆫ韓人이四六二七日人이二一四三이오免許漁業處理未了數ᄂᆞᆫ韓人이壹六九日人이二〇五八이오許可漁業處理未了數ᄂᆞᆫ韓人이三日人이一八日人團體가二라더라

◎其情戚矣 江華郡寅磬里西門內居ᄒᆞ던車琴鶴(兒名金성)은九歲에其父를失ᄒᆞ고他鄕에流離ᄒᆞᄂᆞᆫᄃᆡ其母와其兒(兒名金형)을逢着키爲ᄒᆞ야晝夜로號哭ᄒᆞ며四處로彷徨ᄒᆞᄂᆞᆫᄃᆡ現今은北間島龍井村金昌洛氏家에서留連ᄒᆞᆫ다더라

◎教人協議 耶蘇教人某々氏가多大ᄒᆞᆫ經費를辦出ᄒᆞ야漢城內凍死의慘禍를預先救濟하기로目下協議中이라더라

◎爆發致傷 下墨洞居李德根氏ᄂᆞᆫ昨日上午九時自家에서爆發藥을爐邊에誤晒ᄒᆞ다가因以爆發되야李氏ᄂᆞᆫ兩手一足이絶斷되고其妻ᄂᆞᆫ上體가重傷되야卽時漢城病院으로舁去ᄒᆞ엿ᄂᆞᆫᄃᆡ生命이頗히危篤ᄒᆞ다더라

◎全將絶筆 全南榮山浦分遣所日憲兵의게被捉ᄒᆞ야目下光州地方裁判所에滯囚ᄒᆞᆫ義兵將全海山氏가就捕ᄒᆞᆫ後律詩壹首를賦ᄒᆞ야憲兵을與ᄒᆞ여曰此ᄂᆞᆫ我絶筆也라ᄒᆞ엿ᄂᆞᆫᄃᆡ其詩曰

書生誤着戰征衣 太息空囚素志違
痛哭朝廷臣作孽 忍論海外賊侵圍
白日呑聲江水逝 靑天咽淚雨絲飛
從今別却榮山路 化作啼鵑帶血歸

◎泉館懇親 孤兒院評議員張憲植柳瑾氏等二十餘人이再昨日下午八時惠泉館에서懇親會를開ᄒᆞ엿다더라

◎派員布敎 太極敎宗에서ᄂᆞᆫ地方에布敎ᄒᆞ기爲ᄒᆞ야該敎員金一濟氏를去月三十一日慶南으로派送ᄒᆞ엿다더라

◎看護見習試取 大韓醫院에서ᄂᆞᆫ來十五日에看護婦見習生十人을選置ᄒᆞᆯ터인ᄃᆡ年十八以上三十以下로試取ᄒᆞᆫ다더라

◎義蹤查問 中部樓洞居李俊卿氏家에義兵干連者가留連ᄒᆞᆫ다ᄒᆞ야再昨日中部警察署에서李氏를招致審查ᄒᆞ엿다더라

◎龍岩結氷 近日寒氣를因ᄒᆞ야龍岩浦ᄂᆞᆫ全部가結氷되엿슴으로航路통行이杜絶되엿다더라

◎金組開會 鍾路金融組合所에서ᄂᆞᆫ昨日下午六時株主總會를開ᄒᆞ엿다더라

◎奇一南行 蓮洞耶蘇教牧師英國人奇壹氏ᄂᆞᆫ傳道ᄒᆞᆯ次로昨日上午十壹時水原等地로前往ᄒᆞ엿다더라

◎宜其黜敎 太極敎宗에서來日曜日下午壹時에總會를開ᄒᆞᆫ다ᄒᆞᆷ은旣報어니와該敎員中國民同志贊成會에投入ᄒᆞᆫ者ᄂᆞᆫ開會時에壹切黜敎ᄒᆞ기로協議ᄒᆞ야目下調查中이라더라

◎三浪回祿 去月三十一日三浪津에서失火ᄒᆞ야日人家屋六十餘戶가燒燼ᄒᆞ엿ᄂᆞᆫᄃᆡ巨額의損害가有ᄒᆞ다더라

◎仁川海水賊 前承旨徐相薰氏의白米六十餘石을船載ᄒᆞ고日前仁川돌뫼海로通過ᄒᆞ다가水賊十餘名의게沒數見奪ᄒᆞ엿다더라

◎尹女押上 水原郡居尹姓女ᄂᆞᆫ間夫와符同하야本夫를暗殺ᄒᆞ랴다가情跡이發現되야該郡警察署에被捉ᄒᆞ엿ᄂᆞᆫᄃᆡ再昨日京城地方裁判所로押上ᄒᆞ엿더라

◎沈犯豫審 楊州警察署에서押上ᄒᆞᆫ公貨消耗犯沈章燮은再昨日地方裁判所에서預審ᄒᆞ엿다더라

◎李氏被捉 李景熙氏를형捕ᄒᆞᆫ次로李允用氏家宅을搜索ᄒᆞᆷ은旣報어니와其原因은李景熙氏가前叅尉金錫圭氏에게八百圓債金을負ᄒᆞ고隱避不報ᄒᆞᆫ故로金氏의告訴를因ᄒᆞᆷ인ᄃᆡ再昨日憲兵司令部에서再次憲兵을派送ᄒᆞ야李允用氏家에서李景熙氏를搜捕ᄒᆞ야本部로押因ᄒᆞ엿다더라

電報

◎鐵道問題問答 日本政府委員大屋은衆議院에서說明ᄒᆞ야曰韓國京元湖南兩鐵道ᄂᆞᆫ敷設總費가三千六百十二萬圓인ᄃᆡ明年度부터工事에着手ᄒᆞ야十壹箇年間에完成ᄒᆞᆯ計劃이라하엿ᄂᆞᆫᄃᆡ代議士高柳가其敷設期의太長ᄒᆞᆷ을質問ᄒᆞᆷ애大屋이答曰本年度부터韓國鐵道에年年三百五十萬圓을使用케ᄒᆞᆷ을因하야財政上關係로如此히長期로定ᄒᆞ엿다ᄒᆞ엿다더라

以上東京發 三日着

◎洪水損害 法國巴里에洪水를因ᄒᆞᆫ損害ᄂᆞᆫ四千萬磅以上이라더라

論敦發 三日着

◎炭鑛慘事 美國고로라드州부리메로炭鑛은爆發되야鑛夫百四十九名이慘死ᄒᆞ엿다더라

桑港發 三日着

廣告

本人篆字圓形姓名章陰二月分遺失ᄒᆞ고以小篆字圓形章을改造行用ᄒᆞ오니知舊間照亮ᄒᆞᆷ
平北義州月化面龍巖里高承헌

本人陰丑十七日半篆圓章中明字은正字서失內外國人은照亮
平北義州光化面山里南台洞 崔明華

鐵路票卷烟

法韓會社에서發賣ᄒᆞᄂᆞᆫ卷烟이造製品과口味가精美ᄒᆞ고每匣二十本幷竹嘴入이고價金三錢五里로各商店에서放賣

本人去至月晦日鐵山站面月隱川洞田畓을站面張籌漢處買得ᄒᆞ고一千九百七十兩今月初九日出次於音을該洞居証人朴進舜便에成給ᄒᆞ고當期日에待同進舜往于籌漢家하야於音條報給ᄒᆞ고於音을採根則不測進舜이於音을站面々長鄭哥게轉給ᄒᆞ고終無推給之意기玆以廣告ᄒᆞ니內外國人은不良鄭朴兩人의게切勿見欺ᄒᆞ고休紙施行ᄒᆞᆷ
義州月化面月下端金達會告白

京鄉間何許嫌疑者가本人等을構捏ᄒᆞ야匿名書를橫投ᄒᆞ니是何惡意오無論某人ᄒᆞ고可據ᄒᆞᆯ事ㅣ有ᄒᆞ거던司法에直接起訴ᄒᆞ기를望ᄒᆞᆷ
高陽郡地方委員 慶勳重
同郡巳浦面面長 曹錫弼

本人이養心學校々主之任으로擔任ᄒᆞ여잇더니財政이窘乏ᄒᆞ여敢當키難ᄒᆞ와不得已自退之意로廣告ᄒᆞ오니 僉君子ᄂᆞᆫ照亮ᄒᆞᆷ
車天慶

本人이一月廿九日에圓形半篆姓名章을見失ᄒᆞ고更刻他章行用ᄒᆞ오니內外國人間照亮ᄒᆞᆷ
平壤大興面二里朴道淳 白

本人이陰二月初三日에江西芿次面箴眞梁奉洙氏喪家에서四稜圖章을失ᄒᆞ엿기玆에廣告
江西郡東部面靑山里居金興稷

西署龍山坊孔德里壚洞五統七戶草家九間前板刻一張仝龍山坊桃花洞外契十二統四戶草家八間前板刻一張北署延禧坊延禧宮壚洞八統二戶草家四間前板刻一張北署延禧坊老姑山里六統二戶草家十間半證明書一張及測量圖本一張北署延禧坊三契滄川洞三統一戶草家五間前板刻一張北署延禧坊三契滄川洞八統六戶草家五間前立旨一張北署延恩坊末屹山里三統一戶草家五間前板刻一張北署延禧坊二契大峴洞三統一戶草家五間前立旨二張北署延禧坊二契大峴洞四統九戶草家四間前板刻一張北署延禧坊四契細石里一統七戶草家五間前板刻一張西署盤松坊廣岩里二百十八統二戶草家十間前板刻一張西署龍山坊孔德里壚洞八統十戶草家四間前板刻一張을典執ᄒᆞ엿다가陰曆十一月初五日夜에逢賊ᄒᆞ야失ᄒᆞ엿ᄉᆞ오니誰某典執ᄒᆞ와도無效ᄒᆞᆷ
北署延禧坊二契大峴洞五統一戶朴東燁 告白

金奎東氏本生大人淳昌公陰本二月二十二日寅時別世玆訃告
護喪 金致相

◎漢語夜學員募集廣告

本學館內에서漢語夜學講習一課를特設ᄒᆞ고學員을募集ᄒᆞ오니願學僉員은陽 月十日內로請願書를本學館에提呈ᄒᆞᆯ事
皇城基督教靑年會學館 白

日本語學書·語篇

半洋裝 六百餘頁
定價金一圜四十錢
(郵稅金 十四錢)

本書ᄂᆞᆫ日本에서數十年遊學ᄒᆞ야實地硏究를積ᄒᆞ고教壇의經驗이富ᄒᆞᆫ 林 圭氏가暗黑ᄒᆞᆫ我國日本語學界에大光線을放코자ᄒᆞᄂᆞᆫ誠力의產物이라一卷二編에分ᄒᆞ야第一編은體名의起原과發音의蘊奧를明示ᄒᆞ고第一編은各品詞의用例와言語의結構法을詳述ᄒᆞ고第二編은簡易ᄒᆞᆫ日常語와實用인會話對話等을總括ᄒᆞ엿ᄂᆞᆫ딕皆聚精採華ᄒᆞ고從類分門ᄒᆞ야註解가明晰ᄒᆞ고秩序가整齊ᄒᆞ야斯學硏究者의好材料될ᄲᅮᆫ아니라實로初學海의大指針이오獨習門의寶師友가될만ᄒᆞᆫ唯一의珍本이오니有志諸君子ᄂᆞᆫ購覽ᄒᆞ시오

總發賣處 漢城南部絲井洞五十九統五戶 漢城 新文館 電話三九二番
分賣所 日本東京麴町區中六番町四十九番地 大韓興學會事務所
其他各書館

▲特別廣告▼

▲▲最新 通信販賣

勿驚ᄒᆞ시오地方에在ᄒᆞ신여러분이여僅히一錢五厘의通信費을投ᄒᆞ면多大ᄒᆞᆫ旅費와繁雜을除ᄒᆞ고能히京都第一廉價의物品을得ᄒᆞᄂᆞᆫ妙方이現出ᄒᆞ엿스니此ᄂᆞᆫ歐米各國에서流行ᄒᆞᄂᆞᆫ通信販賣法이오우리漢陽商會ᄂᆞᆫ메파도멘토스도아即萬物이具備ᄒᆞᆫ商店이니如何ᄒᆞᆫ物品이라도葉書或書簡으로某物을送致ᄒᆞ라通知ᄒᆞ시면우리ᄂᆞᆫ確實迅速低廉으로爲主ᄒᆞ야郵便或運送으로送呈ᄒᆞᆯ지옵나이다
아—我韓의人士로誰가우리漢陽商會를不知ᄒᆞᆯ者ㅣ有ᄒᆞ며誰가此에同情을表치아니ᄒᆞᆯ者ㅣ有ᄒᆞ리요
弊店의商品目錄은누구시던지보니다請求ᄒᆞ시면無代金으로送呈ᄒᆞᆯ지오니一次試驗ᄒᆞ기爲ᄒᆞ야如何ᄒᆞᆫ物品에던지注文ᄒᆞ여보시오그便利ᄒᆞᆫ方法이如何ᄒᆞᆷ을아시리다

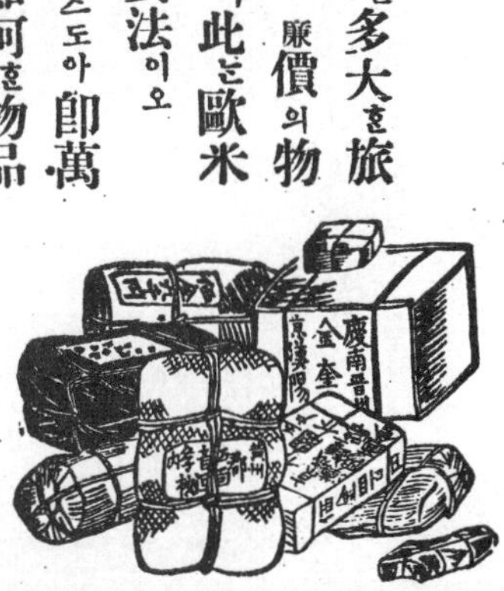

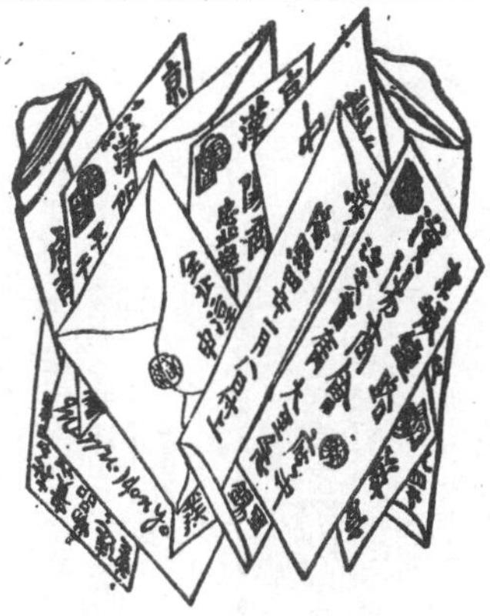

歐美雜貨各種 洋酒食料各種
文房具各種 內外國衣服次各種
本國物產各種

大韓皇城鍾路
輸出輸入商 漢陽商會
電話一九一番

廣告

國文 初等大韓歷史 特別減價二十錢

國文 初等大韓地誌 附地圖 特別減價十五錢

右書는 純國文으로 簡易케 著述ᄒᆞ야 女子社會와 勞働學校의 獨習케 必要ᄒᆞ오니 速速購覽ᄒᆞ시옵

發賣所 中部布屛下 廣學書舖 金相萬

本店에서 開業ᄒᆞᆫ지 十六年間 僉君子의 愛顧ᄒᆞ심을 特蒙ᄒᆞ와 今年부터 業務을 大擴張ᄒᆞ고 春夏秋冬所用으로 緞屬毛織等 各國高等物品을 現今多數直輸入ᄒᆞ온바 各地方에서ᄂᆞᆫ 貿易에 便利賣買키 爲ᄒᆞ야 特別廉減價ᄒᆞ와 郵便小包로 酬應ᄒᆞ야 代金은 引換ᄒᆞ깃사오니 十三道各郡僉君子ᄂᆞᆫ 隨意請求ᄒᆞ심을 望

振替貯金番號（韓國壹三番）

漢城中部鍾路砂器廛洞二十一統五戶 廣興泰 告白

◉特別廣告

本社의셔 同胞의 衛生을 注意ᄒᆞ야 美國의셔 經驗單方으로 流行通用ᄒᆞᄂᆞᆫ 靈藥聖劑를 買入ᄒᆞ야 左開廣布ᄒᆞ오니 有病君子와 藥業에 從事ᄒᆞ시ᄂᆞᆫ 僉彦은 爭先來購ᄒᆞ시옵

分賣와 都賣에 差別이 有ᄒᆞ야 一打(十二個)以上의 都賣에ᄂᆞᆫ 特別割引홈

左　開

秘製止痛藥
效能　外塗內服無處不適　消滯　止瀉　絕痛　治痢無不神效홈

喜蘇膏藥
效能　頭面　身體一切痛症　積年風濕　除瘀　生섬之道
립卽奏效홈

亞麟香
效能　毋論男女老少　勿嫌年久日淺一切　咳소　服之則其效如神홈

委花藥膏
效能　痔疾　驪珠疳　燒跌傷螫咬等　諸症無雙聖藥

委花糖水藥
効能　疝症　花柳毒　凡不潔血所祟症　婦人虛弱등症靈驗홈

牛汁藥酒
効能　毋論男女老少氣血虛弱者服之則大補元氣身體强健홈

韓美興業株式會社事務所

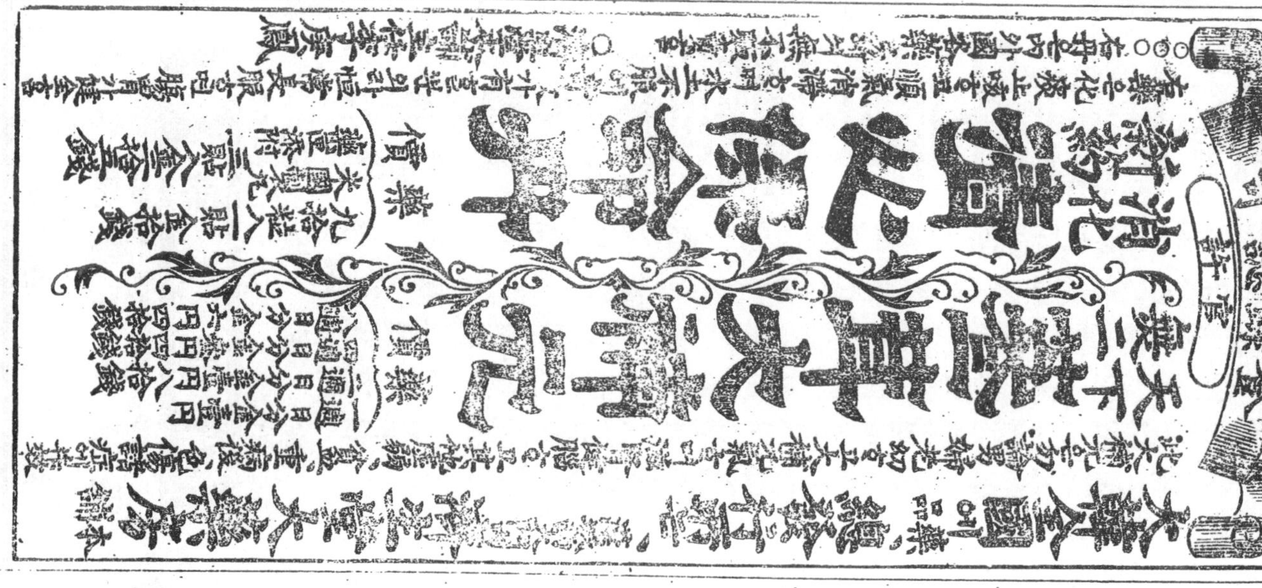

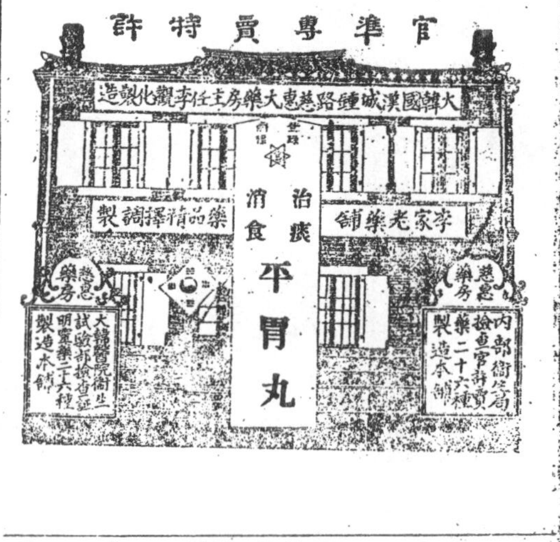

本院은 韓國一般人民을 爲ᄒᆞ야 設立ᄒᆞᆷ은 僉彦의 已知ᄒᆞᄂᆞᆫ 바어니와 自今으로 事務를 一層擴張ᄒᆞ고 診察을 더욱 精密히 ᄒᆞ기 爲ᄒᆞ야 時間을 午前十時부터 午後三時ᄭᆞ지 無料로 診察ᄒᆞ오며 ᄯᅩ 特別診察所를 置ᄒᆞ고 些少의 診察料로 貴客의 便宜를 圖ᄒᆞ오니 診察을 要ᄒᆞᄂᆞᆫ 僉彦은 照亮을 爲要

但 特別ᄒᆞᆫ 境遇에 在ᄒᆞ야ᄂᆞᆫ 時間을 勿論ᄒᆞ고 其請求를 應홈

京城南大門外 濟衆院 告白

外方各處에서 東西洋藥과 國內新發明ᄒᆞᆫ 各種藥의 請求ᄒᆞ시ᄂᆞᆫ되 便利迅速을 爲ᄒᆞ야 仁港本舘를 京城鍾路和平堂으로 移設홈은 既往各新聞에 揭告ᄒᆞ엿거니와 此本舖和平堂에 制度와 儀式을 板刻廣告하옵ᄂᆞᆫ 本意ᄂᆞᆫ 現今과 將來에 僉君子의 歡迎하심을 紀念하기 爲ᄒᆞ야 如是廣告홈

和平堂 本舖主人 李應善 白

檀君開國四千二百四十二年
箕子元年三千三十一年
大韓開國五百十八年
本報創刊日 光武八年七月十八日

大韓每日申報

Responsible for Publication Alfred Weekley Marnham.
發行兼編輯人 英國人 萬咸
發行所 京城南部石井洞三層洋屋家 大韓每日申報社

第八卷　月曜及慶節歲時日休刊　第一千三百七号

論說

◎資本家의團結을祝ᄒᆞ노라

同一ᄒᆞᆫ不龜手의藥이로ᄃᆡ宋人은得ᄒᆞ야洴澼에用ᄒᆞ며越人은得ᄒᆞ야諸侯에覇ᄒᆞ엿다ᄒᆞᆷ은莊生의云ᄒᆞᆫ바라

嗚乎라엇지不龜手의藥만爲然ᄒᆞ리오天下事가一切皆然ᄒᆞ도다

今에同一ᄒᆞᆫ金錢을抱ᄒᆞᆫ資本家가二人이有ᄒᆞᆫᄃᆡ一은韓人이오一은歐美人이면歐美人은此로써大事業을做ᄒᆞ며韓人은小事業도做ᄒᆞᄂᆞᆫ者ㅣ少ᄒᆞ니其故가何에在ᄒᆞ뇨曰彼ᄂᆞᆫ團結力이有ᄒᆞ며此ᄂᆞᆫ團結力이無ᄒᆞᆫ故라

彼歐美人民의大鐵道를設ᄒᆞ며大會社를起ᄒᆞ야宇宙를驚動ᄒᆞᄂᆞᆫ勢力이有ᄒᆞᆷ은個人의單獨的經營에셔出ᄒᆞᆫ者ㅣ實로無幾오皆資本團(卽西語신듸케이트)에셔成ᄒᆞᆷ이라

然ᄒᆞᆫ故로如何ᄒᆞᆫ大營爲도無難히成就됨이어날

目下韓人資本家ᄂᆞᆫ風沙ᄀᆞᆺ치散ᄒᆞ며春氷ᄀᆞᆺ치解ᄒᆞ야各自圖生코ᄌᆞᄒᆞᄂᆞᆫ古代惡習이遺存ᄒᆞ야團結의粘液性이無ᄒᆞᆫ故로一事業의成就를不能ᄒᆞᄂᆞᆫ도다

資本家諸君의言內에ᄂᆞᆫ恒曰金錢이不足ᄒᆞ야아모것도못ᄒᆞᆫ다ᄒᆞ나其實이야엇지金錢이不足ᄒᆞ야然ᄒᆞ리오團結力이不足ᄒᆞ야然ᄒᆞ니라

百圓의小資本家라도十人이團結ᄒᆞ면千圓의資本家를敵ᄒᆞᆯ지며百人이團結ᄒᆞ면萬圓의資本家를敵ᄒᆞᆯ지니如此히團結ᄒᆞ면元來金錢이不足ᄒᆞᆫ國에셔彼歐美人ᄀᆞᆺ치蘇彝士運河를決하며太平洋商利를握ᄒᆞᆷ은아즉不能ᄒᆞᆯ지나一鐵道一礦山의事業이야何難이리오만은只是團結力이不足ᄒᆞᆫ故로資本이有ᄒᆞ면田土에埋ᄒᆞᆯᄲᅮᆫ이며几箱에積ᄒᆞᆯᄲᅮᆫ이니是ᄂᆞᆫ其知識이龍山의日本豆腐商만도不如ᄒᆞ도다엇지可歎ᄒᆞᆯ비아니리오

然이나吾儕가此에又一感이有ᄒᆞ노니韓人은卽團結力이或有ᄒᆞ나又忍耐性이弱ᄒᆞ며遠大計가乏ᄒᆞᆫ지라是以로兪吉濬氏掌握에係ᄒᆞᆫ實業團諸氏가祥原의水銀礦採掘을從事하다가外人에게賣渡ᄒᆞᆫ다ᄂᆞᆫᄃᆡ是ᄂᆞᆫ財力의中絀ᄒᆞᆷ을因ᄒᆞᆷ도아니며衆心의卒渙ᄒᆞᆷ을因ᄒᆞᆷ도아니라只是目前의小利를貪ᄒᆞᆷ이라니尤是痛惜ᄒᆞᆯ비아닌가

祝ᄒᆞ노니資本家諸氏여第一에團結의性을鍊ᄒᆞ며第二에遠大의策을究ᄒᆞ야新世界商工競爭의舞臺에進ᄒᆞᆯ지어다

外報

◎希王屈服　希臘國軍人同盟會首領은軍隊로써王城及諸官廳을占領ᄒᆞᆫ깃다고협迫ᄒᆞᆷ으로國王은本年秋季의國民大會召集에關ᄒᆞᆫ同盟會의要求를承諾ᄒᆞ엿다더라

◎巴里水災의義金　今番法國巴里水災에對ᄒᆞ야土耳其政府ᄂᆞᆫ救助金五千法을支出ᄒᆞ기로決定ᄒᆞ고又濠洲퀸쓸린드에셔ᄂᆞᆫ五千磅을義捐ᄒᆞ고美國도醵金이多額에達ᄒᆞ엿다더라

◎錦愛線과露日　露國政府ᄂᆞᆫ淸國政府에向하야露國의利益은目下交涉中인錦瑷鐵道에依ᄒᆞ야阻害가됨으로淸國政府에셔該鐵道讓與ᄒᆞ기前에宜히露國의意見及協議를叅照ᄒᆞᆷ이必要ᄒᆞ다고指摘ᄒᆞ엿고又日本政府도同問題에對ᄒᆞ야關係가有ᄒᆞᆫ故로企業叅加의所望이有ᄒᆞ다ᄂᆞᆫ旨로淸國政府에[illegible]더라

◎淸帝의禁烟勅諭　淸國皇帝ᄂᆞᆫ勅諭를下ᄒᆞ야曰民政部와法律大臣의會奏ᄒᆞᆫ禁烟條例ᄂᆞᆫ淸國自彊의要政이니各省督撫ᄂᆞᆫ須히地方官를督勵ᄒᆞ고懲戒法을設ᄒᆞ야罌粟의栽培를禁絶ᄒᆞ라ᄒᆞ엿다더라

◎土勃의戰雲　土耳其勃加利兩國은目下戰備의汲々ᄒᆞᆫ模樣인ᄃᆡ兩國境에守備兵이非常히增加되엿ᄂᆞᆫ지라若此際에勃加利에셔其動員을中止ᄒᆞ지아니ᄒᆞ면戰爭이開始될虞가有ᄒᆞ다더라

學界

◎文明婦人　去月三十日에郭山郡梨洞私立元興學校에셔演說會를開ᄒᆞ엿ᄂᆞᆫᄃᆡ該校生徒李得淳氏의大夫人이叅會ᄒᆞ엿다가一般學生을對ᄒᆞ야勸勉ᄒᆞᄂᆞᆫ意로懇切히一場演說ᄒᆞ엿ᄂᆞᆫᄃᆡ傍聽이莫不興感ᄒᆞ엿다더라

◎五洞一校　東部崇信坊東小門外樊里、水踰里、彌阿里、加五里、牛耳洞、五洞에居ᄒᆞᄂᆞᆫ紳士諸氏가協議ᄒᆞ야私立崇信學校를設立ᄒᆞ고維持方針은分力擔任ᄒᆞ기로約定ᄒᆞ엿ᄂᆞᆫᄃᆡ開校未幾에學徒가四十餘名에達ᄒᆞ엿다더라

◎爭相義捐　三和府乃谷面坦釜里私立三成學校ᄂᆞᆫ耶蘇敎會에셔設立ᄒᆞᆫ바인ᄃᆡ面里長其他紳士들이義金을爭投ᄒᆞ야總額이三十餘圓에達ᄒᆞ엿다더라

◎廣明將明　洪州郡化城面紳士諸氏가發起ᄒᆞ야廣明義塾을設立ᄒᆞ고塾長은李奎應氏로敎師及學監은林承周氏로薦定ᄒᆞ엿ᄂᆞᆫᄃᆡ開學未幾에生徒가三十餘員에達ᄒᆞ엿고該面長김永善氏ᄂᆞᆫ維持方針에對ᄒᆞ야酒內洞志를熱心勸諭ᄒᆞᆷ으로同書夜奔走ᄒᆞ며林承周氏ᄂᆞᆫ舊學이旣富ᄒᆞ고時務를能達ᄒᆞᄂᆞᆫ人士로敎授의任을擔ᄒᆞ엿슴으로該塾의前進之望이大有ᄒᆞ다더라

學報

◎老而知務　咸南定平郡朱伊面居全양錫氏ᄂᆞᆫ年今七十餘에該郡敎育部會長을擔任ᄒᆞ야各學校를熱心贊成ᄒᆞᄂᆞᆫᄃᆡ陰十月에ᄂᆞᆫ各校聯合運動會를組織設行ᄒᆞ고數千名學生及觀光人의午餐을自擔供給ᄒᆞ엿다더라

◎協校卒業　咸南端川郡協成學校에셔第一回卒業試驗을經ᄒᆞ엿ᄂᆞᆫᄃᆡ

優等生 方周翼 李斗樊 金淳熙 吳周樊 金河頌 朴允漢

及第生 沈鍾海 沈澤奎 金瑗 李鎭浩 韓富潤 李基潤 嚴成樊 盧履洙 沈載洛 李和樊 梁應南 金南聲

○談叢○

◀國의價　劍心

國이價値가잇ᄂᆞᆫ結果로其民이價値가잇다ᄒᆞ나亦此의反對로民이價値가잇ᄂᆞᆫ結果로其國이價値가잇나니嗚呼라國의價値를高尙케ᄒᆞ랴ᄂᆞᆫ民은반다시自己의價値를高尙케ᄒᆞᆷ이可ᄒᆞᆯ진뎌

詞藻

❀志士야❀

志士라ᄒᆞᄂᆞᆫ분네、의롭기도그지업다。
於國於民에、무슴일을ᄒᆞ엿ᄂᆞᆫ가。
아마도、졔싱각져ᄒᆞ여도、붓그러워。

雜報

○百圓下賜 大皇帝陛下씌옵셔三昨日恩彥宮東寧尉宮及前郡守金容鎭에게各其金百圓式下賜ᄒᆞ옵셧다더라

○酬勞金下賜 日前 仁政殿에셔故伊藤氏의活動寫眞을設ᄒᆞᆷ은既報어니와此ᄂᆞᆫ韓日愛國婦人會에셔設行ᄒᆞᆷ인故로昨日大皇帝陛下씌옵셔酬勞金三百圓을該會에 下賜ᄒᆞ옵셧다더라

○隨處運動 李總相이日本으로轉地治療ᄒᆞᆫ다ᄒᆞᆷ은既報어니와將次 皇太子殿下의教育副總裁를帶任渡往ᄒᆞ기로運動中이라더라

○各自太將 近日來로內閣變更說이頻緊ᄒᆞᆫ디金宗漢李根澔李夏榮氏等一派가大臣椅子를占據ᄒᆞᆯ計劃으로運動이劇烈ᄒᆞ야晝夜不分ᄒᆞ고東西奔走ᄒᆞᆫ다ᄂᆞᆫ디該氏의親近人들은何等希望이有ᄒᆞᆫ자向人自矜의色이揚々ᄒᆞ다더라

○圖書館擴張議 再昨日下午一時宗親府內에셔各部大臣이會同ᄒᆞ야圖書館擴張ᄒᆞᆯ事件을協議ᄒᆞ엿다더라

○三氏開宴 宮內府大臣閔丙奭侍從院卿尹德榮兩氏가再昨日下午八時永宣君李埈鎔氏少室家에會同ᄒᆞ야盛大ᄒᆞᆫ宴會를設ᄒᆞ엿다더라

○運動次歸國說 日人新聞大韓日報社長戶叶薰은日本政府의十一箇年으로經營ᄒᆞᄂᆞᆫ韓國鐵道를五箇年間에速成ᄒᆞ기로運動키爲ᄒᆞ야來十日頃에歸國ᄒᆞᆫ다더라

○德記者拜闕 京城에滯在ᄒᆞᆫ德國新聞記者크라스氏가再昨日上午十一時에 昌德宮을拜觀ᄒᆞ엿다더라

○銀行分離 現今農工銀行은不動產銀行事業과普通商業銀行事業을兼營ᄒᆞᄂᆞᆫ故로此가甚히不便ᄒᆞ다ᄒᆞ야將次分離ᄒᆞ기로ᄒᆞᆫ다ᄂᆞᆫ디爲先京城大邱平壤等樞要地로着手ᄒᆞ야徐々히各地에及ᄒᆞᆯ터인디漢湖農工銀行에셔ᄂᆞᆫ分離事件을目下準備中이라더라

○何等意見 農商工部次官木內重四郎의婦人은何等意見이有ᄒᆞᆷ인지該夫를對ᄒᆞ야辭任歸國ᄒᆞ기를極力勸告ᄒᆞᆫ다더라

○憲隊偵探 承寧府理事吳一泳氏가該府總管趙民熙氏와符同ᄒᆞ야同府所管家屋幾座를賣喫ᄒᆞ엿다ᄂᆞᆫ說이日憲兵隊에探聞됨으로該隊에셔偵探客一人을吳氏의게派送ᄒᆞ야事實有無를查問ᄒᆞ엿ᄂᆞᆫ디吳氏ᄂᆞᆫ該偵探이中間幻弄인줄노推想ᄒᆞ야反히恐嚇을加ᄒᆞ엿다더라

○民會派員 漢城府民會에셔沿江各坊會의情況과各區域劃定ᄒᆞᆫ表를調查ᄒᆞ기爲ᄒᆞ야鄭達永姜重遠兩氏를派送巡回ᄒᆞᆫ다더라

○公民不穩 親衛府長官李秉武氏의鄕第가公州郡正安面에在ᄒᆞᆫ디年前軍隊를解散ᄒᆞᆫ後鄕第에何等不虞의禍가有ᄒᆞᆯ새하야兵丁幾名을派送保護ᄒᆞᄂᆞᆫ디李氏의家奴張四乭이該兵丁을唆囑ᄒᆞ야富豪의錢財를奪取ᄒᆞᆯ思想으로義兵에干連이有ᄒᆞ다軍需錢을出給ᄒᆞ엿다ᄒᆞ야無數鍛鍊을加ᄒᆞᆷ으로面內民心이不穩ᄒᆞ다ᄂᆞᆫ傳說이狼藉ᄒᆞ다더라

○通譯官補試取 內部에셔韓日人通譯官補를採用ᄒᆞᆯ터인디韓人은來二十二日부터二十三日ᄲᅡ지試取ᄒᆞᆫ다더라

○孝昌園請借 日人의神宮奉齋會에셔ᄂᆞᆫ該會本部를韓國에設置ᄒᆞᆯ次로該會所를建築키爲ᄒᆞ야龍山孝昌園一部를借貸하라고農商工部에請願하엿다가認許를不得ᄒᆞ엿ᄂᆞᆫ디更히期成會를組織ᄒᆞ야農商工部와統監府에陳情書를提出ᄒᆞ엿다더라

○鳳校調查 鳳鳴學校學徒解散ᄒᆞᆷ에對ᄒᆞ야學部와漢城府에셔主事를派送ᄒᆞ야詳細調查中이라더라

○辯士不認 安重根氏의辯護人은露國人二名英國人一名西班牙人一名韓人二名이出願하엿ᄂᆞᆫ디全數를許可치아니ᄒᆞ엿다더라

○閔氏峻拒 國民新報社々長은日昨時事新聞社長閔元植氏를訪問ᄒᆞ고時事新聞을壹進會機關으로發行ᄒᆞ면壹般經費를優數支給ᄒᆞ마하엿ᄂᆞᆫ디閔氏ᄂᆞᆫ峻辭拒絕ᄒᆞ엿다더라

○警告文押收 國民同志贊成會에셔所謂警告文一萬張을國民新報社에委托印刷ᄒᆞ야爲先一進會에百張商務組合部에五十張을分送ᄒᆞ엿ᄂᆞᆫ디再昨日下午二時中署에셔徐彰輔를招致ᄒᆞ야該會의妄動을嚴切團束ᄒᆞ고警告文을一幷押收ᄒᆞ엿다더라

○趙氏退會 國民同志贊成會總務趙悳夏ᄂᆞᆫ何等層節이有ᄒᆞᆷ인지日前退會ᄒᆞ엿다더라

○李氏丁憂 國民大演說會副會長李膺鍾氏ᄂᆞᆫ日前親喪을丁ᄒᆞ엿ᄂᆞᆫ디桂山普興學校贊務員等四十餘人이賻儀金五十圓을捐付ᄒᆞ엿다더라

○水陸組合發起 東亞贊業會理事韓基濬氏等이發起ᄒᆞ야馬山浦等地에水陸產物組合所를設置ᄒᆞᆯ次로目下計劃中이라더라

○蔚民憤起 去月三十一日에義親王宮技手日人中塲이漁基를測量ᄒᆞᆯ次로蔚珍에赴ᄒᆞᄂᆞᆫ디該地沿岸十九村人民五六十名이會集ᄒᆞ야曰此ᄂᆞᆫ吾輩의生命을奪ᄒᆞᆷ이라ᄒᆞ고仍히技手等을四面包圍ᄒᆞ야示威運動을行ᄒᆞᆫ故로該日人들이逃歸하엿ᄂᆞᆫ디蔚珍憲兵分遣所에셔憲兵을派送ᄒᆞ야人民을解散ᄒᆞ고其中數名은捕捉ᄒᆞ엿다더라

○專賣實施 政府에셔ᄂᆞᆫ專賣制度를施行ᄒᆞ기爲하야財源調查局에命하야其品種을調查中인디爲先塩、煙草二種에對하야此制度를實施ᄒᆞᆫ다더라

○賣塩定價 臨時財源調查局에셔告示第一號로天日製塩賣渡價格을定ᄒᆞ엿ᄂᆞᆫ디一等撥塩百斤에六十錢二等撥塩百斤에五十錢으로ᄒᆞ고又十萬斤以上을一時에賣渡ᄒᆞᆯ時ᄂᆞᆫ每百斤에對ᄒᆞ야五錢式減價ᄒᆞᆫ다더라

○市塲總數 韓國現在의市塲數ᄂᆞᆫ如左ᄒᆞ다더라

京畿道	七八	忠北	五一
忠南	七四	全北	六八
全南	八一	慶北	一〇八
慶南	九三	黃海道	八九
江原道	五四	平南	六五
平北	三六	咸南	四二
咸北	九		

龍川警報

本月二日平北龍川楊市에셔多數人民이財務署官吏에게向ᄒᆞ야市塲稅를反對ᄒᆞᄂᆞᆫ디龍岩浦警察署及日憲兵隊가合力ᄒᆞ야人民을解散하고該人民中六七名을捉囚ᄒᆞᆫ시라其翌日午後三時頃에人民約六百名이會集ᄒᆞ야警察署를直迫코져하엿다ᄒᆞ며人民中代表者四名에게對ᄒᆞ야官吏의說喩가有ᄒᆞ엿스나日沒後ᄲᅡ지約貳百名이留屯ᄒᆞᆫ故로該地憲兵隊警察署及新義州應援兵이協力戒嚴ᄒᆞ엿다더라

○迷信之徒 平南成川郡天道教會員中에近來彗星이出現ᄒᆞᆷ을見하고陰曆正月에ᄂᆞᆫ國家가必亾ᄒᆞᆫ다ᄒᆞ야自己所有土地及家屋을賣却ᄒᆞᄂᆞᆫ者가有ᄒᆞᆫ故로所管警察署에셔巡查를特派ᄒᆞ야說諭安頓케ᄒᆞ엿다더라

○柴商捐柴 鴻山郡財務署에셔無土加結을徵收ᄒᆞᆷ으로郡民數千이去月卄一日財務署에呼訴次로郡底에會同하야三晝夜를經過ᄒᆞᆯ時에柴商三人이夜中冒寒ᄒᆞᆷ을憫歎히녀여長斫三負를燃料로寄付ᄒᆞ엿ᄂᆞᆫ디姓名을問ᄒᆞ미不告ᄒᆞ고價金을與ᄒᆞ되不受ᄒᆞ엿다더라

○查得安用 日前國民新報에日憲兵司令部에셔經費가窘拙ᄒᆞ야偵探人의月俸을支給지못ᄒᆞ엿다ᄂᆞᆫ說을揭載하엿슴으로某處에셔其根因을查得키爲ᄒᆞ야強硬ᄒᆞᆫ手段을行코져ᄒᆞᆫ다더라

○孤院開會 孤兒院에셔再昨日下午四時에評議員會를開ᄒᆞ고俞吉濬氏를院長으로投票推選ᄒᆞ엿다더라

○斷指何輕 義州府居朱奎一氏ᄂᆞᆫ日本에留學ᄒᆞᆯ次로補助金을要求ᄒᆞ기爲ᄒᆞ야學部에斷指血題詩를提出ᄒᆞ엿다더라

○其議甚善 中部仁平坊會에셔ᄂᆞᆫ病院을設立ᄒᆞ야坊內人民의疾病을義務로救療ᄒᆞᆯ次로協議中이라더라

○動輒懷疑 徽文義塾二年級學員金輔永氏ᄂᆞᆫ留學ᄒᆞᆯ次로日前日本에渡往ᄒᆞ엿ᄂᆞᆫ디某處에셔何等疑点이有ᄒᆞᆫ지該氏에平日行動을秘密調查ᄒᆞᆫ다더라

○三燒一婦 順川事件으로韓人致死者十人中에三人은火中에被燒하엿고一人은婦人이라더라

○卄七逮捕 順川事件에對하야昨日ᄲᅡ지逮捕된者가二十七名이라더라

○朴氏越交 月前南門外에셔日憲兵隊에被捉ᄒᆞᆫ橫城郡補助員朴春植氏ᄂᆞᆫ再昨日京城地方裁判所로越交ᄒᆞ엿다더라

○窃金遠擧 南門內日人魚市에셔雇傭ᄒᆞ던朱甲龍은該主의金一百五十圓을窃取逃走하엿다더라

○金氏被捉 前叅尉金錫圭氏ᄂᆞᆫ再昨日上午十時南部筆洞日憲兵分遣所에被捉ᄒᆞ야卽時日憲兵分隊로押交하엿다더라

○青舘討論 今日下午七時三十分에鍾路青年會舘에셔討論會를開ᄒᆞ고學不厭이勝於敎不倦이라ᄂᆞᆫ問題로可否便이互相討論ᄒᆞᆫ다더라

電報

桂相의對韓策

日本桂首相은本月三日衆議院秘密會에셔議員의質問을應答ᄒᆞ되余ᄂᆞᆫ以前에ᄂᆞᆫ對韓政策을變更ᄒᆞᆯ必要가無ᄒᆞᆷ으로認ᄒᆞ엿더니今에現狀을顧察ᄒᆞᆫ즉一層嚴重히處ᄒᆞᆷ이可ᄒᆞ고行政組織의改革도速行치ᄂᆞᆫ아니ᄒᆞᆯ지나漸次進行ᄒᆞ깃다고陳述ᄒᆞ엿다더라

東京發 四日着

鎭海의日本計劃

日本에셔ᄂᆞᆫ韓國鎭海灣에第一期設備를十年計劃으로ᄒᆞᄂᆞᆫ디其主旨ᄂᆞᆫ軍港防備를完整ᄒᆞᆷ에在ᄒᆞ다ᄒᆞ며以後에更히第二期設備를行ᄒᆞᆯ方針이라더라

東京發 四日着

韓浦日砲

韓國湖浦에ᄂᆞᆫ日本에셔大砲發射試驗塲을新設ᄒᆞᄂᆞᆫ디二箇年間繼續事業으로ᄒᆞᆫ다더라

東京발 四日着

▲社會燈▼

▲餓鬼卒徒李秀晩은庶長譜의繼跡ᄒᆞ야一進會의合邦問題極口贊成ᄒᆞᆫ다ᄒᆞ니너ᄂᆞᆫ어느하ᄂᆞᆯ에서ᄯᅥ러져온亾種이냐며맛ᄂᆞᆫ단말만듯고며ᄂᆞᆫ마자못봐ᄭᅡ나미싹맛세덤비지만망둥이가每塲날ᄯᅢ멧날전에왓셧더면餓鬼들과ᄒᆞᆫ가지로黃金料理分食ᄒᆞᆯ셜그도먹지못ᄒᆞᆯ八字

▲守錢虜의李鳳來ᄂᆞᆫ鳳鳴學校校主로셔經費當키앗가와셔別凶計를다ᄭᅮᆷ이여仍爲廢校ᄒᆞ엿다니君의不義聚財ᄒᆞᆫ일擧世皆知ᄒᆞᄂᆞᆫ비나그와ᄀᆞᆺ치앗가운걸當初設校왜ᄒᆞ엿던가設鄕奸吏제本色을只今셔지못노코셔學界에도弄奸하야頑惡手段ᄯᅩ부리니狗尾三年ᄒᆞᆯ수업다

▲亾國輔國閔泳徽ᄂᆞᆫ總理大臣運動ᄒᆞ려헐ᄯᅥᆨ이며이ᄡᅳ다가될뜻될뜻ᄒᆞ니ᄲᅡ니總理大臣ᄒᆞᄂᆞᆫ날로馬車타고놀깃다고馬車ᄲᅡ지사왓다니西上皮鳥靴어다가富貴榮華自足커늘무슴虛慾生싱겨서發狂妄動ᄒᆞᄂᆞᆫ貌樣老去尤甚더러하니慾心貪心뭉쳐노코셥ᄯᅥ기를ᄊᆞ운게야

社告

沙利院支社員任敬宰氏遞去代에該地耶蘇敎小學校內李承吉氏로擇定ᄒᆞ고本月一日件을繼續발送ᄒᆞ오니本報代金과諸般事를本承吉氏와交涉ᄒᆞ시요

大韓每日申報社

德川邑內耶蘇敎冊肆李內斗氏로本支社員을認許ᄒᆞ고本月壹日부터本報를發送ᄒᆞ오니該附近地에셔本申報購覽ᄒᆞ실 僉君子는李內斗氏에게請求ᄒᆞ시고本社에對ᄒᆞᆫ諸般事를該氏와交涉ᄒᆞ시요

鐵山邑支社員安瀕氏辭免ᄒᆞᆫ代에該郡邑內東部十一統六戶鄭翊氏로擇定ᄒᆞ엿고平南順川支社員鄭裕景氏辭免ᄒᆞᆫ代에該郡柴洞孫定龍氏로擇定ᄒᆞ엿스니本報購覽 僉君子는照亮ᄒᆞ시요

大韓每日申報社

廣告

本人家親이去乙未年分에買受ᄒᆞᆫ北署順化坊帶洞六十八統七戶瓦家十四間文券을不知中셔失ᄒᆞ엿기廣告ᄒᆞᆷ

中部香井洞十八統加二戶 宋[illegible]仁

咸南洪原郡龍源面中洞里私立中成學校는校監洪允義學監陳應鍾兩氏가血心誠力으로恪勤視務ᄒᆞ와校況이漸次振興ᄒᆞ기에該校生徒와面內青年들이兩氏의永遠히視務ᄒᆞᆷ을顒望ᄒᆞ기玆以廣告ᄒᆞᆷ

咸南洪原郡龍源面中成學校 金啓龍

本人의庄土가在於忠淸南道德山海美兩郡臥峴地인바笙筵岫杳岩邈冥農穡等字畓合六石三斗三升落文券을陰十一月初九日夜火災中燒盡故로玆에廣告ᄒᆞ오니京鄕僉君子는照亮爲要

中部松峴十六統九戶 魚允文

豊德郡中面中立學校는設立以來로財政이困難ᄒᆞ야至於廢止러니至於今秋ᄒᆞ야는該校副校長張淳夔氏가熱心勸勉ᄒᆞᆷ으로東江倉內兩里紳士가多數義捐ᄒᆞ야校況이漸次進步ᄒᆞᆷ

豊德郡中面中立學校々監 金允濟 告白

本人이養心學校々主之任으로擔任ᄒᆞ여잇더니財政이窘乏ᄒᆞ여敢當키難ᄒᆞ와不得已自退之意로廣告ᄒᆞ오니 僉君子는照亮ᄒᆞᆷ

車天慶

◉漢語夜學員募集廣告

本學舘內에셔漢語夜學講習一課를特設하고學員을募集ᄒᆞ오니願學 僉員은陽 月十日內로請願書를本學舘에提呈ᄒᆞᆯ事

皇城基督敎靑年會學館 白

日本語學書·語彙

半洋裝 六百餘頁
定價金 一圜四十錢
(郵稅金 十四錢)

本書는日本에서數十年遊學ᄒᆞ야實地硏究를積ᄒᆞ고敎壇의經驗이富ᄒᆞᆫ林圭氏가嚆矢ᄒᆞᆫ我國日本語學界에大光線을放코자ᄒᆞ는誠力의産物이라一卷三編에分ᄒᆞ야第一編은假名의起原과發音의蘊奧를明示ᄒᆞ고第二編은各品詞의用例와言語의結構法을詳述ᄒᆞ고第三編은簡易ᄒᆞᆫ日常語와實用인會話語對話語等을總括ᄒᆞ엿는ᄃᆡ皆聚精採華ᄒᆞ고從類分門ᄒᆞ야註解가明晰ᄒᆞ고秩序가整齊ᄒᆞ야斯學硏究者의好材料일ᄲᅮᆫ아니라實로初學海의大指針이오獨習門의眞師友가될만ᄒᆞᆫ唯一의珍本이오니有志諸君子는購覽ᄒᆞ시오

總發賣處

漢城南部井洞五十九統五戶 電話三九二番

漢城 新文館

日本東京麴町區中六番町四十九番地

大韓興學會事務所 分賣所

其他各書館

▲特別廣告▼

▲最新 ▲通信販賣

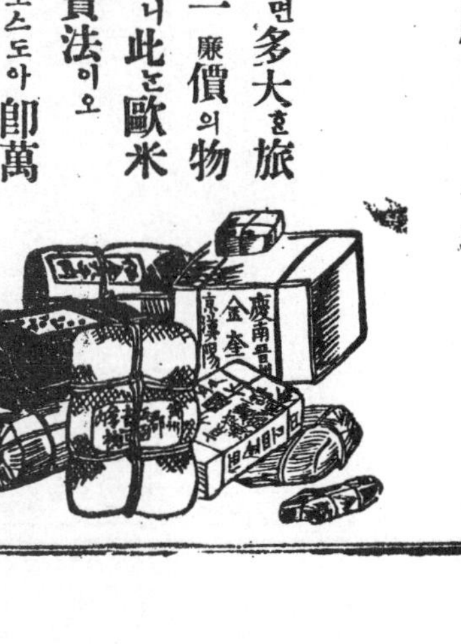

勿驚ᄒᆞ시오地方에在ᄒᆞ신여러분이여僅히一錢五厘의通信費를投ᄒᆞ면多大ᄒᆞᆫ旅費와繁雜을除ᄒᆞ고能히京都第一廉價의物品을得ᄒᆞ는妙方이現出ᄒᆞ엿스니此는歐米各國에셔流行ᄒᆞ는通信販賣法이오우리漢陽商會는뎨파도멘트스도아卽萬物이具備ᄒᆞᆫ商店이니如何ᄒᆞᆫ物品이라도葉書或書簡으로某物을送致ᄒᆞ라通知ᄒᆞ시면우리는確實迅速低廉으로爲主ᄒᆞ야郵便或運送으로送呈ᄒᆞ깃슴나이다

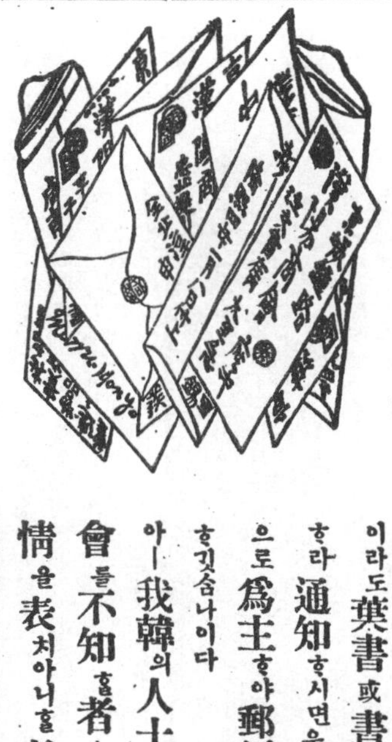

아─我韓의人士로誰가우리漢陽商會를不知ᄒᆞᆯ者─有ᄒᆞ며誰가此에同情을表치아니ᄒᆞᆯ者─有ᄒᆞ리요弊店의商品目錄은누구시던지보내라請求ᄒᆞ시면無代金으로送呈ᄒᆞ깃ᄉᆞ오니一次試驗ᄒᆞ기爲ᄒᆞ야如何ᄒᆞᆫ物品이던지注文ᄒᆞ여보시오그便利ᄒᆞᆫ方法이如何ᄒᆞᆷ을아시리다

歐美雜貨各種 洋酒食料各種
文房具各種 內外國衣服次各種
本國物産各種

大韓皇城鍾路 輸出輸入商 漢陽商會

電話一九一番

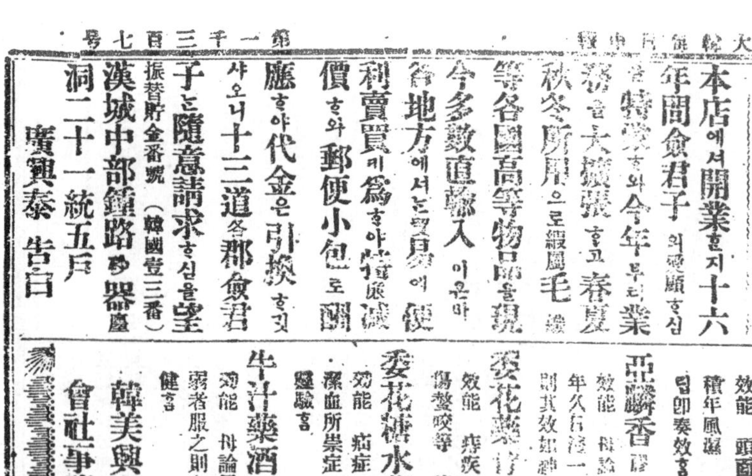

廣告

國文 初等大韓歷史 特別減價二十錢

國文 初等大韓地誌 附地圖 特別減價十五錢

右書는純國文으로簡初케著述호야女子社會와勞働學校의獨習케必要호오니速速購覽호시옵

發賣所 中部布屛下廣學書舖金相萬

◉特別廣告

本社의서同胞의衛生을注意호야美國의서經驗單方으로流行通用호는靈藥聖劑를貿入호야左開廣布호오니有病君子와藥業에從事호시는僉彦은爭先來購호시옵

分賣와都賣에差別이有호야一打(十二個)以上의都賣에는特別割引홈

左開

秘製止痛藥

效能 外塗內服無處不適 消滯 止嘔 絶瘧 治痢 無不神效홈

喜蘇特藥

效能 頭面 身體一切痛症 積年風濕 除擦 生선之道 目前奏效홈

亞麟香

效能 毋論男女老少 勿嫌年久荏苒一切 咳소 服之則其效如神홈

愛花藥膏

效能 瘡疾 癬珠瘡 燒跌傷 螫咬等 諸症無雙聖藥

委花糖水藥

效能 痳症 花柳毒 凡不潔血所祟症 婦人虛弱등症 靈驗홈

牛汁藥酒

效能 毋論男女老少氣血虛弱者服之則大補元氣身體强健홈

韓美興業株式會社事務所

本店에서開業혼지十六年間僉君子의愛顧호심을特蒙호와今年부터業務을大擴張호고春夏秋冬所用으로絨屬毛緞等各國高等物品을現今多數直輸入이온바各地方에서는貿易이便利賣買키爲호야特別低價호와郵便小包로酬應호야代金은引換호깃사오니十三道各郡僉君子는隨意請求호심을望

振替貯金番號（韓國壹三番）

漢城中部鐘路砂器廛洞二十一統五戶

廣興泰 告白

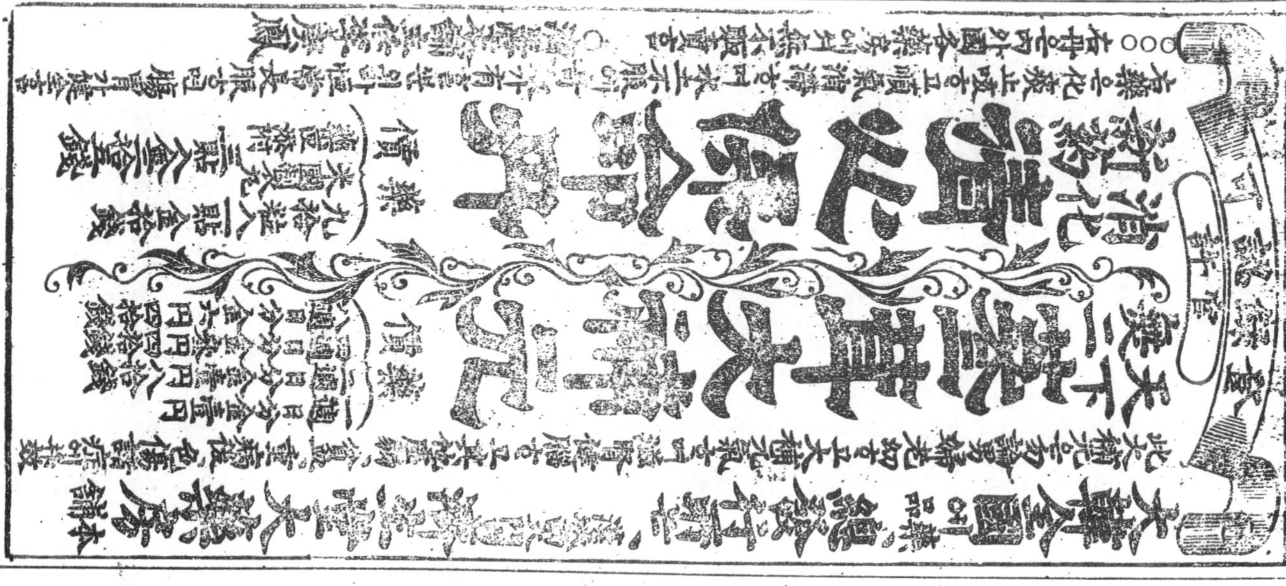

外方各處에서東西洋藥과國內新發明혼各種藥의請求호시는딕便利迅速을爲호야仁港本舘를京城鍾路和平堂으로移設홈은既往各新聞에揭告호엿거이와此本舖和平堂에制度와儀式을板刻廣告하옵는本意는現今과將來에 僉君子의歡迎하심을紀念하기爲호야如是廣告홈

和平堂 本舖主人 李應善 白

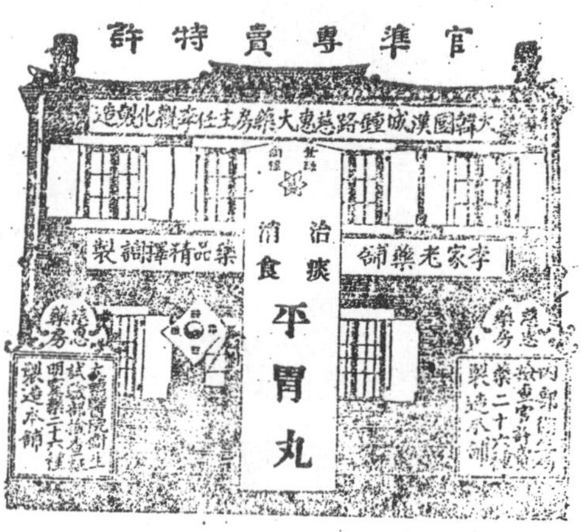

本院은韓國一般人士를爲호야設立홈은僉彦의已知호는바어니와自今으로事務를一層擴張호고診察을더욱精密히호기爲호야時間을午前十時부터午後四時까지無料로診察호오며또特別診察所를置호고些少의診察料로貴客의便宜를圖호오니診察을要호는僉彦은照亮을爲要

但特別혼境遇에在호야는時間을勿論호고其請求를應홈

京城南大門外 濟衆院 告白

檀君開國四千二百四十二年
箕子元年二千三十一年
大韓開國五百十八年
本報創刊日
光武八年七月十八日

大韓每日申報

發行兼編輯人 英國人 萬咸
Responsible for Publication Alfred Weekley Marnham
發行所
京城南部石井洞三層洋屋家
大韓每日申報社

第八卷 月曜及慶節祝時日休刊 第一千三百八號

論說

◎仁平坊病院設立의經營

昨夏虎列刺流行의際에塗聽道說을據ᄒᆞᆫ즉巡査輩가病人을舁去ᄒᆞ야避病院에入ᄒᆞ면醫士ᄂᆞᆫ醫療에不誠ᄒᆞ며看護婦ᄂᆞᆫ調護에不精ᄒᆞ야生人을殺ᄒᆞᄂᆞᆫ弊가往々히有ᄒᆞ다ᄂᆞᆫ說이紛々ᄒᆞ엿스니此가固是一種難信의風傳이지만은然이나此說을專혀無薪突中의烟으로認키難ᄒᆞᆫ지라於是乎一般有志者가同聲齊呼日今日病院의設立이必要ᄒᆞ다今日病院의設立이必要하다하엿스니言ᄲᅮᆫ이오實際가無ᄒᆞᆫ故로吾儕가其熱心의不足ᄒᆞᆷ과實行의不力ᄒᆞᆷ을慨歎ᄒᆞ엿더니

今者中部仁平坊會에서義務病院의設立論이始現ᄒᆞ니嗚乎仁平坊會여同胞를救濟ᄒᆞᄂᆞᆫ會가此會ᄲᅮᆫ이며公益을務圖ᄒᆞᄂᆞᆫ會가此會ᄲᅮᆫ이며活佛의會集ᄒᆞᆫ會가此會ᄲᅮᆫ이며天使의敬愛하ᄂᆞᆫ會가此會ᄲᅮᆫ이니善ᄒᆞ다仁平坊會여

噫라平安南北道同胞ᄂᆞᆫ財力이京城에不及ᄒᆞ되病院의設이有하며美國人은外洋에서來ᄒᆞᆫ人이나韓國同胞를爲ᄒᆞ야濟衆院의設이有ᄒᆞ거날京城은全國의中心地로서一個私設의義務病院이無하고只是營業目的으로設立ᄒᆞᆫ醫局藥局만有하미昨夏流行病의虎疫又ᄒᆞᆫ것은姑舍ᄒᆞ고卽尋常ᄒᆞᆫ疾病도往々居處調理의不善으로因ᄒᆞ야居然閻羅鬼卒의牌招를被ᄒᆞᄂᆞᆫ者ㅣ有ᄒᆞ니엇지仁人君子의悲痛ᄒᆞᆯ비아니리오

然ᄒᆞ되人々이私心만顧ᄒᆞ며近慮만作ᄒᆞ야剕妻의鼻孔에衊血이出ᄒᆞ면皇々히診察所에向ᄒᆞ며家兒의頭部에惡瘡이生ᄒᆞ면汲々히濟衆院에投ᄒᆞᄂᆞᆫ者ᄂᆞᆫ有ᄒᆞ나衆生의病을爲ᄒᆞ야慈悲心을作ᄒᆞᄂᆞᆫ者ᄂᆞᆫ無ᄒᆞ며自己가無依無托의人이되야何許痼疾에罹ᄒᆞ여야病院이나잇서스면하ᄂᆞᆫ生覺이起ᄒᆞ나將來의不虞를爲ᄒᆞ야病院을設ᄒᆞ랴ᄂᆞᆫ者ㅣ無ᄒᆞ더니今에仁平坊同胞ᄂᆞᆫ慈悲心이特大ᄒᆞ도다

雖然이나此一個의病院으로ᄂᆞᆫ博施의道를不能ᄒᆞᆯ지니아모조록京城及各地方에踵起ᄒᆞᄂᆞᆫ者ㅣ日加ᄒᆞᆷ을望ᄒᆞ며又踵起ᄒᆞᄂᆞᆫ者ㅣ營業的으로以치말고義務的으로以ᄒᆞ야慈善事業이日興ᄒᆞᆷ을祝ᄒᆞ노라

外報

◎比帝訪英 比利時國新皇帝알바ㅣ트第一世ᄂᆞᆫ來六月에英國을御訪問ᄒᆞᆫ다더라

◎法外相言論 法國內閣會議에서外相비시온氏ᄂᆞᆫ希臘의國民大會로因ᄒᆞ야近東時局은一層困難을受ᄒᆞᆯ지니列强은此를解決키爲ᄒᆞ야協議ᄒᆞᆯ바가有ᄒᆞ다고述ᄒᆞ엿다더라

◎감풀氏辭任 曩者에土耳其政府의招聘을受ᄒᆞ야同國海軍改造의職을任ᄒᆞᆫ英國海軍少將감풀氏ᄂᆞᆫ土耳其國의氣候가同氏의健康에不適ᄒᆞᆫ故로今回에其職을辭하엿다더라

◎海上自由論 駐美德國大使에츠덴니ㅣ伯은論敦에서德帝誕辰을祝賀ᄒᆞᆫ際에述ᄒᆞ야曰德國은常히平和를愛ᄒᆞ고攻擊及征服에ᄂᆞᆫ着意치아니ᄒᆞᄂᆞᆫ비니德國의製艦計畫은十年以前에明示ᄒᆞᆫ바라ᄒᆞ고且曰大洋은自由니德國은海軍의優越을希望치아니ᄒᆞ고但히商業上及殖民地의利益에適應ᄒᆞᆫ地位를得ᄒᆞᆷ에在ᄒᆞᆫᄲᅮᆫ이라ᄒᆞ엿다더라

◎露度相視察 露國度相코々치로프氏ᄂᆞᆫ近日에再히滿洲를視察키爲ᄒᆞ야發程ᄒᆞᆫ다더라

◎勃國의戰爭準備 勃加利國陸軍省은本年의新兵을年例보다一箇月을早히召集ᄒᆞ엿다더라

◎土國의機關砲注文 土耳其國은今回德國클즈푸會社와英國아ㅣ무스즈롱크會社에對ᄒᆞ야多大의機關砲를注文ᄒᆞ엿다더라

學界

◎尹氏義務 咸北會寧郡公立普通學校仁溪支校學務委員尹秉烈氏ᄂᆞᆫ敎育方針과學業勸勉에晝夜熱心ᄒᆞ고該校本年度經費를補助키爲ᄒᆞ야金貨十六圜六十六錢을捐助하엿슴으로該氏의義務를莫不稱頌ᄒᆞᆫ다더라

◎中立興兄 豐德郡中面東江里中立學校ᄂᆞᆫ財政이困難ᄒᆞ야廢止ᄒᆞᆯ地境에至ᄒᆞ엿더니東江倉內兩里紳士가多數ᄒᆞᆫ義捐金을醵集하야校舍를新建築ᄒᆞ엿ᄂᆞᆫ듸學徒가五十餘名에達ᄒᆞ엿다더라

◎三校合一 平北博川郡南湖面振明學校ᄂᆞᆫ中和郡居趙任世氏가熱心敎育ᄒᆞᆫ結果로校況이漸就ᄒᆞᄂᆞᆫ듸趙氏가同面基督學校와嘉山楸島東明學校의財政이窘拙ᄒᆞᆷ을慨惜히녁여三校合一의趣旨로去月初에各學校任員을會同演說ᄒᆞᄂᆞᆫ듸辭旨가懇切하야聽衆을感動케ᄒᆞᆫ故로各校任員이始則反對ᄒᆞ다가終必同意하야去月二十七日에合校節次가完成ᄒᆞ엿다더라

◎文明試績 平北泰川郡私立文明學校에서陰十二月에年終試驗을經ᄒᆞ엿ᄂᆞᆫ듸優等生은吳貞燾氏等十人이오及第生은白淳明氏等二十四人이오校長李致浩氏講師白元贊氏가敎育이時急ᄒᆞᆫ意로一場勸勉ᄒᆞᆫ後多數賞品을施與ᄒᆞ엿다더라

◎永昌試績 江華郡北寺面冷井洞永昌學校에서年終試驗을經하엿ᄂᆞᆫ듸高等課優等生이五人이오小學課優等生이三人인듸該校長韓相五氏와算術敎師韓東錫氏가懇切히一場勸勉하엿고該郡三海面大東學校々長朴齊衍氏ᄂᆞᆫ試塲에來參하엿다가一般學徒에게優數賞品을施與ᄒᆞ엿다더라

○談叢○

劍心

▲年來엇던地方은或知가無ᄒᆞ야新敎育을拒ᄒᆞ며或錢이無ᄒᆞ야新敎育을廢ᄒᆞ니新敎育은無望이오又所用이無ᄒᆞ다고舊敎育도不施ᄒᆞ니漢文字도知치못ᄒᆞᆯ지라然則韓國第一世國民은二十世紀文明國民되기ᄂᆞᆫ姑舍ᄒᆞ고現在國民보다도又一層幼穉ᄒᆞᆯ진져

噫라日本은開化以來로敎育이大進步하야只今은兒童百名中에九十三四名이在學ᄒᆞᆷ에至ᄒᆞ엿거늘此韓國은文明敎育의進步ᄂᆞᆫ姑舍ᄒᆞ고目不識丁의暗黑世界를作ᄒᆞᆯ慮가有ᄒᆞ니其消長의反對가엇지此極에至ᄒᆞᄂᆞᆫ가

詞藻

❀南天雁❀ 竹松生

南天에ᄯᅳᆫ기럭이、天下事를네알니라。
六大洲너른들에、어듸々々擾亂터냐。
우리도、七尺長劍놉히들고、그곳으로。

廣告

◎特別廣告

本會에서不得已ᄒᆞᆫ事故가有ᄒᆞ와來會日子를以來日曜日(十三日)下午三時로養源學校內의셔開會ᄒᆞ깃ᄉᆞᆸ기玆에廣告ᄒᆞᆷ

私立學校維持研究會會長崔在學 告白

◎學員募集廣告

本學堂에서預備科學生을增募ᄒᆞ여速成方法으로特別敎授ᄒᆞ깃ᄉᆞ오니志願人은本月十四日(陰正月初五日)內로請願書를提呈ᄒᆞ시오

試驗日 本月十五日

試驗科目은本學堂에來問ᄒᆞ오

但學力이相當ᄒᆞᆫ人은各學年에補缺ᄒᆞᆷ을得ᄒᆞᆷ

貞洞 培材學堂

本人에姓名章을陰十二月十日龍川楊西面往還時에遺失故로更刻新章ᄒᆞ엿시니知舊間照亮

義州光城面柳草洞劉起邦告白

本人의畓庄一百五斗落이中和郡馬井面一里城後員에在하온듸去辛丑春에平壤鎭衛隊叅領鄭觀朝의長男鄭寅河가平南捧稅官으로父子의勢焰을合ᄒᆞ야本人의畓庄을泥生無卜畓이니國有에付屬ᄒᆞᆫ다ᄒᆞ고勒奪ᄒᆞ야自己의私槖을充ᄒᆞ엿기로平壤地方裁判所檢事局에告訴ᄒᆞ야現方審査中인듸鄭某가該畓을欲爲發賣ᄒᆞ오니內外國人은見欺치勿ᄒᆞᆷ

中和郡內居 朴永樊 朴承厚 告白

私立定州五山學校學徒募集廣告

本校에서一年級補缺生及預備科學生을增募ᄒᆞ오니志願者ᄂᆞᆫ二月二十七日(陰正月十八日)以內로請願書를提出ᄒᆞᆷ

但入學請願用紙ᄂᆞᆫ本校事務所에請求함

一 試驗日字 二月二十八日

一 試驗科目 漢文 作文 算術 地誌 歷史 理科 外國語

一 開學日字 三月一日

隆熙四年一月 日

私立定州五山學校 白

本人姓名章今年陰六月에改造ᄒᆞ고舊甲章을儲置이러니到此尋索ᄒᆞ온즉不知中셔失故로玆以廣告ᄒᆞ오니知舊間照亮

博川舊津 李鎭成 白

雜報

◎三百圓下賜　太皇帝陛下ᄭᅴ옵셔 三昨日日本에留學ᄒᆞ시ᄂᆞᆫ 皇太子殿下ᄭᅴ 金三百圓을 寄送ᄒᆞ옵셧다더라

◎因債見困　前判書李容元氏의 現住家屋은 年前 太皇帝陛下ᄭᅴ옵셔 下賜ᄒᆞ신것인ᄃᆡ 其從孫李某가 該家屋을 淸人의게 典執ᄒᆞ고 金三百圓을 得用後過限不報ᄒᆞᆷ으로 債權者ᄂᆞᆫ 該家屋을 執行코셔ᄒᆞᆫ다더라

◎有何運動　宮中顧問李允用氏ᄂᆞᆫ 何等運動이 有ᄒᆞᆫ지 其親切人李某를 日間日本에 派送ᄒᆞᆫ다더라

◎警官增額　警視廳官制中改正件이 日前頒布되엿ᄂᆞᆫᄃᆡ 其要領은 官吏增額事件이라더라

◎江原郡守會　江原觀察道에셔ᄂᆞᆫ 去二日부터 郡守會議를 開ᄒᆞ엿다더라

◎蘭家妓樂　中樞院顧問李址鎔侍從院卿尹德榮諸氏ᄂᆞᆫ 三昨日中部東谷香蘭家에 會同ᄒᆞ야 妓樂으로 壹塲娛樂ᄒᆞ엿다더라

◎平渡將渡　內部地方局府郡課長平渡信民은 地方行政廢合統一에 關ᄒᆞᆫ 要務를 帶ᄒᆞ고 來九日日本에 往ᄒᆞ야 內務省及其餘諸處에 議論ᄒᆞᆫ다ᄂᆞᆫᄃᆡ 約壹箇月間滯在ᄒᆞ기로 豫定ᄒᆞ엿다더라

◎俸金轉推　日本에 滯在ᄒᆞᆫ 宋秉畯은 昨年八月以後 中樞院顧問의 俸金을 推尋ᄒᆞᄂᆞᆫᄃᆡ 中樞院에 直接請求치아니ᄒᆞ고 統監府에 委托推去ᄒᆞ엿다더라

◎明石歸京期　日人福島中將을 餞送ᄒᆞᆷ次로 釜山港에 前往ᄒᆞ엿던 日人明石少將은 明日下午八時에 歸京ᄒᆞᆫ다더라

◎醫院擴張　內部에셔ᄂᆞᆫ 來三月頃에 淸州全州等郡에 設置ᄒᆞᆫ 慈惠醫院을 壹層擴張ᄒᆞᆯ 計劃으로 金七千圓을 預算ᄒᆞ엿다더라

◎中井意見　咸北觀察道書記官日人中井은 韓日兩國佛寺를 聯合ᄒᆞ기爲ᄒᆞ야 意見書를 內部에 提出ᄒᆞ엿다ᄂᆞᆫᄃᆡ 其槪要를 聞ᄒᆞᆫ즉 各宗派에 管長一人을 選置ᄒᆞ야 全國僧尼를 分轄케ᄒᆞ고 宗製寺法을 制定ᄒᆞ야 首寺末寺를 區別코져ᄒᆞᆷ이라더라

◎自修開會　警務課長日人中野가 發起ᄒᆞᆫ 自修會ᄂᆞᆫ 昨日下午一時에 內部에셔 第壹回開會式을 行ᄒᆞ엿다더라

◎荻田着美　英日博覽會事務及殖民地를 視察ᄒᆞ기爲ᄒᆞ야 歐洲로 出發ᄒᆞ엿던 日人荻田書記官은 去三日桑港에 到着ᄒᆞ엿다더라

◎氷上日人　日人新聞記者가 發起ᄒᆞ야 本日漢江에셔 氷上運動會를 開ᄒᆞᄂᆞᆫᄃᆡ 日司令官大久保大將과 其他日人官民數百名이 出頭ᄒᆞᆫ다더라

◎徵稅視察　度支部에셔ᄂᆞᆫ 江原道地方의 徵稅狀況을 視察ᄒᆞ기爲ᄒᆞ야 韓日人主事二名을 派送ᄒᆞ엿다더라

◎農部派員　農商工部에셔 鐵原地方의 森林을 調査ᄒᆞ기爲ᄒᆞ야 韓日人主事各二名을 來八日頃에 派送ᄒᆞᆫ다더라

◎宜其調査　承寧府總管趙民熙氏家에셔 去月에 雜技局을 設ᄒᆞ고 千餘圓得失이 有ᄒᆞ다ᄂᆞᆫ 說이 各新聞에 頒布됨으로 某處에셔 現方調査ᄒᆞᄂᆞᆫ中이라더라

◎新印配付　再昨日宮內府에셔 各陵園叅奉의 印章을 新造配付ᄒᆞ고 元來使用ᄒᆞ던 官房章은 廢止케ᄒᆞ엿다더라

◎叅考件配付　內部에셔ᄂᆞᆫ 各地方屠獸塲의 等級區別ᄒᆞᆫ 件을 印刷ᄒᆞ야 叅考的으로 各觀察道에 配付ᄒᆞ엿다더라

◎孝行請褒　龍岡郡居洪義植氏ᄂᆞᆫ 孝行이 有ᄒᆞ다ᄒᆞ야 該道觀察使가 內部에 修報ᄒᆞ고 褒揚ᄒᆞ기를 要求ᄒᆞ엿다더라

◎巡查轉任說　統監府間島派出所韓人巡查中勤勞가 有ᄒᆞᆫ者八名은 道主事로 任命된다더라

◎道路廣築　現今日本人居留地에ᄂᆞᆫ 街路가 狹隘ᄒᆞ다ᄒᆞ야 內部에셔 廣築ᄒᆞ기로 今春부터 調査에 着手ᄒᆞᆫ다ᄂᆞᆫᄃᆡ 其地點은 南大門外及銅峴泥峴등處라더라

◎鼠口犬聲　再昨日國民同志贊成會에셔 總會를 開ᄒᆞ엿ᄂᆞᆫᄃᆡ 該會趣旨書事件으로 大同日報社에 質問ᄒᆞ던 事를 提論ᄒᆞ다가 徐彰輔가 說明ᄒᆞ야 曰吾儕가 新聞社에 對ᄒᆞ야 質問ᄒᆞᆷ은 蜀犬吠日에 不過ᄒᆞ니 置之가 可也라ᄒᆞ엿ᄂᆞᆫᄃᆡ 徐ᄂᆞᆫ 該文字의 本旨도 不解ᄒᆞ면셔 但堂狗三年에 風月을 吠ᄒᆞᄂᆞᆫ 口習으로 自家聲을 眞個吐出ᄒᆞ엿다ᄒᆞ야 傍聽者가 莫不絶倒ᄒᆞ엿다더라

◎徐請不許　徐彰輔ᄂᆞᆫ 旣往發刊ᄒᆞᆫ 同志會趣旨書에 治安妨害되ᄂᆞᆫ 句語를 刪去ᄒᆞ고 本會員에게만 分給ᄒᆞ깃다ᄒᆞ고 昨日中部警察署에 呼訴ᄒᆞ엿ᄂᆞᆫᄃᆡ 該署에셔 不許ᄒᆞ엿다더라

◎同志議事　國民同志贊成會에셔 數日前에 議事會를 開ᄒᆞ고 統監府及內閣에 建白書를 送ᄒᆞ야 合邦實行을 催促ᄒᆞ기로 可決ᄒᆞ엿다ᄂᆞᆫᄃᆡ 會員出席者ᄂᆞᆫ 僅々二十七名이라더라

◎學宰揚言　商務組合部長李學宰ᄂᆞᆫ 一般部員을 對ᄒᆞ야 自己가 渡邊警視와 親誼가 有ᄒᆞᆫ줄노 頻々誇張ᄒᆞᆫ다ᄂᆞᆫᄃᆡ 日前에ᄂᆞᆫ 書簡 封을 將ᄒᆞ야 會中에 揚言曰 此ᄂᆞᆫ 渡邊警視가 我地方商務를 擴張케ᄒᆞ라고 某警官의게 囑托ᄒᆞᆫ 書簡이라ᄒᆞ엿다더라

◎何處得來　商務組合部長李學宰ᄂᆞᆫ 日前에 金二百圓을 將ᄒᆞ야 一般作員에게 數三圓式分與ᄒᆞ야 曰勤務의 勞를 酬키爲ᄒᆞ야 債金을 圖得ᄒᆞ엿노라ᄒᆞ엿다더라

◎進會評議　一進會에셔 再昨日下午一時에 評議會를 開ᄒᆞ엿ᄂᆞᆫᄃᆡ 順川民擾事件에 對ᄒᆞ야 委員을 派送ᄒᆞ야 該會員中干犯有無를 調査ᄒᆞ기로 決議ᄒᆞ엿다더라

◎先劉後金　一進會員劉文卿은 本以金氏所生으로 劉家에 收養되야 四十餘年을 劉姓으로 行世ᄒᆞ엿ᄂᆞᆫᄃᆡ 日前에ᄂᆞᆫ 金姓을 遵行ᄒᆞ기로 一進會中에셔 議定ᄒᆞ야 姓名을 金夢旭으로 定ᄒᆞ엿다더라

◎其父其子　國民新報社長崔永年의 子영植은 年今十餘歲小兒로 普成小學校에 在學ᄒᆞ더니 近來該兒가 自家父訓을 善奉ᄒᆞᆷ인지 其姓名을 日人의 姓名으로 模倣ᄒᆞ야 曰鷄林商太郞이라ᄒᆞ고 該校同學學徒五六名을 誘引ᄒᆞ야 悉皆日人의 姓名으로 改稱ᄒᆞ야 學業은 不務ᄒᆞ고 妄悖가 無雙ᄒᆞᆫ故로 該學校에셔 調査黜學ᄒᆞ엿다더라

◎餓鬼調査　內部警務局에셔ᄂᆞᆫ 國民同志贊成會에 任員姓名을 調査ᄒᆞᄂᆞᆫ中이라더라

◎遊說團計劃　高義駿鄭應禹芮宗錫氏等은 國是遊說團의 事務를 擴張ᄒᆞ기爲ᄒᆞ야 將次日本國에 渡往ᄒᆞ기로 計劃中이라더라

◎何等意見　西部冷洞居金秉禹氏ᄂᆞᆫ 何等意見이 有ᄒᆞᆷ인지 近日立國是宣告文이란 文字를 起草ᄒᆞ엿다더라

◎理直竟勝　東萊居尹佑相氏의 先山이 釜山港岩南洞에 在ᄒᆞᆫᄃᆡ 其族人尹勳相氏가 該山을 自己의 私有라稱ᄒᆞ고 金八千五百圓에 典執ᄒᆞ엿슴으로 尹佑相氏가 該山을 還推코져 昨年九月부터 上京逗留ᄒᆞ야 無限困楚를 經ᄒᆞ엿ᄂᆞᆫᄃᆡ 畢竟裁判의 公決을 因ᄒᆞ야 該山所有權을 佑相氏의게 歸ᄒᆞ기로 判決되엿다더라

◎巡查派送　再昨日平壤警察署에셔 內部警務局에 對ᄒᆞ야 順川에 派送ᄒᆞᆯ 巡查十五名을 急速指揮ᄒᆞ라ᄂᆞᆫ 電報를 發ᄒᆞᆫ故로 警務局에셔ᄂᆞᆫ 瑞興黃州兩署로 電報ᄒᆞ야 巡查十五名을 順川으로 急行케ᄒᆞ엿다더라

◎龍川後報　龍川楊市에 騷擾가 起ᄒᆞᆫ後로 憲兵及警察官이 同地及龍岩浦附近에 嚴重히 警戒ᄒᆞᄂᆞᆫᄃᆡ 再昨日下午四時에 人民約四百名이 更히 呼訴次로 龍岩浦警察署附近에 至ᄒᆞ엿다가 人民三名은 被捉ᄒᆞ고 其餘ᄂᆞᆫ 解散되엿다더라

◎南浦民又起　平南鎭南浦에셔ᄂᆞᆫ 再昨日人民約四百名이 會集ᄒᆞ야 市場稅를 反對次로 財務署를 直迫코져ᄒᆞᄂᆞᆫᄃᆡ 該府府尹이 郊外에 出往演說曰 만일 市場稅를 不服ᄒᆞ거던 如此히 騷動을 起ᄒᆞᆯ것이아니라 代表者를 選定ᄒᆞ야 陳情書를 提出ᄒᆞ라ᄒᆞᆷ으로 該人民等이 代表者三名을 選擧ᄒᆞ야 陳情書를 提出ᄒᆞ엿다ᄒᆞ며 該地警察署日憲兵隊에셔 合力ᄒᆞ야 該人民은 解散케ᄒᆞ엿다더라

◎咸南疹疫　咸南各地方에ᄂᆞᆫ 疹疫의 流行이 漸甚ᄒᆞ다더라

◎九名罹病　羅州等地에ᄂᆞᆫ 天然痘가 發生ᄒᆞ야 九名의 罹病者가 有ᄒᆞ엿다더라

◎大同報停刊　大同日報社에셔ᄂᆞᆫ 何事件을 因ᄒᆞᆷ인지 三週間停刊ᄒᆞᆫ다더라

◎義將出沒　義兵將韓鳳瑞氏ᄂᆞᆫ 部下六十餘名을 率ᄒᆞ고 淸州郡蜈蚣塲等地로 出沒ᄒᆞᄂᆞᆫᄃᆡ 服色은 補助員과 同一케ᄒᆞ엿다더라

◎義日交戰　日前楊州郡白石面鴻北里等地에셔 義兵十八名이 日憲兵補助員三名과 接戰ᄒᆞ엿ᄂᆞᆫᄃᆡ 義兵一名이 被死ᄒᆞ엿다ᄂᆞᆫ 說이 有ᄒᆞ다더라

◎文氏被捉　中部典洞居文鎭海의 令侄은 何等事件을 因ᄒᆞᆷ인지 三昨日理事廳에 被捉ᄒᆞ엿다더라

◎次第開會　鍾路靑年會舘에셔 今日下午三時에ᄂᆞᆫ 福音會를 開ᄒᆞ고 明日下午七時에ᄂᆞᆫ 月例會를 開ᄒᆞ야 各部事務를 報告ᄒᆞᆫ後 新入會員을 會同ᄒᆞ야 仍히 懇親會를 設ᄒᆞᆫ다더라

◎貞慶開會　貞慶坊會에셔 今日上午十一時에 總會를 開ᄒᆞᄂᆞᆫᄃᆡ 坊內僉員이 多數出席ᄒᆞ기를 希望ᄒᆞᆫ다더라

◎大同開會　大同敎에셔ᄂᆞᆫ 本日下午七時에 議事會를 開ᄒᆞᆫ다더라

電報

◎希臘形勢　希臘形勢ᄂᆞᆫ 險惡에 陷ᄒᆞ엿ᄂᆞᆫᄃᆡ 土耳其國에셔ᄂᆞᆫ 戰鬪準備를 急々히ᄒᆞᆫ다더라　伯林發　四日着

◎日本의旅順經營　日本에셔ᄂᆞᆫ 旅順開放에 關ᄒᆞ야 去番日本外相小村의 說明ᄒᆞᆷ과 如히 政府에셔 其主旨ᄃᆡ로 着手ᄒᆞᄂᆞᆫᄃᆡ 港口ᄂᆞᆫ 經營上可及的으로 營爲ᄒᆞ고 市街設備와 道路修理等은 반다시 工事를 加ᄒᆞᆫ다ᄒᆞ며 工事ᄂᆞᆫ 來四月頃에 着手ᄒᆞ야 外人居留에 便利케ᄒᆞᄂᆞᆫ 同時에 模範市街를 成ᄒᆞ야 東洋의 壹大商港으로ᄒᆞᆫ다더라

◎衆議院秘密會　本日日本衆議院에셔 秘密會를 開ᄒᆞ고 小村外相이 滿洲問題와 淸日外交問題에 對ᄒᆞ야 詳細說明ᄒᆞ엿다더라

以上東京發　五日着

▲社會燈▼

▲凜冽朔風물너가고 三陽回泰도라와셔 陰凝之氣사라지며 一脉光線蘇生ᄒᆞ니 黑暗ᄒᆞ던 뎌天地가 文明域에 漸進ᄒᆞᆫ다 循環ᄒᆞᄂᆞᆫ 뎌天道ᄂᆞᆫ 使人難測이아닌가

▲雲山金鑛役夫들은 勞役으로 業을삼어 苦楚生涯ᄒᆞᆫ것만은 時局風潮感觸ᄒᆞ야 排外熱이 撑中ᄒᆞᆯ셰 卷烟草를 斷吸키로 서로盟約ᄒᆞ엿다니 國家思想깁헛도다

▲甑山郡에 面使喚은 三四圓의 薄俸으로 公廨間을 借居ᄒᆞ여 敎命圖生ᄒᆞᆫ것마ᄂᆞᆫ 新知識을 滋長코져 吸烟費를 代辦ᄒᆞ야 新聞紙를 購讀ᄒᆞ니 文明精神깁헛도다

▲富寧郡의 農業家ᄂᆞᆫ 產業頹敗 이時代에 實地業을 發達코져 多少同志糾合ᄒᆞ야 農事講習所를 셰고 農業改良發達次로 學士聘用ᄒᆞ려ᄒᆞ니 實業經綸깁헛도다

▲壯ᄒᆞ도다 善ᄒᆞ도다 下等社會 뎌同胞여 ᄯᅡᆨᄒᆞ도다 惜ᄒᆞ도다 上等社會 뎌人類여 勞働者ᄂᆞᆫ 뎌러ᄒᆞᆫᄃᆡ 上流輩ᄂᆞᆫ 이러ᄒᆞ니 어ᄂᆡ나 精神ᄎᆞ려 勞働者와 ᄀᆞᆺ치될ᄭᅡ

雜報

◎惡物惡舌　日前에斷指書를學部에提出ᄒᆞ고外國留學費를請願ᄒᆞ던朱奎一氏ᄂᆞᆫ該部에서請願書退却홈을見ᄒᆞ고對人言曰此를不許ᄒᆞ면我ᄂᆞᆫ自刎而死ᄒᆞᆫ다ᄒᆞ엿다더라

◎研究會開會期　私立學校研究會에서來十三日養源學校內에開會ᄒᆞ고各其意見書를提出ᄒᆞ야良好ᄒᆞᆫ方針을取用ᄒᆞᆯ터이라더라

◎咸南會紀念　咸南學生親睦會에서第壹回紀念式을本日上午十時咸南學校內에開ᄒᆞᆫ다더라

廣告

◎學員募集廣告

本校에서今番에校務를一層擴張ᄒᆞ야中學部를新設ᄒᆞ고一年級及豫備科學生을募集ᄒᆞ오니願學僉員은二月廿六日以內로請願書를提出ᄒᆞ옵

但入學用紙ᄂᆞᆫ本校에請求ᄒᆞ옵

一、試驗日字　二月二十六日(陰正月十七日)上午九時

一、試驗科目　一年級에ᄂᆞᆫ漢文、作文、算術(四則及分數)本誌、本史　體格

豫科에ᄂᆞᆫ　漢文、作文、算術(四則以內)　體格

一、開學日字　三月一日(陰正月二十日)

一、入學者의年齡　十四歲以上二十五歲以下

入學者의게紹介ᄒᆞ기爲ᄒᆞ야本校講師諸氏의經歷과氏名을特揭홈

隆熙四年一月二十六日
平安南道价川郡中西面石溪
私立重遠學校 白

李禹圭氏의大夫人
貞敬夫人延日鄭氏가以宿患으로陰十二月二十六日子時에棄世ᄒᆞ엿사오니知舊間照亮ᄒᆞ시옵
發引은　陰正月初二日上午五時
護喪所　告白

◎平壤水商

隆熙四年一月十三日下午三時에平壤城內外各門通水商三百餘名이耩慶洞青律會社內에會集ᄒᆞ야團體同盟ᄒᆞᄂᆞᆫ契約을成ᄒᆞ엿ᄂᆞᆫ데其理由인즉水商等이各其水窠가有ᄒᆞ야上自七八百兩으로下至二三百兩ᄭᆞ지轉相買賣ᄒᆞ야幾多年營業을作ᄒᆞᄂᆞᆫ데現에水道敷設홈에對ᄒᆞ야李秉喆과同心協議ᄒᆞ고水商共業所를成立ᄒᆞ야水道利用ᄒᆞᄂᆞᆫ同時에指飭을姑待ᄒᆞᄂᆞᆫ中今에聞ᄒᆞᆫ즉挾雜牟利의輩가吾人의協同團合은侮蔑ᄒᆞ고自己의慾火陡起를不耐ᄒᆞ야三百餘名에營業을獨專奪取코져ᄒᆞ야奔競圖囑ᄒᆞᄂᆞᆫ類가一二人뿐아닌즉吾儕가六七朔共同締結ᄒᆞ야共業所를組成ᄒᆞ엿슨즉决心코雜類의不義行爲에ᄂᆞᆫ至死不入ᄒᆞᆯ意로益々結盟ᄒᆞ고各其演說ᄒᆞ엿ᄂᆞᆫ디一城人民이如山如海히傍聽ᄒᆞ고水商等의金石과如ᄒᆞᆫ盟約을無不稱頌이기玆以廣告

請求人水商頭目　朴弘秀　安義坤　朴在奎

大韓興學會事務所
日本東京麴町區中六番町四十九番地
其他各書舖　分賣所

總發賣處
漢城新文館
漢城南部絲井洞五十九統五戶　電話二三九二番

日本語學音·語篇

半洋裝　六百餘頁
定價金一圓四十錢
(郵稅金十四錢)

本書ᄂᆞᆫ日本에서數十年遊學ᄒᆞ야實地研究를積ᄒᆞ고教壇의經驗이富ᄒᆞᆫ林圭氏가暗黑ᄒᆞᆫ我國日本語學界에大光線을放코자ᄒᆞᄂᆞᆫ誠力의產物이라一卷二編에分ᄒᆞ야第一編으로假名의起原과發音의變異를明示ᄒᆞ고第一編은各品詞의用例와言語의結構法을詳述ᄒᆞ고第二編은簡易ᄒᆞᆫ日常語의實用인會話對話等을總括ᄒᆞ엿ᄂᆞᆫ데皆聚精採華ᄒᆞ고從類分門ᄒᆞ야註解가明晳ᄒᆞ고秩序가整齊ᄒᆞ야斯學研究者의好材料될뿐이니라實로初學海의大指針이오獨習門의實師友가될만ᄒᆞᆫ唯一의珍本이오니有志諸君子ᄂᆞᆫ購覽ᄒᆞ시오

◀特別廣告▶

▲最▲新　通信販賣

勿驚ᄒᆞ시오地方에在ᄒᆞ신여러분이여僅히一錢五厘의通信費를投ᄒᆞ면多大ᄒᆞᆫ旅費와繁雜을除ᄒᆞ고能히京都第一廉價의物品을得ᄒᆞᄂᆞᆫ妙方이現出ᄒᆞ엿스니此ᄂᆞᆫ歐米各國에서流行ᄒᆞᄂᆞᆫ通信販賣法이오

우리漢陽商會ᄂᆞᆫ예파도멘로스도아 即萬物이具備ᄒᆞᆫ商店이니如何ᄒᆞᆫ物品이라도葉書或書簡으로某物을送致ᄒᆞ라通知ᄒᆞ시면우리ᄂᆞᆫ確實迅速低廉으로爲主ᄒᆞ야郵便或運送으로送呈ᄒᆞ깃슴나이다

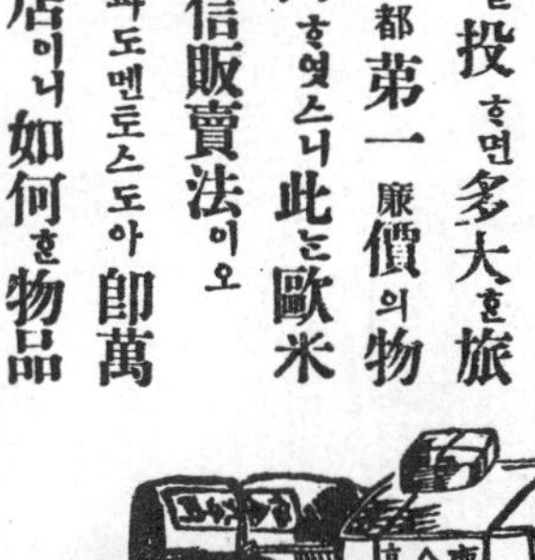

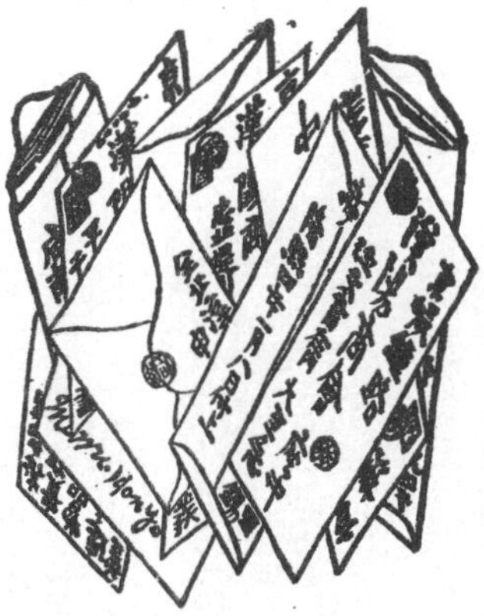

아ㅣ我韓의人士로誰가우리漢陽商會를不知ᄒᆞᆯ者ㅣ有ᄒᆞ며誰가此에同情을表치아니ᄒᆞᆯ者ㅣ有ᄒᆞ리요

弊店의商品目錄은누구시던지보너라請求ᄒᆞ시면無代金으로送呈ᄒᆞ깃스오니一次試驗ᄒᆞ기爲ᄒᆞ야如何ᄒᆞᆫ物品이던지注文ᄒᆞ여보시오그便利ᄒᆞᆫ方法이如何ᄒᆞᆷ을아시리다

歐美雜貨各種　洋酒食料各種
文房具各種　內外國衣服次各種
本國物產各種

大韓皇城鍾路
輸出輸入商　漢陽商會
電話一九一番

廣告

本人等이以天道[illegible]從事二四載而現今侍大[illegible]敎帖을抑爲下送이옵기[illegible]退ᄒᆞ고玆에廣告ᄒᆞ오니僉君子은照亮ᄒᆞᆷ

義州光城面柳草洞　劉鳳瑞　申義煥　告白

本人의名國彥을國元으로改定ᄒᆞ오니知舊間照亮ᄒᆞᆷ

宣川新府面白岘　金國元　白

鐵路票卷烟

法韓會社에서發賣ᄒᆞ는卷烟이造製品과口味가精美ᄒᆞ고每匣二十本幷竹嘴入이고價金三錢五里로各商店에서放賣

本店에서開業ᄒᆞᆫ지十六年間僉君子의愛顧ᄒᆞ심을特蒙ᄒᆞ와營業을大擴張ᄒᆞ고春夏秋冬所用으로絨團毛織等各國高等物品을現今多數直輸入ᄒᆞ온바各地方에서는貿易에便利賣買키爲ᄒᆞ야特別減價ᄒᆞ와郵便小包로酬應ᄒᆞ야代金은[illegible]換ᄒᆞ깃사오니十三道各郡僉君子는隨意請求ᄒᆞ심을望

振替貯金番號（韓國壹三番）

漢城中部鍾路砂器廛洞二十一統五戶　廣興泰　告白

◉特別廣告

本社의셔同胞의衛生을注意ᄒᆞ야美國의셔經驗草方으로流行通用ᄒᆞ는靈藥聖劑를買入ᄒᆞ야左開廣布ᄒᆞ오니有病君子와藥業에從事ᄒᆞ시는僉彥은爭先來購ᄒᆞ시옵

分賣와都賣에差別이有ᄒᆞ야一打（十二個）以上의都賣에는特別割引ᄒᆞᆷ

左開

秘製止痛藥　效能　外塗內服無處不適　消滯　止瀉　絕痛　治痢無不神效ᄒᆞᆷ

喜蘇膏藥　效能　頭面　身體一切痛症　積年風濕　除換　生肌之道　립即奏效ᄒᆞᆷ

亞麟香膠　效能　毋論男女老少　勿娠年久日淺一切　咳소　服之則其效如神ᄒᆞᆷ

委花藥膏　效能　痔疾　瘰珠瘡　燒傷　傷發咬等　諸症無雙聖藥

委花糖水藥　效能　病症　花柳毒　凡不潔血所祟症　婦人虛弱등症　靈驗ᄒᆞᆷ

牛汁藥酒　效能　毋論男女老少氣血虛弱者服之則大補元氣身體强健ᄒᆞᆷ

韓美興業株式會社事務所

天下第一　蔘茸大補丸

消化[illegible]　[illegible]丹

大韓全國에藥[illegible]

[illegible]

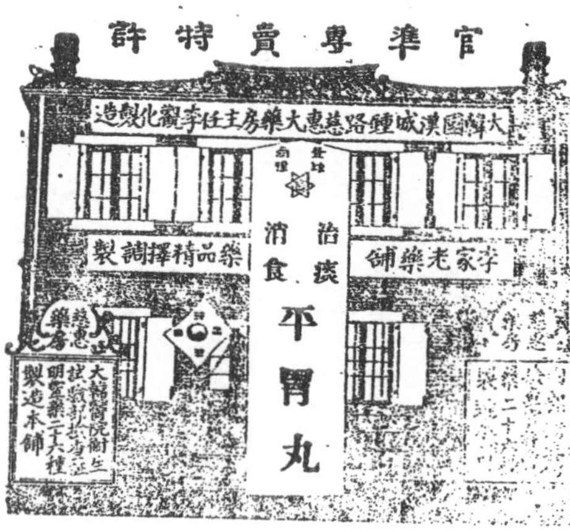

外方各處에서東西洋藥과國內新發明ᄒᆞᆫ各種藥의請求ᄒᆞ시는ᄃᆡ便利迅速을爲ᄒᆞ야仁港本舘를京城鍾路和平堂으로移設ᄒᆞᆷ은既往各新聞에揭告ᄒᆞ엿거이와此本舖和平堂에制度와儀式을枚刻廣告하옵는本意는現今과將來에僉君子의歡迎하심을紀念하기爲ᄒᆞ야如是廣告ᄒᆞᆷ

和平堂　本舖主人　李應善　白

本院은韓國一般人民을爲ᄒᆞ야設立ᄒᆞᆫ은僉彥의已知ᄒᆞ시는[illegible]니와自今으로事務를一[illegible]ᄒᆞ고診察을더욱精密히ᄒᆞ기[illegible]ᄒᆞ야時間을午前十時부터午後[illegible]時까지無料로診察ᄒᆞ오며또特別診察所를置ᄒᆞ고些少의[illegible]察料로貴客의便宜를圖ᄒᆞ오니診察을要ᄒᆞ는僉彥은照亮을爲要

但特別ᄒᆞᆫ境遇에在ᄒᆞ야는時間을勿論ᄒᆞ고其請求를應ᄒᆞᆷ

京城南大門外　濟衆院　告白

檀君開國四千二百四十二年
箕子元年三千三十一年
大韓開國五百十八年
本報創刊日 光武八年七月十八日

大韓每日申報

第八卷 月曜及慶節翌日休刊 第一千三百九十号

Responsible for Publication Alfred Weekley Marnham
發行兼編輯人 英國人 萬咸
發行所 京城中部石井洞三層洋屋家 大韓每日申報社

論說

賀洪州廣明義塾

宇宙無前의大洪水가半島를打擊ᄒᆞ야三千里山河가漏船에浮沉ᄒᆞ며二千萬民族이虐浪에呼哭ᄒᆞ니此時此境을遇ᄒᆞᄂᆞᆫ者ᄂᆞᆫ비록凉血的動物類일지라도自然히其腦筋이激ᄒᆞ며其腔血이沸ᄒᆞ야同舟共濟의策을思ᄒᆞᆯ지라

是以로田疇의農民도其血汗金을出하야學校를設ᄒᆞ며海外寓民도其旅槖을傾ᄒᆞ야報館을立ᄒᆞᄂᆞᆫ者續々히出現하나니況士等知識을有하며朝家禮遇를受ᄒᆞ던儒林이야其奮發을當何如히홈이可ᄒᆞ리오人이一을能ᄒᆞ거던己ᄂᆞᆫ百을秉ᄒᆞ며人이十을能하거던己ᄂᆞᆫ千을秉ᄒᆞᆫ後에야儒林이라稱홈이無愧ᄒᆞᆯ지어ᄂᆞᆯ苟利於國無所不爲의思想을有ᄒᆞᆫ者ᄂᆞᆫ無하고只是古人의云ᄒᆞᆫ바天飜地覆也不管國亾家破也不管我只管講學이란一念만頑守ᄒᆞᆫ故로何道에一學校가起ᄒᆞ면吾儕ᄂᆞᆫ始以爲ᄒᆞ되必是某名儒의設ᄒᆞᆫ비리라ᄒᆞ엿스나後聞ᄒᆞᆫ즉否ᄒᆞ며何郡에一會社가作하면吾儕ᄂᆞᆫ始以爲ᄒᆞ되必是某學者의興ᄒᆞᆫ비리라ᄒᆞ엿스나後聞ᄒᆞᆫ즉否라故로吾儕ᄂᆞᆫ慨惜홈을不勝ᄒᆞ엿더니

而今에洪州紳士諸氏의廣明義塾設立홈을聞ᄒᆞ고喜不寐하며躍不已ᄒᆞ야風을依ᄒᆞ고祝賀의筆을遙獻ᄒᆞ노라

大抵儒林家諸氏ᄂᆞᆫ彼勞働同胞와異ᄒᆞ야舊學의根基가有ᄒᆞᆫ故로新知를闡發ᄒᆞ기易ᄒᆞ며精神的團結이有ᄒᆞᆫ故로社會性을養成ᄒᆞ기易하며又風聲勢力이可恒常道ㅣ郡을壓ᄒᆞ엿던故로四方을風動케홈이易ᄒᆞ나니儒林諸氏가一覺悟ᄒᆞ면一國維新의業은江河의決홈과如ᄒᆞ야其沛然홈을莫禦ᄒᆞᆯ지라所以로廣明義塾設立者諸氏를爲하야惓々不已ᄒᆞ노라

洪州ᄂᆞᆫ十三道三百餘郡의一邑이오廣明義塾設立者諸氏ᄂᆞᆫ洪州儒林의一部分이니此廣明一塾의發起가엇지儒學界全體의曙光을作ᄒᆞ엿다ᄒᆞ리오만은路得이一現에耶教의面目이忽新ᄒᆞ며馬鳴이一喲에佛教의旗幟가全變ᄒᆞ엿나니但熱心만有ᄒᆞ며毅魄만有ᄒᆞ면廣明一塾이全體儒教界新事業의先鋒됨이何難이리오洪州人士여心은細ᄒᆞᆯ지라도膽은小히ᄒᆞ지말지어다

外報

◎對露辯駁 清國外務部尙書梁敦彦氏ᄂᆞᆫ露國이錦愛鐵道敷設을反對ᄒᆞᄂᆞᆫ事項에對ᄒᆞ야辯駁的公文을起草中이라더라

◎巴里減水 法國巴里셔인河ᄂᆞᆫ漸次減水ᄒᆞ야巴里市街의大部分은行路의端艇使用을廢止ᄒᆞ엿다더라

雜報

◎旅順通信(一)

◎面會顚末 去一日正午에辯護士安秉瓚、同事務員高秉殷、安定根、安恭根諸氏가旅順監獄內(假法廷)에서安重根(安應七)을面會ᄒᆞᆫ詳細顚末을據ᄒᆞᆫ즉當時에該事件의主任檢察官溝淵孝雄、典獄栗原貞吉、園木末喜譯生(統監府通譯生으로出張ᄒᆞᆫ人)等이立會ᄒᆞ엿ᄂᆞᆫ딕溝淵檢察官이安辯護士를對ᄒᆞ야曰公이被告安應七을辯護ᄒᆞ기爲ᄒᆞ야專히來到ᄒᆞ야辯護를出願ᄒᆞ엿스나現自法院으로外國辯護士ᄂᆞᆫ許可치아니ᄒᆞ고裁判官의職權으로當法院所屬辯護士中으로辯護人을選任ᄒᆞ기로決定ᄒᆞᆫ지라公이旣是專來ᄒᆞ엿슨즉直接發言은勿하고該事件에關ᄒᆞᆫ一切記錄을閱覽ᄒᆞᆫ後官選辯護人을ᄒᆞ야間接으로意見을陳述홈이爲好라ᄒᆞᆫ딕安辯護士가正色對曰大抵人이社會에生存ᄒᆞᆫ以上은自己의身體及名譽에對ᄒᆞ야防衛ᄒᆞᄂᆞᆫ權利가有ᄒᆞᆫ故로刑事被告人이公判에當ᄒᆞ야辯護人을隨意選定ᄒᆞ야其辯護의道를盡히ᄒᆞ야相當ᄒᆞᆫ刑에服ᄒᆞᄂᆞᆫ것이當然ᄒᆞᆫ지라尤히重罪被告事件에ᄂᆞᆫ辯護가必要홈으로若被告가選定치아니ᄒᆞᄂᆞᆫ境遇에ᄂᆞᆫ裁判官이所屬辯護士中으로選任ᄒᆞ나니此가即官選辯護士ㅣ니今此被告安應七은自己의正當ᄒᆞᆫ權利를保護하기爲ᄒᆞ야韓國其他外國변護士에게依賴ᄒᆞ야至於出願ᄒᆞ엿슨즉宜其許可이거날何故로不許ᄒᆞ고被告가不願ᄒᆞᄂᆞᆫ日本변護士를官選ᄒᆞ엿나뇨ᄒᆞᆫ즉檢察官曰英吉利、露西亞、西班牙三國의변護士도此事件에對ᄒᆞ야변護를出願ᄒᆞ엿스나總히外國人의변護ᄂᆞᆫ許可치아니ᄒᆞ기로法院에서決定ᄒᆞ엿슨즉今不必長論이라ᄒᆞ고仍히安重根과面會케ᄒᆞ미安辯護士가寒喧畢에其母親의言을傳ᄒᆞ야曰汝가國家를爲ᄒᆞ야此境에至ᄒᆞ엿슨즉死猶榮光이나母子가現世에서更히相逢치못ᄒᆞ깃스니其在情理에當何如哉아ᄒᆞ고仍曰吾가公을辯護ᄒᆞ기爲ᄒᆞ야去月十日에發程ᄒᆞ야同十七日에當地에到着ᄒᆞ엿ᄂᆞᆫ딕現今法院에서辯護를許可치아니홈으로我의目的을到達치못ᄒᆞ니是所慨歎이라ᄒᆞᆫ딕以若安重根의心腸으로도悲感을不勝ᄒᆞ야面色이忽變ᄒᆞ엿다가良久에强言曰公이同情을表ᄒᆞ야寒天遠程에專爲此漢而來ᄒᆞ엿스니感愧無地ᄒᆞ며吾ᄂᆞᆫ一定ᄒᆞᆫ目的(即愛國思想)을至死不變ᄒᆞ기로自矢守心ᄒᆞ엿슨즉日本辯護士의게依賴ᄂᆞᆫ固所不願이니公은雖不許可라도公判前에還國치아니ᄒᆞ기를希望ᄒᆞ노라ᄒᆞᆫ딕安辯護士曰此則思量處之ᄒᆞ려니와雖或發行이라도當面會作別ᄒᆞ리라ᄒᆞ엿고其弟定根恭根兩氏曰當初兄主의志願과法院의命意를承ᄒᆞ야母主에게韓國辯護士에게依賴ᄒᆞᆯ意로上書ᄒᆞ엿더니今此安辯護士가專爲來到ᄒᆞ엿ᄂᆞᆫ딕其辯護를許可치아니ᄒᆞ니寧欲無言이라ᄒᆞᆫ즉安重根曰今日韓人이此境에至홈을汝等이不知乎아然이나此ᄂᆞᆫ許可홀줄노吾亦認定ᄒᆞ고我의滿腔所懷를說明ᄒᆞ기爲ᄒᆞ야法院에申請ᄒᆞ엿더니今不許可ᄒᆞ니實所遺憾이오生命을苟求ᄒᆞᄌᆞᄂᆞᆫ本意ᄂᆞᆫ아니라汝等은母主를善爲奉養ᄒᆞ라ᄒᆞ고同日午後三時에還爲入監ᄒᆞ엿ᄂᆞᆫ딕同日에官選변護士水野吉太郞(事務所大連市)鎌田正治(事務所旅順市)兩氏도面會ᄒᆞᆫ즉安重根曰公等이雖云官選이나其변護홀要領을聞ᄒᆞ고我心에適合ᄒᆞ여야변護ᄒᆞ리라ᄒᆞᆫ즉該변護士等이答ᄒᆞ기를一切記錄을閱覽ᄒᆞᆫ後에更爲面會ᄒᆞ야其意見을發表ᄒᆞ깃노라ᄒᆞ엿다더라

詞藻

❀깜 짝 ᄒᆞ 단❀

눈잇거든잘숣피고、귀이스면잘드러라。風雷震盪이판국에、깜짝ᄒᆞ단大逢敗라。아무리、車包五卒具象馬ᄒᆞᆫ들、외롱人슈엔。

雜報

○致祭擧行 既報와如히朴文烈公泰輔氏書院에致祭를再昨日에擧行ᄒᆞ엿ᄂᆞᆫᄃᆡ各部大臣과各院卿其他某々高等官이多數往參ᄒᆞ엿다더라

○總理退院期 總理大臣李完用氏ᄂᆞᆫ病症이漸快ᄒᆞᆷ으로本月二十日頃에退院ᄒᆞ기로豫定ᄒᆞ엿다더라

○審査開會 內部地方官資格審査委員諸氏가昨日上午十二時에審査會를開ᄒᆞ엿다더라

○財長亦日 度支部에서ᄂᆞᆫ本年度부터各財務署長은日人으로叙任하기로決定하야爲先三四人이需用되엿다더라

○着々調査 內部에서ᄂᆞᆫ面洞里의廢合을實行키爲하야着々調査中이라더라

○學部職員會 學部에서ᄂᆞᆫ來十九日에所屬學校職員三十名을召集ᄒᆞ야議事會를開ᄒᆞᆫ다더라

○郡衙改築 內部에셔ᄂᆞᆫ各郡衙를改築ᄒᆞᆷ이必要ᄒᆞ다ᄒᆞ야全國郡衙를一倂改築ᄒᆞᆫ다ᄂᆞᆫᄃᆡ昨年度에도四個所를三千圓式投費建築하엿고本年度에도豫算에計入된故로目下各地에派人調査中이라더라

○小施其惠 內部大臣朴齊純氏가日前猝寒ᄒᆞᆫ時를際ᄒᆞ야花開洞貧民十餘戶에各其五圓金을捐助ᄒᆞ엿다더라

○半日休暇 各官廳에서ᄂᆞᆫ陰曆正月一日에半日休暇ᄒᆞᆫ다더라

○模範場設立 學部에서本年度에師範學校生徒에게對ᄒᆞ야農林模範場을設置ᄒᆞ기로議決하엿다ᄂᆞᆫᄃᆡ該基址ᄂᆞᆫ景福宮內로定ᄒᆞᆯ次로昨日에官吏를派送視察ᄒᆞ엿다더라

○僞造者誰 金宗漢閔泳徽閔泳韶李容元氏等一百五十餘人이聯署하야宋子大全을發刊次로中樞院에獻議ᄒᆞ고經費를請撥ᄒᆞᆫ事ᄂᆞᆫ人所共知어니와該獻議人中에金宗漢李容元兩氏名下에ᄂᆞᆫ自己手로捺章ᄒᆞ엿스나其餘ᄂᆞᆫ擧皆僞造ᄒᆞ엿슴으로中樞院에서其做謀設計ᄒᆞᆫ人을期於査得ᄒᆞ야嚴懲하기로擬議中이라더라

○李氏入城 順川郡事件을調査ᄒᆞ기爲ᄒᆞ야出張ᄒᆞ엿던學部繙譯官李完應氏의壹行이本日入城ᄒᆞ깃다고電報가來到하엿다더라

○榊原西行 日憲兵隊榊原少將은平壤地方을視察키爲ᄒᆞ야再昨日出發ᄒᆞ엿다더라

○兪氏入城 全州로下往ᄒᆞ엿던兪吉濬氏ᄂᆞᆫ昨日入京ᄒᆞ엿다더라

○無稅輸送 韓國政府에서日本福岡名古屋共進會에出品物輸送ᄒᆞᆷ에對ᄒᆞ야關稅가無케하기로決定ᄒᆞ엿다더라

○長惡不悛 國民同志贊成會에서三昨日에ᄂᆞᆫ韓國內閣에長書를提呈ᄒᆞ고再昨日에ᄂᆞᆫ日本內閣에長書를送致ᄒᆞ엿ᄂᆞᆫᄃᆡ並히合邦問題를實施ᄒᆞ라ᄂᆞᆫ趣旨라더라

○安氏發程 旅順監獄에滯囚ᄒᆞᆫ安重根氏에從氏安明根氏ᄂᆞᆫ昨日京城에서發程하야旅順으로向하엿다더라

○因何調査 日憲兵司令部에서漢城內各人家에日本留學生有無를目下調査ᄒᆞᆫ다더라

○無處不疑 天道敎主孫秉熙氏가梁山通度寺에서閒養ᄒᆞᆷ은既報어니와此에對ᄒᆞ야何等疑點이有ᄒᆞᆫ지某處ᄒᆞ서該寺僧徒에行動을目下秘密調査中이라더라

○面皮何厚 普成小學校에서日前該校學徒崔瑛植을黜學ᄒᆞᆷ은已報어니와該兒及其時誘引된學徒四名이皆日人의姓名으로變做ᄒᆞ야或鷄林瑛次郞이라ᄒᆞ며或鷄林商太郞이라ᄒᆞᆫ等名稱은崔瑛植의父國民新報社長崔永年의所作이라하며該兒黜學된翌日에崔永年의子四兄弟가普成小學校에前往ᄒᆞ야瑛植의被黜된것을質問ᄒᆞᄂᆞᆫ故로該校々監金翼용氏ᄂᆞᆫ該兒가日人의姓名으로變做ᄒᆞ야自己祖先의氏族을妄變ᄒᆞ며又他兒를誘引ᄒᆞ야悖行을同作하ᄂᆞᆫ等人倫이滅絶ᄒᆞ고校則을違反ᄒᆞᄂᆞᆫ行爲가有ᄒᆞ기로黜學ᄒᆞ엿다고據理答辦ᄒᆞ미崔家兄弟四名이無聊退去하엿다더라

○鬱日逐出 中部校洞官立外國語學校에서雇傭하ᄂᆞᆫ日人狗成梅月兩人은該校內에積置ᄒᆞᆫ金十圓과敎科書等冊子를偸出ᄒᆞᆫ事件이發現되야三昨日逐出ᄒᆞ엿다더라

○何不徵給 靑坡居崔明秀氏의所有土地一百九十餘坪이鐵道에犯入된故로該土價를推尋키爲하야鐵道管理局에呼訴하엿더니韓國政府에往訴하라하고呼冤狀을退却하엿다더라

○貧民不平 瓮津郡新興面人民七十三名은土地上不平ᄒᆞᆫ事情을因하야財務署를直迫코져ᄒᆞᄂᆞᆫ故로日憲兵及警察署에서解散식혓다더라

○楊市形勢 龍川楊市人民이市場稅를反對키爲ᄒᆞ야會集ᄒᆞᆫ中에七名又六名이連次被捉된故로該人民은此를解放하기를請ᄒᆞ야約五百名이集團ᄒᆞ엿ᄂᆞᆫᄃᆡ官廳에서ᄂᆞᆫ義州日兵一小隊를來援케하엿다더라

○續々被捉 今番順川騷動의嫌疑者로再昨日ᄭᆞ지被捉ᄒᆞᆫ人은男이廿五人이오女가貳人이라더라

○二婦人氣色 順川騷動後被捉ᄒᆞᆫ婦人二名中에一名은放火時薪火石油等을供給ᄒᆞᆫ嫌疑라ᄒᆞ며一名은當時에日人逃匿ᄒᆞᄂᆞᆫ것을追去發現ᄒᆞᆫ嫌疑라ᄂᆞᆫᄃᆡ就縛ᄒᆞᆯ際에皆從容自若하야大膽의氣가有ᄒᆞ고何등憂懼의色이無ᄒᆞ더라더라

○綠楊義兵 義兵幾十名이日前에楊州郡綠楊里에突入하야人民의家屋一座를放火燒燼하엿다더라

○石佛엄然 再昨日東大門外七星閣에서佛敎信徒及僧侶等三百餘名이會同ᄒᆞ야新造石불二坐를設置ᄒᆞ고開幕式을行하엿다더라

○佛堂新建 元興寺ᄂᆞᆫ數日前부터宗務院이라改稱ᄒᆞ고該院에所屬불敎堂을中部寺洞等地에建築ᄒᆞᆯ次로內部에請願承認ᄒᆞ야來三月頃에工役을着手ᄒᆞᆯ터인ᄃᆡ十三道에在ᄒᆞᆫ各寺刹에서捐助ᄒᆞᆫ白米가貳千餘石이라더라

○宜其卞明 長湍郡居成源熙氏ᄂᆞᆫ義兵嫌疑로該郡日憲兵分遣所에被捉ᄒᆞ야日前京城地方裁判所로押上ᄒᆞ엿ᄂᆞᆫᄃᆡ該郡面里長等이裁判所에聯名呼訴ᄒᆞ야該氏에曖昧ᄒᆞᆫ事實을卞明ᄒᆞ엿다더라

○殺人犯被捉 去年十二月頃에水原八達山林中에서洪翼鎭氏가被殺ᄒᆞ엿ᄂᆞᆫ故로該地警察署에서犯人을搜索中이러니洪의妻男金某等三名이韓人警部琴樂諄과同謀하야洪을殺害ᄒᆞᆫ것으로嫌疑되야壹倂被捉되엿다더라

○何至乾沒 仁川港居李學仁朴州奎兩氏ᄂᆞᆫ該港에在ᄒᆞᆫ老人禊々錢을多數乾沒ᄒᆞᆫ事件이發現ᄒᆞ야日前該郡警察署에被捉ᄒᆞ엿다더라

○尹氏被捉 前觀察使尹吉炳氏ᄂᆞᆫ公逋事件을因ᄒᆞ야三昨日警視廳에被捉하엿다더라

○醜哉蠻習 日人山本政常은鍾路에居留ᄒᆞᄂᆞᆫ日女阿部를通奸ᄒᆞ다가所管警察署에被捉ᄒᆞ엿다더라

○李氏放免 債務를因ᄒᆞ야日憲兵司令部에被捉ᄒᆞᆫ李景熙氏ᄂᆞᆫ實犯이無ᄒᆞᆫ故로日前放免ᄒᆞ엿다더라

○禊員被捉 南部山林洞永信社에서設立ᄒᆞᆫ잡박禊의禊錢及一般書類器具를三昨日警視廳에서押收ᄒᆞ엿고同時에該계員朴昌鉉氏等四人이被捉ᄒᆞ엿다더라

○李氏被捉 金化郡居李秉善氏가山坂事件을因ᄒᆞ야明洞居沈宜碩氏와相持ᄒᆞᆷ은既報어니와此로以ᄒᆞ야何等層節이有ᄒᆞ엿던지李氏가再昨日日憲兵司令部에被捉ᄒᆞ엿다더라

○日賊懲役 東小門外興天寺에서불像을竊取ᄒᆞ다가北署에被捉ᄒᆞᆫ日人檜山力之助等三人은三昨日京城地方裁判所에서役五年에宣告ᄒᆞ엿다더라

○香舘協議 金世濟趙祐永等諸氏가日前香茶舘에會同ᄒᆞ야불學會를擴張ᄒᆞᆯ次로協議ᄒᆞ엿다더라、

○大東議事會 大東學校에서再昨日下午七時에議事會를開ᄒᆞ고各任員을選定하엿ᄂᆞᆫᄃᆡ提敎ᄂᆞᆫ學大李容稙氏로贊助ᄂᆞᆫ李重夏閔丙奭兩氏로其他執禮事幾名을推選하엿다더라

○承諾員選定 既報와如히貞慶坊會에서再昨日總會를開ᄒᆞ고坊內人民에게月捐金을收入하기爲ᄒᆞ야承諾員張孝根尹致昭李海朝等十人을選定하엿다더라

電報

◉議會質問

本日日本衆議院에서司法官海外視察費와韓國鐵道收益及司法裁判官俸給에關하야質問을發ᄒᆞ엿ᄂᆞᆫᄃᆡ兒玉委員이答변ᄒᆞ엿다더라 東京發 六日着

◉桂相演說

日本衆議院에서ᄂᆞᆫ桂首相이本日에出席ᄒᆞ야政府의對韓政策은一定不動ᄒᆞᆯ진즉何等憂慮가無하고又此際에急激ᄒᆞᆫ變革을不行ᄒᆞᆯ지오其他行政統一上方針을演說ᄒᆞ엿ᄂᆞᆫᄃᆡ各議員이質問을連發ᄒᆞ야不得要領에歸ᄒᆞ엿ᄂᆞᆫ故로不滿足의狀態을作ᄒᆞ엿다더라

◉曾彌身病

曾彌統監은寒氣激烈을因ᄒᆞ야容態가頗惡ᄒᆞ고寒病이併發ᄒᆞ엿다더라 以上東京發 七日着

▲法紙日評▼

(法國新聞에코ㅡ所載)

日本人은男子가生ᄒᆞ면偵探의氣質을備ᄒᆞ고女子가生하면娼妓의氣質을備ᄒᆞᆫ다고言ᄒᆞ야도過言이아니로다此를事實노서徵ᄒᆞ건ᄃᆡ實際日本의今日成功ᄒᆞᆫ所以ᄂᆞᆫ此二氣質노因ᄒᆞ엿도다但日本人은此氣質을國家에獻上ᄒᆞᄂᆞᆫ故로此가即國民의德이라此德으로써日本의國運을隆大케ᄒᆞ엿슴으로此를牢固不可拔的基礎上에屹立ᄒᆞ엿도다試ᄒᆞ야露日戰爭에徵ᄒᆞ라日人이露人을制勝ᄒᆞᆫ所以ᄂᆞᆫ太半秘密政略을巧行ᄒᆞᆷ으로由ᄒᆞᆷ이라然ᄒᆞ나矮小ᄒᆞᆫ日本人이露國과戰ᄒᆞ야豫想外에勝捷을占得ᄒᆞᆷ은勿論其武勇及訓練으로因하엿다ᄒᆞᆯ지나其虛僞計略과秘密策略으로由ᄒᆞᆷ이多ᄒᆞ다謂ᄒᆞᆯ지로다且他方面으로觀察ᄒᆞ면日本은海外殖民을送ᄒᆞᆯ時에도先히花回紛甲의娘子軍으로先鋒을命ᄒᆞ니滿洲上海及他處에皆此法을用ᄒᆞ며又日人은到處에探訪的으로出張ᄒᆞᆫ者라故로何事던지偵知코져ᄒᆞᄂᆞᆫ狀態가飢渴에迫ᄒᆞᆫ餓鬼와恰似ᄒᆞ도다是以로숭늬잘늬ᄂᆞᆫ것이日人의特長이라何處에行ᄒᆞ던지又何를見聞하던지直히此를模倣ᄒᆞ기ᄂᆞᆫ猿猩의類을批ᄒᆞᆯ만ᄒᆞ나然ᄒᆞ나吾人이特히玆에注意ᄒᆞᆯ것은日人이숭니님에ᄂᆞᆫ何如ᄒᆞᆫ賤業이라도厭치아니ᄒᆞᆷ이是라士族의子가上海及桑港에서下人이되여使役ᄒᆞᆷ을不辭ᄒᆞ며又士族의女가新嘉坡에渡ᄒᆞ야醜業婦가되엿스나及其歸國ᄒᆞ야ᄂᆞᆫ秋毫의羞色이無ᄒᆞ고黃金의多儲ᄒᆞᆷ을揚々自誇ᄒᆞᄂᆞᆫ도다若夫淸國에서行商하ᄂᆞᆫ日人을見ᄒᆞ면偵探的氣質을不備ᄒᆞᆫ者가無ᄒᆞᆫ지라以上의事實을列擧ᄒᆞ건ᄃᆡ日本男子의偵探氣質과日本女子의娼妓氣質은一目瞭然ᄒᆞ도다

社告

沙利院支社員任敬宰氏遞去代에該地耶蘇敎小學校內李承吉氏로擇定ᄒᆞ고本月一日件을繼續발送ᄒᆞ오니本報代金과諸般事를李承吉氏와交涉ᄒᆞ시ᄋᆞᆸ

大韓每日申報社

廣告

本人이泰鎭의名字를斅鎭으로改定ᄒᆞ엿스니知舊間照亮ᄒᆞᆷ

李斅鎭

北悲島紳士全濟容氏에金十壹圓과忠南瑞山紳士金成泰氏에金十圓을本會에捐助ᄒᆞ엿ᄉᆞᆸ기感荷ᄒᆞ와玆에揭布ᄒᆞᆷ

國民同志贊成會 白

本人이石橋居申元均處에陰十二月廿三日捧次第三百六十五号三百九十兩票를셔失ᄒᆞ엿스니誰某拾得이라도休紙施行ᄒᆞᆷ

高陽九耳面朴基化　告白

本人陰丑月十三日平壤鍾路圓形姓名章셔失이기廣告ᄒᆞᆷ

平北龍川東上面乾龍洞

全翼之　白

本人의姓名章을셔失ᄒᆞᆫ故로更刻施行ᄒᆞ오니僉君子ᄂᆞᆫ照亮ᄒᆞᆷ

雲山邑　梁允植　白

本人이東部崇信坊敦岩里一統九戶裵雲鶴의草家七間文券과東部崇信坊雨仙閣安岩二統八戶安春國의草家三間文券을典執ᄒᆞ엿다가陰本年閏二月二十五日에俱見失ᄒᆞᆫ故로玆以廣告ᄒᆞ오니誰某던지休紙施行ᄒᆞᆷ

水口門內東山洞姜弋永　白

人有著姓則必有祖ᄒᆞ고有祖孫則必有宗族이譬如一根樹之千枝萬葉則根深葉茂ᄒᆞ고本固枝榮은理之固然矣라噫라唯我全氏가始自百濟로曁至大韓에歷四朝世襲勳德이大顯東土ᄒᆞ니可謂三韓勳舊之宗也어ᄂᆞᆯ各派雲仍이散在京鄕ᄒᆞ야贅居文殘에祖宗勳德을互相不知ᄒᆞ니況他筆之無識誤漏哉아故로諸文考에殆盡漏誤인바今者政府新增文獻備考에氏族考之漏落例誤와弘文藝文考之流漏誤金事로四度呈單ᄒᆞ야玆承正誤之敎라(陽二月十五日至三月末日限)各派諸宗은顯祖實蹟을奉送譜所ᄒᆞ야一體無漏ᄒᆞ야俾免失姓無據之族而毋至過限未及事

京西小門外冶洞廿六統九戶

全氏大同譜所　告白

開城明新冊肆主人李顧錫氏二月三日下午六時靈歸하엿ᄉᆞ오니知舊間照諒하시ᄋᆞᆸ

護喪　韓基燁　告白

鐵路票卷烟

法韓會社에서發賣ᄒᆞᄂᆞᆫ卷烟이造製品과口味가精美ᄒᆞ고每匣二十本幷竹嘴入이고價金三錢五里로各商店에서放賣

李禹珪氏의大夫人

貞敬夫人延日鄭氏

가以宿患으로陰十二月二十六日子時에棄世ᄒᆞ엿ᄉᆞ오니知舊間照亮ᄒᆞ시ᄋᆞᆸ

發引은陰正月初二日上午五時

護喪所　告白

本人의圓姓名圖章을橢圓으로改造하엿기玆에廣布ᄒᆞ오니知舊間照亮ᄒᆞᆷ但前章의財上去來ᄂᆞᆫ都無ᄒᆞᆷ

張龍鎭　告白

日本語學書·語篇

半洋裝　六百餘頁

定價金　一圓四十錢

(郵稅金　十四錢)

本書ᄂᆞᆫ日本에셔數十年遊學ᄒᆞ야實地硏究를積ᄒᆞ고敎授의經驗이富ᄒᆞᆫ林圭氏가我國日本語學界에大光線을放코자ᄒᆞᄂᆞᆫ誠力의産物이라一卷二編에分ᄒᆞ야第一編은假名의起原과發音의蘊奧를明示ᄒᆞ고第二編은各品詞의用例와言語의結構法을詳述ᄒᆞ고第三編은簡易ᄒᆞᆫ日常語와實用의會話對話等을總括ᄒᆞ엿ᄂᆞᆫ디皆聚精採華ᄒᆞ고從類分門ᄒᆞ야註解가明晰ᄒᆞ고秩序가整齊ᄒᆞ야斯學硏究者의好材料될뿐더러實로初學海의大指針이오獨習門의實師友가될만ᄒᆞᆫ唯一의珍本이오니有志諸君子ᄂᆞᆫ購覽ᄒᆞ시오

總發賣處

漢城南部綠井洞五十九統五戶

漢城新文館

電話二三九一番

大韓興學會分賣事務所

日本東京麴町區中六番町四十九番地

其他各書館

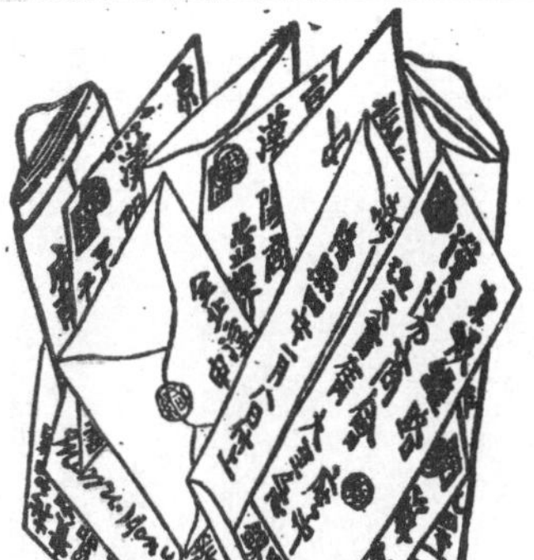

▲特別廣告▼

▲▲最新通信販賣

勿驚ᄒᆞ시오地方에在ᄒᆞ신여러분이여僅히一錢五厘의通信費를投ᄒᆞ면多大ᄒᆞᆫ旅費와繁雜을除ᄒᆞ고能히京都第一廉價의物品을得ᄒᆞᄂᆞᆫ妙方이現出ᄒᆞ엿스니此ᄂᆞᆫ歐米各國에셔流行ᄒᆞᄂᆞᆫ通信販賣法이오우리漢陽商會ᄂᆞᆫ뗴파도멘드스도아卽萬物이具備ᄒᆞᆫ商店이니如何ᄒᆞᆫ物品이라도葉書或書簡으로某物을送致ᄒᆞ라通知ᄒᆞ시면우리ᄂᆞᆫ確實迅速低廉으로爲主ᄒᆞ야郵便或運送으로送呈ᄒᆞ깃ᄉᆞᆸ나이다

아-我韓의人士로誰가우리漢陽商會를不知ᄒᆞᆯ者ㅣ有ᄒᆞ며誰가此에同情을表치아니ᄒᆞᆯ者ㅣ有ᄒᆞ리요

弊店의商品目錄은누구시던지보너라請求ᄒᆞ시면無代金으로送呈ᄒᆞ깃ᄉᆞ오며一次試驗ᄒᆞ기爲ᄒᆞ야如何ᄒᆞᆫ物品에던지注文ᄒᆞ여보시오그便利ᄒᆞᆫ方法이如何ᄒᆞᆷ을아시리다

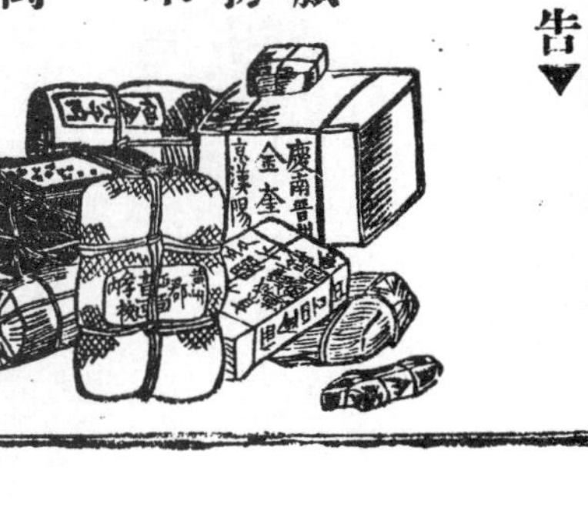

歐美雜貨各種　洋酒食料各種

文房具各種　內外國衣服次各種

本國物産各種

大韓皇城鍾路

輸出輸入商　漢陽商會

電話一九一番

廣告

本人의沓庄一百五斗落이中和郡馬井面一里坡後員에在하온바去辛丑春에平壤鎭衛隊參領鄭鎭朝의長男鄭寅河가平南捧稅官으로父子의勢焰을合하야本人의沓庄을泥生無卜沓이니國有에付屬한다하고勒奪하야自己의私橐을充하엿기로平壤地方裁判所檢事局에告訴하야現方審査中인데鄭某가該沓을欲爲發賣하오니內外國人은見欺치勿함

中和郡內居 朴永燮 朴承厚 告白

本人의一月二十九日에姓名章을서失하엿기玆에廣告하오니知舊間照亮함

安州城內中興洞金南泳 白

本店에서開業한지十六年間僉君子의愛顧하심을蒙하와今年부터業務를大擴張하고春夏秋冬所用으로絨緞毛織等各國高等物品을現今多數直輸入이온바各地方에서도貿易의便利를爲하와請求하시면郵便小包로應하야代金은引換하오니十三道各郡僉君子는隨意請求하시기를望

振替貯金番號（韓國壹三番）

漢城中部鐘路砂器廛洞二十一統五戶

廣興號 告白

◎特別廣告

本社의셔同胞의衛生을注意하야美國의셔經驗單方으로流行通用하는靈藥聖劑를買入하야左開廣布하오니有病君子와藥業에從事하시는僉彦은爭先來購하시옵

分賣와都賣에差別이有하야一打(十二個)以上의都賣에는特別割引함

左開

秘製止痛藥 效能 外塗內服無處不適 消滯 止瀉 絶痛 治痢無不神效함

喜蘇膏藥 效能 頭面 身體一切痛症 積年風濕 除掀 生肌之道 립即奏效함

蘇麟香膠 效能 毋論男女老少 勿嫌年久日深一切 咳소 服之則其效如神함

麥花藥膏 效能 痔疾 瘰珠瘡 燒跌傷蟲咬等 諸症無雙聖藥

麥花精水藥 效能 瘧症 花柳症 凡不潔血所祟症 婦人諸弱等症經驗함

補精藥酒 效能 毋論男女老少氣血虛弱者服之則大補元氣身體强健함

韓美興業株式會社事務所

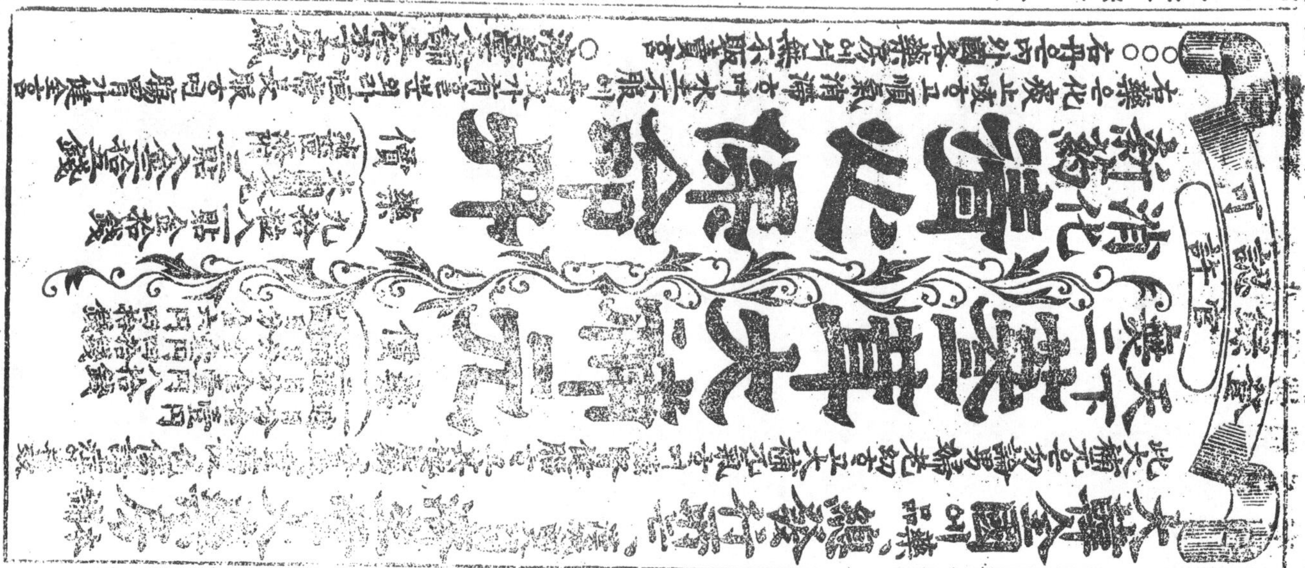

外方各處에서東西洋藥과國內新發明한各種藥의請求하시는데便利迅速을爲하야仁港本舘를京城鍾路和平堂으로移設함은既往各新聞에揭告하엿거니와此本舖和平堂에制度와儀式을板刻廣告하옵는本意는現今과將來에 僉君子의歡迎하심을紀念하기爲하야如是廣告함

和平堂 本舖主人 李應善 白

官准專賣特許

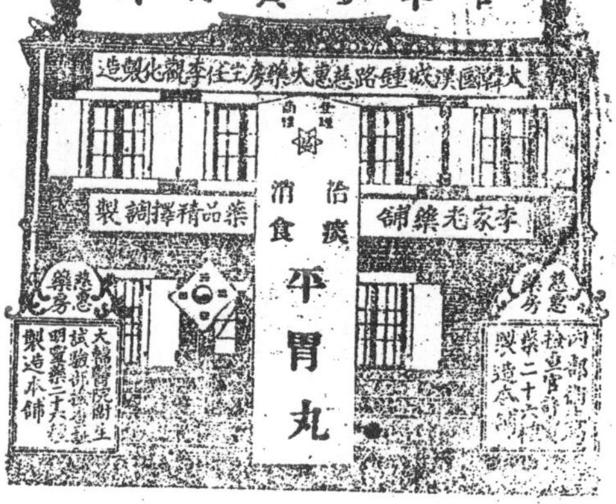

本院은韓國一般人民을爲하야設立한은僉彦의已知하는바어니와自今으로事務를一層擴張하고診察을더욱精密히하기爲하야時間을午前十時부터午後四時까지無料로診察하오며또特別診察所를置하고些少의診察料로貴客의便宜를圖하오니診察을要하는僉彦은照亮을爲要

但特別한境遇에在하야는時間을勿論하고其請求를應함

京城南大門外

濟衆院 告白

檀君開國四千二百四十二年
箕子元年三千三十一年、
大韓開國五百十八年
本報創刊日
光武八年七月十八日

大韓每日申報

Responsible for Publication
Alfred Weekley Marnham.
發行兼編輯人 英國人 萬咸
發行所
京城中部石井洞三層洋屋家
大韓每日申報社

第八卷　月曜及祝節歲時日休刊　第一千三百十号

論說

◎宋子大全刊行說에對ᄒ야一論ᄒᆷ

金宗漢李容元閔泳徽諸氏가宋子大全을刊行키爲하야一百五十餘名의聯名請願書를中樞院에提出하엿다더라

嗚乎라今日韓國에時急히刊行ᄒᆯ書籍이宋子大全인가今日韓國에文明을啓하며富强을致ᄒᆯ書籍이宋子大全인가韓國의國粹를奮케하며韓國의獨立을復케ᄒᆯ書籍이宋子大全인가

今日韓國은文明輸入의汲汲ᄒᆫ時代라彼海外文明國으로輸入되ᄂᆞᆫ書籍이雲又치多하야法律學도有ᄒᆞ며經濟學도有ᄒᆞ며理科學도有ᄒᆞ며文學哲學도有ᄒᆞ며史學醫學도有ᄒᆞ며天文地理學도有ᄒᆞ거ᄂᆞᆯ彼가此에ᄂᆞᆫ盡力치아니ᄒᆞ며

目下國中에敎科書가甚乏하야小學校에ᄂᆞᆫ完全ᄒᆫ小學敎科書가無ᄒᆞ고中學校에ᄂᆞᆫ完全ᄒᆫ中學敎科書가無하며專門學校에ᄂᆞᆫ完全ᄒᆫ專門學敎科書가無하거ᄂᆞᆯ彼가此에ᄂᆞᆫ留意치아니ᄒᆞ며

又韓國舊書籍으로論하야도國利에急ᄒᆞ고民福에急ᄒᆫ書籍이亦不少하거ᄂᆞᆯ彼가此에ᄂᆞᆫ夢想치도아니ᄒᆞ고

惟此宋子大全을刊行ᄒᆞ라고精神을盡하며手段을盡ᄒᆞᆷ은何故오

余ㅣ知ᄒᆞ노라彼가國家를何知며民族을何知리오只今에라도오쥭宋尤菴의忠奴나되면是幸이오오쥭宋尤菴의光輝가千古에煌々ᄒᆞ야天上人又치되면是幸이오오쥭宋尤菴의書籍이韓國書籍界를懷襄하야루소의民約論又치萬國이敎奉ᄒᆞ며킨트의哲學說又치千秋에輝爀ᄒᆞ면是幸이니國家야亾ᄒᆞ던지興ᄒᆞ던지民族에야利ᄒᆞ던지害ᄒᆞ던지何知ᄒᆞ리오

況宋子大全은已往宋子大全의勢力이方盛ᄒᆞᆯ時代에이믜家々에積軸ᄒᆞᆫ바며人々이歌頌ᄒᆞᆫ바니只今刊行치아니ᄒᆞ야도綽々有餘ᄒᆞ거ᄂᆞᆯ刊行이何必要인가

嗚乎라諸君이여諸君이此時를何時로知하ᄂᆞᆫ가四千載歷史가地에墮ᄒᆞ고二千萬同胞가哭을發ᄒᆞ나니諸君이此時를何時로知ᄒᆞᄂᆞᆫ가

諸君은時勢를察하며頑夢을破ᄒᆞ야一書籍을出版ᄒᆞᆷ에도반다시國家의利ᄒᆞᆫ者로以ᄒᆞ며一書籍을發行ᄒᆞᆷ에도반다시民族에利ᄒᆞᆫ者로以ᄒᆞᆯ지어다

吾儕ᄂᆞᆫ一筆로警告를發ᄒᆞ야諸君의警醒을望하노라

外報

◎各新聞激勵　上海의漢字各新聞은異口同聲으로國會速開의上諭가不出ᄒᆞᆷ을嘆ᄒᆞ며各省代表者ᄂᆞᆫ不屈不撓의精神으로其効果를期圖ᄒᆞ라고激勵하엿다더라

◎英德航路　東部南阿弗利加통商에對ᄒᆞ야英德兩國間에航行上一大競爭이起ᄒᆞ리라더라

◎陸海軍計劃　英國陸軍大臣할덴氏ᄂᆞᆫ今後陸海軍은一層密接ᄒᆞᆫ關係가有케ᄒᆞ며又陸海軍이國防上에共同的計劃을立ᄒᆞ야全然不離ᄒᆞᄂᆞᆫ一戰鬪機關을作코저ᄒᆞᄂᆞᆫ意見이有ᄒᆞ다더라

◎中美平和會　第二回中美平和會議ᄂᆞᆫ니카라과戰爭을中止키爲하야싼쌀베이도에서開ᄒᆞ엿다더라

◎美人運動　美國人某ᄂᆞᆫ昨年에清國錦州府下의礦山採掘權을得하라고ᄒᆞ다가失敗ᄒᆞᆫ後에更히奉天에서運動中이라더라

◎希臘封鎖　歐洲列國은希臘에對ᄒᆞ야封鎖ᄒᆞᆯ狀態가有ᄒᆞ다더라

◎英大臣交迭　英國에서ᄂᆞᆫ來十日에內閣會議를開ᄒᆞ고大臣交迭을行ᄒᆞᆫ다더라

雜報

◎旅順通信（二）

（安氏吐熱血）　安秉瓚氏가安重根氏를面會ᄒᆞ고旅舘에歸來ᄒᆞ야其目的을到達치못ᄒᆞᆷ을憤慨ᄒᆞ야泫然下淚ᄒᆞ다가仍히熱血一碗假量을嘔吐ᄒᆞ고約卅分時間을氣塞ᄒᆞ야不省人事ᄒᆞᆷ으로同留諸人이驚惶하야旧人中島醫士를請來診察ᄒᆞ엿ᄂᆞᆫ되該醫士가言ᄒᆞ기를暫時心火所使오別無他症이라ᄒᆞᄂᆞᆫ되現今服藥調治中이라더라

（安氏의公判）安重根氏及連累一同을關東都督府地方法院에서取調ᄒᆞᆫ結果로其罪名을定ᄒᆞ엿ᄂᆞᆫ되安應七은殺人、禹連俊、曹道先은殺人豫備、劉東夏（劉江露）ᄂᆞᆫ殺人幫助의罪名으로預審을不經하고直付公判ᄒᆞᆯ意로去一日에發表ᄒᆞᆫ지라主任裁判長은地方法院長眞鍋十藏、檢察官은溝淵孝雄、書記ᄂᆞᆫ渡邊書記、通譯은園木통譯生等이오官選辯護士ᄂᆞᆫ水野吉太郞、鎌田正治로決定되엿고韓、英、露、西四國辯護士가辯護를出願하엿스나總히許可치아니ᄒᆞᆫ지라第一回公判은本月七日午前九時로부터高等法院第一号法廷에開하야連日開廷ᄒᆞᆯ터인대傍聽券은每日三百枚를發ᄒᆞ야傍聽을許ᄒᆞᆫ다ᄒᆞ나公判期日이急迫하야歐米各國人은來到ᄒᆞᆯ수업슬듯ᄒᆞ다더라

（鄭氏放免）　安重根氏의連累者鄭大鎬氏ᄂᆞᆫ其行刺ᄒᆞ던翌日에安重根氏의妻子를帶同ᄒᆞ고哈爾賓에到着ᄒᆞᆫ事를由하야共謀의嫌疑者로取調ᄒᆞᆫ結果證據가不充分ᄒᆞᆷ으로不起訴가되야去一日午後五時에放免하야巡査二名으로哈爾賓까지護送ᄒᆞ엿다더라

（命名有理）　應七은安重根氏의兒名인되外國에서ᄂᆞᆫ應七로行世ᄒᆞᆫ故로現今法院及監獄에ᄂᆞᆫ一切書類에尙히安應七로懸錄ᄒᆞᆫ지라安秉瓚氏가安重根氏을面會ᄒᆞᆯ時에其作名ᄒᆞᆫ理由를問ᄒᆞᆫ즉答曰我祖父（仁壽氏）가我의生后三日에腹部를見ᄒᆞᆫ즉胎內黑痣가大如碁子者七介가有ᄒᆞᆫ故로應其七星이라ᄒᆞ야因以命名이라ᄒᆞ미又問曰該黑痣가尙存乎아答曰尙有之라ᄒᆞ엿다더라

（院長歸任）　關東都督府高等法院長이安重根氏의事件으로東京에滯在하다가去月二十七日에歸任ᄒᆞ엿다더라

（裁判制度）　關東都督府法院의裁判制度ᄂᆞᆫ地方法院은單獨判官이審理裁判하고高等法院은合議制로判官三人이審理裁判ᄒᆞ야二審에止ᄒᆞᄂᆞᆫ故로高等法院은二審을終審으로ᄒᆞ니其制度가大概不完全ᄒᆞᆫ되今此事件은重大ᄒᆞᆫ者어ᄂᆞᆯ預審도不經ᄒᆞ고直付公判ᄒᆞᆯ뿐더러被告의志願ᄒᆞᄂᆞᆫ辯護士를許可치아니ᄒᆞᆷ은不滿足의疑点이有ᄒᆞ다고識者의批評이有ᄒᆞ다더라

（不許의理由）　安重根氏事件에對ᄒᆞ야各國辯護士를許可치안니ᄒᆞᆷ은盖其犯罪原因（被害者의行爲）를辯論ᄒᆞᆷ가忌憚하야總히外國辯護士ᄂᆞᆫ許可치안나ᄒᆞᆫ貌樣이라더라

（此是素志）　安重根氏가其弟二人에게付托ᄒᆞ기를我가必是監獄에서死ᄒᆞᆯ터이니我韓獨立以前에ᄂᆞᆫ我의屍히를本國으로運去치勿ᄒᆞ고哈爾賓公園附近에埋瘞ᄒᆞ야世界亾國人種으로ᄒᆞ야곰警省케하라ᄒᆞ엿다더라

（安弟落心）　安重根氏의弟定根、恭根兩氏가其兄志願을因ᄒᆞ야韓國辯護士에게依賴ᄒᆞᆯ意로溝淵檢察官에게問ᄒᆞᆫ즉隨意依賴ᄒᆞ라ᄒᆞᆫ故로一邊其母親에게致函하야安秉瓚氏가辯護ᄒᆞᆯ目的으로已爲到着ᄒᆞ엿ᄂᆞᆫ되平石高等法院長歸任ᄒᆞᆫ後에方針이忽然變更ᄒᆞ야外國辯護士ᄂᆞᆫ幷不許可ᄒᆞ고只以官選辯護人으로塞責ᄒᆞᄂᆞᆫ故로該兩氏가大端落心ᄒᆞᆫ다더라

（判決必速）　安重根氏事件을因ᄒᆞ야平石高等法院長이東京에前往ᄒᆞ야日本政府의意見을聽ᄒᆞᆫ結果로公判이意外에急速ᄒᆞ엿ᄂᆞᆫ즉法律適用은必有內定ᄒᆞᆷ이나今此公判은一形式에不過ᄒᆞᆫ지라本月十日頃에結審ᄒᆞ야仍卽判決言渡ᄒᆞᆯ듯ᄒᆞ다더라

（法書寄付）　安秉瓚氏가日本六法全書一部를安重根氏에게寄付하엿ᄂᆞᆫ되典獄을經ᄒᆞ야差入ᄒᆞ엿다더라

（巡査保護）　安秉瓚、高秉殷、安定根、安恭根四氏가同一ᄒᆞᆫ旅舘에留ᄒᆞᄂᆞᆫ되巡査一名이保護ᄒᆞᆫ다더라

詞藻

少年아

創髮洋服살쪽鏡에、跳跟放恣ᄒᆞᆫ少年아。
實地事業어이안코、일숨나니酒色인가。
그즁에、眼下無人너의힘두、더욱가瘍。

雜報

◎撮影配付　大皇帝陛下께옵셔去春東籍田에셔親耕式及親刈式하신順序를農商工部에셔撮影編成ᄒᆞ엿ᄂᆞᆫ딕再昨日該部一般官吏의게一部式配付ᄒᆞ엿다더라

◎更待後議　日前內閣會議에無故免職훈內閣主事六人을地方郡守로敍任ᄒᆞ기로提出ᄒᆞ엿ᄂᆞᆫ딕內相朴齊純氏ᄂᆞᆫ更히後議를待ᄒᆞ쟈고提議하엿다더라

◎統府夜會　來二十四五日頃에統監府에셔各國總領事及外國人을請邀ᄒᆞ야夜會를開훈다더라

◎叅與例會　昨日統監府에셔叅與官例會를開ᄒᆞ엿다더라

◎何等恐겁　度相高永喜氏ᄂᆞᆫ近日何等恐겁이有홈인지私邸에警衛를一層嚴密히훈다더라

◎警官會議　警視總監副監各署長과警務局一般官吏가再昨日下午二時에內部大臣官房에셔會議를開ᄒᆞ고韓國地方制度의自來沿革과現今各郡面里長의執務如何를討論ᄒᆞ엿다더라

◎五人合格　再昨日內部에셔地方官資格審査會를開홈은已報어니와合格者가五名인딕平安北道에四人이오江原道에一人이라더라

◎尹氏還邸　海豐府院君尹澤榮氏가東大門外安岩洞에셔閒養홈은一般知了ᄒᆞᄂᆞᆫ바어니와該氏가債務上訴訟을因하야三昨日家眷을率ᄒᆞ고安洞舊邸로還接ᄒᆞ엿다더라

◎洪氏轉任說　江原道협谷郡을통川郡으로附屬ᄒᆞᄂᆞᆫ事에對ᄒᆞ야협谷郡守洪鍾瀚氏ᄂᆞᆫ安峽郡守로敘任ᄒᆞ기로內定되엿다더라

◎旅費支出　農商工部山林局囑托日人福井正衛의解任歸國ᄒᆞᄂᆞᆫ딕對ᄒᆞ야該部에셔再昨日旅費金一百三十圓을支給ᄒᆞ엿다더라

◎日曜無暇　農商工部商務局에셔ᄂᆞᆫ共進會에出品物을準備ᄒᆞ기에事務가煩劇홈으로該局官吏ᄂᆞᆫ日曜日에도仕進훈다더라

◎要求云何　承寧府侍從吳一泳氏ᄂᆞᆫ某處偵探人에게何等要求훈事件이有훈지該偵探人과面會ᄒᆞ기를四方으로紹介ᄒᆞᄂᆞᆫ中이라더라

◎所願一定　白川郡守全鳳薰氏가本郡文廟의朔望焚香과謁聖禮를陽曆으로遵行ᄒᆞᄂᆞᆫ딕該鄕校任員及儒生中에셔ᄂᆞᆫ陰曆으로遵行홈이當然ᄒᆞ다ᄒᆞ야學部에請願ᄒᆞ고該禮를陰陽曆中一定處辦ᄒᆞ라ᄒᆞ엿다더라

◎云非僞造　宋子大全을改刊次로中樞院獻議書中에各人圖章을僞造ᄒᆞ엿다ᄂᆞᆫ事에對ᄒᆞ야該事務所에셔昨日에任員을中樞院에派送ᄒᆞ야卞明ᄒᆞ기를諸氏의捺章훈原本이麁弊훈故로獻議書를更히修正ᄒᆞ고各人의圖章은原本의所捺者를刀削粘附훈것이오僞造ᄂᆞᆫ아니라ᄒᆞ엿다더라

◎漁場獨占說　濟州島月汀里松浦의漁場은自來良好훈漁場인딕該里長金某가郡守와同謀ᄒᆞ야該漁場을獨占훈故로該村民의紛爭이起ᄒᆞ엿다ᄂᆞᆫ說이有ᄒᆞ다더라

◎七千圓積立　柴場淸潔組合所에셔漢城內에五個場所를設置훈다홈은既報어니와該場所基地에邦人의家屋을買入毁撤훈計劃으로金貨七千圓을積立ᄒᆞ엿다더라

◎果踐言否　一進會長李容九가向人說話ᄒᆞ기를該會에셔主唱훈政合邦問題를實施훌同時에ᄂᆞᆫ國際公法을依ᄒᆞ야施行ᄒᆞ야지一毫라도違反이有ᄒᆞ면該會員屢萬衆은一時決死ᄒᆞ기로誓約ᄒᆞ엿다훈다더라

◎搜索旋放　美國桑港에셔留學ᄒᆞ던崔某金某兩氏가歸國ᄒᆞᄂᆞᆫ딕對ᄒᆞ야該港에在훈某處通信員이某處에電報ᄒᆞ되崔金兩氏가一進會政合邦問題를反對ᄒᆞ야布告文을携帶歸國훈다하엿슴으로日憲兵及巡査等이連日南門驛에셔嚴密詗察ᄒᆞ엿ᄂᆞᆫ딕崔氏가獨히來到ᄒᆞᆫ지라其行裝을搜索훈즉證據가無홈으로卽時放送ᄒᆞ엿고金氏ᄂᆞᆫ嘉山等地에셔他處로轉往하엿다더라

◎公憤所激　寧邊郡居樊鳳潤氏와慶北善山郡月浦里基督教內永昌學校生徒金澈相朴衡重氏以下四人이並히一進會를聲討ᄒᆞᄂᆞᆫ長書를本社에送致ᄒᆞ엿더라

◎金氏美績　水原郡守金寬鉉氏ᄂᆞᆫ一般行政에敏熟하고教育에熱心ᄒᆞᄂᆞᆫ故로頌聲이藉々ᄒᆞ고木碑가林立ᄒᆞ엿다더라

◎人傷馬斃　輔國閔泳徽氏ᄂᆞᆫ馬車를買置ᄒᆞ고御者로ᄒᆞ야금鍊習케ᄒᆞᄂᆞᆫ딕三昨日校洞통衢에셔駕馬가無端驚走하다가頭로電杆木을衝하야卽時致斃ᄒᆞ엿ᄂᆞᆫ딕當地行人이衝倒되야被傷훈者數人이오馬車도破傷되엿다더라

◎不無其怨　北部管內에셔隆熙四年度春期衛生費를現方徵收하ᄂᆞᆫ딕納入告知書에ᄂᆞᆫ本月廿日內로來納ᄒᆞ라ᄒᆞ엿ᄂᆞᆫ딕不日徵收ᄒᆞ기로星火督促ᄒᆞ미民怨이不無ᄒᆞ다더라

◎某邊言論　某邊當局者ᄂᆞᆫ曰安重根李在明의事ᄂᆞᆫ何等政治的後援이有홈은아니오日本維新時代의人物과類似훈者니何國을勿論ᄒᆞ고革命時代에此等人物이必有ᄒᆞ다ᄒᆞ엿다더라

◎何必設所　各道에新式度量衡을實施홈은世所共知어니와其檢定上必要훈事項이有ᄒᆞ다ᄒᆞ야政府에셔ᄂᆞᆫ來年度부터ᄂᆞᆫ各道에檢定所를設置ᄒᆞ고官吏를配置훈다더라

◎警吏亂派　順川事件으로人民을捕捉키爲ᄒᆞ야警察官吏등이殷山慈山肅川安州等地로大搜索을行ᄒᆞ야人民을續々逮捕훈다더라

◎嫌疑者何多　順川事件에主謀嫌疑로一名이再昨日平壤警察署에被捉ᄒᆞ엿고順川에ᄂᆞᆫ嫌疑로七日까지被捉훈者가四十六名에達ᄒᆞ엿다더라

◎損害調査　去番順川騷動事件에對ᄒᆞ야日人의所被損害를調査ᄒᆞ엿다ᄂᆞᆫ딕其額이約一萬六千圓이라훈다더라

◎肅川警戒　肅川市場에셔ᄂᆞᆫ去七日이市日인딕頗히不平의狀態가有하다ᄒᆞ야警察署에셔嚴重경戒하엿다더라

◎楊市詳報　龍川楊市事件은累々報道어니와今에其詳探을據훈즉陰曆十二月二十三日에該府尹及財務署官吏가該市場에前往ᄒᆞ야市場稅를徵納ᄒᆞ라훌時에銃劍을揮ᄒᆞ며威협을表示하ᄂᆞᆫ故로該商民이一齊撤市하고叫嘆憤恨의聲가極点에達훈지라該官吏가當場에ᄂᆞᆫ該稅納을徵收치아니ᄒᆞ겟다ᄒᆞ고各其選任ᄒᆞ더니翌日에當地學生貳名과勞働者四名及村民壹名을此事件으로因ᄒᆞ야警署에捉囚훈지라商民들이該七人의無罪홈을卞明키爲ᄒᆞ야六百餘名이警署로直往ᄒᆞ다가憲兵補助員及巡査卅餘名의迎擊을被ᄒᆞ야九六人이重傷훈지라該商民이益々憤恨ᄒᆞ야更히呼訴ᄒᆞ랴고該郡으로直赴ᄒᆞᄂᆞᆫ딕該府尹이巡査補助員을帶同ᄒᆞ고中路에出來ᄒᆞ야該被囚훈人은速々解放케極力交涉훌것이오右稅ᄂᆞᆫ不徵훌意로萬般說喩홈으로該商民들은各其解歸ᄒᆞ엿다더라

◎龍民哀呼　楊市事件은別項과如ᄒᆞ거니와去七日이市日인딕人民等이市廛을不開하고道路에셔大叫ᄒᆞ야曰日前被捉된人民을解放치아니ᄒᆞ면斷然코開市치아니훈다ᄒᆞ고市場에來到하엿던村民들이一齊退去ᄒᆞ엿ᄂᆞᆫ딕內部에셔ᄂᆞᆫ警察官吏를急々增派하엿다더라

◎烟社增築　日人의東亞烟草會社ᄂᆞᆫ作業工場約五百坪假量되ᄂᆞᆫ處所를增築코저훈다더라

◎義日交鋒　日前抱川郡山內에셔義兵將延起羽氏에部下二十名과日憲兵十名이數時間을激烈히交戰ᄒᆞ엿ᄂᆞᆫ딕義兵二名과日兵三名이被死ᄒᆞ엿다더라

◎雪積路絕　鳥致院等地로江陵에達ᄒᆞᄂᆞᆫ地에ᄂᆞᆫ積雪이二尺餘에及하야交통이杜絕ᄒᆞ엿다더라

◎大東押收　大東共報第二卷第十二號ᄂᆞᆫ治安妨害라하야內部에셔押收ᄒᆞ엿다더라

◎美人演說　美國人모쓰氏ᄂᆞᆫ東洋視察次로渡韓하야昨日下午七時南門驛에到着ᄒᆞ엿ᄂᆞᆫ딕本日下午七時鍾路靑年會舘에서演說훈다더라

◎總會延期　大韓興業會定期總會ᄂᆞᆫ陰曆歲首를因하야來十九日로延期ᄒᆞ엿다더라

◎舊例休刊　明日은陰曆元日인故로舊例를依ᄒᆞ야兩日間休刊ᄒᆞ엿다가來十二日土曜에繼續發刊ᄒᆞ겟솝

◎感荷義捐　釜山港顯益船長金聲振氏가本社經費를補助키爲ᄒᆞ야金貨三圓廿五錢을寄付ᄒᆞ엿기其盛意를感表ᄒᆞ노라

◎因函更揭　昨日本報에揭載훈外國語學校雇傭日人狗成梅月兩人이竊取훈事實로逐出되엿다홈은全然無根이라고該校에셔公函卞明ᄒᆞ엿더라

學界

◎普新又新　咸南北靑郡下甫靑面小晚春洞普新學校ᄂᆞᆫ設立훈지兩載에任員諸氏가局於舊習ᄒᆞ고校務에不服홈으로幾至廢校之境이러니生徒鄭顯松氏가(年二十二)一般任員을對ᄒᆞ야激切히說明ᄒᆞᄂᆞᆫ딕甚至於自已無名指를斷ᄒᆞ야洒血論駁홈으로校監尹宗漢學監鄭海觀氏以下十餘名이卽時斷髮ᄒᆞ고熱心服務홈으로校況이漸次進就훈다더라

◎東明漸明　鎭岑郡居呂憲賢金元培兩氏가發起하야東明學校를設立ᄒᆞ고靑年을募集ᄒᆞ야義務로敎育ᄒᆞᄂᆞᆫ딕校況이漸次振興훈다더라

◎郡主有人　咸安郡々主事金正基氏ᄂᆞᆫ赴任以來로道路修築과實業裝勵에靡不用力ᄒᆞ며該郡燦明學校의財政이艱乏ᄒᆞ고學徒가零星홈을憂歎하야躬行村閭에家喩戶說홈으로人多感化ᄒᆞ야捐助를不惜ᄒᆞ며子弟를就學케ᄒᆞ야校況이日益興旺훈다더라

電報

◎漁業會質問　日本議會에셔ᄂᆞᆫ遠洋漁業獎勵案에關훈委員會를開ᄒᆞ고韓國領海에셔捕獲훈魚類의運搬과關稅節次를質問ᄒᆞ엿ᄂᆞᆫ딕兒玉書記官은漁具類의輸入稅免除와捕獲훈漁物을海船으로輸出ᄒᆞ면關稅를不課하ᄂᆞᆫ事와漁業法施行後에日本人漁業者의狀況을說明ᄒᆞ엿다더라

東京發　八日着

◎條約可決　德國議員은美德間통商條約을可決ᄒᆞ엿다더라

伯林發　八日着

▲社會燈▼

▲日昨餓鬼總會에셔餓鬼들이會同ᄒᆞ야渠會趣旨事件으로其報社에質問事를사롬져렴酬훌제미잘맛ᄂᆞᆫ徐輔가압발을고니러나셔쥬리입을싹벌니고文字써셔ᄒᆞᄂᆞᆫ말이新聞社의翼門홈은不過蜀犬吠日이니짓지말쟈ᄒᆞ엿다니네가비록안지저도네가넨줄뉘모르리三年만에風月짓던書堂개의녀시왓네

▲魔報社長崔永年은合邦說을倡道라가無君無父大逆이란討逆書函連至ᄒᆞ되도頑惡魔腸不悛ᄒᆞ더니去益甚焉더凶計를乃ᄒᆞ외계傳授ᄒᆞ야同學ᄒᆞᄂᆞᆫ幼年들노日人姓名變作ᄒᆞ야惡魔窟에陷入ᄒᆞ니盜賊놈도제子息은善道로써敎訓커든盜賊보다더凶惡훈永年又훈더賊子ᄂᆞᆫ東西古今歷史上에前無後無ᄒᆞ리로다

廣告

本人이 圓形及他圓形姓名圖章二個를陽二月二日南大門近處에셔셔失하엿기로自今以後로四角形圖章을施行하오니知舊僉照亮

京北部三淸洞十統四戶　宋秉柱　告白

廣告

我奉神敎는先般內部警備局에認可申請中之處信敎之自由를許可之今日爲에信徒於中相互에名祭祀新禱件公認을得하야自廣告홈

奉神敎事務所

開城明新冊肆主人李顧錫氏二月三日下午六時靈歸하엿스오니知舊僉照諒하시옵

誘衰　韓基爀　告白

學員募集廣告

本校에셔今番에校務를一層擴張하야中學部를新設하고一年級及豫備科學生을募集하오니願學　僉員은二月卄六日以內로請願書를提出하옵

但入學用紙는本校에請求하옵

一、試驗日字　二月二十六日(陰正月十七日)上午九時

一、試驗科目　一年級에는漢文、作文、算術(四則及分數)本誌、本史　體格

豫科에는　漢文、作文、算術(四則以內)　體格

一、開學日字　三月一日(陰正月二十日)

一、入學者의年齡　十四歲以上二十五歲以下

隆熙四年一月二十六日

平安南道价川郡中西面石溪

私立重[illegible]學校　告白

本人의姓名象牙圖章(楷字體)을昨年八月分에路上셔失되엿기玆에廣告홈

安基赫

本人이今年六月分에紙貨一千五百圓을尹氏處에居間하야以陰曆臘月로備報之意로以手形票를得給于棗洞居朴性德이러니五百五十圓은流離備報于尹氏後에領受證受去하고餘額九百五十圓은今臘月十日準報之意로面約이限日이已過故로手形呈示次本人이與尹氏로往見朴性德則朴氏言內에其間三百圓을備給于尹氏小室云故로尹氏가說明其不然하고三百圓備報之說은更不出口之意로爲言後에其後數次往訪則避身不見라가今言餘額九百五十圓을已爲畢報樣으로爲言하야還間債主尹氏來督居間本人하오니當初一千五百圓內에五百五十圓備報는丁寧無格이거니와餘額畢報는此是無據이오니世豈有如許叵測人心乎아必有歸正之日이나爲先廣布홈

西部司온洞卄三統三戶申台善

本人의兄炳權이本人所有田畓文券을僞造하야暗賣코저하옵기玆以廣告하오니內外國人은切勿見欺홈　奉仁郡林炳관

本人이西部龍山坊東門外契二十六統九戶白殷有草家三間誉旨件一枚를陰十二月二十八日의路中見失이옵기玆以廣布하오니誰某拾得하와도休紙施行

龍山東門外契二十三統五戶　朴春基　白

本人이泰熙의名字를泰源으로改定하엿스니知舊僉照亮홈

朴泰源

日本語學音·語篇

中洋裝　六百餘頁

定價金一圓四十錢

(郵稅金　十四錢)

著者　林　圭氏

本書는日本에셔數十年遊學하야實地硏究를積하고敎授의經驗이富한林圭氏의誠力의産物이라一卷二編에分하야第一編은假名의起原과發音의變異를明示하고第二編은各品詞의用例와言語의結構法을詳述하고第二編은簡易한日常語와實用인會話對話等을總括하엿는뒤皆聚精採華하고從類分門하야註解가明晰하고秩序가整齊하야斯學硏究者의好材料될뿐아니라實로初學海의大指針이오獨習門의良師友가될만한唯一의珍本이오니有志諸君子는購覽하시오

總發賣處

漢城南部漢井洞十五統九戶五　新文館　電話三二九二番

大韓興學會事務所

日本東京麴町區中六番町四十四番地

其他各書館

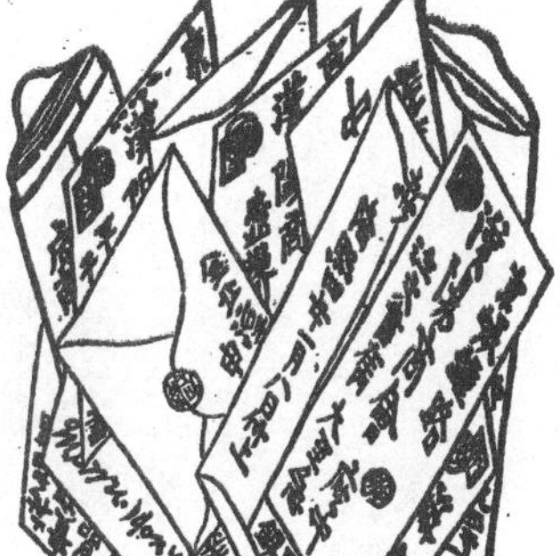

▲特別廣告▼

▲▲最新 通信販賣

勿驚하시오地方에在하신여러분이여僅히一錢五厘의通信費를投하면多大한旅費와繁雜을除하고能히京都第一廉價의物品을得하는妙方이現出하엿스니此는歐米各國에셔流行하는通信販賣法이오

우리漢陽商會는떼파도멘토스도아卽萬物이具備한商店이니如何한物品이라도葉書或書簡으로某物을送致하라通知하시면우리는確實迅速低廉으로爲主하야郵便或運送으로送呈하깃숨나이다

아-我韓의人士로誰가우리漢陽商會를不知할者-有하며誰가此에同情을表치아니할者-有하리요

弊店의商品目錄은누구시던지보내라請求하시면無代金으로送呈하깃스오니一次試驗하기爲하야如何한物品이던지注文하여보시오그便利한方法이如何함을아시리다

歐美雜貨各種　洋酒食料各種

文房具各種　內外國衣服次各種

本國物産各種

大韓皇城鍾路

輸出輸入商　漢陽商會

電話　一九一番

廣告

本人이 陰八月十四日에 全允燮이란 姓名章을 路失ㅎ고 更히 全潤燮이란 章을 刻用ㅎ기 廣告홈
川郡龍谷面 住人 金允燮 白

鐵路票卷烟

法韓會社에서 發賣ㅎ는 卷烟이 造製品과 口味가 精美ㅎ고 每匣二十本幷竹嘴入이고 價金三錢五里로 各商店에서 放賣

李禹珪氏의 大夫人 貞敬夫人 延日鄭氏가 以宿患으로 陰十二月二十六日子時에 棄世ㅎ엿사오니 知舊間 照亮ㅎ시옵

發引은 陰正月初二日上午五時

護喪所 告白

本店에서 開業ㅎ지 十六年間 僉君子의 愛顧ㅎ심을 特蒙ㅎ와 今年부터 業務를 大擴張ㅎ고 春夏秋冬所用으로 絨屬毛織等 各國高等物品을 現今 多數直輸入이온바 各地方에서는 貿易에 便利實買키 爲ㅎ야 特廉減價ㅎ와 郵便小包로 酬應ㅎ야 代金은 引換ㅎ깃사오니 十三道各郡僉君子는 隨意請求ㅎ심을 望

振替貯金番號 (韓國壹三番)

漢城中部鍾路 砂器廛洞 二十一統五戶 廣興泰 告白

◎特別廣告

本社의서 同胞의 衛生을 注意ㅎ야 美國의셔 經驗單方으로 流行通用ㅎ는 靈驗聖劑를 貿入ㅎ야 左開廣布ㅎ오니 有病君子와 藥業에 從事ㅎ시는 僉彦은 爭先來購ㅎ시옵

分賣와 都賣에 差別이 有ㅎ야 一打(十二個)以上의 都賣에는 特別割引홈

左 開

秘 製止痛藥
效能 外塗內服無處不適 消滯 止瀉 絶瘧 治痢無不神效홈

喜蘇膏藥
效能 頭面 身體一切痛症 積年風濕 除掀 生쉼之道립卽奏效홈

亞麟香膠
效能 母論男女老少 勿嫌年久日淺 一切 咳소 服之則其效如神홈

委花藥膏
效能 痔疾 聯珠瘡 幾跌傷螫咬等 諸症無雙聖藥

委花糖水藥
效能 疝症 花柳毒 凡不潔血所祟症 婦人虛弱등症靈驗홈

牛汁藥酒
效能 母論男女老少氣血虛弱者服之則大補元氣身體强健홈

韓美興業株式會社事務所

可認 商標

天下第一 蔘茸大補元

消化 淸心保命丹

大韓全國에 藥業總發行所는 漢城南大門內 濟生堂大藥房本舖

○○○ 右丹은 內外國各藥房에서 無不販賣홈

右藥은 化痰止咳ㅎ고 順氣消滯ㅎ며 水土不服에 ...

和平堂大藥房本舖分店及出張所表

◎京城鍾路	和平堂大藥房本舖主	李應善
仁川港杻峴	和平堂第一分店	金相玉
京城鍾路衣廛下	仝 二分店	李熙善
平壤鍾路	仝 三分店	鄭基煥
平壤館前	和平堂第一出張所	金龍與
平壤法首橋	仝 二出張所	金能元
平壤南門通	仝 三出張所	廣 田
海州玉洞新市	仝 四出張所	崔斗鉉
海州東門內	仝 五出張所	李奉植
鎭南浦築洞	仝 六出張所	金元燮
鎭南浦碑石洞	仝 七出張所	吳承昌
載寧郡內墻洞	仝 八出張所	李獅均
成州郡上部仁濟局	仝 九出張所	金麟鎬
定州	仝 十出張所	金容河
大邱北門外	仝 十壹出張所	朴大卿
義州南門外	仝 十二出張所	義和藥房
開城南門內	仝 十三出張所	李貞錫
江華鍾路	仝 十四出張所	宋順吾
永興邑內	仝 十五出張所	梁昌錫
安東縣	仝 十六出張所	世行洋行支店
美國桑港	仝 十七出張所	張斗學

其他內外國代理店特約店은 紙面이 不足하야 一々히 枚擧키 難ㅎ와 姑不得揭載홈

官準專賣特許

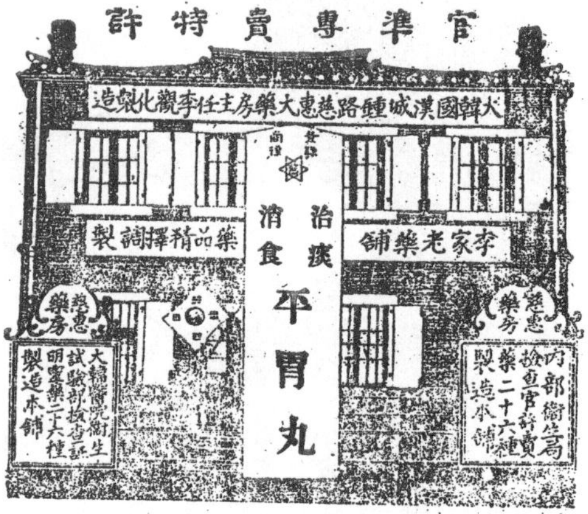

本院은 韓國一般人民을 爲ㅎ야 設立홈은 僉彦의 已知ㅎ는바 어니와 自今으로 事務를 一層擴張ㅎ고 診察을 더욱 精密히 ㅎ기 爲ㅎ야 時間을 午前十時부터 午後四時ㅅ지 無料로 診察ㅎ오며 또 特別診察所를 置ㅎ고 些少의 診察料로 貴客의 便宜를 圖ㅎ오니 診察을 要ㅎ는 僉彦은 照亮을 爲要

但特別ㅎ 境遇에 在ㅎ야는 時間을 勿論ㅎ고 其請求를 應홈

京城南大門外 濟衆院 告白

光武九年八月十一日 明治三十八年八月十一日 (第三種郵便物認可) 土曜日 西曆一千九百十年二月十二日 (一)

大韓每日申報

檀君開國四千二百四十三年
箕子元年三千三十二年
大韓開國五百十九年
本報創刊日
光武八年七月十八日

第八卷 月曜及祭節歲時日休刊 第一千三百三十一號

發行兼編輯人 英國人 萬咸
Alfred Weekly Marnham
Responsible for Publication
發行所
京城南部石井洞三層洋屋家
大韓每日申報社

論說

學術家의責任

大凡國民이其國家에對ᄒᆞᆫ바責任은 樵夫도其責任이有ᄒᆞ며一牧竪도其責任이有ᄒᆞ나니況國民의拔萃를作ᄒᆞ며社會의上等에處ᄒᆞᆫ學術家야其責任이如何ᄒᆞ리오

故로學術家된者는宜當히學術을研究ᄒᆞ되國家下에研究ᄒᆞ며學術을發揮ᄒᆞ되國家下에[illegible]發揮ᄒᆞ야一技의學一能의[illegible]로[illegible]다시國家에獻ᄒᆞ야國家의福利를長ᄒᆞ며國家의危害를杜ᄒᆞᆯ지니

如是ᄒᆞᆷ으로學術의消長으로國家의消長을占ᄒᆞ며學術의高下로國家의高下를示ᄒᆞᆷ이라만일學術家된者가學術은自學術이오國家는自國家로知ᄒᆞ야何等關係가無케ᄒᆞ면學術을亦重視ᄒᆞᆯ者ㅣ何인가

然則士가志를立ᄒᆞ되學術은國家를護衛ᄒᆞ는方法으로作ᄒᆞ야政治學者는반다시此學을國家에用ᄒᆞ며經濟學者는반다시此學을國家에用ᄒᆞ며法律學者는반다시此學을國家에用ᄒᆞ며實業學者는반다시此學을國家에用ᄒᆞ며其他何種學者던지悉皆其學을國家에用ᄒᆞ야國民의先驅者가되며國運의原動力이될지어날

乃者韓國의엇던學術家諸氏를睹ᄒᆞ건ᄃᆡ其愛身愛家의觀念이愛國의觀念보다重ᄒᆞ며爲身爲家의奮鬪가爲國의奮鬪보다先ᄒᆞ야一身의名譽나稍光ᄒᆞ면是에滿足을歌ᄒᆞ며一家의生活이나頗舒ᄒᆞ면是에目的을終ᄒᆞ야宇宙間의一寄生虫身勢를自作코져ᄒᆞ니엇지可嘆ᄒᆞᆯ者ㅣ아닌가

又如此히其弊害가學術家 人에게終ᄒᆞᆷ이아니라此로因ᄒᆞ야立志가未確ᄒᆞ고精神이不實ᄒᆞᆫ少年들은曰某先生도處世를如彼히ᄒᆞ니吾儕도彼를模ᄒᆞ리라ᄒᆞ며某學者도持心을若此히ᄒᆞ니吾儕도此를隨ᄒᆞ리라ᄒᆞ야無辜ᄒᆞᆫ後進으로ᄒᆞ야금沿々相携ᄒᆞ고無精神界에共入케ᄒᆞ나니此弊害가엇지輕少타ᄒᆞ리오

嗚乎라巴崙은一書生으로筆을投ᄒᆞ고劍을提ᄒᆞ야其身을外國에獻ᄒᆞ엿나니況今日韓國學術家가自國을爲ᄒᆞᆷ이리오

[illegible]諸氏가責任을盡ᄒᆞ면諸氏冊下에志士가雲興ᄒᆞ며諸氏路頭에國光이[illegible]ᄒᆞ리니諸氏는何로就코져ᄒᆞ는가

吾儕는諸氏를向ᄒᆞ야諸氏가國家로目的을作ᄒᆞ고學術로方法을作ᄒᆞ야愈々前進ᄒᆞᆷ을深望ᄒᆞ노라

外報

○巡警局問題 清國이奉天附近安奉線附屬地內에巡警局을設置ᄒᆞ엿는ᄃᆡ日本이此를撤退ᄒᆞ라고要求ᄒᆞ엿스나清國이不應ᄒᆞ는故로目下交涉中이라더라

○自治章程 清國憲政編查舘에셔는府縣地方自治章程四十七箇條를制定上奏ᄒᆞ엿다더라

○摩國紛亂 摩洛哥國에셔는前王派의活動이起ᄒᆞ야各種族이內地로召集되야紛競이發生ᄒᆞ엿다더라

○希土融和 크리트島關係로生ᄒᆞᆫ土耳其希臘間의紛擾는融和에至ᄒᆞ엿는ᄃᆡ希臘國에셔今番土耳其政府에對ᄒᆞ야통告를發ᄒᆞ야曰希臘은土耳其에對ᄒᆞ야何等好戰의態度가無ᄒᆞᆫ즉此後에兩國이互讓的으로旅誼를結ᄒᆞᄌᆞᄒᆞ엿다더라

雜報

○借款催促 德法兩國公使는清國에對ᄒᆞ야越漢鐵道借欵을催促ᄒᆞ엿다더라

○錦愛問題 清國御史江春霖氏는密書를奉呈ᄒᆞ야曰錦愛鐵道를露日이反對ᄒᆞᆷ은淸국의主權을無視ᄒᆞᆷ인즉列國에對ᄒᆞ야聲明ᄒᆞᆷ이可ᄒᆞ다ᄒᆞ엿고駐日淸公使도此에對ᄒᆞ야露日을反對ᄒᆞ야外務部로電報ᄒᆞ엿다더라

○墺露親交 維也納最高外交官宣言을依ᄒᆞᆫ즉墺露兩國交際는其親交回復에着手ᄒᆞ엿다ᄒᆞ고又曰何等條約을締結ᄒᆞᆯ[illegible]計劃은無ᄒᆞ다ᄒᆞ엿다더라

安重根의公判

第一日午前

本月七日에被告安重根及其他三人이就縛當時의服裝을被ᄒᆞ고갈나만新着ᄒᆞᆫ後日本에셔新着ᄒᆞᆫ馬車를乘ᄒᆞ고日本警部巡査及憲兵等이乘馬警衛ᄒᆞ야八時後에旅順日本關東都督府高等法院第一廷에入ᄒᆞ야腰繩을解ᄒᆞ고一同이如式의訊問을受ᄒᆞᆯ서同九時二十分에先次安重根氏의公判을開廷ᄒᆞ고一定ᄒᆞᆫ順序를經ᄒᆞᆫ後에審問ᄒᆞᆯ서被告安曰三年前에海蔘威에往ᄒᆞ얏는ᄃᆡ生活은始則故鄕의財產을賴ᄒᆞ며後則友人의補助를賴ᄒᆞ엿고敎育은舊學的으로家庭에셔千字文童蒙先習孟子等漢籍을受ᄒᆞ다가後에天主敎宣敎師로來ᄒᆞᆫ法國人에게法語를學ᄒᆞ고十七歲時에天主敎에入ᄒᆞ야洗禮를受ᄒᆞ엿다ᄒᆞ며國에出ᄒᆞᆫ後三年間은何事를爲ᄒᆞ엿나뇨ᄒᆞᆫ즉昂然答曰我目的을向ᄒᆞ야進行ᄒᆞ엿노니目的은一則外國에在ᄒᆞᆫ同胞의敎育이오一則義軍의經營이로라ᄒᆞ며獨立思想이何時부터起ᄒᆞ엿나뇨ᄒᆞᆫ즉答曰我의此思想은數年前부터抱持ᄒᆞᆫ바ㅣ오最히激感되기는俄日戰後韓日五條約과其後七條約締結時라即千八百九十五年에日本天皇詔勅에東洋平和及韓國獨立을爲ᄒᆞᆷ이라云云ᄒᆞ더니伊藤이來韓ᄒᆞ야는兵威를用ᄒᆞ야五[illegible]條約을締結ᄒᆞᆫ故로暗殺의意가此七條約當時에發生ᄒᆞ야爾來繼續ᄒᆞᆫ바이라ᄒᆞ고ᄒᆞ며滔滔數千言을演說口調로吐出ᄒᆞ고更히實行當時의事를審問ᄒᆞᆫ즉答曰其事實은認ᄒᆞ나發砲後伊藤이如何히된은不知라但此擧는大韓國獨立義軍參謀中將의身分으로行ᄒᆞᆫ바오決코個人으로行ᄒᆞᆫ바아니어니와今日幺麽ᄒᆞᆫ此地에一被告로立ᄒᆞᆷ은余의素志에大違ᄒᆞᆷ이라ᄒᆞ며大氣焰을吐ᄒᆞ엿다ᄒᆞ며當日傍聽者는大連其他에셔昨夜부터來ᄒᆞ엿는ᄃᆡ今朝六時에는傍聽標가不足ᄒᆞ야空返ᄒᆞᆫ者ㅣ累百人이오又午後의入場을期ᄒᆞ야門外에셔待ᄒᆞ는者ㅣ堵와如ᄒᆞ고高等官傍聽席도亦滿ᄒᆞ엿스며婦人傍聽者가二十餘名인ᄃᆡ外國人은大連露國領事夫妻及一名의露人이오韓國人은辯護士安秉瓚及重根氏의二弟뿐이라入場의際에日本人도其身軆를檢查ᄒᆞ야警戒가嚴密ᄒᆞ엿다더라

詞藻

❀學徒들아❀

뭇노라學徒드라、뜻을구지셰웟너냐。뜻을세지못ᄒᆞᆯ진ᄃᆡ、學問인들所用잇나。진실노、爲國獻身ᄒᆞ고보면、名垂竹帛。

廣告

雜報

◎陰曆元旦問安 再昨日은陰曆歲首인故로各皇族諸氏가昌德宮에進詣ᄒᆞ야 大皇帝 皇后兩 陛下께 問安하옵고 太皇帝陛下씌 德壽宮에進詣ᄒᆞ야 問安ᄒᆞ엿다더라

◎木曜例會 再昨日內閣木曜例會에各部大臣이會同ᄒᆞ야本年度에道繙譯官補增設과贊部增設事件에關ᄒᆞ야月俸支出件을協議ᄒᆞ엿다더라

◎船法發表期 船舶法은統監府의承認ᄭᆞ지有ᄒᆞ엿다ᄂᆞᆫ데發表期ᄂᆞᆫ三月頃에在ᄒᆞ다더라

◎地方稅協議 去九日부터統監府에서地方稅事件에關ᄒᆞᆫ會議를開ᄒᆞ고協議가多有ᄒᆞ엿다ᄂᆞᆫ데其中硬軟兩派가有ᄒᆞ야議論이百出ᄒᆞ엿스나畢竟折衷主義를用ᄒᆞ야徵稅方法을稍變ᄒᆞ고財務官吏로徵稅를勵行케ᄒᆞ기로決定ᄒᆞ엿다더라

◎宇佐川歸國 東拓會社總裁宇佐川은該社의緊要ᄒᆞᆫ事務를日本國會에提議ᄒᆞ기爲ᄒᆞ야本日에出發歸國ᄒᆞᆫ다더라

◎增築爲用 東拓會社를銅峴農商工部로移轉ᄒᆞᆫ後更히增築ᄒᆞᆫ다ᄂᆞᆫ데附近人家를多數買入ᄒᆞ야來三月頃에ᄂᆞᆫ工事에着手ᄒᆞᆯ터이라더라

◎何其多也 來二十日頃에內部警務局에서道繙譯官補二十二三人을試取ᄒᆞᆯ터이라ᄂᆞᆫ데應試키爲ᄒᆞ야請願書를提呈ᄒᆞᆫ者가三百餘名에達ᄒᆞ엿다더라

◎林業將興乎 農商工部에서ᄂᆞᆫ本年度豫算에造林費九萬四千九百二十八圓을計入ᄒᆞ엿ᄂᆞᆫ데京城及平壤等地에植林을實行ᄒᆞᆫ다더라

◎朴氏致疑說 日本에渡往ᄒᆞ엿던朴秉珠氏ᄂᆞᆫ日前歸國의途에就ᄒᆞ엿다ᄂᆞᆫ데某處에서ᄂᆞᆫ致疑中이라ᄂᆞᆫ說이有ᄒᆞ다더라

◎視察終了 度支部에서全羅道各地方各項稅金徵收ᄒᆞᄂᆞᆫ事件을視察키爲ᄒᆞ야派送ᄒᆞ엿던韓日人主事ᄂᆞᆫ該事務를終了ᄒᆞ고日昨에還任ᄒᆞ엿다더라

◎借居山亭 海豐府院君尹澤榮氏가安洞舊邸에還接ᄒᆞ엿다더니更聞ᄒᆞᆫ즉該家屋은債主의게出給하고現今侍從院卿尹德榮氏山亭에서住接ᄒᆞᆫ다더라

◎英辯護不平 英人辯護士코크로쓰氏ᄂᆞᆫ去八日에上海로부터旅順에來ᄒᆞ야安重根氏를辯護코져ᄒᆞᄂᆞᆫ데日本法院에서此를不許ᄒᆞᄂᆞᆫ故로該氏ᄂᆞᆫ法院에出頭ᄒᆞ야辯護士不許可에對ᄒᆞ야不平ᄒᆞᆫ所懷를陳述ᄒᆞ고安氏의公判中止를要求ᄒᆞ엿스나日本에서斷然拒絶하엿다더라

◎順川消息 順川事件을視察次로順川에赴往하엿던學部事務官柳田等은日前歸任하엿ᄂᆞᆫ데其言內에目下順川에ᄂᆞᆫ這間驚走四散ᄒᆞ엿던人民이大槪村里로歸ᄒᆞ엿고警察官吏日憲兵等에게被捉ᄒᆞᆫ人民은五十餘名인데平壤에서來到ᄒᆞᆫ統監府裁判所檢事等이目下訊問을行ᄒᆞᆫ다고云ᄒᆞ엿다더라

◎風聲鶴唳 去八日安州市場에人民約二萬名이會集하엿ᄂᆞᆫ데日憲兵과警察官吏가又何등起擾가有ᄒᆞᆯ가恐하야嚴重히警戒ᄒᆞ엿다더라

◎瓮民再會 黃海道瓮津新興面牧場을官有地라고査定ᄒᆞᆷ에對ᄒᆞ야人民七十餘名이會集ᄒᆞᆷ은已報어니와再次會集하ᄂᆞᆫ故로警察官及日憲兵이解散케ᄒᆞ엿다더라

◎巡査急派 內部警務局에서ᄂᆞᆫ龍川方面에人民을鎭壓키爲ᄒᆞ야現今敎習中에在ᄒᆞᆫ巡査十五名을日前에該地方으로派遣ᄒᆞ엿다더라

◎兵器搜出 麻田日憲兵分遣所에서ᄂᆞᆫ義兵의藏置ᄒᆞᆫ火砲等屬을多數發見ᄒᆞ엿다ᄂᆞᆫ데火砲一個ᄂᆞᆫ長湍郡江北面田中에서得ᄒᆞ고火砲五個ᄂᆞᆫ同郡江西面中村東北에서得ᄒᆞ고火砲五個其他付屬品十個와彈丸五個와火繩銃十二挺과火砲彈丸十一個ᄂᆞᆫ同面卒浪里에서得ᄒᆞ엿ᄂᆞᆫ데右火砲ᄂᆞᆫ義兵將金洙敏氏의藏置ᄒᆞᆫ바라고ᄒᆞᆫ다더라

◎監獄日增 內部에서ᄂᆞᆫ囚徒가益々增加ᄒᆞ야現在監獄은甚히狹隘ᄒᆞ야囚徒를不容ᄒᆞ겟ᄂᆞᆫ故로龍山靑坡에監獄을新建築ᄒᆞᆫ다더라

◎龍民押送 龍川楊市事件에關ᄒᆞ야被捉ᄒᆞᆫ人民十三名을主謀者로指目ᄒᆞ야去九日에日憲兵及警察官吏二十餘名이警護ᄒᆞ야義州로押送ᄒᆞ엿다더라

◎木工組合 慶北大邱郡內朴基敎金敬璿諸氏가合資ᄒᆞ야當地에木工組合所를設立ᄒᆞᆫ後講習所、營業所를設置ᄒᆞ고美術工匠을雇聘하야公私建築及器具物品을改良精製ᄒᆞᆯ計劃으로基本金二千圓을當地農工銀行에積立ᄒᆞ고農商工部에認可請願書를提出ᄒᆞ엿다더라

◎宜有調探 近日來로挾雜輩가憲兵司令部偵探客의僞票를造成ᄒᆞ야人民을威嚇取財ᄒᆞᄂᆞᆫ弊習이種々發現된다ᄂᆞᆫ說이有ᄒᆞᆷ으로司令部에서ᄂᆞᆫ此等行動者有無를目下嚴密히형探ᄒᆞ다더라

◎訛言孔多 南門外萬里峴等地에서ᄂᆞᆫ何人이訛言을做出ᄒᆞ엿ᄂᆞᆫ지陰曆正朝日에茶禮를設行ᄒᆞᄂᆞᆫ者ᄂᆞᆫ巡檢이禁止ᄒᆞᆫ다ᄒᆞᆷ으로附近人民들은此言을信聽ᄒᆞ고其前日夜에茶禮를行ᄒᆞ엿다더라

◎尹氏歡迎 各國敎會를視察ᄒᆞᆯ次로美國에渡往ᄒᆞᆫ尹致昊氏가去月二十一日에布哇에到着ᄒᆞ엿ᄂᆞᆫ데該地居留ᄒᆞᄂᆞᆫ韓人同胞가該氏를歡迎하ᄂᆞᆫ데當時叅會ᄒᆞᆫ人士가男女幷四千餘名에達ᄒᆞ야一大盛況을呈ᄒᆞ엿고該氏가當地에서三日을留連ᄒᆞᄂᆞᆫ中請邀ᄒᆞᄂᆞᆫ人士가朝夕으로沓至ᄒᆞ나該氏의行期가遲緩키難ᄒᆞᆷ으로其厚意를一々히報道치못ᄒᆞ고十四日에桑港으로向ᄒᆞ야發程ᄒᆞ엿다더라

◎林氏施恵 南部漢江坊居하ᄂᆞᆫ林宗相氏ᄂᆞᆫ向者酷寒을際하야金貨一百八十四圓을捐出하야該洞內貧民을救濟ᄒᆞᆷ으로該氏의慈善之心을莫不稱頌ᄒᆞᆫ다더라

◎仁川大火 再昨日仁川에서失火ᄒᆞ야韓人家屋二十餘戶日人家屋十二戶淸人家屋一戶其他空戶六戶가燒失되엿ᄂᆞᆫ데同日午後에鎭火되엿다더라

◎全獄騷亂 全州獄監에서ᄂᆞᆫ去九日에囚徒九十九名이脫獄코져하다가不果ᄒᆞ고死者가一名이오重傷者가四名이오輕傷者가十名이오看守四名도輕傷을被ᄒᆞ엿다더라

◎康家賊警 本月二日昌城郡倉面中里康禹甸氏家에賊漢四名이突入ᄒᆞ야該氏家眷을無數毆打ᄒᆞ고家産什物五六十圓價値를奪去ᄒᆞ엿ᄂᆞᆫ데被打ᄒᆞᆫ中婦人一名은重傷을被ᄒᆞ야生命이頗히危篤하다더라

學界

◎文興復興 信川郡學里面文興學校ᄂᆞᆫ設立未幾에財政이窘艱ᄒᆞ야幾至廢境이러니校監張澤善氏가慨然奮發ᄒᆞ야敎師의供億을躬自擔當ᄒᆞ고義金을募集ᄒᆞ야維支方針을力圖ᄒᆞᄂᆞᆫ故로生徒가雲集ᄒᆞ야校况이日振ᄒᆞᆫ다더라

◎朝陽經試 忠北永同郡陽內面私立普通朝陽學校에서ᄂᆞᆫ陰十二月에冬期試驗을經ᄒᆞ엿ᄂᆞᆫ데二學年級優等은李鎭國氏等七人이오及第生은張永根氏等十五人이오一年級最優等生은李觀然氏等十壹人이오及第生은成宅煥氏等貳十四人이라더라

◎東興其興 협谷郡致弓里東興學校ᄂᆞᆫ昨年三月에設立ᄒᆞᆫ바인데校長朴昌敏氏ᄂᆞᆫ金五百圓該里居張致祿氏ᄂᆞᆫ三十圓을寄付ᄒᆞ엿고學監은金德和財務員은韓會鉉敎師ᄂᆞᆫ李啓河氏로選定ᄒᆞ엿고晝夜學生이五十餘人에達하엿다더라

◎普明經試 載寧郡左栗面進礎里普明女學校에서陰去月에冬期試驗을經하엿고校務를擴張키爲하야高明ᄒᆞᆫ講師一人을又爲延聘ᄒᆞ고校舍를該面中央地朴芝里로移轉ᄒᆞᆯ次로方在經營中이라더라

◎崇校開學 東部崇敎坊崇敎義塾에서去月二十五日에開學式을擧行ᄒᆞ엿ᄂᆞᆫ데學徒가八十名에達ᄒᆞ엿다더라

◎昌校經試 西部新水鐵里昌新學校에서年終試驗을經ᄒᆞ엿ᄂᆞᆫ데優等生이梁東煥氏以下二十人이라더라

◎安氏義捐 熙川郡長洞居ᄒᆞᄂᆞᆫ安宅元氏ᄂᆞᆫ年今七十에掘屢織席으로生活ᄒᆞᄂᆞᆫ터인데塵合之資를傾ᄒᆞ야金貨十五圓을該面三樂學校에寄付ᄒᆞ엿다더라

◎海平校況 城津府鶴中面海平里紳士金秉弼千鶴林兩氏가該洞靑年子弟를敎導키爲ᄒᆞ야財政을鳩聚하야學校를創立ᄒᆞ고校長은金禎洙校監은金炳杜總務ᄂᆞᆫ李鍾榮金台元諸氏로選定ᄒᆞ야協力贊成ᄒᆞᆷ으로該校成績이優勝ᄒᆞ다ᄂᆞᆫ데該氏等의熱心敎育ᄒᆞᆷ을人皆稱頌ᄒᆞᆫ다더라

◎海倅勸學 忠南海美郡守李起元氏ᄂᆞᆫ該郡鄕校內에學校를設立ᄒᆞ고生徒百餘名을募集敎授ᄒᆞ며金五十圓을校費로捐助ᄒᆞ고各坊里에도勞働學校를多數勸設ᄒᆞ엿다더라

◎三氏義務 平北鐵山郡報濟勞働夜學校ᄂᆞᆫ設立數年에經費가窘絀하야校況이振興치못ᄒᆞ더니該校主鄭元杓校監沈致珪方濟善三氏가各其多數金額을捐出ᄒᆞ야校務를一新擴張ᄒᆞ고多數學徒를熱心敎授ᄒᆞᆷ으로該氏의義務를人皆欽頌ᄒᆞᆫ다더라

◎昌郡喜聞 창城郡地方委員姜尙渭氏가該郡內其창日新昌一三學校職任을兼帶하고誠心視務ᄒᆞᄂᆞᆫ中今次冬期試驗에多數賞品을自擔施與ᄒᆞ며其昌學校財政處理에對ᄒᆞ야益々熱心ᄒᆞᆷ으로該校情況이一層擴張ᄒᆞᆫ다더라

電報

◎各會競爭 日本에서ᄂᆞᆫ政友會가政府와妥協ᄒᆞ야地租ᄂᆞᆫ八里를減ᄒᆞ기로ᄒᆞ엿ᄂᆞᆫ데憲政本黨과又新會ᄂᆞᆫ政友會의所爲를大憤激ᄒᆞ야極力一致로一分減을主張ᄒᆞᆫ다더라

◎衆議院可決 日本衆議院豫算分科會에서ᄂᆞᆫ統監府立中學校費와韓國京元湖南兩鐵道敷設費를原案ᄃᆡ로可決ᄒᆞ엿다더라

◎妥協繼續 日本에서ᄂᆞᆫ政府와政友會의妥協ᄒᆞᆫ바地租ᄂᆞᆫ八里를減ᄒᆞ고增俸은二割五分을增ᄒᆞ기로ᄒᆞᆫ件이繼續進行中이라더라

以上東京發 九日着

◎世界博覽會 來年에ᄂᆞᆫ美國紐育에서世界大博覽會를開ᄒᆞᆫ다더라

◎郵便條約 淸日의郵便條約은調印이終了되엿다더라

以上東京發 十日着

▲社會燈▼

竹養少[illegible]

▲崔永年子瑛植이ᄂᆞᆫ日人되기志願하야日人姓名變稱ᄒᆞ고同學生徒甘誘ᄒᆞ야창鬼窟로引導타가黜學ᄲᅢ지當ᄒᆞᆺ다니年거十歲韓國兒가大和魂이웨들엇노不識不知하거니와此兒當初成胎時에무ᄉᆞᆷ妖氣빗쳐던고

▲大逆不道宋秉畯은僥幸命웃살ᄲᅢ하야日本으로건너간後中樞顧問더月俸을낙ᄶᅡᆨ々受喫하니불상하다더金錢아、政恐慌此歲月에公益事나敎育費에應用物이못되고서逆賊놈에비ᄭᅴ이에살질감이되엿고나

▲顧問大監李址鎔과侍從院卿尹德榮은무ᄉᆞᆷ金錢넘多하야五日大宴三日小宴쉬지안코놀아나니滿天愁雲四起하고腥風血雨慘담ᄒᆞᆫᄃᆡ國家形便살펴보면痛哭히도不滿커ᄂᆞᆯ禽獸木石아니어던뎌와又치無心ᄒᆞ고

社告

沙利院支社員任敬𨯯氏遞去ᄒᆞᆫ代에該地三聖學校內李承吉氏로擇定ᄒᆞ고本月一日件을繼續발送ᄒᆞ오니本報代金과諸般事를李承吉氏와交涉ᄒᆞ시요

大韓每日申報社

本人이己酉二月二日本郡西門外崔召史處에債用하엿던五錢五千兩手票를서失ᄒᆞ엿스니誰某間拾得하엿스면休紙로施行ᄒᆞ시요

海州檢丹面四里　朴炳元　告白

本店에서開業ᄒᆞᆫ지十六年間僉君子의愛顧ᄒᆞ심을特蒙ᄒᆞ와今年부터業務을大擴張ᄒᆞ고春夏秋冬所用으로緞屬毛織等各國高等物品을現今多數直輸入이온바各地方에서ᄂᆞᆫ買易에便利賣買키爲ᄒᆞ야特廉減價ᄒᆞ와郵便小包로酬應ᄒᆞ야代金은引換ᄒᆞ깃사오니十三道各郡僉君子ᄂᆞᆫ隨意請求ᄒᆞ심을望

振替貯金番號（韓國壹三番）

漢城中部鍾路●器廛洞二十一統五戶

廣興泰　告白

廣告

本人의弟𫝊昌弼氏가同郡南面二里本人買置ᄒᆞᆫ家에有ᄒᆞ야自家債負淸帳ᄒᆞᆯ意로本人의家舍柴山垈田畓文券僞造放賣云則內外國人은切勿見欺ᄒᆞᆷ

隆熙四年一月二十日

平北定州郡古邑面金氏昌烈白

廣告

敝門共同役土在於本邑津里面而自官文記調査時右文記委托于門人廳後出給右文記典執于自己負債處誰某無效認定

義州枇峴面　韓門長　應祜

執事　應範

廣告

本人이洪州郡舊倉里三等醯井을放賣ᄒᆞ기爲하야該塩井을京南部明洞五十三統八戶李鉉台氏의게委任ᄒᆞ엿ᄉᆞ오니願買僉員은相議賣買ᄒᆞᆷ

南春熙　告白

鐵路票卷烟

法韓會社에서發賣ᄒᆞᄂᆞᆫ卷烟이造製品과口味가精美ᄒᆞ고每匣二十本幷竹嘴入이고價金三錢五里로各商店에서放賣

數學大家　柳一宣　著

初等算術教科書

中卷　定價洋裝　九十錢

總發賣所　京城南門外棠岩　新舊書林

分賣所　京鄉各書舖

日本語學音·語篇

半洋裝　六百餘頁

定價金一圓四十錢

（郵稅金十四錢）

本書ᄂᆞᆫ日本에서數十年遊學ᄒᆞ야實地硏究를積ᄒᆞ고教授의經驗이富ᄒᆞᆫ林圭氏가嘔畢로我國日本語學界에大光線을放코져ᄒᆞᄂᆞᆫ誠力의産物이라一卷二編에分ᄒᆞ야第一編은假名의起原과發音의轉訛를明示ᄒᆞ고第二編은各品詞의用例와言語의結構法을詳述ᄒᆞ고第三編은簡易ᄒᆞᆫ日常語와實用인會話와對話等을總括ᄒᆞ엿ᄂᆞᆫ듸皆聚精採華ᄒᆞ고從類分門ᄒᆞ야註解가明晰ᄒᆞ고秩序가整齊ᄒᆞ야斯學硏究者의好材料뿐아니라實로初學海의大指針이오獨習者門의良師友가될지니唯一의珍本이오니有志諸君子ᄂᆞᆫ購覽ᄒᆞ시오

總發賣處　漢城南部井洞九十五統五戶　新文館　電話二三九番

分賣所　日本東京麴町區中六番町四十九番地　大韓興學會事務所

其他各書館

▲特別廣告▼

▲▲最新通信販賣

勿驚ᄒᆞ시오地方에在ᄒᆞ신여러분이여僅히一錢五厘의通信費을投ᄒᆞ면多大ᄒᆞᆫ旅費와繁雜을除ᄒᆞ고能히京都第一廉價의物品을得ᄒᆞᄂᆞᆫ妙方이現出ᄒᆞ엿ᄉᆞ니此ᄂᆞᆫ歐米各國에서流行ᄒᆞᄂᆞᆫ通信販賣法이오우리漢陽商會ᄂᆞᆫ떼파도멘토스도아卽萬物이具備ᄒᆞᆫ商店이니如何ᄒᆞᆫ物品이라도葉書或書簡으로某物을送致ᄒᆞ라通知ᄒᆞ시면우리ᄂᆞᆫ確實迅速低廉으로爲主ᄒᆞ야郵便或運送으로送呈ᄒᆞ깃ᄉᆞᆸ나이다

아－我韓의人士로誰가우리漢陽商會를不知ᄒᆞᆯ者ㅣ有ᄒᆞ며誰가此에同情을表치아니ᄒᆞᆯ者ㅣ有ᄒᆞ리요弊店의商品目錄은누구시던지보냐라請求ᄒᆞ시면無代金으로送呈ᄒᆞ깃ᄉᆞ오니一次試驗ᄒᆞ기爲ᄒᆞ야如何ᄒᆞᆫ物品이던지注文ᄒᆞ여보시오그便利ᄒᆞᆫ方法이如何ᄒᆞᆷ을아시리다

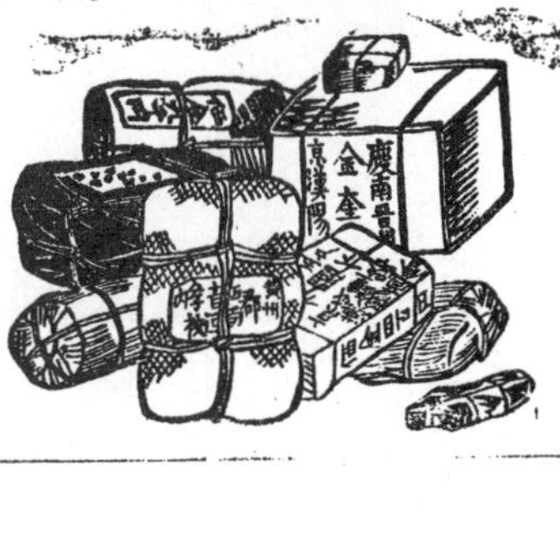

歐美雜貨各種　洋酒食料各種

文房具各種　內外國衣服次各種

本國物産各種

大韓皇城鍾路

輸出輸入商　漢陽商會

電話　一九一番

檀君開國四千二百四十三年
箕子元年三千三十二年
大韓開國五百十九年
本報創刊日 光武八年七月十八日

大韓每日申報

發行兼編輯人 英國人 萬咸
Responsible for Publication Alfred Weekley Marnham.
發行所 京城南部石井洞三層洋屋家 大韓每日申報社
第八卷 月曜及陰曆歲時節日休刊 第一千三百二十二号

論說

◉精神과 物質

目下韓國의或人士는突然히彼鐵道가大陸을橫斷ᄒᆞ야神變又치迅速ᄒᆞ며瀛船이大洋을凌駕ᄒᆞ야平地又치來往ᄒᆞ며蛛絲又흔電線은千萬里를鄰家로相통ᄒᆞ며山岳又흔家屋은數十層이蒼空을摩磨하고其他萬般의物이모다目을驚ᄒᆞ며耳를駭흠을見ᄒᆞ고乃者其舌을拔ᄒᆞ며驚嘆하야曰文明이若是라ᄒᆞ고於是乎物質文明만知ᄒᆞ며物質文明만唱ᄒᆞ야天下의文明이오쟉此物質뿐인줄노思ᄒᆞ고康有爲의物質救國論이나大讀ᄒᆞ면셔以爲ᄒᆞ되物質文明만輸入하면我의社會가맛당히文明ᄒᆞᆫ社會가되며물質文明만發達하면我의國家가맛당히文明ᄒᆞᆫ國家가된다하나니

惜乎라此는其眼光이井蛙와如ᄒᆞ야所見이此에止ᄒᆞᆫ所以라深責ᄒᆞᆯ바는無하지만은此ㅣ엇지有志者의一注意ᄒᆞᆯ바아닌가.

大抵物質文明이如彼히發達된것은實로物質文明이獨立的으로發達된것이아니라精神文明과物質文明이兩兩相持ᄒᆞ야此에至하엿나니

然則精神文明이無ᄒᆞ고는到底히其社會가文明ᄒᆞᆫ社會가되지못ᄒᆞ며精神文明이無ᄒᆞ고는到底히其國家가文明ᄒᆞᆫ國家가되지못ᄒᆞ야精神文명의發達이無ᄒᆞ면物質文明도亦發達이無望하거날

彼或人士는但只觸覺的으로易見易識ᄒᆞᆫ物質文明만睹ᄒᆞ고物質만尋ᄒᆞ니此亦一嘆ᄒᆞᆯ바로다

是以로學術을學ᄒᆞ되一技藝的에不過ᄒᆞ며事業을興ᄒᆞ되一形式的에徒流ᄒᆞ는等弊가往々發生하나니嗚呼라此實國民의一注意ᄒᆞᆯ處니라

此와如히物質文明만唱ᄒᆞ는者는비록國民中一部分되는固陋人士에不過ᄒᆞᆯ지나然이나吾儕는此輩人士의警醒을望ᄒᆞ는바ㅣ며又吾儕가國民同胞로ᄒᆞ야곰固有不拔의國粹를破壞하라ᄒᆞᆷ이아니라但一邊으로自國의國粹를堅實保全하며一邊으로精神의文明을調和發達하라ᄒᆞᆷ이로다

嗚呼라同胞여同胞는吾儕의此言을諒ᄒᆞ야物質文明을輸入ᄒᆞ는同時에精神文明을輸入ᄒᆞ며精神文明을輸入ᄒᆞ는同時에物質文明을輸入ᄒᆞ야二에其一도廢치말지어다

外報

◉新議會의問題 英國新議會에서開會劈頭에行ᄒᆞᆯ事件은皇帝의開院式勅語에對ᄒᆞ야討議ᄒᆞᆫ後에直히上院否決權廢止에關ᄒᆞᆫ決議案을提出ᄒᆞ기로決定ᄒᆞ엿다ᄂᆞᆫ듸若該案이提出되면上院은確實히該案을否決ᄒᆞᆷ에至ᄒᆞᆯ터이라더라

◉發會式擧行 淸國北京에셔는去四日에志士六百餘名이湖江會館에셔國會期成會發會式을擧行ᄒᆞ엿다더라

◉間島鐵道反對 淸國吉林紳董委員은昨年九月에締結ᄒᆞᆫ淸日協約에依ᄒᆞ야吉林과間島間의鐵道敷設을反對ᄒᆞ기爲ᄒᆞ야北京에到着ᄒᆞ엿ᄂᆞᆫ듸吉林紳董의强硬ᄒᆞᆫ反對로因ᄒᆞ야今後에一層困難을惹起ᄒᆞ리라고預期ᄒᆞᆫ다더라

◉列國滿足 希臘政府의讓步的宣言은土耳其와其他列國에셔滿足ᄒᆞᆷ으로承認ᄒᆞᆫ다더라

◉크島再占領 크리트島의保護列國은土耳其政府의要求를應ᄒᆞ야크리트島民代表者가希臘國아典國民大會에參列ᄒᆞᆷ을防止키爲ᄒᆞ야再히同島를占領ᄒᆞᆯ事를保障ᄒᆞ엿ᄂᆞᆫ듸土耳其宰相은此로써危機가去ᄒᆞ게되엿다고言明ᄒᆞ엿다더라

雜報

◉安重根의公判

第一日午後

安重根의公判을午後一時半에更히開廷ᄒᆞ고審問ᄒᆞ는ᄃᆡ被告安曰伊藤이滿洲에來ᄒᆞᆷ은自已가哈爾賓에向ᄒᆞ기前二日에烟秋로부터海蔘威에到ᄒᆞ야遠東報及大東共報를見ᄒᆞ고始知ᄒᆞ엿ᄂᆞᆫᄃᆡ禹連俊과相議ᄒᆞ고直히哈爾賓으로向하야出發ᄒᆞᆯ식途中포구라니치나야에셔下車ᄒᆞ야通譯劉東夏를伴ᄒᆞ야哈爾賓에在ᄒᆞᆫ俄國人籍者本國人金成博家에셔二宿하고蔡家溝에出ᄒᆞ엿다가準備ᄒᆞ기爲ᄒᆞ야更히哈爾賓에引還ᄒᆞ야金家에셔留宿ᄒᆞ고翌日七時(卽暗殺當日)에哈爾賓에到ᄒᆞ야驛內食堂에셔茶를飮ᄒᆞ면셔伊藤의來를待ᄒᆞ다가因ᄒᆞ야俄國軍隊整列의後面으로出ᄒᆞ야伊藤이下車ᄒᆞ야自已의前面으로數三步를行過ᄒᆞ야十步相距의地에在ᄒᆞᆫ時에發砲ᄒᆞ엿ᄂᆞᆫᄃᆡ自已ᄂᆞᆫ元來伊藤의面目을不知ᄒᆞ나曾히新聞上에셔其寫眞을見하엿고且現場에셔ᄂᆞᆫ卽軍服을着ᄒᆞ지안코平服을着ᄒᆞᆫ것과又老人인것으로伊藤을推定ᄒᆞ고發砲ᄒᆞ엿스며就縛의際에世界通行語로써코레아후라(大韓萬歲)를三唱ᄒᆞᆫ事實이有ᄒᆞ며裁判官은我가旣히目的을達ᄒᆞ엿다ᄒᆞᆯ지나我ᄂᆞᆫ此一事로ᄂᆞᆫ아즉總目的을遂成ᄒᆞ엿다고ᄂᆞᆫ思치안노니此一成功은我黨의大目的되ᄂᆞᆫ韓國獨立의一機會를作ᄒᆞᆷ에不過ᄒᆞ며又其時에洋刀를持有하엿스나此ᄂᆞᆫ自殺又抵抗의意에出ᄒᆞᆷ이아니라伊藤을殺ᄒᆞᆷ이惡事가아니거날何故로自殺又逃亾을企ᄒᆞ리오又我의左手第四指切斷ᄒᆞᆫ事實은昨春俄領카리에셔同志를集ᄒᆞ야同盟을結ᄒᆞ고盟約의趣旨書를我가執筆ᄒᆞᆯ식指를斷ᄒᆞ야其血로써一箇韓國旗에「大韓獨立」을書ᄒᆞ엿노라ᄒᆞ며又曰義軍總大將은江原道金斗星인ᄃᆡ其部下ᄂᆞᆫ各地에李範允許副將이有ᄒᆞ며我ᄂᆞᆫ金大將의直屬特派獨立隊長이라伊藤의滿洲에來ᄒᆞᆷ이差遲ᄒᆞ엿스면若干의兵을합爾賓에出ᄒᆞᆷ을得ᄒᆞ엿슬것이오又資力을集ᄒᆞ야軍艦을購ᄒᆞ야伊藤을對馬島附近에셔要擊ᄒᆞᆯ計劃이有ᄒᆞ엿다고公言하엿다ᄂᆞᆫᄃᆡ此ᄂᆞᆫ安重根氏의審問뿐인故로他의被告와及辯護士ᄂᆞᆫ發言치안코審問一通을午後四時五分에終了ᄒᆞ고閉廷ᄒᆞᆯ식八日午前九時에更히開廷ᄒᆞ기로ᄒᆞ엿다더라

安氏가發言時에自已事ᄂᆞᆫ掩치아니하나各方面의同志ᄂᆞᆫ庇護ᄒᆞᄂᆞᆫ듯하며其態度ᄂᆞᆫ不斷히裁判官을正視ᄒᆞ며兩手를前橫木에懸ᄒᆞ고時々로포켓트에셔手巾을取出ᄒᆞ야顔을拭ᄒᆞ며極히平靜ᄒᆞ게審問을答辯하엿다더라

詞藻

○舊曆歲除逢友述懷 丹齋

殘燈如對讀書秋
此夜羈人共此樓
天地無家憐我輩
光陰依舊向東流
終期滄海爲平地
只信高山有白頭
倒盡長瓶不成醉
隔窓風雪正수々

廣告

雜報

◉兩日御動駕 大皇帝陛下ᄭᅦ셔 來十六日에ᄂᆞᆫ 太廟에 展謁ᄒᆞᄋᆞᆸ시고 翌十七日에ᄂᆞᆫ 大皇帝 皇后兩陛下ᄭᅦᄋᆞᆸ셔 [illegible]壽宮에 觀謁ᄒᆞᄋᆞᆸ신後 眞殿 [illegible]殿에 展謁ᄒᆞᄋᆞᆸ시고 懿孝殿에 展拜ᄒᆞᄋᆞᆸ신다더라

◉展謁時入參 大皇帝陛下ᄭᅦ셔 太廟에 展謁ᄒᆞ실時에 宮內府勅任官以上과 閣各部院親任官其外百官中宗親文武官이 入參ᄒᆞ라신 旨를 下ᄒᆞ셧다더라

◉何其曠休 農商工部官吏들은 該部大臣에 命을 依ᄒᆞ야 陰曆正月一日부터 本日ᄭᆞ지 休暇ᄒᆞ고 明月曜日부터 仕進視務ᄒᆞᆫ다더라

◉何因謝絶 前協辦李鳳來氏가 去十日에 私邸에셔 落傷ᄒᆞ야 頭部가 重傷ᄒᆞ엿다ᄂᆞᆫᄃᆡ 訪問ᄒᆞᄂᆞᆫ人을 杜門謝絶ᄒᆞᆫ다더라

◉海儒獻議 海州郡儒生張翼震氏가 中樞院에 獻議ᄒᆞ엿다ᄂᆞᆫᄃᆡ 其槪要ᄂᆞᆫ 一進會에셔 合邦聲明書를 發布以後로 民心이 騷動되니 該會頭領秉畯容九를 拿致ᄒᆞ야 亟施邦刑ᄒᆞ고 該會를 亟令解散ᄒᆞ야 以正民心ᄒᆞ라 ᄒᆞ얏다더라

◉水道將完 年來敷設中에在ᄒᆞ던 平壤水道ᄂᆞᆫ 來三月에 畢役될터인ᄃᆡ 仝月下旬에 給水를 開始ᄒᆞᆫ다더라

◉榊原歸期 平壤地方을 巡視ᄒᆞᄂᆞᆫ 日憲兵隊長榊原은 來十六日頃에나 歸京ᄒᆞᆯ 預定이라 더라

◉新庄還任 身病을 因ᄒᆞ야 歸國ᄒᆞ엿던 內部文書課長新庄은 再昨日에 還任ᄒᆞ엿다더라

◉日主派送 鎭南에셔 新建築ᄒᆞᆫ 警察署開廳式을 來二十日頃 擧行ᄒᆞᆫ다ᄂᆞᆫᄃᆡ 警務局에셔ᄂᆞᆫ 日人主事一名을 派送ᄒᆞᆫ다더라

◉警視還任 安重根氏審問事件에 關ᄒᆞ야 통辯ᄒᆞᆯ次로 出張ᄒᆞ엿던 內部境警視ᄂᆞᆫ 去十日夜에 還任ᄒᆞ엿다더라

◉日本의 歲出入 一月末日本大藏省主計簿의 現計ᄂᆞᆫ 歲入이 四億三千五百四十萬五千五百圓餘이오 歲出이 三億八千九百六十一萬八千五百二十四圓餘인ᄃᆡ 前年同期에 比ᄒᆞ면 歲入九千二百七十一萬八千三百十四圓餘와 歲出六千九百九十八萬五千六百六十圓餘가 減ᄒᆞ엿다더라

◉安弟退場 去八日旅順公判廷에셔 安定根恭根兩氏가 共히 傍聽ᄒᆞᆯ시 定根氏ᄂᆞᆫ 聲을 放ᄒᆞ고 號泣ᄒᆞ며 其兄重根氏를 呼ᄒᆞ야 曰兄主여 我二弟를 爲ᄒᆞ야 我等과 一次面會ᄒᆞᆫ기다고 請願ᄒᆞᆷ이 如何오 ᄒᆞ엿ᄂᆞᆫᄃᆡ 法廷에셔 定根恭根兩氏를 退場케ᄒᆞ엿다더라

◉安辯護士歸期 安秉瓚氏가 其所憤이 差復됨으로 還歸코져ᄒᆞᆫ즉 安定根恭根兩氏가 公判結審된後 回國ᄒᆞ라고 挽留ᄒᆞᄂᆞᆫ故로 其情을 괄却키 難ᄒᆞ야 行李를 中止ᄒᆞ엿ᄂᆞᆫᄃᆡ 該公判이 終了되면 卽時發程ᄒᆞᆯ 預定이라더라

◉康氏將訴 康永勻氏가 活人署建築ᄒᆞᆫ 費用을 推尋次로 內部衛生局에 屢度交涉ᄒᆞ나 尙不支給ᄒᆞᄂᆞᆫ故로 該氏가 右事件을 辯護士卞榮晩氏에게 委托ᄒᆞ야 裁判ᄒᆞᆯ 意로 內部에 申請ᄒᆞ얏다더라

◉何不出給 平南甑山郡居李君七氏가 平壤大同江面佛堂峴에셔 石炭礦을 占得採掘ᄒᆞᄂᆞᆫᄃᆡ 平壤居前參領鄭觀朝氏가 該炭礦을 同事採掘ᄒᆞᆷᄌᆞ고 累々懇請ᄒᆞᄂᆞᆫ故로 顧私에 拘ᄒᆞ야 許諾ᄒᆞ엿더니 這間에 放賣ᄒᆞᆫ 炭價八萬五千兩을 鄭氏가 獨喫ᄒᆞᆫ 故로 李氏가 該金을 推尋코져ᄒᆞ야 裁判所에 告訴ᄒᆞᆫ즉 鄭氏가 警視廳及辯護士의게 百般運動ᄒᆞ야 該價額을 終不出給ᄒᆞᄂᆞᆫ지라 鄭氏의 無理ᄒᆞᆷ을 莫不唾罵ᄒᆞᆫ다더라

◉便戰禁止 開城郡에셔ᄂᆞᆫ 陰曆正初에 舊習을 依ᄒᆞ야 便戰을 設施ᄒᆞᆫ다ᄂᆞᆫ 說이 有ᄒᆞᆫ 故로 內部에셔 該郡警察署에 指揮ᄒᆞ야 禁止ᄒᆞ라ᄒᆞ엿다더라

◉間島의 新聞 北間島龍井村에 在ᄒᆞᆫ 日人들은 間島時報라ᄂᆞᆫ 新聞을 發刊ᄒᆞᆯ 計劃이라더라

◉日敎又出 神道神習敎大敎正日人高烟庸이가 韓國에셔 同敎를 布敎ᄒᆞ기 爲ᄒᆞ야 去八日에 統監府認可를 得ᄒᆞ엿다더라

◉西韓漸穩 平安道順川楊市等地에셔 市場稅를 反對ᄒᆞ야 騷擾를 起ᄒᆞᆫ 以來로 西韓의 民心이 動搖ᄒᆞᆯ 傾向이 有ᄒᆞ더니 日巡査及日兵의 警備가 嚴酷ᄒᆞᆫ 結果로 近日에 至ᄒᆞ야ᄂᆞᆫ 稍々平穩에 歸ᄒᆞᆫ다더라

◉連累者越交 李在明의 連累嫌疑로 警視廳訊問中에 在ᄒᆞ던 諸人은 昨日其全部가 書類를 案同ᄒᆞ야 京城地方裁判所로 越送되엿다더라

◉火災詳報 去十日仁川火災에 被燒ᄒᆞᆫ 家屋이 七十餘戶오 損害額이 一十八萬圓이라더라

◉仁川又火 去十一日仁川에셔ᄂᆞᆫ 薪炭商金某家에셔 失火ᄒᆞ야 韓人家屋二十戶 淸人家屋七戶 日人家屋十二戶가 沒燒되엿ᄂᆞᆫᄃᆡ 損害額이 約三十萬圓에 達ᄒᆞ엿다더라

◉墓賊處刑 日人益田清次秋本眞一等이 慶州川北面山中에셔 古墳數十葬을 破壞ᄒᆞ고 新羅磁器二十餘箇와 婦人脛飾用金鐶一個를 窃取ᄒᆞ엿ᄂᆞᆫᄃᆡ 慶州警察署에 被捉ᄒᆞ야 禁錮一個年半에 處刑되엿다더라

◉金郡竊盜 本月八日에 黃海道金川郡大成殿에 賊漢이 潛入ᄒᆞ야 香爐香盒等物을 窃取以去ᄒᆞ엿다고 該道觀察使趙羲聞氏가 學部로 電報ᄒᆞ엿다더라

◉四氏移囚 銅峴分署에 被囚ᄒᆞ엿던 安泰國宋鍾遠兩氏ᄂᆞᆫ 三昨日에 警視廳에 被囚ᄒᆞ엿던 林蚩正李交담兩氏ᄂᆞᆫ 昨日에 並히 地方裁判所로 越交ᄒᆞ야 監獄署에 滯囚中이라더라

◉朴氏美擧 東大門外布木商店主人朴俊昌氏가 永平郡梁文場에 居ᄒᆞᄂᆞᆫ 林相根氏에게 布木價千餘圓未收됨이 有ᄒᆞ야 推尋次로 下往ᄒᆞᆫ즉 林氏의 家勢가 極히 貧寒ᄒᆞᆷ을 見ᄒᆞ고 該金額을 沒數蕩減ᄒᆞ엿슴으로 朴氏의 此擧를 莫不稱頌ᄒᆞᆫ다더라

◉演說會開會 國民大演說會에셔 來十四日下午一時該事務所內에셔 幹事會를 開ᄒᆞ고 事務를 處理ᄒᆞᆫ다더라

◉青館講道 今日下午三時에 鍾路青年會館에셔 福音會를 開ᄒᆞ고 前法部協辦李源兢氏를 請邀講道ᄒᆞᆫ다더라

◉代金代送 鎭安郡守朴準成郡主事白종基兩氏ᄂᆞᆫ 湖南學會에 經費窘絀ᄒᆞᆷ을 知ᄒᆞ고 該郡內人民中該學會月報代金을 交換치못ᄒᆞᆫ것을 調査ᄒᆞ야 自擔辦送ᄒᆞ엿다더라

◉嶠南親睦 嶠南學生親睦會에셔 本日下午二時에 典洞嶠南敎育會館內에 定期總會를 開ᄒᆞᄂᆞᆫᄃᆡ 嶠南學生의 多數來臨을 希望ᄒᆞᆫ다더라

學界

◉育英經試 全南莞島郡育英學校에셔 本月一日에 第七回試驗을 擧行ᄒᆞ엿ᄂᆞᆫᄃᆡ 優等生이 張錫之黃義保氏等十人이라 當時에 該郡守及郡主事와 其他紳士諸氏가 參會ᄒᆞ야 多數賞品을 施與ᄒᆞ엿다더라

◉光校卒業 黃海道長連郡基督光進學校에셔 第一回卒業式을 擧行ᄒᆞ엿ᄂᆞᆫᄃᆡ 高等科卒業生은 韓榮과 金炯坤兩氏오 尋常科卒業生은 吳信愛(女學徒)韓尙七氏等十二人이라더라

◉西校進就 平安北道定州郡西院面私立西院學校主金鳳濟氏가 年滿六旬에 尙無子孫이되 當此時代에 敎育이 急務됨을 覺知ᄒᆞ야 敎務를 晝夜不倦ᄒᆞ며 財政을 隨力補助ᄒᆞᆷ으로 境內人心은 多有感服ᄒᆞᆯ뿐더러 青年의 才智가 益益發展ᄒᆞᆫ다더라

◉眞校漸明 平南江西郡仍次面五里箴津眞明學校ᄂᆞᆫ 該校長禹聖烈校監梁冊煥等諸氏와 其他任員諸氏가 熱心贊成ᄒᆞᆷ으로 校況이 日益進就ᄒᆞᄂᆞᆫ中 昨年末月에 冬期試驗을 經ᄒᆞ엿ᄂᆞᆫᄃᆡ 優等生이 黃榮湜氏以下十一人이라더라

◉學友會美擧 義州青年學友會에셔 夜學講習所를 設立ᄒᆞ고 敎師ᄂᆞᆫ 該郡紳士洪鍾殷李裕弼桂龍權諸氏가 名譽로 擔任ᄒᆞ고 崔時俊氏ᄂᆞᆫ 金貨十五圓을 捐出ᄒᆞ야 校費를 補助ᄒᆞᆷ으로 一般學生들이 右諸氏의 熱誠을 服膺ᄒᆞ야 學業을 益々勤孜ᄒᆞᆫ 結果로 該校成績이 頗히 良好ᄒᆞ다더라

◉朴氏熱心 楊州龜旨面面長朴鎭泳氏가 該面紳士李鵬儀金奎輯氏等과 協力ᄒᆞ야 龜同學校를 設立ᄒᆞ고 維持方針에 對ᄒᆞ야 極力周旋ᄒᆞᆷ으로 該氏의 熱心을 莫不稱頌ᄒᆞᆫ다더라

◉五校合一 開城郡守朴宇鉉氏와 學會長李健赫氏가 該郡普昌、光明、培義、孟東、永昌、五學校를 合倂ᄒᆞ고 校舍와 書籍及器具等物을 府擴張ᄒᆞᆫ後 高明ᄒᆞᆫ 敎師를 雇聘ᄒᆞ야 敎育을 振興케ᄒᆞ기로 決定ᄒᆞ엿다더라

◉賞品優施 甕島私立義成學校에셔 昨年末月에 年終試驗을 經ᄒᆞ엿ᄂᆞᆫᄃᆡ 優等生은 盧敬仁氏以下九人이오 當時에 該校副校長李漢浩氏가 學徒를 勸奬ᄒᆞ기 爲ᄒᆞ야 優數賞品을 施與ᄒᆞ엿다더라

◉扶校漸進 扶餘郡窺巖里私立扶興學校ᄂᆞᆫ 設立未幾에 財政이 窘絀ᄒᆞ야 廢止ᄒᆞᆯ 境에 至ᄒᆞ엿더니 該校漢文敎師任斗鎬氏와 日語敎師가 學生의 半途廢學ᄒᆞᆷ을 慨歎ᄒᆞ야 名譽로 敎授ᄒᆞᄂᆞᆫᄃᆡ 學徒가 其盛意를 感服ᄒᆞ야 益加勉勵ᄒᆞᄂᆞᆫ 故로 校況이 漸次進就ᄒᆞᆫ다더라

電報

◉政友會紛紜 日本에셔ᄂᆞᆫ 政府와 政友會가 妥協ᄒᆞᆫ 案件에 對ᄒᆞ야 政友會員中에 反對가 有ᄒᆞᆫ故로 政友會中主要人員은 此를 鎭撫ᄒᆞ기로 苦心ᄒᆞᆫ다더라 東京發 十一日着

◉安氏公判의 最終 旅順에셔 安重根氏及連累者三名에 對ᄒᆞᆫ 第四回最終公判을 十一日午前九時에 高等法院에셔 開廷ᄒᆞ엿ᄂᆞᆫᄃᆡ 裁判長眞鍋檢事溝淵통譯園木書記渡邊이 出席ᄒᆞ고 官選日人辯護士兩人도 出廷ᄒᆞ엿ᄂᆞᆫᄃᆡ 檢事論告ᄒᆞᆫ後에 兩辯護士의 辯論이 有ᄒᆞ엿스나 檢事溝淵이가 犯罪의 經過를 痛論ᄒᆞ다가 最後에 論告ᄒᆞ여曰 安重根은 死刑에 處ᄒᆞ고 曹道先 禹連俊兩人은 懲役三年에 處ᄒᆞ고 柳東夏ᄂᆞᆫ 一年半에 處ᄒᆞ기를 求ᄒᆞ엿ᄂᆞᆫᄃᆡ 傍聽席에 在ᄒᆞ던 重根氏의 夫人과 兩弟等은 淚泗ᄒᆞ며 相顧ᄒᆞ고 大東共報社 미하이로平氏ᄂᆞᆫ 頻頻히 腕을 [illegible]ᄒᆞ며 回視ᄒᆞ고 其時傍聽人은 九十餘名에 達ᄒᆞ엿다더라 大連發 十二日着

▲現象一斑▼

▲時代風雲不平ᄒᆞ니 吾人心[illegible] 不平ᄒᆞ도다 洶湧ᄒᆞᄂᆞᆫ 思潮를 작ᄒᆞ리 그뉘인고 亞洲樂園韓[illegible]島ᄂᆞᆫ 太平洋의 新眞珠라 져러ᄒᆞᆫ 福地에셔 四千餘載享福ᄒᆞ[illegible] 檀君子孫 二千萬이 苦海中에[illegible] 淪되니 慈悲ᄒᆞ신 聖人이여 더[illegible] 靈이 何罪런고

▲經濟恐慌이 時代에 全國同胞[illegible] 困悴ᄒᆞ야 扶老携幼彷徨ᄒᆞ며 哭聲이 漲天ᄒᆞᆫᄃᆡ 雪上에도 加[illegible] 으로 各色雜稅勒捧ᄒᆞ며 生活[illegible] 針全無ᄒᆞ야 官吏의게 告訴ᄒᆞ[illegible] 減稅키ᄂᆞᆫ 姑舍ᄒᆞ고 兵力으로[illegible] 歷ᄒᆞ니 有怨無告韓國同胞可[illegible]ᄒᆞ고 可矜하다

▲愛國男兒憂國士가 慷慨悲[illegible] 不勝ᄒᆞ야 일흔國權回復코져[illegible] 分書夜熱心으로 敎育界에 獻[illegible] ᄒᆞ며 實業界에 盡力ᄒᆞ야 勤々[illegible] 孜勉勵커ᄂᆞᆯ 許多魔障싱겨나[illegible] 圜土縲絏苦楚中에 自由일흔[illegible] 이되니 有國無依韓國同胞可[illegible] ᄒᆞ고 可矜ᄒᆞ다

▲治安法이 頒布된後 言論自[illegible] 不得ᄒᆞ야 [illegible]ᄒᆞ고 ᄒᆞᆫ字쓰미[illegible] 人死鬼判斷되고 입[illegible] 입[illegible] ᄂᆞᆫ데 天堂地獄分ᄒᆞ되니 筆戰[illegible] 雲著作家와 舌[illegible]懸河演說家[illegible] 執筆逡巡徘徊ᄒᆞ야 肝胆俱裂[illegible] 뿐이니 有口無言韓國同胞可憐ᄒᆞ고 可矜하다

檀君開國四千二百四十三年
箕子元年三千三十二年
大韓開國五百十九年
本報創刊日
光武八年七月十八日

大韓每日申報

Responsible for Publication Alfred Weekley Marnham.
發行兼編輯人 英國人 萬咸
發行所
京城南部石井洞三層洋屋家
大韓每日申報社

第八卷 月曜及慶節歲時日休刊 第一千三百三十三号

論說

太極敎會에告ᄒᆞᆷ

嗚乎라天地가飜覆ᄒᆞ고山河가破碎하야盲風怪雨가四千年歷史의榮光을掩ᄒᆞ며惡魔亂妖가二千萬國民의前途를戱ᄒᆞᄂᆞᆫ此時에無知ᄒᆞᆫ屠羊豢食의輩도國家를爲하야出力코져ᄒᆞᆯ지어놀乃所謂仁義禮知孝悌忠信을口ᄒᆞ며庸學論孟詩書易禮를手ᄒᆞ고五百年來로「士者國之元氣」란一句를高唱하던儒林界를觀ᄒᆞᆫ건ᄃᆡ寂々然ᄒᆞ며黯々然ᄒᆞ야幾個ᄂᆞᆫ山林에遁ᄒᆞ야僧的生涯를做ᄒᆞ며幾個ᄂᆞᆫ巖穴에伏하야獸的生命을保ᄒᆞᆯ뿐이오何等大團體를結ᄒᆞ야國內에一幟를立ᄒᆞᄂᆞᆫ者ᄂᆞᆫ難見이며又或團體名色으로起ᄒᆞᆫ彼孔子敎會(卽前日大東學會)가有ᄒᆞ나是ᄂᆞᆫ伊藤氏의二萬圜에孔子를賣ᄒᆞ고焚坑屠戮四字로全國儒林을恐喝ᄒᆞ야日本同化力內에驅入코ᄌᆞ하던者라孔子가在ᄒᆞ시면子路를招하야曰小子아鳴鼓而攻之ᄒᆞ라ᄒᆞᆯ지며朱子가在하시면黃榦을顧ᄒᆞ야曰亂臣賊子ᄂᆞᆫ人々得而誅之라ᄒᆞ리니咄哉라彼를엇지儒徒團體로看做ᄒᆞ리오是以로吾儕가儒林界의暗劣을嗟惜ᄒᆞᆯ뿐이라가

既而오太極大同等敎會가出現ᄒᆞ야儒敎를擴張ᄒᆞᆫ다ᄒᆞ미吾儕ᄂᆞᆫ以爲ᄒᆞ되列聖朝培養의澤이未泯하고羣先賢繼開의功이尙存ᄒᆞᆷ으로此敎會가出現ᄒᆞᆷ이라ᄒᆞ야祈禱讚美ᄒᆞᆷ을不已ᄒᆞᄂᆞᆫ바인ᄃᆡ

近今에續々히彼太極敎會에關ᄒᆞᆫ地方來信을接ᄒᆞᆫ즉人으로ᄒᆞ야금大히嗟訝ᄒᆞᆯ事가多有ᄒᆞᆫ지라彼敎徒가各地에行ᄒᆞ면서頑固黨를結合ᄒᆞ야學校를沮戱ᄒᆞᆯ서曰峨冠博帶가吾儒의本色이니斷髮洋服의夷法을勿用ᄒᆞ라ᄒᆞ며中庸論語가吾儒의法門이니政治法律의夷學을勿近ᄒᆞ라ᄒᆞ며唱歌體操ᄂᆞᆫ魍魎의惡戱니勿作ᄒᆞ라ᄒᆞ며地志歷史ᄂᆞᆫ妖人의妄談이니勿聽ᄒᆞ라ᄒᆞ고惟我太極敎로入來ᄒᆞ라太極敎ᄂᆞᆫ卽四千載孔孟의正脉이오五百年列朝의所宗이니爾等은惟我太極敎로入來ᄒᆞ라ᄒᆞ야二十世紀太陽의光을背ᄒᆞ고數十年前頑固의舌을搖ᄒᆞᄆᆡ新風潮에耳를作傾ᄒᆞ야舊習을洗擲고ᄌᆞ하던者가妄想이怱萌하야學校에送入ᄒᆞ엿던子弟를更히招出ᄒᆞᄆᆡ各地方新敎育上에大障碍를作ᄒᆞ야志士의腦에無限ᄒᆞᆫ苦痛을與ᄒᆞᆫ다하니

噫라儒敎徒를團結하야新敎育을振興ᄒᆞ면儒林의光榮이오太極敎의善業이어날此를不爲ᄒᆞ고엇지如彼ᄒᆞᆫ頑想을作ᄒᆞᄂᆞ뇨然이나太極敎中에識時俊傑의其人이不乏하나니엇지此等擬想을作ᄒᆞ리오此ᄂᆞᆫ必是幾部分地方敎徒의所爲라吾儕ᄂᆞᆫ次々聞ᄒᆞᄂᆞᆫᄃᆡ로華鉞을施ᄒᆞ려니와一은地方敎徒의速々히警醒ᄒᆞᆷ을祝ᄒᆞ며一은中央主務者의加倍惕勵ᄒᆞᆷ을望ᄒᆞ노라

外報

◎土國海軍計畫 土耳其政府ᄂᆞᆫ土國海軍長官을任ᄒᆞ엿던英國잔솜提督의提案에基ᄒᆞ야十年計畫을立ᄒᆞ야土耳其海軍費土貨五百萬磅의臨時支出案을不遠間議會에向ᄒᆞ야要求ᄒᆞᆯ터이라더라

◎西國內閣更迭 西班牙國의모레즈트內閣은辭職ᄒᆞ고共和黨의가나레지야氏新內閣이繼承되엿다더라

◎크島에對ᄒᆞᆫ風說 列國이近々크리ー트島에關ᄒᆞᆫ會議를開ᄒᆞᆫ事及土耳其國이右境遇로因ᄒᆞ야同島를賣却ᄒᆞᆫ다ᄂᆞᆫ說은다無根의風說이라더라

◎法國海軍計畫 法國海軍省은戰鬪艦二十八隻、偵察艦十隻、驅逐艦二十二隻、潛航艇九十四隻으로成ᄒᆞᆫ戰鬪艦隊建造案을下院에提出ᄒᆞ엿다더라

◎印度大臣辭職 英國데일리메일報에曰印度事務大臣쫀、모레氏의辭職은必有ᄒᆞᆯ터이오殖民大臣크리우伯은目下印度總督됨을不願ᄒᆞᆷ은無疑하나自由黨이依然히現內閣을組織ᄒᆞ면키치나ー將軍은민트氏의後를繼하야印度總督을被任ᄒᆞᆯ터이라ᄒᆞ엿다더라

◎英領事抗議 淸國奉天駐在英領事ᄂᆞᆫ滿洲豆穀類輸出을淸政府가禁止코져ᄒᆞᆷ은條約違反이라고抗議를提出ᄒᆞ엿다더라

雜報

◎德皇叙勳 德國皇帝ᄂᆞᆫ淸國攝政王에게黑鷲勳章을贈與ᄒᆞ엿다더라

安重根의公判 (第二日午前)

安重根氏等의第二回公判은八日午前九時半에開廷ᄒᆞ고禹連俊氏(本名德淳)에게審問을行ᄒᆞᆯ시禹氏曰禹連俊이라ᄂᆞᆫ名稱은露領에셔憑票를得ᄒᆞᆯ時에通譯이誤書ᄒᆞᆫ바라ᄒᆞ며職業은已往京城東大門附近에셔雜貨商을營하엿ᄂᆞᆫᄃᆡ六年前에商業의目的으로海蔘威에赴往ᄒᆞ야煙草行商을營ᄒᆞ엿다하며父의名은始映이오學業은已往에通鑑孟子等舊籍을學習ᄒᆞ엿고宗敎ᄂᆞᆫ五年以前에耶蘇敎에入叅ᄒᆞ엿스며安重根氏와相知ᄒᆞ기ᄂᆞᆫ海蔘威에셔始ᄒᆞ엿다ᄒᆞ며裁判官이其謀殺의目的을問ᄒᆞᆫ즉答曰昨年陰曆九月八日에伊藤을殺害ᄒᆞᆯ目的으로安重根과共히海蔘威에셔發ᄒᆞ엿ᄂᆞᆫᄃᆡ此殺害의決意ᄂᆞᆫ發前日에安重根氏가來訪ᄒᆞ야伊藤殺害事를言及ᄒᆞ미余도亦韓國臣民으로伊藤을仇視ᄒᆞ던바인故로卽時發程을準備하엿다하고又裁判官이其伊藤仇視의原因을問ᄒᆞᆫᄃᆡ答曰往年伊藤이가韓國統監이될時에韓日協約을其手로草ᄒᆞ고六大臣을强迫하야調印케하고外部大臣의副署ᄂᆞᆫ當時顧問日人이捺印ᄒᆞᆷ이오韓國上下가不同意ᄒᆞᆷ을不拘ᄒᆞ고五條約及七協約을結하야韓國의獨立을害ᄒᆞ엿슨즉余와不共戴天의物이라余가協約締結當時부터憤慨의心이極ᄒᆞ엿스나老母가有ᄒᆞᆫ等所以로反對를運動치못ᄒᆞ엿다가今番에ᄂᆞᆫ年來目的을期達ᄒᆞ기로決心ᄒᆞ고伊藤이가如何ᄒᆞᆫ護衛가有하더라도熱心所到에ᄂᆞᆫ目的을必達ᄒᆞ기를豫想ᄒᆞ고九日에哈爾賓에到着ᄒᆞ엿다가其商業用八連發短銃을懷하고翌日에安重根曹道先等으로寨家口에赴ᄒᆞ야三人이連名ᄒᆞ야大東共報社에投書ᄒᆞ고安은翌十二日에哈爾賓으로歸ᄒᆞ고余ᄂᆞᆫ曹와共히同地에留在ᄒᆞ야伊藤의來到를待ᄒᆞ엿노라하엿다더라

詞藻

老益壯

나를누가늙다던고、늙은이도이러턴가。博浪沙의큰鐵椎도내능히휘두르며、隋양帝의百萬兵도내능히破하려든。것흐로、헛날니ᄂᆞᆫ白髮이야、상관무슴。

官報

◎紬緞下賜 太皇帝陛下ᄭᅴ옵셔去十二日에紬緞二疋을趙東潤氏夫人에게 下賜ᄒᆞ옵셧다더라

◎各部配付 大皇帝陛下ᄭᅴ옵셔昨年度에 御親耕 親刈ᄒᆞ심을宮內府에서撮影ᄒᆞᆷ은已報어니와作案件으로各府部院廳에一件式을分給ᄒᆞ엿다더라

◎聖蹕紀念 義州府內에在ᄒᆞᆫ翊原堂은 宣祖大王駐蹕ᄒᆞ시던堂인ᄃᆡ該府紳士가發起ᄒᆞ야紀念的으로翊原學校를設立ᄒᆞ라ᄒᆞᆫ다ᄂᆞᆫᄃᆡ該事件을日前內閣會議에提議ᄒᆞ엿고該校名懸板은 大皇帝陛下ᄭᅴ옵셔 親筆로書 下ᄒᆞ시기를宮內府大臣이上 奏ᄒᆞ엿다더라

◎稅又磨鍊 度支部財產整理局에서全國內民有土地中山林及陳荒地를勿論ᄒᆞ고每坪에稅金幾許間磨鍊ᄒᆞᆯ次로意見書를目下印刷中인ᄃᆡ極히秘密ᄒᆞ야韓人官吏ᄂᆞᆫ參見을不許ᄒᆞ고該意見書ᄂᆞᆫ不遠間閣議에提出ᄒᆞ야統監府에經由ᄒᆞᆫ다더라

◎李總理退院 昨日下午一時에李總理가退院ᄒᆞᄂᆞᆫᄃᆡ農相趙重應宮中顧問李允用氏等과其子任及子婦任氏가隨從ᄒᆞ엿고當時警衛ᄂᆞᆫ韓日巡查一十餘名이極히嚴重히ᄒᆞ엿다더라

◎農部請邀 農商工部에서去十三日에韓日新聞記者四十餘名을花月樓에請邀宴待하엿다더라

◎巴舘餞宴 度支部秘書課主事李重和氏ᄂᆞᆫ日前大邱府監督局主事로轉任ᄒᆞ엿ᄂᆞᆫᄃᆡ三昨日下午二時에該府官吏一同이巴城舘에서젼別宴을設行ᄒᆞ엿다더라

◎韓部日接 前度支部ᄂᆞᆫ司法廳日人官吏에住接所를定ᄒᆞᆯ次로目下協議中인ᄃᆡ該部庫間에在ᄒᆞᆫ舊物軍刀燭臺火爐等物品은日前에貞洞度支部로移置ᄒᆞ엿다더라

◎十條何物 一進會에關係되ᄂᆞᆫ日人菊池ᄂᆞᆫ政合邦事件에關ᄒᆞ야十條目을製定携帶하고日昨에渡韓ᄒᆞ엿다더라

◎康氏獻議 康洪斗氏가中樞院에獻議ᄒᆞ엿다ᄂᆞᆫ槪要를聞ᄒᆞᆫ즉人民等의生活程度가去益困難ᄒᆞ니紙貨萬々圓을製造ᄒᆞ야鷄龍山으로遷都ᄒᆞ고使民應役케ᄒᆞ야以爲生活케ᄒᆞ고且徵兵令을實施케ᄒᆞ라ᄒᆞ엿다더라

◎今村入城 內部日人今村警視ᄂᆞᆫ楊市及龍岩浦等地에出張ᄒᆞ엿다가再昨日下午九時에歸京하엿다더라

◎日人補助請願 淸津元山等港口로부터日本敦賀에通航ᄒᆞᄂᆞᆫ三角航路ᄂᆞᆫ日人의經營ᄒᆞᄂᆞᆫ바인ᄃᆡ統監府預算에該航路補助費를編入하엿더니今番削除된故로該日人右近權右衛門等이韓국政府에對하야補助金을請求ᄒᆞᆯ次로統監府를經由ᄒᆞ야請願書를提출ᄒᆞ엿다더라

◎韓鐵可決 日本議會에서ᄂᆞᆫ韓國에新敷設하ᄂᆞᆫ鐵道經費預算이本案ᄃᆡ로可決되엿다더라

◎要覽編纂 農商工部에서韓國의情況을日人의게昭詳히紹介ᄒᆞ기爲ᄒᆞ야今番日本福岡等地共進會에출品物을多數輸送ᄒᆞᆷ은人所共知어니와출品物의統計表될韓國要覽이라ᄂᆞᆫ小冊子約一萬部를輸送하야觀覽人에게分布ᄒᆞᆫ다ᄂᆞᆫᄃᆡ目下其冊子를編纂中이라더라

◎全南電話 今番全羅南道和順等地에ᄂᆞᆫ警備電話를架設하엿다더라

◎警察擴張 目下韓國에警察機關이稀薄하다하야內部에서逐々增加하ᄂᆞᆫᄃᆡ警察分署를增置하며最近에日人巡查增額이百三十七人에至하엿다더라

◎牛疫發生 咸北慶源郡松下面에서牛疫이發生하야蔓延의患이有하다고農商工部에報告가來하엿다더라

◎安氏最後의論辯 安重根氏의死刑判決은別項의電報와如ᄒᆞ거니와去十二日에午後三時ᄭᆞ지辯護士의辯論이有ᄒᆞ고其後에安重根氏가最後申請으로一時間을亙ᄒᆞ야論辯ᄒᆞ엿ᄂᆞᆫᄃᆡ辯護士의辯論趣旨에ᄂᆞᆫ曰此事件은韓國刑法을適用ᄒᆞᆯ지나同刑法에ᄂᆞᆫ本事件과如히海外犯罪에關ᄒᆞᆫ條項이無ᄒᆞᆫ故로被告를罰치못ᄒᆞᆯ지라今에假令日本刑法으로罰ᄒᆞᆯ지라도被告ᄂᆞᆫ伊藤의政策을誤解ᄒᆞᆯ뿐아니라檢事의論告와如히極刑을施ᄒᆞᆷ은被告의希望ᄒᆞᄂᆞᆫ바가아님은今且明瞭ᄒᆞᆫ즉安重根은酌量減輕ᄒᆞ야役刑三年에處ᄒᆞ고禹連俊은此에準ᄒᆞ야輕刑에處하고曹道先劉東夏ᄂᆞᆫ情을不知ᄒᆞᆫ者인즉無罪로ᄒᆞᆷ을望ᄒᆞ노라하엿고安重根氏에申請에ᄂᆞᆫ曰余ᄂᆞᆫ檢事와辯護士에所論과如히伊藤에政策을誤解ᄒᆞᆷ이아니라伊藤이가韓日兩國의上下를欺ᄒᆞ고無道의政策을行ᄒᆞᄂᆞᆫ故로余ᄂᆞᆫ一個人의資格이아니라義軍의參謀中將으로此擧를行ᄒᆞ엿슨즉余ᄂᆞᆫ義戰의捕虜된者이니普통刑事의被告人으로處理ᄒᆞᆷ은不可하다하엿다더라

◎管轄問題論難 英國辯護士더크로쓰氏ᄂᆞᆫ今番安重根公判에對하야管轄問題로提출ᄒᆞ엿ᄂᆞᆫᄃᆡ日人辯護士水野鎌田兩人이此에對ᄒᆞ야論難이有ᄒᆞ엿다더라

◎大邱日戶 大邱警察署에서去一月末에該郡內戶口를調查ᄒᆞ엿ᄂᆞᆫᄃᆡ居留日人에戶數가一千三百九十餘戶에達ᄒᆞ엿다더라

◎秘密者何 各官廳에서近日秘密ᄒᆞᆫ事項이漏出ᄒᆞ야新聞上에種々揭載됨으로一般官吏의게嚴秘團束하엿다더라

◎宜其嚴喩 柳淳龍氏ᄂᆞᆫ南部樹坪里永壽殿에서神道神理敎會를設ᄒᆞ고愚昧ᄒᆞᆫ人民에錢財를欺取ᄒᆞᄂᆞᆫ故로日昨筆洞日憲兵分遣所에서該氏를招致ᄒᆞ야欺取ᄒᆞᆫ金額을一々還給ᄒᆞ라고嚴喩放送ᄒᆞ엿다더라

◎宜卽嚴禁 開城郡에서淸人의三十六契로因ᄒᆞ야傾家敗產者가多數ᄒᆞᆷ은已報ᄒᆞ엿거니와該弊端이去益甚焉ᄒᆞᆷ으로契統首三十餘名을捉囚ᄒᆞ엿다가三名은尙今牢囚ᄒᆞ고其外ᄂᆞᆫ嚴諭放送ᄒᆞ엿다더라

◎江倅願留 江東郡守朴相駿氏ᄂᆞᆫ順川郡守로移任되엿ᄂᆞᆫᄃᆡ江東郡人民들이該氏의治績을感하야遮道願留ᄒᆞᆫ다더라

◎趙氏入城 順川郡事件을視察ᄒᆞ기爲ᄒᆞ야출張ᄒᆞ엿던內部書記官趙聲九氏가去土曜日에入城ᄒᆞ엿다ᄂᆞᆫᄃᆡ起擾時에日人이逃走ᄒᆞ다가致命ᄒᆞᆫ情狀을圖寫以來ᄒᆞ엿다더라

◎私釀懲罰 忠南各郡에서ᄂᆞᆫ陰曆年終에民間私釀酒有無를調查ᄒᆞᆯ次로財務署官吏를派送搜索ᄒᆞ야私釀이發現되면金三圓四十錢을徵捧ᄒᆞᆫ다더라

◎日主行悖 天安財務署日人主事木賀ᄂᆞᆫ人民을無端히自手毆打ᄒᆞ며百般行悖가有ᄒᆞᆷ으로民怨이藉々ᄒᆞ다더라

◎到處此弊 公州郡新上面維鳩等地에巡查駐在所를昨年臘月에設置ᄒᆞᄂᆞᆫᄃᆡ對ᄒᆞ야家舍費百餘圓을該地人民에게分徵ᄒᆞᄂᆞᆫ故로民弊가莫甚ᄒᆞ다더라

◎警巡相換說 各警察署에서勤務ᄒᆞᄂᆞᆫ韓人巡查에住地를調查하야各其附近警察署로相換勤務케ᄒᆞᆫ다더라

◎宜其罷免 龜城芳峴面面長李基柱氏ᄂᆞᆫ面長의任을被ᄒᆞᆫ지未滿十日에何等不美ᄒᆞᆫ行動이有ᄒᆞᆫ지面內各里長이該面長을罷免키로發論ᄒᆞ엿다더라

◎日會月報 日人이設立ᄒᆞᆫ滿韓實業協會에서ᄂᆞᆫ月報를發行ᄒᆞᆯ次로目下準備中이라더라

◎慶氏慈善 西氷庫居慶益三氏ᄂᆞᆫ陰曆年終該洞中貧戶二十餘戶에白米二斗와魚肉等物을分給ᄒᆞ엿다더라

◎義兵被捕 去二日부터八日에至하기ᄭᆞ지義兵과日兵이交鋒하야義兵死者가九名이오被捉者가四拾三名이오銃百七拾八挺과刀三個와拾二百六拾九柄이押收되엿다더라

◎傷殺二 咸興在留日人丸藤次郎이가離緣의關係로同地在留金山福太郎福江宇太郎을短刀로刺傷하고福太郎의妻를斬殺하고卽時逮捕되엿다더라

◎延將行動 去六日拾一時에義將延起羽氏가部下二拾餘名을率하고銃器를携帶하고朔寧等地에宿泊하고翌日安峽方面으로向하엿다더라

◎嫌疑被捉數 目下順川楊市事件의嫌疑者로被捉ᄒᆞᆫ人民은順川에八十名이오楊市에三十名이라더라

◎惡風尙存 中部麻洞川邊에ᄂᆞᆫ何人의所爲인지生纔六七朔假量되ᄂᆞᆫ幼兒를拋棄致死된故로所管警署에서卽時拋埋ᄒᆞ엿다더라

◎姜氏被捉 漢城府民會書記姜重遠氏ᄂᆞᆫ李學宰를痛罵詬辱ᄒᆞᆫ事에關ᄒᆞ야再昨日中部警察署에被捉ᄒᆞ엿다더라

學界

◎靑舘開演 今日下午七時半에鍾路靑年會舘에서演說會를開ᄒᆞ고智德體之互相不離란問題로金一善氏가演說ᄒᆞᆫ다더라

◎尹氏熱心 咸南端川郡人民一同이民會를設立ᄒᆞ고農商工實業을進興케ᄒᆞᆯ目的으로該郡靑年中六人을日本에留學케ᄒᆞ고學費ᄂᆞᆫ各人民이擔當ᄒᆞ야每朔支撥ᄒᆞᄂᆞᆫᄃᆡ該學生中尹丙俊氏ᄂᆞᆫ織組染色等業에着手ᄒᆞ다가本國同胞諸氏가勸告ᄒᆞ기를本國御用工場에도織組染色等設備가日本이나同一ᄒᆞᆫ즉本國에서見習ᄒᆞᆷ이大端히便利ᄒᆞ다ᄒᆞᄂᆞᆫ故로該氏가昨年十一月에歸國ᄒᆞ야御用工場에入學코ᄌᆞᄒᆞ나紹介를得지못하야時日을浪過ᄒᆞ더니宮內府秘書課長尹世用氏가此事情을聞知ᄒᆞ고卽時周旋ᄒᆞ야御用工場에入學케ᄒᆞᆯ뿐더러端川郡實業經營上에自後方針을極力贊成ᄒᆞ깃다ᄒᆞᆷ으로該郡一般人民이尹課長의誠意를稱頌ᄒᆞᆫ다더라

電報

◎安氏等判決 本十四日午前十時에旅順地方法院에서安重根氏以下連累者에判決言渡를行ᄒᆞ엿ᄂᆞᆫᄃᆡ安重根은殺人罪로死刑에處ᄒᆞ고禹連俊은殺人罪幇助犯으로懲役三年에處ᄒᆞ고曹道先劉東夏兩人은殺人幇助犯으로懲役一年半에處ᄒᆞ기로判決ᄒᆞ엿다더라 大連發 十四日着

◎兩國要求 美國政府와淸國政府間에懸案되ᄂᆞᆫ錦愛鐵道에關ᄒᆞ야日本은鐵嶺과錦愛線中에一地點을連絡케ᄒᆞᄂᆞᆫ鐵道敷設權을淸國에要求ᄒᆞ고露國은蒙古鐵道敷設權을淸國에要求ᄒᆞ엿다더라 東京發 十四日着

▲社會燈▼

▲富貴元老閔泳徽ᄂᆞᆫ總理ᄒᆞᆫ後라보랴고馬車準備ᄒᆞ엿더니馬車ᄂᆞᆫ破傷되고그駕馬ᄂᆞᆫ自斃ᄒᆞ니거믜줄노바회얽듯법석던더經綸이蟠網俱失되엿고나一時乘坐ᄒᆞ셧더면잘코산이엿슬썰말은비록微物이나錢奴官吏더鄙夫를非其主라憤恨ᄒᆞ야斃爲自斃ᄒᆞ엿ᄂᆞᆫᄃᆡ默만못ᄒᆞᆫ더人物은살아소들어더쓰리아말의게물어쥬고一七日에成病ᄒᆞ더니이번駕馬죽은後엔더이나哀哭ᄒᆞᆯ소

▲銅臭協辦李鳳來ᄂᆞᆫ그財物을吝嗇ᄒᆞ야鳳鳴中學廢止ᄒᆞᆫ後가合속에公德心은虛々空々ᄒᆞ엿ᄂᆞᆫᄃᆡ頭腦中에貪慾心만充々滿々ᄒᆞ엿스미中心点이隨移ᄒᆞ야平地에서落傷ᄒᆞ여重傷頭部ᄒᆞ엿다니龍門神斧비러다가더頭腦를劈破ᄒᆞ고華陀靑囊應用하야施術洗滌하랴더니意外自然打破되니춤稀罕ᄒᆞᆫ일이로다써근銅腦ᄯᅳ러니여江漢으로濯之하고秋陽으로曝之하야酸化作用식혀볼ᄭᅡ

廣告

本人이陰十二月十九日車輦館觀市次로各人處去來帳冊과手標及典當執特한土地家屋文券을行李에藏置以去하엿다가不知中見失하엿삽기玆以廣布하오니誰某던지拾得還給하오면其厚意를感謝하깃삽

隆熙四年二月一日鐵山郡站面善巖里　劉啓寔　告白

本人에半篆姓名章을本月五日境에見失인바誰某拾得勿爲施行自今以後以陰陽章更刻施行內外國人以此照凉하시옵

中部校洞十一統三戶　趙南吉

本人從子京祿性本浮浪蕩敗繼續家產且欲顚覆族戚計出沒京鄉謀得內外國人債하려하오니毋論誰某永勿見欺를望홈

義州枇峴面堂后洞　李承華　告白

本商會에서烟草를製造販賣하온지過年間에我同胞의愛顧酬用하시는原恩을特蒙하와營業이漸進發達하오며大段感謝하오며今年부터는製造業을比前大擴張하옵고一層精美케하와大發賣하올터이오니陸續愛用하심을務望홈

南部甲洞三十五統六戶

江山煙草商會　告白

本店에서**開業**한지**十六年間僉君子**의愛顧하심을**特蒙**하와**今年**부터**業務**를**大擴張**하고**春夏秋冬所用**으로絨屬**毛**織**等各國高等物品**을**現今多數直輸入**이온바**各地方**에서는**貿易**에**便利賣買**키**爲**하야**特**廉**減價**하와**郵便小包**로**酬應**하야**代金**은**引換**하깃사오니**十三道各郡僉君子**는**隨意請求**하심을**望**

振替貯金番號(韓國壹三番)

漢城中部鍾路●器廛洞二十一統五戶

廣興泰　告白

金景駿의駿字를峻字로改稱홈

京南部苧洞二十九統七戶　金景峻

平安南道江東郡守朴相駿氏는德政이普及於人民學校하야歌頌이載境이러니未滿苽期의移拜他郡홈으로現今該郡人民學徒가壹邊으로攀轅遮道하고壹邊으로請留本道하는事項을玆에揭布홈

隆熙四年二月十二日

江東郡十二面

人民代表　李達慶

崔義燮

各學校代表　金義容

初等算術敎科書

數學大家　柳一宣　著

中卷　定價洋裝　九十錢

總發賣所　京城南門外紫岩　**新舊書林**

分賣所　京鄉各書舖

日本語學音・語篇

半洋裝　六百餘頁

定價金一圓四十錢

(郵稅金　十錢)

本書는 日本에서 數十年遊學하야 實地研究를 積하고 教壇의 經驗이 富한 林圭氏가 嘗累한 我國日本語學界에 大光線을 放코자 하는 誠力의 產物이라 一卷二編에 分하야 第一編은 假名의 起原과 發音의 藴奧를 明示하고 第二編은 各品詞의 用例와 言語의 結構法을 詳述하고 第三編은 簡易한 日常語와 實用에 會話對話等을 總括하엿는데 皆聚精採華하고 從類分門하야 註解가 明晰하고 秩序가 整齊하야 斯學研究者의 好材料될뿐아니라 實로 初學海의 大指針이오 獨習門의 良師友가 될만한 唯一의 珍本이오니 有志諸君子는 購覽하시오

總發賣處　漢城 新文館

漢城南部絲井洞五十九統五戶　電話二三九二番

日本東京麴町區中六番町四十九番地

分賣所　大韓興學會事務所

其他各書館

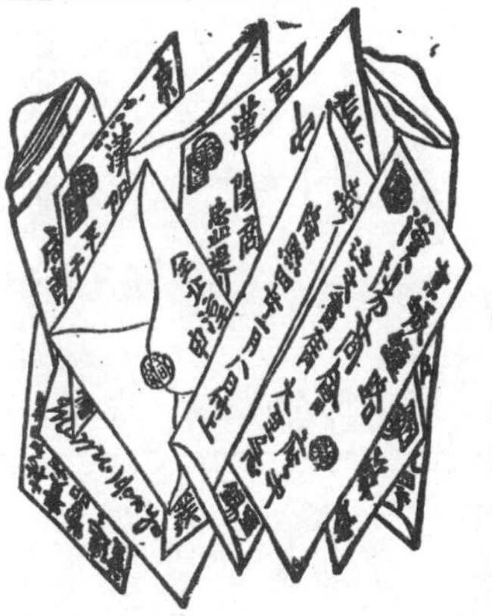

▲特別廣告▼

▲最新通信販賣

▲新

勿驚하시오**地方**에**在**하신여러분이여 **僅**히**一錢五厘**의**通信費**을**投**하면**多大**한**旅費**와**繁雜**을**除**하고**能**히**京**都**第一**廉**價**의**物品**을**得**하는**妙方**이**現出**하엿스니**此**는**歐米各國**에서**流行**하는**通信販賣法**이오 우리**漢陽商會**는떼파도멘토스도아**卽萬物**이**具備**한**商店**이니**如何**한**物品**이라도**葉書**或**書簡**으로**某物**을**送致**하라**通知**하시면우리는**確實迅速低**廉**으로爲主**하야**郵便**或**運送**으로**送呈**하깃솝나이다

아ー**我韓**의**人士**로**誰**가우리**漢陽商會**를**不知**할**者**ー**有**하며**誰**가**此**에**同情**을**表**치아니할**者**ー**有**하리요

弊店의**商品目錄**은누구시던지보니라**請求**하시면**無代金**으로**送呈**하깃ᄉᆞ오니**一次試驗**하기**爲**하야如**何**한**物品**이던지**注文**하여보시오그**便利**한**方法**이如**何**홈을아시리다

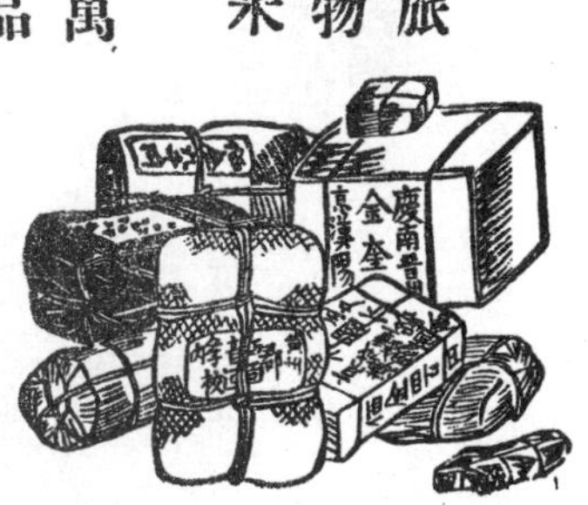

歐美雜貨各種　洋酒食**料各種**

文房具各種　內外國衣服**次各種**

本國物產各種

大韓皇城鍾路

輸出輸入商　漢陽商會

電話　一九一番

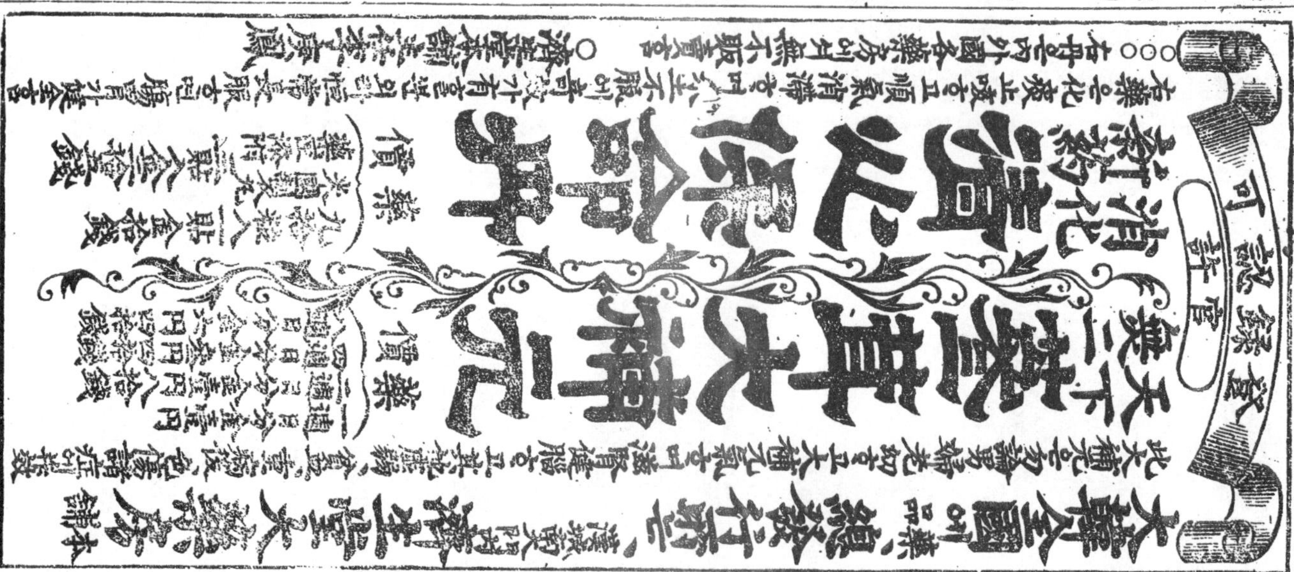

檀君開國四千二百四十三年
箕子元年三千三十二年
大韓開國五百十九年
本報創刊日 光武八年七月十八日

大韓每日申報

Responsible for Publication Alfred Weekley Marnham.
發行兼編輯人 英國人 萬咸
發行所 京城中部石井洞三層洋屋家 大韓每日申報社

第八卷　月曜及慶節歲時日休刊　第一千三百十四號

論說

◎新暖書感

數朔以來로天氣가溫暖하야冬日의天이春의意思를有ᄒᆞ다가忽然陰風이激ᄒᆞ고漢江이凍하며寒女의指가墮ᄒᆞ며行人의面이裂ᄒᆞ더니果然天事ᄂᆞᆫ難測이라數日이못되야寒氣가乍減하고暖意가頗增ᄒᆞ며貴人이重裘를解ᄒᆞ며富娥가暖炭을減하고路上人人도一般融和安舒의氣를帶하엿도다

吾儕ᄂᆞᆫ此에一異感의呈홈을不禁ᄒᆞ노니大抵人類를古人은三才에並列ᄒᆞᆫ者라ᄒᆞ며今人은動物中最靈ᄒᆞᆫ者라하나乃彼幾寸되ᄂᆞᆫ寒暖計에攝氏針이幾度를降下ᄒᆞ면一般人類가雙肩을縮하며鼻涙를揮ᄒᆞ야戰々히寒을驚하며幾度를上昇ᄒᆞ면衣帶를解ᄒᆞ며白汗을灑ᄒᆞ야安得赤脚踏層氷의詩를吟ᄒᆞ나니人類가果如是히劣弱ᄒᆞᆫ物인가

噫라人類를體質搆造上으로觀ᄒᆞ면固是劣弱ᄒᆞᆫ者라然이나精神과思想은無限히偉大ᄒᆞ야能히六合의外에出入ᄒᆞ며萬古의遠에上下ᄒᆞᄂᆞᆫ지라此精神思想의能力으로居然其劣弱ᄒᆞᆫ體質을變ᄒᆞ야强ᄒᆞᆫ者ㅣ되며武ᄒᆞᆫ者ㅣ되야天然의氣候를戰勝홈을得ᄒᆞᄂᆞᆫ故로或寒帶에도移殖ᄒᆞ며熱帶에도移殖ᄒᆞ야天涯地角에遍踏ᄒᆞ거니와彼植物과飛走類ᄂᆞᆫ此를不能하ᄂᆞᆫ故로熱帶의草木이熱帶에셔滋殖ᄒᆞᆯᄲᅮᆫ이며溫帶의魚獸가溫帶에셔繁育ᄒᆞᆯᄲᅮᆫ이로다

然이나實地에進ᄒᆞ야寒과戰ᄒᆞ며熱과戰ᄒᆞ며其他各種氣候와戰치못ᄒᆞ면其理想이如何히大ᄒᆞ며其思料가如何히深ᄒᆞᆯ지라도一事業을成ᄒᆞ기難ᄒᆞᆯ지라是以로新羅와唐이兵을合하야高句麗敗將軍大祚榮을追ᄒᆞ다가天門嶺에及하야ᄂᆞᆫ士卒이寒凍ᄒᆞ야能戰치못ᄒᆞ며大祚榮의返擊을受ᄒᆞ야唐大將李楷固ᄂᆞᆫ敗死ᄒᆞ고羅大將金欽純이走還ᄒᆞᆷ은無他라盖大祚榮의率ᄒᆞᆫ渤海兵은北方에生長ᄒᆞ야寒에鍊習이有ᄒᆞ고羅唐兵은暖地에生長ᄒᆞ야寒에鍊習이無ᄒᆞᆫ故니是ᄂᆞᆫ大祚榮이羅唐兵을破홈이아니라寒이羅唐兵을破홈이며法帝拿破崙이六十萬大兵을率하고乘勝長驅ᄒᆞ야俄京모스코에至ᄒᆞ야ᄂᆞᆫ大雪을遇ᄒᆞ야士卒이飢凍死者ㅣ半에過ᄒᆞ야大敗를蒙ᄒᆞ야身竄國辱홈은無他라盖俄人은此에生長하야雪에鍊習이有ᄒᆞ고拿帝의兵은溫地來人이라雪에不慣ᄒᆞᆫ故니是ᄂᆞᆫ俄人이拿破崙을勝홈이아니라雪이拿破崙을勝홈이로다

是以로從古大事業을成ᄒᆞᄂᆞᆫ者ᄂᆞᆫ氣候變遷의際에常人의不堪ᄒᆞᄂᆞᆫ寒熱에對하야非常히身體를鞭策ᄒᆞ엿나니百里奚ᄂᆞᆫ暑에盖를却ᄒᆞ엿스며邵康節은冬에爐를廢ᄒᆞ엿스며鄭忠信은平生에衾을不近ᄒᆞ엿스며林慶業은冬月山坂에馳騁홈을喜하엿스며金庾信은石窟에셔露宿ᄒᆞ엿스며曹孟德은寒節에枕刀眠ᄒᆞ엿스며越句踐은冬握氷夏抱火의苦를經하엿스니嗚乎라重帳複壁에셔羊裘를擁ᄒᆞ고三冬을過ᄒᆞ며凉樓高宇에셔平頭를立ᄒᆞ야大扇을搖케하고夏月을送ᄒᆞᄂᆞᆫ生尸들이야何事를能做ᄒᆞ리오

빌손이其從兄을俱ᄒᆞ야學校에往ᄒᆞ다가日이劇寒ᄒᆞ야不得已同還ᄒᆞ엿더니父曰學校에往ᄒᆞᄂᆞᆫ與否ᄂᆞᆫ汝等의自由에聽ᄒᆞᆯ지나如此히小苦難을耐치못ᄒᆞ나참可惜ᄒᆞ도다ᄒᆞᆫ대빌손은此言에奮發ᄒᆞ야寒을忘ᄒᆞ고學校에馳往ᄒᆞ고其從兄은躕躇不肯하더니빌손은至今歷史上빌손이되고其不肯者ᄂᆞᆫ草木과同朽하니라

外報

◎德帝書翰問題　德國皇帝가荷蘭女皇의게贈ᄒᆞᆫ荷蘭國의防禦及戰時局外中立의位地에關ᄒᆞᆫ書翰은荷蘭議會에서激論을惹起ᄒᆞ야今에右를公然否定ᄒᆞ엿다더라

◎運河問題　埃及國王은蘇士運河租借條約에二三의修正을加하야更改ᄒᆞᆯ事를其關係列國에向ᄒᆞ야勸告하엿다더라

◎南阿統治問題　英國南阿聯邦을一政府下에合同ᄒᆞᆯ理想은單히同地方에서荷蘭黨과英國黨의二派ᄲᅮᆫ으로ᄂᆞᆫ到底히不能ᄒᆞᆫ者라고思惟ᄒᆞᆫ다더라

◎上院廢止決議　英國勞働派會議ᄂᆞᆫ滿塲一致로써自派에下院落選者를出홈은當時代에存在홈이不可ᄒᆞᆫ上院과如ᄒᆞᆫ者가存在홈으로因홈이라故로上院을廢止치아니치못ᄒᆞᆯ것이라고宣言ᄒᆞ엿다더라

◎美國의排日　美國의移民問題委員會代表者ᄂᆞᆫ혜ㅣ쓰氏의日本移民排斥法案을킬리포니아議會에提출ᄒᆞᆯ事를可決ᄒᆞ고滿塲一致로報告하엿다더라

◎愛蘭黨의要求　英國々民黨領袖레ᄃᆞ도몬ᄃᆞ氏ᄂᆞᆫ新議會에셔總히議案을議論ᄒᆞ기前에第一着에上院의否決權廢止를決議ᄒᆞᆯ事를要求ᄒᆞ고又愛蘭自治法은最有力ᄒᆞᆫ法案이라고述ᄒᆞ엿고且首相아스쿠이쓰氏ᄂᆞᆫ愛蘭自治政府設置案에關하야故글리스돈氏의遺案을提出하야데후氏와契約事를履行홈이可ᄒᆞ다고思惟ᄒᆞᆫ다더라

◎土島問題　土耳其國은今回列强에對ᄒᆞ야크리ᄐᆞ島의國際上位置에就ᄒᆞ야該島를獨立國으로認ᄒᆞᄂᆞᆫ지將又自治國으로認ᄒᆞᄂᆞᆫ지明確ᄒᆞᆫ定義를與ᄒᆞᆯ事를主張ᄒᆞ고且土國은列强에對ᄒᆞ야此際同島의繁榮을計圖키爲ᄒᆞ야欣然히自治權을同島에附與ᄒᆞᆯ事를約束하엿다더라

◎德海根據地　德國은海軍의新事業으로一百五十萬磅을投ᄒᆞ야헤리고란드島에同國北海艦隊의根據地(對英戰爭의前進根據地라云ᄒᆞᄂᆞᆫ處)를築코저ᄒᆞᆫ다더라

◎法國洪水의慘狀　法國와、센、론三大河의漲水로因하야샤론、숀산에在ᄒᆞᆫ畊作塲은放棄ᄒᆞ게되엿고里昂方面의道路ᄂᆞᆫ아루리야州의積雪六呎을掘ᄒᆞ야開통홈에至하엿다더라

雜報

◎安重根의公判 (第二日午後)

仝日午後一時四十分에禹氏에게繼續審問ᄒᆞᄂᆞᆫ데禹氏가陳述曰其時安이哈爾賓으로出發ᄒᆞᆯ時에彈丸五六發과金四圜을借得ᄒᆞ고仝夜에曹와同宿ᄒᆞᆫ後翌日에該停車塲附近에人馬가繁雜ᄒᆞ야伊藤歡迎의準備를行홈을見ᄒᆞ고安은不在ᄒᆞ나余一人이伊藤을擊殺ᄒᆞ기로決心ᄒᆞ엿더니門外에露兵이整列하야外出을禁止ᄒᆞ미크게失望ᄒᆞᆯ지라이에塲上에頹臥ᄒᆞ야此後方針에就ᄒᆞ야想量ᄒᆞ던次에午前十一時頃에露國憲兵二名이突入하야余等을捕縛ᄒᆞ고銃器를押收ᄒᆞ엿다ᄒᆞ엿고

午後三時에禹氏의審問은止ᄒᆞ고曹道先氏를審問ᄒᆞ엿ᄂᆞᆫ데曹曰余ᄂᆞᆫ十五年以前에鄕里를출ᄒᆞ야露國아라고에센스크、이루쿠쓰크等地에滯在ᄒᆞ야洗濯業及通譯等에從事하엿고兩親은洪原郡의農業家이오妻ᄂᆞᆫ露人이오露語ᄂᆞᆫ甚熟ᄒᆞ고去年八月에海蔘威로부터합爾賓에往留ᄒᆞ더니九月十日에安重根이가來言ᄒᆞ되自己의家族이本國으로從來ᄒᆞᄂᆞᆫ故로此를出迎키爲ᄒᆞ야寬城子ᄭᆞ지急行ᄒᆞᄂᆞᆫ데通譯으로同行ᄒᆞ기를請ᄒᆞᄂᆞᆫ故로翌朝에安等과共히寨家口에赴ᄒᆞ야安等의통譯을行하엿고합爾賓에서劉가安에게電報가有ᄒᆞᆫ데卽明朝着이라ᄂᆞᆫ意味가有하엿고其所持短銃은數年前에買ᄒᆞᆫ護身用이오決코安等과關係가毫無홈을辨明ᄒᆞ엿다더라

○談叢○

▲宗敎家의英雄　劍心

몸을阿剌比亞沙漠中에起ᄒᆞ야手로西亞東歐大地幅을攬ᄒᆞᆫ모하멧드의成功原因이何로出來ᄒᆞ엿ᄂᆞ냐하면曰回々敎中으로自ᄒᆞ엿다ᄒᆞᆯ지며回々敎中으로自홈은何故오ᄒᆞ면曰其敎旨「戰死者라야天國에登」ᄒᆞᆫ다ᄂᆞᆫ壹言이有ᄒᆞᆫ故라ᄒᆞᆯ지니噫라宗敎家中英雄을數하라면모하멧드氏를舍ᄒᆞ고誰를數ᄒᆞ리오

只今韓國宗敎信者中에ᄂᆞᆫ或國家를說하ᄂᆞᆫ者ᄂᆞᆫ上帝의罪人이오民族을思ᄒᆞᄂᆞᆫ者ᄂᆞᆫ魔鬼의敎徒라고認ᄒᆞᄂᆞᆫ者ㅣ有ᄒᆞ니可憐ᄒᆞ도다

詞藻

❀男兒로❀

男兒로ᄉᆡᆼ긴몸이、宇宙間에特立ᄒᆞ야。恒河沙ᄀᆞᆺ흔星世界를、쥬섬々々다집어숨키든못ᄒᆞᆯ만뎡。요러틋、ᄒᆞᆫ입에도차지못ᄒᆞᆫ、蜻蜓島야。

雜報

◎奉審後問安 永宣君李埈鎔氏가再昨日上午十二時에璿源殿에奉審ᄒᆞ고太皇帝陛下께問安後下午一時頃에昌德宮에進詣ᄒᆞ야大皇帝陛下께陛見ᄒᆞ엿다더라

◎完興陛見 完興君李載冕氏ᄂᆞᆫ再昨日上午十二時에昌德宮에進詣ᄒᆞ야大皇帝陛下께陛見ᄒᆞ엿다더라

◎日畵師揮毫 日本에셔渡來ᄒᆞᆫ畵師가再昨日下午一時로부터同五時ᄭᅡ지仁政殿東行閣에셔畵를揮寫ᄒᆞ엿다ᄂᆞᆫᄃᆡ義親王殿下及皇族諸氏가參觀ᄒᆞ엿다더라

◎參與例會 昨日統監府에셔參與官定例會議를開ᄒᆞ엿다더라

◎曾彌祝電 總相李完用氏退院에對ᄒᆞ야曾彌統監의祝電이來ᄒᆞ엿다더라

◎各相協議 總相李完用氏ᄂᆞᆫ三昨日大韓醫院에셔各部大臣을會同ᄒᆞ야一進會合邦問題에對ᄒᆞ야日本內閣과交涉ᄒᆞ고期於無效케ᄒᆞ기로協議ᄒᆞ엿다더라

◎兩表規正 度支部에셔土地調查局을設立ᄒᆞᆯ次로該局官吏의俸給表及其他經費豫算表를製定ᄒᆞ엿ᄂᆞᆫᄃᆡ多小間差誤가有ᄒᆞᆷ으로去日曜日該部日人官吏가會同하야更히規正ᄒᆞ엿다더라

◎船法內容 船舶法과船舶檢查法은閣議에附ᄒᆞᄂᆞᆫᄃᆡ其內容의大槪ᄂᆞᆫ漁業專用船은免稅케ᄒᆞ고漁業所屬瀛船及石油發動機瀛船은檢査를不受케ᄒᆞ고水產組合等의使用ᄒᆞᄂᆞᆫ巡邏船은免稅케ᄒᆞ기로ᄒᆞ엿다더라

◎宮內主事補充 宮內府主事四窠現闕이有ᄒᆞᆫᄃᆡ韓人中日語를能解ᄒᆞᄂᆞᆫ者와日人中韓語를能解ᄒᆞᄂᆞᆫ者로各二人式塡充ᄒᆞ기로協議하엿다더라

◎閔氏辨明 日本大阪每日新聞에閔宮相이故伊藤氏의關ᄒᆞᆫ活動寫眞을覽ᄒᆞ다가天定勝人이라ᄂᆞᆫ言이有ᄒᆞ엿다고論駁ᄒᆞᆫ記事가有ᄒᆞ엿ᄂᆞᆫᄃᆡ此가全然無根의說이라고閔氏가曾彌에게辨明致書ᄒᆞ엿다더라

◎蔬果園設置 本年度에景福宮內에菜蔬園及果樹園二箇所를設置ᄒᆞᆯᄃᆡ인ᄃᆡ日人으로技監二名과囑托一名을任命ᄒᆞ기로內定되엿다더라

◎鶴岡歐行 農商工部書記官鶴岡은歐美各國을遊覽次로昨日上午九時에發程하엿ᄂᆞᆫᄃᆡ期限은二個年으로預定ᄒᆞ엿다더라

◎臥食官吏 學部事務官日人澤田은被任後數日仕進ᄒᆞ고身病을因ᄒᆞ야數朔을仕進도아니ᄒᆞ고辭免도아니ᄒᆞ니實로沒廉ᄒᆞᆫ官吏라고物議가藉々ᄒᆞ다더라

◎保護日增 現今各大臣家에保護巡查가日人이三名이오韓人이二名인ᄃᆡ此數로ᄂᆞᆫ保護上에困難ᄒᆞ다하야日人二名과韓人一名을增加ᄒᆞ기로決定ᄒᆞ엿고大臣이出入ᄒᆞᆯ境遇에ᄂᆞᆫ日人巡查中二名은服裝으로二名은平服으로保護케ᄒᆞᆫ다더라

◎治道費巨額 現今各地에治道工事를大起ᄒᆞᆷ은人所共知어니와今年度豫算에治道費가二十九萬四千圓이되나此로ᄂᆞᆫ오히려目下計劃ᄒᆞᄂᆞᆫ治道費를支用치못ᄒᆞ깃고萬一此工事完成을要ᄒᆞᆯ진ᄃᆡ豫算以外에尙此五十三萬五千餘圓을要ᄒᆞᆫ다ᄒᆞ야現今內部에셔豫算追加를請求하ᄂᆞᆫᄃᆡ度支部에셔ᄂᆞᆫ此가韓國의大急務라하야相當ᄒᆞᆫ財源을研究中이라더라

◎何止野澤 去番順川事件에被殺ᄒᆞᆫ財務主事日人野澤은生前의功勞가多ᄒᆞ다ᄒᆞ야當局에셔三等五級으로陞叙ᄒᆞ고四千二百圓의賜金이有ᄒᆞ엿다더라

◎閑世圍碁 度支部官吏ᄂᆞᆫ會洞俱樂部에셔來二十七日에大圍碁會를開ᄒᆞᆫ다더라

◎沈氏渡日說 內部土木局技師沈宜碩氏ᄂᆞᆫ土木工事를視察ᄒᆞ기爲ᄒᆞ야日間日本에渡往ᄒᆞᆯ次로目下準備中이라더라

◎拓社不正 拓殖會社에셔地方의小作米를收納ᄒᆞᄂᆞᆫᄃᆡ不正ᄒᆞᆫ衡器를使用ᄒᆞ야韓國人民을詐欺ᄒᆞ고小作料를多數濫捧ᄒᆞᆷ으로批評이多有ᄒᆞ다더라

◎內部照會 全南管下各郡에配置ᄒᆞᆫ日人官吏의本年度舍宅料를增加支撥ᄒᆞ라고內部에셔度支部로照會ᄒᆞ엿다더라

◎普社移接 普信社ᄂᆞᆫ漢城府民會會舘附屬家舍로三昨日移接ᄒᆞ엿고該社長은芮宗錫氏로選定하엿다더라

◎乞囊相裂 國民同志贊成會에셔三昨日下午七時明月舘에懇親會를開ᄒᆞ고商務組合本部任員一同을請邀ᄒᆞᆯ際에該會設備委員崔晶圭가何等不協ᄒᆞᆫ言辭가有ᄒᆞ엿ᄂᆞᆫ지再昨日商務組合本部에셔崔의게總代를派送ᄒᆞ야質問하엿다더라

◎國民開演 國民大演說會에셔一進會合邦問題를反對ᄒᆞ야日本內閣及貴衆兩議院에提呈ᄒᆞᆫ長書를日前還退ᄒᆞ엿슴으로該會에셔再昨日下午二時에幹事會를開ᄒᆞ고日本內閣及貴衆兩院에更히長書를提呈ᄒᆞ기로決定하고來日曜日上午十二時에圓覺社內에셔大演說會를開ᄒᆞ기로決議ᄒᆞ엿다더라

◎農會懇會 勸業株式會社에셔ᄂᆞᆫ任員一同이再昨日下午七時明月舘에셔懇親會를開하엿다더라

◎百圓徵納 侍天敎에셔輪告文이라ᄂᆞᆫ文字를發行ᄒᆞᆯ次로日前發刊ᄒᆞ엿ᄂᆞᆫᄃᆡ內部認可를不承ᄒᆞ엿슴으로再昨日中部警察署에셔該敎主權秉悳氏를招致ᄒᆞ야新聞條例를依ᄒᆞ야罰金一百圓을徵納ᄒᆞ라하엿다더라

◎非歛乃捐 楊平郡守鄭元謨氏ᄂᆞᆫ治績이優勝ᄒᆞ야頌聲이藉藉하나多小間公逋가有ᄒᆞᆷ으로該郡人民等이該公逋를請勘ᄒᆞ기爲ᄒᆞ야自願出捐ᄒᆞ엿ᄂᆞᆫᄃᆡ該道觀察使가此를民歛으로誤認ᄒᆞ고該郡警察署로秘訓調查ᄒᆞ야該金을人民處에還給하라ᄒᆞ엿다더라

◎焉敢私用 年前國債報償金募集ᄒᆞᆯ時에白川郡居하ᄂᆞᆫ崔秉奎氏가該郡人民을風動ᄒᆞ야多數金額을收合ᄒᆞ야私自充用ᄒᆞᆫ事이有ᄒᆞᆫ故로該郡儒生安承軒李學奎兩氏가此事를將次裁判所에起訴코져ᄒᆞᆫ다더라

◎徵稅殺人 報恩郡財務署官吏가徵稅次로該郡思角面에出往ᄒᆞ야督納하ᄂᆞᆫᄃᆡ該面南某ᄂᆞᆫ家勢가赤貧ᄒᆞᆷ으로趂不徵給ᄒᆞ엿더니南氏를結縛跪坐ᄒᆞ고示威的으로放砲ᄒᆞ미該南氏ᄂᆞᆫ卽時致死ᄒᆞ엿다더라

◎龍民不平 龍仁郡財務署에셔驛市上稅金을不公平ᄒᆞ게徵納ᄒᆞᆷ으로該郡駒與面人民數百名이會集하야財務官吏의不正ᄒᆞᆫ行爲를反抗하ᄂᆞᆫᄃᆡ本郡守가懇曲說諭ᄒᆞ야解散케ᄒᆞ엿다더라

◎別々請願 朴泰源及日人中木兩人이巫道를崇尙ᄒᆞᆫ다고其理由書와規則을製定ᄒᆞ야內部에請願하고認許를要求ᄒᆞ엿다더라

◎濫徵有怨 忠州郡都面長은結錢徵收ᄒᆞᄂᆞᆫ事를因ᄒᆞ야濫收하ᄂᆞᆫ弊가有ᄒᆞᆷ으로民怨이浪藉하다더라

◎瓦斯管發火 南大門附近에셔再昨日瓦斯管이致傷ᄒᆞ야發火ᄒᆞ엿ᄂᆞᆫᄃᆡ卽時鎭滅ᄒᆞ엿다더라

◎投書者형探 住地未詳ᄒᆞᆫ李鶴山이라稱하고日前日憲兵司令部에投書ᄒᆞ기를北部居某某人이渠妻를誘引하얏ᄉᆞ니該女를覓還케ᄒᆞ라ᄒᆞ엿ᄂᆞᆫᄃᆡ該部에셔投書人의行爲를殊常히認定ᄒᆞ고其蹤跡을秘密형探中이라더라

◎崔也詗捕 城內居崔珏煥氏ᄂᆞᆫ(或稱崔基煥)警視廳刑事巡查라假稱하고漢城內外에潛行ᄒᆞ면셔行悖가無雙하다ᄂᆞᆫᄃᆡ金佐漢氏에게金六圓李豐儀氏의게金二圓五十錢을討索ᄒᆞᆫ事實이發現되여警視廳에셔目下형捕中이라더라

◎七人溺死 清河郡北面地境里海業ᄒᆞᄂᆞᆫ許永手權萬用氏等七人이漁業次로去十三日에出帆ᄒᆞ엿다가猝地風浪을遭하야擧皆溺死ᄒᆞ엿다고該郡에셔內部로報告하고救恤金을請撥ᄒᆞ엿다더라

◎犯逋高擧 清州郡北江外二面々長禹川樊氏ᄂᆞᆫ公貨千餘圓을欠逋ᄒᆞ고撤家逃走ᄒᆞ엿다더라

◎三犯宣告 地方裁判所에셔强盜殺人犯命致鶴은處絞로同犯金正奉高允三兩人은役十年에處ᄒᆞ엿다더라

◎支那人被捉 再昨夜咸南惠山鎭在留支那人들이賭博을行ᄒᆞᆫ다ᄂᆞᆫ故로警察官吏가檢查搜出코져하ᄂᆞᆫᄃᆡ數多ᄒᆞᆫ支那人이警察官吏의게暴行을加하야巡查部長이重傷ᄒᆞ엿ᄂᆞᆫ故로該地日憲兵隊가應援ᄒᆞ야支那人二十名을捉囚ᄒᆞ엿다더라

◎大同開會 大同敎에셔來日曜日下午一時에總會를開ᄒᆞᆫ다더라

◎感荷義捐 平壤居ᄒᆞᄂᆞᆫ紳士李大英氏가本社經費를補助키爲ᄒᆞ야金貨壹圓을寄付ᄒᆞ엿기玆에其盛意를感表하노라

學界

◎楊倅勸學 楊州郡守朴永大氏ᄂᆞᆫ敎育에熱心ᄒᆞ야該郡人民에게勸學文을揭布ᄒᆞ엿다더라

◎海校好績 海州郡海同學校ᄂᆞᆫ該郡內三學校를合同ᄒᆞᆫ바인ᄃᆡ本月七日에第一回紀念式을擧行ᄒᆞ고校監崔遵經氏가一週年歷史를報告ᄒᆞᆫ中에敎育의成績과事務의整理가頗有進就之望이라더라

電報

◎小村論述 十四日日本關稅定率法改正委員會에셔小村外相論述에略曰今番條約改正에關ᄒᆞ야日本에셔韓國으로輸出ᄒᆞᄂᆞᆫ物品은關稅上特別處理가有케ᄒᆞᆷ에不至ᄒᆞᆯ지나韓國으로日本의輸入ᄒᆞᄂᆞᆫ物品의對ᄒᆞ야ᄂᆞᆫ特別의處理를行케ᄒᆞ야或減稅或無稅케ᄒᆞ되列國으로ᄒᆞ야금此를均霑케ᄂᆞᆫ못ᄒᆞ깃다ᄒᆞ엿다더라

◎同志陳情 日本對韓同志會員五百木大谷等이本日陸軍大臣寺內를訪問ᄒᆞ고韓國政局現狀에對ᄒᆞ야陳情ᄒᆞᆫ바가有하다더라

◎安氏到着 安重根氏의從兄明根氏ᄂᆞᆫ昨日旅順에到着ᄒᆞ엿다더라

以上東京發 十四日着

◎曾彌渡韓期 曾彌統監은本月中으로一切政務의協議를畢하야預定의對韓策을解決하고三月一日頃에歸任ᄒᆞᆫ다더라

東京發 十五日着

▲擧 神感化▼

▲極樂淨土半島안에妖魔들이作亂ᄒᆞ미天父愛子夫餘族이蝎ᄧᅧᆫ下에呻吟이라더妖魔를討滅코져上帝前에祈禱ᄒᆞᆫ後擧神劍을밧어들고魔陣으로猛進ᄒᆞ니風蕭蕭兮易水寒에忠血熱氣丘사을나化爲白虹貫日ᄒᆞᆫ다

▲月給푼에목을ᄆᆡ고獵狗노릇달게너여各社會를偵探ᄒᆞ야志士들을誣陷ᄒᆞ며運動費의입맛붓쳐奴隸되기즐겨ᄒᆞ고凶徒亂黨嘯聚ᄒᆞ야亡國滅族ᄒᆞᄂᆞᆫ的合ᄒᆞᄂᆞᆫ至妖至怪더餓鬼야擧神劍을伏受ᄒᆞ고翻然悔悟ᄒᆞᆯ지어다

▲一身富貴貪람하야國家興亡不顧하고一時榮華安享코져同族生死不關하고父母國을背叛하고外人의게阿附하야祖國을賣食하며제兄弟를反噬하ᄂᆞᆫ大逆大憝더챵鬼야聖神劍을伏受하고翻然悔悟ᄒᆞᆯ지어다

社告

北墾島 本支社員裴尙禧氏辭免ᄒᆞᆫ代에該島龍井村**朴茂林氏**로擇定ᄒᆞ엿스니該附近地에서本報購覽諸氏ᄂᆞᆫ代金과諸般事를朴茂林氏와交涉ᄒᆞᆷ을

大韓每日申報社

沙利院支社員任敬宰氏遞去ᄒᆞᆫ代에該地**三聖學校**內**李承吉**氏로擇定ᄒᆞ고本月一日件을繼續발送ᄒᆞ오니本報代金과諸般事를李承吉氏와交涉ᄒᆞ시ᄋᆞᆸ

大韓每日申報社

偉人遺蹟

▲東國 ▲巨傑 崔都統 續

錦頰山人

第三章 崔都統의前半生

此數句語가彼將來救國偉人의腦際를如何히激刺ᄒᆞ엿던지翌朝에其鄕里小兒數十名을驅ᄒᆞ야軍隊樣으로編成ᄒᆞ고담髮垂垂十歲妙齡의小公子가八道兵馬都統使라自稱ᄒᆞ고儼然히其中에立ᄒᆞ야三申五令ᄒᆞ며北方으로進ᄒᆞ거ᄂᆞᆯ或이其故를問ᄒᆞᆫᄃᆡ鼎然히答曰我가燕京에驅入ᄒᆞ야元主를擒ᄒᆞ야國威를揚코ᄌᆞᄒᆞᆫ다ᄒᆞ더라

年稍長에倭寇가我海陲에攔入ᄒᆞ야剽掠이無常ᄒᆞ니列邑이風을望ᄒᆞ고奔走ᄒᆞ며守令이戰守를[illegible]ᄒᆞᄂᆞᆫ者ㅣ[illegible]ᄒᆞ거ᄂᆞᆯ獨히憤慨를抱ᄒᆞ고鄕中子弟를募集ᄒᆞ야屢屢히倭寇의來路를遮截ᄒᆞ야無數히擒斬ᄒᆞ니於是에崔公子의勇名이遠近에振ᄒᆞᄂᆞᆫ지라楊廣道都巡問使가禮로招ᄒᆞ야麾下에置ᄒᆞ야弓達赤(官名)을補ᄒᆞ니라

救國保民의策을懷ᄒᆞ고上으로廟堂에謁ᄒᆞ며下으로同志를糾ᄒᆞ되佛經이牛耳에豈入ᄒᆞ리오監坂의驥蹄ᄂᆞᆫ未展ᄒᆞ고無情ᄒᆞᆫ歲月이丈夫의頭髮만催白ᄒᆞᄂᆞᆫ도다桓桓將軍이一都巡問使幕下로淹留ᄒᆞ야十餘星霜을擲送ᄒᆞ다가恭愍王元年에賊臣趙日용이元國의勢를依ᄒᆞ야王位를易置코ᄌᆞᄒᆞ거ᄂᆞᆯ崔都統이安祐等과協力ᄒᆞ야此를擒誅ᄒᆞ고功으로護軍을授ᄒᆞ니其年이已三十六이러라 未完

雜報

◎無或相妨 太極敎宗本部에서各郡鄕校直員에게輪告ᄒᆞᆫ全文이如左 轉聞地方各郡新學校與本敎設部或有圭角云是殊不知宗敎與敎育之本旨也宗敎體也敎育用也敎育卽宗敎中一部分急先務也自有天下以來焉有體用相離而人事備之理乎亶由乎泥舊者知體而不諒用趨新者見用而不究體之故也若有如是之端則貴直員使之說明善論無或有頡頏相妨於設部立敎之地申仰々々

◎李氏慈善 平北雲山郡北鎭居李永根氏ᄂᆞᆫ本來公益을是務ᄒᆞ고慈惠를廣施ᄒᆞᄂᆞᆫ紳士인ᄃᆡ該地昨年農形이大歉ᄒᆞᆫ中又況年終을當ᄒᆞ야貧民의屢空ᄒᆞᄂᆞᆫ情勢를矜悶히녀여金貨百餘圓을捐出ᄒᆞ야該市內貧民二百餘戶에穀物魚類等을均施ᄒᆞ엿슴으로該氏의慈善心을壹境이銘頌ᄒᆞᆫ다더라

◎何必沮戲 楊州廣津里長崔致成氏ᄂᆞᆫ該洞廣明學校를百般沮戲ᄒᆞᄂᆞᆫ故로該郡守가該里長을卽時除汰ᄒᆞ라고該面長에게告諭ᄒᆞ엿다더라

◎書取何意 徽文義塾學員姜龍均金世容氏等五人이再昨日下午一時警視廳에被捉ᄒᆞ엿ᄂᆞᆫᄃᆡ何許文字를書取ᄒᆞᆫ後卽時放送ᄒᆞ엿다더라

◎崔犯被捉 大邱居崔明玉은竊盜犯으로再昨日中部警察署에被捉ᄒᆞ엿다더라

廣告

廣告

本店에서開業ᄒᆞᆫ지十六年間僉君子의愛顧ᄒᆞ심을特蒙ᄒᆞ와今年부터業務을大擴張ᄒᆞ고春夏秋冬所用으로絨屬毛織等各國高等物品을現今多數直輸入이온바各地方에서는貿易에便利賣買케爲ᄒᆞ야特廉減價ᄒᆞ와郵便小包로酬應ᄒᆞ야代金은引換ᄒᆞ깃사오니十三道各郡僉君子는隨意請求ᄒᆞ심을望
振替貯金番號（韓國壹三番）
漢城中部鍾路⑩器廛洞二十一統五戶
廣興泰 告白

鐵路票卷烟

法韓會社에서發賣ᄒᆞ는卷烟이造製品과口味가精美ᄒᆞ고每匣二十本幷竹嘴入이고價金三錢五里로各商店에서放賣

本商會에서烟草를製造販賣ᄒᆞ온지週年間에我同胞의愛顧酬用ᄒᆞ시는原恩을特蒙하와營業이漸進發達ᄒᆞ오믹大段感謝ᄒᆞ오며今年부터는製造業을比前大擴張ᄒᆞ옵고一層精美케ᄒᆞ와大發賣ᄒᆞ올터이오니陸續愛用ᄒᆞ심을務望ᄒᆞᆷ
南部甲洞三十五統六戶
江山烟草商會 告白

金景駿의駿字를峻字로改稱ᄒᆞᆷ
京南部苧洞二十九統七戶
金景峻

本社에서同胞의衛生을注意ᄒᆞ야美國의셔經驗單方으로流行ᄒᆞ는適用ᄒᆞ는靈藥을聖價買入ᄒᆞ야左開廣布ᄒᆞ오니有病君子와藥業에從事ᄒᆞ시는僉彦은爭先來購ᄒᆞ시옵
分賣와都賣에差別이有ᄒᆞ야一打（十二個）以上의都賣에는特別割引ᄒᆞᆷ

左開

秘製止痛藥
效能 外塗內服無處不適
消滯 止瀉 絕穢 治痢無不神效ᄒᆞᆷ

喜蘇精藥
效能 頭面 身體一切痛症
積年風濕 除痰 生선之道 립即奏效ᄒᆞᆷ

亞麟香膠
效能 毋論男女老少 勿嫌年久日淺一切 咳소 服之則其效如神ᄒᆞᆷ

委花藥膏
效能 痔疾 聯珠瘡 燒跌 傷螯咬等 諸症無雙聖藥

委[illegible]藥
效能 疝症 化[illegible] 凡不瘀血所祟症 婦人虛弱등症 靈驗ᄒᆞᆷ

牛汁藥酒
效能 毋論男女老少氣血虛弱者服之則大補元氣身體强健ᄒᆞᆷ

韓美興業株式會社事務所

本院은韓國一般人民을爲ᄒᆞ야設立ᄒᆞᆫ은僉彦의已知ᄒᆞ는바이니와自今으로事務를一層擴張ᄒᆞ고診察을더욱精密히ᄒᆞ기爲ᄒᆞ야時間을午前十時부터午後四時까지無料로診察ᄒᆞ오며또特別診察所를置ᄒᆞ고些少의診察料로貴客의便宜를圖ᄒᆞ오니診察을要ᄒᆞ는僉彦은照亮을爲要
但特別ᄒᆞᆫ境遇에在ᄒᆞ야는時間을勿論ᄒᆞ고其請求를應ᄒᆞᆷ
京城南大門外
濟衆院 告白

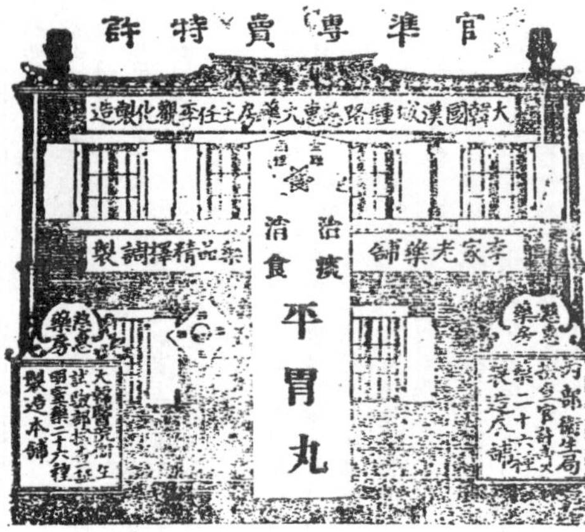

登錄認可
官許

大韓全國에 藥、總發行所는、漢城南大門內 濟生堂大藥房本舖

此大補元은勿論男婦老幼ᄒᆞ고大補元氣ᄒᆞ며滋腎健腦ᄒᆞ고其他虛弱、貧血、重病後、色傷諸症에特效

天下無二 **蔘茸大補元**

藥價
一週日分金壹圓八拾錢
二週日分金參圓四拾錢
四週日分金六圓四拾錢

消化新藥 **淸心保命丹**

藥價
九粒入一貼金拾錢
米國製丸藥匣添附 三貼入金三拾五錢

右藥은化痰止咳ᄒᆞ고順氣消滯ᄒᆞ며水土不服에奇效가有ᄒᆞᆯ뿐외라恒常服ᄒᆞ면腸胃가健全ᄒᆞᆷ
○○○右丹은內外國各藥房에서無不販賣ᄒᆞᆷ
○濟生堂本舖主 [illegible]

◉特別廣告

❀和平堂大藥房本舖分店及出張所表

京城鍾路	和平堂大藥房本舖主	李應善
仁川港杻峴	和平堂第一分店	金相玉
京城鍾路衣廛下	仝 二分店	李熙耆
平壤鍾路	仝 三分店	鄭基煥
平壤舘前	和平堂第一出張所	金龍興
平壤法首橋	仝 二出張所	金能元
平壤南門通	仝 三出張所	廣 田
海州玉洞新市	仝 四出張所	崔斗鉉
海州東門內	仝 五出張所	李奉植
鎭南浦築洞	仝 六出張所	金元燮
鎭南浦碑石洞	仝 七出張所	吳承昌
載寧郡內墻洞	仝 八出張所	李弼均
成州郡上部仁濟局	仝 九出張所	金麟鎬
定州	仝 十出張所	金容河
大邱北門外	仝 十壹出張所	朴大卿
義州南門外	仝 十二出張所	義和藥房
新義州眞砂町二統十戶	仝 十三出張所	金秉溶
江華鍾路	仝 十四出張所	宋順吾
永興邑內	仝 十五出張所	梁昌錫
安東縣	仝 十六出張所	世行洋行支店
美國桑港	仝 十七出張所	張斗學
安東縣隆興街通濟橋西南第二家	仝 十八出張所	東祐盛

其他內外國代理店特約店은紙面이不足하야一々히枚擧키難ᄒᆞ와姑不得揭載ᄒᆞᆷ

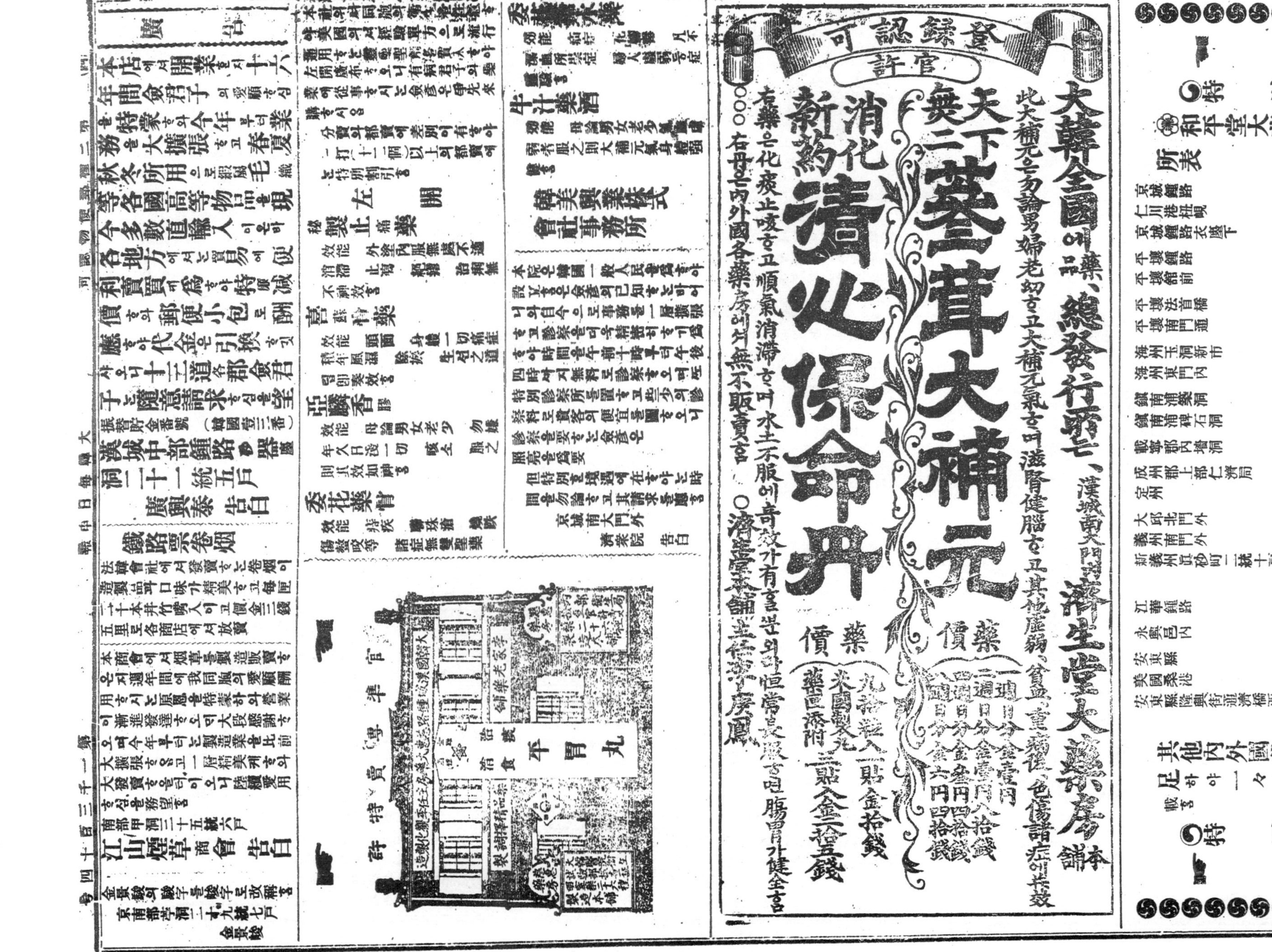

◉特別廣告

檀君開國四千二百四十三年
箕子元年三千三十二年
大韓開國五百十九年
本報創刊 光武八年七月十八日

大韓每日申報

發行兼編輯人 英國人 萬咸
發行所 京城 部石井洞三層洋屋家 大韓每日申報社

第八卷 月曜及慶節歲時休日刊 第一千三百五十号

論說

◉偵探者

頭로韓天을戴ᄒᆞ며足으로韓地를履ᄒᆞ고身에韓衣를被ᄒᆞ며口로韓粟을食ᄒᆞ고四千載檀君聖祖의血을繼ᄒᆞ며二千萬夫餘民族의列에居ᄒᆞᆫ者로셔居然히魔窟에入ᄒᆞ야自家의面目을忘ᄒᆞ고怪鬼의行動을作ᄒᆞᄂᆞᆫ偵探者여

爾도[illegible]을爲ᄒᆞ야賊을吠ᄒᆞ며[illegible]死에[illegible]ᄒᆞ야邸에首ᄒᆞ거날爾[illegible]으로엇지禍[illegible]을[illegible]人을[illegible]ᄒᆞ나니[illegible]禍도兄[illegible]ᄒᆞ며[illegible]朋友를護ᄒᆞ거[illegible]人으로저엇지小[illegible]ᄅᆞᆯ殺ᄒᆞ나뇨[illegible]人[illegible]ᄒᆞ야其父兄을[illegible]코ᄌᆞᄒᆞ야[illegible]然히[illegible]코ᄌᆞᄒᆞ라[illegible]爾輩ᄂᆞᆫ惡[illegible]을作ᄒᆞ야自國을[illegible]코ᄌᆞᄒᆞ니엇지犬豈난도[illegible]ᄒᆞᆫ野蠻을[illegible]ᄒᆞ야其兄弟을同殺코ᄌᆞᄒᆞ야도對[illegible]然히[illegible]ᄒᆞ려던爾輩ᄂᆞᆫ義理에[illegible]ᄒᆞ야同族을構殺ᄒᆞ라ᄒᆞ니엇지野蠻만도不如ᄒᆞ뇨

嗚乎라爾輩ᄂᆞᆫ禽獸가아니라人이며爾輩ᄂᆞᆫ蠻夷가아니라四千載歷史를有ᄒᆞᆫ韓人이어ᄂᆞᆯ엇지其天良의喪盡ᄒᆞᆷ이此에至ᄒᆞ나뇨

吾儕가爾輩의情狀을諒ᄒᆞ노니韓國에生ᄒᆞᆫ爾輩가엇지韓國을滅絶코ᄌᆞᄒᆞ며韓人에列ᄒᆞᆫ爾輩가엇지韓人을殺盡코ᄌᆞᄒᆞ리오只是爾輩當初에或祖先遺業으로衣食ᄒᆞ며或權門出入으로生涯ᄒᆞ다가突然時勢가變遷ᄒᆞ야生活의路가甚艱ᄒᆞ며經濟가恐慌ᄒᆞ야事育의策이頗窘ᄒᆞ민入門則妻子呼飢ᄒᆞ고出門則所向無適이라於是乎三日餓賊이生이란語와如ᄒᆞ[illegible]路曲徑으로蝦保[illegible]不動ᄒᆞ며金神은不來ᄒᆞ고撒但惡魔가誘去ᄒᆞ야劍汚不殺虎穢不食ᄒᆞᆯ偵探者가된지라何處에志士가有ᄒᆞ다ᄒᆞ면其擧動을詳探ᄒᆞ야司令部에告ᄒᆞ며何處에義男이有ᄒᆞ다ᄒᆞ면其行止를密査ᄒᆞ야警視廳에上ᄒᆞ며何處에教育이興旺ᄒᆞ다ᄒᆞ거나何處에實業이進就ᄒᆞᆫ다ᄒᆞ면此를期於히探問ᄒᆞ야日人에게誣날ᄒᆞ야彼의電線이되며彼의鄙夫가되야日로同胞의陰事를[illegible]知ᄒᆞ며彼의鷹犬이되며彼의爪牙가되야日로祖國의利益을攫取ᄒᆞ며彼의槍劍이되며彼의砲丸이되야日로自家兄弟를殺害ᄒᆞ며彼의忠奴가되며彼의信徒가되야日로國家滅亡을祈禱ᄒᆞ나니

嗚乎라爾輩여엇기一餐을爲ᄒᆞ야此惡業을[illegible]ᄒᆞ며엇지殘金을爲ᄒᆞ야此凶行을作ᄒᆞ나뇨

爾妻子生活[illegible]ᄒᆞ야此境에至ᄒᆞᆫ者여此로爾妻子를生活식이면將來爾의惡果으로國家가滅亡ᄒᆞ야爾妻子가美國紅人과如히博物院出品에供ᄒᆞ야求死不得의慘境을[illegible]하리라爾一身衣食을爲ᄒᆞ야此境에至ᄒᆞᆫ者여將來爾의惡果가既熟ᄒᆞ면冤死狗烹의悲觀을得ᄒᆞ리라爾富貴를希望ᄒᆞ야此境에至ᄒᆞᆫ者여비록觀察守令의虛榮을暫得ᄒᆞᆯ지라도處々地獄이爾前에在ᄒᆞ리라爾小利를樂貪ᄒᆞ야此境에至ᄒᆞᆫ者여비록一月幾十錢幾十圓은摘食ᄒᆞᆯ지라도爾祖爾先은地下에서痛哭ᄒᆞ나니라

嗚乎라爾輩여飢寒이迫하거던勞働을作ᄒᆞ던지乞丐를作ᄒᆞ던지ᄒᆞᆷ이可ᄒᆞ고此도不能ᄒᆞ거던氷로自縊ᄒᆞ던지水에自溺ᄒᆞ야死ᄒᆞᆯ지언뎡偵探惡魔ᄂᆞᆫ作ᄒᆞ지말지어다死ᄒᆞᆫ人의[illegible]이[illegible]에死[illegible]의身으로國賊이되며民蟊가됨은엇지痛哭ᄒᆞᆯ비아닌가

爾輩가當初偵探業을作ᄒᆞᆯ時에ᄂᆞᆫ良心이尙存ᄒᆞ야我가此로暫時의窮을免ᄒᆞ리라ᄒᆞ야人이知ᄒᆞᆯ가恐ᄒᆞ다가既而오魔術이習熟ᄒᆞ면良心을欺ᄒᆞ고僞淚를揮ᄒᆞ야志士의面目을粧ᄒᆞ며魔鬼의事業을作ᄒᆞ나니險ᄒᆞ다斯世여

然이나天日이上에在ᄒᆞ고[illegible]이旁에臨ᄒᆞ얏나니嗚乎爾輩여

外報

◉淸兵의暴行 本月十一日淸國蘇州에서淸兵數百名이[illegible]에在留ᄒᆞᆫ外人의[illegible]光[illegible]攻擊ᄒᆞ엿는ᄃᆡ外國人[illegible]을[illegible]ᄒᆞ고日人[illegible]害를被ᄒᆞ엿다더라

◉[illegible]民激昂 [illegible]北京城[illegible]에서[illegible]國[illegible]民이露國에對[illegible]ᄒᆞ야[illegible]ᄒᆞ야激昂을起ᄒᆞ엿다더라

◉南極探險 美國에서[illegible]劃ᄒᆞᄂᆞᆫ南極探險은前回의探險ᄒᆞᆫ로-즈벨트號의船長被任ᄒᆞ엿던바-레스트大尉가指揮ᄒᆞ야經育을出發코져ᄒᆞᄂᆞᆫᄃᆡ探險隊長은尙히未定ᄒᆞ엿다더라

◉亞洲人種排斥案 美國下院議員헤이氏가提出ᄒᆞᆫ異邦人排斥案은委員會를通過ᄒᆞ엿ᄂᆞᆫᄃᆡ此案은米國에歸化ᄒᆞᆯ資格이無ᄒᆞᆫ外國移民을全然排斥ᄒᆞᆫ다ᄒᆞᆷ이니歸化權이無ᄒᆞᆫ移民이라ᄒᆞᆷ은惟亞細亞人種뿐인즉若議會가該案을可決ᄒᆞ야是等移民의入國을禁ᄒᆞᄂᆞᆫ法令을制定하ᄂᆞᆫ日에ᄂᆞᆫ美國에在ᄒᆞᆫ亞細亞人種問題ᄂᆞᆫ根本的으로解決됨에至ᄒᆞ리라더라

◉本雷勝人 土耳其政府ᄂᆞᆫ今[illegible]ᄒᆞ엿다더라

雜報

◉派使禁止 크리트島保護列국은동縣을發ᄒᆞ야同島가希臘에對ᄒᆞ야使節派遣ᄒᆞᄂᆞᆫ事를禁止하엿다더라

◉破船溺死數 大西洋行法국定期船은地中海에서破船되여溺死者가壹百五十七名에達ᄒᆞ엿다더라

◉安重根의公判 (第三日午前)

九日安重根氏等의第三回繼續公判을開廷ᄒᆞ엿ᄂᆞᆫᄃᆡ傍聽人은當兩日과如히廷內에充滿ᄒᆞ엿[illegible]辯護士와크로쓰氏ᄂᆞᆫ其[illegible]에着席ᄒᆞ엿고安[illegible]根[illegible]兩氏도傍聽席에在ᄒᆞᆫ[illegible]延ᄒᆞ야同四十分에劉[illegible]前九時三十分에被告人[illegible]東夏氏의게審問을開始ᄒᆞ엿ᄂᆞᆫᄃᆡ劉氏ᄂᆞᆫ日本是咸鏡道元山人으로二年前에父親과共히鄕國을離ᄒᆞ야露領포부라니치나야에移住ᄒᆞ야藥局을營業ᄒᆞ엿고劉江露라ᄂᆞᆫ名稱은哈爾賓에셔露國官吏에게被捉ᄒᆞᆫ時僞名이오安重根은昨年陰曆四月頃에自家에往來ᄒᆞᆫ故로相知하나禹德淳은不知ᄒᆞᄂᆞᆫ人이오九月八日에安이來訪ᄒᆞ야通譯으로哈爾賓까지同伴하기를依賴ᄒᆞᄂᆞᆫᄃᆡ兼其時余ᄂᆞᆫ藥品買來次로哈爾賓에赴ᄒᆞᆯ必要가有ᄒᆞᆷ으로直時安과共히합爾賓에赴ᄒᆞ엿ᄂᆞᆫᄃᆡ其時安이但只自己家族을出迎ᄒᆞᆷ이로라ᄒᆞᆷ만聞ᄒᆞ고他事實은不知ᄒᆞ며九日에합爾賓에到着ᄒᆞ야我三人이韓人金成博家에留宿ᄒᆞ고翌日에安禹와共히寫眞을撮ᄒᆞ고安의依賴로金成博에게金五十圓을請借ᄒᆞ엿스나不果ᄒᆞ고其夜에安은曹道先과伴歸同宿ᄒᆞ엿ᄂᆞᆫᄃᆡ安이大東共報社에送致하ᄂᆞᆫ書函의外封을自己에게請寫ᄒᆞ엿스나其書意ᄂᆞᆫ不知ᄒᆞ고翌十一日은安이曹、禹와共히蔡家日에赴ᄒᆞ엿더니其夕陽에安의電報가來到ᄒᆞ야日何時에着ᄒᆞ나하엿ᄂᆞᆫᄃᆡ此ᄂᆞᆫ安氏가[illegible]自己家族을出迎ᄒᆞᄂᆞᆫ同時에伊藤이도出迎ᄒᆞᆫ다ᄒᆞ엿ᄂᆞᆫ[illegible]必伊藤의來到時間을[illegible]ᄒᆞ고其時傳說을[illegible]ᄒᆞ야明[illegible]ᄒᆞ다고答[illegible]에安이[illegible]至海參威李[illegible]請送의[illegible]金錢[illegible]ᄒᆞ다[illegible]金에安重根[illegible]部를[illegible]第十一時半[illegible]物을取調[illegible]다더라

安氏以下諸人이裁判長審問에對ᄒᆞᆫ答辯은一括ᄒᆞᆯ진ᄃᆡ安重根氏ᄂᆞᆫ當初부터伊藤殺害의目的을抱ᄒᆞ고합爾賓에出ᄒᆞᆫ終始一貫의擊殺ᄒᆞᆯ意잇슴을自白ᄒᆞ되此事ᄂᆞᆫ但只自巳一人外에何等人의幫助가無ᄒᆞ다ᄒᆞ며禹德淳은當初에伊藤殺害ᄒᆞᆯ意가有ᄒᆞ엿스나機會가安에게歸ᄒᆞᆫ故로自己가殺害치못ᄒᆞ엿다ᄒᆞ며曹道先劉東夏兩氏ᄂᆞᆫ安等의意思를不知ᄒᆞ엿노라하엿더라

▲偉人遺蹟

▲▲東國巨傑 崔都統 (續) 錦頰山人

第三章 崔都統의前半生

此三十六年은卽崔都統의前半生時代인ᄃᆡ其歷史가何其簡單ᄒᆞ며何其寂寞ᄒᆞᆫ가從古로英雄의事業은早年에基礎ᄒᆞᄂᆞᆫ故로大祚榮이句麗殘兵을聚ᄒᆞ야唐寇李勣을擊破ᄒᆞ던時에其年을問ᄒᆞ면二十에不過ᄒᆞ며김庾信이中岳의[illegible]禱를畢ᄒᆞ고三國史에出現ᄒᆞ던時에其年을問ᄒᆞ면十七八에不過ᄒᆞ고卽彼拿破崙大彼得의一國政權을掌握ᄒᆞ던時가皆少年時代어ᄂᆞᆯ崔都統의前半生歷史ᄂᆞᆫ何其簡單ᄒᆞ며何其寂寞ᄒᆞᆫ가日嗚乎라大哉英雄을論ᄒᆞᆷ에不[illegible]所遇의時와所處의社會를[illegible]라其世社會가[illegible]을[illegible]展[illegible]嗚乎[illegible]地를[illegible]ᄒᆞ면其政策이哀呼乞憐一端뿐이라此等方法此等政策이幾乎一國의人心을支配ᄒᆞ야苟生苟活로歲月을撑過ᄒᆞᄂᆞᆫᄃᆡ其中에비록驚天動地의英雄이出ᄒᆞ야獨立ᄒᆞ獨立ᄒᆞ大呌ᄒᆞᆫ달엇지容易히其耳를傾ᄒᆞ리오

是以로十歲幼齡부터支那에屈入ᄒᆞ야元主를擒ᄒᆞ고國威를揚코ᄌᆞᄒᆞ던崔都統의懷抱로其(三)十六年의長日月間에其成就ᄒᆞᆫ功業이(一)倭頭幾百級을斬ᄒᆞᆷ과(二)趙日新의亂을討平ᄒᆞᆷ에止ᄒᆞ니嗚呼라 未完

詞藻

✿웨닛던고✿

蒼頡이글ᄉᆞ자닐제、東轉二字웨닛던고。
秦始皇焚書時에、어ᄂᆞ틈에셔엿다가。
至今셔、人間에잇셔、사ᄅᆞᆷ[illegible]ᄭᅦ。

雜報

●壹切入叅 大皇帝陛下씌옵셔 本日 景孝殿 展謁時와 의孝殿 展拜時에 宮內府勅任官以上과 各部親任官과 皇族中承候官以上이 壹切 入叅하라 하옵셧다더라

●展謁時御服着 旣報와 如히 大皇帝陛下씌옵셔 昨日上午十二時에 太廟에 展謁하시는딕 大皇帝陛下씌옵셔는 冕冠강袍를 御着하옵시고 至親皇族諸氏는 厚祿古套로 其他皇族은 舊禮服으로 日人官吏는 新式禮服으로 入叅하엿다더라

●有關月給 內閣秘書課에셔 各府部院에 통知하기를 奏任官以上의 任免及陞等件은 內閣會議하던 日字로 官報에 頒布하깃고 日本官吏는 此限에 不在라하엿다는딕 其理由는 月給에 關係를 因홈이라더라

●官制改正件 關稅局官制改正件과 土地調査局官制改正件은 再昨日 統監府叅與會議에 提出되엿다더라

●市塲處理法 全國內各市塲의 認可處理方法이 不完全하다 하야 目下 農商工部에셔 其方法을 統監府와 商議하야 製定中이라는딕 日間發布된다더라

●兩氏訪問 輔國閔泳韶 親衛府長官李秉武 兩氏가 再昨日下午二時에 總相李完用氏를 私邸로 訪問하엿다더라

●小門妙策 總理李完用氏가 退院훈後로 晝에도 病室에 臥在하며 每日來訪者가 四五十名이나 皆謝絶하고 오쟉大臣들만 病室로 延見하며 日本이나 東萊等地溫泉에 赴往훈다는 說이 有하나 아쟉 起臥가 不得自由하는 故로 此는 決定치못하엿고 今番被刺後에 奪魂되야 正門內에 更히 小門을 設하야 刺客을 防備훈다는딕 目下 小門을 建築中이라더라

●不良叵測 總相李完用氏 被刺後로 李在明에 干連者 誰某라는 投書가 警視廳에 逐日沓至훈는딕 該廳에셔는 此에 對하야 秘密調探키로 日夜奔走훈다더라

●宋李密會 壹進會長李容九가 再昨日急行列車로 釜山에 下往하엿고 又日本別府溫泉에 在留훈던 宋秉畯도 同日出發하야 釜山에 向하엿는딕 其秘密會議가 有훈다하며 其密會地는 釜山大池旅館中 深僻훈 壹室을 已爲作定힛고 宋이 渡韓홈에 對하야 日本馬關警察署에셔 警護를 嚴密히 훈다하며 釜山警察署에셔도 此消息의 통知가 有하다더라

●密議眞相 李容九 宋秉畯 兩人의 會見은 別項과 如훈거니와 其會議의 眞相을 略聞훈즉 壹進會合邦聲明에 對하야 其目的을 不達훈 故로 此後行動에 關하야 何等事件을 密議훈즈고 宋이 李를 招去홈이라더라

●出品物增加 日本福岡名古屋兩共進會의 關훈 韓國出品物은 當局者의 奬勵를 因하야 多數輸送하는딕 其數가 豫期훈바보다 遠過훈다더라

●地局分課 內部地方局의셔는 近頃의 吏員을 增置하고 各課를 區分하엿다더라

●榊原歸國說 日憲兵隊長榊原은 日本東京憲兵隊長會議에 叅席키 爲하야 來十九日頃에 出發渡日훈다더라

●木越北行 日人木越中將은 再昨日上午九時 軍事上視察훈기 爲훈야 北韓地方으로 發向훈엿다더라

●澁谷往還 學部澁谷事務官은 水原郡農林學校를 視察하기 爲하야 昨日上午九時에 出張하엿다가 當日入城하엿다더라

●日復宴會 日人高等演藝館主務佐伯熙는 再昨日下午七時 惠泉館에서 韓國新聞記者諸氏를 請邀宴待하엿다더라

●銀行協議說 國內各銀行은 現今金融의 流통이 不良홈을 當하야 任금은 激增하고 借出은 此에 不伴하야 放債가 甚苦훈 故로 任금利子減下를 實行코저하야 日間協議會를 開훈다더라

●明月開宴 韓壹銀行長白寅基氏는 來土曜日下午七時 明月館의셔 內外國新聞記者를 請邀宴待훈다더라

●漁업審查會 水産局에셔 昨年末에 實地調査훈 漁업免許請願件이 五六百件의 達하는딕 日人課長庵原이가 昨日歸任훈 故로 免許漁업審查會를 卽開훈다더라

●旌褒件引繼 宮內府에셔 內部로 照會하되 忠烈孝旌褒의 事務를 嗣後로는 貴部로 引繼하엿스니 該事務를 詳量處理하라하엿다더라

●學費交送 宮內府에셔 日本에 派遣훈 留學生七人의 一月로 六月세지 學資金一千三百餘圓을 昨日學部로 委托交送케하엿다더라

●安氏歸國說 旅順에 滯在하던 辯護士安秉瓚氏는 歸國次로 昨日發程하엿다더라

●控訴權拋棄說 今番旅順公判에 懲役에 處刑된 禹連俊 曹道先 劉東夏 三氏는 控訴權을 拋棄하엿다는 說이 有하다더라

●取調半過 李在明은 現今統監府地方裁判所檢事局에셔 訊問取調中인딕 其連累로 指目된者가 二十餘名에 達하고 又其犯罪의 系統이 頗廣하다하야 其公判期는 아쟉不知훈다하며 其取調는 目下過半이나 進行되엿다더라

●到處拒絶 普成小學校에셔 黜學을 當훈 崔瑛植은 他學校에 入學請願코저하는 境遇이면 一切不納하기로 一般敎育界에셔 發論이 有하다더라

●所欲止此 日本留學生李泰榮氏가 日本警察科目을 卒業하엿다고 該卒業證書를 昨日學部에 提呈하고 相當훈 官職을 希望하엿다는딕 該李氏의 仕宦熱은 無不批評훈다더라

●李氏承認 前郡守李膺鍾氏는 加平郡朝宗面의 金礦八千餘坪을 日昨農商工部에 承認하엿다더라

●永舘設會 漢城府民會員鄭達永 實業雜誌社主幹吉原芮永洙三氏가 日昨永興舘에서 陰曆新年祝賀會를 設하고 各其學業에 對하야 五相勉勵하엿다더라

●日僧布敎 日本僧徒丹山太嶺爲名人은 韓國內에셔 寺院을 設立코저하야 認可세지 得하엿는딕 現今京城에 假布敎所를 設置하엿다더라

●云有妨害 慶北固城郡商務頭領李驥秀氏가 日昨商務組合本部에 所謂報明書를 提출하되 帝國實業會에셔 該會員金奉守氏를 派送하야 巨濟龍南固城等郡에 商業을 調査하는 故로 本商務에 妨害가 有하다하엿다더라

●巡查亦犯 三昨日西部警察署에셔 西小門內居留하는 淸人某家에 外國人과 韓人이 會集하야 雜技局을 大設하엿다는 說이 有훈 故로 三昨日西部警察署에서 巡查二名을 派送搜索하야 會洞居池某等六人을 捕縛훈中 該署巡查黃永燦氏가 同犯에 亦叅하엿다더라

●兩報押收 新韓民報第壹百六十七號와 新韓國報第七十八號 第七十九號는 治安妨害라하야 內部에셔 押收하엿다더라

●無不押收 昨日各警察署에셔 韓日巡查를 派送하야 各藥局에 使用하는 藥衡及酒商家에 使用하는 鈞器를 一切押收하엿다더라

●携銃被捉 再昨日下午四時頃에 何許洋服者一人이 五連發短銃을 携帶하고 戶橋로 過去하다가 行巡々查의게 發現되야 北部警察署로 押囚하엿다더라

●國民開會 國民大演說會에셔 來日曜日正午에 演說會를 開홈은 旣報어니와 再昨日上午八時에 中部警察署에서 該會長許진氏를 招喩하되 警視廳訓令內에 目下演說會를 開홈이 治安防害될 慮가 有훈즉 停止가 妥當하다하는 故로 該氏所答에 治安防害有無는 預言이 不可훌쁜아니라 一個人이 擅便홈을 不得훈다하엿는딕 此로 以하야 本日下午二時에 該會에서 幹事員會를 開훈다더라

●靑舘開演 今日上午七時에 鍾路靑年會에서 演說會를 開하고 美國人오라이너氏를 請邀하야 敎會의 改革되는 事情으로 演說훈다는딕 各敎會에셔 多數叅席하기를 希望훈다더라

◎感荷義捐 新門內雜貨商店主人黃鍾煥氏가 本社經費를 補助하기 爲하야 金貨壹圓을 寄付하엿기 玆에 其盛意를 感表하노라

學界

●廣達其達 平南价川郡中南面龍源里廣達學校는 該校長吳泰遊氏와 其他任員諸氏가 協力贊助홈으로 校況이 漸次振興하야 生徒가 八十餘名에 達하엿다더라

電報

◎美國醜婦排斥 美國下院에 통過된 醜業婦法案의 內容은 外國醜業婦排斥及其雇主排斥又處罰에 關훈 事를 規定하엿고 尚且移民法에도 醜業婦輸入者는 五千兩罰金에 處하기로 하엿다더라 桑港發 十五日着

◎澳門問題 英國은 葡萄牙를 保護홈에 關係가 有홈으로 淸葡間境界問題는 英國의 仲裁를 依홈이 最良策이라고 言하나 淸國外務部는 何等回答이 無하엿다더라 北京發 十五日着

◎淸兵作亂 淸國廣東에서는 淸兵中에 將校가 上官에게 對훈 不平이 有하야 軋轢이 重重하다가 巡警과 衝突이 出하야 激戰을 行하야 死者가 百餘名에 達훈 故로 戒嚴令을 施行하는 中이라더라 東京發 十五日着

◎政府苦心 日本政府는 豫算問題에 關하야 貴族院中 强硬훈 派黨을 鎭撫하기에 苦心하야 各派領首를 潛論하는딕 形勞가 頗히 危殆하다더라 東京發 十六日着

▲英雄演說會▼

玉山生

▲如錦如茶槿花域에 五色彩雲장막치고 太白山을 演壇삼고 夫餘族을 會集훈後 外人傍聽特許하고 東西古今歷史上에 英雄豪傑請邀하야 演說會를 大開하니 天軍天使贊成하고 諸卿諸佛拍掌훈다 嗟我韓國同胞들아 傾耳靜聽훌지어다

▲墨衣少年瑪志尼는 欠身飄然登壇하야 慟莫慟於無國이오 病莫病於喪心이나 今日貴國少年諸君들 過히 슬허하지마오 諸君들의 救國誠이 徹天蟠地하엿스니 往昔弊邦쇼年들도 無過於此훌지로다 要將心血洗國恥ㅣ된 一小魔야 何憂리오

▲蓋世英雄拿破崙은 豪氣騰々등壇하야 天地間에 何事던지 훌수업다하지 말고 强權强力發揮하야 貴國々境二千里만 保守훌몸두지말고 全地球를 占領훈後 金星에나 土星세지 移民키를 自期하소 苟有雄略彌宇宙ㅣ된 一版圖야 何有리오

▲烏喙英主越句踐은 長頸一揖등壇하야 本人往事생각하고 諸君情形살펴보니 千萬感念交集하야 말훌바를 모르깃쇼 臥薪嘗膽二十年에 生聚敎育안힛더면 會稽之冤雖雪이니 諸君들아 知此乎아 但使血誠貫鐵石이된 一洗恥야 何難이리

▲東國代表閔泳煥이 雍容하게 등壇하야 尊榮하신 諸位씨셔 弊邦으로 光臨하샤 藥石又흔 말合으로 懇篤하게 ?르치니 本人들의 心碑上에 銘佩不忘하려니와 그盛意를 感謝하옵 答辭後에 下壇하야 茶果禮를 擧行훌식 大韓獨立萬歲三唱

●委員選送 畿湖興學會에셔는 畿湖地方에 學事를 視察하기로 目下協議中이라더라

●趙氏被捉 中部廟洞居趙昌

金事件으로 被囚훈 李圭翊 宋秉

니와 該署에셔 保放을 不許훈으로 至今세지 留囚하엿더니 再昨

●車脫人傷 去十五日에 仁川行撫車가 機關部의 傷홈을 因하

더라

●金犯被捉 校洞居金章雲은

雜報

○順市尙閉　順川에는去番事件이有ᄒ後로尙且市場이閉鎖되엿다더라

○呂氏謎說　官立漢城高等學校漢文教官呂圭亨氏는日昨의向人說話ᄒ되班閥、등科、年老、外語不解、學問此五條는吾輩生의自負ᄒ는罪라힛다더라

○獸疫總數　昨年度韓國內의家畜罹疫數가合二千二百六十八頭인듸牛가壹千七百八十頭오豕가四百三十壹頭오犬이十九오其他獸疫의疑가有ᄒ者가三十八頭라더라

○丹山賊警　數日前에順[illegible]郡丹山面長鄭浩陽氏家에賊漢四名이突入하야該面內收俸ᄒ結錢을請求하미不爲出給하엿더니因爲衝火하엿다고該郡守가內部로報告하엿다더라

○颶風致死　寧海郡南面東魯洞居김封伊는日前의附近烽燧山의등陟하엿다가颶風을因하야致死하엿스니救恤금을支撥하라고該郡守가內部로修報하엿다더라

廣告

玉虎書林專賣特許 총 帽子商店

研究의 效果

우리大韓총帽子가前年春에는薄弱흔弊가不無흐더니益加研究흐야前年夏秋부터絹綾羅의別紋으로編織製造흠이益美흐야四時用에各宜흐니이것이研究의效果오이다

우리大韓총帽子는塵汗의汚흠을水에沉흐야소다로洗濯흐며方正을如意히作樣흐야乾後에冠戴히면精潔如新흐야衛生上에必要흠이天下에第一이니이것이研究의效果오이다

우리大韓총帽子는編織흠이堅緻흠으로數十年을冠用흐야도弊傷이無흐야經濟上에必要흠이天下에第一이니이것이研究의效果오이다

우리大韓총帽子는隆熙三年三月二十一日에發明흐고仝年五月十六日에專賣特許와仝月十八日에商票登錄을得흐야內外國에發售흔年終會計를決算흔즉多年의研究的消費를除흐고도年當年에利益金이生흐엿스니世界에向흐야感謝흐오며隆熙四年度에는研究效果가千萬倍나盛흘것은泰西의工商大家에서豫言흔바어니와今年에는廉價로大放賣흐오니茫茫흔東西洋에如林如雲흔衛生家와經濟家는速速請求흐심을務望흐나이다

帽子定價表

中山帽四圓五十錢
中折帽四圓五十錢
婦人帽四圓五十錢
美利堅帽四圓十錢
選薪帽一圓六十錢
學徒帽一圓[illegible]錢

本書林에셔發行흐는書籍은五圓以上을請求흐시면三割引으로本店에셔[illegible]흐나이다

本社의서同胞의衛生을注意흐야美國의서經驗單方으로流行通用흐는靈藥聖劑를買入흐야左開廣布흐오니有病君子와藥業에從事흐시는僉彦은爭先來購흐시옵

分賣와都賣에差別이有흐야一打(十二個)以上의都賣에는特別割引흠

左開

秘製止痛藥
效能、外塗內服無處不適 消滯 止瀉 絶瘧 治痢無不神效흠

喜蘇精藥
效能 頭痛 身體一切痛症 積年風濕 除痰 生신之道 립卽奏效흠

亞麟香膠
效能 毋論男女老少 勿嫌 年久日淺一切 咳소 服之 卽其效如神흠

委花藥膏
效能 一疥疾 聯珠瘡 皴跌 傷盤咬等 諸症無雙聖藥

委花樟水藥
效能 痲疹 花柳毒 凡不潔血所崇症 婦人虛弱등症 靈驗흠

牛汁藥酒
效能 毋論男女老少氣血虛弱者服之則大補元氣身體强健흠

韓美興業株式會社事務所

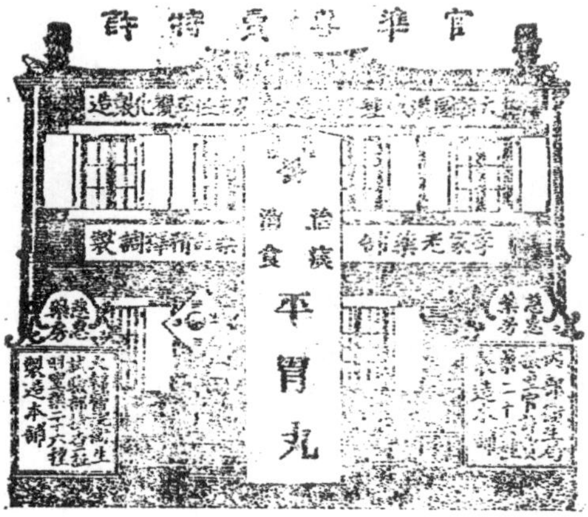

本院은韓國一般人民을爲흐야設立흔은僉彦의已知흐는바어니와自今으로事務를一層擴張흐고診察을더욱精密히흐기爲흐야時間을午前十時부터午後四時까지無料로診察흐오며또特別診察所를置흐고些少의診察料로貴客의便宜를圖흐오니診察을要흐는僉彦은照亮을爲要

但特別흔境遇에在흐야는時間을勿論흐고其請求를應흠

京城南大門外
濟衆院 告白

可謂萬金良劑

淸心保命丹

天下第一 蔘茸大補丸

○○○ 右丹은內外國各藥중에[illegible]

大韓全國에 藥 總發行所는 [illegible]

特別廣告

和平堂大藥房本舖分店及出張所表

京城鍾路	和平堂大藥房本舖主	李應善
仁川港杻峴	和平堂第一分店	金相玉
京城鍾路衣廛下	仝 二分店	李熙善
平壤鍾路	仝 三分店	鄭基煥
平壤館前	和平堂第一出張所	金龍興
平壤法首橋	仝 二出張所	金能元
平壤南門通	仝 三出張所	廣田
海州玉洞新市	仝 四出張所	崔斗鉉
海州東門內	仝 五出張所	李奉植
鎭南浦築洞	仝 六出張所	金元燮
鎭南浦碑石洞	仝 七出張所	吳承昌
載寧郡內墻洞	仝 八出張所	李炳均
成州郡上部仁濟局	仝 九出張所	金麟鎬
定州	仝 十出張所	金容河
大邱北門外	仝 十一出張所	朴大卿
義州南門外	仝 十二出張所	義和藥房
新義州眞砂町三統十戶	仝 十三出張所	金秉濬
江華鍾路	仝 十四出張所	宋觀吾
永興邑內	仝 十五出張所	趙昌鎬
安東縣	仝 十六出張所	世昌洋行支店
美國桑港	仝 十七出張所	張斗學
安東縣隆興街通濟橋西南第二號	仝 十八出張所	東和盛

其他內外國代理店特約店은紙面이不足하야一々히枚擧키難하와姑不掲載함

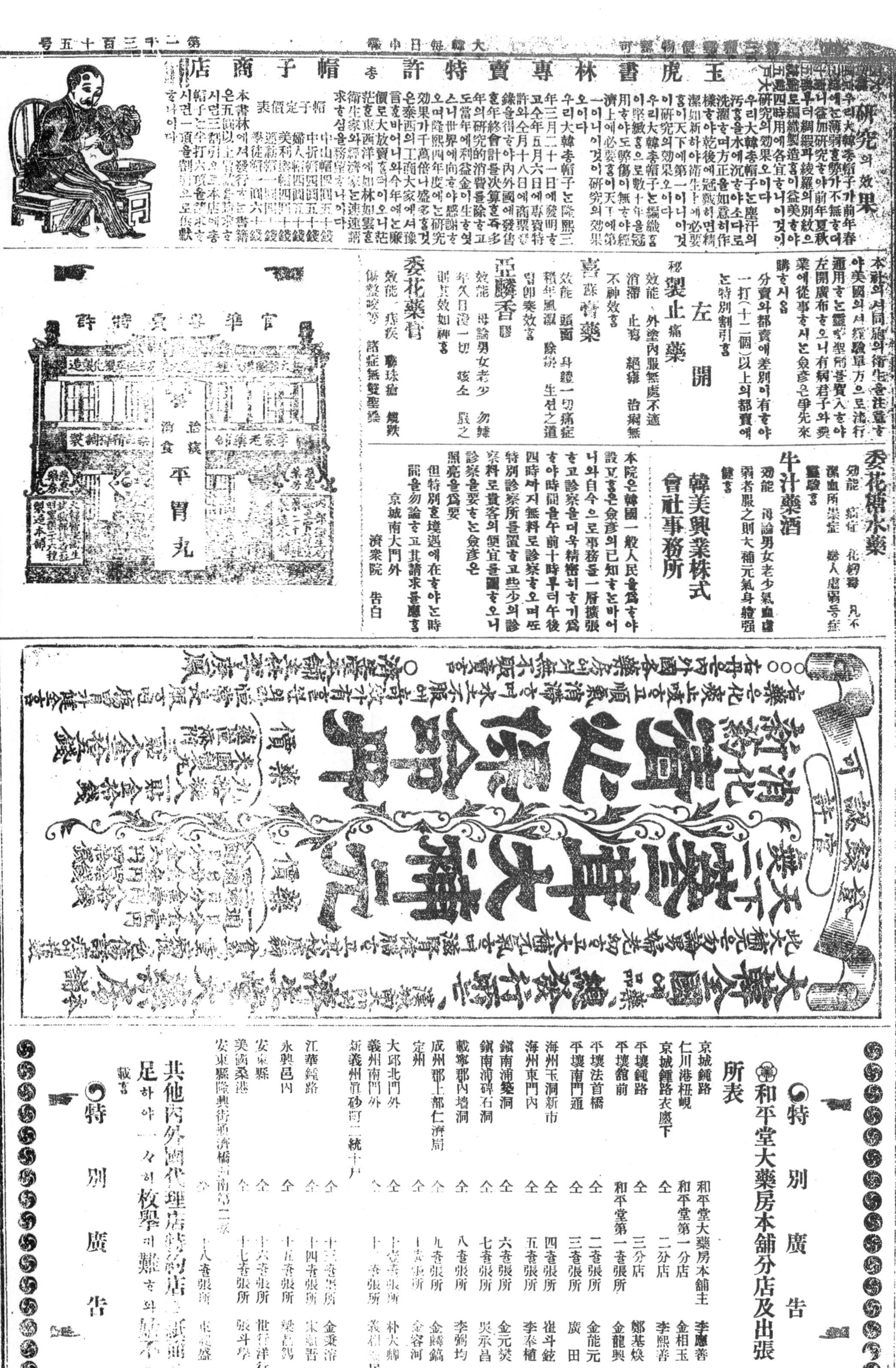

檀君開國四千二百四十三年
箕子元年三千三十二年
大韓開國五百十九年
本報創刊日 光武八年七月十八日

大韓每日申報

第八卷 月曜及慶節歲時日休刊 第一千三百十六号

發行兼編輯人 英國人 萬咸
Responsible for Publication Alfred Weekley Marnham
發行所 [illegible]石井洞二層洋屋家

論說

◎運命說

古代人類ᄂᆞᆫ自然界와人事界의狀態를混視하야月의盈虧를見하며人事도是와如하며花의開落을見ᄒᆞ며人事도是와如ᄒᆞ며日의晝夜와年의春夏秋冬을見ᄒᆞ며人事도是와如ᄒᆞᆫ者라ᄒᆞ야一治一亂은天의定ᄒᆞᆫ데라ᄒᆞ며一盛一衰ᄂᆞᆫ神의詔ᄒᆞᆫ비라運命이一來ᄒᆞ면到底히吾人의能力으로抵抗치못홀줄로思하며運命이既去ᄒᆞ면到底히吾人의能力으로挽回치못홀줄로思ᄒᆞ야人類의腦에無限ᄒᆞᆫ弱點을與하엿도다

然則運命이란것이果然無ᄒᆞ다홈이可홀ᄭᅡ曰運命이設有홀지라도是ᄂᆞᆫ人의造ᄒᆞᄂᆞᆫ者오天의造하ᄂᆞᆫ者가아니라高句麗故國原王時에政黨이分裂ᄒᆞ고兵備가懈弛ᄒᆞ야鮮卑의亂을致하야都城이殘破ᄒᆞ엿스니敗홈도人의自造며小獸林王이奮起ᄒᆞ야民을敎하며軍을鍊ᄒᆞ야舊恥를雪하고國威를振하엿스니成홈도人의自造오新羅武烈文武兩王以來로朝廷이武를尙ᄒᆞ며國民이忠을竭ᄒᆞ미能히麗濟를戰覆하고疆土를拓하엿스니興홈도人의自造며憲安王以來로昇平이既久ᄒᆞ미民氣ᄂᆞᆫ文弱에流ᄒᆞ며政治ᄂᆞᆫ姑息을安ᄒᆞ다가末來流賊이四起ᄒᆞ야疆土가三分ᄒᆞ엿스니亾홈도人의自造ᄒᆞᆫ비라嗚乎라成敗興亾은天이人의自由에聽ᄒᆞ고毫도容私홈이無ᄒᆞ거날人이偏히妄想을作ᄒᆞ야敗亾을自作ᄒᆞ고咎를天에歸ᄒᆞ며成就를不圖ᄒᆞ고惠를天에望ᄒᆞᄂᆞᆫ도다

拔山의勇男이로ᄃᆡ垓營의一蹶을遭ᄒᆞ야天之亾我非戰之罪를따홀ᄲᅮᆫ이오江東에渡ᄒᆞ야慓悍好殺의前過를改하고捲土重來의壯圖를作홀줄을不知ᄒᆞ엿스며쓰기비오ᄂᆞᆫ盖世의英雄이로ᄃᆡ迦太基의荒城에臨ᄒᆞ야埃西黎가前에覆ᄒᆞ며波斯가後에亾ᄒᆞ고今又迦太基가秋草에埋ᄒᆞ엿스니今日赫赫ᄒᆞᆫ羅馬인들엇지此歷史上의公例를逃ᄒᆞ야千萬古長存홈을得ᄒᆞ리오ᄒᆞ고當時羅馬奢侈淫靡의俗을矯正ᄒᆞ야盛極將衰의頹勢를挽迴홀줄을不知ᄒᆞ엿스니彼ᄂᆞᆫ皆古代人이라運이란壹字의謬見을打破치못ᄒᆞ야此등斷語를作ᄒᆞ엿도다

或曰母腹에셔墮來홀時부터既爲病廢된人은人力으로改移치못홀者이니엇지天命이아닌가ᄒᆞ나니是說이或然홀듯ᄒᆞ나天盲을開치못ᄒᆞ며癈疾을療치못홈은此를尙今醫學의發達이未盡ᄒᆞᆫ故라홈이可ᄒᆞ니嗚乎라人類의能力이日進ᄒᆞ면何處에運命說이存在홈을得ᄒᆞ리오

彼星命을信ᄒᆞ며卜筮를信하며秘讖을信ᄒᆞᄂᆞᆫ者여此論을壹讀홀지어다

[illegible]人은無足責이어니와頭籍은

外報

◎叛亂鎭定 淸國廣東新式陸軍約五箇大隊의兵卒이暴動하야討伐官兵과接戰ᄒᆞ다가大敗ᄒᆞ야遂히其武器를棄ᄒᆞ고逋走ᄒᆞ엿ᄂᆞᆫᄃᆡ市街ᄂᆞᆫ平穩홈에歸ᄒᆞ엿스나尙히嚴重警戒ᄒᆞᆫ다더라

◎伯林騷擾 德國社會民主黨員等은國民輿望에不合하ᄂᆞᆫ選擧法案을反對ᄒᆞ기爲ᄒᆞ야示威運動會를伯林市와各處에行홈으로警官들은該市中央에市民大集會를禁止ᄒᆞ기爲ᄒᆞ야兩次衝突하엿다더라

◎空前의大歡迎 美國前大統領루스벨트氏의歸國을歡迎ᄒᆞ기를希望ᄒᆞᆫ은美國全土에波及ᄒᆞᄂᆞᆫ中인ᄃᆡ目下形勢로觀ᄒᆞ면美國空前의大歡迎이라홈이可홀지니美西戰爭에凱旋ᄒᆞᆫ데유우에ㅣ提督의歡迎보다도勝ᄒᆞ리라더라

◎法摩紛擾解決 [illegible]後에ᄌᆞ조에셔法國軍隊의一官吏를逮捕ᄒᆞᆫ事로因ᄒᆞ야生ᄒᆞᆫ法국對摩洛哥紛擾問題ᄂᆞᆫ該事件에責任이有ᄒᆞᆫ摩洛哥官吏가法國士官에게對ᄒᆞ야公然謝罪하엿슴으로問題ᄂᆞᆫ解決되얏다더라

◎露墺協商有望 目下露墺兩國間에評議中인協約締結은頗히有望ᄒᆞ다더라

◎旣西又東 [illegible]月三十日歐洲各國海軍을觀察하고歸國ᄒᆞᆫ淸國籌辦海軍大臣載洵貝勒及同南北洋水師提督薩鎭氷은預定과如히更히海軍을觀察키爲ᄒᆞ야本月二十五日頃에日本으로向ᄒᆞ야出發ᄒᆞᆫ다더라

◎兩黨妥協 英國愛蘭國民黨領袖레드몬드氏와首相아스쿠이쓰氏間에協約을成立ᄒᆞᆫ結果로愛蘭黨은豫算案問題에對ᄒᆞ야現政府反對投票를試홀計劃을廢하엿다더라

雜報

◎安重根의公判

(第三日午後)

九日午後一時十五分에更히開廷ᄒᆞ고證據類에着手하엿ᄂᆞᆫᄃᆡ伊藤暗殺前二日에海參威大東共報編輯長李剛氏에게與ᄒᆞᆫ安禹兩氏의連名書簡이有ᄒᆞᆫᄃᆡ其文의大要ᄂᆞᆫ如左ᄒᆞ니曰

本月九日(陽十月二十二日)午後當地에來着하야遼東報를見ᄒᆞᆫ즉伊藤은來月十二日에寬城子에서發程하야露國鐵道局總督特別列車로哈爾賓에着ᄒᆞᆫ다ᄒᆞ엿스니吾等은曹道先과共히家族出迎홀事로寬城子驛에赴ᄒᆞᆫ다稱ᄒᆞ고同驛을距ᄒᆞᆫ기數驛留되ᄂᆞᆫ某驛에서伊藤을待ᄒᆞ다가擧事ᄒᆞᆯ計劃인ᄃᆡ事의成은天에任홀지나幸히同胞의善禱를待하야助를受홈을望ᄒᆞ나이다當地金成博의게서五十圓을借受ᄒᆞ야旅費에充ᄒᆞ엿ᄉᆞ오니返償홈을希望ᄒᆞᆸ大韓獨立萬歲

此書簡으로由ᄒᆞ야李氏가安氏等과聯絡이有ᄒᆞᆫ다고推測ᄒᆞᆫ다더라

當時安禹兩氏가합爾賓金成博氏家에서慷慨激烈ᄒᆞᆫ音調로互相唱和ᄒᆞᆫ詩歌二首도證據物로提出되엿ᄂᆞᆫᄃᆡ即如左ᄒᆞ니

安重根의詩歌

丈夫處世兮其志大矣時造英雄兮英雄造時雄視天下兮何日成業東風漸寒兮必成目的鼠竊々々兮豈肯比命豈度至此兮時勢固然同胞々々兮速成大業萬歲々々兮大韓獨立萬歲々々兮大韓同胞

禹德淳의時歌

맛낫도다々々々々冤讐너를맛낫도다너를한번맛나고ᄌᆞ壹平生에願힛지만何相見之晩也련고너를한번맛나랴고水陸으로幾萬里를或은輪船或은火車千辛萬苦거듭ᄒᆞ야露淸兩地지날ᄯᅢ에안질ᄯᅢ나섯슬ᄯᅢ나仰天하고祈禱하길살피소셔々々々主예수여살피소셔東半島의大帝國을ᄂᆡ願ᄃᆡ로救ᄒᆞ소셔嗚乎奸惡이老賊아我等民族二千萬을滅亾ᄭᅡ지식혀노코錦繡江山三千里를소리업시ᄲᅢ앗노라고窮兇慘惡더手段을(中略)至今네命ᄯᅡ너지너도寃痛하리로다甲午獨立식혀노코乙巳締約ᄒᆞᆫ然後에오ᄂᆞᆯ네가北向홀줄나도亦是몰낫노라德닥그면德이오고罪犯ᄒᆞ면罪가온다너ᄲᅮᆫ인줄아지마라너의同胞五千萬을오날부터시작ᄒᆞ야하나둘식보ᄂᆞᆫᄃᆡ로니손으로죽이리라

先次에露國官憲의게셔引繼ᄒᆞᆫ합爾賓地方裁判所判事及同地警察署長柔家口駐在軍曹其他二三의取調書類를讀聽케ᄒᆞ고日本檢察官의圖書ᄂᆞᆫ證人古谷久綱小山善德川上總領事田中滿鐵理事等의陳述이有ᄒᆞ고鑑定人小山善德岡軍醫尾見博士等의診察鑑定書等을讀聽케ᄒᆞ고其他各證人日人十三名의取調書及聞取書並起訴狀千十八枚가有ᄒᆞᆫᄃᆡ其則讀을省略ᄒᆞ고其次에安氏의伊藤殺害에用ᄒᆞᆫ拳銃과禹氏曹氏等의携帶ᄒᆞᆫ拳銃과伊藤氏發着을報知ᄒᆞᆫ電報와將且殺害홀目的을表ᄒᆞ야大東共報社에送ᄒᆞᆫ安氏禹氏의慷慨詩歌와及兩氏가連名ᄒᆞ야大東共報編輯長에게送ᄒᆞᆫ暗殺決行의書類等을出示ᄒᆞᆫ後에裁判長이各被告에게對ᄒᆞ야曰汝等에有利ᄒᆞᆫ證據가有하거던提供ᄒᆞ며又請求홀事件이有ᄒᆞ거던請求하라ᄒᆞᆫᄃᆡ安氏ᄂᆞᆫ曰何等의請求홀비別無ᄒᆞ나自來抱懷ᄒᆞᆫ三大目的을語코ᄌᆞ하노라ᄒᆞ며禹氏도安과同意라하며曹氏ᄂᆞᆫ別無請求라ᄒᆞ며劉氏ᄂᆞᆫ별노홀말업스니일즉집에가것다하미滿堂이홍笑ᄒᆞ엿다더라

於是에辯護士가仍히安禹兩氏의三大目的의陳說홈을許ᄒᆞᆯᄌᆞᄒᆞ미裁判長은萬一公安에妨害될語가有하면傍聽을禁止ᄒᆞᆯ意로布ᄒᆞ고이에兩氏의陳說을許可하니安은임의獄中에서寫ᄒᆞᆫ伊藤殺害理由書十五條를骨子로삼아說ᄒᆞ야曰我가哈爾賓에서伊藤을殺害홈은伊藤이韓國獨立을奪홈을爲홈이니此ᄂᆞᆫ韓國獨立戰爭의一部分이오又我等이日本法廷에立ᄒᆞ야日本裁判을受홈은戰爭에敗北ᄒᆞ야捕虜가됨이오內地의義兵이日本軍과衝突하ᄂᆞᆫ事도獨立戰爭으로見홈이可ᄒᆞ다ᄒᆞ고又曰我ᄂᆞᆫ個人資格으로此事를行홈이아니오韓國義軍參謀中將으로國家를爲ᄒᆞ며東洋平和를爲ᄒᆞ야行홀것이라[illegible]과如히日本이露日開戰時의宣言을背하며七條約을[illegible]으로締結ᄒᆞ엿슨즉日本은東洋을擾亂ᄒᆞᆫ者오又伊藤은往年閔后弑害의首謀者며且韓國의外臣이되야我皇帝陛下를欺ᄒᆞ고皇位를廢立ᄒᆞ엿스니伊藤은韓國의逆賊일ᄲᅮᆫ더러日本에도大逆賊이라「彼日本先帝孝明天皇을」ᄒᆞ고言未畢에裁判長이公安妨害라ᄒᆞ야直히傍聽을禁止ᄒᆞᆫ後安禹兩氏의目的을陳述케ᄒᆞ엿ᄂᆞᆫᄃᆡ午后四時二十五分에閉廷하엿다더라

詞藻

◎젼ᄒᆞ리라◎

두어도다써ᄀᆞᆫ가슴、드ᄂᆞᆫ칼노버혀너여。
珊瑚箱白玉函에、點々이담엇다가。
젼ᄒᆞ리라、天使의게付托하야、上帝前에。

宮廷彙報

●坤寧停止 皇后陛下ᄭᅦ옵서 昨日 德壽宮에 動駕ᄒᆞ시라다가 感患으로 廢寧ᄒᆞ옵서 停止ᄒᆞ옵셧다더라

●奏任赤衾 大皇帝陛下ᄭᅦ옵서 再昨日 太廟 展謁時에 宮內府勅任官以上만入衾ᄒᆞ라ᄒᆞ셧ᄂᆞᆫᄃᆡ 電務課長黃鎭菊氏ᄂᆞᆫ 奏任官으로 陪從ᄒᆞ엿다더라

●次第祇迎 昨日 大皇帝陛下ᄭᅦ옵서 德壽宮에 動駕ᄒᆞ심은 昨報와如ᄒᆞ거니와 私立普光學校生徒ᄂᆞᆫ 敦化門前에서 祇迎ᄒᆞ엿고 淑明女學校生徒와 養閨義塾生徒와 京城孤兒院學徒ᄂᆞᆫ 壽洞屛門에서 祇迎ᄒᆞ엿다더라

●王妃陛見 義親王妃殿下ᄭᅦ서 昨日上午十二時 德壽宮에 陛見ᄒᆞ엿다더라

雜報

●豫備金支出 農商工部特別功勞賞與금二千三百圓과 漢城府道路橋梁修築費五千圓과 看守退職賜금三十三圓을 豫備中支出ᄒᆞ기로 上奏 裁可되엿다더라

●卒業生需用說 日本官私費留學卒業生이 歸國後相當ᄒᆞᆫ業務가無ᄒᆞᆷ으로 學部大臣이 將次 內閣會議에 提議ᄒᆞ고 各府部院廳에 官吏現闕을 隨하야 卒業生中에서 需用ᄒᆞ기로ᄒᆞᆫ다더라

●調査開會 昨日 統監府에서 地方制度調査會議를 開하엿다더라

●統府晩餐 本月 十八日 統監府에서 領事團晩餐會를 開ᄒᆞ고 各國領事同夫人을 請邀ᄒᆞᆫ다더라

●山林局會議 農商工部에서 去十五日에 京城鏡城平壤大邱木浦水原林業所長을 山林局에 召集하고 會議를開ᄒᆞ엿다더라

●法會開會 內部法令審査會員諸氏가 昨日下午二時에 審査會를開ᄒᆞ고 事務를處理ᄒᆞ엿다더라

●魚付林設定 農商工部水產局에서ᄂᆞᆫ 韓海漁業獎勵上에 魚付林設定이 最急務라ᄒᆞ야 近間調査에 着手ᄒᆞ야 漸次로 經營ᄒᆞᆯ다ᄂᆞᆫᄃᆡ 魚付林設定ᄒᆞᆯ處ᄂᆞᆫ 全國中에 約四百處라더라

●刀筆奔走 各官廳에서ᄂᆞᆫ 隆熙三年度文簿를 磨勘하기爲ᄒᆞ야 一般官吏가 目下奔走中인ᄃᆡ 二月三十日內 了勘하기로ᄒᆞᆫ다더라

●何故調査 統監府에서 學部로 指揮ᄒᆞ야 國內에 設立ᄒᆞᆫ 耶蘇教學校의 校名과 設立者誰某와 教員數와 宗派等을 壹々調査示明ᄒᆞ라ᄒᆞ엿다더라

●公察報告 忠南觀察使가 該管下道路修築費補助規程과 各公私立學校補助規程에 關ᄒᆞᆫ案件을 內部로 修報ᄒᆞ엿다더라

●柳氏修報 平北觀察使柳赫魯氏가 管下各郡의 面洞里廢合件을 道令으로 頒布ᄒᆞᆯ깃다고 內部에 修報ᄒᆞ엿다더라

●輿貲南行 內部衛生局輿貲技師ᄂᆞᆫ 清州郡慈惠醫院의 實地情況을 視察次로 昨日上午九時에 京釜線으로 下往하엿다더라

●玄鶴子仕進 官立高等女學校副敎授李東初氏가 病不仕進ᄒᆞᆫ代에 玄暎運氏의 令孃玄鶴子氏가 昨日부터 仕進視務ᄒᆞᆫ다더라

●淸館通知 來廿二日은 淸國皇帝陛下의 萬壽節이나 現今廿七個月宮中喪期以內인故로 祝賀를不受ᄒᆞᆫ다고 淸國總領事館에서 各官廳에 통知ᄒᆞ엿다더라

●衛生會豫算 本年度漢城衛生會豫算은 歲入이 二十三萬壹千九百六十二圓七拾七錢이오 歲出이 拾八萬八千九百四拾五圓拾三錢이라더라

●鉤嚚換給 警視廳에서 各酒商에 使用ᄒᆞᄂᆞᆫ 鉤嚚를 押收ᄒᆞᆷ은 既報어니와 石油商의 使用ᄒᆞᄂᆞᆫ 鉤嚚도 壹並押收ᄒᆞ고 並히 新製鉤嚚를 換給하엿다더라

●宜乎拒絕 從二品權益相氏가 日昨에 一進會員朴魯鶴李範喆等이 政合邦을 贊成하라고 勸告ᄒᆞᄂᆞᆫ 事에 對하야 拒絕ᄒᆞ기를 余가 此를 贊成ᄒᆞ면 各報舘의 正直ᄒᆞᆫ 攻駁이 有ᄒᆞᆯ뿐더러 輿論之下에 祖上ᄭᆞ지 辱及ᄒᆞᆯ너이니 此等事ᄂᆞᆫ 切勿發說하라 ᄒᆞ엿다더라

●餓鬼造邪 一進會에서 日前 徐彰輔에게 金貨八十圓 金思鼎에게 三十圓 金鍾九에게 二十圓을 秘密支給ᄒᆞᆫ 事件이 發現되야 三昨日 國民同志贊成會會員이 會同ᄒᆞ야 一場風波를 惹起ᄒᆞ엿ᄂᆞᆫᄃᆡ 徐也ᄂᆞᆫ 該會副會長을 辭免ᄒᆞᆯ次로 請願ᄒᆞ엿다더라

●飢狗相疑 日前에 同志贊成會에서 懇親會를 開ᄒᆞᆯ時에 該宴會費ᄂᆞᆫ 一進會에서 三十圓을 支撥ᄒᆞ기로 預算ᄒᆞ엿더니 宴會費가 一百三十六圓八十錢에 達ᄒᆞᆫ지라 此가 設備委員崔晶圭가 何等作奸ᄒᆞᆷ인가 致疑ᄒᆞ야 目下相詰中이라더라

●辱及其母 漢城府民會書記姜重遠氏가 李學宰를 對ᄒᆞ야 痛罵ᄒᆞᆫ 事件으로 中署에 被捉ᄒᆞᆷ은 既報어니와 當初事實은 姜氏가 李를往訪ᄒᆞ고 李의言內에 汝가 吾黨를逆賊이라하더니 今此來見이 有何意思이나ᄒᆞᄂᆞᆫ故로 姜氏가 李에 前後行跡을 一々論駁ᄒᆞᆫ後 汝母를爲ᄒᆞ야 一哭ᄒᆞ노라ᄒᆞ엿ᄂᆞᆫᄃᆡ 此를因ᄒᆞ야 所管警察署에서 姜氏를 招論ᄒᆞᆷ인ᄃᆡ 旋卽放送ᄒᆞ엿다더라

●宜遭其討 日前 全南地方에서 義兵幾十名이 該道商務頭領權重爀氏를 捉致하야 聲討ᄒᆞ기를 汝等이 李學宰의 黨類로 壹進會를 贊成ᄒᆞᄂᆞᆫ 凶徒라ᄒᆞ고 無數毆打ᄒᆞᆫ後 金貨壹百六十圓을 討索以去ᄒᆞ엿다더라

●財長不法 永登浦財務署長李용承氏ᄂᆞᆫ 結錢을 收捧ᄒᆞᆯ次로 日人官吏를 帶同ᄒᆞ고 村閭에 橫行ᄒᆞ며 人家內庭에 突入ᄒᆞ야 短杖으로 婦女를 毆打ᄒᆞᄂᆞᆫ故로 民怨이 藉々ᄒᆞ다더라

●兩氏乂訴 義州府와 龍川府에 在ᄒᆞᆫ 民有軍役土事件으로 各土主의 代表諸氏가 府署에 累訴ᄒᆞᆷ은 累報어니와 該代表人白寅善車瑞坤兩氏가 日昨度支部에 又爲請願하엿ᄂᆞᆫᄃᆡ 該部에서ᄂᆞᆫ 調査後 歸決하깃다하엿다더라

●油商宴會 再昨日下午壹時에 明月舘에서 石油商韓人五十餘名과 日人二十餘名이 會同하야 宴會를 開ᄒᆞ고 石油組合所를 組織ᄒᆞ기로ᄒᆞ엿다더라

●何事拒絕 中部警察署에서ᄂᆞᆫ 有何事件인지 昨日부터 各新聞記者를 壹切拒絕ᄒᆞᆫ다더라

●柴場開業 柴場淸潔組合所에서ᄂᆞᆫ 場所修築ᄒᆞᄂᆞᆫ工事를 畢了ᄒᆞ고 昨日부터 開업ᄒᆞᆺ다더라

●日人暴行 日人이 發行하ᄂᆞᆫ 朝鮮日出新聞社에서 龍山日人經濟協會發會式에 關ᄒᆞ야 冷評을 記入하엿ᄂᆞᆫᄃᆡ 該會關係者日人小林池上等이 正誤를請ᄒᆞ나 該社에서 不應ᄒᆞ엿더니 池上等이 四五拾名作黨ᄒᆞ야 棍棒을 各持ᄒᆞ고 新聞社에 襲入ᄒᆞ야 暴行을 加하엿다더라

●果則狂夫 慶尙道居河性淳氏가 數日前 太皇帝陛下ᄭᅦ 上書ᄒᆞ라고 大漢門前에서 彷徨ᄒᆞ다가 警視廳에 被捉ᄒᆞ엿ᄂᆞᆫᄃᆡ 其人言內에 其先生이 夢中에 來하야 太황帝ᄭᅦ 上書하라ᄒᆞᆫ事가 有ᄒᆞᆫ故로 上京ᄒᆞ엿노라ᄒᆞ엿ᄂᆞᆫᄃᆡ 去拾五日에 蒙放ᄒᆞ야 鄕里로 歸ᄒᆞ엿다더라

●捐金治喪 西部平洞居史鳳學氏가 去十壹日에 其慈親喪을 遭ᄒᆞ엿ᄂᆞᆫᄃᆡ 該氏의 家勢가 赤貧ᄒᆞ야 歛殯之節이 掃如ᄒᆞ더니 李容植金最基以下某々諸氏가 各其賻儀金을 捐助ᄒᆞ야 治喪케ᄒᆞ엿다더라

●金氏自結 中部麻洞居김順元氏ᄂᆞᆫ 夫婦間不和ᄒᆞᆷ을 因ᄒᆞ야 再昨夜 自結致斃ᄒᆞ엿다더라

●義蹤詗探說 義兵將韓鳳瑞氏가 上京ᄒᆞ야 南門外에 潛伏ᄒᆞ엿다ᄂᆞᆫ 說이 有ᄒᆞᆷ으로 某處에서 目下嚴密ᄒᆡᆼ探中이라더라

●義日交鋒 日前 抱川郡花峴等地에서 義兵將姜基東氏部下廿名과 日憲兵四名이 數時間을 交戰하엿ᄂᆞᆫᄃᆡ 義兵이 洋銃二柄을 見奪ᄒᆞ고 死傷은 無ᄒᆞᆺ다더라

●興學開會 各私立學校中財政困難으로 廢止ᄒᆞᆯ地境이 된 學校에 對하야 各學會總務諸氏가 再昨日下午二時에 畿湖興學會會舘內에 會同ᄒᆞ야 維支方針을 協議ᄒᆞ엿ᄂᆞᆫᄃᆡ 將次意見書를 提出ᄒᆞ기로 決議하엿다더라

◉可付一笑 昨日本報論說에 偵探者를論ᄒᆞ야 揭載ᄒᆞ엿더니 此를 治安妨害라ᄒᆞ야 內部에서 押收ᄒᆞ엿더라

電報

◉德國憤慨 日本東京每日新報의記事ᄂᆞᆫ 德國皇帝陛下에 關ᄒᆞ야 不謹愼이 極ᄒᆞ다고 德國各地에서 激昂憤慨가 到處皆起ᄒᆞᄂᆞᆫᄃᆡ 德國新聞界에서 此로 排日策에 利用코져ᄒᆞᆷ으로 德國政府에서 此를 防止ᄒᆞᆫ다더라

伯林發 拾六日着

◉公判後의安氏 日本辯士水野가 旅順監獄에서 安重根氏를 訪問하고 控訴與否를 問ᄒᆞᆫ즉 安氏ᄂᆞᆫ 曰余가 裁判은 不服하나 控訴를 行ᄒᆞᆷ은 生命을 願하ᄂᆞᆫ듯ᄒᆞᆫ故로 熟考ᄒᆞᆫ後에 決心코져하노라하엿다하며 水野가 安氏의 母親이 安더러 家門에 名을 勿汚하라ᄒᆞᆫ事가 新聞에 揭載되엿다고 傳言하엿다더라

◉廣東暴行詳報 清國廣東의 暴動된 詳報를 據ᄒᆞᆫ즉 廣東新軍所屬兵이 去九日에 巡警과 少少ᄒᆞᆫ 事件으로 衝突ᄒᆞᆫ結果로 該市에서 拾餘里되ᄂᆞᆫ 燕唐駐在砲工兵七八百名 步兵六七百名이 廣東旅團司令部의 火藥銃嚚彈藥을 奪取하야 暴動을 起하야 燕唐東北方壹帶地ᄂᆞᆫ 戰場이 된故로 水師提督이 機關砲等精妙의 軍嚚로 巡兵隊를 携하고 急히 討伐하야 死傷이 多數하고 廣東城門이 閉鎖되며 電線이 切斷되고 交통이 杜絕되야 廣東壹帶에 戒嚴令을 發布ᄒᆞ고 外國人은 避難ᄒᆞᄂᆞᆫ者가 有ᄒᆞ며 外國人居留地附近에ᄂᆞᆫ 外국軍艦이 淀泊되엿다ᄒᆞ며 其暴動에 原因은 舊軍旅團長에게 不平을 抱ᄒᆞᆫ바와 商工局에 軋轢과 兵士에 煽動으로 起ᄒᆞ엿다더라

◉叛兵敗走 淸國李總督이 廣東叛兵을 討伐得勝ᄒᆞᆫ結果로 九江附近의 叛兵約百餘名은 死傷者를 棄하고 北方으로 逃走하고 步兵營三處가 破燒하엿ᄂᆞᆫᄃᆡ 此後叛兵은 敗滅에 全歸ᄒᆞᆫ 貌樣이오 叛兵의 總數ᄂᆞᆫ 不明ᄒᆞ다더라

以上東京발 拾六日着

◉英議會再開 英國議會ᄂᆞᆫ 再開되야 議長이 再選되엿다더라

論敦發 拾七日着

◉루氏渡日說 前美國大統領루스벨트氏가 阿弗利加壯遊歸道에 日本에 渡來ᄒᆞ야 暫時滯留하깃다고 言明ᄒᆞ엿다더라

東京발 拾七日着

▲社會燈▼

▲逆賊巨魁宋秉畯은 李容九를 招請ᄒᆞ야 釜山大池旅舘內에 深僻壹室擇定ᄒᆞ고 秘密會議ᄒᆞᆫ다ᄒᆞ니 其密議가 何事인고 乙巳年에 密議ᄒᆞᆫ後 宣言書를 發布ᄒᆞ고 昨年冬에 密議ᄒᆞᆫ後 聲明書를 提出ᄒᆞ더니 이번 密議ᄒᆞᆫ後에ᄂᆞᆫ 무ᄉᆞᆫ書를 做出ᄒᆞᆯ켓노

▲總理大臣李完用은 一死中에 復生ᄒᆞᆫ後 將來刺客防備코ᄌᆞ 小門建築ᄒᆞᆫ다ᄒᆞ니 秦始皇의 萬里城을 貴宅에다 環요ᄒᆞ고 夜則三徙其寢ᄒᆞ며 死則七十二塚ᄒᆞᆯ지라도 不悛前過ᄒᆞ고 보면 自作之孼難道이라 小門建築하지 갈고 大罪悔改좀ᄒᆞ시오

▲留日學生李秦榮은 官職壹窠圖得코져 警察科의 卒業狀을 提呈學部ᄒᆞ엿다니 今日韓國青年된者 壹醫官은 姑捨하고 紅牌白牌幾百張과 金貫玉貫幾十斗를 받아가라ᄒᆞᆯ지라도 洗耳潁水ᄒᆞᆯ지어ᄂᆞᆯ 鄙陋ᄒᆞᆯᄉᆞ 뎌學生은 平生所願이 벼슬인가

○談　叢○

▲心理的老翁　　劍　心

心理的老翁은即其齒가青年이오其貌가青年이오其體力이青年이로ᄃᆡ但其心이已老ᄒᆞ야希望이無하며奮鬪가無ᄒᆞᆷ을謂ᄒᆞᆷ이라

噫라我國青年界에心理的老翁이何其多也오

▲行走的尸體

一寸尸體라야恥辱도不知ᄒᆞ며一寸尸體라야苦痛도不知하며一寸尸體라야利害도不知ᄒᆞ며自己도不知ᄒᆞ나니生人이오如是ᄒᆞᆫ者ᄂᆞᆫ可謂行走的尸體니라

噫라我國二千萬中에能히行走的尸體아닌者가幾人이나되ᄂᆞ고

光武九年八月十一日　明治三十八年八月十一日　(第三種郵便物認可)　土曜日　西曆一千九百十年二月十九日

檀君開國四千二百四十三年
箕子元年三千三十二年
大韓開國五百十九年
本報創刊日
光武八年七月十八日

大韓每日申報

Responsible for Publication Alfred Weekley Marnham.
發行兼編輯人　英國人　萬咸
發行所　京城西部石井洞三層洋屋家　大韓每日申報社

第八卷　月曜及慶節嚴時日休刊　第一千三百十七號

論說

◎文化와武力

匈奴族蒙古族이沙漠不毛의地에셔崛起하야鐵騎를鞭ᄒᆞ고北風에長嘯ᄒᆞ야支那全幅을並呑ᄒᆞ고龐然ᄒᆞᆫ大帝國을建設ᄒᆞᆷ이累度이나末來에ᄂᆞᆫ反히被征服者된漢族의同化를受하야其固有ᄒᆞᆫ言語와風俗等을失ᄒᆞ고中原文獻을謳歌ᄒᆞ며三代禮樂에迷醉ᄒᆞ야蔞角이鷄頭를作ᄒᆞᆷ은何故오曰其文化가不足ᄒᆞᆫ故니라

埃及의建築이壯麗치아님이아니며巴比論의商業이富盛치아님이아니며希獵의哲學과羅馬의文物이亦其極盛에達ᄒᆞ지아님이아니언만今에ᄂᆞᆫ或滅亡하야蓬蒿에埋ᄒᆞ며或衰頹ᄒᆞ야夕陽에臨ᄒᆞ고世界覇權을彼日耳曼森林中에셔奮起ᄒᆞᆫ主頓族의게讓渡ᄒᆞᆷ은何故오曰其武力이衰頹ᄒᆞᆫ故니라

然故로國을謀ᄒᆞᄂᆞᆫ者ㅣ文武에其一을偏廢ᄒᆞᆷ이不可하나니文이無ᄒᆞ면國家의精神을維持ᄒᆞᆯ器具가無ᄒᆞ야바록孟賁烏獲又흔勇士가全國에充滿ᄒᆞᆯ지라도ᄒᆞᆫ又敵人의鷹犬이되야祖國을反噬ᄒᆞ기易ᄒᆞᆯ지며武가無ᄒᆞ면비록釋迦文殊又흔活佛이各地에普現ᄒᆞᆯ지라도다만其慈悲의淚를灑ᄒᆞ고一身을將ᄒᆞ야餓虎의口에供ᄒᆞᆯ뿐이니國家滅亡에何益이有ᄒᆞ리오

韓國은文勝武弛ᄒᆞᆫ지가今已累百年이라民은昇平에嬉ᄒᆞ며士ᄂᆞᆫ詞章에酣ᄒᆞ야一般武備에關ᄒᆞᆫ事를冷視ᄒᆞᆫ故로壬辰의創에八域이糜爛ᄒᆞ며丙子의亂에國辱이滋甚ᄒᆞ고도不悟ᄒᆞ고近世에至ᄒᆞ야二十世紀帝國主義의巨魔가六洲를橫行ᄒᆞ야도不覺ᄒᆞ고士子ᄂᆞᆫ陳編敗冊을抱ᄒᆞ며朝廷은虛文縟禮를說ᄒᆞ다가今日의悲境을致ᄒᆞ엿나니

然則今日有志君子가不可不國民의武魂을喚起ᄒᆞ며武氣를養成ᄒᆞ야人々이林慶業의三超臺에躍ᄒᆞ며人々이滄海力士의百斤推를將하야冒險의途로前進케ᄒᆞᆷ이可ᄒᆞᆯ지나然이나武事를全尙ᄒᆞ고文化를無視ᄒᆞᆷ은亦不可ᄒᆞ니라

韓國이旣是文化를沈醉ᄒᆞ야如此委靡ᄒᆞᆫ狀態를致ᄒᆞ엿거ᄂᆞᆯ今에乃曰文化를無視ᄒᆞᆷ이不可라ᄒᆞᆷ은何故오曰國民을委靡케ᄒᆞᄂᆞᆫ文化도有ᄒᆞ며國民을强勇케하ᄂᆞᆫ文化도有ᄒᆞ나니彼西歐列强을觀ᄒᆞ라學術의發達이如彼ᄒᆞ며道德의進步가如彼ᄒᆞ되其國이烝々日强ᄒᆞ나니是ᄂᆞᆫ其文化가東洋古代의人民을驅ᄒᆞ야專制下에雌伏케ᄒᆞ던文化가아니라自由를歌ᄒᆞ며冒險을尙ᄒᆞᄂᆞᆫ文化인故니韓國有志君子여自國固有의長을保ᄒᆞ며外來文明의精을採ᄒᆞ야一種新國民을養成ᄒᆞᆯ만ᄒᆞᆫ文化를振興ᄒᆞᆯ지어다

外報

◎美國과小亞鐵道　土耳其國은今回美國資本家團에對ᄒᆞ야同國領地小亞細亞에二千基路米突되ᄂᆞᆫ鐵道經營ᄒᆞᆷ을許可ᄒᆞ엿다더라

◎示威無事　德國選擧法改正案을反對ᄒᆞᄂᆞᆫ社會黨員의示威運動은二三箇所를除ᄒᆞᆫ外에ᄂᆞᆫ到處에平穩ᄒᆞᆷ에歸ᄒᆞ엿다더라

◎資金融通　法國銀行은政府의保證에依ᄒᆞ야水災에罹ᄒᆞᆫ小資本의製造業者를爲ᄒᆞ야五箇年間無利息으로四百萬磅을融통ᄒᆞ엿고其他銀行도此에對ᄒᆞ야協力ᄒᆞᄂᆞᆫ中이라더라

◎豫算案의運命　英國自由黨領袖ᄂᆞᆫ豫算案이果然下院에통過될ᄂᆞᆫ지否ᄒᆞᆯᄂᆞᆫ지疑ᄒᆞᆫ다ᄂᆞᆫᄃᆡ此ᄂᆞᆫ同案의解決이愛蘭黨向背如何에在ᄒᆞᆫ故라더라

雜報

◎安重根의公判

(第四日午前)

十日午前九時三十分에第四回公判을開ᄒᆞ엿ᄂᆞᆫᄃᆡ檢察官의論告가如左ᄒᆞ니曰

本問題를二로區別ᄒᆞᆷ이可ᄒᆞ니一은事實論이오一은法律論이라被告의性格으로論ᄒᆞ건ᄃᆡ劉東夏ᄂᆞᆫ年歲가未壯ᄒᆞ고且父母下에在ᄒᆞᆫ者오政治的思想은無ᄒᆞ나性質은極히猛烈ᄒᆞᆫ者며曹道先은學問도無ᄒᆞ며職業經歷等으로觀ᄒᆞ더ᄅᆡ도此亦政治的思想은無ᄒᆞᆫ者며意志도極히薄弱ᄒᆞᆫ者인즉到底히獨立으로處事치못ᄒᆞᆯ男子오禹德淳은多少學問도有ᄒᆞ며海蔘威大東共報社의募金人이된事도有ᄒᆞ며且其社員과往復ᄒᆞᆫ바로察ᄒᆞ더ᄅᆡ도禹ᄂᆞᆫ其政治的思想을新聞上에셔得ᄒᆞᆷ이分明ᄒᆞ고又其性質은頗히難侮의人物이오安重根은本事件의首謀者로韓國人中에特偉ᄒᆞᆫ性格이有ᄒᆞᆫ人物이라其父ᄂᆞᆫ相當ᄒᆞᆫ資産도有ᄒᆞ며中流以上의生活을營ᄒᆞᆫ者며又其地方의名族이며宗敎ᄂᆞᆫ天主敎信仰者로洗禮를受하엿스며彼ᄂᆞᆫ地位上으로較看컨ᄃᆡ學問은不多ᄒᆞ며性質이極히剛壯하고意志가甚히强硬ᄒᆞ며彼가政治的思想이有ᄒᆞᆷ은其動機가自己石炭商營業失敗後에安正根이라ᄂᆞᆫ人의政治演說을聞ᄒᆞ고發生하엿고其後彼가各處에流遊ᄒᆞ며義兵을作ᄒᆞᆫ事도有하야畢竟政治的思想이深熟ᄒᆞᆫ人이오其犯罪의動機ᄂᆞᆫ劉及曹와如ᄒᆞᆫ者ᄂᆞᆫ論ᄒᆞᆯ바도無ᄒᆞ거니와安及禹ᄂᆞᆫ動機가政治上으로起ᄒᆞᆫ貌樣과如하나其事實은復讐的으로起ᄒᆞᆫ듯ᄒᆞ니此ᄂᆞᆫ露國官吏의調書에因ᄒᆞ더ᄅᆡ도可知오犯罪의決意ᄂᆞᆫ被告가熟考後決定ᄒᆞᆷ인ᄃᆡ其時期ᄂᆞᆫ伊藤公來滿의報를聞ᄒᆞᆫ時에決定ᄒᆞᆫ바오禹ᄂᆞᆫ安의言을聞ᄒᆞᆫ時로부터決定되엿고曹及劉ᄂᆞᆫ犯罪二日前에決定ᄒᆞᆫ듯ᄒᆞ다ᄒᆞ고又暗殺當時의狀態를論告ᄒᆞ야曰伊藤公의死去ᄂᆞᆫ遭難後四十分間은常識이有ᄒᆞ엿다고證人의言明이有ᄒᆞ나露國度相의所言을參照ᄒᆞ야도十五分에不超ᄒᆞᆯ지라然而曹及禹ᄂᆞᆫ犯罪豫備行爲者오劉ᄂᆞᆫ幫助犯이오安은無論現行犯이라以上은事實論이오

(第四日午後)

十日午後一時二十分에檢察官이更히法律論에移ᄒᆞ야訴訟法上裁判管轄權에關ᄒᆞ야縷々數百言을述ᄒᆞ엿ᄂᆞᆫᄃᆡ略云

被告犯罪의地ᄂᆞᆫ東淸鐵道에屬하엿스나同地의領土權은淸國에在ᄒᆞᆫ즉露國이裁判權이無ᄒᆞᆷ은明白ᄒᆞ고千八百九十九年韓淸條約第五款及日本明治三十二年三月法律第七十號同三十三年四月法律第六十三號同三十八年十月十七日日韓協約第一條同四十一年法律第五十二號並關東都督府法令第七十三號를參照하면裁判權이當地地方法院에在ᄒᆞᆷ이當然하다ᄒᆞ고次에實體法에移하야論ᄒᆞ되被告ᄂᆞᆫ日本刑法을適用ᄒᆞᆷ이至當ᄒᆞᆫ지라然而安重根은謀殺人現行犯인즉刑法第百九十九條로死刑에處ᄒᆞᆷ이可하고禹德淳曹道先은刑法第二百一條를適用하야二年以內役刑에處ᄒᆞ고劉ᄂᆞᆫ刑法第百九十九條及第六十八條를適用ᄒᆞ야三年以上五年以下의役에處ᄒᆞᆯ지나同人은從犯者될ᄲᅮᆫ아니라其情狀도酌量ᄒᆞᆯ点이有ᄒᆞᆫ즉最輕役三年의二分一되ᄂᆞᆫ一年半以上役刑에處ᄒᆞ기를要求하고犯罪에關ᄒᆞᆫ押收된物件은沒收ᄒᆞ기를請求ᄒᆞᆫ다ᄒᆞ엿다더라

本日辯護人의辯論이有ᄒᆞᆯ豫定이러니時間이無ᄒᆞᆷ으로十一日午前九時에更히開廷ᄒᆞ기로ᄒᆞ고閉廷ᄒᆞ엿다더라

學界

◎學父兄會議　私立鳳鳴學校의退學生父兄諸氏가本日下午二時에新門外養園義塾內에會同ᄒᆞ야該校에對ᄒᆞᆫ質問件을協議ᄒᆞᆫ다더라

◎韓氏熱心　平南成川郡柳洞面鳳鳴學校ᄂᆞᆫ該面內有志紳士와一般任員이盡心協力ᄒᆞ야益益發展ᄒᆞᄂᆞᆫ바該校會計員韓相敎氏ᄂᆞᆫ本以農業으로資生ᄒᆞᄂᆞᆫ더인ᄃᆡ特別히敎育이時急됨을覺知ᄒᆞ고熱心視務ᄒᆞᆷ으로一般人士가該氏의熱心을贊頌不已ᄒᆞᆫ다더라

◎贊成會設立　咸南定平郡居申大允李玖冑元東郁李容弼全형弼諸氏가該郡廣德面都興里興德學校를期於히擴張ᄒᆞᆯ趣旨로贊成會를設立ᄒᆞ엿다더라

▲偉人遺蹟

▲東國巨傑　崔都統　續

錦頰山人

然이나屈者ᄂᆞᆫ伸의基오潛者ᄂᆞᆫ躍의本이라英雄이將奮에坎軻가必先ᄒᆞᆷ은其才를錬하며其志를養ᄒᆞᆷ이니前三十餘年支離困頓의崔都統이若無ᄒᆞ면後三十餘年突兀壯快의崔都統이豈有ᄒᆞ리오讀者에囑하노니此簡單寂寞ᄒᆞᆫ崔都統의前半生歷史에着眼ᄒᆞᆯ지어다

第四章　支那의風雲과崔都統의北行

(一)元의內亂
(二)元의徵兵
(三)崔都統의獻議
(四)我將士의赴征
(五)崔都統과僧玄麟의會合
(六)崔都統과元朔

風雨가不大ᄒᆞ면池中에神龍이엇지活躍의機를得하리오彼蒙古一蠻族이支那朔北에서突起ᄒᆞ야支那를並呑ᄒᆞ며其餘鋒이東國에及ᄒᆞ야此神聖國體를汚辱ᄒᆞᆷ이百年에至ᄒᆞ미我扶餘族이淚를集하여血을結하고憤痛을蘊蓄하야胸中에埋ᄒᆞᆫ爆彈이將裂ᄒᆞᆫ日이必有하나但事機가蹉跎하고波瀾이[illegible]ᄒᆞ야支離ᄒᆞᆫ刼運이後世讀史者의腦를鬱痛케하더니及恭愍王時에至ᄒᆞ미彼蒙古가我에對ᄒᆞᆫ羈絆이愈酷ᄒᆞ야苦痛煩悶의藥이我東武士의精神을漸蘇케하며又彼所謂大元皇帝大元承相이皆庸懦貪虐ᄒᆞ야政治가紊亂ᄒᆞ미支那久屈의人民도刀를磨ᄒᆞ고風雲의機會를待하ᄂᆞᆫ者ㅣ益衆하더라　未完

詞藻

❀仁王山❀

仁王山이겻헤잇고、露積峰이건너뵌다。
雨順風調ᄒᆞ고、仁王을모셧스니。
一時에、리미망량만다모러너면、萬姓同樂。

雜報

◎芳背獻誠　再昨日江原道洪川郡居吉文道가　大皇帝陛下께進上ᄒᆞᆯ物品이有ᄒᆞ야　昌德宮金虎門前에셔躕躇ᄒᆞ다가宮內府曉諭를依ᄒᆞ야內部를經由ᄒᆞ야進上ᄒᆞ엿ᄂᆞᆫᄃᆡ該物品은五穀幷三器와山葡萄器와南草等이오宮內府에셔該人을招請ᄒᆞ야其本意를問ᄒᆞᆫ즉對答하기를君臣有義라ᄂᆞᆫ文字를見ᄒᆞ고忠心이感發ᄒᆞ야此를進上ᄒᆞᆷ이오他無所願이라ᄒᆞ엿다더라

◎風說流行　今番統監이渡來ᄒᆞ면觀察道를廢ᄒᆞ야日本理事廳으로ᄒᆞᆫ다ᄂᆞᆫ風說이有ᄒᆞᆷ으로人心이疑懼ᄒᆞᆫ다더라

◎曾彌籌策　曾彌統監이日皇陛下께韓滿政策을上奏ᄒᆞ엿다ᄂᆞᆫᄃᆡ略曰滿洲에ᄂᆞᆫ許多國財를消耗ᄒᆞ엿스나尙且完全치못ᄒᆞ야列强의反對가不壹ᄒᆞ고韓國은五七條約에軍法兩部를廢止ᄒᆞ고諸般政策을實施ᄒᆞᆫ다하나民心은不服ᄒᆞ야紛擾가四起ᄒᆞᆫ즉至今伊公의方策을猝變코져ᄒᆞᆷ이아니라韓國民心을安全케ᄒᆞ라면韓日官吏中臧否를黜陟ᄒᆞ야行政을壹新케ᄒᆞ고徵兵을復設하야第二性質을良好히養成ᄒᆞ면防禦兵이될것이니萬壹此意를不納ᄒᆞ면辭職하깃다하엿다더라

◎答電尙無　內閣에셔總相李完用氏에退院ᄒᆞᆫ事實을卽時日本內閣에電報ᄒᆞ엿ᄂᆞᆫᄃᆡ此에對하야答電이尙無ᄒᆞ다더라

◎戒嚴益密　各大臣家에保護巡査를增置ᄒᆞᆫ다ᄒᆞᆷ은已報어니와近日來로何等戒嚴ᄒᆞᆯ事가益甚ᄒᆞᆫ지各大臣들이仕進仕退ᄒᆞᆯ時면所管支所에寄寄ᄒᆞ야통行路를嚴密警護ᄒᆞᆫ다더라

◎宋李行動　宋秉畯李容九가釜山大池旅館의셔秘密會見ᄒᆞ고壹進會合邦聲明의目的을不達ᄒᆞᆷ으로此後行動의關ᄒᆞ야密議ᄒᆞᄌᆞ고ᄒᆞ엿다ᄒᆞᆷ은已報어니와宋李ᄂᆞᆫ預定과如히會見ᄒᆞ엿고警視廳의셔ᄂᆞᆫ李容九의特別保護로巡査數名을派送ᄒᆞ야該旅館을嚴重警戒ᄒᆞ엿고李ᄂᆞᆫ本日歸京ᄒᆞᆫ다더라

◎自今伊始　前法部에셔處理ᄒᆞ던土地家屋證明規則及文簿를內部로引繼ᄒᆞᆷ은壹般共知어니와該部에셔他事務에煩劇ᄒᆞᆷ을因하야該事務에着手치아니ᄒᆞ엿다가日前부터法部에셔處辦ᄒᆞᆫ規程을參考ᄒᆞ야處理ᄒᆞᄂᆞᆫ中이라더라

◎請願數可驚　翻譯官補試驗請願者ᄂᆞᆫ去十五日ᄭᆞ지韓人四百四十二人日人八十七人에達ᄒᆞ엿ᄂᆞᆫᄃᆡ當局에셔ᄂᆞᆫ三十名內外를採用ᄒᆞᆯ預定이라더라

◎次第淘汰　宮內府官吏中年老無識者를一幷淘汰ᄒᆞᆫ다ᄒᆞᆷ은既報어니와該府各局課에ᄂᆞᆫ已爲實施ᄒᆞ고掌禮院과奎章閣에ᄂᆞᆫ姑未着手ᄒᆞ엿ᄂᆞᆫᄃᆡ不遠間次第淘汰ᄒᆞᆯ次로目下調査中이라더라

◎慶察報告　大邱郡市街의道路修築費壹萬三千三百六十餘圜을支撥하라고該道觀察使朴重陽氏가內部로報告ᄒᆞ엿다더라

◎賜金科目　警視廳에셔巡査退職에關ᄒᆞᆫ賜金科目을規定하야內部로報告ᄒᆞ고許施하기를要求ᄒᆞ엿다더라

◎晉察修報　慶南觀察使가龍南郡忠烈祠의位土及財産을調査ᄒᆞ야內部로修報ᄒᆞ고處理規程을示明ᄒᆞ라하엿다더라

◎於汝安乎　地方官中洪淳圭氏가日前에上京ᄒᆞ야內部大臣朴齊純氏를訪見ᄒᆞ고現今京鄕民心이嗷오ᄒᆞᆫ時를當하야大監의二府洋屋은如此히宏壯建築ᄒᆞᆷ이可하나ᄒᆞ엿다더라

◎韓銀消息　韓國銀行의셔銀行券引繼發行額이千百八拾三萬三千百二拾七圓八拾錢인ᄃᆡ其後增加發行額이三百五萬三千八百圓이라ᄒᆞ며貨幣事務ᄂᆞᆫ開業後의葉錢及舊銅貨收入額이二拾九萬六千三百餘圓이오新貨발行額이금貨百四拾五萬圓銀貨三百五拾九萬五千圓白銅貨七拾三萬六千九百圓靑銅貨三拾四萬二千五百四拾五圓이라더라

◎拓社林業　東洋拓殖會社에셔林業經營에着手ᄒᆞ기로ᄒᆞ야該會社와關係가有ᄒᆞᆫ日人道家가專力調査ᄒᆞᆫ다ᄂᆞᆫᄃᆡ該會社에셔將次國有地部分林을經營ᄒᆞᆫ다더라

◎長書又草　國民大演說會에셔日本內閣及貴衆兩院에長書를提呈ᄒᆞ고演說會를開ᄒᆞ라다가警視廳制止를因ᄒᆞ야停止되엿ᄂᆞᆫᄃᆡ該會에셔再昨日下午一時에幹事員會를開ᄒᆞ고提議ᄒᆞ기를本會에셔一進會를聲討하야內閣에長書를提呈ᄒᆞᆫ지數朔이되도록如何ᄒᆞᆫ施措가尙無하니是ᄂᆞᆫ人民을無視ᄒᆞᆷ인즉內閣에對하야辭職勸告文를提呈ᄒᆞᄌᆞᄒᆞ엿ᄂᆞᆫᄃᆡ此ᄂᆞᆫ留案ᄒᆞ고爲先統監府에長書를更히提呈ᄒᆞ기로議決ᄒᆞ야目下起草하ᄂᆞᆫ中이라더라

◎說明書嚴止　國民同志贊成會에셔說明書를揭布ᄒᆞᆯ次로國民新報社에委托印刷ᄒᆞ엿더니再昨日中部警察署에셔徐彰輔를招致ᄒᆞ야嚴喩停止ᄒᆞ얏ᄂᆞᆫᄃᆡ該會에셔同日下午二時에評議員會를開ᄒᆞ엿다더라

◎不美嚴諭　同志贊成會員朴文珪ᄂᆞᆫ何等不美ᄒᆞᆫ行動이有ᄒᆞᆫ지再昨日中部警察署에셔招致嚴諭ᄒᆞ엿다더라

◎自取之孽　晉州郡居俞擎淳氏ᄂᆞᆫ咸安郡에在ᄒᆞᆫ田庄數十餘石落을拓殖會社에放賣ᄒᆞᆯ次로目下運動中인ᄃᆡ某某居間人이中費金을相持ᄒᆞᆷ으로俞氏가進退兩難이라더라

◎何至此境　近者에海蔘威居留ᄒᆞᄂᆞᆫ韓人同胞中紛擾가起ᄒᆞ엿ᄂᆞᆫᄃᆡ其內容은去番伊藤氏의被殺ᄒᆞᆷ과李完用氏의被刺ᄒᆞᆫ事에對ᄒᆞ야互相談論하다가西北人畿內人이言辭間衝突되야畢竟黨派를角立ᄒᆞ고益々相激하야畿內人鄭某氏가平壤人楊某氏를殺害ᄒᆞᄂᆞᆫ境에至하엿ᄂᆞᆫᄃᆡ鄭氏ᄂᆞᆫ卽時捉囚되엿고尙히其餘焰이極烈ᄒᆞᆫ지라萬壹此紛競이止熄지아니ᄒᆞ면將次何等大慘景이起ᄒᆞᆯᄂᆞᆫ지不知ᄒᆞ깃다더라

◎李氏辭免　海蔘威에셔發行ᄒᆞᄂᆞᆫ大東共報主筆李剛氏ᄂᆞᆫ何等事由로因ᄒᆞᆷ인지該任을辭免ᄒᆞ고避身ᄒᆞ엿다더라

◎安州警戒　安州市에셔ᄂᆞᆫ向者에도不穩의慮가有하다하야警察官吏의警戒가有ᄒᆞ엿ᄂᆞᆫᄃᆡ至今도流言이紛々하야安州停車場을燒毀ᄒᆞ고日人을鏖殺ᄒᆞ고財務署를破壞ᄒᆞᆫ다ᄒᆞᄂᆞᆫ故로官吏의警戒가嚴重ᄒᆞ다더라

◎委任申請　鷺梁津四忠祠基地를還推ᄒᆞᆷ은壹般共知어니와該基地를證明ᄒᆞᆯ次로徐相鶴尹興燮兩氏에게委任申請케ᄒᆞ엿다더라

◎宜其相助　前承旨尹兢周氏가其夫人喪逝ᄒᆞᆷ을遭ᄒᆞ엿ᄂᆞᆫᄃᆡ該氏의家勢가赤立ᄒᆞ야初終凡節이無辦備러니李秉의南台熙閔泳徽金昇圭金鼎鎭諸氏가各其賻儀金을捐集ᄒᆞ야治喪케하엿다더라

◎報金擔送　全南綾州郡守閔象鉉氏ᄂᆞᆫ該郡人民에게收捧ᄒᆞᆫ湖南學會月報代金三十六圜을自擔辦送ᄒᆞ엿다더라

◎日憲隊新設　去月二十八日부터咸北慶源郡新阿山에日憲兵分隊를新設ᄒᆞ엿다더라

◎學員無料　寺洞高等演藝館에셔昨日下午六時에開館式을設行ᄒᆞ엿ᄂᆞᆫᄃᆡ各官立學校職員及學員에게ᄂᆞᆫ無代金으로觀覽케ᄒᆞ엿다더라

◎金兒不幸　孤兒院學生金占同은再昨日上午十一時에因病致斃ᄒᆞ엿ᄂᆞᆫᄃᆡ該院에셔學徒中年壯者를選擇ᄒᆞ야出埋케ᄒᆞ엿다더라

◎志在牧民　李舜夏李建鎬李將植李斗淵南廷蕙李碩來諸氏가地方行政講習所를設立ᄒᆞ엿ᄂᆞᆫᄃᆡ其趣旨ᄂᆞᆫ品行이端正ᄒᆞ고材器가俊秀ᄒᆞᆫ人士를募集ᄒᆞ야地方官資格을養成코져ᄒᆞᆷ이라더라

◎金融合資會　永平郡々主事金東漢氏가金融交통에便利키爲ᄒᆞ야該郡에金融合資會를設立ᄒᆞ엿ᄂᆞᆫᄃᆡ其成績이頗히良好ᄒᆞ다더라

◎代辦選定　靑年學友會設立委員長尹致昊同總務員安泰國兩氏가事實上執務치못ᄒᆞ게되엿슴으로該會에셔設立委員長代辦은朴重華氏로總務員代辦은崔南善氏로選定ᄒᆞ엿다더라

◎金氏詗探說　近日海蔘威地方으로셔渡來ᄒᆞᆫ김俊吉氏가寺洞某地에셔留連ᄒᆞᆫ다ᄒᆞ야警視廳에셔형探中이라더라

電報

◎日領事抗議　哈爾賓露國官吏ᄂᆞᆫ日本煙草販賣商에看板을撤去하엿ᄂᆞᆫᄃᆡ日本領事ᄂᆞᆫ此를露國領事에게抗議하고損害賠償을要求하엿다더라　哈爾賓發　拾六日着

◎自由黨主張　德國々民自由黨은政府의對ᄒᆞ야法國艦隊의增加ᄂᆞᆫ報讐的手段을講ᄒᆞᆷ이라고主張ᄒᆞᆫ다더라　伯林發　十八日着

◎루氏再選運動　美國紐育에셔ᄂᆞᆫ前大統領루스벨트氏를大統領으로再選케하고져하ᄂᆞᆫ運動이盛行ᄒᆞᆫ다더라

◎移民排斥案將來　去番美國下院議員헤쓰氏가提出ᄒᆞᆫ바歸化權이無ᄒᆞᆫ外國人은入國을禁止ᄒᆞᄌᆞᄂᆞᆫ議案이委員會에셔從多數可決되엿ᄂᆞᆫᄃᆡ下院의多數議員은東洋移民排斥思想이激滿ᄒᆞᆫ故로此가下院은通過될지로되上院에셔ᄂᆞᆫ否決에至ᄒᆞᆯ듯ᄒᆞ나아즉想像키難ᄒᆞ다더라　以上紐育發　十八日着

◎不敬問題　日本每日電報ᄂᆞᆫ德皇에對ᄒᆞᆫ不敬에記事가有하다ᄂᆞᆫ問題ᄂᆞᆫ去壹月中에德國皇帝라題하고連日記載ᄒᆞᆫ翻譯小說的記事인ᄃᆡ문무大使가本國에此를報告ᄒᆞᆫ故로德國人이憤慨를起하엿다ᄂᆞᆫᄃᆡ該記事ᄂᆞᆫ元來翻譯ᄒᆞᆫ바德皇陛下幼時狀態軆格에不具等을言及ᄒᆞᆷ인ᄃᆡ原문이英美로流來하엿다하며日本外務省에셔ᄂᆞᆫ此를憂慮ᄒᆞᆫ다더라

◎韓銀開會　韓國銀行第壹會總會ᄂᆞᆫ昨十七日에日本東京商業會議所에開ᄒᆞ엿다더라

◎日本回答　錦愛鐵道에關하야日本은資金及工事材料技師供給에參入ᄒᆞ고且鐵嶺附近에支線을敷設ᄒᆞᆯ條件으로써美國政府에回答ᄒᆞ엿다더라

◎露國回答　露國政府ᄂᆞᆫ錦愛鐵道에關ᄒᆞ야아즉淸國政府의回答을不與ᄒᆞ엿다더라　以上東京發　十八日着

▲社會燈▼

▲社會燈을놉히들고各社會를照看ᄒᆞ니妖雲怪霧가々中에魑魅魍魎雜鬼들이예셔불신세셔불신別々怪劇演出ᄒᆞᆫ다昨秋羅을쎄여들고龍門[illegible]으로魔鬼眞相그려니여ᄧᅢ人[illegible]類界에覽次觀覽供ᄒᆞ[illegible]

▲日人中木이란者ᄂᆞᆫ[illegible]尙請願ᄒᆞ지自稱文明汝邦에나熱心奉敎ᄒᆞᆯ것이지禮義東方君子國에妖道傳播ᄒᆞᆯ일인고부라던박속처럼別々怪物다나오니文明힛단더나라도그만ᄒᆞ면다알겟군더魔鬼도그려니

▲侍天敎堂깁흔곳에魚頭鬼面큰魔鬼가석기魔[illegible]불너되여少年立志會를세고[illegible]國民幼年들을百方으로세여[illegible]기魔鬼種子민드노라晝夜[illegible]ᄒᆞ니敎人義方못ᄒᆞᆯ망뎡賊夫人子웬일인가그魔鬼도그려니고

▲아ᄎᆞᆷ에ᄂᆞᆫ警視廳에셔녀에ᄂᆞᆫ司令部로쏘단니ᄂᆞᆫ신샹[illegible]偵探軍이비로구[illegible]이지各有人心히[illegible]入門하ᄂᆞᆫ써에하나님이두렵거든同胞相救못ᄒᆞᆯ망뎡同胞相殘웬일인가그魔귀도그렷도다

當ᄒᆞ야該面內貧寒ᄒᆞᆫ人民의게穀物魚類를多數分給ᄒᆞ엿슴으

◎韓會總會 大韓協會에서는本日總會를開ᄒᆞᆫ다더라

고財政改革에報告와一般任員을選定ᄒᆞᆫ다더라

報ᄒᆞ나와此를準備ᄒᆞᆯ次로昨日下午七時議事員會를開ᄒᆞ엿다

十分에鍾路靑年會館에서講論會를開ᄒᆞ고實物을何處에積置

◎申訴見退 日前京城地方裁判所에서紙貨僞造犯尹泰雄을

엿다가卽時退却되엿다더라

雜報

◎桑園調査 農商工部技師岩田은果川廣州等地桑園을調査ᄒᆞᆯ次로出張ᄒᆞ엿다더라

◎漁業地買收 日本島根縣水産技師는韓國慶尙南北道沿岸의漁業根據地를買收코져ᄒᆞ야渡來ᄒᆞ엿다가其目的을已達ᄒᆞ엿는故로本日歸國ᄒᆞᆫ다더라

◎爲用設祭 仁川港에居留日人民團에서種々火災를因ᄒᆞ야多大ᄒᆞᆫ損害가有ᄒᆞᆷ으로火災를消防ᄒᆞ기爲ᄒᆞ야該港公園大神宮內에서今明兩日에除火祭를大設ᄒᆞᆫ다더라

◎地方費豫算 隆熙四年度各道地方費歲入歲出豫算額은如左하니

歲入

漢城府	二、九五壹〇、〇〇〇
京畿道	七、四四四〇、〇〇〇
忠北	三、八六六八、〇〇〇
忠南	六、二三六八、五九〇
全南	八、八〇四三、壹四〇
全北	四、〇四九壹、四〇〇
慶北	九、三壹五〇、〇〇〇
慶南	七、〇七九四、九七〇
黃海道	七、七四壹八、〇〇〇
江原道	壹、四八八五、四〇〇
平南	九、四□八六、□四□
平北	六、三三八□、壹四四
咸南	二、五□二九、四八□
咸北	六三三□、九□□
合計	七七、八五九九六□六四

歲出은歲入과同額

◎徐氏被捉 積城郡居徐丙萬氏는義兵嫌疑로再昨日中部警察署에被捉ᄒᆞ엿다더라

◎盜犯押上 水原郡警察署에서强盜犯김君壹을再昨日京地方裁判所로押上ᄒᆞ엿다더라

◎趙氏越交 詐欺取財ᄒᆞᆫ事件으로中部警察署에被捉ᄒᆞᆫ趙昌

李氏는昨日에京城地方裁判所로越交ᄒᆞ엿다더라

◎官職非望 再昨日本報雜報에日本留學生李泰榮氏가警察科를卒業歸國ᄒᆞ야卒業證書를學部에提出ᄒᆞ고相當ᄒᆞᆫ官職을希望ᄒᆞᆫ다하엿는ᄃᆡ該氏가卞明하기를學生으로學部를不知ᄒᆞᆷ수無하야卒業證書를學部에提出ᄒᆞᆫ事는有ᄒᆞ나官職을希望ᄒᆞᆫ다는說은全無하다하더라

廣告

雜報

○宋李行動 宋秉畯李容九가 昨日前에上京ᄒᆞ야內部大臣一進會에서同日下午二時에評議가其夫人喪逝를遭ᄒᆞ엿ᄂᆞᆫ디該洞地에서留連ᄒᆞᆫ다ᄒᆞ야觀

○韓暇別會 韓國銀ー

廣告

本店에서開業ᄒᆞᆫ지十六年間僉君子의愛顧ᄒᆞ심을特蒙ᄒᆞ와今年부터業務를大擴張ᄒᆞ고春夏秋冬所用으로緞屬毛織等各國高等物品을現今多數直輸入이온바各地方에서ᄂᆞᆫ貿易에便利賣買케爲ᄒᆞ야特廉減價ᄒᆞ와郵便小包로酬應ᄒᆞ야代金은引換ᄒᆞ깃사오니十三道各郡僉君子ᄂᆞᆫ隨意請求ᄒᆞ심을望

振替貯金番號(韓國壹三番)

漢城中部鍾路砂器廛洞二十一統五戶

廣興泰 告白

本商會에서烟草를製造販賣ᄒᆞ온지週年間에我同胞의愛顧酬用ᄒᆞ시ᄂᆞᆫ原恩을特蒙하와營業이漸進發達ᄒᆞ오미大段感謝ᄒᆞ오며今年부터ᄂᆞᆫ製造業을比前大擴張ᄒᆞ옵고一層精美케ᄒᆞ와大發賣ᄒᆞ올터이오니陸續愛用ᄒᆞ심을務望홈

南部甲洞三十五統六戶

江山煙草商會 告白

開城明新冊肆主人李顧錫氏二月三日下午六時靈歸하엿ᄉᆞ오니知舊間照諒하시옵

護喪 韓基爀 告白

本社의서同胞의衛生을注意ᄒᆞ야美國의서經驗單方으로流行通用ᄒᆞᄂᆞᆫ靈藥聖劑를買入ᄒᆞ야左開廣布ᄒᆞ오니有病君子와藥業에從事ᄒᆞ시ᄂᆞᆫ僉彥은爭先來購ᄒᆞ시옵

分賣와都賣에差別이有ᄒᆞ야一打(十二個)以上의都賣에ᄂᆞᆫ特別割引홈

左開

委花糖水藥

效能 痳症 花柳毒、凡不潔血所祟症 婦人虛弱등症靈驗홈

牛汁藥酒

効能 毋論男女老少氣血虛弱者服之則大補元氣身體强健홈

秘製止痛藥

效能 外塗內服無處不適 消滯 止瀉 絕瘧 治痢無不神效홈

喜蘇散藥

效能 頭面 身體一切痛症 積年風濕 除痰 生선之道립卽奏效홈

亞麟香膠

效能 毋論男女老少 勿嫌年久日淺一切 咳소 服之則其效如神홈

委花藥膏

效能 痔疾 瘰珠瘡 燒跌傷蟄咬等 諸症無雙聖藥

韓美興業株式會社事務所

本院은韓國一般人民을爲ᄒᆞ야設立ᄒᆞᆫ은僉彥의已知ᄒᆞᄂᆞᆫ바어니와自今으로事務를一層擴張ᄒᆞ고診察을더욱精密히ᄒᆞ기爲ᄒᆞ야時間을午前十時부터午後四時ᄭᆞ지無料로診察ᄒᆞ오며또特別診察所를置ᄒᆞ고些少의診察料로貴客의便宜를圖ᄒᆞ오니診察을要ᄒᆞᄂᆞᆫ僉彥은照亮을爲要

但特別ᄒᆞᆫ境遇에在ᄒᆞ야ᄂᆞᆫ時間을勿論ᄒᆞ고其請求를應홈

京城南大門外

濟衆院 告白

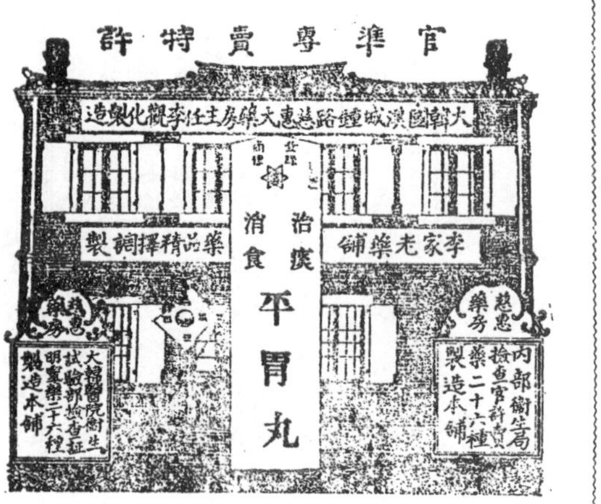

◎大韓全國에本堂製造發行ᄒᆞᄂᆞᆫ藥品은

消化新藥 **淸心保命丹** 此丹은化痰止咳ᄒᆞ고順氣消滯ᄒᆞ며恒常長服ᄒᆞ면腸胃가健全

大補元氣 **蔘茸大補元** 大補元氣ᄒᆞ고滋腎健腦ᄒᆞ며先天不足과陽위不起에一切神效

蛔積殺虫散 此약은회積과회腹痛과회虫一切을去根ᄒᆞᄂᆞᆫ良劑

久滯大通丸 此丸은年久積滯와宿滯後重이며胷腹痛에神効莫大홈

瘡病新藥 **梅花點雪丹** 毋論男女ᄒᆞ고花柳病楊梅瘡에一切去根快復하ᄂᆞᆫ良藥

眼疾速効 **光明眼藥** 諸般眼疾에隨症皆差ᄒᆞᄂᆞᆫ東洋에初有ᄒᆞᆫ寶藥

起死回生 **回生丹** 此丹은急ᄒᆞᆫ吐瀉關格이며가아리와冷積과痢疾에神効

感氣神効 **解熱散** 寒熱往來ᄒᆞ며似학非학과頭痛眩暈와肢節痛에其効가偉大

齒痛新藥 **止痛健齒水** 虫齒와風齒와諸般齒痛에壹切神効

耳臭聖藥 **耳臭神藥** 無論男女ᄒᆞ고耳聾鼻塞이며耳鼻에關ᄒᆞᆫ病은隨症並差

疝症裾根 **疝積湯** 諸般산症에大談出賣홈

寸虫沒出藥 寸白虫을一切去根ᄒᆞᄂᆞᆫ妙劑

되눈과못 **拔根藥** 되눈과못과ᄉᆞ마귀를세ᄂᆞᆫ藥

止足汗臭藥 手足의汗臭를除却ᄒᆞᄂᆞᆫ藥

去核生新 **沃度膏** 劒瘡과腐傷과곱신디去核生新ᄒᆞ기ᄂᆞᆫ第一著明

最新改良 **百應膏** 無論男女老少ᄒᆞ고毒瘇濕瘇痰瘇諸般瘇瘡에壹切特效가有홈

淋疾藥各種 淋疾各症에壹週日만服ᄒᆞ면病根快復ᄒᆞ고고腎氣가完全홈

其他洋藥各種과◎賣藥各種◎都매散賣

◎遠地에ᄂᆞᆫ郵便小包로申速酬應홈

漢城南大門內濟生堂大藥房 李庚鳳

代辦主任 李興國 白

◎特別廣告

和平堂大藥房本舖分店及出張所表

京城鍾路		和平堂大藥房本舖主	李應善
仁川港梩峴		和平堂第一分店	金相玉
京城鍾路衣廛下	仝	二分店	李熙善
平壤鍾路	仝	三分店兼病院	李時宇
平壤舘前		和平堂第一奇張所	金龍興
平壤法首橋	仝	二奇張所	金能元
平壤南門通	仝	三奇張所	廣田
海州玉洞新市	仝	四奇張所	崔斗鉉
海州東門內	仝	五奇張所	李春植
鎭南浦藥洞	仝	六奇張所	金元燮
鎭南浦碑石洞	仝	七奇張所	吳承昌
載寧郡內墻洞	仝	八奇張所	李弼均
成州郡上部仁濟局	仝	九奇張所	金麟鎬
定州	仝	十奇張所	金容河
大邱北門外	仝	十壹奇張所	朴大卿
義州南門外	仝	十二奇張所	義和藥房
新義州眞砂町二統十戶			
江華鍾路	仝	十三奇張所	金秉溶
永興邑內	仝	十四奇張所	宋順吾
安東縣	仝	十五奇張所	梁昌錫
美國桑港	仝	十六奇張所	世行洋行支店
安東縣隆興街通濟橋西南第二家	仝	十七奇張所	張斗學
	仝	十八奇張所	東昶盛

其他內外國代理店特約店은紙面이不足하야一々히枚擧키難ᄒᆞ와姑不得揭載홈

◎特別廣告

檀君開國四千二百四十三年
箕子元年三千三十二年
大韓開國五百十九年
本報創刊日 光武八年七月十八日

大韓每日申報

Responsible for Publication Alfred Jokley Marnham.
發行兼編輯人 英國人 萬咸
發行所 京城南部石井洞三層洋屋家 大韓每日申報社
第八卷 月曜及慶節歲時日休刊 第一千三百十八号

論說

韓國民族地理上發展

韓國歷史를披覽컨딕盖中古以來로ᄂᆞᆫ武力이消磨ᄒᆞ며國恥가滋深ᄒᆞ야形質上으로觀ᄒᆞ면日復日年復年失敗에失敗를加ᄒᆞ엿지만精神上으로觀ᄒᆞ면地理上發展의跡을可誣치못ᄒᆞᆯ빅有ᄒᆞ도다

檀君以後로三國時代에至ᄒᆞ기ᄭᆞ지ᄂᆞᆫ韓國民族이北方에셔始ᄒᆞ야南方으로發展된故로檀君王朝ᄂᆞᆫ太白山에셔起ᄒᆞ야第一次妙香山으로移ᄒᆞ며第二次平壤으로移ᄒᆞ며第三次九月山으로移ᄒᆞ고高句麗ᄂᆞᆫ東夫餘에셔發迹ᄒᆞ야第一次卒本夫餘에移ᄒᆞ며第二次平壤에移ᄒᆞ고百濟ᄂᆞᆫ溫祚가卒本夫餘에셔來ᄒᆞ야漢江南北을來據ᄒᆞ며新羅ᄂᆞᆫ樂浪에셔來ᄒᆞ야慶尙道를占有ᄒᆞ엿스니是ᄂᆞᆫ韓國民族이北方에셔始ᄒᆞ야南方으로發展되던時代오中古以後史를觀ᄒᆞ면新羅時ᄂᆞᆫ猪灘以西를有ᄒᆞ다가弓裔가一步를進ᄒᆞ야퍼西十三鎭을置ᄒᆞ며高麗時에ᄂᆞᆫ端州以內를有ᄒᆞ다가本朝에至ᄒᆞ야ᄂᆞᆫ六鎭을開拓ᄒᆞ야尹太師의九城舊基를盡還ᄒᆞ엿스니此ᄂᆞᆫ韓國民族이南方에셔始ᄒᆞ야北方으로發展ᄒᆞᄂᆞᆫ時代니

嗚呼라此地理上發展의跡을由ᄒᆞ야韓國民族의將來를測ᄒᆞ건ᄃᆡ將且步々히前進ᄒᆞ야高句麗舊域을索還ᄒᆞ며檀君遺史를重光ᄒᆞᆯ時代가又有ᄒᆞᆯ듯ᄒᆞ나然이나目下現象을觀ᄒᆞ면護國의大龍이不起ᄒᆞ고鎭國의靈狗가不動ᄒᆞ야八域全圖도顔色이已改ᄒᆞ엿스니人으로ᄒᆞ야금徒히感慨만發케ᄒᆞᄂᆞᆫ도다

未知케라韓國民族이現象의壓力을被ᄒᆞ야一向沉吟ᄒᆞᆯᄲᅮᆫ인가抑或地理歷史上發展의趨勢를隨ᄒᆞ야益々前進ᄒᆞᆯ가一幅의瑤圖를握ᄒᆞ고未來의夢을說ᄒᆞ노라

外報

◎비氏逝去 英國에셔今番選擧에失敗된勞働黨首領비도키유란氏ᄂᆞᆫ逝去ᄒᆞ엿다더라

◎端方再起說 淸國載洵貝勒은攝政王에게對ᄒᆞ야政府에셔速히端方을官職에再居케ᄒᆞ야新海軍局의議員되게ᄒᆞᆷ이可ᄒᆞ다고勸告ᄒᆞ엿ᄂᆞᆫ딕攝政王이此를應納코져ᄒᆞ나皇太后의意思如何를不知ᄒᆞ야未決ᄒᆞᆫ다ᄒᆞ며황太后가自己利益을顧ᄒᆞ야端方氏에게個人的怨恨을不解ᄒᆞᆯ뜻ᄒᆞ나北京有力者間에ᄂᆞᆫ端方氏가未久에要路에再居ᄒᆞᆫ다고云ᄒᆞᆫ다더라

◎飛艦隊建設 露國에셔ᄂᆞᆫ飛行艇艦隊建設에關ᄒᆞ야義捐금을募集ᄒᆞ엿다더라

◎淸交涉使上京 淸國奉天交涉使韓國鈞氏ᄂᆞᆫ北京에向ᄒᆞ엿ᄂᆞᆫ딕其要用은錦愛鐵道事件과其他重要問題에關ᄒᆞᆷ이라더라

◎巴里增水 法國巴里에ᄂᆞᆫ郊外에再次水害가有ᄒᆞ야써ᄂᆞ、멘兩河가共히增水ᄒᆞ엿다더라

◎勃王訪問 勃加利牙王훨치ᄂᆞᆫ로一世ᄂᆞᆫ露都聖彼得堡를訪問코져ᄒᆞᆫ다더라

雜報

◎安重根의公判

(第五日午前)

十二日午前九時半에安重根等의第五回公判을開ᄒᆞ고辯護를始ᄒᆞ엿ᄂᆞᆫ딕日人鎌田辯護士ᄂᆞᆫ日本事件은世界의視聽을傾動ᄒᆞᆫ重大事件인즉世界의對ᄒᆞ야模範的公判이될만ᄒᆞᆫ줄노知케愼重히裁判을行ᄒᆞ기로望ᄒᆞ노라ᄒᆞ고因曰裁判權管轄問題로論ᄒᆞ면本件의犯罪當地ᄂᆞᆫ淸國領土오被告ᄂᆞᆫ韓國人이라光武三年韓淸條約及光武九年韓日保護條約等에對ᄒᆞ야論ᄒᆞ야도韓國의外交權이消滅ᄒᆞᆫ바아니오但日本이代行ᄒᆞᆷ에不過ᄒᆞᆫ즉韓國臣民을治ᄒᆞᆷ에日本의刑法을適用ᄒᆞᆷ은不可ᄒᆞᆫ지라故로韓國刑法을適用ᄒᆞᆷ이可ᄒᆞ다主張ᄒᆞ고次에事實論으로言ᄒᆞ야曰安及禹에對ᄒᆞ야ᄂᆞᆫ其自白及證據에依ᄒᆞᆯ지라도他意見이別無ᄒᆞ나曹及劉에對ᄒᆞ야ᄂᆞᆫ全然反對의意見이有ᄒᆞ니劉ᄂᆞᆫ全혀政治的思想이無ᄒᆞᆷ과又法廷에셔「일즉집에도라가겟다」ᄒᆞᆫ言을聞ᄒᆞ야도彼ᄂᆞᆫ重大事件에參入치못ᄒᆞᆯ者ㅣ오曹ᄂᆞᆫ其態度及伊藤公被害前二日에其妻를呼來ᄒᆞᄂᆞᆫ書面을發送ᄒᆞᆫ事其他三四事實을陳述ᄒᆞᆫ後因曰劉及曹ᄂᆞᆫ全혀安等과通謀가無ᄒᆞ야主犯에無關ᄒᆞᆫ즉此를從犯으로論ᄒᆞᆷ이不可ᄒᆞ다ᄒᆞ엿ᄂᆞᆫ딕裁判長이통譯을命ᄒᆞ야辯護士의論述을被告等에게言及ᄒᆞ엿다더라

(第五日午後)

同日午後一時半에公判을續開ᄒᆞ고日人水野辯護士가刑의量定을論述ᄒᆞ엿ᄂᆞᆫ딕曰被告安은智識이不足ᄒᆞᆫ故로國家에盡忠ᄒᆞᄂᆞᆫ方法을誤解ᄒᆞᆫ者인즉實로同情ᄒᆞᆯ點도有ᄒᆞᆫ지라韓國의現狀은尊王攘夷를喧論ᄒᆞ던維新前의日本과如ᄒᆞ고其排日黨은亦當時憂國志士와類ᄒᆞᆫ딕安이伊藤公을殺害ᄒᆞᆷ은日韓保護條約을誤解ᄒᆞᆷ이라日本維新以來의暗殺即櫻田門外의事와馬關事件의小山과大津事件의津田과星亨事件의伊庭等의處刑을比較ᄒᆞ야도被告安은一層同情ᄒᆞᆯ点이有ᄒᆞ니或은論曰此等重罪人에게輕罪를施ᄒᆞ면此等事件이續出ᄒᆞ리라ᄒᆞ나此ᄂᆞᆫ實로不足採의妄論이라生命을賭ᄒᆞ야犯罪ᄒᆞᆫ者의게重刑을科ᄒᆞ야도何等警戒가되지못ᄒᆞᆯ지오又被害者된伊藤公도地下에在ᄒᆞ야被告를重刑에處ᄒᆞᆷ을不快ᄒᆞᆯ지니何者오ᄒᆞ면伊藤公도其少壯時代에品川英國公使館을燒燼ᄒᆞ며尊王攘夷說을唱道ᄒᆞ야被告安과酷似ᄒᆞᆫ事가頻々ᄒᆞᆷ이라特又本事件은列國이注目ᄒᆞᄂᆞᆫ問題어날若過重ᄒᆞᆫ刑을科ᄒᆞ면日本이伊藤公을惜ᄒᆞᄂᆞᆫ同時에被告를惡ᄒᆞᄂᆞᆫ感情上으로極刑에處ᄒᆞ엿다ᄂᆞᆫ批評을免치못ᄒᆞᆯ지니然則刑法第百九十九條에依ᄒᆞ야最輕刑罪即懲役三年에處ᄒᆞᆷ이可ᄒᆞ다고論結ᄒᆞ고又禹德淳에게도以上論告를應用ᄒᆞ야比較的輕刑을施ᄒᆞ라ᄒᆞ얏더라

辯護士의辯論은此에終ᄒᆞ고被告等의最後陳述이有ᄒᆞ엿ᄂᆞᆫ딕劉及曹ᄂᆞᆫ元來此事에關係가無ᄒᆞ거ᄂᆞᆯ其嫌疑를受ᄒᆞᆷ은實로遺憾이라ᄒᆞ고禹氏ᄂᆞᆫ曰安과共謀ᄒᆞᆫ바인즉異論이別無ᄒᆞ나오즉韓國의獨立을希望ᄒᆞᆯᄲᅮᆫ이라ᄒᆞ고安氏ᄂᆞᆫ一時間餘에亙ᄒᆞᄂᆞᆫ長論을陳述ᄒᆞ엿ᄂᆞᆫ딕其大要ᄂᆞᆫ曰伊藤은五條締結後에韓國統監이되야韓人을虐待ᄒᆞ고皇帝를廢立ᄒᆞ엿ᄂᆞᆫ지라故로余ᄂᆞᆫ東洋平和와韓國獨立을爲ᄒᆞ야一命을賭ᄒᆞ야此事를行ᄒᆞ엿슨즉余ᄂᆞᆫ決코彼檢察官及辯護士等의言과如히伊藤의政策을誤解ᄒᆞᆷ이아니오又余가個人的怨恨으로行ᄒᆞᆫ事이아닌즉余에게ᄂᆞᆫ普통刑事被告人으로ᄒᆞᆷ이不可ᄒᆞ고國際公法萬國公法에依ᄒᆞ야列國人立會ᄒᆞᆫ中에셔審判을行ᄒᆞᆷ이至當ᄒᆞ다ᄒᆞ고最後에ᄂᆞᆫ曰余ᄂᆞᆫ韓國의獨立을祈ᄒᆞᄂᆞᆫ外에ᄂᆞᆫ所望이全無ᄒᆞ노라ᄒᆞ엿ᄂᆞᆫ딕辯論은此에終了되엿고時ᄂᆞᆫ午後四時二十分이라判決言渡ᄂᆞᆫ十四日午前十時에ᄒᆞ기로ᄒᆞ고閉廷ᄒᆞ엿다더라

學界

◎學生募集 東部壺洞私立海東新塾에日語及英語夜學科의補缺生과新入生을多數募集ᄒᆞᆫ다더라

◎二八優等 長湍郡江西面九華洞長華學校에셔第二學期試驗을擧行ᄒᆞ엿ᄂᆞᆫ딕優等生이申鉉八南吉鳳李昌實李千鳳氏以下十六人이라더라

◎重遠擴張 平南价川郡石溪里重遠學校ᄂᆞᆫ元是儒林講道ᄒᆞ던前崇華齋인딕該校主尹榮漢校監김壽哲兩氏가該校經費를全擔ᄒᆞᆯᄲᅮᆫ더러諸般校務를擴張ᄒᆞᆫ後更히中學校를設置ᄒᆞ고校長은朴殷植氏로推薦ᄒᆞ엿다더라

◎明校就緖 江西郡莅次面八里에居ᄒᆞᄂᆞᆫ紳士金道淳張榮相兩氏가明德女學校를刱設ᄒᆞ고該校經費ᄂᆞᆫ該兩氏의所有浦田에셔所出ᄒᆞᄂᆞᆫ利益으로擔用ᄒᆞᄂᆞᆫ故로校況이漸次就緖ᄒᆞᆫ다더라

詞藻

❀엇지라❀

城郭이完固라야、防禦之策될
것이오。
文武를幷用後에、長久之策될
지어늘。
엇지타、잇든武備도다업서고、
무엇슬ᄒᆞ려。

宮廷彙報

◎玉候平復 皇后陛下께옵셔 感患으로數日 靡寧ᄒᆞ옵시더니至今快히 平復ᄒᆞ옵셧다더라

◎小宮陛見 宮內府次官日人小宮三保松은同府庶務課長多田을帶同하고再昨日下午四時德壽宮에 陛見ᄒᆞ엿다더라

雜報

◎決定果何 別項電報와如히再昨日日本內閣에셔對韓策을決定하엿다홈은此가行政機關改革등事件뿐아니라畢竟曾彌統監渡日ᄒᆞᆫ事件의最後的決定이라고推測ᄒᆞᄂᆞᆫ者ㅣ有하다더라

◎兩氏訪問 永宣君李埈鎔邇學相李載崑兩氏가再昨日下午一時에總相李完用氏를私邸로訪問ᄒᆞ엿다더라

◎上元踏橋 永宣君李埈鎔中樞院顧問李址鎔氏와其他皇族某某諸氏가陰本月上元日에踏橋會를開ᄒᆞᆯ次로目下協議中이라더라

◎要件云何 去十五日以來로釜山大池旅舘에셔密會ᄒᆞᆫ李容九宋秉畯兩人은會議를終하고昨日에各其歸程에就ᄒᆞᆯ터인ᄃᆡ何등要件이發生되야壹二日間延期ᄒᆞᆫ다더라

◎清領事往返 仁川港에在ᄒᆞᆫ清國領事舘에셔新年祝賀宴을設ᄒᆞ엿ᄂᆞᆫᄃᆡ駐京清國領事가該宴會에往叅하기爲ᄒᆞ야三昨日上午十時仁川港에前往ᄒᆞ엿다가再昨日上午十時歸京하엿다더라

◎警察概要分給 內部警務局에셔隆熙三年度의警察事務概要를編纂ᄒᆞ야千餘部를印刷ᄒᆞ엿ᄂᆞᆫᄃᆡ叅考件으로各警察署에一部式分給ᄒᆞ엿다더라

◎治道中止 敦化門前으로統監府前路까지道路를擴張修築ᄒᆞ기로決定ᄒᆞ엿더니아직中止되엿다더라

◎電話架設 大邱慈仁兩郡間에本月初부터警備電話를架設ᄒᆞ엿ᄂᆞᆫᄃᆡ目下開통中이라더라

◎以待三月 文義郡에錦江支流를引用키爲ᄒᆞ야堤堰을防築ᄒᆞ깃다고該道觀察使權鳳洙氏가內部로修報ᄒᆞ엿더니該部에셔ᄂᆞᆫ來三月頃에나引用ᄒᆞ라하엿다더라

◎證明再出 順川郡騷擾時에官衙及土地家屋證明文簿를沒燒ᄒᆞ엿ᄂᆞᆫᄃᆡ內部에셔該道觀察使의게發訓ᄒᆞ고人民의土地證明을五月三十日內로再次證給ᄒᆞ라ᄒᆞ엿다더라

◎測技召還 度支部에셔測量技手를實地見習ᄒᆞ기爲ᄒᆞ야富平등地에多數派送홈은既報어니와該部測量課에셔目下事務가煩劇홈으로該技手二十名을爲先召還ᄒᆞ야視務케ᄒᆞᆫ다더라

◎設校請費 學部에셔密陽郡에甲種公立普통學校를建築ᄒᆞ기로計劃中인ᄃᆡ所入經費ᄂᆞᆫ歲出經常部校具費中에셔四千圓을挪用ᄒᆞ깃다고度支部에照會ᄒᆞ엿다더라

◎清日人紛爭 韓國惠山鎮對岸清國長白府採木會社에셔清日人에紛爭이起ᄒᆞ야互相擊鬪ᄒᆞ엿ᄂᆞᆫᄃᆡ彼此負傷者가多數ᄒᆞ다더라

◎甑山不安 去十三日平南甑山邑市場에不穩의狀況이有ᄒᆞ다고該郡財務署에셔江西에통知ᄒᆞᆫ故로江西日憲兵分遣所長이日憲兵及補助員을率ᄒᆞ고該地로赴ᄒᆞ엿다ᄂᆞᆫᄃᆡ當初該地商民이財務署에請願ᄒᆞ야日政府에셔市場稅를廢止ᄒᆞ기로ᄒᆞ엿ᄂᆞᆫ가財務署의今後方針은如何ᄒᆞᆫ가速히免稅를許ᄒᆞ면已어니와不然하면我輩도所思가有ᄒᆞ노라ᄒᆞ엿ᄂᆞᆫᄃᆡ該地官吏ᄂᆞᆫ目下嚴重警戒中이라더라

◎泰川光景 平安北道泰川附近의商人은市場稅反對의不平이甚ᄒᆞ야南市에ᄂᆞᆫ市場管理人의게對ᄒᆞᆫ廣告를付ᄒᆞ야日市場管理人된韓國人아爾의職을辭ᄒᆞ라다만死로써其職을當코저ᄒᆞ거든管理人됨이可ᄒᆞ니라管理人의父母妻子된者도此를思하라ᄒᆞ엿ᄂᆞᆫᄃᆡ此廣告를因ᄒᆞ야市場管理人中에辭任ᄒᆞᆫ者가有ᄒᆞ다ᄒᆞ며定州日憲兵分遣所에셔ᄂᆞᆫ此에對ᄒᆞ야日憲兵及補助員을派送ᄒᆞ엿다더라

◎宣市消息 日前宣川市場에셔ᄂᆞᆫ賣買總額이三千圓에達하엿스나人民이市場稅를拒絕홈으로財務官吏ᄂᆞᆫ一分도徵捧치못ᄒᆞ엿다더라

◎博川消息 日前博川市場에셔ᄂᆞᆫ人民이市場稅를不應홈으로定州警察署에셔巡查數名을派送ᄒᆞ야懲稅를勵行하엿스나一分도收捧치못ᄒᆞ엿다더라

◎徵稅訓令 市場稅徵收로因ᄒᆞ야各地民心이不平ᄒᆞᆫ中順川事件과如ᄒᆞᆫ것은全혀財務官吏의過失이有ᄒᆞᆫ原因이라하ᄂᆞᆫᄃᆡ地方局長은各道書記官에게對ᄒᆞ야財務官吏徵稅의關ᄒᆞᆫ訓令을發ᄒᆞ엿다더라

◎警衛徵稅 安州市場에셔ᄂᆞᆫ警察官吏가嚴重把守ᄒᆞ고市場稅를徵收ᄒᆞ엿다더라

◎新義州不穩 新義州에셔도市場稅事件으로不穩ᄒᆞᆫ狀況이有ᄒᆞ다ᄒᆞ야日憲兵及警察官吏가警戒ᄒᆞᆫ다더라

◎繳消請願 內部에셔日本人上田充의게麻浦橋架設權을認可ᄒᆞᆫ事에對ᄒᆞ야沿江代表者諸氏가京城商業會議所에會集爛商ᄒᆞ고該會頭趙秉澤氏가再昨日內部大臣의게請願書를提呈ᄒᆞ엿ᄂᆞᆫᄃᆡ其概意ᄂᆞᆫ該津이船舶交통의重要ᄒᆞᆫ地오物貨통行의機關인바隆熙元年分에李杜國處에買得ᄒᆞᆫ人民私有權이오隆熙二年度에警視廳에셔許可ᄒᆞᆫ渡船組合의共有權인ᄃᆡ今此船橋架設에對ᄒᆞ야默視키不可하야玆에舉實請願하오니日人의게與ᄒᆞᆫ該認許를即爲繳消ᄒᆞ라ᄒᆞ엿다더라

◎龍山坊總會 西部麻浦渡津에日本人이設橋코ᄌᆞ하ᄂᆞᆫ事로船路交통이不便홈은別項과如ᄒᆞ거니와該坊에셔總會를今日上午十二時에麻浦普成學校內에開ᄒᆞᆫ다더라

◎礦業請認 元山居李正華氏ᄂᆞᆫ多年礦業에實驗이有ᄒᆞᆫ터인ᄃᆡ近日安邊협谷等地에金礦을多數占領ᄒᆞ고認許ᄒᆞ기爲ᄒᆞ야礦山局에交涉이頻々ᄒᆞ다더라

◎何必延期 江原道人民壹百五十餘名이該道水產免許請願書를農商工部水產局에提呈ᄒᆞᆫ지數年이되도록尙且延期ᄒᆞᄂᆞᆫ故로該人民壹이總代를定ᄒᆞ야水產局에質問次로日前上京ᄒᆞ엿다더라

◎動則調查 美國에셔歸國ᄒᆞᆫ李雲庸氏ᄂᆞᆫ三昨日平壤으로發向ᄒᆞ엿다ᄂᆞᆫᄃᆡ何등關係가有ᄒᆞᆫ지某處에셔該氏에行動을秘密調查ᄒᆞᆫ다더라

◎憲補派送 日憲兵司令部에셔ᄂᆞᆫ何등事件이有ᄒᆞᆫ지昨日上午十二時該部통辯張明根氏와補助員五名을廣州及楊州등地에派遣ᄒᆞ엿다더라

◎孫氏통信 天道教主孫秉熙氏ᄂᆞᆫ去十七日에통道寺로부터馬山浦로發向ᄒᆞ엿다고某處에통信이有ᄒᆞ다더라

◎繙譯官補試驗 翻譯官補志願者의試驗은本日警察官鍊習所에셔舉行ᄒᆞᆫ다더라

◎物產品評會 由來江原道ᄂᆞᆫ地勢의關係로他道와ᄀᆞᆺ치進步가되지못ᄒᆞ엿슴으로今回의實業을獎勵ᄒᆞ기爲ᄒᆞ야物產品評會를開催ᄒᆞ기로決定하야來拾月二拾二日부터拾壹月四日ᄭᆞ지ᄒᆞᆯ터인ᄃᆡ地方費로만가지고ᄂᆞᆫ負擔ᄒᆞᆯ수업ᄂᆞᆫ고로農商工部의셔補助금을交付하야盛大히設行ᄒᆞᆯ計劃인ᄃᆡ土地啓發上의多大ᄒᆞᆫ裨益이되리라더라

◎其故何在 黃海道長淵郡主事車南植氏가公務를因ᄒᆞ야陰曆昨年十壹月五日의二週間期限ᄒᆞ고白翎島로發向하엿ᄂᆞᆫᄃᆡ尙今ᄭᆞ지消息이無ᄒᆞᆫ故로該氏의家人이晝宵燥悶中이라더라

◎美哉江山 南部甲洞江山烟草商會에셔今年부터該業務를壹層擴張ᄒᆞ고良好ᄒᆞᆫ材料로精美히製造ᄒᆞᄂᆞᆫᄃᆡ益々發展된다더라

◎先立標準 三南地方에近日敬天教會가熾盛ᄒᆞ야將次其標準을發表코저ᄒᆞ야所着衣製를變改ᄒᆞᆫ다더라

◎金氏詷探說 某新聞社員金容斊氏ᄂᆞᆫ何등事件이有ᄒᆞᆫ지某處에셔該氏行動을秘密혀探中이라더라

◎船破人死 本月一日牙山海面에셔漁船이風浪을遭ᄒᆞ야二隻은行衛不明ᄒᆞ고五隻은破船되야乘客沈在元氏ᄂᆞᆫ溺死ᄒᆞ고金、孫、兩人도行衛가不明ᄒᆞ다더라

◎禍不單行 惠民洞居徐丙鞦氏ᄂᆞᆫ日前强盜犯嫌疑로北部警察署에被捉ᄒᆞ엿다가事實上曖昧ᄒᆞᆫ故로即時放免되야歸家ᄒᆞᆫ즉該氏의別室이多數物品을暗取逃走ᄒᆞ엿다더라

◎明其不然 西北學會에셔西北地方에委員을派送ᄒᆞ야遊說ᄒᆞᆫ다ᄂᆞᆫ說이某々兩報에揭載ᄒᆞ엿ᄂᆞᆫᄃᆡ此ᄂᆞᆫ事實이全無ᄒᆞᆫ故로該會에셔其不然ᄒᆞᆫ理由를說明ᄒᆞᆯ뿐더러該會에셔ᄂᆞᆫ昨年八月以後로부터一次開會ᄒᆞᆫ事도初無ᄒᆞ다더라

◎義將處絞 三昨日京城地方裁判所에셔義兵將李培根鄭永軫兩氏를絞刑에宣告하엿다더라

◎朴犯被捉 禁府後洞居朴完植은略人犯으로三昨日北部警察署에被捉하엿다더라

◎太極教任員 太極教宗本部의셔職員을選定ᄒᆞ엿ᄂᆞᆫᄃᆡ本部의ᄂᆞᆫ教長訓長講長教正經義部長各課長議員等名位를定ᄒᆞ야任員을組織ᄒᆞ엿고各道의ᄂᆞᆫ都訓長及訓長을選置ᄒᆞ엿다더라

◎親睦總會 畿內學生親睦會에셔本日下午一時에特別總會를安洞畿湖學校內에開ᄒᆞ고事務를處理ᄒᆞᆫ後紳士蔡基두氏가勸勉ᄒᆞᄂᆞᆫ意로講說ᄒᆞᄂᆞᆫᄃᆡ學生以外에ᄂᆞᆫ傍聽을不許ᄒᆞᆫ다더라

◎擲毬競爭會 官立漢城高등學校學員과官立外國語學校德語部學員과青年學舘學員一同이本日高등學校運動場에셔擲毬競爭會를開ᄒᆞᆫ다더라

◎青舘講道 今日下午三時에鍾路青年會舘에셔福音을說ᄒᆞ고載寧에셔多年說教ᄒᆞ던美國人韓牧師를請邀講道ᄒᆞᆫ다더라

◎學會總會 各學會聯合總會를本日下午七時에開ᄒᆞ고一般事務를處理ᄒᆞᆫ다더라

感荷義捐

俗離山人無名氏가本社經費를補助키爲ᄒᆞ야金貨壹圓을寄付ᄒᆞ엿기其盛意를感表ᄒᆞ노라

電報

巨魁渡日說

清國廣東省의大叛亂을惹起ᄒᆞᆫ巨魁ᄂᆞᆫ日本으로逃走ᄒᆞ엿다ᄂᆞᆫ說이有ᄒᆞ야清國政府에셔追跡者三名을渡日케ᄒᆞ엿다더라

廣東後報

清國廣東事件으로死刑에處ᄒᆞᆫ者가八十六名에達ᄒᆞ엿ᄂᆞᆫᄃᆡ總督은尙且該事件의善後策에關ᄒᆞ야中央政府에要求ᄒᆞ엿다더라

以上北京發 十九日着

對韓策言明

昨日々本貴族院豫算總會에셔桂首相의要求로秘密會를開ᄒᆞ고政府가將來變定不變의方針으로對韓方針을確立ᄒᆞᆫ다고言明ᄒᆞ엿다더라

對韓策決定

昨日々本桂首相以下各大臣이對韓政策에關ᄒᆞ야內閣會議를開ᄒᆞ고重要ᄒᆞᆫ會議를數時間에셔商議ᄒᆞᆫ結果로其事件이玆에決定되엿다더라

以上東京發 十九日着

雜報

○非金伊朴　昨日本報雜報김見不幸이란題下에김古童은朴德成에誤植이기로玆에正誤홈

廣告

太極教宗本部에서職員을薦定ᄒᆞ엿ᄂᆞᆫᄃᆡ教長宋炳華都訓長未定訓長李時佐李教宰金宗圭講師金聲根金鶴鎭南廷哲李炳者黃泌秀閔種默趙鍾觀成岐運朴容大李重夏講長李商永聽講李承旭叅講員俞鎭萬徐相洛李舜範等二十人教正呂永祚都有司金一濟經義部長尹忠夏監教白樂正叅教員趙漢商等六人治事部長尹興燮監務李有秦叅事員李炳觀等六人勸教課長尹瀅璹勸教師柳冀南等五人教育課長尹朴璟課員金商敎等五人編輯課長徐相鶴課員南氣元等五人禮式課長崔永禹課員李文求等五人文書課長吳炳日課員張志衡等五人司務課長金善浩課員金晟均等五人經理課長金文煥課員崔永翰等九人實業課長安必中課員李承慶等五人存愛課長李時郁課員羅相禹等五人交涉課長金相禹課員韓榮浩等五人作新課長未定課員李鴻來等五人建議部長金源極總議員及議員未定幹務金斗源尹相日金명等諸氏로組織ᄒᆞ고十三省都訓長及訓長을薦定ᄒᆞ엿ᄂᆞᆫᄃᆡ畿甸沈宜允李根元黃敦秀尹兢周錦北宋秉珣鄭海朝朴文鎬錦南田愚金志洙李聖烈完北任尙鎬金在弘鄭斗源完南奇宇萬鄭鳳鉉安成煥慶北金道相鄭顯愚李晩叅柳必永張升澤慶南郭鍾錫鄭載奎張錫英關東鄭昌時鄭顯東沈相龍韓赫秀海西吳泌相李種文趙鍾[illegible]南朴東欽白象圭箕北朴叡鎭金龜植盧德濟咸南韓讓奎趙炳吉韓序敎咸北李義錫金直秉諸氏오十三省勸教有司를選定派遣ᄒᆞ엿ᄂᆞᆫᄃᆡ畿甸洪祐純錦北未定錦南崔秉昌完南韓敬澤完北金尙烈慶北김호圭慶南趙南紘關東김東鎬海西金聲培箕南黃엽箕北桂沂常咸南文석烈咸北石鍾珩

太極教宗本部　白

本人姓名金基水라三字를篆으로刻ᄒᆞᆫ圖章과金五圓票記를囊中에藏置ᄒᆞ고隆熙三年己酉十二月三十日에入城이다가所佩囊子가絕纓ᄒᆞ야失ᄒᆞ엿ᄉᆞ기玆에告白ᄒᆞ오니內外國僉君子ᄂᆞᆫ拾得ᄒᆞᆫ人의게幸勿見欺하심을敬要

平北定州郡西部面四里　金基洙　告白

隆熙四年一月十七日夜(陰正月初八日)에本人의姓名圖章을盜失ᄒᆞ엿기玆에廣告홈

韓陽後洞十五統八戶　洪鍾억

隆熙三年除十一月間에竊盜에게路干物品을見失ᄒᆞᆯ時에本人所有不動產文券을亦爲見失ᄒᆞ와左開廣告하오니內外國人間誤執或欺買ᄒᆞ와도無效홈

懷德郡炭洞面案山里瓦家拾間草家十三間廊戶四座竟字田四斗落學字田四斗落禍字畓二斗落福字畓二斗落

公州郡鳴灘面晦字田四斗落引字田一斗落晦字畓五斗落引字畓五升落領字畓五斗落曜字畓六斗落俯字畓十二斗落

同郡縣內面京字畓二斗落肯字畓三斗落

同郡陽也里面沙字田三十斗落

同郡反浦面學字田六斗落優字田十斗落甚字田十二斗落甚字田三斗落竟字畓二十斗落優字畓二十八斗落甚字畓六斗落職字畓六斗七升落

合田七十三斗落

合畓九十八斗二升落

懷德炭洞面案山宋殷用　告白

江原道흡谷郡主事韓泰翊氏가이任二載에事務에勤幹ᄒᆞ고民情을周察ᄒᆞ야新式上目的을一々說明ᄒᆞ며日憲兵與日巡查와善히交涉ᄒᆞ야民間生弊가壹毫도無케ᄒᆞ니壹夫壹婦라도無不被其澤하야頌聲이載路ᄒᆞ더니本郡이今幾合屬于通川에郡主事之解職을人民이噭々仰嘆에如赤子之失父母ᄒᆞ야如此ᄒᆞᆫ賢人은不可坐失이라ᄒᆞ고更히陞職ᄒᆞ기를仰天祝願이기玆以廣告홈

江原道흡谷郡民
代表　吳晉根

國文　**初等大韓歷史**　特別減價二十錢

國文　**初等大韓地誌**　附地圖　特別減價十五錢

右書ᄂᆞᆫ純國文으로簡易케著述ᄒᆞ야女子社會와勞動學校의獨習케必要ᄒᆞ오니速速購覽ᄒᆞ시ᄋᆞ

發賣所　中部布屛下廣學書舖金相萬

數學大家　柳一宣　著

初等算術教科書

中卷　定價洋裝九十錢

總發賣所　京城南門外苿岩　新舊書林

分賣所　京鄉各書舖

本商會에서烟草를製造販賣ᄒᆞ온지週年間에我同胞의愛顧酬用ᄒᆞ시ᄂᆞᆫ原恩을特蒙하와營業이漸進發達ᄒᆞ오ᄆᆡ大段感謝ᄒᆞ오며今年부터ᄂᆞᆫ製造業을比前大擴張ᄒᆞᆸ고一層精美케ᄒᆞ와大發賣ᄒᆞ올터이오니陸續愛用ᄒᆞ심을務望홈

南部甲洞三十五統六戶

江山煙草商會　告白

本店에서開業ᄒᆞᆫ지十六年間僉君子의愛顧ᄒᆞ심을特蒙ᄒᆞ와今年부터業務을大擴張ᄒᆞ고春夏秋冬所用으로緞屬毛織等各國高等物品을現今多數直輸入이온바各地方에서ᄂᆞᆫ買易에便利ᄒᆞ게爲ᄒᆞ야特廉減價ᄒᆞ와郵便小包로酬應ᄒᆞ야代金은引換ᄒᆞ깃사오니十三道各郡僉君子ᄂᆞᆫ隨意請求ᄒᆞ심을望

振替貯金番號(韓國壹三番)

漢城中部鍾路砂器廛洞二十一統五戶

廣興泰　告白

▲特別廣告▼

▲最▲新　通信販賣

勿驚ᄒᆞ시오地方에在ᄒᆞ신여러분이여僅히一錢五厘의通信費을投ᄒᆞ면多大ᄒᆞᆫ旅費와繁雜을除ᄒᆞ고能히京都第一廉價의物品을得ᄒᆞᄂᆞᆫ妙方이現出ᄒᆞ엿스니此ᄂᆞᆫ歐米各國에셔流行ᄒᆞᄂᆞᆫ通信販賣法이오우리漢陽商會ᄂᆞᆫ데파도멘도스도아即萬物이具備ᄒᆞᆫ商店이니如何ᄒᆞᆫ物品이라도葉書或書簡으로某物을送致ᄒᆞ라通知ᄒᆞ시면우리ᄂᆞᆫ確實迅速低廉으로爲主ᄒᆞ야郵便或運送으로送呈ᄒᆞ깃슴나이다아ㅡ我韓의人士로誰가우리漢陽商會를不知ᄒᆞᆯ者ㅣ有ᄒᆞ며誰가此에同情을表치아니ᄒᆞᆯ者ㅣ有ᄒᆞ리요弊店의商品目錄은누구시던지보니라請求ᄒᆞ시면無代金으로送呈ᄒᆞ깃ᄉᆞ오니一次試驗ᄒᆞ기爲ᄒᆞ야如何ᄒᆞᆫ物品이던지注文ᄒᆞ여보시오그便利ᄒᆞᆫ方法이如何ᄒᆞᆷ을아시리다

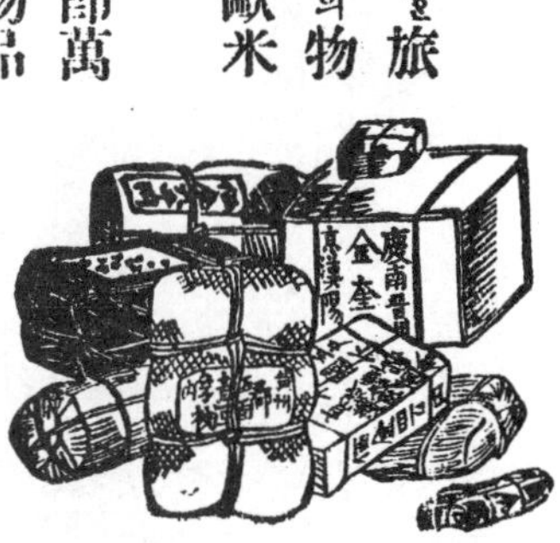

歐美雜貨各種　洋酒食料各種

文房具各種　內外國衣服次各種

本國物產各種

大韓皇城鍾路

輸出輸入商　漢陽商會

電話　一九一番

玉虎書林專賣特許총帽子商店

研究의 效果

우리大韓총帽子가前年春에ᄂᆞᆫ竒弱ᄒᆞᆫ缺가不無ㅎ더니爲か研究ㅎ야前年夏秋早터綢緞과綾羅의別紋으로新鮮製造홈이益美ㅎ야四時用에各宜ㅎ니이것이研究의効果오이다

우리大韓총帽子ᄂᆞᆫ塵汗의汚홈을水에沉ㅎ야소다로洗濯ㅎ며方正을如意히作樣ㅎ야乾後에冠戴ㅎ면精潔如新ㅎ야衛生上에必要홈이天下에第一이니이것이研究의効果오이다

우리大韓총帽子ᄂᆞᆫ編織홈이堅緻홈으로數十年을經用ㅎ야도弊傷이無ㅎ야經濟上에必要홈이天下에第一이니이것이研究의効果오이다

우리大韓총帽子ᄂᆞᆫ隆熙三年三月二十一日에發明ㅎ고仝年九月十六日에專賣特許와仝月十八日에商票登錄을得ㅎ야內外國에發售ㅎ年終會計를決算ㅎ즉多年의研究的消費를除ㅎ고도當年에利益金이生ㅎ엿스니世界에向ㅎ야感謝ㅎ며隆熙四年度에ᄂᆞᆫ研究오効果가千萬倍나盛多홀것은泰西의工商大家에서豫言ㅎ바어니와今年에ᄂᆞᆫ廉價로大放賣홀터이오니拮芫ㅎ東西洋에如林如雲ㅎ衛生家와經濟家ᄂᆞᆫ速速請求ㅎ심을務望ㅎ나이다

帽子定價表

中山帽	四圓五十錢
中折帽	四圓五十錢
婦人帽	四圓五十錢
美利堅帽	四圓五十錢
運動帽	一圓四十錢
學徒帽	一圓六十錢

本書林에셔發行ㅎᄂᆞᆫ書籍은五圓以上價値를請求ㅎ시면三割引으로本店에총帽子ᄂᆞᆫ半打六項을請求ㅎ시면一項을割引으로供獻ㅎ나이다

本社의[illegible]同胞의衛生을爲ㅎ야美國의셔經驗單方으로流行通用ㅎᄂᆞᆫ靈藥單劑를買入ㅎ야左開廣布ㅎ오니有病君子와藥業에從事ㅎ시ᄂᆞᆫ僉彦은爭先來購ㅎ시옵

分賣와都賣에差別이有ㅎ야一打(十二個)以上의都賣에ᄂᆞᆫ特別割引홈

左　開

秘製止痛藥
效能　外塗內服無處不適　消滯　止瀉　絶瘧　治痢無不神效홈

喜蘇膏藥
效能　頭面　身體一切痛症　積年風濕　除痰　生섬之道리卽奏效홈

亞麟香 膠
效能　毋論男女老少　勿嫌年久日淺一切　咳소　服之則其效如神홈

委花藥膏
效能　痔疾　瘰珠瘡　燙跌傷螫咬等　諸症無雙聖藥

委花[illegible]水藥
效能　病症　花柳毒　凡不潔血所祟症　婦人虛弱등症靈驗홈

牛汁藥酒
效能　毋論男女老少氣血虛弱者服之則大補元氣身體强健홈

韓美興業株式會社事務所

本院은韓國一般人民을爲ㅎ야設立홈은僉彦의已知ㅎᄂᆞᆫ바어니와自今으로事務를一層擴張ㅎ고診察을더욱精密히ㅎ기爲ㅎ야時間을午前十時早터午後四時ᄭᆞ지無料로診察ㅎ오며또特別診察所를置ㅎ고些少의診察料로貴客의便宜를圖ㅎ오니診察을要ㅎᄂᆞᆫ僉彦은照亮을爲要

但特別ᄒᆞᆫ境遇에在ㅎ야ᄂᆞᆫ時間을勿論ㅎ고其請求를應홈

京城南大門外
濟衆院　告白

大韓全國에本堂製造發行ㅎᄂᆞᆫ藥品은

消化新藥 清心保命丹 此丹은化痰止咳ㅎ고順氣消滯ㅎ며恒常長服ㅎ면腸胃가健全

大補元氣 蔘茸大補元 大補元氣ㅎ고滋腎健腦ㅎ며先天不足과陽위不起에一切神効

蛔積殺虫散 此약은회積과회腹痛과회虫一切을去根ㅎᄂᆞᆫ良劑

久滯大通丸 此丸은年久積滯와宿滯後重이며胃腹痛에神効莫大홈

瘡病新藥 梅花點雪丹 毋論男女ㅎ고花柳病楊梅瘡에一切去根快復하ᄂᆞᆫ良藥

眼疾速効 光明眼藥 諸般眼疾에隨症皆差ㅎᄂᆞᆫ東洋에初有ᄒᆞᆫ寶藥

起死回生 回生丹 此丹은急ᄒᆞᆫ吐瀉關格이며가슴아리와冷積과痢疾에神効

感氣神効 解熱散 寒熱往來ㅎ며似학非학과頭痛眩暈와肢節痛에其効가偉大

齒痛新藥 止痛健齒水 虫齒와風齒와諸般齒痛에壹切神効

耳鼻聖藥 耳鼻神藥 無論男女ㅎ고耳聾鼻塞이며耳鼻에關ᄒᆞᆫ病은隨症並差

疝症拔根 疝積湯 諸般산症에大談出賣홈

寸虫沒出藥 寸白虫을一切去根ㅎᄂᆞᆫ妙劑

되눈과못 拔根藥 되눈과못과ᄉᆞ마귀를ᄲᆡᄂᆞᆫ藥

止足汗臭藥 手足의汗臭를除却ㅎᄂᆞᆫ藥

去核生新 沃度膏 創瘡과腐傷과곰셴데去核生新ㅎ기ᄂᆞᆫ第一著明

最新改良 百應膏 無論男女老少ㅎ고毒瘡濕瘡痰瘡諸般瘡癤에壹切特效가有홈

淋疾藥各種 淋疾各症에壹週日만服ㅎ면病根快復ㅎ고고腎氣가完全홈

其他洋藥各種과◎賣藥各種◎都매散賣
◎遠地에ᄂᆞᆫ郵便小包로申速酬應홈

漢城南大門內濟生堂大藥房 李庚鳳
代辦主任 李興國 白

特別廣告

和平堂大藥房本舖分店及出張所表

京城鍾路	和平堂大藥房本舖主	李應善
仁川港杻峴	和平堂第一分店	金相玉
京城鍾路衣廛下	仝 二分店	李熙善
平壤鍾路	仝 三分店兼病院	李時宇
平壤館前	和平堂第一출張所	金龍興
平壤法首橋	仝 二출張所	金能元
平壤南門通	仝 三출張所	廣田
海州玉洞新市	仝 四출張所	崔斗鉉
海州東門內	仝 五출張所	李春植
鎭南浦藥洞	仝 六출張所	金元燮
鎭南浦碑石洞	仝 七출張所	吳承昌
載寧郡內墻洞	仝 八출張所	李輔均
成州郡上部仁濟局	仝 九출張所	金麟鎬
定州	仝 十출張所	金容河
大邱北門外	仝 十壹출張所	朴大卿
義州南門外	仝 十二출張所	義和藥房
新義州眞砂町二統十戶	仝 十三출張所	金秉洛
江華鍾路	仝 十四출張所	宋順吾
永興邑內	仝 十五출張所	梁昌錫
安東縣	仝 十六출張所	世行洋行支店
美國桑港	仝 十七출張所	張斗學
安東縣隆興街通濟橋西南第二家	仝 十八출張所	東興盛

其他內外國代理店特約店은紙面이不足하야一々히枚擧키難ㅎ와姑不得揭載홈

光武九年八月十一日 明治三十八年八月十一日 (第三種郵便物認可) 火曜日 西曆一千九百十年二月廿二日

檀君開國四千二百四十三年
箕子元年三千三十二年
大韓開國五百十九年
本報創刊日
光武八年七月十八日

大韓每日申報

第八卷 月曜及慶節歲時休日休刊 第一千三百十九號

發行兼編輯人 英國人 萬咸
Responsible for Publication Alfred Weekley Marnham
發行所 京城南部石井洞三層洋屋家 大韓每日申報社

論說

二十世紀新國民

嗚呼라凄風淫雨에三千里山河가顔色을變ᄒᆞ고烈火深水에二千萬同胞가悲號를作ᄒᆞᄂᆞᆫ도다然則何以ᄒᆞ면此韓國이能히勝利의歌를奏ᄒᆞ야適存의福樂을享ᄒᆞ며何以ᄒᆞ면此韓國이能히富强의基를開ᄒᆞ야民國의威靈을光ᄒᆞᆯ까曰此ᄂᆞᆫ오쟉國民同胞가二十世紀新國民됨에在ᄒᆞ니라

大抵太古時代의民族으로ᄂᆞᆫ足히中古時代에角立치못ᄒᆞ며中古時代의民族으로ᄂᆞᆫ足히二十世紀時代에角立치못ᄒᆞᄂᆞᆫ지라試思ᄒᆞ라彼中古時代에在ᄒᆞᆫ民族으로오히려草衣木食ᄒᆞ며禽居獸處ᄒᆞ야太古野蠻의原始的狀態를不免ᄒᆞᆫ者ᄂᆞᆫ國家가組織되며社會가發達되야精神과物質이文明域에稍登ᄒᆞᆫ中古世界에셔衰亾을不免ᄒᆞ엿나니彼苗族이漢族에게敗ᄒᆞᆷ과蝦夷族이日本族에게敗ᄒᆞᆫ等이是오今此二十世紀時代에在ᄒᆞᆫ民族으로오히려中古時代의精神만保守ᄒᆞ며中古時代의物質만保守ᄒᆞ야中古的國民을不免ᄒᆞᆫ者ᄂᆞᆫ國家의實力이强大ᄒᆞ고社會의文明이발興ᄒᆞᆫ二十世紀世界에셔衰亾을不免ᄒᆞ나니彼安南이亾ᄒᆞ며緬甸이覆ᄒᆞ며支那가衰ᄒᆞᆫ등이是라故로吾儕ᄂᆞᆫ曰國民同胞가二十世紀新國民되지아니ᄒᆞᆷ이不可ᄒᆞ다ᄒᆞᄂᆞᆫ바며

大抵二十世紀의國家競爭은其原動의力이一二人의게不在ᄒᆞ고其國民全體에在ᄒᆞ며其勝敗의果가一二人에게不由ᄒᆞ고其國民全體에由ᄒᆞ야政治家ᄂᆞᆫ政治로競爭ᄒᆞ며宗敎家ᄂᆞᆫ宗敎로競爭ᄒᆞ며實業家ᄂᆞᆫ實業으로競爭ᄒᆞ며或은武力으로ᄒᆞ며或은學術로ᄒᆞ야其國民全體가優ᄒᆞᆫ者ᄂᆞᆫ勝ᄒᆞ고劣ᄒᆞᆫ者ᄂᆞᆫ敗ᄒᆞᄂᆞ니彼蓋世英雄成吉思汗亞歷山王이아모리雄ᄒᆞ며아모리强ᄒᆞ야數百萬健兒를鞭ᄒᆞ며數萬里土地를拓ᄒᆞ더리도彼ᄂᆞᆫ個人의競爭이라故로其勢가不長ᄒᆞ며其威가易裂ᄒᆞ야一時其庭下에拜를納ᄒᆞ던民族도容易히其頭를再擧ᄒᆞ고長風에嘯ᄒᆞ야舊勢를爭復ᄒᆞ엿거니와今日은不然ᄒᆞ야其競爭이卽全國民의競爭이라故로其競爭이烈ᄒᆞ며其競爭이長ᄒᆞ며其競爭의禍가大ᄒᆞ나니故로曰國民同胞가二十世紀新國民되지아니ᄒᆞᆷ이不可ᄒᆞ다ᄒᆞᄂᆞᆫ바며

今日韓國人士中에何故로政治家ᄂᆞᆫ政治에敗ᄒᆞ며實業家ᄂᆞᆫ實業에敗ᄒᆞ며其他何種의事業家던지外人에게必敗ᄒᆞ나냐ᄒᆞ면日新國民이아닌所以며何故로國家精神이無ᄒᆞ며何故로國民能力이無ᄒᆞ나냐ᄒᆞ면日新國民이아닌所以며何故로國을賣ᄒᆞᄂᆞᆫ者가有ᄒᆞ며何故로民을賣ᄒᆞᄂᆞᆫ者가有ᄒᆞ나냐ᄒᆞ면日新國民이아닌所以니故로日國民同胞가二十世紀新國民되지아니ᄒᆞᆷ이不可ᄒᆞ다ᄒᆞᄂᆞᆫ바라 (未完)

外報

◎波斯灣岸不穩 亞剌比亞와波斯灣의西北岸되ᄂᆞᆫ英國勢力內에在ᄒᆞᆫ고웨드地方은不穩이益大ᄒᆞ다더라

◎土國內閣反對 土耳其에셔ᄂᆞᆫ구루드族及其他二三種族間에셔靑年土耳其黨의政府를反對ᄒᆞ야反抗的運動을起ᄒᆞᆫ다더라

◎希臘內亂 希臘國에셔陸海軍間에軋轢이生ᄒᆞ야海軍은首府雅典을攻擊ᄒᆞᆷ에至ᄒᆞᆯ줌노預期ᄒᆞ야同市의守備兵을增加ᄒᆞ엿고陸軍은嚴重히警戒ᄒᆞ야諸般의檢閱을行ᄒᆞᆫ다더라

◎美船沈沒 美國海軍附屬小蒸氣船니나號ᄂᆞᆫ去二月六日以來로行方이不明ᄒᆞᆷ으로必竟三十名의乘組員과共히沈沒됨이라ᄒᆞ야搜索를中止ᄒᆞ엿다더라

◎英皇巡遊 英國皇帝ᄂᆞᆫ來三月비아리츠에赴ᄒᆞ엿다가同所에셔發程ᄒᆞ야更히伊太利네풀쓰를訪問ᄒᆞᆫ다더라

◎德國의海軍論 德國海軍協會會長海軍大將본、고에스델氏ᄂᆞᆫ뮨ㅣ나ㅅ이市에셔演說을試ᄒᆞ엿ᄂᆞᆫ듸德國海軍이現今과如ᄒᆞᆫ低度位置에셔脫ᄒᆞ야十分有力ᄒᆞᆫ高度에至ᄒᆞᆷ이必要ᄒᆞᆫ事를勸獎ᄒᆞ고且軍備制限問題를嘲笑에附ᄒᆞ야曰世界의强國된德國의位置ᄂᆞᆫ平和와名譽에保障되ᄂᆞᆫ有力ᄒᆞᆫ艦隊를要求ᄒᆞᆫ다ᄒᆞ엿다더라

◎海軍費借入 清國江西省은海軍創設費五十六萬兩과同經常費로每年에十萬兩을支出코져ᄒᆞ나經費가不足ᄒᆞᆷ으로大清銀行에셔十四萬七千兩을借用ᄒᆞᆯ旨로江西巡撫가上奏ᄒᆞ엿다더라

◎不敢反對 錦愛鐵道에對ᄒᆞ야日本은敢히反對ᄒᆞ지못ᄒᆞ고、或條件으로써此에加入코져ᄒᆞᄂᆞᆫ事를去十五日正式으로照會ᄒᆞ엿슴으로美國人은頗히喜悅ᄒᆞ야日本의加入을歡迎ᄒᆞᆫ다더라

雜報

安重根의公判 (第六日)

十四日은安重根等에게判決言渡를行ᄒᆞᆯ日이라亾國의恨을抱ᄒᆞ고獨立自由四字로命을賭ᄒᆞ야死生相契ᄒᆞ던愛國憂世의士로世界耳目을傾動케ᄒᆞᆫ此犯人의處判이如何히되ᄂᆞᆫ가ᄒᆞ야定期時間前에傍聽人이堵와如ᄒᆞᆫ中에露國法學士야부친스키氏의夫妻와韓國辯護士安秉瓚氏와露國辯護士미하이로푸氏及其同行露國領事館員과安重根의令季兩氏及其從弟明根氏가參席ᄒᆞ엿ᄂᆞᆫ듸午前十時半에開廷ᄒᆞ고眞鍋裁判長이檢察官溝淵及書記通譯等과共히着席ᄒᆞᄆᆡ滿廷數百人의眼은裁判長에게로만注集ᄒᆞ고新聞記者等은筆을執ᄒᆞ고待ᄒᆞᄂᆞᆫ듸於是에裁判長이被告四人에게對ᄒᆞ야判決主文을言渡ᄒᆞ니安重根은死刑에禹德淳은懲役三年에曺道先劉東夏ᄂᆞᆫ各懲役一年六箇月에處ᄒᆞ고犯罪에用ᄒᆞᆫ押收物件은沒收ᄒᆞᆫ다고述ᄒᆞ고仍히被告等에게對ᄒᆞ야各犯罪의理由及事實을說明ᄒᆞ고判決에對ᄒᆞ야不服이有ᄒᆞ거던五日以內에控訴ᄒᆞ라ᄒᆞ엿ᄂᆞᆫ듸禹及曹ᄂᆞᆫ判決에對ᄒᆞ야異論이無ᄒᆞ엿고劉ᄂᆞᆫ惟曰「어셔집에도라가게ᄒᆞ오」ᄒᆞᆯ뿐이오安은曰尙且意見을陳述ᄒᆞ라면控訴치아니ᄒᆞ고ᄂᆞᆫ不得ᄒᆞ나나ᄒᆞ엿ᄂᆞᆫ듸安은死刑의宣告를受ᄒᆞ야도平心舒氣에顔色이自若ᄒᆞ야曰知之已久로라ᄒᆞ엿다더라

學界

◎明校卒業 平北龍川府外上面南市洞私立基督敎明倫學校에셔去月二十八日에卒業式을擧行ᄒᆞ엿ᄂᆞᆫ듸卒業生은申熙周氏오進級生이十三人이라더라

◎泥舊太甚 白川郡鄕校直員金容益氏ᄂᆞᆫ太極敎에入會ᄒᆞᆫ後該敎本旨를誤解ᄒᆞ고境內儒林家를激動ᄒᆞ야新學問을極力反對ᄒᆞᄂᆞᆫ故로敎育界障碍가尤甚ᄒᆞ다고該地物論이藉々ᄒᆞ다더라

◎明倅不明 咸北明川郡守李敎俊氏ᄂᆞᆫ該郡々主事任免ᄒᆞᄂᆞᆫ事에不公平ᄒᆞᆷ이有ᄒᆞᆯ뿐더러本道陳列品이라稱ᄒᆞ고海陸物産을民間에勒捧ᄒᆞ야自己私用에充用ᄒᆞ며該境內各學校에對ᄒᆞ야奬勵ᄂᆞᆫ姑舍ᄒᆞ고廢止ᄒᆞᆯ地境이된學校도頋不顧念ᄒᆞᆫ다고批評이藉々ᄒᆞ다더라

◎育英經試 平北龍川府邑面城東洞私立普通育英學校ᄂᆞᆫ該校主許顯氏가設立ᄒᆞᆫ바인듸生徒가三十餘名에達ᄒᆞ엿고昨年末日에年終試驗을經ᄒᆞ엿ᄂᆞᆫ듸優등生은許迺義白應祚諸氏等이라더라

◎夜校刱設 仁川舊邑面官廳里居ᄒᆞᄂᆞᆫ金在玉河錫炫蔡龍明崔京鉉鄭泰俊等諸氏가夜學校를協力設施ᄒᆞ고農業에從事ᄒᆞᄂᆞᆫ靑年을熱心敎育ᄒᆞᄂᆞᆫ듸學徒가三十餘名에達ᄒᆞ엿다더라

▲偉人遺蹟

▲▲東國巨傑 崔都統 (續) 錦頰山人

恭愍王二年(元順帝至正十年)以後로支那全幅의局面이益變ᄒᆞ야風雨가交作ᄒᆞ고血腥이四聞ᄒᆞᄂᆞᆫ도다第一次方國珍이台州(今淸浙江省台州府)에起ᄒᆞ며第二次劉福通이永平(今淸直隷省永平府)에起ᄒᆞ며第三次李二가徐州(今淸江蘇省徐州府)에起하며第五次徐壽輝陳友諒이羅田(今淸湖北省黃州府)에起ᄒᆞ며第六次張士誠이高郵(今淸江蘇省揚州府)에起ᄒᆞ며第七次明玉珍이四川雲南에起ᄒᆞ며第四次郭子興朱元璋(卽明太祖)이濠洲(今淸安徽省鳳陽府)에셔起ᄒᆞ야各自土地를擁ᄒᆞ며官吏를置ᄒᆞ고王이라稱ᄒᆞ며帝라稱ᄒᆞᄂᆞᆫ者ㅣ紛然ᄒᆞ더라此時에我邦政治界에其人이有하면元의關係를絶ᄒᆞ고進ᄒᆞ야遼東에據ᄒᆞ야大陸의時機를攫取ᄒᆞᆯ日이어ᄂᆞᆯ嗚乎라擧朝가酣睡에江山이如夢ᄒᆞ고墻[illegible]이頻頻에蝸角이欲鬪ᄒᆞ니門外에可收ᄒᆞᆯ蚌鷸이雖多ᄒᆞ나其誰가此를過問ᄒᆞ리오只是彼隣家漁父의成功에讓ᄒᆞᄂᆞᆫ도다

元政府가各地의騷亂을剿平코ᄌᆞᄒᆞ야丞相脫々로元帥를拜ᄒᆞ야往征ᄒᆞᆯ식役가尙且儼然히大元皇帝詔를下ᄒᆞ야我에게兵을徵ᄒᆞ고兼하야我國將相十五人을召ᄒᆞ야此를助勸ᄒᆞ라ᄒᆞᄂᆞᆫ듸嗚乎라此詔々廷臣은太半奴隸譯種이라百年以來皮幣珠玉의深祉를不思ᄒᆞ며彼朝露의命을倖保ᄒᆞᄂᆞᆫ元政府를虎又치畏ᄒᆞ야惶々히彼一薄紙上의命令을服從ᄒᆞᆯ식柳淵柳濯을遣ᄒᆞ야兵을率ᄒᆞ고高郵에赴戰ᄒᆞ라ᄒᆞ거ᄂᆞᆯ都統이獨爭曰不可ᄒᆞ다元朝의政令이已衰ᄒᆞ야亾日이不遠ᄒᆞ니我의救가無益이오設令我의救를由ᄒᆞ야彼의亾을可興ᄒᆞᆯ지라도我가不救ᄒᆞᆷ이可ᄒᆞ니何也오盖彼ᄂᆞᆫ我의讐敵이라高宗元宗이彼에屈ᄒᆞ야城下盟을結ᄒᆞᆷ이엇지其心의樂爲ᄒᆞᆫ비리오但力屈ᄒᆞᆫ故며百年來의卑辭厚幣로彼를結ᄒᆞᆷ이엇지眞誠에出ᄒᆞᆷ이리오亦力屈ᄒᆞᆫ故니今彼의衰亂을我가何故로救ᄒᆞ리오

未完

詞藻

❀그뉘런고❀

寒窓孤灯에、古今歷史閱覽ᄒᆞ니。
萬古興亾눈에잇고、一世榮辱可笑로다。
至今에、靑邱歷史를[illegible]者ᄂᆞᆫ、그뉘런고。

宮廷彙報

◎每日問安 海豊府院君尹澤榮氏家에셔ᄂᆞᆫ 每日一次式問安使를 [illegible]宮에 派遣ᄒᆞ야 皇后陛下ᄭᅴ 問安ᄒᆞᆫ다더라

雜報

◎僕々不憚 內閣秘書官高源植氏ᄂᆞᆫ 再昨日上午十二時에 大久保司令官을 官邸로 訪問ᄒᆞ고 總相李完用氏를 慰問ᄒᆞᆫ 事에 對ᄒᆞ야 感謝ᄒᆞᆫ 意를 表ᄒᆞ엿다더라

◎兩氏肅拜 前判書金永哲李勝宇兩氏ᄂᆞᆫ 年今七旬인 故로 國朝舊例를 依ᄒᆞ야 耆老社에 入參ᄒᆞ엿ᄂᆞᆫ데 金氏ᄂᆞᆫ 日前靈壽閣에 肅拜ᄒᆞ엿고 李氏ᄂᆞᆫ 本月末日頃에 肅拜ᄒᆞᆯ다더라

◎趙亦同參 釜山港大池旅館에셔 宋秉畯李容九가 秘密面會ᄒᆞᆷ은 旣報어니와 從二品趙東漢氏도 宋에 電信을 因ᄒᆞ야 該港에 前往ᄒᆞ야 宋李面會時에 同參ᄒᆞ엿다더라

◎宋李窮計 宋秉畯이가 李容九의게 申托ᄒᆞ엿다ᄂᆞᆫ 言을 漏聞ᄒᆞᆫ즉 日本政府의 物議를 據ᄒᆞᆫ즉 政合邦問題ᄂᆞᆫ 實行치못ᄒᆞᆯ 貌樣이니 不在多言ᄒᆞ고 本會員을 善爲撫摩ᄒᆞ야 實業이나 奬勵ᄒᆞ라 ᄒᆞ엿다더라

◎何忍相別 釜山에 下往ᄒᆞ엿던 李容九ᄂᆞᆫ 去二十日에 歸京ᄒᆞ엿ᄂᆞᆫ데 宋秉畯도 同日에 連絡船으로 渡日ᄒᆞ엿다더라

◎監查課移接 度支部司稅局에셔 事務ᄂᆞᆫ 煩劇ᄒᆞ고 處所가 狹窄ᄒᆞᆷ으로 該局에 附屬ᄒᆞᆫ 監查課ᄂᆞᆫ 三昨日에 新建築ᄒᆞᆫ 處所로 移接ᄒᆞ엿다더라

◎閔氏運動說 閔泳瓚氏ᄂᆞᆫ 何等事件을 因ᄒᆞᆷ인지 將次日本에 渡去ᄒᆞᆫ다ᄂᆞᆫ데 一說에ᄂᆞᆫ 官[illegible]子를 運動코져ᄒᆞᆷ이라더라

◎私校와 學部 近日來政府에셔 各私立學校를 廢止코자ᄒᆞᆫ다ᄂᆞᆫ 議가 有ᄒᆞ다ᄒᆞ야 漢城內各學會가 聯合ᄒᆞ야 來二十五日에 大會를 開ᄒᆞ고 此에 關ᄒᆞ야 商議ᄒᆞᆫ다ᄂᆞᆫ 說이 有ᄒᆞᆫ데 學部當局者의 言을 據ᄒᆞᆫ즉 政府에셔ᄂᆞᆫ 隆熙二年 勅令第六十二號로 私立學校令을 頒布ᄒᆞ고 其時學部大臣이 訓令ᄒᆞᆫ바와 如히 私立學校를 檢束코자ᄒᆞᆷ이 아닐ᄲᅮᆫ더러 私立學校中完全ᄒᆞᆫ 者ᄂᆞᆫ 益加奬勵ᄒᆞ고 弊가 有ᄒᆞᆫ 者ᄂᆞᆫ 矯正코자ᄒᆞᆷ은 實로 同令의 精神인즉 今에 突然히 廢止케ᄒᆞᆯ 理가 無ᄒᆞ니 此ᄂᆞᆫ 全히 無據ᄒᆞᆫ 浮言에 不過ᄒᆞᆷ이라云ᄒᆞ더라

◎職員開會 學部에셔 三昨日下午二時에 職員會를 開ᄒᆞ엿ᄂᆞᆫ데 官立普通學校學生中 來學期試驗에 優等卒業生은 官立漢城高等學校外國語學校公立善隣商業學校에 無試驗入學케ᄒᆞ기로 決定ᄒᆞ엿다더라

◎成館電設議 學部에셔ᄂᆞᆫ 學務行政上에 便利키 爲ᄒᆞ야 成均館에도 電話를 架設ᄒᆞ기로 目下協議中이라더라

◎地局調查會 內部地方局에셔ᄂᆞᆫ 近日內에 所關各事項을 調查키 爲ᄒᆞ야 局長及事務官等이 調查會를 開ᄒᆞᆫ다더라

◎崔氏催促 忠南觀察使崔廷德氏ᄂᆞᆫ 日人의 經營ᄒᆞᄂᆞᆫ 湖南鐵道에 關ᄒᆞ야 此를 催促ᄒᆞᄂᆞᆫ 意로 內部及統監府에 致書ᄒᆞ엿다ᄂᆞᆫ 說이 有ᄒᆞ다더라

◎拓社募債 東洋拓殖會社에셔ᄂᆞᆫ 英國에셔 二千萬圓社債를 募集ᄒᆞ야 金融部資金을 充當코져ᄒᆞᆫ다더라

◎隨有輸出 農商工部에셔 日本[illegible]縣名古屋兩共進會에 出品物을 準備ᄒᆞᆫ다ᄒᆞᆷ은 旣報어니와 再昨日該物品輸出事務를 終了ᄒᆞ엿ᄂᆞᆫ데 追後라도 物品準備가 有ᄒᆞᆫ 同時에ᄂᆞᆫ 繼續輸出ᄒᆞᆫ다더라

◎地方稅徵收方法 地方稅徵收ᄂᆞᆫ 已往方法을 廢止ᄒᆞ고 更히 簡便케ᄒᆞ야 人民의게 知悉케ᄒᆞ되 市塲의 物議를 收ᄒᆞ야 定ᄒᆞᆫ 稅額을 公示ᄒᆞᆯ터이오 收納期ᄂᆞᆫ 一箇月假量으로 定ᄒᆞ고 當地官廳과 協議ᄒᆞ야 店主로 委員을 選置ᄒᆞ야 市塲稅를 賦課케ᄒᆞ며 一個月에 二百圓未滿되ᄂᆞᆫ 塲市ᄂᆞᆫ 勿論ᄒᆞ기로 當局에셔 協議ᄒᆞᆫ 後 訓令을 發ᄒᆞᆯ터인데 其方法은 爲先平安南北道와 黃海道에 施行ᄒᆞᆫ다더라

◎市塲處理內容 市塲許可處理에 關ᄒᆞ야 農商工部와 統監府에셔 協議決定ᄒᆞᆷ이 如左ᄒᆞ다더라

(一) 專管居留地와 各國居留地에셔 市塲의 新設及變更에 關ᄒᆞ야ᄂᆞᆫ 日本理事官이 許可ᄒᆞ고

(二) 公開雜居地又ᄂᆞᆫ 居留民團、學校組合、日本人會所在地의 市塲新設及變更은 韓日人의 請願을 不問ᄒᆞ고 漢城府尹、觀察使가 日本理事와 協定許可ᄒᆞᄂᆞ데 但請願者中全部或一部가 日本人되ᄂᆞᆫ 時ᄂᆞᆫ 日本理事官과 連署ᄒᆞ고

(三) 前項以外의 日本人居住地의 市塲新設變更에 關ᄒᆞ야ᄂᆞᆫ 韓日人을 不問ᄒᆞ고 漢城府尹、觀察使가 許可ᄒᆞᆫ다더라

◎速々悔改 前局長朴義秉氏의 子朴某ᄂᆞᆫ 酒色에 誤入ᄒᆞ야 多數財産을 浪擲ᄒᆞᆷ으로 朴義秉氏가 其子를 分戶後에 聲言ᄒᆞ기를 從今以後로ᄂᆞᆫ 吾子가 아닌줄노 認定ᄒᆞ야 債務를 都不相關ᄒᆞ깃다ᄒᆞᆫ지라 朴義秉氏의 父親이 其動靜을 [illegible]人父母ᄒᆞ야 此等行事를 何忍行之오ᄒᆞ며 從今以後로ᄂᆞᆫ 吾亦父子間相面치아니ᄒᆞ깃다ᄒᆞ고 鄕第로 下去ᄒᆞ엿다ᄂᆞᆫ데 該朴某의 酒色嗜欲을 禁絶치못ᄒᆞ야 家庭間不和를 起케ᄒᆞᆷ을 莫不痛罵ᄒᆞᆫ다더라

◎平北人民請願 平北人民康得河金洛奎氏등數百名이 內部에 請願ᄒᆞ되 本道觀察道를 義州郡으로 移轉ᄒᆞᆫ 後로 人民의게 不便ᄒᆞᆫ 点이 多ᄒᆞᆯᄲᅮᆫ더러 義州ᄂᆞᆫ 一隅에 處在ᄒᆞ엿슨즉 寧邊郡으로 還爲遷徙ᄒᆞ라ᄒᆞ엿다더라

控訴權抛棄

死刑에 判決된 安重根氏ᄂᆞᆫ 控訴權을 抛棄ᄒᆞ얏다고 去十九日午後에 統監府로 電報가 有ᄒᆞ엿다더라

◎一切放免 安重根氏事件의 連累嫌疑로 被囚ᄒᆞ엿던 安昌浩氏 李甲李[illegible]鍾浩金明濬諸氏가 三昨日에 放免되야 李甲氏ᄂᆞᆫ 再昨夜十時頃에 入城ᄒᆞ엿ᄂᆞᆫ데 其親知人이 多數迎接ᄒᆞ엿다더라

◎旣請又訴 忠州財務署長金寬濟氏가 該郡都面長李學[illegible]와 符同ᄒᆞ야 該郡結卜을 每結頭의 十員式加捧ᄒᆞᆯᄲᅮᆫ더러 李氏ᄂᆞᆫ 結錢을 收捧ᄒᆞᆫ다ᄒᆞ고 三日間一次式巡查或使喚을 出送ᄒᆞ야 星火督促ᄒᆞ며 每番에 所謂旅費니 繕價니ᄒᆞ야 原結外의 濫捧ᄒᆞᄂᆞᆫ 弊가 尤甚ᄒᆞᆫ 故로 該郡人民代表金秉煥申百均氏等이 上京ᄒᆞ야 度支部에 請願ᄒᆞ엿고 將次裁判所에 起訴코져ᄒᆞᆫ다더라

◎辨決何遲 平北義州龍川兩府에 在ᄒᆞᆫ 民有軍役土事件으로 該府人民代表白寅善車瑞坤兩氏가 度支部에 請願ᄒᆞ엿다ᄒᆞᆷ은 已報어니와 該部에셔ᄂᆞᆫ 特別히 調查ᄒᆞᆫ 後 民有의 確證이 有ᄒᆞ면 民有로 認定ᄒᆞᆫ다ᄒᆞᄂᆞᆫ 故로 該人民等이 各其證據書類를 收聚ᄒᆞ고 速히 調查後辨決ᄒᆞ기를 企待中이라더라

◎博川徵稅 去拾八日博川市塲에셔 不穩ᄒᆞᆫ 形勢가 有ᄒᆞ다ᄒᆞᆷ은 已報어니와 該地人民數名을 捉致하고 市塲稅를 徵捧하엿다더라

◎작잠社得許 李夏榮氏及日人日戶勝郞等이 작잠會社를 設立ᄒᆞᆷ은 已報어니와 本月四日에 農商工部의 許可를 得하야 股本을 廣集ᄒᆞᆫ다더라

◎李家素行 侍從李明九氏가 前參領朴某의 別室에 姿態를 見ᄒᆞ고 蕩情을 不勝ᄒᆞ야 百方으로 紹介ᄒᆞ야 該女를 誘引하야 仁川으로 暗送ᄒᆞ엿ᄂᆞᆫ데 朴某가 四方으로 探索ᄒᆞ야 畢竟搜覔率來ᄒᆞ엿스나 蕩子淫婦가 尙히 情慾을 不抑하고 暗自追逐하ᄂᆞᆫ 故로 其醜行을 莫不唾罵ᄒᆞᆫ다더라

◎土肥蠻行 義州鴨綠江에 漂流ᄒᆞᄂᆞᆫ 板木을 該地人民等이 或拾取或買得ᄒᆞ야 該地營林廠에 輸納하고 依規捧價하ᄂᆞᆫ 것인데 日人土肥平一郞이 營林廠事務員이라 假稱하고 人民의 貯置ᄒᆞᆫ 林木을 無代金奪[illegible]하ᄂᆞᆫ 故로 民怨이 浪藉하다더라

◎無辭可答 退學을 當ᄒᆞᆫ 鳳鳴學校生徒의 父兄이 再昨日會同ᄒᆞ야 校主李鳳來氏의게 總代를 派送ᄒᆞ야 退學식힌 理由를 質問ᄒᆞ엿ᄂᆞᆫ데 李氏ᄂᆞᆫ 默々無語ᄒᆞ엿다더라

◎非狂非痴 西署巡查太德中氏ᄂᆞᆫ 夫婦間何等不協ᄒᆞᆫ 事件이 有ᄒᆞ엿던지 自處ᄒᆞᆯ 次로 鴉片을 喫ᄒᆞ엿ᄂᆞᆫ데 其家人의 極力救療ᄒᆞᆷ을 因ᄒᆞ야 幸히 免死ᄒᆞ엿다더라

◎警廳火警 警視廳衛生係에셔 再昨日下午二時에 失火ᄒᆞ야 該廳舍三四間이 燒燼ᄒᆞ엿ᄂᆞᆫ데 卽時撲滅ᄒᆞ엿다더라

◎兄償弟債 義州府金觀황氏가 商業에 從事ᄒᆞ다가 累次失敗ᄒᆞ야 損害ᄒᆞᆫ 金額이 二千五百圓에 達ᄒᆞ엿ᄂᆞᆫ데 該氏의 兄金載恒載謙兩氏가 自己所有財産을 傾ᄒᆞ야 各人處債務를 辨償ᄒᆞ엿다더라

◎次第捐金 旣報와 如히 再昨日下午一時大同教에셔 臨時總會를 開ᄒᆞ고 任員을 選定ᄒᆞᆫ 後 該會經費에 對ᄒᆞ야 當日出席ᄒᆞᆫ 教員諸氏가 自願捐金ᄒᆞ엿ᄂᆞᆫ데 總長金允植氏ᄂᆞᆫ 百圓 副長李址鎔氏ᄂᆞᆫ 二百圓 其外捐助ᄒᆞᆫ 金額이 百餘圓이라더라

◎青會演奏 鍾路青年會舘에셔 音樂演奏會를 設ᄒᆞ고 會員家族을 請邀觀覽케ᄒᆞᆫ다ᄂᆞᆫ데 該日字ᄂᆞᆫ 二十二日二十三日兩日은 婦人會에 專供ᄒᆞ고 男子會ᄂᆞᆫ 同月二十五日로 定ᄒᆞ엿다더라

電報

借欵增加

淸國의 錦愛鐵道借欵은 一百萬磅을 增加ᄒᆞ기로ᄒᆞ고 此鐵道에 關ᄒᆞᆫ 日本의 回答에 對ᄒᆞ야 目下討議中이라더라 北京發 二十日着

루氏와 美國

美國前大統領루스벨트氏歸國에 關ᄒᆞ야 美國到處에 該氏의 評論이 多ᄒᆞᆫ데 因ᄒᆞ야 現政府에 對ᄒᆞᆫ 評論도 有ᄒᆞ야 曰 타프트氏ᄂᆞᆫ 輿論을 從ᄒᆞᆯᄲᅮᆫ이오 루스벨트氏ᄂᆞᆫ 輿論을 指導ᄒᆞᆫ다하며 紐育新聞社에셔ᄂᆞᆫ 루氏를 隨從키 爲ᄒᆞ야 特派員을 發ᄒᆞ엿다ᄒᆞ며 西部及中央部新聞에ᄂᆞᆫ 루氏와 타氏의 優劣投票를 行ᄒᆞ엿ᄂᆞᆫ데 루、가 多數優点을 得ᄒᆞ엿다더라 紐育發 二十日着

皇太子御歸期

韓國皇太子殿下ᄭᅴ셔 來四月上旬에 日本東京에셔 御出發ᄒᆞ옵셔 九州地方으로 從ᄒᆞ야 御歸國ᄒᆞ옵실터인바 歸國ᄒᆞ신 後에 御留國ᄒᆞ실 期間은 三週間으로 預定ᄒᆞ옵셧다더라

日人陪從

韓國皇太子ᄭᅴ옵셔 御歸國ᄒᆞ옵실 際에 日人岩倉[illegible] 宮內省官吏數名이 陪從ᄒᆞᆫ다더라

獨立紀念博覽會

智利國에셔ᄂᆞᆫ 獨立百年紀念祝典을 擧ᄒᆞ기 爲ᄒᆞ야 本年九月에 산챠고地方에셔 美術工藝萬國博覽會를 開設ᄒᆞ기로ᄒᆞ고 日本에도 參同을 求ᄒᆞ엿다더라 以上東京發 廿日着

▲社會燈▼

▲大韓醫院에 [illegible] 獨坐時라 其死[illegible] 生何足說가 此心惟有後人知라 [illegible] 一首를 朗吟하며 [illegible] 이 頑然이네로고나 肺肝[illegible] 더 心情은 當世人의 所共知오 肩腰間에 더 傷處ᄂᆞᆫ 歷史上에 빗최리니 汝言汝詩아니라도 心腸[illegible] 歷史를 後世人이 뉘도르리

▲朴나뷔의 翺翔花ᄂᆞᆫ 고흔빗츨 ᄌᆞ랑하며 遊蜂野蝶貪香中에 [illegible]이라고 流連[illegible] 仁水間에 [illegible] 서진더니 뷔도 그故情을 못니저셔 四方으로 차ᄌᆞ다녀 다시 [illegible] 괴상ᄒᆞᆯᄉᆞ 더 墻花ᄂᆞᆫ 新情못친개만아 고舊情잇ᄂᆞᆫ나뷔 踈薄

雜報

○果組更設 漢城果商組合과京城果商組合間에從來紛爭하는事件을協議和合케홀次로去日曜日에京城商業會議所任員이該兩處組合任員一同을招請하야相詰호던事件을調査質問혼後兩組合을廢止호고更히組合을別設호야漢城內一般果商으로公共利益을增進케호기로決定호엿다더라

○同井相救 北部苑洞居黃泳李氏家에셔再昨日下午十二時頃에失火하야損害가多數에至호엿다는딕該洞里居生人民들이或十錢或一圓式을收歛捐助호엿다더라

○談叢○

▲自滅　劍心

波蘭人이露人의게滅亡을當호後에義軍을擧호고露人을向호셔功簣는未滿호야셔소墻에亂作하야義戈下에셔階級을爭하며義旗底에셔族黨을戰호야露人에向호던鋒으로同胞에向호며露人을殺하라던劍으로同胞를殺하야畢竟兵破民亡호야波蘭二字가世界史에永沒케되엿스니悲夫라彼는自滅이로다

大抵彼가歐洲一名國으로壹敗에分割을被호고二敗에滅亡을遭하엿스니彼가宜乎前日은仇讐라도今日은手를携하고國事에共奔하며前日은王侯오前日은奴僕이라도今日은步를齊하고國事에共死홀지라果然如斯하엿스면彼의義軍이畢竟華盛頓의軍이되고마加富爾의軍이될지어날彼는[illegible]라計가此에不하야初亡에도此로以하며再亡에도此로以하엿스니彼는自滅이오人滅이아니로다

蓋蕭墻의亂은亡國의致命傷이라世에劣國人種이되야彼波蘭人과相似혼者ㅣ有혼가余ㅣ爲호야一吊코ᄌᆞ호노라

廣告

本人의陰十二月二十四日에姓名章을서失호옵고玆에仰佈하오니照亮흠
安州州北面疏擊里林昌淳 白

本人의陰十二月ㅣ八日分安州西門外에셔姓名章을서失호옵고玆에廣布하오니知舊間照亮흠
平壤法橋崔觀瀛 告白

本人의弟聖基字는德仁이온딕性本浮浪호와沉於酒色에不治産業호고稱以行商호야馳逐四方에欺人用債호며使老母弱妻로至於轉壑之境하옵기玆에廣告호오나內外國僉君子는切勿見欺흠
大邱月背面上仁洞徐尙基 告白

大邱西門外院洞客主徐和淑氏와本人과自己酉陰十二月十三日부터同事客主榮業을호오니內外國人間照亮호시옵
大邱鍾路 朴光郁 告白

九品李準世以宿患陰庚戌正月十一日申時別世族戚知舊間照亮
弟 燦世 胤世 敏世孚 告白

▲特別廣告
漢城妓生組合所에셔圓覺社로限一週日演奏會를設行호옵는딕各項呈才며奇異혼翫賞이만ᄉᆞ오니僉君子는來臨호심을敬要흠
妓生組合所 告白

學員募集廣告

本校에셔春期募集혼學員이預定數에未滿호야期間을不定호고增募호오니應募諸氏는繼續來請호시요
隆熙四年二月十六日
郭山私立興襄學校

本校에學徒를新募하니願學僉員은三月二十三日內로請願흠
試驗科目 國漢文 算術四則
漢城私立普成中學校

國文 **初等大韓歷史** 特別減價二十錢
國文 **初等大韓地誌** 附地圖 特別減價十五錢
右書는純國文으로簡易케著述호야女子社會와勞働學校의獨習케必要호오니速速購覽호시옴
發賣所 中部布屛下廣學書舖金相萬

數學大家 柳一宣 著
初等算術教科書
中卷 定價洋裝 九十錢
總發賣所 京城南門外蓮岩 **新舊書林**
分賣所 京鄉各書舖

本商會에셔烟草를製造販賣호온지週年間에我同胞의愛顧酬用호시는原恩을特蒙하와營業이漸進發達호오며大段感謝호오며今年부터는製造業을比前大擴張호옵고一層精美케호와大發賣호올터이오니陸續愛用호심을務望흠
南部甲洞三十五統六戶
江山烟草商會 告白

本店에서開業혼지十六年間僉君子의愛顧호심을特蒙호와今年부터業務을大擴張호고春夏秋冬所用으로紐屬毛織等各國高等物品을現今多數直輸入이온바各地方에셔는貿易에便利賣買케爲호야特廉減價호와郵便小包로酬應호야代金은引換호깃사오니十三道各郡僉君子는隨意請求호심을望
振替貯金番號（韓國壹三二番）
漢城中部鍾路砂器廛洞二十一統五戶 廣興泰 告白

▲特別廣告▼

▲▲最新通信販賣

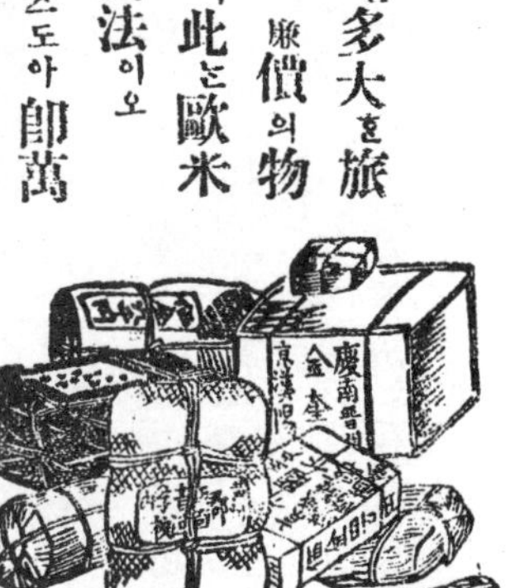

勿驚호시오地方에在호신여러분이여僅僅히一錢五厘의通信費을投호면多大혼旅費와繁雜을除호고能히京都第一廉價의物品을得호는妙方이現出호엿스니此는歐米各國에셔流行호는通信販賣法이오

우리漢陽商會는뎨파도멘토스토아即萬物이具備혼商店이니如何혼物品이라도葉書或書簡으로某物을送致호라通知호시면우리는確實迅速低廉으로爲主호야郵便或運送으로送呈호깃슴나이다

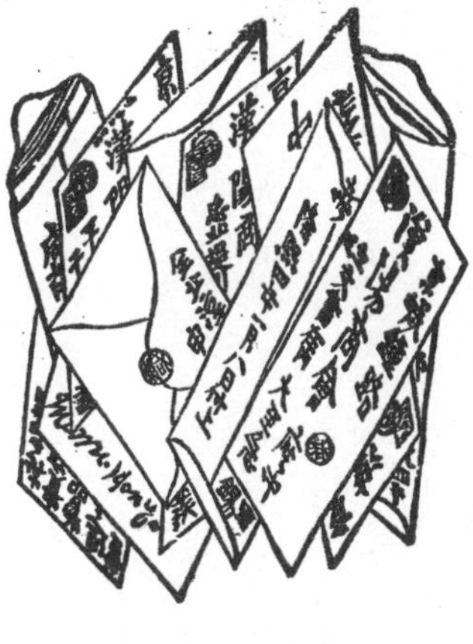

아ㅣ我韓의人士로誰가우리漢陽商會를不知호者ㅣ有호며誰가此에同情을表치아니홀者ㅣ有호리요

弊店의商品目錄은누구시던지보ᄂᆡ請求호시면無代金으로送呈호깃사오

一次試驗호기爲호야如何혼物品던지注文호여보시오그便利혼方法如何홈을아시리다

歐美雜貨各種 洋酒食料各種
文房具各種 內外國衣衣各
本國物産各種

大韓皇城鍾路
輸出輸入商 漢陽商會
電話 一九一番

廣告

[illegible]月間에 竊盜에게 略干物品을 見失ᄒᆞᆫ時에 本人所有不動産文券을 亦爲見失ᄒᆞ와 左開廣告하오니 內外國人間 誤執或欺買ᄒᆞ와도 無効ᄒᆞᆷ

懷德郡炭洞面案山里瓦家拾間 草家十三間 廊戶四座 竟字田四斗落 學字田四斗落 禍字畓二斗落 福字畓二斗落

公州郡鳴灘面晦字田四斗落 引字田一斗落 晦字畓五斗落 引字畓五升落 領字畓五斗落 曜字畓六斗落 術字畓十二斗落

同郡縣內面京字畓二斗落 背字畓三斗落

同郡陽也里面沙字田三十斗落

同郡反浦面學字田六斗落 優字田十斗落 無字田十二斗落 甚字田三두落 竟字畓二十두落 優字畓二十八두落 甚字畓六두落 職字畓六두七升落

合田七十三두落

合畓九十八두二升落

懷德炭洞面案山宋殷用 告白

鐵路票卷烟

法韓會社에셔 發賣ᄒᆞᄂᆞᆫ 卷烟이 造製品과 口味가 精美ᄒᆞ고 每匣二十本幷竹嘴入이고 價金三錢五里로 各商店에셔 放賣

本組合趣旨ᄂᆞᆫ 已爲揭告이온바 各柴場을 現今更擴張ᄒᆞ옵고 本月十七日爲起ᄒᆞ야 開業ᄒᆞᆷ을 玆仰布ᄒᆞ오니 賣買間에 左開區域을 注意ᄒᆞ셔셔 來臨ᄒᆞ심을 要ᄒᆞᆷ

東部蓮花坊蓮池洞

西部內場夜照峴永成門前

外場盤松坊下尾洞

南部樂善坊壹鑑亭

北部順化坊北壯洞

中部貞善坊於宮洞

漢城柴場組合 告白

[illegible]야 美國의셔 經驗單方으로 最流行通用ᄒᆞᄂᆞᆫ 醫藥聖劑를 購入ᄒᆞ야 左開廣布ᄒᆞ오니 有病君子와 藥業에 從事ᄒᆞ시ᄂᆞᆫ 僉彦은 爭先來購ᄒᆞ시옵

分賣와 都賣에 差別이 有ᄒᆞ야 一打(十二個)以上의 都賣에ᄂᆞᆫ 特別割引ᄒᆞᆷ

左 開

[illegible]花精水藥

効能 痳症 [illegible] 瘀血所祟症 婦人虛弱등症 靈驗ᄒᆞᆷ

牛汁藥酒

効能 毋論男女老少氣血虛弱者服之則大補元氣身體强健ᄒᆞᆷ

秘製止痛藥

效能 外塗內服無處不適 消滯 止瀉 絶瘧 治痢無不神效ᄒᆞᆷ

喜蘇膏藥

效能 頭面 身體一切痛症 積年風濕 除痰 生김之道 립即奏效ᄒᆞᆷ

亞麟香膠

效能 毋論男女老少 勿嫌年久日淺一切 咳소 服之則其效如神ᄒᆞᆷ

委花藥膏

效能 痔疾 聯珠瘡 蹉跌傷 毅咬等 諸症無雙聖藥

韓美興業株式會社事務所

本院은 韓國一般人民을 爲ᄒᆞ야 設立ᄒᆞᆫ은 僉彦의 已知ᄒᆞᄂᆞᆫ바어니와 自今으로 事務를 一層擴張ᄒᆞ고 診察을 더욱 精密히 ᄒᆞ기 爲ᄒᆞ야 時間을 午前十時부터 午後四時까지 無料로 診察ᄒᆞ오며 또 特別診察所를 置ᄒᆞ고 些少의 診察料로 貴客의 便宜를 圖ᄒᆞ오니 診察을 要ᄒᆞᄂᆞᆫ 僉彦은 照亮을 爲要

但特別ᄒᆞᆫ 境遇에 在ᄒᆞ야ᄂᆞᆫ 時間을 勿論ᄒᆞ고 其請求를 應ᄒᆞᆷ

京城南大門外 濟衆院 告白

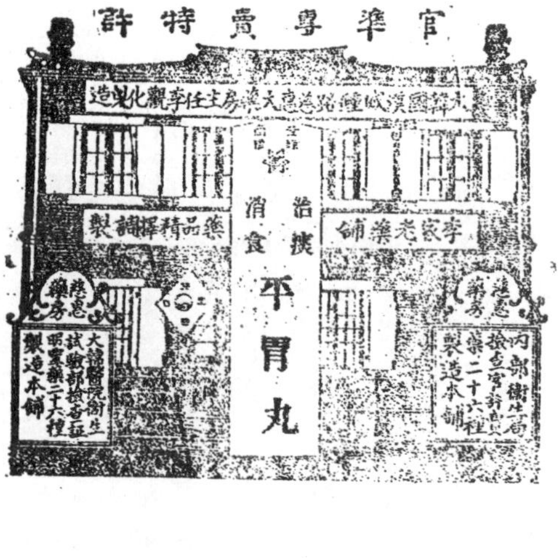

◉大韓全國에 本堂製造發行ᄒᆞᄂᆞᆫ 藥品은

消化新藥 淸心保命丹 此丹은 化痰止咳ᄒᆞ고 順氣消滯ᄒᆞ며 恒常長服ᄒᆞ면 腸胃가 健全

大補元氣 蔘茸大補元 大補元氣ᄒᆞ고 滋腎健腦ᄒᆞ며 先天不足과 陽위不起에 一切神効

蛔積殺虫散 此약은 회積과 회腹痛과 회虫一切을 去根ᄒᆞᄂᆞᆫ 良劑

久滯大通丸 此丸은 年久積滯와 宿滯後重이며 胃腹痛에 神効莫大ᄒᆞᆷ

瘡病新藥 梅花點雪丹 毋論男女ᄒᆞ고 花柳病楊梅瘡에 一切去根快復하ᄂᆞᆫ 良藥

眼疾速効 光明眼藥 諸般眼疾에 隨症皆差ᄒᆞᄂᆞᆫ 東洋에 初有ᄒᆞᆫ 寶藥

起死回生 回生丹 此丹은 急ᄒᆞᆫ 吐瀉關格이며 가슴아리와 冷積과 痢疾에 神効

感氣神効 解熱散 寒熱往來ᄒᆞ며 似학非학과 頭痛眩暈와 肢節痛에 其効가 偉大

齒痛新藥 止痛健齒水 虫齒와 風齒와 諸般齒痛에 一切神効

耳鼻聖藥 [illegible] 無論男女ᄒᆞ고 耳聾鼻塞이며 耳鼻에 關ᄒᆞᆫ 病은 隨症並差

疝症拔根 疝積湯 諸般산症에 大驗出賣ᄒᆞᆷ

寸虫沒出藥 寸白虫을 一切去根ᄒᆞᄂᆞᆫ 妙劑

되눈과 못 拔根藥 되눈과 못과 ᄉᆞ마귀를 쌔ᄂᆞᆫ 藥

止足汗臭藥 手足의 汗臭를 除却ᄒᆞᄂᆞᆫ 藥

去核生新 沃度膏 瘰癧과 腐傷과 곰긴ᄃᆡ 去核生新ᄒᆞ기ᄂᆞᆫ 第一著明

最新改良 百應膏 無論男女老少ᄒᆞ고 毒瘡濕瘇疾瘡諸般瘇瘡에 一切特效가 有ᄒᆞᆷ

淋疾藥各種 淋疾各症에 壹週日만 服ᄒᆞ면 病根快復ᄒᆞ고 腎氣가 完全ᄒᆞᆷ

其他洋藥各種과 ◉賣藥各種◉都매散賣

◉遠地에ᄂᆞᆫ 郵便小包로 申速酬應ᄒᆞᆷ

漢城南大門內濟生堂大藥房 李庚鳳
代辦主任 李興國 白

◉特別廣告

普信閣鍾은 曉夢을 醒하고 漢陽城梅ᄂᆞᆫ 春色 上[illegible] 詩ᄒᆞ시 玆를 際ᄒᆞ야 思想이 淸新ᄒᆞ고 心神이 愉快ᄒᆞᆫ지라 一穗紅燈을 挑ᄒᆞ고 擁衾而坐ᄒᆞ야 書案[illegible] 在ᄒᆞᆫ 昨年度本舖藥業文簿의 淸帳을 閱盡[illegible]온즉 過去一年度萬般藥品의 輸入輸出에 海陸의 危險을 凌駕ᄒᆞ고 賣買得失의 天賜[illegible]利를 剩得ᄒᆞ엿ᄉᆞ니 此ᄂᆞᆫ 內外國請求ᄒᆞ신 僉[illegible]子의 滋德注愛ᄒᆞ신 盛念所暨ᄒᆞ오며 京鄕各處[illegible]業紳商 僉彦과 本舖分舖支舖及出張所의 各事務員諸氏의 勸業勤務ᄒᆞ신 合力效果[illegible]斷認ᄒᆞ오니 僕々 感謝ᄒᆞᆷ을 不勝하옵나이다 更히 今年度開業預算의 對ᄒᆞ야 滿足ᄒᆞᆷ 希望[illegible]點으로 內外國請求 僉彦과 藥商諸氏의게 開運鴻禧의 祝辭를 奉獻ᄒᆞ오며 本舖에셔ᄂᆞᆫ 優大ᄒᆞᆫ 業務로 大擴張ᄒᆞ기 爲ᄒᆞ야 巨額의 資金을 發行에 積立ᄒᆞ고 東西洋의 特別聖藥과 唐材와 常[illegible]의 各種乾材藥品을 大輸入大發賣ᄒᆞ깃기로 廣告ᄒᆞ오니 幸望內外國 僉君子게셔ᄂᆞᆫ 本舖[illegible]愛庇護ᄒᆞ사 比前萬倍의 請求惠臨이 天涯의 雲片갓치 紛紛[illegible]下ᄒᆞ심을 敬要[illegible]

京城鍾路和平堂大藥房本舖主李應善白

光武九年八月十一日 明治三十八年八月十一日 (第三種郵便物認可) 水曜日 西曆一千九百十年

檀君開國四千二百四十三年
箕子元年三千二十二年
大韓開國五百十九年
本報創刊日 光武八年七月十八日

大韓每日申報

第八卷　月曜及慶節歲時日休刊　第一千三百二十号

發行兼編輯人 英國人 萬咸
Responsible for Publication: Marnham

論說

◎二十世紀新國民 續

然則今日同胞가如何히ᄒᆞ면可히幾千載東洋一隅에孤居ᄒᆞ던舊夢을破ᄒᆞ고二十世紀新國民의理想을發揮ᄒᆞ며如何히ᄒᆞ면可히數百年事大主義에沉醉ᄒᆞ던舊恥를洗ᄒᆞ고二十世紀新國民의事業을振作ᄒᆞ야現世界舞臺上에名譽旗를飄颺히揚ᄒᆞᆯ까吾儕ᄂᆞᆫ蒭蕘의一言을發ᄒᆞ야國民同胞의게供ᄒᆞ노라

(一) 國民과覺悟

(甲)世界의趨勢　(一)此世界ᄂᆞᆫ帝國主義의世界라 強이弱을食ᄒᆞ며大가小를倂ᄒᆞᆷ은原始時代에已有ᄒᆞᆫ바라然이나近世以來로此가一層激烈ᄒᆞ야畢竟帝國主義의大演이宇宙를動ᄒᆞ니於是乎歐洲列強이長鞭으로世界에橫行ᄒᆞ야東으로亞細亞를略ᄒᆞ며南으로阿非利加를割ᄒᆞ며東南으로太洋洲를占ᄒᆞ야歐人의足이到ᄒᆞᄂᆞᆫ處에山河가震ᄒᆞ고歐人의旗가翻ᄒᆞᄂᆞᆫ處에天地가變ᄒᆞᄂᆞᆫ도다

於是乎英人은南阿統一의功을奏ᄒᆞ야縱貫大鐵道가南阿大陸을中斷ᄒᆞ며一邊으로南亞細亞에雄飛ᄒᆞ며一邊으로濠太利亞에大勝ᄒᆞ고於是乎法人은싸하라附近等地를攫ᄒᆞ고馬達加斯加等衆邦을取ᄒᆞ야阿非利加에橫行ᄒᆞ며太洋洲에逍遙ᄒᆞ야羣島를倂ᄒᆞ며交趾支那를襲服하야南淸을窺ᄒᆞ고於是乎露人은東亞細亞에侵入하야西伯利大鐵道가太平洋을連ᄒᆞ며右로阿富汗과波斯를呑ᄒᆞ며左로蒙古와滿洲를圖ᄒᆞ고於是乎德、葡、西、荷、等諸國이各히四方에雄視ᄒᆞ야拓地殖民에熱心ᄒᆞ고於是乎幾十年門羅主義로北美에自長ᄒᆞ던美國도忽然美西戰爭에拳을鳴ᄒᆞ야布哇와比島를一口에呑ᄒᆞ고幾千載東洋孤島로維新을僅成ᄒᆞᆫ日本도忽然露日戰爭에脚을立ᄒᆞ야韓國과滿洲에其勢를張하ᄂᆞᆫ도다(二)此世界ᄂᆞᆫ民族主義의世界라　同族이면合ᄒᆞ고異族이면爭ᄒᆞᆷ은亦太古時代부터已有ᄒᆞᆫ바라中古以降으로其競爭이愈多ᄒᆞ며其競爭이愈慘ᄒᆞ야勝者ᄂᆞᆫ威勢를愈張하고敗者ᄂᆞᆫ衰亾에永墮하니以是로白人이美洲에專橫ᄒᆞ미紅人은淘汰를被하고以是로白人이太洋洲에占入하미黑人은澌滅에陷하고以是로露人鞭下에猶太人波蘭人이虐焰을遭ᄒᆞ고其他何族이何族을服ᄒᆞ던자優勝劣敗의劇이慘絕怪絕ᄒᆞ나니嗚乎라斯世의民族主義여엇지此에至ᄒᆞᄂᆞᆫ가(三)此世界ᄂᆞᆫ自由主義의世界라自由主義ᄂᆞᆫ歐洲의產物이라第一次英國大革命이凱歌를奏ᄒᆞ며第二次法國大革命이大潮를作하야此로以ᄒᆞ야美國이獨立ᄒᆞ며此로以ᄒᆞ야德國이強大하며此로以ᄒᆞ야比利時가自立하며此로以ᄒᆞ야伊太利가統一ᄒᆞ며此로以ᄒᆞ야歐洲列邦이福利를博ᄒᆞ며此로以하야南美諸國이自主를得ᄒᆞᆫ지라噫라當時歐洲天地에獨步ᄒᆞ던神聖同盟도水泡를化作ᄒᆞ고自由空氣가東西에瀰滿ᄒᆞ야自由主義를向ᄒᆞᆫ者ᄂᆞᆫ存ᄒᆞ며自由主義를順ᄒᆞᆫ者ᄂᆞᆫ強ᄒᆞᆷ이此에至ᄒᆞ엿도다

(乙)文明의進步　東洋에ᄂᆞᆫ支那와印度의文明이光을張ᄒᆞ며西洋에ᄂᆞᆫ希臘과羅馬의文明이種를播ᄒᆞ야各히一邊에主人이되다가畢竟印度의文明은衰頹에附ᄒᆞ며支那의文明은保守에痼ᄒᆞ엿스되彼西洋은暗黑時代가暫過ᄒᆞ고黃金時代가復回ᄒᆞ야文明의氣運이精神界와物質界에膨脹하야道德、政治、經濟、宗敎、武力、法律、學術、工藝等이長足의進步를作하니於是乎國家의利가日로多ᄒᆞ며人民의福이日로大ᄒᆞ야專制封建의舊陋가去ᄒᆞ고立憲共和의福音이遍ᄒᆞ야國家ᄂᆞᆫ人民의樂園이되며人民은國家의主人이되야孔孟의輔世長民主義가此에實行되며루소의平等自由精神이此에成功되엿도다

(丙)韓國의地位　韓國의地位를吾儕가不言ᄒᆞᆷ을誰가不知ᄒᆞ리오만은言의順序를從ᄒᆞ야玆에一言ᄒᆞ노라

韓國이數千年來로半島內에僂仰ᄒᆞ야但只右便에支邦가有하며左便에日本이有ᄒᆞᆷ줄만知ᄒᆞ다가數十年前부터忽然世界的國家가되야列國競爭場에入ᄒᆞ엿다가淸日戰役에一變ᄒᆞ며露日戰役에再變하야되여今日面目을作하엿나니盖韓國이如사히不振不立ᄒᆞ고一敗再敗ᄒᆞᆷ은(一)幾百年政治가昏惡ᄒᆞ야貧弱이至하며(二)天下의大勢를不知ᄒᆞ야外競의失敗를招하며(三)頑舊의習慣이不去ᄒᆞ야文明의革新을厭ᄒᆞᆫ等原因이有ᄒᆞᆫ故라只今은韓國이帝國主義의渦中에入ᄒᆞ며民族主義의苦競을際ᄒᆞ야殘喘이急ᄒᆞ엿거날

試問ᄒᆞ건ᄃᆡ今日韓國에精神이發達되엿ᄂᆞᆫ가曰否라實力이擴張되엿ᄂᆞᆫ가曰否리文明이進ᄒᆞ엿ᄂᆞᆫ가曰否라오즉道德이腐敗ᄒᆞ며經濟가困乏ᄒᆞ며敎育이不振하며萬般의權利가他手에歸ᄒᆞ며民氣의墮落이極度에達하야目하ᄂᆞᆫ바가蕭條하며耳ᄒᆞᄂᆞᆫ바가凄涼ᄒᆞᆯ뿐이니嗚乎라彼天이엇지사民을不恤ᄒᆞ나뇨

嗚乎라국民同胞ᄂᆞᆫ早々히世界의趨勢를察ᄒᆞ야此를利用ᄒᆞ며文明의進步를攬하야此를歡迎하며韓국의地位를顧하야此에奮發ᄒᆞᆯ지어다此ᄂᆞᆫ吾儕가覺悟二字로국民同胞에게獻하ᄂᆞᆫ바오　未完

外報

◎크島地震　크리트島에地震이有ᄒᆞ야諸村落이破壞ᄒᆞᆷ에至ᄒᆞ엿다더라

雜報

○安禹兩氏의公判審問에對ᄒᆞᆫ陳述의詳報

在旅順傍聽生

韓國의獨立을恢復ᄒᆞ며東洋의平和를維持ᄒᆞᆷ에ᄂᆞᆫ爲先伊藤氏를害除ᄒᆞᆫ後에야長進之策이될줄노認定ᄒᆞ고又主辱臣死ᄂᆞᆫ乃是當然底事ᄂᆞ니死亦無恨이라고決心ᄒᆞ야國家에對ᄒᆞ야獻身的精神을抱ᄒᆞ고海外에出遊하면서同胞를遊說하야忠君愛國의思想을鼓吹ᄒᆞ야壯年은義兵으로日軍과戰鬪ᄒᆞ고幼年은敎育을施ᄒᆞ야後備에補充하고一邊으로實業을勉勵하야國民의義務를覺悟케ᄒᆞ기로努力ᄒᆞ엿노라고法廷에自白ᄒᆞᆫ安重根禹德淳兩氏의公判은世界視聽을惹하ᄂᆞᆫ一大裁判이라其審問에對ᄒᆞᆫ陳述概要ᄂᆞᆫ如左ᄒᆞᆷ

本年二月七日에安重根等의公判을日本關東都督府地方法院에서開廷하엿ᄂᆞᆫᄃᆡ

(此公判의順序ᄂᆞᆫ前報에連續揭布하엿기此를省略ᄒᆞᆷ)

檢察官이犯罪事實의陳述을終ᄒᆞ미裁判長이先히被告安重根을審問ᄒᆞᆫ즉曰重根은本名이오三年前海港에赴ᄒᆞᆯ時에兒名應七로行世ᄒᆞ고父安泰勳은進士로五年前에歿하고母趙氏ᄂᆞᆫ生存하엿고海州에셔出生ᄒᆞ야信川으로移轉ᄒᆞ엿다가四年前에鎭南浦로移居ᄒᆞ엿고弟二人이有ᄒᆞ니其名은定根、恭根이라十六歲에娶妻ᄒᆞ야所生이二男一女오十七歲에天主敎에入하야宣敎師洪神父에게洗禮를受ᄒᆞ엿노라하고仍하야勵聲曰曩者日露戰爭ᄒᆞᆯ當時에日本天皇陛下의宣戰詔勅中에韓國의獨立을扶植ᄒᆞ고東洋의平和를維持ᄒᆞᆫ다ᄒᆞᆫ故로韓國一般人民이感激ᄒᆞ야日軍의勝利를祝하야數千里長途에軍糧器械를輸運하며道路橋梁을修治하야日露의媾和가成立된結果로日軍이凱旋ᄒᆞ미韓人이自國의凱旋과如히歡迎ᄒᆞ야自是로韓國의獨立은鞏固ᄒᆞᆯ줄노確信ᄒᆞ엿더니不意千九百五年十一月에至ᄒᆞ야伊藤이大使로韓國에來ᄒᆞ야國賊一進會頭領幾名을金錢을多數히與ᄒᆞ고使嗾ᄒᆞ야所謂宣言凶書를發表케하고且其兵力으로써皇室과政府를威협하야五條約을倡提ᄒᆞ미我皇帝陛下ᄂᆞᆫ裁可치아니ᄒᆞ시고叅政大臣은調印치아니ᄒᆞ고但世所謂五賊卽五大臣만捺章ᄒᆞᆷ뿐인ᄃᆡ似此無效ᄒᆞᆫ條約을完全히成立되엿다稱ᄒᆞ고堂々ᄒᆞᆫ我大韓帝國의國權을剝奪하야四千年國家와二千萬生靈이邱墟魚肉을未免ᄒᆞ엿스니寧不憤慨리오自是로全國人民이一切慷慨의志를懷ᄒᆞ야共히不服을唱ᄒᆞ고有志紳士ᄂᆞᆫ時事를痛論하야或上疏도하고或長書도ᄒᆞ 가忠憤依激에或自刎而死하 或飮藥而死하고或被幽囚 고或却食而死ᄒᆞ야如此 者不知幾十人이오四方 兵이蜂起ᄒᆞ야日兵과交戰 死亾者ㅣ亦不知幾 猶且不滿足하야七協約 로締結ᄒᆞ고軍隊를解散 太皇帝陛下를廢位케하 權을稱以委任하고 리國內의各般利益을沒 ᄒᆞᆷ으로韓國人民은上下 ᄒᆞ고其痛怨이骨髓에達 齒腐心하니此ᄂᆞᆫ韓國의 아니라抑亦東洋全局의 라伊藤의罪惡이如斯히 ᄃᆡ倘히其奸猾ᄒᆞᆫ手段으로 의保護政策을韓國人民이 ᄒᆞᆫ다고各國에發表ᄒᆞ야 欺瞞ᄒᆞᆷ으로於是乎韓國 輩가伊藤의殘忍ᄒᆞᆫ行爲 의不服ᄒᆞᄂᆞᆫ意思를發表 하야多數히外國에出遊 予ᄂᆞᆫ思維ᄒᆞ기를伊藤은 本의第一流의人物로非 力이有ᄒᆞᆷ을恃ᄒᆞ고我國 야暴惡ᄒᆞᆫ行動이最甚 爲先此를誅ᄒᆞᆫ後에야韓 立을恢復ᄒᆞ고東洋의平 持ᄒᆞᆯ줄노認定ᄒᆞ고三年 國을離하야常히此志를 海蔘威附近에往來ᄒᆞ다가 目的을達ᄒᆞ엿스니主辱 乃是當然底事라死亦何 고

(未完)

詞藻

❀정 신 을❀

모진일勢가、흐응、하괴상
흥。
거々의심에、다죽게구나、
익고 고、흐응、져 을차
흥。

雜報

○叅與[illegible] 昨日에統監府에셔ᄂᆞᆫ[illegible]官會議를開하엿다더라

○趙邸晩餐 農商工部大臣趙重應氏가再昨日下午七時에私邸에셔晩餐會를設ᄒᆞ엿ᄂᆞᆫᄃᆡ各部大臣이會同하엿고總理도亦爲叅席ᄒᆞ엿다더라

○內相訪問 內相朴齊純氏ᄂᆞᆫ再昨日下午三時에總相李完用氏를私邸로訪問ᄒᆞ엿다더라

○肅拜幷行 前判書金永哲李勝宇兩氏가耆老社에入叅ᄒᆞᆷ은既報어니와更聞ᄒᆞᆫ즉金氏가日前靈壽閣에肅拜ᄒᆞ라다가事故를因ᄒᆞ야延期되엿ᄂᆞᆫᄃᆡ該兩氏가昨日正午에靈壽閣에肅拜를行ᄒᆞ엿고金氏ᄂᆞᆫ本日耆社堂上諸氏를私邸로請邀宴待ᄒᆞᆫ다더라

○擧皆日人 地方官制中에警視三十一人을三十七人으로主事百十七人을百四十三人으로警部百八十七人을百九十七人으로繙譯官補六十人을七十二人으로改定ᄒᆞ여擧皆日人으로需用ᄒᆞᆫ다ᄂᆞᆫᄃᆡ該官吏의月俸支撥件은將次內閣會議에提出ᄒᆞ야決定ᄒᆞᆫ다더라

○海豊被訴 海豊府院君尹澤榮氏ᄂᆞᆫ開城郡居梁錫采氏에게金貨二千圜을債用ᄒᆞᆷ이有ᄒᆞᆫᄃᆡ尙今淸帳치못ᄒᆞᆫ故로梁氏가日前上京ᄒᆞ야地方裁判所에起訴하엿다더라

○會費收斂 去番日人福島中將渡韓時에韓國元老大臣以下諸氏가歡迎會를開ᄒᆞᆷ은既報어니와該會費ᄂᆞᆫ當日叅會ᄒᆞᆫ人의게三圓式分排하엿ᄂᆞᆫᄃᆡ大韓新聞社總務申光熙氏로收金員을選定ᄒᆞ야目下收斂中이라더라

○運動生風 主殿院卿李謙濟氏ᄂᆞᆫ何等事件을因ᄒᆞᆷ인지不遠間遞任ᄒᆞᆫ다ᄂᆞᆫ說이頗緊ᄒᆞᆫᄃᆡ其代를運動하ᄂᆞᆫ某々人이晝夜不分ᄒᆞ고東西奔走ᄒᆞᆫ다더라

○逐鷄望籬 李容九ᄂᆞᆫ今番宋秉畯의招請을因하야釜山에下往ᄒᆞᆯ時에何等好計策이나得有ᄒᆞᆯ가하고會見ᄒᆞ엿ᄂᆞᆫᄃᆡ元來此ᄂᆞᆫ宋秉畯이가壹進會ᄂᆞᆫ窮迫을遭하야其經營ᄒᆞ던바가他敵手에게被奪ᄒᆞᆯ가憂慮하야李容九를會見하고日本의輿論을傳하ᄂᆞᆫ同時에韓국의事情을聽하고一進會의將來方針을確立코져ᄒᆞᆷ인故로李容九ᄂᆞᆫ此와如히退縮의言을聞하고快々히歸來ᄒᆞ야참憤所致인지稱病不出ᄒᆞᆫ다ᄂᆞᆫ說이有하나此亦其眞相이아닌지도不知하리라더라

○英領事通牒 韓국에셔外국人의게도家屋稅를課賦ᄒᆞᆫ다ᄂᆞᆫ法律이發布된後에英국政府에셔家屋稅에對ᄒᆞᆫ勅令을發하엿다고英국總領事가統監府로通牒ᄒᆞ엿다더라

○金氏免懲 溫陵叅奉金錫永氏ᄂᆞᆫ陵役除汰ᄒᆞᆫ事件에對하야何等挾雜이有ᄒᆞ다ᄒᆞ고卽時免官ᄒᆞ엿ᄂᆞᆫᄃᆡ日前宮內府에셔事務官을派送ᄒᆞ야事實을調査ᄒᆞᆫ즉確據가無ᄒᆞᆫ故로該氏를卽日免懲ᄒᆞ야更히需用하기로內定ᄒᆞ엿다더라

○調査爲用 學部에셔昨日漢城內에在ᄒᆞᆫ各私立學校에韓日主事二人을派送하야一般任員及學員에氏名居住와敎課書及其他文簿를一々調査ᄒᆞ엿다더라

○修理竣工 漢城府ᄂᆞᆫ該廳舍를修理ᄒᆞ기爲ᄒᆞ야數月前에中樞院으로臨時處所를定하엿ᄂᆞᆫᄃᆡ該修理工事가已爲終了ᄒᆞᆫ故로日間還接ᄒᆞᆫ다더라

○六雇選拔 內閣에셔雇員六人을選拔視務ᄒᆞᆫ다ᄂᆞᆫᄃᆡ日語能通者와普통學問이有ᄒᆞᆫ者로需用ᄒᆞᆫ다더라

○地方費支出議 人民의罹災救恤金을年々히內部에셔支撥ᄒᆞ더니本年度부터地方費中에셔支撥ᄒᆞ기로決定ᄒᆞ엿다더라

○校費補用說 各郡鄕校所屬財政을學部에셔句管ᄒᆞᆷ은一般知了ᄒᆞᄂᆞᆫ바어니와近聞ᄒᆞᆫ즉該財産으로各該地方에在ᄒᆞᆫ私立學校의經費를補用ᄒᆞ기로學部에셔擬議中이라ᄂᆞᆫ說이有하다더라

○日民計劃 京城居留日本民團에셔ᄂᆞᆫ圖書館을設立ᄒᆞᆯ計劃으로將次五十萬圜團債를募集ᄒᆞᆫ다더라

○有何樂易 一進會財務金時鉉은再昨日下午六時明月館에셔內外國親知人을會同ᄒᆞ야懇親會를開ᄒᆞ고妓樂이迭宕하엿다더라

○云有違格 警視廳保安課에셔再昨日上午九時에商務組合部長李學宰를招致ᄒᆞ야伊藤氏銅像請願書에違格이有ᄒᆞᆫ즉更히修呈하라하엿다더라

○無所不賣 閔泳韶氏ᄂᆞᆫ舊書籍六萬餘卷을一千五百圜에日人國分象太郞의게賣渡코져ᄒᆞᄂᆞᆫ故로批評이有ᄒᆞ다더라

○楊市續報 龍川楊市에셔市場稅事件으로多數人民이被捉ᄒᆞᆷ은累報어니와更히其詳報를據ᄒᆞᆫ즉當初該稅를當市一般商民이擧皆反對ᄒᆞᄂᆞᆫᄃᆡ該地何許者流가此를因ᄒᆞ야何等弄奸을做出코져ᄒᆞᆷ인지某々人과符同ᄒᆞ야同市商民이라冒稱ᄒᆞ고市場稅徵收를贊成ᄒᆞᄂᆞᆫ意로當地官廳에請願[illegible]民은이此에對ᄒᆞ야益々憤激ᄒᆞ야該請願을繳消ᄒᆞ고右稅納을勿施케ᄒᆞ라고呼訴ᄒᆞ엿다더라

○懷民會集 忠淸道懷仁東面車嶺里에셔去十八日에人民約二百名이市場稅事件으로會集하엿ᄂᆞᆫᄃᆡ懷仁報恩兩地日憲兵分遣所와淸州日憲兵及警察官吏十二名이時急鎭壓中이라더라

○乍警卽穩 全北管下에셔各市場稅徵收ᄒᆞᄂᆞᆫ事에關ᄒᆞ야市民의不穩ᄒᆞᆫ狀態가有ᄒᆞᆫᄃᆡ警察官及財務官吏가百方說諭ᄒᆞᆷ으로稍次安穩에就ᄒᆞ엿다더라

○寧市派巡 寧邊에셔ᄂᆞᆫ市場稅를徵收하ᄂᆞᆫᄃᆡ何等風波가起ᄒᆞᆯ가憂慮하야警察署에셔巡査數名을派送하엿다더라

○日人捕鯨數 韓國沿海에셔日人捕鯨者의昨年度捕鯨數가五百首에達ᄒᆞ엿다더라

○酒家何多 韓국內에現今酒家가十三萬戶에達ᄒᆞᆫ다더라

○支離此訟 康永勻氏가活人所建築費를推尋次로辯護士卞榮晩氏의게委托ᄒᆞᆷ은已報ᄒᆞᆫ바어니와內部에셔ᄂᆞᆫ發論ᄒᆞ되該證據가分明치못ᄒᆞ니徵給ᄒᆞᆯ義務가無ᄒᆞ다ᄒᆞ엿다더라

○期於還推 年前에平安道各郡에셔鄕錄錢收刷ᄒᆞᆯ時에各官吏가此를藉ᄒᆞ야人民의게討索ᄒᆞᆷ이甚ᄒᆞᆫ中龍川府에其弊가尤極ᄒᆞ야徵討ᄒᆞᆫ金額이累千圜에達ᄒᆞᆫ지라該府人民들이會同하야該金額을推覓ᄒᆞᆯ次로各其證據書類를收取ᄒᆞ고李翼鎭李魯經兩氏로代表를定ᄒᆞ야裁判次로上京ᄒᆞᆫ지數朔인ᄃᆡ尙히如何ᄒᆞᆫ下回가無ᄒᆞᆷ으로該郡에셔更히一人을加送ᄒᆞ야現今辯護士와交涉中이라더라

○强成手票 徐內幹氏가强盜嫌疑로北部警察署에被捉ᄒᆞ엿다가所犯이無ᄒᆞᆫ故로放免됨은已報어니와該氏가無限苦楚를經ᄒᆞ고及其放送ᄒᆞᆯ時에同署에셔ᄂᆞᆫ該氏가無罪被捉ᄒᆞᆫ事實로起訴ᄒᆞᆯ가顧忌ᄒᆞᆷ인지不爲起訴ᄒᆞ깃다ᄂᆞᆫ手票를强捧힛다더라

○調探何多 京居徐廷植氏ᄂᆞᆫ有何事件인지某處에셔該氏에蹤跡을目下형探中이라더라

○撮影何意 內部警務局에셔李在明以下連累者合二十一人을監獄署內에會同하야撮影ᄒᆞ엿ᄂᆞᆫᄃᆡ其姓名ᄭᆞ지列錄ᄒᆞ엿다더라

○美術界曙光 李鍾찬氏ᄂᆞᆫ美國피힐美術學校에셔多年留學하야銅板鉛板雕刻法과五色寫眞五色圖畵印刷法을卒業歸國ᄒᆞ엿ᄂᆞᆫᄃᆡ天然堂寫眞師金圭鎭氏와協同營業키爲ᄒᆞ야該所用器械를美國에셔買來ᄒᆞ야來月中旬頃에開業ᄒᆞᆫ다ᄂᆞᆫᄃᆡ此등技術은韓國에初有ᄒᆞᆫ美術이라더라

○拾貨返主 官立漢城水下洞普통學校學生景元奎氏가昨日上午八時에金貨二十圜을路上에셔拾得하엿ᄂᆞᆫᄃᆡ該錢主를四方으로探知ᄒᆞ야卽爲出給ᄒᆞ엿다더라

○姜氏被捉 北間島에在ᄒᆞ던統監府出張所警視姜根道氏ᄂᆞᆫ何事件을因ᄒᆞᆷ인지南部警察署에被捉ᄒᆞ엿다더라

○義銃被押 京畿道長湍江北面에셔故義將金洙敏氏의火繩銃七梃이발現押收되엿다더라

○柳將下令 陰正月四日에義將柳甫連氏가部下二十名을率ᄒᆞ고長湍北面에來하야衣服及軍需錢을供納ᄒᆞ라고命令하엿다더라

○竊盜犯被捉 西小門外居姜東亨은竊盜犯으로再昨日所管警察署에被捉ᄒᆞ엿다더라

○假義兵被捉 長湍郡北面楡木亭等地에셔假稱義兵者四五人이民財를討索ᄒᆞ다가該郡伉火場日憲兵駐在所에被捉ᄒᆞ엿다더라

○助産婦任員 助産婦養成所에셔再昨日에總會를開ᄒᆞ고趙民熙氏의夫人으로總務를選定ᄒᆞ엿다더라

○慰勞會發起 今番解放된李甲李鍾浩金明濬安昌浩四氏를慰勞ᄒᆞᆯ次로西北學會에셔發起ᄒᆞ야來二十四日下午七時惠泉館에셔慰勞會를開ᄒᆞᆫ다더라

○學會歡迎會 畿湖興學會에셔昨日下午四時에海外留學ᄒᆞ야卒業歸국ᄒᆞᆫ諸氏의歡迎會를開ᄒᆞ엿다더라

○實業會協議 大韓實業會에셔再昨日下午一時에總會를開ᄒᆞ고實業日々新聞發刊ᄒᆞᆯ事件과實業學校設立ᄒᆞᆯ事件을協議ᄒᆞ엿다더라

學界

○實行是望 官立漢城高等學校學員諸氏가發起ᄒᆞ야生徒衣製를深黑色木織으로一切施行ᄒᆞᆯ趣旨書를該校長에게提呈ᄒᆞ야實施케하기로ᄒᆞ엿다더라

○廣塾擴張 洪川廣成義塾은宋化善陳錫祚金鼎基諸氏等이設立ᄒᆞᆫ바인ᄃᆡ該校經費가不贍ᄒᆞ야頗히困難하더니該郡守財務署官吏地方委員及境內紳士諸氏가協力ᄒᆞ야各其優數捐金을寄付ᄒᆞ엿合으로該校諸般務를益히擴張ᄒᆞ야頗有進就望이라더라

電報

◉露將軍上京 露국龍江沿海州總督엔덴베룽우軍은極東에關ᄒᆞᆫ重要問題會에叅列키爲ᄒᆞ야卄日露都로出發ᄒᆞ엿다더라
海參威發 卄壹日着

◉軍艦注文 南美아[illegible]共和국에셔ᄂᆞᆫ排水量一萬千噸되ᄂᆞᆫ戰鬪艦을美국에注文ᄒᆞ고又驅逐艦一隻은德국에注文ᄒᆞ엿다더라

◉聾者會議 美국갈[illegible]타州스프링크地에셔來八月日부터十二日ᄭᆞ지萬국聾者[illegible]議를開ᄒᆞᆫ다ᄂᆞᆫᄃᆡ其會議ᄒᆞᆯ件은一、[illegible]實業과聾者의關係、[illegible]聾者使用에關ᄒᆞᆫ事、[illegible]ᄂᆞᆫ不明의用語改良ᄒᆞᆯ方法、四、聾者의家宅、五、聾者專用[illegible]發行經營等이라더라
以上東京發 卄壹日着

◉合倂問[illegible]說 日合倂問題ᄂᆞᆫ日本貴衆兩院에셔桂太郞의言明ᄒᆞᆫ바가其機를促ᄒᆞ엿다ᄒᆞ며目下閣議ᄂᆞᆫ此注目ᄒᆞᆯ者인ᄃᆡ目下經營的으로祕密을守ᄒᆞᆫ다ᄒᆞ며其形勢次第進行되야近日間으로ᄂᆞᆫ決이有ᄒᆞᆯ뜻ᄒᆞ다더라
東京발 卄二日着

◉埃相被狙 埃及首相은何許人에게五回의狙擊을被ᄒᆞ야三個所의負傷이有ᄒᆞᆫᄃᆡ아직生命은不失ᄒᆞ엿다더라
伯林發 二十二日着

○談叢○

劍心

▲歐人이我國에入ᄒᆞᆫ始 朴楚亭筆談에曰仁祖在位年間에西洋船壹隻이濟州明月浦에來泊ᄒᆞ엿ᄂᆞᆫᄃᆡ其制가甚히高大堅緻ᄒᆞ고船尾에隨ᄒᆞᆫ小船이三十餘에至ᄒᆞᄂᆞᆫ지라地方官이出査ᄒᆞᆯᄉᆡ倭語로問答ᄒᆞ야도不通ᄒᆞ며漢語로問答ᄒᆞ야도不通ᄒᆞ고文字를書示ᄒᆞ야도不知ᄒᆞ며又彼가文字를書示ᄒᆞᄂᆞᆫᄃᆡ其字形이雲과如ᄒᆞ며山과如ᄒᆞ야曉解치못ᄒᆞᆯ지며彼가岸上에繫在ᄒᆞᆫ牛를見ᄒᆞ고拳을額上에加ᄒᆞ야角狀을作ᄒᆞ야求ᄒᆞ거ᄂᆞᆯ不許ᄒᆞᆫᄃᆡ彼가怒意를帶ᄒᆞ고固請ᄒᆞ다가良久에纜을解ᄒᆞ고去ᄒᆞᄂᆞᆫᄃᆡ船捷이飛와如ᄒᆞ야瞬息에見치아니ᄒᆞ더라ᄒᆞ고又曰吾儕가太平無事의時에居ᄒᆞ엿스나四方列國의情狀을講究치아니홈이不可ᄒᆞ다ᄒᆞ엿더라 著者曰此時에輪船이未出ᄒᆞ엿슨즉此所謂西洋船은意者風帆船의類인저

廣告

本人이昨冬부터西小門內卜車橋北隣에柴場을設置ᄒᆞ고柴一駄에三錢式收捧ᄒᆞ야營業ᄒᆞ온바近日組織된漢城柴場組合과ᄂᆞᆫ何等關係가無홈

西署西小門內　法人柴場

本人의弟聖基字ᄂᆞᆫ德仁이온ᄃᆡ性本浮浪ᄒᆞ와沉於酒色에不治産業ᄒᆞ고稱以行商ᄒᆞ야馳逐四方에欺人用債ᄒᆞ여使老母弱妻로[illegible]塗之境하옵게玆에廣[illegible]오니[illegible]國僉君子ᄂᆞᆫ切勿[illegible]欺홈

[illegible]月[illegible]上仁洞徐[illegible]基告白

慶南東萊府沙下面岩南洞龍頭山은尹門宗孫勳相의六代祖墓塋으로該山이勳相의的確所有이기一門中이勳相의所有權證明을繕給ᄒᆞᆫ바勳相이가崔基洪의紹介를因ᄒᆞ야該山을野澤彦三郞의게典執ᄒᆞ야旣爲過限流質ᄒᆞ엿ᄂᆞᆫᄃᆡ支孫祐相이素以悖類로自稱宗孫ᄒᆞ고崔基洪과符同ᄒᆞ야勳相이非其所有로欺騙典當ᄒᆞ엿다고警廳에誣告ᄒᆞ야方在被囚中이옵기勳相의抑寃을卞明키爲ᄒᆞ야玆에廣告홈

門長尹正奎　支孫浩曄　浩昱
文化　錫權　錫昇　殷相
明相　甫相　德相　弼倫
周漢　相宗　湖相　達相
和相　相綸　世炳　炳紹
俊龍　吉炳　定炳等告白

慶北漆谷東面雲岩洞南便中間山地ᄂᆞᆫ本人의七代祖의墓其下이온ᄃᆡ無論某孫이라도盜賣치못하게玆에廣告ᄒᆞ오니　照亮
後誰某氏던지切勿見欺홈

大邱院洞徐和淑　告白

本人의陰十二月二十八日分安州西門外에서姓名章을서失ᄒᆞ옵고玆에廣布하오니知舊間照亮홈

平壤法橋崔觀灝　告白

▲特別廣告

漢城妓生組合所에서圓覺社로限一週日演奏會를設行ᄒᆞ옵ᄂᆞᆫᄃᆡ各項呈才며奇異ᄒᆞᆫ翫賞이만ᄉᆞ오니僉君子ᄂᆞᆫ來臨ᄒᆞ심을敬要홈

妓生組合所　告白

鐵路票卷烟

法韓會社에서發賣ᄒᆞᄂᆞᆫ卷烟이造製品과口味가精美ᄒᆞ고每匣二十本幷竹嘴入이고價金三錢五里로各商店에서放賣

學員募集廣告

本校에서春期募集ᄒᆞᆯ學員이預定數에未滿ᄒᆞ야期間을不定ᄒᆞ고增募ᄒᆞ오니應募諸氏ᄂᆞᆫ繼續來議ᄒᆞ시요

隆熙四年二月十六日

郭山私立興襄學校

九品李準世以宿患陰庚戌正月十一日申時別世族戚知舊間照亮

弟　燦世　胤世　敏世等　告白

國文初等大韓歷史

特別減價二十錢

國文初等大韓地誌 附地圖

特別減價十五錢

右書ᄂᆞᆫ純國文으로簡易케著述ᄒᆞ야女子社會와勞働學校의獨習케必要ᄒᆞ오니速速購覽ᄒᆞ시요

發賣所　中部布屛下廣學書舖金相萬

數學大家　柳一宣　著

初等算術教科書

中卷　定價洋裝　九十錢

總發賣所　京城南門外紫岩　新[illegible]

分賣所　京鄕各書舖

本商會에서烟草를製造販賣ᄒᆞ온지週年間에我同胞의愛顧酬用ᄒᆞ시ᄂᆞᆫ原恩을特蒙하와營業이漸進發達ᄒᆞ오ᄆᆡ大段感謝ᄒᆞ오며今年부터ᄂᆞᆫ製造業을比前大擴張ᄒᆞ옵고一層精美케ᄒᆞ와大發賣ᄒᆞ올터이오니陸續愛用ᄒᆞ심을務望홈

南部甲洞三十五統六戶

江山煙草商會　告白

本店에서開業ᄒᆞᆫ지十六年間僉君子의愛顧ᄒᆞ심을特蒙ᄒᆞ와今年부터業務을大擴張ᄒᆞ고春夏秋冬所用으로緞屬毛織等各國高等物品을現今多數直輸入이온바各地方에서ᄂᆞᆫ貿易에便利賣買키爲ᄒᆞ야特廉減價ᄒᆞ와郵便小包로酬應ᄒᆞ야代金은引換ᄒᆞ깃사오니十三道各郡僉君子ᄂᆞᆫ隨意請求ᄒᆞ심을望

振替貯金番號（韓國壹三番）

漢城中部鍾路砂器廛洞二十一統五戶

廣興泰　告白

▲特別廣告▼

▲最▲新 通信販賣

勿驚ᄒᆞ시오地方에在ᄒᆞ신여러분이여

僅히一錢五厘의通信費를投ᄒᆞ면多大ᄒᆞᆫ旅費와繁雜을除ᄒᆞ고能히京都第一廉價의物品을得ᄒᆞᄂᆞᆫ妙方이現出ᄒᆞ엿스니此ᄂᆞᆫ歐米各國에서流行ᄒᆞᄂᆞᆫ通信販賣法이오

우리漢陽商會ᄂᆞᆫ떼파도멘도스도아卽萬物이具備ᄒᆞᆫ商店이니如何ᄒᆞᆫ物品이라도葉書或書簡으로某物을送ᄒᆞ라通知ᄒᆞ시면우리ᄂᆞᆫ確實迅速低으로爲主ᄒᆞ야郵便或運送으로送ᄒᆞ깃ᄉᆞᆸ나이다

아ㅡ我韓의人士로誰가우리漢陽會를不知ᄒᆞᆯ者ㅣ有ᄒᆞ며誰가此에[illegible]情을表치아니ᄒᆞᆯ者ㅣ有ᄒᆞ리요

弊店의商品目錄은누구시던지보내請求ᄒᆞ시면無代金으로送呈ᄒᆞ깃ᄉᆞ오니一次試驗ᄒᆞ기爲ᄒᆞ야如何ᄒᆞᆫ物品던지注文ᄒᆞ여보시오그便利ᄒᆞᆫ方法如何홈을아시리다

歐美雜貨各種　洋酒食料各種
文房具各種　內外國衣服次各[illegible]
本國物産各種

大韓皇城鍾路
輸出輸入商　漢陽商會
電話　一九一

玉虎書林專賣特許 총 帽子商店

研究의效果

우리大韓총帽子가前年春
[illegible]弱ᄒ弊가不無ᄒ더
니[illegible]研究ᄒ야前年夏秋
[illegible]綢緞과綾羅의別紋으
로[illegible]製造ᄒ이益美ᄒ야
四時用에各宜ᄒ니이것이
研究의效果오이다

우리大韓총帽子는應汗의
汚ᄒ을水에沈ᄒ야소다로
洗滌ᄒ며方正을如意히作
樣ᄒ야乾後에冠戴ᄒ면精
潔如新ᄒ야衛生上에必要
ᄒ이天下에第一이니이것
이研究의效果오이다

우리大韓총帽子는編織ᄒ
이堅緻ᄒ으로數十年을冠
用ᄒ야도弊傷이無ᄒ야經
濟上에必要ᄒ이天下에第
一이니이것이研究의效果
오이다

우리大韓총帽子는隆熙三
年三月二十一日에發明ᄒ
고仝年五月二十六日에專賣特
許와仝月十八日에商票登
錄을得ᄒ야內外國에發售
ᄒ온바終會計를決算ᄒ즉多
年의研究的消費를除ᄒ고
도當年利益金이生ᄒ엿
스니世界에向ᄒ야感謝ᄒ
오며隆熙四年度에는研究
效果가千萬倍나盛多ᄒ것
은泰西의工商大家에셔豫
言ᄒ바어니와今年에는廉
價로大放賣ᄒ더이오니沽
茫ᄒ東西洋에如林如雲ᄒ
衛生家와經濟家는速速請
求ᄒ심을務望ᄒ나이다

帽子定價表

中山帽 四圓五十錢
中折帽 四圓五十錢
婦人帽 四圓五十錢
美利堅帽 四圓十錢
運動帽 一圓四十錢
學徒帽 一圓六十錢

本書林에셔發行ᄒ는書籍
은五圓以上價値를請求ᄒ
시면三割引으로本店에총
帽子는半打六項을請求ᄒ
시면一項을割引으로供獻
ᄒ나이다

[illegible]委花補水藥

야美國의셔經驗單方으로流行
通用ᄒ는靈藥聖劑를買入ᄒ야
左開廣布ᄒ오니有病君子와藥
業에從事ᄒ시는僉彦은爭先來
購ᄒ시옵

分賣와都賣에差別이有ᄒ야
一打(十二個)以上의都賣에
는特別割引ᄒ

左開

秘製止痛藥
效能 外塗內服無處不適
消滯 止瀉 絕瘧 治痢無
不神效ᄒ

喜蘇膏藥
效能 頭面 身體一切痛症
積年風濕 除痰 生肌之道
립即奏效ᄒ

亞麟香 膠
效能 毋論男女老少 勿嫌
年久日淺一切 咳소 服之
則其效如神ᄒ

委花藥膏
效能 痔疾 瘰疬瘡 燒跌
傷整咬等 諸症無雙聖藥

效能 淋症 花柳瘡 凡不
潔血所祟症 婦人虛弱등症
靈驗ᄒ

牛汁藥酒
效能 毋論男女老少氣血虛
弱者服之則大補元氣身體强
健ᄒ

韓美興業株式會社事務所

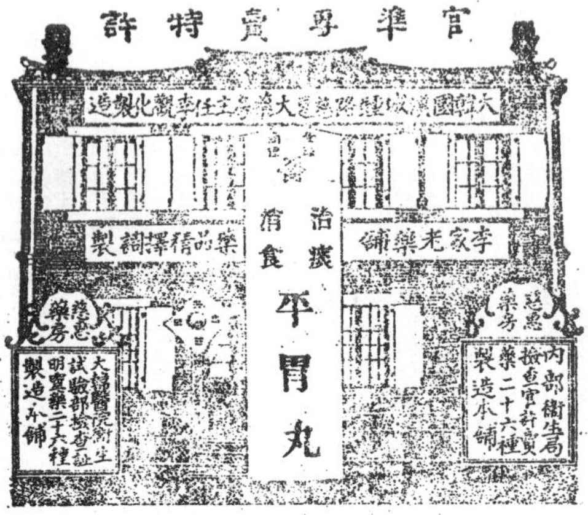

本院은韓國一般人民을爲ᄒ야
設立ᄒ은僉彦의已知ᄒ는바어
니와自今으로事務를一層擴張
ᄒ고診察을더욱精密히ᄒ기爲
ᄒ야時間을午前十時부터午後
四時까지無料로診察ᄒ오며또
特別診察所를置ᄒ고些少의診
察料로貴客의便宜를圖ᄒ오니
診察을要ᄒ는僉彦은
照亮을爲要
但特別ᄒ境遇에在ᄒ야는時
間을勿論ᄒ고其請求를應ᄒ

京城南大門外
濟衆院 告白

⊙大韓全[illegible]는[illegible]로當地製造發行ᄒ는藥品은

消化新藥 清心保命丹
此丹은化痰止咳ᄒ고順氣消滯ᄒ며恒常長服ᄒ면腸胃가健全

大補元氣 蔘茸大補元
大補元氣ᄒ고滋腎健腦ᄒ며先天不足과陽위不起에一切神効

蛔積殺虫散
此약은회積과회腹痛과회虫一切을去根ᄒ는良劑

久滯大通丸
此丸은年久積滯와宿滯後重이며胃腹痛에神効莫大ᄒ

瘡病新藥 梅花點雪丹
毋論男女ᄒ고花柳病楊梅瘡에一切去根快復하는良藥

眼疾速効 光明眼藥
諸般眼疾에隨症皆差ᄒ는東洋에初有ᄒ寶藥

起死回生 回生丹
此丹은急ᄒ吐瀉關格이며가슴아리와冷積과痢疾에神効

感氣神効 解熱散
寒熱往來ᄒ며似학非학과頭痛眩暈와肢節痛에其効가偉大

齒痛新藥 止痛健齒水
虫齒와風齒와諸般齒痛에壹切神効

耳鼻聖藥 耳鼻神藥
無論男女ᄒ고耳聾鼻塞이며耳鼻에關ᄒ病은隨症並差

疝症拔根 疝積湯
諸般산症에大談出賣ᄒ

寸虫沒出藥
寸白虫을一切去根ᄒ는妙劑

뒤눈과못 拔根藥
뒤눈과못과ᄉ마귀를쌔는藥

止足汗臭藥
手足의汗臭를除却ᄒ는藥

去核生新 沃度膏
創瘡과腐傷과곱센데去核生新ᄒ기는第一著明

最新改良 百應膏
無論男女老少ᄒ고毒瘇濕瘇痰瘇諸般瘇瘡에壹切特效가有ᄒ

淋疾藥各種
淋疾各症에壹週日만服ᄒ면病根快復ᄒ고腎氣가完全ᄒ

其他洋藥各種과⊙賣藥各種⊙都매散賣
⊙遠地에는郵便小包로申速酬應ᄒ

漢城南大門內濟生堂大藥房 李庚鳳
代辦主任 李興國 白

⊙特別廣告

普信閣鍾은曉夢을醒하고漢陽城梅는春色을
誇ᄒ서玆를際ᄒ야思想이淸新ᄒ고心神이愉快
ᄒ지라一穗紅燈을挑ᄒ고擁衾而坐ᄒ야書案
에在ᄒ昨年度本舖藥業文簿의淸帳을閱盡
ᄒ온즉過去一年度萬般藥品의輸入輸出에海
陸의危險을凌駕ᄒ고賣買得失의天賜[illegible]
利를剩得ᄒ엿스니此는內外國請求ᄒ신僉[illegible]
子의滋德注愛ᄒ신盛念所暨오며京鄕各處[illegible]
業紳商僉彦과本舖分舖支舖及出張所[illegible]
各事務員諸氏의勤業勤務ᄒ신合力効果[illegible]
斷認ᄒ오니僕々感謝ᄒ을不勝하옵나이다
更히今年度開業預算의對ᄒ야滿足ᄒ希望[illegible]
點으로內外國請求僉彦과藥商諸氏의게明[illegible]
運鴻禧의祝辭를奉獻ᄒ오며本舖에셔는優大[illegible]
業務로大擴張ᄒ기爲ᄒ야巨額의資金을繼行[illegible]
積立ᄒ고東西洋의特別聖藥과唐材와當材[illegible]
各種乾材藥品을大輸入大發賣ᄒ깃기로廣[illegible]
告ᄒ오니幸望內外國僉君子께셔는本舖[illegible]
眷愛庇護ᄒ샤比前萬倍의請求惠臨이天涯[illegible]
雲片갓치紛紛飛下ᄒ심을敬要ᄒ
京城鍾路和平堂大藥房本舖主李應[illegible]

⊙特別廣告

檀君開國四千二百四十三年
箕子元年三千三十二年
大韓開國五百十九年
本報創刊日 光武八年七月十八日

大韓每日申報

第八卷 月曜及慶節歲時日休刊 第一千三百廿壹号

發行兼編輯人 英國人 萬咸
Responsible for Publication Alfred W. Marnham.
南部石井洞三層洋屋家 大韓每日申報社

論說

◎二十世紀新國民 續

(二)國民과道德 (此에論하ᄂᆞᆫ바道德은卽目下國民同胞에게最必要ᄒᆞᆫ者만論ᄒᆞᆷ이라)

(甲)平等 大凡吾人의人類가彼創造說과如히上帝가創造ᄒᆞ엿던지又彼進化說과如히自然으로進化하엿던지人類ᄂᆞᆫ平等이니然則强者도人弱者도人富者도人貧者도人王侯將相英雄聖人도人樵夫牧童愚夫愚婦도人이라如斯히人類ᄂᆞᆫ人格이平等이오人權이平等이니嗚乎라彼不平等主義ᄂᆞᆫ人類界의惡魔오生物界의罪人이로다

彼不平等의怪幟가一現ᄒᆞ면道德이亾ᄒᆞ며政治가亾하며宗敎가亾ᄒᆞ며經濟가亾하며法律이亾ᄒᆞ며學術이亾ᄒᆞ며武力이亾ᄒᆞ야世界ᄂᆞᆫ暗黑하고生民은焦死ᄒᆞ나니慘毒ᄒᆞ도다不平等의禍여

故로平等主義가行ᄒᆞᄂᆞᆫ國은반다시興ᄒᆞ엿나니歐美文明各國이是오不平等의主義가行ᄒᆞᆫ國은반다시亾ᄒᆞ엿나니波蘭印度등國이是라嗚乎라民國의不幸이不平等에셔甚ᄒᆞᆫ者ㅣ無ᄒᆞ도다

試問하건ᄃᆡ韓國이何故로今日斯境에至ᄒᆞ엿ᄂᆞᆫ가吾儕ᄂᆞᆫ第一指를屈ᄒᆞ야曰不平等이라ᄒᆞ노니嗚乎라不平等三字ᄂᆞᆫ韓國의最大仇讐니라

然이나甲午風雲이韓半島不平等의汚塵을捲去ᄒᆞᆫ後로全國同胞가바야흐로大覺의眼을拭ᄒᆞ고福利의路를尋ᄒᆞ나니只今天日이明々ᄒᆞᆫ二十世紀에셔오히려黑洞에臥ᄒᆞ야頑夢을說ᄒᆞᄂᆞᆫ者ᄂᆞᆫ只是幾個腐物에不過ᄒᆞᆯ지나今에此腐物同胞를爲ᄒᆞ야一論ᄒᆞ건ᄃᆡ

(一)氏族의階級 此ᄂᆞᆫ卽韓國第一不幸의制度라其肆毒이最虐ᄒᆞᆫ者며(二)官民의階級 此ᄂᆞᆫ韓국第二不幸의制度라其肆毒이氏族階級에亞ᄒᆞᄂᆞᆫ者며(三)嫡庶의階級 此ᄂᆞᆫ韓국第三不幸의制度라其肆毒이亦官民階級에亞ᄒᆞᄂᆞᆫ者니(此外에도士農工商의階級男女의階級等이有ᄒᆞ야亦各一害를醸出ᄒᆞ나니라)嗚乎라同胞여同胞ᄂᆞᆫ生코져ᄒᆞᄂᆞᆫ가死코져ᄒᆞᄂᆞᆫ가存코져ᄒᆞᄂᆞᆫ가亾코져ᄒᆞᄂᆞᆫ가生하며存ᄒᆞ라거던此亾국滅民의階級主義를一刀로斷去ᄒᆞᆯ지어다此를果然斷去ᄒᆞᆯ진ᄃᆡ國利民福의攫得이反掌과如ᄒᆞ리로다

(乙)自由 自由ᄂᆞᆫ吾人의第二生命이라故로身體가死ᄒᆞᆷ은有形의死오自由가死ᄒᆞᆷ은無形의死니何故오人格이有ᄒᆞᆫ故로曰人이어ᄂᆞᆯ自由를失ᄒᆞᆫ者ᄂᆞᆫ人格이無ᄒᆞ야一禽獸며一木石이니此所謂無形의死며又形而下的으로觀察ᄒᆞᆯ지라도自由의死가卽身體의死니何故오自由를失ᄒᆞᆫ者가今日은비록形而下的羞恥의生命을得保하엿다ᄒᆞᆯ지라도其自由를不復ᄒᆞ면畢竟滅亾을不免ᄒᆞ나니此所謂自由의死가卽身體의死라嗚乎라是以로彼眼光이如炬ᄒᆞᆫ國民은身을犧牲ᄒᆞ야自由를渴求하엿도다

悲夫라韓國은從來로自由二字를不知ᄒᆞᆫ國이라故로勢力界의奴隸되며思想界의奴隸되며現狀界의奴隸가되야

(一)勢力이中등되ᄂᆞᆫ者ᄂᆞᆫ勢力이上等되ᄂᆞᆫ者의奴隸가되며勢力이下等되ᄂᆞᆫ者ᄂᆞᆫ勢力이中等되ᄂᆞᆫ者의奴隸가되야或一身이奴隸되며或一家가奴隸되며或擧國이奴隸되야畢竟全國中에非奴隸者ᄂᆞᆫ一人도無ᄒᆞᆷ에至ᄒᆞ고(二)中古人의思想은上古人思想의奴隸가되며今人의思想은中古人思想의奴隸가되야牛수馬渤의腐說이라도古人의餘唾라면天使의命으로奉ᄒᆞ며翻天動地의偉業이라도後人의所爲라면怒劍을擧ᄒᆞ야斥ᄒᆞ고(三)現狀의奴隸를樂作ᄒᆞ야因循姑息을是事ᄒᆞ고恥辱苦痛도不計ᄒᆞ야狗苟의生命을保ᄒᆞ고回天의雄圖를忘ᄒᆞ야貢使의北行이五百年을不絶ᄒᆞ고剝民의苛政이數世紀에安亙ᄒᆞ엿도다 (未完)

外報

◎新議會의討論 英國海軍大將촤르쓰、벨스보드卿은新議會에셔開院式勅語에對ᄒᆞ야英國의海軍이危懼ᄒᆞᆯ만ᄒᆞᆫ狀態가有ᄒᆞᆫ事에就ᄒᆞ야國民의注意를喚起코져修正動議를提出ᄒᆞ기로計畫中이라더라

◎紛糾難免 駐美日本大使內田男은紐育日本協會에셔演說하야曰美日兩國의關係ᄂᆞᆫ今後에紛糾를免치못ᄒᆞᆯ지나然ᄒᆞ나過去와如히正義와互讓에基ᄒᆞ면解決됨을得ᄒᆞ리라ᄒᆞ얏다더라

◎列國公使抗議 目下淸國黑龍江省에셔穀物輸出을禁止ᄒᆞᆷ으로淸國에駐劄ᄒᆞᆫ諸外國公使ᄂᆞᆫ淸국政府에向ᄒᆞ야抗議를提出ᄒᆞ엿ᄂᆞᆫᄃᆡ[illegible]改善하기로約ᄒᆞ엿더

雜報

◎安禹兩氏의公判審問에對ᄒᆞᆫ陳述의詳報(續) 在旅順傍聽生

又曰予가三年間을北間島附近에셔義兵을募集하야日兵과屢已交戰하다가今番에義兵參謀中將의資格으로獨立戰爭을哈爾賓에셔開ᄒᆞ야敵將伊藤을擊하야其白髮頭를我軍에獻納케하려ᄒᆞᆷ이오決코個人의資格으로ᄒᆞᆫ行爲ᄂᆞᆫ아니라大韓帝國義兵參謀中將이今日賊에게捕虜되엿스나此地에셔所謂公判이라고取調하ᄂᆞᆫ것이大不可라ᄒᆞ고又曰今番伊藤의行路에軍隊의護衛가如何히嚴重ᄒᆞᆯ지라도予ᄂᆞᆫ國家를爲하야獻身的思想이三年間에恒有ᄒᆞᆫ者라其宿志를必히決行하기로決心ᄒᆞᆫ故로有志者ㅣ事竟成이라하고又曰予의外國에出遊ᄒᆞᆫ目的은已上略述ᄒᆞᆷ과如ᄒᆞ거니와ᄯᅩ海外에在ᄒᆞᆫ我同胞를恒常遊說ᄒᆞ야忠君愛國의思想을鼓吹하야國權을恢復ᄒᆞ기ᄭᆞ지ᄂᆞᆫ如何ᄒᆞᆫ困難苦楚를當ᄒᆞ더ᄅᆡ도忍耐하며見機而作ᄒᆞ야戰鬪에從事ᄒᆞ기를用意ᄒᆞ야壯年은義兵으로日軍과戰鬪하고老人은職을勵ᄒᆞ야軍糧과其他助力을與ᄒᆞ고幼者ᄂᆞᆫ敎育을施하야後備에補充하고實業을勸勉ᄒᆞ야農者ᄂᆞᆫ農ᄒᆞ고商者ᄂᆞᆫ商ᄒᆞ며或은舌로或은筆로或은劍으로以하야國家의危急을救援하ᄂᆞᆫ거시國民의義務인줄을覺悟케ᄒᆞ기로努力ᄒᆞ엿다하매裁判長曰質問外에ᄂᆞᆫ注意ᄒᆞ야陳述ᄒᆞ라ᄒᆞᆫᄃᆡ安이大言曰彼伊藤의行爲를何等의方法으로던지世界에聲明ᄒᆞᄂᆞᆫ것이捷逕으로信ᄒᆞ니엇지予의目的과彼의行爲를一次說明이賬ᄀ리오ᄒᆞ더라時ᄂᆞᆫ午后零時分이라一時間休憩ᄒᆞ고更히開廷ᄒᆞᆫ後安氏가繼續陳述ᄒᆞ여曰昨年十月廿六日(陰曆九月十三日)午前九時에哈爾賓驛茶店에入ᄒᆞ야茶를飮ᄒᆞᆯ際에伊藤의搭乘ᄒᆞᆫ列車가到着되니先에音樂隊가奏樂하고露國兵丁이敬禮ᄒᆞᄂᆞᆫ지라時에予ᄂᆞᆫ決行ᄒᆞᆯ意思로茶店을出ᄒᆞᆯ시伊藤은汽車를降ᄒᆞ야多數ᄒᆞᆫ迎接者가擁護하미其顔貌ᄂᆞᆫ未詳ᄒᆞ나先頭에文하엿고且其服裝이異ᄒᆞᆯ뿐더러年高者인故로內心에此를伊藤으로認ᄒᆞ고露國軍隊의列立ᄒᆞᆫ間으로突入ᄒᆞ야七連發拳銃으로狙擊ᄒᆞ야三發三中이된즉軍兵이皆驚動ᄒᆞ야逃走ᄒᆞᄂᆞᆫ지라然이나此를輕率히하다가誤擊하면不可ᄒᆞᆷ으로更히三發을連射ᄒᆞ야隨行員等이中傷ᄒᆞ미於是에露國憲兵이來ᄒᆞ야捕縛ᄒᆞᄂᆞᆫ지라予ᄂᆞᆫ當時世界에셔普通使用하ᄂᆞᆫ羅丁語로大韓獨立萬歲를三呼ᄒᆞ엿노라ᄒᆞ고

又曰昨年春間에露領烟秋附近의一寒村下里에셔故國同志者金基烈白樂吉朴根植金太連安啓麟李周天黃化炳姜斗瓚劉坡弘(二人의姓名은忘ᄒᆞᆷ)等十一名을會同ᄒᆞ야吾輩가千辛萬苦ᄒᆞᆯ지라도大韓獨立을恢復ᄒᆞ고東洋平和를維持ᄒᆞᄌᆞ고上帝에게誓告ᄒᆞ고一齊히左手의藥指를斷ᄒᆞ야同盟ᄒᆞᆫ後其鮮血로ᄡᅥ大韓國旗에獨立自由四字를大書하고又其趣旨書를血書ᄒᆞ엿ᄂᆞᆫᄃᆡ該同志者等은各散하야今其去處를不知라ᄒᆞ고裁判長曰今此行凶ᄒᆞᆫ拳銃은新式이라其彈丸의尖端에十字形을刻ᄒᆞ엿스니此ᄂᆞᆫ一度人身에適中ᄒᆞ면非常ᄒᆞᆫ傷害를與ᄒᆞᄂᆞᆫ者라ᄒᆞᆫᄃᆡ安은不答ᄒᆞ고又大言曰予가當時에時日이不急ᄒᆞ엿스면我獨立隊의義勇軍을率하고哈爾賓에出ᄒᆞ야堂々ᄒᆞ게攻擊ᄒᆞ엿슬것이오又資力이有ᄒᆞ면軍艦으로對馬島海峽을進向ᄒᆞ야伊藤의乘ᄒᆞᆫ汽船을砲擊하고凱歌를唱ᄒᆞᆯ計策이더니라ᄒᆞ고

又曰予ᄂᆞᆫ四千年我祖國을爲ᄒᆞ며二千萬我同胞를爲하며東洋大局의平和를爲ᄒᆞ야我民國의權利를蹂躪ᄒᆞ며我東洋의平和를擾亂ᄒᆞᄂᆞᆫ奸賊을殺ᄒᆞ엿스니予의目的은如斯히正大ᄒᆞᆫ지라故로予가國民의義務로殺身成仁코ᄌᆞᄒᆞᆫ이라ᄒᆞ더라 (未完)

學界

◎師範學年募集 官立漢城師範學校에셔一學年生徒와速成科生徒各百名式을募集ᄒᆞᆫ다ᄂᆞᆫᄃᆡ試驗志願書ᄂᆞᆫ來三月十日內로提呈케ᄒᆞ라하엿다더라

◎嚴氏義務 鐵山郡西林面[illegible]里居嚴元善氏ᄂᆞᆫ年今七旬에敎育을熱心하야三成學校를設立ᄒᆞ고紳士李成九氏其他某某諸氏와協力하야多數捐金을收合ᄒᆞ야該校經費를支出ᄒᆞᆷ으로校況이益々擴張ᄒᆞᆫ다ᄂᆞᆫᄃᆡ該氏의義務를莫不稱頌ᄒᆞᆫ다더라

◎興校振興 殷栗郡北上面普興學校々長景光鉉氏가諸般校務를熱心專擔ᄒᆞᆫ結果로晝夜生徒가六十餘名에達하엿고敎師金光述崔仁燦兩氏ᄂᆞᆫ名譽로敎授ᄒᆞᆷ으로一般生徒가莫不感化하야學業에益加勉勵ᄒᆞᆫ다더라

詞藻

❀歲月如流❀

歲月이如流하야、上元佳節ᄯᅩ왓도다。
반가워라더明月은、기우럿다칫건마ᄂᆞᆫ。
한국의、일흔국권은、어나。

宮廷彙報

○大皇震怒 三淸洞恩彦宮을他人에게賣渡ᄒᆞᆫ事를 太皇帝陛下께ᄋᆞ셔 天聽ᄒᆞ옵시고宮舍를無難賣買홈을震怒ᄒᆞ시ᄆᆡ恩彦宮夫人이 奏稟ᄒᆞ기를家舍가狹窄ᄒᆞ야祭祀設行時에不便의点이有ᄒᆞ다고上 奏ᄒᆞ엿다더라

○皇族謁見 完興君李載冕氏以下皇族諸氏가本日上午十二時 德壽宮에 陛見ᄒᆞᆫ다더라

○皇儲歸期未定說 韓國皇太子殿下께셔四月頃에 御歸國ᄒᆞ옵신다홈은已報어니와又壹邊消息을聞ᄒᆞᆫ즉日本宮內省當局者의言에ᄂᆞᆫ 殿下께셔今年內에 御歸國ᄒᆞ시나其期日은아즉決定치못ᄒᆞ엿다고云ᄒᆞᆫ다더라

○紀念章頒賜 大皇帝陛下西南巡幸紀念章을表勳院에서製造ᄒᆞ던中인ᄃᆡ再昨日에其製造가畢了된故로該紀念章을當時扈從官吏新聞記者及 御行幸地官民千餘名에게昨日頒賜ᄒᆞ엿다더라

雜報

○運動一手 總相李完用氏ᄂᆞᆫ日本에留學하시ᄂᆞᆫ 皇太子殿下敎育副總裁를期於圖任ᄒᆞᆯ次로不遠間渡日ᄒᆞᆫ다더라

○電議合一 宮內府에서 德壽宮電務課를廢止하고 昌德宮電務課에合倂ᄒᆞ기로內定ᄒᆞ엿다더라

○所爲止此 황族某氏ᄂᆞᆫ日前花套局에서金一萬七千圜을得ᄒᆞ엿ᄂᆞᆫᄃᆡ該氏兄弟에家屋典執ᄒᆞ엿던文券을覓還하엿다더라

○卒業生需用 學部에서本年度에主事第二窠를增設ᄒᆞᆯ터인ᄃᆡ各學校卒業生中으로試驗需用ᄒᆞᆫ다더라

○無試任用 善隣商業學校卒業生은文官任用令에依ᄒᆞ야無試驗任用ᄒᆞ기로學部에서議定ᄒᆞ엿다더라

○俞氏訪問 漢城府民會長俞吉濬氏가昨日上午十二時頃에漢城府에前往ᄒᆞ야該府尹張憲植氏를訪問ᄒᆞ엿다더라

○千萬圓又借欵 韓國政府에서ᄂᆞᆫ土地調査費治道費등에充用ᄒᆞᆫ다하고日本으로서壹千萬圓을新借款하라ᄒᆞᆫ다더라

○增設交涉 日本이韓國司法權을委任ᄒᆞᆯ當時에經營하던바區判所二十三個所增設事件에關ᄒᆞ야官舍充用의有無등을韓政府에交涉ᄒᆞᆫ다더라

○間島鐵道 中樞院顧問李址鎔氏ᄂᆞᆫ日人某와合資ᄒᆞ야金六萬圓을積立ᄒᆞ고北間島등地에鐵路를敷設하ᄂᆞᆫᄃᆡ目下工役에着手ᄒᆞ엿다더라

○忠察報告 忠北觀察使權鳳洙氏가管下各郡의罹災人民을調査ᄒᆞ야內部로修報힛다더라

○林務官會議 日前부터農商工部山林局에서開ᄒᆞᆫ林業事務所長의會議ᄂᆞᆫ再昨日以來로京城苗圃及白雲洞造林地와水原模範場등地를視察ᄒᆞᆫ後更히會議ᄒᆞ엿ᄂᆞᆫᄃᆡ昨日終了되엿다더라

○忠南治道 內部에서ᄂᆞᆫ忠南天安郡에서洪州郡ᄭᆞ지道路를修築ᄒᆞᆯ次로日前測量技手를派送ᄒᆞ야其距里를實測ᄒᆞ엿ᄂᆞᆫᄃᆡ修築工役은來五月頃에着手ᄒᆞᆫ다더라

○派員調査 第壹銀行에서本月度各府部院廳月俸額支撥ᄒᆞᆫ事에對ᄒᆞ야調査ᄒᆞᆯ處이有ᄒᆞᆫ故로該事務員을各府部院廳에派送ᄒᆞ야壹々調査ᄒᆞ엿다더라

○何必警動 慶南丹城郡居權陽煥氏가該郡私立醫明學校財政關係로學部에數次請願ᄒᆞ되接受치아니ᄒᆞᄂᆞᆫ故로該氏가昨日上午十二時學部門間에서該部大臣의仕進홈을待ᄒᆞ야人力車를挽執ᄒᆞ고請願書를呈ᄒᆞᄆᆡ該大臣은不虞에難을當ᄒᆞᄂᆞᆫ줄노認ᄒᆞ고大段警動ᄒᆞ엿다ᄂᆞᆫᄃᆡ當時保護巡査가該事件을警視廳에報告ᄒᆞ엿더니該廳에서權氏를招諭ᄒᆞ되當然懲治ᄒᆞᆯ터이나特別容貸ᄒᆞ니卽時歸家ᄒᆞ라힛다더라

○興業支店撤廢 日本興業銀行은其間韓국政府의外債上關係로其支店을韓국에置하엿던것인ᄃᆡ近者에ᄂᆞᆫ此를撤廢하고韓國銀行代理店으로其事務를處理케하기로協議를決了하엿다더라

○東峽地圖模寫 京城地方裁判所에서何事故를因홈인지昨日에官吏壹名을內部에派送ᄒᆞ야江原道地圖를模寫以去ᄒᆞ엿다더라

期限不拘

安重根氏의公判이終決됨은壹般知了ᄒᆞᄂᆞᆫ바어니와執行期限을不拘하고何月日이던지安氏의自由로執行申請을因ᄒᆞ야處辦ᄒᆞ기로決定하엿다더라

○安氏歸來 安重根氏를面會ᄒᆞ고日昨歸來ᄒᆞᆫ安明根氏ᄂᆞᆫ其四寸安重根氏가信敎某氏를逢見코져願ᄒᆞᄂᆞᆫ故로該信敎人을請去코져渡來ᄒᆞ엿다더라

○火栓築設 官立漢城高등學校長洪奭鉉氏가學部에請願ᄒᆞ되同校에水道敷設時에消火栓셔지設置ᄒᆞ라하엿[illegible]

○意見各逓 平壤警察署長이平壤城內方興周金龜禧張永翰등諸氏를大成館에請邀ᄒᆞ고今番伊藤氏被殺李總理被刺가皆平壤附近人의所爲인즉此에關ᄒᆞ야其意見을各逓하라하엿ᄂᆞᆫᄃᆡ김龜禧氏ᄂᆞᆫ日此皆不良遊民의所爲인즉遊民에게產業을授홈이可하다하고方興周氏ᄂᆞᆫ日此皆鴉片喫者가多有ᄒᆞᆫ故니鴉片喫者를嚴重禁止홈이可하다하고張永翰氏ᄂᆞᆫ日此皆三十六契가盛行하야家產蕩敗者가多出ᄒᆞᆫ故니此를嚴重禁止홈이可하다하엿다더라

○日人戶口 昨年十壹月末日ᄭᆞ지韓國內居留日人의戶口數를調査ᄒᆞᆫ즉戶數가四萬 千九百五十六이오人口가十四萬五千九十四라더라

○吝財滅倫 前輔國閔泳徽氏ᄂᆞᆫ其令男衡植氏와財產을區別ᄒᆞ야其令男의債用이有ᄒᆞ면其區別ᄒᆞᆫ財產中에서報給하되萬壹其區別ᄒᆞᆫ財產이盡하ᄂᆞᆫ境遇에ᄂᆞᆫ決코更不報給하깃다하더니近日에該氏令男의債務七萬餘圓이發現된지라該氏가其子와對面을不許하ᄂᆞᆫ故로該氏의令男은每樣長書로其事情을陳達ᄒᆞᆫ다더라

○一巧一愚 前郡守閔內星氏ᄂᆞᆫ公逋를因하야數年을隱避ᄒᆞ다가日前其至親閔泳采氏를因하야度支部日人官吏를紹介ᄒᆞ야該公逋를卅年에排納하기를要求ᄒᆞᆫ즉該日人이卽時應諾ᄒᆞ고閔丙星氏와一次面會하기를請ᄒᆞᄂᆞᆫ故로該氏가往見하ᄆᆡ該日人이自若히酬酌ᄒᆞ다가閔氏의現今住所를探聞ᄒᆞᆫ즉閔氏ᄂᆞᆫ擧實以告ᄒᆞ고歸家ᄒᆞ엿ᄂᆞᆫᄃᆡ居無何에刑事巡査等이踵至ᄒᆞ야該氏를捕縛ᄒᆞ야警視廳으로押[illegible]ᄒᆞ엿다더라

○海州義兵 海州日谷面에서去十五日에義兵十餘名이該地居留日人吉野를提去ᄒᆞᆫ故로巡查派出所에서追去不及힛ᄂᆞᆫᄃᆡ該義兵이吉野를結縛跪坐케ᄒᆞᆫ後에告曰如汝小輩를殺之無益이라ᄒᆞ고吉野의外套를取ᄒᆞᆫ後其代金二圓을與ᄒᆞ야放送힛다ᄒᆞ며再昨日에도義兵卅餘名이海州翠野를來襲ᄒᆞ엿ᄂᆞᆫᄃᆡ該地居留日人은悉皆逃避힛다더라

○非巫伊神 韓人朴泰源日人中木이가巫道를崇尙ᄒᆞ려고內部에請願ᄒᆞ엿다홈은已報어니와更聞ᄒᆞᆫ즉巫道를崇尙코ᄌᆞᄒᆞᆷ이아니오奉神敎를傳布코져홈이라더라

○三人溺死 甕津郡南面居洪仁錫尹能權氏等四人이該郡西面紅門洞에서穀包火木等物을船載ᄒᆞ고同郡龍浦島로發向ᄒᆞ다가風浪을遭ᄒᆞ야破船ᄒᆞ엿ᄂᆞᆫᄃᆡ其中三人이溺死하엿다더라

○義將高義 義兵將延起羽氏ᄂᆞᆫ近日部下四十餘名을率ᄒᆞ고朔寧積城등郡에種々往來ᄒᆞᄂᆞᆫᄃᆡ氏의智勇이具有ᄒᆞ야日憲兵과交戰ᄒᆞ되未嘗一敗ᄒᆞᆫ故로同地에駐在ᄒᆞᆫ日憲兵이敢히犯接치못ᄒᆞ고所到民間에秋毫를不犯하ᄂᆞᆫ故로民間에驚動홈이無ᄒᆞ다더라

○醫士總會 醫士總合所長代辦洪鍾哲氏가該所印章及書類를私自携去ᄒᆞ야該所規則을紊亂케ᄒᆞᆫ故로醫士二百餘人이本日上午十一時에總會를開하고任員을更히組織ᄒᆞᆫ後來月一日부터視務ᄒᆞ기로ᄒᆞᆫ다더라

○處理總會 國債報償金處理會에서來土曜日下午一時에特別總會를中部磚洞興士團內本事務所에開ᄒᆞᆫ다더라

○靑會盛況 鍾路靑年會館에서音樂演奏會를設ᄒᆞᆷ은已報어니와當時參會ᄒᆞᆫ婦人女學生이千二百餘名에達ᄒᆞ야初有ᄒᆞᆫ盛況을呈ᄒᆞ엿고今日下午七時三十分에同會館에서演說會를開ᄒᆞ고仁川에서多年傳道하던英國人워어氏를請邀ᄒᆞ여年前日本東京에서開設ᄒᆞᆫ萬國學生總會의情況을報告ᄒᆞ던演說을ᄒᆞᆫ다더라

上元休刊

本日은上元佳節인故로舊例를依하야壹日休刊홈

電報

拓社攻擊

昨日日本貴族院分科會에서下鄕代議士가東洋拓殖會社의無爲無能ᄒᆞᆫ事를痛擊ᄒᆞ엿ᄂᆞᆫᄃᆡ拓社監理官勝田이가此를答辯ᄒᆞ엿다더라

陪審制度建議

日本政友會에서ᄂᆞᆫ陪審制度設置의建議를提出하엿다더라

以上東京發 廿三日着

戴氏死去

淸國軍機大臣戴鴻慈氏ᄂᆞᆫ因病死去하엿다더라

北京發 廿三日着

英相演說

英國議會ᄂᆞᆫ開院式을行ᄒᆞ엿ᄂᆞᆫᄃᆡ首상演說에ᄂᆞᆫ曰內閣은遂히辭職ᄒᆞᆯ外에他道가無ᄒᆞ다고云ᄒᆞ엿다더라

埃相竟死

狙擊을被ᄒᆞᆫ埃及首상은死去하엿다더라

以上倫敦發 廿三日着

尼統領과美國

美國下院議員은니카라과國前大統領제라氏의蠻行을攻擊ᄒᆞ고에스트라ᄃᆞ將軍을該國大[illegible]으로認定ᄒᆞᄌᆞᄂᆞᆫ議案을[illegible]엿ᄂᆞᆫᄃᆡ에스트라ᄃᆞ將軍은美國의干涉을不受하고戰鬪를繼[illegible]하야自己의手로目的을達하깃다고預言하엿다더라

桑港發 廿三日着

▲明聾酒令▼

▲頑迷ᄒᆞᆫ者開導코져ᄒᆞ셧誠이를써셔이筆舌이禿弊토록孜々勸告ᄒᆞ디마ᄂᆞᆫ假聰인듯더眞聾은聽而不聞ᄒᆞᄂᆞᆫ도다美國에서開會ᄒᆞᄂᆞᆫ萬國聾會보니ᄌᆞ니旅行券을得이오聾者新聞注文차니發行期가尙遠인즉陰曆上元明聾酒나ᄒᆞᆫ잔식을먹여보ᄌᆞ

▲놉흔椅子걸어안져나라人일을ᄒᆞᆫ답시고포라먹기主張으로밤낫쓰ᄂᆞᆫ그熱心이已達目的ᄒᆞ엿스니너ᄂᆞᆫ死無餘恨이라萬古逆賊投祟ᄒᆞ면特등되기念慮업지速히悔改ᄒᆞ보라고切々懇々忠告하되더풀것이무엇인고다시々硏究ᄒᆞᄂᆞᆫ廟堂大臣某々의게귀발기술ᄒᆞᆫ잔주고

▲金剛石과紅寶石을泰山ᄀᆞᆺ치積置ᄒᆞ고金銀紙貨累巨萬을倉庫안에貯置라도國亾하면無用이니破巢完卵豈有리오돈ᄒᆞᆫ푼을ᄯᅩᆨ의쓰되죽어지면空手去라公益事業힘써보라고日々時々警告ᄒᆞ되馬耳東風無異하야去去益甚吝嗇ᄒᆞᄂᆞᆫ守錢虜某某의게귀발기술ᄒᆞᆫ잔주고

▲메두리에헌보시를눈썹ᄭᆞ지숙여쓰고四方으로奔走ᄒᆞ며志士義男調探ᄒᆞ야排日ᄒᆞᆫ다暴徒ᄒᆞᆫ다各色으로誣陷ᄒᆞ니禽獸라도愛聲커던人皆쓰고그러ᄒᆞᆫ가爭死守分히보라고遝々壹々發論ᄒᆞ되同胞보면寃讐ᄀᆞᆺ치잡아먹기일를쓰ᄂᆞᆫ日人偵探某某의게귀발기술ᄒᆞᆫ잔주세

廣告

慶南奎山鎭私立佐川學校教師李相韵氏는本校刱設以來로敎育發展ᄒ기爲ᄒ야無料敎授에熱心勤務ᄒ오니如此義擧는不可泯默이옵기玆以廣布홈

本校長 徐錫籌
校監 金鍾奎 告白

我國風土가작蚕에適合홈과本社成績의良好홈은世所共知인바今에公益을發展키爲ᄒ야種繭及種卵을賣却ᄒ오니有志僉位는早速來議ᄒ시와時期를勿失ᄒ심을至盼

販賣所

京城西部鑰洞一百九十三統三戶

大韓작蠶會社

販賣紹介所

京城南部綠井洞五十九統五戶

新文舘

（電話一三九一番）

本人의子公濟가去丁未秋에本郡人金炳勳의게誘홀비되야技債壹百九十圜을所負云故로本人이擧公之際에某某人强勸挽留하야金炳勳을招坐하고技債蕩滌票를當捧矣러니去年秋에炳勳이가公濟를無人處에威협强迫ᄒ야五十圓票를勒捧云하니如此悖類가右票를他處에典當홀듯ᄒ야今將擧公이오나炳勳者方在禁獄ᄒ야不得擧公玆仰布ᄒ오니內外國人은右票에切勿見欺ᄒ옵

平北郭山南面安義里金鼎夏白

本人除十一[illegible]八日東幕下契[illegible]五戶[illegible]家六間家契[illegible]仍告謹某拾得[illegible]敎學 白

本人의七寸侄龍吉은本是浮浪子로年前에本人姓名章을僞造ᄒ고李玉辰과和同ᄒ야七百圓을三張에分하야於晉을僞造ᄒ엿다ᄒ기其時洞長의게請願하야該僞章과於晉三張을並還推ᄒ엿더니今又僞章을造하야日人의게得債ᄒ엿다고四處出沒ᄒ오니內外國人은此金龍吉의게見欺치마옵

平北朔州郡大昌面金成玉 白

國債報償金은明是任置者의金錢이오切非保管者의金錢이거놀同保管諸氏의思想이大有相反ᄒ야再昨年七月日의調査會와去年九月日에處理會가莫非掩目之術은孰不念及이리오本人은老物也라鷄를逐去ᄒ다가望籬ᄒ고鱗且不勞不費而全國同胞의意見을一致홀事로冒廉更告ᄒ오니伏乞同胞는諸々之聲이不似謣々은不啻古人之事라庶合本人之所供하야幸或自信自愛홀지어다全國同胞가各有所居地名ᄒ니挪自各面으로一片紙面에該面所捐金合이某圓을某日에某處任置事且該面同胞의一致意見이如何事該面長이捺章同封ᄒ야陰二月卄日內送致于該郡地方委員과同委員이同封捺章ᄒ야同月晦日內送致于所掌財務署과同署長이亦同封捺章ᄒ야陰三月七日內로郵送于京總會과同總會에서披閱全國同胞의意見ᄒ야從多大處理가恐合事理오며且各道에서或首唱發起人이나或高等義捐人中每三人式毛遂自薦ᄒ야總會日出席ᄒ시면旅費는相議措處이고且初不出捐ᄒ同胞는意見을陳述홀權限이無ᄒ기로會日에出席을不許事拜啓同胞는如過此日此事면不啻本人之望籬라念及同胞홀거시오니另加另念홈

朴祏永 白

本人에姓名圖章을陰曆己酉十二月初九日路邊遺失ᄒ엿기로玆에廣告ᄒ오니誰某던지拾得ᄒ와도內外國人은切勿見欺홈

清道角北面上只洞第一統七戶
崔珽浩 告白

學徒募集

第一學年百名（修業年限三年程度五十名修業年限二年程度五十名）

△入學願書는履歷書와ᄀ치三月二十五日（陰曆二月十五日）ᄭ지提出홀事

△入學試驗四月一日（陰曆二月二十五日）上午九時

△入學資格普通學校卒業又는此와同等以上學力이有ᄒ者但官公立普通學校優等卒業生의게는學力試驗을省略홈도有홈

▲特典 本校卒業生은無試驗ᄒ고判任官되는待典이有홈

京城明洞
善隣商業學校

學員募集廣告

本校에서春期募集ᄒ學員이預定數에未滿ᄒ야期間을不定ᄒ고增募ᄒ오니應募諸氏는繼續來議ᄒ시요

隆熙四年二月十六日

郭山私立 興襄學校

數學大家 柳一宣 著

初等算術教科書

中卷 定價洋裝 九十錢

總發賣所 京城南門外棠岩 新舊書林

分賣所 京鄕各書舖

京城西部皇華坊西小門內契舘井洞五十六統十戶金永學瓦家十五間半建坪二十三坪四合四勺宅地三十八坪九合壹勺漢城府典當契約查証秩紛失故玆以廣布홈

京城本町一丁目
岡田幾太郞 告白

本人에子濟善이가不良之人으로敗家之餘에踰於挾雜輩之所囑ᄒ야遊於京鄕欺人得債爲事이옵기玆以仰布하오니內外國人은愼勿見欺홈

平山居金致雄 告白

本人이世傳民字畓四斗落文劵을路上에遺失하엿스니拾得ᄒ신人은休紙로用홈

忠南藍浦深田面新豊里
金商德 告白

本人이昨冬부터西小門內卜車橋北隣에柴塲을設置ᄒ고柴一駄에三錢式收捧ᄒ야營業ᄒ온바近日組織된漢城柴塲組合과는何等關係가無홈

西署西小門內
法人柴塲

本校에學徒를新募하니願學僉員은三月二十三日內로請願홈

試驗科目 國漢文 算術四則

漢城 私立普成中學校

特別廣告

漢陽商會는我同胞가가장誠意로써歡迎하는우리나라第壹되는最新式規模로經營하는特色잇는商店이오

漢陽商會는海外物貨製造瑒으로第一有名ᄒ各國最大商店과特約代理의關係가有하야最低廉最良好ᄒ物品을輸入하는特權잇는商品이오

漢陽商會는我邦物産을外國으로輸出하야海外의金融을吸收ᄒ야我國經濟界의富源을製造ᄒ는國家的商店이오

漢陽商會는我邦舊來商家의弊習을刷新改良코져晝夜盡力하는義務的商店이오

漢陽商會는一般商家로ᄒ야금廣告의必要를感醒케ᄒ야勇進奮發의心을皷吹ᄒ는商店이오

漢陽商會는我全國各處商業家와連結ᄒ야根本的實業發展의本領을實行ᄒ는商店이니라

大韓皇城鍾路 輸出輸入商 漢陽商會

電話 一九一番

特別廣告

廣告

九品ᄒᆞᆫ 丈宿患陰庚戌正月十一日申時別世族戚知舊間照亮

弟 燦世 胤世 敏世等 告白

慶南東萊府沙下面岩南洞龍頭山은尹門宗孫勳相의六代祖墓山으로該山이勳相의的確所有이기一門中이勳相의계所有權證明을繕給ᄒᆞᆫ바勳相이가崔基洪의紹介를因ᄒᆞ야該山을野澤彥三郎의게典執ᄒᆞ야旣爲過限流質ᄒᆞ엿ᄂᆞᆫᄃᆡ支孫祐相이素以悖類로自稱宗孫ᄒᆞ고崔基洪과符同ᄒᆞ야勳相이非其所有로欺騙典當ᄒᆞ엿다고警廳에誣告ᄒᆞ야方在被囚中이오기勳相의抑寃을卞明키爲ᄒᆞ야玆에廣告홈

門長尹正奎 支孫浩疇 浩昱
文化 錫權 錫昇 殷相
明相 甫相 憲相 弼倫
周漢 相宗 湖相 達相
和相 相繪 世炳 炳紹
俊龍 吉炳 定炳等告白

鐵路票卷烟

法韓會社에셔發賣ᄒᆞᄂᆞᆫ卷烟이造製品과口味가精美ᄒᆞ고每匣二十本幷竹嘴入이고價金三錢五里로各商店에셔放賣

本商會에셔烟草를製造販賣ᄒᆞᆫ지週年間에我同胞의愛顧酬用ᄒᆞ시ᄂᆞᆫ原恩을特蒙하와營業이漸進發達ᄒᆞ오며大段感謝ᄒᆞ오며今年부터ᄂᆞᆫ製造業을比前大擴張ᄒᆞ옵고一層精美케ᄒᆞ와大發賣ᄒᆞ올터이오니陸續愛用ᄒᆞ심을務望홈

南部甲洞三十五統六戶

江山煙草商會 告白

本社의셔同胞의衛生을注意ᄒᆞ야美國의셔經驗單方으로流行濟用ᄒᆞᄂᆞᆫ靈驗聖劑를貿入ᄒᆞ야左開廣布ᄒᆞ오니有病君子와藥業에從事ᄒᆞ시ᄂᆞᆫ僉彥은爭先來購ᄒᆞ시옵

分賣와都賣에差別이有ᄒᆞ야一打(十二個)以上의都賣에ᄂᆞᆫ特別割引홈

左 開

秘製止痛藥
效能 外塗內服無處不適 消滯 止瀉 絕瘧 治痢無不神效홈

喜蘇膏藥
效能 頭面 身體一切痛症 積年風濕 除瘀 生섬之道 립卽奏效홈

亞麟香膠
效能 毋論男女老少 勿嫌年久日淺一切 咳소 服之則其效如神홈

委花藥膏
效能 痔疾 瘰珠瘡 燒跌傷螫咬等 諸症無雙聖藥

委花精水藥
效能 痲症 花柳等 凡不潔血所祟症 婦人虛弱등症 靈驗홈

牛汁藥酒
效能 毋論男女老少氣血虛弱者服之則大補元氣身體强健홈

韓美興業株式會社事務所

本院은韓國一般人民을爲ᄒᆞ야設立ᄒᆞᆫ은僉彥의已知ᄒᆞᄂᆞᆫ바어니와自今으로事務를一層擴張ᄒᆞ고診察을더욱精密히ᄒᆞ기爲ᄒᆞ야時間을午前十時부터午後四時ᄭᆞ지無料로診察ᄒᆞ오며또特別診察所를置ᄒᆞ고些少의診察料로貴客의便宜를圖ᄒᆞ오니診察을要ᄒᆞᄂᆞᆫ僉彥은照亮을爲要

但特別ᄒᆞᆫ境遇에在ᄒᆞ야ᄂᆞᆫ時間을勿論ᄒᆞ고其請求를應홈

京城南大門外 濟衆院 告白

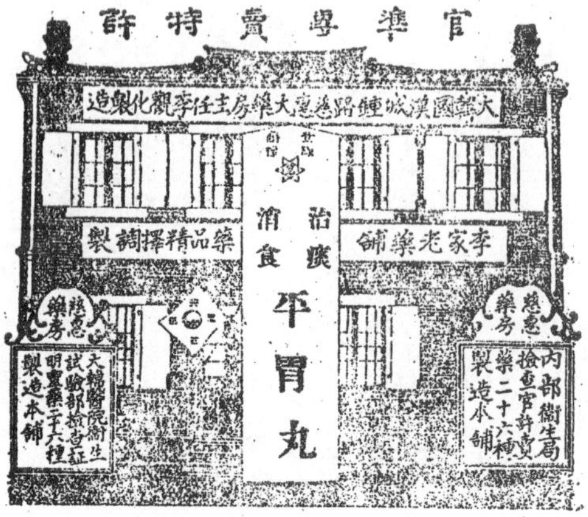

◎大[illegible]全[illegible]

[illegible]發行ᄒᆞᄂᆞᆫ藥品은

消化新藥 **清心保命丹** 此丹은化痰止咳ᄒᆞ고順氣消滯ᄒᆞ며恒常長服ᄒᆞ면腸胃가健全

大補元氣 **蔘茸大補元** 大補元氣ᄒᆞ고滋腎健腦ᄒᆞ며先天不足과陽위不起에一切神効

蛔積殺虫散 此약은회積과회腹痛과회虫一切을去根ᄒᆞᄂᆞᆫ良劑

久滯大通丸 此丸은年久積滯와宿滯後重이며胃腹痛에神効莫大홈

瘡病新藥 **梅花點雪丹** 毋論男女ᄒᆞ고花柳病楊梅瘡에一切去根快復하ᄂᆞᆫ良藥

眼疾速効 **光明眼藥** 諸般眼疾에隨症皆差ᄒᆞᄂᆞᆫ東洋에初有ᄒᆞᆫ寶藥

起死回生 **回生丹** 此丹은急ᄒᆞᆫ吐瀉關格이며가슴아리와冷積과痢疾에神効

感氣神効 **解熱散** 寒熱往來ᄒᆞ며似학非학과頭痛眩暈와肢節痛에其効가偉大

齒痛新藥 **止痛健齒水** 虫齒와風齒와諸般齒痛에壹切神効

耳臭聖藥 **耳臭神藥** 無論男女ᄒᆞ고耳聾鼻塞이며耳鼻에關ᄒᆞᆫ病은隨症並差

疝症根 **疝積湯** 諸般산症에大談出寶홈

寸虫沒出藥 寸白虫을一切去根ᄒᆞᄂᆞᆫ妙劑

되눈과못 **拔根藥** 되눈과못과ᄉᆞ마귀를쎼ᄂᆞᆫ藥

止足汗臭藥 手足의汗臭를除却ᄒᆞᄂᆞᆫ藥

去核生新 **沃度膏** 劍瘡과腐傷과곱신ᄃᆡ去核生新ᄒᆞ기ᄂᆞᆫ第一著明

最新改良 **百應膏** 無論男女老소ᄒᆞ고毒瘇濕瘇痰瘇諸般瘇瘡에壹切特效가有홈

淋疾藥各種 淋疾各症에壹週日만服ᄒᆞ면病根快復ᄒᆞ고腎氣가完全홈

其他洋藥各種과◎賣藥各種◎都매散賣
◎遠地에ᄂᆞᆫ郵便小包로申速酬應홈

漢城南大門內濟生堂大藥房 李庚鳳
代辦主任 李興國 白

◎特別廣告

普信閣鍾은曉夢을醒하고漢陽城梅ᄂᆞᆫ春色을詩ᄒᆞ시玆를際ᄒᆞ야思想이淸新ᄒᆞ고心神이愉快ᄒᆞᆯ지라一穗紅燈을挑ᄒᆞ고擁衾而坐ᄒᆞ야書案에在ᄒᆞᆫ昨年度本舖藥業文簿의淸帳을閱盡하온즉過去一年度萬般藥品의輸入輸出에海陸의危險을凌駕ᄒᆞ고賣買得失의天賜福利를剩得ᄒᆞ엿ᄉᆞ니此ᄂᆞᆫ內外國請求ᄒᆞ신僉君子의滋德注愛ᄒᆞ신盛念所曁오며京鄉各處藥業紳商僉彥과本舖分舖支舖及出張所의各事務員諸氏의勤業勤務ᄒᆞ신合力効果로認ᄒᆞ오니僕々感謝ᄒᆞ믈不勝하옵나이다更히今年度開業預筭의對ᄒᆞ야滿足ᄒᆞᆯ希望點으로內外國請求僉彥과藥商諸氏의게開運鴻禧의祝辭를奉獻ᄒᆞ오며本舖에셔ᄂᆞᆫ優大ᄒᆞᆫ業務로大擴張ᄒᆞ기爲ᄒᆞ야巨額의資金을銀行에積立ᄒᆞ고東西洋의特別聖藥과唐材와常材의各種乾材藥品을大輸入大發賣ᄒᆞ깃기로廣告ᄒᆞ오니幸望內外國僉君子계셔ᄂᆞᆫ本舖를眷愛庇護ᄒᆞ샤比前萬倍의請求惠函이天涯의雲片갓치紛紛飛下ᄒᆞ심을敬要홈

京城鍾路和平堂大藥房本舖主李應善白

◎特別廣告

檀君開國四千二百四十三年
箕子元年三千三十二年
大韓開國五百十九年
本報創刊日 光武八年七月十八日

大韓每日申報

第八卷 月曜及慶節歲時日休刊 第一千三百二十二号

發行兼編輯人 英國人萬咸
京城南部石井洞三層洋屋家 大韓每日申報社

論說

◎二十世紀新國民 續

(丙)正義 正義의刀가光ᄒᆞᄂᆞᆫ處에不法의魔가必伏하며正義의旗가翻ᄒᆞᄂᆞᆫ處에最後의功이必來하나니故로民이正義로得保ᄒᆞ며國이正義로得立ᄒᆞᄂᆞᆫ바라只今韓國同胞ᄂᆞᆫ正義가全無홈은아니나殆皆大를失ᄒᆞ고小를得홀뿐이니故로社稷이髮에危ᄒᆞ되痛悼ᄒᆞᄂᆞᆫ者ㅣ幾希ᄒᆞ며異族이焰을張ᄒᆞ되鄕愿되ᄂᆞᆫ者ㅣ四遍하야人道의滅이已極ᄒᆞᆫ지라嗚乎라今日同胞가正義를不勉홈이不可ᄒᆞ도다

此에對ᄒᆞ야消極的으로一言ᄒᆞᆯ진ᄃᆡ(一)私利心을痛革홈이可ᄒᆞ도다 私利心의强大ᄂᆞᆫ韓國同胞의통弊라此로以ᄒᆞ야或一人을害ᄒᆞ며或一郡을害하며小ᄒᆞ면欺民奪取를是事하며大ᄒᆞ면賣君賣國을不憚하야滔々上下가私利를惟征ᄒᆞ나니今日民이衰하고國이壞홈은此私利心이亦一大原因이라故로同胞가此私利心을痛革홈이可하며(二)迷信을打破홈이可ᄒᆞ도다 迷信은亦一同胞의弊習이라此를分說ᄒᆞ면(一)雜術의迷信이니卽巫卜、風水、日家、奇術等이是라此皆無稽의妄行이오病民의惡習이며(二)運命의迷信(三)自然現象의迷信이니此亦國家에禍를貽홈이不少ᄒᆞᆫ者라故로同胞가此迷信을打破홈이可ᄒᆞ도다

(丁)毅勇 如何ᄒᆞᆫ理想이有ᄒᆞ야도오직毅勇을待ᄒᆞᆫ後에야實行ᄒᆞ며如何ᄒᆞᆫ經綸이有ᄒᆞ야도오직毅勇을待ᄒᆞᆫ後에야成功하나니嗚乎라毅勇은國民의干城이로다

況此世界ᄂᆞᆫ奮鬪劇烈의世界라豺狼이地에戰하며風雲이天을撼ᄒᆞ나니毅勇이無ᄒᆞ면劣敗를不免ᄒᆞᆯ지며

又況此韓國同胞ᄂᆞᆫ毅勇이最缺乏ᄒᆞᆫ국民이라故로怯懦煩惱에易罹ᄒᆞ며故로退窮敗壞를易作ᄒᆞ나니然則同胞ᄂᆞᆫ此毅勇을善養ᄒᆞ야冒險進取ᄒᆞ며强壯忍耐하야國民의精神氣力을大發揮ᄒᆞᆯ지며

(戊)公共 韓國同胞ᄂᆞᆫ公共心이殆無ᄒᆞᆫ國民이라個人이有ᄒᆞᆫ줄만知하고社會가有ᄒᆞᆫ줄은不知ᄒᆞ며家族이有ᄒᆞᆫ줄만知ᄒᆞ고國家가有ᄒᆞᆫ줄은不知ᄒᆞ나니此ㅣ엇지志者의痛嘆ᄒᆞᆯ바아닌가惟我同胞ᄂᆞᆫ公共心을奮興ᄒᆞ야(一)團體에善ᄒᆞ며(二)公益을勉ᄒᆞ야同胞를自身으로視하며國家를自家로視ᄒᆞ라

然이나韓國은自來로私已心이固하며排擠性이多ᄒᆞᆫ國이라公德이滅ᄒᆞ고相殘이慘하야今此天慘地暗ᄒᆞᆫ奴窟中에서도오히려兄弟相食의演이不絶하나니悲夫라

嗚呼라同胞여同胞ᄂᆞᆫ此平等、自由、正義、毅勇、公共의思想을奮揮ᄒᆞ야新國民의基礎를築ᄒᆞ라此ᄂᆞᆫ吾儕가同胞에게深望ᄒᆞᄂᆞᆫ바며

(三)國民과武力 二十世紀의世界ᄂᆞᆫ軍國世界라强兵이向하ᄂᆞᆫ處에正義가不靈ᄒᆞ며大砲가到하ᄂᆞᆫ處에公法이無用ᄒᆞ야오직强力이有하며오직强權이有홀뿐이니慘懍ᄒᆞ도다斯世여試看ᄒᆞ라彼六大强國이揚々ᄒᆞᆫ意氣로宇宙에橫行홈은何故오日武力이강ᄒᆞᆫ所以며彼亞細亞阿弗利加中衆邦이他人의笞打를甘受홈은何故오日武力이弱ᄒᆞᆫ所以니嗚呼라此軍國世界에生ᄒᆞᆫ者ㅣ엇지此를不思ᄒᆞ리오是以로目下列國이所謂武裝平和說을藉ᄒᆞ고軍備에汲々ᄒᆞ야或戰艦이數百隻에達ᄒᆞ며或精兵이數百萬에達ᄒᆞᄂᆞᆫ지라 (未完)

外報

◎希軍跋扈 希臘國王쫏지一世ᄂᆞᆫ今回同國陸軍々人團決議에屈從하야詔勅을下홈에至하엿스나同軍人團은依然히最上의權力을有ᄒᆞ고土耳其及美國에駐在ᄒᆞᆫ者外에駐外大公使를召還ᄒᆞ엿다더라

雜報

○安禹兩氏의公判審問에對ᄒᆞᆫ陳述의詳報 (續) 在旅順傍聽生

翌八日에更히開廷ᄒᆞ고禹德淳을審問ᄒᆞᆫ즉曰本名은德淳인ᄃᆡ露國에셔旅券을連俊으로出ᄒᆞ엿고父禹士永은忠淸道堤川郡에現住하고四年前에本國을離하야直히海蔘威에入하엿고宗敎ᄂᆞᆫ耶蘇敎를信仰하나篤信치못홈으로洗禮ᄂᆞᆫ受치못ᄒᆞ엿노라ᄒᆞ고

仍曰光武九年十一月에伊藤이大使로韓國에來ᄒᆞ야五條의約을提出ᄒᆞᆯ시時에多數ᄒᆞᆫ日兵으로宮闕을擁圍ᄒᆞ고百般威협하야該條約의裁可를我 皇帝陛下ᄭᅴ强請ᄒᆞ거날上曰朕이貴皇帝宣戰詔勅中에韓國獨立을扶植이라ᄒᆞᆫ句語를確信ᄒᆞ엿ᄂᆞᆫᄃᆡ今에此說은果是意外라ᄒᆞ시고又曰朕이祖宗以來로大事가有ᄒᆞ면大小官吏와在外儒賢ᄭᆞ지諸詢決定ᄒᆞ고且國[illegible]民ᄭᆞ지採訪施行ᄒᆞ[illegible]意로不可擅斷이라ᄒᆞ샤終是裁可치아니ᄒᆞ시고但所謂五賊輩를誘引ᄒᆞ야捺章케ᄒᆞ엿스니此ᄂᆞᆫ一無效ᄒᆞᆫ條約인ᄃᆡ伊藤이韓日兩國皇帝陛下의聖旨를反ᄒᆞ야其權勢를專恃ᄒᆞ고恣意決行ᄒᆞ야韓國民의與論을蹂躙ᄒᆞ고四千年我國家의神聖ᄒᆞᆫ國權을一朝에剝奪홈으로韓國二千萬同胞가一人이라도憤激치아니ᄒᆞᄂᆞᆫ者ㅣ無홈으로予亦大韓國民의一分子라엇지痛憤치아니ᄒᆞ리오故로自是로國家의獻身的代表ᄒᆞ야元惡伊藤을誅罰코져ᄒᆞ나機會를得치못하엿더니乃於陰曆本年九月七日夕에安重根이專來ᄒᆞ야曰今此伊賊이滿洲에漫遊ᄒᆞᆫ다하니此機를乘ᄒᆞ야狙擊ᄒᆞ야國恥民辱을伸雪홈이何如오ᄒᆞ기로直時同意ᄒᆞᆫ後所有拳銃을持ᄒᆞ고安과同行이라ᄒᆞ며更히大言曰大抵有志者ㅣ事竟成이라男兒가一次勇心을奮發ᄒᆞ면何事던지不成ᄒᆞᆯ理가必無ᄒᆞᆯ지니彼의護衛가아모리嚴密ᄒᆞᆯ지라도一個人을狙擊ᄒᆞ기ᄂᆞᆫ反掌과如ᄒᆞᆫ지라今番에安重根이此事를決行치아니ᄒᆞ엿스면吾必獨力으로決行ᄒᆞ기로決心이라ᄒᆞ엿더라

曹道先劉東夏兩氏의審問에對ᄒᆞᆫ陳述과其他諸順序ᄂᆞᆫ前報의已揭ᄒᆞᆫ과大同少異ᄒᆞᆫ故로此를省略홈 (完)

詞藻

✿뜬기러아✿

靑天에뜬기러아、네나리를날빌니렴。
三千里도라다녀、英雄차져보겟노라。
至今에、濟世經綸을픔은者ㅣ、멋々친고。

宮廷錄報

◎□□見 義親王妃殿下씌셔 昨日下午三時에 德壽宮에 進詣하야 太皇帝陛下의 問安호옵셧다더라

雜報

◎醫官變更 醫視廳에서는韓人醫視以下醫部까지變更홀次로該官制를目下制定中이라더라

◎分等而給 間島統監府出張所에在勤호던韓日人官吏에게功勞를表示하기爲호야甲乙丙丁으로등分호야甲乙等에게는勳章을給與호고丙丁等에게는慰勞金을給與호기로內定되엿다더라

◎學次協議 學部俵次官이昨日上午十二時에該部次官室에서學務局長과第壹課長을會同하야各私立學校의寄付금募集事에關하야協議호엿다더라

◎指使者何 農商大臣趙重應氏가來月上旬頃에渡日호기로內定되엿다는데其內容을聞혼즉總理大臣의指使를受홈이라더라

◎閔邸晚餐 宮相閔丙奭氏는再昨日下午六時에私邸에서晚餐會를開호고各大臣及高등官諸氏를請邀宴待호엿다더라

◎殿陵의預算 各歷代殿陵의春期香祀費와叅奉의昨年度八月로十二月俸金을計算하야日間支撥호기로內部에서議定호엿다더라

◎債何其多 海豐府院君尹澤榮氏가年前嘉禮時에金三萬五千圓을開城居朴性浩氏의게貸用호고于今ᄭ지淸帳치못혼故로朴氏가家産을蕩盡호고積債多難協호야不得已京城地方裁判所에起訴호엿다더라

◎平服劍杖 各大臣家에保護巡查를增加호다홈은已報호바어니와數日前부터保護巡查中에日人一名은平服으로劍杖을携帶호고隨行혼다더라

◎觀光團又出 義州府尹徐相勉氏의發起로該地人民二十餘名이日本福岡共進會에觀光次로渡日코저혼다는說이有호다더라

◎沈氏渡日說 內部土木局技師沈宜碩氏는土木에關혼事務를帶호고本月末日頃에渡日혼다더라

◎續々編成 當局에서는治道費不足額二十五萬餘圓과其他北韓治道追加額七萬五千圓과南韓治道補足費二十壹萬餘圓追加豫算을近者編成혼다더라

◎十條何物 一進會本部에는日本에滯留혼宋秉畯의電信이來到호엿는데近日々本에서合邦問題에關혼細則十條를製定혼다호엿다더라

◎東峽實測 度支部에서는韓日主事各一人과測量技手三十餘人을來三月頃에江原道等地에派送호야土地를實測혼다더라

◎定期調查 警視廳에서는本年度로爲始호야人民戶口를每朔壹回式定期調查혼다더라

◎買舍調查 商務組合部長李學宰는中部紬洞등地에瓦家十餘間을日前에買得호엿는데再昨日所管警察署에서巡查를派送調查호엿다더라

◎屠牛無償 商務組合所에서陰曆歲首에該所任員南基善의牛壹匹을外上으로屠解分與호고該價額을尙不報給홈으로南基善과該所任員間에再昨日壹場風波를惹起호엿다더라

◎惠舘蠅聚 徐彰輔翟晶圭翟永年三人은三昨夜惠泉舘에서懇親會를開하엿다더라

◎安氏正色 安重根氏公判되기前에同地法院에서日人中韓語能通者를間三日或五日安氏의게派送하야好面勸諭하되伊藤을殺害혼事는伊藤의政策을誤解홈이라고公判庭에서壹言만出하면無事放免되리라호미安氏가正色對曰予가伊藤을殺홈야實노三大目的이有호거날엇지政策을誤解호엿다호리오호며及其公判終決되여死刑을宣告호는時에安氏는莞爾히笑호여曰此보다極甚혼刑은無호냐호엿다더라

◎有何查實 義州居金景河氏가去番에安奉線으로부터歸國호는途에就하엿는데伊時旅順으로從來호는安明根氏를車內에서逢着하야同壹히新義州驛에到着혼즉該地警察署에서金氏가安氏와作伴하엿다호야查實혼事이有호다호고該金氏는拘留하엿다더라

◎隈本과耶蘇教 學部第二課長日人隈本이主事壹名을帶同호고再昨日에蓮洞儆新學校에前往하야校長美국人과耶蘇教教務擴張혼事件을協議호엿다더라

◎後車無戒乎 輔國閔泳徽氏가馬車를練習호다가馬驚車折홈은已報어니와更히壹品車와上等馬를買入혼後馬車를驅馳키爲하야該附近道路를廣大히修築하엿다더라

◎巨濟郡日낙는有名혼漁場인데該日人漁夫가數百戶에達호엿다더라

◎哀此島民 全南智島郡財務官吏가該郡內飛禽島結稅收捧홀時에原結外八圓乃至十三圓ᄭ지濫徵홀뿐더러此外에도領收員의雜費니稅務主事出張費라호고勒徵호는弊가尤甚홈으로該島人民이財務署에呼訴홀次로出島호엿는데該署官吏가此를暴徒라指稱호고同郡駐在所憲兵을帶同入島하야男女老少를無數毆打호며就中四人은該郡에捉囚혼故로該人民등이木浦區裁判所에告訴힛다더라

◎洪氏落科 忠南瑞山居李鍾奭洪在河兩氏間에京城控訴院에서裁判혼다홈은已報어니와再昨日該院判決에洪氏가落科호엿다더라

◎何至毆打 再昨日下午九時中部寺洞演興社門前에서中署刑事巡查徐載浩氏가何許鄕人을無端執責호야毆打之境에至혼故로東署巡查韓喜東氏가挽止호다가大相詰이起힛다더라

◎非貰卽盜 日人松本治三郞은去二十日中部寺洞尹致명氏自行車舖에서自行車一량을借貰乘去혼後終無消息인故로再昨日尹氏가盜難記를所管警察署에提呈호엿다더라

◎義蹤詗探 義兵將徐琦勳氏가近日上京호야漢城內에隱伏호엿다는說이有하기로某處에서目下형探中이라더라

◎大砲發見 江華警察署에서는該郡佛恩面등地에서赤銅製大砲三門을發見호엿다더라

◎挾雜巡查罷免 警視廳刑事巡查孔喜淳金龍相兩氏는何等挾雜事件이發現되야三昨日罷免을遭하엿다더라

◎辰市出發 上海英국銀行에서故尹仲植氏의任金을遺族에게出給혼다홈은已報어니와日人辰市本丸이가尹氏遺族의依托을受호야該任金二十萬圓을推尋次로日前出發하엿다더라

◎工場製墨 漢城美術品工場에서는製墨營業에着手하엿다더라

◎新聞創刊說 日本留學生으로卒業歸국혼崔麟柳承欽채基와等諸氏가新聞을創刊홀計劃으로日前明月舘에서協議하엿다더라

◎兩報押收 新韓國報第八十號와新韓民報第六十九號는治安妨害라호야內部에서押收호엿다더라

◎逋吏被捉 김錫九氏는年前金海郡守在任時에公貨四百五十圓을犯逋혼事件으로再昨日中部警察署에被捉호엿는데卽時地方裁判所로越交힛다더라

◎經濟會協議 數日前에國民經濟會發起人會를惠泉舘에開호고規則製定任員選擧等事를協議호엿다더라

◎山內運動說 日人山內寅吉은大韓協會顧問되기를運動호나아죽目的을未達호엿다더라

◎研究開會 孔子教會에서는教會의宗教上信仰의範圍를擴張호기爲호야日間該教會主幹部에서方針研究會를開혼다더라

◎醫士風波 醫士總合所에서再昨日下午壹時에總會를開호고正任所長은崔奎憲總務는李正浩氏로選定호엿고前代辦所長洪鍾哲該所발起人김海秀兩氏間에何등相詰이有호야壹場風波가起호엿다더라

◎感荷義捐 潭陽郡居金邦赫氏가本社經費를補助키爲호야金貨五十錢을寄付호엿기玆에其盛意를感表호노라

電報

◎清國과日貨 清국에서日本貨物排斥하는熱은近來에表面으로는冷却혼듯호되裏面으로勃起호는勢가有호고新嘉坡에도淸商의勢力이盛호야日人의畏忌호는바라호며從來清국排貨에因하야日本이約五百萬圓의損害를被혼故로日本이目下根本的除却의策을講혼다더라 東京발 廿四日着

◎清兵西藏行 清兵二萬五千名은武器를携帶하고西藏에侵入하엿는데其目的은西藏을占領코저홈이라더라

◎清民暴動 清국政府가阿片撲滅策으로鶯粟角栽培를禁止혼原因으로厦門附近에서二十餘村이暴動을起하야知縣이負傷혼故로尙州에서應援兵二百名을派遣하야三十餘名의死傷者가出하고其形勢가猛烈하다더라 以上東京發 廿五日着

◎德親王과議會 德국皇弟헨리親王에게英국皇帝의勅語가有홈으로同국議會開院式에叅列호엿다더라 伯林發 廿四日着

◎廢帝發表 土耳其국사로니카廢帝는正式으로發表되엿다더라

◎希太子와議會 希臘황太子殿下씌셔부린지즈에셔德國라인河畔푸링크풀에赴호엿는딕議會의價徵를雅典에歸着호기困難호더라

◎外相歡迎 墺國國務大臣에렌달男은德국을訪問키爲호야德國伯林에到着호얏는딕諸新聞紙는歡迎의辭를呈호엿고同氏는德帝씌謁見호고朝餐에御陪食호얏고德국宰相은同氏를正賓으로호야晚餐을開하엿다더라 以上伯林發 廿五日着

▲會燈社▼

▲花套절문李址鎔은寶山明梧桐下에금貨壹萬七千圓을쓰셔서더兄弟의典執힛던집文券을도로차조왓다호니壹分本안늘이고猝富者가되엿스니그滋味가퍽잇슬걸法律公平호고보면돈잘버는더兩班씌島銅줄에밍쌩時計依例褒賞홀터이나不幸홀ᄉ더失業家돈은모되賞못타니가이엿슨일이로다

▲慾心구럭閔泳徽는其子衡植債務條를물어쥬기슬죽호야父子對面아니호고書信으로往復호니아돌의빗물어주긴입맛써서찡그리니西土皮를글々ᄯᅥ게맛시달셤호엿던가돈만아는더화상이本人의子浮浪호니債給호지말나호고新聞廣告호렷마는廣告料金앗가와셔躊躇호는貌樣이니無料廣告하여줄싸

▲內閣總理李完用은醫院으로들어간後자긔집의그産業을他人의게맛겻더니不經濟가된다호야收支호는그文簿를親히잡아혼다호니壹箇人의家事라도他人의게委任호면損害額이多호거든莫重軍國大小事를外人의게맛길쇼냐壹국事나壹家事나다를거시업나니라保家호는그誠意로保國코저힘써스면

廣告

▲特別廣告

故柳東作氏의追悼會를來二十六日土曜下午二時에鍾路靑年會舘에서開ᄒᆞ오니故人을愛ᄒᆞ시던僉彦은屆期 賁臨ᄒᆞ시ᄋᆞᆸ

隆熙四年二月二十三日

發起人 俞星濬 李甲 尹致旿 金麟 石鎭衡 金亨燮 金㴓淳 張憲植

第壹千三百十號申台善廣告는허무맹낭지설이온거시本人이茶洞居尹益炳許에得債壹千五百圓이다가歲前에俱邊ᄒᆞ와沒數出給ᄒᆞᄋᆞᆸ고手形票와領受証ᄭᆞ지차진거시分明이온ᄃᆡ申某에如此之話는狂者之言이오니知舊間 照亮ᄒᆞᆷ

棊洞三十壹統四戶 朴性德 白

本會總代諸氏가本月二十日鳳鳴學校에交涉ᄒᆞᆫ즉該校에셔學生請求ᄒᆞᆫ中에算術外誌外史의必要學科는學生上學同時에敎師를急先改選ᄒᆞ고其他科程도亦隨速改良키로牢約이고其翌日該校에셔學生을一切上學케하라는公函이有ᄒᆞᄋᆞᆸ기玆에仰布ᄒᆞ오니學父兄諸氏는各其學生을領率하시고來日曜上午十二時에同校內로一齊來臨ᄒᆞ시되一學生이라도欠席이無케ᄒᆞ심을切望

鳳鳴學校中學科學生父兄會臨時會長 김宇鉉

學員募集

第一學年百名(修業年限三年程度五十名修業年限二年程度五十名)

△入學願書는履歷書와又치三月二十五日ᄭᆞ지(陰曆二月十五日)提出ᄒᆞᆯ事

△入學試驗四月一日(陰曆二月二十二日)上午九時

△入學資格普通學校卒業又는此와同等以上學力이有ᄒᆞᆫ者但官公立普통學校優等卒業生의게는學力試驗을省略ᄒᆞᆷ도有ᄒᆞᆷ

▲特典 本校卒業生은無試驗ᄒᆞ고判任官되는待典이有ᄒᆞᆷ

京城明洞 善隣商業學校

義州府古郡面龍洞居從二品金志闓氏가以宿患으로本月二十一日(陰正月十二日)下午二時에捐舘ᄒᆞ엿ᄉᆞ오니京鄕知舊間照亮敬要

發靷同月二十九日(二十日)

子 斗衡 護喪 崔基守 白

◉少年雜誌社公開第壹回講演會◉

時日、本月卄七日日曜正午

處所、西關前 圓覺社

演題及辯士

失敗主義 崔麟

既往의世界와將來의世界 蔡基斗

時代精神과新聞雜誌 柳承欽

樂 李恩雨

我靑年 李漢卿

法律과宗敎 吳政善

入場券價一張金拾錢(滿數則不매)

入場券發매處

中部壽進洞 大韓民報社

南部絲井洞 新文舘

本校에學徒를新募하니願學僉員은三月二十三日內로請願ᄒᆞᆷ

試驗科目 國漢文 算術四則

漢城 私立普成中學校

[illegible]名圖章을陰曆上年十[illegible]의게[illegible]漢의게[illegible]發見ᄒᆞ[illegible]

學員募集廣告

本校本科及速成科學員과本科第二學年補缺生을募集하오니志願者는本校所定ᄒᆞᆫ入學請願書와履歷書에詳記하야三月十日內로提出하고同月十五日試驗所에應試ᄒᆞᆯ事

一、試驗科目

漢文 國語 算術 日語

但補缺生은以上科目外에韓日地理歷史와理科

二詳細는二月廿五日官報에在

官立 漢城師範學校

登錄

京西部車洞同和藥房 本國藥材、洋製、各病、效、用、價、國漢文、可刊出、作封、雖婦女、

閔 權 白

國文 初等大韓歷史 特別減價二十錢

國文 初等大韓地誌 附地圖 特別減價十五錢

右書는純國文으로簡易케著述ᄒᆞ야女子社會와勞働學校의獨習케必要ᄒᆞ오니速速購覽ᄒᆞ시ᄋᆞᆸ

發賣所 中部布屛下廣學書舖金相萬

數學大家 柳一宣 著

初等算術敎科書

中卷 定價洋裝 九十錢

總發賣所 京城南門外紫岩

分賣所 京鄕各書舖

本店에셔開業ᄒᆞᆫ지十六年間僉君子의愛顧ᄒᆞ심을特蒙ᄒᆞ와今年부터業務을大擴張ᄒᆞ고春夏秋冬所用으로絨屬毛織等各國高等物品을現今多數直輸入이온바各地方에셔는貿易에便利賣買키爲ᄒᆞ야特廉減價ᄒᆞ와郵便小包로酬應ᄒᆞ야代金은引換ᄒᆞ깃사오니十三道各郡僉君子는隨意請求ᄒᆞ심을望

振替貯金番號(韓國壹三番)

漢城中部鍾路砂器塵洞二十一統五戶 廣興泰 告白

特別廣告

❀漢陽商會는我同胞가가장誠意로써歡迎하는우리나라第壹되는最新式規模로經營하는特色잇는商店이오

❀漢陽商會는海外物貨製造場으로第一有名ᄒᆞᆫ各國最大商店과特約代理의關係가有하야最低廉最良好ᄒᆞᆫ物品을輸入하는特權잇는商店이오

❀漢陽商會는我邦物産을外國으로輸出하야海外의金融을吸收ᄒᆞ야我國經濟界의富源을製造ᄒᆞ는國家的商店이오

❀漢陽商會는我邦舊來商家의弊習을刷新改良코져晝夜盡力하는義務的商店이오

❀漢陽商會는一般商家로ᄒᆞ야곰廣告의必要를感醒케ᄒᆞ야勇進奮發의心을鼓吹ᄒᆞ는商店이오

❀漢陽商會는我全國各處商業家와連結ᄒᆞ야根本的實業發展의本領을實行ᄒᆞ는商店이니라

大韓皇城鍾路 輸出輸入商 漢陽商會

電話 一九一番

❀特別廣告❀

玉虎書林專賣特許총帽子店

研究와 效果

…부터綢緞과綾羅의別紋으
로編織製造홈이益美호야
四時用에各宜호니이것이
研究의效果오이다
우리大韓총帽子는塵汗의
汚홈을水에沈호야소다로
洗濯호며方正을如意히作
樣호야乾後에冠戴호면精
潔如新호야衛生上에必要
홈이天下에第一이니이것
이研究의效果오이다
우리大韓총帽子는編織홈
이堅緻홈으로數十年을經
用호야도弊傷이無호야天下에第
一이니이것이研究의效果
오이다
우리大韓총帽子는隆熙三
年三月二十一日에發明호
고仝年五月六日에專賣特
許와仝年十月十八日에商票登
錄을得호야內外國에發售
홀會計를決算호즉多
年研究의消費를除호고
도當年利益金이生호엿
스니世界에向호야感謝호
오며隆熙四年度에는研究
效果가千萬倍나盛多홀것
은泰西의工商大家에셔豫
言호바어니와今年에는廉
價로大放賣홀터이오니
芘혼東西洋에如林如雲혼
衛生家와經濟家는速速請
求호심을務望호나이다

帽子定價表
中山帽 四圓五十錢
中折帽 四圓五十錢
婦人帽 四圓五十錢
美利堅帽 四圓四十錢
運動帽 一圓四十錢
學徒帽 一圓六十錢

本書林에셔發行호는書籍
은五圓以上價値를請求호
시면三割引으로本店에셔
帽子는半打六項을請求호
시면一項을割引으로供獻
호나이다

…衛生을注意호
야美國의셔經驗單方으로流行
通用호는醫藥聖劑를貿入호야
左開廣布호오니有病君子와藥
業에從事호시는僉彥은爭先來
購호시옵
分賣와都賣에差別이有호야
一打(十二個)以上의都賣에
는特別割引홈

左開

秘製止痛藥
效能 外塗內服無處不適
消滯 止瀉 絕痛 治痢無不神效홈

喜蘇膏藥
效能 頭面 身體一切痛症
積年風濕 除痰 生肌之道
即奏效홈

亞麟香膠
效能 毋論男女老少 勿嫌
年久日淺一切 咳소 喘之
則其效如神홈

委花藥膏
效能 痔疾 瘰珠瘡 燒跌
傷蟄咬等 諸症無雙聖藥

委花糖水藥
效能 痳症 花柳病 月不
潔血所祟症 婦人虛弱등症
靈驗홈

牛汁藥酒
効能 毋論男女老少氣血虛
弱者服之則大補元氣身體强
健홈

韓美興業株式會社事務所

本院은韓國一般人民을爲호야
設立홈은僉彥의已知호는바어
니와自今으로事務를一層擴張
호고診察을더욱精密히호기爲
호야時間을午前十時부터午後
四時까지無料로診察호오며또
特別診察所를置호고些少의診
察料로貴客의便宜를圖호오니
診察을要호는僉彥은
照亮을爲要
但特別혼境遇에在호야는時
間을勿論호고其請求를應홈
京城南大門外
濟衆院 告白

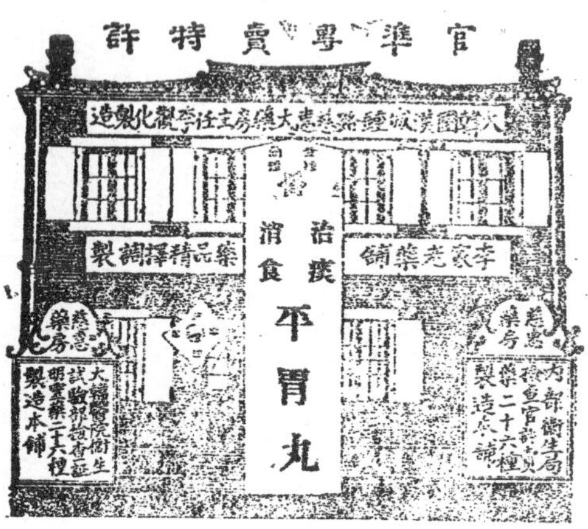

◎大韓…發行호는藥品은

消化新藥 清心保命丹 此丹은化痰止咳호고順氣消滯호며恒常長服호면腸胃가健全

大補元氣 蔘茸大補元 大補元氣호고滋腎健腦호며先天不足과陽위不起에一切神効

蛔積殺虫散 此약은회積과회腹痛과회虫一切을去根호는良劑

久滯大通丸 此丸은年久積滯와宿滯後重이며胃腹痛에神効莫大홈

瘡病新藥 梅花點雪丹 毋論男女호고花柳病楊梅瘡에一切去根快復하는良藥

眼疾速効 光明眼藥 諸般眼疾에隨症皆差호는東洋에初有혼寶藥

起死回生 回生丹 此丹은急혼吐瀉關格이며가슴아리와冷積과痢疾에神効

感氣神効 解熱散 寒熱往來호며似학非학과頭痛眩暈와肢節痛에其効가偉大

齒痛新藥 止痛健齒水 虫齒와風齒와諸般齒痛에壹切神効

耳鼻聖藥 耳鼻神藥 無論男女호고耳聾鼻塞이며耳鼻에關혼病은隨症並差

疝症根 疝積湯 諸般산症에大談出賣홈

寸虫沒出藥 寸白虫을一切去根호는妙劑

되눈과못 拔根藥 되눈과못과ㅅ마귀를세는藥

止足汗臭藥 手足의汗臭를除却호는藥

去核生新 沃度膏 創瘡과腐傷과곱센데去核生新호기는第一증明

最新改良 百應膏 無論男女老少호고毒瘡濕瘡痰瘡諸般瘇瘡에壹切特效가有홈

淋疾藥各種 淋疾各症에壹週日만服호면病根快復호고고腎氣가完全홈

其他洋藥各種과◎賣藥各種◎都매散賣
◎遠地에는郵便小包로申速酬應홈

漢城南大門內濟生堂大藥房 李庚鳳
代辦主任 李興國 白

◎特別廣告

普信閣鍾은曉夢을醒하고漢陽城梅는春色을…
誇호시玆를際호야思想이淸新호고心神이愉快…
홈지라一穗紅燈을挑호고擁衾而坐호야書案을…
在혼昨年度本舖藥業文簿의淸帳을閱盡…
온즉過去一年度萬般藥品의輸入輸出에海…
陸의危險을凌駕호고賣買得失의天賜…
利를剩得호엿스니此는內外國請求호신僉…
子의滋德注愛호신盛念所暨오며京鄉各處…
業紳商僉彥과本舖分舖支舖及出張所의…
各事務員諸氏의勤業勤務호신合力効果…
斷認호오니僕々感謝홈을不勝하옵나이다
更히今年度開業預算의對호야滿足혼希望…
點으로內外國請求僉彥과藥商諸氏의게開…
運鴻禧의祝辭를奉獻호오며本舖에셔는優大…
業務로大擴張호기爲호야巨額의資金을銀行에…
積立호고東西洋의特別聖藥과唐材와常材의…
各種乾材藥品을大輸入大發賣호깃기로廣…
告호오니幸望內外國僉君子께서는本舖를…
眷愛庇護호사比前萬倍의請求惠函이天涯의…
雲片갓치紛紛飛下호심을敬要홈
京城鍾路和平堂大藥房本舖主李應善白

◎特別廣告

檀君開國四千二百四十三年
箕子元年三千三十二年
大韓開國五百十九年
本報創刊日
光武八年七月十八日

大韓每日申報

第八卷　月曜及慶節歲時日休刊　第一千三百卅三号

發行兼編輯人 英國人 萬咸
發行所 京城中部石井洞三層洋屋家

論說

◎二十世紀新國民 (續)

彼列國이如斯히强大흔戰鬪力을擁有흠은(一)國民皆兵의主義로兵制를編흐야其國民된者눈반다시兵役을服흐며반다시兵技를鍊흐야其國民이모다强兵精卒인所以며(二)物質文明의進步를隨흐야兵器가益新흐눈等所以라彼列國이尙此武力을日益奮勵하야彼陸軍海軍으로世界에獨步하는英法德露等國도오히려軍備의擴張을競흐야其止가無흐도다

又彼列國이如斯히物質的武力만강大흠이아니라精神的武力이亦愈勁々히興흐야其國民을養成흠에반다시軍國民으로以흐며其國民을開闢흠에반다시軍國民으로以흐야義俠忠勇强毅堅忍의美德이國民腦中에印흔바된故로百折不屈有進無退의精神氣力을抱有하야國家의衛藩을作흐니嗚乎라今世界舞臺에눈國々이스팔타國이오人々이스팔타人이로다

韓國은武力의衰頹가極度에達흔國이라其原因을追究흐건뒤由來所尙이悉皆彼列强과背馳흔故니(一)列强은文도崇흐고武도崇하거날韓국은文만崇흐고武는抑흐엿스며(二)列강은人民이兵役을義務로하는同時에榮光으로흐거날韓국은人民이兵役을奴役으로知흐엿스며(三)列强은其民氣를鼓發흐거날韓국은民氣를摧折흔等所以라

是以로精神界와物質界를勿論흐고武力의衰頹가此極에至흔지라今日同胞가渠然舞臺의一席을恭코저홀진뎌不可不精神界와物質界로此武力을長홀지오

(四)國民과經濟　吾儕의恒言과如히此世界눈經濟奮鬪의世界라彼列强이文明은日繁흐고人口는日殖하야自國의土地만으로其生活을得키難흐며自國의産物만으로其發展을圖키難흐야於是乎其國外의擴大、多利、開拓未發達의地를求흐야自家慾望을充흘시劣弱흔國과눈勿論、或同等의國에對흐야서도經濟의戰을互試흐야勝負를決흐눈지라彼歐美人이自洲에서는攫利흘處가無흠으로於是乎亞細亞亞美利加阿弗利加大洋洲등大陸에向흐야其功을奏흘시阿弗利加大洋洲눈勿論、亞細亞도其經濟奮鬪의交集場을作흐엿도다

然이나往昔에在흐야는列강의貿易政策勢力이軍事政策勢力보다猶少흐더니挽近으로눈貿易政策의必要를愈感흐야甲國이乙國에對흐미반다시經濟의競爭을先흐며강國이弱國에對흐미반다시經濟의掌握을先흠에至흔지라

此奮鬪가猛烈흔間에立흐야劣敗흔者눈畢竟其國이倒흐며其民이覆하나니嗚呼라今日經濟의奮鬪눈其勢의酷烈이干戈의禍에不下하도다

回顧하라只今韓國經濟의狀況이何境에至흐얏눈가經濟의思想이甚乏흐고經濟의能力이甚微하야外人의跋扈를惟任흐고匡救의策道가不作흐야全國의血脈이幾盡흐니悲夫라

蓋經濟의困乏이此極에至흠은其故가何에在흔가(一)生產의不足　韓국이通商된以後로外來貨物의需用이日廣흐되生産의發達은此에全然不伴흐야오즉天然産物을是賴흘뿐이며오즉舊式産物을是知흘뿐이오又天然産物도他人에攘取될뿐이며舊式産物도頹廢에自歸흘뿐이라試看흐라今日韓人中에洋帽洋服을好着흐는者ㅣ甚衆흐되此를製하는者ㅣ無흐며洋燈燐寸을不用흐는者ㅣ幾希흐되此를製하는者ㅣ無흐며砂糖을不食하는者ㅣ無흐며洋紙를不需하는者ㅣ無흐되此를製하는者ㅣ無흐나니生產力의不足이如是하고야엇지此生存競爭의秋에得立하리오　(未完)

外報

◎摩洛哥會社　摩洛哥國의公共事業을經營흐기爲흐야法國巴里에萬國摩洛哥會社를創立흐고其資本金二百萬法內에法國은五分德國은三分을負擔흐고其餘는알저리아條約參加國에分配하엿는뒤德法兩國政府는社長은法國人으로副社長은德國人으로採用하기를要求흔다더라

◎軍警衝突　清國黑龍江省呼蘭府에在흔清國模範軍隊兵六十名과巡警七十名이衝突하야一時間을激戰흐엿는뒤重傷者가各十餘名이라더라

◎法摩談判　法國은今回摩洛哥國王무라이、하우의人으에對하야最後通牒을發흐엿는뒤若同國王이法國의要求을拒絕흐면法國은摩洛哥의諸稅關을占領흐깃다흐엿다더라

◎法國威嚇　法國에서는大軍을召集하엿는뒤此는摩洛哥國王이四十八時間內에借欵條約을批准치아니흐면强히進軍코저흠이라더라

◎英內閣困難　英國政府는勞働黨이門[illegible]結果로甚히困難흐는뒤國民黨은新議會의劈頭에上院否決權制限案을提出흘事를政府에要求흐고政府側에서는先히英國의財政을整理키爲하야最初에預算案을通過흔後에上院否決權制限問題로써今期議會에重要흔議案숨기를計劃하나然이나右와如히意見이不一致됨으로首相아스쿠이쓰氏는本月二十一日新議會開會前에各黨派의妥協을試흔다더라

◎希王辭意　希臘國王은親族會에서王位辭退의希望을提出흐엿다더라

◎錦愛鐵道와露國　錦愛鐵道의對흔露國의態度는大略日本과同흐나는뒤同國은清國에詳細흔報告를待흔다더라.

雜報

◎全國鑛區　最近調査흔韓國內各礦區와經營人員과其面積의數를據흔즉金礦은百十六區오經營人員이、百七十七人이오礦區総面積이五千六百三十六萬一千坪이오銀礦은七區오經營人員이十人이오礦區総面積이百八拾四萬七千坪이오銅礦은二十九區오經營人員이四拾二人이오礦區総面積이一千四百二萬壹千坪이오水銀礦은二區오經營人員이二人이오礦區総面積이四拾萬坪이오黑鉛礦은百九區오經營人員이百七拾三人이오礦區総面積이三千百萬七千坪이오石炭礦은三拾四區오經營人員이六拾九人이오礦區総面積이千六百七拾四萬九千坪이오亞鉛礦은三區오經營人員이五人이오礦區総面積이百七拾萬二千坪이오其他金銀銅鐵錫亞鉛礦이合八拾九區오經營人員이百六拾九人이오鑛區総面積이四千五百五拾四萬六千坪이라는뒤以上總計가鑛區는四百二拾七區오經營人員이七百九拾七人이오鑛區総面積이壹億七千八百六拾三萬四千坪이오該鑛區稅總額이八萬九千三百拾七圓이라더라

學界

◎有何拘碍　官立高등學校學員들이衣製를深黑色木織으로施行흘趣旨書를校長에게提出흠은已報흐엿거니와更聞흔즉該事件이貧寒흔生徒의게拘碍의点이有흔듯흐니學生들이協議實施흐라흐고該趣旨書를退却흐엿다더라

◎漢語校設立　鍾路青年會學館에서漢語夜學講習所를設흐고漢語에熟達흔金佑行氏를雇聘하야再昨日부터開學하엿다더라

◎鏡城染校　咸北鏡城에서는女子染織學校를新設흔다더라

◎實業校設立　漢城府에서隆熙四年度부터地方費로써京城水下洞미洞於義洞普통學교에實業補習夜學교를設立흐고實業을教育코저하는뒤其設立方法과學員募集에對흐야意見을京城商業會議所에諮問흔바同會議所에서各商業界에使役흐는一般幼年子弟를勸學케흘次로其資格程度를調査키爲하야一般實業界에著名人士를多數請邀흐기를發帖흐엿다더라

詞藻

※뉘당흐리※

七年大旱감을에도、大雨올날엽지안코。
九年之水장마에도、治水흘者잇느니라。
진실노、時긔인和並至흐면、뉘당흐리。

廣告

雜報

中樞院에셔는副[illegible]를增設하고月俸은二一[illegible]에各官錄하기로目下協議中이라더라

○兩察修報 全南咸北兩觀察道에셔郡守會議時에面洞長의職制를規定提議하엿는ᄃᆡ該兩道觀察使가內部로修報ᄒᆞ고其職制를實施ᄒᆞ라ᄒᆞ엿다더라

○兩氏協議 中樞院議長金允植氏는三昨日下午二時에大同敎總監李範圭氏를訪問ᄒᆞ고該敎에關ᄒᆞᆫ事件을協議하엿다더라

○戒嚴者何 各大臣의保護巡査가大臣을保護仕進ᄒᆞᆫ後에는應接室에셔休息하는ᄃᆡ學部大臣은何等戒嚴이有ᄒᆞᆫ지仕進ᄒᆞᆫ後에도保護巡査가定時遞番ᄒᆞ야大臣官房門前을把守ᄒᆞᆫ다더라

○偵探焉用 總理大臣李完用氏는近日來로偵探客幾名을選置ᄒᆞ고時局의情形을探知ᄒᆞᆫ다는說이浪藉ᄒᆞ다더라

○頻煩交涉 中樞院贊議鄭丙朝氏는鄭永斗李明九氏間에何等緊要ᄒᆞᆫ關係가有ᄒᆞᆫ지數日來로交涉이頻煩ᄒᆞ다더라

○任氏先送 總理大臣李完用氏가北壯洞으로搬移次家屋을買置ᄒᆞᆷ은已報ᄒᆞᆫ바어니와近聞ᄒᆞᆫ즉其寡居子婦任氏만爲先該家屋으로移接케ᄒᆞ기로ᄒᆞ엿다더라

○松井相携 再昨日警務局長松井이가西洋人하리스博士를京城旅館에招待ᄒᆞ야午餐會를開ᄒᆞ엿다더라

○員役又汰 宮內府에셔는該府員役을又爲除汰ᄒᆞ고日語略解者로만遷置ᄒᆞ기로內定되엿는ᄃᆡ月俸은六圓以上으로十五圓ᄭᆞ지預算ᄒᆞ엿다더라

○政府任金額 韓國政府가韓國銀行에現在任金ᄒᆞᆫ額數는百四十壹萬壹千八百九圓二一，壹錢六分이라더라

○南郡治道 康津海南으로부터長興郡을經ᄒᆞ야河東郡ᄭᆞ지道路를修築ᄒᆞ는中이라는ᄃᆡ竣工됨을待ᄒᆞ야鐵道를敷設ᄒᆞᆯ計劃이라더라

○日人視察 當局에셔는地方行政統一廢合에關ᄒᆞ야實際調査의必要가有ᄒᆞ다ᄒᆞ야各道에人員을派送視察ᄒᆞᆫ다는ᄃᆡ事務官日人橫山은忠淸南北慶尙南北道로林田은京畿江原黃海道로出張ᄒᆞ야約一箇月後歸任ᄒᆞᆫ다더라

○農部準備 農商工部山林局에셔今春에各道造林經營을準備ᄒᆞᆫ다는ᄃᆡ大邱水原平壤木浦鏡城等各苗圃에셔移種ᄒᆞ기로ᄒᆞᆫ다더라

○孫氏西行說 天道敎主孫秉熙氏가向者南行ᄒᆞᆫ것은人所共知어니와近者孫氏가馬山에셔韓船을搭乘ᄒᆞ고淸國安東縣으로渡往하야西間島에入ᄒᆞ엿다는說이有ᄒᆞ다더라

○建築費支出 學部에셔龍岩浦에公立普通學校建築費二千餘圓을支撥ᄒᆞ엿다더라

○儀非挾雜 今番湖南鐵道起点을太田으로부터始ᄒᆞᆫ다는事에對ᄒᆞ야忠北居金敎駿李珍雨兩氏는何人의指囑을受ᄒᆞᆷ인지該鐵道를鳥致院으로부터起点케ᄒᆞ기로該兩氏가至今上京運動中이라더라

○不願合附 江原道협谷郡을홍川郡으로合附ᄒᆞᆷ은已報어니와該郡人民等이復舊ᄒᆞ기로所管官廳에等訴ᄒᆞ야不穩ᄒᆞᆫ狀態가有ᄒᆞ다ᄒᆞ고所管官廳에셔內部로電報가有ᄒᆞ다더라

◎安氏執行說

安重根氏의死刑執行은去廿三四日에在하엿슬지나天主敎宣敎師洪錫九氏를一次面會ᄒᆞᆷ이安의所願인故로旅順日本法院에셔執行을猶豫ᄒᆞ엿다ᄒᆞ며洪氏는二十四日旅順에着ᄒᆞ엿슴진즉本日卽廿七日에安氏의死刑을執行ᄒᆞᆫ다ᄒᆞ며安氏의令季兩氏는死刑執行後에卽時尸體를收ᄒᆞ야同日午后發汽車로哈爾賓에行ᄒᆞ야葬ᄒᆞᆫ다ᄒᆞ며曺道先氏의夫人은이르쿳스크에在ᄒᆞ고安重根劉東夏兩氏의夫人은露淸國境綏芬河에在ᄒᆞᆫᄃᆡ旅順에赴往코져ᄒᆞ나日人에게見辱ᄒᆞᆯ새慮ᄒᆞ야赴往치아니ᄒᆞᆫ다더라

○미氏歸去 旅順에來留ᄒᆞ던海蔘威大東共報社長露人미하일로푸氏는安氏死刑의宣告됨을聞ᄒᆞ고卽時海蔘威로歸去ᄒᆞ엿다더라

○各地痘疫 本年來로各地에痘疫發生의兆가有ᄒᆞᆫᄃᆡ內部衛生局에셔各道에種痘를勵行케ᄒᆞᆫ다ᄒᆞ며一月以後에各地罹疫者는水原에一名松禾에六十九名內死者十六名大邱에四名羅州에九名春川에十七名中死者가二名이라더라

○宜其嚴懲 再昨日警視廳에셔各偵探ᄒᆞ는諸人을招致說諭하되近日偵探을藉勢ᄒᆞ고人民에게行悖가種々有之ᄒᆞ다ᄒᆞ니從今以後로는此等行爲를這々摘發ᄒᆞ야別般嚴懲ᄒᆞᆫ다ᄒᆞ엿다더라

○千葉講義 內[illegible]大補元ᄒᆞ며恒[illegible]에셔는[illegible]演義者는孟子를講義ᄒᆞ엿는ᄃᆡ日人千葉이라더라

○秋島警報 去廿三日平壤西方秋子島에日人이出行ᄒᆞ다가何許徒黨三十餘名의게襲擊ᄒᆞᆫ바된故로平壤警察署에셔巡査를派送ᄒᆞ엿는ᄃᆡ巡査들이該地集會ᄒᆞᆫ人民六十餘名中男七名女一名을拘去ᄒᆞ엿다더라

○設院請願 麗朝太師文翼公李連經書院을復設ᄒᆞ기爲ᄒᆞ야京畿忠淸黃海平安四道儒生이學部에聯名請願ᄒᆞ엿더니該部에셔는其案件을內部로送交ᄒᆞ엿다더라

○何不趁償 一進會에셔는日人西崗洋服店에洋服代金二千餘圓未償ᄒᆞᆷ이有ᄒᆞᆫ故로該日人이日前京城地方裁判所에起訴ᄒᆞ엿는ᄃᆡ該會長李容九가西崗을請見ᄒᆞ고右金額을自擔ᄒᆞ야排朔償還ᄒᆞᆯ터이니該訴狀을取消ᄒᆞ라고百般懇乞ᄒᆞ엿다더라

○龍山坊人民請願 日人上田充이麻浦에船橋를架設코져ᄒᆞᆷ으로船路에障碍가莫甚ᄒᆞ야沿江人民이一切反對ᄒᆞᆷ은已報어니와龍山坊人民代表로該坊長李址鎔氏가內部에請願ᄒᆞ기를同浦는京城에咽喉라京畿江原忠北各道와其他外洋間大小船隻이湊集ᄒᆞ미船路狹隘의感이有ᄒᆞ고又或蒸地風波와潮水增減及結氷與解氷後와如ᄒᆞᆫ時에는船主가各其潮勢를利用ᄒᆞ며危害를謀避코져ᄒᆞ야一時航進ᄒᆞᆯ際에는自然大小船隻이衝突ᄒᆞ는弊가有ᄒᆞᆫᄃᆡ況此船橋를架設ᄒᆞ면無限ᄒᆞᆫ損害가有ᄒᆞᆯ쁜더러該橋架設ᄒᆞᆯ地는李杜國處에買得ᄒᆞᆫ私有地오警視廳에承認된所有權이오且壹個人私益을爲ᄒᆞ야全國共衆의利益을障害ᄒᆞᆷ이萬々不可ᄒᆞᆫ즉該船橋認許狀을卽爲繳消ᄒᆞ라ᄒᆞ엿다더라

○何不處理 日人上田充이麻浦에船橋를架設코져ᄒᆞ는事에對ᄒᆞ야麻浦洞民代表林基英氏등이內部에請願ᄒᆞ엿더니該部에셔正當ᄒᆞᆫ處理는無ᄒᆞ고但退却申出을依ᄒᆞ야退却ᄒᆞ노라記ᄒᆞ야退却ᄒᆞ엿다니本請願者는申出ᄒᆞᆷ이無ᄒᆞ거날何人의申出을依ᄒᆞᆷ인지此는官廳에셔人民을欺瞞ᄒᆞᆷ이라고物論이藉々ᄒᆞ다더라

○電車落傷 中部泥洞居姜澤心氏는再昨日下午八時電車에墮落ᄒᆞ야重傷을被하엿는ᄃᆡ卽時大韓醫院으로舁往治療ᄒᆞᆫ다더라

○大施慈悲 三水前郡主事禹형鼎氏는本郡守署理로在任時에義兵에게被害ᄒᆞᆫ尸體를捐金埋葬ᄒᆞ고五十圓을捐出ᄒᆞ야義兵과日兵의게被害ᄒᆞᆫ人民七十餘名을爲하야追悼會를設ᄒᆞ엿다더라

○原倅治績 原州郡守李宅珪氏는諸般公務에一任公平ᄒᆞᆯ쁜더러外人交際에尤爲嫺熟ᄒᆞᆷ으로一郡賴安ᄒᆞ고萬口咸頌ᄒᆞ여頌碑가林立ᄒᆞ엿다더라

○諸犯越交 北部警察署에被捉ᄒᆞᆫ紙貨僞造犯姜在殷과警視廳에被捉ᄒᆞᆫ私欺取財犯梁在煥과振威警察署에被捉ᄒᆞᆫ內亂犯李致交等을再昨日京城地方裁判所에越交ᄒᆞ엿다더라

○或宣或審 再昨日京城地方裁判所에셔竊盜犯李學均은役三年에宣告ᄒᆞ고강盜犯李泰平鴉片犯崔文玉等을審査ᄒᆞ엿다더라

○慈善其議 大韓醫師総合所에셔발起ᄒᆞ야京城孤兒院學徒가有病ᄒᆞᆫ時면無料로治療ᄒᆞ기로決議ᄒᆞ엿다더라

○講演開會 少年雜誌社主催로本日正午에第一回講演會를圓覺社內에開ᄒᆞ고海外留學ᄒᆞ야卒業歸국ᄒᆞᆫ崔麟채基斗柳承欽李恩雨李漢卿吳政善諸氏가次第講演ᄒᆞᆫ다는ᄃᆡ該諸氏의高明ᄒᆞᆫ知識은一般學生界에倚仰ᄒᆞ던바ㅣ라더라

○大同開會 大同敎에셔는本日下午七時議事員會를開ᄒᆞ고任員補缺件과任員에月俸磨鍊件을協議ᄒᆞᆫ다더라

○一不干涉 平北義州大韓協會支會長白用錫氏는昨年八月汾에該任을辭免ᄒᆞ고于今ᄭᆞ지會務에一切干涉지아니ᄒᆞᆷ으로同氏의前日所懷社會主義가漸々變更된다고地方人士의批評이有ᄒᆞ다더라

電報

◎副統監選任說 日本에셔는曾彌統監은身體가健康치못하야靜養을要ᄒᆞᆯ지는故로副統監을選任ᄒᆞ기로目下協議中이라더라 東京發 二十五日着

◎北滿防穀 淸國滿洲防穀令에關ᄒᆞ야日本政府에셔抗議ᄒᆞᆫ結果로小麥은解禁되엿다더라

◎勳章下賜 墺匈國外相에렌탈氏는德國皇帝에게黑鷲勳章附屬寶玉章을受ᄒᆞ엿다더라 以上東京發 廿六日着

◎訪問延期 美國前大統領루스벨트氏의伯林訪問은來五月로延期ᄒᆞ엿다[illegible]

◎英法暴風 英國과法國에는大暴風이起ᄒᆞ야[illegible]가多하엿다더라 以上伯林發 廿六日着

▲世界漫遊 飛行客▼

▲世界萬國遊覽코져飛行船搭乘ᄒᆞ고碧空中에놉히사올나塵世界俯視ᄒᆞ니萬國都城如蟻오千家豪傑若醯鷄라橫劍笑仍呑聲은或恐彼日驚落이오執筆隨見輒記錄은但爲同胞醒이라

▲維新奮발四十年에兩回戰[illegible]獲勝ᄒᆞᆫ後太平洋中에三島가[illegible]中之時當ᄒᆞ엿네上野公園에[illegible]花는十日紅을자랑ᄒᆞ고芙蓉[illegible]上噴火穴은萬丈烟焰吐出이[illegible]壯ᄒᆞ도다亞細亞에日本國이[illegible]괴로다

▲千年塚中古羅馬가一등國[illegible]占據ᄒᆞᆫ後十萬方里面積中에[illegible]族人民三千萬이亡國淚를快[illegible]ᄒᆞ고太平歌를高唱ᄒᆞ니半島[illegible]山新面目에三色旗로翩翩이[illegible]부럽도다歐羅巴에伊太利가[illegible]괴로다

▲無量頭로無量血노帶羞山河洗滌ᄒᆞᆫ後新天新地新建國에北和福祿安享ᄒᆞ니文明花가燦[illegible]ᄒᆞ고自由鍾이搖亂ᄒᆞᆫ듸으락게山上々峯에一幅花旗翩翩이라아름답다北美洲에合衆國이여괴로다

▲新國家를建設코져사롬마다奮發ᄒᆞ여西班牙의더敵軍을一時擊破ᄒᆞᆫ然後에慘毒羈絆벗셔노코共和政體成立ᄒᆞ니太平洋파大西洋은左右保障되엿고나얼ᄉᆞ죠타南美洲에列國들이여괴로다

社告

平南順川邑支社員**孫定龍氏**가事故를因ᄒᆞ야辭免故로該邑支社를來三月一日부터不得已**停廢**ᄒᆞ오니該支社로本申報를購覽ᄒᆞ시ᄂᆞᆫ諸氏ᄂᆞᆫ即速히**本社**로**請求**ᄒᆞ시와間斷ᄒᆞᄂᆞᆫ嘆이無케ᄒᆞ시옵

大韓每日申報社

雜報

◉慰勞設會　普成專門中小三學校任員六十餘名이發起ᄒᆞ야本日下午六時惠泉舘에셔慰勞會를設ᄒᆞ고該校主李鍾浩氏를請邀宴待ᄒᆞᆫ다더라

◉嶠南會親睦　嶠南學生親睦會에셔本日下午二時에嶠南敎育會舘內에定期總會를開ᄒᆞᆫ다ᄂᆞᆫ뒤嶠南學生이多數來叅ᄒᆞ기를希望ᄒᆞᆫ다더라

◉親睦總會　西北學生親睦會에셔本日下午一時에西北學會舘內에總會를開ᄒᆞ고事務를處理ᄒᆞᆫ다더라

◉太極敎移轉　太極敎宗本部ᄂᆞᆫ再昨日中部東谷으로移接ᄒᆞ엿다더라

◉青年開會　今日은世界萬國學生이同心聯合ᄒᆞ야 上帝씌 祈禱ᄒᆞᄂᆞᆫ日인故로皇城基督敎青年會에셔開會ᄒᆞᄂᆞᆫ뒤漢城內官私立學校生徒를一時會集ᄒᆞ기難能ᄒᆞᆫ故로分四次ᄒᆞ야上午十時와下午一時와四時와七時로各學校를分排請邀ᄒᆞ고三[illegible]奕와祈禱로禮式을擧行ᄒᆞᆫ後[illegible]氏가輪回演說을[illegible]青山[illegible]에慈色이[illegible]硯居太聖範[illegible]百物益紀으로中部[illegible]藥[illegible]署에被捉ᄒᆞ엿다더라

廣告

本人이本月二十五日에轉車中지갑을見失인바其中天安停車場李康헌許二百五十圓領受票와其他可考票를서失이오니誰某拾得勿爲施行ᄒᆞᆷ

校洞十一統三戶趙南吉　告白

義州府古郡面龍洞居從二品金志闓氏가以宿患으로本月二十一日(陰正月十二日)下午二時에捐舘ᄒᆞ엿ᄉᆞ오니京鄕知舊間照亮敬要

發靷同月二十九日(二十日)

子　斗衡

護喪　崔基守　白

徐議官度相氏以宿患陽今月二十五日上午一時量別世事

子　一懋　漢懋　克懋

元懋　亨懋

護喪　韓圭永　訃告

西部積善坊都染洞廿三統六戶

◉少年雜誌社公開第壹回**講演會**◉

時日、本月廿七日**日曜**正午

處所、西闕前　**圓覺社**

演題及辯士

失敗主義　崔麟

既往의世界와將來의世界　蔡基斗

時代精神과新聞雜誌　柳承欽

樂　李恩雨

我青年　李漢卿

法律과宗敎　吳政善

入場券價**一張金**拾**錢**(滿數則不賣)

入場券發賣處

中部壽進洞　**大韓民報社**

南部絲井洞　**新文館**

日本留圓覺社門前에셔도發賣

本人의次子夏永은年少沒覺ᄒᆞᆫ一個蒙騃인뒤大興地居朴相玉尹泰榮禮山地居南駿熙李義浩德山地居任碩宰等이夏永을引誘ᄒᆞ야白書所無ᄒᆞᆫ本人의畓이靑陽保寧等地에在ᄒᆞ다文券을僞造ᄒᆞ고其畓土를證明認許ᄒᆞ라고面里長의信章을僞刻ᄒᆞ야夏永의名義로日債를圖得ᄒᆞ라고各處로遍行ᄒᆞ며陰謀를講張ᄒᆞᄂᆞᆫ바本人은自來片土가無ᄒᆞ고夏永은未成ᄒᆞᆫ蒙孩이오니無論內外國人ᄒᆞ고如許ᄒᆞᆫ畓券에見欺給債ᄒᆞ면徵受ᄒᆞᆯ處이無ᄒᆞ야一例見失ᄒᆞᆯ지니照亮ᄒᆞᆷ

忠南大興郡一南面九花洞

鄭敏好　告白

本人이宗務院學務의任을辭免ᄒᆞ기로玆廣布ᄒᆞᆷ

開運寺金寶輪　**白**

我國風土가작蚕에適合ᄒᆞᆷ과本社成績의良好ᄒᆞᆫ은世所共知인바今에公益을發展키爲ᄒᆞ야種繭及種卵을賣却ᄒᆞ오니有志僉位ᄂᆞᆫ早速來議ᄒᆞ시와時期를勿失ᄒᆞ심을至盼

但期限은陰二月十日內

販賣所　京城西部鍮洞一百九十三統三戶　**大韓**잠**蠶會社**

販賣紹介所　京城南部絲井洞五十九統五戶　**新文館**(電話一三九二番)

學員募集

第一學年　**學員百名**(修業年限三年程度五十名修業年限二年程度五十名)

△入學願書ᄂᆞᆫ履歷書와ᄀᆞᆺ치三月二十五日ᄭᆞ지(陰曆二月十五日)提出ᄒᆞᆯ事

△入學試驗四月一日(陰曆二月二十二日)上午九時

△入學資格普通學校卒業又ᄂᆞᆫ此와同等以上學力이有ᄒᆞᆫ者但官公立普通學校優等卒業生의게ᄂᆞᆫ學力試驗을省略ᄒᆞᆷ도有ᄒᆞᆷ

▲**特**典　本校卒業生은無試驗ᄒᆞ고判任官되ᄂᆞᆫ待典이有ᄒᆞᆷ

京城明洞

善隣商業學校

初等大韓歷史　國文　特別減價二十錢

初等大韓地誌　國文　附地圖　特別減價十五錢

右書ᄂᆞᆫ純國文으로簡易케著述ᄒᆞ야女子社會와勞働學校의獨習케必要ᄒᆞ오니速速購覽ᄒᆞ시옴

發賣所　**中部布**屛**下廣學書舖金相萬**

數學大家　**柳一宣**　著

初等算術敎科書

中卷　定價洋裝　九十錢

總發賣所　京城南門外紫岩　**新舊書林**

分賣所　京鄕各書舖

特別廣告

漢陽商會ᄂᆞᆫ**我同胞**가가장誠**意**로써**歡迎**하ᄂᆞᆫ우리나라**第壹**되ᄂᆞᆫ最新**式規**模로**經營**하ᄂᆞᆫ**特色**잇ᄂᆞᆫ**商店**이오

漢陽商會ᄂᆞᆫ海**外物貨製造場**으로**第一有名**ᄒᆞᆫ**各國**[illegible]**來**ᄒᆞ[illegible]**店**과**特約代理**의**關係**가**有**하야最低廉最**良好**ᄒᆞᆫ**物品**을**輸**[illegible]**受**하ᄂᆞᆫ**特權**잇ᄂᆞᆫ商**店**이오

漢陽商**會**ᄂᆞᆫ我**邦物產**을**外國**으로**輸出**하야海**外**의**金融**을**吸收**ᄒᆞ야**我國經濟界**의**富**源을**製造**ᄒᆞᄂᆞᆫ**國家的**商**店**이오

漢陽商會ᄂᆞᆫ我**邦**舊**來商家**의**弊習**을**刷新改良**코져**晝夜盡力**하ᄂᆞᆫ**義務的商店**이오

漢陽商**會**ᄂᆞᆫ**一般**商**家**로ᄒᆞ야금**廣告**의**必要**를**感醒**케ᄒᆞ야**勇進奮發**의**心**을**鼓**吹ᄒᆞᄂᆞᆫ商**店**이오

漢陽商**會**ᄂᆞᆫ我**全國各處**商**業家**와**連結**ᄒᆞ야**根本的實業**發**展**의**本領**을**實行**ᄒᆞᄂᆞᆫ商**店**이니라

大韓皇城鍾路　**輸出輸入商**　**漢陽商會**

電話　**一九一番**

光武九年八月十一日 明治三十八年八月十一日 (第三種郵便物認可)

檀君開國四千二百四十三年
箕子元年三千三十二年
大韓開國五百十九年
本報創刊日 光武八年七月十八日

大韓每日申報

Responsible for Publication Alfred Weekly Marnham
發行兼編輯人 英國人 萬咸
發行所 京城南部石井洞三層洋屋家 大韓每日申報

第八卷 月曜及慶節歲時日休刊 第一千三百卅四号

論說

◎二十世紀新國民 續

試ᄒᆞ야各種生産을一論ᄒᆞ건ᄃᆡ(一)農業은韓人의惟一ᄒᆞᆫ産業이나此亦改良은無ᄒᆞ고衰退ᄒᆞᆯᄲᅮᆫ이며(二)森林은掛論ᄒᆞᆯ것도無ᄒᆞ고(三)礦物(四)水産은外人에게全歸ᄒᆞ엿다云ᄒᆞ야도可ᄒᆞ며(五)工業은些少幼穉가滋甚ᄒᆞᆫ지라於是乎生産物의輸出은姑舍ᄒᆞ고韓人의物로韓人의用에供ᄒᆞᄂᆞᆫ物도米穀以外에ᄂᆞᆫ殆無ᄒᆞᆷ에至ᄒᆞ엿도다(二)商業의不振 韓人은自來商業能力이無ᄒᆞ고又商業權利가無ᄒᆞᆫ人이라故로海陸貿易의大商은勿論、國內小々商業도日益頹廢ᄒᆞ야外로ᄂᆞᆫ輸出入의逆潮가極ᄒᆞ야金錢이竭ᄒᆞ며內로ᄂᆞᆫ外國人의競爭이烈ᄒᆞ야征服이急ᄒᆞᆫ지라試ᄒᆞ야韓國輸出入의狀況을一覽ᄒᆞ라

昨年度韓國輸出入額
輸出 約一千五百萬圓
輸入 約三千五百萬圓

如斯히輸入이輸出의三倍에殆至ᄒᆞ며又歐洲最小國의輸出과較看ᄒᆞ건ᄃᆡ

千九百二年度丁抹과比利時의輸出
丁抹輸出額 約四億五千萬子로-네(一子로-네約六十錢)
比利時輸出額 約三十四億七千萬法(一法約三十五錢)

噫라彼丁抹은人口가不過二百餘萬(約韓國十分一)이오地方이不過一萬五千方哩(約韓國五分一)이며彼比利時ᄂᆞᆫ人口가不過六七百萬이오地方이不過一萬一千方哩로ᄃᆡ其輸出額이如彼히巨大하거날以若韓國土地人口로輸出額이僅히一千五百萬圓에不過ᄒᆞ니此調査의精粗ᄂᆞᆫ吾儕가質言키難ᄒᆞ거니와其些少幼穉가엇지此에至ᄒᆞᄂᆞᆫ가於是乎金融의乏이益甚ᄒᆞ고産業의敗가日酷ᄒᆞ며(三)遊民의多數 韓國에ᄂᆞᆫ自來로遊民이甚衆ᄒᆞ야書生官族土豪鄕紳等으로始ᄒᆞ야挾雜者雜術者浮浪者등에至ᄒᆞ기ᄭᆞ지何等勞働도無ᄒᆞ며何等恒産도無하고其一家一門이遊衣遊食을是事ᄒᆞ야微々無力ᄒᆞᆫ農商工家의利를剝取ᄒᆞ야國民의蠹를作ᄒᆞᄂᆞᆫ者ㅣ多數하며(四)政治의影響 政治上影響이間接으로及ᄒᆞᆫ은勿論、直接으로及ᄒᆞᄂᆞᆫ影響卽財政、交通等影響이亦不少ᄒᆞ니라

此外에도多少原因이有ᄒᆞᆯ지나此에止ᄒᆞ노라

嗚乎라韓國이氣候로던지地勢로던지土地力으로던지天産物로던지實로經濟의富盛을致ᄒᆞᆯ지어ᄂᆞᆯ乃者如斯히生産不足、商業不振、遊民多數、政治影響等의悲運이經濟界에漲溢ᄒᆞᆷ은何故오曰(一)勤勉力不足(二)進取力不足(三)政治上權利不足(四)社會政策等의施設이缺(五)幾百年莠政의惡果가至(六)人民의國民經濟的思想能力이乏ᄒᆞᆫ等故라

然則國民同胞가如何히하면可히經濟의運命을挽回ᄒᆞᆯ셔彼政治上權利ᄂᆞᆫ一二日에可復ᄒᆞᆯ바가아니며社會政策等은此政府에可望ᄒᆞᆯ바아니라然이나至若勤勉力을奮發ᄒᆞ며進取力을奮發ᄒᆞ며國民經濟의思想能力을奮發ᄒᆞᆷ은不爲언뎡不能은아니니此야엇지早々勉勵ᄒᆞᆯ바아닌가

大抵國民經濟ᄂᆞᆫ現世人이力을注하ᄂᆞᆫ바라韓人은此에甚히冷淡ᄒᆞᆫ故로全國民의利를害ᄒᆞᆯ지라도我一身이나利케ᄒᆞ고져ᄒᆞ며全國民의利를害ᄒᆞᆯ지라도我一家나利케ᄒᆞ고져ᄒᆞ야國民經濟와ᄂᆞᆫ何等痛癢의關係가無ᄒᆞᆫ者多ᄒᆞ나니此實可嘆ᄒᆞᆯ바라然則同胞ᄂᆞᆫ何種의經濟事業을營ᄒᆞ던지반다시國民經濟로目的을立ᄒᆞ고前進ᄒᆞ야經濟에關ᄒᆞᆫ文明的知識技術을發達ᄒᆞ야經濟事業을速히改良ᄒᆞ며經濟事業을速히奮興ᄒᆞᆯ지어다

(未完)

外報

◎美日開戰論 美國參謀總長벨氏ᄂᆞᆫ去二十一日夜에뎌우에분國民軍集會에서演說하야日美국이極東問題를爲ᄒᆞ야日本과開戰ᄒᆞᆷ은確實ᄒᆞᆫ事인즉至急히軍備를整頓ᄒᆞᄌᆞᄒᆞ엿다더라

◎美國排日 美國桑港에셔ᄂᆞᆫ日人의土地所有權을禁止ᄒᆞᆫ다더라

◎海軍衙門新設 淸國海軍部의新設은延期되엿슴으로目今上海에海軍衙門을設置코저ᄒᆞᆫ다더라

◎暗殺者本性 埃及國首相뽀도라쓰氏의暗殺者ᄂᆞᆫ一時英國에서敎育을受ᄒᆞ엿고去年八月에瑞士떼네바에서埃及靑年會의書記로勤務ᄒᆞ엿ᄂᆞᆫᄃᆡ彼ᄂᆞᆫ埃及政府의條例에對ᄒᆞ야復讐코저ᄒᆞᆷ이라고言明ᄒᆞ엿다더라

◎西藏騷擾 目今淸國西藏東部에셔ᄂᆞᆫ淸兵約二千名이寺院을包圍ᄒᆞ고多數의喇嘛僧을殺害ᄒᆞᆫ故로同地에셔淸國皇帝께電報를發ᄒᆞ야其非行을除拒ᄒᆞ기를請求ᄒᆞ엿스나回答을不得ᄒᆞ엿슴으로西藏使節은印度에往ᄒᆞ야印度政府에셔淸國에向ᄒᆞ야右壓制를中止케ᄒᆞ기를要求ᄒᆞ엿다더라

◎西藏問題와英淸 目今淸國西藏의騷擾ᄒᆞᆫ事ᄂᆞᆫ別項과如ᄒᆞ거니와淸國軍隊가西藏을侵略ᄒᆞᆷ은卽印度를협迫ᄒᆞᆷ이라ᄒᆞ야印度政府ᄂᆞᆫ達賴喇嘛를保護ᄒᆞ깃다고淸國政府에抗議를提出ᄒᆞᆯ터이라더라

◎淸日人爭鬪 淸國齊々哈爾城內에셔淸國巡警과日本人이互相衝突ᄒᆞ엿ᄂᆞᆫᄃᆡ淸國兵士及巡警이聲援을加ᄒᆞ야淸日人間에大히爭鬪ᄒᆞ엿다더라

學界

◎漣倅美績 漣川郡守鄭容漢氏ᄂᆞᆫ赴任以後로壹念圖治ᄒᆞ야郡內에學校를設立ᄒᆞ고熱心敎育ᄒᆞ며校費를補用키爲ᄒᆞ야金貨二百餘圓을捐助하엿고邑村人民中生活困難ᄒᆞᆫ者의게特加矜恤ᄒᆞᆷ으로萬口稱頌ᄒᆞᆫ다더라

◎儆校復興 海州茄佐面私立儆惺學校ᄂᆞᆫ財政이窘拙하야廢止ᄒᆞᆯ境에至ᄒᆞ엿더니校監任昌基學監鄭斗燮敎師姜倫卿諸氏가熱心視務ᄒᆞᆷ으로進就之望이大有하다더라

◎廐間女校 官立高等女學校에셔ᄂᆞᆫ校舍가狹隘ᄒᆞ다ᄒᆞ야齋洞所在漢城衛生會廐間을校舍로修理ᄒᆞ야來四月初旬에移轉ᄒᆞᆫ다더라

詞藻

❀一段精神❀

同胞의塗炭魚肉도、내身上의責望이오。
同胞의自由福利도、내身上의擔負로다。
이러틋、同胞를위ᄒᆞ야내몸을犧牲코저、一段精神。

宮廷彙報

◎完順陛見 完順君李載完氏ᄂᆞᆫ三昨日上午十二時 昌德宮 陛見ᄒᆞ엿다더라

雜報

◎總相訪問 完興君李載冕氏ᄂᆞᆫ再昨日正午에中樞院議長金允植氏를訪問ᄒᆞ고仍히同件ᄒᆞ야總相李完用氏를私邸로訪問ᄒᆞ엿다더라

◎長時談話 選度相任善準氏ᄂᆞᆫ再昨日正午에選學相李載崑氏를訪問ᄒᆞ엿ᄂᆞᆫ데何등事件을協議홈인지長時間談話ᄒᆞ엿다더라

◎完順午餐 完順君李載完氏ᄂᆞᆫ三昨日下午二時漢城俱樂部에서午餐會를開ᄒᆞ고內外國高等官을請邀宴待ᄒᆞ얏다더라

◎樞顧運動 中樞院顧問李址鎔氏ᄂᆞᆫ其心腹人某某三人을締結ᄒᆞ야統監府菊池書記官을紹介ᄒᆞ야大臣椅子를目下運動中이라더라

◎直接請願 度支部에서ᄂᆞᆫ大臣及次官이協議ᄒᆞ고人民이加結에關ᄒᆞ야請願ᄒᆞᆫ事件이有ᄒᆞᆫ境遇에ᄂᆞᆫ該地方財務監督局及財務署에經由치아니ᄒᆞ고該部에直接請願ᄒᆞᆯ지라도接受ᄒᆞ기로ᄒᆞ엿다더라

◎直施是望 國民演說會員鄭應卨高義駿兩氏가李總理를逐日訪問하고已往內閣에長書ᄒᆞᆫ事件을期於實施케ᄒᆞ라ᄒᆞᆫ다더라

◎許儒請願 嶺山郡鄕校直員李錫열氏ᄂᆞᆫ校土를放賣消耗ᄒᆞ고鄕校附近地에人民의偸葬ᄒᆞᆷ을禁止치아니하엿스니卽爲罷免ᄒᆞ라고該郡儒林諸氏가學部에請願ᄒᆞ엿다더라

◎兩部交涉 內部에서頒布ᄒᆞᆫ寄付金取締規則에對ᄒᆞ야私立學校에弊害点이有ᄒᆞ다ᄒᆞ야學部에서內部와交涉ᄒᆞ고該規則을改定ᄒᆞ려ᄒᆞᆫ다더라

◎外人勿入 度支部財產整理局에서ᄂᆞᆫ該局官吏以外人이라도請求ᄒᆞᆯ事件이有ᄒᆞᆫ時에ᄂᆞᆫ出入을自任ᄒᆞ엿ᄂᆞᆫ데日前부터ᄂᆞᆫ應接室을別定ᄒᆞ고局外人에出入을禁止ᄒᆞᆫ다더라

◎調查開始期 農商工部에서ᄂᆞᆫ本年度預算에計入된商工調查費를依ᄒᆞ야目下其適任者를選任ᄒᆞᆫ다ᄂᆞᆫ데來月부터調查를開始ᄒᆞᆫ다더라

◎韓牛出品 農商工部에서ᄂᆞᆫ韓國興業株式會社에補助를與ᄒᆞ야韓牛牝牡各一頭를日本福岡共進會에出品ᄒᆞᆫ다더라

◎安氏의確報 去月二十七日本報雜報에安氏執行說이란記事ᄂᆞᆫ日本電通을據ᄒᆞ야揭載ᄒᆞ엿더니更히確報를據ᄒᆞᆫ즉天主教宣教師洪氏ᄂᆞᆫ尙히發程ᄒᆞ지도아니ᄒᆞ엿고安重根氏의死刑執行은來月二十五日로安氏가申請ᄒᆞ엿다ᄒᆞ며安氏의執行ᄒᆞᆫ後에其尸體ᄂᆞᆫ本國으로返葬ᄒᆞᆫ다더라

◎肥己之慾 壹進會總務金時鉉氏ᄂᆞᆫ南門內官有倉庫三百十壹間을自家基本財產으로ᄒᆞ고저ᄒᆞᆫ다ᄂᆞᆫ說이有ᄒᆞ더라

◎擧皆冒錄 徐彰輔李稱翼등이一進會合邦問題에對ᄒᆞ야贊成ᄒᆞᄂᆞᆫ文字에忠北淸風郡居李濟相氏에姓名을冒錄ᄒᆞᆫ故로李氏가其不然ᄒᆞᆫ事實을卞明ᄒᆞ엿다더라

◎銀行現況 京城所在各銀行의營業現況을度支部에서調查ᄒᆞ엿ᄂᆞᆫ데二月十五日ᄭᆞ지의現在金總額이二千六十三萬圓이오總借出額이四百七十萬餘圓이라더라

◎其價二千 日人石原은韓人에게屛風壹個를壹圓에買得ᄒᆞ엿ᄂᆞᆫ데其畵面은不壞市街의全圖로畵工이神妙를極ᄒᆞ엿고其屛風의價値ᄂᆞᆫ約二千圓에達ᄒᆞᆫ것이라더라

◎飼犬調查 警視廳에서ᄂᆞᆫ何等必要가有ᄒᆞᆫ지各警察署에申飭ᄒᆞ야人民家에飼犬有無를調查ᄒᆞᄂᆞᆫ中이라더라

◎官變以公 漢城內에在ᄒᆞᆫ官立普통學校가合爲八箇所인데官立을變ᄒᆞ야公立으로改稱ᄒᆞᆯ次로學部에서目下擬議中이라더라

◎校費支撥 進明女學校와養正義塾과淑明高等女學校ᄂᆞᆫ慶善宮所管田土의秋收로維持ᄒᆞ더니該土地를度支部에서引繼홈은已報어니와同部에서ᄂᆞᆫ該各校經費를分排支給하기로契約ᄒᆞ야進明學校에一千五百圓養正義塾淑明高等女學校에各二千圓式을日昨支撥하엿다더라

◎宣川公校 宣川에公立普通學校를設立ᄒᆞᆯ目的으로學部에서不日內로日人敎師石原、主事山口를同地에出張케ᄒᆞᆫ다더라

◎秘探假偵 各演劇塲에觀覽ᄒᆞᄂᆞᆫ人中에或憲兵司令部의偵探客이라藉稱ᄒᆞ고弊端을惹起ᄒᆞᄂᆞᆫ事가種々有之하다ᄒᆞ야該本部에서ᄂᆞᆫ憲兵으로ᄒᆞ야금不服ᄒᆞ고各演劇塲에派送ᄒᆞ야秘密偵探ᄒᆞᆫ다더라

◎入學金還推 貞慶坊內私立普光學校에서夜學科를設置ᄒᆞ고入學金을生徒의게收入後該科ᄂᆞᆫ成立지못ᄒᆞ엿슴으로該生徒가入學金을還推次로其時學監韓昌會를北部警察署에起訴ᄒᆞ엿더니韓昌會가坊長金允植氏에게로歸咎ᄒᆞᄂᆞᆫ故로金氏ᄂᆞᆫ代理를派送答辯ᄒᆞᄂᆞᆫ中이라더라

◎官有批評 實業家朴明煥氏等幾人이발起ᄒᆞ야演劇塲을設置ᄒᆞᆫ다ᄂᆞᆫ데此時代를當ᄒᆞ야演戲에極力홈이穩當치못ᄒᆞ다고一般批評이有하다더라

◎往訴漢府 典洞崔斗淵氏家에留連ᄒᆞᄂᆞᆫ金台默氏가六百圓價値物貨를貿易ᄒᆞ야商業次上海로渡往ᄒᆞ라고所管警察署에申訴ᄒᆞ엿더니漢城府에申請ᄒᆞ라하고該申訴狀을退却ᄒᆞ엿다더라

◎張氏餞別會 西部刀洞居張鳳周氏ᄂᆞᆫ教育界에有志ᄒᆞᆫ人士인데近者에永興鄕第로歸去ᄒᆞᄂᆞᆫ故로在京北道學生界에서再昨日전別會를開하엿다더라

◎凶哉毒女 寺洞居前參判李茂魯氏의令男李準世氏가其小室을得置ᄒᆞ엿더니該氏夫人이妬忌가太甚하야日前에李準世氏의腎囊을攫拔홈으로治療次濟衆院으로舁去ᄒᆞ다가因爲身故ᄒᆞ엿다ᄂᆞᆫ데大關風化라고輿論이浪藉ᄒᆞ다더라

◎機械注文 成均館學校에서ᄂᆞᆫ物理學器械六十餘種을日本에注文貿來ᄒᆞ엿다더라

◎韓報押收 新韓民報百七十號ᄂᆞᆫ內部에서治安妨害라ᄒᆞ야押收ᄒᆞ엿다더라

◎白郡消息 白川郡에서太極教人中에該郡學校任員과葛藤이生ᄒᆞ야敎育界에妨害가有ᄒᆞᆷ으로該郡々守金鳳薰氏의懇切ᄒᆞᆫ告示가有ᄒᆞ엿스나尙此其弊習이不絕하야該郡學校가殆皆廢止에至ᄒᆞ엿다ᄂᆞᆫ說이有ᄒᆞ다더라

◎何至加捧 東部蓮洞柴塲淸潔組合所事務員김某ᄂᆞᆫ柴商에게買票代金을二錢五厘式加捧ᄒᆞᆫ事件을因ᄒᆞ야東部警察署에被捉하야三日拘留ᄒᆞ엿다가再昨日放免ᄒᆞ엿다더라

◎何因禁止 既報와如히少年雜誌社主催로再昨日正午에第一回講演會를開覺社內에開ᄒᆞᆯ次로聽衆數百餘名이會集ᄒᆞᆯ際에警視廳에서韓日巡查를派送ᄒᆞ야申請書에何등違反이有ᄒᆞ다ᄒᆞ고開會를禁止ᄒᆞ엿다더라

◎處理開會 去月廿六日에國債報償金處理會에서總會를開ᄒᆞ고會長俞吉濬氏의提議로該會經費를支用키爲ᄒᆞ야漢城銀行에서五百圓을借入ᄒᆞᆫ事와各銀行에保管ᄒᆞᆫ報償金領受證引繼等事를可決ᄒᆞ엿다ᄒᆞ고調查委員의月俸을磨鍊ᄒᆞ엿다더라

◎大同教員選定 既報와如히大同教에서再昨日下午七時議事員會를開ᄒᆞ고任員을選定ᄒᆞ엿ᄂᆞᆫ데提教ᄂᆞᆫ金鶴鎭李容元氏等四人으로贊教ᄂᆞᆫ尹用求金昇圭氏等四十七人으로教經編纂員은朴殷植元泳義氏等五人으로選定하엿다더라

◎靑館盛況 二月二十七日에鍾路靑年會館에서萬國學生聯合祈禱會를開設홈은已報어니와當日各學校學生來叅ᄒᆞᆫ總員이三千人以上에達ᄒᆞ엿ᄂᆞᆫ데學生의唱歌와風琴은精神을鼓醒ᄒᆞ며內外國牧師長老와高名ᄒᆞᆫ紳士諸氏가祈禱ᄒᆞᆫ後次第演說하엿ᄂᆞᆫ데當席에서信教ᄒᆞ기로確定ᄒᆞᆫ人이二百四十六人이며本館學生等이新約福音書幾千部를捐出ᄒᆞ야叅會各學生과其外來叅諸氏의게各壹部式供覽케ᄒᆞ고其大旨를該館學生이說明하야當日에盛大ᄒᆞᆫ景況을呈ᄒᆞ엿다더라

◎懸鍾焉用 侍天教堂에서再昨日上午十一時에特別總會를開ᄒᆞ고三千斤重量되ᄂᆞᆫ懸鍾을製造ᄒᆞᆯ次로鐵物을收集ᄒᆞ기로議決ᄒᆞ엿ᄂᆞᆫ데一般教人은匙箸等物을一進會長李容九ᄂᆞᆫ盤床壹部를寄付ᄒᆞ엿다더라

◎理無代送 三昨日本報雜報에故尹仲植氏의英國銀行任置ᄒᆞᆫ預金을推來하기爲ᄒᆞ야該氏의遺族이日人辰市의게依托ᄒᆞ엿다홈은今에確報를據ᄒᆞᆫ즉該金推來에關하야該氏遺族이旣히各官廳에直接請願ᄒᆞ야一般의格式을畢ᄒᆞ엿슨즉代人派送ᄒᆞᆯ必要도無ᄒᆞᆯ뿐더러今次辰市派遣ᄒᆞᆫ다홈은全히無根의說이라더라

◎係是虛言 再昨日本報雜報欄內에天道教主孫秉熙氏가淸國安東縣으로渡往ᄒᆞ야西猴島에入ᄒᆞ엿다ᄂᆞᆫ說은更聞ᄒᆞᆫ즉全혀壹時虛言이라더라

電報

◎合邦決議說 日本에서ᄂᆞᆫ韓日合邦을議決ᄒᆞ엿ᄂᆞᆫ데議會閉會後에斷行ᄒᆞᆫ다ᄒᆞ며形式은兩國에서合邦의宣言書를發表ᄒᆞᆷ과同時에列國에通牒을發ᄒᆞᆫ다더라 (東京發 二月二十八日着)

▲悔改洗禮▼

▲風雲如晦沉々夜에鷄鳴不已ᄒᆞ지만은이ᄯᅢ를當ᄒᆞᆫ다더니同胞ᄂᆞᆫ一向不悛ᄒᆞ야謬過ᄒᆞ니挑燈執筆偏呼에피눈물이절노난다그눈물노먹을갈아上帝前에上疏하야裁可ᄒᆞ심밧은後에洗禮約翰請邀ᄒᆞ야悔改洗禮베풀어서次第悔改식혀보ᄌᆞ

▲글은거슬곳다ᄒᆞ고미운거슬곱다ᄒᆞ며賣國賊을讚頌ᄒᆞ고愛國者를攻擊ᄒᆞ며亡國홈을希望ᄒᆞ고保國홈을不願ᄒᆞ며外人保護謳歌하고自國獨立暴棄ᄒᆞ며魔談鬼說新撰하야同胞耳目眩惑ᄒᆞᄂᆞᆫ魔報記者머리우헤悔改ᄒᆞᄂᆞᆫ洗禮주고

▲올흔말을글ᄶᅡᄒᆞ고안ᄒᆞᆫ갈을헛다ᄒᆞ며잇ᄂᆞᆫ말을업다ᄒᆞ고업ᄂᆞᆫ말을잇다ᄒᆞ야同胞利害不顧ᄒᆞ고一時口腹爲ᄒᆞ야外國사ᄅᆞᆷ利ᄒᆞ도록辯護ᄒᆞ야말히주고自國同胞害ᄒᆞ도록謀陷ᄒᆞ야말을ᄒᆞᄂᆞᆫ통譯者의머리우헤悔改ᄒᆞᄂᆞᆫ洗禮주고

▲惡ᄒᆞᆫ者의惡ᄒᆞᆫ行動더惡ᄒᆞ게補助ᄒᆞ고甚ᄒᆞᆫ者의甚ᄒᆞᆫ壓制더甚하게贊成하며無罪良民毆打ᄒᆞᆯ제더도亦是協力ᄒᆞ고有志義男調捕ᄒᆞᆯ제제가欣然同務ᄒᆞ야賞與金에貪이나서눈어두워압못보ᄂᆞᆫ補助員의머리우헤悔改ᄒᆞᄂᆞᆫ洗禮주고

▲두사ᄅᆞᆷ만會話ᄒᆞ면秘密會議헛다ᄒᆞ고十里밧만굿다오면殊常行動ᄒᆞᆫ다ᄒᆞ며同胞들의隱諱事情日人의게告發ᄒᆞ야제同胞를잡아먹고제나라를亡케ᄒᆞ며罪惡짐을길머지고地獄으로드리가ᄂᆞᆫ偵探者의머리우헤悔改ᄒᆞᄂᆞᆫ洗禮주세

廣告

本門中先山이龍岡郡苩陽峴東麓에在흔되族人錫律이가浮浪悖類로陰謀흐야該山松楸를潛賣코저흐옵기玆에廣告흐오니毋論內外國人흐고切勿見欺흠

三和港碑石洞金錫韶 告白

本人의所有田畓文券을陰己酉十二月廿七日에普通住里築地에서見失흐엿기該田畓所在處를左開廣佈하오니誰某拾得하와도休紙施行흠

土地之表示

稷山郡二東面葛伊山可藏坪
肆字畓七斗落 十四列田結十四卜處
極字田四斗落 六刱耕結五卜四束
檻字畓一斗落 三列田結五卜八束
防築坪
甲字畓二斗落 二列田結四卜
甲字畓十四斗落 十二列田結廿八卜
對字畓四斗落 十一列田結八卜 內洞坪
普德院坪
比字田三斗落 六刱耕結五卜
伯字田三斗落 六刱耕結四卜四束
丁 坪
矛字畓四斗落 二列田結八卜
沙草谷
對字畓一斗五升落 結四卜

忠淸南道稷山郡三東加連里
一統一戶 金俊汝 白

本人의姓名章이本圓形인되今二五日에見失흐야改以方形흐오니知舊僉照亮흐시옵

徐相乾 告白

本人이己酉陰十月二日에篆字姓名章을遺失하엿亽니誰某拾得흐야도無効로認定흠

開城 崔增復 告白

本果園에서今春에上品接木을特別흔廉價로多數販賣흘터이오니有志僉彦은陸續請求흐옵

種目은梨司果葡萄六月桃石榴等이오價金은千株에는每株五錢式百株에는七錢式에팔되만일죽는果樹가잇스면當年으로곳換去흐시옵

平壤館前金利涉果園事務所

徐議官度相氏以宿患陰今月十六日別世事

子 一懋 漢懋 克懋 元懋 亨懋

護喪 韓圭永 訃告

葬禮陰正月二十二日施行흠

西部積善坊都染洞廿三統六戶

本人이手匣中盧基宣保金昇洙處의債給一百圓手標를今月二十二日路中見失이오니內外國人間誰某拾得흐와도休紙施行흠

平南江西郡々內面東島里二統四戶 吳最權 告白

我國風土가작蚕에適合흠과本社成績의良好흠은世所共知인바今에公益을發展키爲흐야種繭及種卵을賣却흐오니有志僉位는早速來議흐시와時期를勿失흐심을至盼

但期限은陰二月十日內

販賣所 京城西部鑄洞一百九十三統三戶

大韓작蠶會社

販賣紹介所 新文館

京城南部薪井洞五十九統五戶

(電話一三九二番)

本人의次子夏永은年少沒覺ᄒᆞᆫ一個蒙騃인ᄃᆡ大興地居朴相玉尹秦榮禮山地居南駿熙李義浩德山地居任碩宰等이夏永을引誘ᄒᆞ야白晝所無ᄒᆞᆫ本人의畓이靑陽保寧等地에在ᄒᆞ다文券을僞造하고其畓土를證明認許ᄒᆞ라고面里長의信章을僞刻ᄒᆞ야夏永의名義로日債를圖得ᄒᆞ라고各處로遍行ᄒᆞ며陰謀를講張ᄒᆞ는바本人은自來片土가無ᄒᆞ고夏永은未成ᄒᆞᆫ蒙孩이오니無論內外國人ᄒᆞ고如許ᄒᆞᆫ畓券에見欺給債ᄒᆞ면徵受ᄒᆞᆯ處이無ᄒᆞ야一例見失ᄒᆞᆯ지니照亮ᄒᆞᆷ

忠南大興郡一南面九花洞　鄭敏好　告白

本人이本月二十五日에轉車中지갑을見失인바其中天安停車場李康헌許二百五十圓領受票와其他可考票를서失이오니誰某拾得勿爲施行ᄒᆞᆷ

校洞十一統三戶趙南吉　告白

本店에서開業ᄒᆞᆫ지十六年間僉君子의愛顧ᄒᆞ심을特蒙ᄒᆞ와今年부터業務을大擴張ᄒᆞ고春夏秋冬所用으로絨屬毛織等各國高等物品을現今多數直輸入이온바各地方에서는貿易에便利賣買키爲ᄒᆞ야特廉減價ᄒᆞ와郵便小包로酬應ᄒᆞ야代金은引換ᄒᆞ깃사오니十三道各郡僉君子는隨意請求ᄒᆞ심을望

振替貯金番號（韓國壹三番）

漢城中部鍾路砂器廛洞二十一統五戶　廣興泰　告白

本社의서同胞의衛生을注意ᄒᆞ야美國의서經驗單方으로流行通用ᄒᆞ는靈藥聖劑를買入ᄒᆞ야左開廣布ᄒᆞ오니有病君子와藥業에從事ᄒᆞ시는僉彦은爭先來購ᄒᆞ시옵

分賣와都賣에差別이有ᄒᆞ야一打(十二個)以上의都賣에는特別割引ᄒᆞᆷ

左開

秘製止痛藥　效能　外塗內服無處不適　消滯　止瀉　絕瘧　治痢無不神效ᄒᆞᆷ

喜蘇膏藥　效能　頭面　身體一切痛症　積年風濕　除痰　生션之道　립即奏效ᄒᆞᆷ

亞麟香膠　效能　毋論男女老少　勿嫌年久日淺一切咳소　服之則其效如神ᄒᆞᆷ

委花藥膏　效能　痔疾　瘰珠瘡　燒跌傷整咬等　諸症無雙聖藥

委花精水藥　效能　痳症　花柳毒　凡不潔血所祟症　婦人虛弱등症靈驗ᄒᆞᆷ

牛汁藥酒　效能　毋論男女老少氣血虛弱者服之則大補元氣身體强健ᄒᆞᆷ

韓美興業株式會社事務所

本院은韓國一般人民을爲ᄒᆞ야設立ᄒᆞᆷ은僉彦의已知ᄒᆞ는바어니와自今으로事務를一層擴張ᄒᆞ고診察을더욱精密히ᄒᆞ기爲ᄒᆞ야時間을午前十時부터午後四時까지無料로診察ᄒᆞ오며또特別診察所를置ᄒᆞ고些少의診察料로貴客의便宜를圖ᄒᆞ오니診察을要ᄒᆞ는僉彦은照亮을爲要

但特別ᄒᆞᆫ境遇에在ᄒᆞ야는時間을勿論ᄒᆞ고其請求를應ᄒᆞᆷ

京城南大門外　濟衆院　告白

官藥專賣特許

◎大韓全國에本堂製造發行ᄒᆞ는藥品은

消化新藥　**清心保命丹**　此丹은化痰止咳ᄒᆞ고順氣消滯ᄒᆞ며恒常長服ᄒᆞ면腸胃가健全

大補元氣　**蔘茸大補元**　大補元氣ᄒᆞ고滋腎健腦ᄒᆞ며先天不足과陽위不起에一切神効

蛔積殺虫散　此약은회積과회腹痛과회虫一切을去根ᄒᆞ는良劑

久滯大通丸　此丸은年久積滯와宿滯後重이며胃腹痛에神効莫大ᄒᆞᆷ

瘡病新藥　**梅花點雪丹**　毋論男女ᄒᆞ고花柳病楊梅瘡에一切去根快復하는良藥

眼疾速効　**光明眼藥**　諸般眼疾에隨症皆差ᄒᆞ는東洋에初有ᄒᆞᆫ寶藥

起死回生　**回生丹**　此丹은急ᄒᆞᆫ吐瀉關格이며가슴아리와冷積과痢疾에神効

感氣神効　**解熱散**　寒熱往來ᄒᆞ며似학非학과頭痛眩暈와肢節痛에其効가偉大

齒痛新藥　**止痛健齒水**　虫齒와風齒와諸般齒痛에壹切神効

耳臭聖藥　**耳臭神藥**　無論男女ᄒᆞ고耳聾鼻塞이며耳鼻에關ᄒᆞᆫ病은隨症並差

疝症拔根　**疝積湯**　諸般산症에大談出賣ᄒᆞᆷ

寸虫沒出藥　寸白虫을一切去根ᄒᆞ는妙劑

뒤눈과못　**核根藥**　뒤눈과못과ᄉᆞ마귀를씨는藥

止足汗臭藥　手足의汗臭를除却ᄒᆞ는藥

去核生新　**沃度膏**　創瘡과腐傷과곰신되去核生新ᄒᆞ기는第一著明

最新改良　**百應膏**　無論男女老少ᄒᆞ고毒癧濕疹痰瘰諸般癰瘡에壹切特效가有ᄒᆞᆷ

淋疾藥各種　淋疾各症에壹週日만服ᄒᆞ면病根快復ᄒᆞ고腎氣가完全ᄒᆞᆷ

其他洋藥各種과◎賣藥各種◎都매散賣

◎遠地에는郵便小包로申速酬應ᄒᆞᆷ

漢城南大門內濟生堂大藥房　李庚鳳

代辦主任　李興國　白

◎特別廣告

普信閣鍾은曉夢을醒하고漢陽城梅는春色을誇ᄒᆞ시玆를際ᄒᆞ야思想이清新ᄒᆞ고心神이愉快ᄒᆞᆫ지라一穗紅燈을挑ᄒᆞ고擁衾而坐ᄒᆞ야書案에在ᄒᆞᆫ昨年度本舖藥業文簿의清帳을閱盡하온즉過去一年度萬般藥品의輸入輸出에海陸의危險을凌駕ᄒᆞ고賣買得失의天賜福利를剩得ᄒᆞ엿스니此는內外國請求ᄒᆞ신僉君子의滋德注愛ᄒᆞ신盛念所曁오며京鄉各處藥業紳商僉彦과本舖分舖支舖及出張所의各事務員諸氏의勤業勤務ᄒᆞ신合力効果로斷認ᄒᆞ오니僕々感謝ᄒᆞᆷ을不勝하옵나이다更히今年度開業預筭의對ᄒᆞ야滿[illegible]希望點으로內外國請求僉彦과藥商諸氏의게開運鴻禧의祝辭를奉獻ᄒᆞ오며本舖[illegible]는從大ᄒᆞᆫ業務로大擴[illegible]ᄒᆞ야[illegible]行에積立ᄒᆞ고東西洋의特別[illegible]藥과[illegible]材와[illegible]材와各種乾材藥品을大輸入[illegible]廣告ᄒᆞ오니幸望內外國僉[illegible]眷愛庇護ᄒᆞ사比前萬倍의請求[illegible]雲片갓치紛紛飛下ᄒᆞ심을敬要[illegible]

京城鍾路和平堂大藥房本舖主李應[illegible]白

◎特別廣告

檀君開國四千二百四十三年
箕子元年三千三十二年
大韓開國五百十九年
本報創刊日 光武八年七月十八日

大韓每日申報

發行兼編輯人 英國人 萬咸
Responsible for Publication Alfred Weekley Marnham.
發行所 京城中部石井洞三層洋屋家 大韓每日申報
第八卷　月曜及慶節翌日休刊　第一千三百卄五号

論說

◎二十世紀新國民 續

試思ᄒᆞ라不善、不美、不完全ᄒᆞᆫ孤立的經濟로ᄂᆞᆫ內로自國의發達을起치못ᄒᆞ며外로列國의爭衡을對치못ᄒᆞᆯ지며又再思三思ᄒᆞ라今日韓半島에盲風怪浪이如何ᄒᆞᆫ가彼日人의經濟界勢力이三千里江山을懷襄ᄒᆞ야彼의政府ᄂᆞᆫ奬勵ᄒᆞ며彼의人民은奮躍ᄒᆞ야大潮의橫行ᄀᆞᆺ치其勢가慘壯하니今日韓國同胞ᄂᆞᆫ何方法으로던지可히國民經濟의倒懸을解ᄒᆞ며可히國民經濟의發展을啓ᄒᆞᆯ수가有ᄒᆞᆯ진ᄃᆡ設或我一身에ᄂᆞᆫ目前의小利가無ᄒᆞ더라도我의體力、智力、財力을樂捐ᄒᆞ야國民經濟의功을成ᄒᆞ여야可히彼外來의勢力을對峙ᄒᆞ고同胞의生命을維持ᄒᆞᆯ지니勉ᄒᆞ라同胞여此가同胞의大利며此가同胞의天職이라鳴乎라今世界에生ᄒᆞᆫ者ᄂᆞᆫ經濟界에臨ᄒᆞ되반다시國民資格으로以치아니ᄒᆞᆷ이不可ᄒᆞ니라

因ᄒᆞ야同胞의經濟事業上時急ᄒᆞᆫ者로認ᄒᆞᄂᆞᆫ바一二의方法을陳ᄒᆞ노니(一)國家的經濟上直接方法을國民同胞가實行ᄒᆞᆷ이可ᄒᆞ도다　此ᄂᆞᆫ宜當히政府에서行ᄒᆞᆯ事나今日韓國에ᄂᆞᆫ不可不此를國民同胞가實行ᄒᆞᆯ지니即國民同胞가資力을合ᄒᆞ야或內地에大規模의實業學校、工場等을設施ᄒᆞ야外國人敎師技術家等을聘來ᄒᆞ며或海外에留學生을派遣ᄒᆞ야國民으로ᄒᆞ야금實際的으로實業上技術知識을發達케ᄒᆞ야實業開發의基礎를作ᄒᆞ며(二)改良發達을實行ᄒᆞᆷ이可ᄒᆞ도다彼外人이韓人을笑罵ᄒᆞ야日韓人은空論에込ᄒᆞᆫ다ᄒᆞ니即空論만長ᄒᆞ고實行이短ᄒᆞ다ᄒᆞᆷ이라此實同胞의一警ᄒᆞᆯ바로다試思ᄒᆞ라韓國의開港이幾年고至今ᄭᆞ지一燐寸製造者가不現ᄒᆞ며一硝子製造者가不現ᄒᆞ고又或些少ᄒᆞᆫ物品製造者가有ᄒᆞ더ᄅᆡ도其原料의品은製치못ᄒᆞ며其精妙의法은知치못ᄒᆞ야假令一卷煙草製造者가有ᄒᆞ다ᄒᆞ면其切草를日人에게買來ᄒᆞ며其卷紙를日人에게買來ᄒᆞ며其器械를日人에게買來ᄒᆞ니鳴乎라아모리資本이乏ᄒᆞ며아모리政府가奬勵치아니ᄒᆞᆫ들彼鐵道汽船電力瓦斯等은製造치못ᄒᆞᆯ지언뎡엇지此燐寸、硝子、卷煙草等이야完全製造치못ᄒᆞ리오此ᄂᆞᆫ不可不國民同胞의責이라ᄒᆞᆯ지니同胞ᄂᆞᆫ아모조록實行을亟務ᄒᆞᆯ지며(三)世界人과貿易을大張ᄒᆞ야韓國으로ᄒᆞ야금世界的國家의本能을發揮ᄒᆞ며世界的市場의利益을博ᄒᆞᆯ等이是라

快美ᄒᆞ다韓國經濟界ᄂᆞᆫ悲觀이아니오樂觀이로다韓國의自然力及自然物로觀ᄒᆞ던지人民勞働力으로觀ᄒᆞ던지生產力(以上所謂生產이皆有形生產을指稱ᄒᆞᆷ이라)의望이大ᄒᆞ며又亞細亞太平洋要衝에當ᄒᆞᆫ半島國으로將來海陸貿易의패王이될지니同胞여勉ᄒᆞᆯ지어다

(五)國民과政治　吾人은政治的動物이라此에倚ᄒᆞ야立ᄒᆞ며此에倚ᄒᆞ야長ᄒᆞ나니試看ᄒᆞ라彼듀돈族이翻山岳動天地의勢로東西를橫絕ᄒᆞᆷ은何故오日政治思想이富ᄒᆞ고政治能力이强ᄒᆞᆫ故오彼ᄉᆞ랏무族이同一ᄒᆞᆫ歐洲民이오同一ᄒᆞᆫ大國民으로도오히려露國專制의熖이不熄하며彼支那族이四億萬人口로도오히려精國維新의業이不擧ᄒᆞᆷ은何故오日政治思想이少ᄒᆞ며政治能力이弱ᄒᆞᆫ故니라

鳴呼라韓人의政治思想과政治能力이缺乏ᄒᆞᆷ은志者의同聲悶嘆ᄒᆞᄂᆞᆫ빅라只今韓人中政治思想과政治能力을有ᄒᆞᆫ者가全無ᄒᆞᆷ은아니나此ᄂᆞᆫ少數人民에不過ᄒᆞ나니試看ᄒᆞ라今日此境에在ᄒᆞ여서도猶曰吾儕ᄂᆞᆫ農商工의愚民이라國事를何知리오ᄒᆞ며天日이無光ᄒᆞᆫ窟中에서擊壤의閒人을作ᄒᆞᄂᆞᆫ者ㅣ多ᄒᆞ나니此ᄂᆞᆫ政治思想缺乏의一例오又何等政黨社會를組織ᄒᆞ더ᄅᆡ도裂缺이多ᄒᆞ며進就가少ᄒᆞᆷ은即政治能力缺乏의一例라

(未完)

外報

◎防穀令과英商　淸國滿洲等地에防穀令으로因ᄒᆞ야哈爾賓의英商마츠가ᄅᆡ르洋行은百二十萬兩、뉴ㅣ만洋行은八十五萬兩의損失을被하엿合으로穀物去來를契約ᄒᆞᆫ淸國公司를相對者로ᄒᆞ야北京公使를經由ᄒᆞ야淸國政府에損害賠償을要求ᄒᆞ엿다더라

◎德國選擧法　德國議會에서社會黨代議士의質問에對하야宰相베ㅣ드만、불우의츠이氏ᄂᆞᆫ全然히德國의選擧法을改定치못ᄒᆞᆯ旨로斷言ᄒᆞ엿다더라

◎土國政黨離叛　土耳其國政府의處置에對ᄒᆞ야不滿을懷ᄒᆞᄂᆞᆫ靑年土耳其黨(政府黨)의代議士四十三名은今回脫黨ᄒᆞ야特別히民黨을組織ᄒᆞ얏다더라

◎露國借欵提議　露國은淸國錦愛鐵道借欵問題에對ᄒᆞ야同鐵道ᄂᆞᆫ東淸鐵道에不利를貽ᄒᆞᆷ이多大ᄒᆞ다ᄒᆞ야其代에張家口庫倫及恰克圖에到ᄒᆞᄂᆞᆫ鐵道借款案을提議ᄒᆞ엿다더라

◎淸國領海問題　淸국海軍의再興에關ᄒᆞ야載洵貝勒及薩鎭冰提督은淸國領海의管理에對ᄒᆞ야列國과會議를開하야商議ᄒᆞᆯ事를外務部에請求ᄒᆞ엿다더라

◎土勃開戰　土耳其와勃加利兩國은繼續戰鬪中인ᄃᆡ兩國의國境되ᄂᆞᆫ후의리포츠벨南方담라츠시에서兩軍의砲兵이相戰ᄒᆞ엿다더라

◎摩王服從　法國外相비시온氏ᄂᆞᆫ摩洛哥國王의게最後通牒을承認ᄒᆞᄂᆞᆫ回答을得ᄒᆞ엿다더라

◎法國徵兵　法國議會ᄂᆞᆫ알져리아에土民을軍隊로使用ᄒᆞᄂᆞᆫ案을可決ᄒᆞ엿다더라

學界

◎通川徽音　江原道통川郡紳士金珣根氏가張潤升盧永[illegible]氏와協力ᄒᆞ야資本을鳩聚[illegible]該郡鄕校內에闡明學校를[illegible]ᄒᆞ고校長은崔遇宗敎師ᄂᆞᆫ[illegible]運金元根金容燮諸氏로選[illegible]고該郡々守崔祺集郡主事金東和前主事金東赫諸氏가一邊으로一境青年을募集ᄒᆞ야入學케ᄒᆞ고一邊으로一郡紳士를團聚ᄒᆞ야學務會를組織ᄒᆞ야敎育에熱心ᄒᆞᆷ으로國境人民이頑夢을警醒ᄒᆞ엿스며裁判所書記李鍾淵繙譯官都有華兩氏가該校內에夜學硏究所를設立ᄒᆞ고夜學員을募集ᄒᆞ야法律과語學을講習케ᄒᆞᆫ다더라

詞藻

◎杜鵑歎◎

空山이寂寞ᄒᆞᆫᄃᆡ、슬피우ᄂᆞᆫ뎌杜鵑은。蜀國興込이、어제오늘아니언만。至今셧、피나게울음우러、後人경계。

宮廷彙報

◎筵講開筵 大皇帝陛下씌옵서昨日부터 御講筵을開ᄒᆞ시고經義를 下詢하옵시기爲ᄒᆞ야金鶴鎭中樞院議長金允植奎章閣卿趙同熙를 命ᄒᆞ샤叅內侍講케ᄒᆞ라ᄒᆞ셧다더라

◎預備金支出 漢城衛生會補助費五萬圓義兵鎭壓費二萬圓郵便物警送費七千四百四圓을預備金中支出ᄒᆞ기로 裁可되엿다더라

雜報

◎叅與例會 昨日統監府에셔叅與官例會를開ᄒᆞ엿ᄂᆞᆫᄃᆡ地方費中道路修築等事를討議ᄒᆞ엿다더라

◎統府晚餐會 預定과如히去月二十八日에統監府에셔晚餐會를開하고日本官吏及各外國人을請邀ᄒᆞ엿다더라

◎閣議可決 船員法及船舶檢查法은去月二十八日閣議에可決되엿다더라

◎土地調查官制 韓國土地調查에關ᄒᆞᆫ官制及施行規則은過日來로叅與官會議에셔議論ᄒᆞ엿ᄂᆞᆫ바로大概可決되엿ᄂᆞᆫᄃᆡ渡日ᄒᆞᆫ統監에게報告ᄒᆞ엿다더라

◎李氏運動說 李完用氏ᄂᆞᆫ十二四歲된女息이有ᄒᆞᆫᄃᆡ 皇太子殿下太子妃로되게ᄒᆞ기爲ᄒᆞ야運動ᄒᆞᆫ다ᄂᆞᆫ說이有ᄒᆞ다더라

◎都在病夢 承寧府總管趙民熙氏가再昨日下午一時에總相李完用氏를訪問ᄒᆞ고渡日ᄒᆞᆫ事項을協議ᄒᆞᆫ즉總理의所答이凡事가病勢快差ᄒᆞᆫ然後에在ᄒᆞ다ᄒᆞ엿다더라

◎財務報告印刷 度支部에셔ᄂᆞᆫ第三回財務經過報告書를目下印刷中인ᄃᆡ本月中旬에頒布ᄒᆞᆫ다더라

◎横山發程 內部地方局日人横山事務官은忠清南北道地方行政을視察ᄒᆞ기爲ᄒᆞ야本日에出發ᄒᆞᆫ다더라

◎何等緊要 李容九ᄂᆞᆫ何등緊要ᄒᆞᆷ을因ᄒᆞᆷ인지本月上旬頃에國民新報社長崔永年을日本에起送ᄒᆞᆫ다ᄂᆞᆫ說이有ᄒᆞ더라

◎尙不製定否 學部에셔宮內府로照會하되各郡文廟의朔望焚香等節을從來舊曆으로擧行ᄒᆞᆷ은幾百年規禮를成ᄒᆞᆷ인ᄃᆡ近日來로或陽曆或陰曆으로互用ᄒᆞ야儒林의論評이有ᄒᆞᆫ즉陰陽曆間에一定ᄒᆞᆫ規禮를製定示明ᄒᆞ야行政上에不便ᄒᆞᆷ이無케ᄒᆞ라하엿다더라

◎權氏招諭 學部大臣에게請願書를提呈하라다가該大臣에게見拒ᄒᆞᆷ을因ᄒᆞ야其目的을不達ᄒᆞᆫ權陽燮氏를再昨日中部警察署에셔招致說諭ᄒᆞ엿다더라

◎度支部新築 度支部에셔ᄂᆞᆫ所管諸官廳을一處所에統一設置ᄒᆞᆷ이可ᄒᆞ다하야現度支部所在地에家屋을新建築ᄒᆞᆫ다더라

◎菊池南行說 農商工部商工局長菊池ᄂᆞᆫ來八日頃에南韓視察次로出張ᄒᆞᆫ다더라

◎山局學所 農商工部山林局에셔ᄂᆞᆫ該局官吏가學術講習所를設立하고森林에關ᄒᆞᆫ學術을研究ᄒᆞᆫ다더라

◎期達目的 東亞贊英會에셔伊藤氏에銅像을搬立ᄒᆞ기爲ᄒᆞ야人民에게十錢式收斂ᄒᆞᆯ次로警視廳에請願ᄒᆞ엿다가退却을遭ᄒᆞᆷ은一般知了ᄒᆞᄂᆞᆫ바어니와該會員이各其幾百圓式自擔辨出ᄒᆞ야目的을期於到達ᄒᆞ기로目下協議中이라더라

◎別々冊子 內部警務局에셔ᄂᆞᆫ何등必要를因ᄒᆞᆷ인지犬에關ᄒᆞᆫ習慣一斑이라ᄂᆞᆫ冊子를編纂發刊ᄒᆞ야該部一般官吏의게一部式分給ᄒᆞᆫ다더라

◎日人增加數 一月末日의韓國內居留日人數爻ᄂᆞᆫ一月末에比ᄒᆞ면一萬八千七百十七人이增加되엿다더라

◎鏡祭報告 咸北慶源郡에在ᄒᆞᆫ龍堂은幾百年享祀之所로셔甲午以後에廢止되엿ᄂᆞᆫᄃᆡ該郡人民들이該龍堂을復設ᄒᆞᆯ次로道郡에請願ᄒᆞᆫ故로該道觀察使가事實을擧ᄒᆞ야三昨日宮內府에報告ᄒᆞ고認許를要ᄒᆞ얏다더라

◎安氏之母 安重根氏의慈親은今番安氏死刑判決의宣告를聞ᄒᆞ고怒罵絕叫하야日伊藤이ᄂᆞᆫ多數韓人을殺ᄒᆞ엿거ᄂᆞᆯ安重根이가伊藤一人을殺ᄒᆞᆫ것이何罪오ᄒᆞ며又日日本裁判所가各國人辯護士를不納ᄒᆞᆫ것은無知가極ᄒᆞᆷ이라ᄒᆞ엿다더라

◎大鯨獲得 去月廿二日에慶北興海郡北下面島에ᄂᆞᆫ長三十六尺되ᄂᆞᆫ鯨一首가漂着ᄒᆞ엿ᄂᆞᆫᄃᆡ該地村民이獲得ᄒᆞ엿다더라

◎太極教와當局 太極教人中에或新教育을反對ᄒᆞᄂᆞᆫ者가有ᄒᆞ다ᄒᆞ야當局에셔ᄂᆞᆫ此에監督方法을執코져ᄒᆞᆫ다더라

◎順川消息 順川市場騷擾事件으로被捉된者가合九十六名에達ᄒᆞ엿고尙且逮捕를續行ᄒᆞᄂᆞᆫ中이라ᄒᆞ며近者부터市場이開市되엿다더라

◎其任急赴 水標橋等地居ᄒᆞᄂᆞᆫ金錫源氏ᄂᆞᆫ省墓次로麻田郡에前往ᄒᆞ다가積城江新亭에셔義兵에게被執ᄒᆞ엿다ᄂᆞᆫ說이該氏本家에來到ᄒᆞᆫ故로三昨日其親姪某氏가急々히該地로前往ᄒᆞ엿다더라

◎因債執土 新門外阿峴居方順興氏ᄂᆞᆫ中部東谷居裴東赫氏에게債務二千餘圓을過期未償ᄒᆞᆫ故로裴氏가日前京城地方裁判所에起訴하야仁川郡에在ᄒᆞᆫ方氏의田土五十餘石落을執行ᄒᆞ엿다더라

◎貧來之僧 前協辦李根培氏ᄂᆞᆫ其親姪景熙氏를教育식히게다하야日人을家中顧問으로雇聘ᄒᆞ고每朔月俸을卅圓으로定ᄒᆞ얏ᄂᆞᆫᄃᆡ該日人이教育은姑舍ᄒᆞ고反히金錢만消耗ᄒᆞᆫ다더라

◎將次鳴冤 忠南瑞山郡大山面과泰安郡梨園面과沔川郡倉宅面에在ᄒᆞᆫ民有地가牧場에誤入되여賭代를冤徵ᄒᆞᆫ事件으로該土地主代表人이京鄉各官廳에屢次請願ᄒᆞᆫ結果로昨冬에公州財務監督局에셔實地調查後民有되ᄂᆞᆫ證據를擧ᄒᆞ야度支部에報告ᄒᆞ엿스나尙無決處故로該地主들이將次上京ᄒᆞ야又爲鳴冤코셔ᄒᆞᆫ다더라

◎抑冤莫伸 甑山郡居ᄒᆞᄂᆞᆫ李君七氏가平壤居ᄒᆞᄂᆞᆫ前叅領鄭觀朝氏의게石炭價를推尋次로裁判ᄒᆞᆫ다ᄒᆞᆷ은已報어니와李氏의證據가分明ᄒᆞ되鄭氏가何등運動이有ᄒᆞ던지李氏가又爲落科ᄒᆞ엿다ᄂᆞᆫᄃᆡ李氏의抑冤莫伸ᄒᆞᆷ을莫不嗟아ᄒᆞᆫ다더라

◎金礦請認 平北朔州郡城上面長洞里三東下洞金礦을全台憲盧允大等四氏가去十四日農商工部에請願하고認許를要求하엿다더라

◎髮探被選 日憲兵司令部에셔有髮偵探客을多數募集ᄒᆞᆫ다ᄒᆞᆷ은已報ᄒᆞᆫ바어니와更聞ᄒᆞᆫ즉北壯洞居ᄒᆞᄂᆞᆫ前承旨沈某도該偵探에被選되야奔汲ᄒᆞᆫ貌樣이라고批評이有ᄒᆞ다더라

◎偵探又出 日憲兵司令部偵探車용升ᄂᆞᆫ本是夜珠峴등地에셔網巾匠이로資生ᄒᆞ더니各地方物議를偵探ᄒᆞ기爲ᄒᆞ야今明間發程ᄒᆞᆫ다더라

◎空砲發火 龍山駐在日本步兵第十二聯隊에셔ᄂᆞᆫ昨日上午十時부터同十二時까지該附近地에셔空砲發火鍊習을行ᄒᆞ엿다더라

◎李氏發行說 佛教宗務院에셔本寺ᄂᆞᆫ梁山郡通度寺로定ᄒᆞ엿ᄂᆞᆫᄃᆡ該院長李晦光氏가宗務에關ᄒᆞᆫ事로日間該寺로발向ᄒᆞᆫ다더라

◎典社設立 吳台煥洪鎭裕氏등이龍山等地에株式典當會社를設立ᄒᆞᆯ次로每株五十圓式株金을募集ᄒᆞ야應募者가百餘株에達ᄒᆞ엿다더라

◎益々擴張 漢城鍾路에在ᄒᆞᆫ和平堂藥房에셔業務가益々擴張ᄒᆞᆷ은一般知了ᄒᆞᄂᆞᆫ바어니와京鄉各藥商들이該藥房支店과出張所에對ᄒᆞ야藥品請求書가踏至ᄒᆞᆫ다ᄂᆞᆫᄃᆡ該藥品이神妙ᄒᆞᆯ뿐아니라請求酬應에信用이多有ᄒᆞᆫ所致라더라

◎救營視察 救世軍正尉美國人실노氏와叅尉金星煥氏가廣州郡松坡에在ᄒᆞᆫ救世軍支營을視察ᄒᆞ기爲ᄒᆞ야再昨日에發程ᄒᆞ엿다더라

◎喪奔後上學 日本에留學ᄒᆞ던柳公鐸氏ᄂᆞᆫ其先親柳東作氏의訃音을承聞歸國ᄒᆞ엿다가昨日上午九時에京釜線으로발程渡日ᄒᆞ엿다ᄂᆞᆫᄃᆡ其親知人이多數餞別하엿다더라

◎因何不許 忠北懷仁郡居李召史ᄂᆞᆫ年今四十餘歲인ᄃᆡ漢文算術을能解ᄒᆞ고女工凡百이無不嫺熟ᄒᆞᆷ으로各女學校에셔教師로延聘코져ᄒᆞ되該夫人이一向不許ᄒᆞᆫ다더라

◎試後宴會 養正義塾法律科卒業試驗이隔日하엿ᄂᆞᆫᄃᆡ一般學員이各其金四圓式醵集ᄒᆞ야卒業後에該校一般任員을宴待하기로協議中이라더라

◎致賀會發起 淑明高等女學校生徒의成績이良好ᄒᆞᆷ은一般任員의熱誠教導ᄒᆞᆫ바라ᄒᆞ야該學生의父兄中에申昌潤徐起淳郭漢七氏等이發起ᄒᆞ야該校任員의致賀會를來八日下午七時明月館에셔開催ᄒᆞᆫ다더라

◎傳教協議 平北龍川郡居ᄒᆞᄂᆞᆫ李基唐氏ᄂᆞᆫ天主教에洗禮를受ᄒᆞ고地方教育界에名譽가素著ᄒᆞ더인ᄃᆡ主教閔아스그딩氏와協議ᄒᆞᆫ結果로平北各郡에傳教事業을擴張하기로힛다더라

可付一笑

昨日本報에何記事를因ᄒᆞᆷ인지內部에셔國漢文兩報를並히押收하엿더라

◎禊長卞明 本報壹千壹百九號雜報欄內에朴明圭李學仁兩氏가仁川港老人禊々錢을多數乾沒ᄒᆞ엿다ᄂᆞᆫ事ᄂᆞᆫ今에該禊長의卞明ᄒᆞᆷ을據ᄒᆞᆫ즉禊員中某々人이同禊錢을多少間染指ᄒᆞᆫ事ᄂᆞᆫ有ᄒᆞ나朴李兩氏ᄂᆞᆫ初無是事라ᄒᆞ엿더라

電報

◎政界觀測 日本政界에셔ᄂᆞᆫ今番韓國問題解決된ᄃᆡ對ᄒᆞ야韓人間의別般動搖가無ᄒᆞ리라고觀測ᄒᆞᆫ다더라

東京電 二月廿八日着

▲時事觀察▼

▲春夏秋冬四時節에日々時々쉬지안코二千萬人各心田에愛國ᄒᆞᄂᆞᆫ眞理種子無數ᄒᆞ게ᄲᅮ리지만더日氣가사나와셔農作이不盛이라農事狀況視察코져顯微鏡을눈에ᄃᆡ고次第檢查ᄒᆞ여본다

▲ᄒᆞᆫ心田을檢查ᄒᆞ니흙은젹고돌은만하眞理種子ᄯᅥ러지면싹은쉬히나더ᄅᆞ도히만번쎡ᄯᅩ히면은인히말나업셔지니精神教育全無ᄒᆞ고日語研究專門ᄒᆞ야奴隷되기自願ᄒᆞᄂᆞᆫ통譯者의心田이오

▲ᄯᅩᄒᆞᆫ心田檢查ᄒᆞ니草萊荊棘蔓延ᄒᆞ야眞理種子ᄯᅥ러지면큰그늘이덥히여셔空氣流통아니되여인히슬어업셔지니天賦良心잇지만은貪慾心이북밧쳐셔鷹犬되기自願ᄒᆞᄂᆞᆫ偵探客의心田이오

▲ᄯᅩᄒᆞᆫ心田檢查ᄒᆞ니黑色蝗虫繁盛ᄒᆞ야眞理種子ᄯᅥ러지면그種苗를다파먹어온젼ᄒᆞᆫ알ᄒᆞ나업ᄂᆞᆫ가라지만남앗고나家國前程不顧ᄒᆞ고判任一級志願ᄒᆞ야從卒되기自願ᄒᆞᄂᆞᆫ卑劣者의心田이오

▲ᄯᅩᄒᆞᆫ心田檢查ᄒᆞ니天府金湯沃土로다眞理種子ᄯᅥ러져셔榮養分을吸收ᄒᆞ야양々豐登ᄒᆞ엿스니百倍千倍되엿도다一身禍福不計ᄒᆞ고國家事에힘을써셔同胞救援自擔ᄒᆞᄂᆞᆫ靑年學生心田이라

▲各心田을視察ᄒᆞᆫ後帶月荷鋤歸家路에沿路各田살펴보니排驟鳥가ᄯᅦ를지어眞理種子ᄲᅮ릴ᄯᅢ에ᄯᅡ헤ᄯᅥ러지기前에痕跡업시啄食이라木人이나把守세고西洋鐵을ᄲᅡᆼ々울녀식고ᄌᆞ리라

廣告

本人의父親李大鎬氏가年滿六旬의昨年三月分의忽然出門ᄒᆞ옵셔于今싸지歸家치아니ᄒᆞ옵시고其住處를不知ᄒᆞ와坐待키不敢ᄒᆞ와一邊全國을廣探ᄒᆞ며玆에廣告ᄒᆞ오니誰某氏시던지逢着ᄒᆞ시거던卽通知ᄒᆞ시면厚謝ᄒᆞ깃ᄉᆞ옵나이다

廣州實村面冶浦洞　敬洙　希洙等　告白

本人西部皇華坊板井洞六十統十四戶草家四間午貫文旨셔失故誰某拾得休紙施行홈

朴根明　告白

本人의半篆姓名章을昨年六月에本郡停車場附近에셔失矣더니七月에本郡居金大鉉氏가拾得還給이기領卽休之ᄒᆞ고純篆으로改印行用하오니照亮홈

郭山郡嚴庄里池泳聰　白

漢城 私立普成中學校

本校에學徒를新募하니願學僉員은三月二十三日內로請願홈

試驗科目　國漢文　算術四則

本人이已酉陰十月二日에篆字陽刻姓名章을遺失하엿스니誰某拾得ᄒᆞ야도無効로認定홈

開城　崔增復　告白

本商會에셔烟草를製造販賣ᄒᆞ온지週年間에我同胞의愛顧購用ᄒᆞ시는厚恩을特蒙하와營業이漸進發達ᄒᆞ오며大段感謝ᄒᆞ오며今年부터는製造業을比前大擴張ᄒᆞ옵고一層精美케ᄒᆞ와大發賣ᄒᆞ올터이

愛用ᄒᆞ심을務望홈

南部甲洞三十五統六戶

江山烟草商會　告白

漢陽商會

地方에處在하신여러분紳士에게仰告ᄒᆞ옵나이다

僉位가弊店에莫大ᄒᆞ신同情으로物品을數多命用ᄒᆞᄉᆞ每日數萬圜巨額에達케ᄒᆞ신僉位의盛意는感荷不己이옵거니와間或物品을多數請求ᄒᆞ시고도郵便局又는運送店에셔物品의到着ᄒᆞᆫ通知가有ᄒᆞ야도推尋치아니ᄒᆞ심으로仍而返却되는者ㅣ全數의거의二割이나至ᄒᆞ온지라此는반다시不意의出他或忘却ᄒᆞ신所致이옵되弊店에取ᄒᆞ야는不少ᄒᆞᆫ影響이오니從來부터去來하시는紳士는已이니와今後로셔로히物品을注文ᄒᆞ시는僉位는아모됴록送致料에相當ᄒᆞᆫ金額이라도先金으로弊店郵便振替貯金口座韓國十八番에無料로貯金ᄒᆞ시고注文書를送致ᄒᆞ시기바라옵나이다

(何處郵便所에던지振替貯金用紙가有ᄒᆞ오니此를無料로請求ᄒᆞ시고無料로貯金ᄒᆞ시옵)

漢陽商會

本人의姓名章이本圓形인딕今二十五日셔失ᄒᆞ야改以方形ᄒᆞ오니知舊間照亮ᄒᆞ시옵

徐相乾　告白

國文 初等大韓歷史　特別減價二十錢

國文 初等大韓地誌 附地圖　特別減價十五錢

右書는純國文으로簡易케著述ᄒᆞ야女子社會와勞働學校의獨習케必要ᄒᆞ오니速速購覽ᄒᆞ시옵

發賣所　中部布屛下廣學書舖金相萬

本人이昨冬부터西小門內卜車橋北隣에柴場을設置ᄒᆞ고柴一駄에三錢式收捧ᄒᆞ야營業ᄒᆞ온마近日組織된漢城柴場組合과는何等關係가無홈

西署西小門內　法人柴場

徐議官度相氏以宿患陰今月十六日別世事

子　一懋　漢懋　克懋　元懋　亨懋

護喪　韓圭永　訃告

葬禮陰正月二十二日施行홈

西部積善坊都染洞卄三統六戶

本人이手匣中盧基宣保金昇洙處의俵給一百圓手標를今月二十二日路中見失이오니內外國人間誰某拾得ᄒᆞ와도休紙施行홈

平南江西郡今內面東島里二統四戶　吳桑植　告白

特別廣告

漢陽商會는我同胞가가장誠意로써歡迎하는우리나라第壹되는最新式規模로經營하는特色잇는商店이오

漢陽商會는海外物貨製造場으로第一有名ᄒᆞᆫ各國最大商店과特約代理의關係가有하야最低廉最良好ᄒᆞᆫ物品을輸入하는特權잇는商店이오

漢陽商會는我邦物產을外國으로輸出하야海外의金融을吸收ᄒᆞ야我國經濟界의富源을製造ᄒᆞ는國家的商店이오

漢陽商會는我邦舊來商家의弊習을刷新改良코져晝夜盡力하는義務的商店이오

漢陽商會는一般商家로ᄒᆞ야금廣告의必要를感醒케ᄒᆞ야勇進奮發의心을鼓吹ᄒᆞ는商店이오

漢陽商會는我全國各處商業家와連結ᄒᆞ야根本的實業發展의本領을實行ᄒᆞ는商店이니다

大韓皇城鍾路　輸出輸入商　漢陽商會

電話　一九一番

特別廣告

玉虎書林專賣特許 총 帽子十店

研究의效果

우리大韓총帽子가四年春에는[illegible]가不無하더니研究를더하야夏秋부터綱絲로別紋으로緣絲製造하야益美하야四時用에各宜하니이것이研究의效果오이다

우리大韓총帽子는塵汗의汚홈을水에洗하야소다로洗濯하며方正을如意히作樣하야乾後에冠을戴하면精潔如新하야衛生上에必要한것홈이天下에第一이니이것이研究의效果오이다

우리大韓총帽子는綱織으로數十年을經過用하야도弊傷이無하야經濟上에必要홈이天下에第一이니이것이研究의效果오이다

우리大韓총帽子는隆熙三年三月二十一日에發明하고仝年五月六日에專賣特許를仝月十八日에商票登錄을得하야內外國에發售홈을會計하야決算홈을多年研究的消費를除하고도年의利益金이生하엿스니世界에向하야感謝오며隆盛四年度에研究할것效果가千萬倍나多盛에서은秦西의工商大家에서言하바어니와今年에는價로東西洋을[illegible]

帽子定價表

中折 一圓五十錢
中入 四圓五十錢
婦人 四圓五十錢
美利 四圓五十錢
運動 一圓五十錢
學徒 六十錢

本店은五圓以上卸賣하시면三割引하고帽子一打를사시면一個를[illegible]

左 開

本社의서[illegible]流行하야[illegible]用하고[illegible]를開業하오니有病君子와藥業에從事하시는僉彥은爭先來購하시옵

分賣와都賣에差別이有하야一打(十二個)以上의都賣에는特別割引홈

秘製止痛藥
效能 外塗內服無處不適 消滯 止瀉 絕痛 治痢無不神效홈

喜蘇膏藥
效能 頭面 身體一切痛症 積年風濕 除痰 生肌之道 립即奏效홈

亞麟香膠
效能 毋論男女老少 勿嫌年久日淺一切 咳소 服之則其效如神홈

委花藥膏
效能 疔疾 瘰珠瘡 跌傷蟄咬等 諸症無雙聖藥

委花補水藥
效能 痢症 花柳毒 凡不潔血所祟症 婦人虛弱등症 靈驗홈

牛汁藥酒
效能 毋論男女老少氣血虛弱者服之則大補元氣身體强健홈

韓美興業株式會社事務所

本院은韓國一般人民을爲하야設立홈은僉彥의已知하는바어니와自今으로事務를一層擴張하고診察을더욱精密히하기爲하야時間을午前十時부터午後四時까지無料로診察하오며또特別診察所를置하고些少의診察料로貴客의便宜를圖하오니診察을要하는僉彥은照亮을爲要

但特別한境遇에在하야는時間을勿論하고其請求를應홈

京城南大門外 濟衆院 告白

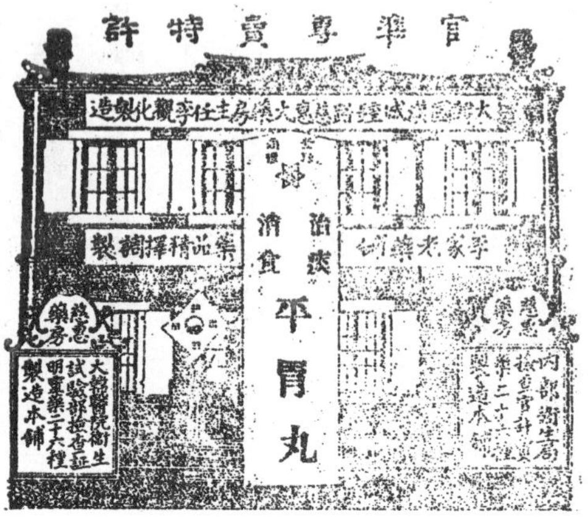

大韓全國에本堂製造發行하는藥品은

消化新藥 淸心保命丹 — 此丹은化痰止咳하고調氣消滯하며恒常長服하면腸胃가健全

大補元氣 蔘茸大補元 — 大補元氣하고滋腎健腦하며先天不足과陽위不起에一切神效

蛔積殺虫散 — 此약은회積과회腹痛과회虫一切을去根하는良劑

久滯大通丸 — 此丸은年久積滯와宿滯後重이며胃腹痛에神効莫大홈

瘡病新藥 梅花點雪丹 — 毋論男女하고花柳病楊梅瘡에一切去根快復하는良藥

眼疾速効 光明眼藥 — 諸般眼疾에隨症皆差하는東洋에初有한寶藥

起死回生 回生丹 — 此丹은急한吐瀉關格이며가슴아리와冷積과痢疾에神効

感氣神効 解熱散 — 寒熱往來하며似학非학과頭痛眩暈와肢節痛에其効가偉大

齒痛新藥 止痛健齒水 — 虫齒와風齒와諸般齒痛에壹切神効

耳鼻聖藥 耳鼻神藥 — 無論男女하고耳聾鼻塞이며耳鼻에關한病은隨症並差

疝症拔根 疝積湯 — 諸般산症에大談出賣홈

寸虫沒出藥 — 寸白虫을一切去根하는妙劑

회충과못 拔根藥 — 회눈과못과사마귀를뻬는藥

止足汗臭藥 — 手足의汗臭를除却하는藥

去核生新 沃度膏 — 創瘡과瘀傷과곱신되去核生新하기는第一良明

最新改良 百應膏 — 無論男女老少하고毒瘡濕瘡痰瘡諸般瘡疥에壹切特效가有홈

淋疾藥各種 — 淋疾各症에壹週日만服하면病根快復하고고腎氣가完全홈

其他洋藥各種과◎賣藥各種◎都매散賣
◎遠地에는郵便小包로申速酬應홈

漢城南大門內濟生堂大藥房 李庚鳳
代辦主任 李興國 白

◎特別廣告

普信閣鍾은曉夢을醒하고漢陽城梅는春色을誇하시茲를際하야思想이淸新하고心神이愉快하지라一穗紅燈을挑하고擁衾而坐하야書案에在한昨年度本舖藥業文簿의淸帳을閱盡하온즉過去一年度萬般藥品의輸入輸出에海陸의危險을凌駕하고賣買得失의天賜福利를剩得하엿스니此는內外國請求하신僉君子의滋德注愛하신盛念所暨오며京鄕各處藥業紳商僉彥과本舖分舖支舖及出張所의各事務員諸氏의勤業勤務하신合力効果로斷認하오니僕々感謝홈을不勝하옵나이다更히今年度開業預筭의對하야滿足한希望點으로內外國請求僉彥과藥商諸氏의게開運鴻禧의祝辭를奉獻하오며本舖에셔는優大한業務로大擴張하기爲하야巨額의資金을銀行에積立하고東西洋의特別聖藥과唐材와常材의各種乾材藥品을大輸入大發賣하깃기로廣告하오니幸望內外國僉君子계서는本舖를眷愛庇護하사比前萬倍의請求惠函이天涯의雲片갓치紛紛飛下하심을敬要

京城鍾路和平堂大藥房本舖主李應善白

◎特別廣告

檀君開國四千二百四十三年
箕子元年三千三十二年
大韓開國五百十九年
本報創刊日
光武八年七月十八日

大韓每日申報

Responsible for Publication Alfred Weekley Marnham.
發行兼編輯人　英國人　萬咸
發行所
京城南部石井洞三層洋屋家
大韓每日申報

第八卷　月曜及慶節翌日休刊　第一千三百卄六號

論說

二十世紀新國民（續）

然이나韓人의政治思想과政治能力이如斯히缺乏홈은決코韓人의先天的性質이아니라卽(一)專制의毒이極ᄒᆞ며(二)經濟의困이甚ᄒᆞ며(三)知識이乏홈등所以로此를馴致ᄒᆞᆫ바니果然인ᄃᆡ韓人의政治思想을奮興ᄒᆞ며政治能力을長養홈은實로不可能의事가아니라

嗚乎라同胞여同胞ᄂᆞᆫ政治思想을奮興ᄒᆞ며政治能力을長養ᄒᆞ야獨立的國民의天能을張ᄒᆞ며立憲的國民의資格을具ᄒᆞ야國家의命을維持ᄒᆞ며民族의福을擴張ᄒᆞ라

(六)國民과敎育　今日韓國의自由를復ᄒᆞ며文明을開ᄒᆞᆯ法門은卽敎育이라然이나彼國家에利가無ᄒᆞ거나或害가有ᄒᆞᆫ敎育卽無精神敎育、舊式敎育、魔敎育은決코二十世紀新國民의敎育이아니니

然則今日敎育界에國家精神、民族主義、文明主義等으로標幟를立ᄒᆞᆯ것은勿論이어니와吾儕ᄂᆞᆫ尙武敎育四字를大聲으로唱ᄒᆞ노니何故오ᄒᆞ면前節에論홈과如히此世界ᄂᆞᆫ軍國世界라世界列國이悉皆尙武敎育卽軍國民敎育을振興ᄒᆞᄂᆞᆫ故로彼와如히福利를獲得又擴張ᄒᆞ나니嗚乎라尙武敎育이아니면ᄂᆞᆫ決코國家精神、民族主義、文明主義를維持發揮치못ᄒᆞᆯ지며又況韓國과如히武力의衰頽ᄒᆞᆫ國으로尙武敎育이아니고ᄂᆞᆫ決코同天의道를望키難ᄒᆞ리니國民同胞ᄂᆞᆫ반다시尙武敎育을擴張ᄒᆞ야軍國民의精神을修養ᄒᆞ며軍國民의能力을俱備케ᄒᆞᆯ지어다

然이나現在韓國의敎育制度로ᄂᆞᆫ決코普及을望치못ᄒᆞᆯ뿐아니라又金融의乏이益甚ᄒᆞᆫ즉敎育界의悲運이益迫ᄒᆞᆯ지니엇지可嘆ᄒᆞᆯ者아닌가吾儕가已往에도一論ᄒᆞ엿거니와國民同胞가自意로義務敎育制度를仿用홈이可ᄒᆞᆯ진뎌

(七)國民과宗敎　宗敎ᄂᆞᆫ國民에게良感化를與ᄒᆞᄂᆞᆫ一大機關이라國民의精神氣槪가此에서基ᄒᆞᄂᆞᆫ者ㅣ多ᄒᆞ며國民의正義道德이此에서發ᄒᆞᄂᆞᆫ者ㅣ多ᄒᆞ나니彼歐美列強이宗敎와敎育을姉妹의關係로保護擴張홈이此를以홈이라。

然이나宗敎의奴隷가될뿐이오國家의觀念이無ᄒᆞ며宗敎의信徒가될뿐이오國民의精神이無ᄒᆞᆫ者ᄂᆞᆫ決코二十世紀新國民의宗敎가아닌뎌

目下韓國宗敎界에或國家的宗敎의正路를尋ᄒᆞᄂᆞᆫ者가無홈은아니나但只宗敎의奴隷가되며宗敎의蟊賊이되ᄂᆞᆫ者ㅣ亦不少ᄒᆞᆫ지라試ᄒᆞ야一論ᄒᆞ건ᄃᆡ儒敎ᄂᆞᆫ數百年韓國宗敎界에大勢力을有ᄒᆞᆫ者나然이나只今은大槪拘泥가甚ᄒᆞ며腐敗가極ᄒᆞ엿고佛敎ᄂᆞᆫ勢力이甚微ᄒᆞ야足論ᄒᆞᆯ것도無ᄒᆞ고天道敎ᄂᆞᆫ信徒가頗盛ᄒᆞ나吾儕ᄂᆞᆫ但其將來를眺望ᄒᆞᆯ뿐이며基督敎ᄂᆞᆫ勃々의勢가有ᄒᆞ나然이나此亦近日에ᄂᆞᆫ一種의沮害力이侵入ᄒᆞᆫ다ᄒᆞ니엇지可驚ᄒᆞᆯ바아닌가

然이나只今韓國宗敎界에在ᄒᆞ야最히盡力ᄒᆞᆯ것은(一)儒敎를改良ᄒᆞᄂᆞᆫ同時에其發達을勵圖ᄒᆞ며(二)耶蘇敎를擴張ᄒᆞᄂᆞᆫ同時에其精神을保全홈이니吾儕의斯言이何故오ᄒᆞ면儒敎ᄂᆞᆫ韓人에게敷與ᄒᆞᆫ바感化力이甚大ᄒᆞᆫ지라故로此를良法으로發揮ᄒᆞ야現世의國民的宗敎의地位를得케ᄒᆞ며耶蘇敎ᄂᆞᆫ各方面으로韓國宗敎界의第一位를占領ᄒᆞ야果然二十世紀新國民的宗敎의價値가有ᄒᆞ나니此를擴張ᄒᆞᄂᆞᆫ同時에其敎徒中無精神者를警起ᄒᆞ며又外來의侵力을驅除ᄒᆞ면可히國民前途의大福音을作ᄒᆞᆯ줄로思ᄒᆞᄂᆞᆫ故니라

論을此에結ᄒᆞ리로다吾儕가二十世紀新國民이라고題ᄒᆞᆫ第一日부터國民同胞에게何言을呈ᄒᆞ엿ᄂᆞ고曰吾儕가국民의覺悟를論ᄒᆞᆯ時에世界趨勢、文明進步、韓國地位를論ᄒᆞ엿스며吾儕가國民의道德을論ᄒᆞᆯ時에平等自由、正義、毅勇、公共을論ᄒᆞ엿스며吾儕가國民의武力을論ᄒᆞᆯ時에精神界와物質界의武力發興을論ᄒᆞ엿스며吾儕가國民의經濟를論ᄒᆞᆯ時에勤勉。進取、國民經濟를論ᄒᆞ엿스며吾儕가國民의政治를論ᄒᆞᆯ時에思想、能力을論ᄒᆞ엿스며吾儕가國民의敎育을論ᄒᆞᆯ時에尙武敎育義務敎育을論ᄒᆞ엿스며吾儕가國民의宗敎를論ᄒᆞᆯ時에國家的宗敎를論ᄒᆞ엿노니

嗚乎라同胞여同胞ᄂᆞᆫ試ᄒᆞ야斯論을聽ᄒᆞ라聽ᄒᆞ야斯論이可ᄒᆞ거던試ᄒᆞ야行ᄒᆞ라行ᄒᆞ야二十世紀新國民이될지어다

最終에吾儕ᄂᆞᆫ韓國에對ᄒᆞᆫ希望을一論ᄒᆞ노니某學者가亡國의理由를說明ᄒᆞ야曰(一)國土가狹ᄒᆞ고國民이少ᄒᆞᆫ國은必亡ᄒᆞ고(二)國民的國家가아닌國(立憲國이아니오一二人의專制ᄒᆞᄂᆞᆫ國)과世界大勢를逆ᄒᆞᄂᆞᆫ國은必亡ᄒᆞᆫ다ᄒᆞᆫ지라今此韓國은三千里山河가有ᄒᆞ니其국土가大ᄒᆞ며二千萬民族이有ᄒᆞ니其국民이衆ᄒᆞᆫ지라然則국民同胞가但只二十世紀新國民의理想氣力을奮興ᄒᆞ야國民的國家의基礎를鞏固ᄒᆞ야[illegible]ᄒᆞ며世界大勢의風潮를善應ᄒᆞ야文明을擴ᄒᆞ면可히東亞一方에屹立ᄒᆞ야强國의基를誇ᄒᆞᆯ지며可히世界舞臺에躍登ᄒᆞ야文明의旗를揚ᄒᆞᆯ지니嗚乎라同胞여엇지奮勵치아니ᄒᆞ리오（完）

外報

◎預算修正動議　英國統一黨首領오ー스틴、쟘바ー렌氏ᄂᆞᆫ去二十三日預算案修正에關ᄒᆞᆫ動議를議會에提出ᄒᆞ엿다더라

◎兩相會見　墺太利國外相의ー렌다ー루伯은德國宰相베ー도만、홀우의氏를訪問ᄒᆞ엿ᄂᆞᆫᄃᆡ兩政治家ᄂᆞᆫ歐洲近來의形勢를鑑ᄒᆞ야冷靜着實의態度를固執ᄒᆞ엿다더라

◎賊奪官糧　淸國蒙古馬賊隊長陶什淘을包圍ᄒᆞᆫ討伐軍은雪解를待ᄒᆞ야大攻擊을試ᄒᆞ기로準備ᄒᆞ며糧食과彈藥을多數輸送ᄒᆞ엿ᄂᆞᆫᄃᆡ陶什淘軍은雪中에隧道를穿ᄒᆞ야巧히官軍의糧食을奪ᄒᆞ엿다더라

學界

◎許入高等　官立교洞普통學校에서ᄂᆞᆫ來學期에該校補習科學員中優等生은官立漢城高等學校二年級에許入케ᄒᆞᆯ次로目下交涉中이라더라

◎壹齊上學　鳳鳴中學科退學生父兄諸氏가協議ᄒᆞᆫ結果로退學ᄒᆞ엿던壹般生徒가昨日부터上學ᄒᆞᆫ다더라

詞藻

❀藥　方　文❀

頭痛骨痛다싱기여、名醫의게무러보니、方文ᄒᆞᆫ張니여쥬며、連服ᄒᆞ라ᄒᆞ엿ᄂᆞᆫᄃᆡ、이것은、荊芥敗毒散爲根ᄒᆞ고、當丸加入。

雜報

◎官制頒布期　土地調査局官制議件은今週內內閣會議에付ᄒᆞᆫ다ᄂᆞᆫᄃᆡ來十五日頃에발布된다더라

◎農相의密議　農相趙重應氏ᄂᆞᆫ韓日合邦에關ᄒᆞᆫ東京電報를聞ᄒᆞ고宮內府大臣內部大臣學部大臣을自家에會集ᄒᆞ야何등議論이有ᄒᆞ엿다더라

◎戶口一覽表　統監府에셔韓國內에日人移住者의戶口一覽表를製定ᄒᆞ야各府部次官에게一件式을配付ᄒᆞ엿다더라

◎美人訪問　雲山金礦會社支配人美人메루헤푼氏ᄂᆞᆫ昨日美國領事와共히統監府를訪問ᄒᆞ엿다더라

◎質問答辯　去壹日에日本貴族院에셔韓國森林의現況及北韓防疫調査費에關ᄒᆞ야質問이有ᄒᆞ엿ᄂᆞᆫᄃᆡ統監府書記官兒玉이答辯ᄒᆞ엿다더라

◎解任賜金　內部土木局衛生工事課의事務ᄂᆞᆫ漸次終了됨으로該課韓日官吏를一切解任ᄒᆞᆫ다ᄂᆞᆫᄃᆡ恩賜金을分等支給ᄒᆞᆫ다더라

◎[illegible]團派遣　[illegible]遊[illegible]團에셔ᄂᆞᆫ[illegible]北關[illegible]에遊說委員을派送ᄒᆞ고[illegible]東新聞社長을紹介ᄒᆞ야趙重應氏에게目下運動中이라더라

◎李[illegible]九[illegible]行　李容九ᄂᆞᆫ日人[illegible]가共히日間成歡에赴ᄒᆞᆫ다더라

◎列名記發現　當局에셔李在明의事件으로偵察을行ᄒᆞᄂᆞᆫ中同黨類의列名記가발現되엿다ᄂᆞᆫᄃᆡ其關係者가六十餘名이라더라

◎岡次歸任期　內部次官岡喜七郞은來十三日頃에歸任ᄒᆞᆫ다더라

◎印刷云何　一進會長李容九ᄂᆞᆫ何等文字를印刷ᄒᆞ야各地方會員에게發布ᄒᆞᆫ다ᄂᆞᆫ說이有ᄒᆞᆷ으로昨日所管警察署에셔派巡調査ᄒᆞ엿다더라

◎林田出張　內部林田事務官은京畿及江原黃海三道의地方行政을視察ᄒᆞ기로決定되야昨日에爲先京畿地方으로出張ᄒᆞ엿다더라

◎圍碁賭金　中樞院顧問李址鎔氏ᄂᆞᆫ寺洞表任準氏와賭碁를闘ᄒᆞ야金貨百餘圓得失이有ᄒᆞ엿다더라

◎崔倅譴責　泰仁郡守崔鶴來氏ᄂᆞᆫ行政上에何等不美ᄒᆞᆫ事가有ᄒᆞᆫ지該道觀察使의게論責을當ᄒᆞ엿다더라

◎種牛送附　農商工部에셔ᄂᆞᆫ來七日에咸鏡北道로種牛二頭를送附ᄒᆞᆫ다더라

◎農部調査說　農商工部山林局에셔ᄂᆞᆫ本月부터各道官有山林等의調査를開始ᄒᆞᆫ다ᄂᆞᆫᄃᆡ調査員을七派에分ᄒᆞ야每派에日人奏任官一人韓日人判任官各一人으로組織ᄒᆞ며其經費ᄂᆞᆫ預備金으로支出ᄒᆞᆫ다ᄂᆞᆫᄃᆡ此ᄂᆞᆫ林政上必要를因ᄒᆞᆷ이오官有民有를區別코져ᄒᆞᆷ은아니라더라

◎度支發訓　度支部에셔ᄂᆞᆫ人民土地及結稅에關ᄒᆞᆫ事件은從來所管財務監督局에委任判決케ᄒᆞ엿ᄂᆞᆫᄃᆡ近日右項事件에不公平ᄒᆞᆷ이多ᄒᆞ야民怨이沸騰ᄒᆞᆫ故로該部에셔日前各地方財務監督局에發訓ᄒᆞ고人民土地及結稅에關ᄒᆞᆫ事件으로訴訟이有ᄒᆞ거던事實를調査報告ᄒᆞ라ᄒᆞ엿다더라

◎家屋稅督刷　漢城內一般貧民을이隆熙三年度下半期家屋稅를尙今畢納지못ᄒᆞ얏다ᄂᆞᆫᄃᆡ度支部에셔ᄂᆞᆫ官吏를各坊曲에派送ᄒᆞ야現方督刷ᄒᆞᄂᆞᆫ中이라더라

◎鹿子更購　宮內府御苑事務所에셔ᄂᆞᆫ動物園에鹿子를購入ᄒᆞ기爲ᄒᆞ야日間江陵等地에人員을派送ᄒᆞᆫ다더라

◎豈能久乎　商務組合部長李學宰ᄂᆞᆫ該任員에게强制手段을使用코져ᄒᆞᆷ으로一般任員이憾情을懷ᄒᆞ야左右攻駁이沓至ᄒᆞᆫ다ᄂᆞᆫᄃᆡ李의此任이長久치못ᄒᆞ리라더라

◎李家調査　中部相思洞李範晋氏本家에近日露國에셔何等書信이來到ᄒᆞ엿다ᄂᆞᆫ說이有ᄒᆞ다ᄒᆞ야所管警察署에셔再昨日派巡調査ᄒᆞ엿다더라

◎同盟罷工說　日人의經營ᄒᆞᄂᆞᆫ平壤에人車鐵道役夫三十餘名은雇金問題로非常激昂ᄒᆞ야同盟罷業을行코ᄌᆞᄒᆞᆫ다더라

◎弟待處分　宮內府所屬員役을除汰ᄒᆞᆫ後多少에恩賜金을支給ᄒᆞᆷ은已報어니와闕監廳員役十五名이漏落됨으로該員役等呼寃이有ᄒᆞ엿ᄂᆞᆫᄃᆡ再昨日該府에셔該員役等을招入ᄒᆞ야服務年限과居住姓名을調査ᄒᆞᆫ後處分을退待ᄒᆞ라ᄒᆞ엿다더라

◎朴氏將訴　皇后宮人夫尹寓善氏의令男寅求氏ᄂᆞᆫ洞口內居朴聖紹氏의게卷烟價四圓九十錢을延拖不報ᄒᆞᄂᆞᆫ故로再昨日朴氏가尹氏를松峴尹邸門前에셔逢着ᄒᆞ야其無信ᄒᆞᆷ을詰問ᄒᆞ며尹氏가自己下人을招出ᄒᆞ야朴氏를舍廊으로强制携入ᄒᆞ야無數毆打ᄒᆞ고衣冠을裂破ᄒᆞ엿ᄂᆞᆫᄃᆡ朴氏가將次此를擧ᄒᆞ야警視廳에告訴ᄒᆞᆫ다더라

◎金氏起訴　從二品閔京鎬氏가平北觀察在任時에義州郡金某에게金貨八百餘圓을取用ᄒᆞᆫ事가有ᄒᆞ다ᄂᆞᆫᄃᆡ該金氏가還推코져ᄒᆞ야日昨地方裁判所에起訴ᄒᆞ엿다더라

◎期限不遠　宣川郡居ᄒᆞᄂᆞᆫ紳士李鍾一氏가山林測量期限이迫頭ᄒᆞ되一般人民은尙此遲疑를懷ᄒᆞ고遷延ᄒᆞᆷ을悶歎히녀여該郡에測量事務支所를設立ᄒᆞ고附近各郡에躬行ᄒᆞ면셔測量이急務되ᄂᆞᆫ理由를到處說明ᄒᆞ되人民도未解ᄒᆞᆯ뿐더러地方官에셔證明書請願에對ᄒᆞ야舊文券이無ᄒᆞ다고證明을靳持ᄒᆞᆷ으로人民의疑点이層生ᄒᆞᆫ다ᄂᆞᆫᄃᆡ民有山林中累百年累十年을傳來ᄒᆞ야舊文券을中間遺失된境遇에ᄂᆞᆫ其所有되ᄂᆞᆫ理由書와該面里長의報憑書를提出ᄒᆞ야證明書를成給ᄒᆞᆷ이適當ᄒᆞ다더라

◎丹郡牛疫　丹陽郡造山面卜津里에셔ᄂᆞᆫ二月分에牛疫이發生ᄒᆞ야七頭가致斃ᄒᆞ엿다고該郡警察署에셔內部로修報ᄒᆞ엿다더라

◎車中注意　近日汽車中에도竊盜가多ᄒᆞ야日前京義線車中에셔乘客中革包에藏入ᄒᆞᆫ紙貨八十七圓竊取를被ᄒᆞᆫ者가有ᄒᆞ다니一般乘客은深히注意ᄒᆞᆯ바ㅣ라더라

◎演劇團束　中部警察署에셔ᄂᆞᆫ所管에在ᄒᆞᆫ各演劇場을團束ᄒᆞ기爲ᄒᆞ야取締規則을目下製定中이라더라

◎果種配付　漢城府에셔ᄂᆞᆫ各官立學校에林檎胡桃등各種果木에苗種을幾百本式配付ᄒᆞᆫ다더라

◎遊戲曠日　羣山港中立社에셔ᄂᆞᆫ舞童을多數會集ᄒᆞ야曠日遊戲ᄒᆞᆷ으로內外國人의一般嘲笑가莫甚ᄒᆞ다더라

◎到處慘景　安州警察署及日憲兵隊에셔同地人民中에財務署를害코져ᄒᆞᄂᆞᆫ人이有ᄒᆞ다ᄒᆞ야非常히搜索ᄒᆞᄂᆞᆫ故로該地人民이手足을不措ᄒᆞ야多數商民이市廛을撤閉ᄒᆞ고一般人心이恟々ᄒᆞ다더라

◎奇怪變行　平壤外川面居留日人松林愛太郞은黃州에在ᄒᆞᆯ時에日女中田을通ᄒᆞ야畢竟夫婦가되엿ᄂᆞᆫᄃᆡ該日女ᄂᆞᆫ元來淫行이莫甚ᄒᆞᆫ女라未幾에平壤日人家에逃去ᄒᆞ엿더니愛太郞이가追索ᄒᆞ야自家로携去ᄒᆞᆫ後에短刀로該女의陰部를剝刺ᄒᆞ야醜血이淋漓ᄒᆞ엿ᄂᆞᆫᄃᆡ該女ᄂᆞᆫ仍히致斃ᄒᆞ엿다더라

◎各犯處絞數　去月各罪犯中絞刑執行ᄒᆞᆫ數가八名이라더라

◎盜金遠走　李圭漢氏가陽城素沙等地에在ᄒᆞᆫ田庄을放매ᄒᆞ야金貨一千四百圓을受置ᄒᆞ엿더니該氏家에寄留ᄒᆞᄂᆞᆫ金某가日前該金을暗取逃走ᄒᆞ엿다더라

◎五學總會　向者畿湖學會館內에셔在京五學會의總會를開ᄒᆞ고各地方私立學校維持에關ᄒᆞᆫ善後策을研究ᄒᆞ엿다ᄂᆞᆫᄃᆡ昨年二月에發表된寄附金監督規則中에私立學校ᄂᆞᆫ此限에不在케ᄒᆞ거나學部에셔補助金을與ᄒᆞ라고學部에建議ᄒᆞᆯ案件을可決ᄒᆞ엿다더라

◎兩郡賊警　全北各郡에昨年農形이大歉ᄒᆞᆷ은一般知了ᄒᆞᄂᆞᆫ바어니와就中臨陂沃溝兩郡이尤甚ᄒᆞ야流離ᄒᆞᄂᆞᆫ人民이道路에相望ᄒᆞ며近日에ᄂᆞᆫ賊警이大發ᄒᆞ야騷動이尤甚ᄒᆞ다더라

◎有貸無欺　柳淳龍氏가神道神理教를設ᄒᆞ고人民의錢財를欺取ᄒᆞᄂᆞᆫ故로筆洞日憲兵分遣所에被招ᄒᆞ엿다ᄂᆞᆫ事ᄂᆞᆫ已聞ᄒᆞᆫ즉柳氏가某人의게金貨幾圓을貸用ᄒᆞᆫ事ᄂᆞᆫ有ᄒᆞ야手票가分明ᄒᆞ나欺取라ᄂᆞᆫ說은全혀無根인故로即時放送되엿고該氏ᄂᆞᆫ該教에退出ᄒᆞ엿다더라

◎青舘演說　今日下午七時三十分에鍾路青年會舘에셔演說會를開ᄒᆞ고美國人으라이너氏를請邀ᄒᆞ야向者에演說ᄒᆞ던바教會에改革되ᄂᆞᆫ事情을繼續ᄒᆞ야路得의事跡으로演說ᄒᆞᆫ다ᄂᆞᆫᄃᆡ各教會에셔多數來聽ᄒᆞ기를希望ᄒᆞᆫ다더라

◎感荷義捐　江原道通川郡々內面私立闡明學校에셔本社經費를補助키爲ᄒᆞ야金貨一圓을寄付ᄒᆞ엿기玆에其盛意를感表ᄒᆞ노라

電報

◎議案提出　日本議會議員三浦覺壹은本日衆議院에北韓鐵道改築費及北韓船路開始建議案을提出ᄒᆞ엿다더라

◎憲警增遣說　日本에셔ᄂᆞᆫ韓국의義兵이益々熾盛ᄒᆞᆫ傾向이有ᄒᆞ다ᄒᆞ야警察官及憲兵을增遣ᄒᆞᆯᄌᆞᄂᆞᆫ內議가有ᄒᆞ다더라

◎辭職勸告說　日本의朝鮮問題同志會員中强硬ᄒᆞᆫ意思가有ᄒᆞᆫ代議士二人은近間曾禰統監에辭職을勸告ᄒᆞᆯ터이라ᄂᆞᆫ說이有ᄒᆞ다더라

◎清政府回答　清國政府ᄂᆞᆫ英國政府에回答ᄒᆞ야日清國이西藏에軍隊를派送ᄒᆞᆫ것은境內紛擾를鎭靜키爲ᄒᆞᆷ이오政治를改善코져ᄒᆞᆷ은아니라ᄒᆞ엿다더라

◎西藏紛擾原因　今番西藏에赴往ᄒᆞᆫ清兵은機關[illegible]五門이有ᄒᆞ고其數ᄂᆞᆫ約二千[illegible]인ᄃᆡ昨年七月에四川으로向ᄒᆞ엿던軍隊라ᄒᆞ며今番西藏의紛擾가起ᄒᆞᆫ原因은此清兵이[illegible]掠奪을行ᄒᆞᆫ故라ᄂᆞᆫ說이有ᄒᆞ다더라　以上東京發　二日着

▲府[illegible]女裁判所▼

▲一朶彩雲니ᄂᆞᆫ곳에女官들이會同ᄒᆞ야裁判廷을權設ᄒᆞ고裁判所長桂月香이儼然ᄒᆞ게昇廳ᄒᆞᆫ後晋妓論介檢事되여公訴狀을提出ᄒᆞ고作香이가書記되야訴狀사연陳述ᄒᆞᆫ後全國內에女罪人을次第捕縛待令ᄒᆞᆫ다

▲夫婦間에잘못ᄒᆞ면잘ᄒᆞ도록勸勉ᄒᆞ고제셔방이誤入ᄒᆞ면正道로써引導ᄒᆞᆷ이爲女者의道理어늘시앗강[illegible]ᄒᆞ야[illegible]ᄒᆞᆫ모을속에품고말도참아못ᄒᆞᆯ곳에손을ᄃᆡ여죽여스니더런惡ᄒᆞᆫ게집년을即刻內로捉待하라

▲울긋불긋비단옷을말쑥하게닙은後에演劇場에들어가서뷔된박을ᄂᆡ두르며낙시눈을써가지고서방질에滋味나서집안일은아니보고淫心蕩情中ᄒᆞ야良風美俗壞亂ᄒᆞ니더런못된화냥년을即刻內로捉待ᄒᆞ라

▲御料理란등불겻헤여호ᄀᆞᆺ치나와셔々와다시노오망구가마이사탕ᄒᆞᆫ가지오니짓센만쥬소하며行路人의손목잡고賣淫ᄒᆞ기强請ᄒᆞ야남의돈을빼먹으니禮義邦에居留ᄒᆞ야醜業ᄒᆞᄂᆞᆫ日女들을即刻內로捉待ᄒᆞ라

▲裁判長이說明ᄒᆞ되執務時間已盡ᄒᆞ니더待令ᄒᆞᆫ各罪人은監獄署에嚴囚하야後日判決ᄒᆞᆯ터이오義州妓生錦仙이ᄂᆞᆫ愛國心이懇切ᄒᆞ야新學文을工夫ᄒᆞ고新聞愛讀ᄒᆞᆫ다ᄒᆞ니褒[illegible]狀을授與ᄒᆞ야[illegible]

廣告

本人이昨年陰九月十四日分所居家屋에偶然失火ᄒ야家內汁物을積置外塲이더니其時에各處居人墓所文劵과各處所有田土文劵쥭을并爲見失이옵기玆에廣布ᄒ오니後日該山與田間賣買時若有携二則以此憑考흠

義州玉尙面三下洞朴基華告白

維我宗中의셔幾百幾十年間에或有爲先事之日이면不過以白紙一面으로發通知委故這間好事者의挾雜도發生ᄒ고遠地宗族의疑訝도不無하야實有實事흔境遇에도狠貝之慮가有ᄒ옵기今番京鄉宗族의挾雜과遠地宗族의疑点이無ᄒ도록方法을硏究하야好事者의挾雜과遠地宗族의疑点이無ᄒ도록大宗會時에特別흔證劵見本을新報上廣告ᄒ옵고同樣證劵을派送京有事에게授送하오니一々照亮흠

且昨夏發通時에此證劵이無ᄒ오니京有事의게幾百幾十圓을付送흔諸宗氏는其理由를宗會所으로通奇ᄒ시면此證劵一金下에錢數를記載ᄒ고搽章送呈흘터이오니從今以後는此證劵見本으로互相信用흠

京中部寺洞坤大井谷七統四戶　安弼호　方內

順興安氏宗會所　告白

隆熙四年二月　日新刊出	隆熙四年二月　日新刊出
順興安氏宗會所證劵	順興安氏宗會所證劵
安文成公墓所石物修改時序次	安文成公墓所石物修改時序次
宗會所々長　正二品　駿玉　章 副所長　前郡守　秉玉　仝 事務員　前郡守　翼□　仝 仝　前叅奉　濤□　仝 掌財　前執義　鍾冕　仝 墓所監董　前承旨　弼濩　仝 幹事員　前進士　炳熙　仝 仝　前主事　澧　仝	宗會所々長　正二品　□玉　章 副所長　前郡守　□玉　仝 事務員　前郡守　翼□　仝 仝　前叅奉　濤□　仝 掌財　前執義　鍾冕　仝 墓所監董　前承旨　弼濩　仝 幹事員　前進士　炳熙　仝 仝　前主事　종　仝
領收京有司　一金　也　年　月　日	領收京有司　一金　也　年　月　日
道　郡　面　里　派門長　有司　仝　章	道　郡　面　里　派門長　有司　仝　章

第　號

漢陽商會

地方에處在하신여러분紳士에게仰告ᄒ옵나이다

僉位가弊店에莫大ᄒ신同情으로物品을數多命用ᄒ々每日數萬默巨額에達케ᄒ신僉位의盛意는感荷不已이옵거니와間或物品을多數請求ᄒ시고도郵便局又는運送店에셔物品의到着흔通知가有ᄒ야도推尋치아니ᄒ심으로仍而返却되는者ㅣ全數의거의二割이나至ᄒ온지라此는반다시不意의出他或忘却ᄒ신所致이옵되弊店에取ᄒ야는不少흔影響이오니從來부터去來하시는紳士는己이어니와今後로서로히物品을注文ᄒ시는僉位는아모됴록送致料에相當흔金額이라도先金으로弊店郵便振替貯金口座韓國十八番에無料로貯金ᄒ시고注文書를送致ᄒ시기바라옵나이다

（何處郵便所에던지振替貯金用紙가有ᄒ오니此를無料로請求하시고無料로貯金ᄒ시옵）

漢陽商會

特別廣告

漢陽商會는我同胞가가장誠意로써歡迎하는우리나라第壹되는最新式規模로經營하는特色잇는商店이오

漢陽商會는海外物貨製造塲으로第一有名흔各國最大商店과特約代理의關係가有하야最低廉最良好흔物品을輸入하는特權잇는商店이오

漢陽商會는我邦物產을外國으로輸出하야海外의金融을吸收ᄒ야我國經濟界의富源을製造ᄒ는國家的商店이오

漢陽商會는我邦舊來商家의弊習을刷新改良코져晝夜盡力하는義務的商店이오

漢陽商會는一般商家로ᄒ야금廣告의必要를感醒케ᄒ야勇進奮發의心을鼓吹ᄒ는商店이오

漢陽商會는我全國各處商業家와連結ᄒ야根本的實業發展의本領을實行ᄒ는商店이니라

大韓皇城鍾路　輸出輸入商　漢陽商會

電話　一九一番

特別廣告

廣告

本人의姓名圖章을見失ᄒᆞ옵고 更以新刻을施行ᄒᆞᆸ나이다
南部惠民洞十統五戶 李明根 告白

本人의所有森林이在於忠淸北道忠州郡山尺面㮋村이온바右森林을放賣次로從弟建植의게委任矣러니隆熙二年十一月頃의願買人朴震夏氏와賣買契約이尙不履行이며建植이가自解委任後에朴震夏氏와此森林의對ᄒᆞᆫ壹切書類를並爲休紙施行이오니內外國人은照亮ᄒᆞ시고誰某던지願買人은直接本人ᄒᆞ심을爲要ᄒᆞᆷ
閔正植 告白

西部東幕上契十三統三戶草家三間舊劵ㄷ張서失故廣布ᄒᆞ오니或有拾得ᄒᆞ야도休紙施行ᄒᆞ니內外國人照亮ᄒᆞᆷ 尹永壽告白

北部延禧坊望遠亭契月沙洞六統二戶草十一間文劵을서失故로玆以測量ᄒᆞ와判到文劵을내기廣告ᄒᆞᆷ 高執中 告白

昨年陰四月廿四日大韓每日申報第一千一百十九號廣告欄內에本人에子應麗가年今十五에脫學逃走ᄒᆞ야挾雜輩誘引에犯用外債ᄒᆞᆯ씨慮ᄒᆞ야廣告이옵더니今又陰正月十六日逃走이기玆又廣告ᄒᆞ오니內外國人은錢財物貨間相關이有ᄒᆞ오면白失ᄒᆞᆯ터이오니切勿見欺後悔ᄒᆞᆷ
義州府東部里居金宅坤 白

本人의姓名正字章을白馬驛路上의서見失이오니內外國人照亮ᄒᆞ실意로廣告ᄒᆞ시기를敬要
義州府威遠面三下洞六統二戶 朴俊行

本社의서[illegible]의衛生을注意ᄒᆞ[illegible]으로施行[illegible]買入ᄒᆞ야[illegible]니有病君子와藥業에[illegible]ᄒᆞ시ᄂᆞᆫ僉彥은爭先來購ᄒᆞ시옵 分賣와都賣에差別이有ᄒᆞ야 一打(十二個)以上의都買에ᄂᆞᆫ特別割引ᄒᆞᆷ

委花精水藥
效能 [illegible] 花柳[illegible] 凡不潔血所染症 婦人虛弱等症 [illegible]驗ᄒᆞᆷ

牛汁藥酒
効能 毋論男女老少氣血虛弱者服之則大補元氣身體强健ᄒᆞᆷ

左開

秘製止痛藥
效能 外塗內服無處不適 消滯 止瀉 絕痛 治痢 無不神效ᄒᆞᆷ

喜蘇膏藥
效能 頭面身體一切痛症 積年風濕 除瘀生新之道 립卽奏效ᄒᆞᆷ

亞麟香膠
效能 毋論男女老少 勿嫌年久日淺一切咳嗽 服之則其效如神ᄒᆞᆷ

委花藥膏
效能 痔疾 瘰珠瘡 跌蹼 蟲螫咬等 諸症無雙聖藥

韓美興業株式會社事務所

本院은韓國一般人民을爲ᄒᆞ야設立ᄒᆞᆫ은僉彥의已知ᄒᆞᄂᆞᆫ바어니와自今으로事務를一層擴張ᄒᆞ고診察을더욱精密히ᄒᆞ기爲ᄒᆞ야時間을午前十時부터午後四時ᄭᆞ지無料로診察ᄒᆞ오며또特別診察所를置ᄒᆞ고些少의診察料로貴客의便宜를圖ᄒᆞ오니診察을要ᄒᆞᄂᆞᆫ僉彥은照亮을爲要
但特別ᄒᆞᆫ境遇에在ᄒᆞ야ᄂᆞᆫ時間을勿論ᄒᆞ고其請求를應ᄒᆞᆷ
京城南大門外 濟衆院 告白

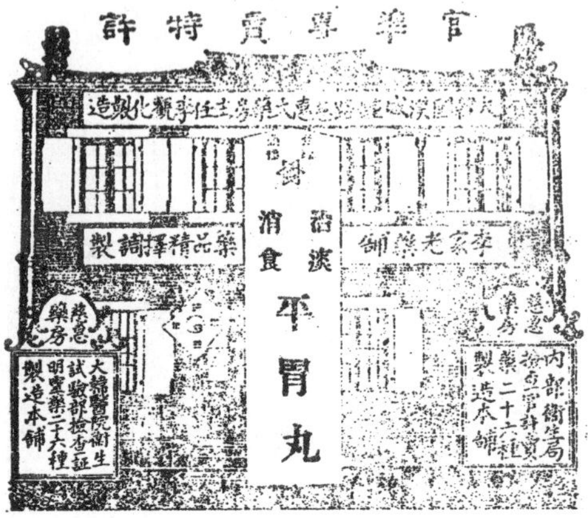

◎本堂今回[illegible]堂製造發行ᄒᆞᄂᆞᆫ藥品은

- 消化新藥 **淸心保命丹** 此丹은化痰止咳ᄒᆞ고順氣消滯ᄒᆞ며恒常長服ᄒᆞ면腸胃가健全
- 大補元氣 **蔘茸大補元** 大補元氣ᄒᆞ고滋腎健腦ᄒᆞ며先天不足과陽위不起에一切神効
- **蛔積殺虫散** 此약은회積과회腹痛과회虫一切을去根ᄒᆞᄂᆞᆫ良劑
- **久滯大通丸** 此丸은年久積滯와宿滯後重이며胷腹痛에神効莫大ᄒᆞᆷ
- 瘡病新藥 **梅花點雪丹** 毋論男女ᄒᆞ고花柳病楊梅瘡에一切去根快復하ᄂᆞᆫ良藥
- 眼疾速効 **光明眼藥** 諸般眼疾에隨症皆差ᄒᆞᄂᆞᆫ東洋에初有ᄒᆞᆫ寶藥
- 起死回生 **回生丹** 此丹은急ᄒᆞᆫ吐瀉關格이며가슴아리와冷積과痢疾에神効
- 感氣神効 **解熱散** 寒熱往來ᄒᆞ며似학非학과頭痛眩暈와肢節痛에其効가偉大
- 齒痛新藥 **止痛健齒水** 虫齒와風齒와諸般齒痛에壹切神効
- 耳鼻聖藥 **耳鼻神藥** 無論男女ᄒᆞ고耳聾鼻塞이며耳鼻에關ᄒᆞᆫ病은隨症並差
- 疝症拔根 **疝積湯** 諸般산症에大談出賣ᄒᆞᆷ
- **寸虫沒出藥** 寸白虫을一切去根ᄒᆞᄂᆞᆫ妙劑
- 되눈과 못 **拔根藥** 되눈과못과ᄾᆞ마귀를쌔ᄂᆞᆫ藥
- **止足汗臭藥** 手足의汗臭를除却ᄒᆞᄂᆞᆫ藥
- 去核生新 **沃度膏** 연주창과癧傷과곱센되去核生新ᄒᆞ기ᄂᆞᆫ第一著明
- 最新改良 **百應膏** 無論男女老少ᄒᆞ고毒瘇濕瘇痰瘇諸般瘇癤에壹切特效가有ᄒᆞᆷ
- **淋疾藥各種** 淋疾各症에壹週日만服ᄒᆞ면病根快復ᄒᆞ고고腎氣가完全ᄒᆞᆷ

其他洋藥各種과◎賣藥各種◎都매散賣
◎遠地에ᄂᆞᆫ郵便小包로申速酬應ᄒᆞᆷ

漢城南大門內濟生堂大藥房 李庚鳳
代辦主任 李興國 白

◎特別廣告

普信閣鍾은曉夢을醒하고漢陽城梅ᄂᆞᆫ春色을誇ᄒᆞ시玆를際ᄒᆞ야思想이淸新ᄒᆞ고心神이愉快ᄒᆞᆫ지라一穗紅燈을挑ᄒᆞ고擁衾而坐ᄒᆞ야書案에在ᄒᆞᆫ昨年度本舖藥業文簿의淸帳을閱盡ᄒᆞ온즉過去一年度萬般藥品의輸入輸出에海陸의危險을凌駕ᄒᆞ고賣買得失의天賜ᄒᆞᆫ利를剩得ᄒᆞ엿스니此ᄂᆞᆫ內外國請求ᄒᆞ신僉君子의滋德注愛ᄒᆞ신盛念所曁오며京鄉各處紳商僉彥과本舖分舖支舖及出張所各事務員諸氏의勤業勤務ᄒᆞ신合力効果ᄅᆞᆯ斷認ᄒᆞ오니僕々感謝ᄒᆞᆷ을不勝하옵나이다更히今年度開業預筭의對ᄒᆞ야滿足ᄒᆞᆯ希望點으로內外國請求僉彥과藥商諸氏의게照運鴻禧의祝辭를奉獻ᄒᆞ오며本舖에서ᄂᆞᆫ優大ᄒᆞᆫ業務로大擴張ᄒᆞ기爲ᄒᆞ야巨額의資金을銀行에積立ᄒᆞ고東西洋의特別製藥과唐材와常材의各種乾材藥品을大輸入大發賣ᄒᆞᆯ깃기로廣告ᄒᆞ오니幸望內外國僉君子게서ᄂᆞᆫ本舖를眷愛庇護ᄒᆞ샤比前倍[illegible]의請求書函이天[illegible]雲片갓치紛紛飛下ᄒᆞ심을敬要

京城鍾路和平堂大藥房本舖主李應善 告白

檀君開國四千二百四十三年
箕子元年三千二百三十二年
大韓開國五百十九年
本報創刊日
光武八年七月十八日

大韓每日申報

第八卷
月曜及祝祭節臨時休日休刊
第一千三百廿七号

Responsible for Publication Alfred Weekley Marnham.
發行兼編輯人 英國人 萬咸
發行所 京城南部石井洞三層洋屋家 大韓每日申報

論說

關東에有一士

何地方을勿論ᄒ고最히頑舊의夢이深ᄒ며進取의步가緩홈은儒林社會의通弊라

此二十世紀의韓國에在ᄒ야오족經을抱하고山에入ᄒ야隨時應變의勇은無ᄒ고獨善其身의道를誤ᄒ야紅日이中天ᄒ되困睡者가多하며風雨가晦冥하야半島를籠ᄒ되閉門靜坐者가多하며四境이喧起ᄒ야進步를競ᄒ되蠢身保守者가多ᄒ기로吾儕는恒常儒林社會의發憤勇往을禱ᄒ엿더니

乃今關東志儒鄭顯東氏가其區[illegible]貲ᄒ며[illegible]林을賣ᄒ야百[illegible]金을傾ᄒ야關東學會敎育費에獻ᄒ엿다ᄒ니可賀로다關東儒林이其庶幾乎ᆫ뎌關東同胞가其庶幾乎ᆫ뎌

此百[illegible]金이비록不多하나氏는關東儒林의巨擘이라氏가一覺醒하매關東儒林의全部가覺醒ᄒ줄을可卜이며儒林이覺醒ᄒ미關東同胞가一切覺醒홀줄을又可卜이니吾儕엇지關東을爲ᄒ야一賀치아니ᄒ리오

關東에學會創立되던消息보다此消息이더욱可喜며關東에學校競設되는消息보다此消息이더욱可慶이니何故오該地方儒林이覺醒치못ᄒ며義勇이업스면其學會가發展치못ᄒ며其學校가擴張치못홀所以라

於是乎吾儕는一筆를擧ᄒ고東天을向ᄒ야鄭顯東氏를拜ᄒ며關東同胞를拜ᄒ며關東山川을拜ᄒ노라

嗚呼라關東人士여愈奮愈勵ᄒ야文明의花를爭取ᄒ며自由의臺에競登ᄒ라

文明의花를爭取ᄒ며自由의臺에競登ᄒ야金剛山으로其光이生케ᄒ며先民의遺業을復ᄒ며生存의福樂을享ᄒ라吾儕는關東同胞를爲ᄒ야望이不淺하노라

外報

◎露帝와勃王　勃加利國펄디난드王의露國訪問에對ᄒ야[illegible]王과밋露國皇帝間에頗히親切ᄒ乾杯辭를交換ᄒ엿는뎌펄디난드王은勃加利國의獨立ᄒ際에露國의援助가大ᄒ줄로說ᄒ엿고又同王은平和를維持ᄒ기爲ᄒ야今後兩國이益々密接ᄒ關係를保持ᄒ기를希望ᄒ다하엿다더라

◎增派軍隊　淸國政府는更히一千名의軍隊를西藏에派遣ᄒ기를電請ᄒ엿다더라

◎英使要求　駐淸英國公使는淸國政府에向ᄒ야西藏에對ᄒ政策을明白히宣明ᄒ기를要求ᄒ엿는뎌淸國外務部는目下右回答을起草中이라더라

◎美國製艦計畫　美國海軍卿은千八百萬弗을支出ᄒ야口徑十四寸의大砲를備置ᄒ總噸數三萬二千噸의戰鬪艦을建設홀議案에詳細ᄒ設計書를添連ᄒ야下院海軍委員會에提出ᄒ엿는뎌此計畫을實行ᄒ는日에는美國海軍이世界最强的地位에立ᄒ리라더라

◎淸兵西藏進入　今回淸國西藏紛亂에關ᄒ詳報를據ᄒ즉新式으로訓鍊ᄒ約二萬五千의淸兵은無線電局에緊要ᄒ一切材料와其他數十門의機關砲及山砲를携ᄒ고四川으로부터西藏에前進ᄒ엿는뒤總指揮官은四川總督趙爾巽의兄이오其目的은西藏에셔淸國權勢의扶植을謝ᄒ는同時에國境一帶의獸[illegible]

學界

◎[illegible]　[illegible]多

[illegible]

◎昔[illegible]　[illegible]橋田洞[illegible]員이周旋ᄒ[illegible]로振興치[illegible]右尹[illegible]良ᄒ야校[illegible]ᄒ고敎師崔鶴鉉氏가[illegible]敎授ᄒ며諸般任員과[illegible]로不過一朔의晝夜學徒가七十餘名에達ᄒ엿다더라

◎年終經試　平壤府龍洞私立昌新學校는該校長金景壎氏가設立ᄒ바인뒤一般校務를全自擔任ᄒ고교監李鏞觀其他任員諸氏가協力贊成홈으로校況이漸進ᄒ며昨年末日에年終試驗을經ᄒ엿는뒤優等生十九人이라더라

◎英校盛況　忠南禮山郡私立培英學校에셔三年級卒業試驗을經ᄒ엿는뒤優等生이李鍾德兪鎭熙金憲植氏等九人이오成樂奎교長兪鎭相兩氏가多數賞品을施給ᄒ고該郡守李範紹校監成昌永學監李明鎬講師李靖種趙載萬諸氏가敎育에關ᄒ야次第講論ᄒ엿는뒤當時觀光者가四五百人에達하야盛大ᄒ狀況을呈ᄒ엿다더라

◎許氏熱心　咸南利原郡[illegible]協成學校敎師許東奎氏는熱心으로敎授홀뿐더러該里姜哲模氏의遊學홈을贊成ᄒ야學費를優數捐助ᄒ엿다더라

◎소綵法敎授　中部紬洞직조會社에셔는女工을募集ᄒ야소綵法을一箇月速成科로敎授ᄒ기로ᄒ다더라

◎兩氏熱心　黃海道安[illegible]面[illegible]坡洞居鄕老[illegible]兩氏가[illegible]洞에[illegible]夜學校를設立하고該洞中諸氏와[illegible]하야校室을買[illegible]多數靑年[illegible]心으로敎授ᄒ[illegible]가[illegible]에達하야[illegible]多[illegible]로隣[illegible]가稱頌ᄒ다더라

◎進明益進　[illegible]川[illegible]明學校는校監[illegible]張[illegible]元植[illegible]員劉[illegible]氏가[illegible]貸二百圓을捐[illegible]하고其他任員及學父兄諸氏도多少捐助ᄒ야基金을積立ᄒ고校務를擴張ᄒ엿고就中張部承氏는校務를家事와如히勤懇ᄒ며學員을誠心으로勸勉홈으로校況이日益進就ᄒ다더라

◎義塾漸進　漢城東部崇敎坊崇敎義塾은經費가窘拙홈으로一般慨歎히녁이더니均興組合員諸氏가月捐金을捐助홈으로該塾이漸次進就ᄒ야學生이百餘人에達ᄒ엿는뒤該組合員의義務上熱心을莫不欽頌ᄒ다더라

詞藻

❀虎狼인뎨❀

犬羊이虎皮쓰고、虎狼인뎨ᄒ지마라。
參虎狼이맛나면은、죽을자가네아닌가。
아모리、네本色을숨긴들、누가몰나。

廣告

雜報

◎內閣例會 昨日은內閣木曜例會인故로總相及各部大臣이會同ᄒᆞ야各其該部에關ᄒᆞᆫ公務를提議ᄒᆞ얏다더라

◎地方調査會 昨日統監府에서地方制度調査會를開ᄒᆞ엿다더라

◎趙邸謝賓 農相趙重應氏ᄂᆞᆫ近日에病이有ᄒᆞ다ᄒᆞ야來賓中重大ᄒᆞᆫ關係가無ᄒᆞᆫ人은一切謝絕ᄒᆞᆫ다더라

◎定限救恤 地方騷擾를因ᄒᆞ야被害ᄒᆞᆫ人民과被燒ᄒᆞᆫ家屋에對ᄒᆞ야隆熙二年度ᄭᆞ지年限을定ᄒᆞ야救恤金을支撥하기로內部에서決議ᄒᆞ엿다더라

◎司業廢止議 學部에서司業試驗을設行ᄒᆞᆷ은地方老儒를爲ᄒᆞ야新知識을鼓발키爲ᄒᆞᆷ인ᄃᆡ每樣應試者가代人試驗하ᄂᆞᆫ弊習이有ᄒᆞᆫ故로該部에서司業試驗을廢止ᄒᆞ기로現今擬議中이라더라

◎兩氏談話 漢城府民會長俞吉濬氏ᄂᆞᆫ三昨日下午七時에中樞院顧問李夏榮氏를訪問ᄒᆞ고何等事件을因ᄒᆞᆷ인지長時間談話ᄒᆞ엿다더라

◎菊池視察 商工局長菊池ᄂᆞᆫ預定과如히昨日夜行滊車를搭乘ᄒᆞ고南韓視察의途에등ᄒᆞ엿ᄂᆞᆫᄃᆡ馬山에到ᄒᆞ야滊船을乘ᄒᆞ고各沿岸을視察ᄒᆞᆫ다더라

◎三園縱覽期 宮內府御苑事務局에서ᄂᆞᆫ動物博物植物等三園에不遠間縱覽會를開ᄒᆞᆯ터인ᄃᆡ各官廳及社會에定日請牒ᄒᆞ기로協議ᄒᆞ엿다더라

◎景福宮修理 景福宮은頹落處를修理保管ᄒᆞᆯ計劃으로不遠間工役에着手ᄒᆞᆯ터인ᄃᆡ該宮에居接하ᄂᆞᆫ女官等은安洞別宮으로臨時移接ᄒᆞ기로ᄒᆞᆫ다더라

◎運動者何 輔國閔泳徽氏ᄂᆞᆫ何等運動이有ᄒᆞᆫ지其婿郞李裕翼氏를日間日本에委送ᄒᆞᆫ다더라

◎高校職員會 官立漢城高等學校에서ᄂᆞᆫ再昨日下午四時職員會를開하고學部令及學校令에關ᄒᆞᆫ細則을說明ᄒᆞ엿다더라

◎地理唱歌 學部에서ᄂᆞᆫ各學校의應用ᄒᆞ기爲ᄒᆞ야韓국地理唱歌를目下編製ᄒᆞᄂᆞᆫ中이라더라

◎學部照會 歙谷郡을通川郡으로合附ᄒᆞᆫ事ᄂᆞᆫ已報ᄒᆞ엿거니와學部에서歙谷郡의社稷壇과文廟에關ᄒᆞᆫ處理方法을製定ᄒᆞ야內部로照會ᄒᆞ엿다더라

◎澤田報告 慶南觀察道澤田書記官은面區域表準에關ᄒᆞᆫ條件을製定ᄒᆞ야內部로修報ᄒᆞ엿다더라

◎特色至誠 日本神戶에서伊藤氏에銅像을拟立ᄒᆞᆫ다ᄒᆞᆷ은壹般知了ᄒᆞᄂᆞᆫ바어니와商務組合部長李學宰가該銅像貌型과經費多寡를詳知키爲ᄒᆞ야人員三名을日間日本神戶에派送ᄒᆞᆫ다더라

◎胡不遄死 國民同志贊成會에서ᄂᆞᆫ事務所를再昨日典洞等地로移接ᄒᆞ엿ᄂᆞᆫᄃᆡ一般會員에게履歷書를收入ᄒᆞ엿고徐彰輔金思鼎金秉勳崔晶奎等九人이決死同志團을組織ᄒᆞ엿다더라

◎胡不趁償 國民同志贊成會長李範贊은再昨日人力車를搭乘ᄒᆞ고雇金을不償ᄒᆞᆫ故로該車夫가李의乾鞋를執留ᄒᆞ엿다더라

◎無恥甚矣 商務組合部長李學宰ᄂᆞᆫ日前同志幾人과共히明月館에서晩餐會를開ᄒᆞ엿ᄂᆞᆫᄃᆡ料理代金을不償ᄒᆞᆫ故로該館雇傭人과一塲相詰ᄒᆞ다가畢竟李의毛吐手를奪置ᄒᆞ엿다더라

◎預算批評 政府에서從來로預算濫用의弊가多ᄒᆞ야當初에ᄂᆞᆫ欵項의秩序가整備ᄒᆞᆫ듯ᄒᆞ나其實用處ᄂᆞᆫ當初要求目的과不同ᄒᆞ야假令新設事業을爲ᄒᆞᆫ다고預算에計入ᄒᆞᆫ것도其新事業은着手치도아니하고他費用에充用ᄒᆞᄂᆞᆫ等이是라是로因하야經費가不足을致ᄒᆞᄂᆞᆫ弊가有ᄒᆞᆫ즉此ᄂᆞᆫ違法의事라고批評이有ᄒᆞ다더라

◎容九入城說 一進會長李容九ᄂᆞᆫ再昨日下午八時에成歡으로부터入城ᄒᆞ엿다ᄂᆞᆫ說이有ᄒᆞ다더라

◎富籤團束 富籤의發賣受授ᄂᆞᆫ韓國刑法上所禁인바近來韓日人間에淸國彩票購買가盛行ᄒᆞᆷ으로當局에서從今嚴重團束ᄒᆞᆫ다더라

◎退職金贈與 關稅局에서雇聘ᄒᆞ엿던西洋人혹킨스氏及헨도손氏ᄂᆞᆫ今番退職되엿슴으로金五千六百七圓을贈與하엿다더라

◎開採日多 近者에鑛業開採가日益多數ᄒᆞ야去一月中受理ᄒᆞᆫ바請願에對ᄒᆞᆫ手數料의調査ᄒᆞᆫ額數ᄂᆞᆫ鑛業請願에關ᄒᆞᆫ것이五千三百圓이오採用請願에關ᄒᆞᆫ것이二千五百圓이오鑛業許可등錄에關ᄒᆞᆫ것이千二百圓이오其他手數料總額이合壹萬八千七百四十壹圓이라더라

◎請願者數 去一月中鑛務局에서處理ᄒᆞᆫ바鑛業請願數ᄂᆞᆫ韓人二十九名日人十八名其他外國人이六名이오採取請願數ᄂᆞᆫ韓人十三名日人七名이라더라

◎宣教師旅順行 安重根氏가面會를希望ᄒᆞ던宣敎師위무후氏ᄂᆞᆫ安氏를逢着ᄒᆞ기爲ᄒᆞ야再昨日旅順으로向ᄒᆞ엿다더라

◎請和更訴 前郡守閔泳采氏가前判書李根澔氏와錢財事件으로屢度裁判ᄒᆞᆷ은一般知了하ᄂᆞᆫ바어니와日前閔氏가其戚人김秉鉉氏를因ᄒᆞ야李氏와私和ᄒᆞ기를紹介ᄒᆞ더니閔氏가何等意思로京城地方裁判所에更히起訴ᄒᆞ엿다더라

◎金氏得勝 輔國閔泳徽氏와金禹用氏間에裁判ᄒᆞ던事ᄂᆞᆫ各報에已揭어니와金氏가控訴院에서落科되고大審院에更訴ᄒᆞ엿ᄂᆞᆫᄃᆡ金氏가得勝ᄒᆞ엿다더라

◎爲其返柩 義州府廣學書舘主人金義濬氏ᄂᆞᆫ其父親이商業次로淸國玉田地方에前往ᄒᆞ엿다가不幸病死하엿ᄂᆞᆫᄃᆡ今에返柩키爲하야該氏가本月一日에當地로發向하엿다더라

◎李氏調査 北部齋洞居李圭夏氏의게何等曲折이有ᄒᆞᆫ지再昨日中部警察署에서巡査를派送ᄒᆞ야該氏의行動을調査ᄒᆞ엿다더라

◎宜其退却 巫女壽蓮이가奉神會를組織ᄒᆞ고宗敎로崇拜ᄒᆞ깃다고內部에請願ᄒᆞ엿다ᄂᆞᆫᄃᆡ該部에셔卽時退却ᄒᆞ엿다더라

◎週報發行 中部承洞禮拜堂郭牧師ᄂᆞᆫ每株金五圓式六百株를募集ᄒᆞ야耶蘇敎新報를週報로發行ᄒᆞᄂᆞᆫᄃᆡ昨日第一號를發行ᄒᆞ엿다더라

◎工兵演習 日本工兵第六大隊ᄂᆞᆫ昨日午后二時부터四時ᄭᆞ지漢江西氷庫附近에서水中爆破演習을行ᄒᆞ엿다더라

◎空砲演習 龍山駐在日步兵第一二聯隊에서ᄂᆞᆫ本日上午九時同地에서空砲發火練習을行ᄒᆞᆫ다더라

◎醫師高明 平壤鍾路에在ᄒᆞᆫ和平堂支店醫師李時宇氏ᄂᆞᆫ開業ᄒᆞᆫ지數月에業務가漸次擴張ᄒᆞᆫ다ᄂᆞᆫᄃᆡ該氏의施術이神効ᄒᆞᆯ뿐더러各病人을對ᄒᆞ야誠心診察ᄒᆞᆷ으로一般稱頌이有ᄒᆞ다더라

◎金氏義捐 天然堂寫眞師金圭鎭氏가京城孤兒院經費를補助하기爲ᄒᆞ야金貨三圓을寄付하엿슴으로該院에서銘感ᄒᆞᆷ을不已ᄒᆞᆫ다더라

◎吳氏慈善 群山港에居留ᄒᆞᄂᆞᆫ美國人醫士가同地耶蘇敎會를爲ᄒᆞ야病院을設施ᄒᆞ고韓人醫士吳兢善氏가視務ᄒᆞᄂᆞᆫᄃᆡ貧寒ᄒᆞᆫ人民에게ᄂᆞᆫ特別히診察ᄒᆞᆫ다더라

◎捐金救恤 平壤郡에昨夏水災를遭ᄒᆞᆫ同胞를救恤ᄒᆞ기爲ᄒᆞ야李大英吳宗鉉氏로救恤金募集任員을定ᄒᆞ엿ᄂᆞᆫᄃᆡ該市商民合同會에서十圓東湖勞動組合에서五圓同市嶺南都中에서五圓其他梁得龍氏等이捐出ᄒᆞᆫ金額을收合ᄒᆞ야罹災ᄒᆞᆫ諸氏에게分給ᄒᆞ엿마더라

◎診察所特設 鍾路和平堂藥房에서診察所를新設ᄒᆞ고醫士田慶龍氏를延聘ᄒᆞ엿ᄂᆞᆫᄃᆡ該氏ᄂᆞᆫ平壤濟衆院에서多年施術하던美國醫師禹越時氏의게卒業ᄒᆞᆫ后에實地로診察施藥ᄒᆞ야妙方이多有ᄒᆞ다더라

◎丹陽義兵 再昨日에義兵約六十餘名이洋銃을各持ᄒᆞ고丹陽郡을襲ᄒᆞ엿ᄂᆞᆫᄃᆡ堤川日憲兵隊及警察署에서聯合討伐隊를組織ᄒᆞ야同地로急行하엿스나義兵을追擊ᄒᆞ기ᄂᆞᆫ困難ᄒᆞᆫ模樣이라더라

◎或因或逐 日憲兵司令部補助員趙仁榮金錫圭兩人은挾雜事件을因ᄒᆞ야三昨日該部에被囚ᄒᆞ고偵探軍李錫禹金鼎和等六人은挾雜事件을因ᄒᆞ야再昨日에逐出을遭ᄒᆞ엿다더라

◎憐哉僵尸 再昨夜에中部塔洞公園西門外에서十五歲假量男兒에강尸가有ᄒᆞᆷ으로所管警察署에서卽時收埋ᄒᆞ엿다더라

◎梁家火警 去月二十日頃에群山港京浦梁在涉氏家에서起火ᄒᆞ야隣家二戶가延燒되여損害가多大ᄒᆞ다ᄂᆞᆫᄃᆡ其火因은日人이獵銃을放ᄒᆞ다가失火ᄒᆞᆫ所致라더라

◎强盜押上 安城郡警察署에서强盜犯金興先을再昨日京城地方裁判所로押上ᄒᆞ엿다더라

◎二宣一審 京城地方裁判所에서再昨日强盜犯韓仁秀ᄂᆞᆫ役二年에宣告ᄒᆞ고殺人犯尹相說은豫審을經ᄒᆞ엿다더라

◎投書者被捉 具찬會爲名人이柳一宣氏等諸氏를搆함ᄒᆞ야警視廳에投書ᄒᆞᆫ事實이發現되야警視廳에被捉ᄒᆞ엿다더라

◎金犯被捉 廣州郡新院居金昌根은恐嚇取財犯으로再昨日中部警察署에被捉하엿다더라

◎兩會討論 來土曜日下午七時半에靑年知識培養會와靑年一心進化會員이畿湖興學會舘內에서互相討論ᄒᆞᄂᆞᆫᄃᆡ傍聽이多數ᄒᆞᆷ을希望ᄒᆞᆫ다더라

電報

◎兩人渡韓 日本에서ᄂᆞᆫ何等必要事가有ᄒᆞ야陸軍中將秋山好古及騎兵大尉長澤部五郎兩人을韓國과滿洲에派遣ᄒᆞᆫ다더라

東京發 三日着

▲社會燈▼

▲所謂協辦李根培ᄂᆞᆫ밤새도록卵灯켜고ᄯᅡᆨ록ᄯᅡᆨ록長短맛최긴더ᄯᅢ를드리붇며忘世間之甲子더니셔精神이들엇던지子弟敎育식힌다고東쪽죵놈업어다가家庭顧問식혓ᄂᆞᆫᄃᆡ敎育ᄒᆞᆫ다고舍ᄒᆞ고酒色塲만ᄃᆞᆯ고단다其父親은더ᄯᅢ쟝이其子弟ᄂᆞᆫ誤入쟝이얼시고잘노라ᄂᆞᆫ다그집안도다보앗다顧問時代더政府ᄂᆞᆫ그러ᄒᆞ게되엿ᄂᆞᆫᄃᆡ亾家顧問사ᄅᆞᆷ노코ᄯᅩ라라ᄯᅩ라더본만

▲日人松林愛太郞은日女中田롱奸ᄒᆞ야夫婦셔지되엿더니그계집이淫蕩하야다른日人ᄯᅩ붓터셔사요나라하엿더니사면으로追索ᄒᆞ야붓드러다집에노코그陰部를칼노ᄶᅵᆯ너當塲卽殺시혓다니一等野蠻이아닌가日字新聞閱覽하면淫女蕩子情死說과嫉夫妬婦相殺事와제누의를ᄒᆞᄂᆞᆫ놈과제어미를붓혓다ᄂᆞᆫ別別怪事다만흐니文明은힛노라지만野蠻은ᄯᅢ만흔게야

▲엇던사ᄅᆞᆷ勢力됴와柴塲組合設立ᄒᆞᆫ後掌과又흔塲을열고遊衣遊食無賴輩ᄂᆞᆫ這時節을맛난다시회초리를손에들고나무장ᄉᆞ번쏫ᄒᆞ면그塲으로모러너코그나무가팔닌후엔돈을밧고표를주면政府雇用巡査놈은各城門과屛門마다ᄭᅵᆫᄃᆡᄉᆞᄉᆞ느러서나무장ᄉᆞ가진표를상고ᄒᆞᆫ후와보니니ᄉᆞᄉᆞ謀利ᄒᆞᄂᆞᆫ더에巡査들이何相關고제것을제任意ᄃᆡ로못ᄒᆞ히보ᄂᆞᆫ이世上에

社告

平南順川邑支社員孫定龍氏가事故를因흐야辭免흔故로該邑支社를來三月一日부터不得已停廢흐오니該支社로本申報를購覽흐시는諸氏는卽速히本社로請求흐시와間斷흐는嘆이無케흐시옵

大韓每日申報社

廣告

西部西江坊新水鐵里六統二戶曺化三子善默이가陰正月卄一日도쥬흐야其父板刻家券一張九統七戶崔永善이板刻家券一張을가지고도쥬흐엿ᄉ오니某々僉君子는典執마옵 曺化三

販賣所

我國風土가자蠶에適合흠과本社成績의良好흠은世所共知인바今에公益을發展키爲흐야種繭及種卵을賣却흐오니有志僉位는早速來議흐시와時期를勿失흐심을至盼

但期限은陰二月十日內

販賣所 京城西部鍮洞一百九十三統三戶

大韓자蠶會社

販賣紹介所 京城南部縣井洞五十九統五戶

新文館 (電話一三九二番)

漢陽商會

地方에處在하신여러분紳士에게仰告흐옵나이다

僉位가弊店에莫大흐신同情으로物品을數多命用흐ᄉ每日數萬欵巨額에達케흐신僉位의盛意는感荷不已이옵거니와間或物品을多數請求흐시고도郵便局又는運送店에서物品의到着흔通知가有흐야도推尋치아니흐심으로仍而返却되는者ㅣ全數의거의二割이나至흐온지라此는반다시不意의出他或忘却흐신所致이옵되弊店에取흐야는不少흔影響이오니從來부터去來하시는紳士는已어니와今後로서로히物品을注文흐시는僉位는아모됴록送致料에相當흔金額이라도先金으로弊店郵便振替貯金口座韓國十八番에無料로貯金흐시고注文書를送致흐시게바라옵나이다

(何處郵便所에던지振替貯金用紙가有흐오니此를無料로請求하시고無料로貯金흐심을)

漢陽商會

玉虎書林專賣特許총帽子商店

大韓京城南部銅峴大 四街里三十五統五戶

研究의效果

우리大韓총帽子가前年春에는薄弱흔弊가不無흐더니益加研究흐야前年夏秋부터綢緞과綾羅의別紋으로編織製造흔이益美흐야四時用에各宜흐니이것이研究의效果오이다

우리大韓총帽子는塵汗의汚흠을水에沈흐야소다로洗濯흐며方正을如意히作樣흐야乾後에冠戴하면精潔如新하야衛生上에必要흠이天下에第一이니이것이研究의效果오이다

우리大韓총帽子는編織흠이堅緻흠으로數十年을冠用흐야도弊傷이無흐야經濟上에必要흠이天下에第一이니이것이研究의效果오이다

우리大韓총帽子는隆熙三年三月二十一日에發明흐고全年五月六日에專賣特許와全月十八日에商票曾錄을得흐야內外國에發售흔年終會計를決算흔奇年의研究的消費를除흐고도當年에利益金이生흐엿스니世界에向흐야懇謝흐오며隆熙四年度에는研究效果가千萬倍나盛多흔것은泰西의工商大家에서豫言흔바어니와今年에는廉價로大放賣흔더이오니詁花흔東西洋에如林如雲흔衛生家와經濟家는速速請求흐심을務望흐나이다

帽子定價表

中山帽	四圓五十錢
中折帽	四圓五十錢
婦人帽	四圓五十錢
美利堅帽	四圓四十錢
運動帽	一圓四十錢
學徒帽	一圓六十錢

本書林에서發行흐는書籍은五圓以上價値를請求흐시면三割引으로本店에총帽子는半打六項을請求흐시면一項을割引으로供獻흐나이다

特別廣告

漢陽商會는我同胞가가장誠意로써歡迎하는우리나라第壹되는最新式規模로經營하는特色잇는商店이오

漢陽商會는海外物貨製造場으로第一有名흔各國最大商店과特約代理의關係가有하야最低廉最良好흔物品을輸入하는特權잇는商店이오

漢陽商會는我邦物産을外國으로輸出하야海外의金融을吸收흐야我國經濟界의富源을製造흐는國家的商店이오

漢陽商會는我邦舊來商家의弊習을刷新改良코져晝夜盡力하는義務的商店이오

漢陽商會는一般商家로흐야금廣告의必要를感醒케흐야勇進奮發의心을鼓吹흐는商店이오

漢陽商會는我全國各處商業家와連結흐야根本的實業發展의本領을實行흐는商店이니라

大韓皇城鍾路 輸出輸入商 漢陽商會

電話 一九一番

廣告

本院은醫科專門으로一切患者를誠心救療ᄒᆞ오니有病僉尊은來臨問診하사옴

京義線車站舘 三選堂醫院 告白

醫學生徒大募集再廣告

本院에서現我急務의醫士를養成하기爲하야學校를附設ᄒᆞ고學問과實習을次第教授ᄒᆞ되期限은本科에四個年速成科에二個年으로定ᄒᆞ고來四月八日(陰二月二十九日)까지延期ᄒᆞ여學生을大募集ᄒᆞ오니有志僉彦은來議請願하시옴

但教授ᄂᆞᆫ純全ᄒᆞᆫ名譽로每日四時間擔任흠

入學身格

年齡 十八歲以上至三十歲

學力 普通學校卒業證書가有ᄒᆞᆫ者(證書가無ᄒᆞᆫ者의게ᄂᆞᆫ面試後許入)

速成科課程 生理。解剖。種痘。藥物。胎生。診斷。內科。外科。病理。眼科等學大要。實習。

本科課程 生理。解剖。組織。病理。診斷。藥物。物理。化學。內科。外科。眼科。衛生。胎生。産科。婦人科。小兒科。細菌。法醫等學。實習。

三選堂醫院附屬醫學校

主任講師 醫學卒業生 前陸軍軍醫 李奎濚

校監 白鎭珪

學監 李道敏

維類가僉會誅를誘引ᄒᆞ야共同得償코져ᄒᆞ오니內外國人은勿爲見欺흠

西部司온洞 一十七統十戶 金永振 告白

本校에學徒를新募하니願入僉員은三月二十三日內로請願흠

試驗科目 國漢文 算術 四則

漢城 私立普成中學校

[illegible]을日馬驛路上에서見失이오니內外國人照亮ᄒᆞ실[illegible]告ᄒᆞ시기를敬요

義州府威遠面三下洞六統二戶 朴俊行

維我宗中의셔幾百幾十年間에或有爲先事之日이면不過以白紙一面으로發通知委故這間好事者의挾雜도發生ᄒᆞ고遠地宗族의疑訝도不無하야實有實事ᄒᆞᆫ境遇에도狼貝之慮가有ᄒᆞ옵기今番京鄕宗族이大宗會時에特別ᄒᆞᆫ方法을研究하야好事者의挾雜과遠地宗族의疑点이無ᄒᆞ도록證券見本을新報上廣告ᄒᆞ옵고同樣證券을派送京有事에게授送하오니一々照亮ᄒᆞᆷ

且昨夏發通時에此證券이無ᄒᆞ오니京有事의게幾百幾十圓을付送ᄒᆞᆫ諸宗氏ᄂᆞᆫ其理由를宗會所으로遞寄ᄒᆞ시면此證券一金下에錢數를記載ᄒᆞ고捺章送呈ᄒᆞᆯ터이오니從今以後ᄂᆞᆫ此證券見本으로互相信用ᄒᆞᆷ

京中部寺洞坤大井谷七統四戶 安弼호 方內

順興安氏宗會所 告白

安文成公墓所石物修改時序次

隆熙四年二月 日新刊出

順興安氏宗會所證券

宗會所々長 正二品 駿玉 章
副所長 前郡守 秉玉 仝
事務員 前郡守 翼 仝
仝 前叅奉 濤 仝
掌財 前執義 鍾晃 仝
墓所監董 前承旨 弼濩 仝
幹事員 前進士 炳熙 仝
仝 前主事 澔 仝

領收京有司

一金 也

年 月 日

派門長 有司 仝 章

道 郡 面 里

第 號

安文成公墓所石物修改時序次

隆熙四年二月 日新刊出

順興安氏宗會所證券

宗會所々長 正二品 駿玉 章
副所長 前郡守 秉玉 仝
事務員 前郡守 翼 仝
仝 前叅奉 濤 仝
掌財 前執義 鍾晃 仝
墓所監董 前承旨 弼濩 仝
幹事員 前進士 炳熙 仝
仝 前主事 澔 仝

領收京有司

一金 也

年 月 日

派門長 有司 仝 章

道 郡 面 里

國文 初等大韓歷史 特別減價二十錢

國文 初等大韓地誌 附地圖 特別減價十五錢

右書ᄂᆞᆫ純國文으로簡易케著述ᄒᆞ야女子社會와勞働學校의獨習케必要ᄒᆞ오니速速購覽ᄒᆞ시옴

發賣所 中部布屛下廣學書舖金相萬

本店에서開業ᄒᆞᆫ지十六年間僉君子의愛顧ᄒᆞ심을特蒙ᄒᆞ와今年부터業務을大擴張ᄒᆞ고春夏秋冬所用으로絨屬毛織等各國高等物品을現今多數直輸入이온바各地方에서ᄂᆞᆫ貿易에便利ᄒᆞ기爲ᄒᆞ야特廉減價ᄒᆞ와郵便小包로酬應ᄒᆞ야代金은引換ᄒᆞᆯ지사오니十三道各郡僉君子ᄂᆞᆫ隨意請求ᄒᆞ심을望

振替貯金番號(韓國壹三番)

漢城中部鍾路砂器廛洞二十一統五戶 廣興泰 告白

●信[illegible]告

本舖에서製造ᄒᆞᆫ各種藥品과輸入ᄒᆞᆫ西洋特別藥及漢藥房草材를大발賣ᄒᆞ옵ᄂᆞᆫ딕直接으로만賣買ᄒᆞᆯ뿐외라京鄕路遠ᄒᆞ와도現今則小包郵便을從ᄒᆞ와引換代金으로京鄕間에某物을勿論ᄒᆞ고請求書函만付送ᄒᆞ시면本舖에서ᄂᆞᆫ面對ᄒᆞᆷ과갓치教示를謹承ᄒᆞ와適當ᄒᆞᆫ價格과品珍ᄒᆞᆫ物種으로出付郵便ᄒᆞ옵시면貴邊郵便局에서通知書를貴下에送呈ᄒᆞᆯ이니該物價額幾許를持ᄒᆞ시고該郵便局에가서該物品과交換ᄒᆞᄂᆞᆫ例式이有ᄒᆞ오ᄂᆞᆫ딕外方請求와本舖酬應에交換法과書式을明白詳細키爲ᄒᆞ야書函圖本으로廣告ᄒᆞᆷ

外方에서藥種을請求하ᄂᆞᆫ書式

封套書式

京城鍾路
和平堂大藥房
某道某郡某港某面某洞某

請求書式

敬啓者ᄂᆞᆫ 貴藥房所儲某藥品을左開請求ᄒᆞ오니郵便代金引換으로速送하심을敬要

某藥
某藥

某年某月某日

本舖에서外方請求를依ᄒᆞ야藥品을小包로下送ᄒᆞᄂᆞᆫ書式

封套書式

某道某郡某港某面某洞
某姓某名 氏 座下
京城鍾路和平堂大藥房本舖主任 李應善

答狀書式

敬覆者ᄂᆞᆫ 貴邊請求ᄒᆞ신某藥品幾元價額을依敎하야郵便代金으로送呈ᄒᆞ오니照亮后郵便局의통知書를待하시와代金을該局에納ᄒᆞ시고藥品을推尋ᄒᆞ시옴

某年某月某日 李應善 拜

小包書式

代金引換金壹百圓
某道某郡某面某洞
某姓名 氏 座下
出付人京城鍾路
和平堂本舖

京城鍾路和平堂大藥房本舖主任 李應善

大韓每日申報

檀君開國四千二百四十三年
箕子元年三千二十二年
大韓開國五百十九年
本報創刊日 光武八年七月十八日

第八卷 月曜及慶節歲時休日刊 第一千三百廿八号

Responsible for Publication Alfred Weekley Marnham.
發行兼編輯人 英國人 萬咸
發行所 京城 … 大韓每日申報

論說

◎平壤의船창과 麻浦의船橋

平壤에셔는日人이船창을取하라ᄒᆞ면셔日此가內部認可라ᄒᆞ며麻浦에셔는日人이船橋를設하라ᄒᆞ면셔日此가內部認可라하는ᄃᆡ平壤과麻浦의人民은夫妻가淚로對ᄒᆞ야曰而今에는吾輩가何地에居하노ᄒᆞ며父子가哭으로見ᄒᆞ야曰而今에는吾儕가何業으로生ᄒᆞ노하야紛爭呼號가方熾하다더라

蓋彼日人이平壤船창과麻浦船橋의大利를看破ᄒᆞ엿스나此가韓人所有의屬ᄒᆞᆫ地라於是乎韓人의無勢를奇貨로看ᄒᆞ고所謂內部認可라ᄂᆞᆫ一片紙를得하야他人의所有를侵占ᄒᆞ고自家의利益을壟斷코져ᄒᆞᆷ이로다

嗚乎라漢江과大同江은韓國內河流의最重要ᄒᆞᆫ地位를占ᄒᆞ엿고平壤과麻浦ᄂᆞᆫ大同江과漢江의最重要ᄒᆞᆫ地位를占ᄒᆞᆫ지라故로平壤과麻浦ᄂᆞᆫ南北韓物貨出入의門戶가되며內外國船舶來往의市場이되엿스며又該地方人民은此에셔衣를得ᄒᆞ며此에셔食을得ᄒᆞ며此에셔生ᄒᆞᄂᆞᆫ金으로學校를設立ᄒᆞ야幾千幾萬名의人口가此滔々ᄒᆞᆫ蒼波로惟一의生命을作ᄒᆞ거ᄂᆞᆯ乃者彼日人이此船창을取ᄒᆞ며此船橋를設ᄒᆞ야二大江의利益을獨占ᄒᆞ면南北韓交通에及ᄒᆞᄂᆞᆫ影響이何에至ᄒᆞ며其地方人民의慘狀이何에至ᄒᆞ리오

然이나彼日人에게야吾儕가何를復言ᄒᆞ리오만은吾儕ᄂᆞᆫ彼內部當局者에一告ᄒᆞ노니

嗚呼라內部當局者여試思ᄒᆞ라今日韓人의狀況이果然如何ᄒᆞᆫ가礦山의利가韓人에게在ᄒᆞᆫ가林業漁業의利가韓人에게在ᄒᆞᆫ가商業工業의利가韓人에게在ᄒᆞᆫ가哀此韓人이土를食ᄒᆞ고生치못ᄒᆞ며石을食ᄒᆞ고生치못ᄒᆞᆯ지어ᄂᆞᆯ乃者日人의請願이라ᄒᆞ면國家의利害도不計ᄒᆞ며人民의生死도不顧ᄒᆞ고幾千年幾百年來로賣買傳授ᄒᆞᄂᆞᆫ民有地를輕々許與ᄒᆞ야人民의水火를益深케하며內外人의紛爭을益起케ᄒᆞ니當局者當局者여엇지此를忍爲ᄒᆞ나뇨

雖然이나國民同胞가果然權利思想을奮發ᄒᆞ야生存競爭에力을盡ᄒᆞ면彼日人의手段이如何ᄒᆞ며彼內部의政策이如何ᄒᆞ더라도亦可憂ᄒᆞᆯ바無ᄒᆞ니라

外報

◎淸紙親美論 淸國北京에在ᄒᆞᆫ漢字新聞北京日報ᄂᆞᆫ「美國政府의提議에就ᄒᆞ야我全國上下에게警告ᄒᆞᆷ」이라題ᄒᆞ고右提議에對ᄒᆞ야淸國官民이共히漢然無智ᄒᆞᆷ을嘲하고由來東三省이露日의競爭物이된것은明白ᄒᆞᆫ事이오故李鴻章의活眼은贊賀ᄒᆞᆯ만ᄒᆞ고露日이滿洲鐵道를占領ᄒᆞ야陰然히主人公으로居ᄒᆞ고日本은戰捷의餘威를藉ᄒᆞ야專橫ᄒᆞᄂᆞᆫ等事를列擧ᄒᆞ고最後에ᄂᆞᆫ天이淸國을援ᄒᆞ야四面楚歌裡에셔獨히美國이正義를主唱ᄒᆞ야其議論이正大ᄒᆞ고主義가公明하니但히東亞의安全ᄲᅮᆫ아니라全世界의幸福을增進ᄒᆞᆷ이라ᄂᆞᆫ社說을揭載하엿다더라

◎淸廷의回答 淸國은今回西藏事件에關ᄒᆞᆫ駐淸英國公使의質問에對하야回答ᄒᆞ야日淸國은四川省에셔軍隊를派遣ᄒᆞᆷ에達賴喇嘛의反對로因ᄒᆞ야淸國의管理權이薄弱ᄒᆞᆷ에至ᄒᆞᆷ이라ᄒᆞ엿고西藏의內政은變更치아니ᄒᆞᆯ지며達賴喇嘛를免職ᄒᆞᆫ理由ᄂᆞᆫ彼의謀叛的陰謀를無効케하ᄂᆞᆫ政治上의目的으로써遂行하엿노라ᄒᆞ엿다더라

◎古書發見 伊太利國羅馬法王廳의書記官랄호라僧正은羅馬에셔잘스大帝의自筆ᄒᆞᆫ證明이有ᄒᆞᆫ羅甸史의古書를發見ᄒᆞ엿다더라

◎美德博覽會 美國大統領타프트氏ᄂᆞᆫ今夏德國伯林에開催ᄒᆞᄂᆞᆫ美德博覽會에對ᄒᆞ야多大의趣味를有ᄒᆞ야此로써美德兩國의通商及政治上에至大ᄒᆞᆫ効力이有ᄒᆞ다고言明ᄒᆞ엿다더라

◎達賴革職結果 淸國政府에셔英國에對ᄒᆞ야何等協議기無히達賴喇嘛를免ᄒᆞᆫ事ᄂᆞᆫ却히敵對心을增ᄒᆞᆷ이니其結果가重大ᄒᆞ고駐淸英國公使의輿論이有ᄒᆞ다더라

學界

◎博明復明 咸北富寧郡私立博明學校ᄂᆞᆫ設立三載에維持方針이頗甚困難ᄒᆞ더니該郡守李根陽氏가校長朴挺益校監張信恒學監張志厚講師林宗鎬諸氏와協力ᄒᆞ야諸般校務를壹層擴張ᄒᆞ엿다더라

◎明校經試 交河郡私立明倫學校에셔昨年末에年終試驗을經하엿ᄂᆞᆫᄃᆡ優等生은黃泰性李章世氏等五人이라더라

▲偉人遺蹟

▲東國 ▲巨傑 崔都統 續 錦頰山人

但我의可憂ᄒᆞᆯ事ᄂᆞᆫ別有ᄒᆞ니卽元朝가衰亡ᄒᆞᆫ後에又一強者가彼數萬里大國土地를擁ᄒᆞ야蒙古가我에게加ᄒᆞ던바를再加ᄒᆞᆯ이是라故로僕은以爲호ᄃᆡ今日我國이此機를善應ᄒᆞ면七可賀가有ᄒᆞ고此機를善應치못ᄒᆞ면五可吊가有ᄒᆞ다ᄒᆞ노니七可賀가何이뇨

兵을養ᄒᆞ며穀을貯하야進ᄒᆞᆷ에攻取ᄒᆞᆯ力이足ᄒᆞ며退ᄒᆞᆷ에保守ᄒᆞᆯ力이足ᄒᆞ거던於是乎大兵或輕兵을발ᄒᆞ야第一遼東을取하며第二瀋陽을取ᄒᆞ야高句麗와渤海의舊疆을恢復하리니可賀오然後에醫巫閭山의險을據ᄒᆞ야我訓練節制의師로彼烏合의衆을擊ᄒᆞ며我屯田貯蓄의穀으로彼喪亂流離의民을救하면國威를可揚이오中國을可取니可賀오蒙古를絶ᄒᆞ야齊襄公九世의讐를復ᄒᆞ니可賀오如此하면我國도亦大國되리니可賀오如此ᄒᆞ면此後中國人이敢히正眼으로我를窺치못ᄒᆞ리니可賀오昔我太祖神聖大王이契丹使를絶ᄒᆞᆷ은釁端을故生ᄒᆞ야彼를征服하고渤海舊地를取코ᄌᆞᄒᆞᆷ인ᄃᆡ不幸히天이聖壽를不假ᄒᆞ야中道崩殂ᄒᆞ엿스니此ᄂᆞᆫ四百年臣子의至恨이라今에先王의志를繼ᄒᆞ야大業을成ᄒᆞ리니可賀오高句麗가恒常中國을幷呑코ᄌᆞᄒᆞ다가不能ᄒᆞ더니今에我朝가此를成하면千古史冊에有光ᄒᆞ리니可賀니此를曰七可賀오五可吊ᄂᆞᆫ何이뇨

(未完)

詞藻

❀來英雄❀

愁懷를풀치고져、거문고를빗기안셔。
ᄒᆞᆫ曲調를戲弄ᄒᆞ니、그소리가清雅ᄒᆞ다。
門밧긔、어이ᄒᆞᆫ英雄와셔、窃聽ᄒᆞ노。

宮廷彙報

◉鹿茸下賜 大皇帝陛下씌ᄋᆞᆸ서總理李完用에게鹿茸二箇를再昨日에 下賜ᄒᆞᄋᆞᆸ셧다더라

◉皇后蠶業 皇后陛下씌ᄋᆞᆸ서今年度에ᄂᆞᆫ蠶業의事務를擴張ᄒᆞᄋᆞᆸ시고各皇族夫人外에見習生二十名假量을募集ᄒᆞ야見習케ᄒᆞ기로現今準備中이라더라

雜報

◉古谷任命 韓國 皇太子殿下의 御用掛ᄂᆞᆫ去三日에日本樞密院秘書官古谷으로日本에셔任命ᄒᆞ엿다더라

◉總理築堰 總理大臣李完用氏ᄂᆞᆫ鎭南浦地方에累萬圓價値되ᄂᆞᆫ地段을築堰起墾키爲ᄒᆞ야內部에請願ᄒᆞ엿다더라

◉李氏訪問 永宣君李埈鎔氏ᄂᆞᆫ再昨日下午一時에孔德里에出往ᄒᆞ야散步ᄒᆞ고同八時에總相李完用氏를訪問ᄒᆞ엿다더라

◉苗種送付 統監府에셔ᄂᆞᆫ各植物에苗種을學部로多數送致ᄒᆞ얏다더라

◉派官調査 前參將金永振氏가年前果川郡下西面寺地에田庄을買入ᄒᆞᆫ事件에對ᄒᆞ야該地人民과何等相持가有ᄒᆞᆫ뒤統監府에셔再昨日該府日人官吏二名을該郡에派送ᄒᆞ야事實을調査ᄒᆞ엿다더라

◉修毁並行 景福宮을修理ᄒᆞᆫ다ᄒᆞᆷ은已報어니와該宮內廊廡를毁撤ᄒᆞ고將次植木ᄒᆞᆯ터이라더라

◉測技養成 學部에셔測量學員을養成키爲ᄒᆞ야測量技術養成所를官立外國語學校內日語部速成科處所로定ᄒᆞᆫ다더라

◉享費支撥 學部에셔度支部로照會ᄒᆞ고本年度各郡文廟享祀費를各觀察使에게委任支撥케ᄒᆞ라하엿다더라

◉學部講習會 學部에셔ᄂᆞᆫ韓日語講習會를開ᄒᆞᆫ다더라

◉所意何在 前觀察使金明洙氏에次男某ᄂᆞᆫ金貨八千圜을携帶ᄒᆞ고日前日本으로渡往하엿다더라

◉鄭氏起訴 忠南觀察使崔廷德氏가前郡守鄭翰朝氏를辭免케ᄒᆞᆫ事에對ᄒᆞ야相持ᄒᆞᆷ은一般知了ᄒᆞᆫ바어니와鄭氏가該事實을日人辯護士藤井에게委任ᄒᆞ야日間開庭ᄒᆞᆫ다더라

◉兼招其主 各公逋郡守가其知舊及親戚家에潛伏ᄒᆞᆫ者가多ᄒᆞ다하야度支部에서警視廳에指揮ᄒᆞ되公逋郡守를捕捉ᄒᆞᄂᆞᆫ同時에其家主ᄭᆞ지招待ᄒᆞ라하엿다더라

◉學部發訓 學部에셔各觀察使에게發訓ᄒᆞ되漢城府에在ᄒᆞᆫ太極敎宗에셔各地方에支部及分支部를設立ᄒᆞᆯ次로各鄕校에對하야勸告文을發ᄒᆞ며勸敎有司를派遣ᄒᆞᆷ으로人民中其本旨를誤解ᄒᆞ고新學問을反對ᄒᆞᆫ다ᄒᆞ니管下에另飭ᄒᆞ야此等誤解가無케ᄒᆞ라ᄒᆞ엿다더라

◉宣敎師路次 安重根氏를面會키爲ᄒᆞ야旅順으로向ᄒᆞᆫ宣敎師ᄂᆞᆫ路次에安氏鄕里에來到하야安氏의叔父泰顯氏를面會ᄒᆞᆫ後에安奉線으로旅順에赴ᄒᆞ엿다더라

◉物議注目 日憲兵司令部에서ᄂᆞᆫ一般偵探人을指揮ᄒᆞ되近日韓日關係에對ᄒᆞ야官民感想과人心趨向如何를注意하라ᄒᆞ엿다더라

◉憲警增派續報 目下韓國所在日憲兵數ᄂᆞᆫ千五百名이라ᄂᆞᆫ뒤日本에셔尙此增加ᄒᆞᆯ必要가有ᄒᆞ다ᄒᆞ야多數憲兵及警官을渡來케ᄒᆞᆫ다더라

◉義務辯護 平壤郡大同門外江岸船倉은本是各人의私有地인뒤該船倉을日人片倉組가內部에請願ᄒᆞ며該部에셔ᄂᆞᆫ詳細히調査도아니ᄒᆞ고該地全部를許與ᄒᆞᆷ으로當地人民이其理由를卞明키爲하야當地區裁判所에起訴ᄒᆞ엿더니裁判所에서ᄂᆞᆫ內部認許가有ᄒᆞᆫ즉片倉組의所有라고判決ᄒᆞ엿ᄂᆞᆫ故로該地人民이更히當地裁判所에控訴ᄒᆞ야現今裁判中인뒤辯護士安秉瓚洪宬憲兩氏가義務로辯護ᄒᆞᆫ다더라

◉訴金欲推 屠獸組合所長金明濟氏ᄂᆞᆫ各道에支所를設立ᄒᆞ려고保証金百圓式收捧ᄒᆞ고支所ᄂᆞᆫ實施치못ᄒᆞᆫ故로該支所契約人等이右金額을還覓ᄒᆞᆯ次로辯護士卞榮晩氏에게委任ᄒᆞ야日昨京城地方裁判所에起訴ᄒᆞ엿다더라

◉保金將廢 韓日瓦斯會社에서ᄂᆞᆫ從來電灯請求人에게保証金을收入ᄒᆞ엿ᄂᆞᆫ뒤來月一日부터該保証金을廢止ᄒᆞᆫ다더라

◉偵探者蹤跡 夜珠峴等地에서纖巾商으로爲業ᄒᆞ던車용규가日軍司令部偵探軍으로各地方에往來ᄒᆞᆫ다ᄒᆞᆷ은已報어니와現今高陽等地에逗留中이라더라

◉民怨不無 平北龜城郡城內面面長張昇祿北面黃元喆兩氏가泰川財務署長과締結ᄒᆞ야本郡公土稅米價를欲爲加捧ᄒᆞᆷ으로民怨이不無하다더라

◉因債執行 慈惠藥房에서ᄂᆞᆫ日人의債務로該藥房에在ᄒᆞᆫ藥品과其他物品이沒數히執行을當ᄒᆞ야債主日人이該藥局을把守ᄒᆞ며ᄂᆞᆫ뒤其或地方各處에서藥品을貿易키爲ᄒᆞ야金貨를送交ᄒᆞ면遺失ᄒᆞᆯ慮가不無ᄒᆞ리라더라

◉義兵과郵信 昨年中義兵에게被害된郵信官署所關等物品價値ᄂᆞᆫ總合七千六百五十圓인뒤郵便物所奪이四千五百二十六件이오電柱所損이七十七箇오郵便局被襲이二處라더라

◉安州撤市 安州官廳에서該地重要人民幾名을捉囚ᄒᆞᆫ故로該地壹般人民은此를釋放치아니ᄒᆞ면市場을不開ᄒᆞ기로決心ᄒᆞ고市塵을尙今撤閉ᄒᆞᆺ다더라

◉義兵과鐵路 再昨日京義線鷄井岑城間에서義兵이鐵路線上에石을積置ᄒᆞ고又其線路를破壞ᄒᆞᆫ故로同日北行列車가岑城驛에서進行ᄒᆞ다가脫線이되야機關車ᄂᆞᆫ顚覆ᄒᆞ엿ᄂᆞᆫ뒤幸히乘客은傷ᄒᆞᆫ者無하고尙且其西面에義兵이羣集ᄒᆞ야來襲코저ᄒᆞᄂᆞᆫ뒤該列車의乘客들은僅々히此를避ᄒᆞ엿다ᄒᆞ며該義兵은義將李鎭龍氏의部下約九十餘名이오同日午後에도鷄井附近에서銃聲이亂發ᄒᆞ엿다하며開城長湍等地在ᄒᆞᆫ日憲兵及補助員이防禦次出發ᄒᆞ엿다더라

◉義日交戰 別項과如히義兵이岑城驛附近에橫行ᄒᆞ다가日憲兵의連合隊와衝突ᄒᆞᆫ後義兵은二隊로分ᄒᆞ야退去ᄒᆞ다가平山麻南里에서留宿ᄒᆞᄂᆞᆫ뒤兩合里日憲兵分遣所日憲兵及補助員이乘夜來襲ᄒᆞᄂᆞᆫ故로義兵이逆戰하다가戰敗被死者가十人이오其他義兵은同地西方으로退去ᄒᆞ엿다더라

◉便成戰場 日前平壤옷밧지에서多數ᄒᆞᆫ兒童이石戰場을兩日連開ᄒᆞ엿ᄂᆞᆫ뒤該地警察官吏가此를兒童의暫時競戲로知ᄒᆞ야置而不禁ᄒᆞ엿더니第三日壯丁數千名이會集ᄒᆞ야石戰을又開하ᄂᆞᆫ故로該地韓日巡査들이此를禁止코저來到하야劍을揮ᄒᆞ며威嚇을表示ᄒᆞ더니滿陣中高喊壹聲이巡査를迎擊ᄒᆞᄌᆞ면서萬掌石丸이箇箇是巡査를向하야下ᄒᆞᄂᆞᆫ지라日巡査ᄂᆞᆫ卽時逃走하고韓巡査二名은重傷하엿다ᄂᆞᆫ뒤石戰軍은一齊解散하엿고傍觀者二名은被捉되엿다더라

◉兩氏慰勞 某某紳士諸氏가發起ᄒᆞ야多月被囚ᄒᆞ엿던崔炳憲及李甲兩氏등의慰勞會를本日下午五時에惠泉舘에서設行ᄒᆞᆫ다더라

◉淸香舘新設 尹進學氏가廣橋北川邊에淸香茶舘이라ᄂᆞᆫ料理店을新設ᄒᆞ고各色料理를新鮮히設備ᄒᆞ고明日부터開始ᄒᆞᆫ다더라

◉甑郡賊警 平南甑山郡元成從等地에ᄂᆞᆫ盜賊이大熾ᄒᆞ야陰本月十三日에賊漢九名이各持兇器ᄒᆞ고該地小井面四里盧學柱氏家에突入ᄒᆞ야盧氏의母親及其妻를重傷케ᄒᆞ고金貨百餘圓과其他衣服等物을多數奪去ᄒᆞ엿다ᄒᆞ고去月頃에賊漢五六名이月串面廣福里金正義氏家에突入ᄒᆞ야衣服等物을奪去ᄒᆞ엿다ᄒᆞ고數日後該里學校에又入ᄒᆞ야該校器用等物을破傷ᄒᆞ엿다더라

◉學會總會續報 各私立學校維持方針을研究ᄒᆞ기爲ᄒᆞ야五學會에總會를開ᄒᆞᆷ은既報어니와關令頒布後로寄付金取締規則을因ᄒᆞ야各地方私立學校에人民寄付가有ᄒᆞᆫ同時에ᄂᆞᆫ所管警察署及財務署에서此가稅務上妨害라하야禁止ᄒᆞᆷ으로一般學校가廢止ᄒᆞᆯ境遇인뒤畿湖興學會評議員鄭永澤氏가寄付金取締規則에關ᄒᆞᆫ事件을政府에陳述ᄒᆞᆯ次로議案을提出ᄒᆞ야可決되엿ᄂᆞᆫ뒤此에對ᄒᆞ야北部警察署에서同會總務南宮薰氏를招請ᄒᆞ야該議案을調査ᄒᆞᆫ故로物議가一層沸騰ᄒᆞᆫ다더라

◉青舘講演 今日下午七時三十分에鍾路靑年會舘에셔講論會를開ᄒᆞ고我等을逼迫ᄒᆞᄂᆞᆫ者를爲ᄒᆞ야如何히ᄒᆞᆯ方法이라ᄂᆞᆫ問題로輪回講演ᄒᆞᄂᆞᆫ뒤多數傍聽ᄒᆞ기를希望ᄒᆞᆫ다더라

◉西北學會月例 西北學會에셔月例通常會를今日下午一時에開ᄒᆞ고諸般事項을處理ᄒᆞᆫ다더라

◉感荷義捐 慶南咸安郡安仁面內洞居李性懿氏가本社經費를補助키爲ᄒᆞ야金貨五十錢을寄付ᄒᆞ엿기玆에其盛意를感表ᄒᆞ노라

電報

◉殿下御還期 日本小田原으로 御避寒ᄒᆞᄋᆞᆸ셧던韓國 皇太子殿下씌ᄋᆞᆸ서ᄂᆞᆫ來十五日에日本東京으로 御還駕ᄒᆞᄋᆞᆸ신다더라

◉大學과學長 淸國北京大學에셔ᄂᆞᆫ法科大學長은林啓氏로選定ᄒᆞ기로ᄒᆞ고其他七科에ᄂᆞᆫ悉皆德法英人을招聘ᄒᆞᆫ다더라

以上東京發 四日着

◉淸民暴動 淸國北滿洲에ᄂᆞᆫ徵兵令實施를因ᄒᆞ야齊齊哈爾暨帶淸國人民이大暴動을起ᄒᆞ엿ᄂᆞᆫ뒤哈爾賓地方은尤히激烈ᄒᆞᆫ다더라

◉淸人運動 美國桑港在留淸國人代表者ᄂᆞᆫ라프트大統領에게陳情키爲ᄒᆞ야華盛頓으로赴ᄒᆞ엿ᄂᆞᆫ데其目的은淸人排斥法을廢止케ᄒᆞᆷ을爲ᄒᆞᆷ이라더라

以上北京發 四日着

▲三台星▼

▲三台三点照三吏에夜半無人寂寞時라悽然徘徊天文臺에千愁萬慮蝟集ᄒᆞ야雙行淚가滂沱터니三台星을望見ᄒᆞ니雲捲霧收恨海中에希望峰이湧出이라與我同胞紫望코저欣然執筆指点ᄒᆞ니三台星의발근빗치三千里에照耀로다

▲三台一点指点ᄒᆞ니少年雜誌是也로다少年界에照耀ᄒᆞ야新韓少年引導코저百科學에精髓뽑고萬事物에眞理모와盡心盡誠研究ᄒᆞ고盡智盡力著述ᄒᆞ니字々言々金玉이오句々節々藥石이라少年다온少年들라少年의게接吻ᄒᆞ라

▲三台一点指点ᄒᆞ니商工月報是也로다商工界에照耀ᄒᆞ야新韓商工振興코저一大目的特立ᄒᆞ고萬難險苦不辭하야商學工學研究ᄒᆞ고商業工業勸奬ᄒᆞ야切々懇々鼓吹ᄒᆞ고事々件々勉勵로다商工ᄒᆞᄂᆞᆫ商工들아商工業의獻身ᄒᆞ라

▲三台一点指点ᄒᆞ니耶蘇敎報是也로다國民界에照耀ᄒᆞ야新韓國民救援코저耶和華를崇敬ᄒᆞ고主耶蘇의感化밧아聖經眞理研究ᄒᆞ고福音寶訓傳播하야來々世々永生路로男々女々引導로다聖民되실聖民들아聖民되기決心ᄒᆞ라

廣告

一本所內에診察제藥部를設ᄒᆞ고一般同胞의疾病을救濟ᄒᆞᆷ
一鰥寡孤獨無依ᄒᆞᆫ同胞ᄂᆞᆫ無料로施藥ᄒᆞᆷ
一孤兒院學生도亦無料로施藥ᄒᆞᆷ
一四窮과孤兒院學生外에同胞ᄂᆞᆫ藥을有料로ᄒᆞ되診察料ᄂᆞᆫ往診에만五十錢으로ᄒᆞᆷ
一診察時ᄂᆞᆫ自上午九時로至下午四時로ᄒᆞᆷ(但危急ᄒᆞᆫ患이有ᄒᆞᆫ時ᄂᆞᆫ此限에不在ᄒᆞᆷ)

本所臨時事務所ᄂᆞᆫ中部慶幸坊紬洞二統六戶大韓醫士總合所內

診察제藥部　告白

學員新募集廣告

本院에入學을志願ᄒᆞᄂᆞᆫ人은三月二十五日內로請願ᄒᆞ오

(詳細來問)

試驗日子　四月壹日

試驗科目　讀書、作文、算術四則以內

尙洞　私立青年學院

本人이陰正月初二日鄰家에往來ᄒᆞ다가所佩腰囊을路中見失이온ᄃᆡ姓名圖章與紙貨與清貨十餘圓과李槿浩處에本月十八日推次清貨百圓手標壹枚並失而右章을財政上去來에ᄂᆞᆫ全廢用ᄒᆞᆯ터이오니知悉ᄒᆞ시요　義州加山面方山洞朴義植告白

本人이東部崇信坊大水踰里居鄭興瑞處에一統十戶草家六間文券을典執ᄒᆞ엿다가不知中셔失散ᄒᆞ엿기로玆에廣布ᄒᆞ오니誰某拾得ᄒᆞ든지休紙施行ᄒᆞᆷ

東部紙內相思洞李明奎　白

慶尙南道支會長李漢琛氏가保助金二百圜을爲先寄送ᄒᆞ엿기感謝ᄒᆞᆫ意를廣告ᄒᆞᆷ

韓日神宮奉敬會　事務長申斗默　告白

本舘에서各色料理를淨潔케俱備ᄒᆞ고今月六日陰二十五日로爲始開業ᄒᆞ오니　僉君子來臨ᄒᆞ시요

中部大廣橋北川邊第二洞丁谷一統八戶

清香茶舘主人尹進學　白

本校에學徒를新募ᄒᆞ니願學僉員은三月二十三日內로請願ᄒᆞᆷ

試驗科目　國漢文　算術四則

漢城　私立普成中學校

本果園에서今春에上品接木을特別ᄒᆞᆫ廉價로多數販賣ᄒᆞᆯ터이오니有志僉彦은陸續請求ᄒᆞ시요

種目은梨、苹果、葡萄、六月桃、石榴等이오價金은千株에ᄂᆞᆫ每株五錢式百株에ᄂᆞᆫ七錢式에팔되만일죽ᄂᆞᆫ果樹가잇스면當年으로곳換去ᄒᆞ시요

平壤舘前金利涉果園事務所

學員募集廣告

本校에서春期募集ᄒᆞᆫ學員이預定數에未滿ᄒᆞ야期間을不定ᄒᆞ고增募ᄒᆞ오니應募諸氏ᄂᆞᆫ繼續來請ᄒᆞ시요

隆熙四年二月十六日

郭山私立興襄學校

漢陽商會

地方에在ᄒᆞ신여러분紳士에게仰告ᄒᆞ웁나이다

僉位가弊店에莫大ᄒᆞ신同情으로物品을數多命用ᄒᆞᄉᆞ每日數萬默巨額에達케ᄒᆞ신僉位의盛意ᄂᆞᆫ感荷不己이웁거니와間或物品을多數請求ᄒᆞ시고도郵便局又ᄂᆞᆫ運送店에서物品의到着ᄒᆞᆫ通知가有ᄒᆞ야도推尋치아니ᄒᆞ심으로仍而返却되ᄂᆞᆫ者ㅣ全數의거의二割이나至ᄒᆞ온지라此ᄂᆞᆫ반다시不意의出他或忘却ᄒᆞ신所致이웁되弊店에取ᄒᆞ야ᄂᆞᆫ不少ᄒᆞᆫ影響이오니從來부터去來ᄒᆞ시ᄂᆞᆫ紳士ᄂᆞᆫ己어니와今後로셔로히物品을注文ᄒᆞ시ᄂᆞᆫ僉位ᄂᆞᆫ아모됴록送致料에相當ᄒᆞᆫ金額이라도先金으로弊店郵便振替貯金口座韓國十八番에無料로貯金ᄒᆞ시고注文書를送致ᄒᆞ시기바라웁나이다

(何處郵便所에던지振替貯金用紙가有ᄒᆞ오니此를無料로請求ᄒᆞ시고無料로貯金ᄒᆞ시요)

漢陽商會

特別廣告

漢陽商會ᄂᆞᆫ我同胞가가장誠意로써歡迎ᄒᆞᄂᆞᆫ우리나라第壹되ᄂᆞᆫ最新式規模로經營ᄒᆞᄂᆞᆫ特色잇ᄂᆞᆫ商店이오

漢陽商會ᄂᆞᆫ海外物貨製造塲으로第一有名ᄒᆞᆫ各國最大商店과特約代理의關係가有ᄒᆞ야最低廉最良好ᄒᆞᆫ物品을輸入ᄒᆞᄂᆞᆫ特權잇ᄂᆞᆫ商店이오

漢陽商會ᄂᆞᆫ我邦物産을外國으로輸出ᄒᆞ야海外의金融을吸收ᄒᆞ야我國經濟界의富源을製造ᄒᆞᄂᆞᆫ國家的商店이오

漢陽商會ᄂᆞᆫ我邦舊來商家의弊習을刷新改良코져晝夜盡力ᄒᆞᄂᆞᆫ義務的商店이오

漢陽商會ᄂᆞᆫ一般商家로ᄒᆞ야금廣告의必要를感醒케ᄒᆞ야勇進奮發의心을鼓吹ᄒᆞᄂᆞᆫ商店이오

漢陽商會ᄂᆞᆫ我全國各處商業家와連結ᄒᆞ야根本的實業發展의本領을實行ᄒᆞᄂᆞᆫ商店이니라

大韓皇城鍾路　輸出輸入商　漢陽商會

電話　一九一番

特別廣告

廣告

我國風土가작蚕에適合흠과本社成績의良好흠은世所共知인바今에公益을發展케爲ᄒᆞ야種繭及種卵을賣却ᄒᆞ오니有志僉位는早速來議ᄒᆞ시와時期를勿失ᄒᆞ심을至盼

但期限은陰二月十日內

販賣所 京城西部餘洞一百九十三統三戶

大韓잠蠶會社

販賣紹介所 京城南部絲井洞五十九統五戶

新文館 (電話一三九一番)

發賣 京西部車洞同和藥房

本國藥材、洋製、各病效用、價、國漢文、諺、可刊出、作封、雖婦女、郵便請求、賣買

閔橿 白

學員募集廣告

本校에서一年級補缺生과預備科學生을增募ᄒᆞ오니志願者는三月卄日(陰二月卄日)內로請願書를提出흠

但試驗日字는四月一日로開學日字는四日

隆熙四年二月 日

安州郡私立協成安興學校 告白

西部西江坊新水鐵里六統二戶曹化二子善默이가陰正月廿一日도주ᄒᆞ야其父板劃家券一張九統七戶崔永善이板劃家券一張을가지고도주ᄒᆞ엿ᄉᆞ오니某々僉君子는典執마옵

曹化三

本人東部蓮花坊[illegible]三十八統五戶瓦家三十[illegible]文券五張을本月一日[illegible]失故茲以廣布誰某拾得休紙施行

高熙範 告白

國文 **初等大韓歷史** 特別減價二十錢

國文 **初等大韓地誌** 附地圖 特別減價十五錢

右書는純國文으로簡易케著述ᄒᆞ야女子社會와勞働學校의獨習케必要ᄒᆞ오니速速購覽ᄒᆞ시옵

發賣所 中部布屏下廣學書舖金相萬

本店에서開業흔지十六年間僉君子의愛顧ᄒᆞ심을特蒙ᄒᆞ와今年부터業務을大擴張ᄒᆞ고春夏秋冬所用으로絨屬毛織等各國高等物品을現今多數直輸入이온바各地方에셔도貿易에便利賣買케爲ᄒᆞ야特減價ᄒᆞ와郵便小包로酬應ᄒᆞ야代金은引換ᄒᆞ깃사오니十三道各郡僉君子는隨意請求ᄒᆞ심을望

振替貯金番號(韓國壹三番)

漢城中部鍾路砂器廛洞二十一統五戶

廣興泰 告白

特別廣告

本社의셔同胞의衛生을注意ᄒᆞ야美國의셔經驗單方으로流行通用ᄒᆞ는靈驗聖劑를買入ᄒᆞ야左開廣布ᄒᆞ오니有病君子와藥業에從事ᄒᆞ시는僉彦은爭先來購ᄒᆞ시옵

分賣와都賣에差別이有ᄒᆞ야一打(十二個)以上의都賣에는特別割引흠

左開

秘製止痛藥 效能 外塗內服無處不適 消滯 止瀉 絕痛 治痢無不神效흠

喜蘇脯藥 效能 頭面 身體一切痛症 積年風濕 除瘀 生섬之道 립即奏效흠

亞麟香膠 效能 毋論男女老少 勿嫌年久日淺 一切 咳소 嗽之則其效如神흠

委花藥膏 效能 痔疾 瘰珠瘡 燙跌傷 螫咬等 諸症無雙聖藥

委花糖水藥 效能 痲症 花柳毒 凡不潔血所祟症 婦人虛弱等症靈驗흠

牛汁藥酒 效能 毋論男女老少氣血虛弱者服之則大補元氣身體强健흠

韓美興業株式會社事務所

信用廣告

本舖에셔製造흔各種藥品과輸入흔西洋特別藥及漢藥唐草材를大발賣ᄒᆞ옵는바直接으로만賣買ᄒᆞᆯ뿐외라京鄕路遠ᄒᆞ와도現今郵小包郵便을從ᄒᆞ와引換代金으로京鄕間에某物을勿論ᄒᆞ고請求書函만付送ᄒᆞ시면本舖에셔는面對흠과갓치敎示를謹承ᄒᆞ와適當흔價格과品珍흔物種으로出付郵便ᄒᆞ옵시면貴邊郵便局에셔通知書를貴下에送呈ᄒᆞ올이니該物價額幾許를持ᄒᆞ시고該郵便局에가셔該物品과交換ᄒᆞ는例式이有ᄒᆞ오는딩外方請求와本舖酬應에交換法과書式을明白詳細케爲ᄒᆞ야書函圖本으로廣告흠

外方에셔藥種을請求하는書式

封套書式

京城鍾路 和平堂大藥房

某道某郡某港某面某洞某

請求書式

敬啓者는 貴藥房所儲某藥品을左開請求ᄒᆞ오니郵便代金引換으로速送하심을敬要

某藥 某藥

某年某月某日

本舖에셔外方請求를依ᄒᆞ야藥品을小包로下送ᄒᆞ는書式

封套書式

某道某郡某港某面某洞

某姓某名 氏 座下

京城鍾路和平堂大藥房本舖主任 李應善

答狀書式

敬覆者는 貴邊請求ᄒᆞ신某藥品幾元價額을依致하야郵便代金으로送呈ᄒᆞ오니照亮后郵便局의通知書를待하시와代金을該局에納ᄒᆞ시고藥品을推尋ᄒᆞ시옵

某年某月某日 李應善 拜

小包書式

代金引換金壹百圓

某道某郡某面某洞

某姓名 氏 座下

出付人京城鍾路 和平堂本舖

京城鍾路和平堂大藥房本舖主任 李應善

○大韓全國에大賣藥發行ᄒᆞ는藥品은如左

消化新藥 **淸心保命丹** 此丹은化痰止咳ᄒᆞ고順氣消滯ᄒᆞ며恒常長服ᄒᆞ면腸胃가健全

大補元氣 **蔘茸大補元** 大補元氣ᄒᆞ고滋腎健腦ᄒᆞ며先天不足과陽위不起에一切神効

蛔積殺虫散 此약은회積과회腹痛과회虫一切을去根ᄒᆞ는良劑

久滯大通丸 此丸은年久積滯와宿滯後重이며胃腹痛에神効莫大흠

瘡病新藥 **梅花點雪丹** 毋論男女ᄒᆞ고花柳病楊梅瘡에一切去根快復하는良藥

眼疾速効 **光明眼藥** 諸般眼疾에隨症皆差ᄒᆞ는東洋에初有흔寶藥

起死回生 **回生丹** 此丹은急흔吐瀉關格이며가合아리와冷積과痢疾에神効

感氣神効 **解熱散** 寒熱往來ᄒᆞ며似학非학과頭痛眩暈와肢節痛에其効가偉大

齒痛新藥 **止痛健齒水** 虫齒와風齒와諸般齒痛에壹切神効

耳鼻聖藥 **耳鼻神藥** 無論男女ᄒᆞ고耳聾鼻塞이며耳鼻에關흔病은隨症並差

疝症拔根 **疝積湯** 諸般산症에大詃出賣흠

寸虫沒出藥 寸白虫을一切去根ᄒᆞ는妙劑

티눈과못 **拔根藥** 티눈과ᄉᆞ마귀를쌔는藥

止足汗臭藥 手足의汗臭를除却ᄒᆞ는藥

去核立新 **沃度膏** 創瘡과腐傷과곱진딕去核生新ᄒᆞ기는第一著明

最新改良 **百應膏** 無論男女老少ᄒᆞ고毒腫瘰癧瘡疾瘡諸般腫瘡에壹切特効가有흠

淋疾藥各種 淋疾各症에壹週日만服ᄒᆞ면病根快復ᄒᆞ고腎氣가完全흠

其他洋藥各種과○賣藥各種○都매散賣

○遠地에는郵便小包로申速酬應흠

漢城南大門內濟生堂大藥房 李庚鳳

代辦主任 李興國 白

檀君開國四千二百四十三年
箕子元年三千二十二年
大韓開國五百十九年
本報創刊日 光武八年七月十八日

大韓每日申報

第八卷　月曜及慶節歲時休日休刊　第一千三百廿九號

發行兼編輯人 英國人 萬咸
發行所 京城南部石井洞[illegible]

論說

平壤의船창問題를再論홈

嗚呼라平壤船창이

嗚呼라千百年來로互相寶買ᄒᆞ며父祖傳授ᄒᆞ던平壤船창이

嗚呼라平壤一境의出入關門이되며船창人民의生命機關이되ᄂᆞᆫ平壤船창이

今日에至하야日人片倉組의手에浮去ᄒᆞᆫ단말인가

彼片倉組가此에指ᄅᆞᆯ染ᄒᆞᆷ은何ᄅᆞᆯ藉ᄒᆞᆷ인고曰一은內部認可ᄅᆞᆯ藉ᄒᆞ며一은船창修補ᄅᆞᆯ藉ᄒᆞᆷ이라

當初에片倉組가此船창의要害ᄅᆞᆯ說ᄒᆞ고以爲ᄒᆞ되此만取ᄒᆞ면可히平壤市의利益을獨占ᄒᆞᆯ지며可히大同江의權利ᄅᆞᆯ獨握ᄒᆞ리라하야於是乎所謂內部認可ᄅᆞᆯ得出ᄒᆞ야此問題의立脚을作하며

又年前平壤城壁毁撤後에彼가破石을運ᄒᆞ야此船창底에築ᄒᆞ며沙土ᄅᆞᆯ將ᄒᆞ야此船창邊에補ᄒᆞ니船창所有者된韓人은此工役을睹ᄒᆞ고오히려自信ᄒᆞ기ᄅᆞᆯ彼가交통의便利ᄅᆞᆯ爲ᄒᆞᆫ인가彼가江岸의完美ᄅᆞᆯ爲ᄒᆞᆷ인가何故로我의船창沿邊에石을築ᄒᆞ며土ᄅᆞᆯ補ᄒᆞ나뇨雖然이나彼가天은可崩ᄒᆞ며地ᄂᆞᆫ可壞ᄒᆞᆯ지언뎡我의船창은可奪치못ᄒᆞᆫ다ᄒᆞᆷ[illegible]이라니엇지今日에來ᄒᆞ야此船창修補로此問題의前提ᄅᆞᆯ作ᄒᆞᆯ줄料知ᄒᆞ엿스리오

彼의工役이旣畢ᄒᆞ미突然히此問題ᄅᆞᆯ提出ᄒᆞ야曰我가內部認可ᄅᆞᆯ得ᄒᆞ엿다ᄒᆞ며我가船창修補ᄅᆞᆯ行ᄒᆞ엿다ᄒᆞ며此船창은我片倉組의所有라ᄒᆞᆫ[illegible]乎라其[illegible]於是에韓人은[illegible]民內部에請願ᄒᆞ며一邊으로裁判所에訴訟ᄒᆞᆫ다하기로吾儕ᄂᆞᆫ其結果의如何ᄅᆞᆯ待ᄒᆞᆯ뿐이러니乃者西來報道ᄅᆞᆯ接ᄒᆞᆫ즉韓人은業已地方裁判所에落科ᄒᆞ고現方控訴院에起訴ᄒᆞᆫ다ᄒᆞ니此가果然인가

吾儕ᄂᆞᆫ日本이司法權을委任ᄒᆞᆫ後로日本裁判所의神聖을期ᄒᆞ며日本裁判官의公正을期ᄒᆞ던者라今番控訴院의判決은又如何ᄒᆞᆯᄂᆞᆫ지.

嗚乎라吾儕가片倉組에一言코져ᄒᆞ나片倉組ᄂᆞᆫ日人이오吾儕가裁判所에一言코져ᄒᆞᄂᆞᆫ裁判所ᄂᆞᆫ統監府裁判所라於是乎吾儕ᄂᆞᆫ彼蒼者天에게一告하노니天이여天이여天이이믜斯民을生ᄒᆞ시고또엇지斯民을苦ᄒᆞ샤斯民을不憐ᄒᆞ심이此에至ᄒᆞ나뇨

外報

◎土발紛議와善後　土耳其及발加利亞兩國은兩國々境守備兵의衝突ᄒᆞᆫ最近의境界紛議問題ᄅᆞᆯ第三國의干涉이無히解決되기ᄅᆞᆯ希望ᄒᆞᆫ다더라

◎錦愛鐵道와英國　英國自由黨下院議員블氏ᄂᆞᆫ錦愛鐵道에對ᄒᆞᆫ日本의要求에對ᄒᆞ야英國이其商議에不應ᄒᆞᄂᆞᆫ準備에有無와및日本의態度가條約上義務와一致되ᄂᆞᆫ與否ᄅᆞᆯ政府에質問ᄒᆞ엿ᄂᆞᆫ뒤此에對ᄒᆞ야外務次官맛긴논옷르氏ᄂᆞᆫ日本의要求ᄂᆞᆫ無理ᄒᆞᆫ것이毫無하고但其要求의容否ᄂᆞᆫ淸國의決定ᄒᆞᆯ것인즉同問題ᄂᆞᆫ露淸日三國의協定ᄒᆞᆯ者라고答辯ᄒᆞ엿다더라

◎英皇의教徒招待　英國皇帝ᄂᆞᆫ잔라배리及오ㅣ쿠兩僧正과並히教徒議員一同을빠킹함宮殿에招待ᄒᆞ고席上에서皇帝ᄂᆞᆫ自己가世界平和ᄅᆞᆯ維持ᄒᆞ기ᄅᆞᆯ[illegible]ᄒᆞ고[illegible]의效果가頗히[illegible]共히基督教的教訓은益々其神髓ᄅᆞᆯ發揮ᄒᆞᆷ으로無限ᄒᆞᆫ同情卽平和의念을增進ᄒᆞᆯ事ᄅᆞᆯ信ᄒᆞ노라述ᄒᆞ고然而國家가多數ᄒᆞᆫ人民을滅殺ᄒᆞᆷ과如ᄒᆞᆫ戰爭을避ᄒᆞ기ᄅᆞᆯ祈ᄒᆞ노라ᄒᆞ고最後에人類의平和幸福을增進케ᄒᆞ기ᄅᆞᆯ希望ᄒᆞᆫ다ᄒᆞ엿다더라

◎露國과淸國　露國政府ᄂᆞᆫ淸國政府의戰爭準備와其發展을憂慮ᄒᆞᆫ다ᄂᆞᆫ報道가傳ᄒᆞᆷ으로美國政府ᄂᆞᆫ此에對ᄒᆞ야不少히疑惑ᄒᆞᆫ다더라

◎滿洲外交商議　淸國政府ᄂᆞᆫ東三省의重要ᄒᆞᆫ外交案件을議決ᄒᆞ기爲ᄒᆞ야近々外務部에서委員을奉天에出張ᄒᆞᆫ다더라

學界

◎成氏義務　私立共成學校에서日昨懇親會ᄅᆞᆯ開ᄒᆞ고學徒父兄이多數來參ᄒᆞ엿ᄂᆞᆫ뒤學徒父兄中成龍和氏가本以水商爲業人으로說明ᄒᆞ여曰本校의經用이窘拙ᄒᆞᆷ은吾儕贊成心이無ᄒᆞᆫ所以라令人羞愧ᄒᆞᆯ지라ᄒᆞ고如干汲水雇金을鳩聚ᄒᆞ야每朔月捐金一圓式補助ᄒᆞ깃다ᄒᆞ니以若勞働生活로義務에如此ᄒᆞᆷ을萬口稱頌ᄒᆞᆫ다더라

◎李氏熱心　前郡李禹珪氏ᄂᆞᆫ木川郡修身面鉢山에修身學校ᄅᆞᆯ設立하고該氏의家舍四十餘間과金貨百圓을寄付ᄒᆞ엿고該附近各洞熱心勸喻ᄒᆞᆷ으로一般人民이莫不服應ᄒᆞ야곡粟分銅을各其義捐ᄒᆞ엿ᄂᆞᆫ뒤該氏에敎育上熱心莫不稱頌ᄒᆞᆫ다더라

◎進級經試　江原道杆城郡土城面鵝湖基督敎會內明東學校에서去月에進級試驗을經ᄒᆞ엿ᄂᆞᆫ뒤優等生은池甲辰朴學律朴在元氏等十一人이오該校長[illegible]徒ᄅᆞᆯ誠心勸勉하고優數賞品을施與ᄒᆞ엿다더라

◎普通校移管　京城內八個官立普통學校ᄂᆞᆫ來四月부터漢城府所管으로ᄒᆞᆫ다더라

◎廣校漸進　京畿道廣州郡私立廣西學校ᄂᆞᆫ財政이窘拙ᄒᆞᆷ을因ᄒᆞ야廢止ᄒᆞᆯ地境에至하엿더니該郡守吳泰泳氏가境內各里에躬行ᄒᆞ면서敎育이急務됨을熱心曉喻ᄒᆞ며該郡紳士石璦煥石世煥李浩慶等諸氏가多數金額을捐集ᄒᆞ야熱誠贊助ᄒᆞᆷ으로該校情況이益々進就ᄒᆞᆫ다더라

◎咸安普明　慶南咸安郡大谷面新昌里私立普明學校ᄂᆞᆫ該郡九面諸氏가莫不贊成ᄒᆞᆯ뿐더러校長盧應昊校監趙洪奎趙龍河學監趙宅奎趙鏞敦事務員李泰朝財務員李진趙翰奎總務趙鏞鶴李泰純敎師趙宏奎李鎭澤諸氏가熱心視務ᄒᆞᆷ으로校況이漸次振興ᄒᆞ야生徒가五十名에達ᄒᆞᆫ다더라

學報

◎朝陽卒業　本月六日에宣川鳳洞朝陽義塾에서第一回補習科二學年卒業式을行ᄒᆞ엿ᄂᆞᆫ뒤校長朴永采講師朴權河學監朴治禹財務朴允采等諸氏가優數賞品을施與하고紳士李昇薰氏가懇切ᄒᆞᆫ言論으로祝辭ᄅᆞᆯ述ᄒᆞ엿스며卒業生은朴炳一李鍾運朴炳翼朴浩瑞朴炳吉五氏라더라

詞藻

❀閻羅府❀

閻羅府에大赦니러、許多罪囚特赦ᄒᆞᆯ제、[illegible]나[illegible]永免苦痛[illegible]

[illegible]

宮廷彙報

◎騎兵鍊習 御覽 大皇帝陛下께옵서明日下午二時秘苑暎花堂에셔騎兵隊鍊習을 御覽ᄒᆞ옵실터인ᄃᆡ皇族과宮內府高等官諸氏와其夫人이叅內陪觀ᄒᆞᆫ다더라

◎李氏陛見 親衛府長官李秉武氏는昨日上午十一時에 昌德宮에進詣ᄒᆞ야 大皇帝陛下께 陛見ᄒᆞ엿다더라

◎女官分置 景福宮內에住接ᄒᆞ는女官等은從來 太皇帝陛下께옵서親用費金中으로每朔俸金十圓式 下賜ᄒᆞ옵셧는ᄃᆡ該女官等을將次慶善宮及 皇太子宮으로分置ᄒᆞ기로內定되엿다더라

雜報

◎總相內定說 總理大臣李完用氏가辭職ᄒᆞ기로內定되엿다홈은各新聞에揭布된바어니와其後補는民心을收拾ᄒᆞ기爲ᄒᆞ야中樞院議長金允植氏로決定되엿다는說이有ᄒᆞ다더라

◎非減乃加 中樞院官制를改正ᄒᆞ야官吏를減數ᄒᆞᆫ다더니更聞ᄒᆞᆫ즉下議院을又爲設置ᄒᆞ기로政府에셔擬議ᄒᆞᆫ다는說이浪藉ᄒᆞ다더라

◎趙氏辨明 承寧府總管趙民熙氏는何等傳說이亂布됨을因ᄒᆞ야昨日統監府石塚長官을訪問ᄒᆞ고其不然홈을辨明ᄒᆞ엿다더라

◎郡守資格會 各觀察使가郡守合格者를內部에薦報ᄒᆞᆫ數가合爲十名假量이라는ᄃᆡ日間에地方官資格審査會를開ᄒᆞᆫ다더라

◎徵兵有說 本年度에는徵兵合을實施ᄒᆞ기로內定되야前單部를將次修理키로工役에着手ᄒᆞᆫ다는說이有ᄒᆞ다더라

◎宮府更照 宮內府에셔各郡關牌를各該郡事務室壁上에奉安ᄒᆞ기로決定ᄒᆞ엿다더니內部에셔更爲照會ᄒᆞ고苟且히奉安ᄒᆞ는것이未安莫甚ᄒᆞ니相當히處理ᄒᆞ라ᄒᆞ엿다더라

◎測技亦日 度支部에셔土地調査局을設ᄒᆞ고調査部와測量部를並置ᄒᆞᆯ터인ᄃᆡ今年度에全國測量을實施ᄒᆞᆯ計劃으로經費一千四百萬圓을預算ᄒᆞ엿는ᄃᆡ該技手는擧皆日人技術者를雇聘ᄒᆞ기로內定ᄒᆞ엿다더라

◎推金淸帳 前郡守李大鍾氏가公逋가有홈으로度支部에셔형探中이라는ᄃᆡ該氏가西間島에推尋ᄒᆞᆯ金額이有ᄒᆞ야該地로日間發程ᄒᆞᆫ다는ᄃᆡ該金額을推尋後에야其公逋를淸帳ᄒᆞ겟다더라

◎囑托委員會 學務囑托委員會를來十二日下午一時官立校洞普通學校內에開ᄒᆞᆫ다더라

◎種牛購入 農商工部畜産課長日人原島는忠淸北道에配付ᄒᆞᆯ種牛를購入ᄒᆞᆯ次로平南等地에出張ᄒᆞ야種牛八頭를購入ᄒᆞ엿다더라

◎牛場設置 農商工部에셔는果川郡等地에牛場을設置ᄒᆞᆯ次로日前該部官吏二名을派送ᄒᆞ야位置를調査ᄒᆞ엿다더라

◎挾雜件調査 海州郡商務頭領李容和氏가該郡支部擴張事件을帶ᄒᆞ고日前上京ᄒᆞ야本部長李學宰의게請求ᄒᆞᆫ즉李가不許ᄒᆞ는지라此로因ᄒᆞ야일場風波가起ᄒᆞ엿는ᄃᆡ李學宰가此를擧ᄒᆞ야所管警察署에申告ᄒᆞ엿合으로該署에셔該氏를招致ᄒᆞ야事實을査問ᄒᆞᆫ즉該氏가李學宰의前後挾雜事件을일々陳述ᄒᆞ미該署에셔該氏는卽時放還ᄒᆞ고李에挾雜事實을目下調査中이라더라

◎飢狗望厠 國民同志贊成會에셔는經費에困難홈을因ᄒᆞ야該會長李範贊이가일進會會長李容九를朝夕으로訪問ᄒᆞ고經費를請求ᄒᆞ되尙不支給ᄒᆞᆫ다더라

◎同氣相救 一進會長李容九는恩津江景浦居其親族某가强盜犯으로該郡警察署에被捉ᄒᆞ엿는ᄃᆡ此를無事放免ᄒᆞᆯ計劃으로目下運動中이라더라

◎憲派移設 日憲兵司令部에셔는天安郡管區小井里駐在日憲兵派遣所를廢止ᄒᆞ고同郡裏里에다移設ᄒᆞ고京城管區內軍浦場派遣所를廢止ᄒᆞ고水原郡管區內安城郡으로移設ᄒᆞᆫ다더라

◎宜有懲罰 警視廳에셔再昨夜에巡査를各演劇場에秘派調査ᄒᆞᆫ즉無票入場ᄒᆞᆫ巡査가十名假量이오憲兵補助員이三十名이라는ᄃᆡ警視廳에셔는該巡査들一切懲罰ᄒᆞ기로決議ᄒᆞ엿다더라

◎日軍祝典 來十日下午일時에龍山日本軍司令部에셔陸軍紀念祝典을設行ᄒᆞᆫ다더라

◎麗水日人 麗水郡에는挽近日人의移住者가日增ᄒᆞ야只今은百七十人에達ᄒᆞ엿다더라

◎韓女將訴 中樞院顧問李根澤氏의令男岐薰氏가女學徒라稱ᄒᆞ는韓貞淳과百年을契約ᄒᆞ고該女의金貨七十圓을取用ᄒᆞ고去處가不分ᄒᆞ다는ᄃᆡ該女가將次起訴ᄒᆞᆫ다더라

◎將次起訴 金嘉鎭吳世昌權東緖氏等이海牙萬國平和會議에密使를派遣ᄒᆞ기로現今周旋ᄒᆞᆫ다고日昨國民新報에揭載ᄒᆞᆫ事에對ᄒᆞ야該氏等이將次地方裁判所에起訴ᄒᆞ기로決定ᄒᆞ엿다더라

◎逢彼之怒 慶南進永驛等地에셔日人들이洑堰을築ᄒᆞ는ᄃᆡ該地農民數十名이該事務所에來請ᄒᆞ되洑堰이不完全ᄒᆞ야我等에게損害를生케ᄒᆞᆯ時는損害를賠償ᄒᆞ라ᄒᆞᆫ즉日人側邊이가該農民等을喝退ᄒᆞ엿다더라

◎痘苗分送數 二月中에各道警察署의請子를依ᄒᆞ야內部衛生局에셔分送ᄒᆞᆫ痘苗가合일萬八百三十具라는ᄃᆡ其道別表는左와如ᄒᆞ니

漢城	二〇
京畿	四〇〇
忠南	一、〇〇〇
全北	一、〇〇〇
全南	二、一四〇
慶北	一、二八〇
慶南	三、二〇〇
江原	一〇〇
咸北	
咸南	六五〇
平北	三〇〇
平南	四〇
黃海	六〇◎

◎分析試驗數 鑛務局에셔去一月中에鑛業請願에關ᄒᆞ야分析試驗을許ᄒᆞᆫ것은左와如ᄒᆞ다더라

鑛別	件數	種數	檢定數
金鑛	八	一〇	一〇
銀鑛	三	四	八
銅鑛	一	一	二
鐵鑛	三	四	七
黑鉛	八	九	九
石炭	一	一	四

◎日兵派遣 日憲兵司令部에셔는再昨日보助員五名과日憲兵六名을黃海道平山郡等地로派送ᄒᆞ엿다더라

◎石投窓破 三昨日下午九時에仁川發南門行列車가牛角洞等地에통過ᄒᆞ다가何許人에投石을被ᄒᆞ야三等客車琉璃窓이破碎되엿다더라

◎義兵과日憲兵 挽近丹陽郡과京義線等地에橫行ᄒᆞ는義兵은或六十餘名或百名의大團으로步武가整々堂々ᄒᆞ야掠奪等事를目的홈이아니라는ᄃᆡ日憲兵隊에셔는活動을試ᄒᆞᆫ다더라

◎楊市消息 龍川楊市에는市場이尙且完全히開設되지아니ᄒᆞ엿다더라

◎抑冤將訴 中部典洞居金召史가柳在明崔義鎭兩氏에게債務上抑冤ᄒᆞᆫ事를當ᄒᆞ엿다ᄒᆞ야道路에號泣ᄒᆞ야將次裁判所에起訴ᄒᆞ기로決心ᄒᆞ엿다더라

◎尹氏晩餐 湖南學會評議員尹相五氏는再昨日下午五時私邸에셔晩餐會를開ᄒᆞ고該會任員일同을請邀宴待ᄒᆞ엿다더라

◎義日交戰 三昨日에京義線鷄井驛西方約十里許되는堂洞等地에셔義將李鎭龍韓貞萬兩氏가各其部下十餘名을率ᄒᆞ고溫井院日憲兵分遣所日憲兵과交戰ᄒᆞ엿다더라

◎義戰甚烈 別項과如히平山地方에셔義將李鎭龍韓貞萬兩氏의二隊가禮成江岸坪村으로行陣ᄒᆞ다가溫井院分遣所日憲兵隊가來홈을知ᄒᆞ고高地에登ᄒᆞ야日兵을待ᄒᆞ는ᄃᆡ日兵이六百米突假量되는距離에到ᄒᆞ거늘急히突擊ᄒᆞ니日兵은四地에陷ᄒᆞ야四面으로義兵의圍擊을被ᄒᆞ야約三十分間이나苦戰ᄒᆞ미其勢甚困ᄒᆞᆫ지라義兵이益々猛擊ᄒᆞ니日兵은兵器가盡折ᄒᆞ야復戰치못ᄒᆞ고鷄井으로退走ᄒᆞ야日兵應援隊를請ᄒᆞ며此意로開城日憲兵所에電報ᄒᆞ야同日午後列車로日兵一隊가應援ᄒᆞ고平山金川等日兵도悉皆出動中이라더라

◎丹陽義將 忠北丹陽郡에義兵의行動은已報어니와其大將은김相大李東奎閔泳八氏等三名이라ᄒᆞ며目下忠州日憲兵所에셔는各分遣所의憲兵을召集ᄒᆞ는中이라더라

◎張氏根孝 平澤開花村居ᄒᆞ는張世仁氏는學問도別無ᄒᆞ고家勢도赤貧ᄒᆞ나根天ᄒᆞᆫ特孝가有ᄒᆞ야其老親을孝養ᄒᆞ미甘旨를不乏ᄒᆞ더니及其親喪을當ᄒᆞ야送終에盡禮ᄒᆞ야該郡四街里에完葬ᄒᆞ고墓側에侍居홈으로該氏의特異ᄒᆞᆫ孝行을莫不欽頌ᄒᆞᆫ다더라

◎柳氏追悼會 西北學會에셔故判事柳東作氏의追悼會를來日下午二時該會舘에셔設行ᄒᆞᆫ다더라

◎朴氏專管 義州盤松製烟社는本來崔善玉文道敬朴奉燁三氏가設立營業ᄒᆞ던바인ᄃᆡ崔文兩氏는解業分去ᄒᆞ고朴氏가專管ᄒᆞ야繼續開業ᄒᆞᆫ다더라

◎大同江解氷 兼二浦鎭南浦間에는解氷되야去一日로부터船舶의航行이開始되엿다더라

◎李氏調捕說 淸州郡居李鍾寅氏는何等事件이有ᄒᆞᆫ지警視廳에셔目下형捕中이라더라

◎賊警何多 陰本月十一日夜에賊漢數名이羣山港九福洞朴文在氏商店에突入ᄒᆞ야六百餘圓價値되는物品을奪去ᄒᆞ엿다더라

◎福音開會 今日下午三時에鍾路靑年會舘에셔福音會를開ᄒᆞ고監理敎會監督美國人히리쓰氏를請邀ᄒᆞ야講道ᄒᆞᆫ다더라

電報

◎美國大雪 美國에는大雪이有ᄒᆞ야大北會社列車가雪中에陷落ᄒᆞ야六十四名이致死ᄒᆞ고埋沒된列車는目下救助中이라더라

東경發 四日着

◎三派合一 日本에셔는進步黨領袖犬養毅、戊申俱樂部의仙石貢、又新會의河野廣中等이該各黨을統일ᄒᆞ야立憲國民黨을組織ᄒᆞ엿다더라

東경發 五日着

▲또나온다▼

▲또나온다또나온다徐彰鋪가또나온다소는뛰다니러나면依例똥을싼다더니너는發動홀때마다돌팔미만버는고나요셔억을것시업셔돌떡개나먹고십지또누구를속이랴고決死團운무엇시니抵死爲賣國ᄒᆞ는可怪홀ᄉᆞ더妖物아

▲또나온다또나온다遊說團이마구리때맛낫다무순말을잘홀는지地方遊說ᄒᆞ깃다고旅費金을運動ᄒᆞ야順川으로간다ᄒᆞ니너희말을못들어셔驪動홀줄알엇더냐口蜜腹劍더妖物들噬門穴에針을줄셔

▲또나온다또나온다壽蓮이가닥거리버려노코李氏大主부르면셔別妖妾을다부리다聲後醫에잡혀가셔죽을고싱다힛번만재버릇을께못주어굿ᄒᆞ노라또납뒤니샤神教를그만두고封神臺나어셔가지

雜報

●洪氏捐金　大同敎常議士洪鎭裕氏ᄂᆞᆫ敎務에熱心ᄒᆞᆯ뿐더러日昨에金貨十圓을該敎에寄付ᄒᆞ엿다더라

廣告

檀君開國四千二百四十三年
箕子元年三千二十二年
大韓開國五百十九年
本報創刊日 光武八年七月十八日

大韓每日申報

發行兼編輯人 英國人 萬咸
Responsible for Publication Alfred Weekley Marnham
發行所 京城西署石井洞三層洋屋家 大韓每日申報
第八卷 月曜及慶節歲時休日休刊 第一千三百三十号

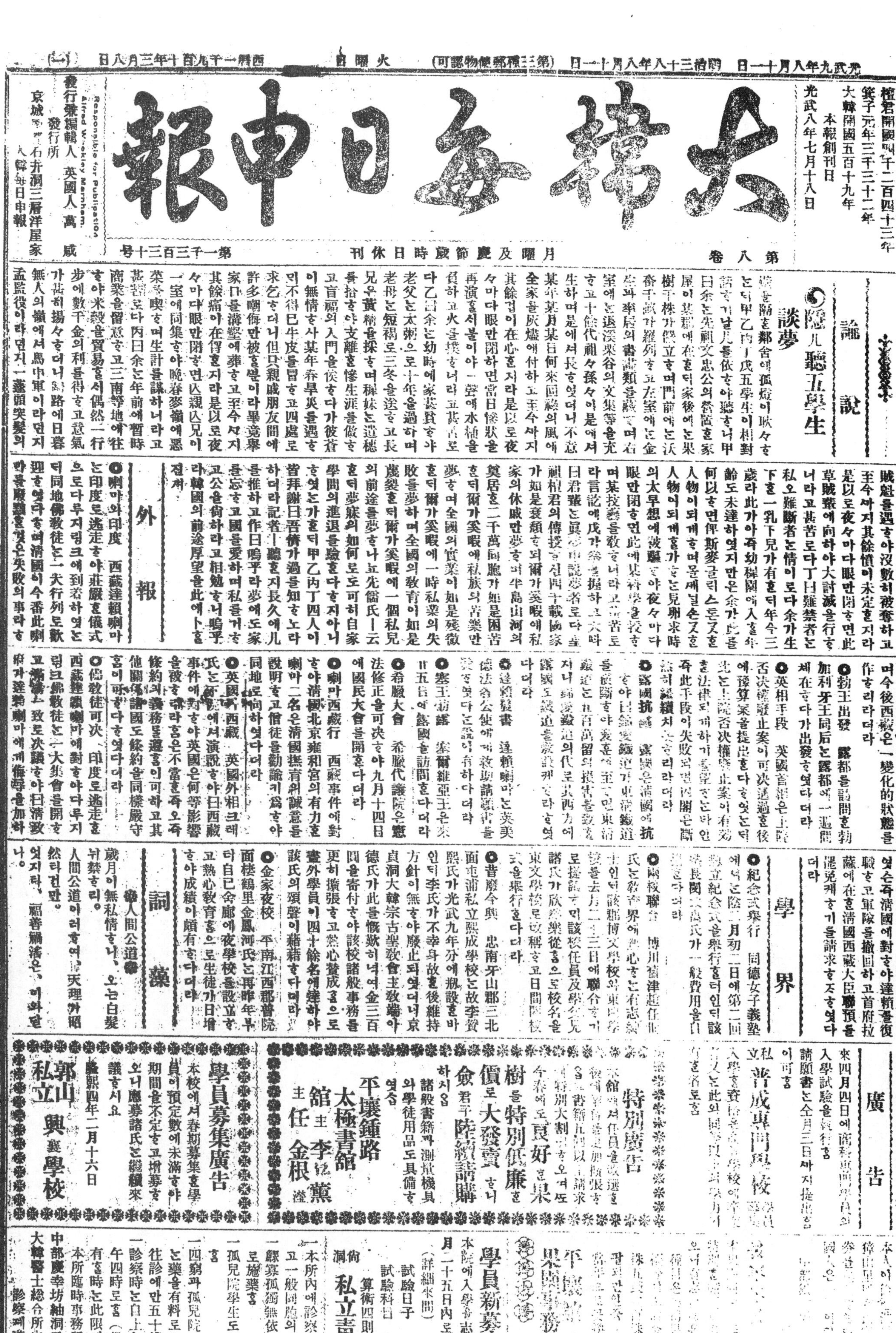

論說

談夢

隱儿聽五學生

燈을隔ᄒᆞᆫ隣舍에孤燈이耿々ᄒᆞᄂᆞᆫᄃᆡ甲乙丙丁戊五學生이相對話ᄒᆞ거ᄂᆞᆯ儿를依ᄒᆞ야聽ᄒᆞ니甲曰余ᄂᆞᆫ先祖文忠公의剏置ᄒᆞᆫ家屋이某郡에在ᄒᆞᆫᄃᆡ家後에ᄂᆞᆫ果樹千株가儼立ᄒᆞ며門前에ᄂᆞᆫ沃畓千畝가羅列ᄒᆞ고左室에ᄂᆞᆫ金石과率居의書畵類를藏ᄒᆞ며右室에ᄂᆞᆫ退溪栗谷의文集等을充ᄒᆞ고十餘代祖々孫々이是에셔生ᄒᆞ며是에셔長ᄒᆞ얏더니不意某年某月某日何來回祿의風에全家를灰燼에付ᄒᆞ고至今ᄭᆞ지其餘겁이在心ᄒᆞᆫ지라是以로夜々마다眼만閉ᄒᆞ면當日慘狀을再演ᄒᆞᆯ서불이야一聲에水桶을負ᄒᆞ고火를撲ᄒᆞ너라고甚苦로다乙曰余ᄂᆞᆫ幼時에家甚貧ᄒᆞ야老父ᄂᆞᆫ太粥으로十年을過ᄒᆞ며老母ᄂᆞᆫ短褐로三冬을送ᄒᆞ고長兄우黃精을採ᄒᆞ며稚妹ᄂᆞᆫ遺穗를拾ᄒᆞ야支離ᄒᆞᆫ慘生涯를做ᄒᆞ고盲瞞의入門을俟ᄒᆞ다가彼蒼이無情ᄒᆞ사某年春旱災를遇ᄒᆞ미不得已牛皮를冒ᄒᆞ고四處로求乞ᄒᆞ더니但只親戚朋友間에許多嘲侮만被ᄒᆞᆯᄲᅮᆫ이라畢竟擧家口를溝壑에葬ᄒᆞ고至今ᄭᆞ지其餘痛이在ᄒᆞᆫ지라是以로夜々마다眼만閉ᄒᆞ면亡親亡兄이一室에同集ᄒᆞ야晩春麥嶺에惡菜를喫ᄒᆞ며生計를謀ᄒᆞ너라고甚苦로다丙曰余ᄂᆞᆫ年前에暫時商業을留意ᄒᆞ고三南等地에往ᄒᆞ야米穀을貿易ᄒᆞᆯ서偶然一行步에數千金의利를得ᄒᆞ고意氣가甚히揚々ᄒᆞ더니歸路에日暮無人의嶺에셔馬中軍이라던지孟監役이라던지一蓬頭突鬢의賊魁를遇ᄒᆞ야沒數히被奪ᄒᆞ고至今ᄭᆞ지其餘憤이未定ᄒᆞᆫ지라是以로夜々마다眼만閉ᄒᆞ면此草賊輩에向ᄒᆞ야大討滅을行ᄒᆞ너라고甚苦로다丁曰難禁者ᄂᆞᆫ私오難斷者ᄂᆞᆫ情이로다余가生下ᄒᆞᆫ一乳下兒가有ᄒᆞᆫᄃᆡ年今三歲라此가아즉幼穉園에入ᄒᆞᆯ年齡도未達ᄒᆞ얏지만은余가此를何以ᄒᆞ면俾斯麥글ᄅᆡᄉᆞ돈ᄀᆞᆺᄒᆞᆫ人物이되게ᄒᆞ며몰ᄐᆡ닐손ᄀᆞᆺᄒᆞᆫ人物이되게ᄒᆞᆯ가ᄒᆞᄂᆞᆫ見卵求時의太早想에被驅ᄒᆞ야夜々마다眼만閉ᄒᆞ면此에某科學을敎ᄒᆞ며某技藝를敎ᄒᆞ너라고甚苦로다言訖에戊가[illegible]을握ᄒᆞ고大呌曰君輩ᄂᆞᆫ眞[illegible]說夢者로다堂々檀君의傳授ᄒᆞᆫ四千載國家가如是衰頹ᄒᆞ되爾가奚暇에私家의休戚만夢ᄒᆞ며半島山河의奠居ᄒᆞᆫ二千萬同胞가如是困苦ᄒᆞ되爾가奚暇에私族의苦樂만夢ᄒᆞ며全國의實業이如是殘微ᄒᆞ되爾가奚暇에一時私業의失敗를夢ᄒᆞ며全國의敎育이如是蔑裂ᄒᆞ되爾가奚暇에一個私兒의前途를夢ᄒᆞᄂᆞ뇨先儒氏ㅣ云ᄒᆞ되夢寐의如何로도可히自家學問의進退를驗ᄒᆞᆫ다ᄒᆞ지아니ᄒᆞ엿ᄂᆞᆫ가ᄒᆞᆫᄃᆡ甲乙丙丁四人이皆拜謝曰吾儕가過를知ᄒᆞ노라ᄒᆞ더라記者ㅣ聽ᄒᆞᆫ지長久에儿를推ᄒᆞ고作曰嗚乎라夢에도家를忘ᄒᆞ고國를愛ᄒᆞ며私를거ᄒᆞ고公을尙ᄒᆞ라고相勉ᄒᆞ니嗚乎라韓國의前途厚望을此에卜ᄒᆞᆯ진져

外報

◎喇嘛와印度 西藏達賴喇嘛ᄂᆞᆫ印度로逃走ᄒᆞ야莊嚴ᄒᆞᆫ儀式으로다루지링크에到着ᄒᆞ엿ᄂᆞᆫᄃᆡ同地佛敎徒ᄂᆞᆫ一大行列로歡迎ᄒᆞ엿다ᄒᆞ며清國이今番此喇嘛를廢黜ᄒᆞᆫ것은失敗의事라ᄒᆞ며今後西藏은一變化的狀態를作ᄒᆞ리라더라

◎葡王出發 露都를訪問ᄒᆞᆫ葡萄牙王同后ᄂᆞᆫ露都에一週間滯在ᄒᆞ다가出發ᄒᆞ엿다더라

◎英相手段 英國首相은上院否決權廢止案이可決通過ᄒᆞᆫ後에豫算案을提出ᄒᆞᆫ다ᄒᆞ엿ᄂᆞᆫᄃᆡ此ᄂᆞᆫ上院否決權廢止案이有効ᄒᆞᆫ法律되게ᄒᆞ기를望ᄒᆞᄂᆞᆫ바인즉此手段이失敗되면內閣은斷然히繼續치아니ᄒᆞ리라더라

◎露國抗議 露國은清國에抗議ᄒᆞ야錦愛鐵道가東清鐵道를妨害ᄒᆞ야至ᄒᆞ면東清鐵道ᄂᆞᆫ五百萬留의損害를致ᄒᆞᆯ지니錦愛鐵道의代로共西方에露國도鐵道를敷設케ᄒᆞ라ᄒᆞ엿다더라

◎達賴發書 達賴喇嘛ᄂᆞᆫ英美德法各公使에게救助請願書를發ᄒᆞ엿다ᄂᆞᆫ說이有ᄒᆞ다더라

◎塞王訪露 塞爾維亞王은來十五日에露國을訪問ᄒᆞᆫ다더라

◎希臘大會 希臘代議院은憲法修正을可決ᄒᆞ야九月十四日에國民大會를開ᄒᆞᆫ다더라

◎喇嘛西藏行 西藏事件에對ᄒᆞ야清國北京雍和宮의有力ᄒᆞᆫ喇嘛二名은清國撫育의誠意를說明ᄒᆞ고僧徒를勸諭키爲ᄒᆞ야同地로向ᄒᆞ엿다더라

◎英國과西藏 英國外相크레氏ᄂᆞᆫ下院에셔演說ᄒᆞ야曰西藏事件에對ᄒᆞ야英國은何等影響을被ᄒᆞᆯ거시라ᄒᆞᆷ은不當ᄒᆞᆫ즉오즉條約의義務를遵ᄒᆞᆷ이可ᄒᆞ고其他關係諸國도條約을同樣嚴守ᄒᆞᆷ이可ᄒᆞ다ᄒᆞ엿다더라

◎佛敎徒可決 印度로逃走ᄒᆞᆫ西藏達賴喇嘛에對ᄒᆞ야다루지링크의佛敎徒ᄂᆞᆫ一大集會를開ᄒᆞ고滿場一致로決議ᄒᆞ야曰清政府가達賴喇嘛에게侮辱을加ᄒᆞ엿슨즉清國에對ᄒᆞ야達賴를復職ᄒᆞ고軍隊를撤回ᄒᆞ고首府拉薩에在ᄒᆞᆫ清國西藏大臣聯豫를罷免케ᄒᆞ기를請求ᄒᆞ자ᄒᆞ엿다더라

學界

◎紀念式擧行 同德女子義塾에셔ᄂᆞᆫ陰二月初二日에第二回設立紀念式을擧行ᄒᆞᆯ터인ᄃᆡ該校長閔[illegible]氏가一般費用을自擔ᄒᆞᆫ다더라

◎兩校聯合 博川舊津面任北氏ᄂᆞᆫ敎育界에熱心ᄒᆞᄂᆞᆫ有志紳士인ᄃᆡ該郡博文學校와東明學校를去月二十三日에聯合ᄒᆞ기로提議ᄒᆞ미該校任員及學徒父兄諸氏가欣然樂從ᄒᆞᆷ으로校名을東文學校로改稱ᄒᆞ고日間開校式을擧行ᄒᆞᆫ다더라

◎昔廢今興 忠南牙山郡三北面屯浦私立熙成學校ᄂᆞᆫ故李贊熙氏가光武九年分에剏設ᄒᆞᆫ바인ᄃᆡ李氏가不幸身故ᄒᆞᆫ後維持方針이無ᄒᆞ야廢止되엿더니京貞洞大韓宗古聖敎會主敎端야德氏가此를慨歎히녁여金三百圓을寄付ᄒᆞ야該校諸般事務를更히擴張ᄒᆞ고熱心贊成ᄒᆞᆷ으로晝外學員이四十餘名에達ᄒᆞ야該氏의頌聲이藉藉ᄒᆞ다더라

◎金家夜校 平南江西郡普院面棲鶴里金鳳河氏ᄂᆞᆫ再昨年부터自己舍廊에夜學校를設立ᄒᆞ고熱心敎育ᄒᆞᆷ으로生徒가日增ᄒᆞ야成績이頗有ᄒᆞ다더라

詞藻

❀人間公道❀

歲月이無私情ᄒᆞ나、오ᄂᆞᆫ白髮뉘禁ᄒᆞ리。
人間公道이러ᄒᆞ여、天理가昭然타건만。
엇지타、福善禍淫은、이와달나。

宮廷錄報

◎御饌下賜 既報와如히 大皇帝 皇后兩 陛下씌옵셔昨日下午二時秘苑暎花堂에셔騎兵隊鍊習을 御覽ᄒᆞ옵실時에義親王同 王妃兩 殿下以下皇族祗候官과宮內府高等官이陪觀ᄒᆞ엿ᄂᆞᆫᄃᆡ同三時에 賜饌ᄒᆞ옵셧다더라

◎王妃陛見 義親王妃殿下씌셔再昨日上午十二時 德壽宮에 陛見하셧다더라

◎皇族陛見 中樞院顧問李址鎔氏가再昨日下午一時에 大皇帝陛下씌 陛見ᄒᆞ고同三時에退闕ᄒᆞ엿다더라

雜報

◎餘戒尙存 李總理의病症이近日來闕發ᄒᆞᄂᆞᆫ듯ᄒᆞ야起居動作이極難ᄒᆞ다홈으로醫師가每日一次式前往ᄒᆞ야診察施術ᄒᆞᆫ다더라

◎何事奔走 農相趙重應中樞院贊議鄭內朝兩氏ᄂᆞᆫ何等事件을因홈인지內外國官吏에게奔走히往來ᄒᆞᆫ다더라

◎兒玉電報 去五日에日本政府에셔韓國經營에關ᄒᆞᆫ出入總豫算案을衆議院에送致ᄒᆞ얏ᄂᆞᆫᄃᆡ全部가可決되엿다ᄒᆞ고統監府書記官兒玉의電報가統監府에來ᄒᆞ엿다더라

◎旣退更呈 正三品康洪斗氏가鷄龍山으로移都ᄒᆞ고徵兵令을實施ᄒᆞ라ᄒᆞ고中樞院에獻議홈을退却홈은已報어니와右獻議案件을中樞院議長私邸로更爲提呈ᄒᆞ고期於實施케하라ᄒᆞ엿다더라

◎補助給與說 農商工部에셔機業을奬勵ᄒᆞᆫ다ᄒᆞ고巡回敎師制度를設施홈은已報어니와尙且必要ᄒᆞᆫ境遇에ᄂᆞᆫ補助金을給與ᄒᆞᆯ計劃이라더라

◎此亦指揮 港灣의浚渫과埠頭棧橋의改造와水陸交통의變改ᄂᆞᆫ國防上重大ᄒᆞᆫ事인즉韓政府가此를專行홈은不可ᄒᆞ다ᄒᆞ야日本海軍省에셔此에對ᄒᆞ야統監府에照會하되此를嚴重警戒ᄒᆞ야韓國에셔或此等工事를行코저ᄒᆞ면日本佐世保鎭守部司令長官의게照會ᄒᆞ야其同意를得ᄒᆞ고重要ᄒᆞᆫ時ᄂᆞᆫ同長官과協議ᄒᆞ야海軍省의指揮를受ᄒᆞ게ᄒᆞ기로決定ᄒᆞ엿다ᄂᆞᆫ說이有ᄒᆞ다더라

◎新築日增 學部에셔ᄂᆞᆫ校舍新築費四萬圓이豫算에計入되엿ᄂᆞᆫ故로公立普통學校四個所高等女學校一個所外國語學校四個所等各校舍를新築ᄒᆞᆯ豫定이라더라

◎調査局官制 土地調査局官制ᄂᆞᆫ目下統監의承認을要ᄒᆞᄂᆞᆫ中인ᄃᆡ該局長官은總裁로ᄒᆞ야度支部次官이兼任ᄒᆞ기로ᄒᆞ고來十五日頃에發表ᄒᆞᆫ다더라

◎政黨組織說 某々氏가發起ᄒᆞ야一大政黨을組織ᄒᆞ기로現方周旋中이라ᄂᆞᆫᄃᆡ不久에實施된다ᄂᆞᆫ說이有ᄒᆞ더라

◎期於勿施 司業試驗에挾雜代試ᄒᆞᆫ劉宗冕氏의事件에對하야試驗委員諸氏가會議ᄒᆞ기를劉氏의司業은期於勿施케ᄒᆞᄌᆞᄒᆞ엿다더라

◎銅臭鬼神 商務組合部長李學宰ᄂᆞᆫ中部紬洞等地에家屋을買居後李가此를貰家라稱ᄒᆞ고商行券發賣ᄒᆞᆫ後에야家屋代금을辦給ᄒᆞ깃다하며各地方頭領에게商行券發賣홈을委託하엿다더라

◎李氏注目說 進明會社社長李圭恒氏ᄂᆞᆫ何等事件을因홈인지某處에셔目下注目中이라더라

◎實業協議 實業家趙秉澤氏等十餘人이再昨日下午二時鍾路淸香茶館에會同ᄒᆞ야木工組合所大擴張ᄒᆞᆯ事件을協議ᄒᆞ엿다더라

◎金氏將訴 承寧府總管趙民熙氏ᄂᆞᆫ年前에前郡守김明旭氏에게금貨三千五百圓을取用ᄒᆞᆫ事가有ᄒᆞ다ᄂᆞᆫᄃᆡ김氏가該금額을還推ᄎᆞ로將次裁判所에起訴ᄒᆞᆫ다더라

◎慰金徵出 前參判閔宗植氏ᄂᆞᆫ年前倡義時被害ᄒᆞᆫ日人遺族과裁判ᄒᆞᄂᆞᆫ事件이日前判決되엿ᄂᆞᆫᄃᆡ該氏에게慰藉金五千八百餘圓을徵出ᄒᆞ라하엿다더라

◎尙有競令否 三和府尹김永燦氏ᄂᆞᆫ該港김植會氏로前無ᄒᆞᆫ港面長을差出ᄒᆞ고其ᄃᆡ料를各洞에셔排斂ᄒᆞ던지各里長月料中에셔分給ᄒᆞ던지區處ᄒᆞ라ᄒᆞ며各里長及人民이民弊됨을說明ᄒᆞ고聽從치아니ᄒᆞᆫ즉該府尹이號令ᄒᆞ며日官令을拒逆ᄒᆞᄂᆞ냐ᄒᆞ며警察署로移交懲治ᄒᆞ깃다홈으로民情이沸鬱ᄒᆞ다더라

◎宜有批評 高等演藝館에셔ᄂᆞᆫ觀覽者의席次를定ᄒᆞ되韓人處所日人處所를分定ᄒᆞ고男女가同席混雜케홈으로傷風敗俗ᄒᆞᆫ行爲가多ᄒᆞ다고一般批評이有ᄒᆞ다더라

◎何至此境 去月二十六日에慶北醴泉郡普門面山城洞에義兵二十餘名이來到ᄒᆞ야該洞人安周萬其他一名을提去ᄒᆞᄂᆞᆫ故로安의親屬安道鎬安周必二名이此를追去ᄒᆞ다가被殺ᄒᆞ엿더라

◎何不禁戢 布廛屛門第一樓下에居ᄒᆞᄂᆞᆫ淸人某의家에셔雜技局을設ᄒᆞ고多數ᄒᆞᆫ金錢을消耗ᄒᆞᆫ다ᄂᆞᆫ說이浪藉ᄒᆞ다더라

◎二名罷黜 日前警視廳에셔各演劇場을調査홈은既報어니와當時에行爲不正ᄒᆞᆫ巡査ㅣ名을摘拔ᄒᆞ엿ᄂᆞᆫᄃᆡ爲先中署豫備巡査二名을罷黜ᄒᆞ엿다더라

◎尹巡查罷免 北署巡査尹益淳氏ᄂᆞᆫ何等不美ᄒᆞᆫ事이有ᄒᆞᆫ지再昨日에罷免을遭하엿다더라

◎許氏入城 敎務視察次로淸州郡에前往ᄒᆞ엿던救世軍營正領許嘉과氏ᄂᆞᆫ再昨日入城ᄒᆞ엿다더라

◎李氏被囚 中樞院顧問李根澤氏에令男岐薰氏가韓貞淳과相持하ᄂᆞᆫ事이有ᄒᆞ다홈은已報어니와李氏가韓貞淳의起訴를因ᄒᆞ야日憲兵司令部에押囚되엿다더라

◎文也醜行 仁川府警察署巡査文致洪은人口調査ᄒᆞᆫ다稱ᄒᆞ고該港栗木洞朴召史家에入ᄒᆞ야該召史의二十九歲된女息有夫女의兩手를結縛ᄒᆞ고短刀를揮ᄒᆞ야日汝若開口ᄒᆞ면卽加殺害ᄒᆞ리라ᄒᆞ고强奸而去ᄒᆞᆫ지라該女가當場强暴를莫禦ᄒᆞ야汚辱을當ᄒᆞ미痛憤홈을不勝ᄒᆞ야同地警署에告發ᄒᆞ엿더니該署警視가但히文의職任만罷免ᄒᆞ고別般懲治가無ᄒᆞᆫ故로該女가該港憲兵部에更히告訴ᄒᆞ엿다더라

◎岔溝設校 西間島岔溝地方에셔牧民分學校를設立ᄒᆞ엿ᄂᆞᆫᄃᆡ該地ᄂᆞᆫ高句麗舊都ㅣ오現今間島初入의一大江口港市인ᄃᆡ京城及南中人士가多數居留ᄒᆞᆫ다더라

◎餞別設宴 紬洞작蠶會社에셔자蠶製養及繰絲法見習次로淸國[illegible]地에前往ᄒᆞᄂᆞᆫ李圭善亭根李若濟洪祐祿諸氏를爲ᄒᆞ야三昨日該會社內에셔전別宴을設行ᄒᆞ엿다더라

◎金海風波 去月廿六日金海郡鳴湖面東里에셔該地居留日人이韓人人夫를使役ᄒᆞ고其雇金問題로爭詰ᄒᆞ다가該日人이韓人李春敬을毆打ᄒᆞ야流血이浪藉ᄒᆞᆫ지라該地人民百餘名이會集ᄒᆞ야該日人에게雇金及治療費를請求ᄒᆞᆫᄃᆡ該日人이治療費三圓을給與ᄒᆞ고其人民은皆解歸ᄒᆞ엿다ᄂᆞᆫᄃᆡ目下日憲兵及警察署에셔此事件을取調中이라더라

◎美術工場回祿 再昨日下午三時에新橋美術品製造工場木工部燒爐에셔發火ᄒᆞ야應接室倉庫柒工場鍛冶工場等合計三十八間이燒燼되엿ᄂᆞᆫᄃᆡ損害額이約一萬圓假量이라더라

◎潭陽火災 去三日潭陽郡龍面에셔失火ᄒᆞ야家屋三十二戶가燒失되고損害額이約七千五百餘圓이라더라

◎宣校失火 宣川邑內耶蘇敎學校에셔失火ᄒᆞ야損害가五百圓에達ᄒᆞ엿다더라

◎奪財放火 平壤南兄弟山面六里龍山洞김鎭澤氏家에强盜十餘名이突入ᄒᆞ야財産을奪ᄒᆞ고洞民六名을毆打重傷ᄒᆞ고洞中에放火ᄒᆞ야十四戶가被燒되엿다더라

◎失火人燒 三淸洞紅箭門內居徐丙喆氏家에셔日前失火ᄒᆞ야該氏의大夫人이年今七十餘歲인ᄃᆡ被燒致斃ᄒᆞ엿고家産을沒燒ᄒᆞ엿다더라

◎陳氏逢賊 富平郡馬場面面長陳聲澤氏ᄂᆞᆫ日前該面捧稅錢五百餘圓을携帶ᄒᆞ고仁川郡財務署로向ᄒᆞ다가富平停車場附近에셔强盜一名을逢ᄒᆞ야該金及其他時計等物品을沒數見失ᄒᆞ엿다더라

◎四氏慰勞會 西北學生親睦會會員諸氏가發起ᄒᆞ야再昨日下午 時에西北學會館內에셔李甲安昌浩李鍾浩金明濬四氏를請邀ᄒᆞ야慰勞會를設行ᄒᆞ엿다더라

◎任員選定 西北學會에셔三昨日下午一時에總會를開ᄒᆞ고任員을選定ᄒᆞ엿ᄂᆞᆫᄃᆡ會長은太明식副會長은朴殷植總務ᄂᆞᆫ金源極協成學校長은趙鼎允學諸氏로評議員은李甲鄭鎭弘氏等三十人으로選定ᄒᆞ엿고甲山郡支會를認許ᄒᆞ엿다더라

◎青館開演 今日下午七時半에鍾路青年會館에셔演說會를開ᄒᆞ고牧師崔炳憲氏를請邀ᄒᆞ야青年의時代로演說ᄒᆞᆫ다더라

◎感荷義捐 平南永柔郡不山面院里金瓚煥氏가本社經費를補助하기爲ᄒᆞ야金一圓을寄付ᄒᆞ엿기玆에其盛意를感表ᄒᆞ노라

電報

◎曾禰歸任說 曾禰統監은身病이差復ᄒᆞ야來四月十五日頃에歸任ᄒᆞᆫ다ᄂᆞᆫ說이有ᄒᆞ다더라 東京發 七日着

◎勃王과露國 勃加利牙國王이露都訪問홈에關ᄒᆞ야露國은近日에公文을發表하엿ᄂᆞᆫᄃᆡ其文意ᄂᆞᆫ平和的言論으로土耳其疑惑을減少케홈이라더라

◎露國要求 露國은淸政府에對하야錦愛線의代로갈간기야구다ㅣ連絡線布設의仲을提出ᄒᆞ엿다더라

◎塞王訪問 塞爾維亞王은今年秋에土耳其를訪問ᄒᆞᆫ다더라

◎五千名罷工 美國費府에셔ᄂᆞᆫ五千名의同盟罷工者가有하야市街鐵道發電所를燒燼ᄒᆞ엿다더라 以上伯林發 七日着

▲特色文明▼

反笑生

▲東西洋을遍踏ᄒᆞ고南北極에探險ᄒᆞ야文明國도觀察ᄒᆞ고野蠻邦도遊歷ᄒᆞ야文明野蠻諸習俗을無所不覽ᄒᆞ엿스되東三島의더人種은그行爲가非常ᄒᆞ야보던바에처음이라

▲片倉組란門人은[illegible]남의地方城壁헐어남의[illegible]船修補하고認可狀을엇엇노라稱托ᄒᆞ고혐迫ᄒᆞ야남의所有古蹟을[illegible]ᄒᆞ고肥己ᄒᆞ려ᄒᆞ니强奪法에慣歷차기너의밧긔업스리라

▲上田이란더日人은그慾量이엇지큰지漢江水를獨飮코져以部認可憑藉ᄒᆞ고麻浦船橋架設ᄒᆞ야傳來ᄒᆞ던남의產業[illegible]執勒占ᄒᆞ려하니勒占術의發達ᄒᆞᆫ기너의밧긔업스리라

▲無賴輩의日人들은自行車鋪들어가서貰너라ᄒᆞ고逃亡ᄒᆞ며林事務假稱ᄒᆞ고남의伐木勒奪ᄒᆞ며남의墳墓掘破ᄒᆞ야金銀寶物暗盜ᄒᆞ니盜賊[illegible]너의밧긔업스리라

▲可憎ᄒᆞᆫ사日人[illegible]大량木은[illegible]人眼中小刺棘은[illegible]ᄒᆞ야暗黑朝鮮[illegible]韓人을侮蔑터니至今너의行爲보니可謂特色文明일다

廣告

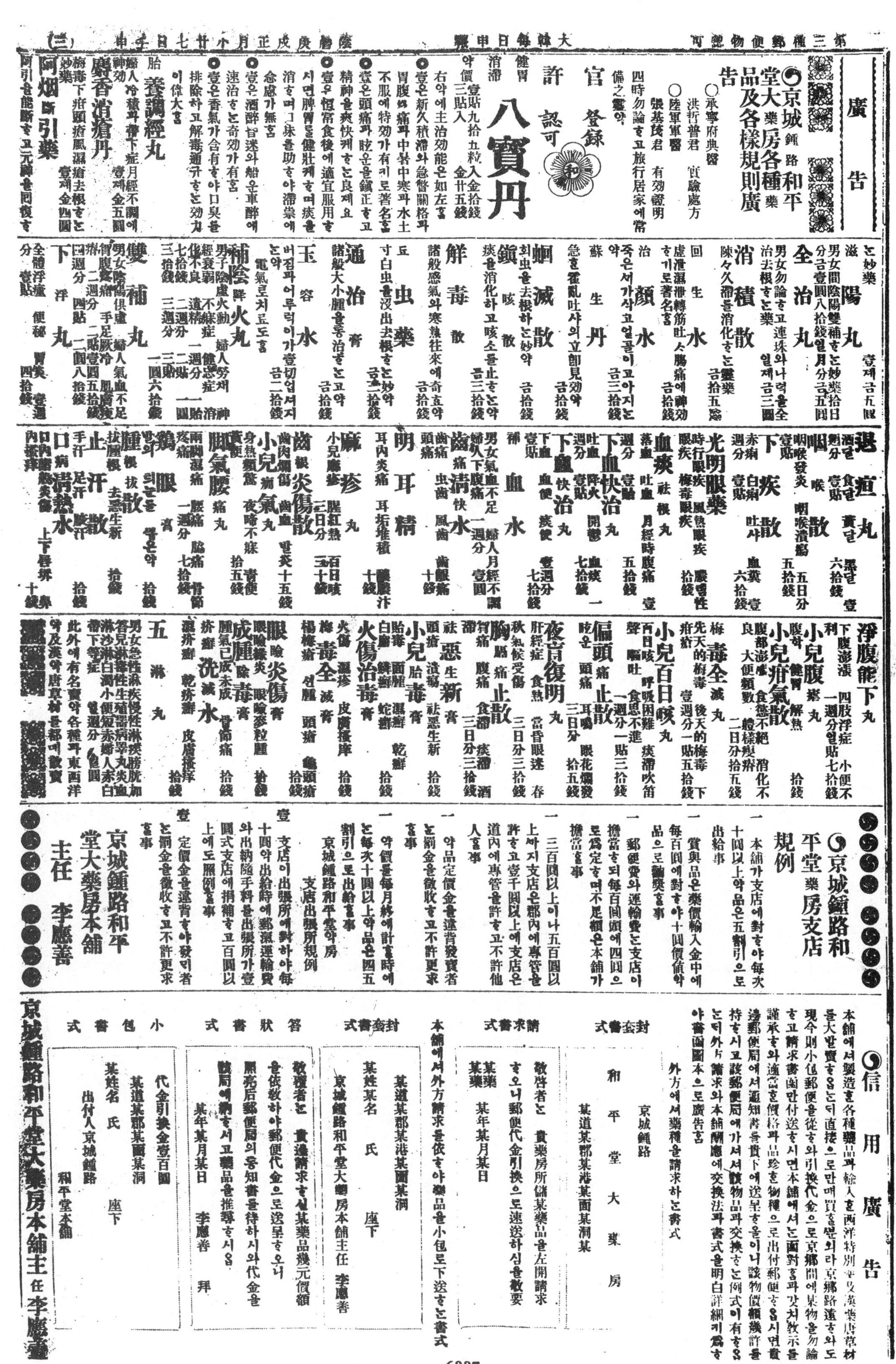

◎京城鍾路和平堂大藥房各種藥品及各樣規則廣告

〇承寧府典醫 洪哲普君 實驗處方
〇陸軍軍醫 張基茂君 有效證明
四時勿論ᄒᆞ고旅行居家에常備之靈약

官許 登錄 認可

八寶丹

健胃 消滯
약價 壹貼九拾九粒入金拾錢 三貼入金廿五錢

右약에主治効能은如左ᄒᆞᆷ

◎壹은新久積滯와急瞥關格과胃腹의痛과中暑中寒과水土不服에特効가有ᄒᆞ기로著名ᄒᆞᆷ
◎壹은頭痛과眩운을鎭正ᄒᆞ고精神을爽快케ᄒᆞᄂᆞᆫ良제요
◎壹은恒常食後에適宜服用ᄒᆞ시면脾胃를健壯케ᄒᆞ며痰을消ᄒᆞ며ᄀᆞ味를助ᄒᆞ야滯崇에念慮가無ᄒᆞᆷ
◎壹은酒醉昏迷와船운車醉에速治ᄒᆞᄂᆞᆫ奇効가有ᄒᆞᆷ
◎壹은香氣가含有ᄒᆞ야口臭를排除ᄒᆞ고解毒通규ᄒᆞᄂᆞᆫ効力이偉大ᄒᆞᆷ

胎養調經丸 婦人冷積과帶下症月經不調에神効 壹제金五圓
麝香消瘡丹 梅毒下疳頭瘡風濕瘡去根ᄒᆞᄂᆞᆫ妙藥 壹제金四圓
阿烟斷引藥 阿引食能斷ᄒᆞ고元神을回復ᄒᆞ

ᄂᆞᆫ妙藥 壹제금五圓
滋陽丸 男女間陰陽雙補ᄒᆞᄂᆞᆫ妙藥 拾日分금壹圓八拾錢 일月分금五圓
全治丸 男女勿論ᄒᆞ고連珠와나력을全治去根ᄒᆞᄂᆞᆫ藥 일제금三圓
消積散 陳々久滯를消化ᄒᆞᄂᆞᆫ靈藥 금拾五錢
回生水 虛泄濕泄轉筋吐ᄉᆞ腸痛에神効ᄒᆞ기로著名ᄒᆞᆷ 금拾錢
治顔水 죽은세가삭고얼골이고아지ᄂᆞᆫ약 금三拾錢
蘇生丹 急ᄒᆞᆫ霍亂吐사의立卽見効약 금拾錢
蛔滅散 회虫을去根하ᄂᆞᆫ妙약 금拾錢
鎭咳散 痰을消化하고咳소를止ᄒᆞᄂᆞᆫ약 금三拾錢
解毒散 諸般感氣와寒熱往來에奇효약 금拾錢
虫藥 寸白虫을沒出去根ᄒᆞᄂᆞᆫ妙약 금二拾錢
通治膏 諸般大小腫을통治ᄒᆞᄂᆞᆫ고약 금拾錢
玉容水 버짐과어루러이가壹切업서지ᄂᆞᆫ약 電氣로치료도ᄒᆞᆷ 금二拾錢
補陰降火丸 男子陰虛火動 婦人勞채 神經衰弱不寐症 健忘症 消化不良遺精 一週分 一貼 七拾錢 二週分 二貼 一圓三拾錢 三週分 三貼 一圓六拾錢
雙補丸 男女陰陽俱虛 婦人氣血不足 胃腹疼痛 手足厥冷 肌膚瘦瘠 二週分 二貼 壹圓五拾錢 四週分 四貼 二圓八拾錢
下浮丸 全體浮瘇 便秘 胃炎 壹週分 壹貼 四拾錢

退疸丸 酒달 食달 黃달 黑달 壹週分 壹貼 六拾錢
咽喉散 咽喉發炎 咽喉潰瘍 五日分 壹貼 五拾錢
下痢散 赤痢 白痢 吐사 血糞 壹週分 壹貼 六拾錢
光明眼藥 時行眼疾 風熱眼疾 慢性眼疾 梅毒眼疾 拾錢
血痰袪根丸 落血 吐血 月經時腹痛 壹週分 壹貼 五拾錢
下血快治丸 吐血 降火 開鬱 血痰 一週分 壹貼 七拾錢
下血快治丸 下血 血便 痰便 壹週分 壹貼 七拾錢
補血水 男女氣血不足 婦人下腹痛 婦人月經不調 一週分 壹圓
齒痛清快水 齒痛 頭痛 虫齒 風齒 齒齦痛 十錢
明耳精 耳內炎痛 耳垢堆積 聤耳膿汁 十錢
痲疹丸 小兒痲疹 腥紅熱 三日分 百日咳 三十錢
齒根炎傷散 齒肉爛傷 齒血 발炎 十五錢
小兒痛氣丸 身熱 顚驚 夜啼不寐 青便 黃便 拾五錢
腳氣腰痛丸 兩腳濕痛 疼痛 腰痛 脇痛 骨節 一週分 七拾錢
鷄眼膏 발의티눈을빼ᄂᆞᆫ약 拾錢
腫根拔去散 拔腫根 去惡生新 拾錢
止汗散 手汗 足汗 腋汗 拾錢
口病清熱水 口內瘡 口內炎傷 上下唇瘡 十錢

浮腹能下丸 下腹澎漲 小便不利 四肢浮症 一週分일貼 七拾錢
小兒腹痞丸 腹하 健胃 解熱 拾錢
小兒疳氣散 腹部澎脹 食慾不絶 消化不良 大便頻數 體樣瘦瘠 二日分 拾五錢
梅毒全滅丸 先天的梅毒 後天的梅毒 下疳 壹週分一貼 五拾錢
小兒百日咳丸 百日咳 呼吸困難 痰滯吹笛聲 嘔吐 食思不進 一週分一貼 三拾錢
偏頭痛止散 頭痛 眩운 耳鳴 眼花爛發 三日分 拾五錢
夜盲復明丸 肝經症 食熱 當昏眼迷 春秋氣候受傷 三日分 三拾錢
胸腸痛止散 胃痛 腹痛 食滯 痰滯 酒滯 三日分 三拾錢
祛惡生新膏 頭瘡 潰瘍 祛惡生新 拾錢
小兒胎毒膏 胎毒 面腫 濕癬 白禿 鱗癬 蛇癬 乾癬 拾錢
火傷治毒膏 火傷 濕疹 皮膚搔痒 拾錢
梅毒全滅膏 梅瘡 楊梅瘡 선腫 頭瘡 鷄頭瘡 拾錢
眼險炎傷膏 眼險爛炎 眼險麥粒腫 拾錢
成腫除毒膏 腫氣已成未成 骨節痛 拾錢
洗濕水 疥癬 濕疥癬 乾疥癬 皮膚搔痒 拾錢
五淋丸 男女急性淋疾 慢性淋疾 膀胱加答兒 淋毒性生殖器病 睾丸炎 血淋 沙淋 白濁 小便短赤 婦人赤白帶下等症 壹週分 壹圓
此外에有名賣약各種과東西洋약及漢약唐草材를都매散賣

◎京城鍾路和平堂藥房支店規例

一 本舖가支店에對ᄒᆞ야每次十圓以上약品은五割引으로出給事
一 賞與品은藥價輸入金中에每百圓에對ᄒᆞ야十圓價値약品으로勸獎ᄒᆞᆫ事
一 郵便費와運輸費ᄂᆞᆫ支店이擔當ᄒᆞ되每百圓額에四圓으로爲定ᄒᆞ며不足額은本舖가擔當ᄒᆞᆯ事
一 三百圓以上이나五百圓以上ᄭᆞ지支店은郡內에專管을許ᄒᆞ고壹千圓以上에支店은道內에專管을許ᄒᆞ고不許他人ᄒᆞᆯ事
一 약品定價金을違背發賣者ᄂᆞᆫ罰金을徵收ᄒᆞ고不許更求ᄒᆞᆯ事

支店出張所規例　京城鍾路和平堂약房

一 약價를每月終에計ᄒᆞᆯ時에ᄂᆞᆫ每次十圓以上약品은四五割引으로出給ᄒᆞᆯ事
壹 支店이出張所에對하야每十圓약出給時에郵稟運輸費와出納隨手料를出張所가壹圓式支店에捐補ᄒᆞ고百圓以上에도照例ᄒᆞᆯ事
壹 定價金을違背ᄒᆞ야發매者ᄂᆞᆫ罰金을徵收ᄒᆞ고不許更求ᄒᆞᆯ事

京城鍾路和平堂大藥房本舖
主任 李應善

◎信用廣告

本舖에서製造ᄒᆞᆫ各種藥品과輸入ᄒᆞᆫ西洋特別약及漢藥唐草材를大발賣ᄒᆞ옵ᄂᆞᆫ딕直接으로만매買ᄒᆞᆯ뿐외라京鄕路遠ᄒᆞ와도現今則小包郵便을從ᄒᆞ와引換代金으로京鄕間에某物을勿論ᄒᆞ고請求書函만付送ᄒᆞ시면本舖에서ᄂᆞᆫ面對ᄒᆞᆷ과갓치敎示를謹承ᄒᆞ와適當ᄒᆞᆫ價格과品珍ᄒᆞᆫ物種으로出付郵便ᄒᆞ옵시면貴邊郵便局에서通知書를貴下에送呈ᄒᆞᆯ이니該物價額幾許를持ᄒᆞ시고該郵便局에가서該物品과交換ᄒᆞᄂᆞᆫ例式이有ᄒᆞ오ᄂᆞᆫ딕外方請求와本舖酬應에交換法과書式을明白詳細키爲ᄒᆞ야書函圖本으로廣告ᄒᆞᆷ

外方에서藥種을請求하ᄂᆞᆫ書式

封套書式
京城鍾路
和平堂大藥房
某道某郡某港某面某洞某

請求書式
敬啓者ᄂᆞᆫ 貴藥房所儲某藥品을左開請求ᄒᆞ오니郵便代金引換으로速送하심을敬要
某藥
某藥
某年某月某日

本舖에서外方請求를依ᄒᆞ야藥品을小包로下送ᄒᆞᄂᆞᆫ書式

封套書式
某道某郡某港某面某洞
某姓某名 氏 座下
京城鍾路和平堂大藥房本舖主任 李應善

答狀書式
敬覆者ᄂᆞᆫ 貴邊請求ᄒᆞ신某藥品幾元價額을依敎하야郵便代金으로送呈ᄒᆞ오니照亮后郵便局의통知書를待하시와代金을該局에納ᄒᆞ서고藥品을推尋ᄒᆞ시옵
某年某月某日 李應善 拜

小包書式
代金引換金壹百圓
某道某郡某面某洞
某姓名 氏 座下
出付人京城鍾路
和平堂本舖

京城鍾路和平堂大藥房本舖主任 李應善

廣告

[illegible]名을[illegible]인데[illegible]字를改[illegible]施行ᄒ오니知[illegible]以此照亮하심을[illegible]
慶南[illegible]山北亭里住朴升煥告白

本人이陰正月廿一日에邑中에서姓名章을見失이옵기玆에廣告ᄒ오니內外國人은照亮ᄒ시옵
平北鐵山郡古城面新豐里居
金受鼎　告白

本郡州南面豐湖里居前奉事金昇煥氏가昨夏水災時에正粮와唐穀二百餘斗를罹災民處에救急이옵더니又當今春ᄒ야同氏가慈惡心이愈篤ᄒ야稷穀一百石을義捐救恤이옵기闔境人民이稱頌不已故로玆에廣告홈
隆熙四年二月二十六日
咸鏡南道咸興郡團　告白

金城郡에서昨年七月分田畓裁詳時에本郡南面々長金鍾沼가鳳堂里居吉鼎錫을假稱監官이라ᄒ고兩人이同心ᄒ야富民의게ᄂ受賂減結而該減額을貧民의게加하고各洞으로周行ᄒ면서食財錢이如左홈으로左開廣告홈
注坡洞金味可崔光善處十五兩
下榛洞高錫教高正學處　七兩
後洞[illegible]洞　假稱煙草稅　三十四兩
[illegible]洞户役壹給錢九十三兩六錢
注坡洞承岩洞長所灰代錢三百七十二兩九錢
上榛洞嚴秉錫處勒捧錢二十兩
金城郡南面上榛里趙鍾崙告白

本人의先塋이在於楊州郡下道西鹿洞而有姻干位土러니有何挾雜輩가僞造文券ᄒ야方圖出債於各處ᄒ오니內外國人은切勿見欺ᄒ시오
廟洞　李建容　告白

大邱春秋令市改良ᄒ은全國民[illegible]의諸氏가[illegible]已諒悉이와바今[illegible]도依前[illegible]ᄒ와[illegible]三月一日開市ᄒ고[illegible]十日撤市ᄒ오며秋令도陰十一月　日開設同三十日撤市ᄒ터오니全國商民은咸須知悉하와屆期來臨홈
大邱藥商興業會　告白

本人의四寸兒命玉이가昨年陰正月分에本郡居김洛和와相約事로차자잔죽黃海道兎山郡에往ᄒ엿다ᄒ기로該郡에往ᄒ여印台甲家에서該氏를相逢後에台甲이가酒盃로勸ᄒ여泥醉後에의雜技를請ᄒ거ᄂ曰無一分이라ᄒ죽地方委員김致煥의於晉紙를내노면서再請ᄒ거날精神이無하여印台甲印台鳳等과與一夜雜技後에計之則七百圓를失ᄒ엿ᄂ데兩人等이勒奪手票를受하고台甲의三百二十圓票ᄂ地方委員을주고台鳳이ᄂ時郡主事印晉昌이게로三百八十圓票를주고其後로ᄂ郡主事와地方委員兩人이一邑權勢로外上雜技錢을勒奪推尋ᄒ여分食코저ᄒ옵기玆以廣告ᄒ오니知諸照亮ᄒ시옵
江原道安峽郡々內面[illegible]洞居
鄭命元　告白

本人의子範九가性本浮悖ᄒ야不顧家産ᄒ고出沒京鄉ᄒ야欲得債用하오니內外國人은切勿見欺홈
長湍高浪浦居　李英奎

昨年陰十二月에大同新聞雜報中揭載ᄒ承洞居김益昇氏가本人의手形事端은[illegible]其時推送則京無過故正誤홈
大寺洞三統加二戶　韓相義

本人이姓名圖章을陰正月十五日에서失故로玆에廣告ᄒ오니知舊間照亮ᄒ시옵
春川松峴里居池奎汶　告白

京西部車洞濟和藥房
本國藥材、洋藥、各病、效、用、價、國漢文、可刊出、作封、男婦女、郵便請求、買賣
閔[illegible]　白

我國風土가작蚕에適合홈과本社成績의良好ᄒ은世所共知인바今에公益을發展키爲ᄒ야種繭及種卵을賣却ᄒ오니有志僉位ᄂ早速來議ᄒ시와時期를勿失ᄒ심을至盼
但期限은陰二月十日內

販賣所
京城西部餘洞一百九十三統三戶
大韓작蠶會社

販賣紹介所
京城南部絲井洞五十九統五戶
新文館
(電話一三九一番)

本店에서**開業**ᄒ지**十六年間僉君子**의愛顧ᄒ심을**特蒙**ᄒ와**今年**부터**業務**을**大擴張**ᄒ고**春夏秋冬所用**으로絨緞**毛**織**等各國高等物品**을**現今多數直輸入**이온바**各地方**에서ᄂ貿易에**便利賣買**키爲ᄒ야**特**別**減價**ᄒ와**郵便小包**로**酬應**ᄒ야**代金**은引換ᄒ깃사오니**十三道**各**郡僉君子**ᄂ**隨意請求**ᄒ심을**望**
振替貯金番號（韓國壹三番）
漢城中部鍾路砂器廛**洞二十一統五戶**
廣興泰　告白

漢陽商會

地方에**處**在하신여러분**紳士**에게仰告ᄒ옵나이다
僉位가弊**店**에**莫大**ᄒ신**同情**으로物**品**을**數多命用**ᄒᄉ**每日數萬默**巨**額**에**達**케ᄒ신僉位의**盛意**ᄂ**感荷不已**이옵거니와**間**或物**品**을**多數請求**ᄒ시고도**郵便局又**ᄂ**運送店**에서物**品**의**到着**ᄒ**通知**가**有**ᄒ야도**推尋**치아니ᄒ심으로仍**而**返却되ᄂ**者**ㅣ**全數**의거의**二割**이나**至**ᄒ온지라此ᄂ반다시**不意**의**出他**或忘却ᄒ신**所致**이옵되弊店에**取**ᄒ야ᄂ**不少**ᄒ**影響**이오니**從來**부터**去來**하시ᄂ**紳士**ᄂ**已**어니와**今後**로서로히**物品**을**注文**ᄒ시ᄂ**僉位**ᄂ아모됴록**送致料**에**相當**ᄒ**金額**이라도**先金**으로弊**店郵便振替貯金口座韓國十八番**에**無料**로**貯金**ᄒ시고注**文書**를**送致**ᄒ시기바라옵나이다
（何處郵便所에던지振替貯金用紙가有ᄒ오니此를無料로請求하시고無料로貯金ᄒ시옵）

漢陽商會

▲坡州郡坡山書院私立普通學校義捐諸氏
成樂遠　二十圓
李晚雨　김永大　各五圓
洪承[illegible]　李基采　李東[illegible]
李熙祥　南宮根　俞綺老
成樂春　各二圓
李光淳　李相郁　金在聲
김鎭河　李冕淳　李性采
尹泰淳　各一圓
김善淑　六十錢
白泰欽　朴容魯　김振壙
鄭完基　李範喆　各五十錢
朴春彬　四十錢
坡山學校　白

私立普成中學校
漢城
本校에學徒를新募하니願學僉員은三月二十三日內로請願홈
試驗科目　國漢文　算術四則

學員募集廣告
本校에서一年級補缺生과預備科學生을增募ᄒ오니志願者ᄂ三月廿日(陰二月廿日)內로請願書를提出홈
但試驗日字ᄂ四月二日로開學日字ᄂ四日
隆熙四年二月　日
安州郡私立**協成安興學校**　告白

本人이昨年分에崔[illegible]善文道敬兩氏와同業ᄒ다가今年度에ᄂ緣於事勢ᄒ와分立되엿스니崔兩氏과ᄂ本社에關ᄒ事에對ᄒ야ᄂ[illegible]關係ᄒ시ᄋ
韓美興業株式會社義州代理店
盤松社　朴奉燁　白

本人이四角姓名篆章을客年八月二十一日分龍洞往還時에見失인바雖某拾得永無施行홈
平北宣川東面多味里
田宗[illegible]　告白

玉虎書林專賣特許 총帽子商店

大韓[illegible]京城[illegible]三十五[illegible]銅四[illegible]五戶[illegible]

研究의效果

우리大韓총帽子가[illegible]前年[illegible]우리는[illegible]研究ᄒ야[illegible]年夏秋[illegible]加研究ᄒ니[illegible]紋[illegible]絹과綾[illegible]의[illegible]로[illegible]製造홈이益美ᄒ야四時用에各宜ᄒ니이것이研究의效果오이다

우리大韓총帽子ᄂ[illegible]汚홈을水에沈ᄒ야[illegible]洗沼ᄒ며方正[illegible]樣ᄒ야乾後에冠[illegible]潔如新하야衛生[illegible]홈이天下에第一이니이研究의效果오이다

우리大韓총帽子ᄂ[illegible]이堅緻홈으로[illegible]用ᄒ야도弊傷이[illegible]濟上에必要홈이[illegible]一이니이것이研究[illegible]

오이다

우리大韓총帽子[illegible]年三月二十一日[illegible]고全年六月[illegible]許와全月十八[illegible]錄을得ᄒ야[illegible]홍年終會[illegible]年의研究的[illegible]도當年에利益[illegible]스니世界에[illegible]오며隆熙四年[illegible]效果가[illegible]은泰西의[illegible]言홈바어니와[illegible]價[illegible]人[illegible][illegible]

檀君開國四千二百四十三年
箕子元年三千三十二年
大韓開國五百十九年
本報創刊日
光武八年七月十八日

大韓每日申報

第八卷
月曜及慶節歲時日休刊
第一千三百卅一号

發行兼編輯人 英國人 萬咸
發行所
京城南部石井洞三層洋屋家
大韓每日申報

論說

◎海參威居留韓人同胞의黨派分爭에對ᄒᆞ야

嗚乎海參威韓人同胞아嗚乎海參威韓人同胞아

同胞諸君이當初에親戚을離ᄒᆞ며墳墓를棄ᄒᆞ고他國他鄕山도설고물도선海參威로移渡ᄒᆞᆷ이何故이뇨哥倫布와如히新大陸을發見코ᄌᆞᄒᆞᄂᆞᆫ功名心이發ᄒᆞ야此에移渡ᄒᆞᆷ인가번리와如히新殖民地를開拓코ᄌᆞᄒᆞᄂᆞᆫ野心이作ᄒᆞ야此에移渡ᄒᆞᆷ인가噫라不然ᄒᆞ다諸君이此地에移渡ᄒᆞᆷ은無他라祖國의悲運이正深ᄒᆞ고海天의怪氣이日作ᄒᆞ야二千里沃土ᄂᆞᆫ漏船에載ᄒᆞ고二千萬生命은火薪에處ᄒᆞ미或一瓢를掛하고東西로輾轉하다가末乃에此地ᄭᆞ지至ᄒᆞᆫ者도有ᄒᆞᆯ지며或稍饒ᄒᆞᆫ財産을將하고秦世의桃源을求ᄒᆞ다가此地에往ᄒᆞᆫ者도有ᄒᆞᆯ지며或憂國의熱淚를灑ᄒᆞ고生聚敎育ᄒᆞᆯ目的으로此地에往ᄒᆞᆫ者도有ᄒᆞᆯ지니然則諸君中誰이던지春色을帶하고往ᄒᆞᆫ者ㅣ아니라秋霜을帶ᄒᆞ고往ᄒᆞᆫ者ㅣ며穩流를乘ᄒᆞ고往ᄒᆞᆫ者ㅣ아니라虐浪을乘ᄒᆞ고往ᄒᆞᆫ者ㅣ며歌管으로待ᄒᆞᆫ者ㅣ아니라淚로往ᄒᆞᆫ者며舞袖로往ᄒᆞᆫ者ㅣ아니라血로往ᄒᆞᆫ者로다

諸君이여諸君이비록歌와舞로往치못ᄒᆞ고淚와血로往하엿스나這間內地의風景을回顧하면當何如ᄒᆞᆫ感慨가作ᄒᆞ깃나뇨諸君의旅橐이艱타ᄒᆞ나內地ᄀᆞᆺ치金錢枯竭ᄒᆞᆫ慘況은見치아니ᄒᆞ엿슬지며諸君의勞働이苦타ᄒᆞ나內地ᄀᆞᆺ치雜稅日增의苦境은遇치아니하엿슬지며諸君의[illegible]食이粗惡ᄒᆞ나內地ᄀᆞᆺ치水旱兵火에道路餓莩ᄒᆞᄂᆞᆫ悲境은當치아니ᄒᆞ엿슬지니嗚乎라海參威의居留가一方으로觀ᄒᆞ면客地의流寓이나一方으로觀하면即自由의仙鄕이라

是以로內地同胞ᄂᆞᆫ殊方의異域을反히韓人의樂土로看做ᄒᆞ야一般夢想이海天에逗留ᄒᆞᆯ뿐더러又居留同胞가新理想이日高ᄒᆞ며新事業이日進ᄒᆞ야教育이擴張ᄒᆞ며實業이興旺ᄒᆞ야許多愛國實蹟이枚擧ᄒᆞ기難ᄒᆞ다ᄒᆞᆷ을聞ᄒᆞ고益々驅想을加ᄒᆞ야曰我國의將來生脈은海參威에在ᄒᆞ다ᄒᆞ며我國의將來事業은海삼威居留同胞가擔ᄒᆞ리라ᄒᆞ야大東共報一張을讀ᄒᆞ면感淚가續流ᄒᆞ며居留民團四字를聞ᄒᆞ면舞蹈가並作ᄒᆞ거날而今에忽然一個可驚可惜의怪報가吾儕의耳에來接ᄒᆞᄂᆞᆫ딕居留同胞의地方的競爭이大作하야干戈가域內에起ᄒᆞ며風雲이樽俎에作ᄒᆞ야居訟히生命을斷送ᄒᆞᆫ兄弟ᄭᆞ지既有ᄒᆞ고暗中에殺氣가尙伏ᄒᆞ야彼此爾我의旗幟를對峙ᄒᆞ야不久海參威韓人居留地에無數의冤鬼塚을列ᄒᆞ며一段의血腥史를添ᄒᆞ리라ᄒᆞ니嗟乎惜乎라諸君々々이여其僻見이엇지此에至ᄒᆞ며短慮가엇지此에至하뇨

諸君々々이여一時의客氣를暫下ᄒᆞ고祖國의山河를回顧ᄒᆞ라諸君의父母ᄂᆞᆫ塗炭에墮하엿스며諸君의墳墓ᄂᆞᆫ他山에寄ᄒᆞ엿스며諸君의故鄕土地ᄂᆞᆫ凄雨에沉ᄒᆞ엿스나此時를當ᄒᆞ야諸君아비록如何ᄒᆞᆫ私讐私憤이有ᄒᆞᆯ지라도오직同胞를相憐ᄒᆞ며同胞를相救ᄒᆞᆯ지어ᄂᆞᆯ今에一片의客氣를不勝하야國憂를忘ᄒᆞ고小事를爭ᄒᆞ며公憤을捨하고私鬪를尋ᄒᆞ야一家兄弟가加刃ᄒᆞᆷ이[illegible]가엇지此에至ᄒᆞ뇨今此同舟遇風의時를當ᄒᆞ야何地方에偉人義士가有ᄒᆞ거던此를某地方에서産ᄒᆞᆫ偉人義士로思치말고韓國의偉人義士로共仰ᄒᆞ야一般國民이救主로共仰ᄒᆞ며何地方에奸賊妖孼이有ᄒᆞ거던此를其地方에서來ᄒᆞᆫ奸賊妖孼로認치말고韓國의奸賊妖孼로認ᄒᆞ야一般國民이魔鬼로共斥ᄒᆞᆷ이可ᄒᆞᆯ지어ᄂᆞᆯ乃此를爭ᄒᆞ야衝突을起ᄒᆞ며又一時言論의衝突을因ᄒᆞ야殺害를作ᄒᆞ니僻見과短慮가엇지此에至ᄒᆞ뇨大東共報主筆退任의事에至ᄒᆞ야도互相間和衷妥決치못ᄒᆞ고一小々事件으로大風波를惹起ᄒᆞᆷ은實로歎惜不已ᄒᆞᆯ비로다公心公憤으로文明事業을發達ᄒᆞ야國家를振興ᄒᆞᆯ도尙是諸君이오私見私忿으로門內旗幟를分ᄒᆞ야前途를惱誤ᄒᆞᆯ도同是諸君이니

嗚乎海삼威居留韓人同胞아嗚乎海삼威居留韓人同胞아吾儕ᄂᆞᆫ諸君의和衷協一ᄒᆞᆫ喜消息을早速히聞코ᄌᆞᄒᆞ야晝夜苦待ᄒᆞ며玆에筆을停ᄒᆞ노라

外報

◎公使獻策 駐露淸國公使薩蔭圖氏ᄂᆞᆫ淸政府에獻策ᄒᆞ야曰達賴喇嘛가西藏敎主의身으로外國에逃走ᄒᆞ야外國의庇護를請ᄒᆞᆷ은淸國의不美ᄒᆞᆫ事라今已彼가聖號를見奪ᄒᆞ엿슨즉彼에게他榮稱을賜ᄒᆞ야懷柔歸國케ᄒᆞ라ᄒᆞ엿다더라

◎露美感情 露國이淸國에對ᄒᆞ야錦愛鐵道敷設을拒絶ᄒᆞ고東蒙古鐵道延長을提請ᄒᆞᆫ다ᄂᆞᆫ報道가美國에到ᄒᆞ미美國政府에서ᄂᆞᆫ美國國務卿의政策과反對되미라ᄒᆞ야不好ᄒᆞᆫ感情을抱ᄒᆞ고露國의[illegible]ᄒᆞ기로ᄒᆞᆫ다더라

◎英內閣二派 英國內閣에셔ᄂᆞᆫ議論이二派의分ᄒᆞ엿ᄂᆞᆫ딕內相及外相은上院改革案을提出ᄒᆞᄌᆞᄒᆞ고首相은但只上院에豫算否決廢止權만廢止케ᄒᆞᄌᆞᄒᆞᆫ다더라

◎達賴召還奏請 淸國西藏達賴喇嘛가被黜됨을因ᄒᆞ야蒙古僧徒ᄂᆞᆫ非常히憤激ᄒᆞᆫ故로達賴를西藏에召還ᄒᆞ고懷柔策을講ᄒᆞ라고庫倫阿爾泰大臣四大臣과新疆巡撫島誠, 伊犁二將軍이淸政府에連名電奏ᄒᆞ엿다더라

學界

◎金家女校 龍山東門外契居金學學氏ᄂᆞᆫ自己家에女學校를設立ᄒᆞ고一般經費를自擔ᄒᆞᆫ다더라

◎妙年卓見 吉州郡泰成學校學徒張青松은年今十二에材器가卓異ᄒᆞ고識見이穎慧ᄒᆞ야全校에標準될뿐더러其父親이自已의婚姻을同郡內金基洙氏의女子와結約ᄒᆞ야星期在邇ᄒᆞᆷ을知得ᄒᆞ고該金氏家에直往說明ᄒᆞ되現今韓國人民의急務가敎育發展에在ᄒᆞ고婚姻早速에ᄂᆞᆫ不在ᄒᆞ오며况且本人의年이今纔十二에骨格이方軟ᄒᆞ고血부가未凝이온즉學業修了ᄒᆞᆫ後二十歲되거던婚儀를施行ᄒᆞᄌᆞᄒᆞ엿다더라

詞藻

❀더 러 운 [illegible]❀

人心은同然ᄒᆞ야、是非善惡다알건만。
賣國賊의더心腸은、어지그리셰여박커。
갈ᄉᆞ록、ᄒᆞᄂᆞᆫ일이더러[illegible]

雜報

○不敬大官 [illegible]에 出入ᄒᆞᄂᆞᆫ 大小官人이 一切闕門外에셔 下車ᄒᆞ야 徒步入宮ᄒᆞᄂᆞᆫᄃᆡ 惟獨 承寧府侍從李恒九氏ᄂᆞᆫ 人力車를 搭[illegible]ᄒᆞ고 闕門前에ᄭᅡ지 直入ᄒᆞᄂᆞᆫ 故로 該氏에 無禮不敬ᄒᆞᆫ 行動을 莫不唾罵ᄒᆞᆫ다더라

○泰興商會 昨日統監府에셔 泰興實合議를 開ᄒᆞ엿다더라

○文銓會同 內閣에셔 昨日上午十一時에 文官銓考委員諸氏가 會同ᄒᆞ야 銓衡의 事務를 處理ᄒᆞ엿다더라

○水組法規 內部에셔 昨日下午一時에 法令審查會를 開ᄒᆞ고 該部所管水道組合에 關ᄒᆞᆫ 法規를 協議하엿다더라

○五十需用 內部에셔 本年度에 地方各郡에 日人主事增加ᄒᆞᆯ 數가 百名에 達ᄒᆞᆫ다홈은 已報ᄒᆞᆫ 바어니와 年俸이 不足홈으로 爲先五十名만 聘用ᄒᆞ기로 決議ᄒᆞ엿다더라

○後藤渡韓說 日本遞信大臣 後藤은 議會終了後에 韓國에 渡來ᄒᆞ야 韓國內鐵道狀況及現將起工ᄒᆞᆯ 京元湖南兩線을 視察ᄒᆞ고 滿洲로 赴往ᄒᆞᆫ다더라

○宮邸將移 宮內大臣官邸로 拓殖會社副總裁閔泳綺氏의 桂洞所在洋屋을 買入홈은 已報ᄒᆞᆫ 바어니와 該府에셔 將次移接ᄒᆞ기 爲ᄒᆞ야 該家屋을 修理에 着手ᄒᆞ엿다더라

○運動卒業 中樞院顧問李址鎔氏ᄂᆞᆫ 何等運動이 有ᄒᆞᆫ지 日人石塚長官을 逐日訪問ᄒᆞᆫ다더라

○實業校認可 本年度에 新設ᄒᆞᆯ 實業學校四個所ᄂᆞᆫ 地方費豫算中으로 設立ᄒᆞ라ᄂᆞᆫ 認可를 受ᄒᆞ엿ᄂᆞᆫᄃᆡ 名稱은 農學校라 하며 [illegible]文部所管으로 [illegible]一科를 [illegible]ᄒᆞᆫ다더라

○[illegible]工事 內部及農商工部廳舍를 新建築홈은 一般知了ᄒᆞᄂᆞᆫ 바어니와 該工役이 本年末에 終了된다더라

○陵園測量期 宮內府에셔ᄂᆞᆫ 各陵及園所를 測量ᄒᆞᆯ터인ᄃᆡ 來四月頃에 着手ᄒᆞᆫ다더라

○輸出入總額 去月中韓國貿易出入總額은 三百十九萬三百十七圓인ᄃᆡ 其內輸出額은 百卄三萬貳千五百八十六圓이라더라

○其額何多 日人의 水產組合에셔ᄂᆞᆫ 釜山에 水產試驗所를 設置ᄒᆞ기로 韓국政府와 統監府에 建議ᄒᆞᆫ다ᄂᆞᆫ 說이 有ᄒᆞᆫᄃᆡ 此試驗所를 完全設備ᄒᆞ라면 三十萬圓을 要ᄒᆞᆫ다고 云ᄒᆞᆫ다더라

○借金擴費 平壤礦業所擴張費로 七十五萬圓을 增撥ᄒᆞᄂᆞᆫᄃᆡ 該金額은 日本興業銀行借欵金中으로 支出케ᄒᆞᆫ다ᄂᆞᆫ 說이 有ᄒᆞ다더라

○補助金倍增 日人의 主張ᄒᆞᄂᆞᆫ 南韓製筵合資會社ᄂᆞᆫ 年々農商工部에셔 千圓式 補助ᄒᆞᄂᆞᆫᄃᆡ 今年부터ᄂᆞᆫ 二千圓式 給與ᄒᆞ기로 ᄒᆞ엿다더라

○其數夥多 昨年度地方騷擾를 因ᄒᆞ야 人民의 損害된 金額이 一萬七千六百九十五圓이오 物品價格이 四萬四百四十五圓이라더라

○移民渡來 東拓會社에셔 經營ᄒᆞᄂᆞᆫ 韓國西海沿岸漁業에 關ᄒᆞ야 日本移民이 渡來ᄒᆞᆫ다ᄂᆞᆫᄃᆡ 日人岡十郞이ᄂᆞᆫ 龍岩浦耳島浦를 移民地로 選定ᄒᆞ고 移民의 家屋을 供給ᄒᆞ기 爲ᄒᆞ야 八十戶를 建築ᄒᆞᆫ다ᄒᆞ며 今年부터 該會社應募로 渡來ᄒᆞᆯ 日本漁船이 四百五十[illegible]ᄒᆞᆫ다[illegible]이라더라

○彼亦知此 學部當局者의 言에 曰 私立學校令頒布後로 敎科書를 學部의 檢定又ᄂᆞᆫ 認可ᄒᆞᆫ 者를 用홈과 日語를 必須科로 ᄒᆞᄂᆞᆫ 等原因을 因하야 私立學校가 漸次減少ᄒᆞᆫ다ᄒᆞ엿다더라

○調查實行期 當局에셔 土地調查를 着手홈은 人所共知어니와 아직 其準備가 未了ᄒᆞᆫ 故로 其實行期ᄂᆞᆫ 尙此三箇月後에 在ᄒᆞ리라더라

○安氏發程 安重根氏의 從弟安明根氏가 去番歸京홈은 旣報어니와 安重根氏의 執刑期限이 不遠ᄒᆞᆫ 故로 該氏가 今明間發程ᄒᆞ야 旅順으로 赴往ᄒᆞᆫ다더라

○掩頭鼠竄 國民同志贊成會副會長徐彰輔ᄂᆞᆫ 日昨安洞屛門으로 過去하ᄂᆞᆫᄃᆡ 人力車夫等이 大呼ᄒᆞ되 逆賊徐彰輔가 過此ᄒᆞ니 一齊毆打ᄒᆞᄌᆞᄒᆞ며 徐가 당황不顧하고 顚倒逃走ᄒᆞ엿다더라

○互相對質 海州商務頭領李容和氏가 商務事件에 對ᄒᆞ야 李學宰와 相詰홈은 已報어니와 中部警察署에셔 李學宰에 告訴를 因ᄒᆞ야 李容和氏를 更히 招致對質ᄒᆞ엿다더라

○演場調查 警視廳第一課長李憲珪氏ᄂᆞᆫ 再昨夜에 韓人巡查一名을 帶同ᄒᆞ고 各演劇場을 調查ᄒᆞ엿다더라

○韓民等訴 韓山財務署長尹憲求氏가 結稅徵收에 對하야 濫捧하ᄂᆞᆫ 弊가 有홈으로 該地人民等이 其不法行爲를 臚列ᄒᆞ야 內部及度支部에 等訴ᄒᆞ고 相當히 措處ᄒᆞ라하엿다더라

○尹氏將訴 尹喆憲氏의 先祖[illegible]에 在ᄒᆞᆫ [illegible]墓守護를 委託케 爲ᄒᆞ야 沈氏의 墓域一座를 借與ᄒᆞ엿더니 昨年分에 沈氏가 該山을 沒數測量ᄒᆞ엿슴으로 尹氏諸宗이 將次裁判ᄒᆞ기로 ᄒᆞᆫ다더라

○義民請願 平北義州威化面에 在ᄒᆞᆫ 土地ᄂᆞᆫ 當局에셔 도民有로 確實이 認定ᄒᆞ야 判決ᄒᆞᆫ 바인ᄃᆡ 尙히 相當ᄒᆞᆫ 結稅를 定치 아니ᄒᆞ엿슴으로 該地人民이 昨年七月頃에 度支部에 請願ᄒᆞ고 結稅完定ᄒᆞ기를 要求ᄒᆞᆫ 後 同部指令을 依ᄒᆞ야 平壤財務監督局에 請願ᄒᆞ엿더니 該局에셔 判決을 新持ᄒᆞᄂᆞᆫ 故로 該人民等이 更히 度支部에 請願ᄒᆞ고 依施ᄒᆞ기를 苦待中이라더라

○北鎭人口 平北雲山北鎭은 該郡金礦을 因ᄒᆞ야 人戶가 日益增加ᄒᆞᄂᆞᆫᄃᆡ 目今五千餘戶에 達ᄒᆞ엿다더라

○保金欲推 大同日報ᄂᆞᆫ 大韓日々新報라 改稱하야 日人某가 引繼코ᄌᆞᄒᆞᆫ다ᄂᆞᆫᄃᆡ 大同報社長李紹鍾氏ᄂᆞᆫ 其保證金을 推尋키 爲ᄒᆞ야 內部에 請願ᄒᆞᆯ次로 警視廳에 逮囚된 該社顧問安翊善氏를 日昨에 訪見ᄒᆞ고 捺章ᄒᆞ기를 要求ᄒᆞ엿다더라

○義日交戰 義將鄭敬泰氏ᄂᆞᆫ 部下二十餘名을 率ᄒᆞ고 去月二十三日에 蔚珍西面으로 行陣ᄒᆞ다가 蔚珍日憲兵分遣所日憲兵等과 交戰ᄒᆞ엿다더라

○到處接戰 去三日에 義兵二十四名이 海州日憲兵分遣隊와 同郡內洞에셔 交戰ᄒᆞ엿고 去四日에 又同郡高山洞에셔 交戰ᄒᆞ엿고 去六日에ᄂᆞᆫ 楊州獨山石里에셔 交戰ᄒᆞ엿다더라

○[illegible] 間島에셔 日人[illegible]가 韓人의 金錢二百圓을 [illegible]ᄒᆞ고 [illegible]으로 [illegible]ᄒᆞᄂᆞᆫ [illegible]가 該日人을 請留ᄒᆞᆫ즉 日人들이 作黨ᄒᆞ야 韓人을 驅逐ᄒᆞᄂᆞᆫ 故로 韓人約百名이 集會ᄒᆞ야 此를 抗ᄒᆞᄂᆞᆫᄃᆡ 該地組長王張의 付屬陳廣致가 來到하야 日人四名을 警察所로 提去ᄒᆞ야 笞刑을 加ᄒᆞ고 長白府로 送致ᄒᆞ엿다가 其後日에 說喩放還ᄒᆞ엿다더라

○安州開市 安州에셔ᄂᆞᆫ 去三日부터 開市되엿다더라

○天安民會 忠南天安人民들이 三稅를 反對키 爲ᄒᆞ야 二昨日에 人民六十餘名이 會集ᄒᆞ야 同地財務署를 直迫코저 하ᄂᆞᆫᄃᆡ 日憲兵及警察官이 此를 解散식히고저 ᄒᆞ나 一切不應ᄒᆞ고 反히 益益會集ᄒᆞᆫ다더라

○劉童特孝 東部統內居童蒙劉興吉은 年今十七인ᄃᆡ 病臥ᄒᆞᆫ 其老父를 盡誠救療ᄒᆞ더니 不幸이 日前에 其老親의 病勢가 尤極하야 回生치 못ᄒᆞᄂᆞᆫ지라 該兒가 終乃斷指ᄭᅡ지 ᄒᆞ엿슴으로 其特異ᄒᆞᆫ 孝誠을 莫不欽頌ᄒᆞᆫ다더라

○學生歸國 日本私費留學生金榮濟趙命九兩氏ᄂᆞᆫ 覲親ᄒᆞᆯ次로 再昨日歸國ᄒᆞ엿다더라

○普成大學 普成專門學校校主李鍾浩氏가 基本金十萬圓을 積立ᄒᆞ고 現今該校를 擴張ᄒᆞᄂᆞᆫᄃᆡ 名稱은 普成大學이라ᄒᆞ고 其內에 法科經濟科商科政科四科를 分置ᄒᆞ고 又中學部小學部圖書部活版部를 排置ᄒᆞᆫ다더라

○呂氏旋放 紳士呂炳鉉氏ᄂᆞᆫ 何事由를 因홈인지 再昨日警視廳에 被招ᄒᆞ엿다가 旋卽放送되엿다더라

○[illegible] [illegible]英俊氏ᄂᆞᆫ 昨日上午七時에 [illegible]派出所巡查와 相詰ᄒᆞᆫ 事件으로 中部警察署에 被捉ᄒᆞ엿다가 卽時曉喩放送ᄒᆞ엿다더라

○感荷義捐 三和港後浦居하ᄂᆞᆫ 梁載豐氏가 本社經費를 補助키 爲ᄒᆞ야 金貨一圓을 寄付ᄒᆞ엿기 玆에 其盛意를 感表ᄒᆞ노라

電報

○殿下御歸國期 韓國 皇太子殿下ᄭᅴ옵셔ᄂᆞᆫ 來八月初旬에 歸國ᄒᆞ시기로 決定ᄒᆞ엿ᄂᆞᆫᄃᆡ 其時에 日本宮相岩倉御用掛古谷敎育掛久原이가 陪從ᄒᆞᆫ다더라 東京發 七日着

○日民慘死 日本勞働者九十二名은 加奈多太平洋鐵道掃雪工事에 從事ᄒᆞ다가 崩雪中에 慘死되엿다더라

○拓社改正案 日本政府ᄂᆞᆫ 東洋拓殖會社改正案을 衆議院에 提出ᄒᆞ얏다더라

○移民中止 南美레샤 이실國에셔 向者에 리오짜네로 殖民地開始를 爲ᄒᆞ야 日本政府에 自由移民하기를 請ᄒᆞ엿더니 其後에 該殖民地가 不毛의 地오 勞働者의 健康에 不適ᄒᆞ다ᄒᆞ야 該移民을 中止케ᄒᆞ엿다더라 以上東京發 八日着

○宣敎師旅順着 安重根氏를 面會키 爲ᄒᆞ야 旅順에 赴ᄒᆞᆫ 天主敎宣敎師ᄂᆞᆫ 昨日午前旅順에 到着ᄒᆞ엿다더라 (下略) 旅順發 八日着

▲李下才談▼

正冠生

◀[illegible] 엇던오얏나모가갑작이滿滿ᄒᆞᆫ봄바ᄅᆞᆷ을쏘이면失體이되여ᄯᅥᆯ러젓는ᄃᆡ, 그나오그늘아ᄅᆡ엇던婦人이머리ᄒᆞᆫ숙이고안ᄌᆞ부그럼折半ᄒᆞᆫ숨折半을어음고白己의子婦라ᄒᆞᆯ는시妾이라ᄒᆞᆯ는지名詞짓기힘드는ᄒᆞᆫ美人의게向ᄒᆞ야「이의말을ᄒᆞᆯ수도업고아니ᄒᆞᆯ수도업다만은ᄒᆞᆯ수잇늬이리밧싹다가안ᄌᆞ라네비ᄒᆞᆫ마듸ᄒᆞᆯ말잇다」「네무슨말슴을ᄒᆞ시렴잇새」「오냐이즘에各新聞을너도보앗지우리家門에醜聞이浪藉ᄒᆞ니大監이日本으로건너가시던지네가어ᄃᆡ로避接을가던지ᄒᆞ여야지新聞上에집안凶이쑨칠서업시나니眞情보기슬타」「에그別말슴을다ᄒᆞ심니다날ᄀᆡ업서도四海에써돌고밧이업서도萬里가는것은新聞이랍니다이제各居ᄒᆞᆫ다고新聞上에이왕난그凶이업서지깃습니ᄭᅡ」「이의답々도ᄒᆞ다니가말을ᄒᆞ노라니新聞을憑藉ᄒᆞᆫ것이지大監이病院에셔나오실ᄯᅢ에ᄂᆞᆫ氣運이充實ᄒᆞ시더니不過幾日에病患이더러케復發ᄒᆞ셧는데너는그냥。。。」「제가답々히요어머님이답々ᄒᆞ외다同居ᄒᆞ면身病는신다고걱정ᄒᆞ시지만은만일各居ᄒᆞ면ᄯᅩ心病이나실터인즉身病도못곳치고心病ᄭᅡ지나시면엇지ᄒᆞ나요」ᄒᆞ면서隨問隨答을련히ᄒᆞᄂᆞᆫ듸「大監ᄭᅴ셔앗ᄭᅡ어서나오시랍니다」ᄒᆞ는말을듯고美人은발ᄯᅥᆨ니러서셔ᄯᅩ루루나가면서입을비쥭거리고婦人은火가써올나셔「어셔나가보아라메치던지잣바지던지나는몰으깃다」ᄒᆞ더라

傍聽子評曰頑ᄒᆞ고庸ᄒᆞᆫ이자가坐聚를不恥ᄒᆞ며[illegible]을是樂ᄒᆞ니禮義東方에爾獨[illegible]이로다天道가엇지無心ᄒᆞ리오더넘어所多馬雅摩拉을못보는다

社告

全南順川邑支社員 孫定詰氏가 事故를因ᄒ야辭免故로該邑支社를來三月一日부터不得已停廢ᄒ오니該支社로本申報를購覽ᄒ시ᄂᆫ諸氏ᄂᆫ卽速이本社로請求ᄒ시와間斷ᄒᄂᆫ嘆이無케ᄒ시옵

大韓每日申報社

雜報

◉春城校舍火驚 元山港春城女學校ᄂᆫ該地夫人會長鄭致浩氏同會長諸氏가設立ᄒᆫ바인ᄃᆡ生徒가日增ᄒ야校舍가俠窄ᄒᆷ으로更히重修ᄒ엿더니不幸히去月二十七日午後二時量에失火ᄒ야捻卽撲滅ᄒ엿스나損害가不少ᄒ다더라

廣告

三昨日不幸히本場에서火事가生出ᄒ야勢甚猖獗ᄒᆯ際에內外國 僉君子의僇力來援ᄒ오신厚惠ᄅᆞᆯ一々히面謝키不能ᄒ와玆에感謝의鄙誠을仰鳴ᄒ오니 僉亮企望

漢城美術品製作工場
理事長 李鳳來 告白

私立普成中學校

本校에學徒를新募ᄒ니願學僉彥은三月二十三日內로請願ᄒᆷ
試驗科目 國漢文 算術四則

漢城

本人이已丑年分에新倉居廉宗先에西部社孔德里後所在田畓卷을典執ᄒ얏다가甲辰年分에不知中셔失故로玆에廣告ᄒ오니誰某拾得ᄒ와도休紙施行ᄒᆷ

西部龍山坊孔德里鄭泰喆 白

本人이去年十月에博川郡內面津坪員에所有畓十一斗落內에七斗落은已賣이고四斗落文劵과同郡南面長生里赤峴에在ᄒᆫ四方十步山地文劵을셔失이옵기玆以廣告

平北定州南面二里
宋宜庠 告白

三楚堂沐浴湯於今年正月底期滿交卸故於二月初一日起本園主人接手開張三天之內不取湯價誠恐一時未及周知爲此先行廣告伏乞

各商貴客 屆期惠臨是幸

石井洞 實興園 啓

本人이居住統戶具書ᄒᆫ姓名號牌를路中見失ᄒ엿스오니內外國人은照亮ᄒ시옵

楊州伊淡面內洞李濟均 告白

學員新募集廣告

本舍에서第一學年生을募集ᄒ오니願學僉員은三月三十一日內로志願書를提出ᄒ시오
試驗日子四月三日
試驗科目算術(全部)代數(一次方程式)理化學(簡易)
(但中學程度學校의卒業生은免試ᄒᆷ)

西部倉洞私立精理舍

本人의子俊益이가素性浮浪ᄒ야雜技之場으로如干ᄒᆫ家產을蕩盡ᄒ고又造僞劵ᄒ야方欲得債ᄒ오니內外國人은毋至見欺ᄒᆷ

安州新陽洞 吳慶泰 白

本人의名은봉煥인ᄃᆡ봉字를改ᄒ야升字를施行ᄒ오니知舊間以此照亮ᄒ시믈望ᄒᆷ

慶南蔚山北亭里住朴升煥告白

本人의姓名圖章을見失ᄒ엿삽기玆以廣告ᄒ오니誰某拾得ᄒ야도無効로ᄒᆷ

朴聖大 白

本人의子鍾九가性本浮悖ᄒ야不顧家產ᄒ고出沒京鄉ᄒ야欲得債用하오니內外國人은切勿見欺ᄒᆷ

長湍高浪浦居 李英耆

本人이昨年分에崔善玉文道敬兩氏와同業ᄒ다가今年度에ᄂᆫ緣於事勢ᄒ와分立되엿스니文崔兩氏와ᄂᆫ本社에關ᄒᆫ事에對ᄒ야ᄂᆫ永勿擧論ᄒ시오

韓美興業株式會社義州代理店
盤松社 朴奉燁 白

本人이四角姓名篆章을客年八月二十一日分龍洞往還時에見失인바雖某拾得永無施行ᄒᆷ

平北宣川東面多味里
田宗叟 告白

大邱春秋令市改良ᄒᆷ은全國商民同胞諸氏가業已諒悉인바今春令도依定期ᄒ와陰三月一日開市ᄒ고同三十日撤市ᄒ오며秋令도陰十一月一日開設同三十日撤市ᄒ리오니全國商民은咸須知悉하와屆期來臨ᄒᆷ

大邱藥商興業會 告白

堂 設

京西部草洞同和藥房
本國藥材、洋藥、各病、效、用、價、國漢文、
可利出、作封、雖婦女、
郵便請求、買賣

閔 檣 白

本郡州南面豊溯里居前奉事金昇煥氏가昨夏水災時에正租와唐穀二百餘斗를罹災民處에救急이옵더니又當今春ᄒ야同氏가慈惠心이益篤ᄒ야稷穀一百石을義捐救恤이옵기國境人民이稱頌不已故로玆에廣告ᄒᆷ

隆熙四年二月二十六日
咸鏡南道咸興郡 告白

金城郡에서昨年七月分田畓救詳時에本郡南面々長金鍾沼가鳳堂里居吉鼎錫을假稱監官이라ᄒ고兩人이同心ᄒ야富民의게ᄂᆫ受賂減結而該減額을貧民의게加하고各洞으로周行ᄒ면서貪財錢이如左ᄒᆷ으로左開廣告ᄒᆷ

注坡洞金味市崔光善處十五兩
下榛洞高錫敎高正學處 七兩
後洞 假稱烟草稅 三十四兩
蘆洞
後洞戶役달給錢九十三兩六錢
注坡洞承岩洞長斫炭代錢三百七十二兩九錢
上榛洞嚴秉錫處勒捧錢二十兩

金城郡南面上榛里趙鍾崙告白

學員募集廣告

本校에셔一年級補缺生과預備科學生을增募ᄒ오니志願者ᄂᆫ三月卅日(陰二月卄日)內로請願書를提出ᄒᆷ
但試驗日字ᄂᆫ四月二日로開學日字ᄂᆫ四日

隆熙四年二月 日

安州郡私立協成安興學校 告白

國文 初等大韓歷史 特別減價二十錢
國文 初等大韓地誌 附地圖 特別減價十五錢

右書ᄂᆫ純國文으로簡易케著述ᄒ야女子社會와勞働學校의獨習케必要ᄒ오니速速購覽ᄒ시옵

發賣所
中部布屛下廣學書舖金相萬

特別廣告

漢陽商會ᄂᆫ我同胞가가장誠意로써歡迎하ᄂᆫ우리나라第壹되ᄂᆫ最新式規模로經營하ᄂᆫ特色잇ᄂᆫ商店이오

漢陽商會ᄂᆫ海外物貨製造場으로第一有名ᄒᆫ各國最大商店과特約代理의關係가有하야最低廉最良好ᄒᆫ物品을輸入하ᄂᆫ特權잇ᄂᆫ商店이오

漢陽商會ᄂᆫ我邦物產을外國으로輸出하야海外의金融을吸收ᄒ야我國經濟界의富源을製造ᄒᄂᆫ國家的商店이오

漢陽商會ᄂᆫ我邦舊來商家의弊習을刷新改良코져晝夜盡力하ᄂᆫ義務的商店이오

漢陽商會ᄂᆫ一般商家로ᄒ야금廣告의必要를感醒케ᄒ야勇進奮發의心을鼓吹ᄒᄂᆫ商店이오

漢陽商會ᄂᆫ我全國各處商業家와連結ᄒ야根本的實業發展의本領을實行ᄒᄂᆫ商店이니라

大韓皇城鍾路 輸出輸入商 漢陽商會
電話 一九一番

特別廣告

檀君開國四千二百四十三年
箕子元年三千三十二年
大韓開國五百十九年
本報創刊日 光武八年七月十八日

大韓每日申報

發行兼編輯人 英國人 萬咸
Responsible for Publication Alfred Weekly Marnham
發行所 京城中部石井洞三層洋屋家 大韓每日申報

第八卷 月曜及慶節慶時日休刊 第一千三百卅二号

論說

◉外人의眼에映ᄒᆞᄂᆞᆫ朝鮮 (大韓日報譯載)

韓國京城日本人의發行ᄒᆞᄂᆞᆫ大韓日報에「外人의眼에映ᄒᆞᄂᆞᆫ朝鮮」이라題ᄒᆞ고一論을著ᄒᆞ엿ᄂᆞᆫᄃᆡ左와如ᄒᆞ더라

歐米人의朝鮮을見ᄒᆞᄂᆞᆫ眼識은大概皮相을不免ᄒᆞ며從ᄒᆞ야日本의施設을批評ᄒᆞᆷ도皮相을不免ᄒᆞᄂᆞᆫ도다歐米人은朝鮮으로써古來自主獨立國과如히誤見ᄒᆞᄂᆞᆫ者ㅣ多ᄒᆞ며日本이朝鮮에對ᄒᆞ야二千年來深關係가有ᄒᆞᆷ을不知ᄒᆞᄂᆞᆫ者ㅣ多ᄒᆞ며日本이朝鮮을支配ᄒᆞᆷ이極東平和를確保ᄒᆞ고且日本自衛의深意에出ᄒᆞᆷ을不知ᄒᆞᄂᆞᆫ者ㅣ多ᄒᆞ며日本이朝鮮을支配ᄒᆞᆷ으로强國이小弱國을侵略ᄒᆞᆷ과同一히觀ᄒᆞᄂᆞᆫ者ㅣ多ᄒᆞ야朝鮮半島를日本支配權에屬케ᄒᆞ지아니ᄒᆞ면日本은到底히自衛키不能ᄒᆞᆯ줄노識了ᄒᆞᄂᆞᆫ者ㅣ稀ᄒᆞ고縱令日本이朝鮮을支配ᄒᆞᆷ은自衛上에不得已ᄒᆞᆫ줄노認ᄒᆞᄂᆞᆫ者ㅣ有ᄒᆞ더라도日本의施設을至當타ᄒᆞ고公言ᄒᆞᄂᆞᆫ者ᄂᆞᆫ寥寥ᄒᆞ고多大數ᄂᆞᆫ一强國이一小弱國을侵略或併呑ᄒᆞᆷ과同一히觀ᄒᆞ니是以로日本의朝鮮에對ᄒᆞᆫ施設은大誤ᄒᆞᆫ줄노歐美各國에傳ᄒᆞᄂᆞᆫ지라外人의朝鮮觀이大抵靑眼鏡을着ᄒᆞᆫ傾向이有ᄒᆞ야故伊藤公의穩和的施設도一種强壓的封建制度로思ᄒᆞ며其懷柔政策도目ᄒᆞ야威壓的으로思ᄒᆞ며東洋拓殖會社ᄂᆞᆫ土地트러스트(트러스트ᄂᆞᆫ돈엽시맛기ᄂᆞᆫ뜻)로觀ᄒᆞ야歐美人의眼에暎ᄒᆞᆫ朝鮮觀은徹頭徹尾의誤解라ᄒᆞ도可ᄒᆞ도다彼朝鮮을實見치못ᄒᆞ고如此히批評ᄒᆞᄂᆞᆫ者ᄂᆞᆫ足히怒ᄒᆞᆯ것이無ᄒᆞ거니와朝鮮에在留ᄒᆞ야實際를目擊ᄒᆞᆫ者로서如此誤評ᄒᆞᆷ은엇지淺識이아닌가

吾徒ᄂᆞᆫ此輩가故意에出ᄒᆞᆷ인지否ᄒᆞᆷ인지不知ᄒᆞ거니와此를因ᄒᆞ야實際를目擊ᄒᆞ지못ᄒᆞᆫ歐美列國人을誤解케ᄒᆞᆷ이甚히遺憾이로다

在留宣敎師들은日本의眞意를可解ᄒᆞᆯ만ᄒᆞᆫ건만은其中本國에通信ᄒᆞᄂᆞᆫ者ㅣ朝鮮人으로써獨立自主의資格이有ᄒᆞᆫ國民이라고紹介ᄒᆞ며歐美各新聞에서ᄂᆞᆫ此等誤見의通信을事實노布ᄒᆞ야世에紹介ᄒᆞᆷ으로一犬이虛를吠ᄒᆞ매萬犬이實을傳ᄒᆞ야日本政策을批難攻擊ᄒᆞᆷ에至ᄒᆞᄂᆞᆫ傾向이有ᄒᆞ니甚히迷惑ᄒᆞᆯ비로다要컨ᄃᆡ不鮮明ᄒᆞᆫ政策을續行ᄒᆞᆷ에ᄂᆞᆫ益々誤解를致ᄒᆞᆯ지라帝國은速히日韓關係에鮮明ᄒᆞᆫ解決을下ᄒᆞ야誤評의餘地가無케ᄒᆞᆷ을要ᄒᆞ노라ᄒᆞ엿더라

記者曰歐美人의眼에映ᄒᆞᄂᆞᆫ朝鮮이眞狀의朝鮮인가日本人의眼에映ᄒᆞᄂᆞᆫ朝鮮이眞狀의朝鮮인가在韓歐美人의朝션批評이誤評인가在韓日本人의朝션批評이誤評인가朝션人을獨立自主의資格이有ᄒᆞᆫ國民이라ᄒᆞᄂᆞᆫ歐美人이故意인가朝션人을獨立自主의資格이無ᄒᆞᆫ國民이라ᄒᆞᄂᆞᆫ大韓日報記者又ᄒᆞᆫ日本人이故意인가此ᄂᆞᆫ朝션人의自策自勉ᄒᆞᆯ바어니와其曰션明히韓日關係를解決ᄒᆞᆫ다ᄒᆞᆷ은如何ᄒᆞᆫ解決이뇨讓退歟아植民歟아平和歟아吾儕ᄂᆞᆫ願聞코ᄌᆞᄒᆞ노라

外報

◉美日葛藤說 美國銀行家ᄀᆞᆺ平氏ᄂᆞᆫ演說ᄒᆞ야日英露日三國이盟約ᄒᆞ야淸국人을奴隸地位에置코저ᄒᆞᄂᆞᆫ目的으로美日間의葛藤을惹起ᄒᆞ리라ᄒᆞ엿다더라

◉南阿亞人排斥 南阿에ᄂᆞᆫ亞細亞人排斥法이實行되야支那人은悉皆他地로移去ᄒᆞ엿다ᄒᆞ며此地에서印度人도排斥ᄒᆞᄂᆞᆫᄃᆡ此實英國政府의不好ᄒᆞᄂᆞᆫ비나南阿가旣히보아人의自治ᄒᆞᄂᆞᆫ바인즉英國政府도此를放任ᄒᆞᆫ다ᄒᆞ며印度人은此로英國政府에反抗ᄒᆞᆫ다더라

◉墺人言論 墺國外務部官吏ᄂᆞᆫ曰쎌관各國의主權者가露都를訪問ᄒᆞᆷ은도리혀쎌관의擾亂을增大케ᄒᆞᆯ뿐이오墺露兩國의親近與否ᄂᆞᆫ疑問에屬ᄒᆞᆫ다ᄒᆞ엿ᄂᆞᆫᄃᆡ近間墺露協商說이流行ᄒᆞᄂᆞᆫ中이라더라

◉黑奴私刑 美國텍사스州에서ᄂᆞᆫ該地人民數千名이일少女襲擊ᄒᆞᆫ黑奴일名을私刑으로絞殺ᄒᆞ엿다더라

▲偉人遺蹟

▲▲東國巨傑 崔都統 (續) 錦頰山人

萬一此에反ᄒᆞ야彼元朝의徵兵을應ᄒᆞ면此ᄂᆞᆫ讐敵을助ᄒᆞ야先王의恥를忘ᄒᆞᆷ이라可吊오將亾의國을爲ᄒᆞ야忠을效ᄒᆞ면智者의事가아니라可吊오我有限의兵餉으로彼無厭의徵求를應ᄒᆞ면國內의大亂을釀成ᄒᆞᆯ지라可吊오今者에國力을養ᄒᆞ야元國將亂의機를乘ᄒᆞ야我武를揚ᄒᆞ지못ᄒᆞ고徒히他人의指揮를隨ᄒᆞ야左右ᄒᆞ면是ᄂᆞᆫ我國으로ᄒᆞ야금萬古의弱國을作케ᄒᆞᆷ이라可吊오我東이自古로强武著名ᄒᆞᆫ國이러니我朝에入ᄒᆞᆫ以後로自守만爲主ᄒᆞ고進取를不圖ᄒᆞ다가如此ᄒᆞᆫ弱國이되엿ᄂᆞᆫᄃᆡ今此好時機를又失ᄒᆞ면엇지可痛ᄒᆞᆯ비아닌가可吊니此를曰五可吊라未知케라諸公이彼七可賀를行ᄒᆞ라ᄂᆞᆫ지此五可吊에就ᄒᆞ라ᄂᆞᆫ지神을留ᄒᆞ야試擇ᄒᆞ소서瑩은區々切祝ᄒᆞ노라

此獻議ᄂᆞᆫ崔都統의一生懷抱를瀉出ᄒᆞᆫ語라其發論의際에眼光이四射ᄒᆞ며長髯이森立ᄒᆞ고淚가聲句를隨ᄒᆞ야俱下ᄒᆞᄂᆞᆫ지라彼癡人劣見도箇々其本來面目을快覺하야相顧讚歎하며獻部典書趙珪와密直副使宋光美ᄂᆞᆫ慨然히涕를揮ᄒᆞ여曰吾儕ᄂᆞᆫ腐儒라夢想도此에不及ᄒᆞ엿더니今에崔護軍(崔都統이時에護軍을任ᄒᆞᆷ)의言을聞ᄒᆞ미我心의懸々ᄒᆞᆷ을不覺ᄒᆞ노라하더라然이나當時高麗政府를觀ᄒᆞ라此議가得行될가當時政府의無限權力을擁ᄒᆞᆫ者ᄂᆞᆫ君主인ᄃᆡ君主則恭愍王의傭愚오其次ᄂᆞᆫ寵臣인ᄃᆡ寵臣則金鏞의悖譎이오又其次ᄂᆞᆫ侍中인ᄃᆡ侍中이誰오ᄒᆞ면曰林堅味의庸迷오且其下臣僚ᄂᆞᆫ蠢々然奴隸頭顱이니崔都統의熱性이비록一時諸臣의耳朶ᄂᆞᆫ暫震ᄒᆞ엿스나然이나天使의暫宣ᄒᆞᆫ福音으로엇지彼滿地惡魔의大地獄이遽破되리오無何에公山君李子松이崔瑩을駁ᄒᆞ야曰萬一元의諸兵을不應ᄒᆞ다가彼가怒를發ᄒᆞ야來侵ᄒᆞ면將何로써應코ᄌᆞᄒᆞᄂᆞ뇨 (未完)

詞藻

◉西天雨◉

涸轍에든鮒魚야、물엽다고恨을마라。
一時困難ᄒᆞ지마는、어이리양그러ᄒᆞ리。
西天와、구름넘어、太陽을奏

宮廷錄報

◎御事停止 大皇帝陛下ᄭᅦ옵셔ᄂᆞᆫ東西古今歷史를 御覽ᄒᆞᆸ시며侍臣을 命ᄒᆞ샤古來國家興亡의事를進講케ᄒᆞᆸ시더니宮內府次官日人小宮이가此를知ᄒᆞ고宮內府侍臣들을對ᄒᆞ야此가不可ᄒᆞ다ᄒᆞ고此를廢止ᄒᆞ기로ᄒᆞᆫ後에但只活動寫眞騎兵隊馬術等만 御覽에供ᄒᆞᆫ다더라

◎何全請驗 皇后陛下ᄭᅦ옵셔蠶業見習生三十名을募集ᄒᆞᆫ다홈은已報ᄒᆞᆫ바어니와該見習生에被選키爲ᄒᆞ야宮內府大臣에게請囑이殆至ᄒᆞᆫ다더라

雜報

◎何故推委 各皇族諸氏가五日式輪回ᄒᆞ야 璿源殿에奉審홈은自來規例인데同所의守僕이本番日字를當次ᄒᆞᆫ人의게報告ᄒᆞ면特別ᄒᆞᆫ事故가有ᄒᆞ다ᄒᆞ야身軆가不便ᄒᆞ다ᄒᆞ야互相推委ᄒᆞᄂᆞᆫ데事軆에不敬홈을莫不批評ᄒᆞᆫ다더라

◎祭官元定 璿源殿春秋享祀時에祭官을臨時差出홈이難便ᄒᆞ다ᄒᆞ야該某々로定式祭官을選定ᄒᆞ얏다더라

◎查官審查 內部에셔去八日上午二時에地方官資格으로薦報ᄒᆞᆫ八六人을審查ᄒᆞ얏다더라

◎總領陞任 京城駐在英國總領事館書記補助員某氏ᄂᆞᆫ日本大阪駐在英國副領事로陞任되야日間赴任ᄒᆞᆫ다더라

◎試驗室移轉 內部衛生局試驗室은前武官學校內로移轉ᄒᆞ다ᄒᆞᆫ데目下修理ᄒᆞᄂᆞᆫ中이라더라

◎調查着手 農商工部山林局에셔ᄂᆞᆫ本月부터林籍調查에着手ᄒᆞᆫ다ᄂᆞᆫ데其調查員은日人을雇用ᄒᆞᆫ다더라

◎一顧又來 日本에滯留ᄒᆞᄂᆞᆫ宋秉畯은일進會顧問日人杉山茂丸에게會員撫摩ᄒᆞᆯ計策을秘密委托ᄒᆞ얏다ᄂᆞᆫ데該日人은日間渡韓ᄒᆞᆫ다더라

◎一進典土 一進會에셔ᄂᆞᆫ近日財政困難홈을因ᄒᆞ야龍川郡에在ᄒᆞᆫ田庄을典執ᄒᆞ고金二萬圓을得債ᄒᆞ얏다더라

◎決不再入 一進會長李容九ᄂᆞᆫ退會ᄒᆞᆫ洪肯燮氏를更히引入홈次로使人勸告ᄒᆞ되退會時에李總相에게秘密金을受ᄒᆞ얏다ᄒᆞᄂᆞᆫ說이有ᄒᆞᆫ즉該金을辦給ᄒᆞ마ᄒᆞ미該氏가峻辭拒絶ᄒᆞ얏다더라

◎何因調查 日憲兵司令部에셔ᄂᆞᆫ各宮家及大臣家에來留ᄒᆞᄂᆞᆫ儒生에姓名居住를目下調查中이라더라

◎別樣起訴 輔國閔泳徽氏ᄂᆞᆫ昨年秋에中樞院顧問李夏榮氏를紹介ᄒᆞ야宮相을運動코져運動費일萬圓을贈與ᄒᆞ얏ᄂᆞᆫ데事竟不成ᄒᆞ고金額만消耗ᄒᆞᆫ故로閔氏가右金을還推ᄒᆞᆯ次로將次起訴ᄒᆞᆫ다더라

◎學部照會 學部에셔該部所管歲出預算表를製定ᄒᆞ야度支部로照會ᄒᆞ얏다더라

◎荻田論敦着 英日博覽會事務와殖民制度를調查키爲ᄒᆞ야歐洲에渡往ᄒᆞᆫ統監府書記官日人荻田은去八日論敦에着ᄒᆞ얏다더라

◎屋價倍騰 京元鐵道敷設計劃에關ᄒᆞ야停車場區域을水口門外로豫定ᄒᆞ얏ᄂᆞᆫ데日人居留民團에셔통行이不便ᄒᆞ다ᄒᆞ고水口門內로移定ᄒᆞ기를統監府에請願ᄒᆞ얏다ᄂᆞᆫ說이有ᄒᆞᆫ故로近日該地家屋價가倍騰ᄒᆞᆫ다더라

◎豚犬不若 國民同志贊成會에셔ᄂᆞᆫ再昨日下午三時에討論會를開ᄒᆞ고朴東翰崔晶奎等이人樂勝天이라ᄂᆞᆫ語로討論ᄒᆞ다가畢竟何等不敢의句語가有ᄒᆞᆫ던지同會員洪性觀氏가一場論駁ᄒᆞ기를汝等은果然無父無君ᄒᆞᆫ一豚犬이라ᄒᆞ얏다더라

◎果然特誠 李學宰ᄂᆞᆫ伊藤氏頌德建議所라ᄒᆞᆫ門牌를商務組合本部에揭ᄒᆞ고銅像刱立事務를熱心準備中이라더라

◎誤發狀取消 三和港財務署長이同港商業會議所에對ᄒᆞ야呼出狀을誤發ᄒᆞᆫ事가有홈으로同會議所任員諸氏가該署에前往詰問ᄒᆞ미該署長이文帖往來에看審치못홈을謝過ᄒᆞ고該誤發ᄒᆞᆫ呼出狀은取消ᄒᆞ얏다더라

◎兩氏裁判 前判書金天洙李根澔兩氏間에錢財關係로本日地方裁判所에셔裁判ᄒᆞᆫ다더라

◎控訴裁判 孫秉熙氏가普文社事件으로崔석暢氏와裁判落科ᄒᆞᆫ後控訴院에中訴ᄒᆞ야孫氏의代理崔鎭氏와崔석暢氏가本日控訴院에셔裁判을開始ᄒᆞᆫ다더라

◎計在居鄕 天道敎主孫秉熙氏가通度寺로下去홈은一般知了어니와仍히居鄕ᄒᆞᆯ計策이라ᄒᆞᆫ다더라

◎日人提灯 京城在留日人이發起ᄒᆞ야倭城臺倶樂部에셔本日日本陸軍紀念을爲ᄒᆞ야提灯行列을擧行ᄒᆞᆫ다더라

◎書類發現 去月廿二日安州警察署에셔市場稅反對首謀全昌瑞韓德淳兩氏의家屋을搜索ᄒᆞ야徵稅에關ᄒᆞᆫ書類一度와其他書類二度가發現되야內部로送交ᄒᆞ얏ᄂᆞᆫ데警務局長이該事由를一般官吏의게通知ᄒᆞ얏다더라

◎李氏被捕 前侍從李某ᄂᆞᆫ何等事件을因홈인지某處에셔目下형捕中이라더라

◎申氏형探說 前郡守申奭求氏ᄂᆞᆫ何等關係가有홈인지某處에셔踪跡을형探中이라더라

◎日營工事 咸鏡道羅南日人兵營에셔ᄂᆞᆫ工事를進行ᄒᆞᄂᆞᆫ中인데本年度에ᄂᆞᆫ四百萬圓의工費로營爲ᄒᆞᆫ다더라

◎烟草試作 太田烟草試作場에셔昨年秋에收穫ᄒᆞᆫ烟草를美國式으로儲藏製造ᄒᆞ얏다ᄂᆞᆫ데其品味가良好ᄒᆞ야美國產과幷肩ᄒᆞᆯ만ᄒᆞ다더라

◎測量擴張 小公洞大韓測量事務所ᄂᆞᆫ四年前부터設立ᄒᆞᆫ바인데現今山林測量期限이漸迫ᄒᆞ고鑛業이發達됨을際ᄒᆞ야事務를一層擴張ᄒᆞ고各種測量과坑內測量ᄭᆞ지研究ᄒᆞ야敏速酬應ᄒᆞᆫ다더라

◎事業移屬 地方費事業中土木其他工事ᄂᆞᆫ從來로內部에셔直接管轄ᄒᆞ얏ᄂᆞᆫ데人夫雇用及其他關係가各其觀察道에셔管轄홈이便利ᄒᆞ다ᄒᆞ야各道에셔直接管轄케ᄒᆞ기로ᄒᆞ야規定을日間官報로發布된다더라

◎同窓之誼 故財務署主事南宮燮氏ᄂᆞᆫ師範學校第七回卒業生인데其同窓諸氏가來日曜日正午에追悼會를東門外淸凉寺에셔設行ᄒᆞᆫ다더라

◎義將敗死 去七日黃海道海州郡大德面에셔義將池寬植氏가部下九名을率ᄒᆞ고日憲兵及警察官의連合討伐隊와交戰ᄒᆞ야池氏ᄂᆞᆫ戰敗被死ᄒᆞ얏ᄂᆞᆫ데池氏ᄂᆞᆫ元來海州郡에名望이有ᄒᆞᆫ人士로氏의弟寬復氏도前此義兵으로戰死ᄒᆞ얏다더라

◎鄭女飮死 中部帽谷居朴英俊氏의小室鄭姓女ᄂᆞᆫ何等不平ᄒᆞᆫ事이有ᄒᆞᆫ던지再昨日下午五時에飮藥致斃ᄒᆞ얏다더라

◎朴氏慘命 西部管內에居ᄒᆞᄂᆞᆫ朴昌淳氏의令孫某ᄂᆞᆫ三昨日孔德里등地에셔京義線汽車에衝突되여卽時致命ᄒᆞ얏다더라

◎既罷又捉 北部警察署巡查尹益淳氏의罷免을遭홈은既報어니와前後挾雜事件이發現되야再昨日中部警察署에被捉ᄒᆞ얏다더라

◎被捉何多 北部齋洞居前洪川郡守兪某ᄂᆞᆫ何事件을因홈인지再昨日所管警察署에被捉ᄒᆞ얏다더라

◎李氏義捐 慶南河東元溪洞居ᄒᆞᄂᆞᆫ李祺鎔氏가金貨六圓을京城孤兒院에寄付ᄒᆞ얏ᄂᆞᆫ데同院에셔該氏의慈善홈을銘謝不已ᄒᆞᆫ다더라

學界

◎鼎浦福音 咸北慶興盧面鼎浦居文光彫柳枝萬文光彦二氏가夜學校를設立ᄒᆞ고勞働靑年을多數募集ᄒᆞ야熱心敎授ᄒᆞᄂᆞᆫ데文光彦氏ᄂᆞᆫ自已舍廊으로校舍를定케ᄒᆞ고文光順氏ᄂᆞᆫ金十圓柳枝萬氏ᄂᆞᆫ金五圓을捐助ᄒᆞ야校中經費를擔當홈으로該氏等의敎育界熱誠을莫不稱頌ᄒᆞᆫ다더라

◎實業校新設 實業學校四個의預算이既히認可된은已報어니와咸興平壤의二校도不日認可가된다ᄒᆞ며忠南全南慶南黃海등地에도實業學校四個가新設된다더라

◎敎師願留 江陵郡新里面紳士許선金演相氏等十餘人이昨年二月에新里學校를設立ᄒᆞ고敎師ᄂᆞᆫ南陽郡居金鉉俊氏가名譽로擔任ᄒᆞ야熱心敎授홈으로生徒가七十三名에達ᄒᆞ고校況이漸次振興ᄒᆞᄂᆞᆫ中近日에該敎師가還鄕코져ᄒᆞ미該校生徒七十餘人及任員十餘人과附近地私塾及勞働學徒一百七十餘人이該氏를願留ᄒᆞᆯ次로該校運動場에會集ᄒᆞ야該校會計員金演和氏가校中代表로熱誠挽留홈을因ᄒᆞ야該敎師가還鄕치안키로完定ᄒᆞ얏다더라

◎礦夫義熱 咸南甲山郡銅礦內普明學校ᄂᆞᆫ該地有志人士가設立ᄒᆞᆫ지二個年에生徒가百十餘名에達ᄒᆞ야熱心修業ᄒᆞ다가該礦業을外人이着手ᄒᆞᆫ後로該地일般生活이困難ᄒᆞ야校況이極히零星ᄒᆞ더니該礦에셔勞働ᄒᆞᄂᆞᆫ同胞諸氏가各其月捐金을每名下에二十錢式每朔寄付ᄒᆞ야校費를補用케ᄒᆞ고就中張七錫鄭致化崔錫鉉三氏ᄂᆞᆫ尤極熱誠ᄒᆞᄂᆞᆫ故로校況이漸進ᄒᆞᄂᆞᆫ데該氏等의勞働生活로如此히敎育에熱心홈을遠近間讚頌이藉々ᄒᆞ다더라

◎兼設夜校 慶南蔚山郡東面藍田里居李鍾林姜斗皝張道慶張南埼諸氏가該里에開雲學校를創立ᄒᆞ고誠心敎育ᄒᆞ더니更히大昌夜學校를設立ᄒᆞ야學徒가卄五名에達ᄒᆞ얏고該洞居張南周氏ᄂᆞᆫ自已廛房萬春軒으로校舍를定케ᄒᆞ얏다더라

◎普明益明 咸南利原郡紳士姜永璣氏ᄂᆞᆫ該郡內普明學校諸般事務를自擔ᄒᆞᆯ뿐더러該郡姜星漢鄭桂道等諸氏로協議ᄒᆞ고財政을籌備ᄒᆞ야學生의物理化學機械를購入ᄒᆞ야學生의實地로敎育홈으로校況이日々振興ᄒᆞᄂᆞᆫ中去月에卒業試驗을行ᄒᆞ얏ᄂᆞᆫ데卒業生은姜齊東[illegible]姜漢運諸氏라더라

電報

◎勞働大戰爭 美國費[illegible]府電鐵同盟罷工은[illegible]非常의恐列ᄒᆞ야勞働組合員[illegible]十八이加入ᄒᆞ얏다ᄂᆞᆫ데[illegible]軍隊에셔嚴重警戒ᄒᆞ나[illegible]勝敗가決ᄒᆞ도록[illegible]ᄒᆞ며此ᄂᆞᆫ近代稀有의[illegible]로列國의注意를惹起ᄒᆞᆫ다더라 (紐育發)

▲社會燈▼

▲校洞金紳吳正根은[illegible]富者로서敎育實業公益[illegible]分義捐아니ᄒᆞ되妾丈母의生日宴엔百圓扶助선ᄯᅳᆺ너고義捐諸求ᄒᆞᄂᆞᆫ者를逆賊이라ᄒᆞ얏다니國家興亡몰숙이오妾만아ᄂᆞᆫ더徵物은何時에나進化ᄒᆞ야사로노릇ᄒᆞ여볼ᄭᅡ

▲일進會員金李昌은向人大談ᄒᆞᄂᆞᆫ말이同會目的成就되면總理以下各大臣을일進會가組織ᄒᆞᆫ다揚々自誇ᄒᆞ더라니年前地方會員들은觀察部守ᄒᆞᆫ답셔고제집안을亡치더니이번서울會員들은各大臣을ᄒᆞᆫ답시고[illegible]무엇을亡치랴나

▲妖妄巫女[illegible]進[illegible]ᄂᆞᆫ[illegible]魂魄床을安排ᄒᆞ게[illegible]年喪을지[illegible]노라[illegible]ᄒᆞᆫ後日前부터[illegible]ᄒᆞ야朝[illegible]食ᄒᆞᆫ다하니그[illegible]무含슈ᄂᆞᆫ날새ᄒᆞ고[illegible]ᄒᆞᆫ다만네아모리[illegible]밧긔못먹을껄

檀君開國四千二百四十三年
箕子元年三千三十二年
大韓開國五百十九年
本報創刊日 光武八年七月十八日

大韓每日申報

第八卷
月曜及慶節歲時日休刊
第一千三百卅三号

發行兼編輯人 英國人 萬咸
發行所 京城南部石井洞三層洋屋家 大韓每日申報

論說

東國古代仙敎考

東史를閱ᄒᆞ건ᄃᆡ仙敎ᄂᆞᆫ東國古代에盛行ᄒᆞᆫ者라當時書籍이散缺ᄒᆞ야其源流를考키難ᄒᆞᆫ故로或者ᄂᆞᆫ是를支那道敎의東入ᄒᆞᆫ者로認ᄒᆞᆯ而已나左右로叅互ᄒᆞ건ᄃᆡ此가東國에固有ᄒᆞᆫ者오支那에셔來ᄒᆞᆫ 것 아니ᄅᆞᆯ證左가實多ᄒᆞ도다

天仙國仙大仙의名稱이三國以前及三國初에累現ᄒᆞ엿ᄂᆞᆫᄃᆡ道敎의經傳은高句麗榮留王時에始來ᄒᆞᆷ이(一)이오道敎의東入ᄒᆞᆷ이佛敎後에在ᄒᆞ거ᄂᆞᆯ仙敎ᄂᆞᆫ佛敎輸入以前부터有ᄒᆞᆷ이(二)오道敎ᄂᆞᆫ老子에始ᄒᆞ엿ᄂᆞᆫᄃᆡ紀年覽에檀君을天仙이라稱ᄒᆞ얏스며三國史에檀君을仙人이라稱ᄒᆞ얏슨즉檀君과老子의先後를計ᄒᆞ라檀君은千數百年以前人이오老子ᄂᆞᆫ千數百年以後人이니千數百年以前人이엇지千數百年以後人의創設ᄒᆞᆫ敎를輸入ᄒᆞ리오此가語不成說됨이(三)이오仙敎가萬一三國時代의人君이支那로부터輸入ᄒᆞᆫ것일진ᄃᆡ東明聖王과大武神王도彼漢武帝宣帝ᄀᆞᆺ치方士를海中에遣ᄒᆞ야不死藥을求ᄒᆞ엿슬지며明臨答夫와金庾信도彼張良李泌ᄀᆞᆺ치穀을辟ᄒᆞ고導引을學ᄒᆞ엿슬지어ᄂᆞᆯ此가無ᄒᆞᆷ이(四)오道敎ᄂᆞᆫ비록天師眞人의封爵이有ᄒᆞ나是가唐宋以後에始ᄒᆞ엿슬ᄲᅮᆫ더러ᄯᅩ只齋醮等을司ᄒᆞᆯᄲᅮᆫ이오政治上에何等實權이無ᄒᆞᆫ者어니와麗濟의皂衣大仙等은其權力이當時王者와相埒ᄒᆞ야西洋古代의耶蘇敎僧正과如ᄒᆞᆷ이(五)오支那道敎ᄂᆞᆫ避世의敎오長死의道라故로帝王된者가是敎를信ᄒᆞ면萬乘의位를[illegible]ᄉᆞ又치說하되白日昇天을求ᄒᆞ며士民으로是敎를信ᄒᆞ면山에入ᄒᆞ야金丹을[illegible]ᄒᆞ되東國의仙敎ᄂᆞᆫ不然ᄒᆞ야明臨答夫ᄂᆞᆫ大仙이로ᄃᆡ暴君(次大王)을廢ᄒᆞ고外寇(公孫度)를卻ᄒᆞ엿스며愚溫達은大兄(即仙人)이로ᄃᆡ鮮卑를[illegible]ᄒᆞ야[illegible]土를拓ᄒᆞ며又新羅와激戰ᄒᆞ다가死ᄒᆞ엿스며金庾信은國仙이[illegible]人ᄒᆞ야國을爲ᄒᆞ야[illegible]ᄒᆞ고麗濟를滅ᄒᆞ엿스며金欽[illegible]仁問은[illegible]徒로[illegible]皆戰場에[illegible]所仙徒로[illegible]死[illegible]이(六)이라然則其[illegible]敎라[illegible]은但只當時漢文學者가仙此히譯ᄒᆞᆷ이오其實은長生不死의迷信을抱ᄒᆞᆫ支那仙敎와ᄂᆞᆫ聲色趣味와其[illegible]不同ᄒᆞ도다

崔孤雲鸞郎碑序에曰「國有玄妙之道曰仙敎是已라ᄒᆞ고」又曰設敎之源備詳仙史라ᄒᆞ니噫라仙史가今에傳ᄒᆞᆫ者ㅣ有ᄒᆞ면民族進化의原理를考據ᄒᆞᆷ에大材料가될ᄲᅮᆫ더러且東洋古代諸國에ᄂᆞᆫ普通歷史만有ᄒᆞ고宗敎哲學等專門史ᄂᆞᆫ無ᄒᆞᆫᄃᆡ獨仙史ᄂᆞᆫ是東國에特產된宗敎史인즉又史學上에一大光彩를添ᄒᆞᆯ지어ᄂᆞᆯ惜乎라其書가今에不傳ᄒᆞ엿도다

然이나其東鱗西爪로口碑及殘書에搜集ᄒᆞ건ᄃᆡ仙敎의一斑을可窺ᄒᆞᆯ지라古記에記ᄒᆞ되桓因이子桓雄을遣ᄒᆞ야徒三千을率ᄒᆞ고太白山에降ᄒᆞ니是가桓雄天王이라桓雄天王이人間吉凶禍福을主宰ᄒᆞ며子檀君을生ᄒᆞ엿다ᄒᆞ엿스나紀年覽에ᄂᆞᆫ曰桓因은天이오桓雄은神이라ᄒᆞ엿스니桓因桓雄檀君은即所謂三神(又曰三聖)이오三神은即仙敎創立의祖라然則桓因桓雄은[illegible]神像의神이니其義가大略耶蘇敎의三位一體와佛敎의三佛如來와如ᄒᆞᆫ者어ᄂᆞᆯ後世編史者가往々檀君의祖가桓因이오父가桓雄이라ᄒᆞ니엇지可笑치아니ᄒᆞ뇨至今ᄭᆞ지兒가生ᄒᆞ면三神에禱ᄒᆞᆷ이即仙敎의遺規됨이無疑오斯敎의信仰條件은世에無傳ᄒᆞ엿스나新羅史에載ᄒᆞᆫ「事君以忠事父以孝交友以信臨戰無退殺傷有擇이抑其條件의一이로다

妙香山에ᄂᆞᆫ檀君窟이有ᄒᆞ며繻山에ᄂᆞᆫ東明王의麒麟窟이有ᄒᆞ며石多山에ᄂᆞᆫ乙支文德窟이有ᄒᆞ며中岳山에ᄂᆞᆫ金庾信窟이有ᄒᆞ니檀君時代ᄂᆞᆫ書闕有間이라難考어니와若三國時代ᄂᆞᆫ決코穴居時代民族이아닐지며且文德庾信兩公은經天緯地의大人物이거ᄂᆞᆯ何故로窟處가有ᄒᆞ뇨意者컨ᄃᆡ是가釋迦의靈山과모하메ᄃᆡ의洞窟과如히仙敎徒가心術을修鍊ᄒᆞᆷ에必也窟處를以ᄒᆞᆷ인ᄃᆡ

近世史家가皆韓國古代에一種靈敎가流行ᄒᆞ엿다ᄒᆞ니肅愼族의拜虎와濊貊族의拜蛇等은是拜物의靈敎어니와以上所論에據ᄒᆞ건ᄃᆡ夫餘族은是拜神者오拜物者가아니로다

大抵斯敎가三國時代에ᄂᆞᆫ佛敎와激烈ᄒᆞᆫ競爭을行ᄒᆞᆫ지라故로불敎가初輸入ᄒᆞ미新羅群臣이皆異道로斥하엿스며(麗濟ᄂᆞᆫ史缺不可考)異次頓이불敎를擴張코ᄌᆞᄒᆞ다가甚至其身을自殺하엿도다

既而오羅末麗初에불敎大盛을際ᄒᆞ야竟滅絕ᄒᆞ엿스니是가其敎理의組織이精奧치못ᄒᆞ야優勝劣敗의公例를免치못ᄒᆞᆷ인가抑或其設敎規模가當時의時勢와人心에不適ᄒᆞ야自然衰絕ᄒᆞᆷ인가此가中古史上에一大硏究의價値가有ᄒᆞᆫ者어ᄂᆞᆯ金文烈[illegible]東이[illegible]順庵安氏東史綱目에[illegible]敎[illegible]의難知를歎ᄒᆞ엿도다

古書籍의散亡을恨ᄒᆞ며[illegible]史[illegible]의魯莽을笑ᄒᆞ야此篇[illegible]셔撮錄ᄒᆞ야讀ᄒᆞᄂᆞᆫ者의叅考에供ᄒᆞ노라

外報

◎[illegible]騷擾 德國伯林電報에[illegible]曰一大暴[illegible]이[illegible]六個[illegible]…[illegible]

[illegible]이[illegible]名이오[illegible]가三十名이라더라

◎西藏事件決議 淸國에셔ᄂᆞᆫ西藏事件에關ᄒᆞ야英露兩國公使의照會와達賴喇嘛의哀願電報와西北邊各大臣의電奏등이頻繁ᄒᆞ야達賴喇嘛로ᄒᆞ야금法號를回復케ᄒᆞ고封冊을加ᄒᆞ기를望ᄒᆞᆫᄃᆡ日前軍機大臣과各部院尙書가政務處에大會를開ᄒᆞ고決議ᄒᆞ되達賴喇嘛의法號를復ᄒᆞ고封冊을與ᄒᆞᆷ은淸國威嚴에障害가되ᄂᆞᆫ바인즉第(一)遠征隊를增派ᄒᆞ야鎭壓을加ᄒᆞ고第(二)堪布를派ᄒᆞ야勸誘를加하고第(三)駐藏大臣의失責을責ᄒᆞ야此를召還ᄒᆞ고他適任者로差遣ᄒᆞ기로ᄒᆞ고第(四)英露駐在公使에게命하야英露의擧動을電報케ᄒᆞ야臨機의策을講ᄒᆞ기로ᄒᆞ엿다더라

詞藻

◎소셩쟈애◎

죽어셔니져야ᄒᆞ랴, 사러셔ᄂᆞᆫ
여야ᄒᆞ랴。
죽은들어이니치며, 살고셔야
아니ᄒᆞᆯ가。
아마도, 소셩쟈에아니치못ᄒᆞᆯ

宮廷彙報

◎德壽宮問安 大皇帝陛下ᄭᅦ옵셔昨日上午十一時에女官一人을 德壽宮에 命送ᄒᆞ옵셔 太皇帝陛下ᄭᅦ 問安하옵셧다더라

◎金貨下賜 昨日日本陸軍紀念式에 大皇帝陛下ᄭᅦ셔金貨二千圜을 下賜ᄒᆞ셧고承寧府總管趙民熙ᄂᆞᆫ 太皇帝陛下의 勅使로侍從院卿尹德榮은 大皇帝陛下의 勅使로往參ᄒᆞ엿고內閣木曜例會도停止ᄒᆞ고各府部院廳高等官이往參ᄒᆞ엿ᄂᆞᆫᄃᆡ此를因ᄒᆞ야일般官吏ᄂᆞᆫ半日休暇ᄒᆞ엿다더라

◎學員入院 修學院學員李重燮氏退院ᄒᆞᆫ代에李振鎔氏가 太皇帝陛下 勅令으로入院ᄒᆞ엿다더라

◎輪回侍講 淑明高等女學校學徒十人이懸政堂에셔 皇后陛下ᄭᅦ 侍講ᄒᆞᆷ은一般知了ᄒᆞᄂᆞᆫ바어니와宮內府高等官의夫人들도逐日輪回 侍講ᄒᆞᆫ다더라

雜報

◎兩氏相詰 總理大臣李完用內部大臣朴齊純兩氏가近日相詰하ᄂᆞᆫ事가有ᄒᆞ다ᄂᆞᆫᄃᆡ其理由ᄂᆞᆫ某新聞을政府機關으로認定ᄒᆞ즈ᄒᆞᆷ을因ᄒᆞᆷ이라더라

◎眞假詗探 總理大臣李完用氏가馬山浦에留連ᄒᆞᄂᆞᆫ錦陵尉朴泳孝氏와有何交涉인지書函이頻數往來ᄒᆞᆫ다ᄂᆞᆫ說이有ᄒᆞ다ᄒᆞ야某處에셔其眞假를詗探ᄒᆞᄂᆞᆫ中이라더라

◎德壽宮電課廢止 德壽宮電務課를廢止ᄒᆞᆫ다ᄒᆞᆷ은既報어니와該宮所屬電話五十餘處를일切廢止ᄒᆞ고必要ᄒᆞᆫ位置ᄂᆞᆫ日本電話를架設ᄒᆞ엿다더라

◎無處不減 宮內府에셔ᄂᆞᆫ電務課韓人技手를將次半數以上을減額ᄒᆞ고職務에嫻熟ᄒᆞᆫ者만擇任ᄒᆞ기로定ᄒᆞ엿다더라

◎書畵開會 本日上午十時로부터下午四時ᄭᆞ지廣通舘에셔韓日書畵會를設行ᄒᆞᆫ다ᄂᆞᆫᄃᆡ該會贊成者ᄂᆞᆫ現內閣諸大臣其他皇族諸氏인ᄃᆡ來參ᄒᆞᄂᆞᆫ人에게所有書畵出品件을持來ᄒᆞ라고通知ᄒᆞ엿다더라

◎醫簿直送 內部文書課에셔地方으로부터來到ᄒᆞᄂᆞᆫ公文을擧皆接受開坼ᄒᆞ나醫務局所關文簿ᄂᆞᆫ該局으로直爲傳致ᄒᆞᆫ다더라

◎通信移設 漢城府가中樞院으로移接ᄒᆞᆷ은일般知了ᄒᆞᄂᆞᆫ바어니와漢城府廳舍에ᄂᆞᆫ將次通信管理局을移設ᄒᆞᆯ計劃이라더라

◎連次陳述 五學會代表人南宮薰金源極韓南洙李恩雨鄭始和氏등이再昨日學部에前往ᄒᆞ야該會々議ᄒᆞ던意見을陳述ᄒᆞ엿다ᄂᆞᆫᄃᆡ本日下午일時에도又往陳述ᄒᆞᆫ다더라

◎捐金修橋 開城郡西門內酒泉橋가破壞되야人民來往의不便ᄒᆞᆷ이多ᄒᆞᆷ으로該郡守朴宇鉉氏가金貨六十圜을自捐修築ᄒᆞ엿다고該郡日人主事가內部에修報ᄒᆞ엿다더라

◎晝伏夜行 國民同志贊成會副會長徐彰輔ᄂᆞᆫ各屏門에過去하다가屢次喫겁ᄒᆞᆫ後近日은晝伏夜行ᄒᆞᆫ다더라

◎彼何人斯 韓昌會及李秉觀등八人이일進會를贊成ᄒᆞᄂᆞᆫ會를組織ᄒᆞᆯ次로일進會長李容九와交涉ᄒᆞ엿ᄂᆞᆫᄃᆡ同會員俞鎭杜가反對ᄒᆞ되無益ᄒᆞᆫ贊成會로以ᄒᆞ야空然이金錢만消耗ᄒᆞᆫ다ᄒᆞ엿다더라

◎遊觀西出 國民演說會員高義駿氏가人民을遊說ᄒᆞ기爲ᄒᆞ야本月十五日內에西路地方으로出張ᄒᆞᆫ다더라

◎地方行政事務所 李舜夏氏가地方行政研究會를發起ᄒᆞ엿ᄂᆞᆫᄃᆡ臨時事務所ᄂᆞᆫ新門外平洞等地로定ᄒᆞ엿다더라

◎水產會任員 東部中谷羅一英氏家에設立ᄒᆞᆫ水產株式會社에셔社長은李址鎔副社長은趙漢鏞理事ᄂᆞᆫ張基濂總務ᄂᆞᆫ劉錫副總務ᄂᆞᆫ徐起淳諸氏로顧問은日人小西文之進으로選定하엿고該社에셔農商工部에承認ᄒᆞᆯ次로年前에請願ᄒᆞ엿ᄂᆞᆫᄃᆡ如何ᄒᆞᆫ施措가尙無ᄒᆞᆫ故로更히請願키로協議ᄒᆞ엿다더라

◎或探或查 綏吉園使役崔雲夏崔興國申夔완等이該園垓字內에葬地偸매ᄒᆞᆫ事件으로該園祭奉李奎瀅氏가掌禮院에報告ᄒᆞ엿고同時에該事實이所管警察署에發現되야該使役等을追捕中인ᄃᆡ崔雲夏등이總相李完用氏家에潛伏ᄒᆞ엿다ᄂᆞᆫ說이有ᄒᆞ야某處에셔형探中이라ᄒᆞ고該園祭奉李奎瀅氏도何등關係가有ᄒᆞᆫ지所管警察署에셔目下調查中이라더라

◎種痘位置 中部警察署에셔ᄂᆞᆫ春期牛痘를來十八九兩日에實施ᄒᆞᆯ터인ᄃᆡ男子의位置ᄂᆞᆫ商業會議所로女子의位置ᄂᆞᆫ寺洞演興寺로定ᄒᆞ엿다더라

◎吉原訪問 實業雜誌社長日人吉原등四人이再昨日上午十일時에漢城府民會에來到하야十三道寺刹總督府를設立ᄒᆞᆯ事件에對ᄒᆞ야其位置劃定ᄒᆞ기를協議하엿다더라

◎兩氏渡日說 李甲崔錫夏兩氏ᄂᆞᆫ何等所關이有ᄒᆞᆫ지將次渡日ᄒᆞᆫ다ᄂᆞᆫ說이有ᄒᆞ다더라

◎南浦水道 鎭南浦水道工事ᄂᆞᆫ當局에셔其豫算을約八十四萬六千圜으로定하야豫算額의四分三은政府에補助를請하고四分일은鎭南浦에셔擔負ᄒᆞ기로ᄒᆞᆫ다더라

◎何不許施 日本人上田充이內部의許可를得ᄒᆞ여京鄕間船隻이多數往來ᄒᆞ고物貨가輻湊ᄒᆞᄂᆞᆫ要衝이오京城에咽喉되ᄂᆞᆫ麻浦江上에船橋를架設ᄒᆞ야沿江일帶水運及商業界에莫大ᄒᆞᆫ障害를貽ᄒᆞ고各商의利益을獨占코저ᄒᆞᄂᆞᆫ事에對ᄒᆞ야沿江流域의民情이嗷오ᄒᆞ고物論이沸騰ᄒᆞᆷ으로경城商業會議所와龍山坊會에셔該許可를繳消ᄒᆞ라고內部에申請書를提呈ᄒᆞ고下回를苦待中인ᄃᆡ于今것如何ᄒᆞᆫ處理가無ᄒᆞ고彼上田充의架設工事ᄂᆞᆫ着着進行中인즉內部에셔ᄂᆞᆫ此日彼日노推諉ᄒᆞ다가架橋工事가竣工된後에야左右間處理가有ᄒᆞᆯᄂᆞᆫ지沿江일般人民등이憤懣抑寃ᄒᆞᆷ을不勝ᄒᆞ야商業界多數人民이再昨日午前에內部로齊進ᄒᆞ야該許可狀繳消與否를質問ᄒᆞ즈하미不穩ᄒᆞᆫ狀態를顯出ᄒᆞᆯ慮가有ᄒᆞᆫ지라商業會議所에셔該商民등은懇切히說論ᄒᆞ야退去케ᄒᆞ고該會議所書記長崔敬淳沿江代表者諸氏가內部에前往ᄒᆞ야該許可狀繳消하기를催促ᄒᆞ되該部에셔ᄂᆞᆫ일向許施치아니ᄒᆞᄂᆞᆫ故로諸氏가長時間을詰難ᄒᆞ엿다더라

◎式期退行 法學協會에셔ᄂᆞᆫ來十五日第二回創立紀念式을設行ᄒᆞᆯ터이나內外國法政卒業生歡迎會를擧行ᄒᆞᆯ次로來二十日로退定ᄒᆞ엿다더라

◎奇氏發程 蓮洞耶蘇教牧師美國人奇일氏ᄂᆞᆫ自己婚禮式을擧行ᄒᆞᆯ次로再昨日上午八時에發程ᄒᆞ야日本東京으로向ᄒᆞ엿다더라

◎棄兒收養 南部長橋居李鍾奭氏家門前에日前何許人이新生女兒를棄置ᄒᆞ엿ᄂᆞᆫᄃᆡ該氏가目下收養中이라더라

◎吉氏入城 前年에歸國ᄒᆞ엿던皇城基督教靑年會總務吉禮泰氏가今日下午八時二十分車로西大門驛에到着ᄒᆞᆫ다ᄂᆞᆫᄃᆡ該會一般會員이出往迎接ᄒᆞᆫ다더라

◎逋吏被捉 尹翕榮氏ᄂᆞᆫ年前定州郡守在任時公貨犯逋가多ᄒᆞᆫ故로再昨日南部銅峴分署에被捉ᄒᆞ엿다더라

◎盜犯贓物 中部罷朝橋居劉必淳은竊盜犯으로日前北部警察署에被捉ᄒᆞ엿ᄂᆞᆫᄃᆡ多數ᄒᆞᆫ贓物이發現되엿다더라

◎逃女搜索 北部齋洞居趙重協氏家에셔ᄂᆞᆫ十九歲된童女使喚이再昨日乘夜逃走ᄒᆞ엿슴으로該氏家에셔所管警察署에呼訴ᄒᆞ야目下搜索中이라더라

◎許氏被捉 平山居許聖弼氏ᄂᆞᆫ京城南部河橋金昌五氏家에來留ᄒᆞ다가義兵의嫌疑로日憲兵隊에被捉ᄒᆞ엿다더라

◎柳氏追悼會 法學協會에셔明日下午二時故判事柳東作氏追悼會를普成專門學校內에셔設行ᄒᆞᆫ다더라

◎太極教請願 太極教宗에셔各郡鄕校에校宮을修造使用ᄒᆞᆫ다ᄂᆞᆫ事件에對ᄒᆞ야學部에셔禁止ᄒᆞ엿슴으로昨日該教에셔右事件認許ᄒᆞᆷ을該部에請願ᄒᆞ엿다더라

◎茶會盛況 普成專門學校第三回卒業生一同이再昨日下午四時에茶話會를開ᄒᆞ고該校々主以下일般任員講師諸氏와曾前에講師로在ᄒᆞ던諸氏를請邀款待ᄒᆞ엿ᄂᆞᆫᄃᆡ卒業生中金翼용氏가開會趣旨를說明ᄒᆞ고校主李鍾浩氏와講師石鎭衡氏가次第로卒業生을對ᄒᆞ야勸勉ᄒᆞ엿고卒業生일同이萬歲를呼ᄒᆞ며餘興을因ᄒᆞ야各其遊戱唱歌ᄒᆞᆫ後下午十時에閉會ᄒᆞ엿다더라

學界

◎聲聞于天 平南江西郡聞天義塾은設立ᄒᆞᆫ지五年인ᄃᆡ其間校況이漸至零替ᄒᆞ야維持키甚難ᄒᆞᆫ境遇에當하엿더니該郡內有志紳士白舜欽金基燮朴璇齊洪鍾薰諸氏가教務를一層擴張ᄒᆞ고教師金最鍵蔡溯近車周鉉金炳億諸氏를延聘ᄒᆞ야完全ᄒᆞᆫ中學科로熱心教授ᄒᆞ미學徒가日益增加ᄒᆞ야前進의希望이大有ᄒᆞ다더라

▲鷹犬隊▼

▲歐美洲에列強들은陸海軍을擴張ᄒᆞ야揚武耀威ᄒᆞᄂᆞᆫ것만은亞細亞의韓半島ᄂᆞᆫ哀痛ᄒᆞ리ᄒᆞ마ᄃᆡ로破操喇叭ᄃᆡ신ᄒᆞ야軍隊解散ᄒᆞᆫ然後에召集期가杳然ᄒᆞᆫᄃᆡ別別軍이싱겨ᄂᆞ셔全國內에充滿ᄒᆞ니이게무숨軍이런고偵探軍이是也로다

▲嗚呼今日韓半島ᄂᆞᆫ偵探軍의世界로다各社會의何經營과各學校의何精神과各報舘의何主義와各官吏의何擧動과各個人의何思想과各地方의何細微ᄒᆞᆫ일ᄭᅡ지라도至誠으로偵探ᄒᆞ야如此如此告發ᄒᆞ니第一隊ᄂᆞᆫ普通偵探

▲嗚呼今日韓半島ᄂᆞᆫ偵探軍의世界로다此世界無人處에有志者를尋訪ᄒᆞ야두입셔에침을발나保國策을問ᄒᆞ고두눈을흘겨時局事를憂歎하며外國人을辱ᄒᆞ면셔愛國者에擧動살펴如此々々告發ᄒᆞ니第二隊ᄂᆞᆫ高등偵探

▲嗚呼今日韓半島ᄂᆞᆫ偵探軍의世界로다엇던者ᄂᆞᆫ社會에만엇던者ᄂᆞᆫ學校에만엇던者ᄂᆞᆫ報舘에만엇던者ᄂᆞᆫ官廳에만잇던者ᄂᆞᆫ地方에만엇던者ᄂᆞᆫ個人에만各其맛흔範圍ᄃᆡ로諸般事를偵探ᄒᆞ야如此々々告發ᄒᆞ니第三隊ᄂᆞᆫ專門偵探

▲嗚呼今日韓半島ᄂᆞᆫ偵探軍의世界로다일次偵探히다수ᄒᆞ고數圓金錢밧ᄂᆞᆫ맛에무슨일을보앗던지무슨말을들엇던지實物이나엇은드시보ᄂᆞᆫ되로듯ᄂᆞᆫ되로手帖속에記錄하야나ᄂᆞᆫ드시隊長의게如此々々告發하니第四隊ᄂᆞᆫ臨時偵探

▲嗚呼今日韓半島ᄂᆞᆫ偵探軍의世界로다外人의게獻忠ᄒᆞ며外人의게納諂ᄒᆞ야外人의게鷹犬되며外人의게爪牙되여同胞보면讐怨곳치同胞보면敵軍곳치日々時々偵探ᄒᆞ고事々件々偵探ᄒᆞ여如此如此告發하니第五隊ᄂᆞᆫ常備偵探

▲嗚呼今日韓半島ᄂᆞᆫ偵探軍의世界로다兩鬢毛가느러진채破網巾을보로ᄊᆞ고小天곳흔大笠子를더북ᄒᆞ게눌너ᄊᆞ고이리비슬더리비슬殺參인레狂吝인레제行色을假粧ᄒᆞᆫ後懇懇ᄒᆞ게偵探ᄒᆞ야如此々々告發ᄒᆞ니第六隊ᄂᆞᆫ長髮偵探

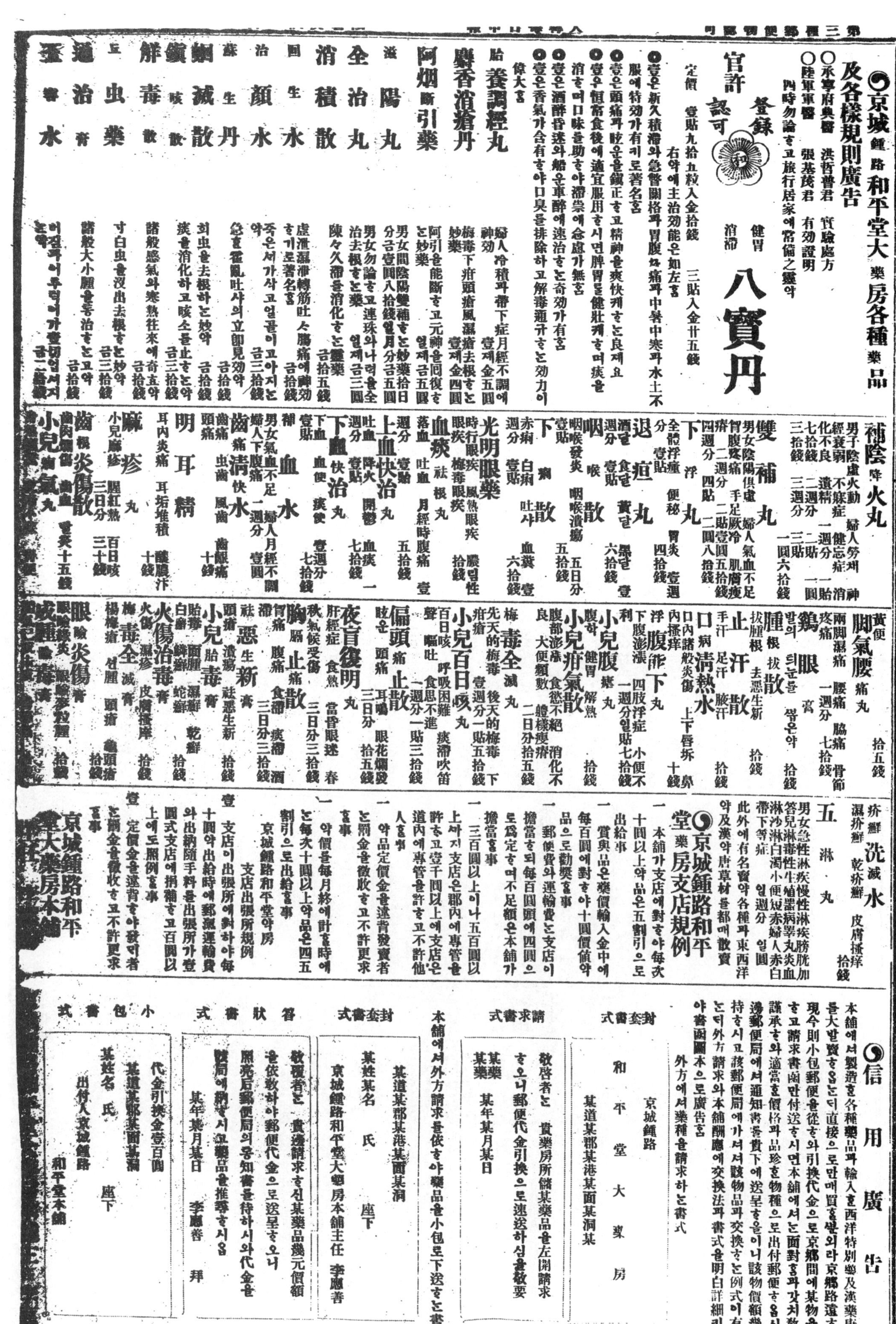

◉京城鍾路和平堂大藥房各種藥品及各樣規則廣告

○承寧府典醫 洪哲普君 實驗處方
○陸軍軍醫 張基茂君 有効證明
四時勿論ᄒᆞ고旅行居家에常備之靈약

登錄 官許認可

健胃 消滯 **八寶丹**

定價 壹貼九拾九粒入金拾錢 三貼入金卄五錢

右약에主治効能은如左홈

◉壹은新久積滯와急瞥關格과胃腹ㅅ痛과中暑中寒과水土不服에特効가有ᄒᆞ기로著名홈
◉壹은頭痛과眩운을鎭正ᄒᆞ고精神을爽快케ᄒᆞᄂᆞᆫ良제요
◉壹은恒常食後에適宜服用ᄒᆞ시면脾胃를健壯케ᄒᆞ며痰을消ᄒᆞ며口味를助ᄒᆞ야滯祟에念慮가無홈
◉壹은酒醉昏迷와船운車醉에速治ᄒᆞᄂᆞᆫ奇効가有홈
◉壹은香氣가含有ᄒᆞ야口臭를排除하고解毒通규ᄒᆞᄂᆞᆫ効力이偉大홈

胎養調經丸 婦人冷積과帶下症月經不調에神効 壹제金五圓
麝香消瘡丹 梅毒下疳頭瘡風濕瘡去根ᄒᆞᄂᆞᆫ妙藥 壹제金四圓
阿烟斷引藥 阿引을能斷ᄒᆞ고元神을回復ᄒᆞᄂᆞᆫ妙藥 일제금五圓
滋陽丸 男女間陰陽雙補ᄒᆞᄂᆞᆫ妙藥拾日分금壹圓八拾錢일月分금五圓
全治丸 男女勿論ᄒᆞ고連珠와나력을全治去根ᄒᆞᄂᆞᆫ藥 일제금三圓
消積散 陳々久滯를消化ᄒᆞᄂᆞᆫ靈藥 금拾五錢
回生水 虛泄濕滯轉筋吐々腸痛에神効ᄒᆞ기로著名홈 금拾錢
治顔水 죽은서가삭고얼골이고아지ᄂᆞᆫ약 금三拾錢
蘇生丹 急ᄒᆞᆫ霍亂吐사의立卽見効약 금拾錢
蛔滅散 회虫을去根하ᄂᆞᆫ妙약 금拾錢
鎭咳散 痰을消化하고咳소를止ᄒᆞᄂᆞᆫ약 금三拾錢
解毒散 諸般感氣와寒熱往來에奇효약 금拾錢
丘虫藥 寸白虫을沒出去根ᄒᆞᄂᆞᆫ妙약 금三拾錢
通治膏 諸般大小腫을통治ᄒᆞᄂᆞᆫ고약 금拾錢
蚤[illegible]水 버[illegible]과이두럭이가[illegible]업서지ᄂᆞᆫ약 금二拾錢

補陰降火丸 男子陰虛火動 經衰弱不寐症 化不良遺精 婦人勞채健忘症 神消 一週分一貼一圓 七拾錢二週分二貼 三拾錢三週分三貼一圓六拾錢
雙補丸 男女陰陽俱虛 婦人氣血不足 胃腹疼痛 手足厥冷 肌膚瘦 痔 二週分二貼壹圓五拾錢 四週分四貼二圓八拾錢
下浮丸 全體浮瘇 便秘 胃炎 壹週分壹貼 四拾錢
退疸丸 酒疸 食疸 黃疸 黑疸 壹週分壹貼 六拾錢
咽喉散 咽喉發炎 咽喉潰瘍 五日分壹貼 五拾錢
下痢散 赤痢 白痢 吐사 血糞 壹週分壹貼 六拾錢
光明眼藥 時行眼疾 風熱眼疾 眼疾 梅毒眼疾 膿림性 拾錢
血痰祛根丸 吐血 月經時腹痛 落血 壹週分 五拾錢
上血快治丸 吐血 降火 開鬱 血痰 一週分壹貼 七拾錢
下血快治丸 下血 血便 痰便 壹週分壹貼 七拾錢
補血水 男女氣血不足 婦人月經不調 婦人下腹痛 一週分 壹圓
齒痛淸快水 齒痛 虫齒 風齒 齒齦痛 頭痛 十錢
明耳精 耳內炎痛 耳垢堆積 釀膿汁 十錢
痲疹丸 小兒痲疹 腥紅熱 百日咳 三日分 三十錢
齒根炎傷散 齒肉腫傷 齒血 [illegible] 十五錢
小兒[illegible]氣丸 [illegible]

脚氣腰痛丸 黃便 兩脚濕痛 腰痛 脇痛 骨節疼痛 一週分七拾錢 拾五錢
鷄眼膏 발의티눈를쌕은약 拾錢
腫根拔散 拔腫根 去惡生新 拾錢
止汗散 手汗 足汗 腋汗 拾錢
口淸熱水 口病 口內諸般炎傷 上下唇坼 內搔痒 鼻 十錢
腹脹下丸 浮 下腹澎漲 四肢浮症 小便不利 一週分일貼七拾錢
小兒腹痛丸 腹하 健胃 解熱 拾錢
小兒疳氣散 腹部澎漲 食慾不絶 消化不良 大便頻數 體樣瘦瘠 二日分拾五錢
梅毒全滅丸 先天的梅毒 後天的梅毒 下疳瘡 壹週分一貼五拾錢
小兒百日咳丸 百日咳 呼吸困難 痰滯吹笛聲 嘔吐 食思不進 一週分一貼三拾錢
偏頭痛止散 眩운 頭痛 耳鳴 眼花爛發 三日分 拾五錢
夜盲復明丸 肝經症 食熱 當昏眼迷 春秋氣候受傷 三日分三拾錢
胸膈止痛散 胃痛 腹痛 食滯 痰滯 酒滯 三日分三拾錢
祛惡生新膏 頭瘡 潰瘍 祛惡生新 拾錢
小兒胎毒膏 胎毒 面腫 濕癬 白癬 鱗癬 蛇癬 乾癬 拾錢
火傷治毒膏 火傷 濕疹 皮膚搔痒 拾錢
梅毒全滅膏 楊梅瘡 션腫 頭瘡 龜頭瘡 拾錢
眼瞼炎傷膏 眼瞼緣炎 眼瞼麥粒腫 拾錢
[illegible]腫毒膏 [illegible]

疥癬洗滅水 疥癬 濕疥癬 乾疥癬 皮膚搔痒 拾錢
五淋丸 男女急性淋疾慢性淋疾膀胱加答兒淋毒性生殖器病睾丸炎血淋沙淋白濁小便短赤婦人赤白帶下等症 일週分 일圓

此外에有名賣약各種과東西洋약及漢약唐草材를都매散賣

◉京城鍾路和平堂藥房支店規例

一 本舖가支店에對ᄒᆞ야每次十圓以上약品은五割引으로出給事
一 賞與品은藥價輸入金中에每百圓에對ᄒᆞ야十圓價値약品으로勸奬홀事
一 郵便費와運輸費ᄂᆞᆫ支店이擔當ᄒᆞ되每百圓頭에四圓으로爲定ᄒᆞ며不足額은本舖가擔當홀事
一 三百圓以上이나五百圓以上ᄭᆞ지支店은郡內에專管을許ᄒᆞ고壹千圓以上에支店은道內에專管을許ᄒᆞ고不許他人홀事
一 약品定價金을違背發賣者ᄂᆞᆫ罰金을徵收ᄒᆞ고不許更求홀事
一 약價를每月終에計홀時에ᄂᆞᆫ每次十圓以上약品은四五割引으로出給홀事

京城鍾路和平堂약房 支店出張所規例

壹 支店이出張所에對하야每十圓약出給時에郵潁運輸費와出納隨手料를出張所가壹圓式支店에捐補ᄒᆞ고百圓以上에도照例홀事
壹 定價金을違背ᄒᆞ야發미者ᄂᆞᆫ罰金을徵收ᄒᆞ고不許更求홀事

京城鍾路和平堂大藥房本舖

◉信用廣告

本舖에서製造ᄒᆞᆫ各種藥品과輸入ᄒᆞᆫ西洋特別藥及漢藥唐草材를大발賣ᄒᆞ옵ᄂᆞᆫ더直接으로만매買홀뿐외라京鄕路遠ᄒᆞ와도現今則小包郵便을從ᄒᆞ와引換代金으로京鄕間에某物을勿論ᄒᆞ고請求書函만付送ᄒᆞ시면本舖에서ᄂᆞᆫ面對홈과갓치敎示를謹承ᄒᆞ와適當ᄒᆞᆫ價格과品珍ᄒᆞᆫ物種으로出付郵便ᄒᆞ옵시면貴邊郵便局에서通知書를貴下에送呈ᄒᆞ올이니該物價額幾許를持ᄒᆞ시고該郵便局에가서該物品과交換ᄒᆞᄂᆞᆫ例式이有ᄒᆞ오ᄂᆞᆫ더外方請求와本舖酬應에交換法과書式을明白詳細키爲ᄒᆞ야書函圖本으로廣告홈

外方에서藥種을請求하ᄂᆞᆫ書式

封套書式

京城鍾路
和平堂大藥房
某道某郡某港某面某洞某

請求書式

敬啓者ᄂᆞᆫ 貴藥房所儲某藥品을左開請求ᄒᆞ오니郵便代金引換으로速送하심을敬要
某藥
某藥
某年某月某日

本舖에서外方請求를依ᄒᆞ야藥品을小包로下送ᄒᆞᄂᆞᆫ書式

封套書式

某道某郡某港某面某洞
某姓某名 氏 座下
京城鍾路和平堂大藥房本舖主任 李應善

答狀書式

敬覆者ᄂᆞᆫ 貴邊請求ᄒᆞ신某藥品幾元價額을依數하야郵便代金으로送呈ᄒᆞ오니照亮后郵便局의통知書를待하시와代金을該局에納ᄒᆞ시고藥品을推尋ᄒᆞ시옵
某年某月某日 李應善 拜

小包書式

代金引換金壹百圓
某道某郡某面某洞
某姓名 氏 座下
出付人京城鍾路
和平堂本舖

廣告

學員募集廣告

本學校에셔敎務를擴張키爲ᄒᆞ야物理化學機械標品을購入ᄒᆞ며高明ᄒᆞᆫ講師를更히延聘ᄒᆞᆫ바高等一學年과二三學年의補缺生을募集ᄒᆞ오니志願人은陽四月十日로請願書를提出ᄒᆞ시오

隆熙四年三月五日

寧邊私立維新學校白

一 入學試驗日字ᄂᆞᆫ陽四月十日로홈

一 試驗課目 漢文 作文 內地 內史 物理 算術(四則) 體格

一 普通學校程度의卒業證이有ᄒᆞᆫ人은免試홈

私立普成中學校

本校에學徒를新募ᄒᆞ니願學僉員은三月二十三日內로請願홈

試驗科目 國漢文 算術四則

本人의所有畓十七斗落田一石二斗落文券을見失ᄒᆞ엿ᄉᆞᆸ기左廣告ᄒᆞ오니誰某拾得ᄒᆞ여도勿施行홈

小川井川坪 空字畓十一斗落

字畓三斗落 表字田六斗落

字田二斗落 衡字田二斗落

字畓三斗落 同字田五斗落

城西部內司洞二十九統五戶 李升珪 告白

本人의前日行用ᄒᆞ던黃鍾聲章이라四字를刻ᄒᆞᆫ圖章은自今爲始ᄒᆞ야永爲勿施ᄒᆞ고黃鍾聲三字만新刻行用ᄒᆞ오니京鄕僉君子ᄂᆞᆫ照亮ᄒᆞ시믈爲要

京中部典洞十八統加二戶 黃鍾聲 白

敬啓者陰曆正月廿七日敝號執事八甫仁川小港携來光武四年十月十一日漢城府發出第貳百貳十四號官契一紙註明京城南署會賢坊小公洞第二十七統九戶契內註瓦家八間契價壹萬八千兩並註業主張金山此契本屬敝號請衙正擬來京投呈總署更名換契不意被匪在電車中竊去立卽往報總署存案外並報南署醫察署嚴究査辦外再爲登報聲明諸公雅鑒此契作廢無効矣

淸商德興號 謹白

本書館에名稱耶蘇敎書館을以日新書館으로變改ᄒᆞ옵고業務를一層擴張ᄒᆞ오니僉員은尤益愛顧ᄒᆞ시옵

寧邊城內日新書館主 金致億 白

現今小僧은素是本寺에五六十年主務之僧이옵더니料外에本寺에居留ᄒᆞᄂᆞᆫ客僧亂類輩趙正照李極衍趙信法池大融金元權此五人이圖規於主僧老弱之勢ᄒᆞ야本寺財産을各欲分食ᄒᆞᆫ心으로敢做凶計ᄒᆞ와夜間에成黨突入於主僧의世間室ᄒᆞ야匪對을打破ᄒᆞ고本寺管理圖印章과錢米와文券을沒數奪去ᄒᆞ옵고以老無力ᄒᆞᆫ小僧을夜間逐出爲言曰小僧을幾十年前에本寺田답을任自賣食이다ᄒᆞ옵기小僧이幾十年前辛未年分에本寺囬祿된以後로寺費와佛費에本寺田畓매用ᄒᆞᆫ前後條件을一々逐調事件을本郡城四門에도揭示ᄒᆞ엿ᄉᆞᆸ거니와如此無法ᄒᆞᆫ客僧亂類輩가主僧을侮逐ᄒᆞ고寺財를各自分食ᄒᆞᄂᆞᆫ形況世界上耳目에咸須知悉케廣布聲罪홈

隆熙四年二月二十八日

咸南北靑郡老德面大洞寺 全鶴巖

本人이陰正月廿六日에圖章을見失ᄒᆞ엿ᄉᆞ오니誰某가지拾得ᄒᆞ시면還送ᄒᆞ심을望홈

平壤大九洞六統六戶 金謙植 告

本人이一進會에幾年從事이다가會的이未有進就之望故로退會이오니同胞諸氏 照亮ᄒᆞ시옴

博川 徐載禎 白

大邱春秋令市改良ᄒᆞᆷ은全國商民同胞諸氏가業已諒悉인바今春令도依定期ᄒᆞ와陰三月一日開市ᄒᆞ야同三十日撤市ᄒᆞ오며秋令도陰十一月一日開設同三十日撤市ᄒᆞᆯ터오니全國商民은咸須知悉ᄒᆞ와屆期來臨홈

大邱藥商興業會 告白

學員新募集廣告

本舍에셔第一學年生을募集ᄒᆞ오니願學僉員은三月三十一日內로志願書를提出ᄒᆞ시오

試驗日子四月二日

試驗科目算術(全部)代數(一次方程式)理化學(簡易)

(但中學程度學校의卒業生은免試홈)

西部合洞 私立精理舍

學員募集廣告

本校에셔一年級補缺生과預備科學生을增募ᄒᆞ오니志願者ᄂᆞᆫ三月卅日(陰二月廿日)內로請願書를提出홈

但試驗日字ᄂᆞᆫ四月二日로開學日字ᄂᆞᆫ四日

隆熙四年二月 日

安州郡私立協成安興學校 告白

本人의名德龍을以世巖으로改ᄒᆞ엿ᄉᆞ오니知舊間照亮ᄒᆞ시옴

雲山北面楷洞 崔世巖 白

경셩남문안슈각교북쳔변동편힝낭뒤오십오통십일호죵약국외단복녀죵담죵의먹고붓치ᄂᆞᆫ만병고와살츙단은대쇼약죵과당창제질의신효ᄒᆞ고회셩단은로샤담체이질학질적병잔긔인후후비감창연쥬창안질풍징뵉뎍룡쳐약이구비ᄒᆞ오니유병군ᄌᆞᄂᆞᆫ와셔치료ᄒᆞ시오쳐소도졍미ᄒᆞ오며염가로밧ᄉᆞ오며 련쥬약ᄒᆞᆫ제 륙환이오 창병약ᄒᆞᆫ제 오환이오 외방은우체로부송ᄒᆞᆷ

윤샹윤약국 고빅

本人子鳳文이가年十五歲身富容圓ᄒᆞ고西洋木黑周衣를着ᄒᆞ고帽子에三聖票를掛ᄒᆞ엿ᄂᆞᆫ데偶然上京ᄒᆞ엿사오니誰某氏間보시거던挽留ᄒᆞ시고卽時大韓醫院內醫學生吳鉉斗氏에로통奇ᄒᆞ시면厚謝ᄒᆞ깃ᄉᆞᆸ

鳳山沙里院沈善明 白

本店에셔開業ᄒᆞᆫ지十六年間僉君子의愛顧ᄒᆞ심을特蒙ᄒᆞ와今年부터業務을大擴張ᄒᆞ고春夏秋冬所用으로絨屬毛緞等各國高等物品을現今多數直輸入이온바各地方에셔ᄂᆞᆫ貿易에便利賣買키爲ᄒᆞ야特別減價ᄒᆞ와郵便小包로酬應ᄒᆞ야代金은引換ᄒᆞ깃사오니十三道各郡僉君子ᄂᆞᆫ隨意請求ᄒᆞ심을望

振替貯金番號(韓國壹三番)

漢城中部鍾路砂器廛洞二十一統五戶

廣興泰 告白

特別廣告

本社의셔同胞의衛生을注意ᄒᆞ야美國의셔經驗單方으로流行通用ᄒᆞᄂᆞᆫ靈藥聖劑를買入ᄒᆞ야左開廣布ᄒᆞ오니有病君子와藥業에從事ᄒᆞ시ᄂᆞᆫ僉彦은爭先來購ᄒᆞ시옴

分賣와都賣에差別이有ᄒᆞ야一打(十二個)以上의都賣에ᄂᆞᆫ特別割引홈

左開

秘製止痛藥

效能 外塗內服無處不適 消滯 止瀉 絶痛 治痢無不神效홈

喜蘇膏藥

效能 頭面 身體一切痛症 積年風濕 除痰 生肌之道 ■■■效홈

亞麟香膠

效能 ■論男女老少 勿論年久日淺一切 咳之 ■之 則其效如神홈

委花藥膏

效能 痔疾 ■珠瘡 ■跌傷 ■咬等 ■症無雙靈藥

委花糖水藥

効能 癥症 花柳毒 ■■ 婦人■■■症 瘀血所崇症 靈驗홈

牛汁藥酒

効能 勿論男女老少氣血虛弱者■之■大補元氣身體强健홈

韓美興業株式會社事務所

大韓全國에 本堂製造發行ᄒᆞᄂᆞᆫ藥品은

消化新藥 **淸心保命丹** 此丹은化痰止咳ᄒᆞ고順氣消滯ᄒᆞ며恒常長服ᄒᆞ면腸胃가健全

大補元氣 **蔘茸大補元** 大補元氣ᄒᆞ고滋腎健腦ᄒᆞ며先天不足과陽위不起에一切神効

■積殺虫散 此약은회積과 회腹痛과 회虫一切을去根ᄒᆞᄂᆞᆫ良劑

久滯大通丸 此丸은年久積滯와宿滯後重이며胃腹痛에神効莫大홈

瘡病新藥 **梅花點膏丹** 毋論男女ᄒᆞ고花柳病楊梅瘡에一切去根快復하ᄂᆞᆫ良藥

眼疾速効 **光明眼藥** 諸般眼疾에隨症皆差ᄒᆞᄂᆞᆫ東洋에初有ᄒᆞᆫ寶藥

起死回生 **回生丹** 此丹은急ᄒᆞᆫ吐瀉關格이며가合아리와冷積과痢疾에神効

感氣神効 **解熱散** 寒熱往來ᄒᆞ며似하非하과頭痛眩暈와肢節痛에其効가偉大

■■■■ **止痛健齒水** 虫齒와風齒와諸般齒痛에壹切神効

■■■■ **耳鼻神藥** 無論男女ᄒᆞ고耳聾鼻塞이며耳鼻에關ᄒᆞᆫ病은隨症並差

疝症■根 **疝積湯** 諸般산症에大談出賣홈

寸虫沒出藥 寸白虫을一切去根ᄒᆞᄂᆞᆫ妙劑

■■■■ **腋根藥** 되눈과못과ᄉᆞ마귀를ᄢᅦᄂᆞᆫ藥

■■ **汗臭藥** 手足의汗臭를除却ᄒᆞᄂᆞᆫ藥

■■■■ **沃度膏** 劍瘡과腐傷과곰긴디去腐生肌ᄒᆞ기ᄂᆞᆫ第一著明

最新■■ **百應膏** 無論男女老幼ᄒᆞ고毒瘡濕瘡痰瘇諸般瘇瘡에壹切特效■■

淋疾藥各種 淋疾各症에壹週日만■■면根快復ᄒᆞ고고腎氣가完全ᄒᆞ고

其他洋藥各種과◎賣藥各種◎都매散賣

◎遠地에ᄂᆞᆫ郵便小包로申速酬應홈

漢城南大門內濟生堂大藥房 李■■

代辦主任 李興國 白

檀君開國四千二百四十三年
箕子元年三千三十二年
大韓開國五百十九年
本報創刊日
光武八年七月十八日

大韓每日申報

發行兼編輯人 英國人 萬咸
發行所 京城[illegible]石井[illegible]三號洋屋家
大韓每日申報

第八卷　月曜及慶節翌日休刊　第一千三百卅四號

論說

◉韓國振興策

韓國同胞諸君이여本報를知ᄒᆞ는가否ᄒᆞ는가同胞諸君이本報를知ᄒᆞ는者ㅣ幾人이나有ᄒᆞᆫ지不知ᄒᆞ거니와然이나本報는六七年許多星霜에諸君을爲ᄒᆞ야歌ᄒᆞ며諸君을爲ᄒᆞ야哭ᄒᆞ며諸君을爲ᄒᆞ야婉辭曲論ᄒᆞ며諸君을爲ᄒᆞ야高呼疾喝ᄒᆞ던者라

然則諸君을爲하야筆을執ᄒᆞ며韓國을爲ᄒᆞ야筆을執ᄒᆞᆫ本報가何時에韓國振興의策을思치아니하며何日에韓國振興의策을究치아니하엿스리오

朝暾을初醒ᄒᆞ되紅旭이蒼々ᄒᆞ면何以ᄒᆞ여야韓國을此太陽又치普照케ᄒᆞᆯ가ᄒᆞ며冬寒을漸過ᄒᆞ되羣生이欣々ᄒᆞ면何以ᄒᆞ여야韓國을此春光又치遍布케ᄒᆞᆯ가ᄒᆞ며夜月이團圓ᄒᆞ면何以ᄒᆞ여야韓國을此玉輪又치完全케ᄒᆞᆯ가하며震雷가轟發ᄒᆞ면何以ᄒᆞ여야韓國을此天樂又치廣張케ᄒᆞᆯ가하며小케思ᄒᆞᆯ時에는何方으로써三千里韓國을保守ᄒᆞ야白頭山以東에屹立케ᄒᆞᆯ가하며大케思ᄒᆞᆯ時에는何以ᄒᆞ여야四千載韓國을擴張ᄒᆞ야六大洲以內에雄飛케ᄒᆞᆯ가하야恒常覺ᄒᆞ라覺ᄒᆞ라同胞야ᄒᆞ며奮ᄒᆞ라奮ᄒᆞ라同胞야ᄒᆞ며西歐를觀ᄒᆞ라同胞야ᄒᆞ며日本을念ᄒᆞ라同胞야하며自尊하라同胞야ᄒᆞ며愛國ᄒᆞ라同胞야ᄒᆞ야此一寸筆의禿盡ᄒᆞᆷ을不覺ᄒᆞ엿더니

而今에는風景이日殊ᄒᆞ고時勢가日迫ᄒᆞ야狐가走ᄒᆞ며狸가躍ᄒᆞ며梟경이隊를成ᄒᆞ며魍魎이氣를吐ᄒᆞ야眼을一擧ᄒᆞ면奇形怪色이社會地平線上에充滿ᄒᆞᆫ[illegible]이[illegible]士는手를袖ᄒᆞ며[illegible]온苦을結ᄒᆞ고敎濟界에는自由의鍾聲이絶ᄒᆞ며實業界에는進步의車轍이折ᄒᆞ니嗚乎라現狀의發棄이여挽回의術을此時에不圖치못ᄒᆞ면將次國魂이永泯ᄒᆞ고國史가永墮ᄒᆞ야檀君祠宇를荒草에埋하며皇韓國土를甌脫에付ᄒᆞ리니嗚乎라韓國振興의策이여!嗚乎라韓國振興의策이여!!嗚乎라韓國振興의策이여!!!此ㅣ本記者의罔晝夜竭力硏究ᄒᆞ야諸君에게一告코저ᄒᆞ는비로라

然이나諸君은先思ᄒᆞ라今日韓國振興의策이何處에在ᄒᆞᆫ깃나뇨唱歌體操가韓國振興策이될지談理講學이韓國振興策이될지農工實業이韓國振興策이될지學校敎育이韓國振興策이될가斯賓塞의良手筆이韓國振興策이될가雄辯家의大舌端이韓國振興策이될지希臘의哲學을輸入하면韓國振興策이될지伊太利의美術을移來ᄒᆞ면韓國振興策이될지英吉利의憲政을講論ᄒᆞ며法蘭西의文學을模習ᄒᆞ면韓國振興策이될지德意志의軍制를硏究하며美利堅의富力을夢想ᄒᆞ면韓國振興策이될지噫라以上所陳이無非目下의急務오有志者의當勉ᄒᆞᆯ비나然이나此는皆韓國振興策의枝葉은될지언뎡本源은되지못ᄒᆞᆯ지며部分은될지언뎡前提는되지못ᄒᆞᆯ비니

諸君々々이여天을仰ᄒᆞ야思ᄒᆞ며地를俯ᄒᆞ야思ᄒᆞ라韓國振興策이果然何處에在ᄒᆞ뇨

(未完)

外報

○土塞交誼　塞爾維亞外務大臣이土耳其를訪問ᄒᆞᆷ을因ᄒᆞ야兩國間[illegible]ᄒᆞ다더라

○婦人議員　英國論敦에서는論敦州會議員을選擧ᄒᆞ엿는뒤婦人五名이候補者되야아무쿠嬢와로렌쓰嬢이選出되엿다더라

○淸國回答　淸국外務部尙書那桐은露國의錦愛鐵道에關ᄒᆞᆫ照牒에對ᄒᆞ야露國公使에게回答ᄒᆞ되淸國이數年來로此를熱考ᄒᆞ는바인즉愼重考慮ᄒᆞ깃다ᄒᆞ엿다더라

○國債保證說　保護列國은希臘國의國債에保証을與코저ᄒᆞᆫ다더라

○부國大統領　南美부레이실國에서는헤루나스폰세가氏가大統領으로被選ᄒᆞ엿는뒤同氏는親德派의人이라더라

○希太子觀望　希臘皇太子는德국라인河畔에서羅馬에移赴ᄒᆞ야同地에서本國事件의發展을待ᄒᆞᆫ다더라

○美人言論　美國有名ᄒᆞᆫ銀行家싯平氏가錦愛鐵道計劃에對ᄒᆞ야新聞記者에게言曰露日兩國이錦愛線의成行을阻碍ᄒᆞᆷ은遺憾의事라兩國이淸國發展을妨害ᄒᆞ야世界人類의敵이되니戰爭은不可免의事라고云하엿다더라

○三皇會見　英國皇帝陛下는今年夏에마리엔밧도에赴ᄒᆞ야德國과墺地利兩國皇帝를會見하신다더라

▲偉人遺蹟

▲東國巨傑　崔都統　續

錦頰山人

崔都統이嘗曰拒戰ᄒᆞᆯ지니라李子松曰拒戰ᄒᆞ면可히得勝ᄒᆞ깃나뇨崔都統曰隋煬帝가其全盛의國力을合ᄒᆞ야百萬大兵을擧ᄒᆞ야我國에來寇ᄒᆞᆯ시乙支文德이殲敵ᄒᆞᆫ策의暇에彼를大破ᄒᆞ야隋家將相을淸川江魚腹에葬ᄒᆞ엿거던況今日에彼喘息將絶의元寇가來ᄒᆞᆷ을何畏리오李子松曰如此히易言ᄒᆞᆷ이不可ᄒᆞ니라高宗께서는何故로彼에게屈ᄒᆞ엿나뇨崔都統曰當時我國의見屈ᄒᆞᆷ은兵力의弱ᄒᆞᆷ에由ᄒᆞᆷ이아니라但奸臣이政權을攬ᄒᆞᆫ故니試思ᄒᆞ라崔瑀令의過州一城兵으로도尙且忽必烈의驕膽을碎치아니하엿는가是故로今日에도朝廷의紀綱을整ᄒᆞ며將帥得其人을擇ᄒᆞ면蒙古又蒙古가來ᄒᆞᆯ지라도此를一鼓에可下ᄒᆞᆯ지니라

崔都統이此에語及ᄒᆞ되益々히憤激心이大發하야政府의無能을罵ᄒᆞ며子松의卑劣을嘲ᄒᆞ야辰諱에觸犯ᄒᆞ는句語가多ᄒᆞ더라鄭道傳이首唱曰崔瑩은狂人이로다小心으로大를事ᄒᆞᆷ은先王의遺範이어늘此를不顧ᄒᆞ고異論을唱하는또다崔瑩의言은皆非오李子松의言은皆是니라於是에趙浚宋光美等數人外에는滿廷諸臣이皆子松의言을附하더라

平原君蔡河中이曰瑩은小臣이라敢히位에出ᄒᆞ야妄議를發ᄒᆞ야人心을惑ᄒᆞ니此言이元에入ᄒᆞ면國家의大禍를釀ᄒᆞᆯ지니此를宜罪니이다於是에廟議가皆附和ᄒᆞ야崔都統을竄殛코저ᄒᆞ야王씌奏ᄒᆞ더라

(未完)

詞藻

石佛

술아래안즌石佛、너안즌제몃千年고。

山谷리險ᄒᆞ더냐、갈길을니졋느냐。

안저서、起動치못ᄒᆞᄂᆞᆫ情은、[illegible]

宮廷彙報

◎皇族陛見　完興君李載冕永宣君李埈鎔兩氏가昨日上午十二時德壽宮에陛見하엿다더라

雜報

◎大祭擧行　本年度太廟春享大祭에는學部大臣과成均學校의職員이擧行하기로定하고學部로서祭官差出하는元例는置之하기로協議中이라더라

◎統監歸任說　曾禰統監은本月中旬頃에歸任혼다는電信이日昨統監府에來到하엿다더라

◎居留規定調印　昨日에統監府外務部長小松과淸國總領事馬廷亮氏가在韓淸國居留地規定에調印하엿다더라

◎所關何事　總理大臣李完用氏는何등關係를因홈인지祗候官嚴柱益氏를將次日本에派送하기로決定하엿다는說이有하다더라

◎李氏訪問　完順君李載完氏는再昨日下午一時總相李完用氏를訪問하엿다더라

◎不無憂慮　總理大臣李完用氏의病症이復發되엿다홈은各報에已揭혼바어니와更聞혼즉診察하는醫師가或難治혼境에至홀까大段憂慮혼다더라

◎續續工役　楮洞에在혼洋屋을宮內府大臣官舍로使用키爲하야修理혼다홈은已報어니와更聞혼즉仕進하는道路를便利케홀次로含春苑附近으로道路를廣大히修築홀計劃이라더라

◎金氏新履　前主事金誠鎭氏는牙山郡守를敍任하기로內定되엿다더라

◎內次行期　內部次官日人岡部七郞은本月上旬頃에歸任홀다더니日本에서需用홀主事試取件에結末終了홀故로又爲延期하엿다더라

◎警部需用　內部에서는年前警察專門學校卒業生들을警部로需用하려고履歷書를修呈하라하엿다더라

◎變服躐行　李容九가日昨日本陸軍紀念式에往參홀時에一進會員中幾名을日人의服色과如히變着하고保護的으로李容九의後를躐行하더라더라

◎悵別開會　日本大坂副領事로昇任된京城英國總領事館員喜氏는來十三日에悵別會를孫澤旅舘에開혼다더라

◎俱樂園晩饌　日前夜에完順君李載完中樞院顧問李埈鎔漢城府民會長兪吉濬諸氏가漢城俱樂園에會同하야晩饌會를開하엿다더라

◎李氏入城　永宣君李埈鎔氏는彰義門外三溪洞別庄에前往하야多日開養하다가再昨日入城하엿다더라

◎畋獵彙行　警視廳에서는總監以下官吏一同이春期大運動을明日東大門外洪陵附近地에서設行홀터인데兼하야畋獵을行혼다더라

◎航業競爭　韓人所關의大韓協同郵船會社釜山支店에서從來에汽船으로北韓의海産物其他運輸品을運搬하야年々多大혼利益이有하더니昨年부터日人이汽船十일隻으로北韓沿海에航業을開始하야競爭을加하는故로大韓協同郵船會社는多大혼影響을被혼다더라

◎崔氏遊學　度支部司稅局主事崔秉瓚氏는日本에遊學하기爲하야辭職請願書를提出하엿는데同局一般官吏가月俸百分의十一를醵集하야該氏의紀念物品을贈與혼다더라

◎精查以施　平北人民등이內部에請願하고觀察道를寧邊郡으로還爲遷徙케하라홈은已報어니와內部에서如何혼卜回가無혼故로該人民等이更히請願하엿는데該部에서는其道의位置如何를更히精查施行하기로擬議中이라더라

◎兩線議案通過　京元湖南兩鐵道를日本人이敷設홈에는人所共知어니와該議案이일本貴族院에서도通過되엿다더라

◎日人大喜　京元鐵道敷設案이日本議會를通過혼故로元山居留日人들은大喜를不勝하야去十日夜에提燈慶祝하엿다더라

◎安民大會　忠南天安郡人民이三稅를反對키爲하야請願次로會集혼다홈은已報어니와更히열千餘名이齊會하야該郡財務署로直往코저하는데該當局에서解散케하고尙且警戒中이라더라

◎要其巨額　前郡守閔丙星氏는公逋로因하야警視廳에被捉홈은既報어니와該氏를保放홀次로閔元植等諸氏가目下運動中인데度支部에서는巨額에財産이有혼者가擔保하기를要혼다더라

◎逋吏被招　前參判金甲洙氏는江華星州등郡在任時에公貨犯逋가多數하다하야再昨日上午十時度支部에被招하엿다더라

◎嫌疑者越送　順川事件嫌疑者로被捉혼人中에既히起訴의節次를經하야平壤地方裁判所로送致된者가二十七名에達하엿다더라

◎記事不確　再昨日時事新聞에救世軍正領許嘉斗氏의談話를揭佈하엿는데吾儕는救世軍에서何국에在하여서던지政治上에干涉지아니하는것은知了하는바어니와今次該報의該氏의게對혼記事는不確혼事實인줄노信하며該事件에對하야救世軍本營代表者의如何혼消息이有홀줄노信하노라

◎養蚕獎勵　龍山養蚕傳習所는今番에農商工部蚕業講習所로引繼되엿는데農商工部에서는該所長李鈺卿氏의蚕業功勞를表彰홈이可하다하야敍勳이有케하기를經營혼다더라

◎日艇來泊　去九일에일本水雷艇雲雀、鶉、鷺요四隻이仁川港에來着碇泊하엿다더라

◎義日交鋒　去七日에坡州基谷里에서義兵十二名이日憲兵及補助員과交鋒하엿다더라

◎鐵道積石　去三日義兵이鷄井岑城間鐵道를破壞혼後로四日에도鷄井岑城間線路에石을置혼者ㅣ有하고又同日午後에岑城汗浦間線路에石을置혼者ㅣ有하고又七日에岑城汗浦間線路에石을置혼者ㅣ有하엿다하야日憲兵이線路巡視를始하엿다하며又該附近村民으로하야금巡回케혼다더라

◎龍山失火　再昨日夜에龍山居留日人小林家에서失火하엿는데旋卽撲滅하엿다더라

◎兩報押收　新韓民報第일百七十일號와新韓國報第八十二號는治安妨害라하야內部에서押收하엿다더라

◎傷人奪金　去六일에江西松山洞에서는賊黨八名이銃刀를各持하고該洞김世嚴氏家에突入하야金氏를亂打重傷케하고金二百圓을奪去하엿다더라

◎理屈落科　海州郡三谷面居前郡守姜仁馨氏가李士成氏와錢財相關으로該地方裁判所에서裁判하다가姜氏가理屈하야落科하엿다더라

◎姜氏治療　監獄署에多日滯囚하엿다가日前保放혼前奉侍姜錫鎬氏는身病이圖發하야目下大韓醫院에서治療하는中이라더라

◎李氏放免　商務組合所長李學宰의起訴를被하야中部警察署에被捉하엿던李容和氏는再昨日無事放免되엿다더라

◎恐嚇被捉　新門外趙明九爲名人이漢城府事務官金宇鉉氏에게投書하고金貨二百圓을新門外某處로持來하라고恐嚇이莫甚하엿다더니再昨日趙의行爲가綻露되여銅峴分署에被捉하엿다더라

◎盜犯被捉　北部齋洞居金某는强盜犯으로日前所管警察署에被捉하엿다더라

◎吸鴉被捉　南部詩洞居김德爾氏는鴉片吸喫犯으로再昨日中部警察署에被捉하엿다더라

◎馬賊逃入　淸國安東縣에被囚하엿던馬賊十四名이去七日에淸國巡警等을打倒하고銃十일挺彈藥三十發을奪取하야韓國으로逃入하얏다더라

◎李也必捉　各新聞社廣告取扱人李學澤은各新聞社印章을僞造하야廣告代金을幻弄혼事件이發現되야再昨日下午一時警視廳에被捉하엿다더라

◎宣在教務　仁川港耶蘇教堂에서再昨日下午二時에宣教師三十八人이會同하야教務擴張事件을協議하엿다더라

◎大同懇親　大同教總長金允植副長李埈鎔兩氏가來日下午一時에校洞李埈鎔氏私邸에서一般任員을請邀하야懇親의意를表示혼다더라

◎湖南總會　湖南學會에서來日下午일時에通常總會를中部樓洞該會館內에開하고事務를處理혼다는데該道內人士가일齊出席하기를希望혼다더라

◎天道教祈禱　再昨日은天道教第일世教祖水雲神師의授命日인故로該教中央總部에서大祈禱式을行하얏는데附近教徒數百名이集會하고教師의說教가有하엿다더라

◎不忘交契　張健植氏가朴羲鎔氏의게金貨六十圓을貸與혼事이有혼데張氏가特히舊日交契를思하야右金額을永爲蕩滅하엿다더라

◎杆城喜捐　杆城郡旺谷面公明義塾은塾長金晋鎬總務金乃賢塾監朴根亨學監金弘圭贊務姜錫化事務朴基晟諸氏가熱心維持하야學徒가四十餘人이오金晦、高學源[illegible]氏의熱誠으로勞働夜學生이[illegible]餘人이오又女學生을募集하야該塾教師朱원氏의夫人이名譽로教授하며昨年秋期에朴根亨氏가金貨七十餘圓을捐出하야境內學校의聯合運動會를設하고朴仕順氏가百圓李齊哲氏가十圓李化一氏가一圓元山居崔旺[illegible]氏가十五圓을義捐하엿스며該面內金在根安秉夏朴鳳儀咸永奎崔鑑澤五氏가每年百圓式捐助하야該校維持方針을完全이하기를契約하엿슴으로諸氏의義務를莫不稱頌혼다더라

學界

◎法科卒業式　私立普成專門學校法科第三回卒業式을本日上午十一時에該學校內에서擧行혼다는데各社會主務諸氏를請邀하엿다더라

◎二千餘數　師範學校에入學請願書를提出혼總數가二千二百餘名에達하엿다더라

◎測量員養成　學部에서測量學員을養成혼다홈은既報어니와將次學員을多數募集홀터인데卒業期限은一箇年으로定혼다더라

◎新明日新　江陵郡新里面橋項里新明勞働夜學은崔悳洙崔秉杜兩氏의設立혼바인데不過數朔에學徒가日增하야五十名에達하엿고該面香湖洞에서도李達鎬鄭鎬濟兩氏가農業을發展하기爲하야生徒三十餘名을募集하야農務上各課를熱心教育혼다더라

電報

◎同志會渡韓　日本朝鮮問題同志會는更히韓國近況을視察키爲하야會員五百木이來十三日渡來혼다더라

◎軍港盜物　日本橫須賀軍港書記役工等이商人會結托하고無線電信用物材其他材用銅鐵等十萬圓價値되는物品을數回盜賣하다가發覺되야連累者十名과共히被捉되고調查가進行하는中인데他高等官도被捉될즉하다더라

以上東京發　十一日着

◎貝勒渡日說　淸國陸軍禁衛軍大臣濤貝勒은軍諮司陸軍少將哈漢章、同李經邁、良保三人과大佐三名中佐四名少佐二名大尉三名을帶同하고來廿日北京에서出發하야日本陸軍을視察홀次로日本에渡往하야約武週間滯留혼다더라

北京發　十一日着

◉京城鍾路和平堂大藥房各種藥品及各樣規則廣告

○承寧府典醫 洪哲普君 實驗處方
○陸軍軍醫 張基茂君 有効證明
四時勿論ᄒᆞ고旅行居家에常備之靈약

官許 登錄 認可 (和)

健胃 消滯 **八寶丹**

定價 壹貼九拾九粒入金拾錢 三貼入金卄五錢

右약에主治効能은如左홈

●壹은新久積滯와急瞖關格과胃腹ᄯᅢ痛과中暑中寒과水土不服에特効가有ᄒᆞ기로著名홈
●壹은頭痛과眩운을鎭正ᄒᆞ고精神을爽快케ᄒᆞᄂᆞᆫ良제요
●壹은恒常食後에適宜服用ᄒᆞ시면脾胃를健壯케ᄒᆞ며痰을消ᄒᆞ며口味를助ᄒᆞ야滯祟에念慮가無홈
●壹은酒醉昏迷와船운車酔에速治ᄒᆞᄂᆞᆫ奇効가有홈
●壹은香氣가含有ᄒᆞ야口臭를排除하고解毒通汗ᄒᆞᄂᆞᆫ効力이偉大홈

胎養調經丸 — 婦人冷積과帶下症月經不調에神効 壹재金五圓
麝香消瘡丹 — 梅毒下疳頭瘡風濕瘡去根ᄒᆞᄂᆞᆫ妙藥 壹제金四圓
阿烟斷引藥 — 阿引을能斷ᄒᆞ고元神을回復ᄒᆞᄂᆞᆫ妙藥 일재금五圓
滋陽丸 — 男女間陰陽雙補ᄒᆞᄂᆞᆫ妙藥 拾日分금壹圓八拾錢 壹月分금五圓
全治丸 — 男女勿論ᄒᆞ고連珠와나력을全治去根ᄒᆞᄂᆞᆫ藥 일제금三圓
消積散 — 陳々久滯를消化ᄒᆞᄂᆞᆫ靈藥 금拾五錢
回生水 — 虛泄濕泄轉筋吐々腸痛에神効ᄒᆞ기로著名홈 금拾錢
治顏水 — 죽은세가삭고열꽃이고아지ᄂᆞᆫ약 금三拾錢
蘇生丹 — 急ᄒᆞᆫ霍亂吐사의立即見効약 금拾錢
蝍滅散 — 회虫을去根하ᄂᆞᆫ妙약 금拾錢
鎭咳散 — 痰을消化하고咳소를止ᄒᆞᄂᆞᆫ약 금三拾錢
解毒散 — 諸般感氣와寒熱往來에奇효약 금拾錢
豆虫藥 — 寸白虫을沒出去根ᄒᆞᄂᆞᆫ妙약 금三拾錢
通治膏 — 諸般大小腫을좋治ᄒᆞᄂᆞᆫ고약 금拾錢
玉容水 — 버짐과어루럭이가壹切업서지ᄂᆞᆫ약 금二拾錢
補陰降火丸 — 男子陰虛火動 婦人勞재 經衰弱 不寐症 健忘症 消化不良 遺精 一週分一貼七拾錢 二週分二貼一圓三拾錢 三週分三貼一圓六拾錢
雙補丸 — 男女陰陽俱虛 婦人氣血不足 胃腹冷痛 手足厥冷 風[illegible] 一週分 二週分二貼壹圓五拾錢 四週分四貼二圓八拾錢

下浮丸 — 全體浮痛 便秘 胃炎 壹週分壹貼 四拾錢
退疸丸 — 酒疸 食疸 黃疸 黑疸 壹週分壹貼 六拾錢
咽喉散 — 咽喉發炎 咽喉潰傷 五日分壹貼 五拾錢
下痢散 — 赤痢 白痢 吐사 血糞 壹週分壹貼 六拾錢
光明眼藥 — 時行眼疾 風熱眼疾 膿일性眼疾 梅毒眼疾 拾錢
血痰祛根丸 — 落血 吐血 月經時腹痛 壹週分壹貼 五拾錢
上血快治丸 — 吐血 降火 開鬱 血痰 一週分壹貼 七拾錢
下血快治丸 — 下血 血便 痰便 壹週分壹貼 七拾錢
補血水 — 男女氣血不足 婦人月經不調 婦人下腹痛 일週分 壹圓
齒痛清快水 — 齒痛 虫齒 風齒 齒齦痛 頭痛 十錢
明耳精 — 耳內炎痛 耳垢堆積 醸膿汁 十錢
麻疹丸 — 小兒麻疹 腮紅熱 百日咳 三日分 三十錢
齒根炎傷散 — 齒肉爛傷 齒血 발炎 十五錢
小兒癎氣丸 — 身熱 驚驚 夜啼不寐 青便 黃便 拾五錢
脚氣腰痛丸 — 兩脚濕痛 腰痛 脇痛 骨節疼痛 一週分 七拾錢
鷄眼膏 — 발의 되눈을 빼ᄂᆞᆫ약 拾錢
腫根拔散 — 拔膿根 去惡生新 拾錢
止汗散 — 手汗 足汗 腋汗 拾錢
口病清熱水 — 口內諸般炎傷 上下唇坼 鼻內搔痒 十錢
浮腹能下丸 — 下腹澎漲 四肢浮症 小便不利 一週分일貼 七拾錢
小兒腹瘧丸 — 腹학 健胃 解熱 拾錢
小兒疳氣散 — 腹部澎漲 食慾不絕 消化不良 大便頻數 體樣瘦瘠 二日分 拾五錢
梅毒全滅丸 — 先天的梅毒 後天的梅毒 下疳瘡 壹週分一貼 五拾錢
小兒百日咳丸 — 百日咳 呼吸困難 痰滯吹笛聲 嘔吐 食思不進 一週分一貼 三拾錢
偏頭痛止散 — 眩운 頭痛 耳鳴 眼花爛發 三日分 拾五錢
夜盲復明丸 — 肝經症 食熱 當昏 眼迷 春秋氣候受傷 三日分 三拾錢
胸脇止痛散 — 胃痛 腹痛 食滯 痰滯 酒滯 三日分 三拾錢
祛惡生新膏 — 頭瘡 潰瘍 祛惡生新 拾錢
小兒胎毒膏 — 胎毒 面腫 濕癬 乾癬 白癬 錢癬 蛇癬 拾錢
火傷治毒膏 — 火傷 濕疹 皮膚搔痒 拾錢
梅毒全滅膏 — 楊梅瘡 [illegible] 頭瘡 [illegible]

眼瞼炎傷膏 — 眼瞼緣炎 眼瞼麥粒腫 拾錢
成腫除毒膏 — 腫氣已成未成 骨節痛 拾錢
疥癬洗滅水 — 濕疥癬 乾疥癬 皮膚搔痒 拾錢
五淋丸 — 男女急性淋疾慢性淋疾膀胱加答兒淋毒性生殖器病睾丸炎血淋沙淋白濁小便短赤婦人赤白帶下等症 일週分 일圓

此外에有名賣약各種과東西洋약及漢약唐草材를都매散賣

◉京城鍾路和平堂藥房支店規例

一 本舖가支店에對ᄒᆞ야每次十圓以上약品은五割引으로出給事
一 賞與品은藥價輸入金中에每百圓에對ᄒᆞ야十圓價値약品으로勸奬ᄒᆞᆯ事
一 郵便費와運輸費ᄂᆞᆫ支店이擔當ᄒᆞ되每百圓頭에四圓으로爲定ᄒᆞ며不足額은本舖가擔當ᄒᆞᆯ事
一 三百圓以上이나五百圓以上ᄶᆞ지支店은郡內에專管을許ᄒᆞ고壹千圓以上에支店은道內에專管을許ᄒᆞ고不許他人ᄒᆞᆯ事
一 약品定價金을違背發賣者ᄂᆞᆫ罰金을徵收ᄒᆞ고不許更求ᄒᆞᆯ事
一 약價를每月終에計ᄒᆞᆯ時에ᄂᆞᆫ每次十圓以上약品은四五割引으로出給ᄒᆞᆯ事

京城鍾路和平堂약房
支店出張所規例

壹 支店이出張所에對하야每十圓약出給時에郵遞運輸費와出納隨手料를出張所가壹圓式支店에捐補ᄒᆞ고百圓以上에도照例ᄒᆞᆯ事
壹 定價金을違背ᄒᆞ야發미者ᄂᆞᆫ罰金을徵收ᄒᆞ고不許更求ᄒᆞᆯ事

京城鍾路和平堂大藥房本舖
主任 李應善

◉信用廣告

本舖에서製造ᄒᆞᆫ各種藥品과輸入ᄒᆞᆫ西洋特別藥及漢藥唐草材를大발賣ᄒᆞ옵ᄂᆞᆫ뒤直接으로만매買ᄒᆞᆯ뿐외라京鄕路遠ᄒᆞ와ᄂᆞᆫ現今則小包郵便을從ᄒᆞ와引換代金으로京鄕間에某物을勿ᄒᆞ고請求書函만付送ᄒᆞ시면本舖에셔ᄂᆞᆫ面對ᄒᆞᆷ과갓치敎示를謹承ᄒᆞ와適當ᄒᆞᆫ價格과品珍ᄒᆞᆫ物種으로出付郵便ᄒᆞ옵시면貴邊郵便局에셔通知書를貴下에送呈ᄒᆞᆯ이니該物價額幾許를持ᄒᆞ시고該郵便局에가셔該物品과交換ᄒᆞᄂᆞᆫ例式이有ᄒᆞ옵ᄂᆞᆫ뒤外方請求와本舖酬應에交換法과書式을明白詳細히爲ᄒᆞ야書函圖本으로廣告홈

外方에셔藥種을請求하ᄂᆞᆫ書式

封套書式

京城鍾路
和平堂大藥房
某道某郡某港某面某洞某

請求書式

敬啓者ᄂᆞᆫ 貴藥房所儲某藥品을左開請求ᄒᆞ오니郵便代金引換으로速送하심을敬要
某藥
某藥
某年某月某日

本舖에셔外方請求를依ᄒᆞ야藥品을小包로下送ᄒᆞᄂᆞᆫ書式

封套書式

某道某郡某港某面某洞
某姓某名 氏 座下
京城鍾路和平堂大藥房本舖主任 李應善

答狀書式

敬覆者ᄂᆞᆫ 貴邊請求ᄒᆞ신某藥品幾元價額을依敎하야郵便代金으로送呈ᄒᆞ오니照亮后郵便局의통知書를待하시와代金을該局에納ᄒᆞ시고藥品을推尋ᄒᆞ시옵
某年某月某日 李應善 拜

小包書式

代金引換金壹百圓
某道某郡某面某洞
某姓名 氏 座下
出付人京城鍾路
和平堂本舖

京城鍾路和平堂大藥房本舖主任李應善

廣告

本人이本月十日에京參事內에서四形篆刻篆字姓名圖章을遺失ᄒᆞ엿ᄉᆞᆸ기更히篆刻正字로刻造ᄒᆞ오니知舊間照亮ᄒᆞ시옵
北部帶洞六、七 李鍾殷

本人의前日行用ᄒᆞ던黃鍾聲章이라四字篆刻ᄒᆞᆫ圖章은自今爲始ᄒᆞ야永爲勿施ᄒᆞ고黃鍾聲三字만新刻行用ᄒᆞ오니京鄕 僉君子는 照亮ᄒᆞ옵심을爲要
京中部典洞十八統加一戶 黃鍾聲 白

本人의子崔士爾이가乙巳年에離家未還이오니諸某던지住所를詳細通奇則厚謝ᄒᆞ겟ᄉᆞᆷ
平南成川三岐面雲峰里鈴坪洞 崔致珠 告白

本人이平北雲山郡北市上街崔昌善商店에新舊冊店을一層擴張이오니 僉員은購覽ᄒᆞ시옵
隆熙四年三月十一日崔昌烈白

學員募集廣告

學員募集廣告

本學校에서敎務를擴張키爲ᄒᆞ야物理化學機械標品을購入ᄒᆞ며高明ᄒᆞᆫ講師를更히延聘ᄒᆞ고高等一學年과二三學年의補缺生을募集ᄒᆞ오니 志願人은陽四月十日로請願書를提出ᄒᆞ옵

隆熙四年三月五日 寧邊私立維新學校白

一入學試驗日字는陽四月十日로홈
一試驗課目 漢文 作文 內地 內史 物理 算術(四則)[illegible]格
一普通學校程度의卒業證이有ᄒᆞᆫ人은免試홈

敬啓者陰曆正月廿七日敎[illegible]事人由仁川來[illegible]携來光武四年七月十一日漢城[illegible]第貳十四號官契一紙註明京城南署會賢坊小公洞第二十七統五戶契內註瓦家八間契價壹萬八千兩並註業主馮金山此契本屬敝號購得正擬來京投呈總署更名換契不意被賊在電車中竊去立卽往報總署存案外並報南署警察署嚴究查辦外再爲登報聲明諸公雅鑒此契作廢無効矣

清商德興號 謹白

本書館에名稱耶蘇敎書館을以日新書館으로變改ᄒᆞ옵고業務를一層擴張ᄒᆞ오니僉員은尤益愛顧ᄒᆞ시옵
[illegible]城內日新書館主 金致億 白

登錄
京西部車洞同和藥房
本國藥材、洋藥、各病效、用、價、國漢文、可刊出、作封、雖婦女、郵便請求、賣買 閔橿 白

本人의所有畓十七斗落田一石二斗落文券을見失ᄒᆞ엿ᄉᆞᆸ기左開廣告ᄒᆞ오니誰某拾得ᄒᆞ여도休紙施行홈
木川幷川坪 空字畓十一斗落
正字畓三斗落 表字田六斗落
止字田二斗落 衡字田二斗落
熟字畓三斗落 同字田五斗落
京城西部內司洞二十九統五戶 李升珪 告白

本校에서本月一日第一回卒業式을擧行ᄒᆞ엿는ᄃᆡ卒業生李圭昌金景山朴容華俞致祖李達榮鄭永昌이오進級生韓顯用韓守萬등이기廣告홈
江華郡下道私立尼山學校 白

本人의姓名圖章을陰本月二十六日에路中에서失故로玆에廣告ᄒᆞ오니內外國人은以此照亮홈
大邱郡大市場客主金相萬 白

本人이陰正月廿六日에圖章을見失ᄒᆞ엿ᄉᆞ오니誰某던지拾得ᄒᆞ시면還送ᄒᆞ심을望홈
平壤大九洞六統六戶 金致植 告

大邱春秋令市改良홈은全國商民同胞諸氏가業已諒悉인바今春令도依定期ᄒᆞ와陰三月一日開市ᄒᆞ고同三十日撤市ᄒᆞ오며秋令도陰十一月一日開設同三十日撤市ᄒᆞᆯ터오니全國商民은咸須知悉ᄒᆞ와屆期來臨홈
大邱藥商興業會 告白

學員新募集廣告

本舍에서第一學年生을募集ᄒᆞ오니願學僉員은三月三十一日內로志願書를 壽進洞興士團內隆熙學校로提出ᄒᆞ시오

試驗日子四月三日
試驗科目算術(全部) 代數(一次方程式) 理化學(簡易)
(但中學程度學校의卒業生은免試홈)
(開學時는本舍를壽進洞興士團內로移接홈)

西部倉洞 私立精理舍

學員募集廣告

本校에서一年級補缺生과預備科學生을增募ᄒᆞ오니志願者는三月卅日(陰二月卄日)內로請願書를提出홈
但試驗日字는四月二日로開學日字는四日
隆熙四年二月 日
安州郡私立協成安興學校 告白

本人이一進會에幾年從事이다가本會的이未有進就之望故로退會이오니同胞諸氏 照亮ᄒᆞ시옵
博川徐載禎 白

本人의姓名圖章을見失ᄒᆞ엿ᄉᆞᆸ기玆에廣告ᄒᆞ니誰某拾得ᄒᆞ야도無効로홈
朴盛大 告白

경셩남문안슈각교북쳔변동편회낭뒤오섭오롱섭일층죵약국의단복너죵담죵의먹고붓치는만력고와살츙단은대쇼약죵과당창제질의신효ᄒᆞ고회싱단은토사담체이질학질젹병자긔인후후비감창연쥬창안질풍징빅벽룡치약이구비ᄒᆞ오니유벽군ᄌᆞ논와셔치료ᄒᆞ시오쳐소도졍미ᄒᆞ오며염가로밧ᄉᆞ오며 련쥬약ᄒᆞ제 육환이오 창벽약ᄒᆞ제 오환이오 외방은우체로부송ᄒᆞ옵
윤상윤약국 고ᄇᆡᆨ

本人子鳳文이가年十五歲身富容圓ᄒᆞ고西洋木黑周衣를着ᄒᆞ고帽子에三聖票를掛ᄒᆞ엿는ᄃᆡ偶然上京ᄒᆞ엿사오니誰某氏間보시거던挽留ᄒᆞ시고卽時大韓醫院內醫學生吳鉉斗氏ᄭᅴ로통奇ᄒᆞ시면厚謝ᄒᆞ깃ᄉᆞᆸ
鳳山沙里院沈善明 白

本店에서開業ᄒᆞᆫ지十六年間僉君子의愛顧ᄒᆞ심을特蒙ᄒᆞ와今年부터業務을大擴張ᄒᆞ고春夏秋冬所用으로絨緞毛[illegible]等各國高等物品을現今多數直輸入ᄒᆞ야各地方에서는貿易에便利케爲ᄒᆞ야特廉價ᄒᆞ와郵便小包로應ᄒᆞ야代金은引換ᄒᆞ깃ᄉᆞ오니十三道各郡僉君子는隨意請求ᄒᆞ심을望
振替貯金番號(韓國第三番)
漢城中部鍾路砂器廛洞二十一統五戶
廣興泰 告白

特別廣告

本社의셔[illegible]의衛生을注意ᄒᆞ야美國의셔新發單方으로流行運用ᄒᆞ는靈藥聖劑를貿入ᄒᆞ야左開廣布ᄒᆞ오니有病君子와藥業에從事ᄒᆞ시는僉彥은爭先來購ᄒᆞ시옵
分賣와都賣에差別이有ᄒᆞ야一打(十二個)以上의都賣에는特別割引홈

左開

秘製止痛藥 效能 外塗內服無處不適 消滯 止瀉 絕痛 治痢無不神效홈
喜蘇香藥 效能 頭痛 身體一切痛症 積年[illegible] 瘧疾 [illegible]之道 [illegible]效홈
[illegible] 效能 [illegible]
委花[illegible]藥 效能 [illegible]
委花[illegible]水藥 效能 [illegible]
生[illegible]藥 [illegible]

韓美興業株式會社事務所

大韓全國에本堂製造發行ᄒᆞ는藥品은

消化新藥 清心保命丹 此丹은化痰止咳ᄒᆞ고頓氣消滯ᄒᆞ며恒常長服ᄒᆞ면腸胃가健全

大補元氣 蔘茸大補元 大補元氣ᄒᆞ고滋陰健腦ᄒᆞ며先天不足과陽위不起에一切神効

蛔積殺虫散 此약은회積과 회腹痛과 회虫一切을去根ᄒᆞ는良劑

久滯大通丸 此丸은年久積滯와宿滯後重이며胃腹痛에神効莫大홈

瘡病新藥 梅花點膏 毋論男女ᄒᆞ고花柳病楊梅瘡에一切去根快復ᄒᆞ는良藥

眼疾速効 光明眼藥 諸般眼疾에隨症皆差ᄒᆞ는東洋에初有ᄒᆞᆫ寶藥

起死回生 回生丹 此丹은急ᄒᆞᆫ吐瀉關格이며가슴아리와冷積과痢疾에神効

感氣神効 解熱散 寒熱往來ᄒᆞ며似학非학과頭痛眩暈와肢節痛에其効가偉大

齒痛新藥 止痛健齒水 虫齒와風齒와諸般齒痛에亘切神効

耳鼻聖藥 耳鼻神藥 無論男女ᄒᆞ고耳聾鼻塞이며鼻에關ᄒᆞᆫ病은隨[illegible]並差

疝症拔根 疝積湯 諸般산症에大試[illegible]홈

寸虫沒出藥 寸白虫을一切去根ᄒᆞ는妙劑

되눈과 못과 拔根藥 되눈과못과ᄉᆞ마귀를[illegible]ᄒᆞ는藥

止足汗臭藥 手足의汗臭를除却ᄒᆞ는藥

去核生新 沃度膏 創瘡과腐傷과곰셴디[illegible]ᄒᆞ기는第一[illegible]明

最新改良 百應膏 無論男女老幼ᄒᆞ고[illegible]諸般瘡疥에[illegible]

淋疾藥各種 淋疾各症에[illegible]根快復ᄒᆞ고[illegible]

其他洋藥各種과◎賣藥各種◎都매散賣
◎遠地에는郵便小包로申速酬應홈

漢城南大門內濟生堂大藥房 [illegible]
代辦主任 李[illegible]

檀君開國四千二百四十三年
箕子元年三千三十二年
大韓開國五百十九年
本報創刊日
光武八年七月十八日
第八卷

大韓每日申報

月曜及慶節時休日休刊　第一千三百卅五號
Responsible for Publication Alfred Weekley Marnham
發行兼編輯人 英國人 萬咸
發行所 京城南部石井洞三層洋屋 大韓每日申報

論說

◉韓國振興策 續

記者는以爲호ᄃᆡ韓人의人々口中에예수크리스도의名을呼ᄒ며人々手中에新約全書一卷을捧ᄒ는日이卽韓國振興의日이라ᄒ노라

嗚乎諸君이여記者의易言을責ᄒ지말고腦를冷靜히ᄒ고此를聽ᄒᆯ지어다

蓋救主耶蘇氏가上帝의使命을帶ᄒ고世界의迷手를招ᄒ야自由平등의福音을宣布ᄒᆫ지千幾百年이매旣히西歐를改革ᄒ야文明의幸福을均浴ᄒ며更히美洲를誘致ᄒ야該國의基礎를完成케ᄒ고今又太平洋을超渡ᄒ야亞洲各邦苦痛呻吟의人民을普濟코ᄌᄒ니彼乎韓國同胞여此新宗教의職下에進ᄒ야神聖의洗禮를受ᄒ고大悔改大奮發을作ᄒ지아니ᄒ면엇지可ᄒ리오

噫라萬邦의人類를度脫ᄒᆯ救世教가何時에不適當ᄒ며何地에不必要ᄒ리오만은尤히韓國現狀에最宜ᄒᆫ五條件이有ᄒ니

一日信義心을鞏固케ᄒᆷ이니大抵韓國今日은道德의腐敗가極項에達ᄒᆫ日이라詐僞가世에滿ᄒ며奸猾이國에充ᄒ야二千萬蒼生이黑闇界에在ᄒ야天日을不見ᄒᆫ지라[illegible]此를何術로作興하야純潔堅正ᄒᆫ道德心을興ᄒᆯ가出世의佛은競爭에不適ᄒ며頑舊의儒는革新이尙難ᄒ니不可不十字架前에進ᄒ야赫然照臨ᄒ신上帝를仰ᄒ고確實ᄒᆫ眞理를信ᄒ여야腐敗ᄒᆫ道德을改革ᄒ고多數의義男信女를得ᄒᆯ지며

二日靈魂을重히ᄒᆷ이니 嗚乎[illegible]라ᄒ야身軀를愛惜하는劣想이人類의腦에弱點을與ᄒ야愛來目的을抱ᄒ다가도身軀가危라ᄒ면不能하며救民事業을謀ᄒ다가도身軀가危라不能ᄒ나니大抵人이忠臣되지못ᄒᆷ도此身軀를惜ᄒ는故이며義士되지못ᄒᆷ도此身軀를惜ᄒ는故며其他勇者되지못하고怯者되며關者되지못ᄒ고弱者됨이皆此身軀를惜ᄒᆷ에坐ᄒᆷ이라是以로耶蘇教의第一門에重魂主義를立ᄒ야此身軀는水에入ᄒ던지火에入ᄒ던지電光又치滅ᄒ던지春氷又치殘ᄒ던지惟靈魂만救得ᄒ면되恐怖와退沮가無ᄒ나니故로耶蘇教의信徒가多ᄒ여야身軀를不惜ᄒ야公益에獻ᄒ는者ㅣ多ᄒᆯ지며

三日團結心을喚起ᄒᆷ이니 團結者가孤立者를勝ᄒ며大團結者가小團結者를勝ᄒᆷ은社會學上의公理라現今韓人이此를必要로覺得하고疾聲絶呼ᄒ는者ㅣ不無ᄒ나然이나信愛心의基礎가無ᄒᆫ團結은終是沙上에建築ᄒᆫ屋子니何益이有ᄒ리오團結을圖ᄒ진ᄃᆡ此新宗教에歸依ᄒ야同胞兄弟란觀念이腦髓에深漬하야全國을일家又치視ᄒ며衆生을일身又치視ᄒᆫ然後에可ᄒᆯ지며

四日冒險心을振作ᄒᆷ이니 行ᄒᆷ에不杖ᄒ며坐ᄒᆷ에不席ᄒ며갈늬리大海의風浪을平地로視ᄒ고四方에往ᄒ야人類의苦痛을救濟ᄒᆷ은卽耶蘇教의目的이라天助自助의實理를確信ᄒ고上帝가無不能이시니我도無不能이라ᄒ야眼에險阻가無ᄒᆯ지며

五日人權을擴張ᄒᆷ이니 不自由不平등을悲ᄒ는者여此를悲ᄒ거든耶蘇教를信하며此를痛ᄒ거든耶蘇教를依ᄒᆯ지어다聖經全部가無非眞理를發揮ᄒ야人類를釋放코ᄌᄒᆫ者일ᄲᅮᆫ더러萬一全國內에多數信徒를得ᄒ야正當ᄒᆫ方法으로正當ᄒᆫ權利를主張ᄒ면비록不正者가有ᄒᆯ지라도此를壓滅ᄒ지못ᄒᆯ지라 （未完）

外報

◉十萬新兵 土耳其에서는新兵拾萬을增募ᄒ는ᄃᆡ非回教徒中에서도募集ᄒᆫ다더라

◉公文發表 土耳其[illegible]公文을發表ᄒ되塞爾維亞外相이土都를訪問ᄒᆫ結果로國交의現狀維持經濟上及社會上關係를發展케하는事가有하다ᄒ엿다더라

◉露墺相持 露國政府가발간[illegible]諸國自由權利發展에關ᄒᆫ覺書를發表ᄒ엿는ᄃᆡ此는발간諸國現狀維持에關ᄒᆫ墺國既定政策에抵觸됨인故로墺國은此에同意치아니ᄒ야兩國政府의協商이尙今繼續中이라더라

◉互相訪問 英皇陛下는巴里에到着ᄒ샤法國大統領과互相訪問ᄒ엿다더라

◉兵事議決 淸國廣東自治會는近者에大會를開하고去番兵員亂動의後를鑑ᄒ야兵事革新을行ᄒ기로議決ᄒ엿다더라

◉開原排日 淸國開原自治會는日本의壓迫이激烈ᄒᆫ것을論難ᄒ야排日熱이起ᄒ는貌樣이라더라

◉露國人如此 露國에서는千九百七年露國首相스톨이핀氏가發布하엿던猶太人保護訓令이撤消되고千三百八十八名의猶太人家族은住居權을見奪ᄒ엿다더라

◉海軍計劃 英國에때스포로[illegible]下院討論에登ᄒᆯ터이오政府海軍豫算案은再次提出될터인ᄃᆡ베卿의來年度海軍擴張計劃은戰鬪艦六隻、巡洋艦十八隻水雷艇逐艦三十八隻潜船渠二箇를增設ᄒᆯ터이오海軍倉庫도增築ᄒ고又兵員定額을圖하는等事인ᄃᆡ其豫算은六千八百萬磅이오此를因ᄒ야政府가公債를募集ᄒ기로ᄒᆷ이라더라

雜報

◉商會組織 仁川港居金道善徐相彬諸氏가資金을醵出ᄒ야協信商會를組織ᄒ고[illegible]을擴張ᄒ야商賈의信用과賣買의便利를圖ᄒᆫ다더라

◉許氏辨明 救世軍正領許嘉斗氏가日人總務局長과面會談話ᄒᆫ事件을서울프리쓰報에誤揭가된故로許氏가該報에對ᄒ야辨明書를送ᄒ엿는ᄃᆡ其槪畧은예曰貴報에本人이韓國內日人의行政에關ᄒᆫ政治上意見으로談話ᄒ엿다揭布ᄒ엿스나其事實이不然ᄒ니普天下의救世軍은元來政治的組織이아니오純然宗教的目的이라人間의仁愛와公衆의幸福을爲ᄒ야費力ᄒ며勞心ᄒᆯ而已인즉政治上에何等關涉이有ᄒ리오貴報記事中에本人은韓國이日本保護下에在ᄒᆫ것을讚美ᄒ는줄노揭布ᄒᆫ것은誠是驚訝不已ᄒᆫ바로다其面會時本人의所言은但只我宗教에서도人民의身氣上關係와衛生上事業에注意ᄒ야永遠ᄒᆫ福音을傳布ᄒ는ᄃᆡ適間本人이駐京中에觀ᄒᆫ바衛生業이大改良된것을彼當局者의게致賀ᄒᆫ바이오韓日間政治關係에對ᄒ야何等意見을發表ᄒᆫ바ㅣ無ᄒ거ᄂᆞᆯ此等無據의記事가有ᄒᆷ은[illegible]

學界

◉普成校請願 普成專門學校를大學校로設立ᄒ기爲ᄒ야日昨學部에請願ᄒ엿다더라

◉官校頒種 官立校洞普通學校에서는日昨一般學員에게苗種을[illegible]分給ᄒ엿다더라

◉校長其人 海州郡秋伊面靑[illegible]私立貞明學校長李秉鎬氏는該校를創立以來로家事를不顧ᄒ고校務에熱心ᄒ야始終이如一ᄒᆷ으로學徒의父兄과隣里가莫不感服ᄒ야前途에希望이大ᄒ다더라

◉校復光 元山港臥牛洞光德夜學校는該洞紳士諸氏가設ᄒᆫ바인ᄃᆡ不過五六朔에經費가窘絀ᄒ야廢止ᄒᆯ境에至ᄒ엿더니該港財務署主事金良漢氏가經費를擔ᄒ야熱心贊成ᄒᆷ으로校況이漸進ᄒ야學徒가五六十名에達ᄒ엿다더라

◉海州曙光 海州私立正內女學校內에昨年十月以來로夫人教育會를組織ᄒ고每月第四土曜日에會同ᄒ야家庭教育에關ᄒᆫ問題로講演或討論ᄒ는ᄃᆡ會員이四十餘名에至ᄒ엿다더라

◉公明卒業 杆城郡旺谷面公明義塾에서昨年末月에卒業試驗을經ᄒ엿는ᄃᆡ四學年에朱헌朴用楨金泰協安正寅三學年에鄭大鳳朴永祚孫白吉李成日丁八奉二學年에姜千甲安寅勳徐在信崔文學一學年에朴鶴鳳鄭등龍安寅奇徐上甲氏等이라더라

詞藻

老　貞溪山人

鏡中每恐已成絲不是衰膓向老悲只爲屈平難度世秦嬰係組見
[illegible]

雜報

◎木内晩仕 農商工部次官日人木内重四郎은仕進時間을遲延ᄒᆞ야每日下午二三時에出仕ᄒᆞᄂᆞᆫ故로部内官吏의仕退時間이遲晩ᄒᆞᆯ뿐아니라執務上妨害가多ᄒᆞ다고일般批評이有ᄒᆞ다더라

◎學次說明 前報와如히五學會의各代表人諸氏가再昨日下午일時學部次官室에會同ᄒᆞᆫ後次官이私立學校維持上에關ᄒᆞ야일場說明ᄒᆞ엿다ᄂᆞᆫᄃᆡ其槪覽을開ᄒᆞᆫ즉寄付金募集取締規則은政府에서旣히頒布ᄒᆞᆫ것인즉變改하기가極難ᄒᆞ다ᄒᆞ엿고來水木兩曜日間에更히會同ᄒᆞ기로定ᄒᆞ엿다더라

◎成均館釋奠 成均館에서ᄂᆞᆫ昨日下午八時에春期釋奠을設行ᄒᆞ엿ᄂᆞᆫᄃᆡ學相李容稙氏가往參하엿다더라

◎新政黨又出說 各元老諸氏가發起ᄒᆞ야新政黨一派를組織ᄒᆞᆯ기로計劃ᄒᆞᆫ다더라

◎醫廳批評 軍醫兩廳官吏라이擧手敬禮ᄒᆞ고其他大官은壹切擧帽答禮ᄒᆞᆷ이新式에禮節인ᄃᆡ軍人及警官이各大官에게擧手敬禮ᄒᆞ면大官들도但只擧手로答禮ᄒᆞᆫ다고警視廳에서批評이有ᄒᆞ다더라

◎御苑開宴期 宮内府御苑事務局에셔來十九日園遊會를開ᄒᆞ고兼ᄒᆞ야開園式을行ᄒᆞᆯᄃᆡ인故로議政府에셔昨日各府部院廳局課長以上高等官과各社會代表人에게請牒六百餘張을發送하엿다더라

◎召還費付送 農商工部에서ᄂᆞᆫ新任事務官日人伊藤榮三郎에게召還旅費二百餘圓을再昨日電信送金으로日本東京에付送하엿다더라

◎貯金規制定 各官吏의貯蓄金은官級을隨ᄒᆞ야百分의二나百分의壹노計除하더니從今以後로ᄂᆞᆫ加額計除ᄒᆞ기로內部에서規則을制定ᄒᆞ엿다더라

◎殘官催還 間島前統監府派遣所若個官吏가其殘務를整理키爲ᄒᆞ야尙此留連ᄒᆞᄂᆞᆫ中인ᄃᆡ次々撤還ᄒᆞ라고統監府에서指飭ᄒᆞ엿다더라

◎調印内容 今番淸國總領事와統監府에서調印ᄒᆞᆫ淸國居留地規定은從來慣習을從하야其規程을明示又ᄂᆞᆫ補充하기爲ᄒᆞᆷ이라더라

◎豫算追加說 農商工部林籍調査費ᄂᆞᆫ十三萬三千餘圓인ᄃᆡ此全部를追加豫算에加入ᄒᆞᆷ은頗難ᄒᆞ다ᄒᆞ야一萬六千八百餘圓은造林費등中으로減下引用ᄒᆞ고其外金額은豫算에追加ᄒᆞᆫ다더라

◎印刷協議 内部에서調査ᄒᆞ던宗族家族의制度事務가旣히終了되엿合으로該案件을將次印刷하기로協議中이라더라

◎道路規則 警視廳에서ᄂᆞᆫ已往발布된道路管理規則이不充分하다하야更히制定하ᄂᆞᆫ中인ᄃᆡ日間발布된다더라

◎言根廣査 日憲兵司令部에서各宮家及大臣家에來留ᄒᆞᄂᆞᆫ儒生을調査ᄒᆞᆫ다ᄒᆞᆷ은旣報어니와該部에서此說傳播의根因을査得ᄒᆞᆯ次로目下偵探人에게廣探中이라더라

◎司令部申飭 憲兵補助員及偵探客들이各演劇場에무代金입場ᄒᆞᄂᆞᆫ弊가有ᄒᆞ다ᄒᆞ야憲兵司令部에서各演劇場에申飭ᄒᆞ기를從今以後로ᄂᆞᆫ金字手帖을持ᄒᆞᆫ者以外에ᄂᆞᆫ입場을許치말나ᄒᆞ엿다더라

◎何樣措處 一進會에서再昨日下午一時에評議會를開ᄒᆞ엿ᄂᆞᆫᄃᆡ大韓每日申報皇城新聞大韓民報ᄂᆞᆫ本會事件을反對ᄒᆞᆷ이容或無怪어니와慶南日報ᄂᆞᆫ同會々員金榮鎭氏가主管ᄒᆞᆫ바인ᄃᆡ宋秉畯李容九等을去姓揭載ᄒᆞ고事々反對ᄒᆞᆫ다ᄒᆞ야將次別般措處를施하기로擬議ᄒᆞ얏다더라

◎學宰被招 商務組合部長李學宰ᄂᆞᆫ何事件을因ᄒᆞᆷ인지昨日上午十時에中部警察署에被招ᄒᆞ야長時間을留待ᄒᆞ엿다더라

◎門牌裂去 商務組合本部에伊藤太師頌德建議所라ᄂᆞᆫ門牌를高揭ᄒᆞᆷ은旣報어니와警署에認許가無히任意擅付ᄒᆞ엿다ᄒᆞ야再昨日中署에서巡査를派送ᄒᆞ야該門牌를裂去ᄒᆞ엿다더라

◎安氏信川向 安明根氏가旅順을發向ᄒᆞᆫ다ᄒᆞᆷ은旣報어니와旅費에窘拙ᄒᆞᆷ을因ᄒᆞ야信川鄕第로先往ᄒᆞ엿다더라

◎勤者詗探 明川郡居崔雨泳氏가年前海參威로渡往居生하다가去九日頃에入城ᄒᆞ엿다ᄂᆞᆫ說이有하야某處에서其眞假를詗探ᄒᆞᄂᆞᆫ中이라더라

◎漁業社組織 前判書李根澔氏ᄂᆞᆫ金八千圓、中樞院顧問李址鎔氏ᄂᆞᆫ三千圓、學部書記官閔建植氏ᄂᆞᆫ八千圓、其他某々大官은各其數千圓式合資ᄒᆞ야大海漁業會社를組織힛다더라

◎騎兵將試 騎兵隊에셔現闕兵이近十名인故로將次試取ᄒᆞᆯᄃᆡ인ᄃᆡ普通學校卒業生의以上資格을應試케ᄒᆞᆫ다더라

◎責在警官 中部校洞申某家에서挾雜輩七八人이會同ᄒᆞ야雜技局을日設ᄒᆞ고靑年子弟를誘引ᄒᆞ야家産을蕩竭케ᄒᆞᆫ다ᄂᆞᆫᄃᆡ此ᄂᆞᆫ警官의不察이라고일般物論이有ᄒᆞ다더라

◎大垣入城 大韓協會顧問日人大垣丈夫ᄂᆞᆫ再昨日下午八時에入城ᄒᆞ엿다더라

◎春川日人 江原道春川에ᄂᆞᆫ同地在留日人이日益增加ᄒᆞ야現今百六拾餘人에達ᄒᆞ엿ᄂᆞᆫᄃᆡ日下日本人會를組織ᄒᆞᆫ다더라

◎測量界咨歎 民有山林測量期限이不遠ᄒᆞᆷ으로各人民들이技術을學習ᄒᆞ야自手測量者도有ᄒᆞ며或親知를從하야借手測量者도有하되尙且期間이促迫하야了功키杳然ᄒᆞᆫᄃᆡ一自道令을頒布ᄒᆞᆫ後로京畿江原兩道에서ᄂᆞᆫ認許가無히測量하ᄂᆞᆫ者를一切嚴禁하야器械ᄭᆞ지押收하ᄂᆞᆫ故로一般人民은方向을不知ᄒᆞ야躕躇咨歎하ᄂᆞᆫ中이라더라

◎竹民呼冤 竹山郡南二面々長趙鼎夏氏ᄂᆞᆫ考卜時에何등不察이有하엿ᄂᆞᆫ지元結外에三千二百七拾負一束이增加되고元結價八拾四兩外에更히五兩을濫捧ᄒᆞᆷ으로民心이不穩하야郡廳及財務署에告訴하고更히監督局에呼冤ᄒᆞᆯ터이라더라

◎告訴何意 北部齋洞居ᄒᆞᄂᆞᆫ柳根宅氏가中部廟洞居ᄒᆞᄂᆞᆫ海州婆라ᄂᆞᆫ女人을相關하고花債拾四圓을眷給ᄒᆞᆫ事가有하엿다ᄂᆞᆫᄃᆡ該女가何事件을因ᄒᆞᆷ인지北署에告訴ᄒᆞᆫ故로該氏가被囚되엿다더라

◎哀此無告 黃海道地方에義兵을鎭壓하기爲하야各警察署와守備隊에서聯合討伐을行ᄒᆞᆫ다ᄂᆞᆫᄃᆡ金川郡桃花面漁洞에ᄂᆞᆫ去七日에巡査及憲兵等이侵入ᄒᆞ야義兵의蹤跡을搜索ᄒᆞᆫ다ᄒᆞ고人家에突入ᄒᆞ야或婦女의衣服을脫下ᄒᆞ며或陰部를觸傷ᄒᆞ야甚至於落胎ᄭᆞ지되엿다더라

◎義將募兵說 義兵將李某ᄂᆞᆫ部下百餘名을率ᄒᆞ고太白山附近에留連ᄒᆞ야徒黨을召募ᄒᆞᆫ다ᄂᆞᆫ說이有ᄒᆞ다더라

◎義兵平山向 去七日에義兵六十三名이黃海道瑞興郡梅坊에來到ᄒᆞ야夕食을喫ᄒᆞ고同日에平山方面으로向ᄒᆞ엿ᄂᆞᆫᄃᆡ平山日憲兵所에서追躡ᄒᆞᄂᆞᆫ中이라더라

◎家燒人死 去四日鐵原郡西邊面權鼎孝氏家에서失火ᄒᆞ야權氏의妻子二名이燒死하엿다더라

◎農林生實習 西北學會內農林講習所生徒諸氏가實習ᄒᆞ기爲ᄒᆞ야本日上午十一時에東部植物園에前往ᄒᆞ야實習事務를行ᄒᆞᆫ다더라

◎韓氏有頌 江華郡內可面面長韓丙烈氏ᄂᆞᆫ教育에熱心ᄒᆞᆯ뿐아니라面內事를視同家事ᄒᆞ며外交에開熟ᄒᆞ야一面이安堵ᄒᆞᆷ으로該面人民이遺惠碑를建立하엿다더라

◎磁社擴張 平壤磁器會社ᄂᆞᆫ去冬期에寒候를因하야暫時閉業ᄒᆞ엿더니來十五日부터業務를大加擴張하야製造에着手ᄒᆞᆫ다더라

◎烟犯減等說 鴉烟犯으로被捉ᄒᆞᆫ警視姜根道氏ᄂᆞᆫ元狀文에照ᄒᆞ면役七年이相當ᄒᆞ다ᄂᆞᆫᄃᆡ審査後에減等ᄒᆞᆯ따ᄂᆞᆫ說이有ᄒᆞ다더라

◎趙犯被捉 龍山居趙昌淳은竊盜犯으로再昨日中部警察署에被捉ᄒᆞ엿다더라

◎一來一歸 歸國ᄒᆞ엿던靑年會前總務美國人吉禮泰氏ᄂᆞᆫ再昨日下午八時에入京ᄒᆞ엿고該會牧師美國人求禮九氏ᄂᆞᆫ同十時歸國路에就ᄒᆞ엿ᄂᆞᆫᄃᆡ該會員及學員일同이南門驛에서迎送을兼行ᄒᆞ엿다더라

◎進賀會討論 靑年일心進賀會에서ᄂᆞᆫ昨日下午七時大同敎總舘內에서討論會를開하엿다더라

◎事係無根 屠獸組合所長金明濟氏가各道支部長의게保證金事件으로裁判을遭ᄒᆞ엿다ᄂᆞᆫ說은初무ᄒᆞᆫ事라더라

感荷義捐

群山港大井洞商店主金云植藏財洞商店主金敬完金允仲三氏가本社經費를補助키爲ᄒᆞ야金貨七十五錢을寄付ᄒᆞ엿기玆에其盛意를感表하노라

電報

美國艦隊

美國海軍省에서ᄂᆞᆫ今番에比律賓馬尼剌의太平洋第三艦隊를廢하고新히亞細亞艦隊를組織ᄒᆞᆫ後에존하바少將을其司令官으로選任ᄒᆞ엿다더라

東京發 十壹日着

鐵道案可決

德國에셔ᄂᆞᆫ德領西南亞弗利加게도만포크地方파윌르크地間에鐵道敷設ᄒᆞᄂᆞᆫ案件이可決되엿다더라

墺國々債募集

墺國度支部에셔ᄂᆞᆫ國債一億八千百구라르를募集ᄒᆞ기로準備ᄒᆞᆫ다더라

消金被捉

法국카돌니敎會會計로에ᄂᆞᆫ八百萬法을消費하고巴里에셔被捉ᄒᆞ엿다더라

以上伯林發 十一日着

▲鷹犬隊▼ 續

▲嗚呼今日韓半島ᄂᆞᆫ偵探軍의世界로다或着唐生帽子ᄒᆞ고或戴中山帽子하야일日二十四時間에數十餘次變服ᄒᆞᆫ後어ᄂᆞ學校學生인체어ᄂᆞ敎會敎人인체어ᄂᆞ社會會員인체各方面에偵探ᄒᆞ야如此如此告發ᄒᆞ니第七隊ᄂᆞᆫ斷髮偵探

▲嗚呼今日韓半島ᄂᆞᆫ偵探軍의世界로다頭髮未乾嬰兒이오口尙乳臭孺子로서盜賊놈의입장서ᄂᆞᆫ助紂軍의貌樣으로東家西舍擅入ᄒᆞ야誰某有無暗昧를ᄒᆞ며此校彼塾入學ᄒᆞ야敎育狀況秘探ᄒᆞ여如此々々告發ᄒᆞ니第八隊ᄂᆞᆫ兒童偵探

▲嗚呼今日韓半島ᄂᆞᆫ偵探軍의世界로다장옷이나치마쓰고方物보찜엽헤제고이집뎌집ᄃᆞᆫ어가셔밧겻량반어데ᄀᆞᆺ소무슨營業ᄒᆞ십닛가子弟들은外國ᄀᆞᆺ쇼宅에뉘가잘단니오大小事를偵探ᄒᆞ야如此如此告發ᄒᆞ니第九隊ᄂᆞᆫ女人偵探

▲嗚呼今日韓半島ᄂᆞᆫ偵探軍의世界로다睚眦私嫌報復코져虛言할說날造ᄒᆞ야某校主務某某人은決死隊를糾合힛다某會頭領某某人은秘密黨을組織ᄒᆞᆫ다某某義兵干連이란許多無根孟浪說로如此々々告발ᄒᆞ니第拾隊ᄂᆞᆫ排誣偵探

▲偵探軍아偵探軍아爾亦韓國臣民으로滄風冽雨此時代에國家事業못ᄒᆞ고셔同族相殘ᄒᆞᆫ단말가幾分錢에팔니워셔못ᄒᆞᆯ일을다ᄒᆞᆫ다만若是不已ᄒᆞ고보면國敗身亡ᄒᆞᆯ터이니可憐ᄒᆞᆯᄉᆞ너희무리自新人火이아닌가速히悔改ᄒᆞᆯ지어다

◉京城鍾路和平堂大藥房各種藥品及各樣規則廣告

○承寧府典醫 洪哲普君 實驗處方
○陸軍軍醫 張基茂君 有効證明
四時勿論ᄒᆞ고旅行居家에常備之靈약

官許 登錄 認可 健胃 消滯 **八寶丹**

定價 일貼九拾五粒入金拾錢 三貼入金卄五錢

右약에主治効能은如左홈

◉壹은新久積滯와急暫關格과胃腹絞痛과中暑中寒과水土不服에特効가有ᄒᆞ기로著名홈
◉壹은頭痛과眩운을鎭正ᄒᆞ고精神을爽快케ᄒᆞᄂᆞᆫ良제요
◉壹은恒常食後에適宜服用ᄒᆞ시면脾胃를健壯케ᄒᆞ며痰을消ᄒᆞ며口味를助ᄒᆞ야滯崇에念慮가無홈
◉壹은酒醉昏迷와船운車醉에速治ᄒᆞᄂᆞᆫ奇効가有홈
◉壹은香氣가含有ᄒᆞ야口臭를排除하고解毒通竅ᄒᆞᄂᆞᆫ効力이偉大홈

胎養調經丸 婦人冷積과帶下症月經不調에神効 일제金五圓
麝香消瘡丹 瘡毒下疳頭瘡風濕瘡去根ᄒᆞᄂᆞᆫ妙藥 일제金四圓
阿烟斷引藥 阿引을能斷ᄒᆞ고元神을回復ᄒᆞᄂᆞᆫ妙藥 일제금五圓
滋陽丸 男女間陰陽雙補ᄒᆞᄂᆞᆫ妙藥 拾日分금일圓八拾錢 일月分금五圓
全治丸 男女勿論ᄒᆞ고連珠와나력을全治去根ᄒᆞᄂᆞᆫ藥 일제금三圓
消積散 陳々久체를消化ᄒᆞᄂᆞᆫ靈藥 금拾五錢
回生水 虛泄濕泄轉筋吐ᄉᆞ腸痛에神効ᄒᆞ기로著名홈 금拾錢
治顔水 죽은셰가삭고얼골이고아지ᄂᆞᆫ약 금三拾錢
蘇生丹 急ᄒᆞᆫ霍亂吐사의立即見効약 금拾錢
蛔滅散 회虫을去根하ᄂᆞᆫ妙약 금拾錢
鎭咳散 痰을消化하고咳소를止ᄒᆞᄂᆞᆫ약 금三拾錢
觧毒散 諸般感氣와寒熱往來에奇효약 금拾錢
도虫藥 ᄒᆞ白虫을沒出去根ᄒᆞᄂᆞᆫ妙약 금三拾錢
通治膏 諸般大小腫을동治ᄒᆞᄂᆞᆫ고약 금拾錢
玉容水 버짐과어루럭이가일切업서지ᄂᆞᆫ약 금二拾錢
補陰降火丸 男子陰虛火動 婦人勞채 神經衰弱不寐症 健忘症 消化不良 遺精 일週分 일貼七拾錢 二週分 二貼 일圓三拾錢 三週分 三貼 일圓六拾錢
雙補丸 胃腸虛弱 手足厥冷 男女陰陽俱虛 婦人氣血不足

痔下浮丸 二週分 二貼일圓五拾錢 四週分 四貼 二圓八拾錢 全體浮腫 便秘 胃炎 일週分 일貼 四拾錢
退疸丸 酒달 食달 黃달 黑달 일週分 일貼 六拾錢
咽喉散 咽喉發炎 咽喉潰瘍 일貼 五拾錢
下痢散 赤痢 白痢 吐사 血糞 五日分 일貼 六拾錢
光明眼藥 時行眼疾 風熱眼疾 膿림性 眼疾 梅毒眼疾 拾錢
血痰祛根丸 落血 吐血 痰 腹痛 月經時腹痛 일週分 五拾錢
上血快治丸 週分 吐血 降火 開鬱 일貼 七拾錢
下血快治丸 일週分 下血 血便 痰便 七拾錢
補血水 일貼 男女氣血不足 婦人下腹痛 婦人月經不調 일週分 일圓
齒痛清快水 齒痛 虫齒 風齒 齒齦痛 十錢
明耳精 頭痛 耳內炎痛 耳垢堆積 醍膿汁 十錢
麻疹丸 小兒麻疹 腥紅熱 三日分 百日咳 三十錢
齒根炎傷散 齒肉爛傷 齒血 발炎 十五錢
小兒瘋氣丸 身熱 類驚 夜啼不寐 靑便 拾五錢
脚氣腰痛丸 黃便 兩脚濕痛 腰痛 脇痛 骨節疼痛 일週分 七拾錢
鷄眼膏 발의 듸눈을 빼ᄂᆞᆫ약 拾錢
腫根拔散 拔腫根 去惡生新 拾錢
止汗散 手汗 足汗 腋汗 拾錢
口病清熱水 口內諸般炎傷 上下唇坼 十錢
浮腹能下丸 內搔痒 下腹澎漲 四肢浮症 小便不利 일週分 일貼 七拾錢
小兒腹瘡丸 腹학 健胃 解熱 拾錢
小兒疳氣散 腹部澎漲 食慾不絕 大便頻數 體標瘦瘠 消化不良 二日分 拾五錢
梅毒全滅丸 先天的梅毒 後天的梅毒 瘡瘡 일週分 일貼 五拾錢
小兒百日咳丸 百日咳 呼吸困難 嘔吐 食思不進 痰滯吹笛 聲 일週分 一貼 三拾錢
偏頭痛止散 眩운 頭痛 耳鳴 眼花爛發 三日分 拾五錢
夜盲雙明丸 肝經症 食熱 秋氣候受傷 當昏眼迷 三日分 拾錢 春
胸膈止痛散 胃痛 腹痛 食滯 痰滯 酒滯 三日分 三拾錢
祛惡生新膏 頭瘡 潰瘍 祛惡生新 拾錢
小兒胎毒膏 胎毒 面腫 濕癬 乾癬 白癬 蛇癬 拾錢
火傷治毒膏 火傷 濕疹 皮膚搔痒 拾錢
[illegible] 楊梅瘡 [illegible] 頭瘡 禿頭瘡 拾錢

眼瞼炎傷膏 眼瞼緣炎 眼瞼麥粒腫 拾錢
成腫除毒膏 腫氣已成未成 骨節痛 拾錢
洗滅水 疥癬 濕疥癬 乾疥癬 皮膚搔痒 拾錢
五淋丸 男女急性淋疾 慢性淋疾 膀胱加答兒 淋毒性 生殖器病 睾丸炎 血淋 沙淋 白濁 小便短赤 婦人赤白帶下等症 일週分 일圓

此外에有名賣약各種과東西洋약及漢약唐草材를都매散賣

◉京城鍾路和平堂藥房支店規例

일 本舖가支店에對ᄒᆞ야每次十圓以上약品은五割引으로出給事
일 賞與品은藥價輸入金中에每百圓에對ᄒᆞ야十圓價値약品으로勸奬ᄒᆞᆯ事
일 郵便費와運輸費ᄂᆞᆫ支店이擔當ᄒᆞ되每百圓額에四圓으로爲定ᄒᆞ며不足額은本舖가擔當ᄒᆞᆯ事
일 三百圓以上이나五百圓以上ᄭᆞ지支店은郡內에專管을許ᄒᆞ고壹千圓以上에支店은道內에專管을許ᄒᆞ고不許他人ᄒᆞᆷ
일 약品定價金을違背發賣者ᄂᆞᆫ罰金을徵收ᄒᆞ고不許更求ᄒᆞᆯ事
일 약價를每月終에計ᄒᆞᆯ時에ᄂᆞᆫ每次十圓以上약品은四五割引으로出給ᄒᆞᆯ事

京城鍾路和平堂약房
支店出張所規例

일 支店이出張所에對하야每十圓약出給時에郵滙運輸費와出納隨手料를出張所가壹圓式支店에捐補ᄒᆞ고百圓以上에도照例ᄒᆞᆯ事
일 定價金을違背ᄒᆞ야發ᄆᆡ者ᄂᆞᆫ罰金을徵收ᄒᆞ고不許更求ᄒᆞᆯ事

京城鍾路和平堂大藥房本舖
主任 李應善

◉信用廣告

本舖에서製造ᄒᆞᆫ各種藥品과輸入ᄒᆞᆫ西洋特別藥及漢藥唐草材를大발賣ᄒᆞᆸᄂᆞᆫ디直接으로만매買ᄒᆞᆯ뿐외라京鄉路遠ᄒᆞ와도現今則小包郵便을從ᄒᆞ와引換代金으로京鄉間에某物을勿論ᄒᆞ고請求書函만付送ᄒᆞ시면本舖에서ᄂᆞᆫ面對ᄒᆞᆷ과갓치敎示를謹承ᄒᆞ와適當ᄒᆞᆫ價格과品珍ᄒᆞᆫ物種으로出付郵便ᄒᆞ옵시면貴邊郵便局에서通知書를貴下에送呈ᄒᆞ을이니該物價額幾許를持ᄒᆞ시고該郵便局에가서서該物品과交換ᄒᆞᄂᆞᆫ例式이有ᄒᆞ옵ᄂᆞᆫ디外方請求와本舖酬應에交換法과書式을明白詳細키爲ᄒᆞ야書函圖本으로廣告홈

外方에서藥種을請求하ᄂᆞᆫ書式

封套書式

京城鍾路
和平堂大藥房
某道某郡某港某面某洞某

請求書式

敬啓者ᄂᆞᆫ 貴藥房所儲某藥品을左開請求ᄒᆞ오니郵便代金引換으로速送하심을敬要
某藥
某藥
某年某月某日

本舖에서外方請求를依ᄒᆞ야藥品을小包로下送ᄒᆞᄂᆞᆫ書式

封套書式

某道某郡某港某面某洞
某姓某名 氏 座下
京城鍾路和平堂大藥房本舖主任 李應善

答狀書式

敬覆者ᄂᆞᆫ 貴邊請求ᄒᆞ신某藥品幾元價額을依數하야郵便代金으로送呈ᄒᆞ오니照亮后郵便局의통知書를待하시와代金을該局에納ᄒᆞ시고藥品을推尋ᄒᆞ시옵
某年某月某日 李應善 拜

小包書式

代金引換金壹百圓
某道某郡某面某洞
某姓名 氏 座下
出付人京城鍾路
和平堂本舖

京城鍾路和平堂大藥房本舖主任 李應善

廣告

慶南金海郡李炳秀氏가京居李慎洪의金海郡守時에如何혼嫌介가有혼지該氏를巧排ᄒᆞ야京地裁判所檢事局의告訴ᄒᆞ엿더니及其訴를起치못혼境遇에는該告가原告에對ᄒᆞ야相當혼賠償을徵혼効力이有ᄒᆞ되默恕寬洪홈은人人이贊獎홀바라玆에告白

李廉來 告白

本人이今月八日에鼎角에國文漢文英文으로正刻혼圓形姓名章을平壤東面왜금이後峴서遺失ᄒᆞ엿ᄉᆞ오니內外國人은照亮홈

平壤大同江面下五里還祉洞 金景鎭 告白

醫學生募集廣告

志願者는四月廿日內에限ᄒᆞ야應試ᄒᆞ고校則은願覽者는郵票二錢要홈

公立平壤同仁醫院附屬醫學校

學員募集廣告

學員募集廣告

本學校에서教務를擴張키爲ᄒᆞ야物理化學機械標品을購入ᄒᆞ며高明혼講師를更히延聘ᄒᆞ고高等一學年과二三學年의補缺生募集ᄒᆞ오니 志願人은陽四月十日로請願書를提出ᄒᆞ옵

隆熙四年三月五日

學務擔私立維新學校白

一入學試驗日字는陽四月十日로홈

一試驗課目漢文 作文 內地 內史 物理 算術(四則)體格

一普通學科程度의卒業証이有혼人은免試홈

學員募集廣告

本校中學科學生을募集ᄒᆞ나니志願ᄒᆞ는人은四月四日內로請願書에履歷書를粘聯提呈홈

但稅願紙는本校에請求홈

一試驗科目은

國漢文 日語 算術四則

一試驗日字는

四月五日上午十時

京南部私立鳳鳴學校

學員追募廣告

本塾에서法律專門科一年級學員을增募ᄒᆞ오니志願者는本月卅一日以內로本塾事務室에入學請願書를提出ᄒᆞ시오

열

注意

法學에有意ᄒᆞ시는人士는此入學의好時期를失치마시오

二 官立高等學校、外國語學校、私立中學校(學部認可)의卒業証이有혼者는免試홈

三 試驗科目及日字及其他詳細事項은本塾에來議ᄒᆞ시옵

隆熙四年三月 日

私立養正義塾

本人의子成鎭이가性本浮浪혼中悖類의게誘惑되여家長의命令을不遵ᄒᆞ고酒色雜技場에出沒ᄒᆞ는故로日後或何等惡事를做出ᄒᆞ더라도本人은一無責任이옵기玆以預布ᄒᆞ오니內外國同胞는照亮後切勿見欺홈

隆熙四年三月十二日

開城郡南部都助里二十三統二戶 崔戴鎭 告白

本人이平北雲山郡北市上街崔昌善商店에新舊冊店을一層擴張이오니 僉員은購覽하시옵

隆熙四年三月十一日崔昌烈白

學員募集廣告

本校에서學員을限四十人新募ᄒᆞ니入學志願者는三月三十一日內로請願홈事

南部長橋 私立長薰學校

一本所內에診察제藥部를設ᄒᆞ고一般同胞의疾病을救濟홈

一鰥寡孤獨無依혼同胞는無料로施藥홈

一孤兒院學生도亦無料로施藥홈

一四窮과孤兒院學生外에同胞는藥을有料로ᄒᆞ되診察料는往診에만五十錢으로홈

一診察時는自上午九時로至下午四時로홈(但危急혼患이有혼時는此限에不在홈)

本所臨時事務所는中部慶幸坊紬洞二統六戶

大韓醫士總合所內 診察제藥部 告白

學員新募集廣告

本院에入學을志願하는人은三月二十五日內로請願하오

(詳細來問)

試驗日子 四月發日

試驗科目 讀書、作文、算術四則以內

衙洞 私立青年學院

本果園에서今春에上品接木을特別혼廉價로多數販賣홀터이오니有志僉彦은陸續請求ᄒᆞ옵

種目은梨、苹果、葡萄、六月桃、石榴等이오價金은千株에는每株五錢式百株에는七錢式에팔되만일죽는果樹가잇스면當年으로곳換去ᄒᆞ시옵

平壤館前 果園事務所 金利涉

敬啓者 陰曆正月廿七日敝號執事人由仁川本號携來光武四年七月十一日漢城府發出第貳百貳十四號官契一紙註明京城南署會賢坊小公洞第二十七統五戶契內註瓦家八間契價錢萬八千兩並註業主馮金山此契本屬敝號購得正擬來京投呈總署更名換契不意被匪在電車中竊去立卽往報總署存案外並報南署警察署嚴究查辦外再爲登報聲明諸公雅鑑此契作廢無効矣

清商德興號 謹白

本人이一進會에幾年從事이다가本會的이未有進就之望故로退會이오니同胞諸氏 照亮ᄒᆞ시옵

博川徐載麟 白

本人의子崔士範이가乙巳年에離家未還이오니諸君은면지住所를詳細通寄則厚謝ᄒᆞ게습

平南成川三岐面雲峰里鈴坪洞 崔致珠 告白

本人子鳳文이가年十五歲身富容圓ᄒᆞ고西洋木黑周衣를着ᄒᆞ고帽子에二星票를掛ᄒᆞ엿는ᄃᆡ偶然上京ᄒᆞ엿사오니離某氏間보시거던挽留ᄒᆞ서ᄉᆞ오니卽時大韓醫院內醫學生吳錠[illegible]氏ᄭᅴ로통寄ᄒᆞ시면厚謝ᄒᆞ깃ᄉᆞ

鳳山沙里院沈善明 白

初等算術教科書

數學大家 柳一宣 著

中卷 定價洋裝 九拾錢

總發賣所 京城南門外紫岩 新舊書林

分賣所 京鄕各書舖

大邱春秋令市改良ᄒᆞ온全國商民同胞諸氏가業已諒悉인바今春令도依定期ᄒᆞ와陰三月一日開市ᄒᆞ고同三十日撤市ᄒᆞ오며秋令도陰十一月一日開設同三十日撤市홀터이오니全國商民은咸須知悉ᄒᆞ와屆期來臨홈

大邱藥商興業會 告白

學員新募集廣告

本舍에서第一學年生을募集ᄒᆞ오니願學僉員은三月三十一日內로志願書를壽進洞興士團內隆熙學校로提出ᄒᆞ시오

試驗日子四月三日

試驗科目算術(全部) 代數(一次方程式) 理化學(簡易)

(但中學程度學校의卒業生은免試홈)

(開學時는本舍를壽進洞興士團內로移接홈)

西部倉洞 私立精理舍

學員募集廣告

本校에서一年級補缺生과預備科學生을增募ᄒᆞ오니志願者는三月卅日(陰二月廿日)內로請願書를提出홈

但試驗日字는四月二日로開學日字는四日

隆熙四年二月 日

安州郡 私立協成安興學校 告白

경셩남문안슈각교북천변동편희낭뒤오십오호십일호쥬약국의단복니죵담쥬의먹고붓치는만변고와살충단은매쇼약쥬파당창제질의신효ᄒᆞ고회싱단은로샤담체이질학질적병잔괴인후후비감창연쥬창안질풍징빅벽풍치약이구비ᄒᆞ오니유벽군ᄌᆞ는와셔치료ᄒᆞ시오셔소도정미ᄒᆞ오며염가로밧ᄉᆞ오며 련쥬약ᄒᆞ제 륙환이오 창벽약ᄒᆞ제 오환이오 외방은우체로부송ᄒᆞ옵

윤샹윤약국 고빅

本書館에名稱耶蘇教書館을以日新書館으로變改ᄒᆞ옵고業務를一層擴張ᄒᆞ오니僉員은尤益愛顧ᄒᆞ시옵

寧邊城內日新書館主 金致億 白

本人의姓名圖章을陰本月二十六日에路中서失故玆에廣告ᄒᆞ오니內外國人은以此 照亮홈

大邱郡大市場客主金相禹 白

國文 初等大韓歷史 特別減價二十錢

國文 初等大韓地誌 附地圖 特別減價十五錢

右書는純國文으로簡易케著述ᄒᆞ야女子社會와勞働學校의獨習케必要ᄒᆞ오니速速購覽ᄒᆞ시옵

發賣所 中部布屛下廣學書舖金相萬

特別廣告

本社의셔同胞의衛生을注意ᄒᆞ야美國의셔經驗單方으로流行通用ᄒᆞ는靈藥聖劑를買入ᄒᆞ야左開廣布ᄒᆞ오니有病君子와藥業에從事ᄒᆞ시는僉彦은爭先來購ᄒᆞ시옵

分賣와都賣에差別이有ᄒᆞ야一打(十二個)以上의都賣에는特別割引홈

左開

秘製止痛藥

效能 外塗內服無處不適 消滯 止瀉 絶瘧 治痢無不神效홈

喜蘇齊藥

效能 頭面 身體一切痛症 積年風濕 除痰 生젼之道 [illegible]卽奏效홈

亞麟香膠

效能 毋論男女老少 勿嬾 年久日淺一切 瘓소 服之則其效如神홈

委花藥

效能 痔疾 瘰珠瘡 蠍跌傷螫咬等 諸症無雙聖藥

委花糖水藥

效能 痲症 花柳毒 凡不潔血所崇症 婦人虛弱등症靈驗홈

牛汁藥酒

效能 毋論男女老少氣血虛弱者服之則大壯元氣身體[illegible]達홈

韓美興業株式會社事務所

檀君開國四千二百四十三年
箕子元年三千三十二年
大韓開國五百十九年
本報創刊日
光武八年七月十八日

大韓每日申報

發行兼編輯人 英國人 萬咸
Responsible for Publication Alfred Weekley Marnham.
發行所
京城南部石井洞三層洋屋 大韓每日申報社

第八卷　月曜及慶節歲時日休刊　第一千三百卅六号

論說

◎韓國振興策 續

經에日引ᄒᆞ야生에之ᄒᆞᆷ에其路가窄ᄒᆞ고引ᄒᆞ야死에之ᄒᆞᆷ에其路가濶ᄒᆞ다ᄒᆞ엿나니嗚乎同胞여此路가雖窄이나他路로之치말지어다現今國內에各種의敎가皆有ᄒᆞ나或은正理에悖ᄒᆞ며或은時勢에不適ᄒᆞᆯ뿐더러彼ᄂᆞᆫ又皆政治的勢力의範圍中에入ᄒᆞ야自由의能力이無ᄒᆞ니라空然히私見을執ᄒᆞ지말며故株를守ᄒᆞ지말고眼에粱木을着ᄒᆞ지말며酒를舊囊에盛ᄒᆞ지말고堅固ᄒᆞᆫ信心으로耶蘇敎에歸依ᄒᆞᄂᆞᆫ國民이大多數에達ᄒᆞ면撒但의魔가自退ᄒᆞ며地獄의火가自滅ᄒᆞ리니嗚乎同胞여諸君이誰가天父의愛子아니뇨

然이나記者가又耶蘇敎宣敎者에게告코져ᄒᆞᄂᆞᆫ一言이有ᄒᆞ노니大抵從來韓國의宣敎ᄒᆞ신人氏가慈愛의心을抱ᄒᆞ며不壞의理를信ᄒᆞ고上帝의福音을宣布ᄒᆞᆷ에熱心極力ᄒᆞᆫ者가多ᄒᆞ엿나니此ᄂᆞᆫ吾儕의大敬慕ᄒᆞ며大讚仰ᄒᆞᆷ을不已ᄒᆞᄂᆞᆫ바어니와但韓國은人民이經濟의道에闇昧ᄒᆞ야生計가日墮ᄒᆞ며苦痛이日極ᄒᆞᆫ즉救世君子가不可不此에留意ᄒᆞ며此에注重ᄒᆞ야同胞의實業을勸勉ᄒᆞ야父母凍餓兄弟離散의憂가無ᄒᆞ여야傳敎의事業이大發展ᄒᆞ리라ᄒᆞ노라彼不稼不穡의飛鳥를瞻ᄒᆞ라ᄒᆞ시며不紡不績의百合花를瞻ᄒᆞ라ᄒᆞ심은是救主가當時猶太人을爲ᄒᆞ야說法ᄒᆞ신바라猶太人은富足ᄒᆞ며又貪鄙ᄒᆞᆫ故로如此히警責ᄒᆞ신바어니와今日韓國은不然ᄒᆞ야艱難困弊가極度에達ᄒᆞ엿나니願컨ᄃᆡ信徒諸君子ᄂᆞᆫ布敎의熱心과實業勉勵의熱心이並進됨을吾儕가一祝ᄒᆞᄂᆞᆫ바며又西歐中世史를觀하면一般敎徒가但只信心만修鍊ᄒᆞᆷ이足ᄒᆞ다ᄒᆞ야科學을輕視ᄒᆞᄂᆞᆫ弊가多有ᄒᆞ엿거니와近世以來로ᄂᆞᆫ歐美諸邦이皆此點의誤謬됨을看破ᄒᆞ고道德과知識을雙修ᄒᆞ며祈禱와硏究를並重ᄒᆞ야科學을發達ᄒᆞᆷ에勤々孜々ᄒᆞᆫ비어ᄂᆞᆯ今日韓國宗敎界에ᄂᆞᆫ尙彼中世以上의狀態를保有ᄒᆞ야其設立ᄒᆞᆫ學校中에셔惟神學을是重ᄒᆞ며惟信仰을是奬ᄒᆞ고各科學의課目은往々尋常에付ᄒᆞᄂᆞᆫ弊가不無ᄒᆞᆫ故로同一ᄒᆞᆫ科學의卒業者라도耶蘇敎學校의卒業ᄒᆞᆫ者를敎外學校의卒業ᄒᆞᆫ者에比하면往々三十里不及의歎이有ᄒᆞ니엇지可惜ᄒᆞᆯ비아니리오故로信徒諸君子에게科學을輕視치말음을吾儕가再祝하ᄂᆞᆫ비로라

此文을草ᄒᆞᆷ에耶蘇그리스도의名을借ᄒᆞ야上帝ᄭᅴ祈禱하노라亞門 (完)

外報

◎美人對日觀 論敦스틘다드新聞紐育通信員報道에日美露日三國間에進行ᄒᆞᄂᆞᆫ談判은重大ᄒᆞᆫ程度에達ᄒᆞᆫ지라此形勢ᄂᆞᆫ日本이機會를每乘ᄒᆞ야日本人의通商利益的政策을遂行ᄒᆞ야滿洲의均等權利를諸國貿易에不與ᄒᆞ기로ᄒᆞᆷ에因ᄒᆞᆷ이라美國政府ᄂᆞᆫ如何ᄒᆞᆫ價値를出ᄒᆞᆯ지라도美國通商上權利를保護ᄒᆞ기로決心ᄒᆞ엿다云ᄒᆞ엿고又紐育타임쓰新聞은社說을揭ᄒᆞ야日本의强大ᄒᆞᆫ武力을論難ᄒᆞ고又紐育우올드新聞華盛敦통信員은時期가切迫ᄒᆞᆫ것을報道ᄒᆞ며兼ᄒᆞ야日日本이財政關係로戰爭키不能하다ᄒᆞᆷ은誤解라고論述하고斷言하야日美國이秘密[illegible]日本[illegible]計[illegible]을探知ᄒᆞ엿ᄂᆞᆫᄃᆡ卽日本艦隊가美國艦隊에對ᄒᆞ야太平洋을閉鎖코져ᄒᆞ고又美國陸軍을攻擊ᄒᆞᆯ意를包含ᄒᆞ엿ᄂᆞᆫᄃᆡ盖日本의目的이極東에在ᄒᆞᆫ美國優越權을打破코져ᄒᆞᆷ이分明ᄒᆞ다ᄒᆞ엿다더라

◎英外相答辯 英國外務大臣은議員質問에答辯ᄒᆞ야曰阿弗利加公果國改革强行을論컨ᄃᆡ比利時의新計劃은舊時보다大進步가되엿스나其改良이分明키前에ᄂᆞᆫ其保護를承認치못ᄒᆞ리라ᄒᆞ엿다더라

◎達賴悔悟說 西藏達賴喇嘛ᄂᆞᆫ淸國官兵을避하야逃走ᄒᆞᆫ後로悔悟心이生하야赦恩을[illegible]ᄒᆞ라고淸政府에電請ᄒᆞ엿다ᄂᆞᆫ說이有ᄒᆞ다더라

雜報

◎約定書改正 昨일官報로船舶에關ᄒᆞᆫ法律이頒布되엿ᄂᆞᆫᄃᆡ光武九年八月拾三일韓일政府間에締結된韓國河海中일本船航行上規定과抵觸이生ᄒᆞᆫ故로該約定書中第二條第二項을改正ᄒᆞ엿다더라

◎實業校法令 當局에셔實業補習學業에關ᄒᆞᆫ法令을制定發布ᄒᆞ다더라

◎蠻行宜懲 水原郡文市面坪村居金明汝ᄂᆞᆫ附近停車場에셔餠商ᄒᆞᄂᆞᆫ日人과符同ᄒᆞ야同里居文章植氏의十六歲된女息을乘夜奪取ᄒᆞᆫ故로文氏가所管警察署에告訴ᄒᆞ엿다더라

◎尹氏保放 公貨欠逋犯으로監獄署에被囚ᄒᆞ엿던尹喬榮氏ᄂᆞᆫ일昨保放되엿다더라

◎鴉烟犯被捉 禁府後洞居吳相奎朴台煥兩人은鴉片吸煙犯으로再昨日中部警察署에被捉하엿다더라

◎投石破窓 去十一日下午九時에京釜列車가淸道등地로통過ᄒᆞᄂᆞᆫᄃᆡ何許人에投石을被ᄒᆞ야客車琉璃窓이破碎되엿다더라

◎有志有憂 平壤城內某某人들이近日來雜技局을設ᄒᆞ고千餘圓得失이有ᄒᆞᆫᄃᆡ辯護士와事務員들도亦參其中ᄒᆞ엿고商民들도大損害를當하야도警察官吏ᄂᆞᆫ知而不禁ᄒᆞᆫ다고有志界에憂嘆이有ᄒᆞ다더라

◎金氏慈善 麻浦桃花洞居金德在氏ᄂᆞᆫ洞內貧寒ᄒᆞᆫ同胞를賑救키爲ᄒᆞ야陰正月分에鄰家十四戶에各其大米壹石式分給ᄒᆞ엿슴으로該氏의慈善心을莫不稱頌ᄒᆞᆫ다더라

◎紀念贈品 美國人吉禮泰氏가歸國ᄒᆞ고求禮九氏가入城ᄒᆞᆷ은旣報어니와靑年會에셔紀念品으로吉氏에게ᄂᆞᆫ太極國旗一雙求氏에게ᄂᆞᆫ銀鉢盤一部를製贈ᄒᆞ엿다더라

◎法會開會 法學協會에셔ᄂᆞᆫ本日下午四時評議會를開ᄒᆞ고事務를處理ᄒᆞᆫ다더라

◎湖南總會 湖南學會에셔ᄂᆞᆫ再昨日下午二時總會를開ᄒᆞ고私立學校維持方針에對ᄒᆞ야內部에請願ᄒᆞᆯ事件을協議ᄒᆞ엿다더라

◎誤植更正 本報第壹千三百二十六号雜報欄內崔倅遺貴이란題下에泰仁이란仁字ᄂᆞᆫ安字의誤植이기玆에追正ᄒᆞᆷ

詞藻

棋　貞溪山人

袖手推枰任彼棋用心無所敢言悲黑白交爭非我族丹朱失著覔何時當局既迷風不競爛柯難速日猶遲願將碧落蜍[illegible]今盡東西莫[illegible]

宮廷彙報

◎兩君謁見 三昨日은興宣王忌辰日인故로完興君李載冕永宣君李埈鎔兩氏가同日上午十二時德壽宮에謁見ᄒ엿다더라

◎進品件製造 大皇帝陛下의誕辰이今月二十五日인故로總理大臣李完用氏ᄂᆞᆫ進品ᄒ기爲ᄒ야銀盤床二件을美術品工場에委托製造ᄒ다더라

雜報

◎何等電報 總理大臣李完用氏ᄂᆞᆫ何등政務에關係가有ᄒᆷ인지近日來日本首相과電報가頻數往來ᄒ다더라

◎各相晩餐 再昨日下午三時에各部大臣이廣通館에前往ᄒ야書畫를展覽ᄒ고因히淸香茶館에會同ᄒ야晩餐會를開ᄒ엿ᄂᆞᆫ데該宴費ᄂᆞᆫ農相趙重應氏가自擔하엿다더라

◎內相茶話 內部大臣朴齊純氏ᄂᆞᆫ再昨日下午四時頃에同志四五人을帶同ᄒ고漢城俱樂園에前往ᄒ야茶話會를開ᄒ엿다더라

◎兩氏運動 中樞院顧問李根澤同院副議長李根湘兩氏ᄂᆞᆫ近日來政府變更說이有ᄒ며大臣椅子를占據ᄒᆯ計劃으로劇烈ᄒ運動이有ᄒ다더라

◎一日三巡 各大官家에警察官吏가每日一次式巡視ᄒᆷ은一般知了하ᄂᆞᆫ바어니와更聞ᄒ즉日憲兵二名이每日二次式又爲巡視ᄒ다더라

◎露書記渡日 駐京露國領事館書記官셰코발나의氏ᄂᆞᆫ定期報告書類를携帶ᄒ고三昨日上午八時에京釜列車를搭乘ᄒ고日本駐箚露國公使館으로發向ᄒ엿다더라

◎得不補失 中樞院顧問李址鎔氏ᄂᆞᆫ日前私邸에셔花套局을設ᄒ엿ᄂᆞᆫ데何許鄕客에게金十一萬圓을見失ᄒ엿다더라

◎木越歸國期 日人木越中將은來二十七日日本師團長會議에往參ᄒ기爲ᄒ야來二十日發程歸國ᄒ다더라

◎派官查簿 宮內府에셔ᄂᆞᆫ該府所管各局課及陵園墓에文簿를調查ᄒᆯ次로監查官를日間派送ᄒ다더라

◎衛生會移轉 北部齋洞前外衙門內에在ᄒ衛生會ᄂᆞᆫ三昨日桂洞前馬隊營門內로移接ᄒ엿다더라

◎或召或派 度支部에셔忠南各郡에在ᄒ驛屯土를測量ᄒ기爲ᄒ야昨年秋에技手羅敏容氏등一十餘員을派送ᄒ엿ᄂᆞᆫ데今番該部에셔土地調查局官制磨鍊件에對ᄒ야該技手諸氏를日昨에發訓召還ᄒ엿고坡州長湍等郡에在ᄒ驛屯土를測量ᄒ기爲ᄒ야再昨日技手六十餘員을又爲派送ᄒ엿다더라

◎贊成則至 江陵郡人士鄭啓和羅在恒氏等壹百八十五人이聯名ᄒ야國民大演說會에贊成書를送致ᄒ엿다더라

◎囑托之効 商務組合本部에셔ᄂᆞᆫ從來各地方頭領을差出ᄒᆯ時에例納金幾十圓을先要하엿ᄂᆞᆫ데再昨日新差ᄒ咸北頭領池學麟氏ᄂᆞᆫ某警官에囑托이有ᄒᆷ으로例納金을追後納入케ᄒ엿다더라

◎處置調查 前判書閔泳瓚氏ᄂᆞᆫ近日一進會에投入하엿다ᄂᆞᆫ說이有ᄒᆷ으로所管警察署에셔目下調查中이라더라

◎無事不查 日憲兵司令部에셔ᄂᆞᆫ韓人으로日本에留學하ᄂᆞᆫ私費生에數爻氏名住所年齡及修業課程과留學費負擔人에姓名을一々調查中이라더라

◎種苗社發起 前判書李載克李根澔李夏榮氏등과日人一名이合資ᄒ야種苗株式會社를設立ᄒ기로發起하엿다더라

◎市街改正說 경城內市街가不規則ᄒ點이多ᄒ다하야當局에셔將次改正코저ᄒ다ᄂᆞᆫ說이有ᄒ다더라

◎式日被招 李學宰ᄂᆞᆫ何등不美ᄒ事가又有ᄒ엿던지昨일上午十時中部警察署에被招ᄒ엿다더라

◎李氏入城 일本에滯留ᄒ던李人稙氏ᄂᆞᆫ昨일釜山列車로入城ᄒ엿다더라

◎魔會長書 國民同志贊成會에셔ᄂᆞᆫ去拾三일에內閣과統監府로長書를送致ᄒ야政合邦의速決을催ᄒ엿다ᄂᆞᆫ說이有하다더라

◎妖巫猥狙 巫女壽蓮이故伊藤氏의三年喪을供奉ᄒ기爲ᄒ야自家文券을典執出債ᄒ야供奉節次를準備ᄒ엿ᄂᆞᆫ데該債金을尙不報償ᄒᆫ故로錢主가其家屋을執行코ᄌᆞᄒᆫ다더라

◎宣敎師平壤行 旅順에赴往ᄒ야安重根氏를面會ᄒ고渡來ᄒᆫ天主敎宣敎師ᄂᆞᆫ仁川에셔出發ᄒ야平壤으로發向ᄒ엿다더라

◎吳氏情勢 李在明의夫人吳仁星氏ᄂᆞᆫ李首相事件이發生ᄒᆫ以來로住接을肯許ᄒᄂᆞᆫ者ㅣ極少ᄒᆯ뿐더러他人에게見侮ᄒᄂᆞᆫ弊가有ᄒ다ᄂᆞᆫ데銅峴警察分署長일人村上이일昨에吳氏를招請하야日下艱苦를深憂치말고修業에熱心하라고愛惜慰諭ᄒ엿다더라

◎無變不有 皇后宮大夫尹寓善氏의次子尹亨求氏가分戶次로中樞院顧問權重顯氏의寺洞所有家屋을買得힛다ᄂᆞᆫ데尹寓善氏ᄂᆞᆫ自己名義로該家券을圖出코저ᄒ고尹亨求氏ᄂᆞᆫ自己名義로圖出코저하야互相詰難하다가畢竟裁判ᄒᆯ地境에至ᄒ야其父ᄂᆞᆫ辯護士朴善斌氏에게委任ᄒ고其子ᄂᆞᆫ崔鎭氏에게委任ᄒ엿다ᄂᆞᆫ데該父子의行爲ᄂᆞᆫ豚犬不若이라고唾罵가畓至ᄒᆫ다더라

◎見奪何多 內閣記錄局長金天洙氏가年前鏡州郡守在任時에該道觀察李根澔氏에게葉錢拾萬兩을見奪ᄒ고推尋코저地方裁判所에起訴ᄒ엿다가落科되엿슴으로更히控訴院에申訴ᄒ엿고宮內府大臣閔丙奭氏에게도年前에五百圓을見奪ᄒ엿다ᄒ야將次地方裁判所에起訴還推코저ᄒᆫ다더라

◎爲憐情狀 前秘書丞南章熙氏의從妹ᄂᆞᆫ十三歲에出嫁ᄒ야前叅判趙秉甲氏의子婦가되엿다가十五歲에夫喪을遭ᄒ야昨年부터其親家에來留ᄒ엿ᄂᆞᆫ데南氏가其情狀을慘憐히녀여再昨日坡州居白某와婚禮를更成ᄒ엿다더라

◎鹽商又書 咸南元山港居鹽商金과源氏가鹽價五萬壹千九百十九圓을推尋ᄒᆯ次로客年冬에日本首相桂太郞統監曾禰荒助衆議院議長長谷塲純孝東京市滑稽社에對ᄒ야長書를提出하엿더니尙今如何ᄒ措處가無ᄒᆫ故로去七日에更히嗚冤書壹度와證據新聞二度를同封ᄒ야郵遞登記로右四處에發送ᄒ야鹽價推還ᄒ기를督促ᄒ엿다더라

◎異此同禍 全州족窟岩에居留ᄒᄂᆞᆫ日人東山、下山兄弟ᄂᆞᆫ全州金堤益山등地에數萬石秋收ᄒᄂᆞᆫ田庄을買置하얏ᄂᆞᆫ데賭租를定ᄒᆯ時에以前韓人의畓主보다三四倍를增加ᄒᆷ으로小作人들은資生無路하야怨聲이漲天ᄒᆯ뿐더러將次流離之境에至ᄒ겟다더라

◎高山火災 去十일全北高山郡東山面에셔失火ᄒ야卅戶가燒燼되고人二名家畜六頭가燒死하엿다더라

◎載寧風塵 去七일에義兵數拾名이載寧桂水洞에셔留宿ᄒ고翌일에同郡大德面으로向ᄒ다가菊田洞에至ᄒ야일守備隊及警察官吏의連合隊를逢ᄒ야激戰이三時間에亘ᄒ엿ᄂᆞᆫ데畢竟戰敗避去ᄒ엿고又義兵數拾名이海州方面에橫行ᄒᄂᆞᆫ故로일兵은此를追擊中이라더라

◎義將被捉 三南等地에橫行ᄒ던義兵將孟達成氏ᄂᆞᆫ日前公州郡新上面維鳩巡查駐在所에被捉ᄒ엿ᄂᆞᆫ데擧動이天然ᄒ고言辭가剛直ᄒ야屈撓ᄒᄂᆞᆫ氣色이毫無ᄒ다더라

◎曖昧被捉 星州郡居崔炳東氏ᄂᆞᆫ年前부터義兵干連의指目이有ᄒ야日憲兵司令部에自現卞明하엿ᄂᆞᆫ데何等誤낫者가有ᄒ엿ᄂᆞᆫ지日前該郡일憲兵分遣所에更히被捉ᄒ엿다더라

◎假巡被捉 廣州郡居李景初氏ᄂᆞᆫ假稱巡查ᄒ事件이發現되야日昨中部警察署에被捉ᄒ엿다더라

◎學生參觀 成均館에셔三昨日春期釋奠을設行ᄒᆷ은既報어니와校洞公立普通學校四年級學徒一同히該館에前往參觀ᄒ엿다더라

◎懇親後報 既報와如히再昨日下午一時李址鎔氏私邸에셔大同敎懇親會를開ᄒ고任員四十餘人이叅席ᄒ엿ᄂᆞᆫ데閔丙奭氏ᄂᆞᆫ金三十圓閔泳綺金宗漢兩氏ᄂᆞᆫ各二十圓李根湘氏ᄂᆞᆫ十圓을捐助ᄒ엿고其他任員諸氏도多少出捐이有ᄒ엿다더라

◎青館開演 今日下午七時三十分에鍾路靑年會館에셔演說會를開ᄒ고商業에必要ᄒ問題로安國善氏가演說ᄒ다더라

感荷義捐

杆城郡公明義塾에셔本社經費를補助ᄒ기爲ᄒ야金一圓五十錢을寄付ᄒ엿기玆에其盛意를感表ᄒ노라

學界

◎官校定期會 官立漢城高等學校에셔ᄂᆞᆫ每土曜日에定期職員會를開ᄒ다더라

電報

露日貨物會議

露日連絡貨物會議ᄂᆞᆫ五月上旬에開會ᄒ기로決定ᄒ엿ᄂᆞᆫ데일本藤田部長滿鐵理事가將次露都로向ᄒ다ᄒ며各種貨物賃率은既히일本便의具體的案件이脫稿되엿다더라

五百木渡韓

일本에在ᄒ對韓問題同志會員五百木은拾三日에일本新橋로부터京城의急向ᄒ엿다더라 以上東京發 拾三日着

極東報言論

露領海蔘威極東報ᄂᆞᆫ極東의現狀이라題ᄒ고論하야曰沿海州에現在二倍의兵、卽四個師團十萬의兵을排置치아니ᄒ면到底히일本兵의上陸을防禦키難ᄒ다ᄒ야要塞의不備를冷罵ᄒ엿다더라 海蔘威發 拾三일着

德相來見

德國宰相은耶蘇復活祭를因하야羅馬의滯在ᄒ다가二月廿五일의伊太利皇帝게謁見ᄒ다더라 伯林發 拾三일着

露海軍消息

露國海軍大臣은海軍製船所及오부스크製砲所及이부풀스크裝甲板製造所를整頓키爲ᄒ야九百萬留의要求覺書를議會에提出ᄒ엿ᄂᆞᆫ데右工場의目下形勢ᄂᆞᆫ드렛드노트型戰艦四隻도竣工이不足ᄒᆯ지라ᄒ며當初에露國首相이此四隻을四年內에製造ᄒ기로約束ᄒ바인데尙且拾年間에二千七百萬留의經費를要ᄒ여야新式을整頓ᄒᆯ지오速히進行ᄒ더라도드렛드노트型戰艦은七個年을要ᄒ리라더라 論敦發 拾三일着

大雪風雨

일本東京地方에ᄂᆞᆫ拾二일에大雪이降ᄒ고吹雪이甚하야電車의운行이中止되고電信電話가被損ᄒ고又同일房總海中에셔暴風雨가有ᄒ야漁船百二拾隻과漁夫六百餘名의去處가不明ᄒᆫ데該急報를接ᄒ고水雷艇四隻과其他漁船을多數派送하야搜索하ᄂᆞᆫ中이라더라

雪崩人死

일本石川縣尾川등地에積雪이數尺에達ᄒ엿ᄂᆞᆫ데該附近倉若礦山食堂에셔崩雪이家를壞ᄒ야坑夫二拾四名이埋沒되엿슴으로卽時掘出하엿ᄂᆞᆫ데男女拾二名은卽死ᄒ고其餘ᄂᆞᆫ重傷을被ᄒ엿다더라 以上東京發 拾四日着

廣告

本社에서高明ᄒᆞᆫ技師를雇聘ᄒᆞ야業務를擴張ᄒᆞ고左記各樣印刷物을特別廉價로酬應ᄒᆞ오니僉君子ᄂᆞᆫ愛顧ᄒᆞ심을伏望

各樣書冊과傳道紙와證明紙各種과印札紙各種과領受證과名啣紙各種과公用信紙와廣告紙

平壤舘門前
光文社印刷所
社長 鄭益魯
總務 李春燮
事務 韓仁錫

本人의從孫成珍을養率行商이已有年所인바性本浮浪ᄒᆞ야物品을竊取盡매故로永爲撤商인則雜類를又爲浮動ᄒᆞ야文券을僞造ᄒᆞ고欺人騙財ᄒᆞ오니內外國人은切勿見欺ᄒᆞᆷ

義州郡東部四統七戶 崔尙麟 告白

本人에姓名正字圖章與新貨九十錢을陰正月十一日梧市場來往時에見失而右章을錢政去來에ᄂᆞᆫ全無捺用이고又以篆字로更刻新章이오니知舊間照亮ᄒᆞᆷ

義州水鎭面松川洞金富三 告白

本人의前日行用ᄒᆞ던黃鍾聲章이라四字를刻ᄒᆞᆫ圖章은自今爲始ᄒᆞ야永爲勿施ᄒᆞ고黃鍾聲三字만新刻行用ᄒᆞ오니京鄕僉君子ᄂᆞᆫ照亮ᄒᆞ옵심을爲要

京中部典洞三十八統加二戶 黃鍾聲 白

本人이今年二月初에姓名章을見失ᄒᆞ고新章을施行ᄒᆞ오니內外國人은照亮ᄒᆞ심을伏望ᄒᆞᆷ

[illegible]明坊大山林洞契七拾[illegible]戶 姜德弘 白

本人이行用ᄒᆞ던名基周를秉喆로次弟基浩ᄂᆞᆫ秉基로三弟基泰ᄂᆞᆫ秉益으로改稱ᄒᆞ옵고玆以廣告ᄒᆞ오니知舊間照亮ᄒᆞᆷ

平北宣川郡邑內面申秉喆 告白

本人等이本寺에佛敎進明學校를設立ᄒᆞᆯ次로方玆經始인바財政은本寺管轄로被燒된龍潭郡深源寺田畓을同郡區裁判所判決을得ᄒᆞ야引用ᄒᆞ오니有志學生은陰四月內로來臨請願을望ᄒᆞᆷ

全北錦山郡寶石寺進明學校
發起人 徐寶峰 朴徹虛 金大輪 鄭春山 告白

昨일午後二時西署盤石坊米廛契翰林洞七拾五統七戶張元煥의所有草家九間을本人이買受ᄒᆞ고立旨二張과測量圖本四張을換券次로漢城府에專往ᄒᆞ다가路上遺失ᄒᆞ엿시니誰某拾得ᄒᆞ와도休紙施行ᄒᆞᆷ

北部觀光坊農圃洞五統四戶 張兌鎭 白

學員募集

學員募集廣告

本學校에셔敎務를擴張키爲ᄒᆞ야物理化學機械標品을購入ᄒᆞ며高明ᄒᆞᆫ講師를更히延聘ᄒᆞ고高等一學年과二三學年의補缺生募集ᄒᆞ오니志願人은陽四月十日로請願書를提出ᄒᆞᆷ

隆熙四年三月五日
寧邊私立維新學校白

一 入學試驗日字ᄂᆞᆫ陽四月十日로ᄒᆞᆷ
一 試驗課目 漢文 作文 內地 內史 物理 算術(四則) 體格
一 普通學校程度卒業証이有ᄒᆞᆫ人은免試ᄒᆞᆷ

廣告

特別廣告

漢陽商會ᄂᆞᆫ我同胞가가장誠意로써歡迎하ᄂᆞᆫ우리나라第壹되ᄂᆞᆫ最新式規模로經營하ᄂᆞᆫ特色잇ᄂᆞᆫ商店이오

漢陽商會ᄂᆞᆫ海外物貨製造場으로第一有名ᄒᆞᆫ各國最大商店과特約代理의關係가有하야最低廉最良好ᄒᆞᆫ物品을輸入하ᄂᆞᆫ特權잇ᄂᆞᆫ商店이오

漢陽商會ᄂᆞᆫ我邦物産을外國으로輸出하야海外의金融을吸收ᄒᆞ야我國經濟界의富源을製造ᄒᆞᄂᆞᆫ國家的商店이오

漢陽商會ᄂᆞᆫ我邦舊來商家의弊習을刷新改良코져晝夜盡力하ᄂᆞᆫ義務的商店이오

漢陽商會ᄂᆞᆫ一般商家로ᄒᆞ야금廣告의必要를感醒케ᄒᆞ야勇進奮發의心을鼓吹ᄒᆞᄂᆞᆫ商店이오

漢陽商會ᄂᆞᆫ我全國各處商業家와連結ᄒᆞ야根本的實業發展의本領을實行ᄒᆞᄂᆞᆫ商店이니라

大韓皇城鍾路 輸出輸入商 漢陽商會
電話 一九一番

特別廣告

廣告

本人의子崔士範이가乙巳年에
離家未還이오니諸某던지住所
를詳細通奇則厚謝ᄒᆞ겟슴

平南成川三岐面
雲峰里鈴坪洞崔致珠 白

學員追募廣告

本塾에서法律專門科一年級學員을增募ᄒᆞ오니志願者는本月卅一日以內로本塾事務室에入學請願書를提出ᄒᆞ시오

注意

法學에有意ᄒᆞ시ᄂᆞᆫ人士ᄂᆞᆫ此入學의好時期를失치마시옵

二 官立高等學校、外國語學校、私立中學校(學部認可)의卒業証이有ᄒᆞᆫ者ᄂᆞᆫ免試ᄒᆞᆷ

三 試驗科目及日字及其他詳細事項은本塾에來議ᄒᆞ시옵

隆熙四年三月 日

私立 養正義塾

學員募集廣告

本校中學科學生을募集ᄒᆞ니志願ᄒᆞᄂᆞᆫ人은四月四日內로請願書에履歷書를帖聯提呈ᄒᆞᆷ

但請願紙ᄂᆞᆫ本校에請求ᄒᆞᆷ

一 試驗科目은

國漢文 日語 算術四則

一 試驗日字ᄂᆞᆫ

四月五日上午十時

京畿部 私立 鳳鳴學校

本人이今月八日에黑角에國文漢文英文으로正刻ᄒᆞᆫ圓形姓名章을平壤東面돼굼이後峴서遺失ᄒᆞ엿ᄉᆞ니內外國人은照亮ᄒᆞᆷ

平壤大同江面下五里還祉洞
金景鎭 告白

本店에서開業ᄒᆞᆫ지十六年間僉君子의愛顧ᄒᆞ심을特蒙ᄒᆞ와今年부터業務을大擴張ᄒᆞ고春夏秋冬所用으로絨毛織等各國高等物品을現今多數直輸入이온바各地方에서ᄂᆞᆫ貿易에便利賣買키爲ᄒᆞ야特別減價ᄒᆞ와郵便小包로酬應ᄒᆞ야代金은引換ᄒᆞ깃사오니十三道各郡僉君子ᄂᆞᆫ隨意請求ᄒᆞ심을望

振替貯金番號(韓國壹三一番)

漢城中部鍾路砂器廛洞二十一統五戶

廣興泰 告白

本人의子成鎭이가性本浮浪ᄒᆞᆫ中悖類의게誘惑되여家長의命令을不遵ᄒᆞ고酒色雜技塲에出沒ᄒᆞᄂᆞᆫ故로日後或何等惡事를做出하드리도本人은一無責任이옵기玆以預布하오니內外國同胞ᄂᆞᆫ照亮後切勿見欺ᄒᆞᆷ

隆熙四年三月十二日

開城郡南部都防里二十三統二戶
崔載訢 告白

數學大家 柳一宣 著

初等算術教科書

中卷 定價洋裝 九拾錢

總發賣所 京城南門外紫岩 新舊書林

分賣所 京鄉各書舖

大邱春秋令市改良ᄒᆞᆷ은全國商民同胞諸氏가業已諒悉인바今春令도依定期ᄒᆞ와陰三月一日開市ᄒᆞ고同三十日撤市ᄒᆞ오며秋令도陰十一月一日開設同三十日撤市ᄒᆞ리오니全國商民은咸須知悉하와屆期來臨ᄒᆞᆷ

大邱藥商興業會 告白

學員新募集廣告

本舍에서第一學年生을募集ᄒᆞ오니願學僉員은三月三十一日內로志願書를壽進洞興士團內隆熙學校로提出ᄒᆞ시오

試驗日子四月三日

試驗科目算術(全部)代數(一次方程式)理化學(簡易)

(但中學程度學校의卒業生은免試ᄒᆞᆷ)

(開學時ᄂᆞᆫ本舍를壽進洞興士團內로移接ᄒᆞᆷ)

西部倉洞 私立精理舍

學員募集廣告

本校에서一年級補缺生과預備科學生을增募ᄒᆞ오니志願者ᄂᆞᆫ三月卅日(陰二月廿日)內로請願書를提出ᄒᆞᆷ

但試驗日字ᄂᆞᆫ四月二日로開學日字ᄂᆞᆫ四日

隆熙四年二月 日

安州郡私立協成安興學校 告白

本校에學徒를新募하니願學僉員은三月二十三日內로請願ᄒᆞᆷ

試驗科目 國漢文 算術四則

漢城 私立普成中學校

경셩남문안슈각교북쳔변동편힝낭뒤오십오통십일호죵약국의단복녀죵담죵의먹고붓치ᄂᆞᆫ만병고와살충단은대쇼악죵과당창제질의신효ᄒᆞ고회싱단은토사담체이결핵절젹벽젹괴인후후비감창연쥬창안질총징벽벽통치약이구비ᄒᆞ오니유명군ᄌᆞᄂᆞᆫ와셔처료ᄒᆞ시오쳐소도졍미ᄒᆞ오며염가로밧ᄉᆞ오며 련쥬약ᄒᆞᆫ제 륙환이오 창벽약ᄒᆞᆫ제 오환이오 외방은우쳬로부송ᄒᆞ옵

윤샹윤약국 고ᄇᆡᆨ

本書館에名稱耶蘇敎書館을以日新書館으로變改ᄒᆞ옵고業務를一層擴張ᄒᆞ오니僉員은尤益愛顧ᄒᆞ시옵

寧邊城內日新書館主
金致億 白

國文 初等大韓歷史 特別減價二十錢

國文 初等大韓地誌 附地圖 特別減價十五錢

右書ᄂᆞᆫ純國文으로簡易洲詳述ᄒᆞ야女子社會와勞働學校의獨習케必要ᄒᆞ오니速速購覽ᄒᆞ시옵

發賣所 中部布屛下廣學書舖金相萬

玉虎書林專賣特許총帽子商店

京城南部三十五統五戶

研究의效果

우리大韓총帽子가前年春에ᄂᆞᆫ尚今研究홈뜻가不無ᄒᆞ더니益加研究ᄒᆞ야前年夏秋부터綢緞과綾羅의別紋으로編織製造홈이益美ᄒᆞ야四時用에各宜ᄒᆞ니이것이研究의効果오이다

우리大韓총帽子ᄂᆞᆫ塵汗의汚홈을水에沈ᄒᆞ야소다로洗濯ᄒᆞ며方正을如意히作樣ᄒᆞ야乾後에冠戴ᄒᆞ면精潔如新ᄒᆞ야衛生上에必要홈이天下에第一이니이것이研究의効果오이다

우리大韓총帽子ᄂᆞᆫ編織이堅緻홈으로數十年을冠用ᄒᆞ야도弊傷이無ᄒᆞ야經濟上에必要홈이天下에第一이니이것이研究의効果오이다

우리大韓총帽子ᄂᆞᆫ隆熙三年三月二十一日에發明ᄒᆞ고소年五月六日에專賣特許와소月十八日에商票登錄을得ᄒᆞ야內外國에發售ᄒᆞᆫ年終會計를決算홈즉多年의研究費를除ᄒᆞ고도當年에利益金이生ᄒᆞ엿스니世界에向ᄒᆞ야感謝ᄒᆞ오며隆熙四年度에ᄂᆞᆫ研究效果가千萬倍나盛多홀것은泰西의工商大家에서豫言ᄒᆞᆫ바어니와今年에ᄂᆞᆫ廉價로大放賣홀터이오니花東西洋에如林如雲ᄒᆞᆫ衛生家와經濟家ᄂᆞᆫ速速請求ᄒᆞ심을務望ᄒᆞ나이다

帽子定價表

中山帽	四圓五十錢
中折帽	四圓五十錢
婦人帽	四圓五十錢
美利堅帽	四圓四十錢
運動帽	一圓四十錢
學徒帽	一圓六十錢

本書林에서發行ᄒᆞᄂᆞᆫ書籍은五圓以上價値를請求ᄒᆞ시면三割引으로本店에ᄉᆞ帽子ᄂᆞᆫ半打六頂을請求ᄒᆞ시면一頂을割引으로供獻ᄒᆞ나이다

大韓全國에本堂製造發行ᄒᆞᄂᆞᆫ藥品은

消化新藥 清心保命丹 此丹은化痰止咳ᄒᆞ고順氣消滯ᄒᆞ며恒常長服ᄒᆞ면腸胃가健全

大補元氣 蔘茸大補元 大補元氣ᄒᆞ고滋腎健腦ᄒᆞ며先天不足과陽위不起에一切神効

蛔積殺虫散 此약은회積과회腹痛과회虫一切을去根ᄒᆞᄂᆞᆫ良劑

久滯大通丸 此丸은年久積滯와宿滯後重이며胃腹痛에神効莫大ᄒᆞᆷ

瘡病新藥 梅花點雪丹 毋論男女ᄒᆞ고花柳病楊梅瘡에一切去根快復하ᄂᆞᆫ良藥

眼疾速効 光明眼藥 諸般眼疾에隨症皆差ᄒᆞᄂᆞᆫ東洋에初有ᄒᆞᆫ寶藥

起死回生 回生丹 此丹은急ᄒᆞᆫ吐瀉關格이며가슴아리와冷積과痢疾에神効

感氣神効 解熱散 寒熱往來ᄒᆞ며似학非학과頭痛眩暈와肢節痛에其効가偉大

齒痛新藥 止痛健齒水 虫齒와風齒와諸般齒痛에壹切神効

耳鼻聖藥 耳鼻神藥 無論男女ᄒᆞ고耳聾鼻塞이며耳鼻에關ᄒᆞᆫ病은隨症並差

疝症拔根 疝積湯 諸般산症에大談出賣ᄒᆞᆷ

寸虫沒出藥 寸白虫을一切去根ᄒᆞᄂᆞᆫ妙劑

티눈과못 拔根藥 티눈과못과ᄉᆞ마귀를빼ᄂᆞᆫ藥

止足汗臭藥 手足의汗臭를除却ᄒᆞᄂᆞᆫ藥

去核生新 沃度膏 劍瘡과腐傷과곱질딘뒤去核生新ᄒᆞ기ᄂᆞᆫ第一聲明

最新改良 百應膏 無論男女老少ᄒᆞ고毒瘡濕瘡痰症諸般瘡瘡에壹切特效가有ᄒᆞᆷ

淋疾藥各種 淋疾各症에壹週日만服ᄒᆞ면病根快復ᄒᆞ고元氣가完全ᄒᆞᆷ

其他洋藥各種과 ◎賣藥各種 ◎都매散賣

◎遠地에ᄂᆞᆫ郵便小包로申速酬應ᄒᆞᆷ

漢城南大門內濟生堂大藥房 李庚鳳
代辦主任 李興國 白

檀君開國四千二百四十三年
箕子元年三千二十二年
大韓開國五百十九年
光武十四年二月十八日

大韓每日申報

第八卷 月曜及慶節歲時日休刊 第一千三百卅七号

發行兼編輯人 英國人 [illegible]
Responsible for Publication Alfred W[illegible]
發行所 京城南部石井洞三層洋屋 大韓每日申報社

論說

◉春期入學節을當ᄒ야青年諸君에게告ᄒ노라

三千里山河에春光이還ᄒ고廿四番風雨에天時ᄂ新ᄒ야春期入學節이來ᄒ니

於是乎四方青年이千里에笈을負ᄒ고聯々히京에上ᄒ야花ᄀᆺ치爛ᄒ고雲ᄀᆺ치集ᄒ도다

吾儕ᄂ青年諸君을向ᄒ야一勸을與ᄒ노니即目的을善擇ᄒ야入學ᄒ라홈이라

大凡吾人一生의預備가青年時代에在ᄒ것은諸君도已知ᄒᄂ바어니와入學은即預備의門路니此時에在ᄒ야目的을善擇ᄒ여야可히一生身勢를不誤ᄒ야人生의本分을盡ᄒ고國民의天職을完ᄒᆯ지라然則其目的을善擇ᄒ라면如何히ᄒᆯᄭᅡ

(一)偉人傑物의資格을準備ᄒ기로目的홈이라 斯人이世에立ᄒ야小를目的ᄒᄂ者ᄂ其成功이小ᄒ고大를目的ᄒᄂ者ᄂ其成功이大ᄒ나니諸君은아모ᄌ록彼迷津에彷徨ᄒ야奏判任의小經綸을目的지말며彼恥窟에顚倒ᄒ야銀幾圓의小慾望을目的지말고大를目的ᄒ며大를目的ᄒ라

嗚乎諸君이여廣濶ᄒ舞臺ᄂ英雄兒를歡迎ᄒ며複雜ᄒ社會ᄂ多情人을苦待ᄒ나니諸君은반다시興奮ᄒ며반다시勇進ᄒ야同胞의花가되며國家의柱石이되며世界의風雲을[illegible]ᄒᆯ만ᄒ偉人傑物의資格을具備ᄒ기로目的ᄒ라

(二)國利民福에最必要ᄒ學問[illegible]修得ᄒ기로目[illegible]

一般科學이何者가國利民福에無益ᄒ며何者가國利民福에不急ᄒ리오만은目下韓國에在ᄒ야國利民福에最必要ᄒ學問을修得ᄒ라回顧ᄒ지어다目今韓國形勢가如何ᄒ가國事ᄂ慘담[illegible]ᄒ고民情은沉淪이[illegible]ᄒ나니此狂瀾倒流의勢를扶回ᄒ며捲土重來의光[illegible]ᄒ者[illegible]諸君이아닌가諸君은一[illegible]며반다시[illegible]國利民福의思想[illegible]以ᄒ며諸君은一能[illegible]되면다시國利民福의精神으로以ᄒ라

(三)精神教育[illegible]홈이라皮相으로觀ᄒ면[illegible]物의資格을準備ᄒᆯ[illegible]學校인듯ᄒ며皮相으로觀ᄒ면可히國利民福에最必要ᄒ學問을修得ᄒᆯ學校인듯ᄒ나其內容은오ᄌ虛僞인學校에入ᄒ면其目的을達ᄒ기ᄂ姑舍ᄒ고도리혀前途를誤ᄒ나니故로諸君은아모ᄌ록精神教育의學校를尋ᄒ야入學ᄒ라

嗚乎라青年諸君이여吾儕의此言이實로泛言이아니니諸君은靜聽ᄒᆯ지어다

外報

◉美紙論難 美國紐育이부닝포스트新聞에論ᄒ야曰故하리만氏가再昨年南滿鐵道買收權을得ᄒ엿다ᄒᄂ確說이有홈을不拘ᄒ고日本이國務卿노스크쓰氏의提議ᄒ滿洲鐵道中立問題에對ᄒ야反對의聲을高히홈은何故이뇨ᄒ얏스며又同紙ᄂ更히論鋒을一轉ᄒ야露國政府가外交的信用을打破ᄒ야노스크쓰氏提議에對ᄒ야普통習慣에依ᄒ야外交上節次로써彼得堡에駐箚ᄒ美國代表者에게回[illegible]新聞에[illegible]洩홈은不可ᄒ다고述ᄒ엿고노스크쓰氏가外交的節次에依ᄒ露國에回答을得ᄒ기前에其中立提案을不得已公表홈에至홈은全혀此에基因홈이라ᄒ엿다더라

◉土塞和協 塞比亞國外相미로와노우의ᄎ지氏ᄂ同國비ー타ー王의土耳其京訪問[illegible]土耳其政[illegible]協議ᄒ엿ᄂ데其[illegible]政府ᄂ塞比亞王에[illegible]ᄒ야公[illegible]ᄒ待遇를與ᄒ기로約束[illegible]時에政治上으로塞比亞[illegible]利國에接近ᄒ事를要求하엿다더라

◉錦愛線調査 [illegible]會社에서ᄂ技手三名을派送ᄒ야錦愛鐵道線路를調査ᄒ다ᄂ說이有ᄒ다더라

◉法國의偏頗 法國上[illegible]은[illegible]國의提議를不顧ᄒ고英國의製造品과及耕作用器械의利益을無視ᄒᄂ下院에서可決ᄒ海關重稅案을可決ᄒ엿ᄂ데如斯히海關의重稅를課ᄒ되美國製의器械에對ᄒ야ᄂ重稅를課치아니ᄒ다더라

◉清國銀行數 清國農商工部에調査를據ᄒᆫ즉全國銀行과銀號(舊式銀行)가合計三百五十八箇所라더라

◉一切稱臣 清國皇帝ᄂ勅喩를下ᄒ야曰從來漢人은皇帝의게對ᄒ야臣이라稱ᄒ고滿人은奴才라稱ᄒ엿스니是ᄂ滿漢을區別ᄒ者라此立憲時代에不妥當ᄒ것인즉以後上奏文에ᄂ滿漢이一樣으로稱臣하라ᄒ엿다더라

◉英國造艦計畫 英國政府에서ᄂ來四月一日부터爲始하야戰鬪艦七隻、鋼[illegible]巡洋艦二隻、裝甲巡洋艦九隻、無裝甲巡洋艦二隻外에驅逐艦三十七隻과及水雷艇九隻을建造ᄒ기로計畫ᄒ다더라

雜報

◉郡主有人 濟州郡主事李載[illegible]氏가該郡守署理로在任ᄒ지數年에治績이頗有ᄒ야人民이安堵ᄒᆯ뿐더러農業을[illegible]心獎[illegible]ᄒ으로該地人民의思想이[illegible]覺醒ᄒ다ᄂ데該氏의美績을莫不稱頌ᄒ다더라

◉面長斷髮 [illegible]郡主[illegible]仁氏ᄂ日前各面々長을郡廳에會[illegible]ᄒ야時務에必要ᄒ斷髮의[illegible]問題로演說ᄒ[illegible]面長[illegible]은一齊히一切斷髮ᄒ엿다더라

學界

◉應者千餘 [illegible]入學員을募集ᄒ[illegible]目下應募者가千餘員에達ᄒ엿다더라

◉陰竹興學 陰竹郡守徐光世氏ᄂ該郡內에勞働夜學校를設立ᄒ고諸般經費를自擔支出ᄒᄂ데學徒가六十餘名에達하엿다더라

學報

◉明新卒業 慶南梁山通度寺私立明新學校에서卒業試驗을經ᄒ엿ᄂ데卒業生崔景珍辛寅昊金善宇金靖錫申秉煥孫永希

詞藻

春消息

韓半島三千里에、봄소식이반가워라。
廿四番風부ᄂ곳에、萬物生新도ᄒᆯ지고。
이즈음에、時機를일치말고、우리들도。[illegible]

宮廷彙報

◎乾元節夜宴 來二十五日은乾元節인故로同日下午八時半에惇德殿에셔夜宴을開ᄒᆞᆫ다ᄂᆞᆫᄃᆡ文官은燕尾服으로武官은禮裝으로參ᄒᆞ라고總理大臣이內外國高等官에게通牒ᄒᆞ엿다더라

雜報

◎參與會議 昨日統監府에셔參與官會議를開ᄒᆞ엿다더라

◎拓殖質問 去十四日日本衆議院拓殖會社法改正委員會에셔韓國內日人農民移住及此를保護獎勵ᄒᆞᄂᆞᆫ事件에關ᄒᆞ야質問을提出ᄒᆞ엿ᄂᆞᆫᄃᆡ日本桂首相이詳細答辯ᄒᆞ엿다ᄒᆞ며尙且代議士藏原은拓殖會社事業經營에關ᄒᆞ야質問的趣旨書를提出ᄒᆞ엿다더라

◎小松渡日 統監府外務部長小松은本日에何等要務를帶하고日本東京으로向ᄒᆞᆫ다더라

◎李相交涉 總理大臣李完用氏ᄂᆞᆫ何事件을因ᄒᆞᆷ인지某政黨會員과頻數交涉이有ᄒᆞ다더라

◎何等秘密 農商工部大臣趙重應氏ᄂᆞᆫ何等緊要ᄒᆞᆫ事를民ᄒᆞᆷ인지再昨夜에李總理를訪問ᄒᆞ고長時間秘密議話ᄒᆞ엿다더라

◎金氏又動 前兵使尹錫禎氏ᄂᆞᆫ中樞院顧問李根澤氏를紹介하야觀察一窠를運動中인ᄃᆡ金力을使用ᄒᆞᆫ다ᄂᆞᆫ說이有하다더라

◎慰勞金擬議 李總相이遭難ᄒᆞᆯ時에醫護ᄒᆞ던韓日人巡査에게慰勞金을支撥ᄒᆞᆫ다ᄂᆞᆫᄃᆡ日巡査에게ᄂᆞᆫ四十圜式韓巡査에게ᄂᆞᆫ十圜式給與ᄒᆞ기로擬議中이라더라

◎[illegible]族救卹 總理大臣李完用氏ᄂᆞᆫ前[illegible]往被殺된人力車夫朴永文에게[illegible]朔白米二石柴一駄金貨二十圓[illegible]式支給ᄒᆞᆫ다더라

◎官吏增置 農商工部에셔一萬五千圓의豫算으로商工業을調査하ᄂᆞᆫᄃᆡ其結果로商工局에셔事務官一名主事一名을增置ᄒᆞᆫ다더라

◎悉皆日人 土地調査局官制ᄂᆞᆫ十四日 勅令으로發布되엿고該局官吏를不日叙任ᄒᆞᄂᆞᆫᄃᆡ總裁以外高等官吏ᄂᆞᆫ悉皆日人이라더라

◎碧蹄遠足 統監府地方部官吏ᄂᆞᆫ來二十日碧蹄舘에遠足會를開ᄒᆞ고壬辰倭亂時代의戰爭狀態를講演ᄒᆞᆫ다더라

◎航路調査 去十四日에日本衆議院에셔北韓航路開始에關ᄒᆞ야代議士의質問이有ᄒᆞ엿ᄂᆞᆫᄃᆡ日本後藤遞相은答辯하여曰北韓航路가必要ᄒᆞ나目下黑龍江樺太島淸國方面에對ᄒᆞᆫ航路와關連如何를調査中이라ᄒᆞ엿다더라

◎直宿例變更 農商工部에셔ᄂᆞᆫ昨年度부터判任官의輪回直宿ᄒᆞᄂᆞᆫ節例를廢止ᄒᆞ고技手一人雇員二人으로長番直宿人을選定ᄒᆞ엿ᄂᆞᆫᄃᆡ該直宿費ᄂᆞᆫ每朔技手에十圓雇員에七圓으로定ᄒᆞ엿다더라

◎宿舍甚壯 去十二月에竣工된龍山日軍司令官宿舍ᄂᆞᆫ基址가六百餘坪이오建築費가五十萬圓에達하엿ᄂᆞᆫᄃᆡ該舍制度가極히宏大ᄒᆞᆷ으로此를統監官邸로引用ᄒᆞ고軍司令官宿舍ᄂᆞᆫ更히建築ᄒᆞ기로目下協議中이라더라

◎巡回着手 農商工部에셔實施ᄒᆞᄂᆞᆫ機業巡回教師事件은數日前부터着手ᄒᆞ엿ᄂᆞᆫᄃᆡ其豫算은機業獎勵費六千七百七十二圓中으로支用ᄒᆞᆫ다더라

◎六個月豫定 農商工部에셔ᄂᆞᆫ二萬六千圓의經費로國內山林을調査ᄒᆞᄂᆞᆫᄃᆡ來八月ᄭᆞ지六個月間에調査를畢了ᄒᆞᆯ豫定이라더라

◎土木實施 內部에셔農商工部로照會ᄒᆞ고國內各沿岸에土木工事를從速實施ᄒᆞ라ᄒᆞ엿다더라

◎宜其還給 楊州金谷外垈字를民間에還出給ᄒᆞ기爲하야度支部臨時財産整理局에셔民人等에게來知ᄒᆞ고證據書類를携帶出頭하라ᄒᆞ엿다더라

◎慶察計劃 慶南觀察使黃鐵氏ᄂᆞᆫ地方費中으로晉州郡에實業學校一個所와龍南郡에工業傳習所一個所를設立ᄒᆞᆯ次로計劃中이라더라

◎宣教師南浦往 安重根氏를面會ᄒᆞ고歸來ᄒᆞᆫ天主教宣教師ᄂᆞᆫ去十四日에鎭南浦로赴往ᄒᆞ엿ᄂᆞᆫᄃᆡ此ᄂᆞᆫ安의傳言을其親戚知舊의게傳코저ᄒᆞᆷ이라하며安明根氏ᄂᆞᆫ同日에信川으로向ᄒᆞ엿다더라

◎詰問何益 壹進會長李容九ᄂᆞᆫ術客으로著名ᄒᆞᆫ李會臣氏에게金幾百圓을贈與ᄒᆞ고該會贊成ᄒᆞ기를要求ᄒᆞ엿ᄂᆞᆫᄃᆡ該氏가金銀만捧喫ᄒᆞ고壹言에贊成이無ᄒᆞᆷ으로方今詰問中이라더라

◎魔窟又現 韓昌會李秉觀洪淳七등이壹進會를贊成ᄒᆞᆯ目的으로協成進步會를組織ᄒᆞ엿ᄂᆞᆫᄃᆡ事務所ᄂᆞᆫ朴文奎家로定ᄒᆞ엿다더라

◎兩肚相連 國民同志贊成會에셔ᄂᆞᆫ三昨日下午二時에許議會를開ᄒᆞ고今回渡韓ᄒᆞᄂᆞᆫ日本對韓同志會員五百木淨一人을歡迎ᄒᆞ기爲ᄒᆞ야崔昌圭洪甲杓兩人을迎接委員으로選定하고其待費ᄂᆞᆫ九十圓으로定ᄒᆞ엿다더라

◎宜其推薦 北部壯洞居姜寶熙氏ᄂᆞᆫ莞島郡地段價九百圓을內部에推薦ᄒᆞᆯ計劃으로齋洞居柳某를紹介ᄒᆞ야統監府로運動ᄒᆞᆫ다더라

◎閔氏又訴 前公州郡守閔泳采氏가前判書李根澔氏와財政關係로屢次裁判ᄒᆞᆷ은既報어니와閔氏가該訟訴의名義를變更ᄒᆞ야更히京城地方裁判所에起訴ᄒᆞ엿슴으로昨日李氏를呼出審査ᄒᆞ엿ᄂᆞᆫᄃᆡ證査人全秉鉉氏도出頭ᄒᆞ엿다더라

◎倫常墜地 恩津財務署主事李각氏ᄂᆞᆫ去月分에其母喪을遭ᄒᆞ엿ᄂᆞᆫᄃᆡ或因喪免仕ᄒᆞᆯ까念慮ᄒᆞ야秘不發喪ᄒᆞ고如前視務ᄒᆞᆫ다더라

◎教徒調査 警視廳에셔昨日中部警察署로申飭하야該管內에在ᄒᆞᆫ神宮奉敬會와侍天教의來歷과教徒數를調査報來ᄒᆞ라ᄒᆞ엿다더라

◎紀念品贈呈 寧遠郡守田德龍氏ᄂᆞᆫ教育에熱心ᄒᆞ며民弊를革거ᄒᆞᆷ으로闔境이賴安터니今에龍岡郡守로轉任ᄒᆞ미寧遠郡一般士民이田氏의美績을永久紀念키爲하야銀時計一個를贈呈ᄒᆞ엿다더라

◎醜哉々々 女學徒라稱ᄒᆞᄂᆞᆫ韓貞淳이中樞院顧問李根澤氏에令男歧薰氏와百年을同盟하엿다가金七十圓을見失ᄒᆞᆫ은既報어니와該女가更히崔炳龍氏와結緣ᄒᆞ엿다가新情이未洽ᄒᆞ야又崔聖源氏와通好ᄒᆞ엿슴으로該女에醜行을莫不唾罵ᄒᆞᆫ다더라

◎[illegible]巡[illegible]免 中部警察署巡査命漢[illegible]張[illegible]植兩氏ᄂᆞᆫ日前中部典洞居全起泓氏家에셔酒八十錢價値를外上으로討飮ᄒᆞ엿ᄂᆞᆫᄃᆡ全氏가鍾路派出所에呼訴ᄒᆞ야俞張兩氏가即時罷免을遭ᄒᆞ엿다더라

◎婦人界新事業 慈惠婦人會에셔國文新聞을發刊ᄒᆞ기로現今協議中인ᄃᆡ位置ᄂᆞᆫ孤兒院內로定ᄒᆞ고新聞利益의百分二ᄂᆞᆫ該院에寄付ᄒᆞ기로決定ᄒᆞ엿ᄂᆞᆫᄃᆡ現今準備金이六百圓이라더라

◎欺騙宜懲 黃海道黃州郡居丁炳俊氏가昨年秋間에大蒜二百圓價値를貿易ᄒᆞ야京城으로輸入ᄒᆞ엿더니北部桂洞居權泰英이權永洙李德爾등으로共謀ᄒᆞ야該蒜을欺取매喫ᄒᆞ고隱身潛伏ᄒᆞ야代金을不報ᄒᆞᄂᆞᆫ故로丁氏ᄂᆞᆫ客地狼狽가不少ᄒᆞ다더라

◎奚至此困 目下金融이甚乏ᄒᆞ고民産이殘敗ᄒᆞᄂᆞᆫ것은京城뿐아니라地方에도亦此勢가有ᄒᆞ야農牛를매ᄒᆞ야糊口를作ᄒᆞᄂᆞᆫ등困況이有하다더라

◎永平義兵 去六日에義將姜基東氏의中將李容圭氏가部下二名을率ᄒᆞ고永平一東面柳洞居該面々長俞漢善氏를詰責曰汝등이日人에게請願ᄒᆞ고此地에日憲兵分遣所와巡査駐在所를設置ᄒᆞᆫ다ᄒᆞ니吾儕ᄂᆞᆫ天을代ᄒᆞ야汝등과如히日人에付ᄒᆞ야國家를매ᄒᆞᄂᆞᆫ者를誅殺ᄒᆞ리라ᄒᆞ고金二十圓을取去ᄒᆞ엿다더라

◎長書又草 國民大演說會에셔內閣에長書를提呈ᄒᆞᆫ後如何ᄒᆞᆫ措處가尙無ᄒᆞᆷ으로日間再次長書코저目下起草中이라더라

◎情狀極矣 京畿江原黃海三道內에昨年來義兵과日兵의衝突數ᄂᆞᆫ共一百九十九回오此로因하야義兵의被殺及被捕된者가六百二十四名이오此外에搜索으로因ᄒᆞ야被捕된者가六百餘名이라더라

◎兩偵被殺 黃海道金川郡日憲兵分遣所에셔義兵을偵探키爲ᄒᆞ야郡人張一成方某등을村閭에派送ᄒᆞ엿ᄂᆞᆫᄃᆡ該所十五里地堂洞附近에셔義兵을逢着하야當場被殺ᄒᆞ엿다더라

◎郡衙全燒 慶南金海郡衙ᄂᆞᆫ去十四日에失火全燒되엿다더라

◎幸不蔓延 羣山藏財洞朴應七氏家에셔去十壹日에失火ᄒᆞ엿ᄂᆞᆫᄃᆡ當日暴風이甚烈ᄒᆞ야蔓延의慮가有ᄒᆞ더니隣里가極力救助ᄒᆞ야幸即撲滅ᄒᆞ엿다더라

◎沈氏申請 監獄署에被囚ᄒᆞᆫ強盜犯安翊善이行盜ᄒᆞᆯ時에前郡守沈宜平氏의文官大禮服을竊取ᄒᆞᆫ것을警視廳에셔押收ᄒᆞᆫ故로沈氏ᄂᆞᆫ該大禮服을還出給ᄒᆞ라고警視廳에申請ᄒᆞ엿다더라

◎處犯越交 中部警察署에被捉ᄒᆞᆫ強盜犯處範은再昨日京城地方裁判所로越交ᄒᆞ엿다더라

◎宜其褒賞 雲山郡北面鎭洞居하ᄂᆞᆫ李永根氏가該洞內貧民五百七十餘戶에各其白米一斗와青魚一級式賑恤ᄒᆞᆫ故로該道觀察使柳赫魯氏가內部에修報ᄒᆞ고特別褒賞狀을繕給ᄒᆞ라ᄒᆞ엿다더라

◎吳氏慈善 羣山九岩里居吳競善氏ᄂᆞᆫ昨年歲末에近洞貧戶에白米一二斗式分卹ᄒᆞ엿슴으로稱頌이有ᄒᆞ다더라

◎組合貸舘 均興紅合所에셔ᄂᆞᆫ青年知識을發함을贊成키爲ᄒᆞ야該組合所를贊會々館으로貸與ᄒᆞ엿다더라

電報

◎暹羅共進會 暹羅國政府ᄂᆞᆫ來四月에國京城盤谷에農産物及商品의共進會를開ᄒᆞ기로決定ᄒᆞ엿다더라

◎義勇艦中止 日本海軍協會에셔ᄂᆞᆫ第三次義勇艦建設計劃이有ᄒᆞ더니何등原因을因하야中止되엿다더라

以上東京發 十五日着

▲社會燈▼

▲裁判所長橫田이ᄂᆞᆫ韓人律師에對하여셔오마예란賤待辭를無難使用잘ᄒᆞ다가卞榮晚氏論駁옹에魂구녕이쑥빠져고敗北術을쓰며내여오마예가上[illegible]니自己게도用ᄒᆞ라고模糊說去ᄒᆞ엿다지一時勢力憑藉ᄒᆞ야神聖族을侮慢ᄒᆞ나陰谷陽回하고보면오마예를참밧을걸

▲開島日人樓井이ᄂᆞᆫ韓人金錢貸用하고夕飯再炊ᄒᆞ라다가債權者가強留ᄒᆞ미賊反荷杖黨을지어韓人들을毆打하고淸國警廳잡혀가셔白晝大都杖板上에兩臂짝을드러ᄂᆡ고笞一頓을喫힛다지남의物件잘먹기로到處有名ᄒᆞ던人物쇠人죠각을또먹다가笞산적만飽喫힛네

▲橫須賀港書記등은本國內에各商人과其他高等官등ᄶᅡ지이리저리締結ᄒᆞ야電信用具艦材等屬十萬圓價ᄃᆡ軍物을無數偸竊ᄒᆞ엿다지韓國軍部廢止ᄒᆞᆫ後部內屬物放매ᄒᆞᆯ제。釜鼎에金七錢式欺價買渡하더니만ᄃᆡ의나라軍用物은ᄃᆡ희끼리훔쳐내여시지무지업서진[illegible]다더

廣告

京西部車洞同和藥房 本國藥材、洋製、各病效、用、價、國漢文、可刊出、作封、雖婦女、郵便請求、買賣 閔 櫃 白

學員追募廣告

本塾에서法律專門科一年級學員을增募ㅎ오니志願者는本月卅一日以內로本塾事務室에入學請願書를提出ㅎ시오

注意

法學에有意ㅎ시는人士는此入學의好時期를失치마시오

一 官立高等學校、外國語學校、私立中學校(學部認可)의卒業證이有흔者는免試흠
二 試驗科目及日字及其他詳細事項은本塾에來議ㅎ시옵

隆熙四年三月 日

私立 養正義塾

學員募集廣告

本校中等科學生을募集ㅎ니志願ㅎ는人은四月四日內로請願書에履歷書를添附提呈흠
但請願書는本校에請求흠
一 試驗科目은 國漢文 日語 算術四則
一 試驗日字는 四月五日上午十時

京城 私立 鳳鳴學校

本人이今月八日에漢文과國文으로正刻흔圓形姓名章을東大門外內東面에셔遺失ㅎ얏스니內外國人은照亮흠

不換大同江面下五里還社洞 金景鎭 告白

本店에서開業흔지十六年間僉君子의愛顧ㅎ심을特蒙ㅎ와今年부터業務을大擴張ㅎ고春夏秋冬所用으로綴屬毛織等各國高等物品을現今多數直輸入이온바各地方에서는貿易에便利賣買케爲ㅎ야特廉減價ㅎ와郵便小包로酬應ㅎ야代金은引換ㅎ깃사오니十三道各郡僉君子는隨意請求ㅎ심을望

振替貯金番號(韓國壹三番)

漢城中部鍾路砂器廛洞二十一統五戶

廣 興泰 告白

學員募集廣告

本舍에서第一學年生을募集ㅎ오니願學僉員은三月三十一日內로志願書를壽進洞興士團內隆熙學校로提出ㅎ시오

試驗日子四月三日
試驗科目算術(全部)代數(一次方程式)理化學(簡易)
(但中學程度學校의卒業生은免試흠)
(開學時는本舍를壽進洞興士團內로移接흠)

西部倉洞 私立精理舍

學員募集廣告

本校에서一年級補缺生과預備科學生을增募ㅎ오니志願者는三月卅日(陰二月卄日)內로請願書를提出흠

但試驗日字는四月二日로開學日字는四日

隆熙四年二月 日

安州郡 私立協成安興學校 告白

檀君開國四千二百四十三年
箕子元年三千三十二年
大韓開國五百十九年
本報創刊日 光武八年七月十八日

大韓每日申報

Responsible for Publication Alfred Weekley Marnham.
發行兼編輯人 英國人 萬咸
發行所 京城中部石井洞三層洋屋 大韓每日申報社

第八卷　月曜及慶節歲時日休刊　第一千三百卅八号

論說

◉有志家의統一을祝ᄒᆞ노라

時局의岌業이甚ᄒᆞ고人事의板蕩이極ᄒᆞ야千波萬浪이止ᄒᆞᆯ바를不知ᄒᆞ나니此時에在ᄒᆞ야오쟉萬難을排ᄒᆞ고正義의路를由ᄒᆞ며萬險을越ᄒᆞ고福利의基를築ᄒᆞᆯ者ᄂᆞᆫ有志家라

目下韓國에有志家가無ᄒᆞᆷ은아니나다만所歎者ᄂᆞᆫ統一을缺ᄒᆞᆷ이是니

統一을缺ᄒᆞᆫ지라故로其精神이同ᄒᆞ며其目的이同ᄒᆞ며其方法이同ᄒᆞ되各히分ᄒᆞ며各히散ᄒᆞ야或東邊에도一旗를立ᄒᆞ며西邊에도一旗를立ᄒᆞ야高壘를相對ᄒᆞ며或獨尊의短慮로傲眼만放ᄒᆞᆯᄲᅮᆫ이며或林間에閒臥ᄒᆞ야時事만歎ᄒᆞᆯᄲᅮᆫ이니

嗚乎라如斯히統一치못ᄒᆞ면비록伊斯麥又ᄂᆞᆫ大政治家가其中에生ᄒᆞ며비록諸葛孔明又ᄂᆞᆫ大智識家가其間에立ᄒᆞ야도오히려其功을奏키難ᄒᆞ리로다

又況韓國은國民統一의實力이乏ᄒᆞᆫ國이라오쟉有志家가統一ᄒᆞ면此乃國民統一의基礎니嗚乎라身을有志家에托ᄒᆞᆫ者ㅣ엇지一層奮勵치아니ᄒᆞ리오

今에韓國有志家를爲ᄒᆞ야一言을呈ᄒᆞ건ᄃᆡ

(一)排擠를말지라 排擠ᄂᆞᆫ統一을害ᄒᆞᄂᆞᆫ惡魔라只今韓國人士中에或自己의同派가아니면其相對便의曲直은不思ᄒᆞ고排擠를加코져ᄒᆞᄂᆞᆫ者ㅣ多ᄒᆞ나니嗚呼라所謂有志家의人物이되야此等의色眼鏡을着ᄒᆞᆫ者야엇지可恥치아니ᄒᆞ뇨故로統一코져ᄒᆞ면먼저排擠를말지며

(二)虛心을務ᄒᆞᆯ지라 虛心은統一을成ᄒᆞᄂᆞᆫ良法이라只今韓國人士中에或自己만一世의英雄인줄노自飽ᄒᆞ야他人에先下키를是恥ᄒᆞ며他人을協助키를不喜ᄒᆞ야우々히獨行을作ᄒᆞᄂᆞᆫ者ㅣ多ᄒᆞ나니嗚乎라滿이損을招ᄒᆞ며謙이益을受ᄒᆞᆯᄲᅮᆫ아니라今日에在ᄒᆞ야一毫라도國家에利ᄒᆞ고同胞에利ᄒᆞᆫ人이면爲ᄒᆞ야頭를稽ᄒᆞ야도是甘ᄒᆞ며爲ᄒᆞ야鞭을執ᄒᆞ야도是願일지니엇지此등의自慢을作ᄒᆞ리오故로統一코져ᄒᆞ면몬져虛心을務ᄒᆞᆯ지며

(三)扶助를互加ᄒᆞᆯ지라 비록排擠치아니ᄒᆞ며비록虛心을務ᄒᆞᆯ지라도扶助를不與ᄒᆞ면可히統一의美를議치못ᄒᆞ며可히統壹의功을擧키難ᄒᆞᄂᆞ니故로統壹코져ᄒᆞ면몬져扶助를互加ᄒᆞᆯ지라

嗚乎라有志君子ᄂᆞᆫ此에意를留ᄒᆞᆯ지어다

外報

◉錫督과農會 清國錫總督은東三省의土地가肥沃ᄒᆞᆷ으로써農業振興을急務로ᄒᆞ야曩者에奉天勸業道에命ᄒᆞ야農業會를發起ᄒᆞ엿고更히各府,州,縣廳에農業會를設立ᄒᆞᆷ이可ᄒᆞᆫ事를命ᄒᆞ엿다더라

◉張庫鐵道와露淸 清國張家口、庫倫間鐵道修築에關ᄒᆞᆫ露國提議에對ᄒᆞ야淸國外務部ᄂᆞᆫ敵擊的回答을與ᄒᆞ야曰該鐵道ᄂᆞᆫ張家口綏遠城間鐵道의竣成을竢ᄒᆞ야此를庫倫에延長ᄒᆞ기로預定ᄒᆞ야既히蒙古各部에통牒ᄒᆞᆫ것인즉外債에依ᄒᆞ야此를經營ᄒᆞᆷ은不可能의事라ᄒᆞ엿다더라

◉再度總選擧 英國統一黨領袖等은今後三個月內로再히總選擧를行ᄒᆞ기를預想ᄒᆞ고統一黨及其聯合派ᄂᆞᆫ公平ᄒᆞᆫ財政、善良ᄒᆞᆫ政策、社會改良、關稅改革及鞏固ᄒᆞᆫ第二院의創立등諸問題로써再選ᄒᆞ기를期待ᄒᆞᆫ다더라

◉日外相打電 日本小村外相은美國紐育헬드新聞에電報를發ᄒᆞ야日美兩國의關係ᄂᆞᆫ實로不安을惹起ᄒᆞᆯ터이아니라兩國이極東에對ᄒᆞᆫ利益은兩立치못ᄒᆞᆯ바아니오互相間背反될것이無ᄒᆞᆫ즉如斯히辯解ᄒᆞᆯ理由가無ᄒᆞᆫ戰爭을起ᄒᆞᆷ은罪惡이라고斷言ᄒᆞ엿다더라

◉英國政務豫算 英國政務豫算案은前年度에比ᄒᆞ야三百十七萬九千八百磅이增加ᄒᆞ엿ᄂᆞᆫ데其中에養老年金九百二十二萬磅及英國皇太子南阿行啓費四萬磅을包含ᄒᆞ엿다더라

◉湖廣鐵道借款 法德美三國은淸國湖廣鐵道借款三千萬弗을英法德美四箇國間에分擔케ᄒᆞᆯ事에對ᄒᆞ야英國의故障을除ᄒᆞ기爲ᄒᆞ야英國에向ᄒᆞ야最後의注意를促ᄒᆞ기로同意ᄒᆞ엿다ᄂᆞᆫ說이有ᄒᆞ다더라

▲偉人遺蹟

▲▲東國巨傑 崔都統 (續) 錦頰山人

然이나元順帝의宣召ᄒᆞᆫ我國將相十五人中에崔都統의名이第十二에居ᄒᆞ엿스니萬一入援의日에崔都統의名이無ᄒᆞ면元帝의怒를觸ᄒᆞᆯ가可慮며且此등說이流播되면反히元人이我國을疑케ᄒᆞᆷ이라ᄒᆞ야議가遂寢ᄒᆞ고援師를發ᄒᆞᆯ시柳濯이元帥되야宿衛兵 千과西京水軍三百을率ᄒᆞ고燕京에至ᄒᆞ야本國人居留者二萬人을收ᄒᆞ야軍伍를編ᄒᆞ니時에崔都統은大護軍을拜ᄒᆞ야此를從ᄒᆞ엿더라

釋玄鱗者ᄂᆞᆫ江陵五臺山僧이라跡을宗門에托ᄒᆞ며心을雲水에寄ᄒᆞ야一鉢로四海에周遊ᄒᆞ니不知者ᄂᆞᆫ以爲호ᄃᆡ此人은是出世緇流오猿鶴友侶라ᄒᆞ나然이나其骨이極雄ᄒᆞ고其腸이極熱ᄒᆞ야獨히救國主義를抱ᄒᆞ고人間에彷徨ᄒᆞᄂᆞᆫ者라是時에支那風雲消息이其耳를打ᄒᆞ미禪師의慧眼으로此를一察코ᄌᆞᄒᆞ야灑々ᄒᆞᆫ袈裟衣를着ᄒᆞ고撫情ᄒᆞᆫ阿彌陀佛을昑ᄒᆞ며支那南部永平高郵等地에來寓ᄒᆞ야彼劉福通張士誠等의布置를閱覽ᄒᆞ고本國山川의寂寞ᄒᆞᆷ을恨ᄒᆞ더니今者柳濯等赴征軍이燕京에來到ᄒᆞᆫ報道를接ᄒᆞ고劒을杖ᄒᆞ고軍門에來謁ᄒᆞ야兵事를縱談ᄒᆞᆯ시累々肉眼의將相이目을回ᄒᆞᄂᆞᆫ者ㅣ殆無ᄒᆞ고惟崔都統이頭를頻々히點ᄒᆞ더라

玄麟도亦崔都統의爲人을敬服ᄒᆞ야將出ᄒᆞ다가獨語曰我가諸將相을觀ᄒᆞᆫ건ᄃᆡ下則身軀의生還만祝ᄒᆞᄂᆞᆫ者오上則敵國(卽元朝)을爲ᄒᆞ야効力코ᄌᆞᄒᆞᄂᆞᆫ者인ᄃᆡ異哉라彼ᄂᆞᆫ何人이완ᄃᆡ容色이悽愴ᄒᆞ나脫身歸國을圖ᄒᆞᄂᆞᆫ者도아니며意氣가奮發ᄒᆞ나爲敵平亂을謀ᄒᆞᄂᆞᆫ者도아니니噫라是或我國의餘存ᄒᆞᆫ英雄種子인가ᄒᆞ더라

(未完)

詞藻

◉不如歸◉

不如歸不如歸ᄒᆞ니、너ᄂᆞᆫ알고울것마ᄂᆞᆫ。
어이업ᄂᆞᆫ망량들은、도라갈줄웨모르노。
만일에、벼락火번ᄯᅳᆺᄒᆞ면、後悔莫及。

宮廷錄事

◎進致特旨 去二十五日 乾元節에 宗親文武百官의 進致詞箋은 權停ᄒᆞ라신 旨意를 下ᄒᆞ옵셧다더라

◎淑明進品議 淑明高등女學校에셔ᄂᆞᆫ 乾元節三字를 채단에 刺繡ᄒᆞ야 來二十九日 大皇帝陛下께 進獻하기로 目下協議中이라더라

雜報

◎總相渡日說 總相李完用氏ᄂᆞᆫ 二週日內渡日ᄒᆞ기로 內定되얏ᄂᆞᆫ데 總理署理ᄂᆞᆫ 內相朴齊純氏가 被任ᄒᆞᆫ다ᄂᆞᆫ 說이 有ᄒᆞ다더라

◎農相有恨 農相趙重應氏ᄂᆞᆫ 身病이 園發ᄒᆞ야 再昨日부터 仕進을 廢止ᄒᆞ엿다더라

◎道令製定 各道觀察使ᄂᆞᆫ 內部電訓을 依ᄒᆞ야 各其道令을 製定上報ᄒᆞ엿다더라

◎執重武庫 內閣에셔 曾彌統監의 子曾彌尤男의 請求를 依하야 景福宮內建春門基址幾千坪을 貸與ᄒᆞ엿다ᄂᆞᆫ데 尤男은 該址에 苗木등을 種植中이라더라

◎小松渡日說 韓淸國境에셔 兩國人間에 爭鬪ᄒᆞᄂᆞᆫ 事가 種々有之ᄒᆞᆫ데 其犯人引渡에 關하야 旣히 完成ᄒᆞᆫ 契約이 無ᄒᆞᆫ 故로 統監府에셔 此를 日本外務省에 交涉ᄒᆞ야 淸政府와 協商을 開始케 ᄒᆞᆯ 次로 同府外務部長小松이 昨日에 渡日ᄒᆞ엿다더라

◎五百木入京 日本에셔 渡來ᄒᆞᄂᆞᆫ 對韓同志會員五百木은 昨日午后에 入京ᄒᆞ엿다더라

◎改正案通過 去十五일 日本衆議院에셔ᄂᆞᆫ 拓殖會社法의 改正案이 委員會에 通過ᄒᆞ얏다더라

◎俵孫奔走 學部次官俵孫一은 土地調查局副總裁를 被任ᄒᆞᆫ後에 每日午前에ᄂᆞᆫ 學部에 午后에ᄂᆞᆫ 調查局에 出勤ᄒᆞᆫ다더라

◎木內歸國說 農商工部次官木內ᄂᆞᆫ 일本福岡及名古屋의 共進會를 視察키 爲ᄒᆞ야 近々渡일ᄒᆞᆫ다더라

◎海老渡韓說 일本基督敎人海老ᄂᆞᆫ 平壤등地에 傳道를 擴張코져ᄒᆞ야 來四月二일에 渡來ᄒᆞᆫ다더라

◎民會通牒 漢城府民會에셔ᄂᆞᆫ 各坊會에 通牒ᄒᆞ고 來二十五日 乾元節에 慶祝節次를 準備ᄒᆞ라하엿다더라

◎木越歸程延期 日人木越中將이 日本師團長會議에 往參ᄒᆞ기 爲ᄒᆞ야 日間渡日ᄒᆞᆫ다ᄒᆞᆷ은 旣報어니와 該會議가 十日間延期되엿슴으로 木越의 歸國도 因以延期되엿다더라

◎調查局位置 度支部에셔 設置ᄒᆞᆯ 土地調查局은 該部官舍가 狹窄ᄒᆞ야 位置가 不便ᄒᆞᆷ으로 前度支部內에 分室을 定ᄒᆞᆫ다더라

◎逋倅納了 再昨日度支部에셔 犯逋郡守金甲洙李年夏申大均氏등十五人을 招致하야 納了後에 放釋ᄒᆞ엿다더라

◎方氏請願 恩津郡廳을 江景浦로 移轉ᄒᆞ라고 方圭錫氏등이 內部에 請願ᄒᆞ엿다더라

◎春川種苗 農商工部에셔ᄂᆞᆫ 春川에 種苗場을 新設코져ᄒᆞᆫ다더라

◎整理局姑置 度支部에셔ᄂᆞᆫ 土地調查局을 設置ᄒᆞᆫ後 財產整理局은 卽時廢止ᄒᆞᆯ터인데 但驛屯土를 調查ᄒᆞᆫ 殘務를 處理키 爲ᄒᆞ야 來五月頃ᄭᅡ지 姑爲仍置ᄒᆞᆫ다더라

◎管米法編製 忠北觀察道書記官이 社還米保管方法을 編製ᄒᆞ야 內部로 修報ᄒᆞ고 參考施行ᄒᆞ기를 要求ᄒᆞ엿다더라

◎玄亭又買 李容九ᄂᆞᆫ 彦恩宮을 旣爲買入하고 三淸洞에 在ᄒᆞᆫ 玄興澤氏의 亭子를 又爲買入ᄒᆞ엿다더라

◎迎者형롬 大韓新聞社長李人稙氏가 再昨日下午八時南門驛에 到着ᄒᆞ엿ᄂᆞᆫ데 該社任員一同은 提燈歡迎ᄒᆞ엿고 壹進會員兪鶴柱崔麟基등幾名은 李氏의 動靜을 형察코저 該驛에 前往ᄒᆞ엿다더라

◎新政黨成立期 某々氏가 新政黨會를 組織ᄒᆞᆫ다ᄒᆞᆷ은 旣報어니와 成立發表期ᄂᆞᆫ 來三十日內로 定ᄒᆞ엿다더라

◎閔氏聲言 元老閔泳徽氏ᄂᆞᆫ 閔元植氏등의 經營ᄒᆞᄂᆞᆫ 新政黨의 經費를 擔任支撥ᄒᆞ깃다고 聲言ᄒᆞ엿다더라

◎農組設立說 前判書李根澔 大韓協會々員卞國善諸氏ᄂᆞᆫ 農務組合所를 設立ᄒᆞᆯ 次로 目下運動中이라더라

◎期欲廣布 學部에셔ᄂᆞᆫ 敎授法及學校管理法에 關ᄒᆞᆫ 敎科書를 製定하고 又唱歌를 編成ᄒᆞ엿ᄂᆞᆫ데 來四月頃에 出版하야 官公立學校에 頒給ᄒᆞ고 多數買下코저ᄒᆞᆫ다더라

◎學宰失望 商務組合部長李學宰ᄂᆞᆫ 伊藤氏銅像을 期於設立ᄒᆞᆯ 意로 警視廳에 請願ᄒᆞ엿ᄂᆞᆫ데 再昨日該廳에셔 該書類를 退却ᄒᆞ고 此等行爲를 更勿生意ᄒᆞ라고 嚴切團束ᄒᆞ엿다더라

◎喫米調查 商務組合部長李學宰ᄂᆞᆫ 大邱商務頭領李世榮氏에게 白米九石을 暗喫ᄒᆞ엿다ᄂᆞᆫ 說이 有ᄒᆞᆷ으로 某處에셔 調查中이라더라

◎養成所設立 度支部에셔 土地調查局官制를 頒布하엿슴으로 學部에셔ᄂᆞᆫ 度支部의 委任을 承ᄒᆞ야 外國語學校及官立高등學校內에 調查事務員과 測量員養成所를 設置ᄒᆞ고 來四月에 學員을 募集敎授ᄒᆞᆫ다더라

◎同情又至 居昌郡人士李鉉奎氏등四十九人이 聯合ᄒᆞ야 國民大演說會에 同意贊成書를 送致하엿다더다

◎漁界慘狀 日本千葉縣下에셔 遭難ᄒᆞᆫ 漁船은 百六十八隻인데 乘員千六百六十八名內에 六百十三名이 生存ᄒᆞ고 其餘ᄂᆞᆫ 行衛가 不明ᄒᆞ다ᄒᆞ며 又茨城縣下에셔ᄂᆞᆫ 漁船七十九隻에 生存者가 四十一名이오 死亡者가 五十八名이오 漁船二十五隻과 人員五百四十四名은 行衛가 不明ᄒᆞ다더라

◎船破人生 仁川居留日人古川이가 本月壹日에 全南에셔 木材를 船에 載ᄒᆞ고 歸來하다가 瑞山海面에셔 覆沒ᄒᆞ엿ᄂᆞᆫ데 該日人은 漂流登陸ᄒᆞ야 生命을 得保ᄒᆞ엿다더라

◎鎭倅挾雜 鎭岑郡守曹敦承 同郡主事李相廉兩氏가 符同ᄒᆞ야 學校를 設立ᄒᆞᆫ다 稱托ᄒᆞ고 該郡居中某를 誘引하야 空紙捺章케ᄒᆞᆫ後 數十石落田土文券을 僞造ᄒᆞ야 太田驛에 居留ᄒᆞᄂᆞᆫ 日人石井에게 典執ᄒᆞ고 金一千四百餘圓을 債用ᄒᆞᆫ 事件이 發現되야 石井이 公州地方裁判所에 起訴ᄒᆞ엿ᄂᆞᆫ데 郡主事ᄂᆞᆫ 卽時被捉ᄒᆞ고 該郡守ᄂᆞᆫ 目下逃躲ᄒᆞᆺ다더라

◎警官狩獵 警視廳官吏壹同은 來日曜日東九陵附近地에 前往ᄒᆞ야 狩獵을 再開ᄒᆞᆫ다더라

◎曹家執行 鎭岑郡守曹敦承氏의 事件은 別項과 如ᄒᆞ거니와 該氏가 該郡面長安建鎬金昌濟氏등五人에게 捧稅金千餘圓을 挪用ᄒᆞᆫ 事件이 發現되야 該郡財務署에셔 일前曹氏의 家產을 執行ᄒᆞ엿다더라

◎搜宅指揮 富平郡居李圭用氏家에 銃劍등武器를 多數藏置ᄒᆞ엿다ᄂᆞᆫ 說이 有ᄒᆞᆷ으로 日憲兵司令部에셔 日昨當地分遣所에 指揮ᄒᆞ야 李氏家를 搜索ᄒᆞ라하엿다더라

◎兩將被捉 去十三日에 義將權重禹高在植兩氏가 積城日憲兵에게 被捉하엿ᄂᆞᆫ데 該兩氏ᄂᆞᆫ 元來故義將許위氏의 部將으로 各其部下五十名을 率하고 京畿江原등地로 橫行ᄒᆞ다가 許氏가 被捉後에 該兩氏ᄂᆞᆫ 倡義元帥府大將이되여 其部下兵卒을 金千日李仁用氏등에게 付與하고 抱川地方에 在하야 指揮를 坐定ᄒᆞ고 各國領事館에 送檄ᄒᆞ며 又徵發文을 傳布하엿다더라

◎干連被捉 彰義門外居方致俊氏ᄂᆞᆫ 義兵嫌疑로 目下調捕中인데 北部壯洞居朴斗榮氏에 下人朴某가 方氏와 何等干連이 有ᄒᆞ다ᄒᆞ야 再昨日々憲兵司令部에 被捉ᄒᆞ엿다더라

◎大同開會 本日下午七時에 大同敎에셔 議事員會를 開ᄒᆞᆫ다더라

學界

◎留學生試取期 日本에 派遣ᄒᆞᆫ 官費留學生을 補缺키 爲하야 來四月十一日上午九時官立師範學校內에셔 試取ᄒᆞᆫ다더라

電報

◎拓殖任員攻擊 日本代議士藏原은 本日衆議院에셔 約二時間에 亘ᄒᆞ도록 拓殖會社任員의 無爲無能을 痛擊ᄒᆞ야 此가 韓國을 拓殖ᄒᆞᄂᆞᆫ 目的에 無益하다ᄒᆞ며 政府의 責任에 論及ᄒᆞ엿ᄂᆞᆫ데 滿場의 注意를 惹起ᄒᆞ엿다더라

◎露日同盟論 日本國民黨結黨式에셔 大石正已가 日本의 外交軟弱을 非難ᄒᆞ야 曰 日本의 急務ᄂᆞᆫ 韓滿經營에 在ᄒᆞᆫ데 此目的을 達ᄒᆞ라면 惟一方法이 露日同盟에 在ᄒᆞ다ᄒᆞ엿다더라

◎商會決議 英國倫敦商業會議所에셔ᄂᆞᆫ 決議하되 我會ᄂᆞᆫ 英日博覽會에 日本出品多大ᄒᆞᆫ것을 觀ᄒᆞ고 壹般英國製造業者에게 對ᄒᆞ야 出品을 勸ᄒᆞᄌᆞ ᄒᆞ엿다더라

以上東京發 十五日着

◎勃王訪問期 土耳其政府ᄂᆞᆫ 勃加利牙國照會에 對하야 回答하되 勃王의 土都訪問은 來五月이 適當ᄒᆞ다ᄒᆞ엿다더라

伯林발 十五일着

◎和蘭民政 和蘭國은 스마라에 軍政을 廢止ᄒᆞ고 民政으로 改置하엿다더라

伯林發 十六日着

◎美日戰爭論 美國富豪식푸氏가 美일戰爭은 不可不開라고 唱道ᄒᆞᆫ 以來로 美國에 與論이 傳動하야 美人의 排일熱이 再起하ᄂᆞᆫ 故로 일本東京國際新聞協會에셔 本일大會를 開ᄒᆞ고 美일戰爭의 無理由ᄒᆞᆫ것을 聲明ᄒᆞ기로 決議ᄒᆞ엿다더라

◎新協約成立說 年前締結된 露日協約은 其範圍關係가 極히 狹少ᄒᆞ더니 今番에 其範圍를 擴張ᄒᆞ야 壹層有効ᄒᆞᆫ 新協約이 締結되엿다ᄂᆞᆫ 說이 有하다하며 該協約의 [illegible] 約以上에 [illegible]이 有하다더라

以上東京發 十六日着

又 [illegible]

▲人生一[illegible]間에 能參ᄒᆞ고 萬物中에 最靈ᄒᆞᆫ은 倫理부터 整齊ᄒᆞ야 德義性이 有ᄒᆞᆷ인데 近日所[illegible] 드러보면 許多悖惡ᄒᆞᆫ 行爲가 너 耳聽을 [illegible]이라 王章不靈이 時代에 依[illegible]處어려운즉 이붓ᄃᆡ를 ᄯᅩ ᄲᅢ여서 鑿刑으로 버혀볼ᄲᅢ

▲尹萬善의 父子들은 家屋을 買得ᄒᆞ야 證明券을 圖出ᄒᆞᆯ새 무合府節橫生ᄒᆞ야 各其名義使用코져 兩狗兒가 相爭하야 一骨物를 다투드시 으릉으릉ᄃᆞ 結果가 裁判ᄭᅡ지 提起ᄒᆞ련 辯護委托ᄒᆞ엿다니 父子相訟ᄒᆞᄂᆞᆫ 禽獸이 붓ᄃᆡ로 버혀내고

▲恩津財主李각이ᄂᆞᆫ 新[illegible]界에 從宦ᄒᆞ며 起復例도 모르ᄂᆞᆫ지 居喪中에 잇고보면 免仕[illegible]ᄒᆞ야 自己親母죽은後에 秘不發喪忌諱ᄒᆞ고 視務에만 [illegible]다니 月給分에 慾火나서 [illegible]之恩 닛단말가 母喪不奔ᄒᆞᄂᆞᆫ 禽獸이 붓ᄃᆡ로 버혀내고

▲女學徒에 韓貞淳은 李[illegible]을 ᄯᅡ러가서 百年佳約매졋다가 七十餘圓 더 黃金만 녀아가리 풀바르고 崔炳龍과 結緣타가 [illegible]情分이 未洽하야 崔[illegible]을 又通ᄒᆞ니 學徒身分[illegible]하야 [illegible]가 何事런고 淫奔從事하ᄂᆞᆫ 禽獸이 붓ᄃᆡ로 버혀내고

▲前郡守에 金[illegible]ᄂᆞᆫ 黃[illegible] 쓰어두고 敎子[illegible] 分粒々[illegible]은 [illegible]이라 外國留學ᄒᆞ고 [illegible] 金업센다고 警官의게 [illegible]하야 그아ᄃᆞᆯ을 捉囚ᄒᆞ니 [illegible]에 이어려 父訴其子ᄒᆞᄂᆞᆫ 禽獸이 붓ᄃᆡ로 버혀내세

雜報

◎綠江解氷 鴨綠江은일來로漸々解氷된다더라

◎熱心其人 忠北堤川郡沙里洞居洪彛道氏ᄂᆞᆫ從來安州郡에서生長ᄒᆞ엿ᄂᆞᆫ디該地에買置ᄒᆞ엿던庄土二十五斗落을西北學會에義捐하야文券ᄭᆞ지寄付ᄒᆞ엿다더라

◎靑舘開演 今日下午七時三十分에鍾路靑年會舘에서石鎭衡氏를請邀하야人類와法學이란問題로演說ᄒᆞᆫ다더라

◎尹具相詰 楊州郡居尹炳肅氏가白部漢陽洞居具鍾書氏와山坂事件으로相詰되여再昨日京城地方裁判所에서審査하엿ᄂᆞᆫ디前判書趙鼎九前郡守洪泰潤兩氏를證査人으로呼出ᄒᆞ엿다더라

◎果則痘夢 忠南洪州附近에ᄂᆞᆫ壹種風說이流行ᄒᆞ되年來로東海에靑魚가多ᄒᆞ고西海에ᄂᆞᆫ靑魚가無ᄒᆞ더니近者에ᄂᆞᆫ西海에靑魚가多ᄒᆞ야東海靑魚보다肥且大ᄒᆞ니東洋覇權은淸人의게必歸ᄒᆞᆫ다고云ᄒᆞᆫ다더라

◎金犯被捉 馬山港居金克一은群山港等地에서金二千餘圓을竊取ᄒᆞ야仁川港에來留ᄒᆞ다가三昨日仁川警察署에被捉하엿다더라

◎金氏被捉 西江에서客主ᄒᆞᄂᆞᆫ金某ᄂᆞᆫ夜珠峴居丁仁燮氏에白米七十餘石을偸賣ᄒᆞᆫ事件이有하다하야日昨日憲兵司令部에被捉ᄒᆞ엿다더라

◎穿窬何異 李勝鳳等三人이天然堂寫眞舘에서外上으로撮影ᄒᆞ고追後眞帖을來覓ᄒᆞᆯ時에該舘主ᄂᆞᆫ依例히代金을償給ᄒᆞᆯ上을知ᄒᆞ고無疑ᄒᆞ給ᄒᆞᆫ後適時來賓이有ᄒᆞ야應接하ᄂᆞᆫ디李등은該機를乘ᄒᆞ야潛身逃走ᄒᆞ엿다더라

◎韓會懇親 大韓協會에서再昨夜에日人大垣丈夫등同會舘內로請邀ᄒᆞ야懇親會를設行ᄒᆞ엿다더라

廣告

牙山金始源이가十圜換送于郵便局하여本人이本月初六日推覔以去錢票圖章中路見失이기廣告ᄒᆞ오니誰某拾得休紙施行

京城南門內大平洞六十二統一戶 朴胤緖 白

私立 觀鏡學校

北部中學橋

本校에서三月二十九日에第壹學年及各學年補缺生을增募ᄒᆞᆷ

本校에서第壹學年級學員을募集ᄒᆞ오니志願者ᄂᆞᆫ四月十日內로請願書를提出ᄒᆞᆷ

但請願紙ᄂᆞᆫ本校에請求ᄒᆞᆷ

試驗日字ᄂᆞᆫ四月十壹日下午二時

試驗科目算術四則、作文、讀書

第二學年補缺生도募集ᄒᆞᆷ

隆熙四年三月 日

私立 西北協成學校

學員募集廣告

本校에서一年級補缺生과預備科學生을增募ᄒᆞ오니志願者ᄂᆞᆫ三月卅日(陰二月卄日)內로請願書를提出ᄒᆞᆷ

但試驗日字ᄂᆞᆫ四月二日로開學日字ᄂᆞᆫ四日

隆熙四年二月 日

安州郡 私立 協成安興學校 告白

本人의黑角圓形姓名圖章을陽三月五日에路上서失ᄒᆞ고半圓形으로更刻施行ᄒᆞᆷ

北部樓閣洞 柳昌烈 白

本社에서高明ᄒᆞᆫ技師를雇聘ᄒᆞ야業務를擴張ᄒᆞ고左記各樣印刷物을特別廉價로酬應ᄒᆞ오니僉君子ᄂᆞᆫ愛顧ᄒᆞ심을伏望

各樣書冊과傳道紙와證明紙各種과印札紙各種과領受證과名함紙各種과公用信紙와廣告紙

平壤舘門前 光文社印刷所

社長 鄭益魯

總務 李春燮

事務 韓仁錫

大邱春秋令市改良ᄒᆞᆷ은全國商民同胞諸氏가業已諒悉인바今春令도依定期ᄒᆞ와陰三月一日開市ᄒᆞ고同三十日撤市ᄒᆞ오며秋令도陰十一月一日開設同三十日撤市ᄒᆞᆯ터오니全國商民은咸須知悉하와屆期來臨ᄒᆞᆷ

大邱藥商興業會 告白

本書舘에名稱耶蘇敎書舘을以日新書舘으로變改ᄒᆞᆸ고業務를一層擴張ᄒᆞ오니僉員은尤益愛顧ᄒᆞ십

寧邊城內日新書舘主金致億白

경셩남문안슈각교북쳔변동편힝낭뒤오십오통셜일ᄒᆞᆫ죵약국의단복너죵담죵의먹고못치ᄂᆞᆫ만병고와살충단은대쇼약죵과망창제졔의신효ᄒᆞ고회셩단은도샤담체이졀학졀젹명잔긔인후후비감창연쥬창안질풍징빅벽풍치약이구비ᄒᆞ오니유명군ᄌᆞᄂᆞᆫ와셔쳐료ᄒᆞ시오체소도졍미ᄒᆞ오며염가로밧ᄉᆞ오며 편쥬약ᄒᆞᆫ제 륙환이오 챵명약ᄒᆞᆫ제 오환이오 외방은우체로부송ᄒᆞᆸ

윤샹운약국 고빅

學員追募廣告

本塾에서法律專門科一年級學員을增募ᄒᆞ오니志願者ᄂᆞᆫ本月卅一日以內로本塾事務室에入學請願書를提出ᄒᆞ시오

注意

一 法學에有意ᄒᆞ시ᄂᆞᆫ人士ᄂᆞᆫ此入學의好時期를失치마시오

二 官立高등學校、外國語學校、私立中學校(學部認可)의卒業証이有ᄒᆞᆫ者ᄂᆞᆫ免試ᄒᆞᆷ

三 試驗科目及日字及其他詳細事項은本塾에來議ᄒᆞ십

隆熙四年三月 日

私立 養正義塾

本校에學徒를新募하니願學僉員은三月二十三日內로請願ᄒᆞᆷ

試驗科目 國漢文 算術四則

漢城 私立普成中學校

學員募集廣告

學員募集廣告

本學校에서敎務를擴張키爲ᄒᆞ야物理化學機械標品을購入ᄒᆞ며高明ᄒᆞᆫ講師를更히延聘ᄒᆞ고高等一學年과二三學年의補缺生募集ᄒᆞ오니 志願人은陽四月十日로請願書를提出ᄒᆞᆸ

隆熙四年三月五日

寧邊私立維新學校白

一入學試驗日字ᄂᆞᆫ陽四月十日로ᄒᆞᆷ

一試驗課目漢 文 作文內地 內史 物理算術(四則)體格

一普通學교程度의卒業証이有ᄒᆞᆫ人은免試ᄒᆞᆷ

特別廣告

漢陽商會ᄂᆞᆫ我同胞가가장誠意로써歡迎하ᄂᆞᆫ우리나라第壹되ᄂᆞᆫ最新式規模로經營하ᄂᆞᆫ特色잇ᄂᆞᆫ商店이오

漢陽商會ᄂᆞᆫ海外物貨製造場으로第一有名ᄒᆞᆫ各國最大商店과特約代理의關係가有하야最低廉最良好ᄒᆞᆫ物品을輸入하ᄂᆞᆫ特權잇ᄂᆞᆫ商店이오

漢陽商會ᄂᆞᆫ我邦物産을外國으로輸出하야海外의金融을吸收ᄒᆞ야我國經濟界의富源을製造ᄒᆞᄂᆞᆫ國家的商店이오

漢陽商會ᄂᆞᆫ我邦舊來商家의弊習을刷新改良코져晝夜盡力하ᄂᆞᆫ義務的商店이오

漢陽商會ᄂᆞᆫ一般商家로ᄒᆞ야금廣告의必要를感醒케ᄒᆞ야勇進奮發의心을鼓吹ᄒᆞᄂᆞᆫ商店이오

漢陽商會ᄂᆞᆫ我全國各處商業家와連結ᄒᆞ야根本的實業發展의本領을實行ᄒᆞᄂᆞᆫ商店이니라

大韓皇城鍾路 輸出輸入商 漢陽商會 電話 一九一番

特別廣告

檀君開國四千二百四十三年
箕子元年三千三十二年
大韓開國五百十九年
本報創刊日
光武八年七月十八日

大韓每日申報

發行兼編輯人 英國人 萬咸
Responsible for Publication Alfred Weekley Marnham
發行所 京城南部石井洞三層洋屋 大韓每日申報社

第八卷 月曜及慶節時歲日休刊 第一千三百卅九号

論說

◎政黨勃興說에就ᄒᆞ야論ᄒᆞᆷ

近日來로政黨勃興說이亂起ᄒᆞ야或은甲派가政黨을組織ᄒᆞᆫ다ᄒᆞ며或은乙派가政黨을組織ᄒᆞᆫ다ᄒᆞ며又或은丙派가政黨을組織ᄒᆞᆫ다ᄒᆞ야彼說此說이紛々不已ᄒᆞ는도다

果然此政黨이設立되면此를歡迎ᄒᆞᆷ이可ᄒᆞᆯᄭᆞ此를反抗ᄒᆞᆷ이可ᄒᆞᆯᄭᆞ曰國家에利ᄒᆞᆫ政黨이면歡迎ᄒᆞᆯ지오國家에害ᄒᆞᆫ政黨이면反抗ᄒᆞᆯ지니라

如何ᄒᆞᆫ政黨은國家에利ᄒᆞᆫ政黨이라ᄒᆞ며如何ᄒᆞᆫ政黨은國家에害ᄒᆞᆫ政黨이라ᄒᆞᆯᄭᆞ曰國家와政黨의關係가何國에在ᄒᆞ야不然ᄒᆞ리오만은더욱韓國에在ᄒᆞ야政黨을論ᄒᆞ건ᄃᆡ

(一)國家에利ᄒᆞᆫ政黨 政黨이眞正ᄒᆞᆫ輿論을喚起ᄒᆞ며眞正ᄒᆞᆫ輿論을代表ᄒᆞ야國家의邪魔를逐ᄒᆞ기로力을盡ᄒᆞ며國家의福音을遍ᄒᆞ기로氣를奮ᄒᆞ야堂々히進ᄒᆞ면此는國家에利ᄒᆞᆫ政黨이될지니何者오如是ᄒᆞ면此黨이不正ᄒᆞᆫ時에는彼黨이抗杜ᄒᆞ며彼黨이進善ᄒᆞ는時에는此黨이尤勵ᄒᆞ야國利民福의旗幟下로互相競趨ᄒᆞ야可히人民의實力을鞏固ᄒᆞ며可히人民의幸福을增長ᄒᆞᆯ지니彼歐美文明國에大概政黨이羅立ᄒᆞ엿스되其國家의利益이日益膨脹ᄒᆞᆷ은此가有ᄒᆞᆫ故라此는國家에利ᄒᆞᆫ政黨이오

(一)國家에害ᄒᆞᆫ政黨 政黨이國家의榮辱도不擇ᄒᆞ며國家의消長도不計ᄒᆞ야오ᄌᆞᆨ角立의感情을抱ᄒᆞ며오ᄌᆞᆨ政權의爭奪을圖ᄒᆞ야分裂을事ᄒᆞ며擠陷을作ᄒᆞ면此는國家에害ᄒᆞᆫ政黨이될지니何者오如是ᄒᆞ면彼此에善惡은不問ᄒᆞ고爭鬪만徒甘ᄒᆞ야此黨의事業은彼黨이反對ᄒᆞ며彼黨의事業은此黨이反對ᄒᆞ야人民의頹敗를尤甚케ᄒᆞ고人民의慘禍를尤極케ᄒᆞ며又況漁人의功을取ᄒᆞ는者가一邊에在ᄒᆞ야或此黨을利用ᄒᆞ야彼黨을擺ᄒᆞ며或彼黨을利用ᄒᆞ야此黨을擺ᄒᆞ야自滅을促케ᄒᆞᆯ지니此韓國往世에色論戰爭과彼波蘭末年에黨派分立이皆此의類라此는國家에害ᄒᆞᆫ政黨이니라

今彼政黨을設立코ᄌᆞ圖ᄒᆞ는者가果然國家에利ᄒᆞᆫ政黨을設立코ᄌᆞᄒᆞᆷ인가抑亦國家에害ᄒᆞᆫ政黨을設立코ᄌᆞᄒᆞᆷ인가又或何等私營의[illegible]를抱ᄒᆞ고此政黨設立說을唱ᄒᆞᆷ인가

嗚呼라諸君이여諸君子가果然政黨을設立코져ᄒᆞ거던아모됴록國家에利ᄒᆞᆫ政黨을設立ᄒᆞ라만일不然ᄒᆞ거던早히政黨設立의計劃을撤ᄒᆞ라此도彼도不能ᄒᆞ면아모리政黨이雨後의菌ᄀᆞᆺ치亂立ᄒᆞ더리도오ᄌᆞᆨ國家의禍를促ᄒᆞᆯ뿐이니라

外報

◎美日戰爭演說 美國前度支大臣시요―氏는同國費府에셔演說ᄒᆞ야曰人類歷史上에存在ᄒᆞᆫ戰爭의理由에照ᄒᆞ건ᄃᆡ美日戰爭의理由도亦近히切迫ᄒᆞ도다日本은太平洋을支配코져ᄒᆞ던지開戰ᄒᆞ기를宣言ᄒᆞ던지兩條間에行ᄒᆞᆯ지나其選擇은美國人의手中에在ᄒᆞ다ᄒᆞ엿다더라

◎英德親善演說 德國皇弟하인리츠ᄒᆞ殿下는論敦에在ᄒᆞᆫ東亞協會에臨塲ᄒᆞ야一塲演說을試ᄒᆞ엿는ᄃᆡ去番에同殿下가英國訪問中에同國民의게受ᄒᆞᆫ懇篤ᄒᆞᆫ待遇을引證ᄒᆞ야英國이德국에對ᄒᆞ야如斯히誠實ᄒᆞ고且名譽로온友誼的好情을有ᄒᆞᆷ을確信ᄒᆞᆫ다云ᄒᆞ고此에英국政府部內에셔德國에對ᄒᆞ야攻擊的計畫이有ᄒᆞ다云々ᄒᆞ는등說은全혀形跡도無ᄒᆞᆫ虛報라現今에德국人이淸國에셔英國人과互相提携ᄒᆞ야戰鬪에從事ᄒᆞᆷ이有ᄒᆞᆫ지라然則彼我互相의利益을增進ᄒᆞ는最良의方法은兩國이互相信任ᄒᆞᆷ에在ᄒᆞ다ᄒᆞ엿다더라

◎兩王訪土事情 勃加利牙國王과塞比亞國王이土耳其國京城君士坦丁堡을訪問ᄒᆞᆷ은右兩國政府의意思에出ᄒᆞᆷ이니君士坦丁堡에셔는右結果가露國이以上諸國의聯盟을成立ᄒᆞ계ᄒᆞ기爲ᄒᆞ야該兩國과土耳其国間에援近을圖ᄒᆞᆷ이라[illegible]ᄒᆞ고思惟ᄒᆞᆫ다더라

◎法國의賄賂事件 法國諸新聞紙의報ᄒᆞᆫ바를據ᄒᆞᆫ즉法國카도릭敎會의資金을消費ᄒᆞᆫ會計쥬의이는該金額으로써國會議員二百四十餘名에게賄賂ᄒᆞᆫ者라더라

◎西藏問題交涉 淸國唐紹怡氏는西藏問題에關ᄒᆞ야英國官憲과交涉ᄒᆞᆯ要務를帶ᄒᆞ고近々印度에赴往ᄒᆞᆫ다더라

◎西藏市塲保護 淸國駐藏辦事大臣聯預는西藏에在ᄒᆞᆫ亞東、갈大克、江孜三開市場의秩序維持와外人保護ᄒᆞ기爲ᄒᆞ야巡警二百名을配置ᄒᆞᆯ旨로同國政府에電報ᄒᆞ엿다더라

◎鴉片禁止政策 英國下院에셔殖民次官시―레―氏는議員데오플、데―라―氏質問에對ᄒᆞ야答辯ᄒᆞ되海峽殖民地及香港에就ᄒᆞ야本國及殖民地政府는鴉片禁止의根本政策에基ᄒᆞ야孜々盡力ᄒᆞ야鴉片喫烟의制限을設ᄒᆞ기爲ᄒᆞ야各知事의게年次報告를徵收ᄒᆞ더니데―라―氏가再히質問의矢를放ᄒᆞ야日淸國에셔鴉片栽培時機를短縮히ᄒᆞᆷ에反ᄒᆞ야印度에셔淸國에向ᄒᆞ야鴉片을輸送ᄒᆞᆷ은如何ᄒᆞ뇨ᄒᆞᆫᄃᆡ印度事務官몬다―쿠氏가此에答ᄒᆞ되印度政府는嚴히鴉片禁止主義에基ᄒᆞ야禁止實行을勉勵ᄒᆞ는中인ᄃᆡ此는印度政府及士民의非常ᄒᆞᆫ責任이라云ᄒᆞ엿다더라

雜報

◎漢氏辨誣 [illegible]進步會에參入ᄒᆞ[illegible]探揭布ᄒᆞ[illegible]明書를據ᄒᆞᆫ즉略[illegible]柳[illegible]不能[illegible]賤[illegible]ᄒᆞ고[illegible]黨의[illegible]誅ᄒᆞᆷ을[illegible]個知額者가本[illegible]數所謂贊成會에[illegible]本人이據義[illegible]絶ᄒᆞ엿더니不意叢報에又此[illegible]揭되니自心憤慨에欲死不勝이라ᄒᆞ엿더라

學界

◎學界之魔 學務總管이라名稱ᄒᆞᄂᆞᆫ李榮培爲名人이西道各郡에橫行ᄒᆞ면셔頑舊派를煽動ᄒᆞ야曰現今學部에셔新學問은廢止ᄒᆞ고舊私塾만復設케ᄒᆞ엿ᄂᆞᆫ즉至今은學校에對ᄒᆞ야壹分이라도義捐은勿施ᄒᆞ라ᄒᆞᆷ으로西道學界에惡影響이不少ᄒᆞ다더라

◎韓興其興 平南順安郡自德面長지里韓興學校는設立ᄒᆞᆫ지于今三年인ᄃᆡ該里紳士諸氏가多數金額을捐助ᄒᆞ야基金을積立ᄒᆞ고校務를擴張ᄒᆞ며該校任員韓昌鎭氏는一般學生을誠心勸勉ᄒᆞᆷ으로校況이日益進就ᄒᆞᆫ다더라

◎善山喜聞 紳士李殷雨氏가善山郡長川面某々諸氏와協議ᄒᆞᆫ後該面에學校를設立ᄒᆞ고校費를補用키爲ᄒᆞ야金貨六十圓과校舍를寄付ᄒᆞ엿스며該面金禹洛金有章朴周弼千甚一氏等十餘人도熱心贊成ᄒᆞᆫ다더라

◎永昌進級式 慶北善山海平面月德里基督敎內永昌學校에셔去月에進級試驗을經ᄒᆞ엿는ᄃᆡ優等生은[illegible]化龍氏等三人이오該校長[illegible]監김義鎭[illegible]氏가一般學生을[illegible]心勸勉ᄒᆞ[illegible]日益進就ᄒᆞᆫ다[illegible]

◎晋明[illegible] 河東私立晋明學校敎師[illegible]氏[illegible]熱心敎授ᄒᆞᆷ으로境內靑年이[illegible]

◎進就可期 公立晋州普通學校副訓導池弘錫氏도多數靑年을誠心敎授ᄒᆞ야[illegible]進就ᄒᆞᆯ望을可期ᄒᆞᆫ다더라

◎新民[illegible] 新昌郡守徐丙益氏는該郡鄕校에新民學校를設立ᄒᆞ고境內靑年을多數募集ᄒᆞ야熱心敎育ᄒᆞᆷ으로교況이稍히進就ᄒᆞᆫ다더라

◎靑校復興 平壤私立靑山學校는數年前該地紳士權美步氏가設立ᄒᆞᆫ바인ᄃᆡ昨春에權氏가不幸身故ᄒᆞᆫ後로校況이零星ᄒᆞ야敎育界에慨歎ᄒᆞ던바러니昨冬以來로李性直鄭圓金一邊린喜等諸氏가特히該校諸般事務를各其分擔ᄒᆞᆷ으로校況이日進日盛ᄒᆞ야現今學生이百數十餘名에達ᄒᆞ엿다더라

詞藻

旅愁 貞溪山人

莫把金錢欲買山腥塵猶復及柴關樂國未聞今海內有生難寓此人間覆雨飜雲隨世變颶花過鳥屬誰謂相逢總下新亭淚窮旅無時可展顔

宮廷彙報

乾元節御動駕
大皇帝 皇后兩陛下께옵서 來二十五日 乾元節에 德壽宮에 動駕 問安ᄒᆞ옵신다ᄂᆞᆫᄃᆡ 同日上午十一時에 出御ᄒᆞ옵서 下午三時三十分에 還御ᄒᆞ옵신다더라

◎禮官致祭說 完平君李昇應氏에 緬禮를 來二十日에 過行ᄒᆞᆫ다ᄂᆞᆫᄃᆡ 太皇帝 大皇帝兩陛下께옵서 禮官을 命送ᄒᆞ사 致祭하옵신다더라

雜報

◎農相周旋 農商工部大臣趙重應氏ᄂᆞᆫ 內閣에 提議ᄒᆞ야 國是遊說團의 經費二千餘圜을 支撥ᄒᆞ기로 現方周旋ᄒᆞᄂᆞᆫ中이라더라

◎料理準備 來十九日 昌德宮內에서 設行ᄒᆞᄂᆞᆫ 園遊會에서 三韓洋兩料理를 需用ᄒᆞᆫ다ᄂᆞᆫᄃᆡ 卓數ᄂᆞᆫ 二百三十餘로 準備ᄒᆞ엿다더라

◎地方費法令配付 內部에서 地方費關係法令이란 冊子를 印刷ᄒᆞ야 各道府郡과 理事廳과 警務署에 一件式配付ᄒᆞ엿다더라

◎譯補再考 內部에서 試取ᄒᆞᆫ 通譯官補十餘名은 再次優劣을 考試하야 來四月頃에 需用ᄒᆞ기로 決定되엿다더라

◎宇佐川歸任期 拓殖會社總裁宇佐川은 數日後에 歸任ᄒᆞᆫ다더라

◎十年爲限 度支部에서ᄂᆞᆫ 土地調査局을 設置ᄒᆞ고 對外全國測量에 着手ᄒᆞᆫ다홈은 既報어니와 該測量事務의 終了期限은 十年으로 豫定ᄒᆞ엿다더라

◎調査開會 昨日統監府에서 地方制度調査會를 開ᄒᆞ얏다더라

◎菊池入京 南韓을 視察ᄒᆞ던 商工局長日人菊池ᄂᆞᆫ 昨日入京ᄒᆞ엿다더라

◎出品費增額 農商工部에서 日本福岡名古屋에 出品ᄒᆞᄂᆞᆫ 經費를 臨時豫算中九千五百拾九圜을 支出ᄒᆞ엿ᄂᆞᆫᄃᆡ 尙且不足이 有ᄒᆞ야 貳千三百圜을 增額支出ᄒᆞᆫ다더라

◎代表者會見 私립學교에 對ᄒᆞ야 寄附금取締規則이 有ᄒᆞᆫ故로 學교經營이 甚困하야 自然廢止에 歸ᄒᆞᆯ地境이라고 五學會에서 學部에 請願을 提出ᄒᆞᆫ것은 已報어니와 再昨日에 五學會代表者가 學部에 前往ᄒᆞ야 學部次官과 會見하엿ᄂᆞᆫᄃᆡ 該次官의 回答은 數日後에 在하리라더라

◎技手加選協議 宮內府에서 各陵園墓를 不遠間測量ᄒᆞᆫ다홈은 既報어니와 該府現存測量技手로ᄂᆞᆫ 不足ᄒᆞᆯ慮가 有ᄒᆞ야 技手十員을 加選ᄒᆞ기로 協議中이라더라

◎道路實測 慶南固城龍南兩郡間에 道路를 修築ᄒᆞ기 爲ᄒᆞ야 該觀察道에서 技手를 派遣ᄒᆞ야 距離를 實測ᄒᆞᆫ다더라

◎私校補助額 學部에서 補助金을 支撥ᄒᆞᄂᆞᆫ 漢城內私立學교ᄂᆞᆫ 合二十處인ᄃᆡ 本年度에ᄂᆞᆫ 上自二百圜으로 下至一百圜式 支撥ᄒᆞ기로 決定ᄒᆞ엿다더라

◎襄倅長逝 江原道襄陽郡守崔鍾洛氏ᄂᆞᆫ 身病을 因ᄒᆞ야 去十五日에 長逝ᄒᆞ엿다고 該道觀察使가 內部에 電報ᄒᆞ엿다더라

◎最低稅率 美國에서ᄂᆞᆫ 該國에 輸入되ᄂᆞᆫ 韓國物品에 對ᄒᆞ야 日本物品과 同一히 最低稅率을 適用ᄒᆞ기로 該國大統領의 布告가 有ᄒᆞ다ᄂᆞᆫᄃᆡ 本月二日에 美國國務省에서 該國駐在日本大使의게 此를 通知ᄒᆞ엿ᄂᆞᆫ故로 日本外務省에서 統監府로 通知ᄒᆞ엿다더라

◎日人之畢歎 近日來로 日本人이 自국에서 生活의 困難을 不堪ᄒᆞ야 韓국으로 渡來하ᄂᆞᆫ者가 非常히 多數ᄒᆞ다더라

◎忠臣無臟 徐彰輔ᄂᆞᆫ 從來日本人에 所有家屋을 賃居ᄒᆞ고 幾朔賃金三十圜을 延拖不給ᄒᆞ엿슴으로 該日人이 賃금을 來督ᄒᆞᆫ즉 徐의 所答이 我ᄂᆞᆫ 貴國에 忠臣으로 現今大事業을 贊助中인ᄃᆡ 些少賃金을 不償之理가 必無라ᄒᆞ고 百般乞憐ᄒᆞ며 該日人이 幾日寬限而歸ᄒᆞ엿더니 當夜에 徐가 其妻를 北部三淸洞李某家로 暗移ᄒᆞ고 自己蹤跡도 因而隱匿ᄒᆞ고 但祭家壁藏에 神主幾個만 藏置ᄒᆞ엿더니 數日後에 神主ᄭᆞ지 不知去處라더라

◎魔會竟散 東亞贊英會에서ᄂᆞᆫ 警視廳에 承認ᄒᆞᆯ次로 屢度請願書를 提呈ᄒᆞ엿다가 退却을 遭하엿슴으로 該會ᄂᆞᆫ 不遠間解散된다더라

◎長書遭却 國民同志贊成會에서 內閣及統監府에 長書를 提呈ᄒᆞ야 合邦實施를 催促ᄒᆞᆷ은 既報와 如하거니와 三昨日內閣에서ᄂᆞᆫ 該長書를 退却ᄒᆞ엿다더라

◎偵探被困 某處에서ᄂᆞᆫ 近日來新政黨組織、排日運動、內閣變更、合邦贊成、等事件을 調査ᄒᆞ기 爲ᄒᆞ야 一般偵探人에게 各其分掌케ᄒᆞ야 日夜探探中인ᄃᆡ 彼此偵探中에 虛實이 相錯ᄒᆞᆷ으로 某處에서ᄂᆞᆫ 偵探者의게 督迫이 尤甚ᄒᆞ다더라

◎六廛屬國 鍾路六注比廛은 元來 皇室에셔 建築ᄒᆞ야 商民으로ᄒᆞ야금 營業擧行케 ᄒᆞᆷ인ᄃᆡ 白木廛에셔 所有權證明을 漢城府에 申請ᄒᆞ엿더니 度支部에서 異議가 有ᄒᆞ야 國有로 認定ᄒᆞ엿다더라

◎綿組發起 金永煥 洪鍾範 劉秦貞諸氏가 發起ᄒᆞ야 大韓發綿組合所를 設立코져ᄒᆞᆫ다ᄂᆞᆫᄃᆡ 臨時事務所ᄂᆞᆫ 統內金熙植氏家로 定하엿다더라

◎油組請願 大韓油商組合所를 設立ᄒᆞᆯ次로 廉弘燮氏等이 發起ᄒᆞ엿ᄂᆞᆫᄃᆡ 農商工部에 承認ᄒᆞ기 爲ᄒᆞ야 三昨日請願書를 提呈ᄒᆞ엿다더라

◎興業撤廢 興業銀行支店은 去十五日에 撤廢ᄒᆞ얏다더라

◎鹽民憤鬱 平海郡鹽庄이 合爲五十五處인ᄃᆡ 幾百年來로 三十餘圜稅金을 徵納하더니 蔚珍郡財務署에서 度支部訓令이 有ᄒᆞ다稱ᄒᆞ고 三百圜을 徵納코져ᄒᆞᆷ으로 一般鹽業者들이 沸鬱ᄒᆞ야 黃榮國氏等으로 代表를 定ᄒᆞ야 度支部에 呼訴ᄒᆞᆯ次로 上京ᄒᆞ엿다더라

◎金氏申訴 京西署布洞김炳準氏가 海州李承讃氏의 侄李和淳氏와 何등錢財相關이 有ᄒᆞ던지 再昨年에 金氏가 該事件을 地方裁判所와 控訴院에 起訴하엿다가 金氏가 理屈落科하고 更히 高등法院에 申訴하엿다더라

◎寧倅歛怨 寧海郡守具鍾鳴氏ᄂᆞᆫ 學校設立時에 各面에 捐助를 勒捧ᄒᆞ고 某學校의 請諛文簿를 中間隱匿ᄒᆞᆫ故로 當地人士의 稱怨이 有하다더라

◎孫氏歸京期 天道敎主孫秉熙氏ᄂᆞᆫ 只今慶南梁山通度寺에 在ᄒᆞᆫᄃᆡ 來二拾八日頃에 歸京ᄒᆞᆫ다더라

◎日人終惡 김海居留日人農夫와 韓人間에 葛藤이 生ᄒᆞᆫ事ᄂᆞᆫ 已報어니와 其後에 [illegible] 韓人의 所請대로 [illegible] 損害가 有ᄒᆞᆫ 損害를 賠償ᄒᆞ기로ᄒᆞ엿다더라

◎厚薄薄厚 印刷局韓人官吏中某々氏ᄂᆞᆫ 該局內日本人의 生産死亡에ᄂᆞᆫ 優數捐助ᄒᆞ되 韓人의 婚喪과 學교贊成에ᄂᆞᆫ 一分捐助가 無ᄒᆞᆷ으로 該官吏의 媚外醜態를 人皆唾罵ᄒᆞᆫ다더라

◎面長被殺 昨日永平郡北面廚下里에서 朴復陽爲名人等五名이 該面々長朴衍陽氏를 殺害ᄒᆞ고 금錢을 奪取ᄒᆞ고 又朴衍陽氏의 妻李氏及其女八歲兒를 幷히 重傷케ᄒᆞ엿ᄂᆞᆫᄃᆡ 該地警察官吏及日憲兵이 出張調査中이라더라

◎始饋終推 前參判金明洙氏ᄂᆞᆫ 年前淸州郡守在任時에 該郡居劉在衡氏가 牛헙一部를 饋與ᄒᆞᆫ事가 有ᄒᆞ엿ᄂᆞᆫᄃᆡ 日前劉氏가 金氏家에 來到ᄒᆞ야 該代金을 利上加利ᄒᆞ야 數百圜을 償還하라고 無數詰難ᄒᆞ엿다더라

◎賭錢執土 高陽郡九耳面々長申永均氏ᄂᆞᆫ 自己舍廊에 技局을 設ᄒᆞ고 其隣居李光夏氏에게 金六十圜을 지운後에 四十圜을 加給ᄒᆞ고 李氏의 先祖順平君位土의 證明을 自造以執ᄒᆞᆫ故로 李氏宗中에서 將次擧訴還推코져ᄒᆞᆫ다더라

◎金氏誣捕 壚商金斗源氏ᄂᆞᆫ 何等事件을 因ᄒᆞᆷ인지 警視廳에서 再昨日부터 형捕中이라더라

◎兩巡罷免說 中部警察署巡査監督朴基純 刑事巡査徐相昊兩氏ᄂᆞᆫ 門牌紙를 僞造行매ᄒᆞᆫ情跡이 綻露되야 罷免ᄒᆞ기로 決議ᄒᆞ엿다더라

◎何爲燒棄 咸北明川郡에서ᄂᆞᆫ 各洞契[illegible]事件으로 耶蘇敎徒와 巡査間에 葛藤이 生ᄒᆞᆫ 結果로 耶蘇敎徒四十餘名이 處刑을 當ᄒᆞ엿ᄂᆞᆫᄃᆡ 自此로 民間에 何등感情이 有ᄒᆞᆷ인지 或者ᄂᆞᆫ 新約全書를 燒棄ᄒᆞᆫ다더라

◎安氏自刺 南部曲橋居安赫氏ᄂᆞᆫ 何等不平ᄒᆞᆫ 事件을 因ᄒᆞᆷ인지 三昨日腹部를 自刺ᄒᆞ엿ᄂᆞᆫᄃᆡ 幸히 免死ᄒᆞᆫ故로 所管警察署에서 醫士를 派送治療中이라더라

◎宜其徵戢 柴商組合所에서 各柴商의게 금五錢式徵收ᄒᆞᆷ은 自是定例인ᄃᆡ 매買居間者김永雲이가 二錢五厘式加捧暗喫ᄒᆞ다가 中署에 被捉ᄒᆞ엿다더라

◎金氏押交 城津港裁判所에서 漢城中部警察署에 照會ᄒᆞ고 桂山學校講師金瀾赫氏가 殺人嫌疑가 有ᄒᆞᆫ즉 卽時押交ᄒᆞ라ᄒᆞᆫ故로 該署에서 再昨日金氏를 押交ᄒᆞ엿다더라

感荷義捐
濟州郡一徒里居高性根氏가 本社經費를 補助키 爲하야 金貨五十錢를 寄付ᄒᆞ엿기 玆에 其盛意를 感表ᄒᆞ노라

電報

安氏再請願
安重根氏의 死刑執行期ᄂᆞᆫ 來二十五日인ᄃᆡ 更히 十五日間猶豫ᄒᆞ라고 安氏가 請願을 提出ᄒᆞ엿ᄂᆞᆫᄃᆡ 此理由ᄂᆞᆫ 現今東洋平和論을 著作ᄒᆞ야 緖論이 脫稿됨에 至ᄒᆞ엿슨즉 此를 完成키 爲ᄒᆞᆷ이오 又二弟를 面會ᄒᆞ야 其死後家政을 懇托코져ᄒᆞᆫ다ᄒᆞ며 且執行時에 血衣를 着ᄒᆞ고 天國에 行ᄒᆞᆷ이 不可ᄒᆞᆫ즉 朝鮮衣服을 新製ᄒᆞ야 달나ᄒᆞ엿다더라

大連發 十五日着

漁船遭難後報
日本漁船에셔 [illegible] 遭難ᄒᆞᆫ 漁船은 其後搜索ᄒᆞᆫ즉 [illegible] 發見數가 一이오 死體發見이 二오 生存者가 十七名이오 行方不明者가 五百十二名이라더라

東京發 十六日着

英皇下命
英國皇帝陛下ᄂᆞᆫ 來五月初旬에 英日博覽會開會ᄒᆞ기를 命하섯다더라

東京發 拾七日着

十五萬罷工
美國치카고地方以西의 鐵道工夫十五萬人이 罷工을 行하ᄂᆞᆫ故로 交通이 全혀 杜絶되엿다더라

紐育發 拾七日着

▲社會燈▼

▲學界魔鬼李榮培ᄂᆞᆫ 學務總管自稱ᄒᆞ고 西道地方周遊ᄒᆞ며 頑固派를 煽動하야 新學校에 補助金은 一分擲送不可라ᄒᆞ니 萬端沮戲일세 쓰다니 新學問이 發達ᄒᆞ야 國民知識開進되면 祖國勃興될ᄯᅢ 버서져러라시 侵害인지 그心腸도 알수업네

▲卑劣丈夫張殷浩ᄂᆞᆫ 自己의 집金姓女가 이웃사ᄅᆞᆷ鄭裕錫과 潛相通好ᄒᆞ엿다고 警察署에 出頭ᄒᆞ야 禁止하길 請ᄒᆞ엿다지 두불等은 남과ᄀᆞᆺ치 男兒名色가져나서 제집일을 제못ᄒᆞ고 남의손을 비러가니 韓政府와 大官들과 ᄒᆞᆫ바리에 실어쓰면

▲餓鬼首領徐彰輔ᄂᆞᆫ 日本人의 家屋貰를 多日遷延ᄒᆞ야 갑다가 猝促風이 如火ᄒᆞ며 妻子들을 압세우고 神主ᄭᆞ지 운가시ᄆᆞ두고 금을ᄢᅦ엇다지 日本忠臣自稱者가 末路狼狽더리ᄒᆞ니 情勢ᄂᆞᆫ 可矜ᄒᆞ다만 [illegible]이나 所欸ᄒᆞ야 飽喫을 得ᄒᆞᆺ너냐

廣告

一 本所內에診察제藥部를設ᄒᆞ고一般同胞의疾病을救濟ᄒᆞᆷ
一 鰥寡孤獨無依ᄒᆞᆫ同胞는無料로施藥ᄒᆞᆷ
一 孤兒院學生도亦無料로施藥ᄒᆞᆷ
一 四窮과孤兒院學生外에同胞는藥을有料로ᄒᆞ되診察料는往診에만五十錢으로ᄒᆞᆷ
一 診察時는自上午九時로至下午四時로ᄒᆞᆷ（但危急ᄒᆞᆫ患이有ᄒᆞᆫ時는此限에不在ᄒᆞᆷ）
本所臨時事務所는
中部慶幸坊紬洞二統六戶
大韓醫士總合所內
診察제藥部 告白

學員募集廣告

本校에서尋常科男女學生을新募集ᄒᆞ오니入學志願者는三月卅一日內로請願ᄒᆞᆷ事
尙洞耶蘇敎堂內 私立攻玉學校

學員募集廣告

本校에서第一學年及二、三、四各學年補缺生을增加募集ᄒᆞ니四月十日內로請願書를提出ᄒᆞᆷ
但請願紙는本校에請求ᄒᆞᆷ
西大門內
私立普成小學校

本人所在家屋이南署둔芝坊新草里契二十統二戶瓦家二十間文劵을昨年陰八月分에路中에셔見失ᄒᆞ옵기로玆에廣告ᄒᆞ오니誰某拾得이라도休紙施行ᄒᆞᆷ
둔芝味居南在宿子世熙 白

蘿島車洞居劉敬龍姓名圖章을捺章次로持來이다가路中셔失ᄒᆞ엿ᄉᆞ니內外國人은照亮ᄒᆞᆷ
東門外紅樹洞十一統三戶
洪淳泰 告白

本校에學徒를新募ᄒᆞ니願學僉員은三月二十三日內로請願ᄒᆞᆷ
試驗科目 國漢文 算術四則
漢城 私立普成中學校

本人의名仁植의仁字를寅字로改ᄒᆞ엿ᄉᆞ니知己僉彦은照諒ᄒᆞ심을望ᄒᆞᆷ
東部敎厳里一統四戶鄭寅植白

金亨昱氏의字는明汝인ᄃᆡ庚子年에先世祀士와家權을長子基鎬에讓與ᄒᆞ고後妻子基豐을率ᄒᆞ고兩家獨立에財政關係가無ᄒᆞᆫ지十數年인ᄃᆡ法律을不知ᄒᆞᄂᆞᆫ漢彼基豐이父債면子徵ᄒᆞᆫ다ᄂᆞᆫ慣習으로兄을敗코ᄌᆞᄒᆞ야老昏父印을搜ᄒᆞ야渠名에年久債票를換弄ᄒᆞ며該印請債이기廣告ᄒᆞ오며該印은本人이取完이오니內外國人은切勿見欺
平北郭山郡오面觀ᄒᆞ里
族人 亨燁 告白

本人이南部薰陶坊笠房洞三十[illegible]九戶瓦家拾壹間家劵을셔[illegible]紛失ᄒᆞ엿ᄉᆞ니誰某拾得ᄒᆞ와[illegible]廢紙施行ᄒᆞᆷ
家主崔東源

本人의長子文煥이性本浮浪ᄒᆞ야[illegible]正月에本郡楊上面松亭里[illegible]田畓與家舍文劵을取去ᄒᆞ[illegible]오니內外國人은勿欺ᄒᆞ시옴

本里居ᄒᆞᄂᆞᆫ金應瑞ᄂᆞᆫ農業資生ᄒᆞ고勤實守拙ᄒᆞᄂᆞᆫ良民이거ᄂᆞᆯ隣近楊坪里居ᄒᆞᄂᆞᆫ趙聖九가本以浮浪悖流로稱以南部別巡査ᄒᆞ고橫侵金應瑞ᄒᆞ야惡名을勒加코져ᄒᆞ다가其奸計를未遂ᄒᆞ고旋卽逃避ᄒᆞ오니一里民人이附近駐在所에趙漢行爲를先已報明ᄒᆞ고玆又廣告ᄒᆞᆷ
隆熙四年三月十七日

本校에서第壹學年級學員을募集ᄒᆞ오니志願者ᄂᆞᆫ四月十日內로請願書를提出ᄒᆞᆷ
但請願紙ᄂᆞᆫ本校에請求ᄒᆞᆷ
試驗日字ᄂᆞᆫ四月十壹日下午二時
試驗科目算術四則、作文、讀書
第二學年補缺生도募集ᄒᆞᆷ
隆熙四年三月 日
私立西北協成學校 告

學員募集廣告

本校에서一年級補缺生과預備科學生을增募ᄒᆞ오니志願者ᄂᆞᆫ三月卅日（陰二月卄日）內로請願書를提出ᄒᆞᆷ
但試驗日字ᄂᆞᆫ四月二日로開學日字ᄂᆞᆫ四日
隆熙四年二月 日
安州郡私立協成安興學校 告白

牙山金始源이가十圓換送于郵便局ᄒᆞ여本人이本月初六日推覓以去錢票圖章中路見失이기廣告ᄒᆞ오니誰某拾得休紙施行
京城南門內大平洞六十二統一戶
朴胤緒 白

醫學生募集廣告

志願者ᄂᆞᆫ四月卄日內에限ᄒᆞ야應試ᄒᆞ고校則은願覽者ᄂᆞᆫ郵票二錢要ᄒᆞᆷ
公立平壤同仁醫院
附屬醫學校

本舘에서新舊書籍과學校用品各種을備置ᄒᆞ야（五圓以上特減割引）大發售ᄒᆞ오니江湖僉君子ᄂᆞᆫ陸續購買ᄒᆞ시옴
釜港東關韓興書舘
舘主 [illegible] 本名 [illegible]

本社에셔高明ᄒᆞᆫ技師를雇聘ᄒᆞ야業務를擴張ᄒᆞ고左記各樣印刷物을特別廉價로酬應ᄒᆞ오니僉君子ᄂᆞᆫ愛顧ᄒᆞ심을伏望
各樣書冊과傳道紙와證明紙各種과印札紙各種과領受證과名銜紙各種과公用信紙와廣告紙
平壤舘門前
光文社印刷所
社長 鄭益魯
總務 李春燮
事務 韓仁錫

大邱春秋令市改良ᄒᆞᆷ은全國商民同胞諸氏가業已諒悉인바今春令도依定期ᄒᆞ와陰三月一日開市ᄒᆞ고同三十日撤市ᄒᆞ오며秋令도陰十一月一日開設同三十日撤市ᄒᆞ려오니全國商民은咸須知悉ᄒᆞ와屆期來臨ᄒᆞᆷ
大邱藥商興業會 告白

本書舘에名稱耶蘇敎書舘을以日新書舘으로變改ᄒᆞ옵고業務를一層擴張ᄒᆞ오니僉員은尤益愛顧ᄒᆞ시옴
寧邊城內日新書舘主金致億白

경셩남문안슈각교북쳔변동편힝낭뒤오십오통십일호죵약국의단목니죵담죵의먹고붓치ᄂᆞᆫ만병고와살츙단은대쇼악죵과당창재젼의신효ᄒᆞ고회싱단은도샤담체이질학질젹병잔긔인후후비갈창연쥬창안질죵징벽력통치약이구비ᄒᆞ오니유병군ᄌᆞᄂᆞᆫ와셔치료ᄒᆞ시오쳐소도졍미ᄒᆞ오며염가로밧ᄉᆞ오며 련쥬약ᄒᆞᆫ재 뫽환이오 챵력약ᄒᆞᆫ재 오환이오 외방은우체로부송ᄒᆞᆷ

學員追募廣告

本塾에서法律專門科一年級學員을增募ᄒᆞ오니志願者ᄂᆞᆫ本月卅一日以內로本塾事務室에入學請願書를提出ᄒᆞ시오

注意

일 法學에有意ᄒᆞ시ᄂᆞᆫ人士ᄂᆞᆫ此入學의好時期를失치마시오
二 官立高等學校、外國語學校、私立中學校（學部認可）의卒業證이有ᄒᆞᆫ者ᄂᆞᆫ免試ᄒᆞᆷ
三 試驗科目及日字及其他詳細事項은本塾에來議ᄒᆞ시옵

隆熙四年三月 日
私立養正義塾

本校에서三月二十九日에第壹學年及各學年補缺生을增募ᄒᆞᆷ
北部中學橋
私立觀鎭學校

學員募集廣告

本學校에서敎務를擴張키爲ᄒᆞ야物理化學機械標品을購入ᄒᆞ며高明ᄒᆞᆫ講師를更히延聘ᄒᆞ고高等一學年과二三學年의補缺生募集ᄒᆞ오니志願人은陽四月十日로請願書를提出ᄒᆞ옵
隆熙四年三月五日
寧邊私立維新學校白
一 入學試驗日字ᄂᆞᆫ陽四月十日로ᄒᆞᆷ
一 試驗課目漢文作文內地內史物理算術（四則）體格
一 普通學교程度의卒業證이有ᄒᆞᆫ人은免試ᄒᆞᆷ

本人의黑角圓形姓名圖章을陽三月九日에路上서失ᄒᆞ고半圓形으로更刻施行ᄒᆞᆷ
北部樓閣洞 柳昌烈 白

京西部車洞同和藥房
本國藥材、洋製、各病效、用、價、國漢文、可刊出、作封、雖婦女、郵便請求、質實
閔樞 白

學員新募集廣告

本舍에서第一學年生을募集ᄒᆞ오니願學僉員은三月三十一日內로志願書를壽進洞與士團內隆熙學校로提出ᄒᆞ시오
試驗日子四月三日
試驗科目算術（全部）代數（一次方程式）理化學（簡易）
（但中學程度學校의卒業生은免試ᄒᆞᆷ）
（開學時ᄂᆞᆫ本舍를壽進洞興士團內로移接ᄒᆞᆷ）
西部倉洞 私立精理舍

本店에셔開業ᄒᆞᆫ지十六年間僉君子의愛顧ᄒᆞ심을特蒙ᄒᆞ와今年부터業務을大擴張ᄒᆞ고春夏秋冬所用으로緞屬毛織等各國高等物品을現今多數直輸入이온바各地方에셔ᄂᆞᆫ貿易에便利賣買키爲ᄒᆞ야特廉減價ᄒᆞ와郵便小包로酬應ᄒᆞ야代金은引換ᄒᆞ깃사오니十三道各郡僉君子ᄂᆞᆫ隨意請求ᄒᆞ심을望
振替貯金番號（韓國壹三、番）
漢城中部鍾路砂器廛洞二十一統五戶
廣興泰 告白

國文 初等大韓歷史 特別減價二十錢
國文 初等大韓地誌 附地圖 特別減價十五錢
右書ᄂᆞᆫ純國文으로簡易케著述ᄒᆞ야女子社會와勞働學校의獨習케必要ᄒᆞ오니速速購覽ᄒᆞ시옵
發賣所 中部布屛下廣學書舖金相萬

數學大家 柳一宣 著
初等算術敎科書
中卷 定價洋裝 九拾錢
總發賣所 京城南門外棠岩 新舊書林
分賣所 京鄕各書舖

廣告

◉京城鍾路和平堂大藥房各種之品及各樣規則廣告

○承寧府典醫 洪哲普君 實驗良方
○陸軍軍醫 張基茂君 有効證明
四時勿論ᄒᆞ고旅行居家에常備之靈약

官許 登錄 認可

健胃 消滯 **八寶丹**

定價 일貼九拾五粒入金拾錢 三貼入金卄五錢

右약에主治効能은如左홈

●壹은新久積滯와急督關格과胃腹의痛과中暑中寒과水土不服에特効가有ᄒᆞ기로著名홈
●壹은頭痛과眩운을鎭正ᄒᆞ고精神을爽快케ᄒᆞᄂᆞᆫ良제요
●壹은恒常食後에適宜服用ᄒᆞ시면脾胃를健壯케ᄒᆞ며痰을消ᄒᆞ며口味를助ᄒᆞ야滯祟에念慮가無홈
●壹은酒醉昏迷와船운車醉에速治ᄒᆞᄂᆞᆫ奇効가有홈
●壹은香氣가含有ᄒᆞ야口臭를排除하고解毒通汗ᄒᆞᄂᆞᆫ効力이偉大홈

胎 **養調經丸** 婦人冷積과帶下症月經不調에神効 일제金五圓
麝香消瘡丹 梅毒下疳頭瘡風濕瘡去根ᄒᆞᄂᆞᆫ妙藥 일제金四圓
阿烟斷引藥 阿引을能斷ᄒᆞ고元神을回復ᄒᆞᄂᆞᆫ妙藥 일제金五圓
滋 **陽丸** 男女間陰陽雙補ᄒᆞᄂᆞᆫ妙藥拾日分金일圓八拾錢 일月分金五圓
全治丸 男女勿論ᄒᆞ고連珠와나력을全治去根ᄒᆞᄂᆞᆫ藥 일제金三圓
消積散 陳々久체를消化ᄒᆞᄂᆞᆫ靈藥 金拾五錢
回生 **水** 虛泄濕泄轉筋吐々腸痛에神効ᄒᆞ기로著名홈 金拾錢
治 **顏水** 죽은세가삭고얼골이고아지ᄂᆞᆫ약 金三拾錢
蘇生 **丹** 急ᄒᆞᆫ霍亂吐사의立即見効약 金拾錢
蛔滅散 회虫을去根하ᄂᆞᆫ妙약 金拾錢
鎭咳散 痰을消化하고咳소를止ᄒᆞᄂᆞᆫ약 金三拾錢
解毒散 諸般感氣와寒熱往來에奇效약 金拾錢
兵虫藥 寸白虫을沒出去根ᄒᆞᄂᆞᆫ妙약 金三拾錢
通治膏 諸般大小腫을통治ᄒᆞᄂᆞᆫ고약 金拾錢

玉容水 一顆ᄂᆞᆫ면(?)… 一拾錢
補陰降火丸 消化不良 遺精 일週分 … 二貼 일圓三拾錢 三週分 … 健忘症 …
雙補丸 男女陰陽俱虛 … 胃腹冷痛 手足厥冷 氣血不足 肥膚瘦 二週分 二貼일圓五拾錢 四週分 … 일圓六拾錢
浮 **下丸** 全體浮癰 便秘 胃炎 一貼 四貼 二圓八拾錢 일週分 四拾錢
退疸丸 酒疸 食疸 黃疸 黑疸 六拾錢 일週分 六拾錢
喉 **咽散** 咽喉發炎 咽喉潰瘍 五拾錢 五日分 일貼
痢 **下散** 赤痢 白痢 吐사 血糞 五拾錢 일週分 六拾錢 일貼
光明眼藥 時行眼疾 風熱眼疾 眼疾 梅毒眼疾 膿림性 拾錢
祛根 **血痰丸** 落血 吐血 月經時腹痛 五拾錢 일週分 일貼
上血快治丸 吐血 降火 開鬱 血痰 七拾錢 일週分 일貼
快 **下血治丸** 下血 血便 痰 七拾錢 일週分 일貼
補 **血水** 男女氣血不足 婦人月經不調 七拾錢 일貼
痛 **齒清快水** 婦人下腹痛 일週分 일圓
明耳精 齒痛 虫齒 風齒 齒齦痛 十錢 頭痛 十錢 耳內炎痛 耳垢堆積 釀膿汁
痲疹丸 小兒痲疹 猩紅熱 百日咳 十錢 三日分 三十錢
根 **齒炎傷散** 齒肉腫傷 齒血 발炎 青便 五錢
痫 **小兒氣丸** 身熱頻驚 夜啼不寐 拾五錢
痛 **脚氣腰丸** 黃便 兩脚濕痛 腰痛 脇痛 骨痛 일週分 七拾錢
鷄眼膏 발의 티눈을 빼ᄂᆞᆫ약 拾錢
根 **拔散** 拔腫根 去惡生新 拾錢
止汗散 手汗 足汗 腋汗 十錢
口病 **清熱水** 口內諸般炎傷 口內腫痒 拾錢
浮 **腹陰下丸** 下腹澎漲 四肢浮症 小便不利 일週分 일貼 七拾錢
小兒腹痛丸 腹하 健胃 解熱 拾錢
小兒疳氣散 腹部澎滿 食慾不振 消化不良 大便頻數 體樣瘦疳 二日分 拾五錢
梅 **毒全滅丸** 先天的梅毒 後天的梅毒 下疳瘡 일週分 일貼 五拾錢
小兒百日咳丸 百日咳 呼吸困難 痰滯吹留 嘔吐 食思不進 聲 일週分 一貼 三拾錢
痛 **偏頭止散** 眩운 頭痛 耳鳴 眼花爛發 三日分 拾五錢
夜盲復明丸 肝經症 食熱 當昏眼迷 春秋氣候受傷 三日分 三拾錢

痔瘡止痛散 痔瘡 腹痛 … 拾錢
去惡生新膏 頭瘡 潰瘍 去惡生新 拾錢
胎 **小兒毒膏** 白禿 面腫 濕癬 乾癬 鱗癬 蛇癬 拾錢
火傷治毒膏 火傷 濕疹 皮膚搔痒 拾錢
梅 **毒全滅膏** 楊梅瘡 션腫 頭瘡 龜頭瘡 拾錢
瞼 **眼炎傷膏** 眼瞼緣炎 眼瞼麥粒腫 拾錢
除 **成腫毒膏** 腫氣已成未成 骨節痛 拾錢
癬 **疥滅洗水** 濕疥癬 乾疥癬 皮膚搔痒 拾錢
五淋丸 男女急性淋疾慢性淋疾 … 小兒淋毒性 … 小便赤白 帶下白帶 … 일週分 一圓

貴客에서 各名藥과 各種本草東西洋약及漢약店草材等都賣散賣

◉京城鍾路和平堂藥房支店規例

일 本舖가支店에對ᄒᆞ야每次十圓以上약品은五割引으로出給事

일 賞與品은藥價輸入金中에每百圓에對ᄒᆞ야十圓價値약品으로勸奬ᄒᆞᆯ事

일 …郵便… 三圓… 홀事

일 三百圓以上… 上까지支店은郡內에專管을許ᄒᆞ고壹千圓以上에支店은道內에專管을許ᄒᆞ고不許他人홀事

일 약品定價金을違背發매者ᄂᆞᆫ罰金을徵收ᄒᆞ고不許更求홀事

일 약價를每月終에計홀時에ᄂᆞᆫ每次十圓以上약品은四五割引으로出給홀事

京城鍾路和平堂약房 支店出張所規例

일 支店이出張所에對하야每十圓약出給時에郵遞運輸費와出納隨手料를出張所가壹圓式支店에稱補ᄒᆞ고百圓以上에도照例홀事

일 定價金을違背ᄒᆞ야發매者ᄂᆞᆫ罰金을徵收ᄒᆞ고不許更求홀事

京城鍾路和平堂大藥房本舖 主任 李應善

◉特別廣告
◉京城鍾路和平堂大藥房

○和平堂藥房은我國第一有名ᄒᆞᆫ洋藥과我國唐草材를多數輸入ᄒᆞ야最低廉最良材를都賣散매ᄒᆞᄂᆞᆫ最大藥房이오
○和平堂醫院은平壤濟衆院에셔卒業을受하고美國醫學博士禹越時手下에多年實地施驗을行ᄒᆞᆫ醫士田慶龍氏를延聘ᄒᆞ야男女老少에內外科를誠心으로診察治療ᄒᆞᄂᆞᆫ醫院이오
○和平堂醫院은外方에셔病錄만錄送ᄒᆞ시면其病에適當ᄒᆞᆫ도록誠心製약ᄒᆞ야迅速付送ᄒᆞ기로熱心ᄒᆞᄂᆞᆫ醫院이오
○和平堂醫院은治療와藥價를最廉ᄒᆞ게ᄒᆞ야一般醫藥家로ᄒᆞ여곰感醒케ᄒᆞ야競進奮發의心을喚起케하ᄂᆞᆫ醫院이오
○和平堂藥房은全國內醫藥家와連絡ᄒᆞ야根本的實業發展의大領을目的코ᄌᆞᄒᆞᄂᆞᆫ藥房이오

◉特別廣告

京城鍾路 洋藥各種과 唐草材 和平堂本舖 大發賣 主任 李應善

檀君開國四千二百四十三年
箕子元年三千三十二年
大韓開國五百十九年
本報創刊日
光武八年七月十八日

大韓每日申報

Responsible for Publication Alfred W. Marnham.
發行兼編輯人 英國人 萬咸
京城 中部 …井洞 三層洋屋 大韓每日申報社

第八卷　月曜及慶節翌日休刊　第一千三百四拾号

論說

◉憲政研究會의必要

韓國今日은英國大革命의時代가아니며法國大革命의時代가아니어날今에憲政研究會必要란問題를唱홈은實로齒病에胃藥을說홈이아닐까

日不然ᄒᆞ도다大抵此世界는憲政(立憲政治)世界라憲政을行ᄒᆞ는國은必興ᄒᆞ며憲政을行치못ᄒᆞ는國은必亡홈은童稚도皆知ᄒᆞᄂᆞᆫ바니此世界에在ᄒᆞ야國家가一日을存하면憲政을一日에行ᄒᆞᆯ지며國家가二日을存ᄒᆞ면憲政을二日에行ᄒᆞᆯ지니라

試看ᄒᆞ라彼英、德、法、美、等大國이모도강大를益ᄒᆞ며彼和、比、瑞、丁、等小國도ᄯᅩᄒᆞᆫ自立을得ᄒᆞᆷ은何故오曰憲政을行ᄒᆞ는故며彼印、安、土、淸、等國은國의大小를不問ᄒᆞ고或衰或亡홈은何故오曰憲政을行치못ᄒᆞᆫ故라

噫라憲政이何等神力이有ᄒᆞ관ᄃᆡ其國家에對ᄒᆞᆫ關係가如斯히重且大ᄒᆞᆫ가曰大抵其國이國民의國이아니오一二人의國인國은아모리一時勢力이宇宙를橫絶ᄒᆞ던國이라도其祚가不長ᄒᆞ야今日에不亡ᄒᆞ면明日에必亡ᄒᆞ며今年에不亡ᄒᆞ면明年에必亡ᄒᆞ나니試思ᄒᆞ라彼馬其頓의勢力이世界를撼ᄒᆞ엿스나彼는亞歷山大一人의國이라故로亞歷山大가一蹶하미其國도隨蹶ᄒᆞ엿스며彼帖木兒帝국의威靈이天地를動ᄒᆞ엿스나彼는帖木兒一人의國이라故로帖木兒가一死ᄒᆞ미其國도隨死ᄒᆞ엿스며又何世何國을勿論ᄒᆞ고一人或數人이支配ᄒᆞᆫ國은其國이沙上의屋又치易倒ᄒᆞ며洪濤의水又치易渴ᄒᆞ엿나니故로國家를維持又擴張코저ᄒᆞ는者는其國으로國民의國을不作홈이不可ᄒᆞ니라

然則如何ᄒᆞ면可히國民의國을作ᄒᆞᆯᄭᆞ堯舜又ᄒᆞᆫ聖人으로君主를作ᄒᆞ면可ᄒᆞᆯᄭᆞ拿破崙成吉思汗으로국防을司ᄒᆞ면可ᄒᆞᆯᄭᆞ孔子釋迦로相相을作ᄒᆞ면可ᄒᆞᆯᄭᆞ實業을擴張ᄒᆞ며兵馬를大鍊ᄒᆞ면可ᄒᆞᆯ가道德을振興ᄒᆞ며學術을發揮ᄒᆞ면可ᄒᆞᆯᄭᆞ曰皆不可하니라

然則其道가果然何에在ᄒᆞᆫ가曰憲政이니라曰憲政이니라

몬저正義上으로觀察하건ᄃᆡ大抵국家는人民이共同生活의幸福을享ᄒᆞ기爲ᄒᆞ야建設ᄒᆞ며維持ᄒᆞ는바어날오즉有司의專橫을任ᄒᆞ며오즉民賊의虐焰을許ᄒᆞ야人民이奴隷의苦를受ᄒᆞ며地獄의慘을遭홈은實로不正義의莫大ᄒᆞᆫ者니故로人民이共治(立憲民主)ᄒᆞ거나君民이共治(立憲君主)ᄒᆞ는憲政을行하야眞正ᄒᆞᆫ國家의意思로動作ᄒᆞ며眞正ᄒᆞᆫ國家의目的을抵達홈이可ᄒᆞᆯ지며

ᄯᅩ利益上으로觀察ᄒᆞ건ᄃᆡ大抵국家를壹人或數人의專制로支配ᄒᆞᆯ時에는設或壹時에明君賢相이出ᄒᆞ야小康을得ᄒᆞᆫ다ᄒᆞᆯ지라도此明君賢相을恒得홈은不可能의事오畢竟暴政이行ᄒᆞ며惡弊가積ᄒᆞ야國이亡ᄒᆞ고民이滅홈에遂至ᄒᆞ는바며又況今日東西列國이憲政을行ᄒᆞ야국力은日張하고民福은日增ᄒᆞ는時代에在ᄒᆞ야不完不美의專制政治를行ᄒᆞ면其衰頹敗亡이往世보다尤速ᄒᆞᆯ지니故로憲政을行ᄒᆞ야人民의福利를膨脹케ᄒᆞ며政府의施爲를便宜케ᄒᆞ며君主의神聖을長保케홈이可ᄒᆞᆫ지라

憲政과國家의關係가如是ᄒᆞᆫ지라故로英法革命이凱歌를奏ᄒᆞᆫ後로東西列국이嚬効를競ᄒᆞ야畢竟憲政世界를成ᄒᆞᆫ後로文明富강의勢가日로勃興ᄒᆞ며平等自由의福이日로遍大ᄒᆞ는지라近年에至ᄒᆞ야彼千年回教國의土耳其가憲政의功을奏ᄒᆞ며長睡不醒의波斯가憲政制度를奮行ᄒᆞ며衰頹老大의淸국도憲政準備에方急ᄒᆞ야悉皆旭日將昇의勢가有ᄒᆞ도다

嗚乎라今日韓國의形勢를回顧ᄒᆞ건ᄃᆡ국家는沈溺을當ᄒᆞ고民族은黑死에迫ᄒᆞ엿나니何暇에憲政을坐設ᄒᆞ리오만은今日韓國同胞가權利思想을奮起ᄒᆞ며文明制度를預備홈은急務에屬ᄒᆞᆯ뿐아니라果然韓국同胞가地獄을脫ᄒᆞ고樂土에登하는日에는不可不此憲政을行ᄒᆞᆯ지니만일憲政의預備가無ᄒᆞ면엇지可ᄒᆞ리오

試思ᄒᆞ라今日韓國이突然히重恢의功을成ᄒᆞᆫ다ᄒᆞᆯ들今日韓國人民의程度로足히憲政을得行ᄒᆞᆯ깃는가民氣는壓制政治下에摧折된지已久ᄒᆞ엿스며民德은頑舊陋俗中에墮落된지已久ᄒᆞ엿나니嗚呼라今日韓국同胞는憲政의思想을奮하며憲政의能力을養ᄒᆞ야憲政豫備에意를留홈이可ᄒᆞ도다

然則此를豫備ᄒᆞ는道는何에在ᄒᆞᆫ가曰內로法律政治의學術을振興ᄒᆞ며外로法律政治의知識을輸入ᄒᆞ는等事는勿論이어니와吾儕는憲政研究會를催起ᄒᆞ노니국中有志有識ᄒᆞᆫ人士가憲政研究會를組織하야或討論演說을開ᄒᆞ며或新聞雜誌를刊ᄒᆞ며或書籍을著布ᄒᆞ며或學校를設備ᄒᆞ야人民의憲政思想을普及케하며人民의憲政能力을長養케홈이可ᄒᆞ다ᄒᆞ노라

然이나吾儕가同胞로ᄒᆞ야금다만此憲政研究에만專力ᄒᆞ라홈이아니라壹邊으로他事業도經營ᄒᆞ며壹邊으로此도豫備홈이可ᄒᆞ다ᄒᆞ는바며又近日政黨設立說을唱ᄒᆞ는人氏에게特告하는바니彼政黨을設立코ᄌᆞ人氏는徒然히虛榮에醉ᄒᆞ야東奔西走치말고此憲政研究會나組織홈이如何오

外報

◎露國과발간 露國政府는土耳其政府에對하야土國皇帝가勃加利牙國王을歡迎홈은露國의希望ᄒᆞᆫ바이며又露國은발간諸國의同盟을成立케ᄒᆞᆯ計畫中이라는旨로通牒ᄒᆞ엿다더라

◎베卿의海軍論 英國베레스우오ー드卿은下院에셔海軍預算案에就ᄒᆞ야演說ᄒᆞ엿는ᄃᆡ右預算案은不充分하다고說ᄒᆞ고六千八百萬磅의起債를主張ᄒᆞ엿다더라

◎募金團束 淸國東三省內에는近來에無賴黨가潛然히徒黨을締結ᄒᆞ고愚民을欺瞞하야地方自治施行의名을藉ᄒᆞ고金錢을徵募ᄒᆞ는者가有홈으로錫總督은各地方官의게此를禁止勵行ᄒᆞ라고訓令하엿다더라

◎御史彈劾 淸國都察院御使全部는上海道台蔡乃煌은官金私消罪와及外國에謟媚ᄒᆞ야國辱을貽ᄒᆞᆫ行爲가有하다는彈劾書를提出하기로決議ᄒᆞ고御史超炳麟氏가其稿를起草ᄒᆞ엿다더라

詞藻

莫優游

三萬六千日이、거얼마나되단말가。
發憤忘食일을히도、못다ᄒᆞᆯ일만켓거놀。
엇지타、못당ᄒᆞᆯ일당ᄒᆞ고도、優遊度日。

廣告

宮廷彙報

◎舊曆誕辰問安 昨日은 大皇帝陛下舊曆 誕辰인故로皇族及各大臣이參內 問安하엿고日本에留學ᄒᆞ시ᄂᆞᆫ韓國 皇太子殿下께셔도 問安電信을奉 奏ᄒᆞ셧다더라

◎動駕와時間 來二十九日 乾元節에 大皇帝 皇后兩陛下께ᄋᆞᆸ서 壽德宮에 親幸ᄒᆞᄋᆞᆸ신다홈은旣報와如ᄒᆞ거니와 出宮及 還御時間을隨探獨布하엿더니今에宮報發布件을據ᄒᆞᆫ즉 出宮時間은午后二時오 還御ᄂᆞᆫ午后五時半으로裁定되엿더라

雜報

◎權願入城說 中樞院顧問權重顯氏ᄂᆞᆫ 乾元節에問安ᄒᆞᆯ次로日間入城ᄒᆞᆫ다더라

◎曾禰長病 曾禰統監은病勢가尙且快差의期가無ᄒᆞ다더라

◎皇宮測量 宮內府에셔ᄂᆞᆫ德壽昌德慶熙等皇宮區域을目下測量中인ᄃᆡ來三十日內로該事務가終了되겟다더라

◎宮相更迭說 侍從院卿尹德榮氏ᄂᆞᆫ宮內府大臣을今明間被任ᄒᆞᆫ다ᄂᆞᆫ說이有ᄒᆞ다더라

◎李氏運動 前判書李根澔氏ᄂᆞᆫ近日來內閣이變更된다ᄒᆞ며農商大臣을運動코저日人官吏와頻數交涉中이라더라

◎紛競日至 統監府司法廳에셔韓人中日語卒業者幾名을需用ᄒᆞ기로決議ᄒᆞ엿다ᄂᆞᆫᄃᆡ此를圖得ᄒᆞ기爲하야紛競이太甚ᄒᆞ다더라

◎本案可決 再昨日日本貴族院에셔北韓鐵道及航路開設에關하야三浦代議士의質問이有ᄒᆞ엿ᄂᆞᆫᄃᆡ兒玉政府委員이速成되기를希望ᄒᆞ노라고答辯ᄒᆞ엿다ᄒᆞ며該院委員會에셔該本案을滿場壹致로可決ᄒᆞ엿다더라

◎來春起工 일人의經營하ᄂᆞᆫ京元湖南兩鐵道案件은旣히일本議會에通過ᄒᆞᆫ故로今年內로調査에着手ᄒᆞ야來年春부터起工ᄒᆞᆫ다더라

◎再次請願 일人의經營ᄒᆞᄂᆞᆫ三角航路에關하야韓국政府의補助豫算이削除되엿ᄂᆞᆫᄃᆡ該일人은更히韓국政府에補助를請願ᄒᆞ엿다더라

◎森林法改正 森林法中不備ᄒᆞᆫ点이有ᄒᆞ다하야該法을改正ᄒᆞᆯ次로目下起草中이라더라

◎無已其乎 曾彌統監의子曾彌尤男이景福宮內에種苗場을設置ᄒᆞᆫ다홈은已報어니와更히詳聞ᄒᆞᆫ즉該事務를擴張ᄒᆞᆯ뿐아니라 殿閣幾座만存置ᄒᆞ고各院廊은壹幷毁撤ᄒᆞ야農業模範場을設立ᄒᆞ기로決定ᄒᆞ엿다더라

◎陵官調査 宮內府에셔 各陵官들이不正當ᄒᆞᆫ行動이多ᄒᆞ다ᄒᆞ야目下調査中이라더라

◎運動說調査 兪吉濬李夏榮兩氏가何等運動이有ᄒᆞ다ᄂᆞᆫ說이有ᄒᆞ야日前에西北兩署日人高等刑事巡査가該兩氏에게虛實을調査ᄒᆞ엿다더라

◎偵探安用 壹進會長李容九ᄂᆞᆫ同會員中親信人을敎囑ᄒᆞ야元老大臣及舊政黨各社會에行動을秘密偵探中인ᄃᆡ該會總務兪鶴柱로此를監督케ᄒᆞᆫ다더라

◎月舘晩餐 洪肯燮韓錫振趙敬淳姜重遠等諸氏ᄂᆞᆫ再昨日下午七時明月舘에셔晩餐會를開ᄒᆞ엿다더라

◎果出眞情否 李在明에公判期限을來月初旬頃으로預定ᄒᆞ엿다홈은旣報어니와일昨總相李完用氏가法官某氏를對ᄒᆞ야日李在明을極律에處홈이不必要ᄒᆞᆫ즉白放홈이無妨ᄒᆞ다ᄒᆞ엿ᄂᆞᆫᄃᆡ該法官은曰是意가有하면早圖를不思ᄒᆞ고晩後發表홈이事實上無益ᄒᆞᆯ뿐더러名譽만釣取코저ᄒᆞᄂᆞᆫ嫌疑가有ᄒᆞ다ᄒᆞ엿다더라

◎遺族救金決定 襄陽郡守崔鍾洛氏가身故홈은已報어니와其遺族에게救恤金을支撥하기로內部에셔決定하엿다더라

◎前例謂何 保寧郡社稷壇이年久頹圮ᄒᆞ엿슴으로將次修葺코저ᄒᆞ야該郡守李奎白氏가內部에修報ᄒᆞ고修繕費를請求하엿ᄂᆞᆫᄃᆡ內部에셔ᄂᆞᆫ依前例修葺ᄒᆞ라고答報하엿다더라

◎宜加褒賞 漢江居林宗相氏가洞內貧民四十壹人에게金四圓或五圓式救恤ᄒᆞᆫ故로內部에셔褒賞狀을繕給ᄒᆞ기로議決ᄒᆞ엿다더라

◎孝行請褒 海美郡居李碩臣氏가特別ᄒᆞᆫ孝行이有ᄒᆞᆫ즉褒賞狀을繕給ᄒᆞ라고該郡守가內部로修報ᄒᆞ엿다더라

◎李論正當 去番謝罪次渡일하엿던위原居宋鶴昇은其時旅費二百六十圓을該郡人民에게徵出ᄒᆞ엿ᄂᆞᆫᄃᆡ近者에當地人李桂成氏가該旅費를全국壹進會員에게徵出케ᄒᆞ거나又其時他委員은皆退歸ᄒᆞ엿ᄂᆞᆫᄃᆡ宋만渡일하엿슨즉此ᄂᆞᆫ宋이自擔케홈이可ᄒᆞ다ᄒᆞ고該錢을還出給하라ᄒᆞᄂᆞᆫ故로同地人民과일進會間에紛爭이有ᄒᆞ다더라

◎乞者裂衰 所謂同志贊成會員徐彰輔ᄂᆞᆫ李學宰와葛藤이生ᄒᆞ야李學宰를論駁ᄒᆞᆯ뿐아니라李의前後行悖를逢人輒說ᄒᆞ고韓尙會ᄂᆞᆫ徐彰輔와葛藤이生ᄒᆞ야互相論駁하ᄂᆞᆫ中인ᄃᆡ該會情況은不久에解散되리라더라

◎佛尻畢露 商務組合部長李學宰ᄂᆞᆫ四年前永平郡에在ᄒᆞᆫ完和宮洑貰를徵收乾沒ᄒᆞᆫ事件이有ᄒᆞ다하야三昨日中部警察署에셔李也를招致調査ᄒᆞ엿다더라

◎步兵隊發火 近衛步兵隊에서去十七일부터每週內月水金三曜일에空砲發火를試하ᄂᆞᆫᄃᆡ五週間만設行ᄒᆞᆫ다더라

◎閔家風波 輔國閔泳徽氏家隸婆에女息이年今十六인ᄃᆡ該氏에令男天植氏가該女와結緣ᄒᆞ야百年을同盟하엿더니天植氏에夫人이舅姑에게告發하엿슴으로일昨風波가大起ᄒᆞ엿다더라

◎宜其嚴禁 中部壽進洞居宋秉學氏ᄂᆞᆫ該家에贅居ᄒᆞᄂᆞᆫ十四歲된女兒를竹心이라名稱하고賣淫營業홀次로再昨日中部警察署에請願ᄒᆞ엿ᄂᆞᆫᄃᆡ該署에셔宋氏를招致ᄒᆞ야嚴峻禁止ᄒᆞ엿다더라

◎同族偸妻 楊州郡點隱面四牌里居하ᄂᆞᆫ崔聖賢에妻를其族人崔益孫이가誘引하야驪州郡開軍面居宋馬龍氏에게매渡ᄒᆞᆫ故로崔聖賢氏가崔益孫及宋馬龍兩人을昨일地方裁判所에告訴ᄒᆞ엿다더라

◎乞諸以救 會寧郡拱北面二里居ᄒᆞᄂᆞᆫ李辰達氏의夫妻ᄂᆞᆫ老年窮人으로客冬에隆寒을値ᄒᆞ야凍死에瀕ᄒᆞ엿더니隣居金丙洙李承貞兩氏가其情狀을矜憫히녀여救恤을施코저ᄒᆞ되貧不自辦하야洞里에躬行ᄒᆞ면서每戶에數升米式求乞ᄒᆞ야其死命을救濟ᄒᆞ엿다더라

◎面長有人 忠南洪州郡上田面面長韓星敎氏ᄂᆞᆫ時務에嫺熟ᄒᆞ야臨事綜詳ᄒᆞᆯ뿐더러人民의思想을開發키爲ᄒᆞ야各種新聞을力勸購覽케ᄒᆞ되家勢가貧寒ᄒᆞ야代金을難辦ᄒᆞᄂᆞᆫ者ᄂᆞᆫ或自擔辦出도ᄒᆞ며面內人民이他面長의通例를依ᄒᆞ야每戶租壹斗式捐助ᄒᆞ되辭而不受홈으로壹面이賴而安堵ᄒᆞᆫ다더라

◎乞米院發起 中豐熙尹錫天申極諸氏가發起ᄒᆞ야救老院을設立ᄒᆞᆫ다ᄂᆞᆫᄃᆡ全국內米商에게每石斗二合式收歛하야經費를補用ᄒᆞ기로協議ᄒᆞ엿다더라

◎巡敎師派送 侍天敎에셔ᄂᆞᆫ平安全羅江原三道에再昨日巡敎師柳亨淳氏等十四人을派送하엿다더라

◎拾貨任署 東部於義洞居金鎭元氏ᄂᆞᆫ再昨日夜寺洞演興社에셔金一圓을拾得ᄒᆞ야所管警察署에任置ᄒᆞ고錢主를覓給ᄒᆞ라ᄒᆞ엿다더라

◎柳氏將訴 北部齋洞居柳根宅氏가中部麻洞居海州婆의花債事件으로所管警察署에被捉홈은旣報어니와該氏가許多惡刑을被ᄒᆞ고金五十圓을徵給ᄒᆞ기로納고ᄒᆞᆫ後放送되엿ᄂᆞᆫᄃᆡ該氏가嚴刑에謀傷되엿다ᄒᆞ야將次裁判을提起코저ᄒᆞᆫ다더라

◎溫泉閉市 義兵將李鎭龍氏가部下二百餘名을率하고黃海道地方으로出沒ᄒᆞᆫ다ᄂᆞᆫᄃᆡ平山汗浦停車場과同郡溫泉場市에軍需錢幾百圓을請求홈으로溫泉場市에셔ᄂᆞᆫ閉店까지되엿다더라

◎義兵被損 本月九일부터十五일까지義兵과일兵이接戰ᄒᆞᆫ結果로義兵死者가四名이오被擄者가七十壹名이오其他銃劍등物도不少히破奪하엿다더라

◎慈善其人 南大門外巡廳洞居金相孝氏ᄂᆞᆫ元來赤貧의勢로八十老母와三歲幼兒를奉率ᄒᆞ고餓莩의境에至ᄒᆞ엿더니釜山港居金文現氏가其情況을矜憫히녀여自己山坂을典執하고金五十圓을借給ᄒᆞ야生命을救濟ᄒᆞ엿슴으로該氏의慈善心을莫不稱頌ᄒᆞᆫ다더라

◎胡不禁嚴 龍山港藏財洞淸人某의家에每日下午十二時假量되면內外國人中悖類가齊會ᄒᆞ야鴉烟을吸喫ᄒᆞᆫ다ᄂᆞᆫᄃᆡ該地警官등은置之不禁ᄒᆞᆫ다고批評이有ᄒᆞ다더라

◎宜則有頌 龍山九福洞居李萬用氏ᄂᆞᆫ屠牛로爲業하ᄂᆞᆫ더인ᄃᆡ新知識을輸入키爲하야新聞을購覽ᄒᆞᆫ다고當地人士의稱頌이有ᄒᆞ다더라

◎國報押收 新韓國報第八十三號ᄂᆞᆫ治安妨害라ᄒᆞ야內部에셔押收ᄒᆞ엿다더라

◎李氏放免 警視廳에被捉ᄒᆞ엿던李堲澤氏ᄂᆞᆫ無事放免되엿다더라

◎造貨犯不服 中部警察署에셔永同郡警察署로押交ᄒᆞᆫ貨幣僞造犯趙鋼九黃範芳淳四人은淸州郡裁判所處判에對ᄒᆞ야不服홈으로日昨京城地方裁判所로押上ᄒᆞ얏다더라

◎地裁豫審 京城地方裁判所에셔三昨日謀殺犯尹德成강盜殺人犯方在範權景集등을豫審ᄒᆞ엿다더라

◎三犯絞殺 强盜及謀殺犯秋三萬과强盜殺人放火及罪囚逃走犯郭伊用은本月十四日京城監獄署에셔강盜殺人犯李桂雨ᄂᆞᆫ本月十五日大邱監獄署에셔絞刑을執行ᄒᆞ엿다더라

◎嶠南紀念 來二十日上午十一時에嶠南敎育會에셔第二回紀念式을典洞該會舘內에開ᄒᆞᄂᆞᆫᄃᆡ各學界紳士를多數請邀ᄒᆞ며嶠南人士ᄂᆞᆫ會員與非會員을勿論ᄒᆞ고一切參席하기를希望ᄒᆞᆫ다더라

◎青舘討論 鍾路青年會舘에셔今日下午七時三十分에討論會를開ᄒᆞ고人格養成은常識精通이勝於學理研究라ᄂᆞᆫ問題로可否便이互相討論ᄒᆞᆫ다더라

◎兩會討論 來日曜日下午七時三十分에青年一心進化會와青年知識培養會에셔智識을交換ᄒᆞ기爲ᄒᆞ야學不厭이勝於敎不倦이란問題로[illegible]興學校內에셔互相討論ᄒᆞᆫ다더라

感荷義捐

寧遠郡私立普通學校長金經鉉氏가本社經費를補助키爲ᄒᆞ야金貨二十錢을寄付ᄒᆞ엿기玆에其盛意를感表ᄒᆞ노라

電報

◎殖民研究會 日本에셔ᄂᆞᆫ韓국、滿洲、樺太、臺灣、등地에對하야調査研究를計畫하야學術的으로殖民政策을確立ᄒᆞᄂᆞᆫ目的으로新渡戶稻造等學者가研究會를設立홈다ᄂᆞᆫᄃᆡ來月間에具體的으로成立된다하며此를政府와交涉ᄒᆞ야目的貫徹을圖ᄒᆞᆫ다더라 東京發 十七일着

◎官吏淘汰 淸국直隸總督陳夔龍氏ᄂᆞᆫ漸次官吏의淘汰를行ᄒᆞᆫ다더라 北京發 十七日着

◎美日同盟說 일本은美국과非正式의同盟을結하야極東平和를維持하기로提議ᄒᆞ엿다더라 東京發 十八일着

廣告

本人이安岐郡鄉命下의[illegible]請을難괄ᄒᆞ야金二百八十圜의紙를正當書債額으로出給後契의自手契約書를受置ᄒᆞ엿다가當限採根ᄒᆞᆫ즉同鞍命元이有何不良之計로[illegible]之四寸의賠償를挾勢討捧云々이다大韓每日申報第一千三百三十號廣告欄內에謄載揭布ᄒᆞ엿기不勝痛憤ᄒᆞ야玆以廣告하오니內外국人은照亮

[illegible]山郡主事 申[illegible]

翻譯手(日語)募集廣告

日本語通ᄒᆞᄂᆞᆫ韓人八名을入用ᄒᆞᄂᆞᆫ데對ᄒᆞ야志望者ᄂᆞᆫ三月二十壹日午前에來談ᄒᆞ시요

敦化門前蓮洞十二統四戶 加藤

本人의姓名圖章을陽三月十七日의路上서失故玆以告白ᄒᆞᆷ

南部誠明坊大山林洞福德房家儈 金元培 告白

本人의四角姓名圖章을去陰曆十一日에서失ᄒᆞ고圓形으로更刻施行ᄒᆞᆷ

西部芹洞 吳俊燮 白

本人이南部薰陶坊笠房洞三十四統九戶瓦家拾壹間家券을서失故廣告ᄒᆞ오니誰某拾得ᄒᆞ와도休紙施行ᄒᆞᆷ

家主崔東源

本舘에서新舊書籍과學校用品各種을鋪賣ᄒᆞ야(五圜以上特減割引)大發售하오니江湖僉君子ᄂᆞᆫ陸續購買ᄒᆞ시요

釜港東關韓興書舘

舘主 金秉衡 本名汝重
主任 權鍾律

漢陽商會店員募集

壹 男子(拾歲以上拾四歲以下)(未婚者)若干名
壹 女子(拾歲以上拾四歲以下)(未婚者)若干名

右男女店員若干名을募集하니獨立自治의精神잇고實地經驗의商業家되기願ᄒᆞᄂᆞᆫ靑年은本月三拾日上午拾時에本店으로來議ᄒᆞᆷ事

京城鍾路 漢陽商會

本社에서高明ᄒᆞᆫ技師를雇聘ᄒᆞ야業務를擴張ᄒᆞ고左記各樣印刷物을特別廉價로酬應ᄒᆞ오니僉君子ᄂᆞᆫ愛顧ᄒᆞ심을伏望

各樣書冊과傳道紙와證明紙各種과印札紙各種과領受證과名啣紙各種과公用信紙와廣告紙

平壤舘門前
光文社印刷所
社長 鄭益魯
總務 李春燮
事務 韓仁錫

本人에金八分刻圖章을今月十五日遺失故로廣告ᄒᆞᆷ

南大門內雜貨商 李泰漢

大邱春秋令市改良ᄒᆞᆷ은全國商民同胞諸氏가業已諒悉인바今春令도依定期ᄒᆞ와陰三月一日開市ᄒᆞ고同三十日撤市ᄒᆞ오며秋令도陰十一月一日開設同三十日撤市ᄒᆞᆯ터오니全國商民은咸須知悉하와屆期來臨ᄒᆞᆷ

大邱藥商興業會 告白

本書舘에名稱耶蘇敎書舘을以日新書舘으로變改ᄒᆞ옵고業務를一層擴張ᄒᆞ오니僉員은尤益愛顧ᄒᆞ시요

寧邊城內日新書舘主金致億白

本郡古府面龍洞里朴奉奎가當報錢壹百三十三圜을過限不報이기本郡裁判所에右貸金請求의訴를提起ᄒᆞ야幸得判決이고方在右氏의所有土地를執行中이오나右氏가隱避不現에不知居處이기玆以廣告ᄒᆞ오니右朴奉奎氏의知舊되시ᄂᆞᆫ僉員은此意를右朴氏의게通知ᄒᆞ야주시기를望ᄒᆞᆷ

平北宣川郡邑內面 申基周 告白

學員追募廣告

本塾에서法律專門科一年級學員을增募ᄒᆞ오니志願者ᄂᆞᆫ本月卅一日以內로本塾事務室에入學請願書를提出ᄒᆞ시오

注意

一 法學에有意ᄒᆞ시ᄂᆞᆫ人士ᄂᆞᆫ此入學의好時期를失치마시오
二 官立高等學校、外國語學校、私立中學校(學部認可)의卒業証이有ᄒᆞᆫ者ᄂᆞᆫ免試ᄒᆞᆷ
三 試驗科目及日字及其他詳細事項은本塾에來議ᄒᆞ시요

隆熙四年三月 日
私立 養正義塾

本校에서三月二十九日에第壹學年及各學年補缺生을增募ᄒᆞᆷ

北部中學橋
私立 觀鎭學校

學員募集廣告

學員募集廣告

本學校에서敎務를擴張키爲ᄒᆞ야物理化學機械標品을購入ᄒᆞ며高明ᄒᆞᆫ講師를更히延聘ᄒᆞ고高等一學年과二三學年의補缺生募集ᄒᆞ오니志願人은陽四月十日로請願書를提出ᄒᆞ요

隆熙四年三月五日
寧邊私立維新學校白

一 入學試驗日字ᄂᆞᆫ陽四月十日로ᄒᆞᆷ
一 試驗課目 漢文 作文 內地 內史 物理 算術(四則) 體格
一 普通學校程度의卒業証이有ᄒᆞᆫ人은免試ᄒᆞᆷ

本人의黑角圓形姓名圖章을陽三月五日에路上서失ᄒᆞ고半圓形으로更刻施行ᄒᆞᆷ

北部樓閣洞 柳昌烈 白

登錄 京西部車洞同和藥房 本國藥材、洋製、各病效、用、價、國漢文、可刊出、作封、雖婦女、郵便請求、買賣

閔 櫃 白

醫學生募集廣告

志願者ᄂᆞᆫ四月廿日內에限ᄒᆞ야應試ᄒᆞ고校則은願覽者ᄂᆞᆫ郵票二錢要ᄒᆞᆷ

公立平壤同仁醫院附屬醫學校

學員募集廣告

本校에서一年級補缺生과預備科學生을增募ᄒᆞ오니志願者ᄂᆞᆫ三月卅日(陰二月廿日)內로請願書를提出ᄒᆞᆷ

但試驗日字ᄂᆞᆫ四月二日로開學日字ᄂᆞᆫ四日

隆熙四年二月 日
安州郡私立協成安興學校 告白

本人의長子文煥이性本浮浪ᄒᆞ야陰正月에本郡楊上面松亭里所在田畓與家舍文券을取去ᄒᆞ엿스니內外國人은勿欺ᄒᆞ시요

龍川楊西面新城里韓國正告白

數學大家 柳一宣 著

初等算術敎科書

中卷 定價洋裝 九拾錢

總發賣所 京城南門外紫岩 新舊書林
分賣所 京鄉各書舖

學員新募集廣告

本舍에서第一學年生을募集ᄒᆞ오니願學僉員은三月三十一日內로志願書를壽進洞興士團內隆熙學校로提出ᄒᆞ시오

試驗日子四月三日
試驗科目算術(全部) 代數(一次方程式) 理化學(簡易)
(但中學程度學校의卒業生은免試ᄒᆞᆷ)
(開學時ᄂᆞᆫ本舍를壽進洞興士團內로移接ᄒᆞᆷ)

西部倉洞 私立精理舍

本校에서第壹學年級學員을募集ᄒᆞ오니志願者ᄂᆞᆫ四月十日內로請願書를提出ᄒᆞᆷ

但請願紙ᄂᆞᆫ本校에請求ᄒᆞᆷ

試驗日字ᄂᆞᆫ四月十壹日下午二時

試驗科目算術四則、作文、讀書

第二學年補缺生도募集ᄒᆞᆷ

隆熙四年三月 日
私立 西北協成學校

本人의姓名圖章을陽曆二月間에不知中서失ᄒᆞ야新刻故玆以廣布ᄒᆞ오니知舊間照亮ᄒᆞᆷ

西署積善坊黃土峴九統五戶 朴潤韶 告白

特別廣告

本社의서同胞의衛生을注意ᄒᆞ야美國의서經驗單方으로流行通用ᄒᆞᄂᆞᆫ靈藥果劑를貿入ᄒᆞ야左開廣布ᄒᆞ오니有病君子와藥業에從事ᄒᆞ시ᄂᆞᆫ僉彦은爭先來購ᄒᆞ시요

分賣와都賣에差別이有ᄒᆞ야一打(十二個)以上의都賣에ᄂᆞᆫ特別割引ᄒᆞᆷ

左開

秘製止痛藥 效能 外塗內服無處不適 消滯 止瀉 絶痛 治痢無不神效ᄒᆞᆷ

喜蘇[illegible]藥 效能 頭面 身體一切痛症 積年風濕 除濟 生선之道 렵卽奏效ᄒᆞᆷ

亞麟香膠 效能 毋論男女老少 勿嫌年久日淺一切咳소 服之則其效如神ᄒᆞᆷ

委花藥膏 效能 痔疾 聯珠瘡 跌傷 蟄咬等 諸症無雙聖藥

委花糖水藥 効能 疝症 花柳毒 凡不潔血所崇症 婦人虛弱等症 靈驗ᄒᆞᆷ

牛汁藥酒 効能 毋論男女老少氣血虛弱者服之則大補元氣[illegible]健ᄒᆞᆷ

韓美興業株式會社事務所

廣告

◎京城鍾路和平堂大藥房各種藥品
及各樣規則廣告

○承寧府典醫 洪哲普君 實驗處方
○陸軍軍醫 張基茂君 有效證明
四時勿論ᄒᆞ고旅行居家에常備之靈약

官許
登錄
認可

(和)

健胃
消滯
八寶丹

定價 일貼九拾九粒入金拾錢 三貼入金廿五錢
右약에主治効能은如左ᄒᆞᆷ

◎壹은新久積滯와急警關格과胃腹ᄭ痛과中暑中寒과水土不服에特効가有ᄒᆞ기로著名ᄒᆞᆷ
◎壹은頭痛과眩운을鎭正ᄒᆞ고精神을爽快케ᄒᆞᄂᆞᆫ良제요
◎壹은恒常食後에適宜服用ᄒᆞ시면脾胃를健壯케ᄒᆞ며痰을消ᄒᆞ며口味를助ᄒᆞ야滯祟에念慮가無ᄒᆞᆷ
◎壹은酒醉昏迷와船車醉에速治ᄒᆞᄂᆞᆫ奇効가有ᄒᆞᆷ
◎壹은香氣가含有ᄒᆞ야口臭를排除하고解毒通竅ᄒᆞᄂᆞᆫ効力이偉大ᄒᆞᆷ

胎養調經丸 婦人冷積과帶下症月經不調에神効 일제金五圓
麝香消瘡丹 梅毒下疳頭瘡風濕瘡去根ᄒᆞᄂᆞᆫ妙藥 일제金四圓
阿烟斷引藥 阿引을能斷ᄒᆞ고元神을回復ᄒᆞᄂᆞᆫ妙藥 일제금五圓
滋陽丸 男女間陰陽雙補ᄒᆞᄂᆞᆫ妙藥 拾日分금일圓八拾錢 일月分금五圓
全治丸 男女勿論ᄒᆞ고連珠와나력을全治去根ᄒᆞᄂᆞᆫ藥 일제금三圓
消積散 陳々久체를消化ᄒᆞᄂᆞᆫ靈藥 금拾五錢
回生水 虛泄濕泄轉筋吐ㅅ腸痛에神効ᄒᆞ기로著名ᄒᆞᆷ 금拾錢
治顏水 죽은ㅅ가삭고얼골이고아지ᄂᆞᆫ약 금三拾錢
蘇生丹 急ᄒᆞᆫ霍亂吐사의立卽見効약 금拾錢
蛔滅散 회虫을去根하ᄂᆞᆫ妙약 금拾錢
鎭咳散 痰을消化하고咳소를止ᄒᆞᄂᆞᆫ약 금三拾錢
解毒散 諸般感氣와寒熱往來에奇효약 금拾錢
五虫藥 寸白虫을沒出去根ᄒᆞᄂᆞᆫ妙약 금三拾錢
通治膏 諸般大小腫을통治ᄒᆞᄂᆞᆫ고약 금拾錢

玉容水
補陰降火丸 化不良 遺精 一貼 일圓三拾錢 일週分 三週分
雙補丸
痔 二週分 二貼일圓五拾錢 四週分
下浮丸
退疸丸
咽喉散
下痢散
光明眼藥
血痰祛根丸
上血快治丸
下血快治丸
補血水
齒痛快清水
明耳精
痲疹丸
齒根炎傷散
小兒痫氣丸
脚氣腰痛丸
鷄眼膏
腫根拔散
止汗散
口病清熱水
浮腹能下丸
小兒腹瘡丸
小兒疳氣散
梅毒全滅丸
小兒百日咳丸
偏頭痛止散
夜盲復明丸

[illegible] ᄂᆞᆫ약 금二拾錢
男子陰虛火動 婦人勞재 神
[illegible]衰 不寐症 健忘症 消
일貼七拾錢 二週分
分 三貼 일圓六拾錢
男女陰陽俱虛 婦人氣血不足
胸腹疼痛 手足厥冷 肌膚瘦
四週分 四貼 二圓八拾錢
全體浮瘇 便秘 胃炎 일週
分 일貼 四拾錢
酒달 食달 黃달 黑달 일
週分 일貼 六拾錢
咽喉發炎 咽喉潰瘍 五日分
일貼 五拾錢
赤痢 白痢 吐사 血糞 六拾錢 일
週分 일貼 風熱眼疾 膿림性
時行眼疾 梅毒眼疾 拾錢
眼疾 吐血 月經時 腹痛 五拾錢 일
落血 吐血 開鬱 血痰 七拾錢 일
週分 일貼 降火 일貼 七拾錢
吐血 血便 痰便 七週分 일
下血 일貼 七拾錢
男女氣血不足 婦人月經不調
婦人下腹痛 일週分 일圓
齒痛 虫齒 風齒 齒齦痛 十錢
頭痛 耳垢堆積 醲膿汁 十錢
耳內炎痛 耳垢堆積
小兒麻疹 腥紅熱 三日分 百日咳 十錢
齒肉爛傷 齒血발炎 三十錢
身熱癲驚 夜啼不寐 青便 十五錢
黃便 兩脚濕痛 腰痛 脇痛 拾五錢 骨節
疼痛 일週分 七拾錢
발의 틔눈을 쌤온약 拾錢
拔腫根 去惡生新 拾錢
手汗 足汗 腋汗 拾錢
口內諸般炎傷 上下唇坼 十錢 鼻
內搔痒
下腹澎漲 四肢浮症 小便不
利 일週分일貼七拾錢
腹학 健胃 解熱 拾錢
腹部澎漲 食慾不絶 消化不
良 大便頻數 體樣瘦瘠 二日分拾五錢
先天的梅毒 後天的梅毒 下
疳瘡 일週分일貼五拾錢
百日咳 呼吸困難 痰滯吹笛
聲 嘔吐 食思不進 일週分一貼三拾錢
眩운 頭痛 耳鳴 眼花爛發 三日分 拾五錢
肝經症 食熱 當昏眼迷 春
秋氣候受傷 三日分三拾錢

驅蟲止痛散 胃痛 腹痛 食滯 痰滯 酒滯 三日分三拾錢
祛惡生新膏 頭瘡 潰瘍 祛惡生新 拾錢
小兒胎毒膏 胎毒 面腫 濕癬 白癬 鱗癬 蛇癬 乾癬 拾錢
火傷治毒膏 火傷 濕疹 皮膚搔痒 拾錢
梅毒全滅膏 楊梅瘡 선腫 頭瘡 龜頭瘡 拾錢
眼瞼炎傷膏 眼瞼緣炎 眼瞼麥粒腫 拾錢
成腫除毒膏 腫氣已成未成 骨節痛 拾錢
疥癬洗滅水 疥癬 濕疥癬 乾疥癬 皮膚搔痒 拾錢
五淋丸 男女急性淋疾慢性淋疾膀胱加答兒淋毒性生殖器病睾丸炎血淋沙淋白濁小便短赤婦人赤白帶下等症 일週分 일圓
此外에有名寶약各種과東西洋약及漢약唐草材를都매散賣

◎京城鍾路和平堂藥房支店規例

일 本舖가支店에對ᄒᆞ야每次十圓以上약品은五割引으로出給事
일 賞與品은藥價輸入金中에每百圓에對ᄒᆞ야十圓價値약品으로勸奬ᄒᆞᆯ事

일 郵便費와運輸費ᄂᆞᆫ支店이擔當ᄒᆞ되每百圓에四圓으로計算ᄒᆞ며不足額은本舖가擔當ᄒᆞᆯ事
일 三百圓以上이나五百圓以上ᄭᆞ지支店은郡內에專管을許ᄒᆞ고壹千圓以上에支店은道內에專管을許ᄒᆞ고不許他人ᄒᆞᆷ事
일 약品定價金을違背發매者ᄂᆞᆫ罰金을徵收ᄒᆞ고不許更求ᄒᆞᆯ事
일 약價를每月終에計ᄒᆞᆯ時에ᄂᆞᆫ每次十圓以上약品은四五割引으로出給ᄒᆞᆯ事

京城鍾路和平堂약房
支店出張所規例

일 支店이出張所에對하야每十圓약出給時에郵漑運輸費와出納隨手料를出張所가壹圓式支店에捐補ᄒᆞ고百圓以上에도照例ᄒᆞᆯ事
일 定價金을違背ᄒᆞ야發매者ᄂᆞᆫ罰金을徵收ᄒᆞ고不許更求ᄒᆞᆯ事

京城鍾路和平堂大藥房本舖
主任 李應善

◎特別廣告
◎京城鍾路和平堂大藥房

○和平堂藥房은我同胞가最誠意로歡迎ᄒᆞᄂᆞᆫ我國第一되ᄂᆞᆫ最新式規模로經營ᄒᆞᄂᆞᆫ特別藥房이오
○和平堂藥房은外國第一有名ᄒᆞᆫ洋藥과我國唐草材를多數輸入ᄒᆞ야最低廉最良材를都매散매ᄒᆞᄂᆞᆫ最大藥房이오
○和平堂醫院은平壤濟衆院에서卒業을受하고美國醫學博士禹越時手下에多年實地施驗을行ᄒᆞᆫ醫士田慶龍氏를延聘ᄒᆞ야男女老少에內外科를誠心으로診察治療ᄒᆞᄂᆞᆫ醫院이오
○和平堂醫院은外方에서病錄만錄送ᄒᆞ시면其病에適當ᄒᆞ도록誠心製약ᄒᆞ야迅速付送ᄒᆞ기로熱心ᄒᆞᄂᆞᆫ醫院이오
○和平堂醫院은治療費와藥價를最廉ᄒᆞ게ᄒᆞ야一般醫藥家로ᄒᆞ야금感醒케ᄒᆞ야勇進奮發의心을鼓吹케하ᄂᆞᆫ醫院이오
○和平堂藥房은全國內醫藥家와連結ᄒᆞ야根本的實業發展의本領을實行코ᄌᆞᄒᆞᄂᆞᆫ藥房이오

京城鍾路 洋藥各種과 漢藥唐草材
大發賣 和平堂本舖
主任 李應善

◎特別廣告

大韓每日申報

第一千三百四十一號

發行兼編輯人 英國人 萬咸
Responsible for Publication Alfred Weekley Marnham.
發行所 京城南部[illegible]

論說

是日은上帝가韓國에福을降하시는日

嗚呼라是日은世界萬國基督教徒가韓國을爲ᄒ야同盟祈禱ᄒ는日이로다

嗚呼라是日은世界萬國基督教徒가主耶蘇基督의名으로韓國을爲하야同盟祈禱하는日이로다

嗚呼라是日은世界萬國基督教徒가上帝의命으로韓國에福을祈ᄒ기爲ᄒ야同盟祈禱하는日이로다

凡我韓國同胞는兩手를齊拱ᄒ며頭를低ᄒ며雙膝을齊屈하야拜홈이可하며歡이甚ᄒ야呼天홈이可ᄒ며感이極하야泣홈이可ᄒ도다

蓋此韓國이國家는苦海에沈淪ᄒ며人民은昏衢에彷徨하야足히世界에榮譽를得홀바無ᄒ며足히世界에同情을擅홀바少ᄒ야오직先進者의唾笑를買ᄒ며오직不義者의蹂躪을受ᄒ는國이어늘

今此萬國基督教徒는오직慈悲의心을發ᄒ며오직哀痛의情을宣ᄒ야一齊히其首를韓國에向ᄒ야俯ᄒ며一齊히其口를韓國에向ᄒ야張ᄒ고韓國을爲ᄒ야긔禱ᄒ야其眞理의燈光으로黑夜에顚倒ᄒ는韓國同胞를遍照케ᄒ며其生命의糧食으로飢渴에苦ᄒ는韓國同胞를共飽케ᄒ기를願ᄒ나嗚呼라萬國基督教徒여諸公이비록慈善ᄒ나韓國同胞를愛홈이엇지此에至ᄒ나뇨

蓋此韓국同胞가迷路에墮在ᄒ며魔窟에[illegible]命을[illegible]

오직上帝는百羊에其一도忍棄치아니ᄒ시고憫憐을下ᄒ시며殊恩을賜ᄒ샤萬國基督教徒信男善女를命ᄒ야聖神의感動으로韓國을爲ᄒ야긔禱케ᄒ샤韓國으로悔改의路에[illegible]케하시며韓國으로無量의福을[illegible]케ᄒ시니嗚呼라上帝여上帝가[illegible]仁至大ᄒ시나韓국을[illegible]이엇지此에至ᄒ시나뇨

仁愛心이廣ᄒ신이는오즉上帝뿐이며慈悲心이多ᄒ신이는오즉基督教徒가아닌가

誰가韓국에對ᄒ야希望이[illegible]다ᄒ며誰가韓國에對ᄒ야[illegible]이乏ᄒ다ᄒ며誰가韓國에[illegible]야悲觀을抱ᄒ나上帝의[illegible]가如是ᄒ시며萬국信男善女의愛護가如是ᄒ니韓국同胞가樂園에躋홀日이不遠ᄒ며韓國同胞가妖魔를逐홀日이不遠ᄒ도다

嗚乎라韓國同胞여同胞는是日을當ᄒ야如何한感情이有ᄒ가

彼洲異族異ᄒ야韓國의與亡과何等痛癢의關係가無ᄒ며彼貌異語異ᄒ야韓人의苦樂과何等休戚의影響이無ᄒ萬國基督教徒信男善女는此韓國을爲ᄒ야如斯히긔禱하거날

此韓國의臣民이되며[illegible]人이된韓국同胞는[illegible]韓국을爲ᄒ야祈禱ᄒ는者가幾人이나有ᄒ가

同胞는是日로부터[illegible]하며老少를勿論ᄒ며[illegible]者를勿論ᄒ고國家를[illegible]禱ᄒ라他人도諸君의국家를爲ᄒ야祈禱ᄒ거니諸君이엇지諸君의國家를爲ᄒ야祈禱치아니ᄒ리오彼吹喇ᄒ야도不舞ᄒ며哀哭ᄒ야도不悲ᄒ는兒童을學치말고奮然히上帝의前에進ᄒ야禍를脫ᄒ고福을受홀지이다

[illegible]義者의勢力이아모리强ᄒ야[illegible]上帝의前에는其焰을敢張치[illegible]ᄒ야不良의稗가되리라不義者의[illegible]惡이아모리甚하야도萬國信男善女의前에는其邪를敢[illegible]치못하야投火의薪이되리라[illegible]

外報

◎鐵道借款問題 淸國이美國借款에依ᄒ야錦愛鐵道를敷設[illegible](一)[illegible](二)內蒙古[illegible]兩國의鐵道와[illegible]勢力을維持[illegible]事(三)[illegible]開拓殖民을[illegible]美國의勢力을[illegible]하야後[illegible]東三省의大[illegible]維持하는事[illegible]淸國當局者의一般意見이라더라

◎西藏郵稷 淸國西藏郵政事務開辦에就하야特派ᄒ淸國郵便局委員의來電을據ᄒ즉亞東[illegible]人은一齊[illegible]駐藏大臣[illegible]希望ᄒ다더라

◎淸商電請 淸國黑龍江省愛琿에는旣히稅關을開設ᄒ엿스나姑히徵稅章程을發布치못하엿슴으로徵稅法이不壹ᄒ야露國商人에게輕히ᄒ고淸국商人에게는重히課홈으로愛琿의在住ᄒ淸國商人은此에對ᄒ야速히救濟策을議定하라고稅務大臣의게電請ᄒ엿다더라

◎載濤貝勒出發期 淸국海軍大臣載濤貝勒은列강八국의陸軍事務를考察ᄒ기爲ᄒ야本月二十日에出發ᄒ기로決定ᄒ엿다더라

◎萬國郵換法會議 荷蘭국海牙에在ᄒ萬國郵換法會議는來六月二十一日에開催ᄒ다더라

[illegible]辦費五千圓을[illegible]엿스니此[illegible]貴政[illegible]

雜報

◎壇商正論 警視廳에서鹽商金斗源氏를譏捸ᄒ다홈은旣報어니와再昨日下午二時鍾路靑年會舘近地에서不服ᄒ別巡査二名이金氏를逢着하야該廳으로引去코저星火ᄀᆞᆺ치督迫ᄒ는지라金氏曰何如ᄒ事件이던지警署에서罪가有하다ᄒ야捕之縛之則可也어니와無故呼來則我必不應ᄒ리니君등은以此告總監閣下하라居ㅣ時에日巡査二名이更來懇請曰何事인지不知ᄒ나本廳總監이旣要相見則一次面會가未爲不可라ᄒ거ᄂᆞᆯ金氏가依渠言隨往ᄒ엿더니該總監若林賚藏이大廳으로引入ᄒ後鹽價事에對ᄒ야一場說明曰盜鹽船主乙吉등은方今懲役에處ᄒ엿스나其相續人金之助는勢甚貧寒하야鹽價를辦出홀餘地가無ᄒ지라本國政府에서金氏의情勢를憫恤히녀여恤金이나支給ᄒ意로議案을提出ᄒ엿스니金氏의意向이何如오ᄒ거날金氏가大言答曰不可也라恤金은彼終南山과如히積置홀지라도當捧ᄒ鹽價外에는領受홀理가萬無하다ᄒ고仍曰貴國風船이我國洪州郡長吉島岩石에誤觸致破ᄒ엿스되該岩石이我國地方에在하다ᄒ야賠償金三千圓을我政府에督迫推去하엿고公州郡에來留ᄒ던貴國商民寬辰太郎은我國軍人과爭鬪ᄒ다가被打ᄒ엿다稱托ᄒ고治[illegible]

◎刻苦之[illegible] 慶[illegible]宋[illegible]侑[illegible]入京ᄒ야[illegible]日間講學을[illegible]員諸氏가其[illegible]入學을許[illegible]를自擔ᄒ[illegible]에優等에位[illegible]褒證書까지優[illegible]

◎平原[illegible] 价川中[illegible]面[illegible]重遠學교[illegible]兄[illegible]氏가學父[illegible]自治會를組織ᄒ고夜[illegible]學校를設立ᄒ야各坊面으로[illegible]事業이日以進就홀뿐더러該地父老中[illegible]金基[illegible]李元圭尹錫鎭崔正俊諸氏가一般同胞를[illegible]勸勵ᄒ結果로該地人士가莫不感應ᄒ야由來痼弊되던酒使技戱를一切猛斷ᄒ고公益을務圖ᄒ다더라

詞藻

(洛東江[illegible])

洛東江細雨中에、차갓슨며老人아。
적은비ᄒ로저어、 그어듸로向하는다。
至今에、世事를의론코저、英雄차저。

宮廷彙報

○乾元節御賜餐 大皇帝陛下ᄭᅴᄋᆞᆸ셔 來二十五日上午十二時에各部大臣及皇族及中樞院議長以下顧問官同의게午餐을下賜ᄒᆞᄋᆞᆸ신다더라

○御苑親臨 昨일午後一時頃에 大皇帝 皇后兩 陛下ᄭᅴᄋᆞᆸ셔 昌德宮內 御苑宴會에御親臨ᄒᆞᄋᆞᆸ셧ᄂᆞᆫᄃᆡ韓일官吏約千餘名이陪從하엿다더라

雜報

○渡日準備 總相李完用氏가不遠間渡日ᄒᆞᆫ다ᄒᆞᆷ은既報어니와三昨日부터旅行諸具를準備ᄒᆞᄂᆞᆫᄃᆡ該費額이萬餘圓에達ᄒᆞᆫ다더라

○可謂觀察 警視廳第壹課長李憲珪氏ᄂᆞᆫ三昨日光武臺演劇場을觀察하엿ᄂᆞᆫᄃᆡ該場主朴基弘氏를招致ᄒᆞ야淫蕩ᄒᆞᆫ演劇은壹切廢止ᄒᆞ라고嚴喩힛다더라

○觀光組織 學部次官俵孫一은昨日各官廳에公函ᄒᆞ되日本福岡縣九州博覽會에서全국普通學校技術[illegible]會를開ᄒᆞᄂᆞᆫᄃᆡ此를韓人의게供覽ᄒᆞ기爲ᄒᆞ야觀光團을組織ᄒᆞᆯ터이니該團에入參코져ᄒᆞᄂᆞᆫ者ᄂᆞᆫ志願書를提出ᄒᆞ라ᄒᆞ엿다더라

○蝙蝠者類 前秘書丞金炳齋等은往宋秉畯의拔劍酬酒ᄒᆞᆫ罪目을臚列ᄒᆞ야內閣及統監府에長書를提出ᄒᆞ던者인ᄃᆡ近日에ᄂᆞᆫ一進會의合邦을贊成ᄒᆞ야內閣及統監府에長書를提出ᄒᆞ엿다더라

○平渡歸任期 歸國ᄒᆞ엿던內部府郡課長平渡ᄂᆞᆫ來二十三日頃에還任ᄒᆞᆫ다더라

○[illegible] 學部[illegible]等郡에學事視察ᄒᆞᆯ次로本日上午九時에發程ᄒᆞᆫ다더라

○兩規定發表 土地調査局分課規定、稅關分課規定이制定되엿ᄂᆞᆫᄃᆡ昨日官報로발布되엿더라

○執行期猶豫說 安重根氏가死刑執行期間猶豫를請願ᄒᆞᆷ은已報어니와二十五일은卽 大皇帝陛下의 乾元節인故로該일에ᄂᆞᆫ執行치아니ᄒᆞ기로當局에서議論이有ᄒᆞ다더라

○美領事歸국 京城駐在美국總領事ᄂᆞᆫ來月上旬에歸국ᄒᆞ야三個月後歸任ᄒᆞ기로豫定하엿다더라

○紀念品配付 學部에서ᄂᆞᆫ昨日漢城內各官立學校優等卒業生에게紀念品으로寫眞帖及褒賞狀을配付ᄒᆞ엿다더라

○學員觀光 大邱郡公立普通學校職員及生徒諸氏가日本沖繩縣、九州、八縣聯合共進會를觀光키爲ᄒᆞ야將次發程ᄒᆞᆫ다ᄂᆞᆫᄃᆡ學部에서鐵道局에交涉ᄒᆞ야汽車票를半減ᄒᆞ기로決定ᄒᆞ엿다더라

○會費代辦 國民同志贊成會에서ᄂᆞᆫ本日下午三時明月館에서日前渡韓ᄒᆞᆫ日人五百木等의歡迎會를開ᄒᆞᆫ다ᄂᆞᆫᄃᆡ該會費金四十圓은一進會에서支給ᄒᆞᆫ다더라

○商組內訌 商務組合本部에서再昨日同部員李鍾潤氏가該部長李學宰를對ᄒᆞ야商票代金을獨自受喫ᄒᆞ고一般任員에게ᄂᆞᆫ毫末不關케ᄒᆞᆫ다고論駁을起ᄒᆞ미同席에在ᄒᆞᆫ任員들이一齊贊助ᄒᆞ야同聲論駁ᄒᆞ엿ᄂᆞᆫᄃᆡ李學宰ᄂᆞᆫ但部長의任을辭免ᄒᆞᆺ[illegible]ᄒᆞ엿다더라

○[illegible] 韓宗[illegible]義會에서ᄂᆞᆫ金在珣李啓錫兩氏가[illegible]ᄒᆞ야該會中債務를淸償ᄒᆞᆫ다稱ᄒᆞ고同會員鄭志喆氏의手形을日人管田의게典執ᄒᆞ고金二百圓을得債하야金李兩人이分喫ᄒᆞ엿ᄂᆞᆫᄃᆡ各債權者들은三昨日該會에前往ᄒᆞ야金在珣氏等四人의衣冠을脫去하엿다더라

○閔氏敗訴說 前郡守明範錫氏가輔國閔泳徽氏의게金貨四千圓과庄土一千斗落을見奪하엿다하야地方裁判所와控訴院에呼訴ᄒᆞ엿ᄂᆞᆫᄃᆡ閔氏가敗訴되엿다ᄂᆞᆫ說이有ᄒᆞ다더라

○漁業開始期 拓殖會社에서鴨綠江으로부터淸川江에亘ᄒᆞᄂᆞᆫ百八十海里의漁業을經營키爲ᄒᆞ야農商工部에免許를請願ᄒᆞ엿ᄂᆞᆫᄃᆡ來四月부터漁業을開始ᄒᆞᆫ다더라

○美富豪의大學經營 美국에富豪로著名ᄒᆞᆫ某會社主ᄂᆞᆫ本年內八百萬圓의巨額金을支出ᄒᆞ야韓淸兩국間에大學校를設立ᄒᆞ기로計劃ᄒᆞᆫ다더라

○美國의布敎方針 美국耶蘇敎會에서本年에ᄂᆞᆫ特別히韓국을爲ᄒᆞ야傳敎費로多數金額을支撥ᄒᆞ야布敎方針을擴張ᄒᆞᆫ다더라

○警察擴張 內部에서各地方에警察事務를擴張ᄒᆞᆯ次로韓人中에警察學卒業生과警視廳履歷이多ᄒᆞᆫ者를選擇ᄒᆞ야三十人을增置하기로內定ᄒᆞ엿ᄂᆞᆫᄃᆡ卒業生中應募者가十五名에達ᄒᆞ엿다더라

○日人辯護 李在明의辯護ᄂᆞᆫ일人辯護士某가擔任힛다더라

○偵探被黜 日憲兵司令部偵[illegible]

○[illegible] [illegible]와如히中部警察署에서再昨日春期牛痘를施ᄒᆞᆫᄃᆡ男子ᄂᆞᆫ七百餘名이오女子ᄂᆞᆫ四百餘名에達ᄒᆞ얏다더라

○金鑛請願 宣川居林穎賢氏ᄂᆞᆫ義州郡水鎭面松洞及玉上面陽地洞에石金鑛一處를發見ᄒᆞ야去十四日農商工部에採掘請願을提出ᄒᆞ엿다더라

○保船社運動 玄湖居金敎哲朴允秉等諸氏가保船會社를組織ᄒᆞᆯ次로目下運動中인ᄃᆡ水賊을防禦ᄒᆞ기爲ᄒᆞ야警衛船을備置코져ᄒᆞᆫ다더라

○言不顧行 前判書金某ᄂᆞᆫ日前大同教懇親會에叅席ᄒᆞ야捐助金二十圓을寄付ᄒᆞ깃다하고該金을尙不施給ᄒᆞ엿ᄂᆞᆫᄃᆡ日前該氏가向人說話ᄒᆞ기를那時捐助說은但我의地位를顧ᄒᆞ야暫時生色ᄒᆞᆷ이오本意로實施코져ᄒᆞᆷ이아니라힛슴으로該氏의言行相悖ᄒᆞᆷ을莫不唾罵ᄒᆞᆫ다더라

○洪氏遭訴 承寧府侍從洪運杓氏ᄂᆞᆫ柴炭會社에柴炭代金二十圓을因循不報ᄒᆞᆷ으로該社에서日昨裁判所에起訴ᄒᆞ엿ᄂᆞᆫᄃᆡ洪氏를來二十二일로定期呼出ᄒᆞ엿다더라

○基督敎祈禱 韓國에救援엇기를爲ᄒᆞ야本日에世界萬國基督敎會에서同盟긔禱會를開ᄒᆞᆫ다더라

○悖子敗家 前郡守申錫賢氏가憲兵司令部에被囚하엿슬時에其子泰俊氏가其父의印章을僞造ᄒᆞ야家屋을日人에게典執ᄒᆞ고金六百圓을出債하엿고近[illegible]ᄒᆞ다ᄂᆞᆫᄃᆡ[illegible]再昨일[illegible]賢氏를對하야家産什物을[illegible]하라고一邊督促ᄒᆞ엿다더라

○骨肉相鬪 平壤居前正尉金庸瑞와其兄豐瑞ᄂᆞᆫ陰正月부터外地富豪子弟와市內巨商을誘引ᄒᆞ야賭投局을設ᄒᆞ고金錢을討得ᄒᆞ야互相分喫ᄒᆞ다가圭角이生ᄒᆞ야一場風波가起ᄒᆞ엿ᄂᆞᆫᄃᆡ該人의蔑倫之習을莫不痛罵ᄒᆞᆫ다더라

○其情慘矣 順川市場稅事件으로被囚ᄒᆞᆫ崔鳳煥氏ᄂᆞᆫ其夫人林氏ᄭᆞ지一體被囚되엿ᄂᆞᆫᄃᆡ其二歲幼兒가乳를失ᄒᆞ고外氏家에寄托ᄒᆞ야晝夜로母를呼ᄒᆞ며乳를索하ᄂᆞᆫ情況은慘不忍見이라더라

○銀章紀念 宣川에在留ᄒᆞ던美人宣敎師魏大模氏ᄂᆞᆫ近頃歸국ᄒᆞᆫ다ᄂᆞᆫᄃᆡ該地敎徒들이銀製徽章을紀念品으로贈與ᄒᆞ엿다더라

○盧犯絞殺 强盜殺人及放火犯盧春化를去十六日京城監獄에서絞刑을執行ᄒᆞ엿다더라

○西北會評議 西北學會에서ᄂᆞᆫ再昨日下午二時에評議會를開ᄒᆞ고該會月報代金을收入ᄒᆞ기爲ᄒᆞ야收金委員을選定ᄒᆞ엿다더라

○五學會研究會 五學會代表人各十人이來月曜日下午七時에畿湖興學會々舘에會同ᄒᆞ야私立學校維持方針研究會를開ᄒᆞᆫ다더라

◉感荷義捐 慶南龍南郡東面上東洞居宋止宅氏ᄂᆞᆫ本[illegible]感荷ᄒᆞ노라

電報

◉美國과極東 美國국務卿노즈크쓰氏ᄂᆞᆫ極東問題에對ᄒᆞ야何等說明도無ᄒᆞ며大統領타프트氏ᄂᆞᆫ戰爭說은事實로던지感情으로던지無據ᄒᆞᆫ言이라고云ᄒᆞ엿다더라 紐育發 十八일着

◉議員會議期 本年九月比利時뿌루셀쓰에開ᄒᆞᆯ列國議員會ᄂᆞᆫ來七月로開ᄒᆞᆫ다더라

◉露議員痛論 露都來電을依ᄒᆞᆫ즉該國議員구구오고푸氏ᄂᆞᆫ議院에서이스볼스기氏의極東政策을痛擊ᄒᆞ야日露국이日本과親和ᄒᆞ야淸국의敵국이됨은大不可라ᄒᆞ엿다더라 以上論敦發 十八일着

◉英國々債發行 英國政府ᄂᆞᆫ千九百十年의預算案은政爭이確定치못ᄒᆞ엿스나政府에서ᄂᆞᆫ次年度財政補充을爲ᄒᆞ야本일국庫債券二千百萬磅을發ᄒᆞᆫ다더라 伯林發 十九일着

◉橫濱大火 今朝一時二十分에日本橫濱野毛町에서失火ᄒᆞ야花笑町、福島町으로延燒ᄒᆞ야壹千戶가燒失되엿ᄂᆞᆫᄃᆡ尙且盛燒ᄒᆞᆫ다더라 東京發 十九일着

▲終南行▼

探春生

▲가ᄂᆞᆫ비ᄂᆞᆫ서로지고봄바람은淡蕩ᄒᆞᆫᄃᆡ多情ᄒᆞᆫ終南山은묵은塵埃씻쳣도다一步二步느지거러上々峰을올ᄂᆞ셔々漢陽城을구어보니[illegible]山河ᄂᆞᆫ依舊ᄒᆞ나[illegible]獨自傷心이懷抱ᄂᆞᆫ顚倒感慨졀노난다

▲都城內를구버보니千門萬戶次第ᄒᆞᆫ데表面으론휘[illegible]實狀으론[illegible]外人家屋이요[illegible]層二層大廈ᄂᆞᆫ無非外人商廛이요七零八落矮小屋은此是我人居宅이라三角山下이福地가外人居處되엿고나더風景도感慨處오

▲南門外를바라보니京仁京釜京義線이五相縱橫連絡ᄒᆞ야往來汽笛聲이晝夜不絕ᄒᆞᆫ데京元湖南鐵道가連又敷設되ᄂᆞᆫ도다鐵道線이增加ᄒᆞ야交通便利ᄒᆞᆫ듯ᄒᆞ나經營者가其誰런고더風景도感慨處오

▲訓鍊院을바라보니敎鍊場이廣闊ᄒᆞᆫ데突擊ᄒᆞᄂᆞᆫ號令소리귀에징々들니ᄂᆞᆫ듯行陣ᄒᆞ던諸般形像눈에암々보히ᄂᆞᆫ듯養成ᄒᆞ던그軍隊가而今에ᄂᆞᆫ安在ᄒᆞ오鍊兵ᄒᆞ던더마당이[illegible]되엿고나더風景도感慨處오

▲景福宮을바라보니煌々帝居더긔로다層샤飛甍더樓閣은夕陽빗만빗쳐잇고上林苑中多少樹에ᄂᆞᆫ鳥雀들만날아든다文武百官趨走地가農業場을化作ᄒᆞ니離々漸々더黍麥을엇지차마보잔말가더風景도感慨處오

▲獨立舘을바라보니舊日顏色全無ᄒᆞ야無情芳草쳐々ᄒᆞᆫ데獨立門만前과ᄀᆞᆺ치웃뚝ᄒᆞ게셔잇고나撫今懷古ᄒᆞ고보니[illegible]氣가막혀熱淚滿襟ᄒᆞ도다堂々大韓獨立舘이일人學校되단말가더風景도感慨處오

▲各學校를바라보니[illegible]青年들이國家思想修養ᄒᆞ며文明學術硏究ᄒᆞ고務實力行主命삼아前途事業準備하야孜々勸勉ᄒᆞᄂᆞᆫ도다[illegible]愛國青年奮勵일에自由幸福누릴지니이風景이希望處라

○六氏歸國 日本明治學院에[illegible] 金洛洙李寅彰鄭杜賢李實鏡六 氏는去番卒業試驗에優等의位 를占ᄒ고[illegible]歸国의途에就ᄒ야 昨日下午十一時南門驛에着ᄒ 엿다더라

○一胎三男 平壤郡栗里坊居 唐濟南氏의夫人은年今四十餘 에初不受胎ᄒ더니日前에 一胎三男을順産ᄒ엿다더라

○[illegible] 에는近日猩紅熱病이盛行ᄒ야 人民의死亾이每日五六名에達 ᄒ다더라

○[illegible] 版所에서는一般同胞의게印刷 物을廉價로酬應홈으로請求者 가沓至하야所務가日益興旺ᄒ 다더라

○孟氏의振敎方針 龍仁郡居 孟輔淳氏는元來儒林界에聲望 이素著ᄒ人士인ᄃ大同敎를振 興ᄒ目的으로數日前京城에專 赴하야該敎總事李範圭諸氏와 面會하고擴張에關ᄒ方針을爛 商하엿다더라

消化新藥 清[illegible] … [illegible]滯[illegible]는 … 가健全

大補元氣 蔘[illegible] … 滋腎健[illegible]ᄒᆞ며先天不足[illegible]不起에一切神効

蛔[illegible] … 積과 회腹痛과 회虫一切을去根ᄒᆞᄂᆞᆫ良劑

久滯大通丸 此丸은年久積滯와宿滯後重이며腹痛에神効莫大홈

瘡病新藥 梅花[illegible] [illegible]男女ᄒᆞ고花柳病楊梅瘡에一切去根快復하ᄂᆞᆫ良藥

眼疾速効 光明眼藥 諸般眼疾에隨症皆差ᄒᆞᄂᆞᆫ東洋에初有ᄒᆞᆫ寶藥

起死回生 回生丹 此丹은急ᄒᆞᆫ吐瀉關格이며가合아리와冷積과痢疾에神効

感氣神効 [illegible] [illegible]往來ᄒᆞ며似학非학과頭痛[illegible]와肢節痛에其効가偉大

齒痛之新[illegible] [illegible] 虫齒와風齒와諸般齒痛에壹切[illegible]效

耳[illegible] [illegible] [illegible]男女ᄒᆞ고耳聾鼻塞이며耳[illegible]은隨症並差

[illegible] [illegible]湯 諸般산症에大談出賣홈

[illegible]藥 [illegible]虫을一切去根ᄒᆞᄂᆞᆫ妙劑

[illegible]根藥 [illegible]눈과 곳과 스마귀를씨ᄂᆞᆫ藥

止足汗臭藥 手足의汗臭를除却ᄒᆞᄂᆞᆫ藥

去核生新 去核生新膏 [illegible]과腫傷과곱센뒤去核生新ᄒᆞ기ᄂᆞᆫ第一著明

最新改良 百[illegible]膏 [illegible]男女老幼ᄒᆞ고毒瘇濕瘇痰[illegible]諸[illegible]에壹切特效가有홈

淋疾藥 淋疾과[illegible]에[illegible]週日만服ᄒᆞ면病根快復ᄒᆞ고고腎氣가完全홈

[illegible]西洋[illegible]各[illegible]과◎貿藥[illegible]◎都매散賣

◎遠地에ᄂᆞᆫ郵[illegible]小包로中還酬應홈

漢城南大門內[illegible]堂大藥房 李庚鳳

代辦主任 李興國 白

◎漢陽商會店員募集◎

男子 壹 (拾歲以上 拾四歲以下) (未婚者) 若干名

女子 壹 (拾歲以上 拾四歲以下) (未婚者) 若干名

右男女店員若干名을募集ᄒᆞ오니[illegible] [illegible]이며[illegible]地[illegible]의商業家되기願ᄒᆞᄂᆞᆫ靑年은本月三拾日上午拾時에本店으로來議홈을望

京城[illegible] 漢陽商會

[illegible]京[illegible]

[illegible]白

[illegible]廣告

志願者[illegible]四月[illegible]日內에限ᄒᆞ야[illegible]ᄒᆞ고[illegible]郵票[illegible]告

公立[illegible]同仁醫院 附屬醫學校

學員募集廣告

[illegible]預備[illegible]募ᄒᆞ오니志願者ᄂᆞᆫ[illegible]月[illegible]日[illegible]로請[illegible]홈

[illegible]四月[illegible]一日로開[illegible]

[illegible]日

[illegible]校 告白

[illegible]全國[illegible]

[illegible]今

[illegible]日

[illegible]

學員新募集廣告

[illegible]生을募集ᄒᆞ[illegible]三月三十一日[illegible]로志願書를 壽進洞興士團內隆熙學校로提出ᄒᆞ시오

試驗日子 四月三日

試驗科目 算術(全部) 代數(一次方程式) 理化學(簡易)

(但中學程度學校의卒業生은免試홈)

(開學時ᄂᆞᆫ本舍를壽進洞興士團內로移接홈)

西部倉洞 私立精理舍

本校에셔第壹學年級學員을募集ᄒᆞ오니志願者ᄂᆞᆫ四月十日內로請願書를提出홈

但請願紙ᄂᆞᆫ本校에請求홈

試驗日字ᄂᆞᆫ四月十壹日下午二時

試驗科目 算術四則、作文、讀書

第二學年補缺生도募集홈

隆熙四年三月　日

私立 西北協成學校

本人의姓名圖章을隆熙二[illegible]에不知中셔失ᄒᆞ야[illegible]故로以廣布ᄒᆞ오니知舊間照亮홈

西署積善坊黃土峴[illegible]統五戶 朴潤韶 告白

[illegible]

初等算術教科書

柳一宣 著

上卷 定價洋裝 九拾錢

總發賣所 京城南門外紫岩 新舊書林

分賣所 京鄉各書舖

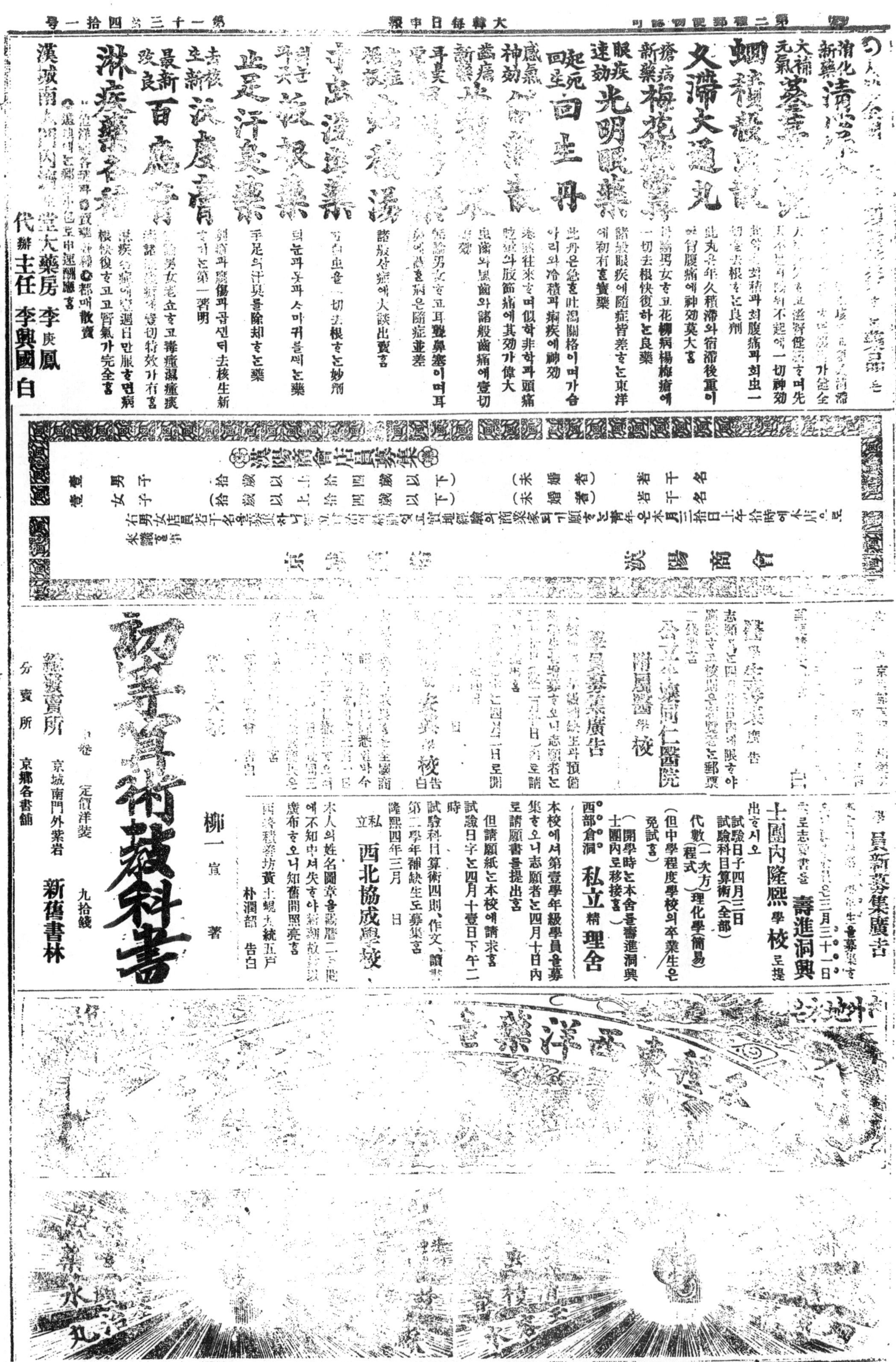

檀君開國四千二百四十三年
箕子元年三千三十二年
大韓開國五百十九年
本報創刊日
光武八年七月十八日

大韓每日申報

發行兼編輯人 英國人 萬咸
Responsible for Publication Alfred Weekley Marnham.
發行所
京城南部石井洞三層洋屋
大韓每日申報社

第八卷　月曜及慶節歲時日休刊　第一千三百四拾二号

論說

◎小人輩를戒ᄒᆞ노라

國事가日로慘ᄒᆞᆯᄉᆞ록人道가日로下ᄒᆞ야所謂名을志士라稱ᄒᆞ고身을社會에托ᄒᆞ야其口로忠君愛國을說ᄒᆞ며其舌로五賊七賊을討ᄒᆞ던者도紛々히邪魔의面을戴ᄒᆞ고靑天白日下에셔妖說을作ᄒᆞ며奇禍를煽ᄒᆞ야狐狸가되고魍魎이되니

悲夫라此輩여此輩도人心이必有ᄒᆞᆯ것거던엇지此行이有ᄒᆞ며此輩도人情이必有ᄒᆞᆯ것거던엇지此行이有ᄒᆞ며此輩도木이아니오石이아니어던엇지此行이有ᄒᆞ뇨

吾儕ᄂᆞᆫ知ᄒᆞ노라此輩가元來其目的이觀察郡守요其目的이黃金幾鎰이라彼가志士라稱ᄒᆞᆷ이果然憂國愛國者가됨이아니라但只此로以ᄒᆞ야其目的을達코져ᄒᆞᆷ이며彼가社會에托ᄒᆞᆷ이果然國家民族을爲ᄒᆞᆷ이아니라但只此로以ᄒᆞ야其目的을達코져ᄒᆞᆷ이며彼가忠君愛國을說ᄒᆞ며五賊七賊을討ᄒᆞᆷ이果然眞正ᄒᆞᆫ熱心正論이아니라但只此로以ᄒᆞ야其目的을達ᄒᆞᄂᆞᆫ手段을作코져ᄒᆞᆷ이라가時勢ᄂᆞᆫ漸傾ᄒᆞ고所計가怨窮ᄒᆞ야黃粱이虛夢만苦ᄒᆞ고白髮이雙鬢을侵ᄒᆞ민畢竟其眞面을無遺히露ᄒᆞ며其本心을無憚히鋪ᄒᆞ야如斯히ᄒᆞ면足히其目的을達ᄒᆞᆯ지ᄒᆞ고背水一戰으로此行을作ᄒᆞᆷ이로다

爾輩ᄂᆞᆫ試思ᄒᆞ라狐도其穴을愛ᄒᆞ며鳥도其巢를愛ᄒᆞ거던所謂人類가되야其父母國을不愛ᄒᆞ며不愛ᄒᆞᆯ뿐아니라其父母國을害ᄒᆞ야上으로天을不畏ᄒᆞ며下로人을不愧ᄒᆞ니爾輩ᄂᆞᆫ果然何等人인가

爾輩ᄂᆞᆫ試思ᄒᆞ라果然爾輩의主張과ᄀᆞᆺ치된다ᄒᆞ면爾輩에게何榮光이有ᄒᆞ며何利益이有ᄒᆞᆯ것ᄂᆞᆫ가국家의興廢와民族의存亾은姑舍ᄒᆞ고爾輩부터加一層地獄中에入ᄒᆞᆷ이며爾輩부터急一日奴籍中에陷ᄒᆞᆷ이니爾輩의妄念이엇지如斯ᄒᆞᆫ가

爾輩ᄂᆞᆫ試思ᄒᆞ라此時爾輩의父母國이何境에陷ᄒᆞ엿ᄂᆞᆫ가爾輩가當初目的을一變ᄒᆞ고眞正ᄒᆞᆫ仁人君子가되야爾輩의國家를護ᄒᆞ며爾輩의同族을救치ᄂᆞᆫ못ᄒᆞᆯ지언뎡엇지此行을作ᄒᆞᄂᆞᆫ가爾輩가當初目的을未達ᄒᆞᆯ것거던차라리田園에歸臥ᄒᆞ야麋鹿으로侶를作ᄒᆞ며草木으로腐를同ᄒᆞᆯ지언뎡엇지此行을作ᄒᆞᄂᆞᆫ가

吾儕가戒ᄒᆞ노니爾輩ᄂᆞᆫ悔改ᄒᆞᆯ지어다爾輩ᄂᆞᆫ悔改ᄒᆞᆯ지어다만일悔改치아니ᄒᆞ면爾輩의噬臍를吾儕의目으로睹ᄒᆞ리라

外報

◎鳥決雌雄　日本埼玉縣에셔ᄂᆞᆫ本月九日下午五時頃에數千首의鳥가會集ᄒᆞ야東西로分陣ᄒᆞ고互相戰鬪ᄒᆞ다가東陣이危境에至ᄒᆞᆯ時에突然히三四十首의鳥가他處로부터飛來ᄒᆞ야東陣과合力戰鬪ᄒᆞᆷ으로西陣은大敗ᄒᆞ야北方으로退去ᄒᆞ고同六時에各散ᄒᆞ엿ᄂᆞᆫᄃᆡ死傷者가數十餘首에達ᄒᆞ엿다더라

◎美國鐵道大罷業　美國치카고以西에在ᄒᆞᆫ各鐵道의火夫ᄂᆞᆫ賃金增率에關ᄒᆞ야同盟罷工을行ᄒᆞ엿ᄂᆞᆫᄃᆡ右同盟에加ᄒᆞᆫ鐵道線路의延長이一萬五千哩라此로因ᄒᆞ야치카고로부터太平洋各沿岸에至ᄒᆞᄂᆞᆫ各貨物列車及乘客列車가全然히停滯되엿슴으로鐵道會社에셔右紛擾를解決ᄒᆞ기爲ᄒᆞ야政府에向ᄒᆞ야此를仲裁ᄒᆞ기를申請하엿다더라

◎英西兩帝會見　英國皇帝ᄂᆞᆫ산、세바스잔에셔西班牙王과個人的으로會見ᄒᆞ엿다더라

◎粤漢鐵道와借欵　清國粤漢鐵道借欵問題에對ᄒᆞ야曩者에郵傳部에셔吏員을湖南湖北에派遣ᄒᆞ야民間의事情을調査ᄒᆞ엿ᄂᆞᆫᄃᆡ該吏員등이近頃에歸京ᄒᆞ야覆答ᄒᆞ되民設의奮力이無ᄒᆞᆫ즉四個國에借欵ᄒᆞᆷ이可ᄒᆞ다고ᄒᆞ엿다더라

◎學生과軍隊　德國ᄌᆞ후의야에셔ᄂᆞᆫ學生이軍隊를排斥ᄒᆞᄂᆞᆫ運動이起ᄒᆞ엿ᄂᆞᆫᄃᆡ直히鎭定되엿다더라

◎土勃貫通鐵道　土耳其政府ᄂᆞᆫ勃加利牙國과鐵道貫通에關ᄒᆞ야協議ᄒᆞ기를準備中이라더라

◎行政整理結果　清國直隷總督陳夔龍氏ᄂᆞᆫ直隷官吏를大陶汰ᄒᆞᆫ結果로一箇年經費六十萬兩이減少되엿다더라

◎梁氏闕仕　清國外務部尙書梁敦彦氏ᄂᆞᆫ不得志ᄒᆞᆫ所以로外務部에仕進ᄒᆞ지아니ᄒᆞᆷ으로同部에事務ᄂᆞᆫ大槪那桐氏가處理ᄒᆞᄂᆞᆫᄃᆡ萬事에方針이無ᄒᆞᆷ으로錦愛鐵道問題에對ᄒᆞ야셔도姑히方針을一定ᄒᆞ지못하야暫時中止ᄒᆞᆫ貌樣이라더라

學界

◎應者過半　學部에셔測量技手養成所를設ᄒᆞᆫ다ᄒᆞᆷ은旣報어니와學員百餘名을募集ᄒᆞᆯ터인ᄃᆡ目下應募者가六十餘名에達ᄒᆞ엿다더라

◎紳農敎組織說　紳士某某氏가發起ᄒᆞ야紳農敎를組織ᄒᆞ고農工實業學校를設立ᄒᆞ기로準備中이라더라

◎蠶所試取　去土曜日龍山蠶業講習所에셔學徒十餘人을試取ᄒᆞ엿다더라

◎高氏熱心　義州龍灣病院에셔醫學講議會를組織ᄒᆞ고藥業에從事ᄒᆞᄂᆞᆫ人員을敎授ᄒᆞᆫ다ᄂᆞᆫᄃᆡ該府居高鳳日氏ᄂᆞᆫ每日事務에服勤ᄒᆞ고夜則聽講에熱心ᄒᆞᆷ으로將就之望이大有ᄒᆞ다더라

◎高校有望　咸南高原郡私立協成中學校ᄂᆞᆫ設立ᄒᆞᆫ지六年인ᄃᆡ該郡紳士金容秀김裕秀兩氏가熱心贊成ᄒᆞᆷ으로該校況이漸進ᄒᆞᆫ다더라

◎遮湖好閨　咸南利原郡遮湖居紳士權承夏氏의大夫人과張國礎氏의大夫人이現今我國女子界에敎育이普及치못ᄒᆞᆷ을慨歎ᄒᆞ야該地에普成女學校를設立ᄒᆞ고熱誠贊成ᄒᆞᄂᆞᆫ故로學徒가百餘名에達ᄒᆞ엿다더라

◎學費捐助　咸南永興郡德興面雙興里居趙希元氏ᄂᆞᆫ現今畿湖學校生徒인ᄃᆡ學費가極窘ᄒᆞ야中途廢學ᄒᆞᆯ境에至ᄒᆞ엿더니該門中學계長趙炳로氏가계金百圓을捐出하야該生徒의學費를繼續支給ᄒᆞ기로하얏다더라

◎淸洞福音　咸南利原淸洞里居趙命煥廉治鎭金鳳鎭등諸氏가該里育英學校를熱心贊成ᄒᆞᆷ으로該氏等의義務를莫不稱頌ᄒᆞᆫ다더라

詞藻

쾌ᄉᆞ　玉林生

장창대검빗기들고、 포연탄우무릅쓰며。 만군즁에횡힝ᄒᆞᆷ은、 대장부의쾌ᄉᆞ로다。 우리도、당당ᄒᆞᆫ남ᄌᆞ로셔、뎌를좃차。

廣告

宮廷彙報

◎完興謁見 完興君李載冕氏ᄂᆞᆫ再昨日上午十時에ᄂᆞᆫ 德壽宮에下午二時에ᄂᆞᆫ 昌德宮에陛見ᄒᆞ엿다더라

◎以若皇宮 德壽宮에셔ᄂᆞᆫ近日經費窘絀을因ᄒᆞ야一般員役及內人의月俸을減額ᄒᆞ기로決定ᄒᆞ엿다더라

雜報

◎書記兼任 度支部에셔ᄂᆞᆫ土地調査局書記官幾人을增置ᄒᆞᆯ터인ᄃᆡ該部韓日人書記官으로兼任ᄒᆞᆫ다더라

◎嚴氏渡日 祇候官嚴柱益氏ᄂᆞᆫ本日上午九時에京釜線으로發程渡日ᄒᆞᆫ다더라

◎何等祈禱 宮中顧問李允用氏ᄂᆞᆫ近日祈禱ᄅᆞᆯ設行ᄒᆞᆫ다하고保護巡査로門外ᄅᆞᆯ把守ᄒᆞ야族戚間夫人ᄭᆞ지一切來往을拒絕ᄒᆞᆫ다더라

◎廣館慶祝宴 漢城府尹張憲植氏ᄂᆞᆫ來 乾元節下午二時廣通館에셔慶祝宴을設ᄒᆞ고各新聞記者와其他紳士諸氏ᄅᆞᆯ請待ᄒᆞᆫ다더라

◎派官視察 度支部에셔ᄂᆞᆫ日前元山財務監督局과各地方財務狀況을視察ᄒᆞ기爲ᄒᆞ야日人事務官森山平野와財務課長管田及韓日主事十餘人을派送ᄒᆞ엿다더라

◎[illegible]簿引渡 內部에셔孝烈襃旋件을主管ᄒᆞᆫ다ᄒᆞᆷ은旣報어니와掌禮院에積滯ᄒᆞ엿던孝烈에關ᄒᆞᆫ文簿一萬七千餘度ᄅᆞᆯ일前引渡ᄒᆞ엿다더라

◎日祭韓休 昨日은日本春期皇靈祭日인故로各府部院廳에서韓日人官吏가一齊休暇ᄒᆞ엿다더라

◎圖書館擴張 宮內府所管圖書館을現方擴張修理中인ᄃᆡ將次古今書籍을多數陳列ᄒᆞ야一般紳士에觀覽을供ᄒᆞᆫ다더라

◎警察事務說諭 內部에셔ᄂᆞᆫ各地方警部ᄅᆞᆯ日間招致ᄒᆞ야警察에關ᄒᆞᆫ事務ᄅᆞᆯ說諭ᄒᆞᆫ다더라

◎俸金自辦 一進會에셔ᄂᆞᆫ該會長李容九ᄅᆞᆯ保護ᄒᆞᄂᆞᆫ日憲兵一名과日巡査二名에게每朔俸金二十四圓式支給ᄒᆞᆫ다더라

◎李邸開宴 前判書李勝宇氏가月前耆老社에入叅ᄒᆞᆷ은旣報어니와再昨日下午十時에該氏가私邸에宴會ᄅᆞᆯ開ᄒᆞ고耆社堂上及其他元老諸氏ᄅᆞᆯ請邀宴待ᄒᆞ엿다더라

◎咸北農事場 咸北觀察道에셔ᄂᆞᆫ實業費中으로農事試驗場을設置ᄒᆞ기로計劃하ᄂᆞᆫ中이라더라

◎妖巫又出 西部葛月里居巫女柳永은日人梶原과共力運動ᄒᆞ야神理敎ᄅᆞᆯ設立ᄒᆞ기로理事廳에認許ᄅᆞᆯ得ᄒᆞ고柳永家에敎會所ᄅᆞᆯ創設ᄒᆞ엿ᄂᆞᆫᄃᆡ妖巫迷信輩等이其誣惑을被ᄒᆞ야多數入敎ᄒᆞᆫ다더라

◎測手試術 水原觀察道에셔ᄂᆞᆫ管內測量者의技術이不完全ᄒᆞ다ᄒᆞ야道內各測手ᄅᆞᆯ明日內會同試取ᄒᆞᆫ다ᄂᆞᆫᄃᆡ應試ᄒᆞᆯ者ᄂᆞᆫ所管警察署ᄅᆞᆯ經由ᄒᆞ야測量機械ᄅᆞᆯ携帶叅試케ᄒᆞᆫ다더라

◎容貌調査 淸國上海에滯留ᄒᆞᄂᆞᆫ閔泳喆氏의別室이北部安洞等地에셔多年獨居ᄒᆞ더니近日來其夫ᄅᆞᆯ面會ᄒᆞ기爲ᄒᆞ야上海에渡往ᄒᆞᆫ다ᄂᆞᆫ說이有ᄒᆞᆷ으로所管警察署에셔巡査ᄅᆞᆯ派送ᄒᆞ야該氏의容貌及年紀ᄅᆞᆯ調査ᄒᆞ엿다더라

◎滑稽正論 韓商金과某氏가日本東京新滑稽社에寄書ᄒᆞᆷ은旣報어니와今에該社雜誌ᄅᆞᆯ據ᄒᆞᆫ즉金氏의寄書全文을揭載ᄒᆞ고其事實을論難하야曰此가果然事實인ᄃᆡ是ᄂᆞᆫ統監府의失態가莫甚ᄒᆞ고該일人의無賴行爲가可憎ᄒᆞᆫ지라如斯히一邊에ᄂᆞᆫ統監府의失態가有ᄒᆞ고一邊에ᄂᆞᆫ韓國居留일人의橫暴가滋甚ᄒᆞ니此實可嘆이라ᄒᆞ엿더라

◎組合運動 前郡守趙漢鏞氏等이日人某와合資ᄒᆞ야古物仲介組合所ᄅᆞᆯ組織ᄒᆞᆯ次로目下運動中이라더라

◎漁社請願說 羅一英朴和叔李文九李張祥등諸氏가資金五千圓을積立ᄒᆞ고大海漁業會社ᄅᆞᆯ組織ᄒᆞ엿ᄂᆞᆫᄃᆡ各地方에魚物販賣出張所ᄅᆞᆯ劃定ᄒᆞ야農商工部에承認ᄒᆞᆯ次로日間請願ᄒᆞᆫ다더라

◎私偵尤橫 日憲兵司令部偵探人들은各其手下의無料偵探軍을私置ᄒᆞ엿ᄂᆞᆫᄃᆡ此輩ᄂᆞᆫ本是生涯ᄅᆞᆯ爲ᄒᆞᆷ도아니오但只外勢ᄅᆞᆯ藉恃ᄒᆞ야演場酒家에橫行ᄒᆞ며睚眦ᄅᆞᆯ必報ᄒᆞ고挾雜을做出ᄒᆞᄂᆞᆫᄃᆡ就中筆洞日憲兵分遣所의偵探軍이라稱하ᄂᆞᆫ者가尤甚ᄒᆞ다ᄒᆞ고一般怨咨가有ᄒᆞ다더라

◎何等不協 金海郡日憲兵分遣所에셔ᄂᆞᆫ去十日日本陸軍紀念祝典時에日憲兵과韓人補助員間에何等不協이有ᄒᆞ엿던지一場衝突이起ᄒᆞ엿다더라

◎忠民上京 忠州郡財務署에셔ᄂᆞᆫ各洞에元結外三結式增加收捧하ᄂᆞᆫ故로民情이嗷々ᄒᆞ야度支部에呼訴ᄒᆞᆯ次로該郡人民들이陸續上京ᄒᆞᆫ다더라

◎朴面長積怨 太田面面長朴載元氏ᄂᆞᆫ[illegible]結八圓四十錢外에[illegible]五十錢式[illegible]十錢[illegible]捧ᄒᆞᆯ뿐더러[illegible]洞[illegible]該民의未收ᄒᆞᆫ結錢을他人의農牛와釜鼎之屬을强制執行ᄒᆞᄂᆞᆫ故로該地民怨이漲天ᄒᆞᆫ다더라

◎怨入骨髓 慶南密陽郡府內面沙門洞에在ᄒᆞᆫ南林은元來附近洞人民의共同營葬ᄒᆞᄂᆞᆫ地段으로塚主가一百八十三人이오千餘年傳來守護ᄒᆞ던터인ᄃᆡ上年四月分에日人湯淺九平等이農商工部認可가有ᄒᆞ다稱ᄒᆞ고該地墳墓數百餘封을掘破ᄒᆞ고植林地ᄅᆞᆯ作ᄒᆞᄂᆞᆫ故로各塚主諸氏가該郡及農商工部에累度呼訴ᄒᆞ되如何ᄒᆞᆫ歸決이無ᄒᆞᆫ지라其祖先의白骨이暴露됨을見ᄒᆞ고骨怨을不勝ᄒᆞ야該日人을衆起打殺코져ᄒᆞ다가姑且官署에出頭ᄒᆞ야措處ᄅᆞᆯ待ᄒᆞᆷ이可ᄒᆞ다ᄒᆞ야各塚主의代表人金鶴圭氏가第四次農商工部에呼訴ᄒᆞᆯ次로日昨入京ᄒᆞ엿다더라

◎處處被捏 抱川郡居成樂鳳氏ᄂᆞᆫ何許猜嫌者의構捏을被ᄒᆞ엿던지義兵將姜基東氏가該家에潛伏ᄒᆞ엿다ᄒᆞᆷ으로日前筆洞日憲兵分遣所에셔憲兵을派送ᄒᆞ야該氏家ᄅᆞᆯ搜索ᄒᆞ고該氏의六十老母ᄅᆞᆯ亂打하야死境의至ᄒᆞ엿ᄂᆞᆫᄃᆡ姜氏의潛伏ᄒᆞᆫ事實이初無하엿고中部寺洞居李漢應氏도義兵과連絡이有ᄒᆞ다ᄒᆞ야日昨被捉ᄒᆞ엿ᄂᆞᆫᄃᆡ此亦曖昧ᄒᆞᆷ으로旋卽放送ᄒᆞ엿다더라

◎怱擾之過 李勝鳳氏等三人이天然堂에셔寫眞代金을不報而去ᄒᆞ엿다ᄒᆞᆷ은旣報어니와該氏가故意로潛避ᄒᆞᆷ이아니라怱擾中忘却ᄒᆞᆫ所致인ᄃᆡ追後覺知[illegible]

◎[illegible]新智 靑樂隊에셔ᄂᆞᆫ[illegible]부터每朔[illegible]館[illegible]出給一次式에前往ᄒᆞ야奏樂練習을行ᄒᆞᆫ다더라

◎好個營業 中部泥洞居金敎榮氏ᄂᆞᆫ一般學徒의寄宿을便利케ᄒᆞ기爲ᄒᆞ야瓦家六十餘間을宿舍로定하고食費ᄅᆞᆯ廉價로收捧ᄒᆞ야學生의經費ᄅᆞᆯ稍紓케ᄒᆞ기로目的ᄒᆞᆫ다ᄂᆞᆫᄃᆡ學生中旅費가罄乏ᄒᆞ야不得已廢學ᄒᆞᆯ境遇에ᄂᆞᆫ幾年幾月間이라도空食케ᄒᆞᆯ思想이有ᄒᆞ다더라

◎敎育之魔 定州郡儒林中에셔太極敎支會ᄅᆞᆯ設置ᄒᆞ엿ᄂᆞᆫᄃᆡ該派中에或此ᄅᆞᆯ憑藉ᄒᆞ야私塾을擴張하고學校ᄅᆞᆯ妨害ᄒᆞᆯ뿐더러新聞購覽을毁斥ᄒᆞᄂᆞᆫ者가有ᄒᆞ다ᄂᆞᆫᄃᆡ其中盧某가尤甚ᄒᆞ야德達村은被害가莫甚ᄒᆞ다더라

◎生命何辜 再昨일下午十一時頃에何許女人이新生兒ᄅᆞᆯ安洞別宮前에棄置ᄒᆞ야卽地致死ᄒᆞ엿ᄂᆞᆫᄃᆡ掌內巡査가洞民으로ᄒᆞ야금卽爲出埋케ᄒᆞ엿다더라

◎白峙慘況 去十一日陰城金目面白也峙李某家에셔失火하야一洞卅餘戶가沒燒힛ᄂᆞᆫᄃᆡ燒死者가二名이오六畜穀類等의損害가數萬餘圓에達힛다더라

◎有罪難逭 新門外居朴容奎氏家에셔雇傭ᄒᆞᄂᆞᆫ金光辰은三昨日下午十時該家에셔鐵櫃一座ᄅᆞᆯ竊取逃走하엿ᄂᆞᆫᄃᆡ再昨日禁橋派出所에被捉ᄒᆞ야北署로押囚ᄒᆞ엿다더라

◎七犯宣告 日昨地方裁判所에셔강盜犯兪致學은處絞에宣告ᄒᆞ고同犯朴在秉等六人은役三年에宣告ᄒᆞ엿ᄂᆞᆫᄃᆡ該六人이不服ᄒᆞ고控訴院에申訴ᄒᆞ엿더니更히二年을加하야役五年으로[illegible]ᄒᆞ엿다더라

◎黃某被捉 貴州郡[illegible]使黃巖[illegible]氏의令男黃[illegible]中部[illegible]洞朴[illegible]錫氏[illegible]行[illegible]ᄅᆞᆯ貰借典執ᄒᆞᆫ事件이發現되야三昨日中部警察署에被捉ᄒᆞ엿다더라

◎徐氏被捉 詩洞居徐丙轍氏ᄂᆞᆫ詐欺取財犯으로再昨日中部警察署에被捉하엿다더라

◎靑館開演 今日下午七時三十分에靑年會館에셔劉秉珌氏ᄅᆞᆯ請邀하야徒學而無力이면反不如無學이란問題로演說ᄒᆞᆫ다더라

◎助産所通常會 助産婦養成會에셔本日正午에通常會ᄅᆞᆯ開ᄒᆞᆫ다더라

電報

◎德紙와淸公使 德國新聞은數年間德國에駐箚ᄒᆞᆫ淸國公使蔭昌氏가陸軍大臣으로任命ᄒᆞᆷ에關ᄒᆞ야祝辭ᄅᆞᆯ贈ᄒᆞ엿다더라

◎露國議長逝去 露國々會議長코시쓰코푸氏ᄂᆞᆫ逝去ᄒᆞ엿다더라

◎英普兩帝會見 英國皇帝及皇后ᄂᆞᆫ地中海舟航의際普魯西國카우리시몬데에셔同國皇帝及皇后ᄅᆞᆯ會見ᄒᆞ실터이라더라

以上伯林發 二十日着

◎橫濱大火詳報 去十九日午前零時五十分에일本橫濱野毛町三丁目九十四番地佐藤茂太郞別邸에셔出火ᄒᆞ엿ᄂᆞᆫᄃᆡ맛ᄎᆞᆷ南風이激烈ᄒᆞ야瞬息間에隣家에延燒ᄒᆞ야其附近이沒燒되미警察署에셔ᄂᆞᆫ蒸氣喞筒[illegible]ᄒᆞ엿스나[illegible]益々[illegible]에게[illegible]燃及되미[illegible]ᄒᆞ야救[illegible]ᄒᆞ엿스나[illegible]十七ᄂᆞᆫ燒失ᄒᆞ고[illegible]火되엿合으로消防隊가一齊[illegible]ᄒᆞ려ᄒᆞᆯ際에其裏面에셔突然히火焰이又出ᄒᆞ야兩路로分ᄒᆞ야右ᄂᆞᆫ野毛町及花咲町게延ᄒᆞ야海岸의石炭庫까지猛火가襲來ᄒᆞᆫ지라水上警察署伊勢崎町의消防夫가消防에盡力하야無事ᄒᆞᆷ을得ᄒᆞ엿고櫻川岸에延燒ᄒᆞ야停車場機關庫가連燒됨으로同驛長이部下驛員을指揮ᄒᆞ야消防에盡力ᄒᆞ엿스되構內에積置ᄒᆞᆫ貨物에延燒되여停車場까지如何히될넌지念慮되더니消防이其效를奏ᄒᆞ야無事ᄒᆞᆷ을得ᄒᆞ엿고新橋發列車ᄂᆞᆫ此로因하야約三十分間停住ᄒᆞ야[illegible]火를避하엿고六丁目에延燒되야消防隊ᄂᆞᆫ鎭火에全力을盡ᄒᆞ야救ᄒᆞ엿고左ᄂᆞᆫ更히福島町에入ᄒᆞ야同町六十七戶를燒却ᄒᆞ고櫻川岸까지延燒ᄒᆞ고同五時四十分에鎭火되엿ᄂᆞᆫᄃᆡ全燒가四百七十戶오半燒가六十戶오負傷者가七名이라더라

◎通信社長謁見 美國聯合通信社長스톤氏ᄂᆞᆫ今番日本東京에來到ᄒᆞ야同國大使와同伴ᄒᆞ야本日午前十時半에參內ᄒᆞ야日皇陛下께拜謁하엿다더라

以上東京發 廿日着

◎久邇宮披露宴 日本久邇宮邦彦王同妃ᄂᆞᆫ十四日正午에若[illegible]宮[illegible]以下各省內官陸海軍將校百餘名을芝離宮에招待ᄒᆞ야歐洲에遊歷하고還國ᄒᆞᆫ披露宴을開ᄒᆞᆫ다더라

東京發 廿一日着

製造發行ᄒᆞᄂᆞᆫ藥品은

滑化新藥 **清心保命丹**
…ᄒᆞ며腸胃가健全

大補元氣 **蔘茸大補元**
人蔘과鹿茸으로滋腎健腦ᄒᆞ며先天不足과陽위不起에一切神効

蛔積殺虫散
此약은회積과회腹痛과회虫一切을去根ᄒᆞᄂᆞᆫ良劑

久滯大通丸
此丸은年久積滯와宿滯後重이며胃腹痛에神効莫大홈

瘡病新藥 **梅花點膏丹**
毋論男女ᄒᆞ고花柳病楊梅瘡에一切去根快復하ᄂᆞᆫ良藥

眼疾速効 **光明眼藥**
諸般眼疾에隨症皆差ᄒᆞᄂᆞᆫ東洋에初有ᄒᆞᆫ寶藥

起死回生 **回生丹**
此丹은急ᄒᆞᆫ吐瀉關格이며가슴아리와冷積과痢疾에神効

感氣神効 **解熱散**
寒熱往來ᄒᆞ며似학非학과頭痛眩暈와肢節痛에其効가偉大

齒痛新藥 **止痛便齒水**
虫齒와風齒와諸般齒痛에壹切神効

耳聾聖藥 **耳聾藥**
無論男女ᄒᆞ고耳聾鼻塞이며耳病에關ᄒᆞᆫ病은隨症並差

疝症根絶 **疝積湯**
諸般산症에大談出賣홈

寸虫沒出藥
寸白虫을一切去根ᄒᆞᄂᆞᆫ妙劑

뒤눈과못 **拔根藥**
뒤눈과못과ᄉᆞ마귀를빼ᄂᆞᆫ藥

止足汗臭藥
手足의汗臭를除却ᄒᆞᄂᆞᆫ藥

古核至新 **沃度膏**
創瘡과腐傷과곱진티눈核生新ᄒᆞ기ᄂᆞᆫ第一著明

最新改良 **百應膏**
無論男女老幼ᄒᆞ고毒瘇濕瘇痰瘇諸般瘡瘍에壹切特效가有홈

淋疾藥各種
淋疾各症에壹週日만服ᄒᆞ면病根快復ᄒᆞ고고腎氣가完全홈

其他洋藥各種과◎貿藥各種◎都賣散賣
◎遠地에ᄂᆞᆫ郵便小包로申速酬應홈

漢城南大門內濟生堂大藥房 李庚鳳
代辦主任 李興國 白

◎漢陽商會店員募集◎

壹 男子 (拾歲以上拾四歲以下) (未婚者) 若干名
壹 女子 (拾歲以上拾四歲以下) (未婚者) 若干名

右男女店員若干名을募集ᄒᆞ니獨立自治의精神잇고實地經驗의商業家되기願ᄒᆞᄂᆞᆫ靑年은本月三拾日上午拾時에來議ᄒᆞᆷ을要

漢陽商會　京城鍾路

學員募集廣告

本校에셔一年級…과…科學生을增募ᄒᆞ오니志願者ᄂᆞᆫ三月卅日(陰二月…)로請願書를提出홈

但試驗日字ᄂᆞᆫ四月一日로開學日字ᄂᆞᆫ四日

隆熙四年三月　日

安州郡私立協成安興學校 告白

大邱春秋令市改良홈은全國商民同胞諸氏가業已諒悉인바今春令도依定期ᄒᆞ와陰三月一日開市ᄒᆞ고同三十日撤市ᄒᆞ오며秋令도陰十一月一日開設同三十日撤市홀터오니全國商民은咸須知悉하와屆期來臨홈

大邱藥商興業會 告白

本店에셔開業ᄒᆞᆫ지十六年間僉君子의愛顧ᄒᆞ심을…特蒙ᄒᆞ와今에…業務를大擴張ᄒᆞ고…秋冬節…으로…各國新奇物品…를…今多數直輸入ᄒᆞ야…廉價로…利賣買ᄒᆞᆯ…價ᄒᆞ와郵便小包로…應ᄒᆞ야代金은…사十三道各郡僉君子ᄂᆞᆫ隨意請求ᄒᆞ심ᄋᆞᆯ望
振替貯金番號…韓國…番

漢城中部鍾路砂…
洞二十一統五戶

廣興泰 告白

◎特別廣告

本社의셔同胞의衛生을注意ᄒᆞ야美國의셔經驗單方으로流行愛用ᄒᆞᄂᆞᆫ靈藥聖劑를買入ᄒᆞ야左開廣布ᄒᆞ오니有病君子와藥業에從事ᄒᆞ시ᄂᆞᆫ僉彦은爭先來購ᄒᆞ시옵

分賣와都賣에差別이有ᄒᆞ야一打(十二個)以上의都賣에ᄂᆞᆫ特別割引홈

左　開

秘製止痛藥
效能　外塗內服無處不適　消滯　止瀉　絶痛　治痢無不神效홈

喜蘇膏藥
效能　頭面　身體一切痛症　積年風濕　除痰　生신之道…神效홈

…麟香…
效能　毋論男女老少　勿嫌…　久日淺一切　咳소　服之…效如神홈

…花藥膏
效能　…痰　瘰癧瘡　燒跌　…諸症無雙聖藥

…花…水藥
效能　…　花柳瘡　凡不…婦人虛弱등症…

半…藥酒
効能　毋論男女老少氣血虛弱者服之則大補元氣身體強健홈

韓美興業株式會社事務所

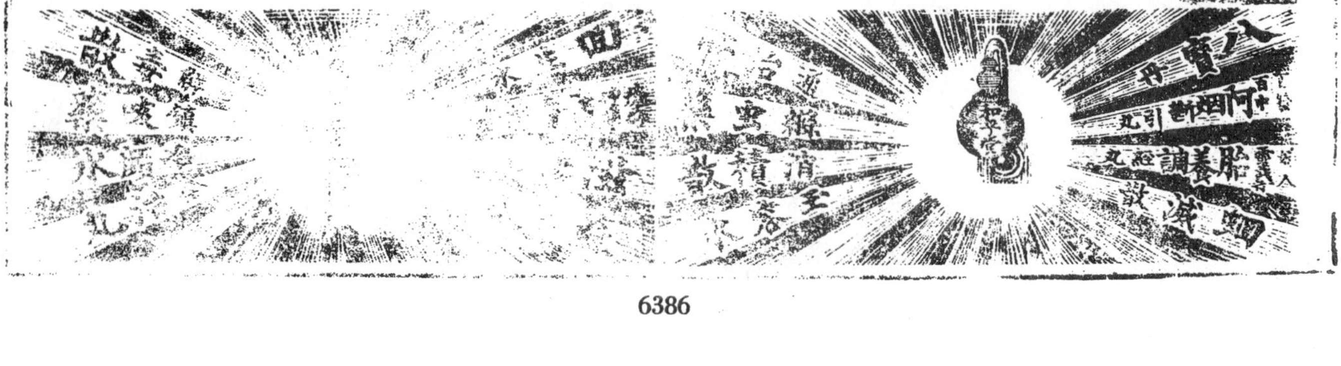

檀君開國四千二百四十三年
箕子元年三千三十二年
大韓開國五百十九年
本報創刊日 光武八年七月十八日

大韓每日申報

發行兼編輯人 英國人 萬咸
發行所 [illegible]洞三層洋屋 大韓每日申報社

第八卷　月曜及慶節歲時日休刊　第一千三百四拾三號

論說

◉儒林家의思想界革命

吾儕의此言이文明的儒林家를爲ᄒᆞ야言홈이아니라頑舊的儒林家를爲ᄒᆞ야言홈이니라

只今儒林界를向ᄒᆞ야曰教育을擴張ᄒᆞ라ᄒᆞ며曰實業을振興하라ᄒᆞ며曰政治思想을奮起ᄒᆞ라ᄒᆞᄂᆞᆫ者ㅣ多ᄒᆞ나吾儕ᄂᆞᆫ먼저思想界革命五字로大聲疾呼ᄒᆞ노라

其思想界가頑陋ᄒᆞ거니엇지教育을擴張ᄒᆞ며엇지實業을振興ᄒᆞ며엇지政治思想이奮起ᄒᆞ리오以故로只今도오히려唐虞三代의浮雲만夢ᄒᆞ고六藝九容의故事만說ᄒᆞᄂᆞᆫ者ㅣ有ᄒᆞ며只今도오히려世界列國을夷狄이라ᄒᆞ고文明教育을倭學이라ᄒᆞᄂᆞᆫ者ㅣ有ᄒᆞ며只今도오히려私塾을擴張ᄒᆞ고學校를反對ᄒᆞᄂᆞᆫ者ㅣ有ᄒᆞ나니嗚呼라如何히ᄒᆞ면此儒林家思想界에維新의光이遍照케ᄒᆞᆯ싸

嗚呼라儒林家同胞여同胞ᄂᆞᆫ思想界의革命을奮作ᄒᆞᆯ지어다思想界의革命을奮作ᄒᆞᆯ지어다

試思ᄒᆞ라諸氏여結繩舞羽로足히六大强國의威力을當하며通鑑小學으로足히二十世紀의文明을敵ᄒᆞᆯ깃ᄂᆞᆫ가만일此頑舊思想을長不變ᄒᆞ면畢竟四千載歷史가烈火에永入ᄒᆞ고二千萬民族이紅奴를長作ᄒᆞ리니嗚乎諸氏여엇지此를不思ᄒᆞ나뇨

只今韓國形勢가果然如何ᄒᆞᆫ가此時에在ᄒᆞ야一毫라도國家에利ᄒᆞᆫ事業이라면食을忘ᄒᆞ고行ᄒᆞᆯ지며一分이라도民族에利ᄒᆞᆫ事業이라면身을傾ᄒᆞ야行ᄒᆞᆯ지어날只今諸氏ᄂᆞᆫ此國家와民族의惟一生命되ᄂᆞᆫ新知識新教育을向ᄒᆞ야反[illegible]

[illegible]氏여엇지此를不思ᄒᆞ나뇨

君子ᄂᆞᆫ世로與ᄒᆞ야推移ᄒᆞ며智人은機를隨ᄒᆞ야應變ᄒᆞ나니諸氏가果然眞正ᄒᆞᆫ儒敎者가되고져ᄒᆞ면반다시舊陋를革ᄒᆞ고新文明을歡迎하라不然ᄒᆞ면韓國內儒敎가畢竟國家와共亡乃已ᄒᆞ리니諸氏가엇지此를不思ᄒᆞ나뇨

思想界革命을奮作ᄒᆞᆯ지어다此가實로諸氏의惟一急務니라

吾儕ᄂᆞᆫ近日各地方頑舊儒林家가或某敎宗支會等事를藉하고新聞購覽과學校擴張을反對ᄒᆞᆫ다ᄂᆞᆫ消息을聞ᄒᆞ고甚히懼ᄒᆞ야一筆로略論ᄒᆞ야諸氏에게敬勸ᄒᆞ노니諸氏ᄂᆞᆫ反省ᄒᆞ고奮勵ᄒᆞᆯ지어다此國家存亡民族死活의責을負ᄒᆞᆫ諸氏여

吾儕ᄂᆞᆫ心을苦ᄒᆞ야儒林家의思想界革命을催ᄒᆞ노라

外報

◉戰爭說無根　近項에世界旅行을終了ᄒᆞ고歸國ᄒᆞᆫ美國前副統領후에아반크쓰氏ᄂᆞᆫ曰美日戰爭은不可能의事라輕率ᄒᆞᆫ戰爭論者ᄂᆞᆫ兩國의敵이며又戰爭에關ᄒᆞᆫ風說은事實上과感情上에何等根據가無ᄒᆞᆫ者라ᄒᆞ엿다더라

◉日使公言　駐美日本大使內田男은紐育월드新聞에揭載ᄒᆞᆫ바極東에在ᄒᆞᆫ美日兩國의勢力範圍를確定ᄒᆞ며滿洲에在ᄒᆞᆫ日本의地位를保障ᄒᆞ기爲ᄒᆞ야新協約을締結코져ᄒᆞᆫ다云홈은全혀無根의風說이라고公言ᄒᆞ엿다더라

◉宣撫使派遣　清國政府ᄂᆞᆫ西藏의人心을鎭撫ᄒᆞ기爲ᄒᆞ야重望이有ᄒᆞᆫ황族을宣撫使로派遣ᄒᆞᆫ다더라

◉土國[illegible]　並耳其國은[illegible]

兩造船所에戰鬪艦二隻、구라이도반크造船所에巡洋艦一隻을注文ᄒᆞ엿ᄂᆞᆫᄃᆡ總費額이五百萬磅이라더라

◉루氏演說　美國前大統領루스벨트氏ᄂᆞᆫ가츠무蘇丹俱樂部에서演說을試하엿ᄂᆞᆫᄃᆡ阿弗利加에在ᄒᆞᆫ英國의治績을大히賞讚ᄒᆞ고英國의仁政을妨害홈은何如ᄒᆞᆫ事를勿論ᄒᆞ고人道에對ᄒᆞᆫ犯罪라고陳述ᄒᆞ엿다더라

◉錦愛鐵道와英國　北清日報의揭載ᄒᆞᆫ論敦電報에日清國外務部ᄂᆞᆫ激烈ᄒᆞᆫ外交上의壓迫으로因ᄒᆞ야錦愛鐵道敷設의交涉을不得已拋棄홈에至ᄒᆞ엿合으로清國은其希望ᄒᆞᄂᆞᆫ援助를得키不能하다ᄂᆞᆫ北京電報가達ᄒᆞ매論敦에셔ᄂᆞᆫ多大ᄒᆞᆫ驚愕과憤怒를惹起ᄒᆞ엿ᄂᆞᆫᄃᆡ統一黨議員돔손氏ᄂᆞᆫ同問題에對ᄒᆞ야外務大臣쿠레ㅣ氏에게注意를與ᄒᆞ고本問題의特히英國貿易及門戶開放主義에及하ᄂᆞᆫ影響에關ᄒᆞ야外相은清國에駐劄ᄒᆞᆫ英국公使에게如何ᄒᆞᆫ訓令을發ᄒᆞ엿나냐質問ᄒᆞ엿고又보링크氏ᄂᆞᆫ論敦타임쓰新聞에投書ᄒᆞ야日本은極히錦愛鐵道敷設을反對ᄒᆞᄂᆞᆫ者요露국은目下日本을學홈과如ᄒᆞ다고斷言하엿고且曰敢問ᄒᆞ노니分明히條約을侵犯ᄒᆞᄂᆞᆫ者에게對ᄒᆞ야美국의憤怒홈을何故ᄂᆞ怪異히녀이며清國은自국領土內에셔自國의富源을何故로開發치못하며英國은極東問題에對하야確實히美國과一致가되엿슨즉其美國의有力ᄒᆞᆫ後援이有ᄒᆞᆫ際에英國은何故로等閑히看過ᄒᆞ나냐ᄒᆞ엿다더라

學界

◉普通擴張　慶南河東郡私立普[illegible]學校副[illegible]寬氏ᄂᆞᆫ境內紳士를熱心勸告홈으로該郡紳士諸氏가多數金額을補助하야校務를擴張ᄒᆞ고誠心敎授ᄒᆞᄂᆞᆫ故로現今學生이百五十餘名에達ᄒᆞ엿다더라

◉淵新又新　全南長興郡私立淵新學校가粃立數年에財政이艱乏ᄒᆞ야幾至廢倒之境이러니該郡紳士李敎根金鎰鎔兩氏가錢財를鳩聚ᄒᆞ야校舍를重新ᄒᆞ고高明ᄒᆞᆫ敎師를延聘ᄒᆞ야敎授方針을擴張ᄒᆞᆫ故로學徒가日益增加하야進就之望이大有ᄒᆞ다더라

◉普明開校　慶南咸安郡大谷面新昌里普明學校에셔本月三日에開校式을行하ᄂᆞᆫᄃᆡ事務員李泰朝氏가趣旨書를朗讀ᄒᆞ고該郡々守李璣永校長盧應昊敎師李鎭澤紳士李泰宗諸氏가敎育의急務됨을激切히演說ᄒᆞ엿고當日叅席ᄒᆞᆫ諸氏中李璣永氏가十圓安文燮趙性允兩氏가各五圓李志魯趙秉錫兩氏가各二圓金을義捐ᄒᆞ엿다더라

◉仁校復興　仁同郡私立仁興學校ᄂᆞᆫ仁同張氏의家族團體로設立ᄒᆞᆫ바인ᄃᆡ該族中反對者가有ᄒᆞ야廢止ᄒᆞᆯ境에至ᄒᆞ엿더니該校長張命遠敎師張始鉉張泌相諸氏가該校廢止됨을憤歎ᄒᆞ야校內에셔一場痛哭ᄒᆞ미一般任員及學徒가莫不下淚ᄒᆞ고反對者도頗히感覺ᄒᆞᄂᆞᆫ지라該校를更히擴張키로熱心하엿고張命遠氏ᄂᆞᆫ所耕畓八斗落을校中에寄付ᄒᆞ엿다더라

詞藻

❀이몸이❀　玉林生

이몸이ᄒᆞᆫ번낫다、죽ᄂᆞᆫ거슨例常事라。
죽을짜에죽고보면、낫던보람이아닌가。
만일에、草木同腐ᄒᆞᆯ량이면、잇서무숨。

廣告

宮廷彙報

◎宮中賜饌 皇后陛下께옵서 來二十六日上午十一時에各皇族及大臣의夫人을 命召ᄒᆞ사 盛饌을 下賜ᄒᆞ옵신다더라

◎祝電到着 乾元節이不遠ᄒᆞᆷ으로日本政府에서慶祝電報를宮內府로發送ᄒᆞ엿다더라

雜報

◎叅與例會 昨日統監府에서叅與官會議를開하엿다더라

◎食堂密議 宮內府에서ᄂᆞᆫ日昨大臣次官及高等官六七人이食堂에會同ᄒᆞ야何等事件을秘密協議ᄒᆞ엿다더라

◎令人笑絶 宮中顧問李允用氏家에셔祈禱를行ᄒᆞᆫ다ᄒᆞᆷ은已報어니와其內容을聞ᄒᆞᆫ즉李氏의少室山月이李氏를爲하야大臣一窠를圖得코져ᄒᆞᆷ이라더라

◎坊長開會 漢城府民會에셔ᄂᆞᆫ再昨日下午二時各坊長會를開ᄒᆞ고 乾元節慶祝에關ᄒᆞᆫ準備件을協議하엿다더라

◎技手實驗 度支部에셔ᄂᆞᆫ測量技手五十餘員을實地試驗시히기爲ᄒᆞ야來四月頃에富平等地로派送ᄒᆞᆫ다더라

◎所往何處 景恩君李載星氏ᄂᆞᆫ近日來何事件을因ᄒᆞᆷ인지去處를不知ᄒᆞᆫ다ᄂᆞᆫᄃᆡ警視廳에셔其踪跡을형探ᄒᆞᆫ다ᄂᆞᆫ說이狼藉ᄒᆞ다더라

◎宮人困況 桂洞宮內人이十名假量인ᄃᆡ度支部에셔每朔月給八十圓을支給ᄒᆞᄂᆞᆫ지라該金額으로ᄂᆞᆫ調度가困難ᄒᆞ야將次解散될地境이라더라

◎棄兒所調查 棄兒收養所에셔經費窘絀ᄒᆞᆷ을因ᄒᆞ야廢止ᄒᆞᆯ境에至하엿슴으로警視廳에셔棄兒의數爻와將來收養方針의狀況을調查ᄒᆞ엿다더라

◎次第調查 內部警務局에셔全國內四色黨派를調查ᄒᆞᆷ은人所共知어니와近日에ᄂᆞᆫ內官의制度와習慣을又爲調查ᄒᆞᆫ다더라

◎秋山入京 日本에셔韓滿에差遣ᄒᆞᆫ日本中將秋山은北韓視察을畢ᄒᆞ고昨夜入京ᄒᆞ엿다더라

◎彼亦憂慮 市塲稅事件으로各地方人民이苦叫呼號ᄒᆞᆷ은人所共知어니와元來此市塲稅ᄂᆞᆫ重複의稅를課ᄒᆞᆷ이니卽市場매買ᄂᆞᆫ生產者消費者의매買뿐아니라營利를目的ᄒᆞᆷ이多ᄒᆞ야一物品으로數市場에轉輾하거늘此를每市課稅하면卽一物品에對ᄒᆞ야甲市塲에셔도課稅ᄒᆞ고又其物品이乙市塲에入ᄒᆞ면乙市塲에셔도課稅ᄒᆞ고又丙市塲에入ᄒᆞ면丙市塲에셔도課稅ᄒᆞ고又丁市塲에入ᄒᆞ면丁市塲에셔도課稅하ᄂᆞᆫ지라如斯不已ᄒᆞ면畢竟民間에大反抗이起ᄒᆞ리라고當局에셔도憂慮ᄒᆞᆫ다더라

◎監獄日大 當局에셔龍山孝昌園一部地에一大監獄을建設하ᄂᆞᆫᄃᆡ本年內로工役에着手ᄒᆞ기로ᄒᆞ야目下基址工事를準備中이오來月中旬부터建築을開始ᄒᆞᆫ다ᄂᆞᆫᄃᆡ千名을收容케ᄒᆞᆫ다ᄒᆞ며該工役費ᄂᆞᆫ三萬圓以上이된다더라

◎日艦着港 日本海軍第一艦隊敷島、石見、周防등六隻은去十九日釜山港에來着ᄒᆞ고同海軍第二艦隊ᄂᆞᆫ去二十日元山港에來着하엿다더라

◎日人失敗 韓國의明太魚產額은年々百餘萬圓以上價値에達ᄒᆞᄂᆞᆫᄃᆡ日人이此利益을競爭ᄒᆞ기爲하야該漁期에出漁ᄒᆞᆫ쟈가有하나其寒苦를不堪ᄒᆞ야目的을未達ᄒᆞ엿다ᄂᆞᆫᄃᆡ韓國各產業中明太魚產業은倖僥히韓人의手에尙在하다더라

◎李在明公判期 李在明의事件은尙今繼續調查中인ᄃᆡ公判期가아즉不明ᄒᆞ나如何하던지其期가不遠하다ᄒᆞ며該事件에關ᄒᆞ야審問調書類가千數百枚에達히엿다ᄒᆞ며日人辯護士委任證은李의希望ᄒᆞᆫ바아니라더라

◎崔氏等公判期 順川事件에被捉된崔鳳煥氏等二十四名은平壤地方裁判所에셔審理ᄒᆞᆫ後再昨日에該二十四人에對하야一並起訴되엿ᄂᆞᆫᄃᆡ本月中에開廷될뜻ᄒᆞ다더라

◎市塲稅와外人 內部에셔市塲稅에關ᄒᆞᆫ事로漢城府及各觀察道에발訓하엿ᄂᆞᆫᄃᆡ外국人公同雜居地의市塲稅ᄂᆞᆫ日本理事廳에셔處理하고日人居留地市塲稅ᄂᆞᆫ觀察使가理事廳과交涉處理ᄒᆞ라ᄒᆞ엿다더라

◎何事調查 日本留學生으로歸國ᄒᆞᆫ李重稙氏ᄂᆞᆫ何等事件이有ᄒᆞᆫ지某處에셔其行動을調查中이라더라

◎月舘茶話 壹進會에셔ᄂᆞᆫ昨日下午二時明月舘에셔茶話會를開ᄒᆞ고日人五百木及岡本을請邀宴待ᄒᆞ엿다더라

◎孩兒乞憐 國民同志贊成會에셔日人五百木의歡迎會를開ᄒᆞᆷ은旣報어니와該會副長徐彰輔가五百木을向ᄒᆞ야陳說ᄒᆞ되本會ᄂᆞᆫ孩兒樣에不過하고貴會ᄂᆞᆫ父兄長者이시니提挈保導가無ᄒᆞ면高崗을難陟이라ᄒᆞ엿ᄂᆞᆫᄃᆡ五百木은但頷之而已ᄒᆞ엿다더라

◎說團又動 國是遊說團에셔ᄂᆞᆫ日昨總會를開하고宮中顧問李允用氏로團長을推選ᄒᆞ엿다더라

◎痘苗請求 京鄉各警察署에셔春期痘苗를內部로請求ᄒᆞᄂᆞᆫ者가逐日畓至ᄒᆞᆫ다더라

◎施痘勸諭 西部警察署에셔ᄂᆞᆫ再昨日管內各坊長을會同ᄒᆞ야子女가有ᄒᆞᆫ人民의게春期牛痘를實施케勸諭ᄒᆞ라ᄒᆞ엿다더라

◎有何疑点 平壤居李雲心氏等三人이本月初에離家出他ᄒᆞ엿다ᄒᆞ야該地警察署에셔各警察署로通知ᄒᆞ고其去就를探知ᄒᆞ라하엿다더라

◎哀此無告 安州郡商民들은市塲稅를反對ᄒᆞ다가警察署에被囚ᄒᆞᆫ者가十餘名인ᄃᆡ于今二十餘日이過ᄒᆞ도록解放치아니ᄒᆞᄂᆞᆫ故로其親屬들은朝夕으로食料를供饋ᄒᆞ기에憔悴難堪ᄒᆞᆯ뿐더러在囚情狀을思ᄒᆞ야相顧揮淚ᄒᆞᄂᆞᆫ慘況은目不忍見이라더라

◎胡不痛禁 釜山港에ᄂᆞᆫ從來淸人의三十六契가盛行ᄒᆞ야港民中家產을蕩敗ᄒᆞᄂᆞᆫ者ㅣ種々有之ᄒᆞ더니近日에ᄂᆞᆫ日人들도該契를設始ᄒᆞᆷ으로其勢力이益々蔓延ᄒᆞ야人民의게多大ᄒᆞᆫ損害가及ᄒᆞᆫ다ᄒᆞ고怨聲이藉々ᄒᆞ다더라

◎密淫收貰議 妓生娼妓兩組合所에셔ᄂᆞᆫ漢城內密매淫女에게貰金을徵收ᄒᆞ기로目下協議中이라더라

◎朝驛慘況 金海郡朝驛里에셔ᄂᆞᆫ十餘日前火災가有하야家屋十餘戶가延燒ᄒᆞ엿고五十餘歲된婦人一名과十餘歲未滿ᄒᆞᆫ男子一名이燒死ᄒᆞ엿다더라

◎鴨江解氷 鴨綠江은去十九日부터全혀解氷되얏나니라

◎拾車任置 北部三淸洞居金鴨濟氏ᄂᆞᆫ昨日上午五時南部達城閣宮附近에셔自轉車一량을拾得ᄒᆞ엿ᄂᆞᆫᄃᆡ北部警察署에任置ᄒᆞ고車主를覓給ᄒᆞ라하엿다더라

◎醫士會擴張 大韓醫士總合所에셔ᄂᆞᆫ該所規則五千餘部를發刊ᄒᆞ야各官廳及社會에壹部式配付ᄒᆞ고衛生에關ᄒᆞᆫ雜誌를發行ᄒᆞ기로協議ᄒᆞ엿고連帶債務로金壹萬圓을積立ᄒᆞ야將次所務를大擴張ᄒᆞᆯ計劃이라더라

◎失女還覓 北部觀峴居邊召史ᄂᆞᆫ上年에其女息(十歲)을見失ᄒᆞ고隣居羅敬壽氏의夫人을誘引嫌疑로警署에壹晉拘留싸지ᄒᆞ엿스되去處를不得하엿더니近日江華郡로千奉家에셔發現ᄒᆞ야卽爲覓來하엿ᄂᆞᆫᄃᆡ其根因은仁川港居何許妖婆가金三百圓을捧喫ᄒᆞ고로家에매渡ᄒᆞᆷ이라더라

◎他鄕故人 咸北吉州郡居申命用氏ᄂᆞᆫ商業次上京하엿다가京城에在ᄒᆞᆫ同郡學生을一々訪問ᄒᆞ고在學中興苦의情을慰勞ᄒᆞ기爲ᄒᆞ야再昨日下午四時明月舘에셔多數ᄒᆞᆫ學生及紳士諸氏를請邀宴待ᄒᆞ엿다더라

◎假巡押上 西小門內居李禹聖은日前廣州郡에前往하야該郡居김창根과符同ᄒᆞ야巡査라假稱ᄒᆞ고挾雜을行하다가所管警察署에被捉ᄒᆞ야日昨京城地方裁判所로押上ᄒᆞ엿다더라

◎沈氏放免 警視廳에滯囚ᄒᆞᆫ安翊善의嫌疑者로同時被捉ᄒᆞ엿던沈健燮氏ᄂᆞᆫ事實上曖昧ᄒᆞᆷ으로日昨無事放免ᄒᆞ엿다더라

◎韓氏被捉 一進會員韓창履ᄂᆞᆫ玉물색리一介를窃取ᄒᆞᆫ事件이發現되야昨日北部警察署에被捉ᄒᆞ엿다더라

◎兩犯越交 一土再매ᄒᆞᆫ事件으로警視廳에被捉ᄒᆞ엿던崔東煥李相淳等은日昨京城地方裁判所로越交ᄒᆞ엿다더라

◎略人犯被捉 仁川港에ᄂᆞᆫ良家女兒를竊取ᄒᆞ야淸人의게賣渡ᄒᆞᄂᆞᆫ略人窃盜가種々出現ᄒᆞᆫ다ᄂᆞᆫᄃᆡ該港警察署에셔嚴密調探ᄒᆞᆫ結果로去廿日夜平洞地方에셔該盜漢男女二名을捕獲ᄒᆞ엿다더라

◎學會繼會 旣報와如히五學會에셔再昨日下午七時에私立學校維持方針硏究會를繼續開ᄒᆞ야學會々舘內에開하엿ᄂᆞᆫᄃᆡ該硏究件에對ᄒᆞ야裁擇取舍ᄒᆞᆯ次로各學會에審查委員二人式選定ᄒᆞ고明日下午七時에繼續開會ᄒᆞ기로決議ᄒᆞ엿다더라

◎隨聞更正 術客으로著名ᄒᆞᆫ李會臣氏가一進會長李容九의密金을受ᄒᆞ엿다ᄒᆞᆷ은隨聞揭載하엿더니更聞ᄒᆞᆫ즉事實이初無하다더라

電報

◎議會閉會 日本議會ᄂᆞᆫ本月二十四日에閉會式을擧行ᄒᆞᆫ다더라

◎美日協約無根 近來美國紐育월드新聞所載美日協約說에關ᄒᆞ야日本倉知政務局長은該風說이無根ᄒᆞᆫ者인ᄃᆡ全혀날造ᄒᆞᆫ것이라고該說을繳消ᄒᆞ엿다더라

以上東京發 廿一日着

◎安氏執行期 安重根氏의死刑執行은本月廿六日에行하기로定하엿다ᄒᆞ며安氏가韓國이獨立되기前에ᄂᆞᆫ該骨을故國에歸葬치말고哈爾賓에葬하라고誓言하고安氏의母親은其故鄕信川으로歸葬키를願ᄒᆞᄂᆞᆫᄃᆡ又他人의勸告를依히야旅順에葬할지도未知라더라

大連發 廿二日着

▲舉筆一賀▼

▲錦繡江山三千里에新春消息도라오니鳥獸草木諸物은곳곳마다生意로다廿四番風솔々불어喜消息을播送ᄒᆞ니滿面春風이和氣로歡迎心을發ᄒᆞ야擧筆壹賀ᄒᆞ리로다

▲安州紳士洪[illegible]氏ᄂᆞᆫ二十斗落庄土券을西北會에寄付ᄒᆞ야建築費를相助하니私利를만崇尙ᄒᆞ야公德觀念이[illegible]時代에國民敎育振興코져公益事에勇斷ᄒᆞ니이所聞도可賀處오

▲陸軍叅領尹致成氏ᄂᆞᆫ[illegible]製靴所를設立ᄒᆞᆫ後諸般業務를擴張ᄒᆞ야四十餘日에製靴件이萬五千部達ᄒᆞ다니工業頹敗ᄒᆞ던나라新曙光이出現ᄒᆞ미前頭希望無限大라이所聞도可賀處오

▲校洞元老閔泳徽ᄂᆞᆫ徽文義塾敎師材를高等으로養成코져卒業生을選取ᄒᆞ야日本國에派送ᄒᆞ고留學費를當ᄒᆞᆫ다니四十九年더前過를五十追悔ᄒᆞᆷ이라이所聞도可賀處오

▲雲山居人李永根은[illegible]來를捐出ᄒᆞ야近六百戶壹洞里를無遺賑給ᄒᆞ엿다니經濟恐慌甚ᄒᆞ야兄弟楚越이時代에慈悲心이업고보면隣里間에엇지ᄂᆞᆫ가이所聞도可賀處라

▲願ᄒᆞ노니同胞들은公德心을培養ᄒᆞ되壹個人이有ᄒᆞ면千萬人이効則ᄒᆞ고實地事를振興ᄒᆞ되壹個人이創造ᄒᆞ면千萬人이模範ᄒᆞ야玉燭春臺好日月에共同福樂누려보세

社告

載寧邑 本支社員李顯均氏辭免代에同邑同洞 李範善 氏로擇定ᄒᆞ고本申報를連續發送ᄒᆞ오니本報購覽諸氏ᄂᆞᆫ本社에對ᄒᆞᆫ諸般事項을李範善氏와交涉ᄒᆞ시옴

大韓每日申報社

廣告

海豐金氏始祖府院君公墓所가在於豐德郡々中面宮洞而該山坂을測量ᄒᆞ야製圖三張과申請書二度를証明次下送本郡라가中路遺失ᄒᆞ얏스니誰某拾得이던지休紙施行홈 金膺模 白

本人이東門外에薏楊을多數取種ᄒᆞ와將欲放賣하오니有志君子ᄂᆞᆫ速々來購홈

千株以上 每株一錢式
萬株以上 七里式
五萬株以上 五里式

中部敦洞六十六統十戶 吳元一

本人의名容局이란局字를以夏字로改稱ᄒᆞ오니知舊間照亮爲要

慶南昌原府舊鎭海良田面羅洞里一統五戶 朴容夏 告白

本人의長子文煥이性本浮浪ᄒᆞ야陰正月에本郡楊山面松亭里所在田畓與家舍文券을取去ᄒᆞ얏스니內外國人은勿欺ᄒᆞ시옴

龍川楊西面新城里韓國正 告白

釜港東關韓興書館

本舘에서新舊書籍과學校用品各種을備置하야(五圓以上特減割引)大發售하오니江湖僉君子ᄂᆞᆫ陸續購買ᄒᆞ시옴

舘主 金泰衡 本名汝重
主任 權鍾律

梓洞居權泰永爲名者가挾雜비李德禹을符同ᄒᆞ여蒜商을유인하야蒜二百圓어치를持홀時에泰永이가約束手形을給하거날蒜商이不可라ᄒᆞᆫ즉德禹가만단유인ᄒᆞᆫ즉蒜商이말ᄒᆞ기를手形으로交換ᄒᆞ려면保人세고持去ᄒᆞ라ᄒᆞᆫ즉手形압보ᄂᆞᆫ前承旨李基鎬氏요後保ᄂᆞᆫ居間人權永洙가立ᄒᆞ엿더니蒜을德禹에債로日人의게달거ᄒᆞᆫ즉德禹ᄂᆞᆫ逃走ᄒᆞ고泰永이가法廷에何樣謀告로後保永洙를얼거정징ᄒᆞ고泰永은逃亾ᄒᆞ엿ᄂᆞᆫ故로本人이地方裁判所에告訴ᄒᆞ깃기爲先廣告홈

權永洙室人 金召史 告白

○買藥의便利ᄒᆞᆫ法

本人이乾材藥局을爲業多年에諸君子의愛顧ᄒᆞ심을特蒙인바同情을表홀次로今年부터業務를大擴張ᄒᆞ고精選材料ᄒᆞ며特別廉價로注意ᄒᆞ되居鄕同業僉位의買藥ᄒᆞ시기便利ᄒᆞᆫ方法을從ᄒᆞ와親踈間의買藥掌記만郵便付送ᄒᆞ시면弊局에서特廉減價ᄒᆞ와郵便小包로卽速迅送ᄒᆞ옵고代金은引換ᄒᆞ깃ᄉᆞ오니同業僉君子ᄂᆞᆫ隨意請求ᄒᆞ심을望但貿藥時何郡何面昭詳通知홈

京城南部銅峴九十五統十戶

乾材藥局崔興模 告白

本校附屬普通學校에서各學年學徒를今將募集ᄒᆞ니入學志願人은今月三十一日ᄭᆞ지入學請願書를提出홀事

官立漢城師範學校

平北江界警察署長久米正男은警察에正明ᄒᆞ야清潔爲躬喩ᄒᆞ며搆날爲拔奸ᄒᆞ고處理爲毫無越權ᄒᆞ며教育爲設力贊成하야與民和睦에時情이疏通홈으로一境이賴安이옵기玆에廣布홈

金錫周 白

本所에서私立幼稚園을設立하고諸般經費ᄂᆞᆫ本所會員이義出資金ᄒᆞ야專擔維持ᄒᆞ기로決定ᄒᆞ고玆에更告ᄒᆞ오니生徒授業料ᄂᆞᆫ勿論ᄒᆞ고入學志願者ᄂᆞᆫ請願書를提出ᄒᆞ심을望홈

隆熙四年三月二十日

密陽市議所

本社에서高明ᄒᆞᆫ技師를雇聘ᄒᆞ야業務를擴張ᄒᆞ고左記各樣印刷物을特別廉價로酬應ᄒᆞ오니僉君子ᄂᆞᆫ愛顧ᄒᆞ심을伏望

各樣書冊과傳道紙와證明紙各種과印札紙各種과領受證과名함紙各種과公用信紙와廣告紙

平壤舘門前 光文社印刷所

社長 鄭益魯
總務 李春燮
事務 韓仁錫

學員募集廣告

本學校에서教務를擴張키爲ᄒᆞ야物理化學機械標品을購入ᄒᆞ며高明ᄒᆞᆫ講師를更히延聘ᄒᆞ고高等一學年과二三學年의補缺生募集ᄒᆞ오니 志願人은陽四月十日로請願書를提出ᄒᆞ옵

隆熙四年三月五日

寧邊私立維新學校白

一入學試驗日字ᄂᆞᆫ陽四月十日로홈
一試驗課目漢文作文內地 內史 物理算術(四則)體格
一普通學교程度의卒業証이有ᄒᆞᆫ人은免試홈

學員募集廣告

本校에서一年級補缺生과預備科學生을增募ᄒᆞ오니志願者ᄂᆞᆫ三月卅日(陰二月卄日)內로請願書를提出홈

但試驗日字ᄂᆞᆫ四月二日로開學日字ᄂᆞᆫ四日

隆熙四年二月 日

安州郡私立協成安興學校 告白

大邱春秋令市改良홈은全國商民同胞諸氏가業已諒悉인바今春令도依定期ᄒᆞ와陰三月一日開市ᄒᆞ고同三十日撤市ᄒᆞ오며秋令도陰十一月一日開設同三十日撤市홀터오니全國商民은咸須知悉하와屆期來臨홈

大邱藥商興業會 告白

楊州柴北面立岩里所在草家十一間價額四千兩아치대悖類의黃致先者가盜매코져ᄒᆞ옵기廣告ᄒᆞ오니內外國人은勿爲見欺홈

統內居金東熙 告白

本店에서開業ᄒᆞᆫ지十六年間僉君子의愛顧ᄒᆞ심을特蒙ᄒᆞ와今年부터業務을大擴張ᄒᆞ고春夏秋冬所用으로絨屬毛織等各國高等物品을現今多數直輸入이온바各地方에서ᄂᆞᆫ貿易에便利賣買케爲ᄒᆞ야特廉減價ᄒᆞ와郵便小包로酬應ᄒᆞ야代金은引換ᄒᆞ깃사오니十三道各郡僉君子ᄂᆞᆫ隨意請求ᄒᆞ심을望

振替貯金番號(韓國壹三番)

漢城中部鍾路砂器廛洞二十一統五戶

廣興泰 告白

漢陽商會店員募集

名 若干 (未婚者) 以下 四歲 四拾 上 以 歲 拾 (以 子 男 壹)
名 若干 (未婚者) 以下 四歲 四拾 上 以 歲 拾 (以 子 女 壹)

本店으로本月三拾日上午拾時에商業家되기願ᄒᆞᄂᆞᆫ青年은經驗의實地과獨立自治의精神잇고右男女店員若干名을募集하니來議ᄒᆞᆷ事

漢陽商會 京城鍾路

京西部車洞同和藥房

本國藥材、洋製、各病、效、用、價、國漢文、可刊出、作封、雖婦女、郵便請求、貿賣 閔樞 白

公立平壤同仁醫院附屬醫學校

醫學生募集廣告

志願者ᄂᆞᆫ四月卄日內에限ᄒᆞ야應試ᄒᆞ고校則은願覽者ᄂᆞᆫ郵票二錢要홈

學員追募廣告

本塾에서法律專門科一年級學員을增募ᄒᆞ오니志願者ᄂᆞᆫ本月卅一日以內로本塾事務室에入學請願書를提出ᄒᆞ시오

注意

일 法學에有意ᄒᆞ시ᄂᆞᆫ人士ᄂᆞᆫ此入學의好時期를失치마시오
二 官立高等學校、外國語學校、私立中學校(學部認可)의卒業証이有ᄒᆞᆫ者ᄂᆞᆫ免試홈
三 試驗科目及日字及其他詳細事項은本塾에來議ᄒᆞ시옴

隆熙四年三月 日

私立養正義塾

數學大家 柳一宣 著

初等算術教科書

中卷 定價洋裝 九拾錢

總發賣所 京城南門外紫岩 新舊書林
分賣所 京鄉各書舖

경셩남문안슈각교북쳔변동편힝낭뒤오십오통십일호죵약국의단복니죵담죵의먹고붓치ᄂᆞᆫ만병고와삼츙단은대쇼악죵파당창제질의신효ᄒᆞ고회싱단은토샤담체이질학질젹병잔긔인후후비감창연쥬창안질풍징벽벽룽치약이구비ᄒᆞ오니유병군ᄌᆞᄂᆞᆫ와셔치료ᄒᆞ시오쳐소도졍미ᄒᆞ오며엄가로밧ᄉᆞ오며 편쥬약훈제 륙환이오 창병약훈제 오환이오 외방은우체로부송ᄒᆞ옴

윤샹윤약국 고빅

國文 初等大韓歷史 特別減價二十錢
國文 初等大韓地誌 附地圖 特別減價十五錢

右書ᄂᆞᆫ純國文으로簡易케譯述ᄒᆞ야女子社會와勞働學校의獨習케必要ᄒᆞ오니速購覽ᄒᆞ시옴

發賣所 中部布屛下廣學書舖金相萬

廣告

◉京城鍾路和平堂大藥房

○和平堂藥房은我同胞가最誠意로歡迎ᄒᆞᄂᆞᆫ我國第一되ᄂᆞᆫ最新式規模로經營ᄒᆞᄂᆞᆫ特別藥房이오

○和平堂藥房은外國第一有名ᄒᆞᆫ洋藥과我國唐草材를多數輸入ᄒᆞ야最低廉最良材를都賣散賣ᄒᆞᄂᆞᆫ最大藥房이오

○和平堂醫院은平壤濟衆院에서卒業을受ᄒᆞ고美國醫學博士禹越時手下에多年實地施驗을行ᄒᆞᆫ醫士田慶龍氏를延聘ᄒᆞ야男女老少에內外科를誠心으로診察治療ᄒᆞᄂᆞᆫ醫院이오

○和平堂醫院은外方에서病錄만錄送ᄒᆞ시면其病에適當ᄒᆞ도록誠心製藥ᄒᆞ야迅速付送ᄒᆞ기로熱心ᄒᆞᄂᆞᆫ醫院이오

○和平堂醫院은治療費와藥價를最廉ᄒᆞ게ᄒᆞ야一般醫藥家로使之感醒케ᄒᆞ야勇進奮發의心을鼓吹케하ᄂᆞᆫ醫院이오

○和平堂藥房은全國內醫藥家와連結ᄒᆞ야根本的實業發展의本領을實行코ᄌᆞᄒᆞᄂᆞᆫ藥房이오

京城鍾路 洋藥各種과 漢藥唐草材 大發賣

和平堂本舖主任 李應善

◉京城鍾路和平堂大藥房各種藥品及各樣規則廣告

○承寧府典醫 洪哲普君 實驗處方

○陸軍軍醫 張基茂君 有効證明

四時勿論ᄒᆞ고旅行居家에常備之靈약

官許 登錄 認可 和 健胃 消滯 **八寶丹**

定價 일貼九拾五粒入金拾錢 三貼入金卅五錢

右약에主治効能은如左ᄒᆞᆷ

◉壹은新久積滯와急督關格과胃腹疝痛과中暑中寒과水土不服에特効가有ᄒᆞ기로著名ᄒᆞᆷ

◉壹은頭痛과眩운을鎭正ᄒᆞ고精神을爽快케ᄒᆞᄂᆞᆫ良제요

◉壹은恒常食後에適宜服用ᄒᆞ시면脾胃를健壯케ᄒᆞ며痰을消ᄒᆞ며口味를助ᄒᆞ야滯祟에念慮가無ᄒᆞᆷ

◉壹은酒醉昏迷와船운車醉에速治ᄒᆞᄂᆞᆫ奇効가有ᄒᆞᆷ

◉壹은香氣가含有ᄒᆞ야口臭를排除ᄒᆞ고解毒通竅ᄒᆞᄂᆞᆫ効力이偉大ᄒᆞᆷ

胎養調經丸 婦人冷積과帶下症月經不調에神効 일제金五圓

麝香消瘡丹 梅毒下疳頭瘡風濕瘡去根ᄒᆞᄂᆞᆫ妙藥 일제金四圓

阿烟斷引藥 阿引을能斷ᄒᆞ고元神을回復ᄒᆞᄂᆞᆫ妙藥 일제金五圓

滋陽丸 男女間陰陽雙補ᄒᆞᄂᆞᆫ妙藥拾日分金일圓八拾錢 일月分金五圓

全治丸 男女勿論ᄒᆞ고連珠와나력을全治去根ᄒᆞᄂᆞᆫ藥 일제金三圓

消積散 陳久체를消化ᄒᆞᄂᆞᆫ靈藥 金拾五錢

回生水 虐泄濕滯轉筋吐瀉腸痛에神効ᄒᆞ기로著名ᄒᆞᆷ 金拾錢

治顔水 죽은셔가삭고일골이고아지ᄂᆞᆫ약 金三拾錢

蘇生丹 急ᄒᆞᆫ霍亂吐사의立即見効약 金拾錢

蛔滅散 회虫을去根하ᄂᆞᆫ妙약 金拾錢

鎭咳散 痰을消化하고咳소를止ᄒᆞᄂᆞᆫ약 金三拾錢

解毒散 諸般感氣와寒熱往來에奇효약 金拾錢

丘虫藥 寸白虫을沒出去根ᄒᆞᄂᆞᆫ妙약 金三拾錢

通治膏 諸般大小腫을통治ᄒᆞᄂᆞᆫ고약 金拾錢

玉容水 버짐과어루럭이가일切업서지ᄂᆞᆫ약 金二拾錢

補陰降火丸 男子陰虛火動 婦人勞제 神經衰弱不寐症 健忘症 消化不良 遺精 일週分 일貼七拾錢 二週分 二貼 일圓三拾錢 三週分 三貼 일圓六拾錢

雙補丸 男女陰陽俱虛 婦人氣血不足 胃腹疼痛 手足厥冷 肌膚瘦

下浮丸 痔 二週分 二貼 일圓五拾錢 四週分 四貼 二圓八拾錢 全體浮瘇 便秘 胃炎 四拾錢 일週分 일貼

退疸丸 酒달 食달 黃달 黑달 六拾錢 일週分 일貼

咽喉散 咽喉發炎 咽喉潰瘍 五拾錢 五日分 일貼

下痢散 赤痢 白痢 吐사 血糞 六拾錢 일週分 일貼

光明眼藥 時行眼疾 風熱眼疾 眼疾 梅毒眼疾 膿림性 拾錢

血痰祛根丸 落血 吐血 月經時腹痛 五拾錢 일週分

上血快治丸 吐血 降火 開鬱 五拾錢 일週分

下血快治丸 下血 血便 痰便 七拾錢 일週分 일貼

補血水 男女氣血不足 婦人月經不調 일圓

齒痛清快水 婦人下腹痛 虫齒 風齒 일週分 七拾錢 齒齦痛 十錢

明耳精 頭痛 耳內炎痛 耳垢堆積 釀膿汁 十錢

麻疹丸 小兒麻疹 腥紅熱 三日分 三十錢 百日咳

齒根炎傷散 齒肉爛傷 齒血 발炎 三十五錢

小兒癎氣丸 身熱頻驚 夜啼不寐 黃便 青便 拾五錢

脚氣腰痛丸 兩脚濕痛 疼痛 腰痛 脇痛 骨節 일週分 七拾錢

鷄眼膏 발의 티눈를 쌤은약 拾錢

腫根拔散 拔腫根 去惡生新 拾錢

止汗散 手汗 足汗 腋汗 拾錢

口病清熱水 口內諸般炎傷 上下唇坼 十錢

浮腫能下丸 內搔痒 下腹澎漲 四肢浮症 小便不利 일週分 일貼 七拾錢

小兒腹痛丸 腹학 健胃 解熱 拾錢

小兒疳氣散 腹部澎脹 食慾不良 大便頻數 體樣瘦瘠 消化不良 二日分 拾五錢

梅毒全滅丸 先天的梅毒 後天的梅毒 일週分 일貼 五拾錢

小兒百日咳丸 百日咳 嘔吐 呼吸困難 食思不進 痰滯 吹笛聲 일週分 五拾錢

偏頭痛止散 眩운 頭痛 耳鳴 眼花爛發 일週分 三貼 三拾錢

夜盲復明丸 肝經症 秋氣候受傷 食熱 當昏眼迷 三日分 五錢 春

胸膈止痛散 胃痛 腹痛 食滯 痰滯 三日分 三拾錢 酒

祛惡生新膏 頭瘡 潰瘍 祛惡生新 拾錢

小兒胎毒膏 貼毒 面腫 濕癬 乾癬 拾錢

火傷治毒膏 火傷 白癬 鱗癬 蛇癬 濕疹 皮膚搔痒 拾錢

梅毒全滅膏 楊梅瘡 섣腫 頭瘡 龜頭瘡 拾錢

眼瞼炎傷膏 眼瞼緣炎 眼瞼麥粒腫 拾錢

成腫除毒膏 腫氣已成未成 骨節痛 拾錢

疥癬洗滅水 濕疥癬 乾疥癬 皮膚搔痒 拾錢

五淋丸 男女急性淋疾慢性淋疾膀胱加答兒淋毒性生殖器病睪丸炎血淋沙淋白濁小便短赤婦人赤白帶下等症 일週分 일圓

此外에有名賣약各種과東西洋약及漢약唐草材를都매散賣

◉京城鍾路和平堂藥房支店規例

일 本舖가支店에對ᄒᆞ야每次十圓以上약品은五割引으로出給事

일 賞與品은藥價輸入金中에每百圓에對ᄒᆞ야十圓價値약品으로勸奬ᄒᆞᆯ事

일 郵便費와運輸費ᄂᆞᆫ支店이擔當ᄒᆞ되每百圓價에四圓으로爲定ᄒᆞ며不足額은本舖가擔當ᄒᆞᆯ事

일 三百圓以上이나五百圓以上사지支店은郡內에專管을許ᄒᆞ고壹千圓以上에支店은道內에專管을許ᄒᆞ고不許他人ᄒᆞᆯ事

京城鍾路和平堂약房 支店出張所規例

일 약價를每月終에計ᄒᆞᆯ時에ᄂᆞᆫ每次十圓以上약品은四五割引으로出給ᄒᆞᆯ事

일 支店이出張所에對하야每十圓약出給時에郵遞運輸費와出納隨手料를出張所가壹圓式支店에捐補ᄒᆞ고百圓以上에도照例ᄒᆞᆯ事

일 定價金을違背ᄒᆞ야發매者ᄂᆞᆫ罰金을徵收ᄒᆞ고不許更求ᄒᆞᆯ事

京城鍾路和平堂大藥房本舖 主任 李應善

檀君開國四千二百四十三年
箕子元年三千三十二年
大韓開國五百十九年
本報創刊日 光武八年七月十八日

大韓每日申報

第八卷 月曜及慶節歲時日休刊 第一千三百四拾四號
Responsible for Publication Alfred Weekley Marnham.
發行兼編輯人 英國人 萬咸
發行所 京城南部石井洞三層洋屋 大韓每日申報社

論說

韓國貿易과歐美物貨

此問題ᄂᆞᆫ韓國同胞間에往々唱道ᄒᆞᄂᆞᆫ바라吾儕ᄂᆞᆫ但只同胞의注意를催키爲ᄒᆞ야玆에一言을加하노라

今日韓國同胞가世界舞臺에進ᄒᆞ야世界人의同情을得ᄒᆞ며世界人과關係를有ᄒᆞᆷ이國家自衛上一方策됨은火又치明ᄒᆞᆫ바나果然인ᄃᆡ韓國同胞가何道로此를得行ᄒᆞᆯᄶᅡ

吾儕ᄂᆞᆫ其種々手段中에最히注意ᄒᆞᆷ이可ᄒᆞᆯ줄노思ᄒᆞᄂᆞᆫ바를略言코저ᄒᆞ노니此가何오曰歐美物貨輸入이是니라

何故로此를最히注意ᄒᆞᆷ이可ᄒᆞ다ᄒᆞ나냐ᄒᆞ면左와如ᄒᆞᆫ理由가有ᄒᆞ니

(一)直接利害의關係가有ᄒᆞᆷ

大抵今日韓國同胞가歐美人에對ᄒᆞ야互相의交通을務ᄒᆞᆷ이不美ᄒᆞᆷ은아니나此ᄂᆞᆫ오히려些少의波及이有ᄒᆞᆯ뿐이며宗敎의事業이不重ᄒᆞᆷ은아니나此ᄂᆞᆫ오히려直接의關係가少ᄒᆞᆯ지나此貿易은重大又直接의利害關係가有ᄒᆞ야列國의注意를起키易ᄒᆞ며列國의眷顧가有키易ᄒᆞ나니故로交通、宗敎의事爲가有ᄒᆞᆫ同時에此貿易上活動을始ᄒᆞᆷ이可ᄒᆞ며

(二)歐美人의東洋商業競爭의勢가有ᄒᆞᆷ

彼歐美中美國은더욱東洋商業界에雄飛ᄒᆞᆯ思想을抱有ᄒᆞᆷ은世人의恒言ᄒᆞᄂᆞᆫ바라巴拿馬運河의竣成을隨ᄒᆞ야長足進步의機가有ᄒᆞ며日本의利益과互對되야奮鬪不已ᄒᆞᆯ勢가有ᄒᆞ나니此韓국이三千里山河의富源을有ᄒᆞ며二千萬人民의購買力을有ᄒᆞ엿ᄂᆞᆫ즉果然韓국同胞가善히時勢를應ᄒᆞ야韓國으로ᄒᆞ야금世界市場을作ᄒᆞ면彼美國은勿論其他列國도반다시熱心으로競爭을作ᄒᆞᆯ지며

(昨年韓國內에輸入된美國物貨의價格이超增하야四百萬圓에達ᄒᆞᆫ故로美國에서大感悟가有하야韓國居留美人을招待하야韓人嗜好物品을探知ᄒᆞ엿다云々)

(三)歐美物貨ᄂᆞᆫ其品質이比較的完美ᄒᆞᆷ

他理由ᄂᆞᆫ姑舍ᄒᆞ고單純히此物貨의品質로論ᄒᆞ야도此에注重ᄒᆞᆯ만ᄒᆞᆫ價値가有ᄒᆞ니라

國民同胞여資本家ᄂᆞᆫ力을合하며知識家ᄂᆞᆫ意를注ᄒᆞ야此를一試ᄒᆞᆷ이如何오

今日韓國의經濟狀態를觀하건ᄃᆡ此ᄂᆞᆫ實行키難期ᄒᆞᆯ者어ᄂᆞᆯ今에突然히此問題를論ᄒᆞᆷ은或오論인듯ᄒᆞ나然이나經濟上狀態가如何ᄒᆞ더ᄅᆡ도今日同胞가此를務圖ᄒᆞᆷ이可ᄒᆞ다ᄒᆞᄂᆞᆫ바며又今日韓國의政治上關係를思ᄒᆞ건ᄃᆡ此ᄂᆞᆫ奏效를難得ᄒᆞᆯ者어ᄂᆞᆯ今에恬然히此問題를論ᄒᆞᆷ은或空論인듯ᄒᆞ나然이나政治上關係가如何ᄒᆞ더ᄅᆡ도今日同胞가此에注意ᄒᆞᆷ이可ᄒᆞ다ᄒᆞᄂᆞᆫ바며又吾儕가此問題를論ᄒᆞᆷ은同胞를向ᄒᆞ야徒然히自國의金融은不思ᄒᆞ고外國物貨를輸入하라ᄒᆞᆷ이아니라外國物貨를輸入ᄒᆞᆯ바에ᄂᆞᆫ歐美物貨도輸入ᄒᆞᆷ이可ᄒᆞ다ᄒᆞᄂᆞᆫ바니讀者ᄂᆞᆫ吾儕의此意를深諒ᄒᆞᆯ지어다

外報

◎自營과拒款 淸國北京에在ᄒᆞᆫ湖北人士ᄂᆞᆫ去二十日江湖會館에會同ᄒᆞ야粵漢鐵道의自營과及外債拒絶方法에對하야協議ᄒᆞ엿다더라

◎廣西對法準備 淸國廣西諮議局昨年開會時에約一千名의名으로써提議ᄒᆞᆫ議案에就하야同省巡撫張鳴岐氏가當局에報告ᄒᆞᆫ二大問題가有ᄒᆞᆫᄃᆡ其一은桂林巡撫廳舍의位置를南寧에移轉ᄒᆞ고其移轉費ᄂᆞᆫ桂全(桂林全州間)鐵道經費三百萬兩을流用ᄒᆞᆯ事오其二ᄂᆞᆫ桂林에서永福、馬平、遷江、賓州等을經ᄒᆞ야南寧에至ᄒᆞᄂᆞᆫ准軍用鐵道를敷設ᄒᆞᆯ事인ᄃᆡ此ᄂᆞᆫ皆法國勢力의浸入을防備하기爲ᄒᆞᆷ이라ᄒᆞ고右線路ᄂᆞᆫ約一千淸里인ᄃᆡ經費二千萬兩을要ᄒᆞᆯ預定인즉民設은到底히不可能의事나事情이切迫ᄒᆞᆷ으로써陸軍、郵傳兩部에其急設을請求ᄒᆞᆯ것이라ᄒᆞ고又此外에第一先決ᄒᆞᆯ問題ᄂᆞᆫ貴縣에서博白에至ᄒᆞᄂᆞᆫ線路를急設ᄒᆞᆯ事라ᄒᆞ얏다더라

◎森林保護章程 淸國奉天勸業道ᄂᆞᆫ森林保護及植木을急務로ᄒᆞ고且近來鴨綠江森林濫伐의弊가有ᄒᆞᆷ으로써森林保護章程六箇條와植木章程五箇條를制定ᄒᆞ엿다더라

◎蒙古各部視察 淸國攝政王은烏里雅蘇臺將軍의게其所屬蒙古의各部와及露淸境界의視察件을電命ᄒᆞ엿다더라

◎津浦線開通式 淸國津浦鐵道의天津에서德州에至ᄒᆞᄂᆞᆫ線路ᄂᆞᆫ來四月一日에開通式을擧行ᄒᆞᆫ다더라

◎免官原因 前陸軍部尙書鐵良氏ᄂᆞᆫ故西太后의心腹인ᄃᆡ新舊軍政의競爭과身病으로因ᄒᆞ야今回에依願免官되엿다더라

學界

◎攻玉卒業期 南大門內尙洞攻玉學校에서來二十八日下午二時에該校男女學生의卒業禮式을該會堂內에擧行ᄒᆞᆫ다더라

◎墾島夜校 北墾島米田洞은墾島會寧間通路邊에在ᄒᆞᆫ處인ᄃᆡ該洞居李부국等諸氏가夜學校를設立ᄒᆞ고數十名을募集敎授ᄒᆞ되李氏ᄂᆞᆫ敎師의任을兼擔ᄒᆞ엿다더라

◎永明果明 豊德南面永明學校ᄂᆞᆫ經費가窘拙하야維支키難ᄒᆞ더니該里紳士諸氏가該里에在ᄒᆞᆫ民有洑에서收入ᄒᆞᄂᆞᆫ利益을該校에寄付ᄒᆞ엿슴으로校況이增進ᄒᆞᆯ뿐더러該校長魚용善氏와該郡守兪斌秉氏가熱心贊助ᄒᆞᆫ다더라

◎白郡夜學 白川郡無仇面慕禮里居李仁壽氏ᄂᆞᆫ自家에夜學校를設立ᄒᆞ엿ᄂᆞᆫᄃᆡ李大器邊敬集諸氏ᄂᆞᆫ熱心贊成ᄒᆞ고金俊泳氏ᄂᆞᆫ名譽로敎授ᄒᆞ야生徒가數十名에達하엿다더라

◎學生熱心 晋州公立普通學校內附設女學校學徒許忠姬李賢子兩氏ᄂᆞᆫ妙年奇才로修業에熱心ᄒᆞᆯ뿐더러愛國根性이有ᄒᆞ야一般學生界에薰染이不少ᄒᆞ다더라

學報

◎普通校卒業 江原道金化郡公立普通學校에서去十日에第一回卒業式을擧行하엿ᄂᆞᆫᄃᆡ最優等生廉震東 優等生金東瑾 申永淳 張興齋 廉演東 廉晶鉉 廉溫東 尹敎善 金鳳煥 廉台淳 金基興 金芝根 金道根 具滋英

詞藻

事竟成

時事를ᄉᆡᆼ각ᄒᆞ고、의만쓰ᄂᆞᆫ志士들아。ᄒᆞᆯ수업다落望말고、아니될ᄭᅡ念慮마소。아마도、有志者事竟成이니、뜻만주지。

宮廷彙報

○慶宴의人員과宴費 來乾元節 惇德殿夜宴에參與ᄒᆞᆯ內外國官吏數ᄂᆞᆫ一千二百餘名假量이될터이오宴費ᄂᆞᆫ五百餘圓으로定ᄒᆞ얏다더라

雜報

○例會案件 去木曜에內閣例會를開홈은既報어니와其會議案件을槪聞ᄒᆞᆫ즉現內閣變更된다ᄂᆞᆫ事에關ᄒᆞ야密議가有ᄒᆞ얏다더라

○已經閣議 總相李完用氏ᄂᆞᆫ將次 皇太子殿下敎育副總裁를被任ᄒᆞ기로內定되얏ᄂᆞᆫᄃᆡ年俸은壹千九百圓으로磨鍊ᄒᆞ야日前閣議에提出ᄒᆞ얏다더라

○倘非風說 總相李完用氏ᄂᆞᆫ內相朴齊純氏를紹介ᄒᆞ야某會에金二千圓을贈與ᄒᆞ얏다ᄂᆞᆫ說이有ᄒᆞ다더라

○姑錄所聞 曾禰統監이歸任ᄒᆞᆫ後에農學兩部를廢止ᄒᆞ고內部所管으로農務局學務局을設置ᄒᆞᆫ다ᄒᆞ며學相李容植氏ᄂᆞᆫ總相으로農相趙重應氏ᄂᆞᆫ內相으로轉任ᄒᆞᆫ다ᄂᆞᆫ說이有ᄒᆞ다더라

○口舌如簧 近日渡韓ᄒᆞᆫ日人某가浮言을倡道ᄒᆞ야曰從來韓人性質은仕宦이第一大欲望인ᄃᆡ曾禰統監이此에曚昧ᄒᆞ야日人官吏를多數需用ᄒᆞ고人心背向을不顧홈으로韓日間不和가無期ᄒᆞᆫ지라日本桂首相은此等政策을一新改革ᄒᆞ고韓國元老中重望이有ᄒᆞᆫ者를擇ᄒᆞ야政府를更히組織ᄒᆞᆯ次로目下考選中이라ᄒᆞ얏ᄂᆞᆫᄃᆡ韓國元老諸氏ᄂᆞᆫ此를傾聽ᄒᆞ고被選ᄒᆞ기를運動ᄒᆞᄂᆞᆫ者가多ᄒᆞ다더라

○警法收集 內部에셔現行警察法을編輯發刊ᄒᆞ야各署에配付ᄒᆞᆯ次로目下收集ᄒᆞᄂᆞᆫ中이라더라

○會計規定分配 學部에셔公立普通學校와補助私立指定學校에關ᄒᆞᆫ會計規定을發刊ᄒᆞ야各觀察及府尹郡守에게一部式分給ᄒᆞ얏다더라

○警署加設 各地方區裁判所를設置ᄒᆞᄂᆞᆫ位置에ᄂᆞᆫ警察署를設置ᄒᆞ기로內部에셔決議ᄒᆞ얏다더라

○其旨安在 鄭雲復李鎬爽氏等諸氏가國民黨을組織ᄒᆞ야任員은總理一人副總理二人常議員九人會計書記等을選置ᄒᆞᆫ다ᄂᆞᆫᄃᆡ其趣旨及宣言等書類를日間公布ᄒᆞᆫ다더라

○密淫의規則 警視廳에셔ᄂᆞᆫ密賣淫女에對ᄒᆞᆫ規則을製定中인ᄃᆡ雖高等官에妻妾이라도賣淫情蹤이發現되ᄂᆞᆫ時에ᄂᆞᆫ賞花室에入案케ᄒᆞ고貰金을收入ᄒᆞ기로ᄒᆞᆫ다더라

○齋藤南行 內部警務局警視日人齋藤은警察에關ᄒᆞᆫ事務를視察ᄒᆞ기爲ᄒᆞ야日巡查一名을帶同ᄒᆞ고三昨日全南木浦等地로前往ᄒᆞ얏다더라

○衛生費督納 中部管內에ᄂᆞᆫ春期衛生費未納者가一千四百餘名인ᄃᆡ昨日該署에셔一切招致ᄒᆞ야嚴喩督納ᄒᆞ얏다더라

○壁上觀戰 日前時事新聞에張圭煥朴鳳九等의合邦贊成書全文을揭布ᄒᆞ얏슴으로大韓民報에셔ᄂᆞᆫ國民新報와膓肚相接ᄒᆞ얏다ᄒᆞ야攻駁을加ᄒᆞ고皇城新聞에셔도一進會와密接機關을暗々相通ᄒᆞ얏다ᄒᆞ야譏斥을加ᄒᆞ얏ᄂᆞᆫᄃᆡ國民報에셔ᄂᆞᆫ時事報社長閔元植이同是一進會員으로黜會或退會ᄒᆞᆫ事가無ᄒᆞ다고明布ᄒᆞᆫ지라昨日皇城報에更히閔氏를攻駁ᄒᆞ여曰的實ᄒᆞᆫ一進會員으로佛尻가已露ᄒᆞ얏스니다시도容喙ᄒᆞᆯ곳이有ᄒᆞᆯ까ᄒᆞ얏더라

○水雷艇入港 日本海軍第九水雷艇靑鷹、鳩、燕、等四隻이再昨日仁川에入港ᄒᆞ얏다더라

○農部山林會 昨日農商工部에셔森林調查會를開ᄒᆞ고諸般協議가有ᄒᆞ얏다더라

○安氏平和論 安重根氏가東洋平和論을起草홈은人所共知어니와現今序論이既畢되야本論에入코져ᄒᆞᆫ다ᄒᆞ며氏ᄂᆞᆫ此를完了ᄒᆞ기로熱心ᄒᆞ나死刑執行期가迫頭ᄒᆞᆫ故로執行期日을十五日만猶豫ᄒᆞ라고請願ᄒᆞᄂᆞᆫ中이라더라

○痘苗發送數 地方警察署에셔內部衛生局으로痘苗請求가沓至ᄒᆞᆫ다홈은既報어니와今年內發送數가六萬四千三百五十本이라더라

○豹虎買入說 春川郡人民등이豹虎壹首를生擒ᄒᆞ얏다ᄂᆞᆫ說이有홈으로 御苑에셔此를買入코져方今經營中이라더라

○俱樂團總會 漢城俱樂團에셔再昨日에總會를開ᄒᆞ고事務를處理ᄒᆞ얏ᄂᆞᆫᄃᆡ常議員數十人을選定ᄒᆞ얏다더라

○民會協議 漢城府民會에셔任員諸氏가會同ᄒᆞ야漢城內家儈ᄂᆞᆫ一倂勿施ᄒᆞ고坊長區長及洞長을推選ᄒᆞ야家屋賣買에洞長이紹介興成케ᄒᆞ고手料金은原價百分의壹을計除ᄒᆞ야半數ᄂᆞᆫ洞長의應食으로半數ᄂᆞᆫ府民會의經費로支用ᄒᆞ기로協議ᄒᆞ얏다더라

○管田將訴 懇彥宮에셔ᄂᆞᆫ日人管田豐次郎의게債金一千二百圓을負ᄒᆞ고尙今延拖ᄒᆞᄂᆞᆫ故로該日人이日間裁判所에起訴ᄒᆞᆫ다더라

○李氏運動 孔子敎에셔ᄂᆞᆫ新聞을發刊ᄒᆞᆯ次로計劃中인ᄃᆡ大韓新聞社長李仁稙氏가熱心運動ᄒᆞᆫ다더라

○春儒請願 春川郡西下面居前法部主事柳濟達氏ᄂᆞᆫ昨年春에因病長逝ᄒᆞ얏ᄂᆞᆫᄃᆡ其夫人朴氏가夫病을救療ᄒᆞᆯ時에百方盡誠ᄒᆞ다가因而下從ᄒᆞ얏슴으로該郡儒林諸氏가朴氏의烈行을褒奬ᄒᆞ라고內部에請願ᄒᆞ얏다더라

○漣郡慘狀 漣川郡東面新泉里에셔ᄂᆞᆫ本月初旬頃에火災가有ᄒᆞ야家屋二十餘戶가燒燼ᄒᆞ얏ᄂᆞᆫᄃᆡ該郡守鄭容漢氏가被災人의게每戶金二圓租一包式捐助ᄒᆞ얏다더라

○兒玉電報 日本에셔ᄂᆞᆫ關稅率定法案은兩院協議會決定으로可決되고拓殖會社法案도原案ᄃᆡ로可決되얏다고兒玉書記官이某處로電報ᄒᆞ얏다더라

○俞氏上京 禮山郡居俞鎭浩氏等이蠶業實習所를設立ᄒᆞ고蠶業卒業生數名을雇聘ᄒᆞ기爲ᄒᆞ야日昨上京ᄒᆞ얏다더라

○韓民日縮 目下咸鏡南北道中淸國々境一帶地의人民이多數히該地對岸淸領으로移住ᄒᆞᆫ다ᄂᆞᆫᄃᆡ其原因은該地方이去年水災를酷被ᄒᆞ야糧食이極難ᄒᆞᆫ中에淸國官吏ᄂᆞᆫ此等人民의移住를奬勵ᄒᆞ야錢粟等物과農庄을許與ᄒᆞᄂᆞᆫ所以라더라

○勇於私鬪 嘉山郡於義洞은金安兩姓이雜居ᄒᆞᆫ洞里인ᄃᆡ近日來該兩姓間에權利를相爭ᄒᆞ다가葛藤이層生ᄒᆞ야安의庄土를金의關係人이耕作ᄒᆞ면安이自便으로移作ᄒᆞ고金의庄土를安의關係人이耕作ᄒᆞ면金이自便으로移作홈으로該里農人들은無端히奪耕을當ᄒᆞ야流離之境에至ᄒᆞ얏다더라

○張氏慈善 平壤紳士張永翰氏ᄂᆞᆫ各人處에當捧ᄒᆞᆯ債錢三萬餘金을沒數蕩減ᄒᆞ고大成學校生徒宋元植氏의學費를每朔三圓式支給ᄒᆞᆫ다고該氏의慈善心을人皆稱頌ᄒᆞᆫ다더라

○巡查被捉 義州府警察署巡查金貴祥氏ᄂᆞᆫ去十八日夜十二時頃에妓生을携帶ᄒᆞ고飮酒泥醉ᄒᆞ야該府東門內로過去ᄒᆞ다가耶蘇敎人安季坤氏를無端毆打ᄒᆞ야流血이淋漓ᄒᆞ얏ᄂᆞᆫᄃᆡ安氏의同行이同署에告訴ᄒᆞ야金氏와妓生을提囚ᄒᆞ얏다더라

○酒之所使 西部夜珠峴居許珏氏ᄂᆞᆫ再昨日街路上에셔酗酒ᄒᆞ며巡查라假稱ᄒᆞ다가中部警察署에被捉ᄒᆞ얏다더라

○趙氏被捉 前郡守趙鎭泰氏의舍弟鎭崑氏ᄂᆞᆫ年前日本留學時에食費二十圓을尙今未償ᄒᆞᆫ事件으로昨日中部警察署에被捉ᄒᆞ얏다더라

○盜犯審查 京城地方裁判所에셔ᄂᆞᆫ昨日强盜犯李相德等四名을審查ᄒᆞ얏다더라

○申訴遭却 강盜犯宋用順을京城地方裁判所에셔處役에宣告ᄒᆞ얏ᄂᆞᆫᄃᆡ該犯이不服ᄒᆞ고再昨日控訴院에申訴ᄒᆞ다가退却을遭ᄒᆞ얏다더라

○金氏被捉 永平郡居金光雲氏ᄂᆞᆫ京城洞口居崔泰根氏의妻張姓女를誘引同居ᄒᆞᆫ事件으로中部警察署에被捉ᄒᆞ얏다더라

○誘人犯越交 中部農圃居李姓女ᄂᆞᆫ同里居安承杓氏의妻金姓女를誘引ᄒᆞᆫ事件으로所管警察署에被捉ᄒᆞ얏다가再昨日京城地方裁判所로越交되얏다더라

○洪氏被捉 北部齋洞居洪範基氏ᄂᆞᆫ月前에何許挾雜輩의搆捏을被ᄒᆞ야日憲兵司令部에被招ᄒᆞ얏다가事實이辨白됨으로旋即放還ᄒᆞ얏더니去二十一日夜에ᄂᆞᆫ司令部偵探이라稱ᄒᆞᄂᆞᆫ孫헌수二人이洪氏家에來到ᄒᆞ야洪氏를毆打ᄒᆞ며衣冠ᄭᅡ지裂破ᄒᆞ고星火와如히驅去ᄒᆞ야司令部에牢囚ᄒᆞ얏다더라

○再次請願說 五學會가日前共同會를開홈은已報어니와再次學部에請願을提出ᄒᆞ기로ᄒᆞ얏다ᄂᆞᆫ說이有ᄒᆞ다더라

○士官養成 救世軍營에셔ᄂᆞᆫ韓人士官을養成ᄒᆞᆫ다더라

○助產所演奏會 助產婦養成所에셔經費를補用키爲ᄒᆞ야南部明洞淚花舘演劇場에셔演奏會를開ᄒᆞᆫ다ᄂᆞᆫᄃᆡ昨日부터來二十九日ᄭᅡ지七日間繼續設行ᄒᆞᆫ다더라

○太極敎請願 太極敎宗本部에셔國學과鄉校ᄂᆞᆫ元來儒林의依仰講修ᄒᆞᄂᆞᆫ處所일ᄲᅮᆫ더러各郡鄉校ᄂᆞᆫ文獻에考徵ᄒᆞ여도儒生輩의出力營建ᄒᆞᆫ바가多ᄒᆞᆫ즉儒林의게付與ᄒᆞ야尊聖講道케홈이妥當ᄒᆞ다고日前學部에請願書를提呈ᄒᆞ얏다더라

○孤院評議會 孤兒院에셔ᄂᆞᆫ再昨日下午四時에評議會를開ᄒᆞ고財政方針을硏究ᄒᆞ얏다더라

○青舘開演 今日下午七時半에鍾路靑年會舘에셔該會總務美國人巴樂萬氏가歐美各國商業의進步란問題로演說ᄒᆞᄂᆞᆫᄃᆡ幻灯을兼設ᄒᆞᆫ다더라

○巷說無根 一進會長李容九를保護ᄒᆞᄂᆞᆫ巡查憲兵의俸金을一進會에셔支撥ᄒᆞᆫ다홈은隨聞揭載ᄒᆞ얏거니와更聞ᄒᆞᆫ즉事實이初無ᄒᆞ다더라

電報

○曾禰歸任說 曾禰統監은往訪ᄒᆞᆫ人을對ᄒᆞ야日身病이如何ᄒᆞ던지來二十六日에東京에往ᄒᆞ야桂首相을會見ᄒᆞ야諸般政務를協約ᄒᆞ고來四月十三日에ᄂᆞᆫ東京에셔出발ᄒᆞ야韓國으로歸任ᄒᆞ다고云ᄒᆞ얏다더라
東京發 廿三日着

▲웬일인가▼

▲웬일인가웬일인가年々災害웬일인가昨年에도火災나셔大阪市에一萬戶가無道沒燒ᄒᆞ얏더니今年에도火災나셔靜岡縣에二百戶와橫濱港에五百戶가猛火熱에埋葬되여化作灰燼ᄒᆞ얏스니焦頭爛額負傷者와燒家失所無依者가哀號苦叫ᄒᆞᄂᆞᆫ고나더慘狀도可矜ᄒᆞ고

▲웬일인가웬일인가年々災害웬일인가昨年에ᄂᆞᆫ[illegible]잇셔東京市에[illegible]니[illegible]死者가無數ᄒᆞ고萬餘戶가[illegible]水러니今年에ᄂᆞᆫ風災잇셔[illegible]海의風浪닐어漁船[illegible]十[illegible]에[illegible]名漁父들이魚腹中에[illegible]ᄒᆞ니雲霧渺漠뎌海上에鬼哭[illegible]啾々로다더慘狀도可矜ᄒᆞ고

▲웬일인가웬일인가[illegible]年災害웬일인가昨年에ᄂᆞᆫ[illegible]ᄒᆞ야千餘戶가破[illegible]ᄒᆞ고[illegible]死者가數多터니今年에ᄂᆞᆫ[illegible]ᄒᆞ야石川礦夫廿四名과加[illegible]에拘留ᄒᆞᆫ九十餘名勞働者가[illegible]中에埋葬ᄒᆞ니各國人이出居ᄒᆞᄂᆞᆫ太平洋線從工中에何必日人뿐죽엇노더慘狀도可矜ᄒᆞ다

廣告

本人의所有흔黃海道白川郡雲山面五里石湖前坪에在흔起墾作畓地五萬八千五百拾參坪을國民農業會社에셔農商工部에對흐야國有未墾地認許를受하엿다藉托흐고現方賣渡코져흐오니內外國人中見欺치勿흠

右所有者廉順謙　告白

本人에父卞鎭善氏生存時光武十壹年五月分에崔祥鉉處에家劵與當힛던認許證明二件을錢報給後에還推藏置하엿더니不知中셔失흐와玆以廣告흐오니誰某拾得흐와도休紙施行흠

子　卞奎　告白

本社에셔韓日淸布木緞其他雜貨를廉價大發賣하오니愛顧僉彥은陸續購買흐심

吉州郡吉興社　白

◎失期　치마시옵

種繭을願買흐시던지或信實흔保人을得흐야支社나或並作例를志願흐시랴는　僉君子는陰三月內로請求흐심을敬要

京新門外鍮洞一百九十三統三戶

大韓작蠶會社　白

경셩남문안슈각교북천변동편힝낭뒤오십오통십일호죵약국의단복녀죵담죵의먹고붓치는만병고와살충단은대쇼약죵파당창제질의신효흔교회셩단은로샤담체이질학질적병잔긔인후후비감창연쥬창안질풍징빅비동치약이구비흐오니유명군ㅈ는와셔처료흐시오쳐소도정미흐오며염가로밧ᄉᆞ오며　련쥬약흔제　륙환이오　창병약흔제　오환이오　외방은우체로부송흐옵

윤샹윤약국　고빅

○賣藥의便利흔法

本人이乾材藥局을爲業多年에諸君子의愛顧흐심을特蒙인바同情을表흠次로今年부터業務를大擴張흐고精選材料흐며特別廉價로注意흐되居鄕同業僉位의賣藥흐시기便利흔方法을從흐와親疎間의賣藥掌記만郵便付送흐시면郵局에셔特廉減價흐와郵便小包로卽速迅送흐옵고代金은引換흐깃ᄉᆞ오니同業僉君子는隨意請求흐심을望但賣藥時何郡何面昭詳通知흠

京城南部銅峴九十五統十戶

乾材藥局崔興模　告白

學員募集廣告

本校에셔第一學年及二、三、四各學年補缺生을增加募集흐니四月十日內로請願書를提出흠

但請願紙는本校에請求흠

西大門內

私立普成小學校

本人의長子文煥이性本浮浪흐야陰正月에本郡楊山面松亭里所在田畓與家舍文劵을取去흐엿스니內外國人은勿欺흐시옵

龍川楊西面新城里韓國正告白

醫學生募集廣告

志願者는四月卄日內에限흐야應試흐고校則은願覽者는郵票二錢要흠

公立平壤同仁醫院

附屬醫學校

本書館에名稱耶蘇敎書館을以日新書館으로變改흐옵고業務를一層擴張흐오니僉員은尤益愛顧흐시옵

寧邊城內日新書館主

金致億　白

大邱春秋令市改良흠은全國商民同胞諸氏가業已諒悉인바今春令도依定期흐와陰三月一日開市흐고同三十日撤市흐오며秋令도陰十一月一日開設同三十日撤市흘터오니全國商民은咸須知悉하와屆期來臨흠

大邱藥商興業會　告白

本人이東門外에意楊을多數取種흐와將欲放賣하오니有志君子는速々來購흠

千株以上　每株一錢式

萬株以上　七里式

五萬株以上　五里式

中部敦洞六十六統十戶

吳元一

◎◎◎◎◎

本社에셔高明흔技師를雇聘흐야業務를擴張흐고左記各樣印刷物을特別廉價로酬應흐오니僉君子는愛顧흐심을伏望

各樣書冊과傳道紙와證明紙各種과印札紙各種과領受證과名함紙各種과公用信紙와廣告紙와卒業証書紙와修業証書紙

平壤舘門前

光文社印刷所

社長　鄭益魯

總務　李春燮

登錄　京西部車洞同和藥房

本國藥材、洋製、各病、效、用、價、國漢文、可刊出、作封、雖婦女、郵便請求、賣買

閔橿　白

學員募集

學員募集廣告

本學校에셔敎務를擴張키爲흐야物理化學機械標品을購入흐며高明흔講師를更히延聘흐고高等一學年과二三學年의補缺生募集흐오니　志願人은陽四月十日로請願書를提出흐옵

隆熙四年三月五日

寧邊私立維新學校白

一入學試驗日字는陽四月十日로흠

一試驗課目漢　文作文內地　內史、物理算術(四則)體格

一普通學校程度의卒業証이有흔人은免試흠

廣告

平北江界警察署長久米正男은警察에正明흐야淸潔焉躬喩흐며搆날焉拔奸흐고處理焉毫無越權흐며敎育焉設力贊成하야與民和接에時情이疏通흠으로一境이賴安이옵기玆에廣布흠

金錫周　白

數學大家

初等算術教科書

柳一宣　著

中卷　定價洋裝　九拾錢

總發賣所　京城南門外紫岩　新舊書林

分賣所　京鄕各書舖

特別廣告

漢陽商會는我同胞가가장誠意로써歡迎하는우리나라第一營業되는最新式規模로經營하는特色잇는商店이오

漢陽商會는海外物貨製造場으로第一有名흔各國最大商店과特約代理의關係가有하야最低廉最良好흔物品을輸入하는特權잇는商店이오

漢陽商會는我邦物產을外國으로輸出하야海外의金融을吸收흐야我國經濟界의富源을製造흐는國家的商店이오

漢陽商會는我邦舊來商家의弊習을刷新改良코셔晝夜盡力하는義務的商店이오

漢陽商會는一般商家로흐야금廣告의必要를感醒케흐야勇進奮發의心을鼓吹흐는商店이오

漢陽商會는我全國各處商業家와連結흐야根本的實業發展의本領을實行흐는商店이니라

大韓皇城鍾路　輸出輸入商　漢陽商會

電話　一九一番

特別廣告

廣告

國文 初等大韓歷史 特別減價二十錢

國文 初等大韓地誌 附地圖 特別減價十五錢

右書는純國文으로簡易케著述야女子社會와勞働學校의獨習케必要오니速速購覽시옵

發賣所 中部布屏下廣學書舖金相萬

本店에셔開業지十六年間僉君子의愛顧심을特蒙와今年부터業務를大擴張고春夏秋冬所用으로羽緞毛緞等各國高等物品을現今多數直輸入이온바各地方에셔는貿易에便利賣買키爲야特廉減價와郵便小包로酬應야代金은引換깃사오니十三道各郡僉君子는隨意請求심을望

振替貯金番號(韓國壹三番)

漢城中部鍾路砂器廛洞二十一統五戶

廣興泰 告白

◎大韓全國에本堂製造發行는藥品은

消化新藥 清心保命丹 此丹은化痰止咳고順氣消滯며恒常長服면腸胃가健全

大補元氣 蔘茸大補元 大補元氣고滋腎健腦며先天不足과陽위不起에一切神効

蛔積殺虫散 此약은회積과회腹痛과회虫一切을去根는良劑

久滯大通丸 此丸은年久積滯와宿滯後重이며胷腹痛에神効莫大

瘡病新藥 梅花點雪丹 毋論男女고花柳病楊梅瘡에一切去根快復하는良藥

眼疾速効 光明眼藥 諸般眼疾에隨症皆差는東洋에初有寶藥

起死回生 回生丹 此丹은急吐瀉關格이며가아리와冷積과痢疾에神効

感氣神効 解熱散 寒熱往來며似학非학과頭痛眩暈와肢節痛에其効가偉大

齒痛新藥 止痛健齒水 虫齒와風齒와諸般齒痛에壹切神効

耳鼻要藥 耳鼻神藥 無論男女고耳聾鼻塞이며耳鼻에關病은隨症並差

疝症攝根 疝積湯 諸般산症에大談出賣

寸虫沒出藥 寸白虫을一切去根는妙劑

틔눈과못 拔根藥 틔눈과못과く마귀를쎄는藥

止足汗臭藥 手足의汗臭를除却는藥

去核生新 消度膏 創瘡과腐傷과곰진듸去核生新기는第一著明

最新改良 百應膏 無論男女老少고毒瘇濕瘇痰瘇諸般瘇瘡에壹切特效가有

淋疾藥各種 淋疾各症에壹週日만服면病根快復고고腎氣가完全

其他洋藥各種과◎賣藥各種◎都매散賣

◎遠地에는郵便小包로申速酬應

漢城南大門內濟生堂大藥房 李庚鳳

代辦主任 李興國 白

◎漢陽商會店員募集◎

一 男子 拾歲以上拾四歲以下(未婚者) 若干名

一 女子 拾歲以上拾四歲以下(未婚者) 若干名

右男女店員若干名을募集하니 … 의商業家되기願는青年은本月三拾日上午拾時에本店으로來議홈을要

京城鍾路 漢陽商會

◎特別廣告

本社의셔同胞의衛生을注意야美國의셔經驗單方으로流行用는靈藥聖劑를買入야左開廣布오나有病君子와藥業에從事시는僉彥은爭先來購시옵

分賣와都賣에差別이有야一打(十二個)以上의都賣에는特別割引

左開

秘製止痛藥 效能 外塗內服無處不適고消滯 止瀉 絕瘧 治痢無不神效

喜蘇膏藥 效能 頭面 身體一切痛症積年風濕 除瘀 生신之道날卽奏效

麒麟香 效能 毋論男女老少 勿論年久日淺一切 咳소 服之則其效如神

桃花藥膏 效能 諸疾 癩珠瘡 損傷跌打 諸症無雙聖藥

愛花露水藥 效能 消炎 花柳疾 凡不淸通所生症 婦人虛弱등症 靈驗

壯汁藥酒 效能 毋論男女老少氣血虛弱者服之則大補元氣身體强健

韓美興業株式會社事務所

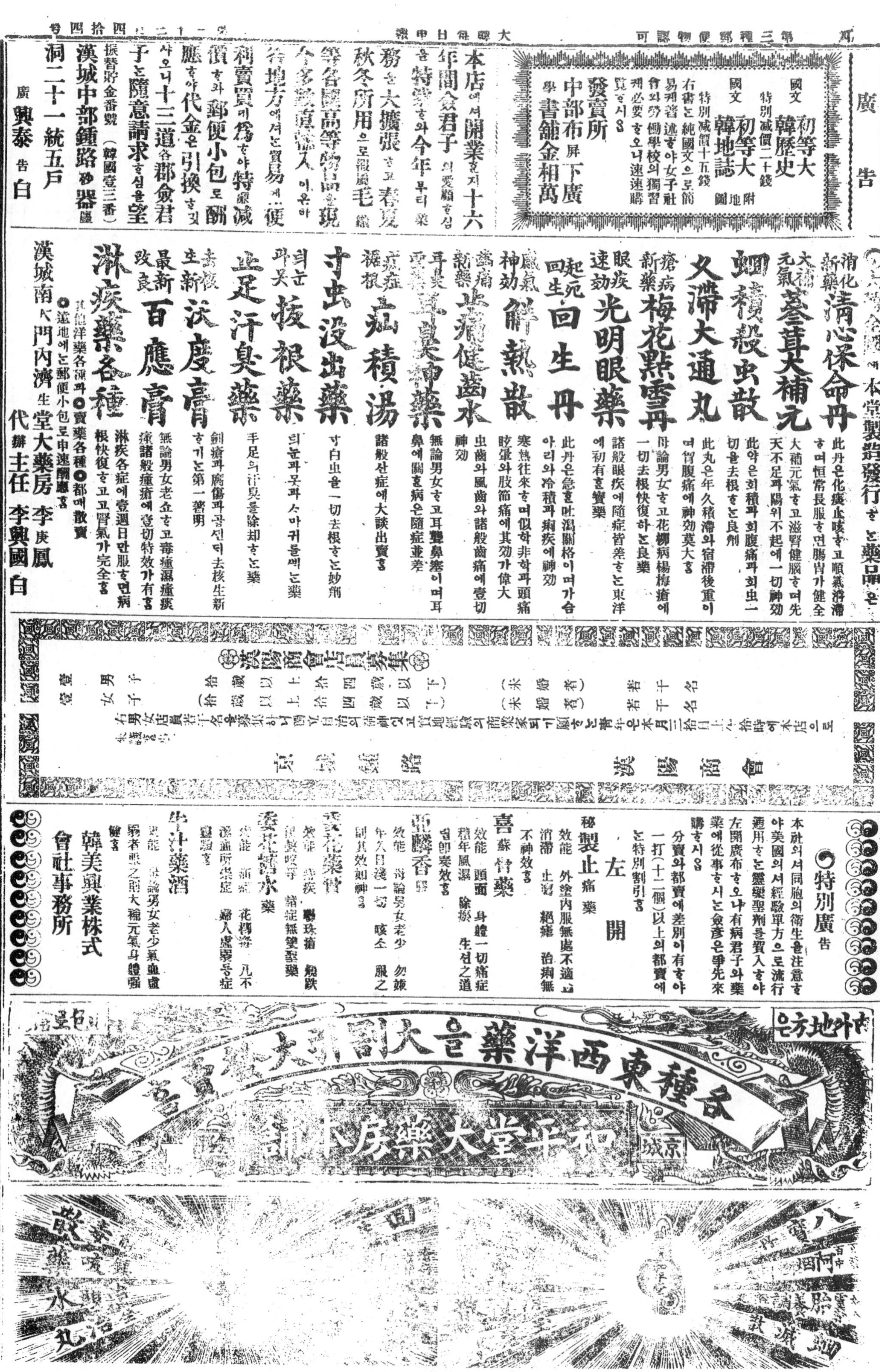

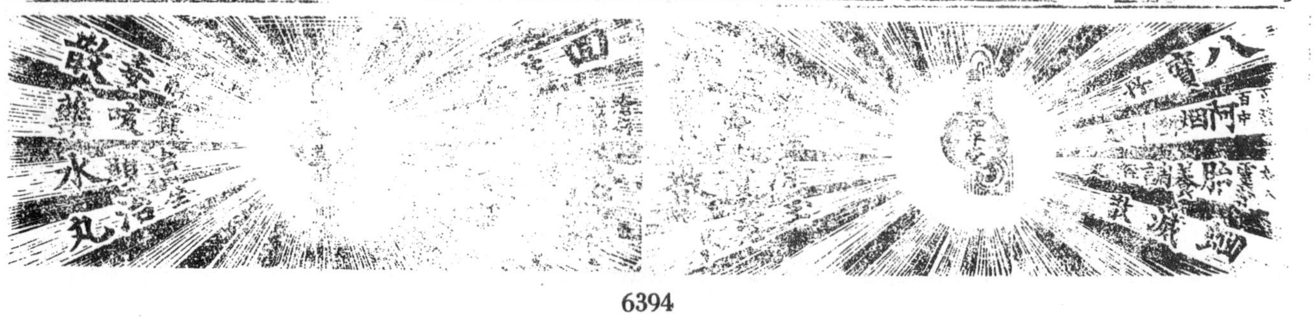

檀君開國四千二百四十三年
箕子元年三千二十二年
大韓開國五百十九年
本報創刊日 光武八年七月十八日

大韓每日申報

Responsible for Publication Alfred Weekley Marnham.
發行兼編輯人 英國人 萬咸
發行所 京城南部石井洞三層洋屋 大韓每日申報社

第八卷　月曜及慶節慶時日休刊　第一千三百四拾五号

論說

◎古物陳列所觀高麗磁器有感

先民의手澤은後人의興感處라春風에輿을乘훗야昌德宮內消暢의行을作훗엿더니博浪沙力士의鐵椎를撫훗미雄膽이斗起훗며閑山島英雄의長劍을扣훗미熱淚가頻注하눈도다其他多少의故物을閱覽훗고撫古傷今의情을不禁하엿거니와當時에最히吾儕로훗여금無恨훈異感을呈現케훗던者눈高麗의磁器라其槪狀을略陳훗야讀者에게紹介훗노라

近世韓人이古物保守性이減退훈지久훈故로今日此處의陳列훈磁器가비록精搜廣購훈者라훗나其種類가大略瓶罌椀罐의幾種에不過훗더라然이나此不多훈陳列物로도足히當時美術이遺憾업시發達됨을可驗훌지라

其形이或石榴核을狀훗며或惟石을狀하며或佛子或童子를狀훗엿눈디其表面에눈或花를鏤훗며或卉를鏤훗며或鳥獸를鏤훗야各其人工의奇巧를極훗엿도다

泰西의雕刻美術은伊太利를推훗나니此古代兩國의美術을比較훗면誰가優훗며誰가劣훌눈지韓國이地理上東洋伊太利뿐아니라抑亦美術上東洋伊太利로다然이나西洋伊太利눈至今에其製造物의美巧가益々進步되야其祖先의名譽를保有훗눈디東洋伊太利눈今日에至하야其衰退홈이엇지此極에至하엿나뇨

古代에눈韓國이此磁器一件뿐아니라各種術藝의發達이皆其極頂에達훈지라彼日本은其文化와美術이皆韓國에서輸渡훈비라當日에萬一韓國이無훗면日本이無하엿슬지니勿論이오卽支那로論훗야도魏書에曰「馬尾裙自高句麗流入服者日盛」이라훗엿고隋書에百濟銀光鎧를艶稱훗엿고唐太宗이千金으로新羅의工人을購훗야弓弩를製훗엿고說郛에曰「高麗刀擊石紛々如雪片散」이라훗엿스니其時에文物工藝가東亞에擅長하야隣國으로훗여금崇拜케하며模倣케홈이라

其衰退훈原因을推究훗건디遠因則儒教의流弊가奢美를太抑훗고汚樽抔飮을讚美훈故며近因則貪汚官吏가凡民間에美品製造가有훗면討索을肆行훈故로다嗚乎라赫々宗國을此境에至케홈은엇지徊徘傷歎훌비아니리오

然이나西儒李般氏有言호디國民의天性은不可改어니와附加性은必可改라하니古代文明은韓國民의天性이오今日劣退눈後來의附加性이니嗚乎同胞여亟々히奮發하야可改者를改훗야國光을輝훌지어다

外報

◎日本의火災　去二十日日本芳賀郡에서눈火災가起훗야五十餘戶가沒燒훗엿다더라

◎露人의貿易手段　露人貿易家눈淸국蒙古에入훗야喇麻教의佛像을奉安훗눈等手段으로土人을誘引훗야貿易을開始훗엿다더라

◎達賴와露國　露國政府눈權利回復에關하야一臂의助力을哀乞훗눈達賴喇麻에게對훗야表面的으로눈隱然히英露兩國이協同하야淸국政府에對훗야抗議훗엿다눈意를澳훗야回答훗엿스나其實狀裏面에눈達賴喇麻의眞個希望에對훗야援助치아니훌意思가有훗다더라

◎日本의牛疫　日本名屋等地에눈牛疫이大熾훗야一時에撲殺燒棄된者三百頭에達훗엿고又神奈川埼玉方面에도牛疫이侵入하엿다더라

◎新陸相과外人　淸國政府에서今回陸軍部尙書를蔭昌氏로新任홈에對훗야諸外國이一般歡迎훗다눈디北京에서發行훗눈美國人의機關新聞데이리뉴쓰눈從來淸國朝廷에서各官省에何等經驗이少無훈者로大臣을任命훗더니今에蔭昌氏와如훈德國陸軍에學術經驗이有훈人으로大臣을任홈은嚆矢가되엿다고讚揚훗엿다훗며蔭昌氏눈原來淸國의陸軍을德國式으로改良훗라눈主義가有훗엿눈디同氏가今回에陸軍部尙書를被任홈은載洵貝勒이昨年에外洋을視察훌時에同氏의適材를認知훗고今回攝政王의게推擧훈結果라더라

◎露墺協商成立　露國과墺國間에重要훈協商이締結되엿다더라

學界

◎長湍校夜學　姜逢遠安相說等諸氏눈長湍學校內에英日語算術簿記등夜學을設훗고高明훈講師를延聘훗야熱心教育훗다더라

◎淸郡夜校　淸州郡居李商雨氏눈該郡內에勞働學校를設立훗고熱心視務훈結果로學徒가八十餘名에達훗야進就之望이有훗다더라

◎李氏熱心　平北楚山江面廣明學校校長李秉翼氏눈金百圓을該校에義捐훗고村里에躬行훗면서教育의理由를說明훗며捐金을募集훗고夜學校를又設하야勞働青年을教授훗눈디晝學生은七八十名이오夜學生이七八名이라더라

◎講習所卒業　中部壽洞興士團內隆興農林講習에서本月十三日下午一時에卒業禮式을擧行훗엿눈디卒業生은閔重植文周永金敎熙權泰翊氏等四十七人이오蠶業科에李景華氏等三十九人이라李鍾楨氏눈實業에適當훈書籍三十餘部와講師文錫완氏눈蠶業에關훈書籍三十餘部를寄付훗엿고所長兪吉濬氏눈實業에關훈經費五十圓을寄付훗엿다더라

◎義金捐集　隆興農林講習所學員閔重植氏等이該所에卒業훈後塔洞僧房으로該所任員諸氏를請邀宴待훈後該本所財政이困難훗야維持末由홈을懇切히說明훗미當時參席훈諸氏가各其捐出훈金額이卄餘圓에達훗엿다더라

詞藻

❀鐵椎歌❀　後滄海

博物館도라드러、滄海力士의쓰고、놉은鐵椎、훈번구경훗고나니、좀겻던氣力이벗쩍나고、숨엇던思想이절노논다、뎌鐵椎를번뜻들고、博浪沙中드러가서、秦始皇의타고안즌正車를、와직근둥탕부시고、뎌暴虐無道훈者를、粉骨碎身훈後에、天下事를大定훗야、우리韓國의國威國光을、萬古歷史上에빗내며、自古로、懷抱를펴지못훗고、目的을達치못훈、高漸離荊軻輩의千秋怨魂을、慰勞코져。

廣告

宮闈彙報

○熟綉下賜 太皇帝陛下씌옵셔再昨日承寧府侍從에게熟綉各四匹式 昌德宮侍從에게一匹式各宮家에二匹式 下賜ᄒᆞ옵셧다더라

○祝電到着 本日은 乾元節인故로日皇陛下씌셔昨日祝電을宮內府로發送ᄒᆞ엿다더라

○經費金下賜 德壽 昌德兩宮에셔孤兒院本月度經費金各一百圜을日昨 下賜ᄒᆞ옵셧다더라

○淑明卒業期 淑明高等女學校에셔來月五日에卒業式을設行ᄒᆞᆫ다ᄂᆞᆫ뎨 皇貴妃殿下씌옵셔宴費百圜을 下賜ᄒᆞ옵셧다더라

雜報

○嚴氏旅程退定 祇候官嚴柱益氏가日前渡日ᄒᆞᆺ다ᄂᆞᆫ說이有ᄒᆞ더니本일 乾元節에叅與ᄒᆞᆫ後에發程ᄒᆞ기로退定ᄒᆞᆺ다더라

○李氏受函 李總相과契誼가有ᄒᆞᆫ日人某가李氏에게書函을送致ᄒᆞᆺᄂᆞᆫ뎨皮封에李完用이라大書ᄒᆞᆫ지라李氏가아니면該書封을依例退却ᄒᆞᆯ터인뎨日人의書札인故로依受開坼ᄒᆞᆺ다더라

○統府開會 昨일上午十一時三十分에統監府에셔地方行政調査委員을開ᄒᆞ엿다더라

○調査方針協議 度支部大臣次官及高等官諸氏가再昨日下午二時에度支部內에會同ᄒᆞ야土地調査局에對ᄒᆞᆫ進行方針을協議ᄒᆞ엿다더라

○處罰件製定 太廟、社稷、圜丘壇、各陵所、歷近地에擅入者ᄂᆞᆫ役一年으로兆域門內에擅入者ᄂᆞᆫ笞一百에處ᄒᆞ기로宮內府에셔條件을制定ᄒᆞ엿다더라

○韓國法典 度支部에셔編纂ᄒᆞᄂᆞᆫ韓국法典은近頃에脫稿될터인뎨內容은국制法典公文官報印章官規民事刑事警察衛生教育軍制財政農工商關稅海事地方制度委任行政外交등의十五編과及追錄등이라더라

○移民과露官 國境에居住ᄒᆞᄂᆞᆫ韓人이近頃에淸國領地로陸續移住ᄒᆞᆫ다ᄒᆞᆷ은既報ᄒᆞ엿거니와咸鏡道人民中에露國으로轉往者가多ᄒᆞᆷ으로數日前에露國官憲은無免許渡來ᄒᆞᆫ韓人尹星七氏等二十八名을慶興府尹의게還爲引渡ᄒᆞᆫ지라同府尹이尹氏등에게對ᄒᆞ야渡露ᄒᆞᆫ理由를精密히調査ᄒᆞ엿ᄂᆞᆫ뎨該氏등은何등의關係가無ᄒᆞᆷ으로仍即放免ᄒᆞ엿다더라

○株券交付期 韓국銀行株券은目下龍山印刷局에셔製造ᄒᆞᄂᆞᆫ中인뎨來五月十일頃에ᄂᆞᆫ完成되야各株主에게配付ᄒᆞᆯ터이라더라

○銀券發行期 韓國銀行에셔ᄂᆞᆫ銀行券을일本印刷局에委托ᄒᆞ야目下原版을製造中인뎨來六月中에ᄂᆞᆫ完成된다ᄒᆞ며連且印刷에付ᄒᆞ야來十月에發行ᄒᆞᆯ預定이라더라

○黑鉛採掘 일人浦上友田等이鷄林黑鉛商會를設立ᄒᆞ고平南价川郡其他數個所의良礦을得ᄒᆞ야採掘에從事ᄒᆞᆫ다더라

○航海開始 일人의馬山商船組에셔ᄂᆞᆫ去十四일부터鳳帆船으로馬山浦와飛鳳間에定期航海를開始ᄒᆞ엿다더라

○大觀亭宴會 日軍司令官大久保大將은昨日下午六時大觀亭에셔晚餐會를開ᄒᆞ고近日渡韓ᄒᆞᆫ秋山中將等二十餘人을宴待ᄒᆞ엿다더라

○遺談印刷 官立漢城高等學校學監日人高橋亨은韓國에遺傳ᄒᆞ던奇談異語를收集ᄒᆞ야日本博文館에委托印刷ᄒᆞᆫ다더라

◎安氏訣告 去月十五日에辯護士安秉瓚氏가旅順監獄內에셔安重根氏를面會告別ᄒᆞᆯ時에安重根氏가韓國同胞에게訣告ᄒᆞᄂᆞᆫ辭意를安秉瓚氏의게說及ᄒᆞ엿ᄂᆞᆫ뎨 余가韓國獨立을恢復ᄒᆞ고東洋平和를維持ᄒᆞ기爲ᄒᆞ야三年間海外에셔風餐露宿ᄒᆞ다가竟히其目的을到達치못ᄒᆞ고此地에셔死ᄒᆞ노니惟我二千萬兄弟姊妹ᄂᆞᆫ各自奮發ᄒᆞ야學問을勉勵ᄒᆞ고實業을振興ᄒᆞ며我의遺志를繼ᄒᆞ야自由獨立을恢復ᄒᆞ면死者無憾이라ᄒᆞ엿다더라

○獄吏驚歎 安重根氏가死刑을宣告ᄒᆞᆯ時에顏色이自若ᄒᆞ고其後監獄內에셔寢食이如常ᄒᆞ야悲戚의色이少無ᄒᆞᆷ으로監獄官吏들도驚歎不已ᄒᆞ엿다더라

○運社設立 俞星濬安英洙諸氏와日人三浦乙郎等十餘人이株金百餘圓式募集ᄒᆞ야廣州松坡等地에運輸會社를設立ᄒᆞ엿다더라

○旅行案件又出 韓國人으로外國에旅行ᄒᆞᄂᆞᆫ境遇에ᄂᆞᆫ其理由書를具ᄒᆞ야所管警察署를經由ᄒᆞ야理事廳에告及케ᄒᆞ기로統監府에셔該案件을磨練中이라더라

○料理店又出 李根澔黃𨌬周兩氏ᄂᆞᆫ山坂文劵을典執ᄒᆞ고金二千五百圓을出債ᄒᆞ야南部棗洞等地에料理店을設置ᄒᆞ엿다더라

○鎭民請願 鎭岑郡守曹敎承同郡主事李相廉兩氏의事件은既報어니와該郡內各面長諸氏가日前會議를開ᄒᆞ야曰曹李兩氏가俱是逋吏에身分으로此等不法을行ᄒᆞ엿슨즉從今以後로ᄂᆞᆫ郡守主事를本郡紳士中重望이有ᄒᆞᆫ者로人民이會同薦報ᄒᆞ기로議決ᄒᆞ야再昨日該觀察道에請願ᄒᆞ엿다더라

○總合何多 大韓醫士總合所가設立된은一般共知ᄒᆞᄂᆞᆫ바어니와該所任員洪鍾哲趙炳瑾氏等은中部寺洞等地에醫師總合所를更設ᄒᆞᆯ次로內部에請願ᄒᆞ엿다더라

○沈氏被招 北部諫洞居前承旨沈宜平氏ᄂᆞᆫ警視廳에滯因ᄒᆞᆫ安翊善事件을因ᄒᆞ야再昨日該廳에被招ᄒᆞ엿다더라

○南林續報 密陽郡南林上下坪에在ᄒᆞᆫ韓人墳墓를日人湯淺凡平等이掘破植木ᄒᆞᆫ다ᄒᆞᆷ은已報어니와更히詳細ᄒᆞᆫ調査를據ᄒᆞᆫ즉已爲破掘ᄒᆞᆫ塚數가八十九塚內에骸骨을永失ᄒᆞᆫ塚主가五名에塚數가九요其餘ᄂᆞᆫ皆平汰를遭ᄒᆞ야墳形을永失ᄒᆞ엿다ᄒᆞ며近日ᄭᅡ지도各其塚主諸人이南林等地에聚集ᄒᆞ야號哭의聲이道路에不絕ᄒᆞᆫ다더라

○運送取扱所設始 全秉鉉申錫範諸氏ᄂᆞᆫ東部梨峴等地에韓日運送取扱所를設立ᄒᆞᆺ다더라

○閔氏要和 前郡守閔泳采氏가前判書李根澔氏에게金八百圓을推還ᄒᆞᆯ次로屢度裁判所에起訴ᄒᆞᆷ은人所共知어니와閔氏ᄂᆞᆫ近日閔官相을紹介ᄒᆞ야李氏에게私和를懇請ᄒᆞᆫ다더라

○金鑛承認 北部昭格洞居前主事金瓚在氏ᄂᆞᆫ平南价川郡에石金鑛을發見ᄒᆞ야請願得認ᄒᆞᆫ故로日間採掘을開始ᄒᆞᆫ다더라

○小作人呼訴 拓殖會社々員吳政善氏ᄂᆞᆫ北部望遠亭에在ᄒᆞᆫ驛土를多數移作ᄒᆞᆫ다ᄒᆞ야小作人李汝勝氏가昨日該社에呼訴ᄒᆞ엿다더라

○尹也鬱悒 棗洞居尹某ᄂᆞᆫ何許李姓女를紹介ᄒᆞ야閔某家女婢銀蟾(年十八)을誘引ᄒᆞ야日人에게매渡ᄒᆞ엿ᄂᆞᆫ뎨日人의償與金이素望과不副ᄒᆞ던지日前李姓女가日人家에前往ᄒᆞ야一塲忿鬧하엿다더라

○因何派兵 筆洞日憲兵分遣所에셔ᄂᆞᆫ何等事件을因ᄒᆞᆷ인지補助員二名을日間楊州等地로派送ᄒᆞᆫ다더라

○懸賞以求 일憲兵司令部에셔ᄂᆞᆫ一般偵探人에게指揮ᄒᆞ되義兵將姜基東氏를捕獲ᄒᆞᄂᆞᆫ者가有ᄒᆞ면金二百圓을施賞ᄒᆞᆫ다ᄒᆞ엿다더라

○民怨可念 各警察署豫備巡査中某々ᄂᆞᆫ警察事務가何件物인지도不知ᄒᆞ고漢城內各演塲酒肆에橫行ᄒᆞ면서威權을藉ᄒᆞ고人民를無端毆打ᄒᆞᄂᆞᆫ故로民怨이藉々ᄒᆞ다더라

○金家回祿 中部典洞金弘求氏家에셔ᄂᆞᆫ再昨日下午九時에失火ᄒᆞ야草家十餘間을沒燒ᄒᆞ얏ᄂᆞᆫ뎨損害가數百餘圓에達ᄒᆞᆫ다더라

○順興火災 去十五일正午十二時에慶北順興郡丹山面에셔出火ᄒᆞ야韓人家屋一戶가燒失ᄒᆞ고四歲男兒一人과牛一頭가燒死ᄒᆞ엿다더라

○語校卒業期 官立漢城外國語學校에셔ᄂᆞᆫ來卄八일下午一時에第三回卒業式을擧行ᄒᆞᆫ다더라

◎兩日休刊 本日은 大皇帝陛下의 乾元節이오耶蘇의釘死日인故로慶祝彙紀念ᄒᆞ기爲ᄒᆞ야兩日休刊ᄒᆞᆷ

電報

◎統府官制改正 本日々本樞密院會議에셔ᄂᆞᆫ統監府官制를改正ᄒᆞ고職員特別任用令을可決ᄒᆞ엿다더라

◎伊內閣敗北 伊太利內閣은補助金制度로因ᄒᆞ야海員並造船所를發達ᄒᆞ려ᄂᆞᆫ提案을敗北케ᄒᆞ란다더라

◎法美關稅協定 美國大統領타프트氏ᄂᆞᆫ法美間協定稅率을締結ᄒᆞ고法國에對ᄒᆞᆫ關稅를 割半引下ᄒᆞᆯ旨로公表ᄒᆞ엿다더라

論敦發 卄三日着

◎駐英公使後任 駐英淸國公使李經芳氏ᄂᆞᆫ來五月에滿期됨으로歸國ᄒᆞ기를希望ᄒᆞ야後任者選定ᄒᆞ기를申請ᄒᆞ엿다더라

◎吳氏將任 間島의駐弁되엿던吳祿廷氏ᄂᆞᆫ本年中에完成될禁衛軍第二旅團長이되리라더라

以上北京發 卄三일着

◎統監排斥決議 中央俱樂部代議士會에셔ᄂᆞᆫ卄一일大會를開ᄒᆞ고曾彌統監을不信任ᄒᆞ기로決議ᄒᆞ고現統監政治에對ᄒᆞ야大斧鉞을加ᄒᆞᆯ必要가有ᄒᆞ다고決議ᄒᆞᆫ後昨일桂首相을訪問ᄒᆞ엿다더라

◎兩院閉院式 本日에일本貴衆兩院議員의閉會式을擧行ᄒᆞ엿다더라

◎古市渡韓 東亞興業會社長古市公威ᄂᆞᆫ四月卄일頃韓滿淸에赴ᄒᆞᆯ터이라더라

以上東京發 卄[illegible]

◎塞王赴露 塞比亞國王은微行으로위ㅡ쏘주地方에旅行中인뎨同地에셔露國首都에列車로往赴ᄒᆞ다더라

◎新聞大會 日本全國新聞通信社大會ᄂᆞᆫ四月下旬에名古屋에셔開催ᄒᆞ기로決定ᄒᆞ고目下準備中이라더라

◎醫學大會 大坂에開ᄒᆞᆫ日本醫學大會에出席ᄒᆞ기로申請ᄒᆞᆫ會員이今日ᄭᅡ지一萬五千八百名에達ᄒᆞ엿다더라

◎東海標識 日本東海岸의港灣其他要所에ᄂᆞᆫ아직暴風雨標를設置ᄒᆞᆷ이無ᄒᆞ야船舶의航行이危險ᄒᆞᆷ으로日本政府ᄂᆞᆫ急速히設置ᄒᆞᆯ計劃이라더라

以上東京發 卄四日着

▲乾元節▼

慶祝生

▲邦家寶록無疆ᄒᆞ야 乾元節이載屆하니千門萬戶祥風中에날니ᄂᆞ니太極旗오碧蹄紅塵趨走裏에부르ᄂᆞ니萬歲로다無窮花로비진술을ᄀᆞ득부어醉케먹고九重門을멀니向ᄒᆞ慶祝이나ᄒᆞ여보세

▲仁王峯에돗ᄂᆞᆫ히ᄂᆞᆫ활살ᄀᆞᆺ치直射ᄒᆞ야蓬萊五雲어린中에新瑞彩가玲瓏ᄒᆞ다願ᄒᆞ노니우리皇德더와갓치光明ᄒᆞ야暗黑中에ᄲᅡ진同胞長明界로引進ᄒᆞ야五洋六洲너른天地大光彩를노아보세

▲漢江우에더春水ᄂᆞᆫ百川滙洋모혀드러滔々洋々一帶勢가于國之紀되얏고니願ᄒᆞ노니우리皇恩더와ᄀᆞᆺ치磨調ᄒᆞ야一下衆兄弟姊妹이[illegible]을다바리고두손길을서로ᄀᆞ치恩波中에沐浴ᄒᆞ세

雜報

◎願聞其實 昆陽郡加利面儉井洞居李起台氏는本年二月分에洞內貧民六十餘戶를救恤호엿슴으로該道觀察使가內部에修報하고褒揚狀을繕給호라호엿다더라

◎兩報又押 新韓民報第一百七十二號와新韓國報第八十四號는治安妨害라호야內部에셔押收하엿다더라

◎孤院開會 再昨일下午四時에京城孤兒院에셔第三回評議會를開호엿는딕事務員은徐丙玹韓昌履朴彰來三氏로選定호고院監李春世氏視務後收支文簿를報告호엿는딕調査委員은李達元劉秉珌兩氏가被薦호고豫算調査委員은石鎭衡柳瑾韓錫振三氏가被薦호엿다더라

◎憲補罷免 日憲兵補助員李定求朴內洙兩人은何事件을因홈인지日昨罷免을遭힛다더라

◎徐氏放免 南部詩洞居徐丙轍氏가取財嫌疑로中部警察署에被捉홈은旣報어니와調査혼즉事實上曖昧훈故로再昨日無事放免호엿다더라

◎巨盜被捉 竊盜犯崔永澤崔永淳等二名이三昨日北部警察署에被捉호엿는딕金銀贓物五萬餘圓價値가發現되엿다더라

廣告

本人의所有家屋을證明次漢城府에接受호고該接受票를携來호다가路中셔失故廣告홈
南署둔芝坊葛於里 韓鎭赫

本人稱圓形姓名圖章셔失故今以圓形彫刻也知舊間照亮望
南部笠井洞四四、一〇 尹邦鉉 白

◎商業夜學科學員募集廣告

國民의生活前途는實業과殖產에在훈즉實業을發達케홈은其根本的人材를養成홈지오殖產을振興케홈은其媒介的商業을必修홈지라本學館에셔商業夜學科를特設호고學員을募集호오니志願호시는僉員은左開에依하야四月四日內로請願書에履歷書를添付提呈호고四月五日下午五時에應試하심을望홈

本科는特히現今實業에着手하는者의實効를爲홈

請願用紙는本館에來購홈

左開

一 本科受業年限은二個年 夏期에도繼續호야休學치아니홈

一 本科々目은 筭術 普通 商業 珠筭 暗筭 簿記 商業 會社 銀行 官廳 商業學 商法 商業地誌 商業物產 經濟學 聖經 語學 日語 英語 隨意

一 但科目中에一科를選科로修業홈도特許홈

一 試驗科目은 國漢文 讀書 作文 筭術四則 本國地誌大要

一 年齡 十八歲以上

一 普通科以上卒業證書가有홀時는免試홈

一 詳細事項은本學館에來問홈

皇城基督敎青年會館

本人의所有훈黃海道白川郡雲山面五里石湖前坪에在훈起墾作畓地五萬八千五百拾參坪을國民農業會社에셔農商工部에對호야國有未墾地認許를受하엿다藉托호고現方賣渡코져호오니內外國人中見欺치勿홈
右所有者廉順謙 告白

◎失期치마시옵
種蔴을願買호시던지或信實훈保人을得호야支社나或並作例를志願호시라는僉君子는陰三月內로請求호심을敬要
京新門外鑰洞一百九十三統三戶
大韓蠶會社 白

○賣藥의便利훈法
本人이乾材藥局을爲業多年에諸君子의愛顧호심을特蒙인바同情을表홈次로今年부터業務를大擴張호고精選材料호며特別廉價로注意호되居鄕同業僉位의賣藥호시기便利훈方法을從호와親踈間의賣藥掌記만郵便付送호시면弊局에셔特廉減價호와郵便小包로卽速迅送호옵고代金은引換호깃ᄉᆞ오니同業僉君子는隨意請求호심을望但賣藥時何郡何面昭詳邇知홈
京城南部銅峴九十五統十戶
乾材藥局崔興模 告白

醫學生募集廣告
志願者는四月廿日內에限호야應試호고校則은願覽者는郵票二錢要홈
公立平壤同仁醫院附屬醫學校

本書館에名稱耶蘇敎書館을以日新書館으로變改호옵고業務를一層擴張호오니僉員은尤益愛顧호시옵
京城內日新書館主金致億白

本人이本面所有家屋田畓券拾參枚龍川外下面所有畓券貳枚를並甲辰楊下面兵火에셔失이온바或拾得훈人이有훈가疑호야玆以廣告호옵
義州古邑南齊洞二、四、趙用穆 改名 麟璧 告白

興天寺僧金玩潭이가北部常平坊舊基洞二十七統七戶金俊榮의家券을典當執持호엿다가셔失호엿스니內外國人間誰某拾得이라도休紙施行호시옵
金玩潭 告白

本人의姓名章을陽一月三일에셔失호엿기廣告홈
鮮于炳 白

學員募集廣告
本校에셔第一學年及二、三、四各學年補缺生을增加募集호니四月十日內로請願書를提出홈
但請願紙는本校에請求홈
西大門內
私立普成小學校

大邱春秋令市改良홈은全國商民同胞諸氏가業已諒悉인바今春令도依定期호와陰三月一日開市호고同三十日撤市호오며秋令도陰十一月一日開設同三十日撤市홀터오니全國商民은咸須知悉하와屆期來臨홈
大邱藥商興業會 告白

初等算術敎科書
數學大家 柳一宣 著
中卷 定價洋裝 九拾錢
總發賣所 京城南門外紫岩 新舊書林
分賣所 京鄕各書舖

京西部東洞同和藥房
本國藥材、洋製、各種、効、用、價、國漢文、可刊出、作封、雖婦女、郵便請求、買賣
閔櫃 白

學員募集廣告
本學校에셔敎務를擴張키爲호야物理化學機械標品을購入호며高明훈講師를更히延聘호고高等一學年과二三學年의補缺生募集호오니志願人은陽四月十日로請願書를提出호옵
隆熙四年三月五日
寧邊私立維新學校白
一 入學試驗日字는陽四月十日로홈
一 試驗課目 漢文 作文 內地 內史 物理 算術(四則) 體格
一 普通學교程度의卒業證이有훈人은免試홈

廣告
釜港東關韓興書館
本館에셔新舊書籍과學校用品各種을備置하야(五圓以上……減割引)大發售하오니江湖君子는陸續購買호시옵
館主 金泰衡 本名汝重
主任 權鍾律

本報 一枚 新貨二錢五厘 壹個月 三十錢
廣告 四号活字拾三字詰 (自一行至四行이爲一寸)

檀君開國四千二百四十三年
箕子元年三千三十二年
大韓開國五百十九年
本報創刊日 光武八年七月十八日

大韓每日申報

發行兼編輯人 英國人 萬咸
Responsible for Publication Alfred Weekley Marnham.
發行所 京城南部石井洞三層洋屋 大韓每日申報社

第八卷 月曜及慶節歲時日休刊 第一千三百四十六号

論說

國民의外形과國勢의盛衰

少年雜誌謄載

少年雜誌第三年第三卷에「國民의外形과國勢의盛衰」란一文을載ᄒᆞ엿ᄂᆞᆫ디足히全國民의一大指南이될만ᄒᆞ기로左에謄ᄒᆞ노라

사ᄅᆞᆷ의顏色은그當者ᄒᆞᆫ사ᄅᆞᆷ의속을說明ᄒᆞᆯᄲᅮᆫ아니라아울너그집안과더나아가그나라의形便ᄭᆞ지를說明ᄒᆞᄂᆞᆫ것이라

興盛ᄒᆞᄂᆞᆫ나라의사ᄅᆞᆷ의얼골을보며ᄯᅩ衰亡ᄒᆞᄂᆞᆫ나라의사ᄅᆞᆷ의얼골을보아라속일수업ᄂᆞᆫ說明書가顏華와儀表에들어박히지아니ᄒᆞ엿더나

秦西사ᄅᆞᆷ들의顏色의華麗ᄒᆞᆷ과元氣의旺溢ᄒᆞᆷ과行止의活潑ᄒᆞᆷ을보ᄌᆞ누가보던지그네들의얼골과모양에서衰亡두字의ᄒᆞᆫ點획이나엇어구경ᄒᆞᆯ수잇나냐어ᄃᆡ를가던지그ᄂᆞᆫ板에박아노흔興國民이로다

눈을둘너淸人을보고安南人을보고比律賓人을보니黃人種의皮膚가黃ᄒᆞᆫ것은當然이어니와그들의黃은病黃이오健黃이아니며동ᄯᅥ러지게白ᄒᆞᆫ者ᄂᆞᆫᄯᅩᄒᆞᆫ大概病白이라이러히血色이란것은조곰도업ᄂᆞᆫ顏色에다가兼ᄒᆞ야氣力이란ᄒᆞᆫ뗨도업거날더욱셰々ᄒᆞᆫ衣服으로裝束ᄒᆞ고셔흐늑々々ᄒᆞᆫ關節노어처렁々々움직이니設或소경이라만져보라ᄒᆞ야도단박에이것이亡國民이오衰國民이다ᄒᆞᆯ터이라무슴밋쳔이잇다고이말을免ᄒᆞ리오

母論秦西사ᄅᆞᆷ의얼골에ᄂᆞᆫ激烈ᄒᆞᆫ生存競爭이만드러준射力강ᄒᆞᆫ眼子와밧삭담은입에잇셔더욱어울님이아님은아니나그들의사게마진貌樣은決코最初부터그러케싱긴것도아니오生存競爭으로셔만싱겨나온것도아니오居處와其他外圍의關係로만제절노된것도아니라大概오랜동안修鍊의結果라興國民은곳길게修鍊ᄒᆞᆫ人民이오길게修鍊ᄒᆞᆫ人民은興國民이되ᄂᆞᆫ것이라오랜修鍊이얼골에나타나니여그네들의興國民임을說明ᄒᆞ니이阿某가보아도발키알아보ᄂᆞᆫ所以ㅣ라

우리나라사ᄅᆞᆷ의顏色은엇더ᄒᆞᆫ고不幸ᄒᆞ다至今ᄭᆞ지ᄂᆞᆫ秦西人에比ᄒᆞ야암만히도血色도不足ᄒᆞ고和氣도不足ᄒᆞ다아니치못ᄒᆞᆯ지라通衢大道에佇立ᄒᆞ야얼맛동안이고지나다니ᄂᆞᆫ行人을가만히보자群鷄의一鶴으로或그럴뜻ᄒᆞᆫ人이얼마업ᄂᆞᆫ것은아니로ᄃᆡ엇지ᄒᆞᆫ일이나大體ᄂᆞᆫ病黃늘이오愁心이가득ᄒᆞᆫ人ᄲᅮᆫ이오生氣ᄂᆞᆫ昨年부터업서진人ᄲᅮᆫ이라앗가말ᄒᆞᆫ바와갓치顏色이其國勢를說明ᄒᆞᆫ다ᄒᆞ면憤ᄒᆞ고痛ᄒᆞ다우리의큰집도그리興盛ᄒᆞᆫ處地ᄂᆞᆫ아니오우리큰집의興盛치못ᄒᆞᆫ것은一般國民의顏色에도낫타낫구나(中略)

우리의祖上께도누구누구와如ᄒᆞᆫ大思想家도잇고누구누구와如ᄒᆞᆫ大英雄도잇스니그러ᄒᆞᆫ人物들은아모ᄯᅢ에꼿에꼿다노아도實노남에게遜色이업슬ᄲᅮᆫ아니라或남에게超越ᄒᆞᆯ터이라、그런ᄃᆡ只今부터後의우리국民의얼골이決코只今ᄀᆞᆺ지아니ᄒᆞᆯ것ᄀᆞᆺ치只今부터前의우리國民도決코只今ᄀᆞᆺ지아니ᄒᆞ엿슬줄노밋노라왜그런고ᄒᆞ니국民의大多數가이러ᄒᆞᆫ얼골과밋얼골ㅅ빗을가지고ᄂᆞᆫ그러틋ᄒᆞᆫ偉大ᄒᆞᆫ人物을鎔鑄히내이기어렵고더욱그當者들은毋論病黃의皮를뒤집어쓰고몸가지기를흐늑흐늑ᄒᆞ야그動止가危殆危殆ᄒᆞᆯᄲᅮᆫ더러그들이아닐지니그갈파그일파그ᄉᆡᆼ각파모든여러가지로아모리ᄉᆡᆼ각ᄒᆞ야도이러ᄒᆞᆫ結論에到達ᄒᆞᄂᆞᆫ지라그럼으로우리ᄂᆞᆫ우리국民大多數의當場얼골을볼ᄯᅢ마다今日此時에偉大ᄒᆞᆫ人物이아직ᄉᆡᆼ기지아니ᄒᆞ고ᄯᅩ近時世界史上에우리民族의손으로만들엇다ᄂᆞᆫ事業이업슴이偶然ᄒᆞᆷ이아닌줄알고산아희處身이눈물도여러번내엿노라(中略)

國民의顏色은그러면엇더케고침을엇을재毋論여러가지일노긴동안修鍊ᄒᆞ여야ᄒᆞᄂᆞᆫ것이라靜의機微만알던이가動의機微도알게되여야ᄒᆞ고安息의妙味만알던이가作爲의妙味도알게되여야ᄒᆞ고담비연긔ᄲᆞᄂᆞᆫ것만슈고로알던이가ᄯᅡᆷ을흘니ᄂᆞᆫ것도수고로알게되여야ᄒᆞ고畢竟에ᄂᆞᆫ宇宙의法則도活動이오人物의生命도活動이오그리ᄒᆞ야活動업ᄂᆞᆫ것은價値업ᄂᆞᆫ것인줄을알아一局面을다뒤집어活動으로ᄡᅥ靜息을代身ᄒᆞᆷ이곳그方法이라

오랜동안活動은自然히國民의性質을變ᄒᆞ고國民의性質이變ᄒᆞ야차라리사ᄅᆞᆷ本然의面目인活動이肉身과精神을主管ᄒᆞᆯᄯᅢ에ᄂᆞᆫ內에잇ᄂᆞᆫᄃᆡ로外에낫타나光明이돋고氣力이철지니이에비로소家人으론興ᄒᆞᄂᆞᆫ家人國民으론興ᄒᆞᄂᆞᆫ國民의說明書가아모의눈에던지ᄯᅴ우게될지니라

外報

◉**預算公布** 日本本年度總豫算은議會에協贊을經ᄒᆞ야本日公布되엿다더라

◉**美海軍擴張** 美國政府ᄂᆞᆫ戰鬪艦一艘의建造費와又戰鬪艦壹艘巡洋艦七艘潛航艇九艘의修繕費로金一億二千九百萬弗을支出ᄒᆞ기로ᄒᆞ엿다더라

◉**伊國新內閣** 伊太利국前總理大臣으ᄊᆞ치니氏ᄂᆞᆫ新內閣組織의命을受ᄒᆞ엿다더라

◉**帝王會見** 露國皇帝陛下ᄂᆞᆫ塞比亞국王과乾杯式을行ᄒᆞᆯ時에露國과塞比亞의親交ᄂᆞᆫ巴爾幹諸島의平和를確實케ᄒᆞᆷ이라ᄀᆞ陳述ᄒᆞ엿다더라

◉**兩王乾杯** 土都에셔土國皇帝와勃加利亞국王은公式의乾杯辭를交換ᄒᆞ엿다더라

◉**美鐵道慘事** 美國로크이일ᄂᆞᆫ드鐵道列車ᄂᆞᆫ슈道를通過ᄒᆞᆯ際에脫線되야死者가四十五名이오負傷者가三十一名이라더라

◉**美大統領과軍備** 紐育平和會演席에셔大統領타프트氏ᄂᆞᆫ軍備의多大ᄒᆞᆫ結果로世界의平和가確保될지며陸軍은平和에對ᄒᆞ야最信賴ᄒᆞᆯ만ᄒᆞᆫ保護者라고說明ᄒᆞ엿고又德國大使벨쓰들伯은德국의强大ᄒᆞᆫ艦隊ᄂᆞᆫ海外貿易保護에必要ᄒᆞᆷ이라고說明ᄒᆞ엿다더라

◉**露墺協商** 伯林電報를據ᄒᆞᆫ즉露墺兩국의妥協은歐洲各新聞에셔歡迎ᄒᆞᆫ다더라

◉**通商章程改訂** 西曆一千八百八十一年에締結ᄒᆞᆫ露淸陸路통商章程은期限이滿了ᄒᆞ엿슴으로同章程改訂談判을露都에셔駐露淸국公使와露國政府間에開始ᄒᆞ엿다더라

◉**巡洋艦新造** 淸國政府ᄂᆞᆫ英국마기지무會社에三等巡洋艦一隻을注文ᄒᆞ엿다ᄂᆞᆫᄃᆡ來年九月에引渡ᄒᆞ기로契約ᄒᆞ엿다더라

◉**平井渡歐** 日本鐵道院副總裁平井等二人은來五月上旬에西比利亞線을經ᄒᆞ야論敦에赴ᄒᆞ야數日間在ᄒᆞᆫ後瑞西에셔開ᄒᆞᄂᆞᆫ第八回萬國鐵道會議에叅列ᄒᆞ고因ᄒᆞ야歐美各地의鐵道를巡視ᄒᆞᆯ터이라더라

◉**匈國議會紛擾** 匈牙利國議會에셔激烈ᄒᆞᆫ大騷擾가起ᄒᆞ엿ᄂᆞᆫᄃᆡ國務大臣數名이負傷ᄒᆞ엿다더라

◉**伏見渡英** 日本伏見宮親王은英日博覽會에叅列키爲ᄒᆞ야去二十六日에出發渡英ᄒᆞ엿다더라

雜報

◉**採葉請願** 水原郡隆健陵垓字內에居生ᄒᆞᄂᆞᆫ人民등은從來陵山의落葉을採取ᄒᆞ야燃料에供ᄒᆞ더니昨年度부터採葉을嚴禁ᄒᆞᆷ으로人民의柴政이極窘ᄒᆞ야道郡에屢訴ᄒᆞ되採取許可가無ᄒᆞᆷ으로近일農商工部에更히請願ᄒᆞ엿다더라

◉**動物園將移** 昌德宮內에在ᄒᆞᆫ動物園은將次三淸洞太和宮基址로移置ᄒᆞᆫ다더라

◉**生虎入園** 春川等地에셔虎一首를生擒ᄒᆞ엿다ᄒᆞᆷ은既報어니와再昨日御苑事務局에셔該虎를金三百圓에購入ᄒᆞᆺ다더라

◉**道路修築** 典洞屛門으로부터安洞四街里ᄭᆞ지道路를廣大히修築ᄒᆞᆫ다더라

◉**實業新聞經營** 蔡基斗柳承欽氏等이經營ᄒᆞᄂᆞᆫ實業新聞은일間內部에認許를請願ᄒᆞ기로決定ᄒᆞ고培材學堂에셔使用ᄒᆞ던刷印器械를買得ᄒᆞ고前軍人俱樂部에셔使用ᄒᆞ던活字를繼ᄒᆞ기로ᄒᆞ엿다더라

◉**李氏上京** 李晦齋의玉山書院이慶州郡에在ᄒᆞᆫᄃᆡ該郡人가私立學校를設立ᄒᆞ고該院畓을引繼코저ᄒᆞᆷ으로李中久等二人이學部에請願次로上京ᄒᆞ엿다더라

◉**天門大開** 韓國耶蘇敎會에셔今年에信徒百萬名을得코저ᄒᆞ야熱心傳道ᄒᆞᆫ다ᄒᆞᆷ은壹般이知어니와目今各地方에新入ᄒᆞᄂᆞᆫ信徒가日加月增ᄒᆞᆫ다ᄂᆞᆫᄃᆡ其中平壤郡에셔ᄂᆞᆫ去陰正月부터至今ᄭᆞ지新入ᄒᆞᆫ敎人이三千名에達ᄒᆞ엿다더라

◉**電燈會社計劃** 元山에居留ᄒᆞᄂᆞᆫ日人들은當地에電燈會社를設立ᄒᆞ기로目下計劃中이라더라

◉**義日激戰** 去二十四日午前七時에義兵將姜基東氏가部下十六名을率ᄒᆞ고抱川初東橋에셔日憲兵上等兵壹名及補助員二名과衝突ᄒᆞ야約四十分間激戰ᄒᆞ엿다더라

◉**黃氏被捉** 龍川楊市居黃保氏ᄂᆞᆫ市場稅反對事件으로地警署에被捉되엿다더라

◉**因構被捉** 安炳奎李海朝등은一進會員韓昌會의構誣를因ᄒᆞ야昨일上午十一時일憲兵司令部에被招ᄒᆞ엿다더라

詞藻

❀영 웅 혈❀

영웅의흘닌피가、덤덤이써

안코。

황금산의비가되며、빅두산

구룸되여。

원혼을、쾌히씨슬ᄯᅢᄭᆞ지、오

가락。

宮廷彙報

幸行追報 大皇帝 皇后兩陛下ᄭᅦ옵서旣報와如히去 乾元節에 德壽宮에 觀幸ᄒᆞ옵셧는ᄃᆡ儀仗節次는前例와如ᄒᆞ엿더라

○吉祥緞下賜 大皇帝陛下ᄭᅦ옵서 乾元節에各大臣及承候官宮內府勅任官의게吉祥緞各二疋式承寧府奏任官의게各一疋式 下賜ᄒᆞ옵셧다더라

○御像摸寫 目下京城旅館에滯在ᄒᆞ는日人畵工福永耕美는 大皇帝陛下 御側에서 御肖像을摸寫ᄒᆞᄂᆞᆫ이라더라

○皇儲受賀 去 乾元節에韓국 皇太子殿下ᄭᅦ서日本各皇族以下各大臣其他의祝賀를受하시고東宮武官趙東潤以下諸人에게 陪食을 賜ᄒᆞ셧다더라

雜報

○李總理吐血 李完用氏가趙重應氏를招致ᄒᆞ야密告曰余는主治醫의勸告를因ᄒᆞ야東萊溫泉에赴하야療養홀터인즉現內閣은不得不改造ᄒᆞ고朴內相이總理되지니吾兒李允用을擧ᄒᆞ야內相椅子에據케홈이余의希望이로니君은此意로朴內相의게懇請ᄒᆞ라ᄒᆞ미趙氏가許諾혼後朴을往見ᄒᆞ고此旨를通혼즉朴이斷然拒絕ᄒᆞ며允用氏의入閣을不許ᄒᆞ는지라李總理가此說을聞ᄒᆞ고切齒痛恨ᄒᆞ며吐血不已ᄒᆞ야病勢가復劇혼다더라

○李氏運動說 現內閣이變更된다홈으로前判書李容元氏는總理大臣을運動혼다는說이有ᄒᆞ다더라

○或韓或日 度支部土地調査局에서는測量部技手를韓人으로選任ᄒᆞ고調査部主事는日人으로需用혼다더라

○木內歸國 農商工部次官日人木內는일本共進會를視察키爲ᄒᆞ야再昨일上午九時歸국路에就ᄒᆞ엿는ᄃᆡ該部에서旅費金五百餘圓을支撥ᄒᆞ엿다더라

○寬治歸國 曾彌統監의令男曾彌寬治는三昨日京釜線으로歸國ᄒᆞ엿다더라

○何等密話 日人五百木은去二十四일에李學宰再昨일에徐彰輔를招請ᄒᆞ야長時間秘密談話ᄒᆞ엿다더라

○警部會議 內部에서는本日에慶尙南北道及全羅南北道의各警察部長을召集ᄒᆞ야會議를開혼다더라

○限本入城 宣川定州平壤등郡에學事視察次로發程ᄒᆞ엿던學部書記官일人限本은再昨일入城ᄒᆞ엿다더라

○乞兒乞官 近일來貧寒無賴혼일人渡韓者가近千名에達혼다는ᄃᆡ判任官을圖得키爲하야各府部院廳에請願이답至혼다더라

○露將遊歷 露領하바로ᄒᆞ스크守備大隊士官陸軍少將갈ᄭᅵ氏는去二十四日同地에서出發ᄒᆞ엿다는ᄃᆡ海蔘威를經ᄒᆞ고韓국에來到하야釜山、漢城、元山、城津、清津等地를次第遊歷혼後豆滿江을越ᄒᆞ고渾春에出ᄒᆞ야歸國홀預定이라더라

○大藏經渡日 陝川海印寺倉庫에大藏經原板十五萬枚가有혼ᄃᆡ此는稀代의珍品이오堂々혼國寶라印度支那日本의碩學高僧等이其所在를廣求하던바인ᄃᆡ該寺住僧이日人佐藤六石과相談ᄒᆞ야日本으로運送出板코져홈을當局에서探知ᄒᆞ고此珍古物이散亂될까憂慮ᄒᆞ야警官數名이同地로急行ᄒᆞ엿다더라

○內人請願 桂洞宮內人의生活이困難홈은旣報어니와昨日該內人等이宮內府에請願書를提呈ᄒᆞ고他宮例를依ᄒᆞ야恩賜金을支撥ᄒᆞ라하엿다더라

○或吊或慰 別項電報와如히安重根氏는三昨日旅順監獄에서竟히死刑을受ᄒᆞ엿는ᄃᆡ該地에在혼法國教會堂에서는遙吊의式을行ᄒᆞ고洪神父는信川에서安氏의遺族을慰問ᄒᆞ엿다더라

○安氏傳記編纂 天主教會牧師法國人某는安重根氏의親屬安某와共히仝人의傳記를編纂中이라더라

○安眞發售 일人寫眞業者들은安重根氏의眞影을多數撮取ᄒᆞ야內外國人間에發售혼다더라

同進不同 朴玟奎趙憙夏等이一進會合邦問題를贊成혼趣旨로所謂國民協成同進會를組織ᄒᆞ고會長은前判書李正魯氏로總裁는前領議政閔泳奎氏로其餘任員은尙稷鉉李範錫李鍾漢李載克李根命諸氏로推薦ᄒᆞ야일昨國民報에揭布ᄒᆞ엿는ᄃᆡ閔泳奎氏는該報를接讀ᄒᆞ고滿心驚訝하야即時李正魯氏의게致函質問ᄒᆞ고其姓名을激消하라ᄒᆞ고하미李氏가答函하여曰日本人도會長의任을自擔혼바無ᄒᆞ고何許不知面數人이所謂會長望帖을강置而去하엿스나今에家豚으로ᄒᆞ야금該帖을退却홀터이라하엿다더라

○魔窟父老 全斗鉉徐相祚趙性勳梁圭煥等이前軍部領尉官二十餘人을締結ᄒᆞ야所謂臨時贊成建議所를設立ᄒᆞ고再昨일東部養正洞白鍾斗家에會同하야合邦贊成의目的을說明ᄒᆞ고金淩模로所長을定ᄒᆞ엿는ᄃᆡ該會中某々人은其目的을聞知혼後即時退會ᄒᆞ엿다더라

○合邦說禁止 韓日合邦에對혼通信及新聞記事는如何혼種類던지目下施政上에多大혼障碍가有ᄒᆞ다ᄒᆞ야當局에서絕對的此를禁止혼다더라

○無處不注意 日人通信을據혼즉工업傳習所學生百四十餘名이去卄五日午前拾壹時東大門外清涼寺內에서運動會를開ᄒᆞ고二年級班長成洪석氏가演說曰吾등이學업을卒ᄒᆞ고近日各其鄕關에歸홀지라各々意見ᄃᆡ로업務에就홀지나但此際四閫의情勢를見혼즉轉히痛恨을不耐홀지라我國家의前途를雙肩에荷혼青年은其技藝만依하지말고事의緩急을隨ᄒᆞ야大韓帝國獨立을期ᄒᆞ고挺身奮鬪홈이可ᄒᆞ다ᄒᆞ며悲憤히演述하미壹般會員이拍手喝采ᄒᆞ고 大황帝陛下及大韓帝국萬歲를三唱혼後散會힛는ᄃᆡ此演說로因하야日人이特別注意혼다더라

○孫氏入城 梁山通度寺에在留ᄒᆞ던孫秉熙氏의一行은昨日下午七時에入城ᄒᆞ엿다더라

○大垣歸國 日人大垣丈夫는今日에歸國혼다더라

○無料發送 國民新報社에서는該社員韓昌會氏를派送ᄒᆞ야漢城內元老大臣以下諸氏의게該報를無料발送홀터이니勿却愛讀ᄒᆞ라고勸告혼後本日부터分傳혼다는ᄃᆡ元老諸氏는該報를拒絕不受ᄒᆞ기로ᄒᆞ엿다더라

○義將行動 義兵將李鎭龍氏는其宿將崔順巨金貞安韓貞滿으로三部隊를分ᄒᆞ야崔는平山鳳山瑞興등郡으로橫行케ᄒᆞ고韓金兩人은海州載寧平山등地로橫行케ᄒᆞ고自已는變服ᄒᆞ고知已를訪問혼다더라

電報

桂首相의僭態 日本議會에서首相이勅語를捧讀홀時에必云本大臣은勅語를捧讀ᄒᆞ는光榮을荷ᄒᆞ노라ᄒᆞ야敬意를表ᄒᆞ는例가有혼ᄃᆡ今回議會閉會式에桂首相은慣例를履行치아니ᄒᆞ고劈頭에勅語를捧讀ᄒᆞ엿슴으로此는僭越不敬의擧措라하야貴衆兩院에서一大問題가되엿다더라

俱樂部迫請 日本中央俱樂部는桂首相의게向ᄒᆞ야統監留守中政務의興廢、曾彌統監의非合邦態度、骨佛安의橫暴、宋秉畯의任免問題에關ᄒᆞ야意見을問하고合邦斷行의意를說ᄒᆞ고曾彌統監을馘ᄒᆞ야廓清을圖ᄒᆞ라고迫請하얏는ᄃᆡ桂首相은此等問題에關ᄒᆞ야旣히成算이有ᄒᆞ다고言明ᄒᆞ엿다더라

濤貝勒送迎 清國載濤貝勒殿下의一行은卄八日午前十一時三十八分에日本東京에入着하는ᄃᆡ日本陸軍省에서는日本皇族의禮砲를準하야奉迎送ᄒᆞ기로決定ᄒᆞ엿다더라

以上東京發 卄五日着

智秘國交斷絕 南美智利、秘魯、兩國은국交를斷絕ᄒᆞ고兩國代表者는各其任地에서撤歸ᄒᆞ고戒嚴令을發布ᄒᆞ엿다더라

伯林發 卄五日着

牛疫益猖獗 日本에는牛疫이益益猖獗하는ᄃᆡ昨日ᄭᆞ지羅病總計가百三十二頭內에致斃가三十五撲殺이九十七이오此病毒이蔓延될慮가有하야撲殺홀것이八百五十五頭라더라

東京發 卄六日着

安氏就刑 安重根氏의死刑은本日午前十時旅順監獄刑場에서日人檢察官典獄等이立會後執行ᄒᆞ엿는ᄃᆡ安氏는從容就死ᄒᆞ엿다더라

大連發 二十六日着

韓國派遣部隊 今回에일本서派遣홀臨時韓國派遣部隊는步兵第四、第卅二、第四十二、第六十五聯隊와騎兵第二、砲兵第二聯隊와工兵第二大隊인ᄃᆡ四月十일부터順次출發ᄒᆞ야同月中에全部輸送을終了홀預定이라더라

外賓優待 清國濤貝勒殿下는明일東京에到着홀預定인ᄃᆡ東京市內에서는當일부터十일間을清國々旗를揭揚ᄒᆞ야敬意를表혼다더라

騎兵儀仗 濤貝勒殿下는卄八일에入京ᄒᆞ야翌卄九일午前十一時半에일本天皇陛下ᄭᅴ謁見혼後御陪食홀터이오叅內홀時에는일本近衛騎兵一小隊를儀仗兵으로附혼다더라

西藏問題 清國軍機處에서는西藏에對혼今後政策을定ᄒᆞ고駐藏大臣의게如左혼命令을發ᄒᆞ엿다더라

一 新달뢰喇마를速罷事
一 西藏行政權을嚴重監察事
一 外人往來를密禁事
一 西藏境界를定하야萬國平和會議에提출事

江西鐵道와法國 法國政府는清國이江西鐵道의資本이乏홈을觀하고法國資本으로該鐵道를處理ᄒᆞ려하야駐清公使로ᄒᆞ여곰左開四條를外務部와交涉ᄒᆞ는ᄃᆡ外務部는郵傳部에照會ᄒᆞ야目下協議中이라더라

一 技師長及監視長은法國人을採用홀事
一 鐵道敷設에要홀諸般材料는總히法국에서購入홀事
一 全線의竣工期는二個年으로홀事
一 一定혼期限을定ᄒᆞ야資金을償還홀事

以上東京發 卄七일着

南極征伏確實 삽풀톤氏는當地에到着ᄒᆞ야南極의征伏은確實ᄒᆞ다고語ᄒᆞ엿다더라

將軍聲援 셀돈將軍은늬우올니안쓰의에쓰트라다將軍을爲ᄒᆞ야늬카라과國掠奪者의聲援隊를組織中이라더라

以上紐育發 卄七日着

美國前大統領 美國前大統領루쓰벨트氏는五月十二일에德國皇帝陛下의賓客이되여伯林宮城에滯在홀터이라더라

亞皇廢位 아ᄲᅵ씨늬아皇帝베네리크陛下는病氣가危篤하야其位를廢ᄒᆞ엿슴으로皇后는此에對ᄒᆞ야抗議ᄒᆞ나同國首府는目下靜穩ᄒᆞ다더라

荷蘭法調查會 荷蘭女王윌헬미나陛下는憲法改正調査會를設하엿다더라

以上伯林發 卄七日着

(續)製絲計劃 前進士李種寧氏 … 로臨時事務所를中部壽洞隆典 … 龍杰의妻를潛取ᄒᆞ고同地吳俊 … ○馬賊人傷 去二十日羣山港 … 地醫官이該日人을捕縛ᄒᆞ고傷 … 宋基俊등四人과日人吉田貞彥 … ○壽官謂演 今日下午 …

雜報

◎間食糊口 晋州觀察使黃鐵氏의令男黃澤이他人의自行車ᄅᆞᆯ與執ᄒᆞᆫ事件으로中署에被捉ᄒᆞᆷ은既報어니와其本家에서朝夕飯을供給지아니ᄒᆞᆷ으로署內에서例供ᄒᆞᄂᆞᆫ「잔밥」으로糊口ᄒᆞᆫ다더라

◎日人逢敗 安東縣等地일人藥商三名이長白山으로向ᄒᆞ던途中에馬賊七名을逢着ᄒᆞ야藥種及金貨ᄅᆞᆯ被奪ᄒᆞ엿다더라

◎海港外國人 海蔘威港內居留外國人의調査ᄅᆞᆯ據ᄒᆞᆫ즉韓人이二千二百八十四人內에一百四十六人은露국에入籍ᄒᆞ엿고淸人이二萬八千五百九十一人이오일人이一千四百三十七人이오歐洲人이七百八十二人이라더라

◎居留地稅 隆熙三年度의居留地地稅徵收額은仁港에八百十五圓餘群山에七百九拾九圓餘木浦에三千八百九拾三圓餘釜山의九百七圓餘鎭南浦의八千五百九拾一圓餘元山의二百五拾圓淸津의三百四拾圓餘城津의三百四拾九圓餘라더라

◎養蠶會社趣旨 平南龍岡郡紳士宋昌順李萬基邊潤植等諸氏가現今韓國內實業이萎靡頹敗ᄒᆞ야毋論大小巨細ᄒᆞ고日用物品이莫不自外輸入ᄒᆞᄂᆞᆫ故로財政이不通ᄒᆞ고民生이困難ᄒᆞᆷ을慨歎ᄒᆞ야養蠶株式會社ᄅᆞᆯ設立ᄒᆞ고關西實業發展의嚆矢됨을期圖하야趣旨書ᄅᆞᆯ發布ᄒᆞ엿다더라

◎蔘業組合設立 孫鳳祥姜必萬金益煥諸氏其他日人木村勇治郞等이開城郡에蔘業組合을設施하고本年度蔘業資金은度支部의斡旋으로漢湖農工銀行에서十萬圓을貸付ᄒᆞ야事業을遂行케ᄒᆞᆫ다더라

◎補充日憲兵到着 駐韓日憲兵隊補充員二百十九名은日昨渡韓ᄒᆞ엿ᄂᆞᆫᄃᆡ四十名은咸興鏡城分隊로向하고六十四名은京城分隊에編入ᄒᆞ고其餘ᄂᆞᆫ各分隊로編入ᄒᆞ엿다더라

◎同名何疑 詩洞居徐丙轍氏가取財嫌疑로被捉放ᄒᆞᆷ은既報어니와社會紳士中에徐丙轍氏가又有ᄒᆞᆷ으로此徐氏의知舊ᄂᆞᆫ此記事로因ᄒᆞ야致疑者가或有ᄒᆞ다더라

◎安氏告訴 安喆壽氏의墓直李元行은安氏의墓舍文券을自已名義로圖出ᄒᆞ고安氏의宗錢五千兩을並爲乾沒ᄒᆞᆫ故로安氏가家契와金額을推覓ᄒᆞᆯ次로警署에告訴ᄒᆞ엿다더라

◎九死十生 咸興郡福興里居金과永氏等五名은去一月廿七日北靑海面에서乘船飄風ᄒᆞ야十一日間絶食ᄒᆞ엿다가露國瀛船의救援을得ᄒᆞ야二月十七日海蔘威에上陸ᄒᆞ야金과永氏ᄂᆞᆫ畢竟死去하고其餘四人은無事歸家ᄒᆞ엿다더라

◎鴉毒又蔓 群山港에ᄂᆞᆫ鴉烟을吸ᄒᆞᄂᆞᆫ者가不少ᄒᆞ야鴉針注射로成瘡된者가四人이오二十餘歲된女子의吸者가四名이오其他愛吸者가廿餘名이된다ᄂᆞᆫᄃᆡ當地醫官은痛禁치아니ᄒᆞᆫ다고人民의批評이有ᄒᆞ다더라

◎慈善報協議 慈善婦人會에서ᄂᆞᆫ昨日上午十一時에議事會ᄅᆞᆯ開ᄒᆞ고新聞發刊ᄒᆞᆯ事件을協議ᄒᆞ엿ᄂᆞᆫᄃᆡ將次三日報로發行ᄒᆞᆫ다더라

◎三日新禱 某處에서ᄂᆞᆫ金四百圓과白米十石을楊州郡普光寺에出給ᄒᆞ야去土曜日부터三日新禱ᄅᆞᆯ行ᄒᆞᄂᆞᆫᄃᆡ男女觀光者가雲集ᄒᆞᆫ다더라

廣告

廣告

○貿藥의便利ᄒᆞᆫ法

本人이乾材藥局을爲業多年에諸君子의愛顧ᄒᆞ심을特蒙인바同情을表ᄒᆞᆯ次로今年부터業務를大擴張ᄒᆞ고精選材料ᄒᆞ며特別廉價로注意ᄒᆞ되居鄕同業僉位의貿藥ᄒᆞ시기便利ᄒᆞᆫ方法을從ᄒᆞ와親疎間의貿藥掌記만郵便付送ᄒᆞ시면弊局에셔特廉減價ᄒᆞ와郵便小包로卽速迅送ᄒᆞ옵고代金은引換ᄒᆞᆯ깃ᄉᆞ오니同業僉君子ᄂᆞᆫ隨意請求ᄒᆞ심을望但貿樂時何郡何面昭詳通知ᄒᆞᆷ

京城南部銅峴九十五統十戶

乾材藥局崔興模 告白

本人의所有ᄒᆞᆫ黃海道白川郡雲山面五里石湖前坪에在ᄒᆞᆫ起墾作畓地五萬八千五百拾參坪을國民農業會社에셔農商工部에對ᄒᆞ야國有未墾地認許를受ᄒᆞ엿다藉托ᄒᆞ고現方賣渡코저ᄒᆞ오니內外國人中見欺치勿ᄒᆞᆷ

右所有者廉順謙 告白

◉失期치마시옵

種蘭을願買ᄒᆞ시던지或信實ᄒᆞᆫ保人을得ᄒᆞ야支社나或並作例를志願ᄒᆞ시라ᄂᆞᆫ 僉君子ᄂᆞᆫ陰三月內로請求ᄒᆞ심을敬要

京新門外鍮洞一百九十三統三戶

大韓작蠶會社 白

本館에셔新舊書籍과學校用品各種을備置하야(五圓以上特減割引) 大發售하오니江湖僉君子ᄂᆞᆫ陸續購買ᄒᆞ시옵

釜港東關韓興書館

館主 金泰衡 本名汝重
主任 權鍾律

◉特告全國同胞

國債報償金의名義로京鄕各處에散在ᄒᆞᆫ金額을全國同胞의公議에附ᄒᆞ야本會에셔總合處理ᄒᆞ기로京城內各收金所의收合保管ᄒᆞᆫ金額을爲先槪略調査인바地方各郡代表人을召集ᄒᆞ야大總會를開ᄒᆞ고處理方法을另究決定ᄒᆞ기로議決ᄒᆞ엿기玆에左開特告ᄒᆞ오니屆期齊臨ᄒᆞ심을懋望

一、來四月十六日土曜(陰曆三月初七日)正午十二時에京城中部磚洞興士團內本事務所에셔開會ᄒᆞᆷ

一、國債報償金을出捐ᄒᆞᆫ地方에만限ᄒᆞ야一郡에一員식該郡代表로前記日時에本會로派送出席케ᄒᆞᆷ이可ᄒᆞᆷ

但代表員選定ᄒᆞᄂᆞᆫ方法은各該郡人士의公議로選定ᄒᆞ야該郡에셔出捐ᄒᆞᆯ當時에收金團體의使用ᄒᆞ던印章을捺ᄒᆞᆫ委任狀과住居面長의信章을押ᄒᆞᆫ證明狀을並携帶ᄒᆞᆷ이可ᄒᆞᆷ

一、金額을出捐ᄒᆞᆫ地方에셔代表一人식選送ᄒᆞ되該郡一境內에셔出ᄒᆞᆫ金額總數와金額을送附ᄒᆞᆫ收金所와保管處所와捐出ᄒᆞᆫ人의姓名金額을廣告ᄒᆞᆫ新聞名號를詳錄付送ᄒᆞᆷ이可ᄒᆞᆷ

一、前記日時에本總會로代表員이出席지아니ᄒᆞᆫ地方에셔ᄂᆞᆫ本會議決을一遵케ᄒᆞ고追後提起ᄒᆞᄂᆞᆫ意見이或有ᄒᆞᆫ境遇에ᄂᆞᆫ該意見은公議에附치아니ᄒᆞ야效力이無ᄒᆞᆷ으로認定ᄒᆞᆷ

京城中部磚洞興士團內

國債報償金處理會

特別廣告

本館에셔任員을改選ᄒᆞᆫ後에業務를更加擴張ᄒᆞ옵고書籍五圓以上請求에特別大割引ᄒᆞ오며또今春에도良好ᄒᆞᆫ果樹를特別低廉ᄒᆞᆫ價로大發賣ᄒᆞ니僉君子陸續請購하시옵

諸般書籍과測量機具와學徒用品도具備ᄒᆞ엿숩

平壤鍾路

太極書館

館主 李昇薰
主任 金根濩

醫學生募集廣告

公立平壤同仁醫院附屬醫學校

志願者ᄂᆞᆫ四月卄日內에限ᄒᆞ야應試ᄒᆞ고校則은願覽者ᄂᆞᆫ郵票二錢要ᄒᆞᆷ

本書舘에名稱耶蘇敎書舘을以日新書舘으로變改ᄒᆞ옵고業務를一層擴張ᄒᆞ오니僉員은尤益愛顧ᄒᆞ시옵

寧邊城內日新書舘主

金致億 白

數學大家 柳一宣 著

初等算術敎科書

中卷 定價洋裝 九拾錢

總發賣所 京城南門外紫岩 新舊書林

分賣所 京鄕各書舖

京西部車洞同和藥房

本國藥材、洋製、各病、效、用、價、國漢文、可刊出、作封、雖婦女、郵便請求、貿賣

閔樞 白

學員募集廣告

本校에셔第一學年及二、三、四各學年補缺生을增加募集ᄒᆞ니四月十日內로請願書를提出ᄒᆞᆷ

但請願紙ᄂᆞᆫ本校에請求ᄒᆞᆷ

西大門內

私立普成小學校

本社에셔高明ᄒᆞᆫ技師를雇聘ᄒᆞ야業務를擴張ᄒᆞ고左記各樣印刷物을特別廉價로酬應ᄒᆞ오니僉君子ᄂᆞᆫ愛顧ᄒᆞ심을伏望

各樣書冊과傳道紙와證明紙各種과印札紙各種과領受證과名啣紙各種과公用信紙와廣告紙와卒業証書紙와修業証書紙

平壤舘門前

光文社印刷所

社長 鄭益魯
總務 李春燮

本人橢圓形姓名圖章셔失故今以圓形彫刻也知舊間照亮望

南部笠井洞四四、一〇

尹邦鉉 白

◉大韓全國에오本堂製造發行ᄒᆞᄂᆞᆫ藥品

消化新藥 **清心保命丹** 此丹은化痰止咳ᄒᆞ고順氣消滯ᄒᆞ며恒常長服ᄒᆞ면腸胃가健全

大補元氣 **蔘茸大補元** 大補元氣ᄒᆞ고滋腎健腦ᄒᆞ며先天不足과陽위不起에一切神効

蛔積殺虫散 此약은회積과회腹痛과회虫一切을去根ᄒᆞᄂᆞᆫ良劑

久滯大通丸 此丸은年久積滯와宿滯後重이며胃腹痛에神効莫大ᄒᆞᆷ

瘡病新藥 **梅花點雪丹** 毋論男女ᄒᆞ고花柳病楊梅瘡에一切去根快復하ᄂᆞᆫ良藥

眼疾速効 **光明眼藥** 諸般眼疾에隨症皆差ᄒᆞᄂᆞᆫ東洋에初有ᄒᆞᆫ寶藥

起死回生 **回生丹** 此丹은急ᄒᆞᆫ吐瀉關格이며가슴아리와冷積과痢疾에神効

感氣神効 **解熱散** 寒熱往來ᄒᆞ며似학非학과頭痛眩暈와肢節痛에其効가偉大

齒痛新藥 **止痛健齒水** 虫齒와風齒와諸般齒痛에壹切神効

耳鼻聖藥 **耳鼻神藥** 無論男女ᄒᆞ고耳聾鼻塞이며耳鼻에關ᄒᆞᆫ病은隨症並差

疝症根根 **疝積湯** 諸般산症에大談出賣ᄒᆞᆷ

寸虫沒出藥 寸白虫을一切去根ᄒᆞᄂᆞᆫ妙劑

듸눈과못과 **抜根藥** 듸눈과못과ᄉᆞ마귀를쎄ᄂᆞᆫ藥

止足汗臭藥 手足의汗臭를除却ᄒᆞᄂᆞᆫ藥

去核生新 **沃度膏** 創瘡과腐傷과곱진듸去核生新ᄒᆞ기ᄂᆞᆫ第一著明

最新改良 **百應膏** 無論男女老少ᄒᆞ고毒瘇濕瘇痰瘇諸般瘇瘡에壹切特效가有ᄒᆞᆷ

淋疾藥各種 淋疾各症에壹週日만服ᄒᆞ면病根快復ᄒᆞ고腎氣가完全ᄒᆞᆷ

其他洋藥各種과◉賣藥各種◉都매散賣

◉遠地에ᄂᆞᆫ郵便小包로申速酬應ᄒᆞᆷ

漢城南大門內濟生堂大藥房 李庚鳳

代辦主任 李興國 白

漢陽商會店員募集

壹 男子(拾歲以上拾四歲以下)(未婚者)若干名

貳 女子(拾歲以上拾四歲以下)(未婚者)若干名

右男女店員若干名을募集하니獨立自治의精神잇고實地經驗의商業家되기願ᄒᆞᄂᆞᆫ青年은本月二拾日上午拾時에本店으로來議ᄒᆞᆯ事

京城鍾路 漢陽商會

本報 一枚 新貨二錢五厘 壹個月 三十錢
廣 四号活字拾三字詰 (自一行至四行이爲一寸)

光武九年八月十一日　明治三十八年八月十一日　(第三種郵便物認可)　水曜日　西曆一千九百十年三月三拾日　(一)

檀君開國四千二百四十三年
箕子元年三千三十二年
大韓開國五百十九年
本報創刊日
光武八年七月十八日

大韓每日申報

發行兼編輯人　英國人　萬咸
Responsible for Publication
Alfred Weekley Marnham.
發行所
京城南部石井洞三層洋屋
大韓每日申報社

第八號　月曜及慶節歲時日休刊　第一千三百四十七号

論說

◉此所謂實業開發乎

日本統監曾彌荒助氏의書與ᄒᆞᆫ忠實服業四大字를第一號紙第一面에煌々이揭載하고實業機關報라고自鳴ᄒᆞᄂᆞᆫ時事新聞이여彼의心術도吾輩가知ᄒᆞᄂᆞᆫ바며彼의目的도吾輩가知ᄒᆞᄂᆞᆫ바어니와

日昨該報를閱覽ᄒᆞᆫ즉日本視察團員大募集이라題ᄒᆞ고該社에셔一大廣告를發ᄒᆞ엿ᄂᆞᆫ딕其略에曰今回日本福岡名古屋兩共進會開設의機를乘ᄒᆞ야目下京城日報社에셔主催ᄒᆞ야日本觀光團을組織ᄒᆞᄂᆞᆫ바同社趣旨에關ᄒᆞᆫ團費와밋長日數에對ᄒᆞ야入叅키難ᄒᆞᆫ諸君子를爲ᄒᆞ야名所古跡都會工場其他文明的施設事等을短日數로巡覽케ᄒᆞᆯ目的으로日本視察團을組織ᄒᆞᄂᆞᆫ딕往還은一週日이오團費ᄂᆞᆫ三十五圓이라하엿더라

嗟乎時事新聞이여此가所謂實業開發인가此가所謂實業開發인가

爾가國民의實業이幼穉ᄒᆞᆷ을慨歎ᄒᆞ야新聞의筆을執ᄒᆞ고此에關ᄒᆞᆫ知識을啓發코ᄌᆞᄒᆞᆯ진딕論文에던지雜報에던지評論에던지恒常實業方面에注重ᄒᆞ야或農理를闡明ᄒᆞ며或商業을奬勵ᄒᆞᆷ이可ᄒᆞᆯ지어날今에不然ᄒᆞ야論文에ᄂᆞᆫ唐詩長篇의行路難이나歌詠ᄒᆞ며評論에ᄂᆞᆫ牛溲馬渤의橫竪說話나摘寫ᄒᆞ며雜報에ᄂᆞᆫ某奸黨의贊成書나揭布ᄒᆞ면셔曰實業機關報라ᄒᆞ니嗚乎라爾所謂實業이여

爾가國民의實業이黑暗ᄒᆞᆷ을慨歎하야外國의文明的實業을模範케ᄒᆞ고ᄌᆞᄒᆞᆯ진딕特別히實업에有志ᄒᆞᆫ人氏를選擇ᄒᆞ야或은商업을視察ᄒᆞ며或은農工업을視察ᄒᆞ야此를模倣ᄒᆞ며此를輸入ᄒᆞᆷ이可ᄒᆞ거놀今에不然ᄒᆞ야日本人의發行ᄒᆞᄂᆞᆫ京城日報社를締結ᄒᆞ며蕩然無精神ᄒᆞᆫ日本觀光團派를募集ᄒᆞ야彼國名所古跡等을觀察ᄒᆞᆷ으로實業을開發ᄒᆞᆫ다ᄒᆞ니嗚乎라爾所謂實업이여

某大官이昨年에日本을視察ᄒᆞ고還來ᄒᆞ거날一知舊儒生이往見ᄒᆞ고其所得ᄒᆞᆫ바知識이何이뇨問ᄒᆞᆫ즉該大官이口角이津津로록日本을讚美ᄒᆞᆷ셔日本의山은山이아니라玉釧이며日本의水ᄂᆞᆫ水가아니라金鏡이며日本의電線은蛛絲又치羅列ᄒᆞ엿ᄉᆞ며日本의鐵道ᄂᆞᆫ蜈足又치敷布ᄒᆞ엿ᄉᆞ며日本의男女ᄂᆞᆫ神仙又치淸秀ᄒᆞ다ᄒᆞ야日本은地上國이아니라天上國인쥴노思하고又曰幸哉라日本이我國을保護ᄒᆞᆷ이여하거놀該儒生이出門歎曰彼가雖頑固老物이나猶是主邊人이오猶是公家人이라ᄒᆞ엿더니忽然觀光團一行步에新風魔의面目을幻成ᄒᆞᆯ쥴을誰가曾料ᄒᆞ엿ᄉᆞ리오ᄒᆞ엿더라大抵日本觀光團이란者ᄂᆞᆫ只是此等人物을誘去ᄒᆞ야日本傀儡場에現身케ᄒᆞᆯ計策이어날時事新聞이여爾가又此間에一個贊成員을作ᄒᆞᄂᆞᆫ가

異哉라爾所謂實業開發이여日本名所를觀覽ᄒᆞᆷ이實業開發인가日本古跡을搜探ᄒᆞᆷ이實業開發인가且卅五圓金이雖少나百人이면三千五百圓이오千人이면三萬五千圓이라昔에宋張詠氏가一錢偸盜ᄒᆞᆫ頑吏를斬ᄒᆞᆯᄉᆡ判曰「一日一錢千日千錢繩鋸木斷水滴石穿」이라ᄒᆞ엿ᄉᆞ니今爾가此經濟恐慌時代에無知人物을欺ᄒᆞ야多數金額을彼傀儡場에投케ᄒᆞ니此가實業開發인가吾輩ᄂᆞᆫ其魔行을覩ᄒᆞ고緘默키難ᄒᆞ야玆에一言ᄒᆞ노라

外報

◉에트나山噴火　伊太利國씨실니島에트나火山은噴火를始하엿ᄂᆞᆫ딕용岩이流出ᄒᆞ야人家及田園이多數埋沒되엿다더라

◉루氏危境　美국前大統領루스벨트氏ᄂᆞᆫ去番埃及國가ᄉᆞ무에셔英國의政治를賞讚ᄒᆞ고埃及國民에게英國政治를善爲服從ᄒᆞ라고勸告ᄒᆞ야演說ᄒᆞ엿슴으로埃及국民黨機關新聞及其他團體에攻擊을被하야危險ᄒᆞᆫ境에至ᄒᆞ엿다ᄂᆞᆫ딕同氏ᄂᆞᆫ警官의保護를謝絶ᄒᆞ엿다더라

◉學生借款反對　在日本東京淸國學生이江西省人民의게電報ᄒᆞᆫ바를淸國諸新聞에發表ᄒᆞ야曰日本諸新聞의公言ᄒᆞᆫ바를據ᄒᆞᆫ즉日本政府에셔江西鐵道借款四百萬兩을貸與ᄒᆞᆯ案件을協議ᄒᆞ엿다하니右借款은極力反對ᄒᆞ기를希望ᄒᆞᆫ다云云ᄒᆞ엿다더라

◉軍隊의謀叛　淸국步兵二大隊ᄂᆞᆫ去卄日靑江浦에셔謀叛을起하야北方野外에堡壘를築ᄒᆞ고全市에橫行ᄒᆞᆷ으로湖北提督은直히砲兵隊로써砲擊ᄒᆞ야多數의家屋을破壞하고且謀叛者數十名을殺하엿ᄂᆞᆫ딕殘兵은逃亾ᄒᆞ엿다ᄒᆞ며當局者ᄂᆞᆫ本事件을極히秘密에附ᄒᆞ며右謀叛은頗히恐懼ᄒᆞᆯ만ᄒᆞᆫ者라ᄒᆞ야急히步兵二大隊를靑江浦로派遣ᄒᆞ엿다더라

◉粤川鐵道民設　淸國粤漢川漢鐵道問題에對ᄒᆞ야去卄二日湖北代表者黎大鈞은湖北商辦粤漢川漢鐵道股分有限公司의名稱下에資本金二千五百萬圓으로써民設會社組織의請願書를提出ᄒᆞ엿ᄂᆞᆫ딕郵傳部ᄂᆞᆫ該會社設立及株金募集을許可ᄒᆞ고將來該鐵道經營實行은湖南廣東의狀況에照ᄒᆞ야方針을定ᄒᆞᆷ이可ᄒᆞ다고布告ᄒᆞ엿다더라

學界

◉師範卒業式　官立漢城師範學校에셔本日上午十時에該校及附屬普通學校卒業式을該校內에셔擧行ᄒᆞᆫ다더라

◉善隣卒業　善隣商業學校에셔昨日下午二時에本科及夜學專修科卒業證書授與式을擧行ᄒᆞ엿다더라

◉進明卒業期　進明女學校에셔ᄂᆞᆫ來三十壹日下午二時에第三回卒業式을設行ᄒᆞᆫ다더라

◉卒업盛況　尙洞攻玉學校에셔卒업禮式을設行ᄒᆞᆷ은既報와如ᄒᆞ거니와當時來賓이數千에達하고寄付ᄒᆞᆫ賞品이多數에至하엿ᄉᆞ며來賓中激切ᄒᆞᆫ勸勉과學生의感謝ᄒᆞᆫ答辭로盛況을呈ᄒᆞ엿다더라

◉養校經試　養源女學校에셔試驗을經하엿ᄂᆞᆫ딕最優等生은金順熙全玉振李仁順洪應全等十人이오優等生은李永珍李瑛載張仁煥南宮榛等三十人이오及第生은孔錫련權元熙咸景順金大吉等六十餘人이라더라

詞藻

◉龍驄馬◉

綠草靑江上에、굴네버슨龍驄馬가。
北向하여머리들고、時々로우는뜻은。
더건너、大陸風塵에、橫行코저。

廣告

宮廷彙報

◎賞品下賜 太皇帝陛下께옵서修學院優等生李琦鎔柳基駿의게優數賞品을 下賜ᄒ옵셧다더라

◎誕日陛見 本日은 義親王殿下의陽曆誕日인故로同殿下께서上午十二時에는 德壽宮에下午一時에는 昌德宮에陛見ᄒ다더라

◎皇妃賫函 황貴妃殿下께서는去 乾元節에日本에留學ᄒ시는 황太子殿下께書函을送致ᄒ시되熱心修업ᄒ야進就의望이有홈을希望ᄒ며從速히一次歸國ᄒ야相面홈을望ᄒ노라ᄒ셧다더라

◎石殿竣工期 德壽宮內에建築ᄒ는石殿은工役費가一百萬圓이오落成期가來七月頃에在하다는ᄃᆡ此는 皇太子殿下의御用室로經營홈인ᄃᆡ現今間은德壽宮 陛見室노引用ᄒ다더라

雜報

◎兩費支出蒙裁 內部所管臨時特別功勞賞與金一千三百圓과日本醫學會에派送ᄒᆯ人員의旅費金五百六十五圓을預備金中에서支出ᄒ기로內閣會議에議決되야 上奏 蒙依ᄒ엿다더라

◎叅與會議 昨日上午十壹時에統監府에서叅與官會議를開ᄒ엿다더라

◎學規製定 學部에서는補習實업學校規程을製定ᄒ야統監府에承認을請求ᄒ엿고直轄學校及公立學校의官制改正件을製定ᄒ야將次內閣에提出ᄒᆯ터이라더라

◎度部運動 度相高永喜氏는來四月九日慶熙宮內에서運動會를開ᄒ다는ᄃᆡ會員은度支部一般吏員約六七百名以上에達ᄒ다더라

◎訓諭件分送 學部에서時弊에關ᄒ야訓令及訓諭ᄒᆫ案件을編纂發刊ᄒ야漢城府尹과各道觀察使와各部大臣과中樞院顧問에게各壹件式送付하엿다더라

◎鈴木兼任 度支部司稅局長日人鈴木은日前關稅局長을兼任ᄒ엿다더라

◎山根受托 日本衆議院議員山根正次는韓국衛生顧問에囑托을受ᄒ엿다더라

◎明石着京期 滿洲視察中에在ᄒᆫ日人明石少將은本日下午十時에入京ᄒ다더라

◎官舍又築 內部에서日人官舍를供給키爲하야西小門內에宏大ᄒᆫ家屋을多數建築홈은一般知了하는바어니와既築ᄒᆫ家屋이猶尙不足ᄒ다ᄒ야奏任官의官舍를更히建築ᄒ기로決議ᄒ엿다더라

◑政友發起

高義駿鄭應卨閔元植姜寅圭李載克氏等百餘人이政友會를組織ᄒ야昨日上午十二時典洞臨時事務所에서發起總會를開ᄒ고七綱領으로趣旨를定ᄒ엿는ᄃᆡ

一、皇室尊榮 二、政治務實
三、教育振興 四、實업發達
五、社會改良 六、貧荒救濟
七、韓日親善 이라ᄒ엿더라

◎政友會任員 政友會에서발起總會를開홈은前項과如ᄒ거니와總裁는閔泳徽氏로副總裁는李載克氏로薦定ᄒ고規則制定委員과幹事七人을選定ᄒ엿다더라

◎到處猥狽 商務組合部長李學宰는慶北商務頭領李世榮氏에게商票九千張을委托ᄒ야매케ᄒ엿는ᄃᆡ該道觀察使朴重陽氏가商票發賣를一切嚴禁하엿다더라

◎宮舍賣却 景福宮昌德宮宮內府所屬의不用建築物은一切매却ᄒ다는ᄃᆡ此로因ᄒ야景福宮에在ᄒᆫ女官百數十名은德壽宮及安洞別宮에移接ᄒ기로ᄒ야昨日부터安洞別宮을修繕中이라더라

◎露譯歸國 경城駐在露국總領事館通譯생코뿔나니氏는賜暇歸국ᄒᆯ次로昨日南門역에서登程ᄒ엿는ᄃᆡ來九月頃에還任ᄒ다더라

◎安死後民情 去廿六日에安重根氏가旅順監獄刑場에서就死홈은世所共知어니와其死後에一般民情은甲稱乙讚ᄒ야曰義士의標本이라稀有ᄒᆫ忠臣이라하며甚至於走卒兒女輩까지도傳相稱道ᄒ다는ᄃᆡ此로以ᄒ야韓國人民의時運에對ᄒᆫ一般意向을可推라고日人들도嗟歎ᄒ더라더라

◎月舘宴會 一進會長李容九는再昨日下午七時明月舘에서宴會를設ᄒ고日人岡田等을請待ᄒ엿다더라

◎奸黨建議 所謂贊成建議所員김淩模等三十一人은再昨日合邦急施의建議서를內閣及統監府에提출ᄒ엿다더라

◎徐氏不叅 金淩模全斗鉉等諸人이所謂臨時贊成建議所를設立홈은既報어니와徐相祚氏도議會에同叅ᄒ엿다ᄒ기에隨聞揭布ᄒ엿더니更히確報를據ᄒᆫ즉徐氏는當初該會에叅入홈이無하고但該會員全斗鉉이徐氏를對ᄒ야入會ᄒ기를강請ᄒ고任員望帖까지投送하엿스되徐氏가竣拒不受ᄒ엿다더라

◎韓國紙業 韓國의製紙는三南及西北에서産出하는中全北慶南에는最多額이産出ᄒ야全産額의半을占ᄒ는ᄃᆡ其産출數量은約二萬塊價格五十萬圓餘라此는韓國의頗有望ᄒᆫ産品으로將來十分發展될터이라더라

◎李氏棲屑 咸北鏡城郡鄕吏輩는奸猾手段으로人民의財産을侵害欺取하야多年乾沒額이葉錢十萬 千六百九十餘兩에達ᄒᆫ故로郡內人民들이民會所를組織ᄒ고道郡에呼訴ᄒ야該錢을還推코ᄌᆞᄒ되鄕吏輩의運動이有홈으로畢竟無효된지라昨年十月分에人民代表李種燮氏가內部에呼訴ᄒᆫ結果로內部에서該道로發訓ᄒ야調査歸正케ᄒ엿는ᄃᆡ當時調査를被査者에게專任ᄒ야模糊査출ᄒᆫ金額이四千五百餘圓이된지라此亦趂卽還給지아니ᄒ는故로李氏는경城에滯留ᄒ는ᄃᆡ旅費에困難ᄒ야道路에棲屑ᄒᆫ다더라

◎商會解散 仁川紳商會社는各客主업者의게手數料를收捧ᄒ고又種々의名目으로金錢을收ᄒ는事로因ᄒ야壹般商업의발展을沮害ᄒ는弊가有ᄒ다ᄒ야農商工部에서該社의解散을命ᄒ엿다더라

◎徵稅協議 義州財務署에서는去十九日義州、朔州、昌城、鐵山、龍川등各府郡地方委員를召集ᄒ야市場稅徵收에關ᄒᆫ協議를開ᄒ엿다더라

◎輕鐵敷設 忠北黃澗郡日人의經營하는黑鉛商會에서敷設ᄒ는輕便鐵道工事의第二區는黃澗郡西面으로부터慶北尙州郡得水面에至ᄒ기까지三十三里인ᄃᆡ去十五日부터起工ᄒ엿고第一區九里地는今月內에竣工된다더라

◎桂氏請願 宣川郡居桂鶴瑞氏는龜城郡天摩面昭關上中里에서金礦을發現ᄒ야日前農商工部에採掘權을請願ᄒ엿다더라

◎地段價請願 水口門外蠶島에在ᄒᆫ昌寧尉宮田土가農商工部模範場에混入ᄒ엿合으로該宮에서地段價를農部에請求ᄒᆫ즉農部에서는該地를宮內府에서割給ᄒᆫ바라ᄒ는故로該宮에서昨日宮內府로更히請願서를提呈ᄒ엿다더라

◎安墓發掘 日人墓賊輩가古物을發掘키爲ᄒ야安文成公의墳墓를掘破ᄒ고骸骨을抛擲逃走ᄒ엿合으로安氏宗中에서는所措를罔知ᄒ야方今會議中이라더라

◎社轉爲組 大韓商業株式會社는昨年에設立하야股金을募集ᄒ다가流行病을因하야中止하엿더니更히大韓商業株式組合이라命名하고業務에着手ᄒ엿다더라

◎假裝嚴禁 近日來娼妓等이往々女學徒의服裝을飾ᄒ고街路에出沒하면서蕩子를誘引ᄒ는弊가有ᄒ다하야警視廳에서此를團束키爲ᄒ야女學徒外에는半洋裝을嚴禁ᄒ다더라

◎黃氏歸鄕 寶城郡居黃學成氏는國內紳士를聯結ᄒ기爲ᄒ야京城에來ᄒ야數處團體를往訪問難ᄒ고不足與爲라하야仍卽歸鄕ᄒ엿다더라

◎賢哉其人 密陽郡府內面新松里長鄭在汝氏는里長의月料를壹不私用ᄒ고洞契를設立하야洞中公用事가有ᄒ면該錢으로支用ᄒ고洞人의게는壹分收斂의[illegible]가[illegible]홈으로該氏의頌德이載路ᄒ다더라

◎關西購報 平南甑山郡漢川市居邊斗燦氏는六十殘年에家勢가極貧ᄒ되新聞을購讀키爲ᄒ야午饌을闕却ᄒ야代金을補充ᄒ다더라

◎義蹤詗探 義兵將高星七氏는近日東門外等地에潛伏ᄒ엿다는說이有홈으로某處에서형捉中이라더라

◎義日交戰 去二十六日慶北安東郡五美洞에서義兵二十名이日憲兵分遣隊와衝突ᄒ엿고又龍宮郡세시洞에서는義兵數十名이일兵과接戰ᄒ다가皆潰走ᄒ엿다더라

◎黃澤越交 中署에被囚ᄒᆫ黃澤은今明間地方裁判所로越交ᄒ다더라

◎雖久必露 新門外平洞居崔光日은昨年分桂洞朴某典當舖에潛入ᄒ야金七百餘圓價値物品을竊取ᄒᆫ事件이發現되야日前北部警察署에被捉ᄒ엿다더라

◎大同教開會 大同教에서本日下午七時에議事會를開ᄒᆫ다더라

電報

◑萬國議員會議

萬國議員會議는來九月比國백룻셀府에開會ᄒᆯ旨를公報로發表ᄒ엿다더라

◑殖民會議開設

日本在野有名ᄒᆫ政客들이韓滿殖民政策에關ᄒ야殖民會議의創設을唱道ᄒᆫ다는ᄃᆡ日本政府에서도同樣의計劃이有ᄒ야兩者一致로右機關을設置홈에至ᄒ엿다ᄒ며名稱은殖民會議라ᄒ고會長은閣員中有力者로選定ᄒ고任務는殖民、拓殖行政에關ᄒ야政府의諮問을答ᄒ며一方으로는調査研究하야意見을決定ᄒ고國民의所向을指示ᄒ는事等인ᄃᆡ其發表期는來五月頃이라더라

以上東京發 廿八日着

◑稅制整理會議

日本大藏省稅局에서는該會의協贊을經ᄒ야公布ᄒᆫ稅制整理에關ᄒ야來月四日에各稅務監督局長會議를開ᄒ기로決定ᄒ엿다더라

◑密漁監視

美國政府에서는알나쓰카方面의海獸獵船을防止ᄒ기爲ᄒ야監視船二隻을增派ᄒ엿다더라

以上東京發 廿九日着

▲特別學報▲

▲魔立禽獸學校는世界上에一無二ᄒᆫ教育機關이라去乙年冬期에募集ᄒᆫ學員이五名오又丁未年夏期에募集ᄒᆫ學員은七名에達ᄒ얏는ᄃᆡ該校々의盡力教育홈과一般學員의心修業ᄒᆫ結果로今年春期에校務를一層大擴張ᄒ고一邊으로卒業式을擧行ᄒ며一邊으로新學員을募集ᄒᆫ다는ᄃᆡ同卒業生은㹴等生狸頑庸、及諸生病蠶、鰌近宅、駁諸棒、蜷衆懸、蟄兵撫、리吟鼠等諸氏오就中狸頑庸氏는試驗에㹴等에居ᄒᆫ故로特히懲狀을授與ᄒ엿다더라

評曰此卒業品生을何處에用홈이可홀씨理想生曰我一大理想的動物園을設ᄒ는ᄃᆡ外는鐵網으로圍ᄒ고內는疾藜로布ᄒᆫ後에㹴等生은桑皮로縛ᄒ며及第生도次第繫置ᄒ고闇羅鬼卒博覽件이나作홀씨

社告

左開地方에서本申報購覽ᄒᆞ시ᄂᆞᆫ 僉彦의便利ᄒᆞ심을爲ᄒᆞ야左開兩郡에本支社를設置ᄒᆞ고來四月一日부터支社로發送分傳케ᄒᆞ오니本社에對ᄒᆞᆫ諸般事項을各該支社員과交涉ᄒᆞ시요

左開

永柔邑內槐峴里 金志瓚

中和下道面一里三洞 禹應善

大韓每日申報社

廣告

本人이今月二十四日南門外停車場에서圓形黑角姓名章과名啣을遺失ᄒᆞ엿기姓名章을長圓形으로更刻ᄒᆞ고該失章은誰某拾得ᄒᆞ와도無效ᄒᆞᆷ

忠南恩津論山 金永耆 白

前議政李根命氏ᄂᆞᆫ風眩病患으로經歲沉頓인中日前國民新報에國民協成會를發起ᄒᆞ엿다揭載ᄒᆞᆫ故로該社에質問ᄒᆞᆫ즉協成會委托으로揭載ᄒᆞ엿다ᄒᆞ고該會셔ᄂᆞᆫ顧問望帖을送來ᄒᆞ엿기仍即繳還ᄒᆞ엿거니와發起ᄂᆞᆫ當初不知ᄒᆞᄂᆞᆫ事이기玆에廣告ᄒᆞᆷ

本家人李有晳 告白

本人이陰二月八日에懸囊을서失인바囊中에在ᄒᆞᆫ本人의黑角圖章一箇와宋致雲의二百兩標一張과紙貨二十一圓을並失ᄒᆞ엿기該票及圖章은自今不用케로如是廣告ᄒᆞᆷ

平壤法橋 金信九 白

陰曆己酉十二月十七日에開城東部霞橋金奎奭處에陰庚戌二月晦捧次百圓手標를서失故로玆에廣布ᄒᆞ오니內外國人間拾得ᄒᆞ와도休紙施行ᄒᆞᆷ

開城嵩布廛趙性濬 告白

本人의從任承教가性本浮浪ᄒᆞ야本人田二十斗落畓六斗落文劵을稱以測量得認ᄒᆞ고謀取以去ᄒᆞ야現今隱跡에方欲得債ᄒᆞ오니內外國人은切勿見欺ᄒᆞᆷ

慶尙北道大邱郡解東面屯山里 崔命說 白

金城郡南面々長金鍾沼과監官吉鼎錫의挾雜事ᄂᆞᆫ前報에已爲廣布ᄒᆞᆫ빅나該兩漢이近日에挾雜ᄒᆞᄂᆞᆫ事가前日보다更勝ᄒᆞ므로村民이難支故로該貪財事를左開廣告ᄒᆞᆷ

二南洞里長斫價九十六兩

注波洞里虛結五十二負三束

上榛里虛結十一負

上榛里學校錢十兩

金城郡南面上榛里趙鍾崙告白

○貿藥의便利ᄒᆞᆫ法

本人이乾材藥局을爲業多年에諸君子의愛顧ᄒᆞ심을特蒙인바同情을表ᄒᆞᆫ次로今年부터業務를大擴張ᄒᆞ고精選材料ᄒᆞ며特別廉價로注意ᄒᆞ되居鄕同業僉位의貿藥ᄒᆞ시기便利ᄒᆞᆫ方法을從ᄒᆞ와親疎間의貿藥掌記만郵便付送ᄒᆞ시면弊局에서特廉減價ᄒᆞ와郵便小包로卽速迅送ᄒᆞ옵고代金은引換ᄒᆞᆯ것ᄉᆞ오니同業僉君子ᄂᆞᆫ隨意請求ᄒᆞ심을望

但貿藥時何郡何面昭詳通知ᄒᆞᆷ

京城南部銅峴九十五統十戶

乾材藥局崔興模 告白

本人이陰曆己酉十二月一日開城崔相勳處捧次二千兩手標를陰庚戌正月分에遺失故로誰某拾得ᄒᆞ여도休紙施行ᄒᆞᆷ

豊德郡北面大足里濟萬洞 朴致中 告白

本人의再從弟之南이性本未敏인ᄃᆡ四處로出沒ᄒᆞ며外債를圖得코저ᄒᆞ오니內外國人은切勿見欺ᄒᆞᆷ

平北義州枇峴面堂亭崔龍九白

本人이去月分에篆字로陽刻ᄒᆞᆫ姓名圖章을서失ᄒᆞ엿ᄉᆞᆸ기正字로改刻ᄒᆞᆷ

西部龍山坊孔德里 尹昶植

◉特告全國同胞

國債報償金의名義로京鄕各處에散在ᄒᆞᆫ金額을全國同胞의公議에附ᄒᆞ야本會에서總合處理ᄒᆞ깃기로京城內各收金所의收合保管ᄒᆞᆫ金額을爲先槪略調査인바地方各郡代表人을召集ᄒᆞ야大總會를開ᄒᆞ고處理方法을另究決定ᄒᆞ기로議決ᄒᆞ엿기玆에左開特告ᄒᆞ오니屆期齊臨ᄒᆞ심을懋望

一 來四月十六日土曜(陰曆三月初七日)正午十二時에京城中部磚洞興士團內本事務所에서開會ᄒᆞᆷ

一 國債報償金을出捐ᄒᆞᆫ地方에만限ᄒᆞ야一郡에一員式該郡代表로前記日時에本會로派送出席케ᄒᆞᆷ이可ᄒᆞᆷ

但代表員選定ᄒᆞᄂᆞᆫ方法은各該郡人士의公議로選定ᄒᆞ야該郡에서出捐ᄒᆞᆫ當時에收金團體의使用ᄒᆞ던印章을捺ᄒᆞᆫ委任狀과住居面長의信章을押ᄒᆞᆫ證明狀을並携帶ᄒᆞᆷ이可

一 金額을出捐ᄒᆞᆫ地方에代表一人式選送ᄒᆞ되該郡一境內에서出ᄒᆞᆫ金額總數와金額을送附ᄒᆞᆫ收金所와保管處所와捐出ᄒᆞᆫ人의姓名金額을廣告ᄒᆞᆫ新聞名號를詳錄付送ᄒᆞᆷ이可ᄒᆞᆷ

一 前記日時에本總會로代表員이出席지아니ᄒᆞᆫ地方에서ᄂᆞᆫ本會議決을一遵케ᄒᆞ고追後提起ᄒᆞᄂᆞᆫ意見이或有ᄒᆞᆫ境遇에ᄂᆞᆫ該意見은公議에附치아니ᄒᆞ야効力이無ᄒᆞᆷ으로認定ᄒᆞᆷ

京城中部磚洞興士團內

國債報償金處理會

堂 誌

京西部車洞同和藥房

本國藥材、洋製、各病效、用、價、國漢文、可刊出、作封、雖婦女、郵便請求、買賣、

閔橿 白

平壤支店管內出張所

自二十五號至六十號雲山踏泥白洛濟平壤西祭山鄭世鼎順川新昌市韓允範祥原新文里尹貞杜三和港碑石洞李元淳江東貴泉金光玉成川德岩桂善華雲山北鎭崔昌善江西藍田張貞杜新溪越川李圭東平壤西門鮮于석寧邊沙川里邊雲成平壤九洞李基範泰川德興里白俊浩遂安上德坮李忠祿甑山龍德里金鼎熙江東賽里崔元俊中和馬井韓禮敎平壤西祭山金爾模中和昆陽場金鳳徵瑞興燕谷玉東根永柔邑禹永冀平壤東倉高興烈平壤西門內崔漢瞻西祭山明永赫新溪補音張斗用江西玉洞金昌煥安州夏法金炳龍中和奇岩朴鎭俊肅川晩興金鵬燮谷山邑內姜齊老平壤七山李應龍在京面李建斗德山面明載煌瑞興雲川李和一黃州竹島朴履道也又其三和港碑石洞李元淳所管內龍井尹衡玉安州邑泰平洞李鎭邦瑞興邑盧鎭夏載寧三支江郭台善鳳山沙里院明致聖价川龍源里崔貫植寧遠東邊里方芸榮也其外他郡은追後更布ᄒᆞ오며且其僞造藥票가或有ᄒᆞ다ᄒᆞ니各出張에서另查嚴禁ᄒᆞ야本房關票를隨處說明ᄒᆞ시오

同和藥房本舖 告白

本人이本月廿二日에直姓名三層圓形木章을서失ᄒᆞ엿ᄉᆞ오니知舊間 照亮ᄒᆞᆷ

平北江界郡內金鳳훈字儀仲白

學員募集廣告

本校에서第一學年及二、三、四各學年補缺生을增加募集ᄒᆞ니四月十日內로請願書를提出ᄒᆞᆷ

但請願紙ᄂᆞᆫ本校에請求ᄒᆞᆷ

西大門內

私立普成小學校

本社에서高明ᄒᆞᆫ技師를雇聘ᄒᆞ야業務를擴張ᄒᆞ고左記各樣印刷物을特別廉價로酬應ᄒᆞ오니僉君子ᄂᆞᆫ愛顧ᄒᆞ심을伏望

各樣書冊과傳道紙와證明紙各種과印札紙各種과領受證과名啣紙各種과公用信紙와廣告紙와卒業証書紙와修業証書紙

平壤館門前

光文社印刷所

社長 鄭益魯

總務 李春燮

◉失期치마시요

種繭을願買ᄒᆞ시던지或信實ᄒᆞᆫ保人을得ᄒᆞ야支社나或並作例를志願ᄒᆞ시라ᄂᆞᆫ 僉君子ᄂᆞᆫ陰三月旬內로請求ᄒᆞ심을敬要

京新門外鍮洞一百九十三統三戶

大韓자蠶會社 白

初等算術敎科書

數學大家 柳一宣 著

中卷 定價洋裝 九拾錢

總發賣所 京城南門外紫岩 新舊書林

分賣所 京鄕各書舖

特別廣告

本館에서任員을改選ᄒᆞᆫ後에業務를更加擴張ᄒᆞ옵고書籍五圓以上請求에特別大割引ᄒᆞ오며또今春에도良好ᄒᆞᆫ果樹를特別低廉ᄒᆞᆫ價로大發賣ᄒᆞ니僉君子陸續請購ᄒᆞ시요

諸般書籍과測量機具와學徒用品도具備ᄒᆞ엿슴

平壤鍾路

太極書館

館主 李[illegible]薰

主任 金根瀅

醫學生募集廣告

志願者ᄂᆞᆫ四月廿日內에限ᄒᆞ야應試ᄒᆞ고校則은願覽者ᄂᆞᆫ郵票二錢要ᄒᆞᆷ

公立平壤同仁醫院附屬醫學校

本人楕圓形姓名圖章서失故今以圓形彫刻也知舊間照亮望

南部笠井洞四四、一〇 尹邦鉉 白

本店에서開業ᄒᆞᆫ지十年間僉君子의愛顧ᄒᆞ을特蒙ᄒᆞ와今年부터業務을大擴張ᄒᆞ고春秋冬所用으로緞屬毛等各國高等物品을今多數直輸入이온바各地方에서ᄂᆞᆫ貿易에[illegible]利賣買키爲ᄒᆞ야特廉價ᄒᆞ와郵便小包로應ᄒᆞ야代金은引換ᄒᆞ[illegible]사오니十三道各郡僉君子ᄂᆞᆫ隨意請求ᄒᆞ심을[illegible]

振替貯金番號(韓國壹三[illegible]

漢城中部鍾路砂器洞二十一統五戶

廣興泰 告白

경셩남문안슈각교북쳔변도힝낭뒤오십오통십일호죵약의단복니죵담죵의먹고붓치만병고와살충단은대쇼악죵당창제질의신효ᄒᆞ고회싱단토샤담체이질학질젹병간괴후후비감창연쥬창안질풍지병풍키와이구비ᄒᆞ오니유명ᄒᆞᆫ논와셔치효ᄒᆞ시오쳐소도미ᄒᆞ오며염가로밧ᄉᆞ오며쥬약ᄒᆞᆫ제 륙환이오 창병ᄒᆞᆫ제 오환이오 외방은우로부송ᄒᆞ옵

윤상윤약국 고백

大邱春秋令市改良ᄒᆞᆷ은全國民同胞諸氏가業已諒悉인바春令도依定期ᄒᆞ와陰三月開市ᄒᆞ고同三十日撤市ᄒᆞ오秋令도陰十一月一日開設ᄒᆞ十日撤市ᄒᆞᆯ더이오니全國[illegible]은咸須知悉ᄒᆞ와屆期來臨ᄒᆞ[illegible]

大邱藥商興業會 告白

本報 一枚 新貨二錢五厘 壹個月 三十錢
廣告 四号活字拾三字詰 (自一行至四行이爲一寸)

廣告

特別廣告

本社의셔同胞의衛生을注意ᄒᆞ야美國의셔經驗單方으로流行通用ᄒᆞᄂᆞᆫ靈藥聖劑를貿入ᄒᆞ야左開廣布ᄒᆞ오니有病君子와藥業에從事ᄒᆞ시ᄂᆞᆫ僉彦은爭先來購ᄒᆞ시옵

分賣와都賣에差別이有ᄒᆞ야一打(十二個)以上의都賣에ᄂᆞᆫ特別割引ᄒᆞᆷ

左開

秘製止痛藥 效能 外塗內服無處不適ᄒᆞ며消滯 止瀉 絕痛 治痢無不神效ᄒᆞᆷ

喜蘇膏藥 效能 頭面 身體一切痛症積年風濕 除瘀 生선之道립卽奏效ᄒᆞᆷ

亞麟香 膠 效能 毋論男女老少 勿嫌年久日淺一切 咳소 服之則其效如神ᄒᆞᆷ

委花藥膏 效能 痔疾 瘰珠瘡 燒跌傷螫咬等 諸症無雙聖藥

委花糖水 藥 効能 疝症 花柳毒 凡不潔血所祟症 婦人虛弱등症靈驗ᄒᆞᆷ

牛汁藥酒 効能 毋論男女老少氣血虛弱者服之則大補元氣身體強健ᄒᆞᆷ

韓美興業株式會社事務所

漢陽商會店員募集

子男 壹 (拾歲以上拾四歲以下) (未婚者) 若干名
子女 壹 (拾歲以上拾四歲以下) (未婚者) 若干名

右男女店員若干名을募集ᄒᆞ니獨立自治의精神잇고實地經驗의商業家되기願ᄒᆞᄂᆞᆫ靑年은本月三拾日上午拾時에本店으로來議ᄒᆞᆯ事

京城鍾路 漢陽商會

大韓國濟生堂製造發行ᄒᆞᄂᆞᆫ藥品

消化新藥 淸心保命丹 此丹은化痰止咳ᄒᆞ고順氣消滯ᄒᆞ며恒常長服ᄒᆞ면腸胃가健全

大補元氣 蔘茸大補元 大補元氣ᄒᆞ고滋腎健腦ᄒᆞ며先天不足과陽위不起에一切神効

蛔積殺虫散 此약은회積과회腹痛과회虫一切을去根ᄒᆞᄂᆞᆫ良劑

久滯大通丸 此丸은年久積滯와宿滯後重이며胃腹痛에神効莫大ᄒᆞᆷ

瘡病新藥 梅花點雪丹 毋論男女ᄒᆞ고花柳病楊梅瘡에一切去根快復하ᄂᆞᆫ良藥

眼疾速効 光明眼藥 諸般眼疾에隨症皆差ᄒᆞᄂᆞᆫ東洋에初有ᄒᆞᆫ寶藥

起死回生 回生丹 此丹은急ᄒᆞᆫ吐瀉關格이며가合아리와冷積과痢疾에神効

感氣神効 解熱散 寒熱往來ᄒᆞ며似학非학과頭痛眩暈와肢節痛에其効가偉大

齒痛新藥 止痛健齒水 虫齒와風齒와諸般齒痛에壹切神効

耳臭聖藥 耳臭神藥 無論男女ᄒᆞ고耳聾鼻塞이며耳鼻에關ᄒᆞᆫ病은隨症並差

疝症根根 疝積湯 諸般산症에大談出賣ᄒᆞᆷ

寸虫沒出藥 寸白虫을一切去根ᄒᆞᄂᆞᆫ妙劑

듸눈과못 拔根藥 듸눈과못과ᄉᆞ마귀를떼ᄂᆞᆫ藥

止足汗臭藥 手足의汗臭를除却ᄒᆞᄂᆞᆫ藥

去核生新 沃度膏 劍瘡과腐傷과곰긴듸去核生新ᄒᆞ기ᄂᆞᆫ第一著明

最新改良 百應膏 毋論男女老少ᄒᆞ고毒瘇濕瘇痰瘇諸般瘇瘡에壹切特效가有ᄒᆞᆷ

淋疾藥各種 淋疾各症에壹週日만服ᄒᆞ면病根快復ᄒᆞ고고腎氣가完全ᄒᆞᆷ

其他洋藥各種과◉賣藥各種◉都매散賣
◉遠地에ᄂᆞᆫ郵便小包로申速酬應ᄒᆞᆷ

漢城南大門內濟生堂大藥房 李庚鳳
代辦主任 李興國 白

特別廣告

漢陽商會ᄂᆞᆫ我同胞가가장誠意로써歡迎하ᄂᆞᆫ우리나라第壹되ᄂᆞᆫ最新式規模로經營하ᄂᆞᆫ特色잇ᄂᆞᆫ商店이오

漢陽商會ᄂᆞᆫ海外物貨製造場으로第一有名ᄒᆞᆫ各國最大商店과特約代理의關係가有하야最低廉最良好ᄒᆞᆫ物品을輸入하ᄂᆞᆫ特權잇ᄂᆞᆫ商店이오

漢陽商會ᄂᆞᆫ我邦物產을外國으로輸出하야海外의金融을吸收ᄒᆞ야我國經濟界의富源을製造ᄒᆞᄂᆞᆫ國家的商店이오

漢陽商會ᄂᆞᆫ我邦舊來商家의弊習을刷新改良코져晝夜盡力하ᄂᆞᆫ義務的商店이오

漢陽商會ᄂᆞᆫ一般商家로ᄒᆞ야금廣告의必要를感醒케ᄒᆞ야勇進奮發의心을鼓吹ᄒᆞᄂᆞᆫ商店이오

漢陽商會ᄂᆞᆫ我全國各處商業家와連結ᄒᆞ야根本的實業發展의本領을實行ᄒᆞᄂᆞᆫ商店이니라

大韓皇城鍾路 輸出輸入商 漢陽商會
電話 一九一番

檀君開國四千二百四十三年
箕子元年三千三十二年
大韓開國五百十九年
本報創刊日 光武八年七月十八日

大韓每日申報

發行兼編輯人 英國人 萬咸
Responsible for Publication Alfred Weekley Marnham.
發行所 京城南部石井洞三層洋屋 大韓每日申報社

第八卷　月曜及慶節歲時休日休刊　第一千三百四十八號

論說

◉嶺南開進의先鋒

禮安寶文義塾의設立됨은各報에已揭ᄒᆞᆫ바어니와近聞컨ᄃᆡ志士의熱心이日長하며青年의入學이日多ᄒᆞ야該校의盛況이愈々呈現하며武陵深處에臥ᄒᆞ야春夢을不覺ᄒᆞ고오論僻見을主張ᄒᆞ던人氏도漸々新時局風潮에頭를되ᄒᆞ야四十九年의謬習을自悔ᄒᆞ고兄壎弟篪로一堂에相和ᄒᆞ야天來福音이七十餘州의全嶺에遍傳ᄒᆞᆯ機가有ᄒᆞ다더라

記者曰桃枝上에桃가生ᄒᆞ며李枝上에李가生ᄒᆞᆫ다더니天道가良然ᄒᆞ도다盖古者儒學東來의際에晦軒圃隱이其種을下하며靜庵晦齋가其芽를培ᄒᆞ야儒門一路에木鐸을傳ᄒᆞ엿스나是ᄂᆞᆫ嚆矢될ᄲᅮᆫ이며濫觴될ᄲᅮᆫ이라其後來에孔孟의肚裏를穿過ᄒᆞ며濂洛의精髓를探得ᄒᆞ야儒學界에一大光明을播ᄒᆞᆫ者ᄂᆞᆫ實怡退溪로始ᄒᆞᆫ비라先生이其純粹의德性과中正의學問으로後學後昆의模範을垂ᄒᆞᆫ地에셔今日新文明輸入의曙光이先現ᄒᆞ엿도다

禮安은即先生의遺墟로風俗이敦厚ᄒᆞ고文學이彬々ᄒᆞ야數百年來嶺南全部의依仰ᄒᆞ던郡이라禮安이一開進하면全嶺이草偃하리니寶文義塾의此處에서刱立됨이一可賀오李氏ᄂᆞᆫ即先生의遺裔로禮安一郡中最有風力ᄒᆞᆫ巨族이라李氏가一開進ᄒᆞ면一郡이風趨ᄒᆞ리니李氏全門의宣力으로此塾을刱立홈이二可賀오又尊祖敬宗의風은李門의美範이라宗家가一善事를唱ᄒᆞ면擧族이齊和ᄒᆞᄂᆞᆫᄃᆡ即今此塾刱立의主動者ᄂᆞᆫ其宗裔李忠鎬氏라ᄒᆞ니三可賀로다

賢哉라李忠鎬氏여頑固開發의鑰을司ᄒᆞᆫ者ㅣ氏며後學指南의針을執ᄒᆞᆫ者ㅣ氏며一郡으로始ᄒᆞ야將來全嶺의模範될者ㅣ氏니氏ᄂᆞᆫ勉ᄒᆞᆯ지어다而今에ᄂᆞᆫ天荒이未盡破하고頑寢이未盡起ᄒᆞ야贊成者ᄂᆞᆫ少하고沮毁者가多ᄒᆞᆯ지며來助者ᄂᆞᆫ少ᄒᆞ고笑罵者가多ᄒᆞᆯ지니中流의砥柱가아니면엇지此에壁立홈을得ᄒᆞ리오氏ᄂᆞᆫ勉ᄒᆞᆯ지어다

清儒某氏가云ᄒᆞ되「天下事를山中人이建設ᄒᆞᄂᆞᆫ者ᄂᆞᆫ常鞏固ᄒᆞ고山外人이建設ᄒᆞᄂᆞᆫ者ᄂᆞᆫ常動搖라」ᄒᆞ엿스니是ᄂᆞᆫ盖世故를多閱하고時勢를習知ᄒᆞᄂᆞᆫ者가其智識은事業을可建ᄒᆞᆯ만ᄒᆞ나純朴ᄒᆞᆫ德性質이無ᄒᆞ면剛毅ᄒᆞᆫ心力이無홈으로反히山中人만不如ᄒᆞ다홈이라然則彼太白山前의高枕人이其聞見하ᄂᆞᆫ바와接觸ᄒᆞᄂᆞᆫ바ᄂᆞᆫ自然繁華ᄒᆞᆫ都部에不及ᄒᆞ야感覺은人에後ᄒᆞ나然이나大朴의風氣가尚存ᄒᆞ고先賢의遺澤이未泯ᄒᆞ야將來前進의勇은人에過ᄒᆞ리니엇지同胞의厚望ᄒᆞᆯ비아니리오

雖然이나吾儕의一大悶惜ᄒᆞᄂᆞᆫ바ᄂᆞᆫ彼安禮등地에幾多儒林이此悲境을遭ᄒᆞ며此新潮를覩ᄒᆞ고도尚且江湖白鷗를伴ᄒᆞ야閑眠을作ᄒᆞᆫ다하니神禹氏의開山巨斧가安在오此를借ᄒᆞ야其頑腦를一斫코ᄌᆞᄒᆞ노라

外報

◉清國軍艦建造　清國軍艦建造引受에關ᄒᆞ야德國은진멜만을代表者로하야北京에駐在ᄒᆞ야運動ᄒᆞᆫ다ᄂᆞᆫᄃᆡ不遠間注文을受ᄒᆞ리라더라

◉에트나噴火後報　伊太利國에트나火山은十四箇所의噴火口에서噴火ᄒᆞ야或용岩의奔流가一基路米突의廣에亘ᄒᆞ엿ᄂᆞᆫᄃᆡ보레루地方의居民은奔走히避難ᄒᆞᆫ다더라

◉革命黨警戒　清國革命黨員이東三省에潛伏ᄒᆞ엿다ᄂᆞᆫᄃᆡ前安徽省砲兵大隊長某ᄂᆞᆫ謀叛을圖ᄒᆞ고且載洵貝勒을暗殺코ᄌᆞ計畫ᄒᆞ다가被捕ᄒᆞ야斬殺되엿고熊成基外의其餘黨이尚且不少ᄒᆞ다ᄒᆞ야嚴密히搜索ᄒᆞᆯ旨로軍機處에셔錫總督의게電訓ᄒᆞ엿ᄂᆞᆫᄃᆡ錫總督은吉林奉天兩巡撫에게移牒ᄒᆞ야嚴히警戒ᄒᆞ엿다더라

◉南美의戰雲　南美에在ᄒᆞᆫ智利、秘露兩國은數十年前부터아리카、타크나二洲에所屬問題로互相不和ᄒᆞ더니今回에智利政府에셔아리카州에在ᄒᆞᆫ秘露宣教師를民心煽動이라藉托ᄒᆞ고放逐홈으로此가一大問題를成하야互相開戰을準備中이라더라

◉粤漢拒欵運動　清國湖北鐵道會社組織을許可ᄒᆞᆫ以來로湖南湖北兩省이一般注意를加ᄒᆞᆫ다ᄂᆞᆫᄃᆡ拒欵會委員長劉心源은政學兩界에對ᄒᆞ야打電ᄒᆞ기를從來株金應募의志願者ᄂᆞᆫ此際에至急申請ᄒᆞ라고廣告ᄒᆞ엿고去二十六日七日兩日에募集된金額이四百萬圓에達ᄒᆞ엿고尚今까지續々集金中이라ᄒᆞ며同會社ᄂᆞᆫ漢口에本店을置하고北京、天津、上海、廣東에各支店을設ᄒᆞᆯ計畫이라더라

學界

◉農林所卒業　西北學會農林講習所에셔本日下午二時에農林簿記兩科卒業式을擧行ᄒᆞᆫ다ᄂᆞᆫᄃᆡ多數紳士의來參을希望ᄒᆞᆫ다더라

◉紀念兼進級　來四月二日은私立女子普學院刱立第三回紀念日인故로當日上午十二時에紀念兼進級禮式을設行ᄒᆞᆫ다더라

◉廣倅優績　廣州郡守吳泰泳氏ᄂᆞᆫ莅任六載에居官如家ᄒᆞ며愛人如己ᄒᆞ고躬行村閭에家喩戶說하야教育을奬勵홈으로境內學校가數十處에達하엿ᄂᆞᆫᄃᆡ今에交河郡守로轉任ᄒᆞ매境內人民이莫不愛惜ᄒᆞ며教育界에셔尤極慕頌ᄒᆞᆫ다더라

◉兩校合一　三水郡仲坪塲紳士金丙奎氏ᄂᆞᆫ該里의隆興學校를刱設ᄒᆞ고金貨五十圓을捐出ᄒᆞ야校費를補用ᄒᆞ며同里丁致恒廉興奎兩氏ᄂᆞᆫ商務學校를設ᄒᆞ고廉興奎氏ᄂᆞᆫ教師의六個月經費를自擔홈으로該兩校狀況이振興ᄒᆞᄂᆞᆫᄃᆡ兩校를聯合ᄒᆞ야商務隆興學校로稱ᄒᆞᆺ다더라

學報

◉玉校卒業生　尙洞攻玉學校에셔卒業式을擧行홈은已報어니와高等科卒業生은李義直趙相萬朴仁植朴永淳盧益煥李在鎬尋常科卒業生은元君民徐相乾姜義永金重鉉李圭勛金恩世尹建燮姜奏會沈熙澤趙奎然朴文興田台鎭趙奎敦廉壽益李鍾淳李芯雨崔泳植김鍾元女學徒卒業生은周舍에羅興福林暎愛

◉弼雲夜校卒業　私立弼雲學校에셔日語夜學卒業式을擧行ᄒᆞ엿ᄂᆞᆫᄃᆡ優等生張鎭元及第生朴世秉宋和植陳瀅錫金相鉉孫熙선劉時淵韓鼎洙尹孝植

詞藻

❀感春❀

歲月이如流ᄒᆞ야、도라잔봄다시오니。만산花柳ᄂᆞᆫ、ᄯᅢ를아러퓌것마ᄂᆞᆫ。엇지타、悲慘中에잇ᄂᆞᆫ人生、아모란줄。

宮廷彙報

○勅諭頒宣 大皇帝陛下에옵서 昨日侍從院卿尹德榮을李完用에게 命送ᄒᆞ옵서從速히起身視務ᄒᆞ라신 勅諭를 下하옵셧다더라

雜報

○義王宮晬宴 昨日은 義親王殿下의 誕辰인故로各星族을會同ᄒᆞ야宴會를設ᄒᆞ얏다더라

○歸國內容 農商工部次官木內의歸國홈은既報어니와其內容을漏聞ᄒᆞᆫ즉日本國內資本家를締結ᄒᆞ야三南幹地에本年度부터農務를大擴張ᄒᆞᆯ計劃이라더라

○宣教師抗議 近來日人新聞上에往往在韓國耶蘇敎宣敎師를毁謗ᄒᆞᆫ故로宣敎師一同은此를甚憤ᄒᆞ야在韓宣敎師의一同協議로代表者를統監府에選送ᄒᆞ야石塚長官을訪問ᄒᆞ고其監督方法을施行ᄒᆞ라고抗議를提出ᄒᆞ엿다더라

○憲兵隊長會議 日憲兵隊本部에셔ᄂᆞᆫ來月一日로부터五日間各分隊長會議를開ᄒᆞᆫ다더라

○五百木歸國 日本對韓同志會員五百木은本日出發歸國ᄒᆞᆫ다더라

○俞氏歸京 漢城府民會長俞吉濬氏ᄂᆞᆫ國民經濟研究會支會를設立ᄒᆞᆯ次로開城郡에前往ᄒᆞ엿다가再昨日歸京ᄒᆞ엿다더라

○其數八十 內部醫務局과日憲兵司令部에셔ᄂᆞᆫ漢城內各社會數爻를調査ᄒᆞ엿ᄂᆞᆫ디合八十餘處라더라

○冒錄遭駁 政友會發起人中에前判書金宗漢氏를參列ᄒᆞ고又該氏로副議長을推薦ᄒᆞ야再昨日同會의閔元植氏가김氏를訪問하고出席ᄒᆞ기를勸告ᄒᆞ엿ᄂᆞᆫ디김氏ᄂᆞᆫ當初발起에參與ᄒᆞᆫ事가初無ᄒᆞᆫ디他人의姓名을冒揭ᄒᆞ엿ᄂᆞᆫ故로김氏가閔氏를對ᄒᆞ야一場論駁을加하엿다더라

○追加發布 昨日官報로治道費土地調査費其他事件에關ᄒᆞᆫ追加預算이發布되엿다더라

○種子給與說 山林局에셔ᄂᆞᆫ櫟、其他材木의種子를志願者에게無料給與ᄒᆞᆫ다더라

○露日交涉 露國政府에셔本年一月부터韓日人船舶에對ᄒᆞ야徵稅를施ᄒᆞᄂᆞᆫ디日本에셔ᄂᆞᆫ該稅率을減下ᄒᆞ라고目下露國에交涉中이라더라

○得無相妬否 南村某大臣에夫人은何等憂慮가有ᄒᆞᆫ지時日를消遣ᄒᆞᆫ다稱ᄒᆞ고花園別堂에셔其子婦任氏와共히空山明月에梧桐鳳凰을爭唱ᄒᆞ면셔菊樽餘興으로梅鳥를弄ᄒᆞᄂᆞᆫ디一勝一負에滿籤賞금이來往不絕ᄒᆞᆫ다더라

○安眞發賣禁止 日人岩田菊田等寫眞館에셔安重根氏의眞影을撮取發賣ᄒᆞᆫ다ᄒᆞᆷ은既報어니와內部에셔此를治安妨害라ᄒᆞ야三昨日부터發매를禁止ᄒᆞ엿다더라

○繪書押收 韓人間에忠臣安重根이라題ᄒᆞᆫ繪畵書를發賣ᄒᆞᄂᆞᆫ人이有ᄒᆞᆫ디多數人士가爭相購買ᄒᆞᄂᆞᆫ故로警視廳에셔此를治安妨害라ᄒᆞ야其發매를禁止ᄒᆞ고書本ᄭᆞ지押收ᄒᆞᆫ다더라

○韓人義捐 今番安重根氏事件에對ᄒᆞ야海外에在ᄒᆞᆫ韓국同胞가各其義捐金을募集ᄒᆞ야五萬圓以上에達ᄒᆞᆫ지라此金額으로英、露、西、三국辯護士를雇聘ᄒᆞ엿ᄂᆞᆫ디該辯護士에게每名의實費金으로三千圓을先給ᄒᆞ고出張旅費ᄂᆞᆫ每日壹百五十圓式支給ᄒᆞ엿다더라

○牛皮改良必要 牛皮ᄂᆞᆫ韓國物産中重要ᄒᆞᆫ者로其輸出額이年年百萬圓以上에達ᄒᆞᄂᆞᆫ바인디其解剖方法과乾燥方法이不完全ᄒᆞᆷ을因ᄒᆞ야發매上多大ᄒᆞᆫ影響이有ᄒᆞᆫ즉此를改良ᄒᆞᆷ이急要ᄒᆞ다더라

○秘議調査 一進會長李容九ᄂᆞᆫ三昨日明月舘에셔宴會를開ᄒᆞᆯ時에何等秘密事件을協議ᄒᆞ엿다ᄂᆞᆫ說이有ᄒᆞᆷ으로警視廳에셔目下調査中이라더라

○餘孼尙存 謝罪團을發起ᄒᆞ던黃應斗尹大燮等은渡日旅費五百餘圓을各地方에收歛ᄒᆞ기로預料하엿더니各郡直員諸氏가一切拒絕하ᄂᆞᆫ故로內閣에長書를提呈ᄒᆞ야措處方針을陳述코저ᄒᆞᆫ다더라

○南民何罪 南原郡地方委員李河德氏ᄂᆞᆫ昨秋八月頃에謝罪團에赴往ᄒᆞᆫ다稱ᄒᆞ고上京ᄒᆞ얏다가歸鄕ᄒᆞᆫ後浮費라稱ᄒᆞ고金二百餘圓을各面에排徵ᄒᆞᆷ으로民怨이狼藉ᄒᆞ다더라

○魔鬚又出 慶北大邱居하ᄂᆞᆫ所謂儒生李秉澤은昨日에合邦贊成建議書를統監府에提출하엿다더라

○牛痘施術 北部警察署에셔ᄂᆞᆫ昨日正午大韓興業會舘內에셔管內人民을會同ᄒᆞ야春期牛痘를施ᄒᆞ엿다더라

○市原交涉 善隣商業學校長市原盛宏은該校卒業生으로相當ᄒᆞᆫ官職을需用하라고各官廳에交涉ᄒᆞᄂᆞᆫ中이라더라

○卒業生紀念宴 外國語學校英語部卒業生一同은再昨日下午七時明月舘에셔紀念宴을開ᄒᆞ엿다더라

○[illegible]學生 官立漢城高等學校今年卒業生이張錫台朱榮善氏등十一人인디其中三人은日本留學官費生에應試ᄒᆞ기로其餘九人은相當ᄒᆞᆫ官職을需用ᄒᆞ기로內定되엿다더라

○人口日增 民籍調査가漸次實行됨은人所共知어니와平南全北京畿三道ᄂᆞᆫ業已畢了되고其他各道ᄂᆞᆫ尙且一個月을要ᄒᆞ여야畢了될터인디調査가進行ᄒᆞᆯ수록人口의增加가益多ᄒᆞ야現今豫想으로壹千八百萬以上에達ᄒᆞᆯ貌樣이라더라

○漢報續刊運動 南部倉洞居李德用氏ᄂᆞᆫ廢止된漢城新報를漢城日報로改稱ᄒᆞ야繼續發刊ᄒᆞᆯ次로目下運動中이라더라

○修理費請願 年前厚창郡衙를重修ᄒᆞᆯ時에所入經費를人民의게排斂支用ᄒᆞ엿ᄂᆞᆫ디人民等이該金을推尋ᄒᆞᆯ次로觀察道에請願ᄒᆞᆫ故로觀察道에셔ᄂᆞᆫ內部로修報ᄒᆞ고該금을支給ᄒᆞ라ᄒᆞ엿다더라

○六廛討究 度支部에셔鍾路六矣廛建物을官有로認定ᄒᆞᆫ다고各新聞에揭載됨으로六矣廛에셔ᄂᆞᆫ此에對ᄒᆞ야鍾路商業會議所에逐日會集ᄒᆞ야六矣廛의刱設來歷을討究調査中이라더라

○從速歸正 忠南瑞山郡太山面泰安郡梨園面沔川郡倉宅面三面에在ᄒᆞᆫ民有地가國有로誤入된事件으로該地人民이度支部에呼訴ᄒᆞᆷ은累報어니와再昨日全部에셔該人民을招諭ᄒᆞ되來月廿日內로歸正ᄒᆞ야쥬마하엿다더라

○苦待指令 平北義州府威化面에在ᄒᆞᆫ民有土地를定結次로該面人民이度支部에請願ᄒᆞᆫ後[illegible]稅務監督局에交涉ᄒᆞᆫ[illegible]錢을督納ᄒᆞᄂᆞᆫ故로該人民代表宋석찬氏가更히度支部에請願ᄒᆞᆫ즉同部에셔說喩ᄒᆞ기를二週日內로判決指令을成給하마ᄒᆞ고該土地稅納을姑爲停止하라ᄂᆞᆫ旨로義州府財務署에通知ᄒᆞ엿다더라

○義殺日人 去廿六日에義將韓寧滿氏가部下二十四名을率ᄒᆞ고醴泉市場을來襲ᄒᆞ야日人山口를撲殺ᄒᆞ엿ᄂᆞᆫ디該地方巡查隊와日憲兵隊에셔출擊ᄒᆞᆫ다ᄂᆞᆫ消息을聞ᄒᆞ고即時安東方面으로向ᄒᆞ엿다더라

○汶山日會 坡州汶山浦居留日人들은日本人會를組織ᄒᆞ엿다더라

○轉球嚴禁 漢城內에日人의轉球業이日熾하야人民의弊害가多大ᄒᆞᆷ은人所共知어니와近日警視廳에셔此를禁戢키爲ᄒᆞ야各署로申飭ᄒᆞ야管內轉球業者를一一捉囚ᄒᆞ고轉球板은警視廳으로一幷押收ᄒᆞ엿다더라

○此弊宜禁 全州府內에ᄂᆞᆫ清人의三十六契가盛行ᄒᆞ야昨冬以來韓人中蕩産者가一百餘戶라더라

○病不堪苦 前判書尹容績氏의少室申召史ᄂᆞᆫ多年吟病ᄒᆞ다가辛苦를不堪ᄒᆞ야昨日磚洞井水에投入코저彷徨ᄒᆞᆯ際에行巡巡查가發現ᄒᆞ야救護以送ᄒᆞ엿다더라

○演組又出 新明學校講師朴東潤氏等四人은日人音羽一峰과協同하야新演劇研究會를組織하고漢城內各演劇場을組合ᄒᆞᆯ次로昨日警視廳에請願하엿다더라

○[illegible] 大韓醫士總合所[illegible]氏ᄂᆞᆫ[illegible]ᄒᆞ다가[illegible]에셔逐出을當ᄒᆞ엿다더라

○醫所調査 中部警察署에셔ᄂᆞᆫ昨日大韓醫師總合所々長以下一般任員에氏名及履歷書와該所規則을一々調査ᄒᆞ얏다더라

○何等關係 住所未詳ᄒᆞᆫ申泳學氏ᄂᆞᆫ何等關係가有ᄒᆞᆫ지某處에셔該氏의身分을秘密調査中이라더라

○義蹤詗探 義兵將姜基東氏의徒黨이漢城內에潛伏ᄒᆞ엿다ᄂᆞᆫ說이狼藉ᄒᆞᆷ으로軍警兩廳에셔嚴密히졍探하ᄂᆞᆫ中이라더라

○義將越交 日憲兵司令部에被捉ᄒᆞᆫ義兵將洪敬七氏ᄂᆞᆫ昨日地方裁判所로越交되엿다더라

○青舘開演 今日下午七時半에鍾路青年會舘에셔孫貞道氏를請邀ᄒᆞ야拯世之能力이란問題로演說ᄒᆞᆫ다더라

電報

博覽會延期

本年에開設ᄒᆞ랴던西比利亞하바로브스크博覽會ᄂᆞᆫ露국政府의補助金이延期됨을爲하야明年으로開設ᄒᆞᆫ다더라 東京發 廿九日着

日人渡歐說

日本實業家五百名은英日博覽會의機를乘ᄒᆞ야歐洲를視察次로六月頃에出發ᄒᆞᆫ다더라 東경발 三十日着

清國파루氏

清國政府ᄂᆞᆫ政務改革의必要를因ᄒᆞ야美國前大統領루스벨트氏를最高顧問으로招聘ᄒᆞ기爲ᄒᆞ야既히루氏와交涉[illegible]ᄒᆞ고[illegible]이啓行ᄒᆞᆫ다더라

日本造艦說

日本海軍省에셔一萬[illegible]千噸되ᄂᆞᆫ戰鬪艦을建造코저ᄒᆞ야英國에注文ᄒᆞᆯ計劃으로造船監督官三名을派送하엿다ᄂᆞᆫ說이有ᄒᆞ다더라 以上港桑發 三十日着

九原復起

▲一陣狂風건듯부러許多氛祲모라오니漢城內에幺麼奸黨乘時跳踉또나온다軍兵力이업셔스니鈇鉞征服ᄒᆞᆯ수업고司法權이업셔스니王章快施어렵도다九原下에[illegible]牒ᄒᆞ고烈々忠魂喚起ᄒᆞ야霜雪갓흔더神威로모든奸黨叱退ᄒᆞ세

▲第壹位에坐起ᄒᆞ니閔泳煥氏나오신다同進會에共參ᄒᆞᄂᆞᆫ元老諸氏말드러라堂堂ᄒᆞᆫ大君의地位喬木世臣이아니며霜雪ᄀᆞᆺ흔君의鬢髮皇恩中에늙엇ᄂᆞᆫ디무ᄉᆞᆷ欲望不足ᄒᆞ야賊邊人이되단말가背恩忘國ᄒᆞᄂᆞᆫ奸黨이叱咤에消滅ᄒᆞ고

▲第二位에坐起ᄒᆞ니崔益鉉氏나오신다合邦說을贊同ᄒᆞᄂᆞᆫ儒生名色말드러라네身分에맛ᄒᆞᆫ바ᄂᆞᆫ綱常大義이아니며네口頭로닑은바ᄂᆞᆫ春秋[illegible]이아니냐亂賊黨與先治ᄒᆞᆷ은너의[illegible]도아ᄂᆞᆫ비니藉儒賣國ᄒᆞᄂᆞᆫ奸黨이叱咤에消滅ᄒᆞ고

▲第三位에坐起ᄒᆞ니金春學氏나오신다建議所를發起ᄒᆞᄂᆞᆫ領尉軍人말드러라軍隊解散ᄒᆞ던날이몃칠이나되엿ᄂᆞᆫ가干城之材되여나셔爲國禦侮못ᄒᆞᆯ망졍잔돈푼에몸이팔녀虎前倀이되단말가賣私覆國ᄒᆞᄂᆞᆫ奸黨이叱咤에消滅히라

雜報

○尹也被捉 棗洞居尹致成이李姓女를紹介ᄒᆞ야閔某家婢子銀蟾을日人福田의게賣渡ᄒᆞᆫ事ᄂᆞᆫ前報에已揭어니와事實이發現되야再昨日尹也가所管警察署에被捉ᄒᆞ엿ᄂᆞᆫᄃᆡ該女를引出ᄒᆞᆫ李姓女ᄂᆞᆫ銀蟾과秘密相通ᄒᆞ여自己의引出ᄒᆞᆫ情跡을隱匿ᄒᆞ라고懇請ᄒᆞ며日人福田은銀蟾을數ᄒᆞ되當署에出頭ᄒᆞᆯ時에當初本夫와同居키를不願ᄒᆞᆷ으로潛身暫避라ᄒᆞ고本夫와ᄂᆞᆫ抵死相離ᄒᆞᆫ깃다고答供ᄒᆞ라ᄒᆞ엿다더라

○洪氏起訴說 齋洞居洪範植氏가嫌疑者에搆捏을被ᄒᆞ야日憲兵司令部에被捉ᄒᆞᆷ은旣報어니와該氏가抑寃을不勝ᄒᆞ야將次行政裁判을提起ᄒᆞᆫ다더라

廣告

朴榮駿은憲暎으로改名ᄒᆞᆷ
朴憲暎 告白

本月二十九日家劵事廣告中金啓洪의啓字以仁字正誤ᄒᆞᆷ
金仁洪 白

本人의子喆雨의字慶樂이가年二十五歲이온ᄃᆡ昨年至月에無故出他ᄒᆞ야尙無消息故로本人이相面次上경ᄒᆞ야留宿于서部南門外蓮池洞百五十五統二戶禹漢玉氏家이오니誰某氏던지喆雨의居處를아시거던卽通知ᄒᆞ시오면厚謝ᄒᆞᆫ깃ᄉᆞᆸᄂᆡ다
忠南新창郡北面錦魏李鍾萬白

本人이往于白頭山이라가장氣所襲에左臂가因病痩瘠ᄒᆞ야不能屈伸이러니大廣橋共愛堂醫士**朴容南**氏가捐助治療ᄒᆞᆫ지未幾日에運臂如常ᄒᆞ기로高明ᄒᆞᆫ醫術을感謝ᄒᆞ기玆에廣告ᄒᆞᆷ
弘文洞居金鳳熙 白

경셩남문안슈각교북쳔변동편힝낭뒤오십오통십일호죵약국의단복녀죵담죵의먹고붓치는만병고와살충단은대쇼약죵과당창제질의신효ᄒᆞ고회싱단은토사담체이질학질져병간괴인후후비감창연쥬창안질풍징빅벽풍치약이구비ᄒᆞ오니유병군ᄌᆞ는와셔치료ᄒᆞ시오쳐소도정미ᄒᆞ오며염가로밧ᄉᆞ오며 련쥬약ᄒᆞᆫ제 륙환이오 창벽약ᄒᆞᆫ제 오환이오 외방은우체로부송ᄒᆞᆸ
윤상윤약국 고빅

金城郡南面々長金鍾沼과監官吉鼎錫의挾雜事ᄂᆞᆫ前報에已爲廣布ᄒᆞᆫ비나錢兩漢이近日에挾雜ᄒᆞᄂᆞᆫ事가前日보다更勝ᄒᆞ무로村民이難支故로該貪財事를左開廣告ᄒᆞᆷ
二南洞里長斫價九十六兩
注波洞里盧結五十二負三束
上榛里盧結十一負
上榛里學校錢十兩
金城郡南面上榛里趙鍾崙告白

特別廣告
本舘에셔任員을改選ᄒᆞᆫ後에業務를更加擴張ᄒᆞᄋᆞᆸ고書籍五圓以上請求에特別大割引ᄒᆞ오며또今春에도**良好**ᄒᆞᆫ**果樹**를**特別低廉**ᄒᆞᆫ**價**로**大發賣**ᄒᆞ니**僉**君子**陸續請購**하시ᄋᆞᆸ
諸般書籍과測量機具와學徒用品도具備ᄒᆞ엿ᄉᆞᆸ
平壤鍾路
太極書舘
舘主 李升薰
主任 金秉瀅

◎特告全國同胞

國債報償金의名義로京鄕各處에散在ᄒᆞᆫ金額을全國同胞의公議에附하야本會에셔總合處理하깃기로京城內各收金所의收合保管ᄒᆞᆫ金額을爲先槪略調査인바地方各郡代表人을召集ᄒᆞ야大總會를開ᄒᆞ고處理方法을另究決定ᄒᆞ기로議決ᄒᆞ엿기玆에左開特告ᄒᆞ오니屆期齊臨ᄒᆞ심을懸望

一 來四月十六日土曜(陰曆三月初七日)正午十二時에京城中部磚洞興士團內本事務所에셔開會ᄒᆞᆷ

一 國債報償金을出捐ᄒᆞᆫ地方에만限ᄒᆞ야一郡에一員式該郡代表로前記日時에本會로派送出席케ᄒᆞᆷ이可ᄒᆞᆷ
但代表員選定ᄒᆞᄂᆞᆫ方法은各該郡人士의公議로選定ᄒᆞ야該郡에셔出捐ᄒᆞᆯ當時에收金團體의使用ᄒᆞ던印章을捺ᄒᆞᆫ委任狀과住居面長의信章을押ᄒᆞᆫ證明狀을並携帶ᄒᆞᆷ이可

一 金額을出捐ᄒᆞᆫ地方에代表一人式選送ᄒᆞ되該郡一境內에셔出ᄒᆞᆫ金額總數와金額을送附ᄒᆞᆫ收金所와保管處所와捐出ᄒᆞᆫ人의姓名金額을廣告ᄒᆞᆫ新聞名號를詳錄付送ᄒᆞᆷ이可ᄒᆞᆷ

一 前記日時에本總會로代表員이出席지아니ᄒᆞᆫ地方에셔ᄂᆞᆫ本會議決을一遵케하고追後提起하ᄂᆞᆫ意見이或有ᄒᆞᆫ境遇에ᄂᆞᆫ該意見은公議에附치아니ᄒᆞ야効力이無ᄒᆞᆷ으로認定ᄒᆞᆷ

京城中部磚洞興士團內
國債報償金處理會

本店에셔**開業**ᄒᆞᆫ지**十六年間僉君子**의愛顧ᄒᆞ심을**特蒙**ᄒᆞ와**今年**부터業**務**을**大擴張**ᄒᆞ고**春夏秋冬所用**으로緞屬**毛**織**等各國高等物品**을**現今多數直輸入**이온바**各地方**에셔ᄂᆞᆫ賣易에**便利賣買**키**爲**ᄒᆞ야**特**廉**減價**ᄒᆞ와**郵便小包**로**酬應**ᄒᆞ야**代金**은**引換**ᄒᆞ깃사오니**十三道**各**郡僉君子**ᄂᆞᆫ**隨意請求**ᄒᆞ심을**望**
振替貯金番號(韓國壹三一番)
漢城中部鍾路砂器廛**洞二十一統五戶**
廣 **興泰** 告 **白**

釜港東關韓興書舘
本舘에셔新舊書籍과學校用品各種을備置하야(五圓以上特減割引)大發售하오니江湖僉君子ᄂᆞᆫ陸續購買ᄒᆞ시ᄋᆞᆸ
舘主 金泰衡 本名汝重
主任 權鍾律

◎**失期**치마시ᄋᆞᆸ
種繭을願買ᄒᆞ시던지或信實ᄒᆞᆫ保人을得ᄒᆞ야支社나或並作例를志願ᄒᆞ시라ᄂᆞᆫ 僉君子ᄂᆞᆫ陰三月旬內로請求ᄒᆞ심을敬要
京新門外鍮洞一百九十三統三戶
大韓작**蠶會社 白**

本人楕圓形姓名圖章셔失故今以圓形彫刻也知舊間照亮望
南部笠井洞四四、一〇
尹邦鉉 白

特別廣告

漢陽商會ᄂᆞᆫ**我同胞**가 가장 誠**意**로써**歡迎**하ᄂᆞᆫ 우리 나라 **第壹**되ᄂᆞᆫ最 新**式規**模로**經營**하ᄂᆞᆫ**特色**잇ᄂᆞᆫ商**店**이오

漢陽商**會**ᄂᆞᆫ海**外物貨製造場**으로**第一有名**ᄒᆞᆫ**各國**最**大商店**과**特約代理**의**關係**가**有**하야最低廉最**良好**ᄒᆞᆫ**物品**을**輸入**하ᄂᆞᆫ**特權**잇ᄂᆞᆫ商**店**이오

漢陽商**會**ᄂᆞᆫ我**邦物産**을**外國**으로**輸出**하야海**外**의**金融**을**吸收**ᄒᆞ야**我國經濟界**의**富**源을**製造**ᄒᆞᄂᆞᆫ**國家的**商**店**이오

漢陽商會ᄂᆞᆫ我**邦**舊**來商家**의**弊習**을**刷新改良**코져**晝夜盡力**하ᄂᆞᆫ**義務的**商**店**이오

漢陽商**會**ᄂᆞᆫ**一般**商**家**로ᄒᆞ야금**廣告**의**必要**를**感醒**케ᄒᆞ야**勇進奮**發의心을**鼓**吹ᄒᆞᄂᆞᆫ商**店**이오

漢陽商**會**ᄂᆞᆫ我**全國各處**商**業家**와**連結**ᄒᆞ야**根本的實業**發**展**의**本領**을**實行**ᄒᆞᄂᆞᆫ商**店**이니라

大韓皇城鍾**路**　**輸出輸入**商　**漢陽**商**會**
電話　一九一番

特別廣告

本報 一枚 新貸二錢五厘 壹個月 三十錢 參個月 九十錢 陸個月 壹圓七十錢

廣告

◉京城鍾路和平堂大藥房

○和平堂藥房은我同胞가最誠意로歡迎ᄒᆞᄂᆞᆫ我國第一되ᄂᆞᆫ最新式規模로經營ᄒᆞᄂᆞᆫ特別藥房이오

○和平堂藥房은外國第一有名ᄒᆞᆫ洋藥과我國唐草材를多數輸入ᄒᆞ야最低廉最良材를都賣散賣ᄒᆞᄂᆞᆫ最大藥房이오

○和平堂醫院은平壤濟衆院에서卒業을受ᄒᆞ고美國醫學博士禹越時手下에多年實地施驗을行ᄒᆞᆫ醫士田慶龍氏를延聘ᄒᆞ야男女老少에內外科를誠心으로診察治療ᄒᆞᄂᆞᆫ醫院이오

○和平堂醫院은外方에서病錄만錄送ᄒᆞ시면其病에適當ᄒᆞ도록誠心製藥ᄒᆞ야迅速付送ᄒᆞ기로熱心ᄒᆞᄂᆞᆫ醫院이오

○和平堂醫院은治療費와藥價를最廉ᄒᆞ게ᄒᆞ야一般醫藥家로使之感醒케ᄒᆞ야勇進奮發의心을鼓吹케하ᄂᆞᆫ醫院이오

○和平堂藥房은全國內醫藥家와連結ᄒᆞ야根本的實業發展의本領을實行코ᄌᆞᄒᆞᄂᆞᆫ藥房이오

京城鍾路　洋藥各種과漢藥唐草材　大發賣

和平堂本舖主任　李應善

◉京城鍾路和平堂大藥房各種藥品及各樣規則廣告

○承寧府典醫 洪哲普君 實驗處方
○陸軍軍醫 張基茂君 有効證明

四時勿論ᄒᆞ고旅行居家에常備之靈약

登錄 官許 認可　健胃 消滯 八寶丹

定價 일貼九拾五粒入金拾錢　三貼入金廿五錢

右약에主治効能은如左홈

◉壹은新久積滯와急聲關格과胃腹疼痛과中暑中寒과水土不服에特効가有ᄒᆞ기로著名홈
◉壹은頭痛과眩운을鎭正ᄒᆞ고精神을爽快케ᄒᆞᄂᆞᆫ良제요
◉壹은恒常食後에適宜服用ᄒᆞ시면脾胃를健壯케ᄒᆞ며痰을消ᄒᆞ며口味를助ᄒᆞ야滯祟에念慮가無홈
◉壹은酒醉昏迷와船운車醉에速治ᄒᆞᄂᆞᆫ奇効가有홈
◉壹은香氣가含有ᄒᆞ야口臭를排除하고解毒通규ᄒᆞᄂᆞᆫ効力이偉大홈

胎養調經丸　婦人冷積과帶下症月經不調에神効 일제金五圓
麝香消瘡丹　梅毒下疳頭瘡風濕瘡去根ᄒᆞᄂᆞᆫ妙藥 일제金四圓
阿烟斷引藥　阿引을能斷ᄒᆞ고元神을回復ᄒᆞᄂᆞᆫ妙藥 일제금五圓
滋陽丸　男女間陰陽雙補ᄒᆞᄂᆞᆫ妙藥拾日分금일圓八拾錢일月分금五圓
全治丸　男女勿論ᄒᆞ고連珠와나력을全治去根ᄒᆞᄂᆞᆫ藥 일제금三圓
消積散　陳々久체를消化ᄒᆞᄂᆞᆫ靈藥 금拾五錢
回生水　虛泄濕泄轉筋吐々腸痛에神效ᄒᆞ기로著名홈 금拾錢
治顏水　죽은서가삭고얼골이고아지ᄂᆞᆫ약 금三拾錢
蘇生丹　急ᄒᆞᆫ霍亂吐사의立卽見效약 금拾錢
蛔滅散　회虫을去根하ᄂᆞᆫ妙약 금拾錢
鎭咳散　痰을消化하고咳소를止ᄒᆞᄂᆞᆫ약 금三拾錢
解毒散　諸般感氣와寒熱往來에奇효약 금拾錢
丘虫藥　寸白虫을沒出去根ᄒᆞᄂᆞᆫ妙약 금三拾錢
通治膏　諸般大小腫을통治ᄒᆞᄂᆞᆫ고약 금拾錢
玉容水　버짐과어루럭이가일切업서지ᄂᆞᆫ약 금二拾錢
補陰降火丸　男子陰虛火動 婦人勞재 經衰弱不寐症 健忘症 消神 일貼七拾錢 二週分 三貼 일圓六拾錢
化不良 遺精 일週分 二貼 일圓三拾錢 三週分
雙補丸　男女陰陽俱虛 婦人氣血不足 胃腹疼痛 手足厥冷 肌膚瘦

疹 二週 二貼 일圓五拾錢 一週分 四貼 二圓八拾錢
浮下丸　全體浮腫 便秘 胃炎 일週分 일貼 四拾錢
退疸丸　酒달 食달 黃달 黑달 일週分 일貼 六拾錢
咽喉散　咽喉發炎 咽喉潰瘍 五日分 일貼 五拾錢
下痢散　赤痢 白痢 吐사 血糞 일週分 일貼 六拾錢
光明眼藥　時行眼疾 風熱眼疾 膿림性眼疾 梅毒眼疾 拾錢
血痰祛根丸　落血 吐血 月經時腹痛 일週分 일貼 五拾錢
上血快治丸　吐血 降火 開鬱 血痰 일週分 일貼 七拾錢
下血快治丸　下血 血便 痰便 일週分 일貼 七拾錢
補血水　男女氣血不足 婦人下腹痛 婦人月經不調 일週分 일圓
齒痛淸快水　齒痛 虫齒 風齒 齒齦痛 十錢
明耳精　頭痛 耳內炎痛 耳垢堆積 醜膿汁 十錢
麻疹丸　小兒麻疹 腥紅熱 三日分 百日咳 二十錢
齒根炎傷散　齒肉爛傷 齒血발炎 十五錢
小兒癎氣丸　身熱驚驚 夜啼不寐 青便 拾五錢
脚氣腰痛丸　黃便 兩脚濕痛 腰痛 脇痛 骨節疼痛 일週分 七拾錢
鷄眼膏　발의티눈를쎅은약 拾錢
腫根拔散　拔腫根 去惡生新 拾錢
止汗散　手汗足汗 腋汗 拾錢
口病淸熱水　口內諸般炎傷 上下唇坼 鼻 十錢
浮腹能下丸　內搔痒 下腹澎脹 四肢浮症 小便不利 일週分 일貼 七拾錢
小兒腹𤸷丸　腹하 健胃 解熱 拾錢
小兒疳氣散　腹部澎漲 食慾不絕 良大便頻數 體樣瘦瘠 消化不 二日分 五錢
梅毒全滅丸　先天的梅毒 後天的梅毒 일週分 일貼 五拾錢
小兒百日咳丸　疳瘡 百日咳 呼吸困難 嘔吐 食思不進 聲 痰滯吹嗆 일週分 一貼 三拾錢
偏頭痛止散　眩운 頭痛 耳鳴 眼花爛發 三日分 五錢
夜盲復明丸　肝經症 食熱 當昏眼迷 三日分 拾錢 春
胸膈止痛散　秋氣候受傷 胃痛 腹痛 食滯 痰滯 三日分 三拾錢 酒滯
祛惡生新膏　頭瘡 潰瘍 祛惡生新 拾錢
小兒胎毒膏　貽毒 白癬 面腫 鱗癬 濕癬 蛇癬 乾癬 拾錢
火傷治毒膏　火傷 濕疹 皮膚搔痒 拾錢
梅毒全滅膏　楊梅瘡 션腫 頭瘡 龜頭瘡 拾錢

眼瞼炎傷膏　眼瞼緣炎 眼瞼麥粒腫 拾錢
成腫除毒膏　腫氣已成未成 骨節痛 拾錢
疥癬洗滅水　濕疥癬 乾疥癬 皮膚搔痒 拾錢
五淋丸　男女急性淋疾慢性淋疾膀胱加答兒淋毒性生殖器病睪丸炎血淋沙淋白濁小便短赤婦人赤白帶下等症 일週分 일圓

此外에有名賣약各種과東西洋약及漢약唐草材를都매散賣

◉京城鍾路和平堂藥房支店規例

일 本舖가支店에對ᄒᆞ야每十圓以上약品은五割引으로出給事
일 賞與品은藥價輸入金中에每百圓에對ᄒᆞ야十圓價値약品으로勸奬ᄒᆞᆯ事
일 郵便費와運輸費ᄂᆞᆫ支店이擔當ᄒᆞ되每百圓頭에四圓으로爲定ᄒᆞ며不足額은本舖가擔當ᄒᆞᆯ事
일 三百圓以上이나五百圓以上새지支店은郡內에專管을許ᄒᆞ고壹千圓以上에支店은道內에專管을許ᄒᆞ고不許他入ᄒᆞᆯ事
일 약價를每月終에計ᄒᆞᆯ時에ᄂᆞᆫ每次十圓以上약品은四五割引으로出給ᄒᆞᆯ事

京城鍾路和平堂약房

支店出張所規例

일 支店이出張所에對하야每十圓약出給時에郵遞運輸費와出納隨手料를出張所가若干圓式支店에捐補ᄒᆞ고百圓以上에도照例ᄒᆞᆯ事
일 定價金을違背ᄒᆞ야發매ᄒᆞᄂᆞᆫ者ᄂᆞᆫ罰金을徵收ᄒᆞ고不許更求ᄒᆞᆯ事

京城鍾路和平堂大藥房本舖
主任 李應善

檀君開國四千二百四十三年
箕子元年三千二十二年
大韓開國五百十九年
本報創刊日
光武八年七月十八日

大韓每日申報

發行兼編輯人 英國人 萬咸
Responsible for Publication Alfred Weekley Marnham
發行所 京城中部石井洞三層洋屋 大韓每日申報社
第八卷 月曜及慶節歲時休日休刊 第一千三百四十九号

論說

◎告時事新聞

悔悟는不知ᄒᆞ고發惡만知ᄒᆞ며擁護는不知ᄒᆞ고反駁만知ᄒᆞ는彼時事新聞이여吾儕가日昨에筆을擧ᄒᆞ야彼를一論홈은엇지彼에게私嫌이有ᄒᆞ며偏憎이有ᄒᆞ야然홈이리오只是彼의妄行과僻見을嗟惜ᄒᆞ야其悔改홈을促홈이러니嗚呼라見彈不服은庸夫의本色이오文過遂非는小人의常態라彼가半點의悔改心도無ᄒᆞ고本報에對ᄒᆞ야無數狂吠를加ᄒᆞ엿도다聽ᄒᆞ라時事新聞이여爾가日本觀光團의目的을不知ᄒᆞ는가日昨에도已略言하엿거니와大抵該團은韓人을駈ᄒᆞ야日本風에醉ᄒᆞ며日本俗을模ᄒᆞ며日本人을崇拜ᄒᆞ며日本國을讚美ᄒᆞ야人々이韓國을忘ᄒᆞ고日本을銘하며人々이韓國을棄ᄒᆞ고日本을仰케ᄒᆞ고ᄌᆞ홈目的으로發起홈者니韓人의心腸을가진者로야此를沮止치는못홀지언뎡엇지참아此를贊成하며엇지참아此를唱和ᄒᆞ리오

然홈ᄃᆡ爾時事新聞은社內에觀光團系를設ᄒᆞ며報紙에團員大募集廣告를發ᄒᆞ엿기에吾儕가慨悶을不勝ᄒᆞ야一言提醒홈바이어날惜哉라爾여面을掩ᄒᆞ고無數惡罵를發ᄒᆞ엿도다惡罵야如何ᄒᆞ든지吾儕가一笑에置홀뿐이어니와第一可憫可惜可痛可哀홀事는日本觀光을實業輸入의目的이라하며視察團發起를實業開發의趣旨라홈이로다嗚呼實業新聞記者여君이黑暗洞天에坐하야日本觀光團의性質을全然不知하는故인가抑或心內로는知ᄒᆞ나外面粧撰ᄒᆞ기爲ᄒᆞ야故此悖言을發홈인가李完用은七協約을締結ᄒᆞ고셔皇室의忠臣으로自處ᄒᆞ며宋秉畯은宣言書를發布ᄒᆞ고셔獨立基礎를鞏固케홈이라自稱ᄒᆞ더니今乃日本觀光團贊成을實業開發의趣旨라ᄒᆞ는新聞記者가又有ᄒᆞ도다噫라

爾曰前後惡名을臚列痛罵ᄒᆞ깃노라ᄒᆞ엿스니爾가何等謊說로亂吠홀는지不知ᄒᆞ거니와自罪는不改ᄒᆞ고他人만詈罵ᄒᆞ면能事인가嗟爾時事新聞이여

外報

◎噴火續報 伊太利國에트나山上의十餘箇所噴火口는忽히沈靜에歸ᄒᆞ야용石의噴出이息ᄒᆞ엿스나附近住民은此가必是大噴火의前徵이라ᄒᆞ야警戒를加ᄒᆞᆫ다더라

◎鴉片販賣拒絕 清國大連에在ᄒᆞᆫ鴉片總局은清日人의共同經營ᄒᆞ는者인ᄃᆡ滿洲鐵道各附屬地에分局을設置ᄒᆞ고清人에게販賣코저ᄒᆞ야運動ᄒᆞ더니上海鴉片會議規程에違反된다ᄒᆞ야清日官吏가此를拒絕ᄒᆞᆫ다더라

◎土勃의接近 土耳其國外相과勃加利牙國公使가商議ᄒᆞᆫ結果로重要ᄒᆞᆫ諸問題中特히經濟問題에關ᄒᆞ야全然히一致됨에至ᄒᆞ엿다더라

◎對清策과英紙 英國倫敦스탄다드新聞은印度政府가清國進取的政策에對ᄒᆞ야何等의協約을急激히締結치아니홈을祝ᄒᆞ엿다더라

◎美國艦隊回航 美國政府는來十一月地中海에大西洋戰鬪艦隊를回航하기로決定ᄒᆞ엿다더라

◎露국製艦計畫 露國政府는速히軍艦建造計畫法案을提出코저ᄒᆞᆫ다는ᄃᆡ右는十年計畫이오總額이七千五百萬磅이라더라

◎美加關稅協約 美國政府는加奈陀와公式으로關稅協約을締結ᄒᆞ엿다는ᄃᆡ右는兩국友誼的默契에基因홈이라더라

學界

◎稍稍擴張 高陽郡私立大成學校는紳士崔寅鎬李熙三黃俊成廬와鎔等諸氏가設立ᄒᆞᆫ바財政이窘拙ᄒᆞ야維持키難ᄒᆞ더니該郡高靈寶光寺와주金敎聲氏가四十圓價値되는學校用品을寄付ᄒᆞ엿스며其他諸氏가義金을捐助홈으로校況이稍稍擴張ᄒᆞᆫ다더라

◎桑門設校 公州郡麻谷大法兩寺에셔는學校를設立홀次로附近各寺에通知ᄒᆞ고正租二千五百石을收合ᄒᆞ엿다더라

◎順倅美績 順興郡守元殷常氏는教育에熱心ᄒᆞ고實業을奬勵하야各面里에勤勉會를組織ᄒᆞ고勞働夜學校와織組專習所를設立ᄒᆞ엿시며郡衙附近에種林模範場를設立ᄒᆞ고種木에役을親執홈으로該氏에頌聲이藉々ᄒᆞ다더라

◎幼園進就 密陽郡[illegible]所內에幼稚園을設立ᄒᆞ고該會員朴章億韓春王兩氏는教師月料를擔當ᄒᆞ고其他會員은該園壹切經費를分擔ᄒᆞ야壹心視務ᄒᆞ는故로該園學徒가五十餘人에達ᄒᆞ야進就之望이大有ᄒᆞ다더라

◎金氏捐金 前參判金命洙氏는青年學院에每朔金二十五圓式壺洞學校에每朔十圓式畿湖學校新興學校에每朔各五圓式捐助ᄒᆞᆫ다더라

◎趙氏熱心 定山郡靑南面旺湖學校校監趙震元氏는累世傳來ᄒᆞ던夢賚亭三十餘間을校舍로使用케ᄒᆞ고校費를盡力擔任ᄒᆞ다가自己家舍ᄭᆞ지賣付ᄒᆞᆫ故로一般學徒가其誠意를無不感服ᄒᆞᆫ다더라

◎普校卒業 吉州郡普成中學校師範科卒業式을去月十二日에擧行ᄒᆞ엿는ᄃᆡ優等生은李과衡等九人이오及第生은許晉等十二人이라該校長崔學禹氏는多數賞品을施與ᄒᆞ며學監朴履찬教師申尙敏氏等은教育의時急홈을熱誠說明홈으로來賓及學父兄이一切感激ᄒᆞ야各村里에도學校를設立키로計劃中이라더라

◎韓氏黜學 定州五山學校學員韓武烈氏는壹個月間無故欠席ᄒᆞᆫ故로該校學則에依하야黜學을命ᄒᆞ엿다더라

◎萬倅美擧 萬頃郡守權周相氏는郡內三四十歲以上男子를募集ᄒᆞ야夜學校를設立ᄒᆞ고算術法律日語等科를教授ᄒᆞᆫ다더라

◎訓導熱心 古阜郡普通學校訓導吳창根氏는原來教育에熱心ᄒᆞ던人士로訓導를叙任ᄒᆞᆫ後該校成績이多大ᄒᆞ다더라

◎兩校雙進 順天郡松廣寺에셔는普明學校를設立ᄒᆞ야松光面과聯結ᄒᆞ고仙巖寺에셔는昇仙學校를設立하야教師를延聘ᄒᆞ고生徒를募集ᄒᆞ야熱心教育ᄒᆞᆫ다더라

◎測量講習所 江原道通川郡養元面新興里私立新明學校測量講習所는設立ᄒᆞᆫ지不過二月에所長李永植所監鄭亨奬其他任員諸氏가熱心視務홀뿐더러教師金演台氏는名譽로教授ᄒᆞᆫ다더라

◎彰明更明 平南甑山郡鎭面私立彰明學校는設立一年에校況이零星ᄒᆞ더니今春부터校長全廷禹教師김應璿諸氏가熱誠視務홈으로校況이中振ᄒᆞᆫ다더라

◎普成擴張 龍川楊市普成中學校에셔는校務를一層擴張ᄒᆞ야物理化學等器械를準備ᄒᆞ엿다더라

◎一齊剃髮 成均舘洞樂敎義塾任員及學徒百四十餘名이一切剃髮ᄒᆞ고教師는李창植姜用熙鄭寅燮朴慶兼諸氏라더라

◎兩氏熱心 寶城郡紳士徐道鉉順天郡地方委員趙濟鉉兩氏는教育을振興홀目的으로維新學校를設立ᄒᆞ고熱心視務ᄒᆞ야進就之望이大有ᄒᆞ다더라

◎女校紀念 海州郡州內面私立正內女學校에셔去月二十一日下午二時에第二回紀念式을擧行ᄒᆞ엿는ᄃᆡ婦人教育會員一同이來參ᄒᆞ야一大盛況을呈ᄒᆞ엿다더라

◎廣明復明 安東郡豊山面廣明學校는財政이窘拙홈을因ᄒᆞ야廢止홀境에至ᄒᆞ엿더니同面居김炳杰金泰東兩氏가該校經費를一切自擔ᄒᆞ고熱心教育홈으로校況이漸次振興ᄒᆞ야學徒가四十餘名에達하엿다더라

◎平南農校 平安南道에는道립農學校를設置ᄒᆞ고本月부터開校홀터인ᄃᆡ昨年六月에開ᄒᆞᆫ農林講習所를同校에合併ᄒᆞ야速成科로ᄒᆞ고本年만限하야存置케ᄒᆞᆫ다더라

學報

◎汾南卒業 通津郡私立汾南學校에셔第二回卒業試驗을經ᄒᆞ엿는ᄃᆡ優等生은李圭容沈相班沈창奬李龜夏沈大奬朴英錫李聖奬成舜基及第生은李元直李圭尙李孝貞沈相喜李會聖本福漢陶俊星崔炳道沈英澤李建定

詞藻

遠眺

漢陽城봄바람에、欄干을의지ᄒᆞ고。遠近을바라보니、녯物色이져혀업다。江山아、네얼골을회복ᄒᆞ기、어졔런가。

雜報

◎內閣例會 昨日上午十二時에內閣木曜例會를開호얏다더라

◎郡守修正 內部地方官資格審查會에서는郡守合格者十餘人을修正호야日前內閣에請議호엿다더라

◎病熱又上 總相李完用氏는近日來腹痛症이闖發호야極히危篤홈으로此는內閣變更說에對호야憂慮中火熱이發生홈이라其兄李允用氏가日前從容勸告호되宦海得失은謀事에在호지라身軀만健康호면成事는在人호니從速辭職호고自愛保重하라호엿다더라

◎無祿直閣 宮內府奎章閣에無祿窠直閣이十五인딕就中現任者가六窠뿐이라該六窠도亦無祿視務가極히困難홈으로日間辭退호기로決議호엿다더라

◎分隊會議事項 日憲兵本部에서各分隊長會議를開혼다홈은已報어니와日子는本日부터一週間으로定호고事項은司法行政及其他高等警察에關혼事를協議혼다더라

◎再訪不見 日本對韓同志會員五百木은歸國前日에中樞院議長김允植氏를私邸로兩次往訪호엿는딕김氏는稱病不見호엿다더라

◎詩會準備 度相高永喜農相趙重應兩氏는日人文士가日間渡韓혼다호야各官吏中文識이有혼者의게邀牒을發호고詩會를準備혼다더라

◎調查進行 度支部土地調查局은官制規則等節이已爲完備호엿슴으로日前부터事務를進行혼다더라

◎共進贊同 本年九月十七日부터約二個月間開會호는日本羣馬聯合共進會에對호야韓國農商工部에서贊同키爲호야目下協議中이라더라

◎冒錄何多 政友會에서發起人을列名홀時에大韓農商協會長韓雙洙氏를並擧公布하엿는딕韓氏가本社에對호야寄函혼辭意를據혼즉略曰本會는實業의目的으로農商을發展코져홈뿐이오該會發起에는參入홈이初無호다하엿더라

◎政友會內容 政友會에는國是遊說團과時事新聞社員들이全數入參하엿는딕時事新聞은卽該會機關新聞이되엿다더라

◎懸懃追悼 安重根氏가被刑혼後韓國青年界에서는處處密會호야追悼의祭를懸懃히設行호며心喪을服호는者가多有호다더라

◎義捐說調查 天主教堂에서安重根氏에家族을救恤호기爲호야義捐금二千圓을募集호야每朔二十圓式支給혼다는說이有홈으로某處에서事實有無를調查中이라더라

◎兩氏歸國 安重根氏의令弟定根恭근兩氏는去月二十日에鎭南浦鄕第에歸着호엿다더라

◎逋吏詗捉 警視廳에서는公貨犯逋官吏에居住氏名을一一印刷하야各警察署에一件式配付호고這這詗捉호라호엿다더라

◎祝宴風波 去乾元節에國民新報社員一同이慶祝宴을設行홀際에該社記者明根東은何等感情이有호엿던지該社長崔永年과一進會長李容九를無數叱辱호고甚至於該社總務李某싸지毆打호야一場風波가起호엿다더라

◎商組困難 商務組合部에서去乾元節慶祝時에需用혼食費金을難辦호야一進會에屢度請求하되尙不支給홈으로該部에困迫이莫甚호다더라

◎閔氏渡淸 閔泳瓚氏는昨日上午十時頃에該少室의家眷을領率호고淸國上海로渡去호엿다더라

◎帝國停刊 帝國新聞은社務를擴張호기爲호야本日부터二週日間停刊혼다는딕將次國漢文報를發行홀計劃이라더라

◎一覽表配付 官立漢城高等學校에서는該校設立後沿革과卒業生等職業과職員任免의歷史로一覽表라는冊子를編成호야再昨日該校卒業式에來參호엿던紳士諸氏에게一部式配付호엿다더라

◎卒業生宴會 外국語學校日語部卒業生김潤玉氏等五十餘名은再昨日下午七時에宴會를設行호엿다더라

◎補充兵試取 近衛步兵隊에서昨日補充兵五十名을試取하엿다더라

◎韓巡試取 警視廳에서는本日에韓國人巡查十五名을試取혼다더라

◎黃氏等公判 楊巾事件으로被捉혼黃菊保氏等十四名은昨日부터義州地方裁判所에서第一回公判을受호엿다는딕黃氏等은辯護士安秉瓚氏에게辯護를依賴호엿다더라

◎奚但瑞興 瑞興郡財務署에서는新三稅及地方稅를督捧하되人民의家產釜鼎之屬을執行하는故로閭里의情況이極히소條호다더라

◎南民有怨 湖南各郡에在혼驛屯土中有結屯은元來民有地로幾百年轉相買賣호던바인딕全州財務監督局에서驛屯土를管轄호되國有民有를勿論하고一切引入홈으로各土主의怨聲이狼藉호다더라

◎信郡慶祝 去乾元節에信川郡底에서學徒百餘名과紳士以下郡民三四百名이齊會慶祝하고同日夜에又提燈慶祝을行호고因호야演說會를開호고該郡守金禹熙氏와學校教師高貞華諸氏가演說호엿는딕同夜九時에該郡憲兵分遣所에서는何事件을因홈인지高氏를招去호엿다더라

◎何其殘忍 潭陽郡龍面粉桶里에서火災를因호야多數家屋이延燒홈은既히報道혼바어니와同郡慈善家諸氏가罹災同胞를救恤홀目的으로義金을募集호야既히二百餘圓에達호엿는딕當地地方委員宋益模氏는何等思想이有홈인지各面長을對하야該捐金을勿施케호라고指揮혼故로慈善家諸氏들은宋의殘忍薄行을無不唾罵혼다더라

◎朔寧風雲 朔寧郡南面等地에서日前義兵將姜基東氏部下三十餘名과延起羽氏部下二十餘名이聯合호야該郡駐在日憲兵及補助員과數時間을激烈交戰호엿는딕兩便에死傷이有호엿다더라

◎宋氏長逝 黃澗天馬洞居前承旨宋寅會氏는去月二十七日에因病長逝호엿다더라

◎醫士慈善 三水郡長江里居醫士姜尙允氏는元來醫學이精邃호야自少至老히同胞의疾病을多數救療호며或勤勞를酬報키爲호야或布木魚類等物을遺호는者ㅣ有호면半却不受혼다더라

◎王氏慈恩 平壤居留淸國人王秀亭氏는一般同胞가鴉烟의嗜癖을因호야喪身敗家홈을見호고此를拯救키爲호야同地西門內에斷癮治療所를設하고多年經驗이有혼斷引藥을製造호야請願者가有호면無料로施與혼다더라

◎日人行悖 日人家에서雇傭호는日女有岡은該主에虐待를不堪호야三昨日逃躲호다가路上에서面分이有혼韓人蔡春楨氏를逢着호야事由를說及홈으로暫時酬酌이有호엿는딕처氏를誘引者로致疑호엿던지警視廳에被捉호야事實을調查혼後無事放免호엿는딕日人十餘名은尙且채氏를毆打호야日人家에拘留호엿다더라

◎兩氏歡迎 義州府青年諸氏가去月二十二日에日本農科大學卒業生金志侃明治學院中學科卒業生文一平兩氏의歡迎會를當地求是學校內에開하엿는딕兩氏의高尙혼言論은令人感發케호며當時參會人士는數百人에達하야會況이頗히圓滿호엿다더라

◎鴨江再氷 鴨綠江은三月二十九日부터再次結氷되엿다더라

◎成均館修業式 成均館에서昨日下午二時頃에修業式을設行호엿는딕學部大臣李容稙氏가依例往參호엿다더라

◎農組發起 前判書李載克李根澔諸氏가발起호야資금萬圓을鳩聚호야農務組合所를設置호고任員을選定호엿다는딕顧問은李載克李根澔兩氏로所長은李鴻來氏로副所長은趙仁植氏로選定호엿다더라

◎港潮一變 羣山港니에는客主營業者가八十餘戶에達호되商業界에會議一所가尙無호야合同力이無호더니昨秋부터有志財產家가合力호야湖上商會를設立호야來往商旅에便利를圖호며本會니에商業講習의方針을議定호고勞働會니에夜學校를設립하야港니風潮가爲之一變호엿다더라

◎長郡農會 長湍郡紳士諸氏는實業을發展홀目的으로農務會를組織하고多數同志를聯絡호야業務를大擴張혼다더라

◎兩會聯合 美國桑港에在혼韓國人民會와大同保國會는聯合호엿다더라

◎青館活講會 今日下午八時에鍾路青年會館內傳道會에서活講演劇會를設호고多數傍觀을許혼다더라

◎大同會後報 既報와如히大同教에서再昨日下午七時에議事會를開호고事務를處理하엿는딕京畿道廣教師는元鼎鉉氏로咸鏡南北道廣教師는李範圭氏로推選호엿다더라

◎墓碣費義捐 露領海蔘威에居留호는韓人同胞와露國紳士諸氏가本社前社長裵說氏를紀念호기爲하야墓碣營造費로金八拾九圓六拾錢을義捐호야本社에送致호엿더라

電報

◎墨日條約說 日本에서는本日樞密顧問會議에서墨日間郵便條約을締結호기로可決호엿다더라

東京發　三月三十日着

◎鐵道接續設備 韓滿兩鐵道接續地되는鴨綠江架橋는韓鐵에서施設호고安東縣의必要혼施設은滿鐵에서다더라

◎淸皇族消息 日本에滯在혼淸國濤貝勒殿下一行은三月卅日에淸公使가主開혼歡迎會에臨席호고同卅一日에本陸軍大學校長의午餐會에參席호고同日夜에日本寺內晩餐會에參席호엿다더라

以上東京發　三月卅一日

無聊一笑

▲愚昧衆生教導코저 枝 굿이잡아日日時時設法하 字言勸戒홀식滿腹愛情 하야切切懇說하되悔 몸풍지안코怪劇을만演出 勸告키도支離호고痛罵키 식하여執筆臨紙默念호미어 업서우숩난다

▲日黨一堂李完用은遺重 紹介호야自己伯氏允用이 部大臣식혀달나木來總相朴 純씨哀乞伏乞懇乞다가拒絶 에退字맛고切齒腐心痛恨 吐血不已호엿다니堂堂帝國 政閣을제私物노알엇던가어 업서우숩나고

▲南村大臣某夫人은何 多有혼지消遣혼다稱托 花園中別堂에서花鬪를 호고與其子婦對坐호야 山明月하면婦唱 一勝一負혼다호니花 鬪호는其奇計가妙호도다어 업서우숩나고

▲福音館員鄭彬이는何許 透得인지病에藥을쓰시마라 으면은埋葬마라나라일은 마라이런말노傳道타가理 에毛虫을너몸니으못쓰니 머리털이무러빠져온면더 머리가무릅팍이되엿스니더 보고안우술싸

社告

左開地方에셔本申報購覽ᄒᆞ시
ᄂᆞᆫ 僉彦의便利ᄒᆞ심을爲ᄒᆞ야
左開三郡에本支社를設置ᄒᆞ고
來四月一日부터支社로發送分
傳케ᄒᆞ오니本社에對ᄒᆞᆫ諸般事
項을各該支社員과交涉ᄒᆞ시옵

左 開

永柔邑內槐峴里 金志璜
中和下道面一里三洞 禹應善
肅川東部面一里三統九戶 金天湜

大韓每日申報社

廣告

堂號 京西部車洞同和藥房
說
本國藥材、洋製、各病
、效、用、價、國漢文、
可刊出、作封、雖婦女、
郵便請求、買賣 閔樞 白

本館에셔新舊書籍과學校用品
各種을備置하야 (五圓以上特
減割引) 大發售하오니江湖僉
君子ᄂᆞᆫ陸續購買ᄒᆞ시옵

釜港東關韓興書館

館主 金泰衡 本名汝重
主任 權鍾律

美農紙 製圖用 大發賣

京城南署棗洞六十二統十戶

KIM 金龍商會

本人의正字圖章을陰二月十七
日에見失ᄒᆞ엿다가翌日推尋ᄒᆞ
엿ᄉᆞ오나疑訝가有ᄒᆞ야半篆으
로改造ᄒᆞ엿ᄉᆞ오니內外國人은
照亮ᄒᆞᆷ
仁港內洞 白子健 告白

本人이三月廿八日에江西岐陽
里林時澤이가大牛皮四十張預
賣ᄒᆞᆫ標一度와金二十圓債用ᄒᆞᆫ
標一度를幷失하엿ᄉᆞ오니誰某
拾得則休紙施行ᄒᆞᆷ
平壤東湖 李化奉 白

本人의所有瓦家八間西部內需
司內二十七統一戶文券을己酉
正月에北署帶洞六十五統十三
戶居卓敬洙를緣하야北部三統
八戶安允善處에典當ᄒᆞ고五千
兩錢出債ᄒᆞ야四千은本人用이
고一千은卓敬洙用인바本人用
債ᄂᆞᆫ當年閏二月畢報ᄒᆞ고卓氏
用債ᄂᆞᆫ迄未報給故로本人家券
을延拖未推러니不意今者에南
部茶洞居三統八戶居李泳祚가
本人家券을卓敬洙處에典執云
云이고本人의圖章踏給을강制
要求이오며且私測以去ᄒᆞ오니
如此開明時代에卓敬洙李泳祚
ᄂᆞᆫ俱是挾雜이오니此處券은無
效로休紙施行이可ᄒᆞ기로廣告
ᄒᆞ오니內外國 僉君子ᄂᆞᆫ照亮
하시옵
김仁弘 告白

本人이乾材藥局爲業
多年에特蒙僉位之愛
顧이옵기業務를大擴
張ᄒᆞ고特別廉價로注
意ᄲᆞᆫ不啻라居鄕僉位
에貿藥上便利를從ᄒᆞ
와親䟽間掌記와居住만
昭詳通知ᄒᆞ시면郵便小
包로卽速付送ᄒᆞ옵고代
金은引換ᄒᆞ깃ᄉᆞ오니隨用
請求爲要
京銅峴九十五統十戶
乾材藥局崔興模 告白

○陽進學校趣志書

學校學校我二千萬國民所希望
者學校所崇拜者學校也噫二十
世紀之學校乃全世界之特產物
而英雄兒之第二產室也此非理
論而徵於彼列强國則叢々立々
者學校出々頭頭者英雄也故現
社會之英雄云者學校出身以外
更無有其人也然則我國民之希
望學校崇拜學校者卽希望英雄
崇拜英雄也今之論者謂二十世
紀豈切常人皆爲英雄此誠不誣
也然則我韓二千萬人亦皆爲英
雄乎斷言曰可矣可矣盖地球上
五種族十五兆人其身體四十餘
種原質同一也其精神大腦小腦
七情八識亦同一也然則彼皆爲
英雄而我何獨不然也然而今日
我韓英雄不現者非他故焉只有
英雄兒之天然的初등產室而無
人爲的第二產室之學校故也雖
有之而又未完故也然則今日我
韓二千萬國民不可不竭腦碎身
斃財於學校之爲也嗚乎我陽城
畿湖之要衝乾川里三面之中心
也而有志士姜漢奭吳起善尹우
李燦九崔承烈李舜儀許찬朴時
中朴泰和元彰義黃士寬李周用
李喆榮諸氏堀起奮呼三面十五
洞人士爭相贊成於是乎創立壹
校其名曰陽進其規模乃完全義
務敎育其基金卽石灘、靑鴨、漢
、中、四個民보也然天下事始易
終難嗟我父老一心一規愈奮愈
勵唯我靑年熱血熱誠尤琢尤精
一사千里之勢闊步勇進今此二
十世紀英雄大舞臺第一等席勿
讓于人也顔子曰舜何人也予何
人也有爲者亦若是吉田松陰曰
士生今日欲爲蒲柳斯蒲柳欲爲
松栢斯松栢矣拿坡崙曰不能二
字非我法蘭西人之所用也此三
言者今日大韓靑年腦髓中所深
刻者也靑年靑年
發起人 李鼎九 吳寅泳
洪淳明 李容元

學徒募集廣告

本校에셔補缺生을募集
ᄒᆞ니志願者ᄂᆞᆫ四月三日
內請願ᄒᆞ시옵
試驗日子 四月四日
平壤私立 大成學校

本校에셔第壹學年級學員을募
集ᄒᆞ오니志願者ᄂᆞᆫ四月十日內
로請願書를提出ᄒᆞᆷ
但請願紙ᄂᆞᆫ本校에請求ᄒᆞᆷ
試驗日字ᄂᆞᆫ四月十壹日下午二
時
試驗科目算術四則、作文、讀書
第二學年補缺生도募集ᄒᆞᆷ
隆熙四年三月 日
私立 西北協成學校

來四月四日에法科商科專門學
員의入學試驗을執行ᄒᆞᆷ
請願書ᄂᆞᆫ仝月三日까지提出ᄒᆞᆷ
이可ᄒᆞᆷ
私立 普成專門學校 學員募集
入學ᄒᆞᆯ資格은高等學校에卒業
者又ᄂᆞᆫ此와同等以上의學力이
有ᄒᆞᆫ者로ᄒᆞᆷ

學員募集廣告

本校에셔第一學年及二、三、四
各學年補缺生을增加募集ᄒᆞ니
四月十日內로請願書를提出ᄒᆞᆷ
但請願紙ᄂᆞᆫ本校에請求ᄒᆞᆷ
西大門內
私立普成小學校

本月二十九日家券事廣告中金
啓洪의啓字以仁字正誤ᄒᆞᆷ
金仁洪 白

本人에先親相燕氏在時에西部
弼雲臺家屋을營建時曾受認許
러니未知何時遺落이던지永爲
셔失故廣故ᄒᆞ오니誰某拾得이
라도休紙施行ᄒᆞᆷ
沈珪燮 告白

本人橢圓形姓名圖章셔失故今
以圓形彫刻也知舊間照亮望
南部笠井洞四四、一〇
尹邦鉉 白

特別廣告

本館에셔任員을改選ᄒᆞᆫ
後에業務를更加擴張ᄒᆞ
옵고書籍五圓以上請求
에特別大割引ᄒᆞ오며또
今春에도良好ᄒᆞᆫ果
樹를特別低廉ᄒᆞᆫ
價로大發賣ᄒᆞ니
僉君子陸續請購
하시옵
諸般書籍과測量機具
와學徒用品도具備ᄒᆞ
엿숩
平壤鍾路
太極書館
館主 李昇薰
主任 金根濬

경셩남문안슈각교북쳔변동편
힝낭뒤오십오통십일호죵약국
의단복니죵죵의먹고못치ᄂᆞᆫ
만병고와살충단은대쇼악죵과
당창제질의신효ᄒᆞ고회싱단은
토샤담체이질학질젹병간긔인
후후비감창연쥬창안질풍징빅
변통치약이구비ᄒᆞ오니유병군
ᄌᆞᄂᆞᆫ와셔치료ᄒᆞ시오쳐소도졍
미ᄒᆞ오며염가로밧ᄉᆞ오며 련
쥬약ᄒᆞᆫ제 륙환이오 창녁약
ᄒᆞᆫ제 오환이오 외방은우체
로부송ᄒᆞ옵
윤상윤약국 고ᄇᆡᆨ

○特告全國同胞

國債報償金의名義로京鄕各處
에散在ᄒᆞᆫ金額을全國同胞의公
議에附하야本會에셔總合處理
하깃기로京城內各收金所의收
合保管ᄒᆞᆫ金額을爲先概略調査
인바地方各郡代表人을召集ᄒᆞ
야大總會를開ᄒᆞ고處理方法을
另究決定ᄒᆞ기로議決ᄒᆞ엿기玆
에左開特告ᄒᆞ오니屆期齊臨ᄒᆞ
심을懋望

一 來四月十六日土曜 (陰曆
三月初七日) 正午十二時에
京城中部磚洞興士團內本事
務所에셔開會ᄒᆞᆷ

一 國債報償金을出捐ᄒᆞᆫ地方
에만限ᄒᆞ야一郡에一員式該
郡代表로前記日時에本會로
派送出席케ᄒᆞᆷ이可ᄒᆞᆷ
但代表員選定ᄒᆞᄂᆞᆫ方法은各
該郡人士의公議로選定ᄒᆞ야
該郡에셔出捐ᄒᆞᆯ當時에收金
團體의使用ᄒᆞ던印章을捺ᄒᆞᆫ
委任狀과住居面長의信章을
押ᄒᆞᆫ證明狀을並携帶ᄒᆞᆷ이可

一 金額을出捐ᄒᆞᆫ地方에代表
一人式選送ᄒᆞ되該郡一境內
에셔出ᄒᆞᆫ金額總數와金額을
送附ᄒᆞᆫ收金所와保管處所와
捐出ᄒᆞᆫ人의姓名金額을廣告
ᄒᆞᆫ新聞名號를詳錄付送ᄒᆞᆷ이
可ᄒᆞᆷ

一 前記日時에本總會로代表
員이出席지아니ᄒᆞᆫ地方에셔
ᄂᆞᆫ本會議決을一遵케하고追
後提起하ᄂᆞᆫ意見이或有ᄒᆞᆫ境
遇에ᄂᆞᆫ該意見은公議에附치
아니ᄒᆞ야效力이無ᄒᆞᆷ으로認
定ᄒᆞᆷ

京城中部磚洞興士團內
國債報償金處理會

本店에셔開業ᄒᆞᆫ지十[...]
年間僉君子의愛顧ᄒᆞ
을特蒙ᄒᆞ와今年부터
務을大擴張ᄒᆞ고春[...]
秋冬所用으로絨屬毛[...]
等各國高等物品을[...]
今多數直輸入 이온바
各地方에셔ᄂᆞᆫ貿易에[...]
利賣買키爲ᄒᆞ야特廉[...]
價ᄒᆞ와郵便小包로[...]
應ᄒᆞ야代金은引換ᄒᆞ
사오니十三道各郡僉[...]
子ᄂᆞᆫ隨意請求ᄒᆞ심을[...]
振替貯金番號 (韓國壹三[...]
漢城中部鍾路砂器
洞二十一統五戶
廣興泰 告白

○失期치마시옵

種繭을願買ᄒᆞ시던지或信貸
保人을得ᄒᆞ야支社나或並作
를志願ᄒᆞ시라ᄂᆞᆫ 僉君子ᄂᆞᆫ
三月旬內로請求ᄒᆞ심을敬要
京新門外鍮洞一百九十二
三戶
大韓잠蠶會社

本社에셔高明ᄒᆞᆫ技師를雇聘
야業務를擴張ᄒᆞ고左記各樣
刷物을特別廉價로酬應ᄒᆞ오
僉君子ᄂᆞᆫ愛顧ᄒᆞ심을伏望
各樣書冊과傳道紙와證明紙
種과印札紙各種과領受證과
함紙各種과公用信紙와廣告
와卒業証書紙와修業証書紙
平壤館門前
光文社印刷所
社長 鄭益魯
總務 李春燮

廣告

◉京城鍾路和平堂大藥房

○和平堂藥房은我同胞가最誠意로歡迎ᄒᆞᄂᆞᆫ我國第一되ᄂᆞᆫ最新式規模로經營ᄒᆞᄂᆞᆫ特別藥房이오

○和平堂藥房은外國第一有名ᄒᆞᆫ洋藥과我國唐草材를多數輸入ᄒᆞ야最低廉最良材를都賣散賣ᄒᆞᄂᆞᆫ最大藥房이오

○和平堂醫院은平壤濟衆院에서卒業을受ᄒᆞ고美國醫學博士禹越時手下에多年實地施驗을行ᄒᆞᆫ醫士田慶龍氏를延聘ᄒᆞ야男女老少에內外科를誠心으로診察治療ᄒᆞᄂᆞᆫ醫院이오

○和平堂醫院은外方에서病錄만錄送ᄒᆞ시면其病에適當ᄒᆞ도록誠心製藥ᄒᆞ야迅速付送ᄒᆞ기로熱心ᄒᆞᄂᆞᆫ醫院이오

○和平堂醫院은治療費와藥價를最廉ᄒᆞ게ᄒᆞ야一般醫藥家로使之感醒케ᄒᆞ야勇進奮發의心을鼓吹케ᄒᆞᄂᆞᆫ醫院이오

○和平堂藥房은全國內醫藥家와連結ᄒᆞ야根本的實業發展의本領을實行코ᄌᆞᄒᆞᄂᆞᆫ藥房이오

京城鍾路　洋藥各種과漢藥唐草材　大發賣

和平堂本舖主任　李應善

○天恩堂大藥房製造發行各種靈藥

健胃淸心仁壽丹	금拾錢	手足止汗散	금二十錢
健康益壽補元丹	금壹圓	治烟聖藥	금三十錢
眼科神藥明眼水	금拾錢	吐사霍亂速效水	금二十錢
全治회虫丸	금拾錢	健腸胃生口味鹽甘水	금廿錢
寸虫祛根藥	금卅錢	듸눈拔根藥	금拾錢
調血養胎元	금四圓	齒痛液	금拾錢
發汗斷盛丸	금拾錢	芳香水	금十五錢
治痰止咳散	금廿五錢	疥瘡水	금卅錢
幼兒止嗽散	금二十錢	天恩梅瘡고	一包入금三圓 半包入壹圓五十錢 匣入금五十錢
疳氣神效肥兒散	금十五錢	天恩眼明고	上仝
痢疾神効散	금三十錢	天恩拔根고	上仝
淋疾靈効丸	금五十錢	天恩沃度膏	上仝
特製消瘡丸	금三圓	天恩輕腫膏	上仝
舊積消化丹	금四十錢	天恩濕腫고	上仝
解학丹	금拾錢	天恩胎毒고	上仝
止瀉回生丸	금拾錢	天恩疥瘡고	上仝
連珠祛根藥	금二圓	天恩百靈고	一丸入금二圓 一包入금拾錢
怔疾預防藥	금三拾錢		

其他洋藥乾材와漢藥唐草材와各賣藥家製造品을具備하옵고地方兄弟의請求를酬應ᄒᆞ오니隨用請求ᄒᆞ시면以代金引換小包로迅速酬應ᄒᆞ깃ᄉᆞ오니陸續請求ᄒᆞ시기務望ᄒᆞᆷ

本藥房에서附屬診察治療所를並設ᄒᆞ고醫士李錫駿氏를延聘ᄒᆞ와上午八時로下午九時ᄭᆞ지診察하오니有病ᄒᆞ신同胞ᄂᆞᆫ來臨治療하시기望ᄒᆞᆷ

但外方에서ᄂᆞᆫ病錄만보니시면精製酬應ᄒᆞᆷ

京城鍾路天恩堂大藥房　金東遠 劉在元　告白

◉特別廣告

本社의서同胞의衛生을注意ᄒᆞ야美國의서經驗良方으로流行通用ᄒᆞᄂᆞᆫ靈藥聖劑를買入ᄒᆞ야左開廣布ᄒᆞ오니有病君子와藥業에從事ᄒᆞ시ᄂᆞᆫ僉彦은爭先來購ᄒᆞ시옵

分賣와都賣에差別이有ᄒᆞ야一打(十二個)以上의都賣에ᄂᆞᆫ特別割引ᄒᆞᆷ

左開

秘製止痛藥
效能 外塗內服無處不適 消滯 止瀉 絶痛 治痢無不神效ᄒᆞᆷ

喜蘇膏藥
效能 頭面身體一切痛症 積年風濕 除痰 生선之道 맘卽奏效ᄒᆞᆷ

亞麟香膠
效能 毋論男女老少 勿嫌年久日淺一切咳소 服之則其效如神ᄒᆞᆷ

委花藥膏
效能 痔疾 瘰珠瘡 蝸跌傷螫咬等 諸症無雙聖藥

委花糖水藥
効能 疝症 花柳毒 凡不潔血所祟症 婦人虛弱등症靈驗ᄒᆞᆷ

牛汁藥酒
効能 毋論男女老少氣血虛弱者服之則大補元氣身體强健ᄒᆞᆷ

韓美興業株式會社事務所

◉[illegible]堂製造發行ᄒᆞᄂᆞᆫ藥品

消化新藥 淸心保命丹 此[illegible]ᄒᆞ며[illegible]長服ᄒᆞ면腸胃가健全

大補元氣 蔘茸大補元 大補元氣ᄒᆞ고滋腎健腦ᄒᆞ며先天不足과陽위不起에一切神效

蛔積殺虫散 此약은회積과회腹痛과회虫一切을去根ᄒᆞᄂᆞᆫ良劑

久滯大通丸 此丸은年久積滯와宿滯後重이며胸腹痛에神効莫大ᄒᆞᆷ

瘡病新藥 梅花點雪丹 毋論男女ᄒᆞ고花柳病楊梅瘡에一切去根快復하ᄂᆞᆫ良藥

眼疾速効 光明眼藥 諸般眼疾에隨症皆差ᄒᆞᄂᆞᆫ東洋에初有ᄒᆞᆫ寶藥

起死回生 回生丹 此丹은急ᄒᆞᆫ吐瀉關格이며가ᄉᆞ아리와冷積과痢疾에神効

感氣神効 解熱散 寒熱往來ᄒᆞ며似학非학과頭疼眩暈와肢節痛에其効가偉大

齒痛新藥 止痛健齒水 虫齒와風齒와諸般齒痛에壹切神効

耳臭聖藥 耳臭[illegible]藥 無論男女ᄒᆞ고耳聾鼻塞이며耳鼻에關ᄒᆞᆫ病은隨症並差

疝症拔根 疝積湯 諸般산症에大談出賣ᄒᆞᆷ

寸虫沒出藥 寸白虫을一切去根ᄒᆞᄂᆞᆫ妙劑

듸눈과못 拔根藥 듸눈과못과ᄉᆞ마귀를쎄ᄂᆞᆫ藥

止足汗臭藥 手足의汗臭를除却ᄒᆞᄂᆞᆫ藥

去核主新 沃度膏 劍瘡과腐傷과곱셴듸去核生新ᄒᆞ기ᄂᆞᆫ第一著明

最新改良 百應膏 無論男女老少ᄒᆞ고毒瘇濕瘇諸般瘇瘡에壹切特效가有ᄒᆞ

淋疾藥各種 淋疾各症에壹週日만服ᄒᆞ면病根快復ᄒᆞ고腎氣가完全ᄒᆞᆷ

其他洋藥各種과◉賣藥各種◉都매散賣
◉遠地에ᄂᆞᆫ郵便小包로申速酬應ᄒᆞᆷ

漢城南大門內濟生堂大藥房 李庚鳳
代辦主任 李興國 白

檀君開國四千二百四十三年
箕子元年三千三十二年
大韓開國五百十九年
本報創刊日
光武八年七月十八日

大韓每日申報

Responsible for Publication Alfred Weekley Marnham.
發行兼編輯人　英國人　萬咸
發行所
京城南部石井洞三層洋屋　大韓每日申報社

第八卷　月曜及慶節祝時日休刊　第一千三百五拾号

論說

◎先覺君子에게告ᄒᆞ노라

各地方에觀ᄒᆞ건ᄃᆡ慨然히太息을不禁ᄒᆞᆯ事가多ᄒᆞᆫ지라深巷漆室에天傾을憂ᄒᆞᄂᆞᆫ者가無ᄒᆞᆫ비아니며白石流水에牛角을歌ᄒᆞᄂᆞᆫ者가無ᄒᆞᆫ비아니며草堂春睡에時事를夢想ᄒᆞᄂᆞᆫ者가無ᄒᆞᆫ비아니며半夜鷄聲에長袖로起舞ᄒᆞᄂᆞᆫ者가無ᄒᆞᆫ비아니나但鄕谷에坐ᄒᆞ야鬬見이孤陋ᄒᆞᆷ으로中途에셔彷徨ᄒᆞ며歸宿ᄒᆞᆯ處를不得ᄒᆞᆷ이니此를誘掖ᄒᆞ며此를指導ᄒᆞ야一切國民의目的地로向ᄒᆞ면國家前途의希望이果何如ᄒᆞ리오

雖然이나此等人物을誘掖指導ᄒᆞᆯ責任을有ᄒᆞᆫ者가誰인가現今政府에望ᄒᆞᆷ은愚計오地方官吏에게望ᄒᆞᆷ도妄想이니此ᄂᆞᆫ不得不國民同胞中先覺君子에게望ᄒᆞᆯ비라

先覺이後覺을覺ᄒᆞ며先知가後知를覺ᄒᆞ라ᄒᆞᆷ은古聖의明訓이라今日韓國의幼穉ᄒᆞᆫ同胞가先覺者를待ᄒᆞᆷ이已久ᄒᆞ엿스니望컨ᄃᆡ先覺君子ᄂᆞᆫ地方에行ᄒᆞ면셔各其意見과能力ᄃᆡ로同胞를誘導ᄒᆞ되該地方의有志者를結集ᄒᆞ며有力者를警勸ᄒᆞ며其他新進靑年을善導ᄒᆞ야大慈悲를施ᄒᆞ야昏衢의燭光을作ᄒᆞᆯ지어다

或曰我ᄂᆞᆫ才能이無ᄒᆞ며知識이不足ᄒᆞ야敢히此等思想을作ᄒᆞ지못ᄒᆞᆫ다ᄒᆞ나然이나自己가度를得지못ᄒᆞ고世를先度ᄒᆞᆷ이菩薩의發心이니此殆哉岌岌의時를遭ᄒᆞᆫ君子가一寸의長이有ᄒᆞ거던此一寸의長으로人을敎ᄒᆞ며半分의知가有ᄒᆞ거던此半分의知로人을授ᄒᆞ야覺海로同入ᄒᆞᆷ이可ᄒᆞ니라

今日에ᄂᆞᆫ巨大宏麗ᄒᆞᆫ學校를設ᄒᆞ야許多의博士學士를養出ᄒᆞᆷ보다草〻히小學校를設立ᄒᆞ야幼年童子를敎育ᄒᆞᆷ이急ᄒᆞ며高尙妙奧ᄒᆞᆫ學理를講ᄒᆞ야前哲의未發ᄒᆞᆫ것을發ᄒᆞᄂᆞᆫ것보다初等國文敎科의冊子를刊行ᄒᆞ야勞働同胞를警醒ᄒᆞᆷ이急ᄒᆞ나니森林을營ᄒᆞᄂᆞᆫ者ㅣ有ᄒᆞᆫ가苗芽를先養ᄒᆞᆷ이可ᄒᆞ며萬里를征코ᄌᆞᄒᆞ거던莽蒼을先適ᄒᆞᆷ이可ᄒᆞ니라

切望有志先覺은各各黑洞洞의鄕谷에向ᄒᆞ야鼾睡未醒ᄒᆞᄂᆞᆫ同胞를催促ᄒᆞ야或敎育或殖産或自治團結等에競進케ᄒᆞᆯ지어다

外報

◎政權運動　南美베네수엘나國前大統領가슈도로氏ᄂᆞᆫ目下政權을回復ᄒᆞ기爲ᄒᆞ야徒黨을募集ᄒᆞᆫ다더라

◎伊國新內閣　伊太利新內閣組織의命을受ᄒᆞᆫ루잣지博士ᄂᆞᆫ此를承認ᄒᆞ고外務大臣은무에리야氏가被任ᄒᆞᆫ다더라

◎探險家歡迎　南極探險家삿쿨톤氏ᄂᆞᆫ빌쿨림쓰、쇼싸이듸에셔盛大ᄒᆞᆫ歡迎을受ᄒᆞ엿다더라

◎空中航行法　法國前內閣議長온울죠아氏ᄂᆞᆫ國際法會議에셔司法卿벨츠우氏의意見을贊成ᄒᆞ야空中航行法을製定ᄒᆞᆷ이必要ᄒᆞᆷ을主張ᄒᆞ엿다더라

◎匈牙利慘事　匈牙利國오의고리도오의村民等이假舞蹈場으로設備ᄒᆞᆫ驛車庫에셔舞蹈ᄒᆞ다가不意에火災가起ᄒᆞ야慘死者가百名이오負傷者가二百五十名에達ᄒᆞ엿다더라

◎德帝旅行　德國皇帝와及同皇后ᄂᆞᆫ昨日ᄒᆞᆷ불쿠에幸行ᄒᆞ엿다ᄂᆞᆫᄃᆡ該地에셔三週間滯在ᄒᆞᆫ後에스트라스블크及우이쓰바ㅣ덴을訪問ᄒᆞᆯ預定이라더라

◎土艦注文　土耳其國에셔ᄂᆞᆫ海軍을擴張ᄒᆞᆯ計劃으로英國三大造船會社에新軍艦을注文ᄒᆞ엿다더라

◎勃王退歸　勃加利牙王은土耳其京城에셔出發ᄒᆞ엿ᄂᆞᆫᄃᆡ土耳其皇帝及大臣이停車場에出往전別ᄒᆞ엿다더라

◎土勃會議　土耳其와勃加利牙間會議ᄂᆞᆫ통商條約境界劃定鐵道聯絡의諸問題를討議ᄒᆞ엿다더라

◎에트나又噴火　伊太利國에트나山은去二十八日에又復噴火ᄒᆞ야용岩이葡萄園을破壞ᄒᆞ여其被害ᄒᆞᆫ區域은一千八百八十六年의噴火ᄒᆞ엿슬時보다益廣ᄒᆞᆷ에至ᄒᆞ엿다ᄂᆞᆫᄃᆡ오마에리트에셔ᄂᆞᆫ死亾者가四百名이오負傷者가百名에達ᄒᆞ엿다더라

學界

◎進校漸進　平北江界郡吏西面進興學교교長安槇模贊成員金碩弼兩氏ᄂᆞᆫ年今六旬인ᄃᆡ敎育에熱心ᄒᆞ야風雨를不憚ᄒᆞ고極力視務ᄒᆞᆷ으로學徒가日益增加ᄒᆞ야漸次擴張ᄒᆞᄂᆞᆫᄃᆡ該氏의熱誠을莫不稱頌ᄒᆞᆫ다더라

◎兩氏義捐　熙川郡眞面面長金大奎氏ᄂᆞᆫ金貨百圓紳士朴承大氏ᄂᆞᆫ八十圓을該面大明學校에捐助ᄒᆞ엿슴으로該兩氏의義務를莫不稱頌ᄒᆞᆫ다더라

◎面長得人　濟州舊左面〻長李元華氏ᄂᆞᆫ勤儉ᄒᆞᆫ實行이一郡에素著ᄒᆞᆫ터인ᄃᆡ該面長被任된以來로任務에努力ᄒᆞᆯᄲᅮᆫ더러敎育이急務됨을家喩戶說ᄒᆞᆫ結果로一般人民이頓히覺醒ᄒᆞ야面學校를設立ᄒᆞ엿다더라

◎有志竟成　平北鐵山居宋濟和氏ᄂᆞᆫ同郡新明學校에셔修業ᄒᆞ다가京城에留學코져ᄒᆞ되學資를難辦ᄒᆞᆷ으로有意未遂ᄒᆞ더니該郡居方濟善劉學堯金德煥諸氏ᄂᆞᆫ路費를捐出ᄒᆞ고李宗根氏ᄂᆞᆫ烟費를擔任ᄒᆞ고朴治勳氏ᄂᆞᆫ冊費를自擔ᄒᆞ야其志願을遂케ᄒᆞ엿다더라

◎算術大敎授　算學通編을著述ᄒᆞᆫ李命七氏ᄂᆞᆫ自己家에學校를設立ᄒᆞ고靑年을募集ᄒᆞ야算術을敎授ᄒᆞᄂᆞᆫᄃᆡ出席員이百餘員에達ᄒᆞᆫ다더라

◎明義經試　平北義州松峴面明義書塾은原來岐峰長生兩洞이合力設立ᄒᆞᆫ바今番學期試驗을經ᄒᆞ고去月二十四日에褒證式을擧行ᄒᆞ엿ᄂᆞᆫᄃᆡ成績이良好ᄒᆞᆷ으로塾長白寅崗塾監洪學義其他任員及學父兄諸氏가優數賞品을施給ᄒᆞ엿다더라

◎韓氏熱心　白川石山面多壽洞韓東敎氏가光東義塾을設立ᄒᆞ고經費를自擔ᄒᆞ야熱心敎授ᄒᆞ더니今春에ᄂᆞᆫ校務를一層擴張ᄒᆞ야學徒가五十名에達ᄒᆞ야將就의望이有ᄒᆞ다고莫不稱頌ᄒᆞᆫ다더라

◎日直夜校　始興郡西面日直里居梁柱鶴氏ᄂᆞᆫ再昨年부터自家舍廊에普通夜學校를設ᄒᆞ고該附近靑年을募集敎授ᄒᆞ되經費가不足ᄒᆞᆷ으로교監梁柱鳳學監權轍榮諸氏가義金을捐付ᄒᆞ엿고敎師俞庚濬氏ᄂᆞᆫ名譽로敎授ᄒᆞᄂᆞᆫᄃᆡ生徒가四十名에達ᄒᆞ엿다더라

◎貫壹復興　遂安郡邑內基督貫壹學校ᄂᆞᆫ財政이窘艱ᄒᆞ야幾至廢境이러니校監高義守氏가慨然奮發ᄒᆞ야自己家事ᄂᆞᆫ頓不顧見ᄒᆞ고該附近各洞으로輪行ᄒᆞ면서義金을多數募集ᄒᆞ고敎師를延聘ᄒᆞ야熱心敎授ᄒᆞᄂᆞᆫ故로生徒가雲集ᄒᆞ야校況이日益進就ᄒᆞᆫ다더라

◎兩校卒業式　東湖興英學校에셔ᄂᆞᆫ明日下午一時에第一回卒業式과進級式을設行ᄒᆞ고私立普成中學교에셔ᄂᆞᆫ再明日上午十二時西闕內에셔卒業證書授與式을擧行ᄒᆞᆫ다더라

◎昇明復明　信川郡〻立昇明學교ᄂᆞᆫ財政이窘絀ᄒᆞ야幾至廢止之境이러니該郡守金禹熙氏가各面長을會同ᄒᆞ야春秋兩等으로義金을收斂ᄒᆞ되邑村에ᄂᆞᆫ每戶九錢式村間에ᄂᆞᆫ每戶五錢式捐助케ᄒᆞ기로協定ᄒᆞ고敎師ᄂᆞᆫ高貞華申浩凡兩氏를雇聘ᄒᆞ야교務를擴張ᄒᆞ엿다더라

◎崔氏熱心　龜城郡芳峴面南湖里熙明學校〻長崔利奎氏ᄂᆞᆫ敎育을擴張ᄒᆞ기爲ᄒᆞ야躬行村里ᄒᆞ면서家喩戶說ᄒᆞᆷ으로人皆感服ᄒᆞ야該里耶蘇敎學교ᄭᆞ지聯合되야校況이壹層擴張ᄒᆞ며女學校를並設ᄒᆞ야男女敎育이一時俱興ᄒᆞᆫ다더라

◎安校興旺　茂朱郡居朴晦陽氏ᄂᆞᆫ面內紳士金창鉉李舜稙李說雨盧日壽諸氏와協議ᄒᆞ야一安二安兩面의共同所有로普通安成學교를設立ᄒᆞ고經費ᄂᆞᆫ兩面이義務擔任ᄒᆞ기로互相契約ᄒᆞ엿ᄂᆞᆫᄃᆡ學徒가日益增加ᄒᆞ야就緖之望이有ᄒᆞ다더라

學報

◎外語校卒業　校洞官立外國語學校에셔去月二十八日에第三回卒業式을擧行ᄒᆞ엿ᄂᆞᆫᄃᆡ英語部卒業生은玄윤權泰善李道均尹時榮權敬煥朴奎遠鄭煜太錫彥金鳳奎全完根宋榮燮閔內德金확閔泳旭申穎均彭鉉泰김正澤김永驥李明圭김在奎李鳴九김元容李필奎崔석模李周鎬

詞藻

❀團結方❀

미워ᄒᆞ면쥭으라고、사랑ᄒᆞ면살나지만、
오날한국同胞間엔、些少혐의품ᄉᆞ지마쇼、
만일에、各自異心渙散ᄒᆞ면、外敵을엇지。

宮廷彙報

◎布帛下賜 大皇帝陛下씌ᄋᆞ셔完興君李載冕完順君李載完永宣君李埈鎔氏等의夫人과桂洞宮夫人에게布帛各五疋式下賜ᄒᆞ옵셧다더라

◎翊原校賜額 義州府翊原學校ᄂᆞᆫ駐필重地인故로 大皇帝陛下씌ᄋᆞ셔御筆로 賜額ᄒᆞᄋᆞ셧ᄂᆞᆫᄃᆡ該校任員李弘稙氏ᄂᆞᆫ昨日該 賜額을祇受ᄒᆞ엿고學相李容稙內相박齊純氏ᄂᆞᆫ祝辭를述與ᄒᆞ엿다더라

◎永宣陛見 永宣君李埈鎔氏ᄂᆞᆫ再昨日上午十二時 德壽宮에 陛見ᄒᆞ엿다더라

雜報

◎又一巷說 曾彌統監이歸任ᄒᆞᆫ後內閣이變更된다ᄂᆞᆫ說은既報어니와日人高等官ᄭᆞ지一切改任ᄒᆞᆫ다ᄂᆞᆫ說이有ᄒᆞ다더라

◎情形硏究說 日本桂首相은韓滿移民問題를解決키爲ᄒᆞ야曾彌統監과長谷川大將과加藤增雄에게委任ᄒᆞ야韓國情形을硏究ᄒᆞᆫ다ᄂᆞᆫ說이有ᄒᆞ다더라

◎市場協議 統監府에셔ᄂᆞᆫ韓國內市場의區域範圍를一定케ᄒᆞ라고韓政府에照會ᄒᆞᆫ故로韓政府에셔目下協議中이라더라

◎資格審査 昨日內部에셔第三回郡守資格審査會를開ᄒᆞ엿다더라

◎通覽送致 農商工部에셔ᄂᆞᆫ日本福岡名古屋兩共進會에對ᄒᆞ야韓國通覽이라ᄂᆞᆫ冊子를多數送致하야共進會觀覽者의게分布케ᄒᆞᆫ다ᄂᆞᆫᄃᆡ該冊子의內容은鑛業、商業、地理、農業、關稅、交通、等三十餘項을次第說明ᄒᆞ엿다더라

◎國分歸國 統監府參與官國分象太郞은政務를協議次로昨日渡日ᄒᆞ엿다더라

◎署長會議件 昨日警察署長會議에셔義兵의情況如何와土地測量者의實況及監督上情況如何等事件을協議ᄒᆞ엿다더라

◎遺賂競爭 農相趙重應氏ᄂᆞᆫ門閥家를調査ᄒᆞᄂᆞᆫ中인ᄃᆡ或者ᄂᆞᆫ此調査에參入ᄒᆞ면何等恩祿이나得受ᄒᆞᆯ까ᄒᆞ야賂物을給與ᄒᆞ고參入을競爭ᄒᆞᆫ다더라

◎商簿修報指揮 內部警務局과日憲兵司令部에셔ᄂᆞᆫ三昨日商務組合本部에指揮ᄒᆞ야商民數爻와一般文簿를修呈ᄒᆞ라ᄒᆞ엿다더라

◎內部編纂 內部에셔ᄂᆞᆫ甲午更張以後로該部에關ᄒᆞᆫ 勅令及部令과其他重要書類를現方編纂ᄒᆞᄂᆞᆫ中이라더라

◎觀光又出 義州府尹徐相勉氏ᄂᆞᆫ日本觀光團을組織ᄒᆞ야渡日次로日間上京ᄒᆞᆫ다ᄂᆞᆫᄃᆡ其內容은農商大臣趙重應氏의指使를因홈이라더라

◎政會內容 政友會ᄂᆞᆫ其會員이百五十名이라고自稱ᄒᆞ나實際ᄂᆞᆫ五十名도不足ᄒᆞ다ᄒᆞ며閔泳徽김宗漢等諸氏ᄂᆞᆫ該會總裁推戴의請을不諾ᄒᆞᆫ다ᄂᆞᆫ說이有ᄒᆞ며就中某某人은冒名懸錄이라ᄒᆞ야自退者가種種有之ᄒᆞ다더라

◎更加團束 警視廳에셔ᄂᆞᆫ各部大臣의保護巡査를申飭ᄒᆞ야大臣仕進時에官房門前을嚴密把守ᄒᆞ라ᄒᆞ엿다더라

◎帽票寄付 內部大臣朴齊純氏ᄂᆞᆫ義州府翊原學校生徒의帽子票(李花)百枚를寄付ᄒᆞ엿다더라

◎會計文簿調査 度支部檢査局에셔各府部院廳會計文簿를調査ᄒᆞᆫ다ᄂᆞᆫᄃᆡ本日부터內部文簿를爲先着手ᄒᆞᆫ다더라

◎官吏無嚴 既報와如히度支部一般官吏가三昨日 洪陵等地에前往ᄒᆞ야運動會를開ᄒᆞ엿ᄂᆞᆫᄃᆡ該官吏中沒體面者가 陵寢內에混雜出入하ᄂᆞᆫ故로該陵官이此를禁止ᄒᆞ다가日人官吏에게毆打를被ᄒᆞ야重傷ᄒᆞ엿合으로再昨日宮內府에셔度支部에照會ᄒᆞ고行悖官吏에姓名을調査ᄒᆞᆫ다더라

鐵道起工

日本人이經營ᄒᆞᄂᆞᆫ京元湖南兩鐵道ᄂᆞᆫ工役을不日間着手ᄒᆞᆫ다ᄂᆞᆫᄃᆡ統監府에셔內部에交涉ᄒᆞ야鐵道敷設附近에在ᄒᆞᆫ人民의家屋土地ᄂᆞᆫ買賣典執을禁止케ᄒᆞᆫ다더라

◎安氏葬地 安重根氏의遺體ᄂᆞᆫ故국으로歸葬홈을不許홈으로旅順監獄共同葬地에埋ᄒᆞ엿다더라

◎英婦人訪問 英國總領事夫人버네氏ᄂᆞᆫ修學院英語敎師英國婦人쏠네氏와同件ᄒᆞ야再昨日下午一時雲峴宮을訪問ᄒᆞ엿다더라

◎度次滯留 度支次官荒井은歸國ᄒᆞ여來月十日ᄭᆞ지滯留ᄒᆞᆫ다더라

◎材料委任說 當局에셔商工業을調査ᄒᆞᆫ다홈은已報어니와經費上事情을因ᄒᆞ야其調査材料를地方官廳과地方所在商業會議所에委任ᄒᆞᆫ다ᄂᆞᆫ說이有ᄒᆞ다더라

◎財署査簿 漢城財務署에셔ᄂᆞᆫ家屋貰에關ᄒᆞᆫ事件으로昨日上午十一時에各坊曲囑托을招集하야文簿를調査ᄒᆞ엿다더라

◎森林調査 農商工部에셔ᄂᆞᆫ聞慶郡鳥嶺森林을調査次로韓日人官吏를日間派送ᄒᆞᆫ다더라

◎漁業處理 農商工部에셔ᄂᆞᆫ去月三十日三十一日兩日에江原道慶尙北道一部의免許漁業四百件을處理ᄒᆞ고昨日에ᄂᆞᆫ咸鏡北道免許漁業百五十餘件을處理ᄒᆞ엿다더라

◎礦産調査 農商工部礦務局에셔十三道礦産을調査ᄒᆞ엿ᄂᆞᆫᄃᆡ件數ᄂᆞᆫ合四百卄四處오就中三分二ᄂᆞᆫ日人의所有라더라

◎安蹤형探 安重根氏從弟安明根氏ᄂᆞᆫ旅順으로부터渡日ᄒᆞᆫ다ᄂᆞᆫ說이有홈으로某處에셔其踪跡을嚴密형探ᄒᆞᆫ다더라

◎順儒長書 全南順天郡儒生李秉채炭*愚安圭休等諸氏가一進會聲明書反對ᄒᆞᄂᆞᆫ長書를統監府에提出ᄒᆞ엿다더라

◎學宰困難 商務組合本部에셔ᄂᆞᆫ該家屋貸金十餘朔條를尙不償還ᄒᆞ엿合으로督迫이日甚ᄒᆞ고其他債務金이二千餘圓에達ᄒᆞᆫ故로該部長李學宰ᄂᆞᆫ困迫이莫此ᄒᆞ다더라

◎敬義會運動 神宮敬義會에셔ᄂᆞᆫ東小門內北關廟를會館으로使用ᄒᆞ기爲ᄒᆞ야度支部에請願ᄒᆞᆯ次로目下運動中이라더라

◎參考品要求 中部警察署에셔商務組合部를申飭ᄒᆞ야負商의傳來使用ᄒᆞ던木丫一枚와平凉笠一介를參考的으로來納ᄒᆞ라ᄒᆞ엿다더라

◎警廳團束 警視廳第壹課長李懃珪氏ᄂᆞᆫ再昨日巡査壹人을帶同ᄒᆞ고各演劇場을視察하엿ᄂᆞᆫᄃᆡ社員及唱夫등을招集ᄒᆞ야風俗에紊亂ᄒᆞᆫ演劇은一切廢止ᄒᆞ라고嚴切團束ᄒᆞ엿다더라

◎演場巡察 日憲兵司令部에셔ᄂᆞᆫ補助員及偵探軍等이各演場에多數出入ᄒᆞ며行悖가種種有之ᄒᆞ야營業上妨害가有ᄒᆞ다홈으로日人相內軍曹를派送ᄒᆞ야各演場을逐夜巡視ᄒᆞᆫ다더라

◎滊車博覽會 仁川居留日人의朝鮮新聞社에셔ᄂᆞᆫ韓國內鐵道全線의滊車博覽會를發起ᄒᆞᆫ다더라

◎太田決定 日本鐵道院에셔ᄂᆞᆫ本年度에起工ᄒᆞᄂᆞᆫ韓國內湖南線의京釜線分岐点을太田驛으로決定ᄒᆞ엿다더라

◎農事視察團 拓殖會社에셔ᄂᆞᆫ該社所關土地作人韓국農民二十名으로農事視察團을組織ᄒᆞ야來五月에出發渡日ᄒᆞᆫ다더라

◎遊外人詗探 外地에多年遊覽ᄒᆞ던朴基俊崔重석兩氏가日前海蔘威로부터歸國하엿다ᄂᆞᆫ說이有홈으로某處에셔秘密형探中이라더라

◎取財犯被捉 東部管內居尹在根朴與俊兩人은詐欺取財犯으로昨日中部警察署에被捉하엿다더라

◎團合所擴張 仁川港客主營業人들은紳商會社의名義를變更ᄒᆞ야客主團合所라稱ᄒᆞ고業務를大擴張ᄒᆞ야遠近商旅에便利를普及케ᄒᆞᆫ다더라

◎警察生分配 警視廳에셔養成ᄒᆞᆫ警察生徒가十八名인ᄃᆡ將次各署에分置ᄒᆞᆫ다더라

◎宜其禁止 西部大碁洞居玄某의別室은年少婦女를誘引ᄒᆞ야花套局을設홈으로婦女界에多大ᄒᆞᆫ損害가有ᄒᆞᆫᄃᆡ當署警官은此를禁止치안ᄂᆞᆫ다고一般批許이有ᄒᆞ다더라

◎其勢可驚 [illegible]習所에셔ᄂᆞᆫ官費生五十五名을募集홀터인ᄃᆡ入學志願者가二千五百餘名에達ᄒᆞ엿다더라

◎卒業總代留別宴 官立漢城高等學校今回卒業生總代張錫台朱榮善等諸氏가발起ᄒᆞ야該校設立後卒業生總代諸氏를請邀ᄒᆞ야明日下午五時明月館에셔留別宴을設ᄒᆞᆫ다더라

◎婦人捐金 東部崇敎坊興德洞居崔用九氏夫人朴氏ᄂᆞᆫ崇敎義塾에금四圓을捐助ᄒᆞ엿ᄂᆞᆫᄃᆡ此ᄂᆞᆫ該婦人이三年間分分收聚ᄒᆞᆫ바로敎育을奬勵키爲ᄒᆞ야勤苦所得을不惜投與홈이라더라

◎醴倅治績 醴泉郡守金亀鉉氏ᄂᆞᆫ村閭에躬行ᄒᆞ며實業과學業을勸奬ᄒᆞ고外人에交涉과諸般行政이極히嫻熟홈으로木碑가林립ᄒᆞ고頌聲이載路ᄒᆞ다더라

◎朴犯越交 中部警察署에被捉ᄒᆞ엿던詐欺取財犯朴聖哉ᄂᆞᆫ昨日京城地方裁判所로越交ᄒᆞ엿다더라

◎巴氏入城 基督敎青年會東洋巡行總務美國人巴樂滿氏가淸國上海로부터再昨日入城ᄒᆞ엿ᄂᆞᆫᄃᆡ鍾路青年會舘에셔今日下午七時半에演說會를開ᄒᆞᆫ다더라

電報

日本臺灣經營

日本에셔ᄂᆞᆫ臺灣阿里山經營에對ᄒᆞ야今年度로鐵道布設에全力ᄒᆞᆫ다더라

東京發 三月卅一日着

三黨活動

日本에셔ᄂᆞᆫ立憲國民黨中央本部가全國에[illegible]ᄒᆞᄂᆞᆫᄃᆡ政友會ᄂᆞᆫ此를反抗ᄒᆞ기爲ᄒᆞ야大活動을試ᄒᆞ기로爲先靜岡縣地에人演說會를開ᄒᆞᆫ다더라

以上東京發 日着

岩倉逝去

日本宮內府大臣岩倉은去月三十一日에長逝ᄒᆞ엿다더라

社會燈

▲商務部長李學宰ᄂᆞᆫ五百木을餞送ᄒᆞ려南門驛에出往ᄒᆞᆫ다가親知人을對面ᄒᆞ면赧然驚縮ᄒᆞ더라지해ᄉᆞ되밋혜깁히안져魔鬼輩들모화노코各新聞을詬辱ᄒᆞᆫ젠滔滔狂氣난다더니門外一步繞出ᄒᆞ면제罪惡을제아ᄂᆞᆫ지驚風症이웬일인가

▲農商大臣趙重應ᄂᆞᆫ上典宅의士人님이自己집에오신다고各官人을指揮ᄒᆞ야詩酒會를차린다지黑突三年지난後에되리빗츤依舊ᄒᆞ되書堂바람二年後에吠風月은알엇던가제主人은反噬ᄒᆞ고外人보면搖尾하니吠盜性이換腸힛네

▲謝罪團員尹大榮은渡日費金五百圓을人民의게거두라다直員의게反對밧고債權者의督迫맛나進退維谷되엿ᄒᆞ지ᄒᆞ지말ᄂᆞᆫ把總들은엇지그리질ᄯᅧᄒᆞ고되지못ᄒᆞᆫ감투격졍저러타시緊急ᄒᆞᆫ가罪진놈의八字라셔平生걱졍못免ᄒᆞ지

▲總理大臣李完用은政海波瀾震蕩中에家族政府ᄯᅥ나갈가밤낫으로憂慮타가腹痛病이싱겻다지모든狡兎다잡을제發縱指示ᄒᆞᄂᆞᆫ되로許多苦難무릅스다三尺劍頭놀닌魂이至今ᄭᆞ지驚定인ᄃᆡ無情ᄒᆞᆫ獵夫들은져功狗을닛단말가

雜報

◎湖南親睦　明日下午一時에湖南學生親睦會를該會館內에開ᄒᆞᆫ다더라

◎西北通常會　西北學會에셔今日下午三時에月例通常會를開ᄒᆞᄂᆞᆫᄃᆡ一般會員이多數來參ᄒᆞ기를希望ᄒᆞᆫ다더라

◎法學會臨時會　法學協會에셔會務를處理ᄒᆞ기爲ᄒᆞ야明日上午十時에臨時總會를養正義塾內에開ᄒᆞᆫ다더라

◎藥業總合總會　漢城藥業總合所에셔明日上午十時에定期總會를南部罷洞該事務所內에開ᄒᆞᆫ다더라

◎婦人會票製造　慈善婦人會에셔ᄂᆞᆫ同會員을標別ᄒᆞ기爲ᄒᆞ야純銀으로會票를製造ᄒᆞᆫ다더라

◎車軆檢查　中部醫察署에셔ᄂᆞᆫ昨日上午十時에各人力車夫를召集ᄒᆞ야車體檢查를行ᄒᆞ엿다더라

廣告

一 本所內에診察제藥部를設ᄒᆞ고一般同胞의疾病을救濟ᄒᆞᆷ

一 鰥寡孤獨無依ᄒᆞᆫ同胞ᄂᆞᆫ無料로施藥ᄒᆞᆷ

一 孤兒院學生도亦無料로施藥ᄒᆞᆷ

一 四窮과孤兒院學生外에同胞ᄂᆞᆫ藥을有料로ᄒᆞ되診察料ᄂᆞᆫ往診에만五十錢으로ᄒᆞᆷ

一 診察時ᄂᆞᆫ自上午九時로至下午四時로ᄒᆞᆷ(但危急ᄒᆞᆫ患이有ᄒᆞᆯ時ᄂᆞᆫ此限에不在ᄒᆞᆷ)

本所臨時事務所ᄂᆞᆫ
中部慶幸坊紬洞二統六戶
大韓醫士總合所內
診察제藥部　告白

平南中和郡新濟面面長金鳳杰家에셔三月廿日夜에偶然起火ᄒᆞ야家藏什物이盡燒中에驛土打作租二十三石과結錢二十五圓이亦入回祿中ᄒᆞ니民情의接遑은姑舍ᄒᆞ고國穀辦納이萬無ᄒᆞ기廣布ᄒᆞᆷ

平南中和居　劉益煥　白

本人에所有先塋山麓與田畓券을光武九年分에逢賊ᄒᆞ야失ᄒᆞᆫ事로呼訴于洞中하와洞中完議文을成給이기玆에廣告ᄒᆞᆷ

北部延恩坊新寺洞三統十戶
鄭海龍　告白

本所에셔特別總會를本月三日(陰二月二十四日)正午에開ᄒᆞ오니　僉宗은屆期來臨ᄒᆞᆷ

金海金氏宗約所　白

本店은僉君子의愛顧請求ᄒᆞ심을蒙ᄒᆞ와營業이益益興旺이온바今番에業務를更加擴張ᄒᆞᆯ뿐外라各種帽子를精密製造ᄒᆞ고學生界諸君의經濟를補充키爲ᄒᆞ와特別廉價로販賣ᄒᆞ오며十個以上을請求ᄒᆞ시면一割引을ᄒᆞᆯ터이오니陸續請求ᄒᆞ시옵 外方에셔ᄂᆞᆫ請求만하시면小包로卽速下送ᄒᆞ옵나이다

極上品　一圓十錢
別上品　九十錢
上品　八十錢
中品　六十五錢
下品　五十錢

此外에各種運動帽子도具備ᄒᆞᆷ
京城東部梨峴百十一統四戶
二層屋　帽子商店
金貞熙　告白

本人이三月廿八日에江西岐陽里林時澤이가大牛皮四十張預賣ᄒᆞᆫ標一度와金二十圓債用ᄒᆞᆫ標一度를幷失하엿ᄉᆞ오니誰某拾得則休紙施行ᄒᆞᆷ

平壤東湖　李化奉　白

本人이西部內需司內二十七統一戶金仁弘의所有家券을該人에任婿卓敬洙의게典執ᄒᆞ고金壹百四十圓을以日收貸給矣러니卓敬洙가現今隱避ᄒᆞᆫ故로金仁弘이가當初에該券을借給ᄒᆞ고本人及卓敬洙가俱是挾雜이라고新聞에構날廣告ᄒᆞ오니豈有如許人心乎內外國僉君子　照亮

南部茶洞三統八戶
李永祚　白

本人이所謂政友會에初無干預이온ᄃᆡ該會에셔本人의姓名을僞錄ᄒᆞ야發起人이라ᄒᆞ고公函을送하엿기卽時退却ᄒᆞ고該會緣名之習이痛憤ᄒᆞ야玆以廣告僉同胞ᄂᆞᆫ照亮

閔憲稙　告白

◎失期 ᄎᆞ마시옵

種繭을願買ᄒᆞ시던지或信實ᄒᆞᆫ保人을得ᄒᆞ야支社나或並作例를志願ᄒᆞ시라ᄂᆞᆫ僉君子ᄂᆞᆫ陰三月旬內로請求ᄒᆞ심을敬要

京新門外鍮洞一百九十三統三戶
大韓蠶會社　白

本人에先親相薰氏在時에西部瑀雲臺家屋을營建時會受認許러니未知何時遺落이던지永爲셔失故廣故ᄒᆞ오니誰某拾得이라도休紙施行ᄒᆞᆷ

沈珪燮　告白

登錄
京西部車洞同和藥房
本國藥材、洋製、各病、效、用、價、國漢文、可刊出、作封、雖婦女、郵便請求、買賣
閔檣　白

本組合事務所를中部典洞四十四統一戶(二階洋製屋)로定하고玆에廣告ᄒᆞ옵

農務組合所　告白

學徒募集廣告

平壤私立大成學校

本校에셔補缺生을募集ᄒᆞ니志願者ᄂᆞᆫ四月三日內請願ᄒᆞ시옴
試驗日子　四月四日

本校에셔第壹學年級學員을募集ᄒᆞ오니志願者ᄂᆞᆫ四月十日內로請願書를提出ᄒᆞᆷ
但請願紙ᄂᆞᆫ本校에請求ᄒᆞᆷ
試驗日字ᄂᆞᆫ四月十壹日下午二時
試驗科目算術四則、作文、讀書
第二學年補缺生도募集ᄒᆞᆷ
隆熙四年三月　日
私立西北協成學校

來四月四日에法科商科專門學員의入學試驗을執行ᄒᆞᆷ
請願書ᄂᆞᆫ全月三日ᄭᆞ지提出ᄒᆞᆷ이可ᄒᆞᆷ
私立普成專門學校　學員募集
入學ᄒᆞᆯ資格은高等學校에卒業者又ᄂᆞᆫ此와同等以上의學力이有ᄒᆞᆫ者로ᄒᆞᆷ

學員募集廣告

本校에셔第一學年及二、三、四各學年補缺生을增加募集ᄒᆞ니四月十日內로請願書를提出ᄒᆞᆷ
但請願紙ᄂᆞᆫ本校에請求ᄒᆞᆷ
西大門內
私立普成小學校

本人의名九鼎을祥俊으로改名ᄒᆞ오니知舊間照亮ᄒᆞ시옴
平北龍川府外下面做義洞　張祥俊　白

本人楕圓形姓名圖章셔失故今以圓形彫刻也知舊間照亮望
南部笠井洞四四、一〇
尹邦鉉　白

特別廣告

本館에셔任員을改選ᄒᆞᆫ後에業務를更加擴張ᄒᆞ옵고書籍五圓以上請求에特別大割引ᄒᆞ오며또今春에도良好ᄒᆞᆫ果樹를特別低廉ᄒᆞᆫ價로大發賣ᄒᆞ니僉君子陸續請購ᄒᆞ시옵
諸般書籍과測量機具와學徒用品도具備ᄒᆞ엿숨

平壤鍾路太極書館
館主　李[illegible]薰
主任　金根瀅

本人이乾材藥局을爲業ᄒᆞ온지多年에特蒙僉位之愛顧이옵기業務를大擴張ᄒᆞ고特別廉價로注意不啻라居鄉僉位에買藥上便利를從ᄒᆞ와親蹟閒掌記와居住만詳通知ᄒᆞ시면郵便小包로卽速付送ᄒᆞ옵고代金은引換ᄒᆞ깃ᄉᆞ오니隨用請求爲要

京銅峴九十五統十戶
乾材藥局崔興模　告白

◎特告全國同胞

國債報償金의名義로京鄉各處에散在ᄒᆞᆫ金額을全國同胞의公議에附하야本會에셔總合處理하깃기로京城內各收金所의收合保管ᄒᆞᆫ金額을爲先槪略調查인바地方各郡代表人을召集ᄒᆞ야大總會를開ᄒᆞ고處理方法을另究決定ᄒᆞ기로議決ᄒᆞ엿기玆에左開特告ᄒᆞ오니屆期齊臨ᄒᆞ심을懇望

一 來四月十六日土曜(陰曆三月初七日)正午十二時에京城中部磚洞興士團內本事務所에셔開會ᄒᆞᆷ

一 國債報償金을出捐ᄒᆞᆫ地方에만限ᄒᆞ야一郡에一員式該郡代表로前記日時에本會로派送出席케ᄒᆞᆷ이可ᄒᆞᆷ
但代表員選定ᄒᆞᄂᆞᆫ方法은各該郡人士의公議로選定ᄒᆞ야該郡에셔出捐ᄒᆞᆯ當時에收金團體의使用ᄒᆞ던印章을捺ᄒᆞᆫ委任狀과住居面長의信章을押ᄒᆞᆫ證明狀을並携帶ᄒᆞᆷ이可

一 金額을出捐ᄒᆞᆫ地方에代表一人式選送ᄒᆞ되該郡一境內에셔出ᄒᆞᆫ金額總數와金額을送附ᄒᆞᆫ收金所와保管處所와捐出ᄒᆞᆫ人의姓名金額을廣告ᄒᆞᆫ新聞名號를詳錄付送ᄒᆞᆷ이可ᄒᆞᆷ

一 前記日時에本總會로代表員이出席지아니ᄒᆞᆫ地方에셔ᄂᆞᆫ本會議決을一遵케하고追後提起하ᄂᆞᆫ意見이或有ᄒᆞᆫ境遇에ᄂᆞᆫ該意見은公議에附치아니ᄒᆞ야效力이無ᄒᆞᆷ으로認定ᄒᆞᆷ

京城中部磚洞興士團內
國債報償金處理會

本店에서開業ᄒᆞᆫ지十六年間僉君子의愛顧ᄒᆞ심을特蒙ᄒᆞ와今年부터業務을大擴張ᄒᆞ고春夏秋冬所用으로絨屬毛織等各國高等物品을現今多數直輸入이온바各地方에서ᄂᆞᆫ貿易에便利ᄒᆞᆷ게爲ᄒᆞ야特廉減價ᄒᆞ와郵便小包로酬應ᄒᆞ야代金은引換ᄒᆞ깃사오니十三道各郡僉君子ᄂᆞᆫ隨意請求ᄒᆞ심을望
振替貯金番號(韓國壹三三番)
漢城中部鍾路砂器廛洞二十一統五戶
廣興泰　告白

美濃紙製圖用大發賣
京城南署棗洞六十二統十戶
KIM
金龍商會

本社에셔高明ᄒᆞᆫ技師를雇聘ᄒᆞ야業務를擴張ᄒᆞ고左記各樣印刷物을特別廉價로酬應ᄒᆞ오니僉君子ᄂᆞᆫ愛顧ᄒᆞ심을伏望
各樣書冊과傳道紙와證明紙各種과印札紙各種과領受證과名啣紙各種과公用信紙와廣告紙와卒業證書紙와修業證書紙
平壤館門前
光文社印刷所
社長　鄭益魯
總務　李春燮

本報 一枚 新貨二錢五厘 壹個月 三十錢

檀君開國四千二百四十三年
箕子元年三千三十二年
大韓開國五百十九年

本報創刊日
光武八年七月十八日

大韓每日申報

第八卷 月曜及慶節歲時日休刊 第一千三百五十一号

發行兼編輯人 英國人 萬咸
Responsible for Publication Alfred Weekley Marnham.
發行所
京城南部石井洞三層洋屋
大韓每日申報社

[illegible]個月 [illegible]
但地方에는每朔郵費十三錢

論說

◎湖嶺可賀

時局의變遷이愈劇ᄒ고風潮의接觸이愈甚혼ᄃ此를際ᄒ야文明의新木鐸을鳴ᄒ는者는惟西北一帶而已라

彼南方에至ᄒ야는尙今까지武陵의春夢을作ᄒ는者뿐이며尙今까지橘中의仙枰을對혼者뿐이오時勢를感覺ᄒ야進步의途에登ᄒ는者ㅣ寥々太甚ᄒ더니邇來에南來靑年의各學校에셔業을卒혼諸君이此를慨惜ᄒ며此를憤歎하야同胞拯救의弘願을發ᄒ고湖南嶺南의各地方에下ᄒ야或閭巷에周行ᄒ면頑固혼人物을警醒ᄒ며或學校를創立ᄒ야幼穉혼兒童을敎養ᄒ야各其精神을竭ᄒ며誠力을盡ᄒ야目的地에向하는者ㅣ日多하니

嗚呼라哥倫布의船頭에新大陸이隱映ᄒ고麥志倫의眼前에喜望峰이漸現ᄒ는도다諺에曰誠心이道場이라ᄒ니諸君今日의發願은비록萬里遠程의初發軔이나一日에一步를進ᄒ며二日에二步를進ᄒ면涓流가滄海되며土壤이太山될其日이豈無ᄒ리오

從此漢江以南에東風이漸吹ᄒ야蠶芽가爭坼ᄒ며衆蟄이盡動홈을龜卜을不待ᄒ야可知홀비로다

大抵湖嶺은土地의고沃홈이全國의第一이며人口의衆多홈이全國의第一이오又是古來로賢人才士가彬々히産出ᄒ던地이니此地同胞가奮發ᄒ는日이면此固有의富力과遺傳의天才에依ᄒ야實業을發達홈도易ᄒ지며敎育을振興홈도易홀지며其他各種事業이皆他道에比ᄒ면無非事半功倍가될지니諸君은勉홀지어다

然이나吾儕는諸君에게數語仰告홀비有ᄒ노니現今은列强競爭時代라無論何種의事業으로同胞를指導ᄒ던지軍國民의精神으로以ᄒ며軍國民의氣魄으로以ᄒ야險阻를平地又치視ᄒ며患難을安樂又치視ᄒ여야可히風雲의舞臺에競進홀지니諸君이此發願의日에軍國民主義를勿忘홈이可ᄒ며又今日渙散혼國民을團結統一ᄒ지못ᄒ면將來國民前途에何등效果가無홀지니諸君은身으로先ᄒ야何地에同目的者가有하던지何方에同主義者가有ᄒ던지必也情意를疏通ᄒ며機關을聯絡ᄒ고過失을相規ᄒ며患難을相救하야兄弟姉妹의觀念을鞏固케홈이可ᄒ다ᄒ노라

諸君은勉ᄒ야韓半島文明의初祖가될지어다

外報

◎加奈陀海軍論 英領加奈陀保守黨領袖볼덴氏는하리ᄒ아ᄎ쿠쓰에셔演說ᄒ되加奈陀는國防上으로帝國과協力ᄒ야海軍을統一ᄒ지아니ᄒ면不可ᄒ다고言明ᄒ엿다더라

◎日本間諜被縛 美國工兵軍團의兵卒一名은要塞地圖를撮影ᄒ야日本人間諜의게贈與ᄒ라다가發覺되야同犯罪兵卒及日人間諜二名이捕縛되엿다더라

◎勃王訪問의效果 土耳其國政府는公文으로써勃加利牙國王의土京君士坦丁堡을訪問홈은兩國의友義的關係를增進ᄒ는希望이有ᄒ다는旨를發表ᄒ엿다더라

◎中亞의德國工場 德國쿨ᄎ푸會社는다ー께쓰단에紡績機械製造工場을建設혼다는ᄃ此는有名無實이오其眞意는德國이中亞細亞에勢力을增加코져홈에在ᄒ다더라

◎中美의革命 中央亞米利加혼듀라쓰國에革命이起ᄒ엿는ᄃ其結果로쎠니라將軍과다우의라將軍間에協約이成立되엿스나該協約은確立될것이아니라더라

◎芬蘭立法改正案 露國政府는芬蘭立法改正에關혼法案을提出ᄒ엿는ᄃ右는純然혼地方的事務를除혼外에同地에서一切立法權을露國立法部에轉移ᄒ는同時에芬蘭議會로셔露國樞密院에議員一名又同議會에議員五名을選出ᄒ는等을規定코져홈이라더라

學界

◎東陽復興 安東東先面東陽學校는該面에世居하는光山金氏들이反對홈을因ᄒ야不好혼影響이有하더니該面有志人士安承國氏가金四十圓南夏濟氏가金二十圓을捐助하엿고安重燦金永甲氏等이熱心贊助홈으로校況이漸次進興혼다더라

◎靑年館商業科 靑年會館內靑年學館에셔實業夜學科를設립ᄒ고學員을募集ᄒ는ᄃ來五日下午五時에志願者를試取혼다더라

◎嘉尙哉其人 載寧郡古栗面雲水學校學生張종鍵氏는妙齡이方今十六인ᄃ穎敏혼才藝가校中에特著혼지라隣洞勞働靑年의知識이全昧홈을慨歎ᄒ야同窓李達臻氏와協議ᄒᄀ勞働夜學校를設立코져ᄒ나經費를辦備치못ᄒ야有意莫遂더니昨年夏期放學을際ᄒ야該兩氏가躬히柴草를刈聚ᄒ야賣收혼金額十餘圓을貯置혼後該面紳士崔濟伯氏를往見ᄒ고勞働靑年의敎育이時急됨을說明ᄒ며協力ᄒ야勞働學校를設立ᄒᄌᄒ미崔氏도其誠意를感服하야自已家舍를借與ᄒ며面內人士들도各其義金을捐出하야勞働夜學校를設立ᄒ엿스나財政이不足ᄒ야敎師를延聘키難혼故로該兩氏가下學혼後晝之所學을隨ᄒ야熱心講論ᄒ는ᄃ學生이日益增加혼다더라

◎學監熱心 慶南東萊府多大洞私立實用普通學校學監朴寅寔氏가敎育에熱心ᄒ야每回試驗에多數賞品을優與ᄒ고體操敎師의供饋를全擔혼다더라

◎昌新其昌 金城郡岐城面居ᄒ는李河駿金相默朴亨國諸氏가敎育이時急홈을覺醒ᄒ고熱誠으로人民을曉喩하며義金을捐出ᄒ야該面內창道에창新學校를刱設ᄒ엿는ᄃ不過幾日에學徒가數百人에達ᄒ엿다더라

◎廣校有望 龍岡郡二存面廣東學校는日益興旺ᄒ는바春期試驗을經혼後任員金學胄金源明任錫祺諸氏와敎師姜應柱金正烈兩氏가血誠으로募集혼學生이百餘名에達ᄒ야進就之望이頗有ᄒ다더라

學報

◎大昌卒業 平北寧邊獨山面大昌學校에셔卒業式을去月十六日에擧行ᄒ엿는ᄃ優等生은郭熙廷明益鉉林允玉及第生은金成三以下四人이라더라

✓▲偉人遺蹟

▲東國巨傑 崔都統 續

錦頳山人

是夜에崔都統의幕中에詣ᄒ야百年來國恥를悲哭ᄒ며天下事를放論ᄒ다가酒半에都統의手를握ᄒ며曰將軍이何故로此에來ᄒ엿나뇨將軍이何故로此에來하엿나뇨劍을帶ᄒ고兵間에橫行홈은固丈夫의第一快事이나然이나將軍의此來는本國을爲ᄒ야來홈이아니오敵國을爲ᄒ야來홈이니玄麟은敢히將軍을弔ᄒ노라於是에崔都統과釋玄麟이相對坐ᄒ야涕洟가橫流ᄒ더라

玄麟이復曰蒙古가我의讐敵됨은將軍도已知ᄒ는바인즉此戰에軍을擧ᄒ야彼張士誠등과合ᄒ야元兵을反擊홈이上策이오逗遛觀望ᄒ야全師東返홈이中策이오惟彼蒙古의命令을服從하야彼가左ᄒ라ᄒ면左하며右하라ᄒ면右하야舊日의狀態를恪守홈이下策인ᄃ今에將軍의意를微察혼즉下策에出코ᄌᄒ니此가玄麟의未解ᄒ는바로라

都統이慨然曰離을決홈이雖快하나生肉을大壞ᄒ면身을反害홈이오讐敵의關係를絕홈이雖快하나時勢를不解하면國을反害홀지니千古英雄의成敗가皆時勢解不解에係혼바아닌가今에瑩이元朝의情形을察ᄒ건ᄃ奸臣이廷에充ᄒ며流寇가野에遍ᄒ야其亾滅이非朝卽夕에在ᄒ니此가我國을爲ᄒ야可喜홀비나亦我國을爲하야可憂홀비라可喜는何오我國을虐待ᄒ던强虜가亾ᄒ니可喜며可憂는何오彼强虜가旣亾하면其後를繼起홀一强虜가又有ᄒ리니可憂오本國이此機를乘ᄒ야自强을圖ᄒ면將來에國恥를永湔ᄒ리니可喜며萬一悠々閒坐ᄒ야進取도不圖ᄒ고保守도不思ᄒ다가는一强이旣去에一强이又來ᄒ야我國을再壓ᄒ리니可憂라然이나余가本國에在홀時에人心[illegible]焚혼즉此를可喜라ᄒ는者도無ᄒ며此를可憂ᄒ야憂ᄒ는者도無ᄒ고但只彌縫으로國是를作ᄒ며優游으로光陰을擲ᄒ다가及[illegible]誤혼後에始倉皇顚倒[illegible]末流를塞코ᄌᄒ는者뿐이지可惜지아닌가[illegible]이來時[illegible]策을[illegible]에陳ᄒ야元의請[illegible]勿應ᄒ고[illegible]强의望을來ᄒ[illegible]하다ᄒ엿스나[illegible]가親々[illegible]竟不行ᄒ[illegible]즉[illegible]機가此[illegible]ᄒ미[illegible]力ᄒ야元朝를[illegible]코ᄌᄒ니[illegible]力扶[illegible]은元[illegible]아니라萬[illegible]朝가卒[illegible]中國의統一[illegible]速ᄒ고中國이統一된後에[illegible]勢가又必我國을來壓ᄒ지[illegible]朝가久延ᄒ면中國의統一[illegible]遲ᄒ고中國의統一됨이遲[illegible]我國이其間에勢力을收拾[illegible]易하리니所以로禁이今者[illegible]力의及ᄒ는ᄃ로元朝에謀[illegible]ᄌᄒ노라혼ᄃ玄麟이再拜[illegible]는山僧의未及혼바로라願[illegible]은自愛ᄒ라鷄旣鳴에卽告[illegible]서國事로相勉ᄒ더라

崔都統이用兵의方略을畫[illegible]元丞相脫々에게投ᄒ니脫[illegible]元의良相이오智謀人이라[illegible]ᄒ야此를從ᄒ고又先鋒을[illegible]統에게與ᄒ야張士誠을攻[illegible]前後二十七戰에皆克ᄒ야[illegible]城을進圍ᄒ다가脫々이讒[illegible]ᄒ야師罷하니元朝도可히[illegible]치못홀너라 (未完)

詞藻

❀任 重❀

파리혼이내몸을、國家에
스니。
두억끼에擔負혼짐、무겁
무겁도다。
뉘라셔、이짐을눈화지고、
갈가。

宮廷錄報

○吊電發送 日本岩倉宮相이卒逝흔은旣報어니와 大황帝陛下씌옵서昨日下午二時日本황室노吊電을發送흐옵셧다더라

○吊問使派送 大皇帝陛下씌옵서는禮式課長高羲誠으로 太皇帝陛下씌옵서는承寧府侍從李恒九로吊問使를定흐야日本宮相의喪을致慰흘次로本日派送흐옵신다더라

○皇儲吊問 日本의 御滯留흐옵시는韓國 皇太子殿下씌옵서는日本宮相岩倉卒逝에關흐야吊問使를岩倉私邸로派送흐시고又金應善을差遣흐야日皇陛下씌吊辭를述흐옵셧다더라

雜報

○所汰者韓 內閣에서는韓人高級主事二人을除汰흐고日人을需用흐기로目下協議中이라더라

○行動調査 近日來內閣變更說이喧藉흐고政黨會가鱗次蹶起흔다는說이有흠으로某處에서元老大臣과社會紳士의行動을秘密調査흔다더라

○行政會停止 統監府內地方行政調査會에서其調査가大略畢了되엿슴으로定期集會는아즉停止흔다더라

○監督推選 統監府에서는창城郡守李尙珪氏로營林廠所管材木의監督을推選흐고內部로통知흐엿다더라

○校財規定 各地方鄕校의財産을觀察使와郡守가保管케흐기로흔다는딕該規定이日間發布된다더라

○韓人知此否 司法權이日本에委任된後로韓人으로統監府司法官된者가不少흠은人所共知어니와日人便에서此에對흐야韓人이日本의叙位를受흠을論흐야曰韓人이元來虛榮心이富흔故로此를歡迎하는貌樣인즉韓日關係上에好影響이有흐야韓民同化上好方策이되리라고흔다더라

○拓社設計 拓殖會社에서는該社家屋을漢城內에新建築하기爲흐야基地를買收흐엿는딕本年內起工흘次로目下設計中이라더라

○未墾地現狀 未墾地利用法발布以來로該法規에依흐야昨年末싸지許可를得흔者가二百九十人이오其地段은一萬一千八百三十三町步라더라

○平渡入城 歸國흐엿던內部府郡課長平渡信은本日에入城흔다더라

○調査多務 學部에서는本年度師範學校卒業生을區處흐기爲흐야各普通學校訓導中資格不合者를調査흐야一切辭職케흔다는딕此에關흐야同部秘書課에서調査事務가遑日奔奮흐다더라

○輕鐵交涉 日人福井은晉州郡三川浦間에輕便鐵道를敷設하깃다고統監府에請願흐엿는딕同府는內部와現方交涉中이라더라

○懲稅家執行 漢城財務監督局에서再昨日韓日官吏十餘名을各坊曲에派送흐야酒草稅未納者를調査흐야家産을執行흐엿다더라

○澤田視察 內部地方局長日人澤田은石田主事를帶同흐고來五日頃에全羅忠淸南北道의行政狀況을視察次로發程흔다더라

○丁氏陞任 警視廳警部丁奎鳳氏는警視로陞任흐야地方警察署로轉任된다더라

○齋藤入城 木浦地方에出張흐엿던日人齋藤警視는再昨日에入城흐엿다더라

○俱樂團音樂會 調陽俱樂部에서本日上午十壹時漢城俱樂團에서音樂會를設行흔다더라

○日人祝賀 木浦居留日人들은湖南鐵道敷設에關흔祝賀會를開흐고提燈祝賀흐엿다더라

○時事報의誣筆 前判書金宗漢氏를政友會發起人中에冒錄흔事件으로該會員閔元植氏가金氏의게面駁을遭흠은旣히確實흔情報를得흐야一毫爽實이無히報道흔바인딕彼時事報에서此를無根의荒說이라흐야張皇辨說을加흐엿스니面駁當時에證參흔人도自在흐고金氏의命意를承흐야本社記者에게質言흔人도有흐거놀此等確實흔事를尙且虛無로歸흐야一世耳目을愚弄코져흐니實노可痛흘바라흐노라

○搆誣綻露 李海朝申圭植安炳奎三氏가一進會員韓창會의告訴를因흐야日憲兵分遣隊에被招흠은旣報어니와去月二十八日에該三氏가再次出頭흐야參考書類를提出흐고逐一辨明흐믹韓의搆誣흔情跡이昭晣綻露된지라韓은當場叱退를當하고貞慶坊會에서는將次韓을起訴하야敎育費欠逋條를徵出흘터이라더라

○記者辨明 國民新報社記者明根東이該社慶祝宴에서風波를起흐엿다흠은隨聞記載흐엿더니更히該記者面辨을據흔즉當初慶祝宴에서該社總務와滑[illegible]說에有흘뿐이오其他事[illegible]흐엿노라흐더라

○掲牌拒報 時事新聞은足히講讀흘價値가無흐다흐야漢城內各坊曲에時事新聞拒絶이란門牌를處々書付흐엿다더라

○金壙買收交涉 南部紅門洞居張輔衡氏는年前平北朔州郡에在흔金壙八十萬餘坪을農商工部에承認하야目下採掘中인딕日人某가金二十六萬圓에買收코져交涉中이라더라

○輕財好義 水原郡居安龍植氏는京城南部棗洞居鄭寅旭氏에게金二百圓을貸債흐고多年未償흐엿슴으로內心愧悃흐야幾年間來往을頓絶흐엿다가再昨日路上에서兩氏가邂逅相逢흐엿는딕鄭氏가安氏의手를携흐야曰君이財政을因하야友誼를反傷흐느냐흐고自家로同歸하야債帳을當場付丙흐야永爲蕩減흐엿다더라

○廉氏周旋 統營所在忠武公李舜臣氏의忠烈祠位土一部를年前該地方郡守某가放賣흐야學校를設立코져흐다가不果흐고其金額을郡衙에保管하엿더니該地實業會頭領廉鳳律氏等이該金額으로工業學교를創設코져目下周旋中이라더라

○宜其嚴禁 仁川港에는年來鴉烟을吸하는者ㅣ日增흐는딕警察官吏는不知而不禁흐는지一般慨歎흘바이라더라

○嚴氏設宴 養正義塾長嚴柱益氏는昨日下午二時惠泉館에서宴會를設흐고該塾任員諸氏를請邀宴待흐엿다더라

○實業經營 養正義塾卒業生諸氏는再昨日西部南門洞朴性泰氏家에會同흐야商會組織흘事[illegible]흐엿다더라

○[illegible] 仁[illegible]金[illegible]五氏가各出資金흐야客主協信商會를設始흠은旣報어니와一般商旅의便宜키를協力周章흐는故로商業上에發展之望이大有하다더라

○卒業生祝賀 靑友奬學會副會長金瑞經氏는今番曾成專門學校法律科에優等卒業흐엿는딕靑友奬學會員一同이同情을表흐기爲흐야本日下午一時에本會館內에祝賀會를設行흔다더라

○誤羅旋免 窃盜嫌疑로中署에被捉흔金貞圭氏는事實上曖昧흠으로再昨日無事放免흐엿다라

○義兵被捉 去一日京畿道抱川外所面等地에서義將姜基東氏의部下兵一名이楊州日憲兵連合搜索隊에被捉하엿다더라

○嫌疑被捉 南部草洞居金正漢氏는日前家中에서金二十圓을見失흐엿는딕該氏家雇傭人鄭龍鎭氏가嫌疑者로三昨日日憲兵司令部에被捉흐엿다더라

○全氏義捐 仁川南村居崔東浩氏가該港仁明學校에留學코져하나經費를難辦흐야有志莫遂하더니該港客主協信商會長全道善氏가該氏의食料를自擔供給흔다더라

○旺新卒業式 南部豆毛坊往十里私立旺新學교에서本日下午一時에第三回卒業式을設行흔다더라

○宜其稱頌 大邱居徐相夏氏는該郡私立壽창學校의經費를獨擔흐야四千餘圓價値되는田土를寄付흐엿고學徒中旅費困[illegible]

○[illegible]理會[illegible] [illegible]理會에서明日下午一時에臨時評議會를開흐고各處留置金調査에關흔事務를處理흔다더라

○靑舘開演 今日下午二時에鍾路青年會舘에서神之國이란問題로日本組合基督敎會牧師海老名彈正氏가演說흔다더라

○月捐收入議 大同敎에서는財政이困難흐야壹般會員에게月捐金十錢式收入흐기로議決흐엿다더라

○觀鎭坊評議會 北部觀鎭坊會에서本日下午七時에特別評議會를開흐고事務를處理흔다더라

電報

◉移民增加 淸國山東省直隸省各地의下級勞働者가哈爾賓을經由흐야黑龍江省內開墾地로移住흐는者ㅣ近來에非常히增加흔다더라 哈爾賓發 一日着

◉아帝崩逝 아비시니아國皇帝바네리크々氏가崩逝흐엿는딕國內는不穩흐다더라

◉希臘消息 希臘軍人同盟會는解散되고同國議會에서는國民大會를召集흐기로布告된詔勅을朗讀흐엿다더라

◉모나코博覽會 海物生理學者모나코國皇帝의發起로開設흔水産博覽會開場에法國外相비숀氏、德國海軍元帥죠쇼氏가參列하엿는딕비氏는[illegible]

◉補育總裁決定 日本에 御滯留흐옵시는韓皇太子殿下補育總裁는渡邊秋가被任흐기로決定되엿다라

◉渡邊新任 日本府大臣은同府次官渡邊千秋로陞任흐엿다더라 以上東京發 二日着

▲時事報야▼

▲時事報야試思흐라네名… 時事언만時事에는暗昧하… 主張은實業이나實業에는… 흐야政友會에機關報로遊… 에指使되여元老흘관系絡… 獨立報로自鳴흐던前日目… 딕잔노是邪報야覺悟흐라

▲時事報야試思하라堂々… 國民되여祖國精神잇슬진… 或愚昧人民들이外人崇拜… 라도惓々戒告흘지어놀日… 光아니흐면不可라고主唱… 所謂報舘執筆者是拜外熱… 起하니是邪報야悔改흐라

▲時事報야試思흐라本報… 너를爲히再三戒喩흐엿거… 省키는姑舍흐고肆然키만… 흐야罪上加罪더지라고無… 說做出흐야正直筆을呪咀… 爾輩所謂吠堯犬은네貌樣… 出이라是邪報야反省흐라

▲時事報야試思흐라제뜻… 제모르고各報舘을對흐야… 顚亂吠無數흐니네行中의… 陰謀十目所睹이는비라네… 을列擧흐야 々聲討하려… 悔改키를姑待흐야十分짐… 만두니是邪報야歸順흐라

社告

左開地方에서本申報購覽ᄒᆞ시ᄂᆞᆫ　僉彦의便利ᄒᆞ심을爲ᄒᆞ야左開三郡에本支社를設置ᄒᆞ고本月一日부터支社로發送分傳케ᄒᆞ오니本社에對ᄒᆞᆫ諸般事項을該支社員과交涉ᄒᆞ시옵

左開

永柔邑內槐峴里　金志璜

中和下道面一里三洞　禹應善

肅川東部面一里三統九戶　金天湜

大韓每日申報社

○談叢○

◀日　劍心

太陽을崇拜ᄒᆞᆷ은上古野蠻時代의事라寥廓ᄒᆞᆫ蒼空에一個椀圓의物이上升ᄒᆞ야其光이六合을遍ᄒᆞ며其熱이萬物을爆ᄒᆞᄂᆞᆫ故로彼蠻昧ᄒᆞᆫ古人이此를仰ᄒᆞ고萬能力을有ᄒᆞᆫ神物로思ᄒᆞ야或此로姓도作ᄒᆞ며（扶餘諸王姓解의類）或此로敎神도作ᄒᆞ며（巴比倫太陽三神의類）或此로國號도作ᄒᆞ엿다가學理의漸開를隨ᄒᆞ야彼가一星宿됨을發見ᄒᆞ미姓을作ᄒᆞ얏던者ᄂᆞᆫ姓을變ᄒᆞ며敎神을作ᄒᆞ엿던者ᄂᆞᆫ敎神을去ᄒᆞ엿거늘其國號를作ᄒᆞ엿던者ᄂᆞᆫ尙今ᄭᆞ지不改ᄒᆞ니野蠻的風習을尙未免ᄒᆞᆷ이아닌가

雜報

◉宜返其主　普成小學校生徒崔光倫氏가昨日光化門前에서自行車所用되ᄂᆞᆫ품푸一個를拾[illegible]ᄒᆞᆫ件[illegible]支署에任置ᄒᆞ고

더라

廣告

京城有司ᄂᆞᆫ炳烈로京畿道有司ᄂᆞᆫ濬으로江原道有司ᄂᆞᆫ燮煥으로[illegible]下安道有司ᄂᆞᆫ祺淳으로擇送ᄒᆞ오니照亮ᄒᆞᆷ

順興安氏宗會所　告白

本人이成達鎬와小有面分이더니昨年十月에來言ᄒᆞ되家垈文券을出給則証明을承給云故로家一座田四日耕園二麓文券을出給이온지距今四五朔에終無影形인故로告官新證明을承認ᄒᆞᆫ깃ᄉᆞ오니誰某던지成達鎬現携舊券에勿欺ᄒᆞᆷ

楊州蘆原面全州里　朴召史　告白

◉學員募集廣告

本院에서院務를一層擴張ᄒᆞ고二學年補缺生과一學年學員을增募하오니願學　僉員은本月八日內로請願書를提呈ᄒᆞ시오試驗日은四月九日上午十一時

私立尙洞靑年學院

本院에서梁山郡通度寺로大本山을定ᄒᆞ엿ᄂᆞᆫ더此를誤解ᄒᆞ야宗務院을通度寺로移設ᄒᆞᆫ다錯認ᄒᆞᆷ은無根의風說이옵기玆에廣告ᄒᆞᆷ

宗務院事務所　告白

本館에서新舊書籍과學校用品各種을備置ᄒᆞ야（五圓以上特減割引）大發售하오니江湖僉君子ᄂᆞᆫ陸續購買ᄒᆞ시옵

釜港東關韓興書館

館主　金秉衡　本名汝重

主任　[illegible]鍾律

◉特告全國同胞

國債報償金의名義로京鄕各處에散在ᄒᆞᆫ金額을全國同胞의公議에附하야本會에서總合處理하깃기로京城內各收金所의收合保管ᄒᆞᆫ金額을爲先槪略調査인바地方各郡代表人을召集ᄒᆞ야大總會를開ᄒᆞ고處理方法을另究決定ᄒᆞ기로議決ᄒᆞ엿기玆에左開特告ᄒᆞ오니屆期齊臨ᄒᆞ심을懋望

一　來四月十六日土曜（陰曆三月初七日）正午十二時에京城中部磚洞興士團內本事務所에서開會ᄒᆞᆷ

一　國債報償金을出捐ᄒᆞᆫ地方에만限ᄒᆞ야一郡에一員式該郡代表로前記日時에本會로派送出席케ᄒᆞᆷ이可ᄒᆞᆷ

但代表員選定ᄒᆞᄂᆞᆫ方法은各該郡人士의公議로選定ᄒᆞ야該郡에서出捐ᄒᆞᆯ當時에收金團體의使用ᄒᆞ던印章을捺ᄒᆞᆫ委任狀과住居面長의信章을押ᄒᆞᆫ證明狀을並携帶ᄒᆞᆷ이可ᄒᆞᆷ

一　金額을出捐ᄒᆞᆫ地方에代表一人式選送ᄒᆞ되該郡一境內에서出ᄒᆞᆫ金額總數와金額을送附ᄒᆞᆫ收金所와保管處所와捐出ᄒᆞᆫ人의姓名金額을廣告ᄒᆞᆫ新聞名號를詳錄付送ᄒᆞᆷ이可ᄒᆞᆷ

一　前記日時에本總會로代表員이出席지아니ᄒᆞᆫ地方에서ᄂᆞᆫ本會議決을一遵케하고追後提起하ᄂᆞᆫ意見이或有ᄒᆞᆫ境遇에ᄂᆞᆫ該意見은公議에附치아니ᄒᆞ야効力이無ᄒᆞᆷ으로認定ᄒᆞᆷ

京城中部磚洞興士團內

國債報償金處理會

本人이西部內需司內二十七統一戶金仁弘의所有家券을該人에任婿卓敬洙의게典執ᄒᆞ고金壹百四十圓을以日收貸給矣러니卓敬洙가現今還避ᄒᆞᆫ故로金仁弘이가當初에該券을借給ᄒᆞ고本人及卓敬洙가俱是挾雜이라고新聞에搆날廣告ᄒᆞ오니豈有如許人心乎內外國僉君子　照亮

南部茶洞三統八戶　李永祚　白

本人이所謂政友會에初無干預이온더該會에서本人의姓名을僞錄ᄒᆞ야發起人이라ᄒᆞ고公函을送하엿기卽時退却ᄒᆞ고該會僞名之習이痛憤ᄒᆞ야玆以廣告僉同胞ᄂᆞᆫ照亮

閔憲植　告白

◉失期치마시옵

種繭을願買ᄒᆞ시던지或信實ᄒᆞᆫ保人을得ᄒᆞ야支社나或並作例를志願ᄒᆞ시라ᄂᆞᆫ　僉君子ᄂᆞᆫ陰三月旬內로請求ᄒᆞ심을敬要

京新門外鍮洞一百九十三統三戶

大韓자蠶會社　白

本人에先親相薰氏在時에西部弼雲臺家屋을營建時會受認許러니未知何時遺落이던지永爲셔失故廣故ᄒᆞ오니誰某拾得이라도休紙施行ᄒᆞᆷ

沈珪燮　告白

本組合事務所를中部典洞四十四統一戶（二階洋製屋）로定하고玆에廣告ᄒᆞ옵

農務組合所　告白

本所에서特別總會를本月三日（陰二月二十四日）正午에開ᄒᆞ오니　僉宗은屆期來臨ᄒᆞᆷ

金海金氏宗約所　白

本校에서第壹學年級學員을募集ᄒᆞ오니志願者ᄂᆞᆫ四月十日內로請願書를提出ᄒᆞᆷ

但請願紙ᄂᆞᆫ本校에請求ᄒᆞᆷ

試驗日字ᄂᆞᆫ四月十壹日下午二時

試驗科目算術四則、作文、讀書

第二學年補缺生도募集ᄒᆞᆷ

隆熙四年三月　日

私立西北協成學校

學員募集廣告

本校에서第一學年及二、三、四各學年補缺生을增加募集ᄒᆞ니四月十日內로請願書를提出ᄒᆞᆷ

但請願紙ᄂᆞᆫ本校에請求ᄒᆞᆷ

西大門內私立普成小學校

本人의黑角圓形姓名圖章을陰本年正月十日에路上서失ᄒᆞ고更刻施行ᄒᆞ오니前章은勿施ᄒᆞᆷ

中部大笠洞洪正燮

本店은僉君子의愛顧請求ᄒᆞ심을蒙ᄒᆞ와營業이益益興旺이온바今番에業務를更加擴張하옵고各種帽子를精密製造ᄒᆞᆯ뿐外라學生界諸君의經濟를補充키爲ᄒᆞ와特別廉價로販賣ᄒᆞ오며十個以上을請求ᄒᆞ시면一割引을ᄒᆞᆯ터이오니陸續請求ᄒᆞ시옵外方에서ᄂᆞᆫ請求만하시면小包로卽速下送ᄒᆞ옵나이다

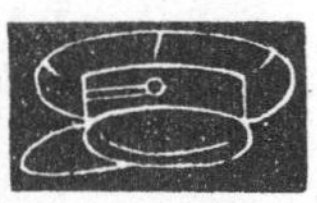

極上品	一圓十錢
別上品	九十錢
上品	八十錢
中品	六十五錢
下品	五十錢

此外에各種運動帽子도具備ᄒᆞᆷ

京城東部梨峴百十一統四戶二層屋　帽子商店

金貞熙　告白

特別廣告

本館에서任員을改選ᄒᆞᆫ後에業務를更加擴張ᄒᆞ옵고書籍五圓以上請求에特別大割引ᄒᆞ오며또今春에도[illegible]樹를特別低廉ᄒᆞᆫ價로大發賣ᄒᆞ니僉君子陸續請購ᄒᆞ시옵

諸般書籍과測量機具와學徒用品도具備ᄒᆞ엿슴

平壤鍾路

太極書館

館主　李昇薰

主任　金根濚

本人이乾材藥局爲業多年에特蒙僉位之愛顧이옵기業務를大擴張ᄒᆞ고特別廉價로注意ᄲᅮᆫ不啻라居鄕僉位에買藥上便利를從ᄒᆞ와親蹉門掌記와居住만昭詳通知ᄒᆞ시면郵便小包로卽速付送ᄒᆞ옵고代金은引換ᄒᆞ깃ᄉᆞ오니隨用請求爲要

京銅峴九十五統十戶

乾材藥局崔興模　告白

本國藥材、洋製、各病效、用、價、國漢文、可刊出、作封、雖婦女、郵便請求、買賣

京西部車洞同和藥房　閔[illegible]植　白

本店에서開業ᄒᆞᆫ지十年間僉君子의愛顧를特蒙ᄒᆞ와今年부터業務를大擴張ᄒᆞ고去秋冬所用으로緞屬毛等各國高等物品을今多數直輸入ᄒᆞ[illegible]各地方에서ᄂᆞᆫ貿易에利賣買키爲ᄒᆞ야特價ᄒᆞ와郵便小包應ᄒᆞ야代金은引換ᄒᆞ샤오니十三道各郡[illegible]子ᄂᆞᆫ隨意請求ᄒᆞ시[illegible]振替貯金番號（韓國[illegible]）

漢城中部鍾路[illegible]洞二十一統五[illegible]

廣興泰　告

美農紙製圖用[illegible]

京城南署棗洞六十一[illegible]

KIM

金龍[illegible]

경셩남문안슈각교[illegible]힝낭뒤오십오통십의단복비죵담죵의[illegible]만병고와살츙단은당창제질의신효ᄒᆞ로샤담체이질학질후후비감창연쥬창벽풍치약이구비ᄒᆞ오ᄌᆞ논와셔치료ᄒᆞ시미ᄒᆞ오며염가로발쥬약ᄒᆞ제　륙환이ᄒᆞ제　오환이오로부송ᄒᆞᆸ

윤상유 [illegible]

○天恩堂大藥房製造發行各種靈藥

健胃清心仁壽丹	금拾錢	手足止汗散	금二十錢
健康益壽補元丹	금壹圓	治咽聖藥	금三十錢
眼科神藥明眼水	금拾錢	吐사霍亂速효水	금二十錢
全治회虫丸	금拾錢	健腸胃生口味鹽甘水	금卄錢
寸虫袪根藥	금卄錢	듸눈拔根藥	금拾錢
調血養胎元	금四圓	齒痛液	금拾錢
發汗解感丸	금拾錢	芳香水	금十五錢
治痰止咳散	금卄五錢	疥瘡水	금卄錢
幼兒止嗽散	금二十錢	天恩梅瘡고	大匣入금三圓 中匣入壹圓五十錢 小匣入금五十錢
痳氣神效肥兒散	금十五錢		
痢疾神効散	금三十錢	天恩眼明고	上仝
淋疾靈効丸	금五十錢	天恩拔根고	大匣入金二圓 小匣入金三十錢
特製消瘡丸	금三圓	天恩沃度膏	上仝
舊積消化丹	금四十錢	天恩輕腫膏	上仝
解학丹	금拾錢	天恩濕腫고	上仝
止瀉回生丸	금拾錢	天恩胎毒고	上仝
連珠袪根藥	금二圓	天恩疥瘡고	上仝
恠疾預防藥	금三拾錢	天恩百靈고	大匣入금二圓 一包入금拾錢

其他洋藥乾材와漢藥唐草材와各賣藥家製造品을具備하오고地方兄弟의請求를酬應ᄒᆞ오니隨用請求ᄒᆞ시면以代金引換小包로迅速酬應ᄒᆞ깃ᄉᆞ오니陸續請求ᄒᆞ시기務望ᄒᆞᆷ

本藥房에셔附屬診察治療所를並設ᄒᆞ고醫士李錫駿氏를延聘ᄒᆞ와上午八時로下午九時ᄭᆞ지診察ᄒᆞ오니有病ᄒᆞ신同胞ᄂᆞᆫ來臨治療ᄒᆞ시기望ᄒᆞᆷ

但夕[illegible]蘇만보ᄂᆡ시면精製酬應ᄒᆞᆷ

京城鍾路天恩堂大藥房 [illegible] 金在元 [illegible]

特別廣告

本社의셔同胞의衛生을注意ᄒᆞ야美國의셔經驗單方으로流行通用ᄒᆞᄂᆞᆫ靈藥聖劑를買入ᄒᆞ야左開廣布ᄒᆞ오니有病君子와藥業에從事ᄒᆞ시ᄂᆞᆫ僉彦은[illegible]先來購ᄒᆞ시요

分賣와都賣에差別이有ᄒᆞ야一打(十二個)以上은都賣에ᄂᆞᆫ特別割引ᄒᆞᆷ

左開

秘製止痛藥　效能 外塗內服無處不適 消滯 止瀉 [illegible] 治痢無不神效ᄒᆞᆷ

喜蘇膏藥　效能 頭面身體一切痛症 積年風濕 除痰 生肌之道 [illegible]即奏效ᄒᆞᆷ

亞麟香膠　效能 毋論男女老少 勿嫌年久日淺一切 咳소 服之則其效如神ᄒᆞᆷ

委花藥膏　效能 痔疾 [illegible]珠瘡 [illegible]跌 傷螯咬等 諸症無雙聖藥

委花糖水藥　効能 痳症 花柳毒 凡不潔血所祟症 婦人虛弱등症 靈驗ᄒᆞᆷ

牛汁藥酒　効能 毋論男女老少氣血虛弱者服之則大補元氣身體强健ᄒᆞᆷ

韓美興業株式會社事務所

○大韓全國에本堂製造發行ᄒᆞᄂᆞᆫ藥品

消化新藥 清心保命丹　此丹은化痰止咳ᄒᆞ고順氣消滯ᄒᆞ며恒常長服ᄒᆞ면腸胃가健全ᄒᆞᆷ

大補元氣 蔘茸大補元　大補元氣ᄒᆞ고滋腎健腦ᄒᆞ며先天不足과陽위不起에一切神効

蛔積殺虫散　此약은회積과회腹痛과회虫一切을去根ᄒᆞᄂᆞᆫ良劑

久滯大通丸　此丸은年久積滯와宿滯後重이며胷腹痛에神効莫大ᄒᆞᆷ

瘡病新藥 梅花點雪丹　毋論男女ᄒᆞ고花柳病楊梅瘡에一切去根快復ᄒᆞᄂᆞᆫ良藥

眼疾速効 光明眼藥　諸般眼疾에隨症皆差ᄒᆞᄂᆞᆫ東洋에初有ᄒᆞᆫ寶藥

起死回生 回生丹　此丹은急ᄒᆞᆫ吐瀉關格이며가合아리와冷積과痢疾에神効

感氣神効 解熱散　寒熱往來ᄒᆞ며似학非학과頭痛眩暈와肢節痛에其効가偉大

齒痛新藥 止痛健齒水　虫齒와風齒와諸般齒痛에壹切神効

耳鼻聖藥 耳鼻神藥　無論男女ᄒᆞ고耳聾鼻塞이며耳鼻에關ᄒᆞᆫ病은隨症並差

疝症据根 疝積湯　諸般산症에大談出賣ᄒᆞᆷ

寸虫沒出藥　寸白虫을一切去根ᄒᆞᄂᆞᆫ妙劑

듸눈과못 拔根藥　듸눈과못과ᄉᆞ마귀를ᄢᅦᄂᆞᆫ藥

止足汗臭藥　手足의汗臭를除却ᄒᆞᄂᆞᆫ藥

去核生新 沃度膏　劍瘡과腐傷과곱신ᄃᆡ去核生新ᄒᆞ기ᄂᆞᆫ第一著明

最新改良 百應膏　無論男女老少ᄒᆞ고毒瘇濕瘇痰瘇諸般瘇瘡에壹切特效가有ᄒᆞᆷ

淋疾藥各種　淋疾各症에壹週日만服ᄒᆞ면病根快復ᄒᆞ고고腎氣가完全ᄒᆞᆷ

[illegible]藥各種●都賣散賣[illegible]迅速酬應ᄒᆞᆷ

漢城南大門[illegible]濟生堂大藥房 李庚鳳
代辦主任 李興國 白

社告

大韓每日申報各處支社廣告

平安北道

龍川楊巿維新書舖	黃菊保
龍川南市驛	韓燦希
朔州邑南門外	朱伯英
義州南門外한西大藥局張有寬	
鐵山邑東部	鄭翊
定州南門內書舖	金明鉉
車輦舘同志會內	洪成麟
博川邑內篔洞	金翼樞
京義線批峴驛停車場前運輸會社前	李基秀
泰川邑舘前洋藥局	李正華
寧邊郡內紅門里	鄭德昇
宣川橋南四統十戶	申基周
江界邑內	金泰熙
郭山郡內新街	金大鉉
雲山邑上里八統八戶	咸元澤
雲山北面橋洞八統七戶	王冕鎬
昌城郡內西下里一統二戶	許익
熙川邑內面東門外洞十四統二戶	金錫澤

平安南道

平壤鍾路太極書舘	安泰國
三和港碑石洞耶蘇教堂裵亨湜	
安州城內義井洞安陵서舘	金翼河
江西邑內	金昌煥
甑山郡內利用里	崔診奭
德川邑官洞耶蘇敎冊肆	李丙斗
永柔邑內槐峴里二統八戶	金志璜
山利下道面一里三洞	禹應善
肅川東部面一里三統九戶	金天湜

黃海道

海州南門內韓昌書舘	朴昌鎭

咸鏡道

安岳郡細洞面端
長淵邑서北支學會內
殷栗邑倉前里
信川邑四里
白川邑文明舘
載寧邑서部李鼎均家
沙里院三聖學校內
咸興州南社西門外
元山港上里倉前洞耶蘇女學校側
定平郡豐陽里
洪原西門內保命局
永興邑南山洞洪明[illegible]
鏡城羅南新興洞四十[illegible]
清津港新岩洞

全羅道

金溝木流面豆亭
木浦港陽洞
群山港九福洞一統八[illegible]

京畿道

仁川[illegible]峴開新冊[illegible]
開城南門外興學書舖
江華邑川橋

慶尙道

大邱西小門外友弦書樓
釜山佐川藥局

江原道

鐵原邑栗谷
蔚珍郡遠南面梅花里

[illegible]道

韓山下北鋒堂里
結城廣川小龍洞

北墾島

北墾島龍井村下場里　朴

本報價金　一枚 新貨二錢五厘　壹個月 三十錢　參個月 九十錢　陸個月 壹圓七十錢
廣告 四号活字拾三字詰 每日一寸(英尺)에新貨卄五錢 (自一行至四行이爲一寸) 但時期長短과行數多[illegible]

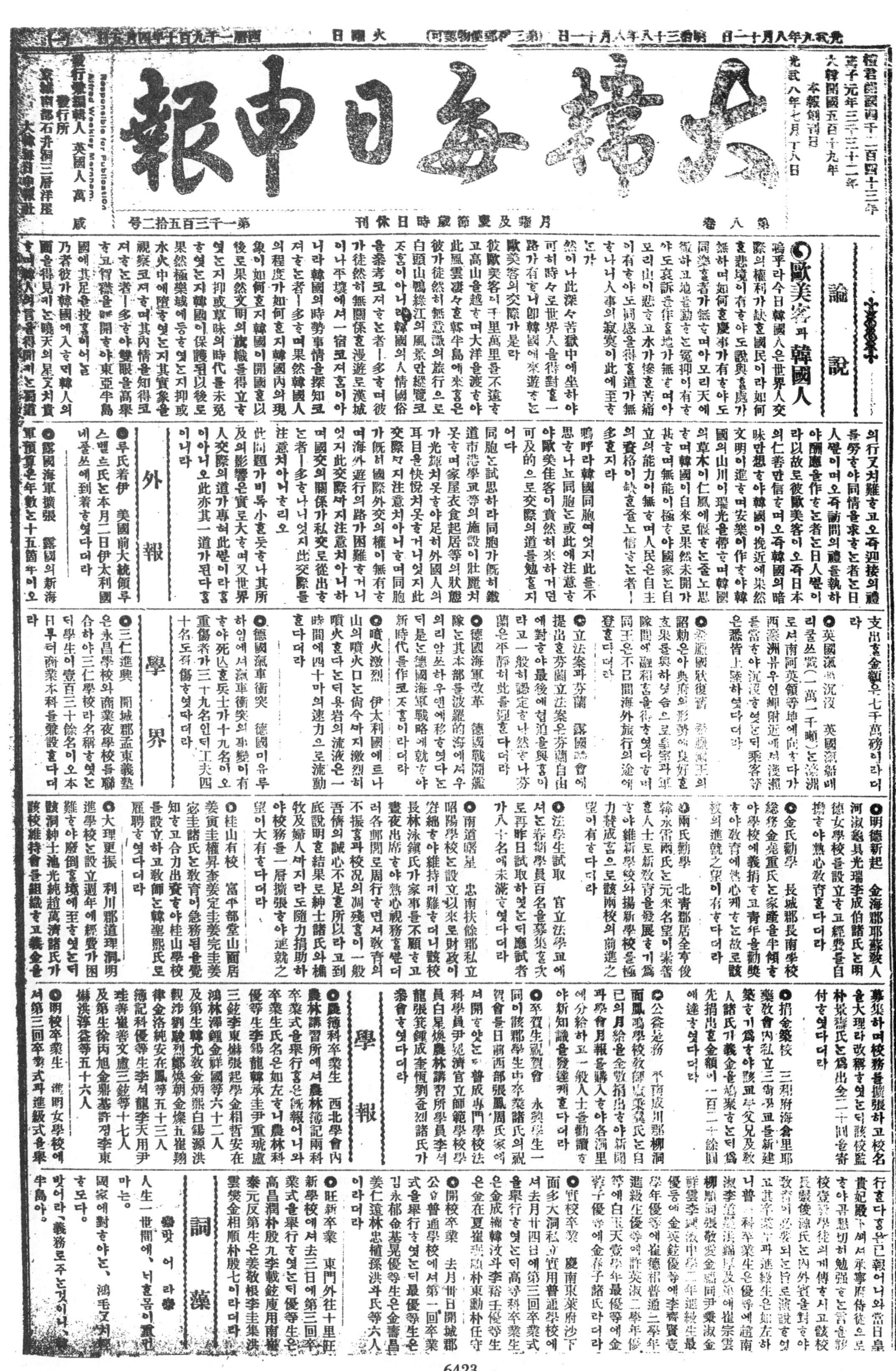

光武九年八月十五日 明治三十八年八月十五日 (第三種郵便物認可) 火曜日 西曆一千九百五年八月十五日 (一)

檀君開國四千二百四十三年
箕子元年三千二十二年
大韓開國五百十九年
本報創刊日 光武八年七月十八日

大韓每日申報

發行兼編輯人 英國人 萬咸
Responsible for Publication Alfred Weekley Marnham.
發行所 京城南部石井洞三層洋屋 大韓每日申報社

第八卷 月曜及慶節歲時日休刊 第一千三百五拾二号

論說

●歐美客과韓國人

鳴乎라今日韓國人은世界人交際의權利가缺ᄒᆞᆫ國民이라如何ᄒᆞᆫ悲境이有ᄒᆞ야도誰與ᄒᆞᆯ處가無ᄒᆞ며如何ᄒᆞᆫ慶事가有ᄒᆞ야도同樂ᄒᆞᆯ者가無ᄒᆞ며아모리天에籲ᄒᆞ고地를動ᄒᆞᄂᆞᆫ冤抑이有ᄒᆞ야도哀訴를作ᄒᆞᆯ地가無ᄒᆞ며아모리山이悲ᄒᆞ고水가慘ᄒᆞᆫ苦痛이有ᄒᆞ야도同感을得ᄒᆞᆯ道가無ᄒᆞ나니人事의寂寞이此에至ᄒᆞᄂᆞᆫ가

然이나此深々苦獄中에坐ᄒᆞ야可히時々로世界人을得對ᄒᆞᆯ一路가有ᄒᆞ니即韓國에來遊ᄒᆞᄂᆞᆫ歐美客의交際가是라

彼歐美客이千里萬里를不遠ᄒᆞ고高山을越ᄒᆞ며大洋을渡ᄒᆞ야此風雲凄々ᄒᆞᆫ韓半島에來ᄒᆞᆷ은彼가徒然히無意識의旅行으로白頭山鴨綠江의風景만縱覽코자ᄒᆞᆷ이아니라韓國의人情國俗을參考코자ᄒᆞᄂᆞᆫ者ㅣ多ᄒᆞ며彼가徒然히無關係ᄒᆞᆫ漫遊로漢城이나平壤에서一宿코자ᄒᆞᆷ이아니라韓國의時勢事情을探知코자ᄒᆞᄂᆞᆫ者ㅣ多ᄒᆞ며果然韓國人의程度가如何ᄒᆞᆫ지韓國內의現象이如何ᄒᆞᆫ지韓國이開國ᄒᆞᆫ以後로果然文明의旗幟를得立ᄒᆞ엿ᄂᆞᆫ지抑或草昧의時代를未免ᄒᆞ엿ᄂᆞᆫ지韓國이保護된以後로果然極樂域에登ᄒᆞ엿ᄂᆞᆫ지抑或水火中에墮ᄒᆞ엿ᄂᆞᆫ지其實象을觀察코자ᄒᆞ며其內情을知得코자ᄒᆞᄂᆞᆫ者ㅣ多ᄒᆞ야雙眼을高擧ᄒᆞ고智襟을開ᄒᆞ야東亞半島國에其足을投ᄒᆞᆷ이어ᄂᆞᆯ

乃者彼가韓國에入ᄒᆞ매韓人의面을得見ᄒᆞ매曉天의星곳치貴ᄒᆞ며韓人의言을得聞ᄒᆞ매蜀道의行又치難ᄒᆞ고오직迎接의禮를勞ᄒᆞ야同情을求ᄒᆞᄂᆞᆫ者ᄂᆞᆫ日人뿐이며오직訪問의禮를執ᄒᆞ야酬應을作ᄒᆞᄂᆞᆫ者ᄂᆞᆫ日人뿐이라以故로彼歐美客이오직日本의仁善만信ᄒᆞ며오직韓國의暗昧만想ᄒᆞ야韓國이挽近에果然文明이進ᄒᆞ며安樂이作ᄒᆞ야韓國의山川이瑞光을帶ᄒᆞ며韓國의草木이仁風에偃ᄒᆞᄂᆞᆫ줄노思ᄒᆞ며韓國이自來로果然未開가甚ᄒᆞ며無能이極ᄒᆞ야國家ᄂᆞᆫ自立의能力이無ᄒᆞ며人民은自主의資格이缺ᄒᆞᆫ줄노信ᄒᆞᄂᆞᆫ者ㅣ多ᄒᆞᆫ지라

嗚呼라韓國同胞여엇지此를不思ᄒᆞ나뇨同胞ᄂᆞᆫ或此에注意ᄒᆞ야歐美佳客이賁然히來하거던可及的으로交際의道를勉ᄒᆞᆯ지어다

同胞ᄂᆞᆫ試思하라同胞가旣히鐵道市港學校等의施設이壯麗치못ᄒᆞ며家屋衣食起居等의狀態가光輝치못ᄒᆞ야足히外國人의耳目을快悅치못ᄒᆞ거니엇지此交際々지注意치아니ᄒᆞ며同胞가旣히國際外交의權이無有ᄒᆞ며海外遊行의路가困難ᄒᆞ거니엇지此交際ᄭᆞ지注意치아니하며國交의關係가私交로從出ᄒᆞᄂᆞᆫ者ㅣ多ᄒᆞ니엇지此交際를注意치아니ᄒᆞ리오

此問題가비록小ᄒᆞᆫ듯ᄒᆞ나其所及의影響은實로大ᄒᆞ며又世界人交際의道가專혀此뿐이라ᄒᆞᆷ이아니오此亦其一道가된다ᄒᆞᆷ이니라

外報

●루氏着伊　美國前大統領루스벨트氏ᄂᆞᆫ本月二日伊太利國네플쓰에到着ᄒᆞ엿다더라

●露國海軍擴張　露國의新海軍預算은年數ᄂᆞᆫ十五箇年이오支出ᄒᆞᆯ金額은七千萬磅이라더라

●英國滊船沈沒　英國滊船베리쿨쓰號(一萬一千噸)ᄂᆞᆫ澳洲로셔南阿英領等地에向ᄒᆞ다가西濠洲뷰우인岬附近에셔淺瀨를當ᄒᆞ야沈沒ᄒᆞ엿ᄂᆞᆫ디乘客等은悉皆上陸하엿다더라

●希臘國狀復舊　希臘國王의詔勅은아典府의形勢에良好ᄒᆞᆫ效果를與하엿슴으로皇室과軍隊間에融和ᄒᆞᆷ을得ᄒᆞ엿다ᄒᆞ며同王은不日間海外旅行의途에登ᄒᆞᆫ다더라

●立法案과芬蘭　露國議會에提出ᄒᆞᆫ芬蘭立法案은芬蘭自由에對ᄒᆞ야最後에협迫을與ᄒᆞᆷ이라고一般히認定ᄒᆞ나然ᄒᆞ나芬蘭은平靜히此를迎ᄒᆞᆫ다더라

●德國海軍改革　德國戰鬪艦隊ᄂᆞᆫ其本部를波羅的海에서우의리암쓰하우엔에移ᄒᆞ엿다ᄂᆞᆫ데是ᄂᆞᆫ德國海軍戰略에就ᄒᆞ야新時代를作코자ᄒᆞᆷ이라더라

●噴火激烈　伊太利國에트나山의噴火口ᄂᆞᆫ尙今ᄭᆞ지激烈히噴火ᄒᆞᆫ다ᄂᆞᆫ데용岩의流液은一時間에四十마의速力으로流動ᄒᆞᆫ다더라

●德國滊車衝突　德國미유루하임에셔滊車衝突의事變이有ᄒᆞ야死亾ᄒᆞᆫ兵士가十九名이오重傷者가三十九名인데工夫四十名도죠傷ᄒᆞ엿다더라

學界

●三仁進興　開城郡孟東義塾은永昌學校와商業夜學校를聯合하야三仁學校라名稱ᄒᆞ엿ᄂᆞᆫ데學生이壹百三十餘名이오本月부터商業本科를兼設ᄒᆞᆫ다더라

●明德新起　金海郡耶蘇敎人河淑龜具光瑞李成伯諸氏ᄂᆞᆫ明德女學校를設立ᄒᆞ고經費를自擔ᄒᆞ야熱心敎育ᄒᆞᆫ다더라

●金氏勸學　長城郡長南學校總務金堯重氏ᄂᆞᆫ家產을半傾ᄒᆞ야學校에義捐ᄒᆞ고青年을勸奬ᄒᆞ야敎育에熱心케ᄒᆞᄂᆞᆫ故로該校의進就之望이有ᄒᆞ다더라

●兩氏勸學　北青郡居全亨俊韓永雷兩氏ᄂᆞᆫ元來名望이素著ᄒᆞᆫ人士로新敎育을發展ᄒᆞ기爲ᄒᆞ야維新學校와揚新學校를極力贊成ᄒᆞᆷ으로該兩校의前進之望이有ᄒᆞ다더라

●法學生試取　官立法學校에셔ᄂᆞᆫ春期學員百名을募集ᄒᆞᆯ次로再昨日試取하엿ᄂᆞᆫ디應試者가八十名에未滿ᄒᆞ엿다더라

●南道曙星　忠南扶餘郡私立昭陽學校ᄂᆞᆫ設立以來로財政이窘絀ᄒᆞ야維持키難ᄒᆞ더니該校長林泳鎭氏가家事를不顧ᄒᆞ고晝夜出席ᄒᆞ야熱心視務ᄒᆞᆯ뿐더러各郵閭로周行ᄒᆞ면셔敎育의不振ᄒᆞᆷ과校況의凋殘ᄒᆞᆷ이一般吾儕의誠心不足ᄒᆞᆫ所以라고到底說明ᄒᆞᆫ結果로紳士諸氏와樵牧及婦人ᄭᆞ지라도隨力捐助하야校務를一層擴張ᄒᆞ야進就之望이大有ᄒᆞ다더라

●桂山有校　富平部堂山面居姜寅圭權昇奎姜定圭姜完圭姜宓圭諸氏ᄂᆞᆫ敎育이急務됨을覺知ᄒᆞ고合力出資ᄒᆞ야桂山學校를設立하고敎師ᄂᆞᆫ韓聖熙氏로雇聘ᄒᆞ엿다더라

●大理更振　利川郡道理洞明進學校ᄂᆞᆫ設立週年에經費가困難ᄒᆞ야廢倒ᄒᆞᆯ境에至ᄒᆞ엿ᄂᆞᆫ디該洞紳士池光純趙萬濟諸氏가該校維持會를組織ᄒᆞ고義金을募集하며校務를擴張하고校名을大理라改稱ᄒᆞ엿ᄂᆞᆫ디該校監朴泰鎭氏ᄂᆞᆫ爲出金二十圓을寄付ᄒᆞ엿다더라

●捐金築校　三和府海倉里耶蘇敎會內私立三崇學校를新建築ᄒᆞ기爲ᄒᆞ야該校學父兄及敎人諸氏가義金을鳩聚ᄒᆞᄂᆞᆫ디爲先捐出ᄒᆞᆫ金額이一百二十餘圜에達ᄒᆞ엿다더라

●公益是務　平南成川郡柳洞面鳳鳴學校敎師崔秉奎氏ᄂᆞᆫ自己의月給을金數捐出ᄒᆞ야新聞과學會月報를購入ᄒᆞ야各洞里에分給ᄒᆞ고一般人士를勸讀ᄒᆞ야新知識을發達케ᄒᆞᆫ다더라

●卒賀生觀賀會　永興學生一同이該郡學生中卒業諸氏의祝賀會를日前西部張鳳周氏家에셔開ᄒᆞ얏ᄂᆞᆫᄃᆡ普成專門學校法科學員尹晃濟官立師範學校學員白星煥農林講習所學員李석龍張箕鍾成奎恒劉奎烈諸氏가參會ᄒᆞ엿다더라

學報

●農簿科卒業生　西北學會內農林講習所에셔農林簿記兩科卒業式을擧行ᄒᆞᆷ은旣報어니와卒業生氏名은如左ᄒᆞ니農林科優等生李錫龍韓承圭尹重琥盧三鉉李東爀張起學金相哲安在鴻林澤鍾金祥國等六十二人及第生韓允敎金炳熙白錫源洪觀涉劉駿烈鄭煥朝金燦九崔翔律金洛純安在鳳等五十三人簿記科優等生李석龍李天用尹珪善崔善文盧三鉉等十七人及第生徐丙旭金鼎基許정李東爀洪濬益等五十六人

●明校卒業生　進明女學校에셔第三回卒業式과進級式을擧行ᄒᆞᆫ다ᄒᆞᆷ은已報어니와當日皇貴妃殿下씌셔承寧府侍從으로ᄒᆞ야곰懇切히勉强ᄒᆞᄂᆞᆫ言을諭校學徒의게傳ᄒᆞ시고該校長嚴俊源氏ᄂᆞᆫ內外賓을對ᄒᆞ야敎育의必要되ᄂᆞᆫ旨로演說ᄒᆞ엿고其卒業生과進級生은如左ᄒᆞ니普通科卒業生은優等에趙南淑李道熙洪錦卿及第에崔宗雲柳順同張敬愛金福同尹秉淑金蔣雲李鍾淑中學二年進級生最優等에金英鉉優等에李齊賢壹學年優等에崔德祁普通二學年進級生優等에許英淑二學年優等에白玉天壹學年最優等에金莘子優等에金梓子諸氏라더라

●實校卒業　慶南東萊府沙下面多大洞私立實用普通學校에셔去月廿四日에第三回卒業式을擧行ᄒᆞ엿ᄂᆞᆫ디高等科卒業生은金成穡韓汶斗李裕壬優等生은金在夏崔[illegible]朴東勳朴任守

●開校卒業　去月卅日開城郡公立普通學校에셔第一回卒業式을擧行ᄒᆞ엿ᄂᆞᆫ디最優等生은김永郁金基晃優等生은金壽昌姜仁達林忠植孫洪斗氏等六人이라더라

●旺新卒業　東門外往十里旺新學校에셔去三日에第三回卒業式을擧行ᄒᆞ엿ᄂᆞᆫ디優等生은高昌潤朴殷九李載鉉庚用南權秦元反第生은姜敬根李圭集洪雲燮金相順朴殷七이라더라

詞藻

●맛어라●

人生一世間에、너ᄒᆞᆫ몸이重컨마는。
國家에對ᄒᆞ야는、鴻毛又치輕ᄒᆞ도다。
밧어라、義務로주는것이니、[illegible]半島야。

宮[illegible]

◎秘苑御覽　大皇帝　皇后兩陛下ᄭᅴ옵서再昨日下午一時에秘苑을　御覽하옵셧다더라

雜報

◎旅費金支撥　日本故宮相의喪葬을致慰ᄒᆞ시기爲ᄒᆞ야德壽昌德兩宮에서派遣ᄒᆞ옵시ᄂᆞᆫ吊問使의旅費金은各五百圜式支撥ᄒᆞᆫ다더라

◎義王山獵　義親王殿下ᄂᆞᆫ昨日上午十二時頃에東大門外에서山獵을行ᄒᆞ고乘暮還邸ᄒᆞ셧다더라

◎郵便規則　統監府令으로淸日郵便規則이發布되엿ᄂᆞᆫ데該規則은本月부터施行된다더라

◎學相視察說　學部大臣李容稙氏ᄂᆞᆫ學事를視察키爲ᄒᆞ야來月初旬頃에西北兩道로前往홀터이라더라

◎具綱謝電　日本故宮相의子具綱은韓國宮內府大臣에게謝電ᄒᆞ엿다더라

◎石塚開宴　統監府石塚長官은昨日下午六時花月樓에서晩餐會를開ᄒᆞ고各地方警察部長을請邀宴待ᄒᆞ엿다더라

◎披露宴況　謂陽俱樂部에서再昨日漢城俱樂園에披露宴을開ᄒᆞᆷ은既報어니와永宣君李埈鎔其他皇族諸氏와海豐府院君尹澤榮內相朴齊純宮相閔丙奭其他高等官諸氏가來叅ᄒᆞ엿고該會費ᄂᆞᆫ政府에서支撥ᄒᆞᆫ다더라

◎呂氏其中　日本觀光團을組織ᄒᆞᄂᆞᆫ中에內閣에서ᄂᆞᆫ呂圭亨氏등十名을派送ᄒᆞ기로決定ᄒᆞ엿다더라

◎[illegible]入京　[illegible]ᄂᆞᆫ三昨日下午十時에入京ᄒᆞ엿다더라

◎一間五圓　政府에서曾彌尤男의게景福宮內基址幾千坪을借與ᄒᆞ엿다홈은已報ᄒᆞᆫ바어니와不日間其院廊을毁撤ᄒᆞᆫ다ᄒᆞ며每間石材幷ᄒᆞ야五圓式放賣ᄒᆞᆫ다더라

◎觀察道移轉　忠南觀察道를太田停車場으로移設ᄒᆞ기로決定ᄒᆞ야將次建築工事에着手ᄒᆞᆫ다더라

◎兩班調査　政府에서國內兩班의氏名을調査ᄒᆞᆫ다홈은各新聞에揭布ᄒᆞᆫ바어니와四色을區別ᄒᆞ야調査委員을選定ᄒᆞ엿다ᄂᆞᆫ데少論은李重夏氏로北人은南奎熙氏로南人은姜敬熙氏로指定ᄒᆞ엿고老論은姑未指定ᄒᆞ엿다더라

◎拓社經營　拓殖會社에서ᄂᆞᆫ將次日本各府縣의農民一人式召集ᄒᆞ야韓國農業을視察케ᄒᆞᆫ다더라

◎第二會議終了　內部에서施行하던警察部長第二方面會議ᄂᆞᆫ去二日에終了되엿다더라

◎實業校規程　昨日官報로實業補習學校規程이公布되엿다더라

◎訓導內定　學部에서官立師範學校卒業生李奎昉氏等五十餘人을地方學校訓導로叙任ᄒᆞ기로內定되엿다더라

◎陵官讚職　齊陵叅奉魚泰善氏ᄂᆞᆫ每日朝起하야冠帶로陵寢을奉審하며員役中患難喪戚가有ᄒᆞ면殘俸을捐하야隨力賻恤ᄒᆞᄂᆞᆫ故로遠近에稱頌이藉々ᄒᆞ다더라

◎政友會評議　政友會에서ᄂᆞᆫ[illegible]午一時에評議會를開ᄒᆞ다더라

◎遊戲場計劃　一進會長李容九ᄂᆞᆫ新買得ᄒᆞᆫ恩彦宮後麓에一大遊戲場을新建築하기로計算中이라더라

◎閔家修道　輔國閔泳徽氏ᄂᆞᆫ馬車出入의路를擴張키爲하야外舍廊으로부터內舍廊前ᄭᆞ지廊廡를毁撤ᄒᆞ고修道工役에着手ᄒᆞ엿다더라

◎出品之效歟　日本福岡共進會韓國出品物中에韓裝人形이有ᄒᆞ고農園市街等寫眞이有ᄒᆞᆫ데該農園等寫眞은日本人眼中에韓國을未開地로思惟케ᄒᆞ야日人의歆羨心을惹起홈이多ᄒᆞ다더라

◎刺客致疑　韓人三名이淸國으로부터日本靜岡縣등地에潛入ᄒᆞ엿다ᄂᆞᆫ데日本警廳에서此를刺客으로致疑하야嚴密히형探中이라ᄒᆞ며統監府第二課訊問係警部鈴木은此를秘密히搜索ᄒᆞ기爲하야急히渡日ᄒᆞ엿다더라

◎發行數調査　中部警察署에서ᄂᆞᆫ昨日上午十一時에管內에在ᄒᆞᆫ各新聞社長과月報記者를招請ᄒᆞ야每朔內發行枚數를調査ᄒᆞ엿다더라

◎調査奔走　李鍾浩李甲兩氏ᄂᆞᆫ日本에渡往ᄒᆞ엿다ᄒᆞ며崔錫夏氏ᄂᆞᆫ平壤等地에前往ᄒᆞ엿다ᄂᆞᆫ說이有홈으로警視廳에서目下奔走調査中이라더라

◎財産調査　警視廳에서ᄂᆞᆫ韓日巡査를派送ᄒᆞ야漢城內外人民에所有財産을調査ᄒᆞᆫ다더라

◎水産現狀　韓國沿海에魚産이甚多홈은人所共知어니와將來漁業을擴張홀時에ᄂᆞᆫ現今漁獲額보다五倍以上을可得ᄒᆞ리라ᄒᆞ며現今狀態ᄂᆞᆫ韓人의漁船이一萬二千四十三隻、漁人이六萬八千五百五十名、漁獲額이三百十三萬九千一百圓이오日人의漁船이三千二百三十三隻、漁人이一萬四千百八十二名、漁獲額이三百七十三萬九千二百五十圓이라더라

◎監府又設　李圭恒崔錫彰等諸氏ᄂᆞᆫ左右商社中央監府를設立홀次로臨時事務所를西小門內進興會社로定ᄒᆞ엿다더라

◎奸巫狼狽　巫女壽蓮이故伊藤氏의三年喪을供奉키爲ᄒᆞ야家劵을典執ᄒᆞ고債錢을圖出홈은一般共知ᄒᆞᄂᆞᆫ바어니와該債錢을延拖不報ᄒᆞ다가畢竟執行을當하야前判書李容泰氏가該家로移接하엿다더라

◎藪民入城　藪島民有田畓을所管財務署에서官有地로引繼코저ᄒᆞᆫ다ᄒᆞ야該洞任二名이漢城財務監督局에呼訴次로入城ᄒᆞ엿다더라

◎林氏押付　三昨日夜演興社에서大安洞居林大奎氏가警部權潤氏의部下人이라稱ᄒᆞ고婦人席에混入ᄒᆞ야十八九歲假量된婦女와耳語가密勿홈으로該社員이此를禁止ᄒᆞᆫ즉該人이反抗ᄒᆞ야一塲風波를起ᄒᆞᆫ지라行巡巡査가該人을所管派出所로押付ᄒᆞ엿다더라

◎其情慘矣　密陽郡南林坪에在ᄒᆞᆫ韓人墳墓를日人湯淺이掘破ᄒᆞᆫ事件으로塚主代表金鶴圭氏가農商工部에請願홈은既報어니와京城에多日留待ᄒᆞ되指令이無홈으로不得已歸鄕ᄒᆞ엿ᄂᆞᆫ데各塚主諸人이金氏의空還홈을聞ᄒᆞ고相聚號哭ᄒᆞᄂᆞᆫ情狀은慘不忍見이라더라

◎教[illegible]　[illegible]城新聞社長[illegible]理氏ᄂᆞᆫ大[illegible]教[illegible]一千發을無料로印刷寄付ᄒᆞᆫ다더라

◎日生冒試　法學校에서春期學員을試取홈은既報어니와日人學徒一名이權泰相이라冒稱ᄒᆞ고應試ᄒᆞᆫ者가有ᄒᆞ다더라

◎募捐賙貧　月前仁川港에서火災가有홈은既報ᄒᆞ엿거니와同府尹金潤晶氏ᄂᆞᆫ義捐金을募集ᄒᆞ야罹災中至貧者十餘戶를救恤ᄒᆞ엿다더라

◎後者欲先　昨日上午十一時頃에英國婦人이人力車를乘ᄒᆞ고南部石井洞新作路로[illegible]過홀時에日人人力車夫가從後驅來ᄒᆞ다가前車를突過코저英婦人의乘車를逼撈하야英婦人의車輻을沒數折傷ᄒᆞᆫ지라所管警察署에서巡査를派送ᄒᆞ야兩車衝突時現狀을調査ᄒᆞ엿다더라

◎教徒總數　最近調査를據ᄒᆞᆫ즉韓國內耶蘇教徒가新舊教徒幷ᄒᆞ야二十五萬壹百四十四人이라더라

電報

◎曾彌明言　日本桂首相은去月二十九日에秘書官을片瀨에在ᄒᆞᆫ曾彌統監에게送ᄒᆞ야歸任을勸告ᄒᆞ엿ᄂᆞᆫ데曾彌ᄂᆞᆫ十日後에歸任ᄒᆞᆫ다고明言ᄒᆞ엿다더라　東京發　二日着

◎爲息紛競　今番日本宮相岩倉이長逝ᄒᆞᆫ後에次官渡邊으로即時叙任ᄒᆞᆫ것은已往田中宮相이遞任ᄒᆞᆫ後에宮相運動者가奔至ᄒᆞᆫ事가有ᄒᆞᆫ故로今番에ᄂᆞᆫ元老會議를即開ᄒᆞ고夜中에親任式을擧行홈이라더라

◎[illegible]　日本故宮相岩倉[illegible]華族會對[illegible]ᄒᆞ엿ᄂᆞᆫ데今番長[illegible]大段[illegible]ᄒᆞᆫ다더라

◎貝勒歸國說　日本에滯在ᄒᆞ던淸國載濤貝勒殿下ᄂᆞᆫ來六日에出發歸國ᄒᆞᆫ다더라

◎法關稅實施說　法國關稅法修正案은議會를通過ᄒᆞ야公布ᄭᆞ지되엿ᄂᆞᆫ데該法은四月一日에實施ᄒᆞᆫ다더라

◎淸日交涉　鴨綠江伐木會社細則交涉에關ᄒᆞ야淸國袁良錢氏等二名이來七日安東縣에到着ᄒᆞ야日本委員과交涉을開始ᄒᆞᆫ다더라
以上東京發　四日着

▲國文歌▼
將泉生

▲가장貴ᄒᆞᆫ大韓靑年　거름々々前進ᄒᆞ세　고싱患難무릅써서　구름ᄀᆞᆺ치ᄡᅡ힌積氣　봄눈ᄀᆞᆺ치쓰러ᄂᆡ세

▲나라일을ᄒᆞᄂᆞᆫᄯᅢᄂᆞᆫ　너와나를莫論ᄒᆞ고　노례됨을免ᄒᆞ고서　누려보세ᄌᆞ유복락　이쳔만인ᄒᆞᆫ가지로

▲다라나ᄂᆞᆫ이歲月을　더ᄯᅥᆯ홀者뉘잇스며　도탄中에ᄲᅡ진百姓　두호홀者어ᄃᆡ잇나　우리靑年ᄲᅮᆫ이로세

▲라팔불며前進홀제　러풀々々나ᄂᆞᆫ듯시　로죵구뎍맛나거던　루세슈치쾌셜ᄒᆞ야　승젼고를울녀보세

▲마지니에의국ᄉᆞ상　머리속에[illegible]에너희도[illegible]　[illegible]션신들[illegible]歷史[illegible]　보세

▲바라ᄂᆞ니[illegible]靑年[illegible]벼셔보　이긔반[illegible]보국[illegible]안민[illegible]　월당젼을지리[illegible]　[illegible]잇ᄭᅦ나　가면

▲사농공상勿論ᄒᆞ고　서로々々團合ᄒᆞ야　소소主角다바리고　쳔만인一心으로　절대ᄉᆞ업일[illegible]보세

▲아름다운이계[illegible]운　어김업[illegible]마즐지니　오大洲에ᄌᆞ랑홀[illegible]　리나라태극긔라　이旗발[illegible]빗[illegible]보세

▲자던잠을ᄭᆡ니셔고　져홀일다ᄒᆞ여서　죠상ᄭᅴ셔우리의게　어젼ᄒᆞᆫ이강토를　아못조록保[illegible]ᄒᆞ세

▲차탄落心ᄒᆞ지말고　처음[illegible]ᄀᆞᆺ치ᄒᆞ자　초픽왕의拔山力도　不逝兮落望ᄒᆞ가烏江에서죽[illegible]　나니

▲카부루ᄂᆞᆫ제누구며　거룸월[illegible]제구누랴　코를굴며잠든者야　[illegible]룩々々자지말고　닐어나서활[illegible]ᄒᆞ쇼

▲타인압제버슬라면　[illegible]독립대[illegible]도ᄃᆡ保[illegible]　신헌국[illegible]지어[illegible]　[illegible]들아

▲파도ᄀᆞᆺ치[illegible]　의국정신[illegible]　크럿다[illegible]　[illegible]시고

▲하ᄂᆞ님이우리[illegible]　ᄎᆞ져노코[illegible]ᄒᆞᆫ뎌[illegible]　일에ᄂᆞᆫ우리들이노래ᄉᆞᆷ아부　보세

社告

左開地方에셔本申報購覽ᄒᆞ시ᄂᆞᆫ 僉彦의便利ᄒᆞ심을爲ᄒᆞ야左開三郡에本支社를設置ᄒᆞ고本月一日부터支社로發送分傳케ᄒᆞ오니本社에對ᄒᆞᆫ諸般事項을各該支社員과交涉ᄒᆞ시옵

左開

永柔邑內槐峴里 **金志璜**

中和下道面一里三洞 禹**應善**

龍川東部面一里三統九戶 金**天湜**

大韓每日申報社

○談叢○

劍心

▲八百年間의主領族

古今歷史를披覽ᄒᆞ건ᄃᆡ主領的곳치勃興ᄒᆞᆫ者가無ᄒᆞ도다支那族이四萬々口의繁殖에至ᄒᆞ나是ᄂᆞᆫ五六千年養成ᄒᆞᆫ비이며又其勢力이支那幅員內에止ᄒᆞ고

匈奴族蒙古族이中古史上에大聲勢를作ᄒᆞ엿스ᄂᆞ兩者가皆百餘年을不過ᄒᆞ야衰微의境에淪ᄒᆞ고又其勃興의當時에도人口가大增加치못ᄒᆞ엿고

古代希臘의文明이雖壯ᄒᆞ엿스나希臘半島內에셔만發達되엿스며羅馬의武力이雖盛ᄒᆞ엿스나其勢力이歐非兩洲와小亞細亞一隅에及ᄒᆞᆯᄲᅮᆫ이러니

彼主領民族은日耳曼森林中에一未開蠻族으로奮起ᄒᆞᆫ지八百年을纔及ᄒᆞ야其文化武力이東으로亞洲에及ᄒᆞ며南으로澳洲에達ᄒᆞ며西으로美洲를襲ᄒᆞ야人口ᄂᆞᆫ數億萬에上ᄒᆞ며足跡이五大洲에遍ᄒᆞ고又此族으로設立된國에若英若德若美等이皆世界의第一强國에列ᄒᆞ니吁라盛ᄒᆞ도다

此를致ᄒᆞᆫ故가何에在ᄒᆞ뇨曰公德心이富ᄒᆞ고忍耐力이壯ᄒᆞᆫ故ᄲᅮᆫ이니라

雜報

○天道敎徒上京　本日은天道敎의天日紀念日인故로多數敎徒가數日前부터上京ᄒᆞ엿다더라

○關東學會處理　再昨日에關東學會에셔總會를開ᄒᆞ고副會長은鄭鳳時氏로評議員略干人을選定ᄒᆞ고該會員作故ᄒᆞᆫ南宮濬崔鍾洛兩氏의慰問節次와該道卒業學生에게勸奬ᄒᆞᆯ事件을決議ᄒᆞ엿다더라

○靑舘演劇　鍾路靑年會舘內傳道會에셔本日下午七時에活畵演劇을開設ᄒᆞ고婦人만供覽케ᄒᆞᄂᆞᆫᄃᆡ席次를限排키爲ᄒᆞ야入場券을使用ᄒᆞᆫ다더라

○救世軍學校　救世軍正領許嘉와氏ᄂᆞᆫ實業學校를新設ᄒᆞ기로ᄒᆞ야該校舍를西大門外平洞에新築ᄒᆞᆫ다ᄒᆞ며曾彌統監은此에對ᄒᆞ야金二千四百圓을寄附ᄒᆞ엿다더라

○李氏被捉　龍山居李弼駿氏ᄂᆞᆫ其父親의印章을僞造ᄒᆞ야田畓家屋등文券을典執ᄒᆞ다가事實이綻露되야所管警察署에被捉ᄒᆞ엿다더라

本報　一枚　新貨二錢五厘　壹個月　三十錢

廣告　四号活字拾三字詰　(自一行至四行이爲一寸)

檀君開國四千二百四十三年
箕子元年三千三十二年
大韓開國五百十九年
本報創刊日 光武八年七月十八日

大韓每日申報

發行兼編輯人 英國人 萬咸
Responsible for Publication Alfred Weekley Marnham.
發行所 京城南部石井洞三層洋屋 大韓每日申報社

第八卷　月曜及慶節歲時休日休刊　第一千三百五十三号

論說

外國人의韓國內農業經營

自來韓人의生命되ᄂᆞᆫ産業이오즉農業뿐이며又今日韓人의專有되ᄂᆞᆫ産業이오즉農業뿐인것은不言에可知ᄒᆞᆯ바어니와挽近에滔々勇氣로長驅大進ᄒᆞᄂᆞᆫ日人의勢力이韓國內農業界까지浸入ᄒᆞ야其觸이已發ᄒᆞ엿도다

於是乎日人農夫가各地에漸布ᄒᆞ며於是乎拓殖會社가旗幟를高揭ᄒᆞ야農業經營의基礎를方築ᄒᆞ더니今番拓殖會社에셔日本各府縣의農夫를召集ᄒᆞ야韓國의農業을視察케ᄒᆞᆫ다ᄒᆞ니此亦彼의農業經營上一方針이아닌가

蓋彼가韓國에手를下ᄒᆞᆫ後로或은工業으로戰하며或은商業으로戰ᄒᆞ며或은漁業으로戰ᄒᆞ며或은礦業으로戰ᄒᆞ야百戰에百勝ᄒᆞ엿거ᄂᆞᆯ今又農業의演을開ᄒᆞ니其結果가何如ᄒᆞᆯᄂᆞᆫ지

今日은彼의農業經營이頗히幼稚時代에屬ᄒᆞᆫ지라故로只今은微々不振의勢가有ᄒᆞ나彼가畢竟寸進尺進ᄒᆞ야功簣를盈ᄒᆞᄂᆞᆫ日에ᄂᆞᆫ農業競爭의功이亦彼의手에歸키易ᄒᆞ니

何故오ᄒᆞ면彼ᄂᆞᆫ農業上權利가韓人보다優ᄒᆞ며農業上知識이韓人보다優하며又彼ᄂᆞᆫ會社或組合的으로經營ᄒᆞᄂᆞᆫ故로其資本이韓人보다優ᄒᆞᆫ所以니라

然이나吾儕ᄂᆞᆫ韓國同胞를對ᄒᆞ야一言ᄒᆞᆯ바ㅣ有하니

彼의農業經營이아모리緻密劇烈ᄒᆞ더ᄅᆡ도同胞가果然知彼知己ᄒᆞ야競爭을善應ᄒᆞ면決코彼에게頭를讓ᄒᆞᆯ바ㅣ無ᄒᆞ니라

其所以를論ᄒᆞ건ᄃᆡ彼가아모리殖民熱에浮ᄒᆞ야故土를棄ᄒᆞ고玄海를越ᄒᆞ야韓半島江山을第二鄕으로信ᄒᆞ고逐々渡來ᄒᆞᆫ다ᄒᆞ더ᄅᆡ도彼ᄂᆞᆫ遠來客族이라跋涉에困이多ᄒᆞ며移寓에難이多ᄒᆞ며又風土氣候에昧하거날韓人은逸로勞를待ᄒᆞ며彼가아모리知識이優越ᄒᆞ더ᄅᆡ도農業上에ᄂᆞᆫ其差度가商工業ᄀᆞᆺ치甚違치아니ᄒᆞᆯ뿐더러도리혀土地熟慣의自然的知識은韓人이居優ᄒᆞᆯ지며彼가아모리資本이多ᄒᆞ더ᄅᆡ도三千里天府土가韓人의所有인즉彼가得勝ᄒᆞᆯ特点이無ᄒᆞ며彼가아모리權利가優ᄒᆞ더ᄅᆡ도彼의所閑ᄒᆞᄂᆞᆫ障碍困難과較看ᄒᆞ건ᄃᆡ此亦得喪相償에不過ᄒᆞ리라ᄒᆞᆷ도可ᄒᆞ나니果然인ᄃᆡ韓人이何를懼ᄒᆞ야頭를讓ᄒᆞ리오

然이나同胞가此와如ᄒᆞᆫ好資料를將ᄒᆞ엿스나畢竟長袖善舞의良功을收ᄒᆞᆯ道ᄂᆞᆫ오즉同胞의奮勵에在ᄒᆞ니其奮勵ᄒᆞᆯ道에關ᄒᆞ야ᄂᆞᆫ爲先(一)土地를外人에게賣치말며(二)農林學校農林講習所等을設ᄒᆞ야農業上知識을急히振興ᄒᆞ며(三)或은團結的或은個人的으로農業上改良發達을勵圖하야彼보다着手를先ᄒᆞ야利源을勿失ᄒᆞᆷ等이是라ᄒᆞ노라

此ᄂᆞᆫ實로農業上에關ᄒᆞᆫ一大問題라吾儕ᄂᆞᆫ農業同胞又一般國民同胞에게一興奮劑를催作코저ᄒᆞ야玆에一言ᄒᆞ노라

官報

隆熙三年十一月十三日

內閣告示第四十三號

○勅令第二百九十四號

(明治四十二年十月二十三日)

特許登錄令 續

第三條 豫告登錄은左開ᄒᆞᆫ境遇에셔此를行ᄒᆞᆷ

一 登錄原因의無效나又ᄂᆞᆫ繳消를因ᄒᆞᆫ登錄의抹消나又ᄂᆞᆫ回復ᄒᆞᄂᆞᆫ訴의提起가有ᄒᆞᆫ時但登錄原因의繳消를依ᄒᆞᆫ訴에對ᄒᆞ야ᄂᆞᆫ其繳消로써善意의뎨三者의게對抗ᄒᆞᆷ을得ᄒᆞᆯ境遇에만爲限ᄒᆞᆷ

二. 特許又ᄂᆞᆫ特許權의改訂或은分割許可의無效審判의請求가有ᄒᆞᆫ時、特許權範圍確認의審判請求가有ᄒᆞᆫ時、使用權設定請求의審判請求가有ᄒᆞᆫ時又ᄂᆞᆫ發明抵觸의査定이確定ᄒᆞ거나或은審決이有ᄒᆞᆫ時

第四條 詐欺又ᄂᆞᆫ强迫을依ᄒᆞ야登錄의申請을妨碍ᄒᆞᆫ뎨三者ᄂᆞᆫ登錄의欠缺을主張ᄒᆞᆷ을不得ᄒᆞᆷ

뎨五條 他人을爲ᄒᆞ야登錄을申請ᄒᆞᆯ義務가有ᄒᆞᆫ者ᄂᆞᆫ其登錄의欠缺을主張ᄒᆞᆷ을不得ᄒᆞᆷ

但其登錄의原因이自己의登錄의原因以後에발生ᄒᆞᆫ時ᄂᆞᆫ此限에不在ᄒᆞᆷ

第六條 左開事項의登錄은附記를依ᄒᆞ야此를行ᄒᆞᆷ

一 登錄名義人의表示의變更

二 質權의移轉

뎨七條 左開各號中其一에該當ᄒᆞᆫ登錄을申請ᄒᆞᆯ境遇에在ᄒᆞ야登錄上利害關係가有ᄒᆞᆫ뎨三者가無ᄒᆞᆯ時나又ᄂᆞᆫ申請書에등錄上利害關係가有ᄒᆞᆫ뎨三者의承諾書나或은此에對抗ᄒᆞᆷ을得ᄒᆞᆯ裁判의謄本을添附ᄒᆞᆫ時에만爲限ᄒᆞ야附記를依ᄒᆞ야其등錄을行ᄒᆞᆷ

一 特許法第三十二條의制限附特許權의變更

二 特許權以外權利의變更

三 등錄의更正

四 一部分抹消登錄의回復

第八條 特許權又ᄂᆞᆫ此에關ᄒᆞᆫ權利에關하야등錄ᄒᆞᆫ權利의順位ᄂᆞᆫ등錄의前後를依ᄒᆞᆷ

第九條 附記등錄의順位ᄂᆞᆫ主등錄의順位를依ᄒᆞ고附記등錄間의順位ᄂᆞᆫ其前後를依ᄒᆞᆷ

第十條 假등錄을行ᄒᆞᆫ者에對ᄒᆞ야本등錄을行ᄒᆞᆫ境遇에ᄂᆞᆫ其順位ᄂᆞᆫ假등錄의順位를依ᄒᆞᆷ

(未完)

外報

◎噴火兆朕 伊太利國스트론보리火山도亦大爆發의兆朕이有ᄒᆞ다더라

◎飛行討論 法國元老院에셔ᄂᆞᆫ德國空中飛行船의優勢됨에關ᄒᆞ야詳細히討論ᄒᆞ엿다더라

◎北京大學開校 淸國北京分科大學은去月三十一日에開校式을擧行ᄒᆞ고本月四日부터授業을開始하엿다ᄂᆞᆫᄃᆡ學科ᄂᆞᆫ經濟科、文學科、法科、理科、工科、商科、醫科等七科라ᄒᆞ며學生定員은二百七十二名이오每年經費ᄂᆞᆫ約百萬兩이라더라

◎德淸製艦契約 既報ᄒᆞᆫ德淸間에締結ᄒᆞᆫ軍艦一隻建造契約의內容을聞ᄒᆞᆫ즉製艦費ᄂᆞᆫ三十五萬磅이라ᄂᆞᆫᄃᆡ本年에七萬磅을支出ᄒᆞ고明年九月引渡ᄒᆞᆯ時에七萬磅을支出ᄒᆞ고其餘二十一萬磅은三箇年에分ᄒᆞ야支出ᄒᆞ기로ᄒᆞᆫ다더라

◎法國戰艦建造 法國下院은本年私設造船所에셔戰鬪艦五隻을起工ᄒᆞ기로可決ᄒᆞ엿다ᄂᆞᆫᄃᆡ右ᄂᆞᆫ三個年後에實務에就ᄒᆞ다ᄒᆞ며該戰鬪艦은最近의英德戰艦의模型과同一ᄒᆞ다더라

◎炭坑夫大罷工 美國十三州의石炭坑夫三十萬人以上이賃錢을增加키爲ᄒᆞ야同盟罷工을起ᄒᆞ엿ᄂᆞᆫᄃᆡ炭礦會社側에셔讓步ᄒᆞ지아니ᄒᆞ면全國의實業界ᄂᆞᆫ此로因ᄒᆞ야多大ᄒᆞᆫ打擊을被ᄒᆞ리라더라

◎英船沈沒後報 既報ᄒᆞᆫ西濠洲에셔沈沒ᄒᆞᆫ英船베리굴쓰號에搭乘ᄒᆞᆫ船客은二百人이오船員은一百六十人이라ᄒᆞ며又船體及貨物의總保險料ᄂᆞᆫ五十萬磅이라더라

學界

◎金氏熱心 忠南定山郡靑面居金遠信氏ᄂᆞᆫ該面普明學校에셔修業ᄒᆞ다가該校經費가窘乏ᄒᆞ야廢止된後若干失學ᄒᆞᆷ을慨歎히녀여自己의正租十石을出捐하야同志八人의食費를擔當ᄒᆞ며該面內旺湖學校에셔熱心受業ᄒᆞᆫ다더라

▲偉人遺蹟

▲▲東國巨傑 崔都統 續　錦頰山人

然이나崔都統은期於히元亂의一部分을救ᄒᆞᆫ然後에還國코ᄌᆞᄒᆞ야書로元主를干하야曰今諸賊中朱元璋張士誠이最熾ᄒᆞ고敵의來衝은淮安路가最要ᄒᆞ니瑩은請컨ᄃᆡ本國兵을率ᄒᆞ고此를移防코ᄌᆞ하노라元主가許ᄒᆞ거날都統이드ᄃᆡ여淮安路에移陣ᄒᆞ야八里莊에셔累戰ᄒᆞ더니朱元璋이戰艦八千艘을率ᄒᆞ고來侵ᄒᆞ거날都統이血戰六晝夜에此를却하고元璋이兵十萬을擧ᄒᆞ야再入하거ᄂᆞᆯ都統이登高遙望ᄒᆞ니敵船이海를蔽하엿더라都統이笑曰敵이雖多나其船이不整ᄒᆞ니此를破ᄒᆞ기易ᄒᆞ도다ᄒᆞ고輕兵을先進ᄒᆞ며大軍을後繼ᄒᆞ야搏戰ᄒᆞᆯ시日出에始ᄒᆞ야日晡에至하니敵兵의屍血에海가盡赤ᄒᆞᆫ지라朱元璋은單騎로走ᄒᆞ고崔都統도身에數創을被ᄒᆞ엿더라。

是役에崔都統이아니러면淮安이陷ᄒᆞᆯ지며淮安이陷ᄒᆞ면北京이覆ᄒᆞᆯ지니蓋蒙古의末路에其十數年의殘喘을尙保ᄒᆞᆷ도崔都統의力이러라

崔都統이元에留ᄒᆞ야彼廷의政治得失을究ᄒᆞ며彼地의山川險夷를察ᄒᆞ야他日攻敵의方法을熟講ᄒᆞᆫ後에[illegible]ᄒᆞ고故國에歸ᄒᆞ니라

第五章

崔都統北伐政策의始着手와王의反覆

腰間의寶劍을撫ᄒᆞ며長歎을발ᄒᆞ야曰嗟哉이何時에나汝를快試ᄒᆞᆯ가ᄒᆞᆷ은當日崔都統의苦心語라支那風雲이將軍의壯心을挑發ᄒᆞᆫ지已久ᄒᆞ나上으로人君이昏弱ᄒᆞ며下으로廷臣이卑劣ᄒᆞ야千載難得의好機를惡用ᄒᆞ더니檀君三十七世紀恭愍王五年에至ᄒᆞ야其劍의一試를纔許ᄒᆞ논도다

彼滿洲全幅과遼東一境은三千年我國의相傳하던疆土로渤海亾後에異國에遂淪ᄒᆞᆫ者인ᄃᆡ高麗四百餘年間에不幸히世世昏庸ᄒᆞᆫ主權者를遇ᄒᆞ야北伐實行ᄒᆞ던尹관을貶ᄒᆞ며北伐再唱ᄒᆞ던王可道를竄ᄒᆞ고我民族의外競力을裁抑ᄒᆞ야一時片夢도此地에不敢到케ᄒᆞ더니末來惡孼이轉深ᄒᆞ야蒙古가勃興ᄒᆞᆷ익我黃海咸鏡兩道半幅을割去ᄒᆞᆷ에至ᄒᆞ엿도다

(未完)

詞藻

動物

耳目口鼻놈과ᄀᆞᆺ고、四肢百體分明커ᄂᆞᆯ。어이ᄒᆞᆫ曲折노、긔동ᄒᆞᆯ줄모르ᄂᆞᆫ고。아마도、因循도일ᄒᆞ량이면、全身不遂。

雜報

◎內田竟敗 日人內田良平이孟峴舍春苑基地에家屋을建築ᄒᆞ고該苑을占齊코져ᄒᆞᆷ은登般知了ᄒᆞᄂᆞᆫ바어니와內相朴齊純氏ᄂᆞᆫ營苑署革罷後에該基地를太皇帝陛下께셔自己의게下賜ᄒᆞ신 勅敎가有ᄒᆞ다ᄒᆞ고內田은農商工部認許가有ᄒᆞ다ᄒᆞ야互相詰難ᄒᆞ더니畢竟內相이得勝ᄒᆞ야該苑을立標占領ᄒᆞ엿다더라

◎曾彌歸任與否說 曾彌統監歸任與否에關ᄒᆞ야或者ᄂᆞᆫ觀測ᄒᆞ기를曾彌統監의留任을滿足히思ᄒᆞᄂᆞᆫ者ᄂᆞᆫ日本元老中에오직山縣一人뿐이라今番桂侯가曾彌의歸任을催促ᄒᆞ엿다ᄒᆞ나歸任이될지遞任이될지姑未可知라ᄒᆞ며又統監의歸任電報가尙無ᄒᆞ다ᄒᆞ고或者ᄂᆞᆫ桂侯가名古屋共進會에赴往ᄒᆞ엿다가歸京ᄒᆞᆫ以後에ᄂᆞᆫ曾彌가歸任ᄒᆞᆯ듯ᄒᆞ다ᄒᆞ고云ᄒᆞᆫ다더라

◎書辭懇曲 總理大臣李完用氏ᄂᆞᆫ其令男李恒九氏가渡日ᄒᆞᄂᆞᆫ便에日本桂首相과曾彌統監에게書函을送致ᄒᆞ엿다ᄂᆞᆫᄃᆡ槪意를畧ᄒᆞᆫ즉近日本國物議에現內閣이變更되고新內閣이組織된다ᄂᆞᆫ事로責任大臣들도恐懼ᄒᆞᆯ뿐아니라民心關係가不少ᄒᆞ니從速히對韓方針을硏究決定ᄒᆞ라고懇曲히措辭ᄒᆞ엿다더라

◎參與例會 昨日統監府에셔參與官例會를開ᄒᆞ엿다더라

◎褒賞規則製定 內部에셔褒賞에關ᄒᆞᆫ規則을目下製定中인ᄃᆡ脫藁되ᄂᆞᆫᄃᆡ로部令으로頒布ᄒᆞᆫ다더라

◎宜其嚴禁 近日各陵寢內에閒雜人에無嚴ᄒᆞᆫ行動이種種有之ᄒᆞᆷ으로宮內府에셔此를嚴禁ᄒᆞ기爲ᄒᆞ야內外國人을勿論ᄒᆞ고陵所紅箭門內에無事出入者ᄂᆞᆫ役壹年에處하기로法律를製定코져目下提議中이라더라

◎規定發布 山林局에셔ᄂᆞᆫ林業事務所規定을日間發表ᄒᆞᆫ다더라

◎會計法配布 內部에셔ᄂᆞᆫ地方會計法令을各地方官衙에本日配布ᄒᆞᆫ다더라

◎廢合件修報 京畿觀察使ᄂᆞᆫ管下各郡의面里廢合件을修定ᄒᆞ야內部로報告ᄒᆞ엿다더라

◎眞鍋渡韓說 日本會計檢査官眞鍋等은在韓日本各官署會計狀況을檢査키爲ᄒᆞ야本月十一日에渡韓ᄒᆞᆫ다더라

◎若林出張 警視總監若林은明日에水原으로下去ᄒᆞ야警察狀況을視察ᄒᆞ고卽時歸任ᄒᆞᆫ後日間新義州等地로更히出張ᄒᆞᆫ다더라

◎面面派巡說 內部에셔ᄂᆞᆫ各郡面面에巡査派出所를設置ᄒᆞ기로內定되엿다더라

◎日會社經營 日人의韓海漁業株式會社ᄂᆞᆫ其目的이大韓全國을經營ᄒᆞᆷ인ᄃᆡ此ᄂᆞᆫ水로부터陸에及ᄒᆞᆯ方針이라ᄒᆞ며其活動코져ᄒᆞᄂᆞᆫ地ᄂᆞᆫ北韓方面이오大韓組의權利를買收ᄒᆞ야大擴張을作ᄒᆞᆫ다하며又該會社創立委員長日人安藤이今番渡韓ᄒᆞᆷ은其實地를調査ᄒᆞ고統監府와韓政府에協議ᄒᆞ라ᄒᆞᆷ인ᄃᆡ農商工部次官木內가不在ᄒᆞᆫ故로更히日本에往ᄒᆞ야協議코져ᄒᆞᆫ다더라

◎醫部試取 內部醫務局에셔韓人醫部를選擇ᄒᆞᆯ次로醫官의履歷書를受ᄒᆞᆫ다더라

◎果未知其的乎 一進會에셔政合邦을唱道ᄒᆞᆫ後賛成者와反討者가接踵繼起ᄒᆞ야國內에不穩ᄒᆞᆫ狀態가迄今不息ᄒᆞᆫ다ᄒᆞ야姜冕熙申冕休氏等十餘人이再昨日徐肯淳氏家에會同ᄒᆞ야一進會本部로長書를送致ᄒᆞ야該問題主唱의目的을質問ᄒᆞ엿ᄂᆞᆫᄃᆡ一進會에셔ᄂᆞᆫ該目的을從後통知ᄒᆞ마고答函ᄒᆞ엿다더라

◎市場一斑 京畿道江華郡에셔ᄂᆞᆫ市場稅로人民間에不平의聲이多ᄒᆞ엿다ᄒᆞ며咸鏡道惠山鎭及高原端川邑市場에셔도市場稅로人民間反抗이頗强하엿고端川波道面南里市에셔ᄂᆞᆫ市場稅以後로該市情況이一時寂寞ᄒᆞ엿다ᄒᆞ며平北龍川楊市及鄕邊市場에셔ᄂᆞᆫ强硬反對가有ᄒᆞᆫ後에只今은開市中이라ᄒᆞ며龍岩浦에ᄂᆞᆫ市場稅事件以後로市場이寂寞ᄒᆞ야來集者가甚稀ᄒᆞ다하며安岳椒井市場에셔ᄂᆞᆫ二月以來五回開市에納稅를連拒ᄒᆞ엿다하며谷山邑場에셔도不平의聲이起ᄒᆞ엿다더라

◎寫眞盛況 現今韓人間에安重根氏의寫眞을買收ᄒᆞᄂᆞᆫ者가甚多ᄒᆞ야平壤等地에ᄂᆞᆫ片時間에三百枚를賣盡ᄒᆞᆷ에至ᄒᆞ고寫眞店에往ᄒᆞ야此寫眞을注文ᄒᆞᄂᆞᆫ者가紛紛하다더라

◎容九揚言 一進會長李容九ᄂᆞᆫ三昨日侍天敎堂에셔向人揚言ᄒᆞ되露日戰役에日本이三十萬軍兵을犧牲ᄒᆞ고二億萬巨財를消費ᄒᆞᆷ은自國을爲ᄒᆞᆷ이아니라實로韓國을爲ᄒᆞᆷ이니此等大恩을不報ᄒᆞ면禽獸와無異ᄒᆞ다ᄒᆞ엿ᄂᆞᆫᄃᆡ在傍者가莫不唾罵ᄒᆞ엿다더라

◎賣土運動 一進會에셔ᄂᆞᆫ年前北進軍助役時에北間島居侍天敎人金海龍을紹介ᄒᆞ야同敎人에게義捐金을募集ᄒᆞ야該島等地에田土를買置ᄒᆞ고年年該地所出을殖利ᄒᆞ야增買ᄒᆞᆫ田土가壹千八十日耕이오昨年秋收가穀萬五千餘石인ᄃᆡ此를某日人에게放賣ᄒᆞᆯ次로目下運動中이라더라

◎奔走訪問 李學宰ᄂᆞᆫ何等運動이有ᄒᆞᆫ지朝夕으로人力車를乘ᄒᆞ고泥峴及光化門前某官廳으로奔走訪問ᄒᆞᆫ다ᄂᆞᆫᄃᆡ其鄙陋ᄒᆞᆫ行動을人皆注目ᄒᆞᆫ다더라

◎商組將廢 李圭恒氏가中央商務監部를組織하ᄂᆞᆫ事에對ᄒᆞ야商務組合部ᄂᆞᆫ廢止될影響이有ᄒᆞᆷ으로李學宰가更히天照敎라ᄂᆞᆫ名稱을組織코저現今運動中이라더라

◎賛成懇乞 一進會長李容九ᄂᆞᆫ日昨에紳士鄭某를自己私邸로請邀ᄒᆞ야懇請ᄒᆞ되各地方人中에所親ᄃᆡ로申托ᄒᆞ야本會를極力賛成케하라ᄒᆞ엿다더라

◎鄭高訪問 鄭應高義駿兩氏ᄂᆞᆫ趙農相을輪回訪問하고政友會를期於成立케하고經費를磨練하라ᄒᆞᆫ다ᄂᆞᆫᄃᆡ農相은觀勢圖之하쟈고答謝하엿다더라

◎農部派員 農商工部水産局에셔現今請願中에在ᄒᆞᆫ免許漁業其他事件에關ᄒᆞ야實地調査次로調査區域을五區로分ᄒᆞ야派員視察ᄒᆞᆫ다더라

◎守直費請撥 仁川港警察署에셔昨年度流行病發生時에避病舍를建築ᄒᆞ고尙今ᄭᆞ지該舍守直一名을置ᄒᆞ고每朔五圓俸金을支給ᄒᆞᆫ다ᄂᆞᆫᄃᆡ該署에셔內部로修報ᄒᆞ고今年에도該舍의必要가有ᄒᆞ니守直月俸을每朔支撥ᄒᆞ라하엿다더라

◎閔氏運動 閔泳徽金禹用兩氏間에財政相關으로裁判ᄒᆞ야閔氏가敗訴ᄒᆞᆷ은已報어니와閔氏ᄂᆞᆫ寧히金氏의還推金보다十倍를虛費ᄒᆞᆯ지라도金氏의錢은不給ᄒᆞᆫ다ᄒᆞ고更히控訴院에再審ᄒᆞ기를運動ᄒᆞᆫ다더라

◎黃氏等裁判開始 龍川府楊市々場稅事件으로該地人民中被捉者가十四名인ᄃᆡ就中金基赫氏ᄂᆞᆫ不起訴에處ᄒᆞ야放免ᄒᆞ고其餘黃菊保、宋子賢、張竹燮、趙泰國、黃菊晩、金桂宗、鄭承祿、李世漢、安泰國、李根赫、韓永杰、金基亨、李成學氏等十三人은暴動及保安法違犯이라ᄒᆞ야公訴를提起ᄒᆞᆷ으로新義州支部裁判所에셔去月卅一日午前十一時頃에第一回公判을開廷ᄒᆞ고裁判長日人小林茂가被告等에對ᄒᆞ야一般審問을行ᄒᆞ고本月二日午前十一時頃에第二回公判을開ᄒᆞ고被告等을繼續審問하엿ᄂᆞᆫᄃᆡ被告等의辯護士安秉瓚氏가龍川府尹金祥演龍岩浦警部金永杰該洞長金尙玉氏等을證人으로呼出ᄒᆞ기를申請ᄒᆞ야裁判長의許可를得ᄒᆞ고裁判所職權으로龍川財務署長柳熙會氏를證人으로呼出ᄒᆞ기로決定ᄒᆞ고第三回公判은昨五日로定ᄒᆞ엿ᄂᆞᆫᄃᆡ傍聽人이多數沓至ᄒᆞ엿다더라

◎所向何處 避馬洞居池海龍氏에長姪池[illegible]洙氏ᄂᆞᆫ十餘日前에無故出他ᄒᆞ야蹤跡이頓無ᄒᆞᆫ故로所管警察署에告訴ᄒᆞ야目下探覓中이라더라

◎稅民深者 居昌郡主谷陸石兩面面長은稅金徵收에成績이良好ᄒᆞ다ᄒᆞ야度支部에셔賞與金四五圓式支給ᄒᆞ엿다더라

◎義日交鋒 日前義兵將延起羽氏部下百餘名이長湍郡北面挾提洞近地에셔日憲兵五名과交戰ᄒᆞ야日兵을敗走케ᄒᆞ엿다더라

◎派兵偵探 義兵將姜基東氏에部下三名이楊州郡議政府等地에潛伏ᄒᆞ엿다ᄂᆞᆫ說이有ᄒᆞᆷ으로三昨日憲兵司令部에셔憲兵을派送ᄒᆞ야嚴密형捕中이라더라

◎委員選定 旣報와如히國債報償金處理會에셔再昨日下午四時에評議會를開ᄒᆞ고各銀行任置金通帳을聚合ᄒᆞ기爲ᄒᆞ야金海振俞鎭喆河中煥三氏로交涉委員을選定ᄒᆞ엿다더라

[illegible]

電報

◎勅使日本着 日本宮相逝去에關ᄒᆞ야韓國大皇帝太皇帝兩陛下께셔差遣ᄒᆞ옵신勅使高義誠李恒九兩氏가本日日本新橋에着하야韓國皇太子殿下御邸에謁見ᄒᆞ고六日에岩倉公家의弔問ᄒᆞ고聖旨를奉傳ᄒᆞ기로ᄒᆞᆫ다더라

◎拓株暴落 拓殖會社의株券은目下日本東京에셔暴落을致ᄒᆞ엿다더라

以上東京發 五日着

◎北京大變 去二日夜에淸國攝政王邸宅에鐵道隧道破壞所用과如ᄒᆞᆫ爆裂彈數個를裝置ᄒᆞᆫ것을發見ᄒᆞ엿ᄂᆞᆫᄃᆡ此陰謀者ᄂᆞᆫ革命黨一派나或은袁世凱의部下인줄노致疑ᄒᆞ고軍機處에셔卽時搜索을大行ᄒᆞ고警戒를極密케ᄒᆞᆫ다ᄒᆞ며該宮邸ᄂᆞᆫ大恐慌을惹起ᄒᆞ고民心은恟恟ᄒᆞᆫ다더라

◎北京形勢 淸國北京에셔ᄂᆞᆫ攝政王宮變事로因ᄒᆞ야嫌疑者로被捉者가續出ᄒᆞᆫ다ᄒᆞ며當局에셔ᄂᆞᆫ秘密을極守ᄒᆞᆫ다

新春[illegible]

▲봄바람이솔솔불고봄날세가다스ᄒᆞᆫᄃᆡ楊柳色은黃金又고百舌聲은歌管일세高樓斜日倚支ᄒᆞ야遠近山川바라보니봄이왓다그러ᄒᆞᆫ가風雨凄凄半夜中에一抹殘光너머너셔消息萱報ᄒᆞ노나이뇌볼슐읍히들어ᄒᆞᆫ번賀禮ᄒᆞ리로다

▲載寧少年張宗[illegible]은妙齡方今十六歲에其抱負가[illegible]이라何제柴草賣販ᄒᆞ야[illegible]金額보ᄒᆞ노코勞働夜校세웟나니致賀ᄒᆞᆯ일이아닌가用錢하기如水ᄒᆞ야靑樓로셔學校삼고花賣로셔敎科삼아勉强ᄒᆞᄂᆞᆫ富家子弟더少年을본밧으소

▲鐵山老翁[illegible]歲老年으로其家勢가[illegible]ᄒᆞ야每日午發國ᄒᆞ면셔新[illegible]ᄒᆞᆫ다ᄒᆞ니致賀ᄒᆞᆯ일이아닌가洋貨泉源을[illegible]ᄒᆞ고陳陳相腐하되代金이기와가터남비러보ᄂᆞᆫ者嗇ᄒᆞᆫ[illegible]老翁을본밧으소

▲官公私立各學校[illegible]經ᄒᆞᆫ後에卒業式과進級式도設行ᄒᆞ야各學[illegible]界에[illegible]別光彩[illegible]일이아닌가梅花[illegible]東冬江支熱[illegible]想ᄒᆞᄂᆞᆫ[illegible]學校를본밧으소

▲在美韓人國民會[illegible]特[illegible]하고[illegible]國會와聯合ᄒᆞ야一[illegible]ᄒᆞ니致賀ᄒᆞᆯ일이아닌가此[illegible]會衝突ᄒᆞ고甲蠻乙[illegible]本是同根相[illegible]期리니詰抗ᄒᆞᄂᆞᆫ各社會ᄂᆞᆫ더團體를본밧으소

雜報

◎行裝搜索　日前閔泳喆氏에別室이淸國上海에渡往ᄒᆞᆯ次로仁川港으로發向ᄒᆞ엿ᄂᆞᆫ디日憲兵司令部에서該報를接ᄒᆞ고該港에憲兵을派送ᄒᆞ야行裝을一一搜索ᄒᆞ엿다더라

◎傳敎方針　耶蘇敎中에서地方에傳敎ᄒᆞ기爲ᄒᆞ야十年以上信敎者四十餘名을各地方으로派送ᄒᆞᆫ다ᄂᆞᆫ說이有ᄒᆞ다더라

◎敎徒入京　來八日은天道敎主崔濟愚氏의祭日인故로各地方天道敎人들이參祭次로多數上京하엿다더라

◎七百應試　官立漢城高等學校에서再昨日新學員을試取ᄒᆞᆫᄂᆞᆫ디應試者가七百餘名에達ᄒᆞᆫ지라多數人衆을團束ᄒᆞ기爲하야北部警察署에서巡査三名을派送檢察ᄒᆞ엿다더라

◎成氏被捉　抱川郡居成樂鳳氏ᄂᆞᆫ何等事件을因홈인지三昨日日憲兵司令部에被捉ᄒᆞ엿다더라

◎淸家賊警　再昨夜南部銅峴等地居淸人家에强盜三名이突入ᄒᆞ야多數物品을攫奪逃走ᄒᆞ엿슴으로所管警察署에서目下詗捕中이라더라

◎日本黑死病　日本大坂及高知縣에ᄂᆞᆫ近日黑死病이發生하야罹死者가數名이라더라

◎面長々々　江原道華川郡東面々長金秉鍾氏ᄂᆞᆫ視任四載에民瘼을周察하야懲圖革除ᄒᆞ며各種稅金을領收ᄒᆞᆯ時에濶狹이有ᄒᆞ야或自己錢財로爲先充納ᄒᆞ고貧民의紓力을隨ᄒᆞ야徐々收刷ᄒᆞ며就中赤貧無賴者ᄂᆞᆫ自己가永爲代納홈으로一境之內에頌聲이洋溢ᄒᆞ다더라

◎金氏起訴　前判書金晩秀氏ᄂᆞᆫ始興富平兩郡界에在ᄒᆞᆫ草坪百萬餘坪을日人에게見奪ᄒᆞ엿슴으로辯護士卞榮晩氏에게委任ᄒᆞ야裁判을提起ᄒᆞᆫ다더라

社告

大韓每日申報各處支社廣告

平安北道

龍川楊市維新書舖 黃菊保
龍川南市驛 韓燦希
朔州邑南門外 朱伯英
義州南門外한西大藥局 張有寬
鐵山邑東部 鄭翊
車輦館同志會內 金明鉉
定州南門內書舖 洪成麟
博川邑內篁洞 金鼎樞
京義線批峴驛停車場前運輸會社前 李基秀
泰川邑舘前洋藥局 李正華
寧邊郡內紅門里 鄭德昇
宣川橋南四統十戶 申基周
江界邑內 金泰熙
郭山郡內新街 金大鉉
雲山邑上里八統八戶 咸元澤
雲山北面橋洞八統七戶 王[illegible]鎬
昌城郡內西下里一統二戶 許익
熙川邑內面東門外洞十四統二戶 金錫澤

平安南道

平壤鍾路太極書館 安泰國
三和港碑石洞耶蘇敎堂 裵亨湜
安州城內義井洞安陵서舘 金翼河
江西邑內 金昌煥
甑山郡內利用里 崔診奭
德川邑官洞耶蘇敎冊 李內斗
永柔邑內槐峴里二統八戶 金志璜
中和下道面一里三洞 禹應吉
肅川東部面一里三統九戶 金天湜

黃海道

海州南門內韓昌書舘 朴昌鎭
安岳[illegible]洞[illegible]山[illegible] 韓[illegible]敎
[illegible] 崔[illegible]
[illegible] 金泰[illegible]
信川邑[illegible]里 李[illegible]
白川邑文明舘 趙雲沐
載寧邑서部李鼎均家乾材局 李範喆
沙里院三聖學校內 李承吉

咸鏡道

咸興州南社西門外 曹喜林
元山港上里倉前洞耶蘇女學校側 皇甫正杰
定平郡豐陽里 張禮學
洪原西門內保命局 羅炳善
永興邑南山洞洪明學校內 梁元常
鏡城羅南新興洞四十統二戶 朴興俊
淸津港新岩洞 張元浩

全羅道

金溝木流面夏亭 趙德三
木浦港陽洞 李得洙
群山港九福洞一統八戶 方在喜

京畿道

仁川[illegible]峴開新冊舖 李東皓
開城南門外興學書舖 姜助遠
江華邑川橋 兪鎭植

慶尙道

大邱西小門外友弦書樓側 李正山
釜山佐川[illegible] 徐錫[illegible]

江原道

鐵原邑[illegible]谷 趙[illegible]大
蔚珍[illegible]遠南面海花里 郭鍾郁

忠淸道

韓山[illegible]北[illegible]堂里 李英[illegible]
結城[illegible]川小龍洞 李[illegible]祚

北[illegible]道

北[illegible]島龍[illegible]里 朴茂林

大韓每日申報

檀君開國四千二百四十三年
箕子元年三千三十二年
大韓開國五百十九年
本報創刊日 光武八年七月十八日

第八卷 月曜及慶節歲時休日休刊 第一千三百五拾四号

Responsible for Publication Alfred Weekley Marnham.
發行兼編輯人 英國人 萬咸
發行所 京城南部石井洞三層洋屋 大韓每日申報社

論說

◎李完用의動靜

五條約에一躍ᄒᆞ고七協約에再躍ᄒᆞ야洋々意氣로內閣椅子를長時據ᄒᆞᄂᆞᆫ總相李完用氏가近日에內閣變更된다ᄂᆞᆫ風說을聞ᄒᆞ고其膽이蝟ᄀᆞᆺ치縮ᄒᆞ야於是乎一邊은政友會를通ᄒᆞ야救援兵을作ᄒᆞ며一邊은相救會를設ᄒᆞ야預備軍을作ᄒᆞ고又一邊으로其子李恒九로ᄒᆞ여금日本桂首相曾彌統監에게密書를齎送ᄒᆞ야地位鞏固를哀乞ᄒᆞ얏다고衆論이紛紜ᄒᆞ니噫라

彼李完用氏가當道以來로大臣椅子를恒占ᄒᆞ야其權勢가旣히國을傾ᄒᆞ며其風稜이旣히主를震ᄒᆞ야淫佚이世에冠ᄒᆞ며玉帛이庫에盈ᄒᆞ며家族社會로政府도組織ᄒᆞ며幾次條約에首賞을屢得ᄒᆞ고十三道人民이道路에呼哭하야도彼ᄂᆞᆫ粱肉으로其腹을充ᄒᆞ며三千里疆土가漏船에沉沒ᄒᆞ야도彼ᄂᆞᆫ歌管으로其心을悅ᄒᆞ야自家行樂이遺憾업시極하엿거날其慾慾이未已ᄒᆞ며邪謟이愈張ᄒᆞ야今又此怪劇을演出ᄒᆞᆷ인가

今日韓國의局勢가亂絲ᄀᆞᆺ치錯ᄒᆞ며薄氷ᄀᆞᆺ치危ᄒᆞ야國事ᄂᆞᆫ日로慘에陷ᄒᆞ며民情은日로死에瀕ᄒᆞᄂᆞᆫ此時에所謂一國總理大臣이되야一毫라도國家民族을爲ᄒᆞ야講究ᄒᆞᄂᆞᆫ바ᄂᆞᆫ無ᄒᆞ고十生九死의殘命을抱ᄒᆞ야大韓醫院을退ᄒᆞᄂᆞᆫ第二日부터其苟々所思가오작自己地位鞏固에在ᄒᆞ야政友會나籠絡ᄒᆞ며相救會나組織ᄒᆞ며日本首相、統監에게地位保全이나哀乞ᄒᆞ야或乙巳條約ᄀᆞᆺᄒᆞᆫ好時運이復來ᄒᆞᆯᄭᆞ ᄒᆞ며或丁未協約ᄀᆞᆺᄒᆞᆫ好機會가再回ᄒᆞᆯ가ᄒᆞ야土地人民으로自家地位鞏固의資本을作하면其運命이幾日이나得長ᄒᆞᆯᄭᆞ

此ᄂᆞᆫ一般衆論의沸騰을據ᄒᆞ야警告를發ᄒᆞᄂᆞᆫ바라其眞相은事實에任ᄒᆞᄂᆞᆫ바어니와此가果然事實이면韓國國民同胞가此等人物을總理大臣으로頭上에戴ᄒᆞ고相率ᄒᆞ야湯火에入ᄒᆞᆷ이엇지可憐치아니ᄒᆞᆯ가

官報

隆熙三年十一月十三日

內閣告示第四十三號

○勅令第一百九十四號 (明治四十二年十月二十三日)

特許登錄令 續

第十一條 特許發明의明細書及圖面은此를特許原簿의一部로看做ᄒᆞᆷ

原本又ᄂᆞᆫ謄本을依ᄒᆞ야特許의效力又ᄂᆞᆫ特許權의範圍에關ᄒᆞᆫ確定審決又ᄂᆞᆫ判決이有ᄒᆞᆫ旨趣의登錄이有ᄒᆞᆫ時ᄂᆞᆫ其原本又ᄂᆞᆫ謄本은此를特許原簿의一部로看做ᄒᆞᆷ

第十二條 特許權又ᄂᆞᆫ此에關ᄒᆞᆫ權利의登錄이有ᄒᆞᆫ時ᄂᆞᆫ其登錄權利者又ᄂᆞᆫ登錄義務者의共同人名簿ᄂᆞᆫ此를特許原簿의一部로看做ᄒᆞᆷ

第十三條 特許原簿、共同人名簿、接受簿其他登錄에對ᄒᆞ야必要ᄒᆞᆫ帳簿의種類、格式及其記載에關ᄒᆞᆫ手續은主務大臣이此를定ᄒᆞᆷ

第十四條 特許原簿의全部又ᄂᆞᆫ一部가滅失된境遇에在하야其回復에關ᄒᆞᆫ手續은主務大臣이此를定ᄒᆞᆷ

第二章 登錄手續

第一節 通則

第十五條 登錄은法令에別般定ᄒᆞᆷ이有ᄒᆞᆫ境遇外에ᄂᆞᆫ申請이나又ᄂᆞᆫ囑托이有치아니ᄒᆞ면此를行ᄒᆞᆷ을不得ᄒᆞᆷ

囑托을依ᄒᆞᆫ登錄의手續에對ᄒᆞ야ᄂᆞᆫ法令에別般定ᄒᆞᆷ이有ᄒᆞᆫ境遇外에ᄂᆞᆫ申請을依ᄒᆞᆫ登錄에關ᄒᆞᆫ規定을準用ᄒᆞᆷ

第十六條 登錄의申請은登錄權利者及登錄義務者가此를行ᄒᆞᆷ이可ᄒᆞᆷ

第十七條 審決、判決又ᄂᆞᆫ相續을依ᄒᆞᆫ登錄의申請은다만登錄權利者로써此를行ᄒᆞᆷ을得ᄒᆞᆷ

特許法第二十六條第二項及同第五十二條第三項의登錄申請에對ᄒᆞ야도前項과亦同ᄒᆞᆷ

第十八條 登錄名義人의表示變更登錄의申請은다만登錄名義人으로써此를行ᄒᆞᆷ을得ᄒᆞᆷ

第十九條 特許法第十三條第一項의規定을依ᄒᆞᆫ登錄의申請은本人又ᄂᆞᆫ受任者가此를行ᄒᆞᆷ을得ᄒᆞᆷ

第二十條 假登錄은次條의境遇를除ᄒᆞᆫ外에ᄂᆞᆫ假登錄權利者의申請을依ᄒᆞ야假登錄義務者의住所又ᄂᆞᆫ特許法第十八條의規定을依ᄒᆞᆫ財産所在地를管轄ᄒᆞᄂᆞᆫ區裁判所에셔遲滯업시囑托書에假處分命令의正本을添附ᄒᆞ야此를特許局에囑托ᄒᆞᆷ이可ᄒᆞᆷ

前項의假處分命令은假登錄權利者가假登錄原因을疏明ᄒᆞᆫ時ᄂᆞᆫ區裁判所가此를發ᄒᆞᆷ이可ᄒᆞᆷ

申請을退却ᄒᆞᆫ決定에對ᄒᆞ야ᄂᆞᆫ即時抗告를ᄒᆞᆷ을得ᄒᆞᆷ

前項의即時抗告에關ᄒᆞ야ᄂᆞᆫ非訟事件手續法의規定을準用ᄒᆞᆷ

(未完)

外報

◎攝政王邸密議 清國攝政王은去月三十日肅親王及軍機大臣那桐、世續等을自邸에招待ᄒᆞ야何等의國事를密議ᄒᆞ엿다더라

◎理財局設置 清國東三省陸軍의費用이多大ᄒᆞᆷ으로弊害가不少ᄒᆞ다ᄒᆞ야今回에特히陸軍理財局을設置ᄒᆞ기로決定하엿다더라

◎艦砲製造研究 清國海軍大臣은艦用大砲를製造ᄒᆞ기爲ᄒᆞ야各省機械局技師등을會集하고快砲、速砲、艦砲、望砲等을分類ᄒᆞ야建造法을研究ᄒᆞᆫ다더라

◎鹿氏病篤 清國軍機大臣鹿傳霖氏ᄂᆞᆫ近日에身病이益々危篤ᄒᆞᆷ으로攝政王은御醫一名을特히差遣하엿다더라

◎露帝觀劇 露國皇帝ᄂᆞᆫ去[illegible]日에오베라劇場音樂會에臨場하야盛大ᄒᆞᆫ奉迎을受ᄒᆞ엿ᄂᆞᆫ데光景이極히燦爛ᄒᆞ더라더라

◎宜其褒賞 美國에留學ᄒᆞᄂᆞᆫ清國人瑞林氏ᄂᆞᆫ軍艦의模型을製造ᄒᆞ야政府에納ᄒᆞ엿ᄂᆞᆫ데當局者ᄂᆞᆫ此를獎勵ᄒᆞ기爲ᄒᆞ야褒賞을授與ᄒᆞᆫ다더라

◎希臘農民再起 希臘農民은土地所有權問題로因ᄒᆞ야騷擾ᄒᆞ다가其後에安定에歸ᄒᆞ엿더니更聞ᄒᆞᆫ즉政府에셔多數農民을拘留逮捕ᄒᆞᆷ에忿激ᄒᆞ야騷動을再起ᄒᆞ엿다더라

◎亞王崩御虛報 아비시니아國王崩御說은全然히虛報라고確報ᄒᆞᄂᆞᆫ者가有ᄒᆞ다더라

◎英公使歸國 駐清英國公使쪼단氏ᄂᆞᆫ歸國療病ᄒᆞᆯ次로去二月에出發ᄒᆞ야西伯利亞를經ᄒᆞ야發程ᄒᆞ엿ᄂᆞᆫ데六箇月의賜暇이오再任與否ᄂᆞᆫ姑未確定이라더라

學界

◎農林校卒業期 農林學校에셔來九日午前十時에第三回卒業式을擧行ᄒᆞᆫ다더라

◎留學生試取期 官立師範學校에셔ᄂᆞᆫ來十一日에日本官費留學生을試取ᄒᆞᆯ터인ᄃᆡ應試者가十人이라더라

◎崔氏熱誠 三和府海倉里三尙學校의生徒가日增하며教育程度가日進ᄒᆞ야該校를新築ᄒᆞᆷ은教師崔國俊氏가多般學生을熱誠教授ᄒᆞ며諸般事務를極力處理ᄒᆞᆫ效果라ᄒᆞ야其誠意를莫不感服ᄒᆞᆫ다더라

◎商業生區處 善隣商業學校卒業生半數以上은各地方農工銀行으로派送視務케ᄒᆞᆫ다더라

◎金氏獎學 西氷庫芝山學校에셔春期試驗을經ᄒᆞ엿ᄂᆞᆫᄃᆡ紳士金明玉氏가該般生徒를獎勸ᄒᆞᄂᆞᆫ旨로懇切히演說ᄒᆞ고空冊과鉛筆等賞品을優數施與ᄒᆞᆷ으로該氏의教育上熱心을人皆稱頌ᄒᆞᆫ다더라

◎靈明經試 洪原郡私立靈明學校에셔學年試驗을經ᄒᆞ엿ᄂᆞᆫᄃᆡ優等生은黃永洙氏等六人이오及第生은金德允氏等三十餘名에達ᄒᆞ엿스며該校任員及壹般紳士가多數賞品을施與ᄒᆞ고將來에行ᄒᆞᆯ義務를輪回說明ᄒᆞ엿더라

▲偉人遺蹟

▲東國巨傑 崔都統 續

錦頰山人

然이나彼百餘年間人物들이只是一片紙上에伏乞伏望等字를滿書하야此를求還코ᄌᆞᄒᆞ고敢히鐵血政略을出ᄒᆞ야此를恢復코ᄌᆞᄒᆞᆫ者ᄂᆞᆫ一人도無ᄒᆞ더니崔都統이元에셔歸ᄒᆞ미即恭愍王을說ᄒᆞ야曰「國家疆土가北虜의物이되미志士의憤歎이久矣라今에虜運의將衰를乘ᄒᆞ야北征의師를擧ᄒᆞ면千載遺恨을一朝可雪ᄒᆞ리니王이其意가無ᄒᆞᆫ가」ᄒᆞᆫᄃᆡ恭愍王이雖庸ᄒᆞ나亦元朝의干涉에積憤을抱ᄒᆞᆫ者라遽答曰朕도此意가有ᄒᆞ나但彼强元을誰가敵ᄒᆞ리오崔都統이因ᄒᆞ야元政府의失策과支那全幅의紛亂ᄒᆞᆫ現狀을陳ᄒᆞ야必勝의道를證明ᄒᆞ고且曰舊疆을恢復ᄒᆞᆷ에敵의大小强弱을問ᄒᆞᆷ이不可ᄒᆞ니이다

王이大悅ᄒᆞ야印당으로西北面兵馬使를拜ᄒᆞ고崔瑩으로副ᄒᆞ며柳仁雨로東北面兵馬使를拜ᄒᆞ고黃天甫로副ᄒᆞ야馬步軍萬二千人을率하고啓行ᄒᆞᆯ시崔都統이潛師暗襲코ᄌᆞᄒᆞ야印당과晝夜疾馳하야鴨綠江에至ᄒᆞ니時에朝廷賊臣이敵國의耳目된者ㅣ多하야師機를已漏ᄒᆞᆫ故로元人이數萬兵을率하야鴨綠을據守ᄒᆞ더라

崔都統이壯士善泅者二人을募得하야夜半에江을渡ᄒᆞ야元兵陣後에出ᄒᆞ야火를擧ᄒᆞ며高麗兵이已渡ᄒᆞ엿다고大呼ᄒᆞ니元兵이遂驚潰라印당이崔都統과江에渡하야元戍兵三站을破ᄒᆞ고進ᄒᆞ야婆娑府를陷落ᄒᆞ니遂地가大震ᄒᆞ고中外人民이皆崔都統의雄名을慴ᄒᆞ야虎頭將軍이라傳呼ᄒᆞ더라

(未完)

詞藻

破春眠

新舞臺봄바룸은、丈夫舞袖휘날니고。
太平洋봄물결은、男兒懷抱니르킨다。
셔여라、新大韓의少年들아、봄죠름을。

宮廷彙報

◎石塚陛見、統監府長官石塚은昨日 昌德宮에進詣하야 大皇帝陛下ᄭᅴ 陛見ᄒᆞ고謁闕 內宮殿을拜謁 ᄒᆞ엿다더라

◎石宮完工 德壽宮內洋式石造 宮殿은近日完了ᄒᆞ엿ᄂᆞᆫᄃᆡ該工費ᄂᆞᆫ九拾三萬一千二百九拾九圓이라더라

雜報

◎貝綱謝電 韓國 皇室에셔日本故宮相喪에 勅使를差遣하옵신事에對ᄒᆞ야岩倉貝綱이韓國宮內府大臣에게謝電을發ᄒᆞ엿다더라

◎豫備金支出 度支部所管國有地調査費二千二百五十二圓과內部所管地方警察署臨時修理費五千三百十三圓을豫備金中支出ᄒᆞ기로 裁可되엿다더라

◎兩君省楸 完興君李載冕永宣君李埈鎔兩氏ᄂᆞᆫ大院王墓所를省掃홀次로再昨日下午二時頃에京義線列車로坡州郡에下往ᄒᆞ엿다더라

◎請囑沓至 內閣에셔日本觀光團十名을選派ᄒᆞᆫ다홈으로此를圖參키爲ᄒᆞ야各大臣에게請囑이답至ᄒᆞᆫ다더라

◎學部質問 昨日官報中에學事라題目ᄒᆞ고本國文官任用令이라ᄂᆞᆫ句語를揭載ᄒᆞ엿ᄂᆞᆫᄃᆡ學部에셔內閣으로質問하기를內閣官吏ᄂᆞᆫ何國人이기에韓國을表示홀時에本國二字를特書하나냐ᄒᆞ엿다더라

◎尹氏訪問 侍從院卿尹德榮氏ᄂᆞᆫ再昨日에典祀李源承氏를訪問ᄒᆞ고時局에關ᄒᆞᆫ事를談論ᄒᆞ엿다더라

◎職員表分給 親衛府에셔職員表를製定ᄒᆞ야各官廳으로壹件式을分給ᄒᆞ엿다더라

◎名節半休 昨日은寒食節인故로各官廳에셔半日休暇ᄒᆞ엿다더라

◎兼査勤慢 檢査局에셔各官廳의會計文簿를調査ᄒᆞᆫ다홈은已報어니와兼ᄒᆞ야各官吏의仕進勤慢表ᄭᅡ지檢査ᄒᆞᆫ다더라

◎日中將將渡 日本憲兵司令官陸軍中將某ᄂᆞᆫ軍事를視察ᄒᆞ기爲하야本月下旬頃에滿洲로부터渡韓ᄒᆞᆫ다더라

◎貯金成績不良 通信管理局에셔年來韓人의郵便貯金을奬勵하엿스나韓人間에ᄂᆞᆫ官吏를信用치아니ᄒᆞ고又貯金利子가低廉ᄒᆞᆫ故로成績이不良하다더라

◎捐俸貯金 度支部土地調査局에셔ᄂᆞᆫ同寮中身故홀時에賻儀金을贈與ᄒᆞ기爲ᄒᆞ야韓人官吏ᄂᆞᆫ六級以下에金五錢、以上에十錢、三級以上에二十錢式日人官吏ᄂᆞᆫ十錢式潤加ᄒᆞ야每朔月俸中으로貯置ᄒᆞᆫ다더라

◎區裁移轉 馬山港區裁判所ᄂᆞᆫ前理事廳으로移轉ᄒᆞ고前裁判所廳舍ᄂᆞᆫ女學校를設立홀次로目下修理中이라더라

◎府署交涉 親衛府參領趙性根氏ᄂᆞᆫ昨日上午九時에東十字橋로過去ᄒᆞ다가街路規則을違反ᄒᆞ엿슴으로所管巡査와一場相詰ᄒᆞ엿ᄂᆞᆫᄃᆡ該署에셔此로以ᄒᆞ야親衛府와交涉中이라더라

◎電線架設 淸人某々가合資ᄒᆞ야新義州로부터安東縣ᄭᅡ지電線을架設ᄒᆞᆫ다더라

◎其額可驚 平北厚昌、義州、等十三郡에一年消費ᄒᆞᄂᆞᆫ燒酒石數가二萬一千六百七十六石에達ᄒᆞ야其價額이六拾五萬二百八拾餘圓에至ᄒᆞᄂᆞᆫᄃᆡ此燒酒中에淸人의製造ᄒᆞᆫ것을輸入ᄒᆞᄂᆞᆫ것이甚多하다더라

◎動産執行 同志贊成會員崔晶圭ᄂᆞᆫ崔文淳氏에게債務金一百七十餘圓을延拖不報홈으로崔氏에告訴를因ᄒᆞ야昨日警視廳에셔崔晶圭에動産을執行ᄒᆞ엿다더라

◎閔氏黜會說 時事新聞社長閔元植氏ᄂᆞᆫ一進會員에身分으로反覆이無常ᄒᆞ다ᄒᆞ야去金曜日一進會例會에셔黜會ᄒᆞ기로決議ᄒᆞ엿다더라

◎北署指揮 北部警察署에셔ᄂᆞᆫ楊花津에巡査駐在所를建築홀次로三昨日該津居渡船會社長張錫暎氏를招致ᄒᆞ야建築節次를指揮ᄒᆞ엿다더라

◎移密調査 某處에셔ᄂᆞᆫ耶蘇敎牧師의氏名居住와信徒의數爻를秘密調査中이라더라

◎面里長斷髮 長湍郡各面里長은該郡巡査駐在所勸喩를因ᄒᆞ야稍々斷髮ᄒᆞᆫ다더라

◎製革準備 朔寧郡居金恩國氏ᄂᆞᆫ年前에渡日ᄒᆞ야製革法을卒業ᄒᆞ고日人製革師石垣啓之助와同伴ᄒᆞ야二昨日歸國ᄒᆞ엿ᄂᆞᆫᄃᆡ京城內에製革所를設立홀次로準備中이라더라

◎警廳派巡 警視廳에셔ᄂᆞᆫ何等偵探홀事가有ᄒᆞᆫ지韓日人巡査六名을本日朔寧郡으로派送ᄒᆞᆫ다더라

◎敎育會組織 故判書金子鉉氏의妾金惠卿、親衛府長官李秉武氏의妾崔誠卿等은晉明女子敎育會를組織ᄒᆞ고臨時會議所를中部寺洞李徵翼氏家로定ᄒᆞ엿다더라

◎宜求其罪 宮內府土木課書手日人某ᄂᆞᆫ昨日該府使役崔永順을無故毆打ᄒᆞ야重傷을負케ᄒᆞ엿ᄂᆞᆫᄃᆡ此에對ᄒᆞ야宮廳에셔如何ᄒᆞᆫ處分이無홈으로一般冤聲이有ᄒᆞ다더라

◎八校認定 政府文官任用令에依하야認定된學校ᄂᆞᆫ漢城師範學校、漢城外國語學校、仁川日語學교、平壤日語學교、前法官養成所、法學校、農林學校、善隣商業學校라더라

◎ᄉ氏妻子來韓說 去月에來韓ᄒᆞ엿던英國聯合通信社長ᄉ돈氏의妻子ᄂᆞᆫ視察次로近間渡韓ᄒᆞᆫ다더라

◎루妹渡韓說 前美國大統領루스벨트氏의令妹ᄂᆞᆫ夫婦가共히滿洲를經ᄒᆞ야來九日頃에京義線으로京城에來ᄒᆞ야數日間留在ᄒᆞᆫ後日本으로向ᄒᆞᆫ다더라

◎平察報告 平南觀察使李軫鎬氏ᄂᆞᆫ管下各郡에義日驟擾를因ᄒᆞ야被害ᄒᆞᆫ人民의數爻를調査ᄒᆞ야內部에報告ᄒᆞ엿다더라

◎李在明公判期 李在明의公判은來拾二日頃에第一回公判을開ᄒᆞᆫ다더라

◎道路增築 南大門으로부터同停車場ᄭᅡ지道路를增廣키爲ᄒᆞ야內部에셔巨額金을支出ᄒᆞ기로協議ᄒᆞ엿다더라

◎校舍欲占 江原道杆城郡紳士諸氏가設立ᄒᆞᆫ水城學교ᄂᆞᆫ諸般成績이頗히佳良ᄒᆞ야前進之望이有ᄒᆞ더니日本守備隊에셔該校를占據코져홈으로該校任員이日憲兵司令部와交涉ᄒᆞᄂᆞᆫ中이라더라

◎全蹤探覔 輔國閔泳徽氏家人全昌鎭氏ᄂᆞᆫ何等事故를因홈인지三昨日中部勤洞井水에自投코져하다가行巡査에게發見되야即時救護되엿ᄂᆞᆫᄃᆡ再昨日에全氏가又無故出他ᄒᆞ야蹤跡이頗無홈으로該家人이所管警察署에呼訴ᄒᆞ야目下探覔中이라더라

◎固所預料 南部管內에家屋買賣가每日拾餘座에達ᄒᆞᄂᆞᆫᄃᆡ就中韓人所有ᄂᆞᆫ一戶에不過ᄒᆞ고其餘ᄂᆞᆫ皆日人의所買라더라

◎不可道也 尹致炳氏가女學徒李惠卿과相關이有ᄒᆞ다홈은已爲報道ᄒᆞᆫ바어니와近聞ᄒᆞᆫ즉尹氏가喪配ᄒᆞ엿다冒稱ᄒᆞ고同惠卿을正室로娶入ᄒᆞᆯ것다ᄒᆞ고自己家로率來코져ᄒᆞ다가其父兄의嚴禁을因ᄒᆞ야不得已廊底에留置ᄒᆞ엿다더라

◎卜新賣舊 中部帽谷居林昌成은近日一嬌女를新得ᄒᆞᆫ後本妻申姓女ᄂᆞᆫ他人에게金三十圓에賣越ᄒᆞ엿ᄂᆞᆫᄃᆡ申姓女가昨日所管警察署에擧訴ᄒᆞ야林昌成을捉致ᄒᆞ엿다더라

◎妙年雅操 洪原郡靈湖學校生徒李基鍾氏ᄂᆞᆫ妙年이方今十四인ᄃᆡ穎敏ᄒᆞᆫ才智와沈默ᄒᆞᆫ德性이類輩에迥出ᄒᆞᆫ지라日前에淸人幾名이老猿大熊等을驅來ᄒᆞ야該學校附近에셔演劇場을設ᄒᆞ고觀覽料ᄂᆞᆫ男子五錢式으로女子三錢式으로定하야入場케ᄒᆞᄂᆞᆫᄃᆡ觀覽者가雲集如堵ᄒᆞᆫ지라該生徒가此를見ᄒᆞ고時事에適當치못ᄒᆞᆫ意로激切히演說ᄒᆞᆫ미一般觀覽者가卽時散歸ᄒᆞ엿다더라

◎靑館開演 今日下午七時半에鍾路靑年會館에셔精神上交際란問題로金一善氏가演說ᄒᆞᆫ다더라

電報

◎市政博覽會 明年은美國시카고市에셔市政博覽會를開設ᄒᆞᆫ다더라

◎黑死病止息 日本大坂에黑死病이猖獗ᄒᆞ더니只今은止息되엿다더라

◎實業家渡淸 日本實業家ᄂᆞᆫ來七月下旬에南淸漫遊團을組織ᄒᆞ야渡淸ᄒᆞᆫ다더라

以上東京發 五日着

◎淸國觀光 淸國의日本觀光團은今八日에奉天에셔出發ᄒᆞᆫ다더라

大連發 五日着

◎自由掠奪法案 美國루란로州立法部에셔ᄂᆞᆫ國民의自由를掠奪ᄒᆞᄂᆞᆫ法案이通過되엿ᄂᆞᆫᄃᆡ此ᄂᆞᆫ南北戰爭의結果로行ᄒᆞᆫ修正憲法의條項과抵觸ᄒᆞᆫ것인故로最高法院이違法宣言을明示ᄒᆞᆫ다더라

紐育發 五日着

◎兩相會同 德國宰相은伊太利新任外相과후로렌스地에會同ᄒᆞ야三國同盟에關ᄒᆞᆫ兩國政策其他羅馬에셔試ᄒᆞᆫ談話가全然同意되엿ᄂᆞᆫᄃᆡ德國宰相은皇帝ᄭᅴ上奏ᄒᆞᆫ다더라

伯林發 五日着

◎鴨江架橋 鴨綠江이解氷을始ᄒᆞᆫ故로安奉線工事를開始ᄒᆞᄂᆞᆫ同時에鴨綠江架橋工事도着手코져ᄒᆞ다가淸國政府에셔故障이有하다고日本에通知ᄒᆞ엿ᄂᆞᆫᄃᆡ日本安東總領事와淸國錫總督間에交涉이有하야旣히畢了된故로日間架橋工事에着手ᄒᆞᆫ다더라

◎風說又起 露日新協約이成立된다ᄂᆞᆫ風說이屢起ᄒᆞ엿ᄂᆞᆫᄃᆡ近頃에又此風說이盛하야駐露日本大使本野가露에歸任ᄒᆞᆫ後로發表된다고云ᄒᆞᆫ다더라

◎日法適用 統監府裁判所에셔ᄂᆞᆫ明治四拾三年法律四拾號에依ᄒᆞ야裁判홀時韓人의게對ᄒᆞ야日本法規를適用홀旨로日本에셔本日에勅令을發表ᄒᆞ엿다더라

◎貝勒歸國 淸國載濤貝勒은本日日本에셔歸國次로發程하엿다더라

以上東京發 六日着

▲探春一感▼

▲寒食東風御柳斜에滿城佳景총々이라一大白을痛飮ᄒᆞᆫ後杖芒鞋거더집고봄빗槪를구코져紫陌紅塵발버드니인氣ᄉᆞ더風景은太平氣象依舊타ᄒᆞ不平ᄒᆞ다니心思ᄂᆞᆫ萬目觸物ᄒᆞᆫᄃᆡ로無限感想절노ᄂᆞᆫ다

▲西門內를도라드니層사盡더建物은外人舍莊嚴ᄒᆞ다堂帝國軍營地에赳赳干城어가고靑山九州牛面各이羞毛를삼단말가無情ᄒᆞᆫᄉᆞ더歲月丁未年이언제런가悠悠什想ᄒᆞ니壹場春夢되얏고나

▲北闕內를도라드니帝王舊[illegible]이아닌가秩々[illegible]더[illegible]千餘年王業地에紀[illegible]ᄂᆞᆫᄃᆡ前사름의남은[illegible]撤ᄒᆞ단말가[illegible]北岳山을바라보니[illegible]不[illegible]山靈도冥冥中에怨[illegible]

▲南松峴을도라드니宏大ᄒᆞᆫ더石屋은韓國[illegible]面上의더名稱[illegible]마ᄂᆞᆫ實地上의그內容은外人吏主管일세地方情形도라보며金融枯渴日甚ᄒᆞᆫᄃᆡ일흠됴흔돌집은빗만됴흔개살구라

社告

左開地方에서本申報購覽ᄒᆞ시는 僉彦의便利ᄒᆞ심을爲ᄒᆞ야左開三郡에本支社를設置ᄒᆞ고本月一日부터支社로發送分傳케ᄒᆞ오니本社에對ᄒᆞᆫ諸般事項을各該支社員과交涉ᄒᆞ시옴

左開

永柔邑內槐峴里 金志璜

中和下道面一里三洞 禹應善

肅川東部面一里三統九戶 金天湜

大韓每日申報社

○談叢○

◉韓國의書籍　劍心

或이星湖李익氏에게問ᄒᆞ야曰本朝數百年來著出된書籍에可히世에傳ᄒᆞᆯ者ㅣ幾種이뇨星湖曰東醫寶鑑이一이오聖學輯要가二오磻溪隨錄이三이오余의著ᄒᆞᆫ僿說이四라ᄒᆞ엿스니其論이太苛ᄒᆞᆫ듯하나然이나試思컨ᄃᆡ本朝以來로儒者로稱ᄒᆞ는者ㅣ山ᄀᆞᆺ치積ᄒᆞ야「家々程朱」란俗語가有ᄒᆞᆷ에至ᄒᆞ엿스되能히卓然ᄒᆞ게一家를成立ᄒᆞᆫ者를求ᄒᆞ면幾乎鳳毛麟角ᄀᆞᆺ치稀ᄒᆞᆫ지라其所謂某先生集이니某公集이니ᄒᆞ는것을見ᄒᆞ건ᄃᆡ往往卷帙이數十數百에過ᄒᆞ나此를一披ᄒᆞ야其中의所有를窺ᄒᆞ면山高水麗風淸月白等語로詠出ᄒᆞᆫ詩幾首가有ᄒᆞᆯ뿐이며正心誠意修身齊家等意로演出ᄒᆞᆫ文幾篇이有ᄒᆞᆯ뿐이라千先生의文集을閱하야도如是ᄒᆞ며百先生의文集을閱ᄒᆞ야도如是ᄒᆞ니此等文集은秦始皇의出을不待ᄒᆞ고自

然灰燼에歸ᄒᆞᆫ者니噫라

雜報

◉淸盜被捉　再昨日下午四時에新門外에서淸ㅅ强盜六名이警視廳에被捉ᄒᆞ엿다더라

◉應者如雲　昨日에公立外國語學校에서學員百名을試取하엿는ᄃᆡ應試者가千餘名에達ᄒᆞ엿다더라

◉烈哉柳氏　金海郡右部面三山里金永錫氏(年二十五)의妻는同郡活川面中里居柳堤榮氏의第三女(年二十四)인ᄃᆡ金氏가本年二月頃에不幸罹病ᄒᆞ야沉重이極ᄒᆞᆫ지라柳婦人이救療之方을百般盡誠ᄒᆞ며園邊에築壇祈禱ᄒᆞ야願以身代ᄒᆞ다가畢竟去月廿五日에金氏가殞命ᄒᆞ는ᄃᆡ柳婦人이斷指進血ᄒᆞ고同七日에金氏屍柩를運出ᄒᆞ는ᄃᆡ柳婦人은自己寢室에서從容自裁하엿다더라

◉毆打匪實　洪陵々官이陵寢에攔入ᄒᆞ는者를禁止ᄒᆞ다가日人官吏의게毆打를被ᄒᆞ엿다ᄒᆞᆷ은隨聞揭載ᄒᆞ엿더니更히詳陵官吳慶殷氏의公函을據ᄒᆞᆫ즉去月二十六日에何許醉酒人이陵寢을拜觀코져擅入ᄒᆞᆯ際에山直이此를禁止하다가一時言詰이有ᄒᆞ엿는ᄃᆡ此로因하야誤傳됨이라ᄒᆞ엿더라

廣告

本會에서 國祖奉安所로北廟를許願ᄒᆞ야認可를承ᄒᆞ엿기廣告ᄒᆞ오니京鄕會員은照亮ᄒᆞᆸ

神宮敬義會 告白

本組合事務所를中部典洞四十四統一戶(二階洋製屋)로定ᄒᆞ고玆에廣告ᄒᆞᆸ

農務組合所 告白

本人의子成鎭이가性本浮浪ᄒᆞᆫ中悖類의게誘惑되여家長의命令을不遵ᄒᆞ고酒色雜技場에出沒ᄒᆞ는故로日後或何等惡事를做出ᄒᆞ드ᄅᆡ도本人은一無責任이옵기玆以預布ᄒᆞ오니內外國同胞는照亮後切勿見欺ᄒᆞᆷ

隆熙四年三月十二日

開城郡南部都助里二十三統二戶 崔載潩 告白

陰曆己酉十二月十七日에開城東部霞橋金奎奭處에陰庚戌二月晦捧次三百圓手標를서失故로玆에廣布ᄒᆞ오니內外國人間拾得ᄒᆞ와도休紙施行ᄒᆞᆷ

開城靑布廛趙性濬 告白

本人의義子金有定이浮浪悖類로符同ᄒᆞ야酒色에沉溺ᄒᆞᆯ뿐더러悖習惡行이無所不至ᄒᆞᆸ기本人과는永爲絕義오니僉君子는咸須知悉ᄒᆞ시옴

馬山港 金志觀

本館의서事務를擴張ᄒᆞ기爲하야俳童(ᄊᆡ이)十人을募集ᄒᆞ오니志願者는本月十五日內로本館에來議ᄒᆞᆷ

年齡은男子十五歲以上二十歲以下容貌端正

明月館

경셩남문안슈각교북쳔변룡편힝낭뒤오십오통셜일호죵약국의단복녀죵담죵의먹고붓치는만병고와살충단은대쇼약죵과당창졔결의신효ᄒᆞ고회싱단은토사담체이질학질젹병찬긔인후후비감창연쥬창안질풍징빅며룡치약이구비ᄒᆞ오니유명군ᄌᆞ는와셔치료ᄒᆞ시오쳐소도경미ᄒᆞ오며염가로밧ᄉᆞ오며 면쥬약ᄒᆞᆫ졔 륙환이오 창병약ᄒᆞᆫ졔 오환이오 외방은우체로부송ᄒᆞᆸ

윤상윤약국 고빅

特別廣告

本館에서任員을改選ᄒᆞᆫ後에業務를更加擴張ᄒᆞᆸ고書籍五圓以上請求에特別大割引ᄒᆞ오며또今春에도良好ᄒᆞᆫ果樹를特別低廉ᄒᆞᆫ價로大發賣ᄒᆞ니僉君子陸續請購하시옵

諸般書籍과測量機具와學徒用品도具備ᄒᆞ엿ᄉᆞᆸ

平壤鍾路

太極書館

館主 李昇薰

主任 金根瀅

登錄 試

京西部車洞同和藥房

本國藥材、洋製、各病效、用、價、國漢文、可刊出、作封、雖婦女、郵便請求、買賣

閔樞 白

◉學員募集廣告

本院에서院務를一層擴張ᄒᆞ고二學年補缺生과一學年學員을增募하오니願學ᄒᆞ시는 僉員은本月八日內로請願書를提呈ᄒᆞ시오試驗日은四月九日上午十一時

私立尙洞靑年學院

學員募集廣告

本校에서第一學年及二、三、四各學年補缺生을增加募集ᄒᆞ니四月十日內로請願書를提出ᄒᆞᆷ

但請願紙는本校에請求ᄒᆞᆷ

西大門內

私立普成小學校

本校에서第壹學年級學員을募集ᄒᆞ오니志願者는四月十日內로請願書를提出ᄒᆞᆷ

但請願紙는本校에請求ᄒᆞᆷ

試驗日字는四月十壹日下午二時

試驗科目 算術四則、作文、讀書

第二學年補缺生도募集ᄒᆞᆷ

隆熙四年三月 日

私立 西北協成學校

本人의名與字를羅重錫으로改ᄒᆞ스니京鄕知舊는照亮ᄒᆞ시옴

水原南部南昌洞 羅重錫 告白

◉特別廣告

本店은僉君子의愛顧請求ᄒᆞ심을蒙ᄒᆞ와營業이益益興旺이온바今番에業務를更加擴張하옵고各種帽子를精密製造ᄒᆞᆯ뿐外라學生界諸君의經濟를補充키爲ᄒᆞ와特別廉價로販賣ᄒᆞ오며十個以上을請求ᄒᆞ시면一割引을ᄒᆞᆯ터이오니陸續請求ᄒᆞ시옴外方에서는請求만하시면小包로卽速下送ᄒᆞ옵나이다

極上品 一圓十錢

別上品 九十錢

上品 八十錢

中品 六十五錢

下品 五十錢

此外에各種運動帽子도具備ᄒᆞᆷ

京城東部梨峴百十一統四戶二層屋 帽子商店

金貞熙 告白

本人의姓名圓形圖章을何人이僞造ᄒᆞ야京順信昌에捺章假函事가有ᄒᆞᆫ故로四方形章을改刊行用ᄒᆞᆷ

三和港 儉兩機與景祚

우리나라ᄉᆞ룸이衛生에曚昧하고醫藥에暗素ᄒᆞ야天賦ᄒᆞᆫ壽命을保命치못ᄒᆞ고病魔에侵滅되야或은夭死하는悲運에至하고或萎縮ᄒᆞᆫ慘狀을呈ᄒᆞ야不完全不潤發ᄒᆞᆫ不具의國民을造成하엿스니嗚呼라이와ᄀᆞᆺ단蒼白柔軟ᄒᆞᆫ今졍이民族으로엇지永遠ᄒᆞᆫ國家를經營ᄒᆞ리오아아云키難하도다우리神聖ᄒᆞᆫ民族은반다시強壯ᄒᆞᆫ者의食되지아니치못ᄒᆞᆯ디로다西哲이云치아니ᄒᆞ엿는가健全ᄒᆞᆫ知識은健全ᄒᆞᆫ身體에宿ᄒᆞᆫ다하엿스니誠然ᄒᆞᆫ지라國家의健全ᄒᆞᆫ獨立은반다시健全ᄒᆞᆫ身體健全ᄒᆞᆫ人格健全ᄒᆞᆫ知能을基礎라아니치못ᄒᆞᆯ지니玆에우리和平堂大藥房은我國現狀日과時勢要求에感ᄒᆞᆫ바有하야如何히하면此萎縮不具ᄒᆞᆫ蒼白色軟骨의可憐民族을免ᄒᆞ고勇敢有爲의潤發強壯ᄒᆞᆫ國民을作成ᄒᆞ게如何히ᄒᆞ면遠大ᄒᆞᆫ欲望과堅忍不拔의思想잇는確實ᄒᆞᆫ國民을生產ᄒᆞᆯ지此等의問題는吾輩가多年苦心研究하던비라아아此大問題를如何히解決ᄒᆞᆯ고噫라善良ᄒᆞᆫ醫藥은善ᄒᆞᆫ身體를助長ᄒᆞ며善良ᄒᆞᆫ身體는善良ᄒᆞᆫ精力善良ᄒᆞᆫ知能을含有ᄒᆞ야偉大ᄒᆞᆫ功績을顯ᄒᆞᆫ다ᄒᆞᆷ은萬古不磨의金言이라우리和平堂大藥房이今에全力을注ᄒᆞ야此에貢獻ᄒᆞᆷ은實노天賦ᄒᆞᆫ使命을完了코저ᄒᆞᆷ이라바야히芳春萬物이潤蹈하는時를際ᄒᆞ야業務는愈益擴張ᄒᆞ고名藥은東西聚集일식米國醫學博士禹越氏에게多年受學ᄒᆞ야實地와學術에宏大ᄒᆞᆫ抱負로서우리나라有名ᄒᆞᆫ田慶龍氏는우리和平堂大藥房에서診斷處方에務를執ᄒᆞ니우리和平堂大藥房은임의우리나라에서最上榮譽로擔負ᄒᆞᆷ과ᄀᆞᆺ치最完備最發展ᄒᆞᆫ域에達ᄒᆞᆫ지라아아大韓同胞로서誰가우리和平堂을不知ᄒᆞᆫ者有ᄒᆞ며誰가우리和平堂의藥을用치아니ᄒᆞᆫ者有ᄒᆞ리오아아우리和平堂은아참부터저녁ᄭᅡ지노지안코쉬지안코同胞의健康을爲ᄒᆞ야活動ᄒᆞ며同胞의前路를爲ᄒᆞ야勞苦ᄒᆞ고잇슴나이다

京城鍾路和平堂大藥房本舖主任李應[illegible]

廣告

本校卒業生校友會를本人等이
發起ᄒᆞ고來十日(日曜 上午十
二点에本校內에서總會를開ᄒᆞ
오니本교卒業ᄒᆞ신僉員은屆期
光臨伏望
(但在鄕入會志願員 氏名住
所通知敬要)
發起人官立漢城師範學校卒業
生　朴齊선　金元祐　鄭國采
　　朴齊賢　安東洙　李學潤

圖章材料를並히彫刻

ᄒᆞ와販賣하오니注文ᄒᆞ시옴
黑角單層彫刻一件金三十錢
黑角二層彫刻一件仝三十五錢
黑角三層彫刻一件仝四十錢
　但代金은先送ᄒᆞ여야發送홈
京城南署棗洞六十二統十戶

(KIM)
金龍商會

失期 치마시옴

種繭을願買ᄒᆞ시던지或信實ᄒᆞᆫ
保人을得ᄒᆞ야支社나或並作例
를志願ᄒᆞ시라ᄂᆞᆫ　僉君子ᄂᆞᆫ陰
三月旬內로請求ᄒᆞ심을敬要
　京新門外鍮洞一百九十三統
三戶

大韓작蠶會社 白

本人이營業次로西部餘慶坊刀
洞八十五統十一戶에陰二月二
十八日로料理開店ᄒᆞ오니
僉君子ᄂᆞᆫ來臨ᄒᆞ시옴
　花月舘主人　尹進學

本人의姓名四方形圖章을何許
人이僞造ᄒᆞ야三月二十一日分
에黃州電報司에往ᄒᆞ야僞電ᄒᆞ
고電換錢領証에捺章ᄒᆞᆫ事가有
ᄒᆞᆫ故로圓形章을改刊行用홈
　三和港億兩機吳鑽泳　告白

民刑訴訟의辯護를應홈
平壤須磨通(內田病院前)

辯護士　白井勝悟事務所
顧問　前典祀　李圭夏
同　六品　鄭寅河
同　前參奉　金景洙
事務員　金鎭燮
同　吳永洙

本店에서開業ᄒᆞᆫ지十六
年間僉君子의愛顧ᄒᆞ심
을特蒙ᄒᆞ와今年부터業
務을大擴張ᄒᆞ고春夏
秋冬所用으로絨屬毛織
等各國高等物品을現
今多數直輸入이온바
各地方에서ᄂᆞᆫ貿易에便
利賣買키爲ᄒᆞ야特廉減
價ᄒᆞ와郵便小包로酬
應ᄒᆞ야代金은引換ᄒᆞ깃
사오니十三道各郡僉君
子ᄂᆞᆫ隨意請求ᄒᆞ심을望
振替貯金番號　(韓國壹三番)
漢城中部鍾路砂器廛
洞二十一統五戶
　廣　興泰　告白

本舘에서新舊書籍과學校用品
各種을備置하야(五圓以上特
減割引)大發售하오니江湖僉
君子ᄂᆞᆫ陸續購買ᄒᆞ시옴
釜港東關韓興書舘
舘主　金泰衡　本名汝重
主任　權鍾律

大韓全國에　本堂製造發行ᄒᆞᄂᆞᆫ藥品

清化新藥 **清心保命丹**　此丹은化痰止咳ᄒᆞ고順氣消滯ᄒᆞ며恒常長服ᄒᆞ면腸胃가健全

大補元氣 **蔘茸大補元**　大補元氣ᄒᆞ고滋腎健脾ᄒᆞ며先天不足과陽위不起에一切神効

蛔積殺虫散　此약은회積과회腹痛과회虫一切을去根ᄒᆞᄂᆞᆫ良劑

久滯大通丸　此丸은年久積滯와宿滯後重이며胸腹痛에神効莫大홈

瘡病新藥 **梅花點雪丹**　毋論男女ᄒᆞ고花柳病楊梅瘡에一切去根快復하ᄂᆞᆫ良藥

眼疾速効 **光明眼藥**　諸般眼疾에隨症皆差ᄒᆞᄂᆞᆫ東洋에初有ᄒᆞᆫ寶藥

起死回生 **回生丹**　此丹은急ᄒᆞᆫ吐瀉關格이며가合아리와冷積과痢疾에神効

感氣神効 **解熱散**　寒熱往來ᄒᆞ며似학非학과頭痛眩暈와肢節痛에其効가偉大

齒痛新藥 **止痛健齒水**　虫齒와風齒와諸般齒痛에壹切神効

耳鼻聖藥 **耳鼻神藥**　無論男女ᄒᆞ고耳聾鼻塞이며耳鼻에關ᄒᆞᆫ病은隨症並差

疝症根治 **疝積湯**　諸般산症에大談出賣홈

寸虫沒出藥　寸白虫을一切去根ᄒᆞᄂᆞᆫ妙劑

티눈과못 **拔根藥**　티눈과못과ᄉᆞ마귀를ᄲᆡᄂᆞᆫ藥

止足汗臭藥　手足의汗臭를除却ᄒᆞᄂᆞᆫ藥

去核生新 **沃度膏**　劍瘡과腐傷과곱센티去核生新ᄒᆞ기ᄂᆞᆫ第一著明

最新改良 **百應膏**　無論男女老少ᄒᆞ고毒瘇濕瘇痰瘇諸般瘇瘡에壹切特效가有홈

淋疾藥各種　淋疾各症에壹週日만服ᄒᆞ면病根快復ᄒᆞ고고腎氣가完全홈

其他洋藥各種과◎賣藥各種◎都매散賣
◎遠地에ᄂᆞᆫ郵便小包로申速酬應홈

漢城南大門內濟生堂大藥房　李庚鳳
代辦主任　李興國　白

○天恩堂大藥房製造發行各種藥

健胃清心 仁壽丹	금拾錢	手足止汗散	금二十錢
健康益壽 補元丹	금壹圓	治咽聖藥	금三十錢
眼科神藥 明眼水	금拾錢	吐샤霍亂 速효水	금二十錢
全治회虫丸	금拾錢	健腸胃生口味 靈甘水	금卄錢
寸虫祛根藥	금卅錢	티눈拔根藥	금拾錢
婦人聖藥 調中丹	금四圓	齒痛液	금拾錢
發汗解感丸	금拾錢	芳香水	금十五錢
治痰止咳散	금卄五錢	疥瘡水	금卅錢
幼兒止嗽散	금二十錢	天恩梅瘡고	大匣入금三圓 半匣入壹圓五十錢 小匣入금五十錢
痼氣神效 肥兒散	금十五錢		
痢疾神効散	금三十錢	天恩眼明고	上仝
淋疾靈効丸	금五十錢	天恩拔根고	大匣入金二圓 小匣入金三十錢
特製梅瘡丸	금三圓	天恩沃度膏	上仝
舊積消化丹	금四十錢	天恩輕腫膏	上仝
解학丹	금拾錢	天恩濕腫고	上仝
止瀉回生丸	금拾錢	天恩胎毒고	上仝
連珠祛根藥	금二圓	天恩疥瘡고	上仝
惟疾預防藥	금三拾錢	天恩百靈고	大匣入금二圓 一包入금拾錢

其他洋藥乾材와漢藥唐草材와各賣藥家製造品을具備하옵고地方兄弟의請求를酬應ᄒᆞ오니隨川請求ᄒᆞ시면以代金引換小包로迅速酬應ᄒᆞ깃ᄉᆞ오니陸續請求ᄒᆞ시기務望홈
本藥房에서附屬診療治療所를並設ᄒᆞ고醫士李錫駿氏를延聘ᄒᆞ와上午八時로下午九時ᄭᆞ지診察하오니有病ᄒᆞ신同胞ᄂᆞᆫ來臨治療하시기望홈
但外方에서ᄂᆞᆫ病錄만보내시면精製酬應홈

京城鍾路天恩堂大藥房　金東遠
　劉在元　告白

特別廣告

本社의서同胞의衛生을注意ᄒᆞ야美國의서經驗單方으로流行適用ᄒᆞᄂᆞᆫ靈藥聖劑를貿入ᄒᆞ야左開廣布ᄒᆞ오니有病君子와藥業에從事ᄒᆞ시ᄂᆞᆫ僉彥은爭先來購ᄒᆞ시옵
分賣와都賣에差別이有ᄒᆞ야一打(十二個)以上의都賣에ᄂᆞᆫ特別割引홈

左　開

秘製止痛藥
效能　外塗內服無處不適
消滯　止瀉　絕痛　治痢無不神效홈

喜蘇膏藥
效能　頭面身體一切痛症
積年風濕　除痰　生신之濟
립卽奏效홈

亞麟香膠
效能　毋論男女老少　勿施年久日淺一切　咳소　服之則其效如神홈

委花藥膏
效能　痔疾　聯珠瘡　癩疾傷螫咬等　諸症無雙聖藥

委花糖水藥
効能　痳症　花柳毒　凡不潔血所患症　婦人壹弱등症靈驗홈

牛汁藥酒
効能　毋論男女老少氣血虛弱者服之則大補元氣身體强健홈

韓美興業株式會社事務所

本報
一枚　新貨二錢五厘
壹個月　三十錢

廣
四号活字拾三字詰
(自一行至四行이爲一寸)

光武九年八月十一日第三種郵便物認可

檀君開國四千二百四十三年
箕子元年三千三十二年
大韓開國五百十九年
本報創刊日
光武八年七月十八日

大韓每日申報

第八卷　月曜及慶節歲時日休刊　第一千三百五十五号

Responsible for Publication Alfred Weekley Marnham
發行兼編輯人 英國人 萬咸
發行所 京城南部石井洞三層洋屋 大韓每日申報社

論說

◎奇怪ᄒᆞᆫ宗教界

挽近韓人이漸々螟蛉界로化去ᄒᆞᄂᆞᆫ者ㅣ不少ᄒᆞ야或政治的으로化去ᄒᆞ며或經濟的으로化去ᄒᆞ며或은姓名을變ᄒᆞ야野田、山口가되며或은裝飾을改하야日服日屐을着ᄒᆞ야大韓臣民이日蹙을告ᄒᆞ니實로志士의長歎을不禁ᄒᆞᆯ바어니와

尤一可怪可悶ᄒᆞᆫ事가有ᄒᆞ니即宗教界의變化가是라

蓋他人을心理的으로驅來ᄒᆞ야自家同化範圍內에引入ᄒᆞᆷ은宗教가彼政治或經濟等보다强大ᄒᆞᆫ勢力이有ᄒᆞ며又韓人은元來其迷信心이頗多ᄒᆞᆫ國民이라此를誘導ᄒᆞ랴면方便上宗教事業이他事業보다優勝ᄒᆞᆷ이有ᄒᆞ며又韓國에他方面宗教力이方盛ᄒᆞᄂᆞᆫ時代라此를競爭ᄒᆞ랴면境遇上宗教政策이他政策과幷進ᄒᆞᆷ이可ᄒᆞᆯ셔於是乎彼邊人이着々히宗教界의飛躍을圖하야形々色々의宗教旗를四面에羅立ᄒᆞ고左로收ᄒᆞ며右로攬ᄒᆞ니

嗟乎라韓人中엇던同胞ᄂᆞᆫ天堂인지魔窟인지도不辨하고다만盲又치隨하야或奉神教에入ᄒᆞ며或神道教에歸ᄒᆞ며或은退溪靜菴의淵源을叛ᄒᆞ고日人의講義를聽ᄒᆞ며或은元曉惟政의遺鉢을棄ᄒᆞ고日人의說法을仰하야其風潮가日大ᄒᆞ도다

於是乎教門이愈々亂立ᄒᆞ야布教者가日로奔走ᄒᆞ며信徒數가日로膨脹ᄒᆞᄂᆞᆫ지라今에其教門數를略擧ᄒᆞ건ᄃᆡ

神宮奉敬會
神道神理教
神宮敬義會
奉神教
天照教
孔子教（前大東學會）
日本佛教各宗
東洋傳道館等이니

噫라宗教界不可思議의現象이此에一至ᄒᆞᄂᆞᆫ가

吾儕ᄂᆞᆫ或韓人同胞가不知不覺間에無精神界로轉入하야祖國을不拜ᄒᆞ고他國을拜ᄒᆞᄂᆞᆫ觀念이生ᄒᆞ며同族을不愛ᄒᆞ고異族을愛ᄒᆞᄂᆞᆫ感化가成ᄒᆞ야恰然히往時回教人民이모하멧드教國을仰하ᄂᆞᆫ舊演을作ᄒᆞᆯ싸懼ᄒᆞ노라

以故로吾儕ᄂᆞᆫ筆을擧ᄒᆞ야國民同胞에게告하노니同胞ᄂᆞᆫ徒然히迷津에趨向치말며徒然히地獄에沉溺치말고正路를由ᄒᆞ야國魂을保全ᄒᆞ며國粹를發揮ᄒᆞ라

同胞ᄂᆞᆫ自立心이有ᄒᆞᆫ人民이라如干의戲誘가엇지其勢를張ᄒᆞ며同胞ᄂᆞᆫ愛國心이有ᄒᆞᆫ人民이라如干의試驗이엇지其力을肆ᄒᆞ리오만은다만同胞의警醒을催ᄒᆞ야玆에一言ᄒᆞ노라

官報

隆熙三年十一月十三日
內閣告示第四十三號
○勅令第二百九十四號（明治四十二年十月二十二日）
特許登錄令 續

第二十一條　假登錄은假등錄義務者의承諾이有ᄒᆞᆫ時ᄂᆞᆫ其承諾書를添附ᄒᆞ야假등錄權利者가此를申請ᄒᆞᆷ을得ᄒᆞᆷ

第二十二條　處分의制限에關ᄒᆞᆫ등錄은當該官廳又ᄂᆞᆫ公署에서遲滯업시囑托書에등錄原因을證明ᄒᆞᆫ文書를添附ᄒᆞ고此를特許局에囑托ᄒᆞᆷ이可ᄒᆞᆷ公賣處分을依ᄒᆞᆫ權利移轉의등錄에對ᄒᆞ야등록權利者의申請이有ᄒᆞᆫ境遇에도亦同ᄒᆞᆷ

第二十三條　特許法第四十四條의規定을依ᄒᆞ야政府에서特許權을收用ᄒᆞ거나又ᄂᆞᆫ特許發明을實施ᄒᆞᄂᆞᆫ境遇에在ᄒᆞ야ᄂᆞᆫ主務官廳은特許權移轉의등록又ᄂᆞᆫ實施權設定의登錄을特許局에囑托ᄒᆞᆷ이可ᄒᆞᆷ

第二十四條　第三條第一號에揭載ᄒᆞᆫ訴를受理ᄒᆞᆫ裁判所ᄂᆞᆫ職權으로써遲체업시囑托書에訴狀謄本이나又ᄂᆞᆫ抄本을添附ᄒᆞ야其豫告등록을特히局에囑托ᄒᆞᆷ이可ᄒᆞᆷ

第三條第二號에揭載ᄒᆞᆫ審判의請求가有ᄒᆞᆫ時나又ᄂᆞᆫ查定이確定ᄒᆞ거나或은審決이有ᄒᆞᆫ時ᄂᆞᆫ特허局長은特허原簿에其豫告등록을行ᄒᆞᆷ이可ᄒᆞᆷ

第二十五條　登錄의申請書에ᄂᆞᆫ左開文書를添附ᄒᆞᆷ이可ᄒᆞᆷ

一　登錄原因을證明ᄒᆞᆫ文書
二　特許證이나又ᄂᆞᆫ登錄義務者의權利에關ᄒᆞᆫ登錄畢證
三　登錄原因에對ᄒᆞ야第三者의許可、同意又ᄂᆞᆫ承諾을要ᄒᆞᆯ時ᄂᆞᆫ此를證明ᄒᆞᆫ文書
四　外國人에在하야ᄂᆞᆫ其國籍을證明ᄒᆞᆫ文書但萬國工業所有權保護同盟條約國又ᄂᆞᆫ帝國과特許에關ᄒᆞ야互相保護를相約ᄒᆞᆫ國以外의국의臣民又ᄂᆞᆫ人民에在ᄒᆞ야ᄂᆞᆫ尙且同盟國中의一國版圖內에住所又ᄂᆞᆫ現實ᄒᆞ고眞誠ᄒᆞᆫ工業的이나或은商業的營業所를有ᄒᆞᆷ을証明ᄒᆞᆫ文書
五　外國法人에在ᄒᆞ야ᄂᆞᆫ其法人됨을證明ᄒᆞᆫ文書
六　代理人을依ᄒᆞ야등錄을申請ᄒᆞᆯ時ᄂᆞᆫ其權限을證明ᄒᆞᆫ文書

（未完）

外報

◎軍備改良　露國內閣에셔ᄂᆞᆫ十年繼續의海陸軍擴張改良案을討議中인ᄃᆡ海軍費ᄂᆞᆫ七億留요陸軍費ᄂᆞᆫ六億五千萬留를要ᄒᆞᆫ다ᄒᆞ며德國벨리넬、다게부랏드新聞에辯明ᄒᆞᆫ바를據ᄒᆞᆫ즉今回露國의海軍製艦計劃은極東艦隊를建造ᄒᆞᆷ이아니오但波羅的、黑海兩艦隊를再興코저ᄒᆞᆷ이라더라

◎湖南亦動　清國湖南省人民은湖北代表者의成功을効倣ᄒᆞ야鐵道敷設의許可運動을開始ᄒᆞ야去三日在北京湖南人大會를開ᄒᆞ고地方에代表者를選擧하야盛히運動을開始ᄒᆞᆫ다더라

◎烏拉爾線改築　露國政府에셔ᄂᆞᆫ東清鐵道特別費로九萬留를支出ᄒᆞ야烏拉爾區域의線路를改築ᄒᆞ고木橋를鐵橋로敷設ᄒᆞᆯ計劃이라더라

◎清國軍艦注文　清國政府ᄂᆞᆫ更히德國발칸造船會社에軍艦製造를委托코져ᄒᆞᆫ다ᄂᆞᆫᄃᆡ去三日同會社代表者진멜만氏가北京에到着ᄒᆞ엿다더라

◎革命嫌疑者就縛　清國京漢鐵道蘆溝橋停車場附近에셔革命黨員의嫌疑者十一名이捕縛되엿다더라

◎露大臣巡視　露國陸軍大臣스호무리노푸氏、交通大臣루푸로푸氏、農商大臣쿠리우오시에인氏等은不遠間次第로極東을巡視ᄒᆞᆫ다더라

◎飛行家化去　法國飛行家루론氏ᄂᆞᆫ其飛行機가破壞되여死込ᄒᆞ엿다더라

◎土國將官遭難　土耳其陸軍司令官이쓰밀、하츠의氏ᄂᆞᆫ알빠니아人匪賊隊에狙擊을被ᄒᆞ야負傷ᄒᆞ야隨行將校一名은被殺ᄒᆞ엿다더라

◎裁案準備　德國聯邦會議ᄂᆞᆫ伯林殖民裁判所組織案을準備中이라더라

雜報

◎金氏起訴　永同郡警察署巡查柳盛洙氏가當地商民金哲洙氏의게債金을貸ᄒᆞ고延拖不報ᄒᆞᆷ으로去三日永同市場에셔金氏가柳氏를對ᄒᆞ야債金을督促ᄒᆞ다가一時言詰이起ᄒᆞ엿ᄂᆞᆫᄃᆡ同署通譯及監督巡查等이橫出ᄒᆞ야金氏를毆打하야重傷을負케ᄒᆞᆫ故로金氏가當地區裁判所에擧訴ᄒᆞ엿다더라

◎梁民等訴　梁山郡民朴璋陽氏等百餘名이該郡守李完鎬氏의不法行政을臚列ᄒᆞ야內部에等訴ᄒᆞ고不日遞任ᄒᆞ야使民安堵케ᄒᆞ라하엿다더라

◎事務室移付　京城孤兒院內慈惠婦人會事務室은　皇貴妃殿下의指揮로淑明高等女學교에附屬하엿다더라

學界

◎養源卒業　私立養源學校에셔明日下午一時에尋常科第二回卒業式을校洞本校內에셔擧行ᄒᆞᆫ다더라

◎三山進級　東部城北洞三山義塾에셔明九日下午一時에進級式을擧行ᄒᆞᆫ다더라

◎寧明進級　扶安郡私立寧明學校에셔去月二十八日에第一學年試驗을經하엿ᄂᆞᆫᄃᆡ一學年進級優等生은金完順、辛日鎔、辛基鏞等十二人이라더라

學報

◎貞校卒業　黃海道海州郡青丹貞明學교에셔去月二十七日에春期卒業試驗을擧行ᄒᆞ엿ᄂᆞᆫᄃᆡ卒業生은白元圭李永根李德培張奎錫萬載旭金石七朴智晃金俊元

▲偉人遺蹟

▲▲東國巨傑 崔都統　錦頰山人　續

再進ᄒᆞ야元戍兵五站을破ᄒᆞ고奉天府를圍ᄒᆞ더니邏者가一官人을得ᄒᆞ니即元廷使者니蓋元順帝가我兵北伐의報를聞ᄒᆞ고大驚ᄒᆞ야發遣ᄒᆞᆫ詰問使者러라

崔都統曰此人을亟斬ᄒᆞᆷ이可ᄒᆞ니今에主上의志가未固ᄒᆞᆫᄃᆡ萬一此人이來ᄒᆞ야何許恐嚇의辭를加ᄒᆞ면主上의心이必也中變ᄒᆞ야北伐의事가遂壞ᄒᆞᆯ지니故로瑩의意ᄂᆞᆫ此人을軍前에斬ᄒᆞ고書를元帝에게投하야相絕의意를示ᄒᆞ야兩國使臣의來往이無ᄒᆞ여야大功을可成이라ᄒᆞ노라印당이猶豫未決ᄒᆞ다가竟曰兩國이干戈로相見ᄒᆞ미使臣은其中間에在하다ᄒᆞ니我國이用兵의初에엇지可히使臣을殺ᄒᆞ야後世의笑를貽ᄒᆞ리오ᄒᆞ고此를遂縱하거ᄂᆞᆯ

崔都統이大咄嘆曰豎子가大功을壞ᄒᆞᄂᆞᆫ도다豎子가大功을壞ᄒᆞᄂᆞᆫ도다ᄒᆞ더라

果然元使가國都에至ᄒᆞ매王이舊例를依하야出迎ᄒᆞᆫᄃᆡ元使가發兵侵疆의理由를詰問하며且曰今皇帝가盛怒ᄒᆞ야將軍董書를命ᄒᆞ야大兵八十萬을發ᄒᆞ야不日에鴨綠을渡ᄒᆞᆫ다ᄒᆞ니

（未完）

詞藻

❀大事業을❀

漢陽城十里許에、놉고나즌뎌무덤아。
英雄은몃々치며、豪傑은누구누구。
우리도、뎌모양되기젼에、대사업을。

雜報

◎內閣例會　昨日內閣에셔木曜例會를開ᄒᆞ엿다더라

◎又一觀測　曾彌統監歸任與否에就하야觀測이不一ᄒᆞᆷ은既히報道ᄒᆞᆫ바어니와又一邊의說을據ᄒᆞᆫ즉曾彌統監은日本政府에셔無能力者로認定ᄒᆞᆫ다하야辭免ᄒᆞ기로內定되엿다고某處에通信에有ᄒᆞ다ᄒᆞ며其後補者ᄂᆞᆫ桂太郎及山縣有朋兩人間으로擬議ᄒᆞᆫ다고云ᄒᆞᆫ다더라

◎只管運動　歸國ᄒᆞᆫ內部次官岡喜七郎의還任期ᄂᆞᆫ當初一個月로定ᄒᆞ엿ᄂᆞᆫᄃᆡ于今三個月이經過ᄒᆞ되還任치아니ᄒᆞᄂᆞᆫ지라其內容인즉曾彌統監이辭[illegible]ᄒᆞᆯ다ᄂᆞᆫ事에關ᄒᆞ야自己地位를鞏固코져運動ᄒᆞᆷ을因ᄒᆞᆷ이라고日人間에推測者가有ᄒᆞ다더라

◎兩會議開期　度支部에셔開ᄒᆞᄂᆞᆫ各農工銀行支配人의會議ᄂᆞᆫ來廿日부터開ᄒᆞ고金融組合所理事會議ᄂᆞᆫ來二十五日부터開ᄒᆞᄂᆞᆫᄃᆡ其會議日限은約一週日間이라더라

◎改正法發布　日本에셔東洋拓殖會社法改正法律이昨日발布되엿다고統監府書記官兒玉이統監府로打電ᄒᆞ엿다더라

◎農相渡日期　農相趙重應氏ᄂᆞᆫ日本福岡縣名古屋兩共進會를觀察ᄒᆞᆯ次로該部秘書官張斗鉉氏를帶同ᄒᆞ고來二十日頃에渡日ᄒᆞᆫ다더라

◎石造殿拜觀　宮內府次官小宮三保松과統監府石塚長官은再昨日上午九時德壽宮內新建築ᄒᆞᆫ洋式石造宮殿을拜觀ᄒᆞ엿다더라

◎舊杆改良　通信管理局에셔ᄂᆞᆫ通信事務引繼以前에架設ᄒᆞᆫ電杆木을一切改良ᄒᆞᆯ次로日昨부터工役에着手ᄒᆞ엿다더라

◎應賓室建築　內相朴齊純氏ᄂᆞᆫ含春苑에應賓室을大建築ᄒᆞᆯ次로役夫數十餘名을募集ᄒᆞ야日前부터起工ᄒᆞ엿다더라

◎社祠表修定　漢城府에셔管內에在ᄒᆞᆫ各社祠表를修定ᄒᆞ야內部에報ᄒᆞ엿다더라

◎吳氏財產調查　承寧府侍從吳一泳氏ᄂᆞᆫ年前鎭川木川兩郡々守在任時에多數ᄒᆞᆫ公貨를犯逋ᄒᆞᆫ事件으로日前警視廳에셔吳氏의所有財產을調查ᄒᆞ얏ᄂᆞᆫᄃᆡ一萬一千餘圓價値가된다더라

◎美領事歸國　美國總領事써드모아氏ᄂᆞᆫ本日上午九時에出發歸國ᄒᆞᄂᆞᆫᄃᆡ四個月後에還任ᄒᆞ기로預定ᄒᆞ엿다더라

◎鈴木西行　司稅局長日人鈴木은平壤財務監督局과鎭南浦稅關을視察次로昨日出發ᄒᆞ엿다더라

◎關牌見失　富寧郡守及郡主事ᄂᆞᆫ外交事務를因ᄒᆞ야本郡衙ᄂᆞᆫ空虛ᄒᆞ고淸津港으로移接視務ᄒᆞᆫ지가于今三年이라ᄂᆞᆫᄃᆡ該郡關牌를何許人이竊取以去ᄒᆞ엿다고該觀察道書記官이內部로報告ᄒᆞ엿다더라

◎檢查終了　日前부터進行ᄒᆞ던警視廳會計檢查ᄂᆞᆫ再昨日에終了되엿다더라

◎軍隊送迎　京城居留日人은日本第六師團及第二師團을爲ᄒᆞ야一大送迎會를開ᄒᆞ기로目下準備中이라더라

◎露國韓船稅　露國에셔本年一月一日부터船舶噸稅率을改正하야無條約國이던지條約國이던지勿論ᄒᆞ고最惠國條款이無ᄒᆞᆫ國에對ᄒᆞ야ᄂᆞᆫ總히二留의高率噸稅를課ᄒᆞᄂᆞᆫᄃᆡ特히韓國에對ᄒᆞ야ᄂᆞᆫ無條約國이로ᄃᆡ待遇를特異케ᄒᆞ야十개뻬의課稅를行ᄒᆞᆫ다더라

◎又一運動　商務組合部長李學宰ᄂᆞᆫ天照敎를擴張ᄒᆞᆯ計劃으로日人高田庸을委送ᄒᆞ야日本政府에運動ᄒᆞᆯ次로目下旅費를周旋中이라더라

◎身分調查　前副尉李重寅南相昻兩氏ᄂᆞᆫ何等關係가有ᄒᆞᆫ지警視廳에셔該氏身分을秘密調查ᄒᆞᆫ다더라

◎嚴密詗探　義州郡居安某等三人은何等布告文을携帶ᄒᆞ고美國으로渡往ᄒᆞᆫ다ᄂᆞᆫ說이有ᄒᆞᆷ으로某某處에셔嚴密詗探中이라더라

◎秘密者何，　本日下午一時에政友會에셔特別幹事員會를開ᄒᆞᆫ다ᄂᆞᆫᄃᆡ何等秘密事件을協議ᄒᆞᄂᆞᆫ지幹事員外에ᄂᆞᆫ同會員도叅席을許치아니ᄒᆞᆫ다더라

◎水雷入港　再昨日에日本水雷艇四隻이仁川港에入하엿다더라

◎又欲煎藥耶　一進會長李容九ᄂᆞᆫ日昨同會員七八人을帶同ᄒᆞ고東小門外花溪寺에前往逗留ᄒᆞᆫ다더라

◎盍反乎止　一進會員韓昌會ᄂᆞᆫ何등行動이有ᄒᆞ던지所謂同志贊成會에셔도見逐ᄒᆞ고大韓協成會에셔도見逐ᄒᆞ고一進會에셔도見逐하엿다ᄂᆞᆫᄃᆡ韓은木不附石不附의身勢가되엿다고對人愧歎ᄒᆞ엿다더라

◎日人計劃　目下京城에在ᄒᆞᆫ日人耶蘇敎信者海老名等이韓國에셔傳道ᄒᆞ기를目的ᄒᆞᆷ은人所共知어니와該人等이韓國內에一大敎堂을建設ᄒᆞ기로計劃中이라더라

◎義兵被害數　去三月十日以後로本月五日까지義兵과日兵이接戰ᄒᆞᆫ結果로義兵死者가三十이오被捉者가二十一이오銃器被奪이二十八挺이라더라

◎稷山金礦　忠南稷山郡金礦은美人日人의經營ᄒᆞᄂᆞᆫ바인ᄃᆡ年々純益金이約一萬五千圓以上이된다더라

◎日人種柳　日人의殖產會社에셔ᄂᆞᆫ永등浦方面에農林事業擴張을經營ᄒᆞᄂᆞᆫᄃᆡ本年에日本으로부터杞柳苗를輸入ᄒᆞ야栽殖ᄒᆞᆫ다더라

◎陰民呼訴　陰城郡財務署에셔新起土陞結과新三稅徵收에對ᄒᆞ야强制不公의行爲가有ᄒᆞ다ᄒᆞ야該郡代表人李奎會氏等四十餘人이三昨日度支部에呼訴ᄒᆞ엿다더라

◎衛生費督納　中部警察署에셔ᄂᆞᆫ本年度第一期衛生費未納者를一切提致督納ᄒᆞ엿다더라

◎恩金頒給　年前에地方騷擾에被害ᄒᆞᆫ者를救恤ᄒᆞ기爲ᄒᆞ야內帑金十萬圓이下賜되엿ᄂᆞᆫᄃᆡ內部에셔調查頒給ᄒᆞᆫ後其餘存額이有ᄒᆞ더니今番再次被害者를調查ᄒᆞ야殘額六千九百六十二圓을頒給ᄒᆞ기로決定ᄒᆞ고各地方官吏에게通知ᄒᆞ엿ᄂᆞᆫᄃᆡ其道別額은如左ᄒᆞ더라

京畿道	五百七拾八圓
忠北	二百七十一圓五十錢
忠南	二百五十八圓
全南	五百八十一圓五十錢
全北	七百二十圓五十錢
慶北	八十二圓五十錢
慶南	二十六圓五十錢
黃海道	百五拾六圓五拾錢
江原道	三千二百七拾七圓
平南	百五拾三圓五拾錢
平北	百三拾六圓五拾錢
咸南	五百六拾六圓
咸北	百五拾四圓

◎趙氏高誼　漢城同志酒會烟草職工白君先氏ᄂᆞᆫ家勢가赤貧ᄒᆞᆫ中身病을因하야死境에至ᄒᆞ엿ᄂᆞᆫᄃᆡ同業中趙允鏞氏가治療費를全擔하야大韓醫院에셔治療케ᄒᆞᆷ으로該院에셔ᄂᆞᆫ趙氏의高誼를感歎ᄒᆞ야本日부터無料로治療ᄒᆞᆫ다더라

◎會長不資格　開城郡學會長李健爀氏ᄂᆞᆫ醜陋ᄒᆞᆫ行爲가多ᄒᆞ야會長資格에不適當ᄒᆞᆷ으로該會員中退會코져ᄒᆞᄂᆞᆫ者가多ᄒᆞ다더라

◎慈惠院請求　咸興郡慈惠醫院은治療事務가繁多ᄒᆞ다하야看護婦一名을增置ᄒᆞ기로內部에請求ᄒᆞ엿다더라

◎柴主怨聲　柴場組合이設立된後로柴駄輸入沿路에派出巡查들이柴駄去處를極히注意ᄒᆞᆷ은一般共知하ᄂᆞᆫ바어니와城內人이或城外近地에柴場處가有하야柴草를輸來ᄒᆞ라면柴主의憑票를帶持ᄒᆞ야叅考料를作케ᄒᆞᄂᆞᆫᄃᆡ巡查들은該憑票를叅考ᄒᆞ고도運夫로ᄒᆞ야금柴主를招來ᄒᆞ라하며柴駄ᄂᆞᆫ柴場으로逐送ᄒᆞᆷ으로各식主들은自己所有物도任意로運搬치못ᄒᆞᆫ다고怨聲이狼藉ᄒᆞ다더라

◎沈氏被呼　天安郡居前郡守沈玄澤氏ᄂᆞᆫ年前密陽郡守在任時에公貨四百餘圓을犯逋ᄒᆞ엿다ᄒᆞ야日昨度支部에셔該氏를呼出ᄒᆞ엿다더라

◎實業新聞準備　大韓興業會에셔ᄂᆞᆫ實業新聞을發刊ᄒᆞᆯ次로日昨大東舘印刷機械活字等屬八百圓價値를購入ᄒᆞ얏다더라

◎慘哉其命　再昨日下午四時에前法部門前近地에셔韓人工匠一名이電線을改良ᄒᆞᆯ次로電桿木을登ᄒᆞ다가落傷되엿ᄂᆞᆫᄃᆡ大韓醫院으로舁ᄒᆞ다가中路에셔致斃ᄒᆞ엿다더라

◎轢死何多　去二日京義線土城停車場近地에셔日女（年三十五）一名이軌道에轢死하고同日京釜線에셔ᄂᆞᆫ韓人二名이轢死ᄒᆞ엿다더라

◎趙氏失金　西門外冷洞居趙重億氏가數日前仁川港에셔金九百圓을携帶上京ᄒᆞ다가南大門驛에셔見失하야所管警察署에告及하얏더니爲先四百圓을還給ᄒᆞ엿다더라

◎是則可倣　前正尉尹致昞氏ᄂᆞᆫ商業을擴張ᄒᆞᆯ次로仁川港大昌洋行과契約ᄒᆞ야西洋物貨를多數購入ᄒᆞᆫ다더라

◎義將橫行　義兵將鄭敬泰氏ᄂᆞᆫ部下十餘名을率ᄒᆞ고江原道各郡으로橫行ᄒᆞᄂᆞᆫᄃᆡ日兵들이現今追蹤中이라더라

◎李氏被捉　前協辦李根培氏의令男東熙氏ᄂᆞᆫ殺人嫌疑로再昨日中部警察署에被捉ᄒᆞ엿다더라

◎李也又捉　各新聞社廣告取扱人李學澤은各新聞社印章을僞造ᄒᆞᆫ事件으로再昨日北部警察署에被捉ᄒᆞ엿ᄂᆞᆫᄃᆡ警視廳에셔巡查를各新聞社에派送ᄒᆞ야僞造에關ᄒᆞᆫ證據物을請求하엿다더라

◎鄭氏南行　畿湖學會評議員鄭永澤氏ᄂᆞᆫ學事를視察하기爲ᄒᆞ야本日忠南恩津江鏡浦等地로前往ᄒᆞᆫ다더라

◎李氏北行　大同敎에셔ᄂᆞᆫ再昨日下午七時에評議會를開ᄒᆞ엿ᄂᆞᆫᄃᆡ該敎總事李範圭氏ᄂᆞᆫ咸鏡南北道에敎務를擴張ᄒᆞᆯ次로昨日上午九時에發程ᄒᆞ얏고時代辦總事ᄂᆞᆫ[illegible]氏로選定ᄒᆞ엿다더라

◎可謂會長　畿湖學會에셔ᄂᆞᆫ漢城銀行에[illegible]行ᄒᆞᆫ債務가一千七百圓인ᄃᆡ償還無計ᄒᆞ야一般憂慮ᄒᆞ더니該會長趙民熙氏가負擔淸勘ᄒᆞ기로決定ᄒᆞ엿다더라

◎畿湖支會設立　畿湖興學會忠州郡支會를該會本會長趙民熙氏가設立ᄒᆞᆯ次로學部에請願ᄒᆞ고支會長은尹鎬氏로副會長은韓昌愚氏로總務ᄂᆞᆫ李熙載氏로選定ᄒᆞ고其他會計書記幹事評議員諸任員을順次推薦ᄒᆞ엿다더라

◎嶠南親睦開會期　嶠南學生親睦會에셔來十日下午一時에典洞嶠南敎育會舘內에셔定期總會를開ᄒᆞ고緊要ᄒᆞᆫ事務를處理ᄒᆞᄂᆞᆫᄃᆡ一般學生이多數來叅ᄒᆞ기를希望ᄒᆞᆫ다더라

電報

◎四國交涉　英美德法四個國은華盛頓에셔리베리아共和國에關ᄒᆞᆫ交涉을開始ᄒᆞᆫ다더라

◎英皇巴里行　英國皇帝陛下ᄂᆞᆫ來週에法國巴里에幸行ᄒᆞ옵셔巴爾幹問題及波斯에關ᄒᆞᆫ會談이有ᄒᆞ리라더라

◎球破人死　德國뮌켄村에發ᄒᆞᆫ輕氣球가風雨를逆ᄒᆞ야슈겐局에吹着ᄒᆞ야破壞되엿ᄂᆞᆫᄃᆡ乘坐客四名中二名은卽死하엿다더라

◎兩王會見　塞爾維亞國王과勃加利牙國王이會見ᄒᆞ엿다더라

以上伯林發　七日着

社告

左開地方에서本申報購覽ᄒᆞ시는 僉彦의便利ᄒᆞ심을爲ᄒᆞ야左開三郡에本支社를設置ᄒᆞ고本月一日부터支社로發送分傳케ᄒᆞ오니本社에對ᄒᆞᆫ諸般事項을各該支社員과交涉ᄒᆞ시옵

左開

永柔邑內槐峴里 金志瓚

中和下道面一里三洞 禹應善

肅川東部面一里三統九戶 金天湜

大韓每日申報社

廣告

本出張에서宣川郡支店을以李鳳朝로許施則該郡內諸氏는右支店에訊速請求ᄒᆞᆷ

平壤鍾路濟生堂

第一出張所 田恒畯 白

全北古阜郡許洞殷弘基先大人㮚奉公傅吉氏陰二月十七日別世玆에廣告親舊間照亮焉

護喪 朴一千 告白

本人長子允吉이字는益洙라稱ᄒᆞ고自數年前으로不聽父訓ᄒᆞ고修身浮雜近日不知處ᄒᆞ오니內外僉君切勿見欺ᄒᆞᆷ

釜港草梁 金時彦

本館에서新舊書籍과學校用品各種을備置ᄒᆞ야(五圓以上特減割引)大發售ᄒᆞ오니江湖僉君子는陸續購買ᄒᆞ시옵

釜港東關韓興書館

館主 金秉衡 本名汝重

主任 權鍾律

鍾路慈惠藥房二層洋屋一座를放賣或貸家ᄒᆞᆯ터이오니 僉君子 照亮ᄒᆞᆷ

小廣橋廿一統五戶文奎相告白

新組織 大擴張廣告

測量機械及美濃紙各種

叅帽子學生帽子學校用品各種

谷香葉卷烟及山月紙卷烟各種

圖章材料와幷히彫刻販賣ᄒᆞᆷ

前社員朴大卿氏는自己事로因ᄒᆞ야本社에無關ᄒᆞ오니照諒ᄒᆞᆷ

大邱北門外 仝 東美運送部

仝 浦上運送部

總務 李重來 謹告

圖章材料를並히彫刻

ᄒᆞ와販賣하오니注文ᄒᆞ시옵

黑角單層彫刻一件金三十錢

黑角二層彫刻一件仝三十五錢

黑角三層彫刻一件仝四十錢

但代金은先送ᄒᆞ여야發送ᄒᆞᆷ

京城南署棗洞六十二統十戶

(KIM) 金龍商會

◎學員募集廣告

本院에서院務를一層擴張ᄒᆞ고二學年補缺生과一學年學員을增募하오니願學 僉員은本月八日內로請願書를提呈ᄒᆞ시오

試驗日은四月九日上午十一時

私立尙洞青年學院

◎失期 치마시옵

種蔘을願買ᄒᆞ시던지或信實ᄒᆞᆫ保人을得ᄒᆞ야支社나或並作例를志願ᄒᆞ시라는 僉君子는陰三月旬內로請求ᄒᆞ심을敬要

京新門外鍮洞一百九十三統三戶

大韓자蔘會社 白

本月十日(日曜)下午七時에特別總會를開ᄒᆞ오니 僉會員은一齊出席ᄒᆞ시옵

西北學生輔仁會 告白

民刑訴訟의貴囑을應ᄒᆞᆷ

平壤須磨通(內田病院向)

辯護士 白井勝 悟事務所

顧問 前典祀 李圭夏

同 六品 鄭寅河

同 前叅奉 金昺洙

事務員 金鎭燮

同 吳永珠

本校卒業生校友會를本人等이發起ᄒᆞ고來十日(日曜)上午十二点에本校內에서總會를開ᄒᆞ오니本校卒業ᄒᆞ신僉員은屆期光臨伏望

(但在鄕入會志願員氏名住所通知敬要)

發起人官立漢城師範學校卒業生 朴齊선 金元祐 鄭國采 朴齊賢 安東洙 李學潤

本組合事務所를中部典洞四十四統一戶(二階洋製屋)로定하고玆에廣告ᄒᆞ옵

農務組合所 告白

堂 讀

京西部車洞同和藥房

本國藥材、洋製、各病、效、用、價、國漢文、刊出、作封、雖婦女、

郵便請求、買賣 閔櫃 白

學員募集廣告

本校에서第一學年及二、三、四各學年補缺生을增加募集ᄒᆞ니四月十日內로請願書를提出ᄒᆞᆷ

但請願紙는本校에請求ᄒᆞᆷ

西大門內

私立普成小學校

本校에서第壹學年級學員을募集ᄒᆞ오니志願者는四月十日內로請願書를提出ᄒᆞᆷ

但請願紙는本校에請求ᄒᆞᆷ

試驗日字는四月十壹日下午二時

試驗科目算術四則、作文、讀書

第二學年補缺生도募集ᄒᆞᆷ

隆熙四年三月 日

私立西北協成學校

本館에서事務를擴張ᄒᆞ기爲하야僮童(쌋이)十人을募集ᄒᆞ오니志願者는本月十五日內로本館에來議ᄒᆞᆷ

年齡은男子十五歲以上二十歲以下容貌端正

明月館

本店에서開業ᄒᆞᆫ지十六年間僉君子의愛顧ᄒᆞ심을特蒙ᄒᆞ와今年부터業務을大擴張ᄒᆞ고春夏秋冬所用으로緞屬毛織等各國高等物品을現今多數直輸入이온바各地方에서는貿易에便利賣買키爲ᄒᆞ야特別減價ᄒᆞ와郵便小包로酬應ᄒᆞ야代金은引換ᄒᆞ깃사오니十三道各郡僉君子는隨意請求ᄒᆞ심을望

振替貯金番號(韓國壹三番)

漢城中部鍾路砂器廛洞二十一統五戶

廣興泰 告白

本人姓篆名正圓刻圖章本年三月十六日頃에失故更以正刻圖章施行遺失圖章無效

順川郡仙院面長坪里李益贊白

◎學員募集廣告

本校에서校務를一層擴張ᄒᆞ고學員을限百名募集ᄒᆞ니志願者는來五月十五日(陰四月初六日)內로請願書를提呈ᄒᆞᆷ

一、試驗日字는五月十六日로定ᄒᆞᆷ

一、試驗科目 國漢文作文 算術四則以內 身體健全

一、科程 修身 內史 內誌 外史 外誌 英日語 算術 代數 幾何 理科、動、植、礦 生理 物理 化學 機械實習 地文 天文 農學 法學 體操 唱歌

一、但外郡에在ᄒᆞᆫ學生은飯費半料를特償ᄒᆞᆷ

一、修業年限은二個年速成으로定ᄒᆞᆷ

平南价川郡中南面 廣達學校

本人의義子金有定이浮浪悖類로符同ᄒᆞ야酒色에沉溺ᄒᆞᆯ뿐더러悖習惡行이無所不至ᄒᆞ옵기本人과는永爲絶義ᄒᆞ오니僉君子는咸須知悉ᄒᆞ시옵

馬山港 金志觀

◎大韓醫士總合所義捐金收入廣告

總裁李完用氏	一百圓
副總裁趙重應氏	爲先十圓
閔泳徽氏	爲先二十圓
閔泳韶氏	爲先五圓
李溶相氏	十圓
趙同熙氏	十圓
趙澳鏞氏	十圓
所長崔奎憲	五十圓
副所長康永勻	四十圓
總務李正浩	六十圓
事務長金海秀	四十圓
診察士金顯貞	二十圓
仝 金良濟	五圓

우리나라ᄉᆞ룸이衛生에曚昧하고醫藥에暗素ᄒᆞ야天賦ᄒᆞᆫ壽命을保命치못ᄒᆞ고病魔에侵滅되야或은夭死하는悲運에至하고或萎縮ᄒᆞ는慘狀을呈ᄒᆞ야不完全不潤發ᄒᆞᆫ不具의國民을造成하엿스니嗚呼라이와ᄀᆞᆺ탄蒼白柔軟ᄒᆞᆫ쭉정이民族으로엇지永遠ᄒᆞᆫ國家를經營ᄒᆞ리오아아云키難하도다우리神聖ᄒᆞᆫ民族은반다시强壯ᄒᆞᆫ者의食되지아니치못ᄒᆞᆯ지로다西哲이云치아니ᄒᆞ엿는가健全ᄒᆞᆫ知識은健全ᄒᆞᆫ身體에宿ᄒᆞᆫ다하엿스니誠然ᄒᆞᆫ지라國家의健全ᄒᆞᆫ獨立은반다시健全ᄒᆞᆫ身體健全ᄒᆞᆫ人格健全ᄒᆞᆫ知能을基礎라아니치못ᄒᆞᆯ지니玆에우리和平堂大藥房은我國現狀日과時勢要求에感ᄒᆞᆫ바有하야如何히하면此萎縮不具ᄒᆞᆫ蒼白色軟骨의可憐民族을免ᄒᆞ고勇敢有爲의潤發强壯ᄒᆞᆫ國民을作成ᄒᆞᆯᄶᅡ如何히ᄒᆞ면遠大ᄒᆞᆫ欲望과堅忍不拔의思想잇는確實ᄒᆞᆫ國民을生産ᄒᆞᆯᄶᅡ此等의問題는吾輩가多年苦心研究하던바라아아此大問題를如何히解決ᄒᆞᆯ고噫라善良ᄒᆞᆫ醫藥은善ᄒᆞᆫ身體를助長ᄒᆞ며善良ᄒᆞᆫ身體는善良ᄒᆞᆫ精力善良ᄒᆞᆫ知能을含有ᄒᆞ야偉大ᄒᆞᆫ功績을顯ᄒᆞᆫ다ᄒᆞᆷ은萬古不腐의金言이라우리和平堂大藥房이今에全力을注ᄒᆞ야此에貢獻ᄒᆞᆷ은實노天賦ᄒᆞᆫ使命을完了코져ᄒᆞᆷ이라바야히芳春萬物이潤躍하는時를際ᄒᆞ야業務는愈益擴張ᄒᆞ고名藥은東西聚集일서米國醫學博士禹越氏에게多年受學ᄒᆞ야實地와學術에宏大ᄒᆞᆫ抱負로서우리나라有名ᄒᆞᆫ田慶龍氏는우리和平堂大藥房에서診斷處方에務를執ᄒᆞ니우리和平堂大藥房은임의우리나라에서最上榮譽로擴負ᄒᆞᆷ과ᄀᆞᆺ치最完備最發展은域에達ᄒᆞᆫ지라아아大韓의同胞로서誰가우리和平堂을不知ᄒᆞᆯ者有ᄒᆞ며誰가우리和平堂의藥을用치아니ᄒᆞᆯ者有ᄒᆞ리오아아우리和平堂은아참부터저역ᄭᆞ지노지안코쉬지안코同胞의健康을爲ᄒᆞ야活動ᄒᆞ며同胞의前路를爲ᄒᆞ야勞苦하고잇슴나이다

京城鍾路和平堂大藥房本舖主任李應善

本報 一枚 新貨二錢五厘 壹個月 三十錢 參個月 九十錢 陸個月 壹圓七十錢

廣告 四号活字拾三字詰(自一行至四行이爲一寸) [illegible]

檀君開國四千二百四十二年 箕子元年三千三十二年 大韓開國五百十九年
本報創刊日 光武八年七月十八日

大韓每日申報

發行兼編輯人 英國人 萬咸
Responsible for Publication Alfred Weekley Marnham.
發行所 京城南部石井洞三層洋屋 大韓每日申報社

第八卷　月曜及慶節歲時日休刊　第一千三百五十六號

論說

◉四色救濟說에對ᄒᆞ야

現今當局에셔四色을救濟次로着々調査中이라ᄒᆞ니此가果然事實인ᄃᆡ可賀ᄒᆞᆯ者인가可吊ᄒᆞᆯ者인가曰可吊ᄒᆞᆯ者니라

是가何言이뇨盖四色이幾百年來에政權으로産業을삼으며仕宦으로生命을삼아一指를不動ᄒᆞ고妻子가膏粱을食ᄒᆞ며家門이錦綉를衣ᄒᆞ야半島山河에自由로舞袖를張ᄒᆞ다가居然히天地가翻覆ᄒᆞ고風雲이變遷ᄒᆞ야甲午以後世界를當ᄒᆞᄆᆡ初仕一窠의得來가蜀道의行又치難ᄒᆞ니仕宦生活은無望이오前日勢力의鴟張은一場의夢을成ᄒᆞ엿스니士豪生活도不得이어ᄂᆞᆯ然ᄒᆞᆫᄃᆡ彼가畊織을不知ᄒᆞ며商工을不知ᄒᆞ며又知識技術이進步치못ᄒᆞᆫ지라肉體的精神的을勿論ᄒᆞ고勞働生活도難ᄒᆞ야於是乎一家가薪水를歎ᄒᆞ며一門이桂玉을泣ᄒᆞ야𡊨野에呼號ᄒᆞ나니此時에在ᄒᆞ야此를救濟ᄒᆞᆷ이實로良政府의好政策이어ᄂᆞᆯ今에曰可吊라ᄒᆞᆷ은是가果何言이뇨

曰不然ᄒᆞ니라只今彼當局에셔果然國의利를爲하며民의福을爲ᄒᆞ야此救濟가有ᄒᆞᆯ진ᄃᆡ吾儕도맛당히膝를跪ᄒᆞ야彼政府를拜ᄒᆞ며歌를舞ᄒᆞ야彼政策을頌ᄒᆞ려니와今에不然ᄒᆞ야此救濟ᄂᆞᆫ四色人의歡心을求ᄒᆞ기爲ᄒᆞ야救濟ᄒᆞᆷ이며四色人의順服을得ᄒᆞ기爲ᄒᆞ야救濟ᄒᆞᆷ이라果然인ᄃᆡ此를不吊ᄒᆞ고何를可吊ᄒᆞ리오

嗚乎라國民同胞여同胞ᄂᆞᆫ아모리飢寒이骨에切ᄒᆞ야一件衣一盂飯을難得ᄒᆞᆯ지라도此救濟를望치말며同胞가寧히吳市의卒을作ᄒᆞ며東門의炭을穡ᄒᆞᆯ지언뎡此救濟를樂치말며同胞가寧히乞人이되야生ᄒᆞ며溝壑에入ᄒᆞ야死ᄒᆞᆯ지언뎡此救濟를舞蹈치말지어다此救濟가同胞를救濟ᄒᆞᆷ이아니라同胞를誘코져ᄒᆞᆷ이며此救濟가同胞를救濟ᄒᆞᆷ이아니라同胞를誤코져ᄒᆞᆷ이니라

或者ᄂᆞᆫ曰彼日本도維新의初에士族救濟政策이有ᄒᆞᆫ지라今此四色救濟도亦彼와一般이라ᄒᆞ나니此果何등愚人의說夢이뇨彼日本의士族救濟ᄂᆞᆫ果然國의利를爲ᄒᆞᆷ이며民의福을爲ᄒᆞᆷ이나此四色救濟ᄂᆞᆫ彼와正反對니라

此政策이果然事實인지不可知어니와만일事實이면국民同胞ᄂᆞᆫ一反思ᄒᆞᆷ이可ᄒᆞ도다

然ᄒᆞᆫᄃᆡ或者ᄂᆞᆫ此四色調査의說을聞ᄒᆞᄆᆡ其頭를數尺이나延ᄒᆞ고已往貴族時代가復來하ᄂᆞᆫ가ᄒᆞ야洋々히氣를吐ᄒᆞ면셔老妻의簪環을賣ᄒᆞ며稚子의囊錢을竭ᄒᆞ야調査入參運動費를作ᄒᆞ다ᄒᆞ며又此政策을謳歌하ᄂᆞᆫ新聞記、가有하니惜乎라民智의未開가此에至ᄒᆞ도다

官報

隆熙三年十一月十三日

內閣告示第四十三號

○勅令第一百九十四號

(明治四十一年十月二十三日)

特許登錄令 續

特許法第十三條第一項의規定을依ᄒᆞᆫ登錄을申請하ᄂᆞᆫ境遇에ᄂᆞᆫ前項第二號의文書를添附ᄒᆞᆷ을不要ᄒᆞᆷ

第一項第三號의文書를依ᄒᆞ야證明ᄒᆞᆯ事項이既히登錄을受ᄒᆞᆫ者ㅣ될時에ᄂᆞᆫ同号의文書를添附ᄒᆞᆷ을不要ᄒᆞᆷ

他事件으로特許局에對ᄒᆞ야既히第一項第四號又ᄂᆞᆫ第五號의證明書를提出ᄒᆞᆫ者로其事項이變更ᄒᆞᆷ이無ᄒᆞᆫ時ᄂᆞᆫ更히其文書를添附ᄒᆞᆷ을不要ᄒᆞᆷ但特許局長이其提出을必要ᄒᆞᆷ으로認ᄒᆞᆯ時ᄂᆞᆫ此限에不在ᄒᆞᆷ

特許法第十三條第一項의規定을依하야登錄을受ᄒᆞᆫ代理人이나又ᄂᆞᆫ同第十七條第一項但書의規定을依ᄒᆞ야申告ᄒᆞᆫ代表者가其權限內로登錄을申請ᄒᆞᆯ境遇에在ᄒᆞ야ᄂᆞᆫ第一項第六號의文書를添附ᄒᆞᆷ을不要ᄒᆞᆷ

登錄原因을證ᄒᆞᆫ文書가執行力이有ᄒᆞᆫ判決이나又ᄂᆞᆫ確定ᄒᆞᆫ審決이될時ᄂᆞᆫ第一項第二號、第五號의文書와及國籍을證明ᄒᆞᆫ文書를提出ᄒᆞᆷ을不要ᄒᆞᆷ

數個의登錄을申請ᄒᆞᆯ境遇에在ᄒᆞ야ᄂᆞᆫ登錄原因을証ᄒᆞᆫ文書가一個外에無ᄒᆞᆫ時ᄂᆞᆫ其一의申請書에此를添附ᄒᆞ고他申請書에ᄂᆞᆫ其旨를記載ᄒᆞᆷ이可ᄒᆞᆷ

第二十六條 申請書에ᄂᆞᆫ左開事項을記載ᄒᆞ고申請人이署名捺印ᄒᆞᆷ이可ᄒᆞᆷ

一 特許番號
二 發明의名稱
三 申請人의姓名又ᄂᆞᆫ名稱及住所、代理人或은代表者를依ᄒᆞ야申請ᄒᆞᆯ境遇에ᄂᆞᆫ尙히其姓名又ᄂᆞᆫ名稱及住所
四 外國人에在ᄒᆞ야ᄂᆞᆫ其國籍但萬國工業所有權保護同盟條約國又ᄂᆞᆫ帝國과特許에關하야互相保護를約ᄒᆞᆫ國以外의國의臣民又ᄂᆞᆫ人民에在ᄒᆞ야ᄂᆞᆫ尙히同盟國中一國의版圖內에在ᄒᆞᆫ住所又ᄂᆞᆫ現實ᄒᆞ고眞誠ᄒᆞᆫ工業的或은商業的營業所
五 登錄原因及其日子
六 登錄의目的
七 年月日

(未完)

外報

○露國軍備擴張　露國々民議會ᄂᆞᆫ全國國防委員會의提出ᄒᆞᆫ氣球艦隊를建造ᄒᆞ고호잇델野戰砲를增加ᄒᆞ며大砲工場에最新式機械設備ᄒᆞᄂᆞᆫ等案件을可決ᄒᆞ엿다더라

○德國과波斯　露國外務省及各新聞紙ᄂᆞᆫ波斯가萬一鐵道에關ᄒᆞᆫ特權을德國에讓與ᄒᆞᄂᆞᆫ境遇에ᄂᆞᆫ英露의利益은危殆에瀕ᄒᆞᆯ지며其結果로波斯ᄂᆞᆫ列國角逐의舞臺가되여危殆ᄒᆞᆫ地位에陷하리라고認ᄒᆞᆫ다더라

○國境線調査　淸國錫總督은北滿洲에在ᄒᆞᆫ露淸國境을改訂ᄒᆞᆯ期限이漸迫하엿슴으로써奉天吉林黑龍江三省에委員을派送ᄒᆞ야國境線調査上의交涉을開始ᄒᆞᆫ다더라

○黑幕果誰　淸國攝政王宮中에爆發彈이發現된事에對ᄒᆞ야同國內에諸般風說이盛行ᄒᆞ야或說은憲政確立을主張ᄒᆞᄂᆞᆫ進步的代議員等의所爲라하며一說은滿人不平黨의暴行이라ᄒᆞ며又孫逸仙部下革命黨員의陰謀라ᄒᆞ나然ᄒᆞ나宮廷以外에靜穩ᄒᆞᆫ것을見하면右ᄂᆞᆫ但只廷臣의密計에不外ᄒᆞ다고推測ᄒᆞᄂᆞᆫ者가多ᄒᆞ다더라

○伊帝와루氏　伊太利國皇帝우의쿠둘이마누엘陛下ᄂᆞᆫ美國前大統領루스벨트氏와四十五分間會談ᄒᆞ엿다ᄂᆞᆫᄃᆡ右ᄂᆞᆫ루스벨트氏出獵中에關ᄒᆞᆫ經驗의談이라더라

○露淸條約改正　露淸兩國間에通商條約을改正ᄒᆞᆫ다ᄂᆞᆫᄃᆡ其要項은蒙古、庫倫、烏里雅蘇臺、伊犂에在ᄒᆞᆫ露淸貿易稅務에關ᄒᆞᆫ件이라더라

○土國海顧交迭　土耳其國海軍顧問감풀將軍이遞任ᄒᆞᆫ代에英國海軍中將윌니암氏가被任ᄒᆞ엿다더라

學界

○漢南卒業式　漢江私立漢南學校에셔明日曜上午十二時에第四回卒業式을擧行ᄒᆞᆫ다더라

○開校盛況　忠州郡可興私立湖興學校에셔去十一月二十三日에開校式을行ᄒᆞ엿ᄂᆞᆫᄃᆡ該校長韓昌愚氏ᄂᆞᆫ學部認可를承ᄒᆞᆫ趣旨를一場說明하고該郡守徐晦輔氏ᄂᆞᆫ一般學徒를對ᄒᆞ야熱心勸論ᄒᆞ고講師李熙載氏ᄂᆞᆫ興學會支會에本校設立된事項을說明ᄒᆞ고各學校任員諸氏ᄂᆞᆫ祝辭를述ᄒᆞ고該校監金演昇氏가答辭ᄒᆞᆫ後萬歲를奉呼ᄒᆞ야盛況을呈ᄒᆞ엿다더라

○宜其贊揚　江原道襟城郡부洞里부산學校ᄂᆞᆫ原來十室殘村에셔設立ᄒᆞᆫ바인즉財政이窘絀ᄒᆞᆷ은不言可知어니와新聞을購覽ᄒᆞ다가代金을辦出키難ᄒᆞ야停覽코져ᄒᆞ더니該校一般生徒가烟草를斷吸ᄒᆞ고新聞을繼續購覽ᄒᆞ기로決心ᄒᆞᄆᆡ該校任員들이其嘉尙ᄒᆞᆫ志를贊揚키爲ᄒᆞ야一齊히斷烟ᄒᆞ엿다더라

○其志甚善　仁川府多所面松林洞以文學校ᄂᆞᆫ勞働學生을敎育ᄒᆞ던바인ᄃᆡ不幸히廢止된後該地附近學校學生許還李甲奎李明浩趙在榮申永愚氏等이勞働人의知識이全昧ᄒᆞᆷ을慨歎히녀여附近勞働青年을募集敎授ᄒᆞᄂᆞᆫᄃᆡ生徒가五十餘名에達ᄒᆞ엿다더라

○面長設校　楊平郡北上面々長南相穆氏가該面訪逸洞에武陵義塾을設立ᄒᆞ고敎師李容직氏ᄂᆞᆫ義務로敎授ᄒᆞ며南六照氏ᄂᆞᆫ自己墓舍를該校堂으로使用케ᄒᆞ엿다더라

偉人遺蹟

東國巨傑 崔都統

錦頰山人 續

此ᄂᆞᆫ皆虛聲恐喝이오實際가아니라時에支那가亂하야元方이內寇를搗平ᄒᆞᆷ에도其兵이已少ᄒᆞ거던奚暇에八十萬兵을發ᄒᆞ야我國에來ᄒᆞ리오此ᄂᆞᆫ三尺童子도可料ᄒᆞᆯ바어ᄂᆞᆯ惜乎라彼性質恐怯ᄒᆞᆫ國王과積習卑劣ᄒᆞᆫ諸臣들은此言에喫㤼ᄒᆞ야顔色을失ᄒᆞ며魂魄을喪ᄒᆞ고瞠황히相顧ᄒᆞ야彼八十萬大寇가京城에已逼ᄒᆞᆷ과如히驚恐하니其光景이實로可笑러라如此ᄒᆞᆫ지良久에王이一大奇策을思得ᄒᆞ고卽大喜하야元使에게謂ᄒᆞ여曰此事ᄂᆞᆫ果然寡人이不知ᄒᆞᄂᆞᆫ비로라元使曰엇지國王으로此事를不知ᄒᆞᆫ다ᄒᆞ나뇨王이答曰印당이西北兵馬의權을操弄ᄒᆞ야敢히此犯順의事를行ᄒᆞᆷ이오寡人은不知로라元使曰然則此人을何故로不罪ᄒᆞ나뇨王曰使者를已遣ᄒᆞ야此人의罪를議ᄒᆞ노라元使曰王은好爲ᄒᆞ라不然이면彼八十萬大兵이朝暮間貴國에臨ᄒᆞ리니王이何術로禦코져ᄒᆞ나뇨하고卽謝去ᄒᆞ더라

(未完)

詞藻

웨못일워

마지나ᄂᆞᆫ제누구며、비ᄉᆞ믹은제누구랴。
저도사ᄅᆞᆷ이오、나도사ᄅᆞᆷ인뎌。
내라고、나의목뎍을、웨못일워。

宮廷彙報

◎活動御覽 太皇帝陛下쎄옵셔再昨日下午二時에 德壽宮內 惇德殿에셔日人高等演藝舘에셔設行ᄒᆞᄂᆞᆫ活動寫眞을御覽ᄒᆞ옵셧ᄂᆞᆫᄃᆡ 義親王以下皇族諸氏와宮相閔丙奭氏와日人小宮三保松等이叅內陪觀ᄒᆞ엿다더라

◎祭料下賜 太皇帝陛下쎄옵셔ᄂᆞᆫ日本故宮相岩倉逝去에對ᄒᆞ야祭粢料로金五千圜을 下賜하옵셧다더라

雜報

◎何等宴樂 義親王殿下와中樞院顧問李址鎔氏ᄂᆞᆫ再昨日下午十一時부터壽進洞薛仁和氏家에셔妓樂을大張ᄒᆞ고盛宴을設ᄒᆞ엿ᄂᆞᆫᄃᆡ昨日上午四時에罷宴ᄒᆞ엿다더라

◎兩勅使電信 吊問使로渡日ᄒᆞᆫ高羲誠李恒九兩氏ᄂᆞᆫ日本宮內府에셔特別ᄒᆞᆫ禮待를受ᄒᆞ엿다고再昨日宮內府로打電ᄒᆞ엿다더라

◎審查例會 內部에셔ᄂᆞᆫ昨日下午一時에法令審查例會를開하엿다더라

◎金氏吟病 中樞院議長金允植氏ᄂᆞᆫ身病을因ᄒᆞ야多日呻吟ᄒᆞᄂᆞᆫᄃᆡ內相朴齊純氏가再昨日專往問病ᄒᆞ엿다더라

◎水道視察 內部大臣朴齊純氏ᄂᆞᆫ鷺梁津水道狀況을視察ᄒᆞ기爲ᄒᆞ야昨日午後零時十分에上水道局長劉猛氏를帶同하고同地로前往ᄒᆞ엿다더라

◎後藤渡韓期 日本遞信大臣後藤은釜山停車塲新築落成式에叅與하기爲ᄒᆞ야來六月初旬間에渡韓ᄒᆞᆫ다더라

◎錢宮稅金 宮內府에셔ᄂᆞᆫ前無部所管家屋에稅金을排定ᄒᆞᆯ次로日間測量에着手ᄒᆞᆫ다더라

◎實地引繼 載寧殷栗의鐵礦山을日本政府에셔引繼經營ᄒᆞᆷ은已報ᄒᆞᆫ바어니와既往은但히書面引繼만行ᄒᆞᆫ故로更히實地引繼ᄒᆞ기爲하야日本製鐵所書記官大谷技師服部等이本月內로渡韓ᄒᆞᆫ다더라

◎岩佐南行 拓殖會社에셔ᄂᆞᆫ金融部支所를各地에設立ᄒᆞᆯ計畫으로金融部長岩佐가日間羣山木浦釜山大邱方面으로出張ᄒᆞᆫ다더라

◎觀光團又出 大邱大韓協會支會總務李一雨開寧郡守鄭在學氏等諸人이日本觀光團을組織ᄒᆞ야近間渡日ᄒᆞᆫ다더라

◎接待員派送 美國前大統領루스벨트氏의妹婿로빈손氏夫妻ᄂᆞᆫ本日淸國安東縣에到着ᄒᆞ야明日에韓國京城에入ᄒᆞᆫ다ᄂᆞᆫᄃᆡ鐵道管理局에셔ᄂᆞᆫ新義州ᄭᆞ지統監府에셔ᄂᆞᆫ開城ᄭᆞ지接待委員을派送ᄒᆞᆫ다더라

◎岡部又渡 日本岡部法相은平壤及其他地方에在ᄒᆞᆫ岡部家農塲을視察ᄒᆞ기爲ᄒᆞ야今月末에渡韓ᄒᆞᆫ다더라

◎黑鉛名產 韓國의黑鉛產額은年々增加ᄒᆞ야再昨年은六千五百噸이러니昨年은八千噸에至ᄒᆞ엿다ᄒᆞ며其產出의主要地ᄂᆞᆫ咸南永興忠北靑山慶北咸昌平北宜川江原道江陵等地인ᄃᆡ其品質이德國美國產과同等된다ᄒᆞ며此礦業者가適當히勉勵ᄒᆞᆯ時에ᄂᆞᆫ現今廿圓價値되ᄂᆞᆫ것을二三百圓에達케ᄒᆞᆯ수가有ᄒᆞ다ᄂᆞᆫᄃᆡ實노韓國의一大富源이라더라

◎調查次發程 陜川郡海印寺에藏置ᄒᆞᆫ大藏經을保管ᄒᆞᆯ次로當局에셔宮吏를派送ᄒᆞᆫ다ᄒᆞᆷ은既報어니와該經元板十八萬枚를調查ᄒᆞᆯ次로掌禮院掌典朴彬氏와宮內府事務官日人村上이再昨日上午十一時에발程ᄒᆞ엿ᄂᆞᆫᄃᆡ兼ᄒᆞ야該寺所有佛粮畓ᄭᆞ지調查ᄒᆞ고一週日後에歸京ᄒᆞᆫ다더라

◎日師團動靜 日本으로從來ᄒᆞᆫ特信을據ᄒᆞᆫ즉日本山陽道를根據로ᄒᆞᆫ日本某師團은去六日에特別任務로渡韓命令을接ᄒᆞ야急速準備에着手中인ᄃᆡ該師團은韓國某道某方面에駐剳ᄒᆞᆫ다ᄒᆞ며一說에ᄂᆞᆫ該師團의全部가아니오一部라ᄒᆞᄂᆞᆫᄃᆡ日本에셔ᄂᆞᆫ此에關ᄒᆞ야秘密히指揮ᄒᆞᆫ다더라

◎內部發訓 內部에셔慶南觀察使에게訓令ᄒᆞ되陜川海印寺에積置ᄒᆞᆫ八萬大藏經은所重이自別ᄒᆞᆫ즉或刊出ᄒᆞᄂᆞᆫ者가有ᄒᆞ던지或他處로運搬ᄒᆞᄂᆞᆫ境遇이거던本部의指揮를待ᄒᆞ야處理ᄒᆞ라ᄒᆞ엿다더라

◎忠北道의一斑 忠北觀察道에셔ᄂᆞᆫ道一斑이라ᄂᆞᆫ冊子를發刊ᄒᆞ야叅考品으로各部에一件式配付ᄒᆞ엿ᄂᆞᆫᄃᆡ道內地勢及戶口其他物產등을編入ᄒᆞᆷ이라더라

◎校宮欲占 平北厚昌郡鄕校를該郡守備隊에셔占據코져ᄒᆞᆷ으로該道觀察使가事由를擧ᄒᆞ야學部로修報하엿다더라

◎効忠之功 城津郡居鄭德俊氏ᄂᆞᆫ露日戰役時에功勞가特有ᄒᆞ다ᄒᆞ야日本陸軍省에셔酬勞金을日軍司令部로送致ᄒᆞ고該鄭氏의게出給ᄒᆞ라하엿다더라

◎政友趣旨發布 政友會에셔ᄂᆞᆫ該會趣旨書를再昨日各社會에傳布하ᄂᆞᆫᄃᆡ一進會와商務組合部와同志研成會三團體의贊成이無ᄒᆞᆫ즉足히社會로認定ᄒᆞᆯ바이無하다ᄒᆞ야該三處ᄂᆞᆫ傳及치안키로決議ᄒᆞ엿다더라

◎孫家會況 昨日은天道敎主孫秉熙氏의生日인故로地方敎人이該氏私邸에多數會同ᄒᆞ야國旗를高揭ᄒᆞ고祝賀禮를行ᄒᆞ엿ᄂᆞᆫᄃᆡ惠泉舘料理五十卓을設備ᄒᆞ야迭宕娛樂하엿다더라

◎不堪團束 一進會副會長金澤鉉은二週日間閒養ᄒᆞᆯ次로三昨日東小門外花溪寺에前往ᄒᆞ엿더니所管警察署에셔該人의行動을檢察ᄒᆞ기爲하야刑事巡查를輪回派送하ᄂᆞᆫ故로金은其團束을不堪ᄒᆞ야翌日入城하엿다더라

◎學宰南行 商務組合部長李學宰ᄂᆞᆫ天照敎를傳布ᄒᆞᆯ次로不遠間振威平澤등郡에前往ᄒᆞᆫ다더라

◎日艦入港 日本第二艦隊沖島、見島、八雲、三隻은昨日仁川에入港ᄒᆞ엿다더라

◎武器發掘 延安郡日憲兵分遣所의憲兵一名과補助員一名이去六日該郡道降面山中에셔銃一挺과軍刀一枚를發掘ᄒᆞ엿다더라

◎電鐵準備 韓日瓦斯會社에셔ᄂᆞᆫ龍山漢江間에電氣鐵道를敷設ᄒᆞᆯ次로目下準備中이라더라

◎裁判所와官吏 韓國內裁判所의數爻ᄂᆞᆫ高等法院이一이오控訴院이三이오地方裁判所가八이오同支部가九요區裁判所가八十箇處인ᄃᆡ以上은總히韓國의既設ᄒᆞᆫ것을日本이引繼ᄒᆞᆫ者이오目下開設準備中에在ᄒᆞᆫ區裁判所가十箇處요又裁判所官吏中韓人이一百六十四人이오日人이四百七十四人이라더라

◎漁業調查說 農商工部水產局에셔ᄂᆞᆫ免許漁業第二調查를行ᄒᆞᆫ다ᄂᆞᆫᄃᆡ來十月頃에西海岸으로一派東海岸으로二派南海岸으로一派合四派調查員을派送ᄒᆞᆫ다더라

◎森鹽西行 京城에滯留ᄒᆞ던日本代議士森鹽ᄂᆞᆫ再昨日平壤으로발往ᄒᆞ엿다더라

◎水雷拔錨 日前仁川에入港ᄒᆞ엿던日本水雷艇四隻은去七日에拔錨ᄒᆞ엿다더라

◎石井仁川行 日人石井武官은仁川에入港ᄒᆞᄂᆞᆫ日本第一艦隊를歡迎키爲ᄒᆞ야昨日仁川으로發行ᄒᆞ엿다더라

◎安氏追悼將設 天主敎堂에셔故安重根氏를爲ᄒᆞ야追悼會를設行ᄒᆞᆫ다더라

◎始民起訴 始興郡民有草坪數萬坪을日人山中勸등六人이雲峴宮에買得ᄒᆞ엿다稱ᄒᆞ고年來詰難ᄒᆞᆷ은一般知了ᄒᆞᄂᆞᆫ바어니와該草坪所有主韓鳳熙氏等三十餘名이辯護士張燾氏에게委任ᄒᆞ야今日에裁判ᄒᆞᆫ다더라

◎烟草商等訴 始興郡財務署에셔該管內烟草商의게昨年度에ᄂᆞᆫ每名下稅金二圓式領受ᄒᆞ더니本年度에ᄂᆞᆫ十圓式徵捧코져ᄒᆞᆷ으로烟草商等이所管財務監督局에等訴ᄒᆞ엿다더라

◎何等殊常 前協辦李鳳來氏ᄂᆞᆫ近日行動이極히殊常하다하야某處에셔秘密調查中이라더라

◎吉氏宴待 尹致旿諸氏等이發起ᄒᆞ야基督敎靑年會總務吉禮泰氏를昨日明月舘으로請邀ᄒᆞ야宴待ᄒᆞ엿다더라

◎하氏計畫 監理派宣敎師監督하리丛博士ᄂᆞᆫ本年五月初旬에英國에셔開ᄒᆞᄂᆞᆫ宣敎師大會에往叅ᄒᆞ고仍히北美에渡航ᄒᆞ야約半箇年餘를滯在ᄒᆞ야韓國傳道費로五十萬圜의資金을獲得ᄒᆞᆫ後本年末頃에來韓ᄒᆞᆯ預定이라더라

◎家人續捉 前協辦李根培氏에令男東熙氏가殺人嫌疑로中部警察署에被捉ᄒᆞᆷ은既報어니와該氏의家人十餘名을陸續捉囚하고目下審查中이라더라

電報

◎神戶慘事 今朝日本神戶港에碇泊ᄒᆞ엿던船舶에爆發藥이爆發되야該船舶은沈沒되고附近家屋은破壞되엿스며死傷者가多數ᄒᆞ다더라

◎無線電試驗 日本과布哇間에無線電信試驗은成功될希望이有ᄒᆞᆫ故로日間第三回試驗을施行ᄒᆞᆫ다더라

以上東京發 七日着

◎馬港罷業 法國馬耳塞港口에ᄂᆞᆫ海員同盟罷業이起ᄒᆞ야商業이杜絶되엿다더라

論敦發 七日着

◎日艦航行 日本旗艦千歲號의率ᄒᆞᆫ練習艦隊ᄂᆞᆫ來十六日近海航路에就ᄒᆞ야淸國、滿洲、臺灣、方面을巡行ᄒᆞ다가七月十二日頃에仁川에入港ᄒᆞ고黃海와日本海를經ᄒᆞ야歸航ᄒᆞᆯ預定이라더라

東京發 八日着

◎淸大官談論 淸國某大官은今番攝政王宮爆彈事件[illegible]ᄒᆞᆫ[illegible]을[illegible]라[illegible]나[illegible]中[illegible]인ᄃᆡ此嫌疑[illegible]ᄒᆞ야[illegible]數名이被捉되엿다[illegible]다라

北京發 八日着

▲書籍一評▼

▲氣海中에둥둥떠셔運動ᄒᆞᄂᆞᆫ地球星은停滯업시循環ᄒᆞ야公轉自轉不息ᄒᆞ건만三面環海韓半島ᄂᆞᆫ夜色何其遲々ᄒᆞᆫ고萬戶千門燈火深에旅舘寂寞如水ᄒᆞᆫᄃᆡ轉전半夜夢不成에羈旅心事鬱ᄒᆞ다滿架書籍亂抽ᄒᆞ야隨意讀過ᄒᆞᆫ然後에着眼處를標出ᄒᆞ야擧筆一評ᄒᆞ여볼새

▲冊ᄒᆞᆫ卷을披閱하니日本人의著述ᄒᆞᆫ바所謂萬國最近史라列國史를遍讀타가朝鮮史에닐으어셔其所述을覽ᄒᆞ니朝鮮國은녯적부터日本國의屬國되여朝貢ᄒᆞᆺ다ᄒᆞ엿더라歷史著作ᄒᆞ라면은實證ᄒᆞᆷ이可ᄒᆞ거ᄂᆞᆯ업ᄂᆞᆫ事蹟날造ᄒᆞ야남의國史侮辱ᄒᆞ니그所爲가可惜ᄒᆞ고

▲또ᄒᆞᆫ冊을披閱ᄒᆞ니日本人의編纂ᄒᆞᆫ바所謂世界[illegible]圖다列國境界區分ᄒᆞ야各色[illegible]別ᄒᆞ엿ᄂᆞᆫᄃᆡ大韓帝國地圖ᄂᆞᆫ[illegible]日本과混同ᄒᆞ야붉은빗츨加ᄒᆞ엿더라大韓國은大韓이오日本國은日本이라萬國公眼目在ᄒᆞ거ᄂᆞᆯ猥濫되히恣行ᄒᆞ야남의版圖侵佔ᄒᆞ니그所爲가可憎ᄒᆞ고

▲또ᄒᆞᆫ冊을披閱ᄒᆞ니興士團의編輯ᄒᆞᆫ바所謂本國略史이라乙巳年의五條約을津津稱道ᄒᆞ엿스되東洋平和確立ᄒᆞ고韓國富强協助되고韓日兩國親密키로協定ᄒᆞᆺ다ᄒᆞ엿더라五條約의利害ᄂᆞᆫ三尺童도아ᄂᆞᆫ빈ᄃᆡ無倫魔說緣飾ᄒᆞ야小學童을醉케ᄒᆞ니그所爲가可痛ᄒᆞ다

雜報

◎姜氏決退　政友會發起人姜重遠氏ᄂᆞᆫ退會ᄒᆞ기로決心ᄒᆞ엿다더라

◎西北通常會　西北學會臨時通常會를今日下午三時에開ᄒᆞᆫ다더라

◎湖南總會　湖南學會에서明日下午一時에定期總會를開ᄒᆞᄂᆞᆫᄃᆡ同道人士가多數來參ᄒᆞ기를希望ᄒᆞᆫ다더라

◎議案募集　國債報償金處理會에서來十六日大總會를開ᄒᆞᆫ다ᄒᆞᆷ은一般共知어니와該會에서京鄕間有志紳士에게通牒을發ᄒᆞ야總會時處理議案을募集ᄒᆞᆫ다더라

◎普明開會　新組織된普明女子敎育會ᄂᆞᆫ今明間總會를開ᄒᆞ고任員을選定ᄒᆞᆫ다더라

◎傳染消散　本年一月以來傳染病罹患者가五百二十一人인ᄃᆡ其中痘疫患者가四百三十二人이라더라

◎金氏渡露　北部花開洞居金秉魯氏ᄂᆞᆫ年前露國에入籍ᄒᆞ엿ᄂᆞᆫᄃᆡ日前家眷을率ᄒᆞ고露國으로渡往ᄒᆞ엿다더라

◎背夫宜懲　南部石井洞居崔姓女ᄂᆞᆫ背夫逃走ᄒᆞ야隣居金漢俊과同居ᄒᆞᄂᆞᆫ故로該本夫가崔女를推還ᄒᆞᆯ次로昨日日憲兵司令部에呼訴ᄒᆞ엿다더라

◎調査員試取　官立漢城高等學校에附設ᄒᆞᆫ土地調査局事務員養成所에서ᄂᆞᆫ昨日上午十時에試取를經ᄒᆞ엿ᄂᆞᆫᄃᆡ應試者가一千三百餘人에達ᄒᆞ엿고官立高等學校와外國語學교에卒業生은免試ᄒᆞ엿다더라

◎妓組熱心　漢城妓生組合所에서京城孤兒院의經費窘絀ᄒᆞᆷ을聞ᄒᆞ고壹週間演奏會를設行ᄒᆞ야其經費를補助ᄒᆞ기로決定하엿다더라

◎或宣或退　再昨日控訴院에서銀貨僞造犯黃範秀ᄂᆞᆫ役十年으로宣告하고同犯趙炯九에申訴ᄂᆞᆫ退却ᄒᆞ엿다더라

廣告

本人이開業ᄒᆞᆫ지五年에僉君子에愛顧ᄒᆞ심을蒙ᄒᆞ야營業을一層擴張ᄒᆞ기爲ᄒᆞ야物品을直輸入ᄒᆞ야各種帽子를精密히製造ᄒᆞ야廉價로販賣ᄒᆞ오니僉君子ᄂᆞᆫ陸續來臨ᄒᆞ심을務望ᄒᆞᆷ外方에서도請求ᄒᆞ시면小包代金引換으로酬應ᄒᆞᆷ此外에洋鞋도具備ᄒᆞ오니請求ᄒᆞ옵소셔

帽子十個以上은特別減ᄒᆞᆷ

特上品　一圓四十錢
甲極上品　一圓十錢
乙仝　九十錢
丙仝　八十錢
丁中品　六十錢
戊　五十錢

此外에統監府官吏帽子와警視警部帽子도製造ᄒᆞᆷ
京城貞洞大漢門前帽子店尹興烈　委任主　崔東禎　趙永信

歐米[illegible]學及實業과我
國有志諸氏의[illegible]이로成冊ᄒᆞ
요[illegible]五十錢의[illegible]ᄒᆞ오
南部石井洞天然亭 丙
李鍾[illegible]

本人이再昨日京釜線車中에서紙匣을見失ᄒᆞ얏ᄂᆞᆫᄃᆡ金과連許捧票百圓과姓名圖章과草梁至天安往還車表一張과金時計一箇와金貨二圓三十一錢을逢賊ᄒᆞ엿스니京鄕各去來處ᄂᆞᆫ見失ᄒᆞᆫ圖章과捧票ᄂᆞᆫ勿施ᄒᆞ고新章으로施行ᄒᆞᆷ
釜山鎭一洞十統三戶　金奭基　告白

本人이已酉陰七月日에八分達城徐라刻ᄒᆞᆫ章과篆刻姓字章을幷失인바右章은財政上에ᄂᆞᆫ用치아니ᄒᆞ엿ᄉᆞ오니知舊間照諒ᄒᆞᆷ
慶尙南道蔚山郡靑良面處容　徐相煥　告白

開城郡에日韓運送合資會社支店을設置ᄒᆞ고河舟及鐵道運送과委托品賣買와倉庫業을商賈의請求ᄃᆡ로至極精密히酬應ᄒᆞ오니內外國　僉君子ᄂᆞᆫ愛顧ᄒᆞ심을務望
日韓運送合資會社開城支店　李命稙　告白

全北古阜郡許洞殷弘基先大人參奉公傳吉氏陰二月十七日別世玆에廣告親舊間照亮焉
護喪　朴一千　告白

本月十日(日曜)下午七時에特別總會를開ᄒᆞ오니　僉會員은一齊出席ᄒᆞ시옵
西北學生輔仁會　告白

民刑訴訟의貴囑을應ᄒᆞᆷ
平壤須磨通(內田病院向)
辯護士　白井勝悟　事務所
顧問　前典祀　李圭夏
同　六品　鄭寅河
同　前參奉　金景洙
事務員　金鎭燮
同　吳永洙

學員募集廣告

本校에서第一學年及二、三、四各學年補缺生을增加募集ᄒᆞ니四月十日內로請願書를提出ᄒᆞᆷ
但請願紙ᄂᆞᆫ本校에請求ᄒᆞᆷ
西大門內
私立普成小學校

本校에서第壹學年級學員을募集ᄒᆞ오니志願者ᄂᆞᆫ四月十日內로請願書를提出ᄒᆞᆷ
但請願紙ᄂᆞᆫ本校에請求ᄒᆞᆷ
試驗日字ᄂᆞᆫ四月十壹日下午二時
試驗科目算術四則、作文、讀書
第二學年補缺生도募集ᄒᆞᆷ
隆熙四年三月　日
私立 西北協成學校

圖章材料를並히彫刻ᄒᆞ와販賣하오니注文ᄒᆞ시옵
黑角單層彫刻一件金三十錢
黑角二層彫刻一件仝三十五錢
黑角三層彫刻一件仝四十錢
但代金은先送ᄒᆞ여야發送ᄒᆞᆷ
京城南署棗洞六十二統十戶
KIM
金龍商會

新組織 大擴張廣告
測量機械及美濃紙各種
各帽子學生帽子學校用品各種
谷香葉卷烟及山月紙卷烟各種
圖章材料와幷히彫刻販賣ᄒᆞᆷ
前社員朴大卿氏ᄂᆞᆫ自己事로因ᄒᆞ야本社에無關ᄒᆞ오니照諒ᄒᆞᆷ
大邱北門外　東美運送部　浦上運送部
總務 李重來　謹告

本出張에서宣川郡支店을以李鳳朝로許施則該郡內諸氏ᄂᆞᆫ右支店에訊速請求ᄒᆞᆷ
平壤鍾路濟生堂
第一出張所　田恒睃　白

京西部車洞同和藥房
本國藥材、洋製、各病效、用、價、國漢文、可刊出、作封、雖婦女、郵便請求、買賣
閔[illegible]　白

本人長子允吉이字ᄂᆞᆫ益洙라稱ᄒᆞ고自數年前으로不聽父訓ᄒᆞ고修身浮雜近日不知處ᄒᆞ오니內外僉君切勿見欺ᄒᆞᆷ
釜港草梁　金時彦

◎失期치마시옵
種繭을願買ᄒᆞ시던지或信實ᄒᆞᆫ保人을得ᄒᆞ야支社나或並作例를志願ᄒᆞ시라ᄂᆞᆫ　僉君子ᄂᆞᆫ陰三月旬內로請求ᄒᆞ심을敬要
京新門外鍮洞一百九十三統三戶
大韓작蠶會社　白

◎學員募集廣告
本校에서校務를一層擴張ᄒᆞ고學員을限百名募集ᄒᆞ니志願者ᄂᆞᆫ來五月十五日(陰四月初六日)內로請願書를提呈ᄒᆞᆷ
一、試驗日字ᄂᆞᆫ五月十六日로定ᄒᆞᆷ
一、試驗科目　國漢文作文　算術四則以內　身體健全
一、科程　修身　內史　內誌　外史　外誌　英日語　算術　代數　幾何　理科、動、植、礦　生理　物理　化學　機械實習　地文　天文　農學　法學　體操　唱歌
一、但外郡에在ᄒᆞᆫ學生은飯費半料를特償ᄒᆞᆷ
一、修業年限은二個年速成으로定ᄒᆞᆷ
平南价川郡中南面　廣達學校

本人의義子金有定이浮浪悖類로符同ᄒᆞ야酒色에沉溺ᄒᆞᆯ뿐더러悖習惡行이無所不至ᄒᆞ옵기本人과ᄂᆞᆫ永爲絶義ᄒᆞ오니僉君子ᄂᆞᆫ咸須知悉ᄒᆞ시옵
馬山港　金志觀

鍾路慈惠藥房二層洋屋一座를放賣或貸家ᄒᆞᆯ터이오니　僉君子　照亮ᄒᆞᆷ
小廣橋廿一統五戶文奎相告白

우리나라ᄉᆞ롬이衛生에曚昧하고醫藥에暗素ᄒᆞ야天賦ᄒᆞᆫ壽命을保命치못ᄒᆞ고病魔에侵滅되야或은夭死하ᄂᆞᆫ悲運에至하고或萎縮ᄒᆞᄂᆞᆫ慘狀을呈ᄒᆞ야不完全不潤發ᄒᆞᆫ不具의國民을造成하엿스니嗚呼라이와ᄀᆞᆺ탄蒼白柔軟ᄒᆞᆫ쑥졍이民族으로엇지永遠ᄒᆞᆫ國家를經營ᄒᆞ리오아아云ᄒᆞ기難하도다우리神聖ᄒᆞᆫ民族은반다시强壯ᄒᆞᆫ者의食되지아니치못ᄒᆞᆯ지로다西哲이云치아니ᄒᆞ엿ᄂᆞᆫ가健全ᄒᆞᆫ知識은健全ᄒᆞᆫ身體에宿ᄒᆞᆫ다하엿스니誠然ᄒᆞᆫ지라國家의健全ᄒᆞᆫ獨立은반다시健全ᄒᆞᆫ身體健全ᄒᆞᆫ人格健全ᄒᆞᆫ知能을基礎라아니치못ᄒᆞᆯ지니玆에우리和平堂大藥房은我國現狀日과時勢要求에感ᄒᆞᆫ바有하야如何히하면此萎縮不具ᄒᆞᆫ蒼白色軟骨의可憐民族을免ᄒᆞ고勇敢有爲의潤發强壯ᄒᆞᆫ國民을作成ᄒᆞᆯ재如何히ᄒᆞ면遠大ᄒᆞᆫ欲望과堅忍不拔의思想잇ᄂᆞᆫ確實ᄒᆞᆫ國民을生産ᄒᆞᆯ재此等의問題ᄂᆞᆫ吾輩가多年苦心研究하던바라아아此大問題를如何히解決ᄒᆞᆯ고噫라善良ᄒᆞᆫ醫藥은善ᄒᆞᆫ身體를助長ᄒᆞ며善良ᄒᆞᆫ身體ᄂᆞᆫ善良ᄒᆞᆫ精力善良ᄒᆞᆫ知能을含有ᄒᆞ야偉大ᄒᆞᆫ功績을顯ᄒᆞᆫ다ᄒᆞᆷ은萬古不磨의金言이라우리和平堂大藥房이今에全力을注ᄒᆞ야此에貢獻ᄒᆞᆷ은實노天賦ᄒᆞᆫ使命을完了코져ᄒᆞᆷ이라바야ᄒᆞ로芳春萬物이蹴躍하ᄂᆞᆫ時를際ᄒᆞ야業務ᄂᆞᆫ愈益擴張ᄒᆞ고名藥은東西聚集일셔米國醫學博士禹越氏에게多年受學ᄒᆞ야實地와學術에宏大ᄒᆞᆫ抱負로셔우리나라有名ᄒᆞᆫ田慶龍氏ᄂᆞᆫ우리和平堂大藥房에셔診斷處方에務를執ᄒᆞ니우리和平堂大藥房은임의우리나라에셔最上榮譽로擔負ᄒᆞᆫ바ᄀᆞᆺ치最完備最發展ᄒᆞᆫ域에達ᄒᆞᆫ지라아아大韓의同胞로셔誰가우리和平堂을不知ᄒᆞᆯ者有ᄒᆞ며誰가우리和平堂의藥을用치아니ᄒᆞᆯ者有ᄒᆞ리오아아우리和平堂은아참부터져역ᄭᆞ지노지안코쉬지안코同胞의健康을爲ᄒᆞ야活動ᄒᆞ며同胞의前路를爲ᄒᆞ야勞苦하고잇ᄉᆞᆸᄂᆞ이다

京城鍾路和平堂大藥房本舖主任李應善

社告

大韓每日申報 各處支社廣告

平安北道

龍川楊市維新書舖 黃菊保
龍川南市驛 韓燦希
朔州邑南門外 朱伯英
義州南門外한西大藥局 張有寬
鐵山邑東部 鄭翊
車輦舘同志會內 金明鉉
定州南門內書舖 洪成麟
博川邑內營洞 金翼樞
京義線批峴驛停車場前 運輸會社前 李基秀
泰川邑舘前洋藥局 李正華
寧邊郡內紅門里 鄭德昇
寧邊龍山面新興里 南貞河家 鄭泰益
宣川橋南四統十戶 申基周
江界邑內 金泰熙
郭山郡內新街 金大鉉
雲山邑上里八統八戶 咸元澤
雲山北面橋洞八統七戶 王晃鎬
昌城郡內西下里一統二戶 許의
熙川邑內面東門外洞十四統二戶 金錫澤

平安南道

平壤鍾路太極書舘 安泰國
三和港碑石洞耶蘇敎堂 裵亨湜
安州城內義井洞安陵서舘 金翼河
江西邑內 金昌煥
甑山郡內利用里 崔診爽
德川邑官洞耶蘇敎冊肆 李丙斗
永柔邑內槐峴里二統八戶 金志璜
中和下道面一里三洞 禹應善
肅川東部面一里三統九戶 金天湜
咸從邑校洞 金炳善

黃海道

海州[illegible]書舘 朴[illegible]鎭
安岳[illegible]山[illegible]集 韓炳敎
長淵邑서北支學會內 崔東元
殷栗邑倉前里 金光礪
信川邑四里 李悌瓚
白川邑文明舘 趙雲泳
載寧邑서部李鼎均家乾材局 李範善
沙里院三聖學校內 李承吉

咸鏡道

咸興州南社西門外 曹喜林
元山港上里倉前洞 耶蘇女學校側 皇甫正杰
定平郡豊陽里 張禮學
洪原西門內保命局 羅炳善
永興邑南山洞洪明學校內 梁元常
清津港新岩洞 張元浩

全羅道

金溝木流面豆亭 趙德三
木浦港陽洞 李得珠
群山港九福洞一統八戶 方在喜

京畿道

仁川杻峴開新冊肆 李東皓
開城南門外興學書舖 姜助遠
江華邑川橋 俞鎭植

慶尙道

大邱西小門外友弦書樓側 李正由
釜山佐川藥局 徐錫疇

江原道

鐵原邑棠谷 趙鍾大
蔚珍郡遠南面梅花里 郭鍾郁

忠淸道

韓山下北筆堂里 李英稙
結城廣川小龍洞 李啓祚

北墾島

北墾島龍井村下場里 朴茂林

本報代金 一枚 新貨二錢五厘 壹個月 三十錢 參個月 九十錢 陸個月 壹圓七十錢 但地方[illegible]

廣告 四號活字拾三字詰 每日一寸(英尺)에 新貨卅五錢 (自一行至四行이爲一寸) 但時期長短과 行數多少[illegible]

檀君開國四千二百四十三年
箕子元年三千三十二年
大韓開國五百十九年
本報創刊日 光武八年七月十八日

大韓每日申報

Responsible Editor for Publication Marnham
發行兼編輯人 英國人 萬咸
發行所 漢城南部石井洞三層洋屋 大韓每日申報社

第八卷 月曜及慶節歲時日休刊 第一千三百五十七號

論說

◉語學界의趨勢

挽近韓國에日語學의潮勢가愈々히高ᄒᆞ야日語學校가星곳치羅ᄒᆞ며日語學者가林곳치起ᄒᆞ니吁라盛ᄒᆞ도다

如斯히日語學校가多ᄒᆞ며日語學者가多홈이果然文明의輸入을爲홈이며國家의發展을圖홈인가萬綠叢中에一点紅곳치一二의正義的日語學校日語學者가無홈은아니나大槪一言으로蔽ᄒᆞ건ᄃᆡ曰奴隸學校며曰奴隸學者니라

然홀지라其學校의養成ᄒᆞᄂᆞᆫ人才가奴隸人才며其學者의實行ᄒᆞᄂᆞᆫ事業이奴隸事業이니悲夫라

同胞ᄂᆞᆫ試思ᄒᆞ라語學의目的이果然何에在ᄒᆞᆫ가外國人의通譯이나되야狗苟의生活을作홀目的으로語學을學ᄒᆞᄂᆞᆫ가外國人의依勢나ᄒᆞ야狐威의痴虐을張홀目的으로語學을學ᄒᆞᄂᆞᆫ가同胞ᄂᆞᆫ語學을學ᄒᆞ되반다시文明을輸入ᄒᆞ며國家를發展ᄒᆞ기로目的홀지어다

同胞의定홀바語學의目的이如是ᄒᆞ거니엇지淸人의勢力이我國을左右홀時에ᄂᆞᆫ我가淸語를勉ᄒᆞ며露人의勢力이我國을浸橫홀時에ᄂᆞᆫ我가露語를勉ᄒᆞ며日人의勢力이我國을沉沒홀時에ᄂᆞᆫ我가日語를勉ᄒᆞ야旅館僮女가來去客의意를迎合ᄒᆞ드시今日에甲國人이來ᄒᆞ거던甲國語를學ᄒᆞ고明日에乙國人이來ᄒᆞ거던乙國語를學ᄒᆞ야浸々然奴隸學에醉ᄒᆞ리오此實痛恥홀바니라此實有志人의痛恥홀바니라此實自主의氣槪가有ᄒᆞ며獨立의精神을抱ᄒᆞᆫ韓國同胞의痛恥홀바니라

然則外國語를不學홈이可ᄒᆞᆯ까日否라外國語를不可不學이니라外國語를不可不學이ᄂᆞ다만文明의輸入、國家의發展으로目的을定ᄒᆞ고外國語를學홈이可ᄒᆞ니라

然則如何히ᄒᆞ면可ᄒᆞᆯ까日世界列强의語를遍學홈이可ᄒᆞ니라何故로然ᄒᆞᆫ가먼저第一理由를說明ᄒᆞ리로다第一理由ᄂᆞᆫ卽外交의資料를養홈이라大抵只今韓國志士가비록內地에셔風雲을放ᄒᆞ며地維를扶ᄒᆞ더ᄅᆡ도此ᄂᆞᆫ獨臂의鬪와如ᄒᆞ야孤勢를不免하며成功이甚難ᄒᆞ나니故로一方으로外交의術을鍊ᄒᆞ며外交의道를勉ᄒᆞ야世界的男兒의活動을試ᄒᆞ며世界的國民의價値를現ᄒᆞ여야始可ᄒᆞᆫ지라然ᄒᆞᆫ데此外交에第一必要不可缺의資料ᄂᆞᆫ卽外國語니果然志를外交에尙ᄒᆞᄂᆞᆫ者ㅣ不可不外國語를學홀지어ᄂᆞᆯ只今語學界를睹ᄒᆞ건ᄃᆡ此外交에無關係ᄒᆞᆫ日語만爲主홀뿐이오英德美法淸露等各國語에ᄂᆞᆫ留意하ᄂᆞᆫ者ㅣ殆無ᄒᆞ니此ㅣ엇지可惜지아니ᄒᆞᆫ가故로今日韓國人士ᄂᆞᆫ或淸語도學ᄒᆞ며或英語도學ᄒᆞ며或法語도學ᄒᆞ며德語露語도學ᄒᆞ야列國의語를遍學홈이可ᄒᆞ며其次에第二理由를說明ᄒᆞ리로다第二理由ᄂᆞᆫ卽文明直接輸入의機關을作홈이라大抵今日韓國人이日本을文明輸入의惟一路로知ᄒᆞᄂᆞᆫ者ㅣ多ᄒᆞ나彼日本은模倣者에不過ᄒᆞ나니故로文明의源泉을探코져홀진ᄃᆡ歐美文明을輸入지아니홈이不可ᄒᆞ며彼日本은幼稚時代에尙在ᄒᆞ나니故로壯實ᄒᆞᆫ文明을模範코져홀진ᄃᆡ歐美文明을輸入지아니홈이不可ᄒᆞ며彼日本은歐美文明을模出홈에其國粹에適ᄒᆞ며其國利에適ᄒᆞ도록模出ᄒᆞᆫ者ㅣ多ᄒᆞ거ᄂᆞᆯ韓國人이此를直輸入하면千里의差를免치못홀지니故로眞止ᄒᆞᆫ文明을輸入ᄒᆞ랴면歐美文明을輸入지아니홈이不可ᄒᆞ고又今日韓人이文明의誠心傳達을日人에게望홀바아니니故로歐美文明을輸入지아니홈이不可ᄒᆞᆫ지라然ᄒᆞᆫ데歐美文明을直接輸入홈에爲先其機關을準備홀道ᄂᆞᆫ卽歐美語를知홈이是니故로今日韓國人士가歐美列國語를遍學홈이可ᄒᆞ니라

嗚呼라同胞ᄂᆞᆫ或吾儕의此言을覆장의物로視치말지어다眼前의瘡을醫코져ᄒᆞ야心頭의肉을割홈은賢로不가ᄒᆞ나니目前의利를貪ᄒᆞ야日語만學지말고遠大ᄒᆞᆫ福을圖하야目的을擴홀지어다

然이나近頃語學界消息을聞ᄒᆞᆫ즉日語學校에入學ᄒᆞᄂᆞᆫ者ᄂᆞᆫ屋瓦곳치多ᄒᆞ고英、德、法、淸等各語學교에ᄂᆞᆫ入學ᄒᆞᄂᆞᆫ者가無하야春草滿庭의嘆을發케ᄒᆞᆫ다ᄒᆞ니惜哉라

外報

◎南美戰爭 南美이쿠에도國에셔ᄂᆞᆫ國境問題의紛議로因ᄒᆞ야秘露排斥的暴動이起ᄒᆞᆫ結果로今에秘露와이쿠에도間에戰爭이起홀模樣인ᄃᆡ秘露海軍은既히動兵되엿다더라

◎長生藥發見 法國人도야엔氏ᄂᆞᆫ미고리신이라云ᄒᆞᄂᆞᆫ一液을發見ᄒᆞ엿ᄂᆞᆫᄃᆡ此液은各種疾病의傳染을預防하ᄂᆞᆫ効力이有ᄒᆞ야所謂鍊金術士의長生藥과如ᄒᆞᆫ것이라더라

◎日人間첩被逐 既報ᄒᆞᆫ美國에셔被縛ᄒᆞ엿던日人間첩二名은美國陸軍卿의命令으로釋放되야臺灣으로放逐을當ᄒᆞ엿다더라

◎法國水夫罷業 法國마셀쓰의海員預備水夫同盟會ᄂᆞᆫ全國各港에向하야同盟罷業을促ᄒᆞ엿다더라

◎루氏와法王廳 美國前大統領루스벨트氏ᄂᆞᆫ羅馬法王廳에셔同氏의게對ᄒᆞ야監理敎堂에叅拜홈을不許홈으로法王에게謁見ᄒᆞᄂᆞᆫ事를拒絶하엿다더라

◎土國內亂 土耳其國北部알쌔니아地方에叛亂이起ᄒᆞ엿ᄂᆞᆫᄃᆡ該地住民이各々要害의地點을占守ᄒᆞ야掠奪을恣行홈으로土國政府에셔ᄂᆞᆫ此를鎭撫ᄒᆞ기爲ᄒᆞ야砲兵을用홈에至ᄒᆞ엿다더라

◎英艦沉沒 英國帆船겔도마쓰號ᄂᆞᆫ同國西南角에在ᄒᆞᆫ린쓰엔드岬을迴하야進航ᄒᆞ다가名稱不明ᄒᆞᆫ一瀛船과衝突하야沈沒ᄒᆞ엿ᄂᆞᆫᄃᆡ十八名이溺死ᄒᆞ고生存者ᄂᆞᆫ惟見習水夫一名이라더라

◎法國海軍擴張 法國上院은滿場一致로今年度에쓰릐드노트型의戰艦二隻起工案을可決ᄒᆞ엿다더라

◎德國海軍協會 德國海軍協會의昨年度報告를據ᄒᆞᆫ즉同會々員은今에一百萬人以上에達ᄒᆞ엿고基本金額은一百六十七萬九千一百九十磅餘에至ᄒᆞ엿다더라

學界

◎學員大募集 鍾路靑年會에셔商業夜學科를設ᄒᆞ고學員을募集ᄒᆞᆫ다홈은已報하엿거니와已爲募集ᄒᆞᆫ學生이百餘名에達ᄒᆞ엿고尙且續續募集中이라더라

◎昌新經試 咸悅郡私立昌新學校ᄂᆞᆫ校況이漸次進就ᄒᆞᄂᆞᆫ中今回第三期試驗을經ᄒᆞ엿ᄂᆞᆫᄃᆡ優等生은金東珉趙容爰趙孟玉趙九日等諸氏오級第生은趙容桓趙良植趙煥植金容植諸氏이라더라

◎兩校合一 載寧郡養元學校와同郡文昌學校가合倂ᄒᆞ야生徒를增募ᄒᆞᆫ다더라

◎湖西喜聞 淸州郡居李章珪氏ᄂᆞᆫ湖西名儒로敎育이時急홈을慨然히覺悟ᄒᆞ고不贍ᄒᆞᆫ財産을傾ᄒᆞ야金貨四百五十圓을該郡明倫學校에捐助ᄒᆞ엿슴으로該校凡百이日益振興ᄒᆞ야學員이五十名에達ᄒᆞ엿ᄂᆞᆫᄃᆡ李氏의敎育上熱心홈은湖西儒林界에嚆矢됨이라고萬口讚揚ᄒᆞᆫ다더라

◎忠北曙光 忠北淸州郡北面梧根里所有講信閣과田畓五六石落은該郡兩金一李의所有인바累百年守護講信ᄒᆞ더니金仁性李明世金榮植李根盛金奎一等諸氏가現今敎育이急務됨을覺悟ᄒᆞ야累次協議ᄒᆞ고各其義金數百圓을捐出ᄒᆞ야淸梧學校를設立ᄒᆞ고右講信閣及田畓賭租를該校中에附屬ᄒᆞ엿고該郡守元大奎氏ᄂᆞᆫ邑村에躬行ᄒᆞ면서人民을勸諭하며義金을多數募集ᄒᆞ야同校를熱誠贊成홈으로生徒가百餘名에達ᄒᆞ야前進之望이大有ᄒᆞ다더라

◎雲峰復興 平北嘉山郡雲峯學校ᄂᆞᆫ校況이凋殘하야幾至解散之境이러니該里紳士金振玉氏ᄂᆞᆫ校長의任을自擔ᄒᆞ고金利演金炯奎兩氏ᄂᆞᆫ總務의任을自擔ᄒᆞ야晝夜를不分하고熱心服務홈으로壹般學生이莫不感化하야校況이日々漸進ᄒᆞᆫ다더라

◎韓英漸興 開城郡私立韓英書院은監理敎會에셔設立ᄒᆞᆫ學校인ᄃᆡ學員이三百餘名에達하엿고校務를壹層擴張ᄒᆞ야大學校를設施홀豫定이라더라

◎新興其興 驪州郡川陽里紳士趙衡夏李建英洪鍾衍李德祐諸氏가昨年에多數金額을醵集ᄒᆞ야該洞에新興學校를設立하고高明ᄒᆞᆫ敎師를雇聘ᄒᆞ야靑年子弟를熱心敎育ᄒᆞᄂᆞᆫ故로生徒가日益增加ᄒᆞ야進就之望이大有홀뿐더러該郡守李儒哲氏가該校에頻々出席ᄒᆞ야學父兄及任員講師諸氏를對ᄒᆞ야敎育의目的과財政方針을研究說明홈으로該校의基礎가確立되엿다더라

學報

◎三仁卒業生 開城郡三仁學校에셔去七日에第三回卒業式을擧行ᄒᆞ엿ᄂᆞᆫᄃᆡ卒業生은如左ᄒᆞ니

卒業生에最優等에宋達淳趙貢植優等에金義卿禹正熙全興國金有炯宋明淳宋亨淳金鎭兌李寅圭趙英션金冠玉及第에韓敬義林雨說金命吉趙占龍夜學部卒業生에金澄叔禹珍玉朴鍾煥崔常鎭金守業金興孫安相訓

◎養校卒業 載寧郡養元學校에셔去月二十六日에第壹回卒業式을行ᄒᆞ엿ᄂᆞᆫᄃᆡ卒業生은崔日能朴常奎等이라더라

◎廣校卒業 忠南泰安郡安民面承彥里私立廣英學교에셔去月四日에第一回卒業式을擧行ᄒᆞ엿ᄂᆞᆫᄃᆡ高等科優등生은李光稷吳夢根김世淳片茂松朴準禹李鍾機朴炳米김廷鎭全泳德李庭儀吳明根김在貞

詞藻

❀죽기젼에❀

病든날잠든ᄯᅢ를、이럭더럭다제ᄒᆞ면。
일홀날얼마업고、그져죽긔원통ᄒᆞ다。
ᄒᆞ물며、몃칠못살人生이니、죽기젼에。

宮廷報

○一劇千金 太皇帝陛下께옵서三昨日惇德殿에서日人演藝館의活動寫眞을御覽ᄒᆞ옵심은既報어니와該館主에對ᄒᆞ야太皇帝陛下께옵서ᄂᆞᆫ賞金一百圜을下賜ᄒᆞ옵시고大皇帝陛下께옵서ᄂᆞᆫ銀製花瓶一個를下賜ᄒᆞ옵셧다더라

○診料下賜 太皇帝陛下께옵서昨年七月以來로屢次參內ᄒᆞ야玉候를診察ᄒᆞ던安商浩의게再昨日診察料三百圜을下賜ᄒᆞ옵셧다더라

○活動寫眞御覽 太皇帝陛下께옵서日間惇德殿에서愛國婦人會의活動寫眞을御覽ᄒᆞ옵신다더라

○植物園御覽 大皇帝皇后兩陛下께옵서再昨日下午一時半에御苑內植物園에親臨ᄒᆞ사各種花草를御覽ᄒᆞ옵셧다더라

○派官問安 大皇帝陛下께옵서昨日上午十時頃에女官壹名을德壽宮에派送ᄒᆞ사太皇帝陛下께問安ᄒᆞ옵셧다더라

○皇儲問安 皇太子殿下께서ᄂᆞᆫ再昨日下午五時半에太皇帝陛下께問安電報를奉達ᄒᆞ셧다더라

○李氏陛見 親衛府長官李秉武氏ᄂᆞᆫ昨日上午十一時半에昌德宮에參內ᄒᆞ야大皇帝陛下께陛見ᄒᆞ엿다더라

雜報

○審查會協議件 再昨日에開ᄒᆞᆫ法令審查會에서ᄂᆞᆫ水道給水職員의俸給及手當金支撥案件을協議ᄒᆞ엿다더라

○重要問題會議 警視總監若林地方裁判所檢事中川司法廳長官代理松寺警視青木等이昨日午前에石塚長官을訪問하고約三時間이나何等重要問題를聚首會議ᄒᆞ엿다더라

○所謂行政統一 統監府內地方行政調查會의會議結果로韓日地方行政의統一을實行ᄒᆞᆫ다ᄂᆞᆫ데爲先近頃에漢城府의行政統一을實行ᄒᆞᆫ다더라

○効勞者旅費金 農相趙重應氏ᄂᆞᆫ今回日本觀光團應募者中에組織에關ᄒᆞ야効勞가有ᄒᆞᆫ者ᄂᆞᆫ旅費金五十圜式自擔支給ᄒᆞᆫ다더라

○三千圓預算 內相朴齊純氏가含春苑에應接室을建築ᄒᆞᆫ다홈은既報어니와該役費金은三千圜으로預算ᄒᆞ엿다더라

○徵稅成績不良 度支部에서ᄂᆞᆫ金庫閉鎖期가不遠ᄒᆞᆫ데結錢徵收에成績이不良ᄒᆞᆷ으로該部官吏가各地方에多數出張ᄒᆞ엿다가數日前부터稍稍歸任ᄒᆞᆫ다더라

○警官兎獵 中部警察署長以下一般官吏ᄂᆞᆫ本日淸凉寺等地에前往ᄒᆞ야兎獵을行ᄒᆞᆫ다더라

○警官遠足 警視廳第 課官吏一同은本日에東大門外豆尾等地에前往ᄒᆞ야遠足會를設行ᄒᆞᆫ다더라

○俞氏南行 漢城府民會長俞吉濬氏ᄂᆞᆫ日本觀光團을組織ᄒᆞᆯ次로再昨日水原郡에前往ᄒᆞ엿다더라

○苗種配付 漢城府에서ᄂᆞᆫ日昨漢城內各官公立學校에葡萄梨木等苗種百餘本式配付ᄒᆞ엿다더라

○로氏預定 로빈손氏의一行은昨日安東縣에서出發하엿ᄂᆞᆫ데本日京城에入ᄒᆞ야拾二日ᄭᆞ지滯在ᄒᆞᆯ預定이라더라

○京橋出迎 로빈손氏一行을迎接키爲ᄒᆞ야京城駐在日本理事廳副理事官京橋가昨日新義州로赴往ᄒᆞ엿다더라

○統府歡迎會 로빈손氏一行이入京ᄒᆞᆫ後來拾二日頃에統監府에서歡迎宴會를開ᄒᆞᆫ다더라

○平渡歸任 日本에渡往ᄒᆞ엿던沔郡課長平渡ᄂᆞᆫ昨日歸任ᄒᆞ엿다더라

○公判槪聞 新義州地方裁判所에서去五日에楊市事件의公判을續開ᄒᆞ엿ᄂᆞᆫ데其詳細ᄂᆞᆫ姑未聞知이나但公判當日에傍聽人이雲集ᄒᆞ야廷內에充滿ᄒᆞ엿고當日檢事의論告ᄂᆞᆫ本犯을役일年半에從犯을役일年에處ᄒᆞ기로申請ᄒᆞ엿다더라

○副領代辦 美國總領事써드모아氏가歸任ᄒᆞ기前에ᄂᆞᆫ副領事쉘드氏가代辦稅務ᄒᆞᆫ다더라

○會者千餘 既報와如히度支部에서昨日下午일時慶熙宮內에運動會를開ᄒᆞ고種種의競技를設行ᄒᆞ엿ᄂᆞᆫ데來者가千餘名이라더라

○除名決議 中部典洞居李台夏ᄂᆞᆫ壹進會員身分으로所謂國民同志贊成會議事長을被選ᄒᆞ엿ᄂᆞᆫ데再昨日壹進會例會에서提議ᄒᆞ기를同志贊成會目的은壹進會를贊助ᄒᆞᄂᆞᆫ者인데壹進會員으로壹進會贊成會의議事長을帶ᄒᆞᆷ이事體에適當치못하다ᄒᆞ야李ᄂᆞᆫ壹進會에서除名ᄒᆞ기로決議하엿다더라

○兩氏冒錄 所謂軍人김俊模等이臨時發成建議所를設하고內閣及統監府에長書를提出ᄒᆞᆷ은一般共知ᄒᆞᄂᆞᆫ바어니와該書列名中에前正尉崔岐鉉太有善兩氏ᄂᆞᆫ[illegible]에前往ᄒᆞ엿다가日前上京ᄒᆞ야該事件을聞知치못ᄒᆞ엿ᄂᆞᆫ데該會中에서僞名冒錄ᄒᆞ엿다고該兩氏가本社에來辨ᄒᆞ더라

○巡查肩章發送 昨日內部에서各警察署巡查의肩章을一一發送ᄒᆞ엿다더라

○張氏被招 前郡守張允煥氏ᄂᆞᆫ公貨犯逋條로因ᄒᆞ야三昨日度支部에被招ᄒᆞ엿다더라

○卒業式往參 水原農林學校에서昨日卒業式을舉行ᄒᆞᆷ은已報ᄒᆞ엿거니와各部大臣及其他皇族諸氏가往參ᄒᆞ엿다더라

○博覽會發車 日人의主催ᄒᆞᄂᆞᆫ鐵道全線滊車博覽會ᄂᆞᆫ來十六日南門驛에서發車ᄒᆞᆫ다더라

○可謂學生 平北觀察使柳赫魯氏ᄂᆞᆫ近頃에管下各郡을巡視ᄒᆞ다가博川郡博明學校를訪ᄒᆞ야該校學徒를面對ᄒᆞ고修學ᄒᆞᄂᆞᆫ目的을問ᄒᆞᆫ데該學徒等은異口同音으로自由를得키爲ᄒᆞᆷ이라云ᄒᆞᄂᆞᆫ지라又問曰自由를得코저ᄒᆞᆷ은何故오ᄒᆞ미大韓帝國의獨立을期圖키爲ᄒᆞᆷ이라答ᄒᆞ거ᄂᆞᆯ更히現今我國이獨立ᄒᆞ엿나냐又何國의侵害를受ᄒᆞ나냐問ᄒᆞ미諸學徒가明白히指斥ᄒᆞ고氣像이凜凜ᄒᆞ엿다더라

○救世將略史 本日은英國救世軍大將색스氏의生日인데氏ᄂᆞᆫ西曆千八百二十九年에生ᄒᆞ야二十七歲에妻키더린멈포드를娶ᄒᆞ니卽救世軍의永遠히紀念ᄒᆞᆯ人物이라該大將은十五歲부터耶蘇敎監理會에入하야敏活服務하다가三十七歲에倫敦東部에서一基督敎會를創設ᄒᆞ엿ᄂᆞᆫ데其後十一年만에救世軍이된後로漸漸大組織으로擴張하야至今其勢力과活動이普天下에通滿하얏고該大將은現世의有名ᄒᆞᆫ旅行家로滿洲各處에其名聲가頗多ᄒᆞ다더라

○洪郡天然痘 江原道洪川郡地方에ᄂᆞᆫ去月下旬부터天然痘가流行ᄒᆞᆫ다더라

○本願紀念式 泥峴本願寺에서ᄂᆞᆫ再昨日下午六時에釋迦如來誕日紀念式을舉行ᄒᆞ엿다더라

○林氏放免 林창成氏가其妻申召史를금三十圜에賣越ᄒᆞᆫ다ᄒᆞ야中部警察署에被提ᄒᆞᆷ은既報어니와該署에서事實를調查ᄒᆞᆫ즉申召史에搆誣ᄒᆞᆫ情跡이發現됨으로再昨日無事放免ᄒᆞ엿다더라

○崔屍解剖 前協辦李根培氏의令男東熙氏가殺人嫌疑로被提ᄒᆞᆷ은既히累報ᄒᆞᆫ바어니와其內容인즉該氏가去月下旬頃에該家廊人崔應周氏를杖打ᄒᆞ엿ᄂᆞᆫ데崔가因而病臥ᄒᆞ야日前致斃ᄒᆞᆫ所以라崔의致命이果然杖毒을因ᄒᆞᆷ인지詳覈키爲ᄒᆞ야昨日大韓醫院에서崔의屍體를解剖檢查하엿다더라

○府尹處役 慶興府尹李之春은民財貪贓罪로淸津區裁判所에서役十年에宣告ᄒᆞ엿다더라

○協成會開會 國民協成會에서ᄂᆞᆫ昨日下午二時에總會를開ᄒᆞ고任員을選定ᄒᆞ엿다더라

電報

日武官渡韓
日本에서ᄂᆞᆫ侍從武官奧村卓治가重要ᄒᆞᆫ勅命을承ᄒᆞ야昨夜新橋發車로渡韓ᄒᆞ엿다더라

南美戰雲
南美智利秘露兩國國際關係ᄂᆞᆫ依然不和의勢가有ᄒᆞ야智利ᄂᆞᆫ戰鬪를願ᄒᆞ고秘露ᄂᆞᆫ戰鬪를避코저ᄒᆞᆫ다더라

攝政王警告
淸國攝政王은載濤貝勒殿下의게警告를發하야日歸國ᄒᆞᆯ際에戒嚴을加하고國外체留를不久케ᄒᆞᆷ이가ᄒᆞ다하엿ᄂᆞᆫ데載濤貝勒殿下ᄂᆞᆫ旅程을變更ᄒᆞᆯ지도未知라더라 以上東京發 八日着

露國移民經營
露國政府ᄂᆞᆫ多額의補助金을與하야歐羅巴露西亞人民을西比利亞地方으로移住케ᄒᆞᆫ다ᄂᆞᆫ데今年度移住民數ᄂᆞᆫ三萬五千人豫定이라더라

露國預筭
露國本年度預算은四百二十四萬留의잉餘金을計入하엿ᄂᆞᆫ데議會ᄂᆞᆫ製船費中으로數百萬留를削除ᄒᆞ엿다더라

罷業益烈
法國馬耳塞港의海員同盟罷業은益益猖獗ᄒᆞ야航海業者가巨額의損害를被ᄒᆞ엿다더라

아國騷亂
알바니아地에騷亂이起ᄒᆞ엿ᄂᆞᆫ데土耳其ᄂᆞᆫ希臘과勃加利牙國이此事件에干與치못ᄒᆞ기를確言ᄒᆞ엿다더라

公果會議
比利時京城富羅雪市에서ᄂᆞᆫ公果國에關ᄒᆞᆫ會議가近近結局된다더라

露相德國行
露國外相이스볼스기氏ᄂᆞᆫ本月八日에德국에往하엿ᄂᆞᆫ데現今밍헨에체在ᄒᆞᄂᆞᆫ中이라더라 以上伯林發 八日着

爆發詳報
日本神戶港에서船舶中爆裂彈이爆發된것은已報어니와該船舶이爆裂彈丸[illegible]載ᄒᆞ고對馬海中에至ᄒᆞ야爆發에沈沒되야[illegible]以下船客全部가慘死되고此大爆發을因하야神戶全市附近三里ᄂᆞᆫ大地震과如ᄒᆞ야被害가不少ᄒᆞ엿다더라 東京發 九日着

文耶野耶

▲野味幽民되여나서蠻行悖習하ᄂᆞᆫ것은民智未開所致라고歸咎키나ᄒᆞ려니와文明國이되엿다고開口誇張ᄒᆞᄂᆞᆫ나라그國民을볼작시면許多蠻行尤甚ᄒᆞ니文明程度놉허저서저런國民成인가野蠻氣習못다바려遺性이남엇던가그眞相을알수업다

▲古賀라ᄂᆞᆫ日人놈은大邱新聞記者로서美人投票[illegible]ᄒᆞ고銀行員의鍾愛하ᄂᆞᆫ千芳子란賣淫婦를壹等으로發表코져銀行員의請囑금을二十餘圜먹엇다니言論之權擅有ᄒᆞᄂᆞᆫ新聞記者名色으로잔돈푼에慾心나서行賂作奸ᄒᆞᄂᆞᆫ蠻行그心法도可痛이오

▲山本이란日人놈은제계집이情夫들과奸通ᄒᆞᆷ을發覺ᄒᆞ고憤毒之氣衝발ᄒᆞ야一妻二男一女子를並時斬殺ᄒᆞ엿다니奸淫ᄒᆞᄂᆞᆫ제계집은殺之無惜ᄒᆞᆯ지라도關係업ᄂᆞᆫ제子女야무삼罪로虐殺ᄒᆞ노一時憤氣毒이나서骨肉相殘ᄒᆞᄂᆞᆫ蠻行그肝腸도惡毒ᄒᆞ고

▲日本國의華族들은政治熱이大起ᄒᆞ야明年國會選擧時에議院一椅占據코저伯子男爵各階級에研究會니尙友會니二七會니十四會니各其黨與樹立ᄒᆞ야제勢力만鞏固ᄒᆞ니公共으로ᄒᆞᄂᆞᆫ일을私黨으로援引코저紛紛不息ᄒᆞᄂᆞᆫ行動그程度도可笑홉다

雜報

◉大藏經來歷 陜川海印寺에藏置흔大藏經板本은高麗文宗王拾年(丙申)에大覺國師(即文宗의第四子)가渡宋遊歷하다가南北藏本을盡撰슈來흐야信士李居仁으로協力鋟刊홀셔工役은八個年을經흐야竣成흐엿고板本은拾五萬枚라仍히海印寺에藏置흐엿고 該經의印刷歷史는高麗文宗王時에首先印出흐엿고李氏朝太祖高황帝二年(癸酉)에下命印出하엿고 世祖元年(丁酉)에又遣臣印出흐엿고燕山六年에又爲印出흐엿고今 太황帝二年(乙丑)에大院王이奉命印出흐엿고光武三年에又遣臣印出흐엿고其他個人의隨時印刷는枚擧키難하며日本東京增上寺와京都建仁寺에도此印本이尙今存在흐더니日人佐藤이此板本을新발見이라홈은實노無據의說이라 大抵此板本은韓國僧侶界에一千一百拾九年을遺傳흐던最貴古物인더忽地佐藤이他處로運轉흐다는說이有홈으로一般僧侶界에서非常히憤激흐야將次保管方法을講究中이라더라

◉呑鴉未遂 時事新聞分傳人尹基澔氏는何等挾憾이有흐엿던지日前醉中에鴉片을喫下코쟈흐다가發現되야中部警察署에被捉흐엿는더即時說喩放送흐엿다더라

◉演劇準備 妓生組合所에서孤兒院에捐助하기爲흐야演奏會를開흔다홈은既報어니와將次韓國舊劇演劇을設行홀次로資具에需用홀物品을日間宮內府에請求흔다더라

◉青年會運動會 青年會員ᄃ同은懇親聚暢叙키爲하야來卄日上午八時東小門外三仙坪에서春期運動會를設行흔다더라

◉五學會開會 五學會에서每千戶에一箇學校를設立홀意로學部에議案을提出하엿合으로日昨該部에서假定書를出付흐엿는더千戶一교를設立흐라면校費出處가極難하니大郡에三校小郡에一校式設立홈이無妨홀뜻흐니更히議案을提出흐라흐엿合으로該會에서來水曜日下午七時畿湖興學會會館內에總會를又開흔다더라

◉嶠會定期 嶠南教育會에서本日上午十二時에典洞該會館內에서定期總會를開흐고任員의滿期改選과其他緊要事務를處理홀터인더嶠南人士가多數來參흐기를希望흔다더라

◉青館講道 今日下午三時에鍾路青年會館에서福音會를開흐고平壤傳道師孫貞道氏를請邀흐야講道흔다더라

廣告

本人의草家十三間文券을不知中에서失이온바現今崔聖文處에放債흐오니內外國人間照亮홈
西部西江坊新水里八統八戶 家屋放債主 南廷祐 告白

本人이朴章正會라刻흔圖章을서失故로朴正會三字로新鐫施行흐오니 知舊間照亮홈
獨立館後洞朴正會 告白

本校에서第三期試驗을行하엿는더優等生은金東琨趙容爰趙孟玉趙九日等諸氏오及第生은趙容桓趙良植趙煥植金容儀權鍾蘐閔琨植林東植趙基玉金永玉趙容旭諸氏기로玆以廣告홈
咸從郡私立普通昌新學校

本人의名璞字를玉字로改名흐엿ᄉ오니知舊間照亮홈
東部昌善坊一橋三統六戶 金熙玉 告白

本人이開業흔지五年에僉君子에愛顧흐심을蒙흐야營業을一層擴張흐기爲흐야物品을直輸入흐야各種帽子를精密히製造흐야廉價로販賣흐오니僉君子는陸續來臨흐심을務望홈外方에서도請求흐시면小包代金引換으로酬應홈此外에洋鞋도具備흐오니請求흐옵소서
帽子十個以上은特別減홈

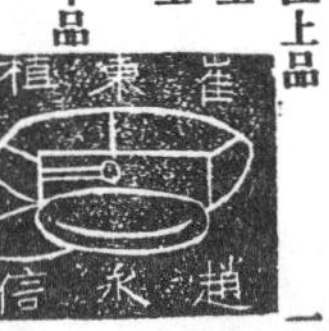

特	上品	一圓四十錢
甲	極上品	一圓十錢
乙	仝	九十錢
丙	仝	八十錢
丁	中品	六十錢
戊		五十錢

此外에統監府官吏帽子와醫部帽子도製造홈
京城貞洞大漢門前帽子店尹興烈 委任主 崔東植 趙永信

本人이再昨日京釜線車中에서紙匣을見失흐얏는더金과連許捧票百圓과姓名圖章과草梁至天安往還車表一張과金時計一箇와金貨二圓三十一錢을逢賊흐엿ᄉ니京鄉各去來處는見失圖章과捧票는勿施흐고新章으로施行홈
釜山鎭一洞十統三戶 金奭基 告白

我歐米遊學生寫眞及畢業과學會團有志諸氏에寫眞으로成冊호여每卷五十錢에賣호오
南部石井洞天然堂內 李鍾學 告白

全北古阜郡許洞殷弘基先大人參奉公傳吉氏陰二月十七日別世玆에廣告親舊間照亮焉
護喪 朴一千 告白

圖章材料를並히彫刻흐와販賣하오니注文흐시옵
黑角單層彫刻一件金三十錢
黑角二層彫刻一件仝三十五錢
黑角三層彫刻一件仝四十錢
但代金은先送흐여야發送홈
京城南署棗洞六十二統十戶
KIM 金龍商會

新組織 大擴張廣告
測量機械及美濃紙各種
參帽子學生帽子學校用品各種
谷香葉卷烟及山月紙卷烟各種
圖章材料와井히彫刻販賣홈
前社員朴大卿氏는自己事로因흐야本社에無關흐오니照諒홈
大邱北門外仝 東美運送部 浦上運送部
總務 李重來 謹告

本出張에서宜川郡支店을以李鳳朝로許施則該郡內諸氏는右支店에訊速請求홈
平壤鍾路濟生堂 第一出張所 田恒晙 白

京西部車洞同和藥房

本國藥材、洋製、各病、效、用、價、國漢文、可刊出、作封、雖婦女、郵便請求、發賣
閔樞 白

開城郡에日韓運送合資會社支店을設置흐고河舟及鐵道運送과委托品賣買와倉庫業을商賈의請求더로至極精密히酬應흐오니內外國 僉君子는愛顧흐심을務望
日韓運送合資會社開城支店 李命稙 告白

本月十日(日曜)下午七時에特別總會를開흐오니 僉會員은一齊出席흐시옵
西北學生親睦會 告白

本坪前 英親王宮庄을李東亨氏가稅租收捧흐옵는더本坪居張胤錫崔鳳昊吳承權元鳳國四人이來到所言이右李東亨이가挾雜多數作人이渙散에至홀이다故로此由를同六人이協議흐야訴訟을提起흐쟈흐기承諾흐고從後右人에事를審査흔즉初無挾雜이오此四人은有何私嫌인지搆捏呈訴에對흐야는此兩人은一不看參하며一切罷意흐오니僉君子는照亮홈
黃海道信川郡魚蘆下面 新興洞居 金鼎斌 告 下城居 金炳淵 白

本郡上月二十六日轉第三八號求知道面幸信里在散字成字畓字來字畓賣買證明과轉第八四號冷井里在衣字畓賣買證明과轉第八五號梅花亭里在日字月字畓賣買證明을竝히見欺爲誤인즉該證明은無效로廣告
高陽郡廳 廣告

本人所有高陽郡求知道面冷井里在衣字畓一石落과東幸信里在收字畓一石落과散字畓一石九斗落과梅花亭里在日月字畓三斗落을本人亾夫具德基의異父弟金相鎬가僞造文劵흐야渠以買得樣으로上月十六日高陽郡廳에誑呈得證흐야仍欲轉賣흐오니內外國人은切勿見欺흐심을望홈
隆熙四年四月七日
京西部阿峴金召史 告白

本人의義子金有定이浮浪悖類로符同하야酒色에沉溺흐고甚더러悖習惡行이無所不至흐옵기本人과는永絶義오니僉君子는咸須知悉흐시옵
馬山港 金志觀

鍾路慈惠藥房二層洋屋一座를放賣或貸家흐터이오니 僉君子照亮홈
小廣橋卅一統五戶 文奎相 告白

우리나라ᄉ룸이**衛生**에曚昧하고**醫藥**에暗素흐야**天賦**흔**壽命**을**保命**치못흐고**病魔**에**侵滅**되야或은**夭死**하는**悲運**에至하고或**疾病**흔**慘狀**을**呈**흐야**不完全不潤發**흔**不具**의**國民**을**造成**하엿스니**嗚呼**라이와ᄀ탄蒼白柔軟흔목경이**民族**으로엇지**永遠**흔**國家**를**經營**흐리오아아古云키**難**하도다우리**神聖**흔**民族**은반다시**强壯**흔**者**의**食**되지아니치못홀지로다**西哲**이云치아니흐엿는가**健全**흔**知識**은**健全**흔**身體**에**宿**흔다하엿스니**誠然**흐지라**國家**의健全흔**獨立**은반다시**健全**흔**身體**健全흔**人格**健全흔**知能**을**基礎**라아니치못홀지니**玆**에우리和平堂大藥房은**我**國**現狀**日과**時勢要求**에**感**흔바**有**하야**如何**히하면**此**萎縮**不具**흔蒼**白色**軟骨의**可憐民族**을**免**흐고**勇敢有爲**의潤發**强壯**흔國**民**을**作成**홀까**如何**히흐면**遠大**흔**欲望**과**堅忍**不拔의**思想**잇는**確實**흔國**民**을**生産**홀까**此等**의**問題**는**吾輩**가**多年苦**心**研究**하던바이라아**此**大**問題**를**如何**히**解決**홀고曰唯**善**良흔**醫**藥으로**善**흔**身體**를**助長**하며**善**良흔**身體**는**善**良흔**精力**善良흔**知能**을**有**흔다흐는**萬古**不腐의**金言**이라우리**和平堂**大藥房이**今**에**全力**을**注**하야**此**에**偉大**흔**功績**을**顯**흐고져흠이라**貢獻**흐은**實**노**天賦**흔**使命**을**完了**코져흠이라**芳春萬物**이調鬯하는**時**를**際**흐야**業務**는**愈益擴張**흐고**名藥**은**東西聚集**이라**米**國**醫學博士大禹越**氏에게**多年受學**흐야**實地**와**學術**에宏**大**흔**抱負**로우리나라有**名**흔**田慶龍**氏는우리**和平**堂大藥房에서**診斷處方**에**務**를**執**흐니우리**和平**堂大藥房은임의우리나라에서**最上榮**譽로**擔負**흐고곳처**最完備最發展**흐여**達**흔지라아아**大韓**의**同胞**로서**誰**가우리和平堂을**不知**흐는**者有**흐며**誰**가우리和平堂의藥을**用**치아니흐는**者**有흐리오아아우리和平堂은아참부터져역ᄭ지ᄂ지안코쉬지안코**同胞**의**健康**을**爲**흐야**活動**흐며**同胞**의**前路**를**爲**흐야**勞苦**하고잇슴니이다

京城鍾路和平堂大藥房本舖主任李應善

本報 一枚 新貨二錢五厘 壹個月 三十錢

生堂製造發行ᄒᆞᄂᆞᆫ 藥品

淸化新藥 淸心保命丹 此丹은化痰止咳ᄒᆞ고順氣消滯ᄒᆞ며恒常長服ᄒᆞ면腸胃가健全

大補元氣 蔘茸大補元 大補元氣ᄒᆞ고滋腎健腦ᄒᆞ며先天不足과陽위不起에一切神効

蛔積殺虫散 此약은회積과회腹痛과회虫一切을去根ᄒᆞᄂᆞᆫ良劑

久滯大通丸 此丸은年久積滯와宿滯後重이며胃腹痛에神効莫大ᄒᆞᆷ

瘡病新藥 梅花點雪丹 毋論男女ᄒᆞ고花柳病楊梅瘡에一切去根快復ᄒᆞᄂᆞᆫ良藥

眼疾速効 光明眼藥 諸般眼疾에隨症皆柰ᄒᆞᄂᆞᆫ東洋에初有ᄒᆞᆫ寶藥

起死回生 回生丹 此丹은急ᄒᆞᆫ吐瀉關格이며가合아리와冷積과痢疾에神効

感氣神効 解熱散 寒熱往來ᄒᆞ며似학非학과頭痛眩暈와肢節痛에其効가偉大

齒痛新藥 止痛健齒水 虫齒와風齒와諸般齒痛에壹切神効

耳臭聖藥 耳臭神藥 無論男女ᄒᆞ고耳聾鼻塞이며耳鼻에關ᄒᆞᆫ病은隨症並差

疝症掃根 疝積湯 諸般산症에大談出賣ᄒᆞᆷ

寸虫沒出藥 寸白虫을一切去根ᄒᆞᄂᆞᆫ妙劑

티눈과못 拔根藥 티눈과못과사마귀를쎄ᄂᆞᆫ藥

止足汗臭藥 手足의汗臭를除却ᄒᆞᄂᆞᆫ藥

去核生新 沃度膏 創瘡과腐傷과곰셴티去核生新ᄒᆞ기ᄂᆞᆫ第一著明

最新改良 百應膏 無論男女老쇼ᄒᆞ고毒瘇濕瘇痰瘇諸般瘇瘡에壹切特效가有ᄒᆞᆷ

淋疾藥各種 淋疾各症에壹週日만服ᄒᆞ면病根快復ᄒᆞ고고腎氣가完全ᄒᆞᆷ

其他洋藥各種과◎賣藥各種◎都매散賣
◎遠地에ᄂᆞᆫ郵便小包로申速酬應ᄒᆞᆷ

漢城南大門內濟生堂大藥房 李庚鳳
代辦主任 李興國 白

○天恩堂大藥房製造發行各種靈藥

健胃淸心仁壽丹	금拾錢	手足止汗散	금二十錢
健康益壽補元丹	금壹圓	治咽聖藥	금三十錢
眼科神藥明眼水	금拾錢	吐사霍亂速효水	금二十錢
全治회虫丸	금拾錢	健腸胃生口味鹽甘水	금卄錢
寸虫祛根藥	금卄錢	티눈拔根藥	금拾錢
婦人聖藥調中丹	금四圓	齒痛液	금拾錢
發汗解感丸	금拾錢	芳香水	금十五錢
治痰止咳散	금卄五錢	疥瘡水	금卄錢
幼兒止嗽散	금二十錢	天恩梅瘡고	大匣入금三圓 半匣入壹圓五十錢 小匣入금五十錢
癎氣肥兒散	금十五錢		
痢疾神効散	금三十錢	天恩眼明고	上仝
淋疾靈効丸	금五十錢	天恩拔根고	大匣入金二圓 小匣入金三十錢
特製梅瘡丸	금三圓	天恩沃度膏	上仝
舊積消化丹	금四十錢	天恩輕腫膏	上仝
解학丹	금拾錢	天恩濕腫고	上仝
止瀉回生丸	금拾錢	天恩胎毒고	上仝
連珠祛根藥	금二圓	天恩疥瘡고	上仝
怔疾預防藥	금三拾錢	天恩百靈고	大匣入 금二圓 一包入 금拾錢

其他洋藥乾材와漢藥唐材와各賣藥家製造品을具備하옵고地方兄弟의請求를酬應ᄒᆞ오니隨用請求ᄒᆞ시면以代金引換小包로迅速酬應ᄒᆞ깃ᄉᆞ오니陸續請求ᄒᆞ시기務望ᄒᆞᆷ
本藥房에셔附屬診察治療所를並設ᄒᆞ고醫士李錫駿氏를延聘ᄒᆞ와上午八時로下午九時ᄭᆞ지診察하오니有病ᄒᆞ신同胞ᄂᆞᆫ來臨治療하시기望ᄒᆞᆷ
但外方에셔ᄂᆞᆫ病錄만보니시면精製酬應ᄒᆞᆷ

京城鍾路天恩堂大藥房 金東遠 劉在元 告白

◎特別廣告

本社의셔同胞의衛生을注意ᄒᆞ야美國의셔經驗單方으로流行通用ᄒᆞᄂᆞᆫ靈藥聖劑를貿入ᄒᆞ야左開廣布ᄒᆞ오니有病君子와藥業에從事ᄒᆞ시ᄂᆞᆫ僉彦은爭先來購ᄒᆞ시옵
分賣와都賣에差別이有ᄒᆞ야一打(十二個)以上의都賣에ᄂᆞᆫ特別割引ᄒᆞᆷ

左開

秘製止痛藥 效能 外塗內服無處不適 消滯 止瀉 絕痛 治痢無不神效ᄒᆞᆷ

喜蘇膏藥 效能 頭面身體一切痛症 積年風濕 除痰 生션之道 립卽奏效ᄒᆞᆷ

亞麟香膠 效能 毋論男女老少 勿嫌年久日淺 一切 咳소 服之則其效如神ᄒᆞᆷ

委花藥膏 效能 痔疾 瘰珠瘡 蟣跌 傷螫咬等 諸症無雙聖藥

委花糖水藥 効能 痛症 花柳毒 凡不潔血所祟症 婦人虛弱등症 靈驗ᄒᆞᆷ

牛汁藥酒 効能 毋論男女老少氣血虛弱者服之則大補元氣身體强健ᄒᆞᆷ

韓美興業株式會社事務所

社告

大韓每日申報各處支社廣告

平安北道

龍川楊山維新書舖 黃菊保
龍川南市驛 韓燦希
朔州邑南門外 朱伯英
義州南門外한西大藥局 張有寬
鐵山邑東部 鄭翊
車輦館同志會內 金明鉉
定州南門內書舖 洪成麟
博川邑內貿洞 金翼樞
京義線批峴驛停車場前運輸會社前 李基秀
泰川邑舘前洋藥局 李正華
寧邊郡內紅門里 鄭德昇
寧邊龍山面新興里南貞河家 鄭泰益
宣川橋南四統十戶 申蕃周
江界邑內 金泰熙
郭山郡內新街 金大鉉
雲山邑上里八統八戶 咸元澤
雲山北面橋洞八統七戶 王現鎬
昌城郡內西下里一統二戶 許의
熙川邑內面東門外洞十四統二戶 金錫澤

平安南道

平壤鍾路太極書館 安泰國
三和港碑石洞耶蘇敎堂 裵亨湜
安州城內義井洞安陵서館 金翼河
江西邑內 金昌煥
甑山郡內利用里 崔診爽
德川邑官洞耶蘇敎冊肆 李丙斗
永柔邑內槐峴里二統八戶 金志璜
中和下道面一里三洞 禹應善
肅川東部面一里三統九戶 金天湜
咸從邑校洞 金炳善

黃海道

海州南門內韓昌書舘 朴昌根
安岳郡□洞面端山里上場 韓楨敎
長淵邑서北支學會內 崔東元
殷栗邑倉前里 金光礪
信川邑四里 李悌瓊
白川邑文明舘 趙雲泳
載寧邑서部李鼎均家乾材局 李範善
沙里院三聖學校內 李承吉

咸鏡道

咸興州南社西門外 曹喜林
元山港上里倉前洞耶蘇女學校側 皇甫正杰
定平郡豐陽里 張禮學
洪原西門內保命局 羅炳善
永興邑南山洞洪明學校內 梁元常
淸津港新岩洞 張元浩

全羅道

金溝木流面豆亭 趙德三
木浦港陽洞 李得珠
群山港九福洞一統八戶 方在喜

京畿道

仁川杻峴開新冊肆 李東皓
開城南門外興學書舖 姜助遠
江華邑川橋 俞鎭楨

慶尙道

大邱西小門外友弦書樓側 李正由
釜山佐川藥局 徐錫疇

江原道

鐵原邑藥谷 趙鍾大
蔚珍郡遠南面梅花里 郭鍾郁

忠淸道

韓山下北肇堂里 李英稙
結城廣川小龍洞 李啓祚

北墾島

北墾島龍井村市場里 朴茂林

光武十年八月十一日 第三種郵便物認可 (水曜日) 西曆一千九百十年四月二十日 (一)

大韓每日申報

發行兼編輯人 英國人 萬咸
京城西部[illegible]三層洋屋 大韓每日申報社

第一千三百五十八號
月曜及慶節[illegible]休刊

一朔新貫十三錢 地方에と[illegible]

論說

國寶散失의 悲

嗚呼라 今日韓[illegible]을 [illegible]ㅎ야 此問題를 論홈은 九牛의 死에 一毛와 落홈을 論홈과 [illegible]ㅎ며 豺獺의 [illegible]에 狐兎의 [illegible]를 論홈과 則하나 然이나

國寶[illegible]光을 保存하[illegible] [illegible] 古代文[illegible] [illegible] 先[illegible]의 [illegible] 想 [illegible] 祖國思想이 [illegible] [illegible] 일國寶를 保存ㅎ야 [illegible] 光을 階落홈이 [illegible]

이라 國寶가 國家에 對ㅎ야 [illegible]얼마 重大홈 關係가 [illegible]ㅎ리오 所以로 今에 此問題即國寶散失의 悲를 一論ㅎ노라

盖韓國은 世界古國이라 [illegible]의 國寶가 不少ㅎ야 或金櫃에 室로 珍藏ㅎ 者도 有ㅎ며 或秋草荒野에 隱沒된 者도 有하야 國民이 雙手로 敬奉홈도 可ㅎ고 國民이 萬口로 歌頌홈도 可홀 者ㅣ 無홈이 아니어놀

洛陽秋風에 荊棘이 [illegible]ㅎ고 蓋買落日에 靑山만 透이 하도다 長[illegible]을 擧ㅎ고 半島에 橫行ㅎ는 彼外人이 百般의 權을 掌ㅎ며 百般의 利를 握ㅎ다가 畢竟 其指를 國寶에 染ㅎ야 今日에 一國寶를 輪去ㅎ며 明日에 一國寶를 輪去ㅎ니 於是乎 書籍이 去ㅎ며 器物이 去ㅎ며 金扇이 玄海水를 渡ㅎ며 玉簫이 東京行을 作ㅎ며 關北人野에 捷碑를 憶ㅎ며 行人이 淚를 沾ㅎ며 敬天古寺에 玉塔을 訪ㅎ며 流水는 言이 無ㅎ도다

嗚呼라 如斯不已ㅎ면 韓國國寶가 畢竟幾日에 不至하야 悉皆東京博物會나 大坂古物廳의 物을 作ㅎ리니 此ㅣ 엇지 可悲치 아니혼가

吾儕는 此問題를 論ㅎ다가 特히 一[illegible]의 感念을 [illegible]ㅎ는바ㅣ 有ㅎ노니 今此國寶가 此國寶散失을 睹하고 果然 吾儕와 共히 歎을 作ㅎ며 [illegible]이나 [illegible]가 [illegible]是[illegible] 幾人 大抵今日國寶의 散失의 [illegible]의 責[illegible] 光彩를 閃[illegible] 祖傳[illegible] [illegible] 作ㅎ[illegible] 保[illegible]光을 保[illegible] 國[illegible]니 [illegible]면[illegible] [illegible]할지어다

外報

◎南美危機 [illegible]南美秘魯 兩共和國의 關係가 危機 一髮에 瀕ㅎ얏다는디 [illegible]五日夜에 [illegible]이도國에 [illegible] 서 撤退ㅎ고 秘露國은 今에 急 [illegible] 陸軍의 出師를 準備훈다 더라

◎摩洛哥不穩 摩洛哥[illegible]는 激烈훈 種族的 鬪爭이 起ㅎ 다더라

◎埃及國民會議 埃及國民 會議는 蘇士運河特許權改正에 關훈 政府의 提案을 否決ㅎ얏다 더라

◎爆彈事件後報 今回 淸國攝 政王官의 爆裂彈事件에 關ㅎ야 同國檢察廳은 非常히 搜索을 行 ㅎ야 嫌疑者 十四名을 拘捕ㅎ얏 는디 右十四名中 一名은 日人이 라 ㅎ며 又政府는 各省總督의 게 密電을 發ㅎ야 革命黨員을 嚴捕 ㅎ라고 命令ㅎ얏다더라

◎[illegible] [illegible] 다더라

◎飛行競爭 [illegible] 白耳義人 [illegible] 飛行 [illegible] 式空中飛行은 [illegible]法國及白 耳義兩國을 飛行ㅎ야 白耳義人 에게 不安훈 [illegible]더라

◎[illegible] [illegible]

◎飛行競爭 [illegible]

◎[illegible]政爭 目下 法國의 一般 輿論은 世界各國 權力의 平衡을 紊亂ㅎ고 [illegible]界로 ㅎ여금 噴火口 上에 [illegible] 危險的 政策을 [illegible] 政에 關훈 [illegible] 할더라

◎英人攻日 英國[illegible]에셔 設 行ㅎ는 英國博覽會의 [illegible] 漸 近ㅎ얏슴으로 日本은 該博覽會 에 關ㅎ야 [illegible]은 出品物로 政府公 開講演會로써 日[illegible] 一 般公衆의 [illegible] 此에 對ㅎ야 [illegible] 記[illegible] 義를 攻擊[illegible]

◎[illegible] [illegible]

雜報

◎黃氏[illegible]公判續報 [illegible] [illegible] 新義州支[illegible] [illegible] 三回公判을 開하고 龍川[illegible] [illegible] 黃[illegible]氏의 弟 [illegible]長 柳熙晉、暨 [illegible] 部金永杰、洞長金[illegible]諸氏 [illegible] 林이 被告의 事[illegible] 查[illegible] 市場[illegible] 反抗[illegible] 金第八[illegible] 十七[illegible] 辯護士安秉瓚氏는 [illegible] 大低本件의 原因이 [illegible] 一은 [illegible] 對ㅎ야 [illegible] 此時代에 [illegible] 徵[illegible] 暴動[illegible] 安寧秩序[illegible] 質이 淳良[illegible] 은 旣往調査[illegible] 거니와

今於[illegible]其貌를 觀하고 其 言[illegible] 可洞悉훌바ㅣ오 被 告[illegible] 犯罪事實이 無홈은 證人 金鼎鎬、柳熙晉、金尙[illegible]의 證 言에 照ㅎ야도 明白훈디 今此被 [illegible]의 論告에는 被告等이 共謀暴 動이라ㅎ나 [illegible] 共謀라 [illegible] 上[illegible] 密計홈을 謂홈이오 暴 動이라 [illegible] 凶器를 携帶하고 亂暴 [illegible] 行爲를 行홈을 謂홈이라 被告 等이 密計ㅎ야 亂暴行爲를 行홀 事實과 證據가 本無ㅎ거놀 何를 依據ㅎ야 共謀暴動이라 指稱하 는지 極히 誤謬훈지라 如斯히 人民의 自由를 拘束코ᄌ 훌진ᄃᆡ 人民이 엇지 其生命財産을 日이라도 安保ㅎ리오 以此觀 之면 檢事의 論告는 適當타 謂키 難ㅎ지라 且被告等의 情狀을 [illegible] 恤ㅎ[illegible] 拘留를 被ㅎ지 屢朔에 其

開[illegible]鐵窓暗黑裏에셔 經過 ㅎ얏스니 其苦楚ㅣ 不可形言이 어니와 被告[illegible] 皆是[illegible] 니ㅎ야 [illegible]父母妻子가 [illegible] ㅎ리오 其情狀이 [illegible] 맹으며 [illegible]이 非[illegible] 에 [illegible] 것을 不辯ㅎ[illegible] [illegible]의 淚[illegible] 지라

以上陳述과 如ㅎ[illegible] 의 [illegible] 責任이 無홈으로 決[illegible] 것[illegible] [illegible] [illegible] 防[illegible] 이 二百名以上[illegible] 로 公判廷이 狹隘ㅎ야 入廷 [illegible]

◎[illegible] [illegible] 韓日語講習所 [illegible] 官[illegible] 每朔 月捐金 [illegible] 式[illegible] 入ㅎ야 敎師에게 月給 [illegible] 을 贊與ㅎ다더라

◎普明文明 晋州郡一班[illegible]面 居[illegible] 李承駿[illegible]諸氏가 各其 義金을 捐出ㅎ야 私立普明學校 를 設立ㅎ고 生徒를 募集ㅎ야 熱 心敎授ㅎ다더라

◎三山進級 東部城北洞私立 三山義塾에서 去土曜日에 進級 式을 擧行ㅎ얏는데 張錫周[illegible]在 學金秦[illegible]柳瑾[illegible]命鎭秦諸氏가 往 參ㅎ야 學生을 勸勉ㅎ얏고 三學 年優等生은 崔善益等十七人이 오 二學年優等生은 李雲慶等三 十三人이오 一學年優等生은 金 星俊等三十八人이라더라

學報

◎淑明卒業 淑明高等女學校 에서 卒業式을 擧行ㅎ얏는디

詞藻

◎누구런고 瀛隱生 靑春을 作伴ㅎ야、昌慶宮을 도 라드니、 忠武公 쓰든 칼은、의연히 잇다 만은、 至今에「더럽다 시설자ㅣ、누구 런고。

[illegible]

八州五鎭을 恢復ㅎ고 更히 北進 ㅎ다가 亦召還ㅎ니라 (未完)

至ㅎ리오 是時에 柳仁雨로 東北 의 晉[illegible]을 用ㅎ얏스면 엇지 此境에 [illegible]이니 [illegible] 崔都統 軍을 召還ㅎ[illegible] 固 [illegible] 垂成의 功을 棄ㅎ고 將 [illegible] 元使의 一[illegible]에 [illegible] 날 惜乎라 [illegible] 가[illegible] 渤海舊 [illegible] 東顧 [illegible] 元廷 [illegible] 威信 [illegible] 朝[illegible] 在

宮廷彙報

◎派宦問安 大皇帝陛下께옵서再昨日下午三時頃에侍從一人을 德壽宮에命送ᄒᆞ사 太皇帝陛下씌 問安ᄒᆞ셧다더라

◎葡酒下賜 大皇帝陛下께옵셔吊問使高義誠을因ᄒᆞ야曾彌統監의게赤葡萄酒를 下賜ᄒᆞ셧ᄂᆞᆫᄃᆡ曾彌ᄂᆞᆫ韓國宮內府大臣의게謝電을發ᄒᆞ엿다더라

◎石塚謁見 統監府石塚長官은仁川港에碇泊ᄒᆞᆫ日本第一艦隊司令官村島以下를帶同ᄒᆞ고昨日上午十一時 昌德宮에進詣ᄒᆞ야 大皇帝陛下씌 陛見ᄒᆞᆫ後因ᄒᆞ야 御苑을拜觀하엿다더라

雜報

◎總相危篤 總理大臣李完用氏ᄂᆞᆫ肺患이熾盛ᄒᆞ고近日來牽引症이添肆ᄒᆞ야大段危篤ᄒᆞ다더라

◎三氏寄金說 宮相閔丙奭內相朴齊純農相趙重應三氏ᄂᆞᆫ日前政友會에金二百圜式寄付ᄒᆞ엿다ᄂᆞᆫ說이有ᄒᆞ다더라

◎僞非虛說 宮內府大臣閔丙奭氏ᄂᆞᆫ何等事由를因ᄒᆞᆷ인지辭職ᄒᆞ기로內定ᄒᆞ엿다ᄂᆞᆫ說이有ᄒᆞ다더라

◎宮官變動說 宮內府所管官吏中에勅奏任官이多數變更될다ᄂᆞᆫᄃᆡ其代에ᄂᆞᆫ日本人으로補用ᄒᆞᆫ다더라

◎調査局內容 土地調査局은一千四百萬圓의巨資로設立ᄒᆞ야八箇年繼續ᄒᆞᆯ作定인ᄃᆡ當初此計劃은已往度支顧問目賀田時代부터經營ᄒᆞ다가其後度支次官荒井司稅局長鈴木등이此를繼續經營ᄒᆞ야畢竟成立되엿ᄂᆞᆫᄃᆡ度相이總裁를兼任ᄒᆞ엿스나此ᄂᆞᆫ虛位만擁ᄒᆞᆯ뿐이오實權은副總裁俵孫一에게在ᄒᆞ다하며荒井鈴木兩人은此實權을自己가掌握치못ᄒᆞᆷ을恨ᄒᆞ야俵와互相反目中이라더라

◎統府午餐 昨日統監府에셔日本第二艦隊司令官及將校를招待ᄒᆞ야午餐을饗ᄒᆞ엿다더라

◎露將官入京 露國陸軍少尉갈킨氏ᄂᆞᆫ視察次로海蔘威를從ᄒᆞ야元山釜山을經하야昨夜入京ᄒᆞ엿다더라

◎一去一來 日本理事官三浦ᄂᆞᆫ去九日에馬山으로向ᄒᆞ엿고馬山에在ᄒᆞ던水產課長庵原은來十五日에入京ᄒᆞᆫ다더라

◎田本出張 學部事務官日人田本은江華普通學校校舍新築地를調査ᄒᆞ기爲ᄒᆞ야昨日同地로出張ᄒᆞ엿다더라

◎學部通知 學部에셔各公立普通學校에對ᄒᆞ야卒業生의營爲有無와新募生의狀況如何를調査示明ᄒᆞ라고通知書를發ᄒᆞ엿다더라

◎永谷查問 昨日上午十時에中部警察署長日人永谷은政友會發起人高義駿氏를招致ᄒᆞ야該會에目的과現行事務를查問하엿다더라

◎兩郡飢饉 平北慈城厚昌兩郡은昨年度에農作이不登ᄒᆞ야上下窮民이餓死에瀕ᄒᆞᆫ故로內部에셔其飢饉區域을調査ᄒᆞ야相當ᄒᆞᆫ救助方法을講究ᄒᆞᆫ다더라

◎大韓新聞의異動 前監理韓榮源氏ᄂᆞᆫ統監府某官吏를紹介ᄒᆞ야大韓新聞社主筆의任을圖得ᄒᆞ엿ᄂᆞᆫᄃᆡ其他任員도多數變更되고日人으로囑托을選置ᄒᆞ엿다더라

◎其實尤甚 [illegible]民들은韓日合邦問題以後로韓國觀察[illegible]熱이尤甚ᄒᆞ야韓國觀光을[illegible]하ᄂᆞᆫ者가非常히多數ᄒᆞ다더라

◎一日千數 人民의私有森林證明期限이漸迫ᄒᆞᆷ으로各地方人民들이農商工部에地籍報告ᄒᆞᄂᆞᆫ者가每日千名以上에達ᄒᆞᄂᆞᆫᄃᆡ擧皆郵遞로送致ᄒᆞᆫ다더라

◎應募者多數 日前歸任ᄒᆞᆫ府郡課長日人不渡ᄂᆞᆫ韓國各地에配置ᄒᆞᆯ日人郡主事其他技術員등을募集키爲ᄒᆞ야渡日ᄒᆞᆷ인ᄃᆡ日人의應募者가非常히多數ᄒᆞ엿다더라

◎政友開會期 政友會에셔ᄂᆞᆫ來十五日에總會를開ᄒᆞᆫ다ᄂᆞᆫᄃᆡ曩者에選擧ᄒᆞᆫ諸任員에對ᄒᆞ야就任을促ᄒᆞ고二三任員을免黜ᄒᆞᆯ事件을協議ᄒᆞᆫ後政談演說會를開ᄒᆞᆫ다ᄒᆞ며該會總裁閔泳徽氏ᄂᆞᆫ總裁就任을志願ᄒᆞ나但總裁로就任ᄒᆞᄂᆞᆫ境遇에ᄂᆞᆫ出資의要求가有ᄒᆞᆯ까恐ᄒᆞ야躊躇中이라ᄒᆞ며高義駿氏ᄂᆞᆫ向者에各官廳을歷訪ᄒᆞ고同會ᄂᆞᆫ親日主義를標榜ᄒᆞ야組織ᄒᆞᆫ바고라言明ᄒᆞ엿다더라

◎鼠輩喫驚 所謂國民同志贊成會에셔再昨日總會를開ᄒᆞ엿ᄂᆞᆫᄃᆡ坐中一人이言明ᄒᆞ기를日本政府에셔韓국李總理及趙農相에게對ᄒᆞ야合邦中止說을通知ᄒᆞ엿다ᄒᆞ미滿座가失望大驚하엿다더라

◎朴氏負傷 目下馬山港에셔閑養ᄒᆞᄂᆞᆫ朴泳孝氏ᄂᆞᆫ數日前釣魚歸路에溝渠에墮落ᄒᆞ야重傷을負하엿ᄂᆞᆫᄃᆡ馬山病院에셔治療ᄒᆞᆫ다더라

◎容九落傷 一進會長李容九ᄂᆞᆫ日昨南大門外停車場에셔落傷ᄒᆞ야目下呻吟中이라더라

◎로氏着京 美國루스벨트氏의妹婿되ᄂᆞᆫ로빈손氏의一行은再昨日南大門에來着ᄒᆞ야法人旅館에投宿ᄒᆞ엿다더라

◎美領訪問 美國領事ᄂᆞᆫ로빈손氏壹行歡迎事件에關ᄒᆞ야昨日統監府를訪問ᄒᆞ엿다더라

◎로氏旅程 再昨日入京ᄒᆞᆫ로빈손氏ᄂᆞᆫ美國富豪로紐育부로ᄃᆡ웨이百六十四番地에住居ᄒᆞ고年은六十이오其夫人은前大統領루스벨트氏의令妹오其男은年이廿二인ᄃᆡ該一行이昨日美國總領事館午餐會에參席ᄒᆞᆫ後景福宮과京城市中을巡視ᄒᆞ엿고本日은大久保大將의午餐會와石塚長官의晚餐會에參席ᄒᆞᆯ터이고來十三日에ᄂᆞᆫ南大門列車로日本에直向ᄒᆞ야京都에셔七日間留宿ᄒᆞ야名所古跡을觀覽ᄒᆞ고東京에向ᄒᆞ야來月十日頃ᄭᆞ지滯在ᄒᆞᆯ預定이라더라

◎曲者竟敗 信川郡獐川坪築동事件은既히累報어니와裁判所에셔一進會員이落科되여築동撥廢ᄒᆞ야ᄂᆞᆫ廣告를出付ᄒᆞ엿스되該會員은尙且止戢지아니ᄒᆞ고載寧分遣所에又爲誣訴ᄒᆞ야同所에셔日憲兵及補助員等을派送調査ᄒᆞ고原告李承祚氏를招去查問ᄒᆞ엿ᄂᆞᆫᄃᆡ一進會員의搆誣가又爲綻露ᄒᆞ야畢竟撥동ᄒᆞ기로決定되엿다더라

◎時事報行爲 時事新聞社에셔印刷를昌新舘에委托ᄒᆞᆫ後印刷費를辦給지못ᄒᆞ야八九次契約을違反ᄒᆞᆷ으로去八日昌新舘에셔印刷事務를停止하고印刷費를督促하얏더니該社에셔印刷費ᄂᆞᆫ一分도辦給지아니ᄒᆞ고大同廣智社로印刷를移托發刊ᄒᆞᆷ으로창新舘員諸氏ᄂᆞᆫ時事報의行爲를[illegible]ᄒᆞ엿다더라

◎[illegible]調査 北[illegible]

◎警署派巡 南部銅峴分署에셔何等事件을因ᄒᆞᆷ인지三昨日韓日巡查五六名을南陽等地로派送ᄒᆞ엿다더라

◎敎習生分排 警視廳에셔ᄂᆞᆫ三昨日巡查敎習生李曾潤朴寬植氏等二十三人을各署에分排視務케ᄒᆞ엿다더라

◎鄭氏將訴 聞慶郡居鄭世憲氏가京城廟洞居李丙讚氏의田畓을買收ᄒᆞ야一年秋收ᄭᆞ지ᄒᆞ엿ᄂᆞᆫᄃᆡ聞慶居李寅九氏가李丙讚氏의書托이有ᄒᆞ다稱하고已賣田土中幾部分을占奪코저ᄒᆞᆷ으로鄭氏가將次起訴次로上京ᄒᆞ엿다더라

◎韓米有望 韓國產米ᄂᆞᆫ其品質이良好ᄒᆞ야造米法을少히注意ᄒᆞ면日本米를凌駕ᄒᆞᆯ터이오又今年度에ᄂᆞᆫ韓產米가歐美市場에出現ᄒᆞ야輸出의路가擴張되엿ᄂᆞᆫᄃᆡ其希望이大有ᄒᆞ다더라

◎桂氏起訴 閔京鎬氏ᄂᆞᆫ平北觀察在任時에宣川郡居桂元淳氏가不孝의惡行이有ᄒᆞ다稱ᄒᆞ고金一千二百圜을剝奪ᄒᆞ엿슴으로桂氏가該錢을還推코저日人北島의게辯護를委任ᄒᆞ야裁判ᄒᆞᆫ다더라

◎留學生試驗 今回官費留學生採用試驗을昨日부터連三日間官立師範學校內에셔執行ᄒᆞᄂᆞᆫᄃᆡ採用人員數ᄂᆞᆫ十七八名이오應試者ᄂᆞᆫ六十人이라더라

◎暇日督稅 再昨日에漢城財務署官吏라稱ᄒᆞᄂᆞᆫ者二名이三清洞에前往ᄒᆞ야家屋稅를督促[illegible]

◎[illegible]押[illegible] [illegible]向日市場[illegible]에셔[illegible]漢[illegible]氏등[illegible]方[illegible]判所로押送ᄒᆞ엿ᄂᆞᆫᄃᆡ其中安一龍氏ᄂᆞᆫ七拾老人이라더라

◎郵船社擴張 大韓郵船協同會社에셔ᄂᆞᆫ事務를一層擴張ᄒᆞ고本店位置ᄂᆞᆫ釜山港에定하기로協議中이라더라

◎李氏退帖 國民協成同進會에셔李時宇氏로特別贊成員을薦定ᄒᆞ야[illegible]ᄒᆞ엿ᄂᆞᆫᄃᆡ李氏ᄂᆞᆫ退却不受ᄒᆞ엿다더라

◎伊川風塵 義兵將蔡應彦氏의部下二十三名과姜[illegible]突氏의部下四十三名이聯合ᄒᆞ야銃器를各持하고江原道伊川郡方丈面에셔佳麗分遣所日憲兵及補助員등을射擊하야約二十分間交戰ᄒᆞ엿다더라

◎不愼所致 三昨日南部學洞近地에셔韓人六歲兒가日人自行車에被觸顚仆ᄒᆞ야面皮가擦脫ᄒᆞᆫ故로該兒ᄂᆞᆫ即時病院으로昇送ᄒᆞ고該日人은南署로押付코저ᄒᆞ미該地居留日人들이協力하야押付를沮戲ᄒᆞᄂᆞᆫ지라傍觀諸人이南署에呈訴ᄒᆞ야居留日人一名ᄭᆞ지並히押去ᄒᆞ엿다더라

◎觸車何多 三昨夜中部寺洞등地에셔六七歲假量된韓兒一名이自行車에被觸ᄒᆞ야重傷에至ᄒᆞ엿ᄂᆞᆫᄃᆡ該兒ᄂᆞᆫ即時本家로護送하고自行車ᄂᆞᆫ巡查가押收ᄒᆞ야附近自行車舖에任置ᄒᆞ엿다더라

◎別無可疑 李東熙氏의廊下人崔應周의屍體를既報와如히大韓醫院에셔解剖檢查를試ᄒᆞ엿ᄂᆞᆫᄃᆡ別노致疑ᄒᆞᆯ處가無ᄒᆞ다ᄒᆞ야司法當局에셔ᄂᆞᆫ李氏의게

◎[illegible] [illegible]人의韓國[illegible]十日泥峴무[illegible]

◎[illegible]會任員 再昨日에[illegible]南[illegible]會에셔任員을改選ᄒᆞ엿ᄂᆞᆫᄃᆡ會長은金洛憲氏로副會長은張吉相氏로選定ᄒᆞ엿다더라

◎義兵被捉 義兵李鍾萬李和京兩氏ᄂᆞᆫ去一日鐵原日憲兵分遣所에被捉ᄒᆞ엿다더라

▲我의樂

▲巡查憲兵補[illegible]에위ᄊᆞ고쇠사슬노몸을얽어온쪽달사못하도록온갖[illegible]다식힐때ᄆᆞ음弱ᄒᆞᆫ[illegible]위셔셜터이나오직[illegible]苦難을우숨으로밧으리[illegible]ᄒᆞᆷ으로우리國民[illegible]가苦難밧음으로우리동포[illegible]누려便安ᄒᆞ게잘살리니이가나의樂이로다

▲鐵鞭革鞭棍杖으로[illegible]나게ᄯᆞ리면서네同志ᄂᆞᆫ그누구며네隊謀ᄂᆞᆫ무엇이냐[illegible]命ᄒᆞᆯᄯᅥ腑ᄭᆞ지업ᄂᆞᆫ劣丈夫ᄂᆞᆫ[illegible]셔울[illegible]이나오직[illegible]긔뿜으로맛으리라[illegible]원수ᄂᆞᆫ[illegible]ᄒᆞᄂᆞᆫ同胞들은[illegible]겨긔혼情을表하리[illegible]나의樂이로다

▲判事檢事[illegible]우헤로[illegible]안[illegible]손발노罪[illegible]證據ᄒᆞ야論告ᄒᆞ며[illegible]ᄒᆞᆯᄯᅥ생각ᄒᆞᆫ[illegible]치[illegible]ᄒᆞᆯ시나오지나ᄂᆞᆫᄃᆡ[illegible]泰然ᄒᆞ게밧으리[illegible]다가[illegible]그럭케죽음보다나라爲ᄒᆞ야죽[illegible]향ᄒᆞᄂᆞᆫ죽음되여韓半島의榮光되니이가나의樂이로다

社告

左開地方에셔本申報購覽ᄒᆞ시ᄂᆞᆫ僉彥의便利ᄒᆞ심을爲ᄒᆞ야左開三郡에本支社를設置ᄒᆞ고本月一日부터支社로發送分傳ᄒᆞ오니本社에對ᄒᆞᆫ諸般事項을各該支社員과交涉ᄒᆞ시옵

左開

永柔邑內槐峴里　金志璜

中和下道面一里三洞　禹應善

肅川東部面一里三統九戶　金天湜

大韓每日申報社

雜報

◎貧而嗜報　信川郡居崔宗煥氏ᄂᆞᆫ生涯가極艱하야父子가摑屨로爲業ᄒᆞᄂᆞᆫ더인더草鞋每部價中에幾文式除減ᄒᆞ야新聞을購覽ᄒᆞᆫ다더라

◎蚕業所設立　龍山婦人養蚕所의第一二三四回卒業生諸氏가發起ᄒᆞ야蚕業同志研究所를女子普學院內에設置ᄒᆞ고發展의策을講究ᄒᆞᆫ다더라

◎何事秘密　楊州津關居ᄒᆞᄂᆞᆫ李某ᄂᆞᆫ再昨日中部警察署에被捉ᄒᆞ엿다ᄂᆞᆫ더何事由를因홈인지大段秘密ᄒᆞᆫ貌樣이라더라

◎因債逃躲　中部洞口內에셔烟草商ᄒᆞ던崔基春氏ᄂᆞᆫ債務金一千餘圓을因ᄒᆞ야三昨夜에率家逃走ᄒᆞ엿다더라

◎尹氏被執　新門外居尹憲培氏ᄂᆞᆫ西間島로搬移ᄒᆞᆯ次로發程ᄒᆞ다가新義州警察署에被執ᄒᆞ엿다더라

◎吸鴉被捉　前警部李正求氏ᄂᆞᆫ鴉片을吸喫ᄒᆞ다가日昨西部警察署에被捉ᄒᆞ야昨日地方裁判所로越交하엿다더라

◎柳氏越交　警視廳에被囚ᄒᆞᆫ普成中學校生徒柳在英氏ᄂᆞᆫ昨日上午九時에地方裁判所로越交ᄒᆞ엿다더라

◎病瘳罪免　監獄署에多月被囚ᄒᆞ엿다가身病이闖發ᄒᆞ야大韓醫院에保放治療ᄒᆞ던姜錫鎬氏ᄂᆞᆫ病狀이快復하야日前退院하엿ᄂᆞᆫ더所犯罪過도無事蕩滌되엿다더라

◎靑友遠足　靑友獎學會에셔來日曜日上午九時東門外塔洞僧房에前往ᄒᆞ야遠足會를設行ᄒᆞᆫ다더라

◎湖南學會任員　湖南學會에셔任員을改選ᄒᆞ엿ᄂᆞᆫ더會長은劉禧烈氏로副會長은白寅基氏로總務ᄂᆞᆫ李根容氏로評議장은李赫氏로經理部長은金漢永氏로投票選定하엿다더라

◎靑舘開演　今日下午七時半에鍾路靑年會舘에셔平壤人吳基善氏를請邀ᄒᆞ야人之生命得失이란問題로演說ᄒᆞᆫ다더라

廣告

本所에서京城孤兒院經費에補助ᄒᆞ기爲ᄒᆞ야今十三日(陰三月四日)부터圓覺社에서演奏會를限一週間開ᄒᆞ오니慈善ᄒᆞ신僉閣下ᄂᆞᆫ光顧ᄒᆞ심을切望홈

漢城妓生組合所妓生　蓮紅　鸚鵡　弄月등　告白

電話開通 一一八〇
鍾路紙物舖 金聖煥

本人이大廣橋客主鄭學鉉處陰己酉十一月晦日推來紙貨一百六十圓五四五号於音一片을서失故玆以廣告ᄒᆞ오니誰某拾得이라도休紙施行홈

中部[illegible]泉李寅泳　告白

本人의孫朴禮永이가性本不良하와僞造文券하야若干田畓을欲賣典當이옵기玆以廣布ᄒᆞ오니內外國人은切勿見欺홈

義州府虹霓門外　白召史　告白

本人이四月七日에路失ᄒᆞᆫ手匣에在ᄒᆞ던本人의姓名章과吳德恒의姓名章까지幷失이기廣告홈

平壤[illegible]洞留　金　煥　白

本人의先墓側已掘處에聚土儲置러니義州州內面西部居金應善이가不告山主ᄒᆞ고毀壙潛葬ᄒᆞᆫ지四五朔後綻露되야來五月晦日前으로掘移契約書를提出ᄒᆞ온바契約證人은州內面前僉知田承眞古城面前蔘監朴正烈同里居趙有璜三氏오籌州內面前都事車秉韓氏이옵기玆에廣告홈

鐵山站面蠶頭里居　張海會　告白

本人이開業ᄒᆞᆫ지五年에僉君子에愛顧ᄒᆞ심을蒙ᄒᆞ야營業을一層擴張ᄒᆞ기爲ᄒᆞ야物品을直輸入ᄒᆞ야各種帽子를精密히製造ᄒᆞ야廉價로販賣ᄒᆞ오니僉君子ᄂᆞᆫ陸續來臨ᄒᆞ심을務望ᄒᆞ며外方에셔도請求ᄒᆞ시면小包代金引換으로酬應ᄒᆞ며此外에洋鞋도具備ᄒᆞ오니請求ᄒᆞ옵소셔

帽子十個以上은特別減홈

特	上品	一圓四十錢
甲	極上品	一圓十錢
乙	仝	九十錢
丙	仝	八十錢
丁	中品	六十錢
戊		五十錢

此外에統監府官吏帽子와警視警部帽子도製造홈

京城貞洞大漢門前帽子店尹興烈　委任主　崔東植　趙永信

本人이陰二月初에方圖姓名章을遺失이옵고圓圖更刻이옵기玆以廣告홈

南陽松山面禿洞十統六戶　金敎澄　白

圖章材料를並히彫刻

ᄒᆞ와販賣하오니注文ᄒᆞ시옵

黑角單層彫刻一件金三十錢

黑角二層彫刻一件仝三十五錢

黑角三層彫刻一件仝四十錢

但代金은先送ᄒᆞ여야發送홈

京城南署棗洞六十二統十戶

金龍商會

新組織 大擴張廣告

測量機械及美濃紙各種

參帽子學生帽子學校用品各種

谷香葉卷烟及山月紙卷烟各種

圖章材料와并히彫刻販賣홈

前社員朴大卿氏ᄂᆞᆫ自己事로因ᄒᆞ야本社에無關ᄒᆞ오니照諒홈

大邱北門外 會 東美運送部 浦上運送部

總務 李重來 謹告

京西部車洞局和藥房　本國藥材、洋藥、各病效、用、價、國漢文、刊出、作封、雖婦女、郵便請求、買賣

閔[illegible]　白

開城郡에日韓運送合資會社支店을設置ᄒᆞ고河舟及鐵道運送과委託品賣買와倉庫業을商買의請求되로至極精密히酬應ᄒᆞ오니內外國僉君子ᄂᆞᆫ愛顧ᄒᆞ심을務望

日韓運送合資會社開城支店　李命稙　告白

歐米我遊學生寫眞及學業과我國有志諸氏에寫眞으로成冊ᄒᆞ여每卷五十錢에賣ᄒᆞ오

南部石井洞天然堂內　李鍾[illegible]

本館에서新舊書籍과學校用品各種을備置하야(五圓以上特減割引)大發售하오니江湖僉君子ᄂᆞᆫ陸續購買ᄒᆞ시옵

釜港東關韓興書館

館主　金秉衡　本名汝重

主任　權鍾律

경셩남문안슈각교븍편동현힝낭뒤오십오호셩실호쥬약국의단복비죵담죵의먹고불치ᄒᆞᆫ만병고와살충단은대쇼악죵과당창제졀의신효ᄒᆞᆫ고로교회셩셔와토샤담체이젹ᄒᆞᆫ젼병잔괴인후후비감창연쥬창안젹풍징비벽똥치약이구비ᄒᆞ오니유명군ᄌᆞᄂᆞᆫ와셔치료ᄒᆞ시오쳐소도졍미ᄒᆞ오며염가로밧ᄉᆞ오며뎐쥬약ᄒᆞᆫ제류환이오청여아ᄒᆞᆫ제오환이오외방은우셰로부송ᄒᆞᆷ

윤상윤약국　고빅

本店에셔**開業**ᄒᆞᆫ지**十六年間僉君子**의愛顧ᄒᆞ심을**特蒙**ᄒᆞ와**今年**부터**業務**을**大擴張**ᄒᆞ고**春夏秋冬所用**으로**絨緞毛織等各國高等物品**을**現今多數直輸入**이온바**各地方**에셔도**貿易**에**便利實買**케**爲**ᄒᆞ야**特別減價**ᄒᆞ와**郵便小包**로**酬應**ᄒᆞ야**代金**은**引換**ᄒᆞ깃사오니**十三道各郡僉君子**ᄂᆞᆫ**隨意請求**ᄒᆞ심을**望**

振替貯金番號（韓國壹三番）

漢城中部鍾路[illegible]洞二十一統五戶

廣興泰 告白

우리나라ᄉᆞ룸이**衛生**에曚昧ᄒᆞ고**醫藥**에**暗素**ᄒᆞ야**天賦**ᄒᆞᆫ**壽命**을**保命**치못ᄒᆞ며**病魔**에**侵滅**되야或은**夭死**ᄒᆞᄂᆞᆫ**悲運**에**至**ᄒᆞ고或萎縮ᄒᆞᆫ慘**狀**을**呈**ᄒᆞ야**不完全不潤發**ᄒᆞᆫ**不具**의**國民**을**造成**ᄒᆞ엿스니**嗚呼**라이와ᄀᆞᆺ탄蒼白柔軟ᄒᆞᆫ쥭졍이**民族**으로엇지**永遠**ᄒᆞᆫ**國家**를**經營**ᄒᆞ리오아아云ᄒᆞ기**難**ᄒᆞ도다우리**神聖**ᄒᆞᆫ**民族**은반다시**強壯**ᄒᆞᆫ**者**의**食**되지아니치못ᄒᆞ리로다**西**哲이云ᄒᆞ되아니ᄒᆞ엿ᄂᆞᆫ가健**全**ᄒᆞᆫ**知識**은健**全**ᄒᆞᆫ**身體**에**宿**ᄒᆞᆫ다ᄒᆞ엿스니誠**然**ᄒᆞ도다**國家**의健全ᄒᆞᆫ**獨立**은반다시健**全**ᄒᆞᆫ**身體**健**全**ᄒᆞᆫ**人格**健**全**ᄒᆞᆫ**知能**을**基礎**ᄒᆞ나니치못ᄒᆞᆯ지니**玆**에우리和**平堂大藥房**은**我國現狀日**과**時勢要求**에**感**ᄒᆞ바**有**ᄒᆞ야**如何**히ᄒᆞ면**此萎縮不具**ᄒᆞᆫ蒼**白色軟骨**의**可憐民族**을**免**ᄒᆞ고**勇敢有爲**의潤發**強壯**ᄒᆞᆫ國民을**作成**ᄒᆞ야**如何**히ᄒᆞ면**遠大**ᄒᆞᆫ**欲望**과**堅忍**不拔의**思想**잇ᄂᆞᆫ**確實**ᄒᆞᆫ國民을**生産**ᄒᆞᆯ가**此等**의**問題**ᄂᆞᆫ**吾輩**가**多年苦心研究**ᄒᆞ던바이아**此**大**問題**를**如何**히**解決**ᄒᆞ나噫라**善**良ᄒᆞᆫ**醫**藥은**善身體**를**助長**ᄒᆞ며**善**良ᄒᆞᆫ**身體**ᄂᆞᆫ**善**良ᄒᆞᆫ精**力**善良ᄒᆞᆫ**知能**을含**有**ᄒᆞ야**偉大**ᄒᆞᆫ**功績**을**顯**ᄒᆞᆫ다ᄒᆞᆫ**萬古**不腐의**金言**이라우리**和**平**堂**大藥房이**今**에全**力**을**注**ᄒᆞ야**此**에**貢獻**ᄒᆞᄂᆞᆫ**實**노**天賦**ᄒᆞᆫ**使命**을**完了**코져홈이라바야흐로**芳春萬物**이潤踏ᄒᆞᄂᆞᆫ**時**를**際**ᄒᆞ야**業務**ᄂᆞᆫ**益益擴張**ᄒᆞ고**名藥**은**東西聚集**ᄒᆞ며米國醫學**博士**禹越**氏**에게**多年受學**ᄒᆞ야**實地**와**學術**에宏**大**ᄒᆞᆫ**抱負**로써우리나라有名ᄒᆞᆫ**田慶龍氏**ᄂᆞᆫ우리**和平堂大藥房**에셔**診斷處方務**를**執**ᄒᆞ니우리**和平堂大藥房**은임의우리나라에셔最上**榮**譽로**擔負**ᄒᆞᆫ바ᄀᆞᆺ치最**完備**最**發展**으로域에**達**ᄒᆞᆫ지라아아**大韓**의**同胞**로셔**誰**가우리和平堂을**不知**ᄒᆞᆫ**者有**ᄒᆞ며**誰**가우리和平堂의藥을**用**치아니ᄒᆞᆫ**者有**ᄒᆞ리오아아우리和平堂은아ᄎᆞᆷ부터져역ᄭᆞ지노지안코쉬지안코**同胞**의**健康**을**爲**ᄒᆞ야**活動**ᄒᆞ며**同胞**의**前路**를**爲**ᄒᆞ야**勞苦**ᄒᆞ고잇ᄉᆞᆸ나이다

京城鍾路和平堂大藥房本舖主任李應善

◎大韓全國 [illegible] 本堂製造發行ᄒᆞᄂᆞᆫ藥品

消化新藥 清心保命丹 此丹은化痰止咳ᄒᆞ며順氣消滯ᄒᆞ며恒常長服ᄒᆞ면腸胃가健全

六補元氣 蔘茸大補元 大補元氣ᄒᆞ고滋腎健脾ᄒᆞ며先天不足과陽위不起에一切神効

蛔積殺虫散 此약은회積과회腹痛과회虫一切를去根ᄒᆞᄂᆞᆫ良劑

久滯大通丸 此丸은年久積滯와諸般重症이며胸腹痛에神効莫大ᄒᆞᆷ

瘡病新藥 梅花點膏 毋論男女ᄒᆞ고花柳病楊梅瘡에一切를根快復하ᄂᆞᆫ良藥

眼疾速効 光明眼藥 諸般眼疾에治療皆効ᄒᆞᄂᆞᆫ東洋에罕有ᄒᆞᆫ寶藥

起死回生 回生丹 此丹은急症과[illegible]

[illegible]神効 解[illegible]散 寒熱往來ᄒᆞ고[illegible]

[illegible]新藥 [illegible] [illegible]

[illegible] [illegible]

[illegible]積湯 諸般산症에大効[illegible]

[illegible]藥 寸白虫을一切[illegible]

[illegible]藥 뢰눈과못과사마귀를[illegible]

[illegible]汗臭藥 手足의汗臭를除滅ᄒᆞᄂᆞᆫ藥

[illegible]新 [illegible]膏 創瘡과腫傷과곰퍼[illegible]去核生新ᄒᆞ기ᄂᆞᆫ第一藥明

浸新 百[illegible]膏 無論男女老少ᄒᆞ고[illegible]瘰癧[illegible]痔瘡諸般瘡瘍에一切特效가有ᄒᆞᆷ

淋疾藥各種 淋疾各症에壹週日만服ᄒᆞ면病根快復ᄒᆞ고腎氣가完全ᄒᆞᆷ

其他洋[illegible]各種이며◎各種藥◎都매散賣 ◎遠地에ᄂᆞᆫ郵便小包로申速酬應ᄒᆞᆷ

漢城南大門內濟生堂大藥房 李庚鳳
代辦主任 李異國 白

○天恩堂大藥房製造發行各種靈藥

健胃淸心仁壽丹	금拾錢	千金止汗散	금[illegible]
健脾補元丹	금壹圓	治喇聖藥	금三十錢
眼科[illegible]明眼水	금拾錢	吐사靈[illegible]立水	금二十錢
[illegible]회虫丸	금拾錢	健[illegible]生口味[illegible]甘水	금廿錢
寸白虫[illegible]根藥	금廿錢	뢰눈拔根藥	금拾錢
[illegible]中丹	금[illegible]	[illegible]	금拾錢
[illegible]感丸	금拾錢	[illegible]水	금十五錢
治[illegible]散	금十五錢	[illegible]	금[illegible]
幼兒[illegible]散	금二十錢	天恩梅瘡丹	大匣入금[illegible] 半匣入[illegible] 小匣入[illegible]五十錢
[illegible]兒散	금[illegible]錢	天尊眼[illegible]	上仝
[illegible]	금三十錢	天恩[illegible]根[illegible]	大匣入[illegible] 小匣入금[illegible]錢
[illegible]丸	금[illegible]	天[illegible]	上仝
[illegible]丸	금二[illegible]	天恩[illegible]	上仝
[illegible]	금四[illegible]	[illegible]	上仝
解[illegible]丹	금拾錢	[illegible]	上仝
[illegible]丸	금拾錢	天恩[illegible]	上仝
[illegible]藥	금二[illegible]	[illegible]	上仝
[illegible]藥	금三拾錢	天恩[illegible]	大匣入 금二[illegible] 小匣入 금拾錢

其他洋藥[illegible]材와各種[illegible]具備ᄒᆞ얏고 地方兄弟의請求[illegible]代金[illegible] 但足迅速[illegible]陸續請求ᄒᆞ시기務望 本藥房에서[illegible]治療所[illegible]設ᄒᆞ고醫士李錫駿氏를延聘ᄒᆞ와上午八時로下午九時까지診察ᄒᆞ오니有病ᄒᆞ신同胞ᄂᆞᆫ來臨治療ᄒᆞ시기望ᄒᆞᆷ 但外方에서ᄂᆞᆫ病錄만보니시면精製酬應ᄒᆞᆷ

京城鍾路天恩堂大藥房 金[illegible]遠 劉[illegible]元 告白

◎特別廣告

[illegible]

左開

[illegible]止痛[illegible]

[illegible]汁[illegible]

韓美藥業株式會社事務所

社告

大韓每日申報 各處支社廣告

平安北道

龍川楊市雜新書舖 黃[illegible]
龍川[illegible] 韓[illegible]
朔州邑南門外 朱伯英
義州南門外[illegible]大[illegible]張[illegible]
鐵山邑東部 鄭[illegible]
[illegible]
三和[illegible]碑石洞[illegible]
安州[illegible]
江西邑內 [illegible]
甑山郡內[illegible]里 崔診爽
德川邑[illegible]洞[illegible] 李丙斗
永柔邑內[illegible]里二統八戶 金志璜
中和下道面一里三洞 禹[illegible]
肅川東部面一里三統九戶 金天[illegible]
咸從邑校洞 金[illegible]

黃海道

海州南門內韓昌書舖 朴昌鎭
安岳郡細洞面端山里上場 韓禎敎
長淵邑서北支[illegible]會內 崔東元
殷栗邑倉前里 金光礪
信川邑四里 李[illegible]
白川邑[illegible]舘 趙雲泳
載寧邑서部李鼎均家乾材局 李範普
沙里院[illegible] 李承吉

咸鏡道

[illegible]

光武十年[illegible] 但地方에ᄂᆞᆫ郵稅每十三錢[illegible]
廣告 [illegible]活字[illegible]每行[illegible]五號[illegible]
(自一行至四行以爲一寸)

檀君開國四千二百四十二年
箕子元年三千三十二年
大韓開國五百十九年
本報創刊日 光武八年七月十八日

大韓每日申報

Responsible for Publication Alfred Weekley Marnham.
發行兼編輯人 英國人 萬咸
發行所 京城南部石井洞三層洋屋 大韓每日申報社

第八卷 月曜及慶節歲時休日休刊 第一千三百五十九号

別報

◎楊市事件의實情

龍川楊市市場稅事件에關하야該地方人民이本社에書를寄ᄒᆞ엿는ᄃᆡ左와如ᄒᆞ더라

平北龍川府楊市에서隆熙三年度市場稅事件으로該市商民十餘名이該地方裁判所에拘囚됨은人所共知어니와裁判所에서右拘囚된諸氏에對ᄒᆞ야暴動罪라保安違犯이라ᄒᆞ야照律코저ᄒᆞᆷ은實로抑冤ᄒᆞᆫ事라今에其顚末을略陳ᄒᆞ건ᄃᆡ

隆熙二年陰十一月二十八日에市場稅徵收ᄒᆞ기爲ᄒᆞ야本財務署員柳熙晉과其外財務官吏와本警察署警部金永杰監督日本人河野等이幷來到라가衆民이初不開市ᄒᆞᆷ으로稅를徵收치못ᄒᆞ고翌二十九日에右官吏諸氏가還署ᄒᆞᆯ서市民五六十名이呼冤次로距市限二里許白土峴에追至ᄒᆞᆫ즉官吏諸氏가市中에復到ᄒᆞ야稅則의理由를說明ᄒᆞ고財務署長柳氏가說明ᄒᆞ기를十三道各郡이確定捧稅ᄒᆞ기前에는更不來促이라고告諭ᄒᆞᆷ으로衆民이解散ᄒᆞ엿더니及陰十二月十七日에本府官吏와財務署警察署官吏諸氏가又爲來到ᄒᆞ야商民을會同ᄒᆞ고開市納稅의意로說諭ᄒᆞ엿고同二拾三日에各官吏가又來到ᄒᆞ엿는ᄃᆡ市場은開市치아니ᄒᆞ고民情은嗷嗷ᄒᆞ야伊時會集ᄒᆞᆫ各村人民이各其訴冤ᄒᆞᆯ意로突起號呼를作ᄒᆞ다가本府尹의說諭를聞ᄒᆞ고仍爲各散이러니翌二十四日早에警察官吏가市民李成學等五人과學徒三名을捉去ᄒᆞᆫ지라右人等은當日에雖或傍參觀光이나官吏의게對ᄒᆞ야語逼行動은無ᄒᆞ거ᄂᆞᆯ其所被捉은非他라本府與警署財務署官吏와憲兵이當日會集ᄒᆞᆫ中外村居民은其面目姓名을知得지못ᄒᆞ고至於市上商民ᄒᆞ야는其面目姓名을知ᄒᆞ는者ㅣ有ᄒᆞᆫ故로捉去ᄒᆞᆷ이라同情所聽에不忍其曖昧就捉하야各其衆心으로請願放免次百余市民이共히龍岩浦에往ᄒᆞ야本府에提請ᄒᆞ고又欲請願於警署則巡査憲兵이謂以起鬧ᄒᆞ고拒絕不入케ᄒᆞ는故로數言呼冤之際에一併驅逐ᄒᆞ고且本府尹의曉諭를因ᄒᆞ야仍爲散還이러니被囚諸人을終不放還하고并爲嚴囚ᄒᆞᆫ지라二十五日市民百餘名이更爲請願次往就龍岩浦에未得入境ᄒᆞ야府尹이帶同巡査憲兵ᄒᆞ고出到境外ᄒᆞ야布諭衆心하기로當時解散ᄒᆞ는中府尹이總代三人만選擇ᄒᆞ야在囚ᄒᆞᆫ諸人의情原을代陳解放케ᄒᆞ라ᄒᆞ는故로衆民이以朱子賢黃國晩安奉國三人으로選薦ᄒᆞ야使之看事之意로留待於龍岩이러니右總代三人을并爲捉囚ᄒᆞ고其後被捉者亦四人이라右民등의上項行動이皆是請願이오決코暴動의行이無하거날其於調査之時에搆날誣論을因ᄒᆞ야今以保安違犯이라暴動罪라照律裁判케ᄒᆞᆫ다ᄒᆞ니爲其同胞者孰不慨歎哉아以若無犯之人을指白謂黑하야陷之於罪科케ᄒᆞ니玉石이俱焚에涇渭를莫辨이라日月雖明이나覆盆을不照라ᄒᆞᆷ이正謂此也로다且論在囚者情緖면上侍老癃之父母ᄒᆞ며下率數多之穉兒ᄒᆞ고居在市上ᄒᆞ야朝謀利而暮供食ᄒᆞ던者로囚屢朔에自至癈業ᄒᆞᆷ으로柴糧이俱絕하야雖可保活이며啼飢之老父母와呼寒之穉兒가扶而携之에將未免渙散塡壑之境인즉曖其泣矣라何嗟及矣오欲死不可오欲生不可라仰而呼天에天高不言ᄒᆞ시고俯而叩地에地厚無聞이라哀此情景을此何忍哉아

右十四人의事實이如右에實無所犯이오且其時衆民共同에謀議煽動者無ᄒᆞ고緊執事務者亦無ᄒᆞ니首魁를何以指的이며只自不謀相聽者也어늘今至此境은實所寃抑者故로茲에布告ᄒᆞ노니凡我同胞人士는此를一覽ᄒᆞᆯ지어다

官報

隆熙三年十一月十三日

內閣告示第四十三號

○勅令第一百九十四號

(明治四十二年十月二十二日)

特許登錄令 續

第二十七條 債權者가民法第四百二十三條의規定을依ᄒᆞ야債務者를代位ᄒᆞ야登錄을申請ᄒᆞᆯ時는第二十五條第一項에揭ᄒᆞᆫ文書外에代位原因을證ᄒᆞᆫ文書를添附ᄒᆞ며且申請書에前條에記載ᄒᆞᆫ事項外에債權者의姓名又는名稱及住所幷代位原因을記載하고此에署名捺印ᄒᆞᆷ이可ᄒᆞᆷ

第二十八條 登錄原因에ᄯᆞ른登錄의目的된權利의消滅에關ᄒᆞᆫ事項의定ᄒᆞᆷ이有ᄒᆞᆫ時는申請書에其事項을記載ᄒᆞᆷ이可ᄒᆞᆷ

第二十九條 登錄權利者가多數ᄒᆞᆫ境遇에在하야登錄原因에其持分의定ᄒᆞᆷ이有ᄒᆞᆫ時는申請書에其持分을記載ᄒᆞᆷ이可ᄒᆞᆫ特許權又는此에關ᄒᆞᆫ權利의一部移轉의登錄을申請ᄒᆞ는境遇도前項과亦同ᄒᆞᆷ

前二項의境遇에在ᄒᆞ야民法第二百五十六條第一項但書의規定을依ᄒᆞᆫ定ᄒᆞᆷ이有ᄒᆞᆫ時는此를記載ᄒᆞᆷ이可ᄒᆞᆷ (未完)

外報

◎南美暗雲 秘露國은이쿠에이도國에對ᄒᆞᆫ戰備로義勇兵을召集ᄒᆞ엿다더라

◎德國과루氏 德國伯林에서發行ᄒᆞ는某新聞은美國前大統領루스벨트氏가就職中모락고問題에關ᄒᆞ야西班牙、法國에向ᄒᆞ야同情을表ᄒᆞ고德國에對ᄒᆞ야反對政策을執하얏슨즉루氏來德ᄒᆞᆯ時에德國國民은極히冷淡ᄒᆞ리라고論ᄒᆞ엿고又德황及外務當局者는非常히痛恨ᄒᆞ다ᄒᆞ며美人은大히不快의感情을抱ᄒᆞᆫ다더라

◎키元帥賞讚 英國키치나元帥는美國桑港에서加州知事의晩餐會에臨ᄒᆞ엿는ᄃᆡ席上에서同知事는키元帥를稱揚ᄒᆞ야曰世界陸軍의大將이라ᄒᆞ미元帥는此에對ᄒᆞ야簡短ᄒᆞᆫ謝辭를述ᄒᆞ엿다더라

◎德國新艦 德國에서는다빈式의新巡洋艦進水式을擧行ᄒᆞ엿는ᄃᆡ此艦은몰도게라命名ᄒᆞ엿다더라

◎炭坑紛議解決 英國南威州의炭礦主及坑夫는新契約書에調印ᄒᆞ엿슴으로紛議가解決되엿다더라

◎攻擊沓至 英國論敦에서는今에日本에關ᄒᆞ야數多의講演會를設行ᄒᆞ며又各新聞上에서도多히評論을揭載ᄒᆞᆫ다는ᄃᆡ英人로우듼氏는월드新聞上에論文을揭載ᄒᆞ야日本을攻擊ᄒᆞ엿다더라

◎罷業鎭靜 既報ᄒᆞᆫ法國마셀쓰의海員同盟은今에鎭靜되엿다더라

◎三國外相會見 墺國外相에렌달伯은伊國外相지에리아노氏와會見ᄒᆞ고又同伊國外相은德國宰相베도만、홀우에즈히氏와會見ᄒᆞ엿다더라

◎繼續運動 清國奉天諮議局副議長은國會速開運動을繼續코저ᄒᆞᆫ다는ᄃᆡ滿洲總督錫良氏의贊成을得ᄒᆞ야運動ᄒᆞ기爲ᄒᆞ야吉林黑龍江兩省으로向往ᄒᆞ엿다더라

◎英帝歸期 英國皇帝는地中海旅行期를短縮ᄒᆞ야本月三拾日論敦에歸着ᄒᆞᆫ다더라

學界

◎周窮捐校 驪州郡召開面々長林容植氏는面內鰥寡孤獨의게白米三斗式賑給ᄒᆞ고開信學校에金十五圓을義捐ᄒᆞ엿다더라

◎養校進級 養心女學校에서去八日에進級式을擧行ᄒᆞ엿는ᄃᆡ白南信玄昇奎崔昌善奉喜正朴鳳桂諸氏가書冊鉛筆墨硯等品을寄付ᄒᆞ엿고永樂舘主人姜允用氏는午餐을盛設ᄒᆞ야男女來賓을接待ᄒᆞ엿다더라

◎養源校寄付品 養源女學校의卒業禮式을校洞學校內에서設行ᄒᆞ엿는ᄃᆡ李鈺卿洪鎭祐李應俊玄昇奎呂昌奎李昇煥李達元金斗煐金源極都近浩李鎔浩張孝根李永浩李鍾楨申圭楨安秦瀅李熙直金基鉉金鎭漢諸氏와西北學會와青友奬學會에서各其茶果書冊鉛筆金貨等品을多數寄付ᄒᆞ엿다더라

◎開校漸進 驪州郡召開面三申洞耶蘇敎人張錫弘崔士順李聖先金聖彥金夏振諸氏가資금을隨力義捐ᄒᆞ야私立開信學校를該敎堂內에設立ᄒᆞ고敎師는吳炳喆林淳愚兩氏를雇聘ᄒᆞ야熱心教育ᄒᆞ는ᄃᆡ學徒가稍々增加ᄒᆞ야前進의望이有ᄒᆞ다더라

◎協成卒業 黃海道瓮津郡花山里協成學校에서去五日에第一回卒業式을擧行ᄒᆞ엿는ᄃᆡ優等生은金卿培金允燮兩氏오及第生은金秉순高良益宋奎華金寬永金平逸張錫默諸氏인ᄃᆡ該校任員金秀河金永奎李若誠教師崔榮輝氏等이優數賞品을施與ᄒᆞ고來賓諸氏가激切히勸奬ᄒᆞ미卒業生金卿培氏가答辭ᄒᆞᆫ後禮式宴을設ᄒᆞ고學父兄及觀光諸氏가一齊參宴ᄒᆞ야一大盛況을呈ᄒᆞ엿다더라

學報

◎海校卒業 海州郡內面私立海同學교에서去月二十七日에第一回卒業式을擧行ᄒᆞ얏는ᄃᆡ卒業生은盧基淳吳圭錫氏等十六人이라더라

◎廣興卒業 廣州郡城內私立廣興學校에서去二日에普通科第四回卒業證書授與式과補習科第二回修業證書授與式을兼行ᄒᆞ엿는ᄃᆡ普通科優等卒業生은石永均朴世雄金雲敬朴稚秀李哲來金吉順六人이오及第生은金正完崔宗郁宣元錫金順吉鄭延俊朴星玉이오補習科修業生은石忠均김龍培石熙均李容恂石義均朴容瑾李星載朴稚殷石明均宣永禹

詞藻

◎惜寸陰◎

三萬六千日을、헤여보면만타련만。
흐르는듯ᄒᆞᆫ光陰이、ᄒᆞ로ᄀᆞᆺ치ᄲᆞᆯ니가니。
決心코、目的地에達ᄒᆞ랴면、寸陰是競。

宮廷彙報

○旅費下賜 典膳司長金珏鉉氏ᄂᆞᆫ日本觀光團에入參ᄒᆞ엿다ᄂᆞᆫᄃᆡ 大皇帝陛下께ᄋᆞᆸ서旅費를優數 下賜ᄒᆞᄋᆞᆸ신다더라

○議政卒逝 前議政趙秉鎬氏가身病을因하야三昨日木川郡第에서卒逝ᄒᆞ엿ᄂᆞᆫᄃᆡ 大皇帝陛下께ᄋᆞᆸ서該地方官을命하사致慰케ᄒᆞ시고東園副器一部와黃黑色貢緞各一疋과其他喪需를優數 下賜ᄒᆞᄋᆞᆸ셧다더라

○特別節惠 前議政趙秉鎬氏가病卒홈은別項과如ᄒᆞ거니와該氏ᄂᆞᆫ 大皇帝陛下의嘉禮大臣인故로 大皇帝陛下께ᄋᆞᆸ서祭文을特別히 親撰以下ᄒᆞᄋᆞᆸ시고節惠의典은不待狀議諡ᄒᆞ다더라

雜報

○參與官例會 統監府에서昨日上午十一時半에參與官例會를開ᄒᆞ얏다더라

○官吏私用 學部書記官日人上村正己ᄂᆞᆫ李總相이遭難後로每日李總相家로仕進ᄒᆞᆫ다ᄂᆞᆫᄃᆡ其內容인즉李總相이學部大臣在任時에上村과親誼가特厚ᄒᆞᆫ으로外國人中總相의게問病ᄒᆞᄂᆞᆫ者가有ᄒᆞ면上村으로ᄒᆞ야금通辯케ᄒᆞᆷ이라ᄂᆞᆫᄃᆡ官廳官吏를私事로使用ᄒᆞᆷ은違格이라고批評이有ᄒᆞ다더라

○分歸任地 日憲兵分隊長會議에參與ᄒᆞ기爲하야入京ᄒᆞ엿던各分隊長等은昨日에各任地로向往ᄒᆞ엿다더라

○編纂員選定 宮內府에서ᄂᆞᆫ該府官制等整理件에關ᄒᆞᆫ書類를編纂ᄒᆞ기로再昨日韓日人으로編纂委員六人을選定ᄒᆞ엿다더라

○大搜縛計劃 農商工部大臣趙重應氏ᄂᆞᆫ安重根李在明事件에對하야或同情의言論이有ᄒᆞᆫ者와其他關係가有ᄒᆞᆫ者를大搜縛하기爲ᄒᆞ야偵探客高永發高鍾喆高鍾必等十五人을選擇ᄒᆞ야日間西北地方으로派送ᄒᆞ기로決定ᄒᆞ엿ᄂᆞᆫᄃᆡ月俸은每名四十圓式支給ᄒᆞᆫ다더라

○日官吏日增 近日政府에서日人官吏를增置ᄒᆞ기爲하야日人官吏志願者를日本에募集ᄒᆞ엿ᄂᆞᆫᄃᆡ應募者ᄂᆞᆫ千二三百名에達ᄒᆞ엿다ᄒᆞ며近間發表될日人官吏數ᄂᆞᆫ道郡主事技手等合九拾六人이라더라

○內次歸任期 目下日本에滯在ᄒᆞᆫ內次岡喜七郞은本月末에歸任ᄒᆞᆫ다더라

李在明起訴

李在明及其連累嫌疑者十二名은昨日地方裁判所檢事局의起訴가되엿ᄂᆞᆫᄃᆡ其起訴狀은如左ᄒᆞ니

平安南道平壤郡平壤城內
基督敎徒 李在明 年二十三
仝道同郡平壤城內三巨里
基督敎徒 金貞益 年二十一
同道江東郡晩達面鷹岩里
大韓醫院附屬醫學校生徒
天道敎徒 吳復元 年二十五
同道平壤郡平壤城內蓋井洞
前日本明治大學中學科生徒
基督敎徒 朴泰殷 年十九
同道同郡南水口內隆興面七里
材木商
基督敎徒 全泰善 年四十三
同道全郡東村酒商私立學校敎師
李應三 年十九
同道平壤郡內島매藥行商
基督敎徒 金丙錄 年二拾七
同道中和郡見東面大韓醫院附屬醫學校生徒
天道敎徒 金龍文 年二拾[illegible]
同道平壤郡平壤城內南山敎堂
基督敎徒 逃走中
趙昌鎬 年二拾五
平安北道定州郡馬山面靑亭里
酒商基督敎徒 逃走中
李東秀 年二拾六
平安南道平壤郡龍淵面正柳洞
基督敎牧師 逃走中
李學泌 年二拾五
仝道仝郡同面九里
農業 金秉鉉 年二拾二
仝道仝郡仝面外三里下雉洞私立隆盛小學校敎師
金履杰 二拾七年

○起訴事實

被告李在明은數年前美國에渡航ᄒᆞ야勞働에從事ᄒᆞ다가四年前拾月頃에歸國ᄒᆞ엿ᄂᆞᆫᄃᆡ義者에締結ᄒᆞᆫ兩度日韓協約은韓國에不利益ᄒᆞᆫ줄노誤信ᄒᆞ야恒常憤慨하더니昨年拾壹月頃에至ᄒᆞ야ᄂᆞᆫ一進會가韓日合邦을主唱하며聲明書를公表ᄒᆞ야其運動에着手ᄒᆞ려ᄒᆞᄂᆞᆫ事實을知ᄒᆞ엿合으로被告李在明은旣히兩度協約을締結ᄒᆞᆫ內閣總理大臣李完用이今回에도必然合邦協約을締結ᄒᆞᆷ에至ᄒᆞᆯ줄노豫想ᄒᆞ고此際에寧히李完用을殺害ᄒᆞᆷ만ᄀᆞᆺ지못ᄒᆞ다ᄒᆞ야李完用殺害의陰謀를造意ᄒᆞ고同拾一月中에京城에서被告吳復元金龍文兩人의게陰謀同志者에加入ᄒᆞ라고勸誘ᄒᆞᆫ즉皆是承諾ᄒᆞᆫ지라然而被告李在明은凶行을實行ᄒᆞᆷ에就ᄒᆞ야ᄂᆞᆫ他同志者도糾合ᄒᆞᆷ이必要ᄒᆞᆷ을感ᄒᆞ고仝年拾一月下旬頃에平壤에赴하야仝月下旬早터拾二月上旬ᄭᆞ지被告朴泰殷家에서被告金貞益李東秀全泰善李應三等을招하야李完用殺害의陰謀에加入ᄒᆞ라勸誘ᄒᆞᆫ즉被告金貞益은一進會長李容九를殺害ᄒᆞᆯ陰謀를造意ᄒᆞᆫ故로李完用을殺害ᄒᆞᆷ보다日韓合邦首唱者李容九를殺害ᄒᆞᆷ이도로혀得策이라고意見을陳述ᄒᆞ야如是協議ᄒᆞᆫ結果로遂히李完用李容九兩名을同時에協力ᄒᆞ야殺害ᄒᆞ기로双方의意見이壹致되며列席者壹同도亦其意見을贊成ᄒᆞ엿고繼續ᄒᆞ야數回會議를催ᄒᆞ엿ᄂᆞᆫᄃᆡ被告趙昌鎬도被告李在明金貞益等의前揭의陰謀를知ᄒᆞ고其同志者에加入ᄒᆞᆷ의至ᄒᆞᆫ지라

然而兇行實行의關ᄒᆞ야ᄂᆞᆫ被告李在明이리東秀金丙錄三名은李完用殺害의任을當ᄒᆞ고被告金貞益趙昌鎬兩名은李容九殺害의任을當ᄒᆞ기로協定하엿고被告吳復元도亦被告李在明을後ᄒᆞ야二日後에平壤의來ᄒᆞ미被告李在明은李完用李容九兩名을仝時의殺害ᄒᆞ기로決定ᄒᆞᆫ것을告ᄒᆞᆫ즉仝人도直히仝意ᄒᆞᆫ지라因ᄒᆞ야被告吳復元朴泰殷李應三三名은凶行實行의要ᄒᆞᆯ費金調達의任을當케ᄒᆞ고被告全泰善은凶行用에供ᄒᆞᆯ短銃을被告趙昌鎬와協力ᄒᆞ야他處에서借入ᄒᆞ야京城에運搬ᄒᆞᄂᆞᆫ任을分擔케ᄒᆞᆫ지라被告李在明은如斯히各其部署를定ᄒᆞ야一切準備를整ᄒᆞ고拾二月拾二三日頃에更히上京ᄒᆞ야南部笠井洞白召史家에留宿하며被告金龍文의게도李完用李容九兩名을同時에殺害ᄒᆞ기로決定ᄒᆞᆫ것을告ᄒᆞᆫ즉仝人도直히其意見을贊成하고李容九邸宅의所在를指示ᄒᆞ고尙且李完用의動靜을探知通知ᄒᆞᄂᆞᆫ任을當ᄒᆞ기로承諾ᄒᆞ엿고

且被告李在明은這間慶尙南道東萊府沙中面草梁에居住하ᄂᆞᆫ被告김丙錄과美國서부터親友로서仝人도恒常國事를憤慨ᄒᆞᄂᆞᆫ故로今回同志者에加入케ᄒᆞᆯ目的으로[illegible]上京[illegible]을促ᄒᆞ엿合으로仝人은[illegible]中旬에[illegible]仝人에對ᄒᆞ야ᄂᆞᆫ早히李完用殺害陰謀에關ᄒᆞᆫ事實을告ᄒᆞ고兇行實行에助力ᄒᆞ라고勸誘ᄒᆞᆫ즉피告김丙錄은直히承諾하고屢[illegible]會合하야兇行을實行ᄒᆞᆯ方法其他準備에就ᄒᆞ야協議ᄒᆞᆫ中피告에김貞益李東秀全泰善등도上京ᄒᆞᆫ지라[illegible]護衛가嚴重ᄒᆞᆫ李完用을殺害ᄒᆞ고繼續ᄒᆞ야李容九도殺害ᄒᆞ기[illegible]略을定ᄒᆞ고時機를窺ᄒᆞ더가昨年拾二月廿三日早朝에李在明은仝日午前拾一時頃에李完用이比利時皇帝의追悼式에參列ᄒᆞ기爲ᄒᆞ야京城明洞法國天主敎堂에赴ᄒᆞᆷ을探知하고好機를不失이라ᄒᆞ야被告李東秀와共히各其短銃及短刀를携ᄒᆞ고仝敎堂門前에서待ᄒᆞ더니李完用이追悼式을畢ᄒᆞ고門前에서人力車를乘ᄒᆞ고將次歸路에就하려ᄒᆞᆯ際에被告李在明이突然路傍에서躍出ᄒᆞ야衣裝中의隱匿하엿던短刀를揮ᄒᆞ며車上의在ᄒᆞᆫ李完用의左肩갑部를刺하니李完用이降車ᄒᆞ야避難ᄒᆞ려ᄒᆞᄂᆞᆫ것을追跡ᄒᆞ야後邊의서再次其腰部를刺ᄒᆞ고尙且[illegible]ᄒᆞ야某五목殺害의目的을達코져ᄒᆞᆯ동안의護衛巡査가阻止ᄒᆞ야遂히其目的을未達ᄒᆞ고現場의서逮捕되엿고其他連累者도亦引續逮捕되엿合으로李容九의게對ᄒᆞᆫ모殺目的도亦未達ᄒᆞᆫ지라然而被告李東秀ᄂᆞᆫ現場의서逃走ᄒᆞ고被告趙창鎬도亦事機發覺됨을知하고逃走ᄒᆞ야尙今就捕치못ᄒᆞ엿고

一被告李在明은尙且前段兇行의際에李完用의車夫朴元文이李完用의危急을救ᄒᆞ기爲ᄒᆞ야兇行을阻止ᄒᆞᄂᆞᆫ故로携帶ᄒᆞᆫ短[illegible]으로[illegible]

一被告김秉鉉은[illegible]昨年拾一月下旬頃의被告趙창鎬의계로서內閣總理大臣李完用一進會會長李容九등殺害의用ᄒᆞᆯ短銃의借入을斡旋ᄒᆞ여달나ᄂᆞᆫ依賴를受ᄒᆞ야此를承諾ᄒᆞ엿고被告김履杰의게其旨를[illegible]ᄒᆞᆫ즉其親族李國林의게서短銃壹挺을提供케ᄒᆞ엿ᄂᆞᆫᄃᆡ該短銃은兇行當時被告李在明이携持하엿던것이오리[illegible]泌은逃走하야尙今就捕치못하엿고

一被告김履杰은前揭被告金秉鉉李學泌등의依賴로因ᄒᆞ야本件陰謀의情을知ᄒᆞ면서其親戚李國林의게서短銃을借하야趙창鎬의게交付ᄒᆞᆫ者이ᄋᆞᆸ

十三人不起訴

李在明事件의連累者와嫌疑者ᄂᆞᆫ共二十五人인ᄃᆡ就中林蚩正梁漢默、吳尙俊、崔普鉉、李交담「宋鍾遠、安泰國、池龍瑞、丁義道、宋仁涉、李載純、金龍석、池석規氏等十三名은不起訴가되엿ᄂᆞᆫᄃᆡ李載純以下兩氏ᄂᆞᆫ未捕ᄒᆞᆫ者이라더라

電報

貿易狀況 日本의外國貿易은本月上旬의輸出이一千二百四萬一千圓이오輸入이一千一百八萬八千圓인ᄃᆡ前旬에比ᄒᆞ면輸出은九分이減ᄒᆞ고輸入은九分二가增加ᄒᆞ엿다더라

水產協議 本日日本農商省에서ᄂᆞᆫ水產協議會를開ᄒᆞᆫ다더라

陸軍操典改正 日本陸軍敎育總監部에서ᄂᆞᆫ步兵[illegible]爲하야[illegible]脫稿되엿合으로不遠間陸軍에頒付ᄒᆞᆫ다더라

以上東京發 拾一日着

陪審實施說 日本에서ᄂᆞᆫ陪審制度實施에關ᄒᆞ야政府內에서도贊成者가有ᄒᆞᆫᄃᆡ此가實施될지도未知라더라

出發期未定 로빈손氏ᄂᆞᆫ來拾四日에出발코셔하니該氏의夫人이微恙을得ᄒᆞᆷ으로出發期를未定ᄒᆞ엿다더라

以上東京發 拾二日着

露國殖民 露國은黑龍烏蘇里方面에一大殖民地를敷設하기로決定ᄒᆞ엿ᄂᆞᆫᄃᆡ今番首相스도리빈氏가議長이되야極東殖民會議를設立ᄒᆞᆫ것은其結果라더라

伯林發 拾二日着

淸宮邸警戒 淸國에서ᄂᆞᆫ攝政王宮爆裂彈發見後로皇宮及各宮邸에步軍總領衙門에서八百四拾名의衛兵을臨時增遣ᄒᆞ야嚴重히警戒ᄒᆞᆫ다ᄂᆞᆫᄃᆡ各皇族도軍機處의注意를因ᄒᆞ야出入을禁止ᄒᆞᆫ다더라

爆彈事件의進行 淸國攝政王宮에서發見된爆彈은二箇인ᄃᆡ一箇ᄂᆞᆫ爆藥제리치을長八寸徑六寸되ᄂᆞᆫ鐵管에裝置ᄒᆞ고一箇ᄂᆞᆫ長一尺六寸徑五寸되ᄂᆞᆫ鐵管에裝置ᄒᆞ엿ᄂᆞᆫ데라칭鐵管은其爆藥이淸人의細工이아니오目下拘禁中에在ᄒᆞᆫ德國人의供給ᄒᆞᆫ것인듯ᄒᆞ다ᄒᆞ며該嫌疑로逮捕되ᄂᆞᆫ四名이라더라

以上北京發 拾二日着

雜報

◎令人腰折 日人醫學博士菊池는人을閔宮相에게遣ᄒᆞ야大談曰余가韓國大臣李完用을治療ᄒᆞ야再生케ᄒᆞ엿슨즉余의功은偃功과一般이오奇功中에奇功이니此에對ᄒᆞ야韓國 皇室에서相當ᄒᆞᆫ褒賞이有ᄒᆞᆯ지라郎伊藤太師의次位되ᄂᆞᆫ大勳位를余에게授홈이可ᄒᆞ니宮相閣下가速히奏請ᄒᆞ야叙勳케ᄒᆞ라ᄒᆞ엿ᄂᆞᆫᄃᆡ閔宮相은此를聞ᄒᆞ고大驚ᄒᆞ야曾彌統監에게照請ᄒᆞ야菊池의所謂ᄃᆞ로하고져ᄒᆞᆫ다더라

◎統一視察說 從來當局에서行政巡察에關ᄒᆞ야部分的으로視察ᄒᆞ엿ᄂᆞᆫᄃᆡ此ᄂᆞᆫ不便이有ᄒᆞᆷ으로以後ᄂᆞᆫ統一的視察을行ᄒᆞᆫ다더라

◎統府遠足會 統監府地方部員은第二回探瑜旅行으로南漢山城遠足會를開ᄒᆞᆫ다더라

◎日本閣議 日本에셔韓國義兵掃蕩費에關ᄒᆞᆫ案件을近日閣議에提出ᄒᆞ야豫備金에셔支出ᄒᆞᆫ다더라

◎富家等渡美說 蔘政局技師日人富家及囑托日人三宅은人蔘栽培法을視察次로來六月頃에渡美ᄒᆞᆫ다더라

◎作庫委人 度支部에셔釜山에魚物冷藏庫를建築ᄒᆞ야日人의朝鮮海水產組合에게委任ᄒᆞ엿다더라

◎拓社總會 拓殖會社에셔ᄂᆞᆫ第二回株主總會를開ᄒᆞᆫ다ᄂᆞᆫᄃᆡ目下營業報告書를印刷中이라더라

◎李氏所使 農商工部大臣趙重應氏가探偵客을多數選擇ᄒᆞᆫ事ᄂᆞᆫ別項과如ᄒᆞ거니와其內[illegible]總理大臣李完用氏[illegible]告를因홈이라더라

◎韓氏建築經營 內閣書記官長韓昌洙氏ᄂᆞᆫ北部齋洞後麓에洋製家屋을新建築ᄒᆞᆯ次로工役에着手하엿ᄂᆞᆫᄃᆡ通行에便利케爲ᄒᆞ야雲橋를架設ᄒᆞ기로計劃中이오役費金은萬餘圓으로豫算ᄒᆞ엿다더라

◎韓主修報 咸北觀察道에셔ᄂᆞᆫ管下府郡에在勤ᄒᆞᄂᆞᆫ韓國人主事의氏名及數爻를一々히內部로修報ᄒᆞ엿다더라

◎日隊檢擧 韓國에居留ᄒᆞᄂᆞᆫ日人中에徵兵을忌避하ᄂᆞᆫ者가多하다ᄂᆞᆫᄃᆡ是로因하야日憲兵隊에셔目下大檢擧를行ᄒᆞᆫ다더라

◎貯金總額 最近調查를據ᄒᆞᆫ즉昨年十一月末ᄭᆞ지各財務監督局及財務署에貯金ᄒᆞᆫ人이三百十七名이오貯金ᄒᆞᆫ金額이一萬三千九百十一圓이라더라

◎日語使令選置 內部會計課에셔ᄂᆞᆫ韓國人中日語嫺熟者로使令一二人을選置ᄒᆞᆫ다더라

◎同氣相求 國民協成會에셔ᄂᆞᆫ再昨日日本對韓同志會에書函을送致ᄒᆞ고一進會合邦問題를贊助ᄒᆞ야同情을表ᄒᆞ라ᄒᆞ엿다더라

◎魔窟日壞 國民同志贊成會會員金思鼎朴東瀚李鍾九等은何等不協ᄒᆞᆫ事件이有ᄒᆞ던지日前에卒然退會ᄒᆞ엿다더라

◎日札多數 景福宮內院廊을毁撤ᄒᆞᆯ次로入札法에依ᄒᆞ야放賣ᄒᆞᆫ다ᄂᆞᆫᄃᆡ日人入札者가多數ᄒᆞ다더라

◎軍人呼訴 解散軍人中前副尉金思潤氏等은恩賜金을尙未得蒙ᄒᆞᆫ故로親衛府에屢度請願ᄒᆞ되如何ᄒᆞᆫ措處가無ᄒᆞᆫ지라將次日軍司令部에呼訴ᄒᆞᆫ다더라

◎로氏演說 日昨入城ᄒᆞᆫ美국前大統領루스벨트氏의妹婿로빈손氏ᄂᆞᆫ本日下午三時鍾路靑年會館에셔工藝와事務敎育의價値란問題로演說ᄒᆞᆫ다더라

◎內容探知 商務組合部長李學宰ᄂᆞᆫ李圭恒氏가商務左右社中央監府를設立ᄒᆞᆫ다ᄂᆞᆫ事에對ᄒᆞ야部下親近人으로ᄒᆞ여금其設立內容을秘密探知中이라더라

◎日隊鍊習 龍山駐在日本陸軍步兵第十三聯隊ᄂᆞᆫ本日下午六時漢江附近에셔發火鍊習을行ᄒᆞᆫ다더라

◎靑年慈善 茶洞居金然浩氏ᄂᆞᆫ年今二十餘歲인ᄃᆡ慈善의目的으로其父親에게金貨五千圓을請求ᄒᆞ야新門內에慈惠醫院을設置ᄒᆞ고醫師羅永煥李源義兩氏를延聘ᄒᆞ야貧寒ᄒᆞᆫ人民을無料治療케ᄒᆞᆫ다더라

◎歡迎準備 蓮洞敎堂牧師英國人奇一氏ᄂᆞᆫ日本國에셔成婚式을擧行ᄒᆞ고來土曜日에渡韓ᄒᆞᆫ다ᄂᆞᆫᄃᆡ蓮洞敎堂에셔歡迎節次를準備ᄒᆞᆫ다더라

◎酒組設立 慶南密陽郡居孫基亨權澤徐丙贊尹致殷鄭鎭顯白東煥諸氏가發起ᄒᆞ야酒類組合用達所를設立ᄒᆞ고株金을募集ᄒᆞᆫ다더라

◎新韓押收 美國桑港에셔發行ᄒᆞᄂᆞᆫ新韓民報第一百七十六號ᄂᆞᆫ治安妨害라ᄒᆞ야內部에셔押收ᄒᆞ엿다더라

◎水商被捉 水商김亨默安榮弼等은詐欺取財犯으로再昨日中部警察署에被捉하엿다더라

◎油組設立 西部萬里峴油商들이協議ᄒᆞ야油商組合所를設立ᄒᆞ고所長은白樂聰氏로總務ᄂᆞᆫ盧泰鎬氏로薦定하엿다더라

◎製靴所罷業 鍾路製靴所에셔ᄂᆞᆫ韓日工匠間不協ᄒᆞᆫ事件이有ᄒᆞ야日前衝突이起ᄒᆞ야兩便에重傷을負하엿슴으로工手等은一齊同盟罷業ᄒᆞ엿다더라

◎靑年會々簿勘定 皇城基督敎靑年會에셔會侶幹事에調查를據ᄒᆞ야會員名簿를勘定하ᄂᆞᆫᄃᆡ多年出席치아니ᄒᆞᆫ人員과入會細則에違反ᄒᆞᆫ人員은黜會를命ᄒᆞ엿다더라

◎모氏入京 美國人博士모리손氏ᄂᆞᆫ今日午後에入京ᄒᆞ야明日부터三日間鍾路靑年會館에셔演說ᄒᆞᆫ다ᄂᆞᆫᄃᆡ모氏ᄂᆞᆫ學問과辯論이東西洋에有名ᄒᆞᆫ人士라더라

◎朴家賊警 再昨日夜에賊漢六七名이銃劍을各持ᄒᆞ고彰義門外新營前朴海肅氏家에突入ᄒᆞ야紙貨三十圓과其他多數物品을奪取以去ᄒᆞ엿다더라

◎海賊出沒 濟州島東村居韓元京氏等數人이貿易次로忠南江景浦에航行ᄒᆞ엿다가回航中에去十一日全南智島郡飛歷島에셔海賊을逢ᄒᆞ야金五十餘圓及其他物品을被奪ᄒᆞ엿ᄂᆞᆫᄃᆡ當局에셔ᄂᆞᆫ警備船隻을派遣ᄒᆞ야目下搜索中이라더라

◎賣人犯被捉 紫洞居朴姓女等三人은有夫女를誘引賣渡ᄒᆞᆫ事가綻露ᄒᆞ야所管警察署에被捉ᄒᆞ엿다더라

◎公逋犯處役 公貨欠逋罪로警視廳에被囚하엿던前郡守申慶均氏ᄂᆞᆫ再昨日地方裁判所에셔役五年에宣告하엿다더라

◎尹女處役 水原郡居尹姓女ᄂᆞᆫ其싀母를殺ᄒᆞᆫ罪로日昨地方裁判所에셔役十五年에宣告ᄒᆞ엿다더라

◎溫衙賊警 本月初에强盜三名이溫陽郡內衙에突入ᄒᆞ야該郡守任良宰氏를毆打重傷케ᄒᆞ고三十圓價値物品을奪去하엿다더라

◎特別廣告

本社의서同胞의衛生을注意ᄒᆞ야美國의서經驗單方으로流行通用ᄒᆞᄂᆞᆫ靈藥聖劑를買入ᄒᆞ야左開廣布ᄒᆞ오니有病君子와藥業에從事ᄒᆞ시ᄂᆞᆫ僉彦은爭先來購ᄒᆞ시옵

分賣와都賣에差別이有ᄒᆞ야一打(十二個)以上의都賣에ᄂᆞᆫ特別割引홈

左　開

秘製止痛藥
效能　外塗內服無處不適　消滯　止瀉　絶痛　治痢無不神效홈

喜蘇骨藥
效能　頭面　身體一切痛症　積年風濕　除痰　生신之道　립即奏效홈

亞麟香膠
效能　毋論男女老少　勿嫌年久日淺一切　咳소　服之則其效如神홈

黍花藥膏
效能　痔疾　聯珠瘡　燒跌傷螫咬等　諸症無雙聖藥

黍花糖水藥
効能　痛症　花柳等　凡不潔血所集症　婦人虛弱等症靈驗홈

牛汁藥酒
効能　毋論男女老少氣血虛弱者服之則大補元氣身體强達홈

韓美興業株式會社事務所

◎[illegible]堂製造發行ᄒᆞᄂᆞᆫ藥品

消化新藥 **清心保命丹** 此丹은化痰止咳ᄒᆞ고順氣消滯ᄒᆞ며恒常長服ᄒᆞ면臟胃가健全

大補元氣 **蔘茸大補元** 大補元氣ᄒᆞ고滋胃健脾ᄒᆞ며先天不足과陽위不起에一切神効

蛔積殺虫散 此약은회積과회腹痛과회虫一切을去根ᄒᆞᄂᆞᆫ良劑

久滯大通丸 此丸은年久積滯와宿滯後重이며胃腹痛에神効莫大홈

瘡病新藥 **梅花點雪丹** 毋論男女ᄒᆞ고花柳病楊梅瘡에一切去根快復하ᄂᆞᆫ良藥

眼疾速効 **光明眼藥** 諸般眼疾에隨症皆差ᄒᆞᄂᆞᆫ東洋에初有ᄒᆞᆫ寶藥

起死回生 **回生丹** 此丹은急ᄒᆞᆫ吐瀉關格이며가슴아리와冷積과痢疾에神効

感氣神効 **解熱散** 寒熱往來ᄒᆞ며似학非학과頭痛眩暈와肢節痛에其効가偉大

齒痛新藥 **止痛健齒水** 虫齒와風齒와諸般齒痛에壹切神効

耳臭聖藥 **耳臭神藥** 無論男女ᄒᆞ고耳聾鼻塞이며耳鼻에關ᄒᆞᆫ病은隨症並差

疝症拔根 **疝積湯** 諸般산症에大談出賣홈

寸虫沒出藥 寸白虫을一切去根ᄒᆞᄂᆞᆫ妙劑

뒤눈과못 **拔根藥** 뒤눈과못과ᄉᆞ마귀를빼ᄂᆞᆫ藥

止足汗臭藥 手足의汗臭를除却ᄒᆞᄂᆞᆫ藥

去核生新 **沃度膏** 創瘡과腐傷과곰센뎌去核生新ᄒᆞ기ᄂᆞᆫ第一發明

最新改良 **百應膏** 無論男女老少ᄒᆞ고毒癰癰癤瘰疾種諸般癰瘡에壹切特效가有홈

淋疾藥各種 淋疾各症에壹週日만服ᄒᆞ면病根快復ᄒᆞ고腎氣가完全홈

其他洋藥各種과◎賣藥各種◎都매散賣
◎遠地에ᄂᆞᆫ郵便小包로申速酬應홈

漢城南大門內濟生堂大藥房　李庚鳳
代辦主任　李興國　白

우리ᄂᆞᆫ각ᄉᆞᄅᆞᆷ의**衛生**에曚昧ᄒᆞ고醫藥에昧ᄒᆞ야**天賦**ᄒᆞᆫ**壽命**을**保命**치못ᄒᆞ고**病魔**에**侵滅**되야或은**夭死**하ᄂᆞᆫ**悲運**에**至**하고或羸弱ᄒᆞᄂᆞᆫ慘**狀**을**呈**ᄒᆞ야**不完全不**潤發ᄒᆞᆫ**不具**의**國民**을**造成**ᄒᆞ엿스니**嗚呼**라이와ᄀᆞᆺ흔蒼**白**柔軟ᄒᆞᆫ쑥졍이**民族**으로엇지永**遠**ᄒᆞᆫ**國家**를**經營**ᄒᆞ리오아아**云**키**難**ᄒᆞ도다우리**神**聖ᄒᆞᆫ**民族**은반다시**强壯**ᄒᆞᆫ**者**의**食**되지아니치못ᄒᆞᆯ지로다**西**哲이**云**치아니ᄒᆞ엿ᄂᆞᆫ가健**全**ᄒᆞᆫ**知識**은健**全**ᄒᆞᆫ**身體**에**宿**ᄒᆞᆫ다하엿스니誠**然**ᄒᆞᆫ지라**國家**의健**全**ᄒᆞᆫ**獨立**은반다시健**全**ᄒᆞᆫ**身體**健**全**ᄒᆞᆫ**人格**健**全**ᄒᆞᆫ**知能**을**基礎**라아니치못ᄒᆞᆯ지니**玆**에우리和**平堂大藥房**은我國**現狀日**과**時**勢**要求**에**感**ᄒᆞᆫ바**有**하야**如何**ᄒᆞ면**此**萎**縮**不**具**ᄒᆞᆫ蒼**白色**軟**骨**의**可憐民族**을**免**ᄒᆞ고**勇敢有爲**의潤發**强壯**ᄒᆞᆫ**國民**을**作成**ᄒᆞᆯ싸**如何**ᄒᆞ면**遠大**ᄒᆞᆫ**欲望**과**堅忍**不**拔**의**思想**잇ᄂᆞᆫ**確實**ᄒᆞᆫ國**民**을**生產**ᄒᆞᆯ새**此等**의**問題**ᄂᆞᆫ**吾輩**가**多年苦**心**研究**하던비라아아**此**大**問題**를如**何**히**解決**ᄒᆞᆯ고噫라**善**良ᄒᆞᆫ**醫**藥은**善**ᄒᆞᆫ**身體**를**助長**ᄒᆞ며**善**良ᄒᆞᆫ**身體**ᄂᆞᆫ**善**良ᄒᆞᆫ精**力**善良ᄒᆞᆫ**知能**을含**有**ᄒᆞ야偉**大**ᄒᆞᆫ**功績**을**顯**ᄒᆞᆫ다홈은**萬古**不腐의**金言**이라우리**和**平**堂**大**藥**房**이**今**에**全**力**을**注**ᄒᆞ야**此**에**貢**獻**홈은**實**노**天賦**ᄒᆞᆫ**使命**을**完了**코져홈이라바야히**芳春萬物**이潤澤하ᄂᆞᆫ**時**를**際**ᄒᆞ야**業務**ᄂᆞᆫ愈**益**擴張**ᄒᆞ고**名**藥은**東西聚集**일새米國**醫學博士**禹越**氏**에게**多年受學**ᄒᆞ야**實地**와**學術**에宏大ᄒᆞᆫ抱**負**로셔우리나라有**名**ᄒᆞᆫ**田慶龍氏**ᄂᆞᆫ우리**和平****堂**大**藥房**에셔診**斷處方**에**務**를**執**ᄒᆞ니우리**和平****堂**大**藥房**은임의우리나라에셔最**上榮**譽로**擔負**ᄒᆞᆫ바ᄀᆞᆺ치最**完備**最**發展**ᄒᆞᆫ域에**達**ᄒᆞᆫ지라아아**大韓**의**同胞**로셔**誰**가우리和平堂을**不知**ᄒᆞᆯ**者有**ᄒᆞ며**誰**가우리和平堂의藥을**用**치아니ᄒᆞᆯ**者**有**ᄒᆞ리오아아우리和平堂은아참부터져역ᄭᆞ지노지안코쉬지안코**同胞**의**健康**을**爲**ᄒᆞ야**活動**ᄒᆞ며**同胞**의**前**路를**爲**ᄒᆞ야**勞苦**하고잇슴니이다

京城鍾路和平堂大藥房本舖主任李應善

◎天恩堂大藥房製造發行各種靈藥

健胃清心仁壽丹	금拾錢
健康益壽補元丹	금壹圓
眼科神藥明眼水	금拾錢
全治회虫丸	금拾錢
寸虫祛根藥	금卅錢
婦人聖藥調中丹	금四圓
發汗解感丸	금拾錢
治痰止咳散	금卄五錢
幼兒止嗽散	금二十錢
痢氣神效肥兒散	금十五錢
痢疾神効散	금三十錢
淋疾靈効丸	금五十錢
特製梅瘡丸	금三圓
舊積消化丹	금四十錢
解학丹	금拾錢
止瀉回生丸	금拾錢
連珠祛根藥	금二圓
惟疾預防藥	금三拾錢
手足止汗散	금二十錢
治咽聖藥	금三十錢
吐사霍亂速효水	금二十錢
健腸胃生口味雞甘水	금卄錢
티눈拔根藥	금拾錢
齒痛液	금拾錢
芳香水	금十五錢
疥瘡水	금卅錢
天恩梅瘡고	大匣入금三圓 半匣入壹圓五十錢 小匣入금五十錢
天恩眼明고	上仝
天恩拔根고	大匣入金二圓 小匣入金三十錢
天恩沃度膏	上仝
天恩輕腫膏	上仝
天恩濕腫고	上仝
天恩胎毒고	上仝
天恩疥瘡고	上仝
天恩百靈고	大匣入금二圓 一包入금拾錢

其他洋藥乾材와漢藥唐草材와各賣藥家製造品을具備하옵고地方兄弟의請求를酬應ᄒᆞ오니隨用請求ᄒᆞ시면以代金引換小包로迅速酬應ᄒᆞ깃ᄉᆞ오니陸續請求ᄒᆞ시기務望홈

本藥房에셔附屬診察治療所를並設ᄒᆞ고醫士李錫駿氏를延聘ᄒᆞ와上午八時로下午九時ᄭᆞ지診察하오니有病ᄒᆞ신同胞ᄂᆞᆫ來臨治療하시기望홈

但外方에셔ᄂᆞᆫ病錄만보니시면精製酬應홈

京城鍾路天恩堂大藥房　金東遠　劉在元　告白

(本報　一枚 新貨二錢五厘　壹個月 三十錢　參個月 九十錢
(廣告　四号活字拾三字詰 (自一行至四行이爲一寸)

檀君開國四千二百四十二年
箕子元年三千二十一年
大韓開國五百十九年
本報創刊日 光武八年七月十八日

大韓每日申報

發行兼編輯人 英國人 萬咸
Responsible for Publication Alfred Weekley Marnham.
發行所 京城南部石井洞三層洋屋 大韓每日申報社

第八卷 月曜及慶節祝時日休刊 第一千三百六十號

論說

◎國外移住同胞에게告ᄒᆞ노라

近者韓國同胞中에愁眉를舉ᄒᆞ고悲淚를灑ᄒᆞ면셔國外何天에自由空氣가遍滿ᄒᆞ엿ᄂᆞᆫ가文明山川이羅列ᄒᆞ엿ᄂᆞᆫ가ᄒᆞ고國外移住의行裝을束ᄒᆞᄂᆞᆫ者ㅣ或有ᄒᆞᆫ뎌就中滿洲方面은接ᄒᆞ야近ᄒᆞ고閒地가多ᄒᆞᆫ지라曰叔曰男은負ᄒᆞ고女ᄂᆞᆫ戴ᄒᆞ며老를扶ᄒᆞ고幼를携ᄒᆞ고或豆滿江을渡ᄒᆞ야北間島等地로向하며或鴨綠江을過ᄒᆞ야西間島等地로入ᄒᆞᄂᆞᆫ者가日로增ᄒᆞᄂᆞᆫ뎌彼西間島等地로往ᄒᆞᆫ同胞中에ᄂᆞᆫ或生活의豫備가無하며或保接의方法이缺ᄒᆞ야圖紹進取의美事ᄂᆞᆫ姑舍ᄒᆞ고凍餒死亡의慘劇이不絶ᄒᆞᆫ다ᄒᆞ니

嗚乎라國外移住同胞여同胞가國外移住를作ᄒᆞᆷ이果然何必要를因ᄒᆞᆷ인가同胞가國外移住를作ᄒᆞ되國家의運命을利益케ᄒᆞᆯ精神으로以ᄒᆞᆷ은可ᄒᆞ되單히絲身穀腹의計로以ᄒᆞᆷ은不可ᄒᆞ며同胞가國外移住를作ᄒᆞ되民族의前途를繁榮케ᄒᆞᆯ經綸으로以ᄒᆞᆷ은可ᄒᆞ되單히苟命逃生의心으로以ᄒᆞᆷ은不可ᄒᆞ나니今에徒然히彼國外에往ᄒᆞ야生活의困難이나得免ᄒᆞᆯ새ᄒᆞ며彼國外에往ᄒᆞ야目前의凌踏이나得脫ᄒᆞᆯ새ᄒᆞ고無精神ᄒᆞᆫ流民을作ᄒᆞ야千里에歷越ᄒᆞ며萬里에顚倒ᄒᆞ야孑孑히避去ᄒᆞ다가父母가溝에入ᄒᆞ며妻子가所를失ᄒᆞᆯ뿐이면엇지可하리오

同胞ᄂᆞᆫ試思ᄒᆞ라此內地가아모리獄과如ᄒᆞ되此ᄂᆞᆫ오히려同胞의四千載成守ᄒᆞᆫ祖國이며此內地가아모리爐와如ᄒᆞ되此ᄂᆞᆫ오히려同胞의二千萬奠居하ᄂᆞᆫ祖國이니同胞가設或好經營을抱ᄒᆞ고此祖國을離ᄒᆞ야國外에往ᄒᆞᆯ時에도오히려如荼如錦ᄒᆞᆫ故國山川을拜別ᄒᆞ고族異俗異ᄒᆞᆫ殊域風霜에流離ᄒᆞᆷ에반다시恨이骨에切ᄒᆞ며淚가臆에沾ᄒᆞ야不忍의情을不禁ᄒᆞᆯ지어ᄂᆞᆯ何事로絲身穀腹苟命逃生을爲ᄒᆞ야祖國을脫ᄉᆞ와如히棄ᄒᆞ고國外로流出ᄒᆞ야生ᄒᆞ야ᄂᆞᆫ無國의孤民이되며死ᄒᆞ야ᄂᆞᆫ異地의殘鬼가되리오

同胞ᄂᆞᆫ試思ᄒᆞ라今日彼異族이沿々히韓國疆界線을越ᄒᆞ야其移殖의勢力이山을傾ᄒᆞ며陵을壓ᄒᆞ나此時에在ᄒᆞ야同胞가發憤勉強ᄒᆞ며鼓勇前進ᄒᆞ야朝鮮民族의生命을保ᄒᆞ며朝鮮民族의光榮을擴張ᄒᆞ야異族侵入의鋒을折ᄒᆞᆷ이可하거날何事로彼의頑難을怯ᄒᆞ며彼의跳梁을任ᄒᆞ야驅逐의辱을樂取ᄒᆞ며散亡의禍를自促ᄒᆞ야無精神의國外移住를作ᄒᆞ리오

然이나吾儕가同胞의國外移住를絶對的不可라ᄒᆞᆷ이아니라但只國外에移住ᄒᆞ되반다시絲身穀腹만爲치말고國家의利益을圖ᄒᆞ며반다시苟命逃生만爲치말고民族의繁榮을思ᄒᆞᆷ이可ᄒᆞ다하ᄂᆞᆫ바니願컨ᄃᆡ同胞ᄂᆞᆫ一定ᄒᆞᆫ目的을立ᄒᆞ며一定ᄒᆞᆫ設計가有ᄒᆞᆫ後에移住를作ᄒᆞᆯ지어다今日同胞의移住ᄂᆞᆫ決코榮光의移住가아니라實로恥辱의移住며決코樂觀의移住가아니라實로悲慘의移住니同胞ᄂᆞᆫ或此移住를彼列國의殖民政策上移住로思치말고오ᄌᆞᆨ國家民族의威靈을挽回ᄒᆞᆯ一路로思ᄒᆞᆯ지어다

悲夫라北으로黑水一帶에至ᄒᆞ며西으로滿洲一面에至하ᄂᆞᆫ地方은卽同胞의先民되ᄂᆞᆫ高句麗人、渤海人이大光을輝ᄒᆞ며雄飛를張ᄒᆞ던處라千百年後에國力이衰退하고民氣가不振ᄒᆞ야舊日臣妾의列에在ᄒᆞ던遼、金、蒙古等各族에게連戰連敗ᄒᆞ야西北數千里의地를他人膝下에奉呈ᄒᆞ고半島南端을退守ᄒᆞ야豆滿以北鴨綠以西에一步를敢出치못ᄒᆞ다가今又外來異族의焰을避하야荷々히國外에散出ᄒᆞ야高句麗故地에羈人을作ᄒᆞ며渤海國遺墟에流民을作ᄒᆞᄂᆞᆫ同胞가만일國家民族의思想이無ᄒᆞ면同胞의將來가何境에至ᄒᆞᆯᄂᆞᆫ가

嗚乎同胞여同胞가國家民族의思想으로ᄂᆞᆫ國外移住를或作ᄒᆞᆯ지언뎡一身一家의觀念으로ᄂᆞᆫ國外移住를作지말지어다

官報

隆熙三年十一月十三日

內閣告示第四十三號

○勅令第一百九十四號

(明治四十二年十月二十二日)

特許登錄令 續

第三十條 左開境遇에在하야ᄂᆞᆫ其事實을証ᄒᆞᆫ戶籍吏의文書又ᄂᆞᆫ此를証ᄒᆞᆯ만ᄒᆞᆫ文書로써등錄原因을證ᄒᆞᆫ文書로看做ᄒᆞᆷ

一 등錄原因이相續될時

二 申請人이등錄權利者又ᄂᆞᆫ登錄義務者의相續이될時

三 등錄名義人의表示를變更ᄒᆞᆫ등錄을申請ᄒᆞᆯ時

第三十一條 申請書에第三者의許可、同意又ᄂᆞᆫ承諾을證ᄒᆞᆫ文書를添附ᄒᆞᆯ境遇에ᄂᆞᆫ其第三者로ᄒᆞ야금申請書에署名捺印케ᄒᆞ고其文書로代ᄒᆞᆷ을得ᄒᆞᆷ

第三十二條 登錄原因을證ᄒᆞᆫ文書가自初로存在치아니ᄒᆞ거나又ᄂᆞᆫ此를添附ᄒᆞᆷ이不能ᄒᆞᆫ時ᄂᆞᆫ申請書의副本을添附ᄒᆞᆷ이可ᄒᆞᆷ

第三十三條 등錄義務者의權利에關ᄒᆞᆫ등錄畢證이滅失ᄒᆞᆫ時ᄂᆞᆫ申請書에其登錄義務者本人됨을證ᄒᆞᆫ市町村長이나又ᄂᆞᆫ此에準ᄒᆞᆯ만ᄒᆞᆫ者의證明書를添附ᄒᆞᆷ이가ᄒᆞᆷ

(未完)

外報

◎博覽會準備 美國加州에서ᄂᆞᆫ一千九百十五年에開ᄒᆞᆯ巴拿馬開通博覽會의委員을組織하고有力ᄒᆞᆫ運動者ᄂᆞᆫ近日華盛頓으로向往ᄒᆞᆫ다더라

◎波斯와露英德 波斯國은今回露英兩國과借欵條約訂結ᄒᆞᆷ을拒絶ᄒᆞ엿ᄂᆞᆫ데德國은今에波斯京에在ᄒᆞᆫ露國의地位를奪ᄒᆞ기를試ᄒᆞᄂᆞᆫ中이며伯林포싯시에、ᄶᅡ잉新聞은英露兩國이德國의波斯국에在ᄒᆞᆫ財政上計畫에就ᄒᆞ야此際抗議를提出ᄒᆞᆯ지나此ᄂᆞᆫ何等의權利가無ᄒᆞᆫ者라고云ᄒᆞ엿다더라

◎土勃砲戰 土耳其、勃加利牙兩國은去八日同兩國국境에서五時間을連하야砲戰ᄒᆞ엿다더라

◎南美危機解決 南美秘露、이쿠에이도兩共和國間의戰雲이起ᄒᆞᆫ다ᄒᆞᆷ은既報어니와右紛擾ᄂᆞᆫ美國의仲裁로因하야解決됨에至ᄒᆞ엿ᄂᆞᆫ데秘露國은暴動의損害를賠償ᄒᆞᆫ다더라

◎攝政王警戒說 淸國攝政王邸의爆裂彈事件이發生ᄒᆞᆫ以來로攝政王은護衛兵을增加ᄒᆞ며順天府五營兩翼兵士、巡査、偵探을命ᄒᆞ야確證이有ᄒᆞᆫ犯人을逮捕ᄒᆞ면特別히擢用코저ᄒᆞᆫ다ᄂᆞᆫ뎌御史胡思敬氏ᄂᆞᆫ此에對ᄒᆞ야革命黨의嫌疑者로無辜를濫捕ᄒᆞᆷ이不可ᄒᆞᆫ旨로上奏ᄒᆞ엿다ᄂᆞᆫ風說이有ᄒᆞ나此事가果然革命黨의所爲인지又ᄂᆞᆫ反對派의陰謀인지一切新聞紙의揭載를禁ᄒᆞᆷ으로事實이未詳ᄒᆞ다더라

◎英國新艦進水 英國第九드레드노트型戰鬪艦콜초사쓰號ᄂᆞᆫ蘇格蘭쿠리船渠에서進水式을設行ᄒᆞ엿ᄂᆞᆫ데觀光者一十萬人이會集ᄒᆞ야非常ᄒᆞᆫ熱心으로써此를歡迎ᄒᆞ엿다더라

◎飛行機新記錄 法人키네氏ᄂᆞᆫ乘客一名과共히후알만氏의双翼飛行機를搭乘ᄒᆞ고二時間十九分十五秒五分之二에百二哩를飛行ᄒᆞ야新記錄을示ᄒᆞ엿다더라

學界

◎禹氏義捐 美國人牧師禹樂越氏ᄂᆞᆫ昨年부터海州에來留하야傳道에從事ᄒᆞᄂᆞᆫ데同郡私立의昌學校에每朔金五圓式寄付ᄒᆞ고平壤郡에盲啞院을又設ᄒᆞ고多數盲啞를養育ᄒᆞᆫ다더라

◎金氏熱心 大邱郡居李一雨氏ᄂᆞᆫ元來敎育家로著名ᄒᆞᆫ터인데氏의季嫂김和秀氏도女子敎育會를發起ᄒᆞ야婦人會員百餘名을募集ᄒᆞ고義捐금二百餘圓을鳩聚ᄒᆞ야該郡達西女學校에寄付하고該校內에婦人夜學校를設立ᄒᆞ야學員二十餘名을敎授케ᄒᆞ고且婦人이當行ᄒᆞᆯ家庭校務와其他經濟上에有益ᄒᆞᆯ事를漸次改良코저熱心注意ᄒᆞᆫ다더라

◎預備設立議 漢城內各學校春期募集生에應試키爲ᄒᆞ야上京ᄒᆞᆫ地方學徒가數千名에達ᄒᆞ엿ᄂᆞᆫ데學力이不及하야應試에落榜者가半數以上이된지라敎育界紳士諸氏가該學生의無聊歸鄕ᄒᆞᆷ을慨歎히녀여洞口內閣民夜學校內에預備講習所를設ᄒᆞ고該學生을團聚敎授ᄒᆞ기로協議中이라더라

◎長進卒業 陰竹郡長進學校에서卒業禮式을擧行ᄒᆞ엿ᄂᆞᆫ데卒業生은朴勝斗李圭錫李容契氏等十一人이오該郡東面面長李昇稙氏가賞品을多數寄付하엿다더라

◎校長熱心 忠州郡可興私立湖興學校副校長金浩英氏가該校諸般事務를極力周章ᄒᆞ고學徒에剿疑ᄒᆞ기를勸ᄒᆞ야모子五十件을寄付ᄒᆞ고石盤石筆鉛筆等物品을多數賞給ᄒᆞ엿다더라

◎仁校卒業과進級 仁川港私立仁明學校에서去四日에第一回卒業及進級式을擧行ᄒᆞ엿ᄂᆞᆫ데卒業優等生은金奎東鄭鳳朝鄭相朝金錫鉉及第生은趙鍾玟等五人이오三學年進級生은宋明學等六人이오二學年進級生은李錫斗等十三人이오一學年進級生은김仁成等十五人이라더라

學報

◎興英卒業 西部東幕私立興英學校에서去三日에第二回卒業式을擧行ᄒᆞᆷ은已揭어니와卒業生은김舜圭高圭明김昌煥崔永星趙興濬김昌圭趙鍾翊盧奭愚權重冕姜寅馨

詞藻

◎國家事◎

네무엇ᄒᆞ라ᄂᆞ냐、人間일이만치마ᄂᆞᆫ。
ᄯᅥᄉᆞᆺ시ᄒᆞ고말일은、國家事業뿐이로다。
엇지타、丈夫로ᄯᅴ여난몸을、그저써ᄀᆞ혀。

宮廷彙報

●秘苑御覽 大皇帝陛下께옵셔再昨日下午四時에秘苑을御覽하옵셧다더라

●賞金下賜 大皇帝陛下께옵셔日前日人畵師荻野靜暉를命召하사 昌德宮仁政殿에서御前寫畵를 命하옵셧는데再昨日該畵師에게賞金一百圓을下賜하옵셧다더라

雜報

●曾禰電信 三昨日下午一時에曾禰統監의電信이某處에來到하엿는데近日身恙을因하야姑未歸任하다하엿스며又一說에는統監은樞密院顧問으로轉任하고後繼者는著名한政畧家二三人中에서擇定하기로協議中이라더라

●代表願留 曾禰統監이遞任된다는說이傳播됨에關하야總理大臣李完用氏는內閣諸大臣과協議한後農商工部大臣趙重應氏를內閣代表로日本에派送하야統監을願留케한다더라

●[illegible]願留 [illegible]司長金珏鉉漢城高等學校敎授呂圭亨兩氏가日本觀光團에入參하엿다홈은已報한바어니와其內容인즉曾禰統監願留에關홈이라더라

●[illegible] 內閣에서日間書記官一人을奉化郡에派送하야史庫書籍을移搬한다는데內部에셔는該郡警察署에申飭하야護送하라하고또該書記官을恪別保護하라하엿다더라

●經學院管理 學部에셔는經學院을管理하야同院前大廳을新修理하기로計算하엿다더라

●岡次官[illegible]日內容 內部次官岡喜七郞이多日々本에滯留홈은韓國地方行政機關의變更을協議하며道書記官及郡主事를募集키爲홈이라더라

●內部增員 內部에셔는道路改築의必要가有하다하야地方費中으로技手를置홈은人所共知어니와更히國庫費로土木主事를增置홀다더라

●日主事配置 日間任命되는日人郡主事百名은各地形便을隨하야次第排置홀다하며日人道主事는前後任命者가合百四名에達홀다더라

●檢事地指定 船舶檢査法第三條에依하야船舶檢査執行地를韓國政府와統監府에셔共히新義州、群山、木浦、馬山、城津、淸津、으로指定하고統監府에셔는更히以上諸港外에鎭南浦元山二港을指定하엿다더라

●土屋雇來 土地調査局에셔는日人土屋을該局測量部長으로雇來하는데該人이日間入京홀다더라

●探險延期 統監府地方部員이主唱하는南漢山探險旅行은何等事故로因하야延期하엿다더라

●石塚仁川行 統監府石塚長官은昨日에日本第 艦隊午餐會에參席키爲하야仁川에下往하엿다더라

●美館茶話會 昨日美國領事館에셔는민손氏의一行을請邀하야茶話會를開하엿는데京城在留西洋人中參席者가不少하엿고議館에셔設行코저하던晚餐會는모氏의夫人이病中에在한故로中止하엿다더라

●馬夫人快差 京城駐在淸國總領事馬廷亮氏의夫人은月前부터身病이有하더니數日前으로快差하엿다더라

●觀覽中止 민손氏의一行이昨日에 昌慶宮及工業傳習所를觀覽코저하다가該夫人의身病을因하야中止하엿다더라

●淸館新築 京城駐在淸國總領事館에셔는該館內에二層鍊瓦屋을新築한다는데來八月頃에落成홀預定이라더라

●李在明公判期 李在明의公判期는今月末日이나來月初에된다더라

諸氏放還

李在明事件에關하야嫌疑者로誤捉하엿다가不起訴로處한林蚩正、李交담、[illegible]、安秦國、宋鍾遠、吳尙俊、崔普欽、池鐸瑞、丁義道、宋仁浚、諸氏는再昨日下午七時에放還하엿다더라

●或駐或代 內閣에셔는日前一般役員의洋服代金五圓式分給하엿고宮內府에셔는一般役員에게前日軍部에貯置하엿던洋靴一對式分給하엿다더라

●孝烈請襃 開城郡居蔡學奎氏의夫人崔氏가特異한孝烈이有하다하야該地方官이內部에修報하고褒揚하기를要求하엿다더라

●運動豫定 內部所屬一般官吏는來五月一日奬忠壇에셔運動會를行홀다더라

●出張所落成 釜山港에在한韓國銀行出張所에셔來十六日落成式을行하는데該銀行總裁日人市原盛宏等이往參홀다더라

●[illegible]習 前部守李膺鍾氏는國民大演說會設立初에辯士로一進會의合邦事件을論駁하더니近日에는其親知人을對하야日韓合邦[illegible]現代에適[illegible]하고其條件이[illegible]하다고極力贊成하며合邦은李[illegible]行[illegible]를無不[illegible]門홀다더라

●機業傳習議 農商工部에셔는忠南韓山地方에苧織物을改良하기爲하야機業傳習을開始하기로協議中이라더라

●洗館茶話 三昨日下午七時에崔晶圭閔元植氏等五六人이洗心館에會同하야茶話會를開하엿다더라

●果有好果 日本에留學한金在珣氏는神宮敬義會로電報하되本會事務를擴張코저運動하는事는好結果가有하니旅費를從速히多數辦送하라하엿다더라

●妓樂雇聘 朝鮮日々新聞社에셔는韓國妓生及樂工等을日本博覽會에雇聘하기爲하야日人齋藤一峰으로하야금妓生組合所에交涉하야妓生八名과樂工六名을不遠間渡送홀次로契約을締結하엿는데雇金一千五百圓을先渡하엿고衣次代價는二十圓式繼續支給홀다더라

●牛皮法改良 京城官立屠場에셔는牛皮와剝皮法及乾燥法을改良하는中인데其成績이頗히良好하다더라

●民情可念 漢城財務署韓日人主事各一名이家屋稅를督捧홀次로龍山坊에出張하엿는데督促이何等酷甚하엿던지人民의怨聲이載路하다더라

●祠基採金 海州郡高山面石潭동은栗谷先生의遺址로先生의祠宇를奉安한處인데其祀孫의親弟李鍾成氏가該祠宇基地에金礦을開採하야該祠宇가將次毁撤될貌樣이라더라

●[illegible] [illegible]을不許하는故로[illegible]氏에게委任하야[illegible]裁判所에起訴하다더라

●氷所叉讓 釜山港에在한度支部所管製氷所는日人水谷社에讓渡하기로內定하엿다더라

●安岳大火 去十一日에黃海道安岳에셔大火가有하야二百餘戶가燒失되고韓人一名은重傷하고四名은輕傷하엿다더라

●靑館開演 今日下午七時半에鍾路靑年會館에셔美國人博士모리손氏가演說홀다더라

●淸役退去 廣梁灣天日製鹽場淸國勞動者四百名은勞銀의不平을因하야一齊히退去하엿다더라

電報

●日軍艦의完成 日本橫須賀軍港海軍工廠에셔建造하는軍艦河內號는本年十月에進水式을行하고攝津號도本年中에完成된다하며安藝號는本年中에完成홀豫定이나或明年까지延拖될듯하다더라

●大隈論文 日本大隈伯은論[illegible]經濟新聞의委托이有하다하고一大論文을起草中인데該論文에는政治上變化[illegible]經濟上에도[illegible]關係[illegible]必要하다고論述하다더라

●家畜市場設 日本農商務省은明年一月부터家畜市場法을實施하기爲하야目下其細則을製定中인데最近調査한[illegible]이二千萬圓에達하다더라

以上東京發 十一日着

●松永渡韓說 日本第二師團長松永中將은師團長會議가終了됨을因하야來十九日에渡韓하다더라

●曾禰病勢 曾禰統監은本月內로病勢가尤重하더니日間에는少히快愈한貌樣이라더라

以上東京發 十三日着

●淸國戒嚴 淸國政府는爆彈發見된後에至今까지戒嚴令을發布施行中인데南淸地方의革命黨을大搜索하다더라

北京發 十三日着

●루氏訪德 美國前大統領루스벨트氏는去月十日頃에德國伯林에[illegible]을訪問하다더라

●國王[illegible]行 [illegible]國陛下는美國前大統領루스벨트氏를國王의[illegible]決定하엿다더라

●露鐵道[illegible] [illegible]國의西比利亞鐵道工[illegible]는竣工될터인데現今[illegible]線에二十列車를[illegible]列車半上으로[illegible]輸送하라면約[illegible]나若全部複線이[illegible]되면[illegible]列車를運轉홀터인즉[illegible]四日間에步兵二師[illegible]團으로된[illegible]하리라더라

●露國極東[illegible] 露國[illegible]

▲社會燈▼

▲醫學博士菊池는李總相을救療홈이奇功中에第一이오軍功과도一般이니伊藤公의次位되는大勳位를敍하라고大議[illegible]請하엿다지醫藥方法[illegible]病傷者를救療홈은分內[illegible]然인데무슨功이그리[illegible]에다比하는지露日役에出[illegible]하야勝戰鼓나울녓더면[illegible]以上되는大地位를請하려니와文明國의醫士[illegible]心이저러혼지

▲總理大臣李完用은統監님이怨[illegible]閣代表派送하야願留運動[illegible]

[illegible]

雜報

◎山林測量의關한說明

昨日下午二時에農商工部大臣道峯藤氏가各新聞記者를該部大臣官房으로招請하야全國內山林에對혼事를說明ᄒ되山林測量의期限이隆熙五年一月二十四日ᄭ지인ᄃ全國의山林所有主가地籍報告를同期限內에ᄒ야提出하라면極難혼事이라ᄒ야人의山林이던지屬圍及長湍等地의境界는東西標를分明히記入ᄒ야該部에提出ᄒ되假令百民의面積이九十尺으로홈도無妨ᄒ며又는自己의所有를測圖ᄒ야人民에對ᄒ야各道郡警察署에서障礙를加ᄒ는弊가或有ᄒ다ᄒ니此는道令으로頒布혼測量業者取締規則을誤解홈에出홈이라該規則은山林을測量ᄒ고手數料를受ᄒ는者及는所管觀察使에서免許狀을受혼者에對ᄒ야施行홈뿐인즉所有者가自己의山林을測圖ᄒ는ᄃ誰가禁止ᄒ리오만일自己의山坂을本孫의手로測量홀時에或警官의禁止가有ᄒ거던該警官의姓名을詳記ᄒ야本部로請願하면相當히措處홀것이오略圖를本部에提出하면本部에서는接受혼號數를期限日ᄭ지成爵詳記하엿다가限後에號數를各略圖主人에게分給홀터이며期限前에도號數를知得코져홀진ᄃ本部山林局에來問하면接受혼號數를出示홀터이오地方人民이略圖를提出홀時는登記郵便으로홈도可ᄒ고又는通常郵便으로홈도可ᄒ즉某條목期限內에速히略圖를提出하야不及의嘆이無케ᄒ도록各新聞에詳揭ᄒ야一般人民으로ᄒ야곰其曉得케ᄒ며巡査等이法外禁止ᄒ는事가有하거던亦히新聞에揭出ᄒ야當局者를警醒케하라하엿다더라

◎組合會事項　來十九日度支部에서開하는各地金融組合會議에서問議홀事項은如左ᄒ니

一、資金貸付에關혼事
一、貸付担保에關혼事
一、組合副業에關혼事
一、其他雜事件等이라더라

◎關稅局調査　汽船에搭載ᄒ는旅客은各船에定數가有ᄒ야該制限을超過치못ᄒ나軍隊及移住民은一時多數를搭載ᄒ야도可혼意로目下關稅局에서其方法을調査中이라더라

◎種苗場請願　忠南觀察道에서는種苗場을設置홀經營으로洪州恩津二郡中國有地를貸與ᄒ라고度支部에請願ᄒ엿다더라

◎公州俱樂　忠南公州居尹錫準徐丙浩等諸氏는該郡內에韓人俱樂部를設立ᄒ엿다더라

◎何其反抗　中部寺洞居金基弘氏는再昨日同地街路上에서何許女人과談話ᄒ는ᄃ掌內巡査가禁止혼즉激烈히反抗ᄒ야詬辱을反加홈으로即時所管警察署로押付하엿다더라

◎演奏開會　漢城妓生組合所妓生蓮紅鸚鵡弄月등이發起ᄒ야京城孤兒院經費를補助홀次로慈善演奏會를設行홈은既報ᄒ엿거니와期限은昨日早터一週內로定ᄒ고位置는西大門內圓覺社로定ᄒ고藝人(主務)金元基도無料로技術을供給혼다더라

◎背夫被捉　農圃內居安承均氏의妻는三昨夜에再次背夫逃走ᄒ다가東部警察署에被捉ᄒ엿다더라

◎魯氏裁判　金海郡居魯相元氏가年前에[illegible]五石을雲峴宮에見奪ᄒ엿슴으로地方裁判所에起訴ᄒ야第三回裁判을開ᄒ엿다더라

◎織組社設立　前參判吳正根氏는織組會社를設立홀次로資本金一萬圓을積立하고諸般準備에着手中이라더라

◎購苗交涉　官立漢城高等學校에서는彰義門外에서苗木을購入홀次로北部警察署에交涉中이라더라

◎婦女布敎　天道敎에서婦人奉敎師四十人을選擇ᄒ야地方으로派送ᄒ야婦人의게布敎하기로決定ᄒ얏다더라

◎兩氏被捉　長湍郡居金致淳尹憲植兩氏는義兵嫌疑로日前日憲兵司令部에被捉ᄒ엿다더라

◎湖南親睦　湖南學生親睦會에서來日曜日下午一時에校洞該會館內에特別總會를開ᄒ고重要혼事件을處理ᄒ는ᄃ該道學生이多數來參홈을希望혼다더라

◎油組請願　閔哲基氏등이設立혼油商保險營業團組合所에서는資金一千二百圓을積立ᄒ고警視廳에承認홀次로再昨日請願書를提呈하엿다더라

우리나라ᄉᆞ롬에衛生에矇昧ᄒᆞ고醫[illegible]에[illegible]ᄒᆞ야天賦ᄒᆞᆫ壽命을[illegible]命치못ᄒᆞ고[illegible]에侵減되야[illegible]은夭死ᄒᆞ는悲運에至ᄒᆞ고或[illegible]ᄒᆞᄂᆞᆫ[illegible]狀을呈ᄒᆞ야[illegible]完全不[illegible]發ᄒᆞᆫ不具의國民을造成ᄒᆞ엿스니嗚呼라이와ᄀᆞᆺ단蒼白柔軟ᄒᆞᆫ쭉정이民族으로엇지永遠ᄒᆞᆫ國家를經營ᄒᆞ리오아아二云키難ᄒᆞ도다우리神聖ᄒᆞᆫ民族은반다시强壯ᄒᆞᆫ者의食되지아니치못ᄒᆞᆯ지로다西哲이云치아니ᄒᆞ엿ᄂᆞᆫ가健全ᄒᆞᆫ知識은健全ᄒᆞᆫ身體에宿ᄒᆞᆫ다하엿스니誠然ᄒᆞᆫ지라國家의健全ᄒᆞᆫ獨立은반다시健全ᄒᆞᆫ身體健全ᄒᆞᆫ人格健全ᄒᆞᆫ知能을基礎라아니치못ᄒᆞᆯ지니玆에우리和平堂大藥房은我國現狀日과時勢要求에感ᄒᆞᆫ바有하야如何히하면此萎縮不具ᄒᆞᆫ蒼白色軟骨의可憐民族을免ᄒᆞ고勇敢有爲의潤發强壯ᄒᆞᆫ國民을作成ᄒᆞᆯ까如何히ᄒᆞ면遠大ᄒᆞᆫ欲望과堅忍不拔의思想잇ᄂᆞᆫ確實ᄒᆞᆫ國民을生産ᄒᆞᆯ까此等의問題ᄂᆞᆫ吾輩가多年苦心研究하던바라아아此大問題를如何히解決ᄒᆞᆯ고[illegible]라善良ᄒᆞᆫ醫藥은善ᄒᆞᆫ身體를助長ᄒᆞ며善良ᄒᆞᆫ身體ᄂᆞᆫ善良ᄒᆞᆫ精力善良ᄒᆞᆫ知能을含有ᄒᆞ야偉大ᄒᆞᆫ功績을顯ᄒᆞᆫ다ᄒᆞᆷ은萬古不腐의金言이라우리和平堂大藥房이今에全力을注ᄒᆞ야此에貢獻ᄒᆞᆷ은實노天賦ᄒᆞᆫ使命을完了코져ᄒᆞᆷ이라바야ᄒᆞ로芳春萬物이調和ᄒᆞ라ᄂᆞᆫ時를際ᄒᆞ야業務ᄂᆞᆫ愈益擴張ᄒᆞ고名藥은東西藥[illegible]일서米國醫學博士禹[illegible]氏에게多年受學ᄒᆞ야實地와學術에[illegible]ᄒᆞᆫ抱負로셔우리나라有名ᄒᆞᆫ[illegible]慶龍氏ᄂᆞᆫ우리和平堂藥房에서診斷處方의務를執ᄒᆞ니우리和平堂大藥房은[illegible]우리[illegible]셔[illegible]上榮譽로擔負ᄒᆞ야ᄀᆞᆺ치最完備最發展로[illegible]達ᄒᆞᆫ지라아아大韓의同胞로서誰가우리和平堂을不知ᄒᆞᆯ者有ᄒᆞ며誰가우리和平堂의藥을用치아니ᄒᆞᆯ者有ᄒᆞ리오아아우리和平堂은아참부터져역ᄭᆞ지노지안코쉬지안코同胞의健康을爲ᄒᆞ야活動ᄒᆞ며同胞의前路를爲ᄒᆞ야勞苦하고잇숨니이다

京城鍾路和平堂大藥房本舖主任李應善

本報代金
一枚　新貨二錢五厘
壹個月　三十錢
參個月　九十錢
陸個月　壹圓七十錢
壹個年　參圓四十錢

廣告
四号活字拾三字詰每日一寸(英尺)에新貨廿五錢(自一行至四行이爲一寸)
但時期長短과行數多少를[illegible]

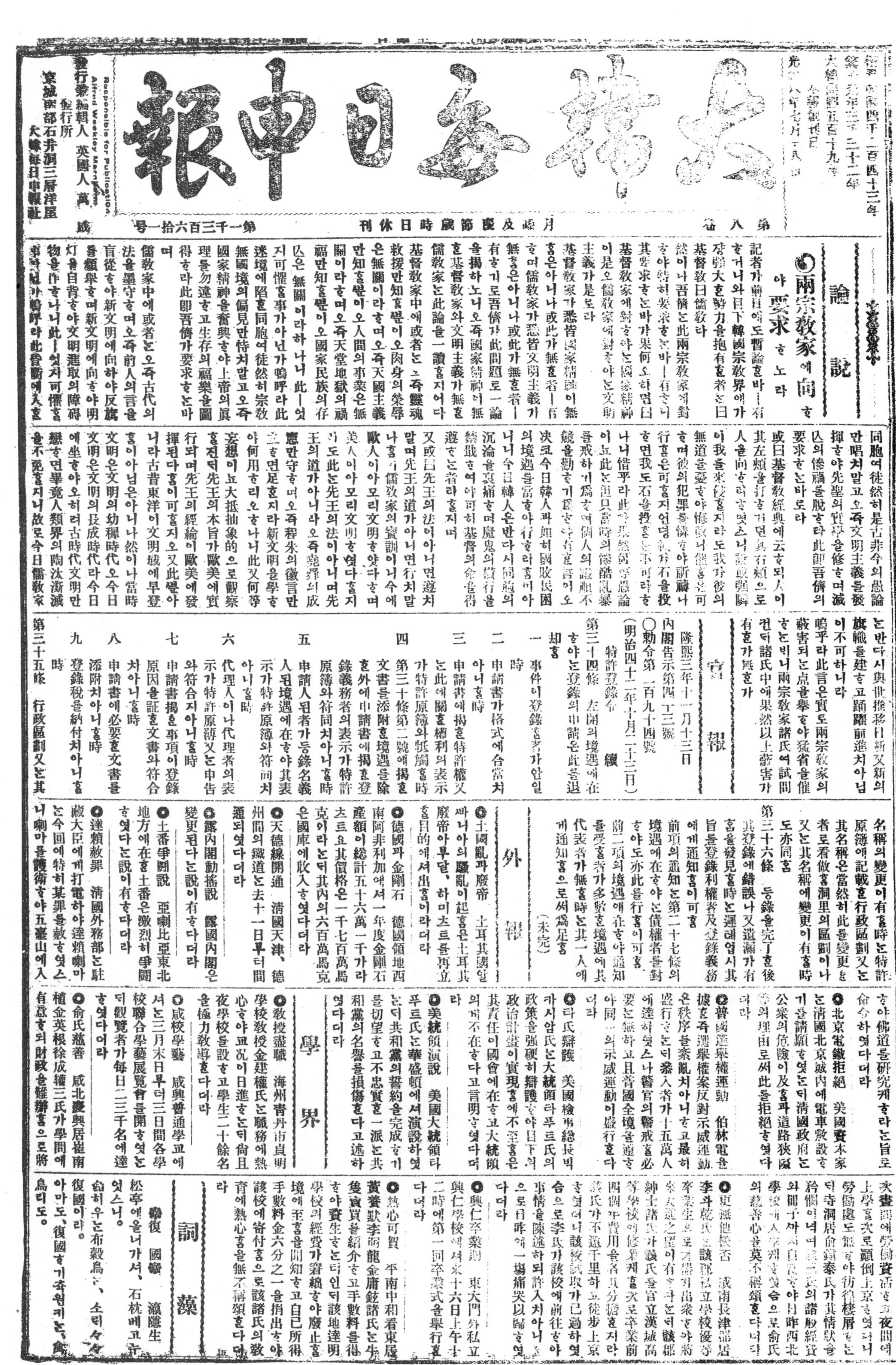

檀君開國四千二百四十二年
箕子[illegible]三千二十二年
大韓開國五百十九年
[illegible]
光[illegible]年[illegible]月十八日

大韓每日申報

第八面　月曜及慶節翌日休刊　第一千三百六拾一号
發行兼編輯人 英國人 萬咸
Responsible for Publication Alfred Weekley Marnham
發行所 京城南部石井洞三層洋屋 大韓每日申報社

論說

◎兩宗敎家에向ᄒᆞ야要求ᄒᆞ노라

記者가前日에도暫論ᄒᆞᆫ바ㅣ有ᄒᆞ거니와目下韓國宗敎界에가장雄大ᄒᆞᆫ勢力을抱有ᄒᆞᆫ者ᄂᆞᆫ曰基督敎曰儒敎라

然이나吾儕ᄂᆞᆫ此兩宗敎家에對ᄒᆞ야特히要求ᄒᆞᄂᆞᆫ바ㅣ有ᄒᆞ니其要求ᄒᆞᄂᆞᆫ바가果何오ᄒᆞ면曰基督敎家에對ᄒᆞ야ᄂᆞᆫ國家精神이是오儒敎家에對ᄒᆞ야ᄂᆞᆫ文明主義가是로다

基督敎家가悉皆國家精神이無ᄒᆞᆷ은아니나或此가無ᄒᆞᆫ者ㅣ有ᄒᆞ며儒敎家가悉皆文明主義가無ᄒᆞᆷ은아니나或此가無ᄒᆞᆫ者ㅣ有ᄒᆞ기로吾儕가此問題로一論을揭ᄒᆞ노니오직國家精神이無ᄒᆞᆫ基督敎家와文明主義가無ᄒᆞᆫ儒敎家ᄂᆞᆫ此論을一讀ᄒᆞᆯ지어다

基督敎家中에或者ᄂᆞᆫ오직靈魂救援만知ᄒᆞᆯᄲᅮᆫ이오肉身의榮辱은無關이라ᄒᆞ며오직天國主義만知ᄒᆞᆯᄲᅮᆫ이오人間의事業은無關이라ᄒᆞ며오직天堂地獄의禍福만知ᄒᆞᆯᄲᅮᆫ이오國家民族의存亾은無關이라ᄒᆞᄂᆞ니此ㅣ엇지可懼ᄒᆞᆯ事가아닌가嗚呼라此迷境에陷ᄒᆞᆫ同胞여徒然히宗敎無國境의偏見만恃치말고오직國家精神을奮興ᄒᆞ야上帝의眞理를勿違ᄒᆞ고生存의福樂을圖得ᄒᆞ라此卽吾儕가要求ᄒᆞᄂᆞᆫ바며

儒敎家中에或者ᄂᆞᆫ오직古代의法을墨守ᄒᆞ며오직前人의言을盲從ᄒᆞ야新文明에向ᄒᆞ야反旗를顯擧ᄒᆞ며新文明에向ᄒᆞ야明灯을自背ᄒᆞ야文明進取의障碍物을作ᄒᆞᄂᆞ니此ㅣ엇지可懼ᄒᆞᆯ事ㅣ아닌가嗚呼라此昏衢에入ᄒᆞᆫ同胞여徒然히是古非今의愚論만唱치말고오직文明主義를發揮ᄒᆞ야先聖의實學을修ᄒᆞ며滅亾의慘禍를脫ᄒᆞ라此卽吾儕의要求ᄒᆞᄂᆞᆫ바로다

或曰基督敎經典에云ᄒᆞ되人이其左頰을打ᄒᆞ거던其右頰으로人을向ᄒᆞ라ᄒᆞ엿스니設或强隣이我를來侵ᄒᆞᆯ지라도我ᄂᆞᆫ彼의無道를憂ᄒᆞ야悔改ᄒᆞ기祈ᄒᆞᆷ은可ᄒᆞ며彼의犯罪를憐ᄒᆞ야祈禱나行ᄒᆞᆷ은可ᄒᆞᆯ지언뎡刃과石을投ᄒᆞ면我도石을投ᄒᆞᆷ은不可라ᄒᆞᄂᆞ니惜乎라此ᄂᆞᆫ果然何等愚論이뇨此ᄂᆞᆫ但只當時의慘酷亂暴를戒ᄒᆞ기爲ᄒᆞ며個人의謙順不競을勸ᄒᆞ기爲ᄒᆞ야有ᄒᆞᆫ言이오決코今日韓人과如히國敗民困의境遇를當ᄒᆞ야行ᄒᆞ라ᄒᆞᆷ이아니니今日韓人은반다시同胞의沈淪을哀痛ᄒᆞ며魔鬼의橫行을禁戢ᄒᆞ여야可히基督의命을得遵ᄒᆞᄂᆞᆫ者라ᄒᆞᆯ지며

又或曰先王의法이아니면遵치말며先王의道가아니면行치말나ᄒᆞᆷ이儒敎家의寶訓이니今에歐人이아모리文明ᄒᆞ얏다ᄒᆞ며美人이아모리文明ᄒᆞ엿다ᄒᆞᆯ지라도此ᄂᆞᆫ先王의法이아니며先王의道가아니라오직堯舜의成憲만守ᄒᆞ며오직程朱의徽言만主ᄒᆞ면足ᄒᆞᆫ지라新文明을學ᄒᆞ야何用ᄒᆞ리오ᄒᆞᄂᆞ니此又何等妄想이뇨大抵抽象的으로觀察ᄒᆞᆫ진ᄃᆡ先王의本旨가歐美에實行되며先王의經綸이歐美에發揮된다ᄒᆞᆷ이可ᄒᆞᆯ지오又此ᄲᅮᆫ아니라古昔東洋이文明域에早登ᄒᆞᆷ이아님은아니나然이나當時文明은文明의幼穉時代오今日文明은文明의長成時代라今日에坐ᄒᆞ야오히려古時代文明만戀ᄒᆞ면畢竟人類界의陶汰澌滅을不免ᄒᆞᆯ지니故로今日儒敎家ᄂᆞᆫ반다시與世推移日新又新의旗幟를建ᄒᆞ고踊躍前進치아님이不可하니라

嗚乎라此言은實로兩宗敎家의蔽害되ᄂᆞᆫ点을擧ᄒᆞ야猛省을催ᄒᆞᄂᆞᆫ비니兩宗敎家諸氏여試問컨ᄃᆡ諸氏中에果然以上蔽害가有ᄒᆞᆫ가無ᄒᆞᆫ가

官報

隆熙三年十一月十三日

內閣告示第四十三號

○勅令第二百九十四號

(明治四十二年十一月二十二日)

特許登錄令 續

第三十四條 左開의境遇에在ᄒᆞ야ᄂᆞᆫ登錄의申請은此를退却ᄒᆞᆷ

一 事件이登錄ᄒᆞᆯ者가안일時

二 申請書가格式에合當치아니ᄒᆞᆫ時

三 申請書에揭ᄒᆞᆫ特許權又ᄂᆞᆫ此에關ᄒᆞᆫ權利의表示가特許原簿와牴觸ᄒᆞᆫ時

四 第三十條第二號에揭ᄒᆞᆫ文書를添附ᄒᆞᆫ境遇를除ᄒᆞᆫ外에申請書에揭ᄒᆞᆫ登錄義務者의表示가特許原簿와符同치아니ᄒᆞᆫ時

五 申請人된者가登錄名義人된境遇에在ᄒᆞ야其表示가特許原簿와符同치아니ᄒᆞᆫ時

六 代理人이나代理者의表示가特許原簿又ᄂᆞᆫ申告와符合지아니ᄒᆞᆫ時

七 申請書揭ᄒᆞᆫ事項이登錄原因을證ᄒᆞᆫ文書와符合치아니ᄒᆞᆫ時

八 申請書에必要ᄒᆞᆫ文書를添附치아니ᄒᆞᆫ時

九 登錄稅를納付치아니ᄒᆞᆫ時

第三十五條 行政區劃又ᄂᆞᆫ其名稱의變更이有ᄒᆞᆫ時ᄂᆞᆫ特許原簿에記載ᄒᆞᆫ行政區劃又ᄂᆞᆫ其名稱은當然히此를變更ᄒᆞᆫ者로看做ᄒᆞᆷ洞里의區劃이나又ᄂᆞᆫ其名稱에變更이有ᄒᆞᆫ時도亦同ᄒᆞᆷ

第三十六條 登錄을完了ᄒᆞᆫ後其登錄에錯誤나又遺漏가有ᄒᆞᆷ을發見ᄒᆞᆫ時ᄂᆞᆫ遲滯업시其旨를登錄利權者及登錄義務者에게通知ᄒᆞᆷ이可ᄒᆞᆷ

前項의通知ᄂᆞᆫ第二十七條의境遇에在ᄒᆞ야ᄂᆞᆫ債權者를對ᄒᆞ야도亦此를行ᄒᆞᆷ이可ᄒᆞᆷ

前二項의境遇에在ᄒᆞ야通知를受ᄒᆞᆯ者가多數ᄒᆞᆫ境遇에其代表者가無ᄒᆞᆫ時ᄂᆞᆫ其一人에게通知ᄒᆞᆷ으로써爲足ᄒᆞᆷ

(未完)

外報

◎土國亂과廢帝 土耳其國알싸니아의騷亂이起ᄒᆞᆷ은土耳其廢帝아부달、하미드트를再立ᄒᆞᆯ目的에셔出ᄒᆞᆷ이라더라

◎德國과金剛石 德國領地西南阿非利加에셔一年度金剛石産額이總計五十六萬一千가라트요其價格은一千七百萬馬克이라ᄂᆞᆫᄃᆡ其內의六百萬馬克은國庫에收入ᄒᆞ엿다더라

◎天德線開通 淸國天津、德州間의鐵道ᄂᆞᆫ去十一日부터開通되엿다더라

◎露內閣動搖說 露國內閣은變更된다ᄂᆞᆫ說이有ᄒᆞ다더라

◎土番爭鬪說 亞喇比亞東北地方에在ᄒᆞᆫ土番은激烈히爭鬪ᄒᆞ엿다ᄂᆞᆫ說이有ᄒᆞ다더라

◎達賴赦罪 淸國外務部ᄂᆞᆫ駐藏大臣에게打電하야達賴喇마ᄂᆞᆫ今回에特히某罪를赦ᄒᆞ엿스니喇마를護衛ᄒᆞ야五臺山에入ᄒᆞ야佛道를硏究케ᄒᆞ라ᄂᆞᆫ旨로命令하엿다더라

◎北京電鐵拒絕 美國資本家ᄂᆞᆫ淸國北京城內에電車敷設ᄒᆞ기를請願ᄒᆞ엿ᄂᆞᆫᄃᆡ淸國政府ᄂᆞᆫ公衆의危險이及ᄒᆞᆷ과道路狹隘等의理由로써此를拒絕ᄒᆞ엿다더라

◎普國選擧權運動 伯林電을據ᄒᆞᆫ즉選擧權案反對示威運動은秩序를紊亂치아니ᄒᆞ고最히盛行ᄒᆞᄂᆞᆫᄃᆡ參入者가十五萬人에達ᄒᆞ엿스나警官의警戒ᄒᆞᆯ必要ᄂᆞᆫ無ᄒᆞ고且普國全境을通ᄒᆞ야同一의示威運動이盛行ᄒᆞᆫ다더라

◎타氏辯護 美國檢事總長비카시암氏ᄂᆞᆫ大統領타프트氏의政策을强硬히辯護ᄒᆞ야目下의政治計畫이實現ᄒᆞᆷ에不至ᄒᆞᆷ은其責任이國會에在ᄒᆞ고大統領의게不在ᄒᆞ다고言明ᄒᆞ엿다더라

◎美統領演說 美國大統領타프트氏ᄂᆞᆫ華盛頓에셔演說하엿ᄂᆞᆫᄃᆡ共和黨의誓約을完成ᄒᆞ기를切望ᄒᆞ고不忠實ᄒᆞᆫ一派ᄂᆞᆫ共和黨의名譽를損傷ᄒᆞᆫ다고述하엿다더라

學界

◎敎授盡職 海州靑丹市貞明學校敎授金建權氏ᄂᆞᆫ職務에熱心ᄒᆞ야校況이日進ᄒᆞᄂᆞᆫᄃᆡ尙且夜學校를設ᄒᆞ고學生二十餘名을極力敎導ᄒᆞᆫ다더라

◎咸校學藝 咸興普通學校에셔ᄂᆞᆫ三月末日부터三日間各學校聯合學藝展覽會를開ᄒᆞ엿ᄂᆞᆫᄃᆡ觀覽者가每日二三千名에達ᄒᆞ엿다더라

◎俞氏慈善 咸北慶興居崔南植金英根徐成權三氏가學問에有意ᄒᆞ되財政을難辦ᄒᆞᆷ으로將次晝間에勞働資活ᄒᆞ고夜間에上學ᄒᆞᆯ次로顚倒上京ᄒᆞ엿더니勞働處도無ᄒᆞ야彷徨棲屑ᄒᆞᄂᆞᆫᄃᆡ寺洞居俞鎭泰氏가其情狀을矜憫이녀겨[illegible]三氏의諸般經費와冊子ᄭᅡ지自擔ᄒᆞ야日昨西北學校에入學케ᄒᆞ엿슴으로俞氏의慈善心을莫不稱頌ᄒᆞᆫ다더라

◎更無他校否 咸南長津郡居李斗乾氏ᄂᆞᆫ該郡私立學校優等卒業生으로才器가出衆ᄒᆞ야將來大進之望이有ᄒᆞᄂᆞᆫᄃᆡ該郡紳士諸氏가該氏를官立漢城高等學校에修業케ᄒᆞᆯ次로卒業前四個年費用을各其分擔ᄒᆞᆫ지라該氏가不遠千里ᄒᆞ고徒步上京ᄒᆞ엿더니該校試取가已過하엿슴으로李氏가該校에前往ᄒᆞ야事情을陳述하되許入치아니ᄒᆞᆷ으로日昨에一場痛哭以歸ᄒᆞ엿다더라

◎興仁卒業期 東大門外私立興仁學校에셔來十六日上午十二時에第一回卒業式을擧行ᄒᆞᆫ다더라

◎熱心可賀 平南中和看東居黃養默李丽龍金庸鉉諸氏ᄂᆞᆫ牛隻賣買를紹介ᄒᆞ고手數料를得ᄒᆞ야資生ᄒᆞᄂᆞᆫᄃᆡ인ᄃᆡ該地達明學校의經費가窘絀ᄒᆞ야廢止ᄒᆞᆯ境에至ᄒᆞᆷ을聞知ᄒᆞ고自己所得手數料金六分之一을捐出ᄒᆞ야該校에寄付ᄒᆞᆷ으로該諸氏의敎育에熱心ᄒᆞᆷ을無不稱頌ᄒᆞᆫ다더라

詞藻

復國謠 瀛隱生

松亭에올너가서、石枕베고누엇스니。
㝡히우ᄂᆞᆫ布穀鳥ᄂᆞᆫ、소리々々復國이라。
아마도、復國ᄒᆞ기奇원키ᄂᆞᆫ、[illegible]鳥리도。

宮報

○奉審後陛見 中樞院顧問李址鎔氏ᄂᆞᆫ昨日上午十二時에 眞殿을奉審ᄒᆞ고因ᄒᆞ야 太皇帝 大皇帝兩 陛下께 陛見ᄒᆞ엿다더라

○皇妃觀覽 황貴妃殿下께서 再昨日下午二時에修學院을觀覽ᄒᆞ셧다더라

○火根搜探 去十七日上午十二時에 德壽宮內 皇貴妃殿下 御用庫間에셔無根에火가起ᄒᆞ야卽時撲滅ᄒᆞ엿ᄂᆞᆫ데該火根因이未詳ᄒᆞᆷ으로目下秘密探査中이라더라

雜報

○大運動計畫 農商部大臣趙重應氏ᄂᆞᆫ三昨日下午六時에總理李完用氏를訪問ᄒᆞ고秘密協議가有ᄒᆞ엿ᄂᆞᆫ데其內容인즉統監遞任에對ᄒᆞ야內閣椅子가隨以[illegible]ᄒᆞᆯ[illegible]趙氏가觀光團과共히渡日ᄒᆞ야大運動을試ᄒᆞᆯ計劃인ᄃᆡ李總理ᄂᆞᆫ運動費三萬圜을已爲準備中이라더라

○獵犬充數 農商部에셔設置ᄒᆞᆫ[illegible]偵探犬十五名을選ᄒᆞᆫ다ᄒᆞᆷ은已報ᄒᆞ엿거니와十五名內에二名이不足되더니昨日에補充ᄒᆞ야[illegible]每日農人家로集合ᄒᆞ야偵探ᄒᆞᆯ方法을[illegible]ᄒᆞᆫ다더라

○日官問答 日本高等官一名이日昨金允植氏를對ᄒᆞ야曰政合邦이實施되ᄂᆞᆫ境遇이면大監의意向이如何ᄒᆞ뇨金氏가答曰余ᄂᆞᆫ學問이不足ᄒᆞ야[illegible]不知ᄒᆞ노라ᄒᆞ고仍反問曰政合邦性質이何如ᄒᆞ뇨日官人이答曰 皇室은[illegible]ᄒᆞ고政府ᄂᆞᆫ廢止된다ᄒᆞ매金氏ᄂᆞᆫ默々無言ᄒᆞ엿다더라

○支出裁可 地方騷擾에被害者救恤金一千圜은預備金中으로支出ᄒᆞ기로 裁可되엿다더라

○改正公布 家屋稅法施行에關ᄒᆞᆫ改正件은昨日官報로公布되엿더라

○會議開期 農工銀行管理人會議ᄂᆞᆫ來二十日頃에手形組合理事會議ᄂᆞᆫ來二十八日頃에開ᄒᆞᆫ다더라

○技手配置 近頃에當局에셔勸業技手를各道에配置ᄒᆞᆯ터인ᄃᆡ京畿道에養蠶技手一人忠北에農業畜産技手一人全南에農事水産養蚕技手一人忠南에農事養畜技手一人慶北에農事技手一人林業技手一人黃海道에農事養蚕技手一人平南에農事養畜技手一人林業技手一人平北에農事技手一人林業技手一人이라더라

○露領事訪問 京城駐在露國總領事ᄂᆞᆫ昨日에露國武官[illegible]氏를帶同ᄒᆞ고統監府石塚長官을訪問ᄒᆞ엿다더라

○廟殿旣成否 [illegible]下에ᄂᆞᆫ韓國神宮敬義會長金在鵬氏ᄂᆞᆫ 皇太神宮이라ᄂᆞᆫ것을設立코져ᄒᆞ야百般運動中이러니日間其交涉이終了된故로本月末日頃에奉祀式을擧行ᄒᆞᆯ豫定이라더라

○去來所設置 日人들이京城에去來所를設置ᄒᆞᆯ計劃으로該設立理由書를去十二日에日本理事廳에提出ᄒᆞ엿다더라

○慰勞金擬議 內部所管仁川及平壤水道工事ᄂᆞᆫ來七八月頃에竣役ᄒᆞᆯ豫定인故로內部에셔該工事에關ᄒᆞᆫ官吏의解任慰勞金을現今擬議中이라더라

○石黑巡廻 日本赤十字社常議員石黑男은社務를視察次로來二十一日東京에셔出發ᄒᆞ야韓滿各地를巡廻ᄒᆞᆯ터이라더라

○谷田急渡 日本憲兵司令官陸軍中將谷田文衛ᄂᆞᆫ何等事件을因ᄒᆞᆷ인지急遽히渡韓ᄒᆞᆫ다더라

○調査着手期 當局에셔ᄂᆞᆫ土地調査를八箇年에終了ᄒᆞ기로豫定ᄒᆞ고目下諸般準備에汲汲ᄒᆞᄂᆞᆫ데來八九月間에ᄂᆞᆫ調査에着手ᄒᆞᆯ터이라더라

○倉富請任 日本에渡往ᄒᆞ엿던統監府司法廳倉富長官은昨日入京ᄒᆞ엿다더라

○李在明의判官 李在明事件을審判ᄒᆞᆯ法官은塚原裁判長과菅谷、鄭、兩判事라더라

○公判期尙未確 李在明의公判은或本月中旬頃에될지도未知라ᄒᆞ며該事件에關ᄒᆞ야昨日에辯護士의交涉이有ᄒᆞ엿다더라

○衛生說明 內部衛生局에셔ᄂᆞᆫ再昨日大韓醫士總合所副所長康永勻氏를招請ᄒᆞ야衛生上에關ᄒᆞᆫ事件을說明ᄒᆞ엿다더라

○渡邊歸國 日人警視渡邊鷹[illegible]은父喪을丁ᄒᆞ야再昨日歸國ᄒᆞ엿다더라

○官制屋建築 官立外國語學校에셔ᄂᆞᆫ校舍를一層擴張ᄒᆞᆯ計劃으로齋洞前恩彦宮家舍를毁撤ᄒᆞ고目下建築中이라더라

○號曰百萬 商務組合部長李學宰ᄂᆞᆫ日前[illegible]人說話ᄒᆞ되日下天照敎人이千餘名에達ᄒᆞ야將次大振興ᄒᆞᆯ希望이有ᄒᆞ다고無數誇張ᄒᆞ엿ᄂᆞᆫ데其內容인즉該部員幾個人만敎人이라稱ᄒᆞᆷ뿐이오其他ᄂᆞᆫ壹人도參入者가無ᄒᆞ다더라

○情況查問 中部醫療署에셔ᄂᆞᆫ昨日上午十時에農務組合所長李鴻來氏를招致ᄒᆞ야該所情況을查問ᄒᆞ엿다더라

○語學界趨勢 近日來韓國人士들은淸語를學ᄒᆞᄂᆞᆫ者가非常히多數ᄒᆞ다더라

○十餘押付 日憲兵司令部에셔ᄂᆞᆫ再昨夜에憲兵을漢城內各演劇場에派送ᄒᆞ야補助員及偵探軍에出入ᄒᆞᆫ人을調査ᄒᆞ엿ᄂᆞᆫᄃᆡ就中十餘人이發現되야卽時該部로押付ᄒᆞ엿다더라

○欲立奇功 北壯洞居沈遠燮氏ᄂᆞᆫ日憲兵司令部에請願ᄒᆞ되憑票를書給ᄒᆞ면新溪郡에出沒ᄒᆞᄂᆞᆫ義兵將鄭寅國丁大奎等을捕納ᄒᆞ마ᄒᆞ엿다더라

○幸洲測量 前判書김宗漢氏ᄂᆞᆫ幸洲前坪에水輪을設置ᄒᆞᆯ次로日本大坂鐵工場主와契約을締結ᄒᆞ고幸洲全坪을測量ᄒᆞ야圖本을大坂으로直送ᄒᆞ엿ᄂᆞᆫᄃᆡ該坪은長廣距離가各三十餘里오測量費ᄂᆞᆫ三百圜을請ᄒᆞ엿다이라

○白骨暴露 京元鐵路를龍山셔起點ᄒᆞ야豆毛浦附近地로敷設ᄒᆞᆯ터인故로伊太院等地에在ᄒᆞᆫ各人의墳塚을壹幷掘破ᄒᆞᆫ다ᄂᆞᆫ데民怨이漲天ᄒᆞᆫ다더라

○趙氏節義 禮山詩山里居鄭顯和氏ᄂᆞᆫ身病을因ᄒᆞ야藥水를飮ᄒᆞᆯ次로昨冬에江原道로向ᄒᆞ엿ᄂᆞᆫᄃᆡ其妻趙氏가病夫와同行을固勸ᄒᆞ야扶携作行ᄒᆞᆯ시針粹로行備ᄒᆞ야其夫를供饋ᄒᆞ다가洪川에至ᄒᆞ야其夫가忽然逝去ᄒᆞᆫ지라趙氏가悲哭氣絶에飮葬이又無路ᄒᆞ야附近洞人의게相助를救ᄒᆞᆫ즉洞人言內에許ᄒᆞ되改嫁ᄒᆞ면飮葬을可得이라ᄒᆞ거ᄂᆞᆯ趙氏가峻辭拒絶曰寧히石油數器를買ᄒᆞ야火葬을行ᄒᆞᆯ지언정改節從人은決不可爲라ᄒᆞ거날鄕里가其節行을感服ᄒᆞ야[illegible]出力相助ᄒᆞ야[illegible]得ᄒᆞ야趙氏를本家로[illegible]ᄒᆞ엿ᄂᆞᆫᄃᆡ千里遠程에徒步ᄒᆞ야足指가箇々破裂ᄒᆞ엿다더라

○女醫長逝 美國에셔醫學을卒業ᄒᆞᆫ韓國婦人朴에스더씨ᄂᆞᆫ昨日下午六時에因病長逝ᄒᆞ엿ᄂᆞᆫᄃᆡ本日下午二時에貞洞禮拜堂에셔葬禮式을擧行ᄒᆞᆫ다더라

○李將平山行 向日京義鐵道를破壞ᄒᆞ고一時潛隱ᄒᆞ엿던義兵將李鎭龍氏ᄂᆞᆫ部下八十餘名을率ᄒᆞ고去十三日午後에平山助浦를來襲ᄒᆞ엿슴으로平山楊州開城等日憲兵隊ᄂᆞᆫ現今出動中이라더라

○雨雪交下 昨日正午量京城地方에雨雪이交下ᄒᆞ엿더라

○溺愛蔑倫 桂洞居李龍鎬氏ᄂᆞᆫ美妾에沉惑ᄒᆞ야其後娶夫人을逐出ᄒᆞ엿ᄂᆞᆫᄃᆡ從其所好ᄒᆞ야自由生活ᄒᆞ더ᄅᆞ도都不相關ᄒᆞᆫ깃다고手票를書給ᄒᆞ엿다더라

○不在多少 北漢郡南洞里居金召史ᄂᆞᆫ家計가世로赤貧無依ᄒᆞ야飢死之境에瀕ᄒᆞ엿ᄂᆞᆫᄃᆡ鼓里居李熙敏金基龍鄭鳳奎朴文京秦川居[illegible]洪碩浩文仁龍諸氏가合力ᄒᆞ야金八圜을捐助ᄒᆞ엿다더라

○僧侶會議 僧侶中若干名이有ᄒᆞᆫ李晦光氏等幾十名은再昨日東大門外元興寺에會同ᄒᆞ야佛宗敎堂을校洞[illegible]寺洞兩間에建築ᄒᆞᆫ事와所入經費三十萬圜을各道僧尼에게徵收ᄒᆞᆯ案件을協議ᄒᆞ엿다더라

○奉敬開會 神宮奉敬會에셔本日上午十一時에臨時總會를開ᄒᆞᆫ다더라

電報

○暗殺犯人發覺 淸政府ᄂᆞᆫ戒嚴令施行後에極力檢擧ᄒᆞᆫ結果로有力ᄒᆞᆫ犯人을旣히發覺ᄒᆞ엿고日犯人系統도明白ᄒᆞ니政府에셔ᄂᆞᆫ當且極히秘密에附ᄒᆞ며更進ᄒᆞ야南淸方面에散在ᄒᆞᆫ革命黨員을檢擧ᄒᆞᆯ形勢가有ᄒᆞ다ᄂᆞᆫ審判이其處에셔着手ᄒᆞ엿다더라
東京發 十三日着

○英露의通牒 英露兩國政府ᄂᆞᆫ淸國에通牒을送ᄒᆞ야波斯政府가第三國의通商利益을欲重히ᄒᆞᆯ지나自國의政治上及戰略上의利益에違背되ᄂᆞᆫ事項은一切不認ᄒᆞᆯ旨로통知ᄒᆞ엿다더라
伯林發 十三日着

○三相密議 日本首相桂太郞은閣議散會後에寺內陸相小村外相과歸坐ᄒᆞ야長時間密議ᄒᆞ엿ᄂᆞᆫᄃᆡ其內容인즉寺內陸相이曾彌統監을往訪ᄒᆞᆫ結果에關ᄒᆞᆷ이오兩日中에寺內ᄂᆞᆫ曾彌를再次訪問ᄒᆞᆯ터이라더라
東京發 十四日着

○戰期來了 南美秘露와에쿠아도兩國間에國境問題로戰期가愈熟ᄒᆞ야秘露國은陸海軍에動員令을發ᄒᆞ엿고此에關ᄒᆞ야從來仲裁에盡瘁努力ᄒᆞ던西班牙皇帝도其效가無ᄒᆞᆯ줄을覺知ᄒᆞ고自然成行에委ᄒᆞ기로決定ᄒᆞ엿ᄂᆞᆫ데一兩日中에一大開戰을見ᄒᆞ리라더라
紐育發 十四日着

國文

▲鐵木箭이先[illegible]論이副料되여구[illegible]ᄒᆞ고一時驅[illegible]더니도오지[illegible]잇고보면그무엇[illegible]우려우[illegible]權도[illegible]저서[illegible]

▲朝鮮魂아朝鮮魂아[illegible]以來四千載를[illegible]ᄒᆞ야鮮魂을우르노라[illegible]技鑛[illegible]朝[illegible]國魂[illegible]과[illegible]能[illegible]堂홀[illegible]되[illegible]魂[illegible]무[illegible]無[illegible]

[illegible]홀제[illegible]隋[illegible]에橫行[illegible]활살되여唐太宗[illegible]危船되여倭寇를撲滅[illegible]놀홀에날[illegible]홀가죽엇너나살앗너나죽엇스면[illegible]니와살앗거든[illegible]네民族을保全ᄒᆞ라

▲朝鮮魂아朝鮮魂아[illegible]홀소더獨立[illegible]ᄒᆞ고淘[illegible]沉淪ᄒᆞᆫ이라傍觀者도[illegible]不覺人聲疾呼어늘當事者가되여서야斷情[illegible]아닐소냐[illegible]時局[illegible]가發業ᄒᆞ기[illegible]날날을當ᄒᆞ야[illegible]엇지그리무心ᄒᆞᆫ가죽엇너나살앗너나죽엇스면[illegible]어니와살앗거든[illegible]네國家를護衛ᄒᆞ라

▲朝鮮魂아朝鮮魂아[illegible]에獨坐ᄒᆞ야[illegible]草野[illegible]國[illegible]殿[illegible]기만[illegible]써너보기만[illegible]날[illegible]홀[illegible]가죽엇너나살앗너나[illegible]어니와살앗거든[illegible]하야너所願을成ᄒᆞ라

雜報

◎麻浦船橋의事件

日人上田元이麻浦에船橋를架設홈으로沿江人民이失業呼號의悲境을當홈은既히累報홈바어니와今에其事實을詳述ᄒᆞ야國民同胞의게公布코져ᄒᆞ노라

◆麻浦船橋와內部

麻浦沿岸은元來都下의咽喉되는第一衝要地라西으로仁川海峽을通ᄒᆞ야貿易商船이不絶ᄒᆞ고東北으로畿江三道를通ᄒᆞ야穀類柴炭의運輸가此浦를賴ᄒᆞ야利用치아니하면供給의便利를獲치못ᄒᆞᆯ뿐不啻라京仁龍山間商業界에販매力과購買力의興替問題의大關鍵이라所以로該浦相對岸에交통을便利케爲ᄒᆞ야隆熙二年十一月二十日에該洞有志人三人이發起ᄒᆞ야渡船組合을組織ᄒᆞ고當地所關警察署(在龍山分署)를經ᄒᆞ야警視廳에認許請願을提呈ᄒᆞ엿더니同年十二月十二日에承認ᄒᆞ엿는ᄃᆡ警視總監若林의指令第七〇九號에記ᄒᆞᆫ認辭와營業場面積이左와如ᄒᆞ니

隆熙二年十一月二十一日에請願ᄒᆞᆫ麻浦渡船場營業件을認可ᄒᆞ이라ᄒᆞ엿고該場渡船ᄒᆞᄂᆞᆫ航路에面積은略二千四百八十八坪九合六夕이라

當組合에서右認可를基ᄒᆞ야營業에着手ᄒᆞᆯᄉᆡ船隻三四十臺를整齊ᄒᆞ고船夫四五十人을組織ᄒᆞ야渡船切手에賣下ᄒᆞᄂᆞᆫ割引利로써組合員一般에生活을企圖ᄒᆞ고又ᄂᆞᆫ當地私立學校에幾分間助給에供ᄒᆞ므로浦況에前途가益々有望ᄒᆞ다ᄂᆞᆫ稱譽가有ᄒᆞ더라

(未完)

◎洗觴茶話　官立漢城高등學校漢文教師呂圭亨氏는再昨日[illegible]職員을會同ᄒᆞ야茶話會를開ᄒᆞ엿다더라

◎學生協議　平北學生某々氏ᄂᆞᆫ日昨北部樓閣洞姜達駿氏家에會同ᄒᆞ야啓成學友會를組織ᄒᆞᆯ次로協議ᄒᆞ엿다더라

◎代試被拘　警視廳에셔再昨日에巡查教習生徒를試取ᄒᆞᄂᆞᆫᄃᆡ使人代試者二名이綻露되야同廳에拘留ᄒᆞ엿다더라

◎西北學會臨時會　西北學會에셔本日下午三時에臨時通常會를開ᄒᆞ고緊要事項을處理ᄒᆞᄂᆞᆫᄃᆡ會員이多數來叅ᄒᆞ기를希望ᄒᆞᆫ다더라

◎潛掘被捉　公州郡正安面居崔炳翼氏의親兄이昨年上京ᄒᆞ엿다가流行病에罹死ᄒᆞ야光熙門外에埋葬ᄒᆞ엿ᄂᆞᆫᄃᆡ崔氏가其遺骨을移葬ᄒᆞᆯ次로日前上京ᄒᆞ야花開洞居其妹夫姜寶植氏와同伴潛掘ᄒᆞ다가刑事巡查의게發現되야銅峴分署에押囚되엿다더라

◎製藥所設立　卞容圭成震鏞李昌鎬氏等十餘人이資金五千圓을積立ᄒᆞ고中部罷朝橋等地에製藥所를設立ᄒᆞᆯ次로日間內部衛生局에請願ᄒᆞᆫ다더라

◎裁所審判　昨日京城地方裁判所에셔殺人犯李順範日人松本辰貨幣僞造犯張錫麟詐欺取財犯日人長井等을審判ᄒᆞ엿다더라

廣告

本人이京居李丙瓚氏田畓을買收ᄒᆞ엿ᄂᆞᆫᄃᆡ本郡居李寅九가濫藉李丙瓚書托ᄒᆞ고田畓換部를勒奪코져ᄒᆞ며李丙瓚은證明을推위不應ᄒᆞ니世豈有如許挾雜輩乎아不勝痛忿ᄒᆞ야將欲裁判次로同胞에게先此廣布ᄒᆞᆷ

[illegible] 告白

本校[illegible]에對ᄒᆞ야贊與物品寄付ᄒᆞ신氏名如左홈

本郡守俞斌兼氏 洋紙一百卄枚 石板九枚

郡主事申鉉直氏 洋紙六十枚 鉛筆五打

憲兵分遣所所長婦人 洋紙五十枚 鉛筆四打

本洞里長姜文淑氏 洋紙四十枚

私立豊德領井浦普昌學校贊成長　崔允楨

開城居李勉植氏가陰一月二十八日에別世이옵기玆에廣告ᄒᆞ오니知舊間照亮爲要

薛章錫　告白

南部𤨿洞二十七統五戶(本五戶今四戶)鄭喜澤所有瓦家卄八間買立旨를失故廣告ᄒᆞ오니誰某拾得ᄒᆞ와도休紙施行홈

家主　鄭喜澤　告
賃居人　崔英秀　白

本館에셔新舊書籍과學校用品各種을備置ᄒᆞ야(五圓以上特減價引)大發售ᄒᆞ오니江湖僉君子ᄂᆞᆫ陸續購買ᄒᆞ시옵

釜港東關韓興書館

館主　金泰衡　本名汝重
主任　權鍾律

경셩남문안슈각교과천변동편힐낭뒤오십오통십일호죵약국의단복비죵합죵의먹고못치ᄂᆞᆫ만병고와살충단은대쇼약죵과당챵재젼의신효ᄒᆞ고회싱단은로샤담체이질학질쳐병잔긔인후후비감챵연쥬챵안질종징벽젹증치약이구비ᄒᆞ오니유병군ᄌᆞᄂᆞᆫ와셔치료ᄒᆞ시오쳐소도정미ᄒᆞ오며염가로밧ᄉᆞ오며　멀쥬약홈재　륙환이오　창녁약홈재　오환이오　외방은우체로부송ᄒᆞ옵

[illegible]약국　고백

●賣藥의便利ᄒᆞᆫ法

母論親疎ᄒᆞ고掌記及居住만郵便錄送則精選材料ᄒᆞ며特別廉價ᄒᆞ야以郵便代金引換小包로迅速付送ᄒᆞ깃ᄉᆞ오니隨用請求ᄒᆞᆷ

京南部銅峴九十五統十戶

乾材藥局崔興模　告白

本人의孫朴禮永이가性本不良ᄒᆞ와僞造文券ᄒᆞ야若干田畓을欲賣典當이옵기玆以廣布ᄒᆞ오니內外國人은切勿見欺ᄒᆞᆷ

義州府虹霓門外
白召史　告白

測量機械及美濃紙各種
圖章材料及彫刻類各種
谷香卷煙草大減價發賣

京鄕間注文을應ᄒᆞ야迅速히酬應ᄒᆞ오니　照諒ᄒᆞ시옵

京城南署壺洞六十一統十戶

金龍商會

京西部車洞同和藥房

本國藥材、洋襲、各病效、用、價、國漢文、旬刊出、作封、雖婦女、郵便請求、賣買

閔[illegible]　白

特別廣告

敬啓者本報ᄂᆞᆫ開刊有年에其論述의寸正과其報道의迅速이無比ᄒᆞ야淸國內遠近志士가一切歡迎ᄒᆞ오며韓國에도稍々히購覽ᄒᆞᄂᆞᆫ紳士가有ᄒᆞ온바今에更히江湖上購覽諸氏를紹介ᄒᆞ기爲ᄒᆞ야本報館所在處及報價를左開廣告ᄒᆞ오니願覽諸氏ᄂᆞᆫ速々히左開處로通奇ᄒᆞ시옵

本館所在地　哈爾賓瓦牙街
報價一個月先給　俄貨八角
仝　三個月先給　俄貨二圓
但報價ᄂᆞᆫ先給을要홈

遠東報館　告白

本人이開業ᄒᆞᆫ지有年에僉君子에愛顧ᄒᆞ신을蒙ᄒᆞ야營業을一層擴張ᄒᆞ기爲ᄒᆞ야物品을直輸入ᄒᆞ야各種帽子를精審히製造ᄒᆞ야廉價로販賣ᄒᆞ오니僉君子ᄂᆞᆫ陸續來臨ᄒᆞ심을務望ᄒᆞᆷ外方에셔도請求ᄒᆞ시면小包代金引換으로酬應ᄒᆞᆷ此外에洋鞋도具備ᄒᆞ오니請求ᄒᆞ옵소셔

帽子十個以上은特別減홈

特上品	一圓四十錢
甲極上品	一圓十錢
乙仝	九十錢
丙仝	八十錢
丁中品	六十錢
戊	五十錢

此外에統監府官吏帽子와警視警部帽子도製造홈

京城貞洞大漢門前帽子店尹興烈　委任主　崔東植　趙永信

本店에셔開業ᄒᆞᆫ지十六年間僉君子의愛顧ᄒᆞ심을特蒙ᄒᆞ와今年부터業務을大擴張ᄒᆞ고春夏秋冬所用으로絨屬毛織等各國高等物品을現今多數直輸入이온바各地方에셔ᄂᆞᆫ貿易에便利實買키爲ᄒᆞ야特廉減價ᄒᆞ와郵便小包로酬應ᄒᆞ야代金은引換ᄒᆞ깃사오니十三道各郡僉君子ᄂᆞᆫ隨意請求ᄒᆞ심을望

振替貯金番號(韓國壹三番)

漢城中部鍾路砂器廛洞二十一統五戶

廣興泰　告白

○天恩堂大藥房製造發行各種靈藥

健胃清心仁壽丹　금拾錢
健康益壽補元丹　금壹圓
眼科神藥明眼水　금拾錢
全治회虫丸　금拾錢
寸虫祛根藥　금卅錢
婦人聖藥調中丹　금四圓
發汗解感丸　금拾錢
治痰止咳散　금卄五錢
幼兒止嗽散　금二十錢
痫氣神效肥兒散　금十五錢
痢疾神効散　금三十錢
淋疾靈効丸　금五十錢
特製梅瘡丸　금三圓
舊積消化丹　금四十錢
解하丹　금拾錢
止瀉回生丸　금拾錢
連珠祛根藥　금二圓
惟疾預防藥　금三拾錢

手足止汗散　금二十錢
治喉聖藥　금三十錢
吐사霍亂速효水　금二十錢
健腸胃生口味[illegible]甘水　금卄錢
되안拔根藥　금拾錢
齒痛液　금拾錢
芳香水　금十五錢
疥瘡水　금卅錢
天恩眼明고　上仝
天恩梅瘡고　大匣入금三圓　中匣入壹圓五十錢　小匣入금五十錢
天恩拔根고　大匣入金二圓　小匣入金三十錢
天恩沃度膏　上仝
天恩輕膩膏　上仝
天恩濕腫고　上仝
天恩胎毒고　上仝
天恩疥瘡고　上仝
天恩百靈고　大匣入금二圓　一包入금拾錢

其他洋藥乾材와漢藥唐草材와各賣藥家製造品을具備하옵고地方兄弟의請求를酬應ᄒᆞ오니隨用請求ᄒᆞ시면以代金引換小包로迅速酬應ᄒᆞ깃ᄉᆞ오니陸續請求ᄒᆞ시기務望홈

本藥房에셔附屬診察治療所를並設ᄒᆞ고醫士李錫駿氏를延聘ᄒᆞ와上午八時로下午九時ᄭᆞ지診察ᄒᆞ오니有病ᄒᆞ신同胞ᄂᆞᆫ來臨治療하시기望홈

但外方에셔ᄂᆞᆫ病錄만보니시면精製酬應홈

京城鍾路天恩堂大藥房　主人　金東遠　劉在元　告白

本報 一枚 新貨二錢五厘 壹個月 三十錢

廣告 四号活字拾三字詰 (自一行至四行이爲一寸)

社告

大韓每日申報各處支社廣告

平安北道

龍川楊市維新書舖 黃菊保
龍川南市驛 韓燦希
朔州邑南門外 朱伯英
義州南門外한西大藥局 張有寬
鐵山邑東部 鄭翊
車輦舘同志會內 金明鉉
定州南門內書舖 洪成麟
博川邑內鹽洞 金翼樞
京義線批峴驛停車場前運輸會社前 李基秀
泰川邑舘前洋藥局 李正華
寧邊郡內紅門里 鄭德昇
寧邊龍山面新興里南貞河家 鄭泰益
宣川橋南四統十戶 申基周
江界邑內 金泰熙
郭山郡內新街 金大鉉
雲山邑上里八統八戶 咸元澤
雲山北面橋洞八統七戶 王晃鎬
昌城郡內西下里一統一戶 許익
熙川邑內面東門外洞十四統二戶 金錫澤

平安南道

平壤鍾路太極書舘 安泰國
三和港碑石洞耶蘇教堂 裴[illegible]湜
安州城內義井洞安陵書舘 [illegible]河
江西邑內 金昌枝
甑山郡內利用里 崔[illegible]爽
德川邑官洞耶蘇教堂內 李丙斗
永柔邑內槐峴里二統八戶 金志璜
中和下道面一里三洞 禹應善
肅川東部面一里三統九戶 金天湜
咸從邑校洞 金炳善

黃海道

海州南門內[illegible]書舘 朴昌鎭
安岳郡[illegible]洞面[illegible]山里上場 韓楨敎
長淵邑서北支學會內 崔東元
殷栗邑倉前里 金光礪
信川邑四里 李悅璜
白川邑文明舘 趙雲泳
載寧邑서部李鼎均家乾材局 李範善
沙里院三聖學校內 李承吉

咸鏡道

咸興州南社西門外 曹喜林
元山港上里倉前洞耶蘇女學校側 皇甫正杰
定平郡豐陽里 張禮學
洪原西門內保命局 羅炳善
永興邑南山洞洪明學校內 梁元常
清津港新岩洞 張元浩

全羅道

金溝木流面豆亭 趙德三
木浦港陽洞 李得珠
群山港九龍洞一統八戶 方在喜

京畿道

仁川梨峴南新冊肆 李東皓
開城南門外興學書舖 姜助遠
江華邑川橋 俞鎭植

慶尙道

大邱西小門外[illegible]書[illegible] 李[illegible]山
釜山佐川洞[illegible] 徐錫疇

江原道

鐵原邑[illegible] 趙鍾大
[illegible] 鄭[illegible]郁

[illegible]

韓山[illegible] 李[illegible]植
[illegible] 李[illegible]祚

北間島

北墾島龍井村[illegible]場里 朴茂林

大韓每日申報

第八卷　月曜及慶節歲時日休刊　第一千三百六十二號

發行兼編輯人 英國人 萬咸 (Responsible for Publication: Alfred Weekley Marnham)
發行所 京城西署石井洞三層洋屋 大韓每日申報社

論說

○忠北을向하야 一賀를寄하노라

挽近忠北各地에敎育風潮가日로進하다는消息이續々히來하야吾儕의歡迎心을催起하는도다

盖忠北은自來仕宦勢力이甚强하고儒敎信心이硏固한地方이라故로保守의弊가頗甚하야或詩書禮易以外에는可學할바가無한줄노思하며或絲身穀腹以外에는可行할바가無한줄노知함으로新敎育의進就가甚히遲遲하야人後에落하기를樂取하기로一般識者의憂嘆을發하더니

畢竟智人志士가其間에起하야破天荒의椽을揮하며新文明의鼓를鳴하야敎育의旗를建하야同胞의路를導하니於是乎近日來로新敎育의風潮가長足의進步를作하야或黃金을捐하야學校를設하는者도有하며或學術을究하야敎師를作하는者도有하며私塾敎授를廢하고新敎育을施하는者가多하며舊學書籍을投하고新敎育을受하는者가多하야蔚然可觀의狀을呈함에至하니嗚乎라可賀로다

加斯히新敎育振興의消息이有함이에吾儕가其一例를擧하건대卽淸州李章珪氏의一事가是라李章珪氏는淸州名士니其人이儒々인故로孔孟程朱만是慕하며其人이詩家인故로月露風花나浪吟하며其家勢는素貧하더니一朝에大覺을得하야舊日의俗想을解脫하고新世의時務를派曉하야於是乎其家貲를傾하야學校에納하고其熱誠을盡하야學校를力言하니此一人을覽하야도足히忠北의進就를想悉할지로다

然이나今日忠北은敎育의進就가他地方에不及함이多할지라只今忠北人士는其精神을甚히奮發하며其手腕을甚히敏揮하여야可히人後에不落할지니嗚乎諸氏여勉勵할지어다

只今太陽이中天한時代에在하야오히려盤古時代를夢하야水火에自投하는者ㅣ有한가吾儕는爲하야甚懼를不已하노라

官報

隆熙三年十一月十三日

內閣告示第四十三號

○勅令第一百九十四號

(明治四十二年十月二十三日)

特許登錄令 續

第三十七條 抹消한등錄의回復을申請할境遇에在하야登錄上利害의關係가有한第三者가有할時는申請書에其承諾書又는此에對抗할을得할裁判의謄本을添附함이可함

第三十八條 特許權又는此에關한權利로工場財團에屬한事의등錄이有한事를對하야變更、制限又는消滅이有할時는特許局長이遲滯업시其意를管轄등記所에通知함이可함

第二節 特許權實施權及使用權에關한등錄手續

第三十九條 特許權移轉의登錄을申請할境遇에在하야追加特許權이有할時는同時에其移轉의등錄을申請함이可함

第四十條 特許權의制限附移轉의登錄을申請할境遇에는申請書에其制限을記載하며尙히등錄原因에報酬나又는其支撥時期의定함이有할時는亦此를記載함이可함

第四十一條 實施權의設定又는移轉의登錄을申請할境遇에는申請書에其範圍를記載하며尙히登錄原因에存續期間、報酬又는其支撥時期의定함이有할時나又實施權의移轉을[illegible]할時는此亦記載함이可함

實施權移轉의登錄을申請하는境遇에在하야發明實施의事業과共히移轉할時는此를證할文書를申請書에添附함이可함

第四十二條 使用權設定의登錄을申請할境遇에는申請書에其範圍及使用을要하는特許發明의特許番號及名稱을記載하며尙히등錄原因에存續期間、報酬又는其支撥時期의定함이有할時는此亦記載함이可함

前項의境遇에는使用을要하는特許發明의特許證을添附함이可함

(未完)

外報

○淸軍의病根 淸國御史胡思敬氏가去月에上奏하엿다는內容을聞한즉淸國將校의智識이淺薄하야規律이不嚴함으로往々小事로因하야騷亂을釀成하는事가不尠하니宜當히陸軍部는軍諮處와協議하야各省新軍의良否를檢査하야將來의禍根을未發에防함이可하다云하엿다더라

○土國叛亂休止 目下叛亂中에在한알빠니아人等은푸시유지나에서土耳其司令官과協議中인데戰鬪는休止되엿다하며土耳其宰相하츠기、베이氏는代議院에서알빠니아議員에게對하야政府는不必要한事에血을流함을不願하노라고斷言하엿다더라

○兵器實射試驗 法國쿠루유조兵器製造所에서는今回露國政府의注文에應하야分解式攻城用臼砲의實射試驗을行하엿다더라

○比國使節向日 比利時國新皇帝알벨트陛下의卽位를通告하기爲하야日本에赴하는同國使臣一行은次週淸國北京에서出發하야日本으로向往한다더라

○罷業依然 旣報한法國마셀쓰의海員罷業은尙今까지依然하다는데勞働聯合團體[illegible]는마셀쓰市內의一般的同盟罷業을運動하엿스나遂히失敗됨에至하엿다더라

○露革命黨의寄書 露國의有名한革命黨員불츠에푸氏는日下美國紐育에在하야紐育日報쓰新聞에一書를寄하야日露帝가往年에露都에서公然히平和를唱導함과同時에알렉시푸를命하야開戰을布告하기前에日本을攻擊코저한事는全혀事實이라하엿다더라

○蘇士運河問題 英國外務次官마기논우츠트氏는下院에서議員홀氏의質問에對하야蘇士運河에關한英國의利益은二千五百萬磅의價値가有하나埃及國民會議는同運河의特許期限延長을拒絶한結果로其特許期限은全혀終了되엿다고答辯하엿다더라

學界

○翊原賜額祇受式 大皇帝陛下께옵서義州府翊原學校에御筆로賜額하옵심은旣報어니와本月十一日該校에서祇受及揭板式을擧行하엿는데內外國官憲及地方紳士百餘名이會集하야式辭祝辭等을演讀하고仍히萬歲를三唱하엿다더라

○南氏準備 北部齋洞居前承旨南章熙氏는中學預備科講習所를設하고多數學生을募集敎授할次로目下準備中이라더라

○사兼政敎 忠南結城郡私立普通學校는財政이困難함으로敎師를延聘치못하야廢止할境에至하엿더니該郡守成暢基氏가公退餘暇에躬行敎授한다더라

○實業校設立 晉州郡紳士諸氏가該郡樂育齋에實業學校를設立하고日前學部에請願承認하엿는데該郡에서基本金一千五百圓을寄付하엿다더라

○工所卒業期 官立工業傳習所에서는來十九日下午二時에第二回卒業式을擧行한다더라

○卒業證書配付 學部에서는平壤郡官立普通學校와仁川港官立普通學校에卒業證書各壹百張을配付하엿다더라

○李氏剏校 鐵原郡葛來面居李彦榮氏는高陽郡九耳面城洞里에私立學校를剏立하고學徒三十餘名을募集敎授한다더라

○明新進級 忠北忠州郡內私立明新學校에서學年試驗을經한後進級式을擧行할時에面內紳士及學父兄이多數來參하엿고該面居尹鎬氏는賞品을優數寄附하엿는데四年級優等生은李益中等四人이오及第生은尹泰一等三人이오三年級最優等生은崔鎭泳等二人이오優等生은李聖中等三人이오及第生은金奎福等十四人이오二年級優等生은金三龍等四人이오及第生은閔泳洙等十二人이오一年級優等生은池貴龍等四人이오及第生은朴丁得等十人이라더라

○塲商義務 牙山屯浦殷成學校는設立以後財政이窘拙하더니該浦塲商旅閣主人들이唐津沔川瑞山泰安南陽等埠頭商으와協議하고鹽每石에新貨五厘式捐助하기로決定하엿다더라

○厚德庶幾 平南順川郡古厚面厚德學校는校長尹[illegible]校監鄭行夏財務尹錫衍事務員尹[illegible]敎師崔燦善諸氏가熱心敎育한結果로生徒가二千餘名에至하엿고鄰居尹錫[illegible]氏는自己家舍를校舍建築費로[illegible]付하엿다더라

○祝賀繼起 西部東幕居紳士金東奎李鎔浩兩氏는昨年該洞中卒業生五人을爲하야祝賀會를設行하엿는데今年에는卒業生이十四人에達함으로該洞中靑年親睦會에서第二回祝賀會를盛大히擧行하엿다더라

○興英卒業狀況 東幕私立興英學校에서卒業式을擧行함은旣報어니와李址鎔朴殷植李達元吳台煥禹慶善高允默金洙熙盧秉基高圭復金益洙김炳哲梁柱元梁柱漢高宇相姜濬熙任肯淳李鎔浩諸氏와該洞中靑年親睦會에서各其空冊鉛筆書籍筆匣金貨等物品을多數寄付하엿고來賓의祝辭勸勉이有하엿다더라

詞藻

韓半島로　瀛隱生

太平洋너른물에、順風맛나돗츨달고。
둥둥떠서오는비야、向하는곳어듸미뇨。
뭇노니、文明을실엇거든、韓半島로。

雜報

◎其說不一 曾禰統監이遞任된後에는山縣有朋及桂太郎間에後補者가된다고一時喧藉ᄒ더니又一說에는長谷川大將이被任ᄒᆫ다고云ᄒᆫ다더라.

◎谷田來韓 日本憲兵司令官谷田中將이急遽히渡韓ᄒᆷ은旣報ᄒ엿거니와其緣由는韓滿을視察코저ᄒᆷ이라더라

◎農相運動 內閣에서派送하는日本觀光團員의來往旅費는每名五十圓式支給ᄒ고日本에留連費는各其擔當케ᄒᆫ다는뒤趙農相은 皇室費中으로留連費ᄭ지沒數支給ᄒ기를運動ᄒ는中이라더라

◎不至若顚 總理大臣李完用氏가舊引症이添劇ᄒ다ᄒᆷ은旣報ᄒ엿거니와苦痛을忘却키爲하야門客으로더부러花鬪碁局에存心ᄒᆫ다더라

◎大內入京 日本衆議院議員大內暢三은再昨日入京ᄒ엿다더라

◎巡閱規則 內部에서는警察巡閱規則을發布키爲ᄒ야目下協議中이라는뒤其規則內容은每年一回式警視廳에서는第一課長各道에서는警察部長이各其所管內를巡視ᄒ기爲ᄒᆷ이라더라

◎陵官薙髮 各官吏中薙髮치아니ᄒᆫ者가無ᄒ되惟獨陵官은依舊奉公을許ᄒ엿더니昨日宮內府에서各陵官의게通知ᄒ고一切薙발케ᄒ엿다더라

◎[illegible] 挽近韓國學生中에或虛榮心에馳ᄒ비되여京城官立校에遊學ᄒᆯ思想이遂ᄒ增高ᄒ야本年春期에는官立學校四個所에應試ᄒᆫ學生이無慮四千四百三十名에達ᄒ엿시라此四個所에學生定員은合計六百名에不過ᄒᆫ즉彼多數應試者는畢竟失望狼狽에歸ᄒᆯ뿐아니라或志氣가未確ᄒᆫ少年은雜輩의誘引을被ᄒ야金錢을虛擲ᄒ야父祖傳來의産業을蕩敗ᄒ고妻子로ᄒ여금飢寒에濱ᄒᆯ慮도不無ᄒᆯ지라各地方에도旣立未立의官立校가鱗次不絶ᄒᆯ지며個人經營에在ᄒᆫ私立學校에도可觀處가頗多ᄒᆫ즉徒然히虛榮心에馳ᄒ야京城으로만蝟集ᄒᆯ게아니라各其近地學校에從學ᄒ야前進方向에誤가無케ᄒᆷ이妥當ᄒ다고學部當局者의談論이有ᄒ다더라

◎石塚訪問 京城駐在美國總領事代理믈드氏는昨日에統監府石塚長官을訪問하엿다더라

◎稅率內容 美國政府가韓國에對하야美國最低의稅率을適用ᄒᆫ다ᄒᆷ은旣報어니와今에其內容을更聞ᄒᆫ즉美國大統領이布告하되韓國이美國生産物輸入에對ᄒ야不當ᄒᆫ稅率을除去하야美國의處理와同等되는時는美國이韓國에對ᄒ야最低稅率을適用ᄒᆷ이可ᄒ다ᄒᆷ을因ᄒᆷ이라더라

◎實業校建築費 釜山港에實業學校를新建築하기로決定ᄒ엿는뒤學部에서入札法을依ᄒ야役費三千二百七十圓을支給ᄒᆫ다더라

◎驛屯土引渡 韓國政府에서東洋拓殖會社에對하야驛屯土四分之三을去月中에悉皆引渡하고賃貸借의契約을締結ᄒ엿는뒤其稅率은從來度支部에서小作人의게徵收ᄒ던料金의十分의二를減하야收入하기로決定ᄒ엿다더라

◎檢查着手 日本會計檢查官一行은三昨夜入京ᄒ야再昨日에는司法部、鐵道管理局、拓殖會社等處의會計를檢查ᄒ고昨日은統監府會計檢查에着手ᄒ엿다더라

◎[illegible]官詣府 로빈손氏는昨日午前에統監府를訪問ᄒ고午後에는 昌德宮을拜觀ᄒ엿다더라

◎補助請願 京畿觀察道에서는平澤安城間에道路를修築ᄒ다는뒤該役夫는該地人民을使用ᄒ다하며尙且二萬餘圓의豫算을要ᄒᆫ다ᄒ야內部에補助를請求ᄒ엿다더라

◎補助費支出 漢城內에在ᄒᆫ官立普通學校八個所는本年度부터公立이되엿슴으로國庫에서敎育補助費四千六百六十六圓을支出ᄒ엿다더라

楊市事件判決

龍川楊市市場稅事件에關ᄒᆫ被告諸氏의判決宣告는去十四日에行ᄒ엿다는뒤懲役一年半에處刑된者가六名이오一年에處刑된者가四名이오十個月에處刑된者가三名이라더라

◎農團出發期 拓殖會社에서組織ᄒ는韓人農事視察團은來月初에出發ᄒᆯ預定이라ᄒ며團員은十餘名인뒤郡守幾人도參入키爲ᄒ야同社에서韓國政府와交涉中이라더라

◎宮尾東出 日憲兵隊本部軍醫官尾賢吾는江原道春川地方의衛生上狀況을視察ᄒ기爲ᄒ야昨日出發ᄒ엿다더라

◎城壁毀撤請願 開城郡守는該郡城壁을毁撤ᄒ야人馬來往에便利케ᄒ자고該道觀察使에게請願ᄒ엿다더라

◎日官舍建築 學部日人官吏奏任官의官舍를供給키爲ᄒ야舊內需司를毀撤ᄒ고家屋을新建築ᄒᆫ다더라

◎庵原歸京 下南海沿岸巡視中에在ᄒᆫ漁政課長日人庵原은今明間入京ᄒᆫ다더라

◎醫官遠足 中部警察署에서는署長以下韓日醫官一同이明日北漢山城에前往ᄒ야遠足會를開ᄒᆫ다더라

◎紀念準備 檀君敎에서는陰本月十五日이卽檀君登仙日이라하야紀念式을擧行ᄒᆯ次로準備中이라더라

◎李召史起訴 水原郡南門外居李召史가丁未年分에十三歲된女兒를京城昭格洞居沈遠明氏에게典質ᄒ고金二十圓을債用ᄒ엿다가本年度에俱邊利還報ᄒ고該女兒를推覓ᄒᆫ즉沈氏言內에該女兒가他人에게出嫁ᄒ엿다ᄒᆷ으로李召史가昨日北部警察署에起訴ᄒ엿다더라

◎水原賊警 水原郡水下十六面에서는近日賊警이大熾ᄒᆷ으로各面里長이聯名ᄒ야該郡守에게請願ᄒ고數處에巡查駐在所를設置ᄒ기를要ᄒ엿는뒤該郡守는內部로交涉中이라더라

◎結項致斃 日前光熙門外南茂院山麓에서何許男子가結項致斃ᄒ엿는뒤巡山巡查李振彬氏가發現ᄒ야該地人民으로ᄒ야금埋葬케ᄒ엿다더라

◎一演便斷 平南甑山과滿里耶蘇敎堂內에서去月二十七日에敎人金玄琦金基鴻兩氏가斷髮에關ᄒᆫ演說을試ᄒ엿는뒤當席에參聽者들이多數斷髮하엿다더라

◎成川風塵 去十三日成川順德面등地에서義兵八名이日憲兵과交戰ᄒ엿다더라

◎[illegible]義兵 去[illegible]日[illegible]에서義兵四十餘名이日[illegible]兵隊와交戰하다가谷山方面으로退陣하엿다는뒤義將은[illegible]及蔡應八兩氏라ᄒ며朴氏의部下四十餘名과채氏의部下二十餘名이悉皆銃器를携帶ᄒ야頗히精銳ᄒ다더라

◎驪州火災 去十一日驪州郡內里十洞에火災가有ᄒ야數十餘戶가燒失되얏다더라

◎金氏長逝 閔泳徽氏와緊度裁判ᄒ던金禹用氏는再昨日因病長逝하엿는뒤其令男昌善氏는客地遭變에歛襲이沒策ᄒ야號哭ᄒ는情狀이目不忍見이라더라

◎馬賊又橫 去六日義州古城面에馬賊이侵入ᄒ야行人을협迫ᄒ고金品을奪去ᄒ엿다더라

◎折田申訴 內部會計課에서昨年에金二萬圓을見失ᄒᆫ事件으로該課雇用日人折田이被捉ᄒᆷ은旣報어니와日前京城地方裁判所에서該日人을役三年에處ᄒ엿더니該犯이不服ᄒ고高等法院에申訴ᄒ엿다더라

◎李氏放還 北署에被捉ᄒ엿던李聖澤氏는日前에無事放免되엿다더라

◎醫士總會 大韓醫士總合所에서來十七日上午十時中部紬洞에셔總會를開ᄒᆫ다더라

◎兩妓義捐 妓生[illegible]春外春及蘭姬兩人은京城孤兒院演奏會에金五圓式寄付ᄒ엿다더라

◎青舘開演 今日下午八時半에鍾路青年會舘에서美國人博士모리손氏가演說ᄒᆫ다더라

電報

◎行政事務會議 本[illegible]日本政府로派官參列ᄒᆫ다더라

◎觀光團着日 淸國觀光團一行은本日午前十一時에東京에着ᄒ엿는뒤停車場에는官民及淸國留學生三千餘名이出迎ᄒ엿다더라

以上東京發 十四日着

◎曾彌辭職說 東京萬朝報는曾彌統監이對韓政策에關ᄒ야議合지아니ᄒ야遂히今朝에辭表를提出ᄒ엿다고號外를發ᄒ엿는뒤此는全혀事實無根의流言이라ᄒ야官憲은其發賣頒布를禁止ᄒ엿다더라

◎此說彼說 日本陸軍大臣寺內가曾彌統監을往訪ᄒᆫ後에桂、小村兩大臣과共히密議가有ᄒ엿다ᄒ야世人의注目을惹起ᄒ는뒤或曰此는曾彌는病勢가不快ᄒᆫ故로樞相으로移任ᄒᆯ지오其後任에對ᄒ야協議ᄒ는것이라ᄒ고又一消息에는寺內의往訪은時局問題解決에關ᄒᆫ具體的成案을密議ᄒ엿다고云ᄒᆫ다더라

◎川村發程 日本川村大將은歐美各國에差遣의命을被하야本日橫濱에셔발程ᄒᆫ다더라

◎滿洲輸出漸高 滿洲産穀物中歐洲方面에每年輸出되는豆類의輸出額은년々增加ᄒ는뒤昨年ᄭ지三年間統計를見ᄒᆫ즉海蔘威를經ᄒ야海路로歐洲에輸出된것이千九百七年에三百八十萬磅同八年에七百六十萬磅同九年에는千四百萬磅에增加ᄒ엿는뒤此는頗로露國의貿易發展을注目ᄒᆯ만ᄒᆷ이라더라

◎英國人飛行機 英國陸軍省에서는[illegible]로二個大飛行機를建造코자ᄒ다더라

◎露使訪相 伯林駐割露國大使울코쓰프公은墺露紛爭解決後에再次墺國外相에ᄅ렌탈伯을訪問ᄒ엿다더라

以上伯林發 十五日着

雜報

◎麻浦船橋의事件 續

開業혼後七八朔을不過호야風說이流行호기를日本人의設計로架橋를經營호나니船橋를計劃호나니種種說話가流入홈으로其言根을採探코져호는터인디一日은龍山分署在勤韓人警部劉爽源氏가當浦에來호야秘密히船夫를一一招諭호되今聞日人의運動이有호다홈즉果然此浦에渡船橋를設備코져호는이면渡船營業은自然凋殘홀터이니君輩에生活前道가漠然하도다本職은特히生命財產을保護호는責任에在홀지라其矜憐혼感覺을不勝호야思量혼바有하니君輩는我設計혼方針을從호야各히署名捺章호라고勸호거날該船夫等이國漢文에疎昧홈으로如何히措語홈을不知호야捺章호기를不肯호던該警官이或論或威호거날船夫들이右事實을組合所에來告호는지라同所長이往見警部호고理由를質問혼디船夫에게說諭호던言辭로答辨하고且曰日人에設計力이無홀디인故로但船夫及組合員一般에營業目的을變幻호는準備에對호야相當혼資金이나彼邊에交涉홀計劃으로各船人의志願書를遺成홀터이니聯署捺印을要호노라同所代表崔喜英氏가不應하야曰貴職에用意는感謝하나船夫의捺印은不可호오要컨디貴官의言實이相孚홀境에至홀지라도到底히此浦住居民은營業目的을變換키不能홀지니深諒호시오호고竟히捺印에要求를拒絶하엿더라

翌日後에龍山坊警察署에서渡船組合所長을招引하야[illegible]爽源氏가問호되當組合에서營業하는渡船事業을誰某던지所關官廳에認許를得호야船橋를建築營業호는境遇면當所는如何히行動홀터인고 (未完)

◎寃出自願 佛宗敎堂을建築홀次로三十萬圓을排斂혼다는說에對호야更히內容을詳聞혼즉各道僧侶가敎堂을建築호기로月前에自願協議혼事實이有홀뿐이오三十萬圓으로定款排斂코져홈은아니라더라

廣告

社告

大韓每日申報各處支社廣告

平安北道

龍川楊市維新書舖 黃菊保
龍川南市驛 韓燦希
朔州邑南門外 朱伯英
義州南門外한西大藥局 張有寬
鐵山邑東部 鄭翊
車輦館同志會內 金明鉉
定州南門內書舖 洪成麟
博川邑內鐘洞 金翼樞
京義線批峴驛停車場前運輸會社前 李基秀
泰川邑舘前洋藥局 李正華
寧邊郡內紅門里 鄭德昇
寧邊龍山面新興里南貞河家 鄭奉益
宣川橋南四統十戶 申基周
江界邑內 金泰熙
郭山郡內新街 金大鉉
雲山邑上里八統八戶 咸元澤
雲山北面橋洞八統七戶 王晛鎬
昌城郡內西下里一統二戶 許[illegible]
熙川邑內面東門外洞十四統一戶 金錫澤

平安南道

平壤鍾路太極書舘 安泰國
三和港碑石洞耶蘇教堂 裴學湜
安州城內義井洞安陵書舘 金翼河
江西邑內 金昌煥
甑山郡內利用里 崔診爽
德川邑官洞耶蘇教冊肆 李丙斗
永柔邑內槐峴里二統八戶 金志璜
中和下道面一里三洞 禹應善
肅川東部面一里三統九戶 金天湜
咸從邑校洞 金炳善

黃海道

海州南門內韓昌書舘 朴昌鎬
安岳郡細洞面端山里上場 韓楨教
長淵邑서北支學會內 崔東元
殷栗邑倉前里 金光礪
信川邑四里 李悌璜
白川邑文明舘 趙雲泳
載寧邑서部李鼎均家乾材局 李範善
沙里院三聖學校內 李承吉

咸鏡道

咸興州南社西門外 曹喜林
元山港上里倉前洞耶蘇女學校側 皇甫正杰
定平郡豐陽里 張禮學
洪原西門內保命局 羅炳善
永興邑南山洞洪明學校內 梁元常
淸津港新岩洞 張元浩

全羅道

金溝木流面豆亭 趙德三
木浦港陽洞 李得珠
群山港九福洞一統八戶 方在喜

京畿道

仁川柳峴開新冊肆 李東皓
開城南門外興學書舖 姜助遠
江華邑川橋 俞鎭植

慶尙道

大邱西小門外友弦書樓閣 李正山
釜山佐川藥局 徐錫籌

江原道

鐵原邑棠谷 趙鍾大
蔚珍郡遠南面梅花里 郭鍾郁

忠淸道

韓山下北筆堂里 李英稙
結城廣川小龍洞 李啓祚

北墾島

北墾島龍井村下場里 朴茂林

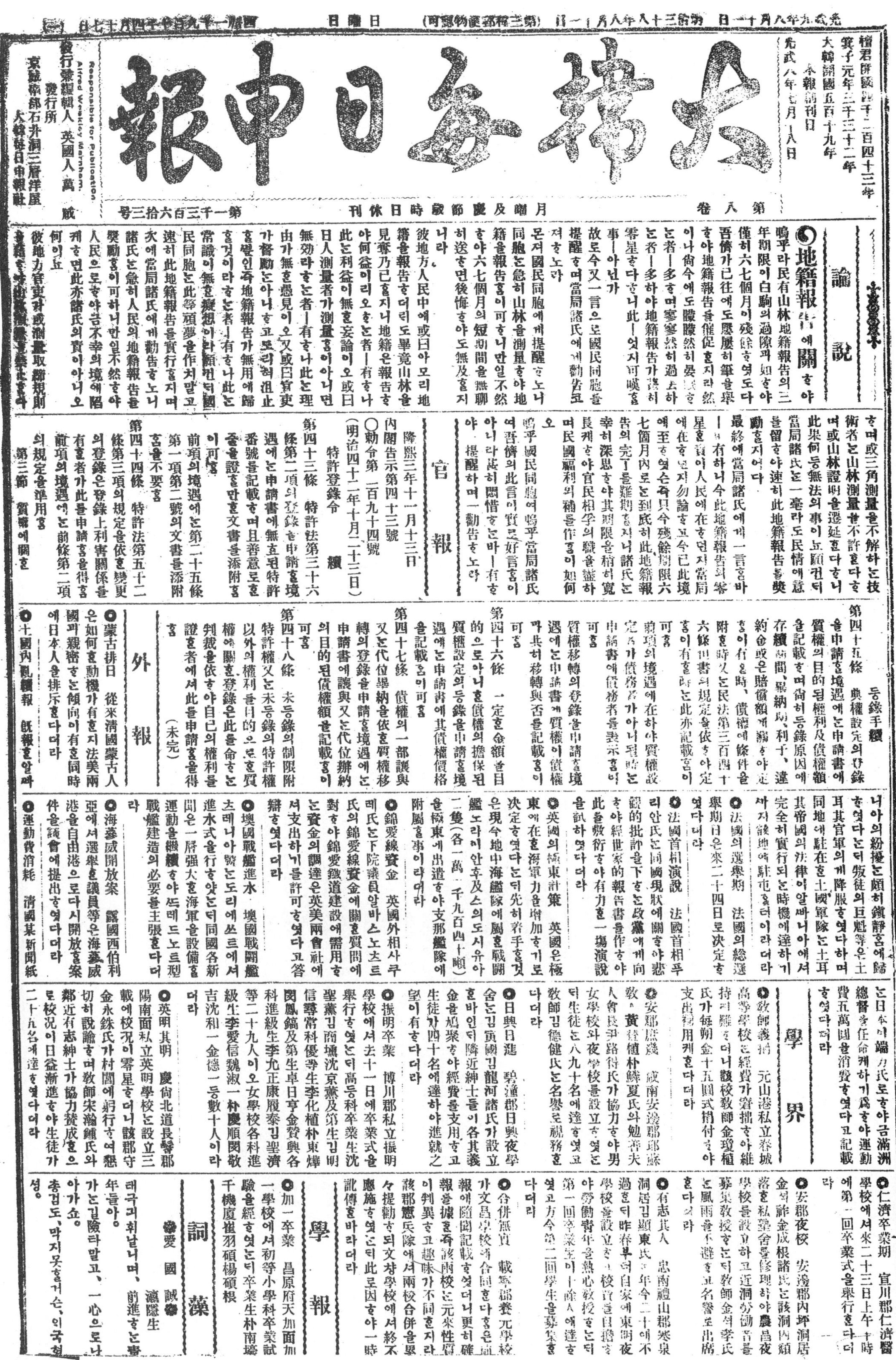

光武九年八月十一日 明治三十八年八月十一日 (第三種郵便物認可) 日曜日 西曆一千九百九年十一月十四日 (三)

大韓每日申報

檀君開國四千二百四十二年
箕子元年三千二十二年
大韓開國五百十九年
本報創刊日 光武八年七月十八日

發行兼編輯人 英國人 萬咸
Responsible for Publication Alfred Weekley Marnham.
發行所 京城南部石井洞三層洋屋 大韓每日申報社

第八卷 月曜及慶節祭時日休刊 第一千三百六十三號

論說

○地籍報告에關ᄒᆞ야

嗚乎라民有山林地籍報告의三年期限이白駒의過隙과如ᄒᆞ야僅히六七個月이殘餘ᄒᆞ엿도다

吾儕가已往에도屢屢히筆을擧ᄒᆞ야地籍報告를催促ᄒᆞᆫ지라然이나尙今에도朦朦然히晏然ᄒᆞᆫ者ㅣ多ᄒᆞ며寥寥然히過去ᄒᆞᄂᆞᆫ者ㅣ多ᄒᆞ야地籍報告가護히零星ᄒᆞ다ᄒᆞ니此ㅣ엇지可嘆ᄒᆞᆯ事ㅣ아닌가

故로今又一言으로國民同胞를提醒ᄒᆞ며當局諸氏에게勸告코져ᄒᆞ노라

몬져國民同胞에게提醒ᄒᆞ노니同胞ᄂᆞᆫ急히山林을測量ᄒᆞ야地籍을報告ᄒᆞᆷ이可ᄒᆞ니만일不然ᄒᆞ야六七個月의短期間을無聊히送ᄒᆞ면後悔ᄒᆞ야도無及ᄒᆞᆯ지니라

彼地方人民中에或曰아모리地籍을報告ᄒᆞ더릭도畢竟山林을見奪乃已ᄒᆞᆯ지니地籍은報告ᄒᆞ야何益이리오ᄒᆞᄂᆞᆫ者ㅣ有ᄒᆞ나此ᄂᆞᆫ利益이無ᄒᆞᆫ妄論이오或曰日人測量者가測量ᄒᆞᆷ이아니면無效라ᄒᆞᄂᆞᆫ者ㅣ有ᄒᆞ나此ᄂᆞᆫ理由가無ᄒᆞᆫ愚見이오又或曰官吏가督勵ᄂᆞᆫ아니ᄒᆞ고도리혀沮止ᄒᆞᆯ뿐인즉地籍報告가無用에歸ᄒᆞᆯ것이라ᄒᆞᄂᆞᆫ者ㅣ有ᄒᆞ나此ᄂᆞᆫ常識이無ᄒᆞᆫ癡想이라願컨ᄃᆡ國民同胞ᄂᆞᆫ此等頑夢을作치말고速히此地籍報告를實行ᄒᆞᆯ지며

次에當局諸氏에게勸告ᄒᆞ노니諸氏ᄂᆞᆫ急히人民의地籍報告를奬勵ᄒᆞᆷ이可ᄒᆞ니만일不然ᄒᆞ야人民으로ᄒᆞ야금不幸의境에陷케ᄒᆞ면此亦諸氏의責이아니오何이뇨

彼地方官吏가或測量取締規則[illegible]ᄒᆞ며或三角測量을不解하ᄂᆞᆫ技術者ᄂᆞᆫ山林測量을不許ᄒᆞᆫ다ᄒᆞ며或山林證明을遷延ᄒᆞᆫ다ᄒᆞ니此果何등無法의事이뇨願컨ᄃᆡ當局諸氏ᄂᆞᆫ一毫라도民情에意를留ᄒᆞ야速히此地籍報告를奬勵ᄒᆞᆯ지어다

最終에當局諸氏에게一言ᄒᆞᆯ바ㅣ有하니今此地籍報告의零星ᄒᆞᆫ責이人民에在ᄒᆞᆫ지當局에在ᄒᆞᆫ지勿論ᄒᆞ고今已此境에至ᄒᆞ엿슨즉只今殘餘期限六七箇月內로ᄂᆞᆫ到底히此地籍報告의完了를難期ᄒᆞᆯ지니諸氏ᄂᆞᆫ幸히深思ᄒᆞ야其期限을稍히寬長케ᄒᆞ야官民相孚의職을盡하며民國福利의補를作ᄒᆞᆷ이如何오

嗚乎國民同胞여嗚乎當局諸氏여吾儕의此言이實로好言ᄒᆞᆷ이아니라甚히悶惜ᄒᆞᄂᆞᆫ바ㅣ有ᄒᆞ야提醒하며一勸告ᄒᆞ노라

官報

隆熙三年十一月十三日

內閣告示第四十三號

○勅令第一百九十四號

(明治四十二年十月二十二日)

特許登錄令 續

第四十三條 特許法第三十六條第二項의登錄을申請ᄒᆞᆯ境遇에ᄂᆞᆫ申請書에無效된特許番號를記載ᄒᆞ며且善意로ᄒᆞᆫ줄을證ᄒᆞᆯ만ᄒᆞᆫ文書를添附ᄒᆞᆷ이可ᄒᆞᆷ

前項의境遇에ᄂᆞᆫ第二十五條第一項第二號의文書를添附ᄒᆞᆷ을不要ᄒᆞᆷ

第四十四條 特許法第五十二條第三項의規定을依ᄒᆞᆫ變更의登錄은登錄上利害關係를有ᄒᆞᆫ者가此를申請ᄒᆞᆷ을得ᄒᆞᆷ

前項의境遇에ᄂᆞᆫ前條第二項의規定을準用ᄒᆞᆷ

第三節 質權에關ᄒᆞᆫ등錄手續 續

第四十五條 質權設定의登錄을申請ᄒᆞᆯ境遇에ᄂᆞᆫ申請書에質權의目的된權利及債權額을記載ᄒᆞ며尙히등錄原因에存續期間、辨納期、利子、違約金或은賠償額에關ᄒᆞ야定ᄒᆞᆷ이有ᄒᆞᆯ時、債權에條件을附ᄒᆞᆫ時又ᄂᆞᆫ民法第三百四十六條但書의規定을依ᄒᆞ야定ᄒᆞᆷ이有ᄒᆞᆯ時ᄂᆞᆫ此亦記載ᄒᆞᆷ이可ᄒᆞᆷ

前項의境遇에在하야質權設定者가債務者가아니된時ᄂᆞᆫ申請書에債務者를表示ᄒᆞᆷ이可ᄒᆞᆷ

質權移轉의登錄을申請ᄒᆞᆯ境遇에ᄂᆞᆫ申請書에質權이債權과共히移轉與否를記載ᄒᆞᆷ이可ᄒᆞᆷ

第四十六條 一定ᄒᆞᆫ金額을目的으로아니ᄒᆞᆫ債權의擔保된質權設定의登錄을申請ᄒᆞᆯ境遇에ᄂᆞᆫ申請書에其債權價格을記載ᄒᆞᆷ이可ᄒᆞᆷ

第四十七條 債權의一部讓與又ᄂᆞᆫ代位辨納을依ᄒᆞᆫ質權移轉의登錄을申請ᄒᆞᆯ境遇에ᄂᆞᆫ申請書에讓與又ᄂᆞᆫ代位辨納의目的된債權額을記載ᄒᆞᆷ이可ᄒᆞᆷ

第四十八條 未등錄의制限附特許權又ᄂᆞᆫ未등錄의特許權以外의權利를目的으로ᄒᆞᆫ質權에關ᄒᆞᆫ登錄은此를命ᄒᆞᄂᆞᆫ判裁를依ᄒᆞ야自己의權利를證ᄒᆞᆫ者에셔此를申請ᄒᆞᆷ을得ᄒᆞᆷ

(未完)

外報

○蒙古排日 從來淸國蒙古人은如何ᄒᆞᆫ動機가有ᄒᆞᆫ지法美兩國과親密ᄒᆞᄂᆞᆫ傾向이有ᄒᆞᆫ同時에日本人을排斥ᄒᆞᆫ다더라

○土國內亂續報 既報ᄒᆞᆫ알바니아의紛擾ᄂᆞᆫ頗히鎭靜ᄒᆞᆷ에歸ᄒᆞ엿다ᄂᆞᆫᄃᆡ叛徒의巨魁等은土耳其官軍의게降服ᄒᆞ엿다하며同地에駐在ᄒᆞᆫ土國軍隊ᄂᆞᆫ土耳其帝國의法律이알바니아에셔完全히實行되ᄂᆞᆫ時機에達하기까지該地에駐屯ᄒᆞᆯ터이라더라

○法國의選擧期 法國의總選擧期日은來二十四日로決定ᄒᆞ엿다더라

○法國首相演說 法國首相쯔리안氏ᄂᆞᆫ同國現狀에關ᄒᆞ야悲觀的批評을下ᄒᆞᄂᆞᆫ政黨에게向ᄒᆞ야經世家的報告書를作ᄒᆞ야此를敷衍ᄒᆞ야有力ᄒᆞᆫ一場演說을試하엿다더라

○英國의極東計策 英國은極東에在ᄒᆞᆫ海軍力을增加ᄒᆞ기로決定ᄒᆞ엿다ᄂᆞᆫᄃᆡ先히着手ᄒᆞᆯ것은現今地中海艦隊에屬ᄒᆞᆫ戰鬪艦으라이안후及스의도시유아二隻(各一萬一千九百四十噸)을極東에出遣ᄒᆞ야支那艦隊에附屬ᄒᆞᆯ事이라더라

○錦愛線資金 英國外相사쿠레氏ᄂᆞᆫ下院議員알바스노츠트氏의錦愛線資金에關ᄒᆞᆫ質問에對ᄒᆞ야錦愛鐵道建設에需用ᄒᆞᄂᆞᆫ資金의調達은英美兩會社에셔支出하기를許可ᄒᆞ엿다고答辯ᄒᆞ엿다더라

○墺國戰艦進水 墺國戰鬪艦츠레니아號ᄂᆞᆫ도리에쓰트에셔進水式을行ᄒᆞ얏ᄂᆞᆫᄃᆡ同國各新聞은一層强大ᄒᆞᆫ海軍을設備ᄒᆞᆯ運動을繼續ᄒᆞ야ᄯᅳ레드노트型戰艦建造의必要를主張ᄒᆞᆫ다더라

○海蔘威開放案 露國西伯利亞에셔選擧ᄒᆞᆫ議員等은海蔘威港을自由港으로다시開放ᄒᆞᆯ案件을議會에提出ᄒᆞ엿다더라

○運動費消耗 淸國某新聞紙ᄂᆞᆫ日本이端方氏로ᄒᆞ야금滿洲總督을任命케하기爲ᄒᆞ야運動費五萬圓을消費ᄒᆞ엿다고記載ᄒᆞ엿다더라

學界

○敎師義捐 元山港私立春城高等學校ᄂᆞᆫ經費가窘拙ᄒᆞ야維持키難ᄒᆞ더니該校敎師金瓊植氏가每朔金十五圓式捐付ᄒᆞ야支出補用케ᄒᆞᆫ다더라

○安郡[illegible] 咸南安邊郡[illegible]敎、黃楨植朴麟夏氏와勉菴夫人會長尹路得氏가協力ᄒᆞ야男女學校와夜學校를設立ᄒᆞ엿ᄂᆞᆫᄃᆡ生徒ᄂᆞᆫ八九十名에達ᄒᆞ엿고敎師김德健氏ᄂᆞᆫ名譽로視務ᄒᆞᆫ다더라

○日興日進 碧潼郡日興夜學舍ᄂᆞᆫ김貞國김龍河諸氏가設立ᄒᆞᆫ바인ᄃᆡ隣近紳士들이各其義金을鳩聚ᄒᆞ야經費를支用ᄒᆞ고生徒가四十名에達ᄒᆞ야進就之望이有ᄒᆞ다더라

○振明卒業 博川郡私立振明學校에셔去十一日에卒業式을擧行ᄒᆞ엿ᄂᆞᆫᄃᆡ高등科卒業生沈聖薰김商壎沈京薰及第生김明信尋常科優等生李化植朴東燁閔鳳鎬及第生卓日亨金贊興各科進級生李允正康履泰김聖濟等二十九人이오女學校各科進級生李愛信魏淑一朴慶順閔敬吉沈和一金德一등數十人이라더라

○英明其明 慶尙北道長鬐郡陽南面私立英明學校ᄂᆞᆫ設立三載에校況이零星ᄒᆞ더니該郡守金永銖氏가村閭에躬行ᄒᆞ여懇切히說諭ᄒᆞ며敎師宋瀚鍾氏와鄰近有志紳士가協力贊成ᄒᆞᆷ으로校況이日益漸進ᄒᆞ야生徒가二十九名에達ᄒᆞ엿다더라

○仁濟卒業期 宜川郡仁濟醫學校에셔來二十三日上午十時에第一回卒業式을擧行ᄒᆞᆫ다더라

○安郡夜校 安邊郡內坪洞居金석祚金成根諸氏ᄂᆞᆫ該洞內頹落ᄒᆞᆫ私塾舍를修理하야農邑夜學校를設立하고近洞勞働者를募集敎授ᄒᆞᄂᆞᆫᄃᆡ敎師金석孝氏ᄂᆞᆫ風雨를不避ᄒᆞ고名譽로出席ᄒᆞᆫ다더라

○有志其人 忠南禮山郡㚆泉洞居김顯東氏ᄂᆞᆫ年今二十에不過ᄒᆞᆫᄃᆡ昨春부터自家에東明夜學校를設立ᄒᆞ고校費를自擔ᄒᆞ야勞働靑年을熱心敎授ᄒᆞᄂᆞᆫᄃᆡ第一回卒業生이十餘人에達ᄒᆞ엿고方今第二回學生을募集ᄒᆞᆫ다더라

○合倂無實 載寧郡養元學校가文昌學校와合同ᄒᆞᆫ다ᄒᆞᆷ은前報에隨聞記載ᄒᆞ엿더니更히確報를據ᄒᆞᆫ즉該兩校ᄂᆞᆫ元來性質이判異ᄒᆞ고趣味가不同ᄒᆞᆫ지라該郡憲兵隊에셔兩校合倂을屢々提勸ᄒᆞ되文창學校에셔終不應施ᄒᆞ엿ᄂᆞᆫᄃᆡ此로因ᄒᆞ야一時訛傳ᄒᆞᆫ바라더라

學報

○加一卒業 昌原府天加面加一學校에셔初等小學科卒業試驗을經ᄒᆞ엿ᄂᆞᆫᄃᆡ卒業生朴南壎千機慶崔羽碩楊碩根

詞藻

愛國誠

瀛隱生

태극긔휘날니며、前進ᄒᆞᄂᆞᆫ靑年들아。
가ᄂᆞᆫ길險타말고、一心으로나아가쇼。
총검도、막지못ᄒᆞᆯ거슨、의국혈성。

雜報

◎[illegible] 大皇帝 太皇帝 陛下게셔[illegible]日本에派送ᄒ셧던[illegible]李恒九兩氏의一行은再昨日下午八時頃에入城ᄒ엿다더라

◎支出豪撥 地方警察增殺費五千六百二十五圜을預備金에서支出ᄒ件을上奏ᄒ야 裁可ᄒ엿다더라

◎顧問移安 仁川郡客舍가顧問[illegible] 關府는該郡廳事務室에 移安ᄒ엿다더라

◎日官勸告 日本官吏一名이再昨日李總理를訪問ᄒ고勸告ᄒ야曰[illegible]賣職을勿論ᄒ고身外에無物인즉大監이更히政界에戀戀ᄒ면自然勢力을焦思ᄒ야病狀이深劇ᄒ리니辭職閑養ᄒ는것이合當ᄒ다ᄒ엿는뒤總相은[illegible]ᄒ엿다더라

◎魯氏出發 로빈손氏一行은昨日上午九時에南門列車로出發東渡ᄒ엿는뒤多數ᄒ韓日人이餞送ᄒ엿다더라

◎日師團着龍 今回交替ᄒ는日本第二師團司令部는昨日上午八時龍山에來着ᄒ엿다더라

◎內部運動期 內部所屬官吏一同이聯合ᄒ야五月八日에慶熙宮內에셔運動會를設行ᄒ기로決定ᄒ엿는뒤人員은九百名假量이오會長은該部大臣으로副會長은地方局長으로定ᄒ엿다더라

◎活動寫眞觀覽 學部에셔는各公立學校에指揮ᄒ야中等程度以上學徒로ᄒ야금昨日下午七時長安社에셔活動寫眞을觀覽케ᄒ엿다더라

◎官吏沒精神 學部書記官閔健植氏는地方郡守를被任ᄒ事가初無ᄒ더니度支部司稅局에셔日昨閔氏에게通知ᄒ되舒川永柔郡守在任時에公錢額이有ᄒ니卽爲來納ᄒ라督促ᄒ엿合으로司稅局官吏는影子만有ᄒ지不知ᄒ깃다고一般批評이有ᄒ다더라

◎辭職內容說 京城在留日本特派通信記者는曾禰統監이辭職ᄒ는內定이라는電報가有ᄒ다고云ᄒ더라더라

◎犯逋何多 度支部에셔公逋官吏의居住氏名을印刷ᄒ야各警察署에一件式配付홈은旣報어니와該冊中에甲午以後觀察郡守의犯逋者를一一載錄ᄒ엿는뒤合四千餘名이라더라

◎巍察視察 京畿觀察使김思誤氏는平澤安城間道路를視察ᄒ次로本日에安城振威陽城等郡를巡視ᄒ다더라

◎平民請願 平北人民들이觀察道를寧邊으로復設케ᄒ라고內部에屢次請願ᄒ되如何ᄒ處理가無홈으로更히統監府에請願ᄒ엿다더라

◎安氏辯護 辯護士安秉瓚氏가李在明金貞益等의辯護를擔任ᄒ엿는뒤辯護請願書에被告等拇印을證據키爲ᄒ야去十三日京城監獄典獄에게請求書를提出ᄒ엿다더라

◎永館慰勞宴 天道敎에셔는再昨日下午 時에梁漢默氏를永興館으로請邀ᄒ야慰勞宴을開ᄒ엿다더라

◎學宰憂慮 商務組合部長李學宰는進興會社長李圭恒氏가商務左右社中央監部를設立ᄒ는事로因ᄒ야組合部勢力이漸次衰敗홈으로目下憂慮中이라더라

◎尹還命代 一進會評議長尹定植은遞任되고其代에는俞鶴柱가被任ᄒ엿다더라

◎博覽會發會式 日人이主開ᄒ는瀛車博覽會는昨日上午十時南門驛에셔發會式을擧行ᄒ엿다더라

◎廣民紀念 交河郡守吳泰泳氏가廣州郡守在任時에特異ᄒ治績이有홈은旣載ᄒ엿거니와廣州郡城內人民들이吳氏의美績善表ᄒ기爲ᄒ야紀念銀盃를京城美術工場에注文製作ᄒ야交河로專人寄贈ᄒ엿다더라

◎關系亦憤 瑞山郡私立瑞寧學校는生徒가七八十名에達ᄒ야進就의望이有ᄒ더니本月十日에該校小學徒一名이校場外에出遊ᄒ다가該地居留日人兒童에게被打ᄒ고飮泣入校ᄒ미生徒四五人이憤慨를不勝ᄒ야該日兒를並力毆打ᄒ즉在傍日兒十餘名이서지同聲呼哭ᄒ는지라適其時에日巡査가過去ᄒ다가卽時該校로赴往ᄒ야敎師金東汝氏를毆打ᄒ고猶爲不足ᄒ야因爲捉囚ᄒ지라諸學徒는憤慨를不堪ᄒ야反不如不學이라ᄒ고貿浚各散ᄒ엿다더라

◎盡從所願 水原居李召史가昭格洞居沈遠明氏의게女息을推覓ᄒ次로起訴ᄒ다홈은旣報어니와管內巡査가事實을調査ᄒ즉當初李召史의償還ᄒ金額도本錢數에半減될뿐더러沈家에셔該女兒를隣居良人의게結婚ᄒ야自由生活을圖케ᄒ고該女兒도沈家의已定ᄒ婚家를從코져홈으로巡査는該女兒의所願을依ᄒ야措處ᄒ라ᄒ엿다더라

◎密淫調查數 警視廳에셔는近日漢城內密賣淫女를調査ᄒ엿는뒤合一千四百餘名이라더라

◎地段審査 喬桐郡居李時雨氏가外國에래作ᄒ李範晋氏와田土事件으로屢屢相詰홈은一般共知ᄒ는바어니와該事件을再昨日京城地方裁判所에셔審査ᄒ엿는뒤李範晋氏의大夫人이出頭ᄒ엿다더라

◎朴巡遭罷 東部巡査朴用來氏는大安洞居吳召史의女婢를紹介ᄒ야百餘圓價値物品을他處로移運ᄒ고該女婢도他處로引渡ᄒ情跡이綻露되야罷免을遭ᄒ엿다더라

◎觀光團入京 義州에셔발起된日本觀光團一行은再昨日入京ᄒ엿는뒤警務局長松井이該一行을對ᄒ야視察注意處를說明ᄒ엿다더라

◎果則蝙蝠 國民大演說會員文鐸氏는合邦贊成의目的으로新政黨을組織ᄒ다는說이有ᄒ다더라

◎銀行運動 韓一銀行에셔는本日慶熙宮內에셔大運動會를開ᄒ다더라

◎葉錢收入額 去月十六日以後同月末日까지度支部에셔收入ᄒ葉錢額이二萬九千百五圓餘에達ᄒ엿다더라

◎韓淸人格鬪 平北北鎭에셔淸人十一名이韓人과格鬪ᄒ야韓人三名은負傷ᄒ고淸人은病者一名을遺棄ᄒ고逃走ᄒ엿다더라

◎延將敗死 去十壹日永平壹東面에셔義將延起羽氏의先鋒將延起七氏가部下를率ᄒ고日憲兵과交戰ᄒ야延起七氏는力戰而死ᄒ고部下李百萬氏는被擒ᄒ엿다더라

◎政友總會 政友會에셔는昨日圓覺社에셔臨時總會를開ᄒ엿는뒤因ᄒ야政談의關ᄒ演說을開코져ᄒ다가警官의禁止를被ᄒ야未果ᄒ엿다더라

◎師生失和 昌原[illegible]私立[illegible]學校敎師金[illegible]氏는[illegible]의緣이有ᄒ더니該校生徒林宗憲氏도該妓와宿緣이有홈으로師生間嫉妬의心이生ᄒ야學塲風波를惹起ᄒ엿고卒業試驗에도不公平ᄒ形跡이現露되엿合으로一般批評이狼藉ᄒ다더라

◎奇氏入京 旣報와如히英國人奇一氏가日本으로부터同大人渡韓ᄒ야昨日入京ᄒ엿는뒤蓮洞敎堂長老李源兢李明赫氏等男女敎人數百人은永登浦에前往迎接ᄒ고其他迎接ᄒ後因ᄒ야同敎堂內에셔盛大ᄒ歡迎會를設行ᄒ깃다더라

◎處理會大總會 國債報償金處理會에셔昨日正午興士團內에大總會를開ᄒ고會長俞吉濬氏와各社會及地方代表人一百十五人이出席ᄒ엿는뒤各處保管金調査表를報告ᄒ고因ᄒ야處理方法을協議ᄒ엿다더라

◎日家賊警 龍山近地에居留ᄒ는日人中村家에는再昨日에窃盜가潛入ᄒ야金銀寶珮六百餘圓價値를窃去ᄒ엿다더라

◎孤兒觀覽 孤兒院學徒一同은再昨日下午一時에昌德宮內 御苑을觀覽ᄒ엿다더라

◎嶠南親睦紀念 嶠南學生親睦會에셔本日下午一時에典洞嶠南敎育會館內에創立紀念式을擧行ᄒ는뒤一般學生은入會與否를勿論ᄒ고多數來參ᄒ기를希望ᄒ다더라

◎侍天敎紀念 昨日은侍天敎祖崔濟愚氏의生日인故로該敎에셔盛大ᄒ紀念式을行ᄒ엿는뒤地方敎人數千餘名이來參ᄒ엿다더라

◎大同議事會 大同敎에셔本日下午八時에臨時議事會를開ᄒ다더라

電報

◎皇儲還駕期 韓國皇太子殿下께셔는日本名古屋에 御臨ᄒ옵셧다가卄七日에日本東京으로 還駕ᄒ옵신다더라 東京發 十五日着

◎露外相伊國行 目下德國잉헨地方에在ᄒ는露國外相이스볼스키氏는伊太利外相투에야氏를訪問次로不日로센스地方에赴往ᄒ다더라

◎罷業再熱 法國馬耳塞海員의同盟罷業은再次激烈ᄒ야市街戰爭이有ᄒ엿다더라

◎自由港設置 露都稅關局長의言을依ᄒ즉露國에셔리바우、海蔘威、오뎃사에自由港을設置ᄒ는뒤稅關境界外에倉庫를建設ᄒ는事項이有ᄒ다ᄒ엿다더라 以上伯林發 十五日着

◎印王渡日說 印度바로다國王은去十三日에日本神戶에來着ᄒ豫定이더니來二十日長崎에來着ᄒ기로延期ᄒ엿다더라

◎馬賊防禦 淸國黑龍江省內에目下馬賊의出沒이多ᄒ야住民의被害가不少ᄒ故로同省衛務所에셔精兵을派遣ᄒ야防禦ᄒ다고某處에電報가有ᄒ다더라

◎條約改正準備 日本에셔는來年度條約改正準備委員會에셔草案을起ᄒ엿는뒤其中關稅案은目下印刷에付ᄒ다ᄒ며此草案調製가完了된後에는十四국大使公使에게付送ᄒ야期限前에미리[illegible]交換을行ᄒ다더라

◎美人渡日 美國下院議員코크스氏는日本에渡航ᄒ엿다더라 以上東京發 十六日着

▲四子言志▼

尋芳客

▲萬和方暢槿花園에勝日尋芳차자가니柳縫鶯梭新葉에燕子喃喃舊巢라憂國志士傷心마소逢時英雄得意로다此地此日好時節에英雄志士會合ᄒ야出師表도朗吟ᄒ며建國策도講論ᄒ며酒半酣ᄒ엿더라

▲尙武子가出班言曰板蕩時代幸逢ᄒ야親冒矢石擐行ᄒ며百萬精兵指揮ᄒ야顚倒局勢挽回ᄒ고東征西伐ᄒ는곳에不義無道다滅ᄒ고中興偉業부르면셔大事業을成立ᄒ야麒麟閣에題名ᄒ면大丈夫의快事로다

▲崇文子가出班言曰中興時代幸逢ᄒ야文明制度硏究ᄒ고覇主權을잡은後에於東於西列邦으로우리政治비ᄒ며우리法律쓰게ᄒ며우리文物쫏게ᄒ며우리衣冠쓰게ᄒ야世界ᄒ和내줌안에쥐락펴락ᄒ리로다

▲奉敎子가出班言曰文明時代幸逢ᄒ야特別宗敎設立ᄒ고國內羅列各敎會를打成一門混合ᄒ後天下各敎同化ᄒ며五洲各族歸一ᄒ야太白山檀木下에總敎堂을建築ᄒ고扶餘民族中으로셔敎皇推薦ᄒ리로다

▲憎英子가出班言曰現今時代幸逢ᄒ야二三子의所選홈도吾亦讚頌ᄒ러니와英雄其人아니면은如此現[illegible]地中重垂功ᄒ者뉘잇는가國民[illegible]腦髓中에精神敎育注入ᄒ야多數英雄産出後에時勢造成ᄒ리로다

雜報

◎[illegible]港韓人의事件 續

(答二)本組合은衆人의生活問題에大關係라決코容認키不能홀지라本組合을從호야抵抗홀터이오又는想컨딕官廳에서도同一호營業에對하야一定호地點에兩方으로許홀理由가必無호리라홈이當署에서右陳述호事實을記錄호紙面에署名捺章을要홈으로其理由를問호되無他理由오但貴所의反抗호는意思를表示호證據로上級官廳에報告코저호노라하기에即時記註호文意를詳考호즉日頭下論하던請願과或間意異홈으로捺章을不肯호미警署에서强請호야日反對호는意思을論據키爲하야署名을要호는터이니或文字와口述이相異홀지라도勿慮捺印호라再三要求호기로信之無疑호고署名捺章호엿더라

本意今年一月頃에日人役夫四五人이渡船場沿岸에來集호야建築工事에着手호기로組合에서派員호야工事의目的과理由를質問호즉役夫所答이日人上田茂의架橋工事에請負人이로라호기에所員과洞長이即時巡査交番所에告發하기를彼日人의工事着手호地段은即本洞所有호私有地오且渡船對岸은即組合所에營業호는場所어날何許日人이渡　橋를架設호다稱호고私有地와先点호營業場所에서工役을着手홈은即暗昧치아니면便是無理호行爲이니此를禁止호야달나要求호되該交番所에서當日工事를禁止하엿더라

(未完)

廣告

本人圖章서失故改造知舊照亮

西部[illegible]洞 李元[illegible] 告白

本人의名膺默을在謙으로定호오니知舊間照亮하시옴

慶南龍南郡西面東堂洞

卓在謙 告白

◎特別廣告

韓國京城居韓國人故尹仲植遺産을曆癸巳年分(西曆一千八百九十三年十一月八日)에在香港殖民地비토리아市에서死亡호前記尹仲植의遺産에對호야香港高等法院內該遺産管轄部가管理호는認可證을本年一月七日에接受호바該遺産全部나部分에對하야相續權이所有호諸氏나或其代辯辯護士를經호야本年六月三十日以內로請求書를呈于該遺産管理部香港殖民地비토리아市高等法院內登記簿所에나又는左記호氏名處所로提出홀事

氏名處所

香港비토리아市최더路욕젤딩

香港高等法院內遺産管理人의

辯護士等 쑤렁턴 헷트

西曆二月七日

(原文을英國總領事館에서譯出호事)

쑤렁턴 헷트 告白

東湖韓令奭熙氏大人參判公以宿患今月初五日別世故玆以訃告知舊間照亮홈

護喪 金大得

本人이忠南大興郡今內面上里居李容三所有沓伏在牛井坪牛泉下宙字十斗落九夜味二十八卜一束子舊券을典執債給인바井本利玖拾圓參拾錢也라年久懸限의尙今不報故로永以此沓으로執行호옛숩기玆以廣告하오니京鄕僉員은切勿爲買홈

大興郡月來洞 [illegible]元植 告白

本所에서漢文、日語、算術、簿記、林業、蚕業等을教授하오니陰本月十三日內課程을隨意請願호시오

北部齋洞三統十戶

齋東講習所

本人이今初十日夜의陽刻圖章파朱鈿魯金貨三十圓捧次票並서失호엿스오니內外國人은勿施홈

張錫祚 白

本人의舍伯鄭世基氏以商利次로去年陰九月四日出次호後에終不知住所호고各處債人이朝夕催督호야父主以舍伯未還으로日々憂慮하시니從叔煥命氏國其父主寢進無甘하야各人債條를壹々自擔盡償호엿스니速速還家喜伏望홈

慶北金山[illegible]面鳳溪

舍弟永基 從叔煥命

本人의家夫金時弘(本安山庚午生父名錫佑母姓白氏)氏가去丁亥年閏四月十二日에偶然出家호야因而不返하는딕于今二十四年을日夜苦待호되消息이頓無하오니內外國同胞는右人을逢着호시거던爲先住所를本人에게通奇호여주시고另力勸送호심을切祝홈

義州光化面南台里安召史告白

忠淸道有司는敎明으로黃海道有司는載默과性善으로全羅道有司는秉鎔과弘석으로平壤有司는命鎬로擇送호오니照亮홈

順興安氏宗會所 告白

本人이西署麻浦甕[illegible]頭所在田舊文券十枚를서失故로玆에廣告하오니誰某拾得호야도休紙施行홈

西署麻浦三十六統五戶

金鎭[illegible] 白

本人이客年臘末에因事出家라가本月十二日에還家이온즉案頭에僉座의擲牘이積堆이온지라即히修復코저호오나多葉을同時에裁呈키難호와先히僉前으로輪拜致謝호오니知舊僉座下는諒恕하시옴

京中部寺洞一九八留

吳尙俊 告白

開城居李勉植氏가陰一月二十八日에別世이옵기玆에廣告호오니知舊間照亮爲要

薛[illegible]錫 告白

本館에서新舊書籍과學校用品各種을備置하야(五圓以上特減割引)大發售하오니江湖僉君子는陸續購買호시옴

釜港東關韓興書館

館主 金泰衡 本名

主任 權鋪律 汝重

●買藥에便利호法

毋論親疎하고掌記及居住만郵便錄送則精選材料호여特別廉價호야以郵便代金引換小包로迅速付送호깃스니隨用請求홈

京南部銅峴九十五統十戶

乾材藥局崔興模 告白

測量機械及美濃紙各種

圖章材料及彫刻類各種

谷香卷煙草大減價發賣

京鄕間注文을應호야迅速히酬應호오니 照諒호시옴

京城南署棗洞六十二統十戶

金龍商會

李咸安紹鍾氏生庭大夫人星州李氏以宿患今月初一日寅時別世專人訃告 庚戌三月初一日

護喪 朴春石 上

本人이開業호지五年에僉君子에愛顧호심을蒙호야營業을一層擴張호기爲호야物品을直輸入호야各種帽子를精密히製造호야廉價로販賣호오니僉君子는陸續來臨호심을務望홈外方에서도請求호시면小包代金引換으로酬應홈此外에洋靴도具備호오니請求호옵소서

帽子十個以上은特別減홈

特上品	一圓四十錢
甲極上品	一圓十錢
乙仝	九十錢
丙仝	八十錢
丁中品	六十錢
戊	五十錢

此外에統監府官吏帽子와醫視醫部帽子도製造홈

京城貞洞大漢門前帽子店尹興烈

委任主 崔東植 趙永信

本店에서開業호지十六年間僉君子의愛顧호심을特蒙호와今年부터業務을大擴張호고春夏秋冬所用으로絨屬毛織等各國高等物品을現今多數直輸入이온바各地方에서는貿易에便利實買키爲호야特廉減價호와郵便小包로酬應호야代金은引換호깃사오니十三道各郡僉君子는隨意請求호심을望

振替貯金番號(韓國壹三番)

漢城中部鍾路砂器廛洞二十一統五戶

廣興泰 告白

○天恩堂大藥房製造發行各種靈藥

健胃清心仁壽丹	금拾錢
健康益壽補元丹	금壹圓
眼科神藥明眼水	금拾錢
全治蛔虫丸	금拾錢
寸虫祛根藥	금卅錢
婦人聖藥調中丹	금四圓
發汗解感丸	금拾錢
治痰止咳散	금卄五錢
幼兒止嗽散	금二十錢
癎氣神效肥兒散	금十五錢
痢疾神効散	금三十錢
淋疾靈効丸	금五十錢
特製梅瘡丸	금三圓
舊積消化丹	금四十錢
解학丹	금拾錢
止瀉回生丸	금拾錢
連珠祛根藥	금二圓
恠疾預防藥	금三拾錢
手足止汗散	금二十錢
治咽聖藥	금三十錢
吐사霍亂速효水	금二十錢
健腸胃生口味甘水	금卄錢
되눈拔根藥	금拾錢
齒痛液	금拾錢
芳香水	금十五錢
疥瘡水	금卅錢
天恩梅瘡고	大匣入금三圓 半匣入壹圓五十錢 小匣入금五十錢
天恩眼明고	上仝
天恩拔根고	大匣入金二圓 小匣入金三十錢
天恩沃度膏	上仝
天恩輕腫膏	上仝
天恩濕腫고	上仝
天恩胎毒고	上仝
天恩疥瘡고	上仝
天恩百靈고	大匣入금二圓 一包入금拾錢

其他洋藥乾材와漢藥唐草材와各賣藥家製造品을具備하옵고地方兄弟의請求를酬應호오니隨用請求호시면以代金引換小包로迅速酬應호깃스오니陸續請求호시기務望홈

本藥房에서附屬診察治療所를並設호고醫士李錫駿氏를延聘호와上午八時로下午九時까지診察하오니有病호신同胞는來臨治療하시기望홈

但外方에서는病錄만보니시면精製酬應홈

京城鍾路天恩堂大藥房 金東遠 劉在元 告白

特別廣告

本社의 서同胞의 衛生을 注意ᄒ야 美國의 서 經驗單方으로 流行適用ᄒ는 靈藥聖劑를 買入ᄒ야 左開廣布ᄒ오니 有病君子와 藥業에 從事ᄒ시는 僉彦은 爭先來購ᄒ시옵

分賣와 都賣에 差別이 有ᄒ야 一打(十二個)以上의 都賣에는 特別割引홈

左開

秘製止痛藥
效能 外塗內服無處不適 消滯 止痛 絕瘧 治痢 無不神效홈

蘇肺藥
效能 頭痛 身體一切痛症 積年風濕 除療 生명之道 ...

止瀉香
效能 毋論男女老少 勿嫌 年久日淺一例 咳金 服之 則見效如神홈

婆花藥
效能 疥疾 瘰癧 ... 傷發咳等 ...

婆花精水
效能 瘧疾 ... 凡不 ... 婦人經弱등症 ... 灵驗홈

牛汁藥酒
効能 毋論男女老少氣血虛弱者服之則大補元氣身體强健홈

韓美興業株式會社事務所

京城鍾路和平堂大藥房各種藥品廣告

官登錄 許認可

(健胃消滯) 八寶丹 (主治効能)

急性霍亂吐사 癨亂 久舊積체 關格 霍痛眩운 運症疫 預防妙藥

- 齒痛淸快水 — 虫齒風齒 齒齦頭痛
- 明耳精 — 耳內炎痛 耳垢堆積
- 痲疹丸 — 小兒痲疹 腥紅熱
- 齒根炎傷散 — 齒肉爛傷 齒血發炎
- 小兒痛氣丸 — 身熱頻驚 夜啼靑
- 脚氣腰痛丸 — 兩脚濕痛 腰痛脇痛
- 鷄眼膏 — 뒤눈拔根 更無後慮
- 腫根拔散 — 拔瘇根 去惡生新
- 止汗散 — 手足汗臭 一切神効
- 口病淸熱水 — 口內火傷 唇圻鼻瘇
- 浮腹能下丹 — 下腹膨脹 少便不利
- 小兒腹瘧丸 — 初학神효
- 小兒疳氣散 — 腹部膨脹 食慾不絕
- 梅毒全滅丸 — 先天梅毒 後天梅瘡
- 小兒百日咳丸 — 呼吸困難 ...
- 疥瘡水 — 疥瘡一切 ...
- 偏頭痛止散 — 眩暈頭痛 耳鳴眼火
- 夜盲復明丸 — 當昏眼迷 ...
- 胸膈止痛散 — 胃痛腹痛 酒食당체
- 祛惡生新膏 — 頭瘡濃瘡 祛惡虫新
- 小兒胎毒膏 — 胎毒面瘡 溫鮮乾癬
- 火傷治毒膏 — 火傷濕疹 皮膚搔痒
- 梅毒全滅膏 — 諸般瘡종 祛惡生新

- 胎養調經丸 — 婦人冷積 病神効
- 麝香消瘡丹 — 諸般瘡病 一切祛根
- 阿烟斷引藥 — 年久鴉片 引拒絕藥
- 滋陽丸 — 男女勿論 陰陽雙補
- 全治丸 — 連珠瘰력 一切去根
- 消積散 — 陳陳久채 消如春雪
- 回生水 — 急泄虛泄 無非神효
- 治顏水 — 이쪽은 ᄂᆞᆫ 妙약
- 蘇生丹 — 瘧亂吐사 立卽見효
- 蛔滅散 — 회虫去根 更無後慮
- 咳鎭散 — 勿論老少 消담止咳
- 解毒散 — 四時感冒 寒熱往來
- 丘虫藥 — 寸白虫 出去根
- 通治膏 — 諸般瘡癤 一切神효
- 補陰降火丸 — 男女勿論 陰虛火動
- 雙補丸 — 陰陽俱虛 血氣不足
- 玉容水 — 비지파 루럭이藥
- 下浮丸 — 全身浮종 便秘胃炎
- 退疸丸 — 酒疸食疸 黑疸黃疸
- 咽喉散 — 咽喉炎 咽喉潰瘍
- 下痢散 — 赤痢白痢 吐사吐糞
- 血痰祛根丸 — 吐血咯血 月經不調
- 上血快治丸 — 吐血降火 開鬱血담

其他洋藥各種과○實藥各代○漢藥唐草材○都賣散賣

遠地에ᄂᆞᆫ 請求ᄒ시면 郵便小包로 申速酬應홈

京城鍾路和平堂大藥房主任 李應善

大韓全國에 은 本堂製造發行ᄒᄂᆞᆫ 藥品

消化新藥 清心保命丹
此丹은 化痰止咳ᄒ고 順氣消滯ᄒ며 恒常長服ᄒ면 腸胃가 健全

大補元氣 蔘茸大補元
大補元氣ᄒ고 滋腎健腦ᄒ며 先天不足과 陽위不起에 一切神効

蛔積殺虫散
此약은 회積과 회腹痛과 회虫一切을 去根ᄒᄂᆞᆫ 良劑

久滯大通丸
此丸은 年久積滯와 宿滯後重이며 胃腹痛에 神効莫大홈

瘡病新藥 梅花點雪丹
毋論男女ᄒ고 花柳病楊梅瘡에 一切去根快復하ᄂᆞᆫ 良藥

眼疾速効 光明眼藥
諸般眼疾에 隨症皆差ᄒᄂᆞᆫ 東洋에 初有ᄒᆫ 寶藥

起死回生 回生丹
此丹은 急ᄒᆫ 吐瀉關格이며 가슴아리와 冷積과 痢疾에 神効

感氣神効 解熱散
寒熱往來ᄒ며 似학非학과 頭痛眩暈와 肢節痛에 其効가 偉大

齒痛新藥 止痛健齒水
虫齒와 風齒와 諸般齒痛에 壹切神효

耳聾 耳目聰明藥
毋論男女ᄒ고 耳聾鼻塞이며 耳鼻에 關ᄒᆫ 病은 隨症並差

疝症根祛 疝積湯
諸般산症에 大談出賣홈

寸白虫 寸虫沒出藥
寸白虫을 一切去根ᄒᄂᆞᆫ 妙劑

...과 ... 拔根藥
...과 ...이 ᄂᆞᆫ 藥

... 汗臭藥
手足의 汗臭를 除却ᄒᄂᆞᆫ 藥

... 新 ... 膏
... 第一 ... 明

最新改良 百應膏
新瘡과 ...과 곰센더 去核生新 ... 毋論男女老少ᄒ고 毒瘡 ... 諸般瘡癤에 壹切特效가 有홈

淋疾藥各種
淋疾各症에 壹週日만 服ᄒ면 病根快復ᄒ고 腎氣가 完全홈

其他洋藥各種이오 ○賣 ... ○都매散賣
○遠地에ᄂᆞᆫ 郵便小包로 申速酬應홈

漢城南大門內濟生堂大藥房 李庚鳳
代辦主任 李興國 白

社告

大韓每日申報 各處支社廣告

平安北道

龍川楊市維新書舖		黃菊保
龍川南市驛		韓瀠希
朔州邑南門外		朱伯英
義州南門外한西大藥局		張有寬
鐵山邑東部		鄭翊
車輦館同志會內		金明鉉
定州南門內書舖		洪成麟
博川邑內貸洞		金翼樞
京義線批峴驛停車場前	運輸會社前	李基秀
泰川邑舘前洋藥局		李正華
寧邊郡內紅門里		鄭德昇
寧邊龍山面東興里	南貞河家	鄭奉益
宣川橋南四統十戶		申基周
江界邑內		金泰顯
郭山郡新街		金大鉉
雲山邑上里八統八戶		威元澤
雲山北面橋洞八統七戶		王昇鎬
昌城郡內西下里一統二戶		許 의
熙川邑面中門外洞十四統一戶		金錫澤

平安南道

平壤 ...	安泰國
三和港碑石洞耶蘇敎堂養亭	金...
安州城內義升洞安陵旅館	金... 河
江西邑內	金...
殷山郡內... 用里	崔診爽
德川邑 ... 洞耶蘇敎堂	李內...
永柔邑內 ... 里二統八戶	金志瓚
中和下道面一里三洞	禹應善
肅川東部面一里三統九戶	金天達
成從邑 ... 洞	金炳善

黃海道

海州南門內韓昌書舘	朴昌鎬
安岳郡細洞面端山里上場	韓楨敎
長淵邑서北支學會內	崔東元
殷栗邑倉前里	金光礪
信川邑四里	李悌璉
白川邑文明舘	趙雲泳
載寧邑서部李鼎均家乾材局	李範善
沙里院三聖學校內	李承吉

咸鏡道

咸興州南社西門外	曹喜林
元山港上里倉前洞 耶蘇女學校側	皇甫正杰
定平郡豐陽里	張禮學
洪原西門內保命局	羅炳善
永興邑南山洞洪明學校內	梁元常
淸津港新岩洞	張元浩

全羅道

金溝木流面豆亭	趙德三
木浦港陽洞	李得珠
羣山港九禍洞一統八戶	方在亨

京畿道

仁川According... 開新冊肆	李東皓
開城南門外興學書舖	姜助遠
江華邑川...	俞鎭植

慶尙道

大邱西小門外 ... 冊肆側	李正由
釜山佐川 ...	徐錫...

江原道

鐵原邑栗谷	趙鎭大
蔚珍郡遠南面梅花里	田鍾郁

忠淸道

韓山下北難室里	李英德
結城... 川小龍洞	李... 祚

北墾島

北墾島龍井村... 場里	朴茂林

本報 一枚 新貨二錢五厘 壹個月 三十錢
廣告 四号活字拾三字詰 (自一行至四行이爲一寸) 一回日壹寸에 二圜五十錢 ...

檀君開國四千二百四十三年
箕子元年三千三十二年
大韓開國五百十九年
本報創刊日
光武八年七月十八日

大韓每日申報

第八卷 月曜及慶節賜暇時日休刊 第一千三百六十四号

發行兼編輯人 英國人 萬咸
Responsible for Publication Alfred Weekley Marnham
發行所 京城南部石井洞三層洋屋 大韓每日申報社

論說

◎僧尼界의喜消息

近日僧尼界에嫁娶任意의問題가起ᄒ야或山門에協議도有ᄒ다ᄒ며或政府에獻議도有ᄒ다ᄒ니此實僧尼界의一喜消息이로다

蓋佛敎는現世宗敎界에가장多數의信者를有ᄒ敎라然ᄒᄃ他國佛敎信者는大槪妻를娶하고夫를從ᄒ거늘此韓國佛敎界同胞는自來로嫁娶를嚴禁ᄒ야男子는妻가無ᄒ며女子는夫가無ᄒ야不嫁不娶로成佛의大法門을作ᄒ엿도다

嗚乎라佛氏는大悲ᄒ거니엇지人類의滅絶을樂ᄒ며佛氏는普濟ᄒ거니엇지人生의幸福을杜ᄒ리오當時一切衆生을救出코져ᄒ는一方便이居然히數千載不易의鐵案을成ᄒ야此嫁娶嚴禁의弊風이滔々不絶ᄒ지라

此로以ᄒ야民族繁殖의障害가되며經濟消耗의禍階가되야今日國力衰沉의一原因을作ᄒ엿스며又此뿐아니라佛敎界에及ᄒ는影響도亦不少ᄒ얏나니彼三國、高麗時代에在ᄒ야旭日方昇의氣勢가有하던불敎가日로墮落ᄒ야今日에至홈이비록政治上影響을因홈이나此嫁娶嚴禁의弊風이亦其一原因을作ᄒ엿슬지로다

乃者今日嫁娶任意의問題가僧尼界에起ᄒ엿스니嗚乎可賀로다

果然此問題가實行되면第一은國家의幸福이增進될지오第二는불家의敎界가擴張될지니勉ᄒ라僧尼同胞여

彼日本人을試看홀지어다日本은불敎國이라殆히人人이불을念ᄒ며家家에불을誦ᄒ되彼는嫁娶를作하야子孫을生ᄒ며産業을治ᄒ야一邊으로法界의慈航을求ᄒ며一邊으로國民의天職을奮ᄒ나니只今韓日國力의差等이此에至홈은此불敎界를睹하여도足히其一部分因果를識別ᄒ리로다

然이나吾儕는此嫁娶任意의問題를主唱ᄒ는僧尼諸氏에게告ᄒ노니此嫁娶嚴禁의弊風은流來가已久ᄒ者라僧尼同胞中에或驚怪홀者ㅣ有홀지며或不樂홀者ㅣ有홀지나果然諸氏가誠心으로僧尼同胞를勸勉ᄒ야丕變을期圖하면엇지功簣의盈을得睹치못ᄒ리오

嗚呼라挽近韓國에風雲이日變ᄒ고山河가日慘ᄒ는以後로吾儕는僧尼同胞의奮興을待홈이久ᄒ지라近者僧尼界에或學校를設備ᄒ는人도有ᄒ며或敎務를改良ᄒ는人도有하나然이나尙此新風潮가全國僧尼界에遍及지못ᄒ故로或日僧을迎하야日僧崇仰ᄒ야說法을敬聽ᄒ는者도有ᄒ며或寺刹을讓與하는者도有ᄒ다ᄒ기로吾儕가慨嘆을不已ᄒ엿더니今此嫁娶任意의喜消息을接ᄒ고一鏟로花雨諸天을向ᄒ야賀를呈ᄒ노라

最終에吾儕는僧尼同胞에게一勉홀바ㅣ有ᄒ니同胞가此問題를實行ᄒ는同時에敎育을擴張ᄒ며實業을奮勵ᄒ며國家精神民族主義를大振興ᄒ야滅亾의禍를脫ᄒ고極樂의福을收홀지어다

外報

◎德國海軍擴張 德國에서는戰鬪艦오진號新造ᄒ기를注文ᄒ엿다ᄒ며又旣히建造을完了ᄒ것과及建造中에在ᄒ것은ᄯ레드노트型戰艦이十三隻이오인우인시불型裝甲巡洋艦이四隻이라더라

◎滿鐵買收提議 淸國滿洲人某는諮議局에向ᄒ야滿洲鐵道買收에關ᄒ議案을提出ᄒ엿는ᄃ諮議局에서는協議ᄒ結果로詳細ᄒ買收手段과資金籌達方法을陳述ᄒ라고回答ᄒ고且此提議案을歡迎ᄒ는旨를발表ᄒ엿다더라

◎墺國製艦計劃 墺國政府는更히ᄯ레드노트型의戰鬪艦四隻을建造ᄒ기로計畫中인ᄃ右는千九百十三年에竣工홀預定이라더라

◎法海軍의勢力 法國에서는戰鬪艦웨르지는号(排水量壹萬八千三百噸)進水式을行하엿는ᄃ同艦과及曩者와進水ᄒ戰鬪艦을合ᄒ면總히五隻인ᄃ最히優勢가有ᄒ壹艦隊를編成ᄒ다더라

◎代表交涉 淸國湖南省代表者四名은粤川漢鐵道借欵拒絶運動에關ᄒ야今에郵傳部와交涉中이라더라

◎長沙暴動 淸國湖南省長沙府에는去十三日에饑民數千名이會集ᄒ야一大騷亂을惹起ᄒ야敎堂二個所를破壞ᄒ고巡撫衙門及外人의家屋을衝火燒却ᄒ며巡撫岑春萱氏는該民의게重傷을負ᄒ야去十五日에死去ᄒ엿는ᄃ其暴動의原因은饑饉을救濟ᄒ지아니ᄒ야米價가騰貴홈으로因홈이라더라

◎淸人排日 淸國抗州府에서淸人等이日本商店을破壞ᄒ事에關ᄒ야日本官憲은淸國官憲에게向ᄒ야破壞ᄒ商店及負傷者에게損害賠償을要求ᄒ엿고又日本人은抗州城內에居住ᄒ야商業을經營ᄒ는權利가有ᄒ事를主張하나淸國官憲은抗州에居留ᄒ는日人의退去를命ᄒ고且淸人等은日人이該地에居留ᄒ는事에對ᄒ야非常히憤激ᄒ다더라

雜報

◎西帝訪英 西班牙皇帝及同皇后는來六月下旬에英國가우쓰의快走艇競漕에赴ᄒ야八月ᄭ지테在홀預定이라더라

◎五學會協議 五學會에서去十七日議事員會를開ᄒ고學部假定書에對ᄒ야更히協議ᄒ엿는ᄃ每十戶에一個學校를立하되設立費는一千圓으로一年經常費는五百圓으로磨練하야來水曜日學部에更히提議홀터이라더라

◎西人東禮 蓮洞敎堂에서奇一氏를歡迎홈은已揭어니와伊日에奇一氏의夫人은韓國新行禮로덩四人轎를乘ᄒ고奇一氏岳母와妻弟는各其淸四人轎를乘ᄒ고隨行ᄒ엿스며男女學徒는一齊提燈唱歌ᄒ엿는ᄃ觀光者가道路에塞ᄒ엿고救世軍代表趙重吉氏는特別히永등浦ᄭ지前往迎接ᄒ엿다더라

◎投石擊車 釜山發日本軍隊輸送列車가去十六日上午十一時一山驛附近을通過홀際에何許人이石子를投ᄒ엿는ᄃ列車의琉璃窓이破壞ᄒ엿다더라

◎天然痘流行 江原道安峽郡地方에는去三月下旬부터天然痘가流行ᄒ야益益蔓延ᄒ다더라

◎一捕一失 三昨日上午八時에警視廳第一課長이刑事巡査八名을帶同ᄒ고前參判南廷奎氏를捕捉ᄒ야同廳에牢囚ᄒ엿고一邊으로는前參判趙南昇氏를捕得ᄒ랴다가失捕ᄒ엿는ᄃ卽時兩氏의家宅을搜索ᄒ야一般書類를押收ᄒ엿스며趙氏는期於捕獲홀次로刑事巡査를多數派送ᄒ야趙氏家를把守ᄒ고各坊曲及停車場ᄭ지偵察ᄒ다더라

◎池巡被囚 警視廳刑事巡査池秉德氏는趙南昇氏를失捕ᄒ事件으로被囚ᄒ엿다더라

◎尹氏被押 永平郡居尹敬有氏는義兵에干連이有하다ᄒ야該地分遣所에서司令部로押上하엿다더라

學界

◎塾友開會 養正義塾에서는一般任員及春期卒業生一同이昨日東小門外新興寺에前往ᄒ야塾友會를開ᄒ고任員을選定ᄒ엿다더라

◎語學生運動 官立漢城外國語學校日語部同窓會에서來二十四日東門外妙院庵에前往ᄒ야運動會를設行ᄒ다더라

◎八名試取 學部에서試取ᄒ日本官費留學生은朱榮善具滋旭張석台尹百燮權永禧氏等八名이라더라

◎汶校擴張 坡州汶昌學校는學父兄諸氏가月捐金을隨力擔出ᄒ야永久維持케하고高明ᄒ敎師를加聘ᄒ야敎育方針과學務擴張에壹層熱心ᄒ다더라

◎三校實業 本年度부터漢城內於義洞、水下洞、미洞三公立普通學校內에實業科를設置ᄒ엿다더라

◎六校完成 本年度地方費로設立完了된實業學校는慶北、全南、全北、平南、江原、全北六處라더라

◎仕而兼學 安邊郡財務署主事高義麟氏가公務講習所를設立ᄒ고官吏를會集하야名譽로熱心敎授ᄒ다더라

◎徐門美擧 文川郡守徐廷淑氏가自來敎育에熱心홈은累々報道ᄒ바어니와去番에該氏가洪原郡本第에來ᄒ야諸宗族을會集ᄒ야時宜를說明ᄒ고族人徐廷燦氏를上京留學케ᄒ는ᄃ學費는徐廷淑徐鴻鍾徐丙進徐廷翼徐廷律徐丙吉諸氏가分擔ᄒ엿다더라

◎許氏慈善 咸北城津郡居許泰和氏는該郡中化學校學徒中家勢가極貧ᄒ者는食費를擔當ᄒ야闕學ᄒ는弊가無케ᄒ다더라

◎卒業兼進級 雲山郡公立普通學校에서去十日에卒業及進級式을擧行ᄒ엿는ᄃ最優等生은李載壽金應善金澤礪金鳳五三年進級生은康鳳紀等四人이오二年進級生은金鳳千等四人이오一年進級生은康履禹等二人이라더라

學報

◎普昌卒業 安岳郡文山面二里私立普창學校에서三月末日에第一回卒業試驗을經ᄒ엿는ᄃ卒業生은張東華朴灝信張과華梁士俊李允根

詞藻

醉難忘

눈압헤뵈는거시、모도룽분ᄒ다。
이너ᄂ음진졍코져、술을취코누엇스나。
골슈에、박힌원ᄒ、취ᄒ인늘。

宮廷彙報

◎親耕期 大皇帝陛下ᄭᅴ옵셔 來五月初旬에 東籍田에셔 御親耕ᄒᆞ옵신다ᄂᆞᆫᄃᆡ 麥의 播種은 其時期가 已過ᄒᆞ얏슴으로 黍粟等 穀類를 御耕種ᄒᆞ실터이라더라

◎葬需費下賜 大皇帝陛下ᄭᅴ옵셔 故議政趙秉鎬氏의 葬需費 金三百圜을 去十五日에 下賜ᄒᆞ옵셧다더라

◎觀光渡日 日本觀光團一行은 明日上午九時에 京釜列車로 發程ᄒᆞᆫ다ᄂᆞᆫᄃᆡ 金珏鉉 呂圭亨等 諸氏ᄂᆞᆫ 大皇帝 勅敎를 奉承ᄒᆞ고 東京ᄭᆞ지 前往ᄒᆞ야 日皇에게 陛見ᄒᆞᆫ다더라

◎旅費金下賜 觀光團이 渡日ᄒᆞᆫ다ᄒᆞᆷ은 別項과 如ᄒᆞ거니와 昨日 大皇帝陛下ᄭᅴ옵셔 閔泳瓚 閔泳敎 兪吉濬 金珏鉉 金容鎭 呂圭亨 金春熙等에게 旅費金 一百五十圜式 下賜ᄒᆞ옵셧다더라

雜報

◎又錄一說 曾彌統監은 一說에ᄂᆞᆫ 本月晦日內로 歸任ᄒᆞᆫ다ᄒᆞ나 身病이 漸次危篤ᄒᆞᆯ뿐아니라 日本內閣에셔 論議가 不合ᄒᆞᆷ으로 丁寧遞任ᄒᆞᆫ다ᄒᆞ며 後補者ᄂᆞᆫ 遞信大臣後藤으로 內定되엿다ᄂᆞᆫ 說이 有ᄒᆞ다더라

◎溫泉靜養說 總相李完用氏ᄂᆞᆫ 療養次로 近間溫陽溫泉에 赴往ᄒᆞᆫ다더라

◎內相消暢 內部大臣朴齊純氏ᄂᆞᆫ 再昨日西江江亭에 前往ᄒᆞ야 消暢하엿다더라

◎官舍又築 宮內府에셔 次官官舍를 北部苑洞大寶壇上에 建築ᄒᆞᆯ次로 該地人民에 家屋을 買入ᄒᆞᆫ다더라

◎尹氏轉任 度支部司稅局主事尹成熙氏ᄂᆞᆫ 日前原州財務官으로 轉任되엿다더라

◎岩井轉任 內部醫務局岩井醫視ᄂᆞᆫ 日本國醫察部長으로 轉任ᄒᆞ엿슴으로 一般醫官들이 日間餞別宴을 設行ᄒᆞᆫ다더라

◎高等鷹犬 承寧府總管趙民熙氏ᄂᆞᆫ 近日偵探熱이 熾盛ᄒᆞ야 某處高等偵探의 事務를 擔任ᄒᆞ엿다ᄂᆞᆫᄃᆡ 嫌惡者를 構虛날誣나 아니ᄒᆞᆯᄂᆞᆫ지 不知ᄒᆞ깃다고 一般批評이 狠藉ᄒᆞ다더라

◎何其因循 各觀察道에셔ᄂᆞᆫ 一般地方官吏에 月俸을 因循未撥ᄒᆞᄂᆞᆫ 弊習이 滋生ᄒᆞ야 各官吏의 困況이 頗多ᄒᆞ다ᄂᆞᆫᄃᆡ 就中江原一道에 此弊가 尤甚ᄒᆞ다더라

◎美領事訪問 美國總領事代理쌜드氏ᄂᆞᆫ 昨日統監府를 訪問ᄒᆞ고 로빈손氏一行 厚待ᄒᆞᆫ것을 致謝ᄒᆞ엿다더라

◎庵原入京 日人의 朝鮮水産組合任員會에 參席키爲ᄒᆞ야 赴往ᄒᆞ엿던 水産課長日人庵原은 再昨夜入京ᄒᆞ엿다더라

◎視察團出發期 拓殖會社에셔 組織ᄒᆞᆫ 韓人農事視察團은 來三十日出發渡日ᄒᆞᆫ다더라

◎갈氏元山行 向日入京ᄒᆞᆫ 露國將官갈킨氏ᄂᆞᆫ 昨日出발ᄒᆞ야 陸路로 元山에 赴ᄒᆞ엿다더라

◎若林訪問 醫視總監若林은 昨日統監府石塚長官을 訪問ᄒᆞ엿다더라

◎谷田着釜 日本憲兵司令官谷田中將은 昨日釜山에 來着ᄒᆞ엿ᄂᆞᆫᄃᆡ 韓國駐在日憲兵隊를 巡察ᄒᆞ기爲하야 約一個月間韓ᄒᆞᆯ터이라더라

◎見輒慾生 蔚珍郡望洋亭의 懸板文은 肅宗大王의 御製ᄒᆞ신바인ᄃᆡ 該亭이 毁撤된後 懸板을 該郡客舍에 奉置ᄒᆞ엿더니 元山財務監督局員日人須藤正夫가 財務視察次로 蔚珍에 來到하엿다가 該懸板을 見ᄒᆞ고 仍히 取去하엿다더라

◎蚕種增加 今年度韓國內蚕種의 需用이 頗廣ᄒᆞ야 昨年에 比ᄒᆞ면 數倍가 增加ᄒᆞ엿다더라

◎其費不少 今年度地方費中으로 支出ᄒᆞ야 名道에 施設ᄒᆞᄂᆞᆫ 農事講習所養蚕傳習所等費用은 三萬一千六百八十七圜이라더라

◎其計甚巧 全羅北道及京畿道에셔ᄂᆞᆫ 地方費로써 學部에셔 編纂ᄒᆞᆫ 敎科書를 購入ᄒᆞ야 道內各私立學校에 分給ᄒᆞ엿다더라

◎防砂植林 農商工部에셔ᄂᆞᆫ 三角仁王等山에 防砂植林工事를 着手ᄒᆞ야 每日數百名의 人夫를 使用ᄒᆞᆫ다더라

◎未滿則照律 度支部에셔 公逋官吏에 財産을 調査ᄒᆞᆷ은 旣報어니와 該財産이 犯逋額數에 未滿ᄒᆞᆫ者ᄂᆞᆫ 一幷捉囚照律ᄒᆞ기로 決議ᄒᆞ엿다더라

◎一進一器 一進會員들은 昨日三淸洞李容九家에셔 一器會를 設行ᄒᆞ고 妓樂으로 終日迭蕩ᄒᆞ엿다더라

◎宮官運動 宮內府奏任官以上一同은 來二十四日秘苑에셔 運動會를 開ᄒᆞᆫ다더라

◎法官運動 司法廳各裁判所及監獄署官吏一同은 來二十四日慶熙宮內에셔 運動會를 開ᄒᆞᆯ次로 目下準備中이라더라

◎呂氏東向 每日各學校及敎會及社會로 奔走往來ᄒᆞ며 理事廳에도 每日出頭ᄒᆞᄂᆞᆫ 呂運亨氏ᄂᆞᆫ 何事件을 因ᄒᆞᆷ인지 江原道蔚珍江陵等地로 發向ᄒᆞᆫ다더라

◎義州牌發程 日本觀光團義州牌ᄂᆞᆫ 去十七日發程ᄒᆞ얏다더라

◎但置三偵 日憲兵司令部偵探軍들이 構虛날誣ᄒᆞᄂᆞᆫ 弊端이 許多ᄒᆞᆷ은 屢報ᄒᆞᆫ바어니와 近日該部에셔ᄂᆞᆫ 市井偵探軍을 一切除汰ᄒᆞ고 高等偵探三名만 選置ᄒᆞ야 罪人이 發現하ᄂᆞᆫ 境遇에ᄂᆞᆫ 捕縛하ᄂᆞᆫ 權ᄭᆞ지 委任ᄒᆞ엿다더라

◎出出挾雜 中部樓洞居李源正은 爲名ᄒᆞᄂᆞᆫ 朱子大全을 發刊ᄒᆞᆫ다稱하고 具星熙氏를 紹介ᄒᆞ야 金貨百圓을 他人에게 出債ᄒᆞᆫ後 因而逃走ᄒᆞ엿다ᄂᆞᆫᄃᆡ 具氏ᄂᆞᆫ 李源正을 詗探키爲ᄒᆞ야 警察署에 告發ᄒᆞᆫ다더라

◎歙民又請 歙谷을 通川에 合附ᄒᆞ엿슴으로 歙谷郡民이 內部에 請願ᄒᆞᆷ은 已報어니와 該人民이 日昨에 請願書를 又爲提出ᄒᆞ엿다더라

◎衛生費督刷 農工銀行事務員은 昨日부터 各警察署로 出張ᄒᆞ야 本年度第一期衛生費督納事務에 着手ᄒᆞ엿ᄂᆞᆫᄃᆡ 將次星火督刷ᄒᆞᆯ터이라더라

◎學生의 身體檢査 去十二日에 被選ᄒᆞᆫ 日本留學生八人은 本日大韓醫院에셔 身體檢査를 行ᄒᆞᆫ다더라

◎蔘港消息 日人新聞을 據ᄒᆞᆫ즉 海蔘威에 居留ᄒᆞᄂᆞᆫ 韓人間에ᄂᆞᆫ 故安重根氏의 追悼會를 屢次設行하엿다ᄒᆞ며 李範允氏ᄂᆞᆫ 去十三日該港에 到着ᄒᆞ엿다더라

◎髮組紀念 理髮組合所에셔ᄂᆞᆫ 再昨日東門外塔洞僧房에 前往ᄒᆞ야 該所設立第二回紀念式을 擧行ᄒᆞ엿다더라

◎所向何處 日憲兵司令部補助員監督崔永源氏ᄂᆞᆫ 日前에 無端逃躲ᄒᆞ야 踪跡이 頓無ᄒᆞ다더라

◎時事報停刊 時事新聞은 去十五日論文에 日憲兵補助員의 悖習을 論揭ᄒᆞ엿슴으로 內部에셔 五日停刊을 命ᄒᆞ엿다더라

◎淸屍越交 北部外郭七牌管內에 日前淸人屍體가 露出ᄒᆞ엿슴으로 所管警察署에셔 卽時檢查를 行ᄒᆞ고 淸國巡捕廳으로 越交ᄒᆞ엿다더라

◎規制又制 內部에셔ᄂᆞᆫ 各署巡查가 創傷或病死ᄒᆞᆯ時에 補助及吊祭料를 支給ᄒᆞ기로 規制를 制定ᄒᆞ야 閣議에 提出코져ᄒᆞᆫ다더라

◎義日交鋒 義兵將洪元裕氏의 部下三十六名은 去十四日抱川郡南方約三十里地에셔 積城麻田兩郡日憲兵分遣所聯合隊와 衝突하야 二時間을 激戰하엿다더라

◎大總會續開 거十六日國債報償金處理會에셔 大總會를 開ᄒᆞᆷ은 旣報어니와 各處保管金調查總額은 十五萬九千二百五十三圜九十九錢九厘오 該金으로 存本取利ᄒᆞ야 敎育을 振興ᄒᆞ기로 落着되엿ᄂᆞᆫᄃᆡ 其施設方針에 對ᄒᆞ야 更히 研究ᄒᆞᆯ次로 昨日總會를 續開하엿다더라

◎妓娼寄付 孤兒院演奏會에 對ᄒᆞ야 官妓桃花珊瑚珠ᄂᆞᆫ 各十圓 梨花竹葉은 各五圓 娼妓蓮心羅州芙蓉은 各二圓을 寄付ᄒᆞ엿다더라

感荷義捐

全南寶城郡大谷面新基居李奭來氏가 本社의 經費를 補助키爲ᄒᆞ야 金壹圓을 寄付ᄒᆞ엿기 玆에 其盛意를 感表ᄒᆞ노라

電報

桂首相訪問

日本桂首相은 本日片瀨에 赴하야 曾彌統監을 訪問ᄒᆞ고 懇諭ᄒᆞᆫ바有ᄒᆞ다더라

日領館破壞

淸國長沙의 暴動이 起ᄒᆞ엿ᄂᆞᆫᄃᆡ 暴徒가 日本領事館을 破壞ᄒᆞ엿다더라

以上東京發 十六日着

日本大火

昨夜日本能登에 大火災가 有ᄒᆞ야 家屋千二百餘戶가 燒失되엿다더라

東京發 十七日着

皇儲名古屋行

日本에 滯留ᄒᆞ시ᄂᆞᆫ 韓國皇太子殿下ᄭᅴ셔ᄂᆞᆫ 觀櫻會가 終了된後에ᄂᆞᆫ 名古屋共進會에 御覽키爲ᄒᆞ야 發程ᄒᆞ옵신다더라

水艇發見

日本潛水艇一隻은 去處가 不明ᄒᆞ더니 軍艦豊橋驅逐艦五隻으로 搜索ᄒᆞ야 該艇이 海底에 沈沒된것을 發見ᄒᆞ야 吳軍港에 曳到ᄒᆞ엿ᄂᆞᆫᄃᆡ 內部에셔 檢查를 行ᄒᆞᆫ즉 最後慘事가 極ᄒᆞ엿다더라

伏見艦急派

淸國長沙暴動에 對ᄒᆞ야 日本에셔ᄂᆞᆫ 伏見艦을 急히 派送ᄒᆞ엿다더라

日艦急派

日本에셔ᄂᆞᆫ 淸國長沙의 暴動來報를 接하고 自國人保護의 目的으로 上海에셔 宇治艦을 急派ᄒᆞ엿다더라

以上東京發 十八日着

爆彈又出

淸國攝政王宮에ᄂᆞᆫ 去十六日에 爆裂彈二個가 또 發現된故로 宮廷이 大震駭ᄒᆞ엿다더라

革命黨被捉

淸國攝政王宮에 二度爆彈이 [illegible] 로 北京政府ᄂᆞᆫ [illegible] 軍機處의 全力으로 犯人搜査에 着手ᄒᆞ야 本日 [illegible] ᄒᆞ엿ᄂᆞᆫᄃᆡ 該人은 馬夫의 [illegible] 革命黨員이라ᄒᆞ며 現今審問中이라더라

以上北京發 十八日着

루氏演說

美國前大統領루스벨트氏ᄂᆞᆫ 本月二十三日에ᄂᆞᆫ 法國巴里불폰大學에셔 同二十八日에ᄂᆞᆫ 比利時富羅雪市博覽會에셔 演說을 試ᄒᆞᆫ다더라

伯林發 十八日着

▲賞春▼

感春生

▲困ᄒᆞᆫ 잠을 ᄂᆞ지셔 東窓門을 열어보니 滿城紅塵 잠잔 곳에 一犂雨ᄂᆞᆫ 지나가고 旭旭東天 돗ᄂᆞᆫ 히ᄂᆞᆫ 손의 낫출 바로 쏜다 滔滔春興 못이기어 一層樓를 更上하니 無窮眼界 浩蕩ᄒᆞᆫ中 보이나니 다 春光은 ᄂᆡ 心懷를 惹起ᄒᆞᆫ다

▲御溝中에 더 垂楊은 푸른 빗출 멀니 ᄡᅥ고 맑은 바람 부ᄂᆞᆫᄃᆡ로 千條萬絲 휘느러저 九十韶光 자랑ᄒᆞᆫ다 無意識ᄒᆞᆫ 植物도 大冬風霜 격근後에 得意秋를 만나ᄂᆞᆫᄃᆡ 物之至靈이 人生은 무삼 劫運 못 보ᄂᆡ여 回春길이 渺然ᄒᆞᆫ가

▲紫陌우에 ᄯᅱ인 쑛츤 眞紅色을 輕吐ᄒᆞ야 잇츰 이슬 玲瓏ᄒᆞᆫ中 千朶萬蘂 燦爛ᄒᆞ다 杜鵑새의 울던 피가 夜雨中에 注下ᄒᆞ야 더 가지를 몰드렷나 愛國士의 흘닌 피가 太陽熱에 蒸上ᄒᆞ야 더 얼골을 化出인가 ᄉᆞ랑홉기 ᄶᅡᆨ이 업다

▲院林間에 노ᄂᆞᆫ 새ᄂᆞᆫ 千百으로 ᄶᅡᆨ을 지어 上下其音 우ᄂᆞᆫ 소ᄅᆡ 마다 ᄯᅩ 樂意이며 載飛載躍 더 行動은 곳곳마다 自由로다 蠶絲中에 同胞들은 一言一步 취취ᄒᆞ야 自由되로 못ᄒᆞ니 可憐ᄒᆞ다 人生으로 禽鳥不及 되단 말가

雜報

◎麻浦船橋의 事件 續

其翌日에 請負日人이 又來始役ᄒᆞᆫ셔 在龍山警察署에셔 巡査를 派送ᄒᆞ야 該工事를 保護ᄒᆞᆷ으로 地段所有者의 代表와 組合所代表人이 在龍山警署에 呼訴ᄒᆞᆫ되 警署所答이 本署에셔 內部指揮를 承ᄒᆞ야 該工事를 保護ᄒᆞᄂᆞᆫ바 日人上田充이 內部에 渡船橋營業認許를 承認ᄒᆞ야 該工事에 着手ᄒᆞᄂᆞᆫ터이니 內部로 直訴ᄒᆞ야 其處分을 待ᄒᆞ라ᄒᆞ엿더라

所以로 一月二十四日에 麻浦洞民代表로 洞長林基英氏가 組合營業에 妨害되ᄂᆞᆫ 理由와 私有地侵犯되ᄂᆞᆫ 事實을 具ᄒᆞ야 內部에 請願을 提出ᄒᆞ엿ᄂᆞᆫ되 所掌課土木局에셔 三週가 過ᄒᆞ도록 題音이 寥々ᄒᆞᆫ 故로 當地代表人數員이 理由를 叩問ᄒᆞᆫ즉 該課官吏가 利害를 問ᄒᆞᄂᆞᆫ지라 答ᄒᆞ기를 一個人營利를 爲ᄒᆞ야 樞要中流에 船顆이 杜絶ᄒᆞ야 巨大損害가 一般民生의 게 普及ᄒᆞᆷ을 備陳ᄒᆞᆫ즉 官廳命令이 一出ᄒᆞᆫ 以上에 抗拒ᄒᆞᄂᆞᆫ 能力이 何在오ᄒᆞ며 認許可作成時에 不問兩方之便否ᄒᆞ고 所占地에 始末을 莫論ᄒᆞ고 遽然認許ᄒᆞᆷ을 質問ᄒᆞᆫ되 一般强制的으로 辭色이 甚嚴ᄒᆞ야 卞論無益되야 退待如何落着이되 至今三個朔에 杳無回題이고 該工事ᄂᆞᆫ 着々起工ᄒᆞ니 一般輿論이 如何타 謂ᄒᆞ리오 (未完)

◎高氏傳道　平壤南山峴耶蘇敎牧師高鍾聯氏ᄂᆞᆫ 黃海道新溪等地에 傳道次로 發往ᄒᆞᆫ다더라

◎靑館開演　今日下午七時半에 鍾路靑年會館에셔 崔麟氏를 請邀ᄒᆞ야 人生의 淚란 問題로 演說ᄒᆞᆫ다더라

廣告

檀君開國四千二百四十三年
箕子元年三千三十二年
大韓開國五百十九年
本報創刊日 光武八年七月十八日

大韓每日申報

發行兼編輯人 英國人 萬咸
Responsible for Publication Alfred Weekley Marnham.
發行所 京城南部石井洞三層洋屋 大韓每日申報社
第八卷 月曜及慶節翌日休刊 第一千三百六十五号

論說

◉人民의境遇

此問題를論코져하야筆을執ᄒᆞ고紙에臨하미오족長潮와如ᄒᆞᆫ悲感이胷中에徘徊홀뿐이로다今日政府當局者의目的과手段은路人도皆知ᄒᆞ는바ㅣ라吾儕가彼政府에向ᄒᆞ야人民의保護를望ᄒᆞ며人民의發展을責홈은實로一無用의妄想이나然이나吾儕는時局을回顧ᄒᆞ고寒心을不禁ᄒᆞ야一言을ᄒᆞ노라

彼政府의大規模的政策은且置ᄒᆞ고小々ᄒᆞᆫ施爲를試看ᄒᆞ라此人民의境遇가實로可憐치아니ᄒᆞᆫ가

大抵此人民의保護를圖ᄒᆞ며此人民의發展을勉홀者ㅣ오족政府어ᄂᆞᆯ

乃彼挽近政府의處置가平衡을失ᄒᆞ야假令韓人과外人이權利競爭을作ᄒᆞ는時에政府에셔外人의便宜를供홈이多ᄒᆞ며外人의繁榮을勵홈이多하야民情이皺々의境에入홈은世人의屢々目擊ᄒᆞ는비라哀此人民이何處에哀訴홀새

蓋今日政府에對ᄒᆞ야人民의自由思想을奮起ᄒᆞ라人民의文明福利를振興ᄒᆞ라人民의獨立精神을培養ᄒᆞ라홈은抑求魚於山求兎於海의事라홀지나至若人民의産業이나保全ᄒᆞ며人民의私權이나不奪ᄒᆞ야人民으로ᄒᆞ야금溝壑의慘을尤促케아니홈은오히려可望홀바며又所謂産業政策은彼外人도頻々唱道ᄒᆞ는바어ᄂᆞᆯ乃者人民의産業을不顧ᄒᆞ며人民의私權을撲滅ᄒᆞ야人民을水火에推入ᄒᆞ니嗚乎라彼政府當局者여엇지此를忍爲ᄒᆞ나뇨

今日政府에서動하면쳡稱하되政治를改良ᄒᆞᆫ다福利를增進ᄒᆞᆫ다ᄒᆞ나니政治改良은못ᄒᆞᆯ지라도此人民의生活을貽害치나말며福利增進은못ᄒᆞᆯ지라도此人民의生活을維持키나ᄒᆞ면오히려可하거ᄂᆞᆯ乃者百方의計를設ᄒᆞ야外人의意나迎合하고外人의利나獎勵홀뿐이오人民은饑野에死ᄒᆞ던지地獄에入ᄒᆞ던지不思ᄒᆞ야人民의生活을益々困瘁케ᄒᆞ니嗚乎라彼政府當局者여엇지此를忍爲ᄒᆞ나뇨

今日政府의勢力集點이비록外人의手에在ᄒᆞ나오히려若干의韓人官吏가有ᄒᆞᆫ즉此韓人官吏된者는맛당히其精神을盡하며其手腕을盡ᄒᆞ야恒河의一沙만치라도同胞의利益을期圖홀지어ᄂᆞᆯ乃者所謂韓人官吏가大槪無職無能ᄒᆞ야外人의一雇傭됨에不過ᄒᆞ고甚者는桀을助ᄒᆞ며主를吠ᄒᆞ야同胞를悲境에驅入ᄒᆞ나니嗚乎라彼韓人官吏된者여엇지此를忍爲ᄒᆞ나뇨

然이나彼政府가엇지此人民을爲ᄒᆞ야顧念홀바有ᄒᆞ리오政府中外人官吏는自家의政策을達ᄒᆞ기爲ᄒᆞ고韓人官吏는外人의苟容을得하기爲ᄒᆞ야其施爲의慘담이愈去愈甚홀뿐이니可哀ᄒᆞ도다此人民이여

官報

隆熙三年十一月十三日
內閣告示第四十三號
○勅令第二百九十四號
(明治四十二年十月二十三日)

特許登錄令 續

第四十九條 前條의規定은未登錄의制限附特許權又는未登錄의特許權以外의權利及此를目的으로ᄒᆞᆫ質權의變更又는處分制限의登錄에此를準用홈

第五十條 第二十二條又는第二十三條의規定을依ᄒᆞ야官廳이나又公署가未登錄의權利에關ᄒᆞᆫ登錄을囑托ᄒᆞᆫ境遇에는裁判을依하야其權利를證ᄒᆞᆫ書를不要홈

第四節 抹消에關ᄒᆞᆫ登錄手續

第五十一條 特許權又는此에關ᄒᆞᆫ權利의抛棄를依ᄒᆞᆫ登錄의抹消는다만登錄名義人으로셔此을申請홈을得홈

(未完)

外報

◉海軍養成 清國에서는福州船政學堂을改革ᄒᆞ야海軍人養成機關을設置ᄒᆞᆫ다더라

◉長沙暴動續報 旣報ᄒᆞᆫ淸國長沙府의暴動은次第로鎭靜에歸ᄒᆞ엿스나民徒는尙히長沙城內를占領ᄒᆞ야敎堂學校及英日兩國領事舘等을燒棄ᄒᆞ엿다는ᄃᆡ淺吃水砲艦과湖南兵一聯隊는暴動을鎭定키不能홈으로써英國砲艦三隻은長沙로向ᄒᆞ엿고又美國砲艦도同地에赴홀預定이라더라

◉長沙暴動辯明 淸國長沙의暴動事件은別項과如ᄒᆞ거니와淸國外務部尙書那桐氏는北京에駐剳ᄒᆞᆫ各國公使에게對ᄒᆞ야長沙의暴動은排外的性質이아니오外國宣敎師는偶然히其危害를蒙홈이며民徒의蜂起는些細ᄒᆞᆫ理由에셔出홈인즉淸國政府는相當ᄒᆞᆫ手段으로써此를鎭壓ᄒᆞ깃다는旨로通牒ᄒᆞ엿다더라

◉製砲所設立 墺地利國의스코다製作所는今回匈牙利에野砲製造所를設立ᄒᆞ기로計畫中이라더라

◉東淸線改革 露國은去三月初旬에閣議로東淸鐵道改革案을確定ᄒᆞ엿다는ᄃᆡ其方法는姑未發表이나今回鐵道總裁홀와르將軍이烏蘇里鐵道를視察ᄒᆞᆫ것도右閣議의結果라더라

◉歐美無線電信 去二十四日부터歐洲及亞美利加洲間의繼續的無線電信交通이開始된다더라

◉一償一攻 英國王黨(保守黨)議員等은同國首相아쓰쿠의쓰氏가愛蘭黨에屈從ᄒᆞ고且皇帝를政爭渦中에引入ᄒᆞᆫ事에對ᄒᆞ야大端激憤ᄒᆞᆫ다ᄒᆞ며又타임쓰新聞은同首相이千六百八十八年(英王쩌ㅣ임쓰二世를廢ᄒᆞ고荷蘭의윌리암三世를迎立하던年)以來로歷代英國皇帝의未曾受ᄒᆞ던侮辱을現皇帝에게與ᄒᆞ엿다고聲言ᄒᆞ엿다더라

雜報

◉타氏演說反對 美國大統領타프트氏가同國國民選擧派會席에서演說을試ᄒᆞ엿는ᄃᆡ其趣旨가該派의主義와反對됨으로聽衆은大聲을發ᄒᆞ야大統領의演說을妨害하엿다더라

◉牧師築校 全北全州郡耶蘇敎牧師某는該地方靑年子弟에게中學程度敎育을施ᄒᆞ기爲ᄒᆞ야금數千圓을捐出ᄒᆞ야同郡西門外에五百餘坪되는煉瓦屋을建築ᄒᆞᆫ다더라

◉演奏會寄付 圓覺社內에서開ᄒᆞᆫ慈善演奏會에對하야閔貞子咸興成兩氏는금貨各二圓李永煥氏는一圓妓生리花는十二圓柳色鳳心은各十圓梨花雪月香心은各五圓式寄付ᄒᆞ엿다더라

◉尹氏申訴 水原郡居尹姓女가其식모를殺害ᄒᆞᆫ罪로京城地方裁判所에서役十五年에處홈은既報어니와同郡居尹德成氏는該女의誤招로共犯干連이有ᄒᆞ다ᄒᆞ야同律에處ᄒᆞ엿스나尹氏의實犯이無홈은被殺女의第三子가參見ᄒᆞᆫ證佐가確實ᄒᆞ고同郡警察署調査에도無罪白放ᄒᆞᆫ事實이分明ᄒᆞᆫᄃᆡ兒女의亂供을取信ᄒᆞ야曖昧히處律홈이極히寃枉홈으로尹氏가地裁宣告를不服ᄒᆞ고控訴院에申訴ᄒᆞ엿다더라

◉鴉烟犯被捉 三昨日北署刑事巡査二名이南部駱洞淸人烟舘에서鴉片吸喫犯李鍾雨를捕縛ᄒᆞᆯ際에韓日人數十名이李犯을强奪홀次로巡査의衣冠을裂破ᄒᆞ고無數詰難하엿슴으로該署에셔右人等을目下調査中이라더라

學界

◉卒業式會况 工業傳習所에서昨日下午二時에卒業式을擧行ᄒᆞ엿는ᄃᆡ農商工部에서는大臣以下勅奏判任官一同其他官廳은勅任官以上이往參ᄒᆞ엿다더라

◉協昌日昌 義州紳士金尙奎氏가龍川紳士張丁巖張俊根張承恒張桂潤等諸氏로더부러各其千餘金을捐出ᄒᆞ야龍川府北上面中央에協창學校를設ᄒᆞ야附近學校를聯合ᄒᆞ야校舍를宏麗히建築ᄒᆞ며初等高等科兩學徒를募集ᄒᆞ야熱心敎育하는ᄃᆡ現今出席ᄒᆞᆫ學徒가八十餘名에達ᄒᆞ고入學志願者가日日雲集하야頗히進就之望이有ᄒᆞ다더라

◉其意甚好 咸南端川利下面文坪里居許道成氏가漢城西北學會舘內協成學校에셔修業ᄒᆞ다가學費가乏絶되야退學還鄕케되[illegible]該洞居辯護士[illegible]氏가該學員의學費를擔給ᄒᆞ야卒業케홈으로該學員이感謝不已ᄒᆞᆫ다더라

◉茂昌開校 白川郡無位面彦默洞居邊永任李敎哲邊東植諸氏가協力ᄒᆞ야茂昌學校를設立ᄒᆞ엿는ᄃᆡ邊永球氏는自己家屋十餘間을校舍로寄付ᄒᆞ고洞內紳士諸氏는校室修理費로五十圓을義捐ᄒᆞ엿고本月八日에開校式을擧行홀時에校監邊永國學監趙秦元氏가壹般學徒를對ᄒᆞ여激切히勸勉ᄒᆞ엿다더라

◉長校試驗 咸南永興郡長興面長明學校에셔第壹學年試驗을經ᄒᆞ엿는ᄃᆡ成績이良好ᄒᆞ야優等及及第生이十五名이라더라

學報

◉普明卒業 忠北槐山郡私立普明學校에셔本月八日에第二回卒業式을擧行ᄒᆞ엿는ᄃᆡ優等生은洪觀植柳大珪洪明植及第生은全永胄金思元沈載憙李載範等八人이라더라

◉普興卒業 安州北面協成普興學校에셔本月七日에第壹回卒業式을擧行ᄒᆞ엿는ᄃᆡ優等生은崔允煒李泰俊李寅燮及第生은卞宗三

詞藻

◉我 獨 淚◉

梨花에月白ᄒᆞ고、銀漢이三更인데、
東便에歌曲이오、西便에嗟嘆것만、
웃는니、너눈에는、憂國淚뿐

宮廷彙報

◎節次減省 大皇帝陛下씌옵셔 東籍田에 幸行ᄒᆞ사 親耕式을 擧行ᄒᆞ실次로 目下儀式을 準備中인ᄃᆡ 日前統監府에셔 宮內府로 電話ᄒᆞ되 親耕式을 擧行ᄒᆞᆫ 年例가 旣有ᄒᆞᆫ 費用이 夥多ᄒᆞᆫ즉 今番幸行에ᄂᆞᆫ 節次를 比前減省하라 ᄒᆞ엿다더라

◎王妃謁見 義親王妃殿下ᄂᆞᆫ 昨日上午十一時 大皇帝 황后兩 陛下씌 謁見하셧다더라

雜報

◎完興吟病 完興君李載冕氏ᄂᆞᆫ 近日以病이 有ᄒᆞ야 頗히 危篤ᄒᆞ다더라

◎閔氏運動說 拓殖會社副總裁閔泳綺氏ᄂᆞᆫ 總裁椅子를 占據ᄒᆞᆯ次로 某處에 極力運動ᄒᆞᆫ다더라

◎歡餐送迎 統監府長官石塚은 日本交替師團을 送迎ᄒᆞ기 爲ᄒᆞ야 來廿三日下午六時半에 統監官邸에셔 晩餐會를 開ᄒᆞᆫ다더라

◎李氏南行 宮中顧問李允用氏ᄂᆞᆫ 閒養하기 爲ᄒᆞ야 昨日上午九時에 금泉鄕第로 發向ᄒᆞ엿다더라

◎夫人講書 完興君李載冕氏의 夫人과 永宣君李埈鎔氏의 夫人은 內人幾名과 共히 孟子를 讀習ᄒᆞᆫ다ᄂᆞᆫᄃᆡ 淑明高等女學校漢文教師李淑子氏가 每日仕退後에 教授ᄒᆞᆫ다더라

◎團長說明 觀光團長兪吉濬氏ᄂᆞᆫ 再昨日上午九時에 團員一同을 漢城府民會館內로 會同ᄒᆞ야 旅行에 關ᄒᆞᆫ 事件을 說明하엿다더라

◎農相渡日 農相趙重應氏ᄂᆞᆫ 本月日人의 主幹하ᄂᆞᆫ 觀光團과 共히 渡日ᄒᆞᄂᆞᆫᄃᆡ 往復期日은 一週間으로 豫定ᄒᆞ엿다더라

◎日鷄播種 農商工部에셔ᄂᆞᆫ 日本種鷄二百首를 各都市附近에 無料로 分給하고 又此種鷄卵은 每介價値가 五錢式인ᄃᆡ 何人을 勿論ᄒᆞ고 分給코져ᄒᆞᆫ다더라

◎農銀會議 各道에 在ᄒᆞᆫ 農工銀行의 支配人會議ᄂᆞᆫ 本日부터 漢湖銀行樓上에셔 開ᄒᆞᄂᆞᆫᄃᆡ 度支部次官荒井이 議會에 出席ᄒᆞ야 訓示的으로 演說ᄒᆞᆫ다더라

◎生牛輸出數 韓國에셔 輸出ᄒᆞᄂᆞᆫ 生牛ᄂᆞᆫ 年年二萬頭에 達ᄒᆞᆫ다ᄂᆞᆫᄃᆡ 本年一月부터 三月ᄭᆞ지 日本으로 輸出ᄒᆞᆫ 者가 三百八十六頭라더라

◎家稅改正件實施 昨年度에 發布ᄒᆞᆫ 家屋稅規定에 關ᄒᆞᆫ 改正件은 本年度에 實施ᄒᆞ기로 決定되엿다더라

◎生田南行說 農商工部書記官生田은 南韓沿岸을 視察次로 來二十四日에 出發ᄒᆞᆫ다더라

◎外人三稅 度支部調查를 據ᄒᆞᆫ즉 外國人의 新三稅收納額이 左와如ᄒᆞ니

(家屋稅)納稅者數ᄂᆞᆫ 三千三百二十八人(清、美、法、日人)이오 課稅家屋數ᄂᆞᆫ 四千六百五十五戶오 該稅額은 四千三百四十圓이오

(酒稅)免許人員은 百十八人(清、日人)이오 稅額은 六百六十圓이오

(烟草稅)免許人은 百五拾六人(日人)이오 稅額은 二百六拾七圓이오 又烟草販賣免許者가 千九百二人이라더라

◎無理橫討 日人渡邊章은 宮中顧問李允用氏에 名함五百枚를 印刷携帶ᄒᆞ고 昨日李氏家에 來到ᄒᆞ야 代金十圓을 討索ᄒᆞ엿ᄂᆞᆫᄃᆡ 該名片印刷ᄂᆞᆫ 李氏의 委托이 初無ᄒᆞ다더라

◎輸入超過 關稅局調查를 據ᄒᆞᆫ즉 本月上半期에 輸出品價額은 八十五萬二千九百圓이오 輸入品價額은 一百十一萬四千四百七十三圓이라더라

◎慶察修報 慶北觀察使朴重陽氏ᄂᆞᆫ 管下各郡의 官廳及面洞里의 廢合件을 修定ᄒᆞ야 內部로 報告ᄒᆞ엿다더라

◎大淸潔將施 各警察署에셔ᄂᆞᆫ 來月一日內에 春期大淸潔을 施行ᄒᆞᆯ次로 一般人民의게 指揮ᄒᆞ엿다더라

◎地段調查 楊州郡金谷外垓字內에 犯人된 民有地를 還推ᄒᆞᆯ次로 各山主等이 度支部에 請願ᄒᆞᆫ 事에 對ᄒᆞ야 該部에셔 其地段을 調查ᄒᆞᆯ次로 再昨日韓日主事를 派送하엿다더라

◎金鑛請認 平北宣川郡居申基周桂雲鶴氏等이 龜城郡天摩面塔洞明堂谷에 在ᄒᆞᆫ 金鑛三十一萬四千四百六坪을 測量ᄒᆞ야 農商工部에 採掘許可를 請願ᄒᆞ엿다더라

◎民情오오 家屋稅徵收에 關ᄒᆞ야 漢城財務署韓日人主事各一人이 再昨日北部安洞等地로 巡回ᄒᆞᆯ時에 各人民家에 突入ᄒᆞ며 或房門ᄭᆞ지 封鎖ᄒᆞᆷ으로 婦女들은 輿刦避身ᄒᆞ야 오오情狀이 目不忍見이라더라

◎其義可尙 忠南公州郡東部面壽元洞居任憲誠氏의 先山을 其子孫中不肖者가 外國人의게 僞券典執ᄒᆞ엿合으로 任氏가 該山을 還推코져ᄒᆞ되 財政을 難辦ᄒᆞ야 晝夜憂慮ᄒᆞ더니 其門人金作勉金在勤成庸運成亨運朴俗源安命汝禹貞熙李勉汝成樂鎬成智鎬洪敬源諸氏가 合力鳩財ᄒᆞ야 該山을 推還케하엿合으로 該氏等의 高義를 人皆稱頌ᄒᆞᆫ다더라

◎安氏將訴 扶餘郡居閔泳錫氏가 甲辰年分益山郡守被任時에 安洞居安學洙氏의게 금貨一千五百圓을 債用ᄒᆞ고 尙不淸帳ᄒᆞᆫ故로 安氏가 右금額을 推尋코져 公州地判所에 起訴次로 日間下往ᄒᆞᆫ다더라

◎學員觀覽 官立漢城高等學校學員一同은 修學旅行하기 爲ᄒᆞ야 來二十三日纛島模範場을 觀覽ᄒᆞᆫ다더라

◎唱歌押收 平壤人李聖植氏가 著作ᄒᆞᆫ 中等唱歌ᄂᆞᆫ 許可를 受치아니하고 出板ᄒᆞ엿다ᄒᆞ야 內部에셔 發賣頒布를 禁止ᄒᆞ고 仍히 押收ᄒᆞ엿다더라

◎閔氏被招 時事新聞社長閔元植氏ᄂᆞᆫ 日憲兵補助員을 論攄ᄒᆞᆫ 事件으로 再昨日下午一時에 憲兵司令部에 被招ᄒᆞ엿다더라

◎語學試驗 警視廳에셔ᄂᆞᆫ 本日에 韓日人巡查를 會同ᄒᆞ야 語學의 優劣을 試驗ᄒᆞᆫ 後上自五圓으로 下至一圓ᄭᆞ지 手當금을 磨鍊ᄒᆞᆫ다더라

◎一場詰問 警視廳에셔 前參判趙南昇氏를 逮捕ᄒᆞ라ᄒᆞᆷ은 旣報어니와 該廳에셔 再昨日下午二時에 趙氏의 父親과 叔母를 招致ᄒᆞ야 趙氏의 平日行動과 目下去處를 一場詰問하엿다더라

◎家屋搜索 趙南昇氏가 東部巡邏洞等地에 潛伏ᄒᆞ엿다ᄂᆞᆫ 說이 有ᄒᆞᆷ으로 刑查巡查十餘名이 再昨日下午三時부터 同六時ᄭᆞ지 該洞人民家屋을 一一搜索ᄒᆞ엿다더라

◎移住日多 咸北及江原道地方의 貧寒ᄒᆞᆫ 人民들은 生計가 困難ᄒᆞ야 北間島로 陸續移住ᄒᆞᆫ다ᄂᆞᆫᄃᆡ 本月中에 城津을 經由ᄒᆞ야 北間島에 移住ᄒᆞᆫ 者가 二百餘名에 達ᄒᆞ엿다더라

◎統府火警 再昨夜統監府電燈電話各線에셔 火花가 發ᄒᆞ야 失火의 慮가 非常ᄒᆞ엿ᄂᆞᆫᄃᆡ 消防隊等이 水道水를 發射ᄒᆞ되 何等效力이 無ᄒᆞ고 瓦斯會社와 郵便局에셔 急報를 接ᄒᆞ고 多數人員이 來集하야 電線의 全部를 切斷ᄒᆞ야 鎭火를 始得하엿다더라

◎佳麗風塵 京畿黃海江原道等地에ᄂᆞᆫ 去月以來로 義兵이 或土民의 樣을 粧ᄒᆞ며 或三三五五로 作隊하야 各處에 出沒ᄒᆞᆫ다ᄂᆞᆫᄃᆡ 再昨日伊川郡古味呑面에셔 義兵將姜千突氏의 先鋒鄭某의 部下七名이 佳麗日憲兵分遣所日憲兵及補助員과 衝突ᄒᆞ야 約卄分間互相激戰ᄒᆞ엿다더라

◎義日衝突 日前長湍郡北面等地에셔 義兵將延起羽氏의 部下五十餘名이 日憲兵補助員五名과 數時間激烈히 交戰ᄒᆞ엿ᄂᆞᆫᄃᆡ 補助員等이 敗走ᄒᆞ엿다더라

◎義兵被害數 去月中에 義兵이 京城駐在日憲兵分隊와 接戰ᄒᆞᆫ 結果로 義兵敗死者가 十七名이오 被虜者가 卄八名이라더라

◎兩氏被捉 茂長郡居金在鳳朴宣采兩氏ᄂᆞᆫ 何事件을 因ᄒᆞᆷ인지 三昨日에 憲兵司令部에 被捉ᄒᆞ엿다더라

◎詐欺犯越交 中部警察署에 被捉ᄒᆞᆫ 詐欺取財犯安榮綱김聲默等은 昨日地方裁判所로 越交ᄒᆞ엿다더라

感荷義捐

平北義州郡枇峴居金鐸氏ᄂᆞᆫ 赤貧ᄒᆞᆫ 家勢로 本報를 購讀ᄒᆞᆫ지 于今三年有餘인ᄃᆡ 本社의 經費困難ᄒᆞᆷ을 居常히 深憂ᄒᆞ되 補助ᄒᆞᆯ 能力이 無ᄒᆞᆫ지라 昨年부터 每日葉錢文式 儲蓄ᄒᆞ엿다가 今에 九十錢을 寄付하엿ᄂᆞᆫᄃᆡ 該氏의 懇篤ᄒᆞᆫ 誠心은 實노 歎服ᄒᆞᆯ비라 玆에 其盛意를 銘謝ᄒᆞ노라

感荷義捐

北部社稷洞居張景煥氏가 本社經費를 補助키 爲ᄒᆞ야 金壹圓을 寄付하엿기 玆에 其盛意를 感表ᄒᆞ노라

電報

海軍急要說

日本海軍當局者某ᄂᆞᆫ 日本의 海軍擴張은 急要急要ᄒᆞᆫ 事라고 言明ᄒᆞ엿다더라 東京發 十八日着

日本內債

日本의 第二次內債ᄂᆞᆫ 一億八十萬圓으로 確定되엿다더라 東京發 十九日着

列國公使警告

清國長沙에 暴動이 甚히 猛烈ᄒᆞ야 在留外人의 被害가 多大ᄒᆞᆷ으로 列國公使ᄂᆞᆫ 此를 鎭撫케ᄒᆞᆯ 事로 北京政府에 警告ᄒᆞ엿다더라

暴動鎭靜

長沙暴動은 外國軍艦의 威壓으로 漸漸鎭靜되엿다더라

清政府奔走

清國政府ᄂᆞᆫ 今番長沙暴動에 關ᄒᆞ야 自國警察力이 不足ᄒᆞᆷ으로 此를 鎭撫치못ᄒᆞ야 所在外國領事館教會堂이 燒火되고 居留外人에게 危害를 加ᄒᆞᆫ 故로 善後策을 講ᄒᆞ기 爲ᄒᆞ야 大段奔走ᄒᆞᆫ다더라 以上北京發 十九日着

▲山上顯聖▼

▲地球星이 히를안고 핑그르르 도라가니 東珠大陸全幅圓에 밤이 깁히 들엇ᄂᆞᆫᄃᆡ 寢床우헤 홀노 누어 救國策을 싱각ᄒᆞ더니 忽然似夢非夢間에 異常ᄒᆞᆫ 소리가 波動이 聽神經을 感觸ᄒᆞ니 瑞然從山巓望ᄒᆞ니 主의 榮光은 빗난곳에 一位烈士 獨立ᄒᆞ야 韓半島를 向ᄒᆞ야 서슬푼 노리 曲調를 發明ᄒᆞ니 목소리로 慷慨ᄒᆞ게 부르거ᄂᆞᆯ

▲큰經綸을 품고 큰目的을 일우려고 萬里苦海 건너가고 千疊愁山 넘으면서 人間苦難이란 것은 안當ᄒᆞᆫ것 하나업고 國家利益된다면은 안히본것 別노업시 밤과낫에 익쓰다가 抱負되로 못다ᄒᆞ고 黃금山에 비가되여 父母國을 永訣ᄒᆞᆯ재 最後感想 엇더ᄒᆞᆯ뇨 나의 가장ᄉᆞ랑ᄒᆞᄂᆞᆫ 父母兄弟姊妹들아 너의 心理싱각ᄒᆞ니

▲昨年今年 比較ᄒᆞ고 昨日今日 對照ᄒᆞ면 外國人의 勢力範圍 날노着着 擴張ᄒᆞ고 我同胞의 生活方針 ᄯᅢ로漸漸 減縮된다 이와又치 危殆ᄒᆞᆫ ᄯᅢ 더와又치 冷然타가 이時機가지ᄂᆞᆫ 後에 欲哭秦庭ᄒᆞᆯ지라도 其路末由ᄒᆞᆯ더이며 欲登周粟ᄒᆞᆯ지라도 其味不得ᄒᆞᆯ더이니 나의 가장ᄉᆞ랑ᄒᆞᄂᆞᆫ 父母兄弟姊妹들아 너의 處地 슯허보라

▲假飾으로 愛國말고 忠心으로 愛國ᄒᆞ며 虛名으로 團合말고 眞誠으로 團合ᄒᆞ며 學科로만 敎育말고 精神으로 敎育ᄒᆞ며 口舌로만 實業말고 實狀으로 實業ᄒᆞ야 大小事를 莫論하고 心과誠을 다하여서 今日準備 하엿다가 後日風雲舞臺上에 特立獨立ᄒᆞᆯ지어다 나의 가장ᄉᆞ랑하ᄂᆞᆫ 父母兄弟姊妹들아 나의 囑托 닛지말라

▲노리소리 굿치자 西山우혜 걸닌달이 鷄鳴聲을 催起ᄒᆞ미 惜別淚를 뿌려주고 樂園으로 올나가니 北斗星만 照耀ᄒᆞ야 三千里에 應ᄒᆞ엿고 白頭山에 뜬구름은 오락가락 ᄒᆞᆯ뿐이라 悽然ᄒᆞᆷ을 不勝ᄒᆞ야 見聞ᄒᆞᆫ바 記錄ᄒᆞ야 同胞에게 告ᄒᆞ노니 슬푸도다 同胞中에 이意味를 ᄭᆡ닷고셔 痛哭ᄒᆞᆯ者 몃몃치며 興起ᄒᆞᆯ者 몃몃치고

雜報

◎龍浦船橋의事件 續

其請願書는如左ᄒᆞ니

本洞沿岸段은係是民有地인故로本洞渡船組合認可를舊觀察府에請ᄒᆞ온바特히民有權實地調査를經由承認ᄒᆞ야于今數年이온ᄃᆡ不意日本人上田充이渡橋認可를承得ᄒᆞ옵고渡船場內에該營業所建築工役을現方着手이온즉非但民有權이確實ᄒᆞᆫ地段이올뿐더러渡橋와渡船이名雖兩種이나性質은一也오니營業機關에至ᄒᆞ야一號之下이온ᄃᆡ此渡橋營業이渡船營業에對ᄒᆞ야沮遏이不尠ᄒᆞᆫ中又況民有地段을許可ᄒᆞ실理由는必無이옵고似是認否承認이온故로本洞民等이玆以聯名請願ᄒᆞ오니照亮後該渡ᄉᆡ橋許可에對ᄒᆞ야別般措處ᄒᆞ심을伏望ᄒᆞᆷ

仝二月十七日에內部에서該請願에對ᄒᆞᆫ指令(第二一九號)을發ᄒᆞᆫ全文이如左ᄒᆞ더라

道路河川이民有地가아닌事及船橋許可에關ᄒᆞᆫ件을說示인바其趣旨를諒ᄒᆞ고却下를申出ᄒᆞᆷ을依ᄒᆞ야却下ᄒᆞᆷ

仝二月二十四日에日人新發行ᄒᆞᄂᆞᆫ朝鮮日之出新聞에서設橋問題에對ᄒᆞ야仁龍間과漢江沿岸에貨運漕에妨害되는事實로日本居留地間輿論을擧ᄒᆞ야揭布ᄒᆞ엿고仁川運漕業者間에셔도猛烈ᄒᆞᆫ反對議論이沸騰ᄒᆞ야同架橋許可取消運動에着手ᄒᆞ고且日人大久保民長은龍山居留日人을代表ᄒᆞ야統監府와韓政府에對ᄒᆞ야反對運動에着手ᄒᆞ얏ᄉᆞ니言論界와民團間에셔極端의反對意思를表示ᄒᆞᄂᆞᆫ理由가비록日人便의自爲的觀念으로倣出ᄒᆞᆷ이나其實은個人上田充의私利로써多大ᄒᆞᆫ公衆의沮害를說盡ᄒᆞᆷ은正確ᄒᆞ고又ᄂᆞᆫ內部에서認許ᄒᆞᆯ時에도順序를履行치아니ᄒᆞᆫ事實도昭詳히揭論ᄒᆞ엿더라

如此ᄒᆞᆫ事實로由ᄒᆞ야京城商業會議所와五江人民團에서商業妨害되는事實을擧ᄒᆞ야內部에對ᄒᆞ야上田充의認許取消申請書를提出하엿고沿江人民幾千名이鍾路商業會議所에會同ᄒᆞ야該問題의落着을留待하야極端ᄒᆞᆫ反抗이有ᄒᆞ엿더라 (完)

特別廣告

本社의셔同胞의衛生을注意ᄒᆞ야美國의셔經驗單方으로流行適用ᄒᆞᄂᆞᆫ靈藥聖劑를買入ᄒᆞ야左開廣布ᄒᆞ오니有病君子와藥業에從事ᄒᆞ시ᄂᆞᆫ僉彦은爭先來購ᄒᆞ시옵

分賣와都賣에差別이有ᄒᆞ야一打(十二個)以上의都賣에ᄂᆞᆫ特別割引홈

左　開

秘製止痛藥　效能　外塗內服無處不適　消滯　止痛　絕瘧　治痢無不神效홈

喜蘇膏藥　效能　頭痛　身體一切痛症　積年風濕　除痰　生선之道　령師奏效홈

亞麟香膠　效能　母論男女老少　勿拘年久日淺一切　咳소　服之則其效如神홈

委花藥精　效能　痔疾　瘰癧瘡　擴跌傷蟄咬等　諸症無雙聖藥

委花露水藥　效能　痲症　花柳瘡　凡不潔血所崇症　婦人虛弱등症靈驗홈

牛汁藥酒　效能　毋論男女老少氣血虛弱者服之則大補元氣身體强健홈

韓美興業株式會社事務所

京城鍾路和平堂大藥房各種藥品廣告

官登錄　許認可　（和）

（健胃消滯）**八寶丹**（主治効能）　新舊積滯　急性關格　霍亂吐사　暈痛眩운　運氣瘟疫　預防妙藥

胎養調經丸　婦人冷積病神効　**齒痛清快水**　虫齒風齒　齒齦頭痛

麝香消瘡丹　諸般瘡病一切祛根　**明耳精**　耳內炎痛　耳垢壅積

阿烟斷引藥　年久鴉片引拒絕藥　**痲疹丸**　小兒痲疹　腥紅熱

滋陽丸　男女勿論陰陽雙補　**齒根炎傷散**　齒肉爛傷　齒血發炎

全治丸　連珠瘰력一切去根　**小兒痢氣丸**　身熱癲驚　夜啼便青

消積散　陳陳久적消如春雪　**脚氣腰痛丸**　兩脚濕痛　腰痛脇症

回生水　急泄虛泄無非神효　**鷄眼膏**　뒤ᄂᆞᆫ拔根　更無後慮

治顏水　여드름과주근깨ᄂᆞᆫ妙藥　**腫根拔散**　拔瘇根　去惡生新

蘇生丹　癨亂吐사立卽見효　**止汗散**　手足汁臭　一切神効

蛔滅散　회虫去根更無後慮　**口病清熱水**　口內火傷　唇坼鼻瘇

鎮咳散　勿論老少消담止咳　**浮腹能下丹**　下腹膨脹　少便不利

鮮毒散　四時感冒寒熱往來　**小兒腹瘧丸**　初학神효

丘虫藥　寸白虫을沒出去根　**小兒疳氣散**　腹部膨脹　食慾不絕

通治膏　諸般종瘡一切神효　**梅毒全滅丸**　先天梅毒　後天梅瘡

補陰降火丸　男女勿論陰虛火動　**小兒百日咳丸**　呼吸困難　담체嘔吐

雙補丸　陰陽俱虛血氣不足　**疥瘡水**　疥瘡一切神효無化

玉容水　버짐과어루러기藥　**偏頭痛止散**　眩暈頭痛　耳鳴眼火

下浮丸　全體浮종便秘胃炎　**夜盲復明丸**　當昏眼迷　氣候受傷

退疸丸　黑달黃달酒달食달　**胸膈止痛散**　胃痛腹痛　酒食담체

咽喉散　咽喉炎咽喉潰瘍　**祛惡生新膏**　頭瘡潰瘍　祛惡虫新

下痢散　赤痢白痢吐사吐糞　**小兒胎毒膏**　胎毒面腫　溫癬乾癬

血痰祛根丸　吐血咯血月經不調　**火傷治毒膏**　火傷濕疹　皮膚搔痒

上血快治丸　吐血降火開鬱血담　**梅毒全滅膏**　諸般瘡종　祛惡生新

其他洋藥各種과○賣藥各種○漢藥唐草材○都賣散賣

遠地에ᄂᆞᆫ請求ᄒᆞ시면郵便小包로中速酬應홈

京城鍾路和平堂大藥房主任　李應善

大韓全國에ᄂᆞᆫ本堂製造發行ᄒᆞᄂᆞᆫ藥品

消化新藥 **清心保命丹**　此丹은化痰止咳ᄒᆞ고順氣消滯ᄒᆞ며恒常長服ᄒᆞ면腸胃가健全

大補元氣 **蔘茸大補元**　大補元氣ᄒᆞ고滋腎健腦ᄒᆞ며先天不足과陽위不起에一切神効

蛔積殺虫散　此약은회積과회腹痛과회虫一切을去根ᄒᆞᄂᆞᆫ良劑

久滯大通丸　此丸은年久積滯와宿滯後重이며胃腹痛에神効莫大홈

瘡病新藥 **梅花黙雪丹**　毋論男女ᄒᆞ고花柳病楊梅瘡에一切去根快復하ᄂᆞᆫ良藥

眼疾速効 **光明眼藥**　諸般眼疾에隨症皆差ᄒᆞᄂᆞᆫ東洋에初有ᄒᆞᆫ寶藥

起死回生 **回生丹**　此丹은急ᄒᆞᆫ吐瀉關格이며가合아리와冷積과痢疾에神効

感氣神効 **解熱散**　寒熱往來ᄒᆞ며似학非학과頭痛眩暈와肢節痛에其効가偉大

齒痛新藥 **止痛健齒水**　虫齒와風齒와諸般齒痛에壹切神효

耳鼻靈藥 **耳鼻神藥**　勿論男女ᄒᆞ고耳聾鼻塞이며耳鼻에關ᄒᆞᆫ病은隨症並差

疝症根 **疝積湯**　諸般산症에大談出賣홈

寸虫沒出藥　寸白虫을一切去根ᄒᆞᄂᆞᆫ妙劑

되눈과못 **拔根藥**　되눈과못과ᄉᆞ마귀를ᄲᆡᄂᆞᆫ藥

止足汗臭藥　手足의汗臭를除切ᄒᆞᄂᆞᆫ藥

去核生新 **沃度膏**　瘡瘍과腐傷과곰센더去核生新ᄒᆞᄂᆞᆫ第一發明

最新改良 **百應膏**　勿論男女老少ᄒᆞ고毒瘇濕瘇痰核諸般瘇瘡에壹切特効가有홈

淋疾藥各種　淋疾各症에壹週日만服ᄒᆞ면病根快復ᄒᆞ고ᄯᅩ腎氣가完全홈

其他洋藥各種中○賣藥各種○都賣散賣

○遠地에ᄂᆞᆫ郵便小包로中速酬應홈

漢城南大門內濟中堂大藥房　李應鳳

代辦主任　李興國　白

社　告

大韓每日申報各處支社廣告

平安北道

龍川楊市維新書舖	黃菊保
龍川南市驛	韓濼希
朔州邑南門外	朱伯英
義州南門外西大藥局	張有寬
鐵山邑東部	鄭　翊
車輦館同志會內	金明鉉
定州南門內書舖	洪成麟
博川邑內館洞	金翼樞
京義線枇峴驛停車場前運輸會社前	李基秀
泰川邑館前洋藥局	李正華
寧邊郡內紅門里	鄭德昇
寧邊龍山面新興里南貞河家	鄭奉谷
宣川橋南四統十戶	中基周
江界邑內	金泰熙
郭山郡內新街	金大鉉
雲山邑上里八統八戶	咸元澤
雲山北面橋洞八統七戶	王晛鎬
昌城郡內西下里一統二戶	許　익
熙川邑內面東門外洞十四統二戶	金錫澤

平安南道

平壤鍾路太極書舘	安泰國
三和港碑石洞耶蘇教堂	裴亨湜
安州城內義井洞安陵서舘	金翼河
江西邑內	金昌煥
甑山郡內利用里	崔諺爽
德川邑官洞耶蘇教冊肆	李丙斗
永柔邑內槐峴里二統八戶	金志瑞
中和下道面一里三洞	禹應善
肅川東部面一里三統九戶	金天湜
咸從邑校洞	金炳善

黃海道

海州南門內韓昌書舘	朴昌鎭
安岳郡細洞面端山里上場	韓植敎
長淵邑서北支學會內	崔東元
殷栗邑倉前里	金光礪
信川邑四里	李悌瓊
白川邑文明舘	趙雲泳
載寧邑서部李鼎均家乾材局	李範善

咸鏡道

沙里院三聖學校內	李承吉
咸興州南社西門外	曹喜林
元山港上里倉前洞耶蘇女學校側	皇甫正杰
定平郡豐陽里	張禮學
洪原西門內保命局	羅炳善
永興邑南山洞洪明學校內	梁元常

全羅道

清津港新岩洞	張元浩
金溝木流面豆亭	趙德三
木浦港陽洞	李得珠
羣山港九龍洞一統八戶	方在喜

京畿道

仁川杻峴開新冊肆	李東皓
開城南門外興學書舖	姜助遠
江華邑川橋	俞鎭植

慶尙道

大邱西小門外友弦書樓	梁正山
釜山佐川藥局	徐錫籌

江原道

鐵原邑葉谷	趙鏞大
蔚珍郡遠南面德化里	田興郁

忠淸道

韓山下北籠堂里	李英稙
結城廣川小龍洞	李啓祚

北墾島

北墾島龍井村下場里	朴茂林

本報　一枚　新貨二錢五厘　壹個月　三十錢　參個月　九十錢　陸個月　壹圓七十錢

廣告　四号活字拾三字詰　每日一寸(英尺)에新貨廿五錢（自一行至四行이爲一寸）但時期長短과行數多少를

檀君開國四千二百四十三年
箕子元年三千二十二年
大韓開國五百十九年
本報創刊日 光武八年七月十八日

大韓每日申報

第八卷
月曜及慶節歲時日休刊
第一千三百六拾六号
發行兼編輯人 英國人 萬咸
Responsible for Publication Alfred Weekley Marnham.
發行所 京城中部石井洞三層洋屋 大韓每日申報社

論說

◉國債報償金의處理를攢賀ᄒᆞ노라

嗚乎라國民의淚로集ᄒᆞ며國民의血로集ᄒᆞᆫ國債報償金을數年間京鄕各處에散置하야何等의處理를不見하엿더니

今日處理會에서公議를從하고良策을擇ᄒᆞ야其處理方法을決定ᄒᆞ엿는ᄃᆡ(一)利用方法은利殖을取ᄒᆞ야敎育費에用ᄒᆞ며(二)保管方法은土地를買置ᄒᆞ기로ᄒᆞ엿다ᄒᆞ니吾儕는此消息을得聞ᄒᆞ고一賀를不已ᄒᆞ노라

處理會創立以來로利用方法에關ᄒᆞ야意見이區々ᄒᆞ야或銀行을設立ᄒᆞᄌᆞᄒᆞ며或各人에게返給ᄒᆞᄌᆞᄒᆞ며或敎育費에用하ᄌᆞᄒᆞ엿나니盖銀行을設立ᄒᆞᆷ이一共公的行爲가아님은아니나事業의危險이甚大ᄒᆞ야損失의憂慮가多ᄒᆞ나니故로可치아니ᄒᆞᆫ者오各人에게返給ᄒᆞᆷ이一便宜的處置가아님은아니나金額의渙散을徒作ᄒᆞ야公益의營爲가無하나니故로此는取치아니ᄒᆞᆯ者라오직利殖을取ᄒᆞ야敎育費에用ᄒᆞᆷ이一邊으로銀行設立의敝害를避ᄒᆞ야損失의憂慮가無하며一邊으로各人返給의短處를補ᄒᆞ야公益의營爲를作ᄒᆞ나니此가實로最善의方法이어늘今에果然敎育費로落着되엿스니此는吾儕의賀ᄒᆞ는바며

又保管方法에關ᄒᆞ야도議論이不一ᄒᆞ야或銀行에儲蓄ᄒᆞᄌᆞᄒᆞ며或土地를買置하ᄌᆞᄒᆞ엿나니盖銀行에儲蓄ᄒᆞᆷ이甚히簡單ᄒᆞᆫ方法이나然이나此亦比較的冒險行爲를不免ᄒᆞ나니何故오ᄒᆞ면銀行에儲蓄ᄒᆞᆯ時에는左와如ᄒᆞᆫ被害가有ᄒᆞᆷ이니라

(一)銀行에儲蓄ᄒᆞ면銀行이被損或破産ᄒᆞ는境遇에는金額의一部或全部를損失ᄒᆞᆯ慮가有ᄒᆞ며

(二)銀行에저蓄ᄒᆞ면金額의移動이便宜ᄒᆞᆫ故로或不意의禍를被ᄒᆞᆯ慮가有하며

(三)銀行에저蓄ᄒᆞ면土地取利보다比較的利殖이輕少ᄒᆞᆯ지라

至若土地를買置ᄒᆞ면比較的損失의慮가少ᄒᆞ며不意의禍가少ᄒᆞ며又利殖이稍多ᄒᆞ나니此가實로得宜의方法이어늘今에果然土地買置로落着되엿다ᄒᆞ니此는吾儕의賀ᄒᆞ는바라

然ᄒᆞ나土地買置問題에關ᄒᆞ야或反旗를試擧ᄒᆞ는者ㅣ有하야曰土地는或天災地變을逢ᄒᆞ야洪水에浮ᄒᆞ거나地震에破壞ᄒᆞ는等憂慮가有ᄒᆞ다ᄒᆞ며又曰土地는或凶年을因ᄒᆞ야收入이減少키易ᄒᆞ다ᄒᆞ며又曰土地는금額의需用이銀行보다困難ᄒᆞ다ᄒᆞ야銀行저蓄을唱ᄒᆞᆫ다ᄒᆞ니此果何等無理由의論이뇨

大抵土地買置가彼銀行저蓄보다害는無ᄒᆞ고利가有ᄒᆞᆷ은以上에도一言하엿거니와今에彼가아모리天災地變說을唱ᄒᆞ나彼銀行破産의憂慮는天災地變의憂慮보다百倍나尤大하며彼가아모리凶年收入減少說을唱ᄒᆞ나豐年增收로凶年所失을補償ᄒᆞ면足히平均의平年收入을得ᄒᆞᆯ지니此가彼銀行저蓄의輕利보다는오히려多大의餘利가有ᄒᆞᆯ지며彼가아모리금額通用困難說을唱하는土地를買置ᄒᆞ야收賭의方法을善定ᄒᆞ면實로敎育經費의支用困難이無ᄒᆞᆯ지오도리혀금額移動이頗難ᄒᆞᆷ으로銀行저蓄上一弊害를得除ᄒᆞ나니彼銀行저蓄說이果然何等無理由의論이뇨

然이나吾儕의一念ᄒᆞ는바는오직此土地買入時에或不[illegible]의徒가紛競을圖ᄒᆞᆯ가ᄒᆞᆷ이是라然이나此神聖ᄒᆞᆫ금額에對ᄒᆞ야敢히染指의心을挹ᄒᆞᆯ者가無ᄒᆞᆯ뿐아니라或此가有ᄒᆞ더라도다만各道中公平廉直ᄒᆞᆫ人으로委員을選定ᄒᆞ야監督處置ᄒᆞ면何等不可가有ᄒᆞ리오

吾儕는此處理를賀ᄒᆞ는同時에此處理方法을實行ᄒᆞᆯ委員의選擇得當을視ᄒᆞ여又委員되는諸氏의公正善能을望ᄒᆞ노라

官報

隆熙三年十一月十三日

內閣告示第四十三號

○勅令第一百九十四號 (明治四十二年十月二十三日)

特許登錄令 續

第五十一條 등錄ᄒᆞᆫ權利가某人의死亡을依ᄒᆞ야消滅ᄒᆞᆫ境遇에在ᄒᆞ야申請에其死亡을證ᄒᆞᆫ戶籍吏의文書와其他此에相當ᄒᆞᆫ文書를添附ᄒᆞᆯ時는다만등錄權利者로서등錄의抹消를申請ᄒᆞᆷ을得ᄒᆷ

第五十三條 登錄權利者가登錄務義者의蹤跡을不知ᄒᆞᆷ을依하야此와共히등錄의抹消를申請ᄒᆞᆷ이不能ᄒᆞᆯ時는民事訴訟法의規定을從ᄒᆞ야公示催告의提申을ᄒᆞᆷ을得ᄒᆷ

前項의境遇에除權判決이有ᄒᆞᆯ時는申請書에其謄本을添附ᄒᆞ야다만登錄權利者로서登錄의抹消를申請ᄒᆞᆷ을得ᄒᆷ

第一項의境遇에申請書에債權證書又는本領收證書及등錄된債務畢納ᄒᆞᆫ證書를添附ᄒᆞᆯ時는다만登錄權利者로서質權에關ᄒᆞᆫ登錄의抹消를申請ᄒᆞᆷ을得ᄒᆷ

第五十四條 登錄의抹消를申請ᄒᆞᆫ境遇에其抹消로登錄上利害關係가有ᄒᆞᆫ第三者가有ᄒᆞᆯ時는申請書에其承諾書又는此에對抗ᄒᆞᆷ을得ᄒᆞᆯ裁判의謄本을添附ᄒᆞᆷ이可ᄒᆷ

第五十五條 假登錄의抹消는假등錄名義人에서此를申請ᄒᆞᆷ을得ᄒᆷ

申請書에假등록名義人의承諾書又는此에對抗ᄒᆞᆷ을得ᄒᆞᆯ裁判의謄本을添附ᄒᆞᆫ時는등록上利害關係가有ᄒᆞᆫ者에셔假등록의抹消를申請ᄒᆞᆷ을得ᄒᆷ

第五十六條 第三條第一號의境遇에訴를退却ᄒᆞᆫ裁判이나或은此를提起ᄒᆞᆫ者를對ᄒᆞ야敗訴를宣告ᄒᆞᆫ裁判이確定ᄒᆞᆫ時、訴이取下된時、請求가抛棄된時又는請求의目的을對ᄒᆞ야和解ᄒᆞᆷ이有ᄒᆞᆫ時는第一審裁判所는遲滯업시囑托書에裁判의謄本이나或抄本又는訴의取下、請求의抛棄或은和解를證ᄒᆞᆫ裁判所書記의文書를添附하고豫告登錄의抹消를特許局에囑托ᄒᆞᆷ이可ᄒᆷ

第三條第二號의境遇에서審判의請求를退却ᄒᆞᆫ審決又請求를否認ᄒᆞᆫ審決이確定ᄒᆞᆫ時、審判請求가取下된時、請求가抛棄된時、請求를否認ᄒᆞᆷ으로判決이有ᄒᆞᆫ時又는權利確認의査定或은此에對ᄒᆞᆫ審決이確定ᄒᆞ거나又는判決이有ᄒᆞᆷ으로出願이特許ᄒᆞ거나又는許可치못ᄒᆞᆷ으로決定ᄒᆞᆫ時는特許局長이特許原簿의豫告등錄을抹消ᄒᆞᆷ이可ᄒᆷ

第三章 異議及訴願

第五十七條 登錄에關ᄒᆞᆫ處分을不當이라ᄒᆞ는者는處分이畢了ᄒᆞᆫ日로부터三十日以內로特許局長을對ᄒᆞ야異議를提申ᄒᆞᆷ을得ᄒᆷ

第五十八條 異議의決定은理由를附ᄒᆞ야此를行ᄒᆞᆷ이可ᄒᆷ

決定에不服ᄒᆞᆷ이有ᄒᆞᆫ者는主務大臣에게訴願을提起ᄒᆞᆷ을得ᄒᆷ

(未完)

外報

◉土國軍隊續派 土耳其國政府는尙今까지알바니아地方에向ᄒᆞ야軍隊를陸續輸送ᄒᆞᆫ다는ᄃᆡ目下該地에派遣ᄒᆞᆫ軍隊數가旣히二萬人에達ᄒᆞ엿다더라

◉選擧競爭準備 英國議會는不遠間春期休會를行ᄒᆞᆯ터인ᄃᆡ各黨派는此期間을利用ᄒᆞ야英國歷史上에未曾有ᄒᆞᆫ最劇烈의次回總選擧競爭을準備ᄒᆞᆫ다더라

◉墺帝와루氏 墺國皇帝푸란쓰、또스푸陛下는美國前大統領루스벨트氏를接見ᄒᆞ엿다더라

◉湖北軍出動 旣報ᄒᆞᆫ淸國長沙暴動에關ᄒᆞ야淸國第十五旅團長王得勝氏는湖北軍隊를領率ᄒᆞ고長沙로向ᄒᆞ야出動ᄒᆞ엿고又日本第三艦隊四隻도亦同地로向往ᄒᆞ엿다더라

◉墺國公債發行 墺國政府는本月에二億五千萬쿠로넨의公債를發行ᄒᆞ엿다더라

◉土勃中立地帶 土耳其勃加利牙兩國國境間에中立地帶를設定ᄒᆞ기爲ᄒᆞ야目下列强間에서計畫中이라더라

◉未知孰是 淸國武昌南京의半官的報道를據ᄒᆞᆫ즉湖南省巡撫岑春暄氏의被害說은全혀誤報오且長沙는頗히靜穩에歸ᄒᆞ야各商店은去十七日부터營業에從事ᄒᆞᆫ다는ᄃᆡ又此와反對되는報道도有ᄒᆞ다더라

學界

◉興明漸興 忠北堤川郡西面私立興明學校는該面紳士閔泳復崔永奭閔泳成韓國東李相[illegible]諸氏가出資設立ᄒᆞ얏는ᄃᆡ敎師李最壽咸東龍金誠愼三氏가熱心敎授ᄒᆞᆷ으로現今出席學徒가九十餘員에達ᄒᆞ엿고就中咸氏는該校經費를補助키爲ᄒᆞ야自己月給을逐月寄付ᄒᆞᆫ다더라

◉兩氏熱心 安州郡州北面協成學校長김회瓚會計員卞炯信兩氏는該校를擲立ᄒᆞᆫ지于今三個年에義務로晝夜視務ᄒᆞ더니該校卒業生李泰俊氏는家勢貧寒ᄒᆞ야中途癈工ᄒᆞᆯ境遇인故로金氏가此를矜憐히녀겨幾年學資를全擔ᄒᆞ야該郡安興中學校에入學케ᄒᆞ엿다더라

◉明倫其明 積城郡邑內明倫學校는紳士洪暢燮慶圓秀諸氏가發起設立ᄒᆞᆫ바인ᄃᆡ該郡々守李明憲氏와郡主事白南杓氏가按月捐俸ᄒᆞ야經費를補助ᄒᆞᆷ으로校況이日進ᄒᆞ고生徒가雲集ᄒᆞᆫ다더라

◉元興日興 郭山郡梨洞私立元興學校는設立三載에校況이日進ᄒᆞ야理化學器械을購入ᄒᆞ고高明ᄒᆞᆫ敎師를延聘ᄒᆞ야熱心ᄒᆞᆫ다더라

詞藻

❀언 제 나❀ 讀史生

高句麗全盛時代、뎌歷史를考閱ᄒᆞ니。
北滿洲數千里와、遼東七百里가。
分明히、우리의領土러니、언제나다시。

宮廷錄報

◎農相渡日 既報와如히農相趙重應氏가觀光團과同作ᄒᆞ야昨日上午九時에發程渡日ᄒᆞ얏는ᄃᆡ 德壽 昌德兩宮 勅教를 奉承ᄒᆞ고曾禰統監의病況을慰問ᄒᆞᆫ다더라

◎日師團長陛見 統監府長官石塚은今回交替ᄒᆞ는日本新舊師團長木越松永을帶同ᄒᆞ고來二十三日 大皇帝陛下ᄭᅴ 陛見ᄒᆞᆫ다더라

雜報

◎言各不同 曾禰統監辭職說은屢報어니와又一說에는日本桂首相이向日曾禰를往訪ᄒᆞ고急히赴任ᄒᆞ라고面諭ᄒᆞ엿다ᄒᆞ며又日本某新聞에는統監의身病이衰弱ᄒᆞᆫ즉速히歸任치는못ᄒᆞ리라ᄒᆞ엿다더라

◎觀光團發程 旣報와如히日本觀光團員五十餘名은昨日上午九時에發程ᄒᆞ엿다더라

◎團員區別 昨日에發程ᄒᆞᆫ日本觀光團員의區別을聞ᄒᆞᆫ즉農大趙重應氏는政府代表로兪吉濬氏는府民代表로金春熙呂圭亨氏等은 皇室代表로定ᄒᆞ엿는ᄃᆡ 大皇帝陛下ᄭᅴ옵서趙農大에게特別히旅費金二百五十圓을 下賜ᄒᆞ옵셧다더라

◎孤院永借 孤兒院家屋은年前宮內府所管되엿슬時에 太皇帝陛下ᄭᅴ옵서 下賜ᄒᆞ옵신바인ᄃᆡ追後度支部로引渡ᄒᆞᆫ後에該院을他處로移接ᄒᆞ라고催促이種々有之ᄒᆞ야部院間屢度交涉이有ᄒᆞ더니日前該部에서無償금으로永爲借與ᄒᆞ엿다더라

◎敍勳撥金 內部에서는日本警察部長으로轉任ᄒᆞᆫ日人巖井에게ᄂᆞᆫ勤勞慰勞金支撥件을協議中이라더라

◎十名先用 內部次官이募集ᄒᆞᆫ日人郡主事는合格者가四十八名인ᄃᆡ高級月俸을支撥ᄒᆞᆯ豫算이無ᄒᆞᆷ으로爲先十名만需用ᄒᆞ기로內定되엿다더라

◎昇平宰相 中樞院顧問李址鎔氏는三四日前부터龍山江亭에서金昇圭趙漢鏞趙鍾緖氏等을逐日會同ᄒᆞ야唱夫와妓樂으로迭宕遊樂ᄒᆞᆫ다더라

◎李氏請願 李址鎔氏가日人石井新等과合資ᄒᆞ야北韓西水羅、土里間에輕便鐵道를敷設코져計劃ᄒᆞᆫ다ᄒᆞᆷ은旣報어니와昨日京城及淸津에在ᄒᆞᆫ日本理事廳에請願書를提出하엿다더라

◎土地調查議 度支部에서는昨日上午九時부터土地調查에關ᄒᆞᆫ會議를開하엿다더라

◎林田東行 內部事務官囑托日人林田은雇員佐佐木을帶同ᄒᆞ고江原道地方을視察次로明日發程ᄒᆞᆫ다더라

◎英夫人觀覽 英國總領事夫人은再昨日上午十時로부터下午一時ᄭᆞ지漢城內各耶蘇敎堂을觀覽ᄒᆞ엿다더라

◎孝行請褒 礪山郡居崔龜漢氏는特異ᄒᆞᆫ孝行이有ᄒᆞ다ᄒᆞ야該道觀察使가內部에修報ᄒᆞ고褒賞을施ᄒᆞ라ᄒᆞ엿다더라

◎押上費請撥 馬山港警察署에서는囚徒押上費一百四十圓을內部에請求ᄒᆞ엿다더라

◎雖憂何補 李圭恒氏가商務監部를組織ᄒᆞ는事에關ᄒᆞ야地方商業者가李圭恒氏에게多數服從ᄒᆞᆷ으로李學宰는孤립의勢가되야食路가永絕ᄒᆞ엿다고憂愁不已ᄒᆞᆫ다더라

◎觀光團發程期 平壤等地에서組織ᄒᆞᆫ日本觀光團二十三名은來二十三日에發程ᄒᆞᆫ다더라

◎一進又會 一進會評議員들이發起ᄒᆞ야금一圓以上을排歛ᄒᆞ야來土曜日三淸洞李容九家에서宴會를設ᄒᆞᆫ다더라

◎東拓漁業 拓殖會社에서는漁業을經營ᄒᆞ기爲ᄒᆞ야淸國安東縣鐵山浦로근據地를定하고圓島大和島雲驟島等地에支所를設置ᄒᆞ고職員을派送하엿는ᄃᆡ日本熊本에서派遣ᄒᆞᆫ는漁[illegible]七十隻도既히出發ᄒᆞ야明日근據地에到着ᄒᆞᆫ다더라

◎風聲鶴唳 短銃을携ᄒᆞᆫ韓人全某韓某兩氏가日本福岡으로부터韓國에向ᄒᆞᆫ다는風說이有ᄒᆞ야日本嚴原에서嚴重警戒ᄒᆞ엿스나該兩氏를發見치못하엿다더라

◎南民오々 慶南龍南固城兩郡은山海가環繞ᄒᆞ야元來田畓이極貴ᄒᆞᆫ地方인ᄃᆡ今番治道時에民有田畓을多數犯用ᄒᆞ고代금을支給지아니ᄒᆞᆷ으로各農民은損害를偏被ᄒᆞ야오々의聲이漲天하다더라

◎戶口調查 昨年來로警察署及日憲兵隊에서全國戶口를調查ᄒᆞᆷ은一般共知어니와京畿黃海江原三道에人口는調查前의預想보다約十分之三이增加되엿다더라

◎京畿戶口 京城龍山仁川水原等地를除ᄒᆞᆫ外의京畿道各郡戶口數는戶數가七萬三千一百一十이오人口가三十六萬三千八百八十七이라더라

◎不肖其孫 德沼居李天九氏는陶庵의後裔라는ᄃᆡ陶庵父子의影幀二本을賣喫次로親近人에게委托出給ᄒᆞ엿다가事實이綻露되야該宗中에서協議ᄒᆞ고影幀一本은爲先還覓ᄒᆞ엿다더라

◎慧星過日 하리慧星은昨日太陽에近接ᄒᆞ야通過ᄒᆞ엿다고天文家의推測이有ᄒᆞ다더라

◎日人組合 水原居留日本人會는學校組合을設立ᄒᆞ기로決定ᄒᆞ엿다더라

◎嚴密注目 警視廳에서前叅判趙南昇氏를調捕ᄒᆞ라ᄒᆞᆷ은屢報어니와該氏가目下雲峴宮에潛伏ᄒᆞ엿다는說이有ᄒᆞᆷ으로嚴密注目中이라더라

◎宮電不通 趙南昇氏를詗捉ᄒᆞ라는事에關하야 昌德及德壽兩宮의電話通信ᄭᆞ지再昨日부터不通케ᄒᆞ엿다더라

◎丹羽渡韓 日人青年會幹事丹羽淸次郎이漢城內日人青年會總務로被任ᄒᆞ야日昨渡韓ᄒᆞ엿슴으로兪星濬李源兢尹致旿氏等이發起ᄒᆞ야再昨日下午七時明月館에서歡迎會를設行ᄒᆞ엿는ᄃᆡ西洋人吉禮泰及巴樂萬氏等도叅席ᄒᆞ야基督敎擴張ᄒᆞᆯ事件을協議ᄒᆞ엿다더라

◎桑苗種植 平南龍岡郡養蚕會社에서는今年寒食節에桑苗六千株를種植하엿다더라

◎運動準備 官立漢城高等學校와通信管理局에서는來二十九日奬忠壇에서大運動會를開ᄒᆞᆯ次로目下準備中이라더라

◎蠻習々々 故餉堂金永壽氏에孫은何許鄕客를誘引하야上等妾材를紹介하깃다ᄒᆞ고酬勞금十圓을先捧ᄒᆞᆫ後該鄕客을自家外舍로引致ᄒᆞ고內室로卽入ᄒᆞ야自己夫人에게出外看客하기를懇請ᄒᆞᆫᄃᆡ該夫人이拒絕不許ᄒᆞᆷ으로互相詰難ᄒᆞᆯ際에言聲이漸高ᄒᆞᆫ지라該鄕客이김氏에悖行을覺知하고김氏를呼出하야峻辭責之ᄒᆞ되該금十圓은決不還推ᄒᆞᆯ터이니此等行爲를卽時悔改하라ᄒᆞ엿다더라

◎設計探問 前叅領李甲氏는目下去處가不明하다하야查探中이라는ᄃᆡ日昨警視廳別巡查壹名이進明女學校에來到하야修學中에在ᄒᆞᆫ同氏令孃을對하야曰我는爾父의親友니勿疑하라ᄒᆞ고李氏의去處와該孃의修學費支出處를扣問ᄒᆞ엿다더라

◎如何不禁 全州郡府內에는近日三十六契란雜技가益甚ᄒᆞ여家產을蕩盡하는者多有하다는ᄃᆡ該地警官은知而不禁ᄒᆞᆫ다고一般批評이有ᄒᆞ다더라

◎去盜不遠 日前에何許日人壹名이韓人勞働兒의게荷物을지이고東門으로南門ᄭᆞ지至ᄒᆞ엿는ᄃᆡ及其解擔ᄒᆞᆫ後에는雇價를不給ᄒᆞ는지라該兒가雇價를請ᄒᆞᆫ즉反히棍杖毆打ᄒᆞᆷ으로該兒는號哭而歸하엿다더라

◎往里火害 東門外往十里居金武燮氏家에서日前失火ᄒᆞ야隣家四戶가延燒ᄒᆞ엿는ᄃᆡ損害物品價値가二千餘圓이라더라

◎朴氏越交 磚洞暫成社工匠朴泰鎭氏는同業者李석範氏와何等不協事件이有ᄒᆞ엿던지李氏에頂部를拔劍揮斫ᄒᆞᆫ故로中部警察署에被捉ᄒᆞ야再昨日京城地方裁判所로越交되엿다더라

◎朴犯越交 北部警察署에被捉ᄒᆞᆫ鴉烟犯李鍾雨는再昨日京城地方裁判所로越交ᄒᆞ엿다더라

◎義嫌被捉 長湍郡西面居李成元氏等三人은義兵嫌疑로日前所管警察署에被捉하엿다더라

◎兩犯被捉 李承鈺은竊盜犯으로三昨日北部警察署에被捉ᄒᆞ엿고住所未詳ᄒᆞᆫ徐丙燁은詐欺取財犯으로日憲兵司令部에被捉ᄒᆞ엿다더라

◎總會續開 國債報償金處理會大總會는連日繼續開會ᄒᆞ고漢城及十三道代表를選定ᄒᆞ엿는ᄃᆡ漢城에權東鎭玄은忠南에洪弼周忠北에李相稷全南에韓南洙全北에劉熙烈慶南에鄭準民慶北에張吉相平南에崔在學平北에金泰淳咸南에崔麟咸北에太明軾黃海에李達元江原에南宮億氏로推薦ᄒᆞ엿고各處保管금存本殖利에對ᄒᆞ야는銀行貯置及田土買置二問題로提議ᄒᆞ야三昨日에既히買土問題로落着되엿더니再昨日에更히改議되야非常ᄒᆞᆫ紛競이起ᄒᆞ엿다더라

◎五學會總會 五學會에서는各地方學校設立ᄒᆞᆯ事件에對ᄒᆞ야昨日下午八時에聯合大總會를開ᄒᆞ고學部에ᄯᅩ히提呈ᄒᆞᆯ議案을協議ᄒᆞ엿다더라

◎靑館開演 今日下午七時半에鍾路青年會館에서演說會를開ᄒᆞ고日本人京城基督敎青年會總務丹羽淸次郎을請邀ᄒᆞ야歐洲漫遊의雜感으로演說ᄒᆞᆫ다더라

◎太極敎宗移轉 太極敎宗本部는再昨日南部會賢坊長洞으로移轉하엿다더라

◎助產所通常會 助產婦養成所에서本日上午十二時에月例통常會를開ᄒᆞᆫ다더라

◎月捐定限 西北學會에서收金委員을選定ᄒᆞ야各會員中月捐金未納條를四週日內에畢捧ᄒᆞ기로決定ᄒᆞ엿다더라

◎可笑一笑 昨日本[illegible]論說欄內에韓人民의境遇라題ᄒᆞ고政府가人民에對ᄒᆞᆫ施政失策을痛論ᄒᆞ엿더니內部에서此를治安妨害라하야押收ᄒᆞ엿더라

寸鐵

◎十四慘命 今番沉沒된日本潛水艇에서[illegible]十四名이慘死되엿고該艇長의遺書가發見되엿다더라 東京發 二十日着

社會燈

▲大韓新聞은觀光團歡送文을揭ᄒᆞ는最上頭에韓日兩旗를交叉表出ᄒᆞ엿스니韓人記者로韓人團을보니는ᄃᆡ太陽旗는무숨衍文이오아마諂을잡숫는ᄭᆞ닭이지오

▲國民新報는[illegible]ᄒᆞ야合邦派를[illegible]ᄒᆞ고[illegible]에似而似狐의小獸類를[illegible]ᄒᆞ야[illegible]譬ᄒᆞ엿스니虎威를[illegible]跳踉ᄒᆞ는狐狸[illegible]虎로自居ᄒᆞᆷ은아마[illegible]이지오

▲時事新聞은[illegible]事件으로五月停刊을當ᄒᆞ엿다니檢閱은[illegible]刊은무삼얼새진지[illegible]閱ᄒᆞᆯ때는눈[illegible]이지오

▲大韓日報는[illegible]韓二字가不適合ᄒᆞ다고朝鮮[illegible]로變名ᄒᆞ엿스니大韓[illegible]韓二字가不適合ᄒᆞ면아마大日本天地에大日本字도不適合ᄒᆞᆯ깃지오

廣告

本人이陰二月五日에朴鳳坤氏家에서無角正字圖章을見失ᄒᆞ얏스오니知舊間照亮ᄒᆞᆷ
黃海道安岳郡雲石一里金鍾瑞

本人의姓名劉宗完을蔡弘으로改ᄒᆞ얏스니知舊間 照亮
南部誠明坊大仁洞六十七統八戶 劉蔡弘白

本人의姓名半篆黑角圖章을陰三月一日에見失而以正字로改章行用ᄒᆞᆷ
京義線車輦館柳漢金貞一告白

本人이中署貞善坊洞七十四統一戶瓦家券을農工銀行과地方貸付에納ᄒᆞ고漢城府로往路中舊文券을서失ᄒᆞ얏기茲以廣布ᄒᆞ오니誰某拾得休紙施行ᄒᆞᆷ
北署安國坊小安洞六統十二戶 李漢英 白

本人이開業ᄒᆞᆫ지五年에僉君子에愛顧ᄒᆞ심을蒙ᄒᆞ야營業을一層擴張ᄒᆞ기爲ᄒᆞ야物品을直輸入ᄒᆞ야各種帽子를精密히製造ᄒᆞ야廉價로販賣ᄒᆞ오니僉君子ᄂᆞᆫ陸續來臨ᄒᆞ심을務望ᄒᆞᆷ外方에서도請求ᄒᆞ시면小包代金引換으로酬應ᄒᆞᆷ此外에洋鞋도具備ᄒᆞ오니請求ᄒᆞ옵소서

帽子十個以上은特別減ᄒᆞᆷ

特上品	一圓四十錢
甲號上品	一圓十錢
乙仝	九十錢
丙仝	八十錢
丁中品	六十錢
戊	五十錢

此外에統監府官吏帽子와警視廳部帽子도製造ᄒᆞᆷ
京城貞洞大漢門前帽子店尹興烈 委任主 崔東植 趙永信

油商保險營業團組合趣旨書

夫自保險法之全昧로商工業之衰退日甚이어날挽近商工界ᄂᆞᆫ其理ᄂᆞᆫ不悟ᄒᆞ고組合만互矚ᄒᆞ야紛紜相求ᄒᆞ나復何能力之可稽而其發達之日新氣勢를從何進化ᄒᆞ야現世紀之競爭風潮를何以駕御ᄒᆞ며舞臺之先登權利를據何期望이리오槪保險之道ᄂᆞᆫ團體를必須ᄒᆞ고團體之法은親睦을必須ᄒᆞ고親睦之理ᄂᆞᆫ合資營業을必須ᄒᆞ고合資營業之은期望慾을必須ᄒᆞ고期望慾之力은調化機要旨를自悟透明하야心信之感發力이悅服樂從心을擴充하여야其所動力이雖久不强ᄒᆞ야其趨向力이其勞苦를而進取를能一ᄒᆞ나니然則其化機要旨의難透深理를將以何術로使人人自悟케ᄒᆞᆯ고此ᄂᆞᆫ趣旨書所以作也니라嗚呼라我油商同胞야莫恨人侮ᄒᆞ고但恨自侮하라及人之功澤은毫無而但愛敢만求受者와積修之勤勞ᄂᆞᆫ毫無而但福利만願享者와施爲則憚縮而但僥倖만希覬者와欺侮則不弛而但親睦만講誘者ᄂᆞᆫ皆自侮을徒致ᄒᆞᄂᆞᆫ痴慾妄想이어날春夏에廢農하고秋穫을企望ᄒᆞ니豈不大悶가臨淵羨魚가不如退而結網이니列强을莫羨ᄒᆞ고實德實業을同志務修ᄒᆞ면實心親睦之團體를自致오保險實力之自强을可期하리니勉哉여다我同志여上天大化至道를聖人이體行하샤人和를大得ᄒᆞ신其要旨ᄂᆞᆫ己所不欲을勿施於人八個字에不外ᄒᆞᆫ지라上帝一視之下에同爲赤子ᄒᆞᆫ人이誰非我天倫同胞리오天生烝民ᄒᆞ시니天父生我之恩을圖報之策은體天好生之德ᄒᆞ야友愛同胞ᄒᆞᄂᆞᆫ道에過ᄒᆞᆫ者必無ᄒᆞ리라上帝臨汝ᄒᆞ시니無貳爾心이여다心天靈臺에皆侍上帝하니欺人이卽欺天이오侮人이卽侮天이라得罪於天則無所禱니予畏上帝라不敢不敬이니라人을愛敬ᄒᆞ라衆心所歸에福利無量하리라若一欺侮ᄒᆞ면舟中之人이從此皆敵이니라出乎爾者를天必反之于爾ᄒᆞ시리니天命靡常이라惟德是佑ᄒᆞ니履信思乎順ᄒᆞ고又以尙賢ᄒᆞ면天人이皆佑故로吉無不利니라同人은親也오大有ᄂᆞᆫ衆也니求我同類ᄒᆞ야同道同德ᄒᆞ며同業同功하야同心同力으로同憂同樂則本乎天者ᄂᆞᆫ親上ᄒᆞ고本乎地者ᄂᆞᆫ親下之理로從ᄒᆞ야同氣同胞가同聲相應ᄒᆞ리니雖天下라도可以大同親睦이온同志를組合ᄒᆞ야同業을同務ᄒᆞᆫ진ᄃᆡ不滿千人에一小團體를成立이何難이리오仰觀天象ᄒᆞ라一大團體오俯察地勢ᄒᆞ라亦一團體오日月星宿도莫不團體어ᄂᆞᆯ何以人類로不能團體乎아此一貫之道를推理ᄒᆞ면天與聖之大化功에大道를可以大覺ᄒᆞ리라天之保險法이若無하면其無量高大를天何能長保며日月星地之動靜相觸而괴를亦何能免이리오至靈至聖ᄒᆞ야大化를能造ᄒᆞᄂᆞᆫ其神能力이在天曰上帝요在人曰心神이니其精神을迷失ᄒᆞ고私慾魔障을變成ᄒᆞᆫ者와에야造化에無術ᄒᆞ며保險에昧法ᄒᆞᆫ者豈有리오嗟我油商同胞아人無實力이오又精神則是ᄂᆞᆫ死人이니死人은雖父子至親이라도必出棄荒原ᄒᆞᄂᆞ니世人에게見棄ᄒᆞᆷ을欲免하거든實業을發達하야實力을培養ᄒᆞ며放心을求守ᄒᆞ야精神을培養ᄒᆞ라心口耳目手足은天所賦於汝之進化機械니違天本意而其機械를不用則其機械를天必敗去ᄒᆞ시리라進化機械ᄂᆞᆫ世人이同有어ᄂᆞᆯ瞻彼列强컨ᄃᆡ競爭舞臺에凱歌를高唱ᄒᆞ고回顧同胞컨ᄃᆡ悲風慘雨에痛苦를飽料ᄒᆞ되苟偸乍安而覥然昧恥하니雖有自全之術이라도決不可忍이온願連餓莩가雖非釜魚아同胞同胞여此合資營業團保險組合事務를奮勵勇勤ᄒᆞ야一心一力이어다噫라天下事無不須友而成이라ᄒᆞ나至於營業相須功은其關係尤大ᄒᆞᆷ을知乎아不知乎아夫德智學術能力技藝機械資金은決非個人兼備니其有無相資成功之利ᄂᆞᆫ若非合資營業團保險之範圍則商工業之發達이無復期望일진저我油商이雖一種小業이나商工界利權을兼括ᄒᆞ고加之以男女同功ᄒᆞ야其全家之一心力이旣成小團體者則營業界大中點體之易於成立이確有全國之所素居最니合資之組織이何難이며營業之擴張을何憚而不爲오嗟我油商同胞아生命財産保險志願이若有여든此利導之言을望勿遲疑ᄒᆞ라此合資營業保險模範場에他日師表椅子를我油商界偉人이先占ᄒᆞ얏다ᄂᆞᆫ榮耀가豈其微哉아勉哉勉哉어다

隆熙四年四月 日

發起人

閔哲基	池德汝	崔尙默
權창顯	李麒弘	李圭斗
安玩泳	李德鉉	김興祚
郭泳玩	任元準	李俊求
李延秀	李萬基	李莘求
李洛汝	權正玉	李燦求
李允榮	李彦榮	李圭俊
蘇聖七	申商善	李順榮
閔衡基	金元景	文致命
文致道	韓元弘	張命根
洪俊泰	李德裕	任鍾煥
李炳근	李仁求	康龍信
李東夏	廉德培	崔允心
閔泳碧	李永祚	李석俊
李德昌	張基亨	李洛元
田種權	趙天熙	李元榮
廉德順		

右發起人四十九人等

隆熙四年四月 日

本校ᄂᆞᆫ地方費每朔三十六圓과松坡津渡船營業人等寄付金每朔十圓과本洞諸紳士의月捐金으로維支ᄒᆞ야普通敎育으로本年에第二回卒業式을行ᄒᆞ얏고現今在席生이一百十二名인ᄃᆡ不意에地方費補助金은本年三月부터姑未支撥ᄒᆞᆷ으로維支의方이渺無ᄒᆞ야廢校의境에至하더니左開諸氏의熱性贊助ᄒᆞ심으로本校經費가磐石又치鞏固케되엿스니此可謂絶處逢生이오死中求生이라寬弘慈善ᄒᆞ신諸氏의德義心을欽仰感謝ᄒᆞ야茲에廣告ᄒᆞ오니全國內同胞ᄂᆞᆫ諒悉ᄒᆞ시옵소서

京畿道廣州郡中垈面松坡洞

私立廣成學校 告白

左開

趙斗憲	八圓四十錢
金命源	八圓四十錢
김敬明	七圓一十錢
金雲天	六圓
尹奭柱	六圓
李明俊	四圓八十錢
徐興祚	三圓六十錢
姜永泰	二圓四十錢

松坡津渡船營業所 尹德鉉
尹圭三外十八人 合十圓

右金五十六圓八十錢은以上諸氏가每朔寄付ᄒᆞ기로證約

姜永泰 十圓
全창鎭 十圓
廉成五 四圓 宋淳哲
尹滋學 韓鍾九 各五圓
李南薰 李舜卿 鄭萬燁

李斗憲 裵相根 鄭貴圭
張鎭浩 廉泰夏 李召史
金善明 以上各二圓
姜漢信 一圓四十錢
柳창鉉 尹鳳浩 鄭仲鉉
鄭春興 劉漢準 尹圭三
林[illegible]之 金春日 丁學基
鄭召史 孫學先 鄭[illegible]
金順日 千仲先 宋永國
延召史 林興雨 鄭仲[illegible]
金元景 延春先 柳[illegible]植
金文植 以上各一圓
金景俊 八十錢 尹[illegible]
李允敎 孫[illegible]俊 李[illegible]
金學仲 廉成玉 李允[illegible]
南宮學心 金永[illegible] 朴興範
鄭仲九 宋仁叔 朴[illegible]
李仁元 金漢俊 朴[illegible]範
金俊植 韓成伯 金洛[illegible]
孟在弘
郭應天 鄭秀山 吳[illegible]根
張順達 韓敬集 金[illegible]秀
韓俊爀 金俊弼 金山汝
李春石 金學根 金文三
金成云 黃燦化 印[illegible]根
金明賢 林興俊 金[illegible]賢
朴順明 廉창圭 李古充
以上各五十錢

義城點谷面沙村居前郡守柳召佑ᄂᆞᆫ本郡玉山面所在十三十八斗落畓本面本洞居吳致기가挾雜還金斗寶을符同ᄒᆞ야不給其價하고五六年强奪ᄒᆞᆫ罪狀이今番大邱地方裁判所에서綻露ᄒᆞ야渠弟에게委任ᄒᆞ고不良ᄒᆞᆫ吳哥가毀訟次上京ᄒᆞ엿기茲廣告ᄒᆞᆷ
北部小安洞紅峴二十六統九戶留 李承漢

地方通信販賣部大擴張

特約割引券進呈

○學部編纂敎科用圖書　○自他出版及元賣書籍
○各種敎科及參考書類　○地圖及小說禮帖書類

▲本館發兌書籍目錄及注文規程表ᄂᆞᆫ隨求無料郵呈ᄒᆞᆷ

京城中部罷朝橋越邊卅八統二戶
韓國振替貯金口座 第貳六八番
中央書館 朱翰榮

本人의家夫金壽弘(本安山庚午生)父名錫佑母洪氏氏가去丁亥年間四[illegible]에偶然出家ᄒᆞ야因而不返하기로今二十四年을日夜苦待ᄒᆞ되消息이頓無하오니[illegible]人을逢着ᄒᆞ시거든居住를本人에게通奇ᄒᆞ여주시고另力勸送ᄒᆞ심을切祝ᄒᆞᆷ
義州光化面南台洞吳召史告白

賀藥에新發明ᄒᆞᆫ法
[illegible]

乾材藥局崔觀[illegible]告白

京南部銅峴九十九統十戶
[illegible]

京西部卓洞[illegible]藥房
本國藥材、洋製、各病效用、[illegible]、國漢文、[illegible]刊出、作封、雜婦女、
郵便請求、賣買 閔[illegible] 白

大社가旣承官許ᄒᆞ야變更設立ᄒᆞ고諸般業務를實施整理키爲ᄒᆞ야全羅北道群山港支店長을李舜鎬로改選委任ᄒᆞ고旣用印章은勿施ᄒᆞ오니各道支社員은以此照亮ᄒᆞᆷ
日韓運送合資會社 告白

△業務擴張▽
本館에서諸般居處飮食等을尤爲精密케ᄒᆞ와來客의便宜를供ᄒᆞ오니照臨ᄒᆞ시물務望今年에ᄂᆞᆫ食每一床에十五錢으로ᄒᆞᆷ
東門外洪陵道
清凉館酒食店

本人에名正球를光進이라改名ᄒᆞ얏스니知舊間照諒ᄒᆞ시옵
慶尙南道台也面居 曹光進

本報 一枚 新貨二錢五厘 壹個月 三十錢
廣告 四号活字拾三字詰 (自一行至四行이每一寸)

光武九年八月十一日第三種郵便物認可 木曜日 西曆一千九百十年

檀君開國四千二百四十三年
箕子元年三千三十二年
大韓開國五百十九年
本報創刊日 光武八年七月十八日

大韓每日申報

Responsible for Publication Alfred Weekly Marnham.
發行兼編輯人 英國人 萬咸
發行所 京城中部石井洞三層洋屋 大韓每日申報社

第八卷　月曜及慶節翌日休刊　第一千三百六拾六号

論說

韓日人自治力의比較

挽近日本人이滔滔히韓半島에驅入ᄒᆞ야各地에散布ᄒᆞᄂᆞᆫ디到處에團結合同ᄒᆞ야自治團體의基礎를築ᄒᆞ며自治能力의發揮를始ᄒᆞᄂᆞᆫ도다

盖社會의文明이[illegible]ᄒᆞᆯ수록[illegible]야自治의制度가益益進步ᄒᆞ[illegible]ᄒᆞ고自治의制度가進步될수록[illegible]ᄒᆞ야民國의實力이益益[illegible]作ᄒᆞᆷ은自然의趨勢라

此韓國으로論ᄒᆞ면在昔에[illegible]在ᄒᆞ야이믜自治制度略[illegible]蹟이有ᄒᆞ엿스나此ᄂᆞᆫ自治[illegible]度의發芽됨에不過ᄒᆞ고[illegible]近世ᄂᆞᆫ萬事退步의時代라此自治制度도進步됨은不見ᄒᆞ고도리혀退步의境에陷ᄒᆞ야今日에至ᄒᆞ야ᄂᆞᆫ其幼穉가尤甚ᄒᆞ거ᄂᆞᆯ

彼韓國居留日本人을試看ᄒᆞ건디彼ᄂᆞᆫ韓國內何地方에居留ᄒᆞ던지數十名或數百名이揚揚히日本人居留民會의旗幟를樹ᄒᆞ고自治의實을擧ᄒᆞ야或學校를立ᄒᆞ며或病院을設ᄒᆞ며或其他公共事業을營爲ᄒᆞᄂᆞᆫ도다

噫라今日은國民競爭의時代라彼가一步를進ᄒᆞ면我도一步를進ᄒᆞ며彼가二步를進ᄒᆞ면我도二步를進ᄒᆞ여야足히彼의凌踏을免ᄒᆞ고我가生存을得ᄒᆞᆯ지어ᄂᆞᆯ乃者彼日本居留民은殊方羈徒로其人口가十數萬에不過ᄒᆞ며又今日彼의事業이準備時代며試驗時代로되오히려如斯히自治에汲汲ᄒᆞᄂᆞᆫ디此韓國同胞ᄂᆞᆫ自治力의幼穉가日尙此境에在ᄒᆞ니嗚乎라韓國同胞가엇지奮勵치아니ᄒᆞ리오

盖韓國人의自治力이[illegible]히不齊ᄒᆞᆫ것은其理由를推究ᄒᆞ건디(一)韓人은固有의自治制度도進步치못ᄒᆞᆯ뿐아니라退步되엿거날日人은新文明의自治制度를[illegible]ᄒᆞ엿스며(二)韓人은公共衛爲의思想能力이乏ᄒᆞ거날日人은此思想能力이多ᄒᆞ며(三)韓人은自國[illegible]의獎勵가[illegible]날韓人은此[illegible]가無ᄒᆞᆫ[illegible]

嗚呼라韓國同胞여彼를鑑ᄒᆞ야我의短을[illegible]ᄒᆞ고長을取ᄒᆞ야[illegible]의自治의精을擴張ᄒᆞ며[illegible]의自治의法을[illegible]ᄒᆞ야[illegible]競爭[illegible]에進ᄒᆞᆯ지어다

我韓[illegible]自治[illegible]研究ᄒᆞᆫ八[illegible]계며彼治[illegible]ᄒᆞ야나니라

官報

[illegible]十一月十二日

[illegible]第十三號

○勅令第一百九十四號

(明治四十二年十月二十三日)

特許登錄令

附則　續

本令은特許法施行日로부터施行ᄒᆞᆷ

[illegible]特許原簿ᄂᆞᆫ此를特許原簿로看做ᄒᆞᆷ

本令施行前의特許發明의明細書及圖面은[illegible]特許原簿의一部分으로看做ᄒᆞᆷ

本令施行前에登錄된權利에關ᄒᆞ야登錄의申請이有ᄒᆞᆫ境遇에抹消를除ᄒᆞᆫ外에新特許原簿에舊特許原簿中抹消에不係ᄒᆞᆫ登錄을移ᄒᆞ고舊特許原簿中新特許原簿에移ᄒᆞᆫ登錄을抹消ᄒᆞᆷ이可ᄒᆞᆷ

○勅令第二百九十五號

(明治四十二年十月二十三日)

意匠의登錄에關ᄒᆞᆫ件

意匠의登錄에關ᄒᆞ야ᄂᆞᆫ特許登錄令을準用ᄒᆞᆷ

前項의規定을依ᄒᆞ야特許登錄令을準用ᄒᆞᄂᆞᆫ境遇에在ᄒᆞ야ᄂᆞᆫ同令中에引用ᄒᆞᆫ特許法의條項은意匠法第十條第二項及第二十二條의規定을依ᄒᆞ야準用ᄒᆞᆫ特許法의條項에該當ᄒᆞᆷ

意匠權을分割ᄒᆞ고移轉登錄을申請ᄒᆞᆫ境遇에ᄂᆞᆫ其移轉ᄒᆞᄂᆞᆫ意匠을應用ᄒᆞᆯ物品을申請書에記載ᄒᆞᆷ이可ᄒᆞᆷ

附則

本令은意匠法施行日로부터此를施行ᄒᆞᆷ

本令施行前의意匠權에設定에關係ᄒᆞᆫ願書中登錄請求範圍와及案出者에關ᄒᆞᆫ部分、圖面及圖面으로代用ᄒᆞᆫ者ᄂᆞᆫ此를[illegible]意匠原簿의一部分으로看做ᄒᆞᆷ

(未完)

外報

○德國과루氏　德國은今回美國前大統領루스벨트氏의[illegible]訪問에對ᄒᆞ야루氏가이루及羅馬兩市에서行ᄒᆞᆫ바와如ᄒᆞᆫ不謹愼의態度를或伯林에서도再行ᄒᆞᆯ까ᄒᆞ야危懼를抱ᄒᆞ엿다ᄒᆞ며又德國의二新聞은루氏에게對ᄒᆞ야此際에同民이英美兩國間에海軍擴張의競爭的趨勢를論ᄒᆞ야軍備制限問題와如ᄒᆞᆫ不美ᄒᆞᆫ議論을勿唱ᄒᆞ라고警告ᄒᆞ엿다더라

○不肯再選　美國大統領타프트氏ᄂᆞᆫ如何ᄒᆞᆫ事情이有ᄒᆞᆯ지라도次至大統領에再選됨을不肯ᄒᆞ노라고公言ᄒᆞ엿다더라

○無線電敷設　南美洲아젠타인共和國政府ᄂᆞᆫ德國無線電信會社에注文ᄒᆞ야同國海岸의無線電信을敷設ᄒᆞᆫ다더라

○土皇儲出遊　土耳其國皇太子ᄂᆞᆫ今回歐洲諸國의皇室을訪問ᄒᆞᆫ다ᄂᆞᆫ디此ᄂᆞᆫ土耳其建國以來로初有ᄒᆞᆫ事라더라

○法統領訪伊說　法國大統領후아리엘氏ᄂᆞᆫ明年에正式으로伊太利國을訪問ᄒᆞᆫ다ᄂᆞᆫ說이有ᄒᆞ다더라

○爆彈嫌疑者　淸國에서爆裂彈事件이起ᄒᆞᆫ以來로同犯人을嚴密히搜捕ᄒᆞ야ᄂᆞᆫ既獲ᄒᆞ엿거니와近日[illegible]統領衙門에서嫌疑者二名을拘拿ᄒᆞ야[illegible]該人은이[illegible]ᄒᆞ며其首謀ᄂᆞᆫ[illegible]說이有ᄒᆞ다더라

○[illegible]루氏　美國前大統領루스벨트氏ᄂᆞᆫ[illegible]外相에게[illegible]中止ᄒᆞ고平和問題에[illegible]意見을探[illegible]ᄒᆞ엿다더라

○[illegible]不穩　露國[illegible]政府에게向ᄒᆞ야[illegible]危險이有[illegible]ᄒᆞ엿다더라

○長沙不靜　淸國長沙의暴動은大略鎭定되여市內의平和ᄂᆞᆫ恢復되엿다ᄒᆞ며巡撫ᄂᆞᆫ免職되엿다더라

○建築工大罷業　德國에서ᄂᆞᆫ建築勞働者의大同盟罷工이起ᄒᆞ엿ᄂᆞᆫ디同盟者의數가二十萬名以上에達ᄒᆞ엿다더라

學界

○共成校共進會　釜山港影島私立共成學校學生諸氏가聯合ᄒᆞ야昨年부터共學進會를組織ᄒᆞ고每週一次式開會ᄒᆞ야會中事務를處理ᄒᆞ고或討論會를開ᄒᆞ야知識을交換ᄒᆞ미未滿一個年에入會學生이多數에達ᄒᆞ고該校教師金容瑾姜煥鎬兩氏ᄂᆞᆫ會長을擔任ᄒᆞ엿다더라

○新興有望　江原道江陵郡新里面新興學校ᄂᆞᆫ校主金演河氏가諸般事務를自擔做去ᄒᆞ고教師金鉉俊氏가熱心敎授ᄒᆞᆫ結果로學徒의進就之望이大有ᄒᆞ다더라

○高氏寄金　東幕居高奎復氏ᄂᆞᆫ西氷庫芝山學校에金貳圓을捐助ᄒᆞ엿다더라

○明倫更振　咸南永興郡明倫學校ᄂᆞᆫ反對者의影響을被ᄒᆞ야校況이一時零替하더니該郡南山里、郡浪里、龍南里、三思里、五部人士들이奮起ᄒᆞ야義金을捐出ᄒᆞ야諸般校務를一層擴張ᄒᆞ엿다더라

○魯氏卒業　宣川郡仁濟醫學校學生魯晶봉氏ᄂᆞᆫ曾前宣川濟衆院에서三年受業ᄒᆞ고京城南大門外濟衆院에서一年受業ᄒᆞ며昨年부터仁濟學校에入學ᄒᆞ엿ᄂᆞᆫ디造詣가充分完美ᄒᆞᆫ故로[illegible]日上午十時仁濟醫學校에서卒業證書를授與ᄒᆞ엿다더라

○贈以物　群山港公立普通學校教員南相讚氏ᄂᆞᆫ該校에서四年을熱心敎育ᄒᆞ다가去十九日仁川港公立普通學校教員으로交換되엿ᄂᆞᆫ디羣山學校生徒一同이表情ᄒᆞ기爲ᄒᆞ야銀時計와鏡銀指環各一枚를寄付ᄒᆞ엿다더라

▲偉人遺蹟

▲▲東國巨傑　崔都統　續　錦頰山人

가면가고、말면말지、嶺南의遊情郞을따러갈가、此一句ᄂᆞᆫ千古傷心人의語라遊情의郞君을隨ᄒᆞ면絶代佳人도蹂棄를被ᄒᆞ며反覆無信의人君과共事ᄒᆞ면盖世英雄도狼狽를遭ᄒᆞᄂᆞ니此言을不信커던恭愍王에觀ᄒᆞᆯ지어다此時에北征諸將이設或朝廷에奏聞이無ᄒᆞ고自意로兵을擧ᄒᆞ엿슬지라도舊疆을恢復ᄒᆞ야祖宗의遺恨을雪ᄒᆞ엿스니此를義라ᄒᆞ야褒ᄒᆞ며功이[illegible]ᄒᆞ야賞ᄒᆞᆷ이可ᄒᆞ거던況王命으로出師ᄒᆞ야王命으로返師ᄒᆞ며功이有ᄒᆞ고罪가無ᄒᆞᆫ西北兵馬[illegible]당이何故로死ᄒᆞᄂᆞ뇨師가[illegible]에還ᄒᆞ미使[illegible]勅이[illegible]ᄒᆞ고印[illegible]下ᄒᆞ거ᄂᆞᆯ[illegible]ᄒᆞ니曰[illegible]王命을不受ᄒᆞ[illegible]兵馬를擅動ᄒᆞᆷ이[illegible]大國을犯ᄒᆞ야[illegible]ᄒᆞ고遂斬刑에處ᄒᆞ[illegible]이皆悲淚를灑ᄒᆞ더라

大盖恭愍王이元使의脅嚇[illegible]ᄒᆞ야官[illegible]을召還ᄒᆞᆫ崔都統의[illegible]料ᄒᆞ[illegible]元에謝罪ᄒᆞᆷ은崔都統의[illegible]못ᄒᆞᆫ바라嗚呼라[illegible]兩將이[illegible]共謀ᄒᆞ다가彼ᄂᆞᆫ[illegible]獨生ᄒᆞ니崔都統의[illegible]何如ᄒᆞ깃ᄂᆞᆫ가[illegible]死ᄒᆞ엿거나[illegible]死ᄒᆞ엿스면猶可어니와今不然ᄒᆞ야功으로死ᄒᆞ엿스니崔都統의心中가果然何如ᄒᆞ깃ᄂᆞᆫ가

崔都統이王의反覆ᄒᆞᆷ을恨ᄒᆞ며印당의非辜受斬을吊ᄒᆞ고人天을俯仰ᄒᆞ니塵間事業이念頭에消盡ᄒᆞᆫ지라疏를繕ᄒᆞ야爵祿을朝廷에還ᄒᆞ고印을解ᄒᆞ야使者에付ᄒᆞ니昨日西北兵馬使가居然城南一布衣로다時事를不顧ᄒᆞ고尋山問水의生涯를做코ᄌᆞᄒᆞ야一笻一瓢로翛然獨往ᄒᆞ더라

(未完)

詞藻

◉누가다시◉

蓋蘇文의더壯略과、乙支公의더武功은。千古歷史上에、赫赫히빗낫것만。오ᄂᆞᆯ날、이러ᄒᆞᆫ이江山에、누가다시。

宮廷彙報

◎御苑御覽 大皇帝 皇后兩陛下ᄭᅴᄋᆞᆸ셔昨日下午三時에秘苑을 御覽ᄒᆞᄋᆞᆸ셧다더라

◎特別金又賜 大皇帝陛下ᄭᅴᄋᆞᆸ셔觀光團員閔泳璘閔泳敦金珏鉉呂圭亨諸氏에게旅費金壹百五十圜式 下賜ᄒᆞᄋᆞᆸ신은前報어니와日前 皇室親用費中으로特別金一百五十圜式又爲下賜ᄒᆞᄋᆞᆸ셧다더라

◎日將敍勳 大황帝陛下ᄭᅴᄋᆞᆸ셔日本第六師團長木越의게大勳을 敍ᄒᆞ샤李花大綬章을下賜ᄒᆞᄋᆞᆸ셧다더라

雜報

◎總相病篤 總相李完用氏ᄂᆞᆫ數日前부터肺炎이益熾ᄒᆞ야目下委頓中인ᄃᆡ現狀이極히危篤ᄒᆞ야溫泉行도姑히中止ᄒᆞ엿다더라

◎容或無怪 總理大臣李完用氏ᄂᆞᆫ今番趙農相渡日便에運動費二千圜을付送ᄒᆞ엿다ᄂᆞᆫ說이狼藉ᄒᆞ다더라

◎渡日內容 農相趙重應氏의渡日內容은旣히報道ᄒᆞᆫ바어니와表面으로ᄂᆞᆫ觀光의名義를藉稱ᄒᆞ나實際ᄂᆞᆫ總相의旨意를承ᄒᆞ야地位鞏固의運動을試코져ᄒᆞᆷ인즉來往期日을一週로定ᄒᆞ엿스나自然多少의遲延이有ᄒᆞ리라더라

◎趙氏着日 日前出發ᄒᆞᆫ農相趙重應氏ᄂᆞᆫ昨日에日本福岡에到着ᄒᆞ엿다ᄂᆞᆫ電報가有ᄒᆞ다더라

◎慰金二百圜 昨日에發程歸國ᄒᆞᆫ岩井警視에게慰勞金二百圜을政府에셔支給ᄒᆞ엿다더라

◎趙氏入城 測圖練習ᄒᆞ기爲ᄒᆞ야瑞興新幕等地로出張ᄒᆞ엿던親衛府參領趙性根氏의一行은本日에入城ᄒᆞᆫ다더라

◎築橋贈褒 巨濟縣東部面居兪召史ᄂᆞᆫ農牛一隻을斥賣ᄒᆞ야該地橋梁을修築ᄒᆞ엿슴으로內部에셔日前該召史에게褒賞狀을贈與ᄒᆞ엿다더라

◎三氏敍勳說 趙羲淵張錫周兪吉濬三氏ᄂᆞᆫ維新의功勞가有ᄒᆞ다ᄒᆞ야勳一等太極章으로敍勳되엿다더라

◎觀光何多 平北宣川郡學校職員이組織ᄒᆞᆫ日本觀光團十三名은昨日發程ᄒᆞ엿다더라

◎韓銀會議 韓國銀行에셔ᄂᆞᆫ來月十日부터全國內各支店長을召集ᄒᆞ야會議를開ᄒᆞᆫ다더라

◎會議終了期 去二十日부터度支部에셔開ᄒᆞᆫ土地調査會議ᄂᆞᆫ來廿五日頃에終了된다더라

◎不如實施 民有山林地籍報告에關ᄒᆞᆫ農部大臣의談論은旣히揭布ᄒᆞ엿거니와各地方에ᄂᆞᆫ尙且道令頒布를憑ᄒᆞ야測量의自由를禁ᄒᆞ며或機械를押收ᄒᆞ야種々障害가非常ᄒᆞ다ᄂᆞᆫᄃᆡ當局에셔果然地籍報告를奬勵ᄒᆞᆯ터이면言論으로만新聞界에廣布만ᄒᆞᆯ것아니라地方警署에訓令을發ᄒᆞ야實際障碍者를禁止ᄒᆞᆷ이妥當ᄒᆞ다고一般輿論이有ᄒᆞ다더라

◎岩去亥來 內部警務局保安課長岩井이遞任ᄒᆞᆫ代에亥角이被任ᄒᆞ엿다더라

◎谷田西行說 日本谷田中將은昨日入京ᄒᆞ엿ᄂᆞᆫᄃᆡ本日平壤으로向ᄒᆞᆫ다더라

◎閔氏招宴 宮相閔丙奭氏ᄂᆞᆫ石造宮殿建築에關係가有ᄒᆞᆫ西洋人셔라온氏의代理라베루氏를本日花月樓로招請ᄒᆞ야宴會를開ᄒᆞᆫ다더라

◎漢府土木業 從來로漢城內에在ᄒᆞᆫ土木事業은國庫에셔其經費를支出ᄒᆞ더니昨年度地方費法을製定ᄒᆞᆫ時에該事業이漢城府所管이되엿ᄂᆞᆫᄃᆡ漢城府ᄂᆞᆫ本年度地方費中約七千圜을土木費로支出ᄒᆞ고又國庫에셔二萬五千圜의補助를受ᄒᆞ야府內의道路修築과橋梁架設等工事를施ᄒᆞᆫ다더라

◎理財局運動 理財局에셔ᄂᆞᆫ金融組合理事銀行支配人等의在京ᄒᆞᆫ期를乘ᄒᆞ야來廿四日景福宮後苑에셔春期大運動을開ᄒᆞᆫ다더라

◎日本漁民數 最近調査를據ᄒᆞᆫ즉韓海面에日本漁 은三千七百五十五隻이오漁夫ᄂᆞᆫ一萬五千七百四十九名이오漁獲의利益은每年三百萬餘圜이오沿海岸에移住ᄒᆞᆫ漁民의戶數ᄂᆞᆫ合計一千一百四十六戶오人口ᄂᆞᆫ四千九百七十三人인ᄃᆡ最히多數居住ᄒᆞᄂᆞᆫ處ᄂᆞᆫ絕影島方魚津長承浦等地라더라

◎處理件查問 中部警察署에셔ᄂᆞᆫ再昨日國債報償金處理會總務李敏卿氏를招致ᄒᆞ야該會處理ᄒᆞᆫ事實를査問ᄒᆞ엿다더라

◎巡査亦困 趙南昇氏를搜索ᄒᆞᄂᆞᆫ事에關ᄒᆞ야警視總監의督促은星火와如ᄒᆞ고潛伏ᄒᆞᆫ處ᄂᆞᆫ發現치못ᄒᆞᆷ으로韓日巡査ᄂᆞᆫ晝夜奔走에困難이莫甚ᄒᆞ다더라

◎禍及其友 趙南昇氏의家宅을刑事巡査가嚴密把守ᄒᆞ야一般通行을禁止ᄒᆞᆷ으로趙氏의夫人이驚겁을不堪ᄒᆞ야北部花開洞居故參領南基昌氏家로潛避ᄒᆞ엿다가三昨日警視廳에被捉ᄒᆞ엿고仍히巡査二名이南氏家ᄭᆞ지把守ᄒᆞ야通行을嚴禁ᄒᆞᄂᆞᆫᄃᆡ南氏ᄂᆞᆫ元來家勢가赤貧ᄒᆞ야朝得暮食ᄒᆞᄂᆞᆫ處地로多日出入이杜絕ᄒᆞ미一般家眷이餓死之境에瀕ᄒᆞ엿다더라

◎朴家把守 趙南昇氏事件에對ᄒᆞ야前參判朴勝鳳氏에게何等疑点이有ᄒᆞᆫ지刑査巡査二名이朴氏家를把守ᄒᆞ고通行을禁止ᄒᆞᆫ다더라

◎一種藥新發明 美國人쿨네보氏ᄂᆞᆫ眼藥及幼兒保明散이라ᄂᆞᆫ二種藥을新發明ᄒᆞ엿ᄂᆞᆫᄃᆡ鍾路居韓用璟氏의게金二千五百圜을劃給ᄒᆞ야該藥을大製造ᄒᆞ고專賣權을圖得ᄒᆞ기爲ᄒᆞ야內部衛生局에請願ᄒᆞᆯ次로目下準備中이라더라

◎宜其團束 中部警察署에셔ᄂᆞᆫ本日上午九時에奉神會巫女孔淑英金元子李小亭等을招致ᄒᆞ야惑世誣民ᄒᆞᄂᆞᆫ行動을嚴切團束ᄒᆞ엿다더라

◎發徵白骨 南大門外桃洞前山孝峴齋 에在ᄒᆞᆫ園林壹座ᄂᆞᆫ日人初田이買得ᄒᆞ야果園을設置ᄒᆞᄂᆞᆫᄃᆡ園內에在ᄒᆞᆫ墳墓를多數掘破ᄒᆞᆷ으로各塚主들은所措를罔知ᄒᆞ야哀痛不已ᄒᆞᆫ다더라

◎拾章待主 普成中學校學員廉光模氏ᄂᆞᆫ昨日磚洞等地에셔漢城高等女學校銀製徽章一枚를拾得ᄒᆞ엿ᄂᆞᆫᄃᆡ主人을覓給ᄒᆞᆯ次로該徽章을普成中學校事務室內에任置ᄒᆞ엿다더라

◎藥種出品 鍾路和平堂藥房에셔健胃消化入寶丹을一層改良ᄒᆞ고各種製藥品을今番日人이主催ᄒᆞᆫ滊車博覽會에出品ᄒᆞ엿다더라

◎白晝劫奪 再昨日下午十時에何許日人이駱洞銃砲商店藤井家에來到ᄒᆞ야六穴砲一柄을買持ᄒᆞ고仍히店主를向ᄒᆞ야發砲코져ᄒᆞᄂᆞᆫ故로該主가蒼黃逃避ᄒᆞ엿다가旋卽來見ᄒᆞᆫ즉陳列ᄒᆞ엿던銃砲等物品을多數取去ᄒᆞ엿슴으로卽時所管警察署에盜難記를提呈ᄒᆞ야目下詗捉中이라더라

◎何至自戕 仁川港居姜在成氏ᄂᆞᆫ兄弟間不協ᄒᆞᆫ事件을因ᄒᆞ야日昨呑鴉致斃ᄒᆞ엿다더라

◎韓日人衝突 利川郡午川에셔ᄂᆞᆫ現今道路를修築中인ᄃᆡ韓人百餘名이該地에在ᄒᆞᆫ工事請負者日人과衝突이起ᄒᆞ야一場風波가有ᄒᆞ엿슴으로陽智日憲兵所에셔ᄂᆞᆫ該時參與ᄒᆞ엿던韓人三名을捉去ᄒᆞ엿다더라

◎盜犯宣告 昨日地方裁判所에셔强盜犯權春三을役三年에宣告ᄒᆞ엿다더라

◎鴉烟犯被捉 西部冷洞居李春汝ᄂᆞᆫ鴉烟을吸喫ᄒᆞ다가三昨日所管警察署에被捉ᄒᆞ엿다더라

◎黃氏被捉 前課長黃鎭國氏ᄂᆞᆫ何等事件을因ᄒᆞᆷ인지再昨日憲兵司令部에被捉ᄒᆞ엿다더라

◎李犯絞殺 去十五日大邱監獄에셔暴動强盜謀殺犯李復根을絞殺ᄒᆞ엿다더라

◎趙氏被捉 南部美洞居趙錫龍氏ᄂᆞᆫ何等事件을因ᄒᆞᆷ인지日昨警視廳에被捉ᄒᆞ엿다더라

◎李犯被捉 楊州郡[illegible]居李俊永은强盜嫌疑로日昨中部警察署에被捉ᄒᆞ엿다더라

◎青年開會 青年同志會에셔特別事情을因ᄒᆞ야多月停務ᄒᆞ엿ᄂᆞᆫᄃᆡ來廿四日(日曜)下午八時에特別總會를典洞中東學校內에開ᄒᆞ고積滯ᄒᆞᆫ事務를處理ᄒᆞᆫ다더라

感荷義捐

[illegible]島私立聖義學校에셔本社經費를補助ᄒᆞ기爲ᄒᆞ야金一圜을寄付ᄒᆞ엿기玆에其盛意를感謝ᄒᆞ노라

電報

憲警增加說

日本에셔ᄂᆞᆫ韓國派遣의憲兵及警察官吏가不多ᄒᆞᆷ으로日人保護에不足ᄒᆞ다ᄒᆞ야此를增加ᄒᆞ기로決定ᄒᆞ엿다더라

損害賠償提出說

日本外務省에셔ᄂᆞᆫ清國長沙暴動이鎭定된것을因하야卽時漢口駐在日領事에셔訓令ᄒᆞ야日本居留人의損害額을調査ᄒᆞ야該省總督에게損害賠償을提出케ᄒᆞᆫ다더라

以上東京發 廿日着

比使着日期

比利時特派使ᄂᆞᆫ三十日日本東京에來着ᄒᆞᆫ다ᄂᆞᆫ公電이有ᄒᆞ다더라

兩使交涉

駐清英日兩公使ᄂᆞᆫ本日清國外務部를訪問ᄒᆞ고長沙暴動의善後策에對ᄒᆞ야交涉ᄒᆞ얏ᄂᆞᆫᄃᆡ清政府ᄂᆞᆫ此事變이地方官過失로因ᄒᆞᆫ것으로認ᄒᆞ고該官吏의懲罰、敎唆者의處刑、財産損害의賠償등에對ᄒᆞ야熟考ᄒᆞ나이라더라

以上東京發 廿一日着

嫌疑者自白

清國攝政王宮爆발彈事件의嫌疑로被捉ᄒᆞᆫ黃復生은攝政王謀殺主謀者로라고自白ᄒᆞ엿다더라

北京發 二十一日着

內閣辭職說

濠洲聯邦議會의選擧된結果로兩院이共히勞働黨의勝利에歸ᄒᆞᆫ故로現內閣은辭職되리라더라

伯林發 廿一日着

▲耶蛉耶▼

▲近年來로韓人間에媚日風이盛行하야日服닙고日語ᄒᆞ며日人姓名模倣ᄒᆞᄂᆞᆫ者[illegible]許多키로累次痛論ᄒᆞᆫ거니와此弊習이漸熾ᄒᆞ야[illegible]生疊出[illegible]ᄒᆞ고愈出愈奇ᄒᆞ니測ᄒᆞ야文字ᄭᆞ지[illegible]文으로쓰ᄂᆞᆫ者가繼作[illegible]ᄒᆞᆫ바數件事를列擧[illegible]ᄒᆞ리로다

▲梁山郡의某某人은衛門一度보냇ᄂᆞᆫᄃᆡ梁山에셔라ᄂᆞᆫ말을日字로써記錄ᄒᆞ야梁山요리ᄒᆞ엿더라더니島國을仰望하야[illegible]京으로想像하며더島人을尊敬하야神仙으로認知ᄒᆞᄂᆞᆫ幻腸인가[illegible]니면은自國文字업더라고他國文字쓴단말기이도[illegible]ᄒᆞᆫ사름이오

▲咸興郡의某紳士ᄂᆞᆫ何面으로訪問와서제법文[illegible]ᄒᆞᆫ데[illegible]字로쓴名啣紙를豪[illegible]엿게[illegible]더라제가日人아니어[illegible]日字名함[illegible]일이며[illegible]가日人[illegible]니[illegible]日字名함[illegible]주[illegible]지[illegible]는만에本國人[illegible]으로뵈이던가이도[illegible]오

▲昌原郡의某校長[illegible]보냇ᄂᆞᆫᄃᆡ支部[illegible]昌波로吐[illegible]달아[illegible]더라日文으로報告[illegible]가잇더니만日文으로[illegible]ᄂᆞᆫ學校長이엇구나[illegible]長으로國[illegible]아ᄂᆞᆫ즈랑인가이도[illegible]세

雜報

◎[illegible] 麻浦船橋事件의 顚末은 [illegible]揭호바와 如호거니와 [illegible]人[illegible]村[illegible]가 部下醫官을 紹介호야 [illegible]船夫를 酒肆密室로 招集하야 甘言誘說을 하가 [illegible]洞民幾個人을 招致하야 反覆[illegible]하가 又是拒絶하면 不得已 [illegible]하야 反對書類를 [illegible]成하야 印章을 [illegible] 承諾書를 [illegible]諾케하고 洞民의 [illegible]訴가 [illegible]後에는 架橋는 不可停止이니 [illegible]恤金이나 運動하야 [illegible] 人民을 瞞過하기 [illegible]從事[illegible]官은 人民의 生命財[illegible]保護하는 官吏로 [illegible] 內部에셔는 人民의 利害關係도 參考치 아니하고 但一個[illegible]田充의 運動力만 [illegible]民의 國有한 營業地를 從先認許하고 [illegible]請願이 累至하야 [illegible]가 已過호되 指令이 [illegible]無하고 [illegible]日派하야 上田充의 [illegible]만 極力保護홈으로 麻浦人民[illegible]憤激호 惡感이 日노 高度에 達호다더라

◎烟社贈[illegible] [illegible]烟草會社에셔는 日昨 渡日호 觀光團 一行에게 紙卷烟 三十箱으로 贐行호엿다더라

◎勸債協議 嶠南學會會員 金洛憲 張吉相 [illegible] 諸氏는 再昨日下午七時 瑞成館에 會同하야 該會債務淸勘홀 方針을 協議하엿는딕 會員每名에 金五十錢으로 一圓까지 醵出하기로 決定하엿다더라

◎龍山窃發 龍山등地에는 近日窃發의 患이 種々有之하야 居留淸人의 被害가 不少홈으로 淸國領事館에셔 日本理事廳으로 照會하고 此等弊端을 極力防杜케[illegible]라하엿다더라

廣告

本人의 孫子 京烈에 年이 二十四歲인디 挾雜輩로 符同하야 拾萬金財産을 蕩敗홈은 世所共知이온바 尙未改過이읍고 文券을 僞造하야 得債홀 意로 四方出沒이오니 內外國僉君子는 切勿見欺하시읍
平北雲山郡北鎭市 朴齊幹 白

本人의 長子 尹宜植(或稱炳植)은 [illegible]浮浪이온바 故中樞在世時에 香港滙豐銀行에 任置호 預金을 同夫人 尹召史 石氏가 推尋次로 漢城府理事廳 統監府及其他關係官廳에 直接請願하야 其格式已了하엿거늘 右宜植이가 故中樞의 遺族 或 遺族의 代理人이라 冒稱하고 該預金을 自己가 推尋홀터인디 旅費가 無하다 揚言하고 各人處에 得債消費하야 見欺은 日甚하고 右宜植은 出家無歸이오니 內外國人間 見欺하심이 無하도록 玆에 布告홈
北部司圃洞二十五統一戶
白召史 告白

本人이 陽四月初二日에 四隅姓名章을 서 失하엿기 玆에 廣告하오니 誰某拾得이던지 無효홈
東部三仙洞三統五戶 姜文煥

本人之子 劉永相 浮浪相從 放蕩오 遊錢財間 或有相關則 白失矣 內外國人 切勿干涉 望홈
南部犂洞十九統三戶 李召史 白

本人의 家夫 金時弘(本安山庚午生 父名錫佑 母姓白氏)氏가 去丁亥年 閏四月十二日에 偶然出家하야 因而不返하는디 于今 二十四年을 日夜苦待하되 消息이 頓無하오니 內外國同胞는 右人을 逢着하시거던 爲先住所를 本人에게 通奇하여 주시고 另力勸送하심을 切祝홈
義州光化面南台里 安召史 告白

△業務擴張▽
本館에셔 諸般居處飮食等을 一層精密케 하와 來客의 便宜를 供하오니 照臨一試를 務望
今年에는 食每一床에 十五錢으로 홈
東門外洪陵通
淸凉館酒食店

平北江界郡私立英實中學校 義捐金諸氏

元山港	
金士謙	拾圓
李春植	伍圓
李正煥	貳圓
李德華	壹圓
李宗敏	壹圓
釜山港 草梁	
朴永吉	伍圓
崔有鵬	伍圓
金聖佑	伍圓
金敬伯	伍圓
金重佑	伍圓
安汝觀	伍圓
吳仁圭	伍圓
金成玉	參圓
金聖濬	參圓
釜山	
孫牧師	參圓
吳仁源	貳圓
洪聖希	貳圓
大邱	
魏牧師	貳圓
高明宇	貳圓
吳圭仁	壹圓
張雄烈	壹圓
金子元	壹圓
盧德彥	壹圓
鄭基林	壹圓
金永圭	壹圓
以上合金柒拾柒圓	

登錄 
京西部車洞同和藥房
本國藥材、洋製、各病效、用、價、國漢文、可刊出、作封、雖婦女、郵便請求、賣買
閔樞白

本人의 姓名 劉宗完을 蔡弘으로 改호엿스니 知舊間 照亮
南部誠明坊大仁洞六十七統八戶 劉蔡弘 白

本人이 開業호지 五年에 僉君子의 愛顧호심을 蒙호야 營業을 一層擴張호기 爲호야 物品을 直輸入호야 各種帽子를 精密히 製造호야 廉價로 販賣호오니 僉君子는 陸續來臨호심을 務望홈 外方에셔도 請求호시면 小包代金引換으로 酬應홈 此外에 洋靴도 具備호오니 請求호옵소셔
帽子十個以上은 特別減홈

特上品	一圜四十錢
甲極上品	一圜十錢
乙仝	九十錢
丙仝	八十錢
丁中品	六十錢
戊	五十錢

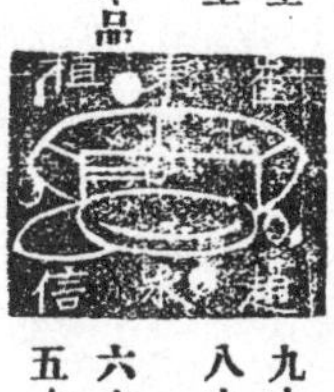
此外에 統監府官吏帽子와 警視警部帽子도 製造홈
京城貞洞大漢門前帽子店 尹興烈 委任主 崔東植 趙永信

本人에 名 正珠를 光進이라 改名호엿스니 知舊間 照諒호시옵
慶尙南道台也面居 曺光進

本館에셔 新舊書籍과 學校用品 各種을 備置하야 (五圜以上特減割引) 大發售하오니 江湖僉君子는 陸續購買하시옴
釜港東關韓興書館
館主 金秉衡 本名 汝重
主任 權鍾律

地方通信販賣部大擴張 特約割引券進呈
○學部編纂教科用圖書 ○自他出版及元賣書籍
○各種教科及參考書類 ○地圖及小說雜書類
▲本館發兌書籍目錄及注文規程表는 隨求無料郵呈홈
韓國振替貯金口座 第貳六八番
京城中部罷朝橋越邊卅八統二戶
中央書館 朱翰榮

大韓水商總合所와 漢城水商組合所 兩所를 合付호야 大韓水商組合所라 稱하고 任員을 左開호오며 兩所에서 繕給호 水座證券은 限十日內로 一切收消하고 新證券을 換給호오니 一般水商等은 準此施行홈
任員
(總裁) 金宗漢
(副總裁) [illegible]
(所長) 金明俊
(左總務) 韓鳳[illegible]
(右總務) 鄭南[illegible]
五部事務員各一人式
再 舊明文、共波所、共[illegible]所、共益社、時證券도 一體改給이되 若過右限則無効로 認定홈
隆熙四年四月二十一日
大韓水商組合所 告白

舊使用圓形篆字章十餘日前에 失하고 新章橢圓形半隸字[illegible] 川知舊內外國人間照亮
醫師 張基茂 白

皇城國民兩報에 本人이 國民協成會會長으로 或은 政合邦聲明書를 提出하엿다하고 或은 內閣에 長書를 提呈하엿다 揭載호바 會長도 호바 無하고 聲明書나 長書도 호바 無하옵기 玆에 廣告홈
金思濬 告白

●買藥에 便利호 法
毋論觀蹟하고 掌記及居住만 郵便錄送則 精選材料하며 特別廉價하야 以郵便代金引換하고 迅速付送호깃스니 隨用請求홈
京南部銅峴九十五統十戶
乾材藥局 崔興模 告白

◎大韓全國에 은 本堂製造發行하는 繼[illegible]

- 消化新藥 **淸心保命丹** 此丹은 化痰止咳[illegible]하며 恒常長服하면 [illegible]
- 大補元氣 **蔘茸大補元** 大補元氣하고 滋[illegible] 天不足과 陽위不起에 [illegible]
- **蛔積殺虫散** 此약은 회積과 회腹痛과 회虫一切을 去根하는 良劑
- **久滯大通丸** 此丸은 年久積滯와 宿滯[illegible]며 胸腹痛에 神効莫大홈
- 瘡病新藥 **梅花點雪丹** 毋論男女하고 花柳病 楊梅瘡에 一切去根快復하는 良藥
- 眼疾速効 **光明眼藥** 諸般眼疾에 臨症苦楚하는 東洋에 初有한 寶藥
- 起死回生 **回生丹** 此丹은 急호 吐瀉關格이며 가슴아리와 冷積과 痢疾에 神効
- 感氣神効 **解熱散** 寒熱往來하며 似瘧非瘧과 頭痛眩暈와 肢節痛에 其効가 偉大
- 齒痛新藥 **齒痛健齒水** 虫齒와 風齒와 諸般齒痛에 壹切神效
- 耳鼻聖藥 **耳鼻神藥** 無論男女하고 耳聾鼻塞이며 耳鼻에 關호 病은 隨症並差
- 痞症根治 **痞積湯** 諸般산症에 大談出賣홈
- **寸虫沒出藥** 寸白虫을 一切去根하는 妙劑
- 티눈과못 **拔根藥** 티눈과 못과 사마귀를 쎄는 藥
- **止足汗臭藥** 手足의 汗臭를 除却하는 藥
- 去核生新 **沃度膏** 創瘡과 腐傷과 곱센티 去核生新하기는 第一特明
- 最新改良 **百應膏** 無論男女老少하고 癰瘡濕瘡疾瘡 諸般癰瘡에 壹切特效가 有홈
- **淋疾藥各種** 淋疾各症에 壹週日안服하면 病根快復하고 腎氣가 完全홈

◎遠[illegible]地[illegible]藥各種[illegible] ◎賣藥各郵 ◎都賣散賣
漢城南門內濟生堂大藥房 李庚鳳
代辦主任 李興國 白

社告

大韓每日申報各處支社廣告

平安北道

龍川楊市中繼所書舖 黃菊保
龍川楊市驛 韓□希
朔州邑南門外 朱伯英
義州南門外西大藥局 張有寬
鐵山邑東部 鄭翊
車輦館同志會內 金明鉉
定州南門內書舖 洪成麟
博川邑內鐘洞 命翼樞
京義線批峴驛停車場前 運輸會社前 李基秀
泰川邑舘前洋藥局 李正華
寧邊郡內紅門里 鄭德昇
寧邊龍山面新興里南貞河家 鄭奉益
宣川橋南四統十戶 申基周
江界邑內 金泰熙
郭山郡內新街 金大鉉
雲山邑上里八統八戶 咸元澤
雲山北面橋洞八統七戶 王冕鎬
昌城郡內西下里一統二戶 許익
熙川邑內面東門外洞十四統二戶 金錫澤

平安南道

平壤鍾路太極書館 安泰國
三和港碑石洞耶蘇教堂 裴亨湜
安州城內義井洞安陵서館 金翼河
江西邑內 金昌煥
甑山郡內利用里 崔診爽
德川邑邑洞耶蘇教冊肆 李丙斗
永柔邑內槐峴里二統八戶 金志璜
中和下消面一里三洞 禹應善
肅川東部面一里三統九戶 金天湜
咸從邑校洞 金炳善

黃海道

海州南門內韓昌書舘 朴昌鎭
安岳郡細洞面端山里上場 韓楨教
長淵邑서北支學會內 崔東元
殷栗邑倉前里 金光礪
信川邑四里 李悌瓚
白川邑文明舘 趙雲泳
載寧邑서部李鼎均家乾材局 李範善
沙里院三聖學校內 李承吉

咸鏡道

咸興州南社西門外 曹喜林
元山港上里倉前洞耶蘇女學校側 皇甫正杰
定平郡豐陽里 張禮學
洪原西門內保命局 羅炳善
永興邑南山洞洪明學校內 梁元常
清津港新岩洞 張元浩

全羅道

金溝木流面豆亭 趙德三
木浦港陽洞 李得珠
群山港九福洞一統八戶 方在喜

京畿道

仁川栂峴開新冊肆 李東皓
開城南門外興學書舖 姜助遠
江華邑川橋 俞鎭植

慶尚道

大邱西小門外友弦書樓側 李正由
釜山佐川藥局 徐錫疇

江原道

鐵原邑棠谷 趙鍾大
蔚珍郡遠南面梅花里 郭鍾郁

忠清道

韓山下北筆堂里 李英稙
結城廣川小龍洞 李啓祚

北墾島

北墾島龍井村下場里 朴茂林

本報 一枚 新貨二錢五厘 壹個月 三十錢 參個月 九十錢 陸個月 壹圓七十錢

廣告 四号活字拾三字詰 每日一寸(英尺)에新貨卄五錢 (自一行至四行이爲一寸) 但時期長短과行數多少

檀君開國四千二百四十三年
箕子元年三千三十二年
大韓開國五百十九年
本報創刊日 光武八年七月十八日

大韓每日申報

第八卷　月曜及慶節祝日時休刊　第一千三百六十八号

Responsible for Publication Alfred Weekley Marnham.
發行兼編輯人 英國人 萬咸
發行所 京城西署石井洞三層洋屋 大韓每日申報社

論說

◉民族競爭의最後勝利

嗚乎라大韓民族이四千餘載長日月을三千里無窮花裏에太平히送ᄒᆞ야父가基를奠ᄒᆞ매子가또固ᄒᆞ며兄이業을繁ᄒᆞ매弟가또榮ᄒᆞ야今日에至ᄒᆞᆫ것이一思ᄒᆞ면自然의德인듯ᄒᆞ나其實은不然ᄒᆞ야幾多의民族競爭을試ᄒᆞ며幾多의民族競爭을應ᄒᆞ야勝利를得ᄒᆞᆫ結果라

試看ᄒᆞ라大韓民族이東亞大陸에發跡ᄒᆞ야東南各地로散布ᄒᆞᄂᆞᆫ以來로民族競爭이頻히類數ᄒᆞ고頗히劇烈ᄒᆞ얏ᄂᆞᆫ되其勝利ᄂᆞᆫ畢竟大韓民族의手에歸치아니ᄒᆞ엿ᄂᆞᆫ가

有史以前은不可知어니와有史以後로論ᄒᆞ야도檀君聖祖가太白山下에起ᄒᆞ야同族을團結ᄒᆞ고國家를創立ᄒᆞᆯ時에羣蠻을掃ᄒᆞ고國土를整ᄒᆞ엿스며其後에東으로肅愼沃沮를斥ᄒᆞ고西으로東胡支那를防ᄒᆞ엿스며西部一隅에來寇ᄒᆞ던鮮卑ᄂᆞᆫ大邦의强鋒을避ᄒᆞ야西比利亞에遠遁ᄒᆞ고東海一方에潛伏ᄒᆞ던穢貊은聖族의威靈을懼ᄒᆞ야江陵山川을永離ᄒᆞ얏스며箕子朝以後에支那族이樂浪等地를暫占ᄒᆞ엿스나羣雄一喝에彼가雙手를斂ᄒᆞ고退ᄒᆞ엿스며高句麗中間에慕容族이遼水以東을突侵ᄒᆞ엿스나皇威一揚에彼가白旗를竪ᄒᆞ고降ᄒᆞ엿스며廣開土王、文武王이劍을摩ᄒᆞ매日本人이股를慄ᄒᆞ고遁伏ᄒᆞ엿스며乙支文德、蓋蘇文이鼓를鳴ᄒᆞ매隋唐人이頭를抱ᄒᆞ고乞命ᄒᆞ엿스며高句麗百濟가支那族의蹂躪을一被ᄒᆞ엿스나畢竟渤海、新羅人이左右로道를分ᄒᆞ야彼를遠逐ᄒᆞ엿스며高麗中世에契丹의侵이有ᄒᆞ엿스ᄂᆞᆫ彼가畢竟敗歸ᄒᆞ엿고蒙古의禍가有ᄒᆞ엿스나彼가畢竟自滅ᄒᆞ엿스며高麗末葉에漢族이流侵ᄒᆞ엿스나彼가畢竟殄滅을遭ᄒᆞ얏고倭寇가橫行ᄒᆞ엿스나彼가畢竟掃蕩을被ᄒᆞ엿스며本朝時代에至ᄒᆞ야ᄂᆞᆫ野人을遠征ᄒᆞ야土地를廣斥ᄒᆞ엿스며倭亂을淸掃ᄒᆞ야國威를遠揚ᄒᆞ얏나니

如斯히古來大韓民族은民族競爭에勝利를必得ᄒᆞ야大ᄒᆞ면異族을伐ᄒᆞ야國家를擴張하엿스며小ᄒᆞ면異族을禦ᄒᆞ야國家를維持ᄒᆞ야四千餘載에大韓山河를長保ᄒᆞ엿스며大韓威權을長揚ᄒᆞ엿스니嗚乎라大韓의民族競爭史ᄂᆞᆫ恥辱的보다光榮的이多ᄒᆞ며悲觀的보다樂觀的이多ᄒᆞ도다

此等大韓民族은文明의發達이早ᄒᆞ며尙武가不乏ᄒᆞ며國粹가鞏固ᄒᆞᆫ所以라今日에至ᄒᆞ야비록隤落이甚ᄒᆞ고衰退가極ᄒᆞ엿슬지라도오히려大韓民族의精神氣魄은煌煌히不滅ᄒᆞ엿나니此民族을威壓으로逼코져ᄒᆞ며此民族을同化로惑코져ᄒᆞᄂᆞᆫ者ㅣ果然何等迷見이뇨

嗚乎라大韓國民同胞여同胞ᄂᆞᆫ天이眷ᄒᆞᆫ民族이며同胞ᄂᆞᆫ光明ᄒᆞᆫ歷史를有ᄒᆞᆫ民族이며同胞ᄂᆞᆫ神聖ᄒᆞᆫ基業을抱ᄒᆞᆫ民族이니今日彼異族의橫流를睹ᄒᆞ고徒然히自驚치말며彼異族의肆威를睹ᄒᆞ고徒然히自怯지말고日로奮進ᄒᆞ면最後의勝利가畢竟同胞의手에歸ᄒᆞ나니라

官報

隆熙三年十一月十三日

內閣告示第四十三號

◯勅令第二百九十四號

(明治四十二年十月二十三日)

特許登錄令 續

◯勅令第二百九十六號

(明治四十二年十月二十三日)

商標의登錄에關ᄒᆞᆫ件

第一條 商標의登錄에關ᄒᆞ야ᄂᆞᆫ特許登錄令을準用홈

第二條 前條의規定을依ᄒᆞ야特許登錄令을準用ᄒᆞᆯ境遇에同令中에引用ᄒᆞᆫ特許法의條項은商標法第二十一條의規定을依ᄒᆞ야準用ᄒᆞᆫ特許法의條項에該當홈

第三條 商標權設定의登錄이有ᄒᆞᆯ時ᄂᆞᆫ登錄願書에貼附ᄒᆞᆫ商標의見本은此를商標原簿의一部分으로看做홈

第四條 商標權移轉의登錄을申請ᄒᆞᆯ境遇에ᄂᆞᆫ營業과共히ᄒᆞᆷ을證ᄒᆞᄂᆞᆫ文書를申請書에添附ᄒᆞᆷ이可홈

第五條 聯合商標의一商標權移轉의登錄을申請ᄒᆞᆯ境遇에ᄂᆞᆫ同時에他의商標權移轉의登錄을申請ᄒᆞᆷ이可홈

第六條 商標權을分割ᄒᆞ고移轉의登錄을申請ᄒᆞᆯ境遇에ᄂᆞᆫ其移轉ᄒᆞᄂᆞᆫ商標를使用ᄒᆞᆯ商品을申請書에記載ᄒᆞᆷ이可홈

第七條 營業의廢止를依ᄒᆞᆫ商標權의登錄의抹消ᄂᆞᆫ다만登錄名義人으로써此를申請홈을得홈

登錄의一部分을抹消ᄒᆞᆯ境遇에ᄂᆞᆫ申請書에營業을廢止ᄒᆞᆫ商品을記載ᄒᆞᆷ이可홈

第八條 本令은商標法第二十條의規定을依ᄒᆞᆫ標章에關ᄒᆞᆫ登錄에此를準用홈

附則

本令은商標法施行日로부터施行홈

本令施行前의商標權의設定에係ᄒᆞᆫ願書에貼附ᄒᆞᆫ見本及明細書ᄂᆞᆫ此를舊商標原簿의一部分으로看做홈

◯勅令第二百九十七號

(明治四十二年十月二十三日)

實用新案의登錄에關ᄒᆞᆫ件

實用新案의登錄에關ᄒᆞ야ᄂᆞᆫ特許登錄令을準用홈但實用權設定의登錄에關ᄒᆞ야ᄂᆞᆫ同令第四十二條의例를依홈

前項의規定을依ᄒᆞ야特許登錄令을準用ᄒᆞᆯ境遇에在ᄒᆞ야同令中에引用ᄒᆞᆫ特許法의條項은實用新案法第十條第二項及第二十條의規定을依ᄒᆞ야準用ᄒᆞᆫ特許法의條項에該當홈

附則

本令은實用新案法施行日로부터施行홈

本令施行前의實用新案權의設定에係ᄒᆞᆫ願書中請求範圍及考案에關ᄒᆞᆫ部分、解說書及圖面은此를舊實用新案原簿의一部分으로看做홈

(未完)

外報

◉强制就務法 露國은今回同國海軍法中에露國々旗를揭ᄒᆞᄂᆞᆫ船舶乘組員의게對하야戰爭의境遇를當하면强制的으로同國海軍勤務에就케ᄒᆞᄂᆞᆫ一法令을設定ᄒᆞ엿다더라

◉到處歡迎 美國前大統領루스벨트氏ᄂᆞᆫ匈牙利國首府부다페스트에到着ᄒᆞ야非常ᄒᆞᆫ歡迎을受하엿다더라

◉航路擴張議 淸國松黑郵船局總辦王文斌氏ᄂᆞᆫ松花黑龍江의航路를擴張ᄒᆞ야兩江에在ᄒᆞᆫ露國의航行權을牽制키爲ᄒᆞ야吉林省巡撫及黑龍江省巡撫에게對ᄒᆞ야補助金을支出ᄒᆞ야汽船二隻을英國造船所에注文ᄒᆞᆯ事를申請하엿다더라

◉飛行成功 法國飛行家프아만氏ᄂᆞᆫ雙葉式氣球를搭乘ᄒᆞ고四十分間에五十基路米突을飛行ᄒᆞ엿다더라

◉淸國近衛海軍 淸國海軍處ᄂᆞᆫ二千五百名으로編成ᄒᆞᆫ近衛海軍을設置ᄒᆞᆫ다더라

◉暴動餘波 淸國長沙의暴動은旣히鎭定에歸ᄒᆞ엿스나瀏陽方面은尙今ᄭᆞ지騷動中이라더라

◉루氏의人望 目下美국의輿論을聞ᄒᆞᆫ즉同國各政治家ᄂᆞᆫ前大統領루스벨트氏로大統領三選ᄒᆞᆯ意見을抱ᄒᆞ고又一般國民의輿論도亦然ᄒᆞ야루氏의게對ᄒᆞᆫ衆望이大有ᄒᆞ다더라

◉嫌疑와爆彈 淸國探報局에서ᄂᆞᆫ去十七日北京前門街에서革命黨의嫌疑者三名을捕縛하엿다ᄒᆞ며又北京城外某地에서爆裂彈秘密製造所를發見하엿다더라

學界

◉捐金助校 龍山印刷局官人趙鍾勗朴同九兩氏와技員及鍊習生男女諸人이該洞協成學校에經費가窘絀홈을慨歎히녁여薄略ᄒᆞᆫ月俸에서捐助金二十二圓二錢을醵集ᄒᆞ야卽爲寄付ᄒᆞ엿더라

◉協成進級 龍山協成學校에서日昨進級式을擧行ᄒᆞ엿ᄂᆞᆫ데總監李址鎔氏ᄂᆞᆫ勅語를奉讀ᄒᆞ고漢城府民會에서ᄂᆞᆫ鄭達永氏를代表로派送하야學生을激切히勸勉ᄒᆞ고各學生의게優等賞品을施與ᄒᆞ엿다더라

◉妙年佳志 鐵原郡培英學校敎授姜大呂氏ᄂᆞᆫ年今弱冠인ᄃᆡ敎育에有意ᄒᆞ야該校에서視務ᄒᆞᆫ餘暇에同郡鳳鳴學校敎授의任을名譽로擔負ᄒᆞ되風雨를不避ᄒᆞ고益々熱心ᄒᆞᄂᆞᆫ故로稱頌이藉藉하다더라

▲偉人遺蹟

▲東國巨傑 崔都統 錦頰山人 續

第六章 兩敵國의交侵과崔統都의再起

崔都統의去職ᄒᆞᆫ時ᄂᆞᆫ恭愍王五年秋七月이라猛士가遠去ᄒᆞ니國家가豈安ᄒᆞᆯ가倭寇가肆行ᄒᆞ야沿海各邊을朝夕逃侵ᄒᆞ며支那南部의紅巾賊이大熾ᄒᆞ야日로我國에入寇ᄒᆞᆫ다聲言ᄒᆞ니麗朝君臣의寢食이不安ᄒᆞ더라恭愍王이羣臣을朝ᄒᆞ다가嘆曰國危가如此ᄒᆞᆫ되可倚ᄒᆞᆯ良將이一人도無ᄒᆞ도다侍臣鄭熊啓ㅣ進曰陛下가不用이언뎡用ᄒᆞ면엇지其人이無ᄒᆞ리오王曰其人이有ᄒᆞ면朕이엇지不用ᄒᆞ리오且其人이爲誰오試言ᄒᆞ라熊啓曰臣의意로ᄂᆞᆫ西北兵馬副使崔瑩이家世忠孝ᄒᆞ며中外知名ᄒᆞ니是가其人이니이다王曰瑩의忠智ᄂᆞᆫ朕도洞知ᄒᆞᄂᆞᆫ바이나但其人이朕을棄ᄒᆞ고怏々遠去ᄒᆞ엿스니엇지再來를肯ᄒᆞ리오熊啓曰臣이일즉瑩의爲人을觀ᄒᆞ니每樣國難이ㅣᄒᆞ매腕을扼ᄒᆞ며齒를嚼ᄒᆞ야必報로期하거던況今日東西警報가稠疊ᄒᆞᆫ되王이命召ᄒᆞ시면必也踴躍應召ᄒᆞ리라ᄒᆞ노이다王曰然ᄒᆞ다當今人은崔瑩의右에出ᄒᆞᆯ者ㅣ無ᄒᆞ다ᄒᆞ고崔都統으로西海平壤泥城江界體覆使를拜ᄒᆞ야命召ᄒᆞ다

(未完)

詞藻

❀하 리 라❀ 瀛隱生

이몸이죽자ᄒᆞ니、국가ᄉᆞ를맛기며。
이몸이사자ᄒᆞ니、더럴늘을[illegible]지볼쎄。
하리라、이몸이사싱간에、[illegible]사랑

雜報

◎遠訓中止 農商工部大臣趙重應氏가歸程ᄒᆞ던前日下午八時頃에作別次로李總理를訪問ᄒᆞᆫ즉李總理가中々言托ᄒᆞ여曰今番之行에ᄂᆞᆫ現內閣의地位를鞏固케運動ᄒᆞᆯ뿐아니라宋秉畯의運動機關을顚倒ᄒᆞ라ᄒᆞ엿다더라

◎行裝來到 伊藤統監은重病을因ᄒᆞ야辭職ᄒᆞᆫ다ᄂᆞᆫ說이一時喧藉하더니近日에ᄂᆞᆫ曾禰의行裝等物이統監官邸로陸續來到ᄒᆞᆫ다더라

◎曾禰被任說 拓殖會社總裁宇佐川은今番에副統監을被任ᄒᆞᆫ다ᄂᆞᆫ說이有하다더라

◎樂極生悲 漢城府尹張憲植氏ᄂᆞᆫ三昨夜同志幾人을私邸로會同ᄒᆞ야鼓樂으로娛樂ᄒᆞ엿ᄂᆞᆫ디街許人이投石이奮至ᄒᆞ야滿座가驚恠ᄒᆞ엿다더라

◎遊日娛樂 義親王殿下ᄂᆞᆫ再昨夜에[illegible]邸에서唱夫金昌[illegible]等으로風樂을大張ᄒᆞ고終夜娛樂ᄒᆞ엿다더라

◎郡守運動 東拓會社에서組織ᄒᆞᆫ農事視察團中에郡守幾人이[illegible]ᄒᆞ야內部에交涉ᄒᆞᆷ은旣報어니와該部에서ᄂᆞᆫ十三道에郡守各一人을選取ᄒᆞ야去廿八日內部에出頭케ᄒᆞ라고各郡에訓令을發ᄒᆞ엿다더라

◎鄭家書類押收 趙南昇氏事件에關ᄒᆞ야表勳院書記官鄭東[illegible]氏家의書類도一切押收ᄒᆞ엿다더라

◎銀行支店設 [illegible]銀行에서ᄂᆞᆫ支店[illegible]을設ᄒᆞᆫ後에支店長及[illegible]을發送ᄒᆞᆫ다더라

◎日人來淸 日本人의渡淸說[illegible]

光國은來五月六日釜山에到着ᄒᆞ다더라

◎醫察開始期 本年度에增設ᄒᆞᆫ[illegible]地方裁判所所在地의醫察署一七箇所ᄂᆞᆫ來五月中旬에執務를開始ᄒᆞᆯ預定이라더라

◎漁業審査會 農商工部에서ᄂᆞᆫ來[illegible]日免許漁業審查會를開ᄒᆞ고漁業請願件을處理ᄒᆞᆫ다ᄂᆞᆫ디已[illegible]件이六百餘오未許件이七百餘라더라

◎庭球大會 度支部所屬官廳員이組織ᄒᆞᆫ會洞俱樂部庭球部에서ᄂᆞᆫ[illegible]下午一時에春期[illegible]會를開ᄒᆞᆫ다더라

◎醫部試驗 昨日부터警官鍊習所에서巡査十六名에게對ᄒᆞ야醫部試驗을執行ᄒᆞᆫ다더라

◎松永入京 日本中將松永은昨日入京ᄒᆞ엿다더라

◎國分歸任 歸國ᄒᆞ엿던統監府參與官國分은本日日本東京에서發程ᄒᆞ야歸任ᄒᆞᆫ다더라

◎마氏入京說 日本東京駐在瑞西國公使館書記官마시리스로로만氏ᄂᆞᆫ觀光次로十五六日頃에入京ᄒᆞᆫ다더라

◎到處押收 在東京大韓興學會에서ᄂᆞᆫ韓國所謂同志成會와其他儒林輩人으로冒名ᄒᆞᆫᄂᆞᆫ者流ᄂᆞᆫ이種種合邦說을贊助하야國體를汚辱ᄒᆞ며人心을憤鬱케ᄒᆞᆫ다ᄒᆞ야特別討議會를開하고一切贊成者에게對ᄒᆞ야警告聲討ᄒᆞᄂᆞᆫ文字를起草ᄒᆞ야韓國各地方에[illegible]로千餘張을印刷ᄒᆞ엿더니日本警察署에서此를覺知하고郵便局에交涉ᄒᆞ야該書類의配達을嚴密注意하더니畢竟巡查三十餘名이興學會本館에派送ᄒᆞ야該書類를一切押收ᄒᆞ고上年冬期에合邦反對事件으로渡輸ᄒᆞ엿던高元勳氏와其餘會員六七人을押去ᄒᆞ야무限詰難을與ᄒᆞ얏다더라

◎四孝一烈 北靑郡董春光氏家에ᄂᆞᆫ四孝一烈이有ᄒᆞ니特別褒賞ᄒᆞ라고該郡人民等이內部에請願ᄒᆞ엿다더라

◎敎育學印行 學部에서ᄂᆞᆫ普通敎育學을編纂ᄒᆞ야不遠間印行ᄒᆞᆫ다더라

◎收稅設校 全羅有[illegible]에서ᄂᆞᆫ[illegible]力費로써公立農林學校를設立ᄒᆞ엿ᄂᆞᆫ디去二十日學部에서該校設立을認可ᄒᆞ엿다더라

◎金氏請願 興海郡金融組合所長孫[illegible]氏ᄂᆞᆫ內部에請願ᄒᆞ여曰目今財政恐荒의時를當ᄒᆞ야一般國民의衣服飮食의奢侈만去益滋[illegible]ᄒᆞ니此等弊習을一切禁止ᄒᆞ야財政耗損이무케ᄒᆞ라ᄒᆞ엿다더라

◎國利之害 日本人一名이安重根氏가伊藤氏를殺害ᄒᆞᆫ目的과裁判ᄒᆞ던顚末과安氏의歷史를編輯刊發ᄒᆞ엿ᄂᆞᆫ디伊藤氏及安重근氏의寫眞까지揷入ᄒᆞ엿다더라

◎漁磯貰借 慶南金海郡居김[illegible]氏ᄂᆞᆫ該郡所在義親王宮漁磯를借得ᄒᆞ엿ᄂᆞᆫ디每年貰金壹萬五千圜式徵納ᄒᆞ기로契約을成立ᄒᆞ엿다더라

◎給書寄付 [illegible]人蔘酒商會에서ᄂᆞᆫ渡日ᄒᆞᆫ觀光團에게納葉書一百枚를寄付ᄒᆞ엿다더라

◎大行搜索 警視廳에서各刑事巡查에게趙南昇氏의寫眞壹枚式分與ᄒᆞ야日夜搜索케ᄒᆞᆫ다ᄂᆞᆫ디趙氏의聘母[illegible]副尉李章稙氏의夫人도警視廳에被捉ᄒᆞ엿다가再昨日放免되엿고趙氏의弟南益氏ᄂᆞᆫ再昨日楊州郡金谷等地에서被捉ᄒᆞ엿다더라

◎確報姑難 趙南昇氏를搜索ᄒᆞᆷ은別項과如ᄒᆞ거니와日憲兵司令部에서ᄂᆞᆫ警視廳에指揮ᄒᆞ야趙氏를捕獲하라ᄂᆞᆫ催促이星火와如하다ᄒᆞ며其事實은極히秘密ᄒᆞ야確實히報道키難ᄒᆞ나一說을據ᄒᆞᆫ즉趙氏가重大ᄒᆞᆫ印章을僞造ᄒᆞ야去十日某處에서金八萬圓을潛推하엿다ᄒᆞ며發現되던同時에趙氏ᄂᆞᆫ越墻避身ᄒᆞ야木船을搭乘ᄒᆞ고南陽海를經ᄒᆞ야淸國烟台地方으로直向하엿다ᄂᆞᆫ說이有ᄒᆞ다더라

◎何許韓人 日憲兵司令部軍曹[illegible]人相內ᄂᆞᆫ三昨日補助員全某를帶同ᄒᆞ고南門驛에前往ᄒᆞ야何許韓人二名을捕縛ᄒᆞ야該部로押因ᄒᆞ엿ᄂᆞᆫ디事實이極히秘密ᄒᆞ야該人등의姓名을姑不露出ᄒᆞᆫ다더라

◎有何燕考 日憲兵司令部에서ᄂᆞᆫ何等事故를因ᄒᆞᆷ인지昨日上午十一時에單人二名을學部에派送ᄒᆞ야京鄕各處의公私學校及職員數를一一錄去하엿다더라

◎李氏下鄕 德[illegible]李天九氏가陶菴影幀을[illegible]ᄒᆞᆷ은已報ᄒᆞᆫ바어니와[illegible]嗣孫李丙琦氏ᄂᆞᆫ李天九氏를[illegible]押[illegible]ᄒᆞᆯ次로再昨日德[illegible]下去ᄒᆞ엿다더라

◎民報社協議 大[illegible]民報社에서ᄂᆞᆫ不遠間書[illegible]會를開ᄒᆞᆯ次로目下協議中이라더라

◎犯逋調査 家屋稅를督捧ᄒᆞᄂᆞᆫ各坊曲囑托中에稅金을犯逋ᄒᆞᆫ者가多ᄒᆞᆷ으로漢城財務監督局에서目下調査中이라더라

◎喫金綻露 京城外居朴榮浩氏ᄂᆞᆫ東署巡查李[illegible]氏와符同ᄒᆞ야咸興郡韓[illegible]氏의金貨一百圜을乾沒하엿ᄂᆞᆫ디事實이發現되야李巡査ᄂᆞᆫ卽時罷免되고朴氏ᄂᆞᆫ自服[illegible]하야洋灰水를飮ᄒᆞ야目下死生을未分中이라더라

◎兩氏渡日 大韓協會評議員權東鎭沈宜性兩氏ᄂᆞᆫ再昨夜突然渡日하엿다더라

◎金融現狀一斑 近間各銀行의金額出納은減省되야目今日本便三銀行에ᄂᆞᆫ四百餘萬圜韓國便五銀行에ᄂᆞᆫ百萬餘圜이減少되엿다ᄒᆞ며韓人便에금融困乏ᄒᆞᆫ一層[illegible]ᄒᆞᆫ貌樣이라더라

◎大總會落着 國債報償[illegible]處理會大總會에서買上問題로收議가有ᄒᆞ다ᄒᆞᆷ은旣報어니와畢竟問題로爛熳[illegible]一되여其所出은師範敎育을施하되萬一弊害가有ᄒᆞᆫ境遇에ᄂᆞᆫ議事機關及十三道代表者가協議ᄒᆞ기로決定ᄒᆞ엿고本日에臨時評議會를又開ᄒᆞᆫ다더라

◎婦人總會 大韓婦人會蠶業所를農商工部에서引渡ᄒᆞᆷ으로該會에서去十九日에臨時總會를開하고該蠶業所引渡의理由를農商工部에質問ᄒᆞ고該[illegible]々關會討文簿를調査決定ᄒᆞ기로議決ᄒᆞᆫ後男子顧問與贊成員及其他幹事諸氏를增選ᄒᆞ엿다더라

◎油組總會 西[illegible]萬里峴居油商이組合所를設ᄒᆞᆷ은旣報어니와再昨日下午一時에總會를開ᄒᆞ고城外沿江同業各員百五十餘人이出席ᄒᆞ야諸般事項을處理ᄒᆞ엿다더라

電報

◎日本海軍計畫 日本은近來歐美列國의海軍趨勢를睹하고年來로艦型調査委員其他各種委員을命ᄒᆞ야調査ᄒᆞ던中인디其結果로海軍計劃이略備ᄒᆞ엿ᄂᆞᆫ故로次期議會劈頭에海軍擴張案을提出ᄒᆞᆫ다더라 東京發 二十一日着

◎攝政王協議 英[illegible]兩國公使가淸國政府에向ᄒᆞ야長沙事件의損害賠償을請求하엿ᄂᆞᆫ디攝政王은桐氏를訪問ᄒᆞ고善後策을協議ᄒᆞᆫ다더라 北京發 二十一日着

◎巡洋艦注文說 淸國海軍은巡洋艦貳隻을德國에注文하엿다ᄂᆞᆫ說이有ᄒᆞ다더라 上海發 廿一日着

◎豫算通過可決 英國總理大臣의動議ᄒᆞᆫ預算通過案은下院에서可決되엿다더라

◎內閣辭職 [illegible]洲內閣은總辭職ᄒᆞ엿다더라 以上倫敦發 廿一日着

◎德帝還京期 德國皇帝ᄂᆞᆫ日間위스바뎅에赴ᄒᆞᆫ[illegible]다가五月十日에ᄂᆞᆫ美國前大統領루스벨트氏를歡迎키爲ᄒᆞ야伯林에還着ᄒᆞᆫ다더라 伯林發 二十一日

◎犯人來歷 [illegible]發 [illegible]彈事件의主謀者ᄂᆞᆫ廣東人汪兆名이라ᄂᆞᆫ디此人은大學速成卒業生으로[illegible]記者가되야文才의名[illegible]되革命黨首領孫逸仙의[illegible]物이라自前新嘉坡에[illegible]南出ᄒᆞᆫ黃復生에게[illegible]ᄒᆞ엿다ᄒᆞ며汪은今番[illegible]投ᄒᆞ고避隱ᄒᆞ엿다가[illegible]ᄒᆞᄂᆞᆫ디此에關ᄒᆞ야黃[illegible]製造ᄒᆞ다가被捉ᄒᆞ엿[illegible]擄ᄂᆞᆫ少ᄒᆞ다[illegible]에서[illegible]決ᄒᆞᆫ다더라

◎暴動과列國人 淸國長沙暴動에關ᄒᆞ야[illegible]은生命의損害ᄂᆞᆫ無ᄒᆞ고[illegible]이燒失되며個人店舖[illegible]며財物掠奪된損害가[illegible]

▲春期大淸潔▼

▲暮春時節도라오니[illegible]內에各巡查ᄂᆞᆫ大淸潔을施行코저坊曲閭閻行ᄒᆞ며人民들을指揮ᄒᆞ다우리들도더와[illegible]을擴張ᄒᆞ야[illegible]謂々活노指揮[illegible]穢物을 新淸潔하여보세

▲飛行機를發明하니兩半球로도러드니覇權膨脹더世界에仁義德이無用이라弱肉强食더럽ᄀᆞᆫ風기天演公例成ᄒᆞ야大砲一門所到處에萬國公法[illegible]니競爭熱에[illegible]

▲碧空우에[illegible]大西洋에[illegible]太平洋[illegible]

雜報

◎[illegible] 昨年度로 支出호 [illegible]은 左와 如호더라
漢城 [illegible] 五百十圓
京畿 [illegible] 四千圓
忠南 [illegible] 三千六十圓
全北 [illegible] 三千六十圓
全南 [illegible] 八千八百三十圓
慶北 桑苗[illegible]蠶種 二千九百七十圓
黃海 [illegible]桑苗[illegible] 千八百五十圓
江原 農蠶獎勵、蠶種 五百九十圓
平南 蠶種[illegible] 四千四百九十四圓
咸北 桑、種苗等 千四百五十圓

◎靑年講論 今日下午七時半에 [illegible]路靑年會에서 講論會를 開호고 忠心哀國者ㅣ多홈이라 問題로 辯論講論호다더라

◎組合發起 李能相李基纛金潤奎諸氏가 發起호야 資本金五千圓을 設立호야 會通組合所를 設立호고 屠場과 度와 漁市貿物等運送事務를 擴張홀 次로 各地方에 支所를 設置호는데 平安南北道總出張所長은 李應九氏로 選定호야 日間派送호다더라

◎工所餞別 工業傳習所에서는 再昨日下午八時明月館에서 該所卒業生 成弘錫崔鎭奎金千慶氏등二十餘人을 請邀호야 餞別宴을 開호엿다더라

◎女生調査 近日來女子界에서 女學徒의 服色으로 演場에 出沒호는 弊習이 去益熾盛홈으로 警視廳에서 每夜巡査를 派送호야 嚴密調査호다더라

◎合格證分給 學部에서는 日前新募集호 日本留學生八名의게 合格證書를 分給호엿다더라

◎工業所陳列 工業傳習所에서 明日上午十時로 下午四時까지 該所學生의 製造物品을 陳列호고 各官人及社會紳士를 請邀供覽호다더라

◎罷免匪實 東署巡査朴用[illegible]氏가 吳召史의 家産을 勒奪코져 移運호 事實이 現露되야 罷免되엿다는 說은 誤傳이라더라

廣告

本人의 異姓四寸李應三이가 離家多年에 莫知現住而應三의 母親이 思子鬱情으로 病勢危篤이오니 誰某시던지 應三을 逢着호시거던 歸家호도록 勸勉호심을 爲盼

雲山郡東面　金粲五　告白

大韓國郵票買入廣告

以前에 大韓國政府에서 發行호 郵票를 直錢으로 買入호오니 잇으시던지 가지고 오시기를 希望호옵나니다
그러나 午後四時以後에 來訪호시기를 要홈

京城明洞漢城病院內
粟屋

本人이 去乙巳年分에 家眷을 率호고 俄國領地니포허에 到達호야 土地를 起墾호와 資生호옵더니 不意의 該國移民의게 逐出홈을 當호고 海外孤踪이 百計무策호와 淸國훈춘地方으로 渡來호야 丐乞之勢로 流離호옵던 次에 俄領烟秋에 留連호시는 同胞蔡과셩氏가 五百元金을 무利子로 慈善救恤호심을 特蒙호와 濱死홈을 得免호엿기에 其罕有호 盛意를 表호야 玆에 廣布홈

淸國훈춘東砲臺居　金瑀相　告白

鐵原郡[illegible]學校卒業生十餘人과 其外三四人이 中等學文을 修業코져 호나 同郡에 適當호 學校가 無호고 上京留學코자 호나 財政이 不贍호야 有志莫遂의 歎을 抱호며 掩卷太息이다가 極力合贊호야 同是[illegible] 決心호고 或與[illegible]典[illegible]호며 或賣衣賣環호며 或淚或恨이더니 同郡有志紳士가 此를 矜憐호야 極力贊成에 金額이 幾千[illegible]百圓에 達호엿스나 將過所度에 猶有不足호야 朝夕供出호기 一家口를 擇호고 食費는 每朔一人에 二圜式에 預算으로 寄宿舍는 北部[illegible]洞地에 出買호야 名曰廣學舍라 호고 京城各校에 入學호엿는데 今에 贊成義捐호 氏名金額이 如左

慶北星州人李鳳[illegible] [illegible]
金宜鎬氏大夫人兩氏 各壹百卅圓 金命濟 申榮文
金仁植氏大夫人 李暢夏諸氏 各壹百圓 羅善益 高重權兩氏 各六拾圓 李在植 申萬擧兩氏 各五拾圓 黃大休 李泰鎭 尹基洙諸氏 各卅圓 嚴弘根 申應坤 金昌胤諸氏 各貳拾圓 池창連氏 拾八圓 朴周彦氏 拾五圓 朴觀秉 李範夏兩氏 各拾圓 李根培 崔昇 李鳳夏 金창浩 金尙鎬諸氏 各五圓 朴承彦氏 四圓 趙鍾九 趙基允兩氏 各三圓 김容夏 李聖彦 奇益俊 金敎鏞 宋德賢 李益壽 李鍾斗 朴괴陽 尹玉鉉 李殷浩氏大夫人 李應明 李俊璟 金希英 崔鳳奎 李元燮諸氏 各貳圓 尹相殷 金德敏 金汶基 白南順 尹完瑞諸氏 各壹圓五拾錢 李根永 全석化 李明植 李창允 金元赫 延秉德 尹泰玉 金光春 李源植

尹麒麟 尹宜瑞 尹秉일 李聖培 朴寅遠 李黔崇 尹秉柱 姜大容 裵근永 金在煥 趙允執 李善敎 梁斗煥 李元俊 俞喆會 高舜河大夫人 李弘奎 朴昭陽 閔敬植 金창植 俞聖律 李宙夏大夫人 全淳敬 權泰喜 李顯喜 申將軍 金元瑞 安永裕 閔達永 嚴柱臣 李星三 全德亮 千在默 [illegible] 高命河 羅致九 [illegible]大夫人 李在式 趙[illegible] 金[illegible] 李建夏 朴鳳雲 李在淵 尹秉文諸氏 各壹圓 崔[illegible] 趙召史 崔[illegible]元 [illegible]均 朴永植 朴元[illegible] 金應德 김汝先 池雲澤 리舜泰 崔化甫 玄周卿 宋成根 金京西 安舜化 리德甫 奉成五 權承石 崔應德 金德之 朴星七 金化實 崔南山 朴宜淳 金順一 리明俊 朴奎秉 申聖敏 리聖國 方聖奎 朴在賢 權亨石 吉永成 리永賢 崔창三 리宗근 柳京化 金源奎 康國賢 卞聖德 리喜舜 辛萬夫 吳仁先 全元永 魯舜旻 金順吉 리鍾言 宋仲一 金允甫 咸春근 孫창先 리亨珍 韓正弼 鄭元汝 全奉吉 鄭觀洪 崔奉安 任百顯 리延守 高永석 리容化 尹진 黃舜瑞 金周鎬 崔[illegible]源 鄭昌基 朴容直 리창根 金明壽 洪夏鍾 高창河 리允洙 金陽浩 白聖一 宋大賢 리致順 朴潤근 張召史 閔龍植 金貞植 張聖禹 리容浩 禹殷贊 趙然浩 金貞培 崔麟淳 朴喜祥 리範漢 朴在근 리龍煥 吳鳳文
리宙夏 安俊九 崔鉉三 羅成文 鄭元益 林光德 鄭明煥 金容寬 宋汝賢 宋顯辰氏大夫人 林[illegible]諸氏 各五十錢 金元吉 김鍾順兩氏 各參拾錢 李春甫 김永植兩氏 各十錢

廣學舍　告白

本人之子劉永相이 浮浪相從호야 放蕩遊蕩호며 錢財間에 或有相關이라도 內外國人은 一切勿干涉호기를 望홈

西部蓼洞十九統三戶　李[illegible]　告白

本人의 長子尹宜植([illegible])은 性本浮浪이온바 故尹宜植在世時에 香港滙豐銀行에 任置호 預金을 同夫人尹召史石氏가 推尋次로 漢城府理事廳과 統監府及其他關係官廳에 直接請願호야 其格式이 已了호엿거늘 右宜植이가 故宜植의 遺族或遺族의 代理人이라 冒稱호고 該預金을 自己가 推尋호려 호는뒤 旅費가 無호다 揚言호고 各人處에 得債消費호야 見聲은 日甚호고 右宜植은 出家無歸이오니 內外國人은 勿見欺호심이 無호도록 玆에 布告홈

北部司圃洞一十五統一戶　白召史　告白

本人孫子京烈이 年今廿四에 性本浮良호와 僞造文券호와 欲得發債에 出沒四處호오니 內外國人은 錢財相關絕勿擧論호시옵

平北雲山郡北鎭市十八統二戶　朴齊幹　告白

本人의 家夫金時弘(本安山庚午生父名錫佑母姓白氏)氏가 去丁亥年閏四月十二日에 偶然出家호야 因而不返호는뒤 于今二十四年을 日夜苦待호되 消息이 頓無호오니 內外國同胞는 右人을 逢着호시거던 爲先住所를 本人에게 通奇호여 쥬시고 另力勸送호시기 切祝홈

義州光化面南台里　安召史　告白

本人이 開業호지 五年에 僉君子의 愛顧호심을 蒙호야 營業이 [illegible] 擴張호기 爲호야 物品을 [illegible]入호야 各種帽子를 精密[illegible] 호야 廉價로 販賣호오니 僉君子는 陸續來臨호심을 務望호오며 外[illegible]에서도 請求호시면 小包[illegible] 換으로 酬應홈 此外에 [illegible] 備호오니 請求호옵소셔
帽子十個以上은 特別減價
特上品 一圓[illegible]
甲極上品 [illegible]
乙仝 [illegible]
丙仝 [illegible]
丁中品 [illegible]
戊 [illegible]

此外에 統監府官吏帽子와 醫師帽 醫部帽子도 製造홈
京城貞洞大漢門前帽子店尹興烈 委任主崔[illegible]植 告白

貿藥에 便利호 法

[illegible]論遐[illegible]하고 掌記及居住와 郵便錄送則精選材料호여 特別廉價호야 以郵便代金引換小包로 迅速付送호깃스니 隨用請求홈
京南部銅峴九十五統十戶
乾材藥局 崔興模 告白

△業務擴張▽
本館에서 諸般居處飮食等을 一層精密케 호와 來客의 便宜를 供호오니 照臨一試를 務望
今年에는 食每一床에 十五錢으로 홈
東門外洪陵通
淸京館酒食店

地方通信販賣部大擴張　特約割引券進呈

○學部編纂敎科用圖書　○自他出版及元賣書籍
○各種敎科及參考書類　○地圖及小說襍書書類
▲本館發兌書籍目錄及注文規程表는 隨求無料郵呈홈
京城中部罷朝橋越邊卅八統二戶
韓國振替貯金口座 第貳六八番
中央書館 朱翰榮

本店에서 開業호지 十六年間에 僉君子의 [illegible] 特蒙호와 今年春夏를 務로 大擴張호고 [illegible]新用의 各種毛織等 各國高等物品을 現今多數直輸入이온바 各地方에서도 貿易에 便利케 [illegible]호야 特別減價호오며 郵便小包로 酬應호오니 代金은 引換호와 十三道各郡僉君子는 隨意請求호심을 望
振替貯金番號(韓國第三番)
漢城中部鍾路砂器廛
二十一統五戶
廣興泰　告白

京西部車洞同和藥房 本國藥材、洋製、各種[illegible] 效、用、價、國漢文、可刊出、作封、雖婦女、郵便請求、買賣 閔[illegible] 告白

皇城國民兩報에 本人이 國民協成會會長으로 或은 政合邦聲明書를 提出호엿다 호고 或은 內閣에 長書를 提呈호엿다 揭載호바 會長도 호바 無호고 聲明書나 長書도 호바 無호옵기 玆에 廣告홈

金思濬　告白

本報 一枚 新貨二錢五厘 壹個月 三十錢 半個月 [illegible] 七十錢
廣告 四号活字 每行三字詰 壹個月 [illegible] 五錢
(自一行至四行이爲一寸)

社告

大韓每日申報各處支社廣告

平安北道

龍川楊市維新書舖 黃菊保
龍川南市驛 韓[illegible]希
朔州邑南門外 朱伯英
義州南門外廿西大藥局 張有寬
鐵山邑東部 鄭翊
車輦館同志會內 金明鉉
定州南門內書舖 洪成麟
博川邑內寶洞 金翼極
京義線批峴驛停車場前運輸會社前 李基秀
泰川邑館前洋藥局 李正華
寧邊郡內紅門里 鄭德昇
寧邊龍山面新興里南貞洞家 鄭奉益
宣川橋南四統十戶 申基周
江界邑內 金泰熙
郭山郡內新街 金大鉉
雲山邑上里八統八戶 咸元澤
雲山北面橋洞八統七戶 [illegible]
昌城郡內西下里一統二戶 許이
熙川邑內面東門外洞十四統二戶 金錫澤

平安南道

平壤鍾路太極書舘 安泰國
三和港碑石洞耶蘇敎堂 裵亨湜
安州城內義井洞安陵서舘 金翼河
江西邑內 金昌煥
甑山郡內利用里 崔診爽
德川邑官洞耶蘇敎冊肆 李丙斗
永柔邑內桃峴里二統八戶 金志瓚
中和下道面一里三洞 禹應善
肅川東部面一里三統九戶 金天湜
咸從邑校洞 金炳善

黃海道

海州南門內[illegible]書舘 朴[illegible]
安岳郡[illegible]面[illegible]山里上[illegible] 韓愼敎
長淵邑서北支學會內 崔東元
殷栗邑倉前里 金光[illegible]
信川邑西里 李[illegible]
白川邑文明舘 趙雲泳
載寧邑서部李鼎均家乾材局 李龜善
沙里院三聖學校內 李承吉

咸鏡道

咸興州南社西門外 曹喜林
元山港上里倉前洞耶蘇女學校側 皇甫正太
定平郡豐陽里 張禮學
洪原西門內保命局 羅炳善
永興邑南山洞洪明學校內 梁元[illegible]
清津港新岩洞 張元浩

全羅道

金溝木流面豆亭 趙德三
木浦港陽洞 李得珠
群山港九龍洞一統八戶 方在[illegible]

京畿道

仁川柳峴開新冊肆 李東皓
開城南門外興學書舖 姜助道
江華邑川橋 俞鎭權

慶尚道

大邱西小門外友弦書樓側 李正[illegible]
釜山佐川藥局 徐錫[illegible]

江原道

鐵原邑棠谷 趙鍾大
蔚珍郡遠南面梅花里 郭鍾郁

忠淸道

韓山下北筆堂里 李英[illegible]
結城廣川小龍洞 李[illegible]

北墾島

北墾島龍井村下場里 朴茂林

檀君開國四千二百四十三年
箕子元年三千三十二年
大韓開國五百十九年
本報創刊日
光武八年七月十八日

大韓每日申報

發行兼編輯人 英國人 萬咸
Responsible for Publication
Alfred Weekley Marnham.
發行所
京城中部石井洞三層洋屋
大韓每日申報社

第八卷 月曜及慶節歲時休日休刊 第一千三百六十九号

論說

◎地方人士를 勵ᄒᆞ노라

年來韓國에怪氣이[illegible]風雨가日漫ᄒᆞ미地方有志人士中에或[illegible]議의灰心을發作ᄒᆞ며懷慨가[illegible]을[illegible]ᄒᆞ야往往[illegible]意氣로敎育을勉ᄒᆞ던[illegible]은[illegible]ᄒᆞ手腕을斂ᄒᆞ[illegible]日勤勤[illegible]心으로[illegible]者가今日은[illegible]뿐이며往往[illegible]腕을[illegible]하면서回天事業을[illegible]今日은膽이縮ᄒᆞ며[illegible]無可奈何四字를唱ᄒᆞ야[illegible]니嗚乎라此等人士에[illegible]가엇지此에至ᄒᆞ나뇨

蓋今日地方에人民의知識이[illegible]오허려幼稚ᄒᆞ며人民의[illegible]오허려蟄屈ᄒᆞ야桃源春[illegible]는者ㅣ多ᄒᆞ며太古先天[illegible]하는者ㅣ多ᄒᆞ며敎育의風潮[illegible]急ᄒᆞ되此에智가未及ᄒᆞ야前鑑史略으로其子孫을誤ᄒᆞ는者ㅣ多ᄒᆞ며實業의戰爭이方劇ᄒᆞ되此에意를不留ᄒᆞ야青樓酒肆에其身勢를亾하는者ㅣ多ᄒᆞ며國家가漏船에浮沉ᄒᆞ되一身一家의思想만抱ᄒᆞᆫ者ㅣ多ᄒᆞ며同胞가地獄에墮落ᄒᆞ되發憤勇往의志氣가乏ᄒᆞᆫ者ㅣ多ᄒᆞ니此人民의知識을培養ᄒᆞ며此人民의精神을催起ᄒᆞ라면오ᄌᆞᆨ先覺人士를待ᄒᆞᆯ지어날只今彼人士의灰心이何故며悲觀이何故오

今日外來의壓力은日로膨脹을加ᄒᆞ고神聖ᄒᆞᆫ國史는日로顔色을變ᄒᆞ나니此時에在ᄒᆞ야韓國人士된者ㅣ宜乎勇氣를倍奮하야彼를對ᄒᆞ며策略을益勵ᄒᆞ야彼와競ᄒᆞ야彼가一寸을進ᄒᆞ면我도一寸을進ᄒᆞ며彼가一尺을進ᄒᆞ면我도一尺을進ᄒᆞ야石底의筍叉치愈壓ᄒᆞᆯ수록愈出ᄒᆞ며轉石의石叉치不達ᄒᆞ면不止ᄒᆞᆷ이可ᄒᆞ거늘只今彼人士의灰心이何故며悲觀이何故오

又今日韓國에形式上으로는日로退步를作ᄒᆞ나精神上으로는日로進步를作ᄒᆞ야智識이日로進步되며思想이日로進步되며氣力이日로進步되나니此時에[illegible]愛國人士된者ㅣ宜乎歡[illegible]旗를煥ᄒᆞ야舞ᄒᆞ면서進ᄒᆞ[illegible]踊ᄒᆞ면서[illegible]人士의灰心이[illegible]何故오[illegible]人士에게對[illegible]多ᄒᆞ니諸氏[illegible]人類進ᄒᆞᆯ지어다諸氏의[illegible]地方在ᄒᆞ니라

官報

隆熙三年十一月十三日

內閣告示第四十三號

○勅令第一百九十四號
(明治四十二年十月二十三日)

特許登錄令 續

○勅令第一百九十八號
(明治四十二年十月二十三日)

特許權存續期間延長에關ᄒᆞᆫ件

第一條 重要ᄒᆞᆫ發明의特許權者ㅣ正當ᄒᆞᆫ事由를依ᄒᆞ야其特許權存續期間內로其發明으로서生ᄒᆞᆯ만ᄒᆞᆫ相當ᄒᆞᆫ利益을得ᄒᆞᆷ이不能ᄒᆞᆫ境遇에는其存續期間의延長을出願ᄒᆞᆷ을得ᄒᆞᆷ

軍事上에秘密을要ᄒᆞᆫ發明에係ᄒᆞᆫ特許權으로國에屬ᄒᆞᆫ者에對ᄒᆞ야主務大臣이其存續期間의延長을必要로認ᄒᆞᆫ境遇도前項과亦同ᄒᆞᆷ

第二條 存續期間의延長을出願ᄒᆞᄂᆞᆫ者ᄂᆞᆫ存續期間이滿了ᄒᆞᆫ日로부터六月以前으로其願書에特許權發生後에在ᄒᆞᆫ特許發明實施의狀況、其발明으로서受ᄒᆞᆫ利益或相當ᄒᆞᆫ利益을不得ᄒᆞᆫ事由를詳記ᄒᆞᆫ文書를添附ᄒᆞ야特許局長을經由ᄒᆞ야此를主務大臣에게提出ᄒᆞᆷ이可ᄒᆞᆷ

願書에는左開事項을記載하고出願人이[illegible]捺印ᄒᆞᆷ이可ᄒᆞᆷ

一 特許番號
二 發明의名稱
三 出願人의姓名又ᄂᆞᆫ名稱、住所
四 延長의期間
五 出願의要旨及理由

前條第二項規定을依ᄒᆞᆫ出願에對ᄒᆞ야ᄂᆞᆫ第一項의期間及願書에添附ᄒᆞᆯ文書에關ᄒᆞᆫ規定은此를適用치아니ᄒᆞᆷ

第三條 特許局長은意見書를作成하야前條의出願書에添附ᄒᆞᆷ이可ᄒᆞᆷ

第四條 存續期間延長의出願이有ᄒᆞᆫ時ᄂᆞᆫ主務大臣은五人或은七人의審査委員을命ᄒᆞ야此를審査케ᄒᆞᆷ이可ᄒᆞᆷ

第五條 前條의審査를了ᄒᆞᆫ時ᄂᆞᆫ主務大臣은出願의許否를決定ᄒᆞᆷ이可ᄒᆞᆷ

決定에ᄂᆞᆫ理由를附ᄒᆞᆷ이可ᄒᆞᆷ

決定을ᄒᆞᆫ時ᄂᆞᆫ主務大臣은決定書를出願人에게送付ᄒᆞᆷ이可ᄒᆞᆷ

主務大臣은出願에係ᄒᆞᆫ期間을短縮ᄒᆞ거나又ᄂᆞᆫ制限을附ᄒᆞ야出願을許可ᄒᆞᆷ을得ᄒᆞᆷ

(未完)

外報

◎露紙聲言 露國諸新聞은露日同盟說에對ᄒᆞ야最히激烈反對ᄒᆞᆫ者라고聲言ᄒᆞᆫ다더라

◎墺國新戰艦 今回墺國에서처음으로建造ᄒᆞᆫ뜨레드노트型戰艦은四砲塔을有ᄒᆞ엿ᄂᆞᆫ디各砲塔에ᄂᆞᆫ口徑三十珊知米突半되ᄂᆞᆫ大砲三門을備置ᄒᆞ엿다더라

◎印度敎育熱 印度人民은各種敎育에熱ᄒᆞ야非常히若渴ᄒᆞᆫ다ᄂᆞᆫ디敎育의全部를大改革ᄒᆞ고一層完美ᄒᆞᆫ中等敎育을施ᄒᆞᆯ事를請ᄒᆞᄂᆞᆫ者가多ᄒᆞ다더라

◎犯人自白 淸國爆裂事件의首謀[illegible]提ᄒᆞᆫ[illegible]報[illegible]

◎雲南線開始 法國의[illegible]雲南鐵道[illegible]今月三十日에運轉開始[illegible]ᄒᆞᆫ다ᄂᆞᆫ디近日[illegible]地人民의不穩ᄒᆞᆫ狀態가有하다하야[illegible]線路를嚴密히警戒ᄒᆞᆫ다더라

◎長沙善後電訓 淸國長沙事變에就하야同國政府에서湖南巡撫署理楊文鼎氏에게電訓ᄒᆞ엿다ᄂᆞᆫ要旨를聞ᄒᆞᆫ則(一)軍隊를駐屯ᄒᆞ되宜히撫育ᄒᆞᆯ지며討伐ᄒᆞᆷ은不可ᄒᆞᆫ事(二)速히米穀을賑布ᄒᆞ야窮民을救濟ᄒᆞᆯ事(三)外國人家屋에兵士를配置하야保護ᄒᆞᆯ事(四)外國人의被害財産의代價를調査ᄒᆞᆯ事(五)處理ᄒᆞᆷ이可ᄒᆞᆫ文武地方官을調査報告ᄒᆞᆯ事等이라더라

◎東京牛疫 日本東京에셔牛疫이發生ᄒᆞ야甚히猖獗ᄒᆞ다ᄂᆞᆫ디此를預防키爲ᄒᆞ야撲殺ᄒᆞᆫ牛가既히千二百六十六頭에達하엿스나其流行區域이甚大ᄒᆞᆷ으로容易히熄滅키難ᄒᆞ다더라

學界

◎足見其誠 淸國훈춘東砲臺居金禹玉氏ᄂᆞᆫ家勢가赤貧ᄒᆞᆫ處地인ᄃᆡ西北協成學校學生黃仲鉉氏의게學費金二圜을寄付ᄒᆞ엿슴으로該學生은感謝의意를不勝ᄒᆞᆫ다더라

◎兩氏熱心 鐵原郡龍潭鳳鳴學校任員李範夏李鳳夏兩氏ᄂᆞᆫ敎育에熱心ᄒᆞ야該校經費를擔ᄒᆞ고貧寒ᄒᆞᆫ學生이失學ᄒᆞᆯ까慮ᄒᆞ야月謝金도無히入學케ᄒᆞ고校室을一層擴張ᄒᆞ며高明ᄒᆞᆫ敎師를雇聘ᄒᆞ야熱誠敎育ᄒᆞ고學問이時急ᄒᆞᆷ을懇々說喩ᄒᆞᆷ으로學徒가日增ᄒᆞᆯ뿐더러京城에留學ᄒᆞᄂᆞᆫ同郡學生들이廣學舍를設置ᄒᆞᆷ에對ᄒᆞ야도極力贊成ᄒᆞᆫ다더라

◎普明其明 咸北慶興府雄基下松峴普明學校ᄂᆞᆫ校長金允卿校監金光鍵書記俞恒濬諸氏가熱心視務ᄒᆞ야校舍數十間을建築하고生徒三十餘名을募集敎授ᄒᆞᆫ다더라

◎普興勸獎會 京畿道南陽郡浦幕里私立普興學校ᄂᆞᆫ郭應煥諸氏가設立ᄒᆞᆫ바인ᄃᆡ校務를擴張ᄒᆞᆯ次로來卄六日에勸獎會를開ᄒᆞᆫ다더라

◎可奐其人 縣川郡新豐面居張義斗氏ᄂᆞᆫ敎育을擴張ᄒᆞᆯ次로時習學校를設立ᄒᆞ고歲時節日을當하면鄰里長老의게米肉을周饋ᄒᆞᆷ으로遠近에稱頌이有하다더라

偉人遺蹟

東國巨傑 崔都統 錦頰山人 續

第六章 兩敵國의交侵과崔都統의再起

此時에崔都統은安在런가大職後에國內名山水에周遊ᄒᆞᆯ서石多山에登하야乙支文德의遺墟를吊ᄒᆞ며鴨綠江에臨ᄒᆞ야泉蓋蘇文의壯蹟을仰ᄒᆞ며西으로遼野를望ᄒᆞ야[illegible]雄略을想ᄒᆞ며北으로[illegible]ᄒᆞ야大祚榮의[illegible]을慕ᄒᆞ고[illegible]肉을[illegible]하야英雄不遇의[illegible]니光陰이[illegible]朔을[illegible]月을當ᄒᆞᆫ지라[illegible]西北山水를[illegible]無聊ᄒᆞ[illegible]受[illegible]衣冠이[illegible]龍[illegible]ᄒᆞ야一般居民[illegible]面目을記憶[illegible]信步로永明寺에[illegible]殿을周覽ᄒᆞ고一歌를[illegible]에依ᄒᆞ야獨唱ᄒᆞ니歌에曰

가마귀눈비마조、희는듯검노매라。夜光明月이、밤인들어두으랴。님向ᄒᆞᆫ、一片丹心이야、가실줄이잇스랴。

歌未終에一少年僧이出曰異哉라山門寂寞ᄒᆞᆫᄃᆡ誰가塵世淨調를奏ᄒᆞ나뇨崔都統이首를回ᄒᆞ니依々히舊日相識者인듯ᄒᆞ도다僧이諦視默想ᄒᆞ더니遽迎拜ᄒᆞ며手를前執ᄒᆞ여曰將軍乎여何로從ᄒᆞ야來到ᄒᆞ엿나뇨小僧은高郵戰役에拜謁ᄒᆞ던玄麟이是니다

(未完)

詞藻

❀무심타❀

꿈이날위ᄒᆞ야、먼데벗을다려왓네。
담담히손을잡고、시국ᄉᆞ를의론ᄒᆞᆯ제。
무심타、원촌에계명셩이、잠든나를。

宮廷彙報

◎因雨延期 大皇帝 皇后兩陛下게옵셔三昨日에秘苑을御覽ᄒᆞ옵신다ᄒᆞᆷ은旣報어니와當日은天雨가適至ᄒᆞᆷ으로 動駕ᄅᆞᆯ停止ᄒᆞ옵셧다가再昨日下午三時에 御覽ᄒᆞ옵셧다더라

◎宮中花宴 皇后陛下게옵서는明二十五日에各皇族、大臣、承候官、巾幗顧問、等의夫人數十名을宮中에召集ᄒᆞ샤觀花宴을開ᄒᆞ옵신다더라

◎券請邀 阿部와如히昨日宮內府官吏一同이 御苑內에셔大運動會ᄅᆞᆯ開ᄒᆞ엿는ᄃᆡ 大皇帝 皇后兩 陛下게옵서親臨御覽ᄒᆞ오시고 園苑事務局에셔는綵籤券一百四十餘枚를發刊ᄒᆞ야皇族及高等官諸氏와統監府官人及各社會紳士를請邀ᄒᆞ엿다더라

◎日將校陛見 昨日에統監府[illegible]官[illegible]木村松永及其部下將校를帶同ᄒᆞ고 大皇帝陛下게 陛見ᄒᆞ엿는ᄃᆡ 陛下게옵셔極히優渥ᄒᆞᆫ 勅語를下ᄒᆞ옵셧다더라

◎穀種購入 宮內府에셔는日前籍田守에게訓令ᄒᆞ고 大皇帝陛下게옵서東籍田에播種ᄒᆞ옵실黍粟豆太等穀種을購入ᄒᆞ라ᄒᆞ엿다더라

雜報

◎支出名義 度支部所管特別功勞賞與金三千圓을豫備金에셔支出ᄒᆞ기로上 奏蒙[illegible]ᄒᆞ엿다더라

◎俱樂讌會 度支部大臣高永喜氏는昨日下午六時花月樓에서晩餐을特設ᄒᆞ고各界知人을[illegible]宴ᄒᆞ엿는ᄃᆡ昨日上午十時에는貞小門外別庄에서花柳會를設行ᄒᆞ엿다더라

◎閣下招宴 昨日宮相閔丙奭氏는各部大臣次官局長等을昌德宮內秘苑에招請ᄒᆞ야賞花會를開ᄒᆞ엿다더라

◎菊池囑托 統監府에셔는大韓醫院長菊池에게統監府衛生事務의囑托을命ᄒᆞ고曾禰統監治療에從事케ᄒᆞ엿다더라

◎運動協議 農商工部官吏一同은不讀間春期大運動을開ᄒᆞᆯ次로目下協議中이라더라

◎榊原出發 日憲兵隊長榊原은本日平壤方面으로向ᄒᆞᆫ다더라

◎警部內定 前敎官張憲根氏는警視廳警部를委任ᄒᆞ기로內定되엿다더라

◎職員錄刊給 內閣에셔는所屬官廳의職員錄을編刊ᄒᆞ야各其一部式分給ᄒᆞ엿다더라

◎荷物內容 曾禰統監의荷物이統監府에陸續來到ᄒᆞᆫ다ᄒᆞᆷ은已報어니와此荷物이曾禰統監의荷物이아니라曾禰統監의子寬治가自己荷物을運來ᄒᆞᆷ에稅關通過의便利를爲ᄒᆞ야統監의荷物이라稱ᄒᆞ고運來ᄒᆞᆷ이라는說이有ᄒᆞ다더라

◎調査局協議 土地調査局에서는數日前부터度支次官荒井副總裁俵孫一等이會同ᄒᆞ야重要問題를協議ᄒᆞ엿다는ᄃᆡ其中最要問題는土地中數人所有된것이係爭物된時에此를尊重裁判에出訴케ᄒᆞ면煩雜ᄒᆞ리라ᄒᆞ야此에關ᄒᆞᆫ裁判法을特別制定코져ᄒᆞᆫ다더라

◎航路標識 關稅局에셔는錦江東津江萬頃江榮山江淨各流域에簡便ᄒᆞᆫ航路標識를施設ᄒᆞ기爲ᄒᆞ야目下調査中이라더라

◎木越歸國 日本中將木越은明日에발歸國ᄒᆞᆫ다더라

◎自修開會 內部內自修會는昨日開會ᄒᆞ엿다더라

◎爆발禁止 近年釜山近海에셔爆발物을使用ᄒᆞ야行漁ᄒᆞ는者ㅣ多ᄒᆞ야魚族의繁殖을害ᄒᆞ고他漁業者를妨害ᄒᆞ는故로統監府에셔는此에關ᄒᆞᆫ禁止法令을日間발布ᄒᆞᆫ다더라

◎檢査官吏發程 檢査局韓日官吏各一名은江原及咸北觀察道의會計文簿를檢査ᄒᆞᆯ次로昨日에발程ᄒᆞ엿다더라

◎船舶檢査期 船舶檢査法에依ᄒᆞ야來七月下旬부터九月中旬까지巡廻檢査를始ᄒᆞᆫ다는ᄃᆡ特이仁川釜山元山鎭南浦四港은常々檢査를行ᄒᆞᆫ다더라

◎小林出張 漢城財務監督局長日人小林董은財政狀況을視察하기爲ᄒᆞ야來二十七日에隨員二人을帶同ᄒᆞ고伊川朔寧等郡으로出張ᄒᆞᆫ다더라

◎大野渡日 工業傳習所長日人大野는日本福岡名古屋兩共進會를視覽ᄒᆞᆯ次로本月末日頃에渡日ᄒᆞᆫ다더라

◎美人來韓 美國紐育人著述家고리아氏는昨日日本東京에셔出發ᄒᆞ야韓國에渡ᄒᆞ엿는ᄃᆡ將次韓國을經ᄒᆞ야哈爾賓으로赴ᄒᆞᆫ다더라

◎郵便現狀 日本이韓國郵便事務의委任을受ᄒᆞᆫ以來로郵便局이多數增加ᄒᆞ야現今은郵便局及取扱所가合四百八十八個所에達ᄒᆞ엿다ᄒᆞ며郵便線路는平均一日의延長이陸路二萬六千四百十里오水路二千六百九十六浬오鐵道二千七百七十哩라더라

◎農銀合併議 農ㅣ銀行支配人會議에셔는各地方에在ᄒᆞᆫ農工銀行合併案을講究ᄒᆞᆫ다더라

◎俱樂園春景 齋洞居趙완九氏가再昨日漢城俱樂園을觀光次로前往ᄒᆞᆫ즉各大官의夫人一隊가賞春次로園內에散步ᄒᆞ는지라該園守直이趙氏를對ᄒᆞ야曰貴夫人이在遊ᄒᆞ니他處로轉去ᄒᆞᆷ이可ᄒᆞ다ᄒᆞ거ᄂᆞᆯ趙氏가大聲發言曰俱樂은男女가一般인ᄃᆡ何必男子를禁入이며日婦人이內外를守ᄒᆞᆯ터이면深閨에伏在ᄒᆞ는것이可ᄒᆞᆫᄃᆡ엇지繁華場에追逐ᄒᆞ나냐ᄒᆞ엿고李某도追後入園ᄒᆞ라ᄒᆞᆫ즉守直이拒絶ᄒᆞ야曰雲峴宮小大監의命令이有ᄒᆞ니不可入이라ᄒᆞ거ᄂᆞᆯ李氏가忿詰曰雲峴宮小大監우此園의命令官이냐ᄒᆞ고一場詰難ᄒᆞ엿다더라

◎樂典書押收 李基鍾氏가著作ᄒᆞᆫ樂典敎科書는許可가無히出板ᄒᆞ엿다ᄒᆞ야內部에셔發賣頒布를禁止하고仍히押收ᄒᆞ엿다더라

◎隨處詗探 江原道伊川郡居南宮鎬申人과李在[illegible]崔在鉉等諸氏가露國에渡往하엿다는說이有ᄒᆞᆷ으로某處에셔詗探中이라더라

◎賑郵請褒 東幕居高允默氏는該洞貧民에게賑郵ᄒᆞᆫ美績이有ᄒᆞ니特別褒賞ᄒᆞ라고漢城府尹이內部로修報ᄒᆞ엿다더라

◎電軌敷設計劃 韓日瓦斯會社에서東部弘化門前에電鐵軌道를敷設ᄒᆞᆯ計劃인故로漢城府尹俞鎭植氏가該事實을內部에稟請ᄒᆞ엿다더라

◎竟不發現 警視廳에셔는趙南昇氏를형捕ᄒᆞ기爲ᄒᆞ야楊州郡等地로刑事巡査를多數派送ᄒᆞ엿더니畢竟發現치못ᄒᆞ고再昨日空手入城ᄒᆞ엿다더라

◎假粧竟露 趙南益氏가被捉ᄒᆞᆷ은已報어니와該氏가當初避身次로僧의貌樣을粧ᄒᆞ야平凉笠을頭戴하고行囊을肩負ᄒᆞ고草鞋短杖으로 思陵近地를通過하다가情跡이綻露되엿다더라

◎捉後旋放 警視廳에셔趙南益氏를捉囚ᄒᆞᆫ後에趙南昇氏의夫人과其雇人元某는即時放免ᄒᆞ엿다더라

◎政友周旋 政友會에셔는各地方에支會를設立ᄒᆞᆯ次로目下周旋中이라더라

◎徐氏被査 咸南高原郡公立小學校訓導徐炳炒氏는合邦反對事件이有ᄒᆞ다ᄒᆞ야日前警視廳에査問을當ᄒᆞ엿다더라

◎李踪詗探 大東共報社主筆李鋼氏가日前歸國ᄒᆞ엿다는說이有ᄒᆞᆷ으로某處에셔日下詗探中이라더라

◎留學生詗探 日本留學生某氏가合邦問題를反對ᄒᆞᆯ次로布告文을携帶ᄒᆞ고日前歸國ᄒᆞ엿다는說이有ᄒᆞ야某處에來到하엿合으로目下嚴秘詗探中이라더라

◎[illegible]報停刊 日人이발行ᄒᆞ는京城新報는治安妨害의記事를揭載ᄒᆞᆫ다ᄒᆞ야발賣를禁ᄒᆞ고발行停止를命ᄒᆞ엿다더라

◎韓巡被殺 江界駐在日巡査荻原은去月三十一日에韓匪犯金炳杜를新義州地方裁判所로押去ᄒᆞ다가路中酒幕에서金炳杜가刀를拔ᄒᆞ야荻原을刺傷ᄒᆞ엿는ᄃᆡ荻原은三日後仍斃ᄒᆞ엿다더라

◎同寮厚誼 寺洞侍衛隊員徐丙회氏는該隊月給錢三百廿五圓을補助貨로交換ᄒᆞᆯ次로再昨日漢湖農工銀行에前往ᄒᆞ엿다가日人掏賊의게銀貨八十圓을見失하엿는ᄃᆡ徐氏는元來赤貧ᄒᆞᆫ家勢로該金代充의道가無ᄒᆞ더니該隊員以下通譯員諸氏가徐氏의情勢를矜憫히녀겨各其義金을捐出ᄒᆞ야該金額을充數케하엿合으로該隊의同寮相濟ᄒᆞ는厚誼를人皆稱頌ᄒᆞᆫ다더라

◎鴨綠增水 平北厚昌地方에는去十七日降雨以來로氷雪이解ᄒᆞ야江水가增加ᄒᆞ엿合으로交通이杜絶되엿다ᄒᆞ며現今鴨綠江에는增水가八尺餘에達ᄒᆞ엿다더라

◎孤院遠足 京城孤兒院任員及學徒一同이勸農事模範場을觀察ᄒᆞ기爲ᄒᆞ야來廿九日에遠足會를設ᄒᆞᆫ다는ᄃᆡ當日午餐은灘島居趙秉植八가自擔進排ᄒᆞ기로準備中이라더라

◎困貧自斃 桂洞前砲隊將校內居高春基氏는日人의債務百餘圓을因ᄒᆞ야再昨夜에鴉片을呑喫ᄒᆞ고即時致斃ᄒᆞ엿다더라

◎義將被捉 年前부터光陽河東突山等地로來往하던義兵將金應伯氏는去十二日河東邑內에서日憲兵에게被捉ᄒᆞ엿다더라

◎千犯絞殺 强盜殺人犯千[illegible]浩를去十八日平壤監獄大興出張所에서絞刑을執行ᄒᆞ엿다더라

◎松岡被捉 日人松岡은印[illegible]僞造犯으로日昨日憲兵司令部에被捉ᄒᆞ엿다더라

電報

◎湖南騷擾 淸國湖南一帶는不穩의兆가有ᄒᆞ더니岳州에서陸軍兵五百名을急派ᄒᆞ엿다ᄒᆞ며日本領事村山은廿二日宇治艦으로長沙에向하엿다더라

◎旅順開放期 日本에서는旅順大連開放에關ᄒᆞ야同國海軍省에서는旅順[illegible]에關ᄒᆞᆫ露淸條約[illegible]疑義가有ᄒᆞ엿는ᄃᆡ[illegible]는開放이抵觸될까하다ᄒᆞ야兩三日中에[illegible]ᄒᆞ며五月上旬에開放ᄒᆞ야內外船舶의自由入港을許ᄒᆞᆫ다더라 以上東京發 廿二日着

◎愛蘭自治 [illegible]民黨首領레드몬드氏가政府[illegible]自治에關ᄒᆞᆫ[illegible]라 倫敦發 廿 日着

◎美國大風 美國에大風雨가有ᄒᆞ야[illegible]ᄒᆞ다더라 紐育發

◎日本과 [illegible] 東京發 廿二日着

雜報

○一木兩鐵 地方費으로 [illegible]木費(道路堤防營繕費等)은 如左ᄒᆞ다더라

	兩	錢
[illegible]	三二一六〇〇〇	
[illegible]	三七四〇〇〇	
[illegible]	五四一〇〇〇	
[illegible]	七四〇〇〇〇	
[illegible]	三二〇〇〇〇	
[illegible]	二〇〇〇〇〇	
[illegible]	三一〇〇〇〇	
[illegible]	四〇〇〇〇〇	
[illegible]	二六〇〇〇〇	
[illegible]	三〇〇〇〇〇	
[illegible]	三〇五三〇〇〇	
[illegible]	六〇四四六〇	
[illegible]	四三一七六〇	
[illegible]	一〇〇〇〇〇	

○農會組織 黑川郡居成義鼎 金[illegible]諸氏가 農業을 改良ᄒᆞᆯ 目的으로 農[illegible]會를 組織ᄒᆞ고 會員 百餘名을 團聚ᄒᆞ엿다더라

○醫師總會 大韓醫師總合所에서ᄂᆞᆫ 本日上午十二時 鍾路大東醫院에서 總會를 開ᄒᆞ고 衛生에 關ᄒᆞᆫ 方針을 協議ᄒᆞᆫ다더라

○青舘講道 今日下午三時에 鍾路青年會舘에서 福音會를 開ᄒᆞ고 監理會傳道師鄭春洙氏를 請邀ᄒᆞ야 講論ᄒᆞᆫ다더라

○面長有人 瑞山郡吾山面面長李直稙氏ᄂᆞᆫ 視務多年에 恪勤不惰ᄒᆞ고 外交에 嫻熟ᄒᆞ야 一面이 賴安ᄒᆞᆷ으로 頌聲이 藉々ᄒᆞ다더라

廣告

本人의 圖章을 見失故로 更爲造成이오기 玆以廣告ᄒᆷ 李性元

本人의 所居家屋이 西署養生坊[illegible]陽洞四十七統一戶 五家貳間家券을 昨年陰九月分의 路上에서 見失ᄒᆞ엿기로 玆에 廣告ᄒᆞ오니 誰某拾得ᄒᆞ여도 休紙施行ᄒᆷ 延壽敬 白

○特別廣告

韓國京城居韓國人故尹仲植이 癸巳年分(西曆一千八百九十三年十一月八日)에 在香港英國殖民地빅토리아市에서 死亡ᄒᆞᆫ 前記尹仲植의 遺産에 對ᄒᆞ야 香港高等法院內設遺産管轄部로 管理ᄒᆞᄂᆞᆫ 認可證을 本年一月十七日에 接受ᄒᆞᆫ바 該遺産全部나 部分에 對ᄒᆞ야 相續權이 所有ᄒᆞᆫ 諸氏나 或其代辯護士를 經ᄒᆞ야 本年六月三十日以內로 請求書를 申呈ᄒᆞ되 該遺産管理部香港殖民地빅토리아市高等法院內登記簿所에나 又ᄂᆞᆫ 左記ᄒᆞᆫ 氏名處所로 提出ᄒᆞᆯ事

氏名處所

香港빅토리아市채터路요셉딍 香港高等法院內遺産管理人의

辯護士等 쏘릿턴 헷트

西曆二月七日

(原文을 英國總領事館에서 譯出ᄒᆞᆫ事) 쏘릿턴 헷트 告白

本人이 去乙巳年分에 家眷을 率ᄒᆞ고 俄國領地니포허에 到達ᄒᆞ야 土地를 起墾ᄒᆞ와 資生ᄒᆞᆸ더니 不意의 該國移民의 逐出ᄒᆷ을 當ᄒᆞ고 海外孤踪이 百計무策ᄒᆞ와 淸國훈春地方으로 渡來ᄒᆞ야 丐乞之勢로 流離ᄒᆞᆸ던 次에 俄領烟秋에 留連ᄒᆞ시ᄂᆞᆫ 同胞 蔡와셩氏가 五百元金을 무利子로 慈善救恤ᄒᆞ심을 特蒙ᄒᆞ와 濱死ᄒᆞᆷ을 得免ᄒᆞ엿기에 其罕有ᄒᆞᆫ 盛意를 表ᄒᆞ야 玆에 廣布ᄒᆷ 淸國훈春東礮臺居金瑀相告白

本人이 陰二月初에 方圖姓名章을 遺失이오고 圖更刻이오기 玆以廣告ᄒᆷ 南陽松山面禿洞十統六戶 金敎瀅 白

本人의 舅姓四寸李應三이가 離家多年에 莫知現住而應三의 母親이 思子鬱懷으로 病勢危篤이오니 誰某시던지 應三을 逢着ᄒᆞ시거든 該家로 歸ᄒᆞ도록 勸勉ᄒᆞ심을 爲盼 雲山郡東面 金榮五 告白

本人孫子京쵤이 年今廿四에 性本浮良ᄒᆞ와 僞造文券ᄒᆞ와 欲得負債에 出沒四處ᄒᆞ오니 內外國人은 錢財關係를 勿聚論ᄒᆞ시옵 平北雲山郡北鎭市十八統二戶 朴齊幹 告白

本人의 家夫金時弘(本安山庚午生父名錫佑母姓白氏)氏가 去丁亥年閏四月十二日에 偶然出家ᄒᆞ야 因而不返ᄒᆞᄂᆞᆫ데 于今二十四年을 日夜苦待ᄒᆞ되 消息이 頓無ᄒᆞ오니 內外國同胞ᄂᆞᆫ 右人을 逢着ᄒᆞ시거든 爲先住所를 本人에게 通奇ᄒᆞ여 주시고 另力勸送ᄒᆞ심을 切祝ᄒᆷ 義州光化面南台里安召史告白

◎特別廣告

敬啓者 本報ᄂᆞᆫ 開刊有年에 其論述의 公正과 其報道의 迅速이 無比ᄒᆞ야 淸國內遠近志士가 一切歡迎ᄒᆞ오며 韓國에도 稍々히 購覽ᄒᆞᄂᆞᆫ 紳士가 有ᄒᆞᆫ바 今에 更히 江湖上購覽諸氏를 紹介ᄒᆞ기 爲ᄒᆞ야 本報舘所在處及報價를 左開廣告ᄒᆞ오니 願覽諸氏ᄂᆞᆫ 速々히 左開處로 通奇ᄒᆞ시옵

本舘所在地 哈爾賓瓦牙街

報價 一個月先給 俄貨八角

全 三個月先給 俄貨二圓

但報價ᄂᆞᆫ 先給을 要ᄒᆷ

遠東報舘 告白

本人之子劉永相이 浮浪相從放蕩오遊ᄒᆞ야 財錢或有相關則白失矣 內外國人切勿干涉望ᄒᆷ 南部㮃洞十九統二戶 李召史 白

本人의 長子尹宜植(或稱敬植)은 性本浮浪이온바 故中植在世時에 香港滙豐銀行에 任置ᄒᆞᆫ 預金을 同夫人尹召史가 氏가 推尋次로 漢城府理事廳統監府及其他關係官廳에 直接請願ᄒᆞ야 其格式已了ᄒᆞ엿거ᄂᆞᆯ 宜植이가 故中植의 遺族或遺族의 代理人이라 冒稱ᄒᆞ고 該預金을 自己가 推尋ᄒᆞᆯ터인ᄃᆡ 旅費가 無ᄒᆞ다揚言ᄒᆞ고 各人處에 得債消費ᄒᆞ야 見害은 日甚ᄒᆞ고 右宜植은 出家無歸이오니 內外國人間見欺ᄒᆞ심이 無ᄒᆞ도록 玆에 布告ᄒᆷ 北部司圃洞二十五統一戶 白召史 告白

◎賣藥에 便利ᄒᆞᆫ 法

毋論親疎ᄒᆞ고 掌記及居住와 郵便錄送則精選材料ᄒᆞ며 特別廉價ᄒᆞ야 以郵便代金引換小包로 迅速付送ᄒᆞ깃ᄉᆞ니 隨用請求ᄒᆷ 京南部銅峴九十五統十戶 乾材藥局崔興模 告白

△業務擴張▽

本舘에서 諸般居處飮食等을 一層精密케ᄒᆞ와 來客의 便宜를 供ᄒᆞ오니 照臨一試를 務望 今年에ᄂᆞᆫ 食每一床에 十五錢으로ᄒᆷ

東門外洪陵通 淸京舘酒食店

地方通信販賣部大擴張 特約割引券進呈

◎學部編纂敎科用圖書 ◎自他出版及元賣書籍 ◎各種敎科及參考書類 ◎地圖及小說雜著書類

▲本舘發兌書籍目錄及注文規程表ᄂᆞᆫ 隨求無料郵呈ᄒᆷ

京城中部罷蚪橋越邊卅八統二戶 韓國振替貯金口座 第貳六八番 中央書舘 朱翰榮

本店에서 開業ᄒᆞᆫ지 十六年間僉君子의 愛顧ᄒᆞ심을 特蒙ᄒᆞ와 今年부터 業務을 大擴張ᄒᆞ고 春夏秋冬所用之各種絹屬과 等各國高等物品을 現今多數直輸入ᄒᆞ온바 各地方에서ᄂᆞᆫ 貿易에 便利ᄒᆞ도록 爲ᄒᆞ야 特減價ᄒᆞ며 郵便小包로 酬應ᄒᆞ야 代金은 引換ᄒᆞ깃사오니 十三道各郡僉君子ᄂᆞᆫ 隨意請求ᄒᆞ심을 望 振替貯金番號(韓國壹三一番) 漢城中部鍾路砂器廛洞二十一統五戶 商 興泰 告白

京西部東洞同和藥房 本國藥材、洋劑、各病效用、價、國漢文、旬刊出、作封、雖婦女、郵便請求、買賣 閔樌 白

本舘에서 新舊書籍과 學校品用各種을 備置하야 (五圓以上特減割引) 大發售하오니 江湖僉君子ᄂᆞᆫ 陸續購買ᄒᆞ시옵 釜港東關韓興書舘 舘主 金泰衡 本名汝重 主任 權鍾律

◎特別廣告

○天恩堂大藥房製造發行各種靈藥

健胃淸心 仁壽丹	金拾錢	手足出汗散	金二十錢
健康益壽 補元丹	金壹圓	治喘[illegible]散	金二十錢
眼科神藥 明眼水	金拾錢	[illegible]水	金二十錢
全治蛔虫丸	金拾錢	[illegible]水	金卄錢
寸白祛根藥	金卅錢	[illegible]	金拾錢
婦人聖藥 調中丹	金四[illegible]	[illegible]液	金拾錢
發汗解感丸	金拾錢	芳香水	金十五錢
治痰止咳散	金卄五錢	[illegible]水	金卅錢
幼兒止嗽散	金卄錢	大匣入	金三圓
痢氣神效 肥兒散	金十五錢	天恩梅瘡[illegible] 中匣入壹圓五十錢 小匣入	金五十錢
痢疾神効散	金三十錢	天恩眼明丸	上仝
淋疾靈効丸	金九十錢	天恩拔根丸 大匣入金二圓 小匣入	金一圓二十錢
特製梅瘡丸	金二圓	天恩沃度膏	上仝
舊積消化丹	金四十錢	天恩腎臟膏	上仝
解학丹	金拾錢	天恩滋陣丸	上仝
止瀉回生丸	金拾錢	天恩胎毒丸	上仝
連珠祛根藥	金二圓	天恩疥瘡丸	上仝
惟疾預防藥	金三拾錢	天恩百靈丸 大匣入金二圓 一包入	金拾錢

其他洋藥乾材와 漢藥唐材와 各賣藥家製造品을 具備하옵고 地方兄弟의 請求를 酬應ᄒᆞ오니 隨用請求ᄒᆞ시면 以代金引換小包로 迅速酬應ᄒᆞ깃ᄉᆞ오니 陸續請求ᄒᆞ시기 務望ᄒᆷ 但外方에서ᄂᆞᆫ 病錄만 보니시면 精製酬應ᄒᆷ

◎特別廣告

京城鍾路 天恩堂大藥房 金東遠 劉在元 告白

本報 一枚 新貨二錢五厘 壹個月 三十錢 [illegible]個月 九十錢 [illegible]個月 壹圓七十錢

廣告 四号活字拾三字詰 每日一寸(漢尺)에新貨廿五錢 壹個月壹寸에 五圓 (自一行至四行이爲一寸) 但時期長短과行數多少를[illegible]

光武九年八月十一日 明治三十八年八月十一日 (第三種郵便物認可) 火曜日 西曆一千九百十年四月廿六日 (一)

檀君開國四千二百四十三年
箕子元年三千二十二年
大韓開國五百十九年
本報創刊日 光武八年七月十八日

大韓每日申報

Responsible for Publication Alfred Weekly Marnham
發行兼編輯人 英國人 萬咸
發行所 京城中部石井洞三層洋屋 大韓每日申報社

第八卷 月曜及慶節翌日休刊 第一千三百七十號

論說

◉教科書刊行團을催ᄒᆞ노라

教場이나有ᄒᆞ며教師나有ᄒᆞ면國民教育이라可謂ᄒᆞᆯ새만일如是ᄒᆞᆯ진ᄃᆡ俳優가其徒를教ᄒᆞᆷ도曰國民教育이라ᄒᆞᆯ지며巫覡이其黨을教ᄒᆞᆷ도曰國民教育이라ᄒᆞᆯ진뎌

不然ᄒᆞ도다教場이星ᄀᆞᆺ치列ᄒᆞ고教師가雲ᄀᆞᆺ치多ᄒᆞᆯ지라도其教ᄒᆞᄂᆞᆫ바精神이國民教育될만ᄒᆞ며其教ᄒᆞᄂᆞᆫ바學術이國民教育될만ᄒᆞ여야비로소國民教育이라可謂ᄒᆞᆯ지니라

果然인ᄃᆡ此精神此學術의發源ᄒᆞᆯ器具가何에在ᄒᆞᆫ가曰教科書是已니라

如是하거ᄂᆞᆯ今日教育界의教科書現狀이果然如何ᄒᆞᆫ가小、中、專門學을勿論ᄒᆞ고教科書(參考書類를包言ᄒᆞᆷ)의缺乏이甚ᄒᆞᆯ지라於是乎官公立學校ᄂᆞᆫ論ᄒᆞᆯ것도無ᄒᆞ거니와一般私立學校에셔도不規則不完全의教科書를用ᄒᆞᆯᄲᅮᆫ이며學部編纂教科書나用ᄒᆞᆯᄲᅮᆫ이며日文教科書나用ᄒᆞᆯᄲᅮᆫ이오其中에或瑞鳳의毛와如ᄒᆞᆫ一二可餐의教科書가有ᄒᆞ나此로國民教育의圓滿을難期ᄒᆞᆯ지니吁라此ㅣ엇지志者의一奮腕ᄒᆞᆯ바아닌가

然則今日國民教育에注意ᄒᆞᄂᆞᆫ人士ᄂᆞᆫ不可不此教科書完備를力圖ᄒᆞᆯ지니此를力圖코ᄌᆞᄒᆞ면何手段을以ᄒᆞᆷ이可ᄒᆞᆯ새於是乎吾儕가教科書刊行團六字를絕叫ᄒᆞ노라

此教科書刊行團을設備하ᄂᆞᆫ理由ᄂᆞᆫ何에在ᄒᆞᆫ가曰(一)衆力으로經營ᄒᆞ면獨力으로經營ᄒᆞᆷ보다施爲가大且便ᄒᆞ고(二)學術의取長을得ᄒᆞ며(三)財政의融通을得하ᄂᆞᆫ等所以니라

然則此를實行ᄒᆞᆯ方法은如何히ᄒᆞᆷ이可ᄒᆞᆯᄭᅩ曰學術家와財政家가相當히會合ᄒᆞ야一團을組織ᄒᆞ고互相協議ᄒᆞ며互相擇善ᄒᆞ야學術家ᄂᆞᆫ各히自己의所技ᄃᆡ로教科書를編製ᄒᆞ며財政家ᄂᆞᆫ教科書의出刊發行에關ᄒᆞᆫ一切經費를合資分擔ᄒᆞ면可타ᄒᆞ노라

或者必曰只今財政이日로恐慌ᄒᆞ야旣有의書舘書舖도寥寥히門을閉ᄒᆞᆷ에至ᄒᆞ나니此刊行團을設備ᄒᆞ라면財政이第一難이오只今政治關係가日로消腐ᄒᆞ야檢定法이出ᄒᆞ며出版法이嚴ᄒᆞ야文人學者가書籍一卷을刊行ᄒᆞᆷ에困難이無數ᄒᆞ며障害가無數ᄒᆞ나니此刊行團을設備ᄒᆞ라면政治關係가第二難이오又只今學術家가아즉幼穉時代에屬ᄒᆞ야教科書一部를完全著述ᄒᆞᆯ者가無多ᄒᆞ나니此刊行團을設備ᄒᆞ라면學術家가第三難이라ᄒᆞᆯ지나

然이나吾儕ᄂᆞᆫ此에對ᄒᆞ야辨護를不已ᄒᆞᆯ지니何故오ᄒᆞ면財政이恐慌ᄒᆞᆫ故로衆力을合ᄒᆞᆷ이可ᄒᆞ며政治關係가有ᄒᆞ다ᄒᆞ나可及的으로奮行ᄒᆞᆷ이可ᄒᆞ며學術家가幼穉時代에在ᄒᆞ다하야도一技一能의學者를集ᄒᆞᆷ은不能의事가아닐지니何等不可가有ᄒᆞ리오만일國民教育教科書를完備코ᄌᆞ아니ᄒᆞᆯ진ᄃᆡ已어니와完備코ᄌᆞᄒᆞ면此刊行團設備가其一道니라

嗚呼라凡百君子여或吾儕의此言을容ᄒᆞ야國民教育教科書를完備ᄒᆞᆯ지어다又此刊行團以外에라도何等好方策이有ᄒᆞ거던急急히國民教育教科書를完備ᄒᆞᆯ지어다만일不然ᄒᆞ면國民教育의圓滿을睹ᄒᆞᆯ날이無하리라

官報

隆熙三年十一月十三日

內閣告示第四十三號 續

○勅令第二百九十八號

(明治四十二年十月二十二日)

特許權存續期間延長에關ᄒᆞᆫ件

第六條 第一條第二項規定을依ᄒᆞᆫ出願이有ᄒᆞᆫ時ᄂᆞᆫ主務大臣은其出願을許可ᄒᆞ되此境遇에ᄂᆞᆫ第三條乃至第九條의規定은此를適用치아니ᄒᆞᆷ

第七條 期間延長의許可가有ᄒᆞᆫ時ᄂᆞᆫ特許局長이此를特許原簿에登錄ᄒᆞ야特許證을下付ᄒᆞᆷ이可ᄒᆞᆷ

附則

本令은特許法施行日로부터施行ᄒᆞᆷ

○勅令第二百九十九號

(明治四十二年十月二十二日)

軍事上秘密을要ᄒᆞᆫ發明의特許에關ᄒᆞᆫ件

第一條 軍事上에秘密을要ᄒᆞᆫ發明에對ᄒᆞ야主務大臣이特許의出願又ᄂᆞᆫ特許權의改訂或은分割許可의出願을ᄒᆞᆫ境遇에ᄂᆞᆫ其發明의明細書及圖面을密封ᄒᆞ야封印ᄒᆞᆷ이可ᄒᆞᆷ

第二條 軍事上秘密을要ᄒᆞᆫ發明에對ᄒᆞ야特許의出願又ᄂᆞᆫ特許權의改訂或은分割許可의出願이有ᄒᆞᆫ境遇에主務大臣의請求가有ᄒᆞᆫ時ᄂᆞᆫ特許局長은遲滯업시其發明의明細書、圖面其他秘密을要ᄒᆞᄂᆞᆫ物件을密封ᄒᆞ야此를封印ᄒᆞᆷ이可ᄒᆞᆷ

第三條 發明에對ᄒᆞ야特許의出願又ᄂᆞᆫ特許權의改訂或은分割許可의出願이有ᄒᆞᆫ境遇에軍事上秘密을要ᄒᆞᆫ者로認ᄒᆞᆫ時ᄂᆞᆫ特許局長이遲滯업시此를主務大臣에게移牒ᄒᆞ야意見을求ᄒᆞᆷ이可ᄒᆞᆷ

(未完)

外報

○露國軍團轉移 露국에셔波蘭에駐割ᄒᆞᆫ던陸軍第五軍團을東露페룸에轉移ᄒᆞᆫ事件은大히世上의紛紛ᄒᆞᆫ想像을惹起ᄒᆞᄂᆞᆫ것인ᄃᆡ同事件의報道를記載ᄒᆞᆫ有力ᄒᆞᆫ新聞노보브레미야ᄂᆞᆫ起訴를當ᄒᆞ엿다더라

○墺帝巡幸 墺국皇帝ᄂᆞᆫ來六月新領土보스니아、헬체고우의나를巡遊ᄒᆞᆫ다ᄒᆞ더라

○依然不穩 土耳其國알바니아地方에셔ᄂᆞᆫ尙今ᄭᅡ지依然히不穩ᄒᆞᆫ狀態가有ᄒᆞ야土人等이處々에聚集ᄒᆞ엿다더라

○德國議會閉院 德帝國議會ᄂᆞᆫ來五月四日에閉院式을行ᄒᆞ고次期議會ᄂᆞᆫ來十一月八日에開ᄒᆞᆫ다ᄒᆞ더라

○汪兆銘의人物 清國攝政王暗殺主謀者汪兆銘은日本法政大學에셔卒業ᄒᆞ고其後南洋에赴ᄒᆞ야新聞業에從事하야頗히激烈ᄒᆞᆫ議論을主唱하다가清國官憲의交涉으로因ᄒᆞ야發行을禁止ᄒᆞ미其後에北京에來ᄒᆞ엿다가今回事件을起ᄒᆞᆷ에至ᄒᆞ엿다더라

○湖南又擾 清國湖南長沙附近에在ᄒᆞᆫ寧鄉縣及益陽縣에ᄂᆞᆫ民徒가蜂起하야官衙及教堂小學校等을衝火ᄒᆞ고其一隊ᄂᆞᆫ長沙로向ᄒᆞ야進行ᄒᆞᆫ다더라

○革命黨消息 清國政府에셔ᄂᆞᆫ二十萬兩의懸賞을揭ᄒᆞ야革命黨員을大搜索ᄒᆞᆫ다ᄒᆞ며又曰本東京에在留ᄒᆞ던清國革命黨員百餘名이入國하엿다ᄂᆞᆫ說이有ᄒᆞ다더라

○露國抗議 露國은波斯國이울미야湖上의航海權을德國에讓與ᄒᆞᆷ에對ᄒᆞ야抗議하고自國에셔獨占權을獲得ᄒᆞᆯ事를要求ᄒᆞᆫ다더라

學界

○令人感頌 鐵原郡瓦要山居ᄒᆞᄂᆞᆫ崔應德氏ᄂᆞᆫ家勢가赤貧ᄒᆞᆫ中昨秋에火災를當하야生計가尤極소條ᄒᆞᆯ터인ᄃᆡ該郡學生들이上京留學ᄒᆞᆯ目的으로廣學舍를設置ᄒᆞᆷ에對ᄒᆞ야捐助의[illegible]로所得ᄒᆞᆫ千金錢을傾ᄒᆞ야廣學舍에捐助ᄒᆞᆷ으로其誠意를莫不感頌ᄒᆞᆫ다ᄒᆞ더라

○漢南卒業狀況 旣報와如히漢江里私立漢南學校에셔第四回卒業式을擧行ᄒᆞ엿ᄂᆞᆫᄃᆡ來賓中李海朝南宮薰劉秉珌洪弼周尹孝定諸氏가祝辭를述하고柳一宣氏ᄂᆞᆫ勸勉의意를陳ᄒᆞ고朴殷植李鍾直李奎宰黃[illegible]周李宗默沈承弼李潤榮趙永志諸氏와畿湖學會西北學會大韓協會에셔書冊鉛筆等賞品을多數寄付ᄒᆞ엿다더라

○工業生募集 工業傳習所에셔ᄂᆞᆫ速成科學員을募集中인ᄃᆡ地方各郡에셔可合者를選擇ᄒᆞ야該郡守에證書가有ᄒᆞᆫ後에應試를許ᄒᆞᆫ다더라

○學員觀覽 成均館學員一同은本日上午十二時에蠶島模範場을觀覽ᄒᆞᆫ다더라

○李氏特捐 海州郡西邊面芝洞居李在林氏ᄂᆞᆫ郡內各學校擬立時의義捐金을多數寄付ᄒᆞ엿고該郡私立海同學校에理化機械全部를買付키爲ᄒᆞ야金貨壹百圜을捐付ᄒᆞ엿다더라

○延興日興 黃海道延安郡延興學校ᄂᆞᆫ校主申宗均氏가諸般經費와校具物品을獨自擔任ᄒᆞ고三隣近子弟를熱心勸勉ᄒᆞᆫ結果로學生의成績이良好ᄒᆞ야大凡學年試驗에各科優等及第生이合三十一人이라ᄒᆞ더라

○夫人卓見 公[illegible]海[illegible]校生徒金[illegible]氏의[illegible]早失ᄒᆞ고[illegible]孝養ᄒᆞ며學業에尤極[illegible]ᄒᆞ야[illegible]四年[illegible]夫가[illegible]卒業[illegible]最優等의[illegible]點ᄒᆞᆫ지라該校[illegible]가該生의[illegible]下[illegible]家勢[illegible]貧[illegible]念하야該郡[illegible]見ᄒᆞ고若干月[illegible]支給케ᄒᆞ[illegible]나該生徒의[illegible]最[illegible]이名[illegible]貧[illegible]ᄒᆞ나家[illegible]習生의任은[illegible]의意가有ᄒᆞ다ᄒᆞᄂᆞᆫ故로該夫人의卓見을莫不稱頌ᄒᆞᆫ다더라

○養校進級 白川郡養英學校에셔去月二十八日에春期進級試驗을經ᄒᆞ엿ᄂᆞᆫᄃᆡ成績이良好ᄒᆞ야高等科壹班優等及第生이二十七人이오初等科優等及第生이二十人이라더라

○白氏歸國期 美國宣教師白雅惪氏가平壤에在留ᄒᆞᆫ지七八個年에資金을捐出하야崇實學校를熱心主務ᄒᆞ더니來五月頃에歸國ᄒᆞᆯ터인故로該地人士가莫不悵惜ᄒᆞᆫ다더라

詞藻

◎나를반겨◎

청구산하져문봄에、모험령을얼는넘어。
문명화를썩거들고、독립뒤에올나가니。
그곳에、무슈ᄒᆞᆫ영웅들이、나를반겨。

宮廷彙報

◎兩君陛見 完興君李載冕、永宣君李埈鎔兩氏ᄂᆞᆫ 再昨日上午十二時 德壽宮에 陛見ᄒᆞ엿다더라

雜報

◎樞院例會 昨日中樞院에서 月例會를開ᄒᆞ엿ᄂᆞᆫ데 李敏禹氏가獻議ᄒᆞᆫ僧尼嫁娶의案件을 內閣에建議ᄒᆞ기로提議ᄒᆞ엿다더라

◎度相賻金 度相高永喜氏ᄂᆞᆫ 故議政大臣趙秉鎬氏喪事에對ᄒᆞ야 賻儀金三十圓을寄付ᄒᆞ엿다더라

◎何事來韓 日本衆議院議員野田西太郎等三名과 拓殖會社監事松平直平은 再昨日入京ᄒᆞ엿다더라

◎農相消息 農相趙重應氏ᄂᆞᆫ 昨日日本別府溫泉에前往ᄒᆞ엿다ᄂᆞᆫ데 本月末에歸國ᄒᆞᆯ預定이라더라

◎調査次發程 帝室會計監査院主事趙箕衍全斌兩氏及日人理事增田英信等은 木浦港에在ᄒᆞᆫ皇室財産을調査ᄒᆞᆯ次로 昨日上午十時에發程ᄒᆞ엿다더라

◎調査進行 宮內府에서所管局課及陵園墓에文簿를調査ᄒᆞᆫ다ᄒᆞᆷ은旣報어니와 綏陵 洪陵은調査가旣히終了되엿고 典祀司ᄂᆞᆫ目下調査中이라더라

◎三宅渡日 農商工部事務官日人三宅은 日本福岡名古屋共進會에關ᄒᆞᆫ事務를帶ᄒᆞ고 本日出발渡日ᄒᆞᆫ다더라

◎歸任苦待 紳士崔某ᄂᆞᆫ 一社會를新組織ᄒᆞ고 經費를某處에運動코저ᄒᆞᆫ다ᄂᆞᆫ데 統監歸任ᄒᆞ기를苦待ᄒᆞᄂᆞᆫ中이라더라

◎補助金支撥 學部에서ᄂᆞᆫ 日前釜山公立實業學校에補助金一千四百圓을支給ᄒᆞ엿다더라

◎證書規則頒布 內部에서ᄂᆞᆫ 韓日人巡査의勤務者를表彰ᄒᆞ기爲ᄒᆞ야 巡査精勤證書授與規則을製定ᄒᆞ야 部令으로頒布ᄒᆞ엿다더라

◎獸醫檢査 今回地方費中에 屠獸稅라ᄂᆞᆫ科目을設ᄒᆞ야 各道에獸醫를配置ᄒᆞ고 屠獸를檢査ᄒᆞᄂᆞᆫ데 獸醫가三十七名이오 檢査費가二萬五千五百五十圓이라더라

◎褒奬法考究 從來孝子烈婦의褒奬方法은 死後ᄂᆞᆫ宮內府에서 生前은內部에서管轄ᄒᆞ더니 去番에一切內部所管으로轉移ᄒᆞ엿슴으로 該部에서目下此方法에就ᄒᆞ야考究中이라더라

◎瑞官入京 駐日瑞西公使館書記官스도르란氏의夫妻ᄂᆞᆫ 韓滿에漫遊ᄒᆞ기爲ᄒᆞ야 去二十三日夜에入京ᄒᆞ엿ᄂᆞᆫ데 昨今兩日에京城各名所를觀覽ᄒᆞ고 明日仁川을經ᄒᆞ야 淸國大連으로向往ᄒᆞᆫ다더라

◎尹氏歸國期 美國에渡往ᄒᆞᆫ尹致昊氏ᄂᆞᆫ 來九月頃에歸國ᄒᆞᆫ다더라

◎澁谷出張 學部事務官日人澁谷은 敎育狀況을視察ᄒᆞ기爲ᄒᆞ야 去二十三日大邱釜山方面으로出張ᄒᆞ엿다더라

◎日師團歸國 日本第六師團은 昨日出발歸國ᄒᆞ엿다더라

◎砂金產額 昨年內韓國에서産出ᄒᆞᆫ砂金이 一百三十二貫二百九十六匁인데 其代價ᄂᆞᆫ五十四萬八千三百五十五圓이라더라

◎調査局討議 土地調査局에서ᄂᆞᆫ 繼續討議ᄒᆞᄂᆞᆫ中인데 其案件中重要問題ᄂᆞᆫ 土地權利의設定法、土地種數及等級、地券발行等이라더라

◎手形開會 手形組合理事會議ᄂᆞᆫ 昨日開會ᄒᆞ엿다더라

◎擧皆病身 韓海에서漁業ᄒᆞᄂᆞᆫ日本漁夫의半數ᄂᆞᆫ花柳病에罹ᄒᆞ고 其三分은胃腸病에罹ᄒᆞ고 其一分은其他疾病이有ᄒᆞᆫ故로 日本理事廳에서ᄂᆞᆫ檢黴及其他衛生上에關ᄒᆞᆫ團束法을製定ᄒᆞᆫ다더라

◎日代議入京 日本政友會會員代議士十二人은 視察次로再昨日入京ᄒᆞ엿다더라

◎法夫人差愈 法國領事의夫人은 子宮病을得ᄒᆞ엿ᄂᆞᆫ故로 向日에開腹大手術을行ᄒᆞ엿ᄂᆞᆫ데 只今은差愈ᄒᆞᆫ貌樣이라더라

◎비氏訪問 比利時總領事代理비루리에氏ᄂᆞᆫ 昨日統監府를訪問ᄒᆞ엿다더라

◎執肯應募 神宮奉敬會總裁李埈鎔副總裁李址鎔兩氏ᄂᆞᆫ 該會事務室을建築ᄒᆞᆯ次로 義金捐出ᄒᆞᆯ財産家를募集코져ᄒᆞᆫ다더라

◎敎則肯服耶 驪州郡商務頭領金基秀ᄂᆞᆫ 李學宰에게寄函하여曰 政合邦問題를贊成ᄒᆞᆫ以後로 一般商民이擧皆不服ᄒᆞ니 新組織ᄒᆞᆫ天照敎會나速速成立ᄒᆞ기를希望ᄒᆞᆫ다하엿다더라

◎觀光出出 日人이發行ᄒᆞᄂᆞᆫ平壤日報社에서組織ᄒᆞᆫ日本觀光團廿二名은 去二十三日平壤에서出發渡日ᄒᆞ엿다더라

◎安民上京 閔泳喆氏가黃海道安岳郡芝陵洞에田畓을買置ᄒᆞᆫ時에 該洞小作人의게特約金을受ᄒᆞ고 年年定賭收租ᄒᆞ기로完文을成給ᄒᆞ야 十年來依約遵行ᄒᆞ엿ᄂᆞᆫ데 其從弟泳達氏ᄂᆞᆫ前例를不知ᄒᆞᄂᆞᆫ지 突然히該畓秋收를半作例로收捧코저ᄒᆞᆷ으로 該作人의代表張錫榮白尙烈兩氏가閔氏와交涉ᄒᆞᆯ次로日昨上京ᄒᆞ엿다더라

◎鹽商又鳴 元山港居鹽商金과源氏가염價事件으로冤抑을抱ᄒᆞᆷ은一般共知ᄒᆞᄂᆞᆫ바어니와 日本內閣及衆議院에三度長書를提出ᄒᆞ야 鹽價를督促ᄒᆞ되 尙今如何ᄒᆞᆫ處置가無ᄒᆞᆷ으로 去二十日第四回鳴寃書를又爲提出ᄒᆞ엿다더라

◎日家大淸潔 日本理事廳에서ᄂᆞᆫ 昨日부터來五月七日ᄭᆞ지 漢城內外居留日人家屋에大淸潔를施行ᄒᆞᆫ다더라

◎兩期並督 漢城財務監督局에서新三稅를督刷ᄒᆞᆷ은一般共知ᄒᆞᄂᆞᆫ바어니와 家屋稅ᄂᆞᆫ第一第二兩期條를同時督捧ᄒᆞᆷ으로 窮蔀民情이一層嗷嗷ᄒᆞᆫ다더라

◎金氏將訴 長湍郡所浪里居金萬俊氏가省楸次로日前坡州汶山浦로通過ᄒᆞᄂᆞᆫ데 適其時該地市日을當ᄒᆞ야人民이複雜集會ᄒᆞᆫ지라 金氏의背擔ᄒᆞᆫ雨傘柄이憲兵補助員金善植氏의게輕逼觸ᄒᆞ엿ᄂᆞᆫ데 金善植氏가此를執탈ᄒᆞ야 金萬俊氏를無數毆打ᄒᆞ야流血이淋漓케ᄒᆞᆫ지라 該地里長이憲兵分遣所에事實을告ᄒᆞ엿더니 里長을反히押囚ᄒᆞ엿다가數日後放送ᄒᆞ엿슴으로 金萬俊氏ᄂᆞᆫ憤氣를不勝ᄒᆞ야 日憲兵司令部에呼訴코져ᄒᆞᆫ다더라

◎熟不憤歎 去十曜日鍾路近地에서韓人勞働者兩名이何等不諧의事가有ᄒᆞ던지 互相捽鬪ᄒᆞᄂᆞᆫ데 在傍日巡査ᄂᆞᆫ是非曲直을問ᄒᆞ야雍容히處理치안코 突然히冷水를捽者頭上에灌注ᄒᆞ야 恰然이狗鬪를解ᄒᆞᆷ과如히處置ᄒᆞᆫ다고 傍觀者가莫不憤歎ᄒᆞᆫ다더라

◎民怨居生 財務署에서京城內韓人烟草商에게對하야 從來로年額三圓을徵稅ᄒᆞ던데 今番에ᄂᆞᆫ忽然히一圓稅를倂課ᄒᆞ고 又昨年度ᄭᆞ지十圓稅를追徵ᄒᆞᆷ으로 一般烟草商이憤激하야 去二十二日商業會議所에會同協議가有ᄒᆞ엿고 南大門市場을撤閉ᄒᆞ기로ᄒᆞᄂᆞᆫ故로 日人이非常히憂慮ᄒᆞ야 日人商業會議所에서當局者에게警告하엿다더라

◎姜氏激戰 去二十三日에義兵將姜千獮氏ᄂᆞᆫ部下五拾名을率ᄒᆞ고 江原道鐵原灰峴日憲兵分遣所를襲擊ᄒᆞ야 約四十分間激戰ᄒᆞ엿다더라

◎救世營上량式 夜珠峴에新建築ᄒᆞᄂᆞᆫ救世軍營은 明日午後四時半에上량式을擧行ᄒᆞᆫ다더라

◎趙氏竟捉 趙南昇氏ᄂᆞᆫ再昨日坡州汶山浦에서被捉ᄒᆞ야 警視廳으로押上ᄒᆞ엿다더라

◎靑舘開演 今日下午八時에鍾路靑年會舘에서英國人그린필드氏를請邀ᄒᆞ야演說ᄒᆞᆫ다더라

電報

◎皇儲御出發期 韓國 皇太子殿下씌셔ᄂᆞᆫ來二十日頃에日本東京에셔 御出發ᄒᆞ옵셔名古屋共進會를 御觀覽ᄒᆞ옵신다더라

◎曾禰病重 曾禰統監은病勢가劇烈ᄒᆞ야食物은流動物이히써[illegible]非常히衰弱ᄒᆞ엿다더라 以上東京발 廿四日着

◎法武官抗議 露國駐在法國大使館付陸軍武官은 露國이第五軍團을波蘭으로부터페름에移置ᄒᆞᆫ事에關ᄒᆞ야抗議를提出ᄒᆞ엿다더라

◎墺皇旅行 墺地利皇帝陛下ᄂᆞᆫ陸軍과海軍의經費가不足ᄒᆞᆫ것을補充키爲ᄒᆞ야 부다페스트에赴ᄒᆞᆫ다더라

◎루氏訪問 美國前大統領루스벨트氏ᄂᆞᆫ法國巴里에赴ᄒᆞ야 該國大統領及外相과互相訪問ᄒᆞ엿다더라 以上伯林發 廿四日着

◎湖南尙亂 淸國長沙亂民은湘潭寧鄕等地로侵入ᄒᆞ야不穩의事를作ᄒᆞ고 岳州常德地方은一層危險ᄒᆞ야 亂民이電線을絶斷ᄒᆞ야暴行을呈ᄒᆞ며 飢民을煽動ᄒᆞ야勢力을擴張ᄒᆞᄂᆞᆫ데 總督의守兵으로ᄂᆞᆫ鎭定키難ᄒᆞᆫ다더라

◎錦愛線問題 淸國錦愛鐵道의借款은其經營이進取치못하야中絶의態가有ᄒᆞᆫ데 露淸兩國의意見이一致치못ᄒᆞ면到底히成就치못ᄒᆞ리라ᄒᆞ며 資本家團代表者스토레氏ᄂᆞᆫ本月廿八日出발ᄒᆞ야暫時歸國ᄒᆞᆫ다더라 以上北京發 廿四日着

◎錦愛와蒙古 美英人의要求ᄒᆞᄂᆞᆫ淸國錦愛線敷設權의一部ᄂᆞᆫ成立되엿다고有力ᄒᆞᆫ處로漏聞되엿다ᄒᆞ나 露國이同線反對를唱ᄒᆞ며蒙古線敷設要求에關ᄒᆞ야淸國에照會ᄒᆞ엿ᄂᆞᆫ데 淸국은何等回答이無ᄒᆞ엿슨즉 錦愛線敷設權成立說은虛言인듯ᄒᆞ다더라 北京發 廿四日着

◎日報禁止 [illegible]日報ᄂᆞᆫ今日[illegible]발賣頒布를禁止ᄒᆞ엿다더라 平壤發 [illegible]日着

▲春期大運動▼

▲春光中에뭇친漢城限으로 옴쳐보니 片怪旗[illegible]揚處에魔鬼學校生徒들이運動會를開催ᄒᆞ고 三三五五作隊하야 後庭曲을和唱ᄒᆞ며 形形色色怪劇으로 各種術을競爭ᄒᆞᆫ다

▲神出鬼沒ᄒᆞᆫ計策과 驚天動地ᄒᆞᄂᆞᆫ手段은 總相印綬굿게잡고 侵奪ᄒᆞᄂᆞᆫ相對者를 一面으로防禦ᄒᆞ며 雙拳으로壓倒ᄒᆞ야 一場勝利大擅ᄒᆞ니 引體技術競爭에ᄂᆞᆫ 李完用이優等이오

▲逆賊갑두[illegible]火騰騰하야 두쥬먹을불ᄭᅳ쥐고 두눈쌀을뒤여쓰고 二十[illegible]間을돌너ᄯᅱ고 뫄라소ᄅᆡᄒᆞ마ᄃᆡ 大東海水를건너ᄯᅱ니 廣跳技術競爭에ᄂᆞᆫ 趙重應이特等이오

▲拓殖會社副總裁로害詞ᄒᆞ고 窮民ᄒᆞᆷ이猶爲不足ᄒᆞ야 總[illegible]椅子占據코져 허리춤[illegible] 땀을뻘뻘흘니며 死力으로運動ᄒᆞ니 高跳技術競爭에ᄂᆞᆫ 閔泳綺가一等이오

▲貪探熟이機[illegible]ᄒᆞ야 두눈살이어두어셔 宮中府中社會[illegible]細密事를探聞ᄒᆞ야 [illegible]告發ᄒᆞᆫ後 武內大臣맛보라고 晝夜奔走ᄒᆞ니 官眼拾球競爭에ᄂᆞᆫ 通民䟽가[illegible]

▲太平洋中너를[illegible]名旗一幅 세워노코 [illegible]指揮ᄒᆞ야 旗取競走식힌後에 賣國賊놈갑에 너코 逆賊갑두보에싸서 體育에다準備ᄒᆞ고 더賞品을每名下에 로고[illegible]주어볼새

雜報

○穀米輸出額 韓國米가淸國日本西比利亞等地에輸出되고又歐美各國에셔도韓國米를需用ᄒᆞᄂᆞᆫ데韓國에셔歐美商人과直接去來ᄂᆞᆫ無ᄒᆞ고日本을由ᄒᆞ야歐美로輸入ᄒᆞᄂᆞᆫ지라昨年內日本神戶稅關을經ᄒᆞ야歐美濠洲ᄒᆞᆫ地로輸出된韓國米에關ᄒᆞᆫ表ᄂᆞᆫ如左ᄒᆞ다더라

地名	價額(圓)
英領亞美利加	八四、六九五
德國	二一、七六八
法國	一八九、四九四
美國	二二、八二三
伊太利	八、五三六
比利時	一七、五一三
英國	一五、二八五
布哇	一一、五五七
濠太利	一八、三二二
合計	三八九、九九三

○辛氏慈善 全北扶安郡一道面은多年歉荒에罹ᄒᆞ야人民이流離之境에至ᄒᆞ엿ᄂᆞᆫ데該郡々主事辛[illegible]錫氏가民情을矜惻히넉여最貧戶戶錢三十三圓六十錢을自當還納ᄒᆞ엿合으로該氏의慈善心을莫不稱頌ᄒᆞᆫ다더라

○仁濟果仁 軍醫金守鉉高用直兩氏ᄂᆞᆫ合資金二千五百圓을積立ᄒᆞ고北部松峴等地에仁濟醫院을設立ᄒᆞ엿ᄂᆞᆫ데病人中貧窮이特甚ᄒᆞᆫ者ᄂᆞᆫ無料施術ᄒᆞ기로ᄒᆞᆫ다더라

○棄兒收養請願 三昨夜中에中部中谷鄭秉岐氏家門前에何許人이新生女兒를棄置ᄒᆞ엿合으로鄭氏가該兒를收養ᄒᆞᆯ次로所管警察署에請願ᄒᆞ엿다더라

○雜誌發刊準備 仁川港實業會會長日人山內氏ᄂᆞᆫ[illegible]內外國人間休[illegible]雜誌를발刊ᄒᆞᆯ次로日下準備中인ᄃᆡ趣旨書ᄂᆞᆫ日間발布ᄒᆞᆫ다더라

○安氏告發 全南寶城郡々主事李敎仁氏ᄂᆞᆫ不法行爲가有ᄒᆞ다ᄒᆞ야該郡民安圭旭氏가五條件을擧ᄒᆞ야長興警察署와木浦裁判所에告發ᄒᆞ엿다더라

○長郡不穩 長湍郡東面等地에셔ᄂᆞᆫ義兵이라藉稱ᄒᆞᄂᆞᆫ徒黨十餘名이村閭에橫行ᄒᆞᆷ으로所管警察署에셔各面里에嚴密[illegible]捕ᄒᆞᆫ다더라

○取財犯被捉 宮內府電機技師黃鎭國氏와日人前川作次郞等三名은趙鼎九氏를恐喝ᄒᆞ고金三千一百圓을詐取ᄒᆞᆫ事로去二十一日日憲兵分隊에被捉ᄒᆞ엿다더라

○柳氏放還 普成專門科生徒로監獄署에被囚ᄒᆞ엿던柳在榮氏ᄂᆞᆫ日昨에無事蒙放ᄒᆞ엿다더라

○雇女募集 新門外작蠶會社에셔ᄂᆞᆫ來二十九日에雇傭女人三十名을募集ᄒᆞᆫ다ᄂᆞᆫ데志願者가二百餘名에達ᄒᆞ엿다더라

○吳柳被捉 中部典洞居吳性根柳범兩人은寺洞居秋景浩氏의自行車를借去暗賣ᄒᆞ고因卽逃避ᄒᆞ엿다가再昨日所管警察署에被捉ᄒᆞ엿다더라

廣告

◎特別廣告

本社의셔同胞의衛生을注意ᄒᆞ야美國의셔經驗單方으로流行通用ᄒᆞᄂᆞᆫ靈藥聖劑를買入ᄒᆞ야左開廣布ᄒᆞ오니有病君子와藥業에從事ᄒᆞ시ᄂᆞᆫ僉彥은爭先來購ᄒᆞ시옵

分賣와都賣에差別이有ᄒᆞ야一打(十二個)以上의都賣에ᄂᆞᆫ特別割引홈

左　開

祕製止痛藥
效能　外塗內服無處不適　消滯　止瀉　絕瘧　治痢無不神效홈

喜蘇膏藥
效能　頭面　身體一切痛症　積年風濕　除腫　生肌之道　皆卽奏效홈

亞麟香膠
效能　毋論男女老少　勿嫌年久日淺一切　咳소　服之則其效如神홈

委花藥精
效能　痔疾　聯珠瘡　癩厥傷蟄咬等　諸症無雙聖藥

委花糖水藥
效能　疝症　花柳毒　凡不潔血所祟症　婦人虛弱등症靈驗홈

牛汁藥酒
効能　毋論男女老少氣血虛弱者服之則大補元氣身體强健홈

韓美興業株式會社事務所

京城鍾路和平堂大藥房各種藥品廣告

官登錄　許認可

八寶丹（健胃消滯）（主治効能）
新舊積滯 急痧關格 霍亂吐사 頭痛眩운 運氣瘟疫 預防妙藥

胎養調經丸　婦人冷積病神効
齒痛淸快水　虫齒風齒齦腫頭痛
麝香消瘡丹　諸般瘡病一切祛根
明耳精　耳內炎痛耳垢堆積
阿烟斷引藥　年久鴉片引拒絕藥
麻疹丸　小兒麻疹
滋陽丸　男女論陰陽雙補
齒根炎傷散　齒肉爛傷齒血炎
全治丸　連珠瘰瀝一切去根
小兒痢氣丸　身熱驚驚
消積散　陳久積滯消如春雪
脚氣腰痛丸　夜啼ᄒᆞᆫ瘡 兩脚濕痛 腰痛脇痛
回生水　急泄虛泄無非神효
鷄眼膏　뒤눈拔根
治顏水　이죽은셔삭ᄂᆞᆫ妙藥
腫根拔散　更無後慮
蘇生丹　癨亂吐사立卽見효
止汗散　手足一切神効
蛔滅散　회虫去根更無後慮
口病淸熱水　口內火傷唇坼鼻瘇
鎭咳散　勿論老少消담止咳
浮腹能下丹　下腹膨脹少便不利初학神효
解毒散　四時感冒寒熱往來
小兒腹瘧丸
五虫藥　寸白虫을沒出ᄒᆞ根
小兒痢氣散　腹部膨脹食欲不絕
通治膏　諸般좋瘡一切神효
梅毒全滅丸　先天梅毒後天梅瘡
補陰降火丸　男女勿論陰虛火動
小兒百日咳丸　呼吸困難담체嘔吐
雙補丸　陰陽俱虛血氣不足
疥瘡水　疥瘡一切神효無化
玉容水　버짐과어루럭이藥
偏頭痛止散　眩暈頭痛耳鳴眼火
下浮丸　全體浮종便秘胃炎
夜盲復明丸　當昏眼迷氣候ᄯᅩ傷
退疸丸　酒담食담黑담黃담
胸膈止痛散　胃痛腹痛酒食담체
咽喉散　咽喉腫炎咽喉潰瘍
祛惡生新膏　頭瘡潰瘍祛惡虫新
下痢散　赤痢白痢吐사吐痢
小兒胎毒膏　胎毒面瘡溫癬乾癬
血痰祛根丸　吐血咯血月經不調
火傷治毒膏　火傷濕疹皮膚搔痒
上血快治丸　吐血降火開鬱血담
梅毒全滅膏　諸般瘡종祛惡生新

其他洋藥各種과◯寶藥各種◯漢樂唐草材◯都賣散賣
遠地에ᄂᆞᆫ請求ᄒᆞ시면郵便小包로申速酬應홈

京城鍾路和平堂大藥房主任　李應善

和平堂製藥發行ᄒᆞᄂᆞᆫ藥品

消化新藥淸心丹
此丹은化痰止咳ᄒᆞ고順氣消滯ᄒᆞ며恒常長服ᄒᆞ면腸胃가健全

大補元氣蔘茸大補元
大補元氣ᄒᆞ고滋腎健腦ᄒᆞ며先天不足과陽위不起에一切神効

蛔虫殺虫散
此약은회積과회腹痛과회虫一切을去根ᄒᆞᄂᆞᆫ良劑

久滯大通丸
此丸은年久積滯와宿滯後重이며胃腹痛에神効莫大홈

瘡病新藥梅花點雪丹
毋論男女ᄒᆞ고花柳病楊梅瘡에一切去根快復ᄒᆞᄂᆞᆫ良藥

眼疾速効光明眼藥
諸般眼疾에隨症皆差ᄒᆞᄂᆞᆫ東洋初有ᄒᆞᆫ寶藥

起死回生回生丹
此丹은急ᄒᆞᆫ吐瀉關格이며가슴아리와冷積과痢疾에神効

感冒神効解熱散
寒熱往來ᄒᆞ며假似非학과頭痛肢體와肢節痛에其効가偉大

齒痛新藥止痛健齒水
虫齒와風齒와諸般齒痛에一切神효

耳病聖藥耳聾中藥
勿論男女ᄒᆞ고耳聾鼻癰이며耳병에關ᄒᆞᆫ病은隨症並差

疝症拔根疝積湯
諸般산症에大效出寶홈

寸虫沒出藥
寸白虫을一切去根ᄒᆞᄂᆞᆫ妙劑

의난과못拔根藥
의난과못과ᄉᆞ마귀를ᄯᅦᄂᆞᆫ藥

止足汗臭藥

去核生新沃度膏

最新改良百應膏

淋疾藥各種

其他洋藥各種과◯寶藥各種◯都賣散賣
◯遠地에ᄂᆞᆫ郵便小包로申速酬應홈

漢城南大門內濟生堂大藥房　李庚鳳
代辦主任　李興國　白

社　告

大韓每日申報各處支社廣告

平安北道
龍川楊市維新書舖　黃菊保
龍川南市驛　韓濬希
朔州邑南門外　朱伯英
義州南門外한西大藥局　張有寬
鐵山邑東部　鄭　翊
車輦館同志會內　金明鉉
定州南門內書舖　洪成疇
博川邑內[illegible]洞　金[illegible]
京義線新義州停車場前運輸會社前　李基秀
泰川邑舘前洋藥局　李正幹
寧邊郡內紅門里　鄭德升
寧邊龍山面[illegible]里南貞洞家　[illegible]
宜川[illegible]四統十戶　申[illegible]
江界邑內　金泰熙
郭山郡內新街　金大鉉
雲山邑上里八統八戶　[illegible]
雲山北面橋洞八統七戶　[illegible]
昌城郡[illegible]下里一統[illegible]戶　[illegible]
熙川[illegible]　金[illegible]

平安南道
平壤[illegible]　[illegible]
三和港[illegible]　[illegible]
安州城內[illegible]安陵書舖　[illegible]
江西邑內　金[illegible]
甑山郡內[illegible]里　[illegible]
德川邑[illegible]洞[illegible]　李內斗
永柔邑內[illegible]里一統八戶　金[illegible]
中和下道面一里三洞　禹[illegible]
肅川東部面一里三統九戶　金大[illegible]
成從邑校洞　金[illegible]

黃海道
海州南門[illegible]書舘　朴[illegible]
安岳郡[illegible]洞面[illegible]山里上[illegible]　韓植[illegible]
長淵邑서北支學會內　崔東元
殷栗邑倉前里　金光[illegible]
信川邑四里　李[illegible]
白川邑文明舘　趙雲[illegible]
載寧邑서部李鼎均家乾材局　李[illegible]
沙里院三聖學校內　李承吉

咸鏡道
咸興州南門西門外　曹[illegible]林
元山港上里倉[illegible]洞耶蘇大學校側　[illegible]
定平郡豐陽里　張禮學
洪原西門內[illegible]命局　[illegible]
永興邑南山洞洪明學校內　梁元[illegible]
淸津[illegible]　張元浩

全羅道
全州木浦[illegible]　趙德二
木浦港[illegible]洞　李[illegible]珠
[illegible]山[illegible]洞一統八戶　[illegible]

京畿道
仁川[illegible]　李東[illegible]
開城[illegible]門外[illegible]書舖　[illegible]
江華[illegible]　[illegible]

[illegible]

檀君開國四千二百四十三年
箕子元年三千三十二年
大韓開國五百十九年
本報創刊日 光武八年七月十八日

大韓每日申報

第八卷 月曜及慶節廢時日休刊 第一千三百七十一号

發行兼編輯人 英國人 萬咸
Responsible for Publication Alfred Weekley Marnham.
發行所 京城南部石井洞三層洋屋 大韓每日申報社

寄書

◉麻浦架橋에對호야

金振聲

余ㅣ日者에麻浦等地로過홀셔該洞居留호는幾萬名同胞의憤怨哀呼호는情景이人의耳目을驚動호기로其事由를問호즉日人이麻浦渡津에架橋를設호는故ㅣ러라余ㅣ其架論을據호고其利害를擧호야一言을試호노라

嗚呼라龍山麻浦는漢江沿岸의大貿易場이오京城出入의要害處라漢江長流에來船去帆이不絶호야商工이輩集호며貿易이殷富호야魚鹽柴穀의輸入輸出이實로一繁榮훈市場이라可謂홀지어날

嗚呼라今者에漢江船路를中斷호야麻浦渡津에架橋를設호는도다此는國家의公益을爲홈도아니오人民의便利를取홈도아니오但히一個外人의私益을爲호야架橋를設훈後에來往行客에게橋貰를徵收홀計劃이니嗚呼라個人的私利를爲호야公共的利益을破壞홈이엇지慨嘆홀비아니리오

此가國內商業界에損害가不少훈事일뿐아니라且龍山坊幾萬同胞의生命을僅僅히保全홈은漢江通船에在호야或은鹽醯商으로生命을保全호며或은車를使호야穀物을輸運호는事로生命을保全호며或은旅閣으로生命을保全호며其他勞働者는穀石下陸及負運으로生命을保全호며或은渡船船價를取호야生命을保全하는바오又麻浦學校의夥多훈經費도此로全혀維持홈이어날嗚呼라今者架橋를設호야船舶의來往이杜絶호면龍山麻浦는悲慘黑暗훈天地를作호리로다

嗚呼라龍山坊同胞여將次如何히生活코저호는가生命의業을失훈者ㅣ同胞가아닌가同胞의自來第一重要훈業은旅閣이어늘年前一進會沮戲로勢力이無호야此로漸々凋殘하엿스며其次는舂精米業이어늘近來용精機械를使用호는時로부터此도廢止호엿스며其次는酒麴商이어늘近日酒麴釀造會社가設施됨을因호야此도解弛된지라同胞의生存홀道는오즉漢江埠頭에在호거날今日此境을當호니同胞의慘酷훈事를何處에哀訴홀꼬蒼天을仰호고人事를思호미長太息을不禁호깃도다

官報

隆熙三年十一月十三日

內閣告示第四十三號 續

○勅令第二百九十九號

(明治四十二年十月二十三日)

軍事上秘密을要훈發明의特許에關훈件

第四條 第一條及第二條의境遇에는特許局長은査定을不經호고特許又는許可의處分을行홈이可홈

前項境遇에는此를特許原簿에登錄호야特許證을下付홈이可홈

第五條 軍事上秘密을要홈을爲호야密封훈書類又는物件은主務大臣의請求又는承諾이有훈境遇를除훈外에는此를開封홈을不得홈

前項規定을依호야開封훈書類又는物件은特許局長이更히密封호고此를封印홈이可홈

第六條 主務大臣이必要가有훈境遇에는特許局長을對호야軍事上秘密을要홈을爲호야密封훈書類及物件의交付를請求홈을得홈

前項規定을依하야交付를受훈書類와及物件은還付前에主務大臣이此를密封홈이可홈

第七條 軍事上秘密을要호는特許發明에對훈審判又는抗告審判의請求書는主務大臣이密封훈文書又는物件의開封을承諾훈境遇外에는此를受理홈을不得홈

前項의審判又는抗告審判의審決에는理由를不附홈

第八條 軍事上秘密을要훈發明으로此를秘密히홀必要가無호게된趣旨로主務大臣의通知가有훈時는特許局長은其發明을特許發明의明細書及特許公報에記載홈이可홈

第九條 軍事上秘密을要훈特許發明에關훈審判의口頭辯論은此를公開치아니홈

第十條 前數條의規定은軍事上秘密을要훈實用新案에此를準用홈

附 則

本令은特許法及實用新案法施行日로부터此를施行홈

(未完)

外報

◉土國青年訪伊 土耳其國青年黨中의名士一百二十人은本月末에伊太利를訪問훈다더라

◉日相訪露 日本故伊藤博文과露國度支大臣코코치로平氏間에會見하던要件은伊藤의遭難으로因호야成功되지못호엿슴으로日本外相小村은更히露國政府와協商호기爲호야不遠間露國에前往훈다더라

◉氣球隊演習 德國함벅에서는氣球隊聯合演習을行훈다는되同國皇帝씌서臨御호야觀覽훈다더라

◉鴉片燒棄計劃 淸國吉林省에서는多額의鴉片을藏置훈者가多홈으로該省巡撫는此를買收호야燒棄호기로計劃훈다더라

◉土國敎育獎勵 土耳其國政府는今回北部알빠니아地方에速히小學校와中學校設立의命令을發호엿다더라

◉美公使報告 駐淸美國公使는同國政府에게打電호야湖南의紛擾가만延훈處가有홈으로亞細亞艦隊에對하야必要가有훈境遇에는援助를與홈이可훈旨를命令호엿노라고報告호엿다더라

◉長沙暴動再起 淸國湖南省長沙에는暴動이再起호엿다더라

◉露紙論評 露國半官報노에브레미야는波斯에在훈德國의活動과波斯內閣의態度에就호야論評을試호고英露兩國은宜히波斯幫助의政策을捨호고駐屯훈露兵을撤退호야波斯는波斯人의自意處置에任홈이可호다고主張훈다더라

學界

◉敎師更迭 外國語學校의高級敎師는一切辭免호고其代에는優等卒業生으로需用훈다더라

◉官校運動 官立漢城高等學교에서는來金曜日獎忠壇에서春期運動會를設行훈다더라

◉官校校友會 官立漢城高等學校에서는職員及卒業生一同이來日曜日東門外城底洞韓鳳鎬氏亭子에前往호야校友會를開훈다더라

◉元校增築 元山港私立弘道學校는銘石院及上洞兩洞에서共同維持호는者인데學徒가一百廿餘名에達호야校舍가狹窄홈으로其附近地에數百名容納훌半洋製新家屋을增築훈다더라

◉[illegible] 紳士李熙直氏는去十四日에[illegible]卒業生諸氏를東門外永導寺로請邀호야[illegible]宴을開호엿다더라

◉[illegible]校[illegible]人 [illegible]明學校는設立훈後校長以下一般任員과敎師諸氏가熱心敎授홈으로校况이漸進호더니該校監學[illegible]氏는家事를不顧호고一般學生을晝夜로勸勉호며今番學年試驗에施賞品도全數自擔훈故로該氏의熱心을莫不稱頌훈다더라

學報

◉六人卒業 平南甑山郡黃象面二樂學校에서去十九日에第一回卒業式을擧行하엿는되卒業生朴在謙尹商謙朴永標李成根崔仁基洪基觀

◉三樂卒業 熙川郡長洞三樂學校에서第二回卒業式을擧行하엿는되卒業生은林鍾衡金錫玩金錫衡羅祇淵氏等이라더라

▲偉人遺蹟

▲東國巨傑 崔都統 續

錦頰山人

第六章 兩敵國의交侵과崔統都의再起

長槍匹馬로風塵에驅馳호던往跡을專忘호엿더니今에汝를逢호미突然히感觸되는도다今에汝를逢호미突然히感觸되는도다外貌는僧俗이判異호나衷情은肝膽이相接이라崔都統이立麟의背를撫호고時事를論호며經歷을叙호며自己去國훈理由를說홀셔涕泗가頤에連호더라

立麟이[illegible]余도當時에[illegible]의傳說을聞하야[illegible]開호엿거니와將軍의[illegible]홈이此에至호은[illegible]라將軍이一君王의仁[illegible]를[illegible]호야一國事의敗壞를[illegible]顧호고一朝[illegible]의反覆을[illegible]하야一國民의[illegible]을不顧홈이何[illegible]崔都統이首를俛호고不答호더라

立麟이又曰天이將軍을生홈은[illegible]多훈險阻와許多훈[illegible]悲慘怨恨을[illegible]호야我國家를重建케홈이오[illegible]不平훈境遇를遭호며[illegible]退居하야山野에서老하랴홈이아니니라崔都統이黯然하더라

立麟이乃太息曰近者에朝報를閱훈즉倭寇가逃侵하며紅巾이又窺호야國亡이在卽호니他日에將軍은亡國大夫가되며小僧은亡國僧侶가되야如此히夕陽孤寺에相對호면其心懷가當復何如홀는지

崔都統이於是에泫然히淚를揮호야曰然哉々々ㅣ라此는瑩의及思치못훈비러니今에高論을聞호미余心의感々홈을不覺호노라드듸여下山의意를決호고平壤城에留하더니卽西海平壤泥城江界體覆使의拜命을承호야入京호니라

(未完)

詞藻

❀조션혼아❀

우는거슨벅국이냐、푸른거슨버들숩가。
목멱산저믄날에、한량업슨회포로다。
언제나、내모음쾌활홀쇠、조션혼아。

宮廷彙報

◎會費金下賜 日前宮內府官吏一同이 御苑에서運動會를開ᄒᆞᆫ은既報어니와 大皇帝陛下씌ᄋᆞᆸ셔會費金으로二百圜을下賜ᄒᆞᄋᆞᆸ셧다더라

◎皇后日語 皇后陛下씌ᄋᆞᆸ셔日語를習讀ᄒᆞ신다ᄂᆞᆫᄃᆡ敎師ᄂᆞᆫ宮內府秘書官金東完氏의夫人香雪氏로推選ᄒᆞ엿다더라

雜報

◎祭官例會 昨日上午十一時統監府에서祭與官例會를開ᄒᆞ엿다더라

◎法案將付 土地調査局에서起草ᄒᆞᆫ土地調査法及其施行細則이脫稿되엿ᄂᆞᆫᄃᆡ日間祭與官會議에付ᄒᆞᆫ다더라

◎委員會設置 政府에서ᄂᆞᆫ土地調査에關ᄒᆞᆫ上訴機關으로高等土地調査委員會와地方土地調査委員會를設置ᄒᆞ기로法案을起草ᄒᆞ엿다더라

◎書記官召集期 本年度各道書記官會議ᄂᆞᆫ來八月頃에召集ᄒᆞᆫ다더라

◎加倍協議 度支部에서ᄂᆞᆫ今年秋期부터家屋稅金을加倍徵收ᄒᆞ기로目下協議中이라더라

◎李氏末路 中樞院顧問李址鎔氏ᄂᆞᆫ近日財政이恐慌ᄒᆞ야園洞所在山亭一座를閔泳璘氏에게四千圜에買渡ᄒᆞ엿다더라

◎發款管理法 學部에서各部經管財產管理規程을製定ᄒᆞ야統監府에同意를請ᄒᆞ고各觀察道에발訓ᄒᆞ엿다더라

◎陵官懇親 陵官林德圭李瓔夏尹起東三氏의發起로各壇廟社殿陵園官吏一同이來五月三日에管守所內에서特別懇親會를設行ᄒᆞᆫ다더라

◎日中隊入京 江原道地方에出張하엿던日步兵第二中隊ᄂᆞᆫ再昨日召還令을依ᄒᆞ야入京ᄒᆞ엿다더라

◎本田出發 學部文書課長日人本田常吉은本日上午九時에出發歸國ᄒᆞᆫ다더라

◎議員等向西 日昨에入京ᄒᆞᆫ日本衆議院議員改野秋岡兩人은昨日京義線으로出발ᄒᆞ엿ᄂᆞᆫᄃᆡ平壤新義州安東縣等地를視察ᄒᆞ고來廿九日에歸京ᄒᆞ야數日떼留ᄒᆞ엿다가木浦에前往ᄒᆞ야棉花栽培事業을視察ᄒᆞᆫ다더라

◎日人主事 日本에서選拔ᄒᆞᆫ新任道府郡主事ᄂᆞᆫ目下陸續渡來ᄒᆞᄂᆞᆫᄃᆡ約二十名에達ᄒᆞᆷ을待ᄒᆞ야各任地에配置ᄒᆞᆫ다더라

◎補助費編入 度支部에서ᄂᆞᆫ本年度地方費預算中에敎育補助費及奬勵費六萬二千一百七圜을編入ᄒᆞ엿다더라

◎視察團渡日期 拓殖會社에서組織ᄒᆞᆫ日本農事視察團員十六名은內部에서選派ᄒᆞᆫ郡守五名과共히來三十日에出발渡日ᄒᆞ기로預定ᄒᆞ엿다더라

◎漢城學校數 漢城內現在學校數ᄂᆞᆫ官公立學校가十一이오私立學校가九十四라더라

◎蔘局開廳 開城蔘政局官舍ᄂᆞᆫ殆已落成되엿ᄂᆞᆫᄃᆡ來五月一日에開廳式을行ᄒᆞᆫ다더라

◎專賣調査 漢城財務監督局에서新三稅를督捧ᄒᆞᆷ으로民怨이有ᄒᆞ다ᄒᆞᆷ은既報어니와警視廳에서ᄂᆞᆫ其事實有無를調査中이라더라

◎分室修理 土地調査局測量部長日人土屋大佐가明日入京ᄒᆞᆫ다ᄒᆞᆷ은既報어니와度支部에서ᄂᆞᆫ該日人居接處를舊度支部分室內로定ᄒᆞ야目下修理中이라더라

◎趙氏案件 趙南昇氏의被捉裏由은既히略報ᄒᆞ엿거니와韓美電氣會社成立時에 太皇帝陛下씌ᄋᆞᆸ서內帑金七十五萬圜을支出ᄒᆞ야該社株金을應募ᄒᆞᄋᆞᆸ셧ᄂᆞᆫᄃᆡ昨年에該社가日韓瓦斯會社로賣渡ᄒᆞᆫ後該社主務員佛安氏가 皇室株金幾萬圜을奉納ᄒᆞ엿ᄂᆞᆫᄃᆡ 太皇帝陛下씌ᄋᆞᆸ서ᄂᆞᆫ領收ᄒᆞ신實事가無ᄒᆞᆫ지라近日當局에서嚴密調査ᄒᆞᆫ結果로趙氏가 皇室에信證을僞造ᄒᆞ야骨氏의게交付ᄒᆞ고該金을推尋喫ᄒᆞᆫ事實을發見ᄒᆞ엿다ᄂᆞᆫᄃᆡ大市中에도其連累嫌疑者가多數ᄒᆞ다더라

◎韓人尙武 墨西哥國메리다地方에在留하ᄂᆞᆫ韓人들은每日武藝的體操를練習ᄒᆞᆫ다ᄂᆞᆫᄃᆡ該地方總督으로가리氏가韓人의武藝精練ᄒᆞᆷ을觀覽ᄒᆞ고嘖嘖稱讚ᄒᆞᆫ後黃橘一箱을寄附ᄒᆞ고韓人을極力保護ᄒᆞᆫ다ᄒᆞ며又美領布哇기락구地方에在留ᄒᆞᄂᆞᆫ韓人들은壯年에게武藝를實習케ᄒᆞ고靑年에게學術을敎授ᄒᆞ야祖國을愛하ᄂᆞᆫ血誠이國內同胞의模範이될만ᄒᆞ다더라

◎鄭氏狂興 政友會員鄭應卨氏等四人이再昨夜寺洞演興社를觀覽ᄒᆞ다가何等興致가發出ᄒᆞ엿던지旣大觀覽席으로突入逼坐ᄒᆞ엿ᄂᆞᆫᄃᆡ左右觀覽人이大呼ᄒᆞ여日彼도서를若ᄒᆞᆫ四個唱夫도歌舞케ᄒᆞ라ᄒᆞᄂᆞᆫ故로該氏等은掩面隱避ᄒᆞ엿다더라

李在明公判期

李在明公判은來月四日에開廷ᄒᆞᆫ다더라

◎洑稅引繼嚴禁 豐德郡所在朱子影堂의附屬洑稅를該郡耶蘇敎堂에서引繼코저ᄒᆞᆷ으로朱道煥氏가該道觀察使에게呼訴ᄒᆞ엿더니該道에서郡守에게申飭ᄒᆞ야該引繼運動을嚴禁ᄒᆞ라ᄒᆞ엿다더라

◎閔氏放免 前郡守閔內星氏가公通事件으로警視廳에多月間因ᄒᆞᆷ은一般知了ᄒᆞᄂᆞᆫ바어니와承寧府總管趙民熙氏ᄂᆞᆫ閔氏에身分을擔保ᄒᆞ고閔氏에從弟內奎氏ᄂᆞᆫ財產을擔保ᄒᆞᆫ故로日前放免되엿다더라

◎誼所當然 閔內奎氏가其從兄의財產을擔保ᄒᆞᆫ은別項과如ᄒᆞ거니와當初度支部에서閔丙奎氏에父親恒植氏를招請ᄒᆞ야爲佳擔保ᄒᆞ기를要求ᄒᆞ미閔氏所答이一個人懲役을免ᄒᆞ기爲ᄒᆞ야一門이餓死ᄒᆞᆷ은吾所不願이라ᄒᆞ고拒絕不應ᄒᆞ엿ᄂᆞᆫᄃᆡ丙奎氏ᄂᆞᆫ年今二十餘의靑年으로此를聞ᄒᆞ고卽時度支部에躬往請願ᄒᆞ되從兄을爲ᄒᆞ야家產을蕩盡ᄒᆞ고勞動ᄒᆞ야生活을作ᄒᆞᆯ지라도骨肉에親이自在ᄒᆞ니誼不可避라ᄒᆞ고仍히財產을擔保ᄒᆞ엿다더라

◎傷人自由 帝室會計監查張錫周氏가再昨日正午에人力車를乘ᄒᆞ고禮宵洞으로經過ᄒᆞᆯ時에幼兒壹名이被觸致傷ᄒᆞᆫ故로行巡巡查가人力車夫의不愼ᄒᆞᆷ을詰問ᄒᆞ미張氏가巡查를對ᄒᆞ야人의自由行動을妨害ᄒᆞᆫ다ᄒᆞ고言辭間下待를加ᄒᆞᄂᆞᆫ지라該巡查가張氏를挽引ᄒᆞ고警視廳ᄭᆞ지同往ᄒᆞ야是非를卞明ᄒᆞᆫ後放送ᄒᆞ엿다더라

◎附外賣先 南陽郡居洪允厚氏ᄂᆞᆫ洪門의宗孫이라假稱ᄒᆞ고日人松弓竹次郞과符同ᄒᆞ야其先山邱木을斫伐코저ᄒᆞᄂᆞᆫᄃᆡ尙且外勢를藉ᄒᆞ야洪氏宗人을毆打ᄭᆞ지하엿다더라

◎京仁淸人數 最近調査를據ᄒᆞᆫ즉京城과仁川에居留ᄒᆞᄂᆞᆫ淸人이四千三百二十七名이라더라

◎笠組請願 笠商李寬燁氏等이發起ᄒᆞ야笠商組合所를設立ᄒᆞ고農商工部에請願ᄒᆞ엿다더라

◎護送費請求 平海郡西下面南山洞居李奎昌氏等七名이船夫營業하다가去月頃에飄風ᄒᆞ야日本島근縣美濃郡吉田村에漂泊ᄒᆞ엿ᄂᆞᆫᄃᆡ該縣知事가救護歸國케ᄒᆞ고護送費一百五十圜을韓政府에請求하엿다더라

◎欺騙內容 日人前川等三名이黃鎭國과符同ᄒᆞ야趙鼎允氏의金貨三千一百圜을騙取ᄒᆞᆫ事에對ᄒᆞ야其內容을詳聞ᄒᆞᆫ즉當初前川等이趙氏를威脅ᄒᆞ야日日憲兵司令部에서趙氏를安重근氏의干連者로認定ᄒᆞ야現方刑捕中인즉司令部에賄賂ᄒᆞ야安貼을圖하라ᄒᆞ고該金을討取ᄒᆞᆷ이라더라

◎投石被捉 本月二十六日日本步兵第二十九聯隊第三大隊輸送列車에對하야投石ᄒᆞᆫ人이有ᄒᆞ엿다ᄂᆞᆫᄃᆡ交河駐在日憲兵分遣所에서搜索ᄒᆞ야該嫌疑者高陽人崔明山氏를捕捉審問ᄒᆞᆫ즉崔氏言內에當日山中에셔採薪하다가烏鳥에게石을擲ᄒᆞᆫ것이汽車에偶觸ᄒᆞᆷ이라ᄒᆞᆷ으로卽爲放送ᄒᆞ엿다더라

◎產態調査 中部市谷등地에新生女兒를棄置ᄒᆞᆫ事ᄂᆞᆫ既報어니와此에對하야中部警察署에서管內婦女의產態有無를調査中이라더라

◎哀此人生 西部社稷洞居李元泰氏ᄂᆞᆫ生活에困難ᄒᆞᆷ을因ᄒᆞ야二昨日呑鴉自斃ᄒᆞ엿다더라

◎京鄉報押收 京鄉新聞第一百八十四號ᄂᆞᆫ治安妨害의記事가有ᄒᆞ다ᄒᆞ야內部에서押收ᄒᆞ엿다더라

◎普中運動會 普中親睦會運動部에서來土曜日에運動會를開ᄒᆞᄂᆞᆫᄃᆡ已往該校卒業生이多數來參ᄒᆞ기를希望ᄒᆞᆫ다더라

◎金氏放還 向者被捉ᄒᆞ엿던桂山學校敎師金란爀氏ᄂᆞᆫ無事蒙放ᄒᆞ엿다더라

◎義兵被捉 故義兵將鄭用大氏部下二名은積城日憲兵分遣所에被捉하엿다더라

◎金盲被捉 盲人金元根氏ᄂᆞᆫ趙南昇氏와何等關係가有하다ᄒᆞ야三昨日警視廳에被捉ᄒᆞ엿다더라

電報

移民地調査

日本外務省에서ᄂᆞᆫ移民地를調査中인ᄃᆡ南美各地에ᄂᆞᆫ調査가大略終了ᄒᆞ엿슴으로暹羅安南兩國의租地와氣候風土를調査ᄒᆞᆫ다더라

學制案反對

日本政友會에셔ᄂᆞᆫ文部省의提出ᄒᆞᆫ學制改革案을絕對的反對ᄒᆞ기로決定ᄒᆞ엿다더라

博覽會延期

英日博覽會ᄂᆞᆫ五月十二日에開會ᄒᆞ기로延期되엿다더라

포氏旅程

日本에래留ᄒᆞ던論敦타임스新聞特派員포라氏ᄂᆞᆫ廿七日에東京에셔出發ᄒᆞ야[illegible]로來月六日[illegible]二週間預定으로[illegible]滿洲[illegible]視察ᄒᆞᆫ後에西比利亞鐵道로歸國ᄒᆞᆫ다더라 以上東京 廿五日發

紛擾旋止

秘魯國所在日本明治移民會社所屬으로移住ᄒᆞᆫ日本移民七百餘名은到着後契約違反事로一時紛擾가有ᄒᆞ더니其後靜止되엿다더라

秀英火災

今朝日本京橋秀英舍가燒火되야損害가十五萬圓에達ᄒᆞ엿다더라 以上東京發 廿六日着

▲小盜大盜▼

明見子

▲四千餘年된우리집이風雨中에頹敗ᄒᆞ야潘籬까지쓰러지고看守者가叛走ᄒᆞ니좀盜賊놈은盜賊놈四面으로侵入ᄒᆞ야奸謀ᄒᆞᄂᆞᆫ드시곳곳마다跳踉ᄒᆞᆫ다

▲五尺童을甘誘ᄒᆞ야[illegible]貨를쥬마ᄒᆞ고荷物짐을擔負식혀長道里를運輸ᄒᆞᆫ後賃金一分錢[illegible]ᄒᆞ고弱杖으로反打ᄒᆞ야空手逐送ᄒᆞᄂᆞᆫ놈도노루보와ᄒᆞᆫ가지오

▲不滿一寸白紙쪽에남의姓名을付托업시自意印刷ᄒᆞ야가지고宮中顧問ᄎᆞ져가셔名稱代로[illegible]金을强討出辦ᄒᆞ고[illegible]請ᄒᆞᄂᆞᆫ놈도노루보와ᄒᆞᆫ가지오

▲安重根의干連者로[illegible]成협ᄒᆞᆫ後憲兵部에賄賂[illegible]東圖免ᄒᆞᆫ즉쥬마ᄒᆞ고三千[illegible]金을强力으로討索ᄒᆞ야[illegible]分喫ᄒᆞᄂᆞᆫ놈도노루보와ᄒᆞᆫ가지라

▲우리家衆一心셔[illegible]修理ᄒᆞᆫ後日月갓흔[illegible]官을나여노코[illegible]으로監獄署를지어노코小盜大盜다잡어다一切押囚ᄒᆞ여보세

雜報

◎老翁衙所求　義州富豪金道濬氏는年今六旬老人으로自家에日語夜學科를設ᄒᆞ고熱心做工ᄒᆞᄂᆞᆫ대此ᄂᆞᆫ仕宦界에需用코져홈이라고人多嘲笑ᄒᆞᆫ다더라

◎兩氏斷指　甑山郡甘一里居金泰賢氏와黃象面鼎寶里居吳炳周氏ᄂᆞᆫ各其親癘이危重ᄒᆞᆯ時에斷指灌血ᄒᆞ야救療ᄒᆞᆫ孝行이有ᄒᆞᆷ으로遠近人士가莫不稱頌ᄒᆞᆫ다더라

◎宗旨와任員　檀君敎에ᄂᆞᆫ五宗旨와五任員이有ᄒᆞ다ᄂᆞᆫ대五宗旨ᄂᆞᆫ尊奉神神, 感通靈誠, 愛合族友, 安固基土, 勤務產業, 이오五任員은司敎, 叅敎, 贊敎, 施敎師, 巡敎員이라더라

◎李犯越交　中部警察署에被因ᄒᆞᆫ强盜犯李俊永은今明間에地方裁判所로越交ᄒᆞᆫ다더라

◎兩氏放免　秋景浩氏외白行車事件으로中部警察署에被捉ᄒᆞ얏던吳性근柳범兩氏ᄂᆞᆫ再昨日無事放免되얏다더라

◎鴉烟犯審査　再昨日京城地方裁判所에셔鴉烟犯李定求를審査ᄒᆞ얏다더라

廣告

本人의名在雲으로刻ᄒᆞᆫ圖章을셔失ᄒᆞ고改名在元으로更刻ᄒᆞ와知舊間照亮
西署盤松坊車子里契白三十八統十戶　林有元　白

本人이西署龍山坊內契桃花洞一百四十四統二戶家劵을昨年八月에路上에셔不知中見失ᄒᆞ얏기로玆에廣告ᄒᆞ오니誰某拾得ᄒᆞ와도休紙施行홈　任仁成　告白

慶州郡川北面東川里居崔正淑이가其無後ᄒᆞᆫ壁祖母의本寺에獻納ᄒᆞᆫ位土本郡內南面龍洞員畓十斗落을呑食ᄒᆞᆯ慾으로日欲訟매이오니內外國人은切勿見欺홈
慶北長기郡祇林寺　攝理金應碩　告白

本人이西署龍山坊東門外契九統二戶草家十間文劵을不知中에失ᄒᆞ얏기玆에廣告ᄒᆞ오니誰某拾得ᄒᆞ와도休紙施行홈　宋永煥　白

正三品議官公韓龍源氏以宿患庚戌舊三月九日下世京鄕知舊照亮
忠北文義邑內
男　春東　日東　甲東
護喪　金敎喆

本人에十一代祖香火土가本面做義洞日字四号洪字四号畓과松興洞宇字五号田宇字八号畓文劵을甲爽셔失인바玆에廣布ᄒᆞ오니如有收得者에던休紙施行홈
平北龍川府外下面松興洞一統四戶仁同門代表人張載鱗　告白

本人陰三月初七日本郡南門內金이라錄ᄒᆞ고金融機關章을捺ᄒᆞᆫ金叅拾圓任置証書셔失誰某拾得休紙施行
海州金澤熙　告白

本人이今四月十四日에龍川郡龍岩港街上에셔正刻姓名木章을絕囊見失ᄒᆞ얏ᄉᆞ오니內外國人은照亮ᄒᆞ시옵
平安北道鐵山郡栢梁面永川里　鄭益濟　告白

本人이明治四十二年十二月分에當地李性直處에移推ᄒᆞᆫ平安北道雲山郡北鎭市朴鳳潤處의推次紙貨二千圓標紙一度를見失ᄒᆞ얏기標紙見樣을右에謄本廣告ᄒᆞ오니內外國人間拾得ᄒᆞ와도休紙施行ᄒᆞ시옵

標紙謄本
已酉十月三十日李性直氏前右記爲圓當紙貨貳千圓債用而壹周年後金肆百圓拾圓倂以來年十月晦日還報事
債用主　朴鳳潤　印
平壤鍾路齊藤久太郎　告白

本人의養子鉢竹七이가性其悖浪ᄒᆞ와僞出田劵欲爲得債或放賣云故로破養分家ᄒᆞ얏ᄉᆞ오니內外國人은切勿見欺ᄒᆞ시옵
平南順川郡雲巖面新德里一統五戶　宋召史　謹白

本人之子劉永相浮浪相從放蕩오遊錢財間或有相關則白失矣內外國人切勿干涉望홈
南部苧洞十九統三戶李召史白

●買藥에便利ᄒᆞᆫ法
毋論遐陬ᄒᆞ고掌記及居住만郵便錄送則精選材料ᄒᆞ며特別廉價ᄒᆞ야以郵便代金引換小包로迅速付送ᄒᆞ깃ᄉᆞ니隨用請求홈
京南部銅峴九十五統十戶
乾材藥局崔興模　告白

本人이光武十年十一月分에本洞에在ᄒᆞᆫ秋字七號田二時耕과藏字八號田四時耕을李京柱處에買得이온바本劵은셔失이다셔失文記를成給이오니此兩田의本劵을日後誰某間拾得이던지休紙로施行ᄒᆞ옵
平安北道龍川府外下面雙機洞二統八戶　李珠日　告白

本人의家夫金時弘（本安山庚午生父名錫佑母姓白氏）氏가去丁亥年閏四月十二日에偶然出家ᄒᆞ야因而不返ᄒᆞᄂᆞᆫ대于今二十四年을日夜苦待ᄒᆞ되消息이頓無ᄒᆞ오니內外國同胞ᄂᆞᆫ右人을逢着ᄒᆞ시거던爲先住所를本人에게通奇ᄒᆞ여쥬시고另力勸送ᄒᆞ심을切祝홈
義州光化面南台里安召史告白

◎新刊庸學廣告
中庸集註　全一冊廿五錢
大學集註　全一冊十五錢
發賣所　皇城中部布屛下三十七統六戶
廣學書舖　金相萬
京鄕各書舖

◎特別廣告
敬啓者本報ᄂᆞᆫ開刊有年에其論述의히正과其報道의迅速이無比ᄒᆞ야淸國內遠近志士가一切歡迎ᄒᆞ오며韓國에도稍々히購覽ᄒᆞᄂᆞᆫ紳士가有ᄒᆞ온바今에更히江湖上購覽諸氏를紹介ᄒᆞ기爲ᄒᆞ야本報館所在處及報價를左開廣告ᄒᆞ오니願覽諸氏ᄂᆞᆫ速々히左開處로通奇ᄒᆞ시옵
本館所在地　哈爾賓瓦牙街
報價一個月先給　俄貨八角
仝　三個月先給　俄貨二圓
但報價ᄂᆞᆫ先給을要홈
遠東報館　告白

本店에셔開業ᄒᆞᆫ지于今六年間僉君子의愛護ᄒᆞ심을特蒙ᄒᆞ와今年에營業을大擴張ᄒᆞ고秋冬所用으로英美獨等各國高等物品을今多數直輸入ᄒᆞ와各地方에셔貿易ᄒᆞ시ᄂᆞᆫ利를爲ᄒᆞ야特別廉價ᄒᆞ와郵便小包로酬應ᄒᆞ야代金은引換ᄒᆞ깃사오니十三道僉君子ᄂᆞᆫ隨意請求ᄒᆞ심을望
振替貯金番號（韓國第三番）
漢城中部鍾路[illegible]洞二十一統五戶
廣興泰　告白

京西部寺洞同和藥房
本國藥材、洋製、各病效、用、價、國漢文、可刊出、作封、雖婦女、
郵便請求、買賣
閔禮　白

釜港東關韓興書館
本館에셔新舊書籍과學校品用各種을備置ᄒᆞ야（五圓以上特減割引）大發售ᄒᆞ오니江湖僉君子ᄂᆞᆫ陸續購買ᄒᆞ시옵
館主　金泰衡　本名汝重
主任　權鍾律

地方通信販賣部大擴張　特約割引劵進呈
◎學部編纂敎科用圖書
◎自他出版及元賣書籍
◎各種敎科及叅考書類
◎地圖及小說襍書類
▲本館發兌書籍目錄及注文規程表ᄂᆞᆫ隨求無料郵呈홈
京城中部罷洞橋北邊卌八統二戶
韓國振替貯金口座　第貳六八番
中央書館　朱翰榮

◎特別廣告

○天恩堂大藥房製造發行各種靈藥

健胃淸心　仁壽丹　金拾錢　　手足止汗散　金二十錢
健康益壽　補元丹　金壹圓　　治咽聖藥　金三十錢
眼科神藥　明眼水　金拾錢　　吐瀉霍亂　遂立水　金二十錢
全治회虫丸　金拾錢　　健腸胃生口味　醒甘水　金廿錢
寸白祛根藥　金卅錢　　회充拔根藥　金拾錢
婦人聖藥　調中丹　金四圓　　齒痛液　金拾錢
發汗解感丸　金拾錢　　芳香水　金十五錢
治痰止咳散　金廿五錢　　疥瘡水　金卅錢
幼兒止嗽散　金廿錢　　天恩梅瘡膏　大匣入金三圓　中匣入壹圓五十錢　小匣入金五十錢
補氣神效　肥兒散　金十五錢
痢疾神効散　金三十錢　　天恩眼明膏　上仝
淋疾靈効丸　金五十錢　　天恩拔根膏　大匣入金一圓　小匣入金二十錢
特製梅瘡丸　金三圓　　天恩沃度膏　上仝
舊積消化丹　金四十錢　　天恩輕腫膏　上仝
解학丹　金拾錢　　天恩濕腫膏　上仝
止瀉回生丸　金拾錢　　天恩胎毒膏　上仝
速珠祛根藥　金二圓　　天恩疥瘡膏　上仝
怔疾預防藥　金三拾錢　　天恩百靈膏　大匣入金二圓　一包入金拾錢

其他洋藥乾材와漢藥唐材와各寶藥家製造品을具備ᄒᆞ옵고地方兄弟의請求를酬應ᄒᆞ오니隨用請求ᄒᆞ시면以代金引換小包로迅速酬應ᄒᆞ깃ᄉᆞ오니陸續請求ᄒᆞ시기務望홈
但外方에셔ᄂᆞᆫ病錄만보니시면精製酬應홈

◎特別廣告
京城鍾路　天恩堂大藥房　金顯遠　劉鎭元　告白

本報 一次 新貨二錢五厘 壹個月 三十錢
廣告 四号活字拾三字詰 (自一行至四行이爲一寸)

廣告

◉京城鍾路和平堂大藥房

○和平堂藥房은我同胞가最誠意로歡迎ᄒᆞᄂᆞᆫ我國第一되ᄂᆞᆫ最新式規模로經營ᄒᆞᄂᆞᆫ特別藥房이오

○和平堂藥房은外國第一有名ᄒᆞᆫ洋藥과我國唐草材를多數輸入ᄒᆞ야最低廉最良材를都賣散賣ᄒᆞᄂᆞᆫ最大藥房이오

○和平堂醫院은平壤濟衆院에서卒業을受ᄒᆞ고美國醫學博士禹越時手下에多年實地施驗을行ᄒᆞᆫ醫士田慶龍氏를延聘ᄒᆞ야男女老少에內外科를誠心으로診察治療ᄒᆞᄂᆞᆫ醫院이오

○和平堂醫院은外方에서病錄만錄送ᄒᆞ시면其病에適當ᄒᆞ도록誠心製藥ᄒᆞ야迅速付送ᄒᆞ기로熱心ᄒᆞᄂᆞᆫ醫院이오

○和平堂醫院은治療費와藥價를最廉ᄒᆞ게ᄒᆞ야一般醫藥家로使之感醒케ᄒᆞ야勇進奮發의心을鼓吹케ᄒᆞᄂᆞᆫ醫院이오

○和平堂藥房은全國內醫藥家와連結ᄒᆞ야根本的實業發展의本領을實行코ᄌᆞᄒᆞᄂᆞᆫ藥房이오

京城鍾路 洋藥各種과 漢藥唐草材 大發賣

和平堂本舖主任 李應善

◉京城鍾路和平堂大藥房各種藥品及各樣規則廣告

○承寧府典醫 洪哲曾君 實驗處方
○陸軍軍醫 張基茂君 有效證明
隨時勿論ᄒᆞ고旅行居家에常備之靈약

官許 登錄 認可 (和)

健胃 [illegible]消 **八寶丹**

定價 일貼九拾九粒入金拾錢 三貼入金廿五錢

右약에主治効能은如左ᄒᆞᆷ

◉壹은新久積滯와急督關格과胃腹의痛과中暑中寒과水土不服에特効가有ᄒᆞ기로著名ᄒᆞᆷ
◉壹은頭痛과眩운을鎭正ᄒᆞ고精神을爽快케ᄒᆞᄂᆞᆫ良제요
◉壹은恒常食後에適宜服用ᄒᆞ시면脾胃를健壯케ᄒᆞ며痰을消ᄒᆞ며口味를助ᄒᆞ야滯祟에念慮가無ᄒᆞᆷ
◉壹은酒醉昏迷와船운車醉에速治ᄒᆞᄂᆞᆫ奇効가有ᄒᆞᆷ
◉壹은香氣가含有ᄒᆞ야口臭를排除ᄒᆞ고解毒通竅ᄒᆞᄂᆞᆫ効力이偉大ᄒᆞᆷ

胎養調經丸　婦人冷積과帶下症과月經不調에神効　일제金五圓
麝香消瘡丹　梅毒下疳頭瘡風濕瘡을去根ᄒᆞᄂᆞᆫ妙藥　일제金四圓
阿烟斷引藥　阿引을能斷ᄒᆞ고元神을回復ᄒᆞᄂᆞᆫ妙藥　일제金五圓
滋陽丸　男女間陰陽雙補ᄒᆞᄂᆞᆫ妙藥　일제拾日分金일圓八拾錢　일月分金五圓
治全積散　男女勿論ᄒᆞ고連珠와나력을全治去根ᄒᆞᄂᆞᆫ藥　일제金三圓
消積散　陳々久체를消化ᄒᆞᄂᆞᆫ靈藥　金拾五錢
回生水　虛泄濕泄轉筋吐瀉腸痛에神効ᄒᆞ기로著名ᄒᆞᆷ　金拾錢
治顏水　죽은세가삭고얼골이고아지ᄂᆞᆫ약　金三拾錢
蘇生丹　急ᄒᆞᆫ霍亂吐사의立即見効약　金拾錢
蛔滅散　회虫을去根ᄒᆞᄂᆞᆫ妙약　金拾錢
鎭咳散　痰을消化하고咳소를止ᄒᆞᄂᆞᆫ약　金三拾錢
解毒散　諸般感氣와寒熱往來에奇효약　金拾錢
丘虫藥　寸白虫을殺出去根ᄒᆞᄂᆞᆫ妙약　金三拾錢
通治膏　諸般大小腫을통治ᄒᆞᄂᆞᆫ고약　金拾錢
玉容水　버짐과어루러기가일切업서지ᄂᆞᆫ약　金二拾錢
補陰降火丸　男子陰虛火動 婦人勞채 神經衰弱 不眠症 健忘症 消化不良 遺精　일週分 일貼七拾錢　二週分 二貼 일圓三拾錢　三週分 三貼 일圓六拾錢
雙補丸　男女陰陽俱虛 婦人氣血不足 胃腹冷痛 手足厥冷 肌膚瘦瘠　二週分 二貼 일圓五拾錢　四週分 四貼 二圓八拾錢

下浮丸　全體浮腫 假秘 ... 일貼 拾錢
退疝丸　酒달 食달 黃달 黑달　六拾錢
咽喉散　咽喉發炎 咽喉潰瘍　五拾錢
下痢散　赤痢 白痢 吐사 血痢　六拾錢
光明眼藥　時行眼疾 風熱眼疾 梅毒眼疾　拾錢
血疾祛根丸　落血 吐血 月經時腹痛　五拾錢
上氣快治丸　吐血 降火 開鬱 血疾　七拾錢
下血快治丸　下血 血痢 痰便　일週分 拾錢
補血水　男女氣血不足 婦人月經不調　일週分 일圓
齒痛快水　齒痛 虫齒 風齒 齒齦痛
明耳精　耳內炎痛 耳垢堆積 醞膿汁　拾錢
痲疹丸　小兒痲疹 腥紅熱 百日咳　三日分 二十錢
齒根炎傷散　齒肉爛傷 齒血 발炎　二十五錢
小兒痫氣丸　身熱顙驚 夜啼不寐 青便 黃便　拾五錢
脚氣腰痛丸　兩脚濕痛 腰痛 脇痛 骨節疼痛　일週分 七拾錢
鷄眼膏　발의뒤눈를쏌은약　拾錢
腫根拔散　拔腫根 去惡生新　拾錢
止汗散　手汗 足汗 腋汗　拾錢
口病清熱水　口內諸般炎傷 上下唇坼 鼻內搔痒　十錢
浮腹能下丸　下腹膨脹 四肢浮症 小便不利　일週分 일貼 七拾錢
小兒腹학丸　腹학 健胃 解熱　拾錢
小兒疳氣散　腹部膨大 大便頻數 食慾不良 體樣瘦瘠 消化不良　二日分 拾五錢
梅毒全滅丸　先天的梅毒 後天的梅毒 下疳　일週分 五拾錢
小兒百日咳丸　百日咳 呼吸困難 嘔吐 食思不進 痰滯吹笛聲　일週分 一貼 三拾錢
偏頭통止散　眩운 頭痛 耳鳴 眼花爛發　三日分 拾五錢
夜盲復明丸　肝經症 食熱 當昏眼迷 春　三日分 二拾錢
胸膈止통散　秋氣候受傷 胃痛 腹痛 食滯 痰滯 滯酒　三日分 三拾錢
祛惡生毒膏　頭瘡 潰瘍 祛惡生新　拾錢
小兒胎毒膏　貼毒 面瘡 濕癬 白禿 鱗癬 蛇癬 乾癬　拾錢
火傷治毒膏　火傷 濕疹 皮膚搔痒　拾錢
梅毒全滅膏　楊梅瘡 선腫 頭瘡 龜頭瘡　拾錢

眼瞼炎傷膏　眼瞼緣炎 眼瞼麥粒腫　拾錢
成腫除毒膏　腫氣已成未成 骨節痛　拾錢
洗滅水　疥癬 濕疥癬 乾疥癬 皮膚搔痒　拾錢
五淋丸　男女急性淋疾慢性淋疾膀胱加答兒淋毒性生殖器病睪丸炎血淋沙淋白濁小便短赤婦人赤白帶下等症　일週分 일圓

此外에有名賣약各種과東西洋약及漢약唐草材를都매散賣

◉京城鍾路和平堂藥房支店規例

일 本舖가支店에對ᄒᆞ야每次十圓以上약品은五割引으로出給ᄒᆞᆯ事
일 賞與品은藥價輸入金中에每百圓에對ᄒᆞ야十圓價値약品으로勸奬ᄒᆞᆯ事
일 郵便費와運輸費ᄂᆞᆫ支店이擔當ᄒᆞ되每百圓頭에四圓으로爲定ᄒᆞ며不足額은本舖가擔當ᄒᆞᆯ事
일 三百圓以上이나五百圓以上세지支店은郡內에專管을許ᄒᆞ고壹千圓以上에ᄂᆞᆫ支店은道內에專管을許ᄒᆞ고不許他人ᄒᆞᆷ

京城鍾路和平堂약房 支店出張所規例

일 약價를每月終에計ᄒᆞᆯ時에ᄂᆞᆫ每次一圓以上약品은四五割引으로出給ᄒᆞᆯ事
일 支店이出張所에對하야每十圓약出給時에郵遞輸費와出納隨手料를出張所가壹圓式支店에捐補ᄒᆞ고百圓以上에도照例ᄒᆞᆯ事
일 定價金을違背ᄒᆞ야發見ᄒᆞᄂᆞᆫ者ᄂᆞᆫ罰金을徵收ᄒᆞ고不許更求ᄒᆞᆯ事

京城鍾路和平堂大藥房本舖
主任李應善

光武九年八月十一日 明治三十八年八月十一日 (第三種郵便物認可) 木曜日 西曆一千九百[illegible]

檀君開國四千二百四十三年
箕子元年三千三十二年
大韓開國五百十九年
本報創刊日 光武八年七月十八日

大韓每日申報

Responsible for Publication Alfred Weekley Marnham.
發行兼編輯人 英國人 萬咸
發行所 京城南部石井洞三層洋屋 大韓每日申報社

第八卷 月曜及慶節歲時日休刊 第一千三百七拾二号

論說

◉今日人生

嗚呼라世界空前의無形的大戰爭이作ᄒᆞ야東旗西鼓가雲ᄀᆞᆺ치集ᄒᆞ며千兵萬馬가風ᄀᆞᆺ치馳하야優勝劣敗를睹ᄒᆞ며弱肉强食을演ᄒᆞ니今日人生은軍中人生인뎌

突然此戰爭의鋒이韓半島一幅에侵入하야一隊는政治界로侵入ᄒᆞ고一隊는實業界로侵入하고一隊는敎育界로侵入ᄒᆞ고或은奇兵을縱하야左로衝ᄒᆞ며或은游擊을揮ᄒᆞ야右로突ᄒᆞ야砲烟이天을蔽ᄒᆞ고喊聲이地를動ᄒᆞ는도다

幾千年烟月康衢에太平을歌ᄒᆞ던韓國同胞가瞥然此戰爭을遇ᄒᆞ야軍中人生이되니岌業ᄒᆞ도다同胞의路여

於是乎連히戰ᄒᆞ며連히敗하야或政治戰에敗ᄒᆞ며或實業戰에敗ᄒᆞ며其他何方面으로던지戰하면必敗ᄒᆞ야腥塵悽雨가三千里를方掩ᄒᆞ엿도다

然則此危急存亡의秋에在ᄒᆞᆫ同胞가宜乎精神을奮勵하며勇氣를竭鼓ᄒᆞ야覆轍을蹈치말고桑楡를忘치말아大勝利를準備홈이可ᄒᆞ거날

乃者近來人心이日下ᄒᆞ고時事가日非ᄒᆞ야彼傍觀派嗚呼派等은姑舍ᄒᆞ고魍魎의怪焰을煽ᄒᆞ며狐狸의醜行을作ᄒᆞ는者ㅣ無數ᄒᆞ야偵探軍의生涯를恥辱으로不知ᄒᆞ고揚々히日을轉ᄒᆞ며觀光團에나入參ᄒᆞ면榮光으로是認ᄒᆞ야翩々히肩을舞ᄒᆞ며其他百怪千怪가白日靑天下에于于히橫行ᄒᆞ야其趨勢가駸駸然可憐의境에紹入ᄒᆞ니悲夫라

盖其原因을推究ᄒᆞ건ᄃᆡ(一)政治의壓力이日强ᄒᆞ고(二)經濟의恐慌이日甚ᄒᆞᆫ等所以라其趨勢의至此가亦不得已의事로다

然이나此軍中人生된同胞의存亡判斷이오직今日에在ᄒᆞᆫ지라今日에在ᄒᆞ야一敗에不屈ᄒᆞ고再敗에不屈ᄒᆞ야愈愈前進ᄒᆞ면生存을可得홀지오만일今日에在하야煩惱를作ᄒᆞ며怯退를作ᄒᆞ야白旗를竪홀뿐이면畢竟淘汰를不免홀지니同胞의今日向背가如斯히重大ᄒᆞ거날如今一難을遭ᄒᆞ미居然히頭를縮ᄒᆞ며一困을當ᄒᆞ미居然히脚을退ᄒᆞ니此ㅣ엇지可嘆치아니ᄒᆞᆫ가

嗚呼同胞여同胞는軍中人生이라何事業을營爲ᄒᆞ던지반다시軍中人生의身勢로以ᄒᆞ야燐寸一個를製ᄒᆞ되曰我는大韓工戰軍이니我가彼를勝하고야已ᄒᆞᆫ다ᄒᆞ며石田一畝를畊ᄒᆞ되曰我는大韓農戰軍이니我가彼를勝ᄒᆞ고야已ᄒᆞᆫ다ᄒᆞ며漁者는曰我는大韓漁戰軍이라ᄒᆞ며鑛者는曰我는大韓鑛戰軍이라ᄒᆞ며宗敎家는曰我는大韓宗敎軍이라ᄒᆞ며敎育家는曰我는大韓敎育軍이라ᄒᆞ며曰我가勝ᄒᆞ면大韓이勝ᄒᆞ야我가生ᄒᆞᆫ다ᄒᆞ며曰我가敗하면大韓이敗ᄒᆞ야我가死ᄒᆞᆫ다하야載踊載躍ᄒᆞ며載舞載蹈ᄒᆞ야百難과戰하며千難과戰ᄒᆞ야大勝利를得ᄒᆞ라然ᄒᆞ여야同胞가可히國史를再光ᄒᆞ며國土를再完ᄒᆞ야生存을得ᄒᆞ리라

吾儕는挽近政治壓力經濟恐慌을因ᄒᆞ야國民의趨勢가實로可怜ᄒᆞᆫ바ㅣ多홈을睹ᄒᆞ고如是不已ᄒᆞ면將來政治壓力이尤强하고經濟恐慌이尤甚홀ᄉᆞ록此趨勢가愈大하야畢竟挽回치못홀에至홀재憂慮ᄒᆞ야此言이有하노니嗚呼라軍中人生된同胞여深思홀지어다

日報

隆熙三年十一月十三日

內閣告示第四十三號 續

○勅令第三百號

(明治四十二年十月二十三日)

特許辨理士令

第一條 帝國內에住所를有ᄒᆞᆫ成年以上의能力者로特許辨理士試驗에合格ᄒᆞᆫ者는特許辨理士된資格을有홈

特許辨理士試驗에關ᄒᆞᆫ事項은主務大臣이此를定홈

第二條 左에揭ᄒᆞᆫ者는試驗을不要ᄒᆞ고特許辨理士된資格을有홈

一 辯護士된資格을有ᄒᆞᆫ者

二 文官高等試驗又는判事檢事登用試驗에合格ᄒᆞᆫ者

三 一年以上特許局或은統監府特許局의高等文官된者又는二年以上特許局審査官補나或은統監府特許局審査官補된者

第三條 左에揭ᄒᆞᆫ者는特許辨理士試驗委員의詮衡을依ᄒᆞ야試驗을不要ᄒᆞ고特許辨理士된資格을有홈

一 學位를有ᄒᆞᆫ者

二 帝國大學分科大學又는此와學科程度同等以上으로認ᄒᆞᆫ內外國의學校에서定規ᄒᆞᆫ課業을卒ᄒᆞᆫ

第四條 左에揭ᄒᆞᆫ者는特許辨理士됨을不得홈

一 特許法第九十二條、第九十三條、第九十七條、意匠法第二十四條、第二十五條、第二十九條、第商標法第二十三條、第二十四條、第二十八條又는實用新案法第二十二條、第二十二條、第二十七條의罪를犯ᄒᆞ야刑에處된者但刑의執行을終了하거나又는其執行을受홈이無ᄒᆞ게된日로부터三年을經過ᄒᆞᆫ者는此限에不在홈

二 禁錮以上에刑을處된者但六年未滿의懲役又는禁錮에處된者로刑의執行을終了ᄒᆞ거나或은其執行을受홈이無ᄒᆞ게된日로부터三年을經過ᄒᆞᆫ者는此限에不在홈

三 破産이나或은家資分散의宣告를受ᄒᆞ야復權치아니ᄒᆞᆫ者又는身代限의
者
處分을受ᄒᆞ야償務의辨償을不了ᄒᆞᆫ者

四 業務停止의期間中業務를廢止ᄒᆞ야아직其期間을經過치아니ᄒᆞᆫ者나又는業務禁止의處分이有ᄒᆞᆫ日로부터三年을經過치아니ᄒᆞᆫ者

(未完)

外報

○發砲鎭壓 土耳其國안리스렌地方에在ᄒᆞᆫ알빠니아人은土耳其政府의命令을不服홈으로土國軍隊가此를鎭壓ᄒᆞ기爲ᄒᆞ야發砲를試홈에至ᄒᆞ엿나더라

○飛行家飛航 英國飛行家쿠라함、화이트氏는論敦만체스타間에飛航을試ᄒᆞᆫ다더라

○援兵派遣 清國湖南各地方의騷擾가益甚홈으로湖北에서更히援兵一大隊를派遣하엿다더라

○恐嫌出奔 清國北京改良演劇의壯士俳優王鍾聲은革命黨의嫌疑를恐ᄒᆞ야日本으로逃竄ᄒᆞ엿다더라

○清國新鐵道 清國開封、徐州、淸江浦、海州間의鐵道(長一千清里)는開徐、徐淸、淸海三段에分하야徐甯間一段은杭州鐵道에서自辦ᄒᆞ고外他二段은郵傳部에서敷設ᄒᆞᆫ다ᄒᆞ며資金의出處는아직未定ᄒᆞ엿스나美國에借欵ᄒᆞᆫ다는說이有ᄒᆞ다더라

○九廣線調査 清國郵傳部에서는九龍廣東間鐵道의權利가全혀英人手中에落하야經費만徒費ᄒᆞ고實効가無홈으로此를調査ᄒᆞ기爲ᄒᆞ야鐵道總局長梁士詒氏를廣東으로派遣하엿다더라

○英公使公報 駐清英國公使朱邇典氏는英國外務省에發電ᄒᆞ야清國長沙에暴徒가隊伍를編成ᄒᆞ야再騷動을開始홈으로써外人의全部는英國軍艦二隻에避難ᄒᆞ엿다는事를報告ᄒᆞ엿다더라

學界

○養成所開學期 官立漢城高等學校에附設ᄒᆞᆫ土地調査事務員養成所에서는來月一日上午九時부터開學ᄒᆞ기로預定ᄒᆞ고入格者에게通牒을發ᄒᆞ엿다더라

○進級成績 甑山郡三樂學校에서卒業式을擧行홈은昨報와如ᄒᆞ거니와同日進級試驗을兼行ᄒᆞ엿는ᄃᆡ成績이良好ᄒᆞ엿고來賓三百餘員과觀光者數千人이會集ᄒᆞ야非常ᄒᆞᆫ盛況을呈하엿다더라

○貞和擴張 開城北部槐洞居ᄒᆞ는梁召史는年前부터自家에서多數女學生을親히敎育ᄒᆞ더니昨冬에女學生百餘人을更加募集ᄒᆞ며高明ᄒᆞᆫ敎師를延聘하고一切經費는自已가全擔하야校務를一層擴張ᄒᆞ엿다는ᄃᆡ該郡守가此를聞하고該校에躬往ᄒᆞ야梁召史의敎育特誠을歎賞ᄒᆞ며學生을勸勉ᄒᆞ고優數賞品을施與ᄒᆞᆫ後에校名은貞和女學校로命하엿다더라

○維新經試 熙川郡私立維新學校에서本月三日에學年試驗을經ᄒᆞ엿는ᄃᆡ各學年優等及第生이二十九名이오來賓諸氏는賞品을優數施與ᄒᆞ엿다더라

○숭明經試 開城郡숭明學校에서去二十三日에學年試驗을經ᄒᆞᆫ後證書授與式을擧行ᄒᆞ엿는ᄃᆡ各年級優等及第生이六十二人이라더라

○長通進級盛況 中部長通學校에서去土曜日下午二時에進級式을擧行ᄒᆞ엿는ᄃᆡ 勅語를奉讀ᄒᆞᆫ後校況及學事를報告ᄒᆞ고進級證書와賞狀褒證書와勤業賞品을授與하엿고各年級進級生은合三十七人이오來賓及學父兄叅會者는約百餘員이오崔昌善安商說李德圭金鳳源李應俊孔在兌李根洪李근湘金鎬承卞鍾獻吳仁鐸全光默金內鍊朱壽榮諸氏와該校內夜學科와長薰學校에서優數ᄒᆞᆫ物品을寄付ᄒᆞ엿다더라

學報

○興仁卒業 東大門外私立興仁學校에서本月十六에第壹回卒業式을擧行ᄒᆞ엿는ᄃᆡ卒業生은趙基淳尹基爽文聲根崔鳳柱劉秉贊張錫永朴勝喆鄭錫勳

詞藻

◉늙기젼에◉ 瀛隱生

벽상에걸닌좃은、가는소리쌘이로다。
빅년이먼듯ᄒᆞ나、白髮이잠싼이라。
靑年아、우리의큰ᄉᆞ업을、늙기젼에。

宮廷彙報

◉趙議政葬期　故議政趙秉鎬氏의葬禮를來五月九日天安郡에서過行ᄒᆞᆫ다ᄂᆞᆫ데　大皇帝陛下셔옵셔禮官一名을趁時派送ᄒᆞ옵신다더라

◉大綬章賜與　韓國　皇室에셔ᄂᆞᆫ日本鳩彦王婚儀에對ᄒᆞ야同王에게金尺大綬章을　賜與ᄒᆞ옵셧다더라

◉皇儲行啓　皇太子殿下셔셔ᄂᆞᆫ去二十三日日本名古屋共進會에　行啓ᄒᆞ옵셔韓國館을御覽ᄒᆞ시고本國織物에關ᄒᆞ야種種　下問이有ᄒᆞ옵셧다더라

◉籍田親耕期　東籍田　親耕日子를來五月五日로擇定하엿슴으로內部土木局에셔日間御路修築工事에着手ᄒᆞᆫ다더라

雜報

◉何等憂慮　總理大臣李完用承寧府總管趙民熙兩氏間에ᄂᆞᆫ數日來何事件을因ᄒᆞᆷ인지書信을頻數相通ᄒᆞ야大段憂慮ᄒᆞᄂᆞᆫ貌樣이라ᄒᆞ며前局長朴義秉氏ᄂᆞᆫ何事故를因ᄒᆞᆷ인지警視廳에셔注目中이라더라

◉遷延內容　內部에셔郡守十壹窠를審查ᄒᆞ야內閣에經議ᄒᆞᆫ後統監府에同意를請ᄒᆞᆫ지가于今月餘가되도록可否의落着이無ᄒᆞ다ᄂᆞᆫ데其內容인즉觀察道薦報와內部審查에關하야醜說이有ᄒᆞᆷ으로其內容을查得키爲ᄒᆞ야遷延ᄒᆞᆷ이라더라

◉警部試取　內部警務局에셔警部를試取ᄒᆞᆫ다ᄂᆞᆫ데前解散軍人中에셔志願者가多數ᄒᆞ다더라

◉餘習尙存　旣往別入侍로有名ᄒᆞ던鄭曹李崔等諸氏ᄂᆞᆫ渡日ᄒᆞᆫ金在豌氏의後援이되야今番金氏가曾彌統監과同件還任ᄒᆞᆫ後에ᄂᆞᆫ政府를金氏가組織ᄒᆞᆯ터이오自己等도權要의地를占有ᄒᆞᆫ다고達人誇張ᄒᆞᆫ다더라

◉借金運動　一進會에셔ᄂᆞᆫ敎育銀行礦業等事를經營ᄒᆞᆫ다稱ᄒᆞ고金二千萬圓을日本政府에借欵ᄒᆞᆯ次로該會頭領宋秉畯을紹介ᄒᆞ야目下運動中이라더라

◉朴偵數出　趙南升氏의被捉ᄒᆞᆫ事實은屢報와如ᄒᆞ거니와當初此事件을發現ᄒᆞᆫ者ᄂᆞᆫ卽警視廳偵探人朴某인데趙氏被捉時ᄭᆞ지勤勞가大有ᄒᆞ다하야警部로陞任ᄒᆞ거나特別賞與금을支給하거나兩端間實施ᄒᆞ기로該廳에셔目下協議中이라더라

◉組合法考究　內部에셔ᄂᆞᆫ水利組合經費徵收方法과其組織權限等에關ᄒᆞᆫ法規를目下考究中이라더라

◉大久保入京　日本農商務省商工局長大久保利武ᄂᆞᆫ本日入京ᄒᆞᆫ다더라

◉國分還任　歸國ᄒᆞ엿던統監府叅與官國分象太郎은向日歸任ᄒᆞᆫ다더니事故로因ᄒᆞ야延期되엿슴으로本日朝에야南門驛에到着ᄒᆞᆫ다더라

◉荒井渡日　度支部次官荒井은財政上에關ᄒᆞᆫ重大事件을携帶ᄒᆞ고來三十日頃에渡日ᄒᆞᆫ다더라

◉繳下請願　東萊郡儒林諸氏ᄂᆞᆫ故李玉啓氏等卄一人이去壬辰亂에殉國忠節이有ᄒᆞ니特히贈職ᄒᆞ라고內部에請願하엿ᄂᆞᆫ데近日에ᄂᆞᆫ何等障碍를因ᄒᆞᆷ인지該請願을還爲繳下ᄒᆞ라ᄒᆞ엿다더라

◉韓露貿易額　韓國과露領海蔘威間의貿易額은一箇年輸出이七十八萬四千五百二十八圓이오輸入이四萬四千四百四圓인데輸出品은米穀及生牛오輸入品은鹽魚及木材라더라

◉甘菜經營說　拓殖會社에셔ᄂᆞᆫ甘菜(砂糖料)栽培를經營ᄒᆞᆫᄂᆞᆫ데甘菜經營試驗者의言을據ᄒᆞᆫ즉韓國의黃海道及平安南北道ᄂᆞᆫ氣候地質雨量等이德法墺匈等國과酷似하야甘菜栽培가甚適ᄒᆞ야試驗의成績이良好하다하며此甘菜業은將來一大財源을作ᄒᆞ리라ᄒᆞᆫ다더라

◉在京西人數　京城에居住ᄒᆞᄂᆞᆫ西洋人은英人이二十三、美人이九十二、法人이二十五、德人이十、露人이十七、比利時人이一、希臘人이二、이라더라

◉元是韓土　東萊多大上羅浦漁基를測量製圖ᄒᆞ야水產局에請願ᄒᆞᆫ者가韓人이二오日人이一인데當局에셔何人을認許ᄒᆞᆯᄂᆞᆫ지該浦人民들이注目中이라더라

◉觀光吊金　京城日報社에셔組織ᄒᆞᆫ韓人觀光團은今回沈沒ᄒᆞᆫ日本潛水艇乘組員에게金五十圓을贈與ᄒᆞ야吊意를表ᄒᆞ엿다더라

◉巴氏訪問　伊太利物產會社總支配人으로仁川港에居留ᄒᆞᄂᆞᆫ巴馬氏ᄂᆞᆫ實業에關ᄒᆞᆫ事를協議ᄒᆞᆯ次으로日昨學務局長尹致旿氏를訪問ᄒᆞ엿다더라

◉觀覽券分配　御苑事務局에셔ᄂᆞᆫ該苑觀覽券을印刷ᄒᆞ야各官廳及社會에分配ᄒᆞ엿다더라

◉山林寶切請願　中部小笠洞居李근价氏ᄂᆞᆫ所有山林을國有山林으로매却코져ᄒᆞ야日前農商工部에請願ᄒᆞ엿다더라

◉洪民請願　洪州郡上田面을靑陽郡으로移附ᄒᆞ랴ᄒᆞᆷ으로該面人民代表韓寅錫氏가內部에仍舊存置ᄒᆞ기를請願ᄒᆞ엿다더라

◉其計赤巧　日本東洋專門學校京城支校에셔ᄂᆞᆫ每回韓日語를討論ᄒᆞᆯ時에韓語ᄂᆞᆫ缺點이多ᄒᆞ고日語ᄂᆞᆫ完善無欠ᄒᆞ다ᄂᆞᆫ說話를頻唱하야一般聽者로日語崇拜心을換起케ᄒᆞᆫ다더라

◉安氏出發　平壤辯護士安秉瓚氏ᄂᆞᆫ李在明을辯護ᄒᆞ기爲ᄒᆞ야日前上京次出發ᄒᆞ엿다더라

◉大金鑛發見　安邊郡泿城等地에大금鑛數十脈이發見되야韓日人이採掘을始ᄒᆞᄂᆞᆫ데數名이採掘ᄒᆞ면每日四五十兩重을採得ᄒᆞᆫ다더라

◉悖行非一　故餉堂金永壽氏의孫容五ᄂᆞᆫ元來浮浪悖類로年前懲役一年ᄭᆞ지處ᄒᆞ엿ᄂᆞᆫ데向者本報에揭載ᄒᆞᆫ바鄕客을誘引ᄒᆞ야其妻를매渡코져ᄒᆞ던事도其一이오其後에도何等罪過를又犯ᄒᆞ엿던지方今懲役中에在ᄒᆞ다더라

◉排水工事設置　日人松下正次郞은數千圓資本金으로靈山郡에排水工事를設置ᄒᆞᆫ다더라

◉酒草稅와商業所　酒草稅徵收에關하야官吏의無理濫懲으로各處商民等이市店을撤廢ᄒᆞ고京城商業會議所에抑寃ᄒᆞᆫ事實을陳述ᄒᆞ엿다ᄂᆞᆫ說은各報에已揭ᄒᆞᆫ바어니와該所에셔其事實을精查ᄒᆞ야當該官廳에交涉卞明ᄒᆞᆫ結果로隆熙三年度第二種稅를第一種으로變更加歛하ᄂᆞᆫ弊를革除케ᄒᆞ고又今年度第一種稅도今日韓國商業狀態에重稅가됨으로此를引減키爲ᄒᆞ야目下當局과交涉中이오孔德里酒稅도其釀酒의石數分量等을實地調查ᄒᆞ야徵稅上眩惑이無케하고且商民의抑欝을掃子ᄒᆞᆯ次로昨日該所書記長崔敬淳氏가調查員幾人을帶同ᄒᆞ고孔德里等地에出張ᄒᆞ엿다더라

◉往民呼寃　漢城財務署에셔往、里、一般酒商에對ᄒᆞ야昨年度에一圓徵稅ᄒᆞ던것을今年度에ᄂᆞᆫ十圓式徵收ᄒᆞᆷ으로該洞民朴興業氏等十餘人이酒商代表로漢城財務監督局에呼寃하엿다더라

◉陷人不測　金永憲李鳳錫兩人은北署刑事巡查의偵探으로從事ᄒᆞᄂᆞᆫ데社稷洞居李敬九氏와何等嫌疑가有ᄒᆞ던지竊盜犯으로構誣ᄒᆞ야自手捉來ᄒᆞᆫ지라該署에셔其違格됨을論責ᄒᆞ고李敬九氏를審查ᄒᆞᆫ즉所犯이初無ᄒᆞᆷ으로卽時放還ᄒᆞ고該偵探軍兩人은逐出ᄒᆞ엿다더라

◉迷路兒交付　中部警察署에셔ᄂᆞᆫ十餘日前에七歲된迷路兒尹点卜을執留ᄒᆞ엿다가歸處無路ᄒᆞᆷ으로昨日孤兒院에交付ᄒᆞ야救養케ᄒᆞ엿다더라

◉敎人沉默會　各地方天主敎神父五十餘名이日前上京ᄒᆞ야鍾峴天主敎堂內에셔沉默會를開ᄒᆞᆫ다더라

◉兩線測量　日本鐵道院에셔ᄂᆞᆫ來五月一日부터京元湖南兩鐵道에實地測量을着手ᄒᆞᆫ다더라

◉敎習生分排　再昨日警視廳에셔ᄂᆞᆫ巡查敎習生十八人을各署勤務로分排ᄒᆞ엿다더라

◉社會黨又起　閔泳린李基東南相哲諸氏가發起하야社會黨을組織ᄒᆞ고趣旨書를발布ᄒᆞ엿ᄂᆞᆫ데民族의生活方道를開導ᄒᆞ고民族의妄動原因을矯救ᄒᆞ고民族의自治精神을培養ᄒᆞᆫ다ᄂᆞᆫ三個條件으로綱領을立ᄒᆞ엿다더라

◉義縱헝探　坡州郡等地에橫行ᄒᆞ던義兵將김公烈氏等이日前에上京潛伏하엿다ᄂᆞᆫ說이有ᄒᆞᆷ으로某處에셔目下형探中이라더라

◉南金放免　警視廳에被捉ᄒᆞ엿던趙南益氏와盲者金元근氏ᄂᆞᆫ無事放免ᄒᆞ엿다더라

◉李犯越交　강盜犯으로中部警察署에셔捉ᄒᆞᆫ李英伯은再昨日京城地方裁判所로越交ᄒᆞ엿다더라

◉李犯被捉　北部三淸洞居李光植은竊盜犯으로昨日所管警察署에被捉하엿다더라

◉畿湖任員晩餐　畿湖興學會任員一同은昨日下午七時惠泉館에셔晩餐會를開ᄒᆞ엿다더라

◉入場券使用　今日下午七時半에鍾路靑年會館에셔演說會를開ᄒᆞ고該會總務巴樂萬氏가近來新發明ᄒᆞᆫ空中飛行機에關ᄒᆞᆫ說話로演說ᄒᆞᆫ다ᄂᆞᆫ데入場券을使用ᄒᆞᆫ다더라

電報

◉長沙安靜　日本外務省公報에依ᄒᆞᆫ즉卄三日淸國長沙에着ᄒᆞᆫ日本軍艦宇治號ᄂᆞᆫ引還하고長沙ᄂᆞᆫ淸國軍隊의威力으로秩序가維持되엿다더라

東京발　卄六日着

◉皇儲親赴　英國皇太子殿下ᄂᆞᆫ來五月十二日에英日博覽會에御親赴ᄒᆞ사司令의任을當ᄒᆞ야開會ᄒᆞ기로ᄒᆞ셧다더라

◉條約改正交涉　日本에셔ᄂᆞᆫ今七月에各國條約改正件에便宜케ᄒᆞ기爲ᄒᆞ야各國駐在大公使를更迭치아니ᄒᆞ기로決定ᄒᆞ고各大公使ᄂᆞᆫ外務省과交涉中이라더라

◉小村露國行　日本外相小村은近日露國京城으로向ᄒᆞᆫ다ᄂᆞᆫ데兩國間重大案件을帶去ᄒᆞᆫ다더라

以上東京發　卄七日着

◉英皇行幸說　英國皇帝陛下ᄂᆞᆫ來八月에발엔도溫場에行幸ᄒᆞ옵신다더라

◉루氏訪問　美國前大統領루스벨트氏ᄂᆞᆫ和蘭皇室을訪問ᄒᆞ엿다더라

◉루氏演說　美國前大統領루스벨트氏ᄂᆞᆫ巴里大學獎學部에셔公民權及義務에關ᄒᆞ야演說ᄒᆞ엿다더라

◉小學制度可決　露國議會ᄂᆞᆫ小學制度를設置키爲ᄒᆞ야壹千萬留를支出ᄒᆞ기로可決ᄒᆞ엿다더라

◉英國新領地　從來獨立ᄒᆞ엿던호리가루ᄂᆞᆫ今番에英國所屬이되엿다더라

◉露紙와達賴　露京[illegible]보에부레미야新聞은達賴[illegible]가六月下旬에聖彼得堡에[illegible]ᄒᆞᆷ은英政府의同意를[illegible]고報道ᄒᆞ엿다더라

◉이氏辭職說　露國外相이스볼스키氏[illegible]에對하야[illegible]氏ᄂᆞᆫ言明[illegible]ᄂᆞᆫ無ᄒᆞ나皇帝의[illegible]ᄒᆞ다ᄒᆞ엿다더라

以上伯林發　卄七日着

雜報

○湖南學會의前途 湖南紳士某某氏と湖南學會가設立된後에經費치못홈을慨歎ᄒᆞ야維持研究ᄒᆞᆯ方針을協議中인ᄃᆡ將次良好ᄒᆞᆫ結果를得ᄒᆞᆯ터이라더라

廣告

本人이無限於背紙貨壹千圜票壹張을陰三月十七日에서失ᄒᆞ엿스오니內外國人間誰某拾得ᄒᆞ와도休紙施行홈

於背号數と三壹六号

皐城南門外蓮洞崔道明告白

本人이日本人板倉店에서發賣ᄒᆞᆫ九鵝花玉洋木貳拾疋을坐賈李泳夏의게拾疋金世鐄의게五疋崔泰華에게五疋을每疋六圜六拾五錢式放賣ᄒᆞ고右物價條로李泳夏出次六拾六圜과金世鐄出次參拾參圜과崔泰華出次參拾參圜約票ᄒᆞᆫ形參枚를陰參月十六日에路中에서失ᄒᆞ엿스오니誰某拾得則休紙施行홈

平壤鍾路金興善 告白

本社에서全羅南도務安府木浦에支社를設立ᄒᆞ옵고支社長을金琮煥氏로選定ᄒᆞ오니內外國僉彦은照亮ᄒᆞ시옴

合資會社普通組合內
各鐵道驛港江
市勞働普通運
送組合本社

正三品議官公爵龍源氏以宿患庚戌舊三月九日下世京鄕知舊照亮

忠北文義邑內
男 春東 日東 甲東
[illegible]

本校と再昨年三月에多數紳士의誠心結果로成立ᄒᆞᆫ者인ᄃᆡ其時義金出捐ᄒᆞᆫ氏名金額이如左ᄒᆞ니

崔珍化 五十五圓 李得淵
김世杜 各五十圓 김龍田
김溪英 各卅圓 康柱國
二十圓 김炳綸 김석咸
李應喆 李桂珍 崔承恒
各十圓 김東旭 崔之煥
김宗旭 康鍊 김玉英
李東稷 崔亨箕 趙永華
朴利大 林永守 北二里
各五圓 申道均 金正旭
김淑英 김浩英 趙益叟
崔亨三 崔志洙 崔昌禧
김時鼎 洪處遠 申時化
趙基俊 全창瑞 朴贊基
韓永洽 各三圓 김在瓚
石祐耕 김希叟 崔敬孝
文利道 魯相祐 張應龍
崔庚鶴 李寅英 各三圓
鄭圭化 二圓五十錢 金文英
김廷九 김淳英 김景旭
김괴英 朴祐근 玄禮근
趙德洙 김碩巖 李泰相
李贊文 김善杜 김元彬
申允化 申基田 韓京俊
申道炳 康贊涉 康允彥
康允載 李德濂 崔致龍
김鳳時 朴官洙 康命稷
李昌善 石守德 김成鳳
김在協 申亨錄 洪允河
石善畊 裴永道 金得瓚
김在玉 김君石 李仁吉
김承權 林斗星 魯時用
魯宗國 李麟彙 김蘭成
新北里 各二圓
김석九 김養海 玄智根
朴春근 김屹彬 張養雲
吉士賢 李鳳漢 李贊吉
李化寶 梁斗瓚 吳仁德
劉ㅣ濬 各一圓五十錢
李應祿 康士得 김源英
梁得俊 李東植 김廷贇
김석龍 朴道亨 姜治文
崔茂俊 康회守 嚴處吉
崔[illegible] 李[illegible] 崔時化

趙永瑞 趙永寬 趙命信
趙元信 趙浩信 張珍基
康在宥 李在化 李永燁
金基鼎 김時坤 김昌鼎
趙利信 梁炳勳 김士裕
申允學 申基雄 申基俊
申恭則 申國炳 康茂祚
康齊珍 袁吉運 趙奉德
朴利弘 韓明華 鄭應浩
鄭基涉 方京德 李淳化
朴식근 石俊宗 김明德
張成魯 金在浩 金貞浩
김彥新 金在清 金錫杜
明贊奎 羅鳳奎 李景俊
李珍化 金炳鉉 金希杜
金呂元 李發英 李泰葉
李用楷 李湯煥 張昇翰
文經國 吉仁成 梁鳳心
文利贊 朴利道 崔鳳擧
金聲璋 崔濟伯 韓一順
徐觀順 文鋼峰 崔養淑
張龍淳 崔炳俊 金處老
李正彙 李昌甫 全相龍
金永相 張明石 張善國
李基贊 李夏圭 金成才
金炳玉 김鼎洛 朴明淳
崔利旬 裴濟恒 成禧慶
松岡淸也 各一圓 朴鎭근
鄭成洛 趙永濟 金석鼎
金用石 申成근 梁鎭周
張用律 金창寶 吳永化
裴致道 宋廷奎 張成模
李贊弘 金在甲 韓成國
金孝信 金丁七 裴丁信
李官國 김用鎭 卓貞贊
김龍河 김龍淳 김得贊
朴成運 金俊英 金智元
金用涉 崔廷孝 林成道
石重和 김鼎五 崔養守
김炳烈 魯時彥 김炳模
李景泰 김致成 趙永實
各五十錢 김日賢 김俊賢
朱珍涉 文德老 吳致岡
김禧淳 李正老 김成淨
李應煥 張明贊 各卅錢
余北里十六圓 樂萬里六圓

安州郡青山面大興學校 [illegible]白

貨幣、名함、卷煙草匣、各種要用品入

(中折帽)
중절모자

(項領) 목도리

물에씻는상

모자를솔로

(米利堅帽)
미리견모자

(吐手) 토슈

急告

突飛大放賣

花蘭春城ᄒᆞ고萬物이韓下니ᄶᅥ좃타芘々ᄒᆞᆫ東西洋에如秋如雲ᄒᆞᆫ衛生家와經濟家と新鮮ᄒᆞᆫ白총帽子를頭上에冠戴ᄒᆞ고登春臺而歌舞ᄒᆞ니觀光ᄒᆞ소서

天地肇判後에新發明총帽子가上年에と薄弱ᄒᆞᆫ弊가不無ᄒᆞ더니研究의効果로今年에と果然完全堅實ᄒᆞ야數十年을經過ᄒᆞ야도弊傷홈이無ᄒᆞᆯ터이니經濟上에必要홈이天下에第一이올시다

총帽子가塵汗에汚하거든溫水에十分時間만沉ᄒᆞ야(소다로)滌洗하야方正을隨意作樣ᄒᆞ야乾後에戴ᄒᆞ면精神이新ᄒᆞ야衛生上에必要홈이天下에第一이올시다

現世에工商은確實ᄒᆞᆫ信用으로標準을作홈이ᄂᆡ國內同胞와各國紳士と不及之歎이無케速々請求ᄒᆞ소서

衛生과經濟가天下에第一되と총帽子를사世에一個人이라도不及買得ᄒᆞ시면遺憾이不無ᄒᆞᆯ터인故로突飛大放賣홈을世界에向ᄒᆞ야急告ᄒᆞ나이다

專賣特許총帽子發賣店
京城南大門通銅峴卅五統五戶

京城中部大寺洞 下虎書林
京城中部典洞營門 匯韓書林
雜貨商店崔永均
平安南道平壤大什洞十[illegible] 光明書館
慶尙北道大邱北門外 東美運送部
黃海道鳳山郡沙里院朝陽書館
全羅北道全州郡寺石橋 西山書館
咸鏡北道吉州 廣吉書館
慶尙南道釜山港東關韓興書館
米國桑港 少年書會

[illegible]

本人이明治四十二年十二月分에當地李性直處에移推ᄒᆞᆫ平安北道雲山郡北鎭市朴鳳潤處의推次紙貨二千圜標紙一度를見失하엿기標紙見樣을右에謄本廣告ᄒᆞ오니內外國人間拾得ᄒᆞ와도休紙施行ᄒᆞ시옴

標紙謄本

己酉十月三十日李性直氏前右記錄同前紙貨貳千圜債用而壹周年邊金肆百捌拾圓倂以來年十月同日還報事

債用主 朴鳳潤 印
平壤鍾路齊藤久太郞 告白

慶州郡川北面東川里居崔正淑이가其無後ᄒᆞᆫ畓鮮祖母의本寺에獻納ᄒᆞᆫ位土本郡內南面龍洞員畓十斗落을侵食ᄒᆞᆯ慾으로日欲詐賣ᄒᆞᆯ터이오니內外國人은切勿見欺홈

慶北長기郡祇林寺
攝理金應碩 告白

本人이陰三月初七日本郡南門內金이라錄ᄒᆞᆫ고金融機關章을捺ᄒᆞᆫ金參拾圓任置証書를失ᄒᆞ엿스니誰某拾得休紙施行

海州金澤熙 告白

◎新刊廣學廣告

中庸集註 全一冊卅五錢
大學集註 全一冊十五錢

發賣所 皇城中部布屛下三十七統六戶
廣學書舖 金相萬
京鄕各書舖

地方通信販賣部大擴張 特約割引券進呈

◎學部編纂教科用圖書
◎各種教科及參考書類
◎自他出版及元賣書籍
◎地圖及小說雜誌書類

▲本舘發兌書籍目錄及注文規程表と隨求無料郵呈

京城中部[illegible]

中央書舘 朱[illegible]

本人니隆熙三年陰三月初一日分에京東門外伏草橋居ᄒᆞ는李輪根氏의게慶北聞慶郡所在畓幾十斗落을買得인바其畓券을隆熙四年二月分에不知中見失이기玆에廣佈ᄒᆞ오니內外國人間誰某拾得이라도休紙施行ᄒᆞ고畓券遺失은如左홈

聞慶郡山北面蘆洞員四斗落
梨谷員四斗落
金龍員五斗落
東老面松坪員五斗落
化庄面蘇野員三斗落
稱谷員二斗落

畓主 洪重燮 告白

本舖를北部帶洞金文植永昌號典舖로移去이오니典執僉員은照亮홈

東部梨峴 南昇鎭 告白

本黨에셔五月一日(日曜正午)에創立總會를磚洞普成學校內에開ᄒᆞ오니同志諸君은多數來參ᄒᆞ심을務要

社會黨
發起人 閔泳린 等 白

◎買藥에便利ᄒᆞᆫ法

毋論遠近ᄒᆞ고學記及居住만郵便으로送ᄒᆞ則精選材料ᄒᆞ여特別廉價ᄒᆞ야以郵便代金引換小包로迅速付送ᄒᆞ깃스니隨用請求ᄒᆞ소

京南部銅峴九十五統十戶
乾材藥局崔興[illegible] 告白

光武九年六月十一日第三種郵便物認可　金曜日　西曆一千九百十年四月廿九日 (一)

檀君開國四千二百四十三年
箕子元年三千三十二年
大韓開國五百十九年
本報創刊日 光武八年七月十八日

大韓每日申報

第八卷　月曜及慶節歲時日休刊　第一千三百七十三號

發行兼編輯人 英國人 萬咸
發行所 京城中部石井洞三層洋屋 大韓每日申報社

論說

◎各地方官吏에게 告ᄒᆞ노라

嗚呼라十三道三百餘州地方官吏諸氏여今日諸氏의所掌이果何오

諸氏가曰觀察使라ᄒᆞ며曰府尹이라ᄒᆞ며曰郡守라하며曰道主事라하며曰郡主事라ᄒᆞ야儼然히政廳에坐ᄒᆞ엿스나稅務가諸氏의知ᄒᆞᄂᆞᆫ바아니며司法이諸氏의知ᄒᆞᄂᆞᆫ바아니며又土木、殖產、警察等行政權의實力이諸氏에게在ᄒᆞᆫ바아니니今日諸氏의所掌이果何오

然이나敎育一事項은諸氏의責任所當ᄒᆞᆫ者며諸氏의能力可及ᄒᆞᆫ者니然則今日諸氏의所掌은오쟉敎育뿐이라ᄒᆞ야도過言이아니로다

今日敎育의必要ᄂᆞᆫ諸氏도洞悉ᄒᆞᆯ바라諸氏가汲汲히一道人民을諭導ᄒᆞ며一郡人民을諭導ᄒᆞ야敎育을勉勵홈이可ᄒᆞ거날乃者手를束하고默坐를作ᄒᆞᆯ지언뎡敎育은勉勵치아니하며口를噤ᄒᆞ고午睡를作ᄒᆞᆯ지언뎡敎育은勉勵치아니ᄒᆞ며又勉勵치아니ᄒᆞᆯ뿐아니라도리혀妨害ᄒᆞᄂᆞᆫ者가有ᄒᆞ다고地方輿論이種種沸騰ᄒᆞ니嗚呼라此가何事며此가何事오

或曰今日은冠履가倒置ᄒᆞ고主客이易位ᄒᆞᆫ時代라地方官吏된者가一事를做ᄒᆞ랴면日人書記官이掣肘ᄒᆞ며日人主事가掣肘ᄒᆞ며警察署에서掣肘ᄒᆞ며憲兵所에서掣肘ᄒᆞ야矮屋下에立ᄒᆞᆫ者와如히俯仰을自由치못ᄒᆞᄂᆞ니아모리敎育을勉勵코ᄌᆞᄒᆞᆫ들엇지可得ᄒᆞ리오ᄒᆞ나此ᄂᆞᆫ[illegible]然[illegible]育을勉勵치ᄂᆞᆫ못ᄒᆞᆯ지언뎡妨害홈이何故며又此敎育을能力되로勉勵홈은實로誰의禁止ᄒᆞᆯ바아니니果然地方官吏된者ㅣ熱心만有ᄒᆞ면何等不及이有ᄒᆞ며又或曰今日地方官吏의勢力이墮地ᄒᆞᆫ지라鄕谷愚民이警察署의命令이라ᄒᆞ면凜然히懼하며日憲兵의指揮라ᄒᆞ면蹶然히從ᄒᆞ되至若地方官吏의所謂은文具로視ᄒᆞᄂᆞ니此를奈何오ᄒᆞ나此亦不然ᄒᆞ니或地方人民이地方官吏의敎育政令을不悅ᄒᆞᄂᆞᆫ者ㅣ有ᄒᆞ나此ᄂᆞᆫ自來地方官吏가或敎育을藉ᄒᆞ고民財를討ᄒᆞᆫ弊習이有ᄒᆞᆫ故로餘驚을作ᄒᆞᄂᆞᆫ바오實은至今이라도觀察使라하면人民은오히려敬戴ᄒᆞᆯ줄로知ᄒᆞ며郡守라ᄒᆞ면人民은오히려樂服ᄒᆞᆯ줄도知하나니果然地方官吏된者ㅣ熱心만有하면何等不及이有하리오

嗚呼라地方官吏諸氏여諸氏의任이實로大ᄒᆞ니幸히諸氏ᄂᆞᆫ徒然히三四十圓月俸에身勢나專托홈으로自足을作치말고熱心으로敎育을勉勵ᄒᆞ라今日諸氏의所掌이오쟉此敎育이니라

官報

隆熙三年十一月十三日

內閣告示第四十三號 續

○勅令第三百號

(明治四十一年十月二十三日)

特許辨理士令

第五條　特許辨理士되고ᄌᆞᄒᆞᄂᆞᆫ者ᄂᆞᆫ特許辨理士登錄簿에登錄을受홈이可홈

前項의登錄을受코ᄌᆞᄒᆞᄂᆞᆫ者ᄂᆞᆫ其住所、姓名及事務所를記載ᄒᆞᆫ請求書에履歷書及登錄에必要ᄒᆞᆫ資格을證ᄒᆞᆫ文書를添附ᄒᆞ야此를特許局長에게請求홈이可홈

第六條　特許辨理士의登錄을受코자ᄒᆞᄂᆞᆫ者ᄂᆞᆫ手數料로金十圓을納홈이可홈

前項의手數料ᄂᆞᆫ收入印紙를請求書에貼付ᄒᆞ야此를納홈이可홈

第七條　特許辨理士의登錄을ᄒᆞᆫ時又ᄂᆞᆫ其登錄을拒否ᄒᆞᆫ時ᄂᆞᆫ特許局長은此를請求人에게通知홈이可홈

第八條　特許辨理士의登錄의拒否에對ᄒᆞ야不服홈이有ᄒᆞᆫ者ᄂᆞᆫ訴願을提起홈을得홈

第九條　特許局長은特許辨理士登錄簿에左開事項을記載홈이可홈

一　特許辨理士의姓名、住所

二　事務所

三　登錄의年月日

四　懲戒

(未完)

外報

◎巴里의飛行　法國飛行家쥬혼넨느氏ᄂᆞᆫ一小飛行機를搭乘ᄒᆞ고지유비리에서出發ᄒᆞ야巴里를橫斷하엿다더라

◎騷動豫防計劃　美領큐바島에ᄂᆞᆫ黑人이羣起ᄒᆞ야現政府를危殆케ᄒᆞᆯ虞가有홈으로美國은將來騷動을預先勦滅키爲ᄒᆞ야計畫中이라더라

◎長沙騷動과美軍　美國華盛頓官憲은淸國湖南省의騷動이一般的革命의預備的發現이라ᄒᆞ고憂慮ᄒᆞ야必要ᄒᆞᆫ境遇에ᄂᆞᆫ比律賓에서陸軍을輸送ᄒᆞ기로準備中이라더라

◎淸日衝突　淸國安奉線各停車場에配置ᄒᆞᆫ淸國巡警은日本政府의構內出入拒絕令을不拘ᄒᆞ고列車內에任意로出入ᄒᆞ며日本守備兵과警官의制止를不[illegible]ᄒᆞ야兩軍의衝突이日日不絕ᄒᆞ다더라

◎土國內亂益烈　土耳其國푸리쓰지나(루멜니야의一部)地方及푸리ᄎᆞ렌(알빠니야의一小市)街道에在ᄒᆞᆫ알빠니아人一萬名은去二十三日以來로土國步兵八個大隊와交戰中이라더라

◎拒款代表歡迎　淸國湖廣會에서ᄂᆞᆫ去二十四日湖南拒款代表者四人의歡迎會를開ᄒᆞ엿ᄂᆞᆫ되當日에資本金募集에盡力ᄒᆞᆯ事와郵傳部에서借款拒絕을明白히宣告하기를要求ᄒᆞᆯ事를議決ᄒᆞ엿다더라

◎英帝外遊　英國皇帝께셔ᄂᆞᆫ本年八月墺國마리엔바ᄃᆞ르浴場에幸行ᄒᆞᆫ다더라

雜報

◎賣子惡風　金萬成이란者가年前에其女息(年七歲)을新門外居金某家에典質ᄒᆞ고金三十圓을貸去ᄒᆞᆯ時에相約ᄒᆞ기를該女를十年間養育ᄒᆞ야薪水之勞에供케ᄒᆞ고滿期後에ᄂᆞᆫ其父가率去出嫁하던지金氏가自爲出嫁하던지隨意措處ᄒᆞ기로하엿스며限前에率去코ᄌᆞᄒᆞᄂᆞᆫ境遇에ᄂᆞᆫ貸與金邊利를逐一計報ᄒᆞ기로手票ᄭᆞ지繕成ᄒᆞ엿ᄂᆞᆫ되金萬成이今年에至ᄒᆞ야該女를(年今十一)突然來推ᄒᆞᄂᆞᆫ지라其限前來推ᄒᆞᄂᆞᆫ理由를問ᄒᆞᆫ되答曰渠今警視廳別巡査가되엿ᄂᆞᆫ되女息이他人의使喚됨을羞愧ᄒᆞ야率與同居코ᄌᆞ홈이라ᄒᆞ거날김氏가其志를嘉尙히녀여本金의利子도盡數推尋치아니ᄒᆞ고卽爲出給ᄒᆞ엿더니金萬成이該女를率去ᄒᆞ야黃海道居김某의게金七十圓을受捧ᄒᆞ고又爲轉매ᄒᆞᆫ지라親生女를奇貨로作ᄒᆞ야[illegible]은禽獸의行爲만不若ᄒᆞ다고人皆唾罵ᄒᆞᆫ다더라

學界

◎誼所當然　東幕興英學校前校長韓秉昱氏가不幸卒逝하엿ᄂᆞᆫ되該氏生時에金錢을不惜ᄒᆞ고興英校를極力贊助ᄒᆞ엿슴으로該校任員及學生이該氏卒逝에悲感의情을不勝ᄒᆞ야發靷時路上에서致奠禮를行ᄒᆞᆫ後十餘里ᄭᆞ지哭送ᄒᆞ엿고反虞時에ᄂᆞᆫ燈燭을盛具ᄒᆞ야喪家ᄭᆞ지延虞ᄒᆞ엿다더라

◎明立益明　平南价川郡北面明立學校ᄂᆞᆫ李在夏李完植金렴高興鍾金俊憲諸氏가資金을鳩聚ᄒᆞ야設立ᄒᆞᆫ바인되李在夏氏ᄂᆞᆫ村閭에周行ᄒᆞ며家喩戶說하야學問의時急홈을懇々陳說홈으로生徒가日增ᄒᆞ야校況이大進ᄒᆞᆫ다더라

◎新明日新　平北定州郡西部面德山里私立新明學校ᄂᆞᆫ校長玉雲楚校監朴敬燁學監康信德其他任員諸氏가實心視務ᄒᆞᆫ効果로校況이漸進ᄒᆞ고學員이日增ᄒᆞᆫ다ᄂᆞᆫ되近日에ᄂᆞᆫ資金을分出ᄒᆞ야附屬女學校를設하고女生徒卄餘名을敎授ᄒᆞᆫ다더라

◎作文嘆賞　白川郡私立進明學校에서去十六日該郡南山花園에서運動會를開ᄒᆞ고諸生徒의게作文을試驗ᄒᆞ엿ᄂᆞᆫ되乙班生徒張元泰(十五)丙班生徒朴道淳(十二)의所作이意趣高尙ᄒᆞ고文詞贍暢ᄒᆞᆫ故로壹般會衆이莫不嘆賞ᄒᆞ엿다더라

◎義校進就　宣川郡深川面義聖學校ᄂᆞᆫ校主桂禎賀事務金永禮學監金美史諸氏가熱心勸奬ᄒᆞᆫ結果로學徒가四十名에達하야進就之[illegible]더라

◎寔出勸學　廣通橋水月樓寫眞師張日氏ᄂᆞᆫ東大門外私立與仁學校卒業式에無料로撮影寄付ᄒᆞ엿다더라

◎坊會將開　龍山坊麻浦普成學校ᄂᆞᆫ該洞人士의義務金으로維持ᄒᆞᄂᆞᆫ故로[illegible]者ᄭᆞ지라도莫不樂從ᄒᆞᄂᆞᆫ되惟獨[illegible]家幾個人이反抗不應홈으로ᄂᆞᆫ該坊會에서不遠間總會를開ᄒᆞ고[illegible]措處ᄒᆞᆫ다더라

◎情勢可念　[illegible]敎坊內崇敎義塾에서ᄂᆞᆫ學部所管內賢祠를借得ᄒᆞ야校舍로使用ᄒᆞ더니該祠가度支部[illegible]所屬된後度支部에서[illegible]ᄒᆞ라ᄒᆞᄂᆞᆫ데該塾에서ᄂᆞᆫ財政이困難ᄒᆞ야辦貫치無路홈으로百五十餘名學徒가將次解散ᄒᆞᆯ境에至ᄒᆞᆫ지라該塾學監金泰[illegible]氏ᄂᆞᆫ學部局에交涉ᄒᆞ야該祠를無料借與ᄒᆞ기를要求ᄒᆞ엿고該塾長張錫周氏도學部에請願書를提出ᄒᆞ엿다더라

◎勞働界喜信　草溪郡中坪下坪兩洞紳士諸氏가勞働夜學校를設立ᄒᆞ고昌新學校敎師李健鎬氏가名譽로敎授하야學徒가七八十名에達ᄒᆞ엿ᄂᆞᆫ되該郡守甘麒鉉氏가該校에前往ᄒᆞ야壹般學生을勸勉ᄒᆞ고石板紙筆等物品을優數寄付ᄒᆞ엿스며上坪人士도此를模範ᄒᆞ야勞働校를更設ᄒᆞ야學徒가五六十名에達ᄒᆞ엿다더라

詞藻

무ᄉᆞ불셩

ᄲᅮ리부허잇든풀은、오ᄂᆞᆯ다시무셩ᄒᆞ고。
ᄇᆞ람못헤너ᄂᆞᆫ구름、ᄂᆡ일비를쥰비ᄒᆞᆫ다
아마도、일심으[illegible]경영ᄒᆞ면、오ᄉᆞ불셩。

宮廷彙報

◎幻灯御覽　去二十七日夜德壽宮內石造殿에셔幻灯會를開ᄒᆞ엿ᄂᆞᆫᄃᆡ　太황帝陛下ᄭᅴ옵셔와貴妃殿下와共히　臨幸御覽ᄒᆞ옵시고承寧府總管趙民熙等이　陪觀ᄒᆞ엿다더라

◎皇儲行啓延期　皇太子殿下ᄭᅴ옵셔名古屋共進會에　行啓ᄒᆞ옵실日子ᄂᆞᆫ來月五六日頃으로延期되엿고昨報에揭載ᄒᆞᆫ皇儲行啓란記事ᄂᆞᆫ日本황太子의事實을韓國　皇太子殿下로誤報되엿더라

雜報

◎支出件蒙裁　度支部所管前法國公使館所屬物品買收費一萬九千五百七十圓과內部所管特別功勞賞與金三千五百圓을豫備金中에셔支出ᄒᆞ기로上奏蒙　裁ᄒᆞ엿다더라

◎醫部選擇　醫視廳醫部二窠가現闕되엿슴으로日間敍任次로合格者를選擇ᄒᆞᆫ다더라

◎大久保歡迎會　既報와如히日本商工局長大久保가昨日上午八時에入城ᄒᆞ엿ᄂᆞᆫᄃᆡ統監府高等官一同이同日下午六時掬翠樓에셔歡迎會를開하엿다더라

◎校財規定發布　學部에셔ᄂᆞᆫ各郡鄕校財産保管規定을部令으로發布ᄒᆞ엿다더라

◎英夫人觀覽　駐京英國總領事夫人은再昨日下午二時에御苑을觀覽ᄒᆞ엿다더라

◎圖放協議　前判書趙鼎九氏ᄂᆞᆫ三昨日에ᄂᆞᆫ永宣君李埈鎔氏를訪問ᄒᆞ고再昨日에ᄂᆞᆫ宮內府閔丙奭氏를訪問ᄒᆞ고其長男南升氏의圖放ᄒᆞᆯ事件을協議ᄒᆞ엿다더라

◎運動位置貳論　內部에셔來月八日에運動會를設行ᄒᆞᆯ터인ᄃᆡ日人官吏ᄂᆞᆫ該位置를獎忠壇으로指定코져ᄒᆞ고壹邊에셔ᄂᆞᆫ景福宮內로指定코져ᄒᆞ야貳論ᄒᆞᄂᆞᆫ中이라더라

◎調査終了期　民籍調査ᄂᆞᆫ來五月頃에終了ᄒᆞ기로目下當局에셔銳意進行中이라더라

◎拓社開會期　拓殖會社第二總會ᄂᆞᆫ來月十四日에日本東京에셔開ᄒᆞᆫ다더라

◎視察入城　全羅忠清道行政視察中에在ᄒᆞ던趙聲九氏ᄂᆞᆫ再昨日入城ᄒᆞ엿고日人澤田은昨日下午八時에入城ᄒᆞ엿다더라

◎測量件交付　漢城財務監督局에셔ᄂᆞᆫ京畿道驛屯土測量件을日昨土地調査局으로交付ᄒᆞ엿다더라

◎視察出頭　日本農事視察團에參入ᄒᆞᆫ郡守들은昨日上午十一時頃에內部에出頭ᄒᆞ엿ᄂᆞᆫᄃᆡ同部次官代理松井이視察方法을一場說諭ᄒᆞ엿다더라

◎加由電請　歸國ᄒᆞᆫ內部衛生局技師與貫은視察事務가未了하엿다ᄒᆞ야一週日을加由ᄒᆞ라고內部로電請ᄒᆞ엿다더라

◎所察何事　日軍司令部步兵大尉佗井佐一郎은本日龍山驛에셔出發ᄒᆞ야利川陰竹忠州聞慶咸昌尙州善山大邱等地를視察ᄒᆞ고來月十日頃에歸京ᄒᆞᆫ다더라

◎谷田奔走　日憲兵司令官谷田은昨日西道等地로從ᄒᆞ야入京ᄒᆞ엿ᄂᆞᆫᄃᆡ約五日間逗留하야仁川과龍山을視察ᄒᆞᆫ다더라

◎會議終了期　日來開會ᄒᆞ던各農工銀行支配人의會議ᄂᆞᆫ明日에終了된다더라

◎寄付請願　韓國政府에셔日本福岡名古屋共進會에出品ᄒᆞᆫ物件이日人에게韓國을紹介ᄒᆞᆫ效力이多大ᄒᆞ다ᄒᆞ야該地方에셔該出品物件을永久히寄付하라고韓國에對ᄒᆞ야請願하엿다더라

◎日去日來　親衛府顧問日人龜井大雄等三人은將次遞任歸國ᄒᆞ고其代에ᄂᆞᆫ日人으로又爲雇聘ᄒᆞᆫ다더라

◎鄭氏西行　親衛府司計鄭과源氏ᄂᆞᆫ何等視察ᄒᆞᆯ事件을因ᄒᆞᆷ인지昨日鎭南浦로出張ᄒᆞ엿다더라

◎因何探問　一進會에셔ᄂᆞᆫ何等關係가有ᄒᆞᆫ지該會員을漢城內各旅館에派送ᄒᆞ야地方稅에對ᄒᆞᆫ人心의如何를探問ᄒᆞᆫ다더라

◎應會又開　國民同志贊成會에셔ᄂᆞᆫ再昨日下午一時에議事會를開하고評議員十八을改選하엿다더라

◎窮計又出　李學宰ᄂᆞᆫ婦女界에天照教를擴張ᄒᆞᆯ次로女教師金某를雇聘ᄒᆞᆫ다더라

◎窮途益窮　李學宰ᄂᆞᆫ年前에開城郡居文命均氏에게補船會社支社를圖給ᄒᆞ마ᄒᆞ고金貨百圓을取食ᄒᆞ엿다ᄂᆞᆫᄃᆡ文氏가該金額을還推코져ᄒᆞ야李學宰를逐日督促ᄒᆞᄂᆞᆫ中이라더라

◎造紙社設立協議　李址鎔閔泳綺趙鍾緖等諸氏와日人某々가合資ᄒᆞ야龍山等地에造紙會社를設立ᄒᆞᆯ次로日昨李址鎔氏邸에會同協議ᄒᆞ엿다더라

◎志願多數　韓國內금鑛經營은其成績이頗히良好ᄒᆞᆷ으로韓人間에鑛業을志願ᄒᆞᄂᆞᆫ者가非常히多數ᄒᆞ야鑛山局에請願書가每日九十餘件에達ᄒᆞᆫ다더라

◎財官調査　關稅局에셔ᄂᆞᆫ小船舶積量을測量ᄒᆞ기爲ᄒᆞ야財務官吏中에測量法을敎示ᄒᆞᆯ次로目下調査中이라더라

◎航路標識數　現今韓國沿岸에在ᄒᆞᆫ航路標識數ᄂᆞᆫ燈臺가二十九오燈竿이二十九오掛燈立標가七이오掛燈浮標가七이오浮標가五十一오立標가八이오霧笛이七이오霧標가二인ᄃᆡ尙且增設中이라더라

◎河川使用請願　義州居洪석民氏ᄂᆞᆫ龜城延峰洞河川을新豐洞까지水輪機에使用ᄒᆞᆯ意로日昨該道觀察府에許可請願을提出ᄒᆞ엿다더라

◎逐日取調　醫視廳에被捉ᄒᆞᆫ趙南升氏ᄂᆞᆫ被捉ᄒᆞ던翌日부터逐日取調ᄒᆞᄂᆞᆫᄃᆡ團束이極히嚴密ᄒᆞ다더라

◎日語者兩試　醫視廳에셔ᄂᆞᆫ巡査中日語能解者를選擇ᄒᆞ야手當金을磨鍊ᄒᆞᆯ次로日前試取를經ᄒᆞ야應試者卄餘人을得하엿ᄂᆞᆫᄃᆡ日間再試ᄒᆞᆫ다더라

◎暴動汁日　漢城財務監督局에셔梨峴市場假家貰金을加倍徵收ᄒᆞᆫ事件에對ᄒᆞ야暴動이起ᄒᆞᆫ다ᄂᆞᆫ說이有ᄒᆞᆷ으로醫視廳에셔嚴密調査中이라더라

◎洪氏運動　齋洞居洪鳳基氏가土地文券僞造事件으로日憲兵司令部에被捉ᄒᆞ야京城地方裁判所로越交ᄒᆞᆷ은既報어니와洪氏가保証金　千圓을裁判所에納入ᄒᆞ고保放을得ᄒᆞᆯ計劃으로目下運動中이라더라

◎日報解停　發行停止를當ᄒᆞ엿던日人의京城新報ᄂᆞᆫ昨日解停되엿다더라

◎將爲九旌　桃洞八旌門夫人李憲榮氏가娶妻ᄒᆞᆫ지七朔만에因病身故ᄒᆞ엿ᄂᆞᆫᄃᆡ其夫人許氏가窮結을[illegible]養ᄒᆞ더니其舅炳著氏가吟病ᄒᆞᆯ時에許氏가晝夜祝天ᄒᆞ야以身代死ᄒᆞᆷ을祈하엿슴으로李氏가回甦ᄒᆞ엿다ᄒᆞ야儒生諸氏가內部에請願하고綽설의典을施케ᄒᆞ라ᄒᆞ엿다더라

◎近衛隊檢閱　近衛騎兵隊에셔ᄂᆞᆫ昨日에第一期檢閱을行ᄒᆞ엿다더라

◎日人得認　日人小野ᄂᆞᆫ慶南長生浦海面埋築工事를請願得認ᄒᆞ엿다더라

◎妖物又現　近日何許妖女가長橋等地에出沒하면셔故漢將趙子龍에後身이라稱ᄒᆞ고暗昧ᄒᆞᆫ婦女를誘引ᄒᆞ야金錢을多數欺取하ᄂᆞᆫᄃᆡ警官은此等妖[illegible]을不禁ᄒᆞᆫ다고一般批評이有ᄒᆞ다더라

◎毆人傷目　典洞步行客主蔣在완氏의妻김姓女ᄂᆞᆫ再昨夜自家에셔留宿하ᄂᆞᆫ旅客김珽鎭氏를毆打ᄒᆞ야一目子를被傷케ᄒᆞ엿다더라

◎何至此境　去二十六日義兵四十餘名이銃器를携帶하고麟蹄郡內面面長김然元氏家에來到ᄒᆞ야軍需錢을請求ᄒᆞ다가不如意ᄒᆞᆷ으로該氏의家屋及該地에在ᄒᆞᆫ學校를衝火燒却ᄒᆞ엿다더라

◎英陽風塵　本月十六日慶北英陽郡北利面에義兵十餘名이突入ᄒᆞ야放火傷人ᄒᆞ엿다더라

◎灰峴戰雲　義兵將姜千突氏의部下七十餘名은去二十三日에灰峴日憲兵分遣所를襲擊ᄒᆞ야約四十分間激戰ᄒᆞ엿다더라

◎仁港火害　仁川港松林洞水道共用舍에셔去二十六日失火ᄒᆞ야家屋幾座가被燒ᄒᆞ엿다더라

◎囚徒破獄　新義州分監監囚徒十三名은昨日午前二時에破獄逃走ᄒᆞ다가看守에게發現되야四名은被殺ᄒᆞ고三名은重傷ᄒᆞ고一名은被捕하고其他ᄂᆞᆫ行衛가不明ᄒᆞ다ᄂᆞᆫᄃᆡ其中楊市事件으로被囚ᄒᆞ엿던者一名이被害ᄒᆞ엿다더라

◎鴉片犯處役　鴉片犯으로監獄署에被囚ᄒᆞᆫ李定求ᄂᆞᆫ役八個月에宣告ᄒᆞ엿다더라

電報

◎飛行機破壞　조에펠式第二號飛行機ᄂᆞᆫ其碇留場으로부터空中에昇하야와이루부루히地方에到着ᄒᆞ야全然破壞되엿다더라

◎英議員質問　英國下院에셔一議員이外務卿에게對ᄒᆞ야質問ᄒᆞ되英國貨物에對ᄒᆞᆫ日本關稅ᄂᆞᆫ不利益ᄒᆞᆫ影響이有ᄒᆞᆫ즉政府의處置가如何ᄒᆞᆫ것ᄂᆞᆫ가ᄒᆞ엿ᄂᆞᆫᄃᆡ外務卿은答하야曰目下日本政府에向ᄒᆞ야提言ᄒᆞᆯ지도未知오現今商務局에셔英國內商業會議所와協議中이라ᄒᆞ엿다더라

以上伯林發　廿七日着

◎曾彌肝病　日本軍醫監平井의診斷ᄒᆞᆫ結果로曾彌統監의病은肝臟病으로決定ᄒᆞ엿다더라

東京發　廿八日着

◎清政府會議　美國政府ᄂᆞᆫ清國湖南騷擾에關ᄒᆞ야自國民을保護키爲ᄒᆞ야比律賓軍隊를派遣ᄒᆞᆫ다고清國政府에電報를발ᄒᆞ엿ᄂᆞᆫᄃᆡ清廷께셔ᄂᆞᆫ軍機大臣會議를開ᄒᆞ고極히奔走ᄒᆞᆫ다더라

北京發　廿八日着

◬ 檻虎[illegible]

▲恨[illegible]人生이야[illegible]도[illegible]에大大虎가죠ᄒᆞ드시누[illegible]ᄃᆡ文彩잇ᄂᆞᆫ그[illegible]에무쳐잇고해人불곳흔그眼光단재벽々ᄒᆞᆫ[illegible]ᄒᆞᆫ벼보고너의勢를싱각[illegible]인ᄃᆡ니感想이難思[illegible]界로출々편々날아간다

▲檻中虎야々々々山林豪[illegible]네아니냐네가自由[illegible]代에ᄂᆞᆫ[illegible]嚴又흔明聲으로遠[illegible]境[illegible]ᄒᆞ고電又흔速力으로千峰萬壑遍踏터니今日胡運當ᄒᆞ야셔鐵柵中에被囚ᄒᆞ야故園山川夢想ᄒᆞ고雙行淚[illegible]ᄒᆞ기無限苦悶抑制[illegible]一塊血[illegible]下ᄒᆞ야으릉으릉一聲[illegible]忽起腦定ᄒᆞ니슬프도다[illegible]가可憐하게되엿고나

▲檻中虎야檻中虎[illegible]大王네아니냐네가活動[illegible]代에는一區域을占據ᄒᆞ야群獸[illegible]ᄒᆞ고大威權을實施ᄒᆞ야兩[illegible]에無敵터니今日[illegible]當ᄒᆞ야셔鐵柵中에被囚[illegible]遊覽[illegible]嘲笑하ᄂᆞᆫ[illegible]야憤恨ᄒᆞᆷ을忍耐[illegible]다보내니슬프도다[illegible]可憐ᄒᆞ게되엿고나

▲檻中虎야檻[illegible]네아니냐네가자[illegible]여삽련무슴길[illegible]져라도[illegible]ᄂᆞᆫ네발톱[illegible]가날카라온[illegible]기던가네발톱[illegible]허셧쓰ᄂᆞᆫ날[illegible]되고더石壁도[illegible]白脫ᄒᆞ고自由天地[illegible]行自止ᄒᆞ리로다

雜報

◎黨會黨改名　日前에新組織 社會黨은警務局指揮를依ᄒᆞ야進步黨으로改名ᄒᆞ엿다더라

◎渡邊押付　日人渡邊章이李允用氏의게名啣代金十圓을勒討코저ᄒᆞ야紛鬧ᄒᆞᆷ은既報어니와昨日上午十時에渡邊章이가又爲來鬧ᄒᆞᄂᆞᆫ故로李氏에保護巡查가鍾路所管警察署로押付ᄒᆞ엿다더라

◎盜犯宣告　京城地方裁判所에서强盜犯崔興善을役五年에宣告ᄒᆞ엿다더라

◎黃犯越交　日憲兵司令部에被捉ᄒᆞᆫ黃鎭國은再昨日警視廳으로越交ᄒᆞ엿다더라

廣告

本人奎憲々字를昊字로改名ᄒᆞ오니京鄕知舊ᄂᆞᆫ以此照亮ᄒᆞᆷ

李奎昊　白

京城紳士金振泰氏가本洞居李正朴의傳來蘆坂을已買ᄒᆞ고제蘆에關ᄒᆞ야旅留ᄒᆞᆫ面이다本校經費의窘絀을慨歎ᄒᆞ야爲先十圓을義捐ᄒᆞ며進就의望이有ᄒᆞ면每年十圓式義捐ᄒᆞ깃다ᄒᆞ니該氏의敎育熱心은世所罕有라喜感을不勝ᄒᆞ야該氏의義務를感謝ᄒᆞᆷ

平北龍川府內面新興洞
明新學校
校監　金致鍊　白

正三品議官公韓龍源氏以宿患庚戌舊三月九日下世京鄕知舊照亮

忠北文義邑內
男　春東　日東　甲東
護喪　金敎喆

本人의父親恂氏가昨年에全羅全州辯護士로下往ᄒᆞ야于今消息이無ᄒᆞ와祖母親病氣大端ᄒᆞ오니觀覽卽上京을伏望

西小門外布洞子安光範　白

廣告文을一覽ᄒᆞ시옵

◎廣告

本店에서開業ᄒᆞᆫ지有年에僉君子의愛顧ᄒᆞ심을特蒙ᄒᆞ와今年부터業務를大擴張ᄒᆞ고內外國各種紙物과其他學校用品을直輸入ᄒᆞ와地方同業僉位와其他僉彦에게特廉減價로酬應ᄒᆞ깃사오니不拘多小ᄒᆞ시고註文만ᄒᆞ시면數量을從ᄒᆞ와郵便代金引換小包와或運送部를經ᄒᆞ야迅速히付呈ᄒᆞ깃습

京城鍾路大廣橋
內外國紙物貿易商
本店　金聖煥
（電話一一八〇）
京城中部安洞別宮前
支店　金瑢鎭

本校에서四月四日에年期試驗을經過하엿ᄂᆞᆫ딕甲班優等生은朴淳錫韓致權及第生은閔秉植乙班優等生은韓潤疇閔禹植金尙涉及第生은鄭道元閔亨植文炳律內班優等生은金尙淳朴和春張龍孫閔俊植金文義李曾淵文炳彦韓仁德諸氏이기廣告ᄒᆞᆷ

협谷郡致弓里東興學校　告白

◎本校贊助人氏名

洪月初　五圓
徐枕山　金德庵　各三圓
權華應　崔影雲　金煥月
盧龍船　梁然翁　嚴月波
各二圓
金玄鏡　金聖潭　金文峰
李曉雲　李淸雲　李起龍
各一圓二十錢
申德雲　權大雲　金其萬
김蓮坡　金性厚　各一圓
李性侖　朴初雲　李奉政
崔影湖　金大庵　徐宗學
各七十錢
李壯玩　安性法　各四十錢
梁太隱　張奉念　各三十錢
趙了凡　嚴枕松　朴明宣
朴蓮秀　金尙訓　張應祚
張慶煥　김昌玟　崔性林
李宥益　孫智訓　김性敏
各二十錢

任員은如左ᄒᆞᆷ
總務　洪月初
事務　金德庵
財務　李起龍
評議　嚴月波
贊成　徐枕山
書務　金性律
講師　徐月華

慶北聞慶郡大乘寺圓宗學校

本人이已酉十月分에半篆圖章을서失인바用珍을正珍으로改用ᄒᆞ오니內外國人은知悉ᄒᆞᆷ

平北龍川楊上龍德洞金正珍白

本社에서全羅南도務安府木浦에支社를設立ᄒᆞ옵고支社長을金琮煥氏로選定ᄒᆞ오니內外國僉彦은照亮ᄒᆞ시옵

(圭) 合資會社普通組合內

(金) 各鐵道驛港江市勞働普通運送組合本社

本黨에서五月一日(日曜正午)에創立總會를礡洞普成學校內에開ᄒᆞ오니同志諸君ᄂᆞᆫ多數來叅ᄒᆞ심을務要

進步黨
發起人　閔泳린等　白

◎新刊庸學廣告

中庸集註　全一冊廿五錢
大學集註　全一冊十五錢

發賣所　皇城中部布屛下三十七統六戶
廣學書舖　金相萬
京鄕各書舖

本舘에서新舊書籍과學校品用各種을備置하야（五圓以上特減割引）大發售하오니江湖僉君子ᄂᆞᆫ陸續購買ᄒᆞ시옵

釜港東關韓興書舘
舘主　金泰衡　本名
主任　權鍾律　汝重

本人이無限於普紙貨壹千圓票壹張을陰三月十七日에서失ᄒᆞ엿ᄉᆞ오니內外國人間誰某拾得ᄒᆞ와도休紙施行ᄒᆞᆷ
於普号數ᄂᆞᆫ三壹六号
皇城南門外蓮洞崔道明告白

本人이鶴峴昆支洞卜里에金鑛一處를農商工部에許可를請ᄒᆞ엿기廣告ᄒᆞᆷ
申禹鉉　白

地方通信販賣部大擴張　特約割引券進呈
◎學部編纂敎科用圖書
◎自他出版及元賣書籍
◎各種敎科及叅考書類
◎地圖及小說裸書書類·
▲本舘發兌書籍目錄及注文規程表ᄂᆞᆫ隨求無料郵呈ᄒᆞᆷ

京城中部龍硐橋越邊卅八、二一戶
韓國振替貯金口座第貳六八番
中央書舘　朱翰榮

京西部車洞同和藥房本國藥材、洋製、各病、效、用、價、國漢文、可刊、作封、雖婦女、郵便請求、買賣
閔樞　白

慶州郡川北面東川里居崔正淑이가其無後ᄒᆞᆫ壁祖母의本寺에獻納ᄒᆞᆫ位土本郡內南面龍洞員畓十斗落을呑食ᄒᆞᆯ慾으로日欲盜賣이오니內外國人은切勿見欺ᄒᆞᆷ

慶北長기郡祇林寺
攝理金應碩　告白

本店에서開業ᄒᆞᆫ지十六年間僉君子의愛顧ᄒᆞ심을特蒙ᄒᆞ와今年부터業務을大擴張ᄒᆞ고春夏秋冬所用으로緞屬毛織等各國高等物品을現今多數直輸入이온바各地方에서ᄂᆞᆫ貿易에便利ᄒᆞ게爲ᄒᆞ야特廉減價ᄒᆞ와郵便小包로酬應ᄒᆞ야代金은引換ᄒᆞ깃사오니十三道各郡僉君子ᄂᆞᆫ隨意請求ᄒᆞ심을望
振替貯金番號（韓國壹三番）

漢城中部鍾路砂器廛洞二十一統五戶
廣興泰　告白

京城鍾路和平堂大藥房各種藥品廣告

官登錄　許認可

八寶丹（健胃消滯）（主治効能）

養調經丸　婦人冷積病神效
麝香消瘡丹　諸般瘡病一切祛根
阿烟斷引藥　年久鴉片引拒絶藥
滋陽丸　男女勿論陰陽雙補
全治丸　連珠瘰癧一切去根
消積散　陳陳久滯消化如春雪
回生水　急泄虛泄無非神效
治顏水　이죽은셔삭ᄂᆞᆫ妙藥
蘇生丹　霍亂吐瀉立卽見效
蛔滅散　회虫去根更無後慮
鎭咳散　勿論老少消담止咳
解毒散　四時感冒寒熱往來
五虫藥　寸白虫출出ᄒᆞ根
通治膏　諸般瘡癤一切神效
補陰降火丸　男女勿論陰虛火動
雙補丸　陰陽俱虛血氣不足
玉容水　버짐과루럭이藥
下浮丸　全體浮腫便秘胃炎
退疸丸　酒달食달黑달黃달
咽喉散　咽喉咽炎咽喉潰瘍
下痢散　赤痢사痢吐사吐糞
血痰祛根丸　吐血咯血月經不調
上血快治丸　上血降火補血
齒痛淸快水　蟲齒齒痛
明耳精
痲疹丸
齒根炎傷散
小兒驚氣丸
脚氣腰痛丸
鷄眼膏
瘰根拔散
止汗散
口病淸熱水
浮腫能下丹　下腹膨脹小便不利
小兒腹痛丸
小兒疳氣散
梅毒全滅丸　先天梅毒後天梅毒
小兒百日咳丸　呼吸困難
疥瘡水　疥瘡一切
偏頭痛止散　眩暈頭痛耳鳴
夜盲復明丸
胸膈止痛散
祛惡生新膏　祛惡虫新
小兒胎毒膏　胎毒
火傷治毒膏　火傷
梅毒全滅膏

其他洋藥各種과（各樣○漢藥唐草材○）都賣散賣
遠방에ᄂᆞᆫ請求ᄒᆞ시면郵便小包로申速酬應ᄒᆞᆷ

京城鍾路和平堂大藥房主任　李應善

◉特別廣告

本社의서 同和藥物을 注意ᄒᆞ야 美國의서 經驗單方으로 流行通用ᄒᆞᄂᆞᆫ 靈驗聖劑를 買入ᄒᆞ야 左開廣布ᄒᆞ오니 有病君子와 藥業에 從事ᄒᆞ시ᄂᆞᆫ 僉彦은 爭先來購ᄒᆞ시옵

分賣와 都賣에 差別이 有ᄒᆞ야 一打(十二個)以上의 都賣에ᄂᆞᆫ 特別割引홈

左開

秘製止痛藥 效能 外塗內服無處不適 消滯 止瀉 絶痛 治痢無不神效홈

喜蘇膏藥 效能 頭痛 身體一切痛症 積年風濕 除痰 生肌之道 [illegible]卽奏效홈

[illegible]麟香 效能 母論男女老少 勿嫌年久日淺一切 咳소 服之則其效如神홈

蔘花藥[illegible] 效能 痔疾 聯珠瘡 擲跌 傷蟄咬等 諸症無雙聖藥

蔘花糖水藥 效能 痲症 花柳病 凡系 鬱血所崇症 婦人處女[illegible]症 靈驗홈

牛汁藥酒 效能 母論男女老少氣血虛弱者服之則大補元氣身體强健홈

韓美興業株式會社事務所

◉特別廣告

○天恩堂大藥房製造發行各種靈藥

健胃淸心 仁壽丹 금拾錢　手足止汗散 금二十錢
健康益壽 補元丹 금壹圓　治咽聖藥 금三十錢
眼科神藥 明眼水 금拾錢　吐사霍亂 速효水 금二十錢
全治회虫丸 금拾錢　健腸胃生口味 鹽甘水 금廿錢
寸白祛根藥 금卅錢　회눈拔根藥 금拾錢
婦人聖藥 調中丹 금四圓　齒痛液 금拾錢
發汗解感丸 금拾錢　芳香水 금十五錢
治痰止咳散 금廿五錢　疥瘡水 금卅錢
幼兒止嗽散 금廿錢　天恩梅瘡고 大匣入금三圓 半匣入壹圓五十錢 小匣入금五十錢
痛氣神效 肥兒散 금十五錢
痢疾神効散 금三十錢　天恩眼明고 上仝
淋疾靈効丸 금五十錢　天恩拔根고 大匣入金二圓 小匣入金三十錢
特製梅瘡丸 금三圓　天恩沃度膏 上仝
舊積消化丹 금四十錢　天恩輕腫膏 上仝
解학丹 금拾錢　天恩滋腫고 上仝
止瀉回生丸 금拾錢　天恩胎毒고 上仝
連珠祛根藥 금二圓　天恩疥瘡고 上仝
施疾預防藥 금三拾錢　天恩百靈고 大匣入 금二圓 一包入 금拾錢

其他洋藥乾材와 漢藥唐草材와 各賣藥家製造品을 具備ᄒᆞ옵고 地方兄弟의 請求를 酬應ᄒᆞ오며 隨用請求ᄒᆞ시면 以代金引換小包로 迅速酬應ᄒᆞᆯ것ᄉᆞ오니 陸續請求ᄒᆞ시기 務望홈
但外方에서ᄂᆞᆫ 病錄만 보니셔도 精密酬應홈

京城鍾路 天恩堂大藥房 金東遠 劉在元 告白

○[illegible]堂製藥發行ᄒᆞᄂᆞᆫ藥品

消化新藥 淸心保命丹 此丹은 化痰止咳ᄒᆞ고 順氣消滯ᄒᆞ며 恒常長服ᄒᆞ면 腸胃가 健全

大補元氣 蔘茸大補元 大補元氣ᄒᆞ고 滋腎健腦ᄒᆞ며 先天不足과 陽위不起에 一切神効

蛔積殺虫散 此약은 회積과 회腹痛과 회虫一切을 去根ᄒᆞᄂᆞᆫ 良劑

久滯大通丸 此丸은 年久積滯와 宿滯後重이며 腹痛에 神効莫大홈

瘡病新藥 梅花點雪丹 母論男女ᄒᆞ고 花柳病楊梅瘡에 一切去根快復하ᄂᆞᆫ 良藥

眼疾速効 光明眼藥 諸般眼疾에 隨症皆差ᄒᆞᄂᆞᆫ 東洋初有ᄒᆞᆫ 寶藥

起死回生 回生丹 此丹은 急ᄒᆞᆫ 吐瀉關格이며 가슴아리와 冷積과 痢疾에 神効

感氣神効 解熱散 寒熱往來ᄒᆞ며 似학非학과 頭痛 肢體와 肢節痛에 其効가 偉大

齒痛新藥 止痛健齒水 虫齒와 風齒와 諸般齒痛에 壹切神效

耳聾聖藥 耳聾神효藥 母論男女ᄒᆞ고 耳聾鼻塞이며 耳에 [illegible]ᄒᆞᆫ病을 隨症並差

痞症祛根 痞積湯 諸般산병에 大験出賣홈

寸虫沒出藥 寸白虫을 一切去根ᄒᆞᄂᆞᆫ 妙劑

쥐눈과뭇 拔根藥 쥐눈과뭇과 ᄉᆞ마귀를 빼ᄂᆞᆫ藥

[illegible]足汗臭藥 足汗臭를 除却ᄒᆞᄂᆞᆫ藥

奇效生新 沃度膏 新瘡과 腫傷과 곰셋되 去核生新 [illegible]第一發明

最新改良 百應膏 母論男女老少ᄒᆞ고 毒瘇濕瘇痰癧 諸般瘡瘇에 壹切特效가 有홈

淋疾藥各種 淋疾 各症에 壹週日만 服ᄒᆞ면 病根快復ᄒᆞ고 腎氣가 完全홈

其他洋藥各種과 ○賣藥各種 ○都賣散賣
○遠地에ᄂᆞᆫ 郵便小包로 迅速酬應홈

漢城南大門內 濟生堂大藥房 李庚鳳
代辦主任 李興國 白

社告

大韓每日申報 各處支社廣告

平安北道

龍川楊市 維新書舖 黃菊保
龍川南市驛 韓[illegible]希
朔州邑南門外 朱伯英
義州南門外 한西大藥局 張有寬
鐵山邑東部 鄭翊
車輦館 同志會內 金明鉉
定州南門內 書舖 洪成麟
博川邑內[illegible]洞 [illegible]
京義線批峴驛停車場前 運輸會社前 李基秀
泰川邑館前洋藥局 李[illegible]華
寧邊郡內紅門里 鄭德昇
寧邊龍山面新興里 南貞河家 鄭[illegible]益
宣川橋南四統十戶 申基周
江界邑內 金秦熙
郭山郡內新街 金大鉉
雲山邑上里八統八戶 成元澤
雲山北面橋洞八統七戶 [illegible]鎬
昌城郡內[illegible]丁里一統[illegible]戶 [illegible]
熙川邑內[illegible]東門外[illegible]洞 [illegible]戶 金[illegible]

平安南道

平壤鍾路 [illegible] 安[illegible]
三和港碑石洞 [illegible]
安州城內義井洞 [illegible]館 [illegible]河
江西邑內 金[illegible]
甑山郡內利用里 崔診爽
德川邑育洞耶蘇教冊[illegible] 李丙斗
永柔邑內槐峴里一統八戶 金赤瓊
中和下道面一里三洞 禹應普
肅川東部面一里三統九戶 金天湜
咸從邑校洞 金炳[illegible]

黃海道

海州南門內 [illegible]昌書舖 朴昌鎭
安岳郡邑洞面端山里上街 韓楨教
長淵邑서北支學會內 崔東元
殷栗邑倉前里 金光礪
信川邑四里 李悌瓊
白川邑文明館 趙雲泳
載寧邑서部李鼎均家乾材局 李範普
沙里院三聖學校內 李承吉

咸鏡道

咸興州南社西門外 曹喜林
元山港上里倉前洞 耶蘇女學校側 皇甫正杰
定平郡豐陽里 張禮學
洪原西門內保命局 羅炳普
永興邑南山洞洪明學校內 梁元常
淸津港新岩洞 張元浩

全羅道

金溝木浦[illegible] [illegible]德二
木浦港[illegible]洞 李得洙
羣山港九福洞一統八戶 [illegible]在[illegible]

京畿道

仁川[illegible] 李[illegible]
開城[illegible]門外[illegible]書舖 [illegible]
[illegible] [illegible]

慶尙道

大邱[illegible] 李[illegible]
釜山[illegible] [illegible]

江原道

[illegible]邑[illegible] [illegible]
[illegible] [illegible]

忠淸道

韓山[illegible]北室[illegible] 李[illegible]植
[illegible] 李[illegible]祚

北墾島

北墾島龍井村十場里 朴茂林

本報 一枚 新貨二錢五厘 壹個月 三十錢
廣告 四号活字拾三字詰 每行一寸(...)新貨廿五錢 (自一行至四行이爲一寸) 但時期長短과 行數多少를 [illegible]

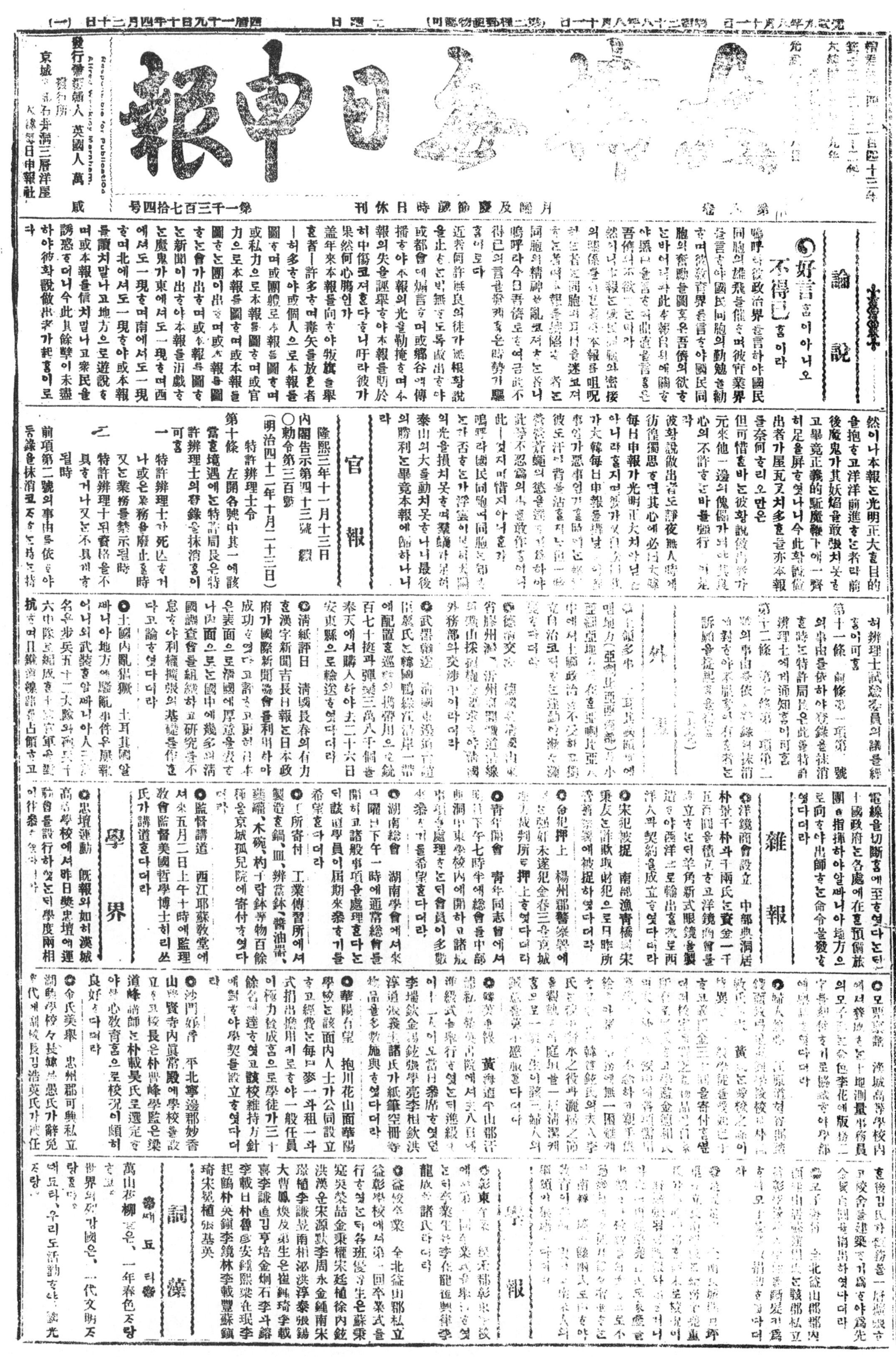

[illegible]

大韓每日申報

發行兼編輯人 英國人 萬咸
Responsible for Publication Alfred W. Marnham
發行所 京城[illegible]石井洞三層洋屋 大韓每日申報社

第八卷　日曜及慶節翌日休刊　第一千三百七拾四号

論說

◎好言홈이아니오 不得已홈이라

嗚呼라彼政治界를言하야國民同胞의雄飛를催ᄒᆞ며彼實業界를言ᄒᆞ야國民同胞의勤勉을勸ᄒᆞ며彼教育界를言ᄒᆞ야國民同胞의奮勵를圖홈은吾儕의欲ᄒᆞᄂᆞᆫ바어니와此本報의職分에關ᄒᆞ야默口를言ᄒᆞ며惡直을言홈은吾儕의不欲ᄒᆞᄂᆞᆫ바라

然이나本報는[illegible]와密接의關係를有ᄒᆞᆫ者라本報를咀呪ᄒᆞᄂᆞᆫ者는同胞의耳目을迷코져ᄒᆞᄂᆞᆫ者며本報를謀陷ᄒᆞᄂᆞᆫ者는同胞의精神을亂코져ᄒᆞᄂᆞᆫ者니嗚呼라今日吾儕로ᄒᆞ여금此不得已의言을發케ᄒᆞᆷ은時勢가驅홈이로다

近者에許無良의徒가無根황說을止ᄒᆞᄂᆞᆫ바無ᄒᆞ도록做出ᄒᆞ야或都會에煽言ᄒᆞ며或鄕谷에傳播ᄒᆞ야本報의光을勒掩ᄒᆞ며本報의失을誣擧ᄒᆞ야本報를毁於히中傷코져ᄒᆞᆫ다ᄒᆞ니吁라彼가果然何心腸인가

蓋年來本報를向ᄒᆞ야叛旗를擧ᄒᆞᆫ者ㅣ許多ᄒᆞ며毒矢를放ᄒᆞᆫ者ㅣ許多ᄒᆞ야或個人으로本報를圖ᄒᆞ며或團體로本報를圖ᄒᆞ며或私力으로本報를圖ᄒᆞ며或官力으로本報를圖ᄒᆞ며或本報를圖ᄒᆞᄂᆞᆫ團이出ᄒᆞ며或本報를圖ᄒᆞᄂᆞᆫ會가出ᄒᆞ며或本報를圖ᄒᆞᄂᆞᆫ新聞이出ᄒᆞ야本報를消戱ᄒᆞᄂᆞᆫ魔鬼가東에셔도一現ᄒᆞ며西에셔도一現ᄒᆞ며南에셔도一現ᄒᆞ며北에셔도一現ᄒᆞ야或本報를讀치말나고地方으로遊說ᄒᆞ며或本報를信치말나고衆民을誘惑ᄒᆞ더니今此具餘孼이未盡ᄒᆞ야彼황說做出者가起홈이로다

然이나本報는光明正大ᄒᆞᆫ目的을抱ᄒᆞ고洋洋前進ᄒᆞᄂᆞᆫ者라前後魔鬼가其妖祒을敢張치못ᄒᆞ고畢竟正義的驅魔鞭下에一齊히足을屛ᄒᆞ엿나니今此황說做出者가屋瓦ᄀᆞᆺ치多ᄒᆞᆫ들亦本報를奈何ᄒᆞ리오만은

但可惜ᄒᆞᆫ바ᄂᆞᆫ彼황說做出者가元來他一邊의傀儡가되야[illegible]心의不許ᄒᆞᄂᆞᆫ바를敢行[illegible]각

彼황說做出者도靜夜無人時에彷徨獨思ᄒᆞ면其心에必曰大韓每日申報가光明正大치아님은아니라ᄒᆞᆯ지며[illegible]가大韓每日申報를排[illegible]事인가惡事인가[illegible]彼도洋[illegible]背를沾ᄒᆞᆯ지니[illegible]蒼蠅의[illegible]此等不忍爲의[illegible]此ㅣ엇지可惜지아니ᄒᆞ랴

嗚呼라國民同胞여同胞는[illegible]ᄂᆞᆫ가否ᄒᆞᄂᆞᆫ가浮雲이[illegible]의光을損치못ᄒᆞ며蠅[illegible]泰山의大를動치못ᄒᆞ나니最後의勝利ᄂᆞᆫ畢竟本報에歸ᄒᆞ나니라

官報

隆熙三年十一月十三日

內閣告示第四十三號 續

○勅令第三百號

（明治四十二年十月二十三日）

特許辨理士令

第十條 左開各號中其一에該當ᄒᆞᆫ境遇에ᄂᆞᆫ特許局長은特許辨理士의登錄을抹消홈이可홈

一 特許辨理士가死亡ᄒᆞ거나或은業務를廢止ᄒᆞᆯ時又ᄂᆞᆫ業務를禁示될時

二 特許辨理士가資格을不具ᄒᆞ거나又ᄂᆞᆫ不具케ᄒᆞ될時

前項第二號의事由를依ᄒᆞ야登錄을抹消코ᄌᆞᄒᆞᄂᆞᆫ時ᄂᆞᆫ特許辨理士試驗委員의議를經홈이可홈

第十一條 前條第一項第二號의事由를依하야登錄을抹消ᄒᆞᆫ時ᄂᆞᆫ特許局長은此를特許辨理士에게通知홈이可홈

第十二條 第十條第一項第二號의事由를依ᄒᆞ야登錄의抹消에對ᄒᆞ야不服이有ᄒᆞᆫ者ᄂᆞᆫ訴願을提起홈을得홈

（未完）

外報

◎[illegible]領多事 土耳其政府에셔ᄂᆞᆫ小亞細亞(亞刺比亞西南部)에在ᄒᆞᆫ亞剌比亞人中에셔土國政治를不受ᄒᆞ고獨立自治코져ᄒᆞᄂᆞᆫ運動이漸次猖[illegible]ᄒᆞ다더라

◎德淸交涉 德國은淸國山東省膠州灣、沂州間鐵道布線及礦山採掘權을要求ᄒᆞ야淸國外務部와交涉中이라더라

◎武器輸送 淸國東邊道[illegible]氏ᄂᆞᆫ韓國鴨綠江沿岸一帶에配置ᄒᆞᆫ巡[illegible]의携帶用으로銃百七十挺과彈藥三萬八千個를奉天에셔購入ᄒᆞ야去二十六日安東縣으로輸送ᄒᆞ엿다더라

◎淸紙評日 淸國長春의有力ᄒᆞᆫ漢字新聞吉長日報ᄂᆞᆫ日本政府가國際新聞協會를利用ᄒᆞ야成功ᄒᆞ엿다고許ᄒᆞ고更히日本은表面으로ᄂᆞᆫ淸國에厚意를表ᄒᆞ나內面으로ᄂᆞᆫ國中에幾多의淸國調査會를組織ᄒᆞ고研究를不息ᄒᆞ야利權擴張의基礎를作ᄒᆞᆫ다고論ᄒᆞ엿다더라

◎土國內亂猖獗 土耳其國알바니아地方에騷亂事件은屢報ᄒᆞ얏거니와武裝ᄒᆞᆫ알바니아人三千名은步兵五十二大隊와砲兵十六中隊로組成ᄒᆞᆫ土官軍을對抗ᄒᆞ며且鐵道線路를占領ᄒᆞ고電線을切斷홈에至ᄒᆞ엿다ᄂᆞᆫ디土國政府ᄂᆞᆫ各處에在ᄒᆞᆫ預備旅團을指揮하야알바니아地方으로向ᄒᆞ야出師ᄒᆞᄂᆞᆫ命令을發ᄒᆞ엿다더라

雜報

◎洋鏡商會設立 中部典洞居朴榮千朴斗千兩氏ᄂᆞᆫ資金一千五百圓을積立ᄒᆞ고洋鏡商會를設立ᄒᆞᆫ디羊角新式眼鏡을製造ᄒᆞ야西洋으로輸出홀次로西洋人과契約을成立ᄒᆞ엿다더라

◎宋犯被捉 南部漁青橋居宋秉友ᄂᆞᆫ詐欺取財犯으로日昨所管警署에被捉ᄒᆞ엿다더라

◎犯押上 楊州郡警察署에셔ᄂᆞᆫ强奸未遂犯金春三을京城地方裁判所로押上ᄒᆞ엿다더라

◎青年開會 青年同志會에셔昨日下午七時半에總會를中部[illegible]洞中東學校內에開ᄒᆞ고諸般事項을處理ᄒᆞᄂᆞᆫ디會員이多數來參ᄒᆞ기를希望ᄒᆞᆫ다더라

◎湖南總會 湖南學會에셔來日曜日下午一時에通常總會를開ᄒᆞ고諸般事項을處理ᄒᆞᆫ다ᄂᆞᆫ디該會學員이屆期來參ᄒᆞ기를希望ᄒᆞᆫ다더라

◎[illegible]所寄付 工業傳習所에셔製造ᄒᆞᆫ鍋、皿、辨當鉢、醬油器、藥爐、木碗、杓子、찹鉢等物百餘種을京城孤兒院에寄付ᄒᆞ엿다더라

◎監督講道 西江耶蘇敎堂에셔來五月二日上午十時에監理敎會監督美國哲學博士히리쓰氏가講道ᄒᆞᆫ다더라

學界

◎忠壇運動 既報와如히漢城高等學校에셔昨日奬忠壇에運動會를設行하엿ᄂᆞᆫ디學度兩相이往參ᄒᆞ엿다더라

◎모범[illegible] 漢城高等學校內에셔發[illegible]ᄒᆞᆫ土地測量事務員의모[illegible]色李花에版[illegible]二[illegible]協成ᄒᆞ야學部에[illegible]ᄒᆞ엿다더라

◎婦人[illegible] [illegible]敎育部[illegible]學校校[illegible]黃[illegible]校之[illegible]이라[illegible]金三[illegible]圓을寄付ᄒᆞᆷ뿐[illegible]

◎[illegible] 黃海道[illegible]山郡[illegible]

[illegible]私[illegible]院에셔[illegible]八日에進級式을擧行ᄒᆞ엿ᄂᆞᆫ디進級ᄒᆞᆫ人이[illegible]當日參席ᄒᆞ엿던李瑞欽金[illegible]鉉張學亮李相欽洪淳道[illegible]義[illegible]諸氏가紙筆空冊等物品을多數施與ᄒᆞ엿다더라

◎華陽有望 抱川花山面華陽學校ᄂᆞᆫ該面內人士가公同設立ᄒᆞ고經費ᄂᆞᆫ每戶麥一斗租一斗式捐出擔用키로ᄒᆞ야一般任員이極力贊成홈으로學徒가三十餘名에達ᄒᆞ엿고該校維持方針에對ᄒᆞ야學契를設立ᄒᆞ엿다더라

◎沙門好[illegible] 平北寧邊郡妙香山普賢寺內眞常殿에學校를設立ᄒᆞ고校長은朴普峰學監은梁道峰講師ᄂᆞᆫ朴載昊氏로選定ᄒᆞ야熱心敎育홈으로校况이頗히良好ᄒᆞ다더라

◎命氏美擧 忠州郡可興私立湖東學校々長[illegible]愚氏가辭免ᄒᆞᆫ代에副校長김浩英氏가被任ᄒᆞᆫ後김氏가校務를一層擴張ᄒᆞ고校舍를建築ᄒᆞ기爲ᄒᆞ야爲先金[illegible]自[illegible]捐出하엿다더라

◎[illegible] 全北益山郡郡內[illegible]私立[illegible]

學報

[illegible]

◎彰東[illegible] 長水郡彰東[illegible]校에셔第一回[illegible]業式을擧行ᄒᆞ엿ᄂᆞᆫ디卒業生은李作龍進興律李龍成[illegible]諸氏라더라

◎益校卒業 全北益山郡私立益彰學校에셔第一回卒業式을擧行ᄒᆞ엿ᄂᆞᆫ디各班優等生은蘇秉廷吳榮喆金秉權宋廷植徐內鉉洪漢운宋源默李周永金鍾南宋璟植李謙昱南相泌洪淳泰張錫大曹鳳煥及第生은崔鈍琦李載喜李謙追김亨培金炯石李斗鎔李載日朴魯彥安鍾熙梁在琨李起鶴朴英鎭李鏡林李載豐蘇鎭琦宋毖植張基英

詞藻

◎새 됴 타◎

萬山花柳좋은、一年春色조랑ᄒᆞ고
世界와列强國은、一代文明조랑ᄒᆞ다
네됴타、우리도活動ᄒᆞ야、[illegible]光조랑、

宮廷彙報

◎御苑御覽 大皇帝 皇后兩陛下ᄭᅴ옵셔再昨日下午二時에御苑에 親臨ᄒᆞ옵셔春景을觀覽ᄒᆞ옵셧다더라

◎幸行路次와時期 來五月五日에 大皇帝陛下ᄭᅴ옵셔東籍田에 幸行ᄒᆞ샤 親耕하옵시고仍詣 洪陵ᄒᆞ샤 展謁하옵신다ᄂᆞᆫᄃᆡ 出宮時刻과 御路次ᄂᆞᆫ如左하니 午前九時에敦化門으로 出御하샤興仁門으로東關廟後路로先農壇洞口로從ᄒᆞ샤東籍田에親耕ᄒᆞ옵시고下午一時三十分에先農壇洞口淸凉里로從ᄒᆞ샤洪陵齋室에入 御ᄒᆞ샤 一時三十分에 展謁ᄒᆞ옵시고三時三十分에還御하옵신다더라

◎禮官來參 宮內府에셔ᄂᆞᆫ京畿觀察使金思默氏에게發訓ᄒᆞ고來五月五日東籍田 親耕式에來參ᄒᆞ라ᄒᆞ엿다더라

◎谷田等陛見 統監府石塚長官은日憲兵司令官谷田及同副官千千和를帶同ᄒᆞ고本日上午十一時 大皇帝陛下ᄭᅴ 陛見ᄒᆞᆫ다더라

◎皇儲行啓期 韓國 皇太子殿下ᄭᅴ옵셔ᄂᆞᆫ來月六日上午八時半에名古屋共進會에 行啓ᄒᆞ옵신다더라

雜報

◎文士待令 總理大臣李完用氏ᄂᆞᆫ消遣的으로詩會를開設ᄒᆞᆫ다ᄂᆞᆫᄃᆡ南北村文士라自稱ᄒᆞᄂᆞᆫ窮鬼들은純諂的인지總相家에間日待令ᄒᆞᆫ다더라

◎視察郡守의旅費 農事視察團에入參ᄒᆞᆫ郡守八名은昨日東洋拓殖會社로會同ᄒᆞ야視察事項을協議ᄒᆞ엿고該社에셔旅費를支給ᄒᆞ엿다더라

◎國分入城 統監府國分秘書官은既報와如히再昨日下午八時에入城ᄒᆞ엿ᄂᆞᆫᄃᆡ內外國官吏가南門驛에出往迎接ᄒᆞ엿다더라

◎終必綜覈 趙南升氏事件에關하야總理大臣李完用承寧府總管趙民熙兩氏도連累嫌疑가有ᄒᆞᆫ듯ᄒᆞ다고某官憲의談이有ᄒᆞ다더라

◎有何協議 內部에셔ᄂᆞᆫ何等協議ᄒᆞᆯ事件이有ᄒᆞᆫ지平壤郡韓日協同十木會社長을不日上來ᄒᆞ라고昨日電報를發ᄒᆞ엿다더라

◎道主配置 內部에셔ᄂᆞᆫ今年度부터各道에道主事一名式을配置ᄒᆞ야地方費事業及其他會計를担任케ᄒᆞᆯ터이라더라

◎宮財產整理 宮內府에셔ᄂᆞᆫ書記官日人津輕을命ᄒᆞ야德壽宮財產을整理케ᄒᆞᆫ다더라

◎文亦遭厄 學部에셔ᄂᆞᆫ國文이不必要ᄒᆞ다ᄒᆞ야國文研究會를廢止ᄒᆞ고又一般教科書에도國文字ᄂᆞᆫ置之ᄒᆞ고漢日文을交用ᄒᆞ야日本教科書와如히編纂ᄒᆞᆫ다ᄂᆞᆫᄃᆡ此에對ᄒᆞ야學相李容稙氏가極口贊成ᄒᆞᆫ다더라

◎六名先歸 義州府尹徐相勉氏의帶同ᄒᆞᆫ日本觀光團員二十六名中六名은再昨夜京城에歸着ᄒᆞ엿다더라

◎秘苑拜觀 統監府司法廳及裁判所職員及其家族九十餘名은昨日下午一時에秘苑을拜觀ᄒᆞ엿다더라

◎國分談話 日前入京ᄒᆞᆫ統監府參與官國分이言하여曰曾禰統監은三週日後에ᄂᆞᆫ歸任ᄒᆞᆯ듯ᄒᆞ다고云ᄒᆞᆫ다더라

◎岡次歸任期 目下渡日ᄒᆞᆫ內次岡喜七郞은來月中旬에歸任ᄒᆞᆫ다더라

◎學次訓示 學部次官俵孫一은去二十三日同部內에셔今番試取ᄒᆞᆫ官費留學生을會同하야留學에關ᄒᆞᆫ說話로訓示ᄒᆞ엿다더라

◎貿易概算 三月末ᄭᆞ지韓國貿易總計ᄂᆞᆫ輸出額이昨年度同期에比ᄒᆞ면六十二萬三千圓이增加되고輸入額이昨年度同期에比ᄒᆞ면四十七萬八千六百圓이減少되엿다더라

◎玩具輸入額 昨年度韓國에셔日本玩具品輸入ᄒᆞᆫ價額이二萬四千七十二圓에達ᄒᆞ엿다더라

◎調查年限 農商工部에셔全國內商工業을調查ᄒᆞᆫ다ᄒᆞᆷ은既報어니와二個年內로該調查를終了ᄒᆞ야調查件을印刷頒布ᄒᆞ기로預定ᄒᆞ엿다더라

◎廢合件修整 平南觀察使李軫鎬氏ᄂᆞᆫ管下各郡의面里廢合件을修定하야內部로報告ᄒᆞ엿다더라

◎始參審查 永同郡居鄭秉鉉氏ᄂᆞᆫ家勢가贍富ᄒᆞ다ᄂᆞᆫᄃᆡ昨年度에該道觀察使가郡守로內部에數三次薦報ᄒᆞ엿스나不合資格이라ᄒᆞ야番々退却ᄒᆞ엿ᄂᆞᆫᄃᆡ本年度에도第三次薦報ᄒᆞᆫ故로僅僅히審查會를經過ᄒᆞ엿다더라

◎商組困難 商務組合本部에셔ᄂᆞᆫ一進會에셔支撥ᄒᆞᄂᆞᆫ月金六十圓을收捧하야一般部員이互相分用ᄒᆞ더니去月條ᄂᆞᆫ尙不支給하ᄂᆞᆫ故로困難이莫甚ᄒᆞ다더라

◎相內奔走 日憲兵司令部軍曹相內ᄂᆞᆫ何等事件을秘密偵探ᄒᆞᄂᆞᆫ지補助員二名을帶同ᄒᆞ고日夜奔走ᄒᆞᆫ다더라

◎爲保舊跡 開城郡滿月臺故址竹橋等은國內의著名ᄒᆞᆫ處인ᄃᆡ漸次頹落에至ᄒᆞᆷ으로該地方紳士諸氏가相議ᄒᆞ고舊跡을保存하기爲하야土砂採掘을禁止ᄒᆞ고松檜苗三千六百株를植養ᄒᆞᆫ다더라

◎挾雜運動 自來京江에所謂有文券主人이有ᄒᆞ야京鄉間商旅를操縱ᄒᆞ더니甲午年에政府命으로永爲革罷ᄒᆞ엿ᄂᆞᆫᄃᆡ本月에至ᄒᆞ야沿江挾雜輩五六人이前日所謂有文券主人幾名과符同ᄒᆞ야主人組合이라稱ᄒᆞ고趙羲淵氏를慫慂ᄒᆞ야農商工部認許와警視廳許可를圖得코저ᄒᆞᆫ다더라

◎하레出現 昨朝四時五分에仁川觀測所에셔하레慧星을發現ᄒᆞ엿ᄂᆞᆫᄃᆡ凡三十分間이나東天에在ᄒᆞ엿다더라

◎始出自家形 內部官吏가運動ᄒᆞᆯ時에俳優의狀態를進行ᄒᆞᆫ다ᄂᆞᆫᄃᆡ韓人官吏ᄂᆞᆫ開覺社에服裝을借得ᄒᆞ기로議論中이라더라

◎舊式銃紀念 警視廳에셔漢城內舊軍物을押收ᄒᆞᆷ은一般知了ᄒᆞᄂᆞᆫ바어니와宮內府에셔紀念的으로舊式銃二柄을保管ᄒᆞ기爲ᄒᆞ야該廳에請求ᄒᆞ엿다더라

◎梨市不穩 漢城理財監督局에셔ᄂᆞᆫ梨峴市場出段稅金徵納事務를該市廣藏會社主人朴勝稷氏에게委任하야督捧中인ᄃᆡ此에對ᄒᆞ야人心에不穩ᄒᆞᆫ狀態가有ᄒᆞ다더라

◎朴氏孝行 慶北蔚山郡廂北居朴[illegible]氏ᄂᆞᆫ稟天의孝誠이有ᄒᆞ야其九旬老親을盡心奉養ᄒᆞ더니及其親喪을當ᄒᆞ야送終의節과哀戚의狀이誠禮에允合ᄒᆞᆷ으로該地人民이莫不慕歎ᄒᆞᆫ다더라

◎料理店偵伺 警視廳에셔ᄂᆞᆫ警察官吏를各料理店에派送ᄒᆞ야來人去客의行動을一一偵察ᄒᆞᄂᆞᆫ中이라더라

◎韓兒日養 日人新田和太郞은韓國孤兒方七錫을(年十歲)收養코저日前南部警察署에請願承認하엿다더라

◎申氏請願 義州居申禹鉉氏가龜城郡昆支洞下里에金鑛一處를發現하야去二十六日農商工部에請願書를提呈하고認許를苦待ᄒᆞᄂᆞᆫ中이라더라

◎閉店停業 東大門外往十里居民等이烟草稅問題로因ᄒᆞ야當局에呼訴ᄒᆞᆷ은既報어니와去二十七日以來로各商店을堅閉停業하엿다더라

◎元山風塵 再昨日上午一時에多數義兵이元山警察署管內馬頭洞에驅入하야韓日巡查와激戰ᄒᆞ다가日人鈴木巡查가被殺하엿다고內部에電報가來着하엿슴으로昨日警察官吏를該地方으로急派하엿다더라

◎惡習日現 中部警察署管內에ᄂᆞᆫ近日來로新生兒를放棄ᄒᆞᄂᆞᆫ惡習이種種發現ᄒᆞᆷ으로昨日부터警察官吏가人家의寡婦有無를調查ᄒᆞᆫ다ᄂᆞᆫᄃᆡ將次別般方針을研究ᄒᆞᆫ다더라

◎嶠南親睦開會 嶠南學生親睦會에셔來日曜下午二時에特別總會를典洞嶠南教育會館內에開ᄒᆞ고任員을選定ᄒᆞᆫ後其他緊要事項을處理ᄒᆞᆯ터인ᄃᆡ嶠南學生은一齊來參ᄒᆞ기를希望ᄒᆞᆫ다더라

◎感荷義捐 蘇島大廳洞居李漢浩氏가本社에經費를補助ᄒᆞ기爲ᄒᆞ야金貳圓을義捐ᄒᆞ얏기玆에其盛意를感表ᄒᆞ노라

電報

◎警察問題 淸國安奉沿線의警察權問題가解決되지못ᄒᆞ엿슴으로同沿線에在ᄒᆞᆫ淸國警官이停車場에往來出入ᄒᆞ야淸日警官의衝突이頻々ᄒᆞ다ᄂᆞᆫᄃᆡ日本政府에셔ᄂᆞᆫ禁止ᄒᆞ라ᄂᆞᆫ旨로淸政府에要求ᄒᆞ엿ᄂᆞᆫᄃᆡ淸政府에셔ᄂᆞᆫ鐵道附屬地警察權問題가解決되기前ᄭᆞ지警官의出入을禁止ᄒᆞᆯ수업다回答하엿다더라

◎守兵增置 淸國安奉沿線에在ᄒᆞᆫ日本守備兵은從來로主要ᄒᆞᆫ驛에만配置ᄒᆞ엿더니今回ᄂᆞᆫ大小驛에悉皆配置ᄒᆞ기로內定ᄒᆞ엿다ᄒᆞ며又淸國政府ᄂᆞᆫ巡警及兵士三百名을派遣ᄒᆞᆫ다더라 以上東京發 廿八日着

◎巡撫更迭 淸國奉天巡撫程德全氏ᄂᆞᆫ江蘇巡撫로被任ᄒᆞ엿다더라 北京發 廿八日着

◎造船規定改正 日本에셔ᄂᆞᆫ造船規定을改正ᄒᆞ야施行ᄒᆞᆫ다더라 (日)

◎日本外債 日政府에셔從來財務官水町으로ᄒᆞ여금法國資本家와借款을締結케ᄒᆞ엿던外債借款은巴里에셔成立되엿ᄂᆞᆫᄃᆡ其總額은四億五千萬法이라더라 以上東京發 廿九日着

◎暴動과賠償 今回淸國湖南暴動에關ᄒᆞ야其損害賠償으로英國은[illegible]十萬兩日本은五百萬兩[illegible]報道ᄒᆞ엿[illegible]로[illegible]南人은會議를開ᄒᆞ고[illegible]要求를拒絶ᄒᆞ기로決議ᄒᆞ고各縣에打電ᄒᆞ얏다더라 北京發 二十九日着

▲社會燈

▲[illegible]
[illegible]다니五條約을締[illegible]政治왜술혀[illegible]七[illegible]賊[illegible]야죽으시오々々々々血[illegible]으로의쓰더니獻光一行[illegible]日本것이그리[illegible]文字새[illegible]옴거다가全國靑年가리[illegible]노너ᄒᆞ라나開化中에[illegible]頑固黨에開化로다

▲協成會長李[illegible]朝鮮同志會[illegible]陳情[illegible]韓日兩國合邦事[illegible]圖成ᄒᆞᆯ것이니貴[illegible]에셔[illegible]이[illegible]

▲[illegible]

心을이穩靜ᄒᆞᆯ새

廣告

南部會賢坊司畜洞四十四統九戶金濟源家越房一間을光武七年分에李元根處金十圓에買得ᄒᆞ얏다가光武九年에還退後立旨를見失故玆以廣告홈

金濟源 白告

長湍居李卿과同爲上京ᄒᆞ다가分路되여서追後入城ᄒᆞ여南門內水閣橋川邊五十五統八戶李佑三家留宿ᄒᆞ고玆以廣告ᄒᆞ니春卿은卽爲來訪ᄒᆞ기苦待苦待

慶南宜寧郡洛西面雲谷里居
季叔 李雲祥 廣告

私立光成學校

五月一日下午一時에卒業式을行ᄒᆞ나一般校友ᄂᆞᆫ來叅ᄒᆞᆯ事

本店에서靑坡布木廛金星七處推尋當坪一萬二百六十三兩七錢五分內에三千五百兩先上ᄒᆞᆫ於音一片을路中遺失ᄒᆞ얏스니誰某拾得ᄒᆞ야도休紙施行ᄒᆞᆷ

南門內
韓順盛 告白

◎新刊 庸學廣告

中庸集註 全一冊廿五錢
大學集註 全一冊十五錢

發賣所 皇城中部布屛下三十七統六戶
廣學書舖 金相萬
京鄕各書舖

本校에서四月四日에年期試驗을經過ᄒᆞ엿ᄂᆞᆫᄃᆡ甲班優等生은朴淳錫韓致權及第生은閔秉植乙班優等生은韓潤疇閔爲植金尙涉及第生은鄭道元閔亨植文炳律丙班優等生은金尙淳朴和春張龍孫閔俊植金文義李會淵文炳彦韓仁德諸氏이기廣告홈

협谷郡致弓里東興學校 告白

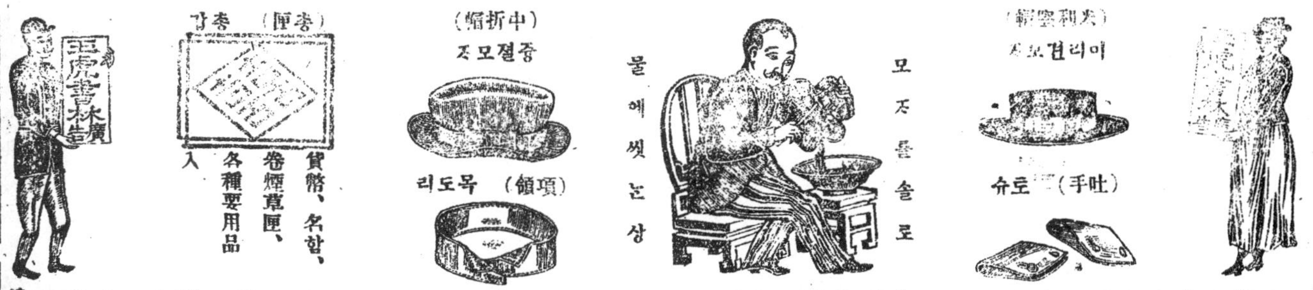

急告

突飛大放賣

花蘭春城ᄒᆞ고萬和方暢ᄒᆞ니何必다搖搖ᄒᆞᆫ東西洋에如林如雲ᄒᆞᆫ衛生家와經濟家ᄂᆞᆫ新鮮ᄒᆞᆫ白총帽子를頭上에冠戴ᄒᆞ고登春臺而歌舞ᄒᆞ니觀光들ᄒᆞ소셔

天地肇判後에新發明총帽子가上年에ᄂᆞᆫ薄弱ᄒᆞᆫ弊가不無ᄒᆞ더니研究의効果로今年에ᄂᆞᆫ果然完全堅實ᄒᆞ야數十年을經過ᄒᆞ야도弊傷홈이無ᄒᆞᆯ터이니經濟上에必要홈이天下에第一이올시다

총帽子가塵汗에汚ᄒᆞ거든溫水에十分時間만沉ᄒᆞ야(소다로)滌洗ᄒᆞ야方正을隨意作樣ᄒᆞ야乾後에戴ᄒᆞ면精潔如新ᄒᆞ야衛生上에必要홈이天下에第一이올시다

現世에工商은確實正直ᄒᆞᆫ信用으로標準을作홈이니國內同胞와各國紳士ᄂᆞᆫ不及之歎이無케速々請求ᄒᆞ소셔

衛生과經濟가天下에第一되ᄂᆞᆫ총帽子를사世에一個人이라도不及買得ᄒᆞ시면遺憾이不無ᄒᆞᆯ터인故로突飛大放賣홈을世界에向ᄒᆞ야急告ᄒᆞ나이다

專賣特許총帽子發賣店

京城南大門通銅峴卅五統五戶 玉虎書林
京城中部大寺洞 廣韓書林
京城中部典洞營門前 雜貨商店崔秉均
平安南道平壤大貿洞上隅 光明書館
慶尙北道大邱北門外 東美運送部
黃海道鳳山郡沙里院朝陽書館
全羅北道全州郡靑石橋 西山書館
咸鏡北道城津港 廣韓書林
慶尙南道釜山港東關韓興書館
米國桑港 少年書會
俄國浦塩사德 崔鳳俊店

廣告文을一覽ᄒᆞ시오

◎廣告

本店에서開業ᄒᆞᆫ지有年에僉君子의愛顧ᄒᆞ심을特蒙ᄒᆞ와今年부터業務를大擴張ᄒᆞ고內外國各種紙物과其他學校用品을直輸入ᄒᆞ와地方同業僉位와其他僉彦에게特廉減價로酬應ᄒᆞ오니不拘多小ᄒᆞ시고註文ᄒᆞ시면數量을從ᄒᆞ와郵便代金引換小包와或運送部를經ᄒᆞ야迅速히付呈ᄒᆞ깃슴

京城鍾路大廣橋
內外國紙物貿易商
本店 金聖煥
(電話一二八○)
京城中部安洞別宮前
支店 金瑢鎭

京西部京洞同和製扇所
本國樂材、洋製、各樣、紋、用、國漢文、
写眞出、作封、雜婦女、
郵便請求、發賣
閔 白

地方通信販賣部大擴張

特約割引券進星

◎學部編纂敎科用圖書
◎自他出版及元賣書籍
◎各種敎科及叅考書類
◎地圖及小說雜書類
▲目錄及注文規程表ᄂᆞᆫ隨求無料郵呈홈

京城□□□橋通卅八、二一戶
韓國振替□金口座 第貳六八番
中央書館 朱翰榮

本人李應々字를昊字로改名ᄒᆞ오니京鄕知舊ᄂᆞᆫ以此照亮홈

李奎昊 白

本黨에서五月一日(日曜正午)에創立總會를礡洞普成學校內에開ᄒᆞ오니同志諸君은多數來叅ᄒᆞ심을務要

進步黨
發起人 閔泳린 等 白

本店에서開業ᄒᆞᆫ지十六年間僉君子의愛顧ᄒᆞ심을特蒙ᄒᆞ와今年부터業務을大擴張ᄒᆞ고春夏秋冬所用으로緞屬毛織等各國高等物品을現今多數直輸入이온바各地方에서ᄂᆞᆫ貿易에便利賣買되爲ᄒᆞ야特別減價ᄒᆞ와郵便小包로酬應ᄒᆞ야代金은引換ᄒᆞ깃사오니十三道各郡僉君子ᄂᆞᆫ隨意請求ᄒᆞ심을望
振替貯金番號(韓國壹三番)
漢城中部鍾路砂器廛洞二十一統五戶

廣興泰 告白

京城鍾路和平堂大藥房各種藥品廣告

官許 登錄 認可

(健胃消滯)
八寶丹
(主治効能)

胎 養調經丸
齒痛 淸快水
麝香消瘡丹
明耳精
阿烟斷引藥
痲疹丸
滋 陽丸
齒根炎傷散
全治丸
小兒痛氣丸
消積散
脚氣腰痛丸
回生水
鷄眼膏
治顏水
腫根拔散
蘇生丹
止汗散
蛔滅散
口病淸熱水
鎭咳散
浮 腹能下丹
解毒散
小兒腹痛丸
丘 虫藥
小兒疳氣散
通治膏
梅毒全滅丸
補陰降火丸
小兒百日咳丸
雙補丸
疥瘡水
玉容水
偏頭痛止散
下浮丸
夜盲復明丸
退疸丸
胸膈止痛散
咽喉散
祛惡生新膏
下痢散
小兒胎毒膏
血痰祛根丸
火傷治毒膏
上血快治丸
梅毒全滅膏

其他洋藥各種十○○○漢藥唐草材○都賣散賣
遠地에셔ᄂᆞᆫ□□□□□□小包로申速酬應홈

京城鍾路和平堂大藥房主任 李應善

本報 一段 新貨二錢五厘 壹個月 三十錢
廣告 四号活字拾三字詰 (自一行至四行이爲一寸) [illegible]

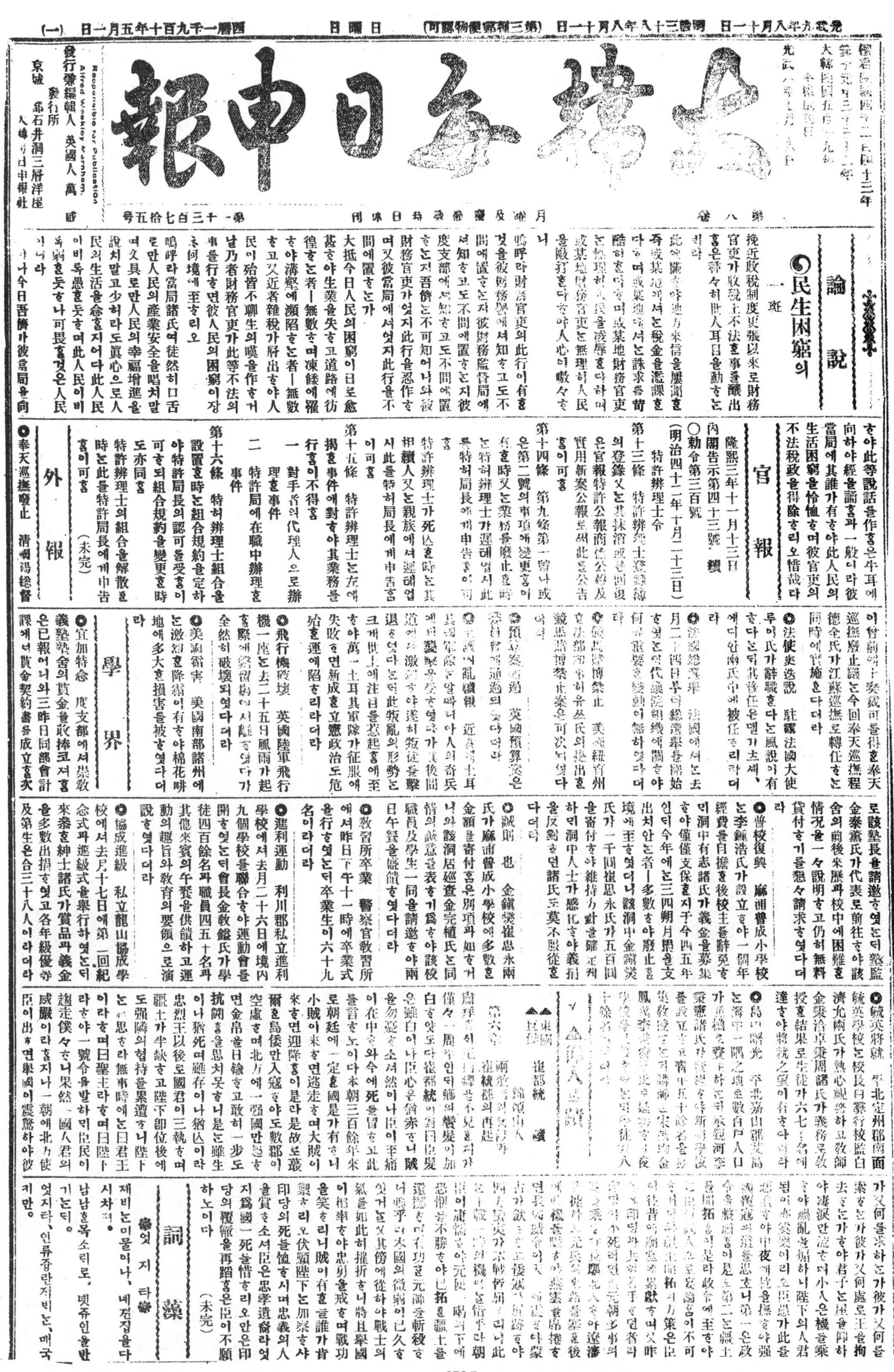

光武九年八月十一日 明治三十八年八月十一日 (第三種郵便物認可) 日曜日 西曆一千九百十年五月一日 (一)

檀君開國四千二百四十三年
箕子元年三千二十[illegible]年
大韓開國五百十九年
隆熙四年
光武八年七月十八日[illegible]

大韓每日申報

第八卷 月曜及祭日翌日休刊 第一千三百七拾五號
Responsible for Publication Alfred Weekley Marnham.
發行兼編輯人 英國人 萬咸
發行所 京城 [illegible]石井洞三層洋屋 大韓每日申報社

論說

◉民生困窮의一斑

挽近收稅制度更張以來로財務官吏가收稅上不法ᄒᆞᆫ事를釀出ᄒᆞᆷ은種々히世人耳目을動ᄒᆞᄂᆞᆫ바라

此에關ᄒᆞ야地方來信을屢聞ᄒᆞᆫ즉或某地에서ᄂᆞᆫ稅金을濫課ᄒᆞᆫ다ᄒᆞ며或某地에서ᄂᆞᆫ誅求를苛酷히ᄒᆞᆫ다ᄒᆞ며或某地財務官吏ᄂᆞᆫ無理히人民을凌辱ᄒᆞᆫ다ᄒᆞ며或某地財務官吏ᄂᆞᆫ無理히人民을毆打ᄒᆞᆫ다ᄒᆞ야人心이囂々ᄒᆞ니

嗚呼라財務官吏의此行이有ᄒᆞᆫ것을彼財務署에서知ᄒᆞ고도不問에置ᄒᆞᄂᆞᆫ지彼財務監督局에서知ᄒᆞ고도不問에置ᄒᆞᄂᆞᆫ지彼度支部에서知ᄒᆞ고도不問에置ᄒᆞᄂᆞᆫ지吾儕ᄂᆞᆫ不可知어니와彼財務官吏가엇지此行을忍作ᄒᆞ며又彼當局에서엇지此行을不問에置ᄒᆞᄂᆞᆫ가

大抵今日人民의困窮이日로愈甚ᄒᆞ야生業을失ᄒᆞ고道路에彷徨ᄒᆞᄂᆞᆫ者ㅣ無數ᄒᆞ며凍餒에罹ᄒᆞ야溝壑에顚陷ᄒᆞᄂᆞᆫ者ㅣ無數ᄒᆞ고又近者雜稅가層出ᄒᆞ야人民이殆皆不聊生의嘆을作ᄒᆞ거ᄂᆞᆯ乃者財務官吏가此等不法의事를行ᄒᆞ면彼人民의困窮이장ᄎᆞᆺ何境에至ᄒᆞ리오

嗚呼라當局諸氏여徒然히口舌로만人民의産業安全을唱치말며文具로만人民의幸福增進을說치말고少허라도眞心으로人民의生活을念ᄒᆞᆯ지어다此人民이비록愚ᄒᆞᆫ듯ᄒᆞ며此人民이비록弱ᄒᆞᆫ듯ᄒᆞ나可畏ᄒᆞᆯ것은人民이니라

然ᄒᆞ나今日吾儕가彼當局을向ᄒᆞ야此等說話를作ᄒᆞᆷ은牛耳에向ᄒᆞ야經을誦ᄒᆞᆷ과一般이라彼當局에其誰가有ᄒᆞ야此人民의生活困窮을怜恤ᄒᆞ며彼官吏의不法稅政을得除ᄒᆞ리오惜哉라

官報

隆熙三年十一月十三日

內閣告示第四十三號 續

○勅令第三百號

(明治四十一年十月二十二日)

特許辨理士令

第十三條 特許辨理士登錄簿의登錄又ᄂᆞᆫ其抹消或은回復은官報特許公報商標公報及實用新案公報로써此를公告ᄒᆞᆷ이可ᄒᆞᆷ

第十四條 第九條第一號나或은第二號의事項에變更ᄒᆞᆷ이有ᄒᆞᆫ時又ᄂᆞᆫ業務를廢止ᄒᆞᆫ時ᄂᆞᆫ特許辨理士가遲滯업시此를特許局長에게申告ᄒᆞᆷ이可ᄒᆞᆷ

特許辨理士가死亡ᄒᆞᆫ時ᄂᆞᆫ其相續人又ᄂᆞᆫ親族에서遲滯업시此를特許局長에게申告ᄒᆞᆷ이可ᄒᆞᆷ

第十五條 特許辨理士ᄂᆞᆫ左에揭ᄒᆞᆫ事件에對ᄒᆞ야其業務를行ᄒᆞᆷ이不得ᄒᆞᆷ

一 對手者의代理人으로辦理ᄒᆞᆫ事件

二 特許局에在職中辦理ᄒᆞᆫ事件

第十六條 特許辨理士組合을設置ᄒᆞᆫ時ᄂᆞᆫ組合規約을定하야特許局長의認可를受ᄒᆞᆷ이可ᄒᆞ되組合規約을變更ᄒᆞᆫ時도亦同ᄒᆞᆷ

特許辨理士의組合을解散ᄒᆞᆯ時ᄂᆞᆫ此를特許局長에게申告ᄒᆞᆷ이可ᄒᆞᆷ

(未完)

外報

○奉天巡撫廢止 淸國錫總督이曾前에[illegible]奏裁可를得ᄒᆞᆫ奉天巡撫廢止議ᄂᆞᆫ今回奉天巡撫程德全氏가江蘇巡撫로轉任ᄒᆞᄂᆞᆫ同時에實施ᄒᆞᆫ다더라

○法使更迭說 駐露法國大使루이氏가辭職ᄒᆞᆫ다ᄂᆞᆫ風說이有ᄒᆞᆫ다ᄂᆞᆫ데其後任은델가ᄉᆡ、에다안兩氏中에被任ᄒᆞ리라더라

○法國總選擧 法國에서ᄂᆞᆫ去月二十四日부터總選擧를開始ᄒᆞ얏ᄂᆞᆫ데代議院組織에關ᄒᆞ야何等重要ᄒᆞᆫ變動이無하얏다더라

○競馬賭博禁止 美國紐育州立法部에셔휴쓰氏의提出ᄒᆞᆫ競馬賭博禁止案은可決되얏다더라

○預算案通過 英國預算案은昨日貴族院에通過되얏다더라

○土國內亂續報 近者土耳其國軍隊ᄂᆞᆫ알바니아人의奇兵에게襲擊을受ᄒᆞ얏다가其後間道에서激戰ᄒᆞ야遂히叛徒를擊退ᄒᆞ얏다ᄂᆞᆫ데此叛亂의形勢ᄂᆞᆫ크게世上에注目을惹起ᄒᆞᆷ에至ᄒᆞ야萬一土耳其軍隊가征服에失敗ᄒᆞ면新成ᄒᆞᆫ立憲政治도危殆ᄒᆞᆫ運에陷ᄒᆞ리라더라

○飛行機破壞 英國陸軍飛行機一座ᄂᆞᆫ去二十五日風雨가起ᄒᆞᆫ際에繫留[illegible]離ᄒᆞ얏다가全然히破壞되얏다더라

○美國霜害 美國南部諸州에ᄂᆞᆫ激烈ᄒᆞᆫ降霜이有ᄒᆞ야棉花畊地에多大ᄒᆞᆫ損害를被ᄒᆞ얏다더라

學界

○宜加特念 度支部에서崇敎義塾塾舍의貰金을收捧코저ᄒᆞᆷ은已報어니와三昨日同部會計課에서貰金契約書를成立ᄒᆞᆯ次로該塾長을請邀ᄒᆞ엿ᄂᆞᆫ데該監金泰薰氏가代表로前往ᄒᆞ야該舍의前後來歷과校中에困難ᄒᆞᆫ情況을一々說明ᄒᆞ고仍히無料貸付ᄒᆞ기를懇々請求ᄒᆞ엿다더라

○曾校復興 麻浦曾成小學校ᄂᆞᆫ李鍾浩氏가設立ᄒᆞ야一個年經費를自擔ᄒᆞᆫ後校主를辭免ᄒᆞ미洞中有志諸氏가義金을募集ᄒᆞ야僅僅支保ᄒᆞᆫ지于今四五年인ᄃᆡ今年에ᄂᆞᆫ三四朔月捐을支出치안ᄂᆞᆫ者ㅣ多數ᄒᆞ야廢止ᄒᆞᆯ境에至ᄒᆞ엿더니該洞中金鎭燮氏가一千圓崔思永氏가五百圓을寄付ᄒᆞ야維持方針을確定케하미洞中人士가感化ᄒᆞ야義捐을反對ᄒᆞ던諸氏도莫不服從ᄒᆞᆫ다더라

○誠則也 金鎭燮崔思永兩氏가麻浦曾成小學校에多數ᄒᆞᆫ金額을寄付ᄒᆞᆷ은別項과如ᄒᆞ거니와該洞居巡査金完植氏ᄂᆞᆫ同情의誠意를表ᄒᆞ기爲ᄒᆞ야該校職員及學生一同을請邀ᄒᆞ야兩日午餐을盛饋ᄒᆞ엿다더라

○敎習所卒業 警察官敎習所에서昨日下午十一時에卒業式을行ᄒᆞ엿ᄂᆞᆫ데卒業生이六十九名이라더라

○進利運動 利川郡私立進利學校에서去月二十六日에境內九個學校를聯合ᄒᆞ야運動會를開ᄒᆞ엿ᄂᆞᆫ데會長金敎鎰氏가學徒四百餘名과職員四五十名과其他來賓의午餐을供饋하고運動의趣旨와敎育의要領으로演說ᄒᆞ엿다더라

○協成進級 私立龍山協成學校에서去月十七日에第一回紀念式과進級式을擧行하엿ᄂᆞᆫ데來參ᄒᆞᆫ紳士諸氏가賞品과義金을多數出捐ᄒᆞ엿고各年級優等及第生은合三十八人이라더라

○毓英將就 平北定州郡南面毓英學校ᄂᆞᆫ校長白彝行校監白濟允兩氏가熱心視務하고敎師金秉洽卓秉周諸氏가義務로敎授ᄒᆞᆫ結果로生徒가六七十名에達ᄒᆞ야將就之望이有ᄒᆞ다더라

○島山發光 平北嘉山郡[illegible]島ᄂᆞᆫ海中一隅之地로數百戶人口가[illegible]發ᄒᆞ야[illegible]河李秉憲諸氏가[illegible]學校를設立ᄒᆞ고靑年五十餘名을[illegible]集敎授ᄒᆞ[illegible]講師ᄂᆞᆫ[illegible]金鳳[illegible]夜[illegible]八十餘名[illegible]

▲[illegible]人[illegible]

▲▲東國巨傑 崔都統 (續)

錦頰山人

第六章 兩難[illegible] 崔統都의再起

[illegible]不見ᄒᆞᆫ지가僅々一周年인ᄃᆡ鬢의鬢髮이加白ᄒᆞ얏도다崔都統이對曰臣髮은雖白이나臣心은猶赤ᄒᆞ니賊을勿憂ᄒᆞ소셔然이나臣이至痛이在中ᄒᆞ와今에死를冒ᄒᆞ고此를言ᄒᆞ노이다本朝三百餘年來로朝廷에一定ᄒᆞᆫ國是가有ᄒᆞ니小賊이來ᄒᆞ면逃走ᄒᆞ며大賊이來ᄒᆞ면迎降ᄒᆞᆷ이是라是故로蕞爾ᄒᆞᆫ島倭만入寇ᄒᆞ야도數郡이空虛ᄒᆞ며北方에一强國만起ᄒᆞ면金帛을日輸ᄒᆞ고敢히一步도抗鬪ᄒᆞᆷ을思치못ᄒᆞ니是ᄂᆞᆫ雖生이나猶死며雖存이나猶亡이라忠烈王以後로國君이三執ᄒᆞ며疆土가半缺ᄒᆞ고陛下卽位後에도强隣의脅持를累遭ᄒᆞ니陛下ᄂᆞᆫ思ᄒᆞ라無事時에ᄂᆞᆫ曰君王이라ᄒᆞ며曰聖王이라ᄒᆞ며曰陛下라ᄒᆞ야一號令을발하미臣民이趨走僕々ᄒᆞ니果然一國人君의威嚴이라ᄒᆞᆯ지나一朝에北方使臣이出ᄒᆞ면擧國이震驚하야彼가又何를求하ᄂᆞᆫ가彼가又何를索ᄒᆞᄂᆞᆫ가彼가又何處로王을拘去ᄒᆞᄂᆞᆫ가ᄒᆞ야君子ᄂᆞᆫ屋을仰ᄒᆞ야凄淚만流ᄒᆞ며小人은機를乘ᄒᆞ야禍亂을煽하니陛下의人君됨이亦奚樂이리오臣이此를悲忿ᄒᆞ야中夜에枕을撫ᄒᆞ야强國禦寇의道를思ᄒᆞ니第一은政令을整頓ᄒᆞᆷ이是오第二ᄂᆞᆫ疆土를開拓ᄒᆞᆷ이是라政[illegible]拓[illegible]臣이[illegible]元帥[illegible]恐懼ᄒᆞᆷ을不勝ᄒᆞ야已拓[illegible]還擲ᄒᆞ며有功ᄒᆞᆫ元[illegible]니嗚乎라本國의微[illegible]얏거늘又其傍에從[illegible]氣를如此히摧折ᄒᆞ[illegible]이相率ᄒᆞ야忠勇을[illegible]을笑ᄒᆞ리니賊이有[illegible]禦ᄒᆞ리오伏願陛下[illegible]印당의死를恤ᄒᆞ시[illegible]을賞ᄒᆞ소셔臣은忠[illegible]지爲國一死를惜ᄒᆞ[illegible]당의覆轍을再蹈ᄒᆞ[illegible]ᄒᆞ노이다

(未完)

詞藻

❀엇 지 타❀

재비는미물이나、네젼집을다
시차저●
남남ᄒᆞᆫ목소리로、녯쥬인을반
기는듸。
엇지타、인류즁란져비는、매국
키만。

宮廷彙報

◎坊民祇迎의指揮 漢城府民會에셔ᄂᆞᆫ各坊會에指揮ᄒᆞ야來五日先農壇洞口에等待ᄒᆞ엿다가 大皇帝陛下의 親耕幸行을祇迎ᄒᆞ라ᄒᆞ엿다더라

◎皇太子往復期 韓國 皇太子殿下ᄭᅴ옵셔ᄂᆞᆫ來六日에侍從武官長趙東潤과大夫高義敬을率ᄒᆞ시고名古屋共進會에 行啓ᄒᆞ셧다가八日에 還啓ᄒᆞ시기로決定되엿다더라

雜報

◎農相入京報 日本에滯在ᄒᆞᆫ農大趙重應氏ᄂᆞᆫ明日下午八時頃에入城ᄒᆞ깃다고該部에電報가來到ᄒᆞ엿다더라

◎合資殖利 總相李完用宮中顧問李允用中樞院顧問李址鎔農相趙重應前郡守趙鍾緖等諸氏ᄂᆞᆫ資本金百圓式募集ᄒᆞ야目下殖利中인ᄃᆡ十年後에ᄂᆞᆫ銀行을設立ᄒᆞᆫ다고云ᄒᆞᆫ다더라

◎各相開城行 朴內大高度大李學大閔宮大등諸氏ᄂᆞᆫ開城蔘政局落成式에往叅키爲ᄒᆞ야本日上午九時南門驛에셔出발ᄒᆞᆫ다더라

◎統府會議 本月二日에統監府石塚長官은各大臣叅與官을該府로召集ᄒᆞ야何等重要會議를開ᄒᆞ고今後로ᄂᆞᆫ每火曜日마다大臣會議를開ᄒᆞᆫ다더라

◎谷田北行 日本憲兵司令官谷田은軍事上視察ᄒᆞ기爲ᄒᆞ야來三日北韓地方으로發向ᄒᆞᆫ다더라

◎改野入京 日本代議士改野秋岡兩人은西韓을視察ᄒᆞ고再昨日入京ᄒᆞ엿다더라

◎一去一來 學事視察次로大邱釜山等地에出張ᄒᆞ엿던日人澁谷事務官은昨日入城ᄒᆞ엿고小杉事務官은本日忠北地方으로出張ᄒᆞᆫ다더라

◎中査協議 度支部土地調査局에셔ᄂᆞᆫ全國內驛屯土를更히調査ᄒᆞ기로目下協議中이라더라

◎國債償還 韓國政府에셔ᄂᆞᆫ來六月二日에國債一百萬圓을現金으로償還ᄒᆞ기로決定ᄒᆞ엿다더라

◎石塚下仁 統監府石塚長官은本日仁川月尾島에下往ᄒᆞᆫ다더라

◎博覽會經營 農商工部에셔ᄂᆞᆫ本年度豫算編製時부터四拾五萬圓으로博覽會開設의議가有ᄒᆞ엿ᄂᆞᆫᄃᆡ來年度에ᄂᆞᆫ決斷코此를實行ᄒᆞᆯ터이라더라

◎食塩消費數 歐美人은一個人의一個年消費食塩이拾二斤半이오日人은二十四斤인ᄃᆡ韓人은三拾斤이라더라

◎其額可驚 現今韓國內居留日人의所有不動産은其價額이約一億五千萬圓에達ᄒᆞᆫ다ᄂᆞᆫ說이有ᄒᆞ다더라

◎利民視察 利川人民四十名은日前水原模範場을視察ᄒᆞ엿다더라

◎日教官赴任 本年度學部에셔補助로指定ᄒᆞᆫ學校十箇所에配置ᄒᆞᆯ日人教監拾名內에一名은既히赴任ᄒᆞ고其他ᄂᆞᆫ次第赴任ᄒᆞᆯ다더라

◎校財와學訓 從來各地方鄉校財産에對ᄒᆞ야何等管理方法이無ᄒᆞᆷ으로或個人私囊에歸ᄒᆞ며或放賣消盡ᄒᆞᄂᆞᆫ各樣弊端이有ᄒᆞ다ᄒᆞ야今回學部에셔鄉校財産管理規程을頒布ᄒᆞᆷ은一般共知ᄒᆞᄂᆞᆫ바어니와該規程발布에對ᄒᆞ야尙且其趣旨를說明ᄒᆞᆯ必要가有ᄒᆞᆷ으로各觀察使府尹郡守及鄉校直員의게訓令을발ᄒᆞ엿다더라

◎典賣禁止 德源府赤田面及縣面과安邊郡世淸面新里面訪花面培養面衛谷面文山等面內에在ᄒᆞᆫ土地家屋을京元鐵路用地買入期限內에ᄂᆞᆫ買及典當을禁止ᄒᆞᆯ旨로內部에셔告示ᄒᆞᆫ다더라

◎李在明의辯護 李在明等의辯護ᄂᆞᆫ安秉瓚李晛宇兩氏가擔任ᄒᆞ엿다ᄒᆞ며吳仁星氏의委任으로日人辯護士二名의申請이有ᄒᆞ엿스나此ᄂᆞᆫ被告等이拒絶ᄒᆞ엿다더라

◎書信형探 日人大垣丈夫에게書信이政友會員高義駿氏에게來着ᄒᆞ엿다ᄂᆞᆫ說이有ᄒᆞᆷ으로某處에셔目下偵探中이라더라

◎女官怨聲 雲峴宮女官等이月給을支給하라고昨年부터宮內府에請願ᄒᆞᆷ은一般知了ᄒᆞᄂᆞᆫ바어니와生活의困難이日甚一日ᄒᆞ야擧皆垂死之境에至ᄒᆞ엿ᄂᆞᆫᄃᆡ該當局者ᄂᆞᆫ頓不顧慮ᄒᆞᆫ다고怨聲이載路ᄒᆞ다더라

◎辛氏入城 靈山郡都川面電浦里에在ᄒᆞᆫ國有地를人民等이年々耕作ᄒᆞ야稅金을徵納ᄒᆞᄂᆞᆫᄃᆡ인ᄃᆡ何許挾雜輩가農商工部認許가有ᄒᆞ다稱ᄒᆞ고該地段을勒取ᄒᆞ랴ᄒᆞᆷ으로該地人民代表辛永學氏가農商工部에請願次로再昨日入城ᄒᆞ엿다더라

◎尹氏請願 惠泉館主人尹啓鉉氏ᄂᆞᆫ御苑內에料理店을設置ᄒᆞᆯ次로宮內府에請願ᄒᆞ엿다더라

◎塩産統計 昨年度韓國製塩産額은統計一億四千四百八十七萬三百六斤인ᄃᆡ同年中에外國塩輸入額은日本塩이三千五十三萬八千八十五斤、臺灣塩이八百四十九萬五十斤、淸國塩이四千五百五拾九萬六千五百九十二斤、露國塩이二千二百斤、德國塩이五百七拾七斤이라더라

◎影入寶中 陶庵影幀을李天九氏가放賣코져ᄒᆞᆷ으로李秉瓚氏가推尋次下鄉ᄒᆞᆷ은已報어니와李天九氏의季弟鍾九氏가其家內를搜索ᄒᆞ야該影幀이竹簀에同封되야篋端에藏置ᄒᆞᆷ을발現ᄒᆞ고卽時其嗣孫에게交付ᄒᆞ엿다더라

◎淸民不穩 去月二拾七日에忠北淸州郡財務署官吏가收稅事件을帶ᄒᆞ고同郡南一下面池北里에前往ᄒᆞ엿ᄂᆞᆫᄃᆡ該地人民四拾餘名이會集ᄒᆞ야不穩의狀態를呈ᄒᆞᄂᆞᆫ故로該官吏ᄂᆞᆫ恐怯引退ᄒᆞ엿다ᄒᆞ며又該人民五拾餘名이該財務署에請願次會集코져ᄒᆞᄂᆞᆫ故로憲兵幾拾名으로ᄒᆞ야금該人民을解散케ᄒᆞ고總代를選定ᄒᆞ야請願케ᄒᆞ라고說諭ᄒᆞ엿다더라

◎善山嗷々 慶北善山郡에ᄂᆞᆫ酒稅法을施ᄒᆞᆷ에對ᄒᆞ야釀酒人의有無多少를勿論ᄒᆞ고每面準牌를百餘枚式頒給ᄒᆞᆷ으로民心이大端嗷々ᄒᆞ다더라

◎許口禁韓 濟州[illegible]은自來潛洞營業ᄒᆞᄂᆞᆫ者가數百名인故로十餘年前부터釜港客主의게資金을先ᄒᆞ야下海延日[illegible]濟南海等沿邊에셔天草銀南草등을採取하ᄂᆞᆫᄃᆡ本年度ᄂᆞᆫ各其沿邊洞中에셔濟人의採業을沮戱ᄒᆞ야該潛洞地를或學校補助와洞中費用으로賣渡ᄒᆞ엿다稱ᄒᆞ고濟人의潛洞을一切禁止ᄒᆞ며日人의潛洞三[illegible]ᄒᆞ야[illegible]釜港客主等이[illegible]淸內[illegible]合所에[illegible]理事官에[illegible]ᄒᆞᆫ後濟人의[illegible]을復活ᄒᆞ기로理事官에게令書를發ᄒᆞ고各其潛洞地로出張ᄒᆞ다더라

◎遺紙社結行 李址鎔趙重應[illegible]諸氏等이組織ᄒᆞᆫ[illegible]社[illegible]則을製定ᄒᆞ야再昨日農商工部에[illegible]記를請願ᄒᆞ고[illegible]修理에着手ᄒᆞ엿다더라

◎彗星消息 今番出現ᄒᆞᆫ하레彗星은約七十六年間의周期를有ᄒᆞᆫ大彗星인ᄃᆡ韓國에셔ᄂᆞᆫ高麗成宗以後로本朝英祖三拾五年에至ᄒᆞ기ᄭᆞ지拾一回를出現ᄒᆞ엿다ᄒᆞ며今番에出現ᄒᆞᆫ것은其光芒을肉眼으로得見ᄒᆞᆷ에不ᄒᆞ고金星北方에在ᄒᆞ야其尾가上向ᄒᆞ야南方으로傾ᄒᆞ엿스며今後에漸次地球에接近하야來二拾日에ᄂᆞᆫ最短距離에達ᄒᆞᆫ다ᄒᆞ며其後日沒後에西天에現하야五月下旬부터六月上旬ᄭᆞ지大壯觀을呈ᄒᆞᆯ터이오五月拾九日에ᄂᆞᆫ太陽面을經過ᄒᆞᆫ다ᄂᆞᆫᄃᆡ東洋各國에셔만此를得見ᄒᆞᆫ다더라

◎牛疫流行 去月念晦間에富平에셔牛四頭가羅病斃死ᄒᆞ엿ᄂᆞᆫᄃᆡ炭疽症인듯ᄒᆞ고又江原道等地에도牛疫이流行ᄒᆞᆫ다더라

◎朴犯押上 水原警察署에셔强盜殺人犯朴德三을再昨日京城地方裁判所로押上ᄒᆞ엿다더라

◎李氏被捉 交河郡[illegible]面浦水洞居李源肯氏ᄂᆞᆫ趙南升氏와何等關係가有ᄒᆞ다ᄒᆞ야日前警視廳에被捉ᄒᆞ엿다더라

◎破牢未遂 三淸洞居金應鎭은竊盜犯으로所管警察署에被捉ᄒᆞ엿ᄂᆞᆫᄃᆡ再昨夜에破牢逃走ᄒᆞ다가[illegible]中이라더라

電報

◎臨犯宣告 高等法院에셔[illegible]判[illegible]强盜犯朴[illegible]은懲役五年으로欺騙犯[illegible]은懲役一年으로宣告ᄒᆞ엿다더라

◎患者嚴檢 美國에셔ᄂᆞᆫ東洋人移民中에도라홈(疑名)患者를嚴密히檢診ᄒᆞᄂᆞᆫᄃᆡ萬一同患者가發現되ᄂᆞᆫ境遇에ᄂᆞᆫ一人에對ᄒᆞ야船舶에罰金百弗을徵收ᄒᆞᆫ다고[illegible]政府에照會ᄒᆞ엿다더라 東京發 四月二十九日

◎極東發展策 露國政府ᄂᆞᆫ極東發展策으로大部의官有地를許放ᄒᆞ엿다더라

◎露艦隊活動 露國義勇艦隊ᄂᆞᆫ今回[illegible]及日本北海道에航路를開始ᄒᆞ고活動을試ᄒᆞᆫ다더라 以上海參威發 四月二十九日

◎武官渡韓 日本[illegible]武官海軍少將西紳六郎이[illegible]을承ᄒᆞ고昨二十九日[illegible]橋發列車를搭乘ᄒᆞ야[illegible]途에就ᄒᆞ엿다더라

◎海軍燃料廠 [illegible]軍省에셔ᄂᆞᆫ戰鬪艦及水雷艇의燃料로石油를使用ᄒᆞ기로[illegible]供給所ᄂᆞᆫ大西洋方面과太平洋方面에二個所[illegible]ᄒᆞ엿다더라 以上東京발 四月卅日

◎軍隊輸送妨害 去月卄七日韓城附近에셔[illegible]이輕便鐵道用電線을切斷ᄒᆞ고又會寧附近에셔軌道二個所를破去ᄒᆞ엿ᄂᆞᆫᄃᆡ此가或軍隊輸送을妨害ᄒᆞ기爲ᄒᆞᆷ인가[illegible]이라더라 天津발 四月[illegible]

▲時評[illegible]

▲風雲埋沒[illegible] 英雄少年[illegible]의志願아니언만은時勢가나를모라區區瑣瑣筆硯間에月다보낸다[illegible]滿腔熱情[illegible]ᄒᆞ야[illegible]힛스나일운것은[illegible]것은傷心ᄒᆞ다[illegible]新聞紙를[illegible]閱覽하니悲[illegible]交[illegible]

▲外報欄을[illegible] 列强國은帝國[illegible]某國은今年에某式[illegible]과某型戰艦幾隻을[illegible]着手하며[illegible]陸海軍兵幾[illegible]을設備ᄒᆞ며[illegible]殖民的으로[illegible]

▲雜報欄을一覽ᄒᆞ니[illegible]亡國血[illegible]某處에[illegible]振하며某々滅[illegible]某人敎育을創設하고[illegible]行ᄒᆞ야[illegible]目的으로[illegible]間腦界를[illegible]無多로다此亦[illegible]

▲學報欄을[illegible] 諸學校之文[illegible]某氏ᄂᆞᆫ熱心으로[illegible]某學校[illegible]育振興하며[illegible]科[illegible]織ᄒᆞ야[illegible]愛國目的으로[illegible]며靑年界[illegible]無數ᄒᆞ다此와[illegible]

社告

公州[illegible]上衙前[illegible]書舖柳聖培氏[illegible]支社[illegible]認許하고五月一日早[illegible]本報를발送하오니購覽[illegible]시[illegible]僉君子는柳聖培氏의게[illegible]

大韓每日申報社

雜報

◎[illegible] 昌德郡守韓景[illegible]氏[illegible]公務를[illegible]積勵[illegible]行村[illegible]多數青年을勸[illegible]入學케하고農事試作場을設하고桑苗數萬株와其他果木各種二千株를購入栽培하야一般農民의[illegible]範을作케하엿다더라

◎傳染病發生 羅州及安東等郡에[illegible]傳染病이間或發生홈으로各該所管警察署에서消毒方法을施行하엿다고內部로修報하엿다더라

◎囚徒自刎 開城郡居禹召史는[illegible]訴訟을因하야同郡居林[illegible]와同伴上京하엿는디日前老人亭에서自刎致斃하엿다더라

◎[illegible]賊[illegible] 去月上旬頃에北[illegible]柳彦[illegible]氏家에滿人强盜四名이突入하야柳氏及留宿人李京[illegible]氏等四人을[illegible]殺하고金四百圓을奪去하엿다더라

◎兩報又押 新韓民報第一百七十八号와新韓[illegible]報第八十八號第八十九号는治安妨害라하야內部에서押收하엿다더라

◎金犯被捉 中部樓洞居金壽仁은竊盜犯으로三昨日北部警察署에被捉하엿다더라

◎申氏慈善 全南咸平郡內洞居前議官申處安氏는性本仁慈하야每年春節이면正租數十石을[illegible]出하야族戚貧交를救恤하더니今春에는各處所捧債錢을或半減或全減하엿슴으로遠近에稱頌이[illegible]藉하다더라

◎[illegible]會[illegible] 咸南學生親睦[illegible]會는本日上午九時에東[illegible]外三仙[illegible]에서設行하기로[illegible]하엿다더라

◎[illegible]理會總會 國債報償金處[illegible]會에서明日下午一時礡洞興士團內에臨時總會를開한다더라

廣告

本社에서左開物品을機關으로織組하와廉價販매하오니京鄉[illegible]商[illegible]僉位는隨意請求하심을務望

物品

腰帶　丹任　囊纓　珮物纓

香纓　挾囊纓　網纓各色

京城南部南小洞京城織紐

合名會社　告白

本人이西署盤石坊米廛下契五十一統十二戶瓦一間草三間文券을昨年八月分에不知中서失하왓기로玆에廣告하오니誰某拾得하와도休紙施行홈

家主李時和　白

私立光成學校

五月一日下午一時에卒業式을行하니一般校友는來參할事

閔雨植大人議官沐夏氏以宿患陰三月十五日巳時別世玆以廣告

[illegible]陽[illegible]西　護喪　閔昌植白

[illegible]任[illegible]과同爲上京하다가分路되여[illegible]後入城하여南門內水閣橋川邊五十九統八戶李佑三家留宿하고玆以廣告하니春卿은卽爲來訪하기苦待苦待

慶南宜寧郡洛西面雲谷里居

李叔　李雲[illegible]　廣告

本店에서青坡布木廛金星七處推尋當坪一萬二百六十三兩七錢五分內에三千五百兩先上한於音一片을路中遺失하엿스니誰某拾得하야도休紙施行홈

南門內

興順盛　告白

◎新刊 庸學廣告

中庸集註　全一冊卄五錢

大學集註　全一冊十五錢

發賣所　皇城中部布屛下三十七統六戶

廣學書舖　金相萬

京鄉各書舖

本校에서四月四日에年期試驗을經過하엿는디甲班優等生은朴淳錫韓致權及第生은閔秉植乙班優等生은韓潤曄閔萬植金尙涉及第生은鄭道元閔亨植文炳律丙班優等生은金尙淳朴和春張龍孫閔俊植金文義李會淵文炳彦韓仁德諸氏이기廣告홈

渭谷郡致司里東興學校　告白

地方通信販賣部大擴張　特約割引券進呈

◎學部編纂教科用圖書　◎自他出版及元賣書籍

◎各種教科及參考書類　◎地圖及小說講習書類

▲本館發兌書籍目錄及注文規程表는隨求無料郵呈홈

京城中部罷朝橋越邊卅八之二戶

中央書館　朱翰榮

韓國振替貯金口座第貳六八番

☞廣告文을一覽하시옵☞

◎廣告

本店에서開業한지有年에僉君子의愛顧하심을特蒙하와今年부터業務를大擴張하고內外國各種紙物과共他學校用品을直輸入하와地方同業僉位와共他僉彥에게特廉減價로酬應하사오니不拘多小하시고註文만하시면數量을從하와郵便代金引換과小包와或遞送部를經하야迅速히付呈하깃슴

（品目累錄）

本國紙部

大壯紙　龍扇紙　粉白紙

見樣紙　胡紙　尺紙

慶州紙　書原紙　三貼紙

清風紙　油紙板紙

書畵其他各種

外國紙部

洋紙　天井紙　色紙　模造紙

半紙　古查紙　書簡紙

封套紙　印札紙　美濃紙

馬粉紙　圖紙

其他各種

右物을都賣散賣홈

京城鍾路大廣橋

內外國紙物貿易商

本店　金聖煥

（電話一二八〇）

京城中部安洞別宮前

支店　金瑢鎭

◎特別廣告

韓國京城居韓國人故尹仲植遺產陰曆癸巳年分（西曆一千八百九十三年十一月八日）에在香港殖民地빅토리아市에서死亡한前記尹仲植의遺產에對하야香港高等法院에該遺產管轄部로管理하는認可證을本年一月七日에接受한바該遺產全部나部分에對하야相續權이所有한諸氏나或其代辯辯護士를經하야本年六月三十日以內로請求書를申呈하야該遺產管理部香港殖民地빅토리아市高等法院內登記簿所에나잇는左記한氏名處所로提出할事

氏名處所

香港빅토리아市채더路옥셀딩香港高等法院內遺產管理人의辯護士等　부럿던　헷트

西曆二月七日

（原文을英國總領事館에서譯出한事）

부럿던　헷트　告白

本人奎應々字를昊字로改名하오니京鄉知舊는以此照亮홈

李奎昊　白

本黨에서五月一日（日曜正午）에創立總會를礡洞普成學校內에開하오니同志諸君은多數來參하심을務要

進步黨

發起人　閔泳[illegible]等　白

京西部車洞同和藥房　本國藥材、洋製、各病、效、用、價、國漢文、可刊出、作封、雖婦女、郵便請求、賣賣

閔橿　白

博覽會와和平堂

地方에處在하신여러분同胞는○和平堂大藥房의如何함을아시나니다시[illegible]知아시리다우리○和平堂大藥房은여러분이아시고또우리도록記憶하아니[illegible]博覽會[illegible]關係가잇슴은[illegible]不要하야도여러분이[illegible]知得하시는바[illegible]우리○和平堂大藥房은滿[illegible]博覽會[illegible]文明[illegible]利用하야多大를費用으로地方에處하신同胞도[illegible]座하야[illegible]我大韓國의第一位되는우리○和平堂主人李應[illegible]은多忙無暇한몸으로도滿[illegible]共히進行하야여러가지便益을圖하고南으로釜山港부터北으로新義州까지我全國重要地를貫通하야莫大한信用과聲名을博하엿슴니다博覽會到着時日은左와곳사오니우리○和平堂을사랑하시는同胞는우리○和平堂의博覽會를[illegible]覽하시고여러분의萬般의便益을圖함은勿論◎支店○代理店等의希望이有하시면伊時에迎接面議하깃슴니다

到着時日

▲開城　▲新幕　▲平壤　▲鎭南浦　▲新義州　▲新安州　▲黃州　▲黃州　▲新幕　▲龍山

▲仁川　▲水原　▲黃州　▲定州　▲宣川　▲車輦館　▲平壤　▲兼二浦　▲沙里院　▲汶山　▲永登浦　▲南大門

[illegible]

本報 一枚 新貨二錢五厘 · 壹個月 · 三十錢
廣 四号活字拾三字詰 (自一行至四行이爲一寸)

社告

大韓每日申報 各處支社廣告

平安北道

龍川楊市維新書舖 黃菊保
龍川南市驛 韓燦希
朔州邑南門外 朱伯英
義州南門外한西大藥局 張有寬
鐵山邑東部 鄭翊
車輦舘同志會內 金明鉉
定州南門內書舖 洪成麟
博川邑內舘洞 金翼樞
京義線批峴驛停車場前 運輸會社前 李基秀
泰川邑舘前洋藥局 李正華
寧邊郡內紅門里 鄭德昇
寧邊龍山面新興里 南貞河家 鄭奉益
宣川橋南四統十戶 申基周
江界邑內 金泰熙
郭山郡內新街 金大鉉
雲山邑上里八統八戶 咸元澤
雲山北面橋洞八統七戶 王晃鎬
昌城郡內西下里一統二戶 許익
熙川邑內面東門外洞十四統二戶 金錫澤

平安南道

平壤鍾路太極書舘 安泰國
三和港碑石洞耶蘇敎堂 裴亨湜
安州城內義井洞安陵서舘 金鎭河
江西邑內 金昌煥
甑山郡內利用里 崔診爽
德川邑官洞耶蘇敎冊肆 李丙斗
永柔邑內槐峴里二統八戶 金志瓚
中和下道面一里三洞 禹膺善
肅川東部面一里三統九戶 金天湜
咸從邑校洞 金炳善

黃海道

海州南門內韓昌書舘 朴昌
安岳郡細洞面端山里上場 韓楨教
長淵邑서北支學會內 崔東奎
殷栗邑倉前里 金光禮
信川邑四里 李悌禮
白川邑文明舘 趙雲泳
載寧邑서部李鼎均家乾材局 李範善
沙里院三聖學校內 李承吉

咸鏡道

咸興州南社西門外 曹喜林
元山港上里倉前洞耶蘇女學校側 皇甫正杰
定平郡豐陽里 張禮學
洪原西門內保命局 羅炳善
永興邑南山洞洪明學校內 梁元常
清津港新岩洞 張元浩

全羅道

金溝木流面豆亭 趙德三
木浦港陽洞 李得珠
群山港九福洞一統八戶 方在喜

京畿道

仁川梗峴開新冊肆 李東晧
開城南門外興學書舖 姜助遠
江華邑川橋 兪鎭植

慶尙道

大邱西小門外友弦書樓側 李正由
釜山佐川藥局 徐錫壽

江原道

鐵原邑栗谷 趙鍾
蔚珍郡遠南面梅花里 郭錦

忠淸道

韓山下北筆堂里 李英植
結城廣川小龍洞 李啓祚

北墾島

北墾島龍井村下場里 朴茂林

建國紀元四千二百四十三年
箕子元年三千三十二年
大韓開國五百十九年
本報創刊日 光武八年七月十八日

大韓每日申報

第八卷 月曜及慶節歲時休日休刊 第一千三百七拾六号

發行兼編輯人 英國人 萬咸
Responsible for Publication Alfred Weekley Marnham.
發行所 京城南部石井洞三層洋屋 大韓每日申報社

論說

◎實業界의韓日人競爭

吾儕가已往에도屢論ᄒᆞᆫ바有ᄒᆞ거니와只今韓半島에韓日人의生活戰이方酣ᄒᆞ야其滔滔橫流의潮勢가止ᄒᆞᆯ바를不知ᄒᆞᄂᆞᆫ지라

蓋彼日人이韓人을向ᄒᆞ야生活競爭의演을開ᄒᆞᆫ以來로彼가政治邊으로던지武力邊으로던지其他何方面으로던지彼의準備ᄒᆞᆫ彼의勢力이大概生活競爭을爲ᄒᆞᆷ이라然ᄒᆞᆫᄃᆡ彼의實行時代가漸熟ᄒᆞᆯᄉᆞ록實業界의競爭이愈劇ᄒᆞ야寸進尺進ᄒᆞ며日新月新ᄒᆞ나니試ᄒᆞ야彼와實業界競爭의現況을壹看ᄒᆞ라

(一) 漁業

大抵韓國은三面이大海를接ᄒᆞ야海岸線의延長이六千餘里에至ᄒᆞ고또寒暖兩流가交ᄒᆞ야來ᄒᆞᆷ으로水產이豐饒ᄒᆞ며또美ᄒᆞ야現今발現된水產物의種類만擧ᄒᆞ더라도實로百四種에達ᄒᆞᄂᆞᆫ지라然ᄒᆞᆫᄃᆡ挽近日人漁夫의勢力이거의全海面을橫絶ᄒᆞ야良港別嶼에彼의漁舍가星列ᄒᆞ며前汀後浦에彼의漁船이碁布ᄒᆞᆫ지라今에韓日人의漁業狀況을略擧ᄒᆞ건ᄃᆡ

漁船數	韓人	一二、四一一隻
	日人	三、八九八隻
漁夫數	韓人	六八、五二〇人
	日人	一六、六四四人
漁獲數	韓人	三、一三九、一〇〇圓
	日人	三、四一八、八五〇圓

如斯히韓人漁獲의數ᄂᆞᆫ彼日人보다劣少ᄒᆞ며또彼日本各府縣에서韓海上日人漁業者를爲ᄒᆞ야數多의奬勵費를支出ᄒᆞ야其移殖의盛運을催ᄒᆞ며其競爭의勢力을勵ᄒᆞ니數年來彼日本各府縣의支出ᄒᆞᄂᆞᆫ韓海漁業奬勵費를壹覽ᄒᆞ건ᄃᆡ

府縣名	每年金額
長崎	四百圓乃至八千圓以上
佐賀	一千圓乃至六[illegible]以上
熊本	三百圓乃至七[illegible]以上
鹿兒島	一千圓乃至八千圓以上
宮崎	七百圓乃至一千圓以上
大分	四百圓乃至一萬三千圓以上
福岡	二千圓乃至一萬三千圓以上
愛媛	壹千圓乃至六千圓以上
香川	九百圓乃至四千圓以上
德島	壹千圓乃至二千圓以上
山口	三千圓乃至壹萬圓以上
廣島	壹千圓以上
岡山	九百圓乃至四千圓以上
兵庫	六百圓乃至壹千圓以上
島根	壹千圓乃至五千圓以上
鳥取	壹千圓乃至五千圓以上
京都	壹千圓乃至二千圓以上
大坂	五百圓乃至八百圓以上
和歌山	七拾圓乃至七百圓以上
高知	壹[illegible]乃至三千圓以上
愛知	二[illegible]圓乃至壹千圓
千葉	五千圓乃至七千圓
石川	二千圓乃至五千圓
富山	壹千圓乃至二千圓
福井	七百圓乃至二千圓以上

彼의奬勵가如是ᄒᆞ미於是乎彼日人漁夫의競爭熱이愈高ᄒᆞ야續々히舟를携ᄒᆞ고韓海方面을向ᄒᆞᄂᆞᆫ지라試ᄒᆞ야彼漁業法施行後七箇月間의日人漁業請願數를擧ᄒᆞ면

個人	免許漁業	二、壹八三件
	許可漁業	五三九件
	屆出漁業	二、壹四三件
團體	免許漁業	壹、五壹九件
	許可漁業	二件

彼가壹邊으로奬勵가急하고壹邊으로奮鬪가甚ᄒᆞ야日로漁業界의勝利를愈占ᄒᆞ거ᄂᆞᆯ此韓國同胞ᄂᆞᆫ技術이彼에不及ᄒᆞ며勢力이彼에不及ᄒᆞ야日로退敗의境에陷ᄒᆞ니惜乎라此水產無盡藏의韓海가畢竟彼에獵場을作ᄒᆞᆯ뿐이오 (未完)

外報

◎土國平和協議 土耳其國政府ᄂᆞᆫ알바니아人等과平和預備的協議를開始ᄒᆞ엿다ᄂᆞᆫᄃᆡ알바니아人은카챠닉크狹隘를占領ᄒᆞ엿다더라

◎英法飛行競爭 去月卄七日夜英國論敦과만체스터間에英法飛行機競走를試ᄒᆞ엿ᄂᆞᆫᄃᆡ此가國際競爭인故로非常히人氣를喚起ᄒᆞ야法人은自國飛行家에信號를與ᄒᆞ기爲ᄒᆞ야만체스터行特別列車를發待ᄒᆞ고英人은自國飛行家를聲援ᄒᆞ기爲ᄒᆞ야滿車의電灯을點ᄒᆞᆫ自動車를搭乘ᄒᆞ고幷走ᄒᆞ엿다ᄒᆞ며法人이先飛ᄒᆞ엿슴으로만체스터에서非常ᄒᆞᆫ歡迎을受ᄒᆞ엿다더라

◎預算案落着 英國預算案은各順序를經ᄒᆞ야上院에通過되엿다더라

◎英皇御還國 英國皇帝ᄂᆞᆫ法國비아리츠々에서論敦에御還幸하엿다더라

◎蒙古暴徒猖獗 淸國蒙古에ᄂᆞᆫ喇마의暴徒가起ᄒᆞ야車臣汗部와土謝圖汗部에浸入ᄒᆞ야淸國商을掠奪ᄒᆞᆫ다더라

◎江蘇暴動 淸國江蘇省徐州府에서ᄂᆞᆫ去二十八日飢民이羣起ᄒᆞ야同地에在ᄒᆞᆫ各製粉工場을衝火ᄒᆞ엿다ᄂᆞᆫᄃᆡ外國傳道舘及外國人에게對ᄒᆞ야ᄂᆞᆫ何等示威運動을不行ᄒᆞᆫ다더라

◎無電線成功 南美아젠틴國과智利國間에無線電信을交換ᄒᆞ엿ᄂᆞᆫᄃᆡ滿足ᄒᆞᆫ結果를得하엿다더라

雜報

◎學部辨明 學部에서國文研究會를廢ᄒᆞ고漢日文敎科書를編纂ᄒᆞᆫ다ᄂᆞᆫ說은他報에도已爲揭載되고閭巷에도傳說이有ᄒᆞ기에本社에서揭布ᄒᆞ엿더니今에學部辨明書가有ᄒᆞ기로左에其全文을揭ᄒᆞ노라

四月二十日貴報雜報欄內(文亦遭厄)題下에學部ᄂᆞᆫ國文의不必要[illegible]國文研究會를廢止ᄒᆞ고敎科書ᄂᆞᆫ漢日文交用ᄒᆞ야日本敎科書와[illegible]ᄒᆞ다[illegible]이라ᄒᆞᆫ事實[illegible]此에對ᄒᆞ야[illegible]紙法第一拾條에依ᄒᆞ야[illegible]取消ᄒᆞᆷ을要ᄒᆞᆷ

隆熙四年五月一日 學部[illegible]

◎天道敎發展 平壤附近其他數郡의天道敎徒ᄂᆞᆫ約三千名인ᄃᆡ四五日前平壤에서大會를催ᄒᆞ야今後大々的발展을試ᄒᆞ기로決ᄒᆞ고當地日本人所有家屋을二千五百圓에購入ᄒᆞ야會堂을設立ᄒᆞᆫ다[illegible]이라더라

◎湖南維持開會 再昨日下午七時에湖南學會維持會를該會舘內에開ᄒᆞ고會舘經費、講習所設立、債務及債務處理、規則改正、會舘移定、該道學生在京者指導監督等諸件을決議ᄒᆞ엿다더라

◎國債報償金調査 平壤에셔捐醵ᄒᆞᆫ國債報償金을調査ᄒᆞ기爲ᄒᆞ야處理會에셔調査委員을派送ᄒᆞ야現今調査中이라더라

◎閔家賊警 宮相閔丙奭氏에弟丙喆氏ᄂᆞᆫ三昨日窃盜의게衣服金銀等物四百六十餘圓價値를見失하엿ᄂᆞᆫᄃᆡ嫌疑者二名이所管警察署에被捉ᄒᆞ엿다더라

◎日盜逃躲 大邱漁業會社々員日人小島岩은該社長에捺章ᄒᆞᆫ手形으로多數ᄒᆞᆫ金錢을取得逃走ᄒᆞ엿슴으로該社에서目下搜索中이라더라

◎兩氏越裁說 警視廳에被囚ᄒᆞᆫ趙南升南廷圭兩氏ᄂᆞᆫ審査ᄒᆞᆫ結果로日間地方裁判所로越交ᄒᆞᆯ預定이라더라

學界

◎勞而知學 咸南甲山郡銅鑛에雇傭ᄒᆞᄂᆞᆫ婦人들은婦人會를組織ᄒᆞ고女子敎育을奬勵ᄒᆞ기로ᄒᆞᆫ다더라

◎學員駛船會 修學院職員及學生一同은金八十餘圓을醵集ᄒᆞ야來日曜日五江에셔駛船競走會를開ᄒᆞᆫ다더라

◎大成運動 平壤私立大成學校에서來十一日에大運動會를擧行ᄒᆞᆫ다더라

◎昌校漸昌 慶北善山郡海平面月浦里耶蘇敎會內에設立ᄒᆞᆫ私立永창學校ᄂᆞᆫ一般敎人이經費를負擔ᄒᆞ고校長尹商弼敎師朴철相兩氏가熱心視務ᄒᆞᆷ으로校況이漸昌ᄒᆞᆫ다더라

◎蠶業所入學 春川蠶業傳習所에서蠶室及寄宿舍等을建築ᄒᆞ야去月拾六日에全部를落成ᄒᆞ엿고去卄二日에入學試驗을行ᄒᆞ야男生徒拾一名과女生徒四名을選擇ᄒᆞ고翌日에入學式兼桑植式을擧行하엿다더라

◎東興經試 협谷郡致弓里東興學校에서去月四日에年期試驗을經ᄒᆞ엿ᄂᆞᆫᄃᆡ各班優等及第生이合十七人이오校長朴昌敏氏ᄂᆞᆫ賞品을多數施與ᄒᆞ엿고講師李啓河學監金德和校監梁正甫財務員韓會鉉其餘贊成員諸氏ᄂᆞᆫ或勸勉的으로或答辭的으로次第演述ᄒᆞ엿고一境人士가多數參觀하엿다더라

◎金氏寄付 碧潼郡邑內面居金炳官氏ᄂᆞᆫ新[illegible]建築에對ᄒᆞ야土地一日畊을基地로寄付ᄒᆞ고樵牧夜學[illegible]에金[illegible]을寄付ᄒᆞ엿다더라

◎有何勸學 [illegible]發起ᄒᆞ야夜學校를設立ᄒᆞ고一般勞働者를敎授[illegible]內人士[illegible]ᄒᆞ되[illegible]

◎[illegible] [illegible]面私立[illegible]校[illegible]試驗을經[illegible]好하야[illegible]班優[illegible]合卄五人이라더라

學報

◎維新卒業 寧邊郡私立維新學校에서去月十六日에尋常科第壹回卒業式을擧行ᄒᆞ엿ᄂᆞᆫᄃᆡ卒業生片天[illegible]金天祐金俊一鄭成鳳宋斗彥韓鍾源尹基甕康寧九李膺珠

◎南成卒業 平北定州郡南面私立南成學校에서卒業式을行ᄒᆞ엿ᄂᆞᆫᄃᆡ卒業生은朱炳烈朱炳猷鄭宗欽金啓默卓公烈

詞藻

◎더욱곤졀

쳔신만고무릅쓰고、혈셩으로위국터니。
공산이젹막ᄒᆞᆫᄃᆡ、자ᄂᆞᆫ듯누엇고나。
갈ᄉᆞ록、그ᄃᆡ의싱각、더욱곤졀。

宮廷彙報

◎御苑御覽　大皇帝　皇后兩陛下의옵셔昨日下午二時에御苑을　御覽ᄒ옵셧다더라

◎行啓延期　韓國　皇太子殿下의名古屋　行啓ᄂ更히來八日로延期ᄒ옵셧다더라

◎德領事叅動　大皇帝陛下쎄옵셔ᄂ德國領事代理웨뷰氏에게三等八卦章을　下賜ᄒ옵셧다더라

雜報

◎趙相入城　觀光團員趙重應氏ᄂ再昨日下午八時三十分에入城하엿ᄂᄃ昨日上午十時에詣闕　陛見ᄒ엿고仍히內閣例會에叅列ᄒ엿다더라

◎義王消暢　義親王殿下ᄂ三昨日東門外新興寺에前往消暢ᄒ엿다더라

◎早晩發表　曾彌統監更迭에關ᄒ事ᄂ早晩間發表된다더라

◎副統監更置說　某一便說을據ᄒ즉曾彌統監의病勢ᄂ輕少치아니ᄒ故로일本桂首相은副統監更置說을用하야目下擇人中이라더라

◎統府會議　昨일統監府에서總務長官石塚과內部地方局長澤田과農商工部商工局長菊池等이會同ᄒ야徵稅事務에關ᄒ重要會議를開ᄒ엿다더라

◎導掌處分　度支部臨時財產整理局에서調查ᄒᄂ導掌處分에就ᄒ야公債証書를賜與ᄒ기로ᄒ엿다ᄂᄃ該公債條例ᄂ昨日官報에公布되깃더라

◎金融組合總況　政府에서隆熙元年末부터十三道各地方金融組合에對ᄒ야各其一萬圓式貸下ᄒ야設立케홈은一般共知어니와最近調查를據ᄒ즉十三道의組合數ᄂ一百個所오貸付金의現在額은四拾八萬二千六百八拾七圓이라더라

◎整理課移接　度支部土地調查局整理課에서ᄂ三昨日舊度支部分室로移接ᄒ엿다더라

◎谷田往來　日本憲兵司令官谷田은再昨日에憲兵隊長榊原等과共히仁川港에下往ᄒ엿다가同日午后에入京ᄒ엿다더라

◎運動預定　內部官吏一同이運動會를開ᄒ다ᄒ은旣報어니와位置ᄂ景福宮으로會費ᄂ二千六百圓으로預定하엿다더라

◎永宣賞春　永宣君李埈鎔氏ᄂ再昨日妓生數三名을帶同ᄒ고彰義門外에前往ᄒ야花柳를觀覽ᄒ고乘暮以歸ᄒ엿다더라

◎借款計劃　政府에서ᄂ本年度豫算에平壤礦業所擴張費四拾八萬餘圓과治道費百六拾壹萬圓을編入ᄒ엿ᄂᄃ此財額을取給키難ᄒ故로新借款을計劃ᄒ다ᄒ며度支部次官荒井의渡일은此案件을包含ᄒ이라더라

◎漏落更查　內部에서漢城府로指揮ᄒ야漢城內外各社祠를一々修報케하엿ᄂᄃ漏落處가多數ᄒ으로更爲論訓ᄒ고精查報來ᄒ라ᄒ얏다더라

◎一歸一留　일本代議士野田及貴族院議員松平은本일出발歸國ᄒ다ᄒ며同代議士秋岡改野ᄂ本일木浦로발向ᄒ야綿花栽培狀況을視察ᄒ다더라

◎調查會議　土地調查局에서ᄂ昨일에土地調查에關ᄒ重要會議를開ᄒ엿다더라

◎調查局裁判所　土地調查局에서ᄂ土地所有權係爭事件의裁判을爲하야七八名의職員으로特別裁判所를設置ᄒ다더라

◎護送費請求　濟州島居李永石氏等七名과突山郡居朴水杓氏等三名은漁業으로資生ᄒᄂ터인ᄃ去二月頃에風浪을因ᄒ야日本長崎縣에漂着ᄒ故로該縣知事가救護歸國케ᄒ고所入費七十九圓을支撥ᄒ라고統監府를經由ᄒ야政府에照會ᄒ엿다더라

◎請由嚴禁　江原觀察使李圭完氏ᄂ管下各郡守에게발訓ᄒ되親喪以外에ᄂ如干家累를因ᄒ야請由치말나ᄒ엿다더라

◎宜其繳消　利川郡市民들이別神굿을設行ᄒ次로該郡守에게請願ᄒ엿ᄂᄃ郡守ᄂ財政恐慌을慮ᄒ야不爲認許하엿더니市民들이何以周旋하엿던지該郡警察署의承認ᄒ지라該郡守가憤慨를不勝하야觀察道에請願ᄒ고該認許狀을期於繳消케ᄒ라ᄒ엿다더라

◎調查局新築　土地調查局에서ᄂ金四萬餘圓을投ᄒ야該廳舍를新築ᄒ다더라

◎調查順序　土地調查局에서ᄂ土地에對ᄒ順序로最初大三角測量을着手ᄒ기爲ᄒ야目下準備中이라더라

◎兩氏運動說　大韓協會會員權東鎭沈宜性兩氏가渡日ᄒ事ᄂ旣報어니와目下日本東京에在ᄒ야曾彌統監의留任과韓國의現狀維持를運動ᄒ다ᄂ說이有ᄒ다더라

◎他人尙憤　일本大阪每일新聞을據ᄒ즉韓일合邦問題가近者에盛히非律賓人의注意를喚起ᄒ야獨立熱이鬱勃ᄒ同島人士ᄂ韓人中에自願ᄒ야合邦論을提唱ᄒᄂ者가有ᄒ을聞ᄒ고其無精神ᄒ을痛歎ᄒ다더라

◎亦壹怪說　平壤鑛業所가改革됨은人所共知어니와某處에서ᄂ以爲ᄒ되韓일合邦이成立ᄒ後에ᄂ일本德山鍊炭所를廢止ᄒ고專혀平壤에서鍊炭을行ᄒ다고云ᄒ다더라

◎烟草產額　韓國烟草產額은年々其價格이約二百七拾萬圓에達ᄒ다더라

◎來少去多　韓國居留日人이韓國及自國間에郵便으로去來ᄒ金額의調查를據ᄒ즉昨年四日부터十二月ᄭ지日本에서韓國에來ᄒ金額이五十一萬三千一百圓이오韓國에서日本에渡ᄒ金額이七百五十四萬五千三百圓이라더라

◎東署修理　東部警察署를壹新修理하기爲ᄒ야日前부터工役에着手ᄒ엿다더라

◎吾鼻三尺　商務組合部長李學宰ᄂ財政의困難을因ᄒ야一進會長李容九를訪問하고金五百圓을請求ᄒ엿ᄂᄃ容九가答ᄒ야日本會에도經費가窘絀ᄒ야目下財政을運動中인즉隨機支給ᄒ터이니下回를第待ᄒ라ᄒ엿다더라

◎溺水之鬼　國民協成會에서ᄂ日前勞働者五百餘名을會員으로引入하엿고商務部長李學宰도入叅ᄒ엿다더라

◎宜其退却　國民同志贊成會에서ᄂ前叅判徐肯淳氏로總務長을選定ᄒ야望帖을繕送ᄒ엿ᄂᄃ卽時退却을遭하엿다더라

◎處處觀光　群山港에서도日本觀光團員을限五十人募集ᄒᄂᄃ韓人湖上商會代表人日人商業會議所代表一人과其他財產家로組織ᄒ고團長은湖上會總務金光濟氏로選定ᄒ야陰今廿五日에發程ᄒ터이라더라

◎日人民團合併　日人의京城龍山兩民團은合併ᄒ기로決ᄒ고調查委員會를去月三十日에開ᄒ엿다더라

◎墓地採礦　咸南安邊郡下道面浪城洞은該地居金氏의累世墳墓가在ᄒ되日人前田一作가該地段을測量ᄒ야礦產을採掘ᄒ으로該山所有者가農商工部에請願書를提出ᄒ엿다더라

◎無烟炭採掘　平壤鑛業所에서ᄂ目下三百名의役夫를使用ᄒ야無烟炭採掘에從事ᄒᄂᄃ採掘額이每日約百五十噸이오目下同所에貯積ᄒ炭量은約二萬噸에達ᄒ엿고本年度採炭額은六萬噸으로預定ᄒ엿다더라

◎進步總會　新組織ᄒ進步黨에서再昨日正午에創立總會를開ᄒ고臨時會長鄭圭煥氏가出席ᄒ고黨員文鐸氏가該會趣旨를說明ᄒ고總裁ᄂ閔泳韶氏로副總裁ᄂ李基東氏로其他幹事議事員等을選定ᄒ엿다더라

◎露國教堂宴會　貞洞希臘教教堂에서ᄂ去月廿九日ᄶ식크名節宴會를設ᄒ야再昨日終了ᄒ엿ᄂᄃ馬山港駐在露國領事도叅會하기爲하야去月二十八日에上京ᄒ엿다더라

◎通民鳴冤　通津郡은隆熙二三年度에旱災를連値ᄒ은一般知了ᄒᄂ바어니와該地驛屯土賭租를人民等이尙今徵納지못ᄒ으로所管財務署에서現方督棒中이라ᄂᄃ人民은聯名ᄒ야代表者義晉氏等이日昨度支部에鳴冤書를提出하엿다더라

◎順民判決　順川市場稅反對事件으로被捉ᄒ該地人民二拾六名은平壤地方裁判所에서去月卅日午前拾時에判決言渡ᄒ엿ᄂᄃ終身懲役一名、懲役拾五年一名、仝拾年二名、仝七年一名、仝三年二名、仝二年二名、仝一年四名、仝拾個月一名、笞一百八名、懲罰二名(婦人)인ᄃ被告等은皆不服ᄒ고上級裁判에控訴ᄒ다더라

◎楊市脅戒　楊市事件으로處刑在獄ᄒ던人氏中에向일脫獄을圖ᄒ다가二名이被殺ᄒ엿다ᄒ은已報어니와該二名은趙春國韓永述兩氏오同事件으로處刑된金基享氏ᄂ仍히出獄避走ᄒ엿ᄂᄃ某處에서ᄂ此가黃菊保氏의何等計劃을傳達키爲ᄒ이라ᄒ야目下楊市附近을嚴重警戒ᄒ다더라

◎看守被殺　일前延일灣에서燈臺看守일人壹名이海賊의게被殺ᄒ엿다더라

◎青館演說　今일下午八時에鍾路青年會館에서崔聖模氏를請邀ᄒ야青年之活動이란問題로演說ᄒ다더라

電報

◉典獄會議　日本全國典獄會議ᄂ昨日午前十時부터開會ᄒ야司法大臣의諮問ᄒ諸事項에就하야擬議ᄒ엿다더라

◉日人拒絶　八幡丸으로渡航ᄒ일人木工四拾七名은今番比律賓馬尼刺港에서上陸拒絶을當ᄒ엿ᄂᄃ此ᄂ排斥事件에關ᄒ이라더라

以上東京發　一日着

◉曾彌消息　曾彌統監의病狀은如舊ᄒ고歸任ᄒ時期ᄂ未定이라더라

東京발　二일着

◉中尉自白　向者墺都에서叅謀本部將校를毒殺ᄒ소루비히제히中尉ᄂ毒藥輸送ᄒ事를自白ᄒ엿다더라

◉土耳其演說　土耳其[illegible]ᄂ今番아비시니아人을屈壓ᄒ기爲ᄒ야援兵四萬五千人을派遣ᄒ엿다더라

◉伊相演說　伊太利總理大臣카조아[illegible]氏ᄂ演說을試ᄒ야三國同盟의[illegible]說하고또德國宰相뻬트만홀웨히氏來訪說에言及ᄒ고伊墺兩國大臣의關係를言하야伊太利ᄂ德墺와親交誠實ᄒ旨를陳述하엿다더라

以上伯林발　一일着

▲花　詞藻

▲方春三月好時節　花花雨가지나가고卄四風이불어오니千紫萬紅이江山은花世界가되엿네고나三層樓에놉히올나無限春色구경ᄒᆯ재眼光이[illegible]ᄒ야花譜一帖이[illegible]

▲ᄒᆫ곳에를바라보니[illegible]公卿名宰핀왓은徃[illegible]秋로다東君의게阿諂ᄒ야九拾行色[illegible]朝開[illegible]續復ᄒ키拾ᄒ紅이엽엇스니富貴[illegible]花가니眼中에빗쳐오네

▲또ᄒᆫ곳을바라보니[illegible]李가[illegible]春에[illegible]狂蝶[illegible]嬌含態情非[illegible]散[illegible]愁어이ᄒ라靑[illegible]花가니眼中에빗쳐오네

▲또ᄒᆫ곳을바라보니[illegible]봉[illegible]을미친쫏은이슬[illegible]太[illegible]向[illegible]多情[illegible]生香[illegible]섯이나靑[illegible]頭[illegible]가니眼中에빗쳐오고

▲또ᄒᆫ곳을바라보니二[illegible]大地녀너쑷은錦綉[illegible]고나許名[illegible]四[illegible]枝ᄂ은[illegible]香　朝凌[illegible]顔色이[illegible]ᄒ쇼나靑丘江山無窮花가니眼中에빗쳐온다

社告

[illegible]主金參이本申報購覽에便宜지爲ᄒ야本支社를左開兩處에設置ᄒ고五月一日부터發送하오니各其附近地에서本報購覽ᄒ실 僉君子ᄂ左開兩氏와交涉請求ᄒ시옵

公州府 古上衛編書館 柳樂培

恩津 論山浦雜貨店 張允榮

大韓每日申報社

雜報

○政友開會 政友會에서ᄂ來八일에開會ᄒ다더라

○烟商運動準備 梨峴及往十里居ᄒᄂ烟草商들은聯合大運動會를開ᄒ次로目下準備中이라더라

○東一春蚕 東一작蚕所에서ᄂ洪川郡에春蚕을經營ᄒ次로義州居李完求氏의게委托ᄒ야淸人十壹名을敎師로聘來ᄒ고蚕種은十二方作業ᄒ것을買來ᄒ엿다더라

○金鑛得認 安邊居李夏전李辰玉吳永錫等諸氏ᄂ該郡古城面金鑛을請願得認ᄒ엿다더라

○留學生歡迎宴 日本東京大學에서卒業ᄒ朴炳哲郭漢卓姜基三氏가不遠間歸國ᄒ더인故로湖南學會에서特別歡迎宴을準備中이라더라

○面長被殺 去月十八日에義兵將鄭敬泰氏가部下數拾名을率ᄒ고蔚珍郡西面後洞에突入ᄒ야同面々長張斗儀氏와其從者一名을執ᄒ여曰汝ᄂ我陣의行動을日兵에게密告ᄒᄂ者라ᄒ고卽時殺害ᄒ엿다더라

○義將消息 麟田積城等地에橫行ᄒ던義兵將延起羽姜基東兩氏ᄂ近日來去處를不知라ᄒ며洪元裕金聖瑞兩氏가部下兵四五拾名式領率ᄒ고該地方에逗留ᄒᄂ다더라

○李氏自殺 長水郡主事李明求氏ᄂ何事件을因ᄒ인지去月廿四일夜에自縊致斃ᄒ엿다더라

廣告

西署龍山坊麻浦一百六十五統十戶草家十四間舊文記七丈을不知中서失故廣告하오니誰某拾得하와도休紙施行홈

家主 金春弘

本人이丁未三月十一日分에二十五歲된高氏女를迎聘爲妾인바右病無嫉라가本人이自治하와己酉四月分에方有身氣中五月十九日은父親忌祭日故로參祭次로往于舍兄宅이러니該女가己酉五月廿八日에歸于本家ᄒ야改嫁趙氏키로置而不覔이옵더니二月七日에生子ᄒ니天理攸昭에倫不可棄라衆目所視에迹不可掩이기로玆에廣告홈

義州々內黔洞醫員金命說告白

本人去二月二十七日金寬鉉正字圖草서失故改名寬秀로稱ᄒ옵기玆以廣布而內外國人은知悉홈

平北龍新平 金寬秀 告白

本人이陰三月拾九日에圖章을見失ᄒ엿삽기玆에廣告홈

忠北淸州南壹面莊岩 權駿澤 白

京西部車洞同和藥房

本國藥材、洋製、各病效、用、價、國漢文、可刊出、作封、雖婦女、郵便請求、買賣

閔樞 白

○特別大廣告

大韓酒類가淸濁燒藥四種에無過이온바米麴비釀이既無良能ᄒ야酒業이發達치못ᄒ더니松露栢露兩酒를開城孫友在氏가外國의精規와本國의要素를參酌取得ᄒ여新發明이온바松露의酒味ᄂ本國藥酒보다色味濃艶ᄒ고味甚香醇ᄒ며栢露의酒味ᄂ本國燒酒보다精소香烈ᄒ니終日把盃라도口逆頭痛이少無ᄒ야乃一般之實驗公認이옵기玆以廣告ᄒ오니內外國僉彥은陸續沽飮ᄒ시옵 但誰某시던지販賣코지ᄒ시거던本所로來議ᄒ시면特別割引으로酬應ᄒ깃ᄉᆞ고遠方이라도輕便輸送ᄒ깃삽

開城北部沙峴四十六統九戶

松露第二釀造所 告白

本人이東萊府沙下面槐亭洞居宋周默의所有ᄒ金海郡大下面麥島洞李行島蘆田壹庫証明書를本年陰庚戌三月十五日에逢賊見失ᄒ엿스오니或有挾雜輩欲爲매買與典執之事라도內外國人은切勿見欺홈

東萊府沙上面甘田洞金首汝白

本人이以八耋痹病으로一不參會世所共知而去三月二十七日國民協成會員二人이來傳該會長望粘故辭以老病繳還至三四次更無相關矣三昨日每日申報皇城新聞及四昨日國民新報에本人이陳情書를提出하엿다ᄂ等說을揭載인바此必協成會之冒錄也事共無據ᄒ야玆以廣告홈

李正魯 廣告

地方通信販賣部大擴張

○學部編纂敎科用圖書

○各種敎科及參考書類

▲本舘發兌書籍目錄及注文規程[illegible]請求無料郵呈홈

○自他出版及元寶書籍

○地圖及小說襍書書類

特約割引券進呈

京城中部罷朝橋越邊卅八、二戶

韓國振替貯金口座 第貳六八番

中央書舘 朱翰榮

本社에서左開物品을機關으로織紐ᄒ와廉價販매ᄒ오니京鄕商業僉位ᄂ隨意請求ᄒ심을務望

物品

腰帶 丹任 囊纓 珮物纓

香纓 挾囊纓 網纓各色

京城南部南小洞京城織紐

合名會社 告白

本人에父孫永信氏死後에白紙家券을ᄎ진즉不知中서失이옵기로玆以廣告하오니誰某拾得ᄒ와도休紙施行홈

西署龍山坊甕里上契十七統十戶

孫秀連 告白

閔雨植大人議官泳夏氏以宿患陰三月十五日巳時別世玆以廣告

密陽巴西 護喪 閔尙植 白

本店에서靑坡布木廛金星七處推次當坪一萬二百六十三兩七錢五分內에三千五百兩先上ᄒ於音一片을路中遺失ᄒ엿스니誰某拾得ᄒ야도休紙施行홈

南門內

興順盛 告白

◉新刊 庸學廣告

中庸集註 全一冊卄五錢

大學集註 全一冊十五錢

發賣所 皇城中部布屛下三十七統六戶

廣學書舖 金相萬

京鄕各書舖

廣告文을一覽ᄒ시옵

◉廣告

本店에서開業ᄒ지有年에僉君子의愛顧ᄒ심을特蒙ᄒ와今年부터業務를大擴張ᄒ고內外國各種紙物과其他學校用品을直輸入ᄒ와地方同業僉位와其他僉彥에게特廉減價로酬應ᄒ깃사오니不拘多小ᄒ시고註文만ᄒ시면數量을從ᄒ와郵便代金引換小包와或運送部를經ᄒ야迅速히付呈ᄒ깃숨

(品目畧錄)

本國紙部

大壯紙 籠扇紙 粉白紙

見樣紙 胡尺紙

慶州紙 書原紙 三貼紙

淸風紙 油芚板紙

書畵其他各種

外國紙部

洋紙 天井紙 色紙 模造紙 牛紙 古査紙 書簡紙 封套紙 印札紙 美濃紙 馬粉紙 圖紙

其他各種

右物을都賣散賣홈

京城鍾路大廣橋 內外國紙物貿易商

本店 金聖煥 (電話一二八〇)

京城中部安洞別宮前

支店 金瑢鎭

모자를솔로

물에씻는상

貨幣、名함、卷煙草匣、各種使用品入

[illegible]告

[illegible]放賣

[illegible]ᄒ고萬[illegible]ᄒ나뎌조타ᄒ々東西洋에加林如雲ᄒ[illegible]家와經濟家ᄂ[illegible]鮮ᄒ白총帽子를頭上에冠戴ᄒ고登[illegible]舞ᄒ니觀光ᄒ소서

天ᄒ聖[illegible]後에新發明총帽子가[illegible]不服ᄒ더니研究의効果가今年에ᄂ果然完[illegible]ᄒ야數[illegible]年을經過ᄒ야도毁傷ᄒ이無ᄒ더이니經濟上에必要ᄒ이天下에第一이올시다

총帽子가塵汗에汚하거든溫水에十分時間만沈ᄒ야(소다로滌洗하야方正을隨意作樣ᄒ야乾後에戴ᄒ면精潔如新ᄒ야衛生上에必要ᄒ이天下에第一이올시다

現今工商은確實止直ᄒ信用으로標準을作ᄒ이니國內同胞와各國紳士ᄂ不及之歎이無케速々請求ᄒ소서

衛生과經濟가天下에第一되ᄂ총帽子를사[illegible]에一個人이라도不及買得ᄒ시면遺憾이不無ᄒ더인故로突飛大放賣ᄒ을世界에向ᄒ야急告ᄒ나이다

專賣特許총帽子發賣店

京城南大門通銅峴卄五統五戶 玉虎書林

京城中部大寺洞 廣韓書林

京城中部典洞營門前 雜貨商店崔秉均

平安南道平壤大貿洞十隅 光明書舘

慶尙北道大邱北門外 東美運送部

黃海道鳳山郡沙里院朝陽書舘

全羅北道全州郡靑石橋 西山書舘

咸鏡北道城津港 漸新書林

慶尙南道釜山港東關韓[illegible]書舘

米國桑港 少年書舍

俄領浦塩斯德 崔鳳俊店

光武九年八月十一日 明治三十八年八月十一日 第三種郵便物認可 水曜日 西曆一千九百十年五月四日 (一)

檀君開國四千二百四十三年
箕子元年三千三十二年
大韓開國五百十九年
本報創刊日 光武八年七月十八日

大韓每日申報

第八卷 月曜及慶節歲時日休刊 第一千三百七十七號
發行兼編輯人 英國人 萬咸
Responsible for Publication Alfred Weekley Marnham
發行所 京城南部石井洞三層洋屋 大韓每日申報社

論說

◎實業界의韓日人競爭 續

（一） 鑛業

韓國은鑛業의天然府庫라金이産ᄒᆞ며銀이産ᄒᆞ며銅이産하며鐵이産ᄒᆞ며鉛이産ᄒᆞ며錫이産ᄒᆞ며石炭이産ᄒᆞ며黑鉛이産ᄒᆞ며水銀이産ᄒᆞ며亞鉛이産ᄒᆞ며其他各種의鑛物이産ᄒᆞ야其鑛區ᄂᆞᆫ豊富ᄒᆞ며其品質은優美ᄒᆞᆫ지라然ᄒᆞᆫ디挽近日人鑛業者의勢力이洪水ᄀᆞᆺ치驅來ᄒᆞ야到處에閃々ᄒᆞᆫ亂斧로鑛山을剝ᄒᆞ며轟々ᄒᆞᆫ爆藥으로鑛穴을穿하ᄂᆞᆫ지라試ᄒᆞ야昨年末現在의韓日人鑛業狀況을擧ᄒᆞ건ᄃᆡ

鑛業許可件數

地方	韓人	日人
京畿道	七	十六
忠南	七	三十二
忠北	七	三十五
全南		三
全北		九
慶南	三	六十七
慶北	六	三十三
黃海道	十一	二十五
江原道	八	十三
平南	十六	四十五
平北	七〇	八十一
咸南	一〇	二十八
咸北		十二

如斯히日人의鑛業許可件數ᄂᆞᆫ實로三百九十九에達ᄒᆞ고韓人의鑛業許可件數ᄂᆞᆫ僅히一百四十五에不過ᄒᆞ니彼日人鑛業界의勢力이如何ᄒᆞᆫ것을또ᄒᆞᆫ可히知得ᄒᆞᆯ지라噫라山이寶를藏ᄒᆞ며水가貨를秘ᄒᆞ야今日에至ᄒᆞᆫ것은彼大坂兒를爲ᄒᆞ며九州子를爲ᄒᆞᆷ이아니어ᄂᆞᆯ畢竟彼가任意로鑛鑰을執ᄒᆞ고庫門을開하야車로輸去하며船으로輸去하ᄂᆞᆫ디此韓國同胞ᄂᆞᆫ其競爭의鋒이微弱ᄒᆞ야自家府庫의物을無難히他人에게讓與ᄒᆞᆯ뿐이오

（二） 商業

韓國은商業國이아니라商業制度가完全치못ᄒᆞ며商業能力이發達치못ᄒᆞ야實로幼稚時代에在하거날挽近開港以後로彼日人商民의勢力이漸々膨脹ᄒᆞ다가數年來時局風雲이愈變ᄒᆞ미彼의商業界競爭이愈烈ᄒᆞ야都會巷里를勿論ᄒᆞ고彼의勢力이密布ᄒᆞ며陸商海賈를勿論하고彼의勢力이橫絶ᄒᆞ야大市小邑에看板을亂揭ᄒᆞᆫ것은彼의店舖오南港北浦에帆檣이林立ᄒᆞᆫ것은彼의船舶이라於是乎彼ᄂᆞᆫ揚揚得意의鋒으로韓人商業界를凌踏ᄒᆞ며또彼가個人뿐으로만競爭을試ᄒᆞᆷ이아니라團體를結하야或會社를設ᄒᆞ며或組合을設ᄒᆞ며또或商業會議所를設ᄒᆞ야强大ᄒᆞᆫ勢力을發揮하니試ᄒᆞ야昨年末現在日人會社組合의狀況을看ᄒᆞ건ᄃᆡ會社가一百六十二오組合이四十이며또京城仁川釜山元山鎭南浦木浦群山大邱馬山淸津等地에다日人商業會議所가有ᄒᆞᆫ지라以故로彼ᄂᆞᆫ愈々히商業界의勝利를博ᄒᆞ야金融은彼의籠絡하ᄂᆞᆫ바되며物貨ᄂᆞᆫ彼의操縱하ᄂᆞᆫ바되엿도ᄃᆞ

噫라元來韓國이日本에對ᄒᆞ야輸出은少ᄒᆞ고輸入은多(昨年度韓國對日本의輸出額은一千二百十五萬八千八百八十五圓이오輸入額은二千百八十一萬四千九十一圓이라)하며또其他政治影響을因ᄒᆞ야經濟狀況이日困ᄒᆞᆫ中에兼此韓國內日人商民의競爭力이如斯ᄒᆞ거날此韓國同胞의商業界雄飛時代ᄂᆞᆫ오히려其期가無ᄒᆞ야全國商業界의利益이畢竟彼의掌握에歸ᄒᆞᆯ뿐이오 （未完）

官報

隆熙三年十一月十三日

內閣告示第四十三號 續

○勅令第三百號

(明治四十二年十月二十三日)

特許辨理士令

第十七條 特許辨理士로犯罪又ᄂᆞᆫ其業務에關ᄒᆞ야不正ᄒᆞᆫ行爲나或은太甚ᄒᆞᆫ怠慢이有ᄒᆞᆫ時ᄂᆞᆫ主務大臣이左開處分을ᄒᆞᆷ을得ᄒᆞᆷ

一 業務의禁止

二 一年以內業務의停止

附 則

本令은特許法施行日로부터此를施行ᄒᆞᆷ特許代理業者登錄規則은此를廢止ᄒᆞᆷ

舊特許法第四十五條、第四十七條、舊意匠法第十七條、第十九條、舊商標法第十六條、第十七條、舊實用新案法第四十六條、第四十八條又ᄂᆞᆫ特許代理業者登錄規則第十五條의罪를犯ᄒᆞ고刑에處된者로刑의執行을終了ᄒᆞ거나又ᄂᆞᆫ其執行을受ᄒᆞᆷ이無ᄒᆞ게된日로부터三年을經過치아니ᄒᆞᆫ時ᄂᆞᆫ特許辨理士됨을不得ᄒᆞᆷ

特許代理業者登錄規則을依ᄒᆞᆫ特許代理業者名簿ᄂᆞᆫ本令을依ᄒᆞᆫ特許辨理士登錄簿로看做ᄒᆞᆷ

○勅令第三百一號

(明治四十二年十月二十三日)

特許、意匠、商標又實用新案에關ᄒᆞᆫ審判、抗告審判及出訴에關ᄒᆞᆫ費用件

第一條 特許、意匠、商標及實用新案에關ᄒᆞᆫ審判及抗告審判의費用負擔에對하야ᄂᆞᆫ民事訴訟法第七十二條乃至第七十八條、第八十條乃至第八十二條、第八十三條第一項及第八十六條의規定을準用ᄒᆞᆷ但再審査의査定에對ᄒᆞᆫ抗告審判費用의負擔에對ᄒᆞ야ᄂᆞᆫ此限에不在ᄒᆞᆷ

第二條 再審査의査定에對ᄒᆞᆫ抗告審判에關ᄒᆞᆫ費用은各當事者自辨으로ᄒᆞᆷ

第三條 審判、抗告審判及抗告審判에對ᄒᆞᆫ出訴의費用額에對ᄒᆞ야ᄂᆞᆫ民事訴訟費用法을準用ᄒᆞᆷ

附 則

本令은特許法、意匠法商標法及實用新案法施行日로부터此를施行ᄒᆞᆷ

舊特許法、舊意匠法及舊商標法의規定을依ᄒᆞ야審決이有ᄒᆞᆫ者에對ᄒᆞ야本令施行後에決定ᄒᆞᆫ費用에關ᄒᆞ야ᄂᆞᆫ從前例를依ᄒᆞᆷ

(以下略)

外報

◎露使照會 駐淸露國公使ᄂᆞᆫ淸國이松花江交通에關하야規定ᄒᆞᆫ船舶條例를露國에서ᄂᆞᆫ否認ᄒᆞᆷ으로本年七月一日까지限ᄒᆞ야條約上露國權利에適合ᄒᆞ도록條例를更히製定ᄒᆞ기를要求ᄒᆞ되萬一淸國에서此를不應ᄒᆞᄂᆞᆫ境遇에ᄂᆞᆫ露國은限定ᄒᆞᆫ日부터自由行動을取ᄒᆞ고且旣往에支撥ᄒᆞᆫ航路使用料의償還ᄒᆞᆷ을要求ᄒᆞᆷ이可ᄒᆞ다ᄂᆞᆫ本國政府의訓令을受ᄒᆞ엿다ᄂᆞᆫ旨로淸國外務府에照會ᄒᆞ엿다더라

◎爆彈犯人處刑 淸國攝政王宮爆烈彈事件의首謀者汪兆銘及連累者黃[illegible]嘉ᄂᆞᆫ終身監禁에處ᄒᆞ고又同犯人羅某ᄂᆞᆫ十年禁錮에處ᄒᆞ엿다더라

◎攝政王惜才 淸國攝政王宮爆烈彈事件에首謀者汪兆銘以下를審問ᄒᆞ야裁決ᄒᆞᆫ事ᄂᆞᆫ別項과如ᄒᆞ거니와當時에審問官이汪에對ᄒᆞ야目下立憲을宣布ᄒᆞ엿ᄂᆞᆫ디何故로政府를顚覆코져ᄒᆞ엿나뇨ᄒᆞᆫ디汪은此問에對ᄒᆞ야所謂立憲은有名無實ᄒᆞ야國民을瞞過ᄒᆞᆷ에不過ᄒᆞ니現政府를轉覆ᄒᆞ야大革命大掃除를不行ᄒᆞ면國家를保全치못ᄒᆞᆯ지며此를整理코져하면他에適當ᄒᆞᆫ人物이有ᄒᆞᆫ지라余ᄂᆞᆫ破壞主義의失敗者로라고縷々數千言의意見書를提呈하엿ᄂᆞᆫ디攝政王은右意見書를一覽ᄒᆞ고其才學을深惜ᄒᆞ야此를優待ᄒᆞ고死刑을勿施ᄒᆞ라ᄂᆞᆫ訓令을發ᄒᆞ야肅親王의審問結果로終身監禁에處ᄒᆞ엿다더라

◎土國內亂蔓延 屢報ᄒᆞᆫ土國알빠니아地方의叛亂은益々蔓延ᄒᆞ야叛民은카차니크嶺을占據ᄒᆞ야堅守不降ᄒᆞᆷ으로土國軍兵은此를包圍ᄒᆞ엿다ᄂᆞᆫ디同嶺은極險且要ᄒᆞ야第二사모피레(往古希臘人이사모피레嶺에서波斯大軍을抵抗ᄒᆞ던有名ᄒᆞᆫ處)라稱ᄒᆞᄂᆞᆫ咽喉地오又該叛民의中心이라稱ᄒᆞᆫ者ᄂᆞᆫ卽[illegible]者의土耳其廢帝在位時의禁衛軍으로王宮에駐屯ᄒᆞ엿다가其後解散을當ᄒᆞᆫ알빠니아人等이라ᄒᆞ며土國政府에서ᄂᆞᆫ此叛亂을鎭壓키爲하야五萬五千名의軍을動兵ᄒᆞ엿다더라

◎廣西赤亂 淸國廣西省慶遠府南丹州에ᄂᆞᆫ暴徒가蜂起ᄒᆞᆷ으로目下討伐中이라더라

◎革命黨偵探 淸國政府에서黑龍江省에革命黨員이潛伏하엿다ᄂᆞᆫ密電을黑龍巡撫에게發하엿合으로目下同地에嚴重히探査ᄒᆞᄂᆞᆫ中이라더라

學界

◎和民怨咨 三和港公立學校에서去月十五부터十九日ᄭᆞ지公私立各學校聯合學藝品展覽會를經過ᄒᆞ엿ᄂᆞᆫ디該浮費를[illegible]四面內에逐戶排斂ᄒᆞ며或面里長中挾雜輩ᄂᆞᆫ此機會를乘ᄒᆞ야濫數排徵ᄒᆞᄂᆞᆫ弊가有ᄒᆞᆷ으로窮民情이[illegible]怨咨ᄒᆞᆫ다더라

◎三氏知務 竹山郡近三面杜坪居李興夏李範遵李範寬三氏ᄂᆞᆫ勞働夜學校를設立ᄒᆞ고該洞人民을熱心敎育ᄒᆞᄂᆞᆫ디一般經費를自擔ᄒᆞᆫ다더라

◎全氏義捐 [illegible]南[illegible]川郡中原[illegible]居[illegible]寬俊氏ᄂᆞᆫ早喪父母ᄒᆞ고勞働으로[illegible]ᄒᆞᄂᆞᆫ디該[illegible]勞働夜學校經費가[illegible]ᄒᆞᆷ을聞ᄒᆞ고金貨[illegible]圓을竭力辦出ᄒᆞ야寄付ᄒᆞ엿ᄂᆞᆫ디該氏의敎育界義務ᄂᆞᆫ今世에[illegible]ᄒᆞᆫ事라고人皆稱頌ᄒᆞᆫ다더라

◎[illegible]漸進 [illegible]南[illegible]原郡鎭海私立[illegible]明學校ᄂᆞᆫ該郡尹申[illegible]鏻氏와[illegible]紳士[illegible]成ᄒᆞᆫ効果로校[illegible]漸々進就하ᄂᆞᆫ지라去月十八日에[illegible]試驗을經ᄒᆞ고進級證書及褒證書授與式을行ᄒᆞ엿ᄂᆞᆫ디[illegible]優等生이二十九人이오校監李滋幸氏ᄂᆞᆫ書冊及毛筆鉛筆石筆石板空紙等物品으로施賞ᄒᆞ엿다더라

學報

◎曾昌卒業 黃海道金川郡江北面助浦私立普昌學校에서去月十九日에第壹回卒業式을擧行ᄒᆞ엿ᄂᆞᆫ디高等科卒業生은池永斗李鍾和安慶模朴東日尋常科卒業生은朴[illegible]燦金萬株趙晟濬梁岐鳳李性浩朴東華金鵬鎬張泰仁

詞藻

◎우리손에◎

그리고스모ᄒᆞ던、同志者를셔로맛나。
지난일을說話ᄒᆞ며、將來事를議論ᄒᆞ니。
괴필코、國家의興復이、우리손에。

宮廷彙報

◉高等官祇送迎 明日은 大皇帝陛下의 親耕動駕ᄒ신故로一般高等官吏가上午九時敦化門前에셔 祇送ᄒ고下午三時三拾分에는城門外에셔 祇迎훈다더라

◉從耕諸臣 東籍田 親耕式에從耕諸臣은 義親王以下皇族이六人이오各部大臣五人이오其他宮內府中樞院等官吏가合二十一人이오日人官吏가二名이라더라

◉農相視察 宮內府의指揮로先農壇附近에 御幕을目下設備中이오農大趙重應氏는昨日下午二時에東籍田에前往하야擧行節次를視察以歸ᄒ엿다더라

◉學徒祇送迎節次 東籍田親耕式에關ᄒ야學部에셔各官公私立學徒의 祇送迎節次를決議ᄒ엿는ᄃ中等程度學校는職員及學徒各拾名이陪觀케ᄒ고其他各學校는半數로分排ᄒ야一半은 敦化門前에셔 祇送만ᄒ고一半은東門外에셔 祇迎만ᄒ게ᄒ엿다더라

◉皇儲行啓說 韓國 皇太子殿下께셔는來七八日頃에日本京都園山等地에 行啓ᄒ옵신다더라

雜報

◉大臣閣會 昨일統監府에셔大臣會議를開하엿다더라

◉參與會議 昨일統監府에셔定例參與官會議를開하엿다더라

◉在野家非難 曾禰統監의病을秘密에附ᄒ고歸任期를발表치아니홈으로此는日本華族間에私情으로써國事를等閑히視훈다ᄒ야在野政治家中에셔桂首相을非難ᄒ는者가多ᄒ다더라

◉歷訪大臣 進步黨總成閔泳린副總裁李起東兩氏는去二일에各大臣을訪問하고進步黨贊成ᄒ기를請求ᄒ엿다더라

◉總相療養說 總相李完用氏는被刺餘症이種種발ᄒ야行動이不便홈으로不遠間東萊溫泉에前往ᄒ야療養훈다는說이有하다더라

◉統計年監配付 統監府에셔는統計年監이라는冊子를발刊하야各官廳에一部式配付ᄒ엿다더라

◉漁業審査會 本일부터農商工部에셔巨濟濟州及平北附近漁場에關훈審査를開훈다더라

◉慰勞金提議 間島統監府出張所에勤務ᄒ던醫師姜根道氏에게慰勞金二百餘圓을支給ᄒ기로內部에셔提議ᄒ엿다더라

◉魚市監督說 農商工部에셔는漁政課長日人庵原의報告를依ᄒ야魚市場에關훈監督規則을制定ᄒ기로協議中이라더라

◉社寺修報 全南觀察使申應熙氏는管下各郡의社寺建物及寶器를一一調査ᄒ야內部로修報ᄒ엿다더라

◉李氏出發 學部繙譯官李完應氏와事務官日人柳田은日本福岡及名古屋共進會에教育에關훈出品件을視察하기爲하야本日에발程渡日훈다더라

◉日人主事赴任 新任日人道部主事中既히渡韓훈者가道主事拾名郡主事拾餘名인ᄃ皆日間赴任훈다더라

◉露領事入京 馬山駐在露國領事와시리에스氏는時局事에關훈南韓地方事件을携帶ᄒ고경城駐在同國總領事와協議ᄒ기爲ᄒ야去月卄九일에微行으로入京ᄒ야日下同總領事館에留在훈다는ᄃ當地狀況에關훈統一的報告를本國에발送훈다더라

◉美記者訪問 일前入京훈美國紐育헐알드新聞記者아라슨氏는昨일에警視廳及西部南部兩警察署를訪問하엿다더라

◉開廳과一事 本年度에增設ᄒ는警察署拾七個所와駐在所八個所는來拾九일開廳ᄒ기로決定하고該官舍建築上事는駐在所二個所를除훈外에는本年內에完成ᄒ기로預定혓다더라

◉教育學出板 學部에셔編纂ᄒ던普通教育學은既히出板되엿는ᄃ一般教員을養成하기로目的ᄒ고現行普通學校令과同施行細則을添附ᄒ야讀者의叅考에供케하엿다더라

◉學宰被招 商務組合部長李學宰는何事件을因홈인지再昨日日憲兵司令部에被招ᄒ엿다더라

◉偵探父擔 李學宰는近日某處의偵探事務를擔任ᄒ야晝夜奔走훈다더라

公判延期

李在明의公判期를本일로定ᄒ엿더니其辯護를擔任훈安秉瓚李冕宇兩氏가事實과證據를調査ᄒ기爲ᄒ야延期申請이有훈故로更히來拾三일頃에開廷ᄒ기로延期ᄒ엿다더라

◉囚人面會 再昨일午前拾時頃에李在明의夫人吳仁星氏와金貞益의持親李召史와朴泰殷의父親朴鍾燦氏등이鍾路拘置監內에서在囚人등을面會ᄒ엿다더라

◉辯護準備 辯護士安秉瓚李冕宇兩氏는辯護의準備ᄒ기爲ᄒ야昨일부터李在明金貞益등의訴訟記錄을謄寫훈다더라

◉鄭氏謝絕 政友會員高義駿閔元植兩氏는去二일에鄭雲復氏를訪問ᄒ고政友會에入叅ᄒ기를勸誘ᄒ엿는ᄃ鄭氏가謝絕ᄒ엿다더라

◉一牌又歸 平北各學校職員中拾餘名이組織훈日本觀光團은渡日ᄒ엿다가再昨夜歸京하엿는ᄃ學部에셔昨日下午一時에該團一同을師範學校內로請邀ᄒ야歡迎會를設行ᄒ엿다더라

◉美士觀覽 目下滯京ᄒ는美國著述家갈리어氏는再昨日京城內各官公立學校를觀覽ᄒ엿다더라

◉宣教師渡韓說 美國宣教師七十五人은韓國內에耶蘇教를擴張ᄒ기爲ᄒ야來六日頃에渡韓훈다더라

◉俱樂園寶票 漢城俱樂園에셔는일間부터入場券을發매훈다더라

◉廟物轉移 神宮敬義會에셔國祖를奉安홀次로昨日上午拾二時에該會會員이度支部官吏와北關廟에前往하야所有器具物品及龍袍刻帶와前後褘帳等緊要物品을一一히他處로移去ᄒ엿다더라

◉元氏西行 宣教師元杜尤氏는再昨日平壤으로발向ᄒ엿다더라

◉李氏將訴 開城郡居李昌祿氏의姪女가年前에輔國閔泳徽氏에娶海州집에게自賣ᄒ엿는ᄃ該女가近日贖身ᄒ기를懇請훈즉海州집이堅執不許하는故로金三拾圓을海州집寢室內에佯置逃避ᄒ다가被執ᄒ야重刑을被ᄒ엿슴으로李氏가[illegible]判所에起訴홀次로目下準備中이라더라

◉徐氏起訴 華川郡居徐相緯氏는昨年에從一品崔秉周氏에게七袘及山坂을見奪홈이有하다ᄒ야推覓次로日昨地方裁判所에起訴하엿다더라

◉倭城招魂 京城에居留ᄒ는일人民團에셔는來六일上午拾時倭城臺에셔戰亡훈일本兵卒의招魂祭를設行훈다더라

◉일隊習射 京城駐在일憲兵分隊에셔는昨일上午八時東大門外射的場에셔射擊練習을行ᄒ엿다더라

◉義兵交戰 去卄?일에楊州등地에셔姜基東田聖瑞兩氏가部下拾六名을率ᄒ고桃山일憲兵과交戰하엿다더라

◉公郡火害 再昨日下午一時에公州郡居留일人高島家에셔失火ᄒ야韓人家屋二拾八戶와日人家屋三拾二戶와淸人家屋拾一戶가延燒ᄒ엿다더라

◉被俘旋還 十餘日前에義兵將延起羽氏가部下四十餘名을率ᄒ고江原道鐵原郡東面寺地로過去훌際에該面新內酒店에日憲兵補助員等七名이來留훈다는說을聞ᄒ고虛實을探知코ᄌᄒ야延氏가隻身潛往ᄒ엿다가日憲兵에게被捉ᄒ엿는ᄃ延氏의部下一人이其過期不來홈으로不虞의所遭가有홈을揣度ᄒ고部下隨從者十七人을帶同하고該酒店에直入ᄒ야日憲兵等의兵器를掠奪ᄒ고延氏를救回하엿는ᄃ護送兵七名中二名은逃走ᄒ고五名은蹤跡이不明ᄒ다더라

◉李氏放免 前協辦李根培氏의令男이殺人嫌疑로被捉됨은已報ᄒ엿거니와其連累者五名과共히去月三拾日에無事放免되엿다더라

電報

桂相訪問

日本總理桂太郞은日間片瀨에往ᄒ야曾彌統監을訪問훈다는ᄃ今番會見後에는統監에關훈一段落을見ᄒ리라더라

觀光團着日

韓人觀光團拾六名은本日日本東京에入ᄒ엿다더라

印度王着日

印度바로다王은昨日日本橫濱에來着ᄒ엿는ᄃ來拾五日頃에東京에入훈다더라

루妹著日

美國前大統領루스벨트氏의令妹一行은昨夜日本東京에入ᄒ엿다더라

日團渡淸

渡淸日人實業團은來六日釜山에到着ᄒ야京城仁川平壤等地를次第觀覽ᄒ고來拾二日淸國安東縣으로向훈다더라

以上東京발 二日着

山縣急行

日本山縣公은昨日에急히東京으로入ᄒ엿는ᄃ此는統監更迭問題를爲홈이라더라

後藤訪問

日本遞信大臣後藤은片瀨에往ᄒ야曾彌統監을訪問하고密議가數刻에及ᄒ엿는ᄃ統監後任者의選擇을爲홈이라더라

夏逃發見

日本에서는統監府逃[illegible]月中에발表훈다더라

曾彌辭職決定

曾彌統監은辭職을決定ᄒ엿는ᄃ本月中에發表[illegible]

以上東京발 二日着

錫總辭表

淸國東三省錫總督은辭表를[illegible]ᄒ엿다더라 北京발 二日着

▲編餘[illegible]

▲四面八方楚歌中에杖筆를홀노잡고韓國同胞에[illegible]局事를記錄ᄒ제[illegible]일과字字句句ᄒ는말이[illegible]음별노업고슬픈생각[illegible]니肝腸을다써[illegible]同胞들도이를깁히생각ᄒ면同感涕泣ᄒ리로다

▲平安道의某學徒가[illegible]徘徊ᄒ며歷史戰[illegible]逢歌를和唱라가[illegible]宴에彼此更逢ᄒ[illegible]哭ᄒ엿다ᄒ니나[illegible]저러ᄐ시의쓰눈[illegible]官言은매國이나[illegible]ᄉ록悲感ᄒ고

▲黑西哥와布哇[illegible]同胞들은山도설[illegible]里海外孤蹤으로[illegible]中에韓國興復志[illegible]合훈다ᄒ니말[illegible]저러ᄐ시혀쓰눈[illegible]誠言은하는일이[illegible]욱ᄉ悲感ᄒ고

▲非律賓의人民[illegible]屬地됨後에獨立[illegible]俠心이鬱勃ᄒ여[illegible]ᄒ야合邦提唱ᄒ[illegible]憤훈마[illegible]저러ᄐ시憤ᄒ는[illegible]人들은엇지그리[illegible]ᄉ록悲感ᄒ다

雜報

◎韓國林業　韓國의植物은南北兩部의氣候를隨ᄒᆞ야差等이有ᄒᆞ지라鴨綠江豆滿江兩流域上流地方의針葉樹ᄂᆞᆫ唐檜、落葉松、樅、五葉松等、闊葉樹ᄂᆞᆫ樺、白楊等、南韓에ᄂᆞᆫ赤松、櫟、栗、樫、赤楊、胡桃、楡、榔、最南部에ᄂᆞᆫ黃楊、樟、젼等의常綠樹及竹林等이오林野의總面積은一千百萬町假量인ᄃᆡ全國土의百分之四七을占ᄒᆞᆫ다더라

◎鎭南報遭却　鎭南浦日人居留地內에셔발行ᄒᆞᄂᆞᆫ鎭南浦新報社에셔ᄂᆞᆫ近日來韓漢字를交用ᄒᆞ야附錄新聞을還報로刊行ᄒᆞᄂᆞᆫᄃᆡ講覽을不願ᄒᆞᄂᆞᆫ各學校及紳士에게발送ᄒᆞᆷ으로往往退却을遭ᄒᆞᆫ다더라

◎問是誰家子　平安道某校學生二名(一은十三歲一은十一歲)은去二月分淸川江上에셔相逢歌를和ᄒᆞ다가一언제나〻〻獨立宴에다시맛날가一ᄒᆞᄂᆞᆫ句語에至ᄒᆞ야韓國形便을回想ᄒᆞ고悲淚를不禁ᄒᆞ야江氷上에頹坐ᄒᆞ야約一時間을失聲號哭ᄒᆞ엿ᄂᆞᆫᄃᆡ博川人士가適時過去ᄒᆞ다가其情況을目擊ᄒᆞ엿다더라

◎高氏決心　江華南門內居高聖憙氏ᄂᆞᆫ目今大韓醫院附屬醫學校에셔修業中인ᄃᆡ其父母가高氏를爲ᄒᆞ야同郡居金氏家와婚約을通ᄒᆞ고婚禮를成코저ᄒᆞ되高氏ᄂᆞᆫ早婚의弊害를覺知ᄒᆞᆯ뿐더러醫學을卒業ᄒᆞ기前에ᄂᆞᆫ成婚치아니ᄒᆞ기로決心ᄒᆞ엿다더라

◎假稱人子　平壤居安應斗爲名者가安岳郡乾紅溫井에前往ᄒᆞ야平壤大成學校長安昌浩氏의親子라稱ᄒᆞᄂᆞᆫ故로該洞人士ᄂᆞᆫ從來安昌浩氏의名譽를慕仰ᄒᆞ던中에其親子라ᄂᆞᆫ說을聞ᄒᆞ고盡誠款待ᄒᆞ엿ᄂᆞᆫᄃᆡ幾日後에安應斗가酒色場에出沒ᄒᆞ며各店主의게外上物品을引用ᄒᆞ며食價도不報ᄒᆞ고仍卽逃走하엿ᄂᆞᆫᄃᆡ安昌浩氏의親子ᄂᆞᆫ卽今黃口幼兒로美國地方에在ᄒᆞ다더라

◎待所宜至　近日來電車內에셔日人이韓人을對ᄒᆞ야酗酒行悖ᄒᆞᄂᆞᆫ弊가種〻有之ᄒᆞ다ᄂᆞᆫᄃᆡ韓人掌車手ᄂᆞᆫ此를禁戢ᄒᆞᆯ能力이乏ᄒᆞᆷ으로但相顧自語曰此電車를已往西洋人이使用ᄒᆞᆯ時에ᄂᆞᆫ此等惹鬧가頓無ᄒᆞ더니一自瓦斯會社에셔引渡ᄒᆞᆫ後로彼輩의恣橫이有ᄒᆞ다고喘〻不已ᄒᆞᆫ다더라

◎佛心有終　趙鎭泰崔文植兩氏ᄂᆞᆫ從來孤兒院에租十包式每朔寄付ᄒᆞ다가該院에紛爭을因ᄒᆞ야幾朔間停止ᄒᆞ엿ᄂᆞᆫᄃᆡ目下院務가漸次就緖ᄒᆞᆷ으로該租를更히寄付ᄒᆞ기로協議ᄒᆞ엿다더라

◎其心叵測　普成專門學校學員朴聽用氏ᄂᆞᆫ卞月堂이라ᄂᆞᆫ女人을作妾ᄒᆞ야北部花開洞等地에置家ᄒᆞ얏ᄂᆞᆫᄃᆡ該女가朴氏를分離ᄒᆞᆯ計劃으로無根에說를做出ᄒᆞ야朴氏를搆誣ᄒᆞᆫ다더라

◎要和拒絶　齋洞居洪範基氏가土地文券事件으로韓鎭奎氏에告訴를因ᄒᆞ야監獄署에囚禁ᄒᆞᆷ은旣報어니와京城地方裁判所에셔目下審查中인ᄃᆡ韓氏가近日親知人을紹介ᄒᆞ야洪氏의게私和를懇請ᄒᆞ되洪氏ᄂᆞᆫ拒絶不許ᄒᆞ엿다더라

◎宋氏被捉　前大邱財務署主事宋奎洛氏ᄂᆞᆫ公貨犯逋事件으로再昨日警視廳에被捉ᄒᆞ엿다더라

◎金氏被捉　南部水下洞居前禮式官金祚鉉氏ᄂᆞᆫ何事件을因ᄒᆞᆷ인지再昨日警視廳에被捉ᄒᆞ엿다더라

◎車犯被捉　北部樓閣洞居車命均은竊盜再犯으로三昨日所管警察署에被捉ᄒᆞ엿다더라

◎鄭氏被捉　務安郡木浦港居鄭炳朝氏ᄂᆞᆫ何事件을因ᄒᆞᆷ인지日昨南部警察署에被捉ᄒᆞ엿ᄂᆞᆫᄃᆡ卽時京城地方裁判所로越交ᄒᆞ엿다더라

◎五盜押上　積城郡警察署에셔强盜犯洪淳慶洪淳德等五名을三昨日京城地方裁判所로押上ᄒᆞ엿다더라

◎天道敎硏究會　天道敎中央總部에셔ᄂᆞᆫ每日曜日下午八時에敎理硏究會를開ᄒᆞᆫ다더라

廣告

本人이韓一銀行小額任金帳을再昨日貞洞附近에셔遺失故로玆以廣告ᄒᆞ니誰某拾得勿施
中部寺洞八統七戶金鳳奎 白

本人의名啓培를炳周로改定行世ᄒᆞ오니知舊間照亮ᄒᆞ시옴
尹炳周 告白

本人의所有田畓江原道金化郡西面內長林과淸河洞所在田畓三拾壹斗落과全道鐵原郡葛末面土城里所在田牛일耕과又葛谷家垈와京畿道楊州郡眞官面新村里所在畓六斗落과田二일과一食耕과自作里所在畓二斗落과田一일耕文券合三拾九枚를丁未年二月分에本人家回祿時에亦入灰燼하엿기로爲證明次玆에廣告ᄒᆞᆷ
舒川西部面桂龍趙能夏 告白

本人이無限於音紙貨壹千圓票壹張을陰三月拾七日에셔失ᄒᆞ엿ᄉᆞ오니內外國人間誰某拾得ᄒᆞ와도休紙施行ᄒᆞᆷ
於音號數ᄂᆞᆫ三一六號
皇城南門外蓮洞崔道賢 告白

學員大募集廣告

本堂에셔數學日語를各速成敎授이온바數學預備班을新設ᄒᆞ고算術初로三箇月間敎授ᄒᆞ깃ᄉᆞ니五月十日內本堂에來議ᄒᆞ심을望ᄒᆞᆷ但數學本科及數學日語速成科補缺生도募集ᄒᆞᆷ
中部中麻洞二十四統加一戶
硏精堂 白

本人等이陽五月二日午後金泉市場에셔姓名圖章을遺失하고新章을更刻ᄒᆞ엿ᄉᆞ오니內外國人과知舊間照亮ᄒᆞ시옴
黃致三 方東植等 告白

本人이東萊府沙下面槐亭洞居宋周默의所[illegible]金海郡大下面麥島洞李行鎬畓田壹庫證明書를本年陰庚戌三月十五日에逢賊見失ᄒᆞ엿ᄉᆞ오니或有挾雜輩欲爲賣買與典執之事라도內外國人은切勿見欺ᄒᆞᆷ
東萊府沙下面甘田洞金首汝 白

本社에셔左開物品을機關으로織紐ᄒᆞ와廉價販매ᄒᆞ오니京鄕商采僉位ᄂᆞᆫ隨意請求ᄒᆞ심을務望
物品
腰帶 升任 囊纓 珮物纓
香纓 挾囊纓 綃纓各色
京城南部南小洞
京城織紐會社 合名會社

堂 發 京西部車洞同和藥房
本國藥材、洋製、各病、效、用、價、國漢文、可刊出、作封、雖婦女、郵便請求、賣買
閔櫃 白

◎特別大廣告
大韓酒類가淸濁燒藥四種에無過이온바米麴비醸이旣無良能ᄒᆞ야酒味이醉遂치못ᄒᆞ더니松露栢露兩酒ᄂᆞᆫ開城孫友在氏가外國의精規와本國의要素를參酌取得ᄒᆞ여新發明이온바松露의酒味ᄂᆞᆫ本國藥酒보다色味濃艶ᄒᆞ고味香醇ᄒᆞ며栢露의酒味ᄂᆞᆫ本國燒酒보다精ᄒᆞ고香冽ᄒᆞ니終日把盃ᄒᆞ라도口渴頭痛이少無ᄒᆞ야乃一般之實驗公認이옵기玆以廣告ᄒᆞ오니內外國僉彦은陸續沽飮ᄒᆞ시옵
但誰某시던지販賣코저ᄒᆞ시거던本所로來議ᄒᆞ시면特別割引으로酬應ᄒᆞ깃ᄉᆞᆸ고遠方이라도輕便輸送ᄒᆞ깃ᄉᆞᆸ
開城北部沙峴四十六統九戶
松露第二釀造所 告白

特別廣告

敬啓者本報ᄂᆞᆫ開刊有年에其論述의正ᄒᆞᆷ과其報道의迅速이無比ᄒᆞ야淸國內遠近志士가一切歡迎ᄒᆞ오며韓國에도稍〻히購覽ᄒᆞᄂᆞᆫ紳士가有ᄒᆞ온바今에更히江湖上購覽諸氏를紹介ᄒᆞ기爲ᄒᆞ야本報館所在處及報價를左開廣告ᄒᆞ오니願覽諸氏ᄂᆞᆫ速〻히左開處로派寄ᄒᆞ시옵
本館所在地 哈爾賓瓦牙街
報價一個月先給 俄貨八角
仝 三個月先給 俄貨二圓
但報價ᄂᆞᆫ先給을要ᄒᆞᆷ
遠東報館 告白

地方通信販賣部大擴張

特約割引發送呈
◎學部編纂敎科用圖書
◎自他出版及元賣書籍
◎各種敎科及參考書類
◎地圖及小說類著書類
▲本館發兌書籍目錄及注文規程表ᄂᆞᆫ隨求無料郵呈ᄒᆞᆷ
京城中部罷朝橋越邊卅八統二戶
韓國振替貯金口座 第貳六八番
中央書館 朱翰榮

本人에父孫永信氏死後에白紙家券을ᄎᆞ질수不知中셔失이옵기로玆以廣告하오니誰某拾得ᄒᆞ와도休紙施行ᄒᆞᆷ
西署龍山坊瓮里上契十七統十戶
孫秀連 告白

釜港東關韓興書館

本館에셔新舊書籍과學校用品各種을備置하야(五圓以上特減割引)大發售하오니江湖僉君子ᄂᆞᆫ陸續購買ᄒᆞ시옵
館主 金泰衡 本名汝重
主任 權鍾律

本店에셔開業ᄒᆞᆫ지十六年間僉君子의愛顧ᄒᆞ심을特蒙ᄒᆞ와今年부터業務를大擴張ᄒᆞ고春夏秋冬所用으로絹織毛織等各國高等物品을現今多數直輸入ᄒᆞ와各地方에셔ᄂᆞᆫ貿易ᄒᆞ기便利ᄒᆞᆫ賣買를爲ᄒᆞ야特別減價ᄒᆞ와郵便小包로酬應ᄒᆞ야代金은引換ᄒᆞ깃ᄉᆞ오니十三道各郡僉君子ᄂᆞᆫ隨意請求ᄒᆞ심을望
振替貯金番號(韓國壹三番)
漢城中部鍾路砂器廛洞二十一統五戶
廣興泰 告白

廣告文을一覽ᄒᆞ시옵

◎廣告
本店에셔開業ᄒᆞᆫ지有年에僉君子의愛顧ᄒᆞ심을特蒙ᄒᆞ와今年부터業務를大擴張ᄒᆞ고內外國各種紙物과其他學校用品을直輸入ᄒᆞ와地方同業僉位와其他僉彦에게特廉減價로酬應ᄒᆞ오니不拘多小ᄒᆞ시고註文만ᄒᆞ시면數量을從ᄒᆞ와郵便代金引換小包와或運送部를經ᄒᆞ야迅速히付呈ᄒᆞ깃ᄉᆞᆸ

(品目略錄)

本國紙部
大壯紙 龍扇紙 粉白紙 見樣紙 胡尺紙 慶州紙 書原紙 三貼紙 淸風紙 油壯板紙 書畫其他各種

外國紙部
洋紙 天井紙 色紙 模造紙 半紙 古查紙 書簡紙 封套紙 印札紙 美濃紙 馬粉紙 圖紙 其他各種

右物을都賣散賣ᄒᆞᆷ

京城鍾路大廣橋 內外國紙物貿易商
本店 金[illegible] (電話二一八〇)
京城中部安洞別宮前
支店 金瑢鎭

特別廣告

本社의셔同胞의衛生을注意ᄒᆞ야美國의셔經驗單方으로流行適用ᄒᆞᄂᆞᆫ靈藥聖劑를買入ᄒᆞ야左開廣布ᄒᆞ오니有病君子와藥業에從事ᄒᆞ시ᄂᆞᆫ僉彦은爭先來購ᄒᆞ시읍

分賣와都賣에差別이有ᄒᆞ야一打(十二個)以上의都賣에ᄂᆞᆫ特別割引홈

左開

秘製止痛藥 效能 外塗內服無處不適 消滯 止瀉 絕瘧 治痢無不神效홈

喜蘇膏藥 效能 頭面身體一切痛症 積年風濕 除痰 生살之道 립卽奏效홈

亞麟香膠 效能 母論男女老少 勿嫌年久日淺一切咳소 服之則其效如神홈

委花藥膏 效能 痔疾 聯珠瘡 癩跌 傷蟄咬等 諸症無雙聖藥

委花糖水藥 効能 痳症 花柳瘡 凡不潔血所祟症 婦人虛弱등症 靈驗홈

牛汁藥酒 効能 母論男女老少氣血虛弱者服之則大補元氣身體强健홈

韓美興業株式會社事務所

博覽會와和平堂

地方에處在ᄒᆞ신여러분同胞ᄂᆞᆫ○和平堂大藥房의如何홈을반다시未知ᄒᆞ시리다우리○和平堂大藥房우여러분이야시고또오리도록詳聽치아니치못ᄒᆞᆯ關係가잇슴은煩達을不要ᄒᆞ야도여러분의입의知得ᄒᆞ시ᄂᆞᆫ빅라玆에우리○和平堂大藥房은瀛車博覽會란文明의機關을利用ᄒᆞ야多大ᄒᆞᆫ費用으로地方에處在ᄒᆞ신同胞로ᄒᆞ야금座ᄒᆞ야可히我大韓國의第一位되ᄂᆞᆫ우리○和平堂大藥房을觀覽에供코저○和平堂主人李應善은多忙無暇ᄒᆞᆫ몸으로도瀛車와共히進行ᄒᆞ야여러가지便益을圖ᄒᆞ고南으로釜山港부터北으로新義州ᄭᆞ지我全國重要地를貫通하야莫大ᄒᆞᆫ信用과聲名을博ᄒᆞ엿슴니다博覽會到着時日은左와ᄀᆞᆺᄉᆞ오니우리○和平堂을사랑ᄒᆞ시ᄂᆞᆫ同胞ᄂᆞᆫ우리○和平堂의博覽會를尊覽ᄒᆞ시요여러분의萬般의便益을圖홈은勿論◉支店○代理店等의希望이有ᄒᆞ시면伊時에迎接面議ᄒᆞ깃슴나이다

到着時日

▲仁川 着十四日後五、三五 / 着五月一日前七、四
▲岑城 八 / 發同後四、三八
▲黃州 着三日前九、二八 / 發同後三、四七
▲定州 着五日後三、二七 / 發六日前二、一九
▲宣川 着六日後九、〇八 / 發七日後一、五〇
▲車輦舘 着九日前二、一八 / 發同四、〇四
▲平壤 着十日後一〇、三四 / 발二日前八、一一
▲兼二浦 七 / 着十一日前一〇、一 / 발同後五、四五
▲沙里院 三 / 着十二日前一〇、一 / 發同後七、一八
▲汶山 着十三日前二、二八 / 발同後五、一二
▲永登浦 着十三日後八、二八 / 發十四日後四、三八
▲南大門 着十四日後五、五七

▲開城 着廿九日後一、一五 / 三十日 / 發五月一日前六、二五
▲新幕 着五月一日後六、三 / 四二日 / 發三日前六、五五
▲平壤 着三日後四、四一 / 四日 / 發五日前八、〇〇
▲嶺美 着六日後〇、一七 / 發同後七、一四
▲新義州 着七日後四、三七 / 八日 / 發九日前八、五五
▲新安州 着九日後八、〇七 / 發十日後八、一七
▲黃州 着十一日九、〇 / 發同前九、五〇
▲黃州 着十一日後六、一二 / 發十二日前九、三
▲新幕 着十二日後九、〇〇 / 發十三日前七、一〇
▲龍山 着十三日後六、三五 / 발同後八、〇六

廣告

本出張所에서左開五郡에特約分店을許施ᄒᆞ오니各該郡內僉彦은藥種請求에對ᄒᆞ야品料와價格이同一ᄒᆞ온즉京城本舖나平壤本出張所로不必請求ᄒᆞ시고該郡分店으로迅速請求ᄒᆞ심을敬望

特約分店員氏名

宣川郡 李鳳朝
安州郡 金陽壽
博川郡 李鍾滏
江界郡 田祥雨
義州府 義和藥房

濟生堂第一出張所 平壤鍾路
田恒畯 告白

社告

大韓每日申報各處支社廣告

平安北道

龍川楊市維新書舖 黃菊保
龍川南市驛 韓濚希
朔州邑南門外 朱伯英
義州南門外廿西大藥局張有寬
鐵山邑東部 鄭翊
車輦舘同志會內 金明鉉
定州南門內書舖 洪成麟
博川邑內簟洞 金翼樞
京義線批峴驛停車場前 運輸會社前 李基秀
泰川邑舘前洋藥局 李正華
寧邊郡內紅門里 鄭德昇
寧邊龍山面新興里 南貞河家 鄭奉益
宣川橋南四統十戶 申基周
江界邑內 金泰熙
郭山郡內新街 金大鉉
雲山邑上里八統八戶 咸元澤
雲山北面橋洞八統七戶 王覓鎬
昌城郡內西下里一統二戶 許익
熙川邑內面東門外洞十四統二戶 金錫澤

平安南道

平壤鍾路太極書館 安泰國
三和港碑石洞耶蘇敎堂 裵亨湜
安州城內義井洞安陵서舘 金翼河
江西邑內 金昌煥
甑山郡內利用里 崔診爽
德川邑官洞耶蘇敎冊肆 李丙斗
永柔邑內槐峴里二統八戶 金志璜
中和下道面一里三洞 禹應善
肅川東部面一里三統九戶 金天湜
咸從邑校洞 金炳善

黃海道

海州南門內韓[illegible]書舘 朴[illegible]鎬
安岳郡細洞面端山里上[illegible] 韓楨敎
長淵邑서北支學會內 崔東元
殷栗邑倉前里 金光礪
信川邑四里 李悌瓚
白川邑文明舘 趙雲泳
載寧邑서部李鼎均家乾材局 李範普
沙里院三聖學校內 李承吉

咸鏡道

咸興州南社西門外 曹喜林
元山港上里倉嶺洞 耶蘇女學校側 皇甫正杰
定平郡豐陽里 張禮學
洪原西門內保命局 羅炳善
永興邑南山洞洪明學校內 梁元常
淸津港新岩洞 張元浩

全羅道

金溝木流面豆亭 趙德三
木浦港陽洞 李[illegible]珠
羣山港九福洞一統八戶 方在喜

京畿道

仁川柳峴開新冊肆 李東皓
開城南門外興學書舘 姜助遠
江華邑川橋 兪鎭權

慶尙道

大邱西小門外友弦書樓側 李正由
釜山佐川藥局 徐錫疇

江原道

鐵原邑棠谷 趙鍾大
蔚珍郡遠南面梅花里 郭鍾郁

忠淸道

韓山下北筆堂里 李英植
結城廣川小龍洞 李啓祚
公州府古上衛福音書舘 柳星培
恩津論山浦雜貨店 張允榮

北墾島

北墾島龍井村下場里 朴茂林

本報 一枚 新貨二錢五厘 壹個月 三十錢
但地方에ᄂᆞᆫ郵費四十錢
廣告 四号活字每行三十字詰
(自一行至四行이爲一寸)

檀君開國四千二百四十三年
箕子元年三千三十二年
大韓開國五百十九年
本報創刊日 光武八年七月十八日

大韓每日申報

第八卷　　月曜及慶節時歲時休刊　　第一千三百七十八号

發行兼編輯人 英國人 萬咸
Responsible for Publication Alfred Weekley Marnham.
發行所 京城南部石井洞三層洋屋 大韓每日申報社

論說

◎實業界의韓日人競爭 續

(四) 工業

三國時代로부터高麗時代에至ᄒᆞ기ᄭᆞ지勃勃起來의勢로進步ᄒᆞ던工業이數百年來로惡政에弊하며儉俗에敗ᄒᆞ야退步의悲境에日趨ᄒᆞ고ᄯᅩ挽近開港以後로生活上需用이劇變ᄒᆞ야外國物品을多數輸入ᄒᆞ야購買力이暴增ᄒᆞ미彼日人은時哉時哉의勇을抱ᄒᆞ고自家生産品을力出ᄒᆞ셔彼日本內地에在ᄒᆞ야ᄂᆞᆫ勿論이오韓國內에居留하ᄂᆞᆫ日人도工業의盛熖을急催ᄒᆞ야着着히競爭을試ᄒᆞ니彼再昨年末現在日人工場의狀況(頗히大規模인者만擧홈이라)을擧ᄒᆞ야도實로七十八個所에達ᄒᆞᆫ지라於是乎韓人의需用品이太半彼의手로出ᄒᆞ야假令通常一家의生活로論ᄒᆞ더ᄅᆡ도洋燈이彼의手로出ᄒᆞ며石炭이彼의手로出ᄒᆞ며燐寸이彼의手로出ᄒᆞ며織物이彼의手로出ᄒᆞ며모子가彼의手로出ᄒᆞ며洋鞋가彼의手로出ᄒᆞ며時計가彼의手로出ᄒᆞ며洋傘이彼의手로出하며磁器가彼의手로出ᄒᆞ며洋紙가彼의手로出ᄒᆞ며卷烟이彼의手로出ᄒᆞ니噫라彼日人工業界의勢力이果然如何ᄒᆞᆫ가

然ᄒᆞ되韓國同胞ᄂᆞᆫ工業界의競爭力이甚히疲徵ᄒᆞ야退縮은多하고進取가少ᄒᆞ야오작彼의縱橫을任ᄒᆞᆯᄲᅮᆫ이오

(五) 農業

農業이韓國最主要의産業됨은不言에可知ᄒᆞᆯ바어니와挽近日人이農業界의競爭을試ᄒᆞ야彼의準備가方始ᄒᆞ며彼의奬勵가方急하나니盖彼가如斯히農業界의勢力을養홈은彼의移殖上大經營을抱홈이나ᄯᅩ其他特殊히便宜ᄒᆞᆫ事情이有ᄒᆞᆫ故니

(甲)土地의價額이日本보다低廉ᄒᆞ고

(乙)現今韓國金融恐慌의機를乘ᄒᆞ야土地를買得하기가甚히容易ᄒᆞ고

(丙)土地에對ᄒᆞᆫ稅金이日本보다輕少ᄒᆞ고

(丁)土地가沃ᄒᆞ야用力은少ᄒᆞ고도收穫이多ᄒᆞ고

(戊)氣候가良好ᄒᆞ야天然的恩惠가多ᄒᆞ고

(己)未墾地의攫取가便利ᄒᆞᆫ等以上諸理由가有ᄒᆞᆫ故로彼農民의競爭熱이더욱猛發ᄒᆞ야浸浸히各地에農業을擴張ᄒᆞ니彼의現在農場中重要ᄒᆞᆫ者만略擧ᄒᆞ야도

農業經營者	農業經營地
韓國興業株式會社	黃州、羅州、務安、智島、海南、珍島、咸平、梁山、金海、東萊
東山農場	水原、振威、安山、廣州、果川、全州、金堤、益山、靈岩、羅州、南平、光州
村井農場	金海、昌原、咸安、梁山
大倉農場	高陽、益山、金堤、金溝、萬頃
旭農場	康津、羅州、務安、光州
熊本農場	金堤、金溝、泰仁、古阜
森農場	黃州、龍岡
細川農場	金堤、益山、萬頃、恩津、全州
韓國實業株式會社	務安、咸平、羅州、靈岩、海南、康津
藤本農場	沃溝、臨陂、益山、礪山、恩津、石城、魯城、林川
國武農場	水原、南陽、安山
石川縣農業株式會社	金堤
大橋農場	益山、金堤、萬頃
宮崎農場	沃溝、臨陂、益山、萬頃
大塚農場	延日、興海

如斯히彼農業經營者의活動이漸繁ᄒᆞᆫ同時에ᄯᅩ日本各府縣이此를益々奬勵ᄒᆞ야年々히奬勵費六百圓乃至六千圓을支出ᄒᆞᄂᆞᆫ府縣이有홈에至ᄒᆞ고ᄯᅩ彼政府에셔大히保護奬勵를加ᄒᆞ야於是乎一千萬圓의資本을有ᄒᆞᆫ拓殖會社가揚々히旗幟를揭ᄒᆞ고大拓殖에從來하며爲先其準備ᄒᆞᄂᆞᆫ바ᄂᆞᆫ卽日本農民을移殖ᄒᆞ야資金을供給ᄒᆞ고農業을奮勵케홈이라

噫라只今은彼의農業競爭이오히려準備時代라未來韓國農業界를想像ᄒᆞ건ᄃᆡ其光景이果然장ᄎᆞᆺ何境에至ᄒᆞᆯ자

然ᄒᆞ되此韓國同胞ᄂᆞᆫ依然히十百年前農業界의狀況을保守ᄒᆞ야改良進步치못홀ᄲᅮᆫ아니라兼且其田土를無難히日人에게賣渡ᄒᆞ야日蹙百里의狀態를呈ᄒᆞ니此ㅣ엇지可歎치아니ᄒᆞᆫ가

嗚呼라韓國同胞가如斯히萎靡不振ᄒᆞ야漁鑛商工農等業을勿論ᄒᆞ고日노敗北의境에漸陷홈은비록政治上勢力關係로從出ᄒᆞᄂᆞᆫ影響이多ᄒᆞ나ᄯᅩᄒᆞᆫ國民同胞의進取力이薄弱ᄒᆞᆫ故니同胞ᄂᆞᆫ速々히進取力을發揮ᄒᆞ야生活競爭場에勇進ᄒᆞᆯ지어다不然ᄒᆞ면畢竟自然淘汰의悲運을不免ᄒᆞ나니라 (完)

官報

隆熙四年四月二十八日

部令

學部令第二號

鄕校財産管理規程을左와如히定홈

隆熙四年四月二十三日　學部大臣　李容稙

鄕校財産管理規程

第一條　鄕校財産은觀察使의指揮監督을受하야府尹、郡守가管理홈但特別ᄒᆞᆫ事情이有ᄒᆞᆫ時ᄂᆞᆫ府尹、郡守ᄂᆞᆫ觀察使의認可를受ᄒᆞ야特定管理人을置하야管理케홈을得홈

此境遇에ᄂᆞᆫ府尹、郡守ᄂᆞᆫ特定管理人의管理事務를監督홈

第二條　鄕校財産은放매、讓渡、交換、典當又ᄂᆞᆫ費消홈을得치못홈但特別ᄒᆞᆫ事由가有ᄒᆞᆫ時ᄂᆞᆫ府尹又ᄂᆞᆫ郡守가其事由를具하야觀察使를經由ᄒᆞ야學部大臣의指揮를受홈이可홈

第三條　鄕校財産에셔生ᄒᆞᄂᆞᆫ收入은鄕校所在郡內의公立學校又ᄂᆞᆫ觀察使의指定ᄒᆞᆫ學校의經費에使用ᄒᆞᄂᆞᆫ者로홈

前項以外에觀察使가必要로認ᄒᆞᆫ時ᄂᆞᆫ特히鄕校又ᄂᆞᆫ文廟의修理費及享祀費에使用홈을得홈

第四條　府尹、郡守ᄂᆞᆫ每年鄕校財産의收支豫算을定ᄒᆞ야觀察使의認可를受홈이可홈

府尹、郡守ᄂᆞᆫ鄕校財産의收支決算을觀察使에게報告홈이可홈

第五條　鄕校財産에셔生ᄒᆞᄂᆞᆫ收入의保管及出納에關ᄒᆞᆫ事務ᄂᆞᆫ府尹、郡守가行홈

鄕校財産中의現金及收入金은郵便局所、金融組合又ᄂᆞᆫ銀行에任置홈이可홈

第六條　府尹、郡守ᄂᆞᆫ鄕校財産原簿를作ᄒᆞ고其謄本을觀察使에게提出홈이可홈

第七條　觀察使ᄂᆞᆫ本規程에依ᄒᆞ야鄕校財産에關ᄒᆞᆫ報告를受하거나又ᄂᆞᆫ認可를與ᄒᆞᆫ時ᄂᆞᆫ此를學部大臣에게報告홈이可홈

第八條　觀察使ᄂᆞᆫ本規程施行에關ᄒᆞᆫ細則을設홈을得홈

附則

本規程은頒布日로부터施行홈

外報

◎飛行奬勵　英國論敦데일리메일社에셔ᄂᆞᆫ同國飛行家폴함氏에게懸賞金一萬磅을贈呈ᄒᆞ엿고且論敦에됸쎄로間에往復ᄒᆞᄂᆞᆫ飛行家가有ᄒᆞ면更히一萬磅을贈與ᄒᆞ기로賞金을懸ᄒᆞ엿다더라

◎上院否認案提出　英國上院否認權廢止案은法案으로議會에提出되엿다더라

◎江蘇平靜　旣報ᄒᆞᆫ淸國江蘇의暴動은漸次平靜에歸ᄒᆞ엿다더라

◎叛亂巢窟　土耳其國알빠니아地方의形勢ᄂᆞᆫ頓改ᄒᆞ엿ᄂᆞᆫᄃᆡ同地方一帶ᄂᆞᆫ盡是叛亂의巢窟이라더라

◎淸國官憲行暴　淸國哈爾賓道를據ᄒᆞᆫ즉부라고에쓰지엔쓰크市對岸에在ᄒᆞᆫ淸國官憲은該地에在留ᄒᆞᄂᆞᆫ外國人의게對ᄒᆞ야退去를命홈으로紛擾가起하엿다더라

學界

◎養成員假上學　官立漢城高等學校에附設ᄒᆞᆫ土地調査局事務員養成所에셔ᄂᆞᆫ去月曜日부터上學ᄒᆞ엿ᄂᆞᆫᄃᆡ一週日間假上學ᄒᆞᆫ後에學員을更히試取ᄒᆞᆫ다더라

◎賢哉敎師　成川郡鳳鳴學校敎師盧秉羲氏가敎授에熱心홈은別項과如ᄒᆞ거니와該氏가勞働會社에敎育이全無홈을慨歎ᄒᆞ야勞働夜學校를特設ᄒᆞ고苦口焦唇으로熱心敎導홈으로現今出席學生이四十餘名에達ᄒᆞ엿다더라

◎繼進漸進　平壤郡梨川洞繼進夜學校ᄂᆞᆫ數年前에設立ᄒᆞ엿ᄂᆞᆫᄃᆡ其間敎師가無ᄒᆞ야幾至廢校之境이러니紳士金석一金在植金萬錫諸氏가名譽로敎授의任을擔ᄒᆞ고該洞信友學校敎師金在性金洛鍾兩氏도一週間幾時間式敎授ᄒᆞ미學徒가三十名에達ᄒᆞ야校況이漸進ᄒᆞᆫ다더라

◎私塾新學科　南陽新里面仕串洞居辛宗益氏ᄂᆞᆫ私塾에新學問科程을模倣ᄒᆞ야冠童二十名을敎授ᄒᆞᄂᆞᆫᄃᆡ該洞居[illegible]諸氏가발起ᄒᆞ야勞働夜學校를該塾內에附設ᄒᆞ고敎師ᄂᆞᆫ[illegible]夏氏가名譽로自擔ᄒᆞ야學徒三十名을敎授ᄒᆞᆫ다더라

◎敎師敎師　全北礪山郡黃山私立昌興學校ᄂᆞᆫ任員諸氏가熱心視務ᄒᆞᆫ効果로[illegible]進步되ᄂᆞᆫᄃᆡ敎師宋相徵氏ᄂᆞᆫ昨年夏期休暇中에[illegible]上測量[illegible]ᄒᆞ야新得ᄒᆞᆫ手數料金百圓을該校中器械購買費로寄付ᄒᆞ미同校人士도隨以感化하야捐金을爭出ᄒᆞ야今春期에動植物標本及理化學器械藥品을多數購入ᄒᆞ엿다더라

◎韓氏熱心　成川郡柳洞鳳鳴學校ᄂᆞᆫ該校主韓正烈氏의專力擔務와敎師盧秉羲氏의熱心敎授홈으로學生이日增月加ᄒᆞ야將就之望이大有ᄒᆞᆫᄃᆡ學生中에寄食ᄒᆞᆯ資本이無ᄒᆞᆫ者ᄂᆞᆫ韓氏가寄食費를自擔支出ᄒᆞ야人材를期乎養成케하ᄂᆞᆫ故로該氏의敎育界熱誠을人皆讚賀ᄒᆞᆫ다더라

詞藻

盡忠　貞溪山人

滄海椎高力士風至今爭說浪沙中猶是爲人輕赴急豈如殉國盡吾忠

宮廷彙報

◎行啓增加 皇太子殿下게셔ᄂᆞᆫ今夏休暇에日本京都岡山鳥取島根以外에香川愛媛二縣에도行啓ᄒᆞ옵신다더라

閣報

◎支出件蒙裁 農商工部所管臨時鑛業調査費四千四百三十九圓을豫備金中에셔支出하기로上奏蒙裁ᄒᆞ엿다더라

◎榊原訪問 日人榊原少將은三昨日下午二時에 義親王殿下를訪問ᄒᆞ엿다더라

◎淸潔延期 中部警察署에셔ᄂᆞᆫ本日부터大淸潔을實施ᄒᆞ랴다가 大皇帝陛下 親啣式에警衛ᄒᆞ기爲ᄒᆞ야一日間延期ᄒᆞ엿다더라

◎密議何事 再昨日統監邸에셔大臣會議를開ᄒᆞᆷ은旣報어니와其會議를終了ᄒᆞᆫ後各大臣이李總理私邸에前往ᄒᆞ야約二時間餘를密議ᄒᆞ고趙農大ᄂᆞᆫ各大臣이散歸ᄒᆞᆫ後에도一時間을經ᄒᆞ야退歸ᄒᆞ엿다더라

◎兩氏消息 今回渡日ᄒᆞᆫ大韓協會會員權東鎭沈宜性兩氏ᄂᆞᆫ去月二十七日日本片瀨에셔曾彌統監을訪問하랴다가統監邸의警衛가緊密ᄒᆞᆷ으로面會치못ᄒᆞ고政況을視察ᄒᆞ기爲ᄒᆞ야東京으로直向ᄒᆞ엿다더라

◎改定件頒布 警察署十七個所와駐在所八個所를增設ᄒᆞᄂᆞᆫ結果로隆熙二年七月에頒布ᄒᆞᆫ警察署、分署、巡査駐在所名稱位置及管轄區域表를改定ᄒᆞ야去二日內部令第九號로頒布ᄒᆞ엿다더라

◎土屋始仕 日前渡韓ᄒᆞᆫ測量課長日人土屋喜三郞은三昨日土地調査局에仕進ᄒᆞ야一般官吏와相見禮를行ᄒᆞ고因ᄒᆞ야測量器械를檢査ᄒᆞ엿다더라

◎韓銀券發行額 本年四月二十四日부터同月三十日ᄭᆞ지韓國銀行券발行平均額이合一三、二三六、五六〇圓인ᄃᆡ內에正貨準備발行額이四、九七〇、七八六圓이오保證準備발行額이八、一六五、七七四圓이라더라

◎修道費豫算 安城平澤兩郡間道路를修築ᄒᆞᆫ다ᄒᆞᆷ은旣報어니와去月二十日부터工役에着手ᄒᆞ엿ᄂᆞᆫᄃᆡ來六月頃에竣工ᄒᆞᆯ터이며該役費ᄂᆞᆫ一萬八千圓으로豫算ᄒᆞ야八千圓은國庫金으로支撥ᄒᆞ고一萬圓은地方費中으로挪用케ᄒᆞᆫ다더라

◎監督局長會議 度支部司稅局에셔ᄂᆞᆫ近日에各地方財務監督局長을招集ᄒᆞ야會議를開ᄒᆞᆫ다더라

◎修築補助 平壤市街道路를修築ᄒᆞᆫ다ᄂᆞᆫᄃᆡ政府에셔國庫金으로四萬圓을補助ᄒᆞᆫ다더라

◎月舘歡迎 實業家洪忠鉉鄭永斗諸氏가발起ᄒᆞ야再昨日下午一時明月舘에셔農大趙重應氏의歡迎會를設行ᄒᆞ엿다더라

◎認以自家物 日本山口居日人日計重鴉가內部地方局長에게書函을送致ᄒᆞ엿ᄂᆞᆫᄃᆡ皮封에書ᄒᆞ기를韓國京城統監府內部地方局長이라ᄒᆞ엿ᄂᆞᆫᄃᆡ此ᄂᆞᆫ韓國內部를統監府內部로認定ᄒᆞᆷ이라고一般官吏가無不痛憤ᄒᆞᆫ다더라

◎輕鐵請願 天安及溫陽溫泉間에輕便鐵道를敷設ᄒᆞ겟다고日人和田이統監府에請願ᄒᆞ엿슴으로韓府에셔內部로照會ᄒᆞ고調査認准ᄒᆞ라ᄒᆞ엿다더라

◎日中尉轉任 日憲兵中尉加藤勝之進은春川管區長으로同中尉時持善政은鐵原管區長으로新任되엿다더라

◎警備延長 現今韓國의警備線(卽日憲兵隊와守備隊警察官吏의警備線)延長은合二萬里라더라

◎大倉歡迎會 漢城府民會員芮宗錫鄭丙斗等諸氏의발起로日前入京ᄒᆞᆫ日人大倉喜八郞의歡迎宴을再昨日明月舘에開ᄒᆞ엿다더라

◎大倉西行 日人大倉喜八郞은昨日出발하야鎭南浦로向ᄒᆞ엿ᄂᆞᆫᄃᆡ大倉의今番渡來ᄒᆞᆫ主要事務ᄂᆞᆫ平安道의金鑛을調査ᄒᆞᆷ이라ᄂᆞᆫ說이有하다더라

◎골氏出發 日前入京ᄒᆞᆫ美人골리어氏ᄂᆞᆫ昨日出발하야淸國安東縣으로向ᄒᆞ엿다더라

◎大屋開宴 鐵道管理局長大屋權平은來八日下午二時南大門外停車場前小丘에셔宴會를設ᄒᆞᆯ次로各府部親任官에게通牒을발하엿다더라

◎拓農交涉 拓殖會社와農工銀行間에ᄂᆞᆫ自今以後로拓殖會社ᄂᆞᆫ大事業에投資ᄒᆞ고農工銀行은小事業에投資ᄒᆞ자고交涉中이라더라

◎宋書來着 日本에滯在ᄒᆞᆫ宋秉畯의書信이三昨日一進會本部에來到ᄒᆞ엿다ᄂᆞᆫᄃᆡ韓國人心에現狀如何를問ᄒᆞᆷ이라더라

◎辯士面會 辯護士安秉瓚氏ᄂᆞᆫ李在明等을今明間面會ᄒᆞ기로請求承認ᄒᆞ엿다더라

◎貨幣經費 政府에셔貨幣를整理ᄒᆞᆫ다ᄂᆞᆫ以來로該事件에關ᄒᆞ야新貨鑄造費及銀行借入金等의經費가合五十萬圓以上에達ᄒᆞ엿다더라

◎兩線測區 去一日부터着手ᄒᆞᆫ京元湖南兩鐵道의第一期測量區域은京元線은龍山으로부터楊州抱川을經하야漣川ᄭᆞ지로湖南線은太田으로부터懷德鎭岑連山을經ᄒᆞ야江景浦ᄭᆞ지로定ᄒᆞ엿다더라

◎堤民上京 忠北堤川郡은曠官ᄒᆞᆫ지가十餘朔인故로該郡人民等이郡守可堪人을從速叙任하라고內部에請願ᄒᆞᆫ다더라

◎服裝借得 內部에셔ᄂᆞᆫ運動會에使用ᄒᆞ기爲ᄒᆞ야圓覺社光武臺에셔使用ᄒᆞᄂᆞᆫ娼妓의服色과前扈衛隊에셔使用하던服裝을借得ᄒᆞ엿다더라

◎埋葬費請撥 東大門外料理店主李龍書氏가淸國奉天地方에周遊ᄒᆞ다가身病이有ᄒᆞ야去月四日에因爲長逝ᄒᆞ엿ᄂᆞᆫᄃᆡ該地駐在日領事館에셔埋葬케ᄒᆞ고所入費十一圓九十錢을支撥ᄒᆞ라고統監府를經由ᄒᆞ야韓政府에照會ᄒᆞ엿다더라

◎勿飮廣告 平北宣川白峴所在德人經營金鑛에셔金을精鍊ᄒᆞ기爲ᄒᆞ야毒藥을使用ᄒᆞᆫ故로其毒藥이該地川水로流出되엿ᄂᆞᆫᄃᆡ該金鑛會社에셔ᄂᆞᆫ川水를勿飮ᄒᆞ라고廣告를揭布하엿다더라

◎無券人引渡 露國政府에셔ᄂᆞᆫ旅行券이無ᄒᆞᆫ韓人十餘名을咸北慶興警察署로引渡하엿다더라

◎羅立位置指定 學部에셔昨日中部警察署에指揮ᄒᆞ야本日敦化門前에셔祇送ᄒᆞᄂᆞᆫ學徒의羅立位置를指定ᄒᆞ야臨時紊亂의弊가無케ᄒᆞ라ᄒᆞ엿더라

◎何事調査 警視廳에셔各署에指揮하야昨年十月以後로淸國에往還ᄒᆞᆫ者의有無를一一調査ᄒᆞ라ᄒᆞ엿다더라

◎何人所爲 內部門비에ᄂᆞᆫ巨濟郡守李在性氏의不法行政을臚列ᄒᆞᆫ匿名書가懸揭되엿슴으로昨日該部官吏가摘下ᄒᆞ엿다더라

◎投書者詗探 北部警察署에ᄂᆞᆫ日前에何許人의投書가來ᄒᆞ엿ᄂᆞᆫᄃᆡ辭意가極히危險ᄒᆞᆷ으로該投書人을目下詗捕中이라더라

◎日憲遠乘 日憲兵司令部에셔ᄂᆞᆫ韓日人將校五十餘名이來日曜日蘇島等地에前往ᄒᆞ야遠乘會를開ᄒᆞᆫ다더라

◎電燈起工期 日韓瓦斯會社에셔ᄂᆞᆫ馬山에電燈을敷設ᄒᆞᆯ計劃인ᄃᆡ來八月頃에起工ᄒᆞᆫ다더라

◎警部試驗 警察官鍊習所에셔ᄂᆞᆫ韓人警部試驗을來六月一日에擧行ᄒᆞᆫ다더라

◎日社員登山會 公州郡太田에셔발行ᄒᆞᄂᆞᆫ日人의三南新報社社員一同은去一日鷄龍山에셔登山會를開ᄒᆞ엿다더라

◎古誌發現 前參判李鍾嗣李鍾華兩氏의先山이長湍郡只今里에在ᄒᆞ야六百餘年을守護ᄒᆞ엿스나益齋李齊賢氏墓外에ᄂᆞᆫ世代及名位가未詳ᄒᆞ더니今春에墓賊발掘을因ᄒᆞ야益齋의父臨海君의墓誌石이露出ᄒᆞᆫ지라該兩氏가宗中에起議하고數日前에該墓를改封ᄒᆞᆫ後昨日에入城하얏ᄂᆞᆫᄃᆡ破古器幾片을紀念物노持來하엿다더라

◎[illegible] 仁川港龍洞居李聖根氏ᄂᆞᆫ三昨夜에該港稅關棧橋로乘醉過去하다가失足墜落하야卽時致斃ᄒᆞ엿다더라

◎家燒人死 東大門外往十里安宗植氏家에셔再昨日下午五時頃에失火ᄒᆞ야六十三歲된婦人一名이燒死ᄒᆞ엿다더라

◎取調困難 警視廳에被囚ᄒᆞᆫ趙南升氏에事實은供辭와調査가或相違反됨으로取調結末이遲緩ᄒᆞᆯ貌樣이라더라

◎全氏被捉 磚洞居柳漢秀氏가安山郡所在畓三十斗落文券을南部居全昌基氏에게委任하야典執出債케ᄒᆞ엿ᄂᆞᆫᄃᆡ全氏가四十五圓을中間乾沒ᄒᆞᆫ事가綻露되야再昨日中部警察署에被捉ᄒᆞ엿다더라

◎政友開會 政友會에셔ᄂᆞᆫ昨日正午에議事員會를開하고事務를處理ᄒᆞ엿ᄂᆞᆫᄃᆡ鍾路大濟旅館으로會館을移接하기로提議ᄒᆞ엿다ᄒᆞ며日間獎忠壇에會同ᄒᆞ야開會式을擧行ᄒᆞᆯ터인ᄃᆡ會費金은四百圓으로豫算ᄒᆞ엿다더라

◎醫師開會 大韓醫師總合所에셔去十曜日評議會를開ᄒᆞ고醫藥改良ᄒᆞᆯ方針을協議ᄒᆞ엿더라

◎大同敎講師 大同敎에셔前成均館長申斗善氏를都講師로延聘ᄒᆞ기로議決ᄒᆞ엿다더라

電 報

◎談判開始期 日本에셔ᄂᆞᆫ來八月부터美國以外의諸條約國에對ᄒᆞ야明年七月或八月에條約終了됨을通知ᄒᆞ고改正談判을開始ᄒᆞᆫ다더라

東京발 三日着

◎副統監還置說 日本政府에ᄂᆞᆫ曾禰統監의身病이長久ᄒᆞᆯ時에ᄂᆞᆫ副統監을還置ᄒᆞᆫ다ᄂᆞᆫ說이有ᄒᆞ엿다더라

◎靑森火災 昨日에日本靑森市에셔火災가有ᄒᆞ야七千餘戶가全燒되고死傷者가十名이라더라

以上東京발 四日着

◎伊相訪德期 伊太利外相슈리아노氏ᄂᆞᆫ本月中에德國伯林에來着ᄒᆞᆫ다더라

◎妥協成立 比利時ᄂᆞᆫ伊國及德國에對ᄒᆞ야公果國에關ᄒᆞᆫ妥協이成立되엿다더라

◎英國大學設立 英國聖書公會에셔ᄂᆞᆫ東京에大學校를設立하ᄂᆞᆫᄃᆡ經費募集金이四十萬圓에達ᄒᆞ엿다더라

以上伯林발 四日着

▲病身々世▼

▲皮裏에春秋가自在하야是是非非에權衡은不[illegible]ᄒᆞ건만은自身苦痛에一吽를不敢ᄒᆞ니韓人同胞ᄂᆞᆫ벙어리라[illegible]

▲門外에掃航이[illegible]ᄒᆞ야來去에交通이頻[illegible]ᄒᆞ건만은一葉相望에尺步를[illegible]ᄒᆞ니韓人同胞ᄂᆞᆫ안즌방이身世

▲世界에文明이燦爛ᄒᆞ야形形色色에光彩가照耀ᄒᆞ건만은十層地獄에天日을不復覩ᄒᆞ니韓人同胞ᄂᆞᆫ쇼경의身世

▲鼓膜에聽神을依ᄒᆞ야淸淸濁濁에五音을[illegible]ᄒᆞ건만은自家事業엔一事를不能ᄒᆞ니韓人同胞ᄂᆞᆫ귀먹장이身世

誰將[illegible]此不病人願借淸風一陣淨掃了這氣候

雜報

◎證人詰難 金禹用閔泳徽兩氏間의訴訟事件은旣히累報ᄒᆞ바어니와金氏가身故ᄒᆞᆫ後閔氏가該事에無關ᄒᆞᆫ證人十餘名을提出ᄒᆞ야呼出ᄭᆞ지되지라該證人이閔氏를往見質問ᄒᆞ되吾等은此事에關係도無ᄒᆞᆫᄃᆡ當此農節ᄒᆞ야空費時日케하니爲先來往費와留連費를支撥ᄒᆞ라고詰難이無數하다더라

◎趙氏勸告 京江某々人들이有文券主人을復設ᄒᆞᆯ次로趙義淵氏를紹介ᄒᆞ야認許를圖得코저ᄒᆞᆷ은旣報어니와去月卄五日趙氏가玄湖에出往ᄒᆞ야內容을調査ᄒᆞᆫ後其弊害될줄을覺知ᄒᆞ고該氏等을對ᄒᆞ야曰今日時代에此等經營은萬々不可ᄒᆞ니更勿生意ᄒᆞ라고勸告하엿다더라

◎惡少年行悖 北部齋洞亭地에ᄂᆞᆫ何許靑年數三輩가各年少婦女家에乘夜闖門ᄒᆞ며或投書하며或踰墻欲入하ᄂᆞᆫ弊가有ᄒᆞ다ᄂᆞᆫᄃᆡ警官은此등惡習에注意가無하다고一般批評이有ᄒᆞ다더라

◎會內市火災 昨日上午二時에南門內市場에서失火ᄒᆞ야魚物廛이沒燒ᄒᆞ고米廛ᄭᆞ지延及ᄒᆞ엿ᄂᆞᆫᄃᆡ白米二千五百餘石과金貨二萬餘圓이燒燼되고其他損害物品이多數ᄒᆞ다더라

◎會報押收 西北學會月報第二十三號에石鎭衡氏의(人類와法學이란問題)演說草를謄揭ᄒᆞ엿ᄂᆞᆫᄃᆡ此ᄂᆞᆫ政治的意味를抱含ᄒᆞᆷ이라ᄒᆞ야昨日內部에서其發매頒布를禁止ᄒᆞ고仍히押收ᄒᆞ엿다더라

◎靑館開演 今日下午八時에鍾路靑年會館에서柳承欽氏를請邀ᄒᆞ야時代의變遷과法律宗敎란問題로演說ᄒᆞᆫ다더라

廣告

本人이陰三月初에圖章을見失하엿ᄉᆞᆸ기玆以廣告ᄒᆞᆷ
平北龍川府南面松요里
尹希德 白

本人에子婦林氏가年이二十二歲오고親家ᄂᆞᆫ金浦郡銀杏亭里온ᄃᆡ陰本月十六日曉에逃走故로玆以廣告ᄒᆞ오니誰某시던지居留處를通知ᄒᆞ야쥬옵시면金十圜으로謝禮ᄒᆞ깃ᄉᆞᆸ니다
西江坊新井里四十四統五戶住
金聖文 告白

本書林에서教科及他書籍五六百種과古書名筆을鳩聚大賣하오니
照亮購覽務望
引換代金으로도酬應ᄒᆞᆷ
請求多小에特別割引도有ᄒᆞᆷ
發賣所
南部銅峴卅五統八戶
同文書林主 金雨均 白

美濃紙製圖用大發賣
京城南署藁洞六十二統十戶
(KIM)
金龍商會

本人이陰三月二十日分에姓名圖章與江界紫新浦金龍貿處에白太二十二担六斗를買得ᄒᆞ고右氏名下에任置標中稅金幷擔當ᄒᆞᆫ다ᄂᆞᆫ標一張을古城面箭門嶺來往路中에서囊落見失이오니誰某拾得이던지休紙施行ᄒᆞᆷ
義州南門外柒峴
金承福 告白

龍仁李氏先山在於海州松林坊牛鳴洞而雜類符同悖孫山坂暗欲盜埋云內外國人切勿見欺
本宗中 告白

仐 達城運送部 鐵道物貨輸運業
達城藥房 東西洋藥材 新발明藥料
達城商店 我國產品各種 及捲煙等雜貨
地方에ᄂᆞᆫ書信으로注文ᄒᆞ시면引換小包로迅速히奉副ᄒᆞᆷ
大邱北門內前客舍基址
營業主 朴大卿

學員大募集廣告
本堂에서數學日語를各速成敎授이온바數學預備班을新設ᄒᆞ고算術初로三箇月間敎授ᄒᆞ깃ᄉᆞ니五月十日內本堂에來議ᄒᆞ심을望ᄒᆞᆷ但數學本科及數學日語速成科補缺生도募集ᄒᆞᆷ
中部中廟洞二十四統加一戶
硏精堂 白

本人이東萊府沙下面槐亭洞居宋周默의所有ᄒᆞᆫ金海郡大下面麥島洞李行島蘆田壹庫証明書를本年陰庚戌三月十五日에逢賊見失ᄒᆞ엿ᄉᆞ오니或有挾雜輩欲爲매買與典執之事라도內外國人은切勿見欺ᄒᆞᆷ
東萊府沙上面甘田洞金首汝白

本社에서左開物品을機關으로織經ᄒᆞ와廉價販매ᄒᆞ오니京鄕商業僉位ᄂᆞᆫ隨意請求ᄒᆞ심을務望
物品
腰帶 丹任 囊纓 珮物纓
香纓 挾囊纓 網纓各色
京城南部南小洞
京城織紐會社 合名會社

京西部車洞同和藥房
本國藥材、洋製、各病效、用、價、國漢文、可刊出、作封、雖婦女、郵便請求、賣價
閔樞 白

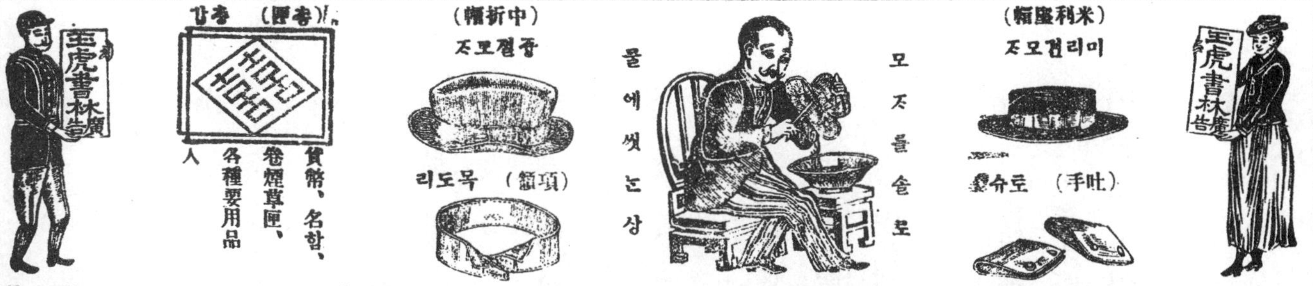

急告

突飛大放賣
花蘭春城ᄒᆞ고萬和方暢ᄒᆞ니ᄯᅢ죠타花々ᄒᆞᆫ東西洋에如林如雲ᄒᆞᆫ衛生家와經濟家ᄂᆞᆫ新鮮ᄒᆞᆫ白총帽子를頭上에冠戴ᄒᆞ고登春臺而歌舞ᄒᆞ니觀光들ᄒᆞ소서
天地驚判後에新發明총帽子가上年에ᄂᆞᆫ薄弱ᄒᆞᆫ弊가不無ᄒᆞ더니研究의効果로今年에ᄂᆞᆫ果然完全堅實ᄒᆞ야數十年을經過ᄒᆞ야도毁傷ᄒᆞᆷ이無ᄒᆞᆯ터이니經濟上에必要ᄒᆞᆷ이天下에第一이올시다
총帽子가塵汗에汚하거든溫水에十分時間만沈ᄒᆞ야(소다로)滌洗하야方正을隨意作樣ᄒᆞ야乾後에載ᄒᆞ면精潔如新ᄒᆞ야衛生上에必要ᄒᆞᆷ이天下에第一이올시다
現世에工商은確實正直ᄒᆞᆫ信用으로標準을作ᄒᆞᆷ이니國內同胞와各國紳士ᄂᆞᆫ不及之歎이無케速々請求ᄒᆞ소서
衛生과經濟가天下에第一되ᄂᆞᆫ총帽子를사世에一個人이라도不及買得ᄒᆞ시면遺憾이不無ᄒᆞᆯ터인故로突飛大放賣ᄒᆞᆷ을世界에向ᄒᆞ야急告ᄒᆞ나이다
專賣特許총帽子發賣店
京城南大門通銅峴卅五統五戶 玉虎書林
京城中部大寺洞 廣韓書林
京城中部典洞營門前 雜貨商店崔秉均
平安南道平壤大貿洞上隅 光明書館
慶尙北道大邱北門外 東美運送部
黃海道鳳山郡沙里院朝陽書館
全羅北道全州郡靑石橋 西山書館
咸鏡北道城津港 廣興書林
慶尙南道釜山港東關韓興書館
米國桑港 少年書會
俄國浦塩사德 崔鳳俊店

◎特別大廣告
大韓酒類가淸濁燒藥四種에無過이온바米麵비釀이旣無良能ᄒᆞ야酒業이發達치못ᄒᆞ더니松露栢露兩酒를開城孫友在氏가外國의精規와本國의要素를參迈取得ᄒᆞ여新發明이온바松露의酒味ᄂᆞᆫ本國藥酒보다色甚濃艷ᄒᆞ고味甚香醇ᄒᆞ며栢露의酒味ᄂᆞᆫ本國燒酒보다精소香洌ᄒᆞ니終日把盃라도口逆頭痛이少無ᄒᆞ야乃一般之實驗公認이옵기玆以廣告ᄒᆞ오니內外國僉彦은陸續沽飮ᄒᆞ시옵
但誰某시던지販賣코지ᄒᆞ시거던本所로來議ᄒᆞ시면特別割引으로酬應ᄒᆞ깃ᄉᆞᆸ고遠方이라도輕便輸送ᄒᆞ깃ᄉᆞᆸ
開城北部沙峴四十六統九戶
松露第二釀造所 告白

本店에서開業ᄒᆞᆫ지十六年間僉君子의愛顧ᄒᆞ심을特蒙ᄒᆞ와今年부터業務를大擴張ᄒᆞ고春夏秋冬所用으로絨緞毛織等各國高等物品을現今多數直輸入이온바各地方에서ᄂᆞᆫ貿易에便利ᄒᆞ기爲ᄒᆞ야特別減價ᄒᆞ와郵便小包로酬應ᄒᆞ야代金은引換ᄒᆞ깃사오니十三道各郡僉君子ᄂᆞᆫ隨意請求ᄒᆞ심을望
振替貯金番號(韓國壹三番)
漢城中部鍾路砂器廛洞二十一統五戶
廣興泰 告白

◎廣告
本店에서開業ᄒᆞᆫ지有年에僉君子의愛顧ᄒᆞ심을特蒙ᄒᆞ와今年부터業務를大擴張ᄒᆞ고內外國各種紙物과其他學校用品을直輸入ᄒᆞ와地方同業僉位와其他僉彦에게特廉減價로酬應ᄒᆞ깃ᄉᆞ오니不拘多小ᄒᆞ시고註文만ᄒᆞ시면數量을從ᄒᆞ와郵便代金引換小包와或運送部를經ᄒᆞ야迅速히付呈ᄒᆞ깃ᄉᆞᆸ

☞ 廣告文을一覽ᄒᆞ시옵 ☜

(品目摘錄)
本國紙部
大壯紙 簡用紙 粉白紙
見樣紙 胡尺紙
慶州紙 書原紙 三貼紙
淸風紙 油花紙 板紙
書畫其他各種
外國紙部
洋紙 天井紙 色紙 模造紙 半紙 古査紙 書簡紙 封套紙 印札紙 美濃紙 馬粉紙 圖紙 其他各種
右物을都賣散賣ᄒᆞᆷ
京城鍾路大廣橋 內外國紙物貿易商
本店 金聚煥
(電話二二八〇)
京城中部安洞別宮前
支店 金瑢鎭

本報 一枚 新貨二錢五厘 壹個月 三十錢 參個月 九十錢 陸個月 壹圓七十錢
廣告 四号活字拾二字 [illegible]

社告

大韓每日申報各處支社廣告

平安北道

龍川楊市維新書舖 黃菊保
龍川南市驛 韓瀠希
朔州邑南門外 朱伯英
義州南門外廿西大藥局 張有寬
鐵山邑東部 鄭翊
車輦館同志會內 金明鉉
定州南門內書舖 洪成麟
博川邑內篁洞 金翼樞
京義線批峴驛停車場前運輸會社前 李基秀
泰川邑館前洋藥局 李正華
寧邊郡內紅門里 鄭德昇
寧邊龍山面新興里南貞河家 鄭奉益
宣川橋南四統十戶 申基周
江界邑內 金泰熙
郭山郡內新街 金大鉉
雲山邑上里八統八戶 咸元澤
雲山北面橋洞八統七戶 王冕鎬
昌城郡內西下里一統二戶 許의
熙川邑內面東門外洞十四統二戶 金錫澤

平安南道

平壤鍾路太極書館 安泰國
三和港碑石洞耶蘇敎堂 裵亨湜
安州城內義井洞安陵서館 金翼河
江西邑內 金昌煥
甑山郡內利用里 崔診爽
德川邑官洞耶蘇敎冊肆 李丙斗
永柔邑內槐峴里二統八戶 金志璜
中和下道面一里三洞 禹應善
肅川東部面一里三統九戶 金天湜
咸從邑校洞 金炳善

黃海道

[illegible]
[illegible]
長淵邑[illegible] [illegible]
殷栗邑[illegible]里 金光[illegible]
信川邑四里 李[illegible]
白川邑文明館 趙雲泳
載寧邑서部李鼎均家乾材局 李範善
沙里院三聖學校內 李承吉

咸鏡道

咸興州南社西門外 曹喜林
元山港上里倉前洞耶蘇女學校側 皇甫正杰
定平郡豐陽里 張禮學
洪原西門內保命局 羅炳善
永興邑南山洞洪明學校內 梁元常
淸津港新岩洞 張元浩

全羅道

金溝木流面豆亭 趙德三
木浦港陽洞 李得珠
群山港九福洞一統八戶 方在喜

京畿道

仁川杻峴開新冊肆 李東皓
開城南門外興學書舖 姜助遠
江華邑川橋 俞鎭植

慶尙道

大邱南小門外友弦書樓側 李[illegible]
釜山佐川藥局 徐錫[illegible]

江原道

鐵原邑梁谷 趙[illegible]大
蔚珍郡遠南面海花里 郭鍾郁

忠淸道

韓山下北面[illegible]里 李[illegible]
結城廣川小龍洞 李啓祚
公州府古上街[illegible]書館 柳學培
恩津論山浦雜貨店 [illegible]九榮

北墾島

北墾島龍井村下場里 朴茂林

檀君開國四千二百四十三年
箕子元年三千三十二年
大韓開國五百十九年
本報創刊日 光武八年七月十八日

大韓每日申報

發行兼編輯人 英國人 萬咸
發行所 京城南部石井洞三層洋屋 大韓每日申報社
Responsible for Publication Alfred Weekley Marnham.
第八卷 月曜及慶節歲時休日刊 第一千三百七十九号

代金表 壹個月 [illegible] 壹個年 [illegible] 但地方에ᄂᆞᆫ郵費十三錢

論說

◉國民義務心의漸次普及을賀ᄒᆞ노라

時局이變遷ᄒᆞ고刧運이重疊ᄒᆞ야三千里江山에風雨가方深ᄒᆞ미於是乎識時俊傑이前後에起ᄒᆞ야同胞의頑夢을喚醒ᄒᆞ고國力의挽回를勉勵ᄒᆞ나然이나다만國民義務心이普及치못ᄒᆞᆷ으로先覺人士가心慮를倍焦ᄒᆞ고新進事業의步調가太遲ᄒᆞ더니苦痛이警醒을催ᄒᆞ며時勢가人心을驅ᄒᆞ야畢竟近者에國民義務心이漸次普及ᄒᆞ야雲又치油然히興ᄒᆞ며風又치秩然히遍ᄒᆞᄂᆞᆫ도다

試ᄒᆞ야教育界를舉論ᄒᆞᆫ건ᄃᆡ即日某地方人士ᄂᆞᆫ教育費를自擔ᄒᆞᆫ다ᄒᆞ며某地方村里ᄂᆞᆫ教育費를按排ᄒᆞᆫ다ᄒᆞᄂᆞᆫ喜報가日로人耳를煩ᄒᆞ니噫라國民義務心이發展치못ᄒᆞ엿스면엇지此事가得有ᄒᆞᆯ것ᄂᆞᆫ가

今에其一二實例를揭ᄒᆞ면即彼姜錫鎬氏의校舍寄附와金命洙氏의學費月捐과大邱紳士徐丙奎氏의自擔校費와麻浦紳士金鎮獎崔思永氏等의巨款捐金과永興南山里三思里等諸里의自願排斂ᄒᆞᆫ等이是라

嗚呼라長江大河도其初源은濫觴에不過ᄒᆞ며高城巨塔도其初層은片土에爲始ᄒᆞᄂᆞ니果然此國民義務心이今日에一步를進ᄒᆞ며明日에二步를進ᄒᆞ야進々不已ᄒᆞ면畢竟國民義務心이洋々의勢로全國에普及되야國民의事業이勃然히興ᄒᆞᆯ지니吾儕가엇지賀치아니ᄒᆞ리오

然이나此世界에ᄂᆞᆫ實로一二人의善業뿐으로國家의運命을維持치못ᄒᆞᄂᆞᆫ바오반다시一般國民의盡力을要ᄒᆞᄂᆞ니國民同胞가一齊히義務心을鼓勵치아니ᄒᆞᆷ이不可ᄒᆞ고또今日韓國에ᄂᆞᆫ萬般事爲가甚히繁忙ᄒᆞᆫ時代니國民同胞가時急히義務心을발揮치아니ᄒᆞᆷ이不可ᄒᆞ니라

嗚呼라此天翻地覆虎嘯鬼躍의時代에在ᄒᆞ야尙且國民義務의何者됨을不知ᄒᆞᄂᆞᆫ徒輩여其無謀가엇지此에至ᄒᆞ며其不思가엇지此에至ᄒᆞ나뇨

吾儕ᄂᆞᆫ國民義務心이漸次普及됨을睹ᄒᆞ고賀言을一陳ᄒᆞᆫ後에更히全國人民의義務心普及됨을祝ᄒᆞ고또此義務心을教育界에만應用ᄒᆞᆯ뿐아니라其他何種好事業에던지廣施ᄒᆞ야國民事業을速히發展ᄒᆞᆷ을祝ᄒᆞ노라國家의運命은國民反映의光이라果然今日國民同胞의進取가漸々斯境에達ᄒᆞ니此實吾儕의繼續不已ᄒᆞᄂᆞᆫ바로라

外報

◉露國抗議 清國政府에셔露國에對ᄒᆞ야昨年七月一日松花江流域哈爾賓「三姓、羅巴蘇々三箇所에稅關設置에關ᄒᆞᆫ條約을違反ᄒᆞ엿슴으로露國公使가清國政府에抗議ᄒᆞ엿ᄂᆞᆫᄃᆡ清國政府에셔荏苒度日ᄒᆞ야如何ᄒᆞᆫ處理가無ᄒᆞᆷ으로露國은뻐히數日前에稅金返還의請求를발ᄒᆞ엿스나清國政府에셔ᄂᆞᆫ아즉何等回答이無ᄒᆞ다더라

◉統一黨宣言 英國統一黨首領等은首相아스키쓰氏가愛蘭黨에게王位를매ᄒᆞᆫ者라고宣言ᄒᆞᆫ다더라

◉土國內亂形勢 土耳其國軍隊ᄂᆞᆫ알빠니아叛軍과激戰ᄒᆞ야叛軍의占據ᄒᆞ엿던카챠니크峽隘을恢復ᄒᆞ엿ᄂᆞᆫᄃᆡ叛軍은가라다山으로退去ᄒᆞ엿슴으로該地에서又戰鬪가起ᄒᆞ엿다더라

◉砲艦徹還請求 清國湖南巡撫ᄂᆞᆫ各國砲艦이長久히長沙에留泊ᄒᆞᆷ으로民心을激動ᄒᆞ니速히徹還ᄒᆞ기를請求ᄒᆞ나各國領事團은此를拒絶ᄒᆞᆷ으로清國外務部ᄂᆞᆫ此理由로써砲艦徹還의請求通知를關係國公使에게발ᄒᆞ엿다더라

◉勞働者示威運動 英國論敦하이드公園에셔勞働紀念大會示威運動을擧行ᄒᆞ엿ᄂᆞᆫᄃᆡ來集ᄒᆞᆫ者가約四萬名에達ᄒᆞ고整然히秩序를保ᄒᆞ야平穩ᄒᆞᆫ演說과決議를ᄒᆞ엿다더라

◉欲倣被鎖 露國본란아보地方에開ᄒᆞᆫ日本繪畫展覽會ᄂᆞᆫ露國軍隊를侮辱ᄒᆞᆫ繪畫를陳列ᄒᆞᆫ故로露國總督이閉鎖를命ᄒᆞ엿다더라

雜報

◉僧尼現狀 現在韓國의寺刹及僧尼ᄂᆞᆫ左와如ᄒᆞ다더라

	寺數	僧數	尼數
漢城	二五	三〇七	七八
京畿	一一二	五五三	六一
忠北	三七	一一六	二七
忠南	六五	二一八	一一二
全北	九七	一一七	二五
全南	五六	五二九	一六
慶北	一四八	八八二	三三
慶南	一〇六	一三一七	八〇
黃海	五八	八一	二二
平南	四二	三六	五
平北	八四	一四八	一三
江原	五七	五二〇	一九
咸南	四六	二二三	三四
咸北	二五	九一	三八
合計	九五八	五一九八	五六三

◉明倅有頌 明川郡守李敎俊氏ᄂᆞᆫ赴任以後로治績이優美ᄒᆞ야人民이安堵하며閭巷에躬行ᄒᆞ야教育을奬勵ᄒᆞᆷ으로一境이稱頌ᄒᆞᆫ다더라

學界

◉外語夜學 東部梨峴私立新興學校內에夜學校를設施ᄒᆞ고英、德、日三科語學을教授ᄒᆞᄂᆞᆫᄃᆡ本月九日부터開學ᄒᆞᆫ다더라

◉光新重新 咸平郡新光面松溪光新學校ᄂᆞᆫ經費가窘絀ᄒᆞ야廢倒의境에至ᄒᆞ엿더니該洞居李鎭奎氏가財政을專擔ᄒᆞ야永遠維持ᄒᆞ기로決心ᄒᆞ엿다더라

◉普通校消息 永同郡內指定私立普通學校ᄂᆞᆫ昨年에設立ᄒᆞ엿ᄂᆞᆫᄃᆡ學生이壹百[illegible]名에達ᄒᆞ엿다더라

◉運動盛況 舊熊川私立開通學校에셔卒業式을擧行ᄒᆞᆷ은別項과如ᄒᆞ거니와當日來賓中書籍紙筆等物品을多數寄付ᄒᆞ엿고全日上午十一時에運動會를兼行ᄒᆞ엿ᄂᆞᆫᄃᆡ該境內加一普成競明慶明四學校가來參ᄒᆞ엿고觀光者가五六千名에達ᄒᆞ야一大盛況을呈ᄒᆞ엿다더라

◉徐氏熱心 大邱協成中學校ᄂᆞᆫ設立多年에財政困難을因ᄒᆞ야廢止之境에至ᄒᆞ엿더니當地紳士徐丙奎氏가該校維持를熱心主唱ᄒᆞ야爲先財政을整理ᄒᆞ고方今理化學機械와高明ᄒᆞᆫ教師延聘件을協議中이라더라

◉合一經試 江華郡位良面興天洞合一學校에셔去月에進級式을擧行ᄒᆞ엿ᄂᆞᆫᄃᆡ各科優等及及第生이十三人이오校長田炳奎學監金容夏兩氏ᄂᆞᆫ激切ᄒᆞᆫ言辭로學生을勸勉ᄒᆞ고優數ᄒᆞᆫ賞品을施ᄒᆞ엿다더라

◉孰不嗟嘆 東大門外廣文學校ᄂᆞᆫ財政困難을因ᄒᆞ야廢止되엿ᄂᆞᆫᄃᆡ此ᄂᆞᆫ當地紳士가贊成치아니ᄒᆞᆫ結果라하야有志者의嗟嘆이有ᄒᆞ다더라

◉朱氏熱心 宣川郡仁濟病院長朱賢則氏ᄂᆞᆫ醫學生魯晶봉氏를完美히修業키爲ᄒᆞ야數年學費를自當ᄒᆞ야京城南大門外世富蘭偲病院醫學校에留學케하엿다더라

◉養英進級 龍山私立養英學校에셔日昨에進級式을擧行ᄒᆞ엿ᄂᆞᆫᄃᆡ甲乙班優等生이十一人이오進級生이三十二人이라더라

◉教育蔚興 挽近國內[illegible]教育熱이勃興ᄒᆞ야今[illegible]入學ᄒᆞᄂᆞᆫ者가非常히多ᄒᆞ[illegible]一般私立學校에校舍가狹隘ᄒᆞᆷ을[illegible]歎ᄒᆞ엿다더라

學報

◉協校卒業 明川郡[illegible]洞私立協成學校에셔去月四日에第一回卒業式을擧行ᄒᆞ엿ᄂᆞᆫᄃᆡ優等生은崔[illegible]太範[illegible]均金學洙太明鵬金明濬方世麟朴小壎楊春華金鍾範金英鉉楊春敏金東郡諸氏오及第生은李鎭洙朴鎭極朴鎭行崔京奬金雲松諸氏라더라

◉開通卒業 慶南舊熊川私立開通學校에셔四月二十六日에第二回卒業式을擧行ᄒᆞ엿ᄂᆞᆫᄃᆡ高等科優等生朱寧南趙性馥池水定及第生朱基辰張渭式梁箕煥金鎭九初等科優等生朴基俠朱基旭及第生姜萬奎朱基烈

▲偉人遺蹟

東國巨傑 崔都統 (續) 錦頰山人

第六章 兩敵國의交侵과 崔統都의再起

王이起立傾聽ᄒᆞ더니其出에目으로送ᄒᆞ야曰此公이木强ᄒᆞ나實로忠直이오無他라ᄒᆞ고有司를命ᄒᆞ야印당의家를厚恤ᄒᆞ더라崔都統이任所에赴ᄒᆞ미倭艦數百艘가吾叉浦에入寇ᄒᆞ거ᄂᆞᆯ[illegible]伏을設ᄒᆞ고險阻에誘入ᄒᆞ야此를盡殺ᄒᆞ고兵을鍊ᄒᆞ야禦敵의道를講ᄒᆞ나朝廷의掣肘가多ᄒᆞ야其志를盡行치못ᄒᆞ고遞還ᄒᆞ니라

第七章 兩次紅賊亂의崔都統

崔都統의[illegible]北方에[illegible]가起ᄒᆞ야[illegible] [illegible]支那革命派中에張士誠[illegible]自守虜에不過ᄒᆞ며陳友諒은[illegible]且移植됨을未免ᄒᆞ며元政府[illegible]其氣息이奄々ᄒᆞᆫᄃᆡ獨紅巾一[illegible]劉福通等이氣銳魄盛ᄒᆞ야支那中部에셔虎視ᄒᆞᆯ새國號를曰[illegible]이라ᄒᆞ며年號를曰龍鳳이라ᄒᆞ고全軍이紅巾으로頭를과ᄒᆞ야識別ᄒᆞᄂᆞᆫ故로世人이稱曰紅[illegible]賊이라彼가屢次使臣을遣ᄒᆞ야虛實을探ᄒᆞ며文咨를移ᄒᆞ고[illegible]物을餽ᄒᆞ야親信의意를伴表[illegible]더니末乃孤注一擲의力을盡[illegible]야我國에入寇ᄒᆞ더라

(未完)

詞藻

◎親耕歌◎

籍田에親耕ᄒᆞ샤、農業勸奬오시니。
百姓이勤業ᄒᆞ야、時和年豊리로다。
비나니、雨露之澤로루々々、千里에。

宮廷彙報

○問安과 奉審 大皇帝陛下씌옵셔 昨日上午八時에 侍從을 命ᄒᆞ샤 德壽宮에 問安ᄒᆞ옵시고 宗廟에 奉審케ᄒᆞ옵셧다더라

親耕式節次

大皇帝陛下씌옵셔 預定과 如히 昨日午前九時에 東籍田으로 幸行ᄒᆞ옵셧ᄂᆞᆫᄃᆡ 永宣君 李埈鎔及各大臣 其他從耕官吏가 扈從ᄒᆞ엿고 東籍田에 御臨ᄒᆞ옵셔 先此出往ᄒᆞ엿던 完興君 李載冕 完順君 李載完及統監府長官 石塚等의 祗迎을 受ᄒᆞ시고 觀耕臺에 入御ᄒᆞ샤 皇族及文武官에게 賜謁ᄒᆞ옵시고 十時에 황族及大臣을 率ᄒᆞ시고 籍田에 親步ᄒᆞ샤 黑牛二頭로 耒耟를 親執ᄒᆞ샤 侍從院卿 侍從武官及其他農夫等의 扈從으로 萬歲聲裏에셔 親耕을 行ᄒᆞ셧고 其次에 各皇族大官等이 從耕ᄒᆞᆫ後에 穀種을 播ᄒᆞ엿고 陛下씌옵셔 觀耕臺에 還御ᄒᆞ샤 耆民十名과 農民四十餘名에게 酒肴를 親賜ᄒᆞ셧고 十二時에 東籍田에셔 御出발ᄒᆞ샤 洪陵에 幸行ᄒᆞ옵셔 展謁ᄒᆞ옵시고 午後三時에 還御ᄒᆞ옵셧ᄂᆞᆫᄃᆡ 當日陪觀人民이 二萬名以上에 達ᄒᆞ엿다더라

○柳種納上 年前 太皇帝陛下씌옵셔 伊太利柳種을 貿來ᄒᆞ샤 朝臣에게 頒賜ᄒᆞ옵셧ᄂᆞᆫᄃᆡ 前奉侍 金義明氏가 此를 奉受ᄒᆞᆫ지 六七年間에 苗圃를 設置ᄒᆞ야 苗種이 至今累十萬株에 達ᄒᆞᆫ지라 金氏가 今番 親耕式을 當ᄒᆞ야 太皇帝陛下의 下賜ᄒᆞ신 恩澤과 大皇帝陛下의 親耕ᄒᆞ시ᄂᆞᆫ 聖意를 報答코ᄌᆞᄒᆞ야 柳種萬株를 納上ᄒᆞ되 農大 趙重應氏로ᄒᆞ야곰 上奏케ᄒᆞ고 其孫 吳元一로ᄒᆞ야곰 親納ᄒᆞ엿ᄂᆞᆫᄃᆡ 一千株ᄂᆞᆫ 先農壇으로 輸來ᄒᆞ엿고 九千株ᄂᆞᆫ 各朝臣에게 頒賜ᄒᆞᆯ터이라더라

○勅語優渥 吳元一氏가 伊太利柳種을 納上ᄒᆞᆷ은 別項과 如ᄒᆞ거니와 當日 大황帝陛下씌옵셔 吳元一을 召入ᄒᆞ샤 嘉尙ᄒᆞ다ᄂᆞᆫ 勅語를 下ᄒᆞ옵셧다더라

○百官問安 本日午前十時早터 正午ᄭᆞ지 仁政殿玄關에셔 百官이 署名問安을 行ᄒᆞᆫ다더라

雜報

○支出裁可 農商工部所管 水産誌印刷費 五千圓을 豫備金中에셔 支出ᄒᆞ기로 裁可되엿다더라

○親耕經費 今番 親耕禮式에 關ᄒᆞ야 御路修築과 諸般設備에 關ᄒᆞᆫ 經費가 二千圓假量이라더라

○因故停務 昨日은 內閣及中樞院 木曜例會인ᄃᆡ 親耕式의 公故를 因ᄒᆞ야 一切停務ᄒᆞ엿다더라

○令人寒心 殿閣 止門은 大皇帝陛下의 出入門인 故로 國務大臣이라도 此로 出入지 못ᄒᆞᆷ은 不易의 典禮인ᄃᆡ 昨日上午八時三十分頃에 日本警視 一名이 騎馬ᄒᆞ고 敦化門正門으로 直馳入ᄒᆞ엿다더라

○徽章請求의 拒絶 宮內府에셔 各新聞社와 漢城府民會에 徽章을 分給ᄒᆞ야 親耕式을 陪觀케ᄒᆞ엿ᄂᆞᆫᄃᆡ 一進會에셔도 陪觀ᄒᆞᆯ 思想이 有ᄒᆞ야 再昨日 宮內府로 徽章을 請求ᄒᆞ엿더니 該府에셔 拒絶不應ᄒᆞ엿다더라

○曾彌病差說 曾彌統監은 日來로 身病이 少差ᄒᆞᆫ 貌樣이라더라

○所慮者椅子 農相 趙重應氏가 日前 總相 李完用氏와 談話ᄒᆞᆫ 內容을 漏聞ᄒᆞᆫ즉 一進會에셔 主唱ᄒᆞᆫ 合邦問題ᄂᆞᆫ 丁寧이 實効가 無ᄒᆞ나 但 吾輩에 椅子가 擾動될 慮가 有ᄒᆞ니 精神을 更勵ᄒᆞ고 團結力으로 運動ᄒᆞ야 地位를 期於鞏固ᄒᆞᄌᆞᄒᆞ엿다더라

○所談何事 內相 朴齊純 農相 趙重應 兩氏ᄂᆞᆫ 何事件을 秘密協議ᄒᆞᄂᆞᆫ지 數日前早터 逐日下午八時에 總相邸에 會同ᄒᆞ엿다가 仝十時에 散歸ᄒᆞᆫ다더라

○學相寄付 學相 李容植氏ᄂᆞᆫ 再昨日 大同敎에 金三十圓을 寄付ᄒᆞ엿다더라

○伊藤南向 農商工部商工局 日人 伊藤事務官은 南韓地方에 商工業을 視察ᄒᆞ기 爲ᄒᆞ야 今明間 발程ᄒᆞᆫ다더라

○渡邊發程 日人 渡邊高等法院長은 西北地方에 各裁判所事務를 視察ᄒᆞᆯ次로 本日上午九時에 發程ᄒᆞᆫ다더라

○倉庫建設 度支部에셔ᄂᆞᆫ 南陽 公州等地 金融組合十個所로ᄒᆞ야곰 倉庫를 建設케ᄒᆞᆫ다ᄂᆞᆫᄃᆡ 各建設費ᄂᆞᆫ 二千圓으로ᄒᆞ야 其中 一千三百圓은 補助金으로 支給ᄒᆞᆯ터이오 其餘ᄂᆞᆫ 金融組合이 自辦케ᄒᆞᆫ다더라

○與質還任 衛生事務를 視察ᄒᆞ기 爲ᄒᆞ야 日本에 渡往ᄒᆞ엿던 內部衛生局 與質技師ᄂᆞᆫ 再昨日에 還任ᄒᆞ엿다더라

○柳氏起訴 德川郡守 柳基泳氏ᄂᆞᆫ 該道觀察使 李軫鎬氏의 金貨幾百圓 貸借의 請求를 不應ᄒᆞᆷ으로 該李氏의 辭職勸告를 因ᄒᆞ야 昨日 依免되엿ᄂᆞᆫᄃᆡ 柳氏ᄂᆞᆫ 李氏를 平壤裁判所에 起訴ᄒᆞ엿다더라

○玉井等着任 日憲兵大尉 玉井八十彦等 四名은 再昨日 着任하엿다더라

○李氏辭免 內部繙譯官 李圭正氏가 辭職請願ᄒᆞ야 昨日 依免되엿ᄂᆞᆫᄃᆡ 該部內 一般官吏가 月給中 百分의 一을 收合ᄒᆞ야 紀念的으로 時計一介를 買給ᄒᆞ기로 提議ᄒᆞ엿다더라

○修理費請願 龜城郡 社稷壇이 年久頹圮ᄒᆞ엿合으로 該郡守가 重修코져ᄒᆞ야 所入經費의 明細書를 內部로 提呈ᄒᆞ고 從速支撥ᄒᆞ기를 請求ᄒᆞ엿다더라

○古蹟買入 昌德宮內博物館에 陳列ᄒᆞ기 爲ᄒᆞ야 古蹟書畵를 目下 買入中이라더라

○運動位置完定 內部官吏의 運動位置ᄂᆞᆫ 日人便에ᄂᆞᆫ 奬忠壇으로 施行코져 韓人便에셔ᄂᆞᆫ 景福宮으로 施行코져ᄒᆞ야 一時 景福宮으로 假定되얏더니 更히 奬忠壇으로 完定ᄒᆞ엿다더라

○金融增設 政府에셔 金融組合 三十箇所를 增設ᄒᆞ기로 決定ᄒᆞ엿ᄂᆞᆫᄃᆡ 漢城 平壤 公州 元山 全州 各財務監督局管內에 各四箇所 光州 大邱 各財務監督局管內에 各五箇所를 設立ᄒᆞᆫ다더라

○建築終了期 目下 新築ᄒᆞᄂᆞᆫ 海州 公州 咸興 釜山 光州 新義州 地方裁判所와 淸津地方裁判所 支部의 廳舍ᄂᆞᆫ 本年中에 落成될터이며 又 監獄은 光州 大邱 平壤 京城 四個所인ᄃᆡ 京城監獄 以外ᄂᆞᆫ 本年中에 悉皆落成ᄒᆞᆯ 預定이라더라

○飢民救恤 忠南 庇仁郡에ᄂᆞᆫ 昨年 凶荒을 因ᄒᆞ야 飢民이 多ᄒᆞᆫ 故로 該郡守가 救恤金을 募集ᄒᆞ야 旣히 三百餘圓에 達ᄒᆞ엿다더라

○尙民請願 尙州郡 牟西面人民等은 該面位置가 黃간郡과 相近ᄒᆞ다ᄒᆞ야 黃간에 移附ᄒᆞ기를 內部에 請願ᄒᆞ엿다더라

○辯護內容 安秉瓚 李冕宇 兩氏가 李在明等을 辯護ᄒᆞᆫ다ᄒᆞᆷ은 旣報어니와 李在明은 兩氏가 共同辯護ᄒᆞ고 金貞益以下 諸人은 安氏가 獨擔辯護ᄒᆞᆫ다더라

○崔氏長逝 李在明事件으로 被囚ᄒᆞ엿다가 放免된 崔譽鉉氏ᄂᆞᆫ 在囚餘毒을 因ᄒᆞᆷ인지 再昨日 長逝하엿다더라

○學宰南行 旣報와 如히 商務組合部長 李學宰ᄂᆞᆫ 天服敎를 傳布ᄒᆞᆯ次로 昨日上午十時에 振威等地로 발向ᄒᆞ엿다더라

○耕馬破傷風 纛島園藝模範場의 耕馬가 破傷風이 發生ᄒᆞ엿ᄂᆞᆫᄃᆡ 再昨日 農商工部에셔 日人技師를 派送하야 血精注射를 行ᄒᆞ엿다더라

○果組調査 中央果商組合에셔 五部內 一般果商을 詳細調査ᄒᆞ야 一切組合員으로 認定ᄒᆞ고 腐敗未熟의 果物販賣와 升使用의 大小不適을 禁斷ᄒᆞᆯ次로 該組合理事 申在順 事務員 崔景燮等 諸氏가 本日早터 調査에 着手ᄒᆞᆫ다더라

○會規配付 神宮敬義會에셔ᄂᆞᆫ 該會規則을 多數발刊하엿ᄂᆞᆫᄃᆡ 本日 各官廳에 一件式 配付ᄒᆞᆫ다더라

○掩護之効 日憲兵司令部 軍曹 石橋의 部下 補助員 崔永元은 金四十圓을 挾雜晴喫ᄒᆞᆫ 事件이 發見되엿ᄂᆞᆫᄃᆡ 該班長이 極力掩護ᄒᆞ야 依前勤務케ᄒᆞ엿다더라

○褒狀賜與 東幕居 高允默氏가 金一百五十餘圓과 白米十餘石을 出捐ᄒᆞ야 該洞貧民 五十餘戶를 救恤ᄒᆞᆫ 事件에 對ᄒᆞ야 日前 內部에셔 褒狀을 賜與하엿다더라

○竊盜海軍 長鬐郡 灯臺의 日人看守가 被殺ᄒᆞᆷ은 旣報어니와 其加害者ᄂᆞᆫ 日本預備海軍一等水兵 橋本秀苗인ᄃᆡ 竊盜의 目的으로 該看守를 殺害ᄒᆞᆷ이라더라

○書類押收 前禮式官 金祚鉉氏가 警視廳에 被捉ᄒᆞᆷ은 旣報어니와 日昨에 該氏家宅ᄭᆞ지 搜索ᄒᆞ야 一般書類를 押收ᄒᆞ엿다더라

電報

日本殖民議員 日本에셔ᄂᆞᆫ 殖民會議員을 韓國、淸國滿洲、日領樺太、日本北海道等地에 在ᄒᆞᆫ 日本官吏中으로 任命ᄒᆞᆫ다더라

拓社移民部 日本에셔ᄂᆞᆫ 日本移民을 奬勵ᄒᆞ기 爲ᄒᆞ야 拓殖會社에 移民部를 設置ᄒᆞ야 其便宜를 圖ᄒᆞᄌᆞᄂᆞᆫ 議가 有ᄒᆞᆫᄃᆡ 來十四日 該會社總會에 此를 提議ᄒᆞᆫ다더라

以上東京발 四日着

攝政王訓令 淸國의 攝政王은 長沙事件 損害賠償을 湖南官吏로 支出케ᄒᆞ라고 外務部에 訓令ᄒᆞ엿다더라

公使團拒絶 淸國外務部에셔ᄂᆞᆫ 湖南地方人民의 憤慨를 防키 爲ᄒᆞ야 各國派遣의 軍艦引退를 要求ᄒᆞ엿ᄂᆞᆫᄃᆡ 列國公使團은 此를 拒絶ᄒᆞ엿다더라

岑氏嚴罰說 淸國軍機處에셔ᄂᆞᆫ 前湖南巡撫 岑春蓂氏의 責任을 調査ᄒᆞ야 嚴罰ᄒᆞ기로 決定ᄒᆞ엿다더라

以上上海발 四日着

▲農歌▼

[illegible]生

▲隆熙四年五月五日 우리皇上陛下께셔 東籍田에 出御ᄒᆞ샤 親耕式을 行하시니 靑丘山河三千里에 恩惠이 숨져젓스니 깃분일이 업던同胞 깃분날을 當ᄒᆞ얏노다 一般國民歡呼中에 農民同胞 더욱깃버 喜喜樂樂 춤을추며 農夫歌를 和唱ᄒᆞᆫ다

▲農夫들아 말드러라 우리國祖 檀君씌셔 이疆土를 開拓ᄒᆞ고 우리先祖 先民들이 이疆土를 保ᄒᆞ야 우리의게 쥬셧스니 우리들은 이를爲히 몸과맘을 다밧쳐서 이를侵凶ᄒᆞᄂᆞᆫ者ᄂᆞᆫ 冤讐로써 對敵ᄒᆞ야 永遠토록 누려가세 얼널널 상사데야

▲農夫들아 말드러라 우리洞內 아모기ᄂᆞᆫ 돈냥돈[illegible] 박이셔 卒富者가 되겟ᄂᆞᆫ지 冊傳ᄒᆞ던 田庄들을 外人에게 팔데만은 우리들은 決心ᄒᆞ고 굶어죽어 餓鬼되고 어러죽어 [illegible]鬼되도 우리죠상 遺傳ᄒᆞᆫ땅 外人의게 팔지맙세 얼널널 상사데야

▲農夫들아 말드러라 朝鮮[illegible] 먹고사ᄂᆞᆫ 우리[illegible]이 [illegible] 萬分의 [illegible]라도 [illegible]恩報答인ᄒᆞᆯ소냐 우리몸에 愛國精神 깁지심어 培養ᄒᆞ고 우리손[illegible] 速히ᄒᆞ여써 消滅ᄒᆞ야 [illegible] 셜음불[illegible]談合야 맘[illegible]보세 얼널널 상사데야

▲農[illegible] 무[illegible]쓰[illegible] 부조런히 農事ᄒᆞᆫ연우 리나라 富國[illegible] 여일[illegible] 것[illegible] 존[illegible]복[illegible]업을[illegible] 예모허인[illegible]花[illegible]비[illegible] 一[illegible]々々復[illegible] 히보세 우리한국 農大[illegible]아 얼널널 상사데야

雜報

○屠場屠獸數 昨年中全國屠場數는五百五十六個所오屠獸數는二十四萬四百七十三頭인딕屠獸中에는牛가最多ᄒᆞ다더라

○烟草業漸多 南韓等地에는年來로日人烟草業者가漸多ᄒᆞ야大邱方面에는會社를設立하야此를經營ᄒᆞᆫ다더라

○宗憲何憲 侍天敎에셔는宗憲이라는冊子를발刊ᄒᆞᆯ次로該敎員김泰裕韓南奎兩氏에게委任ᄒᆞ야目下著述中이라더라

○金氏捐金 孫澤旅館에셔雇傭ᄒᆞ는金德賢氏는南倉市火災에對ᄒᆞ야金七十錢을捐助ᄒᆞ엿다더라

○宮家買入 佛敎圓宗々務院에셔는該敎堂을建築ᄒᆞᆯ次로磚洞東寧尉宮을二千八百餘圓에買入ᄒᆞ엿다더라

○日人組合 日人들은江陵과淸道에學校組合을設立하기로請願許認ᄒᆞ엿다더라

○尹氏孝行 慶南固城郡吾谷面西洞居尹鎭權氏는素性이至孝ᄒᆞ야養生盡誠ᄒᆞ고居喪哀痛ᄒᆞᆷ으로遠近이稱頌ᄒᆞᆫ다더라

○桑門回祿 開城北東面山城에在ᄒᆞᆫ大興寺는有名ᄒᆞᆫ古刹인딕去月二十七日午前三時頃에佛供하는香火에셔失火ᄒᆞ야法堂及其他附屬建物三座는燒燼하고二座는半燒ᄒᆞ고法堂에安置ᄒᆞ엿던佛體는全部燒失ᄒᆞ엿는딕其損害額이五千圓以上이라더라

○華山의病院設立 新門外華山居金致賢金相翊李承遠등諸氏가발起ᄒᆞ야該洞三十餘戶에每戶金二圓式醵集ᄒᆞ야該洞에在ᄒᆞᆫ西虎亭을買入하야病院을設立ᄒᆞ고院務에關ᄒᆞᆫ規則을再昨日大韓醫士總合所에請求ᄒᆞ엿다더라

廣告

◎特別廣告

本社의셔同胞의衛生을注意ᄒᆞ야美國의셔經驗單方으로流行通用ᄒᆞᄂᆞᆫ靈藥聖劑를貿入ᄒᆞ야左開廣布ᄒᆞ오니有病君子와藥業에從事ᄒᆞ시ᄂᆞᆫ僉彦은爭先來購ᄒᆞ시옵

分賣와都賣에差別이有ᄒᆞ야一打(十二個)以上의都賣에ᄂᆞᆫ特別割引ᄒᆞᆷ

左開

秘製止痛藥
效能 外塗內服無處不適 消滯 止瀉 絕痛 治痢無不神效ᄒᆞᆷ

喜蘇膏藥
效能 頭面 身體一切痛症 積年風濕 除痰 生肌之道 립卽奏效ᄒᆞᆷ

亞麟香膠
效能 毋論男女老少 勿嫌年久日淺一切 咳소 服之則其效如神ᄒᆞᆷ

委花藥膏
效能 痔疾 瘰珠瘡 燒跌傷螫咬等 諸症無雙聖藥

委花糖水藥
効能 疝症 花柳等 凡不潔血所祟症 婦人虛弱등症靈驗ᄒᆞᆷ

牛汁藥酒
効能 毋論男女老少氣血虛弱者服之則大補元氣身體强健ᄒᆞᆷ

韓美興業株式會社事務所

博覽會와和平堂

地方에處在ᄒᆞ신여러분同胞ᄂᆞᆫ○和平堂大藥房의如何ᄒᆞᆷ뿐반다시未知하시리다우리○和平堂大藥房은여러분이아시고또오리도록記臆치아니치못ᄒᆞᆯ關係가잇삽은煩達을不要ᄒᆞ야도여러분의임의知得ᄒᆞ시ᄂᆞᆫ비라玆에우리○和平堂大藥房은瀛車費用으로地方에處在ᄒᆞ신同胞로ᄒᆞ야금座ᄒᆞ야可히我博覽會란文明의機關을利用ᄒᆞ야多大ᄒᆞᆫ大韓國의第一位되ᄂᆞᆫ우리○和平堂大藥房을觀覽에供코져○和平堂主人李應善은多忙無暇ᄒᆞᆫ몸으로도瀛車와共히進行ᄒᆞ야여러가지便益을圖ᄒᆞ고南으로釜山港부터北으로新義州까지我全國重要地를貫通하야莫大ᄒᆞᆫ信用과聲名을博ᄒᆞ엿ᄉᆞᆸ니다博覽會到着時日은左와ᄀᆞᆺᄉᆞ오니우리○和平堂을사랑ᄒᆞ시ᄂᆞᆫ同胞ᄂᆞᆫ우리○和平堂의博覽會를尊覽ᄒᆞ시요여러분의萬般의便益을圖ᄒᆞᆷ은勿論◎支店○代理店等의希望이有ᄒᆞ시면伊時에迎接面議ᄒᆞ깃ᄉᆞᆸ나이다

到着時日

▲開城 着廿九日後一、一五 三十日 發五月一日前六、二五
▲新幕 着五月一日後六、三 四二日 發三日前六、五五
▲平壤 着三日後四、四一 四日 發五日前八、〇〇
▲嶺美 着六日後〇、一七 發同後七、一四
▲新義州 着七日後四、三七 八日 發九日前八、五五
▲新安州 着九日後八、〇七 發十日後八、一七
▲黃州 着十一日九、〇 發同前九、五〇
▲黃州 着十一日後六、一二 發十二日前九、三
▲新幕 着十二日後九、〇〇 發十三日前七、一〇
▲龍山 着十三日後六、三五 발同後八、〇六
▲仁川 着十四日後五、三五
▲岑城 着五月一日前七、四 八 發同後四、三八
▲黃州 着三日前九、二八 發同後三、四七
▲定州 着五日後三、二七 發六日前二、一九
▲宣川 着六日後九、〇八 發七日後一、五〇
▲車輦館 着九日前二、一八 發同後四、〇四
▲平壤 着十日後一〇、三四 발二日前八、一一
▲兼二浦 着十一日前一〇、一 七 발同後五、四五
▲沙里院 着十二日前一〇、一 三 發同後七、一八
▲汝山 着十三日前二、二八 발同後五、一二
▲永登浦 着十三日後八、二八 發十四日後四、三八
▲南大門 着十四日後五、五七

廣告

本出張所에셔左開五郡에特約分店을許施ᄒᆞ오니各該郡內僉彦은藥種請求에對ᄒᆞ야品料와價格이同一ᄒᆞ온즉京城本舖나平壤本出張所로不必請求ᄒᆞ시고該郡分店으로迅速請求ᄒᆞ심을

敬望

特約分店員氏名

宣川郡 李鳳朝
安州郡 金陽壽
博川郡 李鍾瀅
江界郡 田祥雨
義州府 義和藥房

濟生堂第一出張所 平壤鍾路

田恒畯 告白

社告

大韓每日申報各處支社廣告

平安北道

龍川楊市維新書舖 黃菊保
龍川南市驛 韓濼希
朔州邑南門外 朱伯英
義州南門外한西大藥局 張有寬
鐵山邑東部 鄭翊
車輦館同志會內 金明鉉
定州南門內書舖 洪成麟
博川邑內鏡洞 金翼樞
京義線枇峴驛停車場前運輸會社前 李基秀
泰川邑館前洋藥局 李正華
寧邊郡內紅門里 鄭德昇
寧邊龍山面新興里南貞河家 鄭奉益
宣川橋南四統十戶 申基周
江界邑內 金泰熙
郭山郡內新街 金大鉉
雲山邑上里八統八戶 咸元澤
雲山北面橋洞八統七戶 王覓鎬
昌城郡內西下里一統二戶 許이
熙川邑內面東門外洞十四統二戶 金錫澤

平安南道

平壤鍾路太極書館 安泰國
三和港碑石洞耶蘇敎堂 裵亨湜
安州城內義井洞安陵서館 金翼河
江西邑內 金昌煥
甑山郡內利用里 崔診爽
德川邑官洞耶蘇敎冊肆 李丙斗
永柔邑內槐峴里二統八戶 金志璜
中和下道面一里三洞 禹應春
肅川東部面一里三統九戶 金天湜
咸從邑校洞 金炳善

黃海道

海州南門內韓昌書館 朴昌鎭
安岳郡細洞面端山里上場 韓楨敎
長淵邑서北支學會內 崔東元
殷栗邑倉前里 金光礪
信川邑四里 李悌鎭
白川邑文明館 趙霽泳
載寧邑서部李鼎均家乾材局 李龍善
沙里院三聖學校內 李承吉

咸鏡道

咸興州南社西門外 曹喜林
元山港上里倉前洞耶蘇女學校側 皇甫正杰
定平郡豐陽里 張禮學
洪原西門內保命局 羅炳善
永興邑南山洞洪明學校內 梁元常
清津港新岩洞 張元浩

全羅道

金溝木流面豆亭 趙德三
木浦港陽洞 李得珠
羣山港九福洞一統八戶 方在喜

京畿道

仁川栅峴開新冊肆 李東皓
開城南門外興學書舖 姜助遠
江華邑川橋 俞鎭植

慶尙道

大邱西小門外友弦書樓側 李正由
釜山佐川藥局 徐錫鏞

江原道

鐵原邑棠谷 趙鍾大
蔚珍郡遠南面梅花里 郭鍾郁

忠淸道

韓山下北鑿堂里 李英穗
結城廣川小龍洞 李啓祚
公州府古上街福音書館 柳基培
恩津論山浦雜貨店 張允榮

北墾島

北墾島龍井村下場里 朴茂林

表 但地方에ᄂᆞᆫ郵費十三錢 三十錢
廣告 壹個月...
(自一行至四行이爲一寸)

檀君開國四千二百四十三年
箕子元年三千三十二年
大韓開國五百十九年
本報創刊日
光武八年七月十八日

大韓每日申報

Responsible for Publication: Alfred Weekley Marnham.
發行兼編輯人　英國人　萬咸
發行所
京城南部石井洞三層洋屋
大韓每日申報社

第八卷　月曜及慶節歲時日休刊　第一千三百八十號

論說

◎私塾改良議

嗚呼라此時代가何時代오風雲이全變ᄒᆞ고天地가新關ᄒᆞ야大文明의光彩가東西에照耀ᄒᆞ며大奮鬪의活劇이世界를橫絶ᄒᆞ야前日禮云樂云의習俗은古期를已成ᄒᆞ고當年詩曰賦曰의學術은腐物로同歸ᄒᆞ엿나니此時代가果然何時代오

然則此時代에在ᄒᆞ야오쟉中庸大學을抱ᄒᆞ고셔曰此外에無可學이라ᄒᆞ며通鑑員贊를讀ᄒᆞ면셔曰此外에無復學이라ᄒᆞᄂᆞᆫ者ᄂᆞᆫ便是狂人이아니면夢人이어ᄂᆞᆯ

惜乎라從來로韓國의人才를錮蟄하고韓國의民力을消沉ᄒᆞᆫ漢文私塾이只今ᄭᆞ지其餘根을張ᄒᆞ야新教育의風潮를妨遏ᄒᆞᄂᆞᆫ도다

盖此私塾이如彼히存在ᄒᆞᆫ것은(一)頑舊社會가革新을憚하ᄂᆞᆫ故(二)普通人民의知識이幼稚ᄒᆞᆫ故(三)幼年兒童에게몬져漢文을教授ᄒᆞ야漢文에得力ᄒᆞᆫ後에學校에送ᄒᆞᆫ다ᄂᆞᆫ誤解가有ᄒᆞᆫ故(四)文學道德學은漢文이아니면修得치못ᄒᆞᆫ다ᄂᆞᆫ淺見이有ᄒᆞᆫ故等이니噫라其時勢를不知ᄒᆞ고子弟를徒誤ᄒᆞ야小로ᄂᆞᆫ一家의害를作ᄒᆞ고大로ᄂᆞᆫ一國의害를貽ᄒᆞ이엇지可嘆치아니ᄒᆞᆫ가

故로吾儕ᄂᆞᆫ玆에私塾改良議를一陳하노니即私塾을營設하ᄂᆞᆫ人士가一齊히舊를去ᄒᆞ고新을取ᄒᆞ야其近處에學校가有하거던汲々히私塾을廢ᄒᆞ고其子弟를學校로送하며만일其近處에學校가無ᄒᆞ거던可及的으로私塾을撤ᄒᆞ고學校를建設하며或만일其近處에學校도無ᄒᆞ고또經費가乏ᄒᆞ야學校를建設치도못하깃거던私塾制度를改良ᄒᆞ야彼漢文書籍만敎授치말고新學問에關ᄒᆞᆫ敎科를力設ᄒᆞ며彼漢字學究를專恃치말고新知識이有ᄒᆞᆫ敎師를得延ᄒᆞ야內外國地理歷史國語算術體操等科의大要라도修得ᄒᆞ야新教育의福音을受홀지어다

如是ᄒᆞ면可히此過渡時代에在ᄒᆞ야子弟의前途를專誤치아니ᄒᆞ고家國의福利를徒害치아닐줄노思惟ᄒᆞ노라

或曰只今經濟恐慌ᄒᆞᆫ時代에私塾을廢ᄒᆞ고學校를設하라면困難이非常ᄒᆞ리라ᄒᆞ나此ᄂᆞᆫ藥의苦를憚하야病을長코져홈과一般이며或曰只今新敎育이발達치못ᄒᆞᆫ時代에多數ᄒᆞᆫ私塾에셔新學問敎師를要하라면其人이乏小ᄒᆞ리라ᄒᆞ나此ᄂᆞᆫ不然ᄒᆞ니今日에若干의新知識이有ᄒᆞᆫ人을延聘하라면萬難홀바아닐뿐더러私塾學究가若干의年月만費ᄒᆞ야新學問을學習ᄒᆞ면幼年兒童의敎師되기ᄂᆞᆫ猶足홀지며또或曰只今엇던學校ᄂᆞᆫ日人校監이主張ᄒᆞ며日人敎師가主張홀뿐인즉兒童을此에送홈보다ᄂᆞᆫ찰하리私塾에置하야漢文이나敎授홈이可ᄒᆞ다하나此ᄂᆞᆫ不然하니各地에善良ᄒᆞᆫ學校가多有홀뿐아니라또不善良의學校가有ᄒᆞᆯ더라도다만此를鑑戒ᄒᆞ야善良ᄒᆞᆫ學校를建設ᄒᆞ기로勉勵홈은可ᄒᆞ거니와此로以ᄒᆞ야學校를不必要라홈은不可ᄒᆞ니라

然ᄒᆞᆫᄃᆡ近者某儒家團體中或者ᄂᆞᆫ新教育이不必要ᄒᆞ다ᄒᆞ고地方으로周行ᄒᆞ면셔衆民을遊說ᄒᆞ야學校를沮害ᄒᆞ고私塾만奬勵ᄒᆞᆫ다ᄒᆞ니噫라何處에셔警醒棒을得來ᄒᆞ야此等愚物의頑夢을快破홀재

外報

◎土國政府攻擊　土耳其國의알빠니아代議士等은알빠니아에對ᄒᆞᆫ土國政策에就ᄒᆞ야政府를攻擊ᄒᆞᆫ다더라

◎土國戰報　土耳其國軍隊ᄂᆞᆫ쿠로불베나ᄎᆞ에占據ᄒᆞᆫ알빠니아叛軍을包圍ᄒᆞ기爲ᄒᆞ야카챠니크峽隘에셔進軍하ᄂᆞᆫ中인ᄃᆡ多數ᄒᆞᆫ알빠니아兵과激戰ᄒᆞ야死傷이頗多ᄒᆞ다ᄒᆞ며알빠니아의軍勢ᄂᆞᆫ頗히優勝하다더라

◎日人處刑　日本人高利保惠ᄂᆞᆫ香港(淸國南端에在ᄒᆞᆫ英國領地)要塞地附近을撮影ᄒᆞ다가同港政廳에逮捕되야監禁六週間과罰金十弗에處ᄒᆞ엿다더라

◎루氏歡迎　美國前大統領루스벨트氏ᄂᆞᆫ諾威國首府크리쓰챠나에셔帝王과同等의待遇를受하야크리쓰지안七世(丁抹王으로諾威王되엿던人)宮殿에滯留中이라ᄒᆞ며德國伯林에셔도來十日에루氏를歡迎ᄒᆞ기爲ᄒᆞ야準備中인ᄃᆡ德帝가親히停車場에出御ᄒᆞ야迎接ᄒᆞᆫ다더라

◎巴拿馬防備　美國大統領타프트氏ᄂᆞᆫ去一日同國議會에特別教書를送ᄒᆞ야巴拿馬運河防備費一千四百萬弗支出을要求ᄒᆞ엿ᄂᆞᆫᄃᆡ其防備에關ᄒᆞᆫ大砲數ᄂᆞᆫ大小合四十七門이라더라

◎美國國務卿演說　美國國務卿노ᄌᆞ크쓰氏ᄂᆞᆫ바ᄎᆞ후아로商業會議所에셔演說ᄒᆞᆫᄃᆡ外交와商業은幷進치아니치못홀것이라고述ᄒᆞ고次에美國의淸國鐵道借款參加에言及하ᄃᆡ此가美國商業盛榮에關ᄒᆞ야必要ᄒᆞᆫ者라고言明ᄒᆞ엿다더라

◎英國과淸稅關　英國論敦모닝포스트新聞은政府에向ᄒᆞ야英國은淸國人이淸國稅關을主管ᄒᆞᄂᆞᆫ事를不許ᄒᆞᄂᆞᆫ旨로淸國政府에通知ᄒᆞ라고勸告ᄒᆞ엿다더라

學界

◎運動舉行　龍山坊內各私立學校에셔聯合大運動會를明日曜日西江坊栗島附近에셔舉行ᄒᆞᆫ다더라

◎學生稱怨　官立漢城高等學校에셔ᄂᆞᆫ已往學科書를洋紙壹面에速寫版으로印刷ᄒᆞ야學生의게分給하더니近日에ᄂᆞᆫ洋紙內外面에印刷分給하민字畫이模糊ᄒᆞ야學習上不便이多有ᄒᆞ다ᄒᆞ고壹般學生의稱怨이有ᄒᆞ다더라

◎學徒蠶島行　公立校洞普通學校聯員及學徒壹同은昨日蠶島에前往하야模範場을觀覽ᄒᆞ엿다더라

◎卒業式盛況　海州郡廣明學校에셔卒業證書授與式을舉行홀時에附近各學校職員과其他紳士를多數請邀ᄒᆞ엿ᄂᆞᆫᄃᆡ校主金鍾呂校長李建夏總務吳武煥三氏ᄂᆞᆫ學徒에對하야懇切히勸勉ᄒᆞ고學監崔鴻漸校監安敏㝛事務員方顯周敎師金계爀梁在源五氏ᄂᆞᆫ紙筆等賞品을優數寄付ᄒᆞ야一大盛況을呈하엿다더라

◎養貞會組織　金惠卿崔셩卿閔현子等諸人이發起ᄒᆞ야養貞女學校를設立홀次로養貞女子敎育會를爲先組織하고去一日上午十二時에발起總會를開ᄒᆞ야任員을選定ᄒᆞ고來八日上午十時에ᄂᆞᆫ特別總會를開ᄒᆞᆫ다더라

◎卒業盛況　靑坡文창學校에셔卒業式을舉行홈은別項과如ᄒᆞ거니와校長李舜夏校監申泰錬該坊團長李址鎔紳士李鎔浩朴炯培吳台煥徐丙鎬諸氏가空冊鉛筆書籍筆匣等物品을多數寄付ᄒᆞ엿고來賓金重煥劉秉珌朴治勳諸氏ᄂᆞᆫ學生을激切히勸勉ᄒᆞ엿다더라

學報

◎勞働校興旺　忠南恩津郡彩雲面堤內里勞働夜學校ᄂᆞᆫ閔耆基李會喆金樂植賓箕一四氏가去丁未年分에設立ᄒᆞᆫ바인ᄃᆡ目下學生이百餘名에達ᄒᆞ야進就之望이有ᄒᆞ다더라

◎廣明卒業　海州郡花陽面私立廣明學校에셔三月廿五日에卒業式을舉行ᄒᆞ엿ᄂᆞᆫᄃᆡ卒業生金계榮康學善金麟栒劉章煥方泰俊金永燮李根哲李근孝崔伯文李順福吳世豊魯泰模

◎文昌卒業　靑坡下馬洞文昌學校에셔去月廿日에卒業禮式을設行ᄒᆞ엿ᄂᆞᆫᄃᆡ優等生은金禹鼎朴창善及第生은李鍾薰金禹相崔河均金셕奎

▲偉人遺蹟

▲東國巨傑　崔都統　(續)　錦頰山人

第七章　兩次紅賊變亂의崔都統

然이나紅賊은彼歷代北寇와大異ᄒᆞᆫ點이有하니盖歷代北寇의第一着은城下盟을結ᄒᆞ야兄弟의義를證ᄒᆞ고ᄂᆞᆫ倏然히飛去ᄒᆞ야自家의威力만示홀뿐이나紅賊의心事ᄂᆞᆫ專혀不然ᄒᆞ야我國을夷ᄒᆞ야郡縣을作하고自家人民을移殖코ᄌᆞᄒᆞ니其性質이壬辰倭寇와無異ᄒᆞ도다萬一崔都統及三元帥가아니러면我國이國됨을豈得ᄒᆞ엿스리오請컨ᄃᆡ左에此를詳論ᄒᆞ리라

第一次西京戰役　崔都統이西北保障의任을居홀時에孜々히禦賊의備를講究ᄒᆞ야一年間의短日月로其成効를著有홈이已多ᄒᆞ니崔都統이是任에稍久ᄒᆞ엿거나否則後繼者가其約束을一遵하엿스면紅賊의來에戰ᄒᆞ면可勝이오退ᄒᆞ면可守이거ᄂᆞᆯ惜乎라麗政의短慮여一則崔都統이未[illegible]年에遽遞ᄒᆞ엿스며二則後繼者가皆貪庸無能의徒이니其敗가固宜로다崔都統이還朝하던翌日에果々히[illegible]하야西北鎭에其人을擇任홈이可ᄒᆞ다ᄒᆞ나滿廷이皆漠々히耳를掩ᄒᆞ더니恭愍王八年에紅賊이文을移ᄒᆞ야曰「慨念生民久陷於胡倡義擧兵恢復中原東踰齊魯西出函秦南過閩廣北抵幽燕悉皆款附如飢者之得膏粱病者之遇藥石今令諸將戒嚴無得擾民々之歸化者撫之執迷拒者罪之」라云ᄒᆞ고賊의丞相毛居敬이衆四萬을率ᄒᆞ고氷을鴨綠江에渡ᄒᆞ야義州를陷ᄒᆞ고副使朱永世를殺하며靜州一州를陷ᄒᆞ고都指揮使金元鳳을殺ᄒᆞ거ᄂᆞᆯ西京軍民萬戶安祐와兵馬裨將李芳實의兵千人으로逆戰ᄒᆞ다가衆寡不敵ᄒᆞ야敗還ᄒᆞ니西京이遂陷ᄒᆞ고京師가大震이라毛居敬이西京에入ᄒᆞ야城門을周觀ᄒᆞ고歎曰如此江山에吾來가太晩이라ᄒᆞ고一邊으로兵을進ᄒᆞ야各郡을連陷ᄒᆞ며一邊으로麾下將卒로其侵得ᄒᆞᆫ郡縣을成守ᄒᆞ더라

(未完)

詞藻

壹　心

世上千萬事가、어렵다고ᄒᆞ지마는。
壹心으로進行ᄒᆞ면、못홀일이잇슬손가。
決斷코、變치아닐거슨、定ᄒᆞᆫ目的。

宮廷彙報

○從耕官賜饌 大皇帝陛下씌옵서昨日下午一時에今番從耕ᄒᆞᆫ官中親勅任官을 仁政殿에會同ᄒᆞ옵서 賜饌ᄒᆞ셧다더라

○皇后幸行說 皇后陛下씌옵서來六月頃에水原郡에 幸行ᄒᆞ옵서蠶業狀況을 御覽ᄒᆞ옵신다는說이有ᄒᆞ다더라

○落星臺致祭 大皇帝陛下씌옵서 西巡ᄒᆞ실時에高麗侍中姜邯贊의勳績을軫念ᄒᆞ옵서致祭 勅敎를 下ᄒᆞ셧스나姜氏의祀板이失傳되엿슴으로尙今擧行치못ᄒᆞ엿다는ᄃᆡ姜氏의降生ᄒᆞ던落星臺가始興郡東面에在흠으로陰四月十五日該臺에서致祭를擧行ᄒᆞᆫ다더라

○日王謝電 大皇帝陛下씌옵서日本鳩彦王의게勳章을 下賜ᄒᆞ옵신事에對ᄒᆞ야去四日同王은 大皇帝陛下씌謝電을奉奏ᄒᆞ엿다더라

○祝電御發 大황帝陛下씌옵서昨日日本鳩彦王婚儀에對ᄒᆞ야日皇에게 御祝電을發하옵셧다더라

○皇儲贈品 황太子殿下씌옵서日本鳩彦王婚儀에對ᄒᆞ야銀製花瓶을 贈與ᄒᆞ셧다더라

雜報

○閔氏運動 東洋拓殖會社副總裁閔泳綺氏는豆滿江附近에輕便鐵道를敷設흘計劃으로延安郡所有田土를典執하고金壹萬圓을稱債ᄒᆞ기爲ᄒᆞ야日人內藤의紹介ᄒᆞ야目下運動中이라더라

○[illegible]周旋 內相朴齊純氏는洋製屋子建築을尙未淸帳하야困難이日甚흠으로砥平郡所在壹百五十餘石秋收하는田庄을金貨三千圓에放매흘次로目下運動中이라더라

○借換計劃 韓國政府에서光武九年에貨幣를整理ᄒᆞᆫ다하고日本第一銀行에서資金三百萬圓을借入ᄒᆞ엿는ᄃᆡ該金額으로貨幣整理의實效는無ᄒᆞ고更히此整理費로第一銀行金八百萬圓을韓國政府에서負擔ᄒᆞ엿다는ᄃᆡ其利率이年六分인즉年利額이六十六萬圓의巨額이되는故로度支部에서는低利借換을希望ᄒᆞ는ᄃᆡ今番荒井次官의渡日ᄒᆞᆫ것은此를爲흠이라는說이有ᄒᆞ다더라

○農相의工業經營 農大趙重應氏는該氏家族中靑年十餘名을募集ᄒᆞ야不遠間日本에派送ᄒᆞ야工業을實習케ᄒᆞᆫ다더라

○豫算査定 再昨日內部에서本年度各道中國費支辦의豫算案을査定ᄒᆞ엿는ᄃᆡ該金額이約四十六萬三千百十九圓에達ᄒᆞᆫ다더라

○하氏訪問 日下來京ᄒᆞ는西洋人하리스博士는昨日에統監府를訪問ᄒᆞ엿다더라

○洪氏訪問 向者旅順에赴往ᄒᆞ엿던宣敎師洪神父는再昨日統監府를訪問하엿다더라

○調査着手 農商工部事務官及主事各一名은商工調査에着手次로本日慶南등地로발行ᄒᆞᆫ다더라

○蠅又逐臭 北部花開洞居前府尹李民溥氏는慶興府尹을圖得흘次로內相朴齊純氏家에朝夕待令ᄒᆞᆫ다더라

○山根入京 內部에서衛生局顧問으로雇聘ᄒᆞᆫ日人山근은本日下午九時에入京ᄒᆞᆫ다더라

○日團入京 日人의渡淸實業團十二名은昨日入京ᄒᆞ엿다더라

○日人歡迎 趙重應張憲植石塚三浦等의발起로明日入京ᄒᆞ는日人의實業團을爲ᄒᆞ야歡迎宴을開ᄒᆞᆫ다더라

○宴後薙髮 宮內府에서各陵官에게薙髮訓令을下흠은已報어니와掌禮院典祀補朴胄彬氏가日昨各陵官을明月館으로會同ᄒᆞ야宴會를設行ᄒᆞᆫ後薙髮을斷行ᄒᆞ엿다더라

○書信探知 日本에滯在ᄒᆞᆫ沈宜性氏가尹孝定氏에게再昨日書函을送致ᄒᆞ엿다는說이有흠으로警視廳에서其事實有無를探知中이라더라

○內容調査 中部相思洞居尹泰英氏는十三日日本에渡往ᄒᆞ엿는ᄃᆡ警視廳에서該氏의渡日內容을目下調査中이라더라

○警官準備 內部所屬官廳官吏一同이奬忠壇에서聯合大運動會를開ᄒᆞᆫ다흠은既報어니와警視廳官吏는本日上午十二時에訓鍊院에會同ᄒᆞ야韓國舊制로左右捕將과執事旗手等貌樣을粧束하고一演劇을設行흘次로準備ᄒᆞ엿다더라

○會費區處 內部官吏運動會費는該部大臣朴齊純氏가一百五十圓을捐出ᄒᆞ고一般官吏가月俸中百分三을收合支用ᄒᆞᆫ다더라

○補助貸與數 度支部에서各地農工銀行及金融組合에貸與ᄒᆞᆫ補助貨가合二十六萬三千四十八圓이라더라

○日軍休暇 再昨日은日本靖國神社에서臨時祭를設行흠으로駐韓日軍隊及憲兵隊에臨時休暇를與하엿다더라

○李氏寄金 前協辦李鳳來氏는錦陵尉朴泳孝氏의用度窘絀흠을聞ᄒᆞ고金貨二百圓을寄付ᄒᆞ엿다더라

○製氷開始 度支部에서經營ᄒᆞ는釜山製氷事業은日人의朝鮮水産組合에委任하엿는ᄃᆡ同組合은去月卄日부터製氷을開始ᄒᆞ엿다더라

○宅心不佳 宮內府主事崔相宜氏는北部諌洞居方宜直氏家에留ᄒᆞ는朴秀元氏의게金四十圓을貸用ᄒᆞ엿는ᄃᆡ此를不報흘計劃이던지朴氏가自己妾을通奸하엿다ᄒᆞ고宮內府使役金某를指囑ᄒᆞ야刑事巡査라假稱하고三昨日方氏家에突入하야朴氏有無를搜索ᄒᆞ다가情跡이발現되야金某가卽時所管警察署에被捉ᄒᆞ엿다더라

○淸潔施行期 中部警察署에서는明日부터大淸潔을施行ᄒᆞᆫ다더라

○金氏賻喪 校洞居姜興秀氏가日前妻喪을遭하엿는ᄃᆡ家勢가甚貧ᄒᆞ야赤屍在床ᄒᆞ더니官立漢城高等學校敎官金夏鼎氏가金四十圓을捐助하야喪葬을了勘케ᄒᆞ엿다더라

○大東報續刊 累朔停刊ᄒᆞ엿던大東共報는繼續발刊ᄒᆞᆫ다더라

○申在政呼訴 國民新報社에서는去三月分에一進會評議員申在政으로ᄒᆞ야금新聞探報의任을委托ᄒᆞ야視務ᄒᆞᆫ지가于今數朔에手料金을延拖不給ᄒᆞ는故로申이昨日上午九時頃에該社長崔永年을訪問ᄒᆞ고手料金을督促ᄒᆞᆫ後西部警察署에呼訴ᄒᆞ엿다더라

○任員並解 國民新報記者申在政이手料金一款으로該社長崔永年을西署에告訴흠은別項과如ᄒᆞ거니와申在政은此에關ᄒᆞ야一進會評議員까지請願自退하엿다더라

○敎堂設置運動 商務組合部長李學宰는中部茶洞等地에天照敎堂을設置흘次로目下運動中인ᄃᆡ壹般經費는閔泳壎氏가自擔ᄒᆞᆫ다더라

○銀行準備 崔錫夏全泰憲氏等은資金을鳩聚ᄒᆞ야銀行所를設置ᄒᆞ라고目下準備中이라더라

○庵原談話 漁政課長日人庵原은日人에게告하야曰黃海道沿岸은各種의貝類가甚多흘뿐더러各種漁業을一週年經營흘好漁場인ᄃᆡ從來同地附近에地方騷擾가多ᄒᆞᆫ故로日人漁業者가敢漁치못ᄒᆞ던바인ᄃᆡ只今은地方騷擾도寢息ᄒᆞᆫ貌樣인즉日人漁業者가大進經營흠이必要ᄒᆞ고또延平列島에石魚漁業은韓人이每年十萬圓以上收穫을得ᄒᆞ고長山串方面의大刀魚漁業은淸人漁船數十艘가每日一隻이十圓以上收獲을得하는바인즉日人漁業者가此漁業에着手ᄒᆞ면意外의利益을得ᄒᆞ리라ᄒᆞ엿다더라

○鑛業請願日增 近來義兵의勢力이減少흠으로外國人의各地旅行이穩便ᄒᆞᆫ故인지近者鑛業請願者가其業ᄒᆞ야一箇月中에平均百件以上에達ᄒᆞ고此에關ᄒᆞᆫ登錄其他手數料가合一萬圓以上에達ᄒᆞᆫ다더라

○趙氏亂供說 警視廳에被囚ᄒᆞᆫ南延圭氏는去水曜日地方裁判所로越交ᄒᆞ엿고趙南升氏는尙今取調中인ᄃᆡ苦楚를難堪ᄒᆞ야亂供ᄒᆞ엿다는說이有ᄒᆞ다더라

○何不早禁 忠北鎭川郡에는月前에淸人의三十六契가盛行ᄒᆞ야家産을蕩敗ᄒᆞᆫ者ㅣ多數ᄒᆞ되所管警察署에서視若尋常ᄒᆞ더니今該淸人輩가他處로移去ᄒᆞᆫ後에는邑底人民이該技賭에多數干犯이有ᄒᆞ다ᄒᆞ야警察署에서一並捉囚ᄒᆞ는故로民怨이藉々ᄒᆞ다더라

○卞計綻露 山林協會總裁李근澔氏는該會事務를擴張ᄒᆞ기爲하야田畓文券을同會事務員卞國善氏에게委任出債케ᄒᆞ엿더니卞氏가卽時農工銀行에交涉ᄒᆞ야二千圓을出債ᄒᆞᆫ後李氏를對ᄒᆞ야姑未周旋ᄒᆞᆫ줄노瞞過ᄒᆞ더니日昨農工銀行에서山林協會에對ᄒᆞ야債金利子를督促흠으로山林協會에서는目下其事實을調査ᄒᆞᆫ다더라

○敎報押收 布哇에서發行ᄒᆞ는韓人敎報第五卷第三號는治安妨害라ᄒᆞ야內部에서押收를命ᄒᆞ엿다더라

○大東押收 大東共報第二卷第十四號는治安妨害라ᄒᆞ야日昨에押收ᄒᆞ엿다더라

○假義橫行 住所未詳ᄒᆞᆫ姜用均은義兵將이라稱하고長湍郡北面等地에橫行剽掠흠으로所管警察署에서目下詗捕中이라더라

感荷義捐

長湍邑東門內木工會社에서本社經費를補助키爲ᄒᆞ야金三圓을寄付ᄒᆞ엿기玆에其盛意를感謝ᄒᆞ노라

電報

德艦着日

德國極東艦隊시세룬흘쓰트、잠푸히二隻은[illegible]다더라

後藤의經營

日本遞信大臣後藤은殖民省[illegible]ᄒᆞ야其準備[illegible]ᄒᆞ고此에[illegible]이되어殖民政治에關ᄒᆞᆫ[illegible]의[illegible]저ᄒᆞᆫ다는ᄃᆡ後藤[illegible]殖民會議를[illegible]하고[illegible]에韓國과合邦을實施ᄒᆞᆫ後에獨立ᄒᆞᆫ殖民省을新設코저ᄒᆞᆫ다더라

以上東京發 五日着

元老大臣[illegible]

日本에서는山縣公有朋及他元老大臣등이重要ᄒᆞᆫ國[illegible]相[illegible]議ᄒᆞ는ᄃᆡ頗히紛忙ᄒᆞ다더라

元田被斬

日本政友會員元田肇는其義弟茂에게刀斬을被ᄒᆞ엿다더라

內債[illegible]還發表

日本政府는內國公債壹千九百萬圓의償還흘旨를發表하엿다더라

日本外債

日本公債壹億壹千萬圓의外債가英國倫敦에서成立하야去三日에調印되엿는ᄃᆡ其條件은法國[illegible]成立ᄒᆞᆫ者와同一ᄒᆞ다더라

以上東京발 六日着

德相上奏

德國宰相베도만홀우에히氏는[illegible]政務에關ᄒᆞ야目下키스바[illegible]에滯在ᄒᆞᆫ皇帝씌上奏ᄒᆞ라고[illegible]地로赴ᄒᆞ엿는ᄃᆡ[illegible]還期는[illegible]預定이라더라

루氏歡迎

美國前大統領루스벨트氏는丁抹京城코펜하겐에到着하엿는ᄃᆡ丁抹國에서는國王의禮로迎ᄒᆞ엿다더라

以上伯林發 六日着

雜報

◎國債現在額 韓國의 現在國債總額은 四千四百五十三萬七千九百九十八圓八十九錢七厘인딕 今에 詳細列擧ᄒᆞ건딕 如左하니

一 國庫証券 一,〇〇〇,〇〇〇圓 七分利 光武九年六月발行
二 貨幣整理資금債 三,〇〇〇,〇〇〇圓 六分利 光武九年六月借入
三 금融資금債 一,五〇〇,〇〇〇圓 無利息 仝年十二月借入
四 第一起業資금債 五,〇〇〇,〇〇〇圓 六分五厘 仝十年三月借入
五 第二起業資금債 一二,九六三,九二〇圓 上仝 隆熙一年十二月借入
六 起業公債 一,〇〇〇,〇〇〇圓 六分利 上仝借入
七 日本政府借入금 一一,六八二,六二三圓 無利息 上仝
八 貨幣整理資금借越 八,三九一,四五五圓 六分利 上仝

▲据置年限
一、三箇年
二、六箇年 三、六箇年
四、五箇年 五、十個年
六、五箇年

▲償還最終期
一、隆熙四年六月
二、隆熙九年六月
三、仝 六年十二月
四、仝 十年三月
五、仝 二十七年十二月
六、仝 十七年十二月

▲借入處
一、日本國內募集
二、第一銀行
三、仝本政府
四、日本興業銀行
五、日本興業銀行
六、日本大藏省預金部
七、日本政府
八、韓國銀行

◎徐家執行 楊州郡居徐相郁氏는 前平康郡守在任時에 多數ᄒᆞᆫ 公貨를 犯逋ᄒᆞ엿슴으로 日前度支部에서 該氏家産을 執行ᄒᆞ엿다더라

◎始民起訴 始興郡西南面所在民有山林은 四百餘年守護之地인딕 殖產會社日人等이 將欲抑奪코ᄌᆞᄒᆞ야 該山林을 沒數測量ᄒᆞᆷ으로 該山主等이 崔浩善 閔潤鎬 具爍祖 柳冀春等四氏로 代表를 定ᄒᆞ야 地方裁判所에 呼訴ᄒᆞᆫ다더라

◎閔氏被押 前大邱財務官閔泳稷氏는 多數公貨를 犯逋하고 同署主事宋圭洛氏에게 推위하야 尙未歸正하엿더니 再昨日度支部에서 兩氏를 呼出面質하미 畢竟閔氏所當이 分明ᄒᆞᆫ 故로 卽時警視廳으로 押囚ᄒᆞ엿다더라

◎西北會通常會 西北學會에서 本日下午三時에 月例通常會를 開ᄒᆞᄂᆞᆫ딕 一般會員이 多數來叅ᄒᆞ기를 希望ᄒᆞᆫ다더라

◎青舘討論 今日下午八時에 鍾路青年會舘에서 討論會를 開하고 實相이 勝於良將이란 問題로 可否便이 互相討論ᄒᆞᆫ다더라

◎非炳乃丙 中樞院副賛議鄭丙朝氏는 木浦居人의 金錢關係로 警視廳에 被捉ᄒᆞ엿다가 旋卽放還ᄒᆞ엿ᄂᆞᆫ딕 日前本報에 揭載ᄒᆞᆫ 木浦人鄭炳朝가 被捉ᄒᆞ엿다ᄂᆞᆫ 記事ᄂᆞᆫ 此事件이 訛傳됨이니라 더라

◎全屬訛傳 前報에 揭載ᄒᆞᆫ바 尹德培氏가 西間島로 移接ᄒᆞᄂᆞᆫ 路次에 義州警察署에 拘留를 當ᄒᆞ엿다ᄂᆞᆫ 說은 全혀 訛傳이라더라

廣告

本人草家二間白紙文券서 失故 玆以仰布 京鄕僉彦照亮
北部順化坊坊樓閣洞第一百五統九戶 김鎭鉉

漢江居李鍾默處推尋票葉一千兩見失과 水鐵里居朴春燁處推尋票當錢二千五百兩見失故 玆以廣告ᄒᆞ오니 休紙施行ᄒᆞᆷ
大邱西小門內玉洞居 鄭壽源 白

勿論親疎間掌記及居住만 通知하시면 擇品廉價ᄒᆞ야 郵便小包나 運送部로 卽速付送ᄒᆞ고 代金은 引換허깃슴
京南部銅峴九十五統十戶
乾材藥局崔興模

本人의 先壠이 在於高陽郡下道面花田里栗洞이온바 該山坂測量製圖와 地籍報告를 陰三月卄四日路中遺失故로 玆以廣告하오니 誰某拾得間休紙施行ᄒᆞᆷ
果川郡下西面安養里金柄周白

牙山港竹城里客主宋叅奉在奎氏와 緊急相議ᄒᆞᆯ 事故로 本人이 再昨日에 上來ᄒᆞ와 ᄎᆞᆺ즌즉 移去舍舘ᄒᆞ여 莫知所向이옵기 玆의 廣告ᄒᆞ오니 誰某시던지 逢着ᄒᆞ시거던 本人處所로 指揮ᄒᆞ여 보너쥬시면 感謝를 表ᄒᆞ깃슴니다
京南門外客主順興號安永浩家留 邊基纘 告白

告 訣
錄 京西部車洞同和藥房
本國藥材、洋製、各病效、用、價、國漢文、可刊行、作封、雖婦女、郵便請求、買賣
閔櫃 白

本社에서 左開物品을 機關으로 織組ᄒᆞ와 廉價販매ᄒᆞ오니 京鄕商業僉位ᄂᆞᆫ 隨意請求ᄒᆞ심을 務望
物品 腰帶 丹任 囊纓 珮物纓 香纓 挾囊纓 網纓各色
京城南部南小洞
京城織組會社 合名會社

本人이 陰二月二十日分에 姓名圖章與江界紫新浦金龍賢處에 白太二十二担六斗를 買得ᄒᆞ고 右氏名下에 任置標中稅金幷擔當ᄒᆞᆫ다ᄂᆞᆫ 標一張을 古城面箭門嶺來往路中에서 囊落見失이오니 誰某拾得이던지 休紙施行ᄒᆞᆷ
義州南門外柒峴 金承福 告白

咸北明川上雩面居前叅奉兼德陵奉事中樞院賛議嚴柱鵬氏 陰二月八日別世옵기 玆에 廣告ᄒᆞ오니 知舊間照亮ᄒᆞ시옵
護喪 李德允 白

本書林에서 教科及他書籍五六百種과 古書名筆을 鳩聚大寶하오니 照亮購覽務望 引換代金으로도 酬應ᄒᆞᆷ 請求多小에 特別割引도 有ᄒᆞᆷ
發賣所 南部銅峴卄五統八戶
同文書林主 金雨均白

仐 達城運送部 鐵道小貨輸運業
達城藥房 東西洋藥材 新발明藥料
達城商店 我國產品各種及捲煙等雜貨
地方에ᄂᆞᆫ 書信으로 注文ᄒᆞ시면 引換小包로 迅速히 奉副ᄒᆞᆷ
大邱北門內前客舍基址
營業主 朴大卿

本局이 開業多年에 各地方貿易이 漸次發達이기 業務를 擴張ᄒᆞ며 材淨價廉ᄒᆞ야 勿論親疎ᄒᆞ고 貿藥急用을 便利케ᄒᆞ오니 居住와 掌記를 昭詳히 郵便付送ᄒᆞ시면 唐草材蔘茸이라도 小包로 代金引換과 或運送部로도 迅速히 付送ᄒᆞ깃사오니 同業僉位ᄂᆞᆫ 隨量請求ᄒᆞ심을 敬要
京銅峴一統六戶
乾材局 李盛哉

◉特別廣告
敬啓者 本報ᄂᆞᆫ 開刊有年에 其論述의 히正과 其報道의 迅速이 無比ᄒᆞ야 清國內遠近志士가 一切歡迎ᄒᆞ오며 韓國에도 稍々히 購覽ᄒᆞᄂᆞᆫ 紳士가 有ᄒᆞᆫ바 今에 更히 江湖上購覽諸氏를 紹介ᄒᆞ기 爲하야 本報舘所在處及報價를 左開廣告ᄒᆞ오니 願覽諸氏ᄂᆞᆫ 速々히 左開處로 通奇ᄒᆞ시옵
本舘所在地 於爾賓瓦牙街
報價 一個月先給 俄貨八角
仝 三個月先給 俄貨二圓
但報價ᄂᆞᆫ 先給을 要ᄒᆞᆷ
遠東報舘 告白

本舘에서 新舊書籍과 學校品用各種을 備置하야 (五圓以上特減割引) 大發售하오니 江湖僉君子ᄂᆞᆫ 陸續購買ᄒᆞ시옵
釜港東關韓興書舘
舘主 金泰衡 本名汝重
主任 權鍾律

◉特別大廣告
大韓酒類가 清濁燒藥四種에 無過이온바 米麵비釀이 既無良能ᄒᆞ야 酒業이 發達치못ᄒᆞ더니 松露柏露兩酒를 開城孫友在氏가 外國의 精規와 本國의 要素를 叅沍取得ᄒᆞ여 新發明이온바 松露의 酒味ᄂᆞᆫ 本國藥酒보다 色甚濃艶ᄒᆞ고 味甚香醇ᄒᆞ며 柏露의 酒味ᄂᆞᆫ 本國燒酒보다 精소香冽ᄒᆞ니 終日把盃라도 口逆頭痛이 少無ᄒᆞ야 乃一般之實驗公認이옵기 玆以廣告ᄒᆞ오니 內外國僉彦은 陸續沽飮ᄒᆞ시옵 但誰某시던지 販賣코지ᄒᆞ시거던 本所로 來議ᄒᆞ시면 特別割引으로 酬應ᄒᆞ깃슴고 遠方이라도 輕便輸送ᄒᆞ깃슴
開城北部沙峴四十六統九戶
松露第二釀造所 告白

本店에서 開業ᄒᆞᆫ지 十六年間 僉君子의 愛顧ᄒᆞ심을 特蒙ᄒᆞ와 今年부터 業務을 大擴張ᄒᆞ고 春夏秋冬所用으로 緞屬毛織等各國高等物品을 現今多數直輸入이온바 各地方에서ᄂᆞᆫ 貿易에 便利賣買미 爲ᄒᆞ야 特廉減價ᄒᆞ와 郵便小包로 酬應ᄒᆞ야 代金은 引換ᄒᆞ깃사오니 十三道各郡僉君子ᄂᆞᆫ 隨意請求ᄒᆞ심을 望
振替貯金番號 (韓國壹三番)
漢城中部鍾路[illegible]
洞二十一統五戶
廣興泰 告白

廣告文을 一覽ᄒᆞ시옵

◉廣告
本店에서 開業ᄒᆞᆫ지 有年에 僉君子의 愛顧ᄒᆞ심을 特蒙ᄒᆞ와 今年부터 業務를 大擴張ᄒᆞ고 內外國各種紙物과 其他學校用品을 直輸入ᄒᆞ와 地方同業僉位와 其他僉彦에게 特廉減價로 酬應ᄒᆞ깃사오니 不拘多小ᄒᆞ시고 註文만ᄒᆞ시면 數量을 從ᄒᆞ와 郵便代金引換小包와 或運送部를 經ᄒᆞ야 迅速히 付呈ᄒᆞ깃슴

(品目略錄)
本國紙部 粉白紙 大壯紙 箱扇紙 見樣紙 胡斤紙 慶州紙 書厚紙 三貼紙 清風紙 油粧板紙 書畵其他各種
外國紙部 洋紙 天井紙 色紙 模造紙 半紙 古査紙 書簡紙 封套紙 印札紙 美濃紙 馬粉紙 圖畫紙 其他各種
右物을 都賣散賣ᄒᆞᆷ

京城鍾路大廣橋 內外國紙物貿易商
本店 金聖煥 (電話二一八〇)
京城中部安洞別宮前
支店 金瑢鎮

社告

大韓每日申報各處支社廣告

平安北道

龍川楊市維新書舖 黃菊保
龍川南市驛 韓濚希
朔州邑南門外 朱伯英
義州南門外한西大藥局 張有寬
鐵山邑東部 鄭翊
車輦舘同志會內 金明鉉
定州南門內書舖 洪成麟
博川邑內鐘洞 金翼樞
京義線批峴驛停車塲前運輸會社前 李基秀
泰川邑舘前洋藥局 李正華
寧邊郡內紅門里 鄭德昇
寧邊龍山面新興里南貞河家 鄭奉益
宣川橋南四統十戶 申基周
江界邑內 金泰熙
郭山郡內新街 金大鉉
雲山邑上里八統八戶 咸元澤
雲山北面橋洞八統七戶 王晃鎬
昌城郡內西下里一統二戶 許익
熙川邑內面東門外洞十四統二戶 金錫澤

平安南道

平壤鍾路太極書舘 安泰國
三和港碑石洞耶蘇敎堂 裴亨湜
安州城內義井洞安陵서舘 金翼河
江西邑內 金昌煥
甑山郡內利用里 崔診爽
德川邑官洞耶蘇敎冊肆 李丙斗
永柔邑內槐峴里二統八戶 金志瓚
中和下道面一里三洞 禹應善
肅川東部面一里三統九戶 金天湜
咸從邑校洞 金炳善

黃海道

海州南門內韓昌書舘 朴昌鎭
安岳郡細洞面端山里上塲 韓植敎
長淵邑서北支學會內 崔東元
殷栗邑倉前里 金光礪
信川邑四里 李悌璵
白川邑文明舘 趙雲泳
載寧邑서部李鼎均家乾材局 李鉉善
沙里院三聖學校內 李承吉

咸鏡道

咸興州南社西門外 曹喜林
元山港上里倉前洞耶蘇女學校側 皇甫正杰
定平郡豐陽里 張禮學
洪原西門內保命局 羅炳善
永興邑南山洞洪明學校內 梁元常
淸津港新岩洞 張元浩

全羅道

金溝木流面豆亭 趙德三
木浦港陽洞 李得珠
群山港九福洞一統八戶 方在喜

京畿道

仁川栗峴開新冊肆 李東皓
開城南門外興學書舖 姜助遠
江華邑川橋 俞鎭楨

慶尙道

大邱西小門外友弦書樓側 李正由
釜山佐川藥局 徐錫疇

江原道

鐵原邑桑谷 趙鍾大
蔚珍郡遠南面梅花里 郭鍾郁

忠淸道

韓山下北筆堂里 李英稙
結城廣川小龍洞 李昌祚
公州府古上街福音書舘 柳瑆培
恩津論山浦雜貨店 張允榮

北墾島

北墾島龍井村下場里 朴茂林

檀君開國四千二百四十三年
箕子元年三千三十二年
大韓開國五百十九年
本報創刊日 光武八年七月十八日

大韓每日申報

Responsible for Publication Alfred Weekley Marnham.
發行兼編輯人 英國人 萬咸
發行所 京城南部石井洞三層洋屋 大韓每日申報社

第八卷　月曜及慶節翌日休刊　第一千三百八十一號

論說

◉戒蓄妾者

嗚呼라文明이漸々進步ᄒᆞ고人道가漸々發達ᄒᆞᄂᆞᆫ以來로彼幾個暗黑ᄒᆞᆫ國家社會以外에ᄂᆞᆫ蓄妾의弊風이거의其跡을絕ᄒᆞ엿도다

蓋一夫一婦ᄂᆞᆫ天理의當然ᄒᆞᆫ바오人事의當然ᄒᆞᆫ바니此蓄妾은天理人事에違反될ᄲᅮᆫ아니라此蓄妾은卽其家를伐ᄒᆞᄂᆞᆫ一毒斧며其國을害ᄒᆞᄂᆞᆫ一禍階라此로以ᄒᆞ야家庭의和氣가絕ᄒᆞ며此로以ᄒᆞ야嫡子의亂萌을啓ᄒᆞ며此로以ᄒᆞ야門族의亂禍를養成ᄒᆞ며此로以ᄒᆞ야社會의秩序를擾亂ᄒᆞ며此로以ᄒᆞ야家産의蕩敗를作ᄒᆞ며此로以ᄒᆞ야諸件ᄒᆞᆫ風俗을釀ᄒᆞ며此로以ᄒᆞ야父虐其子子怨其父의悖行이類作ᄒᆞ야此로以ᄒᆞ야夫逐其婦婦別其夫의慘景이突起ᄒᆞ야一家가此로以ᄒᆞ야亡ᄒᆞ며一國이此로以ᄒᆞ야弊ᄒᆞ나니嗚呼라蓄妾의害가또ᄒᆞᆫ엇지大치아니ᄒᆞᆫ가(或不然ᄒᆞᆫ妾이有ᄒᆞ나此ᄂᆞᆫ例外오原則이아니며또此도天理人事에違反되ᄂᆞᆫ者라)以故로彼文明을發揮하고人道를尊尚ᄒᆞᄂᆞᆫ國家社會에셔ᄂᆞᆫ반다시蓄妾을嚴禁ᄒᆞ야妾을有ᄒᆞᆷ을市달을受ᄒᆞᆷ곳치恥ᄒᆞ며妾을作ᄒᆞᆷ을奴籍에入ᄒᆞᆷ곳치痛ᄒᆞ야蓄妾의弊風이杜絕됨으로其一家가幸福을享ᄒᆞ고其一國이利益을增하거날惜乎라此韓國에ᄂᆞᆫ滔々流來ᄒᆞ던蓄妾의弊風이尙且不絕하야男子ᄂᆞᆫ妾을有ᄒᆞᆷ을不怪ᄒᆞᄂᆞᆫ者ㅣ多ᄒᆞ며女子ᄂᆞᆫ妾을作ᄒᆞᆷ을不恥ᄒᆞᄂᆞᆫ者ㅣ多ᄒᆞ니噫라今日世界에在ᄒᆞ야此등弊風을改革치못ᄒᆞ고야엇지人類競爭場에劣退를免하리오

彼深々桃源에春夢을作ᄒᆞ야人文의발達이如何ᄒᆞᆫ지時局의變遷이如何ᄒᆞᆫ지不知ᄒᆞᄂᆞᆫ頑迷者이나抑彼花街柳巷에身勢를誤ᄒᆞ야今日藝妓家의郎이되며明日色酒家의客이되ᄂᆞᆫ蕩子輩가妾을有ᄒᆞᆷ도오히려可惜하거던乃者上等紳士의資格을擁ᄒᆞ야後進의景仰을受하며文明革新의先驅로自許하야同胞의前導를作ᄒᆞᄂᆞᆫ人士中에도往往蓄妾을常事로認하니此卽吾儕의더욱痛嘆ᄒᆞᄂᆞᆫ바라

[illegible]蓄妾의弊風을改革ᄒᆞ야文明、人道의[illegible]一家、一國의[illegible]지어다[illegible]女界에셔文明[illegible]人道[illegible]思想ᄒᆞ야所[illegible]女子[illegible]敎[illegible]有ᄒᆞ고[illegible]파자등이되고自由[illegible]인즉此[illegible]女子를敎育ᄒᆞ야正室의[illegible]를아니밧ᄂᆞᆫ妾이되게ᄒᆞ자ᄒᆞᆫ다ᄒᆞ니聽ᄒᆞ라眞正ᄒᆞᆫ文明、眞正ᄒᆞᆫ人道가발達될수록첩의賤辱은尤甚ᄒᆞ며妾의虐待ᄂᆞᆫ尤甚ᄒᆞᄂᆞᆫ바어ᄂᆞᆯ異哉라彼의愚論이여彼의無知識이實노可憐ᄒᆞᆯᄲᅮᆫ더러此等風潮가女子界에傳染되야誤解에誤解를加ᄒᆞ면畢竟一種可怪의演幕이作ᄒᆞᆯ지니또엇지可懼치아니ᄒᆞ리오

最終에吾儕ᄂᆞᆫ凡此妾身勢를作ᄒᆞᆫ女子同胞에게一告ᄒᆞ노니果然平等自由를樂ᄒᆞ거던아모됴록彼等誤解의主義를執지말고眞正ᄒᆞᆫ平等自由의人物이되야後進女子를引導ᄒᆞ되반다시첩을作지말나ᄒᆞ며後進女子를警戒ᄒᆞ되반다시첩을作지말나ᄒᆞ야女子界의新風潮가作ᄒᆞᆷ을祝ᄒᆞ노라

外報

◉土國內亂戰況　土耳其國內亂의狀況은尙今ᄭᆞ지繼續戰鬪中이라ᄂᆞᆫᄃᆡ去月二十二日戰에官軍의死傷은十二名이오叛軍의死傷은二百五十名이라ᄒᆞ며且가차니크戰에官軍의死傷은百十二名이오叛軍의死傷은五百名이라ᄒᆞ며又去月卅日戰에官軍이大損害를受하야死傷者가四百名이오負傷者가二百名에達하엿다더라

◉哀此亾國民　匈牙利國에셔ᄂᆞᆫ下猶太人排斥熱이蔓延ᄒᆞᆫ다더라

◉損害責任　淸國政府ᄂᆞᆫ長沙暴動의損害賠償에對하야其責任을湖南諸大官에게歸ᄒᆞ고度支部에셔ᄂᆞᆫ官切支出치아니ᄒᆞᆫ다ᄂᆞᆫ旨로當地總督巡撫에게打電하엿다더라

◉英皇攻擊事件　英國[illegible]라리、으리비우誌(時代評論雜誌)ᄂᆞᆫ本月號卷頭에英國皇에게對ᄒᆞ야不敬의論說을揭載ᄒᆞ엿ᄂᆞᆫᄃᆡ其所說은皇帝가上院이昨年下院의通過ᄒᆞᆫ豫算案否決ᄒᆞᆷ을止치못ᄒᆞ엿슴으로國民에게失望하엿다ᄒᆞ고又皇帝의補弼ᄒᆞᄂᆞᆫ侍臣은皆眞正ᄒᆞᆫ政事家가아니오오즉皇帝의遊戲伴侶에不過ᄒᆞ다ᄒᆞ고且皇帝ᄂᆞᆫ意志가薄弱ᄒᆞ고決斷力이無ᄒᆞ니實노今日은황帝의適不適의問題를研究ᄒᆞᆷ이라論ᄒᆞ엿ᄂᆞᆫᄃᆡ論敦타임쓰新聞은此論說에對ᄒᆞ야强硬ᄒᆞᆫ攻擊을加ᄒᆞ엿다더라

◉可驚的飛行實驗　去二日에英國一發明家가論敦에셔玩具의飛行船으로써驚ᄒᆞᆯ만ᄒᆞᆫ實驗을試ᄒᆞ엿ᄂᆞᆫᄃᆡ該飛行船은無線電信의裝置로因ᄒᆞ야自由로操縱하며任意로飛行케ᄒᆞ며且空中의如何ᄒᆞᆫ點에셔던지發明家의任意로在地ᄒᆞᆫ觀客의頭上에假裝砲彈을발射ᄒᆞ엿다ᄂᆞᆫᄃᆡ萬一此機를大規模로裝置ᄒᆞ야飛行船及水雷艇에應用ᄒᆞᆷ에至ᄒᆞ면海陸戰鬪의方法은全然變化되리라더라

雜報

◉農會趣旨書　水原農林學校卒業生과西北學會內農林講習所卒業生이協同ᄒᆞ야農林研究會를組織ᄒᆞ고昨日에발起人의履歷書及趣旨書를添付ᄒᆞ야[illegible]部에申告書를提呈하엿ᄂᆞᆫᄃᆡ其趣旨書概要에曰衣食住三者ᄂᆞᆫ人生의要素라此要素가[illegible]全ᄒᆞ면人類의福樂이[illegible]長ᄒᆞᆯ지오此要素가不完全ᄒᆞ면人類의苦況이自至ᄒᆞᆯ지니吾儕ᄂᆞᆫ此要素를完備ᄒᆞ기爲ᄒᆞ야最히研究ᄒᆞᆯ지로다蓋衣食住를[illegible]ᄂᆞᆫ直接으로實業擴張이最急[illegible]라ᄒᆞᆯ지나我國은古[illegible]로天然的農産物로써一般生活을最圖ᄒᆞ던者인즉今에農林業발達에先着手ᄒᆞᆷ이卽容易ᄒᆞᆫ道途가될지로다然ᄒᆞᆫ즉其발達方法에對ᄒᆞ야ᄂᆞᆫ新農學의眞理를研究ᄒᆞ며中央及地方에農業上의種々ᄒᆞᆫ方面으로進行ᄒᆞᆯ機關을設備ᄒᆞ야一新向上코져ᄒᆞᆷ인즉此가決코一二人의獻爲ᄒᆞᆯ바ㅣ아니오必也衆力을收聚ᄒᆞ며羣智를交合ᄒᆞᆫ然後에야目的을可히到達ᄒᆞᆯ깃기로一會를발起ᄒᆞ야農林研究會라命名ᄒᆞ고一般同胞의贊成同意ᄒᆞᆷ을切望ᄒᆞᆫ다ᄒᆞ엿더라

學界

◉嶠南의模範　東萊郡龜浦里紳士諸氏가發起ᄒᆞ야龜明學校를設立ᄒᆞᆫ지已有年所인ᄃᆡ尙此敎育方法이完全치못ᄒᆞᆷ을憂慮하더니今年春에諸氏등이校務를一新擴張ᄒᆞ고京城徽文義塾卒業生金思容氏와日本中學校卒業生鄭雲騏氏를雇聘하야敎授를擔任케ᄒᆞ엿ᄂᆞᆫᄃᆡ該兩氏ᄂᆞᆫ本來相當ᄒᆞᆫ學識이有ᄒᆞᆯᄲᅮᆫ아니라義務로熱心敎授ᄒᆞ야全班學生의造詣가日進ᄒᆞᄂᆞᆫ지라設立諸氏의誠力과金鄭兩氏의敎育方法은嶠南一方에一大模範이된다고各處人士가莫不贊頌ᄒᆞᆫ다더라

◉卒業式盛況　長湍郡通明學校에셔卒業式을行ᄒᆞᆷ은別項과如ᄒᆞ거니와該校長尹容求氏ᄂᆞᆫ勅語를[illegible]讀ᄒᆞᆫ後學徒를對ᄒᆞ야激切히說諭하고該郡守李[illegible]氏ᄂᆞᆫ市加勸勉ᄒᆞ고任員諸氏ᄂᆞᆫ該校[illegible]革과學[illegible]를詳細히說明ᄒᆞ고證書와賞品을授與ᄒᆞ고[illegible]後學徒가答辭ᄒᆞ[illegible]를進ᄒᆞ야融々의和氣을呈ᄒᆞ엿다더라

學報

◉三山運動　城北洞私立三山義塾에셔ᄂᆞᆫ本日上午九時에三仙坪에셔春期大運動會를擧行ᄒᆞᆫ다더라

◉通明卒業　長湍郡私立通明學校에셔本月一日에第二回卒業式을擧行ᄒᆞ엿ᄂᆞᆫᄃᆡ卒業生은李鱗得梁慶洙尹輔榮金亨基趙昌植

▲偉人遺蹟

▲東國巨傑 崔都統 (續)　錦頰山人

第七章　兩次紅賊變亂의崔都統

明年正月에王이崔瑩으로西北面兵馬使를拜ᄒᆞ며安祐로安州軍民都萬戶를拜ᄒᆞ며李芳實로上萬戶를拜하야賊을進擊ᄒᆞᆯ시崔瑩이命을受ᄒᆞ고倍道疾馳ᄒᆞ야鐵化驛에至ᄒᆞ니時에天甚寒ᄒᆞ고軍糧이又少ᄒᆞ야士卒이顚仆悲泣ᄒᆞ며休憩를乞ᄒᆞ거날瑩이泣諭曰今巨賊의猖狂이如此ᄒᆞ야西北人士의慘殺을遭ᄒᆞᆫ者ㅣ數萬에[illegible]지라道路에流離ᄒᆞᆫ者ㅣ數十萬이[illegible]라又賊이一步를[illegible]進하면京師가咫尺이라萬一不幸ᄒᆞ면[illegible]에及ᄒᆞ고吾儕의[illegible]도賊下에死하리니엇지一時[illegible]安逸ᄒᆞ야賊을[illegible]케ᄒᆞ리오[illegible]은飢寒을[illegible]ᄒᆞ고余[illegible]馬[illegible]ᄒᆞ라ᄒᆞ고馬ᄅᆞᆯ策ᄒᆞ야[illegible]兵士가皆淚를[illegible]라[illegible]西京에[illegible]賊[illegible]賊[illegible]爭[illegible]ᄒᆞ거날[illegible]大破ᄒᆞ고西京[illegible]面子戶丁[illegible]柳[illegible]이[illegible]至ᄒᆞ야力을升하야進勦ᄒᆞᆯ시賊徒에追及하야賊[illegible]萬級을斬ᄒᆞ고賊의元帥를擒ᄒᆞ니賊이走ᄒᆞ야鴨綠江에至ᄒᆞ거늘李芳實이寢食ᄒᆞ고此를追ᄒᆞ다가人馬가困憊ᄒᆞᆷ으로止하엿스나此役에賊이大創ᄒᆞ야安鐵數州의間에死屍가相枕ᄒᆞ엿더라

師還論功ᄒᆞᆯ시祐ᄂᆞᆫ平章政事를拜하며瑩은左散騎常侍를拜ᄒᆞ며芳實은樞密院副使를拜ᄒᆞ니라紅賊이又戰艦七十艘를率ᄒᆞ고西海道를犯하거날芳實이邀擊ᄒᆞ야三千級을斬ᄒᆞ니賊이遁去하니라

(未完)

詞藻

○安重根의遺詩　在旅順監獄

丈夫雖死心如鐵
義士臨危氣似雲

宮廷彙報

◎太황陛下勞問　太황帝陛下께옵셔再昨日上午十時에承寧府侍從李恒九를 大황帝陛下께 命送ᄒᆞ옵셔 親耕後 玉度를 勞問ᄒᆞ옵셧다더라

◎永宮問安　永宮君李垠鎔氏ᄂᆞᆫ昨日上午十時에 大황帝 太황帝兩 陛下께 問安ᄒᆞ엿다더라

◎日皇의謝電　大황帝陛下께옵셔日本鳩彦王婚儀에對ᄒᆞ야日황陛下에게祝電을 御발ᄒᆞ옵심은旣報어니와再昨日에日황陛下ᄂᆞᆫ謝電을御발ᄒᆞ엿다더라

◎石塚等陛見　統監府長官石塚은來十日에今番入京ᄒᆞᆫ日人實業視察團員을帶同ᄒᆞ고 大황帝陛下께 陛見ᄒᆞᆫ다더라

雜報

◎李氏還城　恩彦宮主人李完鎔氏가該宮을賣斥ᄒᆞᆫ事로 太황帝陛下의震怒를蒙ᄒᆞ야津關에出往待罪ᄒᆞ더니日昨 德壽宮에셔入城ᄒᆞ라ᄂᆞᆫ 勅敎를下ᄒᆞ옵심으로李氏가昨日齋洞新買家屋으로率眷入處ᄒᆞ엿다더라

◎趙李密談　承寧府總管趙民熙氏ᄂᆞᆫ再昨日上午八時에總相李完用氏를訪問ᄒᆞ고長時間秘密談話ᄒᆞ엿다더라

◎內相拒賓　內相朴齊純氏ᄂᆞᆫ何等疑懼가有ᄒᆞᆷ인지每日下午七時以後에ᄂᆞᆫ親踈를不拘ᄒᆞ고來賓을壹切拒絕ᄒᆞᆫ다더라

◎韓書送日　曾禰統監이從來에韓國書籍을多數蒐集ᄒᆞ야其數가二千餘秩에達ᄒᆞᄂᆞᆫ데今番日本帝國大學敎授等의請求를因ᄒᆞ야統監府에셔去四日에珍書一千五百冊을輸送ᄒᆞ엿다더라

◎石塚憤怒　去五日 親耕式에關ᄒᆞ야宮內府에셔황族大臣等의席次를排列ᄒᆞᆯ時에統監府長官石塚의座를황族大臣次席에排置ᄒᆞ엿더니石塚은此를無禮의事라ᄒᆞ고大憤怒ᄒᆞ야出席지아니ᄒᆞᆫ다ᄒᆞᄂᆞᆫ故로宮內府에셔更히황族의次에陞設ᄒᆞ야出席ᄒᆞ기를懇乞ᄒᆞ야出席되엿다더라

◎韓人分屬說　內部에셔今番日人道郡主事五十名을增置ᄒᆞ엿ᄂᆞᆫ데此日人들이韓語를不知ᄒᆞᄂᆞᆫ故로更히韓人主事一名式을分屬케ᄒᆞᆫ다더라

◎司業存廢問題　學部에셔司業을試取ᄒᆞᆷ은一般共知어니와近日에ᄂᆞᆫ何等意思가有ᄒᆞᆷ인지司業存廢問題가起ᄒᆞ야昨日該部各局課長及成均館長이大臣官房에會同ᄒᆞ야此에關ᄒᆞᆫ意見書를提出ᄒᆞ엿다더라

◎庸狗功高　一進會長李容九ᄂᆞᆫ日軍北進時에特別功効가有ᄒᆞ다ᄒᆞ야日本으로셔勳三等桐花章을給與ᄒᆞ엿다더라

◎視察後變更　地方局長澤田이今番南韓을視察ᄒᆞᆫ結果로各地方官員配置와豫算配付等事를變更裁定ᄒᆞᆫ다더라

◎耆老撮影　耆老所堂上諸氏가眞帖을粧成ᄒᆞ기爲ᄒᆞ야來十日玉泉堂寫眞館에會同撮影ᄒᆞᆫ다더라

◎宇佐川渡日　拓殖會社總裁宇佐川은昨日에渡日ᄒᆞ엿다더라

◎借欵運動　一進會에셔ᄂᆞᆫ經費窘絀ᄒᆞᆷ을因ᄒᆞ야該會所有田畓文券을拓殖會社에典執ᄒᆞ고金二十萬圜을借欵ᄒᆞᆯ次로目下運動中이라더라

◎近藤又渡　日人近藤康平等數名이實業狀況을視察次로來九日에入城ᄒᆞ엿다가十一日에淸國滿洲地方으로轉向ᄒᆞᆫ다ᄂᆞᆫ데統監府石塚英藏과農大趙重應氏와其他實業家韓相龍趙鎭泰氏等의발起로來十日下午六時花月樓에셔歡迎會를設行ᄒᆞ고會費ᄂᆞᆫ每名下五圓式收合ᄒᆞᆫ다더라

◎四月輸出入　去四月中韓國貿易狀況을據ᄒᆞᆫ즉輸出이百八十一萬三千三百圓이오輸入은二百九十九萬五十五圓이라더라

◎調査後冊子　農商工部에셔商工調査를實行ᄒᆞᆫ後에此에關ᄒᆞ야一冊子를濟布ᄒᆞᆫ다더라

◎開廷期完定　旣報와如히辯護士安秉瓚氏ᄂᆞᆫ昨日上午十一時에李在明金貞益朴泰殷三人을面會ᄒᆞ엿고該公判期ᄂᆞᆫ來十三日午前九時에開廷ᄒᆞ기로完定되엿다더라

◎事實調査　辯護士安秉瓚氏가旅順으로부터本國에直向ᄒᆞᆷ은一般共知ᄒᆞᄂᆞᆫ바인ᄃᆡ何許造言者의所傳인지旅順에셔淸國北京으로轉向ᄒᆞ야李甲氏를逢着ᄒᆞ엿다ᄂᆞᆫ說이有ᄒᆞᆷ으로再昨日某處偵探軍이安氏의게事實有無를調査ᄒᆞ엿다더라

北天暗雲

露領海蔘威에在留ᄒᆞᄂᆞᆫ韓人千餘名은義兵將李範允氏와協同ᄒᆞ야目下咸北鏡城及北間島等地에會集ᄒᆞ엿다더라

◎間島消息　昨年十一月以來로韓人이北間島로移住ᄒᆞᄂᆞᆫ者가三千人以上에至ᄒᆞᆫ다ᄂᆞᆫ데現今該地在留韓人이九萬二千에達ᄒᆞᆫ다ᄒᆞ며淸國官吏ᄂᆞᆫ此를目擊ᄒᆞ고不遠間該地方에韓國이形成되깃다고念慮ᄒᆞᆫ다ᄂᆞᆫ說도有ᄒᆞ다더라

◎鴨江小擾　去一日鴨綠江沿岸高山鎭下流附近에셔營林廠木材를流下ᄒᆞᄂᆞᆫ데支那兵이突然발砲ᄒᆞ야木筏을支那便으로移去ᄒᆞ고韓人五名을押去ᄒᆞ엿ᄂᆞᆫ데營林廠出張所에셔支那官吏와交涉ᄒᆞ야去四日에還付되엿다더라

◎傀儡作列　本日內部運動會에셔ᄂᆞᆫ金冠朝服으로傀儡의行列을作ᄒᆞᆫ다더라

◎檢疫設立準備　仁川港稅關에셔ᄂᆞᆫ檢疫所를設立ᄒᆞᆯ次로目下準備中이라더라

◎賣國建家　一進會長李容九ᄂᆞᆫ三淸洞恩彦宮을毁撤ᄒᆞ고二層洋屋을新建築ᄒᆞᆯ次로役費一萬三千圓을日人木工의게給與ᄒᆞ엿다더라

◎仁尹開宴　仁川府尹金潤晶氏ᄂᆞᆫ昨日上午十時頃에該港居留各國官憲과其他夫人紳士를請邀宴待ᄒᆞ엿ᄂᆞᆫ데學務局長尹致旿氏의夫人尹高羅氏ᄂᆞᆫ內主賓으로往參ᄒᆞ엿다더라

◎建白者何　所謂國民協成會에셔ᄂᆞᆫ再昨日總會를開ᄒᆞ고協議ᄒᆞᆫ結果로渠會의所見을建白ᄒᆞ기爲ᄒᆞ야目下建白書를起草ᄒᆞᄂᆞᆫ中이라더라

◎國民社風波　國民新報社長崔永年은一進會員朴之陽의花債十圓을擔保ᄒᆞ고仍循不報ᄒᆞᆷ으로日前債權人이該社에前往ᄒᆞ야一場風波를惹起ᄒᆞ엿다더라

◎書信探知　李甲李東說氏等이京城居金某에게書信을種々相通ᄒᆞ다ᄂᆞᆫ說이有ᄒᆞᆷ으로警視廳에셔該事實의有無를探知中이라더라

◎運動協議　各私立中學校에셔聯合大運動會를開ᄒᆞᆯ次로各學校에셔目下協議中인ᄃᆡ會長은閔泳徽氏로副會長은李鳳來氏로選定ᄒᆞᆫ다더라

◎警廳指揮　警視廳에셔ᄂᆞᆫ各署에申飭ᄒᆞ야人民의食物器具를溝渠에洗滌ᄒᆞᆷ을嚴禁케ᄒᆞ엿다더라

◎奚止此數　警視廳에셔ᄂᆞᆫ近日漢城內各演劇場觀覽人中에蕩子淫婦를秘密調査ᄒᆞ엿다ᄂᆞᆫ데男이二十二오女가三十餘라더라

◎紀念後停刊　時事新聞은本日滿百号紀念式을擧行ᄒᆞᆫ後財政困難을因ᄒᆞ야仍히停刊ᄒᆞᆫ다더라

◎關東得當　中部警察署에셔ᄂᆞᆫ大淸潔施行에對ᄒᆞ야署內巡査를關東ᄒᆞ되曚昧ᄒᆞᆫ人民에게威협을行치말고曉喩警醒케ᄒᆞ야警察規則을遵守ᄒᆞ라ᄒᆞ엿다더라

◎因病不出　權東鎭沈宜性兩氏가渡日ᄒᆞᆫ事에關ᄒᆞ야其事實如何를詳問코져再昨日警視廳에셔尹孝定氏를招請ᄒᆞ엿ᄂᆞᆫ데尹氏ᄂᆞᆫ身病을因ᄒᆞ야出頭치못ᄒᆞ엿다더라

◎悖習尙存　黃海道平山郡西下面漏川市駐在日憲兵補助員等은該地方稍饒人民의게無端히義兵干連이라執탈ᄒᆞ야金錢을討索ᄒᆞᆷ으로民情이嗷嗷ᄒᆞ다더라

◎朴氏自殺　京城居朴응환氏가布哇마카웨리地方에셔自殺ᄒᆞ엿ᄂᆞᆫ데該地居留韓人同胞들은朴氏家族의住所를未詳ᄒᆞ야通寄치못ᄒᆞᆷ으로方此憂鬱中이라더라

◎義兵放火　義兵將姜基東氏의先鋒洪元裕氏ᄂᆞᆫ去一日部下九名을領率ᄒᆞ고抱川郡內北面々長趙勳植氏家에來到ᄒᆞ야前日에檄文으로命令ᄒᆞᆫ軍用金五千圓을辦納ᄒᆞ라ᄒᆞ매該面長이義兵을欺瞞ᄒᆞ고暗裡逃走ᄒᆞ엿슴으로該面長家에放火ᄒᆞ고仍히元山街路로進向ᄒᆞ엿다더라

◎是豈義兵　去月三十日午前二時에義兵二十餘名이安邊郡私立永成學校에突入ᄒᆞ야校舍及其他什物을放火消燒ᄒᆞ엿다더라

◎湖西親睦開會　湖西學生親睦會에셔臨時總會를本日下午一時에壽洞京城孤兒院內에셔開ᄒᆞ고事務를處理ᄒᆞᄂᆞᆫ데會員及一般同道學生이多數出席ᄒᆞ기를希望ᄒᆞᆫ다더라

◎湖南總會　湖南學會에셔本日下午一時에定期總會를開ᄒᆞ고緊要事件을處理ᄒᆞᆯ터인ᄃᆡ該道人士가多數來參ᄒᆞ기를希望ᄒᆞᆫ다더라

電報

松花問題

松花江航行權에關ᄒᆞ야駐淸露國公使가淸國政府에抗議를提出ᄒᆞ엿ᄂᆞᆫᄃᆡ淸國外務部에셔言ᄒᆞ야曰昨年에淸國政府가北滿洲內地開放同時에稅關規則을발布ᄒᆞ야三姓、愛琿、齊々哈爾二個所에稅關을開放ᄒᆞ엿ᄂᆞᆫᄃᆡ該規則에關ᄒᆞ야露國政府에셔ᄂᆞᆫ愛琿條約과伊犂條約에違反됨으로抗議를提出ᄒᆞᆷ이라고思惟ᄒᆞ노라ᄒᆞ엿다더라　東京發 六日着

英皇陛下病重

英國황帝陛下께셔ᄂᆞᆫ氣管支炎症에罹ᄒᆞ야頗히重ᄒᆞᆫ貌樣인ᄃᆡ御旅行中에在ᄒᆞ시던皇后陛下께셔ᄂᆞᆫ急히歸京ᄒᆞ셧고臣民은憂慮中이라더라　論敦發 六日着

三國協約

英露日三國은滿洲及其他에關ᄒᆞ야新協約을締結ᄒᆞ기로目下協商中이라고確信이有ᄒᆞ다더라　以上論敦發 七日着

中美大地震

中美코스타리카地方에大地震이有ᄒᆞ야死者가五百名에達ᄒᆞ엿다더라　東경발 七日着

北京傳說

淸國北京在留外國人間에ᄂᆞᆫ傳說이盛行ᄒᆞ여曰日本이滿洲에關ᄒᆞ야露國과新協約이締結되ᄂᆞᆫ同時에ᄂᆞᆫ韓日合邦을發表ᄒᆞᆫ다고云ᄒᆞᆫ다더라　北경발 七日着

▲初見物▼

▲鎭安郡人李敬造ᄂᆞᆫ改嫁ᄒᆞ엿던제親母가餘年相依ᄒᆞ려ᄒᆞ고所生子를차저오미兩班에게陋됨다고乞人待遇ᄒᆞ엿다니兩班이란뎌物件은空中에셔떠러젓나어미업ᄂᆞᆫ兩班家도韓國內에初見이오

▲養賢會長金悳卿은남의첩이되엿나셔賤待맛기怨悶ᄒᆞ야同類들을聯合ᄒᆞ야團體組織ᄒᆞ엿다니文明進步에되얏스나賤待滋甚ᄒᆞᆷ은倫理原則이아닌가婦女界에첩會도韓國內에初見이오

▲木川面長朴載元은無后塚上一片石을남을시혀여다가제聲績을紀述ᄒᆞ야路傍에竪立ᄒᆞ엿다니남의葬物흠쳐다가自己名譽强表ᄒᆞ면與盜同類아니될가竊盜者의紀念碑도韓國內에初見일세

社告

各學校에셔校中事項을本報에揭載코저홀時에ᄂᆞᆫ校長이署名ᄒᆞ고捺印을捺ᄒᆞ며記事를簡明히홈을要홈此外에ᄂᆞᆫ確報로認準치아니홈

地方僉彦이本申報購覽에便宜키爲ᄒᆞ야本支社를左開兩處에設置ᄒᆞ고五月一日부터發送하오니各該附近地에셔本報購覽ᄒᆞ실 僉君子ᄂᆞᆫ左開兩氏와交涉請求ᄒᆞ시옵

公州府 古上衙福音書舘 柳聖培

恩津 論山浦雜貨店 張允榮

大韓每日申報社

廣告

本人의父가失性年久러니不意本年一月三日에土地家屋山林外他流來文簿를一切燒火ᄒᆞ엿기本洞東邊所在畓二石落田三時耕을同一月十日金南麟處放賣時에本文記ᄂᆞᆫ未能給付ᄒᆞ고失火홈立旨成給을本府에請願ᄒᆞ오니內外國僉君子ᄂᆞᆫ照亮홈

平北龍川府東下面臺山洞六統一戶 李基內 告白

今

達城運送部 鐵道物貨輸運業

達城藥房 東西洋藥材 新발明藥料

達城商店 我國産品各種及捲煙等雜貨

地方에ᄂᆞᆫ書信으로注文ᄒᆞ시면引換小包로迅速히奉副홈

大邱北門內商客舍基址

營業主 朴大[illegible]

六品叅奉李公象淳氏가宿患으로本月六日午後十壹時別世ᄒᆞ엿ᄉᆞᆸ기謹히生前辱知諸君의게訃告홈

但會葬은本日下午壹時에南門內尙洞會堂에셔設行

五月八日

男 聖澤

親戚 金入鉉 趙章煥

友人 玄濟昶 張基茂

護喪 李錫澄

勿論親踈冊掌記及居住만通知하시면擇品廉價ᄒᆞ야郵便小包나運送部로卽速付送ᄒᆞ고代金은引換허깃ᄉᆞᆸ

京南部銅峴九十五統十戶

乾材藥局 崔興模

咸北明川上雩面居前叅奉秉德陵奉事中樞院贊議嚴柱鵬氏陰二月八日別世ᄒᆞ엿기玆에廣告ᄒᆞ오니知舊間照亮ᄒᆞ시옵

護喪 李德允 白

本局이開業多年에各地方貿易이漸次發達이기業務를擴張ᄒᆞ며材淨價廉ᄒᆞ야勿論親踈ᄒᆞ고貿藥急用을便利케ᄒᆞ오니居住와掌記를昭詳히郵便付送ᄒᆞ시면唐草材蔘茸이라도小包로代金引換과或運送部로도迅速히付送ᄒᆞ깃ᄉᆞ오니同業 僉位ᄂᆞᆫ隨量請求ᄒᆞ심을敬要

京銅峴一統六戶

乾材局 李盛哉

本書林에셔敎科及他書籍五六百種과古書名筆을鳩聚大賣ᄒᆞ오니照亮購覽務望 引換代金으로도酬應홈 請求多小에特別割引도有홈

發賣所 南部銅峴卅五統八戶

同文書林主 金雨均 白

本人의姓名章을昨年陰七月分에路上의셔셔失ᄒᆞ엿기로玆에新章을施行ᄒᆞ오니 照亮ᄒᆞ옵

太平洞四十一統五戶 朴文陽

本人이新발明釀造혼梨花春은味가淳良ᄒᆞ고色이淸白ᄒᆞ와雖或過飮이라도醉後安穩ᄒᆞ야凡酒에比홀비아니기로試嘗ᄒᆞ신僉彦에讚揚ᄒᆞ심을得하엿ᄉᆞᆸ기玆以廣告ᄒᆞ오니遠近 僉君子ᄂᆞᆫ陸續來購ᄒᆞ심을切望

一瓶價金拾六錢 特約販매에定規ᄂᆞᆫ郵便으로送書替問ᄒᆞ옵

開城北部梨井里雲溪六七二戶

梨花春釀造所主方春榮 白

戊申九月分에本人의家任近泳이鄭宇相을紹介하야紙貨二百三十圓을日人山本博翠處의以四邊으로得用이러니及其報償之地에忽以五邊言之故不得已以五邊으로報償하고手標與典執畓錄을欲推則鄭氏言內에日人이日本으로去故未推라ᄒᆞ고自已領證을繕給而拖過一年姑不出給故更爲言督則答曰此標가本不在日人處고在于吾家라가逢賊見失云債權者은姑不對面故玆에廣告ᄒᆞ오니若有持此票者어던一周內로郡所에枉臨ᄒᆞ심을爲要若過此限이면休紙施行

中部寺洞十八統四戶鄭在[illegible]家留 盧井鉉 告白

(米利堅帽) 미리견모자

(吐手) 토슈

모ᄌ를솔로

물에씻는상

(中折帽) 중절모자

(項領) 목도리

(총匣) 총갑

貨幣、名함、卷煙草匣、各種要用品入

急告

突飛大放寶

花蘭春城ᄒᆞ고萬和方暢ᄒᆞ니떼죠타花々혼東西洋에如林如雲혼衛生家와經濟家ᄂᆞᆫ新鮮혼白총帽子를頭上에冠戴ᄒᆞ고登春臺而歌舞ᄒᆞ니觀光들ᄒᆞ소셔 天地擘判後에新發明총帽子가上年에ᄂᆞᆫ薄弱혼弊가不無ᄒᆞ더니研究의効果로今年에ᄂᆞᆫ果然完全堅實ᄒᆞ야數十年을經過ᄒᆞ야도弊傷홈이無홀터이니經濟上에必要홈이天下에第一이올시다

총帽子가塵汗에汚하거든溫水에十分時間만沉ᄒᆞ야(소다로)滌洗하야方正을隨意作樣ᄒᆞ야乾後에戴ᄒᆞ면精潔如新ᄒᆞ야衛生上에必要홈이天下에第一이올시다

現世에工商은確實正直혼信用으로標準을作홈이니國內同胞와各國紳士ᄂᆞᆫ不及之歎이無케速々請求ᄒᆞ소셔 衛生과經濟가天下에第一되ᄂᆞᆫ총帽子를사世에一個人이라도不及買得ᄒᆞ시면遺憾이不無홀터인故로突飛大放寶홈을世界에向ᄒᆞ야急告ᄒᆞ나이다

專매特許총帽子發賣店

京城南大門通銅峴卅五統五戶 玉虎書林

京城中部大寺洞 廣韓書林

京城中部典洞營門前 雜貨商店崔秉均

平安南道平壤大貿洞上隅 光明書舘

慶尙北道大邱北門外 東美運送部

黃海道鳳山郡沙里院朝陽書舘

全羅北道全州郡青石橋 西山書舘

咸鏡北道城津港 廣興書林

慶尙南道釜山港東關韓興書舘

米國桑港 少年書會

俄國浦塩사德 崔鳳俊店

鐵山梨花浦에齋神을官許라ᄒᆞ고訛言이浪藉하야平安南北道人數千名雲集하야雜技를方欲設施之際鼓洞長張泰弘氏가爲念人民廢農傾産ᄒᆞ고到底嚴禁이나解散키由ᄒᆞ야晝夜憂悶이라고萬口贊誦이기玆以廣布홈

鐵山郡民人等代表 鄭禹範

○特別大廣告

大韓酒類가淸濁燒藥四種에無過이온바米麴비釀이旣無良能ᄒᆞ야酒業이發達치못ᄒᆞ더니松露栢露兩酒를開城孫友在氏가外國의精粃와本國의要素를叅酌ᄒᆞ여新發明이온바松露의酒味ᄂᆞᆫ本國藥酒보다色甚濃艷ᄒᆞ고味甚香醇ᄒᆞ며栢露의酒味ᄂᆞᆫ本國燒酒보다精소香冽ᄒᆞ니終日把盃라도口逆頭痛이少無ᄒᆞ야乃一般之實驗公認이옵기玆以廣告ᄒᆞ오니內外國僉彦은陸續沽飮ᄒᆞ시옵 但誰某시던지販賣코지ᄒᆞ시거던本所로來議ᄒᆞ시면特別割引으로酬應ᄒᆞ깃ᄉᆞᆸ고遠方이라도輕便輸送ᄒᆞ깃ᄉᆞᆸ

開城北部沙峴四十六統九戶

松露第二釀造所 告白

本社에셔左開物品을機關으로織組ᄒᆞ와廉價販매ᄒᆞ오니京鄕商業 僉位ᄂᆞᆫ隨意請求ᄒᆞ심을務望

物品

腰帶 丹任 囊纓 珮物纓

香纓 挾囊纓 網纓各色

京城南部南小洞

京城織紐會社 合名會社

發賣 京西部車洞同和藥房

本園藥材、洋製、各病、效、用、價、國漢文、可刊出、作封、雖婦女、郵便請求、買賣

閔樞 白

廣告文을一覽ᄒᆞ시옵

廣告

本店에셔開業ᄒᆞᆫ지有年에僉君子의愛顧ᄒᆞ심을特蒙ᄒᆞ와今年부터業務를大擴張ᄒᆞ고內外國各種紙物과其他學校用品을直輸入ᄒᆞ와地方同業僉位와其他僉彦에게特廉減價로酬應ᄒᆞ깃사오니不拘多小ᄒᆞ시고註文만ᄒᆞ시면數量을從ᄒᆞ와郵便代金引換小包와或運送部를經ᄒᆞ야迅速히付呈ᄒᆞ깃ᄉᆞᆸ

(品目略錄)

本國紙部

大壯紙 籠紙 扇紙 粉白紙 見樣紙 胡尺紙 慶州紙 書厚紙 三貼紙 淸風紙 油粧板紙 書畵其他各種

外國紙部

洋紙 天井紙 色紙 模造紙 半紙 古查紙 書簡紙 封套紙 印札紙 美濃紙 馬粉紙 圖紙 其他各種

右物을都賣散賣홈

京城鍾路大廣橋 內外國紙物貿易商

本店 金聖煥 (電話二一八〇)

京城中部安洞別宮前

支店 金瑢鎭

特別廣告

本社의셔同胞의衛生을注意ᄒᆞ야美國의셔經驗單方으로流行通用ᄒᆞᄂᆞᆫ靈藥聖劑를貿入ᄒᆞ야左開廣布ᄒᆞ오니有病君子와藥業에從事ᄒᆞ시ᄂᆞᆫ僉彦은爭先來購ᄒᆞ시옵

分賣와都賣에差別이有ᄒᆞ야一打(十二個)以上의都賣에ᄂᆞᆫ特別割引홈

左開

秘製止痛藥 效能 外塗內服無處不適 消滯 止瀉 絕痛 治痢無不神效홈

喜蘇膏藥 效能 頭痛 身體一切痛症 積年風濕 除痰 生肌之道 即即奏效홈

[illegible]麟香膠 效能 毋論男女老少 勿嫌年久月深一切 咳소 服之神其效如神홈

[illegible]花藥膏 效能 痔疾 瘰珠瘡 蟯跌 湯盤咬等 諸症無雙聖藥

[illegible]花糖水藥 效能 痲症 花柳毒 凡不潔血所崇症 婦人虛弱등症靈驗홈

牛汁藥酒 效能 毋論男女老少氣血虛弱者服之則大補元氣身體强健홈

韓美興業株式會社事務所

大韓全國에藥品總發行所ᄂᆞᆫ京城銅峴 和平堂大藥房本舖

婦人靈藥 **胎産調經丸** 藥價 (一個月分一劑金五圓)

○ [illegible]

清心補血 **八寶丹** 藥價 (九十五粒入金十錢 三貼入金二十五錢)

○ [illegible]

神藥 [illegible] **丹** 藥價 (甲號一劑計金四圓 乙號一劑計金三圓五十錢)

○ [illegible]

○ 其外各種[illegible]及[illegible]大發賣홈

○ 和平堂大藥房本舖主任 李應善

官許 八寶丹 請求本舖 [illegible]

廣告

本出張所에셔左開五郡에特約分店을許施ᄒᆞ오니各該郡內僉彦은藥種請求에對ᄒᆞ야品料와價格이同一ᄒᆞ온즉京城本舖나平壤本出張所로不必請求ᄒᆞ시고該郡分店으로迅速請求ᄒᆞ심을敬望

特約分店員氏名

宣川郡 李鳳翔
安州郡 金陽壽
博川郡 李鍾澄
江界郡 田祥雨
義州府 義和藥房
雲山 全聖根

濟生堂第一出張所 平壤鍾路 田恒畯 告白

社告

大韓每日申報各處支社廣告

平安北道

龍川楊市維新書舖 黃菊保
龍川南市驛 韓濚希
朔州邑南門外 朱伯英
義州南門外한西大藥局 張有寬
鐵山邑東部 鄭翊
車輦館同志會內 金明鉉
定州南門內書舖 洪成麟
博川邑內篁洞 金翼樞
京義線批峴驛停車場前運輸會社前 李基秀
泰川邑舘前洋藥局 李正華
寧邊郡內紅門里 鄭德昇
寧邊龍山面新興里南貞河家 鄭奉益
宣川橋南四統十戶 申基周
江界邑內 金泰熙
郭山郡內新街 金大鉉
雲山邑上里八統八戶 咸元澤
雲山北面橋洞八統七戶 王晃鎬
昌城郡內西下里一統二戶 許익
熙川邑內面東門外洞十四統二戶 金錫澤

平安南道

平壤鍾路太極書舘 安泰國
三和港碑石洞耶蘇教堂 裵亨湜
安州城內義井洞安陵서舘 金翼河
江西邑內 金昌煥
甑山郡內利用里 崔診爽
德川邑官洞耶蘇教冊肆 李丙斗
永柔邑內槐峴里二統八戶 金志璜
中和下道面一里三洞 禹鳳善
肅川東部面一里三統九戶 金天湜
咸從邑校洞 金炳善

黃海道

安[illegible]洞[illegible]山里[illegible] 朴[illegible]
[illegible] 韓[illegible]
長湍邑서北支學會內 崔東三
殷栗邑[illegible]前里 金光[illegible]
信川邑四里 李悌璟
白川邑文明館 趙雲泳
載寧邑서部李鼎均家乾材局 李範善
沙里院三聖學校內 李承吉

咸鏡道

咸興州南社西門外 曹喜林
元山港上里倉前洞耶蘇女學校側 皇甫正杰
定平郡豐陽里 張禮學
洪原西門內保命局 羅炳善
永興邑南山洞洪明學校內 梁元常
淸津港新岩洞 張元浩

全羅道

金溝木流面豆亭 趙德三
木浦港陽洞 李得珠
羣山港九福洞一統八戶 方在喜

京畿道

仁川龍峴開新冊肆 李東皓
開城南門外興學書舖 姜助遠
[illegible]華邑[illegible] [illegible]植

慶尚道

大邱[illegible]小門外友弦書舖 李[illegible]
釜山[illegible] [illegible]

江原道

[illegible]邑[illegible] [illegible]大
[illegible] [illegible]郁

忠淸道

韓山下北繁堂里 李英稙
結城廣川小龍洞 李啓祚
公州府古上街福音書舖 柳奎培
恩津論山浦雜貨店 張允榮

北墾島

北墾島龍井村下場里 朴茂林

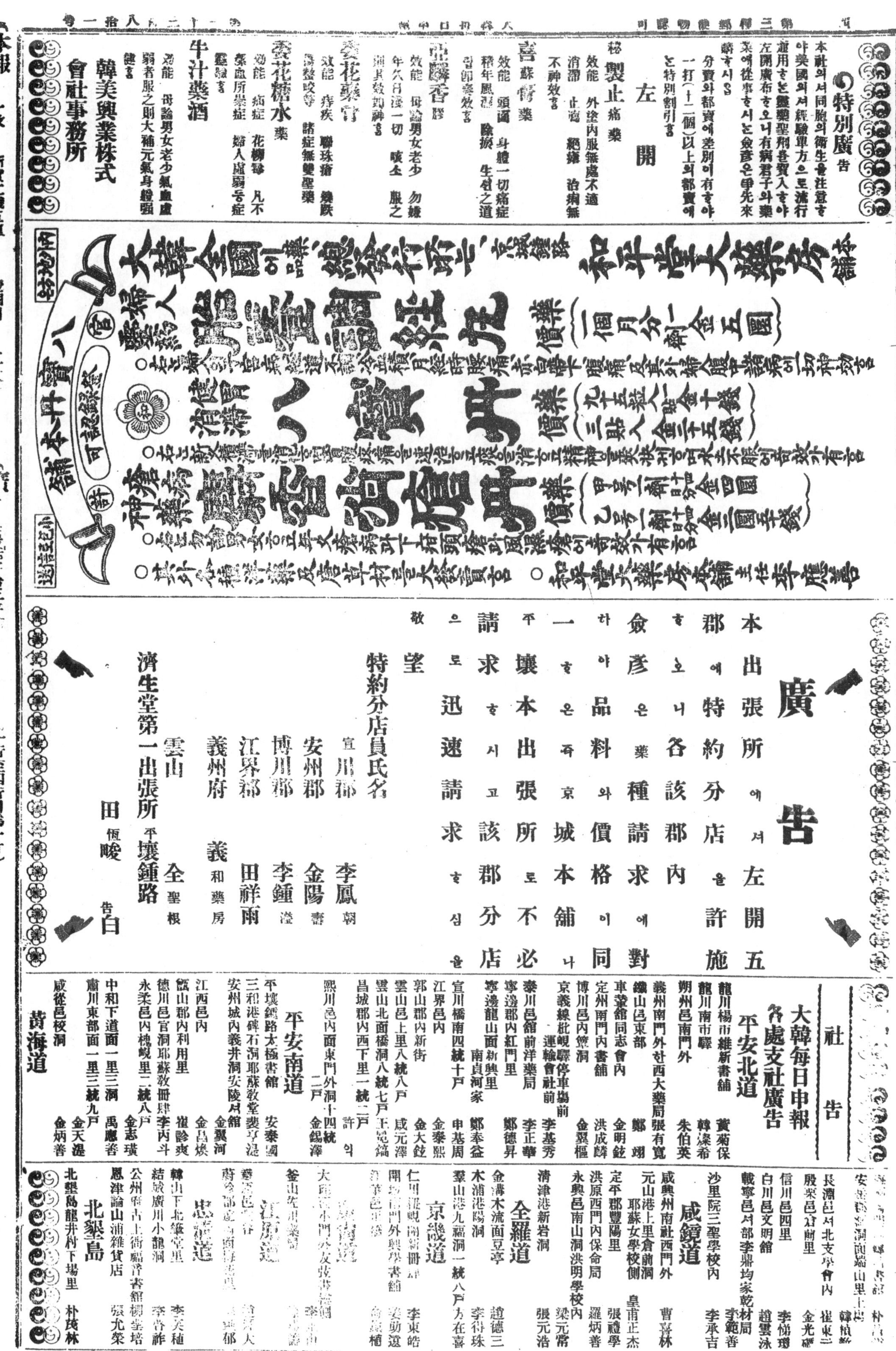

檀君開國四千二百四十三年
箕子元年三千三十二年
大韓開國五百十九年
本報創刊日 光武八年七月十八日

大韓每日申報

第八卷 月曜及慶節歲時日休刊 第一千三百八拾二号

Responsible for Publication Alfred Weekley Marnham.
發行兼編輯人 英國人 萬咸
發行所 京城南部石井洞三層洋屋 大韓每日申報社

別報

◎英皇陛下의略史

今番崩御ᄒᆞ신大英國皇帝에드와드七世陛下ㅣᄂᆞᆫ一千八百四十一年(距今六十九年前)十一月九日에바킹함宮에서처음으로呱々의聲을擧ᄒᆞ셧스니빅토리아女皇의第二子오父ᄂᆞᆫ알버트親王이라誕生ᄒᆞ신지未幾에皇太子로冊封되시니幼時로부터英明特達ᄒᆞ시고또學業이寶齡과ᄒᆞᆷ씌進ᄒᆞ야에듼버로、옥쓰포-드、캠브릿쥐諸大學에御遊ᄒᆞ셧고春秋가二十二에達ᄒᆞ샤丁抹王크리스찬第九世의長女아렉산드라內親王과御婚禮를行ᄒᆞ시니時ᄂᆞᆫ一千八百六十三年三月十日이러라

皇太子로在ᄒᆞ신中에屢々히海外에遊覽ᄒᆞ샤風을觀ᄒᆞ시며俗을察ᄒᆞ야世界知識을博ᄒᆞ실ᄉᆡ或埃及을訪ᄒᆞ며或印度를歷ᄒᆞ시니彼印度遊覽은其旅程이一萬哩에至ᄒᆞ고其日數가十七週에亙ᄒᆞ엿더라

一千九百一年一月二十二日에빅토리아女황이崩御ᄒᆞ시ᄆᆡ陛下ㅣ即時帝位에繼登ᄒᆞ시니彼繁華壯麗ᄒᆞᆫ即位式은實로其翌年八月十六日이라

元來大弗列顚及愛爾蘭王位를繼承ᄒᆞᆷ에ᄂᆞᆫ하노불家의內親王소퓌야의系統으로新敎信奉者에게傳ᄒᆞᄂᆞᆫ바인ᄃᆡ同陛下ᄂᆞᆫ千九百一年의王位稱號法을據ᄒᆞ야仝年十一月四日에發布ᄒᆞ야大弗列顚及愛爾蘭王兼印度황帝에드와드第七世라稱ᄒᆞ니라即位ᄒᆞ신後에大陸遊幸을頻作하샤或은法을向하며或은德을向ᄒᆞ며또或은瑞西或은伊太利를向하샤其歷遊間에列國元首와會見ᄒᆞᆷ이數回라此로以ᄒᆞ야國際關係가順潮를作ᄒᆞ며國際平和가確保ᄒᆞᆷ을作하엿스며在位하신中에臣民은福樂을歌ᄒᆞ고國家ᄂᆞᆫ威靈을長ᄒᆞ엿스니嗚呼라陛下ᄂᆞᆫ現世界의一英主시로다

황太子웨일쓰親王、코른볼욕크、蘇格蘭로쓰세公、쎠쥐、프레더릭殿下(新황帝)ᄂᆞᆫ千八百六十五年六月三日에誕生ᄒᆞ샤千八百九十三年七月六日에떽크公의女빅토리아메리를娶ᄒᆞ야子六人을生ᄒᆞ셧ᄂᆞᆫᄃᆡ長子ᄂᆞᆫ에드와드알버트니千八百九十四年에生하시고또陛下의兄弟姊妹ᄂᆞᆫ(一)헤레나內親王(二)루이스內親王(三)콘노트公(四)빅토리스內親王이러라

今에黃屋을捨ᄒᆞ시고白雲을駕ᄒᆞ샤天에昇ᄒᆞ시니春秋가七十이라

天涯萬里의旅民으로忽然此悲報를接ᄒᆞᄆᆡ哀悼가滋極ᄒᆞ야所措를不知ᄒᆞ깃도다

外報

◎英艦將派 英國政府ᄂᆞᆫ同國領海에在ᄒᆞᆫ海軍力이十分增加되엿슴으로不遠間戰鬪艦로도넬손及아가멘논二隻은地中海로츠라이한及스이후도시유아二隻은極東에派遣ᄒᆞᆫ다더라

◎日本關稅攻擊 英國스탄다드新聞은日本新關稅法은잉글린드地方의産出ᄒᆞᄂᆞᆫ製造品毛織物類에對ᄒᆞ야重稅를課ᄒᆞᆫ다고目下連日同稅法을攻擊ᄒᆞᆫ다더라

◎窃金發現 露國에서ᄂᆞᆫ陸軍經理局官吏等의露日戰爭時의官金을竊取ᄒᆞᆫ事件에關ᄒᆞᆫ疑獄이起ᄒᆞ야其嫌疑者를繼續逮捕ᄒᆞᆫ다ᄂᆞᆫᄃᆡ彼得堡經理局官吏의窃取ᄒᆞᆫ金額이五千萬留에達ᄒᆞ고其他모스코와기에부等各地에도同一ᄒᆞᆫ犯罪者가多ᄒᆞ다더라

◎濤貝勒歡待 清國載濤貝勒一行은美國에서非常ᄒᆞᆫ歡迎을受ᄒᆞ고去五日에出발ᄒᆞ엿다더라

◎沂青鐵道協議 清國山東省沂州府青島間의鐵道敷設案은目下清德兩國間의協議ᄒᆞᄂᆞᆫ中인ᄃᆡ此鐵道ᄂᆞᆫ德亞銀行에서借欵ᄒᆞ야建設코저ᄒᆞᆫ다더라

◎施政起債 清國直隷總督은新政을施行코저ᄒᆞ나財政이不足ᄒᆞᆷ으로內國公債四百八十萬兩을募集ᄒᆞᆯ事를上奏ᄒᆞ야裁可되엿다더라

◎土國官軍敗北 目下土耳其國內亂은依然히繼續하야叛軍의占據ᄒᆞᆫ자고바地方에서兩軍이激戰하ᄂᆞᆫ中인ᄃᆡ官軍一大隊ᄂᆞᆫ同地에向ᄒᆞ야進行ᄒᆞ다가叛軍의伏兵을遭遇ᄒᆞ야多大ᄒᆞᆫ損害를被ᄒᆞ고敗北하엿다더라

學界

◎養成所開學式 外國語學校에附設ᄒᆞᆫ測量技術員養成所에셔昨日開學禮式을擧行ᄒᆞ엿다더라

◎運動盛況 既報와如히龍山坊內各學校에셔去日曜日에聯合大運動會를擧行ᄒᆞ엿ᄂᆞᆫᄃᆡ各學校의敦睦友誼와學生의活潑氣象은傍觀者의贊賞을受ᄒᆞ엿고該坊長李址鎔氏와其他高允默崔思永金鎭樊李舜夏諸氏ᄂᆞᆫ空冊鉛筆等賞品을多數寄付ᄒᆞ엿다더라

◎富明設立 富平郡注火串面居韓基瑞朴齊佑李諸氏가協力하야富明學校를設立ᄒᆞ고李贊儀李龜淵兩氏를敎師로延聘ᄒᆞ야生徒四十餘名을熱心敎授ᄒᆞᆫ다더라

◎柳氏熱心 白川郡大興學校校長柳東驎氏ᄂᆞᆫ家産이不贍ᄒᆞ되敎育의熱心으로該校經費를每年獨擔ᄒᆞ고至誠勸勉ᄒᆞᆷ으로學徒가七十餘人에達ᄒᆞ야進就之望이大有하다더라

◎林氏奬學 南陽郡內中洞普興學校에셔今春學期試驗을經ᄒᆞ고學員五十餘人이遠足會를組織ᄒᆞ야該郡境馬山津大部灣小部灣靈興灣을次第縱覽하엿ᄂᆞᆫᄃᆡ靈興島內洞居林容大氏가該會一同을歡迎ᄒᆞ야殺牛打餠ᄒᆞ야二個日을欵接ᄒᆞ고及其回程에勸學的演辭로學生을切々勉勵ᄒᆞ엿다더라

◎嘉興經試 咸南永興鎭坪面嘉興學校에셔春期學年試驗을經하엿ᄂᆞᆫᄃᆡ各班優등生이六人이오來賓이多數하야盛況을呈하엿다더라

◎穿中擴張 洪原郡州南面前津浦穿中學校ᄂᆞᆫ當初夜學科로設立ᄒᆞᆫ바인ᄃᆡ校長李載燁校主金秉郁贊成員金道燮劉璟晩諸氏와洞中父老의義務心으로校務를擴張ᄒᆞ고昨秋부터晝學科를完設ᄒᆞ고學部에承認ᄭᆞ지하야去月二十七日에開校式을擧行ᄒᆞ엿ᄂᆞᆫᄃᆡ學生이多數에達ᄒᆞ엿다더라

學報

◎義成卒業 平南江西郡西部面靜和里私立義成學校에셔去月二十四日에第一回卒業式을擧行하엿ᄂᆞᆫᄃᆡ優等生은朴謙奎金相堯任才宰金大龍及第生은朴晋奎劉秉燁金德基金周性라

◎普興卒業 南陽郡內中洞私立普興學校에셔去月三十日에尋常科第四回卒業式을擧行ᄒᆞ엿ᄂᆞᆫᄃᆡ優等生은林俊培黃光燮朴順根及第生은洪性均金寅出

▲偉人遺蹟

▲東國巨傑 崔都統 (續) 錦頰山人

第七章 兩次紅賊變亂의崔都統

第二次松京戰役、外寇가日劇ᄒᆞᆫᄃᆡ義慈宮의醉夢이正深ᄒᆞ고海內가雲擾ᄒᆞᄂᆞᆫᄃᆡ鮑石亭의妓樂이方張ᄒᆞ니自古로亡國亡家의君은一轍이相承ᄒᆞᄂᆞᆫ도다紅賊이既退ᄒᆞᄆᆡ王이以爲ᄒᆞ되自家의福祿이長遠ᄒᆞᆫ故로此를致하엿다ᄒᆞ야遊戲가無度ᄒᆞ며羣臣이或進諫ᄒᆞ면一切此를斥罷ᄒᆞ며兵備를裁減ᄒᆞ야曰此ᄂᆞᆫ亂階라ᄒᆞ더니翌二年即恭愍王十年에賊이再犯ᄒᆞ니實數ᄂᆞᆫ不可知나賊이自號曰百一十萬이라鴨綠江을渡ᄒᆞ야朔州에寇ᄒᆞ거ᄂᆞᆯ倉卒히兵을募하야安祐로上元帥를拜ᄒᆞ며李芳實로都兵馬使를拜하야進禦ᄒᆞᆯᄉᆡ祐芳實이雖勇이나此新募未練의師로엇지方張의寇를能禦하리오安州邑에셔一敗ᄒᆞ며巴山嶺柵에셔再敗ᄒᆞ니警報가京師에達하ᄂᆞᆫ지라崔瑩이總兵官金鏞과共히金郊역에出屯ᄒᆞ엿다가賊勢의急ᄒᆞᆷ을探知ᄒᆞ고走還ᄒᆞ야宿衛兵으로赴征ᄒᆞ기를奏請ᄒᆞ니王이大驚曰賊鋒이已近乎아ᄒᆞ고宰相과百官을召ᄒᆞ야避亂을謀하고城中의老弱과婦女를先出ᄒᆞ라ᄒᆞ니人心이恂々ᄒᆞ더라

(未完)

詞藻

讀齊史 貞溪山人

謹事強隣國遂空共山松栢淚悲風寄語受金齊將相何顏爲虜秦中

❀長風歌❀

長風이건듯부러、浮雲을헤쳐내니。青天白日이、完然히光明ᄒᆞ다。더러웃、三千里이江山도、完全하게。

◎故裴說氏墓碣費義捐金廣告 第二回

梁趾鐸二拾圓 朴容奎拾圓
林崑正五圓 白潤德一圓
姜文秀一圓 金泳環一圓
金弘叙二圓 李穗一圓
崔益二圓 金演祀二圓
申采浩二圓 柳承欽二圓
金益漢一圓 張道斌一圓
玉觀彬一圓 李交담一圓
尹滋瓚一圓 崔永九一圓
吳근泳五十錢 柳寅協二十錢
金鼎鎭三拾錢 李容文五拾錢
趙炳文一圓 金鳳濟五拾錢
金慶熙三拾錢 鄭志永一圓
李貞馥五拾錢 朴永근一圓
李周桓壹圓 金奉儀壹圓
朴昌煥卄五錢 韓俊一卄五錢
宋完奎卄五錢 朴熙延卄五錢
李明汝卄錢 曹德五二拾錢
李共俊卄五錢 金學潤五拾錢
金昌龍卅錢 朴亨祚五拾錢
崔湜壹圓 朱漢濬七拾錢
金永完五拾錢 無名氏壹圓
朴昌植 韓興泰 千壽元
成潤燮 朴喜宇 柳丙圭等
拾七人 二圓
都合七拾一圓○五錢

宮廷彙報

◎兩宮吊禮 英國 황帝陛下崩御에對ᄒᆞ야再昨日上午十二時에 大皇帝陛下ᄭᅴᄋᆞᆸ서는侍從院卿尹德榮으로 太황帝陛下ᄭᅴᄋᆞᆸ서는承寧府總管趙民熙로 勅使를定ᄒᆞ샤英國總領事館에 命送ᄒᆞᄋᆞᆸ서 吊禮를表ᄒᆞᄋᆞᆸ셧다더라

◎兩君陛見 完興君李載冕永宣君李埈鎔兩氏는昨日上午十二時 德壽宮에 陛見하엿다더라

◎日團陛見 일本實業團一行은本일 昌德宮 御苑을拜觀하고上午拾一時에는石塚長官과共히 大황帝陛下ᄭᅴ 陛見ᄒᆞ다더라

◎皇儲行啓 日本에滯留ᄒᆞ시는韓國 皇太子殿下ᄭᅴ서는去八일에名古屋共進會에 行啓ᄒᆞ셧다더라

雜報

◎年高爵至 楊州郡居李秉允氏의大夫人은年今九十三歲인ᄃᆡ此는現時稀齡이라ᄒᆞ야宮內府大臣閔丙奭氏가 大황帝陛下ᄭᅴ 上奏ᄒᆞ야貞夫人加資를除授ᄒᆞ엿다더라

◎內閣例會 昨日內閣에서月曜例會를開ᄒᆞ엿다더라

◎康民獻議 黃海道康翎郡을瓮津郡에附屬ᄒᆞᆫ事에關ᄒᆞ야康령郡居李炳恒氏等이中樞院에獻議ᄒᆞ고復舊ᄒᆞ기를要求ᄒᆞ엿는ᄃᆡ昨日中樞院에서月曜例會를開ᄒᆞ고該案件을內閣에建議ᄒᆞ기로提議ᄒᆞ엿다더라

◎學相南行期 學部大臣李容稙氏는來十二日에秘書官李恒稙氏를帶同하고慶尙南北道地方의學事를視察次로발程ᄒᆞᆫ다는ᄃᆡ往還期日은二週日로豫定ᄒᆞ엿다더라

◎崩御와吊禮 英國 황帝陛하 崩御에對ᄒᆞ야韓國各大臣은昨日하午二時에英國總領事館에前往致吊하엿고各府部院廳一般官吏는本日上午拾時부터仝拾一時ᄭᆞ지同館에致吊ᄒᆞᆯ터이오各國總領事及日本官吏는去八九兩日間仝館에致吊ᄒᆞ엿고各國總領事館、及統監府、理事廳、에서는皆半旗를揭ᄒᆞ야吊意를表ᄒᆞ엿고京城에在ᄒᆞᆫ日人演藝場에서는理事廳의指揮로三日間開演을停止ᄒᆞ엿고內部에서는去日曜日運動會를設行ᄒᆞ라다가停止ᄒᆞ엿고英日博覽會는來拾二日開會ᄒᆞ기로豫定ᄒᆞ엿다가更히延期되엿다더라

◎追吊準備 英國總領事館에서는 英황陛하追吊會를設行ᄒᆞ가로目하準備中인ᄃᆡ일子는姑未確定이나來週土曜일에擧行ᄒᆞᆯ뜻ᄒᆞ다더라

◎或入或仕 江原道行政視察次로발程하엿던內部林田事務官은再昨日入城ᄒᆞ엿고衛生局囑托을新任ᄒᆞᆫ山근正次는昨日부터仕進視務ᄒᆞᆫ다더라

◎日團下仁 日昨入京ᄒᆞᆫ日人實業團은再昨일 景福宮을拜觀ᄒᆞ고昨일仁川을視察ᄒᆞ엿다더라

◎日婦分置 各황族及大臣等卅餘名은今年에養蚕을實行ᄒᆞᆫ다는ᄃᆡ農商工部에서일本人蚕業婦拾三名을請來ᄒᆞ야此等황族大臣家에分置ᄒᆞᆫ다더라

◎鑛業統計 去四月中에鑛業及砂金採掘의請願總數는八拾四件이라더라

◎願者無多 度支部土地調査局에서는各地方區域을劃定ᄒᆞ야調査技手를派送하되該技手는率家赴職ᄒᆞ야八箇年服務케ᄒᆞᆫ다는ᄃᆡ此를志願하는者는二人에不過하다더라

◎石黑渡韓 日本赤十字社副總裁醫藥博士石黑忠悳은韓國醫藥을視察ᄒᆞ기爲ᄒᆞ야來十七日渡來ᄒᆞᆫ다는ᄃᆡ大韓醫士總合所에서該日人을歡迎ᄒᆞᆯ次로一般所員의게每名下金五十錢式醵集ᄒᆞᆫ다더라

◎近藤出迎 漢城府尹張憲植氏와日人三浦理事는日本實業團近藤康平을歡迎ᄒᆞ기爲ᄒᆞ야再昨日水原梅山驛ᄭᆞ지前往ᄒᆞ엿다더라

◎韓銀店長會 韓國銀行은開店以來第壹回支店長會議를本日에開ᄒᆞᆫ다더라

◎韓炭日用 從來日本海軍은該國所産德山煉炭을使用ᄒᆞ더니露日戰役以後로韓國平壤炭이優良ᄒᆞᆷ을認知ᄒᆞ야自後는平壤炭을過半需用ᄒᆞᆫ다더라

◎無劵人送致 露國官吏는旅行劵을不有ᄒᆞᆫ韓人十餘名을去月二拾八日에咸興警察署로送付ᄒᆞ엿다더라

◎會票金强收 商務組合部에서는晋州에支部를設立ᄒᆞ고會票價三拾錢式强收ᄒᆞ는故로官吏가嚴重禁斷ᄒᆞ엿다더라

◎金氏肯諾說 政友會에서金宗漢氏를總裁로推定코저하야金氏와交涉中인ᄃᆡ김氏가肯諾ᄒᆞ엿다는說이有ᄒᆞ다더라

◎資身沒策 一進會本部에來留하는京鄕間會員이目下二百名假量이라는ᄃᆡ衣食等節이去益困難ᄒᆞᆷ으로同會員兪鶴柱가李容九에게勸告ᄒᆞ야金二千圓을爲先支給ᄒᆞ야衆心을安頓케ᄒᆞ라ᄒᆞ엿는ᄃᆡ林魯學의反對를因ᄒᆞ야支給지아니ᄒᆞᆷ으로該會衆들은目下不穩ᄒᆞᆫ狀態가有ᄒᆞ다더라

◎更訴區裁 國民新報記者申在政이月俸事件으로該社長崔永年을西署에告訴ᄒᆞᆷ은已報어니와該署에서指揮하기를此는民事所關이니裁判所에告訴ᄒᆞ라ᄒᆞᆷ으로申在政이昨日區裁判所에起訴하엿다더라

◎櫃劵並押 警視廳에被捉ᄒᆞᆫ金祚鉉氏는趙南升氏事件의關係를因ᄒᆞᆷ이라는ᄃᆡ去金曜日警視廳에서趙金兩氏를押領ᄒᆞ고鍾峴天主敎堂에前往하야法人에게任置ᄒᆞ엿던櫃子를覔去ᄒᆞ엿고再昨日에는趙氏를押領ᄒᆞ고法人馬田旅館에任置ᄒᆞ엿던文劵各種을覔去ᄒᆞ엿는ᄃᆡ該文劵中에는前駐淸駐美韓國公館의文劵도有하다더라

◎平凉復押 商務組合部長李學宰는警視廳에서廢止ᄒᆞᆫ平凉子를更爲使用ᄒᆞ다가日昨警察署에押收를遭하엿다더라

◎實費有無探知 安秉瓚李冕宇兩氏가李在明等을辯護ᄒᆞᆷ에對ᄒᆞ야某處에서는其實費金을受ᄒᆞ는지或無料로辯護하는지方今探知中이라더라

◎借事行盜 去月二十九日前奉侍李炳鼎氏家에住所未詳ᄒᆞᆫ李瓚爲名人의投書가至하엿는ᄃᆡ其旨에曰凶黨李完用李容九等을次第滅殺ᄒᆞᆯ次로幾個에團體가有ᄒᆞ엿더니安重根氏는既히殺身하엿고李在明은機事가不密ᄒᆞ야成事치못ᄒᆞ엿스나吾黨는期於繼續擧事ᄒᆞᆯ計劃이라君은偏被國恩ᄒᆞ고廣置田庄ᄒᆞᆫ者언즉捐助金二千圓을某日永導寺로輸來ᄒᆞ라ᄒᆞ엿다는說이有ᄒᆞᆷ으로警視廳에서該投書人을目下형捕中이라더라

◎改則爲善 朴憲用氏의妾卞月堂이朴氏를搆誣ᄒᆞᆫ다ᄒᆞᆷ은已報어니와朴氏가前過를悔改ᄒᆞ여曰此時代에妾을有ᄒᆞᆷ은決코不可라ᄒᆞ야分離ᄒᆞ기로決心ᄒᆞ엿다더라

◎高橋無理 麻田郡財務署長日人高橋는積城郡居慶聖阜氏의結稅剷納에對ᄒᆞ야其家産을執行ᄒᆞ고尙且不足이有ᄒᆞ다ᄒᆞ야慶氏門中에該稅金을督徵코저ᄒᆞ며慶氏의族人六十老翁을無數毆打ᄒᆞ얏슴으로其非理行爲을莫不痛憤ᄒᆞᆫ다더라

◎運動禁止 去月二十八日北靑郡新浦에서二十餘處學校가聯合ᄒᆞ야春期大運動會를設行ᄒᆞᆯ際에該地巡査가威力禁止ᄒᆞ는故로各學徒들은不得已散歸ᄒᆞ며莫不痛憤ᄒᆞ엿다더라

◎面長行悖 全北茂朱郡豊南面々長申炳熙氏는或無辜良民을義兵干連으로搆誣ᄒᆞ며或警察署拿引狀을僞造ᄒᆞ야愚民을威脅ᄒᆞ며種々非理의行爲가多ᄒᆞᆷ으로該地人民이其罪狀을臚列ᄒᆞ야郡廳及巡査駐在所等處에四五次呼訴ᄒᆞ엿다더라

電報

◎英皇陛下崩御

英國 皇帝陛下는六日下午十一時四十五分에 崩御ᄒᆞᄋᆞᆸ셧다더라 論敦發 七日着

右電報는本社에서當日接受하엿스나京城駐劄英國總領事館에公報가不到ᄒᆞ엿슴으로揭布치못ᄒᆞ엿더니再昨夜仝領事館에서始爲頒布ᄒᆞ엿슴으로玆에該電文을追載ᄒᆞ노라

◎英皇后悲嘆

英국황后陛下는悲통이極ᄒᆞ야終日遺骸를不離ᄒᆞ엿다더라

◎英皇御病症

崩御ᄒᆞ신 英황陛下의 御病症은實로急速症이라五月五日夜에御安眠ᄒᆞ시더니六日은히소가甚烈ᄒᆞ고呼吸이微弱하야同夜十一時四十五分에 崩御하셧는ᄃᆡ此病症의原因은曩日劇場에 御臨ᄒᆞ셧슬時에風邪에罹ᄒᆞ야氣管支炎이再발됨이라더라 以上東京발 八日着

◎新皇卽位

英國新皇帝陛下는ᄯᅦ지第五世라稱ᄒᆞ고本月九日에卽位式을擧行ᄒᆞ셧다더라

◎英皇勅語

英國新황帝陛하는樞密院에 御親臨ᄒᆞᄋᆞᆸ셔先帝의遺命을嚴守ᄒᆞᆷ이可ᄒᆞ다고 宣布ᄒᆞ셧다더라

◎日本宮中喪

日황陛下는去七日英國 황帝陛下崩御의電報를接ᄒᆞ고同日부터三週間宮中喪을命하엿다더라 東京발 七日着

◎英皇葬禮期

今番崩御ᄒᆞ신 英황陛下의 御葬禮는五月二十一日擧行ᄒᆞᆫ다더라

◎大葬日遙拜式

英황陛하의大葬當日에는일本東京에서英國大使의主催ᄒᆞ는하에서遙拜式을設行ᄒᆞᆫ다더라

◎論敦公債暴落

英황陛하의 崩御로因하야論敦의株式市場은大影響을被ᄒᆞ야公債가暴落ᄒᆞ엿다더라

◎後任統監內定

曾禰統監의後任은寺內子로內定되엿다더라 以上東京發 九日着

◎飛行機會議

近者法國巴里에서萬國飛行機會議를開ᄒᆞᆫ다더라 伯林발 九日着

▲判決書▼

娑婆世界南贍部洲海東國鬼黨魁首 利用狗 頚併侫

右二名에對ᄒᆞᆫ賣國被告事件에就ᄒᆞ야判決ᄒᆞᆷ이如左

(主文)右被告二名을第十八層阿鼻地獄에投ᄒᆞ야無期監禁에處ᄒᆞᆷ

(理由)右被告二名은매國ᄒᆞᆯ目的으로凶黨을嘯聚ᄒᆞ야距今六年前冬과四年前夏에鬼文을布ᄒᆞ고魔說을唱하야自國을매ᄒᆞ고同族을害ᄒᆞᆫ事實과又距今一年前冬에一層極惡ᄒᆞᆫ罔有其極의擧措를謀하다가未遂ᄒᆞᆫ情跡이本冥司에設置ᄒᆞᆫ照魔鏡의所映과及娑婆界의正邪를監察ᄒᆞ는不動明王의報告로因ᄒᆞ야其證據가歷歷하고且尙今ᄭᆞ지凶謀를做ᄒᆞ야罪惡이貫盈ᄒᆞᆫ지라然ᄒᆞᆫ데如彼ᄒᆞᆫ怪物이人世에生活하야金銀의勳章을佩ᄒᆞ고華麗ᄒᆞᆫ田園을廣ᄒᆞ며安樂을享하고壽富를兼ᄒᆞ면人類社會에正義가全滅ᄒᆞᆯ뿐不啻라惡念이日長ᄒᆞ고凶肆이漸盛ᄒᆞ야其毒害가無所不至ᄒᆞᆯ지라以上의理由로因ᄒᆞ야地獄刑法大全第百九十條와同法第二百條에依ᄒᆞ야主文과如히判決ᄒᆞᆷ

地獄開元一千二百二十萬年五月十日

閻羅府高等法院

判官 崔 珏 印

社告

各學校에서校中事項을本報에揭載코저홀時에는校長이署名ᄒᆞ고校印을捺ᄒᆞ며記事를簡明히홈을要ᄒᆞ고此外에는確報로認準치아니홈

大韓每日申報社

雜報

●飮食商損害 內部運動會에發傳ᄒᆞ기爲ᄒᆞ야韓人飮食商들이殘金을鳩聚ᄒᆞ야諸般食料品을製造ᄒᆞ엿더니運動會의中止홈을因ᄒᆞ야放賣치못홈으로自然損害가不少ᄒᆞ다더라

●運動會損害 內部運動會를停止홈은別項과如ᄒᆞ거니와當日所需午飯을日人에게委托支供케ᄒᆞ엿는ᄃᆡ處置無路ᄒᆞ야午飯壹百器와菓子百封과橘百顆를京城孤兒院에寄付ᄒᆞ엿고諸般設備에關ᄒᆞᆫ損害는一千五百圓假量이라더라

●死生 義兵將鄭인국氏는部下四名을率ᄒᆞ고再昨日平山郡龍山面安山에서滋井院日憲兵分遣所上等兵重村과衝突ᄒᆞ엿는ᄃᆡ義兵死者가一名이오日憲兵은重傷ᄒᆞ엿다더라

●崔氏廉德 甑山郡反火面鳳浦에셔漁業從事ᄒᆞ는婦女一名이漁業에需用키爲ᄒᆞ야債金十圓을圖得ᄒᆞ엿다가去月二十一日元威從市街에셔遺失ᄒᆞ엿는ᄃᆡ同郡中里面總五里居崔在極氏가此를拾得ᄒᆞ야該婦女의게覓給ᄒᆞ엿슴으로崔氏의廉直홈을人皆稱頌ᄒᆞᆫ다더라

●天恩設立 劉在元金東遠兩氏가金二千五百圓을合資ᄒᆞ야鍾路等地에天恩醫院을設立ᄒᆞ고東西洋藥料를多數購入ᄒᆞ엿는ᄃᆡ醫士는前軍醫張鴻燮氏로雇聘ᄒᆞ엿다더라

●金家搜索 彰義門外綠莎里居米商金相鉉氏家에銃劍等物을藏匿ᄒᆞ엿다는說이有홈으로三昨日北部警察署와日憲兵司令部에셔巡査와憲兵을派送搜索ᄒᆞ엿다더라

●衛生會발起 鄭永澤劉秉珌氏등은衛生會를組織홀次로目下發起中인ᄃᆡ將次京城四門外에病院을設立ᄒᆞ고韓國醫藥을擴張홀다더라

●新韓報押收 桑港에셔發行ᄒᆞ는新韓民報第一百七十九號는治安妨害라ᄒᆞ야內部에셔押收ᄒᆞ엿다더라

●龍郡回祿 去七日龍仁郡衙에셔失火ᄒᆞ야郡衙及書類器具等이沒燒ᄒᆞ엿는ᄃᆡ其損害額이一千九百圓에達홀다더라

●青館開演 今日下午八時에鍾路青年會館에셔朴治勳氏를請邀ᄒᆞ야人之患이莫大於不思란問題로演說홀다더라

●政友開會 政友會에셔는本日上午十一時에總會를開홀다더라

●姿會開會 養貞女子教育會에셔는再昨日總會를開ᄒᆞ고養貞女子學校를設立ᄒᆞ기로議決ᄒᆞᆫ後親衛府長官李秉武氏의妾崔誠敬씨를校長으로推選ᄒᆞ엿는ᄃᆡ崔는即時金貨一百圓을寄付ᄒᆞ엿고其他任員도或十圓或五圓式寄付ᄒᆞ엿다더라

●學部賊警 再昨夜學部編輯局에는賊漢이闖入ᄒᆞ야琉璃窓을破碎ᄒᆞ고時計一介及其他物品을窃去ᄒᆞ엿다더라

●傳之者誤 本報第一千二百七十九號雜報欄內柳氏起訴란題下에平南觀察使李軫鎬氏가德川郡守柳基泳氏의게金貨幾百圓을請貸ᄒᆞ엿다는說과柳氏가李氏를起訴ᄒᆞ엿다는說은初無ᄒᆞᆫ事實이라더라

○特別廣告

本社의셔同胞의衛生을注意ᄒᆞ야美國의셔經驗單方으로流行適用ᄒᆞᄂᆞᆫ靈藥聖劑를貿入ᄒᆞ야左開廣布ᄒᆞ오니有病君子와藥業에從事ᄒᆞ시ᄂᆞᆫ僉彥은爭先來購ᄒᆞ시옵

分賣와都賣에差別이有ᄒᆞ야一打(十二個)以上의都賣에ᄂᆞᆫ特別割引홈

左開

秘製止痛藥
效能 外塗內服無處不適 消滯 止瀉 ……… 治痢無不神效홈

普蘇膏藥
效能 頭痛 身體一切痛症 積年風濕 除痰 生肌之道 … 即奏效홈

麒麟香膠
效能 毋論男女老少 勿嫌年久日淺一切 咳소 服之 … 其效如神홈

發花藥膏
效能 痔疾 瘰珠瘡 … 瘡發咬等 諸症無雙聖藥

發花糖水藥
效能 痢疾 花柳病 凡不潔血所祟症 婦人隱病等症 靈驗홈

牛汁藥酒
效能 毋論男女老少氣血虛弱者服之則大補元氣身體强健홈

韓美興業株式會社事務所

和平堂大藥房本舖

大韓全國에藥品總發行所는京城鍾路

婦人藥 胎養調經丸 價 (一個月分一劑 金五圓)

○右는婦人의 … 月經時腰痛 … 一切神効홈

補血 健胃 消滯 八寶丹 價 (九十五粒入一貼 金十錢 / 三貼入 金二十五錢)

○右는 … 消 … 精神 … 効가有홈

神藥 … 價 (甲号一劑 金四圓 / 乙号一劑 金三圓五十錢)

○右는 … 有效가有홈

○ … 及 … 大發賣홈

○和平堂大藥房本舖主 李應善

八寶丹 … 可認認定

廣告

本出張所에셔左開六郡에特約分店을許施ᄒᆞ오니各該郡內僉彥은藥種請求에對ᄒᆞ야品料와價格이同一ᄒᆞᆫ즉京城本舖나平壤本出張所로不必請求ᄒᆞ시고該郡分店으로迅速請求ᄒᆞ심을敬望

特約分店員氏名

宣川郡 李鳳朝
安州郡 金陽善
博川郡 李鍾濴
江界郡 田祥雨
義州府 義和藥房
雲山 全聖根

濟生堂第一出張所 平壤鍾路

田恒畯 告白

社告

大韓每日申報 各處支社廣告

平安北道

龍川楊市維新書舖 黃菊保
龍川南市驛 韓燊希
朔州邑南門外 朱伯英
義州南門外한西大藥局 張有寬
鐵山邑東部 鄭翊
車輦館同志會內 金明鉉
定州南門內書舖 洪成麟
博川邑內寶洞 金翼樞
京義線花峴驛停車場前運輸會社前 李基秀
泰川邑館前洋藥局 李正華
寧邊郡內紅門里 鄭德昇
寧邊龍山面新興里南貞河家 鄭奉益
宣川橋南四統十戶 申基周
江界邑內 金泰熙
郭山郡內新街 金大鉉
雲山邑上里八統八戶 咸元澤
雲山北面橋洞八統七戶 王昌鎬
昌城郡內西下里一統二戶 許이
熙川邑內面東門外洞十四統二戶 金錫澤

平安南道

平壤鍾路太極書館 安泰國
三和港碑石洞耶蘇敎堂裴行湜
安州城內義井洞安陵서館 金翼河
江西邑內 金昌燦
甑山郡內利用里 崔診爽
德川邑官洞耶蘇敎冊肆 李丙斗
永柔邑內槐峴里二統八戶 金志璜
中和下道面一里三洞 禹應春
肅川東部面一里三統九戶 金天湜
咸從邑校洞 金炳春

黃海道

海州南門內韓昌書館 朴且
安岳郡細洞面端山里上墩 韓禎
長淵邑서北支學會內 崔東
殷栗邑倉前里 金光
信川邑四里 李悌
白川邑文明館 趙雲
載寧邑서部李鼎均家乾材局 李範
沙里院三聖學校內 李承

咸鏡道

咸興州南社西門外 曹喜
元山港上里倉前洞耶蘇女學校側 皇甫正
定平郡豐陽里 張禮
洪原西門內保命局 羅炳
永興邑南山洞洪明學校內 梁元
清津港新岩洞 張元

全羅道

金溝木流面豆亭 趙德
木浦港陽洞 李권
群山港九福洞一統八戶 方在

京畿道

仁川梨峴開新冊肆 李東
開城南門外興學書舖 …
江華邑出橋 俞鎭

慶尙道

大邱西小門外友弦里雙樓 李…
釜山佐川洞 徐…

江原道

鐵原邑栗谷 …
蔚珍郡遠南面梅花里 …

忠淸道

韓山下北面 … 李…
結城廣川小龍洞 …
公州府古上街 … 書館柳 …
恩津論山浦雜貨店 張允學

北墾島

北墾島龍井村下場里 朴茂林

檀君開國四千二百四十三年
箕子元年三千三十二年
大韓開國五百十九年
本報創刊日 光武八年七月十八日

大韓每日申報

第八卷 月曜及慶節歲時日休刊 第一千三百八拾三號

Responsible for Publication Alfred Weekley Marnham.
發行兼編輯人 英國人 萬咸
發行所 京城南部石井洞三層洋屋 大韓每日申報社

寄書

◎我族의 族名 桓孫

世界에 五大人種이 有ᄒᆞ니 黃、白、黑、銅色、棕色等種이 是오 其種中에 또 各히 族이 分ᄒᆞ엿스니 白種中에 伊太利族、듀톤族、스라부族等과 黃種中에 漢族、凶奴族、通古斯族 등이 是라 然ᄒᆞᆫ데 我族이 또ᄒᆞᆫ 黃種中의 一族으로 有民이 二千萬에 達ᄒᆞ고 立國이 四千載에 過ᄒᆞ엿스며 또 我族은 宗派上으로 觀ᄒᆞ던지 言語上으로 觀ᄒᆞ던지 習俗上으로 觀ᄒᆞ던지 歷史上으로 觀ᄒᆞ던지 其他何方面上으로 觀ᄒᆞ던지 決코 彼異族의 民이 會ᄒᆞ야 墺地利國民을 團成ᄒᆞ며 彼異種의 民이 合ᄒᆞ야 土耳其國民을 團成ᄒᆞᆷ과 如히 支那族의 一部가 來ᄒᆞ며 印度族의 一部가 來ᄒᆞ며 日本族의 一部가 來ᄒᆞ야 我國民을 團成ᄒᆞᆫ 것이 아니오 明々白々ᄒᆞᆫ 世固有ᄒᆞᆫ 同系同祖의 族이 亞細亞東北에 崛起ᄒᆞ야 浸々히 東南으로 發達ᄒᆞᆫ 者라 然則 我族도 또ᄒᆞᆫ 一定確立ᄒᆞᆫ 族名이 有ᄒᆞᆯ지어ᄂᆞᆯ 乃者 內外國人을 勿論ᄒᆞ고 我族의 名을 稱ᄒᆞᆷ이 甲乙相殊ᄒᆞ야 或曰 日本族이라ᄒᆞ며 或曰 通古斯族이라ᄒᆞ며 或曰 扶餘族이라ᄒᆞ며 或曰 韓族이라ᄒᆞ야 十人이 言에 十人이 不同ᄒᆞ니 噫라 此도 또ᄒᆞᆫ 我國民의 一羞恥로다

然則 我族의 名을 果然 何라 稱ᄒᆞᆯ이 可ᄒᆞᆯ셔 彼日本族通古斯族等의 誤稱은 辨論을 不待ᄒᆞ고 可明ᄒᆞᆯ 者오 또 夫餘ᄂᆞᆫ 上世我族北部의 舊稱인즉 少可ᄒᆞᆯ 듯ᄒᆞ나 然이나 此ᄂᆞᆫ 我族의 全部를 代表ᄒᆞᆫ 者 아니며 또 韓은 已往我族 南部(三韓)의 舊稱인즉 또ᄒᆞᆫ 少可ᄒᆞᆯ 듯ᄒᆞ나 此도 我族의 全部를 代表ᄒᆞᆫ 者 아니라 我大황祖檀君이 太白山에 駕를 下ᄒᆞ샤 我族의 國을 曰 朝鮮國이라ᄒᆞ시며 我族의 人을 曰 朝鮮人이라ᄒᆞ셧스니 此 朝鮮二字ᄂᆞᆫ 足히 我族의 全部를 代表ᄒᆞᆯ지오 또 此뿐아니라 (一)我國我人創設的 名稱의 紀元的 符號도 되고 (二)我族의 發達基礎를 首開ᄒᆞ며 我族의 雄飛功蹟을 方揚ᄒᆞᆫ 光榮的 標幟도 될지니 故로 余ᄂᆞᆫ 我族의 族名을 稱ᄒᆞ야 曰 朝鮮族이라ᄒᆞ노라

外報

◎奉天失政上奏 淸國江蘇巡撫程德全氏ᄂᆞᆫ 東三省總督錫良氏의 施政措置에 關ᄒᆞᆫ 缺點에 就ᄒᆞ야 日間 同皇帝ᄭᅴ 謁見ᄒᆞ고 其意見을 上奏ᄒᆞᆫ다더라

◎工業學校計畫 南滿鐵道會社에셔ᄂᆞᆫ 實業學校程度의 工業學校를 撫順에 設立ᄒᆞᆯ 計畫인ᄃᆡ 學科ᄂᆞᆫ 採鑛、冶金、土木、建築、機械、電氣科等이오 修業年限은 三個年이오 生徒ᄂᆞᆫ 約三百名이오 建築費ᄂᆞᆫ 十五萬圓이오 開校日字ᄂᆞᆫ 來年四月一日노 預定이라더라

◎列國의 同情 英國황帝陛下 崩御ᄒᆞ심에 對ᄒᆞ야 美國々民은 深히 哀悼의 意를 表ᄒᆞ고 大統領 타프트氏ᄂᆞᆫ 英國황帝에 對ᄒᆞ야 吊辭를 送ᄒᆞ엿고 日황은 去七日 長文의 吊電을 發送ᄒᆞ엿고 淸國 上海에 在ᄒᆞᆫ 市民은 此悲報를 接ᄒᆞ고 哀悼의 意를 表ᄒᆞ엿다더라

◎回收準備 淸國安東縣知縣은 安奉鐵道地段價支撥ᄒᆞᄂᆞᆫ 機會를 乘ᄒᆞ야 後日에 同線回收ᄒᆞ기에 用ᄒᆞᆯ 準備로 殖産銀行을 設立ᄒᆞ기로 提議ᄒᆞ엿다더라

◎中美地震後報 中美코스타리카共和國갈다고市의 地震이 發ᄒᆞᆫ 事ᄂᆞᆫ 旣報어니와 地震으로 因ᄒᆞ야 生命을 失ᄒᆞᆫ 者가 千餘名에 達ᄒᆞ얏슴으로 目下 四隣에 在ᄒᆞᆫ 諸共和國은 罹災者를 救助ᄒᆞ기 爲ᄒᆞ야 全力을 傾ᄒᆞᆫ다더라

雜報

◎運動의 交涉 漢城內官公立學校聯合大運動會를 不遠間 設行ᄒᆞᆯ次로 漢城府와 學部間에 目下 交涉中이라더라

◎損害額調査 日前 公州郡火災에 對ᄒᆞ야 該郡警察署에셔 調査ᄒᆞᆫ 바를 據ᄒᆞᆫ즉 損害額이 六百萬圓에 達ᄒᆞᆫ다더라

◎南倅勸業 南陽郡守 徐丙肅氏ᄂᆞᆫ 民間에 躬行ᄒᆞ며 實業을 勸奬ᄒᆞ되 男女間 職業에 勤勉ᄒᆞᄂᆞᆫ 者ᄂᆞᆫ 相當ᄒᆞᆫ 物品을 施賞ᄒᆞᆷ으로 該氏에 頌聲이 一境에 藉々ᄒᆞ다더라

◎同業聯絡 鄭永澤 劉秉珌氏等이 衛生會를 組織ᄒᆞ고 病院을 設立ᄒᆞᆫ다 ᄒᆞᆷ은 已報어니와 大韓醫士總合所에셔 再昨日 評議會를 開ᄒᆞ고 衛生會經費를 擔當ᄒᆞ기로 決議ᄒᆞ엿다더라

◎延郡騷擾 黃海道延安郡等地에ᄂᆞᆫ 近日 義兵이 大熾ᄒᆞ야 民心이 大端騷動ᄒᆞᆫ다더라

◎趙氏放還 中部農洞居 趙昌奎氏ᄂᆞᆫ 詐欺犯으로 被捉되엿다가 去二日에 無事白放ᄒᆞ엿다더라

◎羅氏被捉 中部寺洞居 羅兢淵氏ᄂᆞᆫ 誣告罪로 再昨日 所管警察署에 被捉ᄒᆞ엿다더라

◎田犯被捉 龍山居 田學淵은 竊盜犯으로 日昨 南部筆洞 日憲兵分隊에 被捉ᄒᆞ엿다더라

社告

各學校에셔 校中事項을 本報에 揭載코져 ᄒᆞᆯ 時에ᄂᆞᆫ 校長이 署名ᄒᆞ고 校印을 捺ᄒᆞ며 記事를 簡明ᄒᆞ게 ᄒᆞᆷ을 要ᄒᆞᆷ 此外에ᄂᆞᆫ 確報로 認準치 아니ᄒᆞᆷ

大韓每日申報社

學界

◎學員檢體 官立漢城高等學校學員 일同은 昨日 大韓醫院에 前往ᄒᆞ야 身體檢査를 受ᄒᆞ엿다더라

◎李氏勸學 北靑郡仲坪面居 李在楠氏ᄂᆞᆫ 當郡儒林界에 名望이 素著ᄒᆞ더니 該面 靑一學校를 熱心勸奬ᄒᆞᆷ으로 目下 在學生徒가 八十餘名에 達ᄒᆞ엿다더라

◎朱氏捐金 北靑德城面泥村 閔西洞居 朱召史ᄂᆞᆫ 其ᄉᆡ族人 金浩鍊氏의 ᄀᆡ學資金 貳拾圓을 寄付ᄒᆞ엿슴으로 遠近間 稱頌이 藉々ᄒᆞ다더라

◎韓英擴張 汗浦驛 韓英支書院은 設立ᄒᆞᆫ지 三年에 進就之望이 別無ᄒᆞ더니 該院 任員及該洞 紳士諸氏가 院務를 擴張ᄒᆞᆯ 目的으로 朴淳熙 金增默氏를 敎師로 雇聘ᄒᆞ야 多數學徒를 熱心敎授ᄒᆞ며 日前에 進級證書授與式을 擧行ᄒᆞ엿ᄂᆞᆫᄃᆡ 各學年優等生이 十二人이오 來賓 八十餘名이 會集ᄒᆞ야 大盛況을 呈ᄒᆞ엿다더라

學報

◎南校卒業 平北郭山郡私立 南山學校에셔 去月三十日에 特別科卒業式을 擧行ᄒᆞ엿ᄂᆞᆫᄃᆡ 優等生 金昌玆 金聖賢 全採鉉 金相勉 金達鎬 金學淳 崔箕疇 及第生 金松河 金光河 金珽近 金成烈

▲偉人遺蹟

▲▲東國巨傑 崔都統 錦頰山人 續

第七章 兩次紅賊變亂의 崔都統

王이 出ᄒᆞ게 날ᄉᆡ 駕前에 立ᄒᆞ야 大呼諫曰 陛下ᄂᆞᆫ 且少留ᄒᆞ야 丁壯을 募ᄒᆞ야 國都를 守ᄒᆞ소셔 王及宰臣이 皆默然不應ᄒᆞ더라 旣而오 安祐 李芳實等이 또ᄒᆞᆫ 京城을 守코ᄌᆞᄒᆞ야 馳至ᄒᆞ더니 都人이 已散ᄒᆞ야 招集ᄒᆞ지 못ᄒᆞ고 各郡에 分出ᄒᆞ야 義兵을 募ᄒᆞ더라 王이 드듸여 南走ᄒᆞᆯᄉᆡ 崇仁門에 出ᄒᆞ니 老幼가 顚仆ᄒᆞ며 子母가 相棄ᄒᆞ고 哭聲이 野에 遍ᄒᆞ야 天日이 愁慘ᄒᆞ더라

賊이 城에 入ᄒᆞ더니 元帥 朱元璋(卽明太祖)이 令曰 如此樂土를 再得키 難ᄒᆞ니 汝等은 善守ᄒᆞ라 ᄒᆞ고 牛馬皮를 城에 張ᄒᆞ고 水를 灌ᄒᆞ야 氷을 成ᄒᆞ니 人이 緣上치 못ᄒᆞᆯ너라

王이 福州로 幸ᄒᆞ야 鄭世雲으로 總兵官을 拜ᄒᆞ야 諸軍을 督케 ᄒᆞ더니 恭愍王十一年에 世雲이 安祐 李芳實 崔瑩 金得培 李餘慶 黃裳 韓方信 安遇慶 李龜壽等으로 二十萬軍을 率ᄒᆞ고 進ᄒᆞ야 京城을 收復ᄒᆞᆯᄉᆡ 時에 雨雪이 滂타ᄒᆞ거ᄂᆞᆯ 諸將이 皆曰 士卒이 寒凍ᄒᆞ야 進戰키 難ᄒᆞ니 少休가 可ᄒᆞ니이다 崔瑩曰 「不然ᄒᆞ다 我軍이 寒凍ᄒᆞ미 賊軍이 亦寒凍ᄒᆞ엿슬지니 能히 此寒凍을 忍ᄒᆞᄂᆞᆫ 者ㅣ 得勝ᄒᆞ리니 何憂리오」 ᄒᆞᆫᄃᆡ 李餘慶 麾下 護軍 權僖가 此를 贊ᄒᆞ야 曰 常侍의 言이 是ᄒᆞ다 ᄒᆞ고 又曰 賊의 精銳가 皆 東城에 聚ᄒᆞᆷ을 余가 詗知ᄒᆞ엿스니 其不意에 出ᄒᆞ야 此를 攻ᄒᆞ면 可克ᄒᆞ리라 ᄒᆞ더라

(未完)

詞藻

白頭山

白頭山아 무러보자、東方太祖 네 아닌가、金剛九月 妙香智異、帝國基業 天成이라、저건너 富士山 놉다마라、海島孤峰。

◎故裴說氏墓碣 費義捐金廣告 第二回

鄭耗鐸 一拾圓　朴容奎 拾圓
林世止 五圓　白潤德 一圓
姜文秀 一圓　金泳瓚 一圓
金弘叙 二圓　李 瓛 二圓
崔 益 二圓　金演梨 二圓
申來浩 二圓　柳承欽 二圓
金益漢 一圓　張道斌 一圓
玉觀彬 一圓　李交담 一圓
尹滋璜 一圓　崔永九 一圓
吳근泳 五十錢　柳寅協 二十錢
金鼎鎭 三拾錢　李容文 五拾錢
趙炳文 一圓　金鳳濟 五拾錢
金慶熙 三拾錢　鄭志永 一圓
李貞馥 五拾錢　朴永근 一圓
李周桓 壹圓　金奉儀 壹圓
朴昌煥 廿五錢　韓俊一 廿五錢
宋完奎 廿五錢　朴熙延 廿五錢
李明汝 廿錢　曹德五 二拾錢
李共俊 廿五錢　金學潤 五拾錢
金昌龍 卅錢　朴亨祚 五拾錢
崔 湜 壹圓　朱漢溶 七拾錢
金永完 五拾錢　無名氏 壹圓
朴昌植 韓興泰 千喜元
成潤燮 朴喜宇 柳丙圭等
拾七人 二圓
都合 七拾一圓○五錢

宮廷彙報

◎宮夫人參內 恩彦宮夫人은太皇帝陛下의 召命을承하야昨日上午十二時에 德壽宮에參內하야 問安禮를行하엿다더라

◎李氏陛見 親衛府長官李秉武氏는昨日上午十一時에 大皇帝陛下게 陛見하엿다더라

◎趙氏渡日 大황帝陛下게옵서는日本竹田、北白川、朝香、三宮妃에게瑞鳳章을贈授하옵시는디奉章關卿趙同熙氏가此를賚持하고昨日上午九時에발程渡日하엿는디兼하야 皇太子殿下게 問安혼다더라

◎皇儲返駕 名古屋共進會에行啓하옵셧던韓國 皇太子殿下는昨夜에日本東京으로 御返駕하옵셧다더라

雜報

英帝御臨終

英황陛下의御病狀이容易치아니혼傾向이有하되侍醫等은竭力供奉하엿스나其効가無하고當夜十一時四十五分에至하야맛참내眠혼과如히目을瞑하셧더라其御革時에御容體는漸々不良하신디如斯히重態에臨하심을不拘하고御寢所를離하샤政務를親裁하시매臣僚等이停止하심을力請하되不聽하시고終日椅子에倚하샤소가激烈不絕하시미不得已含소劑를屢々進供하엿고御失神의狀態가旣히兩次에及하셧스나依然히政務를處理하샤諸院이再次停止를請하되不聽하시고諸般政務를指示하셧스며히소는猶然不絕하야七時間에激烈하야心臟의血液輸送이不能되야遂케崩御하셧는디臨崩時侍側人은화后陛下와황太子殿下同妃殿下其他황族及大僧正等이라더라

英皇御治績

崩御하옵신英황陛下는歐洲外交界에最히平和的人物이오又各國황帝中墺國황帝를除혼外에는最히年長者이라其實際在位는在世年限에比較하면短少하엿스나在位間의治績으로言하진디英日同盟을締結하며又英佛及英露新協約을締結하엿고紛擾不絕하던으란스발을合併하야南阿에一大英國殖民地를樹立하엿스며又歐亞의一禍根으로指目하던쎌간問題에對하야平和解決을勉하엿고其他圓滿혼外交手腕으로各國황帝를訪問하야황室間親交에依하야各國紛議를未然에防止홈이多혼지라今此崩逝에對하야歐亞外交上에多少의影響이無하리라고確信키는不能하나大變動은無하리라고某外交家의談論이有하다더라

◎航行의勅令 外國船舶借入者가不開港間航行의特許를受코저하는者는特許手數料를納付하되特許期間은一個年을超過치못홈 旨로去九日 勅令을頒布하엿다더라

◎統府會議 昨日統監府에서參與官會議와大臣會議를開하엿다더라

◎仰人擧哀 英國황帝 崩御에對하야各府部大臣은再昨日英국總領事館에前往致吊하기로決定하엿더니統監府指揮를待하야昨日上午十時에야始行吊禮하엿다더라

◎後補運動說 總相李完用氏는政府變更說에對하야自已地位가畢竟搖動될줄을預度하고後補者를自己心腹으로薦進코져혼다는디元老中李容元氏와親密關係가有하야目下運動中이라더라

◎李氏談話 親衛府長官李秉武氏는再昨日下午三時에總相李完用氏를私邸로訪問하고長時間談話하엿다더라

◎保護申飭 學部大臣李容稙氏가慶尙南北道로발程혼다홈은已報어니와警視廳에서所經沿路警察署에申飭하야該氏到着日에恪別保護하라하엿다더라

◎學相隨員 學部主事趙漢稷氏와日人主事大野는今番該部大臣旅行의隨員으로定하엿다더라

◎帝國報引繼說 總相李完用農相趙重應兩氏가帝國新聞을引繼혼다는說이有홈으로某處에서探知中이라더라

◎豫算調査 來年度豫算編成에關하야內部에서는編成當時에混雜의弊를避키爲하야近者에地方所關豫算細目을調査中이라더라

◎日主配置 日本人으로各道郡主事를多數任命혼다홈은旣報와如하거니와其事務에煩閑을隨하야每道에多則十名少則六人式配置혼다더라

◎參考書發刊 度支部土地調査局에서는土地調査參考書라는冊子를頒布혼次로터下第三號를발刊혼다더라

◎湖南派還渡 月前渡日하엿던湖南觀光團金永學氏等은再昨日下午八時에入京하엿는디湖南學會會員一同이南門驛에出往迎接하엿다더라

◎金氏歸國期 日本에滯在혼神宮敬義會長金在珣氏는本月望日頃에歸國하깃다고該會事務所로통知하엿다더라

◎樞院再建議 中樞院에서李敏禹氏의僧尼嫁娶獻議書를因하야內閣에建議혼지가于今幾朔에如何혼措處가無홈으로僧侶韓龍雲의獻議를因하야昨日再次建議하고實施하기를催促하엿다더라

◎淸人罷工 度支部經營에係혼廣梁灣天日製塩所에서는淸國勞働者八百名이日給制度를要求키爲하야去六日부터罷工하엿는디同所에서는該要求를拒絕하엿다더라

◎日人組合數 從來統監府의設立認可를得혼日人의學校組合數는合十七이라더라

◎調査完了期 度支部所管국有地調査는昨年七月以來로着手하야全國各地에調査員及技手千百七人을派送하야現今進行中인디來八月中에完了된다하며調査結果로土地四百五十萬坪假量이增加된다더라

◎拓社收入額 拓殖會社의本年度農事方面收入豫算을得聞혼즉四十五萬三千二百六十八圓인디其中小作料收入이四十四萬七千九百七十一圓이라더라

◎日人戶口 去二月末現在의日人戶口數는戶數가四萬四千九十三이오人口가十四萬七千四百二十九라더라

◎赤一窮境 一進會顧問菊池忠三은旣히該會와關係를絕하고還國하야九州日報를經營하는故로該會는內國人間에孤立의勢가될뿐아니라日人과도連鎖機關이斷絕하엿슴으로該會部에서는東京에在혼[illegible]에게交涉하야新히日人顧問을推薦코져혼다더라

◎魔書押收 國民協成會에서建白書를起草혼다홈은旣報어니와警視廳에서建白書類를一見코져호되該會에서秘諱不발혼는故로再昨日巡査를派送하야該書類를押收하엿다더라

◎動청注目 故安重근氏에從弟安明根氏가去七日入京하야南部[illegible]洞安[illegible]中氏家에逗留혼다홈으로某處에서該氏行動을注目中이라더라

◎韓銀貨幣發行額 韓國銀行에서去一日부터七日까지銀行券總발行平均額이一三、一二三八圓五七四인디

內에

正貨準備발行額	五、〇三六、五〇〇
保證準備발行額	八、一〇二、〇七四
銀行券平均時在額	七三〇、四六七
銀行券市場平均流通額	一二、五〇八、一〇七
硬貨발行額(五月七日現在)	六、三二一、六三〇

內에

金貨貳拾圓	一、八五〇、〇〇〇
仝拾圓	五〇、〇〇〇
仝五圓	五〇、〇〇〇
銀貨五拾錢	九二一、五〇〇
仝貳拾錢	一、四六二、五〇〇
仝拾錢	九八九、〇〇〇
銅貨五錢	六四二、二五〇
靑銅貨壹錢	二六五、八六五
仝五厘	八〇、五一五

◎理屆奈何 閔泳徽金萬用兩氏間의相訟事件으로閔氏가累度敗訴혼은一般共知어니와閔氏는金氏의身故혼機를乘하야該訟案을翻倒할計劃으로或金氏側의辯護士를甘誘하야金錢을賂코져하며或政府側의大官을紹介하야勢力으로壓코져하나元來理屈혼所致로畢竟其目的을到達치못혼다더라

◎燕峯小塵 去七日午後十一時三十分頃에義兵二十餘名이抱川郡外所面蓮峰里隅南端高地에서松隅派遣所日憲兵及補助員과衝突하야約一時間을激戰하엿다더라

◎進步黨解散說 進步黨은內面情況을因하야解散된다는說이有하다더라

◎百二老人 全北南原郡居李利春氏의祖母는年今百二歲인디頗히强健하다더라

感荷義捐

無名諸婦人이本報를眷愛하는情誼를表하기爲하야金八圓六十五錢을寄付하엿기玆에其盛意를感謝하노라

電報

統監問題

曾禰統監의後任은日本陸相寺內가兼任하고前財政顧問目賀田은副統監이되고拓殖會社總裁宇佐川은其職을去하고前統監府總務長官鶴原이其後任者가된다더라

英皇崩御와列國新聞

歐美各新聞은 英황陛下 崩御의報를接하고一切히黑枠을附하야同 陛下의生前偉功을稱道하고深厚혼吊意를表하엿다더라

即位의祝賀

英國新皇帝陛下게서 [illegible]하야世界列國의元首及大統領은祝電을발하야深厚혼祝意를表하엿고論敦駐在各國使臣은悉히參內하야祝賀하엿다더라

以上東京發 十日着

英內閣員急歸

目下休暇를因하야大陸에旅行하던英國內閣員等은 英황陛下의 崩御電報를接하고急遽히論敦에歸作혼다더라

英國新豫算

英國에서大葬後에는即時下院議會를召集하야緊急問題로[illegible]年度總豫算을附議可決혼뜻하다더라

▲不如歸▼

▲空山明月夜三更에슬피우는杜鵑새는소리々々不如歸라故國山川生覺하니도라가기志願하야더달빗이다지도록목에피가마르도록哀鳴聲이不已하니杜鵑새아무러보ㅈ네의넉시누구러냐

▲不如歸不如歸하니네소리가슬프도다馬島寒雪저문날에復讐主義굿이잡고一脉王春挽回코져竭力殫誠이쓰다가文山의외론忠誠燕獄魂을化作하니故國山川못니저서네의넉시되엿너냐

▲不如歸不如歸하니네소리가슬프도다萬國冠蓋모힌中에仗義誠心깁히품고漢陰血을灑盡하야控于世界하랴다가目淚가未乾하야[illegible]魂을化作하니故國山川못니저서네의넉시되엿너냐

▲不如歸不如歸하니네소리가슬프도다萬里朔風미운날에平和主義홈노품고敵將軍을迎擊혼後凱旋歌를부르다가[illegible]獲中에陷落하야沙場魂을化作하니故國山川못니저서네의넉시되

雜報

◉日人出發　日人의渡淸實業團은預定과如히本日午前平壤으로발向ᄒᆞᆫ다더라

◉日隊習射　京城駐在日憲兵隊에서ᄂᆞᆫ昨今兩日上午九時早터獎忠壇射的場에서射擊演習을行ᄒᆞᆫ다더라

◉有罪逢貲　水原警察署日人巡査河野ᄂᆞᆫ罪過를因ᄒᆞ야免職되엿다하며鬱山警察署日人巡査ᄂᆞᆫ詐僞行爲를因ᄒᆞ야譴責을當ᄒᆞ고同署長佐藤警視ᄂᆞᆫ監督不周到의責으로減俸에處ᄒᆞ엿다더라

◉連民請願　連山郡人民金永玟氏ᄂᆞᆫ該郡各面領收員들이或結上加結ᄒᆞ며或白地徵稅ᄒᆞ며或領收費라稱ᄒᆞ고每結頭五六十錢式徵捧ᄒᆞᆫ다ᄒᆞ야度支部에請願書를提出ᄒᆞ엿다더라

◉金融組合數　度支部에서本年度新設의金融組合三十個所ᄂᆞᆫ其處所를如左히決定ᄒᆞ엿다더라

京畿道　汶山浦、永登浦　漣川、抱川

忠南　成歡鳥致院、藍浦

忠北　鎭川

全北　淳창、泰仁、任實

全南　木浦、珍島、麗水　綾州、潭陽

咸南　長津

咸北　城津

江原　蔚珍

平北　昌城、龍岩浦、博川

黃海道　殷栗

慶北　醴泉、盈德

慶南　梁山、蔚山、山淸

◉外國貿易收稅額　去四月中[illegible]外國貿易收稅額은如左ᄒᆞ니

（輸出稅）

（地名）	
仁川	一四圓、二八二
釜山	一七、九一二
元山	二、四八四
鎭南浦	一三、五三〇
京城	七六一
群山	六、〇八八
木浦	五、四九四
馬山浦	一六四
淸津	五五
城津	九〇九
新義州	四、一五一
平壤	三四四
合計	六六、一七四

（輸入稅）

（地名）	
仁川	五二圓、九七〇
釜山	三九、三五九
元山	一七、九八二
鎭南浦	七、八二七
京城	二九、一二七
群山	四、四八四
木浦	四、〇七四
馬山浦	二、三六四
淸津	四、五七八
城津	二、九八二
新義州	三、三四六
平壤	一〇、八三三
合計	一七九、九二六

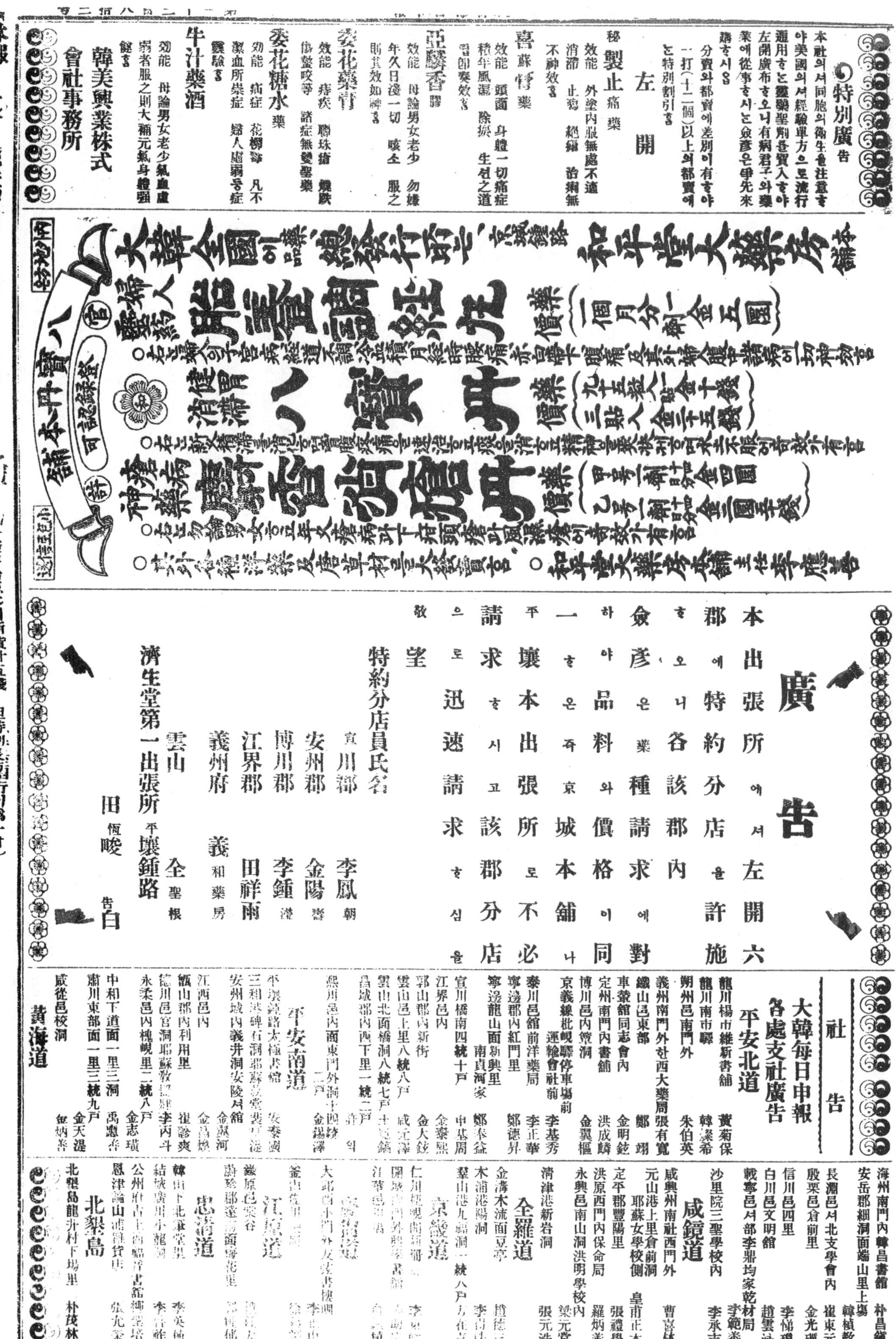

◉特別廣告

本社의셔同胞의衛生을注意ᄒᆞ야美國의셔經驗單方으로流行通用ᄒᆞᄂᆞᆫ靈藥聖劑를買入ᄒᆞ야左開廣布ᄒᆞ오니有病君子와藥業에從事ᄒᆞ시ᄂᆞᆫ僉彦은爭先來購ᄒᆞ시압

分賣와都賣에差別이有ᄒᆞ야一打(十二個)以上의都賣에ᄂᆞᆫ特別割引홈

左開

秘製止痛藥
效能 外塗內服無處不適 消滯 止瀉 絕痛 治痢無不神效홈

喜蘇膏藥
效能 頭面 身體一切痛症 積年風濕 除痰 生肌之道 皆即奏效홈

臣麟香膠
效能 毋論男女老少 勿嫌年久日遠一切 咳소 服之 則其效如神홈

委花藥膏
效能 痔疾 瘰珠瘡 蟯跌 傷螫咬等 諸症無雙聖藥

委花糖水藥
效能 痳症 花柳毒 凡不潔血所祟症 婦人虛弱등症 靈驗홈

牛汁藥酒
效能 毋論男女老少氣血虛弱者服之則大補元氣身體强健홈

韓美興業株式會社事務所

大韓全國에 諸藥 總發行所는 京城鍾路 和平堂大藥房本舖

婦人靈藥 胎産調經丸 藥價 (一個月分一劑 金五圜)

○右는 婦人의 子宮病 經道不調 冷症 積 月經時腹痛 赤白帶下 腰痛 及其外 婦人胎中諸病에 一切神効홈

健胃消滯 八寶丹 藥價 (九十五粒入 金十錢 / 三貼入 金三十五錢)

○右는 新舊積滯를 消化ᄒᆞ며 腹痛 疼痛을 速治ᄒᆞ고 五疳을 消ᄒᆞ고 精神을 爽快케ᄒᆞ며 不服에 奇效가 有홈

神藥療病 [illegible]丹 藥價 (甲号一劑 金四圜 / 乙号一劑 金三圜五十錢)

○右는 勿論男女老少ᄒᆞ고 年久瘡病과 頭瘡과 風濕瘡에 奇效가 有홈

○其外 各種 諸藥 及 唐草材를 大發賣홈 ○ 和平堂大藥房本舖主 李應善 告白

請求 八寶丹 (官許) (可認錄登)

廣告

本出張所에셔 左開六郡에 特約分店을 許施ᄒᆞ오니 各該郡內 僉彦은 藥種請求에 對ᄒᆞ야 品料와 價格이 同一ᄒᆞ온즉 京城本舖나 平壤本出張所로 不必請求ᄒᆞ시고 該郡分店으로 迅速請求ᄒᆞ심을 敬望

特約分店員氏名

宣川郡 李鳳朝

安州郡 金陽壽

博川郡 李鍾瀅

江界郡 田祥雨

義州府 義和藥房

雲山 全聖根

濟生堂第一出張所 平壤鍾路

田恒晙 告白

社告

大韓每日申報各處支社廣告

平安北道

龍川楊市維新書舖 黃菊保

龍川南市驛 韓濚希

朔州邑南門外 朱伯英

義州南門外한西大藥局張有寬

鐵山邑東部 鄭翊

車輦館同志會內 金明鉉

定州南門內書舖 洪成麟

博川邑內篦洞 金翼樞

京義線批峴驛停車場前運輸會社前 李基秀

泰川邑舘前洋藥局 李正華

寧邊郡內紅門里 鄭德昇

寧邊龍山面新興里南貞河家 鄭奉益

宣川橋南四統十戶 申基周

江界邑內 金藥熙

郭山郡內新街 金大鉉

雲山邑上里八統八戶 咸元澤

雲山北面橋洞八統七戶 [illegible]

昌城郡內西下里一統二戶 許[illegible]

熙川邑內面東門外洞十四統二戶 金錫澤

平安南道

平壤鍾路太極書館 安泰國

三和浦碑石洞耶蘇教堂裴[illegible]

安州城內義井洞安陵서舘 金[illegible]河

江西邑內 金昌[illegible]

甑山郡內利用里 崔谿爽

德川邑官洞耶蘇教[illegible] 李丙斗

永柔邑內槐峴里二統八戶 金志璜

中和下道面一里三洞 禹應春

肅川東部面一里三統九戶 金天湜

咸從邑校洞 [illegible]

黃海道

海州南門內韓昌書舘 朴昌鎭

安岳郡細洞面端山里上場 韓楨教

長淵邑서北支學會內 崔東元

殷栗邑倉前里 金光礪

信川邑四里 李悌璟

白川邑文明舘 趙雲泳

載寧邑서部李鼎均家乾材局 李範善

沙里院三聖學校內 李承吉

咸鏡道

咸興州南社西門外 曹喜林

元山港上里倉前洞耶蘇女學校側 皇甫正杰

定平郡豐陽里 張禮學

洪原西門內保命局 羅炳善

永興邑南山洞洪明學校內 梁元常

清津港新岩洞 張元浩

全羅道

金溝木流面豆亭 趙德三

木浦港陽洞 李[illegible]

羣山港九福洞一統八戶 [illegible]

京畿道

仁川[illegible] 李[illegible]

開城[illegible]書舖 [illegible]

江華邑[illegible] [illegible]

慶尙道

大邱西小門外友[illegible]書樓 李[illegible]

釜山[illegible] [illegible]

江原道

鐵原邑[illegible]谷 [illegible]

蔚珍郡[illegible] [illegible]

忠淸道

韓山下北面[illegible] 李[illegible]

結城[illegible] 李[illegible]

公州[illegible]書舘 [illegible]

恩津論山[illegible] 張[illegible]

北墾島

北墾島龍井村下場里 朴茂林

檀君四千二百四十三年
箕子元年三千三十二年
大韓開國五百十九年
本報創刊日 光武八年七月十八日

大韓每日申報

Responsible for Publication Alfred Weekley Marnham.
發行兼編輯人 英國人 萬咸
發行所 京城中部石井洞三層洋屋 大韓每日申報社

第八卷 月曜及慶節歲時休日刊 第一千三百八拾四号

論說

◎教育界觀察의 壹斑

各處教育界의內容을探覽ᄒᆞᆫ一人이某種學校日人教師教授의狀態를語ᄒᆞ기에玆에略揭하노라

每朝에多數學生이室內에集ᄒᆞ면日人教師가氣를勵ᄒᆞ고兀立ᄒᆞ야呼名點閱ᄒᆞᆫ後에翻譯者를左에立ᄒᆞ고各學科를日語로教授ᄒᆞᆯ시地誌를語ᄒᆞᆯ時에ᄂᆞᆫ日本은飛龍上天의好地形을據ᄒᆞ엿나니라日本은物產豐富의黃金土를抱ᄒᆞ엿나니라歷史를語ᄒᆞᆯ時에ᄂᆞᆫ日本은萬世一系의君主를戴ᄒᆞ엿나니라日本은自古獨立의强國을作ᄒᆞ엿나니라ᄒᆞ며其他何學科에入ᄒᆞ던지語々히日本만讚美하미於是乎心腦幼穉ᄒᆞᆫ韓國兒童은其口만仰ᄒᆞ고此를信ᄒᆞ야彼日本에入ᄒᆞ면其地ᄂᆞᆫ皆蓬萊方丈이리라하며其居ᄂᆞᆫ皆瓊樓瑤臺리라ᄒᆞ며其人은皆英雄俊傑이리라ᄒᆞ고自國에對ᄒᆞᆫ精神은消融되며自國을爲ᄒᆞᄂᆞᆫ氣概ᄂᆞᆫ頹敗하야慄然히自怯하며茶然히自疲ᄒᆞᄂᆞ니

嗚呼라我가此를觀ᄒᆞ미喟然히太息ᄒᆞᆷ을不禁ᄒᆞ니彼日人의方面으로觀ᄒᆞ면韓人을教授ᄒᆞ미不得不如此히ᄒᆞᆯ지나韓人의教育家된者ᄂᆞᆫ宜乎此에旗幟를對峙ᄒᆞ야自家第二世國民을養成ᄒᆞᆷ에國性을培ᄒᆞ며國魂을招ᄒᆞ며國粹를尊ᄒᆞ야天上天下惟我獨尊의氣概를立ᄒᆞ며入水不溺入火不滅의精神을養ᄒᆞ여야可ᄒᆞᆯ지어ᄂᆞᆯ乃者日人은如此히一定ᄒᆞᆫ主義와方法으로韓人을教授ᄒᆞᄂᆞᆫ디韓人은何等主義와方法도無히只是器械的으로物理나講ᄒᆞ며化學이나說ᄒᆞᆯ而已니엇지可歎ᄒᆞᆯ비아니리오ᄒᆞ더라

記者曰此가奚徒日人教師만爲然ᄒᆞ리오或韓人教師로도彼와無異ᄒᆞᆫ者ㅣ多ᄒᆞ니是가可歎이로다

外報

◎英新皇御哀勅 英國新황帝陛下ᄭᅴ셔去七日에써인트쪄임쓰宮에셔開催ᄒᆞᆫ同國樞密院會席에臨御ᄒᆞ샤左開勅語를宣布ᄒᆞ엿더라

朕이激慟을因하야多言ᄒᆞᆷ을不能ᄒᆞ나先帝ᄭᅴ셔崩御ᄒᆞᆫ時ᄭᆞ지國民의最上利益을計하야增進케하ᄉᆞ다ᄒᆞ고常言ᄒᆞ시던聖意가自然回想되노라朕이上帝의下에在ᄒᆞ야父황의先例를奉遵ᄒᆞ야何時ᄭᆞ지努力ᄒᆞᆯ짓노라云云ᄒᆞ고又全英帝國中에向ᄒᆞ야充分히憲法을維持ᄒᆞᆯ意를宣示ᄒᆞ엿더라

◎西藏消息 清國政府ᄂᆞᆫ西藏의平穩을宣言ᄒᆞ나然이나去六日理蕃部에達ᄒᆞᆫ電報를據ᄒᆞᆫ즉清兵이西藏人에게攻擊되야死傷千名에達ᄒᆞ엿다더라

◎澳門問題 清國政府ᄂᆞᆫ澳門國境問題에關ᄒᆞ야英國의勸告를納ᄒᆞ야海牙仲裁裁判의判決을請ᄒᆞᆫ다더라

◎蒙古訓鍊 清國馬賊의首領陶什陶ᄂᆞᆫ一年을經ᄒᆞ도록官兵과戰ᄒᆞ다가드듸여索倫山의圍를衝ᄒᆞ야興安嶺北으로奔ᄒᆞ야捲土重來의準備를作ᄒᆞ고또松花江岸에再起ᄒᆞᆫ馬賊의一集團이官兵을誘ᄒᆞ야蒙古로入ᄒᆞ엿ᄂᆞᆫ디蒙古各王은其領內의大騷亂ᄒᆞᆯ가ᄒᆞ야土爾扈圖、札賚特、前後郭爾羅斯、四王은各히壯丁을召集訓鍊ᄒᆞᆫ다더라

◎獨哀特著 今回英國황帝陛下崩御ᄒᆞ심에對ᄒᆞ야歐洲諸國首府에셔各其吊意를表ᄒᆞᄂᆞᆫ디最히德國에셔特著히ᄒᆞ엿다더라

雜報

◎李家慶宴 楊平郡古邑居李秉綸氏의大夫人金氏ᄂᆞᆫ年今九十七歲인디優老의盛典을蒙ᄒᆞ야貞敬夫人職帖을祗受ᄒᆞ엿슴으로李氏ᄂᆞᆫ日間京鄉知舊를請邀ᄒᆞ야慶宴을開ᄒᆞᆫ다더라

◎日人無理 始興陽川富平等地에在ᄒᆞᆫ民有草坪數千萬坪은自來轉相매買ᄒᆞᆫ文券과實地測量ᄒᆞᆫ文案이自在ᄒᆞᆫ디殖產會社日人山中勸、山口正成、高橋章之助、等이雲峴宮認許가有하다稱ᄒᆞ고年前부터占奪코져ᄒᆞᆷ으로各所有主가累次起訴ᄒᆞ야雲峴宮과交涉ᄒᆞᆫ즉該宮에셔ᄂᆞᆫ初無所關이오但殖產會社에在ᄒᆞᆫ金泰一黃河一兩人이雲峴宮掌務金亨植과符同ᄒᆞ야宮印을僞造ᄒᆞ야該陰謀를做出하엿슴으로金亨植은役十五年에處하고黃金兩人은該社에隱匿ᄒᆞ야該地占奪의計를再弄코져하ᄂᆞᆫ지라昨年十二月分에各地主들이辯護士張燾氏의게委任ᄒᆞ야地方裁判所에起訴ᄒᆞ야四個朔만에始爲裁判ᄒᆞᄂᆞᆫ디裁判所에셔原告等으로ᄒᆞ야금草坪地段을測圖以來ᄒᆞ라하ᄂᆞᆫ故로原告가實測코져ᄒᆞᆫ즉該社日人等은每每其地에出往ᄒᆞ야百般沮戲를加ᄒᆞᆫ다더라

◎領受員不法 慶南固城郡可洞面領受員李致奎氏ᄂᆞᆫ領受費라稱하고每結頭에金二十錢式濫捧ᄒᆞ며結卜加結ᄒᆞ야勒捧錢이合二百餘圓에達ᄒᆞᆫ故로民怨이猥藉하야龍南區裁判所檢查局에累次裁判하야方今審查中인디李氏ᄂᆞᆫ所管財務署長의게極力運動中이라더라

社告

各學校에셔校中事項을本報에揭載코져ᄒᆞᆯ時에ᄂᆞᆫ校長이署名ᄒᆞ고校印을捺ᄒᆞ며記事를簡明히ᄒᆞᆷ을要ᄒᆞᆷ此外에ᄂᆞᆫ確報로認準치아니ᄒᆞᆷ

大韓每日申報社

學界

◎李氏熱心 南部藝島聖德村私立聖義學校監督李漢浩氏ᄂᆞᆫ教育의熱心으로該校經費數百圓을自擔ᄒᆞ엿ᄂᆞᆫ디今回親耕時에ᄂᆞᆫ該校學生二百餘名이祗迎祗送ᄒᆞᆯ時에午餐을自擔ᄒᆞ엿다더라

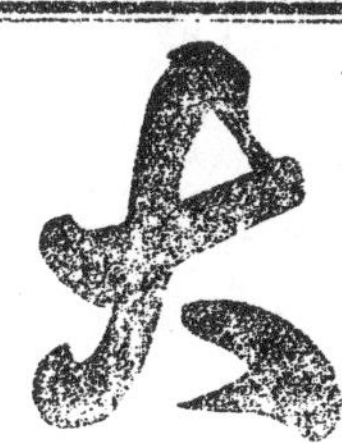

◎學員運動 私立中學校程度되ᄂᆞᆫ各學校에셔明日西闕內에聯合運動會를開ᄒᆞᆫ다ᄂᆞᆫ디普成中學校學員一同은再昨日下午二時訓鍊院에前往ᄒᆞ야運動鍊習을行하엿다더라

◎義捐日至 三和港三崇女學校를新建築ᄒᆞᆷ에對ᄒᆞ야當地商業會議所에셔金壹百圓을捐助하엿고各學父兄의義捐으로爲先總額이六百餘圓에達ᄒᆞ엿다더라

◎補缺生新募 三和港公立普通學校에셔補缺生을募集ᄒᆞᄂᆞᆫ디現今應募者가五十餘名이라더라

◎大成大進 喬桐郡守郭璜氏ᄂᆞᆫ赴任以後境內紳士를勸告ᄒᆞ야該郡鄉校內에大成學校를設立케ᄒᆞ엿ᄂᆞᆫ디教員任珩宰氏가視任ᄒᆞᆫ지三四個月에教育程度가日就完全ᄒᆞ고入學生徒가七十人에達ᄒᆞ엿다더라

偉人遺蹟

東國巨傑 崔都統 (續) 錦頰山人

第七章 兩次紅賊變亂의崔都統

翌日昧爽에偰가數十騎를率ᄒᆞ고鼓譟突入하며諸將이其後를急擊ᄒᆞ야日暮토록血戰ᄒᆞ야賊의丞相元帥沙劉關先生을斬ᄒᆞ고賊首十餘萬級을獲ᄒᆞ니僵尸가城에滿하며元帝玉璽一、金寶一、玉印三、金銀銅印牌와其他車騎輜重을捕得ᄒᆞᆷ이無算이라崇仁、炭峴二門을開ᄒᆞ고餘賊을走케ᄒᆞ니彼蕭々ᄒᆞᆫ敗鱗殘甲이尙且數百里를連亙ᄒᆞ야馬蹄의聲과槍戟相摩의聲이終夜不絕ᄒᆞ더라

崔瑩이總兵官鄭世雲을說ᄒᆞ야曰紅賊은北國(卽支那)諸虜의最强ᄒᆞᆫ者라今者에死力을出하야累數百萬의兵餉을費ᄒᆞ야一敗塗地의慘을遭하엿스미今我國이萬一戰勝의餘威를乘ᄒᆞ야兵을驅ᄒᆞ야北進ᄒᆞ면賊의근據ᄒᆞᆫ燕齊全幅이震駭ᄒᆞ야破竹이刃을迎ᄒᆞᆷ과如ᄒᆞᆯ지며燕齊의地를既得ᄒᆞ거던此를憑藉ᄒᆞ야建령의勢로北國全土를臨ᄒᆞ면彼北國諸虜가一時慴伏ᄒᆞ야敢히來抗치못ᄒᆞ리니檄을一傳ᄒᆞ미天下를可定이니總兵의意가何如하뇨世雲이方飮ᄒᆞ다가喜色이顔에動ᄒᆞ야曰然哉라常侍의言이여余도此意를抱하고胷算으로獨籌ᄒᆞᆫ디同志ㅣ無ᄒᆞᆷ을是恨ᄒᆞ더니今에公의言을聞ᄒᆞ미我懷가豁然ᄒᆞ도다於是에兩將軍이議合ᄒᆞ야密히北伐을謀ᄒᆞᆯ시鄭世雲曰治疏ᄒᆞᆫ然後에발兵ᄒᆞᆷ이可平아崔瑩曰如此則往返이遷延ᄒᆞ고事機가拖慢ᄒᆞ야賊은餘燼을收拾ᄒᆞ며我ᄂᆞᆫ銳氣가停沮ᄒᆞ야成事가甚難ᄒᆞ리니今에計컨디兵을催ᄒᆞ야北渡ᄒᆞ야醫巫閭의險을據ᄒᆞ고遼東의糧을因하야大勢가既定ᄒᆞᆫ然後에上奏하면朝廷이不許코ᄌᆞᄒᆞ야도不能이니此가上策이니라世雲이崔瑩의手를握ᄒᆞ고其偉見을歎服ᄒᆞ더라

(未完)

詞藻

❀몃칠이나❀

三春이어느덧고、夏四月이도라오니。
萬紫千紅ᄯᅥᆯ결이오、綠陰芳草當節이라。
至今에、當時繁榮자랑ᄒᆞ던者도
몃칠이나。

雜報

○眞堂化庫間 學部內府君堂에奉安ᄒᆞᆫ 御眞은他處로移安ᄒᆞ고該堂은庫間으로使用키爲ᄒᆞ야目下修理中이라더라

○支出件裁可 度支部所管隆熙三年地方幸行費追撥額二千五百七十二圓과同年度前法部經費追撥條一千二百六十十三圓을豫備金中에서支出하기로裁可되엿다더라

○內容願留 奎章閣卿趙同熙氏가渡日ᄒᆞᆫ事ᄂᆞᆫ表面으로ᄂᆞᆫ日本諸宮妃에게瑞鳳章을奉呈ᄒᆞᆷ이라ᄒᆞ나內容인즉李完用氏의指揮로曾彌統監을願留코저ᄒᆞᆷ이라더라

○贈金探知 奎章閣卿趙同熙氏가渡日ᄒᆞᆯ時에李總理가金五百圓을贈與ᄒᆞ엿다ᄂᆞᆫ說이有ᄒᆞᆷ으로某處에서其眞假를探知中이라더라

○根因有在 前財政顧問目賀田이副統監으로被任ᄒᆞᆫ다ᄒᆞᆷ은日人邊에서도確報로認定ᄒᆞᆫ다ᄂᆞᆫ더其根因은該人이韓國物態人情에嫺熟ᄒᆞᆯ뿐더러第一財政問題에明瞭ᄒᆞᆷ을爲ᄒᆞᆷ이라더라

○所談何事 中樞院顧問李址鎔氏ᄂᆞᆫ農相趙重應氏와何等秘密運動이有ᄒᆞᆫ지朝夕相訪하며議論이密勿ᄒᆞᆫ다더라

○訪問頻數 農商工部大臣趙重應氏ᄂᆞᆫ數日來總理大臣을頻數訪問ᄒᆞᆫ다ᄒᆞ며前叅政韓圭卨氏ᄂᆞᆫ趙同熙氏發程前日에趙氏를面會ᄒᆞ엿다더라

○觀察會議 內部에서ᄂᆞᆫ不遠間觀察使會議를開ᄒᆞᆫ다ᄂᆞᆫ되該會議終了後에ᄂᆞᆫ某々三觀察이[illegible]ᄂᆞᆫ說이有하다더라

○農部審査 昨日農商工部에서南海方面免許漁業에關ᄒᆞᆫ審査會를開ᄒᆞ엿다더라

○學相發程 前報와如히學部大臣李容稙氏ᄂᆞᆫ南韓學事視察次로本日上午九時三十分에발程하ᄂᆞᆫ더該部次官以下一般高等官과各部大臣이南門外停車場에서餞送ᄒᆞᆫ다더라

○山근月俸 今番新任ᄒᆞᆫ內部衛生局囑托山근의月俸은四百八十圓이오舍宅料를合ᄒᆞ면五百餘圓이라더라

○增窠擬議 侍從院에서ᄂᆞᆫ侍從官補五窠를增置ᄒᆞ기로目下擬議中이라더라

○增員內定 掌禮院에서ᄂᆞᆫ事務가浩煩하다하야韓日人主事二窠를增置하기로內定되엿다더라

○無已太甚 內部에서出版法을頒布ᄒᆞᆫ後一般書籍을自由刊行치못ᄒᆞᆷ은一般共知어니와個人家에譜牒編纂도該出版法을依케ᄒᆞᆫ다더라

○觀光團入城 京城日報社에서組織ᄒᆞᆫ日本觀光團一同은三昨日水原郡模範場을觀覽하고再昨日上午八時에入城ᄒᆞ엿다더라

○報告沓至 山林測量에對하야道令이발布된後로多大ᄒᆞᆫ障害가有하더니農相趙重應氏가各新聞社員에게面論하야其辭意를揭布ᄒᆞᆫ後로地籍報告가답至ᄒᆞ야每日四百餘件에達ᄒᆞᆫ다더라

○月舘開宴 內部醫務局長松井及醫視副監具然壽氏의발起로來十八日明月舘에宴會를開ᄒᆞ고日昨渡韓ᄒᆞᆫ日本赤十字社總裁를請待ᄒᆞᆫ다더라

○醫官開宴 內部醫務局에서ᄂᆞᆫ本日下午一時에醫察官練習所에서茶話會를設ᄒᆞ고新任保安課長亥角을請邀宴待ᄒᆞᆫ後日本警察狀況을談論ᄒᆞᆫ다더라

○運動延期 內部에서設行ᄒᆞ랴던運動會ᄂᆞᆫ來秋期로延期ᄒᆞ엿다더라

◎三領事會同 馬山駐在露國領事가日前入京ᄒᆞᆷ은已報어니와元山駐在露國領事도徵行으로二三日前入京ᄒᆞ야京城駐在露國領事舘에滯留ᄒᆞᆫ다ᄒᆞ며此三領事의會同은秘密에屬ᄒᆞᆫ것인더一說에ᄂᆞᆫ露日新協約에關ᄒᆞ야該國政府의命令으로韓國近狀을調査報告코저ᄒᆞᆷ이라ᄒᆞᆫ다더라

○中村渡日 農商工部農務局長中村彦은何事件을因ᄒᆞᆷ인지昨日午前발列車로渡日ᄒᆞ엿다더라

○停演指揮 今回英皇陛下崩御에對ᄒᆞ야當局에서ᄂᆞᆫ京城內各演劇場에指揮ᄒᆞ야去九日부터二個日停演케ᄒᆞ엿다더라

○京城金融狀況 四月中京城內金融狀況의調査를據ᄒᆞᆫ즉夏用物輸入의原因으로由ᄒᆞᆷ인지資金須要를喚起ᄒᆞᄂᆞᆫ影響이有ᄒᆞ야前月에比ᄒᆞ면日人의經營에屬ᄒᆞᆫ三銀行에ᄂᆞᆫ預金五十六萬餘圓이減ᄒᆞ고貸金十萬餘圓이增하엿고韓人經營에在ᄒᆞᆫ五銀行에ᄂᆞᆫ預金六十餘萬圓이減ᄒᆞ고貸金三十五萬餘圓이增ᄒᆞ엿다더라

○調査班出張 農商工部에서本年內에十三道森林을精査ᄒᆞᆯ次로既히七箇調査班을派送ᄒᆞ엿ᄂᆞᆫ더今又第八班을三에分ᄒᆞ야本日부터京畿忠南黃海江原諸道各郡에次第派出ᄒᆞᆫ다더라

○別敎又出 日人高烟庸은神習敎를傳布ᄒᆞᆯ次로韓人崔榮善全과鉉金과煥等으로囑托을定하고崔世振으로通譯을定ᄒᆞ야方今事務를進行中이라더라

○執肯信從 商務組合部長李學宰ᄂᆞᆫ天照敎名義를神習敎라改稱하고幾千名傳敎ᄒᆞ기로日人高烟庸의게擔保ᄒᆞ엿다더라

○延民呼冤 延日郡東面松亭後坪은自來確實ᄒᆞᆫ民有地인더日人金枝悅男、大內治郎等이陳荒地라稱ᄒᆞ고農部認許를圖得하야該地를占奪ᄒᆞᄂᆞᆫ故로該面里長權周彦金聖化金洪彦氏等이農商工部에呼冤ᄒᆞ얏다더라

○東洋日報發刊 日人田村萬之助가經營ᄒᆞᄂᆞᆫ東洋日報ᄂᆞᆫ本日부터발刊ᄒᆞᄂᆞᆫ더印刷事務ᄂᆞᆫ大同廣智社에委托ᄒᆞ고印刷手數料ᄂᆞᆫ每日五圓五十錢式契約ᄒᆞ엿다더라

○閔金更審 閔泳徽金禹用兩氏의裁判事件은昨日上午十時京城地方裁判所에서更히審理하ᄂᆞᆫ더閔氏邊에ᄂᆞᆫ證査三十餘人이出席하엿다더라

○水道竣工期 平壤水道工事ᄂᆞᆫ來二十七日에竣工式을行ᄒᆞ고六月一日부터一般人民에게供給을始ᄒᆞᆫ다더라

○骨肉爭子 開城郡六井洞居鄭錫好氏ᄂᆞᆫ距今十三年前에其再從兄善好氏의子永道를率養ᄒᆞ야成婚ᄭᅡ지ᄒᆞ야到今相依ᄒᆞᄂᆞᆫ되今春에至ᄒᆞ야其生父善好氏가突然히其子를罷養率去ᄒᆞᄂᆞᆫ故로鄭錫好氏가昨日京城地方裁判所에告訴ᄒᆞ엿다더라

○社債發行說 拓殖會社에서ᄂᆞᆫ社債발行을決定ᄒᆞ얏ᄂᆞᆫ더將次拓社法에依ᄒᆞ야現資本금의拾倍即二千五百萬圓을日本政府保證下에發行ᄒᆞᆯ計劃이라더라

○鐵鑛引繼 日人大谷等은鎭南浦製鐵出張所長假部等과共히去十日에載寧殷栗等地에到着ᄒᆞ야該鐵鑛을實地引繼ᄒᆞᄂᆞᆫ中인더又히安岳平壤黃州江西等地鐵鑛을巡視ᄒᆞᆫ다더라

○東亞社勢力 日人의東亞烟草會社ᄂᆞᆫ職工이八百三十一人에達ᄒᆞ야多數의烟草를製造ᄒᆞᆫ다더라

○商業會議員改選 去十日上午十一時에京城商業會議所에서該所議員半數改選式을擧行ᄒᆞ엿다더라

◎商業困況 四月中京城內商業狀況을據ᄒᆞᆫ즉日人及外國人의所要品은賣買의盛況이有ᄒᆞ나**韓人의須要**에關ᄒᆞᆫ諸雜貨ᄂᆞᆫ**購買力이減少**되야各商人의困難이多大ᄒᆞ다더라

○聞亦慘愕 去一日龍山堂峴居金영식氏의子七歲兒가牛角에致觸ᄒᆞ야腸部ᄭᅡ지暴出하엿ᄂᆞᆫ되[illegible]下青木病院에서治療ᄒᆞᆫ다더라

○南氏放還 警視廳에被捉ᄒᆞ엿던南廷奎氏ᄂᆞᆫ日前京城地方裁判所로越交하엿ᄂᆞᆫ되卽時無事白放되엿다더라

○青舘開演 今日下午八時에鍾路青年會舘에서趙완九氏를請邀ᄒᆞ야適者生存이란問題로演說ᄒᆞᆫ다더라

電報

◎露日協約說 露日協約說에關ᄒᆞ야某一便說을據ᄒᆞᆫ즉該協約의目的은蒙古와滿洲의權限을一層明確히規定ᄒᆞᆷ이오露日同盟等事件은아니라고云ᄒᆞᆫ다더라

◎拓社總會內容 今番日本東京에開ᄒᆞᄂᆞᆫ拓殖會社總會ᄂᆞᆫ其금融部를擴張ᄒᆞ야資금의半部를貸出금으로ᄒᆞ기爲ᄒᆞᆷ이라더라

◎鹿兒灣修築 日本政府ᄂᆞᆫ韓國과日本鹿兒島灣間의運輸連絡을經營ᄒᆞ되多額의補助금을與ᄒᆞ야該港灣에大修築을行ᄒᆞᆯ方針이라더라

◎宇佐川言論 今番渡日ᄒᆞᆫ拓殖會社總裁宇佐川은日韓國政界ᄂᆞᆫ目下小康ᄒᆞᆫ되合邦은韓國此後의氣運을察ᄒᆞᆷ이緊要ᄒᆞ다ᄒᆞ엿다더라

以上東京발 十一日着

◎貝勒叅葬 清國政府ᄂᆞᆫ目下渡歐中에在ᄒᆞᆫ載濤貝勒殿下로ᄒᆞ야금故英황陛下葬禮에叅列케ᄒᆞᆫ다더라

北京發 十一日着

◎大葬叅列 故英皇陛下大葬禮에ᄂᆞᆫ德、葡萄牙、比利時、諸威各皇帝와前美國大統領루쓰벨트氏가叅列ᄒᆞᆫ다더라

◎露皇后渡英 露國황太后及미하엘太后ᄂᆞᆫ故英황陛下葬禮에叅列키爲하야去九日出발하엿다더라

◎德議會否決 德國議會ᄂᆞᆫ諸殖民地及膠州灣에會社設立ᄒᆞᆷ에關ᄒᆞᆫ法律을否決ᄒᆞ엿다더라

◎英國大罷工 英國縣花業者間에ᄂᆞᆫ大罷工이起코저ᄒᆞᆫ다더라

◎土帝病癒 激烈ᄒᆞᆫ麻疹에罹ᄒᆞ야靜養中에在ᄒᆞ던土耳其皇帝ᄂᆞᆫ平復ᄒᆞ얏다더라

◎露國艦隊擴張 露國은近々히義勇艦隊를ᄡᅥ오데스크海及ᄲᅦ어링海峽航路를開始ᄒᆞ기로決定ᄒᆞ엿ᄂᆞᆫ되其航路ᄂᆞᆫ캄차트카、옥홋스크間캄차트카、지고도아니도일間캄차트카、西캄차트카間이라더라

以上伯林發 十一日着

▲去國行▼

新島

▲간다간다나ᄂᆞᆫ간다너를두고나ᄂᆞᆫ간다暫時뜻을엇엇노라ᄭᅡ블되ᄂᆞᆫ이時運이나의등을내미러서너를ᄯᅥ나가게ᄒᆞ니이로브터여러히를너를보지못ᄒᆞᆯ지나그동안에나ᄂᆞᆫ오직너를爲ᄒᆞ야일ᄒᆞ리니나간다고슬허마라나의ᄉᆞ랑韓半島야

▲간다간다나ᄂᆞᆫ간다너를두고나ᄂᆞᆫ간다더時運을ᄯᅦ먹다가열혈들을ᄲᅮ리고서네품속에누어자ᄂᆞᆫ내兄弟를다세워서ᄒᆞᆫ번氣셋히맛ᄂᆞᆫ면속이시원ᄒᆞ겟다만장리일을ᄉᆡᆼ각ᄒᆞ야분을참고ᄯᅥ나가니너가가면영갈손냐나의ᄉᆞ랑韓半島야

▲간다간다나ᄂᆞᆫ간다너를두고나ᄂᆞᆫ간다너가너를作別ᄒᆞᆫ後太平洋과大西洋을건널ᄯᅢ도잇슬지며西比利와滿洲들에단닐ᄯᅢ도잇슬지라나의몸은浮萍ᄀᆞᆺ치어느곳에가잇던지너를ᄉᆡᆼ각ᄒᆞᆯ터이니너도나를ᄉᆡᆼ각ᄒᆞ라나의ᄉᆞ랑韓半島야

▲간다간다나ᄂᆞᆫ간다너를두고나ᄂᆞᆫ간다卽今離別ᄒᆞᆯᄯᅢ에ᄂᆞᆫ빈쥬먹만들고가나以後相逢ᄒᆞᆯᄯᅢ에ᄂᆞᆫ긔를들고올터이니눈물흘닌이離別이깃븜마지되리로다滌風沐雨ᄒᆞᆫ이ᄯᅢ부터부터잘잇거라후날다시맛나보쟈나의ᄉᆞ랑韓半島야

雜報

◎文廟賊警 去七日夜에强盜四名이彰義門外文殊庵에突入ᄒᆞ야佛像一座와其他物品을多數奪去ᄒᆞ엿다더라

廣告

이것보시오

美國製金張眼鏡을最低廉價大放賣ᄒᆞ오니僉位ᄂᆞᆫ陸續來購ᄒᆞ심을伏望ᄒᆞᆷ 購買ᄒᆞ시ᄂᆞᆫ同時에保險票를進呈ᄒᆞᆷ 五年勒定參圓 拾年勒定四圓 遠地에代金引換으로信送ᄒᆞᆷ

京城南部竹洞二拾二統六戶
廣興商店 主任 李昇煥 告白

◎本坊龍山蘿頭契居朴弘植은赤貧家勢로意外에火災를當ᄒᆞ야所居家舍를沒燒ᄒᆞ고呼哭道路에其情이可矜키로玆에廣布ᄒᆞ오니博愛君子ᄂᆞᆫ多少間救恤ᄒᆞ야주심을務望

龍山坊會臨時事務所內 (龍山協成學校)
發起人 吳台煥 李鍾浩 徐載德

一百圓價販賣ᄒᆞ면五十圓利益이有ᄒᆞᆫ藥에願매人과行商販賣人을至急히募集ᄒᆞ야保證人이有하면貸매ᄒᆞ오나志願者ᄂᆞᆫ一日이라도還擇ᄒᆞ고早速來談ᄒᆞᆷ

京城南部鍾峴五十一統七戶 伊藤喜十郎

本社에서左開物品을機關으로織紐ᄒᆞ와廉價販賣ᄒᆞ오니京鄕商家僉位ᄂᆞᆫ隨意請求ᄒᆞ심을務望

物品
腰帶 丹任 囊纓 珮物纓
香纓 挾囊纓 網纓各色

京城南部南小洞
京城織紐會社 合名會社

本人以石灰商爲業癸乙巳年分의本郡九川面□寺洞居ᄒᆞᄂᆞᆫ梁哥가本人의遠族春京을覓來ᄒᆞ야本人灰百五十兩어치를旣爲買得賤去之際梁哥一封書를我主ᄃᆡ此簡은鄙洞李令弘來氏가此洞權□氏宅에卽傳ᄒᆞ여달나기로不知其間事實ᄒᆞ고權氏에傳ᄒᆞᆫ즉權氏怒叱日宅灰買來人을汝等이中間隱匿ᄒᆞ엿다ᄒᆞ고權氏가貞陵令李弘來게相爲往來ᄒᆞ야本人을捉致陵寢之意로李弘來가本以勒討民財로爲業人이라本人愚弱ᄒᆞᆷ을보고如狼虎得食ᄒᆞ야勒奪討財次詐多刑罰은姑舍ᄒᆞ고終夜倒懸의死生關到이기本人弟連秦가當錢八百兩밧쳐辛特爲放送還家後以刑杖의로數朔을不知人事ᄒᆞ와許多藥價ᄂᆞᆫ勿論ᄒᆞ고其時捉來差使例差와灰價와浮費合七百五十兩이고쎄앗긴돈八百兩과合千五百五十兩을其時借用而于今未報의本利錢을勸報無責故不勝至冤ᄒᆞ와玆以公布하나白晝見奪ᄒᆞᆫ錢文을還爲吐出케하와本人의債用條를內外國人은僉爲ᄒᆞ히實ᄒᆞ와吐出ᄒᆞᆯ恥케ᄒᆞ심을千萬伏望

廣州西部面甘北洞六統一戶
朴錠泰 白

信川加茶面臥川國鐵寺家留ᄒᆞ면嚴千文이가五月八日夜本人에圖子暗偸逃走ᄒᆞ엿기玆以廣布ᄒᆞ나誰某間見欺勿買ᄒᆞ오

廣告文을一覽ᄒᆞ시오

◎廣告

本店에서開業ᄒᆞᆫ지有年에僉君子의愛顧ᄒᆞ심을特蒙ᄒᆞ와今年부터業務를大擴張ᄒᆞ고內外國各種紙物과其他學校用品을直輸入ᄒᆞ와地方同業僉位와其他僉彦에게特廉減價로酬應ᄒᆞ깃사오니不拘多小ᄒᆞ시고註文ᄒᆞ시면數量을從ᄒᆞ와郵便代金引換小包와或運送部로經ᄒᆞ야迅速히付呈ᄒᆞ깃슴

(品目畧錄)

本國紙部
大壯紙 龍鳳紙 見樣紙 胡尺紙 粉白
慶州紙 書厚紙 三貼
淸風紙 油粧板紙
書畵其他各種

外國紙部
洋紙 天井紙 色紙 模造紙 半紙 古唐紙 書簡紙 封套紙 印札紙 美濃紙 馬粉紙 圖紙
其他各種
右物을都賣散賣ᄒᆞᆷ

京城鐘路大廣橋
內外國紙物貿易商
本店 金聖煥
(電話二一八〇)
京城中部安洞別宮前
支店 金瑢鎭

本人이四月十日分에姓名方圖章을閪失ᄒᆞ고更爲鷄卵形圖章으로施行ᄒᆞ오니照亮ᄒᆞᆷ

北部順化坊淸風契十九統十一戶 黃大淵

本書林에서教科及他書籍五六百種과古書名筆을鳩聚大賣ᄒᆞ오니照亮購覽務望 引換代金으로도酬應ᄒᆞᆷ 請求多小에特別割引도有ᄒᆞᆷ

發賣所 南部銅峴卅五統八戶
同文書林主 金雨均 白

本人의素親者北部彰義門外白石洞三十八統九戶住金成集이渠之家券을換契證明提出時本人으로買主借名을請求故로不得已許諾ᄒᆞ야買主爲名ᄒᆞ얏사오實非本人家屋也而近頃金成集이渠之家券을某處典執ᄒᆞ얏ᄂᆞᆫ處에셔本人을請問券面上買主爲名理由이기實非本人之家로所答則該處에셔도若此理由로知悉後契約書에도不可不償務者爲名으로捺章ᄒᆞ얏ᄂᆞᆫ已오實無關係ᄒᆞ기亦然諾從捺章이나本人은債務者도아니오連帶人도아닌故로廣布于內外國僉彦ᄒᆞ오니以此照燭爲望ᄒᆞᆷ

東部東學洞卅五統三戶 鄭喜鍾

勿論親疎間掌記及居住만通知하시면擇品廉價ᄒᆞ야郵便小包나運送部로卽速付送ᄒᆞ고代金은引換ᄒᆞ깃슴

京南部銅峴九十五統十戶
乾材藥局 崔興模

총갑 (卷匣)
貨幣、名함、卷煙草匣、各種要用品入

(中折帽) 중절모자
(項領) 목도리

물에 씻는 상
모자를 솔로

(米利堅帽) 미리견모자
(吐手) 토슈

◎炎天의氷帽

化學의神道

天地造化를奪ᄒᆞᄂᆞᆫ것은斯世의化學이라우리大韓총帽子가本來이馬尾라夏服用白총帽子의黃色이隱映ᄒᆞ기로모자製造所에서恒常研究ᄒᆞ기를何如히ᄒᆞ면총모자를純白色으로化成ᄒᆞᆯ가ᄒᆞ더니

化學의神出貴物로今에半黃色의馬尾를白雪과如히化色하야모子之白을白氷과如히氷緞을化造ᄒᆞ엿ᄉᆞ오니近者化學의功効가如此히神通ᄒᆞ야炎天이라도氷緞총모子를冠ᄒᆞ면人의精神이淸凉ᄒᆞᆯ데이올시다

又ᄂᆞᆫ모子의堅緻ᄒᆞᆷ은泰西의黃金五十圓以上價値되ᄂᆞᆫ一등파나마보시와如히汗汚키易ᄒᆞᆫ모子의內空(裏地)에緞紗를不要ᄒᆞ고但총織內紗에漆ᄒᆞᆫ商票를捺하야每人이數十年을冠用ᄒᆞ야도汚穢ᄒᆞ고弊傷ᄒᆞᆷ이無하고洗滌에益便케製作하엿ᄉᆞ오니世界各國의人士ᄂᆞᆫ試驗的으로此白총모를冠用하시면經濟上에必要ᄒᆞᆷ을悅然大覺ᄒᆞ실터이올시다

大韓京城南部銅峴
大四街里三十五統五戶
총 玉虎書林專賣特許
帽子商店 告白

本人의子息貞淳이가本是不良之人으로昨年分의如干田畓을僞造文券ᄒᆞ야他人을欺述之計로典執得債ᄒᆞ려ᄒᆞ엿기其時에新聞廣布ᄒᆞ와以杜其悖習이러니至于今年ᄒᆞ와海州新幕居ᄒᆞᄂᆞᆫ제庶弟李淳이字ᄂᆞᆫ進汝을흔동ᄒᆞ여黃州邑內逗遛而僞造文券ᄒᆞ와欺人得債코져ᄒᆞ오니內外國人은切勿見欺ᄒᆞᆷ

黃海道鳳山銀波居 金錫禹 告白

京西部車洞同和藥房
本國藥材、洋製、各病效用、價、國漢文、可刊出、作封、雖婦女、郵便請求、貿貸
閔槿 白

本局이開業多年에各地方貿易이漸次發達이기業務를擴張ᄒᆞ여材淨價廉ᄒᆞ야勿論親疎ᄒᆞ고貿藥急用을便利케ᄒᆞ오니居住와掌記를昭詳히郵便付送ᄒᆞ시면唐草材等에라도小包로代金引換或運送部로도迅速付送ᄒᆞ깃스오니同業僉位ᄂᆞᆫ隨量請求ᄒᆞ심을敬要

京銅峴一統六戶
乾材局 李盛哉

◎義捐廣告

左開諸氏가本院에對ᄒᆞ야物品을特捐ᄒᆞ엿기玆에其盛意를謝ᄒᆞᆷ

李瑞欽 鉛筆二代首 空冊拾二卷
金鉉錫 空冊五卷 白鷺紙三拾張
張學亮 鉛筆一代首 空冊八冊
李相欽 白鷺紙四拾張 鉛筆代四首
洪淳道 白鷺紙二拾張 鉛筆三代首
張義圭 白鷺四拾張 鉛筆四代首

汗浦驛
韓英支書院 告白

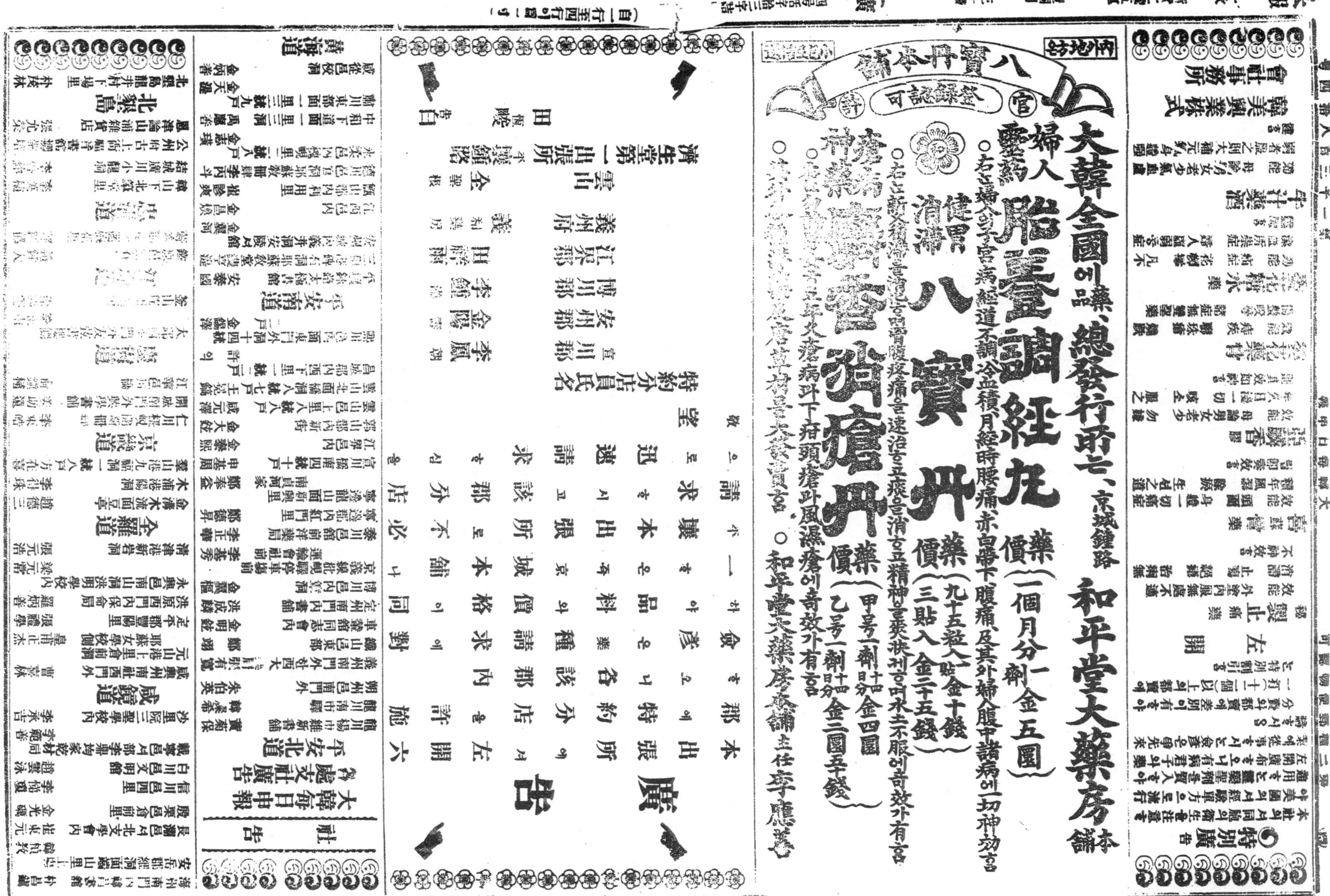

檀君開國四千二百四十三年
箕子元年三千三十二年
大韓開國五百十九年
本報創刊日 光武八年七月十八日

大韓每日申報

發行兼編輯人 英國人 萬咸
Responsible for Publication Alfred Weekley Marnham.
發行所 京城南部石井洞三層洋屋 大韓每日申報社
第八卷 月曜及慶節翌日休刊 第一千三百八拾五号

論說

國民의精神界

嗚呼라國民同胞여同胞는此時機를如何호時機로知하는가

肉眼을擧호야國內를觀察하건딕政界의頑潮가小弛호듯하며時局의變輪이暫止호듯호며國家가無事호듯하며人民이少康호듯하며山이靜호듯호며水가穩호듯호미同胞는憂홀바가無호줄로信하는가

親病이長호미孝子도誠이踈하다홈과如히從來同胞가頻々히驚浪에出沒호며長時로危經에彷徨호야恥辱이積호고苦痛이久호미居然히氣가衰호며心이老하야冽風凄雨가三千里槿州를來鎖호다호야도此를常事로知호며長鯨巨狠이二千萬靈을攫去코저호야도此를依例로思호야憂홀바를忘호야然홈인가

今日同胞中에霜後의草ㅈ치萎靡홈뿐이오何等研究가無호며土木의偶ㅈ치安坐홈뿐이오何等의經綸이無훈者ㅣ多호니同胞가果然此時機를如何훈時機로知하는가

只今韓國問題에關호야此韓國과脣齒의形勢가曾無훈外國人도오히려腦를腐호야研究호며此韓國과毫毛의關係가曾無훈異族人도오히려指를屈호야經綸호는바이어늘

乃者韓國과安危를共호며韓國과生死를共하는國民同胞가如此히研究도無호며經綸도無하야

所謂大官輩는地位鞏固나運動호고所謂政社客은政黨組織에나奔走하고觀光團이나발起호야來去가相接홀뿐이오視察團계나入叅호야意氣가自揚홀뿐이오一般人民이恬然히醉호며潛然히眠호야無爲熙皥의狀을呈호니

嗚呼라同胞여同胞가履霜堅氷至의考慮를抱호고見機防未然의方策을勵홀今日에在호야如此히無研究無經綸홈이엇지可惜훈事아니리오

支那人梁啓超氏가韓國近世史를說호다가仍히韓人이徒然히一時의客氣亂擲만作홈을明然長嘆호엿다호더니果然이로다

事가目前에迫홀時에는東에셔喧호며西에셔呼호야若狂若醉호다가及其事가一過훈後에는苟然히安호미子然히臥호야今日만知호고明日은不知호며明日만知호고來日은不知호야何等研究가無호며何等經綸이無홈은國民同胞의通弊인뎌

同胞는汲汲히研究호며經綸호야如何히호면可히我의歷史를得保홀재如何히호면可히我의民生을得存홀재가장차何計로彼危潮를得防홀재我가장차何術로彼難關을得破홀지此問題를善應홀策이果然何에在훈가호야奮勵前進홀지어다此時機가實로危險훈時機니라

外報

○靈柩安置 故英皇陛下의靈柩는公衆을爲하야우에도민스홀에安置하엿다더라

○服喪令頒布 英國政府는官報로써宮中은壹箇年間重服호고且陸軍將校는六箇月間服喪홈이可훈旨를頒布호엿다더라

○德軍服喪 德國에셔는英皇陛下崩御에對호야陸海軍의八日間服喪을命호엿다더라

○清國庶幾 清國憲政編查館은地方新官制案을編成호야各衙門에送호고此에關훈意見을陳述호라는旨로通知하엿다더라

○討伐費電請 清國湖廣總督瑞徵湖南巡撫代理楊文鼎兩氏는聯名호야暴徒討伐費百萬兩支出件을度支部에電請호엿다더라

○英國貿易增加 去四月中英國貿易은輸入은壹千萬磅輸出은六百萬磅이增加되엿다더라

○松花江事件談判 清國松花江交涉事件은露公使의照會로因호야北京에셔談判을開始훈다더라

○探險家褒獎 德國은北極探險家베아리氏의北極地理研究探險훈功勞에對호야나하지갈紀念章을贈與하엿다더라

○窮民救濟討議 清國政府는[illegible]連日會議하야內外諸問題를討議中인뎌ㄷ下大問題는兩江及湖廣等各省에셔北京으로輸送호는米穀으로써湖南、江蘇等地에窮民을救濟홈에關훈案件이라더라

雜報

○銀行出入 四月中京城內韓國便各銀行의出入數는左와如하다더라

貸金部 圓

韓國銀行	一、一二八、一八〇
農工銀行	六一五、九八三
漢城銀行	三八八、九八三
天一銀行	六四一、二〇四
韓一銀行	五四一、七四九

任金部

韓國銀行	一、五三一、一二四
農工銀行	四九四、三五二
漢城銀行	三六七、七一一
天一銀行	二六五、〇三五
韓一銀行	六二一、八八四

○日亦不少 隆熙三年中에韓人及在韓日人의犯罪件數는如左호다더라

(種別)	(韓人)	(日人)
犯罪件數	九三三二	二四八一
檢擧件數	二四二一	一四一八
逮捕人數	二九六三	一〇〇七

社告

各學校에셔校中事項을本報에揭載코저홀時에는校長이署名호고校印을捺호여記事를訂明히홈을要홈此外에는確報로認準치아니홈

大韓每日申報社

學界

○學相寄金 學相李容稙氏는日前長薰學校에金二十圓을寄付호엿다더라

○調查員實習 官立漢城高等學校에附設훈土地調查事務員養成所學員一同은昨日부터東門外에前往호야實地鍊習을行훈다더라

○女校運動 漢城內各私立女學校에셔聯合運動會를不遠間設行훈다는뎌運動會長은尹高羅氏로推選호엿다더라

○運動鍊習 畿湖學校와隆熙學校學生一同이聯合호야昨日上午九時奬忠壇에셔運動鍊習을行호엿다더라

○女學校設立說 天主敎堂에셔는聖神女中學校를設立홀次로目下周旋中이라더라

○野球競爭의請函 青年學院에셔는官立漢城高等學校와來土曜日野球競爭을試홀次로公函을發送호엿다더라

○新德卒業 平壤郡大同江面七山里耶蘇敎新德學校에셔去五日에十個所學校聯合卒業式을擧行하엿는뎌高等卒業生이八名이오尋常卒業生이十三名이오進級生이一百七十名이오該地牧師白雅悳氏와南山峴敎會牧師[illegible]氏와崇實中學校敎師[illegible]氏와紳士尹衡翊氏가[illegible]觀光人이千餘名이엿다더라

○女生[illegible] 慶南晉州郡公立普通學校生徒李근[illegible]氏는[illegible]五六歲[illegible]拔擧호되入學[illegible]心受業호야進就가優[illegible]遠近稱誦者가多[illegible]다더라

○光成英語科 南門內光成學校에셔는英語書學科를增設호고[illegible]는뎌學員이[illegible]增호야將就之望이頗有호다더라

學報

○普成卒校 清州私立普成學校에셔去月十八日에第壹回卒業式을擧行호엿는뎌優等生은尹達容權龍澤金元根劉仁達李顯世郭吉成

偉人遺蹟

東國巨傑 崔都統 (續) 錦頰山人

第七章 兩次紅賊變亂의崔都統

崔瑩이又曰今西從統領玄麟이僧軍三百을率호고擊賊次로近畿에留훈바此人이甚大膽이오謀略에又著호니召問홈이可호다훈뒤世雲이許諾호고軍令으로玄麟을招하다

身에塵埃不染훈古袈裟를着호며頭에雲鶴同潔훈新白衲을戴하고飄然히一錫杖으로軍門을來叩호니容貌를看호면彼가世事에無關훈一箇山中老僧이나心事를問호면便是當年[illegible]志를抱하고支那風雲을觀[illegible]讓禪師니此人이엇지[illegible]하엿스리오門[illegible]兵官鄭世雲이[illegible]훈시

坐定에左右[illegible]는兩眼이만[illegible]一片氷燈이[illegible]對坐훈者는天[illegible]雲)爾、崔[illegible]뿐이러라

(未完)

詞藻

너 와 나

愛國血誠第壹人을、나는너를보앗느니。
斷斷一心同志者를、너는누를보앗는가。
밋세코、國家의中興事業、너와나니가。

故裴說氏墓碣費義捐金廣告 第三回

專賣特許冬帽子製造所 頭寺工匠

鄭寅琥壹圓	徐憲二十錢
朴承熙八十錢	李元根六十錢
申錫奎十七錢五厘	
文用順十五錢	崔德興二十錢
金昌瑞十五錢	金學洙十錢
玄鳳雲二十錢	黃耆裕十錢
金永奎十錢	朴炳善十錢
李龍煥十錢	姜弘模十錢
朴俊用十錢	朴俊弼拾錢
金福來十錢	金世景十錢
黃基錫十錢	李永周十錢
金창淵拾錢	李聖鉉五錢

合計四圓八拾貳錢五厘

宮廷彙報

◎柳種가納　前奉侍金羲明氏가柳種一萬株를 大皇帝陛下씌納上홈은既報어니와再昨日該氏가柳種十萬株를又爲納上호엿는뒤 大皇帝陛下씌옵셔宮內府官吏에게萬株內閣官吏에게五千株各部官吏에게萬株漢城府民會에萬株를 下賜호옵시고其餘는 皇宮內에培植혼다더라

◎派官問症　愚彦宮夫人이近日感祟로呻吟혼다는뒤 大황帝陛下씌옵셔再昨日女官을命送호옵셔症勢를 下詢호옵셧다더라

◎皇儲賜金　皇太子殿下씌셔는向日日本名古屋共進會를御觀覽하실時에韓國舘에到호사特히注視호옵시고該時出張혼農商工部主事小池에게 御下賜金이有하셧다더라

雜報

◎紀念閣竣工　平壤郡人民들은該郡萬壽臺上에 大皇帝陛下의西巡紀念碑閣을建築호야已爲竣工호엿는뒤來二十五日除幕式을擧行혼다더라

◎官制改正擬議　宮內府에서는何等掬碍의事項을因홈인지該府官制를改正홀次로目下擬議中이라더라

◎稅案改正　度支部에서는家屋及酒草稅徵收方法과稅率加減에關호야已往頒布혼案件을改正中인뒤不遠間發布혼다더라

◎地方官制改定　內部에서地方官官制를改正호는뒤警部一名을爲先增加호엿다더라

부터驚綱症이添발하야家庭內散步에도恐懼의態가多하고來客도一切謝絶혼다더라

◎學相旅程　學相李容植氏가南韓으로발程홈은既報어니와二週日後에歸京호야卽時西韓地方으로更爲발程혼다더라

◎躬先視察　農相趙重應氏는李總相의療養을爲호야來日曜日溫陽溫泉을視察혼다더라

◎日主拜宮　日前渡韓혼日人郡主事二十餘名은昨日上午十時에 昌德宮內秘苑을拜觀호고下午一時에는 景福宮을拜觀호엿다더라

◎民會追悼　漢城府民會에서는來二十一日該會舘內에서故英황陛下의追悼會를設行혼다더라

◎작蠶社派員　李總相의經紀로金晦秀氏家에設立혼작蠶事務所에서는春期養蠶호기爲호야人員을各地方에派送호엿는뒤每人月俸은七圓式支撥혼다더라

◎日紙痛擊　去七日英皇陛下崩御의電報를日本電報通信社에서揭載호엿는뒤統監府에서는英國公報가無혼뒤徑先揭布호엿다호야該通信의發賣頒布를禁止혼지라此로因호야日本東京大坂其他全國新聞界에서統監府의橫暴를통擊혼다더라

◎天文家의預言　美國킬니포니아洲서는노재으릭天文臺通信을據혼즉來十八日에地球太陽間을通過하는하레慧星의尾가地球를包圍循環혼다홈에對하야從來로學界에一大疑問題가되더니同天文臺에서觀測혼結果로其慧星의尾는猛烈혼소듸엄(元素의名)으로組織된것가地球를圍繞홀것다고觀測호엿고其後慧星의進行호는軌道가太陽에漸近홈을見호고其引用에因호야其軌道를變更홈을推하엿는뒤今日의順路로써進行하면地球와慧星間에距離는六百萬英里에不過홀터인뒤從來預定하엿던一千五百萬英里에比하면殆히三分之二가短縮된故로地球는慧星의中間을橫斷홀터이오其强烈혼소듸엄으로因호야地球는全然히其熱氣를見失홀터이니來十八日로地球는곳滅亾홀것이오人類에運命도同日부터終結이되리라혼다더라

◎德使入京期　日本東京駐在德國大使몬모男爵은本月下旬頃에渡韓入京혼다더라

◎英艦長入京　目下仁川에碇泊혼英國巡洋艦쓰로라號艦長은昨日英國總領事代理와共히各國總領事舘과統監府를訪問하엿다더라

◎追吊開會說　統監府長官石塚等의발起로故 英황陛下追吊祈禱를開혼다더라

◎英軍祭式　故 英황陛下大葬當日에駐京英國總領事舘에서追吊式을行혼다는뒤日昨入港혼英國軍艦쓰로라號의水兵一百名도同日該式場에共祭혼다더라

◎榊原出發　日憲兵隊長榊原은大邱釜山馬山등地를視察호는同時에司令官谷田을餞送키爲호야昨日出발하엿다더라

◎橫井渡歐　韓國鐵道工作課長日人橫井實郞은鐵도事務를視察호기爲호야近日歐洲로渡往혼다더라

◎凶會呈書　國民協成會에서[illegible]政府와統監府에長書를提呈호엿다더라

◎全北救恤數　本年一月以後全羅北道에서地方費로支出혼羅災救恤費를受혼者는凡五十四戶라더라

◎宣敎師招待　韓國內布敎호는耶蘇敎宣敎師代表者가去十二日京城에集合하야來月英國蘇格蘭世界耶蘇敎大會에韓國耶蘇敎代表者를選送호기로決定호야하리스博士를其一人으로選定호엿다는뒤統監府에서來十七日에同博士의送別會를兼하야各宣敎師를統監官邸로招待혼다더라

◎韓人安歸　昨年六月末에調査혼韓國居留日人所有土地坪數表를據혼즉基地面積이六百六十一萬三百九十二坪、畓面積이六千九百八十一萬二千九百四十八坪、田面積이一億六百五十七萬九千四百六十二坪、山林面積이一千四百四十八萬八千五百九十八坪이라더라

◎苗種配布　全羅北道에서는本年度地方費中三百四十圓으로써桑、櫟、赤松、山괴等種苗六萬一千株를購入호야管內에配布호엿다더라

◎壚田初採　度支部에서는三年計畫으로써壚田三百萬坪을廣梁灣에築造中인뒤去八日該壚田二百八十坪의結晶池에서鹽一千斤을始採호야其結果가頗히良好혼지라三年後에는一箇年에一億八千五百萬斤을産出호리라더라

◎徐氏等西行　內部衛生局主事徐相巨氏와事務官日人高橋는平壤郡同仁醫院附屬醫學校卒業式에臨席키爲호야昨日上[illegible]엿다더라

◎高麗陵破掘　長湍郡에在혼高麗華陵을賊漢이破掘하엿다고該郡守가內部로修報호엿는뒤同部에서將次經費를支撥하야改封홀터이라더라

◎有何叅考　度支部에서는內部로照會호야國內基督敎信徒數와祠院及僧尼數와天道敎侍天敎神道敎徒數를一々調査示明하라호엿는뒤其內容은叅考홀必要가有홈이라더라

李在明公判開廷

李在明等의公判은既報와如히本日上午九時에開廷혼다는뒤傍聽의複雜을制限키爲호야各社會代表人幾名式叅聽케혼다더라

◎獻議遭退　紳士金洪氏가再昨日中樞院에獻議호되監獄에在囚혼男女罪人에게相當혼技術을敎授호야日後營業을資케호자호엿는뒤全院에서는司法權이委任된結果로該請願을接受치아니혼는지라金氏가理事廳에更히請願코저혼다더라

◎徐氏狼狽　商務組合部員徐相益은全南地方에商務支社를設立홀次로前往호엿다가該道觀察使申應熙氏에沮戱를因호야狼狽以歸호엿다더라

◎桑苗栽培　江原一道는養蠶에最히適宜혼地方이나自來桑樹蠶種等의改良이無하야進步의狀態가未現호더니該道觀察使及春川郡守가昨年度蠶業傳習所의成績을監호고爲先桑苗를改良키爲호야魯桑等苗種을多數栽培호엿다더라

◎運民呼訴　忠南連山郡財務署長金商契氏는無土의稅를白徵호며額外의稅를濫捧호고面[illegible]食鼎을拔去호며牛隻을牽去하며甚至於門隻까지押收호고各面領收員들은領收費라稱호고每結頭에金八九十錢式徵捧홈으로該郡人民代表金永玫氏가度支部에呼訴호엿다더라

◎金崔協議　國民新報社長崔永年은中在政告訴에關호야一進會副會長金澤鉉을頻數訪問호고無事周旋호기를協議혼다더라

◎產地調查　關稅局에서는外國으로輸出호는貨物의產出地를調査호기爲호야輸出人에게其請願書面에物產地를記載케하엿다더라

◎日船遭破　江原道蔚珍居留日人黑田은大豆를船載하고釜山海를向호다가破船되엿는뒤船員은僅僅得生호엿고損害額은四千圓에達호엿다더라

◎金氏長逝　會寧郡居金健重氏는西北協成學校에서受業호다가脚종을因호야大韓醫院에서蒙昏治療를受호엿는뒤其翌日에因爲長逝호엿다더라

◎日社開劇　日人이발行호는東洋日報社에서는昨日부터東大門內光武臺에서活動寫眞會를開호엿다더라

電報

統監更迭發表期

既電과如히日本에서는曾彌統監의更迭이既히決定되엿스나今番宮中喪擧行을因호야발表가延期되엿는뒤來卄九日頃에발表된다더라

松花江交涉

哈爾賓에서清露兩國間에三箇月이나交涉하던松花江航行問題는其[illegible]는七個條의案件이互相讓步되엿스나其他條件이全然反對된故라더라

以上東京발　十日着

暴風雨破船

昨日日本에서는暴風雨를因호야驅逐艦敷波、養雲二隻이航海中에서伊勢灣으로吹翻되고大坂商船會社和歌山丸은스사미港에서沈沒되야船長이溺死호고其他乘客五十二名도行衛가不明호다더라

東京발　十二日着

問交換

美國前大統領루스벨트氏와德國황帝는互相訪問을交換호엿다더라

下院票數

法國下院의決選投票는政府黨이多數를占호엿다더라

以上伯林발　十二日着

▲希望訣▼

▲大冬風雪에寒威折縣홀時는홍爐之火와太陽之光이猶不足以施其暖이나一脉陽氣가升々不息則突然一朝에凍消氷釋而萬物이皆春호고

▲久病沉吟에苦痛切體홀時는扁鵲之術과藥石之供이猶不能以奏其功이나一脉元氣가生々不已則突然一朝에精神活而全身이壯快하고

▲長夜沉冥에風雨암淡홀時는星月之輝와電燭之光이猶不足以破其昏이나一陣東風이勃々吹至則突然一朝에雲消霧霽而天下가大明호고

▲全村敗倒에危亾在日홀時는管葛之才와熊虎之將이猶不能以濟其屯이나一團國魂이炯々不滅則突然一朝에氣充魄完而磐泰를可期로다

社告

本社에と當初부터廣告紹介人이全無ᄒᆞ온ᄃᆡ近日閭巷間에何許浮浪悖類가本社廣告取扱人이라冒稱ᄒᆞ고種々挾雜의弊가有ᄒᆞ다ᄒᆞ오니一般商業界僉同胞と特히注意ᄒᆞ시와見欺치마시옵

地方僉彦이本申報購覽에便宜키爲ᄒᆞ야支社를左開三處에加爲設置ᄒᆞ고本月부터發送하오니各該附近地에셔本報購覽ᄒᆞ실僉君子と左開ᄒᆞᆫ支社員과交涉請求ᄒᆞ시옵

公州府 古上衙福書書舘 柳聖培

論山 諸雜貨店 張允榮

昌原 舊邑鍾路東部九統八戶 朴淳祚

大韓每日申報社

雜報

◎烟草專賣說 度支部財源調査局에셔と烟草專賣를經營코저ᄒᆞᆫ다と說이有ᄒᆞ다더라

◎奪人所有 江原道鐵原郡北面高岩山은附近各洞人이數百年守護禁養하と地段인ᄃᆡ關西居人金樂瀅氏가年前부터該地에來ᄒᆞ야爲國祈禱ᄒᆞᆫ다稱ᄒᆞ고人民의所養松楸를任意斫伐ᄒᆞ야황帝壇을建築ᄒᆞ며齋室을營作ᄒᆞ더니近日에至ᄒᆞ야と該地段을或國有地라稱ᄒᆞ며或賜牌地라稱ᄒᆞ고民有를奪ᄒᆞ야已有를作ᄒᆞᆷ으로該地所有主諸氏가該郡廳에聯名呼訴ᄒᆞ엿다더라

◎卞氏自退 養貞女子敎育會顧問卞一氏と該會와何等不協ᄒᆞᆫ事件이有ᄒᆞ엿던지日昨請願自退ᄒᆞ엿다더라

◎面長不法 扶餘郡道成面面長金炳完氏と地稅를徵收ᄒᆞᆯ時에再徵濫捧의弊가有ᄒᆞᆷ으로面內人民들이財務署에等訴ᄒᆞ엿다더라

◎慈善新聞發刊 慈善婦人會에셔新聞을發刊ᄒᆞᆯ次로漢城府民會長兪吉濬氏를社長으로選定ᄒᆞ고今明間出板ᄒᆞᆫ다더라

◎宜破畦畛 大韓醫師總合所總務趙秉瑾氏と再昨日同所員金永昌氏家에셔大韓醫士總合所事務長金海秀氏를請邀ᄒᆞ야兩所團合ᄒᆞᆯ方針을協議ᄒᆞ엿다더라

◎李犯被捉 南部山林洞居李鎬淳은紙貨僞造犯으로再昨日銅峴分署에被捉ᄒᆞ엿と딕即時京城地方裁判所로越交ᄒᆞ엿다더라

◎三盜被捉 西部龍山居田學근高福永等三名은窃盜犯으로三昨日筆洞駐在日憲兵分隊에被捉ᄒᆞ엿다더라

廣告

○本坊龍山灘項契居朴弘植은赤貧家勢로意外에火災를當ᄒᆞ야所居家舍를沒燒ᄒᆞ고呼哭道路에其情이可矜키로玆에廣布ᄒᆞ오니博愛君子と多少間救恤ᄒᆞ야주심을務望

龍山坊會臨時事務所內

(龍山協成學校)

發起人 吳台煥

李鍾浩 徐載德

本人의素親者北部彰義門外白石洞三十八統九戶住金成集이渠之家券을換契證明提出時本人으로買主借名을請求故로不得已許諾ᄒᆞ야買主爲名ᄒᆞᆫ이오實非本人家屋也며近頃金成集이渠之家券을某處典執時에右處에셔本人을請問券面上買主爲名理由이기實非本人之家로所答則該處에셔도若此理由로知悉後契約書에도不可不債務者爲名으로捺章ᄒᆞᆯ而已오實無關係라ᄒᆞ기亦然諾從捺章이나本人은債務者도아니오連帶人도아닌故로廣布于內外國僉彦ᄒᆞ오니以此照燭爲望ᄒᆞᆷ

東部東學洞卅五統三戶 鄭喜鎭

廣告

本店에서開業ᄒᆞᆫ지十六年間僉君子의愛顧ᄒᆞ심을特蒙ᄒᆞ와今年부터業務를大擴張ᄒᆞ고春夏秋冬所用으로絹屬毛織等各國高等物品을現今多數直輸入이온바各地方에서ᄂᆞᆫ貿易에便利賣買케爲ᄒᆞ야特減價ᄒᆞ와郵便小包로酬應ᄒᆞ야代金은引換ᄒᆞ깃사오니十三道各郡僉君子ᄂᆞᆫ隨意請求ᄒᆞ심을望

振替貯金番號（韓國第三一番）

漢城中部鍾路砂器屋洞二十一統五戶

廣興泰 告白

◉特別廣告

敬啓者本報ᄂᆞᆫ開刊有年에其論述의正確과其報道의迅速이無比ᄒᆞ야淸國內遠近志士가一切歡迎ᄒᆞ오며韓國에도稍々히購覽ᄒᆞᄂᆞᆫ紳士가有ᄒᆞ온바今에更히江湖上購覽諸氏를紹介ᄒᆞ기爲ᄒᆞ야本報舘所在處及報價를左開廣告ᄒᆞ오니願覽諸氏ᄂᆞᆫ速々히左開處로通奇ᄒᆞ시옴

本舘所在地　哈爾賓瓦牙街

報價一個月先給　俄貨八角

仝　三個月先給　俄貨二圓

但報價ᄂᆞᆫ先給을要홈

遠東報舘 告白

和平堂大藥房

京城鍾路 本舖

大韓全國에 請藥　[illegible]

[illegible]丸　藥價（一個月分一劑金五圓）

○[illegible]

八寶丹　藥價（九十五粒入一貼金十錢）（三貼入金二十五錢）

○[illegible]

[illegible]丹　藥價（甲号一劑十貼金四圓）（乙号一劑十貼金二圓五十錢）

○[illegible]

○和平堂大藥房本舖[illegible]

廣告

本出張所에서左開六郡에特約分店을許施ᄒᆞ오니各該郡內僉彦은藥種請求에對ᄒᆞ야品料와價格이同一ᄒᆞ온즉京城本舖나平壤本出張所로不必請求ᄒᆞ시고該郡分店으로迅速請求ᄒᆞ심을敬望

特約分店員氏名

宣川郡　李鳳朝

安州郡　金陽壽

博川郡　李鍾濚

江界郡　田祥雨

義州府　義和藥房

雲山　全聖根

濟生堂第一出張所　平壤鍾路

田恒畯 告白

社告

大韓每日申報 各處支社廣告

平安北道

龍川楊市維新書舖　黃菊保

龍川南市驛　韓桑希

朔州邑南門外　朱伯英

義州南門外한西大藥局　張有寬

鐵山邑東部　鄭翊

車輦舘同志會內　金明鉉

定州南門內書舖　洪成麟

博川邑內筆洞　金翼樞

京義線批峴驛停車場前運輸會社前　李基秀

泰川邑舘前洋藥局　李正華

寧邊郡內紅門里　鄭德昇

寧邊龍山面[illegible]興里南貞河家　鄭奉益

宣川楠南四統十戶　申基周

江界邑內　金泰熙

郭山郡[illegible]新街　金大鉉

雲山邑上堂八統八戶　咸元澤

雲山北鎭[illegible]洞八統七戶　[illegible]

昌城郡[illegible]西下里一統二戶　許[illegible]의

渭原[illegible]內[illegible]外[illegible]十四統二戶　金錫澤

平安南道

平壤[illegible]館　安泰國

[illegible]　[illegible]

安州[illegible]內[illegible]洞[illegible]館　金[illegible]河

江西邑內　金昌[illegible]

甑山郡內利用里　崔[illegible]奭

德川邑[illegible]洞耶蘇教[illegible]　李丙斗

永柔邑內槐峴里二統八戶　金志璜

中和下道面一里三洞　禹應善

肅川東部面一里三統九戶　金天[illegible]

咸從邑校洞　金炳善

黃海道

[illegible]

安岳郡新洞面端山里上場　韓禎教

長淵邑서北支學會內　崔東元

殷栗邑倉前里　金光礪

信川邑四里　李悌璵

白川邑文明舘　趙雲泳

載寧邑서部李鼎均家乾材局　李範春

沙里院三聖學校內　李承吉

咸鏡道

咸興州南社西門外　曹喜林

元山港上里倉前洞耶蘇女學校側　[illegible]

定平郡豐陽里　張[illegible]

洪原西門內保命局　羅炳善

永興邑南山洞洪明學校內　梁元常

淸津港新岩洞　張元浩

全羅道

金溝木流面豆亭　[illegible]

木浦港陽洞　李[illegible]

群山港九龍洞一統八戶　[illegible]

京畿道

仁川栗峴[illegible]　[illegible]

開城南門外興學書舖　[illegible]

江華邑[illegible]　[illegible]

慶尙道

大邱西小門外[illegible]　[illegible]

釜山佐川[illegible]　[illegible]

江原道

鐵原邑栗谷　[illegible]

蔚珍郡遠[illegible]里　[illegible]

忠淸道

韓山下北肇堂里　李[illegible]

結城廣川小龍洞　李[illegible]

公州府古上街[illegible]書舖　柳瑩培

恩津論山浦雜貨店　張允榮

北墾島

北墾島龍井村下場里　朴茂林

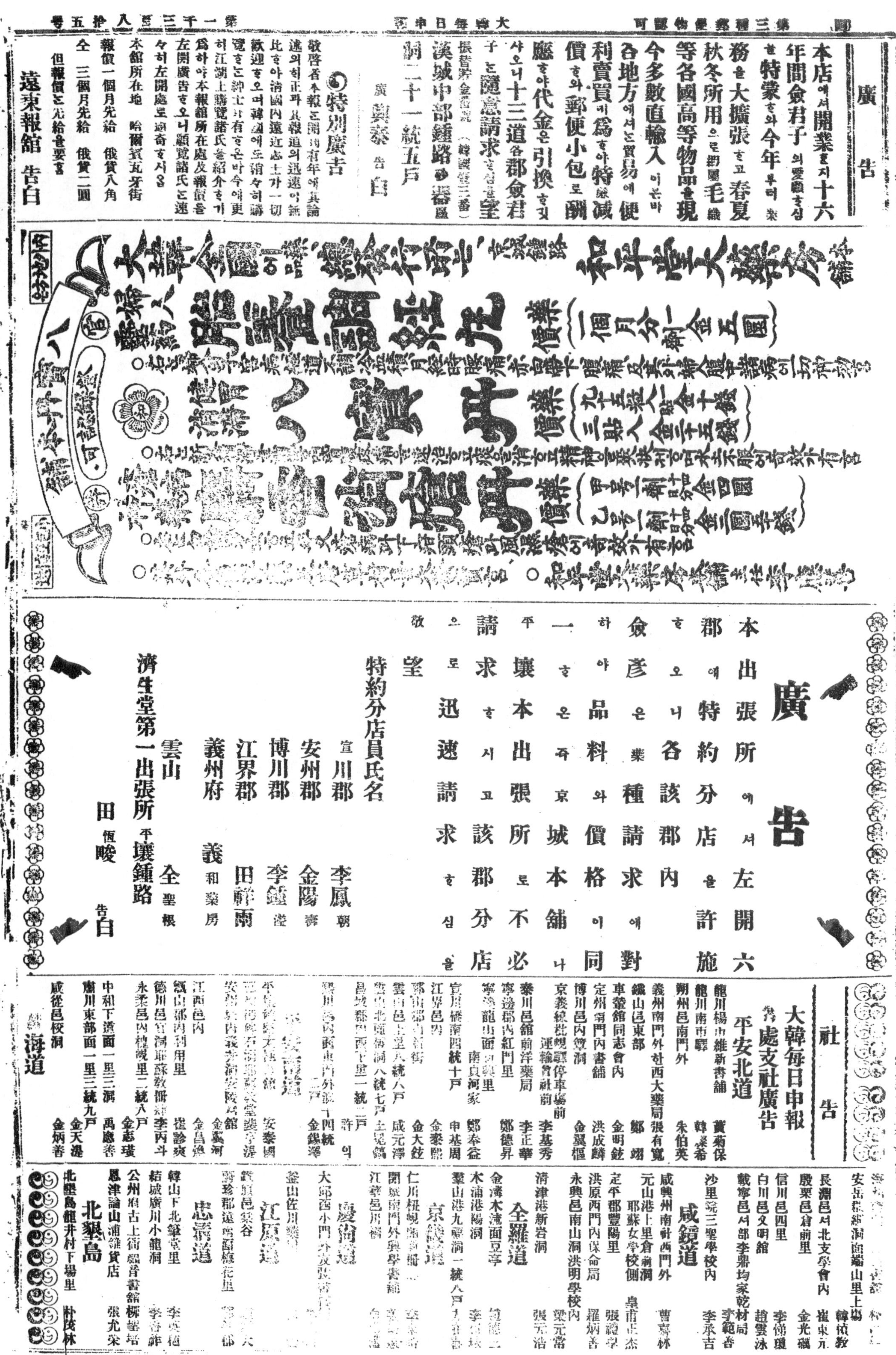

檀君開國四千二百四十三年
箕子元年三千二十二年
大韓開國五百十九年
本報創刊日 光武八年七月十八日

大韓每日申報

第八卷　月曜及慶節翌日休刊　第一千三百八十六號

發行兼編輯人 英國人 萬咸
發行所 京城中部石井洞三層洋屋 大韓每日申報社

論說

◉所謂新聞押收處分

遞來로內部에서勳칙治安妨害四字에藉하야本報及海外韓人同胞의발行ᄒᆞᄂᆞᆫ新紙를押收ᄒᆞ기에吾儕ᄂᆞᆫ彼의治安妨害라云ᄒᆞᄂᆞᆫ範圍의廣狹이如何ᄒᆞᆫ지不知ᄒᆞ야甚訝ᄒᆞ며甚鬱ᄒᆞ엿더니今에內部警務局에서발行ᄒᆞᆫ隆熙二年警察事務概要의中에右各紙押收된內容을揭載ᄒᆞ엿ᄂᆞᆫᄃᆡ左와如ᄒᆞ니

國權回復의名을藉ᄒᆞ야日本保護를反對ᄒᆞ야反旗를揭ᄒᆞᆷ을鼓吹ᄒᆞᆫ者

日本의保護를目ᄒᆞ야韓國을幷呑ᄒᆞᆷ이라고誣ᄒᆞ야一般韓民의反感을起케ᄒᆞᆫ者

無근의流說을傳ᄒᆞ야人心을惑亂케ᄒᆞ고又ᄂᆞᆫ事를誇大히布張하야國民을憤慨케하야官의施設을妨碍ᄒᆞ고社會의秩序를攪亂ᄒᆞᆫ者

國權回復은國民의共同一致를要ᄒᆞᆫ다ᄒᆞ야團體의組織을奬勵ᄒᆞᆫ者

國權回復은國民의文明을要ᄒᆞᆫ다ᄒᆞ야新敎育의普及을唱導ᄒᆞᆫ者

海蔘威地方으로써韓國人의國權回復團體의근據地슴기를鼓吹ᄒᆞᆫ者

暗殺者를義士라ᄒᆞ야此思想을鼓吹ᄒᆞᆷ을努力ᄒᆞᆫ者

暴徒를[illegible]ᄒᆞ야國家에忠ᄒᆞᆫ者라ᄒᆞ야此에聲援을與ᄒᆞᆫ者

吾儕ᄂᆞᆫ此를閱ᄒᆞ다가其奇怪를叫ᄒᆞᆷ을不已ᄒᆞ노니大抵彼가日本의方面을爲하야韓國의現象을維持코자ᄒᆞᆷ진ᄃᆡ第三條以上과第七條以下의云云ᄒᆞᆫ바ᄂᆞᆫ不得不然ᄒᆞᆯ지나但第四條의「國權回復은國民의共同一致를要ᄒᆞᆫ다ᄒᆞ야團體組織을奬勵ᄒᆞᆫ者」로押收의內容을숨으며第五條의「國權回復은國民의文明開化를要ᄒᆞᆫ다ᄒᆞ야新敎育의普及을唱導ᄒᆞᆫ者」로押收의內容을삼엇스니

噫라團體組織의奬勵도治安妨害라ᄒᆞ며新敎育普及의唱導도治安妨害라ᄒᆞᆷ은果然不可思議의一奇法이로다然則團體를渙散케ᄒᆞᆷ이治安이며新敎育을沮碍ᄒᆞᆷ이治安인가其心中에此思想이有ᄒᆞᆯ지라도엇지如此히和盤托出ᄒᆞᄂᆞ뇨

嗚呼라吾儕ᄂᆞᆫ此에他言ᄒᆞᆯ바ㅣ無ᄒᆞ고但只奇怪를叫ᄒᆞᆯ뿐이로라

外報

◉法將官의美日戰爭談　法國地中海艦隊司令長官포니아海軍中將은去三月三十一日에美日戰爭에關ᄒᆞᆫ論文을公布ᄒᆞ야巴里言論界를搖動케하엿ᄂᆞᆫᄃᆡ其槪意ᄂᆞᆫ美國이頻々히淸國을煽動ᄒᆞ야極東開放에活動ᄒᆞ나此ᄂᆞᆫ原來日本의不喜ᄒᆞᄂᆞᆫ바니美國은漸漸日本의惡憾을惹起ᄒᆞᆯ지라何則고日本은露日戰爭結果로忽然히世界에一大勢力을得ᄒᆞ고今은其戰勝地에勢力을扶植ᄒᆞ기에不遑ᄒᆞᆯ지라故로極東에對ᄒᆞᆫ美日의意向은根本的으로衝突되엿스니誰가美日戰爭이無根의說이라ᄒᆞᆷ을肯信ᄒᆞ리오日本은淸美同盟을畏ᄒᆞᄂᆞᆫ듯ᄒᆞ니爲ㅣ淸美同盟이成立되면戰時에美國은極東에一大근據地를得ᄒᆞ깃ᄂᆞᆫ緣故라極東에一근據地를得하면從來非律賓을依據하야極東을經營ᄒᆞ던美國은百倍의優勝ᄒᆞᆫ勢力을得ᄒᆞᆯ지니此等事情으로推ᄒᆞ면日本이近來海軍擴張에心力을費ᄒᆞᄂᆞᆫ理由도亦可知라某一部政客은日本의海軍擴張을露國에對ᄒᆞᆫ準備로觀測ᄒᆞ나吾人은寧히美國에對ᄒᆞᆫ戰備로認ᄒᆞᆷ이可ᄒᆞ도다然이나一邊으로美國軍備를觀ᄒᆞ면近來에頗히多大ᄒᆞᆫ擴張을決行하야不遠間其勢力이世界에海軍大王으로稱號ᄒᆞᄂᆞᆫ英國을陵駕ᄒᆞᆯ지라一朝有事ᄒᆞ면日本은必也同盟國되ᄂᆞᆫ英國의援助를要求ᄒᆞᆯ지니若二國同盟이成立되면法國은英、露、日三國을援助ᄒᆞ깃고特別ᄒᆞᆫ利害關係가無ᄒᆞᆫ德國은局外中立의態度를守ᄒᆞ리라ᄒᆞ엿다더라

◉資政院召集　淸皇께셔ᄂᆞᆫ去九日上諭를下ᄒᆞ야日本年十月三日은資政院第一回開院期라宗室王公世爵十六人、滿韓世爵十二人、外藩王公世爵十四人、宗室覺羅六人、各部衙門官吏三十二人及碩學通儒十人을議員으로選定ᄒᆞᆷ에就하야來九月二十三日로써議員召集의期를定ᄒᆞ니該議員은宜히定時[illegible]會集ᄒᆞ야開院以前의各事項을預先準備하고又該議員等은今回資政院을召集ᄒᆞᆷ은淸國古來未曾有의創設이니將來國會成立의先聲이될지라ᄒᆞ야熱誠을竭ᄒᆞ고義務를擔ᄒᆞ며輿論을代表하야써朝廷의順序를隨ᄒᆞ야立憲ᄒᆞᄂᆞᆫ旨意를副ᄒᆞ라云々하엿다더라

◉德國宮廷服喪　德國宮廷은故英황陛下崩御에對ᄒᆞ야一個月間服喪ᄒᆞᆫ다더라

雜報

◉李在明의公判

(第一日午前)

總理大臣李完用氏를殺害ᄒᆞ랴던李在明과及其連累者等의公判을既定과如히昨二十三日午前十時에京城地方裁判所第一法廷에開하엿ᄂᆞᆫᄃᆡ裁判長塚原判事가出席ᄒᆞ고鄭、谷兩判事及伊藤檢事가陪席ᄒᆞ고飜譯官、書記가各一人이오韓人辯護士李晃宇安秉瓚、日人辯護士岩田、大崎、木尾諸氏가立會ᄒᆞ고京城駐剳德國總領事와及其從者一名은特히裁判長席後方에椅子를與ᄒᆞ야傍聽케ᄒᆞ고其外聯合通信社員[illegible]지안氏도傍聽ᄒᆞ엿고傍聽席에ᄂᆞᆫ李在明의妻[illegible]白召史와其他關係一族과天主敎徒廿五名內閣總書官高羲楨及其外數名司法廳官吏及司法官內外國新聞通信記者及各紳士가近百名에達ᄒᆞ야法廷內가立錐의餘地가無ᄒᆞ야[illegible]ᄒᆞᆫ盛況을呈ᄒᆞ얏더라

當日午前九時以前부터傍聽코져ᄒᆞᄂᆞᆫ者가裁判所門內外에雲깃치來集ᄒᆞ야人山人海를成ᄒᆞ엿ᄂᆞᆫᄃᆡ傍聽券이斷絶되야入廷傍聽ᄒᆞᆫ者ᄂᆞᆫ百名에未滿ᄒᆞ엿고全九時半頃에韓日人辯護士等이出席ᄒᆞ고內外國各新聞記者等은一齊히筆을執ᄒᆞ고開廷을待ᄒᆞᄂᆞᆫᄃᆡ

十時에被告李在明等十人이出頭하고(被告人은全部十三名인ᄃᆡ三名은逃躱ᄒᆞ야尙未就捕인故로十名만引出ᄒᆞᆷ)

十時二十分에裁判長以下가出席ᄒᆞ고

於是에裁判長이被告人等의게對ᄒᆞ야其姓名、住所、年齡職業等을訊問ᄒᆞ야被告의本人됨을確實케ᄒᆞᆫ後에審問을開始ᄒᆞᆫ旨로陳述ᄒᆞ니

伊藤檢事가起立ᄒᆞ야起訴의事實을詳細陳述ᄒᆞ고(起訴事實은向日本報에既爲揭布ᄒᆞᆫ故로此를省略ᄒᆞᆷ)

因ᄒᆞ야裁判長이李在明부터先次審問ᄒᆞᆫ旨를宣布ᄒᆞ고事實의取調를始ᄒᆞᆯ새李在明은其顏色이鮮明ᄒᆞ고言語가豪壯ᄒᆞ야心氣가自若ᄒᆞ고裁判長의質問에對ᄒᆞ야ᄂᆞᆫ其行刺하던日時와及場所等은一切是認ᄒᆞ나其行刺以前의事實은殆히其全部를否認ᄒᆞ더라

(未完)

學界

◉五校運動　共成普興其校等五學校에서ᄂᆞᆫ昨日三仙坪에서聯合大運動會를開하엿다더라

◉私校運動　漢城內各私立學校(高等程度)에서ᄂᆞᆫ本日上午八時에惠化門外三仙坪에서聯合運動會를設行ᄒᆞᆫ다더라

◉明進開學期　北部三淸洞居咸喜鎬安昌淳金健泳李昌云諸氏가發起ᄒᆞ야明進數語講習所를設立ᄒᆞ고學生을大募集ᄒᆞ야來月曜日부터開學ᄒᆞᆫ다더라

◉女校運動　官立漢城高等女學校에서ᄂᆞᆫ昨日龍山에前往ᄒᆞ야運動會를設行ᄒᆞ엿고同德女子義塾에서ᄂᆞᆫ本日訓鍊院에서運動會를開ᄒᆞᆫ다더라

◉群港實業校　群山港普通學校校長李国來氏ᄂᆞᆫ該港市渠里에農林實業學校를設立ᄒᆞ고去八日에入學試驗을行ᄒᆞ엿ᄂᆞᆫᄃᆡ合格者가四十餘名에達ᄒᆞ엿다더라

◉大成校運動狀況　前報와如히去十一日平壤大成學校에서春期大運動會를擧行ᄒᆞ엿ᄂᆞᆫᄃᆡ競技種目은四十餘件을試ᄒᆞ엿고臨時運動時報社를設ᄒᆞ야五六號의紙數를발行ᄒᆞ엿ᄂᆞᆫᄃᆡ崔南善文一平諸氏가該報의筆을主하엿고軍樂隊를設ᄒᆞ야各般香曲을奏ᄒᆞ엿스며來賓은朴殷植盧伯麟金鎭初等諸氏오觀光同胞ᄂᆞᆫ大略四五千에達ᄒᆞ엿다더라

◉三氏熱心　北青郡車書面居朴景萬姜晉模韓璉燮三氏ᄂᆞᆫ該面景德學校를熱心奬勵ᄒᆞᆷ으로校況이擴張ᄒᆞ야生徒가百餘名에達ᄒᆞ엿다더라

[illegible]

◉本商의特義　咸南北靑郡俗厚面居李春椽氏ᄂᆞᆫ水商營業으로僅僅資生ᄒᆞᄂᆞᆫ터인ᄃᆡ飯費困難ᄒᆞᆫ學生은自家에서無料로宿食케ᄒᆞ야學業을勸奬ᄒᆞᆫ다더라

◉漁商知務　群山港藏財동漁商會社에셔ᄂᆞᆫ勞動夜學校를設立ᄒᆞ고金商翼氏를敎師로延聘하야學徒三十餘名을敎授ᄒᆞᆫ다더라

學報

◉崇實卒業　平壤崇實大學校及崇實中學校에서去十日卒業式을擧行하엿ᄂᆞᆫᄃᆡ入學卒業生은全善과朴永一李基鍾金亨哉崔厚彬中學卒業生은李燦과吳禮澤金昌俊氏等二十一人이라더라

詞藻

對鏡　强翁

거울을ᄃᆡ히안저、나의形容을[illegible]
허보니。
무心ᄒᆞᆫ머리털은、셔리빗츨[illegible]
엿지만。
心中의、爲國熱血은、붉고붉
어。

宮廷彙報

◎運動御覽 修學院學員一同이明日下午二時德壽宮內에셔運動會를開ᄒᆫ다ᄂᆫ뒤太皇帝陛下씌옵셔御覽하옵신다더라

◎銀製品下賜 日本實業團近藤康平等이昌德宮에陛見ᄒ온은既報어니와大皇帝陛下씌옵셔銀製物品數件을下賜ᄒ옵셧다더라

雜報

◎柳種分給 大황帝陛下씌옵셔內閣에下賜ᄒ옵신柳種中二千二百五十株ᄂᆫ昨日學部로送交ᄒ고各官公立學校에分給케ᄒ엿다더라

◎李氏楸行 淸風郡正李海昇氏ᄂᆫ抱川郡金溪大院王墓所에展省ᄒᆯ次로再昨日발程ᄒ엿다더라

◎內閣變更說 曾彌統監이遞任되고寺內陸相이後補된다ᄒᆷ은既報어니와寺內가赴任ᄒᆫ後에ᄂᆫ現內閣을一切變更ᄒ고內部大臣朴齊純氏만依存ᄒᆫ다ᄂᆫ說이有ᄒ다더라

◎孟官君親已 中樞院顧問李址鎔氏ᄂᆫ從來日人目賀田과契分이極히親密ᄒ다ᄂᆫ뒤近日目賀田이副統監을被任ᄒᆫ다하ᄆᆡ李氏ᄂᆫ內閣椅子壹座를占據ᄒ기로心獨喜自負ᄒᆫ다더라

◎公文編纂 宮內府에셔ᄂᆫ從來各宮𡨴에去來ᄒᆫ公文等書類를成冊ᄒᆯ次로目下編纂中이라더라

◎權察入京 忠北觀察使權鳳洙氏ᄂᆫ某大夫人甲宴에叅與키爲ᄒ야日前上京ᄒ엿ᄂᆫ뒤不遠間還任ᄒᆫ다더라

◎夜會準備 駐日德國大使가本月十一日頃에渡韓ᄒᆫ다ᄒᆷ은已報어니와統監府長官石塚은該氏를爲ᄒ야盛大ᄒᆫ夜宴을開ᄒᆯ次로目下準備中이라더라

◎大久保向北 日軍司令官大久保ᄂᆫ來二十一日京城에셔出발ᄒ야元山咸興雄基灣等地로前往ᄒᆫ다더라

◎叙勳請議 親衛府에셔ᄂᆫ解雇ᄒᆫ龜井大尉等三人의叙勳件을內閣에請議ᄒ엿슴으로來月曜內閣例會에其案件을提議ᄒ야分等叙勳ᄒᆯ터이라더라

◎陸續渡來 新任ᄒᆫ日人道郡主事八拾名은來二拾日에四拾名은卅日에次第渡韓ᄒᆫ다더라

◎天野南行 日昨入京ᄒᆫ羣山理事官日人天野ᄂᆫ三南鐵道의分岐点을視察하기爲ᄒ야昨日同地로向往ᄒ엿다더라

◎舊貨回收額 去四月末調查를據ᄒᆫ즉舊白銅貨回收額이合計九百六拾萬八千六百三拾六圓이라더라

◎葉錢回收方針 度支部에셔葉錢을回收ᄒ기에着手ᄒᆫ以來로其回收額이三百二拾一萬三千七百八拾九圓에達ᄒ엿ᄂᆫ뒤從來其回收에關ᄒ야種々方法을用ᄒ야自然히回收됨에委하엿스나今後로ᄂᆫ강制的으로回收ᄒᆯ方針을定ᄒ엿다더라

◎捐金送付 向者遭難ᄒᆫ日本第六號潛水艇에對ᄒ야韓國各部과統監府에셔義捐金六百八十八圓五十錢을醵集ᄒ야再昨日日本海軍省으로送致ᄒ엿다더라

◎平壤餞送 日前歸國ᄒᆫ平壤觀光團一行은再昨日上午九時에발程還鄕하엿ᄂᆫ뒤農相趙重應警視副監員然醫等諸氏가南門驛에出往전送ᄒ엿다더라

◎六箇又設 內部土木局에셔ᄂᆫ從來로國內에出張所十箇處를設置하야治道工事에從事ᄒ더니本年度에又出張所六箇處를新設ᄒ엿다더라

◎日民運動 日人의京城民團吏員及仝學校職員等은明日上午十時慶熙宮內에셔聯合運動會를開ᄒᆫ다더라

◎或願或否 安秉瓚氏가李在明金貞益朴泰殷三人을辯護ᄒᆯ意로該三人의依賴委托을受ᄒᆷ은一般共知어니와其外連累者一同에對ᄒ야도各其志願者가有하면一體辯護ᄒ기로心定ᄒ엿더니公判開廷後裁判長이被告等에게對ᄒ야其志願與否를問ᄒᆫ미李應三金履杰金秉鉉三人은志願하노라答ᄒ고其餘四人은不願하ᄂᆫ旨로答ᄒ엿ᄂᆫ뒤此ᄂᆫ安氏의聲名과目的을全然不知ᄒᆫ所以라더라

◎特別叅聽 李在明等의公判은別項과如ᄒ거니와內閣秘書官高源植氏ᄂᆫ特別히某人指使를受ᄒ야叅聽ᄒ엿다더라

◎其計甚妙 日人山崎ᄂᆫ測量器械를販賣營業ᄒᄂᆫ者인뒤該器械一座를土地測量事務員養成所에寄付ᄒ고日後多數需用ᄒ기를懇請ᄒ엿다더라

◎寶庄運動 一進會에셔ᄂᆫ財政이困難ᄒᆷ으로龍仁水原等郡에在ᄒᆫ該會所有田畓을放매ᄒᆯ次로目下運動中이라더라

◎貧窮所致 近者에韓人巡查採用試驗에應試者ᄂᆫ有品帶勳者와前陸軍將校議官叅奉及判任官等이多數하다ᄂᆫ뒤此ᄂᆫ生活의困難으로因ᄒᆷ이라더라

檢事論告

李在明等의公判은既定과如히昨日에開廷ᄒ엿ᄂᆫ뒤被告등의壹壹審問을畢ᄒᆫ後에檢事가論告ᄒ되李在明은絞에金貞益金丙錄李東秀趙昌鎬ᄂᆫ各役拾五年에吳復元金龍文朴泰殷全泰善은各役七年에李應三은役五年에金秉鉉金履杰李學滋은各役三年에處ᄒ자ᄒ엿다더라

◎憲補行悖 羣山港憲兵補助員崔仕喆崔在眞等三名은去八日九輻洞居權泰仁家에前往ᄒ야金錢을貸與ᄒ라고强請하다가拔劍毆打ᄭᅡ지ᄒ엿ᄂᆫ뒤權氏가警署에呼訴ᄒ야該三名을押因ᄒ엿다더라

◎銃彈押收 南部筆洞日憲兵分遣所에셔ᄂᆫ再昨日憲兵을東門外往十里에派送ᄒ야金益三崔漢卿金元植金命山氏等의家宅을搜索ᄒ엿ᄂᆫ뒤銃砲彈丸等物이發現되야卽時押收하엿다더라

◎醴郡不穩 醴泉郡境內에ᄂᆫ義兵이大熾하야村閭에橫行ᄒᆷ으로民心이嗷嗷ᄒ다더라

◎楊郡小塵 義兵將姜基東氏의部下二十餘名은日前楊州郡松南등地에셔該郡駐在日憲兵一名補助員三名과交戰하엿ᄂᆫ뒤日憲兵이敗歸ᄒ엿다더라

◎區敎室設立 天道敎에셔ᄂᆫ漢城勸洞李敎鴻氏家에天道敎區敎室을設置ᄒ고敎人을募集ᄒᄂᆫ中이라더라

◎坡郡火警 義兵將洪裕元氏의部下十名은銃器를各持ᄒ고去十一日夜坡州郡廣灘面社倉里에來到ᄒ야民家五戶를衝火ᄒ엿다더라

◎青年討論 青年同志會에셔明日下午七時卅分에討論會를中部興洞中東學校內에開ᄒ고體育健强은在乎其身이오不在乎運動其身이란問題로互相討論ᄒᆫ다ᄂᆫ뒤會員及傍聽이多數來叅ᄒ기를希望ᄒᆫ다더라

電報

◎東京大雨 日本東京에ᄂᆫ去十日朝에大雨가降下ᄒ야市內各處에水가漲ᄒ엿슴으로多少損害가有ᄒ엿다더라

◎英新帝公布 英國新皇帝뜨지第五世陛下씌옵셔去十日最壯嚴ᄒᆫ儀式으로셔卽位ᄒᆷ을公布ᄒ셧다더라

◎戴冠兼冊立 英國新皇帝陛下戴冠式을擧行ᄒᆯ時에皇太子冊立式을兼行ᄒᆫ다더라

以上東京발 十二日着

◎湖北防穀 清國湖北一帶地에ᄂᆫ米價가騰貴ᄒ야窮民이動搖ᄒᆯ兆朕이有ᄒᆷ으로端總督은防穀令을발ᄒ야漢口로부터米穀輸出ᄒᆷ을禁ᄒ엿ᄂᆫ뒤關係各國은事實을調查ᄒᆫ後抗議ᄒᆯ터이라더라

◎濤貝勒訪英皇室 清國政府ᄂᆫ濤貝勒殿下를英先帝大葬에叅與ᄒᆫ大使로電命ᄒ엿ᄂᆫ뒤同殿下ᄂᆫ去拾日英國향室을訪問ᄒ고國書를呈納ᄒ엿다더라

以上北京發 拾二日着

◎英先帝墓所 故英황陛下의御遺骸ᄂᆫ大葬式을擧行ᄒᆫ後우인졸宮에御埋葬하기로決定ᄒ엿다더라

◎英皇后稱號 英國新황后陛下ᄂᆫ메리皇后라稱ᄒᆯ旨를발表ᄒ엿다더라

以上倫敦發 十三日着

◎遣使叅式 英先帝大葬當日에駐日英國大使의主開ᄒᄂᆫ遙拜式에對하야日皇陛下ᄂᆫ勅使를同황后ᄂᆫ御使를差遣ᄒᆫ다더라

◎因弔停樂 日本에셔ᄂᆫ英先帝陛下大葬當日에弔意를表ᄒ기爲ᄒ야全國內音樂을停止ᄒᆫ다더라

◎日船沈沒詳報 既報ᄒᆫ日本和歌山縣周參見港에셔沉沒ᄒᆫ和歌山丸은乘組員十三名과乘客二十六名이尙今ᄭᅡ지行衛가不明ᄒ고同船은去九日大阪에셔出港ᄒᄂᆫ郵便物八十六箇를搭載하엿ᄂᆫ뒤其中七十九箇를流失ᄒ엿슴으로目下搜索中이라더라

◎日本議院建築 日本政府ᄂᆫ衆議院을建築하기爲ᄒ야調查會를設하기로議決ᄒ고來二十九日ᄭᅡ지委員을任命ᄒᆯ터인뒤該建築工事費預算은二千萬圓이오完成期間은一十箇年이라더라

◎比使歸國 去番에在日ᄒ엿던比利時國特派大使근쓰단、고부이네男一行은拾日歸國의路에就ᄒ엿다더라

◎有何結果 日人의朝鮮問題同志會委員大竹貫一等四名은去拾二日仝國首相桂太郞을訪問ᄒ고統監交迭問題、合邦問題、拓殖會社問題에就ᄒ야意見을陳述ᄒ야頗히意合ᄒᆫ듯ᄒᆫ뒤其內容의如何ᄂᆫ姑히詳報키難하나大概韓日兩國問題에何如ᄒᆫ結果가有ᄒᆫ듯하다더라

以上東京발 十三日着

心醫術

廉心生

▲時海人波西顔曰[illegible]心徒如黨許多ᄒ고仁人君子稀少ᄒ야其原因을研究ᄒ즉天下人心全部[illegible]ᄒ니七竅中에[illegible]潛伏ᄒ엿도다

▲第一心竅를헤쳐보니[illegible]가들엇고나有勢者엔[illegible]無知者면[illegible]引[illegible]策과幻人面의[illegible]態다부린다

▲第二心竅를헤쳐보니[illegible]가누엇고나[illegible]知明[illegible]으로肥己慾망치울[illegible]

▲第三心竅를헤쳐보니臥鼠魚가蓄다行ᄒ다노ᄂᆫ고나鼠波潮裏潛行ᄒ며隱密事를偵探ᄒ야殺害忠良일삼으니네同族을먹은後에네몸[illegible]ᄂᆫ엇지될ᄶᅡ

▲第四心竅를헤쳐보니[illegible]이春을춤다掩面笑裏[illegible]과攀木下上더狡黠노濫處[illegible]往來하여天然스럽게ᄂᆡ로셔任意ᄃᆡ로作亂ᄒ다

▲第五心竅를헤쳐보니鵝鵡[illegible]가지저귄다東風一夜與을[illegible]蘇蠻百舌弄出하니[illegible]德이며비도猶尋[illegible]일건마[illegible]行[illegible]은무엘넌고

▲第六心竅를헤쳐보니[illegible]가[illegible]설엿고나惡毒[illegible]殺人如[illegible]하ᄂᆫ도나[illegible]녀여荊棘叢穴지어ᄂᆡ스나[illegible]者ᄅᆡ여이ᄒᆯ쇼

▲第七心竅를헤쳐보니一雙白鹿優遊로세閒日月無人[illegible]愛心이[illegible]ᄒ야是非[illegible]도不關ᄒ고相避라도不顧하야[illegible]常極ᄒ도다

▲上帝ᄭᅴ셔주신天[illegible]性[illegible]ᄒ건마ᄂᆫ此等動物잇슴으로諸般惡[illegible]ᄒ기나니心醫術로驅除ᄒ야普天下의人類들을仁人君子다되게로

社告

本社에는當初부터廣告紹介人이全無ᄒᆞ온ᄃᆡ近日閭巷間에何許浮悖類가本社廣告取扱人이라稱ᄒᆞ고種々挾雜의弊가有ᄒᆞ다ᄒᆞ오니一般商業界 僉同胞는特히注意ᄒᆞ시와見欺치마시옵

大韓每日申報社

雜報

●支離此訟 閔泳徽金禹用兩氏의裁判은旣報와如히日前控訴院에서判決하는ᄃᆡ閔氏邊에서提出ᄒᆞᆫ證人四名에對ᄒᆞ야査問ᄒᆞ엿고閔氏邊의辯護士가更히證人六名을提出ᄒᆞ야呼出ᄒᆞ기를要求ᄒᆞ엿슴으로該裁判은更히來二十六日로延期ᄒᆞ엿다더라

廣告

本店에셔開業ᄒᆞᆫ지十六年間僉君子의愛顧ᄒᆞ심을特蒙ᄒᆞ와今年부터業務을大擴張ᄒᆞ고春夏秋冬所用으로緞屬毛織等各國高等物品을現今多數直輸入이온바各地方에셔ᄂᆞᆫ買易에便利賣買키爲ᄒᆞ야特廉減價ᄒᆞ와郵便小包로酬應ᄒᆞ야代金은引換ᄒᆞ깃사오니十三道各郡僉君子ᄂᆞᆫ隨意請求ᄒᆞ심을望

振替貯金番號（韓國壹三番）

漢城中部鍾路砂器廛洞二十一統五戶

廣興泰　告白

特別廣告

敬啓者本報ᄂᆞᆫ開刊有年에其論述의抂正과其報道의迅速이無比ᄒᆞ야淸國內遠近志士가一切歡迎ᄒᆞ오며韓國에도稍々히購覽ᄒᆞᄂᆞᆫ紳士가有ᄒᆞ온바今에更히江湖上購覽諸氏를紹介ᄒᆞ기爲ᄒᆞ야本報館所在處及報價를左開廣告ᄒᆞ오니願覽諸氏ᄂᆞᆫ速々히左開處로通奇ᄒᆞ시옵

本舘所在地　哈爾賓瓦牙街

報價一個月先給　俄貨八角

仝　三個月先給　俄貨二圜

但報價ᄂᆞᆫ先給을要홈

遠東報館　告白

大韓全國에[illegible]總發行所ᄂᆞᆫ京城[illegible]　和平堂大藥房

[illegible]　價（一個月分一劑金五圜）

○[illegible]

八寶丹　[illegible]　價（九十五粒入金十錢／三貼入金二十五錢）

○[illegible]

[illegible]　價（甲号一劑[illegible]金四圜／乙号一劑[illegible]金三圜五十錢）

○[illegible]

○[illegible]　○和平堂大藥房[illegible]

廣告

本出張所에셔左開六郡에特約分店을許施ᄒᆞ오니各該郡內僉彦은藥種請求에對ᄒᆞ야品料와價格이同ᄒᆞᆫ즉京城本舖나平壤本出張所로不必請求ᄒᆞ시고該郡分店으로迅速請求ᄒᆞ심을敬望

特約分店員氏名

宣川郡　李鳳朝

安州郡　金陽[illegible]

博川郡　李鍾澄

江界郡　田祥雨

義州府　義和藥房

雲山　全聖根

濟生堂第一出張所平壤鍾路

田恒畯　告白

社告

大韓每日申報各處支社廣告

平安北道

龍川楊市維新書舖　黃菊保

龍川南市驛　韓[illegible]希

朔州邑南門外　朱伯英

義州南門外한西大藥局張有寬

鐵山邑東部　鄭翊

車輦舘同志會內　金明鉉

定州南門內書舖　洪成麟

博川邑內[illegible]洞　金翼樞

京義線枇峴驛停車場前運輸會社前　李基秀

泰川邑舘前洋藥局　李正華

寧邊郡內紅門里　鄭德昇

寧邊龍山面新興里南貞河家　鄭[illegible]

宣川橋南四統十戶　申基周

江界邑內　金泰[illegible]

郭山郡內新街　金大鉉

雲山邑上里八統八戶　咸[illegible]

雲山北[illegible]洞八統七戶　[illegible]

昌城郡內西丁里一統二戶　[illegible]

熙川邑西面[illegible]門外洞十四統二戶　金[illegible]

平安南道

平壤鐵路大[illegible]舘　安泰國

三和港碑石洞耶蘇敎堂[illegible]　[illegible]

安州城內義井洞安陵旅舘　金翼河

江西邑內　金昌煥

甑山郡內利用里　崔診爽

德川邑宮洞耶蘇敎冊肆　李丙斗

永柔邑內槐峴里二統八戶　金志璜

中和下道面一里三洞　禹應善

肅川東部面一里三統九戶　金天湜

咸從邑校洞　金炳善

黃海道

海州南門內韓昌書舘　朴昌鎭

安岳郡細洞面端山里上場　韓楨敎

長淵邑서北支學會內　崔東元

殷栗邑倉前里　金光礪

信川邑四里　李悌璜

白川邑文明舘　趙雲泳

載寧邑서部李鼎均家乾材局　李範善

沙里院三聖學校內　李承吉

咸鏡道

咸興州南社西門外　曹喜林

元山港上里倉前洞耶蘇女學校側　皇甫正杰

定平郡豐陽里　張禮學

洪原西門內保命局　羅炳善

永興邑南山洞洪明學校內　梁元常

清津港新岩洞　張元浩

全羅道

金溝木流面豆亭　趙德[illegible]

木浦港[illegible]洞　[illegible]

[illegible]

京畿道

[illegible]

江原道

[illegible]

慶尙道

[illegible]

忠淸道

蔚珍郡[illegible]梅花里　[illegible]

韓山下北[illegible]里　李[illegible]

結城廣川小龍洞　李[illegible]

公州府古上街[illegible]書舘　[illegible]

恩津論山浦雜貨店　[illegible]

北墾島

北墾島龍井村下場里　朴茂林

本報代金

一枚　新貨二錢五厘

壹個月　三十錢

參個月　九十錢

陸個月　壹圜七十錢

廣告料

四号活字拾三字詰（自一行至四行이爲一寸）每日一寸（英尺）에新貨廿五錢　但時期長短과行數多少를

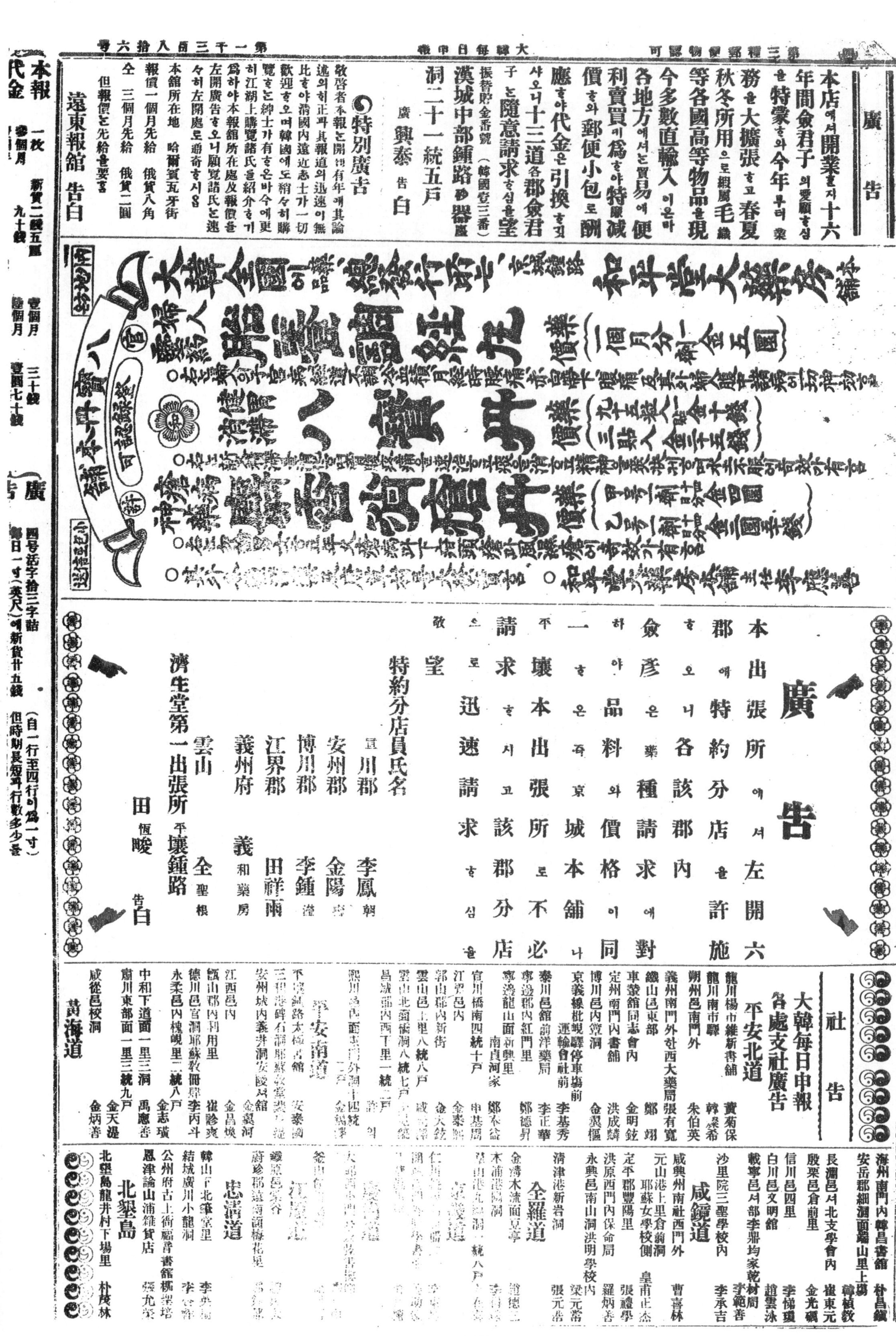

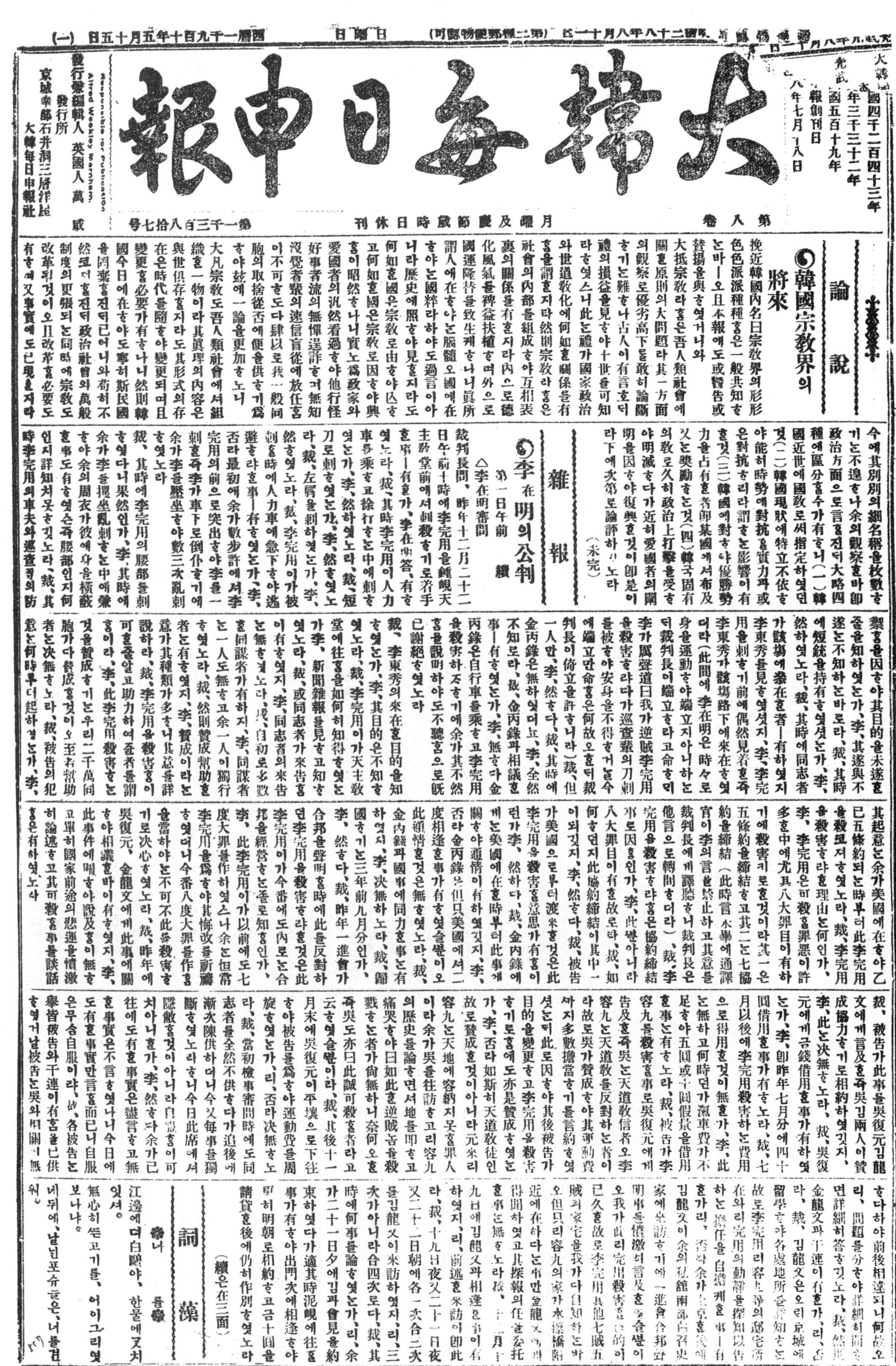

光武九年八月十一日第三種郵便物認可　日曜日　西曆一千九百十年五月十五日（一）

大韓每日申報

大韓國四千二百四十三年
年三千三十二年
開國五百十九年
光武八年七月十八日報創刊日

發行兼編輯人 英國人 萬咸
Responsible for Publication: Alfred Weekley Marnham
發行所 京城中部石井洞三層洋屋 大韓每日申報社

第八卷　月曜及慶節歲時日休刊　第一千三百八十七號

論說

◉韓國宗教界의將來

挽近韓國內名曰宗教界의形形色色派派種種홈은一般共知ᄒᆞᄂᆞᆫ바ㅣ오且本報에도或警告或贊揚을與ᄒᆞ엿거니와

大抵宗教라홈은吾人類社會에關ᄒᆞᆫ原則의大問題라其一方面의觀察로優劣高下를敢히論斷ᄒᆞ기ᄂᆞᆫ難ᄒᆞ나古人이有言ᄒᆞᄃᆡ禮의損益을見ᄒᆞ야十世를可知라ᄒᆞ엿스니此ᄂᆞᆫ禮가國家政治와世道敎化에何如ᄒᆞᆫ關係를有ᄒᆞᆷ을謂ᄒᆞᆷ이라然則宗教라ᄒᆞᆷ은社會의內部를組成ᄒᆞ야互相表裏의關係를有ᄒᆞᆫ지라內으로德化風氣를裨益扶植ᄒᆞ며外으로國運隆替를致生케ᄒᆞᄂᆞ니眞所謂人에在ᄒᆞ야ᄂᆞᆫ腦髓오國에在ᄒᆞ야ᄂᆞᆫ國粹라하야도過言이아니라歷史에照ᄒᆞ야見ᄒᆞᆯ지라도何如ᄒᆞᆫ國은宗教로由ᄒᆞ야亾ᄒᆞ고何如ᄒᆞᆫ國은宗教로因ᄒᆞ야興ᄒᆞᆷ이昭然ᄒᆞ나니實노爲政家와愛國者의汎然看過ᄒᆞ야他行怪好事者流의無憚逞詐ᄒᆞ거無知沒覺者輩의速信盲從에放任ᄒᆞᆷ이不可ᄒᆞ도다肆以로我一般同胞의取捨從否에便을供ᄒᆞ기爲ᄒᆞ야玆에一論을更加ᄒᆞ노니

大凡宗教도吾人類社會에셔組織ᄒᆞᆫ一物이라其眞理의內容은與世俱存ᄒᆞᆯ지라도其形式의存在은時代를隨ᄒᆞ야變更되며且變更ᄒᆞᆯ必要가有ᄒᆞ나니然則韓國今日에在ᄒᆞ야도寧히斯民國을悶棄ᄒᆞᆯ진뎌已어니와苟히不然코져ᄒᆞᆯ진뎌政治社會와萬般制度의更張되ᄂᆞᆫ同時에宗教도改革될것이오且改革ᄒᆞᆯ必要도有ᄒᆞ며又事實에도已現ᄒᆞᆫ지라수에其別別의細名稱을枚數ᄒᆞ기ᄂᆞᆫ不遑ᄒᆞ나余의觀察ᄒᆞᆫ바卽政治方面으로言ᄒᆞᆯ진ᄃᆡ大略四種에區分ᄒᆞᆯ수가有ᄒᆞ니(一)韓國近世에國敎로써指定하엿던것(二)韓國現狀에特立不依ᄒᆞ야能히時勢에對抗ᄒᆞᆯ實力과或은對抗ᄒᆞ리라謂ᄒᆞᄂᆞᆫ影響이有ᄒᆞᆫ것(三)韓國에對ᄒᆞ야優勝勢力을占有ᄒᆞᆫ者卽某國에셔布及ᄒᆞᄂᆞᆫ奬勵ᄒᆞᄂᆞᆫ것(四)韓국固有의教로久히政治上打擊을受ᄒᆞ야明滅ᄒᆞ다가近히愛國者의闡明을因ᄒᆞ야復興ᄒᆞᆫ것이卽是이라下에次第로論評하노라

(未完)

雜報

◉李在明의公判

第一日午前　續

△李在明審問

裁判長問、昨年十二月二十二日午前十時에李完用을鍾峴天主教堂前에셔刺殺ᄒᆞ기로着手ᄒᆞᆫ事ㅣ有ᄒᆞᆫ가、李在明答、有ᄒᆞ엿노라、裁、其時李完用이人力車를乘ᄒᆞ고徐行ᄒᆞᄂᆞᆫ中에刺ᄒᆞ엿ᄂᆞᆫ가、李、然하엿노라、裁、短刀로刺ᄒᆞ엿ᄂᆞᆫ가、李、然ᄒᆞ엿노라、裁、左肩을刺하엿ᄂᆞᆫ가、李、然ᄒᆞ엿노라、裁、李完用이가被刺ᄒᆞᆯ時에人力車에急下ᄒᆞ야逃避ᄒᆞ라ᄒᆞᆫ事ㅣ有ᄒᆞ엿ᄂᆞᆫ가、李、否라最初에余가數步許에셔李完用의前으로突出ᄒᆞ야李를一刺ᄒᆞᆫ즉李가車下로倒仆ᄒᆞ기에余가李를壓坐ᄒᆞ야數三次亂刺ᄒᆞ엿노라

裁、其時에李完用의腰部를刺ᄒᆞ엿다니果然인가、李、其時에余가李를攪坐亂刺ᄒᆞᄂᆞᆫ中에乘ᄒᆞ야余의周衣가彼에身을橫蔽ᄒᆞᆫ事도有ᄒᆞ엿슨즉腰部인지何인지詳知치못ᄒᆞ깃노라、裁、其時李完用의車夫와巡査等의防禦ᄒᆞᆷ을因ᄒᆞ야其目的을未遂ᄒᆞᆫ줄을知하엿ᄂᆞᆫ가、李、其遂與不遂ᄂᆞᆫ不知하ᄂᆞᆫ바로라、裁、其時에短銃을持有ᄒᆞ엿셧ᄂᆞᆫ가、李、然하엿노라、裁、其時에同志者가該場에參在ᄒᆞᆫ者ㅣ有하엿지李東秀를見ᄒᆞ엿셧지、李、李完用을刺ᄒᆞ기前에偶然見着ᄒᆞᆫ즉李東秀가該場路下에來在ᄒᆞ엿더라(此間에李在明은時々로身을運動ᄒᆞ야端立지아니하ᄂᆞᆫᄃᆡ裁判長이端立ᄒᆞ라고命ᄒᆞ미李가厲聲道曰我가逆賊李完用을殺害ᄒᆞ라다가巡査輩의刀刺를被ᄒᆞ야安身을不得ᄒᆞ거ᄂᆞᆯ今에端立만命ᄒᆞᆷ은何故오ᄒᆞᆫᄃᆡ裁判長이倚立을許ᄒᆞ니라)裁、但一人만、李、然ᄒᆞ다、裁、其時에金丙錄은無하엿더뇨、李、全然不知로라、裁、金丙錄과相議ᄒᆞᆫ事ㅣ有ᄒᆞ엿ᄂᆞᆫ가、李、無ᄒᆞ다、金丙錄은自行車를乘ᄒᆞ고李完用을殺害하ᄌᆞᄒᆞ기에余가其不然ᄒᆞᆷ을說明하야도不聽ᄒᆞᆷ으로旣已謝絶ᄒᆞ엿노라

裁、李東秀의來在ᄒᆞᆫ目的을知ᄒᆞ엿ᄂᆞᆫ가、李、其目的은不知ᄒᆞ엿노라、裁、李完用이가天主教堂에往ᄒᆞᆷ을如何히知得ᄒᆞ엿ᄂᆞᆫ가李、新聞雜報를見ᄒᆞ고知ᄒᆞ엿노라、裁、或同志者가來告ᄒᆞᆷ이有ᄒᆞ엿지、李、同志者의來告ᄂᆞᆫ無ᄒᆞ겟노라、裁、自初로多數ᄒᆞᆫ同謀者가有하지、李、同謀者ᄂᆞᆫ一人도無ᄒᆞ고余一人이獨行ᄒᆞ엿노라、裁、然則贊成幇助ᄒᆞᆫ者ᄂᆞᆫ有ᄒᆞ엿지、李、贊成이라ᄂᆞᆫ意가其種類가多ᄒᆞ니其意를詳說하라、裁、李完用을殺害ᄒᆞᆷ이可ᄒᆞᆫ줄알고助力하여준者를謂ᄒᆞᆷ이라、李、此李完用殺害ᄒᆞᄂᆞᆫ것을贊成ᄒᆞ기ᄂᆞᆫ우리二千萬同胞가다贊成ᄒᆞᆯ것이오至若幇助者ᄂᆞᆫ決無ᄒᆞ노라、裁、被告의犯意ᄂᆞᆫ何時부터起하엿ᄂᆞᆫ가、李、其起意ᄂᆞᆫ余가美國에在ᄒᆞ야乙巳五條約되ᄂᆞᆫ時부터此李完用을殺코져ᄒᆞ엿노라、裁、李完用을殺害ᄒᆞ라ᄒᆞᆫ理由ᄂᆞᆫ何인가、李、李完用은可殺ᄒᆞᆯ罪惡이許多ᄒᆞᆫ中에尤其八大罪目이有하기에殺害키로ᄒᆞᆫ것이라其一은五條約을締結ᄒᆞ고其二ᄂᆞᆫ七協約을締結(此時言未畢에通譯官이李의言을禁止하고其意를裁判長에게譯聽ᄒᆞ니裁判長은他言으로轉問ᄒᆞ더라)、裁、李完用을殺害ᄒᆞ라ᄒᆞᆷ은協約締結事로因ᄒᆞᆷ인가、李、此뿐아니라八大罪目이有ᄒᆞᆫ故로라、裁、如何ᄒᆞ던지此協約締結이其中一이되깃지、李、然ᄒᆞ다、裁、被告가美國으로부터渡來ᄒᆞᆫ것은此李完用을殺害ᄒᆞᆯ意思가有ᄒᆞᆷ이런가李、然하다、裁、金內錄에게ᄂᆞᆫ美國에在ᄒᆞᆫ時부터此事에關ᄒᆞ야通情이有하엿깃지、李、否라金丙錄은但只美國에서二度相逢ᄒᆞᆫ事가有ᄒᆞ엿슬뿐이오此通情ᄒᆞᆫ것은無ᄒᆞ엿노라、裁、金內錄과國事에同力ᄒᆞᆫ事ᄂᆞᆫ有하엿지、李、決無하노라、裁、歸國ᄒᆞ기ᄂᆞᆫ三年前九月分인가、李、然ᄒᆞ다、裁、昨年一進會가合邦을聲明ᄒᆞᆯ時에此를反對하던李完用을殺害ᄒᆞ라ᄒᆞᆫ것은此李完用이가今番에도內로ᄂᆞᆫ合邦을經營ᄒᆞᄂᆞᆫ줄로知ᄒᆞᆷ인가、李、此李完用이가以前에도七度大罪를作하엿스나余ᄂᆞᆫ恒常李完用을爲ᄒᆞ야其悔改를祈禱ᄒᆞ엿더니今番八度大罪를作ᄒᆞᆷ을當하야ᄂᆞᆫ不可不此를殺害ᄒᆞ기로決心ᄒᆞ엿노라、裁、昨年에吳復元、金龍文에게此事에關ᄒᆞ야相議ᄒᆞᆫ바이有ᄒᆞ엿지、李、此事件에關ᄒᆞ야說及ᄒᆞᆷ이無ᄒᆞ고單히國家前途의悲運을憤激히論進ᄒᆞ고其可殺ᄒᆞᆯ事를談話ᄒᆞᆷ은有하엿노라

裁、被告가此事를吳復元김龍文에게言及ᄒᆞᆫ즉吳김兩人이贊成協力ᄒᆞ기로相約하엿깃지、李、此ᄂᆞᆫ決無ᄒᆞ노라、裁、吳復元에게금錢借用ᄒᆞᆫ事가有하엿ᄂᆞᆫ가、李、卽昨年七月分에四十圓借用ᄒᆞᆫ事가有ᄒᆞ노라、裁、七月以後에李完用殺害하ᄂᆞᆫ費用으로得用ᄒᆞᆫ것이無ᄒᆞᆫ가、李、此ᄂᆞᆫ無하고何時던가滊車費가不足ᄒᆞ야五圓或十圓假貸을借用ᄒᆞᆫ事ᄂᆞᆫ有ᄒᆞ노라、裁、被告가李容九를殺害ᄒᆞᆯ事로吳復元에게告及ᄒᆞᆫ즉吳ᄂᆞᆫ天道教信者오李容九ᄂᆞᆫ天道教를反對하ᄂᆞᆫ者이라故로吳가贊成ᄒᆞ야其運動費ᄭᆞ지多數擔當ᄒᆞ기를言約ᄒᆞ엿셧ᄂᆞᆫᄃᆡ此로因ᄒᆞ야其後被告가目的을變更ᄒᆞ고李完用을殺害ᄒᆞ기로ᄒᆞᆷ에도亦是贊成ᄒᆞ엿ᄂᆞᆫ가、李、否라如斯히天道教徒인故로贊成ᄒᆞᆫ것이아니라元來리容九ᄂᆞᆫ天地에容納지못ᄒᆞᆯ罪人이라余가吳를往訪ᄒᆞ고리容九의歷史를論ᄒᆞ면서地를叩ᄒᆞ고痛哭ᄒᆞ야曰如此ᄒᆞᆫ逆賊놈을殺戮ᄒᆞᄂᆞᆫ者가尙無하니奈何오ᄒᆞᆫ즉吳도亦曰此誠可殺ᄒᆞᆯ者라고云ᄒᆞ엿슬뿐이라、裁、其後十一月末에吳復元이平壤으로下往ᄒᆞ야被告를爲ᄒᆞ야運動費를周旋ᄒᆞ엿ᄂᆞᆫ가、리、否라決無ᄒᆞ노라、裁、當初檢事審問時에도同志者를全然不供ᄒᆞ다가追後에漸次陳供하더니今又每事를獨斷ᄒᆞ엿노라ᄒᆞ니今日此席에셔隱蔽ᄒᆞᆯ것이아니라自白ᄒᆞᆷ이可치아니ᄒᆞᆫ가、李、然ᄒᆞ다余가已往에도有ᄒᆞᆫ事實은證言ᄒᆞ고無ᄒᆞᆫ事實은不言ᄒᆞ엿나니今日에도有ᄒᆞᆫ事實만言ᄒᆞᆷ而已니自服은무슴自服이랴、裁、各被告ᄂᆞᆫ擧皆被告와干連이有ᄒᆞᆷ을已供ᄒᆞ엿거날被告ᄂᆞᆫ吳와相關이無ᄒᆞ다하야前後相違되니何故오리、問題를分ᄒᆞ야詳細히問ᄒᆞ면詳細히答ᄒᆞ깃노라、裁、然則金龍文과干連이有ᄒᆞᆫ가、리、否라、裁、김龍文은오리京城에留學ᄒᆞ야各處地所를詳知ᄒᆞᄂᆞᆫ故로李完用리容九等의邸宅所在와리完用의動靜을探知以告하ᄂᆞᆫ擔任을自擔케ᄒᆞᆫ事ㅣ有ᄒᆞᆫ가리、否라余가上京ᄒᆞᆫ後에김龍文이余의私館南部召史家에來訪ᄒᆞ기에一進會合邦聲明事를憤激히言及ᄒᆞ엿슬뿐이오我가直리完用殺害ᄒᆞᆯ目的이已久ᄒᆞᆫ故로李完用其他七賊五賊의家宅을我가다自知하ᄂᆞᆫ바오但只리容九의家가水標橋附近에在하다ᄂᆞᆫ事만金龍文에게得聞하엿고其探報의任을委托ᄒᆞᆫ事ᄂᆞᆫ無ᄒᆞ노라、裁、十二月十九日에김龍文과相逢ᄒᆞᆫ事이有하엿지、리、前述ᄒᆞᆫ來訪이卽此라、裁、十九日夜又二十一日夜又二十二日朝에各一次合三次를김龍文이來訪하엿지、리、三次가아니라合四次로다、裁、其時에何事를論ᄒᆞ엿ᄂᆞᆫ가、리、余가二十一日夕에김과會見을約束하엿다가適其時泥峴에往ᄒᆞᆯ事가有ᄒᆞ야出門次에相逢ᄒᆞ야卽히明朝로相約ᄒᆞ고금十圓을請貸ᄒᆞᆫ後에仍히作別ᄒᆞ엿노라

(續은在三面)

詞藻

◉너를◉

江邊에더白鷗야、한물에갓치잇셔。
無心히ᄯᅳ고기를、어이그리엿보나냐。
네뒤에、날닌포슈ᄂᆞᆫ、너를겨워。

雜報

◎天賜園紀念　咸北觀察道에서 大皇帝陛下 南巡時 下賜金으로 建築ᄒᆞᆫ 天賜園에서ᄂᆞᆫ 本月二日에 創立第一回紀念式을 擧行ᄒᆞ얏다더라

英先帝大葬式確定

英先帝陛下의 大葬式은 本月二十日에 確定擧行ᄒᆞᆫ다ᄂᆞᆫ 公報가 京城駐在英國總領事館에 到着ᄒᆞ얏더라

◎追吊式의 禮服　來二十日 英國總領事館에서 英 先帝追吊式을 設行ᄒᆞᆯ 時에 內外國 一般官吏ᄂᆞᆫ 大禮服或通常服으로 往叅ᄒᆞ되 黑紗로 左腕、帽子、及刀柄을 纏束ᄒᆞ야 吊意를 表ᄒᆞᆫ다더라

◎永宣穢行　永宣君李埈鎔氏가 省墓次로 明日上午八時에 楊州郡檜岩洞으로 前往ᄒᆞᆫ다ᄂᆞᆫᄃᆡ 內部警務局에서 所經沿路警署에 指飭ᄒᆞ야 特別保護케 ᄒᆞ얏다더라

◎宮舍買決議　宮內府大臣官舍로 新買入ᄒᆞᆫ 桂洞洋屋은 現方修理中인ᄃᆡ 所入經費를 豫備金中에서 支出ᄒᆞ기로 內閣例會에 決議ᄒᆞ얏다더라

◎署長會議　昨日午後부터 警視廳內에서 管內署長會議를 開ᄒᆞ얏다더라

◎募金件協議　學部書記官隈本은 私立學校寄付金募集에 關ᄒᆞᆫ 法을 設定ᄒᆞ기 爲ᄒᆞ야 昨日內部에 出頭協議ᄒᆞ얏다더라

◎惡之徵死罪　再昨日李在明 [illegible]時에 總理大臣李完用氏를 [illegible] 人을 連續派送ᄒᆞ야 其結果 判刑을 執行ᄒᆞ얏다더라

◎[illegible]時報　一進會를 組織ᄒᆞᆫ 時에 日本寺內陸相의 周旋力이 頗多ᄒᆞ다ᄂᆞᆫᄃᆡ 近日該陸相이 統監을 被任ᄒᆞᆫ다ᄒᆞ며 容九ᄂᆞᆫ 將次一進會의 內閣이 成立되리라고 對人誇張ᄒᆞᆫ다더라

◎醫局自修會　內部醫務局內에서 昨日午後에 第六回自修會를 開ᄒᆞ고 經傳을 講演하얏다더라

◎日主事習　今回에 新任ᄒᆞᆫ 日人道郡主事ᄂᆞᆫ 與許合格者라 稱ᄒᆞᆫ다ᄂᆞᆫᄃᆡ 執務上에 滿례ᄒᆞᆯ 慮가 有ᄒᆞ다ᄒᆞ야 數日前부터 內部各局課에 輪回ᄒᆞ야 實地事務를 見習ᄒᆞᆫ다더라

◎李氏追往　學部繙譯官李完應氏ᄂᆞᆫ 南韓地方에 前往ᄒᆞᆫ 同部大臣에게 通譯員으로 今明間發程追往ᄒᆞᆫ다더라

◎測量手加選　水原觀察道에서ᄂᆞᆫ 來十八日 測量業者三十人을 加選ᄒᆞᆫ다더라

◎譯官試取　內部에서ᄂᆞᆫ 韓人繙譯官을 需用ᄒᆞᆯ 次로 日前二十餘人을 試取ᄒᆞ얏ᄂᆞᆫᄃᆡ 就中十八人은 今明間敍任된다더라

◎露領館新設　露國政府ᄂᆞᆫ 邇來韓露間의 貿易이 興盛ᄒᆞᆷ으로 北韓城津에 領事館을 新設키 爲ᄒᆞ야 目下敷設地를 選定中이라더라

◎水災調査數　內部에서 慶南北、全南北、咸南等各道의 昨年度水災狀況을 調査ᄒᆞ얏ᄂᆞᆫᄃᆡ 被死人이 四百五十三이오 傷人이 廿七이오 行衛不明者가 卌이오 家屋流失이 一千[illegible]百六戶오 崩壞가 四千五百九十七戶라더라

◎木材入札公告　內部土木局에서ᄂᆞᆫ 水原利川間橋梁修築에 需用ᄒᆞᆯ 木材一千五百餘株를 入札法에 依ᄒᆞ야 買入ᄒᆞ기로 公告ᄒᆞ얏다더라

北闕競賣

全國民力을 糜費ᄒᆞ야 修築ᄒᆞ고 幾拾年來로 保嚴히 護守ᄒᆞ던 景福宮이 乙未事變以後로 空虛廢鎖에 歸ᄒᆞᆷ은 一般共知ᄒᆞᄂᆞᆫ바어니와 宮內府에서ᄂᆞᆫ 同宮殿四千餘間을 放賣毁撤ᄒᆞ고 一大公園을 作ᄒᆞᆯ 次로 去九、拾、兩日에 競매에 屬ᄒᆞ얏ᄂᆞᆫᄃᆡ 購買者ᄂᆞᆫ 韓日人八拾餘名이 有ᄒᆞ얏고 其中拾餘名에게 放매를 許ᄒᆞ얏ᄂᆞᆫᄃᆡ 價額은 每間에 拾五圓으로부터 二拾七圓ᄭᆞ지오 其中三分의 一은 日人北井淸三郞이 買ᄒᆞᆯ 次로 契約ᄒᆞ얏ᄂᆞᆫᄃᆡ 同北井은 拓殖會社總裁宇佐川의 愛妾姻家이라 或宇佐川이 他日營利의 目的으로 此를 買케 ᄒᆞᆷ인듯ᄒᆞ다더라

◎日漁日增　全南西岸蝟島近海에ᄂᆞᆫ 今春漁期를 當ᄒᆞ야 出漁ᄒᆞᄂᆞᆫ 日本漁船이 五六[illegible]에 達ᄒᆞ고 且南岸巨文島方面에서도 日本漁船이 漸次增加ᄒᆞᆫ다더라

◎代表叅會　昨日各私立學校에서 聯合運動會를 開ᄒᆞᆷ은 旣報어니와 學部에서ᄂᆞᆫ 高丙鎬氏와 日人伊藤主事를 代表로 派送叅會케 ᄒᆞ얏다더라

◎石塚溫陽行　統監府石塚長官은 中山書記官三浦理事를 帶同ᄒᆞ고 昨夜에 溫陽溫泉에 赴往ᄒᆞ얏ᄂᆞᆫᄃᆡ 本日에 歸京ᄒᆞᆫ다더라

◎郡主權重　政府에서ᄂᆞᆫ 今回 도郡守에게 賞罰權을 委托ᄒᆞ얏ᄂᆞᆫᄃᆡ 此ᄂᆞᆫ 從來未曾有의 一新例라더라

李在明公判終了

再昨十三日 京城地方裁判所第一法廷에서 開ᄒᆞᆫ 李在明의 公判은 同日午后에 繼續審問ᄒᆞ야 八時에 至ᄒᆞ야 本件에 對ᄒᆞᆫ 第一審의 公判은 全部終了를 告ᄒᆞ얏고 來十八日午前九時에 判決言渡를 行ᄒᆞᆯ 터이라더라

◎旱害救恤　忠南庇仁舒川兩郡은 昨年에 旱災로 因ᄒᆞ야 飢民이 多ᄒᆞᆷ으로 同道에서 地方費中 三百五十圓五十錢을 支出ᄒᆞ야 救恤ᄒᆞ얏고 又庇仁郡에서ᄂᆞᆫ 有志人士가 二百八十六圓을 醵集救恤ᄒᆞ얏다더라

◎李氏褒賞　昆陽郡加利面儉井洞居李起台氏ᄂᆞᆫ 洞內貧民에게 米穀을 賑給ᄒᆞ고 郡內學校에 金百圓을 寄付ᄒᆞᆫ 事가 有ᄒᆞᆷ으로 內部에서 特別褒賞狀을 繕給ᄒᆞ얏다더라

◎白丁退韓　前課長黃鎭國日人松岡日憲兵特務曹長白丁等이 前郡守趙鼎允氏의게 金貸三千圓을 欺騙ᄒᆞᆫ 事件으로 日憲兵司令部에 被捉ᄒᆞ야 京城地方裁判所로 越交ᄒᆞᆷ은 旣報어니와 白丁은 昨罷免을 遭ᄒᆞ얏ᄂᆞᆫᄃᆡ 該部退韓令을 依ᄒᆞ야 今明間歸國ᄒᆞᆫ다더라

◎金礦請願　中部泥洞居李鵬氏ᄂᆞᆫ 平北龜城郡天摩面天倉後麓東秋洞及雷谷에 在ᄒᆞᆫ 金礦九十二萬九千三百四十四坪을 測量ᄒᆞ야 農商工部에 採掘認許를 請願ᄒᆞ얏다더라

◎舊習依然　日憲兵司令部偵探軍들이 各演劇場酒肆에 出沒ᄒᆞ며 營業을 妨害ᄒᆞᆫ다ᄒᆞ야 該部에서 秘密探查ᄒᆞ야 多數逐出ᄒᆞ얏ᄂᆞᆫᄃᆡ 該人等은 被黜後에도 舊習이 尙存하야 依然히 偵探軍이라 冒稱ᄒᆞ고 演劇場酒肆에 橫行ᄒᆞᆫ다더라

◎藉齋斂財　大邱龍淵寺에ᄂᆞᆫ 道僧萬下라 稱ᄒᆞᄂᆞᆫ 者가 有ᄒᆞ야 千日祈禱를 設ᄒᆞᆫ다 稱ᄒᆞ고 愚昧ᄒᆞᆫ 人民의 錢財를 多數引取ᄒᆞᆫ다더라

◎空砲演習　日步兵隊ᄂᆞᆫ 來十九日에 京城東方面農里附近에서 空砲用에 火演習을 行ᄒᆞᆫ다더라

◎日商生入京　日本山口縣高等商業學校生徒八十餘名은 修學旅行次로 昨日에 入京하얏다더라

◎隱銃押收　日兵搜索隊에서 去八日 抱川郡青松面에서 短銃一挺을 同九日 楊州郡嶺近面에서 火繩銃一挺을 발見押收ᄒᆞ얏다더라

◎賊反爲恩　光山金氏의 先祖金義元氏의 墓所를 失傳ᄒᆞᆫ지가 于今五百餘年이러니 本月初에 墓賊이 長湍郡臨江縣에 在ᄒᆞᆫ 卞氏의 奉祀墓를 破掘ᄒᆞ얏ᄂᆞᆫᄃᆡ 該墓가 卞氏의 所葬이 아니오 金義元氏의 葬地되ᄂᆞᆫ 證物이 有ᄒᆞᆫ지라 該金氏家에서 日昨宗會를 開ᄒᆞ고 改封ᄒᆞ기로 協議하얏다더라

◎義將聲言　義兵將李範允氏ᄂᆞᆫ 間島駐在日本總領事館을 燒火ᄒᆞ고 日人을 鏖殺하깃다 聲言ᄒᆞ고 部下五百名을 領率往襲ᄒᆞᆫ다ᄂᆞᆫ 說이 有ᄒᆞ다더라

◎伊川義兵　江原道伊川郡文石場附近에 義兵이 頻繁히 出沒ᄒᆞᄂᆞᆫᄃᆡ 此ᄂᆞᆫ 去番順川事件으로 因ᄒᆞ야 避去ᄒᆞᆫ 人民等이 該地人民과 聯結ᄒᆞ야 起兵ᄒᆞᆷ이라더라

◎鄭偵越裁　日憲兵司令部偵探軍鄭南候ᄂᆞᆫ 鴉片을 吸喫ᄒᆞ다가 北部警察署에 被捉ᄒᆞ얏ᄂᆞᆫᄃᆡ 三昨日京城地方裁判所로 越交ᄒᆞ얏다더라

◎假補被捉　安洞居金德在紅峴居申秉鉉兩人은 補助員이라 假稱ᄒᆞ고 挾雜을 行ᄒᆞ다가 三昨日日憲兵司令部에 被捉ᄒᆞ얏다더라

◎會頭運動　鍾路京城商業會議所에서ᄂᆞᆫ 今番에 議員半數를 改選ᄒᆞ고 任員及特別議員을 改選ᄒᆞᄂᆞᆫᄃᆡ 銅峴居鄭某ᄂᆞᆫ 大臣의 勢力을 藉ᄒᆞ고 會頭의 候補되기를 極力運動ᄒᆞᆫ다더라

可付一笑

昨日本報論說欄內에 所謂新聞押收處分이라 題ᄒᆞ고 昨年度警務局에서 發行ᄒᆞᆫ 警察事務概要中에 記載ᄒᆞᆫ 句語를 列擧ᄒᆞ고 辨論을 略加하얏더니 內部에서 此ᄂᆞᆫ 治安妨害라하야 押收ᄒᆞ얏더라

學界

◎女校運動　漢城內各女學校에서 來十七日上午九時西闕內에서 聯合運動會를 開ᄒᆞᆫ다더라

電報

論敦募債好況

借梼四分利公債一千萬磅의 募集件을 去拾日論敦市에서 발布ᄒᆞ얏ᄂᆞᆫᄃᆡ 應募額이 임의 半磅打步를 生ᄒᆞ야 頗히 好況이 有ᄒᆞ다고 日本銀行에 電報가 有ᄒᆞ다더라

銀行調查續行

日本大藏省에서 昨年以來로 特殊銀行內容調查에 着手ᄒᆞ얏ᄂᆞᆫ바 議會와 相値되야 中止ᄒᆞ얏더니 更히 其必要ᄒᆞᆷ으로 認ᄒᆞ야 大阪、奈良、和歌山、兵庫、各農工銀行을 調查ᄒᆞ고 因ᄒᆞ야 全國農工銀行을 調查ᄒᆞᆫ 後에 又一般銀行을 總히 調查ᄒᆞᆯ 터이라더라

墺觀光團旅程

墺太利觀光團 一行은 昨夜東京에 到着ᄒᆞ얏ᄂᆞᆫᄃᆡ 將次日光山[illegible] [illegible]發程[illegible]出ᄒᆞ야 [illegible]로 歸國ᄒᆞᆯ 터이라더라

辯護會長競爭

日本東京辯護士會에서 會長을 選擧ᄒᆞᆯ터인ᄃᆡ 非[illegible]會派에서ᄂᆞᆫ 磯部三郞、戶水寬人兩人中으로 協會派에서ᄂᆞᆫ 菊池武夫、鳩山和夫兩人中으로 選定코져ᄒᆞ야 競爭이 甚ᄒᆞ다더라

鐵聯會議困難

日露貨物聯絡會議ᄂᆞᆫ 露都에서 開ᄒᆞᆫ 意見이 不合ᄒᆞ야 困難이 甚ᄒᆞ다ᄂᆞᆫ 情報가 有ᄒᆞᆷ으로 日本에서 平井鐵道副總裁를 派遣ᄒᆞ야 萬國鐵道會議에 叅ᄒᆞᄂᆞᆫ도 次에 露都에 歷訪ᄒᆞ야 激勵케 ᄒᆞᆫ다더라

以上東京發　十三日着

日皇后地久節

二十八日은 日本皇后의 第六十一回地久節인故로 宮中에서 大宴祝宴을 開ᄒᆞᆯ터이라더라

印度王渡日

印度 [illegible] 로다王은 十四日午後八時에 日本東京에 到着ᄒᆞᆫ다 [illegible] ᄒᆞᆫ다더라

日鐵成績

去月下旬의 調查ᄒᆞᆫ 日本官營鐵道 [illegible]을 據ᄒᆞᆫ즉 前年同期에 比ᄒᆞ야 拾七萬六千四百七圓의 增加ᄒᆞ얏다더라

比使發程

日本駐在比利時勳使ᄂᆞᆫ 昨日午后九時에 日本東京에서 出發ᄒᆞ야 敦賀에서 露國汽船을 搭乘ᄒᆞ고 海蔘威에 上陸ᄒᆞ야 西伯利線으로 歸國ᄒᆞᆯ 豫定이라더라

以上東京발　十四日着

雜報

◎李在明의公判 (二面의續)

裁、二十二日朝에ᄂᆞᆫ何事를談ᄒᆞ엿ᄂᆞᆫ가、李、金龍文이早朝에依約來訪홈으로所懷를說ᄒᆞ라다가在傍ᄒᆞᆫ新聞을見ᄒᆞᆫ즉李完用이天主敎堂에赴往ᄒᆞᆫ다ᄒᆞ엿ᄂᆞᆫ지라余가卽時事故를藉托ᄒᆞ고更逢ᄒᆞ기를言及ᄒᆞᆫ즉金은余의前日借佩ᄒᆞᆫ時計返還ᄒᆞ기를請求ᄒᆞ되余가要用이有ᄒᆞ다稱ᄒᆞ고不給ᄒᆞ엿노라、裁、金龍文來訪이日出時던가、李、然하다、裁、二十一日夕에會談ᄒᆞ엿던金이翌早朝에再來홈은李完用의行動을來告ᄒᆞ려홈이아닌가、李、不然ᄒᆞ다李의行動을來告홈이아니로라、裁、十一月末에金龍文吳復元과相議ᄒᆞ고同志를糾合ᄒᆞᆫ次로平壤에下去ᄒᆞᆫ事ㅣ有ᄒᆞᆫ가、李、金吳와相議ᄒᆞ고去ᄒᆞᆫ事ᄂᆞᆫ無ᄒᆞ고我가獨行ᄒᆞ엿노라、裁、平壤에下去ᄒᆞ야朴泰殷家와吳召史家에셔同志를糾合ᄒᆞ야全泰善金貞益리應三等과會議ᄒᆞᆫ事가有ᄒᆞ엿지、李、朴泰殷家에셔김貞益리應三全泰善等과共히大韓每日申報에揭載ᄒᆞᆫ바李容九가一進會員百萬이라冒稱ᄒᆞ고合邦聲明ᄒᆞᆫ것을見ᄒᆞ고憤激을不勝ᄒᆞ야余가大呼曰此時에在ᄒᆞ야國民이된者ㅣ國恩을報치못ᄒᆞ면엇지人이라得謂ᄒᆞ깃나냐ᄒᆞᆫ즉全등이曰可라ᄒᆞ더라、裁、其時에金貞益이曰此事를提出홈은李容九의所爲인즉李容九를殺害ᄒᆞᄂᆞᆫ것이爲好라ᄒᆞᆫ事가有ᄒᆞᆫ가、李、忘置ᄒᆞ야不知ᄒᆞ깃노라、裁、其時에被告ᄂᆞᆫ李完用을殺ᄒᆞ자ᄒᆞ고金貞益은李容九를殺ᄒᆞ자ᄒᆞ다가畢竟李完用李容九를壹倂殺害ᄒᆞ자고決議ᄒᆞᆫ事ㅣ有ᄒᆞ엿ᄂᆞᆫ가、李、此ᄂᆞᆫ無ᄒᆞ고余ᄂᆞᆫ七賊五賊을悉皆殺害ᄒᆞ이可ᄒᆞ다ᄒᆞ엿노라、裁、被告ᄂᆞᆫ무ᄒᆞ다고隱諱ᄒᆞ나其後에趙昌鎬를逢着ᄒᆞ야此事實을告ᄒᆞ엿지、李、否라趙와ᄂᆞᆫ二三次會見이有ᄒᆞ나一次도言及홈이무ᄒᆞ노라、裁、李在明李東秀金丙錄二人은李完用을殺ᄒᆞ기로擔任ᄒᆞ고趙昌호金貞益二人은李容九를殺ᄒᆞ기로擔任ᄒᆞ기를決定ᄒᆞᆫ事ㅣ有ᄒᆞᆫ가、李、무라其時에金丙錄은釜山에在ᄒᆞ야此를知치도못ᄒᆞ고參席지도아니ᄒᆞ엿노라、裁、金丙錄은其時에不參ᄒᆞ엿스나追後에此事를告ᄒᆞᆫ즉金이承諾홈을노알고如此히決議ᄒᆞ엿깃지、李、否라、裁、其時에吳復元이가平壤에下來ᄒᆞᆫ것을見ᄒᆞ고此李完用李容九殺害ᄒᆞ깃다ᄂᆞᆫ事를告ᄒᆞᆫ즉吳가亦爲贊成ᄒᆞ엿깃지、李、否라朴泰殷家에셔諸人을曾合ᄒᆞ기前에吳復元이가下來ᄒᆞ야余의妻家로來訪ᄒᆞᄂᆞᆫ故로余ᄂᆞᆫ금錢借用ᄒᆞ기를請ᄒᆞᆫ즉吳가樂從치아니ᄒᆞᄂᆞᆫ貌樣이오但只自家에出去ᄒᆞ엿다가更히來訪ᄒᆞᆯ터인즉此를姑待ᄒᆞ라ᄒᆞ엿ᄂᆞᆫᄃᆡ余가平壤에逗留ᄒᆞ다가吳가復來치아니ᄒᆞᄂᆞᆫ故로余ᄂᆞᆫ上京ᄒᆞ엿노라裁、同志中에吳復元朴泰殷李應三은運動費周旋ᄒᆞᄂᆞᆫ任務를分担ᄒᆞ엿지、李、此等事ᄂᆞᆫ무ᄒᆞ엿노라、裁、被告가全泰善에게短銃을求得하엿다니果然인가、李、我가全泰善家에短銃이有ᄒᆞᆫ것을聞知ᄒᆞ고往請ᄒᆞᆫ즉무ᄒᆞ다云ᄒᆞ고其翌日에再逢ᄒᆞ야所用處를問ᄒᆞ더니三四日後에上京ᄒᆞ깃노라云하기에其後에我가追而上京ᄒᆞ야短銃을全의게得ᄒᆞᆯ터ᄒᆞ엿노라(此際에李在明은連續히所着ᄒᆞᆫ周衣의前襟으로其額面의流汗을拭ᄒᆞ더라)、裁、此短銃事를趙창鎬가得知ᄒᆞ낫가、李、決코무ᄒᆞ다

裁、全泰善에게得來ᄒᆞᆫ短銃은一箇뿐인가、李、然ᄒᆞ다、裁、短刀二個난何處에셔得來ᄒᆞ엿ᄂᆞᆫ가、李、一個ᄂᆞᆫ全泰善에게得來ᄒᆞᆫ것이오其後押收된小刀一個ᄂᆞᆫ買得ᄒᆞᆫ것이로라、裁、十二月拾一日頃에上京ᄒᆞ야金龍文을見ᄒᆞ고李完用李容九殺害ᄒᆞᆯ事를告ᄒᆞ엿ᄂᆞᆫ가、李、不知로라、裁、告ᄒᆞ엿슬듯ᄒᆞᆫᄃᆡ、李、此와如히支離히問ᄒᆞᄂᆞᆫ것은我가答ᄒᆞᆯ바아니로라、裁、金丙錄이가釜山에在ᄒᆞᆯ時에被告가致書招來ᄒᆞ엿ᄂᆞᆫ가、李、然ᄒᆞ다、裁、其書中에何意가有ᄒᆞ엿던고、李、我가金丙錄이釜山에在홈을聞ᄒᆞ고書를致ᄒᆞ기를我가商業을經營ᄒᆞᆯ터이니上來ᄒᆞ라ᄒᆞᆫ즉金이路費가무ᄒᆞ다ᄒᆞ기로金數拾圓을送與ᄒᆞ야上來ᄒᆞᆫ後에李完用殺害事를相議ᄒᆞᆫ즉議論이不合되엿노라、裁、金丙錄을李交담家에셔相逢ᄒᆞ고또廿二日에金丙錄을白召家에셔相逢ᄒᆞᆫ事有ᄒᆞᆫ가、李、詳知치못ᄒᆞ깃노라、裁、其時에李東秀ᄂᆞᆫ相見ᄒᆞ엿지、李、李東秀ᄂᆞᆫ元來余와同留ᄒᆞ엿노라、裁、金丙錄에게李完用殺害事를言及ᄒᆞᆫ즉金이協力ᄒᆞ마ᄒᆞ엿지、李、當初에ᄂᆞᆫ可ᄒᆞ다고云ᄒᆞ더니後에ᄂᆞᆫ自行事를乘行ᄒᆞ야李完用을殺害ᄒᆞ자ᄒᆞ난準言이有ᄒᆞ고不贊成ᄒᆞ기로我가怒叱相罷ᄒᆞ엿노라、裁、檢事審問時에도初에난名譽를獨專ᄒᆞ라난觀念을因홈인지同志가무ᄒᆞ다ᄒᆞ고云ᄒᆞ다가其後에更히詳供ᄒᆞ더니今又所供이前日과相違가多ᄒᆞ니何故오、李、前日에도然ᄒᆞ엿거니와今日에도亦然ᄒᆞᆫ지라무ᄒᆞᆫ事實은何時에라도不言ᄒᆞ깃고有ᄒᆞᆫ事實은盡言코저ᄒᆞ노라、裁、一人이李完용을殺ᄒᆞ랴다가其人이未殺ᄒᆞ면他人이又殺ᄒᆞ고又他人이未殺ᄒᆞ면又他人이殺ᄒᆞ깃다ᄂᆞᆫ論이有ᄒᆞ엿ᄉᆞ니果然ᄒᆞᆫ가、李、果然此等事ᄂᆞᆫ有ᄒᆞ엿노라、裁、李容九를ᄂᆞᆫ害코져ᄒᆞ엿지、李、李容九殺害事ᄂᆞᆫ我에게ᄂᆞᆫ無ᄒᆞᆫ바아니라、裁、李完用의死를知ᄒᆞᄂᆞᆫ가、李、我난其時에李完用을亂刺ᄒᆞ엿슬뿐이오彼가死ᄒᆞ엿난지生ᄒᆞ엿ᄂᆞᆫ지난得聞치못ᄒᆞ엿노라、裁、李完용을刺ᄒᆞᆯ時에李完用의車夫朴元文이가其主人李完用을爲ᄒᆞ야防禦ᄒᆞ랴다가被告의게被刺ᄒᆞ야卽死홈을致ᄒᆞ엿난ᄃᆡ此를知ᄒᆞ난가、李、車夫의致死ᄒᆞᆫ事난我의全然不知ᄒᆞ난바오但李完용만刺ᄒᆞᆯ時에刀를亂揮ᄒᆞ엿슬뿐이로라、裁、其時에被告가刀를亂揮ᄒᆞ야朴을刺ᄒᆞ야朴이被刺致死ᄒᆞ엿난ᄃᆡ、李、此난實로我의不知ᄒᆞ난바라我가決코此朴元文을刺ᄒᆞᆯ緣故가무ᄒᆞᆫ바로다、裁、檢事審問時에ᄂᆞᆫ被告가言ᄒᆞ기를李完用을刺ᄒᆞᆯ時에朴元文이가被告의刀를奪코저ᄒᆞᄂᆞᆫ故로被告가朴을刺ᄒᆞ엿다고云ᄒᆞ엿다ᄂᆞᆫᄃᆡ、李、我ᄂᆞᆫ此等事ᄂᆞᆫ不知ᄒᆞᄂᆞᆫ바라我가天主敎堂前에셔李完用을亂刺ᄒᆞᄂᆞᆫ中에突然巡査等이我 捕縛ᄒᆞ야李完用家로昇去ᄒᆞ엿ᄂᆞᆫᄃᆡ我가李完用家에到着ᄒᆞᆫ즉該門前에셔女人二名이踊躍呼哭ᄒᆞ기에我가비로소此等事가或有ᄒᆞ엿ᄂᆞᆫ가ᄒᆞ고想像ᄒᆞ엿슬뿐이로라

時난拾二時四拾分頃이라李在明의審問은玆에畢ᄒᆞ고小憩ᄒᆞ다

廣告

本人의子壽尙(字仲三)이年今三十五白來本有失眞症ᄒ야陰三月十六日에離家ᄒ야不知去處ᄒ오니京鄕維某間逢着則傳人ᄒ시면厘鈔倍給ᄒᆯ터이오니京鄕同胞間挽留通寄ᄒ심을務望홈
黃海道白川邑西村三里十五統五戶主權元範 告白

本人에姓名正字木圖章을陰三月十八日朔州邑場에서失ᄒ엿ᄉ오니內外國人間知悉ᄒ오
義州廣坪面佛汀洞金炳관告白

本人이長湍郡阜滾浦居李會雨의田一日耕文券과畓十二斗落文券合十二張을債權者金치濱의委托으로本人家에留置ᄒ엿더니陰三月二十四日에本人의妻男金允玉이가暗取以去ᄒ엿ᄉ니內外國人은切勿見欺홈
長湍郡阜滾浦居李奎鎭 白

本人에次子亨석이과宗孫信行이가與浮浪悖類로相從放蕩ᄒ오니錢財或有相關ᄒ가白失之鑠故如是廣告則內外國人間切勿見欺홈
義州古寧朔面東古城金載淳白

本人의先山在於平安南道江東郡盤石面이온ᄃ本人의六寸弟俊吉이가不良悖類로外國人을付同ᄒ야松楸을斫伐放賣云ᄒ니內外國人間切勿見欺ᄒ시오
平壤郡柴丬面下五里高俊實白

一百圓價販賣ᄒ면五十圓利益이有ᄒ藥에願매人과行商販매人을至急히募集ᄒ야保證人이有ᄒ면貸매ᄒ오니志願者ᄂ一日이라도遲滯말고早速來談홈
京城南部鎗峴五十一統七戶 伊藤喜十郎

京西部車洞同和藥房 本國藥材、洋藥、各病、飲、用、諸、國漢文、刊出、作封、雖婦女、郵便請求、賣買 閔樞白

同和藥房 出張所位置

平南安州秦平洞李鎭邦管內出張所自一號至九號安州邑內池錫規博川新邑俞昌善定州淸亭崔龍鉉博川 里林俊哲价川撫謀臺金奎鎬博川楳瑟介洪錫範肅川五里面金澤鎭安州立石場朴天應永柔一舘里康學洙○三和港碑石洞李元淳管內出張所自一號至十六號平壤八康元俊本港龍井洞尹衡玉江西椒洞金時權本港築洞金昌俊冠洞朴永元江西獨山里김致默德鳳里韓尙堯安岳杏洞鄭得河本港龍井洞尹衡七築洞李基芳新興洞張文淡黃海出行朴昌道三和沙川里李石豊黃海信川金應淳龍岡溫井金元集三和火島里趙基永○咸北鏡城魚郞面富潤洞朴昌周管內出張玄泰憲玄天默裴升彥李熙馥金煥甲李範珠梁準錫金鳳珠慈散熙樑爾英○平壤支店長宋尙愈管內出張自六十一号至七十四号中京洞金義錫遂安黑垈廬琦栢黃州燕峯里朴敏植平壤泉洞金衡國唐岩洞黃鎬鎭遂安芝石村趙國鎭元山人金春錫平壤老介을김周憲西祭山屯地洞金奉珏順安郡內康有勳平壤大同七山李鉉麟黃州湧沼洞金泰彥平壤김吕ᄃ坊崔命欽也○各郡出張은次号刊布ᄒ오리니務願僉位ᄂ本房扇槩을隨處說明ᄒ야用藥諸氏가認眞防僞케ᄒ시오

京城西部車洞 本舖 閔樞白

本社에서左開物品을機關으로織組ᄒ와廉價販매ᄒ오니京鄕商衣僉位ᄂ隨意請求ᄒ심을務望

物品 腰帶 丹仕 囊纓 珮物纓 香纓 挾囊纓 網纓各色

京城南部南小洞 京城織紐會社 合名會社

勿論親疎間掌記及居住만通知ᄒ시면擇品廉價ᄒ야郵便小包나運送部로卽速付送ᄒ고代金은引換ᄒ깃ᄉᆸ
京南部銅峴九十五統十戶
乾材藥局崔興模

本局이開業多年에各地方貿易이漸次發達이기業務를擴張ᄒ고며材淨價廉ᄒ야勿論親疎ᄒ고貿藥急用을便利케ᄒ오니居住와掌記를昭詳히郵便付送ᄒ시면唐草材蔘茸이라도小包로代金引換과或運送部로도迅速히付送ᄒ깃ᄉ오니同業 僉位ᄂ隨量請求ᄒ심을敬要
京銅峴一統六戶
乾材局 李盛哉

本書林에서敎科及他書籍五六百種과古書名筆을鳩聚大賣ᄒ오니照亮購覽務望 引換代金으로도酬應ᄒ 請求多小에特別割引도有홈
發賣所 南部銅峴卅五統八戶 同文書林主 金雨均白

廣告文을一覽ᄒ시옵

廣告

本店에서開業ᄒ지有年에僉君子의愛顧ᄒ심을特蒙ᄒ와今年부터業務를大擴張ᄒ고內外國各種紙物과其他學校用品을直輸入ᄒ와地方同業僉位와其他僉彥에게特廉減價로酬應ᄒ깃사오니不拘多小ᄒ시고註文만ᄒ시면數量을從ᄒ와郵便代金引換小包와或運送部를經ᄒ야迅速히付呈ᄒ깃ᄉᆸ

(品目畧錄)
本國紙部 大壯紙 龍扇紙 粉白 見樣紙 胡紙 尺紙 慶州紙 書厚紙 三阡 淸風紙 油衽板紙 書畵其他各種
外國紙部 洋紙 天井紙 色紙 模 造紙 半紙 古壹紙 書 簡紙 封套紙 印札紙 美濃紙 馬粉紙 圖紙 其他各種
右物을都賣散賣ᄒ

京城鍾路大廣橋 內外國紙物貿易商 本店 金聖煥 (電話二二八〇)
京城中部安洞別宮前 支店 金瑢鎭

特別廣告

本人의舍兄炳龍이留京多年에蕩敗家産ᄒ고昨年八月에在京身死인바京鄕間無賴輩가或僞造文券ᄒ고或僞造圖章ᄒ야稱云債錢得給이라ᄒ고每々督促者有之ᄒ오니若有此等惡習이면告訴于警察署ᄒ야卞白照律勘處ᄒᆯ터이니內外國人은照亮ᄒ시옵
全羅北道錦山郡々二面下茶村 文炳亮 告白

本人養子尹祺炫이가性本浮浪ᄒ야無故逃躲에不知所去러니探聞則隱於京城泥峴日本人山田太郎家라가日前에日本으로渡往云ᄒ오니恐或僞造本人圖章ᄒ와得債ᄒᆯ셔ᄒ야玆에仰布ᄒ오니內外國人은切勿見欺ᄒ시고若有相關이라도本人은切不報給ᄒᆯ터이오니內外國人은知悉ᄒ옵
交河郡衙洞面金村居宋珪東白

本店에서開業ᄒ지十六年間僉君子의愛顧ᄒ심을特蒙ᄒ와今年부터業務을大擴張ᄒ고春夏秋冬所用으로緞屬毛織等各國高等物品을現今多數直輸入이온바各地方에서ᄂ貿易케便利ᄒ기爲ᄒ야特廉減價ᄒ와郵便小包로酬應ᄒ야代金은引換ᄒ깃사오니十三道各郡僉君子ᄂ隨意請求ᄒ심을望
振替貯金番號(韓國壹三番)
漢城中部鍾路砂器廛洞二十一統五戶
廣興泰 告白

廣告

本出張所에서左開六郡에特約分店을許施ᄒ오니各該郡內僉彥은藥種請求에對ᄒ야品料와價格이同一ᄒ은즉京城本舖나平壤本出張所로不必請求ᄒ시고該郡分店으로迅速請求ᄒ심을請望 敬

特約分店員氏名
宣川郡 李鳳朝
安州郡 金陽喜
博川郡 李鐘洛
江界郡 田祥雨
義州府 義和藥房
雲山 全聖根

濟生堂第一出張所 平壤鍾路
田恒畯 告白

檀君開國四千二百四十三年
箕子元年三千三十二年
大韓開國五百十九年
本報創刊日 光武八年七月十八日

大韓每日申報

發行兼編輯人 英國人 萬咸
Responsible for Publication Alfred Weekley Marnham.
發行所 京城中部石井洞三層洋屋 大韓每日申報社

第八卷　月曜及慶節獻時日休刊　第一千三百八十八號

論說

韓國宗教界의將來 續

一、何如ᄒᆞᆫ宗教를勿論ᄒᆞ고一國에셔國教로定ᄒᆞ야百年以上을行ᄒᆞᆫ者ㅣ면其國에셔所謂上流人이라稱ᄒᆞᄂᆞᆫ部類가悉히教徒를化作ᄒᆞᄂᆞ니其勢力의强大ᄒᆞᆷ은定ᄒᆞᆫ事라韓國近世에在ᄒᆞ야도卽儒教ㅣ니自來韓國教界를言ᄒᆞᄂᆞᆫ者ㅣ必稱儒佛仙三者라云ᄒᆞ나韓國佛教의全盛時代卽高麗末運에至ᄒᆞ야其久行積弊로僧侶의橫恣를致ᄒᆞᆷ으로隨ᄒᆞ야李朝에入ᄒᆞ야賤佛政策을斷行ᄒᆞᄂᆞᆫ同時에崇儒國典이是擧ᄒᆞᆫ지라自來五百餘年에德化의波及ᄒᆞᆫ恩澤이不少ᄒᆞ엿스나其方法이多種의制度를包有ᄒᆞ야鎖國時代의專制政治와階級社會와尙古主義로더부러兩兩相符ᄒᆞᆫ者ㅣ오ᄯᅩ其時代의遺物이라決코現今時代現今社會에適合치아닐ᄲᅮᆫ아니라反히害가될慮가有ᄒᆞ거날近히此教에系ᄒᆞᆫ者ㅣ多出ᄒᆞ니曰孔子教曰大成教曰大同教曰太極教等이라其趣旨가聖人을尊奉ᄒᆞᆷ은甚히嘉尙ᄒᆞ나其目的이果然國粹保全ᄒᆞᆷ에在ᄒᆞᆫ가國權回復ᄒᆞᆷ에在ᄒᆞᆫ가抑或新知識輸入ᄒᆞᆷ에在ᄒᆞᆫ가其結果가畢竟階級社會를維持尙古主義를繼續ᄒᆞᆷ에不過ᄒᆞᆯ지니此ᄂᆞᆫ吾儕의不取ᄒᆞᆯ바오

二、何如ᄒᆞᆫ國을勿論ᄒᆞ고一國이他一國의게政治上壓迫을受ᄒᆞᄂᆞᆫ時에ᄂᆞᆫ百般의困窮을幷受ᄒᆞ야人民으로ᄒᆞ야금歸依ᄒᆞᆯ處를不知ᄒᆞᄂᆞᆫ지라玆에際ᄒᆞ야苟히此에對抗ᄒᆞᆯ力이少有ᄒᆞᆫ處이면眞所謂爲叢驅雀의勢로民衆의歸處를作ᄒᆞᆯ것거ᄂᆞᆯ而況耶蘇教와如ᄒᆞᆫ等은其感化의力이他教보담優越ᄒᆞᆯᄲᅮᆫ아니라其主義ᄂᆞᆫ博愛ㅣ며其制度ᄂᆞᆫ平等이오其方法은每年數百萬圓의多額을費ᄒᆞ야新知識新文明을兼爲輸入ᄒᆞᄂᆞ니그韓國國家民族의利益될者ㅣ무엇이此에過ᄒᆞᆯ것이有ᄒᆞᆯ이오且今日에處ᄒᆞ야韓國民의程度方面으로觀ᄒᆞᆯ지라도世界的知識을輸入ᄒᆞ며文明的思想을涵養ᄒᆞᆯ路를다시何에求ᄒᆞ리오論者ㅣ或以爲호ᄃᆡ宗教ᄂᆞᆫ人의頭腦와精神을無形間에感化變幻케ᄒᆞᄂᆞ니今以耶蘇教로言之라도歐米人의手를經ᄒᆞ야來ᄒᆞᆫ者이며且彼等이熱心盡力ᄒᆞ야出資宣布ᄒᆞᆷ을見ᄒᆞᆯ지라도엇지今世에人의國을爲ᄒᆞ야若是ᄒᆞᆯ者ㅣ有ᄒᆞ리오ᄒᆞ야疑端을還懷ᄒᆞ나니此ᄂᆞᆫ自來韓國人의慕華心이儒教傳來에基因ᄒᆞ엿다ᄂᆞᆫ餘刧이오又該教의本領卽博愛의義를未解ᄒᆞᆫ所致라ᄒᆞ노라從前韓國人의慕華心은他政治、文學、歷史及地理等諸關係로由ᄒᆞᆷ이오單히儒教의所使가아니며且設或論者의言과又치歐米人이各其自利의心으로熱心力布ᄒᆞᆫ다ᄒᆞᆯ지라도韓人은其自利心을迎合共同ᄒᆞ야利를韓國方面에取ᄒᆞᆯ진ᄃᆡ彼의自利心이何妨이有ᄒᆞ리오

(未完)

雜報

李在明의公判 續

第一日午後

△(二) 金貞益審問

仝日午後二時二拾分頃에再次開廷ᄒᆞ니裁判長以下官吏와辯護士一同의出席은午前과畧同ᄒᆞ고傍聽人은簇又치立ᄒᆞ엿ᄂᆞᆫᄃᆡ被告十人을一併出頭케ᄒᆞ더니裁判長이被告金貞益을招起ᄒᆞ야審問을行ᄒᆞᆯ시金貞益은年可二拾의靑年으로神采가堂々ᄒᆞ고英氣가勃勃ᄒᆞ야語語히其滿腔豪氣가雲霄를干ᄒᆞ니滿場人이爲ᄒᆞ야傾動치아니ᄒᆞᆫ者ㅣ無ᄒᆞ더라

裁、李在明과相知ᄒᆞ기ᄂᆞᆫ何時부텀인가、金、昨年七八月頃부텀이로라、裁、平壤敬與夜學校에셔李在明과謀的事를相議ᄒᆞᆫ事ㅣ有ᄒᆞ엿ᄂᆞᆫ가、金、(乃昂然히勵氣高聲曰)然ᄒᆞ다其時에李在明이가曰李容九를殺ᄒᆞᆷ이可ᄒᆞ다하기로余가應ᄒᆞ야曰然하다彼李容九가往年에도五條約을宣言ᄒᆞ야國家를此境에至케ᄒᆞ더니今又合邦을聲明ᄒᆞ니此漢은實로可殺ᄒᆞᆯ者라此에同力ᄒᆞ기로願ᄒᆞ노라、ᄒᆞ엿노라、裁、李在明이李完用을殺害코져ᄒᆞᄂᆞᆫ事를知ᄒᆞ엿ᄂᆞᆫ가、金、昨年十二月頃에朴泰殷家에셔李完用을殺ᄒᆞᆷ이可ᄒᆞ다ᄂᆞᆫ言을一聞ᄒᆞ엿노라、裁、其時에李在明은李完用을殺ᄒᆞᆷ이可ᄒᆞ다고主張ᄒᆞ고被告ᄂᆞᆫ李容九를殺ᄒᆞᆷ이可ᄒᆞ다고主張ᄒᆞ엿ᄂᆞᆫ가、金、然ᄒᆞ다、裁、其時朴泰殷李東秀全泰善李應三等과共히李完用李容九를一倂殺戮ᄒᆞᆷ이可ᄒᆞ다고決定ᄒᆞᆫ事ㅣ有ᄒᆞᆫ가、金、無ᄒᆞ다余가書籍縱覽所로부터朴泰殷家에往ᄒᆞᆫ즉其時에朴泰殷李應三등이對坐ᄒᆞ야大韓每日申報上에揭載된一進會合邦聲明問題를讀ᄒᆞ다가憤激을不勝ᄒᆞ야李容九를可殺이라ᄒᆞᆫ즉李在明은曰現今政府에當局ᄒᆞᆫ李完用을殺ᄒᆞᆷ이急務라ᄒᆞ기로余ᄂᆞᆫ曰李容九란놈이不過幾千名一進會로自稱百萬이라ᄒᆞ고合邦을聲明ᄒᆞ니此를可殺이오又事後의李完用을殺ᄒᆞᄂᆞᆫ것보다事前의李容九를殺ᄒᆞ야未來의禍를除ᄒᆞᆷ이國家에有益하다ᄒᆞ엿슬ᄲᅮᆫ이오李容九李完用兩人을皆殺ᄒᆞ기로決定ᄒᆞᆫ事ᄂᆞᆫ無ᄒᆞ노라(此를言ᄒᆞᆯ時에滔滔雄談이奇絶壯絶激絶)、裁、리完用살害ᄒᆞᄂᆞᆫ事ᄂᆞᆫ리지명이가担任ᄒᆞ고李容九殺害하ᄂᆞᆫ事ᄂᆞᆫ被告가担任ᄒᆞᆫ바有ᄒᆞᆫ가、金、無ᄒᆞ다、裁、李在明李東秀金丙錄의李完用殺害코져ᄒᆞᄂᆞᆫ事를其時에知ᄒᆞ엿ᄂᆞᆫ가、金、此事ᄂᆞᆫ上京後에야始知ᄒᆞ엿노라、裁、李容九殺害事로趙창鎬와同謀ᄒᆞᆫ事ㅣ有ᄒᆞᆫ가、金、無ᄒᆞ다、裁、同謀ᄒᆞ엿슬뜻ᄒᆞᆫ데、金、但只趙昌鎬의게刀를請借ᄒᆞᆫ즉趙가給與치아니ᄒᆞ기에余ᄂᆞᆫ自誓하기를余의懷中에在ᄒᆞᆫ小刀로라도彼全國이皆殺이라ᄂᆞᆫ賣國賊李容九를誅殺하리라ᄒᆞ엿노라、裁、被告가李完用은警護가甚嚴ᄒᆞ니李完用을先除ᄒᆞ고李容九를追後除之ᄒᆞᄌᆞ고云ᄒᆞᆫ事ㅣ有ᄒᆞᆫ가、金、余ᄂᆞᆫ此說이無ᄒᆞ엿노라、裁、一進會와大韓協會가聯合ᄒᆞᆫ後에合邦을聲明하니만일合邦이되면韓國은日本의屬國이되리라ᄒᆞ야李容九를除ᄒᆞ려ᄒᆞᆷ이런가、金、凶惡ᄒᆞᆫ宋秉畯은日本에伏在ᄒᆞ야合邦陰謀를煽出ᄒᆞ고此宋秉畯의左右되ᄂᆞᆫ李容九가合邦聲明을宣布ᄒᆞᄂᆞᆫᄃᆡ況其時에一進大韓兩會가聯合ᄒᆞᆷ은彼容九가其勢力을固樹ᄒᆞᆷ이라故로余ᄂᆞᆫ忠憤을不勝ᄒᆞ야此意思가有ᄒᆞ엿노라、裁、吳復元金龍文金丙錄全泰善朴泰殷李東秀趙창鎬等間에此事를相告ᄒᆞᆫ事ㅣ有ᄒᆞᆫ가、金、不知ᄒᆞ노라

△(三) 吳復元審問

裁、李在明은何時부터相知ᄒᆞ엿ᄂᆞᆫ가、吳、昨年夏로始ᄒᆞ엿노라、裁、昨年夏李在明이가政治上意味로李容九를殺코져ᄒᆞᄂᆞᆫ事를聞知ᄒᆞ엿ᄂᆞᆫ가、吳、然ᄒᆞ다、裁、李容九가合邦을聲明ᄒᆞᆯᄲᅮᆫ아니라李容九ᄂᆞᆫ天道教를反對ᄒᆞᄂᆞᆫ者인故로此를殺ᄒᆞᆷ을贊成ᄒᆞ엿지、吳、否라李容九가天道教를反對ᄒᆞᄂᆞᆫ故로此를殺ᄒᆞᆷ을贊成ᄒᆞᆫ것이아니라彼가一進大韓兩會를聯合ᄒᆞᆫ後에陰謀가有ᄒᆞᆫ故로贊成ᄒᆞ엿슴이로라、裁、其後李在明에게平壤下去ᄒᆞᄂᆞᆫ車費十圓을貸與ᄒᆞᆫ事가有ᄒᆞᆫ가、吳、有ᄒᆞ노라、裁、李在明이平壤下去ᄒᆞᆫ後에被告도亦是下去ᄒᆞᆫᄃᆡ李在明이가言ᄒᆞ기를李容九ᄂᆞᆫ民間人이오李完用은保護가嚴重ᄒᆞᆫ者인즉李完用을先殺ᄒᆞᆷ이可하다ᄒᆞ고ᄒᆞᆫ事ㅣ有ᄒᆞᆫ가、吳、否라當初에吳尙俊과余가共히李容九殺害事를贊成ᄒᆞ다가其後에此가不必要ᄒᆞᆷ으로思ᄒᆞ야吳尙俊과共히李在明에게李容九殺害가不可ᄒᆞᆫ意로致書ᄒᆞ엿노라、裁、李在明의게金四十圓貸與ᄒᆞᆫ事가有ᄒᆞᆫ가、吳、然ᄒᆞ다、裁、其後平壤에下去ᄒᆞᆫ時에李完用李容九를皆殺ᄒᆞᆷ이可ᄒᆞ다ᄂᆞᆫ事를發聞ᄒᆞ엿지、吳、否라余가平壤에下去ᄒᆞ야李在明을遇ᄒᆞ야李容九를殺ᄒᆞᆷ이不可ᄒᆞ다고言ᄒᆞᆫ즉李在明도亦是然ᄒᆞ다하엿슬ᄲᅮᆫ이로라、裁、陰十月二十二三日頃에平壤에下去하고又其後에下去ᄒᆞᆫ事ㅣ有ᄒᆞᆫ가、吳、再次下去ᄒᆞᆫ事ᄂᆞᆫ無하노라、裁、其時平壤下去ᄒᆞᆫ事ᄂᆞᆫ李在明의陰謀運動費周旋을爲ᄒᆞᆷ이라ᄂᆞᆫᄃᆡ果然인가、吳、否라決코此周旋을爲ᄒᆞᆷ이아니라天道教教理講習所視察次로下去ᄒᆞᆫ것이니其視察委任狀까지押收된것이現在ᄒᆞᆫ바라此委任狀을參考ᄒᆞ야도可知ᄒᆞᆯ者아닌가、裁、檢事前에셔ᄂᆞᆫ李完用先殺의謀를知ᄒᆞ고又其運動費를周旋次로平壤에下去ᄒᆞᆫ것이라言ᄒᆞ엿다ᄂᆞᆫᄃᆡ、吳、「無ᄒᆞ엿노라、裁、天道教도視察하고該運動費도周旋키爲ᄒᆞ야下去ᄒᆞᆷ이아니런가、吳、否라但只天道教視察을爲ᄒᆞᆷ이로라、裁、平壤에셔李在明이가金錢을請借ᄒᆞ던가、吳、金錢을請借ᄒᆞ기에應從치아니ᄒᆞ고本第로歸ᄒᆞ엿슬ᄲᅮᆫ이로라

△(四) 朴泰殷審問

裁、李在明과相知ᄒᆞᆷ이何時부텀인가、朴、昨年七月分이로라、裁、昨年七月分에書籍縱覽所에셔李在明과共히李容九를殺ᄒᆞᆯ것이다ᄒᆞᆫ事有ᄒᆞᆫ가、朴、然ᄒᆞ다、裁、其後又李在明을逢ᄒᆞ야李完用先殺ᄒᆞ기로決議ᄒᆞᆫ事ㅣ有ᄒᆞᆫ가、朴、無ᄒᆞ다、裁、被告家에셔李在明은李完用을殺ᄒᆞᄌᆞᄒᆞ고金益貞은李容九를殺ᄒᆞᄌᆞᄒᆞ야相爭하ᄂᆞᆫ것을知ᄒᆞ엿ᄂᆞᆫ가、「朴、知ᄒᆞ노라、裁、李在明은李完用을殺ᄒᆞ기로ᄒᆞ고金益貞은李容九를殺ᄒᆞ기로担任ᄒᆞᆫ줄知ᄒᆞᄂᆞᆫ가、朴、不知ᄒᆞ노라、裁、李在明金貞益李東秀全泰善李應三金秉鉉等이被告家에會合ᄒᆞ야李完用李容九를皆殺ᄒᆞᄌᆞᄒᆞᆫ것과李在明은李完用을殺ᄒᆞ기로担任하고金貞益은李容九를殺ᄒᆞ기로担任ᄒᆞ기로決定ᄒᆞᆫ것을知ᄒᆞᄂᆞᆫ가、朴、不知ᄒᆞ노라、裁、金貞益李在明陰謀에關ᄒᆞᆫ經費集合額數를被告가一一記置하엿다ᄒᆞ니果然인가、朴、無ᄒᆞ다、裁、金丙錄李東秀가李完用을共殺ᄒᆞ기로ᄒᆞᆫ事ㅣ有ᄒᆞᆫ가、朴、李東秀ᄂᆞᆫ然ᄒᆞ엿스나金丙錄의事ᄂᆞᆫ不知ᄒᆞ노라、裁、其後에各히運動費를出ᄒᆞ고又被告도出ᄒᆞ엿다하니果然인가、朴、其事가有하엿다ᄂᆞᆫ言은聞ᄒᆞ엿슬ᄲᅮᆫ이로라

(續은在三面)

詞藻

述懷　貞溪山人

東人十載不安棲頭白烏寒夜々啼虎威撼岳林風冽鍔淚漾空海雨凄讒思祠遯過孔楫厭聽漁陽動地鼙自笑在溝難固志穿雲幾度下丹蓼

官廷彙報

○石黑獻品 日人石黑男은 皇帝陛下께 七寶花瓶一雙 六角圓形、菊散置器 皇后陛下께 畵鶴七寶花瓶 太皇帝陛下께 畵鶴七寶花瓶을納 上ᄒᆞ엿나더라

○三七開宴 去土曜日은 海豐府院君尹澤榮氏의 新生子三七日인故로 宴會를設ᄒᆞ엿ᄂᆞᆫᄃᆡ 皇后陛下께ᄋᆞᆸ셔 女官五名을 命送ᄒᆞ야 參宴케ᄒᆞᄋᆞᆸ셧다더라

○日軍醫陛見 日人軍醫總監石黑、軍醫正木內난 來十八日에 統監府石塚長官을隨ᄒᆞ야 昌德宮에 陛見ᄒᆞᆫ다더라

雜報

○內閣例會 昨日內閣에서 月例會를開하엿다더라

○統監餞筵 統監府에서난 來十八日午后七時에 石黑男의 歡迎會를開하난ᄃᆡ 韓國親勅任官과 日本統監府及司令部文武高等官等이 參會ᄒᆞᆯ터이라더라

○若林東渡 若林警視總監은 近者渡日ᄒᆞᆯ豫定이라난ᄃᆡ 其原因은 [illegible]ᄒᆞ야 得[illegible]ᄒᆞ기不能ᄒᆞᆫ 重大ᄒᆞᆫ要件을 報告ᄒᆞ기爲ᄒᆞᆷ이라더라

○高大高宴 度支部大臣高永喜氏난 本日午后六時에 各部高等官을 招請ᄒᆞ야 廣通館에서 晩餐會를 開ᄒᆞᆫ다더라

○債券法發布 昨日官報法律第五號로 國庫債權條例를 발布하엿다더라

○赤社開會 京城에在ᄒᆞᆫ日本赤十字社支部에서ᄂᆞᆫ 昨日正午에 總會를開ᄒᆞ고 永宣君李埈鎔氏ᄂᆞᆫ 有功社員으로 李容稙氏ᄂᆞᆫ 特別社員으로 選定ᄒᆞ고 各其社員章을 贈呈ᄒᆞ엿다더라

○永宣訪問 永宣君李埈鎔氏ᄂᆞᆫ 再昨日下午三時頃에 侍從院卿尹德榮氏를 訪問하고 內閣變動事에 關하야 秘密談話ᄒᆞ엿다더라

○品評會協議 江原觀察道에서ᄂᆞᆫ 來十月二十日부터 十一月九日ᄭᆞ지 該道物産品評會를開하고 嶺西十七郡에서 農産、組織、土木、石、鑛、砂器、等物를 出品케ᄒᆞ기로 目下協議中이라더라

○僧尼嫁娶實施 中樞院에서 僧尼嫁娶에關ᄒᆞᆫ事로 內閣에建議ᄒᆞᆷ은 已報어니와 該案件을 實施케ᄒᆞᆯ意로 日間內部令을 發布ᄒᆞᆫ다더라

○日主赴任 內部各局課에서 事務를實習ᄒᆞ던 日人郡主事ᄂᆞᆫ 今日부터 任地로 赴任ᄒᆞᆫ다더라

○倉市와政府 거番被燒ᄒᆞᆫ 宣惠廳內場市家屋은 政府에서 經費를 出支ᄒᆞ야 建築ᄒᆞ기로 度支部에서 告示ᄒᆞ엿다더라

○拓社決算 拓殖會社第二回決算은 既已總會에서 決定ᄒᆞ엿난ᄃᆡ 農商工部에서난 昨日에 該社의 申請을 因ᄒᆞ야 認可ᄒᆞ엿다더라

○測量開始 度支部測量部에서ᄂᆞᆫ 水原江華兩郡에 技手各七人을 派送ᄒᆞ야 三角測量을 開始ᄒᆞᆫ다더라

○局長參會 漢城內私立女學校에서 昨日西闕內에 聯合運動會를 設行ᄒᆞᆷ은 既報ᄒᆞ엿거니와 學務局長尹致昨氏난 學部代表로 往參ᄒᆞ엿다더라

○榊原歸京 南韓을視察ᄒᆞ던 日憲兵隊長榊原은 昨日歸京ᄒᆞ엿다더라

○몬氏入京 英國下議院議員 몬타큐氏난 日本을觀光ᄒᆞ고 歸國ᄒᆞ난途에 昨日入京ᄒᆞ야 數日間滯京ᄒᆞᆫ다ᄂᆞᆫᄃᆡ 法人旅館에 投宿ᄒᆞᆫ다더라

○警備乃此 平安道沿海에 日人漁夫가 多數出漁ᄒᆞᄂᆞᆫᄃᆡ 此를警護ᄒᆞ기爲ᄒᆞ야 當局에서 木浦等地에在ᄒᆞᆫ 警備船을 派遣ᄒᆞᆫ다더라

○日生徒歷覽 日昨入京ᄒᆞᆫ 日本山口高等學校生은 昨日學部의 位置를 觀覽ᄒᆞ고 仍히 景福宮을 拜觀ᄒᆞ엿다더라

○清勞働到着 度支部直轄工事에 使役ᄒᆞᆯ 清國勞働者三百五十名은 去十日夜 廣梁灣에 到着ᄒᆞ엿다더라

○新聞界에外交家 美國桑港에서 韓人이 發行ᄒᆞᄂᆞᆫ 新韓民報ᄂᆞᆫ 第一百八十一號부터 英字를 挿入ᄒᆞ야 歐美各國人의게 韓國實狀을 紹介ᄒᆞᆫ다더라

○收金協議 日人高烟庸은 練習敎員에 對ᄒᆞ야 每名下人敎金一圓式 收入ᄒᆞ기로 目下李學宰와 協議中이라더라

○妓樂渡日 日本共進會에서 韓國妓生及樂工等을 雇聘ᄒᆞᆷ은 既報어니와 妓生八名樂工六名其他隨員合二十三名이 昨日上午八時에 渡日ᄒᆞ엿ᄂᆞᆫᄃᆡ 該樂工等은 從來宮內府에서 使用ᄒᆞ던者이라더라

○巡查調查 警視廳에서ᄂᆞᆫ 昨日五部內各警察署에 申飭ᄒᆞ야 現今勤務ᄒᆞᄂᆞᆫ 韓日巡查의 數爻氏名을 調查ᄒᆞ엿다더라

○柳氏調探說 海參威等地에 逗留ᄒᆞ던 柳承夏氏가 哈爾賓等地에 安重근氏紀念碑를 竪立ᄒᆞ기爲ᄒᆞ야 義捐金을 募集ᄒᆞᆯ次로 日前歸國ᄒᆞ엿다ᄂᆞᆫ說이 有ᄒᆞᆷ으로 某處에서 目下偵探中이라더라

○鎭橫間航路開始 日人經營에 屬ᄒᆞᆫ 鎭南浦橫濱間航路난 每月一回或二回로ᄒᆞᆯ 豫定인ᄃᆡ 去月二十八日부터 第一回航行을 始ᄒᆞ엿다더라

○何至恐慌 近日民間에 彗星을因ᄒᆞ야 地球가 滅亡ᄒᆞᆫ다ᄂᆞᆫ說을 酷信ᄒᆞ야 大恐慌을 作ᄒᆞ난者가 或유ᄒᆞ다난ᄃᆡ 確信ᄒᆞᆯ價値가 無ᄒᆞᆫ 一天文家의 談話를 聞ᄒᆞ고 此等恐慌을 抱ᄒᆞᆷ은 實로可嘆의 事라고들ᄒᆞ더라

○農部日人軋轢 農商工部內 日人官吏間에난 互相軋轢의風이 日로極度에 達ᄒᆞᆫ다난ᄃᆡ 其原因인즉 菊池商工局長이 齋藤技師와 共히 職權을 濫張코ᄌᆞᄒᆞ야 黨與를 樹立ᄒᆞᆷ에 汲汲ᄒᆞ야 少히 已意에 忤ᄒᆞ난者면 他處로 轉送케ᄒᆞ난故로 道家技師등과 嫌隙이 生ᄒᆞ야 相爲排擠ᄒᆞᆷ이라더라

○鬼蜚又現 平壤郡居崔益煥등은 再昨日內閣統監府及日本政府에 長書를 提呈ᄒᆞ고 合邦實施ᄒᆞ기를 催促ᄒᆞ엿다더라

○유何快心 一進會員등은리 拾九日日本政府에서 統監合邦拓殖등問題를 發布한다고 對人捷說한다더라

○權氏歸鄕 權承夏氏난 教科書를 買得ᄒᆞ고 教師를 延聘ᄒᆞᆯ次로 日前上京ᄒᆞ엿더니 某處에서 其行動을 無端注目ᄒᆞᆷ으로 該氏가 避嫌ᄒᆞ기爲ᄒᆞ야 昨日午前에 發程ᄒᆞ야 馬山浦를 經由ᄒᆞ야 鄕山으로 歸ᄒᆞ엿다더라

○取引所設立 京城在留日人등은 取引所를 設置ᄒᆞᆯ次로 委員을 選定ᄒᆞ고 昨日午後에 日本商業會議所에서 發起人등이 意見을 交換ᄒᆞ엿ᄂᆞᆫᄃᆡ 將次委員會를 又開한다더라

○金物商組合 京城龍山間居留ᄒᆞᄂᆞᆫ 日人金物商등은 商品價格을 一定케ᄒᆞ기爲ᄒᆞ야 去拾五日에 同業組合을 組織ᄒᆞ고 因ᄒᆞ야 奬忠壇에서 運動會를 開ᄒᆞ엿다더라

○壙工罷業後聞 向日廣梁灣壙田工事場에서 賃金의 相關으로 同盟罷業ᄒᆞ엿던 清國勞働者九百名中 八百五拾名은 既히 芝罘를向ᄒᆞ야 歸航ᄒᆞ엿고 殘留名은 鎭南浦에 止ᄒᆞ야 農業에 志ᄒᆞ난者도 유ᄒᆞ다더라

○閔氏無禮 再昨日漢城內九學校에서 三仙坪에 前往ᄒᆞ야 聯合運動會를 開ᄒᆞ고 乘轎入城ᄒᆞᆯ時에 西北協成學校學生들이 隊伍를 作ᄒᆞ야 整肅히 歸來ᄒᆞ난ᄃᆡ 輔國閔泳徽氏가 馬車를 乘ᄒᆞ고 直前驅馳ᄒᆞ야 隊伍를 衝斷通過ᄒᆞ난지라 急地回避ᄒᆞ야 跌蹶ᄂᆞᆫ 幸免ᄒᆞ엿스나 其無禮陵踏ᄒᆞᆷ을 憤激ᄒᆞ야 該學生一同이 當夜學校內에 會同ᄒᆞ야 閔氏의게 無禮ᄒᆞᆫ 行動을 質問ᄒᆞ랴다가 校中任員의 挽執을 因ᄒᆞ야 停止ᄒᆞ엿다더라

○義日激戰 昨日午前十時頃에 楊州郡蘆原面閑村에서 義兵將姜基東氏部下十五名과 議政府分遣所憲兵隊와 衝突ᄒᆞ야 約一時半을 激戰ᄒᆞ엿난ᄃᆡ 義兵死者난 一名이오 日兵一名은 重傷ᄒᆞ엿다더라

○[illegible] 忠南瑞山郡人山面과 泰安郡梨峴·所斤·安興面과 沔川郡合宗面에 在ᄒᆞᆫ 民유地가 國유에 誤入되엿슴으로 該地主의 代表人吳在泳李杜完金光秀三氏가 四年間京鄕各官廳에 累度呼訴ᄒᆞᆷ은 既報어니와 當局에셔 該地段을 調查ᄒᆞᆫ 結果로 其民유地됨을 確實발現ᄒᆞ야 仍舊返還ᄒᆞ엿다더라

○教堂追悼 昨日午后二時 貞洞教堂에서 去番長逝ᄒᆞᆫ 女醫에쓰터朴의 追悼會를 設行ᄒᆞ엿다더라

○天道致誠 天道教에서ᄂᆞᆫ 來二十四日부터 四十四個日間 道通致誠을 設行ᄒᆞᆫ다ᄒᆞ야 該教人을 各地寺刹에 派送ᄒᆞ엿다더라

○橫捧有怨 忠南德山海美等郡財務官吏ᄂᆞᆫ 曾前吏胥의 作奸ᄒᆞᆫ 結錢과 近日面長의 欠逋ᄒᆞᆫ 稅금을 民間에 督捧ᄒᆞᆷ으로 民怨이 狼藉ᄒᆞ다더라

○南韓敬天教 尙州郡居鄭尙龍氏ᄂᆞᆫ 尙州善山咸창安東等地에 敬天教를 傳布ᄒᆞ야 數萬의 教徒를 得하엿다더라

○日僧致齋 昨日은 釋迦如來의 生日인故로 京城에在ᄒᆞᆫ 日人의 本願寺와 淨土宗에서 西闕內에 會同ᄒᆞ야 致齋를 行ᄒᆞ엿ᄂᆞᆫᄃᆡ 觀覽人의게 入場券을 [illegible]ᄒᆞ되 每一枚 錢五厘式 收入ᄒᆞ엿다더라

○藥山燒火 平北寧邊郡藥山은 去七日午后二時에 燒火되야 巨木雜草가 過半燒却ᄒᆞ엿다더라

○金犯被捉 北部齋洞居金炳[illegible]ᄂᆞᆫ 詐欺取財犯으로 日憲兵司令部에 [illegible]ᄒᆞ엿다더라

○[illegible] [illegible]青年會館에서 本日下午、時에 [illegible]會를 開ᄒᆞ고 [illegible]氏를 請邀演說ᄒᆞᆫ다더라

○事係無實 前協辦리鳳來氏가 錦陵尉朴泳孝氏의게 金貨를 贈與ᄒᆞ엿다ᄂᆞᆫ說은 無根의 風傳이라더라

電報

◉統監問題 伊藤統監의 辭表提出은 事實로 現ᄒᆞᆯ[illegible]ᄒᆞᆫ다ᄒᆞ며 寺內陸相이 統監[illegible]됨도 亦已內定되엿ᄂᆞᆫᄃᆡ 其[illegible]期도 不遠ᄒᆞ다ᄒᆞ며 又至副統監의 事ᄂᆞᆫ 現今擇人中이라ᄂᆞᆫ說이 有ᄒᆞ다더라 東京發 十四日着

◉列國의皇帝皇族 來二十日故英황陛下御葬禮에 參列ᄒᆞᆯ 各國황帝及皇族은 二十餘人이라더라

◉國防報告提出 英國키元帥ᄂᆞᆫ 向者英領植民地에 到着하야 英國々防上의 [illegible]를 [illegible]ᄒᆞ엿ᄂᆞᆫᄃᆡ 該[illegible]를 英國政府에 提出하엿다더라

◉博覽開會 英日博覽會ᄂᆞᆫ 預定과如히 開會ᄒᆞ엿ᄂᆞᆫᄃᆡ 初日入場者가 [illegible]이엿다더라 以上倫敦발 十六日着

◉清人伐木說 鴨綠江上流로 [illegible]에 云ᄒᆞ되 清國[illegible] 合ᄒᆞ야 一隊ᄂᆞᆫ 清國政府에서 韓國政府에 [illegible]ᄒᆞ고 木材를 奪ᄒᆞᆫ다ᄒᆞ엿다더라 安東縣발 十八日着

雜報

李在明의公判 續

(二面의續)

裁、陰十月頃에上京혼事ㅣ有혼가、朴、然ᄒᆞ다、裁、其目的이李在明의運動費를周旋키爲홈이지、朴、否라但只入學홈目的으로上來홈이로라、裁、僞言이아닌가、朴、否라李在明의指導를受홈은決無ᄒᆞ엿노라、裁、其後李在明을訪問혼事ㅣ有ᄒᆞ지、朴、李在明을其旅舍에도訪問ᄒᆞ엿고又林蚩正家에도李在明과共히往ᄒᆞ엿노라、裁、林蚩正家에往혼것은運動費周旋을爲홈이아닌가、朴、否라單히訪問홈이로라、裁、警視廳과檢事前에셔ᄂᆞᆫ李在明의事를贊成ᄒᆞ야運動費를周旋ᄒᆞ고李在明李東秀의李完用殺害事를知ᄒᆞᄂᆞᆫ李가有ᄒᆞ다고云ᄒᆞ엿지、朴、警視廳에셔ᄂᆞᆫ惡刑을不堪ᄒᆞ야虛供혼것이오事實은無홈이로라

△(五) 全泰善審問

裁、李在明과相知가何時부텀인고、全、一年前부텀이로라、裁、昨年十一月二十六日頃에李在明을邀着혼事ㅣ有혼가、全、其妻家에셔逢ᄒᆞ엿노라、裁、其時에何事가有ᄒᆞ엿ᄂᆞᆫ가、全、李在明李東秀等이李完用李容九를殺ᄒᆞ깃다ᄂᆞᆫ事를得聞ᄒᆞ엿노라、裁、李完用을殺ᄒᆞᄂᆞᆫ것은李在明金內鉉李東秀가担當ᄒᆞ고李容九를殺ᄒᆞ기ᄂᆞᆫ金貞益趙昌鎬가担任혼事를知ᄒᆞ엿ᄂᆞᆫ가、全、李完用은李在明李東秀가担任ᄒᆞ고李容九ᄂᆞᆫ金貞益이가担任홈을聞ᄒᆞ엿노라、裁、運動費를吳復元等이周旋혼것을知ᄒᆞ엿ᄂᆞᆫ가、全、不知ᄒᆞ노라、裁、被告가其謀事를贊成ᄒᆞ야短銃을持來ᄒᆞ엿ᄂᆞᆫ가。全。短銃持來혼事가有혼노라。裁。幾柄인고。全。二柄이로라。裁。此二柄을何處에셔得來혼것인고。全。趙창鎬에게셔。裁。趙창鎬ᄂᆞᆫ何處에셔。全。不知ᄒᆞ노라。裁。一柄은李學泌에게셔來ᄒᆞ엿다ᄂᆞᆫ뒤。全。不知ᄒᆞ노라。裁。一柄은李學泌에게一柄은全履杰에게得來ᄒᆞ엿다ᄂᆞᆫ뒤。全。余ᄂᆞᆫ其出處을全然不知ᄒᆞ노라。裁。短銃을持來홀時에粟囊中에包藏ᄒᆞ야持來ᄒᆞ엿지。全。然ᄒᆞ다。裁。短銃을誰에게給與ᄒᆞ엿나뇨。全 리在明에게。裁。一은리在明에게一은誰에게。全。二柄을리在明이가持거ᄒᆞ엿ᄂᆞᆫ뒤必是一은리저明一은리東秀가持有ᄒᆞ엿슬뜻ᄒᆞ나詳知치ᄂᆞᆫ못ᄒᆞ노라。裁。短刀ᄂᆞᆫ如何히혼것인가。全。不知ᄒᆞ노라。裁。短刀를리저명의所請으로因ᄒᆞ야平壤에서鍛作혼바무혼가。全。무ᄒᆞ노라。裁。리저명에게刀를與혼事ㅣ有혼가。全。余家所有혼日人製의食刀一個를리저명이가他所用이有ᄒᆞ다고持거ᄒᆞ엿스나其所用은不지ᄒᆞ엿노라

△(六) 李應三審問

裁、李在明相知가何時부텀인고、李、三年前부터。裁。昨年十一月頃에朴泰殷家에셔李在明全泰善李東秀等과相逢ᄒᆞ야李完用李容九殺害홀事를相議ᄒᆞ엿ᄂᆞᆫ가。李。無하엿노라。裁。此事를聞知키ᄂᆞᆫᄒᆞ엿ᄂᆞᆫ가。李。聞知홀뿐이오議論혼바난無ᄒᆞ엿노라。裁。運動費擔當혼事가有혼가。李。無ᄒᆞ엿노라。裁。此를周旋혼事가有ᄒᆞ엿난가。李。無ᄒᆞ엿노라。裁。李在明等이言ᄒᆞ기를李完用은國賊인즉살홈이可ᄒᆞ다ᄒᆞ기로贊成ᄒᆞ엿노라고被告가警視廳과檢事前에셔陳供ᄒᆞ엿지。리。警視廳에셔만陳供ᄒᆞ엿노라。裁。此에贊成혼事가有ᄒᆞ엿ᄂᆞᆫ가。리。此等事ᄂᆞᆫ무하엿노라。裁。警視廳에셔리在明의經費를運動ᄒᆞ엿다ᄂᆞᆫ陳供이有ᄒᆞ엿지。리。무ᄒᆞ엿노라。裁。多數人이上京ᄒᆞ면發覺될念慮가有ᄒᆞ니一二人式上京홈이可ᄒᆞ다혼事와其他周旋等事ᄂᆞᆫ무ᄒᆞ엿ᄂᆞᆫ가。리。一二人式上京혼다ᄂᆞᆫ事만聞ᄒᆞ엿노라

△(七) 金內鉉審問

裁、李在明을美國셔相知ᄒᆞ엿ᄂᆞᆫ가、金、然ᄒᆞ다、裁、李在明歸國後에被告도亦歸國ᄒᆞ엿ᄂᆞᆫ뒤歸國前에李在明으로더부러宋秉畯李完用殺害홀陰謀가有ᄒᆞ엿ᄂᆞᆫ가、金、無ᄒᆞ엿노라、裁、此事를聞知홀뿐아니라被告가美國에在홀時부터國事를憤慨ᄒᆞ야相議혼事가有ᄒᆞ엿깃지、김、無ᄒᆞ엿노라、裁、李在明을平壤에셔相逢혼事ㅣ有혼가、金、數年前正月에、裁、何等相議가有하엿ᄂᆞᆫ가、김、 無ᄒᆞ엿노라、昨年十月分에李在明의招請을因ᄒᆞ야釜山으로부터上경혼事ㅣ有ᄒᆞ엿ᄂᆞᆫ가、金、有ᄒᆞ엿노라、裁、 其時李在明書中에何言이有ᄒᆞ엿던가、金、商業을共營ᄒᆞᄌᆞ云々ᄒᆞ엿기에路費를請求ᄒᆞ엿노라、裁、其後上京하야何事가有ᄒᆞ엿ᄂᆞᆫ가、金、上京혼즉李在明이平壤에下去ᄒᆞ엿더니住京後三日만에李가上來하야相逢ᄒᆞ엿노라、裁、李在明이被告에게金十五圓을下送ᄒᆞ야被告를上來케혼事ㅣ有혼가、김、然ᄒᆞ다、裁、李在明을見ᄒᆞ기前에他人에게彼의陰謀를聞知혼事ㅣ有ᄒᆞ엿ᄂᆞᆫ가、김、全泰善을逢ᄒᆞ야李在明이가李完用殺害하라ᄂᆞᆫ事를得聞ᄒᆞ엿노라、裁、其言을聞혼後에李在明의主意를知ᄒᆞ고平壤으로追去ᄒᆞ엿지、김、不然하다、裁、何故로平壤에下去ᄒᆞ엿던고、김、李交담家에셔全泰善의言을聞ᄒᆞ고自思ᄒᆞ매余意에不合ᄒᆞ기에余의故鄕에나暫赴홀意로下去ᄒᆞ엿노라、裁、平壤에下거하야李在明에게李完用殺害事를得聞ᄒᆞ엿ᄂᆞᆫ가、김、全無ᄒᆞ엿노라、裁、然則其事를京城에셔聞ᄒᆞ엿ᄂᆞᆫ가김、然ᄒᆞ다、裁、 此事를聞ᄒᆞ고贊成ᄒᆞ며또準備ᄒᆞ엿ᄂᆞᆫ가、김、贊成도아니ᄒᆞ고準備도아니ᄒᆞ고余ᄂᆞᆫ李在明에게其停止를論ᄒᆞ엿스나李在明이가苦勸하기에不得已ᄒᆞ야謝絕홀意로自行車를乘ᄒᆞ고殺ᄒᆞᄌᆞᄂᆞᆫ言을故言혼즉李在明이가余를犬子又혼놈이라고罵倒ᄒᆞ엿슬뿐이로라(時에李在明이在傍呵々大笑聽衆亦笑)裁、自行車를乘ᄒᆞ고殺하ᄌᆞ홈은贊成ᄒᆞᄂᆞᆫ意도不出ᄒᆞ엿ᄂᆞᆫ가、김。決코贊成홈이아니로라。裁。被告가美國에在혼時부터國事를憤慨ᄒᆞ야歸來ᄒᆞ엿슨즉今番에반다시贊成ᄒᆞ얏지。김。余ᄂᆞᆫ國事를憤하야歸혼것이아니라西洋人에게毆打를當ᄒᆞ고憤ᄒᆞ야歸來홈이로라(聽衆笑) 裁。自行事說은何日에ᄒᆞ엿던고。김。리在明이리完用을刺ᄒᆞ던二三日前이로라。裁。 二十二日早에리在明을往訪혼것은何故오。김。小荷物을持來홀次로라。裁。리完用살害事에關ᄒᆞ야往訪홈이아닌가。김。아니로라。 裁。早訪홀時에리完用살害를決定혼事를知ᄒᆞ엿ᄂᆞᆫ가。김。不知하엿노라。裁。其時同在人 이何人 이던고김。리在明리東秀兩人이더라。裁。其時에리在명리東秀가凶器를持ᄒᆞ고出발ᄒᆞ던時던가。김。否라。裁。荷物을何處로持거ᄒᆞ엿ᄂᆞᆫ가。김。林蚩正家로。裁。리交담家에往혼事ㅣ有혼가。김。然하다。裁。其時에리東秀를得見ᄒᆞ엿ᄂᆞᆫ가。김。不見ᄒᆞ엿노라。裁。리交담家에往ᄒᆞ엿슬時에리東秀가持來혼刀銃을水瓮中에藏置혼事ㅣ有혼가。김。리東秀의持來혼것인지不지ᄒᆞ나다만其家에정괴包置혼것을見ᄒᆞ고全泰善의게問혼즉全이日정괴라ᄒᆞ기에余가共히水瓮中에藏置ᄒᆞ엿노라。裁。確實혼가。金。然ᄒᆞ다、裁。全泰善의持來혼것인가。金。不知ᄒᆞ노라。裁。何故로其정괴가彼處에在ᄒᆞ던고。김。不知ᄒᆞ노라。裁。被告가以前에도自供혼바有혼즉該物이分명히리東秀가持來혼것이지。김。不知ᄒᆞᄂᆞᆫ바오다만其時에ᄂᆞᆫ惡刑을施ᄒᆞ야ᄉᆞ롬을죽이라ᄒᆞ난故로不得已虛供ᄒᆞ엿슬뿐이로라。裁。其後南大門外에셔宿홀時에變姓告ᄒᆞ엿지。김。然ᄒᆞ다余가元來二名이有ᄒᆞ니一은丙植이라故로其時에丙植이라홈이로라。裁。卽時釜山으로下去ᄒᆞ엿던가。김。然ᄒᆞ다。裁。何故로。김。資本이무혼故으로오리留連홀必要가무혼故로卽歸홈이로라

△(八) 金龍文審問

裁 、李在明과相知가何時부텀인고、金、一年前이로라、裁、昨年九月分에李在明이가李完用殺害事에同志되기를勸告하기에承諾혼事ㅣ有혼가、金、承諾은無ᄒᆞ엿노라、裁、李在明이가初에ᄂᆞᆫ李容九를殺ᄒᆞ라ᄒᆞ다가其後李完用을殺ᄒᆞ려ᄒᆞ믹此에合心하엿ᄂᆞᆫ가、김、李完用殺ᄒᆞ라ᄂᆞᆫ事난聞ᄒᆞ엿스나李容九殺ᄒᆞ라ᄂᆞᆫ事ᄂᆞᆫ不知ᄒᆞ노라、裁、李完用被刺前에李完用을殺ᄒᆞ라ᄂᆞᆫ事를聞知하엿ᄂᆞᆫ가、김、聞ᄒᆞ엿슬뿐이로라、裁、其時에李完用을先殺ᄒᆞᄌᆞᄂᆞᆫ事를得聞ᄒᆞ엿ᄂᆞᆫ가、김、否라但只李在明이가余에게弄談으로李完用을살하깃다홀뿐이로라、裁、其言을聞ᄒᆞ고贊成ᄒᆞ엿ᄂᆞᆫ가、김、聞홀뿐이오贊成은無ᄒᆞ엿노라、裁、李在明이가李容九의邸宅과李完用의動靜을探告ᄒᆞ야달나ᄂᆞᆫ請이有ᄒᆞ던가、김、然ᄒᆞ다、裁、承諾ᄒᆞ엿ᄂᆞᆫ가、김、承諾지아니ᄒᆞ엿노라、裁、李在明에게李容九의家가水標橋附近에在ᄒᆞ다고言ᄒᆞ엿던가、김、然ᄒᆞ다、裁、李完用의動靜을探知혼事ㅣ有혼가、김、此ᄂᆞᆫ不知ᄒᆞᄂᆞᆫ事로라、裁、李完用被刺前日夜에李在明을往訪ᄒᆞ엿ᄂᆞᆫ가、김、有ᄒᆞ엿노라數次訪問ᄒᆞ엿노라、裁、二十二日朝에李在明을往訪ᄒᆞ엿지、김、然ᄒᆞ다。裁。其時에新聞을見ᄒᆞ고李完用이天主教堂에往ᄒᆞᄂᆞᆫ것을李在明에게通知ᄒᆞ기爲홈이아니런가。金。決코不然ᄒᆞ다。裁。被告가李在明에게錢十圓。구주。時計를與ᄒᆞ엿ᄂᆞᆫ가。金。與ᄒᆞ엿노라。裁。李在明이가國家를爲ᄒᆞ야盡力ᄒᆞᄂᆞᆫ故로此를與홈이지。金。아니로라

△(九) 金秉鉉審問

裁。趙창鎬、朴뎌殷과相親혼가金。趙ᄂᆞᆫ親ᄒᆞ고朴은知홀뿐이로라。裁。全뎌善。金秉瑞와相親혼가。金。然하다。裁。李學泌金履杰과相親혼가。金。然하다

裁 。短銃을借來키爲ᄒᆞ야趙창鎬와共히金履杰에게往ᄒᆞ엿ᄂᆞᆫ가。金。共히李學泌家에往혼事난유ᄒᆞ나金履杰에게往혼事난無ᄒᆞ엿노라

裁。趙창鎬가被告에게言ᄒᆞ기를李完용李容九ᄂᆞᆫ賣國賊인즉살홈이可ᄒᆞ다고云하던가。金。然하다。裁。趙창鎬가被告에게致書하기를金履杰의短銃을求送하라힛던가。金。然ᄒᆞ다。裁。被告가金履杰에게致書ᄒᆞ기를「惡奴가東來에三千里國土가沈沒된다」고云하엿ᄂᆞᆫ가。金。然ᄒᆞ다。裁。又其書末에議論홀事件이有ᄒᆞ니相逢ᄒᆞ자혼事ㅣ有혼가。金。然ᄒᆞ다

△(十) 金履杰審問

李學泌。金秉鉉과親혼가。金。李ᄂᆞᆫ知홀뿐이오金은親하노라

裁。昨年九月分에李學泌。趙창鎬가共히被告家에來ᄒᆞ야短총을借去ᄒᆞ엿ᄂᆞᆫ가。金。無ᄒᆞ다。裁、李國林家에短銃이유혼것을知ᄒᆞ엿난가。金。知하엿노라。裁。認許가유혼것이런가。金。不知ᄒᆞ노라。裁。昨年에金秉鉉이가短총을借ᄒᆞ라고致書ᄒᆞ엿던가金。無ᄒᆞ다。裁。李學泌이가平壤에셔相逢ᄒᆞ야短총을請借혼事ㅣ유혼가。金。陰十月頃에平壤에셔李學泌을相逢혼즉李가日商業上所用이유하니短총을借ᄒᆞ라ᄒᆞ기에余ᄂᆞᆫ樂應치아니ᄒᆞ고但日此가余의親戚家의物인즉徐圖ᄒᆞᄌᆞᄒᆞ엿노라。裁。其後에金秉鉉의借총허라ᄂᆞᆫ書信이유허엿ᄂᆞᆫ가。金。無허다。裁。短총을持ᄒᆞ고平壤에往ᄒᆞ야金秉瑞 與ᄒᆞ엿ᄂᆞᆫ가。金。李學泌과相約혼뒤로홈이로라。裁。何故로此短총을與ᄒᆞ엿던고。金。李學泌이가行商業에用ᄒᆞ깃나云혼故로與ᄒᆞ엿노라。裁。短총을李가持去혼것은李容九살害에用코져홈이런가。金。不知ᄒᆞ엿노라

△調書와証據物

被告十名의審問은玆에畢ᄒᆞ고裁判長이調書를出ᄒᆞ야被告에게讀聞ᄒᆞ고短刀를李在明에게出示ᄒᆞ야曰此凶器가被告凶行에用혼物인가혼즉李가厲聲大呼曰此短刀가凶行에用혼物이아니라我가國賊李完用을刺살ᄒᆞᄂᆞᆫ義行에用혼物이니라ᄒᆞ며라(滿場이凜然)裁判長이또一小刀를金貞益에게出示ᄒᆞ야曰此가被告의物인가혼즉金이懷慨激昂曰趙창鎬가余에게刀를與ᄒᆞ라ᄒᆞ다가違約ᄒᆞ기에余ᄂᆞᆫ此로李容九를斬코ᄌᆞᄒᆞ던物이라(辭氣가悲壯)ᄒᆞ더라(時에李在明은在傍微笑)

時ᄂᆞᆫ午後五時三十五分頃이다玆에檢事의論告가始ᄒᆞ다

廣告

本社에서左開物品을機關으로織組ᄒ와廉價販매ᄒ오니京鄕商僉位ᄂ隨意請求ᄒ심을務望

物品
腰帶　丹任　囊纓　珮物纓
香纓　挾囊纓　網纓各色

京城南部南小洞
京城織紐會社　合名會社

勿論親疎間掌記及居住만通知하시면擇品廉價ᄒ야郵便小包나運送部로卽速付送ᄒ고代金은引換ᄒ깃슴

京南部銅峴九十五統十戶

乾材藥局崔興模

本局이開業多年에各地方貿易이漸次發達이기業務를擴張ᄒ며材淨價廉ᄒ야勿論親疎ᄒ고貿藥急用을便利케ᄒ오니居住와掌記를昭詳히郵便付送ᄒ시면唐草材蔘茸이라도小包로代金引換과或運送部로도迅速히付送ᄒ깃ᄉ오니同業 僉位ᄂ隨量請求ᄒ심을敬要

京銅峴一統六戶

乾材局 李盛哉

本書林에서教科及他書籍五六百種과古書名筆을鳩聚大賣하오니照亮購覽務望 引換代金으로도酬應ᄒ 請求多小에特別割引도有ᄒ

發賣所 南部銅峴卅五統八戶
同文書林主 金雨均白

同和藥房 出張所位置

京城西部麻浦朴ᄂ榮奬洞金在賢倫洞曾堂內리弼杜水登浦會堂內洪聖河金相玉東部南水洞金炳ᄃ鎭島朴在庸○黃海鳳山沙里院明致聖管內出張所自一號至十二號本院朴鎭乾鳳山黃村金根河載寧葛山郭永澤鳳山靈泉坊崔仁煥沙里院김振션安岳鳳洞林창煥載寧三支江리德寬鳳山舍人坊김秉淳載寧新安浦명晞赫鳳山舍人坊天光欽載寧奇村奇敬守鳳山沙里崔貞堯○新溪邑會堂前吳泰周리奎東海州鍾路朴基陽谷山邑內리陽格谷山南川里김德亨鳳山邑內張義甲○忠清道木川井川黃相穆公州柳川洞리炳斗清安련川張근榮稷山立場리奎甲慶尙김山김泉鄭海容盈德上場文鳳儀全羅木浦港梁杜恩平南价川龍源里崔寅植寧遠東邊里力芸榮咸南洪原西門內羅炳善○平壤支店長宋尙愈管內出張自六十一号至七十四号中京洞金義錫遂安黑垈盧琦恒黃州燕峯里朴敏植平壤泉洞金衡國唐岩洞黃鶴鎭遂安芝石村趙國鎭元山人金春錫平壤老介올김周憲西祭山屯地洞金奉珏順安郡內康有勳平壤大同七山李鉉麟黃州湧沼洞金泰彦平壤김呂日坊崔命欽也○各郡出張은次号刊布ᄒ오리니窃願僉位ᄂ本房扇票를隨處說明ᄒ야用藥諸氏가認眞防僞케ᄒ시오

京城西部車洞
本舖 閔 櫃 白

本人이陰曆三月二十四日에孟山郡內街路에서信章을서失ᄒ바玆에仰布ᄒ오니僉員은照亮 平南德川郡德洞里邊元錫告白

廣告文을一覽ᄒ시옵

◎廣告

本店에서開業ᄒ지有年에僉君子의愛顧ᄒ심을特蒙ᄒ와今年부터業務를大擴張ᄒ고內外國各種紙物과其他學校用品을直輸入ᄒ와地方同業僉位와其他僉彦에게特廉減價로酬應ᄒ깃사오니不拘多小ᄒ시고註文만ᄒ시면數量을從ᄒ와郵便代金引換小包와或運送部를經ᄒ야迅速히呈ᄒ깃슴

(品目畧錄)

本國紙部
大壯紙　簾紙　扇紙　粉白
見樣紙　胡紙　尺紙
慶州紙　書厚紙　三貼
清風紙　油粧紙　板紙
書畵其他各種

外國紙部
洋紙　天井紙　色紙　模
造紙　半紙　古査紙　書
簡紙　封套紙　印札紙
美濃紙　馬粉紙　圖紙
其他各種

右物을都賣散賣ᄒ

京城鍾路大廣橋
內外國紙物貿易商
本店 金聖煥
(電話二一八〇)
京城中部安洞別宮前
支店 金瑢鎭

本人이龍山朴興西處에陰己酉十月初十日典執紙貨五十圓標를同十一月間不知中서失故로玆以廣布ᄒ오니誰某拾得勿施ᄒ

南陽眷位洞洪淳弼 告白

本人車洞金完默許紙貨三拾貳圓任置標與紙貨拾圓入于夾囊而南門嶋牛鮮與成矣人海不知中爲賊手所割而見失故玆廣告

金祺濟 告白

本人의所有家屋南部誠明坊阜洞契第八統六戶五七間草四間半買金貳拾圓立旨壹張을不知中서失故로玆以廣布ᄒ오니誰某拾得休紙施行ᄒ

家主 李宜煥 告白

本人이商業不利ᄒ야多負人債에將次敗產터니何幸本人從伯時俊氏가一百餘圓人債를擔報ᄒ不啻라二百圓을又出ᄒ야使本人으로繼業資接케ᄒ오니活我者誰오不勝感謝ᄒ와玆에廣告ᄒ

三和港元塘面柳川里趙時烈白

本人이陰本月一日에姓名圖章을路中에서失故로玆以廣布ᄒ오니知悉照亮ᄒ

鳳山郡鐵山面板橋갈寬植告白

本人이去光武十年에崇陵祭奉帖旨를承ᄒ온바其後喪故를因ᄒ야該職名을今始自居ᄒ오니知舊間照亮ᄒ시ᄋ

仁同郡若木驛前松老洞
金相學 白

本人의子寗禹(字仲三)이年今三十五自來本有失眞症ᄒ야陰三月十六日에離家하야不知去處ᄒ오니京鄕誰某間逢着則傳人하시면雇錢倍給ᄒ터이오니京鄕同胞間挽留通寄ᄒ심을務望ᄒ

黃海道白川邑西村三里十五統五戶主權元範 告白

本人이去四月分에水原北部普施洞拾二統二戶家券을遺失ᄒ엿ᄉ오니誰某拾得ᄒ엿던지內外國人間切勿見欺ᄒ

水原北部普施洞拾二統二戶
家主 崔命義 告白

一百圓價販賣ᄒ면五十圓利益이有ᄒ藥에願매人과行商販매人을至急히募集ᄒ야保證人이有하면貸매ᄒ오니志願者ᄂ一日이라도遲滯말고早速來談ᄒ

京城南部鍾峴五十一統七戶
伊藤喜十郞

學部檢定
內部認可
漢文初學
一帙四冊(每一冊十四錢)

本書ᄂ一般私立學校初等教育漢文科에適當케編纂ᄒ온新刊發行이오며其他各種新書籍及學徒用品이俱備ᄒ온바特別割引ᄒ와一依請求ᄒ심을酬應ᄒ오며郵便과或運送部로迅速키付呈ᄒ깃ᄉ오니學界에注意하시ᄂ京鄕僉位ᄂ愛顧ᄒ심을務望

元賣所京南部苧洞十七統十戶
廣文堂書舖 南鴻祐
分賣所京鄕各有名書舖

本人養子尹祺炫이가性本浮浪하야無故逃躱에不知所去러니探聞則隱於京城泥峴日本人山田太郞家라가日前에日本으로渡往云하오니恐或僞造本人圖章ᄒ와得債홀ᄃᆞᆺᄒ야玆에仰布ᄒ오니內外國人은切勿見欺하시고若有相關이라도本人은切不報給홀터이오니內外國人은知悉ᄒ옵

交河郡衙洞面金村居宋珪東白

京西部車洞同和藥房
本國藥材、洋藥、各病、效、用、價、國漢文、諺、可刊出、作封、雖婦女、郵便請求、買賣
閔 櫃 白

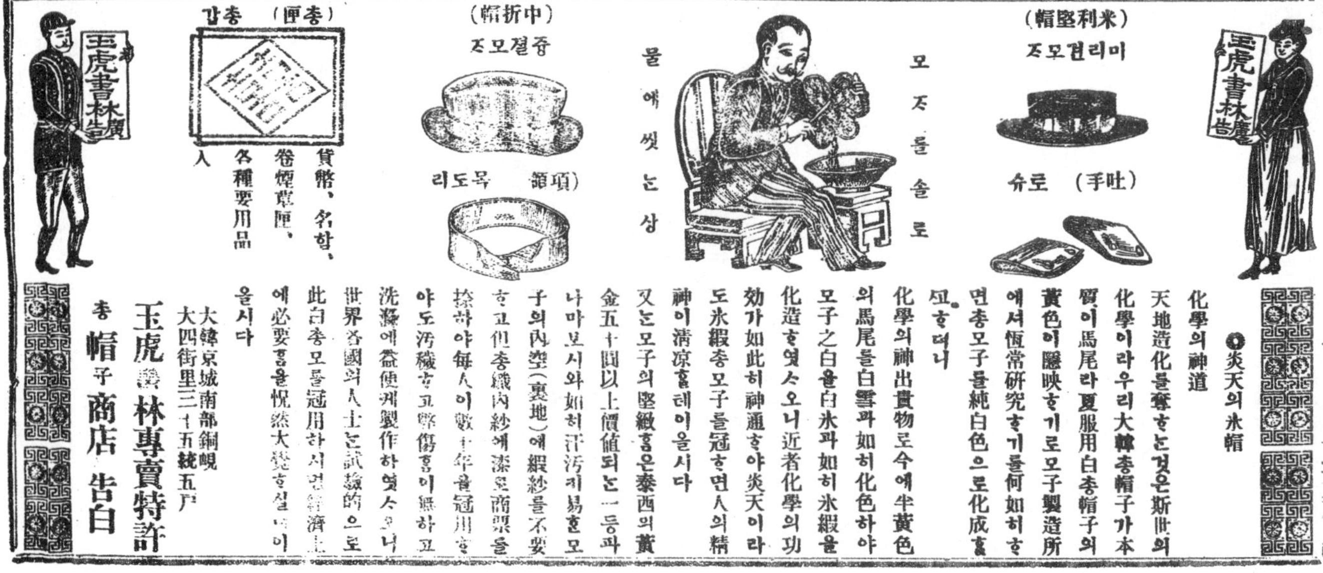

◎炎天의氷帽

化學의神道

天地造化를奪ᄒᄂ것은斯世의化學이라우리大韓총帽子가本質이馬尾라夏服用白총帽子의黃色이隱映ᄒ기로모子製造所에서恒常研究ᄒ기를何如히ᄒ면총모子를純白色으로化成ᄒ고ᄒ더니化學의神出貴物로今에半黃色의馬尾를白雪과如히化色하야모子之白을白氷과如히氷緞을化造ᄒ엿ᄉ오니近者化學의功効가如此히神通ᄒ야炎天이라도氷緞총모子를冠ᄒ면人의精神이淸凉홀테이올시다

又ᄂ모子의堅緻홈은泰西의黃金五十圜以上價値되ᄂ一등파나마모시와如히汗汚키易ᄒ모子의內塗(裏地)에緞紗를不要ᄒ고但총纖內紗에漆ᄒ商標를捺ᄒ야每人이數十年을冠用ᄒ야도汚穢ᄒ고弊傷홈이無하고洗滌에甚便케製作하엿ᄉ오니世界各國의人士ᄂ試驗的으로此白총모를冠用하시면經濟上에必要홈을悅然大覺ᄒ실터이올시다

大韓京城南部銅峴
大四街里三十五統五戶
玉虎書林專賣特許
총帽子商店 告白

檀君開國四千二百四十三年
箕子元年三千三十二年
大韓開國五百十九年
本報創刊日 光武八年七月十八日

大韓每日申報

第八卷　月曜及慶節歲時休日休刊　第一千三百八拾九号

Responsible for Publication Alfred Weekley Marnham.
發行兼編輯人 英國人 萬咸
發行所 京城南部石井洞三層洋屋 大韓每日申報社

論說

◉韓國宗教界의將來 (續)

三、何如ᄒᆞᆫ時代를勿論ᄒᆞ고甲國이乙國에對ᄒᆞ야優勝地位를占得ᄒᆞ고因하야永遠히其勢力範圍內에置코져ᄒᆞᆯ진디軍權、財權、法權等과如ᄒᆞᆫ者卽凡稱國權을先히其掌握中에收攬ᄒᆞ고次에ᄂᆞᆫ必히其國宗教權을操縱ᄒᆞ야一方面으로其民心으로하야금自國을崇拜케ᄒᆞᄂᆞᆫ同時에他方面으로國性民氣를沒却懦弱케ᄒᆞᄂᆞ니一例를擧ᄒᆞ야言ᄒᆞᆯ지라도蒙古人은世界에無敵의强悍族이러니愛新覺羅氏가支那에入帝ᄒᆞᆫ後累百萬兩에銀을出ᄒᆞ야喇嘛教를同地域內에布及ᄒᆞᆷ을因ᄒᆞ야遂히蒙古大帝國으로ᄒᆞ야금永遠히淸國羈絆을不脫ᄒᆞ고蒙古人族의懦弱不振ᄒᆞᆷ이今日에至ᄒᆞᆫ지라

然而最近韓國內에淨土宗을派出ᄒᆞ며社院寺刹을大建築ᄒᆞ며某學會를設立케ᄒᆞ며某教會를助勢케ᄒᆞ며其他天照教이니神官奉敬會이니神道神理教이니侍天教이니敬天教이니ᄒᆞᄂᆞᆫ等名稱으로小詐모를敢售ᄒᆞ야螟蛉化孵의術로韓民을誘引ᄒᆞᆷ이其方이千萬이어ᄂᆞᆯ噫라韓民同胞여無知盲從者ᄂᆞᆫ不足加責이어니와稍히知者로自處ᄒᆞᄂᆞᆫ者도小利의或望으로隨嗅蠅을忍作ᄒᆞ니其或望도不得ᄒᆞ려니와장ᄎᆞ國家將來에엇지ᄒᆞᆯ고竊히同胞를爲ᄒᆞ야痛惜ᄒᆞ며極히同胞를爲ᄒᆞ야哀歎ᄒᆞ노라

四、現今은古昔과異ᄒᆞ야各科學의發達되ᄂᆞᆫ同時에其利用方法을發見ᄒᆞ엿고宗教도原理以外에國家社會에何如ᄒᆞᆫ關係가有ᄒᆞᆷ을發見ᄒᆞᆫ지라今에慧眼을一縱컨디某教ᄂᆞᆫ支那로來ᄒᆞ엿고某教ᄂᆞᆫ印度로自하엿고某教ᄂᆞᆫ歐米를經ᄒᆞ엿스니苟히國이國된以上에ᄂᆞᆫ固有의國性으로由ᄒᆞᆫ國教가無치못ᄒᆞ리라ᄒᆞ야或舊蹟을研究ᄒᆞ며或新理를찬得ᄒᆞ야教稱을命名ᄒᆞ며教門을創設ᄒᆞᄂᆞ니此系에屬ᄒᆞᆫ者ᄂᆞᆫ曰檀君教曰天道教等이是라其他曰止學이니曰白學이니曰南學이니ᄒᆞᄂᆞᆫ別部名稱을聞ᄒᆞ엿스나各種邪說에不過ᄒᆞ기로詳論ᄒᆞᆯ價値가無ᄒᆞᆫ지라

結論

以上略擧ᄒᆞᆷ과如히韓國宗教界의現象이若是複雜ᄒᆞ야不過一千萬人口內에宗教가凡數十種이니比컨디一身體에對ᄒᆞ야數十의腦髓를有ᄒᆞᆷ과無異ᄒᆞᆫ지라將次何에從ᄒᆞ여야此身體를健全히保有ᄒᆞᆯ가蔽一言ᄒᆞ고今日現狀에際ᄒᆞᆫ韓民에在ᄒᆞ야吾儕의希望ᄒᆞ고또懇勸하ᄂᆞᆫ바ᄂᆞᆫ新知識輸入과自國性保存에其重點을置ᄒᆞᆯ진저　(完)

外報

◉長沙各國軍艦　清國政府에서長沙事件으로來着ᄒᆞᆫ各國軍艦의撤退를要求ᄒᆞ엿ᄂᆞᆫ디各國은尙히秩序恢復으로認치아니ᄒᆞ야撤退를肯行치아니ᄒᆞᆫ지라現在同地의軍艦은英、佛、德의河川用砲艦五隻이오清國軍艦은新舊式砲艦五隻이오日本에서도更히一隻을派送ᄒᆞ엿다더라

◉루氏伯林着　美國前大統領루스벨트氏의夫妻一行이伯林에着ᄒᆞ엿ᄂᆞᆫ디德帝以下外務侍從武官長及多數官民의歡迎을受ᄒᆞ고午餐會를因開ᄒᆞ엿ᄂᆞᆫ디德帝와長時間을談話ᄒᆞ엿다더라

雜報

◉李在明의公判 續

第一日午後

△檢事의論告

檢事伊藤이가論告를始ᄒᆞ니其言에槪曰本件은昨年末頃合邦問題에基因ᄒᆞᆫ政治上意味가有ᄒᆞᆫ犯罪인듯ᄒᆞᆫ故로詳細搜査ᄒᆞᆫ즉李完用謀殺의首犯은李在明、李容九謀殺의首犯은金貞益이오其餘被告ᄂᆞᆫ皆從犯이라李在明金貞益兩人은地位도無ᄒᆞ고學識도無ᄒᆞ고政治大意見도無ᄒᆞᆫ者오其餘從犯도或은學生或은教徒의身分으로亦是政治知識이無ᄒᆞᆫ者인디此被告等이日本의所爲를事事히凶惡ᄒᆞᆫ事라고發憤ᄒᆞ고現內閣은日本과同力ᄒᆞ야韓國을賣與ᄒᆞᄂᆞᆫ者라고確信ᄒᆞ야此行動을作ᄒᆞᆫ者라然ᄒᆞᆫ디李在明은憂國志士라自稱ᄒᆞ나其實은偏見者오特히李在明이가共犯이無하다고自稱ᄒᆞᆷ은自己의虛榮心을充滿케ᄒᆞ기爲ᄒᆞ야他同志를沒却코져ᄒᆞᆷ이니其心思가卑劣ᄒᆞ고且李容九를殺ᄒᆞ라다가李完用을殺ᄒᆞ라ᄒᆞᆷ은亦是虛榮心으로出ᄒᆞᆷ이오國家思想으로出ᄒᆞᆷ이아니라然則李在明은實로可憐可陋可憎ᄒᆞᆫ者니此等人은國家에서嚴罰ᄒᆞᆷ이可ᄒᆞᆫ지라李在明은李完用謀殺未遂의首犯이오朴元文故殺犯이오李容九謀殺未遂의從犯이며金貞益은李容九에對ᄒᆞᆫ首犯이오李完用에對ᄒᆞᆫ從犯이며吳復元은兩首犯下의運動費周旋ᄒᆞᆫ者며金丙錄은李完用殺害担當ᄒᆞᆯ것이分明하고朴泰殷全泰善金龍文李應三金秉鉉金履杰等은首犯幫助者로或運動費或凶器或動靜探知等分擔에參與ᄒᆞᆫ者니李在明은李完用李容九에對ᄒᆞ야ᄂᆞᆫ刑法大全四百七十三條（謀殺에造意者下手者助力者ᄂᆞᆫ倂處絞）同刑法八十六條（未遂犯）에該當ᄒᆞᆫ者라然ᄒᆞᆫ디李完用謀殺에關ᄒᆞ야ᄂᆞᆫ減等ᄒᆞᆷ이不可ᄒᆞᆫ즉絞刑에處ᄒᆞᆷ이可ᄒᆞ고李容九謀殺에關ᄒᆞ야ᄂᆞᆫ刑法大全百三十七條（未遂犯은一等乃至三等을減ᄒᆞᆷ을得）와全百三十五條（從犯은首犯律에一等을減）에依ᄒᆞ야三등을減ᄒᆞ야役十年에處ᄒᆞᆷ이可하고朴元文에게對ᄒᆞ야ᄂᆞᆫ刑法大全四百七十七條（故殺犯은首從을皆處絞）에該當ᄒᆞᆫ故殺既遂犯인故로絞刑에處ᄒᆞᆷ이可ᄒᆞᆫ지라李在明은如斯히三罪俱발ᄒᆞᆫ者인디卽李完用謀殺未遂의罪로絞刑에處ᄒᆞ기를望ᄒᆞ고

次에金貞益은李容九謀殺未遂犯의首犯이오李完用謀殺의從犯인디李容九에게着手ᄒᆞ기前에發覺된者인즉刑法大全百一十五條（罪人의情狀을酌量ᄒᆞ야一등乃至七등을減）와百三十七條에依ᄒᆞ야二等을減ᄒᆞ야役十五年에處ᄒᆞᆷ이可ᄒᆞ고又李完用모殺未遂에對ᄒᆞ야도前者와刑이同하되李容九모殺未遂로役十五年에處ᄒᆞᆷ을望ᄒᆞ고

次에金丙錄은李完用謀殺未遂의從犯인디從犯인故로一등을減ᄒᆞ고又酌量減輕ᄒᆞ야役十五年에處ᄒᆞ고在逃中李東秀趙昌鎬도各役十五年에處ᄒᆞᆷ을望ᄒᆞ고

吳復元金龍文朴泰殷全泰善四人은李完用謀殺未遂從犯인디減等ᄒᆞ야役七年에處ᄒᆞᆷ이可하고又李容九謀殺未遂에對ᄒᆞ야도前者와同ᄒᆞᆫ디李完用謀殺未遂從犯으로役七年에處ᄒᆞᆷ을望ᄒᆞ고

李應三은前四人에一등을減ᄒᆞ야役五年에處ᄒᆞ고金秉鉉金履杰과在逃中李學浴은前一人에一等을減ᄒᆞ야役三年에處ᄒᆞ기를望ᄒᆞᆫ다ᄒᆞ더라

▲被告등의변明

檢事의論告가畢하믹被告吳復元金丙錄金龍文등의辨明이有ᄒᆞ엿ᄂᆞᆫ디其辨明의槪要ᄂᆞᆫ

「吳」曰余ᄂᆞᆫ分明히天道教教理講習所視察次로平壤에下去ᄒᆞᆫ것이오決코運動費周旋을爲ᄒᆞᆷ이아니라ᄒᆞ며

「金丙錄」曰余ᄂᆞᆫ決코擔當ᄒᆞᆫ것이아니라ᄒᆞ며

「金龍文」曰余ᄂᆞᆫ贊成又探知等事가決無ᄒᆞ다ᄒᆞ야、齊히檢事論告의不適當ᄒᆞᆷ을聲明ᄒᆞ엿고其餘諸人은辯護士에게辯護를委任ᄒᆞ엿ᄂᆞᆫ故로被告ᄂᆞᆫ辨明치아니ᄒᆞ고於是에韓日人辯護士가辯護를始ᄒᆞ다

▲日人辯護士等의辯論

日人辯護士「大崎」의辯論槪要ᄂᆞᆫ（一）李在明은美國에在ᄒᆞᆫ時부터國事를憤히녁이다가去番合邦問題에對ᄒᆞᆫ政治上犯罪인디李가以爲ᄒᆞ기를李完用李容九ᄂᆞᆫ賣國賊이라合邦이實施되면合邦이아니라卽合倂이니合倂이되면我二千萬同胞가皆何境에將至ᄒᆞ리오ᄒᆞ고此事를決行ᄒᆞᆫ것이니愛國心으로出來ᄒᆞᆫ者오（二）朴元文을殺ᄒᆞᆫ것은殺意가有ᄒᆞᆫ것이아니니故로刑을減輕ᄒᆞᆷ이可ᄒᆞ다ᄒᆞ엿고

「岩田」의辯論槪要ᄂᆞᆫ（一）朴元文을殺ᄒᆞᆫ것은揮刀時所爲오（二）李完用모殺은政治上原因이有ᄒᆞᆫ者니故로刑을減輕ᄒᆞᆷ이可ᄒᆞ다ᄒᆞ엿고

「木尾」의辯論槪要ᄂᆞᆫ（一）死刑에處ᄒᆞᆷ은刑에三目的에違反되고（二）政治上理由로도不必要ᄒᆞ고日本의前例를照看ᄒᆞ야도不適當ᄒᆞ다ᄒᆞ엿더라

日人변護士三名의변護가終ᄒᆞᆫ後韓人辯護士李寬宇安秉瓚兩氏의변론이有ᄒᆞ다

▲李辯護士의辯論

本件에關ᄒᆞ야本辯護士ᄂᆞᆫ事實及法律点과情狀点에就ᄒᆞ야簡明히數語를說明코ᄌᆞᄒᆞᆸᄂᆞ이다

一、事實에至ᄒᆞ야ᄂᆞᆫ被告가政治思想을抱有하고數年以來로被告의謂ᄒᆞᆫ바五賊及七賊等을謀殺ᄒᆞ라ᄒᆞ다가昨年十二月에至ᄒᆞ야內閣總理大臣李完用을刺殺에着手實行ᄒᆞ엿스나缺効됨에因ᄒᆞ야未遂ᄒᆞᆫ謀殺未遂点과日韓合邦을唱導ᄒᆞᆫ一進會長李容九를謀殺코ᄌᆞ決意ᄒᆞᆫ点에至ᄒᆞ야ᄂᆞᆫ事實이明白ᄒᆞᆷ으로更히煩論치아니ᄒᆞ나李完用의車夫朴元文이死亡ᄒᆞᆫ点에至ᄒᆞ야ᄂᆞᆫ辯解ᄒᆞᆯ餘地가十分됨으로畧言ᄒᆞᆯ것ᄉᆞᆸᄂᆞ이다

大抵李在明은斷々一心이李完用을殺害코ᄌᆞᄒᆞᆷ에在ᄒᆞ고他에意思ᄂᆞᆫ初無ᄒᆞᆫ者라然而同被告가李完用을行刺ᄒᆞᄂᆞᆫ同時에在傍諸人이來到防碍ᄒᆞᆷ으로手中에短刀를所持ᄒᆞᆫ디로一次亂揮ᄒᆞᆯ뿐이오在傍人中에何人이或被刺ᄒᆞ엿ᄂᆞᆫ지又ᄂᆞᆫ被刺ᄒᆞ엿스면被傷ᄒᆞᆫ程度가如何ᄒᆞᆫ지又或被刺ᄒᆞᆫ人은如何ᄒᆞᆫ人인지全然不知ᄒᆞ엿다가李完用家에逐ᄒᆞ야二女人의呼哭을聞ᄒᆞ고車夫가被刺致死ᄒᆞᆷ을始知ᄒᆞ엿스니然則此ᄂᆞᆫ殺人의意思가全無ᄒᆞᆯ뿐아니라自己行爲로行刺ᄒᆞᆫ事實도不知ᄒᆞᆫ옵이오며

（續은在三面）

詞藻

❀웨못ᄒᆞ리❀

春草ᄂᆞᆫ年々綠ᄒᆞᆫ디、王孫은歸不歸라。
한번가면못올人生、왓던표젹웨못ᄒᆞ리。
아마도、大事業의빗난일홈、萬世不滅。

雜報

◎賜章中止說 大皇帝陛下께옵셔日本朝香、竹田、北白川宮三妃에게勳一등瑞鳳章을贈與ᄒᆞ기爲ᄒᆞ야去十日趙同熙를特派ᄒᆞ신은已報어니와統監府에셔ᄂᆞᆫ此勳章事件에關ᄒᆞ야何등重大ᄒᆞᆫ秘密事件이發露되엿다ᄒᆞ야日本東京으로발電ᄒᆞ고該贈與를中止케ᄒᆞ엿다ᄂᆞᆫ說이有ᄒᆞ다더라

◎職員錄修輯 內閣에셔ᄂᆞᆫ本年度職員錄을發刊ᄒᆞᆯ次로目下修輯中인ᄃᆡ來七月內에印刷가終了된다더라

◎統府會議 昨日統監邸에셔大臣會議와叅與官會議를開ᄒᆞ엿다더라

◎水組法脫稿 內部에셔起草ᄒᆞ던水利組合法은既히脫稿되엿ᄂᆞᆫᄃᆡ來週間에ᄂᆞᆫ叅與官會議에附議ᄒᆞᆫ다더라

◎尹氏免任說 忠南藍浦郡鄕校直員尹邦鉉氏ᄂᆞᆫ校財를擅用ᄒᆞ며新學制를誹謗ᄒᆞᆫ다ᄒᆞ야懲戒免任ᄒᆞ기로決定되엿다더라

◎中村東行 京城地方裁判所長日人中村은裁判事務를視察ᄒᆞ기爲ᄒᆞ야昨日上午九時에발程ᄒᆞ야江原道春川郡으로出張ᄒᆞ엿ᄂᆞᆫᄃᆡ該所一般官吏가東門外에出往餞別ᄒᆞ엿다더라

◎高偵又出 漢城府尹張憲植氏ᄂᆞᆫ近日某處의高등偵探을擔任ᄒᆞ야東西奔走ᄒᆞᆫ다ᄂᆞᆫ說이有ᄒᆞ다더라

◎徐氏還任 平壤郡同仁醫院附屬學校卒業式에往叅ᄒᆞ엿던內部衛生局主事徐相亘氏와事務官高橋ᄂᆞᆫ再昨日에還任ᄒᆞ엿다더라

◎英館祭禮 來二拾日英國總領事館에셔故 英황陛下의吊祭式을設行ᄒᆞᆫ다ᄒᆞᆷ은既報어니와當日總領事쏘나氏가祭主되고英國敎會監督主任터나僧正이司祭者되야全日午後壹時에全館庭前에셔壯嚴ᄒᆞᆫ禮式을設ᄒᆞᆯ터인ᄃᆡ當日式場에叅列ᄒᆞᆯ者ᄂᆞᆫ京城及仁川在留英人과美、比、法、德、露等國各領事와韓日高등官新聞記자등이오目下仁川에碇泊ᄒᆞᆫ英國軍艦艦長비구라쓰及水兵百名도叅列ᄒᆞᆫ다더라

◎撫摩之計 一進會에셔拓殖會社에金二十萬圓을得償코져ᄒᆞᆷ은既報어니와日本政府에셔授與ᄒᆞᆫ金額은李容九宋秉畯등이分掌ᄒᆞ야李容九ᄂᆞᆫ一己私計로田宅만廣置ᄒᆞ고一般會員의生活程度ᄂᆞᆫ頓不顧見ᄒᆞᆷ으로同會員中百餘名이各立決裂의意를懷ᄒᆞ고該會長을背斥코져ᄒᆞᄂᆞᆫ지라李容九가此를撫摩ᄒᆞ기爲ᄒᆞ야得償코져ᄒᆞᆷ이라더라

◎平壤通水期 內部에셔敷設ᄒᆞᄂᆞᆫ平壤水道工事의通水式은來二十八日에設行ᄒᆞᆫ다ᄂᆞᆫᄃᆡ該部大臣及壹般高등官이往叅ᄒᆞ기로內定ᄒᆞ엿다더라

◎朴氏溫川行 馬山에滯留ᄒᆞ던朴泳孝氏ᄂᆞᆫ日間大邱密陽等地를經ᄒᆞ야東萊溫泉으로遊行ᄒᆞᆫ다더라

◎新築決定 內部에셔ᄂᆞᆫ郡衙五箇所를新築ᄒᆞ기로決定ᄒᆞ야一兩日中발表ᄒᆞᆫ다더라

◎春民怨聲 江原觀察使李圭完氏ᄂᆞᆫ實業學校에資本金을積立ᄒᆞᆫ다稱ᄒᆞ고春川邑中九千餘戶에每戶五十錢式排徵ᄒᆞᆷ으로民怨이藉々ᄒᆞ다더라

◎何等損害 國民協成會에셔ᄂᆞᆫ前判書李根魯氏로因ᄒᆞ야該會에損害가有ᄒᆞ다ᄒᆞ야裁判을提起ᄒᆞᆯ次로日人辯護士北島에게委任ᄒᆞ엿다더라

◎印度象購入 御苑事務局에셔印度大象二頭를購入ᄒᆞ엿ᄂᆞᆫᄃᆡ本月末日頃에到着ᄒᆞᆫ다더라

◎帝國報續刊說 帝國新聞은當初前協辦沈相翊氏가刱立ᄒᆞᆫ바인ᄃᆡ今에廢止ᄒᆞᆫ境遇에至ᄒᆞᆷ을더욱慨歎ᄒᆞᆫ바라ᄒᆞ야沈氏가更히繼續발刊ᄒᆞᆯ次로目下運動中이라더라

◎日漁夫大喜 平安道沿海의日人漁夫ᄂᆞᆫ目下鴨綠江末流附近에集合ᄒᆞᄂᆞᆫ中인ᄃᆡ現今도船一隻의一日漁獲이二百圓以下五十圓以上에達ᄒᆞᆫ다ᄒᆞ며次々收獲이增加되여一日一萬尾以上을捕獲ᄒᆞᆯ希望이有ᄒᆞᆫ故로日漁夫등은大喜ᄒᆞᆫ다더라

◎鴨江消息 淸人이鴨綠江附近에셔韓人의材木을奪ᄒᆞᆫ다ᄂᆞᆫ事ᄂᆞᆫ已報어니와其後官吏의交涉을因ᄒᆞ야該淸人은解散되고木材ᄂᆞᆫ推覓ᄒᆞᄂᆞᆫ中이라더라

◎憲補募集 日憲兵司令部에셔ᄂᆞᆫ京畿道振威郡日憲兵分遣所에增派ᄒᆞᆯ補助員三名을目下募集中인ᄃᆡ志願者가逐日畓至ᄒᆞᆫ다더라

◎張譯自退 日憲兵司令部通譯張明根氏난該部補助員과不協ᄒᆞᆫ事件이有ᄒᆞ야日昨請願自退ᄒᆞ엿다더라

◎團束研究 近日各演劇場에無票巡查及偵探軍들이任意叅入ᄒᆞᆫ다ᄂᆞᆫ聽聞이有々으로警視廳에셔團束方法을研究하난中이라더라

◎田村見督 前漢城新報社主幹日人田村萬之助ᄂᆞᆫ昌新館印刷費幾千圓을支給지못ᄒᆞ엿다ᄂᆞᆫᄃᆡ該館工匠들이每日督促ᄒᆞᆷ으로困難이莫甚ᄒᆞ다더라

◎民土誤測 江原道洪川郡南面등地에在ᄒᆞᆫ前守禦營所關無土屯은元來民有地로屯稅만徵納ᄒᆞᄂᆞᆫ바인ᄃᆡ所管財務監督局에셔國有地로誤認ᄒᆞ고技手를派送測量ᄒᆞᄂᆞᆫ故로該地人民등이監督局及度支部에屢度呼訴ᄒᆞ엿ᄂᆞᆫᄃᆡ度支部에셔更히調查ᄒᆞᆫ則民有地되ᄂᆞᆫ証據가確實ᄒᆞᆷ으로日昨測量技手를召還ᄒᆞ엿다더라

◎換券規定 韓國銀行에셔ᄂᆞᆫ汚染又毀損된銀行券交換에關ᄒᆞ야何등規定이無하다하야壹定ᄒᆞᆫ標準을立ᄒᆞᆯ次로今回召集된支店長會議에付ᄒᆞ야如左히決定ᄒᆞ엿다더라

(壹)券面中記號番號二個所를存ᄒᆞᆫ券面中央의金익을明認치못ᄒᆞᆫ境遇에난全面二分壹以下의金額으로交換ᄒᆞᆷ但改造壹圓券에在ᄒᆞ야ᄂᆞᆫ右方中部의金額을券面中央의金額으로看做ᄒᆞᆷ

(二)分裂ᄒᆞᆫ改造壹圓券에關ᄒᆞ야ᄂᆞᆫ如左히處理ᄒᆞᆷ

記號番號及右方中部金額을明認키可得ᄒᆞ고尙且全面의二分壹以上이餘有ᄒᆞᆫ것은全金額으로交換ᄒᆞᆷ

記號番號及右方中部의金額을明認키可得ᄒᆞ고全面二分壹이未滿ᄒᆞᆫ時ᄂᆞᆫ半額으로交換ᄒᆞᆷ

記號番號及周邊의金額을明認키可得하고全面二分壹以上이餘有ᄒᆞᆫ時ᄂᆞᆫ半額으로交換ᄒᆞᆷ

記號番號及周邊의金익은明認키可得이나全面二分壹以下가僅存ᄒᆞᆫ境遇에ᄂᆞᆫ交換을拒絕ᄒᆞᆷ

◎拓社遭抗 東拓會社에셔韓國漁業을經營ᄒᆞᆷ은旣히報道ᄒᆞᆫ바어니와同漁業組合을淸商에게賣渡ᄒᆞ야滿鐵會社地域內에魚市를設定케ᄒᆞᆷ으로同地魚商와競爭될慮가有ᄒᆞ다ᄒᆞ야同地日領事及居留日人이拓殖社에抗議를提출하엿다더라

◎原民恐慌 原州地方에셔ᄂᆞᆫ米價가騰貴ᄒᆞ여民情이大히恐慌ᄒᆞ다더라

◎土地調查法內容 土地調查局에셔土地調查法을起草成案ᄒᆞ엿ᄂᆞᆫᄃᆡ其內容은所有權及境界의查定、地圖의製作、土地面積의確定등에就ᄒᆞ여結定ᄒᆞᆷ이라더라

◎取引所可決 既報와如히日人발起에係ᄒᆞᆫ取引所設置件은資金三十萬圓을募集ᄒᆞ야倉庫營業까지ᄒᆞ기로決定하엿더니更히資金은拾萬圓을增加ᄒᆞ고倉庫營業은否認ᄒᆞ고日本取引所法을準用ᄒᆞ기로可決ᄒᆞ엿다더라

◎公島間築道 公州鳥致院間에道路修築ᄒᆞ기爲ᄒᆞ야目下起工中인ᄃᆡ其工事費豫算은三萬圓으로定하야半數ᄂᆞᆫ地方費에셔半數ᄂᆞᆫ內部에셔支출ᄒᆞ기로決定ᄒᆞ엿다더라

◎漁業請願多數 慶南漁業免許請願이三千餘件인ᄃᆡ壹個所에對ᄒᆞ야三四件請願이有ᄒᆞᆫ故로農商工部에셔此에注意詳查ᄒᆞ야六月末에나全部處分이終了ᄒᆞᆯ듯ᄒᆞ다더라

◎義兵被捉 義兵吳龍文氏ᄂᆞᆫ魯城에셔鄭允得氏ᄂᆞᆫ楊平에셔金洛汝氏ᄂᆞᆫ旌善에셔沈容植氏난長湍에셔日憲兵에게被捉ᄒᆞ엿다더라

◎名筆長逝 筆家로有名ᄒᆞ던[illegible]東[illegible]氏ᄂᆞᆫ去月二十八日에京城東門外親友家에셔長逝ᄒᆞ엿다더라

◎日女縊死 日人中尾初五郎의日女大中과相通作配하엿다가其後該日女와離婚ᄒᆞᆫ境遇를當ᄒᆞ야道路에셔該女를亂棒으로打傷ᄒᆞ엿더니該女가山中으로逃入ᄒᆞ야自縊致死ᄒᆞ엿다더라

◎日兵演習 京城에在ᄒᆞᆫ日本步兵은來二十五日에弘濟院附近에셔卄八日에ᄂᆞᆫ南山附近에셔空砲발火演習을行ᄒᆞᆫ다더라

◎義銃押收 智島日憲兵分遣所에셔ᄂᆞᆫ落月島內에隱置ᄒᆞᆫ義兵의銃十柄을押收ᄒᆞ엿다더라

◎大東押收 大東共報第十五十六十八號ᄂᆞᆫ治安妨害라ᄒᆞ야발賣頒布를禁止ᄒᆞ엿다더라

◎日女專橫 助產婦養成所에셔난日女敎師伊集院을雇聘ᄒᆞ엿ᄂᆞᆫᄃᆡ該日女가敎授以下一般所務를大小不拘하고任意自專ᄒᆞᆷ으로該所々長朴舜夏氏以下任員이日昨請願自退ᄒᆞᆫ다더라

◎奇氏西行 蓮洞耶蘇敎堂牧師奇一氏ᄂᆞᆫ平壤郡新約敎堂을視察ᄒᆞᆯ次로再昨日發程ᄒᆞ엿다더라

◎金氏被捉 中部典洞居金顯東氏ᄂᆞᆫ何事件을因ᄒᆞᆷ인지二昨日所管警察署에被捉ᄒᆞ엿다더라

◎政友會移接 政友會에셔ᄂᆞᆫ三昨日中部校洞등地로移接ᄒᆞ엿다더라

◎衛生會開會 大韓醫士總合所內衛生會에셔ᄂᆞᆫ再昨日下午一時에總會를開하고任員을選定ᄒᆞ엿ᄂᆞᆫᄃᆡ會長은俞吉濬副會長은李鳳來總務ᄂᆞᆫ劉秉珌諸氏라더라

學界

◎同窓會準備 官立外國語學校의日語部同窓會員들은同窓會를開ᄒᆞ기로目下準備中이라더라

◎五校運動 去土曜日에牛山、太極、창新、玄成、의法五學校가聯合ᄒᆞ야城山里沙川坪에셔運動會를設行ᄒᆞ엿ᄂᆞᆫᄃᆡ觀光者가數千人에達ᄒᆞ엿다더라

◎打球得勝 去十曜日下午二時半에靑年會學舘學生과官立高등學校學生이野球競爭會를訓鍊院에開ᄒᆞ엿ᄂᆞᆫᄃᆡ靑年會學生이六点優勝을占ᄒᆞ엿다더라

◎令人起敬 竹山郡遠三面勝竹里居金學得은家勢가極貧ᄒᆞ야年今三十에婚娶를未成ᄒᆞ고雇傭으로作業ᄒᆞᄂᆞᆫ터인ᄃᆡ其從弟相玉의學費를全擔ᄒᆞ야三岳學校에受業케ᄒᆞᆫ다더라

電報

◎淸國抗拒 淸國抗州暴動에關ᄒᆞ야日本領事가居留民損害賠償을淸國에要求ᄒᆞ엿ᄂᆞᆫᄃᆡ淸國에셔ᄂᆞᆫ城內居留權問題를據하야强硬히抗拒하ᄂᆞᆫ지라日本에셔再次請求ᄒᆞ기爲ᄒᆞ야詳細調查中이라더라 東京발 十六日着

◎統監訪問 日本片瀨에셔靜養하ᄂᆞᆫ曾禰統監의病狀이不良ᄒᆞᆫ故로樞密院顧問官杉子가本日片瀨로赴ᄒᆞ엿다더라

◎日本出品 來十月墨西哥에셔開設ᄒᆞᄂᆞᆫ墨日博覽會에對ᄒᆞ야日本은多數출品ᄒᆞᆫ다더라

以上東京發 十七日着

雜報

◎李在明의公判（續）（一面의續）

一、法律点에至ᄒᆞ야ᄂᆞᆫ今에立會檢事ᄂᆞᆫ右謀殺未遂点을刑法大全四百七拾三條에依하야處斷ᄒᆞ되未遂犯됨으로同法第百二拾七條에依하야一等乃至三등을減홈을得ᄒᆞᆯ지ᄂᆞᆫ同條에減홈을得홈이라홈은元來司法官職權에任ᄒᆞᆫ趣旨인즉司法官은一등도不減홈을得ᄒᆞᆯ지라故로本件被告에對ᄒᆞ야ᄂᆞᆫ情狀이極凶홈으로一등도不減ᄒᆞ고本刑에依ᄒᆞ야處홈이相當ᄒᆞ다ᄒᆞ나本辯護士ᄂᆞᆫ此를到底히不法으로認ᄒᆞᆸᄂᆞ이다刑法大全第百三拾七條中未遂犯은既遂犯律에一등乃至三등을減홈을得홈이라ᄒᆞ엿ᄉᆞ니同條에立法趣旨를推究ᄒᆞ면未遂犯은既遂犯보다一等을減홈은勿論이오乃至三등ᄭᆞ지減홈을得홈이라解釋홈이該當ᄒᆞᆯ지니만일不然ᄒᆞ야已遂犯卽本件으로言ᄒᆞ면李完用을刺殺하야已遂홈과但히損傷만致ᄒᆞ야未遂ᄒᆞᆫ者를同論ᄒᆞ야並히絞에處ᄒᆞᆫ다ᄒᆞ면法에權衡을失ᄒᆞᆫ者라論치아니홈이不可ᄒᆞᆯᄲᅮᆫ아니라同法第百九拾條大逆罪나同法第百九拾一條謀叛罪에ᄂᆞᆫ已遂未遂를不分하고並히絞에處ᄒᆞᆫ다ᄒᆞᄂᆞᆫ法文이有ᄒᆞᆫ즉此條文과同法第百三拾七條를對照解釋ᄒᆞ면大逆謀叛以外他罪의未遂犯은一年은勿論하고二등乃至三等ᄭᆞ지도減홈을得홈이라解釋홈이正當ᄒᆞᆯ지라若不然ᄒᆞ야立會檢事의論告와如ᄒᆞ면大逆謀叛罪中已遂未遂를不分이라ᄒᆞᆫ條文을更設ᄒᆞᆯ必要가無ᄒᆞ니何者오其條文이無ᄒᆞᆯ지라도未遂犯은既遂犯律에依ᄒᆞ야處斷ᄒᆞᆯ지오但히未遂犯됨으로一等乃至三等ᄭᆞ지減ᄒᆞ고不減홈은裁判官의自由인즉大逆謀叛罪와如ᄒᆞᆫ重罪ᄂᆞᆫ依例히一등도不減ᄒᆞᆯ지라然則第百九拾條同第百九拾一條ᄂᆞᆫ同百三十七條와互相重複ᄒᆞᄂᆞᆫ抵觸되ᄂᆞᆫ條文이아니리오是以로立會檢事의論告ᄂᆞᆫ誤解에出ᄒᆞᆫ者라謂홈이可ᄒᆞᆫ者오李完用의車夫朴元文의致死ᄒᆞᆫ点은事實이右와如히故意가無ᄒᆞᆫ즉故殺이아니오모殺ᄒᆞ다가因하야傍人을橫死에致ᄒᆞᆫ者에不過ᄒᆞᆫ즉本所爲ᄂᆞᆫ各國刑法에不認ᄒᆞ고我國刑法에特ᄒᆡᄒᆞᆫ橫死에致ᄒᆞᆫ罪라謂홈이可ᄒᆞ나我國刑法人全에ᄂᆞᆫ모殺ᄒᆞ다가傍人을橫死에致ᄒᆞᆫ者ᄂᆞᆫ如何히處斷ᄒᆞ다云ᄒᆞᆫ正條가無ᄒᆞᆫ즉普通法則을從ᄒᆞ야無罪됨이可ᄒᆞ나我國刑法大全은一個奇怪ᄒᆞᆫ法文이又有ᄒᆞ니刑法大全第二條가是라其條文에云ᄒᆞ되本法에正條가無ᄒᆞᆫ境遇에ᄂᆞᆫ引律比附ᄒᆞ야處斷ᄒᆞ되死刑에ᄂᆞᆫ比附홈을得지못홈이라ᄒᆞᆫ故로不得已ᄒᆞ야本所爲를同法第四百八十二條第三項中毆打ᄒᆞ다가因ᄒᆞ야傍人을橫死에致ᄒᆞᆫ者ᄂᆞᆫ云云이라ᄒᆞᆫ條文에比附處斷홈이可하되同法第二條末段에依ᄒᆞ야死刑에比附홈을不得ᄒᆞᆯ지어날今에立會檢事ᄂᆞᆫ此를故殺이라ᄒᆞ야同法第四百七十七條를適用ᄒᆞ야絞에處홈이相當ᄒᆞ다主張홈은是亦不法이甚ᄒᆞᆫ者이오며且李容九를모殺코저決意ᄒᆞᆫ点에至ᄒᆞ야ᄂᆞᆫ弁論을省略ᄒᆞᆸᄂᆞ니다然즉法文上으로論ᄒᆞ면被告李在明은一등도酌量치아니ᄒᆞ고最高度에刑罰을適用ᄒᆞᆫ다ᄒᆞᆯ지라도絞刑은不當ᄒᆞ고終身懲役에止ᄒᆞᆯ지어ᄂᆞᆯ絞刑에處홈이可ᄒᆞ다主張홈은全部不當이옵나이다

一、情狀에至ᄒᆞ야ᄂᆞᆫ立會檢事의論告ᄂᆞᆫ被告李在明은學校에셔修學홈도無ᄒᆞ고且年齡이妙少ᄒᆞᆯᄲᅮᆫ아니라數年前에僅히勞動者의資格으로移民募集에應ᄒᆞ야海外에出遊ᄒᆞᆯᄲᅮᆫ인즉相當ᄒᆞᆫ知識과學問이無ᄒᆞᆫ者라然즉如此ᄒᆞᆫ資格으로政治的思想을抱有ᄒᆞ엿다認키難ᄒᆞ고又被告ᄂᆞᆫ其生活程度가甚히困窮하야無依無家ᄒᆞ고東西漂泊홈으로此世에生存ᄒᆞᆯ樂觀이絕乏ᄒᆞᆫ結果로寧히一縷를犧牲에供ᄒᆞ고一世에名譽를要코ᄌᆞᄒᆞᄂᆞᆫ卑陋的思想에出ᄒᆞᆫ者오決코愛國心에出ᄒᆞᆫ者ㅣ아닌즉情狀을酌量ᄒᆞᆯ餘地가無하다ᄒᆞ나大抵人은萬物의靈이라喜怒哀樂愛惡慾의七情을俱備ᄒᆞᆫ者인즉엇지自國의興亾과國是의良否를不知ᄒᆞ며外交의得失과條約의利害를不辨ᄒᆞ야何등의思想이無ᄒᆞ다ᄒᆞ리오野諺에云ᄒᆞ되一寸之虫도反히五寸의魂이有ᄒᆞ다하엿거던况被告李在明은一世의志概之士라曾히外國에出遊ᄒᆞ야彼我의關係를周察ᄒᆞ고國是의日蹙됨을憤歎하야一身의貴重홈을不顧ᄒᆞ고全히愛國憂民의精神으로今次行動에至ᄒᆞ엿ᄉᆞ니此ᄂᆞᆫ無他라被害者李完用이政府樞要에在ᄒᆞ야五七條約의不利益되ᄂᆞᆫ關係를釀出ᄒᆞᆫ者로認定ᄒᆞ고此를除去ᄒᆞ야一世의公憤을快雪ᄒᆞ리라ᄂᆞᆫ思想으出ᄒᆞᆫ者라不謂홈이不可ᄒᆞᆫ지라被告가如何히困窮ᄒᆞ다ᄒᆞᆯ지라도餓死ᄒᆞᆯ境遇에ᄂᆞᆫ不至ᄒᆞ엿ᄉᆞ며又如何히學問知識이無ᄒᆞ다ᄒᆞᆯ지라도大勢를觀測ᄒᆞᆯ만ᄒᆞᆫ智識은有ᄒᆞᆫ지라今에被告를強責코저ᄒᆞ면一箇李完用을殺害홈보다寧히自己의智識과實力을確充하야自己의手腕으로我政府를組織ᄒᆞ고國是를挽回ᄒᆞᄂᆞᆫ計策에不出ᄒᆞ엿다홈은或可하거니와엇지此를卑陋極惡ᄒᆞᆫ行動이라ᄒᆞ리오要ᄒᆞ건ᄃᆡ被告의모殺行爲ᄂᆞᆫ不可ᄒᆞ다ᄒᆞᆯ지나其愛國의精神에至ᄒᆞ야ᄂᆞᆫ國家의人民된者ᄂᆞᆫ何國人을勿론ᄒᆞ고贊成치아니홈이不可ᄒᆞᆯ지오且好生惡死ᄂᆞᆫ人의常情인즉捐生求譽도亦一義俠이라ᄒᆞ거던况被告ᄂᆞᆫ滿腔熱血이湧출홈을不堪ᄒᆞ야千辛萬苦를不惜ᄒᆞ고李完用의蹤跡을追行ᄒᆞ다가今此實行에至ᄒᆞ엿고且其實行以後에ᄂᆞᆫ即時自溢ᄒᆞ라ᄂᆞᆫ淸潔高尙ᄒᆞᆫ志趣에基因ᄒᆞ야今日此地位에立ᄒᆞᆫ被告를엇지求譽的卑陋思想이有ᄒᆞᆫ者라ᄒᆞ리오情狀이如右히原諒ᄒᆞᆯ만홈에不拘ᄒᆞ고極刑을加ᄒᆞᆫ다홈은甚히不當ᄒᆞᆫᄌᆞ라大抵自古以來로此와如ᄒᆞᆫ모殺被告人에게極刑을科홈이無ᄒᆞ니其實例를擧言ᄒᆞᆯ진ᄃᆡ日本의星亨과美國의須知分을모殺ᄒᆞ야已遂ᄒᆞᆫ人等도死刑에不處ᄒᆞ엿거던况今에李完用을모殺ᄒᆞ라다가但히損傷에만致ᄒᆞ고既遂에不至ᄒᆞᆫ李在明을엇지死刑에處홈이可ᄒᆞ다ᄒᆞᄂᆞᆫ지理由不備의론告라謂ᄒᆞᆯ지ᄋᆞᆸᄂᆞ이다

以上과如히事實及法律点과情狀点에依ᄒᆞ던지又ᄂᆞᆫ年齡이妙少ᄒᆞᆫ点에依ᄒᆞ던지十分原諒ᄒᆞᆯ자ㅣ됨으로大略說明ᄒᆞ오니法律에違背치아니ᄒᆞ고且減輕홈을可得ᄒᆞᆫ範圍內에셔ᄂᆞᆫ十分減輕ᄒᆞ야相當히處斷ᄒᆞ야주심븐望ᄒᆞᆸᄂᆞ이다

▲安辯護士의辯論

本辯護人은被告李在明、金貞益、朴泰殷、李應三、金秉鉉、金履杰六名의辯護를擔任ᄒᆞ엿슨즉次第변論코저ᄒᆞ노라本件의被告李在明은今日에至ᄒᆞ야非常ᄒᆞᆫ罪名下에立在ᄒᆞ엿ᄉᆞ니本번護人이此에對ᄒᆞ야其事實의存在홈은承認ᄒᆞ나然而思惟컨ᄃᆡ被告가本案犯罪를實行홈에至ᄒᆞᆫ事情이如何ᄒᆞᆫ原因에基ᄒᆞ엿ᄂᆞᆫ가此ᄂᆞᆫ考究ᄒᆞᆯ價値가頗有ᄒᆞᆫ問題인바本번護人은信ᄒᆞ노니蔽一言ᄒᆞ고其原因이單純히愛國熱誠에셔出홈이오決코私憤私嫌에基ᄒᆞᆫ賤劣的行動은아니라ᄒᆞ노라何者오ᄒᆞ면被害者李完用이內閣椅子를據ᄒᆞᆫ以後로國家와人民은一毫라도顧念치아니ᄒᆞ고但自己의地位만鞏固케ᄒᆞ기爲ᄒᆞ야韓日間五條約과七協約을恣意締結ᄒᆞ야其結果로四千年國家와二千萬人民이今日如此ᄒᆞᆫ悲境에陷落ᄒᆞ야志士의怨血이淋漓ᄒᆞ고憂國者의慷慨ᄒᆞᆫ熱淚가滂沱ᄒᆞ니似此罪狀은彼李完用도亦必自服ᄒᆞᆯ者라ᄒᆞᆫ즉裁判長曰此등言論은治安에關係가有ᄒᆞ니政治上言論은勿說ᄒᆞᄂᆞᆫ것이可ᄒᆞ다ᄒᆞ미安변護士曰此ᄂᆞᆫ번護人이被告를爲ᄒᆞ야범罪原因을說明ᄒᆞᄂᆞᆫ者인즉治安에關係가何有ᄒᆞ리오ᄒᆞ매裁判長曰本件의原因과被告의目的은既히稔知ᄒᆞᄂᆞᆫ바니不必長번이라ᄒᆞᆫᄃᆡ安번護士曰然ᄒᆞᆫ즉簡短히번論ᄒᆞ깃다ᄒᆞ고繼續번論ᄒᆞ기를被告ᄂᆞᆫ卽一愛國憂世의慷慨志士라今日國家와民族이如斯히悲慘ᄒᆞᆫ境遇를當ᄒᆞ미其腔子에充滿ᄒᆞᆫ熱血이沸騰ᄒᆞ야國家와民族을爲ᄒᆞ야殺身成仁ᄒᆞᆯ目的으로此事를擧ᄒᆞ야自身을犧牲에供코저ᄒᆞ엿ᄉᆞ니世界의有國者ㅣ誰가其精神을崇拜치아니ᄒᆞ며其意志를贊成치아니ᄒᆞ리오此ᄂᆞᆫ被告에對ᄒᆞ야一層同情을表ᄒᆞᆯ點이라然則犯罪의狀態ᄂᆞᆫ如何히慘凶ᄒᆞ다ᄒᆞᆯ지라도其精神點에就ᄒᆞ야ᄂᆞᆫ大히普通의犯人과其徑이不同ᄒᆞ나니被告에對ᄒᆞᆫ判決이亦其普通의罪범과其則을異케홈事ᄂᆞᆫ勿論이라今에其例가多ᄒᆞ나就中一二를擧컨ᄃᆡ美國人須知分의事件에對ᄒᆞ야張仁煥、田明雲等에게特別히寬典을用ᄒᆞ엿고日本故大臣星亨은遞信大臣을曾經ᄒᆞᆫ者이로되其모殺者伊庭象太郞이一縷의生存을保有ᄒᆞᆫ지라此ᄂᆞᆫ皆모殺을既遂ᄒᆞᆫ者로되其精神点이普通의범人과其徑이不同홈으로判決을普通의罪범과其則을異케ᄒᆞ엿거던况且李完用은비록暫時狙擊을被하엿다ᄒᆞᆯ지라도今其傷處가回復ᄒᆞ엿슨즉裁判官諸公은尤히深諒ᄒᆞᆯ者오或者ᄂᆞᆫ此등범人을輕罪에處ᄒᆞ면此등事件이續出ᄒᆞ야安寧秩序를維持키難ᄒᆞ다ᄒᆞ나此ᄂᆞᆫ不足採用ᄒᆞᆯ無識者의妄론에不過ᄒᆞᆫ지라大抵刑罰의目的은범罪者에게苦痛을與ᄒᆞ야警戒를作홈에在ᄒᆞᆫ故로刑罰은苦痛되지아니홈이不可ᄒᆞ나니罪를범ᄒᆞᆫ結果로更히愉快를與홈은普通思想으로도排斥ᄒᆞᆯ비라今此被告ᄂᆞᆫ生命을賭ᄒᆞ야此事를擧ᄒᆞᆫ者인즉必히其肉身이死ᄒᆞᄂᆞᆫ것스로써愉快ᄒᆞᆫ줄노認ᄒᆞᆯ지니此등被告에對ᄒᆞ야生命刑(死刑)을科ᄒᆞᆫ들何등의苦痛이되며何등의警戒가되리오徒히其愉快를與홈而已니刑罰을施하ᄂᆞᆫ實益이何에在ᄒᆞ며且近世에至ᄒᆞ야刑罰이日益寬大ᄒᆞ야普通범罪에도生命刑은實益이未有홈을覺悟ᄒᆞ고文明列邦에셔死刑廢止主義를唱ᄒᆞᄂᆞᆫᄌᆞㅣ多ᄒᆞᆫ지라今에被告를遽然히極刑에科홈은必要가無ᄒᆞᆫ줄노思惟ᄒᆞ노라

（未完）

社告

各學校에셔校中事項을本報에揭載코저ᄒᆞᆯ時에ᄂᆞᆫ校長이署名ᄒᆞ고校印을捺ᄒᆞ며記事를簡明히홈을要홈此外에ᄂᆞᆫ確報로認準치아니홈

大韓每日申報社

金溝郡進永洞居ᄒᆞᄂᆞᆫ金晟允氏의게本人의債金千餘圓이報償ᄒᆞᆯ道가無ᄒᆞᆷ을晟允氏가矜悶ᄒᆞ야同債務를免除ᄒᆞ고又窮春保命ᄒᆞ라고大麥一百升을惠給ᄒᆞ오니其盛德을世界에表ᄒᆞ기爲ᄒᆞ야玆應廣告ᄒᆞᆷ

玄風郡寺洞居金周善　告白

勿論親疎間掌記及居住만通知하시면擇品廉價ᄒᆞ야郵便小包나運送部로即速付送ᄒᆞ고代金은引換ᄒᆞ깃슴

京南部銅峴九十五統十戶

乾材藥局 崔興模

本局이開業多年에各地方貿易이漸次發達이기業務를擴張ᄒᆞ며材淨價廉ᄒᆞ야勿論親疎ᄒᆞ고貿藥急用을便利케ᄒᆞ오니居住와掌記를昭詳히郵便付送ᄒᆞ시면唐草材葉菲이라도小包로代金引換과或運送部로도迅速히付送ᄒᆞ깃ᄉᆞ오니同業　僉位ᄂᆞᆫ隨量請求ᄒᆞ심을敬要

京銅峴一統六戶

乾材局 李盛哉

本書林에서教科及他書籍五六百種과古書名筆을鳩聚大賣하오니照亮購覽務望
引換代金으로도酬應ᄒᆞᆷ
請求多小에特別割引도有ᄒᆞᆷ

發賣所
南部銅峴卅五統八戶
同文書林主　金雨均白

廣告文을一覽ᄒᆞ시옵

◎廣告

本店에서開業ᄒᆞᆫ지有年에僉君子의愛顧ᄒᆞ심을特蒙ᄒᆞ와今年부터業務를大擴張ᄒᆞ고內外國各種紙物과其他學校用品을直輸入ᄒᆞ와地方同業僉位와其他僉彥에게特廉減價로酬應ᄒᆞ깃사오니不拘多小ᄒᆞ시고註文만ᄒᆞ시면數量을從ᄒᆞ와郵便代金引換小包와或運送部를經ᄒᆞ야迅速히付呈ᄒᆞ깃슴

(品目畧錄)

本國紙部
大壯紙　籠扇紙　粉白紙　見樣紙　胡尺紙　慶州紙　書厚紙　三貼紙　清風紙　油芚紙　板紙　書畫其他各種

外國紙部
洋紙　天井紙　色紙　模造紙　牛紙　古査紙　書簡紙　封套紙　印札紙　美濃紙　馬粉紙　圖紙　其他各種

右物을都賣散賣ᄒᆞᆷ

京城鍾路大廣橋
內外國紙物貿易商
本店 金聖煥
(電話一二八〇)
京城中部安洞別宮前
支店 金瑢鎭

謹告　京西部車洞同和藥房
本國藥材、洋藥、各病效、用、價、國漢文、可刊出、作封、雖婦女、郵便請求、實踐
閔權 白

本店에서開業ᄒᆞᆫ지十六年間僉君子의愛顧ᄒᆞ심을特蒙ᄒᆞ와今年부터業務을大擴張ᄒᆞ고春夏秋冬所用으로緞屬毛織等各國高等物品을現今多數直輸入이온바各地方에서ᄂᆞᆫ貿易에便利賣買키爲ᄒᆞ야特別減價ᄒᆞ와郵便小包로酬應ᄒᆞ야代金은引換ᄒᆞ깃사오니十三道各郡僉君子ᄂᆞᆫ隨意請求ᄒᆞ심을望

振替貯金番號(韓國壹三一番)

漢城中部鍾路紗帛廛洞二十一統五戶

廣興泰 告白

◎特別廣告

敬啓者本報ᄂᆞᆫ開刊有年에其論述의公正과其報道의迅速이無比ᄒᆞ야清國內遠近志士가一切歡迎ᄒᆞ오며韓國에도稍々히購覽ᄒᆞᄂᆞᆫ紳士가有ᄒᆞ온바今에更히江湖上購覽諸氏를紹介ᄒᆞ기爲ᄒᆞ야本報館所在處及報價를左開廣告ᄒᆞ오니願覽諸氏ᄂᆞᆫ速々히左開處로通奇ᄒᆞ시옴

本館所在地　哈爾賓瓦牙街
報價一個月先給　俄貨八角
全　三個月先給　俄貨二圓
但報價ᄂᆞᆫ先給을要ᄒᆞᆷ

遠東報館 告白

大韓全國에品藥、總發行所ᄂᆞᆫ、京城鍾路 **和平堂大藥房** 本舖

內外地方　小包로信送　官許

婦人靈藥 **胎臺調經丸**
○右ᄂᆞᆫ婦人의子宮病經道不調冷血積月經時腰痛赤白帶下腹痛及其外婦人腹中諸病에一切神効ᄒᆞᆷ
藥價(一個月分一劑金五圓)

健胃消滯 **八寶丹**
○右ᄂᆞᆫ新久積滯를消化ᄒᆞ며胃腹疼痛을速治ᄒᆞ고痰을消ᄒᆞ고精神을爽快케ᄒᆞ며水土不服에奇效가有ᄒᆞᆷ
藥價(九十五粒入一貼金十錢　三貼入金二十五錢)

瘡病神藥 **麝香消瘡丹**
○右ᄂᆞᆫ勿論男女ᄒᆞ고年久瘡病과下疳頭瘡과風濕瘡에奇效가有ᄒᆞᆷ
藥價(甲號一劑十四日分金四圓　乙號一劑十四日分金三圓五十錢)

○其外各種丸散及唐草材를大發賣ᄒᆞᆷ　○和平堂大藥房本舖主任 李應善

廣告

本出張所에서左開六郡에特約分店을許施ᄒᆞ오니各該郡內僉彥은藥種請求에對ᄒᆞ야品料와價格이同一ᄒᆞ온즉京城本舖나平壤本出張所로不必請求ᄒᆞ시고該郡分店으로迅速請求ᄒᆞ심을敬望

特約分店員氏名
宣川郡　李鳳朝
安州郡　金陽善
博川郡　李鍾浩
江界郡　田祥雨
義州府　義和藥房
雲山　全聖根

濟生堂第一出張所平壤鍾路
田恆晙 告白

西曆一千九百十年五月十九日 (二) 木曜日 (明治四十一年八月十八日第三種郵便物認可)

檀君開國四千二百四十三年
箕子元年三千二十二年
大韓開國五百十九年
本報創刊日 光武八年七月十八日

大韓每日申報

第八卷 月曜及慶節歲時日休刊 第一千三百九拾號

發行兼編輯人 英國人 萬咸
京城 石井洞三層洋屋 大韓每日申報社

論說

◎彗星說을對照ᄒᆞ야韓國同胞를警醒ᄒᆞᆷ

本日은地球轉環에依ᄒᆞ야計ᄒᆞ면美國某天文家의唱道ᄒᆞᆫ說노地球人類에게大災厄을與ᄒᆞ리라ᄂᆞᆫ하리彗星이太陽을經ᄒᆞᆫ다ᄒᆞ던日이라元來天文이라ᄒᆞᆷ은玄妙虛遠ᄒᆞ야解得키도難ᄒᆞᆯ뿐더러其說이每々황誕이多ᄒᆞ야稍有知識ᄒᆞᆫ者ᄂᆞᆫ深信치아니ᄒᆞᄂᆞᆫ바어니와何如間此彗星說이一次傳播된以來로世界人의聽視를聳動ᄒᆞ야一時危懼心을懷ᄒᆞᆷ에至ᄒᆞᆫ지라最히韓國近日에在ᄒᆞ야閭巷風說노互相傳訛ᄒᆞᆷ이極度에達ᄒᆞ엿나ᄒᆞ니吾儕가此에就ᄒᆞ야一種感想이有ᄒᆞ야無言ᄒᆞᆷ을不得ᄒᆞᄂᆞᆫ도다

彼民衆의酷信된心理를分析考察ᄒᆞᆯ진ᄃᆡ一은各自의知識이其眞理를未達ᄒᆞᆷ이오二ᄂᆞᆫ各自의肉眼이其形體를得見ᄒᆞᆷ이오三은稍有學識ᄒᆞᆫ者ㅣ近似의言을附加ᄒᆞᆷ이라此로推ᄒᆞ야人事에照ᄒᆞᆯ진ᄃᆡ世界大勢를未達ᄒᆞᆫ者ㅣ目前에狀態를誤見ᄒᆞ고前途의希望을自絶ᄒᆞ며他人의說道를信聽ᄒᆞ고自家의確志가不立ᄒᆞᆫ者ㅣ種々有之ᄒᆞ니엇지可惜지아니리오

嗚呼라彼하리彗星은軌度가有히進行ᄒᆞᄂᆞᆫ者ㅣ며彼美國갈니포니아洲의天文臺ᄂᆞᆫ學識이精通ᄒᆞᆫ處所이며且彼彗星의巨大ᄒᆞᆫ形體ᄂᆞᆫ普通肉眼으로도能見ᄒᆞ던바라도오히려其豫測과不符ᄒᆞ거던而況世上에엇지一定ᄒᆞᆫ不能과一定ᄒᆞᆫ可能이有ᄒᆞ리오오쟉原理의所在에ᄂᆞᆫ一時의勢力이如何치못ᄒᆞᄂᆞ니韓國現勢를肉眼으로見ᄒᆞᄂᆞᆫ一部人士들이自家의淺識을不悟ᄒᆞ고彼彗星說을誤信ᄒᆞᆷ과如히悲觀의想을起ᄒᆞ며危懼의心을抱ᄒᆞᄂᆞᆫ者ㅣ或有ᄒᆞ니戒之어다悲觀同胞여勿之어다危懼同胞여天文의彗星循環을不可信이오人事의時勢變遷을不必患이니다又要訣노常守ᄒᆞᆯ것은修人事待天命이니라

外報

◎長沙事件賠償問題 去番淸國長沙暴動事件에對하야關係列國에서ᄂᆞᆫ各其調査를畢了ᄒᆞᆫ後賠償을要求ᄒᆞᆯ터이라ᄂᆞᆫᄃᆡ其時燒毁及破損된諸官衙、學堂、敎會、商店等五十四個所中에外國人에對ᄒᆞᆫ破損額만計ᄒᆞᆯ지라도二百萬兩에不下ᄒᆞᆯ터이오且賠償問題에對ᄒᆞᆫ列國의態度ᄂᆞᆫ英國과諾威가最히强硬ᄒᆞᆫ手段을取ᄒᆞᆯ뜻ᄒᆞ며德國과日本等은頗柔折衷에出ᄒᆞᆯ터이오美國에서ᄂᆞᆫ强硬을行치아닐뿐아니라도로혀懷柔政策을取ᄒᆞ야宣敎師及월ㅣ大學病院等에서救恤金募集에着手ᄒᆞ엿스며同賠償金擔負에至하야ᄂᆞᆫ淸政府에서ᄂᆞᆫ同事件의起因이湖南諸大官의過失이라ᄒᆞ야政府에서支出ᄒᆞᆯ理가無ᄒᆞ다고言明ᄒᆞᆫ지라隨ᄒᆞ야種種의說을生ᄒᆞ야解結키難ᄒᆞᆫᄃᆡ一說에ᄂᆞᆫ同事件의激起ᄂᆞᆫ前巡撫岑春헌氏의過失이라ᄒᆞ야同氏의私財로支出ᄒᆞᆷ이可ᄒᆞ다하며一說에ᄂᆞᆫ湖南紳商의過失이라ᄒᆞ야同地紳商에게歸코저ᄒᆞᆫ다ᄂᆞᆫᄃᆡ前說은湖南人士의主張하ᄂᆞᆫ輿論이오後說은中央政府의聲言ᄒᆞᆫ바라더라

雜報

◎李在明의公判

第一日午後 續

▲安辯護士의辯論 續

茲에壹辨ᄒᆞᆯ一週가有ᄒᆞ니檢事가被告를排日的壹派라云ᄒᆞ나窃惟컨ᄃᆡ被告난愛국的熱誠이極度에達ᄒᆞᆫ結果로其跡이排日에近ᄒᆞᆯ뿐이오決코天性에固有ᄒᆞᆫ排外的思想은아니로信ᄒᆞ노라假令被告를眞正ᄒᆞᆫ排日派라ᄒᆞᆯ지라도裁判長은自反而思之ᄒᆞ라盖人이無端히我를排斥ᄒᆞᆯ理由ᄂᆞᆫ必無ᄒᆞ리니如此ᄒᆞᆫ境遇에ᄂᆞᆫ壓迫的手段을使用ᄒᆞᄂᆞᆫ것보다德義로ᄡᅥ人을感服케ᄒᆞᄂᆞᆫ것이何如ᄒᆞ뇨此等私憾情을因ᄒᆞ야法律을低昂코져ᄒᆞᆷ은絶對的不可ᄒᆞᆫ지라若使先進국人民으로易地處之라도公憤攸激에此等行爲가必無키難保라ᄒᆞᆯᄃᆡ裁判長曰政治論은不可라ᄒᆞᆫ즉安辯護士曰然則法律適用에就ᄒᆞ야暫辯論ᄒᆞ깃다ᄒᆞ고今此檢事ᄂᆞᆫ被告가朴元文에對ᄒᆞ야故殺의罪로刑法大全第四百七十七條에李容九에對하야謀殺未遂從犯의罪로仝第四百七十三條、仝第八十六條、仝第百二十五條에李完用에對ᄒᆞ야謀殺未遂의罪로仝第四百七十三條、仝第八拾六條에該當ᄒᆞ니二罪以上이俱發ᄒᆞᆫ지라其重ᄒᆞᆫ者를從ᄒᆞ야死刑에處ᄒᆞ자고論告ᄒᆞ나本변護人은被告가朴元文에對ᄒᆞ야何等의刑法上責任이無ᄒᆞ다斷言ᄒᆞ노라何者오ᄒᆞ면凡意思ᄂᆞᆫ犯罪成立의精神的要素라被告의當時現塲의精神狀態를想像컨ᄃᆡ其精神이李完用一個人을狙擊ᄒᆞᄂᆞᆫᄃᆡ在ᄒᆞᆯ뿐이오其他辨別이全然缺乏ᄒᆞᆷ은明若觀火라此際에李完用의車夫朴元文이阻止ᄒᆞᆫ즉被告가其意外障碍됨을防禦코져ᄒᆞᄂᆞᆫᄃᆡ朴元文이邂逅히手傷致死ᄒᆞᆫ者오決코殺意ᄂᆞᆫ毫無ᄒᆞᆫ지라然則犯罪成ᄒᆞᄂᆞᆫ意思中第一要件되ᄂᆞᆫ辨別이既無ᄒᆞ면自由도亦無ᄒᆞ나니捨此取彼ᄒᆞᆯ自由가豈有ᄒᆞ리오故로此를罪로認ᄒᆞ야刑을科치아니ᄒᆞᆷ은刑法上의一般採用ᄒᆞᄂᆞᆫ大原則이니被告가如斯히其故殺의意思가無ᄒᆞ엿슨즉犯罪를構成치못ᄒᆞᆷ은勿論이오李容九에對ᄒᆞᆫ謀殺의意思ᄂᆞᆫ既已停止ᄒᆞᆫ證據가明確ᄒᆞᆫ즉意思停止에對ᄒᆞ야何등의責任이有ᄒᆞ리오此ᄂᆞᆫ不足多辨이라李完用에對ᄒᆞᆫ行爲ᄂᆞᆫ該當ᄒᆞᆫ正條가無하다고敢히謂치못ᄒᆞ나檢事의請求와如히刑法大全第四百七十三條、仝第八十六條를適用ᄒᆞᄂᆞᆫ것은大히誤謬ᄒᆞᆷ인즉本辯護人은刑法大全第五百七條가適用上에近似ᄒᆞ다ᄒᆞᆯ지라然이나要컨ᄃᆡ本件의內容이以上陳述과如ᄒᆞᆫ者인즉此에對ᄒᆞ야重刑을科ᄒᆞᆷ은仁人君子의不忍ᄒᆞᆯᄇᆡ라玆에裁判官諸公의感情에訴ᄒᆞ야文明의判决을謹竢ᄒᆞᄂᆞᆫ바無罪의判決은敢히望치못ᄒᆞ나其情狀을酌量ᄒᆞ야充分히減七等宣告ᄒᆞ야世界의模範的公判이되게하기를懇願이로라

被告金貞益은李容九를謀殺ᄒᆞ기로准備ᄒᆞ엿노라ᄒᆞᆫ事實을自白ᄒᆞᆫ바本辯護人이其意思의存在ᄒᆞᆷ은認定하나然而其謀殺에供ᄒᆞᆯ准備라ᄂᆞᆫ刀를見ᄒᆞᆫ즉此ᄂᆞᆫ人々이囊中에儲ᄒᆞᆫ小刀니卽剪瓜切紙ᄒᆞᄂᆞᆫ具에不過ᄒᆞᆫ者라此로ᄡᅥ人을謀殺ᄒᆞᆫ다ᄒᆞᆷ은到底히不可能ᄒᆞᆯ事인즉其自白을信認키難ᄒᆞᆫ지라此刀가果然謀殺에供ᄒᆞᆯ准備가될가裁判官諸公은更히該刀를見ᄒᆞ면自然히心證을得ᄒᆞ리라然則被告가何故로無實을自白하야犯罪를自求ᄒᆞᄂᆞᆫ가一疑問이나窃惟컨ᄃᆡ被告ᄂᆞᆫ卽一愛國憂世의慷慨志士라噫彼李容九가一進會長으로二千萬國民의代表라詐稱ᄒᆞᄂᆞᆫ所謂聲明書를肆然發表ᄒᆞ야合邦問題를提唱ᄒᆞ야國體를變更ᄒᆞ고主權을移動코져ᄒᆞᆫ즉國家와人民의蟊賊이라似此人類ᄂᆞᆫ覆載間에生息케ᄒᆞᆷ이不可ᄒᆞ다ᄒᆞ야於是에李容九를謀殺ᄒᆞᆯ意思가發生ᄒᆞ엿스나其謀殺에供ᄒᆞᆯ器具ᄂᆞᆫ尙히准備치못ᄒᆞᆫ中李在明의連累者로逮捕되미公憤所激에丈夫의所懷를隱諱ᄒᆞᆷ이不可라ᄒᆞ야此小刀로도李容九를刺殺ᄒᆞ기로決心ᄒᆞ엿다고無實을自白ᄒᆞᆫ것이明白無疑ᄒᆞ니此ᄂᆞᆫ一時豪語에不過ᄒᆞᆫ지라盖被告가비록自白ᄒᆞᄂᆞᆫ바犯罪라도其自白이事理에適合치아니ᄒᆞ거나證據가充分치못하면法律은其人으로ᄡᅥ眞正ᄒᆞᆫ犯罪者로認定치아니ᄒᆞᆷ은其自白이或自益을爲ᄒᆞᄂᆞᆫ비有ᄒᆞ야然ᄒᆞᆫ者로認做ᄒᆞᄂᆞᆫ所以라今此被告의自白이果然事理에適合乎아証據가充分乎아此ᄂᆞᆫ國民의義務로公憤을不勝ᄒᆞ야其無實을自白ᄒᆞᆷ은不待智者而可判이라假令被告가此刀로李容九를謀殺하기爲ᄒᆞ야准備ᄒᆞ엿다ᄒᆞᆯ지라도刑法大全第一編乃至第三編卽總則만驟看ᄒᆞ면被告를謀殺未遂라稱ᄒᆞᆷ이似或然矣나條項에就ᄒᆞ야嚴格히解釋하면謀殺未遂와如ᄒᆞᆫ事ᄂᆞᆫ特別히同法第五百七條及五百八條에規定ᄒᆞ엿슴으로總則을排斥하ᄂᆞᆫ것이原則이라若此에對ᄒᆞ야總則을適用ᄒᆞ면刑罰이偏輕偏重하야其權衡을失ᄒᆞ야立法의趣旨에違反되ᄂᆞᆫ지라同法第五百八條에云ᄒᆞ되本章第一節의所爲로謀ᄒᆞ야已行ᄒᆞ고未曾傷人ᄒᆞᆫ境遇에ᄂᆞᆫ懲役三年에處ᄒᆞᆷ이라ᄒᆞ엿스니謀殺의所爲로謀ᄒᆞ고已行하야未遂ᄒᆞᆫ者에對ᄒᆞ야도懲役三年에止ᄒᆞ난ᄃᆡ謀만ᄒᆞ고未行ᄒᆞᆫ者를謀殺未遂犯이라ᄒᆞ야刑法大全第四百七十三條、第八十六條를適用ᄒᆞ야懲役十五年刑에處ᄒᆞᆫ즉其照律이權衡을得ᄒᆞ엿다云ᄒᆞᆯ가立法의趣旨에適合ᄒᆞ다云ᄒᆞᆯ가故로謀殺未遂난預備行爲가十分無疑ᄒᆞᆫ境遇라도本條의規定이無ᄒᆞ면罪로論ᄒᆞᆷ을不得ᄒᆞᄂᆞᆫ지라被告의行爲에對ᄒᆞ야비록法律의不備ᄒᆞᆷ을唱ᄒᆞ나既히明文이無ᄒᆞᆫ以上에ᄂᆞᆫ强擬ᄒᆞᆷ이不可ᄒᆞᆫ지라然則被告를何律에照ᄒᆞ야刑罰을施ᄒᆞ리오且李完用에對ᄒᆞᆫ謀殺事ᄂᆞᆫ李在明이被告와相議ᄂᆞᆫᄒᆞ엿스나決定ᄒᆞᆫ事이本無ᄒᆞᆯ뿐더러被告의主張은既已誤國ᄒᆞᆫ李完用을殺ᄒᆞᆷ보다現今合邦을主唱ᄒᆞᄂᆞᆫ李容九를殺ᄒᆞᆷ이可ᄒᆞ다고反對ᄒᆞ야李完用에對ᄒᆞᆫ謀殺의意思ᄂᆞᆫ停止ᄒᆞᆫ故로李在明의行爲에ᄂᆞᆫ關係가無ᄒᆞᆫ즉何등의責任이有ᄒᆞ리오此ᄂᆞᆫ不足多辨이라然則檢事가被告를李容九에對ᄒᆞ야謀殺未遂의罪로刑法大全第四百七十三條、同第八十六條에該當ᄒᆞ고李完用에對ᄒᆞ야謀殺未遂從犯의罪로同第四百七十三條、同第八十六條、同第百三十五條에該當ᄒᆞ니二罪以上이俱發ᄒᆞᆫ지라其重ᄒᆞᆫ者를從ᄒᆞ야懲役十五年에處하자고論告ᄒᆞ나此ᄂᆞᆫ立法의精神을不知ᄒᆞ고立法者의意思에反ᄒᆞ야全然히誤解ᄒᆞᆫ所以니無罪로判決宣告ᄒᆞᄂᆞᆫ것이法理에適合ᄒᆞ다ᄒᆞ엿고

被告朴泰殷、李應三、金秉鉉、金履杰等에對ᄒᆞ야도一塲其無罪ᄒᆞᆷ을辯論ᄒᆞ엿ᄂᆞᆫᄃᆡ專히法律論이기玆에省略하노라

諸辯護士의辯論이畢ᄒᆞ니時ᄂᆞᆫ正히午後八時十分이라裁判長이拾八日에判決을言渡ᄒᆞ기로公布ᄒᆞ고드ᄃᆡ여閉廷ᄒᆞ다

(完)

宮廷彙報

◎兩陛下親行 大皇帝皇后兩陛下게ᄋᆞᆸ셔來二十一日上午拾時에敦化門으로出御ᄒᆞ사德壽宮에觀謁ᄒᆞ시고下午四時三拾分에還御ᄒᆞᄋᆞᆸ신다더라

◎佛像進爐 江華郡傳灯寺僧이古銅爐一座를日前大皇帝陛下ᄭᅴ進上ᄒᆞ엿슴으로大皇帝陛下게ᄋᆞᆸ셔金一百圜을下賜ᄒᆞᄋᆞᆸ셧다더라

◎李氏陛見 總理大臣李完用氏ᄂᆞᆫ昨日午后零時三拾分에大皇帝陛下ᄭᅴ陛見ᄒᆞ고仍히德壽宮에進詣ᄒᆞ야太皇帝陛下ᄭᅴ陛見ᄒᆞ엿다더라

◎土屋等陛見 土地調査局測量部長土屋以下各部課員拾餘名은本日大皇帝陛下ᄭᅴ陛見ᄒᆞᆫ다더라

雜報

◎勳章事件內容 大皇帝陛下게ᄋᆞᆸ셔日本內親王의게勳章을贈與ᄒᆞᄋᆞᆸ심에對ᄒᆞ야秘密事件이發露되엿다ᄒᆞᆷ은既報어니와當初宮內府에서贈章의勅敎를承ᄒᆞᆫ後擧行이何等緩慢ᄒᆞ엿던지使行의發程日子ᄂᆞᆫ促急ᄒᆞ되勳章準備ᄂᆞᆫ無하야不得已義親王妃完興君夫人永宣君夫人의勳章을借得하야修繕齎送헛더니就中永宣君夫人이勳章을遞奪ᄒᆞᄂᆞᆫ줄노誤認ᄒᆞ야多少訛話를發ᄒᆞ다가其事實이發現되엿ᄂᆞᆫ데宮닉府次官小宮三保松은自己의責任이無ᄒᆞ다고極口辨明ᄒᆞᆫ다더라

◎餘戒尙存否 總理大臣이德壽 창德兩宮에陛見ᄒᆞᆷ은別項과如하거니와警視廳에서ᄂᆞᆫ所經沿路支署에指揮ᄒᆞ야特別警護케ᄒᆞ엿다더라

◎趙鮹困難 日本內親王의勳章을携帶渡日ᄒᆞᆫ李章閣卿趙同熙氏ᄂᆞᆫ勳章事에關ᄒᆞ야進退가難處ᄒᆞᆷ으로困難이莫甚ᄒᆞ다더라

◎支出件裁可 度支部所管通信官署吏員遭難慰藉金二千六百圜과國有地調査費四萬四千九百十四圓과內部所管義兵鎭壓費二萬圜을豫備金中에서支出ᄒᆞ기로裁可되엿다더라

◎免官內定 勳章事件에關ᄒᆞ야宮內府大臣及次官以下一般高等官을一切免官ᄒᆞ기로內定하엿ᄂᆞᆫ데統監府에서日本政府의處置如何를待ᄒᆞ야施行ᄒᆞᆯ次로姑히觀望中이라더라

◎宮官謝罪 勳章事件에關ᄒᆞ야統監府에서此로不敬無禮의事라ᄒᆞ야怒意가頗深ᄒᆞᆷ으로宮닉府秘書官김東完氏가再昨日統監府에前往謝罪ᄒᆞ엿다더라

◎學大消息 南韓地方視察中에在ᄒᆞᆫ李學相은來二拾七日頃에歸任ᄒᆞ엿다가因ᄒᆞ야西韓地方을視察ᄒᆞᆯ豫定이라더라

◎木內歸任期 月前歸國ᄒᆞᆫ農商工部次官日人木內ᄂᆞᆫ來月初旬頃에歸任ᄒᆞᆫ다ᄂᆞᆫ電信이日昨該部에來到하엿다더라

◎壇隍查報 各道觀察使ᄂᆞᆫ內部訓令을依ᄒᆞ야各郡所在社稷壇及城隍堂의數爻와附屬土地를調查ᄒᆞ야內部에修報ᄒᆞ엿다더라

◎江原郡主會 江原觀察道에서ᄂᆞᆫ來六月一日부터管下各郡主事會議를開ᄒᆞᆫ다더라

◎總相發程期 總相李完用氏가溫陽溫泉으로발向ᄒᆞᆫ다ᄒᆞᆷ은既報ᄒᆞ엿거니와來廿二日에발程ᄒᆞ기로確[illegible]ᄒᆞ엿나더라

◎陳列閉鎖 統監府特許局殿舍及特許品陳列所를東門내新營에移轉키爲ᄒᆞ야昨日부터九月末日頃ᄭᆞ지陳列所를閉鎖ᄒᆞᆫ다더라

◎廳舍調查 내部에서ᄂᆞᆫ地方에散在ᄒᆞᆫ郡衙所屬廳舍를保管키爲ᄒᆞ야不遠間實地調查를行ᄒᆞᆫ다더라

◎前田送別 官立漢城師範學校敎授前田은平壤高等學校敎授로轉任되엿슴으로學部官吏及學校關係者等이昨日午后八時에送別宴을開ᄒᆞ엿다더라

◎松本計劃 日人松本期次郎은韓國에一大牧畜會社를創設ᄒᆞᆯ計劃으로目下其設置ᄒᆞᆯ處所를選擇中이라더라

◎露領事渡日 京城에駐在ᄒᆞ던元山露國領事ᄂᆞᆫ去拾六日朝에出發ᄒᆞ야日本長崎로向하엿다더라

◎兩氏出張 侍從武官申羽均親衛府主事許撤兩氏ᄂᆞᆫ公務를帶ᄒᆞ고昨日仁川에서海州로至ᄒᆞ야平山地方으로赴ᄒᆞ엿다더라

◎警備電話設 내部警務局에서ᄂᆞᆫ警察上通信을完備ᄒᆞ기爲ᄒᆞ야順川安州間、金堤大場林全州間、鴻山藍浦間、安東醴川間에警備電話를架設ᄒᆞ기로近近工事에着手ᄒᆞᆯ터이라ᄂᆞᆫ데其延長은三千里오所要經費ᄂᆞᆫ約九千圜이라더라

◎警署新築 昨年末及本年度에增設ᄒᆞᆫ警察署中不遠間에建築ᄒᆞᆯ處ᄂᆞᆫ金浦、新溪、天安、谷城、鐵原、甲山、鎭安、羅南、順川諸地이오此外釜山元山에ᄂᆞᆫ署長官舍를改築ᄒᆞᆫ다더라

◎品評會補助 江原道春川郡에셔本年拾月에開ᄒᆞᆯ同道物產品評會에對ᄒᆞ야農商工部에서金四百圜을補助ᄒᆞ엿다더라

◎毁舊築新 內部衛生局에서ᄂᆞᆫ慶佑宮內順化病院을毁撤ᄒᆞ고病人一百餘名收容ᄒᆞᆯ處所를一新建築ᄒᆞ기로不日間工役에着手ᄒᆞᆫ다더라

◎醫士增置議 內部에서設置ᄒᆞᆫ淸州全州咸興등郡慈惠醫院에ᄂᆞᆫ每日治療者가四百餘名에達ᄒᆞ야院務가浩煩ᄒᆞᆷ으로內部에서醫士幾員을增置하기로目下協議中이리더라

◎李氏等宣告

李在明氏등의判決은既報와如히昨日上午拾一時에宣告ᄒᆞ엿ᄂᆞᆫ데李在明은絞에金貞益李東秀金丙錄趙昌鎬ᄂᆞᆫ役各拾五年에吳復元全泰善은役各拾年에朴泰殷金龍文은役各七年에李學泌金履杰金秉鉉李應三은役各五年에處ᄒᆞ고申訴期限은五日ᄂᆡ로定ᄒᆞ엿다더라

◎大日愁慘

李在明氏等의判決은別項과如ᄒᆞ거니와一般聽衆은此判決이何如히歸決될ᄭᅡᄒᆞ야先期來集者가廷닉廷外에人海를成ᄒᆞ엿ᄂᆞᆫ데李在明氏ᄂᆞᆫ傍聽을顧ᄒᆞ고同胞와國家의悲慘ᄒᆞᆫ겁運을慷慨히論及ᄒᆞ야縷縷數百言을吐ᄒᆞ고悲憤을不勝하야失聲號哭하엿고同氏의夫人及其妻母도垂頭號哭하ᄂᆞᆫ데滿場會衆이涕를含치안ᄂᆞᆫ者殆히鮮ᄒᆞ엿다더라

◎有何關係 一進會員董雲卿은何등關係가有ᄒᆞᆫ지警視廳에셔注目中이라더라

◎三魔一轍 同志贊成會員徐彰輔ᄂᆞᆫ鋼峴居洪甲杓를甘誘하야日合邦이實施되면我會員들은官爵一級을陞任ᄒᆞᆯ터이니[illegible]貸金寄付ᄒᆞ야[illegible]라ᄒᆞ고錢拾圜或三四拾圜을[illegible]興ᄒᆞᆫ後에國民新報社長崔永年을敎唆ᄒᆞ야日余ᄂᆞᆫ洪[illegible]醫하對次請ᄒᆞ가有ᄒᆞ엿스나君이再請ᄒᆞ면彼가應諾不辭ᄒᆞᆯ지라ᄒᆞ[illegible]數金錢을得ᄒᆞ거던互相分用ᄒᆞᄌᆞᄒᆞ거날崔가徐言을依ᄒᆞ야洪의게面論하민卽時金貨百圜을出給ᄒᆞᄂᆞᆫ지라徐ᄂᆞᆫ度外에置ᄒᆞ고崔가獨喫ᄒᆞ엿슴으로徐가崔의行爲를憤怒ᄒᆞ야進入[illegible]ᄒᆞᆫ다더라

◎李氏聲言

久히露領烟秋에滯留ᄒᆞ던前管理使李範允氏ᄂᆞᆫ如干徒黨을募集ᄒᆞ야朝暮渡江ᄒᆞᆫ다ᄂᆞᆫ聲言이頻々ᄒᆞ더니近日에ᄂᆞᆫ如何、機會를得ᄒᆞ엿ᄂᆞᆫ지局子街淸官의게照會ᄒᆞ되多數動兵ᄒᆞ야間島中央으로渡江ᄒᆞᆯ터이니假途ᄒᆞ라ᄒᆞ엿ᄂᆞᆫ데淸官은答照ᄒᆞ야日渡江ᄒᆞ면東江으로도無得ᄒᆞ거놀何必淸界로作行ᄒᆞ리오ᄒᆞ야拒絶ᄒᆞ엿다하며李氏의部下趙甲氏ᄂᆞᆫ徒黨一百五十名을領率ᄒᆞ고鍾城郡十五里接境間島傑滿洞胡泉浦等地에巢穴을占ᄒᆞ고揚人談ᄒᆞ여日六月初間에李氏가數千軍을領率ᄒᆞ고當地에到着ᄒᆞ면義旗를大擧ᄒᆞ야[illegible]時渡江ᄒᆞ다ᄒᆞ며該黨의所帶武器ᄂᆞᆫ皆洋銃六連發이오本月五日은穩城鍾城間電線을斷絶ᄒᆞ야電信이一日不通하엿ᄂᆞᆫ、該黨이內地에流入ᄒᆞᆫ者도有ᄒᆞ며邊郡人民도秘密聯絡者가多ᄒᆞᆫ貌樣인되鍾城郡日守備隊憲兵分遣所에서ᄂᆞᆫ晝夜戒嚴이非常ᄒᆞ야午后七時로午前四時ᄭᆞ지ᄂᆞᆫ江邊과四城門周圍에嚴密把守ᄒᆞ며當地人民들은早晚間危險이有ᄒᆞᆯ깃다ᄒᆞ야大段嗷嗷中이오[illegible]內[illegible]濟[illegible]氏[illegible]ᄂᆞᆫ韓進[illegible]餘人으로司[illegible]에連[illegible]ᄒᆞ야一大猖獗을[illegible]成ᄒᆞᆷ으로沿江各郡人民들은ᄉᆞ파相通ᄒᆞᄂᆞᆫ影響이有ᄒᆞ야來頭에如何ᄒᆞᆫ風雲이有ᄒᆞ리라고北來人의傳說이有ᄒᆞ다더라

◎自燃燒失 黃海道仙岩日憲兵分遣所ᄂᆞᆫ去拾六日에失火沒燒하엿다더라

學界

◎普中生旅行 普成中學校學員一同은修學旅行ᄒᆞ기爲ᄒᆞ야再昨日上午九時에京義線으로發程ᄒᆞ야平壤郡에前往ᄒᆞ엿다더라

◎普專生運動 普成專門學校學員一同은來日曜日奬忠壇에前往ᄒᆞ야運動會를開ᄒᆞᆫ다더라

◎女校運動 漢城內各女學校에서既報와如히再昨日西闕內에서聯合運動會를開ᄒᆞ엿ᄂᆞᆫ데朴齊純趙重應尹雄烈閔泳徽金嘉鎭閔仲默諸氏가往參ᄒᆞ야金貨及物品을寄付ᄒᆞ엿다더라

◎普明更明 延安郡私立普明學校ᄂᆞᆫ設立三載에財政이極絀ᄒᆞᆷ으로進就之望이別無하더니該校任員康信華邊汝文등諸氏가熱心視務ᄒᆞ며拔力捐金ᄒᆞ야經費를支用ᄒᆞᆷ으로生徒가五十餘名에達ᄒᆞ야更振之望이有ᄒᆞ다더라

電報

◎德王遊日 德國聯邦메크렌부르ᄒᆞᆫ國王及同王妃殿下ᄂᆞᆫ來月下旬頃에日本을遊覽ᄒᆞᆫ다더라

◎印王國賓待遇 日本政府에서ᄂᆞᆫ[illegible]은샴[illegible]國賓으로待遇ᄒᆞᆫ다더라

以上東京발 拾七日

◎韓滿[illegible]會 [illegible]友會ᄂᆞᆫ本日韓滿[illegible]設置件을발表ᄒᆞ고同會[illegible]은鳩山和夫及[illegible]委員은[illegible]關닉以下拾四名을選任ᄒᆞ엿다더라

◎休業致弔 米[illegible]拾日英國先帝의御大葬日인[illegible]日本東京市에서ᄂᆞᆫ弔意를表ᄒᆞ기爲ᄒᆞ야내閣及諸官衙銀行等은[illegible]休業ᄒᆞᆫ다더라

以上東京발 拾八日

◎루[illegible]英京着 美國前大統領루스벨트氏ᄂᆞᆫ英國倫敦에到着ᄒᆞ엿다더라

◎露國交通法案 露國遞信省은[illegible]西比利亞鐵道와連絡키爲ᄒᆞ야北氷洋의交通을開ᄒᆞᆯ[illegible]法案을提出ᄒᆞ리라더라

◎英紙報道 英國倫敦타임쓰新聞은露日協約이[illegible]行되ᄆᆞᆯ報하엿슴으로歐洲[illegible]交界에多大ᄒᆞᆫ注意[illegible]ᄒᆞ리라더라

◎美加通商條約 美國政府ᄂᆞᆫ美國、加奈다間[illegible]條約協議案을提議[illegible]

◎몬國昇格 몬[illegible]니그로公國은來八月[illegible]王國으로昇格ᄒᆞᆫ다ᄂᆞᆫ布告[illegible]ᄒᆞ엿다더라

◎飛行家負傷 德國飛行家미혜린氏[illegible]飛行技術에셔負傷ᄒᆞ엿다더라

以上伯林발 十八日

社告

各地方에서本申報購覽하시ᄂᆞᆫ諸氏가本報代金을多月延滯ᄒᆞ야經費窘拙이太甚ᄒᆞ옵기玆에仰布ᄒᆞ오니特히愛顧ᄒᆞ시와代金을郵便小爲替로卽速付送ᄒᆞ심을仰要ᄒᆞᆷ

大韓每日申報社

雜報

◎收稅成績 全南管內地方稅全額은四萬七千圓인ᄃᆡ今月까지徵收된金額이三萬二千圓에達ᄒᆞ야全國에未曾有의好績을收ᄒᆞ얏다더라

◎致齋後報 去八日西闕內에서致齋를行ᄒᆞᆫ淨土宗에關ᄒᆞᆫ韓人信徒의上聞ᄒᆞᆷ이오入場券使用은利無ᄒᆞ다더라

◎盲組請願 原州郡居盲人金裕鎭氏ᄂᆞᆫ盲人組合所를設立ᄒᆞᆯ次로日前內部警務局에請願書를提呈ᄒᆞ얏ᄂᆞᆫᄃᆡ該局에서所管警察署를經由提出ᄒᆞ라ᄒᆞ얏다더라

◎藪藪起訟 忠南牙山郡一北面梧洞에在ᄒᆞᆫ藪林은元來該洞共有로累百年禁養ᄒᆞᄂᆞᆫ바인ᄃᆡ該洞이昨年歉荒을値ᄒᆞ야春秋戶錢을辦納키無路ᄒᆞᆷ으로該藪林을十餘圓에賣斥ᄒᆞ야戶稅를代充ᄒᆞ얏더니該郡二北面新洞居崔成鎬氏가該藪林을自己所管이라ᄒᆞ야屯浦日憲兵分遣所에誣訴ᄒᆞ야方今該洞人과詰頏中이라더라

◎龍山流行病 龍山等地에서ᄂᆞᆫ日昨부터流行病이발生ᄒᆞ얏合으로警視廳에서此를調査ᄒᆞ기爲하야衛生上嫻熟ᄒᆞᆫ巡査를派送ᄒᆞ얏다더라

◎義蹤詗探 義兵將韓某가藪島등地에潛狀ᄒᆞ엿다ᄂᆞᆫ說이有ᄒᆞᆷ으로二昨夜에日憲兵司令部에서憲兵及補助員五名을派送ᄒᆞ야詗探ᄒᆞ엿ᄂᆞᆫᄃᆡ畢竟踪跡이頓無ᄒᆞ엿다더라

◎曹家賊警 三昨日下午十時에中部塔洞居曹秉伊氏家에竊盜가潛入ᄒᆞ야衣服器皿등物八十餘圓價値를竊去ᄒᆞ엿다더라

◎青舘開演 今日下午八時三十分에鍾路青年會舘에서英國人쉴킨선氏를請邀ᄒᆞ야前途의大希望的生涯란問題로演說ᄒᆞᆫ다더라

廣告

京西部車洞同和藥房
本國藥材、洋製、各病
、戕、用、價、國漢文、
可刊出、作封、雖婦女、
郵便請求、吃價
閔 □ 白

本店에서開業한지十六年間僉君子의愛顧하심을特蒙하와今年부터業務를大擴張하고春夏秋冬所用으로緞屬毛織等各國高等物品을現今多數直輸入이온바各地方에서는貿易에便利賣買케爲하야特別減價하와郵便小包로酬應하야代金은引換하깃사오니十三道各郡僉君子는隨意請求하심을望
振替貯金番號(韓國壹三番)
漢城中部鍾路砂器廛洞二十一統五戶
廣興泰 告白

◉特別廣告
敬啓者本報는開刊有年에其論述의히正과其報道의迅速이無比하야淸國內遠近志士가一切歡迎하오며韓國에도稍々히購覽하는紳士가有한온바今에更히江湖上購覽諸氏를紹介하기爲하야本報館所在處及報價를左開廣告하오니願覽諸氏는速々히左開處로通奇하시옴
本館所在地 哈爾賓瓦牙街
報價一個月先給 俄貨八角
仝 三個月先給 俄貨二圓
但報價는必先給을要홈
遠東報館 告白

◉大韓全國에本堂製造發行하는藥品
消化新藥 清心保命丹 此丹은化痰止咳하고順氣消滯하며恒常長服하면腸胃가健全
大補元氣 蔘茸大補元 人補元氣하고滋腎健腦하며先天不足과陽위不起에一切神効
蛔積殺虫散 此약은회積과회腹痛과회虫一切을去根하는良劑
久滯大通丸 此丸은年久積滯와宿滯後重이며胃腹痛에神効莫大홈
瘡病新藥 梅花點雪丹 毋論男女하고花柳病楊梅瘡에一切去根快復하는良藥
眼疾速効 光明眼藥 諸般眼疾에隨症皆差하는東洋에初有한寶藥
起死回生 回生丹 此丹은急한吐瀉關格이며가슴아리와冷積과痢疾에神効
廣濟神効 解熱散 寒熱往來하며似학非학과頭痛肢體와肢節痛에其効가偉大
齒痛新藥 止痛健齒水 虫齒와風齒와諸般齒痛에壹切神효
耳鼻聖藥 耳鼻神藥 無論男女하고耳聾鼻塞이며耳鼻에關한病은隨症並差
疝症根치 疝積湯 諸般산症에大談出賣홈
寸虫沒出藥 寸白虫을一切去根하는妙劑
되눈과못 拔根藥 되눈과못과ㅅ마귀를쎽는藥
止足汗臭藥 手足의汗臭를除却하는藥
去核生新 沃度膏 創瘡과腐傷과곱진데去核生新하기는第一著明
最新改良 百應膏 無論男女老少하고毒瘇濕瘇痰瘇諸般瘇瘡에壹切特效가有홈
淋疾藥各種 淋疾各症에壹週日만服하면病根快復하고腎氣가完全홈
其他洋藥各種과◉賣藥各種◉都賣散賣
◉遠地에는郵便小包로申速酬應홈
漢城南大門內濟生堂大藥房 李庚鳳
代辦主任 李興國 白

大韓全國에藥總發行所는京城鍾路 和平堂大藥房本舖
婦人靈藥 胎養調經丸 價(一個月分一劑 金五圓)
○右는婦人의子宮病,經道不調,冷血積,月經時腹痛,赤白帶下,腹痛及其外婦人腹中諸病에一切神効홈
健胃消滯 八寶丹 價(九十五粒入一貼 金十錢 / 三貼入 金二十五錢)
○右는消化不良,積滯를消化하고腹痛,... 精神을... 奇效가有홈
神藥瘡病 解毒河車丹 價(甲号一劑十日分 金四圓 / 乙号一劑十日分 金三圓五十錢)
○右는男女老少ᄒᆞ고梅毒과下疳,頭瘡과風濕,諸瘡에奇效가有홈
○其外各種...及處方...을大發賣홈
○和平堂大藥房本舖主任 李應善

社 告

大韓每日申報各處支社廣告

平安北道
龍川楊市維新書舖 黃菊保
龍川南市驛 韓鎭希
朔州邑南門外 朱伯英
義州南門外韓西大藥局 張有寬
鐵山邑東部 鄭翊
車輦館同志會內 金明鉉
定州南門內書舖 洪成麟
博川邑內證洞 金翼樞
京義線批峴驛停車場前運輸會社前 李基秀
寧邊邑館前洋藥局 李正華
寧邊郡內紅門里 鄭德昇
寧邊龍山面香興里南貞河家 鄭奉益
宣川橋南四統十戶 申基周
江界邑內 金泰熙
郭山郡內新街 金大鉉
雲山邑上里八統八戶 咸元澤
雲山北面德洞八統七戶 上寬鎬
昌城郡內西下里一統二戶 許익
熙川邑內面東門外洞十四統二戶 金錫澤

平安南道
平壤鍾路太極書館 安泰國
三和港碑石洞耶蘇敎堂 裵亨湜
安州城內義井洞安陵旅館 金翼河
江西邑內 金昌煥
甑山郡內利用里 崔診爽
德川邑官洞耶蘇敎冊肆 李丙斗
永柔邑內杭峴里二統八戶 金志璜
中和下道面一里三洞 禹應春
肅川東部面一里三統九戶 金天浩
咸從邑校洞 金炳善

黃海道
海州南門內韓昌書舖 朴昌鎬
安岳邑細洞□□書里 韓貞教
長淵邑北文學會內 崔東鐵
殷栗邑□前里 金光元
信川邑四里 李悌璜
白川邑文明館 趙雲泳
載寧邑서部李鼎均家乾材局 李範善
沙里院三聖學校內 李承吉

咸鏡道
咸興州南社西門外 曹喜林
元山港上里倉前洞耶蘇女學校側 皇甫正杰
定平郡豐陽里 張禮學
洪原西門內保命局 羅炳善
永興邑南山洞洪明學校內 梁元常
淸津港新岩洞 張元浩

全羅道
金溝木流面豆亭 趙德三
木浦港陽洞 李得珠
羣山港九福洞一統八戶 方在喜

京畿道
仁川杻峴開新冊肆 李東皓
開城南門外興學書舖 姜助遠
江華邑川橋 俞鎭植

慶尙道
大邱西小門外友弦書樓 李正由
釜山佐川藥局 徐錫鐘

江原道
鐵原邑堂谷 趙鍾大
蔚珍郡遠南面梅花里 郭鍾郁

忠淸道
韓山下北肇堂里 李英植
結城廣川小龍洞 李啓祚
公州府古上衙福音書館 柳聖培
恩津論山浦雜貨店 張允榮

北墾島
墾北島龍井村下場里 朴茂林

隆熙二年八月十八日 明治四十一年八月十八日 (第三種郵便物認可) 火曜日 西曆一千九百八年八月十八日

檀君開國四千二百四十三年
箕子元年三千三十二年
大韓開國五百十九年
本報創刊日
光武八年七月十八日

大韓每日申報

Responsible for Publication Alfred Weekley Marnham.
發行兼編輯人 英國人 萬咸
發行所 京城南部石井洞三層洋屋 大韓每日申報社

第八卷　月曜及慶節歲時日休刊　第一千三百九拾壹号

論說

◎에드와드皇帝陛下

今日은現世界帝王中第一有名ᄒᆞᆫ大英皇帝陛下를其祖先의陵寢近地에서大葬式을擧行ᄒᆞ는日이라

今日은에드와드陛下의御屍體가大英帝國京城論敦을離ᄒᆞ야陛下의母后빅토리아陛下와先父殿下及其第一子殿下의靈葬地로그모어禮拜堂管區로運葬ᄒᆞ는日이라

雖韓國臣民이라도我陛下의各國間平和를勉勵ᄒᆞᆷ과人民을眷愛ᄒᆞ신盛德을聞知ᄒᆞᆫ者는大小尊卑를勿論ᄒᆞ고一切히大英臣民과同情의悲를含ᄒᆞᆯ지니盖何國何王을勿論ᄒᆞ고自己臣民의心을洽得ᄒᆞᆷ에는其舍世永歸에對ᄒᆞ야共히悲哀의情이有ᄒᆞᆫ所以라

韓國同胞中에도我陛下의歷史를讀ᄒᆞᆫ者는我陛下一生에最히人民을盡心眷愛ᄒᆞ고人民을盡力佑助ᄒᆞ야人民의權利를擴張ᄒᆞ고我陛下ᄭᅴ셔平和製造人物이란稱號를得ᄒᆞ며陛下가人民을如斯히愛ᄒᆞᆷ으로人民도陛下를愛ᄒᆞᆷ이陛下가人民을愛ᄒᆞᆷ과同一ᄒᆞᆫ줄을確知ᄒᆞ리로다

嗚呼라尙何言哉아陛下ᄭᅴ는今斯世를捨ᄒᆞ고永休의地로歸ᄒᆞ나其大名은永世에不朽ᄒᆞᆯ지니陛下ᄂᆞᆫ人民을誠實히眷愛ᄒᆞ시고人民은陛下를深切히愛戴ᄒᆞᆷ이實로永遠紀念의事가되리로다

外報

◎長沙事件 淸國長沙事件에關ᄒᆞ야損害賠償及責任者處罰의談判은아즉被害各國이調査를完了치아니ᄒᆞᆫ故로正式의談判이開始되지아니ᄒᆞ엿스나事實의眞相은明瞭ᄒᆞᆫ바니即此暴動이全혀一時的이오且各國이支那에向ᄒᆞ야同情을表ᄒᆞ는바인즉早速히結末을見ᄒᆞᆯ터인ᄃᆡ但賠償金支出에關ᄒᆞ야淸國政府에서大段苦心中이나畢竟一時外債를募集ᄒᆞ고漸漸湖南收入으로此를充ᄒᆞᆯ듯ᄒᆞ다더라

◎廣西匪亂과法國 淸國廣西省南寧府永淳縣에서는黃紹楊國藩等이叛亂을起ᄒᆞ엿는ᄃᆡ此에對ᄒᆞ야法國公使는淸國外務部에警告를與ᄒᆞ엿고淸國政府는該地가安南廣東에界ᄒᆞᆫ重要地点이니速히平定케ᄒᆞᆷ이可ᄒᆞᆫ旨로兩廣總督張樹勳氏에게電訓ᄒᆞ엿다더라

◎蒙古暴徒와露國 淸國蒙古의暴徒二百餘名이露領아무어이루쿳스크附近에出沒ᄒᆞᆷ으로露國鐵道守備隊는目下討伐中인ᄃᆡ此에對ᄒᆞ야露國公使코로스도우의츠츠氏는在蒙古淸國大臣을命ᄒᆞ야暴徒를掃攘ᄒᆞ고邊境을安靜케ᄒᆞ라는旨로淸國外務部에照會ᄒᆞ엿다더라

◎政治上의休戰 英國諸新聞은異口同聲으로此際에政治上休戰이必要ᄒᆞ다論ᄒᆞ고且內閣會議에閣員一同이出席ᄒᆞ야極히和協的으로今後形勢에關ᄒᆞ야協議ᄒᆞ엿다더라

◎直論被警 淸國東三省日報는日本實業團이同地에來到ᄒᆞᆷ에對ᄒᆞ야「觀光團과實業團」이란題下에滿洲觀光團은日本에可學ᄒᆞᆯ바ㅣ有ᄒᆞᆫ故이지마는日本實業團은淸國에權利獲得ᄒᆞᆯ資를求ᄒᆞᆷ이란意味의論說을揭載ᄒᆞ엿다가官吏邊의警戒를遭ᄒᆞ엿다더라

◎抑留船解決 露日戰役中에武器를滿載ᄒᆞ고德國으로부터旅順에輸入ᄒᆞ기로契約ᄒᆞ엿다가目的地에未達ᄒᆞ고靑島에抑留ᄒᆞ엿던汽船안홀트號는邇來獨露兩國에서互相訴訟ᄒᆞ더니近日에解決되엿다더라

◎露紙와韓國問題 論敦타임쓰特電을據ᄒᆞᆫ즉露都各新聞은露日兩國間協約必要의關係를指摘論道ᄒᆞ엿는ᄃᆡ特殊히露日戰爭時부터紛議가有ᄒᆞ던露國病院船事件에就ᄒᆞ야速히解決ᄒᆞ기를要求ᄒᆞ엿스며又韓日關係에對ᄒᆞ야合邦云云ᄒᆞᆷ은大히日本同盟國에不利ᄒᆞ다고論道ᄒᆞ엿다더라

◎淸法官任用規則 淸國法部에서는法官任用規則을編纂上奏ᄒᆞ야裁可發表ᄒᆞ엿는ᄃᆡ從前法官任用令과內容이略同ᄒᆞ다더라

◎靑島韓人活動 靑島地方에는亡命行色과同ᄒᆞᆫ韓人多數가每船便에流入ᄒᆞ야新聞發行을計劃ᄒᆞ는中이라더라

◎言論壓抑 淸國直隷省국會請願團體는機關新聞을發行ᄒᆞᆯ計畫으로其豫告中에政府를監督ᄒᆞ며國民을指導ᄒᆞ깃다는文句가有ᄒᆞᆫ故로該社長及主筆을拘引ᄒᆞ고新聞發行을禁止ᄒᆞ엿다더라

◎上海米穀缺乏救濟 近頃淸國各地方에米穀이缺乏ᄒᆞ야貧民暴徒의掠奪擾亂을惹起ᄒᆞᆷ이頻々ᄒᆞ엿는ᄃᆡ最近上海等地에도米穀이缺乏되야價額이騰貴ᄒᆞ고民心이洶々ᄒᆞᆷ으로道臺地方官及紳商등이協議ᄒᆞᆫ結果로道臺가몬져二萬金을出ᄒᆞ야米穀을買케ᄒᆞ고總工程局內에官米平價局을設置ᄒᆞ고官米의買入原價外雜費는官이負擔ᄒᆞ기로ᄒᆞᆫ다더라

◎部院廢止 淸國에서中央及地方신官制編製를終了ᄒᆞᆫ結果로禮部吏部及翰林院은自然廢止되리라더라

◎英艦隊增勢 英國에서는東洋艦隊의勢力을增加ᄒᆞ기爲ᄒᆞ야有力ᄒᆞᆫ戰艦二隻을增派ᄒᆞ야支那艦隊에編入ᄒᆞᆯ터이라더라

社告

各學校에서校中事項을本報에揭載코저ᄒᆞᆯ時에는校長이署名ᄒᆞ고校印을捺ᄒᆞ며記事를簡明히ᄒᆞᆷ을要ᄒᆞᆷ此外에는確報로認準치아니ᄒᆞᆷ

大韓每日申報社

學界

◎運動退定 漢城內基督敎各學校에서聯合運動會를本日奬忠壇에設行ᄒᆞ라다가英先帝陛下의大葬日과相値되는故로明日西闕興化門內에서設行ᄒᆞ기로退定ᄒᆞ엿다더라

◎白川運動盛況 黃海道白川郡各私立學校에서去十六日聯合大運動會를開ᄒᆞ엿는ᄃᆡ來會ᄒᆞᆫ學校가二十一處오學徒가九百餘名이며觀光人士가四千餘名에達ᄒᆞ엿고諸般運動科目을畢了ᄒᆞᆫ後來賓尹奎善玉觀彬兩氏가次第登壇ᄒᆞ야敎育에關ᄒᆞᆫ演說을試ᄒᆞ엿스며又當日夜에該邑內東明學校內에演說會를開ᄒᆞ고西北學會에서代表로派送ᄒᆞᆫ金泰석氏及前記兩氏가一場演說ᄒᆞ미傍聽人이一千五六百名에達ᄒᆞ야一大盛況을呈ᄒᆞ엿는ᄃᆡ該郡에校況이發展ᄒᆞᆷ은該郡守全鳳薰氏의熱心勸奬ᄒᆞᆫ結果요今番運動에도全氏가多數ᄒᆞᆫ物品을寄付ᄒᆞ엿다더라

◎明倫復明 交河郡明倫學校는設立未幾에校況이零星ᄒᆞ야幾乎廢止의境에至ᄒᆞ엿더니該郡守吳泰泳氏와該校長柳止秀氏가郡內士民을熱心勸諭ᄒᆞ야維持方針을講究ᄒᆞᆫ結果로校況이稍々復振ᄒᆞᆫ다더라

◎文家夜校 昌原府熊東面陽德里居文석胤氏는自家外舍에勞働夜學校를設立ᄒᆞ고生徒三十餘人을募集ᄒᆞ야凡百經用과學徒用品을一切自擔ᄒᆞ야熱心敎授ᄒᆞᆫ다더라

◎商校喜聞 北靑郡私立商務學校는該郡商業會議所에서設立ᄒᆞ야多年敎授에成績이良好ᄒᆞ다는ᄃᆡ坐商李尙悅氏等九拾四員이該校를永遠維持ᄒᆞᆯ目的으로臨時特別會를開ᄒᆞ고敎育의急務됨을壹壹說明ᄒᆞᆫ後每年壹百七十圓式出捐寄付ᄒᆞ기로議決ᄒᆞ엿다더라

◎護陽設立 平北義州府古邑面居金尙元趙漢璧等諸氏가協力鳩財ᄒᆞ야該面中央에護陽學校를設立ᄒᆞ고學徒四五十名을熱心敎授ᄒᆞᆫ다더라

◎興德紀念 咸南定平郡廣德面都興里私立興德學校에서本月七日下午一時에第一回紀念式을擧行ᄒᆞ엿는ᄃᆡ會衆이數百名에達ᄒᆞ엿고禮式을擧行ᄒᆞᆫ後學徒八十餘名이愛國歌를齊唱ᄒᆞ고下午五時에閉會ᄒᆞ엿다더라

◎彰校卒業 白川郡碧瀾渡私立彰維學校에서本月十四日에第一回卒業式을擧行ᄒᆞ엿는ᄃᆡ最優等生은金鎭邦朱瀅섭韓一大오優등生은金世鎭李世英劉光宇등六人인ᄃᆡ當日來賓及學父兄諸氏가多數參席ᄒᆞ엿고洪鍾肅氏와該校長姜助遠氏는學生을對ᄒᆞ야懇切히勸勉ᄒᆞ엿다더라

◎周南經試 全南海南郡私立周南學校에서本月六日에進級式을擧行ᄒᆞ엿는ᄃᆡ校長李載珉副校長朴창烈校監金堯甲其他任員諸氏가特히賞品을優施ᄒᆞ고一般學徒를一場勸諭ᄒᆞ엿다더라

◎觀鎭生運動 觀鎭學校學員一同은昨日東小門外三仙坪에서運動會를開ᄒᆞ엿다더라

學報

◎鳳陽卒業 求禮郡公立鳳陽普通學校에서本月八日에第一回卒業式을擧行ᄒᆞ엿는ᄃᆡ卒業生은高光栗高光益高在晋林德熱高光秉鄭羽植金鶴九高在돈

詞藻

◎愁◎ 貞溪山人

호如始蟲호終噬ᄃᆡ不全吞彼肯休剩水殘山皆受饑閒雲倦鳥亦關愁萬刼同歸阿鼻獄百回誰覓武陵舟신담十年炭可沼쇼臺何日見麋遊

◎故裵說氏墓碣費義捐金廣告 第四回

李東皓	一圓	裵亨湜	一圓
王冕鎬	一圓	李啓祚	卅錢
俞鎭植	一圓	李正由	二圓
韓燦希	一圓	金光礪	五十錢
李正華	一圓	李悌瓊	一圓
朴창鎭	一圓	張禮學	一圓
姜助遠	一圓	金鶴圭	一圓
李聖澤	一圓	無名氏	一圓

都合十五圓八十錢

宮廷彙報

○殊恩若思 總理大臣李完用氏가去十八日 昌德 德壽兩宮에叅內ᄒᆞ온已報ᄒᆞ엿거니와 大皇帝陛下께서와 太皇帝陛下께ᄋᆞ옵서各物品一封式 下賜ᄒᆞ옵시고又其御者에게도酒肴料를 下賜ᄒᆞ옵셧다더라

雜報

○莫適所向 總理大臣李完用氏가來二十二三日頃에溫陽溫泉으로前往ᄒᆞᆫ다ᄒᆞ엿스나又一邊으로ᄂᆞᆫ東萊溫泉으로前往ᄒᆞᆫ다聲言ᄒᆞᆷ으로其去處ᄂᆞᆫ確質키難ᄒᆞ다더라

○小宮失色 統監代理石塚長官은今番勳章事件에關ᄒᆞ야宮內府小宮次官을對ᄒᆞ야論駁을加ᄒᆞᆷ으로同次官은失色憂慮ᄒᆞᄂᆞᆫ中이라더라

○宮相更迭說 宮內府大臣閔丙奭氏ᄂᆞᆫ遞任되고其代에ᄂᆞᆫ觀光團員으로渡日ᄒᆞ엿던閔泳瓚氏가被任ᄒᆞᆫ다ᄂᆞᆫ說이有ᄒᆞ다더라

○義王遊歷 義親王殿下ᄂᆞᆫ日前釜山港을遊覽ᄒᆞ고三昨日歸京ᄒᆞ엿ᄂᆞᆫᄃᆡ目下東小門外신興寺에서閑養ᄒᆞᆫ다더라

○恭陵奉審 宮內府에서ᄂᆞᆫ再昨日韓人主事三名을派送ᄒᆞ야坡州 恭陵을奉審ᄒᆞ엿다더라

○建碑協議 宮相閔丙奭氏와同府次官日人小宮三保松은故伊藤公頌德碑를竪立ᄒᆞᆯ次로발起ᄒᆞ엿ᄂᆞᆫᄃᆡ奏任官以上은金三圓以上判任官은隨力醵出ᄒᆞ기로協議ᄒᆞ엿다더라

○陞勳決議 京城에駐剳ᄒᆞ엿다가歸國ᄒᆞᆫ日本士官以下兵卒四千餘名을陞勳ᄒᆞ기로日前內閣會議에決議ᄒᆞ엿다더라

○寺社査報 各觀察道에서ᄂᆞᆫ管下各郡의寺社什物寶器等를精査ᄒᆞ야內部로修報ᄒᆞ엿다더라

○補助增加 農商工部에서大邱製縫會社에每年金一千圓式補助ᄒᆞ엿ᄂᆞᆫᄃᆡ今年度에ᄂᆞᆫ該會社가一層擴張ᄒᆞ엿슴으로二千圓을補助ᄒᆞᆫ다더라

○石黑週覽 日本赤十字社常議員石黑忠悳은昨日午后時에塔洞公園을觀覽ᄒᆞᆫ後師範學校를觀光ᄒᆞ엿ᄂᆞᆫᄃᆡ學部官吏一名이指路ᄒᆞ엿다더라

○水利法提出 水利組合法制定이脫藁됨은既報어니와니部에서昨日法令審查委員會에提出ᄒᆞ엿다더라

○日軍艦入港 日本軍艦沖島號ᄂᆞᆫ日本佐久保로부터去十八日仁川港에入泊ᄒᆞ엿ᄂᆞᆫᄃᆡ出帆期日은姑히未定ᄒᆞ엿다더라

○英領宴待 英國總領事館에서ᄂᆞᆫ昨日上午十二時에仁川港에到泊ᄒᆞᆫ日本沖島軍艦長을請邀宴待ᄒᆞ엿ᄂᆞᆫᄃᆡ該軍艦은本日英先帝大葬式에吊砲을발ᄒᆞ기爲ᄒᆞ야入港ᄒᆞᆫ者이라더라

○吊祭式과日軍隊 本日英國總領事館에서 英先帝陛下의吊祭式을擧行ᄒᆞᆷ은既報어니와駐韓일軍隊中에陸軍은步兵一個中隊의儀仗兵과海軍은沖島号軍艦將校及水兵約五十名이叅列ᄒᆞᆯ豫定이오同式擧行中에ᄂᆞᆫ龍山駐屯步、砲兵은慶熙宮內에서沖島軍艦은同艦內에서各百一發의禮砲를發ᄒᆞᆫ다더라

○吊旗와停樂 本日은英國先帝陛下의大葬日인故로吊意를表ᄒᆞ기爲ᄒᆞ야日人邊에서ᄂᆞᆫ理事廳指揮로韓人邊에서ᄂᆞᆫ警視廳指揮로各戶에吊旗를揭ᄒᆞ고歌舞音曲을停止케ᄒᆞ엿고內部에서ᄂᆞᆫ三道觀察道에電訓ᄒᆞ야 一切音樂ᄒᆞᆷ을禁止케ᄒᆞ엿다더라

○東拓與業과淸軍艦 東洋拓殖會社에서西北道漁業經營ᄒᆞᆷ에對ᄒᆞ야淸國政府ᄂᆞᆫ特히軍艦一隻을同海方面에派遣ᄒᆞ야自國密漁船을保護ᄒᆞᄂᆞᆫ同時에暗暗히示威運動을試ᄒᆞᆷ에至ᄒᆞᆫ지라同海面의盛漁機를際ᄒᆞ야同國密漁船等은成羣出動ᄒᆞ야同國軍艦으로後援을合ᄒᆞ고橫行이極ᄒᆞᆫ故로東拓會社에서ᄂᆞᆫ至急히水雷艇을同海에派送ᄒᆞ기를電請ᄒᆞ엿다더라

○團員入城報 觀光團員으로日本에渡去ᄒᆞ엿던閔泳瓚 閔泳敦 俞吉濬諸氏등은本日下午八時頃에入城ᄒᆞᆯ것다ᄂᆞᆫ電報가來到ᄒᆞ엿다더라

○羣山의水道計劃 羣山港外國人居留地에서水道를敷設ᄒᆞ기로三四年前부터計劃中이러니今回日人理事官等이內部當局者와協議ᄒᆞᆫ結果로內部에서來月初旬부터約二個月間豫定으로技師를派送ᄒᆞ야敷設ᄒᆞᆯ計劃이라더라

○郡衙新築 昨年度豫算에各道中五個處에郡衙를신築ᄒᆞ기로決定ᄒᆞ엿ᄂᆞᆫᄃᆡ更히懷德燕岐金泉永登浦淸津瓮津恩津慶興等八箇處에郡衙를增築ᄒᆞᆯ次로不遠間工手에着手ᄒᆞᆫ다더라

○日學友開會 日本中央大學學友會韓國支部ᄂᆞᆫ來二十一日午後에花月樓에서春末大會를開ᄒᆞᄂᆞᆫᄃᆡ會費ᄂᆞᆫ每名하四圓式各備ᄒᆞᆫ다더라

控訴未詳

李在明氏判決에對ᄒᆞ야控訴期限을五일內로定ᄒᆞᆷ은既報어니와김貞益氏以下ᄂᆞᆫ控訴ᄒᆞ기로決定ᄒᆞ고李在明氏ᄂᆞᆫ控訴가不必要ᄒᆞ다ᄒᆞ야棄却ᄒᆞ기로決定ᄒᆞ엿스나其家族들은申訴ᄒᆞᆯ意가有ᄒᆞ다ᄂᆞᆫᄃᆡ終頭歸決은아즉未詳ᄒᆞ다더라

○物論秘探 某處에서ᄂᆞᆫ李在明處絞宣告에對ᄒᆞ야物論如何를秘密偵探中이라더라

○良種牛獎勵計劃 韓國은牛의生産地로有名ᄒᆞᆷ은一般世人이共知ᄒᆞᄂᆞᆫ바어니와年來로일本及海蔘威等地에輸出ᄒᆞᄂᆞᆫ牛隻이每年二萬四五千首에不下ᄒᆞ야韓國產業中에最히可喜ᄒᆞᆯ만ᄒᆞᆫ事ㅣ나其高價를取ᄒᆞ기爲ᄒᆞ야比較的良種牛를賣却ᄒᆞᄂᆞᆫ故로當局者ᄂᆞᆫ此를防止ᄒᆞᆯ方法을講究ᄒᆞᆷ이最히必要타ᄒᆞ야其方法의第一着手段으로地方費中幾何의賞金을支出ᄒᆞ야良種牛所持主에게賣却치아니ᄒᆞᆯ方法을協議中이라더라

○徵稅成績 隆熙三年度의徵稅ᄂᆞᆫ本月부터終了ᄒᆞᄂᆞᆫᄃᆡ其成績에就ᄒᆞ야當局者의所語를聞ᄒᆞᆫ즉大槪良好ᄒᆞᆫ貌樣인ᄃᆡ地、戶稅ᄂᆞᆫ豫算보다約拾餘萬圓이增加ᄒᆞ엿고酒草家屋의新稅ᄂᆞᆫ施行ᄒᆞᆫ初年인故로豫算編成에熟達치못ᄒᆞᆫ点이多ᄒᆞᆫ지라然이나酒稅ᄂᆞᆫ非常히成蹟이良好ᄒᆞ야拾六萬圓의豫算에對ᄒᆞ야二拾萬圓以上의收入에達ᄒᆞ엿고烟草稅ᄂᆞᆫ豫算額에未達ᄒᆞ엿스며家屋稅ᄂᆞᆫ僅히豫算과相等ᄒᆞ며驛屯土도亦然ᄒᆞ며其他礦業稅ᄂᆞᆫ礦業者가增加ᄒᆞᆷ을因ᄒᆞ야三四萬圓의增收를致ᄒᆞ엿스며漁稅도良好ᄒᆞᆫ貌樣이오印紙稅ᄂᆞᆫ何如히確知치못ᄒᆞᆫ다더라

○巡邏船의報告 關稅局所屬巡邏船은仁川에一隻、鎭南浦에一隻、龍岩浦에一隻을配置ᄒᆞ엿ᄂᆞᆫᄃᆡ其目的인즉密貿易과密漁ᄒᆞᆷ을取締ᄒᆞᆷ에在ᄒᆞᆫ지라今에巡邏ᄒᆞᆫ形止의報告를據ᄒᆞᆫ즉平安道黃海道沿海方面에서淸國密漁船及密貿易船合四十餘隻을발現ᄒᆞ야或命退ᄒᆞ고或行檢中이라더라

○林籍調査順成 農商工部山林局에서目下進行ᄒᆞᄂᆞᆫ林籍調査ᄂᆞᆫ調査班을十四組로分ᄒᆞ고畢了期를一千一百三十四일로豫定ᄒᆞ엿ᄂᆞᆫᄃᆡ地方人民은意外此擧를贊同ᄒᆞ야全北咸北忠南忠北의一部ᄂᆞᆫ實測圖本이既히來到ᄒᆞᆫ지라成績이如斯順便ᄒᆞᆷ으로豫定期間보다速成되여來七月頃에完成ᄒᆞᆯ貌樣이라더라

○江陵潛漁일人 江原道江陵地方에ᄂᆞᆫ海蔘鮑魚等을捕獲ᄒᆞ기로目的ᄒᆞᆫ일本人潛水漁業者가本年二月以後本月까지來到ᄒᆞᆫ者가一百七十三名에達ᄒᆞ엿다더라

○所食不少 御苑事務局에서購入ᄒᆞᆫ印度大象은每日所食이洋餠二十斤菜蔬五十兩重이라더라

○合併不成 京城龍山居留日人民團은向日來合併을勉力ᄒᆞ더니五相間憾情이生ᄒᆞ야不成ᄒᆞᆯ貌樣이라더라

○或出或返 農商工部에서日本福岡名古屋兩共進會에出品ᄒᆞ엿던物品中에重要品은일本群馬共進會에出品ᄒᆞ고其餘ᄂᆞᆫ同部로返還ᄒᆞᆫ다더라

○李氏出品 今回日人新聞社에서十圓ᄒᆞᆫ[illegible]車博覽會에ᄂᆞᆫ內外國各樣物種을出品ᄒᆞ엿ᄂᆞᆫᄃᆡ韓人出品中에ᄂᆞᆫ鍾路和平堂主人李應善氏가發明ᄒᆞᆫ藥種一個所오所經沿線에各郡守及社會紳士ᄂᆞᆫ該藥種을觀覽하고多數讚揚ᄒᆞ엿다더라

○畿湖總會 畿湖興學會에서明日(十曜)하午二時에特別總會를開ᄒᆞ고緊急ᄒᆞᆫ事務를處理ᄒᆞᄂᆞᆫᄃᆡ一般會員이多數來叅ᄒᆞ기를希望ᄒᆞᆫ다더라

大葬日休刊

本日은英國 先帝陛下의大葬日인故로吊意를表ᄒᆞ기爲ᄒᆞ야一日休刊ᄒᆞᆷ

電報

副統監選任

副統監은日本貴族院議員中으로選定ᄒᆞ기로確定ᄒᆞ엿다더라

德大使渡韓

駐日本東京德國大使ᄂᆞᆫ不遠間韓國視察의途에就ᄒᆞᆯ터인ᄃᆡ單純ᄒᆞᆫ視察旅行이오合倂問題에ᄂᆞᆫ關係가無ᄒᆞ다고일人邊에서推測ᄒᆞᆫ다더라

以上東京발 十八일着

日本通貨現況

日本通貨의現今流通額은總計四億五千八百三萬四千百二十二圓七十錢二厘인ᄃᆡ此를前月末에比ᄒᆞ면一千五百十一萬九千九百七十圓九十五錢이減少되엿다더라

政友會와學制案

日本政友會學制調査會에서報告書를決定ᄒᆞ야幹部에送致ᄒᆞ기로決定ᄒᆞ엿ᄂᆞᆫᄃᆡ同報告書의內容은自國政府에서提出ᄒᆞᆫ學[illegible]

[illegible]對되다더라

以上東京發 [illegible]

連山築港說

[illegible]國錦愛鐵道의[illegible]港計劃에關ᄒᆞᆫ調査를據ᄒᆞᆫ즉[illegible]規模로ᄒᆞ면七百萬兩[illegible]計劃을[illegible]ᄒᆞ면三百萬兩[illegible]리라더라

北京發 十九[illegible]

▲社會燈

▲大邱觀察使朴重陽氏ᄂᆞᆫ今回渡日하엿던共進會觀光團을迎ᄒᆞᆯ時에同道[illegible]ᄒᆞ야勞頭敍話하ᄂᆞᆫ말이今番之行에日本옥갑상을多數相關ᄒᆞ엿너나ᄒᆞ더라지多稱은[illegible]視察ᄒᆞᆫ다더니實際ᄂᆞᆫ옥갑상[illegible]察을보ᄂᆞᆫ지彼[illegible]도可知오日本의[illegible]ᄒᆞ면알겟군▲農商工部大臣趙重應氏ᄂᆞᆫ去番渡[illegible]ᄒᆞ엿[illegible]가賀田이李址鎔과親密ᄒᆞ다ᄂᆞᆫ話를聞ᄒᆞ고近日李顧問[illegible]에朝夕侍候을惟恐不及ᄒᆞᆫ다니蒼蠅附驥의逐臭ᄒᆞᄂᆞᆫ態度[illegible]可觀이지만은 賀田의副統[illegible]도結實이못되면十年工夫가[illegible]彌陀佛이아니될가▲[illegible]同志會員은昨今相[illegible]統監[illegible]題와合部[illegible]題의種々意見을[illegible]合意ᄒᆞᆫ貌樣이有ᄒᆞ다[illegible]의如何ᄂᆞᆫ遙度키難ᄒᆞ[illegible]마ᄂᆞᆫ彼輩의合意[illegible]意邊가될걸▲今番李[illegible]公判에日人辯護士ᄂᆞᆫ李容九[illegible]賊이라指稱ᄒᆞ엿다니[illegible]하야平生忠勞을[illegible]呼ᄂᆞᆫ賣國賊[illegible]皮春秋[illegible]가[illegible]蝸虫[illegible]하고도[illegible]名을[illegible]ᄂᆞᆫ者ᄂᆞᆫ徹恨이微骨ᄒᆞ기군

社告

各地方에서本申報購覽하시는諸氏가本報代金을多月延滯ᄒ야經費窘拙이太甚ᄒ옵기玆에仰布ᄒ오니特히愛顧ᄒ시와代金을郵便小爲替로卽速付送ᄒ심을仰要홈

本社에는當初부터廣告紹介人이全無ᄒ온ᄃ近日閭巷間에何許浮浪悖類가本社廣告取扱人이라冒稱하고種々挾雜의弊가有ᄒ다하오니一般商業界 僉同胞는特히注意ᄒ시와見欺치마시옵

地方僉彥이本申報購覽에便宜키爲ᄒ야支社를左開三處에加爲設置ᄒ고本月부터發送하오니該附近各地에서本報購覽ᄒ실僉君子는左開ᄒ支社員과交涉請求ᄒ시옵

公州府 古上衙福音書舘 **柳聖培**

論山 諸雜貨店 **張允榮**

昌原 舊邑鍾路東部九統八戶 **朴淳祚**

大韓每日申報社

雜報

◎夏服分與 警視廳에서一般巡査에게夏服一襲式分與ᄒ엿다더라

◎四氏擔費 政友會員金과漢趙漢鏞高義駿尹敬重等四氏는該會一般經費를分擔支出혼다더라

◎敎書發刊 檀君敎에서는該敎敎科書를編輯ᄒ야五千餘部를발刊혼다더라

◎挾雜內容 齋洞居金炳輝氏가日憲兵司令部에被提홈은既報어니와金氏가商務組合部副事務楊楨氏에게雲峴宮舍音一處를圖給혼다ᄒ고金三十七圓을受喫혼事件이발現됨인ᄃ楊氏는再昨日明細書를司令部에提出ᄒ엿다더라

◎醫生開業認許 昨日內部衛生局에서醫學校卒業生李敬埴李承鼎朴鳳兖金相建韓景敎安祐선韓祐근李基正氏等의게開業認許狀을繕給ᄒ엿다더라

◎李氏請願 宗務院主李晦光氏는中部磚洞에皇覺寺를建築ᄒ고佛敎에關혼事務를處理ᄒ깃ᄉ니認許ᄒ라고內部에請願ᄒ엿다더라

◎柵園交涉 濟州郡柵園을該郡農林實業學校에附屬ᄒ야模範場을作홀次로學部에서度支部에照會ᄒ엿다더라

廣告

本人에所在草家八間板刻文券을依舊保守타가本年三月分에紙匣에文券을入有ᄒ엿던니路中에서偶然서失되엿ᄉᆸ기로如是廣告이옵되本人에家屋을現今賣買中이옵기로玆以廣告ᄒ오니內外國 僉君子는照諒ᄒ시고或拾得ᄒ서도休紙施行홈

西部盤石坊巡洞三十統八戶 姜弼杜 告白

驪陽陳氏譜所를慶南密陽郡嵩浦陳光先家로已爲刱設ᄒ엿기에玆以廣告ᄒ오니伏願八路僉宗氏는泛忽이觀望치마옵고速々修單ᄒ야卽送于譜所하시와不失此期ᄒ고비完大事를千萬伏望홈

龍仁郡元岩陳東勳 陳旭 白

本所에서緊急處理홀事項이有ᄒ와特別総會를本月二十二日(陰四月十四日)上午十二時에開ᄒ오니僉宗은屆期 來臨홈

金海金氏宗約所 白

本人所住草家八間半舊文券셔失誰某拾得休紙施行

東部蓮花坊蓮洞五十統一戶住 李熙永 告白

本人이雜貨商을開始하고各種雜貨學校用品을放매ᄒ오니僉君子는陸續來購ᄒ심을希望ᄒ오며地方에셔注文ᄒ시는時는代金引換으로酬應ᄒ깃나이다

美國製金張眼鏡

十年耐定保險 四圓

五年耐定保險 三圓

南署水標橋二十三統六戶

天應商店

主人 李翊相

本黨會舘을中部典洞內圖書署谷四十四統一戶로移定ᄒ엿스니一般黨員은照亮ᄒ시옵

五月十七日 **進步黨 白**

學部檢定 內部認可 **漢文初學**

一帙四冊(每一冊十四錢)

本書는一般私立學校初等敎育漢文科에適當케編纂ᄒ온新刊發行이오며其他各種新書籍及學徒用品이俱備온바特別割引ᄒ와一依請求ᄒ심을酬應ᄒ오며郵便과或運送部로訊速키付呈ᄒ깃ᄉ오니學界에注意하시는京鄉僉位는愛顧ᄒ심을務望

元賣所京南部苧洞十七統十戶

廣文堂書舖 南鴻祐

分賣所京鄉各有名書舖

本人이陰四月五日頃에圓形姓名章을路中에서不知中서失故로玆廣布ᄒ오니照亮홈

新門外華山石橋上宋光順告白

(米利堅帽) 미리견모ᄌ

(吐手) 슈토

모ᄌ를솔로

물에씻는상

(中折帽) 중절모ᄌ

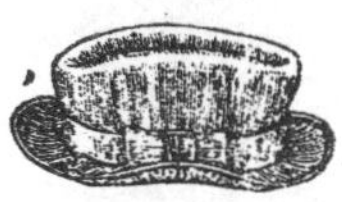

(項領) 목도리

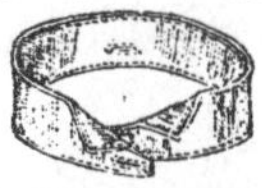

(총匣) 총갑

貨幣、名함、卷煙草匣、各種要用品入

◎炎天의氷帽

化學의神道

天地造化를奪ᄒ는것은斯世의化學이라우리大韓총帽子가本質이馬尾라夏服用白총帽子의黃色이隱映ᄒ기로모子製造所에서恒常研究ᄒ기를何如히ᄒ면총모子를純白色으로化成홀고ᄒ더니

化學의神出貴物로今에半黃色의馬尾를白雪과如히化色하야모子之白을白氷과如히氷緞을化造ᄒ엿ᄉ오니近者化學의功効가如此히神通ᄒ야炎天이라도氷緞총모子를冠ᄒ면人의精神이清凉홀데이올시다

又는모子의堅緻홈은泰西의黃金五十圓以上價値되는一등파나마보시와如히汗汚키易혼모子의內空(裏地)에緞紗를不要ᄒ고但총織內紗에添부商票를捺하야每人이數十年을冠用ᄒ야도汚穢ᄒ고弊傷홈이無하고洗滌에益便케製作하엿ᄉ오니世界各國의人士는試驗的으로此白총모를冠用하시면經濟上에必要홈을悅然大覺ᄒ실터이올시다

大韓京城南部銅峴 大四街里三十五統五戶

玉虎書林專賣特許

총帽子商店 告白

學員募集廣告

本會에서女子에敎育발達케爲ᄒ야女學校를設立ᄒ고學員을募集ᄒ오니入學志願人은請願書를本校에提出홀事

年齡은自八歲로至十五歲

西部北門洞十六統一戶

私立正閨女學校

勿論親踈間掌記及居住만通知하시면擇品廉價ᄒ야郵便小包나運送部로卽速付送ᄒ고代金은引換ᄒ깃ᄉᆸ

京南部銅峴九十五統十戶

乾材藥局 崔興模

本局이開業多年에各地方貿易이漸次發達이기業務을擴張ᄒ고며材淨價廉ᄒ야勿論親踈ᄒ고貿藥急用을便利케ᄒ오니居住와掌記를昭詳히郵便付送ᄒ시면唐草材蔘茸이라도小包로代金引換과或運送部로도迅速히付送ᄒ깃ᄉ오니同業 僉位는隨量請求ᄒ심을敬要

京銅峴一統六戶

乾材局 李盛哉

本書林에서敎科及他書籍五六百種과古書名筆을鳩聚大賣하오니照亮購覽務望引換代金으로도酬應홈請求多小에特別割引도有홈

發賣所 南部銅峴卅五統八戶

同文書林主 金雨均 白

廣告文을一覽ᄒ시옵

◎廣告

本店에서開業ᄒ지有年에僉君子의愛顧ᄒ심을特蒙ᄒ와今年부터業務를大擴張ᄒ고內外國各種紙物과其他學校用品을輸入ᄒ야地方同業僉位와其他僉彥에게特廉價로酬應ᄒ사오니拘多小ᄒ시고注文만ᄒ시면數目을從ᄒ와郵便代金引換과小包와或運送部를經ᄒ야迅速히付送ᄒ깃습

(品目略錄)

本國紙部

大壯紙 籠扇紙 粉白紙

見樣紙 胡尺紙

慶州紙 書厚紙 三貼紙

清風紙 油紙 板紙

書畵其他各種

外國紙部

洋紙 天井紙 色紙 樸紙

造紙 半紙 古查紙 書紙

簡紙 封套紙 印札紙

美濃紙 馬粉紙 圖紙

其他各種

右物을都賣散賣홈

京城鍾路大廣橋 內外國紙物貿易商

本店 金聖煥

(電話 二一八)

京城中部安洞別宮前

支店 金瑢鎭

同京西部車洞同和藥房 本國藥材、洋藥、各種 ◎效、用、慣、國漢文、可刊出、作封、雖婦女、郵便請求、買賣 閔 僖 白

本店에서開業ᄒᆞᆫ지十六年間僉君子의愛顧ᄒᆞ심을特蒙ᄒᆞ와今年부터業務을大擴張ᄒᆞ고春夏秋冬所用으로緞屬毛織等各國高等物品을現今多數直輸入이온바各地方에서는貿易에便利ᄒᆞ기爲ᄒᆞ야特廉減價ᄒᆞ와郵便小包로酬應ᄒᆞ야代金은引換ᄒᆞᆯ지니十三道各郡僉君子는隨意請求ᄒᆞ심을望
振替貯金番號 (韓國壹三番)
漢城中部鍾路砂器廛洞二十一統五戶
廣興泰 告白

◎特別廣告

敬啓者本報ᄂᆞᆫ開刊有年에其論述의피正과其報道의迅速이無比ᄒᆞ야淸國內遠近志士가一切歡迎ᄒᆞ오며韓國에도稍々히購覽ᄒᆞᄂᆞᆫ紳士가有ᄒᆞ온바今에更히江湖上購覽諸氏를紹介ᄒᆞ기爲ᄒᆞ야本報館所在處及報價를左開廣告ᄒᆞ오니願覽諸氏ᄂᆞᆫ速々히左開處로通奇ᄒᆞ시옵
本館所在地 哈爾賓瓦牙街
報價一個月先給 俄貨八角
仝 三個月先給 俄貨二圓
但報價ᄂᆞᆫ必給을要홈
遠東報館 告白

本報 一枚 新貨二錢五厘 壹個月 三十錢
壹個月 九十錢 壹個月 壹圓七十錢
但地方에ᄂᆞᆫ郵費十三錢

廣告 四号活字拾三字詰 每行一寸(英尺)에新貨卄五錢 (自一行至四行이爲一寸)
但時期長短과行數多少를

◎大韓全國에은本堂製造發行ᄒᆞᄂᆞᆫ藥品

消化新藥 清心保命丹 此丹은化痰止咳ᄒᆞ고順氣消滯ᄒᆞ며恒常長服ᄒᆞ면腸胃가健全ᄒᆞᆷ

大補元氣 蔘茸大補元 大補元氣ᄒᆞ고滋腎健腸ᄒᆞ며先天不足과陽위不起에一切神効

蛔積殺虫散 此약은회積과회腹痛과회虫一切을去根ᄒᆞᄂᆞᆫ良劑

久滯大通丸 此丸은年久積滯와宿滯後重이며胃腹痛에神効莫大홈

瘡病新藥 梅花點雪丹 毋論男女ᄒᆞ고花柳病楊梅瘡에一切去根快復ᄒᆞᄂᆞᆫ良藥

眼疾速効 光明眼藥 諸般眼疾에隨症皆差ᄒᆞᄂᆞᆫ東洋에初有ᄒᆞᆫ寶藥

起死回生 回生丹 此丹은急ᄒᆞᆫ吐瀉關格이며가슴아리와冷積과痢疾에神効

感氣神効 解熱散 寒熱往來ᄒᆞ며似하非하과頭痛眩暈와肢節痛에其効가偉大

齒痛新藥 止痛健齒水 虫齒와風齒와諸般齒痛에壹切神効

耳롱聖藥 耳聾神藥 無論男女ᄒᆞ고耳聾鼻塞이며耳鼻에關ᄒᆞᆫ病은隨症並差

疝症根柢 疝積湯 諸般산症에大談出賣홈

寸白虫沒出藥 寸白虫을一切去根ᄒᆞᄂᆞᆫ妙劑

티눈과못 拔根藥 티눈과못과ᄉᆞ마귀를때ᄂᆞᆫ藥

止足汗臭藥 手足의汗臭를除却ᄒᆞᄂᆞᆫ藥

去核生新 沃度膏 創瘡과腐傷과곱센디去核生新ᄒᆞ기ᄂᆞᆫ第一著明

最新改良 百應膏 無論男女老少ᄒᆞ고毒瘇濕瘇痰瘇諸般瘇瘡에壹切特效가有홈

淋疾藥各種 淋疾各症에壹週日만服ᄒᆞ면病根快復ᄒᆞ고腎氣가完全홈

其他洋藥各種과◎賣藥各種◎都매散賣
◎遠地에ᄂᆞᆫ郵便小包로申速酬應홈
漢城南大門內濟生堂大藥房 李庚鳳
代辦主任 李興國 白

請求 八寶丹 (特許) (官) 可認鑑定
內地行商 遠隔通信

大韓全國에藥、總發行所ᄂᆞᆫ、京城鐘路 和平堂大藥房本舖

婦人聖藥 胎産調經丸 價金 (一個月分一劑 金五圓)
○右ᄂᆞᆫ婦人의子宮病、經道不調、冷症、積聚、月經時腰痛、赤白帶下、腹痛及其外婦人腹中諸病에一切神効홈

消滯健胃 八寶丹 價金 (九十五粒入一貼金十錢 / 三貼入 金二十五錢)
○右ᄂᆞᆫ新[illegible]ᄒᆞ고[illegible]消ᄒᆞ고精神을養ᄒᆞ며壯氣를補ᄒᆞ며奇效가有홈

瘡病神藥 驅梅河德丹 價金 (甲号一劑 金四圓 / 乙号一劑 金三圓五十錢)
○右ᄂᆞᆫ梅毒과一年久患瘡病과下疳頭瘡과風濕瘡에奇效가有홈

○其外各種丸散膏丹及應用藥材를大發賣홈 ○和平堂大藥房本舖主任 李應善

◎◎◎◎◎◎ 社告

大韓每日申報 各處支社廣告

平安北道
龍川楊市維新書舖 黃菊保
龍川南市驛 韓灤希
朔州邑南門外 朱伯英
義州南門外한西大藥局 張有寬
鐵山邑東部 鄭翊
車輦館同志會內 金明鉉
定州南門內書舖 洪成麟
博川邑內鐘洞 金翼樞
京義線批峴驛停車場前運輸會社前 李基秀
泰川邑館前洋藥局 李正華
寧邊郡內紅門里 鄭德昇
寧邊龍山面新興里南貞河家 鄭奉益
宣川橋南四統十戶 申基周
江界邑內 金泰熙
郭山郡內新街 金大鉉
雲山邑上里八統八戶 咸元澤
雲山北面橋洞八統七戶 王昆鎬
昌城郡內西下里一統二戶 許이
熙川邑內面東門外洞十四統二戶 金錫澤

平安南道
平壤鍾路太極書館 安泰國
三和港碑石洞耶蘇教堂 裵亨湜
安州城內義井洞安陵서舘 金翼河
江西邑內 金昌煥
甑山郡內利用里 崔諗爽
德川邑官洞耶蘇敎冊肆 李丙斗
永柔邑內槐峴里二統八戶 金志璜
中和下道面一里三洞 禹應耆
肅川東部面一里三統九戶 金天湜
咸從邑校洞 金炳善

黃海道
海州南門內韓昌書舘 朴昌鉉
安岳郡細洞面端山里上場 韓楨教
長淵邑서北支學會內 崔東礪
殷栗邑倉前里 金光元
信川邑四里 李悌瓚
白川邑文明舘 趙雲泳
載寧邑서部李鼎均家乾材局 李範善

咸鏡道
沙里院三聖學校內 李承吉
咸興州南社武門外 曹喜林
元山港上里倉前洞耶蘇女學校側 皇甫正杰
定平郡豐湖里 張禮學
洪原西門內保命局 羅炳善
永興邑南山洞洪明學校內 梁元營
清津港新岩洞 張元浩

全羅道
金溝木流面丑亭 趙德三
木浦港陽洞 李得珠
羣山港九福洞一統八戶 方在喜

京畿道
仁川栗峴前新冊肆 李東晧
開城南門外興學書舖 姜助遠
江華邑川橋 俞鎭楠

慶尙道
大邱西小門外友弦書樓閣 李正由
釜山佐川藥局 徐錫籌

江原道
鐵原邑棠谷 趙鍾大
蔚珍郡遠南面梅花里 郭鍾郁

忠淸道
韓山下北鍾堂里 李英稙
結城廣川小龍洞 李啓祚
公州府古上衙福音書舘 柳聖培
恩津論山浦雜貨店 張允榮

北墾島
墾北島龍井村下場里 朴茂林

檀君開國四千二百四十三年
箕子元年三千三十二年
大韓開國五百十九年
本報創刊日
光武八年七月十八日

大韓每日申報

第八卷　月曜及慶節時歲日休刊　第一千三百九十二號

Responsible for Publication Alfred Weekley Marnham.
發行兼編輯人 英國人 萬咸
發行所 京城南部石井洞三層洋屋 大韓每日申報社

（表）但地方에ᄂᆞᆫ郵稅錢十三錢
（料）壹個月壹寸에 五圜

別報

◎非露日同盟說
（大坂每日新聞譯載）
（前露都通信員에후맛구랏후君）

米國國務卿노스그스氏의滿洲中立提案은無端히露日兩國으로ᄒᆞ야금共同의行動을取케ᄒᆞᆫ結果로機能ᄒᆞᆫ露人으로ᄒᆞ야금발셔露日同盟을ᄒᆞᆫ다ᄒᆞᆷ에至ᄒᆞᆫ지라此ᄂᆞᆫ向者日本博恭親王이露都를訪問ᄒᆞᆫ時에厚ᄒᆞᆫ款待와及駐露日本大使의擧動에依ᄒᆞ야其臆測이益々히深케ᄒᆞᆷ이로다

然이나萬若露外相이스볼스기氏로ᄒᆞ야금如斯ᄒᆞᆫ計劃을ᄒᆞᆷ이有ᄒᆞᆯ진ᄃᆡ或失敗에歸ᄒᆞᆯ지라盖露國官僚及其陸軍은五年前에日本의게粉碎를被ᄒᆞᆫ傷心이尙且未忘ᄒᆞ엿고又韓國、南滿及킴차트카에在ᄒᆞᆫ日本國民의急激ᄒᆞᆫ進步發展에就ᄒᆞ야憂慮를懷ᄒᆞᄂᆞᆫ露國商業家가有ᄒᆞᆫ지라此等露人間에親日主義를反對ᄒᆞᄂᆞᆫ氣焰은이스볼스기氏를反對ᄒᆞᄂᆞᆫ露國各新聞의鼓吹에依ᄒᆞ야益益熾盛ᄒᆞᄂᆞᆫ도다

彼노보웨부러미야新聞과如ᄒᆞᆫ者ᄂᆞᆫ自來仇敵으로視ᄒᆞ던現外相을攻擊ᄒᆞᆯ機會가到來ᄒᆞ엿다고絶叫ᄒᆞᆯ것이오現今莫斯科에셔발刊ᄒᆞᄂᆞᆫ루스고베스로보紙ᄭᆞ지도露日同盟은單히日本에만利益을與ᄒᆞᆷ이라고喝破ᄒᆞᆫ지라同스로보紙의所道를據ᄒᆞᆫ즉露日同盟의風說은日本官憲이滿洲中立提案을拒絶ᄒᆞᆫ後에米國의復仇를懼ᄒᆞ야豫히此를誠歷ᄒᆞᆫ것으로此를流布ᄒᆞᆷ이오其他米國이近來에東自墨西哥로西至支那히太平洋沿岸勢力을支配코ᄌᆞᄒᆞᄂᆞᆫ覇氣를示ᄒᆞᄂᆞᆫ事實이不一ᄒᆞ야日本政治家로ᄒᆞ야금警戒를加케ᄒᆞᆫ지라此에對ᄒᆞ야日本官憲은對抗ᄒᆞᆯ策으로露日同盟風說의傳播를助勢ᄒᆞᆷ이라云ᄒᆞ고又同紙에云ᄒᆞ되英日同盟이尙且五年間生命을有ᄒᆞᆯ지나然이나英國은此期限內에萬若米日이兵火相見ᄒᆞᆷ과如ᄒᆞᆫ事가有ᄒᆞᆯ진ᄃᆡ日本을爲ᄒᆞ야米國과開戰ᄒᆞᆯ事ᄂᆞᆫ萬無ᄒᆞᆯ것이니此가實로日本이露國과接近코져ᄒᆞᄂᆞᆫ顯著ᄒᆞᆫ理由라ᄒᆞ고又云ᄒᆞ되然이나日本은露國의歡情을買ᄒᆞᆯ必要가無ᄒᆞᆫ지라何則고ᄒᆞ면米日戰爭은破裂케ᄒᆞᆯ지라도露國은千九百〇五年의敗衂을復讐ᄒᆞ기爲ᄒᆞ야其機會를利用ᄒᆞᆷ과如ᄒᆞᆫ事가決無ᄒᆞᆫ所以니라

（未完）

官報

隆熙四年五月十六日

朕이國庫債券條例를裁可ᄒᆞ야玆에頒布케ᄒᆞ노라

御名 御璽

隆熙四年五月十四日
內閣總理大臣 李完用
度支部大臣 高永喜

法律第五號

國庫債券條例

第一條 政府ᄂᆞᆫ財政上必要에基ᄒᆞ야短期融通ᄒᆞᆯ目的으로써國庫債券을發行ᄒᆞᆷ을得ᄒᆞᆷ

第二條 本債券은無記名利票添付로ᄒᆞᆷ

第三條 本債券元金의償還期限은五箇年以內로ᄒᆞ고其期間은起債時에此를定ᄒᆞᆷ

第四條 本債券으로國庫의出納上歲計豫算의範圍內에셔其年度內에償還ᄒᆞᄂᆞᆫ者ᄂᆞᆫ割引으로써發行ᄒᆞᆷ을得ᄒᆞᆷ

第五條 割引발行에依치아니ᄒᆞᆫ本債券의利子ᄂᆞᆫ六月及十二月에此를支撥ᄒᆞᆷ

第六條 本債券의利子ᄂᆞᆫ其元金辦納時、月의十五日以前에在ᄒᆞᆫ者ᄂᆞᆫ下半月分부터支撥ᄒᆞ고月의十五日以後에在ᄒᆞᆫ者ᄂᆞᆫ翌月부터支撥ᄒᆞ고元金償還ᄒᆞᆯ時ᄂᆞᆫ其償還月마다月計로써支撥ᄒᆞᆯ事로ᄒᆞᆷ

第七條 本債券의起債、式樣、種類、償還年限、利子步合、割引步合、발行價格은度支部大臣이此를定ᄒᆞᆷ

第八條 本債券의元利支撥은韓國銀行으로ᄒᆞ야금此를取扱케ᄒᆞᆷ

第九條 本債券은何人에對ᄒᆞ던지賣買授受ᄒᆞᆷ을得ᄒᆞᆷ

第十條 本債券은額面價格으로써政府에對ᄒᆞᆫ各種의保證金에代用ᄒᆞᆷ을得ᄒᆞᆷ

第十一條 本債券에對ᄒᆞ야ᄂᆞᆫ租稅其他의公課를課치아니ᄒᆞᆷ

（未完）

外報

◎滿洲商業競爭 滿洲大豆輸出에對ᄒᆞ야從前以來로英日兩國商人이互相競爭ᄒᆞ야總輸出額이七十萬噸에達ᄒᆞ엿ᄂᆞᆫᄃᆡ近頃德國에셔同地貿易에對ᄒᆞ야大豆輸入稅를全廢ᄒᆞ고又石鹼其他工業競爭上에英國과對峙ᄒᆞ기를奬勵ᄒᆞᄂᆞᆫ故로支那에居留ᄒᆞᄂᆞᆫ德國商人間에셔도大準備中이라더라

◎海軍再興의財源 淸國에셔海軍再興의經費로各省에分配擔當케ᄒᆞ엿던金額은收合이遲滯됨으로써各鐵道利益의十分之二를同補助經費에充用ᄒᆞ자고南、北洋、四川、閩浙、湖廣、兩廣及東三省七總督이連名電奏ᄒᆞ엿다더라

◎크리트問題 土耳其艦隊ᄂᆞᆫ크리트島의時局에應키爲ᄒᆞ야아지안海를向ᄒᆞᆯ準備中이오又希臘國境에在ᄒᆞᆫ土耳其陸軍은크리트問題에就ᄒᆞ야希臘에壓迫을加ᄒᆞ기爲ᄒᆞ야動作ᄒᆞᆫ다더라

◎長沙不穩依然 淸國長沙暴動事件은稍히鎭靜된듯ᄒᆞ나內容인즉尙히洶々ᄒᆞ야各小都會處에셔暴動이繼續ᄒᆞᄂᆞᆫ狀態에在ᄒᆞ다더라

◎滿鐵社債募集 論敦市에셔발行ᄒᆞᆫ四分利의日本公債募集은已爲終了ᄒᆞ엿거니와仍히繼續ᄒᆞ야滿鐵社債四千萬圓의募集에着手ᄒᆞ엿ᄂᆞᆫᄃᆡ來月上旬頃에論敦、巴里兩市에셔발行ᄒᆞᆯ뜻ᄒᆞ다더라

◎渤海灣問題 渤海灣內漁業問題ᄂᆞᆫ兩二年來로淸日間紛議의材料를作ᄒᆞ더니最近來信을接ᄒᆞᆫ즉同漁業紛議가領海問題에延及ᄒᆞᆫ지라淸國官憲은同灣으로써淸國領海라ᄒᆞ야互相間主張ᄒᆞᆷ으로紛議가一層尤甚ᄒᆞ다더라

社告

各學校에셔校中事項을本報에揭載코져ᄒᆞᆯ時에ᄂᆞᆫ校長이署名ᄒᆞ고校印을捺ᄒᆞ며記事를簡明히ᄒᆞᆷ을要ᄒᆞᆷ此外에ᄂᆞᆫ確報로認準치아니ᄒᆞᆷ

大韓每日申報社

學界

◎金氏熱心 慶南金海郡下界面進永里居ᄒᆞᄂᆞᆫ前參書金晟允氏ᄂᆞᆫ面內有志人士와協議ᄒᆞ고各里公共財産을鳩合ᄒᆞ야私立永進學校를設立ᄒᆞᄂᆞᆫᄃᆡ校舍基址二百圓價値되ᄂᆞᆫ田土를寄附ᄒᆞ고建築工場에一切事務를幹檢ᄒᆞ야上學室과應接室을一新完築ᄒᆞ고維持方針을協議決定ᄒᆞ엿ᄂᆞᆫᄃᆡ今回學部大臣李容稙氏가南韓學事視察ᄒᆞᄂᆞᆫ路次에進永停車場에到着ᄒᆞ야該校舍를觀覽ᄒᆞ고金氏의熱心을大加稱頌ᄒᆞ엿다더라

◎淸倅勸學 忠北淸安郡守李鍾應氏ᄂᆞᆫ該郡重明學校를維持ᄒᆞᆯ目的으로各面里에躬行勸諭ᄒᆞ며校中任員과協力ᄒᆞ야學父兄懇親會를組織ᄒᆞ엿ᄂᆞᆫᄃᆡ該校學生은六十餘名에達ᄒᆞ얏다더라

◎昌東經試 平山郡細上面漏川里私立昌東義塾에셔去月에第一學年試驗을經ᄒᆞ엿ᄂᆞᆫᄃᆡ優等及第生이合二十九人이오一般學徒의成績이頗好ᄒᆞ야將進의望이大有ᄒᆞ다더라

偉人遺蹟

東國巨傑 崔都統 （續）
錦頰山人

第七章 兩次紅賊變亂의崔都統

鄭世雲曰師아今年에入寇ᄒᆞᄂᆞᆫ北賊을破ᄒᆞ나明年에又入寇ᄒᆞ며明年에入寇ᄒᆞᄂᆞᆫ北賊을破ᄒᆞ나又明年에又入寇ᄒᆞ야譬컨ᄃᆡ春田의草를日々其芽를刈ᄒᆞ며日々其蘖이生ᄒᆞᆷ과如ᄒᆞ니萬一其根을不拔ᄒᆞ고枝葉에從事ᄒᆞ면是ᄂᆞᆫ徒勞無益ᄒᆞᆷ이라今余가崔公과議ᄒᆞ야賊의巢窟을蕩覆ᄒᆞ라ᄒᆞ나必勝의策을未得ᄒᆞᆫ故로師의高見을叩ᄒᆞ노라

玄麟曰唯라元帥의言이誠然ᄒᆞ도다本朝가敵國을禦ᄒᆞ미唯一方法이有ᄒᆞ니賊이來ᄒᆞ면此를追ᄒᆞ며賊이去ᄒᆞ면此를聽ᄒᆞ야守만有ᄒᆞ고攻은無ᄒᆞ니此ᄂᆞᆫ自困의道라故로玄麟도每此를恨ᄒᆞᄂᆞᆫ바어니와但兵法에勝敗의道를說ᄒᆞ며必曰「主孰有道、將孰有能」이라ᄒᆞ고又古人이曰「未有奸臣在內而大將能成功於外者」라ᄒᆞ엿스니元帥ᄂᆞᆫ今朝廷을觀ᄒᆞ라君德이何如ᄒᆞ며臣道가何如ᄒᆞᆫ가主上은默々히手를拱ᄒᆞ엿ᄂᆞᆫᄃᆡ賊臣金鏞이權勢를自專ᄒᆞ니元帥의功이高ᄒᆞᆯ수록賊臣의忌가深ᄒᆞ야構擠를謀ᄒᆞᆯ지어날今元帥가外賊만掃盡코ᄌᆞᄒᆞ고一身의禍及은不計ᄒᆞ니其心은果忠하도다만은試思ᄒᆞ라元帥身死後에誰가更히國家를爲ᄒᆞ야出力ᄒᆞᆯ者이뇨故로玄麟의意ᄂᆞᆫ元帥가此軍을率ᄒᆞ야君側의惡을淸ᄒᆞᆫ다爲名ᄒᆞ고戈를倒ᄒᆞ야彼奸悖ᄒᆞᆫ政府를革ᄒᆞ야內賊을平定ᄒᆞᆫ後에外賊을出討ᄒᆞ면事가順ᄒᆞ고功을成ᄒᆞ기易ᄒᆞᆯ지나今에此와反ᄒᆞ야朝政의敗壞야何境에至ᄒᆞ던지此ᄂᆞᆫ不問ᄒᆞ고外賊에向ᄒᆞ야妖氣를掃蕩코ᄌᆞᄒᆞ니是ᄂᆞᆫ古語의云ᄒᆞᆫ바倒行逆施라長江을未渡ᄒᆞ야狐狸가成功을妬ᄒᆞ며鬼역이大事를沮ᄒᆞ리니元帥가雖忠智나將何術로此를備ᄒᆞ리오北伐은大計이나內治가尤急ᄒᆞ니願元帥ᄂᆞᆫ留意ᄒᆞ야先後의序를勿失ᄒᆞ소셔

（未完）

宮廷彙報

◎德壽宮觀謁 大皇帝陛下께옵서前報와如히昨日上午十時에 動駕ᄒ샤德壽宮에 觀謁하오시고預定時間에 還宮ᄒ옵셧ᄂᆞᆫ데鹵簿儀節은前日과如하더라

◎勳章下賜 大황帝陛下께옵셔일人石黑忠德의게ᄂᆞᆫ李花大綬章、玉置琢의게ᄂᆞᆫ勳一等太極章을 下賜ᄒ옵셧다더라

雜報

◎總相辭職說 總相李完用氏ᄂᆞᆫ三昨日辭表를奉呈ᄒ엿고總理署理ᄂᆞᆫ內相朴齊純氏가被任ᄒ기로內定되엿다ᄂᆞᆫ說이有ᄒ다더라

◎總相溫泉行 總理大臣李完用氏ᄂᆞᆫ既報와如히明日上午九時에京釜列車로溫陽溫泉에赴ᄒᄂᆞᆫ데來往期限은一個月로預定ᄒ엿다더라

◎警衛有成 總理大臣이明日溫陽에발程흠은別項과如하거니와內部警務局에셔所經沿路警察署에申飭하야恪別保護ᄒ라ᄒ엿다더라

◎新章製送 日本內親王의勳章事件으로謝節이生흠은既히紹報어니와表勳院에셔新章을急々製造ᄒ야日昨日本으로齎送ᄒ엿다더라

◎四條證偵探 總理大臣李完用氏ᄂᆞᆫ今番渡日흔趙同熙氏에게委託ᄒ야時局에關흔事件四個條를日本政府에提出하엿다ᄂᆞᆫ說이有흠으로某處에셔其事實을偵探中이라더라

◎德大使入城 駐日德國大使吕男은既報와如히本日下午八時에入城흔다ᄂᆞᆫ데明日上午九時에ᄂᆞᆫ統監府를訪問ᄒ고同十一時에ᄂᆞᆫ德國總領事와共히日人石塚長官을隨ᄒ야 昌德宮에 陛見ᄒ고下午二時에ᄂᆞᆫ日軍司令部를訪問ᄒ고二十四日上午十時以後에ᄂᆞᆫ南山及景福宮을拜觀ᄒ고二十五日上午十時以後에ᄂᆞᆫ工業傳習所及塔洞公園을視察흔後駐京德國總領事의晝饌會에往參흔다더라

◎自修開會 內部警務局에셔昨日下午一時에第七回自修會를開ᄒ엿다더라

◎墺皇族來韓 頃者微行으로日本에來留ᄒ던墺國騎兵大尉루안殿下ᄂᆞᆫ來二十六日頃에京城에到着흘豫定이라더라

◎事務規程製定 內部에셔ᄂᆞᆫ觀察道內務部事務分掌規程을製定ᄒ야各觀察道에配付ᄒ엿다ᄂᆞᆫ데其條件인즉文書係、庶務係、土木係、勸業係、學務係、會計係등에關흠이라더라

◎無認開土 總理大臣李完用氏ᄂᆞᆫ高陽郡 睿陵外垓字地段에五六石落畓土를開墾ᄒᄂᆞᆫ데該陵官은農商工部認許가有흔줄로認ᄒ엿더니及其調查흔즉不過私自開墾흠이라右事由를即時農商工部에修報ᄒ고壹幷停役케ᄒ엿다더라

◎貯金調査 某處에셔ᄂᆞᆫ一進會財政을查探흔次로各銀行에貯置金有無를調査ᄒ엿ᄂᆞᆫ데現存이頗無ᄒ다더라

◎英艦拔錨 日前英國總領事館吊祭式에參列키爲ᄒ야仁川에入港ᄒ엿던英國軍艦은昨日에拔錨ᄒ야海蔘威方面으로向ᄒ엿다더라

◎買米被燒 一進會長李容九ᄂᆞᆫ白米七百石을貿易ᄒ야南大門內宣惠廳內에積置ᄒ엿더니去番火災에[illegible]燒ᄒ엿다더라

◎魔窟逼迫 金洛權等이合邦贊成建議所를設ᄒ흘時에崔晶圭가一般經費를周旋하기로契約을成立ᄒ고金一百五十圓을支給흔後에ᄂᆞᆫ一分加給이無흠으로該所에셔困難이日甚ᄒ야不遠間解散될貌樣이라더라

◎村悉病 平南陽德郡溫泉面居李燦都氏家에셔去十일에其親族及知舊를請邀ᄒ야燒酒、濁酒、麵、豚肉等需로宴饗ᄒ엿ᄂᆞᆫ데同飲食을喫흔者及附近人이一齊히頭腸홍이作ᄒ며吐사가兼作ᄒ야三箇일間에死者ㅣ十人에達흔지라五柳洞警察署에셔應急手段을取ᄒ야消毒防疫에從事ᄒ다더라

◎度量衡과檢定官 新製度量衡은地方에善히普及흔貌樣인ᄃᆡ全國에普及期ᄂᆞᆫ明年에在흘뜻ᄒ며同檢定施行에對ᄒ야各道에檢定官을排置흘터이라더라

◎日語韓語 京城駐在일憲兵隊及同分隊所屬員等은韓語를學習ᄒ기爲ᄒ야不遠間教習을開始흔다더라

◎樹名公定 從來韓國內에셔各樹에關흔名稱가不一흠으로種苗及樹木賣買에不便이多ᄒ다ᄒ야農商工部山林局에셔此를一定케ᄒ기로公定名稱을不遠間公布흔다더라

◎秘櫃發見 去光武九年以來의外交에關흔秘密書類ᄂᆞᆫ去處가不明ᄒ더니今番某事件의檢擧에關ᄒ야意外處에셔同重要書類를藏置흔鐵櫃가발現ᄒ엿다더라

◎法領事訪石塚 法國總領事ᄂᆞᆫ昨일午前十一時에統監府石塚長官을訪問ᄒ고長時間密談ᄒ엿ᄂᆞᆫ데別項에記흔鐵櫃事件인듯하다더라

◎醫士歡迎 醫士安商浩氏等이발起ᄒ야明日下午三時에京城日人俱樂部에셔日前渡韓흔日本赤十字社總裁石黑忠惠에歡迎會를開흔다ᄂᆞᆫ데會費ᄂᆞᆫ五百圓으로預定ᄒ엿다더라

◎韓國內日人新聞 最近調査를據흔즉韓國內에셔日人이발行ᄒᄂᆞᆫ新聞紙가合四十種에達ᄒ엿ᄂᆞᆫ데京城에十七、仁川에一、群山에一、馬山에一、木浦에二、釜山에二、大邱에二、元山에四、城津에二、淸津에一、平壤에二、鎭南浦에一、신義州에二오就中日刊이二十二、隔日刊이四、週刊이十一、月二刊이三인ᄃᆡ人口에照하야計算ᄒ면三千六百十八人에對ᄒ야一紙式됨다더라

◎酒商向隅 酒草稅徵收方法에對ᄒ야京城商業會議所에셔當局에交涉흔結果로草稅ᄂᆞᆫ適當흔方法으로徵收케되엿스나酒稅에對ᄒ야ᄂᆞᆫ其適當흔施措가尙無흔故로酒商等이該會議所에會同ᄒ야期於히相當흔施措를得ᄒ기로[illegible]이라더라

◎延民激昂 延安郡有大池ᄂᆞᆫ自來人民의所有흔四萬餘斗落畓土의灌漑를依賴ᄒᄂᆞᆫ處인ᄃᆡ三年前에李允植閔宗湯兩人이農部에認許를得ᄒ야池內에作畓ᄒ랴다가人民의激動을因ᄒ야中止ᄒ엿더니今番更히開役하야池內에儲水을不得케ᄒᄂᆞᆫ지라去十二日該郡民이再次禁止흔次로會集ᄒ엿ᄂᆞᆫ데該郡警察署에셔會頭崔大植氏를押去ᄒ엿슴으로一般人心은大段激昂흔다더라

◎民報紀念 大韓民報社에셔ᄂᆞᆫ來月二日에創立第壹回紀念式를盛大히設行흘計劃인ᄃᆡ[illegible]日에新聞一萬五千張을發刊ᄒ야各地方及社會에無料로발送흔다더라

◎牌段과公逈 今度支部基址ᄂᆞᆫ故沙溪金先生의遺址오今年前宮內府所管이되엿슴으로金先生의關係後孫氏가該牌段代金을推覓흔次로呼訴ᄒ엿더니再昨日度支部에셔金氏의公貸犯逋條六千餘圓으로該地段價를除減ᄒ다ᄒ[illegible]흔지라金氏ᄂᆞᆫ數萬圓價値되ᄂᆞᆫ地段을六千餘圓에相換ᄒ이極히抑冤ᄒ다흔다더라

◎怪傳一束 黃州郡永豊面安心村李承珏氏의婦人은本月十三日夜에一頭二尾腸莖陰戶各一의兒를產ᄒ엿고同面絡竹洞林應龜氏家에ᄂᆞᆫ母鷄가一日兩隊의雛鷄를孵化ᄒ엿고全羅西部徐致弘氏家에ᄂᆞᆫ一目無鼻의猫兒가生ᄒ고洪州郡內洞等地에셔ᄂᆞᆫ飼犬이人頭狗身의物을產出ᄒ엿다더라

◎惠鎭窮乏 慶南蔚山鎭地方은昨年의凶作을因ᄒ야食物이欠乏ᄒ야困難이極度에達ᄒ엿ᄂᆞᆫ데同地[illegible]의利益을取ᄒ기爲ᄒ야穀物을[illegible]ᄒᄂᆞᆫ故로賤民들이警察署에齊訴ᄒ엿다더라

◎趙氏白放說 警視廳에被囚흔趙南升氏ᄂᆞᆫ不遠間白放된다ᄂᆞᆫ說이有ᄒ다더라

◎和港火警 本月十七日三和港龍井洞高宗森氏家에셔失火ᄒ야隣近家屋까지延燒하ᄂᆞᆫ데草港消防隊의急來救를因하야幸히鎭火되엿다더라

◎日兵舍燒失 仁川桃山에在흔前일本駐劄軍兵舍ᄂᆞᆫ再昨일午後九時에失火ᄒ야[illegible]燒되엿다더라

◎發社設立周旋 帝國신聞記者張燒善氏等某某人은資金千餘圓을鳩聚ᄒ야中部[illegible]洞等地에작發會社를設立ᄒ기로現方周旋ᄒᄂᆞᆫ中이라더라

◎李氏被捉 五宮洞居李承煥氏ᄂᆞᆫ窃盜贓物을知情買收흔事로再昨日中部警察署에被囚ᄒ엿다더라

◎隆陵賊窟 去十九일에져漢이[illegible]朝景陵을破掘ᄒ엿다고該郡守가內部로修報하엿ᄂᆞᆫ데見失物은別無ᄒ다더라

◎義嫌被捉 廣州郡新院居朴德甫權漢基氏等三人은義兵嫌疑者로三昨日東部警察署에被捉ᄒ엿다더라

◎張氏白放 典洞居張錫祚氏가窃盜嫌疑로北署에被捉흠은既報어니와事實上曖昧흠으로三昨日白放되엿다더라

◎嶠南親睦 嶠南學生親睦會에셔本日下午三時에典洞[illegible]會館內에定期總會를開ᄒᄂᆞᆫ데會員이多數來參ᄒ기를切望흔다더라

◎親睦運動 昨日上午九時에親睦聯合運動會를西闕內에셔設行ᄒ엿다더라

◎湖西生運動 湖西學生親睦會에셔本日上午七時에[illegible]湖西運動會를設行흔다ᄂᆞᆫ데學生은入會與否를勿論ᄒ고全數來參ᄒ기를希望흔다더라

◎青年演說 青年[illegible]志會에셔智識을發展키爲하야本日下午七時二十分에中部典洞[illegible]校內에演說會를開ᄒ고漢士鄭民澤氏ᄂᆞᆫ國民의元氣란問題로鄭泰信氏ᄂᆞᆫ青年의時代란問題로金鎭嶙氏ᄂᆞᆫ我青年이란問題로演說흔다ᄂᆞᆫ데傍聽을[illegible]ᄒ다더라

電報

◎副統監決定 [illegible] 信大臣山縣伊三郎（山縣有朋의副子）은副統監으로決定되엿ᄂᆞᆫ데從此統監府官制改正이有흔다ᄂᆞᆫ說이有ᄒ다더라

◎防穀通知 奉天省內復州地方에米穀은外[illegible]이多흠으로民食이缺乏ᄒ고價가騰貴ᄒ야外商의米穀輸出을禁흠터인ᄃᆡ[illegible]一個月后에實施ᄒ깃다고[illegible]事에게通知ᄒ엿다더라

◎政友會[illegible] [illegible]友會에셔ᄂᆞᆫ臺灣[illegible]政務를查[illegible]ᄒ야臺灣地勢及物產、植民[illegible]을精密調查ᄒ기로[illegible]行케흔다더라

◎永代借權問題 [illegible]永代借地權論議ᄂᆞᆫ從[illegible]에在留ᄒᄂᆞᆫ外國人間에[illegible]이有ᄒᆫ바인데[illegible]會議所員텐손氏와[illegible]國大使、公使에게[illegible]ᄒ야今[illegible]際에交涉흘터이[illegible]法德二國大使[illegible]提出ᄒ다[illegible]

◎揚子江[illegible] [illegible]子江沿岸에ᄂᆞᆫ[illegible]艦隊에[illegible]ᄒ엿다더라 北京발

◎[illegible] 統領[illegible]이리에[illegible]境에[illegible]ᄒ엿다더라 伯林發 廿一日[illegible]

社告

各地方에서本申報購覽하시는諸氏가本報代金을多月滯納ᄒᆞ야經費窘絀이太甚ᄒᆞ옵기玆에仰布ᄒᆞ오니特히愛顧ᄒᆞ시와代金을郵便小爲替로卽速付送ᄒᆞ심을仰要홈

地方僉彥이本申報購覽에便宜키爲ᄒᆞ야支社를左開三處에加爲設置ᄒᆞ고本月부터發送하오니該附近各地에서本報購覽ᄒᆞ실僉君子는左開ᄒᆞᆫ支社員과交涉請求ᄒᆞ시옵

公州府 古上衙福音書館 柳聖培

論山 浦雜貨店 張允榮

昌原 舊邑鍾路東部九統八戶 朴淳祚

大韓每日申報社

廣告

本人이雜貨商을開始하고各種雜貨學校用品을放賣ᄒᆞ오니僉君子는陸續來購ᄒᆞ심을希望ᄒᆞ오며地方에서注文ᄒᆞ시는時는代金引換으로酬應ᄒᆞ깃나이다

美國製金張眼鏡 十年約定保險 四圓 五年約定保險 三圓

南署水標橋三十三統六戶 天應商店 主人 李翊相

本人에姓名金商淞의淞字를以協字로改之ᄒᆞ오니內外國知舊間以此照亮ᄒᆞ심을望홈

慶南金海郡前參奉金商協 白

漢陽商會

하례ㅣ彗星은一晝夜間에約二千萬里의速力으로우리地球에接近ᄒᆞᆫ다ᄒᆞᆷ은全世界人의激烈히喧傳ᄒᆞ는바아닌가

現世滔々ᄒᆞᆫ商業戰爭의速度는하레ㅣ彗星에不下ᄒᆞ느니今에우리漢陽商會는小賣部

別立ᄒᆞᆫ以後空前絕後의大發展파하。레。ㅣ。慧星二千萬里의大速力으로二千萬人의大同胞와接近코져ᄒᆞᆷ나이다

今番移轉ᄒᆞᆫ京城商業會議所構內의店舖가宏大完美ᄒᆞ다自誇치는아니하나一次光臨ᄒᆞ신有眼人士의觀察이면可히써東洋唯一의大店舖됨을認得ᄒᆞ실지요

漢陽商會는大擴張ᄒᆞᆫ以後地方部에는도라스도式販賣法을採用ᄒᆞ야더욱低廉敏速히萬物을供給하고諸彥의便益을圖ᄒᆞ나이다

吾輩는歐米의物貨를輸入販賣ᄒᆞᆷ에不止ᄒᆞ고我韓의物產을陳列ᄒᆞ야祖國의精華를發揮코져ᄒᆞ나니觀ᄒᆞ시요暗黑ᄒᆞᆫ漢城鍾路의(우리大韓商業의最中心인지)商界는하。레。ㅣ。慧星파如ᄒᆞᆫ우리漢陽商會의光明을受ᄒᆞ야開拓되며잇습나이다

우리는한갓漢陽商會가最完全最盛大ᄒᆞ다自道치아니ᄒᆞ나世의大勢는님의吾輩로ᄒᆞ야금獨占不可犯의權能을賦與ᄒᆞ야最完美ᄒᆞᆫ域에到達케ᄒᆞ엿스니此는專히有志同胞의血誠遍愛ᄒᆞ시는盛意의結果이나또우리의經營ᄒᆞ는商法組織의如何ᄒᆞᆷ을推知ᄒᆞ실지로다 아々世界最後의勝利는軍政에不在ᄒᆞ고商戰에在ᄒᆞᆷ을우리는覺悟ᄒᆞ야熱血을注ᄒᆞ야此에努力ᄒᆞ니우리도라스도式漢陽데。파。ㅣ。도。멘。트。스。토。아。를사랑ᄒᆞᆯ者는何에在ᄒᆞ고

勿論親疎ᄒᆞ고掌記及居住만通知하시면擇品廉價ᄒᆞ야郵便小包나運送部로卽速付送ᄒᆞ고代金은引換ᄒᆞ깃숩

京南部銅峴九十五統十戶

乾材藥局 崔興模

學部檢定 內部認可 **漢文初學** 一帙四冊(每一冊十四錢)

本書는一般私立學校初等教育漢文科에適當케編纂ᄒᆞ온바刊發行이오며其他各種新書籍及學徒用品이供備ᄒᆞ온바特別割引ᄒᆞ와一依請求ᄒᆞ심을酬應ᄒᆞ오며郵便파或運送部로迅速키付呈ᄒᆞ깃ᄉᆞ오니學界에注意하시는京鄉僉位는愛顧ᄒᆞ심을務望

元賣所京南部苧洞十七統十戶 廣文堂書舖 南鴻祐

分賣所京鄉各有名書舖

驪陽陳氏譜所를慶南密陽郡萬浦陳光先家로已爲刱設ᄒᆞ엿기에玆以廣告ᄒᆞ오니伏願八路僉宗氏는泛忽이觀望치마옵고速々修單ᄒᆞ야卽送于譜所하시와不失此期ᄒᆞ고비完大事를千萬伏望홈

龍仁郡元岩陳東勳 陳旭 白

本書林에셔敎科及他書籍五六百種과古書名筆을鳩聚大賣하오니照亮購覽務望

引換代金으로도酬應홈

請求多小에特別割引도有홈

發賣所 南部銅峴卅五統八戶

同文書林主 金雨均 白

本局이開業多年에各地方貿易이漸次發達이기業務를擴張ᄒᆞ며材淨價廉ᄒᆞ야勿論親疎ᄒᆞ고貿藥急用을便利케ᄒᆞ오니居住와掌記를昭詳히郵便付送ᄒᆞ시면唐草材藥種이라도小包로代金引換파或運送部로도迅速히付送ᄒᆞ깃ᄉᆞ오니同業 僉位는隨量請求ᄒᆞ심을敬要

京銅峴一統六戶

乾材局 李盛哉

京西部車洞同和藥房

本國藥材、洋藥、各病效、用、價、國漢文、可刊出、作封、雖婦女、郵便請求、賣賣

閔 檀白

本店에서開業ᄒᆞᆫ지十六年間僉君子의愛顧ᄒᆞ심을特蒙ᄒᆞ와今年부터營業務을大擴張ᄒᆞ고春夏秋冬所用으로緞屬毛織等各國高等物品을現今多數直輸入이온바各地方에서는貿易에便利케爲ᄒᆞ야特別減價ᄒᆞ와郵便小包로酬應ᄒᆞ야代金은引換ᄒᆞ깃사오니十三道各郡僉君子는隨意請求ᄒᆞ심을望

振替貯金番號(韓國壹三番)

漢城中部鍾路砂器廛洞二十一統五戶

廣興泰 告白

本人이陰四月五日頃에圓形姓名章을路中에서不知中서失故로玆廣布ᄒᆞ오니照亮홈

新門外華山石橋上宋光順告白

廣告文을一覽ᄒᆞ시옵

廣告

本店에서開業ᄒᆞᆫ지有年에僉君子의愛顧ᄒᆞ심을特蒙ᄒᆞ와今年부터業務를大擴張ᄒᆞ고內外國各種紙物과其他學校用品을直輸入ᄒᆞ와地方同業僉位와其他僉彥에게特廉減價로酬應ᄒᆞ깃사오니拘多小ᄒᆞ시고請求ᄒᆞ시면數量을從ᄒᆞ와郵便代金引換와小包와或運送部를經ᄒᆞ야迅速히付呈ᄒᆞ깃숩

(品目略錄)

本國紙部 大壯紙 龍扇紙 粉白紙 見樣紙 胡尺紙 慶州紙 書厚紙 三貼紙 清風紙 油紙 塗板紙 書畫其他各種

外國紙部 洋紙 天井紙 色紙 模造紙 半紙 古查紙 書簡紙 封套紙 印札紙 美濃紙 馬粉紙 圖紙 其他各種

右物을都賣散賣홈

京城鍾路大廣橋 內外國紙物貿易商 本店 金聖煥 (電話一一八〇)

京城中部安洞別宮前 支店 金瑢鎭

廣告

此藥은春夏秋冬衛生家通常預備之靈劑ㄴ內外僉君子之已所亮燭者而今에盛夏凉秋에逾暑除장과消食爽神케爲하야特別製造發賣홈.

消化新藥

淸心保命丹

漢城南大門側二層洋屋

濟生堂大藥房本舖

主任 李庚鳳

代辦主任 李興國 白

全國에 온 本堂製造發行ᄒᆞᄂᆞᆫ藥品

消化新藥 淸心保命丹 此丹은化痰止咳ᄒᆞ고順氣消滯ᄒᆞ며恒常長服ᄒᆞ면腸胃가健全

大補元氣 蔘茸大補元 大補元氣ᄒᆞ고滋腎健腦ᄒᆞ며先天不足과陽위不起에一切神効

蛔積殺虫散 此약은회積과 회腹痛과 회虫一切을去根ᄒᆞᄂᆞᆫ良劑

久滯大通丸 此丸은年久積滯와宿滯後重이며胃腹痛에神効莫大홈

瘡病新藥 梅花點雪丹 毋論男女ᄒᆞ고花柳病楊梅瘡에一切去根快復하ᄂᆞᆫ良藥

眼疾速効 光明眼藥 諸般眼疾에隨症皆差ᄒᆞᄂᆞᆫ東洋에初有ᄒᆞᆫ寶藥

起死回生 回生丹 此丹은急ᄒᆞᆫ吐瀉關格이며가슴아리와冷積과痢疾에神効

感氣神効 解熱散 寒熱往來ᄒᆞ며似하非하과頭痛眩暈와肢節痛에其効가偉大

齒痛新藥 止痛健齒水 虫齒와風齒와諸般齒痛에壹切解痊

耳鼻神藥 耳鼻神藥 毋論男女ᄒᆞ고耳聾鼻塞이며耳鼻에關ᄒᆞᆫ病은隨症並差

疝症拔根 疝積湯 諸般산症에大談出賣홈

寸虫沒出藥 寸白虫을一切去根ᄒᆞᄂᆞᆫ妙劑

뒤눈과못 拔根藥 뒤눈과 못과 ᄉᆞ마귀를 ᄲᅢᄂᆞᆫ藥

止足汗臭藥 手足의汗臭를除却ᄒᆞᄂᆞᆫ藥

去核生新 沃度膏 劍瘡과腐傷과곱센뒤去核生新ᄒᆞ기ᄂᆞᆫ第一著明

最新改良 百應膏 無論男女老少ᄒᆞ고毒瘇濕瘇痰瘇諸般瘇瘡에壹切特效가有홈

淋疾藥各種 淋疾各症에壹週日만服ᄒᆞ면病根快復ᄒᆞ고腎氣가完全홈

其他洋藥各種과◎賣藥各種◎都매散賣

◎遠地에ᄂᆞᆫ郵便小包로申速酬應홈

漢城南大門內濟生堂大藥房 李庚鳳

代辦主任 李興國 白

光武九年八月十一日 明治三十八年八月十一日 (第三種郵便物認可) 火曜日 西曆一千九百十年五月二十四日 (一)

大韓每日申報

檀君開國四千二百四十三年
箕子元年三千三十二年
大韓開國五百十九年
本報創刊日 光武八年七月十八日

發行兼編輯人 英國人 萬咸
Alfred Weekley Marnham, Responsible for Publication
發行所 京城南部石井洞三層洋屋 大韓每日申報社

第八卷 月曜及慶節歲時日休刊 第一千三百九拾三號

別報

◉非露日同盟 續

(大坂每日新聞譯載)
(前露都通信員에후맛구랏후君)

同報(스로보紙)에更히論ᄒᆞ되吾人은平和를願ᄒᆞ고戰爭을不願ᄒᆞᄂᆞᆫ지라彼極東에셔冒險再擧와如ᄒᆞᆫ事ᄂᆞᆫ露國上下의全히反對ᄒᆞᄂᆞᆫ바인즉如何히無責任ᄒᆞᆫ官僚라도輿論의後援을不竢ᄒᆞ고宣戰치못ᄒᆞᆯ줄은吾人의信ᄒᆞᄂᆞᆫ바라然則日本이露國에게請求ᄒᆞ야得ᄒᆞᆯ바ᄂᆞᆫ美日間戰爭이起ᄒᆞᆯ時에露國으로ᄒᆞ야금中立을宣言케ᄒᆞᆷ에不過ᄒᆞᆯ지로다露國은艦隊가充分치못ᄒᆞᆫ지라隨ᄒᆞ야米國艦隊에對ᄒᆞ야日本을幫助치못ᄒᆞᆷ은更言을不待ᄒᆞᆯ것이오다못美日戰爭에際ᄒᆞ야露國이日本의게一助를可供ᄒᆞᆯ것은但只캄차트카港(樺太島東北方)을貸與ᄒᆞᆫ一事뿐이라然而此一事만ᄒᆞ야도日本에셔ᄂᆞᆫ不少ᄒᆞᆫ便利가될지니何則고ᄒᆞ면베도로바부로스크灣(캄차트카半島在ᄒᆞᆫ)ᄂᆞᆫ日本艦隊가北美太平洋沿岸을攻擊ᄒᆞᆷ에際ᄒᆞ야根據地를숨으면大便利가될所以라베도로바부로스크灣은日本太平洋沿岸에在ᄒᆞᆫ各港灣에比ᄒᆞ면最勝ᄒᆞᆫ地点이니美領알나스카方面과接近된距離가僅히一千英里오華盛頓、오레곤及칼늬포니아各沿岸州와ᄂᆞᆫ一千英里乃至一千四英里에不過ᄒᆞᆫ지라如此ᄒᆞᆫ自然好港을果然日本艦隊가근據地로삼음에至ᄒᆞᆫ진ᄃᆡ彼孤影無據ᄒᆞᆫ알나스카를占奪ᄒᆞᆷ이容易ᄒᆞᆯ뿐아니라씨야틀又ᄂᆞᆫ桑港等을威嚇ᄒᆞᆷ이亦易ᄒᆞᆯ지로다彼布哇島ᄂᆞᆫ갈늬포니아海岸을攻擊ᄒᆞᆷ에際ᄒᆞ야ᄂᆞᆫ良好ᄒᆞᆫ根據地가될지나然이나既히美人이同島에極力防備를施ᄒᆞ엿슴으로써今에ᄂᆞᆫ容易히奪取치못ᄒᆞᆯ것이오萬若奪取ᄒᆞ리라고假定ᄒᆞᆯ지라도北美大西洋艦隊로ᄒᆞ야금太平洋上에回航ᄒᆞ야사모아(加州海岸)을근據地로숨고攻擊을加ᄒᆞᆫ진ᄃᆡ同島維持가一個月의繼續도不能ᄒᆞᆯ지로다

反此ᄒᆞ야果若前述과如히日本으로ᄒᆞ야금베도로바부로스크를근據地로숨을진ᄃᆡ戰略上地利ᄂᆞᆫ日本에歸ᄒᆞᆷ이殆히庶幾에近ᄒᆞᆫ지라今에日本人이百般方法으로써캄차트카半島를其掌에收得코져苦心中에在ᄒᆞᆷ은無疑ᄒᆞᆫ事이로다(後略)

(完)

官報

隆熙四年五月十六日

法律

法律第五號

國庫債券條例

第十二條 本債券又ᄂᆞᆫ其利票가汚染又ᄂᆞᆫ毀損ᄒᆞᆫ時ᄂᆞᆫ其所有者ᄂᆞᆫ取扱銀行에申出ᄒᆞ야交換을請求ᄒᆞᆷ을得ᄒᆞᆷ

前項의境遇에在ᄒᆞ야原債券의附屬利票中아즉利子支撥期의開始치아니ᄒᆞᆫ者를欠缺ᄒᆞᆫ時ᄂᆞᆫ其欠缺利票에相當ᄒᆞᆫ利子金額을現金으로取扱銀行에納付ᄒᆞᆷ이可ᄒᆞᆷ

債券又ᄂᆞᆫ利票의交換을請求ᄒᆞᆫ境遇에ᄂᆞᆫ取扱銀行은度支部大臣의認可를經ᄒᆞ야相當ᄒᆞᆫ手數料를徵收ᄒᆞᆷ을得ᄒᆞᆷ

第十三條 本債券又ᄂᆞᆫ其利票를滅失或은紛失ᄒᆞᆫ時ᄂᆞᆫ直히取扱銀行에申出ᄒᆞᆷ이可ᄒᆞ고此를發見ᄒᆞᆫ時도亦同ᄒᆞᆷ

外報

(未完)

◉連山築港과米國 清國錦愛鐵道의起点된連山灣에築港ᄒᆞᆷ은既報ᄒᆞ엿거니와其工事費ᄂᆞᆫ約七百萬兩을要ᄒᆞᆯ터인ᄃᆡ米國資本團代表者스트레氏ᄂᆞᆫ同鐵道敷設의計劃과關連ᄒᆞ야同築費도貸與ᄒᆞᆯ次로準備中이라더라

◉札幌二度大火 日本北海道札幌市에셔ᄂᆞᆫ去十八日午前二時及同十一時에二度의大火災가出ᄒᆞ엿ᄂᆞᆫᄃᆡ前者에ᄂᆞᆫ二十九棟五十八戶가燒失되고後者ᄂᆞᆫ病院、勸工場等建築物이多數燒燼ᄒᆞ엿ᄂᆞᆫᄃᆡ損害額이二十三萬圓에達ᄒᆞ엿고火傷者一三人이라더라

◉臺灣蕃擾 去十七日午前六時頃에臺灣日軍隊作業地에셔土蕃의襲擊을受ᄒᆞ야大損害를被ᄒᆞ엿다더라

◉第二望遠鏡新着 日本京都帝國大學에셔ᄂᆞᆫ今回彗星을觀測ᄒᆞ기爲ᄒᆞ야德國에注文ᄒᆞᆫ大望遠鏡이去十八日에來着ᄒᆞ엿ᄂᆞᆫᄃᆡ赤道儀라云ᄒᆞᄂᆞᆫ二個의鏡管이有ᄒᆞ고天體及星光의寫眞器械가附隨ᄒᆞ엿시며鏡口徑은七吋인즉其大가現今東京帝國大學에設置ᄒᆞᆫ口徑八吋의望遠鏡에次位가된다더라

社告

各學校에셔校中事項을本報에揭載코져ᄒᆞᆯ時에ᄂᆞᆫ校長이署名ᄒᆞ고校印을捺ᄒᆞ여記事를簡明히ᄒᆞᆷ을要ᄒᆞᆷ此外에ᄂᆞᆫ確報로認準치아니ᄒᆞᆷ

大韓每日申報社

學界

◉長校運務 長通學校에셔本月二十一日獎忠壇에셔春期運動會를設行ᄒᆞ엿ᄂᆞᆫᄃᆡ學員一百人이五隊에分ᄒᆞ야各種競技를試ᄒᆞᆯ時에氣像의活潑ᄒᆞᆷ과儀容의整肅ᄒᆞᆷ은叅觀者의歎賞을惹起ᄒᆞ엿고李근洪吳仁鐸金胤祖尹奎燮趙德煥金聖昌白潤民金昱東李근沐尹柱瓚高應演金鳳源鄭義好金奎燮趙臣鏞權鍾益吉仁洙李時善鄭永과朱壽榮諸氏와該校夜學科와長薰學校와薰陶學校에셔優數ᄒᆞᆫ賞品을寄附ᄒᆞ엿다더라

◉校舍買入 養貞女子教育會에셔ᄂᆞᆫ中部笠洞等地에草家二十間을買入ᄒᆞ엿ᄂᆞᆫᄃᆡ將次學校用舍로修理ᄒᆞᆯ터이라더라

◉連郡夜校 連山郡東面外於谷里居有志諸氏가協力ᄒᆞ야勞働夜學校를設立ᄒᆞ고校長은俞丁濬氏로教師ᄂᆞᆫ田基都氏로推薦ᄒᆞ고學徒二十餘人을教授ᄒᆞᆫ다더라

◉黃氏知務 全北咸悅郡熊浦里私立普明學校ᄂᆞᆫ經費가窘拙ᄒᆞ야學徒七十餘人이廢學ᄒᆞᆯ境에至ᄒᆞ엿더니該郡守黃冀淵氏가赴任未幾에該校情況을視察ᄒᆞ고各面洞及商業界에曉諭ᄒᆞ야金一百四十圓을捐付케ᄒᆞ고黃氏ᄂᆞᆫ薄俸中에셔卄圓을出捐寄付ᄒᆞ엿슴으로校況이漸次更振ᄒᆞᆫ다더라

◉夜校開學期 東部梨峴私立新興學校內에夜學校를設立ᄒᆞ고高明ᄒᆞᆫ講師를雇聘ᄒᆞ야果樹栽培法、養鷄法、養豚法을速成으로敎授ᄒᆞᆫ다ᄂᆞᆫᄃᆡ六月壹日부터開學ᄒᆞᆫ다더라

◉廣務有望 舊文化用珍面廣務學校ᄂᆞᆫ任員安奉洙金學仁姜振叙金基弘諸氏가熱心視務ᄒᆞᆷ으로生徒가三四十名에達ᄒᆞ야將就之望이有ᄒᆞ다더라

◉教育會捐付 信川郡月川面居金元善吳용李允善申永白諸氏가該面進明學校의財政이窘拙ᄒᆞᆷ을惻惜히녁여同志를糾合ᄒᆞ야教育會를組織ᄒᆞ고今春期學資에爲先四十五圓을捐補ᄒᆞ엿다더라

◉尹氏興學 魯城郡輔仁學校ᄂᆞᆫ財政이罄乏ᄒᆞ야閉鎖ᄒᆞᆫ지一年에至ᄒᆞ엿더니該郡居尹憲炳氏가自己所有墳庵(淨水庵)二十餘間을校舍로寄付ᄒᆞ고畓土一千五百圓價値를斥賣ᄒᆞ야基本金을積立ᄒᆞ고本月十五日에開學式을擧行ᄒᆞ엿ᄂᆞᆫᄃᆡ學徒가四十餘人이오來賓이二百餘人에達ᄒᆞ엿스며尹氏ᄂᆞᆫ該郡에德望이素著ᄒᆞᆫ人士로教育을首唱ᄒᆞ미一方이風從ᄒᆞᆯ影響이有ᄒᆞ다더라

◉貧而好學 江陵郡新里注文津憲兵分遣所補助員監督洪淳模氏ᄂᆞᆫ人民保護에手段이敏活ᄒᆞ고學問硏究에晝宵熱心ᄒᆞ되略干薄俸으로事育을僅資ᄒᆞ고書籍購覽ᄒᆞᆯ資金이無ᄒᆞ야居常慨歎ᄒᆞ더니日前에自己의勤務時間을檢考ᄒᆞᄂᆞᆫ時表를賣却ᄒᆞ야書籍을購入ᄒᆞ엿다더라

◉運動盛況 坡州郡汶邑學校에셔本月十六日該面梨川里坪에셔春期大運動會를設行ᄒᆞ엿ᄂᆞᆫᄃᆡ坡平面坡山學校와坡州公立普通學校와廣灘面廣成學校學生等同이來會ᄒᆞ야學生이合二百餘名이오來賓이四百餘名이오觀先男女가壹千五百餘名에達ᄒᆞ야壹大盛況을呈ᄒᆞ엿고學徒의活潑ᄒᆞᆫ氣像과井々ᄒᆞᆫ隊伍ᄂᆞᆫ一般觀覽者의大賛償을得하엿다더라

▲偉人遺蹟

▲▲東國巨傑 崔都統 續

錦頰山人

第七章 兩次紅賊變亂의崔都統

嗚呼라從古大聖哲大英雄의手段으로도往々其遭遇ᄒᆞᆫ社會의習慣範圍를一切打破치못ᄒᆞ야自貽伊慼의嘲에陷ᄒᆞᄂᆞᆫ도다卽崔都統鄭總兵은並世雙生의巨英雄이아닌가만은高麗當時의오腐ᄒᆞᆫ義理로自縛하야垂成의功을未竟하고國民의厄을未救ᄒᆞ엿도다玄麟이山僧의口로如彼堂々ᄒᆞᆫ大論을발하엿거ᄂᆞᆯ鄭公은反히大驚且怒ᄒᆞ야曰「爾가一個和尙으로敢히如此無道ᄒᆞᆫ言을出ᄒᆞᄂᆞᆫ다我匣中에新磨ᄒᆞᆫ一大劍이有하니爾를棄ᄒᆞᆷ이孤雛腐鼠와如ᄒᆞᆯ지니라」玄麟이冷笑를作ᄒᆞ고退出하며崔公은默々히坐ᄒᆞ엿더라噫라此役의前途도可知ᄒᆞᆯ지로다其君은恭愍이位에在ᄒᆞ며其臣은金鏞이權을專하니엇지大功을完ᄒᆞᆯ수有ᄒᆞ리오噫라小國으로大를事ᄒᆞᆫ다ᄂᆞᆫ오儒의謬義를公이既打破ᄒᆞ엿스며戰事를諱言ᄒᆞ던時俗의結習을公이既打破ᄒᆞ엿건만은乃獨此一關(卽君臣)은尙且打破치못ᄒᆞ야九仞의功을一簣에虧ᄒᆞ엿도다

按玄麟은聖賢中豪傑이며豪傑中聖賢인져雲收雨霽에其去가飄然ᄒᆞ고時危事棘에其來가倏然ᄒᆞ니鳳耶아鶴耶아斯果何人고崔都統과合傳ᄒᆞᆷ이實로無愧하도다만은惜乎라其歷史가殘缺ᄒᆞ야其人의全體를模寫ᄒᆞᆯ道가無ᄒᆞ도다然이나其力量과氣魄은吾가輕評을下치못ᄒᆞ거니와內賊掃平의一語를觀하건ᄃᆡ其眼孔의大ᄂᆞᆫ崔都統에或過ᄒᆞᆫ져

(未完)

宮廷彙報

◎閔氏陛見 韓國閔泳徽氏ᄂᆞᆫ[illegible]午九時 德壽宮에進詣ᄒᆞ야 太皇帝陛下께 陛見ᄒᆞ엿다더라

◎內相受勅 內部大臣朴齊純氏ᄂᆞᆫ去十曜日 昌德宮에詣ᄒᆞ야總理署理의事務를履行ᄒᆞᆯ次로受 勅ᄒᆞ엿다더라

雜報

◎支出件裁可 內部所管義兵被害者遺族給與金八百圜을豫備金中에서支出ᄒᆞ기로 裁可되엿다더라

◎總相永遞說 總相李完用氏가辭表를 奉呈ᄒᆞᆫ後勿辭行公ᄒᆞ라신優 旨를承ᄒᆞ엿스나該氏ᄂᆞᆫ重大ᄒᆞᆫ財政事件에關係를因ᄒᆞ야永爲遞任된다더라

◎宮內府大更迭 宮相閔丙奭氏와同府次官小宮三保松과同府秘書官金東完氏ᄂᆞᆫ勳章事件에關ᄒᆞ야再昨日下午四時에辭表를奉呈ᄒᆞ엿다더라

◎宮次後任說 宮內府次官小宮三保松의辭職ᄒᆞᆷ은別項과如ᄒᆞ거니와同後任者에關ᄒᆞ야多種의說이有ᄒᆞ나就中現統監府秘書官國分象太郞의說이最緊ᄒᆞ다더라

◎趙卿消息 渡日ᄒᆞᆫ奎章閣卿趙同熙氏ᄂᆞᆫ勳章事件이解決되지못ᄒᆞ야歸期가杳然ᄒᆞ다ᄂᆞᆫ電信이某處에來到ᄒᆞ엿다더라

◎兩李携渡 宮內府에서日本內親王의勳章을新製付送ᄒᆞᆷ은既報어니와宮中顧問李允用承寧府侍從李恒九兩氏가該勳章을携渡하엿다더라

◎宮府停宴 宮內府에서ᄂᆞᆫ昨日에宴會를設ᄒᆞᆯ次로該府大臣이一週日前에各大臣及高等官에게請牒을발送ᄒᆞ엿더니今回辭職事件으로因하야宴會를停止ᄒᆞ고該請牒을一切繳還ᄒᆞ엿다더라

◎勳章已成 日本士官及兵卒四千餘名의게叙勳ᄒᆞᆫ다ᄒᆞᆷ은既報어니와該勳章이已爲竣成되엿슴으로日間頒給ᄒᆞᆯ터이라더라

◎其婦隨之 總相李完用氏ᄂᆞᆫ既報와如히昨日上午九時에발程ᄒᆞ야溫陽溫泉에赴往하엿ᄂᆞᆫ데其子婦任氏가隨行하엿다더라

◎驚魂尙未定 李總理가溫泉으로발向ᄒᆞᆷ은別項과如ᄒᆞ거니와臨發時에該氏私邸로부터南大門外停車場ᄭᆞ지平服及服裝巡査가間々列立ᄒᆞ야嚴密警護ᄒᆞ엿고各大官及統監府高等官이南門역에서餞送하엿다더라

◎審査開會 內部에서ᄂᆞᆫ地方郡守現闕數窠를採補ᄒᆞ기爲ᄒᆞ야昨日午後一時에地方官資格審査委員會를開하엿다더라

◎若林渡日 警視總監若林은本日渡日ᄒᆞᆫ다더라

◎石黑南行 日前渡韓ᄒᆞᆫ日本赤十字社總裁石黑忠悳은大邱地方을視察ᄒᆞᆯ次로昨日上午九時에발程ᄒᆞ엿다더라

◎日僧歸國 日本僧澤田總之ᄂᆞᆫ再昨日歸國ᄒᆞ엿ᄂᆞᆫ데一進會長李容九가銅爐一座를贈與ᄒᆞ엿다더라

◎德使歷覽 去十曜日에入城ᄒᆞᆫ駐日德國大使ᄂᆞᆫ明日上午拾時頃에工業傳習所를觀覽ᄒᆞ고仍히官立外國語學校內德語部를視察ᄒᆞᆫ다더라

◎視察還任 全羅南北道의學事視察次로발程하엿던學部主事李覺鍾氏等은再昨日에還任ᄒᆞ엿다더라

◎面制研究 內部에서ᄂᆞᆫ地方行政을刷新ᄒᆞᆯ다ᄒᆞ야面長職制改定을企圖ᄒᆞᄂᆞᆫ데更히現行面의制度가適合ᄒᆞᆫ지否ᄒᆞᆫ지研究코져ᄒᆞ야各道에照會ᄒᆞ야意見을徵收ᄒᆞᄂᆞᆫ中이라더라

◎德使旅程 滯京中에在ᄒᆞᆫ駐日德國大使의一行은來二拾七日午前九時拾分에出發ᄒᆞ야旅順大連等地方으로赴ᄒᆞᆫ다더라

◎新地理발行 從前各學교에서使用ᄒᆞ던地理書ᄂᆞᆫ不適當ᄒᆞ다ᄒᆞ야學部에셔新地理書를編纂발刊ᄒᆞ엿ᄂᆞᆫ데來月부터발賣ᄒᆞᆯ터이라더라

◎方針可知 從來各學校에서愛國에關ᄒᆞᆫ政治的唱歌를教授ᄒᆞᆷ이現教育方針上에不適當하다ᄒᆞ야今回學部에서普通教育唱歌集第一輯을編纂ᄒᆞ엿ᄂᆞᆫ데初等及高等教育에並用ᄒᆞᆯ터이라하며第二輯도本年內에발行ᄒᆞᆫ다더라

李氏申訴

死刑宣告를受ᄒᆞᆫ李在明氏ᄂᆞᆫ去十曜日控訴院에申訴狀을提出힛다더라

◎普專生의法理質問 普成專門學校法科講師鄭求昌氏ᄂᆞᆫ今番李在明氏의裁判判事라李氏의處絞를宣告ᄒᆞᆫ後講座에出席ᄒᆞ엿더니學員一同이法律上理論으로李氏의處絞가法理에適合與否를質問ᄒᆞ거ᄂᆞᆯ鄭氏가含糊不說ᄒᆞ다가畢竟再次質問을因ᄒᆞ야強辭以對曰良心에ᄂᆞᆫ不許ᄒᆞᄂᆞᆫ바이나自由의權이無ᄒᆞᆷ에奈何오ᄒᆞ거ᄂᆞᆯ學員이又問曰判決의自由ᄂᆞᆫ無하거니와宣告狀에捺章與否도自由치못ᄒᆞ나잇가良心에不許ᄒᆞᄂᆞᆫ바를屈意彌從ᄒᆞᄂᆞᆫ法律은本學生等의願學ᄒᆞᄂᆞᆫ바아니라ᄒᆞ고互相間辯論이多端ᄒᆞ엿ᄂᆞᆫ데鄭氏ᄂᆞᆫ赧然退歸ᄒᆞ엿다더라

◎既設未設의實業校 本年度學部에서施設ᄒᆞᆫ實業教育에就ᄒᆞ야既히開校ᄒᆞᆫ處와不遠間開校ᄒᆞᆯ處ᄂᆞᆫ大邱、平壤、全州、咸興、晋州、光州、春川、群山、定州、濟州등拾箇處이오此外公州、海州 에ᄂᆞᆫ本年九月頃부터設置ᄒᆞᆯ計劃이라더라

◎徐僎自退 國民同志贊成會副會長徐彰輔ᄂᆞᆫ該會에서何等不協ᄒᆞᆫ事件이有ᄒᆞ엿ᄂᆞᆫ지日昨에請願自退ᄒᆞ엿다더라

◎果如推測否 信川郡花山學校ᄂᆞᆫ該郡守及任員의熱心으로擴張之望이有ᄒᆞ더니日前警察署에서教師高貞華氏를招致ᄒᆞ야長時間審問ᄒᆞᆫ後一夜拘留ᄒᆞ엿다가地方裁判所로越交ᄒᆞ고該郡守ᄂᆞᆫ批頰의辱을被ᄒᆞ엿ᄂᆞᆫ되此ᄂᆞᆫ向者 乾元節에演說ᄒᆞᆫ事件을因ᄒᆞᆷ인듯하다고當地人士의推測이有ᄒᆞ다더라

◎證供自明 水原郡華陽洞居尹德成氏가殺人幫助의嫌疑로役律에被枉ᄒᆞ엿슴으로尹氏가控訴院에申訴ᄒᆞᆷ은既히報道어니와日前에證據人三名이出頭ᄒᆞ야尹氏의無罪ᄒᆞᆫ事實을證明ᄒᆞ엿고尹氏의夫人朴氏ᄂᆞᆫ其夫의無罪被枉ᄒᆞᆫ事實을斷指血書ᄒᆞ야裁判廷에提出ᄒᆞ엿다더라

◎哀此愚悖 公州府內에ᄂᆞᆫ淸人의三十六契가盛行ᄒᆞ야家產을蕩敗ᄒᆞᄂᆞᆫ者가多數ᄒᆞ다ᄂᆞᆫ데就中浮浪輩流ᄂᆞᆫ吉夢을得ᄒᆞ면金錢을得ᄒᆞᆫ다ᄒᆞ야白晝에故意就寢ᄒᆞ야成夢을要ᄒᆞᄂᆞᆫ者가多ᄒᆞ다더라

◎海郡不穩 本月拾九日에平壤財務監督局主事日人池田昇一等三名이海州郡錦山面下水洞에在ᄒᆞᆫ地段을國有로調査ᄒᆞᄂᆞᆫ데수郡錦山面雲谷面州內面等地人民約六百名이集合ᄒᆞ야民有地를國有로調査ᄒᆞᆷ이不可ᄒᆞ다ᄒᆞ고小石을牛隻에載來ᄒᆞ야一時不穩ᄒᆞᆫ狀態가有ᄒᆞᆷ으로不得已調査를停止ᄒᆞ엿다가憲兵과警察官의保護를依賴ᄒᆞ야昨日부터更히調査를續行ᄒᆞᆫ다더라

◎朴女醫追悼會 七年前에美國에渡往ᄒᆞ야醫學을卒業ᄒᆞ고十年前에歸國ᄒᆞ야京城及平壤婦人病院에서視務ᄒᆞ다가去月身故ᄒᆞᆫ朴婦人(에쓰더)의追悼會를來卄七日午后八時靑年會館에서設行ᄒᆞᆫ다더라

◎白氏慈善 全南羅州郡東部面果院里居白仁贊氏ᄂᆞᆫ窮春民情을顧念ᄒᆞ야去月二十一日에同郡芽界面貧家一百四十餘戶에穀物을賑給ᄒᆞ엿슴으로該面人民이其恩義를感頌ᄒᆞ야木碑를竪立ᄒᆞᆯ예다더라

◎宜加注意 黃州郡種痘委員李秉元氏ᄂᆞᆫ該境內에未痘兒가多數ᄒᆞ고兼ᄒᆞ야隣郡에天然痘가盛行ᄒᆞ되貧寒ᄒᆞᆫ同胞에게ᄂᆞᆫ施痘를注意치아니ᄒᆞᆫ다고一般稱怨이有ᄒᆞ다더라

◎延白疹疫 黃海道延安白川等地에ᄂᆞᆫ近日疹疫이大熾ᄒᆞ야人命이多數損傷ᄒᆞᆫ다ᄂᆞᆫ되該地人民들은此를時運에委ᄒᆞ고隨症用藥ᄒᆞᆯ줄을不思ᄒᆞᆫ다고一般識者의憂歎이有ᄒᆞ다더라

◎人馬俱傷 日前警視廳에狂犬一首가走入하야廐馬二疋及使役等을亂咬ᄒᆞ엿ᄂᆞᆫ되該狗를即時撲殺ᄒᆞ야漢城病院으로現送解剖ᄒᆞ야病의有無檢査ᄒᆞ엿다더라

◎兩報又押 新韓民報第一百八十一号와新韓國報第九十二号ᄂᆞᆫ治安妨害라ᄒᆞ야內部에서押收ᄒᆞ엿다더라

◎普專運動 普成專門科學生親睦會에서ᄂᆞᆫ再昨日獎忠壇에서運動會를開ᄒᆞ고乙支文德鄭夢周李舜臣諸公과義妓論介等에舊績을實地模倣ᄒᆞ야運動競技에使用ᄒᆞ엿다더라

◎蠻日被押 再昨日普成專門學校에서獎忠壇에運動會를開ᄒᆞᆷ은別項과如ᄒᆞ거니와當日何許日人이日妓를帶同하고同壇後邊에서宴會를設ᄒᆞ다가運動會觀光次로來到ᄒᆞᆫ韓人學生一名을無端毆打ᄒᆞᄂᆞᆫ지라一般生徒가此를觀ᄒᆞ고一齊憤激ᄒᆞ여日此等蠻行의漢은打殺乃已라ᄒᆞ고群聚並進ᄒᆞ미巡査가目危險ᄒᆞᆫ風色을見ᄒᆞ고即時該日人을押得ᄒᆞ야警察署에半因ᄒᆞ엿다더라

◎學生救火 延安郡西部牧柴居閔元鎬氏家에ᄂᆞᆫ今月二日에失火ᄒᆞ야家產什物이延燒ᄒᆞ고隣近家屋ᄭᆞ지延燒ᄒᆞᄂᆞᆫ데該洞養眞學校生徒三十餘名이應急救火ᄒᆞ야幸히鎭滅ᄒᆞ엿다더라

◎韓日婦人會 全羅南道羅州郡에ᄂᆞᆫ蠶業傳習所를設立ᄒᆞᆯ目的으로韓日婦人會를組織ᄒᆞ엿다더라

◎靑舘開演 今日下午八時에鍾路靑年會舘에서西北學會總務金源極氏를請邀하야宗教의效力이란問題로演說ᄒᆞᆫ다더라

電報

◎曾彌의後職說 曾彌統監은辭任을발表ᄒᆞᄂᆞᆫ同時 曾[illegible]

[illegible]ᄒᆞ다더라

◎旅順開放實行期 [illegible]히世論이[illegible]은[illegible]부터[illegible]行ᄒᆞ기[illegible]더라

◎日記者渡淸團 六月上旬에開始ᄒᆞᆫ南京博覽會及楊子江沿岸을視察ᄒᆞᆯ目的으로日本新聞記者等이渡淸團을組織ᄒᆞ야今廿五日에橫濱에서出발ᄒᆞᆫ다더라

以上東京發 廿[illegible]日着

▲社會聲

▲宮內府次官小宮三保松은今番勳章事件에自己ᄂᆞᆫ責任이無ᄒᆞ다고苦口發明ᄒᆞ야엿다지[illegible]가합에出ᄒᆞᄂᆞᆫ事를알슈가[illegible]도雨天에醬瓮을覆ᄒᆞ[illegible]當他人의게讓頭치안[illegible]

李總相은今番隨見時에自[illegible]遭難情況을上奏ᄒᆞ야[illegible]李在明도愛國心에出ᄒᆞᆷ이라[illegible]엿다지自己를殺害ᄒᆞ라던[illegible]愛國者가되면自己ᄂᆞᆫ무슴[illegible]가되깃ᄂᆞᆫ지한번研究ᄒᆞ여[illegible]입되다

▲某報ᄂᆞᆫ[illegible]推測談을揭載ᄒᆞ야人心을[illegible]ᄒᆞ엿다고陰議이니煽動[illegible]測說評을加ᄒᆞ엿스니山西[illegible]에共同揭載ᄒᆞᆫ것을[illegible]셔만得見ᄒᆞ엿ᄂᆞᆫ지[illegible]記者ᄂᆞᆫ眞個堂笑ᄒᆞ[illegible]

▲歐洲에셔ᄂᆞᆫ今番[illegible]滅[illegible]에[illegible]恐懼를[illegible]人民은羅馬法王의게[illegible]ᄒᆞ고巴里地에셔ᄂᆞᆫ赤飯[illegible]을行ᄒᆞ야美國에셔ᄂᆞᆫ山谷[illegible]窟穴을作ᄒᆞ야避禍를圖[illegible]歐洲에셔ᄂᆞᆫ東洋에傳來[illegible]文災祥說을嘲笑ᄒᆞ더니今[illegible]ᄂᆞᆫ東洋의우숨을품갑히로[illegible]가깃소

社告

各地方에셔本申報購覽하시ᄂᆞᆫ諸氏가本報代金을多月遷延ᄒᆞ야經費窘拙이太甚ᄒᆞ옵기玆에仰布ᄒᆞ오니特히愛顧ᄒᆞ시와代金을郵便小爲替로卽速付送ᄒᆞ심을仰要홈

大韓每日申報社

廣告

本人은元來隋城人이온ᄃᆡ水原人崔岡이本人의族譜를借去ᄒᆞ야本人의十六代祖以下와各派傍祖幾代를移錄于水原崔氏譜ᄒᆞ고稱以合譜ᄒᆞ며崔岡이가本人의게族譜序文撰述홈을要ᄒᆞ더니該序文의字義를筆削ᄒᆞ야本人의本宗을眩幻케ᄒᆞ엿기辯明키爲ᄒᆞ야玆에廣布홈

隋城后人崔章燮 告白

本社에셔慶尙北道道出張所를大邱郡에位置를定ᄒᆞ고所長은權寧洛氏로選定委任ᄒᆞ오니內外國 僉彦은照亮ᄒᆞ시옴

合資會社 普通組合本社
各鐵道驛港江市勞働普通運送組合本社 告白

本人이平壤行滊車에셔各人處所捧手記入紙匣을見失ᄒᆞ엿ᄉᆞ오니誰某拾得休紙施行홈

芙江驛前通運社 鄭永淳 白

本人이五月三日에姓名圖章과金麗觀出次銀壹百元於音一枚와李岐鳳의二十元票와二十四元票를見失이옵기玆에廣告홈

平北龍川內下面明五洞 李釆善 告白

本人에名致弘을以昌錫改稱知舊間照亮홈

南小洞百十二統十戶 徐昌錫 告白

本人이陰四月八日夜에平壤鍾路等地에셔手匣을見失이온바手匣內에金萬植處의已酉八月二十二日本參百八十參圓九十一錢手標와其他文簿幾枚를並失ᄒᆞ엿사오니誰某拾得則休紙施行홈

平壤郡外川面二里楊濟憲 告白

本人이雜貨商을開始하고各種雜貨學校用品을放賣ᄒᆞ오니僉君子ᄂᆞᆫ陸續來購ᄒᆞ심을希望ᄒᆞ오며地方에셔注文ᄒᆞ시ᄂᆞᆫ時ᄂᆞᆫ代金引換으로酬應ᄒᆞ깃나이다

美國製金張眼鏡
十年酌定保險 四圓
五年酌定保險 三圓

南署水標橋三十三統六戶
天應商店
主人 李翊相

本人에姓名金商泌의泌字를以協字로改之ᄒᆞ오니內外國知舊間以此照亮ᄒᆞ심을望홈

慶南金海郡前叅奉金商協 白

驪陽陳氏譜所를慶南密陽郡蔦浦陳光先家로已爲剏設ᄒᆞ엿기에玆以廣告ᄒᆞ오니伏願八路僉宗氏ᄂᆞᆫ泛忽이觀望치마옵고速々修單ᄒᆞ야卽送于譜所ᄒᆞ시와不失此期ᄒᆞ고비完大事를千萬伏望홈

龍仁郡元岩陳東勳 陳旭 白

本書林에셔敎科及他書籍五六百種과古書名筆을鳩聚大賣하오니照亮購覽務望 引換代金으로도酬應홈 請求多小에特別割引도有홈

發賣所
南部銅峴卅五統八戶
同文書林主 金雨均 白

漢陽商會

하레ㅣ彗星은一晝夜間에約二千萬里의速力으로우리地球에接近ᄒᆞᆫ다홈은全世界人의激烈히喧傳ᄒᆞᄂᆞᆫ바아닌가現世滔々ᄒᆞᆫ商業戰爭의速度ᄂᆞᆫ하레ㅣ彗星에不下ᄒᆞᄂᆞ니今에우리漢陽商會ᄂᆞᆫ小賣部·別立ᄒᆞᆫ以後空前絕後의大發展과하。레。ㅣ。慧星二千萬里의大速力으로二千萬人의大同胞와接近코져홈나이다

今番移轉ᄒᆞᆫ京城商業會議所構內의店舖가宏大完美ᄒᆞ다自誇치ᄂᆞᆫ아니하나一次光臨ᄒᆞ신有眼人士의觀察이면可히써東洋唯一의大店舖됨을認得ᄒᆞ실지요

漢陽商會ᄂᆞᆫ大擴張ᄒᆞᆫ以後地方部에ᄂᆞᆫ도라ᄉᆞ도式販賣法을採用ᄒᆞ야더욱低廉敏速히萬物을供給하고諸彦의便益을圖ᄒᆞ나이다

吾輩ᄂᆞᆫ歐米의物貨를輸入販賣홈에不止ᄒᆞ고我韓의物産을陳列ᄒᆞ야祖國의精華를發揮코져ᄒᆞ나니觀ᄒᆞ시요暗黑ᄒᆞᆫ漢城鍾路의(우리大韓商業)(의最中心인지)商界ᄂᆞᆫ하。레。ㅣ。慧星과如ᄒᆞᆫ우리漢陽商會의光明을受ᄒᆞ야開拓되며잇습니다

우리ᄂᆞᆫ한갓漢陽商會가最完全最盛大ᄒᆞ다自道치아니ᄒᆞ나世의大勢ᄂᆞᆫ님의吾輩로ᄒᆞ야금獨占不可犯의權能을賦與ᄒᆞ야最完美ᄒᆞᆫ域에到達케ᄒᆞ엿스니此ᄂᆞᆫ專히有志同胞의血誠遍愛ᄒᆞ시ᄂᆞᆫ盛意의結果이나또우리의經營ᄒᆞᄂᆞᆫ商法組織의如何홈을推知ᄒᆞ실지로다아々世界最後의勝利ᄂᆞᆫ軍政에不在ᄒᆞ고商戰에在홈을우리ᄂᆞᆫ覺悟ᄒᆞ야熱血을注ᄒᆞ야此에努力ᄒᆞ니우리도라ᄉᆞ도式漢陽제。파。ㅣ。도。멘。트。스。토。아。를사랑홀者ᄂᆞᆫ何에在홀고

京西部車洞同和藥房 本國藥材、洋製、各病、效、用、價、國漢文、可刊出、作封、雛婦女、郵便請求、買賣

閔櫶 白

學部檢定 內部認可

漢文初學

一帙四冊(每一冊十四錢)

本書ᄂᆞᆫ一般私立學校初等敎育漢文科에適當케編纂ᄒᆞᆫ온新刊發行이오며其他各種新書籍及學徒用品이俱備ᄒᆞ온바特別割引ᄒᆞ와一依請求ᄒᆞ심을酬應ᄒᆞ오며郵便과或運送部로迅速키付呈ᄒᆞ깃ᄉᆞ오니學界에注意하시ᄂᆞᆫ京鄕僉位ᄂᆞᆫ愛顧ᄒᆞ심을務望

元賣所京南部苧洞十七統一戶
廣文堂書舖 南鴻祐
分賣所京鄕各有名書舖

本店에셔開業ᄒᆞᆫ지十六年間僉君子의愛顧ᄒᆞ심을特蒙ᄒᆞ와今年부터業務을大擴張ᄒᆞ고春夏秋冬所用으로緞屬毛織等各國高等物品을現今多數直輸入이온바各地方에셔ᄂᆞᆫ貿易에便利賣買키爲ᄒᆞ야特廉減價ᄒᆞ와郵便小包로酬應ᄒᆞ야代金은引換ᄒᆞ깃사오니十三道各郡僉君子ᄂᆞᆫ隨意請求ᄒᆞ심을望

振替貯金番號(韓國壹三番)

漢城中部鍾路[illegible]洞二十一統五戶
廣興泰 告白

廣告文을一覽ᄒᆞ시옵

◎廣告

本店에셔開業ᄒᆞᆫ지有年에僉君子의愛顧ᄒᆞ심을特蒙ᄒᆞ와今年부터業務를大擴張ᄒᆞ고內外國各種紙物과其他學校用品을直輸入ᄒᆞ와地方同業僉位와其他僉彦에게特廉減價로酬應ᄒᆞ깃사오니不拘多小ᄒᆞ시고註文ᄒᆞ시면數量을從ᄒᆞ와郵便代金引換과小包와或運送部를經ᄒᆞ야迅速히付呈ᄒᆞ깃솜

(品目畧錄)

本國紙部
大壯紙 籠扇紙 粉白紙 見樣紙 胡尺紙 慶州紙 書厚紙 三貼紙 淸風紙 油粧板紙 書畵其他各種

外國紙部
洋紙 天井紙 色紙 模造紙 半紙 古査紙 書簡紙 封套紙 印札紙 美濃紙 馬粉紙 圖紙 其他各種

右物을都賣散賣홈

京城鍾路大廣橋
內外國紙物貿易商
本店 金聖煥

京城中部安洞別宮前
(電話一二八〇)
支店 金瑢鎭

光武九年八月十一日 明治三十八年八月十一日 (第三種郵便物認可) 木曜日 西曆一千九百十年五月二十五日 (一)

大韓每日申報

檀君開國四千二百四十三年
箕子元年三千三十二年
大韓開國五百十九年
本報創刊日 光武八年七月十八日

第八卷 月曜及慶節歲時休日刊 第一千三百九十四号

發行兼編輯人 英國人 萬咸
Responsible for Publication Alfred Weekley Marnham.
發行所 京城南部石井洞三層洋屋 大韓每日申報社

本報價目… 四号活字拾三字詰 (自一行至四行이爲一寸)

論說

◎寧其養氣

人이云ᄒᆞᄃᆡ天下難醫의病은陰陽雙虛ㅣ오世界難爲의民은智氣俱乏이라ᄒᆞ니斯言이誠得矣로다

蓋氣라ᄒᆞᆷ은勇의別名이라智와共히三達德의一位를各占ᄒᆞ엿스니其幷養을可得ᄒᆞᆯ진ᄃᆡ更論을不竢ᄒᆞ려니와何如ᄒᆞᆫ意味에在ᄒᆞ야ᄂᆞᆫ互相의敵이되야知勝ᄒᆞᆫ者ᄂᆞᆫ常히氣가乏ᄒᆞ며氣勝ᄒᆞᆫ者ᄂᆞᆫ常히智가乏ᄒᆞ야俱全을不得ᄒᆞᆯᄲᅮᆫ아니라此를助ᄒᆞᆯ진ᄃᆡ彼가衰ᄒᆞ고彼를助ᄒᆞᆯ진ᄃᆡ此가衰ᄒᆞ야譬컨ᄃᆡ醫者가治病ᄒᆞᆷ에當ᄒᆞ야陰을補ᄒᆞᆯ진ᄃᆡ陽이不足ᄒᆞ고陽을補ᄒᆞᆯ진ᄃᆡ陰이不足ᄒᆞᆷ과如ᄒᆞᆫ지라

挽近韓國內敎育界에關ᄒᆞᆫ一難問이有ᄒᆞ야殆히宿題를作ᄒᆞ엿시니卽養智와養氣에就ᄒᆞ야何를先ᄒᆞᆯ고ᄒᆞᆷ이是라

自來韓國에素養의知와固有의氣가無ᄒᆞᆷ은아니로되鎻國四千餘載에其知가偏狹에失ᄒᆞ며昇平五百餘年에其氣가衰退에瀕ᄒᆞ야現時代에應ᄒᆞᆯ者卽世界的知識과公共的勇氣ᄂᆞᆫ無ᄒᆞ다謂ᄒᆞᆯ지라도過言이아니라

然則是ᄂᆞᆫ敎育에依ᄒᆞ야培養을不須ᄒᆞ고ᄂᆞᆫ不可ᄒᆞ깃거날以上所論과如히此를助ᄒᆞ면彼가乏ᄒᆞ고彼를勵ᄒᆞ면此가衰ᄒᆞ야到底히兩全ᄒᆞ기難ᄒᆞᆫ즉此ᄂᆞᆫ境遇를應ᄒᆞ야適否를擇ᄒᆞ며程度를隨ᄒᆞ야先後를定ᄒᆞᄂᆞᆫ外에ᄂᆞᆫ他道가無ᄒᆞᆯ지로다

嗚呼라今日은何如ᄒᆞᆫ境遇이며何如ᄒᆞᆫ程度인고國權의墮落됨도此에甚ᄒᆞᆫ者ㅣ未有ᄒᆞ며民志의不立ᄒᆞᆷ도此에極ᄒᆞᆫ者ㅣ未有ᄒᆞᆫ즉此에際ᄒᆞ야是氣가無ᄒᆞ고是知만有ᄒᆞᆯ진ᄃᆡ單히吾國家民族에無益ᄒᆞᆯᄲᅮᆫ아니라反히害를及케ᄒᆞᆯ지니斯言을不信인ᄃᆡ試觀ᄒᆞ라自來蠹國病民ᄒᆞᆫ者ㅣ擧皆此部類의人卽小知를弄ᄒᆞᄂᆞᆫ者流가아닌가故로余ᄂᆞᆫ以謂ᄒᆞᄃᆡ若其知氣를幷養ᄒᆞ기不能ᄒᆞᆯ진ᄃᆡ寧히是氣를養ᄒᆞ야先히斯國斯民을爲ᄒᆞ야敢死ᄒᆞᆯ志를立케ᄒᆞᆷ이可ᄒᆞ다ᄒᆞ노라

外報

◎蘇州暴魁捕縛 淸國蘇州府의暴徒를討伐ᄒᆞ기爲ᄒᆞ야山東巡撫로부터派遣ᄒᆞᆫ軍隊ᄂᆞᆫ曩者에巨魁一名을捕獲ᄒᆞ엿고今에又八名의괴首를捕縛ᄒᆞ야一名을銃殺ᄒᆞ엿슴으로當地ᄂᆞᆫ稍히平穩에歸ᄒᆞ엿다더라

◎淸國海軍公債 淸國洵貝勒、濤公世續等이去十九日에會議를開ᄒᆞ고海軍經費ᄂᆞᆫ海軍公債로發行ᄒᆞ기로決定ᄒᆞ엿다더라

◎孫逸仙又現 布哇來信을據ᄒᆞᆫ즉淸國革命黨領袖孫文(逸仙)이同地에來到ᄒᆞ야淸國政府를顚覆ᄒᆞ고共和政府를建設ᄒᆞ기를唱道ᄒᆞᄂᆞᆫᄃᆡ多數淸國人이此에附和ᄒᆞ며其機關新聞(自由報)에ᄂᆞᆫ頻々히激烈ᄒᆞᆫ言論을記載하야形勢가不穩을極ᄒᆞ엿슴으로向日淸國濤貝勒이同地에寄港ᄒᆞᆯ時에警戒를嚴密히하엿다더라

◎醫學生派遣議 淸國大醫院에셔ᄂᆞᆫ醫學生二十名을美國에派送留學케ᄒᆞ기로擬議ᄒᆞ엿다더라

◎蒙古와淸國計劃 淸國某會社ᄂᆞᆫ蒙古에一大銀行을設立ᄒᆞ야土地買收及羊毛의商[illegible]ᄒᆞ야淸國ㅅ手中에掌握[illegible]이라더라

◎南美爭議調停任 南美秘露、이쿠에도兩國間에爭議가有ᄒᆞᆷ은旣報ᄒᆞ엿거니와美國國務卿노츠크스氏ᄂᆞᆫ該調停을當任ᄒᆞ엿다더라

◎日軍備와政友會 日本在野政黨間에挽近軍備에關ᄒᆞᆫ問題로提論이有ᄒᆞ고同國政友會에셔도同問題에關ᄒᆞ야調査委員을選定ᄒᆞᆫ豫定인ᄃᆡ方針에就ᄒᆞ야ᄂᆞᆫ陸海軍에共히積極的政策을取ᄒᆞ기ᄂᆞᆫ不可能이라ᄒᆞ야或은陸軍을縮少ᄒᆞ야써海軍을擴張코져ᄒᆞ며或은陸軍은如前히ᄒᆞ고海軍만擴張ᄒᆞᆷ이可타ᄒᆞ야二論이紛紜ᄒᆞ다더라

社告

各學校에셔校中事項을本報에揭載코져ᄒᆞᆯ時에ᄂᆞᆫ校長이署名ᄒᆞ고校印을捺ᄒᆞ며記事를簡明히ᄒᆞᆷ을要ᄒᆞᆷ此外에ᄂᆞᆫ確報로認準치아니ᄒᆞᆷ

大韓每日申報社

學界

◎旅行變更 私立畿湖學校에셔公州郡으로修學旅行을作ᄒᆞ랴다가學員의事情을因ᄒᆞ야中止ᄒᆞ고明日南漢山城으로旅行을作ᄒᆞᆫ다더라

◎基督敎運動後報 本月二十一日에基督敎各學校가西闕內에셔聯合運動ᄒᆞᆷ은前報에已揭어니와當日中小十四學校의生徒가千餘名에達ᄒᆞ엿ᄂᆞᆫᄃᆡ其整齊ᄒᆞᆫ節次와活潑ᄒᆞᆫ氣像은傍觀者가莫不稱美ᄒᆞ엿스며當日衛生部事務ᄂᆞᆫ鍾路和平堂主人李[illegible]氏가專擔視務ᄒᆞᄂᆞᆫᄃᆡ醫師[illegible]雄兩氏와[illegible]員十人과看護婦二人이終日奔走ᄒᆞ야負傷或疲困者의治療가九十三人에達ᄒᆞ엿고又八寶丹數千包로本會任員及各學校職員과學徒個人에게面面分給ᄒᆞ엿고金基永氏ᄂᆞᆫ金十圓濟生堂에셔ᄂᆞᆫ保命丹二百包閔泳徽閔濬鎬金基鉉玄公廉李範九玄昇奎史一煥諸氏ᄂᆞᆫ書籍鉛筆等으로優數히寄附ᄒᆞ엿다더라

◎婦亦熱心 白川郡守全鳳薰氏의夫人李龍祥氏ᄂᆞᆫ該郡內에婦人會를組織ᄒᆞ고女子敎育을熱心勸勉ᄒᆞᄂᆞᆫᄃᆡ婦人界에壹大模範이되리라더라

◎農校開校式 公立全州農林學校ᄂᆞᆫ六月一日에道立平壤農學校ᄂᆞᆫ六月四日에開校式을擧行ᄒᆞᆫ다더라

◎養心校幻灯會 私立養心女學校에셔本日下午七時에衛生에關ᄒᆞᆫ幻燈會를開ᄒᆞᆫ다더라

◎送死以禮 平南順川郡歸厚面私立厚德學校財務尹尙衍氏가不幸卒逝ᄒᆞ엿ᄂᆞᆫᄃᆡ該氏平生에金錢을不惜ᄒᆞ고厚德學校를極力贊助ᄒᆞ엿슴으로該校學生이悲感의情을不勝ᄒᆞ야發靷時에吊奠禮를行ᄒᆞ고葬地ᄭᆞ지護從ᄒᆞ엿다더라

◎寧郡講習準備 載寧郡藍湖講習所에셔今年夏期에第三回講習을繼續開設ᄒᆞᆫ다ᄂᆞᆫᄃᆡ國語의急務됨과數理의未達ᄒᆞᆷ을慨歎히녀여國語에精密ᄒᆞᆫ周時經氏와日本에留學ᄒᆞᄂᆞᆫ金永植氏를主任講師로延聘ᄒᆞ고京城에留學ᄒᆞᄂᆞᆫ羅셕基林載南兩氏를準備委員으로選定ᄒᆞ엿다더라

◎文家夜校 北部三淸洞居文敬善氏ᄂᆞᆫ勞働夜學校를設立하고學徒五十餘名을熱心敎育ᄒᆞᆫ다더라

▲偉人遺蹟

▲▲東國巨傑 崔都統 錦頰山人 續

第七章 兩次紅賊變亂의崔都統

翌日에鄭世雲이崔瑩과諸將을都勒ᄒᆞ야分路出兵의事를布畫ᄒᆞ더니是夜에金鏞이密旨를矯ᄒᆞ야諸將安祐李芳實金得培등으로鄭世雲을殺ᄒᆞ고既而오王ᄭᅴ奏ᄒᆞ야又元戒을擅殺ᄒᆞᆫ罪로祐等三人을倂斬ᄒᆞ니高鳥가未盡ᄒᆞ고良弓이遽藏이로다惜哉라一夜間에如此大滄桑을經ᄒᆞ엿스니崔都統이비록幸生ᄒᆞ엿스나何地에向ᄒᆞ야北伐을謀ᄒᆞ리오

是故로泉蓋蘇文이外敵을伐ᄒᆞ미庸君을先黜ᄒᆞ엿거날巨傑崔都統의眼으로此點은看及치못ᄒᆞ엿도다今番此擧ᄲᅮᆫ아니라卽崔都統全篇의缺憾이此가아닌가美玉의瑕를吾가敢掩치못ᄒᆞ노라

鄭世雲은第二의印당을既作ᄒᆞ미崔都統이玄麟과共히大哀吊를發ᄒᆞ고一은朝廷에還ᄒᆞ며一은山門에向ᄒᆞ니誰가支那風雲의變態를問ᄒᆞ리오紅賊이我國에殘敗ᄒᆞᆫ以來로再起ᄒᆞᆯ餘力이無ᄒᆞ야蒙古의氣燄이再熾ᄒᆞ며又紅賊의部將朱元璋이鳳陽에셔自立ᄒᆞ야漸々强大ᄒᆞ더니此가後來의明太祖皇帝가되니라

按崔鄭兩公이玄麟의言을用ᄒᆞ야政府를改革ᄒᆞᆫ後에其鋒이北指ᄒᆞ엿거나又金鏞矯旨의禍가不作ᄒᆞ야崔鄭兩公이紅賊을窮追ᄒᆞ야勢力을支那南部에植ᄒᆞ엿스면朱元璋이何處에셔興ᄒᆞ리오嗚乎라功業의成敗를雖曰人事나其亦天運이有ᄒᆞᆫ져

第八章 崔都統의禦蒙古

麗朝와蒙古의關係ᄂᆞᆫ第二第三章에略說ᄒᆞ얏거니와此崔都統第八章은[illegible]를一刀로斷絶ᄒᆞᆫ場頭라故로其事實을詳列치아니ᄒᆞ면崔都統의霹靂手段을見ᄒᆞᆯ수無ᄒᆞᆫ故로著者가淚墨을和ᄒᆞ야崔都統以前恥辱的歷史를寫ᄒᆞ며長歌를발ᄒᆞ야崔都統以後名譽的歷史를說ᄒᆞ노니諦聽ᄒᆞ라讀者여大抵高麗元宗以後百餘年은數十餘年은我東國의主權이安在며疆土가安在오外面은依然히高麗王朝가有ᄒᆞ며三千里土地가有하나其內容을察ᄒᆞᆫ즉所謂國王은敵國이任意로黜陟ᄒᆞᄂᆞᆫ바며所謂國土ᄂᆞᆫ敵國이任意로割奪ᄒᆞᄂᆞᆫ바니此時에ᄂᆞᆫ國家가亡ᄒᆞᆫ지已久로다今에其旋割旋與ᄒᆞᆫ土地를擧ᄒᆞ건ᄃᆡ左와如ᄒᆞ니

一 西海道 今平壤以北一帶 元宗時割
二 咸吉道 今咸鏡道半幅 忠烈王時割
三 濟州 元宗時割

又敵國의黜罷를被ᄒᆞᆫ君主를擧ᄒᆞ건ᄃᆡ左와如ᄒᆞ니

一 忠烈王
二 忠宣王
三 忠惠王
四 忠肅王
五 忠穆王

(未完)

宮廷彙報

◎完興謁見 完興君李載冕氏는再昨日上午十二時에德壽宮에 陛見하엿다더라

◎特賜金將下 大皇帝陛下께옵셔年例를依ᄒᆞ야各大臣에게特賜金一千圓式日間下賜하옵신다더라

雜報

◎叅與例會 昨日午後一時統監府에셔定例叅與官會議를開ᄒᆞ엿다더라

◎一月二千圓 總相李完用氏가溫泉에赴홈은旣報어니와韓日巡査八名은當地까지伴往保護케ᄒᆞ고一箇月療養費는二千圓으로豫算ᄒᆞ엿다더라

◎終歸誰手 宮相閔丙奭氏가遞任된다는說이有홈으로其後補를運動ᄒᆞ는者가多數ᄒᆞ다는데就中閔泳徽李址鎔兩氏에運動이最히有力ᄒᆞ다더라

◎答禮狀交付 英 先帝陛下大葬日에各大臣及高等官이同國總領事館吊祭式에叅여홈은已報어니와同總領事는日昨答禮狀을一々交付ᄒᆞ엿다더라

◎訓示槪意 內部地方局長이新任日人郡主事에게訓示ᄒᆞᆫ辭旨를槪略ᄒᆞᆫ즉已往에는郡守가行政權及其他徵收權司法權을總管ᄒᆞ더니今에는其區分을劃定ᄒᆞ얏ᄉᆞ니赴任後에는其職任을愼勿相侵ᄒᆞᆯ지며且日人官吏는月俸이韓人보다三四倍가增加ᄒᆞᆫ지라對ᄒᆞ야韓人中에셔此를蓄財主意에出홈이란論評이有ᄒᆞ니韓人官吏에對ᄒᆞ야아모됴록蓄財主意를表示치말나ᄒᆞ엿다더라

◎觀察訓令 京畿觀察使金思默氏가該道管下各郡에訓令ᄒᆞᆫ全文이如左ᄒᆞ니測量業者關東規則을道令으로頒布홈은該業者의生弊를預防홈이오山林所有主가地籍報告를提出ᄒᆞ며所有權을明을申請홈에는少無拘碍이거날一般人이此를未曉ᄒᆞ고或云測量業을承認ᄒᆞᆫ者의圖本이아니면農商工部와各郡에셔不受ᄒᆞᆫ다ᄒᆞ며或云警察署에셔山林測圖를禁制ᄒᆞᆫ다ᄒᆞ며或云現則頒布以前에圖面은自歸無效ㅣᄒᆞ야疑惑이靡定ᄒᆞ니實所關歎이라地籍報告의定限이明年一月以內인즉時期漸迫ᄒᆞ야不可暫緩이거늘專히測量者의技術만依賴홀事가아니라自己의山林을自手로測量홈은決無關係이며若或自手不能ᄒᆞᆫ境遇에는各其門中或洞中으로稍有手工者가繩索或丈尺으로東西南北四標만計量ᄒᆞ야略圖를製成ᄒᆞ되他人의地段이犯入치안토록注意하야毋至過限追悔케ᄒᆞ라하엿다더라

◎尹邸保護 警視廳에셔는侍從院卿尹德榮氏의請願을因ᄒᆞ야保護巡査一名을該氏邸로派送ᄒᆞ엿다더라

◎視察歸任 日本福岡及名古屋兩共進會를視察次로渡ᄒᆞ엿던學部繙譯官李完應氏와柳田事務官은再昨日下午八時에出발ᄒᆞ야歸任의途에就ᄒᆞ엿다더라

◎通水式請牒 平壤水道局通水式은旣報와如히來二十八日에設行ᄒᆞᆫ다는ᄃᆡ內部大臣朴齊純氏가各部大臣及次官及高等官에게請牒을발ᄒᆞ엿더라

◎劉氏旅程 內部土木局長劉猛氏는來二十八日平壤水道局通水式에叅列ᄒᆞ고鎭南浦及安邊寧邊등地에土木事務와其他道路橋梁의狀況을視察ᄒᆞᆫ다더라

◎日記者議決 近年來當局에셔新聞紙法、出板法、檢定法等을製定ᄒᆞ야一般言論界를壓迫홈은世所共知어니와在京城日人記者等도新聞紙規則을憑藉ᄒᆞ고同國人間에通信발行을禁抑ᄒᆞ며言論自由를蹂躪홈이愈々劇烈ᄒᆞᆫ다ᄒᆞ야在京城日人記者團等이再昨日不知火館에會合ᄒᆞ야當局者의職權濫用과言論壓抑의理由를質問ᄒᆞᆫ後同新聞지規則의改正을要求ᄒᆞ기로議決ᄒᆞ야京城理事官三浦及統監府長官石塚을訪問ᄒᆞ엿고尙且當局者가自來新聞通信社에命ᄒᆞ야揭載를禁止ᄒᆞᆫ것과발賣頒布를禁止ᄒᆞᆫ것과停止를命ᄒᆞᆫ回數及其內容을調査ᄒᆞ야一般발表ᄒᆞᆯ터이라더라

◎學相과儒生 一週間의豫定으로淸韓各地視察中에在ᄒᆞᆫ李學相은再昨日淸州에一泊ᄒᆞ고昨日에는安城或溫陽으로出발ᄒᆞ야來二十七日에歸京ᄒᆞᆯ뜻ᄒᆞ다는ᄃᆡ其所經沿路의儒生들이或은學相의宿舍로訪問ᄒᆞ며或은書牘을提出ᄒᆞ야保護政治以來學部의方針을謂々히批難ᄒᆞ는者도有ᄒᆞ고私立學校維持方針의困難ᄒᆞᆫ情況을陳述ᄒᆞ야寄付金에關ᄒᆞᆫ取締規則의除外例를出願ᄒᆞ는者도有ᄒᆞᆫᄃᆡ學相은此를一々히酬答키難ᄒᆞ야相當ᄒᆞᆫ形式으로此를請願ᄒᆞ라고懇諭하엿다더라

◎和田西行 農商工部礦務顧問日人和田은礦務를視察次로再昨日上午九時에發程ᄒᆞ야黃州地方으로向ᄒᆞ엿다더라

◎又欲誰欺 一進會員中某는同會長李容九가總理大臣을被任ᄒᆞᆫ다고對人誇張ᄒᆞᆫ다더라

◎編纂件認准 學部에셔는實業學校令施行細則及設立認可請願書式을編纂發刊하야各地方으로발送ᄒᆞᆫ다더라

◎教育唱歌配付 學部에셔는今回新纂輯ᄒᆞᆫ教育唱歌를京鄕各普通學校에一部式配付ᄒᆞ엿다더라

◎水原林業所廢止 農商工部에셔는不遠間水原林業事務所를廢止ᄒᆞᆯ터이라더라

◎果能平和否 中部相思洞居沈一澤氏는日昨日本으로부터歸國ᄒᆞ엿는ᄃᆡ該氏가日本某政治家와密約이有ᄒᆞ다ᄒᆞ고漢城內에東洋平和會를組織ᄒᆞᆯ次로발起人을目下募集中이라더라

◎姜侍中致祭擧行 高麗侍中姜邯贊氏의致祭는旣報와如히再昨日始興郡落星臺에셔擧行ᄒᆞ엿는ᄃᆡ祭需費는掌禮院에셔二十五圓을劃下ᄒᆞ고祭官은始興郡守로差行ᄒᆞ엿다더라

◎誰肯信從 商務組合部員尹進學氏는商務를視察ᄒᆞᆯ次로黃海道地方에前往ᄒᆞ엿다가一般商民의不信服을因ᄒᆞ야日前無聊退歸ᄒᆞ엿다더라

◎彗星觀測說 美國紐育天文臺觀測에는하리彗星이아즉太陽面을通過치아니ᄒᆞ엿다ᄒᆞ고日本東京天文臺觀測에는去二十日에太陽面을通過ᄒᆞ엿스나何等異兆가無ᄒᆞ다ᄒᆞ고法國巴里天文臺觀測에도同日에太陽面을通過ᄒᆞ엿는ᄃᆡ但流星이通常時보다多數下落홀뿐이오外他異兆는無ᄒᆞ엿다ᄒᆞ며又美國某天文學者는同彗星이我地球及人類界에何如ᄒᆞᆫ貽害가無ᄒᆞ리라고明言ᄒᆞ엿다더라

◎新半島발行 日人의經營에屬ᄒᆞᆫ富朝鮮이라는雜誌는今回同國人杉市郞兵衛及岩田正國의經營에移屬ᄒᆞ엿는ᄃᆡ新半島라改題ᄒᆞ고本日부터발刊ᄒᆞᆫ다더라

◎農況一斑

▲慶南地方은四月中旬以來로雨水가頻頻ᄒᆞ야稻作의好望이有ᄒᆞ나牟麥은損害를受하엿다하며▲忠淸地方에는雨水가均適하야麥作이豐登ᄒᆞᆯ貌樣이라ᄒᆞ며▲江原京畿一帶地方은亢旱이特甚하야秧苗의灌漑가甚艱하고牟麥은枯黃의色을帶ᄒᆞ엿다더라

◎李氏等消息 前管理使李範允氏가豆滿渡江ᄒᆞᆫ다는聲言은旣히報道ᄒᆞ엿거니와其徒黨의內容은李範允氏의部下가一千五百名이오洪範道氏의部下가一千五百名이오趙[illegible]中氏의部下가五百名이오[illegible]丙과氏의部下가五百名이오黃砲手張先達의部下가合五百名이오淸人上馬賊二百名도該黨과連絡이有ᄒᆞ야其勢가頗히宏大ᄒᆞ다더라

◎乙支公의壯蹟復現 安州淸川江東十里骨積島、破軍沼등地는韓國陸軍第一偉人乙支文德公이隋兵百萬을鏖殺ᄒᆞ던處인ᄃᆡ該郡龍塘峴에셔乙支公의石像及石碑(折斷된것)가發現되야該郡安興學校에셔碑의半部를校內로運置ᄒᆞ엿다더라

◎鄭犯押上 水原郡烏山居鄭翔玉은同郡東部面治洞居金俊明氏를毆打ᄒᆞ야殞命에至케ᄒᆞ엿슴으로該郡日憲兵分遣所에被捉ᄒᆞ야日昨京城地方裁判所로押上ᄒᆞ엿다더라

◎虎穽人罹 楊平郡廣灘等地에는虎患이有홈으로此를防禦ᄒᆞ기爲ᄒᆞ야陷穽을設ᄒᆞ엿더니不幸人命이罹斃ᄒᆞᆫ지라其設機人等을驪州警察署로押囚ᄒᆞ엿다더라

◎因病自斃 度支部書記官俞承[illegible]氏夫人은身病으로數朔苦롱하다가三昨日洋灰水를服ᄒᆞ고因而致斃ᄒᆞ엿다더라

◎愚哉迷信 司饔洞等地에는何許盲者가卜術로人의禍福을能判ᄒᆞᆫ다하는故로漢城內男女老少의問卜者가每日數百名式遝至ᄒᆞᆫ다더라

◎慶南報擴張 慶南日報는來六月一日의滿百号紀念式을擧行ᄒᆞ고紙面을擴張ᄒᆞᆯ次로目下準備中이라더라

◎湖南報經營 湖南學會에셔將次湖南新聞을발刊ᄒᆞ기로協議ᄒᆞ야現今財政을鳩聚中이라더라

◎青年俱樂部發起 李漢卿洪邦鉉金碩培氏等四十餘人이발起ᄒᆞ야青年俱樂部를組織ᄒᆞ고去二十二日에創立總會를開ᄒᆞ엿는ᄃᆡ部長은宋憲奭氏로總務는金碩培氏로選定ᄒᆞ고其他教育科長運動科長音樂科長圖書科長議事員等任員을選定ᄒᆞ엿다더라

◎五盜押上 開城郡日憲兵分遣所에셔强盜犯柳聖五等五名을捕獲ᄒᆞ야京城地方裁判所로押上ᄒᆞ엿다더라

電報

◎寺內邸密議 廿一日日本寺內陸相官邸에셔目下東京에在ᄒᆞᆫ統監府高等官三名이會合하야長時間密議ᄒᆞᆫ바가有ᄒᆞ엿는ᄃᆡ[illegible]不遠間에[illegible]리라더라

◎岡次辭表 統監府[illegible]部次官岡喜七郞은辭表를提出하엿는ᄃᆡ其聽許期는統監交迭同時에在ᄒᆞᆯ뜻ᄒᆞ다더라

◎淸海軍의捐金 淸國海軍에셔는向者沉沒ᄒᆞᆫ日本潛航水雷艇員遺族에對ᄒᆞ야吊慰金二千一百圓을寄付ᄒᆞ엿다더라

◎日團歡待 日本渡滿實業團一行은滿洲各地에셔日兩國官民의盛大ᄒᆞᆫ歡待를受ᄒᆞ엿다더라

◎萬國監獄會議 第八回萬國監獄會議를來十月二日부터一週間美國華盛頓府에셔開ᄒᆞᆫ다는通知가日本에到着ᄒᆞᆫ故로日本에셔監獄事務官員[illegible]을總派遣ᄒᆞ리이라더라

◎德國皇族東遊 德國부라운슈아이그國攝政、메클렌버그親王은同國巡洋艦[illegible]號를搭乘ᄒᆞ고七月五日에上海에着ᄒᆞ엿다가直時日本에來遊ᄒᆞ고因ᄒᆞ야西比利亞를經由ᄒᆞ야歸國ᄒᆞᆯ預定이라더라

◎萬國航海法會와日本 日本에셔는本年九月比利時브랏셀府에셔開ᄒᆞᄂᆞᆫ萬國航海法及海法會議에遞信省管理局事務官石川武之를派送ᄒᆞ기로內定ᄒᆞ엿다더라

以上東京발 廿三日着

◎德葡通商約 德國과葡萄牙間通商條約은調印을終了ᄒᆞ엿는ᄃᆡ五月[illegible]日부터實施ᄒᆞᆯ뜻ᄒᆞ다더라

東京발 廿四日着

廣告

本人陽五月十二日의貞陵官李弘來氏를對하야廣告여니와李弘來ᄂᆞᆫ自來勢力이有ᄒᆞᆫ지라白晝勒奪ᄒᆞᆫ錢文을吐出키至등ᄒᆞᆫ지荷杖ᄒᆞᆯ方策이有ᄒᆞᆫ지裁判招帖을苦待ᄒᆞᄂᆞᆫ지李弘來를對하야將以裁判次로公布ᄒᆞ오니僉位ᄂᆞᆫ李弘來게白晝見奪ᄒᆞᆫ金額을吐出還本償債케ᄒᆞᆷ을望ᄒᆞᆷ

廣州西部面甘北洞　朴鉉泰　白

本社에서慶尙北道出張所를大邱郡에位置를定ᄒᆞ고所長은權寧洙氏로選定委任ᄒᆞ오니內外國僉彦은照亮ᄒᆞ시옵

合資會社　普通組合本社
各鐵道驛港江市場運送組合本社　告白

本人이雜貨商을開始하고各種雜貨學校用品을放매ᄒᆞ오니僉君子ᄂᆞᆫ陸續來購ᄒᆞ심을希望ᄒᆞ오며地方에서注文ᄒᆞ시ᄂᆞᆫ時ᄂᆞᆫ代金引換으로酬應ᄒᆞ깃나이다

美國製金張**眼鏡**
十年酌定保險　四圓
五年酌定保險　三圓

南署水標橋三十三統六戶
天順商店
主人 **李**翊**相**

本書林에서教科及他書籍五六百種과古書名筆을鳩聚大賣하오니照亮購覧務望
引換代金으로도酬應ᄒᆞᆷ
請求多小에特別割引도有ᄒᆞᆷ

發賣所
南部銅峴卅五統八戶
同文書林主　金雨均白

教育界의啓**明星**이오

洋裝美本
李教承著　定價金壹圓貳拾錢

數學家의**羅盤針**이라

印**刷**精**密**

本書ᄂᆞᆫ學部數學檢定의弧矢가되엿ᄉᆞ오며一般高等教育上에不可缺ᄒᆞᆯ珍書라

預約募集

預約割引은同業者의게ᄂᆞᆫ部數에依하야多小가有ᄒᆞ오니書信或面議ᄒᆞ심을望ᄒᆞᆷ
個人預約은先金에限ᄒᆞ야**三割**引으로酬應ᄒᆞᆷ
但學生拾人團體가有ᄒᆞᆫ時ᄂᆞᆫ該紹介者의게三割引外에特히一部를進呈ᄒᆞᆷ
豫約期限은**六月十日**ᄭᆞ지定ᄒᆞᆷ

元賣所
發行所
漢城鍾路　海東書林

京城에現出ᄒᆞᆫ하례彗星

하례ㅣ彗星은一晝夜間에約二千萬里의速力으로우리地球에接近ᄒᆞᆫ다ᄒᆞᆷ은全世界人의激烈히喧傳ᄒᆞᄂᆞᆫ바아닌가

現世滔々ᄒᆞᆫ商業戰爭의速度ᄂᆞᆫ하례ㅣ彗星에不下ᄒᆞᄂᆞ니今에우리漢陽商會ᄂᆞᆫ小賣部別立ᄒᆞᆫ以後空前絶後의大發展과하례ㅣ慧星二千萬里의大速力으로二千萬人의大同胞와接近코져ᄒᆞᆷ나이다

今番移轉ᄒᆞᆫ京城商業會議所構內의店舖가宏大完美ᄒᆞ다自誇치ᄂᆞᆫ아니하나一次光臨ᄒᆞ신有眼人士의觀察이면可히써東洋唯一의大店舖됨을認得ᄒᆞ실지요

漢陽商會ᄂᆞᆫ大擴張ᄒᆞᆫ以後地方部에ᄂᆞᆫ도라스도式販賣法을採用ᄒᆞ야더욱低廉敏速히萬物을供給하고諸彦의便益을圖ᄒᆞ나이다

吾輩ᄂᆞᆫ歐米의物貨를輸入販賣ᄒᆞᆷ에不止ᄒᆞ고我韓의物産을陳列ᄒᆞ야祖國의精華를發揮코져ᄒᆞ나니觀ᄒᆞ시요暗黑ᄒᆞᆫ漢城鍾路의(우리大韓商業의最中心인지)商界ᄂᆞᆫ하례ㅣ慧星과如ᄒᆞ우리漢陽商會의光明을受ᄒᆞ야開拓되며잇슴나이다

우리ᄂᆞᆫ한잔漢陽商會가最完全最盛大ᄒᆞ다自道치아니ᄒᆞ나世의大勢ᄂᆞᆫ님의吾輩로ᄒᆞ야금獨占不可犯의權能을賦與ᄒᆞ야最完美城에到達케ᄒᆞ엿스니此ᄂᆞᆫ專히有志同胞의血誠遍愛ᄒᆞ시ᄂᆞᆫ盛意의結果이나또우리의經營ᄒᆞᄂᆞᆫ商法組織의如何ᄒᆞᆷ을推知ᄒᆞ실지로다아々世界最後의勝利ᄂᆞᆫ軍政에不在ᄒᆞ고商戰에在ᄒᆞᆷ을우리ᄂᆞᆫ覺悟ᄒᆞ야熱血을注ᄒᆞ야此에努力ᄒᆞ니우리도라스도式漢陽졔。파。!。도。멘。트。스。토。아。를사랑ᄒᆞᆯ者ᄂᆞᆫ何에在ᄒᆞ고

本人의先山在於平安南道江東郡盤石面이온ᄃᆡ本人의六寸弟俊吉이가不良悖類로外國人을付同ᄒᆞ야松楸를斫伐放賣云ᄒᆞ니內外國人間切勿見欺ᄒᆞ시오
平壤郡柴足面卜五里　高俊實白

勿論遠近親疎ᄒᆞ고藥材掌記와居住를昭詳付郵ᄒᆞ시면小包로引換代金과運送部로邁送ᄒᆞ깃ᄉᆞ오니照諒敬要

京銅峴**一統六戶**
乾材藥局　李盛哉

耶蘇教學校聯合親睦運動時에尙洞攻玉學校에對ᄒᆞ여諸氏의寄附가如左ᄒᆞ니
韓梃錫盧益亨秦常圭金載熙係完默金致萬金基泓朴珪秉池在舜吳聖根崔景瑞金洛權諸氏ᄂᆞᆫ各壹圓式金鎭浩孫奉順尹柞淳孫完用李啓旭金溶殷尹貞默吳德根金源榮李淳榮諸氏ᄂᆞᆫ各五拾錢式李起柱氏ᄂᆞᆫ四拾錢吳競默吳膺默兩氏ᄂᆞᆫ空冊五拾冊鉛筆陸打式이옵기感謝를表ᄒᆞᆷ

本人의土地가本洞의五作義州枇峴面堂后洞一作이온ᄃᆡ本人의妹夫崔在祐의侄子仲庸이가義州古邑南齋洞福成學校教師金俊禧와符同ᄒᆞ야日人齊藤辯護士事務로라假稱하고何許凶計가有ᄒᆞᆫ인지田畓家屋柴山을圖形執持코져하오니知悉照亮ᄒᆞ옵심
平北龍川光化面龜龍洞元賢俊

本人이西部夜珠峴廉洞居權召史處에本年三月晦內推次當五錢五千兩手標를路上에서失ᄒᆞ엿ᄉᆞ오니誰某拾得하와도休紙施行ᄒᆞᆷ
東部午橋十統五戶　鄭萬柱

京　部車洞同和藥房
[illegible]藥材、洋製、各病[illegible]炊、用、價、國漢文、[illegible]、作封、雖婦女、[illegible]郵便請[illegible]
閔　根　白

學部檢定
內部認可　**漢文初學**
（一帙四冊　每一冊十四錢）

本書ᄂᆞᆫ一般私立學校初等教育漢文科에適當케編纂ᄒᆞᆫ新刊發行이오其他各種新書籍及學徒用品이具備ᄒᆞ온바特別割引ᄒᆞ와一依請求ᄒᆞ심을酬應ᄒᆞ오며郵便과或運送部로迅速히付呈ᄒᆞ깃ᄉᆞ오니學界에注意하시ᄂᆞᆫ京鄕僉位ᄂᆞᆫ愛顧ᄒᆞ심을務望
元賣所[illegible]洞十七統十戶
廣文書舖　南鴻祐
分賣所[illegible]鄕各有名書舖

本店에셔**開業**ᄒᆞᆫ지**十六年**間**僉君子**의愛顧ᄒᆞ심을**特蒙**ᄒᆞ와**今年**부터業**務**을**大擴張**ᄒᆞ고**春夏秋冬所用**으로絨氈**毛**織**等各國高等物品**을**現今多數直輸入**이온바**各地方**에셔ᄂᆞᆫ**買易**에**便利**ᄒᆞᆫ**賣買**키**爲**ᄒᆞ야**特**別**減價**ᄒᆞ와**郵便小包**로**酬應**ᄒᆞ야**代金**은**引換**ᄒᆞ깃사오니**十三道**各**郡僉君子**ᄂᆞᆫ**隨意請求**ᄒᆞ심을**望**

振替貯金番號（韓國第二番）

漢城中部鍾路　**洞二十一統五戶**
廣興泰　告**白**

廣告

此藥은春夏秋冬衛生家通常預備之靈劑ᄂ 內外僉君子之已所亮燭者而今에盛夏凉秋에滌暑除장과消食爽神키爲하야特別製造發賣홈

消化新藥

淸心保命丹

漢城南大門側二層洋屋
濟生堂大藥房本舖
主任 李庚鳳
代辦主任 李與國 白
支配人 金永七

消化新藥 淸心保命丹
此丹은化痰止咳ᄒᆞ고順氣消滯ᄒᆞ며恒常長服ᄒᆞ면腸胃가健全

大補元氣 蔘茸大補元
大補元氣ᄒᆞ고滋腎健腦ᄒᆞ며先天不足과陽위不起에一切神効

蛔積殺虫散
此약은회積과회腹痛과회虫一切을去根ᄒᆞᄂᆞᆫ良劑

久滯大通丸
此丸은年久積滯와宿滯後重이며胃腹痛에神効莫大홈

瘡病新藥 梅花點雪丹
毋論男女ᄒᆞ고花[illegible]病楊梅瘡에一切去根快復하ᄂᆞᆫ良藥

眼疾速効 光明眼藥
諸般眼疾에隨症皆差ᄒᆞᄂᆞᆫ東洋에初有ᄒᆞᆫ寶藥

起死回生 回生丹
此丹은急ᄒᆞᆫ吐瀉關格이며가슴아리와冷積과痢疾에神効

感氣神効 解熱散
寒熱往來ᄒᆞ며似하非하과頭痛肢[illegible]와肢節痛에其効가偉大

[illegible]

[illegible]

[illegible]

[illegible]根 疝積湯
諸般산症에大談出賣홈

寸白虫沒出藥
촌白虫을一切去根ᄒᆞᄂᆞᆫ妙劑

되눈과못과 拔根藥
되눈과못과ᄉᆞ마귀를세ᄂᆞᆫ藥

止足汗臭藥
手足의汗臭를除却ᄒᆞᄂᆞᆫ藥

去核生新 沃度膏
劍瘡과腐傷과곰센다去核生新ᄒᆞ기ᄂᆞᆫ第一著明

最新改良 百應膏
無論男女老少ᄒᆞ고毒瘇濕瘇痰瘇諸般瘇瘡에壹切特效가有홈

淋疾藥各種
淋疾各症에壹週日만服ᄒᆞ면病根快復ᄒᆞ고腎氣가完全홈

其他洋藥各種과◎賣藥各種◎都매散賣
◎遠地에ᄂᆞᆫ郵便小包로申速酬應홈

漢城南大門內濟生堂大藥房 李庚鳳
代辦主任 李與國 白

光武九年八月十一日 明治三十八年八月十一日 (第三種郵便物認可) 木曜日 西曆一千九百十年五月二十六日 (一)

檀君開國四千二百四十三年
箕子元年三千三十二年
大韓開國五百十九年
本報創刊日
光武八年七月十八日

大韓每日申報

第八卷 月曜及慶節儀時日休刊 第一千三百九拾五号

發行兼編輯人 英國人 萬咸
Responsible for Publication Alfred Weekley Marnham.
發行所
京城中部石井洞三層洋屋
大韓每日申報社

論說

◉理想的教育制의考案

現今韓國은新教育을要ᄒᆞᄂᆞᆫ時代라隨ᄒᆞ야新教育制를要ᄒᆞᆯ지니此에若其適宜를不得ᄒᆞ면如何히誠心誠力을費ᄒᆞ며如何히聰俊材質이多ᄒᆞᆯ지라도單히其效果를不得ᄒᆞᆯᄲᅮᆫ아니라反히反對의影響을生ᄒᆞᆯ지니此에教育家의注意를喚起하기爲ᄒᆞ야吾儕의縷言을試陳ᄒᆞᄂᆞᆫ바로다

大凡教育을言ᄒᆞᄂᆞᆫ者ㅣ曰社會教育이니曰學校教育이니曰家庭教育이니曰普通이니曰專門이니曰實業이니曰精神이니ᄒᆞᄂᆞᆫ等分類에依ᄒᆞ야何先何後와何緩何急을甲唱乙論ᄒᆞ야互相紛紜ᄒᆞ나韓國의現狀觀察에就ᄒᆞ야分類를強試ᄒᆞᆯ진ᄃᆡ自利教育과利他教育에區別ᄒᆞ야言ᄒᆞᆯ슈가有ᄒᆞ니若利他教育을行코져ᄒᆞᆯ진ᄃᆡ吾儕의勞心ᄒᆞᆯ바아니나苟히自利教育을施코져ᄒᆞᆯ진ᄃᆡ別般의方針을不取ᄒᆞ고ᄂᆞᆫ到底히不能ᄒᆞᆯ지라今에其理由ᄂᆞᆫ詳說을不竢ᄒᆞ고도一般의共知ᄒᆞᆯ바어니와所謂別般方針이라ᄒᆞᆷ은國家의施設을不須ᄒᆞ고民間의齊力卽教育家及吾儕의擔任이라ᄂᆞᆫ意味를謂ᄒᆞᆷ이라然則其制度에在ᄒᆞ야ᄂᆞᆫ何如히ᄒᆞ며其方法에至ᄒᆞ야ᄂᆞᆫ何如히ᄒᆞᆯ고彼國庠州序와如ᄒᆞᆫ古制ᄂᆞᆫ陳談虛文에已歸ᄒᆞ엿거니와現行設備도全無ᄒᆞᆷ은아니로ᄃᆡ事業이草剏에屬ᄒᆞᆫ故로根本的要領이不立ᄒᆞᆯ지라何則고ᄒᆞ면教育은普及으로써貴히녀길ᄲᅮᆫ아니라古昔鎖國時代와專制政下에在ᄒᆞ야ᄂᆞᆫ中央을先開ᄒᆞ야地方에後及ᄒᆞᆷ이政策上必要가有ᄒᆞ거니와此에反ᄒᆞ야外人이雜居ᄒᆞ고民智를必須ᄒᆞᄂᆞᆫ今日에在ᄒᆞ야ᄂᆞᆫ必히地方을先開치아니코ᄂᆞᆫ不可ᄒᆞᆯ짓거날現時教育機關의設備를見ᄒᆞ건ᄃᆡ官立以外에私立에屬ᄒᆞᆫ者도曰三專門學校이니曰五大學會이니其他比較的稍完ᄒᆞᆫ中學校小學校及新聞雜誌演劇等民智開發에關ᄒᆞᆫ者ᄭᆞ지도擧皆位置를京城에集中ᄒᆞ야地方青年으로ᄒᆞ야금都下에不來ᄒᆞ고ᄂᆞᆫ新學問의見習도不能케ᄒᆞ엿스니試思ᄒᆞᆯ지어다余의偏見이아니라東西古今을勿論ᄒᆞ고何如ᄒᆞᆫ國家라도昇平이百年以上에達ᄒᆞ면其都下의奢靡浮弱ᄒᆞᆷ은通例어날今에此志氣未定ᄒᆞᆫ青年輩로奢靡浮弱에傳染케ᄒᆞᆷ이不可ᄒᆞᆯᄲᅮᆫ아니라地方青年中에도健全ᄒᆞᆫ者ᄂᆞᆫ每々히貧窶家에多生ᄒᆞ거날彼等聰俊은此班列에도得參치못ᄒᆞᆯ지니若此不已ᄒᆞ면教育本意에違反될ᄲᅮᆫ더러曰學資曰旅費의名目으로地方의財政은京城에集中ᄒᆞ야終末에ᄂᆞᆫ地方으로ᄒᆞ야금沽渴의境에至ᄒᆞᆯ지니其經濟政策에就하야도失當됨을可知ᄒᆞᆯ지로다願ᄒᆞ노니教育家諸氏여望ᄒᆞ노니自利教育을期ᄒᆞᄂᆞᆫ教育家諸氏여新教育制度案을速히考出ᄒᆞᆯ지어다

外報

◉英先帝陛下大葬 旣報와如히英國故皇帝陛下의大葬은去卄日擧行ᄒᆞ엿ᄂᆞᆫᄃᆡ우에스도민스다寺院으로부터바데인돈停車場에至ᄒᆞ기ᄭᆞ지靈柩의御街路左右ᄂᆞᆫ旣히午前六時半부터拜觀人이充滿ᄒᆞᆫ바定刻에至ᄒᆞ야ᄂᆞᆫ警部長이先驅로蜿蜒長蛇와如ᄒᆞᆫ千古未曾有의大行列이繼續ᄒᆞ야其華麗壯嚴은拜觀人으로하야곰嘆美不已ᄒᆞᆯᄲᅮᆫ더러同行列中英國及植民地의武裝兵과又ᄂᆞᆫ十三個國陸海軍代表者가參加ᄒᆞ야光輝赫灼ᄒᆞᆫ皇室의御紋章을附ᄒᆞ엿고靈柩의次에ᄂᆞᆫ先帝의御愛馬愛犬이隨ᄒᆞ고又國境의蘇格蘭아리란드兵이森嚴護衛ᄒᆞᆫ中九個國의皇帝、四十七人의諸王皇太子、露日伊諸國의皇族及代表者ᄂᆞᆫ幷列ᄒᆞ야騎馬扈從、且十二臺의御馬車中에ᄂᆞᆫ各國皇后陛下、各황妃황女殿下ᄭᅴ셔扈從ᄒᆞ시고且後ᄂᆞᆫ植民地各代表者와米國前大統領「루쓰벨트」氏及佛國外相「비시욘」氏가扈從하엿다더라

◉帝王황族의徒步 故英황御靈柩를載ᄒᆞᆫ帝室列車가우인졸에到着ᄒᆞ야停車場으로부터行列前進ᄒᆞᆯ時에此處에서ᄂᆞᆫ各國帝王、황族ᄭᅴ셔一切徒步로靈柩를扈從하엿스며各寺院의打鳴鐘聲의裏에一隊의水兵이靈柩를載ᄒᆞᆫ砲車를曳ᄒᆞ고樹木이蒼鬱ᄒᆞᆫ우인졸車子를經ᄒᆞ야御菩提寺센도죠지寺院에安着ᄒᆞ엿다더라

◉花環六千餘 英國故황帝陛下大葬에奉呈ᄒᆞᆫ最盛飾의花環數ᄂᆞᆫ가六千個以上에達ᄒᆞᆫ故로센도죠지寺院構內六百餘坪은全혀此花環의留置場을成ᄒᆞ엿다더라

◉全世界의表吊 英國故황帝陛下御大葬當日에對ᄒᆞ야全世界各國이一般吊禮를表ᄒᆞ엿ᄂᆞᆫᄃᆡ歐洲諸國의首府에서ᄂᆞᆫ各황族及各大臣이一切吊祭式에參列ᄒᆞ고美國에셔ᄂᆞᆫ同國大統領「타푸트」氏及內閣員이華盛頓吊祭式에參列ᄒᆞ엿다더라

◉優詔頻發 英國新황帝「쪼지」陛下ᄭᅴ셔ᄂᆞᆫ海軍에勅書를발ᄒᆞ야先帝靈柩에對ᄒᆞᆫ貢獻의熱誠을賞賛 시고且陸軍及警官에向ᄒᆞ샤感謝의勅語를賜하셧다더라

社告

各學校에서校中事項을本報에揭載코져ᄒᆞᆯ時에ᄂᆞᆫ校長이署名ᄒᆞ고校印을捺ᄒᆞ며記事를簡明히ᄒᆞᆷ을要ᄒᆞᆷ此外에ᄂᆞᆫ確報로認準치아니ᄒᆞᆷ

大韓每日申報社

學界

◉兩氏寄金 朴宗模劉永烈兩氏ᄂᆞᆫ京城孤兒院에金貨各一圓式寄付ᄒᆞ엿다더라

◉隆熙生旅行 隆熙學校學員一同修學旅行ᄒᆞ기爲ᄒᆞ야本日南漢山城으로前往ᄒᆞᆫ다더라

◉善隣視察 善隣[illegible]셔ᄂᆞᆫ任員及學員[illegible]蠶島模範場을視[illegible]遠足會를開ᄒᆞ엿[illegible]

◉李氏義務 龍山居李海忠氏ᄂᆞᆫ近日誠洞協成學校에理科를自擔教授ᄒᆞᄂᆞᆫᄃᆡ該氏ᄂᆞᆫ元來豪華子弟로勞苦를不憚ᄒᆞ고教育에從事ᄒᆞᆷ으로坊內人士가尤極賛頌ᄒᆞᆫ다더라

◉龍山女校 大韓婦人會長李鈺卿氏ᄂᆞᆫ龍山坊內某某人士와協同ᄒᆞ야女學校를設立ᄒᆞ기로周旋ᄒᆞᆫ다ᄂᆞᆫᄃᆡ該會書記李鎔浩氏ᄂᆞᆫ坊內婦人을私邸로請邀ᄒᆞ야女子教育에必要ᄒᆞᆷ을一場說明ᄒᆞ고該坊內居崔喜永氏ᄂᆞᆫ自己家舍를校室로借與ᄒᆞ엿다더라

◉坡校更擴 坡州郡私立坡山學校ᄂᆞᆫ設立數年에僅僅支過ᄒᆞ더니今春에至ᄒᆞ야ᄂᆞᆫ學父兄諸氏가一層奮發ᄒᆞ야維持方針을互相擔任ᄒᆞᆷ으로擴張될期望이大有ᄒᆞ다더라

學報

◉養貞開會 養貞女子教育會에셔ᄂᆞᆫ校舍買入事에關ᄒᆞ야再昨日臨時總會를開ᄒᆞ엿ᄂᆞᆫᄃᆡ會長以下一般任員의義捐金이合一百三十四圜에達하엿다더라

◉大同卒業 平北龜城郡私立大同學校에셔去月五日에卒業式을擧行하엿ᄂᆞᆫᄃᆡ卒業生은金載熙元應模金鳳淳朴贊桂許極濟金益亨張錫崇

偉人遺蹟

▲▲東國巨傑 崔都統 (續)

錦頰山人

第八章 崔都統의禦蒙古

右表를觀ᄒᆞ라當時我東國이存ᄒᆞ엿ᄂᆞᆫ가亾ᄒᆞ엿ᄂᆞᆫ가近世國家學者가云ᄒᆞᄃᆡ國家된要素가三이有ᄒᆞᆫᄃᆡ（一）土地（二）人民（三）政治主權이라ᄒᆞ엿ᄂᆞᆫᄃᆡ國土의奪與가人에在ᄒᆞ니是ᄂᆞᆫ土地가無ᄒᆞᆷ이며國君의黜陟이人에在ᄒᆞ니是ᄂᆞᆫ主權이無ᄒᆞᆷ이오其存餘ᄒᆞᆫ者ᄂᆞᆫ人民ᄲᅮᆫ이나國家形體의破壞됨이已久ᄒᆞᆯᄲᅮᆫ더러且此無土地無主權의國에生活ᄒᆞᄂᆞᆫ人民은手足만有ᄒᆞ고活動은無ᄒᆞᆫ人民이며體魄만有ᄒᆞ고靈魂은無ᄒᆞᆫ人民이니嗚乎라是를尙且檀君子孫으로視ᄒᆞᆷ이可ᄒᆞᆯ가曰檀君子孫이아닌은아니나是ᄂᆞᆫ檀君子孫의已死ᄒᆞᆫ骨이니라是를尙且扶餘種族으로視ᄒᆞᆷ이可ᄒᆞᆯ가曰扶餘種族이아닌은아니나是ᄂᆞᆫ扶餘種族의已冷ᄒᆞᆫ血이니라其血이已冷ᄒᆞ고其骨이已死ᄒᆞ야數百年塚中에臥ᄒᆞᆫ東國人民이何時에나再甦ᄒᆞ라ᄂᆞᆫ가此時東國史를讀ᄒᆞ[illegible]淚一掬이오二葉에[illegible]니居然其一點靈[illegible]依ᄒᆞ야活躍ᄒᆞᄂᆞᆫ도다[illegible]依ᄒᆞ야活躍ᄒᆞᄂᆞᆫ[illegible]擾ᄒᆞ고然이나百魔가[illegible]의路를、萬劫[illegible]堆積ᄒᆞ야其突[illegible]障ᄒᆞ[illegible]英雄의髮을空白、[illegible]站[illegible]가四年을經ᄒᆞ야江西八[illegible]擊破[illegible]야土地를恢復ᄒᆞ며又十餘年을經ᄒᆞ야北元寇를擊退ᄒᆞ야主[illegible]을還完ᄒᆞ니於是乎東國[illegible]東國人의東國이로다

向者江西八站을破ᄒᆞᆯ時에印[illegible]이不死ᄒᆞ고崔瑩이不退러면[illegible]國의東國됨이已早ᄒᆞ엿슬지[illegible]且東國이東國될ᄲᅮᆫ아니라檀[illegible]舊疆이多勿（故語에疆土恢[illegible]을曰多勿）의慶을收ᄒᆞ며高[illegible]人民이獨立의光을揮ᄒᆞᆷ이無[illegible]ᄒᆞᆯ지어ᄂᆞᆯ惜乎라[illegible]王恭愍[illegible]癡怯이太甚ᄒᆞ야虛喝에魂飛[illegible]며薄紙에膽寒ᄒᆞ야大將을反[illegible]ᄒᆞ고好機를遂失ᄒᆞᆷ으로蹉跎[illegible]月에劫夢이重々하도다四面[illegible]敵이皆我國의微弱을輕視ᄒᆞ[illegible]倭寇가東入ᄒᆞ고紅賊이西來[illegible]야無端히崔都統의心籌를擾[illegible]엿도다

（未完）

宮廷彙報

○團員陛見 渡日ᄒᆞ엿던觀光團員俞吉濬閔泳瓚氏等五人은再昨日上午十一時昌德宮에進詣ᄒᆞ야 大황帝陛下씌 陛見ᄒᆞ고因ᄒᆞ야秘苑을 拜觀ᄒᆞ엿ᄂᆞᆫᄃᆡ 御陪食을 下賜ᄒᆞ옵셧다더라

○墺皇族陛見 래京中에在ᄒᆞᆫ墺國皇族을레안殿下ᄂᆞᆫ本日下午二時에 大황帝陛下씌 陛見ᄒᆞᆫ다더라

雜報

○李氏下鄕 宮中顧問李允用氏ᄂᆞᆫ開養ᄒᆞ기爲ᄒᆞ야其妾山月을帶同ᄒᆞ고日前金泉鄕第로下往ᄒᆞ엿다더라

○統邸歡迎會 統監府石塚長官은本日下午壹時에日前渡韓ᄒᆞᆫ墺國皇族을레안殿下를統監官邸로請邀ᄒᆞ야歡迎會를開ᄒᆞᆫ다더라

○曾彌辭職說 曾彌統監은去十六日에辭表를提出ᄒᆞ엿ᄂᆞᆫᄃᆡ英先帝陛下의宮中喪期가未盡ᄒᆞ엿슴으로公式으로頒布치아니ᄒᆞ엿다ᄂᆞᆫ說이有ᄒᆞ다더라

○總相療養狀况 溫泉에셔療養ᄒᆞᄂᆞᆫ李總相은入浴의餘暇에ᄂᆞᆫ隨員과共히圍碁作詩讀書等事로消遣ᄒᆞ며張憲植金思默李容稙諸氏와會談이有ᄒᆞ엿고醫官의警戒ᄂᆞᆫ頗히嚴密ᄒᆞ야宿舍의隣家ᄭᆞ지十分注意ᄒᆞ고隨員은其息李恒九日人上村秘書官鈴木醫師看護婦一名韓人七八名이라더라

○金氏復務 宮內府秘書官金東完氏가辭職請願書를提呈ᄒᆞᆫ건既報어니와再昨日同府에셔仍舊仕進ᄒᆞ라ᄂᆞᆫ通牒이有ᄒᆞᆷ으로昨日부터更히視務ᄒᆞᆫ다더라

○耆社化商店 宮內府에셔ᄂᆞᆫ耆老社寶牒을欽文閣으로移奉ᄒᆞ고該舍ᄂᆞᆫ日人에게商店으로許與ᄒᆞᆫ다더라

○答辭甚傲 耆老社寶牒을移奉ᄒᆞᆫ다ᄂᆞᆫ事에對ᄒᆞ야元老金聲근金允植金嘉鎭氏等이聯名ᄒᆞ야統監府參與官國分象太郞에게致函ᄒᆞ야曰該社ᄂᆞᆫ卽 太祖高황帝씌옵셔剏立ᄒᆞᆫ바이오先賢에遺蹟을藏置ᄒᆞᆫ重地인즉擅加變更ᄒᆞᆷ이不可라ᄒᆞ엿ᄂᆞᆫᄃᆡ國分은示意謹悉이란四字로答函ᄒᆞ엿다더라

○禮院發訓 掌禮院에셔ᄂᆞᆫ列聖祖胎室奉安地에區域坪數와守直寺節과森林有無를調査ᄒᆞ기爲ᄒᆞ야三昨日各地方官에게발訓ᄒᆞ엿다더라

○勳章事件의處置 勳章事件에關ᄒᆞ야閔宮相及小宮次官은譴責에處ᄒᆞ고金東完氏ᄂᆞᆫ罰俸에處ᄒᆞᆫ다더라

○尹氏伴往 從二品尹헌氏ᄂᆞᆫ李總相의特別隨從員으로溫泉에赴往ᄒᆞ엿다더라

○翠樓招宴 統監府石塚長官은本日下午七時半掬翠樓에셔德大使멈男의一行을招待ᄒᆞᆫ다더라

○德大使出발期 德國大使멈男의一行은明日朝에出發ᄒᆞ야新義州를經ᄒᆞ야奉天으로向ᄒᆞᆫ다더라

○特賜金支給 前醫務官金善永氏ᄂᆞᆫ在勤滿八個年인故로內部에셔特別賞金壹百陸拾圓을支給ᄒᆞ엿다더라

○韓技減額說 宮內府電務課에셔ᄂᆞᆫ韓人技師技手를減額ᄒᆞ기로目下協議中이라더라

○郡主修報 京畿觀察道에셔ᄂᆞᆫ郡主事合格者四人을試取ᄒᆞ야日前內部에修報ᄒᆞ엿다더라

○閔宋面會 前判書閔泳瓚氏ᄂᆞᆫ向日觀光團으로래日ᄒᆞᆯ時에宋秉畯을頻數面會ᄒᆞ야何等密談이有ᄒᆞ엿다더라

○度支部公示 度支部에셔ᄂᆞᆫ居所不明ᄒᆞᆫ欠逋郡守의欠逋額과氏名을調査公示ᄒᆞ고三十個日內에該金額을中央金庫에納入ᄒᆞ라ᄒᆞ엿다더라

○韓銀券發行額 本月五日부터卄日ᄭᆞ지韓國銀行券發行平均額이一三、○四九、九九圓인ᄃᆡ內에正貨準備발行額이五、一三三、六四三、圓이오保證準備발行額이七、九一五、五五六圓이라더라

○平和組織運動 沈一澤氏가東洋平和會를組織ᄒᆞᆫ다ᄒᆞᆷ은既報어니와日本東洋平和協會會長大隈重信은石塚長官의게同會員寺尾亨은國分秘書官과大審院長渡邊暢에게書函을送致ᄒᆞ야該會贊助를申托ᄒᆞ엿다ᄒᆞ며沈氏ᄂᆞᆫ各元老大臣을紹介ᄒᆞ야발起를周旋中인ᄃᆡ會名은大韓平和會로改定ᄒᆞ고統監府에承認ᄒᆞ기로計劃ᄒᆞᆫ다더라

○技手派送 農商工部에셔ᄂᆞᆫ國有未墾土地에貸付請願地를調査ᄒᆞ기爲ᄒᆞ야該部技手鄭宇相氏와日人多田을日間咸南地方으로派送ᄒᆞᆫ다더라

○天胡忍斯 金浦、通津、富平始興、楊平、등十九郡은旱災가太甚ᄒᆞ야春秋耕牟麥이全不吐穗ᄒᆞᆷ으로民情이大段嗷々ᄒᆞ다고京畿觀察使가內部로報告ᄒᆞ엿다더라

無嚴孰甚

頃來趙南升氏의事件을因緣ᄒᆞ야外交上重要文簿를藏置ᄒᆞᆫ秘密櫃를某處에셔발見ᄒᆞ엿다ᄒᆞᆷ은既報와如ᄒᆞ거니와其眞相에就ᄒᆞ야大坂朝日新聞을據ᄒᆞᆫ즉往年에美人骨佛安이漢城內電氣鐵道敷設을計劃ᄒᆞᆯ時에李完用李允用諸氏等이此에結托ᄒᆞ야表面에ᄂᆞᆫ韓美合資라稱ᄒᆞ엿스나其實은 太황帝陛下씌上 奏ᄒᆞ야巨額의金을出資케ᄒᆞ고其剩餘ᄂᆞᆫ私囊에充ᄒᆞᆯ意思로屢々 奏稟ᄒᆞ엿ᄂᆞᆫᄃᆡ 太황帝陛下씌옵셔遂히 允許하시고金百萬圓을 下付ᄒᆞ옵셧더니其內에셔六拾萬圓만骨氏에게交付ᄒᆞ고四十萬圓은李氏等四人이分食ᄒᆞᆫ形跡이有ᄒᆞ고其後同會社를重修ᄒᆞᆯ時에 太황帝陛下씌옵셔更히修繕費로七十萬圓을하付ᄒᆞ셧ᄂᆞᆫᄃᆡ其後骨氏가同會社를日韓瓦斯會社에賣渡ᄒᆞ고同出資額을 太황帝陛下씌還納ᄒᆞᆯ時에亦是前例를依ᄒᆞ야李氏等의게委托ᄒᆞ엿더니李氏等은該委托金中幾分만還納ᄒᆞ고其餘ᄂᆞᆫ沒數橫領私喫ᄒᆞ엿던지 太황帝씌옵셔ᄂᆞᆫ還納ᄒᆞ기만苦待ᄒᆞ시ᄂᆞᆫ中에自然事實이傳布됨으로 太황帝씌옵셔人을骨氏의게派送ᄒᆞ사同金의還償을督促ᄒᆞ엿더니千萬意外에骨佛安의게 太황帝陛下씌옵셔在位ᄒᆞ실時에 御使用하시던四角 御璽를捺ᄒᆞᆫ領受證이有ᄒᆞᆫᄃᆡ 太帝황陛下씌옵셔ᄂᆞᆫ全히該御璽及領受證을否認ᄒᆞ시ᄂᆞᆫ故로於是에僞璽問題가起ᄒᆞᆫ지라李氏가自家의禍를圖免키爲ᄒᆞ야 太황帝陛下의舊日隱伏事件을一々覓疵ᄒᆞ야某處에발告ᄒᆞᆷ으로今番趙氏의逮捕及秘櫃事件이발生ᄒᆞᆷ이라ᄒᆞ엿더라

○拓社金融狀況 東拓會社金融部에셔ᄂᆞᆫ時勢의要求를應ᄒᆞ야融通資金을增額ᄒᆞᄂᆞᆫ同時에放資處를擴張ᄒᆞ기로決定ᄒᆞ엿ᄂᆞᆫᄃᆡ現今日本東京에래往ᄒᆞᆫ同社總裁宇佐川은此를準備ᄒᆞ기爲ᄒᆞ야當局者와交涉ᄒᆞᄂᆞᆫ中이나該資金의調達은何方面에셔引用ᄒᆞᆯ지尙今未定이라ᄒᆞ며同社貸付金利率은自八分乃至一割二分으로써標準ᄒᆞ나貸借의關係가數十處에分ᄒᆞ고又其期限의長短이有ᄒᆞᆷ으로因ᄒᆞ야自然利子의收入이標準과不同ᄒᆞ야實收入利子로써貸付總額資本에比較ᄒᆞ면平均三分二厘一二五强에相當ᄒᆞ야豫算과收入이差異를生ᄒᆞᆷ으로其根底를動搖ᄒᆞᆷ에至ᄒᆞᆯ憂慮가有ᄒᆞ다더라

○稷民將訴 稷山郡各面長들은考卜債라稱ᄒᆞ고每結頭五十錢式徵收ᄒᆞ며其他不適當ᄒᆞᆫ行爲가有ᄒᆞ다ᄒᆞ야該郡居李膺稙氏가人民의代表로日間上京ᄒᆞ야度支部에呼訴ᄒᆞᆯ터이라더라

○視察入城 忠北及慶北兩道學事를視察ᄒᆞ기爲ᄒᆞ야出발ᄒᆞ엿던學部主事姜大喆氏와小杉事務官은再昨日入城ᄒᆞ얏다더라

○兩氏歸國期 滯日中에在ᄒᆞᆫ大韓協會會員權東鎭沈宜性兩氏ᄂᆞᆫ本月末日頃에歸國ᄒᆞᆫ다ᄂᆞᆫ電信이日昨該會에來到ᄒᆞ엿다더라

○魔窟窮途 所謂儒生建議所ᄂᆞᆫ近日財政이窘絀ᄒᆞ야幾個窮鬼輩가親知家에乞食中인ᄃᆡ不遠間解散될貌樣이라더라

○食福不通 商務組合部長李學宰ᄂᆞᆫ神習敎를傳布ᄒᆞᆯ次로日人高畑庸과契約을成立ᄒᆞ고入敎人每名下에金一圜式收入ᄒᆞ다가入敎志願者가絶無ᄒᆞᆷ으로該契約을日前取消ᄒᆞ엿다더라

○政黨說探知 鄭雲復呂圭學李建爀等諸氏가政黨會를組織ᄒᆞᆯ次로某處에運動ᄒᆞᆫ다ᄂᆞᆫ說이有ᄒᆞᆷ으로警視廳에셔目下探知中이라더라

○龍固間築道 龍南固城間道路를修築ᄒᆞᆯ次로役費를二萬五千圓으로立算ᄒᆞ엿ᄂᆞᆫᄃᆡ本年度에ᄂᆞᆫ韓日人寄付金八百圓으로爲先一役에着手ᄒᆞᆫ다더라

○女官移接期 景福宮內에居接ᄒᆞ던女官等을移接케ᄒᆞᆯ次로安洞別宮을修理ᄒᆞᆷ은既報어니와該修繕工役이漸次終了ᄒᆞᆷ으로女官全部가今明間移接ᄒᆞᆯ터이라더라

○掘人之山 日人渡邊榮太郞長里國太郞等은慶北尙州郡長川面趙禹衍氏先山에採礦을開始ᄒᆞ다가趙氏의禁止가起ᄒᆞ매渡邊이反히趙氏를毆打ᄒᆞ야折齒破額에至ᄒᆞᆫ지라該郡警察署에셔渡邊을押得ᄒᆞ야大邱地方裁判所로越交ᄒᆞ엿더니同所에셔渡邊을猶豫律에處ᄒᆞᆫ지라趙氏ᄂᆞᆫ其先山을保護ᄒᆞ기爲ᄒᆞ야日人等의採礦을永禁ᄒᆞᆯ次로方今起訴ᄒᆞᄂᆞᆫ中이라더라

○助喪禮也 東部居李匡植氏ᄂᆞᆫ赤貧ᄒᆞᆫ家勢로祖母喪을當ᄒᆞ야斂殯이無路ᄒᆞ더니古今書海館主劉殷植氏가送終諸節을多數辦助하엿슴으로劉氏의慈善心을無不稱頌ᄒᆞᆫ다더라

○請願却下 天道敎에셔ᄂᆞᆫ機關新聞을발刊ᄒᆞᆯ次로當局에認許를請願ᄒᆞ엿더니當局에셔ᄂᆞᆫ何等思想이有ᄒᆞᆷ인지昨日該請願을却下ᄒᆞ엿다더라

○埋銃押收 漏川日憲兵分遣所上等兵及補助員三名의搜索隊ᄂᆞᆫ去二十二日平山郡細下面廣平高地에셔義兵의隱匿銃二挺을발見押收ᄒᆞ엿다더라

○高衙回祿 高陽郡衙에셔ᄂᆞᆫ去二十二日午後十二時頃에火ᄒᆞ야公廨가半燒ᄒᆞ엿ᄂᆞᆫᄃᆡ人命死傷은幸無하다더라

○青舘開演 今日下午八時鍾路青年會에셔李商在氏[illegible]此時準備라ᄂᆞᆫ問題로演說ᄒᆞᆫ다더라

電報

露日協商進行

[illegible]都에셔ᄂᆞᆫ露日協商이順次進行ᄒᆞᄂᆞᆫᄃᆡ露國은協約의範圍를[illegible]張하야大規模로ᄒᆞ기를[illegible]다더라

日兵膠[illegible]

日本步兵第十聯隊에ᄂᆞᆫ腸窒扶斯患者[illegible]발生ᄒᆞ야去二十四日에ᄂᆞᆫ罹病者가百十餘名에達ᄒᆞ엿ᄂᆞᆫᄃᆡ尙今蔓延ᄒᆞᆯ慮가有ᄒᆞ다더라

以上東京발 卄五日着

南博保護

六月五日에開ᄒᆞᄂᆞᆫ淸國南京博覽會에[illegible]暴動이起ᄒᆞᆫ다ᄂᆞᆫ流行說이有ᄒᆞᆷ으로當地總督은吳淞으로부터百名의兵士를招集ᄒᆞ야博覽會를保護ᄒᆞᆫ다더라

上海發 卄五日着

墺國의商業會

墺國은來九月로부터維也納市에第九回商業敎育萬國博覽會를開ᄒᆞᆫ다더라

푸氏逝去

[illegible]創立者크진겐[illegible]氏ᄂᆞᆫ今回逝去ᄒᆞ[illegible]

法紙論[illegible]

[illegible]新聞은露國第五[illegible]로부터쫄푸를[illegible]이軍事敎育에遠次論難ᄒᆞ엿다더

以上伯林發

雜報

○架橋竟成　日人上田充이架設ᄒᆞᆫ麻浦船橋ᄂᆞᆫ旣히竣工되야日昨落成式을行ᄒᆞ엿다더라

廣告

東署蓮花坊蓮洞所在菜田文券을隆熙三年三月分에遺失ᄒᆞ엿스니誰某拾得이라도休紙施行ᄒᆞᆷ
李鍾秀　告白

本人에所有家屋草家八間板刻文券을本年陰三月分에路中셔失ᄒᆞ엿ᄉᆞᆸ기玆에廣告ᄒᆞ오니誰某拾得이라도休紙施行ᄒᆞᆷ
西部盤石坊巡廳洞三十統八戶　姜弼周　告白

本人之三子烱晩性本浮浪所居家屋因亂債執行後蕩敗無餘人所共知內外國人切勿見欺ᄒᆞᆷ
義州西門內金用국　告白

勿論親疎間掌記及居住만通知하시면擇品廉價ᄒᆞ야郵便小包나運送部로卽速付送ᄒᆞ고代金은引換ᄒᆞ깃ᄉᆞᆸ
京南部銅峴九十五統十戶
乾材藥局 崔興模

本人이昨年陽五月게西署龍山坊孔德里旌門洞八拾二統七戶草家四間을同隣南弼元處에買得而家券을前家主南弼元이가擔當板出云而過三朔不給故家券을督促則南哥言內에家券을漢城府에서出來而ᄉᆞ失ᄒᆞ엿스니更爲板出云而此日彼日ᄒᆞ여오다가今月에南弼元이가身故ᄒᆞ야其家券은休紙로施行이已久ᄒᆞ오니內外國人은以此知悉ᄒᆞᆷ
金禹澤　告白

本人이陰三月二十一日에移舍次로各樣計物을運搬時에本人의所有威化面下端洞北卜谷舊番號結字七田文券二丈과保證人劉成根氏에担當票一丈與州內面西部洞第四拾統二戶張尙鳳家屋契約書一丈을倂中間서失이옵기玆以廣告ᄒᆞ오니誰某間拾得이오면休紙施行ᄒᆞ시고(文与音變ᄂᆞᆫ䔍則内外國人)切勿見欺ᄒᆞᆷ
義州州內面西部洞朴昌華　告白

廣告　湖南　僉君子
本館에數月前부터諸般新書籍이具備온바今에又一層擴張이되엿스니速速히顧愛ᄒᆞ심을務望
全北泰仁郡內七里五統一戶
普明書館　館主 宋在東　主任 宋在敏

勿論遠近親疎ᄒᆞ고藥材掌記와居住를昭詳付郵ᄒᆞ시면小包로引換代金과運送部로適送ᄒᆞ깃ᄉᆞ오니照諒敎要
京銅峴一統六戶
乾材藥局 李盛哉

本書林에서敎科及他書籍五六百種과古書名筆을鳩聚大賣하오니照亮購覽務望引換代金으로도酬應ᄒᆞᆷ請求多小에特別割引도有ᄒᆞᆷ
發賣所　南部銅峴卅五統八戶
同文書林主　金雨均　白

學部檢定
新訂代數學敎科書
李敎承 著
定價金一圓二十錢
敎育界의啓明星이오 數學家의羅盤針이라
洋裝美本　印刷精密
本書ᄂᆞᆫ學部數學檢定의選次가되엿ᄉᆞ오며一般高等敎育上에不可缺ᄒᆞᆯ珍書라
預約募集
預約割引은同業者의게ᄂᆞᆫ部數에依하야多小가有ᄒᆞ오되書信或面議ᄒᆞ심을望ᄒᆞᆷ個人預約은先金에限ᄒᆞ야二割引으로酬應ᄒᆞᆷ
但學生拾人團體가有ᄒᆞᆫ時ᄂᆞᆫ設紹者ᄭᅦ二割引外特히一部를進呈
豫約期限은**六月十日**까지定ᄒᆞᆷ
元發賣所　漢城鐘路　**海東書林**

京城에現出ᄒᆞᆫ하데彗星

하데ㅣ彗星은一晝夜間에約二千萬里의速力으로우리地球에接近ᄒᆞᆫ다ᄒᆞᆷ은全世界人의激烈히喧傳ᄒᆞᄂᆞᆫ바아닌가

現世滔々ᄒᆞᆫ商業戰爭의速度ᄂᆞᆫ하데ㅣ彗星에不下ᄒᆞᄂᆞ니今에우리漢陽商會ᄂᆞᆫ小賣部別立ᄒᆞᆫ以後로空前絶後의二千萬人의大同胞와接近코져ᄒᆞᆷ나이다

今番移轉ᄒᆞᆫ京城商業會議所搆內의店舖가宏大完美ᄒᆞ다自誇치ᄂᆞᆫ아니하나一次光臨ᄒᆞ신有眼人士의觀察이면可히써東洋唯一의大店舖됨을認得ᄒᆞ실지요

漢陽商會ᄂᆞᆫ大擴張ᄒᆞᆫ以後地方部에ᄂᆞᆫ도라ᄉᆞ도式販賣法을採用ᄒᆞ야더욱低廉敏速히萬物을供給하고諸彥의便益을圖ᄒᆞ나이다

吾輩ᄂᆞᆫ歐米의物貨를輸入販賣ᄒᆞᆷ에不止ᄒᆞ고我韓의物産을陳列ᄒᆞ야祖國의精華를發揮코져ᄒᆞ나니觀ᄒᆞ시요暗黑ᄒᆞᆫ漢城鐘路의(우리大韓商業의最中心인지)商界ᄂᆞᆫ하데ㅣ彗星과如ᄒᆞᆫ우리漢陽商會의光明을受ᄒᆞ야開拓되며잇슴나이다

우리ᄂᆞᆫ한갓漢陽商會가最完全最盛大ᄒᆞ다自道치아니ᄒᆞ나世의大勢ᄂᆞᆫ님의吾輩로ᄒᆞ야금獨占不可犯의權能을賦與ᄒᆞ야最完美城에到達케ᄒᆞ엿스니此ᄂᆞᆫ專히有志同胞의血誠遍愛ᄒᆞ시ᄂᆞᆫ盛意의結果이나또우리의經營ᄒᆞᄂᆞᆫ商法組織의如何ᄒᆞᆷ을推知ᄒᆞ실지로다아々世界最後의勝利ᄂᆞᆫ軍政에不在ᄒᆞ고商戰에在ᄒᆞᆷ을우리ᄂᆞᆫ覺悟ᄒᆞ야熱血을注ᄒᆞ야此에努力ᄒᆞᄂᆞ니우리도라ᄉᆞ도式漢陽데파ㅣ도멘드스토아를사랑ᄒᆞᄂᆞᆫ者ᄂᆞᆫ何에在ᄒᆞ고

京西部車洞同和藥房　本國材로洋製ᄒᆞᆫ引龍丸이消滯止泄滅毒ᄒᆞ고付屬ᄒᆞᆫ八十餘種이俱備大發行ᄒᆞ오　閔權　白

學部檢定 內部認可 **漢文初學**
本書ᄂᆞᆫ一般私立學校初等敎育漢文科에適當케編纂ᄒᆞᆫ新刊發行이오며其他各種新書籍及學徒用品이俱備온바特別割引ᄒᆞ와一依請求ᄒᆞ심을酬應ᄒᆞ오며郵便파或運送部로迅速히付呈ᄒᆞ깃ᄉᆞ오니學界에注意ᄒᆞ시ᄂᆞᆫ京鄕僉位ᄂᆞᆫ愛顧ᄒᆞ심을務望
元賣所京南部苧洞十七統十戶　**廣文堂書舖　南鴻祐**
分賣所京鄕各有名書舖

本店에셔開業ᄒᆞᆫ지十六年間僉君子의愛顧ᄒᆞ시ᄂᆞᆫ特蒙ᄒᆞ와今年부터業務를大擴張ᄒᆞ고春夏秋冬所用의絨緞毛織等各國高等物品을今多數直輸入ᄒᆞ온바各地方에셔ᄂᆞᆫ貿易에利益買ᄒᆞ기爲ᄒᆞ야特廉價ᄒᆞ와郵便小包로應ᄒᆞ야代金은引換ᄒᆞ오니十三道各郡僉君子ᄂᆞᆫ隨意請求ᄒᆞ심을
振替貯金番號
漢城中部鐘路洞二十一統五戶
廣興泰　告白

廣告

此藥은春夏秋冬衛生家通常預備之靈劑ᄂᆞᆫ內外僉君子之已所亮燭者而今에盛夏凉秋에滌暑除장과消食爽神키爲하야特別製造發賣홈

消化新藥

清心保命丹

漢城南大門側二層洋屋
濟生堂大藥房本舖
主任 李庚鳳
支配人 金永七

消化新藥 **清心保命丹** 此丹은化痰止咳ᄒᆞ고順氣消[illegible]ᄒᆞ며恒常長服ᄒᆞ면腸胃가[illegible]

大補元氣 **蔘茸大補元** 大補元氣ᄒᆞ고滋腎健腦ᄒᆞ[illegible] 天不足과陽위不起에一切神[illegible]

蛔積殺虫散 此약은회積과회腹痛과회虫一切을去根ᄒᆞᄂᆞᆫ良州

久滯大通丸 此丸은年久積滯와宿滯後[illegible] ᄒᆞ며胃腹痛에神効莫大홈

瘡病新藥 **梅花點雪丹** 毋論男女ᄒᆞ고花柳病楊梅瘡[illegible] 一切去根快復하ᄂᆞᆫ良藥

眼疾速効 **光明眼藥** 諸般眼疾에隨症皆差ᄒᆞᄂᆞᆫ東[illegible] 에初有ᄒᆞᆫ寶藥

起死回生 **回生丹** 此丹은急ᄒᆞᆫ吐瀉關格이며가[illegible] 아리와冷積과痢疾에神効

感氣神効 **解熱散** 寒熱往來ᄒᆞ며似학非학과頭[illegible] 眩暈와肢節痛에其効가偉大[illegible]

[illegible] **[illegible]水** 虫齒와風齒와諸般齒痛에壹[illegible] 神효

耳[illegible] **[illegible]** 無論男女ᄒᆞ고耳聾[illegible]이며[illegible] 耳에關ᄒᆞᆫ病은隨症並差

疝症根治 **疝積湯** 諸般산症에大談出賣홈

寸虫没出藥 寸白虫을一切去根ᄒᆞᄂᆞᆫ妙劑

틔눈과못 **拔根藥** 틔눈과못과ᄉᆞ마귀를쌔ᄂᆞᆫ藥

止足汗臭藥 手足의汗臭를除却ᄒᆞᄂᆞᆫ藥

最新改良 **百應膏** 劍瘡과腐傷과곱신되去核生新[illegible] 無論男女老少ᄒᆞ고毒瘇濕瘇[illegible] 瘇諸般瘇瘡에壹切特效가有ᄒᆞ[illegible]

淋疾藥各種 淋疾各症에壹週日만服ᄒᆞ면[illegible] 根快復ᄒᆞ고腎氣가完全홈

其他洋藥各種과◎賣藥各種◎都매散賣
◎遠地에ᄂᆞᆫ郵便小包로申速酬應홈

漢城南大門內濟生堂大藥房 李庚鳳
代辦主任 李興國 白

檀君開國四千二百四十三年
箕子元年三千三十二年
大韓開國五百十九年
本報創刊日 光武八年七月十八日

大韓每日申報

發行兼編輯人 英國人 萬咸
Responsible for Publication Alfred Weekley Marnham
發行所 京城南部石井洞二層洋屋 大韓每日申報社

第八卷　月曜及慶節祝日時休刊　第一千三百九拾六號

論說

◎重商主義를唱道홈

韓國이今日의現狀에至홈은多種의原因을有홈이나就中四民制로由하야生훈弊도其一部를占ᄒᆞ엿도다

韓國에셔此四民의制卽士農工商의階級이一定훈以來로曰士者ᄂᆞᆫ國之元氣이니曰農者ᄂᆞᆫ天下之大本이니ᄒᆞ야國家의奬勵도此部類人에게偏重히ᄒᆞ며民間의待遇도此部類人에게特殊히ᄒᆞ야遂히全國民心으로ᄒᆞ야금士農의稱號만得홀지라도一大榮貴로知케ᄒᆞ고此에反ᄒᆞ야國家의第二目的卽經濟政策에最主要位를占훈者商工에在ᄒᆞ야ᄂᆞᆫ單히汎然홀ᄲᅮᆫ아니라反히鄙賤히너기結果同種類業者로ᄒᆞ야금該稱呼의受홈도自恥로知케홈에至하엿스니民志의腐敗도此로由홈이오實業의不振도此로由홈이라貧弱의現勢를馴致홈이엇지偶然타謂ᄒᆞ리오

原來何如훈美法과何如훈良規라도行홈이日久ᄒᆞ면弊瘼이從生홈은事理의定則이라隨ᄒᆞ야改良變革을行치아니코ᄂᆞᆫ不可ᄒᆞ거던而況此時ᄂᆞᆫ何時인고世界一轍로行ᄒᆞᄂᆞᆫ바卽實利主義의今日이라戰爭이라홈도此實利로由홈이오平和라홈도此實利로由홈인즉若其實利의方法을不知홀진ᄃᆡ一身一家도오히려支保치못하깃거던況一國政策에就홈이온여

蓋士라홈은文의代名이오農이라홈은稼穡의別稱인즉偃武修文하며務玆稼穡하ᄂᆞᆫ等政策은古昔昇平無事ᄒᆞ고鎖國自守하던時代의遺物이라競爭이日劇ᄒᆞ고交通이日繁훈現時代에在ᄒᆞ야適當치못홀ᄲᅮᆫ아니라韓國現狀과如히民智ᄂᆞᆫ固陋에失ᄒᆞ고民氣ᄂᆞᆫ柔弱에過훈等國에셔ᄂᆞᆫ其改良이尤急ᄒᆞ도다就中農이라홈은實業의一種으로生產의重要훈者ㅣ라遽然히非難ᄒᆞ기ᄂᆞᆫ不能ᄒᆞ나盖其所業이土壤이나是嘗ᄒᆞ며灌漑나是務ᄒᆞᄂᆞᆫ故로何如히聰明顯智훈者라도一次身을是業에投ᄒᆞ면世機의觀念은永히風馬牛를作ᄒᆞ나니若國民全數로하야금總히此에歸伏홀진ᄃᆡ다시誰로더브러風潮에對立홀고

然이나吾儕의唱道ᄒᆞᄂᆞᆫ바ᄂᆞᆫ全히士農을排斥홈이아니라商工을重視코져홈이로다詳言홀진ᄃᆡ遺弊를考察ᄒᆞ며時宜를叅應ᄒᆞ야商工을先히ᄒᆞ고士農을後에ᄒᆞ야商工士農으로써順序를숨고져ᄒᆞ노라 (未完)

外報

◎露日協約의觀測 目下露日兩國政府間에交涉하ᄂᆞᆫ新協約은三昨年에締結훈協約을一層明確케홀ᄲᅮᆫ이오其他特殊의事項을規定홈은아니라ᄒᆞ며兩國政府間의協諾만되면其發表與否ᄂᆞᆫ何等拘碍가無홀터이나但日本은對淸及對美政策上으로其발表를希望ᄒᆞ고露國은對德關係上으로此를발表홈을不好ᄒᆞᄂᆞᆫ故로或은秘密協約으로발表치아니홀지도未知ᄒᆞ깃다더라

◎論敦會議件 本年六月廿一日부터二十三日ᄭᅡ지論敦商業會議所及商工業協會에셔第四回萬國聯合會議를開홀터인ᄃᆡ其會議問題ᄂᆞᆫ如左ᄒᆞ다더라

一 外國에宣告훈裁判及仲裁々判所實施件
一 마도리ᄯᅳ協定에附帶된商品의原產地詐稱을防過홀도各國에戒告훈件
一 稅關表編纂에評價方法件
一 小切手에關훈法規를劃一홀件
一 萬國郵便同盟及歐洲郵便同盟擴張件
一 諸公會及國際經濟的會議에셔商工業을直接代表훈件
一 耶蘇復活日을一定케홀件
一 구레푸리안曆를平易劃一홀件

◎楊氏南京行 淸國南京博覽會審查總長을被命훈農工商部右侍郎楊士琦氏ᄂᆞᆫ去廿一日漢口에셔出발하야南京으로向ᄒᆞ엿다더라

◎狩夫慘況 露淸境界滿洲里附近에ᄂᆞᆫ去月부터獺狩가方盛ᄒᆞ야淸人의出獵者가七千名에達ᄒᆞ고携物도亦多훈ᄃᆡ去十九日馬賊百餘名이襲來ᄒᆞ야淸人八十名을殺害ᄒᆞ고獺一千餘을奪去ᄒᆞ엿다더라

◎英軍人赦免 英國황帝陛下ᄂᆞᆫ父황陛下大葬에關ᄒᆞ야陸海軍犯罪者의赦免及減刑을命ᄒᆞ셧다더라

◎크리트問題 크리트島議會에셔ᄂᆞᆫ回々敎徒議員이希臘황帝에臣從ᄒᆞᄂᆞᆫ宣誓를拒絶훈理由로該議員을排斥홈에至ᄒᆞ엿ᄂᆞᆫᄃᆡ크리트島保護의當任된英、露、佛、伊、四國은該議員의復席을要求훈다더라

社告

各學校에셔校中事項을本報에揭載코져홀時에ᄂᆞᆫ校長이署名ᄒᆞ고校印을捺ᄒᆞ며記事를簡明히홈을要홈此外에ᄂᆞᆫ確報로認準치아니홈

大韓每日申報社

學界

◎光興卒業 全南靈光郡光興學校에셔ᄂᆞᆫ日前에第一回卒業式을擧行하엿ᄂᆞᆫᄃᆡ優等生曹秉讃李秦榮氏等廿餘人이라더라

◎義金請求 貞慶坊民團에셔ᄂᆞᆫ普光學校를維支ᄒᆞ기爲ᄒᆞ야坊內人民에게多少義捐金을請求中이라더라

◎有志其人 草梁居金聖佑洪聖希金子元吳南곤安汝觀盧德彦諸氏ᄂᆞᆫ本是商界學界에熱誠이有훈人士인ᄃᆡ彰興會與兩社를主幹ᄒᆞ야南北商民의便利를酬與ᄒᆞ고靑年을勉勵ᄒᆞ야學校를設立하고財政을擔任ᄒᆞ야後生의前進을是圖ᄒᆞ고勞働者를招集ᄒᆞ야協彰組라名稱ᄒᆞ고團結服業ᄒᆞ야進進不已훈意思로朝夕勸諭훈다더라

◎湖西生運動續聞 湖西學生親睦會에셔去日曜日訓鍊院에셔運動會를設行홈은既報어니와當日狀況을續聞훈즉學生三百餘人과一般任員이多數會同ᄒᆞ엿스며湖西人士의傍觀이數百人에達ᄒᆞ엿ᄂᆞᆫᄃᆡ學生의活潑훈動作과整肅훈規律은一般觀者가莫不贊美하엿스며運動畢了後에該會長李春世氏의主唱으로萬歲를崇呼ᄒᆞ엿고湖西紳士中李熙直氏ᄂᆞᆫ금十圓俞鎭泰氏ᄂᆞᆫ금十圓國朝人物誌五部萬國事物紀原歷史五冊선源寶畧十冊空冊百部申圭植氏ᄂᆞᆫ國民須知十冊養鷄新編三冊麵包二百個尹致昨氏ᄂᆞᆫ金十圓李範星氏ᄂᆞᆫ空冊五十部柳셕泰安鍾和閔櫂金完鎭南泌祐金容達申奭求尹致昭趙轍熙等諸氏ᄂᆞᆫ金貨鉛筆空冊大韓新地圖等物品을多數寄付ᄒᆞ엿고衛生部長劉秉球氏ᄂᆞᆫ藥品을面々分給ᄒᆞ야疲困者를救療ᄒᆞ엿다더라

▲偉人遺蹟

▲▲東國巨傑 崔都統 續

錦頰山人

第八章 崔都統의禦蒙古

雖然이나恭愍王은一個昏童이라印당의賊殺을作孼인줄不知ᄒᆞ고善德으로思ᄒᆞ며崔瑩의召還을失策인줄不知ᄒᆞ고妙計로思ᄒᆞᄂᆞᆫ도다彼北元이百年猾虜의種子로我國을侮視ᄒᆞ다가忽然崔瑩印당兩元帥가蕞爾小邦의殘兵을驅하야敢히大國을來犯ᄒᆞ야八站을擊破ᄒᆞ고帝居를震驚케ᄒᆞ니此ᄂᆞᆫ蒙古北入以來罕覯의事라必也狂憤狂怒가一時俱발ᄒᆞ야直히其巨口를張ᄒᆞ야東國山川을一擧呑入지못홈을恨ᄒᆞ리니엇지恭愍王一謝罪狀에遽已ᄒᆞ엿스리오不過是流寇가充斥ᄒᆞ고風塵이荏苒ᄒᆞ야國內大問題가頻煩ᄒᆞ거니奚暇에天涯萬里東方의末에向ᄒᆞ야舊是非를理ᄒᆞ리오是以로外面으로ᄂᆞᆫ假託ᄒᆞ야曰爾가印당을斬훈故로我가爾罪를赦ᄒᆞ노라하며爾가崔瑩을召還훈故로我가爾罪를赦ᄒᆞ노라ᄒᆞ며爾가僕々히謝罪ᄒᆞᄂᆞᆫ故로我가爾罪를赦ᄒᆞ노라홈이어니와萬一其實狀을推하면印당을不斬ᄒᆞ야도彼가無奈며崔瑩을不召하야도彼가無奈며又大兵을擧ᄒᆞ야燕京을直擣ᄒᆞ야도彼가無奈어ᄂᆞᆯ無奈의彼를畏ᄒᆞ야謝罪鼠縮훈恭愍王이여

既而오崔都統이一劍으로百萬紅賊을蕩平ᄒᆞᄆᆡ彼蒙古가其間을乘ᄒᆞ야餘燼의收拾홈을得훗스니엇지晏然히坐하야當年八站의遺恥를肯忘하리오彼의來寇가朝暮에在ᄒᆞ거날此時에又健忘者又치擬坐훈恭愍王이여雖然이나彼의無奈의時에ᄂᆞᆫ謝罪ᄒᆞ고彼의有奈의時에ᄂᆞᆫ反히擬坐훈者가엇지王一人ᄲᅮᆫ인卽擧朝가皆然이며抑又擧國皆然ᄒᆞ니國의衰弱을曷免하오唯崔瑩鄭世雲偰玄麟三人此를憂ᄒᆞ야其戰勝의餘威로方을壓ᄒᆞ야紅賊을掃蕩ᄒᆞ고元에且及하랴ᄒᆞ다가奸凶의坑에陷ᄒᆞ야鄭世雲은死ᄒᆞ고玄麟은隱ᄒᆞ고崔都統은默ᄒᆞ東國의憂가又大ᄒᆞ도다

紅賊이我國에셔敗歸ᄒᆞ미兵이盡竭ᄒᆞ야비록隣敵의侵이홀지라도自存치못홀일시相伯顔이此機를乘ᄒᆞ야紅賊平ᄒᆞ고南方을定ᄒᆞ니盖元朝獲完은卽我國이賜훈恩이더然이나彼가其恩은不記ᄒᆞ고憤은不忘ᄒᆞ야百年以來舊讎으로我國을再壓코ᄌᆞ홀시其ᄂᆞᆫ恭愍王이奇轍을誅홈에託나其實은八站의宿恥를雪ᄒᆞ홈이더라 (以上은上編終)

宮廷彙報

◎活眞劇御覽 太皇帝陛下씌옵서는本日正午에 德壽宮內新德殿에서愛國婦人會活動寫眞을 御覽하옵신다더라

◎特賜金已下 旣報와如히大皇帝陛下씌옵서再昨日各大臣에게特賜金을 下賜ᄒᆞ옵셧는디總相은二千五百圓其餘大臣은貳千圓式親衛府長官은壹千圓이라더라

◎忌辰問安 再昨日은 神定皇后의忌辰인故로義親王以下外族諸氏와前議政閔泳奎氏以下祇候官一同이 德壽宮에叅內 問安ᄒᆞ엿다더라

◎皇儲行啓地 日本에 御留ᄒᆞ시는韓國 皇太子殿下씌셔는來七月頃에山陰道、中國、四國、地方에 御遊覽ᄒᆞ시기로決定ᄒᆞ셧다더라

雜 報

◎學部廢止說 日前叅與官會議에서는學部를廢止ᄒᆞ야內部에附屬ᄒᆞᆫ다는說노提論ᄒᆞ엿다더라

◎學相歸任期 南韓地方學事視察中에在ᄒᆞᆫ學部大臣李容稙氏는昨日水原에着하야同地를視察ᄒᆞ고本日에歸任ᄒᆞᆫ다더라

◎耆社獨惜乎 元老金聲근氏等이耆老社寶牒移奉ᄒᆞ는事에對ᄒᆞ야統監府國分叅與官에게致函ᄒᆞᆷ은旣報어니와耆老社堂上諸氏는今明間統監府에躬進交涉하기로協議ᄒᆞ엿다더라

◎耆社廢止說 宮內府에서는耆老社를永廢ᄒᆞ기로內定ᄒᆞ고爲先該社役員等을一切淘汰ᄒᆞᆫ다더라

◎團員開宴 觀光團員兪吉濬[illegible]두諸氏는昨日下午四時漢城俱樂部에서宴會를設ᄒᆞ고各官廳勅任官以上과京城日報社任員과其他新聞記者를請邀宴待ᄒᆞ엿다더라

◎詩徒南下 總理大臣李完用氏邸에每日待令ᄒᆞ야詩酒로作業ᄒᆞ던南北村某某人들은李總理와面晤ᄒᆞ기爲하야日間溫陽으로下往ᄒᆞᆫ다더라

◎尹邸朴牌 海豊府院君尹澤榮氏는何등節을因ᄒᆞᆷ인지其寡居兄嫂의名下朴永貞으로門牌를書揭ᄒᆞ엿다더라

◎到處宴風 承寧府總管趙民熙氏家에서는再昨日李總相의夫人昨日宴을盛設ᄒᆞ고各大臣及高등官夫人五六十名을宴待ᄒᆞ엿다더라

◎宇佐川歸任 歸國ᄒᆞ엿던東拓總裁宇佐川은昨日午后九時新橋발列車로出발ᄒᆞ야歸任의途에就하엿다더라

◎山근開宴 內部衛生局囑托日人山근은再昨日下午五時頃에晚餐會를設ᄒᆞ고該局內外官吏와大韓醫院高等官을請邀宴待ᄒᆞ엿디더라

◎橫山西行 內部事務官日人橫山은地方行政을視察ᄒᆞ기爲ᄒᆞ야本日平安南北道로出發ᄒᆞᆫ다더라

◎投瓊受瓜 中樞院顧問李夏榮氏의次男圭元氏는向者鎭南浦日人民團立尋常高등小學校建築地로七千圓價値되는田土二千五百七十八坪을寄付ᄒᆞ엿슴으로日本賞勳局總裁는同氏에게金杯一個를贈與ᄒᆞ얏다더라

◎싸氏歸國 京城水道局總務英國人싸함氏는來月曜日京釜線으로日本을經由ᄒᆞ야歸國ᄒᆞᆫ다는디修學院學員一同이南門驛에[illegible]이라더라

◎德使北漢行 德國大使멈男은同國總領事와日人警務局長松井과榊原憲兵隊長과通譯本多와同件ᄒᆞ야昨日北漢山城을觀覽ᄒᆞ엿다더라

◎武田歸國 京城에來在ᄒᆞ던日本海軍少將武田은去二十五日에退京歸國ᄒᆞ엿다더라

◎日人의師範校計劃 韓國居留日本人은旣히十五萬以上에達ᄒᆞ엿슴으로小學校生徒數도隨以增加ᄒᆞ야現在者만計ᄒᆞ야도無慮六萬에達ᄒᆞᆯ지라其敎員을總히日本으로招聘하면多少不便이生ᄒᆞᆯ뿐아니라殖民地의敎育方針에適宜치못하다하야統監府에서는適合ᄒᆞᆫ小學敎員을養成ᄒᆞᆯ目的으로師範學校를設立키爲ᄒᆞ야目下調査中인디此를決定ᄒᆞᆫ以後에는來年度預算에計入ᄒᆞᆯ터이라더라

◎聞喪卽還 度支部書記官兪承兼氏는財政狀況을視察ᄒᆞ기爲ᄒᆞ야四週間預定으로公州郡財務監督局管內에出張ᄒᆞ엿는디三昨日其夫人의喪報를聞ᄒᆞ고急々히歸京ᄒᆞ엿다더라

◎北關廟毁撤 宋洞에在ᄒᆞᆫ北關王廟를永爲廢止ᄒᆞᆯ次로現今毁撤中이라더라

◎質問의詳聞 普成專門學校學員이該校講師鄭求昌氏의게質問ᄒᆞ엿다는事에對ᄒᆞ야更히詳報를據ᄒᆞᆫ즉該學員이鄭氏의法律講義를聽ᄒᆞ다가死刑減輕條件等說에至ᄒᆞ야今番李在明事件과如ᄒᆞᆫ것도酌量減輕ᄒᆞᆯ法理가有ᄒᆞ나고一次疑問ᄒᆞ엿슬뿐이오學員의詰難과講師의退歸等事는無ᄒᆞ엿다더라

◎新驛開務 舊馬山에新設ᄒᆞᆫ停車場은來月十日부터事務를開始ᄒᆞ는디同日祝賀會를兼開ᄒᆞᆫ다더라

◎商民不穩 漢城財務署에서西部孔德里及萬里峴등地燒酒商等에게昨年分酒稅를濫徵ᄒᆞᆫ事에對ᄒᆞ야該商民一同이京城商業會議所를經由하야當該官廳에抑冤ᄒᆞᆫ事由를面陳ᄒᆞ엿스되于今確實ᄒᆞᆫ措處가無ᄒᆞ고但過去錯誤를追論無益이오且加徵稅金이旣히國庫에入ᄒᆞ엿스니今年부터나此等抑冤이更無케ᄒᆞ마ᄒᆞ는디라該商民等은此를聞ᄒᆞ고官憲의失措ᄒᆞᆷ을통憤ᄒᆞ야商業會議所에會集ᄒᆞ야沸鬱ᄒᆞᆫ言論을發ᄒᆞ며當局에[illegible]히請願ᄒᆞ야相當ᄒᆞᆫ措處를得ᄒᆞ코자ᄒᆞ야頗히不穩ᄒᆞᆫ狀態를呈ᄒᆞ는지라商業會議所에서萬端說諭ᄒᆞ야安心退去케ᄒᆞ고昨日度支部及漢城府에申請書를吏呈ᄒᆞ얏는디當局의施措如何를俟ᄒᆞ야可成的으로行動ᄒᆞᆯ터이라더라

◎隨沉旋救 日前三湖等地에서人民이石魚를貿得ᄒᆞᆫ次로魚船에多數登上ᄒᆞ엿다가船隻의傾覆을因ᄒᆞ야人民中沉沒을被ᄒᆞᆫ者가有ᄒᆞ엿는디幸卽拯救ᄒᆞ야死亾의弊는無ᄒᆞ엿다더라

◎實業家平壤行 實業家趙鎭泰白完爀等諸氏는平壤水道通水式에叅列키爲ᄒᆞ야本日京義線으로발程ᄒᆞᆫ다더라

◎雇監習務 淸津成川等地私立補助指定學校의校監으로雇來ᄒᆞᆫ日人들은昨日부터學部에出頭ᄒᆞ야事務를見習ᄒᆞᆫ다더라

◎孫家執行 天道敎主孫秉熙氏가普文社事件으로崔錫彰氏와裁判落科ᄒᆞᆷ은一般共知어니와昨日警視廳에서官吏를派送ᄒᆞ야孫氏의家産을執行ᄒᆞ엿다더라

◎巡査勤勞調査 義兵討伐에從事ᄒᆞ던巡査에게敍勳ᄒᆞᆯ次로內部警務局에서其勤勞의優劣을調査ᄒᆞᆫ다더라

◎運動世界 警視廳에는刑事巡査班闕이四五窠에至ᄒᆞ엿스되此를圖得ᄒᆞ기爲ᄒᆞ야運動ᄒᆞ는者가多數ᄒᆞ다더라

◎權氏長逝 耆老所堂上權膺善氏는身病을因ᄒᆞ야本月廿三日公州鄕第에서長逝ᄒᆞ얏다더라

◎金氏等金剛行 茶洞居金宗國金基永氏등五六名은金剛山을遊覽次로日昨發程ᄒᆞ얏다더라

◎昌山寄金 창山君李海昌氏는大韓協會에經費를補助키爲ᄒᆞ야金四百圓을捐付ᄒᆞ얏다더라

◎慈善哉其人 茂長郡大寺面山亭里居前叅奉李炳龜氏는自手成家ᄒᆞ야僅々調過ᄒᆞ는터인디窮春民情을特念ᄒᆞ야面內春等戶錢千五百餘圓을自擔辦納ᄒᆞ얏슴으로頌聲이藉藉ᄒᆞ다더라

◎酒組擴張 酒造組合所長秦學胄總務崔奎明氏가辭免ᄒᆞᆫ代에所長은梁章煥氏로總務는李守鳳氏로選定ᄒᆞ고諸般事務를擴張ᄒᆞ야醸酒方法을益々精密히ᄒᆞᆫ다더라

◎兩報又押 大東共報第十九号와新韓國報第九十三九十四号兩号는治安妨害라ᄒᆞ야內部에서押收ᄒᆞ엿다더라

◎斷頭賊又出 水原郡居朴成玉氏의親山을日前强盜가潛掘ᄒᆞ야頭部를斷去ᄒᆞ엿다더라

◎造貨犯被捉 中部洞口內居任商俊은銀貨僞造犯으로再昨日筆洞日憲兵分遣所에被捉ᄒᆞ엿다더라

◎智識培養會興旺 均興組合所에서同所家屋을靑年智識培養會에借與ᄒᆞᆷ은前報에已報ᄒᆞ엿거니와近日該組合所를中部長通坊帽谷等地로移接ᄒᆞᆫ後該會々館을繼續借與ᄒᆞ고該會贊成員이比前尤篤ᄒᆞ며贊成員黃僖俊在德命大集等諸氏가熱心勸獎ᄒᆞᆷ으로該會情况이大爲興旺ᄒᆞ야目下會員이百餘名에達ᄒᆞ엿다더라

◎侍天敎紀念式 侍天敎에서는昨日開敎紀念式을設行ᄒᆞ엿는디地方敎人이多數來叅ᄒᆞ엿다더라

◎太極講會 太極敎宗本部에서來卄九日下午一時에講會를開ᄒᆞ고以友輔仁이란問題로講說ᄒᆞᆫ다는디敎員以外에도一般人士가多數來叅ᄒᆞ기를希望ᄒᆞᆫ다더라

◎崔氏義務 慶南泗川郡居崔寅熏氏는日昨에嶠南敎育會에入叅ᄒᆞ얏는디金五十圓을卽時義捐ᄒᆞ고該會任員一同과嶠南學生親睦會任員을請邀ᄒᆞ야茶果를盛設하고贊成의辭와勸勉의意로一場說明ᄒᆞ얏는디該氏의懇々ᄒᆞᆫ誠心은嶠南人士의模範이되깃다고稱頌이藉々ᄒᆞ다더라

◎同志會移接 靑年同志會에서는三昨日事務所를中部寺洞等地로移接ᄒᆞ엿다더라

◎處理會開會 國債報償金處理會에서明二十八日下午一時에評議會를開ᄒᆞᆫ다더라

電 報

◎清日兵衝突 廿四日安奉沿線에서清日兵間大衝突이起ᄒᆞ야死傷者가數名에至ᄒᆞ엿는디其原因은아즉未詳ᄒᆞ나目下取調中이라더라

◎清使轉任 駐日清國公使胡惟德氏는今回外部右侍郞으로轉任ᄒᆞ엿스ᄂᆞ디其後任은姑히未定ᄒᆞ엿다더라

◎日相撲渡韓 日本[illegible]京大相撲協力士(脚戲軍)의百餘名은釜山、京城、仁川大連地方에巡業ᄒᆞ기로決定ᄒᆞ엿다더라

◎輕鐵條則發表期 日本에서는輕便鐵道條例及細則을六月一日에발表ᄒᆞᆯ듯ᄒᆞ다더라

◎印度王松島行 [illegible]京에來在ᄒᆞ던印度王바로다[illegible]下는二十五日午後五時에上野에서발ᄒᆞ야松島에赴ᄒᆞ엿더니本日午前에는仙臺에着ᄒᆞ야島를遊覽ᄒᆞ고同日午後最終車로東京에還歸ᄒᆞᆫ다더라

◎日艦新嘉坡行 日本[illegible]練習艦阿蘇、宗谷兩号는二十二日명府에서出발하야新嘉坡를向ᄒᆞ야航行ᄒᆞ엿다더라

以上東京발 廿六日着

◎波王訪德國 波斯國王及王后는公式訪問ᄒᆞ기爲ᄒᆞ야伯林에到着하엿다더라

◎反徒慘死 니게리파國砲艦우인스마號는反徒의[illegible]船을擊沈ᄒᆞ야乘組員一百名이溺死ᄒᆞ엿다더라

◎德帝와英紙 英國新聞은德國황帝御[illegible]에際ᄒᆞ야頗히鄭重ᄒᆞᆫ告辭를揭ᄒᆞ얏다더라

◎法土國境協約 亞比利加돈스의後方의法國과土耳其間의國境紛擾가解決되엿슴으로土耳其、돈스間에國境協約을締結ᄒᆞ엿다더라

以上伯林發 廿六日着

社告

本社에ᄂᆞᆫ當初부터廣告紹介人이全無ᄒᆞ온ᄃᆡ近日閭巷間에何許浮浪悖類가本社廣告取扱人이라冒稱ᄒᆞ고種々挾雜의弊가有ᄒᆞ다하오니一般商業界 僉同胞ᄂᆞᆫ特히注意ᄒᆞ시와見欺치마시옵

大韓每日申報社

廣告

本人의字治守를以致守로改ᄒᆞ엿ᄉᆞ오니京鄕 僉位ᄂᆞᆫ以此知悉ᄒᆞᆷ

釜港草梁卅二統七戶 裵致守

本人이去光武十年에崇陵參奉帖旨를承ᄒᆞ온바其後喪故를因ᄒᆞ야職名을今始自居ᄒᆞ오니知舊間照亮ᄒᆞ시옵

仁川郡蚊山面蔡田洞 全相學 白

廣告 湖南 僉君子

本舘에數月前부터諸般新書籍이具備ᄒᆞ온바今에又一層擴張이되엿ᄉᆞ니速速히顧愛ᄒᆞ심을務望

全北泰仁郡內七里五統一戶

普明書舘 舘主 宋在東 主任 宋在敏

西署龍山坊麻浦一百五十統九戶安△근家舊文記七枚를不知中에失故로玆以廣告ᄒᆞ오니誰某拾得하여도休紙施行ᄒᆞᆷ

家主 安永根

本人이水原郡龍珠寺寺中에債給當坪壹萬兩標를不知中에失故로更標ᄒᆞ엿ᄉᆞ옵고玆以廣告ᄒᆞ오니內外國人中誰某拾得ᄒᆞ여도休紙施行ᄒᆞ시옵

開運寺安月松 告白

本學友會定期總會를六月十八日(第三土曜)下午八時에本會學舘內에開하오니 僉會員은一齊來臨ᄒᆞ시되本會年捐金五十錢式을本月三十一日內로中部磚洞韓美興業株式會社內本會會計의게交付ᄒᆞ심을望ᄒᆞᆷ

皇城基督敎青年會學舘學友會

會計 朴敬淳 白

本黨에서本月廿八日(土曜)下午一時에臨時總會를西部夜珠峴圓覺社內에開ᄒᆞ고本黨綱領을發表ᄒᆞᆯ터이오니一般黨員은照亮ᄒᆞ시옵傍聽도許ᄒᆞ오니多數來臨ᄒᆞ심을敬要

綱領

一、民族의生活方道를開導 演義 文鐸

一、民族의妄動原因을矯救 演義 劉元杓

一、民族의自治精神을培養 演義 鄭寅碩

進步黨 白

勿論親疎間掌記及居住만通知하시면擇品廉價ᄒᆞ야郵便小包나運送部로即速付送ᄒᆞ고代金은引換ᄒᆞ깃ᄉᆞᆸ

京南部銅峴九十五統十戶

乾材藥局 崔興模

移轉廣告

本社業務를擴張키爲ᄒᆞ야本社位置를釜山港草梁에移轉ᄒᆞᆷ

隆熙四年五月二十七日

南部小公洞第三十五統一戶

大韓協同郵船會社 告白

學部檢定

新訂代數學 中等敎科書

李敎承 著

敎育界의啓明星이오 數學家의羅盤針이라

洋裝美本 印刷精密 定價金一圓二十錢

本書ᄂᆞᆫ學部數學檢定의孤矢가되엿ᄉᆞ오며一般高等敎育上에不可缺ᄒᆞᆯ珍書라

預約募集

預約割引은同業者의게ᄂᆞᆫ部數에依ᄒᆞ야多少가有ᄒᆞ오니書信或面議ᄒᆞᆷ

신을望ᄒᆞᆫ個人預約은先金에限ᄒᆞ야二割引으로酬應ᄒᆞᆷ

但學生拾人團體가有ᄒᆞᆫ時ᄂᆞᆫ該紹介者의게三割引外特히一部를進呈

豫約期限은六月十日ᄭᆞ지定ᄒᆞᆷ

發元賣行所 漢城鍾路 滙東書林

京城에出現ᄒᆞᆫ하례彗星

하례ㅣ彗星은一晝夜間에約二千萬里의速力으로우리地球에接近ᄒᆞᆫ다ᄒᆞᆷ은全世界人의激烈히喧傳ᄒᆞᄂᆞᆫ바아닌가

現世滔々ᄒᆞᆫ商業戰爭의速度ᄂᆞᆫ하례ㅣ彗星에不下ᄒᆞᄂᆞ니今에우리漢陽商會ᄂᆞᆫ小賣部別立ᄒᆞᆫ以後空前絶後의大發展과하。례。ㅣ。慧星二千萬里의大速力으로二千萬人의大同胞와接近코져ᄒᆞᆷ이다

今番移轉ᄒᆞᆫ京城商業會議所構內의店舖가宏大完美ᄒᆞ다自誇치ᄂᆞᆫ아니하나一次光臨ᄒᆞ신有眼人士의觀察이면可히써東洋唯一의大店舖됨을認得ᄒᆞ실지요

漢陽商會ᄂᆞᆫ大擴張ᄒᆞᆫ以後地方部에ᄂᆞᆫ도라ᄉᆞ도式販賣法을採用ᄒᆞ야더욱低廉敏速히萬物을供給하고諸彦의便益을圖ᄒᆞ나이다

吾輩ᄂᆞᆫ歐米의物貨를輸入販賣ᄒᆞᆷ에不止ᄒᆞ고我韓의物産을陳列ᄒᆞ야祖國의精華를發揮코져ᄒᆞᄂᆞ니觀ᄒᆞ시요暗黑ᄒᆞᆫ漢城鍾路의(우리大韓商業의最中心인지)商界ᄂᆞᆫ하。례。ㅣ。慧星과如ᄒᆞᆫ우리漢陽商會의光明을受ᄒᆞ야開拓되며잇슴나이다

우리ᄂᆞᆫ한갓漢陽商會가最完全最盛大ᄒᆞ다自道치아니ᄒᆞ나世의大勢ᄂᆞᆫ님의吾輩로ᄒᆞ야금獨占不可犯의權能을賦與ᄒᆞ야最完美域에到達케ᄒᆞ엿ᄉᆞ니此ᄂᆞᆫ專히有志同胞의血誠遍愛ᄒᆞ시ᄂᆞᆫ盛意의結果이나또우리의經營ᄒᆞᄂᆞᆫ商法組織의如何ᄒᆞᆷ을推知ᄒᆞ실지로다아々世界最後의勝利ᄂᆞᆫ軍政에不在ᄒᆞ고商戰에在ᄒᆞᆷ을우리ᄂᆞᆫ覺悟ᄒᆞ야熱血을注ᄒᆞ야此에努力ᄒᆞ니우리도라ᄉᆞ도式漢陽께。파。ㅣ。도。멘。트。ᄉᆞ。토。아。를사랑ᄒᆞᆯ者ᄂᆞᆫ何에在ᄒᆞᆫ고

勿論遠近親疎ᄒᆞ고藥材掌記와居住를昭詳付郵ᄒᆞ시면小包로引換代金과運送部로適送ᄒᆞ깃ᄉᆞ오니照諒敬要

京銅峴一統六戶

乾材藥局 李盛哉

本書林에서敎科及他書籍五六百種과古書名筆을鳩聚大賣하오니照亮購覽務望

引換代金으로도酬應ᄒᆞᆷ

請求多小에特別割引도有ᄒᆞᆷ

發賣所 南部銅峴卅五統八戶

同文書林主 金雨均 白

本人之三子炯晩性本浮浪所居家屋因亂債執行後蕩敗無餘人所共知內外國人切勿見欺ᄒᆞᆷ

義州西門內金用극 告白

登錄

京西部車洞同和藥房本國材로洋製ᄒᆞᆫ引蘇丸이消滯止泄滅毒ᄒᆞ고付屬ᄒᆞᆫ八十餘種이俱備大發行ᄒᆞ오

閔樑 白

學部檢定 內部認可

漢文初學

一帙四冊(每冊十四錢)

本書ᄂᆞᆫ一般私立學校初等敎育漢文科에適當케編纂ᄒᆞ온新刊發行이오며其他各種新書籍及學徒用品이俱備ᄒᆞᆫ바特別割引ᄒᆞ와一依請求ᄒᆞ심을酬應ᄒᆞ오며郵便과或運送部로迅速ᄒᆞ게付呈ᄒᆞ깃ᄉᆞ오니學界에注意하시ᄂᆞᆫ京鄕僉位ᄂᆞᆫ愛顧ᄒᆞ심을務望

元賣所京南部苧洞十七統一戶

廣文堂書舖 南鴻祐

分賣所京鄕各有名書舖

廣告

此藥은春夏秋冬衛生家通常預備之靈劑ᄂᆞᆫ內外僉君子之已所亮燭者而今에盛夏凉秋에滌暑除장과消食爽神키爲하야特別製造發賣ᄒᆞᆷ

消化新藥

清心保命丹

漢城南大門側二層洋屋
濟生堂大藥房本舖
主任 李庚鳳
代辦主任 李興國 白
支配人 金永七

[illegible]堂製造發行ᄒᆞᄂᆞᆫ藥品

消化新藥 **清心保命丹** 此丹은化痰止咳ᄒᆞ고順氣消滯ᄒᆞ며恒常長服ᄒᆞ면腸胃가健全

大補元氣 **蔘茸大補元** 大補元氣ᄒᆞ고滋腎健腦ᄒᆞ며先天不足과陽위不起에一切神効

蛔積殺虫散 此약은회積과회腹痛과회虫一切을去根ᄒᆞᄂᆞᆫ良劑

久滯大通丸 此丸은年久積滯와宿滯後重이며胷腹痛에神効莫大ᄒᆞᆷ

瘡病新藥 **梅花點雪丹** 毋論男女ᄒᆞ고花柳病楊梅瘡에一切去根快復하ᄂᆞᆫ良藥

眼疾速効 **光明眼藥** 諸般眼疾에隨症皆差ᄒᆞᄂᆞᆫ東洋에初有ᄒᆞᆫ寶藥

起死回生 **回生丹** 此丹은急ᄒᆞᆫ吐瀉關格이며가ᄉᆞᆷ아리와冷積과痢疾에神効

感氣神効 **解熱散** 寒熱往來ᄒᆞ며似학非학과頭痛眩暈와肢節痛에其効가偉大

齒痛新藥 **止痛健齒水** 虫齒와風齒와諸般齒痛에壹切[illegible]効

耳臭聖藥 **[illegible]** [illegible]

疝症根治 **疝積湯** 諸般산症에大談出賣ᄒᆞᆷ

寸虫沒出藥 寸白虫을一切去根ᄒᆞᄂᆞᆫ妙劑

듸눈과못 **拔根藥** 듸눈과못과ᄉᆞ마귀를ᄲᆡᄂᆞᆫ藥

止足汗臭藥 手足의汗臭를除却ᄒᆞᄂᆞᆫ藥

去核生新 **沃度膏** 劍瘡과腐傷과곱센듸去核生新ᄒᆞ기ᄂᆞᆫ第一著明

最新改良 **百應膏** 無論男女老少ᄒᆞ고毒瘇濕瘇瘰瘇諸般瘇瘡에壹切特效가有ᄒᆞ

淋疾藥各種 淋疾各症에壹週日만服ᄒᆞ면病根快復ᄒᆞ고腎氣가完全ᄒᆞᆷ

其他洋藥各種과◎賣藥各種◎都에散賣
◎遠地에ᄂᆞᆫ郵便小包로申速酬應ᄒᆞᆷ

漢城南大門內濟生堂大藥房
李庚鳳
代辦主任 李興國 白

大韓每日申報

檀君開國四千二百四十三年
箕子元年三千三十二年
大韓開國五百十九年
本報創刊日
光武八年七月十八日

發行兼編輯人 英國人 萬咸
Responsible for Publication Alfred Weekley Marnham
發行所 京城南部石井洞三層洋屋 大韓每日申報社

第八卷 月曜及慶時日休刊 第一千三百九十七号

本報 價金 一枚 新貨二錢五厘 壹個月 三十錢 但地方에ᄂᆞᆫ郵費十三錢
廣告料 四号活字拾三字詰 壹個月壹寸에 五圜 (自一行至四行이爲一寸)

論說

重商主義를唱道ᄒᆞᆷ (續)

然則吾儕ᄂᆞᆫ今에此四民制를創設ᄒᆞᆷ이아니라卽旣存ᄒᆞᆫ者를改良코저ᄒᆞᆷ이오又吾儕ᄂᆞᆫ實行者의地位에在ᄒᆞᆷ이아니라卽一個言論者의位에不過ᄒᆞᆫ즉其改良의理由와位置의順序와實行의方法을次第詳明ᄒᆞ야一邊으로輿情에訴ᄒᆞ야事實上實行을期ᄒᆞ고他邊으로當局者의政見에供ᄒᆞ야國法上實施를要ᄒᆞᆯ뿐이로다

今日의爲政家가되야經濟方面을輕視치못ᄒᆞᆯ뿐아니라苟히國이國된已上에ᄂᆞᆫ經濟政策에歸重치아니치못ᄒᆞᆯ지니經濟의重ᄒᆞᆫ者ᄂᆞᆫ生産과分配라其間에劣을分ᄒᆞ기ᄂᆞᆫ不能ᄒᆞ나商工으로써論ᄒᆞᆯ진ᄃᆡ[illegible]라ᄒᆞᆷ은一定의勞力과[illegible]種의原料ᄂᆞᆫ要ᄒᆞᄂᆞᆫ故로韓國現程度에在ᄒᆞ야ᄂᆞᆫ時機가尙早다謂ᄒᆞᆯ지며其利益에至ᄒᆞ야도範圍와限度가有ᄒᆞ거니와商業에在ᄒᆞ야ᄂᆞᆫ不然ᄒᆞᆫ지라我無로써彼有를易ᄒᆞ며東餘로써西乏을補ᄒᆞ야世界로範圍를作ᄒᆞ며時勢로機會를共ᄒᆞ나니單히自國經濟上에만便利를供ᄒᆞᆯ뿐아니라實노對世競爭上에最驍勇前驅가[illegible]今日商業은古昔商業과[illegible]ᄒᆞ니苟히商業家의名稱을有ᄒᆞᆫ者ᄂᆞᆫ國際關係를略知ᄒᆞ며法[illegible]識이亦備ᄒᆞ나니若全國民을擧ᄒᆞ야商業에[illegible]ᄒᆞᆯ진ᄃᆡ國貧民弱에何患이[illegible]리오試ᄒᆞ야實例를擧ᄒᆞᆯ진ᄃᆡ英吉利ᄂᆞᆫ大西洋中一小島로今日世界에如彼히雄飛ᄒᆞ나니商權의所由이아닌가此ㅣ吾儕가商[illegible]로써[illegible]民의首位에置ᄒᆞ야國家의奬勵도此를重히ᄒᆞ며民間의待遇도此를貴히ᄒᆞ야써俗尙을遂成코저ᄒᆞᄂᆞᆫ바라

論步를更進ᄒᆞ야工으로써士에先ᄒᆞᆫ理由를言ᄒᆞᆯ진ᄃᆡ或論者의非難을不免ᄒᆞᆯ지나盖二者의解釋을隨ᄒᆞ야範圍를異히ᄒᆞᆯ지로다韓及淸過去時代의觀念에依ᄒᆞ야人民中上等地位를占ᄒᆞᆫ者卽宦族、學者를總稱ᄒᆞ야士라謂ᄒᆞᆯ진ᄃᆡ如何히時勢가變遷되며如何히弊瘼이層生ᄒᆞ엿슬지라도士가工에後치못ᄒᆞᆯ뿐아니라此意味로解釋ᄒᆞᆯ時에ᄂᆞᆫ常히第一位를不許ᄒᆞᆯ슈가無ᄒᆞ거니와今日에在ᄒᆞ야ᄂᆞᆫ不然ᄒᆞᆫ지라科學의발達로共히政務도各各部門이自分ᄒᆞ야商에도商政이有ᄒᆞ나니隨ᄒᆞ야商官廳、商官吏、商學者가有ᄒᆞ며工에도工政이有ᄒᆞ나니隨ᄒᆞ야工官廳、工官吏、工學者가有ᄒᆞᆫ지라然則士로써宦族、學者의總稱이라ᄒᆞ야商工農과並列ᄒᆞ기ᄂᆞᆫ到底히不可ᄒᆞ나니此意味에就ᄒᆞ야解釋ᄒᆞᆯ時에ᄂᆞᆫ士라ᄒᆞᆷ은範圍가甚少ᄒᆞ야宗敎家、禮文家及此에類似ᄒᆞᆫ者流에不過ᄒᆞᆯ것이오工에至ᄒᆞ야도亦然ᄒᆞᆯ지니往昔所謂木工、石工、鐵工等만指稱ᄒᆞᆯ時에ᄂᆞᆫ範圍가不廣타謂ᄒᆞᆯ지라도現時大機械의발明도此로由ᄒᆞ며大物品의製造도此로由ᄒᆞ야軍備도此에不賴ᄒᆞ고ᄂᆞᆫ不可ᄒᆞᆯ것이오財政도此를不要ᄒᆞ고ᄂᆞᆫ不得ᄒᆞᆯ지니決코其範圍가少타謂ᄒᆞ기不能ᄒᆞᆫ지라此ㅣ吾儕의工으로써士에先ᄒᆞᆫ理由의最大ᄒᆞᆫ者ㅣ오且重士農의餘弊가商工을賤히ᄒᆞᆷ에至ᄒᆞ야實業의不振ᄒᆞᆷ을顧慮ᄒᆞᆫ所以로다 (未完)

外報

◎楊総長著任 淸國南京博覽會審査總長楊士琦氏ᄂᆞᆫ去二十三日에著任ᄒᆞ야文武百官의歡迎을受ᄒᆞ고審査官六十名을從近任命ᄒᆞᆯ터이라더라

◎日團北京着 日本實業團一行은二十六日天津으로부터北京에到着ᄒᆞ엿ᄂᆞᆫᄃᆡ當地淸日官民들은歡迎를準備中이라더라

◎松花問題衝突 松花江航行規則變更問題에關ᄒᆞᆫ會議ᄂᆞᆫ露淸代表者에意見이衝突ᄒᆞᆷ으로北京에셔ᄂᆞᆫ會議ᄒᆞᆯ事를閉ᄒᆞᆫ다더라

◎英艦의東航預定 英國政府에셔ᄂᆞᆫ明年八月頃에二百隻의艦隊를編成ᄒᆞ야地中海를經ᄒᆞ야支那及日本을訪問ᄒᆞ고美國西岸에셔遊弋ᄒᆞᆯ터이라더라

◎露日協約談判 露都來報를據ᄒᆞᆫ즉極東問題에關ᄒᆞᆫ露日協約은露政府의非認與否를不拘ᄒᆞ고談判을目下確實進行中인ᄃᆡ其詳細ᄂᆞᆫ未詳ᄒᆞ나日本은協商의範圍를露國보다益加擴張ᄒᆞᆯ事로提議ᄒᆞᆫ다더라

寄書

敬啓者本人이十四歲時에傍人의誘引을甘聽ᄒᆞ고東學黨에掛名이엿다가其後東學이一進會로改稱ᄒᆞᆷ에至ᄒᆞ야該會의目的을觀ᄒᆞᆫ則四大綱領이皆是自國의幸福을增進ᄒᆞᆯ만ᄒᆞᆫ지라表飾에被瞞ᄒᆞ야會不退會이엿더니其後行動을觀ᄒᆞᆫ즉事事件件이都是亡國亡民의策이라自國精神이有ᄒᆞᆫ者야엇지其罪를聲ᄒᆞ며其論을討치아니리오前者ᄂᆞᆫ姑舍ᄒᆞᆯ지라도今에至ᄒᆞ야ᄂᆞᆫ前보다十倍尤甚ᄒᆞᆫ所謂政合邦聲明書를又爲釀出ᄒᆞ야號曰百萬이라ᄒᆞ고自國의威光을撲滅코저ᄒᆞ오니彼輩ᄂᆞᆫ大韓體魄에異種臟腑를具ᄒᆞᆫ者라大韓體魄에大韓臟腑가有ᄒᆞᆫ者ㅣ야該窟에엇지姓名을存留ᄒᆞ야自國의幸福을消滅케ᄒᆞ리오本人은비록彼輩로더부러贊同ᄒᆞᆫ事實은毫無ᄒᆞ오나名錄이尙在ᄒᆞᆫ故로月前에已爲退會ᄒᆞ고彼輩의妖魔ᄒᆞᆫ行事를贊同ᄒᆞᄂᆞᆫ者에게警戒를作코저ᄒᆞ와玆에仰佈ᄒᆞ오니照亮ᄒᆞ신後公布ᄒᆞ심을敬要

隆熙四年五月十七日
咸北明川郡上雩面光東學校內 金鳳官

學界

◎平郡庶幾 黃海道平山郡은尙今頑蔽가特甚ᄒᆞ야西土人士가一般憂歎ᄒᆞ던바인ᄃᆡ該郡守李圭鴻氏와郡主事全秉淳氏가郡內父老及面長諸氏를會集ᄒᆞ야懇々說論ᄒᆞᆫ結果로師範講習所를協力刱設ᄒᆞ고靑年子弟를自面中選擧入學케ᄒᆞ되學費ᄂᆞᆫ自面擔負케ᄒᆞ고講師趙重桓俞鎭赫兩氏를延聘敎授ᄒᆞᄂᆞᆫᄃᆡ現今上學員이六十餘名이라더라

◎徽校修學行 私立徽文義塾任員及學生一同은日間開城으로修學旅行을作ᄒᆞᆫ다더라

◎隆熙生蠶島行 隆熙學校任員及學員一同은昨日蠶島模範場을觀覽ᄒᆞ엿다더라

廣告

宮廷彙報

◎蠶室親臨 大皇帝 皇后兩陛下께옵서再昨日下午壹時에豊香閣觀蠶所에 御臨하옵시고因ᄒᆞ야秘苑을 御覽ᄒᆞ옵셧ᄂᆞᆫᄃᆡ宮相閔丙奭侍從院卿尹德榮等이 陪從하엿다더라

◎玉候平復 皇后陛下께옵서玉度가 靡寧ᄒᆞ옵시더니日昨부터平復ᄒᆞ셧다더라

◎日公園御賛成 日人이新設ᄒᆞᆫ南山公園이竣成됨은別項과如ᄒᆞ거니와 太皇帝陛下께옵서此를 御賛成ᄒᆞ시기爲하야 御親筆로扁額을 賜ᄒᆞ시고開園式當日에ᄂᆞᆫ特히 勅使를派遣ᄒᆞ시고祝辭를 下賜하옵신다더라

雜報

◎公器私用 侍從院에서侍從秩三窠를增置ᄒᆞᆯ터인ᄃᆡ李總相閔宮相高度相이各其一人式需用ᄒᆞ기로內定되엿다더라

◎作人褒規制定 度支部에서ᄂᆞᆫ國有池小作人을獎勵ᄒᆞ기爲하야褒賞規程二個條를制定公布ᄒᆞ엿다더라

◎奧皇族出發 奧國황族오레안殿下ᄂᆞᆫ駐日德國大使멈男의一行은既報와如히昨日上午九時十分에京義線列車로淸國安東縣에發向ᄒᆞ엿ᄂᆞᆫᄃᆡ宮內府承寧府高等官及各大臣이南大門外停車場에서餞送ᄒᆞ엿다더라

◎密箱發現의內容 趙南升氏事件으로因ᄒᆞ야重要ᄒᆞᆫ外交書類를藏置ᄒᆞᆫ密箱이發現됨은既報ᄒᆞ엿거니와當初趙氏가勅書僞造事件으로警視廳에拘引되야其僞造아님을極方主張ᄒᆞ고曾往 太皇帝陛下께信任貴榮ᄒᆞᆫ證據로向者 太皇帝陛下께重要ᄒᆞᆫ外交文書의委托을受ᄒᆞ야自已가天主敎徒된關係로此를法國敎會堂主敎뮤텔氏에게任置ᄒᆞᆫ事를招供ᄒᆞᆷ으로三浦理事官이卽時同敎會에赴ᄒᆞ야種々交涉ᄒᆞᆫ結果로此를尋出하엿ᄂᆞᆫᄃᆡ其眞相은淸、日、英、美、德、法、露、伊、比、九國과締結ᄒᆞᆫ條約의正文을一桐箱에納ᄒᆞ야鐵製ᄐᆞ렁크로密封ᄒᆞᆫ者이라此等條約文이韓日保護條約이成立ᄒᆞ야外部를廢止ᄒᆞᆯ當時에仍히去處를不知ᄒᆞ야伊藤氏ᄂᆞᆫ大히心動ᄒᆞ야極力搜査ᄒᆞ엿스나畢竟發見치못ᄒᆞᆫ者이오趙氏의 勅書僞造ᄂᆞᆫ事實이나尙今秘諱ᄒᆞ다ᄒᆞ며又該箱中에서海牙事件의密書를발現하엿다ᄒᆞ나此ᄂᆞᆫ全혀虛說이라더라

◎外交書類渡日 警視總監若林賚藏이歸國ᄒᆞᆷ은既報어니와其內容은趙南升氏供招도因ᄒᆞ야발現된鐵櫃中重要書類를携渡ᄒᆞᆷ이라더라

◎進退難自由 一進會長李容九와同會員間에財政關係로不協ᄒᆞ다ᄒᆞᆷ은既報ᄒᆞᆫ바어니와李容九ᄂᆞᆫ其紛擾를厭惡ᄒᆞ야日本에渡往코져ᄒᆞ나會員의挽執을因ᄒᆞ야行動을自由치못ᄒᆞᆫ다더라

◎沈氏計劃 沈一澤氏가組織ᄒᆞᆫ大韓平和會ᄂᆞᆫ李谷元金鶴鎭宋道淳諸氏로爲先발起에入參케ᄒᆞᆯ計劃이라더라

◎林業所廢止期 水原林業事務所ᄂᆞᆫ既報와如히本月三十一日에廢止ᄒᆞ고其管轄區域은京城林業事務所에合併ᄒᆞᆯ旨로農商工部에서告示ᄒᆞ엿다더라

◎埴牧歸國 龍山印刷局經理課長日人埴牧智雄은日本造紙局을視察ᄒᆞᆯ次로日昨歸國ᄒᆞ엿다더라

◎李氏入城 日本에出張ᄒᆞ엿던學部書記官李完應氏ᄂᆞᆫ再昨日下午八時에入城ᄒᆞ엿다더라

◎日主又渡 新任日人郡主事四十名은六月五日에入京ᄒᆞᆫ다ᄂᆞᆫᄃᆡ此로從하야本年度에採用ᄒᆞᄂᆞᆫ日主事ᄂᆞᆫ全部着任이終了된다더라

◎李氏控訴의消息

李總理를殺害ᄒᆞ라다가未遂ᄒᆞᆫ李在明氏等이控訴를提出ᄒᆞᆷ은已報와如하거니와現下控訴院檢事局에서證據及關係文書를査閱ᄒᆞᄂᆞᆫ中인ᄃᆡ連累者及第一審에서審問ᄒᆞᆫ것이極히浩繁ᄒᆞᆫ故로其檢閱이多少時日을要ᄒᆞᆯ터이며隨ᄒᆞ야公判期ᄂᆞᆫ尙今未定ᄒᆞ고裁判長은楠常藏、陪席判事ᄂᆞᆫ河村尙德、韓人申載永氏가될뜻하다더라

◎葉錢回收額 本月一日부터十五日까지回收ᄒᆞᆫ葉錢은八千七百二十貫이오回收開始以後總計ᄂᆞᆫ一百六十萬四千四百六十七貫이라더라

◎金鑛調査 農商工部에서ᄂᆞᆫ全國內金鑛을調査ᄒᆞ기爲ᄒᆞ야不遠間技手를各地方으로派送ᄒᆞᆫ다더라

◎哀此窮民 全南昌平郡地方은昨年度歉荒을因ᄒᆞ야二日間壹食을備得ᄒᆞᆷ으로多數貧民들은顏色이蒼瘠ᄒᆞ고言語를能發치못ᄒᆞᆯ境에至ᄒᆞᆫ지라同地郡衙及財務署에서此를救濟ᄒᆞ기爲ᄒᆞ야去十日에各面에保管ᄒᆞ엿던社還米를出ᄒᆞ야一時貸付를開始ᄒᆞ고尙且各面의貧困者를調査中이라더라

◎全北人口數 全羅北道管下二十八郡의民籍調査ᄂᆞᆫ既히終了되엿ᄂᆞᆫᄃᆡ人口가合計九十三萬八千九百八十九人이라더라

◎學生再調 日憲兵隊에서ᄂᆞᆫ何等必要가有ᄒᆞᆷ인지學部에人員을派送ᄒᆞ야全國內學校數及學生數를再次調査하엿다더라

◎金氏欲退 一進會員金思洪은該會에何등憾情이生ᄒᆞ엿ᄂᆞᆫ지請願自退코져ᄒᆞᆫ다더라

◎執行停止 天道敎主孫秉熙氏가普文社事件으로家産執行을當ᄒᆞᆯ時에金貨六千五百餘圓을卽地備償ᄒᆞ엿슴으로執行은停止되엿다더라

◎日園開園 日人이經營ᄒᆞᄂᆞᆫ南山新公園은建築工事가竣成되엿슴으로明日上午十二時에開園式을擧行ᄒᆞᆫ다ᄂᆞᆫᄃᆡ各部大臣과中樞院議長及顧問諸氏가往參ᄒᆞᆫ다더라

◎江公間航路 羣山港上流江景浦로부터公州에至ᄒᆞᄂᆞᆫ三十哩河川에石油발動機船一隻을使用하야運輸營業ᄒᆞ기로在江景日人某가計劃中이라더라

◎慮有暴動 南門外桃洞等地에日人이設立ᄒᆞᆫ畜産會社에서ᄂᆞᆫ基址를開拓하기爲ᄒᆞ야人民의墳墓를多數掘破ᄒᆞᆷ으로暴動이起ᄒᆞᆯ慮가有ᄒᆞ다ᄒᆞ야三昨日警視廳에서該會社主任을招致ᄒᆞ야事實을査問ᄒᆞᆫ즉墳墓移葬費를逐一支給ᄒᆞ엿다ᄒᆞᄂᆞᆫ지라同廳에서其虛實을更히調査ᄒᆞᆫ다더라

◎電鐵軌移設 韓日瓦斯會社에서ᄂᆞᆫ漢城內外에敷設ᄒᆞᆫ電車鐵道를街路正中으로移設ᄒᆞᆯ次로日前부터測量에着手ᄒᆞ엿다더라

◎烈哉羅氏 韓山郡北部面山陰里居金鍾武氏의夫人은年今二十六인ᄃᆡ其夫가罹病呻吟ᄒᆞᆯ時에盡誠治療ᄒᆞ다가及其難救에濱ᄒᆞ미左右되肉을切取ᄒᆞ야血以灌口ᄒᆞ고肉以供啖ᄒᆞ야十七個日回甦를得ᄒᆞ엿다가畢竟永逝ᄒᆞ미羅氏가因以絶穀ᄒᆞ야夫死後十九日에下從ᄒᆞᆫ지라遠近士女ᄂᆞᆫ其烈義를莫不嘖々ᄒᆞ고同面々會에서ᄂᆞᆫ追悼會를設行ᄒᆞ엿다더라

◎兩所共携 仁川商業會議所ᄂᆞᆫ漸次擴張되ᄂᆞᆫᄃᆡ諸般節次를經하야官廳의交涉도畢ᄒᆞ엿슴으로不遠間認許가有ᄒᆞᆯ터이며又同地客主團合所와聯合契約이已成ᄒᆞᆫ故로財政及其他事務處理上에共同便利가有ᄒᆞ다ᄂᆞᆫᄃᆡ此ᄂᆞᆫ會議所會頭丁致國書記長韓相愚常議員張乃興諸氏와團合所々長鄭永化總務崔應三諸氏가熱心周旋ᄒᆞᆫ結果라더라

◎宋家慘況 去二十二日午後十二時頃에銃器를携帶ᄒᆞᆫ義兵六名이伊川板橋面松原里에襲入ᄒᆞ야同里宋台九宋德家等의家族을盡數結縛하야日汝等은我輩의行動을日人의게密告ᄒᆞᄂᆞᆫ者라ᄒᆞ고仍히同家에放火ᄒᆞ야沒燒케ᄒᆞ고谷山方面으로退歸ᄒᆞ엿ᄂᆞᆫᄃᆡ該兩家의損害額은四百圓以上에達ᄒᆞ엿다더라

◎廉哉其人 南部草洞居李東元氏ᄂᆞᆫ三昨日麻浦等地에서紙貨五十圓을拾得ᄒᆞ엿ᄂᆞᆫᄃᆡ所管警察署에任置하고主人을覓給ᄒᆞ라하엿다더라

◎幼兒失路 北部簡洞(廿七統二戶)居金宗根氏의七歲幼兒(頭髮은削ᄒᆞ고兩足은跣ᄒᆞ고新洋木赤古里와黑洋木바지를着ᄒᆞᆷ)ᄂᆞᆫ陰本月十七日에出家失路ᄒᆞ야去處를不知ᄒᆞᄂᆞᆫᄃᆡ誰某이던지逢着ᄒᆞᄂᆞᆫᄃᆡ로本家로護送ᄒᆞ기를希望ᄒᆞᆫ다더라

◎何等妖怪 南山國師堂主人金相雲과同居人朴顯五와巫女金姓女等은妖怪의行動으로民財를欺取ᄒᆞ다가三昨夜所管警察署에被捉ᄒᆞ엿다더라

◎白岩賊警 竹山郡白岩市場에ᄂᆞᆫ日前强盜三十餘名이突入ᄒᆞ야金貨物品을多數奪去ᄒᆞ엿ᄂᆞᆫᄃᆡ所管警察署에서賊蹤을目下형探中이라더라

◎進步黨開會式 進步黨에서ᄂᆞᆫ本日下午一時圓覺社에서開會式을設ᄒᆞᆫ다더라

◎靑舘討論 今日下午八時에鍾路靑年會舘에서討論會를開ᄒᆞ고人之居生은鄕村이勝於城市란問題로可否便이互相討論ᄒᆞᆫ다더라

電報

◎國務調査會官制

日本에서國務調査及議院建築의準備委員會官制를本日에公布ᄒᆞ엿다더라

◎海軍檢閱期

日本天皇은來七月에海軍防備의狀況을特히檢閱ᄒᆞᆫ다ᄂᆞᆫᄃᆡ檢閱使ᄂᆞᆫ伊東、山本、東鄕、井上四海軍大將으로命ᄒᆞᆯ듯ᄒᆞ다더라

◎露領館新設

露國政府ᄂᆞᆫ咸鏡北道城津港에領事舘을設置ᄒᆞᆯ터이라더라

◎日海軍擴張議

日本海軍省에서ᄂᆞᆫ來六月에各鎭守府司令長官과要港部司令官全部를東京에召集하야海軍擴張에關ᄒᆞᆫ重要會議를開ᄒᆞ고算案을決定ᄒᆞᆫ後에ᄂᆞᆫ第二十回議會에提出ᄒᆞᆯ터이라더라

◎駐日淸公使任命

淸國郵傳部侍郎[illegible]ᄂᆞᆫ胡惟德氏의後任으로日本駐箚全權公使를被任ᄒᆞ엿다더라

◎建碑決議

日本第一號潛水艇溺死者遺族에對ᄒᆞ야內外國捐助金이四萬圓에達ᄒᆞ엿ᄂᆞᆫᄃᆡ海軍當路者ᄂᆞᆫ該金額一部를割ᄒᆞ야溺死者의慰靈及紀念하기爲ᄒᆞ야吳鎭守府管內勝地에建碑하기로決定ᄒᆞ엿다더라

◎日親王巴里向

日本伏見宮貞愛親王은廿七日倫敦에서出발ᄒᆞ야法京巴里로向ᄒᆞ엿다더라

◎南博開會期

淸國南京博覽會ᄂᆞᆫ六月[?]日에開會ᄒᆞ기로決定ᄒᆞ엿다더라

◎東京의大雷雨

昨日東京에大雷雨가有ᄒᆞ야損害가多大ᄒᆞᆫ故로目下調査中이라더라

◎英大使渡韓說

駐日英國大使막도날드氏ᄂᆞᆫ歸國途次에韓滿을視察ᄒᆞ기爲ᄒᆞ야不日頃渡韓ᄒᆞᆯ듯ᄒᆞ다더라

以上東京발 廿七日着

◎淸鐵借欵確定

淸國川漢鐵道資金三百萬兩의借款은滿足히確定되엿다더라

◎美海軍豫算通過

美國上院은二十四日에億二千萬弗의海軍豫算案을通過ᄒᆞ엿다더라

以上紐育발 廿七日着

社告

龍岡郡山南面紅門洞宋昇煥氏에게本支社를認許ㅎ야申報를卽爲발送하오니本報購覽僉彦은宋昇煥氏와交涉ㅎ시옵

廣告

各地方에서本申報購覽하시는諸氏가本報代金을多月遷延ㅎ야經費窘拙이太甚ㅎ옵기玆에仰布ㅎ오니特히愛顧ㅎ시와代金을郵便小爲替로卽速付送ㅎ심을仰要홈

大韓每日申報社

本人이今月十七日替市에서半篆圖章을見失故玆以廣布하오니內外國人은知悉홈

平北義州枇峴面替市高時漢 白

本人이乙未年分에咸北鏡城郡滯留時에妓生香玉을結緣矣러니相分後六年後其妓生의書信과來人確報를接ㅎ즉生男ㅎ엿다ㅎ더니其間往見치못ㅎ엿삽기로書信을郵便의付送ㅎ엿더니其家의推치못ㅎ고還되엿시니鏡城의셔香玉母子의存亡을知ㅎ시는니가有ㅎ거던通知ㅎ시면厚謝하깃슴

忠淸南道恩津郡花枝山面論山浦 鄭國善 告白

廣告 湖南 僉君子

本館에數月前부터諸般新書籍이具備온바今에又一層擴張이되엿스니速速히顧愛ㅎ심을務望

全北泰仁郡內七里五統一戶 普明書館 館主 宋在東 主任 宋在敏

學部檢定 新訂代數學敎科書

李敎承 著 定價金一圓二十錢

敎育界의 啓明星이오 洋裝美本

數學家의 羅盤針이라 印刷精密

本書는學部數學檢定의嚆矢가되엿스오며一般高等敎育上에不可缺홀參書라

預約募集

預約割引은同業者의게는部數에依하야多小가有ㅎ오니書信或面議ㅎ심을望홈 個人預約은先金에限ㅎ야三割引으로酬應홈

但學生拾人團體가有홀時는該紹介人의게二割引外特히一部를進呈

豫約期限은 六月十日까지임

漢城鍾路 發行所 元賣所 滙東書林

特別廣告

本店을開業ㅎ지數十年以來에 僉君子의愛顧ㅎ심을蒙ㅎ온바更히報答ㅎ기爲ㅎ야業務를擴張ㅎ고內外各樣紙物과布木紬緞이며政府委托度量衡器와學校用品을新選最良으로直輸入ㅎ와特廉減價로多小間遠近을勿論ㅎ고請求ㅎ시면運送部郵便小包며引換代金으로酬應을迅速히貿易에益々便利로록施行ㅎ깃ㅅ오니諸君子는照亮愛顧ㅎ심을伏望홈

各樣紙物

壯紙 壯版紙 窓戶紙

白紙 各樣書畵 塗背

洋紙 校科 印刷洋紙

斑子紙 封套紙 印札製

圖用紙 美濃紙 各樣

度量衡器部

자와 말과 되와 저울

度器 量器 衡器等

類를販賣홈

京城鍾路通二十二統八戶

政府度量衡器販賣所

品紙商 鄭斗煥

電話 〇一九番 電略語(쟝)(上)

各種布木 紬緞

布。苧。木。紬。緞。

綿子。毛織

京城鍾路通二十二統八戶

木布商 鄭星煥

京城에 現出ᄒᆞᆫ 하레彗星

하레ㅣ彗星은一晝夜間에約二千萬里의速力으로우리地球에接近혼다홈은全世界人의激烈히喧傳ㅎ는바아닌가

現世滔々혼商業戰爭의速度는하레ㅣ彗星에不下ㅎ느니今에우리漢陽商會는小賣部別立혼以後空前絶後의大發展과하레ㅣ慧星二千萬里의大速力으로二千萬人의大同胞와接近코져홈이니이다

今番移轉혼京城商業會議所構內의店舖가宏大完美ㅎ다自誇치는아니ㅎ나一次光臨ㅎ신有眼人士의觀察이면可히써東洋唯一의大店舖됨을認得ㅎ실지요

漢陽商會는大擴張혼以後地方部에는도라스도式販賣法을採用ㅎ야더욱低廉敏速히萬物을供給하고諸彦의便益을圖ㅎ나이다

吾輩는歐米의物貨를輸入販賣홈에不止ㅎ고我韓의物産을陳列ㅎ야祖國의精華를發揮코져ㅎ나니觀ㅎ시요暗黑혼漢城鍾路의(우리大韓商業의中心인지)商界는하레ㅣ慧星과如혼우리漢陽商會의光明을受ㅎ야開拓되며잇슴나이다

우리는한갓漢陽商會가最完全最盛大ㅎ다自道치아니ㅎ나世의大勢는吾輩로ㅎ야금獨占不可犯의權能을賦與ㅎ야最完美域에到達케ㅎ엿스니此는專히有志同胞의血誠遍愛ㅎ시는盛意의結果이나또우리의經營ㅎ는商法組織의如何홈을推知ㅎ실지로다아々世界最後의勝利는軍政에不在ㅎ고商戰에在홈을우리는覺悟ㅎ야熱血을注ㅎ야此에努力ㅎ니우리도라스도式漢陽。데。파ㅣ。도。멘。트。스。토。아。를사랑홀者는何에在ㅎ고

廣告文을 一覽ㅎ시옵

廣告

本店에서開業ㅎ지有年에僉君子의愛顧ㅎ심을特蒙ㅎ와今年부터業務를大擴張ㅎ고內外國各種紙物과其他學校用品을直輸入ㅎ와地方同業僉位와其他僉彦에게特廉減價로酬應ㅎ사오니不拘多小ㅎ시고註文만ㅎ시면數量을從ㅎ와郵便代金引換과小包와或運送部를經ㅎ야迅速히付呈ㅎ깃슴

(品目緊錄)

本國紙部

大壯紙 籠扇紙 粉白紙

見樣紙 胡紙 尺紙

慶州紙 書厚紙 三貼紙

淸風紙 油紙 疋板紙

書畵其他各種

外國紙部

洋紙 天井紙 色紙 模造紙

牛紙 古書紙 書簡紙

封套紙 印札紙

美濃紙 馬粉紙 圖紙

其他各種

右物을都賣散賣홈

京城鍾路大廣橋 內外國紙物貿易商

本店 金聖煥

(電話二一八〇)

京城中部安洞別宮前

支店 金璿鎭

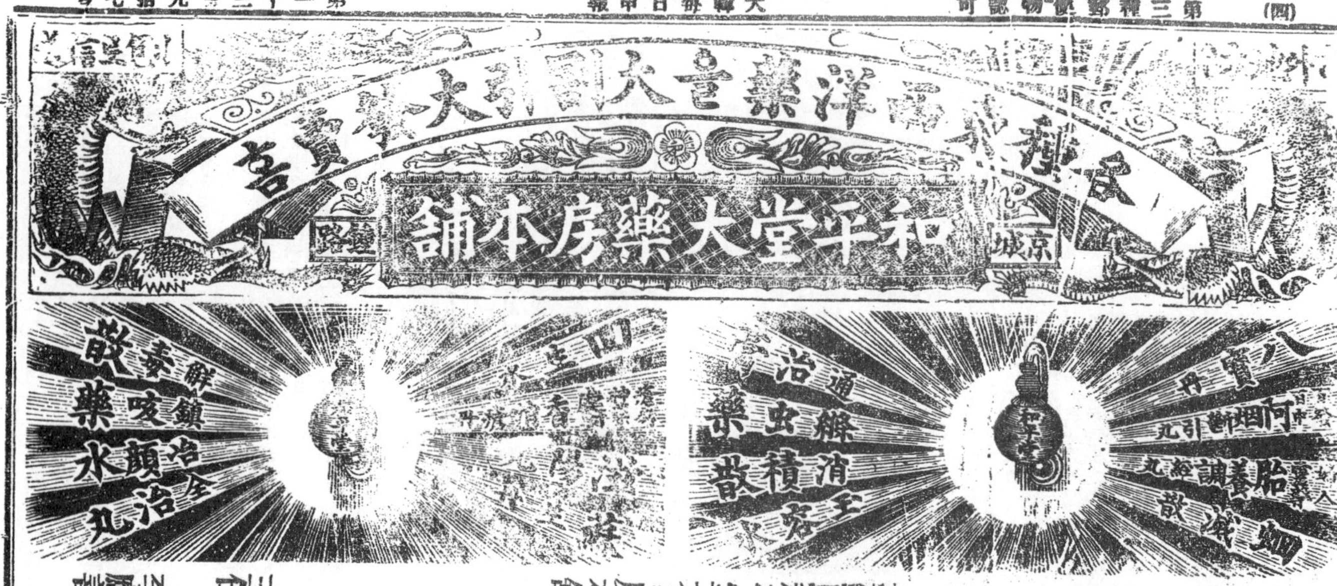

本報 一枚 新貨二錢五厘 壹個月 三十錢 但地方에ᄂᆞᆫ郵費幷十三錢이ᄆᆡ
廣告 四号活字拾三字詰 每一行 一回 新貨五錢 (自一行至四行이爲一寸) 但時期長短과行數多少를

檀君開國四千二百四十三年
箕子元年三千三十二年
大韓開國五百十九年
本報創刊日 光武八年七月十八日

大韓每日申報

發行兼編輯人 英國人 萬咸
Responsible for Publication Alfred Weekley Marnham.
發行所 京城南部石井洞三層洋屋 大韓每日申報社

第八卷　月曜及翌節慶時日休刊　第一千三百九拾八号

論說

◎重商主義(續)를唱道ᄒᆞᆷ

農에至ᄒᆞ야ᄂᆞᆫ旣히數言을略敍ᄒᆞ비오其順序가士에次ᄒᆞᆷ은前例를仍存ᄒᆞᆷ이라今에更殊히設定ᄒᆞᆷ은아니나但只其位置가末位에居ᄒᆞᆷ으로或者의疑問을生ᄒᆞᆯ듯ᄒᆞ도다

問者ㅣ或曰吾人의三大欲望卽衣食住中에食은農을不竢ᄒᆞ고ᄂᆞᆫ不得ᄒᆞᆯ것이오且經濟에就ᄒᆞ야生産으로써重要타謂ᄒᆞᆯ진ᄃᆡ其眞實ᄒᆞᆫ生産은農에依ᄒᆞ야出ᄒᆞᆫ바이며又商工에就하야商工政이有ᄒᆞᆯ진ᄃᆡ農에就ᄒᆞ야ᄂᆞᆫ農政이不有ᄒᆞᄂᆞᆫ가商工에ᄂᆞᆫ商工官吏、商工學者를要ᄒᆞᆯ지라도農에ᄂᆞᆫ農官吏、農學者를不要ᄒᆞᄂᆞᆫ가且韓國은世人의共云ᄒᆞᄂᆞᆫ바農産國이아닌가云云ᄒᆞᆯ지라

是矣로다或者의問이是矣로다萬若此一理가無ᄒᆞᆯ진ᄃᆡ農으로써四民制에全히删去ᄒᆞᆯ지라何必末位에라도並列ᄒᆞ리오然이나先後ᄂᆞᆫ優劣을隨ᄒᆞᆷ이오優劣은比較의所自出이라故로强辯을不爲ᄒᆞ고다못實業에關ᄒᆞᆫ經濟策의主義沿革을略述ᄒᆞ야比較의資料에供코져ᄒᆞ노라

上古에在ᄒᆞ야ᄂᆞᆫ貴金主義가盛行ᄒᆞ엿스니其理由인즉國富ᄂᆞᆫ金屬의多寡로由ᄒᆞᆫ디ᄒᆞᆷ에在ᄒᆞᆫ지라隨ᄒᆞ야金屬의多貯를奬勵ᄒᆞ며金屬의輸出을嚴禁ᄒᆞ엿고中世에至ᄒᆞ야ᄂᆞᆫ重農主義에漸變ᄒᆞ엿스니其理由인즉國富ᄂᆞᆫ殖産의多寡로由ᄒᆞ나니金屬과如ᄒᆞᆫ者ᄂᆞᆫ利用의範圍가不廣ᄒᆞ고商業과如ᄒᆞᆫ者ᄂᆞᆫ交換의方法에不過ᄒᆞᆫ즉眞正ᄒᆞᆫ生産은土地로從ᄒᆞ야出ᄒᆞᄂᆞᆫ바卽農産物이爲最라ᄒᆞᆷ에在ᄒᆞᆫ지라隨ᄒᆞ야土地를愛重ᄒᆞ며農者를殊遇ᄒᆞ야써是業을奬勵ᄒᆞ엿고最近에當ᄒᆞ야ᄂᆞᆫ重商主義에一致ᄒᆞ엿스니其理由인즉國富ᄂᆞᆫ物貨繁昌으로由ᄒᆞ나니農工業과如ᄒᆞᆫ者ᄂᆞᆫ一定ᄒᆞᆫ土地와一定ᄒᆞᆫ材料와多般의勞力을要ᄒᆞᄂᆞᆫ故로其生産의利益이亦是一定ᄒᆞᆫ限度가有ᄒᆞᆫ즉此交通이日繁ᄒᆞ고人智가日開ᄒᆞᄂᆞᆫ時局에際ᄒᆞ야彼我가相資ᄒᆞ며東西가互交ᄒᆞ야利權을全世界에不取ᄒᆞ고ᄂᆞᆫ不可라ᄒᆞᆷ에在ᄒᆞᆫ지라隨ᄒᆞ야商法典을制定ᄒᆞ야特權을附與ᄒᆞ며稅關制를創設ᄒᆞ야輸出을奬勵ᄒᆞ나니現時에在ᄒᆞ야ᄂᆞᆫ此主義가殆히世界에遍及ᄒᆞ엿도다

然則其主義의本質에在ᄒᆞ야도多少間優劣의差異가不無ᄒᆞ나時代의變遷에至懸殊의關係를有ᄒᆞᆫ지라貴金、重農과如ᄒᆞᆫ者ᄂᆞᆫ鎖國時代卽過去에可合ᄒᆞᆫ비오重商、重工과如ᄒᆞᆫ者ᄂᆞᆫ交通時代卽今日에當行ᄒᆞᆯ바인즉苟히今日時代에處ᄒᆞᆫ人及國이되야어지古制만墨守ᄒᆞ고其變을不講ᄒᆞ리오　(完)

外報

◎南京暴動豫防　淸國南京에在ᄒᆞᆫ外人들은南京의形勢를千九百年義和團時代와類似히排外的徵狀을示ᄒᆞᆫ다觀測하며外國領事等은事態不穩ᄒᆞᆷ을北京에在ᄒᆞᆫ自國公使에게報告ᄒᆞ고又南京總督에게外人保護를交涉ᄒᆞᆷ으로張總督은其方法을講究ᄒᆞᆫ바近世式訓練軍隊ᄂᆞᆫ信任키難ᄒᆞᆯ뿐아니라博覽會時에謀叛을起하라陰謀ᄒᆞᆫ다ᄂᆞᆫ風說까지有ᄒᆞᆷ으로舊訓練式의地方兵을使用하야外人을保護ᄒᆞ기로定ᄒᆞᆫ後會往警備에經驗이有ᄒᆞᆫ吳淞舊軍五百名을召ᄒᆞ엿고淸國海軍은南京附近에軍艦을集中ᄒᆞ야不意를備ᄒᆞ며外國軍艦等도亦楊子口一帶에游弋을開始ᄒᆞ라ᄒᆞᄂᆞᆫ데此等警戒手段을嚴密히ᄒᆞᆫ結果로反亂은必然未발에鎭撫되리라더라

◎露日協約調印說　華盛頓報道를據ᄒᆞᆫ즉滿洲에셔露日兩國의勢力範圍를確定ᄒᆞ야互相利益을保持ᄒᆞᆯ目的으로露日協約이愈々調印을終ᄒᆞ엿다더라

◎英황室과喪期　英國황帝皇后及皇太后三陛下ᄂᆞᆫ商業上의損害가無케ᄒᆞ기爲ᄒᆞ야先皇帝陛下의全喪期ᄂᆞᆫ六月十七日로半喪期ᄂᆞᆫ六月三十日로終了ᄒᆞᆯ旨를발表ᄒᆞ셧다더라

◎淸國新貨制度　淸國攝政王은新貨幣制度에關ᄒᆞᆫ長文上諭를下ᄒᆞ엿ᄂᆞᆫ디其內容은一、貨幣單位를圜으로ᄒᆞ고本位ᄂᆞᆫ姑히銀으로ᄒᆞ되銀貨種類ᄂᆞᆫ一圓「五角、二角五分、一角으로ᄒᆞ고一圓銀貨ᄂᆞᆫ一錢二分産銀으로ᄒᆞᆯ事」「一、補助貨로ᄂᆞᆫ五分白銅貨와二分、一分、五厘、一里의銅貨를置ᄒᆞ고圜角分里ᄂᆞᆫ擧皆十進法으로ᄒᆞᆯ事一、貨幣ᄂᆞᆫ自今으로新設ᄒᆞᆫ造幣局에셔만製造ᄒᆞ며交換은大淸銀行으로行케하고各省으로自鑄ᄒᆞᆷ을嚴禁ᄒᆞ야貨幣統一을期ᄒᆞᆯ事、施行以後ᄂᆞᆫ稅金及國庫收支를全히新貨로ᄒᆞ고且新貨制度에對ᄒᆞ야人民誤解를無케ᄒᆞ라ᄒᆞᆷ이라더라

◎英帝의勅語　英國황帝陛下ᄂᆞᆫ國民에對ᄒᆞ야其先帝에對ᄒᆞᆫ愛慕와忠誠의念이十分表現됨을感謝ᄒᆞ시고又人民이朕를援助ᄒᆞ고且朕를父皐과如히見ᄒᆞᆷ를信ᄒᆞᆫ다고宣明ᄒᆞ셧다더라

學界

◎大成校講習所　平壤大成學校總教師張응震氏ᄂᆞᆫ今年夏期放學後에該校內에夏期講習所를設ᄒᆞ고物理化學器械를準備ᄒᆞ야實地教授ᄒᆞᆯ터인ᄃᆡ日本留學生諸氏가多數來會ᄒᆞ야教授를分擔ᄒᆞᆯ터이라더라

◎梨花紀念　梨花學堂에셔ᄂᆞᆫ本月三十一日에創立紀念式을行ᄒᆞᆫ다더라

◎普昌再昌　江華郡普昌學校ᄂᆞᆫ往年經擾ᄒᆞᆫ後로維持가極히困難ᄒᆞ더니近日에至ᄒᆞ야ᄂᆞᆫ該校長黃鍾周校監李斗赫兩氏가熱心視務ᄒᆞᆫ結果로再振의望이有ᄒᆞ다더라

◎勸學之意　加平郡嘉陵普成學校內에夜學校를附設ᄒᆞ엿ᄂᆞᆫᄃᆡ該郡客舍村、鄕校里、兩洞에셔學徒來往을便利케ᄒᆞ기爲ᄒᆞ야校路沿邊에燈架를設하고每夜燃費를逐戶輪擔ᄒᆞᆫ다더라

◎嘉校運動　加平郡私立嘉陵普成學校에셔去十六日에附近學校를聯合ᄒᆞ야五里程路傍에셔運動會를開ᄒᆞ엿ᄂᆞᆫ디各官吏及紳士의賞品寄付가多數ᄒᆞ엿고各般競技를次第設行ᄒᆞᆯ時에活潑ᄒᆞᆫ氣像은壹時壯觀을呈ᄒᆞ엿다더라

◎有始有終　東幕興英學校校監金東益氏ᄂᆞᆫ校務에從事ᄒᆞᆫ지四個星霜이已滿ᄒᆞ엿스되熱心이始終如壹ᄒᆞᆷ으로校況이漸次進步ᄒᆞᆯ뿐아니라壹般學生의感服이더深ᄒᆞ다더라

◎任員熱心　明川郡光東學校ᄂᆞᆫ前郡守金柄倫氏가主唱設立ᄒᆞᆫ바인ᄃᆡ該氏ᄂᆞᆫ每年經費金壹百圓式學監金命駿氏ᄂᆞᆫ二十圓式校監嚴觀燮氏ᄂᆞᆫ十圓式寄付ᄒᆞ고校長以下壹般任員이視校如家ᄒᆞ야維持方法을研究ᄒᆞ며敎育規模를精密케ᄒᆞᆷ으로前頭希望이大有ᄒᆞ다더라

宮廷彙報

◎勳章御親呈 大황帝陛下ᄭᅴ옵셔日本內親王의게贈與ᄒᆞ옵신勳一等瑞鳳章은來卅日韓國황太子殿下ᄭᅴ옵셔該親王家에親啓ᄒᆞ옵셔贈呈ᄒᆞ실터이라더라

◎황室御祝電 昨二十八日은日本황后陛下의六十一回地久節인故로韓國황室에셔祝電을발ᄒᆞ옵셧ᄂᆞᆫᄃᆡ日本황室에셔卽時謝電을返呈ᄒᆞ엿다더라

雜報

◎雲紗織造 大皇帝陛下의袞衣를裁製ᄒᆞ기爲ᄒᆞ야雲文黃紗四疋을現今美術品工塲에셔織造ᄒᆞᆫ다더라

◎小宮視務 宮大閔丙奭氏와次官小宮三保松은勳章事件을因ᄒᆞ야幾日間仕進치아니ᄒᆞ더니再昨日부터視務ᄒᆞᆫ다더라

◎紀念閣落成準備 平壤郡萬壽臺에刱建ᄒᆞᄂᆞᆫ 大皇帝陛下西巡紀念閣이已爲竣工ᄒᆞ엿슴으로同道觀察使ᄂᆞᆫ落成式을擧行키爲ᄒᆞ야目下準備中이라더라

◎旋上旋下 總理大臣李完用氏의隨員으로溫陽에下往ᄒᆞ엿던學部事務官上村은再昨日에公務를因ᄒᆞ야上京ᄒᆞ엿ᄂᆞᆫᄃᆡ數日後에還爲下去ᄒᆞᆫ다더라

◎視察所得 學部大臣李容稙氏ᄂᆞᆫ今番學事視察에對ᄒᆞ야何等失措가有ᄒᆞ엿ᄂᆞᆫ지再昨日匿名書가內閣에來到ᄒᆞ엿ᄂᆞᆫᄃᆡ學相의鄙吝ᄒᆞᆷ을論駁ᄒᆞ고言辭가頗히激昂ᄒᆞ다더라

◎自南又西 學部大臣李容稙氏ᄂᆞᆫ一週後에西道學事를視察ᄒᆞᆯ次로발程ᄒᆞᆫ다더라

◎警部試取 內部警務局에셔ᄂᆞᆫ來月一日에各地方에派送ᄒᆞᆯ警部十六人을試取ᄒᆞᆫ다더라

◎忠察巡郡 忠南觀察使崔廷德氏ᄂᆞᆫ去二十日頃에管下各郡을巡歷ᄒᆞ야一般情況을視察ᄒᆞ엿다더라

◎慶北團又出 慶尙北道觀察使朴重陽氏ᄂᆞᆫ管下各郡守를勸誘ᄒᆞ야人民三十名으로日本에渡往ᄒᆞᆯ觀光團을組織ᄒᆞ엿ᄂᆞᆫᄃᆡ本月三十日에出발渡日ᄒᆞᆫ다더라

◎張尙書出發 淸國郵傳部尙書張欽氏ᄂᆞᆫ韓國情形을視察ᄒᆞᆯ次로去二十五日渡韓ᄒᆞ엿다가再昨日上午九時에日本으로發向ᄒᆞ엿다더라

◎世古北行 控訴院檢事日人世古ᄂᆞᆫ咸興裁判所管內裁判事務及監獄情形을視察ᄒᆞᆯ次로昨日上午九時에발程ᄒᆞ엿다더라

◎施政譜配付 統監府에셔韓國施政年譜라ᄂᆞᆫ冊子를編纂刊出ᄒᆞ야各官廳에一件式配付ᄒᆞ엿ᄂᆞᆫᄃᆡ其槪要ᄂᆞᆫ內閣更迭、황室費收支、宮禁肅淸等件을類聚ᄒᆞᆷ이라더라

◎類典發賣 內部警務局에셔발刊ᄒᆞᆫ警察類典은警察事務에最히適當ᄒᆞ다ᄒᆞ야京鄕各警察署로一件式購覽케ᄒᆞ엿다더라

◎英將入京 英國海軍少將와덴트쓰氏一行四名은去二十七日午後八時에入京ᄒᆞ엿다더라

◎經濟報發刊準備 度支部理財局에셔ᄂᆞᆫ經濟槪報란冊子를發刊ᄒᆞᆯ次로目下準備中이라더라

◎膂力可恃乎 一進會員董雲卿朴啓一兩人은膂力이有ᄒᆞᆷ으로同會長李容九를保護ᄒᆞ기爲ᄒᆞ야左右를不離ᄒᆞᆫ다더라

◎石黑歸國 日本赤十字社總裁石黑忠德은再昨日出발歸國ᄒᆞ엿다더라

◎沈氏困難 沈澤氏가大韓平和協會를발起ᄒᆞᆫ다ᄒᆞᆷ은累報어니와此에對ᄒᆞ야警視廳及日憲兵司令部에셔事實을調査키爲ᄒᆞ야沈氏를式日招去ᄒᆞᆷ으로困難이莫甚ᄒᆞ다더라

◎又顧之他 李學宰ᄂᆞᆫ神習敎를傳布ᄒᆞ랴다가事不如意ᄒᆞ고兼ᄒᆞ야商務組合部長을辭免ᄒᆞᆫ後窮途가益甚ᄒᆞ다ᄂᆞᆫᄃᆡ更히淨土宗에投入ᄒᆞ야一派黨을成立ᄒᆞᆯ計劃으로目下運動中이라더라

◎學宰遭困 商務組合部長李學宰ᄂᆞᆫ某某偵探人을帶同ᄒᆞ고銅峴順一館에셔外上料理를討喫ᄒᆞ고價額을遷延不報ᄒᆞ다가館主黃轍周氏의게無限困難을遭ᄒᆞ엿다더라

◎韓國留學生數 目下日本留學生中에韓國學生은男이七十五人이오女가八人이오歸國中에在ᄒᆞᆫ者가三十七人이오其他가三十八人인ᄃᆡ總計六百五十八人이라더라

◎仁川實業校認定 官立仁川實業學校本科ᄂᆞᆫ學部告示第十三號로文官任用令第三條第四号에依ᄒᆞ야認定ᄒᆞ엿다더라

◎道書記官官舍 各道書記官官舍를新築ᄒᆞ기로旣決ᄒᆞ야本年度豫算中에셔其緩急을叅酌ᄒᆞ야順序로起工ᄒᆞᆯ터이라더라

◎尙患潛航 韓國人이海外旅行ᄒᆞᆷ에對ᄒᆞ야取締規則이旣立ᄒᆞ엿스나尙且潛航ᄒᆞᄂᆞᆫ者가有ᄒᆞ다ᄒᆞ야更히取締를嚴密히勵行ᄒᆞ되旅券下付方法에就ᄒᆞ야所在地方官廳으로ᄒᆞ야금其肖像及旅行 的을精細調査케ᄒᆞᆯ터이라더라

◎丸山母逝去 前警務顧問丸山重俊의親母ᄂᆞᆫ其次子와共히龍山에셔居生ᄒᆞ다가再昨日逝去ᄒᆞ엿ᄂᆞᆫᄃᆡ宮內府及警視廳官吏가前往護葬ᄒᆞ엿다더라

◎卒業生歸國 日本大學師範科卒業生姜基氏와同法律科卒業生朴炳哲崔浩養氏와法政大學法科卒業生韓溶氏ᄂᆞᆫ日昨歸國ᄒᆞ엿다더라

◎春桂坊先撤 景福宮內前春桂坊兩廳은再昨日부터毁撤에着手ᄒᆞ엿다더라

◎北像東移 北廟를毁撤ᄒᆞᆷ은昨報와如ᄒᆞ거니와關王의塑像은昨日東廟로移去ᄒᆞ엿다더라

◎鄭氏起訴 前郡守李丙默氏ᄂᆞᆫ榮川郡守在任時에民財를勒奪ᄒᆞᆫ事가有ᄒᆞ다ᄒᆞ야該郡民鄭道元氏가地方裁判所에起訴ᄒᆞ엿다더라

◎到處嗷々 近日旱災로因ᄒᆞ야人情이嗷々ᄒᆞᆷ은一般皆然ᄒᆞᆫ바어니와忠北地方으로從來ᄒᆞᆫ某客의談을據ᄒᆞᆫ즉該地方에도旱魃이太甚ᄒᆞ야農民이大段憂惶ᄒᆞᆫ다더라

◎責在警官 忠州陰城等郡에ᄂᆞᆫ淸人의二十六契가盛行ᄒᆞ야人民中財産을蕩盡ᄒᆞᆫ者가多數ᄒᆞ다더라

◎哀此無知 太井洞居崔석鉉氏의七歲女兒ᄂᆞᆫ花盆에水를注灌ᄒᆞᆯ次로甕中儲水를引取ᄒᆞ다가倒沒卽斃ᄒᆞ엿다더라

◎蕩子看詮 南部警察署에셔ᄂᆞᆫ本月二十一日二十五日二十六日三日間에管內料理店等의酌婦들診斷ᄒᆞ엿ᄂᆞᆫᄃᆡ受診者總數가百四十三名中에其半數ᄂᆞᆫ花毒合이라其中梅毒者ᄂᆞᆫ第三期梅毒이오其他ᄂᆞᆫ第一期第二期에屬ᄒᆞᆫ者이오又子宮內막炎等症도有ᄒᆞ고就中太半은皆虫이발生ᄒᆞᆫ者라一時蕩情을不勝ᄒᆞ야淫佚에從事ᄒᆞᄂᆞᆫ蕩子輩等은大히警省을加ᄒᆞᆯ비이라더라

◎烟草改良의指導 度支部에셔本年부터烟草耕作法을改良ᄒᆞᆯ計劃으로財務監督局에셔其責任을擔當케ᄒᆞᆫ다ᄂᆞᆫᄃᆡ其耕作地의重要處ᄂᆞᆫ(平南)成川(黃海道)松禾、長淵、(京畿道)廣州、果川、龍仁(全北)全州、高山茂朱、錦山、珍山(江原道)寧越(忠北)淸州、懷仁、等地라더라

◎德記者來京 德國伯林에셔발行ᄒᆞᄂᆞᆫ몰겐포스트記者펄츠氏ᄂᆞᆫ韓國을視察ᄒᆞ기爲ᄒᆞ야京城에來遊中인ᄃᆡ去二十七日에ᄂᆞᆫ景福宮及大韓醫院을觀覽ᄒᆞ엿고昨日에ᄂᆞᆫ仁川으로下去ᄒᆞ엿다더라

◎日獸醫閱馬 韓國駐剳軍獸醫部長은六月二日부터七月二日ᄭᆞ지韓國駐剳日憲兵隊及守備隊及倉庫等의隊馬를査閱ᄒᆞᆫ다더라

◎碁者又渡 日本碁客齋藤賢德ᄂᆞᆫ數日前에入京ᄒᆞ엿다더라

◎京城樓同窓會 京中에在ᄒᆞᆫ日本京都入學法科出身者約二十名은昨日午后六時京城旅館에셔同窓會를開ᄒᆞ엿다더라

◎潛奸發露 廣橋居宋致淳氏ᄂᆞᆫ隣居金某에妾을潛奸ᄒᆞ다가발現되엿슴으로白怯을因ᄒᆞ야鴉片을呑喫ᄒᆞ엿ᄂᆞᆫᄃᆡ卽時救療ᄒᆞ야僅々生命이回甦ᄒᆞ엿다더라

◎楊郡小戰 楊州郡감박山附近에셔日前義兵長姜基東氏의部下四十餘名이該郡駐在日憲兵補助員五名과數時間을交戰ᄒᆞ엿ᄂᆞᆫᄃᆡ兩便死傷은俱無ᄒᆞ엿다더라

◎商組員被拘 忠南結城郡居車盛正及洪州郡居鄭致權兩人은商務組合員이라稱ᄒᆞ고洪州郡邑內市塲에셔壚及海産物商人에게五錢乃至五十錢의稅金을徵收ᄒᆞ다가洪州警察署에被拘ᄒᆞ야同地檢事局으로越交ᄒᆞ엿다더라

◎李氏被捉 前郡守李大鍾氏가公錢欠逋事件으로屢朔隱避ᄒᆞ더니再昨日警視廳에被捉ᄒᆞ엿다더라

◎禮拜堂竣工 西部興化門前에新築ᄒᆞᄂᆞᆫ禮拜堂은耶蘇敎長老派에셔經營ᄒᆞᄂᆞᆫ바인ᄃᆡ旣히竣工되엿슴으로本日에落成式을擧行ᄒᆞᆯᄯᅢ로內外國人에게請牒을多발ᄒᆞ엿스며當日開式時主任은牧師元杜宇氏라더라

◎同志討論 靑年同志會에셔明日下午八時에討論會를中部典洞中東學校內에開ᄒᆞ고理想家가勝於冒險家란問題로討論ᄒᆞᆫ다ᄂᆞᆫᄃᆡ會員及傍聽이多數來叅ᄒᆞ기를希望ᄒᆞᆫ다더라

◎靑館福音會 今日下午二時에鍾路靑年會舘에셔福音會를開ᄒᆞ고吳千卿氏를請邀講道ᄒᆞᆫ다더라

電報

◎日皇行幸 日本皇帝陛下ᄂᆞᆫ今二十八日陸軍士官學校卒業證書授與式에御臨ᄒᆞ기爲ᄒᆞ야午前十時에御出發ᄒᆞ야同校에行幸ᄒᆞ엿다더라

◎統監更迭發表期 統監更迭은愈々來三十日에발表ᄒᆞ기로決定ᄒᆞ엿ᄂᆞᆫᄃᆡ曾禰ᄂᆞᆫ樞密院顧問官으로統監은寺內陸相이兼任ᄒᆞ기로副統監은山縣伊三郎으로確定ᄒᆞ엿다더라
以上東京발 卄八日着

◎英皇后聯隊長 英國新황后메리陛下ᄂᆞᆫ德國名譽騎兵聯隊長을任ᄒᆞ셧다더라
伯林발 卄八日着

◎美國現在人口 北美合衆國에셔最近調査ᄒᆞᆫ바를據ᄒᆞᆫ즉合衆國의人口ᄂᆞᆫ總數가九千百四十二萬四千四百二十三인ᄃᆡ千九百年以後十個年間에千五百十二萬 千三十六人이增加되엿지라美國各都會中에紐育은最히多數人口를有ᄒᆞᆫ地方인ᄃᆡ現今四百六萬餘人에達ᄒᆞ엿고치카고에ᄂᆞᆫ二百二十八萬餘人이오費府에ᄂᆞᆫ百五十四萬餘人이라더라

◎南美危機解決 南美秘露、에쿠에도兩國은多年間國境問題로因ᄒᆞ야形勢의危機가漸迫ᄒᆞᆫ되에쿠에도國은아모죠록干戈를避ᄒᆞ고仲裁裁判에依ᄒᆞ야該國境問題를解決코져ᄒᆞ고秘露國은鞏固ᄒᆞᆫ趣旨에依ᄒᆞ야解決ᄒᆞᆯ事를主張ᄒᆞᆷ으로風雲이甚急ᄒᆞᆫ狀態를告ᄒᆞ더니美國에셔門羅主義를依ᄒᆞ야兩國間調停을試ᄒᆞᆫ結果로兩國은今後美國政府에就ᄒᆞ야調停手段을信賴ᄒᆞᆯ事를決定ᄒᆞ야兩國葛藤이爲先解決되엿다더라
以上紐育發 卄八日着

社告

本社에ᄂᆞᆫ當初부터廣告紹介人이全無ᄒᆞ온ᄃᆡ近日閭巷間에何許浮浪悖類가本社廣告取扱人이라冒稱하고種々挾雜의弊가有ᄒᆞ다하오니一般商業界 僉同胞ᄂᆞᆫ特히注意ᄒᆞ시와見欺치마시옵

龍岡 郡山南面紅門洞宋昇煥氏에게本支社를認許ᄒᆞ고申報를即爲발送ᄒᆞ오니本報購覽僉彦은宋昇煥氏와交涉ᄒᆞ시옵

大韓每日申報社

雜報

○江浦火警 去二十五日上午十一時量에江景浦烽火臺下日人沐浴湯에서失火ᄒᆞ야全家가沒燒ᄒᆞ고韓人家屋二戶에延燒되야約三時間에鎭火ᄒᆞ엿ᄂᆞᆫᄃᆡ全燒ᄂᆞᆫ幸免ᄒᆞ엿스나鎭火ᄒᆞ기爲ᄒᆞ야太半毁撤되엿다더라

廣告

本人等이鷄卵廛圖章을셔失故로自今新章을使用ᄒᆞ오니 僉位照亮ᄒᆞ옵

鷄卵廛任 李慶善 金昌善 李鎭圭

本人이陽五月一日에圓形姓名章을路中見失ᄒᆞ엿ᄉᆞ오니誰某拾得則休章施行홈

平壤堂岩洞留崔承峻 白

本人이陽四月十七日夜에圓形姓名章在혼手匣을不知中셔失ᄒᆞ엿ᄉᆞ오니誰某拾得則休章施行홈 平壤堂岩洞留金煜 白

學部檢定

新訂算術敎科書

李敎承 著

教育界의啓明星이오 數學家의羅盤針이라

定價金一圓二十錢 洋裝美本 精刷 印

本書ᄂᆞᆫ學部數學檢定에頒次가되엿ᄉᆞ오며一般商業敎育上에不可缺혼珍書라

預約募集

預約割引은同業者의게ᄂᆞᆫ部數에依ᄒᆞ야多少가有ᄒᆞ오니書信或面議ᄒᆞ심을望ᄒᆞ며 個人預約은先金에限ᄒᆞ야二割引으로酬應ᄒᆞᆷ

但學生拾人團體가有ᄒᆞᆫ時ᄂᆞᆫ該紹介者의게二割引外에特히一部를進呈

預約期限은六月十日까지로定ᄒᆞᆷ

發行所 元賣所 漢城鍾路 滙東書林

●特別廣告●

◎本店을開業ᄒᆞᆫ지數十年以來에 僉君子의愛顧ᄒᆞ심을蒙ᄒᆞ온바更히報答ᄒᆞ기爲ᄒᆞ와業務를擴張ᄒᆞ고內外各樣紙物과布木紬緞이며政府委托度量衡器와學校用品을新選最良으로直輸入ᄒᆞ와特廉減價로多小間遠近을勿論ᄒᆞ고請求ᄒᆞ시면運送部郵便小包며引換代金으로酬應을迅速히貿易에益々便利ᄒᆞ도록施行ᄒᆞ깃ᄉᆞ오니諸君子ᄂᆞᆫ照亮愛顧ᄒᆞ심을伏望ᄒᆞᆷ

各樣紙物

壯紙 壯版紙 窓戶紙 白紙 各樣書畵 塗背紙 洋紙 校科 印刷洋紙 斑子紙 鈅套紙 印札製 圖用紙 美濃紙 各樣

度量衡器部

度器 量器 衡器等 자와 말과되와 저울類를販賣ᄒᆞᆷ

京城鍾路通二十二統八戶 政府度量衡器販賣所 品紙商 鄭斗煥

電話(一九番) 電略語(정)(丁)

各種布木紬緞

布。苧。木。紬。緞。綿子。毛織

京城鍾路通二十二統八戶 木布商 鄭星煥

京城에現出혼하례彗星

하례ㅣ彗星은一晝夜間에約二千萬里의速力으로우리地球에接近혼다홈은全世界人의激烈히喧傳ᄒᆞᄂᆞᆫ바아닌가

現世滔々혼商業戰爭의速度ᄂᆞᆫ하례ㅣ彗星에不下ᄒᆞᄂᆞ니今에우리漢陽商會ᄂᆞᆫ小賣部別立혼以後空前絶後의大發展과히。례。ㅣ。慧星二千萬里의大速力으로二千萬人의大同胞와接近코져홈이나이다

今番移轉혼京城商業會議所構內의店舖가宏大完美ᄒᆞ다自誇치ᄂᆞᆫ아니하나一次光臨ᄒᆞ신有眼人士의觀察이면可히써東洋唯一의大店舖됨을認得ᄒᆞ실지요

漢陽商會ᄂᆞᆫ大擴張혼以後地方部에ᄂᆞᆫ도라스도式販賣法을採用ᄒᆞ야더옥低廉敏速히萬物을供給하고諸彦의便益을圖ᄒᆞ나이다

吾輩ᄂᆞᆫ歐米의物貨를輸入販賣홈에不止ᄒᆞ고我韓의物産을陳列ᄒᆞ야祖國의精華를發揮코져ᄒᆞ나니觀ᄒᆞ시요暗黑혼漢城鍾路의(우리大韓商業의最中心인지)商界ᄂᆞᆫ하。례。ㅣ。慧星과如혼우리漢陽商會의光明을受ᄒᆞ야開拓되며잇슴나이다

우리ᄂᆞᆫ한잔漢陽商會가最完全最盛大ᄒᆞ다自道치아니ᄒᆞ나世의大勢ᄂᆞᆫ님의吾輩로ᄒᆞ야금獨占不可犯의權能을賦與ᄒᆞ야最完美域에到達케ᄒᆞ엿스니此ᄂᆞᆫ專히有志同胞의血誠遍愛ᄒᆞ시ᄂᆞᆫ盛意의結果이나또우라의經營ᄒᆞᄂᆞᆫ商法組織의如何홈을推知ᄒᆞ실지로다아々世界最後의勝利ᄂᆞᆫ軍政에不在ᄒᆞ고商戰에在홈을우리ᄂᆞᆫ覺悟ᄒᆞ야熱血을注ᄒᆞ야此에努力ᄒᆞ니우라도라스도式漢陽메。파。ㅣ。도。멘。트。스。토。아。를사랑홈者ᄂᆞᆫ何에在혼고

廣告文을一覽ᄒᆞ시옵

◎廣告

本店에서開業ᄒᆞᆫ지有年에 僉君子의愛顧ᄒᆞ심을特蒙ᄒᆞ와今年부터業務를大擴張ᄒᆞ고內外國各種紙物과其他學校用品을直輸入ᄒᆞ와地方同業僉位와其他僉彦에게特廉減價로酬應ᄒᆞ깃사오니不拘多小ᄒᆞ시고註文만ᄒᆞ시면數量을從ᄒᆞ와郵便代金引換小包와或運送部를經ᄒᆞ야迅速히付呈ᄒᆞ깃숩

(品目畧錄)

本國紙部 大壯紙 籠扇紙 粉白紙 見樣紙 胡尺紙 慶州紙 書厚紙 三貼紙 淸風紙 油粧板紙 書畵其他各種

外國紙部 洋紙 天井紙 色紙 模造紙 半紙 古査紙 書簡紙 封套紙 印札紙 美濃紙 馬粉紙 圖紙 其他各種

右物을都賣散賣홈

京城鍾路大廣橋 內外國紙物貿易商 本店 金聖煥 (電話一一八〇)

京城中部安洞別宮前 支店 金瑢鎭

本報代金
一枚 新貨二錢五厘
壹個月 三十五錢
參個月 九十錢
陸個月 壹圓七十錢

廣告
四号活字拾三字詰每日一寸(英尺)에新貨卄五錢(自一行至四行이爲一寸)
但時期長短과行數多少를

廣告

此藥은春夏秋冬衛生家通常預備之靈劑는內外僉君子之已所亮燭者而今에盛夏涼秋에滌暑除瘴과消食爽神키爲하야特別製造發賣홈

消化新藥

淸心保命丹

漢城南大門側二層洋屋
濟生堂大藥房本舖
主任 李庚鳳
代辦主任 李興國 白
支配人 金永七

消化新藥 淸心保命丹 此丹은化痰止咳ᄒᆞ고順氣消食ᄒᆞ며恒常長服ᄒᆞ면腸胃가健

大補元氣 蔘茸大補元 大補元氣ᄒᆞ고滋腎健腦ᄒᆞ며天不足과陽위不起에一切神

蛔積殺虫散 此약은회積과회腹痛과회虫一切을去根ᄒᆞᄂᆞᆫ良劑

久滯大通丸 此丸은年久積滯와宿滯後重며胃腹痛에神効莫大홈

瘡病新藥 梅花點雪丹 毋論男女ᄒᆞ고花柳病楊梅瘡一切去根快復하ᄂᆞᆫ良藥

眼疾速効 光明眼藥 諸般眼疾에隨症皆差ᄒᆞᄂᆞᆫ東에初有ᄒᆞᆫ寶藥

起死回生 回生丹 此丹은急ᄒᆞᆫ吐瀉關格이며가아리와冷積과痢疾에神効

感氣神効 解熱散 寒熱往來ᄒᆞ며似학非학과頭眩暈와肢節痛에 [illegible]

齒痛新藥 [illegible] 虫齒와風[illegible] 神효

耳臭[illegible] [illegible]

疝症根據 疝積湯 諸般산症에大[illegible]

寸虫沒出藥 寸白虫을一切去根ᄒᆞᄂᆞᆫ妙劑

티눈과못 拔根藥 티눈과못과ᄉᆞ마귀를ᄲᆡᄂᆞᆫ藥

止足汗臭藥 手足의汗臭를除却ᄒᆞᄂᆞᆫ藥

去核生新 沃度膏 劍瘡과腐傷과곱셴ᄃᆡ去核生[illegible]ᄒᆞ기ᄂᆞᆫ第一著明

最新改良 百應膏 無論男女老少ᄒᆞ고毒瘇瘰瘇諸般瘇瘡에壹切特效가有[illegible]

淋疾藥各種 淋疾各症에壹週日만服ᄒᆞ면[illegible]根快復ᄒᆞ고腎氣가完全홈

其他洋藥各種과◎賣藥各種◎都매散賣
◎遠地에ᄂᆞᆫ郵便小包로申速酬應홈

漢城南大門內濟生堂大藥房
主任 李庚鳳
代辦主任 李興國 白

光武九年八月十一日 明治三十八年八月十一日 (第三種郵便物認可) 火曜日 西曆一千九百十年五月卅一日 (一)

檀君開國四千二百四十三年
箕子元年三千三十二年
大韓開國五百十九年
本報創刊日 光武八年七月十八日

大韓每日申報

第八卷 月曜及慶節歲時休刊 第一千三百九十九號

發行兼編輯人 英國人 萬咸
Responsible for Publication Alfred Weekley Marnham.
發行所 京城南部石井洞三層洋屋 大韓每日申報社

論說

◎旱魃爲虐

鳴呼라皇天이下民을吊치아니ᄒᆞ샤困瘁中에罹ᄒᆞᆫ生靈이亢旱을又遭ᄒᆞ야四野가嗷々ᄒᆞᆷ이時日이遑々ᄒᆞ도다旱魃所到에土壤이龜坼ᄒᆞ야金銷石礫ᄒᆞᆯ患이目前에在在ᄒᆞ니엇지悲慘ᄒᆞᆯ바아니리오

現今大韓의人事와天時를觀來ᄒᆞ면洪爐中에陷落ᄒᆞ야飮暑叫苦에喘息이已促ᄒᆞ니一勺의水로渴望을解ᄒᆞ기難ᄒᆞ도다

地方에氣祲이未霽ᄒᆞ야家屋을燒蕩ᄒᆞ고東西漂泊ᄒᆞ야生命을難保者ᄂᆞᆫ地方의旱炎이오荒蕪阡陌에農作을讓與ᄒᆞ니換面江山을已作ᄒᆞ야有秋가無望ᄒᆞ니此ᄂᆞᆫ土地에旱炎이오各處에學校가碁置ᄒᆞ나經費가窘拙하야作徹이無常ᄒᆞ고維持ᄒᆞᆯ方針이無ᄒᆞ야有始無終의歎이有ᄒᆞ니此ᄂᆞᆫ敎育界에旱炎이오商業界에金融이枯渴ᄒᆞ야涸轍의魚와如히生豚이已絕ᄒᆞ야東離西走에産業을蕩盡ᄒᆞ니此ᄂᆞᆫ商業界에旱炎이라此와如ᄒᆞᆫ旱炎을誰가能히赤松의雨澤을降ᄒᆞᄂᆞᆫ神功이有ᄒᆞ야霈然히下ᄒᆞᄂᆞᆫ處에人民의渴望을洽慰케ᄒᆞ리오水源이深ᄒᆞ면雖百旱魃이肆虐ᄒᆞᆯ지라도엇지枯渴ᄒᆞᆯ患이有ᄒᆞ리오人民의水源은智水라謂ᄒᆞᆯ지니智識이發展ᄒᆞ면胷海도可潤ᄒᆞᆯ것이오心塘도可活ᄒᆞᆯ지니火傘이當面ᄒᆞ야도足히畏ᄒᆞᆯ바이無ᄒᆞ고火山壓頭ᄒᆞ야도可히畏ᄒᆞᆯ바이無ᄒᆞ다ᄒᆞᆯ지나世界에活水가枯渴ᄒᆞᄂᆞᆫ境遇이면五日의雨와十日의風이有ᄒᆞᆫ더리도엇지自渴ᄒᆞᆯ患이無ᄒᆞ리오太空은無私ᄒᆞ시니畢竟盡劉ᄒᆞᆯ理가無ᄒᆞᆫ즉目前의亢旱은비록愁慘ᄒᆞ다ᄒᆞᆯ지나寂若ᄒᆞᆫ神功을可히企待ᄒᆞ려니와人事의亢旱에至ᄒᆞ야ᄂᆞᆫ天公의神功을待키難ᄒᆞ다ᄒᆞ노니自暴自棄ᄒᆞ야黑夜乾坤에長時頹唐ᄒᆞ야風潮가日變ᄒᆞᄂᆞᆫ此時代에淸凉ᄒᆞᆫ世界ᄂᆞᆫ趨向치못ᄒᆞ고酷炎天地로轉入하면旱炎의酷을免치못ᄒᆞ리라ᄒᆞᆯ지로다人民의精神이雲霓로俱興ᄒᆞ면草木이枯渴ᄒᆞ야도勃然히興作ᄒᆞᄂᆞᆫ日이有ᄒᆞᆯ것이오人民의思想이甘霈로俱釀ᄒᆞ면山川이焦盡ᄒᆞᆯ지라도霈然히莫禦ᄒᆞᆯ日이有ᄒᆞᆯ지녀生々不窮ᄒᆞᄂᆞᆫ理ᄂᆞᆫ人民의精神과思想에在ᄒᆞᆫ즉엇지他에求ᄒᆞ리오精神으로爲雲ᄒᆞ고思想으로爲雨ᄒᆞ면七年에旱이有ᄒᆞᆫ더리도水源을能히枯渴케못ᄒᆞ야自然히慰洽의望이有ᄒᆞ다ᄒᆞᆯ지로다今日에連月不雨ᄒᆞᄂᆞᆫ歎이有ᄒᆞᆷ을足히憂慮ᄒᆞᆯ바이無ᄒᆞᆷ은吾人의斷言ᄒᆞᄂᆞᆫ바이로다今에水邊에在ᄒᆞᆫ草木을觀ᄒᆞ면山川이焦盡ᄒᆞᄂᆞᆫ亢旱이至ᄒᆞᆯ지라도其葉이沃若ᄒᆞ야入火不燒ᄒᆞᄂᆞᆫ氣像이有ᄒᆞ니此가足히徵驗ᄒᆞᆯ者이로다其源이深ᄒᆞ면其流가不竭ᄒᆞᄂᆞᆫ것은自然ᄒᆞᆫ理라目今에亢旱을憂치말고亢旱이雖至ᄒᆞᆫ더리도不渴ᄒᆞᆯ思想이充滿하면地力의氣祲도自然快霽ᄒᆞᆯ것이오土地의讓與도自然히歸有ᄒᆞᆯ것이오敎育의零星도自然히普洽ᄒᆞᆯ것이오金融의枯渴도自然히融通ᄒᆞᆯ지니到今亢炎을將來에甘霈ᄒᆞᆯ兆朕으로思惟ᄒᆞ면回天轉日ᄒᆞᄂᆞᆫ力이此에在ᄒᆞ다하노라

外報

◎弊制難革 淸國度支部에셔上奏ᄒᆞᆫ貨幣制度에關ᄒᆞ야該部內에셔도反對者가不少ᄒᆞᆷ으로實施키困難ᄒᆞᆯ뿐外라實行될지라도時日을延ᄒᆞᆯ듯ᄒᆞ다더라

◎親王觀覽 日本伏見宮親王은英日博覽會名譽總裁곤노트親王及評議員과同伴ᄒᆞ야非公式으로英日博覽會를觀覽ᄒᆞ엿다더라

◎飛行家成功 德國飛行家푸라이氏ᄂᆞᆫ푸아루만式飛行機를乘ᄒᆞ고半時間以內에伯林市를橫過ᄒᆞ엿다더라

◎英帝의大佐 英國皇帝陛下ᄂᆞᆫ今回德國近衛龍騎兵聯隊의名譽大佐를任ᄒᆞ엿다더라

◎美提督向日 美國하쓰바트提督은本月卄五日上海에셔出發ᄒᆞ야日本에向ᄒᆞ엿다더라

◎彈劾否決 和蘭代議院에셔ᄂᆞᆫ首相코이벨氏彈劾事件을否決ᄒᆞ엿다더라

◎孤兒院과總督 奉天法國領事ᄂᆞᆫ孤兒院을設立ᄒᆞᆯ計劃으로總督의許可를得하엿ᄂᆞᆫᄃᆡ總督은特別히贊成을表ᄒᆞ야今回一萬八千兩의設立費를寄付ᄒᆞ엿다더라

◎巴里無線電信 巴里에在ᄒᆞᆫ에쓰펠塔에셔ᄂᆞᆫ無線電信을設ᄒᆞ야陸上各局及海上船舶에巴里時刻를報道ᄒᆞᄂᆞᆫ新事業를開始ᄒᆞ엿ᄂᆞᆫᄃᆡ四千키로米突乃至五千키로米突範圍以內를滿足히通過ᄒᆞ다더라

◎川漢借欵協約 淸國川漢鐵道借欵分配問題ᄂᆞᆫ意見이不一ᄒᆞ야未决ᄒᆞ엿더니今回英、法、德、美、四國資本家團間에셔妥協하야其代表者ᄂᆞᆫ既히協約에調印ᄒᆞ엿ᄂᆞᆫᄃᆡ同協約은英、美、法、德、四國에皆平均分配ᄒᆞ야引受ᄒᆞ기로定ᄒᆞ엿다더라

學界

◎壯哉此人 義州枇峴居白寅善氏ᄂᆞᆫ敎育에熱心ᄒᆞᄂᆞᆫ紳士로近日京城에來留ᄒᆞᄂᆞᆫᄃᆡ京城에留學ᄒᆞᄂᆞᆫ學生의旅費困難ᄒᆞᆷ을見ᄒᆞ면自己의旅費의不足을不思ᄒᆞ고或半年或七八朔의月謝金을擔當給與ᄒᆞᆫ다더라

◎金氏熱心 韓山郡基督進明學校ᄂᆞᆫ金昌根氏가林炳熹氏로더부러設立ᄒᆞᆫ바인ᄃᆡ于今三載에該氏等이家産을不顧ᄒᆞ고敎育에熱心ᄒᆞᆷ으로生徒가多數히會集ᄒᆞ야校況이興旺ᄒᆞ다더라

◎模範塲의觀覽 普成中學校任員及學員一同이再昨日蠶島模範塲을觀覽하엿다더라

學報

◎光東卒業 咸北明川郡私立光東學校에셔去月十四日午前十時에第一回師範速成科卒業式을擧行하엿ᄂᆞᆫᄃᆡ優等生은太明瑾金鳳官黃奎淵黃克淵金亨奎李鍾活馬翰奎李東奎諸氏오及第生은太秉昊金夏鉉金京軾金輔勳

廣告

宮廷彙報

○皇上御親電 황上陛下ᄭᅴ옵서는統監交迭에對ᄒᆞ야日本황帝陛下ᄭᅴ本日에御親電을發ᄒᆞ옵신다더라

○永宣陛見 永宣君李埈鎔氏가昨日上午十一時에 德壽宮에 陛見ᄒᆞ엿다더라

雜報

○兩氏入城 再昨日大久保大將石塚長官等이 陛見홀時에宮相閔丙奭侍從院卿尹德榮兩氏가消暢홀次로東門外某寺에前往ᄒᆞ엿다가該人等에不時에陛見ᄒᆞ을聞ᄒᆞ고急急히入城ᄒᆞ엿다더라

○統監의渡韓說 新任統監寺內正毅는施政方針을算定홀터이나何等事故가有ᄒᆞᆫ지急遽히渡韓키는不能홈으로來月下旬에渡韓ᄒᆞ기로豫定ᄒᆞ엿다더라

○副統監의渡韓 新任副統監山縣伊三郞은親任式을行ᄒᆞ고急行渡韓홀터이라더라

○統府密議 昨日午前拾一時에各叅與官及統監府高等官과榊原憲兵隊長等이統監府에集合ᄒᆞ야統監更迭事로前後政策에關ᄒᆞ야數時間을密議ᄒᆞ엿다더라

○日民의祝電 京城日本民團에서는新統監及副統監新任의對ᄒᆞ야祝電를發ᄒᆞ엿다더라

○例會未開 昨日內閣에서月曜例會를開ᄒᆞ라다가總理署理內部大臣朴齊純氏가平壤에出去홈을因ᄒᆞ야開會치못ᄒᆞ엿다더라

○統府特會 統監府에서는何等重要ᄒᆞᆫ事件을因홈인지再昨日下午五時에各大臣을會同ᄒᆞ야特別會議를開ᄒᆞ엿다는ᄃᆡ統監副統監新任ᄒᆞᆫ事에關ᄒᆞᆫ듯ᄒᆞ다더라

○學大不叅 再昨日統監府에서特別大臣會를開홈은別項과如ᄒᆞ거니와學部大臣李容稙氏는困弊홈을因ᄒᆞ야不叅ᄒᆞ엿다더라

○爲訪總相 承寧府總管趙民熙氏는李總相을訪問ᄒᆞ기爲ᄒᆞ야二昨日上午九時에溫陽으로發向ᄒᆞ엿다더라

○內相還京 平壤郡水道開通式에往叅ᄒᆞ엿던內相朴齊純氏一行이昨日下午八時에歸京ᄒᆞ엿다더라

○自南自北 南韓地方에學事를視察ᄒᆞ고歸來ᄒᆞᆫ李學相은六月六日頃에北韓地方을視察ᄒᆞ기爲ᄒᆞ야不遠間出발홀터이라더라

○漢陽公園開式 既報와如히漢陽公園開式은二十九日午後壹時부터開園式을擧行ᄒᆞ엿는ᄃᆡ池田氏는발起人을代表ᄒᆞ야式辭를述ᄒᆞ고 勅使徐秉協氏가 大皇帝陛下의 祝辭를代讀ᄒᆞ고京城民長은右에對ᄒᆞ야答辭를述ᄒᆞ엿스며捲農相海津就山民會議長등은公園에對ᄒᆞᆫ所感을演述ᄒᆞᆫ後各種에餘興으로盛況을呈ᄒᆞ엿다더라

○以金賀揚 水原郡居洪翼진氏가京城地方裁判所에自現辨明ᄒᆞ야疑獄을打破ᄒᆞ엿다는事는一般知了ᄒᆞ는바이어니와日昨에農商大臣趙重應氏가洪翼진氏를招見ᄒᆞ고賀揚金十圓을給與하엿다더라

○調査의着手 度支部土地調查局에서韓人技手及日人主事合貳十名을再昨日富平通津등郡에派送하야實地調査에着手ᄒᆞ엿다더라

○李庄賣日 中樞院顧問李址鎔氏는多數債務를因ᄒᆞ야龍山別庄을代金二萬四千圓에某日人에게放賣ᄒᆞᆫ다더라

○錦陵上京 馬山浦에留連ᄒᆞ던錦陵尉朴泳孝氏는何事件을因홈인지日間上京ᄒᆞᆫ다더라

○兩氏還國 渡日ᄒᆞ엿던大韓協會會員權東鎭沈宜性兩氏는昨日下午八時에入京ᄒᆞ엿다더라

○救急箱寄付 京城에在ᄒᆞᆫ日本赤十字社支社에서不意疾病을應急治療ᄒᆞ기爲ᄒᆞ야日昨各警察署에救急箱一個式寄付ᄒᆞ엿다더라

○三期恤金 地方義兵의騷擾로被燒家屋과被死人命에게第三期救恤金을支給ᄒᆞ엿는ᄃᆡ燒戶에는二圓으로被死人壹名에二圓五拾錢으로算定ᄒᆞ엿다더라

○體操新法 本國各學校의體操는一定ᄒᆞᆫ法式이無홈으로今回에學部에서心理及生理上으로身體發育에適合ᄒᆞᆫ最新體操法을발行ᄒᆞ야各學校에서敎授케ᄒᆞᆫ다더라

○是何長書 端川郡居吳周赫金洛昇兩氏는時局에關ᄒᆞᆫ事件으로中樞院과內閣及統監府에長書를提呈ᄒᆞᆫ次로目下起草ᄒᆞᆫ다는說이有홈으로某處에서注目中이라더라

○米價騰高의嚴禁 近日旱癘을因ᄒᆞ야米價가漸騰홈으로三昨日警視廳에서各米商에게巡查를派送ᄒᆞ야米價騰高케홈을嚴禁ᄒᆞ엿다더라

○演劇의團束 警視廳에서는再昨日各演劇場總務를招致團束ᄒᆞ되風俗을紊亂케ᄒᆞ는演劇을一切廢止ᄒᆞ라ᄒᆞ엿다더라

○早婚調査 各警察署에서近日民籍을調査ᄒᆞᆫ즉早婚者가比比有之홈으로章程을依ᄒᆞ야施行홀次로目下調査中이라더라

○李氏起訴 大韓新聞社長李人稙氏가李載範氏의金貨를多數히貸用ᄒᆞᆫ事가有ᄒᆞ던지過限不報ᄒᆞ는故로李載範氏가裁判所에起訴ᄒᆞ엿다더라

○陰民의等訴 陰城郡財務署長柳志默氏가昨年八月分에本郡結稅中加結外執一을強制力으로稱以隱結ᄒᆞ고里長을威脅ᄒᆞ야勒捧圖章ᄒᆞᆫ지라考卜債와結頭錢을觀察道에서勿施ᄒᆞ라는訓飭이數次來到ᄒᆞ엿스나各面長은訓飭을不遵ᄒᆞ고捧稅時에考卜債及結頭錢을先捧홈으로民難支保라ᄒᆞ야度支部에等訴次上京ᄒᆞ엿다더라

○請願相持 仁川港新佛島는該港居金善有氏의所有인故로證明코저ᄒᆞ야農商工部에請願ᄒᆞ엿더니內藏院技師金倫求氏는貸付請願書를農商工部에提出홈으로目下相持中이라더라

○保放周旋 公貨欠逋로警視廳에被捉ᄒᆞᆫ李大鎔氏를保放키爲ᄒᆞ야李址鎔李範喬兩氏가目下周旋中이라더라

○妓生政談 大邱郡에서妓生등이組合所를設立ᄒᆞ고金明啓氏를延聘ᄒᆞ야日語를研究ᄒᆞ며每土曜日에討論會를開ᄒᆞ는ᄃᆡ去卄八日은韓國을隆盛케ᄒᆞ자면興學과養兵에何者를先홀고ᄒᆞ는問題로盛히嬌音을발ᄒᆞ야討論을試ᄒᆞ는事가當局에入聞되미警察署에서即時此를解散키爲ᄒᆞ야妓生一同을該署에引致ᄒᆞ야嚴히戒飭ᄒᆞ되婦女子가政治를言論ᄒᆞ는것은婦德을紊亂케홈이라고時論解決ᄒᆞ엿다더라

○是何淸兵 再昨十八日午前拾一時四拾五分에某處에達ᄒᆞᆫ電報를據聞ᄒᆞᆫ즉淸兵約百名이淸國木船을搭乘ᄒᆞ고鴨綠江을溯ᄒᆞ야去二拾日에[illegible]滿江附近을通過ᄒᆞ야帽子山으로向ᄒᆞ엿다더라

○義騷尙熾 本月初旬에奉化郡小川面과春陽面에서火繩銃을帶持ᄒᆞᆫ義兵六名이晝夜로出沒ᄒᆞ야民家에侵入ᄒᆞ며財産을掠奪ᄒᆞ는ᄃᆡ該村民의所傳을聞ᄒᆞᆫ즉小川面山中에約三百名義兵이晝伏夜行홈으로附近의耕作이廢止ᄒᆞᆫ境遇에至ᄒᆞ야騷擾가日甚ᄒᆞᆫ지라卄日에偵探隊가同地에來到ᄒᆞ엿는ᄃᆡ義兵은山中으로潛入ᄒᆞ엿다더라

○新會組織 去二十七日午後二時에國民協成會會長尙稷鉉氏와副會長及其他數名의會員을該會長家에集合ᄒᆞ야何等事件을密議ᄒᆞ엿는ᄃᆡ其內容을得聞ᄒᆞᆫ즉同會는財政이困難홈으로會況이發展치못ᄒᆞ고不久에沉衰ᄒᆞᆫ狀態에陷ᄒᆞᆫ故로寧히解散ᄒᆞ는거시得策이라ᄒᆞ야協議一決ᄒᆞᆫ次로臨時會를開ᄒᆞ엿다가沈日澤氏의發起로平和會를組織中인ᄃᆡ同會는前途有望이라ᄒᆞ야昨今入會者가有ᄒᆞᆫᄃᆡ實業家數百名에達ᄒᆞ엿다더라

○學界日賊 西部黃土峴等地에日人吉田幸夫爲名者가日語私塾을設ᄒᆞ고日語를教授ᄒᆞᆫ다홈으로多少學生이入學金과月謝金을多數備給ᄒᆞ엿더니不過數日에幸夫가夜間逃去ᄒᆞ엿는ᄃᆡ入學金과月謝金을白失ᄒᆞᆫ學生등이幸夫의踪跡을探聞ᄒᆞᆫ즉珍島等地로向ᄒᆞ얏다ᄒᆞ며幸夫의履歷을[illegible]ᄒᆞᆫ즉[illegible]에서[illegible]年數授ᄒᆞ던者라ᄒᆞ며遞走홀時에其家主人도不知ᄒᆞ엿다더라

○石隧斃人 再昨日에北部紫橋隧道地에서附近水商등이該橋前井을改修築ᄒᆞ다가該井石이破壞ᄒᆞ야水商二人이壓石ᄒᆞ야一人은致斃ᄒᆞ고一人은重傷ᄒᆞ엿다더라

○火警旋滅 再昨日下午二時에下青石洞前觀察使尹喆圭氏家에서失火ᄒᆞ야旋即撲滅ᄒᆞᆫ故로別無損害ᄒᆞ엿다더라

○豐郡의海賊 去二十七日上午十一時頃에各其銃刀를携帶ᄒᆞᆫ海賊四名이豐德郡黃海里에來到ᄒᆞ야民家에亂入ᄒᆞ여金品을強奪ᄒᆞ고又同郡白面寺盆民家에侵入ᄒᆞ야軍用金이라稱ᄒᆞ고金四十二圓과其他物品六十餘圓價格을奪去ᄒᆞ엿다더라

○窃嫌被捉 南門外里門洞居韓東臣의夫妻는窃盜嫌疑로再昨日中部警察署에被捉ᄒᆞ엿다더라

○勞金請酬 開城學會會員金德洙氏가該會刱立初로于今五個年間을書記의任으로勤實服務ᄒᆞ며家貧親老호ᄃᆡ熱心出義ᄒᆞ미郡內社會와紳士諸氏가感嘆하야該會監督官廳에協議ᄒᆞ고該氏의酬勞金으로特別히誠意를表ᄒᆞᆫ다더라

○兩氏歡迎 日本留學生朴炳哲氏가歸國하엿는ᄃᆡ湖南學會會員一同이再昨日下午七時에順日旅館에서歡迎宴을盛設ᄒᆞ고朴炳哲氏와度支部主事吳政善氏를請待ᄒᆞ엿는ᄃᆡ吳氏도留學生으로既往歸國ᄒᆞᆫ人이라더라

○太極敎況 太極敎宗에서는第八回講究會를開ᄒᆞ고講長李[illegible]熙氏가講題를唱ᄒᆞ야[illegible]十餘人이出席ᄒᆞᆫ後에[illegible]禮를行ᄒᆞᆫ後講員余[illegible]台永柳[illegible]濬呂[illegible]東諸氏가小[illegible]立敎篇을講論ᄒᆞ고直日徐相[illegible]氏는講章을拈錄ᄒᆞ고講有司[illegible]永祚氏는問對를籍記ᄒᆞ고講[illegible]南廷哲黃泌秀叅講韓龍命呂[illegible]祚諸氏는演述講義를朗讀ᄒᆞ[illegible]執禮가講長以下諸員을指導[illegible]立ᄒᆞᆫ後白鹿洞規를說明ᄒᆞ고[illegible]揖禮를行ᄒᆞᆫ後撤講ᄒᆞ엿다더라

○自願獻身 齋洞養貞女子[illegible]育會에서再昨日에臨時總會를開ᄒᆞ고多少任員을選定ᄒᆞᆫ後[illegible]근嬿氏의別室과金宗漢氏의[illegible]室이該會에對ᄒᆞ야關於成立[illegible]기로自願獻身ᄒᆞ엿다더라

○敎長推薦 大同敎會에서[illegible]敎長을更히田愚氏로推薦ᄒᆞ엿다더라

○同窓午饌 日語同窓會에서再昨日東門外韓鳳鎬氏別庄에會同ᄒᆞ야午餐會를開ᄒᆞ엿더라

○青年幻灯 今日下午八時에鍾路青年會館에서特別幻灯會를開ᄒᆞ고申愛道氏가演說ᄒᆞᆫ다더라

電報

◎統監交迭發表

本日日本宮中에서親任式을左와如히行ᄒᆞ엿더라

陸軍大臣子爵 寺內正毅
兼任韓國統監

山縣伊三郞
任副統監

韓國統監子爵 曾禰荒助
任樞密院顧問官

東京발 卄九日着

廣告

本人之子在競과孫益善不務學業耽惑酒色假稱富饒欺欲得債則內外國人은切勿見欺

林喆榮　白

本人五月二十二日圓刻半篆章本郡梨花浦中셔失故玆以廣布內外僉君子照亮焉

平北鐵山郡餘間面西秋里第二統二戶　金元鳳　告白

本人名鳳字改以秦字內外僉彥知悉홈

富平毛月串面高棧里鄭相根이가今月初六日에無故出他ᄒᆞ엿ᄉᆞ오니內外國人間或有債給이라도白失ᄒᆞᆯ터인니切勿相關ᄒᆞ심을伏望홈

鄭行善　告白

去陰正月壹日仁川港畓洞沙村火災에對ᄒᆞ야醵集ᄒᆞᆫ義捐金으로罹災ᄒᆞᆫ中情勢가最尤甚慘酷ᄒᆞᆫ十七戶에게分等分排ᄒᆞᆫ바義捐ᄒᆞᆫ氏名이如左ᄒᆞᆷ

俞致興　三十圓　丁致國
鄭永化　張乃興　鄭順澤
各廿圓　沈能德　李秉浩
孫星七　崔應三　金斗基
各十圓　金鍾允　尹衡叔
全道善　崔禹政　各五圓
禹恒鼎　四圓　朴永文
金世卿　各二圓　金文玉
金興局　徐丙文　趙鏞敎
姜致中　李敬二　韓禹근
金順一　朴鳳云　各壹圓
申鉉鎭　崔慶善　李甫汝
全致守　白子健　金明哉
金聖七　朴乃有　林常津
李亨來　李萬來　朴大成
李君實　各五拾錢　吳永熙
韓昌淳　申永浩　各卅錢
徐聖瑞　廿五錢　李化俊
朴建洙　各卄錢　韓學文
[illegible]　各拾錢

本人이今月六日昌城旅行中路에셔姓名章을遺失故로玆以廣告ᄒᆞ오니雖某間拾得則勿施ᄒᆞ심을敬要

平北定州郡壚坊面中里　林公善　告白

本人의所居草家三間官券을不知ᄒᆞ遺失故로玆에廣告홈

慶北大邱西上面東山里十七統五戶　金永淑　白

本人이延安郡大山面二里所在畓九十五石落을證明出章ᄒᆞ야放賣이ᄋᆞᆸ더니不意에(日本人송민)과忠淸道溵山居吳寅默爲名者가符同ᄒᆞ야本人의庄土假造證明三四件을謀得ᄒᆞ야가지고京鄕出沒ᄒᆞ야典執得債코져ᄒᆞ오니內外國人은切勿見欺ᄒᆞ시옵

隆熙四年五月三十日

黃海道延安郡大山里居金成容

本人이去己酉陰四月日에紙貨九十四圓을釜山鎭一洞信義社張贊賢의게任置ᄒᆞᆫ標를不知中遺失ᄒᆞ엿ᄉᆞ오니誰某拾得이라도休紙施行홈

慶南東萊府仙岩寺金大山告白

陽五月二十六日午后에防川等地에셔姓名圓形圖章을遺失ᄒᆞ엿시니拾得ᄒᆞ신人은無效홈

大邱西上前洞居白樂仲　告白

咸鏡南北道有司는鍾大로擇送ᄒᆞ오니照亮홈

順興安氏宗會所　告白

本人等이鷄卵塵圖章을셔失故自今新章을使用ᄒᆞ오니　僉位照亮ᄒᆞ옵

鷄卵塵任　李慶善　金昌善　李鎭圭

學部檢定

新訂 [illegible] 敎科書

李敎承 著

敎育界의 啓明星이오
數學家의 羅盤針이라

定價金一圓二十錢　洋裝美本 印刷精密

本書ᄂᆞᆫ學部數學檢定을經ᄒᆞᆫ書라數學敎科書의頒失가되엿ᄉᆞ오며一般高等敎育上에不可缺ᄒᆞᆯ書라

預約募集

預約割引은同業者의게ᄂᆞᆫ部數에依하야多少가有ᄒᆞ오ᄂᆡ書信或面議ᄒᆞ심을望ᄒᆞᆷ　個人預約은先金에限ᄒᆞ야二割引으로酬應ᄒᆞᆷ
但卒業生의給ᄒᆞᆯ團體가有ᄒᆞᆫ時ᄂᆞᆫ該紹介者에게三割引外特히一部를進呈

預約期限은 **六月十日** 까지定ᄒᆞᆷ

發元 賣所 行所　**漢城鍾路 海東書林**

●特別廣告●

本店을**開業**ᄒᆞᆫ지數十年以來에 僉君子의愛顧ᄒᆞ심을蒙ᄒᆞ온바更히報答ᄒᆞ기爲ᄒᆞ와業務를擴張ᄒᆞ고內外**各樣紙物**과**布木**紬緞이며政府委托**度量衡器**와**學校用品**을精選最良으로直輸入ᄒᆞ와特別減價로多少間遠近을勿論ᄒᆞ고請求ᄒᆞ시면迅速히送付ᄒᆞ고郵便小包로引換代金으로酬應을迅速히ᄒᆞ여益々便利로도施行ᄒᆞ깃ᄉᆞ오니諸君子ᄂᆞᆫ照亮愛顧ᄒᆞ심을伏望홈

各樣紙類

壯紙 壯紙 窓戶紙
白紙 各樣書畫 塗背
洋紙 洋紙 印刷洋紙
斑子紙 封套紙 印札製
圖用紙 美濃紙 各樣

度量衡器部

度器 量器 衡器等

자와 말과 저울類를販賣홈

京城鍾路通二十二統八戶
政府度量衡器販賣所

紙商 鄭斗煥

電話壹千拾九番　電略語(정)(丁)

各種布木 紬緞
布。苧。木。紬。緞。
綿子。毛織

京城鍾路通二十二統八戶

木布商 鄭星煥

京城에現出한하레彗星

하레ㅣ彗星은一晝夜間에約二千萬里의速力으로우리地球에接近한다함은全世界人의激烈히喧傳하는바아닌가

現世沿々한商業戰爭의速度는하레ㅣ彗星에不下하느니今에우리漢陽商會는小賣部別立한以後空前絶後의大發展파하레ㅣ彗星二千萬里의大速力으로二千萬人의大同胞와接近코저함이니이다

今番移轉한京城商業會議所構內의店舖가宏大完美함다自誇치는아니하나一次光臨하신有眼人士의觀察이면可히써東洋唯一의大店舖됨을認得하실지요

漢陽商會는大擴張한以後地方部에는도라스도式販賣法을採用하야져옥低廉敏速히萬物을供給하고諸彦의便益을圖하나이다

吾輩는歐米의物貨를輸入販賣함에不止하고我韓의物産을陳列하야祖國의精華를發揮코저하나니觀하시오暗黑한漢城鍾路의(우리大韓商業의最中心인지)商界는하레ㅣ慧星파如한우리漢陽商會의光明을受하야開拓되며잇슴나이다

우리는한갓漢陽商會가最完全最盛大하다自道치아니하나世의大勢는님의習鑒로하야금獨占不可犯의權能을賦與하야最完美域에到達케하엿스니此는專히有志同胞의血誠週愛하시는盛意의結果이나또우리의經營하는商法組織의如何함을推知하실지로다

하고商戰에在함을우리는覺悟하야熱血을注하야此에努力하니우리는도라스도式漢陽셰°파°ㅣ°도°메°르°스°토°아를사랑할者는何에在하고

檀君開國四千二百四十三年
箕子元年三千三十二年
大韓開國五百十九年
本報創刊日 光武八年七月十八日

大韓每日申報

第八卷　月曜及慶節歲時日休刊　第一千四百号

Responsible for Publication Alfred Weekley Marnham.
發行兼編輯人 英國人 萬咸
發行所 京城中部石井洞三層洋屋 大韓每日申報社

論說

新政黨의行動

近日漢城內에風雲이一層沸騰ᄒᆞ야新政黨이往々히繼起ᄒᆞ니其目的은何에在ᄒᆞᆫ지知치못ᄒᆞᄂᆞᆫ바이어니와交頭接耳에密議가紛々ᄒᆞ야朝聚暮散에蹤跡이閃忽ᄒᆞ니一團精神이政治上에在ᄒᆞ야國家의大事業을經紀ᄒᆞᆯ眞意를抱ᄒᆞ고若是히공총ᄒᆞᄂᆞᆫ지或區々ᄒᆞᆫ經綸으로名利를釣取코저ᄒᆞ야一政黨을香餌로作ᄒᆞ고籠絡ᄒᆞᄂᆞᆫ手段을暗張ᄒᆞ야勢力家를攀緣ᄒᆞ고別般運動을弄出ᄒᆞᆯ計劃인지蟻와如히聚ᄒᆞ며蜂과如히屯ᄒᆞ야風波가種々히起ᄒᆞᆫ지라昨日弟兄의誼가明日仇讐의釁을成ᄒᆞ야一派가已分에十派가又分ᄒᆞ야派々히不同ᄒᆞ니其主見의不合은此를從ᄒᆞ야可히推想ᄒᆞᆯ者이로다

現今時代ᄂᆞᆫ民族時代라謂ᄒᆞᆯ지니世界에民族이團合ᄒᆞ면富强ᄒᆞᆫ國이라稱ᄒᆞ고民族이未合ᄒᆞ면貧弱ᄒᆞᆫ國이라稱ᄒᆞᄂᆞ니團合力은何에셔生ᄒᆞᄂᆞ고國民의義務를各自負擔ᄒᆞ고水에投ᄒᆞ던지火에投ᄒᆞ던지國粹를共釀ᄒᆞ야一肢體를成ᄒᆞᆫ然後히爾思吾想이同一히符合ᄒᆞ면此를團體라謂ᄒᆞᆯ지어날近日에新組織ᄒᆞᆫ政黨派ᄂᆞᆫ此를反ᄒᆞ야衆心을離散케ᄒᆞᆯ目的인지一合一散과一動一靜이總히利己ᄒᆞᆯ心만圖ᄒᆞ야外面으로觀ᄒᆞ면天然ᄒᆞᆫ態度를伴作ᄒᆞ야言論風致ᄂᆞᆫ志士의思想이有ᄒᆞᆫ듯ᄒᆞ나臨事論心ᄒᆞᄂᆞᆫ境遇에至ᄒᆞ야ᄂᆞᆫ胡肝越膽이氣脈이不通ᄒᆞ니此를엇지團體的社會라ᄒᆞ리오政黨으로名稱ᄒᆞᄂᆞᆫ主義를解得키難ᄒᆞ니政治上言論으로廟堂의政治를勸告ᄒᆞᄂᆞᆫ事인가政府에不善ᄒᆞᆫ策을攻駁ᄒᆞᄂᆞᆫ事인가吾儕ᄂᆞᆫ預料케不能ᄒᆞᄂᆞᆫ바이로다該黨派가外國의政黨會를模倣ᄒᆞ야新起ᄒᆞᆫ者이나實地事務ᄂᆞᆫ履行치못ᄒᆞ고鸚舌을徒弄ᄒᆞ야東施의醜態를掩匿키不能ᄒᆞ니엇지世人의笑罵를免ᄒᆞ리오某處의셔一會가起ᄒᆞ면曰政黨會라ᄒᆞ고某人이一會를設ᄒᆞ면曰政黨會라ᄒᆞ니不久에京城이政黨會天地가必成乃已ᄒᆞᆯ이로다政治客의思想을抱有ᄒᆞ고政黨을組織ᄒᆞᆫ바인가政策上에研究有ᄒᆞ고變革ᄒᆞᄂᆞᆫ時機를當ᄒᆞ야刷新ᄒᆞᆯ方略을企待ᄒᆞᆯ터이면誰가贊同치아니ᄒᆞ리오마ᄂᆞᆫ一事의施措은聞치못ᄒᆞ고日日所聞이分黨離派에齟齬이紛紜ᄒᆞ야政治一欵은先天夢外에已付ᄒᆞ엿스니政黨으로自處ᄒᆞᄂᆞᆫ것시實ᄂᆞᆫ赧然ᄒᆞ다ᄒᆞᆯ지니今日에政黨부터組織ᄒᆞᄂᆞᆫ것시時急ᄒᆞᆫ務가아니라政治的方策을益益講究ᄒᆞ야自身而家ᄒᆞ고自家而國ᄒᆞ야至於天下를平ᄒᆞᄂᆞᆫ經綸이有ᄒᆞ면政黨이아니라도施政ᄒᆞᄂᆞᆫ도가有ᄒᆞ고政黨을組織하더라도政略이無ᄒᆞ면畢竟은虛算에歸ᄒᆞᆯ지니今此論述이政黨諸公을對ᄒᆞ야誹毁ᄒᆞᄂᆞᆫ意가아니라諸公을勸ᄒᆞ야政略上에實力을養成ᄒᆞ기를望ᄒᆞ노라

官報

◎第四千六百九十二號
隆熙四年五月三十一日(火曜)

◎叙任及辭令

○五月三日
鈴木小一
任內部技手叙判任官四등

○五月十九日
學部主事 小山季郞
兼任漢城府主事

○五月二十一日
全昌燮
任公立普通學校本科副訓導叙判任官四등

○五月二十五日
前公立普通學校本科訓導 金秦錫
任公立普通學校本科訓導叙判任官四等
昌原府尹 申錫麟
兼任公立馬山普通學校長

○五月二十八日
道主事 高橋久次
同 奧山孝一
同 市川一松
任郡主事叙判任官二等
道主事 井上新
同 本司義足
同 冬木茂明
任郡主事叙判任官三等
道主事 鮫島武二
同 吉山文一郞
任郡主事叙判任官四等
農商工部技手 戶塚房吉
同 石川政次郞
兼任林業事務所技手
公立普通學校本科副訓導 金敎興
依願免本官
(以上五月二十五日官部)

外報

◎美國新戰艦 華盛頓來電을據ᄒᆞᆫ즉一九百十年度에製艦計劃案의規定ᄒᆞᆫ바二隻의戰艦은約二萬七千噸으로ᄒᆞ고主砲十四門과附砲十門을置ᄒᆞᆯ터인ᄃᆡ海軍省에셔ᄂᆞᆫ迅速히建造ᄒᆞ기로準備中이라더라

◎商店損害賠償 杭州城內日本商店破壞事件에對ᄒᆞ야日本領事와淸國官憲間談判은滿足히結了ᄒᆞ고淸國은城內居住權의問題ᄂᆞᆫ姑爲停止ᄒᆞ고日本商人의損害ᄂᆞᆫ日本의要求와如히賠償ᄒᆞᆯ事로同意ᄒᆞ엿다더라

◎萬國衛生會議 本年九月華盛頓에셔開設ᄒᆞᆯ萬國衛生會議ᄂᆞᆫ無期延期되엿다더니一千九百十二年五月二十三日부터日本東京에셔開會ᄒᆞᆯ事를確定ᄒᆞ엿다더라

◎廣東米價高騰 北京來電을據ᄒᆞᆫ즉廣東地方에ᄂᆞᆫ米價가日々騰貴ᄒᆞᆷ으로人民등이甚히憂慮ᄒᆞᆫ다더라

◎母女三人의慘事 日本泉北郡井上神村大字大庭寺二十四番地에居ᄒᆞᄂᆞᆫ藤原藤太郞의妻가去二十七日全郡取石村取石池에셔其所生二女와投身ᄒᆞ엿다ᄂᆞᆫ急報를全地警察署에셔聞知ᄒᆞ고卽時取調ᄒᆞᆫ즉此ᄂᆞᆫ生活에困難ᄒᆞᆷᄲᅮᆫ不啻라平時夫婦間無情ᄒᆞᆷ을怨恨ᄒᆞᆷ이라더라

◎印度王의漫遊 印度뮤파니이國王一行은世界를漫遊ᄒᆞ기爲ᄒᆞ야印度에셔去二十六日出發ᄒᆞ야香港에來着ᄒᆞ엿다더라

宮廷報

◎韓皇陛下親電 去月三拾일에
韓皇陛下께셔ᄂᆞᆫ前統監曾禰子爵에게如左히親電을발ᄒᆞ옵셧다더라
貴子爵今遽罷辭統監之任貴子爵은朕에副統監으로來駐ᄒᆞ고次에統監으로伊藤公爵繼紹의뒤를襲ᄒᆞ야朕의國政을指導ᄒᆞ야紀綱이漸張ᄒᆞ고百事가漸成之由ᄂᆞᆫ惟乎ᄃᆡ貴子爵의勤勞라今春에貴子爵이抱病歸朝後에朕은速히全快復을祈ᄒᆞ얏거니意外에病氣ᄂᆞᆫ終不能留關外ᄒᆞ니不堪哀惜이라玆에貴子爵在職輔導之至誼를謝ᄒᆞ고兼ᄒᆞ야貴子爵의速히建康에復ᄒᆞ기를祝
同時에新任寺內子에게如左히親電을발ᄒᆞ셧다더라
貴子爵이새로統監의任을兼ᄒᆞ엿다ᄒᆞᆷ은聞ᄒᆞᆫ즉曷堪欣喜리오今弊邦은百度가거우緒에就ᄒᆞ얏다云ᄒᆞ나尙且貴子爵의補導를待ᄒᆞ노라玆에貴子爵의新任에當ᄒᆞ야朕은衷心의親意를表ᄒᆞ고幷ᄒᆞ야建康을祈ᄒᆞ노라

◎傳勳致電 韓皇陛下께셔竹田北白川朝香君宮妃殿下께勳章을贈呈ᄒᆞ셧ᄂᆞᆫᄃᆡ昨三十日午后四時에韓國 皇太子殿下께셔韓國 大皇帝陛下께左와如히電報ᄒᆞ옵셧다더라
竹田北白川朝香三妃殿下께셔御贈ᄒᆞ옵신勳章은本日午前十一時半에竹田宮邸에셔傳達ᄒᆞ얏고午餐을取ᄒᆞᆫ後午後一時에歸邸
三宮殿下의謝電
昨三拾日午后六時에竹田北白川朝香三宮殿下께셔各各韓國 大皇帝陛下께謝電을ᄒᆞ엿다더라
本일에特히貴韓國 皇太子 殿下로ᄒᆞ야금最高勳章을 贈與ᄒᆞ시와極히感謝ᄒᆞ옵기 玆에厚히謝意를表 上ᄒᆞ옵나이다

雜報

◎正副統監赴任期 新任正副統監은急히渡韓ᄒᆞ기로決定ᄒᆞ얏ᄂᆞᆫᄃᆡ副統監은本月拾일頃에寺內統監은本月末에赴任ᄒᆞᆫ다더라

◎統監府出張所移轉 統監이更迭ᄒᆞᆫ同時에日本東京麴町區內幸町에잇ᄂᆞᆫ統監府出張所ᄂᆞᆫ陸軍省內로移轉ᄒᆞ엿다더라

◎農相邸密議 度支大臣高永喜氏와農大臣趙重應氏와學大臣李容植氏와宮大臣閔丙奭氏가去三拾일午后七時에統監邸로歸途에永樂町農相邸에會集ᄒᆞ야午后九時까지密議ᄒᆞ엿ᄂᆞᆫᄃᆡ其內容은秘密ᄒᆞ야聞知키難ᄒᆞ나統監更迭에關ᄒᆞ야今後內閣의去就를協議ᄒᆞᆫ듯ᄒᆞ다더라

◎冗官淘汰 統監府官制를改定ᄒᆞᆫ다ᄂᆞᆫ말은已報ᄒᆞᆫ바어니와近聞ᄒᆞᆫ즉統監遞任에關ᄒᆞ야冗官은一切淘汰ᄒᆞᆫ다ᄂᆞᆫ說이浪藉ᄒᆞ다더라

◎新統監의方針 新任寺內統監은前統監의決行치못ᄒᆞᆫ統監府高等官의更迭을斷行ᄒᆞᆯ터인ᄃᆡ위션內部를刷新ᄒᆞᆫ後에根本的對韓問題를解決ᄒᆞᆯ心算인즉世間風說과如히就職後卽時根本問題에着手치ᄂᆞᆫ아니ᄒᆞᆯ터이라더라

◎俵次官西遊 平壤郡農林學校에셔來四일에開校式을設行ᄒᆞᆫ다ᄂᆞᆫᄃᆡ俵學部次官이叅與키爲ᄒᆞ야來三일에發程ᄒᆞᆫ다더라

◎일露協約成立 協商ᄒᆞᆫ일露新協約은互相의意見이一致ᄒᆞ야旣히調印ᄒᆞᆫ바從近에발表ᄒᆞᆯ것이오其中韓國에關ᄒᆞᆫ條項은발表치아니ᄒᆞ고發表ᄒᆞᆯ것은既知ᄒᆞᄂᆞᆫ事項뿐이라더라

◎密漁取締 淸國密漁船은西北沿岸으로부터南海岸에出沒ᄒᆞᄂᆞᆫ故로各稅關所屬巡邏船에셔ᄂᆞᆫ警察官을派送ᄒᆞ야取締中이라더라

◎三韓叙勳 韓觀韓韓觀金海龍氏等三人은年前露日戰役時北間島에出張ᄒᆞ야効勞가有ᄒᆞᆷ으로日本皇室에셔勳七等瑞寶章을賜與ᄒᆞ엿더니再昨日內部에셔右人等에게贈與ᄒᆞ엿다더라

◎英領訪統 英國總領事ᄂᆞᆫ統監更迭의通牒을接ᄒᆞ고三拾一일午前에統監府에往ᄒᆞ야石塚長官을訪問ᄒᆞ엿다더라

◎密索殊常 溫泉에셔治療ᄒᆞᄂᆞᆫ李總相所居地에셔日前에何許金某가行動이極히殊常ᄒᆞᆷ으로卽時捕縛ᄒᆞ엿고該人에同黨前橋居李寅澤은逃走上京ᄒᆞ엿다ᄂᆞᆫ電信이三昨日內部에來到ᄒᆞ엿슴으로警視廳에셔一般高等巡査를合番ᄒᆞ야 下 嚴密搜索中이라더라

◎水道開通式 平壤水道通水式ᄒᆞᆫ다ᄒᆞᆷ은既報와如ᄒᆞ거니와當日에來賓이五百餘名에達ᄒᆞ야非常ᄒᆞᆫ盛況을呈ᄒᆞ엿다더라

◎閔氏起訴 總相李完用氏가年前通津郡에草坪幾萬坪을買置ᄒᆞ엿ᄂᆞᆫᄃᆡ該郡居閔義植氏에賜牌地段이犯入ᄒᆞ엿슴으로還付ᄒᆞ기를屢度交涉ᄒᆞ되李氏가堅執不反ᄒᆞᄂᆞᆫ故로閔氏가裁判을提起ᄒᆞᆯ次로目下準備中이라더라

◎樞長訪石塚 中樞院議長金允植氏ᄂᆞᆫ再昨日下午四時統監府에前往ᄒᆞ야石塚長官을訪問ᄒᆞ엿다더라

◎樂園開宴 內相朴齊純觀衛府長官李秉武兩氏ᄂᆞᆫ來四日漢城俱樂園에셔園遊會를開ᄒᆞ고內外國高等官을請邀宴待ᄒᆞᆫ다더라

◎只設盃酒 學部大臣李容植氏가兩南을視察ᄒᆞ고水原郡에到着ᄒᆞᆫ즉韓日官民이協同ᄒᆞ야歡迎會를設行ᄒᆞ라ᄒᆞᆫ데觀察使金思默氏가發論ᄒᆞ기를日旱이甚爲ᄒᆞ야民情이戚戚ᄒᆞᆫ즉盛大히歡迎ᄒᆞᄂᆞᆫ것이必要가아니라ᄒᆞ고酒盃를獨擔接待ᄒᆞᆷ으로稱頌이藉藉ᄒᆞ다더라

◎慶北廢合 慶尙北도管下四拾一郡을廢合ᄒᆞ야二十四郡으로廢練ᄒᆞᆯ件을該도에셔意見書를內部로修報ᄒᆞ엿다더라

◎高氏送日 農商工部大臣趙重應氏ᄂᆞᆫ統監遞任ᄒᆞᆫ事에關ᄒᆞ야政友會員高羲駿氏를日本에派送ᄒᆞ기로擬議ᄒᆞᆫ다ᄂᆞᆫ說이有ᄒᆞ다더라

◎海西旱形 黃海觀察使가管下各郡의農形을內部로修報ᄒᆞ엿ᄂᆞᆫᄃᆡ兩麥은已爲判歉이오秧坂이龜坼에秋事無望이라ᄒᆞ엿다더라

◎兩員入京 平壤水도開通式에往叅ᄒᆞ엿던內部秘書官吳在豐蓮元事務官은人事에關係가有ᄒᆞᆷ을因ᄒᆞ야本日下午二時頃에나入城ᄒᆞᆫ다더라

◎禁弊報社 東洋拓殖會社에셔事務員을漢城五部安內에派送ᄒᆞ야歸市十의과落數及所在處를目下調査中인ᄃᆡ該事務員中或小作人에對ᄒᆞ야納賂移作ᄒᆞᄂᆞᆫ弊가有ᄒᆞᆷ으로小作人들은此弊를禁止ᄒᆞ라고拓殖會社에請願ᄒᆞᄂᆞᆫ者가多ᄒᆞ다더라

◎拓會設路 拓殖會社에셔ᄂᆞᆫ彰義門內彰義宮基地에該社事務員私宅을建築ᄒᆞᆯ計劃인ᄃᆡ迎秋門前通衢에臨時輕便鐵路를敷設ᄒᆞ고木石에輸運을便利케ᄒᆞᆯ터로不遠間工役에着手ᄒᆞᆫ다더라

◎平壤紀念 去二拾九일平壤郡萬壽臺에新建築ᄒᆞᆫ紀念碑閣의落成式을設行ᄒᆞ엿ᄂᆞᆫᄃᆡ當地에出張ᄒᆞ엿던內部大臣朴齊純氏도往叅ᄒᆞ엿다더라

◎崔氏訪高官 慶南事務官崔惠氏ᄂᆞᆫ公務를因ᄒᆞ야일昨上京ᄒᆞ엿ᄂᆞᆫᄃᆡ內部高등官을訪問ᄒᆞ엿다더라

◎加茂還任 中部警察署日人警部加茂ᄂᆞᆫ月前에其親喪을遭ᄒᆞ야歸國ᄒᆞ엿다가日昨還任ᄒᆞ엿다더라

◎重地設技 宗廟ᄂᆞᆫ所重이自別ᄒᆞᆫᄃᆡ近日某某官人들이該廟內에入去ᄒᆞ야技局을濟設ᄒᆞ고夏日을消遣ᄒᆞᆫ다더라

◎毁員黜員 一進會員金丸은該會頭領宋秉畯李容九에不美ᄒᆞᆫ事件을臚列ᄒᆞ야聲討文을起草ᄒᆞ엿슴으로該會에셔再昨下午一時에特別評議會를開ᄒᆞ고金丸을黜會ᄒᆞ엿다더라

◎副會辭免 一進會長金澤鉉은何等事故를因ᄒᆞᆷ인지將次辭免ᄒᆞᆫ다ᄂᆞᆫ說이有ᄒᆞ더라

◎巡逐代表 天도敎主孫秉熙氏가普文社事件으로裁判落科ᄒᆞᆷ은一般知了ᄒᆞᄂᆞᆫ바어니와孫氏의代表人二名이再昨夜에普文社株主閔健植氏家에來到ᄒᆞ야今番落科가法外라ᄒᆞ며說往說來間에何등行動이有ᄒᆞ던지巡査가直入ᄒᆞ야該代表人二名을逐出ᄒᆞ엿다더라

◎調査露墓 露國政府에셔ᄂᆞᆫ駐京露國領事館에發訓ᄒᆞ고年前露日戰役에韓國地方에셔敗死ᄒᆞᆫ同國將卒에墳墓등을調査ᄒᆞ라ᄒᆞ엿다더라

◎派憲調捕 日憲兵司令部에셔ᄂᆞᆫ義兵將姜基東延起羽氏等을형捕ᄒᆞ기爲ᄒᆞ야憲兵補助員四名을三昨日楊州抱川等郡으로派送ᄒᆞ엿다더라

◎楊花設巡 內部에셔ᄂᆞᆫ楊花渡등地에巡査駐在所를設置ᄒᆞᆯ次로該所를目下建築中이라더라

◎兩報合併 前漢城新聞社主幹田村萬之助가資金을鳩聚ᄒᆞ야漢城新聞과大同日報를合併ᄒᆞ야新聞名號를大韓日日新聞이라改稱ᄒᆞ고來三日에初號를發刊ᄒᆞᆫ다더라

◎退院風塵 去二十七日東門外退溪院等地에셔義兵將姜基東氏部下二十餘名이該郡駐在日憲兵과數時間을激烈交戰ᄒᆞ엿ᄂᆞᆫᄃᆡ日憲兵二名이被死ᄒᆞ엿다ᄂᆞᆫ說이有ᄒᆞ다더라

◎幸卽救火 昨日上午五時南部山林洞朴俊秀氏家에셔失火ᄒᆞ야幸卽撲滅ᄒᆞ엿ᄂᆞᆫᄃᆡ略干의損害가有ᄒᆞ다더라

◎聯會交涉 政友會에셔ᄂᆞᆫ進步黨과聯合ᄒᆞᆯ次로目下交涉中이라더라

◎湖學開會 湖西學生親睦會에셔ᄂᆞᆫ本月第二日曜日에討論會를開ᄒᆞᆫ다더라

電報

◎整理公債償還 日本政府에셔ᄂᆞᆫ大藏省令第二十三号에依ᄒᆞ야據ᄒᆞ야本年에整理公債全部를償還ᄒᆞ엿다더라

◎談話會講演 談話會會則改正의結果로히야셔談話會講演會를組織ᄒᆞ고趣旨를발表ᄒᆞ엿ᄂᆞᆫᄃᆡ來月拾日內로第一回를開ᄒᆞᆫ다더라

◎吉林間島鐵道 淸國政府ᄂᆞᆫ吉林間島間에鐵도를敷設ᄒᆞᆯ計劃인ᄃᆡ日本政府ᄂᆞᆫ日淸이合同ᄒᆞ야吉林鐵도敷設ᄒᆞ기로契約이有ᄒᆞᆫ즉抗議를提出ᄒᆞᆯ것이나或互相範圍內로協定이될뜻ᄒᆞ다더라

以上東京발 卅一日着

▲少年時代▼

▲揮塵蒲團五月天에悠々世事商量ᄒᆞ니夏日長如少年時半島山河濃陰裏에一日長似兩日ᄒᆞ니少年時代이아닌가

▲黃내一枕高倚ᄒᆞ고依々昏夢未醒ᄒᆞ나警醒推를一擧ᄒᆞ야國民精神刷勵ᄒᆞ면一生事가已新이라少年時代分明ᄒᆞ다

▲氣禝中에더ᄂᆞᆫ靈이不平ᄒᆞ던것已經ᄒᆞ나一時겁雨後에ᄂᆞᆫ晏天晴復觀ᄒᆞᆯ제新世界를可作ᄒᆞ니少年時代分明ᄒᆞ다

▲教育界가困雜ᄒᆞ야志士數이雖深ᄒᆞ나英材已是續起ᄒᆞ야萬里鵬圖已圓ᄒᆞ면前明前路無窮ᄒᆞ니少年時代分明ᄒᆞ다

▲歐雨米風捲入ᄒᆞᆯ제萬丈激氣崢嶸ᄒᆞ다磅礴山川指點ᄒᆞ니隱君子가出試ᄒᆞ면鐵興未艾氣像이니少年時代分明ᄒᆞ다

▲山梯海航所到處에輸入品이日增ᄒᆞ야金融難是掃知ᄒᆞ나奇巧工業漸就ᄒᆞ면黃金世界又新이니少年時代分明ᄒᆞ다

廣告

今二十八日에北廟關王墍像을東廟로移安ᄒᆞ엿기本會事務所를移設ᄒᆞ고神宮奉安次로自今日爲始ᄒᆞ야修理着手홈

神宮敬義會 告白

慶州李氏東菴公諱 璜(益齋公大人)의山所가牛峯桃李村(長湍郡知琴里)에在ᄒᆞ시다가나失傳久矣러니本年陰曆一月에誌石이顯現ᄒᆞ야草野宗中에셔草々改封을엇스나香火凡百이萬々磚急ᄒᆞᆫ기로僉宗이會議ᄒᆞ야宗約所를定于京城南部詩洞三十統三戶前參判鍾弼家ᄒᆞ고玆에廣告ᄒᆞ오니僉宗은照亮急速來議ᄒᆞ시옴

慶州李氏宗中 告白

本人의平北宜川郡郡山面沙土里北洞荒字二號畓十五斗落玄字二号田三時耕文券을二月三日見失ᄒᆞ엿ᄉᆞ오니誰某拾得休紙施行홈

宜川郡郡山面沙土里 車龜興

本人이今月十八日宜川邑口億鎭市房에셔四ㄅ牛篆圖章을見失故로玆以廣布ᄒᆞ오니內外國人은知ᄒᆞ심

平北郭山郡北面月峰里 李義祿

去陰正月壹日仁川港畓洞沙村火災에對ᄒᆞ야醵集혼義捐金으로罹災혼中情勢가最尤甚慘酷혼十七戶에게分等分排ᄒᆞ며義捐혼氏名이如左홈

兪致興 三十圓 丁致國
鄭永化 張乃興 鄭順澤
各廿圓 沈能德 李秉浩
孫星七 崔應三 金斗基
各十圓 金鎬允 尹衡叔
全道善 崔禹政 各五圓
禹恒果 四圓 朴永文
全世卿 各二圓 金文玉
金興局 徐丙文 趙鏞敎
姜致中 李敬三 韓禹근
金順一 朴鳳云 各壹圓
申鉉鎭 崔慶善 李甫汝
全致守 白子健 金明哉
金聖七 朴乃有 林常津
李亨米 李萬求 朴大成
李君實 各五拾錢 吳永熙
韓昌淳 申永浩 各卅錢
徐聖瑞 廿五錢 李化俊
朴建洙 各廿錢 魯學文
拾五錢 李仁奎 金用甫 各拾錢

本人이延安郡大山面二里所在畓九斗五石落을證明出章ᄒᆞ야放賣이옵더니不意에(日本人송민)과忠淸道稷山居吳寅默爲名者가符同ᄒᆞ야本人의庄土僞造證明三四件을謀得ᄒᆞ야가지고京鄕出沒ᄒᆞ야典執得債코져ᄒᆞ오니內外國人은切勿見欺ᄒᆞ시옴

隆熙四年五月三十日
黃海道延安郡大山里居金成容

本人之子在兢과孫益善不務學業耽惑酒色假稱富饒欺欲得債則內外國人은切勿見欺

林喆榮 白

富平毛月串面高棧里鄭相根이가今月初六日에無故出他ᄒᆞ엿ᄉᆞ오니內外國人間或有債給이라도白失홀터인니切勿相關ᄒᆞ심을伏望홈

鄭行善 告白

陽五月二十六日午后에防川等地에셔姓名圓形圖章을遺失ᄒᆞ엿시니拾得ᄒᆞ신人은無效홈

大邱西上前洞居白樂仲 告白

本人等이鷄卵廛圖章을셔失故自今新章을使用ᄒᆞ오니 僉位照亮ᄒᆞ심

鷄卵廛任 李慶善 金昌善 李鎭圭

學部檢定

李敎承 著

敎育界의啓明星이오 數學家의羅盤針이라

定價金一圓二十錢 洋裝美本 印刷精窗

本書ᄂᆞᆫ學部數學檢定의頭尖가되엿ᄉᆞ오며一般高等敎育上에不可缺ᄒᆞᆯ珍書라

預約募集

預約割引은同業者의게ᄂᆞᆫ部數에依ᄒᆞ야多小가有ᄒᆞ오니書信或面議ᄒᆞ심
個人預約은先金에限ᄒᆞ야三割引으로酬應홈
但學生拾人團體가有혼時ᄂᆞᆫ設紹者에게三割引外에一部를進呈

豫約期限은六月十日 까지定홈

發元賣行所 漢城鍾路 海東書林

●特別廣告●

本店을開業ᄒᆞᆫ지數十年以來에 僉君子의愛顧ᄒᆞ심을蒙ᄒᆞ온바무히報答ᄒᆞ기爲ᄒᆞ야業務를擴張ᄒᆞ고內外各樣紙物과布木紬緞이며政府委托度量衡器와學校用品을新選最良으로直輸入ᄒᆞ와特히減價로多小間遠近을勿論ᄒᆞ고請求ᄒᆞ시면遞送部郵便小包며引換代金으로酬應을迅速히ᄒᆞ와一易에益々便利로옥施行ᄒᆞ깃ᄉᆞ오니諸君子ᄂᆞᆫ照亮愛顧ᄒᆞ심을伏望홈

各樣紙物
壯紙 壯版紙 窓戶紙
白紙 各樣書畫 塗背紙
洋紙 洋科 印刷洋紙
斑子紙 封套紙 印札製
圖用紙 美濃紙 各樣

度量衡器部
자와 말과되와 저울
度器 量器 衡器等
類를販賣홈
京城鍾路通二十二統八戶
政府度量衡器販賣所
紙品商 鄭斗煥
電話壹千拾九番 電略記(정)(丁)

各種布木 紬緞
布。苧。木。紬。緞。
綿子。毛織
京城鍾路通二十二統八戶
木布商 鄭星煥

☛ 京城에現出혼하례彗星 ☚

하례ㅣ彗星은一晝夜間에約二千萬里의速力으로우리地球에接近혼다홈은全世界人의激烈히喧傳ᄒᆞᄂᆞᆫ바아닌가

現世滔々혼商業戰爭의速度ᄂᆞᆫ하례ㅣ彗星에不下ᄒᆞᄂᆞ니今에우리漢陽商會ᄂᆞᆫ小賣部別立혼以後空前絕後의大發展과하°례°ㅣ°慧星二千萬里의大速力으로二千萬人의大同胞와接近코져홈이다

今番移轉혼京城商業會議所構內의店舖가宏大完美ᄒᆞ다自誇치ᄂᆞᆫ아니하나一次光臨ᄒᆞ신有眼人士의觀察이면可히써東洋唯一의大店舖됨을認得ᄒᆞ실지요

漢陽商會ᄂᆞᆫ大擴張혼以後地方部에ᄂᆞᆫ도라스도式販賣法을採用ᄒᆞ야더욱低廉敏速히萬物을供給하고諸彦의便益을圖ᄒᆞ나이다

吾輩ᄂᆞᆫ歐米의物貨를輸入販賣홈에不止ᄒᆞ고我韓의物產을陳列ᄒᆞ야祖國의精華를發揮코져ᄒᆞ나니觀ᄒᆞ시요暗黑혼漢城鍾路의(우리大韓商業의最中心인지)商界ᄂᆞᆫ하°례°ㅣ°慧星과如혼우리漢陽商會의光明을受ᄒᆞ야開拓되며잇슴나이다

우리ᄂᆞᆫ한갓漢陽商會가最完全最盛大ᄒᆞ다自道치아니ᄒᆞ나世의大勢ᄂᆞᆫ넘의吾輩로ᄒᆞ야금獨占不可犯의權能을賦與ᄒᆞ야最完美域에到達케ᄒᆞ엿스니此ᄂᆞᆫ專히有志同胞의血誠遍愛ᄒᆞ시ᄂᆞᆫ盛意의結果이나또우리의經營ᄒᆞᄂᆞᆫ商法組織의如何홈을推知ᄒᆞ실지로다아々世界最後의勝利ᄂᆞᆫ軍政에不在ᄒᆞ고商戰에在홈을우리ᄂᆞᆫ覺悟ᄒᆞ야熱血을注ᄒᆞ야此에努力ᄒᆞ니우리도라스도式漢陽께°파°ㅣ°도°멘°트°스°토°아°를사랑홀消ᄂᆞᆫ何에在홀고

廣告

此藥은春夏秋冬衛生家通常預備之靈劑ᄂᆞᆫ內外僉君子之已所亮燭者而今에盛夏凉秋에滌暑除장과消食爽神키爲하야特別製造發賣홈

消化新藥

清心保命丹

漢城南大門側二層洋屋
濟生堂大藥房本舖
主任 李庚鳳
代辦主任 李興國 白
支配人 金永七

消化新藥 清心保命丹 此丹은化痰止咳ᄒᆞ고順氣消滯ᄒᆞ며恒常長服ᄒᆞ면腸胃가健全

大補元氣 蔘茸大補元 大補元氣ᄒᆞ고滋腎健腦ᄒᆞ며先天不足과陽위不起에一切神効

蛔積殺虫散 此약은회積과 회腹痛과 회虫一切을去根ᄒᆞᄂᆞᆫ良劑

久滯大通丸 此丸은年久積滯와消滯後重이며胃腹痛에神効莫大홈

瘡病新藥 梅花點雪丹 毋論男女ᄒᆞ고花柳病楊梅瘡에一切去根快復하ᄂᆞᆫ良藥

眼疾速効 光明眼藥 諸般眼疾에隨症皆差ᄒᆞᄂᆞᆫ東洋에初有ᄒᆞᆫ寶藥

起死回生 回生丹 此丹은急ᄒᆞᆫ吐瀉關格이며가슴아리와冷積과痢疾에神効

感氣神効 解熱散 寒熱往來ᄒᆞ며似학非학과頭痛眩暈와肢節痛에其効가偉大

齒痛新藥 [illegible]水 虫齒와風齒와諸般齒痛에壹切神효

耳鼻 [illegible]藥 無論男女ᄒᆞ고耳聾鼻塞이며耳鼻에關ᄒᆞᆫ病은諸症並差

疝症拔根 疝積湯 諸般산症에大談出賣홈

寸虫沒出藥 寸白虫을一切去根ᄒᆞᄂᆞᆫ妙劑

티눈과못 拔根藥 티눈과못과ᄉᆞ마귀를쎄ᄂᆞᆫ藥

止足汗臭藥 手足의汗臭를除却ᄒᆞᄂᆞᆫ藥

去核生新 沃度膏 劍瘡과腐傷과곰핀ᄃᆡ去核生新ᄒᆞ기ᄂᆞᆫ第一著明

最新改良 百應膏 無論男女老少ᄒᆞ고毒腫濕腫痰腫諸般腫瘡에壹切特效가有홈

淋疾藥各種 淋疾各症에壹週日만服ᄒᆞ면病根快復ᄒᆞ고腎氣가完全홈

其他洋藥各種과◎賣藥各種◎都매散賣
◎遠地에ᄂᆞᆫ郵便小包로申速酬應홈

漢城南大門內濟生堂大藥房 李庚鳳
代辦主任 李興國 白

檀君開國四千二百四十三年
箕子元年三千三十二年
大韓開國五百十九年
本報創刊日
光武八年七月十八日

大韓每日申報

Responsible for Publication: Alfred Weekley Marnham.
發行兼編輯人　英國人　萬咸
發行所
京城南部石井洞三層洋屋
大韓每日申報社

第八卷　月曜及慶節歲時休日休刊　第一千四百一号

論說

國民의精神

國家의生脈은人民이오人民의生脈은精神이라精神이昏迷ᄒᆞ면生脈이遂絶ᄒᆞ나니精神이無ᄒᆞ면一土木形骸에過치못ᄒᆞᆫ지라是以로世界列强國에서精神的敎育을設ᄒᆞ야人民을養成ᄒᆞᆫ然後에國粹를喚醒케ᄒᆞᆷ인즉華盛頓의事業도精神에셔出ᄒᆞᆫ바이오拿破崙의功名도精神에셔出ᄒᆞᆫ바이라

放ᄒᆞ면六合에彌ᄒᆞ고捲ᄒᆞ면一身에藏ᄒᆞ야變化莫測ᄒᆞ니能히至大至微ᄒᆞ야見ᄒᆞ야도視치못ᄒᆞ고聽ᄒᆞ야도聞치못ᄒᆞ나니人의賢愚忠逆이精神의醒不醒에在ᄒᆞ니身家는卽一逆旅舍이오精神은卽一主人翁이라主人翁이惺惺ᄒᆞ여야其家가修治ᄒᆞ나니엇지主人翁을喚醒치아니ᄒᆞ리오一團精神이耿耿不迷ᄒᆞ면孟賁의勇으로도能히奪치못ᄒᆞ고項羽의力으로도能히拔치못ᄒᆞᆯ지니風雲을籠絡ᄒᆞ는經綸과霄漢을經緯ᄒᆞ는手段이有ᄒᆞᆯ지라도主宰가迷亂ᄒᆞ면大業을成키難ᄒᆞᆯ지로다

現今에大韓人民이精神이存乎아無乎아精神이若存ᄒᆞ면비록千仞坑塹에陷落ᄒᆞᆯ지라도畢竟은奮發振興ᄒᆞ는日이有ᄒᆞ려니와精神을若失ᄒᆞ면萬牛가難回ᄒᆞ는力이有ᄒᆞᆯ더라도終末에는委靡不振ᄒᆞ는境에至ᄒᆞᆯ지니竿頭의勢에在ᄒᆞ여一步의進도艱ᄒᆞ고二步의進도艱ᄒᆞᆫ즉成敗關頭가此一步에在ᄒᆞᆫ時機를當ᄒᆞ엿스니一步에도精신이오二步에도精신이라國民의義務를唱도ᄒᆞ야團合力을鞏固케ᄒᆞ는것은社會界의精신이오英材를招集ᄒᆞ야知識을開發케ᄒᆞ는것은敎育界의精신이오精巧가일進ᄒᆞ야輸出이增加케ᄒᆞ는것은工業界의精신이오興敗의透理ᄒᆞ야金融이流通케ᄒᆞ는것은商業界에精신인즉一國의前途가精신中에在ᄒᆞ다ᄒᆞ노니風雨가晦冥ᄒᆞ야漆夜乾坤을作ᄒᆞᆯ지라도孤輪이不滅ᄒᆞ야煥然復明者는月精신을可見이오火炎崑岡에俱焚의歎이有ᄒᆞᆯ지라도性色이自若ᄒᆞ야光彩를不減者는玉精신을可覩ᄒᆞᆯ지니百折不屈ᄒᆞ는性質로火의入ᄒᆞ야도可히畏ᄒᆞᆯ바이無ᄒᆞ고水에沒ᄒᆞ야도可히懼ᄒᆞᆯ바이無ᄒᆞ면何등事를成치못ᄒᆞ며何등의業을成치못ᄒᆞ리오疾風에도勁草를知ᄒᆞ고歲寒의도貞松을知ᄒᆞ나니草木이라도精신이自在ᄒᆞ야亭亭獨立ᄒᆞ는氣像이有ᄒᆞ니萬一自家의精신은已失ᄒᆞ고他人의精신을依恃ᄒᆞ면終末의는豈人을免치못ᄒᆞ야自滅ᄒᆞ는境遇에陷ᄒᆞᆯ지니嗚呼라大韓人士는新精신을刷勵ᄒᆞ야百倍圖治ᄒᆞ여야國民資格을不失ᄒᆞ리라ᄒᆞ노라

官報

◎第四千六百九十三號

▲隆熙四年　六月一日（水曜）

◎叙任及辭令

○五月十日　石田鶴藏　任道技手叙判任官四等

○五月十二日　荻原善太郞　任道主事叙判任官二等

○五月十四日　八木治太郞　任道技手叙判任官四等　甲斐慶松　任郡主事叙判任官五等

○五月十七日　桑原桑造　任道技手叙判任官二等

○五月十八日　難波嘉之助　任財務署主事叙判任官五等　越智元雄　井出道次郞　任郡主事叙判任官三等　關直平　北島愛重　任郡主事叙判任官四等

○五月二十三日　原田寅三郞　任郡主事叙判任官三等　中村副太郞　任郡主事叙判任官四等

○五月廿六日　郡主事松岡小三郞　任道主事叙判任官三等

○五月廿七日　財務署主事兼財務監督局主事田慶元　免本官專任財務監督局主事叙判任官三等　財務監督局主事鄭海鎭　任財務署主事叙判任官二等

○五月三十日　臨時財源調査局主事兼財務監督局主事閔泳喜　陞叙判任官二등

大韓醫院醫官兼大韓醫院敎授鈴木謙之助　免兼官（五月十日內閣）郡主事洪承老　依願免本官（五月二十五日內部）

度支部主事柴田開　免本官

右는理財局長의報告를據査ᄒᆞᆫ즉該員이隆熙二年　勅令第六號에依ᄒᆞ야光州農工銀行濟州島支店支配人으로在職中多額行金을消費라ᄒᆞ니似此官吏는不可仍置이기官員懲戒令第一條及第二條에依ᄒᆞ야免本官（四月十二日度支部）

財務監督局主事岩倉守男　財務署主事南璜熙　依願免本官

阿部育造　理財에關ᄒᆞᆫ事務를囑托ᄒᆞᆷ（判任待遇）（以上五月二十七日度支部）

臨時財源調査局主事兼財務監督局主事閔泳喜　依願免本官並兼官（以上五月三十日度支部）

外報

◎佛國新立法　巴里來電을據ᄒᆞᆫ즉佛國政府는新代議院에重要ᄒᆞᆫ議案을提出ᄒᆞ엿는ᄃᆡ右는選擧法改正及官吏地位에關ᄒᆞᆫ規定이라더라

◎佛國潛艇沈沒　佛國潛水艇푸리유푸오이스號와同國郵船이互相衝突ᄒᆞ야沈沒ᄒᆞᆷ으로士卒二十八名이溺死ᄒᆞ엿다더라

◎愛蘭의騷動　愛蘭쿨크州에서國民黨及獨立國民黨間에激烈ᄒᆞᆫ衝突이起ᄒᆞ야互相暴動ᄒᆞ야若干의家屋을破壞ᄒᆞ엿스며警官은發砲까지ᄒᆞ야死者가一名이라더라

◎德帝의御優待　德國皇帝는目下歐洲에滯在ᄒᆞᆫ日本貴族院議長德川公爵及農商務大臣大浦男爵을七月一日伯林春季觀兵式後의宮中大宴會에招待ᄒᆞᆫ다더라

◎蒙古의外商放逐　蒙古東南部에셔外國商人等이入來ᄒᆞ야羊毛貿易에繼續從事ᄒᆞᆫ다ᄒᆞᆷ으로淸國政府에셔는彼等을調査ᄒᆞᆫ後退去를命ᄒᆞᆯ方針이라더라

◎延試의成績　過日淸國學部에셔擧行ᄒᆞᆫ東西留學生延試成績는一等八十名、二等百三十一名、三等二十六名이라더라

◎排外的大學說　淸國兩廣總督袁樹勛은官設大學堂設立의件을奏請ᄒᆞ엿는ᄃᆡ其理由인즉外國設立의大學校卒業生은擧皆革命思想이富ᄒᆞᆷ을因ᄒᆞᆷ이라더라

◎國會速開運動　北京來電을據ᄒᆞᆫ즉福州敎育會及商務總會에셔는國會速開請願委員二名式選擧ᄒᆞ엿는ᄃᆡ本年六月初旬頃에北京에到着ᄒᆞᆫ다더라

◎英皇新聞　遠東報를據ᄒᆞᆫ즉英國新皇帝喬致第五에身體康健ᄒᆞ고膂力이過人이나然이나就外表觀之ᄒᆞ면與常人無異ᄒᆞ고向不喜酒에爲人恭謹ᄒᆞ야喜與人交ᄒᆞ며又喜觀書ᄒᆞ야書嘗不釋手라在水軍多年에專尙節儉ᄒᆞ야凡關於個人消費에極力求省ᄒᆞ되遇有應用之欵에尙不嗇吝ᄒᆞ며每日早起ᄒᆞ야頗喜硏究農業ᄒᆞᆫ다더라

學界報

◎大成學校夏期師範講習所　平壤大成學校講習所라고前報에已揭ᄒᆞ러니更聞ᄒᆞᆫ즉大成學校夏期師範講習所요主務敎師張膺震氏가熱心敎育ᄒᆞᆯ뿐더러日本留學生으로歸國ᄒᆞᆫ諸氏도來叅敎授ᄒᆞᆯ터이라더라

◎勞校蔚興　慶南舊馬山居靑年諸氏는勞働界에智識을均及ᄒᆞ기爲ᄒᆞ야夜學校를設立ᄒᆞ고勞働同胞를熱心敎授ᄒᆞᆫ지于今三年인ᄃᆡ但校舍를未定ᄒᆞ야困况이殆甚ᄒᆞ더니當地民議所及通商社僉員의勸勉贊助로校舍를確定ᄒᆞ고校務를一層擴張ᄒᆞ엿는ᄃᆡ附近各洞은此를模倣ᄒᆞ야夜學校를多數設立ᄒᆞᆫ다더라

◎昭義運動　西小門外昭義學校에셔去月曜日阿峴에運動會를設行ᄒᆞ엿는ᄃᆡ學生一百二十人과職員及來賓이多數會同ᄒᆞ엿스며傍觀은屢百人에達ᄒᆞ엿고學生의活潑ᄒᆞᆫ動作과整肅ᄒᆞᆫ規律은壹般觀者가莫不贊歎ᄒᆞ엿스며朴台胤池松旭金炯奎羅智學諸氏는多數ᄒᆞᆫ賞品을寄付ᄒᆞ엿고校長全景鉉氏는學徒와來賓의兩度食品을盛供ᄒᆞ엿다더라

詞藻

頤雲生

閒愁無計住年芳流蠶桃花綠水長腔血春隨鵑血碧鬢絲日與柳絲蒼已無可奈馮唐老若有思兮屈子鄉聚散榮枯天已定塵寰莫作事忙忙

記者曰萬事分已定浮生空自忙者耶始可謂醒塵夢者也

宮廷

○內相陛見 內相朴[illegible]純氏ᄂᆞᆫ再昨日下午一時昌德宮에陛見ᄒᆞ엿다더라

○賜金支撥 韓皇帝陛下께옵셔前日各大臣에게特賜金을下賜ᄒᆞ옵셧다ᄒᆞᆷ은既報어니와宮內府에셔當日內藏院으로支撥額을通牒ᄒᆞ엿ᄂᆞᆫᄃᆡ該院에셔自然延期가되야昨日下午三時에支撥ᄒᆞ엿다더라

雜報

○新統監電信 新任寺內統監은再昨日上午十一時에內閣으로電報ᄒᆞ고各官廳官吏ᄂᆞᆫ如前勤務ᄒᆞ라ᄒᆞ엿슴으로內閣에셔卽時各部大臣에게通知ᄒᆞ고一般官吏에게電辭ᄅᆞᆯ說明ᄒᆞ엿다더라

○高氏發往 農相趙重應氏가統監遞任ᄒᆞᆫ事에關ᄒᆞ야政友會員高義駿氏ᄅᆞᆯ日本에派送ᄒᆞ기로擬議ᄒᆞᆫ다ᄒᆞᆷ은既報어니와高氏가昨日上午九時에京釜列車ᄅᆞᆯ搭乘ᄒᆞ고日本으로발向ᄒᆞ엿다더라

○趙氏向溫 總相李完用氏에夫人趙氏ᄂᆞᆫ夫家ᄅᆞᆯ面會ᄒᆞ기爲ᄒᆞ야今明間溫泉에前往ᄒᆞᆫ다더라

○自溫發電 溫泉셔療養ᄒᆞᄂᆞᆫ李總理ᄂᆞᆫ再昨日에新任正副統監에게祝電을發送ᄒᆞ엿다더라

○總理運動 政友會總裁金宗漢氏ᄂᆞᆫ今番에統監이更迭ᄒᆞᆫ機會ᄅᆞᆯ乘ᄒᆞ야總理大臣을運動ᄒᆞ기爲ᄒᆞ야該會幹事高義駿氏ᄅᆞᆯ일本에派送ᄒᆞ엿다더라

○歡迎兩氏 既報와如히日本에渡往ᄒᆞ엿던大韓協會會員沈宜性權東鎭兩氏가再昨日下午八時에歸國ᄒᆞ엿ᄂᆞᆫᄃᆡ同會長金嘉鎭氏以下多數會員이南門驛에셔歡迎ᄒᆞ엿다더라

○證明印刷 內部에셔已往法部로써頒發ᄒᆞᆫ土地家屋證明事件에關ᄒᆞ야諸般施行法令과已往法部令과統監府令을蒐集ᄒᆞ야現今印刷ᄒᆞᄂᆞᆫ中이라더라

○醫部試取 前報와如히內部警務局에셔昨日下午一時에醫部十名을試取ᄒᆞᄂᆞᆫᄃᆡ應試者가八拾餘名에達ᄒᆞ엿다더라

○試取免許 水原觀察도에셔ᄂᆞᆫ日前에測量技術員一十餘人을試取ᄒᆞ야免許證書ᄅᆞᆯ贈與ᄒᆞ엿다더라

○面長職制 內部에셔各郡面長職制ᄅᆞᆯ製定ᄒᆞᆫ다ᄒᆞᆷ은屢報ᄒᆞᆫ바어니와再昨日에該議案을提議ᄒᆞ엿다ᄂᆞᆫᄃᆡ其條項을聞ᄒᆞᆫ즉判任待遇로定ᄒᆞ고任免及懲罰은郡守의薦報로觀察使가專行ᄒᆞ고料金은地方費中으로支撥ᄒᆞ기로ᄒᆞ엿다더라

○視學計劃 學部에셔咸鏡南北도及江原도의學事ᄅᆞᆯ觀察次로人員을派送키爲ᄒᆞ야目下計劃中이라더라

○拓社員還任 歸國ᄒᆞ엿던拓殖會社秘書長及事務員은昨日에入城ᄒᆞ엿고宇佐川總裁ᄂᆞᆫ今明間還任ᄒᆞᆫ다더라

○緣雨延期 永宜君李埈鎔氏ᄂᆞᆫ何等事故ᄅᆞᆯ因ᄒᆞ야昨日高陽幸洲로出往ᄒᆞ라다가雨天을因ᄒᆞ야他日로延期ᄒᆞ엿다더라

○紹介運動 堤川郡川南里居李養浩氏가郡守一窠ᄅᆞᆯ圖得ᄒᆞ기爲ᄒᆞ야中樞院顧問李址鎔氏ᄅᆞᆯ紹介運動ᄒᆞᆫ다ᄂᆞᆫ說이有ᄒᆞ다더라

○日隊還京 江原道地方에出張ᄒᆞ엿던日步兵第二師團의二中隊二十餘名이再昨日에歸京ᄒᆞ엿다더라

○宋奴云渡 一進會에셔ᄂᆞᆫ該會頭領宋秉畯이가近々渡韓ᄒᆞᆫ다ᄒᆞᆷ으로會務及國民新報社ᄅᆞᆯ一新更張ᄒᆞ기로方今協議中이라더라

○不遠開會 沈日澤氏등이大韓平和會ᄅᆞᆯ組織ᄒᆞᆯ次로運動ᄒᆞᆫ다ᄒᆞᆷ은既報어니와該會趣旨書ᄅᆞᆯ已爲起草ᄒᆞ엿ᄂᆞᆫᄃᆡ不遠間발起總會ᄅᆞᆯ開ᄒᆞᆫ다더라

○楊民無嚴 光陵外垓字內附近人民이火田을耕作ᄒᆞ라고無難放火ᄒᆞ야火炎이陵上ᄭᆞ지衝犯ᄒᆞ야無嚴이莫甚ᄒᆞ다더라

○何事耳語 一進會員金丸이가黜會ᄒᆞᆷ은已報어니와該氏가近日에農大趙重應氏와漢城府民會長兪吉濬氏ᄅᆞᆯ頻頻히往訪交涉ᄒᆞ며耳語가密勿ᄒᆞ다더라

○廣民[illegible]事 近日來旱魃가太甚ᄒᆞᆷ으로廣州郡淸溪山萬頃臺에人民이入葬ᄒᆞᆫ所以라ᄒᆞ야該附近人民數千名이再昨日에該塚을掘移ᄒᆞ엿다더라

○新聞種類의調查 警視廳에셔ᄂᆞᆫ各警察署로申飭ᄒᆞ야一般人民에購覽ᄒᆞᄂᆞᆫ新聞種類ᄅᆞᆯ調查ᄒᆞᆫ다더라

○還推何心 李根豐氏가已往平北觀察使ᄅᆞᆯ經ᄒᆞᆷ은一般知了ᄒᆞᄂᆞᆫ바어니와寧邊人一名이再昨日에李근豐氏ᄅᆞᆯ訪問ᄒᆞ고令監이寧邊觀察在任時生日宴에盤床一件納呈ᄒᆞᆫ것을出給ᄒᆞ라ᄒᆞᄂᆞᆫ지라李氏가答言ᄒᆞ기ᄅᆞᆯ先何心後何心으로今乃還推코져ᄒᆞ나냐ᄒᆞᆫ즉該人이答ᄒᆞ여曰已往에ᄂᆞᆫ官民間情理로出ᄒᆞᆷ이오今에ᄂᆞᆫ關係가無ᄒᆞᆷ이라ᄒᆞ엿다더라

○韓銀出張開設 韓國銀行에셔ᄂᆞᆫ新義州에出張所ᄅᆞᆯ設置ᄒᆞ고昨일부터銀行業務ᄅᆞᆯ開始ᄒᆞ엿다더라

○失家成狂 前判書尹容植氏가社稷洞에李姓女ᄅᆞᆯ妾으로致家ᄒᆞᆫ後에其妾相思洞申召史의居接ᄒᆞᄂᆞᆫ廣大家屋을放매ᄒᆞ야如斗小屋一座ᄅᆞᆯ買給ᄒᆞ라ᄒᆞᆫ즉其妾申召史가憾情이生ᄒᆞ엿던지或佯狂或佯病ᄒᆞᆫ狀態ᄅᆞᆯ作ᄒᆞ야磚洞井水와自己家井水에數次投溺ᄒᆞ야使人驚怯케ᄒᆞᄂᆞᆫ故로他家屋을買給ᄒᆞ기로決定ᄒᆞ엿고尹判書ᄂᆞᆫ淋疾로現今苦楚中이라더라

○實業出張 劉錫朴仁植金寅基等諸氏가笠井洞에在ᄒᆞᆫ帝國實業會支部ᄅᆞᆯ設立ᄒᆞ고資金一萬圓을積立ᄒᆞ고各沿海浦口와外他樞要地에魚市場을出張ᄒᆞ기로組織ᄒᆞ야仁川開城蔚山창原元山等地에ᄂᆞᆫ先爲出張ᄒᆞᄂᆞᆫᄃᆡ日間出발ᄒᆞᆫ다더라

○弊源廣張 中和郡은二十六契로錢政이枯渴ᄒᆞ여數月間不禁이自禁이더니本郡某々挾雜輩가淸人四五人을串爲請來ᄒᆞ야上消面明月里鄭景謨家에貰金을每日一圓式與ᄒᆞ고出筒ᄒᆞ면셔以前보다一層廣張ᄒᆞ기로決定ᄒᆞ엿다더라

○出義勸業 和生堂大藥房主務卞容圭氏ᄂᆞᆫ親族中職業이無ᄒᆞᆫ靑年十餘人에게資本金五百圓式分與ᄒᆞ야各其實業에從事케ᄒᆞᆷ으로該氏의義務ᄅᆞᆯ莫不攢頌ᄒᆞᆫ다더라

○孤院報府 孤兒院經費ᄅᆞᆯ支用ᄒᆞ기爲ᄒᆞ야該院長兪吉濬氏가各紳士의義捐金을請求ᄒᆞᆯ目的으로漢城府에報告ᄒᆞ엿다더라

○狂者所爲 去月二十九일午後一時三拾分頃에水原南部面南水洞一統三戶일人鍋貞一爲名者家에放火ᄒᆞᆫ者가有ᄒᆞ야一洞이騷動ᄒᆞᄂᆞᆫ中에또北部面某家에放火ᄒᆞ고逃走ᄒᆞᆫ者가有ᄒᆞᆫ故로該郡內가總出ᄒᆞ야犯人을搜索ᄒᆞᄂᆞᆫ中인ᄃᆡ同일에右二個所外五箇所에放火ᄒᆞᆷ이有ᄒᆞᆫᄃᆡ此犯人은必是狂人이라더라

○咸北의牛疫 咸鏡北도慶興郡附近에牛疫이發生ᄒᆞ야十餘頭가致斃ᄒᆞ엿ᄂᆞᆫᄃᆡ卽時豫防을施ᄒᆞ야蔓延ᄒᆞᄂᆞᆫ弊ᄂᆞᆫ無ᄒᆞ다더라

○商界有望 隆熙講習所ᄂᆞᆫ商業界가暗昧ᄒᆞᆷ을慨歎ᄒᆞ야鄭在恩鄭秀鎭兩氏가刱立ᄒᆞᆫ바인ᄃᆡ經費가困乏ᄒᆞᆷ으로廢止ᄒᆞᆯ境遇에至ᄒᆞᆫ즉崔文淳氏ᄂᆞᆫ家屋을無料로借與ᄒᆞ고李正煥氏ᄂᆞᆫ二箇月經費ᄅᆞᆯ自擔ᄒᆞ고申聖鎭李益烈兩氏ᄂᆞᆫ金一圓式按月寄付ᄒᆞ며李弼雨長崎高等學校卒業生金晩圭兩氏ᄂᆞᆫ敎育을專擔ᄒᆞᆷ으로商業科ᄅᆞᆯ增設ᄒᆞ야進就에望이有ᄒᆞ다더라

○李家技局 前協辦李漢英氏가自己家에技局을大設ᄒᆞ고晝夜로賭技ᄒᆞᄂᆞᆫᄃᆡ巨額에負債ᄒᆞᆫ者가多數ᄒᆞ다더라

○破井覓屍 北部紫橋井에水商一名이壓死ᄒᆞᆷ은已報어니와更聞ᄒᆞᆫ즉水商數百名이連三日該井을破掘ᄒᆞ야尸身을再昨日下午八時頃에覓出埋葬ᄒᆞ엿다더라

○毆人被捉 北靑郡居劉창運氏가其隣居金召史ᄅᆞᆯ無故毆打ᄒᆞ야危境에至ᄒᆞᆫ故로劉氏ᄂᆞᆫ該郡憲兵派駐所에被捉ᄒᆞ엿다더라

○法學總會 法學協會에셔來日曜日에大東專門學校ᄅᆞᆯ借得ᄒᆞ야總會ᄅᆞᆯ開ᄒᆞ고會務ᄅᆞᆯ處理ᄒᆞᆫ後에官私立法律學校四個所任員及學員을會同ᄒᆞ야法律上問題로互相討論ᄒᆞᆫ다더라

○靑學設餐 靑年學館英語科三年級學員金夏鼎氏等五人이金五圓式醵集ᄒᆞ야來十二日下午七時에明月館에셔晩餐會ᄅᆞᆯ開ᄒᆞ고講師諸氏ᄅᆞᆯ請邀宴待ᄒᆞᆫ다더라

○法校停學 官立法學校에셔ᄂᆞᆫ講師及學員間에何등不協ᄒᆞᆫ事件이有ᄒᆞ엿던지預備科學員一同은再昨日부터上學을停止ᄒᆞ엿다더라

○靑會演說 今日下午八時에鍾路靑年會館에셔演說會ᄅᆞᆯ開ᄒᆞ고石鎭衡氏ᄅᆞᆯ請邀ᄒᆞ야時間의利用이라ᄂᆞᆫ問題로演說ᄒᆞᆫ다더라

學界報

○永豐卒業 黃海道平山郡內私立永豐學校에셔第一回卒業式을五月十二日에擧行ᄒᆞ엿ᄂᆞᆫᄃᆡ卒業生은閔東植全泰燮李鎭泰閔泳과洪昊龍等五人이오進級生은張龍俊李守萬張창成朴義權崔士均全永甲等六人인ᄃᆡ紳士諸氏가雲集來參ᄒᆞ야厚賞을給與ᄒᆞ고高尙ᄒᆞᆫ趣旨로演說ᄒᆞ엿다더라

電報

○統監의擬議 寺內統監과山縣副統監은去月三十壹日에新任披露ᄒᆞᆫ後陸相官邸에셔對韓問題에關ᄒᆞ야擬議ᄒᆞ엿다더라

○寺內統監의訓示 寺內統監은去月三十一日에東京에滯在ᄒᆞᄂᆞᆫ木內、岡、荒井各參與官及中山、兒玉、兩書記官등을陸軍大臣官邸로召集ᄒᆞ야山縣副統監의게紹介ᄒᆞ고官員一同에게對ᄒᆞ야一場訓示ᄅᆞᆯᄒᆞ엿다더라

○新舊統監의事務引繼 寺內統監은本日片瀨에赴하야曾禰統監과會見ᄒᆞ고事務ᄅᆞᆯ引繼ᄒᆞ엿다더라

○岡次官歸任期 日本東京에滯在ᄒᆞᄂᆞᆫ岡內部次官은今月五日頃에出발歸任ᄒᆞᆫ다더라

○印度王의出發 日本東京에滯在ᄒᆞᄂᆞᆫ印度國바로다王殿下ᄂᆞᆫ本日朝에美國으로出발ᄒᆞ엿다더라

○萬國議會 論敦에셔開ᄒᆞᆫ萬國議員會議ᄂᆞᆫ來八月三十日에開會ᄒᆞ야九月四日에閉會ᄒᆞ기로決定ᄒᆞ엿다더라

以上東京발 一日着

▲雨來鳥▼

▲雨來鳥아戾天ᄒᆞ니其鳴蕭々風四起라能知雨兮揚々ᄒᆞ니滿空霏々聲相似라

▲비오비오而江山이濯々ᄒᆞ니四郊無靑憂乾이라哀此下民何辜런고在上皇天難諶인가雨來鳥가우ᄂᆞᆫ고나

▲비오비오塗炭中에陷溺ᄒᆞ야凌侮又是日加ᄒᆞ니고出[illegible]何極인고喘々呼吸難通이라雨來鳥가우ᄂᆞᆫ고나

▲비오비오新政令이層生ᄒᆞ니依庇下에ᄃᆡ官吏ᄂᆞᆫ人晷中에酷來ᄒᆞ니與誰相救聊生ᄒᆞᆯ고雨來鳥가우ᄂᆞᆫ고나

▲비오비오草木又ᄎᆡ枯渴ᄒᆞ니麥嶺高々當前이라前村烟節變歎ᄒᆞᆯ제雨露澤을難被ᄒᆞ니雨來鳥가우ᄂᆞᆫ고나

▲비오비오將有事兮西疇ᄒᆞ니是時農人告急이라赤松何惜施功인고一滴可勝千金이라雨來鳥가우ᄂᆞᆫ고나

社告

左開兩郡에支社를設立ᄒᆞ엿ᄉᆞ오니各該附近地에셔本申報購覽僉君子ᄂᆞᆫ各該支社員과交涉ᄒᆞ시옵

龍岡郡山南面紅門洞 宋昇煥

全州府東壹契四統九戶 李興鳳

大韓每日申報社

雜報

◉油商改良 油商保險營業團組合所에셔ᄂᆞᆫ再昨日農商工部에承認ᄒᆞ엿ᄂᆞᆫ데不遠間開業式을擧行ᄒᆞᆯ터이오油升掬子等物을一切新式으로改良ᄒᆞᆫ다더라

◉運費起訴 高陽郡居尹敬化鄭某兩氏가該郡所在草坪을漢城財務署에入札買渡ᄒᆞᆯ次로日人須田趙夫를紹介ᄒᆞ야運動費一萬四千兩을該日人의게先給ᄒᆞ엿ᄂᆞᆫ데落札不成ᄒᆞᆫ지라運動費를還推코져ᄒᆞᆫ즉一萬兩만出給ᄒᆞ고四千兩은不給ᄒᆞᄂᆞᆫ故로尹鄭兩氏가該日人과裁判次起訴ᄒᆞ엿다더라

廣告

本人의平北宣川郡郡山面沙十里北洞荒字二號畓十五斗落玄字二号田三時耕文券을一月三日見失ᄒᆞ엿ᄉᆞ오니誰某拾得休紙施行ᄒᆞᆷ

宣川郡郡山面沙十里 車龜興

本人이상품종로시를재죠ᄒᆞ와염가방매ᄒᆞ오니첨군ᄌᆞ은조량ᄒᆞᆸ

南大門外輪林洞第七十統七戶 商房 洪明浩 告白

本人이陽五月參十日下午八時에南門停車塲셔乘人力車入來時革家房一座를見失而其中所有物名을左開ᄒᆞ오니內外國人間拾得이오면休紙施行而通知ᄒᆞ시면特別報償ᄒᆞᆷ

順安郡龍興面砂金鑛許可一度

韓一銀行當座小切手冊合一件

預金証二度

漢城銀行當座小切手冊各一件

水下洞尹商德處買得家券一度

各府公文ᄯᅩ及各人手標書信ᄯᅩ

麻洞咸南道契張基洽家券一度

京南部水下洞十六統五戶 趙鼎允 白

勿論親疎尙掌記及居住만通知ᄒᆞ시면擇品廉價ᄒᆞ야郵便小包나運送部로卽速付送ᄒᆞ고代金은引換허깃ᄉᆞᆸ

京南部銅峴九十五統十戶

乾材藥局 崔興模

慶州李氏東菴公諱瑱(益齋公大人)의山所가牛峯桃李村(長湍郡知琴里)에在ᄒᆞ시다ᄒᆞ나失傳久矣러니本年陰曆二月에誌石이發現ᄒᆞ야草坪宗中에셔草々改封ᄒᆞ엿ᄉᆞ나香火凡百이萬々時急ᄒᆞ기로僉宗이會議ᄒᆞ야宗約所를定于京城南部詩洞三十統三戶前參判鍾弼家ᄒᆞ고玆에廣告ᄒᆞ오니僉宗은照亮急速來議ᄒᆞ시옵

慶州李氏宗中 告白

本人이今月十八日宣川邑白億鎭市房에셔四方牛篆圖章을見失故로玆以廣布ᄒᆞ오니內外國人은知ᄒᆞ심

平北郭山郡北面月峰里李義祿

去陰正月壹日仁川港畓洞沙村火災에對ᄒᆞ야醵集ᄒᆞᆫ義捐金으로罹災ᄒᆞᆫ中情勢가最尤甚慘酷ᄒᆞᆫ十七戶에게分等分排ᄒᆞᆫ바義捐ᄒᆞᆫ氏名이如左ᄒᆞᆷ

俞致興 三十圜 丁致國

鄭永化 張乃興 鄭順澤

各卄圜 沈能德 李秉浩

孫星七 崔應三 金斗基

各十圜 金鍾允 尹衡叔

全道善 崔禹政 各五圜

禹恆鼎 四圜 朴永文

金世卿 各二圜 金文玉

金興局 徐丙文 趙鏞敎

姜致中 李敬三 韓禹근

金順一 朴鳳云 各壹圜

申鉉鎭 崔慶善 李甫汝

全致守 白子健 金明哉

金聖七 朴乃有 林常津

李亨來 李萬求 朴大成

李君實 各五拾錢 吳永熙

韓昌淳 申永浩 各貳錢

徐聖瑞 卄五錢 李化俊

朴建洙 各卄錢 魯學文

拾五錢 李仁奎 金用甫 各拾錢

學部檢定

[illegible]教科書

李教承 著

教育界의啓明星이오

數學家의羅盤針이라

定價金一圓二十錢

洋裝美本

印刷精密

本書ᄂᆞᆫ學部數學檢定의嚆矢가되엿ᄉᆞ오며一般高等教育上에不可缺ᄒᆞᆯ珍書라

預約募集

預約割引은同業者의게ᄂᆞᆫ部數에依ᄒᆞ야多小가有ᄒᆞ오니書信或面議ᄒᆞ심을望ᄒᆞ며個人預約은先金에限ᄒᆞ야二割引으로酬應ᄒᆞᆷ

但學生拾人團體가有ᄒᆞᆫ時ᄂᆞᆫ該紹介者의게三割引外特히一部를進呈

豫約期限은六月十日까지定ᄒᆞᆷ

漢城鍾路 發行元賣所 匯東書林

●特別廣告

◉本店을開業ᄒᆞᆫ지數十年以來에僉君子의愛顧ᄒᆞ심을蒙ᄒᆞ온바更히報答ᄒᆞ기爲ᄒᆞ야業務를擴張ᄒᆞ고內外各樣紙物과布木紬緞이며政府委托度量衡器와學校用品을新選最良으로直輸入ᄒᆞ와特廉減價로多小間遠近을勿論ᄒᆞ고請求ᄒᆞ시면運送部郵便小包며引換代金으로酬應을迅速히ᄒᆞ와貿易에益々便利로록施行ᄒᆞ깃ᄉᆞ오니諸君子ᄂᆞᆫ照亮愛顧ᄒᆞ심을伏望ᄒᆞᆷ

各樣紙物

壯紙 壯版紙 窓戶紙

白紙 各樣書畵 塗背

洋紙 校料 印刷洋紙

斑子紙 箋紙 印札製

圖用紙 美濃紙 各樣

度量衡器部

度器 量器 衡器等

자와 말과되와 저울類를販賣ᄒᆞᆷ

京城鍾路二十二統八戶

政府度量衡器販賣所

品紙商 鄭斗煥

電話壹千拾九番

電略語(정八斤)

各種布木 紬緞

布。苧。木。紬。緞。

綿子。毛織

京城鍾路通二十二統八戶

木布商 鄭星煥

學部檢定 內部認可 漢文初學 一帙四冊(每一冊十四錢)

本書ᄂᆞᆫ一般私立學校初等教育漢文科에適當케編纂ᄒᆞᆫ新刊發行이오며其他各種新書籍及學徒用品이俱備ᄒᆞ온바特別割引ᄒᆞ와一依請求ᄒᆞ심을酬應ᄒᆞ오되郵便과或運送部로迅速히付呈ᄒᆞ깃ᄉᆞ오니學界에注意ᄒᆞ시ᄂᆞᆫ京鄕僉位ᄂᆞᆫ愛顧ᄒᆞ심을務望

元賣所京南部苧洞十七統十戶

廣文堂書舖 南鴻祐

分賣所京鄕各有名書舖

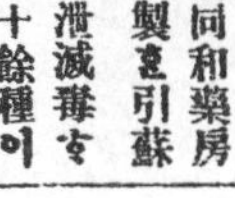

京西部車洞同和藥房

本國材로洋製ᄒᆞᆫ引蘇丸이消滯止泄減痧에最妙ᄒᆞ고付屬ᄒᆞᆫ八十餘種이俱備大發行ᄒᆞ오

閔 白

本店에셔開業ᄒᆞᆫ지十六年間僉君子의愛顧ᄒᆞ심을特蒙ᄒᆞ와今年부터業務를大擴張ᄒᆞ고春夏秋冬所用으로緞屬毛織等各國高等物品을現今多數直輸入이온바各地方에셔ᄂᆞᆫ貿易에便利實買키爲ᄒᆞ야特廉減價ᄒᆞ와郵便小包로酬應ᄒᆞ야代金은引換ᄒᆞ오니十三道各郡僉君子ᄂᆞᆫ隨意請求ᄒᆞ심을望

振替貯金番號(韓國壹三一番)

漢城中部鍾路白木廛洞二十一統五戶

廣興泰 告白

廣告文을一覽ᄒᆞ시옵

◉廣告

本店에셔開業ᄒᆞᆫ지有年에僉君子의愛顧ᄒᆞ심을特蒙ᄒᆞ와今年부터業務를大擴張ᄒᆞ고內外國各種紙物과其他學校用品을直輸入ᄒᆞ와地方同業僉位와其他僉彦에게特廉減價로酬應ᄒᆞ깃ᄉᆞ오니不拘多小ᄒᆞ시고注文만ᄒᆞ시면數量을從ᄒᆞ와郵便代金引換小包와或運送部를經ᄒᆞ야迅速付呈ᄒᆞ깃ᄉᆞ오니

(品目略錄)

本國紙部

大壯紙 龍鳳紙 粉白紙

見樣紙 胡尺紙

慶州紙 書厚紙 三貼紙

清風紙 油紙 油籠板紙

書畵其他各種

外國紙部

洋紙 天井紙 色紙 模造紙

半紙 古色紙 書簡紙

封套紙 印札紙

美濃紙 馬粉紙 圖紙

其他各種

右物을都賣散賣ᄒᆞᆷ

京城鍾路大寺洞 內外國紙物貿易商

本店 金聖煥

京城中部安洞別宮前(電話二二八〇)

支店 金瑢鎭

報 一枚 新貨二錢五厘 壹個月 三十錢
(廣 四号活字拾三字詰 (自一行至四行이爲一寸)

廣告

此藥은春夏秋冬衛生家通常預備之靈劑는內外僉君子之己所亮燭者而今에盛夏凉秋에滌暑除장과消食爽神키爲하야特別製造發賣홈

消化新藥

清心保命丹

漢城南大門側二層洋屋
濟生堂大藥房本舖
主任 李庚鳳
代辦主任 李興國 白
支配人 金永七

消化新藥 清心保命丹 此丹은化痰止咳ᄒ고順氣消滯ᄒ며恒常長服ᄒ면腸胃가健

大補元氣 蔘茸大補元 大補元氣ᄒ고滋腎健腦ᄒ며先天不足과陽위不起에一切神效

蛔積殺虫散 此약은회積과 회腹痛과 회虫一切을去根ᄒ는良劑

久滯大通丸 此丸은年久積滯와宿滯後重ᄒ며胃腹痛에神効莫大홈

瘡病新藥 梅花點雪丹 毋論男女ᄒ고花柳病楊梅瘡에一切去根快復하는良藥

眼疾速効 光明眼藥 諸般眼疾에隨症皆差ᄒ는東洋에初有ᄒ寶藥

起死回生 回生丹 此丹은急ᄒ吐瀉關格이며가스아리와冷積과痢疾에神効

感氣神効 解熱散 寒熱往來ᄒ며似하非하과頭痛眩暈와肢節痛에其効가偉大

齒痛新藥 [illegible]齒水 虫齒와風齒와諸般齒痛에壹切神효

耳[illegible] [illegible]藥 無論男女ᄒ고耳聾과耳鳴이며耳에關ᄒ病은諸症並差

疝症根根 疝積湯 諸般산症에大談出賣홈

寸虫沒出藥 寸白虫을一切去根ᄒ는妙劑

티눈과못 核根藥 티눈과못과ᄉ마귀를쎄는藥

止足汗臭藥 手足의汗臭를除却ᄒ는藥

去核生新 沃度膏 劍瘡과腐傷과곱신ᄃ去核生新ᄒ기는第一著明

最新改良 百應膏 無論男女老ᄉᄒ고毒瘇濕瘇痰瘇諸般瘇瘡에壹切特效가有홈

淋疾藥各種 淋疾各症에壹週日만服ᄒ면病根快復ᄒ고腎氣가完全홈

其他洋藥各種과◎貿藥各種◎都매散賣
◎遠地에는郵便小包로申速酬應홈

漢城南大門內濟生堂大藥房 李庚鳳
代辦主任 李興國 白

檀君開國四千二百四十三年
箕子元年三千三十二年
大韓開國五百十九年
本報創刊日
光武八年七月十八日

大韓每日申報

發行兼編輯人 英國人 萬咸
Responsible for Publication Alfred Weekley Marnham.
發行所
京城南部石井洞三層洋屋
大韓每日申報社

第八卷　月曜及慶節歲時日休刊　第一千四百二號

論說

政府와人民의關係

人民이有ᄒᆞᆫ然後에國家가有ᄒᆞ고國家가有ᄒᆞᆫ然後에政府가有ᄒᆞ니政府ᄂᆞᆫ卽人民의代表라先聖이有言ᄒᆞ샤ᄃᆡ無野人이면莫養君子오非君子면莫治野人이라ᄒᆞ엿스니政府와人民이一肢體를成ᄒᆞ야痛癢相括ᄒᆞᄂᆞᆫ誼가有ᄒᆞ여야上下가一致ᄒᆞ고民國이團結ᄒᆞ야而國이强壯ᄒᆞᆯ지어날

現今大韓은政府와人民이合乎아離乎아合ᄒᆞᄂᆞᆫ것도政府의責任이오離ᄒᆞᄂᆞᆫ것도政府의責望이라ᄒᆞ노니人民을草芥와如히視ᄒᆞ며犧牲과如히待ᄒᆞ야其血을吮ᄒᆞ고其骨을咬ᄒᆞ면上下가仇視ᄒᆞᆯ것ᄉᆞᆫ人情에固然ᄒᆞᆫ事이오人民을嬰兒와如히保ᄒᆞ며寶玉과如히愛ᄒᆞ야其情을通ᄒᆞ고其恩이洽ᄒᆞ면上下가相符ᄒᆞᆯ것은物情에自然ᄒᆞᆫ理라

政府와人民이黨派가已分ᄒᆞ야政府ᄂᆞᆫ自政府오人民은自人民인즉政黨派中에ᄂᆞᆫ大臣의子이면知識의有無를不論ᄒᆞ고菽麥을不辨ᄒᆞ더ᄅᆡ도大臣을自期ᄒᆞ야及其登庸ᄒᆞᄂᆞᆫ일에至ᄒᆞ야ᄂᆞᆫ綺紈에長養ᄒᆞ야疾苦를未經ᄒᆞ엿슨즉엇지民間의休戚洞悉ᄒᆞ리오今此當局諸公은何如ᄒᆞᆫ學問이有ᄒᆞᆫ지ᄂᆞᆫ知치못ᄒᆞᄂᆞᆫ바어니와四方의民情을糾察ᄒᆞ면政府를謳歌ᄒᆞᄂᆞᆫ가政府를怨詈ᄒᆞᄂᆞᆫ가荒原蕪園에菑烟이不起ᄒᆞ야膏腴阡陌은他人의게歸케ᄒᆞ야農作을已失ᄒᆞ고東西流離ᄒᆞ며許多雜稅ᄂᆞᆫ일加月增ᄒᆞ야窮鄙殘產은聊生키不能ᄒᆞ며四方에烟塵이未霽ᄒᆞ야家屋을燒蕩ᄒᆞ고呼哭이載路ᄒᆞ며綠林豪客이處々에嘯聚ᄒᆞ고白晝에橫行ᄒᆞ야剽奪이比々ᄒᆞ되吏不能禁ᄒᆞ야十家가五空에景色이愁慘ᄒᆞ니此등의責이誰의게歸ᄒᆞ리오全國人民이依賴ᄒᆞᆯ處가無ᄒᆞ야政府를疾視ᄒᆞ니薰유가不同臭ᄒᆞ고氷炭이不同哭ᄒᆞ야不平ᄒᆞᆫ事가種種히발生ᄒᆞ니엇지上下가團合ᄒᆞ기를希望ᄒᆞ리오

由是로人民이政府를怨讟ᄒᆞ기로習慣을已成ᄒᆞ야政府의令勅이라ᄒᆞ면善與不善은且置不問ᄒᆞ고反對ᄒᆞ기로爲主ᄒᆞ야政令이不行ᄒᆞᄂᆞᆫ境遇에至ᄒᆞ엿스니寧히慨然ᄒᆞᆫ事가아니리오國力이此를因ᄒᆞ야貧弱ᄒᆞ며民智가此를由ᄒᆞ야墮落ᄒᆞᆫ지라陰陽을理ᄒᆞ고四時를順케ᄒᆞᄂᆞᆫ職權을掌握ᄒᆞ고國民을此境에陷케ᄒᆞ엿스니首揆椅子에高據ᄒᆞ고一時에榮利를徒取ᄒᆞ야國器를玷汚ᄒᆞᆷ이於心에安ᄒᆞᆯ깃ᄂᆞᆫ가如此히重大ᄒᆞᆫ責任을擔任치못ᄒᆞᆯ진ᄃᆡ寧自勇退ᄒᆞᄂᆞᆫ것만不如타ᄒᆞ리로다

政府諸公은一身의榮耀만竊取ᄒᆞᆯ事가아니라一國이敗ᄒᆞ면一家도敗ᄒᆞ고一家가敗ᄒᆞ면一身도無ᄒᆞᆯ것이니身家가敗ᄒᆞ고야엇지餘望이有ᄒᆞ리오國民의事를自家의事로知ᄒᆞ고繙然改悟ᄒᆞ야勵精圖治ᄒᆞ기를望ᄒᆞ노라

官報

◎第四千六百九十四號

▲▲隆熙四年 六月二日 (木曜)

◎叙任及辭令

○五月二十一日 岩佐彦二 任公立普通學校本科訓導兼教監叙判任官三等

○五月二十四日 市川庄五郎 任公立普通學校本科訓導兼教監叙判任官三等

○五月二十八日 工藤敏夫 任公立土地調查局主事叙判任官四等 荒木猪熊 任公立普通學校本科訓導兼教監叙判任官三等

○五月二十九日 立野新五郎 任公立普通學校本科訓導兼教監叙判任官三등

○五月三十日 土地調查局技手三澤助次郎 兼任官立漢城外國語學校書記並同校副教授

○六月一日 農商工部技手高橋武治 兼任林業事務所技手土地調查局調查部長佐佐木藤太郎 日本國東京大阪京都及廣島에出張을命ᄒᆞᆷ 平壤鑛業所主事溝部義助 依願免本官 (五月三十一日農商工部)

外報

◎外部臨時代理　清國梁外務部尙書ᄂᆞᆫ病이全快치못ᄒᆞᆷ으로써更히二個月의休暇를得ᄒᆞ엿ᄂᆞᆫ故로去月二十八日에左侍郞鄒家來氏ᄂᆞᆫ尙書署理로左丞曹汝霖氏ᄂᆞᆫ左侍郞署理를命ᄒᆞ엿다더라

◎飛行家의賞金　紐育電報를據ᄒᆞᆫ즉美國人가지스氏ᄂᆞᆫ아루바니、紐育間을二時二十分間에飛行ᄒᆞ고紐育오ー오루도新聞社의賞金一萬弗을得ᄒᆞ엿다더라

◎德帝의吊辭　伯林電報를據ᄒᆞᆫ즉德國황帝ᄂᆞᆫ潛水艇부리유푸오이스號沈沒에關ᄒᆞ야法國海軍卿에게吊詞를贈送ᄒᆞ엿다더라

◎露國의虎列刺　伯林來電을據ᄒᆞᆫ즉露國各地方에ᄂᆞᆫ虎列刺가발生ᄒᆞᆫ念慮가有ᄒᆞ다더라

◎露探의斬罪　北京來電을據ᄒᆞᆫ즉露探公論報社長趙郁卿은軍事上에漏洩ᄒᆞᆫ罪로天津에서斬罪에處ᄒᆞ엿다더라

◎潛水艇의沈沒　伯林來電을據ᄒᆞᆫ즉向者沈沒ᄒᆞᆫ法國潛水艇부리유푸오니號ᄂᆞᆫ引揚키難ᄒᆞ다더라

◎清國使臣의陞格　東京電報를據ᄒᆞᆫ즉清國은各一등國과大使를交換ᄒᆞ라ᄂᆞᆫ希望이有ᄒᆞ야近々各國에該交涉을試코ᄌᆞᄒᆞ야方今準備中이라더라

◎清國의對日交涉　奉天來電을據ᄒᆞᆫ즉清國은曩者日本小池總領事歸日時에同領事에게對ᄒᆞ야六道溝及安奉線警察問題에關ᄒᆞᆫ日本政府의意向을確定케ᄒᆞ라고要求ᄒᆞ엿다더니近々日本에對ᄒᆞ야該交涉을開始ᄒᆞᆫ다더라

◎멈大使發向　奉天來電을據ᄒᆞᆫ즉德國大使멈男은去二十九日午後四時에安奉線에서清日人의歡迎을受ᄒᆞ고三十一日에撫順으로발向ᄒᆞ엿다더라

◎無線電設置　烏港來電을據ᄒᆞᆫ즉니고라이부스크、堪察加페레파브로스크間에無線電信을設置ᄒᆞᆯ터인데德國시ー멘수會社에서技師二名이來着ᄒᆞ엿다더라

◎德相辭職勸告　路透電報를據ᄒᆞᆫ즉德國急進黨及社會黨은選擧法改正된것을다힝으로녀겨首相베ー도만호루우에히氏에게辭職을勸告ᄒᆞ엿다더라

◎清德의親交　倫敦來電을據ᄒᆞᆫ즉清國陸軍考察大臣載濤勒一行은伯林에到着ᄒᆞ야「후리쓰히레오포루도」親王陸軍武官及公使館員의出迎을受ᄒᆞᆫ後쌔ー쓰담에서德國皇太子와外相센氏을訪問ᄒᆞ엿ᄂᆞᆫ더德國황太子ᄂᆞᆫ今番當地에一行이訪問ᄒᆞᆷ은德清兩國의親交를堅厚케ᄒᆞ엿다더라

小說

世界歷史

❀變遷의時期❀

(第十五世紀前後)

中世와近世의界境은諸說이紛紜ᄒᆞ야指定키難ᄒᆞ도다是以로歷史家에서或은紀元一千四百五十三年君士坦丁堡의陷落으로以ᄒᆞ며或은一千四百九十二年(코넘버쓰)의亞米利加發現에置ᄒᆞ고或은一千五百十七年(마틴루터)의贖罪符를反對ᄒᆞ고宗教改革을創道ᄒᆞᆷ에置ᄒᆞ나精密히觀察ᄒᆞᆫ즉東帝國의滅亾은決코全歐의大事件이되기에不足ᄒᆞ고亞米利加발見은비록一大事件이라ᄒᆞᆯ지니畢히地理學上의一次발見에不過ᄒᆞ고宗教改革은第十三世紀以來로(루터)에至ᄒᆞ야其功을成ᄒᆞᆷ에不過ᄒᆞᆫ지라然ᄒᆞᆫ즉其境界를如何히定ᄒᆞ여야適當타ᄒᆞ리오社會의變遷ᄒᆞᄂᆞᆫ結局에一新時代를生出ᄒᆞ기에至ᄒᆞᆫ者인즉其年月이나一事變으로時代의恨界를定ᄒᆞᄂᆞᆫ것보다寧히第十五世紀의末葉과第十六世紀의初年間에介在ᄒᆞ야時限의變遷으로認定ᄒᆞ야中近二世를連絡ᄒᆞᆷ만不如ᄒᆞᆯ지로다　(未完)

詞藻

❀憫旱❀　頤雲生

愁時悶旱兩難裁霞鬱雲蒸撥不開乍雨旋晴同世態半天潑墨夕陽來

評曰東邊日西邊雨從古人情如此久陰不雨無乃愁鬱者心界耶

宮廷報

◎又下萬圓 漢城府民會長兪吉濬氏에게向日渡日ᄒᆞᆫ內容을漏聞ᄒᆞᆫ즉年前大皇帝陛下ᄭᅴ옵셔興士團에下賜金二萬圓內에一萬圓은已爲下賜ᄒᆞ옵시고一萬圓은統監府에阻止ᄒᆞᆷ을因ᄒᆞ야尙今不下ᄒᆞ엿슴으로兪氏가渡日時에此를運動ᄒᆞ엿는ᄃᆡ日前에萬圓을又爲下賜ᄒᆞ옵셧다더라

雜報

◎府長參會 昨日은內閣木曜例會인故로總理署理內部大臣朴齊純氏以下各大臣이會同ᄒᆞ야緊要ᄒᆞᆫ政務를提議ᄒᆞᆫ後에統監更迭에關ᄒᆞ야談話가有ᄒᆞ엿고親衛府長官李秉武氏도暫時參席ᄒᆞ엿다더라

◎日內閣에提議 昨일에일本內閣에셔會議를開ᄒᆞ고韓國政府更迭事件을提出ᄒᆞ엿다더라

◎移府通知 日本東京에在ᄒᆞᆫ統監府出張所는陸軍省內로移轉ᄒᆞᆫ事에關ᄒᆞ야統監府에셔該事由를各官廳으로頭知ᄒᆞ엿다더라

◎巷說難信 近日來內閣이變更된다는說이頗緊ᄒᆞᆫᄃᆡ濟州島에謫在ᄒᆞᆫ錦陵尉朴泳孝氏가日間歸京ᄒᆞ야總相을被命ᄒᆞᆫ다더라

◎遼豕又出 寺內統監이新任ᄒᆞᆫ後에韓國政府가一切變動이된다는ᄃᆡ總理大臣은宋秉畯李容九兩人中에被任ᄒᆞ기로內定되엿다는說이有ᄒᆞ더라

◎松井訓諭 內部次官代理松井警務局長이昨日上午十一時에各局課의內外國高等官을次官室로會同ᄒᆞ야行政上事務로一場訓諭ᄒᆞ엿다더라

◎韓氏向溫 內閣書記官韓昌洙氏는總理大臣李完用氏를面會ᄒᆞ기爲ᄒᆞ야再昨日上午九時의京釜線列車로發向ᄒᆞ엿다더라

◎民有地의無害 度支部에셔는土地測量에對ᄒᆞ야所有人民에게妨害가無케ᄒᆞ라고各觀察道에今明間발訓ᄒᆞᆫ다더라

◎礦顧歸國 農商工部礦務顧問日人和田은公務를因ᄒᆞ야再昨日上午九時에歸國ᄒᆞ엿다더라

◎澤田歸國 內部地方局長日人澤田은何事件을因ᄒᆞᆷ인지昨日上午九時에歸國ᄒᆞ엿다더라

◎平渡宴會 內部平渡府郡課은地方局長의代理로昨日下午六時에京城旅館에셔晩餐會를開ᄒᆞ고新任郡主事를宴待ᄒᆞ엿고本日에는動植博三物園을觀覽케ᄒᆞ고日間各其任地로赴往케ᄒᆞᆫ다더라

◎規製禁止 淸國輯安縣에韓國居留民이多ᄒᆞᆷ으로該地淸國官憲이韓人管理規則을製定施行코져ᄒᆞᆷ으로碧潼郡守가不可ᄒᆞᆫ樣으로淸國官憲과交涉禁止ᄒᆞ고該事由를內部로修報ᄒᆞ엿다더라

◎宮府增舍 大寶壇及北一營은宮內府官吏의官舍로使用ᄒᆞ기爲ᄒᆞ야數日前부터修理工役에着手ᄒᆞ엿다더라

◎兩氏寄金 高義駿氏가日本에前往ᄒᆞᆫ다는說은昨報에已揭어니와該氏의旅費를金宗漢氏가自已家舍를四百圓에典執ᄒᆞ야以給ᄒᆞ엿고農相趙重應氏도多數히寄付ᄒᆞ엿다더라

◎警部再試 再昨日內部警務局에셔警部試取에初考入格者가合爲四十六名이라는ᄃᆡ昨日에又爲再試ᄒᆞ엿다더라

◎李氏渡日 大韓新聞社長李人植氏는舊統監을作別ᄒᆞ고新統監을歡迎ᄒᆞ기爲ᄒᆞ야孔子敎會의代表로昨日上午九時에京釜線列車를搭乘渡日ᄒᆞ엿다더라

◎同會交涉 大韓平和協會를組織ᄒᆞᆯ次로運動ᄒᆞ는沈日澤氏는太極敎宗員一同을同會員으로引入ᄒᆞ기爲ᄒᆞ야目下交涉中이라더라

◎會費自擔 大韓平和協會를組織ᄒᆞᆷ은別項과如ᄒᆞ거니와該會一般經費는輔國閔泳徽氏가擔當ᄒᆞᆫ다더라

◎進步引黨 進步黨에셔는敬天敎人을該黨에引入ᄒᆞᆯ計劃으로目下運動中이라더라

◎何事渡日 一進會員李範喆이가有何緊急事件인지日間日本에前往ᄒᆞᆫ다더라

◎錢久生抑 辛丑年에仁川港金俊熙氏가麯子會社를設立ᄒᆞᆯ次로運動費二千兩을前承旨申性均氏의게付與委托ᄒᆞ엿더니麯子會社는成立지못ᄒᆞᆫ지라金氏가申氏에게二千兩을還推ᄒᆞᆫ즉此일彼일ᄒᆞ야至於年久矣러니不意近者에申氏가忽生抑談曰證書無ᄒᆞᆫ錢은不報ᄒᆞ깃다ᄒᆞᆷ으로金氏가不勝忿鬱ᄒᆞ야起訴ᄒᆞᆫ다더라

◎閔產執行 前判書閔京鎬氏가昨일上午十二時에債權者韓龍會의게所有動產强制執行을當ᄒᆞ엿다더라

◎刊冊長書 水下洞등地에居留ᄒᆞ는金在龍氏가國世實安이라는冊子數萬卷을發刊ᄒᆞ야各地方儒生의게輪布ᄒᆞ기로統監府와內閣의長書를繕呈ᄒᆞᆫ다더라

◎工業大校 天主敎堂에셔는工業大學校를立ᄒᆞᆯ次로學部及統監府에屢度請認ᄒᆞ엿는ᄃᆡ互相推委ᄒᆞ야時日을延拖ᄒᆞ더니日昨에學部認許를承ᄒᆞ얏다더라

◎日鷄分飼 農商工部에셔는日本鷄種三十九雙을購入ᄒᆞ야中央農會員으로飼養ᄒᆞ엿는ᄃᆡ成績이良好ᄒᆞᆷ으로更히十五雙을購入ᄒᆞ야仁川平壤金泉晉州등地農家에分給飼養ᄒᆞᆯ計劃인ᄃᆡ該鷄一雙代金이六圓式이라더라

◎牛名揭牌 忠北觀察使權鳳洙氏는管下各郡의農牛를改良ᄒᆞ기爲ᄒᆞ야北道牛로交尾케ᄒᆞᆷ은一般知了ᄒᆞ는바어니와輪回交尾코져ᄒᆞ야牡牛의名號를或大同江이라或洛東江이라或鴨綠江이라或三角山이라木牌를書揭ᄒᆞ엿다더라

◎郵長의行爲 長湍郡郵便局長日本人小川은殖利藥商으로自己의利益만取ᄒᆞ는ᄃᆡ郵便事務는惰怠히ᄒᆞᆯ뿐아니라其管內人民에게傳送ᄒᆞ는新聞雜誌는一々閱覽后數日式滯留ᄒᆞ고傳達치아니ᄒᆞᆫ다고該郡官民이該局長의更迭를希望ᄒᆞᆫ다더라

◎帝國報引繼 帝國新聞은天道敎主孫秉熙氏가引繼發刊ᄒᆞᆯ次로目下交涉中이라더라

◎孫氏起訴 天道敎主孫秉熙氏가普文社財政에關係로文簿를請帳키爲ᄒᆞ야該社株主閔健植氏를地方裁判所에起訴ᄒᆞ엿다더라

◎實業報發刊 大韓興業會에셔實業新聞을발刊ᄒᆞᆫ다ᄒᆞᆷ은既報어니와大同印刷所活字를昨日에輪來ᄒᆞ엿는ᄃᆡ不遠間發刊ᄒᆞᆫ다더라

◎美社開彩 韓美興業株式會社에셔는股票一千枚를每金五十錢式발賣ᄒᆞ야不遠間開彩ᄒᆞ야一人을拔ᄒᆞᆯ터인ᄃᆡ北部觀峴等地에該社所有瓦家十五間을許給ᄒᆞᆫ다더라

◎殺人逃躲 陰本月十八日頃에義城郡居金應八氏가開礦採金次로尙州郡長川面水洞里에來到ᄒᆞ야礦穴을視察ᄒᆞᆯ際에日人渡邊榮太郞이가稱以自已請願地라ᄒᆞ고無端相詰ᄒᆞ다가金應八氏를砍殺ᄒᆞᆫ지라礦夫數千名이嘯聚ᄒᆞ야該屍體를擔舁ᄒᆞ고該郡警察署에告발ᄒᆞ엿는ᄃᆡ日人은卽地에見機逃躲ᄒᆞ엿다더라

◎敎師花債 前武官學校敎師許坤은日昨에鄕客一名을帶同ᄒᆞ고苑洞密매潘女家에前往ᄒᆞ야一夜를相關後에鄕客은因爲下去ᄒᆞ엿는ᄃᆡ酒債及花債를報給지아니ᄒᆞᆷ으로密賣淫女가附近支署에呼訴ᄒᆞᆫ지라該署에셔許氏를招請ᄒᆞ야該價額을報給ᄒᆞ던지鄕客을覓給ᄒᆞ던지ᄒᆞ라고指飭ᄒᆞᆫ故로許氏는困難中이라더라

◎棄兒惡習 三昨일에何許女人이初生兒를幷ᄃᆡᄒᆞ야樓閣洞權井中에棄投ᄒᆞ엿는ᄃᆡ其慘狀은目不忍見이라더라

◎毆人逃避 北部苑洞居李秀賢氏는同里居姜周興氏와何等不協ᄒᆞᆫ事件을因ᄒᆞᆷ인지姜氏를毆打ᄒᆞ야死境에至ᄒᆞ엿는ᄃᆡ姜氏는卽時大韓醫院으로舁往治療ᄒᆞ고李氏는逃躲ᄒᆞ엿슴으로所管警察署에셔目下형捕中이라더라

◎電碎醬甕 再昨日上午一時에中部相思洞[illegible]別邸醬甕을震擊ᄒᆞ엿슴으로一場驚㤼을經ᄒᆞ엿다더라

◎三李慈善 白川郡如意面五里環村居ᄒᆞ는李炳道氏三兄弟가慈善心으로本分을作ᄒᆞ야債務者一百八拾餘名에對ᄒᆞ야一場說明ᄒᆞᆫ後證書를一切燒火ᄒᆞ엿다더라

◎龍郡不穩 水原財務監督局主事高井有親等三名은憲兵二名과同伴ᄒᆞ야龍仁郡慕賢面㴦谷屯國有地調査中去月二十一일에該村人民數十名이會集ᄒᆞ야該地는民有地인즉調査치勿ᄒᆞ라고不穩의擧動이有ᄒᆞᆫ故로右일主事늘은調査를中止ᄒᆞ고水原으로返還ᄒᆞ엿다더라

◎南門道確定 南大門通道路는南側과北側을競爭ᄒᆞ더니今에南側으로結定ᄒᆞ고本일로부터土地收容의交涉을開始ᄒᆞ엿슴으로不遠間着手ᄒᆞ게된다더라

◎僧何干連 東大門外元興寺僧松雪等三人이義兵의干連이有ᄒᆞ다ᄒᆞ야再昨日日憲兵分隊에被捉ᄒᆞ엿다더라

◎誘逃被捉 抱川郡居蔡順一은中部帽谷居徐元弼氏妻沈姓女를誘引ᄒᆞ다가東部警察署에被捉ᄒᆞ엿는ᄃᆡ卽時地方裁判所로越交ᄒᆞ엿다더라

◎崔女越裁 中部警察署에被捉ᄒᆞ엿던窃盜犯崔姓女는再昨日京城地方裁判所로越交ᄒᆞ엿다더라

電報

◎寺內統監의答電 寺內統監이大皇帝陛下ᄭᅴ如左히答電을上奏ᄒᆞ엿다더라

統監新任에對ᄒᆞ야懇切ᄒᆞᆫ御親電을賜ᄒᆞ샤[illegible]히感[illegible]에不堪ᄒᆞ와玆에謹히感[illegible]意를表上ᄒᆞ옵나이다

◎東三省의借款 錫東三省[illegible]督은財政을整理ᄒᆞ기爲ᄒᆞ야本橋濱銀行에셔一百五十萬[illegible]을借入ᄒᆞ기로決定ᄒᆞ엿다[illegible]

◎統秘官任命 大城戶宗重[illegible]로統監秘書官을任命ᄒᆞ엿다[illegible]라

◎大使視察 日本東京駐剳[illegible]美兩國大使는近日에出발ᄒᆞ[illegible]韓國과滿洲를視察ᄒᆞᆫ다는ᄃᆡ[illegible]者에는德國大使가韓滿을視[illegible]ᄒᆞ고또各國大使가韓滿을視[illegible]ᄒᆞ는것은何等重要ᄒᆞᆫ事件이[illegible]ᄒᆞ다ᄒᆞ고朝野政客들은注目ᄒᆞ[illegible]더라 以上東京發 二日着

▲汨董飯▼

▲統監이更迭되엿다ᄒᆞ니[illegible]完用趙重應兪吉濬은肩[illegible]自聳ᄒᆞ야무숨事件을運動ᄒᆞ며宋秉畯李容九등은雀[illegible]笑ᄒᆞ니무숨喜事가有ᄒᆞᆫ지日新聞에도批評이有ᄒᆞ니其[illegible]의鄙淺은如見肺肝이로다

▲向者에日本福岡縣에셔韓[illegible]觀光團을爲ᄒᆞ야家々戶々히[illegible]國國旗를揭揷ᄒᆞ고歡迎ᄒᆞ는[illegible]를表ᄒᆞ미趙重應大가此를見ᄒᆞ[illegible]喜不自勝ᄒᆞ야曰我韓에셔[illegible]藤公遊覽時에小學校學生等[illegible]日本國旗를折棄ᄒᆞ엿스니日[illegible]셔親切ᄒᆞᆫ態度는實노懸殊ᄒᆞᆫ[illegible]이라ᄒᆞ엿는ᄃᆡ日人新聞에셔[illegible]此를批評ᄒᆞ기를親切도ᄒᆞᆯ데[illegible]가ᄒᆞ여야지韓人에게親切히ᄒᆞ[illegible]면無智ᄒᆞᆫ韓人輩의驕態만增[illegible]케ᄒᆞᆷ이라ᄒᆞ엿스니該[illegible]人記[illegible]는韓日의親切을汨戱ᄒᆞ고大[illegible]을凌踏ᄒᆞ는意思가發見ᄒᆞ엿[illegible]다

社告

左開兩郡에支社를設立ᄒᆞ엿ᄉᆞ니各該附近地에셔本申報購覽僉君子ᄂᆞᆫ各該支社員과交涉하시ᄋᆞᆸ

龍岡郡山南面紅門洞 宋昇煥

全州府東壹契四統九戶 李興鳳

大韓每日申報社

廣告

本人의弟箕昌이가年纔十五에性今浮荒ᄒᆞ야甘聽挾雜輩誘引ᄒᆞ고稱托日本行ᄒᆞ야不知去處ᄒᆞ엿ᄉᆞ오니內外國人은言債라도切勿見欺ᄒᆞᆷ

全北井邑郡帽巖全箕南 告白

本人의子用濟가年二十三에爲人이幼弱ᄒᆞ야悖類의誘引을因ᄒᆞ야欲得外債云故四五次新聞에揭載하엿거니와陰四月十五日의更히出家ᄒᆞ야踪跡不知故如是告白ᄒᆞ오니內外國人은切勿見欺ᄒᆞᆷ

中署琵琶洞五十四統七戶 金斗晏 白

慶州李氏東菴公諱 瑱（益齋公大人）의山所가牛峯桃李村（長湍郡知琴里）에在ᄒᆞ시다ᄒᆞ나失傳久矣러니本年陰曆二月에誌石이發現ᄒᆞ야草坪宗中에셔草々改封ᄒᆞ엿ᄉᆞ나香火凡百이萬々時急ᄒᆞ기로僉宗이會議ᄒᆞ야宗約所를定于京城南部詩洞三十統三戶前叅判鍾弼家ᄒᆞ고玆에廣告ᄒᆞ오니僉宗은照亮急速來議ᄒᆞ시ᄋᆞᆸ

慶州李氏宗中 告白

學部檢定

新訂算術教科書

李教承 著

教育界의啓明星이오 數學家의羅盤針이라

定價金一圓二十錢 洋裝美本 精印刷

本書ᄂᆞᆫ學部數學檢定의孤矢가되엿ᄉᆞ오며一般高等教育上에不可缺ᄒᆞᆯ珍書라

預約募集

預約割引은同業者의게ᄂᆞᆫ部數에依하야多小가有ᄒᆞ오나書信或面議ᄒᆞ심을望ᄒᆞᆷ個人預約은先金에限ᄒᆞ야三割引으로酬應ᄒᆞᆷ

但學生拾人團體가有ᄒᆞᆫ時ᄂᆞᆫ紹介者에게三割引外特히一部를進呈

豫約期限은六月十日까지

元賣所 發行所 漢城鍾路 滙東書林

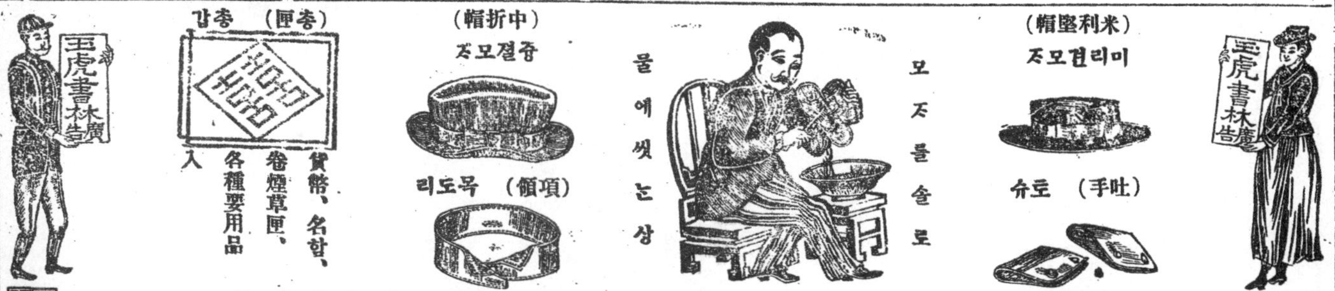

●炎天의氷帽

化學의神道

天地造化를奪ᄒᆞᄂᆞᆫ것은斯世의化學이라우리大韓총帽子가本質이馬尾라夏服用白총帽子의黃色이隱映ᄒᆞ기로모子製造所에셔恒常研究ᄒᆞ기를何如히ᄒᆞ면총모子를純白色으로化成ᄒᆞᆯ고ᄒᆞ더니

化學의神出貴物로今에半黃色의馬尾를白雪과如히化色하야모子之白을白氷과如히氷緞을化造ᄒᆞ엿ᄉᆞ오니近者化學의功効가如此히神通ᄒᆞ야炎天이라도氷緞총모子를冠ᄒᆞ면人의精神이淸凉ᄒᆞᆯ리이올시다

又ᄂᆞᆫ모子의堅緻ᄒᆞᆷ은泰西의黃金五十圓以上價値되ᄂᆞᆫ一등파나마보시와如히汗汚키易ᄒᆞᆫ모子의內空(裏地)에緞紗를不要ᄒᆞ고但총織內紗에漆로商票를捺ᄒᆞ야每人이數十年을冠用ᄒᆞ야도汚穢ᄒᆞ고弊傷ᄒᆞᆷ이無하고洗滌에益便케製作하엿ᄉᆞ오니世界各國의人士ᄂᆞᆫ試驗的으로此白총모를冠用ᄒᆞ시면經濟上에必要ᄒᆞᆷ을悅然大覺ᄒᆞ실터이올시다

大韓京城南部銅峴 大四街里三十五統五戶

玉虎書林專賣特許

총帽子商店 告白

本人이陽五月參十日下午八時에南門停車場셔乘人力車入來時革家房一座를見失而其中所有物名을左開ᄒᆞ오니內外國人間拾得이오면休紙施行而通知ᄒᆞ시면特別報償ᄒᆞᆷ

順安郡龍興面砂金鑛許可一度

韓一銀行當座小切手册白一件

預金証二度

漢城銀行當座小切手册各一件

水下洞尹商德處買得家券一度

各府公文各及各人手標書信各

麻洞咸南道契張基洽家券一度

京南部水下洞十六統五戶

趙鼎允 白

勿論遠近親疎ᄒᆞ고藥材掌記와居住를昭詳付郵ᄒᆞ시면小包로引換代金과運送部로遞送ᄒᆞ깃ᄉᆞ오니照諒敬要

京銅峴一統六戶

乾材藥局 李盛哉

●特別廣告●

本店을開業ᄒᆞᆫ지數十年以來에僉君子의愛顧ᄒᆞ심을蒙ᄒᆞ온바更히報答ᄒᆞ기爲ᄒᆞ와業務를擴張ᄒᆞ고內外各樣紙物과布木紬緞이며政府委托度量衡器와學校用品을新選最良으로直輸入ᄒᆞ와特廉減價로多小間遠近을勿論ᄒᆞ고請求ᄒᆞ시면運送部郵便小包며引換代金으로酬應을迅速히貿易에益々便利토록施行ᄒᆞ깃ᄉᆞ오니諸君子ᄂᆞᆫ照亮愛顧ᄒᆞ심을伏望ᄒᆞᆷ

各樣紙物

壯紙 壯版紙 窓戶紙

白紙 各樣書畵 塗背

洋紙 校科 印刷洋紙

斑子紙 箋紙 印札製

圖用紙 美濃紙 各樣

度量衡器部

자와 말과되와 저울

度器 量器 衡器等類를販賣ᄒᆞᆷ

京城鍾路通二十二統八戶

政府度量衡器販賣所

品紙商 鄭斗煥

電話壹千拾九番
電略諱(정가)(丁)

各種布木紬緞

布。苧。木。紬。緞。

綿子。毛織

京城鍾路通二十二統八戶

木布商 鄭星煥

全羅南道羅州郡東部面果院里前主事白仁贊氏ᄂᆞᆫ家勢도甚不富饒ᄒᆞ되平生慈善之心으로極窮救急ᄒᆞ더니今年三月二十五日에略干貯蓄ᄒᆞᆫ租苞를出捐ᄒᆞ야同道同郡芽界面內一百四十餘戶를一體賑恤ᄒᆞᆷ에活佛이復現ᄒᆞ엿다고一面民人이木碑를竪立ᄒᆞ깃기로玆以廣布ᄒᆞᆷ

面長 羅練均 告白

本人이五月三十一일에官名圖章과小名圖章을幷爲不知中셔失故로玆에廣告하오니拾得人은勿施ᄒᆞ심敬要

成歡驛前協同運輸部內 方士俊 白

本人이貞陵官李弘來氏를對ᄒᆞ야再次公布러니該氏가李子弟容冕鼎來兩氏를送ᄒᆞ야金額을吐出還本ᄒᆞᆫ契約書를주기로姑爲相和이기玆에正誤ᄒᆞᆷ

廣州西部面甘北洞朴鉉泰 白

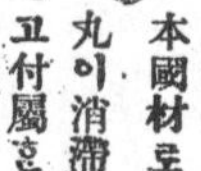

京西部車洞同和藥房

本國材로洋製ᄒᆞᆫ引蘇丸이消滯止泄滅毒ᄒᆞ고付屬ᄒᆞᆫ八十餘種이俱備大發行ᄒᆞ오

閔樞 白

學部檢定 內部認可

漢文初學

一帙四冊（每一冊十四錢）

本書ᄂᆞᆫ一般私立學校初等教育漢文科에適當케編纂ᄒᆞ온바發行이오며其他各種新書籍及學徒用品이俱備온바特別割引ᄒᆞ와一依請求ᄒᆞ심을酬應ᄒᆞ오며郵便과或運送部로迅速히付呈ᄒᆞ깃ᄉᆞ오니學界에注意하시ᄂᆞᆫ京鄉僉位ᄂᆞᆫ愛顧ᄒᆞ심을務望

元賣所京南部苧洞十七統一戶

廣文堂書舖 南鴻祐

分賣所京鄉各有名書舖

報代 一枚 新貨二錢五厘 壹個月 三十錢
廣 四号活字拾三字詰 每日一寸(英尺)에新貨廿五錢 (自一行至四行이爲一寸) 但時期長短과行數多少를

檀君開國四千二百四十三年
箕子元年三千三十二年
大韓開國五百十九年
本報創刊日
光武八年七月十八日

大韓每日申報

發行兼編輯人 英國人 萬咸
發行所 京城南部石井洞三層洋屋 大韓每日申報社

第八卷　月曜及慶節歲時休日休刊　第壹四[illegible]三號

論說

運動客의情態

韓日兩國政界에風雲이一變ᄒᆞ야舊統監이已去ᄒᆞ고新統監이又來ᄒᆞ니大韓政府도此를從ᄒᆞ야變更이된다ᄂᆞᆫ說이一層沸騰ᄒᆞᆷ으로現任政府ᄂᆞᆫ地位를鞏固ᄒᆞ기로運動이紛奔ᄒᆞ고一派政客은地位를圖得ᄒᆞ기로運動이奔忙ᄒᆞ니時任大臣은何等事業을成就ᄒᆞ엿기에若是히去就를靳惜ᄒᆞᄂᆞᆫ지解得키難ᄒᆞᆫ바이로다

全國에股肱의任을負擔ᄒᆞ고此約彼條로地位를買得ᄒᆞ야國家의公器를自家의私有物로認作ᄒᆞ고倉氏庫氏로富貴를安享ᄒᆞᆯ計劃으로家族政黨을成立ᄒᆞ야盤石ᄀᆞᆺ치不動ᄒᆞ며指使的政治를承命ᄒᆞ야生靈은溝壑에轉ᄒᆞ던지塗炭에陷ᄒᆞ던지顧念ᄒᆞᄂᆞᆫ바이無ᄒᆞ고一時에榮曜만貪得ᄒᆞ다가民冤이漲天ᄒᆞ야結怨이極ᄒᆞᆫ時에劍水刀山이種種히發生ᄒᆞ니民嵒이疊疊ᄒᆞ야政府의勢力으로ᄂᆞᆫ打破키不得ᄒᆞᆯ지니誰를向ᄒᆞ야政令을行ᄒᆞ자고偃然히椅子를高據ᄒᆞ야人民을對ᄒᆞ리오無厭의慾이又生ᄒᆞ야政界가變動ᄒᆞᄂᆞᆫ時機를窺伺ᄒᆞ고勢力家를攀緣ᄒᆞ야躡足附耳에情態가又生ᄒᆞ야哀乞伏乞에奸膓을欲輸ᄒᆞ니若使勢力家로有限ᄒᆞᆫ만如此ᄒᆞᆫ景狀을觀ᄒᆞ고야엇지容納ᄒᆞᆯ理가有ᄒᆞ리오畢竟은運動力이如何ᄒᆞᆫ地頭에歸ᄒᆞᆯᄂᆞᆫ지ᄂᆞᆫ預測키不能ᄒᆞ도다

龍亾古澤에鰍션이起舞ᄒᆞ니運動派가扼腕而起ᄒᆞ야各自爲將에人人히希望ᄒᆞ니宋秉畯李容九輩가何等의功勞를藉稱ᄒᆞ던지從中舞弄ᄒᆞ야東西出沒에好時機를乘ᄒᆞ야百計가暗生ᄒᆞ니其經綸이何에居ᄒᆞ엿ᄂᆞᆫ고能히國事를爲ᄒᆞ야出脚코져ᄒᆞᆷ인가名利를爲ᄒᆞ야出脚코져ᄒᆞᆷ인가其行動의悖惡은世人이洞悉ᄒᆞᄂᆞᆫ바인즉民心의不服은可히知ᄒᆞᆯ者이로다

人望을已失ᄒᆞ고야엇지首揆의任을勘當ᄒᆞ리오許多政客의運動手段이層生疊出ᄒᆞ야奔汨ᄒᆞᆫ行動은無非宋秉畯이오擧皆李容九인즉人人是總理오箇箇是大臣이라政府椅子를一奇貨로看作ᄒᆞ고장儈의行色으로金神이暗動ᄒᆞ야運動이有費에聽聞이淚藉ᄒᆞ니內閣이卽一運動場이되엿도다

政客諸公의게一言으로勸告ᄒᆞ노니濟世ᄒᆞᆯ經綸을抱有ᄒᆞ야聲價가高騰ᄒᆞ면此世界가비록公論이無ᄒᆞ다ᄒᆞᆯ지라도畢竟의ᄂᆞᆫ得意ᄒᆞᆯ時가有ᄒᆞ다ᄒᆞᆯ것슨此時代가前일에杜門獨處ᄒᆞ던時代와有異ᄒᆞ야各社會의公議도有ᄒᆞ고各紳士의稱譽도有ᄒᆞ면求치아니ᄒᆞ여도自至ᄒᆞᆯ지니엇지運動力을借ᄒᆞ야地位를圖得ᄒᆞ리오設或이地位를據有ᄒᆞᆯ지라도長久키ᄂᆞᆫ期必치못ᄒᆞ리라ᄒᆞ노라

官報

◎第四千六百九十五號
隆熙四年 六月三日 (金曜)

◎敍任及辭令

○五月二十五日 金炳植
任公立普通學校專科副訓導敍判任官五等

○五二十七日 趙明國
任郡主事敍判任官四等

贈從二品學部協辦李鳳煥
特加贈正二品資憲大夫奎章閣提學(五月三十日宮內府)

郡主事沈一澤 依願免本官(五月二十四日內部) 郡主事山岡三夫 依願免本官(以上五月二十七日內部)

公立普通學校本科副訓導 尹圭祜 依願免本官(五月十一日學部)

公立普通學校專科副訓導 宋士濂 依願免本官(五月十三日學部)

公立普通學校專科副訓導許담 依願免本官

宮廷錄事

贈學部協辦李鳳煥在昔年忘身抗義之大節先朝曾有旌忠之遺敎而未遑矣間有ㅣ贈之擧而追念其危忠可質神明朝家表忠不當止此特加贈正二品奎章閣提學施以節惠之典ᄒᆞ라신旨를奉承ᄒᆞᆷ이라(五月三十日宮內府)

外報

◎德帝의北巡 伯林電報를據ᄒᆞᆫ즉德國皇帝ᄂᆞᆫ北海諸國을巡遊ᄒᆞᆯ次로七月四日에登程ᄒᆞᆫ다더라

◎駐英使內定 北京來電을據ᄒᆞᆫ즉外務部左丞署理劉玉麟은英國駐劄公使로內定되엿다더라

◎章程略同 北京來電을據ᄒᆞᆫ즉去三十日에淸國法部에셔司法警察章程八節八十條를上奏발表ᄒᆞ엿ᄂᆞᆫ되日本警察法과大畧同一ᄒᆞ다더라

◎德國財政의辯明 伯林來電은據ᄒᆞᆫ즉德國歲入額이稅制改革을因ᄒᆞ야一億五千萬馬克의不足을生ᄒᆞ엿다ᄒᆞᆷ은全然無근의說이라더라

◎伊外相과德國 伯林來電을據ᄒᆞᆫ즉伯林에滯在ᄒᆞᄂᆞᆫ伊國外相「씨유리아노」侯ᄂᆞᆫ德國의接待에對ᄒᆞ야頗히滿足히녀긴다더라

◎土民不穩 奉天來電을據ᄒᆞᆫ즉安奉線의役夫와土民들은淸日警官의軋轢을見ᄒᆞ고日本警官에게暴動을行ᄒᆞ라ᄒᆞᆷ으로淸國交涉使韓某ᄂᆞᆫ鎭撫ᄒᆞᆯ方策을研究中이라더라

◎德皇과大浦 東京來電을據ᄒᆞᆫ즉日本大浦農相은去月三十日에伯林에到着ᄒᆞ엿ᄂᆞᆫ되德國皇帝의御招에依ᄒᆞ야德國觀兵式을觀光后宮中宴會에叅席ᄒᆞ엿다더라

◎日英同盟反對 巴里來電을據ᄒᆞᆫ즉英國下院議員베레ㅣ루氏ᄂᆞᆫ法國新聞記者에게對ᄒᆞ야言ᄒᆞ기를日英同盟은繼續ᄒᆞ기가難ᄒᆞ다ᄒᆞ엿다더라

◎社會主義者陰謀 東京電報를據ᄒᆞᆫ즉社會主義者의一大陰謀畫策ᄒᆞᆫ것을探知하고各警察署에서ᄂᆞᆫ四面으로搜索中이라더라

◎德大使와日本 駐日德國大使멈男은日本에赴任後日本各地方과韓滿의商工業과事情을巡回視察ᄒᆞᆷ은旣報와如ᄒᆞ거니와日本新聞에ᄂᆞᆫ德國이對外政策의平和主義로멈男갓흔勤勉公平ᄒᆞᆫ大使를日本에派遣ᄒᆞᆫ것은德日兩國의感情을融和케ᄒᆞ며兩國의親交를堅厚케ᄒᆞᆷ이라고揭載ᄒᆞ엿더라

◎美提督訪日 東京來電를據ᄒᆞᆫ즉美國亞細亞艦隊司令官하ㅣ바ㅣ트少將은去月二十八日에日本橫濱에入港ᄒᆞ야三十日午前에幕僚를率ᄒᆞ고公式으로日本海軍省을訪問ᄒᆞ엿다더라

◎英國敎育制度 論敦來電을據ᄒᆞᆫ즉一千九百八年에任命ᄒᆞᆫ英國敎育制度調査委員會에셔ᄂᆞᆫ精密ᄒᆞᆫ報告書를발表ᄒᆞ고根本的基礎를左의主義에置ᄒᆞᆯ事를提供ᄒᆞ엿ᄂᆞᆫ되

一. 卽當局者ᄂᆞᆫ學徒父兄의希望에反ᄒᆞ야兒童을宗門學校에强制로入學ᄒᆞ게ᄒᆞᆯ事

一 宗敎的敎育은學役生活上獨立不羈事인즉此의去就ᄂᆞᆫ一々各自信仰ᄒᆞᆯ權能에屬ᄒᆞᆫ事

一 學政整理ᄂᆞᆫ學徒父兄과敎師가各種信念에對ᄒᆞ야恒常尊敬의意를表ᄒᆞ야誠實히宗敎的敎訓을受ᄒᆞᆯ事라더라

雜報

◎果商說明 中央果商組合에셔去月卄九日下午二時에臨時總會를鍾路本事務所內에셔開ᄒᆞ고各處生果物產出處에셔輸入ᄒᆞᄂᆞᆫ物品中에腐敗未熟ᄒᆞ야衛生에妨害되ᄂᆞᆫ物品을一切嚴禁케ᄒᆞᆫ警通書의關ᄒᆞᆫ說明과各區域旅商이生果物매買中에鍮周鉢노써行매ᄒᆞᆫ新製造ᄒᆞᆫ周鉢使用에關ᄒᆞᆫ說明과各組合員의營業處所에組合證木牌를揭ᄒᆞᆯ事등諸般事務를處理ᄒᆞ엿다ᄂᆞᆫ되出席組合員이百餘人에達ᄒᆞ엿다더라

◎京城民團의戶口 五月末에京城일民團의戶口ᄂᆞᆫ戶數八千三百卅一이오人口三萬二千六百七十二人內에男一萬八千〇九十四人、女一萬四千五百七十八人인되此를前月末에比ᄒᆞ면戶數ᄂᆞᆫ百六十六戶가增ᄒᆞ고人口ᄂᆞᆫ男五百拾人、女三百八十六人이增加ᄒᆞ엿다더라

◎警察署開廳式 咸北鏡城警察署ᄂᆞᆫ來五日에新建築이落成되고咸南惠山鎭警察署ᄂᆞᆫ來拾일에落成된다ᄂᆞᆫ되其兩日에ᄂᆞᆫ開廳式을開ᄒᆞ고該地方有志人士를招待ᄒᆞ야警察의目的과警察의本能을說明ᄒᆞᆫ다더라

學界報

◎學界의蠹 安邊郡訪花山面鑄營洞文化學校ᄂᆞᆫ設立[illegible]八年에財政이窘拙ᄒᆞ야僅僅維持ᄒᆞ더니不意에本郡居ᄒᆞᄂᆞᆫ李炳殷莘甫等이一進會員金正化를作同ᄒᆞ야百般沮害ᄒᆞᄂᆞᆫ故로該校가扶支키難ᄒᆞ리라고人皆嗟歎ᄒᆞ더라

世界歷史

◎變遷의時期◎

(第十五世紀前後)

中世前期에在ᄒᆞ야歐洲ᄂᆞᆫ希臘과羅馬의優尙ᄒᆞᆫ文化를盡ᄒᆞ고學藝技術은僧侶의力을藉ᄒᆞ야命脈을得保ᄒᆞ매智識은僧侶의게專歸ᄒᆞ야宗敎的精神이非常ᄒᆞᆫ勢力을占有ᄒᆞ야恐怖ᄒᆞᄂᆞᆫ情이人心을不安케ᄒᆞ고且侯ᄂᆞᆫ封建制度가自然物經濟에依賴ᄒᆞ야農業으로產業을作ᄒᆞ기ᄂᆞᆫ不顧ᄒᆞ고農民을壓制ᄒᆞ야奴隸ᄀᆞᆺ치驅使ᄒᆞ야生產力이益減少ᄒᆞ며又其所領을安全ᄒᆞ기爲ᄒᆞ야交通의便을防遏ᄒᆞᆫ즉商製造의諸業이衰頹ᄒᆞ야於乎智識上과經濟上의衰殘ᄒᆞᆷ이歐洲의人心을萎縮케ᄒᆞ더니是히歲月을閱歷ᄒᆞ미歐洲人固有ᄒᆞᆫ敢爲의氣像과人口의殖이며十字軍의影響이勢의因을作ᄒᆞ야宗敎及封建의强ᄒᆞᆫ羈絆을脫ᄒᆞ고近世에文明을作成ᄒᆞ이라人種의발達進步ᄒᆞᆫ外界의刺激과人性의優劣을ᄒᆞ야其結果가相異ᄒᆞ나니 (未完)

詞藻

◎病起◎ 頣雲生

茂陵多病閉門居詩酒以外萬
跡山中桂樹誰憐我閣裏藜
著書營々盡付浮雲外寂々徃
一笑餘四野忻々時雨滴故山
計莫虛徐
久旱而雨久病而蘇可謂天
一致

宮廷報

◎秘苑御覽 大皇帝 皇后兩 陛下ᄭᅴ옵셔再昨日下午二時에書香閣親蠶室에 御臨ᄒᆞ옵시고因ᄒᆞ야秘苑을 御覽ᄒᆞ옵셧다더라

◎下勅懇惻 大皇帝 황后兩 陛下ᄭᅴ옵셔再昨日書香閣에 御臨ᄒᆞ옵심은別項과如ᄒᆞ거니와各部大臣이陪從ᄒᆞ엿ᄂᆞᆫᄃᆡ多日天旱에對ᄒᆞ시와民情을矜憐ᄒᆞ샤農相趙重應에게懇惻ᄒᆞ옵신 勅語를下ᄒᆞ옵셧다더라

雜報

◎義王消暢 義親王殿下ᄭᅴ셔ᄂᆞᆫ開養ᄒᆞ기爲ᄒᆞ야再昨日下午四時에東門外新興寺에前往消暢ᄒᆞ셧다더라

◎內閣例會 內閣諸大臣이再昨일木曜例會를開ᄒᆞᆷ은已報ᄒᆞᆫ바어니와何등重要公務를提議ᄒᆞᆷ인지同일下午五時에야閉會ᄒᆞ엿다더라

◎大隈伯의統監評 日本大隈伯爵은今番統監更迭ᄒᆞᆫ事에對ᄒᆞ야言ᄒᆞ기를列强國에派遣ᄒᆞᄂᆞᆫ全權大使資格以上의寺內、山縣으로韓國統監을任命ᄒᆞᆫ것은不當ᄒᆞ다ᄒᆞ엿다더라

◎豈不勞乎 總理大臣李完用氏가溫陽郡溫井에留連ᄒᆞᆷ은一般共知어니와自己의椅子를鞏固ᄒᆞ기爲ᄒᆞ야農相趙重應氏와秘密ᄒᆞᆫ往復이逐日有之ᄒᆞᆫ다ᄂᆞᆫ說이有ᄒᆞ더라

◎內相訪統邸 總理署理內部大臣朴齊純氏ᄂᆞᆫ再昨일下午七時三十分에統監官邸를訪問ᄒᆞ엿다더라

◎學大視學 學部大臣李容稙氏가西道學事를視察ᄒᆞᆫ다ᄒᆞᆷ은已報ᄒᆞ엿거니와來七日에秘書官李恆稙主事金俊洙兩氏를帶同發程ᄒᆞ기로決定ᄒᆞ엿ᄂᆞᆫᄃᆡ來往期限은二週日로預定ᄒᆞ엿다더라

◎議政訪議長 議政閔泳奎氏ᄂᆞᆫ何事故를因ᄒᆞᆷ인지再昨日下午三時頃에中樞院議長金允植氏를訪問ᄒᆞ엿다더라

◎統府中學資格 京城에在ᄒᆞᆫ統監府立日人中學校卒業生은日本府縣立中學校卒業生과同등으로認定ᄒᆞᆯ事로去一日에日本文部省告示로發表ᄒᆞ엿다더라

◎餞送俵次 既報와如히俵學部次官이澁谷事務官을帶同ᄒᆞ고昨日上午九時에京義線列車를搭乘ᄒᆞ고平壤郡으로下往ᄒᆞ엿ᄂᆞᆫᄃᆡ該部一般高等官이南大門外停車場에셔전送ᄒᆞ엿다더라

◎柳田還任 日本名古及福岡兩共進會에出張ᄒᆞ엿던學部柳田事務官은再昨日에還任ᄒᆞ엿다더라

◎警察修報 平北觀察道警察部長이朔州등九郡을視察ᄒᆞ고一般情况을內部로修報ᄒᆞ엿다더라

◎道主事試取 水原觀察道에셔ᄂᆞᆫ日昨道主事試取를經ᄒᆞ엿다더라

◎請加院算 淸州郡慈惠醫院에셔事務의煩劇을因ᄒᆞ야助手一員을增加ᄒᆞ엿ᄂᆞᆫᄃᆡ本年度의舍宅料가不足ᄒᆞ다ᄒᆞ야豫算增加ᄒᆞᆯ案件을內部에稟請ᄒᆞ엿다더라

◎愆俸支撥 礡洞普城學校에셔ᄂᆞᆫ不得已ᄒᆞᆫ事故를因ᄒᆞ야一般任員에月俸五個朔條가愆滯되엿더니再昨日에全數支撥ᄒᆞ엿다더라

◎虛費當推 忠州郡一進支會員李秉立이가該會에入參ᄒᆞᆫ後에所望에歸虛ᄒᆞ고錢財만多數히浪費ᄒᆞᆫ故로該會長李容九의게通文을輪示ᄒᆞ엿다더라

◎賣官金還推 前參判金命洙氏ᄂᆞᆫ前尙州郡守在任時에該郡居成,某에게學部委員牒旨一枚를金四百圓에賣食ᄒᆞᆫ事件이有ᄒᆞ엿ᄂᆞᆫᄃᆡ成氏가右金을還推ᄒᆞᆯ次로目下相詰中이라더라

◎女官의挾雜 某宮에在ᄒᆞᆫ女官이其叔秋某와符同ᄒᆞ야年前에堤川郡居李晶應氏의게參奉一窠를圖給ᄒᆞ마ᄒᆞ고金貨千圓을取食ᄒᆞᆫ事가有ᄒᆞ던지李氏가該金을還推次로其再從李漢應氏의委托起訴ᄒᆞᆫ다더라

◎朴氏不睦 藏頭郡居朴淵俊氏ᄂᆞᆫ土地事件을因ᄒᆞ야其四寸朴淵鳳氏를日昨警視廳에擧訴ᄒᆞ엿다가退却을遭ᄒᆞ엿다더라

◎是何人斯 住所未詳ᄒᆞᆫ柳某ᄂᆞᆫ某新聞記者라稱ᄒᆞ고各演劇場에出沒ᄒᆞ며不正ᄒᆞᆫ行爲가多ᄒᆞᆷ으로某處에셔注目中이라더라

◎金氏將採 大韓協會長金嘉鎭氏가高陽郡邑附近地金鑛處를買渡ᄒᆞ야不遠間에開鑛採金ᄒᆞᆫ다더라

◎風色不佳 去一日에出番ᄒᆞᆫ某々巡查五六人이消暢次로永道寺에前往ᄒᆞ엿고內閣秘書課主事一同도本日에永道寺에前往ᄒᆞ엿다가各其歸路에巡查가弄談的으로某巡查를對ᄒᆞ야下등日語를발ᄒᆞ엿더니內閣主事ᄂᆞᆫ广已의一行을侮辱ᄒᆞᄂᆞᆫ가致疑ᄒᆞ고巡查에게執탈ᄒᆞ야說往說來에主事中趙某가巡查를毆打ᄒᆞ야一塲風波가起ᄒᆞ엿다ᄂᆞᆫᄃᆡ官吏의行動이不當ᄒᆞᆷ을人皆批評ᄒᆞᆫ다더라

◎民土弄奸 仁川新佛島居ᄒᆞᄂᆞᆫ金善有氏가所有地를訴明次로該島居測量者張某及文某에게委托ᄒᆞ야手料金十五圓ᄭᆞ지出給ᄒᆞ고地籍報告도張文兩人에게委托ᄒᆞ야自己의姓名章을捺印ᄒᆞ엿더니內藏院技師金倫求氏가官有로農商工部에請願ᄒᆞ야김善有氏의圖章ᄭᆞ지幻弄ᄒᆞᆷ으로金善有氏ᄂᆞᆫ該事由를所管警察署에呼訴ᄒᆞᆫ다더라

◎過恭非禮 富平郡石串面居李敎善氏ᄂᆞᆫ年今六十二인ᄃᆡ距今十六年前에其親喪을丁ᄒᆞᆫ後로至今ᄭᆞ지侍墓ᄒᆞ야日夜不離ᄒᆞᆷ으로該氏에誠孝를莫不歎服ᄒᆞᆫ다더라

◎調查痘患 內部衛生局에셔ᄂᆞᆫ去月末에全國內痘患者를調查ᄒᆞ엿ᄂᆞᆫᄃᆡ合一千七百餘名에達ᄒᆞ엿다더라

◎收金逃走 恩津郡江鏡等地에셔拓殖會支社員李某가該社金額을多數히收取ᄒᆞ고逃躱ᄒᆞ엿다ᄂᆞᆫ說이有ᄒᆞ더다

◎戒淫自刺 紬洞申寧雨氏家廊ㅏ김思一爲名者ᄂᆞᆫ渠妻李姓女가或密매淫이나ᄒᆞᄂᆞᆫ줄노致疑ᄒᆞ고昨日上午貳時頃에刀로渠妻를橫刺重傷케ᄒᆞ고渠亦自刎ᄒᆞ야命在頃刻이라ᄂᆞᆫᄃᆡ治療次大韓醫院으로舁送ᄒᆞ엿다더라

◎失土被囚 南大門外蓮花峰에人民家屋及基址를年來로轉相賣買ᄒᆞ야民有地로認定ᄒᆞ엿다ᄂᆞᆫᄃᆡ漢城財務署에셔國有로管轄코져ᄒᆞᆷ으로人民이或反抗者가有ᄒᆞ야所管警察署에被囚ᄭᆞ지되엿다더라

◎日探殊常 日人廉坂敎義ᄂᆞᆫ洞口內韓人旅舘에來留ᄒᆞ며某處偵探이라稱ᄒᆞᄂᆞᆫᄃᆡ行動이極히殊常ᄒᆞ다더라

◎米價高騰 釜山通信을據ᄒᆞᆫ즉馬山浦等地에ᄂᆞᆫ近日來로米價가大段高上ᄒᆞᆷ으로日本으로부터據히輸入ᄒᆞᆫ다ᄂᆞᆫᄃᆡ其原因인즉京城에셔各產出地方으로向ᄒᆞ야太過히買ᄒᆞᆷ을因ᄒᆞᆷ이라더라

◎日艦隊紀念 官立漢城高等學校 同이日前仁川港에碇泊ᄒᆞᆫ日本軍艦衛島艦을觀覽ᄒᆞᆷ은既報어니와該艦隊에紀念品을贈與ᄒᆞ기爲ᄒᆞ야一般職員이多少에金貨를目下醵集中이라더라

◎電話繼引 南門外大韓運輸會社에셔ᄂᆞᆫ商業上에便利키爲ᄒᆞ야協同郵船會社의掛置ᄒᆞ엿던電話를引繼使用ᄒᆞᆫ다더라

◎演劇廢止 長安社에셔近日經費가窘拙ᄒᆞ야演劇을廢止ᄒᆞ엿다더라

◎防淫割鼻 仁川港平洞居趙春明氏ᄂᆞᆫ其妻呂姓女에淫行을禁止ᄒᆞ기爲ᄒᆞ야該女에準頭를割斷ᄒᆞ엿다더라

◎宜有懲罰 中部管內에妓生들이已往에ᄂᆞᆫ巡查에게檢查를受ᄒᆞ다가今에ᄂᆞᆫ或檢查를受치아니ᄒᆞ랴ᄒᆞᆷ으로將次調查懲罰ᄒᆞᆫ다더라

◎八寶丹僞造調查 鍾路和平堂藥房에셔剏製發賣ᄒᆞᄂᆞᆫ八寶丹을品劣ᄒᆞᆫ材料로僞造販賣ᄒᆞ야八寶丹의名譽를損傷ᄒᆞᄂᆞᆫ者가有ᄒᆞᆷ으로該堂에셔目下에其僞造者를查探ᄒᆞᄂᆞᆫ中이라더라

◎婚時屋貰 豊基順興淸風단陽등地에셔外國人이婚禮室을建築ᄒᆞ고人民의男女嫁娶를該室에셔行禮케ᄒᆞ고該家屋貰를男子에게ᄂᆞᆫ一圓女子에게ᄂᆞᆫ八十錢式收捧ᄒᆞᆫ다더라

◎宮土暗賣 雲峴宮內에寄居ᄒᆞᄂᆞᆫ高鎭筆爲名人은宜川所在完興宮所有土地를某處에放賣ᄒᆞ랴다가中部警察署에被捉ᄒᆞ엿다더라

◎嚴諭放送 西部鍮洞居權在千爲名人은酒色에沈惑ᄒᆞ야行悖가有ᄒᆞᆷ으로中部警察署에셔捉囚ᄒᆞ엿다가嚴諭放送ᄒᆞ엿다더라

◎會務處理 大韓協會에셔ᄂᆞᆫ本日下午一時에評議會를開ᄒᆞ고事務를處理ᄒᆞᆫ다더라

◎演關敎育 嶠南學生親睦會에셔明日에奬忠壇內에運動會를開ᄒᆞ고運動과敎育에關ᄒᆞᆫ奇觀的演劇을設行ᄒᆞᆯ터인ᄃᆡ仝日上午七時에嶠南學生이一々히該會舘內에會合ᄒᆞ야同時出往ᄒᆞᆫ다더라

◎兩會合併 侍天敎會와神宮奉敬會가合設ᄒᆞᆫ다ᄂᆞᆫ說이有ᄒᆞ더라

◎靑會演劇 今日下午八時에鍾路靑年會舘內傳道會에셔活畵演劇會를開ᄒᆞ고男子에만限ᄒᆞ야入場券을使用ᄒᆞᆫ다더라

電報

◎淸公使歸國 日本駐箚淸國公使胡惟德氏ᄂᆞᆫ今番에淸國外部右侍郎을任命ᄒᆞ야近日歸國ᄒᆞᆯ터인ᄃᆡ來六日에ᄂᆞᆫ日本天皇ᄭᅴ拜謁ᄒᆞᆫ다더라

◎海軍長會議 日本伊集院軍司令部長의召集에關ᄒᆞᆫ各鎭守府要港部參謀長會議ᄂᆞᆫ昨日에海軍省樓上에셔開會ᄒᆞ고國上에就ᄒᆞ야開議ᄒᆞ엿다더라

◎山省飢饉 淸國山西省各에ᄂᆞᆫ飢饉으로써餓死境에至ᄒᆞᆫ窮民이數千名에達ᄒᆞ야慘狀이極ᄒᆞᆫ故로北京政府ᄂᆞᆫ該地方에게救濟方法을電命ᄒᆞ엿다라

◎韓國觀光團 韓國觀光團一十一人은去三일에東京에入ᄒᆞ야到處厚待를受ᄒᆞ엿다더라

◎東三銀行 淸國錫東三省督은奉天에興業銀行을創立ᄒᆞᆯ計劃으로株式募集其他一切法을諸議局에諮問ᄒᆞ고各議員은方今研究中인ᄃᆡ不遠間開ᄒᆞᆯ臨時會議에付ᄒᆞ야決定ᄒᆞᆫ다더라

以上東京發　三月着

▲運動一派▼

▲何等事業을圖코져傷ᄒᆞᆫ鳥 겹枝ᄒᆞ나暗裏風雲籠絡ᄒᆞ야 換椅子鞏固計ᄂᆞᆫ李完用의運動이오

▲袖裏狂風又生ᄒᆞ야太和魂에起舞ᄒᆞ니黑夜假鬼奇々ᄒᆞᆷ제一片卿月夢中來ᄂᆞᆫ宋秉畯의運動이오

▲天陰雨濕此乾坤에魚頭鬼嘯聚ᄒᆞ야聲明書로作餌ᄒᆞ고政海巨鯨欲釣ᄒᆞ니李容九의運動이오

▲海外風霜閱歷ᄒᆞ고紅塵想이不斷ᄒᆞ야宦海上에沈沒計ᄂᆞᆫ招舟子延佇ᄒᆞ니張錫周의運動이오

▲民團長을藉稱ᄒᆞ고外面雖是天然ᄒᆞ나何天雲邊一隊龍이造化權을暗弄ᄒᆞ니俞吉濬의運動이오

▲仕宦熱이撑中ᄒᆞ야政友會의總裁로서金力又是延亙ᄒᆞ야萬里高帆吹送ᄒᆞ니金宗漢의運動일세

社告

左開兩郡에支社를設立ᄒᆞ엿ᄉᆞ니各該附近地에셔本申報購覽僉君子ᄂᆞᆫ各該支社員과交涉하시옵

龍岡 郡山南面紅門洞　宋昇煥

全州 府東壹契四統九戶　李興鳳

大韓每日申報社

雜報

◉非松伊李　元興寺僧松雲等은義兵嫌疑로駱洞日憲兵分遣所에被捉ᄒᆞ엿다더니松雲은訛傳홈이오華藏寺僧李鏡濟라ᄒᆞᄂᆞᆫᄃᆡ調査ᄒᆞᆫ즉事實이無홈으로再昨日에白放되엿다더라

廣告

本人이黃土峴美術工塲內金洪植氏의六月二拾日出ㅅ手形六十圓票를路中셔失故로玆以廣告하오니誰某拾得ᄒᆞ와도休紙施行홈

趙秉彩 白

○這間某藥房에셔八寶丹을僞造發賣ᄒᆞᆫ다云ᄒᆞ오니詳探措處ᄒᆞ려니와本舘製造八寶단을買得ᄒᆞ실時에李花內에和字商標를注意ᄒᆞ시옵

京城鍾路和平堂大藥房本舖

主任 李應善 白

本舘에셔韓國料理營業을開始ᄒᆞ고遊船漁釣其他游泳ᄒᆞ시ᄂᆞᆫ僉君의게多小遠近을不拘ᄒᆞ고廉價로需應ᄒᆞ깃ᄉᆞ오니陸續枉顧ᄒᆞ시옵

龍山 涵碧亭前八景園越便　蓉湖舘 告白

本所ᄂᆞᆫ中部寺洞盧井洞五統一戶梁章煥氏家로姑爲移接ᄒᆞᆷ本所가引繼後一新組織ᄒᆞ고前任員은幷遞任이오니酒商僉員은知悉後或有挾雜輩가無本所信票ᄒᆞ고假稱任員ᄒᆞ야酒商處에間有討索이라도若無信票면勿爲擧論

酒造組合所 告白

廣告　湖南 僉君子

本舘에數月前부터諸般新書籍이具備온바今에又一層擴張이되엿ᄉᆞ니速速히顧愛ᄒᆞ심을務望

全北泰仁郡內七里五統一戶

普明書舘　舘主 宋在東　主任 宋在敏

本書林에셔敎科及他書籍五六百種과古書名筆을鳩聚大賣하오니照亮購覽務望引換代金으로도酬應ᄒᆞᆷ請求多小에特別割引도有ᄒᆞᆷ

發賣所 南部銅峴卅五統八戶

同文書林主 金雨均 白

學部檢定 內部認可

漢文初學　一帙四冊（每一冊十四錢）

本書ᄂᆞᆫ一般私立學校初等敎育漢文科에適當케編纂ᄒᆞ온新刊發行이오며其他各種新書籍及學徒用品이俱備온바特別割引ᄒᆞ와一依請求ᄒᆞ심을酬應ᄒᆞ오며郵便과或運送部로迅速키付呈ᄒᆞ깃ᄉᆞ오니學界에注意하시ᄂᆞᆫ京鄕僉位ᄂᆞᆫ愛顧ᄒᆞ심을務望

元賣所京南部苧洞十七統十戶

廣文堂書舖 南鴻祐

分賣所京鄕各有名書舖

勿論親疎間掌記及居住만通知하시면擇品廉價ᄒᆞ야郵便小包나運送部로卽速付送ᄒᆞ고代金은引換허깃습

京南部銅峴九十五統十戶

乾材藥局 崔興模

勿論遠近親疎ᄒᆞ고藥材掌記와居住를昭詳付郵ᄒᆞ시면小包로引換代金과運送部로適送ᄒᆞ깃ᄉᆞ오니照諒敬要

京銅峴 **一統六戶**

乾材藥局 李盛哉

學部檢定

新訂代數學敎科書

李敎承 著

敎育界의 啓明星이오 數學家의 羅盤針이라

定價金一圓二十錢　洋裝美本 精印刷

本書ᄂᆞᆫ學部數學檢定의頭尖가되엿ᄉᆞ오며一般高等敎育上에不可缺홀珍書라

預約募集

預約割引은同業者의게ᄂᆞᆫ部數에依하야多少가有ᄒᆞ오니書信或面議ᄒᆞᆷ

但學生個人預約은先金에限ᄒᆞ야**二割**引으로酬應홈

但學生拾人團體가有ᄒᆞᆯ時ᄂᆞᆫ紹介者의게三割引外에特히一部를進呈

豫約期限은 **六月十日**까지定홈

發元 實行所 **漢城鍾路 海東書林**

本人의子用濟가年二十三에爲人이幼弱ᄒᆞ야悖類의誘引을因ᄒᆞ야欲得外債云故四五次新聞에揭載하엿거니와陰四月十五日의更히出家ᄒᆞ야踵跡不知故如是告白ᄒᆞ오니內外國人은切勿見欺ᄒᆞᆷ

中署琵琶洞五十四統七戶

金斗晏 白

本人이五月三十一일에官名圖章과小名圖章을幷爲不知中셔失故로玆에廣告하오니拾得人은勿施ᄒᆞ심敬要

成歡驛前協同運輸部內

方士俊 白

京西部車洞同和藥房本國材로洋製ᄒᆞᆫ引蘇丸이消滯止泄滅毒ᄒᆞ고付屬ᄒᆞᆫ八十餘種이俱備大發行ᄒᆞ오

閔 櫃 白

本人의姓名圖章黑角甲白象刻을本月二十日에遺失ᄒᆞ엿기水晶章을使用ᄒᆞᆷ

開城東部八洞崔文鉉 告白

◉**特別廣告**

敬啓者本報ᄂᆞᆫ開刊有年에其論述의히正과其報道의迅速이無比ᄒᆞ야淸國內遠近志士가一切歡迎ᄒᆞ오며韓國에도稍々히購覽ᄒᆞᄂᆞᆫ紳士가有ᄒᆞ온바今에更히江湖上購覽諸氏를紹介ᄒᆞ기爲하야本報舘所在處及報價를左開廣告ᄒᆞ오니願覽諸氏ᄂᆞᆫ速々히左開處로通奇ᄒᆞ시옵

本舘所在地　哈爾賓瓦牙街

報價一個月先給　俄貨八角

仝　三個月先給　俄貨二圓

但報價ᄂᆞᆫ必先給을要ᄒᆞᆷ

遠東報舘 告白

本店에셔**開業**ᄒᆞᆫ지**十六年間僉君子**의愛顧ᄒᆞ심을**特蒙**ᄒᆞ와**今年**부터業務을**大擴張**ᄒᆞ고**春夏秋冬所用**으로緞屬**毛**織**等各國高等物品**을現**今多數直輸入**이온바**各地方**에셔ᄂᆞᆫ買易에**便利**ᄒᆞ기**爲**ᄒᆞ야**特減價**ᄒᆞ와**郵便小包**로**酬應**ᄒᆞ야**代金**은**引換**ᄒᆞ깃사오니**十三道各郡僉君子**ᄂᆞᆫ**隨意請求**ᄒᆞ심을**望**

振替貯金番號（韓國壹三番）

漢城中部鍾路砂器廛洞二十一統五戶

廣**興泰** 告白

貨幣、名함、卷煙草匣、各種要用品入

(中折帽)
증절모ᄌᆞ

(項領)
목도리

물에 씻ᄂᆞᆫ 상

모ᄌᆞ를 솔로

(米利堅帽)
미리견모ᄌᆞ

(吐手)
토슈

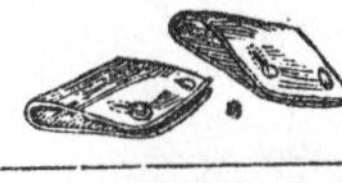

◉炎天의氷帽

化學의神道

天地造化를奪ᄒᆞᄂᆞᆫ것은斯世의化學이라우리大韓총帽子가本質이馬尾라夏服用白총帽子의黃色이隱映ᄒᆞ기로모子製造所에셔恒常研究ᄒᆞ기를何如히ᄒᆞ면총모子를純白色으로化成ᄒᆞᆯ고하더니

化學의神出貴物로今에ᄂᆞᆫ黃色의馬尾를白雪과如히化色하야모子之白을白氷과如히氷緞을化造ᄒᆞ엿ᄉᆞ오니近者化學의功效가如此히神通ᄒᆞ야炎天이라도氷緞총모子를冠ᄒᆞ면人의精神이淸凉ᄒᆞᆯ테이올시다

又ᄂᆞᆫ모子의堅緻홈은泰西의舊金五十圓以上價値되ᄂᆞᆫ一등파나마보시와如히汗汚키易ᄒᆞᆫ모子의內空(裏地)에緞紗를不要ᄒᆞ고但총緞內紗에漆로商標를捺하야每人이數十年을冠用ᄒᆞ야도汚穢ᄒᆞ고弊傷홈이無하고洗滌에益便케製作하엿ᄉᆞ오니世界各國의人士ᄂᆞᆫ試驗的으로此白총모를冠用ᄒᆞ시면經濟上에必要홈을悅然大覺ᄒᆞ실터이올시다

大韓京城南部銅峴大四街里三十五統五戶

玉虎書林專賣特許

총**帽子商店 告白**

各種東西洋藥을大割引大發賣告

京城 和平堂大藥房本舖

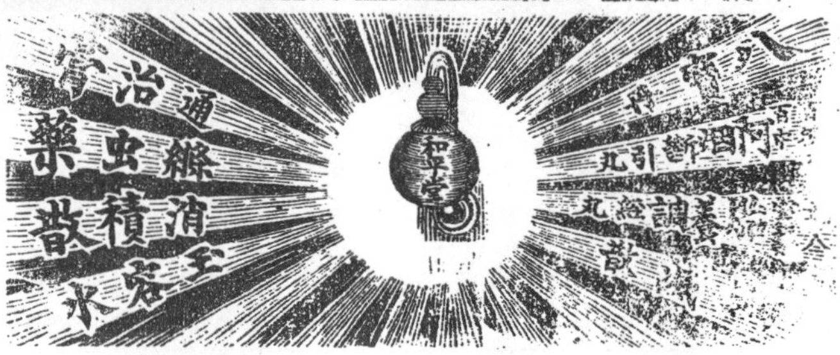

京城鍾路和平堂大藥房本舖 主任 李應善
仁川港租峴第一分店 主任 金濟鉉
平壤鍾路第二分店 主任 尹寅赫
京城鍾路靑年會館前第三分店 主任 李熙善
支店特約店代理店은紙面이不足홈으로姑未俱載홈

官許 登錄認可 和

健胃消滯 八寶丹

此藥은今春全國瀛卓博覽會에出品陳列ᄒᆞ야大韓에第一位되는靈藥으로內外國紳士의贊成을多蒙홈으로感謝홈을報答키爲ᄒᆞ야特別製造發賣홈

廣告

◎京城鍾路和平堂大藥房

○和平堂藥房은我同胞가最誠意로歡迎ᄒᆞ는我國第一되는最新式規模로經營ᄒᆞ는特別藥房이오

○和平堂藥房은外國第一有名ᄒᆞᆫ洋藥과唐草材를多數輸入ᄒᆞ야最低廉最良材로都賣散賣ᄒᆞ는最大藥房이오

○和平堂醫院은平壤濟衆院에서卒業을受ᄒᆞ고美國醫學博士禹越時手下에多年實地施驗을行ᄒᆞᆫ醫士田慶龍氏를延聘ᄒᆞ야男女老少에內外科를誠心으로診察治療ᄒᆞ는醫院이오

○和平堂醫院은外方에서病錄만錄送ᄒᆞ시면其病에適當ᄒᆞ도록誠心製藥ᄒᆞ야迅速付送ᄒᆞ기로熱心ᄒᆞ는醫院이오

○和平堂醫院은治療費와藥價를最廉ᄒᆞ게ᄒᆞ야一般醫藥家로ᄒᆞ여곰使之感醒케ᄒᆞ야奮進奮發의心을鼓吹케ᄒᆞ는醫院이오

○和平堂藥房은全國內醫藥家와連結ᄒᆞ야相本的實業發展의本領을實行코자ᄒᆞ는藥房이오

京城鍾路 洋藥各種과 漢藥唐草材 大發賣

和平堂本舖主任 李應善
主任醫士 田慶龍

檀君開國四千二百四十三年
箕子元年三千三十一年
大韓開國五百十九年
本報創刊日 光武八年七月十八日

大韓每日申報

Responsible for Publication Alfred Weekley Marnham.
發行兼編輯人 英國人 萬咸
發行所 京城南部石井洞三層洋屋 大韓每日申報社

第八卷 月曜及慶節歲時日休刊 第壹千四百四號

論說

邪說과暴行

邪說暴行이洪水의害보다尤甚ᄒᆞ다ᄒᆞ고先聖이有言ᄒᆞ셧ᄉᆞ니今日을當ᄒᆞ야眞個是着題ᄒᆞᆫ句語로다現今大韓에滔々ᄒᆞᆫ洪水가接天ᄒᆞ야人民이懷襄中에出沒ᄒᆞ니載胥及溺의患이迫頭ᄒᆞᆫ지라誰가能히龍門을鑿ᄒᆞ던神斧를手에持ᄒᆞ고全國의狂濤를順導ᄒᆞ야魑魅망魎의輩를驅逐ᄒᆞ고世界를治平ᄒᆞ야民猶魚矣에患을免케ᄒᆞ리오近年以來로許多邪說이自東渡來ᄒᆞ야國內에遍滿ᄒᆞ니因口傳染에風과如히從ᄒᆞ며水와如히濕ᄒᆞ야無知愚民이一時에煽惑ᄒᆞ야架空步虛ᄒᆞᄂᆞᆫ思想이忽生ᄒᆞ니自國의性을已失ᄒᆞ고太魂精神이腦髓에深入ᄒᆞ야如狂如醉에方向ᄒᆞᆯ處가無ᄒᆞ야身家가自滅ᄒᆞᄂᆞᆫ境遇에至ᄒᆞᆯ지라도渾沌世界에陷落ᄒᆞ야覺省ᄒᆞᆯ日이無ᄒᆞ니其敎ᄂᆞᆫ何오曰神宮敬義會이니曰天照敎이니曰神道神籬敎이니曰淨土敎宗이니曰福音傳道敎이니ᄒᆞᄂᆞᆫ許多敎名이層生疊出ᄒᆞ야愚民을甘誘ᄒᆞᄂᆞᆫ도다

千古에無稽ᄒᆞᆫ說話를捌出ᄒᆞ야檀君과天照가本是同근生이라ᄒᆞ야一體로奉敬ᄒᆞᆫ다ᄒᆞ니如此ᄒᆞᆫ荒唐說話ᄂᆞᆫ歷史上의도聞치못ᄒᆞ던事로忽地에唱道ᄒᆞ며虛無寂滅의道로天堂地獄에禍福의說을煽唱ᄒᆞ며敎會만信仰ᄒᆞ면無數ᄒᆞᆫ神將이藩籬와如히護衛ᄒᆞᆫ다唱道ᄒᆞ면서善道善心으로敎道만偏信ᄒᆞ면天公이自然히降福ᄒᆞ사一無營爲ᄒᆞ고終日默坐라도天錢이自來ᄒᆞᆫ다唱道ᄒᆞ니古今天下에엇지如此ᄒᆞᆫ敎道가有ᄒᆞ리오不過是愚民을驅入ᄒᆞ야國性을自滅케ᄒᆞᆷ이로다

四肢百體에一變이不落ᄒᆞᆯ지라도心神이昏倒ᄒᆞ면完全ᄒᆞᆫ人이라謂키不能ᄒᆞᆯ지니此敎에入ᄒᆞ지아니ᄒᆞ면彼敎에投ᄒᆞ야大韓天地에良民이無幾ᄒᆞ야擧皆是精神이無ᄒᆞᆫ人物이라國粹를喚醒ᄒᆞᆯ日이無ᄒᆞ니엇지哀憐ᄒᆞᆷ迫ᄒᆞᆯ事가아니리오叢을爲ᄒᆞ야雀을驅ᄒᆞᄂᆞᆫ者ᄂᆞᆫ鸇이오淵을爲ᄒᆞ야魚를驅ᄒᆞᄂᆞᆫ者ᄂᆞᆫ獺이라如斯히誕妄ᄒᆞᆫ說을做出ᄒᆞ야無識無智ᄒᆞᆫ人民을甘言利說로百方誘入ᄒᆞ야精神骨子를不知中奪去ᄒᆞ야心腸은已換ᄒᆞ니肉體ᄂᆞᆫ僅存ᄒᆞᆯ지라도一泥塑像을作成ᄒᆞ야비록韓土에生長ᄒᆞ더라도韓人이라謂케難ᄒᆞᆯ지로다所謂敎會가鴉片烟과恰似ᄒᆞ야深祟가已成ᄒᆞ면身亡家敗ᄒᆞᄂᆞᆫ境에至ᄒᆞᆯ지라도能히斷止치못ᄒᆞ야醫吏에拘禁도忌憚치아니ᄒᆞ고廢人을甘作ᄒᆞ니敎會에沉惑ᄒᆞᆷ이此와엇지異ᄒᆞᆯ바이有ᄒᆞ리오敎會를百番信仰ᄒᆞᆯ지라도一點効力이無ᄒᆞᆯ것은已定ᄒᆞᆫ事인즉大韓同胞ᄂᆞᆫ一切猛省ᄒᆞ야虛荒ᄒᆞᆫ地頭에陷落치말고實地上事에進步ᄒᆞ기를望ᄒᆞ노라

官報

◎第四千六百九十六號
隆熙四年六月四日(土曜)

◎敍任及辭令

○五月十九日 李起雨 任金海郡鄕校直員
○五月二十三日 郡主事尹在衡 任道主事敍判任官三等 九品朴漢弼 任郡主事金鍾聞 任遂安郡鄕校直員
○五月二十五日 康之恒 任郡主事敍判任官四等
○五月二十六日 李鼎珪 任公州郡鄕校直員
○五月二十七日 財務署主事山根혜 任財務監督局主事敍判任官四等
○五月三十一日 金秉浚 李奉雨 任稅關主事敍判任官四等
○六月一日 郡主事原田寅三郞 任道主事敍判任官三等 內部主事兼警部岡野虎太郞 兼任警視廳部警
○六月二日 朴武彬任宗廟典祀補敍判任官五등 李栽馨任定陵和陵參奉敍判任官五等 金洪植 任健元陵顯陵穆陵徽陵崇陵惠陵元陵綏陵景陵參奉敍判任官五等 閔泳彦任厚陵參奉敍判任官五等 李興珪 任恭陵順陵永陵參奉서判任官五등 丰殿院電務技手金永壽 依願免本官 九品金永壽 主殿院事務를囑托ᄒᆞᆷ(判任待遇) (以上六月二日宮內府) 財務署主事小早川岩造 同 藤井平內 依願免本官(以上五月三十日度支部) 楊州郡鄕校直員柳長熙 依願免本官 (五月十三日學部) 蔚珍郡鄕校直員南相奎 楊平郡鄕校直員權重爕依願免本官 長湍郡鄕校直員朴用默依願免本官 (以上五月十八日學部) 陰城郡鄕校直員韓昇履 淸州郡鄕校直員吳永직 寶城郡鄕校直員安圭貞 依願免本官(以上五月二十一日學部) 廣州郡鄕校直員俞昇濬 依願免本官 五月二十三日學部 永平郡鄕校直員金漢默 博川郡鄕校直員玄胤根 昌城郡鄕校直員姜時協 依願免本官(以上五月二十五日學部) 全州郡鄕校直員李炳祜 依願免本官 (五月二十六日學部) 鏡城郡鄕校直員玄天默 依願免本官 (五月二十八日學部) 燕岐郡鄕校直員林魯東 依願免本官 (六月一日學部)

外報

◎露領의韓人 長崎電報를據ᄒᆞᆫ즉北韓各地에서海蔘威及其附近의露領內에移住ᄒᆞᄂᆞᆫ韓人이頗多ᄒᆞᆫ뒤最近調査에其數가五百에達ᄒᆞ고其機關新聞은海蔘威에서他處로移設ᄒᆞᆯ模樣인뒤京城法國敎堂에서發見ᄒᆞᆫ秘密事件과上海에在ᄒᆞᆫ亡命韓人으로더부러多大의關係가有ᄒᆞ다ᄒᆞ고此消息에大關係가有ᄒᆞᆫ者數名은陸路를迂回ᄒᆞ야海蔘威에서上海로向ᄒᆞ엿다더라

◎韓淸人爭鬪 平壤電報를據ᄒᆞᆫ즉去二日夜에膠梁灣墟田에서支那人夫三百名과韓國人夫七百名이大爭鬪를惹起ᄒᆞ야石戰을ᄒᆞ엿ᄂᆞᆫ뒤彼此에多數負傷者가有ᄒᆞ고今朝三時에至ᄒᆞ야겨우鎭定ᄒᆞ엿ᄂᆞᆫ뒤其原因은平日에互相軋轢ᄒᆞ던結果라더라

◎德國觀兵式 伯林來電을據ᄒᆞᆫ즉德國황太子ᄂᆞᆫ去一日에春季觀兵式을擧行ᄒᆞ엿ᄂᆞᆫ뒤白耳義황帝及황后와淸國軍事考察大臣一行과日本德川公爵、大浦男爵等이參列ᄒᆞ엿다더라

◎法王의親書捧呈 倫敦電報를據ᄒᆞᆫ즉노루후오루子公(英國의貴族首席으로羅馬舊敎의俗人首長)은英國新皇帝를謁見ᄒᆞ고羅馬法王의御親書를捧呈ᄒᆞ엿다더라

◎伊國博覽會와美國 伯林來電을據ᄒᆞᆫ즉伊太利國지유린博覽會에ᄂᆞᆫ美國軍人團에서派遣ᄒᆞᆫ委員等이參列ᄒᆞᆫ다더라

◎南京博覽會 南京來電을據ᄒᆞᆫ즉南京博覽會의設備ᄂᆞᆫ出品陳列及裝飾과共히七分이나終了ᄒᆞ엿ᄉᆞ나開會當日內에整頓ᄒᆞᆯ것은美術館農業館敎育館衛生館及日本參考館뿐이라더라

雜報

◎趙南升의訊問 趙南升氏에事件은警視廳第二課에銳意訊問을續行中인뒤初에ᄂᆞᆫ言橫左右하야實相을不言ᄒᆞᄂᆞᆫ故로自他處로嚴重히搜索ᄒᆞᆫ結果ᄂᆞᆫ有力ᄒᆞᆫ證據가續々발現ᄒᆞᆷ으로此를眼前에擧示ᄒᆞ고訊問ᄒᆞᆫ즉彼ᄂᆞᆫ事此旣至에別無詮方이라ᄒᆞ야壽血主義의自白을甲立ᄒᆞ야彼秘密函一件이隱出ᄒᆞ고太皇帝陛下ᄭᅴ累를及ᄒᆞ게ᄒᆞ야交換的으로其罪를遁코져ᄒᆞ며且數日前에彼의所持ᄒᆞᆫ雜書類中에서別箇重要ᄒᆞᆫ證據書類를발現ᄒᆞ엿ᄉᆞ나其書類ᄂᆞᆫ方今豫審範圍에屬ᄒᆞᆫ故로玆에自由로詳記치ᄂᆞᆫ못ᄒᆞ나某大官에게關係가有ᄒᆞᆫ黃金製의洗面器事件을回想ᄒᆞ면思半에過ᄒᆞᆷ이有ᄒᆞᆯ지라趙南升氏의事件은意外의副産物이續出ᄒᆞᆷ으로其落着期ᄂᆞᆫ未知ᄒᆞᆯ模樣이라고日報에揭載ᄒᆞ엿더라

學界報

◎釋氏誕辰 梁山郡大本山通度寺私立明新學校副校長金古山監督金聖海等諸氏가僧侶學生八十餘名을募集ᄒᆞ야普通知識을熱心敎育ᄒᆞ고宗敎思想을一層注意ᄒᆞᄂᆞᆫ뒤陰四月八日은卽釋가世尊誕生ᄒᆞᆫ佳節이라梵衆五百餘人이金剛戒壇塔下에利他自利에必要ᄒᆞᆫ滑福을祝ᄒᆞ고同日上午에演壇을開設ᄒᆞ고會長徐海雲氏ᄂᆞᆫ惟我佛法이列國疆土에流光萬世ᄒᆞᆫ原因이란問題로演說ᄒᆞ고下午九時ᄭᆞ지該校에서新裁選ᄒᆞᆫ釋尊誕辰慶祝歌를八十餘名學員이和唱ᄒᆞ야盛況을呈ᄒᆞ엿다더라

世界歷史

◎變遷의時期◎

(第十五世紀前後)

是故로外部에何등의好刺激有ᄒᆞᆯ지라도內部에優尙ᄒᆞᆫ天이若無ᄒᆞ면其人種의發達進ᄂᆞᆫ到底히可望ᄒᆞ기難ᄒᆞ거놀洲人은元來敢爲의氣像이富ᄒᆞᆷ으로써暗黑時代를經ᄒᆞ고興의時期에及ᄒᆞ야外部의刺을應ᄒᆞ야萎縮ᄒᆞᆫ人心을伸張ᄒᆞ고一大進步를完成ᄒᆞᆷ을終得ᄒᆞ니라

中世에在ᄒᆞ야諸般制度가不全未良好者가十의七八이되(ᄒᆞ믄)人種의移轉時에比較면尙且社會ᄂᆞᆫ秩序를保全ᄒᆞ安寧을得ᄒᆞ며人民이其業을堵ᄒᆞ야漸次로人口가蕃殖ᄒᆞ生存競爭의端緖가遂生ᄒᆞ야是乎農業이生活을資ᄒᆞ기에足ᄒᆞᆷ을覺省ᄒᆞᆫ지라是以로人間에冒險的思想이발生ᄒᆞ야民의稍優ᄒᆞᆫ才氣가有ᄒᆞᆫ者ᄂᆞᆫ土를離ᄒᆞ고商業을從事ᄒᆞ야에遺利를探求ᄒᆞ야利益을若ᄒᆞᆫ즉資本을增殖ᄒᆞ고製造商을興旺케ᄒᆞ니於是에村閭ᄂᆞᆫ街를變成ᄒᆞ고市街ᄂᆞᆫ都府로作ᄒᆞᄂᆞᆫ지라人口資力이共皆殖ᄒᆞᆫ以上에ᄂᆞᆫ諸種의權利를收ᄒᆞ며一邊으로兵備를設ᄒᆞ同盟을結ᄒᆞ야侯伯騎士의奪을防禦ᄒᆞ고商路가愈益擴張야股富가日增ᄒᆞ니漸次人民學問에勉勵ᄒᆞ야宗敎以外에識을遂得ᄒᆞ야萎縮ᄒᆞᆫ人心을張ᄒᆞ기에至ᄒᆞ니라

(未完)

詞藻

◎비구름◎

바ᄂᆞᆫ온다마ᄂᆞᆫ、同志者ᄂᆞᆫ웨
오며。
구름은잔다마ᄂᆞᆫ、나ᄂᆞᆫ어이
가ᄂᆞᆫ고。
비나니、우리도비구름되여、
떠가여。

宮廷報

◎天顔有喜 大皇帝陛下씌옵셔再昨日下午一時에宮內府奏任官以上을命召ᄒᆞ사 御陪食을 賜ᄒᆞ옵셧ᄂᆞᆫᄃᆡ適히天雨가霈然ᄒᆞᄂᆞᆫ지라 天顔이喜悅ᄒᆞ샤民情을爲ᄒᆞ옵셔優渥ᄒᆞ옵신 勅語를下ᄒᆞ옵셧다더라

◎婦人拜叅 太皇帝陛下씌옵셔不遠間愛國婦人會活動寫眞을 御覽ᄒᆞ옵실터인ᄃᆡ總相李完用夫人趙氏의게家族婦女를帶同ᄒᆞ고叅內拜覲ᄒᆞ라신 勅令을下ᄒᆞ옵신故로趙氏가帶同ᄒᆞᆯ婦人을豫定ᄒᆞ엿ᄂᆞᆫᄃᆡ六十八名이라더라

◎贈勳上奏 勳章을携帶ᄒᆞ고日本에渡往ᄒᆞ엿던奎章閣卿趙東熙氏ᄂᆞᆫ三昨日下午八時에歸京ᄒᆞ엿ᄂᆞᆫᄃᆡ再昨日上午十一時昌德宮에 陛見ᄒᆞ고勳章贈呈ᄒᆞᆫ顚末을上 奏ᄒᆞ엿다더라

雜報

◎日官轉任 新任寺內統監이到任ᄒᆞᄂᆞᆫ境遇에ᄂᆞᆫ高等官이多數變更되리라ᄒᆞᆷ은一般知了ᄒᆞᄂᆞᆫ바이어니와度支部次官荒井賢太郞과內部次官岡喜七郞兩人은日本官職으로轉任되고宮內部次官小宮三保松은空落되리라ᄂᆞᆫ港說이浪藉ᄒᆞ다더라

◎云々何多 近日內閣이變動된다ᄂᆞᆫ說은屢報ᄒᆞ엿거니와更聞ᄒᆞᆫ즉總相은金允植內相은趙重應學相은張錫周宮相은趙羲淵農相은朴齊純氏가被任ᄒᆞᆫ다ᄂᆞᆫ說이有ᄒᆞ다더라

◎視學歸期 學部大臣의視察地區域을據ᄒᆞᆫ즉開城、瑞興、沙里院、黃州、鎭南浦、平壤、肅川、安州、定州、郭山、宣川、車輦館義州等地인ᄃᆡ來二十一日에歸任ᄒᆞᆯ預定이라더라

◎學相의公逋 學相李容稙氏ᄂᆞᆫ年前海州觀察使在任時에公貨犯逋事件을因ᄒᆞ야日昨度支部에被招ᄒᆞ엿ᄂᆞᆫᄃᆡ代理人이出頭ᄒᆞ엿다더라

◎兩氏云任 前軍部叅領尹致晟氏ᄂᆞᆫ親衛府長官을被任ᄒᆞ고盧伯麟氏ᄂᆞᆫ副官을被任ᄒᆞᆫ다ᄂᆞᆫ說이浪藉ᄒᆞ다더라

◎物論探知 正副統監新任後에一般物論이如何ᄒᆞᆷ을某處에서探知中이라더라

◎山根說明 內部衛生局山根囑托은昨日에新任日人郡主事를大臣官房으로會同ᄒᆞ야衛生事項에關ᄒᆞ야一場說明ᄒᆞ엿다더라

◎處理委托 平南觀察道內務部長大木安之助ᄂᆞᆫ山林原野에處理事項을各該府尹郡守에게委托措處ᄒᆞᆯ意로內部에稟請ᄒᆞ엿다더라

◎日主協議 內部事務官武藤은昨日下午一時頃에日人郡主事를會同ᄒᆞ야地方行政事務를協議ᄒᆞ엿다더라

◎平察의報館 平南觀察使李軫鎬氏ᄂᆞᆫ該道에新聞을발行ᄒᆞᆯ計劃으로日昨內部에請願承認ᄒᆞ엿다더라

◎畿察入城 京畿觀察使金思默氏ᄂᆞᆫ公務를因ᄒᆞ야昨日下午五時頃에入城ᄒᆞ엿다더라

◎講師辭免 京城地方裁判所判事鄭求창氏가李在明氏宣告書에捺章ᄒᆞᆫ事로普成中學校一般生徒와相持ᄒᆞᆫ다더니該氏가該校講師의任을辭免ᄒᆞ엿다더라

◎樂園歡迎 既報와如히內相朴齊純親衛府長官李秉武兩氏가昨日漢城俱樂園에셔日人松永師團長에歡迎會를開ᄒᆞ엿다더라

◎派巡保護 親衛府長官이漢城俱樂園에셔宴會를設立ᄒᆞᆷ은別項과如ᄒᆞ거니와警視廳에셔巡査를派送保護ᄒᆞ엿다더라

◎權民犯逋 中樞院書記官權泰煥氏ᄂᆞᆫ延日郡守在任時에公逋가有ᄒᆞ다ᄒᆞ야度支部에셔再昨日該氏에게呼出章을발送ᄒᆞ엿다더라

◎視作囊物 某會副會長徐某ᄂᆞᆫ韓日兩國間何等勤勞가有ᄒᆞ다自負ᄒᆞ고內閣變更되ᄂᆞᆫ同時에ᄂᆞᆫ侍從院副卿을囊中物로自期ᄒᆞᆫ다더라

◎墨筒面長 稷山郡二東面面長任百興氏ᄂᆞᆫ從來로貪慾이頗甚ᄒᆞ야鄕里에셔墨筒이라稱號ᄒᆞ더니該面長을被選ᄒᆞᆫ後로川沙災二十餘結를僞食ᄒᆞ엿고四五年前地稅戶稅에尺文을查考ᄒᆞ야盜難火災에遺失ᄒᆞ엿스면無難再徵ᄒᆞᄂᆞᆫ故로民怨이漲天ᄒᆞ다더라

◎文薄調查 度支부檢查局에셔ᄂᆞᆫ日昨에日人會計檢查員을農商工부에派送ᄒᆞ야會計文簿와各局課出勤簿를目下調查中이라더라

◎契名調查 警視廳에셔ᄂᆞᆫ漢城內人民이成立ᄒᆞᆫ各契名目을目下調查中이라더라

◎引人何意 金丸이가一進會長書를繕呈ᄒᆞᆫ事로該會에셔金丸을黜會ᄒᆞ엿더니再昨日에金丸이가該會에投書ᄒᆞ되自己가獨行ᄒᆞᆫ事가아니라前會長金澤鉉과協議而行ᄒᆞᆫ事이라ᄒᆞ엿다더라

◎日債設業 李學宰가實業仲介所를設立次로日人市川에게金貨五千圓을得債ᄒᆞ야經費를支用ᄒᆞᆯ計劃이라더라

◎平會趣旨配付 沈日澤氏의主唱으로經營ᄒᆞᄂᆞᆫ韓國平和會ᄂᆞᆫ趣旨書及規則을制定ᄒᆞ엿ᄂᆞᆫᄃᆡ昨日에內部及警視廳과理事廳에一部式配付ᄒᆞ엿다더라

◎醫學倘無 韓國人李珍玉氏가哈爾賓에居留ᄒᆞᄂᆞᆫ中인ᄃᆡ醫術를開業次로內部에認可를請願ᄒᆞᆷ으로內部에셔ᄂᆞᆫ因卽退却ᄒᆞ엿더니再次請願ᄒᆞ고退却理由를質問ᄒᆞ엿ᄂᆞᆫᄃᆡ內部에셔頒布ᄒᆞᆫ醫術規則에資格이無ᄒᆞᆷ으로亦爲退却ᄒᆞ엿다더라

◎覺書何書 日人大垣丈夫가今番歸國ᄒᆞᆫ權東鎭沈宜性兩氏便에覺書를大韓協會로付送ᄒᆞ엿다ᄂᆞᆫ說이有ᄒᆞᆷ으로某處에셔其眞假를目下探知中이라더라

◎二運分裂 昌原部二運面을分裂ᄒᆞᄂᆞᆫ것이公私上에便利ᄒᆞ다ᄒᆞ야朴達善氏가意見書를內部에稟請ᄒᆞ엿다더라

◎支俸後巡 水原郡警部琴樂淳氏가曖昧ᄒᆞᆫ事로免官照律ᄒᆞᆫ事ᄂᆞᆫ已報어니와內部警務局에셔該氏의抑冤ᄒᆞᆷ을詳知ᄒᆞ고數朔月俸을支給ᄒᆞ고更히復職ᄒᆞ기로決定ᄒᆞ엿다더라

◎民訴郡巡 高陽郡巡查李秉憲氏가警察上에注意치아니ᄒᆞ고村閭에出沒ᄒᆞ야行悖가無雙ᄒᆞᆫ故로該郡民鄭鉉德金應三등이警視廳에告訴ᄒᆞ엿다더라

◎捐金救宗 前判書李容泰氏ᄂᆞᆫ其宗家嗣孫李重範氏를保護ᄒᆞ기爲ᄒᆞ야遠近同族에게捐助金을募集ᄒᆞᄂᆞᆫᄃᆡ北부警察署에서ᄂᆞᆫ何等疑点이有ᄒᆞ던지李氏門中書記有司李重馥氏를日昨招致查問ᄒᆞ엿다더라

◎賣淫價額 娼妓組合所에셔ᄂᆞᆫ매淫女를檢查ᄒᆞ고手料金一圓式收入ᄒᆞ야該所經費로補用ᄒᆞ고其餘ᄂᆞᆫ銀行所에貯置ᄒᆞ엿ᄂᆞᆫᄃᆡ目下七百餘圓에達ᄒᆞ엿다더라

◎圖書組合 漢城內外各印章圖書舖에셔組合所를設立ᄒᆞ기로吳圭熙玄尙默等諸氏가農商工部에承認次로請願ᄒᆞ엿다더라

◎位置移定 大韓日日新聞을昨日부터발行ᄒᆞᆷ은既報어니와該社位置ᄂᆞᆫ時事新聞社로移定ᄒᆞᆫ다더라

◎兩趙并削 木川郡居前郡守趙漢肅趙漢穆兩氏가因事上京ᄒᆞ엿다가薙髮ᄒᆞᄂᆞᆫ것이時宜에便利ᄒᆞᆷ을覺悟ᄒᆞ고斷然削髮ᄒᆞ엿다더라

◎賣丹何多 南大門內濟生堂藥房에셔製造發매ᄒᆞᄂᆞᆫ淸心保命丹은其效力이比他優越ᄒᆞ야內外國人의一般稱道를得ᄒᆞᄂᆞᆫ바인ᄃᆡ近日에何許人이外飾內形을類似히模彷ᄒᆞ야발賣競爭코져ᄒᆞᆷ으로該堂에셔其僞造者를查探中이라더라

◎斷烟購報 昌原東上里居ᄒᆞᄂᆞᆫ妓生綾波ᄂᆞᆫ開進에注意ᄒᆞ야烟草를斷ᄒᆞ고新聞을購覽ᄒᆞᆷ으로遠近이稱譽ᄒᆞᆫ다더라

◎和平堂藥効 鍾路和平堂에셔製造發賣ᄒᆞᄂᆞᆫ各種藥은効力이有ᄒᆞᆷ으로衛生上에要点이된다ᄒᆞ야遠近請求가답至ᄒᆞᆫ다더라

◎別宴醵金 靑年學舘學員一同은同舘卒業生에送別宴을設ᄒᆞ기爲ᄒᆞ야各其金三十錢式醵集中이라더라

◎商業講習 度支部主事金晩圭氏ᄂᆞᆫ從來로日本高等商業學校卒業生으로人民에商業을발達ᄒᆞ기爲ᄒᆞ야南門內等地에商業講習所를設立ᄒᆞ고義務로熱心敎育ᄒᆞᆫ다더라

◎湖南總會 湖南學生親睦會에셔本日下午一時에通常總會를湖南學會舘內에開ᄒᆞ고特別緊要ᄒᆞᆫ事項을處理ᄒᆞᆫ다더라

◎靑年演說 靑年同志會에셔今日下午八時에演說會를中部典洞中東學校內에開ᄒᆞ고金一善氏를請ᄒᆞ야愛國에源委란問題로演說ᄒᆞᆫ다더라

◎靑年同志 公州郡에셔內外國遊學ᄒᆞᄂᆞᆫ靑年學生이會同ᄒᆞ야少年의意思를交通ᄒᆞᄂᆞᆫᄃᆡ不可無靑年同志會라ᄒᆞ야本日上午九時에發起總會를邑內明化學校內에開ᄒᆞᆫ다더라

◎畿學親睦 畿內學生親睦會를本日下午一時에大安洞畿湖學會內에開ᄒᆞᆫ다더라

電報

◎萬國商工會議 近日英國倫敦에셔ᄂᆞᆫ商工業者及商業會議所第四回萬國會議를開催ᄒᆞᆫ다ᄂᆞᆫᄃᆡ日本에셔ᄂᆞᆫ在倫敦總領事高田良次郞을議員으로叅列케ᄒᆞᆯ事로決定ᄒᆞ엿다더라

伯林發 三日着

◎東將出發期 日本特命檢閱使東鄕大將은來十五日에吳、竹敷、를向ᄒᆞ야出발ᄒᆞᆯ豫定이라더라

◎旅順開放期 旅順港은來十五日로부터開放ᄒᆞ기로決定ᄒᆞ엿다더라

◎實業團의謁見 日人近藤廉平의率ᄒᆞᆫ渡淸實業團은去二日에北京에셔攝政王씌謁見ᄒᆞ엿다더라

以上東京發 三日着

◎政友會와淸國 日本政友會滿韓調查委員會에셔ᄂᆞᆫ爲先第一着手를淸國과列國間에締結된條約을調查ᄒᆞ기로決定ᄒᆞ엿다더라

◎中央派調查會 日本中央俱樂部에셔ᄂᆞᆫ農業資本增加金融機關발展에關ᄒᆞ야政務調查會를開ᄒᆞ엿다더라

◎日漁夫銃殺 露國沿海洲西南第二十六号漁區에셔露國監視署監吏ᄂᆞᆫ日本漁夫二十名을銃殺ᄒᆞ엿ᄂᆞᆫᄃᆡ其理由ᄂᆞᆫ日本漁夫가規則을無視ᄒᆞᆷ이라더라

東京發 四日着

▲魑魅世界▼

▲駿々長夜此世界에許多妖鬼舞弄ᄒᆞ야台閣椅子窺視ᄒᆞ며太和風에出沒ᄒᆞ니政黨派의行動이오

▲自國精神渾失ᄒᆞ야韓腸日肚相換ᄒᆞ고不分東西橫行ᄒᆞ며自謂得時揚々ᄒᆞ니開化子의行動이오

▲溫泉上에聞聲ᄒᆞ며奴隷情態又生ᄒᆞ야日望東天加額ᄒᆞ니好消息이倘來런가時大臣의行動이오

▲無稽妖說煽唱ᄒᆞ며망魎輩를嘯聚ᄒᆞ야何등敎會藉稱ᄒᆞ고愚氓殘財收斂ᄒᆞ니敎會派의行動이오

▲南山捷徑指點ᄒᆞ며運動場에流涎ᄒᆞ야鄕曲錢客甘誘ᄒᆞᆯ재羈守一棄大談ᄒᆞ니挾雜派의行動이오

▲山亭水사風流場에家國事를却忘ᄒᆞ고手持名花貪香ᄒᆞ니春從春遊夜轉夜라貴公子의行動일세

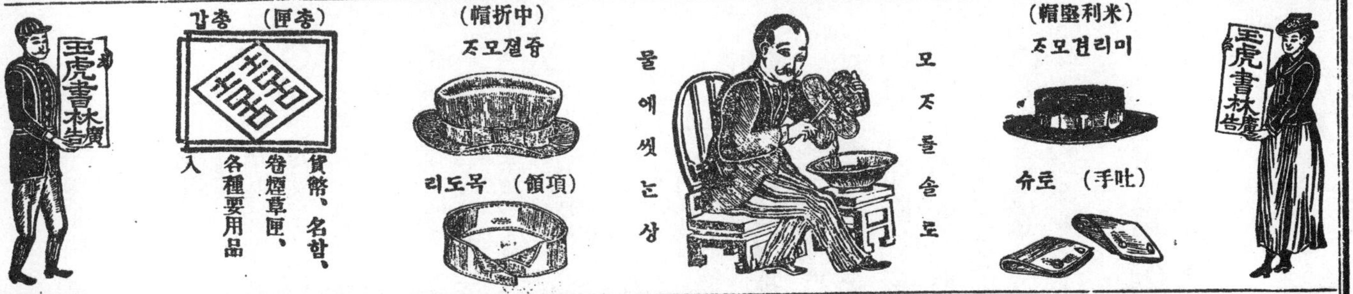

玉虎書林廣告
(총匣)
총갑
貨幣、名함、卷煙草匣、各種要用品入
(中折帽)
즁졀모ᄌᆞ
(項領)
목도리
물에씻는상
모ᄌᆞ를솔로
(米利堅帽)
미리견모ᄌᆞ
(吐手)
토슈
玉虎書林廣告

檀君開國四千二百四十三年
箕子元年三千三十二年
大韓開國五百十九年
本報創刊日 光武八年七月十八日

大韓每日申報

發行兼編輯人 英國人 萬咸
Responsible for Publication Alfred Weekley Marnham
發行所 京城南部石井洞三層洋屋 大韓每日申報社

第八卷 月曜及慶節歲時日休刊 第壹千四百五號

論說

土地家屋典執者의게

現今大韓의金融이恐慌ᄒᆞ야嗷嗷ᄒᆞᆫ情況은涸轍에魚와如ᄒᆞ니生命財產이誰가困瘁치아니ᄒᆞ리오마ᄂᆞᆫ目前의困迫을忍치못ᄒᆞ야割肉充腹의計를作ᄒᆞ면畢竟은身家가俱亾ᄒᆞᆯ것은已定ᄒᆞᆫ事이로다

或實業을발展ᄒᆞ기爲ᄒᆞ야巨欵을借貸ᄒᆞᆯ지라도量入計出의豫算이未副ᄒᆞ면敗失이層生ᄒᆞ거든況錦衣一食의計로耕作ᄒᆞᄂᆞᆫ地土와居生ᄒᆞᄂᆞᆫ家屋을他人의게典執ᄒᆞ엿다가報償ᄒᆞᆯ計가無ᄒᆞ야此限彼限에歲月을延拖ᄒᆞ다가終末에ᄂᆞᆫ見失ᄒᆞᄂᆞᆫ境遇에至ᄒᆞ야流離丐乞ᄒᆞᄂᆞᆫ患을免치못ᄒᆞ니엇지哀憐ᄒᆞᆯ事가아니리오千里沃野에片々美土가他人의占有ᄒᆞᆫ바이되고百間廣廈를世々相傳ᄒᆞ다가外人의占居ᄒᆞᆫ바이되엿스니此ᄂᆞᆫ外人이强制로執行ᄒᆞᆫ바이아니오吾韓人民이開門迎入ᄒᆞᆫ者이로다一時에困苦를忍耐치못ᄒᆞ야幾百圓價値에家屋土地를百分의幾分으로外人典舖에無難히借用ᄒᆞ고未卽償還ᄒᆞ다가日居月諸에積累積寸ᄒᆞ야仍成巨額ᄒᆞ면報償이無計ᄒᆞ야一片典標가屋土를白失ᄒᆞᄂᆞᆫ文券을便作ᄒᆞ야鵲巢鳩居ᄒᆞᄂᆞᆫ歎이生ᄒᆞᄂᆞᆫ도다

十畝를九失ᄒᆞ고十室이九空ᄒᆞ야太半이나主人非라忽地에生面江山을換作ᄒᆞ야頳面에牛踈ᄒᆞ고心膓이不忍ᄒᆞ니處々是日本이오家々是東京이라韓屋은日失ᄒᆞ고韓土ᄂᆞᆫ日縮ᄒᆞ야居然히新世界를作ᄒᆞ면韓人은將入地而居乎升天而居乎아擧皆是其患을自取ᄒᆞᆫ바이로다設或家屋과土地를典執ᄒᆞᆯ지라도商務에透理ᄒᆞ야典執ᄒᆞ던日에報償ᄒᆞᆯ日를定ᄒᆞ야本을存ᄒᆞ고利를殖ᄒᆞ야興販이日增ᄒᆞ면엇지見失ᄒᆞᄂᆞᆫ弊가有ᄒᆞ리오

政黨派ᄂᆞᆫ仕宦熱이撑中ᄒᆞ야成敗利鈍은且置勿論ᄒᆞ고一資半給이라도運動이有費ᄒᆞ야非但家屋이라自身이라도放賣ᄒᆞᆯ浪欲이生ᄒᆞ고非但土地라墳墓라도放斥ᄒᆞᆯ虛想이起의ᄒᆞ야塗手飯으로消融無餘ᄒᆞ면其本을何處로從ᄒᆞ야充數ᄒᆞ기를得ᄒᆞ며近日에豪華家子弟ᄂᆞᆫ海外에遊覽ᄒᆞᆫ다ᄒᆞ야父兄의게도告치아니ᄒᆞ고家產을暗典ᄒᆞ야旅費로消盡ᄒᆞ고或花柳塲에失魂ᄒᆞ고妓妾을置家ᄒᆞ야用金을如水타가巨大ᄒᆞᆫ庄土를片刻에放棄ᄒᆞ니此가國民의本性이라謂키不能ᄒᆞ도다嗚呼라一家의財產을能히保全치못ᄒᆞᄂᆞᆫ人의게國家의疆土를保有키ᄂᆞᆫ責望키難ᄒᆞ나自國의生長ᄒᆞ야自國의土地를已失ᄒᆞ면一身을何處에寄生ᄒᆞ리오韓人의萎縮ᄒᆞᆫ情態를深히恨歎ᄒᆞᆯ지로다

今日이라도尙此未晚ᄒᆞᆫ것은旣失ᄒᆞᆫ者ᄂᆞᆫ可히擧論ᄒᆞᆯ바아無ᄒᆞ거니와未失ᄒᆞᆫ者ᄂᆞᆫ別般方策을算定ᄒᆞ야千層塔上에死力을加ᄒᆞ고勇斷決行ᄒᆞ여야身家를保有ᄒᆞ리라ᄒᆞ노라

官報

◎第四千六百九十七號 隆熙四年六月六日(月曜)

◎叙任及辭令

○五月十三日 金仁培 任郡主事叙判任官四等

○五月十八日 中村千太郎 任警部叙判任官四등

○五月三十日 鷄田善重 任大韓醫院醫官叙奏任官三等 趙容寬 任郡主事叙判任官五等

○六月一日 郡主事 君게袋康 同 鷄崎敏行 任道主事叙判任官三等

○六月二日 九品安順權 任內部技手叙判任官三등 吳學與 宣永益 高羲喆 任內部技手叙判任官四등 金炳原 公立稷山普通學校長을囑托ᄒᆞᆷ(判任待遇)(六月二日學部)

外報

◎革命黨入城說 清國南京電報를據ᄒᆞᆫ즉革命黨約三千名은清國浦口(南京의對岸이오津浦鐵道의終點)에入來ᄒᆞ엿ᄂᆞᆫ데二千名內一千名은城內에入ᄒᆞ엿다ᄂᆞᆫ風說이有ᄒᆞ다더라

◎憲法保持建白 倫敦電報를據ᄒᆞᆫ즉法國下院議員百餘名과上院議員五十名과伊國下院議員百二十八名은芬蘭憲法의保持를露國議會에建白ᄒᆞ엿다더라

◎清使와無線電 伯林電報를據ᄒᆞᆫ즉清國陸軍視察使ᄂᆞᆫ「나우엔」에서無線電信局을訪問ᄒᆞ고最新式無線信電機의活用을觀覽ᄒᆞ엿다더라

◎飛行往復 倫敦電報를據ᄒᆞᆫ즉英人로ー루스氏ᄂᆞᆫ飛行機를乘ᄒᆞ고海峽을越ᄒᆞ야英法間을往復ᄒᆞ엿ᄂᆞᆫ데同飛行은午後六時三十分에「도푸아ー」를發ᄒᆞ야同八時八分에無事히同地에歸還ᄒᆞ엿다ᄂᆞᆫ데飛行機를乘ᄒᆞ고「도푸아ー」海峽에往復의旅行을試ᄒᆞᆫ것은今回에처음인데英國에서ᄂᆞᆫ此飛行을理想的의空中旅行이라고其成功에對ᄒᆞ야歡喜ᄒᆞᆫ다더라

◎飛行機條約 倫敦라임쓰來電을據ᄒᆞᆫ즉美國과墨西哥의兩政府ᄂᆞᆫ飛行機를利用ᄒᆞ야密輸入을ᄒᆞᆯ者有ᄒᆞᆯ가ᄒᆞ야飛行機條約을締結ᄒᆞ고飛行機의通過ᄒᆞᆯ一定의通路를協定ᄒᆞ라고方今談判中인데美國國務卿녹구스氏가最後決定을ᄒᆞᆯ것은墨西哥政府의提議의內容을知得ᄒᆞᆫ后에有ᄒᆞ다ᄒᆞ며兩政府가該條約을締結ᄒᆞ라ᄒᆞᄂᆞᆫ것은商品의密輸入을防ᄒᆞ자ᄂᆞᆫ目的뿐아니라移民의潛入도防ᄒᆞᆯ目的이라더라

◎美國의人口 紐育來電을據ᄒᆞᆫ즉美國의人口調査ᄂᆞᆫ尙今結了ᄒᆞ지ᄂᆞᆫ못ᄒᆞ엿스나殆히一億萬人에達ᄒᆞᆯ豫算이라더라

◎防穀請願 奉天來電을據ᄒᆞᆫ則曩者에安東縣道台及奉天諮議局議員등은民食缺乏에對ᄒᆞ야奉天全省에서雜穀의輸出을禁止ᄒᆞᆯ事를請願ᄒᆞ엿스나錫總督은勸業道及商務總會와協議ᄒᆞᆫ結果로民食缺乏ᄒᆞ지아니ᄒᆞᆫ것을認ᄒᆞ엿슨즉防穀令을頒布치아니ᄒᆞᆯ것이라더라

◎統監과英紙 日本萬朝報를據ᄒᆞᆫ즉北清日報(英人新聞)ᄂᆞᆫ今番에日本寺內陸相이統監을兼任ᄒᆞᆫ것은日本이武治의觀을呈ᄒᆞ야韓國의平和的事業을妨害ᄒᆞᆯ事라고論ᄒᆞ엿다더라

◎借入金의用法 奉天電報를據ᄒᆞᆫ즉錫總督은向日에日本橫濱正金銀行에서借入ᄒᆞᆫ百五十萬圓內에六十萬圓은前者에採木公司資金으로滙豐銀行에서借入ᄒᆞᆫ百五十萬圓의第二期支那에充ᄒᆞ고餘在九十萬圓은電信電話其他諸機械代價의支拂에充ᄒᆞᆫ다더라

雜報

◎胡肝越膽 一進會에서黜會를當ᄒᆞᆫ金丸이ᄂᆞᆫ本是慌悖類로一進會排斥ᄒᆞᄂᆞᆫ長書를作ᄒᆞᆫ다더니到今ᄒᆞ여ᄂᆞᆫ該事件이大韓日日新報社長田村萬之助의指使라고假托ᄒᆞᆫ다ᄂᆞᆫ데田村萬之助ᄂᆞᆫ金丸과面分은有ᄒᆞ나親切치아니ᄒᆞᆫ즉何等事이던지相議ᄒᆞᆯ理가萬無ᄒᆞ다ᄒᆞ더라

◎郡守의交際費 郡守에게相當히交際費를交付ᄒᆞᆯ事ᄂᆞᆫ旣히規定이되엿스나財政의窘拙ᄒᆞᆷ을因ᄒᆞ야該規定이空文에徒付ᄒᆞ엿더니此時勢에當ᄒᆞ야交際費의必要를催促ᄒᆞᄂᆞᆫ故로方今當局에서ᄂᆞᆫ苦心研究中이라더라

◎文家賊警 樓閣洞居文容周氏家에再昨夜에竊盜가潛入ᄒᆞ야數百圓價値物品을竊取以去ᄒᆞ엿다더라

◎柳竊被囚 寺洞居柳在星은竊盜犯으로再昨日中部警察署에被囚ᄒᆞ엿다더라

◎誘花被捉 三清洞居李弘錫爲名人이齋洞居朴相德의妻를誘引ᄒᆞᆫ事件으로再昨日北部警察署에被捉ᄒᆞ엿다더라

◎女校定礎式 元山메쏘지스도敎會ᄂᆞᆫ同地에韓國人女學校를設立ᄒᆞ라고過日에其定礎式을擧行ᄒᆞ엿다더라

◎借舍協議 日本留學生崔昌朝氏가西北學會로通知ᄒᆞ되大韓興學會會員一同이夏期休學을因ᄒᆞ야歸國ᄒᆞᆯ터인즉貴會所管講舍를借給ᄒᆞ라ᄒᆞᆫ故로西北學會에서一般學生이再昨日下午四時에該事件에對ᄒᆞ야會議를開ᄒᆞ엿다더라

◎建舘協議 三昨日大韓協會에서評議會를開ᄒᆞ고馬山港에在ᄒᆞᆫ該支會會舘建築ᄒᆞᆯ事件을協議ᄒᆞ엿다더라

◎感荷義捐 洪原郡中成學校長高챵裕氏가金七十五
社에出捐ᄒᆞ엿기感意로
라

學界報

◎齋校運動 公立齋洞校에서ᄂᆞᆫ昨日上午九時
近에前往ᄒᆞ야運動會
다더라

世界歷史

變遷의時期 (第十五世紀
東方의優尙ᄒᆞᆫ智識을
諸國民을相接ᄒᆞ고又界
相混ᄒᆞ야見識을大擴ᄒᆞ
이極盛ᄒᆞᆷ으로金力經濟
야自然物經濟를基ᄒᆞ
制度를打破ᄒᆞᄂᆞᆫ勢力이
의智識을發ᄒᆞᆫ影響이
라
以上에列擧ᄒᆞᆫ三大勢
上諸般方面에進行ᄒᆞ
ᄂᆞᆫ時代에各種現像을
各種現像이原因과結
ᄒᆞ야終乃近世歷史의
政權이僧侶의手를脫
的統一은廢ᄒᆞ고政治的
代起ᄒᆞᆷ과國力平均의
行ᄒᆞᆷ과歐洲ᄂᆞᆫ陸地발
殖民의依ᄒᆞ야諸大陸의
響을及ᄒᆞᆷ과商工二業이
興ᄒᆞ야中등社會의勢
ᄒᆞᆷ과物質的文明이其
張ᄒᆞᄂᆞᆫ親現像을作ᄒᆞ
(未

詞藻

頭
雨暘風旱各宜時天不
知霈然一理誰能禦水
有期
記者曰今日晴昨日雨
不窮斯民也其霈然
者

宮廷報

◎御苑陪從 昨日下午二時에 大皇帝陛下ᄭᅴᄋᆞ셔秘苑을 御覽ᄒᆞ셧ᄂᆞᆫᄃᆡ侍從院卿以下侍從諸人이 陪從ᄒᆞ엿다더라

雜報

◎兩統監官舍 新任正統監官舍ᄂᆞᆫ龍山에新築ᄒᆞᆫ統監官舍로定ᄒᆞ고副統監官舍ᄂᆞᆫ前統監官舍로定ᄒᆞ엿다더니副統監官舍ᄂᆞᆫ大韓醫院長菊池常三郞에現任官舍로移定ᄒᆞ엿다더라

◎一往一還 旣報와如히學部大臣李容稙氏가昨日上午九時十分에京義線으로新義州에발程ᄒᆞ엿ᄂᆞᆫᄃᆡ該部一般高등官이南大門外停車場에셔餞送ᄒᆞ엿고該部俵次官은平壤으로셔再昨日에入城ᄒᆞ엿다더라

◎副監不進 警視副監具然壽氏ᄂᆞᆫ何等曆節을因ᄒᆞᆷ인지不爲仕進ᄒᆞᆫ다더라

◎表裏不同 內部澤田地方局長이渡日ᄒᆞᆷ은已報ᄒᆞᆫ바어니와其歸國ᄒᆞᆫ事項을聞ᄒᆞᆫ즉外面으로ᄂᆞᆫ郡主事를採用ᄒᆞᄂᆞᆫ事에關係라ᄒᆞ나內容인즉該部岡次官이遞任되고松井警務局長이陞任되ᄂᆞᆫ與否를探知코저ᄒᆞᆷ이라더라

◎禁之不得 中央政府이나地方官吏間에公文을日文으로行ᄒᆞᆷ은內閣令으로禁止ᄒᆞᆷ인ᄃᆡ近日各觀察使의公文을據ᄒᆞᆫ면京畿觀察使金思默氏以外에ᄂᆞᆫ擧皆日文으로施行ᄒᆞᆫ다더라

◎錦陵의行動偵探 錦陵尉朴泳孝氏가再昨日上京ᄒᆞᆫ다ᄂᆞᆫ風說이有ᄒᆞᆫ故로軍警兩廳에셔其眞僞를偵探ᄒᆞ엿다더라

◎鶴田轉任 前漢城病院長醫學士鶴田善重은今番에大韓醫院醫官을被任ᄒᆞ엿다더라

◎江副入城 日本佐賀新聞記者法學士江副巽은再昨夜에入城ᄒᆞ야天眞樓에投宿ᄒᆞ엿다더라

◎中村局長歸任 東京에往ᄒᆞ엿던中村農務局長은去四日에東京을出발ᄒᆞ엿ᄂᆞᆫᄃᆡ今明間入城ᄒᆞᆫ다더라

◎局長會議 度支部에셔ᄂᆞᆫ何等緊急ᄒᆞᆫ事項에關ᄒᆞ야全國財務監督局長을召集ᄒᆞ고昨日부터會議를開ᄒᆞ엿다더라

◎廢合의調査 內部에셔ᄂᆞᆫ地方行政의刷振과共히現在行政區劃의變更ᄒᆞᆷ心要를認ᄒᆞ야目下各道로ᄒᆞ야금調査를行ᄒᆞᄂᆞᆫᄃᆡ從來의廢合成績을據ᄒᆞᆫ즉頗히良好ᄒᆞᆫ故로調査의進行과共히部議를定ᄒᆞ야實行ᄒᆞᆫ다더라

◎碁局消夏 永宣君李埈鎔氏ᄂᆞᆫ近日來로無所事爲ᄒᆞ야碁局으로消日ᄒᆞᆫ다더라

◎礦會股金增加 礦業會社에셔ᄂᆞᆫ事務가漸次擴張됨을因ᄒᆞ야三萬圓股金을增加ᄒᆞᆫ다더라

◎御筆還奉 慶興府에奉安ᄒᆞ엿던 御筆을日露兩國戰役時에見失ᄒᆞ엿다더니海蔘威地方에在ᄒᆞᆷ을慶興居金英憲氏가還覓ᄒᆞᆫ故로金氏에게特別褒揚狀을繕給ᄒᆞᆫ다더라

◎度支試驗 度支部에셔ᄂᆞᆫ第二回同部官吏日語講習所試驗을經ᄒᆞ엿ᄂᆞᆫᄃᆡ修業証書를日間贈與ᄒᆞᆫ다더라

◎漁業出願件數 免許漁業出願件數ᄂᆞᆫ本月二日ᄭᆞ지八千二百八十六件인ᄃᆡ其內千三百九件은旣히處分(免許가七百十八件이오不免許가(五百九十一件)인ᄃᆡ近日에更히約二千件을審査會에셔處分ᄒᆞᆫ다더라

◎事關錢財 美國人骨佛安氏가總相李完用氏의財政事件에對ᄒᆞ야辯明ᄒᆞᆯ次로日間渡韓ᄒᆞᆫ다더라

◎毁門補公 全南順天郡東門을毁撤ᄒᆞ야公用에補用ᄒᆞ라고本道觀察使申應熙氏가內部에請願ᄒᆞ엿다더라

◎政府行動의探知 大韓協會會員沈宜性氏가該會長金嘉鎭氏를對ᄒᆞ야曰現政府大臣의近日行動如何를詳爲探知ᄒᆞ라ᄒᆞ엿다더라

◎嘔血長眠 坡州郡守洪禹觀氏가三昨日該郡衙에셔吐血一次에因爲長眠ᄒᆞ엿다더라

◎平會趣旨 大韓平和會에셔ᄂᆞᆫ趣旨書及規則을昨日各官廳及各社會에配付ᄒᆞ엿다더라

◎日語手當 警視廳에셔昨日에警廳巡査中日語能通者ᄂᆞᆫ手當金을支給ᄒᆞᆯ次로試才ᄒᆞ엿다더라

◎請輸國庫 晉州郡舊城壁基에地樹立ᄒᆞᆫ森林을日人民會에放賣ᄒᆞ야金額은國庫로輸入ᄒᆞ자고該道飯田內務部長이內部로稟請ᄒᆞ엿다더라

◎育姿査調 警視廳에셔何等關係가有ᄒᆞᆷ인지上中下社會를勿論ᄒᆞ고育姿의有無를調査ᄒᆞᆫ다ᄂᆞᆫ說이浪藉ᄒᆞ다더라

◎淸人屠獸의査探 警視廳에셔各署로申飭ᄒᆞ고居留淸國人中에屠獸場營業ᄒᆞᄂᆞᆫ者의氏名과認可有無를調査報來ᄒᆞ라ᄒᆞ엿다더라

◎此契宜禁 漢城內作百契ᄂᆞᆫ弊端이有ᄒᆞ다ᄒᆞ야警視廳에셔將次該契를禁止ᄒᆞᆫ다더라

◎媒淫宜懲 警視廳에셔ᄂᆞᆫ密賣淫女仲介者를一々調査ᄒᆞ야別般懲治ᄒᆞ기로計劃中이라더라

◎毆人賠償 內部主事安宅基氏ᄂᆞᆫ再昨夜에泥醉ᄒᆞ야水標橋等地에過去ᄒᆞ다가度支部家屋稅金領受人朴元明氏를毆打ᄒᆞ야衣冠을裂破ᄒᆞ엿슴으로所管警察署에被捉ᄒᆞ엿다가昨日說諭放送ᄒᆞ엿ᄂᆞᆫᄃᆡ朴氏에損害金을償還ᄒᆞ라ᄒᆞ엿다더라

◎金氏追悼 三昨日西北學會에셔該會學生金建仲氏의追悼會를擧行ᄒᆞ엿다더라

◎技弊難禁 鐵山郡梨花浦에無賴輩가聚集ᄒᆞ야技局을設ᄒᆞ고誘人子弟ᄒᆞ야幾百幾千圓이頃刻에往來ᄒᆞ니不過幾日에蕩敗者不知其數라該郡人民等이本地警視廳과觀察道에屢次長書를呈ᄒᆞ엿스나禁止치아니ᄒᆞ야民難支保라ᄒᆞ며稱怨이有ᄒᆞ다더라

◎郡主稱怨 南來人의傳說을聞ᄒᆞᆫ즉新寧郡主事吳世增氏가該郡守署理로在任時에該郡民의十餘年된洑畓을新畓이라稱ᄒᆞ마ᄒᆞ고水道를永絶ᄒᆞᆫ다ᄒᆞ야民怨이藉々ᄒᆞ다더라

◎何事禁會 洪原郡守鄭冕鎭氏가該郡某面長金禎龜氏를對ᄒᆞ야說論ᄒᆞ기를民人中에誰某던지大韓協會에入參ᄒᆞᄂᆞᆫ者가有ᄒᆞ면役三年에處ᄒᆞᆫ다ᄂᆞᆫ說이該郡大韓協會支會長에게入聞됨으로該事由를大韓協會事務所로通知ᄒᆞ엿다더라

◎老婦適他 宮內府侍從李甲承氏의大夫人趙氏ᄂᆞᆫ年今四十二歲이라ᄂᆞᆫᄃᆡ多年寡居ᄒᆞ다가數日前에他人에게로改路ᄒᆞ엿다더라

◎看花惜金 東署巡査張世興氏가賣淫女를相關ᄒᆞ고花債를不給ᄒᆞᄂᆞᆫ故로該女의母가該署에告訴ᄒᆞ야張巡査가罷免을當ᄒᆞ엿다더라

◎組合周旋 金桂煥氏가資本을鳩聚ᄒᆞ야漢城內旅館組合所를設立ᄒᆞ기로現今周旋中이라더라

◎演場雲雨 近日各演劇場에셔ᄂᆞᆫ無賴雜類가青年子弟와密賣淫女를誘引ᄒᆞ야一次指點에秋波를相送ᄒᆞ니淫蕩子의期會地를作ᄒᆞ엿ᄂᆞᆫᄃᆡ警官은此에注意치아니ᄒᆞᆫ다고一般批評이有ᄒᆞ다더라

◎興學月報押收 警視廳에셔三昨日부터各社會에在ᄒᆞᆫ大韓興學會月報를調査押收ᄒᆞ엿다더라

◎事近騙財 南部藥洞居朴性德氏가茶洞居金召史許의九百圓債務가有ᄒᆞᆫᄃᆡ三百圓은昨年臘月에報償ᄒᆞ고또三百圓은今年陰正月二十二日의報給ᄒᆞ고甘言으로誘引ᄒᆞ기를餘條三百五十圓은該錢票를出給ᄒᆞ면仁川郡所在自己畓土를折價以給ᄒᆞ마ᄒᆞ기로金姓女가其甘言을信聽ᄒᆞ고手形票와契約票를出示ᄒᆞᆫ즉朴氏가幷爲交周ᄒᆞᆫ後답券則明日持去ᄒᆞ라ᄒᆞ거날金姓女가無虛歸家ᄒᆞ엿더니其翌日에畓券을往推ᄒᆞᆫ즉朴氏가暗生奸計ᄒᆞ야言曰富者男便을中媒得給ᄒᆞ마ᄒᆞ고畓券을此탈彼탈에延拖不給ᄒᆞᄂᆞᆫ故로金姓女가朴氏를鍾路大道上에携來ᄒᆞ야擧理責之ᄒᆞᆫ즉朴氏가百般懇乞ᄒᆞ야金姓女를携去厥家에暫爲寬限則錢與畓間報償ᄒᆞ마ᄒᆞ고終不備給ᄒᆞᄂᆞᆫ故로金姓女가裁判次로起訴ᄒᆞ엿다더라

◎潛姦調査 北署巡査柳來昌氏ᄂᆞᆫ該管內東十字橋等地居李寬予氏에妻를潛姦ᄒᆞᆫ事件이發現되엿슴으로該署에셔事實를目下調査中이라더라

◎雹非災乎 五月二十八日午後一時로부터二時ᄭᆞ지堤川郡에셔ᄂᆞᆫ雨雹이降下ᄒᆞ야穀物被害가不少ᄒᆞ다더라

◎因病保放 監獄署에多月逮囚ᄒᆞ엿던安翊善은癲狂症이發生ᄒᆞ엿슴으로治療ᄒᆞ기爲ᄒᆞ야前參判李台榮氏가一個月間을擔保ᄒᆞ고三昨日放送ᄒᆞ엿다더라

◎農民樣의運動 嶠南學會에셔再昨日에獎忠壇의前往ᄒᆞ야運動을擧行ᄒᆞᄂᆞᆫᄃᆡ一般會員이農民의耕田耘草ᄒᆞᄂᆞᆫ樣으로運動ᄒᆞ엿다더라

電報

◎伏見紐育着 日本伏見若宮同妃兩殿下ᄂᆞᆫ本月三日午前九時에美國紐育市에着ᄒᆞ엿다더라

◎前統監의容態 日本片瀨에셔療養ᄒᆞᄂᆞᆫ曾禰前統監은向日來로病狀이屢屢變更ᄒᆞ야頗히憂慮ᄒᆞᆯ狀態라더라

◎統監專任 寺內統監은陸軍大臣의後任을得ᄒᆞ면統監을專任ᄒᆞᆯ事로內定되엿다더라

◎麥作豫想 日本의本年度麥作豫想은二千六十六萬七百零八石인ᄃᆡ此를昨年에比ᄒᆞ면八十五萬二千四百一石이減ᄒᆞ고此를平年에比較ᄒᆞ면三十三萬六百十六石의增收가有ᄒᆞ깃다더라

◎韓滿統一實行 韓日의局面開展ᄒᆞᆫ後ᄂᆞᆫ關東都督府를廢ᄒᆞ고寺內統監이韓國에在ᄒᆞ야此를統轄ᄒᆞᆯ計劃이라더라

◎共進會褒賞 日本共進會에셔ᄂᆞᆫ本月五日에[illegible]與式을擧行ᄒᆞ엿다더라

以上東京發 六日

◎貧民의救濟金 淸國[illegible]行은淸國政府의命을奉ᄒᆞ야江抗州貧民을救濟ᄒᆞ기五十萬圓을支出ᄒᆞ엿다

北京電 六日

◎元帥公布 英國皇帝로陸海軍元帥된事를公[illegible]다더라

倫敦발 六日

◎沿海州無線電 露都[illegible]劃ᄒᆞᄂᆞᆫ「니코리우스구」「[illegible]우스구」間에無線電信을今夏로부터工事에着手ᄒᆞᆯᄃᆡ來年頃에ᄂᆞᆫ全通이되[illegible]

露都發 六日

▲復國鍾▼

▲ᄯᅢ석々々壁上鍾은버우ᄂᆞᆫ고나오ᄂᆞᆫ가고來日運否泰變換ᄒᆞᆯ제復國聲도다

▲客反爲主此天地에山陸沉ᄒᆞ야六桑乾坤되엿絲秦沓何時去오復國식구나

▲不得自由此世界에垂我同胞ᄂᆞᆫ新精神을喚醒尺竿頭進步ᄒᆞ세復國식고나

▲四方氣祲未霽ᄒᆞ야懷되엿스니安得一陣好風雲觀靑ᄒᆞ잔말가復國식고나

▲萬丈民嵓特立ᄒᆞ야百難歷ᄒᆞ니自國性을不滅衆可以勝天이라復國식고나

▲同是同洲同族으로同不同인고在上皇天無私冥中에眷佑ᄒᆞ니復國식고나

社告

左開三郡에支社를設立ᄒᆞ엿스니各該附近地에셔本申報購覽僉君子ᄂᆞᆫ各該支社員과交涉ᄒᆞ시옴

龍岡 郡山南面紅門洞 朱昇煥

全州 府東壹契四統九戶 李興鳳

龜城 郡芳峴面南市洋藥局 崔禮洛

大韓每日申報社

雜報

◎說諭放送 北部苑洞居李秀賢氏ᄂᆞᆫ同隣居姜周興氏를毆打ᄒᆞᆫ事件으로所管警察署에被捉ᄒᆞ엿ᄂᆞᆫ디姜氏에治療費를全擔ᄒᆞ라고說諭ᄒᆞ고三昨日放送ᄒᆞ엿다더라

◎面長捉囚 鐵山郡에셔稅錢을收捧ᄒᆞᆫ것을稅務所에셔面長을捉囚ᄒᆞ고星火督捧ᄒᆞᆷ으로窮蔀民情이極히敷々ᄒᆞ다더라

◎原州降雹 江原道原州地方에ᄂᆞᆫ去一日午前二時頃에直經이 寸이나되ᄂᆞᆫ大雹이約一十分間을降下ᄒᆞ엿다더라

廣告

本人이忠淸南道新昌郡大西面新洞所在山坂과同郡北面新堂里所在山坂測量略圖를陰本月十日에同郡南面路上에셔遺失ᄒᆞ엿ᄉᆞᆸ기玆에廣告ᄒᆞ오니誰某拾得ᄒᆞ나休紙施行ᄒᆞᆷ

新昌郡北面新堂里 朴準英 白

本人이圓角姓名圖章을陰三月二十日에셔失故로玆以廣布ᄒᆞ오니內外國人은切勿施行ᄒᆞᆷ

平北郭山郡面南山里金相勉 白

本人이상품총도시를제조ᄒᆞ와염가방미ᄒᆞ오니청군ᄌᆞ은조량ᄒᆞᆷ

南大門外翰林洞第七十統七戶 篩房 洪明浩 告白

本人의所有瓦家二十三間洋鐵假家四間草假家二間家券一度셔失故玆以仰布ᄒᆞ오니誰某시던지拾得ᄒᆞ와도休紙施行ᄒᆞᆷ

西部盤石坊舊巡廳契紫岩四十六統十二戶 戶主朱學根

◎廣告

本人이見失ᄒᆞᆫ革家房을西部人力車組合頭目劉尙烈에說明感人之効力으로家房中所有物이一毫不動ᄒᆞ고二十六日淸晨에門內投入ᄒᆞ엿기로還推感謝之意를表白ᄒᆞᆷ

趙鼎允 告白

◎特別廣告

敬啓者本報ᄂᆞᆫ開刊有年에其論述의正과其報道의迅速이無比ᄒᆞ야淸國內遠近志士가一切歡迎ᄒᆞ오며韓國에도稍々히購覽ᄒᆞᄂᆞᆫ紳士가有ᄒᆞᆫ바今에更히江湖上購覽諸氏를紹介ᄒᆞ기爲ᄒᆞ야本報舘所在處及報價를左開廣告ᄒᆞ오니願覽諸氏ᄂᆞᆫ速々히左開處로通奇ᄒᆞ시옴

本舘所在地 哈爾賓瓦牙街

報價一個月先給 俄貨八角

仝 三個月先給 俄貨二圜

但報價ᄂᆞᆫ先給을要ᄒᆞᆷ

遠東報舘 告白

本人이五月二十一日에官名圖章과小名圖章을並爲不知中셔失故로玆에廣告ᄒᆞ오니拾得人은勿施ᄒᆞ심敬要

成歡驛前協同運輸部內 方士俊 白

本人의姓名章을不知中셔失故新章改造ᄒᆞ오니 僉君子ᄂᆞᆫ照亮ᄒᆞᆷ

劉慶烈 告白

○這間某藥房에셔八寶丹을僞造發賣ᄒᆞᆫ다云ᄒᆞ오니詳探措處ᄒᆞ려니와本舘製造八寶단을買得ᄒᆞ실時에李花內에和字商標를注意ᄒᆞ시옴

京城鍾路和平堂大藥房本舖 主任 李應善 白

本舘에셔韓國料理營業을開始ᄒᆞ고遊船漁釣其他游泳ᄒᆞ시ᄂᆞᆫ僉君의게多小遠近을不拘ᄒᆞ고廉價로需應ᄒᆞ깃ᄉᆞ오니陸續枉顧ᄒᆞ시옴

龍山涵碧亭前八梨園越便 蓉湖舘 告白

勿論親踈間掌記及居住만通知ᄒᆞ시면擇品廉價ᄒᆞ야郵便小包나運送部로卽速付送ᄒᆞ고代金은引換ᄒᆞ깃ᄉᆞᆸ

京南部銅峴九十五統十戶

乾材藥局崔興模

勿論遠近親疎ᄒᆞ고藥材掌記와居住를昭詳付郵ᄒᆞ시면小包로引換代金과運送部로適送ᄒᆞ깃ᄉᆞ오니照諒敬要

京銅峴一統六戶 乾材藥局 李盛哉

紙物貿易에迅速

(廣告文)

●弊店에셔各種紙物을直輸入ᄒᆞ와地方同業僉位와其他僉彦에게特別廉減價로酬應ᄒᆞ깃사오니不拘多小ᄒᆞ시고註文ᄒᆞ시면郵便小包와運送部를經過ᄒᆞ와迅速히付呈ᄒᆞ깃ᄉᆞᆸ

物價表와品錄書를無料로付呈ᄒᆞ옴

品高價低에爲主ᄒᆞᆷ

內外國紙物大發賣

(品目略錄)

●壯紙、油壯板紙、窓戶紙、白紙、塗비洋紙、書講各種、天井紙、古査紙、印札紙、半紙、美濃紙、製圖紙、書簡紙、封套紙、其他學校用品筆墨各種具備

本店 漢城鍾路大廣橋 紙物舖 金聖煥

電話 一千二百八十番

支店 漢城北部安洞別宮前

李敎承 著

敎育界의啓明星이오 數學家의羅盤針이라

本書ᄂᆞᆫ數學部檢定의孤矢가되엿ᄉᆞ오며一般高等敎育上에不可缺ᄒᆞᆯ珍書라

預約募集

預約割引은同業者의게ᄂᆞᆫ部數에依ᄒᆞ야多小가有ᄒᆞ오나書信或面議ᄒᆞᆷ

個人預約은先金에限ᄒᆞ야二割引으로酬應ᄒᆞᆷ

但學生拾人團體가有ᄒᆞᆫ時ᄂᆞᆫ該紹介者의게三割引外特히一部를進呈ᄒᆞᆷ

豫約期限은六月十日까지定ᄒᆞᆷ

印刷精美 洋裝本 定價金一圓二十錢

元發行賣所 漢城鍾路 海東書林

學部檢定

(米利堅帽)

미리견모ᄌᆞ

(吐手)

토슈

모ᄌᆞ를솔로

물에씻ᄂᆞᆫ상

(中折帽)

중절모ᄌᆞ

(項領)

목도리

(총匣)

총갑

貨幣、名합、卷煙草匣、各種要用品入

◎炎天의氷帽

化學의神道

天地造化를奪ᄒᆞᄂᆞᆫ것은化學이라우리大韓총帽羽이馬尾라夏服用白총黃色이隱映ᄒᆞ기로모子에셔恒常研究ᄒᆞ기를何면총모子를純白色으로성하더니化學의神出貴物로今에의馬尾를白雪과如히化모子之白을白氷과如히化造ᄒᆞ엿ᄉᆞ오니近者化効가如此히神通ᄒᆞ야炎도氷綃총모子를冠ᄒᆞ면神이淸凉ᄒᆞᆯ데이올시다又ᄂᆞᆫ모子의堅緻ᄒᆞᆷ은泰金五十圜以上價値되ᄂᆞᆫ나마보시와如히汗汚키子의內空(裏地)에綃紗ᄒᆞ고但총織內紗에漆로捺ᄒᆞ야每人이數十年을야도汚穢ᄒᆞ고弊傷ᄒᆞᆷ이洗滌에益便케製作ᄒᆞ엿世界各國의人士ᄂᆞᆫ試驗此白총모를冠用ᄒᆞ시면에必要ᄒᆞᆷ을悅然大覺ᄒᆞ올시다

大韓京城南部銅峴大四街里三十五統五

玉虎書林專賣

총帽子商店 告

漢城鍾路和平堂大藥房各種藥品廣告

官登錄 許認

(健胃消滯) 八寶丹 (主治効能)

急暑關格 霍亂吐사 頭痛眩운 運氣風疫 預防妙藥

胎養調經丸 婦人冷積 病神効
麝香消瘡丹 諸般瘡病 一切祛根
阿烟斷引丸 年久鴉片 引拒絶藥
滋陽丸 男女勿論 陰陽雙補
全治丸 連珠瘰癧 一切去根
消積散 陳陳久체 消如春雪
回生水 急泄虛泄 無非神효
治顔水 이쥭은셔사 ᄒᆞᆫ妙藥
蘇生丹 癨亂吐사 立卽見효
蛔滅散 회虫去根 更無後慮
鎭咳散 勿論老少 消담止咳
解毒散 四時感冒 寒熱往來
丘虫藥 寸白虫을 沒出去根
通治膏 諸般종瘡 一切神효
補陰降火丸 男女勿論 陰虛火動
變補丸 陰陽俱虛 血氣不足
玉容水 버짐과어루러기藥
下浮丸 全體浮종 便秘胃炎
退疸丸 酒달食달 黑달黃달
咽喉散 咽喉發炎 咽喉潰瘍
下痢散 赤痢白痢 吐사吐糞
血瘀祛根丸 吐血咯血 月經不調
上血快治丸 吐血降火 開鬱血담

齒痛淸快水 虫齒風齒 齒齦頭痛
明耳精 耳內炎痛 耳垢堆積
痲疹丸 小兒痲疹 腮紅熱
齒根炎傷散 齒肉爛傷 齒血發炎
小兒痛氣丸 身熱驚氣 夜啼便靑
脚氣腰痛丸 兩脚濕痛 腰痛脇痛
鷄眼膏 뿌리ᄶᆡ拔根 更無後慮
腫根拔散 拔瘇根 去惡生新
止汗散 手足汗臭 一切神効
口病淸熱水 口內火傷 唇坼鼻瘇
浮腫下丹 下腹膨漲 少便不利
小兒腹痞丸 初ᄒᆞᆫ神효
小兒痞氣散 腹部膨漲 食慾不絶
梅毒全滅丸 先天梅毒 後天梅瘡
小兒百日咳丸 呼吸困難 담체嘔吐
疥瘡水 疥瘡一切 神효無化
偏頭痛止散 眩暈頭痛 耳鳴眼火
夜盲復明丸 當昏眼迷 氣候受傷
胸膈止痛散 胃痛腹痛 酒食담체
祛惡生新膏 頭瘡潰瘍 祛惡虫新
小兒胎毒膏 胎毒面瘇 溫癬乾癬
火傷消毒膏 火傷濕疹 皮膚搔痒
梅毒全滅膏 諸般瘡종 祛惡生新

其他洋藥各種과○寶藥各種○漢藥唐草材○都卞散賣

遠地에ᄂᆞᆫ請求ᄒᆞ시면郵便小包로申速酬應홈

京城和平堂大藥房本舖主任 李應善

官許 登錄 和

健胃消滯 八寶丹

此藥은今春全國滊車博覽會에出品陳列ᄒᆞᆫ바大韓에第一位되ᄂᆞᆫ靈藥으로內外國紳士의贊成을多蒙ᄒᆞᆷ으로感謝ᄒᆞᆷ을報答키爲ᄒᆞ야特別製造發賣홈

京城鍾路和平堂大藥房本舖 主任 李應善
仁川港紐峴第一分店 主任 金濟鉉
平壤鍾路第二分店 主任 尹寅赫
京城鍾路靑年會館前第三分店 主任 李熙善

支店特約店代理店은紙面이不足ᄒᆞᆷ으로姑未俱載홈

廣告

◉京城鍾路和平堂大藥房

○和平堂藥房은我同胞가最誠意로歡迎ᄒᆞᄂᆞᆫ我國第一되ᄂᆞᆫ最新式規模로經營ᄒᆞᄂᆞᆫ藥房이오

○和平堂藥房은外國第一有名ᄒᆞᆫ洋藥과國産草材를多數輸入ᄒᆞ야最低廉最一都賣散賣ᄒᆞᄂᆞᆫ最大藥房이오

○和平醫院은平壤濟衆院에서卒業ᄒᆞ고美國醫學博士禹越時手下에多年施驗을行ᄒᆞᆫ醫士田慶龍氏를延聘ᄒᆞ야老少에內外科를誠心으로診察治療ᄒᆞᄂᆞᆫ醫院이오

○和平堂醫院은外方에서病錄만錄送ᄒᆞ면其病에適當ᄒᆞ도록誠心製藥ᄒᆞ야迅速ᄒᆞ기로熱心ᄒᆞᄂᆞᆫ醫院이오

○和平堂醫院은治療費와藥價를最廉ᄒᆞ야一般醫藥家로ᄒᆞ야곰使之感醒케ᄒᆞ야勇進奮心을鼓吹케ᄒᆞᄂᆞᆫ醫院이오

○和平堂藥房은全國內醫藥家와連結ᄒᆞ야本的實業發展의本領을實行코ᄌᆞᄒᆞᄂᆞᆫ이오

京城鍾路 洋藥各種과 漢藥唐草材 大發賣

和平堂本舖主任 李應善
主任醫士 田慶龍

檀君開國四千二百四十三年 箕子元年三千三十二年 大韓開國五百十九年
本報創刊日 光武八年七月十八日

大韓每日申報

第八卷 月曜及慶節歲時日休刊 第壹千四百六號

發行兼編輯人 英國人 萬咸
Responsible for Publication Alfred Weekley Marnham.
發行所 京城南部石井洞三層洋屋 大韓每日申報社

論說

地方氣燄의鎭靜

國家의安危가人民의게在ᄒᆞᆫ가政府에在ᄒᆞᆫ가政府ᄂᆞᆫ人民의代表인즉善政을施ᄒᆞᆫ던지惡政을施ᄒᆞᆫ던지喉舌의權柄을掌握ᄒᆞ고善導ᄒᆞ면安ᄒᆞ고誤導ᄒᆞ면危ᄒᆞ나니政府의責任이當何如타ᄒᆞ리오現今大韓人民이溝壑中에陷落ᄒᆞ야生命을難保ᄒᆞ야四方이嗷々ᄒᆞᄂᆞᆫ中에近年以來로民情이擾擾ᄒᆞ야干戈가相加ᄒᆞ니滿目烟塵이處處暴起ᄒᆞ야止息이無日에呼哭이載路ᄒᆞ니或其父를失ᄒᆞᆫ者도有ᄒᆞ고其子를失ᄒᆞᆫ者도有ᄒᆞ고或其夫를失ᄒᆞᆫ者도有ᄒᆞ고或其兄을失ᄒᆞᆫ者도有ᄒᆞ고或其弟를失ᄒᆞᆫ者도有ᄒᆞ야家屋을燒蕩ᄒᆞ고奠接이無處ᄒᆞ야彷徨棲屑에去處가無ᄒᆞᆫ즉義徒의投入ᄒᆞ야蟻와如히屯ᄒᆞ고蜂과如히聚ᄒᆞ야村閭에出沒ᄒᆞ며軍資를討索ᄒᆞᄂᆞᆫᄃᆡ自相踐踏에備ᄒᆞᄂᆞᆫ者도韓人이오死ᄒᆞᄂᆞᆫ者도韓人이라止戰ᄒᆞᆯ期가杳然ᄒᆞ도다政府에셔此를鎭靜ᄒᆞ기爲ᄒᆞ야宣諭使이니宣諭委員이니ᄒᆞᄂᆞᆫ名目을屢次派遣ᄒᆞ엿스나來點效力이無ᄒᆞ고國庫金만徒費ᄒᆞ엿도다

朝令이已頒ᄒᆞ야도暴民이歸順치아니ᄒᆞ니其故가何에在ᄒᆞ고人民이政府를信치아니ᄒᆞ고政府ᄂᆞᆫ人民을疾視ᄒᆞᄂᆞᆫ所以로다當局者의政策은依庇下에在ᄒᆞ야外人의手를借ᄒᆞ야韓人을鋤活ᄒᆞ니其民이此를服從ᄒᆞ야安戢ᄒᆞᄂᆞᆫ境에就ᄒᆞᆯ깃ᄂᆞᆫ가此를反抗ᄒᆞ야擾攘ᄒᆞᆫ世를作ᄒᆞᆯ깃ᄂᆞᆫ가源因을溯考ᄒᆞ면政府와人民間에惡感情이互生ᄒᆞ야政府ᄂᆞᆫ自政府오人民은自人民인즉風馬牛地에聲氣가不通ᄒᆞ야上下가相隔者ᄂᆞᆫ良有以也로다此時를當ᄒᆞ야政府當局者의思想이何在ᄒᆞᆫ지ᄂᆞᆫ知치못ᄒᆞᄂᆞᆫ바어니와人이恒産이無ᄒᆞ면恒心이無ᄒᆞ야投水入火를不分ᄒᆞ고隨水逐浪ᄒᆞ야風草와又치偃ᄒᆞ며雲物과又치散ᄒᆞ니韓國萎民의情態를觀察ᄒᆞ면寃恨이極ᄒᆞᆫ處에前頭에生死ᄂᆞᆫ不顧ᄒᆞ고南磁北鐵이氣類가相從ᄒᆞ야十數成羣에火焰中에陷ᄒᆞ야도畏겁ᄒᆞᄂᆞᆫ바無ᄒᆞ니엇지難死의民이라謂치아니ᄒᆞ리오如此ᄒᆞᆫ暴民은威力으로服코저ᄒᆞ면歸化ᄒᆞ기ᄂᆞᆫ姑舍ᄒᆞ고一車薪의火에一勺의水로救ᄒᆞᆷ과如ᄒᆞ니火焰이增起ᄒᆞ야洗息이無日ᄒᆞᆯ지니暴動ᄒᆞᄂᆞᆫ原因을推究ᄒᆞ야農者ᄂᆞᆫ農에歸ᄒᆞ고商者ᄂᆞᆫ商에歸케ᄒᆞ야其業을各安ᄒᆞ면비록煽動코저ᄒᆞ나엇지得ᄒᆞ리오其民을安케ᄒᆞᄂᆞᆫ것도政府에在ᄒᆞ고其民을亂케ᄒᆞᄂᆞᆫ것도政府에在ᄒᆞ니政府에셔務民을威力으로鋤治ᄒᆞ려면是ᄂᆞᆫ本을舍ᄒᆞ고末을治ᄒᆞᆷ이라畢竟은安堵케ᄒᆞ기不能ᄒᆞᆯ者이라ᄒᆞ노니民心은水와如ᄒᆞ야東方으로決ᄒᆞ면東으로流ᄒᆞ고西方으로決ᄒᆞ면西으로流ᄒᆞ나니民心을順導ᄒᆞᆯ方策을益益히講究ᄒᆞ야開拓殖産ᄒᆞᄂᆞᆫ事로民生의有益ᄒᆞᆯ方針을刻期實施ᄒᆞ야産業을各守케ᄒᆞ면家家에怨聲도自然히浸息ᄒᆞᆯ것이오處處에腥塵도自然히掃除ᄒᆞ야威令을加치아니ᄒᆞ야도民心의歸順이時雨와如히沛然莫禦라ᄒᆞ노라

官報

◎第四千六百九十八號

▲隆熙四年六月七日(火曜)

▲內閣告示第六十二号

暴動及殺人犯李黃龍、內亂犯梁振汝本年五月三十日大邱監獄에셔絞刑의執行을了ᄒᆞᆫ事告示ᄒᆞᆷ

隆熙四年六月六日

內閣總理大臣臨時署理 內部大臣朴齊純

內閣告示第六十二號

強盜及強盜殺人犯俞致學本月一日京城監獄에셔絞刑의執行을了ᄒᆞᆫ事 又告示ᄒᆞᆷ

隆熙四年六月六日

內閣總理大臣臨時署理 內部大臣朴齊純

◎敍任及辭令

○五月三十日 松元三亮 任警部叙判任官三等 野田太郎 任農商工部技手叙判任官三等

○五三十一日 鬼塚仁次郎 任警部叙判任官四等 前副訓導洪在禹 任郡主事叙判任官四等

外報

◎文章去世 伯林電報를據ᄒᆞᆫ즉病中에在ᄒᆞ던德國의有名ᄒᆞᆫ詩人유리유ー스、오오ー루후博士ᄂᆞᆫ구이도린부루쿠에셔永眠ᄒᆞ엿ᄂᆞᆫᄃᆡ同博士ᄂᆞᆫ年이九十六이라더라

◎키元帥의將來 倫敦電報를據ᄒᆞᆫ즉當地諸新聞은英國「키치나ー」元帥의將來에對ᄒᆞ야意見이區區히分ᄒᆞ야各種論戰을試ᄒᆞᄂᆞᆫᄃᆡ保守黨機關新聞은同元帥로印度太守를任命ᄒᆞᆯ事를主張ᄒᆞ고自由黨의機關新聞은右에反對ᄒᆞ야太守의位置를軍人에게與ᄒᆞᆷ은不可ᄒᆞ다고極力論述ᄒᆞᆫ다더라

◎怪異ᄒᆞᆫ木函 廣東來電을據ᄒᆞᆫ즉本月四日午前에英國汽船긴산号가香港으로부터入港ᄒᆞᆯ際에殊常ᄒᆞᆫ支那人五名이怪異ᄒᆞᆫ木函을携持ᄒᆞ고上陸ᄒᆞ랴ᄒᆞᄂᆞᆫ故로監稅官吏ᄂᆞᆫ此를檢査ᄒᆞ랴ᄒᆞᆫ즉一名은拳銃으로監稅官(英人)을狙擊負傷케ᄒᆞᆫ後에直自殺ᄒᆞ고四名은木函을持ᄒᆞ고逃走ᄒᆞ야不知去處라더라

◎阿弗利加戰鬪 倫敦電報를據ᄒᆞᆫ즉阿弗利加法國殖民地上部에셔ᄂᆞᆫ阿弗利加暴徒가法國에셔派遣ᄒᆞᆫ騎兵隊를攻擊ᄒᆞ야猛烈히奮鬪ᄒᆞᆫ結果로亞刺比亞人은死者百名과負傷者四十名이오法軍의死傷者ᄂᆞᆫ十餘名에達ᄒᆞ엿다더라

◎清使와氣球 倫敦來電을據ᄒᆞᆫ즉清國軍事考察使載濤貝氏ᄂᆞᆫ伯林에셔軍用輕氣球를試乘ᄒᆞ엿다더라

◎普國皇室費 倫敦電報를據ᄒᆞᆫ즉普魯西政府ᄂᆞᆫ諸般物價가騰貴ᄒᆞᆷ으로普魯西國王(德國황帝) 황室費를約百萬磅에增加ᄒᆞ랴고方今研究中이라더라

◎土國의排希臘 維也來電을據ᄒᆞᆫ즉土耳其人은希臘人에게對ᄒᆞ야보이코트(物貨排斥)를行ᄒᆞᆫ다더라

◎列強不動 維也納電報를據ᄒᆞᆫ즉列強은「크리트」問題에關ᄒᆞ야今에卽時明確ᄒᆞᆫ措處의要求를拒絶ᄒᆞ엿다더라

◎露公使歸國 長春來電을據ᄒᆞᆫ즉駐清露國公使고로스도우이쓰지氏ᄂᆞᆫ去四日에同地를通過ᄒᆞ야歸國ᄒᆞ엿다더라

◎露語講習 哈爾賓來電을據ᄒᆞᆫ즉同地日露協會에셔ᄂᆞᆫ露語講習會를開ᄒᆞ엿다더라

◎南京博開會 上海電報를據ᄒᆞᆫ즉南京覽博會ᄂᆞᆫ預定과如히本月五日에開會ᄒᆞ엿다더라

◎德帝全愈 倫敦電報를據ᄒᆞᆫ즉病中에在ᄒᆞ던德國皇帝ᄂᆞᆫ病勢가漸快ᄒᆞᆷ으로更히諸官文簿書類에御署名ᄒᆞ기始ᄒᆞ엿다더라

雜報

◎會員入城 大韓協會評議員韓基準氏ᄂᆞᆫ該會支會의狀況을觀察ᄒᆞ기爲ᄒᆞ야木浦、羅州、光州等地에出張ᄒᆞ엿다가再昨日에入城ᄒᆞ엿다더라

◎靑年樂部任員 靑年俱樂部에셔ᄂᆞᆫ再昨日下午二時에臨時特別總會를開ᄒᆞ고部長宋憲奭氏辭免ᄒᆞᆫ代에蔡基斗氏로副部長은李漢卿氏로總務ᄂᆞᆫ宋憲奭氏로選定ᄒᆞ엿다더라

◎親睦會發起 濟州郡學生으로上京受學ᄒᆞᄂᆞᆫ金汶熙等諸氏가발起ᄒᆞ야親睦會를組織ᄒᆞ기로周旋中인ᄃᆡ該會位置ᄂᆞᆫ禁后洞姜鳳時家에定ᄒᆞ엿다더라

◎引入虛說 平和協會에셔太極教員을該會로引入ᄒᆞᆫ다ᄒᆞᆷ은全혀無根의說이라더라

◎學父兄懇會 官立漢城高等學校學員學父兄諸氏ᄂᆞᆫ來土曜日該校內에셔懇親會를開ᄒᆞᆫ다더라

◎任員改選 三昨日에湖南學會에셔該道學生親睦會를開ᄒᆞᆷ은昨報와如ᄒᆞ거니와學生百餘人이出席ᄒᆞ야任員을改選ᄒᆞ엿ᄂᆞᆫᄃᆡ會長은李殷永副會長은柳星秀總務ᄂᆞᆫ許鋼氏로推定ᄒᆞ엿다더라

學界報

◎悔妓勤學 義州妓生龍月이ᄂᆞᆫ年今十九인ᄃᆡ前事를悔悟ᄒᆞ고學校의入學ᄒᆞ야工夫에熱心ᄒᆞᆫ다고人皆稱贊ᄒᆞᆫ다더라

◎張氏熱心 白川郡古邑洞居張錫權氏ᄂᆞᆫ教育에熱心ᄒᆞ야自己家屋三十餘間을校舍로寄付ᄒᆞ엿다더라

世界歷史

❀變遷의時期❀ (第十五世紀前後)

文運의後興及印刷術의發明 (류큰)人이歐洲를蹂躪ᄒᆞ미羅馬의文華ᄂᆞᆫ其光을遂失ᄒᆞ야丁大學이其跡을滅絶ᄒᆞ기에ᄒᆞ엿스나歐洲諸國의國語ᄂᆞᆫ次確定ᄒᆞ야思想의交通이便ᄒᆞ며諸種의學術이進步ᄒᆞ야智가稍々啓발ᄒᆞ미昔時에比ᄒᆞᆫ學術이再次勃興ᄒᆞ야文學美術이一大新活路를興ᄒᆞᆷ이昔時에(찰네메인)大帝가學을設立ᄒᆞ고僧侶를命ᄒᆞ야新學及希臘拉丁의文學을敎케ᄒᆞᆫ지라第十一世紀頃에至ᄒᆞ야基督敎의敎義와(이리스토들)의哲學이兩相混合ᄒᆞ야瑣哲學이興起ᄒᆞ야論理의으로神學의正確ᄒᆞᆷ을證ᄒᆞ기學派의有名ᄒᆞᆫ哲學者ᄂᆞᆫ第世紀의(알버더스、멕너스)로서쎄곤」과(도마스、아스와「쎈스、코더스」等이煩瑣哲學과密接의關係가者ᄂᆞᆫ第十三世紀頃의大學創立ᄒᆞᆷ이오其初에在ᄒᆞ야瑣學派의學士ᄂᆞᆫ寺院內에由講筵을開ᄒᆞ고公衆의聽許ᄒᆞ더니漸次旺盛ᄒᆞᆷ에至學校를組織ᄒᆞ리라

(未完)

詞藻

❀卿 思❀ 頤雲生

吾愛吾廬不出廬一別湖山居南鄕已制三年淚北信不里書關心士友如星散屈指久學餘何事江東歸未得時是慘鱸魚

記者曰潘庭筠詩如此江不得軟塵如粉夢如絲云有異焉

宮廷報

○義王陛見 義親王妃殿下ᄭᅴ셔再昨日下午一時、德壽宮에陛見ᄒᆞ셧다더라

雜報

○支金奏裁 度支部所管郡廳舍火災에復舊工事費九千圓과農商工部所管林業調査費二萬六千六百八十二圓과獸疫豫防費一萬三千五十一圓과特別功勞賞與金一千二百圓을豫備金中으로支出件을上奏裁可되엿다더라

○消暢江亭 義親王殿下ᄭᅴ셔ᄂᆞᆫ再昨日上午十二時에龍山中樞院顧問李址鎔氏江亭에前往消暢ᄒᆞ엿다더라

○淸豐封君 內閣에셔ᄂᆞᆫ淸豐都正李海昇氏를封君ᄒᆞ기로日前統監府에經議ᄒᆞ엿ᄂᆞᆫᄃᆡ日間頒布될다더라

○會議休會 昨日에大臣會議를開ᄒᆞᆫ다ᄒᆞ더니別노協議를要ᄒᆞᆯ만ᄒᆞᆫ事項도無ᄒᆞ거니와統邸의修理ᄒᆞᆷ을因ᄒᆞ야休會ᄒᆞ엿다더라

○參與官會議 昨日午前十一時부터統監府에셔參與官會議를開ᄒᆞ엿다더라

○淸豐宴會 淸豐都正李海昇氏ᄂᆞᆫ再昨日上午十一時에各皇族其他各大官을該私邸로會同ᄒᆞ야終日宴樂ᄒᆞ엿다더라

○總相歸京期 溫泉에셔治療ᄒᆞᄂᆞᆫ李總相은本月末日頃에歸京ᄒᆞ기로豫定ᄒᆞ엿다더라

○學大義州電 學部大臣李容稙氏ᄂᆞᆫ再昨日에無事히義州에到着ᄒᆞ엿다고學部로電報ᄒᆞ엿다더라

○石塚遞任云云 統監府秘書官石塚英藏은將次遞任된다ᄂᆞᆫ說이藉藉ᄒᆞ다더라

○日官轉任 宮內府庶務課長日人多田桓은侍從院卿으로轉任ᄒᆞ고該課長의任은內藏院理事日人靑山淺治郞이가署理ᄒᆞ기로再昨日에內定되엿다더라

○查勤陞級 各府部院廳에셔ᄂᆞᆫ判任三級以下의勤慢을調查ᄒᆞ야陞級ᄒᆞ기로目下協議中이라더라

○通譯薦報 日人郡主事를新任ᄒᆞᆫ地方에ᄂᆞᆫ韓人通譯主事를選置ᄒᆞᆫ다ᄂᆞᆫᄃᆡ各該郡守資格相當ᄒᆞᆫ者를該觀察道로薦報叙任케ᄒᆞᆫ다더라

○전別佐木 內部佐々木雇ᄂᆞᆫ主事로陞差ᄒᆞ야全州郡土木出張所로勤務ᄒᆞᆫ다ᄂᆞᆫᄃᆡ內部官吏某々氏가本日巴洲亭에셔젼別宴을設行ᄒᆞᆫ다더라

○事發鄭口 壹進會에셔同會員金丸을黜會ᄒᆞᆷ은旣報ᄒᆞᆫ바어니와其內容을漏聞ᄒᆞᆫ즉總相李完用氏가農相趙重應氏와漢城府民會長俞吉濬氏를紹介ᄒᆞ야運動費三千五百圓을支給ᄒᆞ고該會頭領宋李兩人을聲討케ᄒᆞᆫ바인ᄃᆡ金丸은同會副會長金澤鉉等四五人과同謀ᄒᆞ엿고前帝國新聞社長鄭雲復氏와秘密協議가有ᄒᆞ엿ᄂᆞᆫᄃᆡ鄭氏가李容九를向ᄒᆞ야陳說ᄒᆞ엿슴으로事實이發現되엿다더라

○一會密書 一進會에셔ᄂᆞᆫ何事件을因ᄒᆞᆷ인지三昨日에日本民團頭領森山茂丸에게密書를付送ᄒᆞ엿다더라

○合邦勿施 某會員이對人說明ᄒᆞ기를一進會에셔聲明ᄒᆞᆫ合邦事件은日本政府에셔經費支用에關係를因ᄒᆞ야實施가되지못ᄒᆞ니安心安堵ᄒᆞᄂᆞᆫ것이妥當ᄒᆞ다ᄒᆞ엿다더라

○龍衙再次證明 龍仁郡衙에셔失火ᄒᆞ야全部를燒燼ᄒᆞᆷ은已報ᄒᆞ엿거니와土地家屋證明에關ᄒᆞ야十月三十一日內로再次證明ᄒᆞᆯ意로內部에셔該道觀察使에게발訓ᄒᆞ엿다더라

○固官周旋 統監更迭에關ᄒᆞ야韓日兩國高等官은其地位가鞏固치못ᄒᆞᆯ샤恐懼ᄒᆞ야周旋次로奔走ᄒᆞᄂᆞᆫ貌樣이라더라

○歸期杳然 前參領申鉉大氏가馬山港에迺留ᄒᆞᄂᆞᆫ錦陵尉朴泳孝氏를往訪ᄒᆞ고日前歸京ᄒᆞ엿ᄂᆞᆫᄃᆡ該氏에言을據ᄒᆞᆫ즉朴氏에歸京期ᄂᆞᆫ杳然ᄒᆞ다더라

○醫官赴任 咸北醫務官金海龍氏가赴任視務次로昨日上午九時에急行列車를搭乘발往ᄒᆞ엿다더라

○沼澤上京 忠南觀察道沼澤書記官은何등緊急ᄒᆞᆫ公務를因ᄒᆞᆷ인지再昨日에上京ᄒᆞ엿다더라

○草坪處理 龍岩浦前面海中中澤坪의柴草ᄂᆞᆫ自來로韓淸兩國人民이互相伐採ᄒᆞ야共同利益으로補用ᄒᆞᆫ다ᄂᆞᆫᄃᆡ該坪地段을考查ᄒᆞᆫ즉韓國人의所有가確的ᄒᆞᆫ故로該觀察道內務部長이同部로該事由를修報ᄒᆞ고相當處理ᄒᆞ라ᄒᆞ엿다ᄂᆞᆫᄃᆡ該案件을將次內閣에提議ᄒᆞᆫ다더라

○餞別牧師 三和港에駐在ᄒᆞ던예수敎監理會牧師孫貞道氏ᄂᆞᆫ外邦宣敎師로被選되야淸국滿洲方面으로발行ᄒᆞᄂᆞᆫᄃᆡ젼別ᄒᆞ기爲ᄒᆞ야當地敎會內에셔本月一日下午五時에晩餐會를開ᄒᆞ엿고翌日발行時에敎友諸氏와男女學徒들이젼送ᄒᆞ엿다더라

○別倉水圮 龍山別營倉이日昨雨水의傾覆ᄒᆞ야積置ᄒᆞᆫ穀苞가沉水ᄒᆞᆫ故로該庫直任相玉氏가該事由를度支部에報告ᄒᆞ엿다더라

○仲介所門牌 前商務組合部長李學宰가仲介組合所를設立ᄒᆞᆫ다ᄒᆞᆷ은旣報어니와昨日鍾路韓用景氏家에事務所門牌를移付ᄒᆞ엿다더라

○調査掘塚 南門外桃洞等地에日人이設立ᄒᆞᆫ畜產會社에셔人民墳墓를多數掘破ᄒᆞᆷ은旣報어니와警視廳에셔再昨日에見掘ᄒᆞᆫ塚主를調查ᄒᆞ엿다더라

○推金起訴 中樞院顧問李址鎔氏가全州郡居金海龍氏의金貨三千五百圓을取食ᄒᆞᆫ事가有ᄒᆞ던지金氏가右錢을還推次로地方裁判所에起訴ᄒᆞ엿다더라

○團社活動 前侍從金永鎭氏ᄂᆞᆫ團成社에活動寫眞을營業的으로目下設行中인ᄃᆡ一般事務員은日人으로使用ᄒᆞᆫ다더라

○積巡乖擧 積城郡東面舘洞居慶愚顯氏가頃者民有地私測訓令을依ᄒᆞ야自己家後山麓을測量코ᄌᆞᄒᆞ야陰四月卄一日下午四時量에將次試驗ᄒᆞᆯ次에本郡駐在所巡查李熙泰가免許證의有無를來問ᄒᆞ고因卽拳打銃撞ᄒᆞ야破裂衣冠에至ᄒᆞ엿더니慶氏에父親이其不然ᄒᆞᆫ事端을說明ᄒᆞᆫ즉巡查가不問曲直ᄒᆞ며老少를不計ᄒᆞ고辱說이無雙ᄒᆞ니如此ᄒᆞᆫ乖擧ᄂᆞᆫ人皆忿歎ᄒᆞᆫ다더라

○作孼難道 假稱進士又稱天황宮主人이라ᄒᆞᄂᆞᆫ金樂瀅이가鐵原郡北面高巖山에天황宮을設立ᄒᆞ고又稱東京이라ᄒᆞ며又확壇를築ᄒᆞ야稱以황室祝誠齋라ᄒᆞ고村民에게施威ᄒᆞ야有主ᄒᆞᆫ田土와山林을抑奪ᄒᆞ며數千民塚를발掘코ᄌᆞᄒᆞ야民間에行惡ᄒᆞ미一面居民七百餘戶가將至移散ᄒᆞ더니該郡警察署에셔該金樂瀅을捉囚照律ᄒᆞ엿다더라

○納金請認 齋洞居金鍾學東十字橋居金完洙等諸氏가발起ᄒᆞ야漢城內密賣淫女를調查ᄒᆞ야藏花組合所를設立ᄒᆞ고每朔貰金五十錢式收入ᄒᆞ야警視廳에每年金二百圓式納稅ᄒᆞ기로日前該廳에請願ᄒᆞ엿다더라

○郡主不法 萬頃郡主事郭鍾順이本以吏屬으로郡主事를納賂圖得ᄒᆞ야挾雜이無數ᄒᆞ고昨年에又雲峴宮舍音을圖差ᄒᆞ야收賭時에每石에四五斗式을加捧ᄒᆞᆫ故로怨聲이藉々ᄒᆞ다더라

○落傷治療 三昨日의共成學校生徒趙英두가運動ᄒᆞ다가失手落地ᄒᆞ야左臂가折傷ᄒᆞ야天恩堂醫局에셔治療ᄒᆞᆫ다더라

○蹤跡搜探 義兵將金相台氏가西部暘洞等地에潛伏ᄒᆞ엿다ᄂᆞᆫ說이有ᄒᆞᆷ으로某處에셔嚴密搜索ᄒᆞ엿ᄂᆞᆫᄃᆡ蹤跡이頓無ᄒᆞ다더라

○義黨被逐 義兵將姜基東氏部下數十餘名이日前에長湍郡九利場에駐在ᄒᆞᆫ日憲兵分遣所를襲擊ᄒᆞ다가應援隊에게被逐ᄒᆞᆫ바이되엿다더라

○孫家賊患 東門外孫與成家에日前强盜四名이各持銃劍ᄒᆞ고突入ᄒᆞ야衣服等物二十餘圓價値를奪去ᄒᆞ엿다더라

○建築落成 西部夜珠峴等地에建築ᄒᆞᄂᆞᆫ救世軍營은漸次竣工됨으로來十九日落成式을擧行ᄒᆞᆫ다더라

○會員派送 帝國實業會에셔支會員李應九氏를日間西關으로派送出張ᄒᆞᆫ다더라

○捐金助會 龍潭郡大坪里居李應度氏가再昨日의湖南學會에來到ᄒᆞ야金一圓과大東主義一冊을寄付ᄒᆞ고該學會가永久히維持ᄒᆞ기를希望ᄒᆞᆫ다ᄒᆞ엿다더라

電報

○統監赴任期 寺內統監은本月二十五日에出발渡韓ᄒᆞ고山縣副統監은同二十日에出발渡韓ᄒᆞ기로決定ᄒᆞ엿다더라

○總長選擇 統監府總務長官은日本地方長官(觀察使)中少壯者로拔擢任用ᄒᆞᆫ다더라

○敎育會와學制案 日本帝國敎育會學制研究部에셔ᄂᆞᆫ日本에셔今番에改革ᄒᆞᆫ學制案에反對ᄒᆞ야現在制度를維持ᄒᆞ고同時에中學校의卒業年限을六年으로ᄒᆞ야小學校를修業ᄒᆞᆫ者ᄂᆞᆫ入學을得케ᄒᆞ야全體一個年을短縮케ᄒᆞᆯ事로不日提案을起草ᄒᆞ야社會에발表ᄒᆞᆫ다더라

○勸業債券發行 日本勸業銀行에셔ᄂᆞᆫ債券을발行ᄒᆞ기로方今計劃中인ᄃᆡ該銀行의資力은一千萬圓以上에達ᄒᆞᆷ으로써債券總額一千萬圓을發行코져ᄒᆞ나經濟界의事情과大藏省의意見을因ᄒᆞ야或五百萬圓에止ᄒᆞᆯ듯ᄒᆞ며其발行時期와발行條件과利率은協議中이라더라

○亞然의贈品 亞然丁國海相은日本水行社에高가二尺餘되ᄂᆞᆫ軍神像을紀念으로贈送ᄒᆞ엿다더라

○漁夫銃殺誤傳 沿海州漁區에셔日本漁夫가露國官憲에게銃殺되엿다ᄂᆞᆫ事ᄂᆞᆫ日本漁[illegible]同地勞働者가爭鬪ᄒᆞ야日本[illegible]夫一名이死ᄒᆞᆫ事의誤傳이라

以上東京발 七日着

○滿朝顚覆密謀 淸國革命黨은一擧ᄒᆞ야滿洲朝廷을顚覆ᄒᆞᆯ事를秘密히計劃中이라ᄂᆞᆫ飛報가北京政府에達ᄒᆞ엿ᄂᆞᆫ故로北京政府ᄂᆞᆫ大段震駭ᄒᆞ고各大臣은軍機處에會集ᄒᆞ야[illegible]를開ᄒᆞ엿다더라

北京發 七日着

○電線切斷 北蒼坪과慶源及北蒼坪과穩城間에電柱各柱式을切斷ᄒᆞ고電線約十八餘를物去ᄒᆞ엿ᄂᆞᆫᄃᆡ此ᄂᆞᆫ義兵所爲라고嚴重히探偵中이라

羅南發 七日着

▲碩鼠六章▼

▲碩鼠碩鼠아蠹一國兮病民[illegible]
니傳染症이流行ᄒᆞ야一陣菌[illegible]
飛到處에金銷石礫더惡物은
穿我屋ᄒᆞᆯ지어다

▲碩鼠碩鼠아稍々蠶食槿化
니六里靑山餘存이라爾齒何
如哉인고飽枵腹兮不厭ᄒᆞ니
穿我屋ᄒᆞᆯ지어다

▲碩鼠碩鼠아處々荒蕪川野
에爲窟宅兮奠居ᄒᆞ야 國膏
吸盡ᄒᆞ고潤爾毛兮橫行ᄒᆞ니
穿我屋ᄒᆞᆯ지어다

▲碩鼠碩鼠아森林間에搆居
고叅天상樟嚙盡ᄒᆞ야童濯靑
되엿스니奸腸凶肚可畏로다
穿我屋ᄒᆞᆯ지어다

▲碩鼠碩鼠아無物不食더毒
ᄂᆞᆫ處々鑿穴入處ᄒᆞ야田畝間
蠹食ᄒᆞ니蓄儲已空憂歎이라
穿我屋ᄒᆞᆯ지어다

▲碩鼠碩鼠아山河間에遍滿
야千百爲羣入居ᄒᆞ며食我摠
已盡ᄒᆞ니無秋望을엇지ᄒᆞᆯ[illegible]
穿我屋ᄒᆞᆯ지어다

社告

左開三郡에支社를設立ᄒᆞ엿ᄉᆞ오니各該附近地에셔本申報購覽僉君子ᄂᆞᆫ各該支社員과交涉ᄒᆞ시옵

龍岡 郡山南面紅門洞 宋昇煥
全州 府東壹契四統九戶 李興鳳
龜城 郡芳峴面 南市洋藥局 崔禮洛

大韓每日申報社

雜報

◎曆書定價 學部에셔隆熙五年度曆書를目下編纂ᄒᆞᄂᆞᆫ中인ᄃᆡ賣卜方針은京城에二十八大邱、平壤、釜山、仁川、鏡城、海州、元山、咸興、義州等地에ᄂᆞᆫ各二人式으로其他各郡에ᄂᆞᆫ各一人式으로選擇ᄒᆞᆯ터이오定價金은五錢式으로決定ᄒᆞ얏다더라

◎醫院施痘 官立漢城高等學校一年級生徒一百二名은來十日大韓醫院에셔種痘를施術ᄒᆞᆫ다더라

◎因散辭免 國民協成會長高稷鉉副會長朴允奎兩人은辭免請願을提出ᄒᆞ엿다ᄂᆞᆫᄃᆡ其內容인즉經費가窘拙ᄒᆞ야不遠間解散될影響을因ᄒᆞᆷ이라더라

◎孫家賊警 典農洞居孫興成氏家에ᄂᆞᆫ去四日午后十一時에强盜가突入ᄒᆞ야兇器로主人을橫刺輕傷ᄒᆞ엿다더라

廣告

平和協會에셔太極敎員一同을引入ᄒᆞᆫ다ᄒᆞᆷ은虛無說일ᄲᅮᆫ外라該會主唱沈日澤은本敎에셔素昧不知人이니以此照亮ᄒᆞᆷ

太極敎宗本部 告白

檀君開國四千二百四十三年
箕子元年三千三十二年
大韓開國五百十九年
本報創刊日 光武八年七月十八日

大韓每日申報

發行兼編輯人 英國人 萬咸
Responsible for Publication Alfred Weekley Marnham
發行所 京城南部石井洞三層洋屋 大韓每日申報社
第八卷 月曜及慶節歲時日休刊 第壹千四百七號

論說

支那關係

支那의幅圓이鴨綠江一帶를隔호야大韓과最近호接境이라엇지關係가無타호리오支那의政治가益々腐敗호미東西列强에셔蚌鷸의勢를作호야滿洲와西藏等地가分裂호と境에至호엿스니巨大호域이日益減縮호야泰西人의注目地가되엿도다由是로民情이沸鬱호야革命黨과改革黨이從中而起호야戒嚴이未息호니國力의萎縮과政界의衰頹と此를推호야可知홀者이로다

政黨에셔と仕宦熱에奔競이日生호고人民은鴉片煙에精神을日失호야西國人이支那人을犧牲으로待호며草芥로視호야羈絆中에陷落호엿스니實로哀憐홀바이로다

東洋一局이鼎峙의勢를成호야土地가接隣호엿슨즉萬一支那一幅이缺裂되と同時에と席捲의勢를免키難호다홀지니其防禦홀策이何에在호고支那에셔と國庫가尙充호엿고軍備가尙存호엿스니秦兵이尙强호다謂홀지라天下의第一中心地에據有호야軍艦과砲駁을增設호야强大호力을養成호며要衝港灣에防備를設置호야外侮를禦호기가容易타홀지어놀長夜昏夢이支那人의心神을深鎖호야冥頑不覺호と情態가有호니비록天府金湯의田野를據有호엿슬지라도人智가未開호면支나의所有홀바이아니오金銀銅鐵이如山積置홀지라도國力이衰微호면支那의所有홀바이아니라可爲홀勢를持호고振作홀能力이無호야西人中에셔漸々流入호야餓虎口中에弱肉을投호엿스니엇지愛惜지아니호리오林忩호人口가黑洞中에在호야東西를不分호고腫睫이朦롱호야昏不省호と人類를叱責키と難호나其土地의廣大와物産의豊阜と東洋에最要호幅圓이라大韓과物貨貿易이關係가尤近호즉彼壯此壯호고彼衰此衰호と影響이不無호야玆에慨歎호と바이어니와現今大韓形便을比較的으로觀호면貧弱호情況이誰가優호며誰가劣호다호리오困瘁民情과衰敗호政治가一轍에歸호다홀지나支라と元來로物衆地大호國이라

一邊의土壤을雖失홀지라도九牛의一毛와如호야容易히凌踏기는不能호나大韓은幅圓이三千里에過치못호고人衆은二千萬에過치못호야一片孤棹가漏船의患이迫頭호야陸沉호と地頭에至호엿스니救濟홀方策이全溷호엿도다一團生脈이民智에발不發에在호니國力만强壯호면已衰호政治도可히振興홀日이有호고已失호土地도可히恢復홀日이有호다홀지니吳江落日에項籍의絶望心을두지말고捲土重來홀思想을醸出호야强壯호力이復生호면獨立의基礎를可圖홀지니大韓國人士と엇지支라人과同一히暗黑時代에在호야國粹를渾失호리오死地에陷호然後에生호고亾地에置호然後存호나니今日을當호야激烈호熱誠으로國民義務를固守치아니호면國力을圖生키難홀지라東局天地에愁雲凄風이滿目慘淡호야擾攘호世界에一隅를保全홀道가有호리오大韓人民은支나의衰頹를前轍의戒로作호야百般奮勵호며百倍圖治홀지어다

社告

本社位置를本日에 京城 中部
布廛屛門 二宮街二層洋屋으로移設호오니本報를愛讀호시と 僉君子と照亮호심을望홈

大韓每日申報社

官報

◎第四千六百九十九號

▲▲隆熙四年 六月八日 (水曜)

豫算及豫備金支出

豫備費金中支出額을左갓치內閣會議를經호後上奏호야可라호신旨를奉홈

隆熙四年六月六日
內閣總理大臣臨時署理
內部大臣 朴齊純
度支部大臣 高永喜

隆熙四年度度支部臨時部京城及平壤所在官廳水道布設費 一四、三二三〇〇〇

隆熙四年度農商工部臨時部共進會出品費 四、九六五〇〇〇

內閣告示第六十四号

暴動及謀殺犯李江山、同朴致一、同鄭演述、同朴章奉、同徐成學、同梁昌國强盜傷人犯金日洙謀殺犯金轉伊本月二日大邱監獄에셔絞刑의執行을了호事로右告示홈

隆熙四年六月七日
內閣總理大臣臨時署理
內部大臣 朴齊純

內部告示第五六號

美國桑港朔都街第二一九八號在留崔正益발行
新韓民報 第一八三號

美領布哇호놀누루엘너街第一三一三號在留洪宗杓발行
新韓國報 第一五號

露國海蔘威고레이스사야街第六七号居住露國人니쏠라이유가이발行
大東共報第二二號同第二三號

右新聞紙と治安을妨害홈으로認호엿기新聞紙法第三十四條를依호야隆熙四年六月二日에該新聞의발賣頒布를禁止호고此를押收홈

隆熙四年六月六日
內部大臣 朴齊純

敍任及辭令

○五月十四日 長島敬二郎 任郡主事叙判任官五等
○五月二十日 峯島良平 任道技手叙判任官三等
○五月二十四日 小田切萬吉 任道主事叙判任官四等
○五月二十六日 小林義夫 任郡主事叙判任官五等
○五月二十七日 前坂十兵衛 任郡主事叙判任官四등
○五月三十日 古賀只平 任郡主事叙判任官三等 細田胖 任道技手叙判任官三等 郡主事古賀只平 任道主事叙判任官三등 船津貞數 任郡主事叙判任官五等 度支部事務官阿部秀太郎 依願免本官
(五月三十一日內閣)

外報

◎倫敦一周 倫敦電報를據호즉飛行家화이트氏と本月三日에飛行機를乘호고倫敦市를一周호얏다더라

◎克島仲裁說 維也納來電을據호즉土耳其新聞(타님)은크리트問題이解決을海牙仲裁々判에附홀事를提議호얏다더라

◎土國의對希敵愾 維也納電報를據호즉土耳其國모나즈치ㅣ루에셔と希臘國에對호야義勇兵을募集호다더라

◎露國의貿易獎勵 上海電報를據호즉露國商工部에셔と海外貿易을獎勵호기爲호야在外領事로하야곰特히各々駐在國의商工業에注意호야外國貿易에關호領事의職務를商工部에集中홀計畫으로方今準備中이라더라

◎南京博의騷動 南京來電을據호즉南京博覽會開會式擧行中에革命黨의嫌疑者가場內에入호라홈으로一時混雜을成호얏다더라

◎徐世昌歸任 北京來電을據호즉津浦鐵路督辦大臣徐世昌氏と津浦鐵路其他視察을終호고去三日에歸京호얏다더라

◎露國의採炭開始 奉天來電을據호즉露國은東淸沿線三十里以內의炭礦은條約에依호야採掘의權이有호다호고吉林省龍濱府炭礦의採掘을開始호엿스나淸國은此에對호야抗議를提호고工事의中止를迫호라고方今交涉中인ᄃᆡ淸國外務部에셔と錫總督에게對호야事實을明白히調査호后에主權을保維호라고命令호얏다더라

◎軍用氣球의成功 倫敦來電을據호즉英國軍用氣球船은本月四日에황바로와倫敦間을約二時十五分間에駛走호后센도보ㅣ루寺院을一周호고無事히下來호얏다더라

◎借欵拒絶 北京來電을據호즉英、美、法、德各銀行家と協議호고淸國政府에對호야鐵道借欵의契約履行을談判中이라호と故로淸國川、漢、兩地의紳商등은借欵拒絶協會를開호고四川及外務部에對호야借欵拒絶홀事를電請호얏다더라

◎軍備制限 美國電報를據호즉美國大統領은世界平和를障호기爲호야各國의陸海軍制限홀目的으로써平和會議開홀計畫으로委員五名을選엿とᄃᆡ委員長은루스벨트氏擧홀뜻호다더라

◎飛行家의名譽 倫敦電報據호즉去番에飛行機를乘호포푸아ㅣ海峽을往復호야空의成功을得호英國飛行家로루氏と今에英國황帝及歐米國의多數호賞贊과盛大호祝를受호다더라

◎日記者言論 露國沿海州區에셔日本漁夫二十名이露官憲에게銃殺됨은既報와如거니와日本新聞에と此가果實相이면其是非의如何를勿호고日本은默過호지못홀重호事件이라日本漁夫中에往히不法行爲를行호と者有호二十名이나銃殺홈은未曾有事인즉當局者と速히其事實調査호고同時에沿海州에在日本漁夫에게對호야十分警를加홀것이라然이나日露關가益々親厚호게되と今日에斯호事가有홈은甚히遺憾라고揭載호얏다더라

學界報

◎松校盛况 松禾郡日新學校에셔去月二十八日에卒業式擧行호엿と디高等科卒業生李春澤趙承浩吳德善宋容植逢春이오女學校優等卒業生吳괴荀河東玉인디來賓諸氏出捐施賞이夥多호엿다더라

詞藻

◎鍾 路◎ 澆玉山人

通街車馬夜無閒小巷細渠轉
般人心可奈不如彼염예瞿塘
寸間

·記者曰王道平平大道如砥
人人心得平

宮廷報

◎兩君陛見 完興君李載冕永宣君李埈鎔兩氏는再昨日下午二時에 德壽宮에 陛見ᄒᆞ엿다더라

◎淸豐陛見 既報와如히淸豐郡正李海昇氏를淸豐君을封ᄒᆞ엿는ᄃᆡ該氏가再昨日下午三時에 昌德宮에 進詣受勅ᄒᆞ고因ᄒᆞ야 陛見ᄒᆞ엿다더라

雜報

◎兩察遷轉說 新任統監歸任ᄒᆞᆫ後에는內藏院卿崔錫敏氏는水原觀察使로金思默氏는全南觀察使로轉任ᄒᆞᆫ다더라

◎宮相運動云々 前判書閔泳璘氏는宮相을期於히運動ᄒᆞᆯ計劃인ᄃᆡ數百石秋收ᄒᆞ는田庄을放賣ᄒᆞᆯ次로目下運動中이라더라

◎秘運云云 前判書金宗漢氏는何等秘密運動이有ᄒᆞᆫ지農圃居鄭庠敎氏를日前日本에潛送ᄒᆞ엿는ᄃᆡ鄭氏가寺內統監歸任時에同伴歸國ᄒᆞᆯ깃다는電信이日昨其本家에來到ᄒᆞ엿다더라

◎桐原入京 歸국ᄒᆞ엿던南부警察署長日人桐原은再昨日下午八時에入城ᄒᆞ엿다더라

◎設巡金浦 內부에서는金浦郡에警察署를新設ᄒᆞ고日人秋山英太郞으로署長을新任ᄒᆞ엿는ᄃᆡ陽川通津等郡을管轄케ᄒᆞ엿다더라

◎毁門報部 三水北靑等郡의門樓를公매ᄒᆞᆯ意로該道觀察使가內部에修報ᄒᆞ엿다더

◎身後陞級 京畿觀察使金思默氏가內部에報告ᄒᆞ기를故坡州郡守洪禹觀氏를陞級ᄒᆞ라ᄒᆞ엿다더라

◎慰金助喪 故坡州郡守洪禹觀氏에게慰勞金二百圜을支給ᄒᆞ기로決議ᄒᆞ엿다더라

◎阿部辭職 度支部事務官阿部秀太郞은今番에辭職ᄒᆞ고韓國銀行에入ᄒᆞ엿다더라

◎李高의旅費出處 向日에渡日ᄒᆞᆫ李人稙、高義駿兩人의旅費出處에對ᄒᆞ야某處의言을聞ᄒᆞᆫ즉李完用及趙重應兩氏가李人稙에게는五千圓高義駿에게는二千五百圓을지給ᄒᆞ엿다ᄒᆞ더라

◎楸韆消暢 前參政韓圭卨氏는陰曆端陽이臨ᄒᆞᆷ을故로該家後園에少室及子婦의兩楸韆을設繫ᄒᆞ고出入門은近午天이라[illegible]門이라大書特書ᄒᆞ고每日其楸韆情態를觀覽ᄒᆞ기로消日ᄒᆞᆫ다더라

◎調査高校 學部에서昨日에主事金東勳氏를官立漢城高等學校에派送ᄒᆞ야會計文簿를調査ᄒᆞ엿다더라

◎前尉官採用 武家後裔로參副尉를被任ᄒᆞ엿다가年前解隊後에無所事爲ᄒᆞ야生活程度가困難ᄒᆞᆫ者는警視廳에서特別히巡査로採用ᄒᆞ엿는ᄃᆡ俸金은十圓으로十二圓ᄭᆞ지磨練ᄒᆞ엿다더라

◎金奪崔妾 一進會員崔晶圭는惠泉館附近에得妾置家ᄒᆞ고三年을同居ᄒᆞ엿는ᄃᆡ日前北間島에出張ᄒᆞᆫ警視金海龍氏에게見奪ᄒᆞᆫ바된故로崔也가警察署에呼訴ᄒᆞᆯ次로目下周旋中이라더라

◎誘引入會 龍山金聖學家에寄留ᄒᆞ는一進會員韓廷俊은該洞池台謙을符同ᄒᆞ고近地愚氓을煽惑ᄒᆞ야一進會天道敎에入參ᄒᆞ게ᄒᆞ고勢力을誇張ᄒᆞ되李容九가未久에總理椅子를入據ᄒᆞ면雖新入敎人이라도郡守一窠는唾手可得이오龍山에侍天敎人이四十名에達ᄒᆞ면李容九가金貨一萬圓을支出ᄒᆞ야敎堂도建築ᄒᆞ고學校도刱設ᄒᆞᆯ預定이니其時에有給俸ᄒᆞᆫ任員은本土敎人으로組織ᄒᆞᆫ다ᄒᆞ는故로無識輩가此言을信聽ᄒᆞ고互相勸入ᄒᆞᆫ다더라

◎政友開會 政友會에서는來十曜日에定期總會를開ᄒᆞᆯ터인ᄃᆡ此를準備ᄒᆞ기爲ᄒᆞ야昨日下午一時에議事員會를開ᄒᆞ고事務를處理ᄒᆞ엿다더라

◎請願提出 政友會에서昨日下午一時에議事員會를開ᄒᆞᆷ은別項과如ᄒᆞ거니와該會總裁金宗漢氏는總裁에任을辭免ᄒᆞᆯ計劃으로請願書를提出ᄒᆞ엿다더라

◎查淫查妾 警視廳에서各人의妾室有無를調查ᄒᆞᆫ다ᄒᆞᆷ은已報ᄒᆞ엿거니와其內容을聞ᄒᆞᆫ즉密매淫女를調查ᄒᆞ는事에關ᄒᆞᆷ이라더라

◎龍川事未決 龍川事件에控訴ᄒᆞᆫ人員이黃菊保宋子賢黃菊晩李根산李成學張竹燮六人인ᄃᆡ姑未判決이라더라

◎何不悛改 扶安郡居財産家李宗洙氏는無子ᄒᆞᆷ을因ᄒᆞ야其族子李再烈로螟蛉子를定ᄒᆞ고掌禮院禮斜를出ᄒᆞᆫ바再烈에爲人이極히浮浪ᄒᆞ야財産을難保ᄒᆞ깃기로該氏가四百五十石秋收ᄒᆞ는田庄을分給以送ᄒᆞ고掌禮院에禮斜를還納ᄒᆞ고更히李泰玉으로嗣子를定ᄒᆞ엿는ᄃᆡ再烈은前習을不悛ᄒᆞ고財産에慾火가發ᄒᆞ야金力으로禮斜를還覓코저ᄒᆞ여全州郡居李元相氏를紹介ᄒᆞ야分給ᄒᆞᆫ田庄을金八千圓에日人頭山礦業에게典執ᄒᆞ엿다가全數見失ᄒᆞ고如干家産을放賣ᄒᆞ야上京運動ᄒᆞᆯ計劃으로ㅁ下花開洞等地에逗留ᄒᆞ며幾個同類가年少婦女를誘引潛滯케ᄒᆞ며內大의狎客某를締結ᄒᆞ여禮斜를還覓ᄒᆞᆫ다ᄒᆞ고諸般行爲가甚히荒唐ᄒᆞ다더라

◎淸民推金 寺洞居沈홍澤氏는年前淸州地方隊參領으로在任時에多數民財를奪取ᄒᆞᆫ事件이有ᄒᆞᆷ으로該郡人民等이右金을還覓ᄒᆞᆯ次로日前日憲兵司令部에呼訴ᄒᆞ야沈氏가被捉ᄒᆞ엿다더라

◎淫性易叢 北部花開洞居進士文章博氏의妾은密賣淫ᄒᆞ다는ᄃᆡ雇傭女十三四歲된女兒를無端이種々毆打ᄒᆞ야該女兒情狀이矜惻ᄒᆞ다는所聞이浪藉ᄒᆞᆷ으로所管警察署에서注目中이라더라

◎技金訴警 前郡守白南奎前副尉金重鉉兩氏가寺洞李召史를紹介ᄒᆞ야廟洞朴式裕氏를誘引後技局을設ᄒᆞ고金貨一千六百圓을取食ᄒᆞ엿다는ᄃᆡ朴氏는該金額을還推次로所管警察署에告訴ᄒᆞ엿다더라

◎查認卞丹 洞口內居卞容圭氏는化生丹이라는丸藥을發明製造ᄒᆞ야營業次로內部衛生局에請願ᄒᆞ고檢查ᄒᆞᆫ後認許ᄒᆞ라ᄒᆞ엿다더라

◎演草報部 去五日에長湍郡皐浪浦私立普창學校에서進級式을擧行ᄒᆞᆯ時에該郡守李奭宰氏가學徒에게對ᄒᆞ야時局에關ᄒᆞᆫ趣旨를激切히演說ᄒᆞ엿다는ᄃᆡ該地警察署에서該演說草를內部로謄報ᄒᆞ엿다더라

◎支店實行 韓美商業株式會社의本位置는北美桑港에在ᄒᆞᆫᄃᆡ高京呂徐基豐林泰浩諸氏가平壤에支店을設置ᄒᆞ고爲先染織等諸般事業을着手實行ᄒᆞ는ᄃᆡ將來에大發展될希望이有ᄒᆞ다더라

◎敎堂新築 天道敎에서北部安洞金鎭爀氏家舍를買收ᄒᆞ엿다ᄒᆞᆷ은既報어니와敎堂을新建築ᄒᆞᆯ次로再昨日부터工役에着手ᄒᆞ엿다더라

◎毆人何事 苑洞居李秀賢氏가姜興周氏를毆打ᄒᆞᆫ事로北部警察署에被囚ᄒᆞ엿다가說諭放送ᄒᆞ엿더니姜興周氏의病勢가危重ᄒᆞᆷ으로李秀賢氏를再次提囚ᄒᆞ엿다더라

◎僞票申訴 公州郡居崔敎說氏가三錢郵票一枚를僞造ᄒᆞ엿다가事實이發現되야所管裁判所에서役八個月에宣告ᄒᆞ엿는ᄃᆡ該氏가不服ᄒᆞ고日前控訴院에申訴ᄒᆞ엿다가退却을遭ᄒᆞ엿다더라

◎書記逮捕 日本東京帝國大學校書記渡邊馬太郞(年四十七)은昨年春으로부터酒色에浸惑ᄒᆞ야自已의管理ᄒᆞ는官金數千圓을盜用ᄒᆞ고此가발覺될새ᄒᆞ야日本京都로逃亾ᄒᆞ엿다가同地警察官에게逮捕되야本月三日에東京으로護送ᄒᆞ엿다더라

◎金犯退訴 京城地方裁判所에서强盜犯金致祚를處絞에宣告ᄒᆞ엿더니不服ᄒᆞ고又爲控訴院에控訴ᄒᆞ엿더니該院에서退却ᄒᆞ엿다더라

◎窃盜被捉 新門外居李元春등二人은窃盜嫌疑로再昨日所管警察署에被捉ᄒᆞ엿다더라

◎崔犯押上 高陽分遣所에서强盜犯崔泰平을日昨에地方裁判所로押上ᄒᆞ엿다더라

◎退任選任 助産婦養成所에서一般任員이辭退ᄒᆞᆷ은既報어니와該所에서日昨에更히任員을選定ᄒᆞ엿는ᄃᆡ所長은前判書閔泳린氏夫人으로副所長은親衛府長官李秉武氏妾崔星卿以下諸氏라더라

◎靑會演劇 今日下午八時에鍾路靑年會舘內傳道會에서活畵演劇을開ᄒᆞ고入場券을使用ᄒᆞᆫ다더라

◎嶠會寄金 三昨日嶠南學生親睦會에서獎忠壇內에運動을設行ᄒᆞ엿는ᄃᆡ當日捐助ᄒᆞᆫ諸氏가如左ᄒᆞ니李熙眞金十圓張吉相徐相巨趙鏞洛各金五圓崔寅薰金五圓空冊六十部鉛筆十二打朴重華日語讀本二十部朴晶東金一圓鉛筆六打李恩雨三圓金洛憲尙灝李謙來朴斗榮金永基卞永周張주軾各 圓任炯準權重燮李錫炳金秉孝河中煥金性기孫永穆朴海默各一圓인ᄃᆡ其感忍을稱頌ᄒᆞ다더라

◎慈善演會 韓日婦人會에서는私立淑明高等女學校에捐助ᄒᆞ기爲ᄒᆞ야明日下午六時부터來十三日ᄭᆞ지靑年會舘內에서慈善演奏會를開ᄒᆞᆫ다더라

◎三日休刊

本報舘을今日에移轉ᄒᆞ는ᄃᆡ諸般事務를整理ᄒᆞ기爲ᄒᆞ야三日을休刊ᄒᆞ엿다가來火曜日에繼刊ᄒᆞᆷ

◎活動誤傳 昨報에揭載ᄒᆞᆫ바金永鎭氏가團成社에서活動寫眞을設行ᄒᆞᆫ다는說은初無是事라더라

電報

◎生産調査會 日本生産調査會는本月廿日부터廿五日ᄭᆞ지農商務省에서開會ᄒᆞ기로決定ᄒᆞ얏다더라

◎大邱觀光團 慶尙北道觀察使의主催로向日에渡日ᄒᆞᆫ觀光團三十名은本月七日에東京芝濱離宮을拜觀ᄒᆞ얏다더라

◎實業團着漢 向日에渡淸ᄒᆞᆫ日本實業團一行은本月六日에漢口에着ᄒᆞ얏다더라

以上東京발 七日着

◎統監의隨員 寺內統監渡韓時에隨行員은秘書官大城戶宗重과陸軍大臣秘書官津野少佐兩人이라더라

◎參謀長의謁見 方今參謀長會議로因ᄒᆞ야上京ᄒᆞᆫ日本各鎭守府要港部參謀長等은昨日에伊集院軍司令부長과同伴參內ᄒᆞ야日本皇帝ᄭᅴ拜謁ᄒᆞᆫ后別殿에서茶菓를賜ᄒᆞ얏나더라

◎排日韓國人 沿海州에在ᄒᆞᆫ排日韓人等은合邦이되면北間島及北韓地方에暴動을起ᄒᆞᆯ計劃이라더라

◎都府와高粱酒 日本關東都督府의中央試驗場에서는高粱酒를改良ᄒᆞ라고熱心研究中이더니今番에奉天에서一大釀造場을建設ᄒᆞ고本年夏季부터釀造에着手ᄒᆞ야一箇年에三千石을釀造ᄒᆞᆯ豫定이라더라

◎水野來韓 方今滿洲를視察ᄒᆞ는日本內務參事官水野錬太郞은本月十八日頃에來韓ᄒᆞᆫ다더라

◎外相과滿韓 日本政友會의滿韓調査委員은日本小村外相과會見ᄒᆞ고滿韓問題에對ᄒᆞ야意見을問ᄒᆞ엿는ᄃᆡ小村外相의答辭는大段秘密에附ᄒᆞ는故로推測키難ᄒᆞ다더라

以上東京발 八日着

廣告

載寧郡牛頭川面新山村居宋胤弼半篆圖章과子濟憲半篆圖章을今六月五日夜賊漢에게見失故玆以廣告홈 宋胤弼 白

西部盤松坊冷洞一百七十四統十戶草家四間文券을休紙中셔失入火故로玆에廣告홈
家舍主 朴順景 告白

本社에셔商法을依ᄒᆞ야事項을變更ᄒᆞ고京城區裁判所登記公告를承ᄒᆞ야十三道各郡各浦各驛에支店을設置ᄒᆞ고營業目的을左開廣布ᄒᆞ오니內外國 僉君子ᄂᆞᆫ照亮ᄒᆞ시와多少物品을本社에委托ᄒᆞ심을仰要

營業目的
一 河舟運送及陸揚積載
二 鐵道牛馬車運送及人夫請負
三 委托品賣買業

京城南門外御成町拾番戶
日韓運送合資會
社長 李基東 白

本人의堂叔母尹氏가年今五十六이온ᄃᆡ數年來로失性ᄒᆞ시와或無時出他이옵더니陰四月十八日에又以徒襪無履로出他無方이온바四探幾日에尙無蹤迹이오니誰某間幸或知得逓奇ᄒᆞ시면當自厚謝其恩ᄒᆞ깃슴
平北定州南面 里禮洞金창億

本館이權鍾律氏를解雇ᄒᆞ엿ᄉᆞ오니內外國人우以此照亮홈
釜港韓興書館主 金泰衡

本人瓦家二十三間洋鐵假家四間草家一間家券一度셔失故廣告ᄒᆞ엿더니該家券을衣장中에서偶然出現故玆又廣布홈
西部盤石坊舊巡廳契紫岩四十六統十二戶 戶主 朱學根

紙物貿易에迅速

(廣告文)

●弊店에서各種紙物을直輸入ᄒᆞ와地方同業 僉位와其他 僉彥에게特別廉減價로酬應ᄒᆞ깃사오니不拘多小ᄒᆞ시고註文ᄒᆞ시면郵便小包와運送部를經過ᄒᆞ와迅速히付呈ᄒᆞ깃슴
物價表와品錄書를無料로付呈ᄒᆞᆷ

內外國紙物大發賣

品高價低에爲主홈

(品目略錄)

●壯紙、油壯板紙、窓戶紙、白紙、塗비洋紙、書畵各種、天井紙、古査紙、印札紙、半紙、美濃紙、製圖紙、書簡紙、封套紙、其他學校用品筆墨各種具備

漢城鍾路大廣橋
本店 紙物舖 金聖煥
電話 一千二百八十番
支店 漢城北部安洞別宮前

學部檢定

新訂大數學敎科書

李敎承 著

敎育界의啓明星이오 數學家의羅盤針이라

定價金一圓二十錢 洋裝美本 印刷精密

本書ᄂᆞᆫ學部數學檢定에屬矢가되엿ᄉᆞ오며一般高等敎育上에不可缺홀 珍書라

預約募集

預約割引은同業者의게ᄂᆞᆫ部數에依ᄒᆞ야多小가有ᄒᆞ오니書信或面議ᄒᆞᆷ
신을望ᄒᆞᆷ個人預約은先金에限ᄒᆞ야二割引으로酬應ᄒᆞᆷ
但學生拾人團體가有ᄒᆞᆯ時ᄂᆞᆫ該紹介者에게ᄂᆞᆫ三割引外特히一部를進呈

豫約期限은六月十日까지定홈

元發賣所 漢城鍾路 滙東書林

京西部車洞同和藥房 本國材로洋製ᄒᆞᆫ引蘇丸이消滯止泄滅毒ᄒᆞ고付屬ᄒᆞᆫ八十餘種이俱備大發行ᄒᆞ오 閔權 白

學部檢定 內部認可

漢文初學

一帙四冊 (每一冊十四錢)

本書ᄂᆞᆫ一般私立學校初等敎育漢文科에適當케編纂ᄒᆞ온新刊發行이오며其他各種新書籍及學徒用品이俱備온바特別割引ᄒᆞ와一依請求ᄒᆞ심을酬應ᄒᆞ오며郵便과或運送部로迅速히付呈ᄒᆞ깃ᄉᆞ오니學界에注意하시ᄂᆞᆫ京鄉僉位ᄂᆞᆫ愛顧ᄒᆞ심을務望

元賣所京南部学洞十七統十戶
廣文堂書舖 南鴻祐
分賣所京鄉各有名書舖

本店에서開業ᄒᆞᆫ지十六年間僉君子의愛顧ᄒᆞ심을特蒙ᄒᆞ와今年부터業務를大擴張ᄒᆞ고春夏秋冬所用으로絨屬毛織等各國高等物品을現今多數直輸入이온바各地方에서ᄂᆞᆫ貿易에便利賣買키爲ᄒᆞ야特廉減價ᄒᆞ와郵便小包로酬應ᄒᆞ야代金은引換ᄒᆞ깃사오니十三道各郡僉君子ᄂᆞᆫ隨意請求ᄒᆞ심을望

振替貯金番號 (韓國壹三三番)
電話番號 (三五八)

漢城中部鍾路砂器廛洞二十一統五戶
廣興泰 告白

◎特別廣告

◎本店을開業ᄒᆞᆫ지數十年以來에 僉君子의愛顧ᄒᆞ심을蒙ᄒᆞ온바更히報答ᄒᆞ기爲ᄒᆞ와業務를擴張ᄒᆞ고內外各樣紙物과布木紬緞이며政府委托度量衡器과學校用品을新選最良으로直輸入ᄒᆞ와特廉減價로多小間遠近을勿論ᄒᆞ고請求ᄒᆞ시면運送部郵便小包며引換代金으로酬應을迅速히貿易에益々便利로옥施行ᄒᆞ깃ᄉᆞ오니諸君子ᄂᆞᆫ照亮愛顧ᄒᆞ심을伏望홈

各樣紙物
壯紙 壯版紙 窓戶紙
白紙 各樣書畵 塗背
洋紙 校科印刷洋紙
斑子紙 封套紙 印札紙
製圖用紙 美濃 紙各樣

度量衡器部
자와 말과되와 저울
度器 量器 衡器等
類를販賣홈

京城鍾路通二十二統八戶
政府度量衡器販賣所
品紙商 鄭斗煥

電話壹千拾九番
電略語(정)(丁)

各種布木 紬緞
布。苧。木。紬。緞。
綿子。毛織

京城鍾路通二十二統八戶
木布商 鄭星煥

◎大韓全國에온本堂製造發行ᄒᆞᄂᆞᆫ藥品

消化新藥 **清心保命丹** 此丹은化痰止咳ᄒᆞ고順氣消滯ᄒᆞ며恒常長服ᄒᆞ면腸胃가健全

大補元氣 **蔘茸大補元** 大補元氣ᄒᆞ고滋腎健腦ᄒᆞ며先天不足과陽위不起에一切神効

蛔積殺虫散 此약은회積과회腹痛과회虫一切을去根ᄒᆞᄂᆞᆫ良劑

久滯大通丸 此丸은年久積滯와宿滯後重이며胃腹痛에神効莫大홈

瘡病新藥 **梅花點[illegible]丹** 毋論男女ᄒᆞ고花柳病楊梅瘡에一切去根快復하ᄂᆞᆫ良藥

眼疾速効 **光明眼藥** 諸般眼疾에隨症皆差ᄒᆞᄂᆞᆫ東洋에初有ᄒᆞᆫ寶藥

起死回生 **回生丹** 此丹은急ᄒᆞᆫ吐瀉關格이며가ᄉᆞᆷ아리와冷積과痢疾에神効

感氣神効 **解熱散** 寒熱往來ᄒᆞ며似학非학과頭痛眩暈과肢節痛에其効가偉大

齒痛新藥 **止痛健齒水** 虫齒와風齒와諸般齒痛에壹切神五

耳鼻聖藥 **耳鼻神藥** 無論男女ᄒᆞ고耳聾鼻窒이며[illegible]鼻에關ᄒᆞᆫ病은隨症並差

疝症根治 **疝積湯** 諸般산症에大談出賣홈

寸虫沒出藥 寸白虫을一切去根ᄒᆞᄂᆞᆫ妙劑

픠눈과못 **拔根藥** 픠눈과못과ᄉᆞ미귀를ᄲᆡᄂᆞᆫ藥

止足汗臭藥 手足의汗臭를除却ᄒᆞᄂᆞᆫ藥

去核生新 **沃度膏** 創瘡과腐傷과곱진ᄃᆡ去核生肌ᄒᆞ기ᄂᆞᆫ第一賛明

最新改良 **百應膏** 無論男女老少ᄒᆞ고毒瘡濕瘡瘰癧諸般瘰瘡에壹切特效가有

淋疾藥各種 淋疾各症에壹週日만服ᄒᆞ면根快復ᄒᆞ고腎氣가完全홈

◎遠地에ᄂᆞᆫ郵便[illegible] ◎賣藥各種◎都매散賣 包로申速酬應홈

漢城南門內濟堂大藥房 李庚鳳
代辦主任 李興國

大韓每日申報

[illegible]開國四千二百四十三年 / [illegible] / 大韓開國五百十九年 / 隆熙四年六月十四日

發行兼編輯人 李章薰
發行所 京城中部布廛屛門二宮街 大韓每日申報社

第八卷 月曜及慶節歲時休日休刊 第壹千四百八號

社說

無論何國이던지進化의程度를觀코저ᄒᆞ면報館의多少를先問ᄒᆞᄂᆞ니報館이[illegible]ᄒᆞ면何以人民의耳目을開悟ᄒᆞ며人民의知識을發展ᄒᆞ리오我韓의報館으로論ᄒᆞ면五箇所에[illegible]ᄒᆞ고或政府의機關도되며或某會의機關도有ᄒᆞ나惟一獨立者ᄂᆞᆫ皇城子已而오其餘數種雜誌ᄂᆞᆫ晨星夕暮에亦微ᄒᆞ야無窮ᄒᆞ니實노慨歎ᄒᆞᆯ者이로다

至若本報ᄒᆞ야ᄂᆞᆫ英人裵說氏의名義로設立ᄒᆞ고我會의有志人士가贊述ᄒᆞᆫ者인즉我韓國粹로同胞의精神喚醒ᄒᆞᄂᆞᆫ데主旨가正直ᄒᆞ고論述이激切ᄒᆞ야僉君子의愛讀을被ᄒᆞ야發賣數가萬餘枚에至ᄒᆞ얏스며號數가一千四百八號에達ᄒᆞ엿스니列强開進國의眼目으로觀ᄒᆞ면不足爲壯이어니와我韓의零星ᄒᆞᆫ報館으로觀ᄒᆞ면第一指에居ᄒᆞ엿도다

裵說氏에名義를萬咸氏가替代발刊ᄒᆞ더니近日에至ᄒᆞ야萬咸氏가무ᄉᆞᆷ事端이有ᄒᆞᆫ지知치못ᄒᆞᄂᆞᆫ바이나本報를徹廢歸國코저ᄒᆞᄂᆞᆫ지라萬一徹廢ᄒᆞᄂᆞᆫ境遇이면全國에耳目이復昏ᄒᆞ고國粹를難醒ᄒᆞᆷ을慨然ᄒᆞ야吾儕가資金을鳩聚ᄒᆞ야本報名義와活字機械等諸般什物의相當ᄒᆞᆫ價値로買收ᄒᆞ야引繼발刊ᄒᆞᄂᆞᆫ事이오他意ᄂᆞᆫ斷無ᄒᆞᆫ者인ᄃᆡ近日에閭巷風說이一傳再傳ᄒᆞ야或某處의셔四萬圓에買收ᄒᆞ엿다ᄒᆞ며甚至於大韓民報에셔ᄂᆞᆫ四萬圓에統監府로買收ᄒᆞ엿다ᄂᆞᆫ說이有ᄒᆞ다ᄒᆞ고揭載ᄒᆞ얏스니此等의風說이何處의셔生出ᄒᆞ얏ᄂᆞᆫ지尋究키不得ᄒᆞᆯ者이로다

本報가雖是英人의名義로발行ᄒᆞᆫ者이나其時에記事者도韓人이오論文者도韓人인즉激昂ᄒᆞᆫ言論과乏盡ᄒᆞᆫ辭意로一世를指導ᄒᆞᆫ者이로다吾儕ᄂᆞᆫ營業的을爲ᄒᆞ야引繼ᄒᆞᆫ者도아니오다만發世의經이一時라도無聲ᄒᆞ면同胞의聰明이從復昏迷ᄒᆞᆯ가憂慮ᄒᆞ야本報의主旨ᄂᆞᆫ一切不變ᄒᆞ고繼續발刊ᄒᆞᄂᆞᆫ[illegible]論說과其他記事者도其人이오秋毫라도差異ᄒᆞᆫ者이無ᄒᆞᆯ지니愛讀僉君子ᄂᆞᆫ엇지疑惑ᄒᆞ시리오마ᄂᆞᆫ[illegible]의으吾儕ᄂᆞᆫ以謂ᄒᆞ되外人의名義를借ᄒᆞ야我韓을喚醒ᄒᆞᄂᆞᆫ것보다我韓人의名義로我韓의國粹를喚醒ᄒᆞᄂᆞᆫ것시猶爲大幸이라ᄒᆞᄂᆞᆫ것은以若堂堂ᄒᆞᆫ獨立報筆로外人을依賴ᄒᆞ야他人의精神에遊泳ᄒᆞᄂᆞᆫ것시還爲可愧ᄒᆞᆫ事이라ᄒᆞ노라

此頭에記事와論述을次第로點檢ᄒᆞ면吾儕가食言이無ᄒᆞᆷ을可히洞亮ᄒᆞᆯ者인즉多語키ᄂᆞᆫ不願ᄒᆞ노라

然ᄒᆞ나政治에紊亂도可히警告ᄒᆞᆯ것시오教育의成就도可히奬勵ᄒᆞᆯ것시오實業의發展도可히指導ᄒᆞᆯ것시오工業의精巧도可히勉勵ᄒᆞᆯ것시오世界形便도可히明見ᄒᆞᆯ지니一日이라도停覽키難ᄒᆞ리로다

吾儕가敢히報筆을秉ᄒᆞ고同胞를警醒케ᄒᆞᄂᆞᆫ責任을負擔ᄒᆞᆫ다ᄒᆞ리오만ᄂᆞᆫ十數年以來로報館界에染跡ᄒᆞ야糟粕을稍解케ᄂᆞᆫ不能ᄒᆞ나前日에筆鋒을更磨ᄒᆞ야今世界에惡魔를驅逐ᄒᆞ고文化를導迎ᄒᆞ야前驅를作코저ᄒᆞ나識見이茫昧ᄒᆞ고文辭가荒蕪ᄒᆞ야同胞의叱責을免키不得ᄒᆞᆯ지나一半의精力을盡ᄒᆞ야世界에公議를收拾ᄒᆞ고自國의精神으로一紙나발간ᄒᆞ노니許越ᄒᆞᆫ訣를 恕亮ᄒᆞ시기를望ᄒᆞ노라

官報

◎第四千七百三號

▲隆熙四年六月十三日(月曜)

▲叙任及辭令

○五月三十日 大韓醫院醫官鶴田善重 兼任大韓醫院教授 渡邊彰 梅原三千 任郡主事敍判任官二等 小川雄助 平山猪之助 任郡主事敍判任官三等 酒技手宮川豐藏 任漢城府技手敍判任官四等 山田寶 任郡主事敍判任官五等

○五月三十一日 小柳直 井上一 任郡主事敍判任官四등 島田虎左久 任郡主事敍判任官五等

○六月二日 財務監督局主事吳憲均 任財務官敍奏任官四等

○六月三日 山崎眞雄 任郡主事敍判任官三등 石川與一郎 任郡主事敍判任官四等

○六月六日 瀨戶千治 任道主事敍判任官四등 道主事瀨戶千治 任道技手敍判任官四等

○六月七日 島田硏一郞 任郡主事敍判任官五等

○六月八日 財務監督局主事油谷保三 任財務署主事兼財務監督局主事敍判任官二等

○六月九日 [illegible]相 任新寧郡守敍奏任官四等 前郡守金承源 任延日郡守敍奏任官四등 佐竹義準 任土地調査局書記官敍奏任官一등 前財務官宋文賢 任財務官敍奏任官三등 度支部主事磯田多[illegible] 任度支部事務官敍奏任官四등 [illegible]技手林業[illegible] 任[illegible]技師[illegible]官四등 [illegible]技師岡[illegible]治 [illegible] 任農商工部技師敍奏任官三등 [illegible] 任[illegible]技師

○六月十日 財務監督局主事杉坂正直 任稅關主事敍判任官[illegible] 財務監督局主事李相英 依願免本官(以上六月七日度支部) 依願免本官建築所技手 福原六郎 (六月十日度支部)

◎社告

本社位置를 本月九日에 京城中部**布廛屛門二宮街** **二層洋屋**으로移設ᄒᆞ엿ᄉᆞ오니本報를愛讀ᄒᆞ시ᄂᆞᆫ 僉君子ᄂᆞᆫ 照亮ᄒᆞ심을望ᄒᆞᆷ

大韓每日申報社

外報

◎郵使排斥 伯林電報를據ᄒᆞᆫ즉土耳其國사로니가郵便局은從今으로希臘에셔오ᄂᆞᆫ書類及其他郵便物을取扱지아니ᄒᆞᆫ다더라

◎土墺外相會見 伯林電報를據ᄒᆞᆫ즉土耳其國外相리화도、바시야、ᄂᆞᆫ維也納을訪問ᄒᆞᆫ際에墺國外相에렌타루伯爵과會見ᄒᆞ고巴爾幹問題에關ᄒᆞ야懇切ᄒᆞᆫ談話를ᄒᆞ엿다더라

◎燒酎禁止禀請 奉天來電을據ᄒᆞᆫ즉淸國安東縣道台趙臣翼은安奉沿線地方民食缺乏에對ᄒᆞ야沿線의燒酎製造를禁止ᄒᆞᆯ旨를總督에게禀請ᄒᆞ엿ᄂᆞᆫ되總督은方今勸業商總會에諮詢中이라더라

◎葡國海軍擴張 倫敦來電을據ᄒᆞᆫ즉葡萄牙政府ᄂᆞᆫ戰鬪艦一隻과巡洋艦六隻과驅逐艦十八隻과潛航艇六隻을製造ᄒᆞᆫ다더라

◎루氏의調停 紐育來電을據ᄒᆞᆫ즉前美國大統領루쓰벨트氏ᄂᆞᆫ紐育에還着後共和黨一揆派와正統派의紛議를仲裁ᄒᆞ기爲ᄒᆞ야一揆派와會見ᄒᆞᆫ事를條約ᄒᆞ엿다더라

◎法國海軍費增加 倫敦電報를據ᄒᆞᆫ則今番法國議會에提出ᄒᆞᆫ法國海軍豫算은從來보담增加되엿다더라

◎英國政黨會議 倫敦電報를據ᄒᆞᆫ즉英國憲政上의危機를解決ᄒᆞᆫ目的으로써開ᄒᆞᆫ政黨會議ᄂᆞᆫ出席者ᄂᆞᆫ內閣員六名으로限ᄒᆞ고國民黨及勞働黨은必是招待치아니ᄒᆞᆫ다더라

◎淸人의活氣 紐育電報를據ᄒᆞᆫ즉美國桑港에在留ᄒᆞᄂᆞᆫ淸國人은本國과氣脈을通ᄒᆞ고米貨排斥을實行ᄒᆞ라고代表者를華盛頓에派遣ᄒᆞ야盛히運動을ᄒᆞ며淸國의移民에關ᄒᆞ야寬大ᄒᆞᆫ法을執케ᄒᆞᆫ다더라

◎日露關係論 伯林電報를據ᄒᆞᆫ즉露都新聞은日本伏見宮이露都에訪問ᄒᆞᆫ際에日露兩國은亞細亞에셔共同의利益이有ᄒᆞᆫ事를論述ᄒᆞ엿다더라

◎在野黨首領招致 倫敦電報를據ᄒᆞᆫ즉英國首相아스쿠이스氏ᄂᆞᆫ方今鄕舍에滯在ᄒᆞᄂᆞᆫ在野黨首領발화氏에對ᄒᆞ야今回에開ᄒᆞᆯ政黨會議에列席ᄒᆞ라고招待狀을발ᄒᆞ엿다더라

◎四川不穩 北京來電을據ᄒᆞᆫ즉革命黨은四川에셔擧事ᄒᆞ라고二萬餘에黨員을淸國成都에會集ᄒᆞ엿다ᄒᆞᆷ으로四川總督과成都將軍은此에對抗ᄒᆞ기爲ᄒᆞ야旗軍의急派와西藏에在ᄒᆞᆫ四川兵의招喚ᄒᆞᆯ事를請願ᄒᆞ야淸國政府ᄂᆞᆫ此를許ᄒᆞ엿다ᄒᆞ나此說은信키難ᄒᆞ다더라

◎抗州事件落着 抗州來電을據ᄒᆞᆫ즉淸國浙江省抗州本人商店을破壞ᄒᆞᆫ事[illegible]償一萬[illegible]店六戶[illegible]總商會周旋[illegible]三決ᄒᆞ엿다더라

世界歷史

[illegible]學校[illegible]포三의[illegible]은專히煩瑣哲學과[illegible]法을教授ᄒᆞ야又甚臆히兩語及醫學을教授ᄒᆞ고學醫學에至ᄒᆞ야ᄂᆞᆫ一[illegible]치아니ᄒᆞ며天文學은프[illegible]의天動說이盛行ᄒᆞ니되當時回教徒ᄂᆞᆫ學藝를크ᄒᆞ야其文化가歐洲諸國ᄒᆞ야西班牙ᄂᆞᆫ回教徒의在ᄒᆞ야歐洲學藝의中心現今歐洲諸國의所用ᄒᆞ比亞數字를初用ᄒᆞᆫ과代學酒精等의諸語가尙今을見ᄒᆞᆫ즉當時回教徒가世界의文明에裨益ᄒᆞᆷ이아니ᄒᆞᆷ을可知ᄒᆞᆯ너라

上述ᄒᆞᆷ과ᄀᆞᆺ치中世에ᄂᆞᆫ[illegible]然滅絶치아니ᄒᆞ고且古[illegible]間採用ᄒᆞ야雖其所說이相反ᄒᆞᆯ싸恐懼ᄒᆞᆷ으로羅[illegible]니ᄒᆞ엿스나然ᄒᆞ나第十[illegible]紀의文學者휴마니스트[illegible]ᄒᆞᆷ을賴ᄒᆞ야古學이再興(未)

詞藻

◎自由詞◎ 澆玉山

世間物々不相求走躍[illegible]
由擺脫十年依庇地豁[illegible]
前頭

記者曰爲飛魚躍各得[illegible]
以人而不如彼乎一朝[illegible]
習向豁然大公地上[illegible]
去不亦快乎

宮廷報

◎兩君陛見 再昨日은 延齡君配位南山郡夫人에 忌日인 故로 完興君李載冕永宣君李埈鎔以下宗族諸氏가 同日上午十一時에 德壽宮으로 陛見ᄒᆞ엿다더라

雜報

◎偷知自罪 新任寺內統監이 到任ᄒᆞᄂᆞᆫ 境遇에ᄂᆞᆫ 各官廳의 韓日官吏中에 行爲不正ᄒᆞ고 不合格者를 一一調査ᄒᆞ야 淘汰ᄒᆞ다ᄂᆞᆫ 說이 浪藉ᄒᆞᆷ으로 眞事實의 有無를 探知키 爲ᄒᆞ야 東西奔走ᄒᆞᄂᆞᆫ 者ㅣ 多ᄒᆞ다더라

◎宮相의 運動 宮內府大臣閔丙奭氏ᄂᆞᆫ 已已地位를 鞏固키 爲ᄒᆞ야 日人某高등官을 締結ᄒᆞ야 極力運動ᄒᆞᄂᆞᆫ 中이라더라

◎以詩慰問 總理李完用氏以下各大臣과 中樞院議長金允植、承寧府總管趙民熙、副總管朴齊斌、侍從院卿尹德榮其他某某紳士諸氏가 遞統監曾彌子爵의 慰問詩를 聯合題送ᄒᆞ엿다더라

◎爲慰前統 內閣書記官長韓昌洙氏가 內閣代表로 前曾彌統監을 慰問키 爲ᄒᆞ야 再昨日上午九時에 京釜線으로 발程渡日ᄒᆞ엿ᄂᆞᆫᄃᆡ 各大臣及其他高등官諸氏가 南大門停車場에서 餞送ᄒᆞ엿다더라

◎從以淘汰 內部岡次官이 辭任ᄒᆞ기로 內定이 되엿다ᄂᆞᆫᄃᆡ 발表가 되ᄂᆞᆫ 同時에ᄂᆞᆫ 該部地方局長府郡課長과 其他某某高등官이 遞任될이라ᄂᆞᆫ 說이 浪藉ᄒᆞ다더라

◎水守內移說 水原郡守金寬鉉氏ᄂᆞᆫ 新任副統監이 歸任後에 卽時內部次官을 被任ᄒᆞᆫ다ᄂᆞᆫ 說이 有ᄒᆞ다더라

◎南守大選 南陽郡守徐丙肅氏ᄂᆞᆫ 前事件을 因ᄒᆞᆷ인지 不遠間遞任이 되다더라

◎治療溫泉 錦陵尉朴泳孝氏ᄂᆞᆫ 宿恙을 因ᄒᆞ야 目下東萊溫泉에서 治療中인ᄃᆡ 來十八日頃에 馬山港으로 還歸ᄒᆞ기로 豫定ᄒᆞ엿다더라

◎置但通譯 各郡現任郡主事ᄂᆞᆫ 一并淘汰ᄒᆞ고 通譯郡主事一式만 選置ᄒᆞ기로 決定ᄒᆞ엿다ᄂᆞᆫ 說이 浪藉ᄒᆞ더라

◎漢府日雇 漢城府에서ᄂᆞᆫ 近日事務가 浩煩ᄒᆞᆷ으로 日人雇員을 多數聘用ᄒᆞᆫ다더라

◎廢課賞金 宮內府電務課를 廢止ᄒᆞ엿ᄂᆞᆫᄃᆡ 該課韓人官吏七人을 每年一個月月俸式計算ᄒᆞ야 賞與金을 支給ᄒᆞ기로 目下調査中이라더라

◎土木局長入城 平壤寧遠義州등地에 土木事務를 視察ᄒᆞ던 內部土木局長劉猛氏가 再昨日에 入城ᄒᆞ엿다더라

◎宋賊果來 日本에 滯留ᄒᆞᄂᆞᆫ 宋秉畯이가 渡來ᄒᆞᆫ다고 一進會長李容九등이 方在苦待中이라더라

◎若林還任 若林警視總監은 來二十日頃에 渡來ᄒᆞᆫ다ᄂᆞᆫ 通信이 有ᄒᆞ다더라

◎露領入京 馬山港에 駐在露國領事미리쑴부氏ᄂᆞᆫ 三昨日下午八時에 入京ᄒᆞ야 駐京同國總領事館에 目下逗留ᄒᆞᆫ다더라

◎韓家宴待 漢城銀行取締役韓相龍氏ᄂᆞᆫ 三昨日下午八時에 漢城銀行任員及度支部官吏諸氏를 私邸로 請邀宴待ᄒᆞ엿다더라

◎籍本並給 內部에서ᄂᆞᆫ 外國旅行人에게 對ᄒᆞ야 請願이 有ᄒᆞᆫ 時에ᄂᆞᆫ 民籍謄本을 出給ᄒᆞ기로 決定ᄒᆞ엿다더라

◎校簿調査 檢査局에서ᄂᆞᆫ 官立漢城高등學校文簿를 昨日에 調査ᄒᆞ엿다더라

◎貯金의 勸學 郵便局에서 貯金趣旨를 발잔ᄒᆞ엿ᄂᆞᆫᄃᆡ 學部에 委托ᄒᆞ야 漢城內各官公私立學校에 分給ᄒᆞ고 獎勵케 ᄒᆞ라ᄒᆞ엿다더라

◎海豐遭訴 海豐府院君尹澤榮氏에게 對ᄒᆞ야 各債權者들이 聯合ᄒᆞ야 日昨地方裁判所에 起訴ᄒᆞ고 尹氏의 家產을 執行ᄒᆞ야 달나ᄒᆞ엿다더라

◎角力渡韓 日本東京大角力協會에서ᄂᆞᆫ 今月下旬에 渡韓ᄒᆞ야 角力을 說行ᄒᆞᆫ다더라

◎虛實探知 日人大垣丈夫ᄂᆞᆫ 來二十五日頃에 渡韓ᄒᆞᆫ다ᄂᆞᆫ 電信이 日昨大韓協會에 來到ᄒᆞ엿다ᄂᆞᆫ 說이 有ᄒᆞᆷ으로 某處에서 虛實을 探知中이라더라

◎丁憂依免 奎章閣直閣李羽承氏ᄂᆞᆫ 昨年分에 其親喪을 丁ᄒᆞ고 卽時辭免請願書를 提呈ᄒᆞ엿ᄂᆞᆫᄃᆡ 日前에 依免이 되엿다더라

◎覺書密探 大韓協會贊成員大垣丈夫가 該會에 覺書를 寄送ᄒᆞ엿다ᄂᆞᆫ 說이 浪藉ᄒᆞᆷ으로 各偵探客들이 査得키 爲ᄒᆞ야 注目中인ᄃᆡ 尹孝定權東鎭氏등은 困境이 莫甚ᄒᆞ다더라

◎廉家一會 內部衛生局長廉仲模ᄂᆞᆫ 再昨日上午十二時에 該私邸에서 午餐會를 開ᄒᆞ고 一進會總務以下一般任員을 招待ᄒᆞ엿다더라

◎以蠻攻蠻 一進會員金丸에 黜會內容은 旣報어니와 該會頭領宋秉畯李容九를 聲討ᄒᆞ기 爲ᄒᆞ야 內閣及統監府에 長書를 提呈ᄒᆞᆯ 次로 目下準備中이라더라

◎角戲賞金 一進會에서ᄂᆞᆫ 再昨日龍山등地에 前往ᄒᆞ야 角戲를 開ᄒᆞ엿ᄂᆞᆫᄃᆡ 優등者에게 金五圓式施賞ᄒᆞ엿다더라

◎有何光景 東門外居一進會員金演翔은 同會長李容九와 何등憾情이 有ᄒᆞᆫ지 不知ᄒᆞ거니와 退會ᄒᆞ기를 決定ᄒᆞ엿다ᄂᆞᆫᄃᆡ 將次不好光景이 有ᄒᆞ리라더라

◎車場事務開始 舊馬山浦에 新設ᄒᆞᆫ 停車場은 來七月一日부터 事務를 開始ᄒᆞᆫ다더라

◎農務所釀金 農務組合所에서ᄂᆞᆫ 再昨日下午八時에 株主總會를 開ᄒᆞ엿ᄂᆞᆫᄃᆡ 任員中李근澔李근培田昌근趙仁植安敎明諸氏가 金一千圓式釀出ᄒᆞ야 所務를 擴張케 ᄒᆞ고 繼續ᄒᆞ야 盛大ᄒᆞᆫ 宴會를 開ᄒᆞ엿다더라

◎訴亦無效 輔國閔泳韶氏에 田庄이 稷山郡에 在ᄒᆞᆫᄃᆡ 所管財務監督局에서 結卜을 增加ᄒᆞᆫ 事件에 對ᄒᆞ야 閔氏가 度支部에 呼訴ᄒᆞ엿더니 該部에서 日昨該氏에 幹事人을 招請ᄒᆞ야 勿爲煩訴ᄒᆞ고 卽日繳納ᄒᆞ라고 說諭ᄒᆞ엿다더라

◎閔家書信搜探 上海에 滯留ᄒᆞᄂᆞᆫ 閔泳璇氏의 書信이 該家에 來往ᄒᆞᆫ 것을 西部警察署에서 再昨日에 搜探調査ᄒᆞ엿다더라

◎雨纔浥塵 忠州郡來人의 傳說을 據ᄒᆞᆫ즉 日前에 降雨ᄒᆞ엿스나 該郡등地에ᄂᆞᆫ 浥塵만 되엿ᄂᆞᆫᄃᆡ 該地人民은 憂慮ᄒᆞᆫ다더라

◎看花金重 壽進洞居朴春三은 酒商으로 營業ᄒᆞᄂᆞᆫᄃᆡ 金海郡居金商協氏가 朴妻와 數次結緣이 有ᄒᆞ다ᄒᆞ야 花債金二百圓標를 勒捧ᄒᆞ엿다ᄂᆞᆫ 說이 有ᄒᆞᆷ으로 所管警察署에서 目下調査中이라더라

◎密賣淫嚴査 各警察署에서 密매淫女를 調査ᄒᆞᆷ은 一般知了ᄒᆞᄂᆞᆫ 바어니와 中部警察署에서ᄂᆞᆫ 該事件에 關ᄒᆞ야 署長이 一般巡査에게 嚴密히 訓諭ᄒᆞ엿다더라

◎敎유升木 昭格洞居金容植成大鎬兩人은 駱洞日憲兵分遣所曹長登田末吉에 委托으로 姜基東을 형捕ᄒᆞᆫ다 稱ᄒᆞ고 驪州郡에 前往ᄒᆞ야 行悖가 無雙ᄒᆞ엿合으로 三昨日日本隊에 被捉ᄒᆞ엿다더라

◎乾鳳黃巾 杆城郡乾鳳寺內鳳鳴學校에서 陰四月十六日正午에 何許人三十九名이 黃巾黃衣로 各持銃刀ᄒᆞ고 從後山入來ᄒᆞ야 僧徒의게 金貨四十圓을 奪去ᄒᆞ엿다더라

◎牧師의 史記印刷 耶蘇敎牧師諸氏가 現今大韓史記를 編集印刷ᄒᆞ야 本國으로 輸送ᄒᆞᆯ 計劃이라더라

◎青會의 勸入證書 青年會館에서 勸入證書數百萬張을 印刷ᄒᆞ야 家家에 傳布ᄒᆞᆫ다더라

◎助產所組合 助產婦養成所에서 一般任員을 組織ᄒᆞ엿ᄂᆞᆫᄃᆡ 所長은 閔泳린氏오 副所長은 崔誠卿氏오 監督은 徐光前氏오 總務ᄂᆞᆫ 吳龜泳氏오 學監은 劉秉珌氏오 贊成長은 金任和諸氏라더라

◎列車破窓 再昨日午後十時頃에 新義州발列車ᄂᆞᆫ 當地停車場과 相距三哩되ᄂᆞᆫ 地点에서 何許者의 射擊을 遭ᄒᆞ엿ᄂᆞᆫᄃᆡ 二등室의 硝子窓만 破壞되고 乘客은 無事ᄒᆞ엿다더라

◎兩氏慈善 西部北門洞居ᄒᆞᄂᆞᆫ 金基俊氏가 年今二十七歲인ᄃᆡ 家勢가 貧困ᄒᆞᆷ을 因ᄒᆞ야 以刀刺頸ᄒᆞ야 幾至死境이러니 永成門前廣濟堂藥局崔翼參氏와 廣通橋共愛堂藥局朴鍾南兩氏가 該人에 情地를 可矜히 녀여 藥材와 藥費를 自擔治療ᄒᆞ야 漸至快癒ᄒᆞᆫ지라 該兩氏의 慈善心을 無不稱道ᄒᆞᆫ다더라

◎平壤報禁止 平壤來電을 據ᄒᆞᆫ즉 本月十二日의 平壤日報ᄂᆞᆫ 治安에 妨害된다ᄒᆞ야 발매를 禁止ᄒᆞ엿다더라

◎青館演說 今日下午八時鍾路青年會館에서 演說會를 開ᄒᆞ고 崔海浩氏를 請邀ᄒᆞ야 社會改良에 對ᄒᆞᆫ 問題로 演說ᄒᆞᆫ다더라

◎陷人被捉 東大門外居趙秉敎金鎭洙등四人이 日憲兵司令部偵探이라 稱ᄒᆞ고 同里居富者李某가 子婦에게 不美ᄒᆞᆫ 行動이 有ᄒᆞ다고 司令部에 誣陷投書ᄒᆞᆷ이 발覺되야 該趙秉敎등四名內에 三名은 銅峴警察署에 被捉ᄒᆞ고 一名은 逃走ᄒᆞ엿다더라

◎贓物已露 [illegible]洞居金某ᄂᆞᆫ 行盜ᄒᆞᆫ 物品을 日人典當舖에 賣買ᄒᆞᆫ 情跡이 綻露가 되야 中部警察署에 被捉ᄒᆞ엿다더라

◎金家戒警 西部北門洞金鍾九氏家에ᄂᆞᆫ 再昨夜에 賊漢에 突入ᄒᆞ야 衣類등物品을 多數奪去ᄒᆞ엿다더라

◎賊警何多 社稷洞居金永燦氏家에서 四昨夜에 盜賊을 맛ᄂᆞᆫᄃᆡ 附近家에도 逢賊ᄒᆞ야 見失ᄒᆞᆫ 物이 數千圓價値가 되ᄂᆞᆫᄃᆡ 該所管警察官吏ᄂᆞᆫ 視若尋常ᄒᆞᆫ다고 批評이 有ᄒᆞ다더라

◎感荷義捐 忠州郡私立承明學校에서 金八十錢과 河東郡正水面淸水洞鄭弼和氏가 金五十錢을 本社에 寄付ᄒᆞ얏기 其盛意를 表示ᄒᆞ노라

◎兩氏辨明 白南奎金貢鉉兩氏가 朴式裕氏의 錢財를 雜技로 奪取ᄒᆞ엿다ᄂᆞᆫ 事에 對ᄒᆞ야 該兩氏가 本社에 來ᄒᆞ야 [illegible] 事도 無ᄒᆞ고 朴氏가 [illegible] 無ᄒᆞ다ᄒᆞ더라

電報

◎統監의 就任披[illegible] [illegible]은 本月十五日에 元老[illegible] 國大使公使를 招待ᄒᆞ고 [illegible] 任의 披露宴을 開ᄒᆞᆫ다[illegible]

◎官制改正과 更迭 [illegible] 의 聲이 漸漸迫近ᄒᆞᆫ[illegible] 監府官制改正과 [illegible]員[illegible] 도 近近實施ᄒᆞᆯ 貌樣인[illegible] 波가 日本地方長官에[illegible] 의 異動이 有ᄒᆞᆫ터인ᄃᆡ[illegible] 에 山縣副統監及安廣[illegible] 官이 平田內務대臣室에[illegible] ᄒᆞᆫ 것도 此에 關ᄒᆞᆫ 事이[illegible] 以上東京발 十二

白石歌一

▲白石兮爛々ᄒᆞ니 四[illegible] 族으로 如兄若弟結心ᄒᆞ[illegible] 力을 養成ᄒᆞᆯ제 더와 又[illegible] 자 이 曲操ᄂᆞᆫ 愛國操

▲白石兮爛々ᄒᆞ니 何[illegible] 到ᄒᆞ야 溝壑中에 驅入ᄒᆞ[illegible] 靈이 何辜런고 俱焚歎이[illegible] 다 이 曲操ᄂᆞᆫ 傷世操

▲白石兮爛々ᄒᆞ니 愛[illegible] 如ᄒᆞ야 忠肝義膽披示ᄒᆞ[illegible] 熱血灑出ᄒᆞ니 可攻[illegible] 다 이 曲操ᄂᆞᆫ 志士操

▲白石兮爛々ᄒᆞ니 空[illegible] 泳ᄒᆞ야 新精神을 刷新ᄒᆞ[illegible] 可以共醒ᄒᆞ니 [illegible] 다 이 曲操ᄂᆞᆫ 文明操

▲白石兮爛々ᄒᆞ니 活潑[illegible] 養ᄒᆞ야 宇宙에 橫行ᄒᆞ[illegible] 侮予下[illegible]런고 不可以[illegible] 라 이 曲操ᄂᆞᆫ 自由操

▲白石兮爛々ᄒᆞ니 悲歌[illegible] 壺ᄒᆞᆯ제 壯心何其不已런[illegible] 未就英雄歎은 楚之南에[illegible] 라 이 曲操ᄂᆞᆫ 不遇操

大韓每日申報社演說壇

吳光德

本人은大韓每日申報社의代表로演說ᄒᆞ오니從容히드려주시기를바라옵ᄂᆞ이다 大韓每日申報를英人裴說氏가刱設ᄒᆞᆫ것은一般同胞가다아시ᄂᆞᆫ바ㅣ올시다 그러ᄒᆞ오나裴說氏의발行ᄒᆞ던名義를借ᄒᆞ야我韓의有志ᄒᆞ신紳士諸氏가同胞의精神을喚起키爲ᄒᆞ야激切ᄒᆞᆫ熱血노言論이正直ᄒᆞ엿소 英人萬咸氏가裴說氏를替代ᄒᆞ야發行ᄒᆞ더니무ᄉᆞᆷ事端이잇든지本報를廢撤歸國ᄒᆞ라ᄒᆞ오니 自始有終ᄒᆞ기로大談ᄒᆞ던萬咸氏가卒地에退去ᄒᆞᄂᆞᆫ外國人을엇을수잇소 幾年間에우리同胞가本報를耳目으로알엇ᄂᆞᆫᄃᆡ 萬一耳目이업서지면黑暗天地에엇지살수가잇깃소 그러ᄒᆞᆷ으로吾儕가이時代를當ᄒᆞ야同胞의耳目을復明케ᄒᆞ기로巨大ᄒᆞᆫ資金을不惜ᄒᆞ고活字와機械와諸般汁物을買收ᄒᆞ엿소 吾儕ᄂᆞᆫ무ᄉᆞᆷ利益을ᄇᆞ라고買收ᄒᆞ엿깃소무ᄉᆞᆷ名譽를取ᄒᆞ야買收ᄒᆞ엿깃소 다만同胞의精神을刷新ᄒᆞ기爲ᄒᆞ야國家에獻身的으로ᄒᆞᄂᆞᆫ바ㅣ올시다 大韓民報ᄂᆞᆫ四萬圓에統監府로賣渡ᄒᆞ엿다고揭布ᄒᆞ엿스나一片의猜雲이明月의淸光을撲滅치못ᄒᆞᄂᆞᆫ게올시다 該報에서엇지無근의說을唱出ᄒᆞᄂᆞᆫ지알수업소本報의攻駁을맛던사ᄅᆞᆷ이投間抵隙ᄒᆞ야妨害的으로誣妄ᄒᆞᆫ說를做出ᄒᆞ야或四萬圓이나三萬圓으로統監府에셔買入ᄒᆞ엿다ᄒᆞ나此等의荒說은何處에셔出ᄒᆞ엿ᄂᆞᆫ지不知어니와有志ᄒᆞ신紳士야엇지此說을밋을理가잇깃소吾儕ᄂᆞᆫ新聞名義를引繼ᄒᆞᄂᆞᆫᄃᆡ一般任員이如前視務ᄒᆞ엿스니性質도變치아니ᄒᆞ엿고 本報를規立ᄒᆞᆫ지數年만에千辛히放매ᄒᆞᆫ數交가二千枚에不過ᄒᆞ던新聞을一年間에購覽이萬餘枚에達케ᄒᆞ던李章薰氏가또執筆ᄒᆞ엿스니向日에公直ᄒᆞ던筆鋒이忽地에萎縮ᄒᆞᆯ理가萬無ᄒᆞ오며모本報가引繼된것시大幸ᄒᆞᆫ줄노認定ᄒᆞ오 우리同胞가依賴心으로이地境이되엿쇼裴說과萬咸兩氏가英國人이라ᄒᆞ니가무ᄉᆞᆷ別수나잇슬줄노알고萬咸氏의名號가無ᄒᆞ면購覽數가減縮되리라고以訛傳訛ᄒᆞᄂᆞᆫ者多ᄒᆞ나우리나라도次次열녀가니엇지그러ᄒᆞᆯ理가잇스리잇가萬咸氏의名號가업서지고我韓人의名號로發刊되ᄂᆞᆫ것시我韓의幸福으로認定ᄒᆞ오 其間에ᄂᆞᆫ英人의名號를빌어他人의精神에눈다가我韓人의名號로我韓人의精神을喚起ᄒᆞ면이거시堂堂ᄒᆞᆫ大義로獨立ᄒᆞᄂᆞᆫ報筆이아니오 記事와論文이前日보다더激切ᄒᆞᆯ을거시오니次第로觀覽ᄒᆞ시면아시깃쇼 後日에또말숨ᄒᆞ오리다

漢城鍾路和平堂大藥房各種藥品廣告

官登錄許認可

(健胃消滯) 八寶丹 (主治効能)

新舊積滯 急性關格 霍亂吐사 頭痛眩운 運氣鬪疫 預防妙藥

胎 養調經丸 婦人冷積病神効
麝香消瘡丹 諸般瘡病一切祛根
阿烟斷引丸 年久鴉片引拒絶藥
滋陽丸 男女勿論陰陽雙補
全治丸 連珠瘰력一切去根
消積散 陳陳久세消如春雪
回生水 急泄虛泄無非神효
治顔水 이주은서삭이눈妙藥
蘇生丹 癨亂吐사立卽見효
蛔滅散 회虫去根更無後慮
鎮咳散 勿論老少消담止咳
解毒散 四時感冒寒熱往来
虫藥 寸白虫을沒出去根
瘡治膏 諸般瘡종一切神효

齒痛淸快水 虫齒風齒齒齦頭痛
明耳精 耳內炎症耳垢堆積
痲疹丸 小兒痲疹腥紅熱
齒根炎傷散 齒肉爛傷齒血發炎
小兒痛氣丸 身熱驚風夜啼
脚氣腰痛丸 兩脚濕痛腰痛脇痛
鷄眼膏 拔根更無後慮
腫根拔散 拔瘇去惡生新
止汗散 手足汗臭一切神効
口病淸熱水 口內火傷唇坼鼻瘡
浮腹能下丹 下腹膨漲少便不利初生神효
小兒腹瘡丸
小兒疳氣散 腹部膨漲食慾不絶
梅毒全滅丸 先天梅毒後天梅瘡
小兒百日咳丸 呼吸困難담체嘔吐

滋陰降火丸 男女勿論陰虛火動
雙補丸 陰陽俱虛血氣不足
玉容水 버짐과무럭이藥
下浮丸 全體浮종便秘胃炎
消黃丸 酒담食담黑담黃담
咽喉散 咽喉發炎咽喉潰瘍
下痢散 赤痢白痢吐사吐糞
血痰祛根丸 吐血咯血月經不調
上血快治丸 吐血降火開鬱血담
疥瘡水 疥瘡一切
偏頭痛止散 耳鳴眼火
夜盲復明丸
胸膈止痛散
祛惡生新膏 祛惡生新
小兒胎毒膏 胎毒痲腫溫癬乾癬
火傷消毒膏 火傷濕疹皮膚搔痒
梅毒全滅膏 諸般瘡종祛惡生新

其他洋藥各種과○賣藥各種○漢藥唐草材○都賣散賣

遠近에셔と請求ᄒ시면郵便小包로申速酬應홈

京城和平堂大藥房本舖主任 李應善

官許

登錄認可

和

健胃消滯 八寶丹

此藥은今春全國滊車博覽會에出品陳列ᄒ야大韓에第一位되と靈藥으로內外國紳士의贊成ᄒ믈蒙ᄒ므로感謝ᄒ믈多ᄒ믈報答키爲ᄒ야特別製造發賣홈

京城鍾路和平堂大藥房本舖 主任 李應善
仁川港租界第一分店 主任 金濟鉉
平壤鍾路第二分店 主任 尹寅赫
京城鍾路靑年會舘前第三分店 主任 李熙善

支店特約店代理店은紙面이不足ᄒ므로姑未俱載홈

廣告

◎京城鍾路和平堂大藥房

○和平堂藥房은我同胞가最誠意로歡迎ᄒ는我國第一되는最新式規模로經營ᄒ는藥房이오

○和平堂藥房은外國第一有名ᄒ洋藥國用草材를多數輸入ᄒ야最低價最都賣散賣ᄒ는最大藥房이오

○和平堂醫院은平壤濟衆院에서卒業ᄒ고美國醫學博士禹越時手下에多年實驗을行ᄒ醫士田慶龍氏를延聘ᄒ야老少에內外科를誠心으로診察治療ᄒ는이오

○和平堂醫院은外方에셔病錄만錄送ᄒ其病에適當ᄒ도록關心製藥ᄒ야送遞ᄒ기로熱心ᄒ는醫院이오

○和平堂醫院은治療費와藥價를最廉ᄒ게一般醫藥家로敢之感醒케ᄒ야心을鼓吹케ᄒ는醫院이오

○和平堂藥房은全國內醫藥界에本的實業發展의本領을이오

京城鍾路 洋藥各種과 漢藥唐草材 大賣

和平堂本舖主任
主任醫士 田慶龍

檀君開國四千二百四十三年 箕子元年三千三十二年 大韓開國五百十九年 本報創刊日 光武八年七月十八日

大韓每日申報

發行兼編輯人 李章薰
發行所 京城中部布廛屛門二宮街 二層洋屋 大韓每日申報社

第八卷 月曜及慶節歲時日休刊 第壹千四百九號

論說

變遷의 時機

先天後天은歷數가已變ᄒᆞ고古世今世ᄂᆞᆫ物態가已遷ᄒᆞ엿스니上下千載에歷史를溯考ᄒᆞ면可히喜ᄒᆞᆯ事도有ᄒᆞ고可히驚ᄒᆞᆯ事도有ᄒᆞ도다我韓이自箕以來로民族의繁殖과人道의開明이幾千年을一隅의獨立을保有ᄒᆞ더니中間에支那와偏重ᄒᆞᆷ으로弱肉强食ᄒᆞᄂᆞᆫ歎을免치못ᄒᆞ야幾百年以來로半後의物로世界에貽笑를免치못ᄒᆞ더니天運가一變ᄒᆞ고山河가潛搖ᄒᆞ야鎖絆을解脫ᄒᆞ고獨立을主唱ᄒᆞᆯ機會를當ᄒᆞ엿스니我韓人士ᄂᆞᆫ思想을一變ᄒᆞ야腐敗ᄒᆞᆫ習慣은新鮮ᄒᆞᆫ精神으로變幻ᄒᆞ야一日에進步ᄒᆞ고二日에進二步ᄒᆞ면枝上에鳴鳥도蠶壞을免ᄒᆞᆯ時가有ᄒᆞ고喬木의黃葉도谷中에出ᄒᆞᆯ日이有ᄒᆞ니人事의變遷이此와如異ᄒᆞ리오現今에舊政治가已變ᄒᆞ야新政治를換作ᄒᆞ엿고舊學問을已去ᄒᆞ야新學術에進就ᄒᆞ엿고舊法律을已廢ᄒᆞ고新法律을頒布ᄒᆞ엿스니其舊其新이互相交迭ᄒᆞ야變幻이無常ᄒᆞ니其變이善乎아不善乎아社會와教徒가日々居生ᄒᆞ야或西洋에歸치아니ᄒᆞ면日本에歸ᄒᆞ야我韓의面目으로外人의心腸을換着ᄒᆞ야自國의精神을已失ᄒᆞ니風布烟草에時態가忽變ᄒᆞ고隨水逐浪에物情이已幻ᄒᆞ니此時가何如ᄒᆞᆫ時代라謂ᄒᆞ리오周末山河에夕陽이荏苒ᄒᆞ고五季乾坤에長夜가駸黑ᄒᆞ야萎縮ᄒᆞᆫ人情은回甦키難ᄒᆞ도다

一變一遷을엇지氣數에만歸ᄒᆞ리오歐雨米風이一時에躱入ᄒᆞ야半島江山이陸沈ᄒᆞᄂᆞᆫ境遇에至ᄒᆞ엿스니此를變幻ᄒᆞ라면社會界에도新思想을幻着ᄒᆞ고教育界에도新思想을換着ᄒᆞ고農業界에도新思想을幻着ᄒᆞ고工業界에도新思想을換着ᄒᆞ고商業界에도新思想을換着ᄒᆞ야弱ᄒᆞᆫ者ᄂᆞᆫ强ᄒᆞᆫ者로變ᄒᆞ고貧ᄒᆞᆫ者ᄂᆞᆫ富ᄒᆞᆫ者로變ᄒᆞ면此가可히善變ᄒᆞᆫ者ㅣ라謂ᄒᆞᆯ지로다

願今我韓同胞ᄂᆞᆫ思想이何에在ᄒᆞᆫ가成敗關頭가變遷에善不善에在ᄒᆞ다ᄒᆞ노니我韓이비록日本保護下에在ᄒᆞ나政府에셔도新政治를善變ᄒᆞ고民黨에셔도新思想을善變ᄒᆞ야齊一變이면至於魯ᄒᆞ고魯一變이면至於道ᄒᆞᄂᆞᆫ日에ᄂᆞᆫ日本이保護權을還收치아니ᄒᆞ고ᄌᆞᄒᆞᆫ들엇지得ᄒᆞ리오保護權을受ᄒᆞᄂᆞᆫ것도我韓人의게在ᄒᆞ고保護權을不受ᄒᆞᄂᆞᆫ것도我韓人의게在ᄒᆞ니今日保護下에在ᄒᆞᆫ것시自取인가自主인가處處荒蕪에拓殖이日新者ᄂᆞᆫ江山의一變이오濛濛烟塵에擾攘이日生者ᄂᆞᆫ時勢에一變이라如此히變遷ᄒᆞ기를不已ᄒᆞ면아韓의國力이何境에至ᄒᆞ리오本記者의擧筆慨歎ᄒᆞᄂᆞᆫ者ᄂᆞᆫ刷新ᄒᆞᄂᆞᆫ時機에在ᄒᆞ야智識도未新ᄒᆞ고技藝도未新ᄒᆞ되表面的事爲만已新ᄒᆞ야衣制가已變ᄒᆞ고官制가已變ᄒᆞ고黨派가已變ᄒᆞ고教會가已變ᄒᆞ야舊日에眼目으로觀ᄒᆞ면刷新이라稱ᄒᆞᆯ지나上中下社會에事爲로推想ᄒᆞ면積敗가日甚ᄒᆞ야改革이無期ᄒᆞ도다人事의變幻과天時의變遷이同一ᄒᆞᆫ時機에在ᄒᆞ나天의ᄂᆞᆫ在치아니ᄒᆞ고人의게在ᄒᆞ다ᄒᆞ노라

官報

◎第四千七百三號

▲隆熙四年六月十三日(月曜)

▲江原道告示第三號

隆熙四年度江原道地方費歲入歲出追加豫算이左와如ᄒᆞᆷ

隆熙四年五月三十日

江原道觀察使 李圭完

隆熙四年度江原道地方費歲入歲出追加預算

歲入

臨時部

第一款 國庫補助金追加 金一百五十六圓 第一項 教育費補助金追加金一百五十六圓

合計金一萬五千八百四十五圓四十錢

歲出

經常部

第四款 補助獎勵費追加 金一百五十六圓 第一項 補助費追加 金一百五十六圓 第二目 公立普通學校補助費追加 金一百五十六圓

合計金一萬五千八百四十五圓四十錢

敍任及辭令

○六月九日 農商工部技手 西山一郎 兼任女子蚕業講習所技手 內閣法制局長 俞星濬 內閣書記官長不在中代辦을命ᄒᆞᆷ(六月十一日內閣)

林業事務所技師 岡衛治 解京城林業事務所長 林業事務所技師 近野英吉 命京城林業事務所長 (以上六月九日農商工部)

社告

本社位置를 本月九日에 京城中部布廛屛門二宮街 二層洋屋 으로移設ᄒᆞ엿ᄉᆞ오니本報를愛讀ᄒᆞ시ᄂᆞᆫ 僉君子ᄂᆞᆫ 照亮ᄒᆞ심을望ᄒᆞᆷ

大韓每日申報社

外報

◎萬國爲特會議 伯林電報를據ᄒᆞᆫ즉萬國爲特會議ᄂᆞᆫ本月二十三日에西班牙에셔開會ᄒᆞᆯ터인ᄃᆡ參加國은廿九個國이라더라

◎萬國版權協約 伯林來電을據ᄒᆞᆫ즉版權保護에關ᄒᆞᆫ베른國際協約은大槪列國의調印을經ᄒᆞ엿ᄂᆞᆫᄃᆡ但日本은翻譯及音樂著作의演奏權에關ᄒᆞᆫ第八條及第十一條ᄂᆞᆫ保維ᄒᆞ기로ᄒᆞ엿다더라

◎英露의親和 露都來電을據ᄒᆞᆫ즉露國商業會議所에셔ᄂᆞᆫ英國리버풀大學校의露國文學教授파레스氏의歡迎會를開ᄒᆞ엿ᄂᆞᆫᄃᆡ上下兩院議員도多數히列席ᄒᆞ엿고商務大臣이英露兩國은單外交뿐아니라商業上의關係로ᄒᆞ야금親和케ᄒᆞ기不足ᄒᆞ니英露兩國民은彼此訪問을交換ᄒᆞᆯ事를最히望ᄒᆞᆫ다고公言ᄒᆞ고前下院議長호미야코프氏ᄂᆞᆫ露人이英國人에게親交를厚케ᄒᆞᆯ事를主張ᄒᆞ엿다더라

◎列國通牒 루타來電을據ᄒᆞᆫ즉本月十日에列國領事ᄂᆞᆫ크리트政府에最後聯合通牒을送ᄒᆞ엿ᄂᆞᆫᄃᆡ萬一回教徒議員을議會에復席케아니ᄒᆞ면列强은此에對ᄒᆞ야斷然ᄒᆞᆫ手段을行ᄒᆞᆯ것다고言明ᄒᆞ엿다더라

◎蒙古騷動 北京電報를據ᄒᆞᆫ즉蒙古辦事各大臣으로부터蒙古에ᄂᆞᆫ馬賊이猖獗ᄒᆞᄂᆞᆫᄃᆡ又是喇嘛僧의騷亂이不絕ᄒᆞᆫ다ᄂᆞᆫ報告가頻至ᄒᆞᆷ으로淸國理藩部ᄂᆞᆫ陸軍部와商議ᄒᆞ야一箇師團의新練軍을派遣ᄒᆞᆫ다더라

◎婦人의冒險 紐育來電을據ᄒᆞᆫ즉美國市俄古와紐育間의空中飛行機競爭에「폿타ㅡ」라ᄒᆞᄂᆞᆫ婦人이叅入ᄒᆞ기를請ᄒᆞ엿ᄂᆞᆫᄃᆡ同婦人은有名ᄒᆞᆫ自動車乘家라더라

◎皇室費增加 伯林電報를據ᄒᆞᆫ즉普魯西國議會에셔ᄂᆞᆫ社會黨議員外에全會로一致ᄒᆞ야皇室費增加ᄒᆞᆯ事를可決ᄒᆞ얏다더라

◎印度太守新任 倫敦電報를據ᄒᆞᆫ즉英國外務次官하ㅣ친치氏ᄂᆞᆫ印度太守를被任ᄒᆞ얏다더라

雜報

◎教堂의懸鐘輸入 侍天教堂에셔ᄂᆞᆫ鐘峴등地에셔鑄成懸鐘을再昨日에輸入掛懸ᄒᆞ엿다더라

◎夢或不吉 日昨南山松樹下에셔尹擧福이가午睡를開做ᄒᆞ다가竊盜干連으로所管警察署에被捉ᄒᆞ엿다더라

◎甲犯被捉 南大門外居申性集등三人이竊盜犯으로再昨日警視廳에被捉ᄒᆞ엿다더라

◎憲探被捉 日憲兵司令部偵探人李淳榮李啓甫兩氏ᄂᆞᆫ各演劇場에出入ᄒᆞ다가三昨夜寺洞演興社에셔該部로被捉ᄒᆞ엿다더라

◎是何爆藥 北部禁川橋등地居嚴召史家糞桶中에셔三昨日의爆발藥三個가발現ᄒᆞᆫ故로所管警察署에셔該召史를捉囚訊問中이라더라

◎罹災救恤 求禮郡에셔ᄂᆞᆫ去五月十九日에出火ᄒᆞ야家屋二十四戶가燒失ᄒᆞ고死亾者가二名인ᄃᆡ內部에셔ᄂᆞᆫ罹災民을救恤ᄒᆞ기爲ᄒᆞ야同郡內社還米中으로六十四石을貸與ᄒᆞ엿다더라

◎朴氏辨明 茶洞朴性德氏가金召史와錢財로爭詰ᄒᆞᆫ事ᄂᆞᆫ初無是事라더라

世界歷史

❀變遷의時期❀

古學의再興은意太利에先起ᄒᆞ야今에歐洲諸國에蔓延ᄒᆞ니意太利에셔第十三世紀의後半에ᄯᅡᆫ테가出ᄒᆞ야神曲의名篇을著ᄒᆞ야[illegible]며[illegible]紀[illegible]카[illegible]古寫本을發見ᄒᆞ야古希臘羅馬의古人의思想을闡明ᄒᆞ야古의再興을唱ᄒᆞ며[illegible]加ᄒᆞ야其勢力이大ᄒᆞ니是時東羅馬帝國末路에君士但丁堡의諸學者가貴重ᄒᆞᆫ希臘의古書를抱ᄒᆞ고意太利에來ᄒᆞ야古學의探究ᄂᆞᆫ一層進步ᄒᆞ야第十五世紀末葉에至ᄒᆞ야ᄂᆞᆫ歐洲各處에古學을研究ᄒᆞᄂᆞᆫ風이盛行ᄒᆞ야當時古文學의探究에從事ᄒᆞᄂᆞᆫ者ᄅᆞᆯ即文學者(휴마니스트)라總稱ᄒᆞ며其主義를(휴마니슴)文學이라謂ᄒᆞ니(휴마니스트)ᄂᆞᆫ何國을不問ᄒᆞ고彼此同儕ᄒᆞ야氣脈이相通ᄒᆞ고智識을交換ᄒᆞ며又各地에游歷ᄒᆞ야古書를探訪ᄒᆞᆯ시或卑濕ᄒᆞᆫ谷中으로부터黴菌의掩蔽ᄒᆞᆫ斷簡이발見ᄒᆞ며或寺院高閣으로부터塵埃에埋沒ᄒᆞᆫ零篇을搜出ᄒᆞ고又此模寫ᄒᆞ야同心ᄒᆞᆫ人士의게頒與ᄒᆞ며且多數의書庫를建築ᄒᆞ야其書籍을保存케ᄒᆞ니라

(未完)

詞藻

❀喜雨❀ 澆玉山人

一雨既蘇今雨來竟夜濛々曉未開遙憐故里明農子歌咏田間聽水回

記者曰雨不自喜人固喜之一雨既洽况再洽乎豈無明農者之歌咏也

宮廷報

◉御臨秘苑 大皇帝陛下ᄭᅦ옵셔再昨日下午一時에秘苑에 御臨ᄒ옵셧ᄂᆞᆫ뎌各部大臣이 陪從ᄒ엿다더라

◉下賞納虎 平昌郡에셔大虎一首를動物園에來納ᄒ엿ᄂᆞᆫ뎌大皇帝陛下ᄭᅦ옵셔金一千圓을下賜ᄒ옵신다더라

雜報

◉賞金奏裁 內部所管臨時特別功勞賞金一千圓을豫備金中支出件을內閣會議를經ᄒᆫ後上奏 裁可되엿다더라

◉葬式額配付 統監府에셔ᄂᆞᆫ故伊藤公에葬式餘額이라ᄂᆞᆫ冊子를再昨日各官廳奏任官以上에게一件式配付ᄒ엿다더라

◉宮大不進 宮內府大臣閔丙奭氏가有何事件인지近日該府에仕進視務를廢止ᄒᆫ다더라

◉新內閣組織說 寺內新統監이到任ᄒᄂᆞᆫ同時에新內閣이組織된다홈은已報어니와更聞ᄒᆫ즉總理大臣은朴泳孝氏로內部大臣朴齊純氏ᄂᆞᆫ因舊ᄒ고學部大臣은尹孝定氏로度支大臣은李容九로農商工部大臣은鄭雲復氏로組織이되리라ᄂᆞᆫ巷說이浪藉ᄒ다더라

◉礦金收入總額 農商工部에셔ᄂᆞᆫ本年一月부터金礦認許에對ᄒ야收入金總額이九萬餘圓에達ᄒ엿다더라

◉日雇月俸 度支部測量部에셔ᄂᆞᆫ日前에日人雇員八人을新募ᄒ엿ᄂᆞᆫ뎌每名에月俸은三十圓以上으로定ᄒ엿다더라

◉催促歸國 大韓新聞社長李人稙氏등에渡日홈은旣報어니와統監府에셔該社主務日人花田을招請ᄒ야何등論責이有ᄒ엿슴으로該社에셔日前에日本으로發電ᄒ고李氏등을不日歸國ᄒ라ᄒ엿다더라

◉調查爲用 日本에滯在ᄒᆫ宋秉畯은日昨一進會長李容九에게書函을傳致ᄒ고各官廳及社會行動과地方稅에關ᄒᆫ事件을一々調查通知ᄒ라ᄒ엿다더라

◉往還期限 學部澀谷事務官과漢城師範學校學監增戶鶴吉及主事李覺鍾氏등이江原道及咸南地方의學事視察次로來十六日에出발ᄒᆫ다ᄂᆞᆫ뎌來往期限은三十三日間으로豫定ᄒ엿다더라

◉一千寄金 一進會長李容九ᄂᆞᆫ日前靑年俱樂部에金一千圓를寄付ᄒ엿다더라

◉尹氏渡日說 悉領尹致晟氏ᄂᆞᆫ何事件을因홈인지將次日本에渡去ᄒᆫ다ᄂᆞᆫ說이有ᄒ다더라

◉官制規例頒布 內部地方局에셔官制法令例規를現方編纂中인뎌脫稿되ᄂᆞᆫ뎌로반布ᄒᆫ다더라

◉郡衙宿直方法 本年度一月以來로各郡衙가燒失홈이多數에至홈은宿直官의怠慢을因홈이라ᄒ야內部에셔宿直方法을施行홀次로目下編制ᄒᄂᆞᆫ中이라더라

◉幹事行動注目 日本東京에在ᄒᆫ大韓興學會幹部姜邦鉉氏가日前에歸國ᄒ엿ᄂᆞᆫ뎌某處에셔該氏의行動을注目中이라더라

◉雨澤修報 京畿觀察使金思默氏가管下各郡의雨澤을內部로修報ᄒ엿ᄂᆞᆫ뎌均是洽足ᄒ다ᄒ엿다더라

◉獸塲移管 各地方에居留日人의居獸塲은各該所管理事廳에셔管理ᄒ더니從今以後로ᄂᆞᆫ各觀察使가句管ᄒ기로內部에셔各理事官及觀察使에게請牒ᄒ엿다더라

◉一進開墾 一進會에셔信川郡등地에作畓홀次로該會員金士永韓景源兩人의게役費六百圓을出給派送ᄒ야現今開墾ᄒᄂᆞᆫ中이라더라

◉淸地韓民規則 楚山郡人民등이淸國寬甸縣에多數居留홈으로該地淸國官憲이韓民管理規則을制定ᄒ라홈으로楚山郡守가該官憲과交涉事由를內部로修報ᄒ엿다더라

◉花室請願退却 金완洙氏등某々人이藏花調查總會所를設置ᄒ고密매淫女를管理ᄒ야每朔稅金二百圓式을納付ᄒ깃다고規程을製定ᄒ야內部警務局에請認ᄒ엿더니衛生에關係가有ᄒ다ᄒ야衛生局으로該請願狀을送交ᄒ엿ᄂᆞᆫ뎌該局에셔ᄂᆞᆫ警視廳으로退却ᄒ얏다더라

◉演塲券分與 警視廳에셔ᄂᆞᆫ一般巡查가各演劇場에出入홀証券六十餘板를再昨日各警察署에分與ᄒ엿다더라

◉出張法所 辯護士洪在祺氏ᄂᆞᆫ事務를擴張ᄒ기爲ᄒ야平壤郡南大門四丁目에出張所를設置ᄒ엿다더라

◉敗家子弟 金浦郡守趙東善氏ᄂᆞᆫ公債를淸帳홀計劃으로月俸金을貯畜ᄒ야一千圓을北部桂洞本家로付送ᄒ엿더니該氏에令男某가無賴靑年二三輩와花柳塲에從事ᄒ야沒數消耗ᄒ엿다더라

◉掘塚畜獸 南大門外桃洞附近等地에셔外國人이人民의墳基를私自濫掘홈은前報에已揭어니와其理由를詳聞ᄒ즉該外國人이畜產會社를建築ᄒ라고人塚을勒掘ᄒ다가警視廳에被捉ᄒ야多數掘塚을調查ᄒᄂᆞᆫ中이라더라

◉取金免任 巡查任元鎬氏가雜技犯을捉去ᄒ다가金一圓을取食ᄒ고該犯을暗放ᄒᆫ事가現露ᄒ야其所帶ᄒᆫ任을罷免ᄒ엿다더라

◉有甚行動 燕岐郡李學俊及其家族一名과親戚三名이承洞下國善氏家에셔現方留連ᄒᄂᆞᆫ中인뎌公州警察署에셔中部警察署로通知ᄒ고其行動을調查ᄒ라ᄒ엿다더라

◉金罷倫常 扶餘郡居李再烈氏가掌禮院에禮斜를還覓홀次로百般運動홈은既히報道ᄒᆫ바어니와其心腹人平基儉李泌信兩氏를紹介ᄒ야朴內相及掌禮院卿에親切人某를締結ᄒ야運動費二百餘圓을先給ᄒ고成事後幾千圓을報酬ᄒ기로契約을成立ᄒ엿ᄂᆞᆫ뎌掌禮院에셔日前該觀察道로발訓ᄒ고李再烈事件을調查報告ᄒ라ᄒ엿스며該公文去來가略二週日間에在ᄒᆫ뎌查報到院ᄒᄂᆞᆫ同時에卽時禮斜를還付ᄒ기로密約이有ᄒ다더라

◉有何行悖 日憲兵司令部偵探人宋聲來氏ᄂᆞᆫ日前馬山港에前往ᄒ다가何등行悖가有ᄒ엿던지該歸路에駐在日憲兵補助員에게無數毆打를被ᄒ엿다더라

◉事甚冤抑 花開洞居李紹鍾氏ᄂᆞᆫ年前漆原郡守로靈山郡守署理時에日八中路民之助가靈山郡人民에土地를强占ᄒ엿슴으로人民等이訴訟을提起ᄒ엿ᄂᆞᆫ뎌該日人이土地貸金을星火督捧ᄒᄂᆞᆫ故로該氏가發令ᄒ고訴訟落着前에ᄂᆞᆫ貸金을停捧ᄒ라ᄒ엿더니該日人이該道裁判所에起訴ᄒ고該氏를向ᄒ야損害金四百餘圓을請求ᄒ야該氏家產을執行ᄒ엿ᄂᆞᆫ뎌事實이極히冤抑ᄒ다고世評이有ᄒ다더라

◉趙南升의事件 玉璽僞造에關ᄒᆫᄂᆞᆫ趙南升의事件을起訴ᄒ기로決定홀터이나若林總監에게稟議를要홀것시有홈으로同氏의還任을待ᄒ야檢事局으로送交ᄒᆫ다더라

◉被害와救恤 我國政府ᄂᆞᆫ前日에日本人이騷擾中에被殺ᄒ고家屋을燒火ᄒᆫ者가百三十八名에게今番救恤金을給與홀事로決定ᄒ고該金一千四百三十八圓을統監府를經ᄒ야交付ᄒ엿다더라

◉平和會移接 韓國平和協會에셔ᄂᆞᆫ事務所를昨日茶洞등地로移接ᄒ엿다더라

◉平和會任員 別項과如히本月十日에豆錫洞韓慶履氏家에셔平和協會第一回를開ᄒ고任員을選定ᄒ엿ᄂᆞᆫ뎌總裁ᄂᆞᆫ李載冕副總裁ᄂᆞᆫ金允植會長은南廷哲副會長은李重夏諸氏라더라

◉신韓報押收 布哇에셔발行ᄒᄂᆞᆫ신韓民報第九十六號ᄂᆞᆫ治安에妨害라ᄒ야押收ᄒ엿다더라

◉日々報繼刊 大韓日々新聞은昨日부터繼續발刊ᄒ엿다더라

電報

◉我皇太子의巡啓 我 皇太子殿下ᄭᅦ셔ᄂᆞᆫ來月十三日에東京에셔 出발ᄒ사廿日預定으로日本山陰、山陽、地方을 巡啓ᄒ옵시기로決定ᄒ엿다더라

◉統府總務長官以下任命 本日統監府總務長官以下를如左히任命ᄒ엿다더라

千葉縣知事 正五位勳五등 有吉忠

任統監府總務長官

富山縣知事 正五位勳五等 宇佐美勝夫

任統監府參與官

統監府參與官 從四位勳三等 岡喜七郎

任鳥取縣知事

正五位勳四等 若林賚藏

任奈良縣知事

且休職中에在ᄒᆫ石川縣知事村上義雄氏ᄂᆞᆫ內部次官으로奈良縣知事靑木良藏氏ᄂᆞᆫ在任中에警視總監을任命ᄒᆫ다더라

◉豫算編成 方今日本政府에셔日本明治四十四年度豫算編成에對ᄒ야專히調查中인뎌同年度ᄂᆞᆫ近年의輿論된海軍擴張及日韓合邦問題等大事件이有ᄒᆫ즉此의財政에對ᄒ야苦心中인故로各省에셔要求ᄒ라ᄒᄂᆞᆫ新事業은殆히全部가拒絶되리라더라

◉淸公使의着任期 新任駐日淸國公使ᄂᆞᆫ本月末에北京을發ᄒ야淸國東三省을巡視ᄒᆫ後來月二十五日頃에東京에到着ᄒᆫ다더라

◉總務長官의決定 日本千葉知事有吉은統監府總務長官을被任ᄒ기로決定ᄒ엿다더라

◉共進會閉會式 日本名古屋共進會ᄂᆞᆫ本月十三日에閉會ᄒ엿ᄂᆞᆫ뎌盛大히閉會式을擧行ᄒ엿다더라

◉印度王의渡日 印度王「자반치氏」ᄂᆞᆫ本月十三日에日本橫濱에到着ᄒ엿다더라

以上東京발 十四日

▲局外談叢▼

▲某大臣은某處에書札을往復ᄒᄂᆞᆫ뎌自稱을小官이라ᄒ엿ᄯᅡ지그리ᄒ면小字ᄂᆞᆫ小人의小字오官字ᄂᆞᆫ下官의官字인가小官小官惟常ᄒᆫ名稱이로고小官이라ᄒ여야納諂이더잘되나大臣의大字가엇지愧赧ᄒᆫ心이無ᄒ리오時代가變ᄒ니쟈別稱号가다나더고 含笑子

▲磚洞勢道典洞勢道閔氏勢道가엽서지더니今日에ᄯᅩ셔勢道가싱겻다지누구尹致晟徐相大兩氏宅門前에人力車塲市가셧다지무숨ᄯᅳᆺ인가ᄋᆞᆺ다尹徐兩氏가曾前에新任統監과面分이잇다ᄂᆞᆫ說을蠅蚋輩가流臭를聞ᄒ고隊々逐々히晝夜로聚集ᄒ야耳語가密勿ᄒ다네 追勢子

▲新統監이渡來ᄒ면資格이不合ᄒ고行爲가不正ᄒᆫ官吏ᄂᆞᆫ一切變動된다ᄂᆞᆫ說이流行ᄒ더니一般官吏가各自恐慌ᄒ야周旋이奔忙ᄒ다지何處에周旋을ᄒ노南山下ᄯᅡᆯ각발이ᄉᆞ員님이나차저가셔구린밋도沐浴湯에셔淨潔히씻고花露水나만히발으고黃金湯이나만히가지고가면되깃지 憂慮子

▲大韓民報ᄂᆞᆫ무ᄉᆞᆷ性質을가젓기에놈의性質을變ᄒᆫ다고無理ᄒᆫ說을쏙々니미지妨害的으로그리ᄒ나來頭의主旨를보지도아니ᄒ고억度의로그리ᄒ면되나제性質이잘變ᄒ니쟈놈의性質도제性質로알고 推測子

明川校況 明川郡上加面曾一在氏校監劉龍涫氏와紳士諸氏ㅣ俊氏가境內에行周ᄒ야民智를ㅣ ◉成校의寄金 鐵路天恩堂大ㅣ ◉光成學校盛況 元山港監理ㅣ會에서金一圓과人夫三十八이雇ㅣ에서去月三十一日春期大運動

廣告

陽六月九日不知中姓名方形章을서失故로廣告ᄒᆞ오니誰某던지拾得이되면無効에歸ᄒᆞᆷ
平壤鄕洞上二一統商店洪鍾淳 白

黃州郡巡査金在潤氏가敬面賊漢金鳳俊을詗捉事로本里多日逗留ᄒᆞ되少無民弊而設計捕捉ᄒᆞ미其警察敏活을人皆稱頌이기玆에廣布홈
中和郡看東面四里洞長李奉興

本人의陰四月二十九日分에安州城內市場에셔姓名章을偶然이見失ᄒᆞ고改章ᄒᆞ오니知舊間照亮홈
安州靑山面松鶴里金峻寶 白

本人의陰三月二十五日分에姓名章을見失ᄒᆞ고改章ᄒᆞ오니內外國人間照亮홈
肅川東山面上衣九里車昌祖 白

日人丁本鐵物商店에셔去十二日富品券을抽籤ᄒᆞ엿는ᄃᆡ一等白米五十石을長興鏡賣所主人金寬植氏가中籤ᄒᆞ엿기로廣告
長興鏡賣所主人金寬植 白

忠南禮山郡巨九火面面長崔基榮氏가公平視事ᄒᆞ고誠實施惠라面署圖費를獨當ᄒᆞ고兩等戶稅를半減自當ᄒᆞ니捐廩補弊金이合四十二圓也오稅錢愆滯之論이有ᄒᆞ면自己金을貸給ᄒᆞ야觀圖完納ᄒᆞ니於公於私에無不遺篇이옵기玆에感謝홈
本面代表者李章煥 告白

本舘主簿權鎰律氏를解雇ᄒᆞ엿ᄉᆞ오니內外國人은以此照亮홈
釜港韓興書舘主 金泰衡

本人이네모는姓名章을陰五月一日에路中見失ᄒᆞ엿ᄉᆞ오니誰某拾得則休章施行홈
鳳山郡舍人面 吳濟善 白

◉大韓全國에ᄋᆞᆫ本堂製造發行ᄒᆞᄂᆞᆫ藥品

消化新藥 清心保命丹 此丹은化痰止咳ᄒᆞ고順氣消滯ᄒᆞ며恒常長服ᄒᆞ면腸胃가健全

大補元氣 蔘茸大補元 大補元氣ᄒᆞ고滋腎健腦ᄒᆞ며先天不足과陽위不起에一切神効

蛔積殺虫散 此약은회積과회腹痛과회虫一切을去根ᄒᆞᄂᆞᆫ良劑

久滯大通丸 此丸은年久積滯와宿滯後重이며胃腹痛에神効莫大홈

瘡病新藥 梅花點雪丹 毋論男女ᄒᆞ고花柳病楊梅瘡에一切去根快復하ᄂᆞᆫ良藥

眼疾速効 光明眼藥 諸般眼疾에隨症皆差ᄒᆞᄂᆞᆫ東洋에初有ᄒᆞᆫ寶藥

起死回生 回生丹 此丹은急ᄒᆞᆫ吐瀉關格이며가ᄉᆞᆷ아리와冷積과痢疾에神効

感氣神効 解熱散 寒熱往來ᄒᆞ며似학非학과頭痛眩暈와肢節痛에其効가偉大

齒痛新藥 止痛健齒水 虫齒와風齒와諸般齒痛에壹切神効

耳聾聖藥 耳聾神藥 無論男女ᄒᆞ고耳聾鼻塞이며耳鼻에關ᄒᆞᆫ病은隨症並差

疝症拔根 疝積湯 諸般산症에大談出賣홈

寸虫沒出藥 寸白虫을一切去根ᄒᆞᄂᆞᆫ妙劑

뒤ᄂᆞᆫ과못 拔根藥 뒤눈과못과ᄉᆞ마귀를쎄ᄂᆞᆫ藥

止足汗臭藥 手足의汗臭를除却ᄒᆞᄂᆞᆫ藥

去核生新 沃度膏 劍瘡과腐傷과곱진ᄃᆡ去核生新ᄒᆞ기ᄂᆞᆫ第一著明

最新改良 百應膏 無論男女老幼ᄒᆞ고毒瘇濕瘇瘰痰瘇諸般瘇瘡에壹切特效가有홈

淋疾藥各種 淋疾各症에壹週日만服ᄒᆞ면病根快復ᄒᆞ고腎氣가完全홈

其他洋藥各種과◎賣藥各種◎都매散賣
◎漢地에ᄂᆞᆫ郵便小包로申速酬應홈

漢城南大門內濟生堂大藥房 主任 李庚鳳 代辦 李興國 白

●特別廣告●

◉本店을開業ᄒᆫ지數十年以來에 僉君子의愛顧ᄒᆞ신을蒙ᄒᆞ온바更히報答ᄒᆞ기爲ᄒᆞ와業務를擴張ᄒᆞ고內外各樣紙物과布木紬緞이며政府委托度量衡器와學校用品을新選最良으로直輸入ᄒᆞ와特廉減價로多小間遠近을勿論ᄒᆞ고請求ᄒᆞ시면運送郡郵便小包며引換代金으로酬應을迅速히買易에益々便利로록施行ᄒᆞ깃ᄉᆞ오니諸君子ᄂᆞᆫ照亮愛顧ᄒᆞ심을伏望홈

各樣紙物
壯紙 壯版紙 窓戶紙
白紙 各樣書畵 塗背
洋紙 校科 印刷洋紙
斑子紙 封套紙 印札紙
製圖用紙 美濃 紙各樣

度量衡器部
자와 말과 되와 저울
度器 量器 衡器等
類를販賣홈

京城鍾路通二十二統八戶
政府度量衡器販賣所
品紙商 鄭斗煥

電話壹千拾九番
電略話(정)(丁)

各種布木 紬緞
布。苧。木。紬。緞。
綿子。毛織

京城鍾路通二十二統八戶
木布商 鄭星煥

京西部車洞同和藥房
本國材로洋製ᄒᆫ引蘇丸이消滯止泄滅毒ᄒᆞ고付屬ᄒᆫ八十餘種이俱備大發行ᄒᆞ오
閔 櫃 白

本社에셔商法을依ᄒᆞ야事項을變更ᄒᆞ고京城區裁判所登記公告를承ᄒᆞ야十三道各郡各浦各驛에支店을設置ᄒᆞ고營業目的을左開廣布ᄒᆞ오니內外國僉君子ᄂᆞᆫ照亮ᄒᆞ시와多少物品을本社에委托ᄒᆞ심을仰要

營業目的
一 河舟運送及陸揚積載
二 鐵道牛馬車運送及人夫請負
三 委托品賣買業

京城南門外御成町拾番戶
日韓運送合資會
社長 李基東 白

本店에셔開業ᄒᆫ지十六年間僉君子의愛顧ᄒᆞ신을特蒙ᄒᆞ와今年부터業務을大擴張ᄒᆞ고春夏秋冬所用으로綢屬毛織等各國高等物品을現今多數直輸入이온바各地方에셔ᄂᆞᆫ貿易에便利賣買케爲ᄒᆞ야特廉減價ᄒᆞ와郵便小包로酬應ᄒᆞ야代金은引換ᄒᆞ깃사오니十三道各郡僉君子ᄂᆞᆫ隨意請求ᄒᆞ심을望
振替貯金番號(韓國壹三番)
電話番號(三五八)
漢城中部鍾路◎器廛洞二十一統五戶
廣興泰 告白

紙物貿易에迅速

(廣告文)

◉弊店에셔各種紙物을直輸入ᄒᆞ와地方同業僉位와其他僉彦에게特別廉減價로酬應ᄒᆞ깁사오니不拘多小ᄒᆞ시고註文ᄒᆞ시면郵便小包와運送部를經過ᄒᆞ와迅速히付呈ᄒᆞ깃ᄉᆞᆸ物價表와品錄書를無料로付呈ᄒᆞᆷ

品高價低에爲主ᄒᆞᆷ

內外國紙物大發賣

(品目略錄)

◉壯紙、油壯板紙、窓戶紙、白紙、塗비洋紙、書簡各種、天井紙、古査紙、印札紙、半紙、美濃紙、製圖紙、書簡紙、封套紙、其他學校用品筆墨各種具備

本店 漢城鍾路大廣橋 紙物舖 金聖煥 電話 一千二百八十番
支店 漢城北部安洞別宮前

學部檢定

[illegible]

李敎承 著

定價金一圓二十錢

敎育界의 啓明星이오 數學家의 羅盤針이라

洋裝美本 印刷精密

本書는學部數學檢定의嚆矢가되엿ᄉᆞ오며般高等敎育上에不可缺홈珍書라

預約募集

預約割引은同業者의게는部數에依ᄒᆞ야多小가有ᄒᆞ오니書信或面議ᄒᆞ심을望ᄒᆞᆷ 個人預約은先金에限ᄒᆞ야二割引으로酬應홈

但學生拾人團體가有ᄒᆞᆫ時는該紹介者의게三割引外特히一部를進呈

豫約期限은六月十日ᄭᆞ지定홈

發行所 元賣所 漢城鍾路 滙東書林

漢城鍾路和平堂大藥房各種藥品廣告

官登錄 許認可 (和)

(健胃消滯) 八寶丹 (主治効能)

新舊積滯 急暫關格 霍亂吐사 頭痛眩운 運氣厲疫 預防妙藥

養調經丸 婦人冷積 病神効
麝香消瘡丹 諸般瘡病 一切祛根
阿烟斷引丸 年久鴉片 引拒絶藥
滋陽丸 男女勿論 陰陽雙補
全治丸 連珠瘰력 一切去根
消積散 陳陳久체 消如春雪
回生水 急泄虛泄 無非神효
治顔水 죽은셔사 이ᄂᆞᆫ妙藥
蘇生丹 癨亂吐사 立卽見효
蛔滅散 회虫去根 更無後慮
鎭咳散 勿論老少 消담止咳
解毒散 四時感冒 寒熱往來
虫藥 寸白虫食 沒出之根
通治膏 諸般종瘡 一切神효
補陰降火丸 男女勿論 陰虛火動
雙補丸 陰陽俱虛 血氣不足
玉容水 비지ᄭᅡ리 이[illegible]
下浮丸 [illegible]
[illegible]丸 酒黃달 [illegible]
咽喉散 咽喉炎 [illegible]
下痢散 赤痢白痢 吐사吐糞
血痰祛根丸 吐血咯血 月經不調
上血快治丸 吐血降火 開鬱타담

齒痛淸快水 虫齒風齒 齒齦頭痛
明耳精 耳內炎痛 耳垢堆積
麻疹丸 小兒麻疹 腥紅熱
齒根炎傷散 齒肉爛傷 齒血發炎
小兒痛氣丸 身熱驚驚 夜啼便靑
脚氣腰痛丸 兩脚濕痛 腰痛脇痛
鷄眼膏 뿌리拔根 更無後慮
腫根拔散 拔瘇根 去惡生新
止汗散 手足汗臭 一切神效
口病淸熱水 口內火傷 唇坼鼻瘇
浮腹能下丹 下腹膨脹 少便不利
小兒腹瘡丸 初生神五
小兒疳氣散 腹部膨脹 食慾不絶
梅毒全滅丸 先天梅毒 後天梅瘡
小兒百日咳丸 呼吸困難 타담嘔吐
痳疹水 痳疹一切 神[illegible]
偏頭痛止散 眩暈頭痛 耳鳴[illegible]火
夜盲復明丸 [illegible]
胸痛止痛散 [illegible]
祛惡生新膏 [illegible] 祛惡生新
小兒胎毒膏 胎毒[illegible]
火傷消毒膏 火傷[illegible] 皮膚[illegible]
梅毒全滅膏 諸般瘡[illegible] 祛惡生新

其他洋藥各種과○寶藥各種○漢藥唐草材○都떠散賣
遠地에ᄂᆞᆫ請求ᄒᆞ시면郵便小包로申速酬應홈

京城和平堂大藥房本舖主任 李應善

京城鍾路和平堂大藥房本舖 主任 李應善
仁川港 第一分店 主任 金濟銘
平壤鍾路第二分店 主任 尹寅燾
京城鍾路靑年會館前第三分店 主任 李熙善

支店特約店代理店은 紙面이 不足홈으로 未俱載홈

官許 登錄認可 (和)

健胃消滯 八寶丹

此藥은今春全國滊車博覽會에出品陳列ᄒᆞ야大韓에第一位되ᄂᆞᆫ靈藥으로內外國紳士의贊成이多蒙홈으로感謝ᄒᆞᆷ을報答ᄒᆞ기爲ᄒᆞ야特別製造ᄒᆞ야發賣홈

廣告

○京城鍾路和平堂大藥房
○和平堂藥房은我同胞가最誠意로歡迎ᄒᆞᄂᆞᆫ我國第一되ᄂᆞᆫ最新式規模로經營ᄒᆞᄂᆞᆫ特別藥房이오
○和平堂藥房은外國第一有名ᄒᆞᆫ洋藥과我國唐草材를多數輸入ᄒᆞ야最低廉最良材를都賣散賣ᄒᆞᄂᆞᆫ最大藥房이오
○和平堂醫院은平壤濟衆院에서卒業을受ᄒᆞ고美國醫學博士禹越時手下에多年實地施驗을行ᄒᆞᆫ醫士田慶龍氏를延聘ᄒᆞ야男女老少에內外科를誠心으로診察治療ᄒᆞᄂᆞᆫ醫院이오
○和平堂醫院은外方에서病錄만記送ᄒᆞ시면其病에適當ᄒᆞ도록誠心製藥ᄒᆞ야迅速付送ᄒᆞ기로熱心ᄒᆞᄂᆞᆫ醫院이오
○和平堂醫院은[illegible]一般醫學家로ᄒᆞ여곰[illegible]之感[illegible]心을鼓吹케ᄒᆞᄂᆞᆫ醫院이오
○和平堂藥房은全國內醫[illegible]ᄒᆞ야本的實業發展의本領을[illegible]이오

京城鍾路 洋藥各種과 漢藥唐草材 大發賣
和平堂本舖主任 李應善
主任醫士 田慶龍

光武九年八月拾壹日 明治三拾八年八月拾壹日 (第三種郵便物認可) 木曜日 西曆壹千九百拾年六月十六日 (一)

大韓每日申報

檀君開國四千二百四十三年
箕子元年三千三十二年
大韓開國五百十九年
本報創刊日 光武八年七月十八日

發行兼編輯人 李章薰
發行所 京城中部布廛屛門二宮街二層洋屋 大韓每日申報社

第八卷 月曜及慶節歲時日休刊 第壹千四百十號

論說

內修를善ᄒᆞ면外患이不至

今有一富家翁이華麗ᄒᆞᆫ廣廈를建築ᄒᆞ고巨大ᄒᆞᆫ財産을擁有ᄒᆞ얏스니家道가整齊ᄒᆞ야婦ᄂᆞᆫ順ᄒᆞ고子ᄂᆞᆫ孝ᄒᆞ야上下가一致ᄒᆞ야和氣가融々ᄒᆞ면世々相傳ᄒᆞ려니와悖子가忽生ᄒᆞ야雜技場에放浪ᄒᆞ거나花柳場에沈惑ᄒᆞ야用道가無節ᄒᆞ고家道가紊亂ᄒᆞ면必敗乃已ᄒᆞᄂᆞᆫ境遇에至ᄒᆞ야家屋이隨以荒凉ᄒᆞ고墻垣이隨以圮頹ᄒᆞ며債權者가田土와家屋을執行ᄒᆞ며衣服과釜鼎을收去ᄒᆞ리니邱山과如ᄒᆞᆫ財産이他人의占有ᄒᆞᆫ바이되ᄂᆞᆫ日에至ᄒᆞ야비로소債權者의迫厄ᄒᆞᆷ을怨咨ᄒᆞ나何益이有ᄒᆞ리오必也自反猛省ᄒᆞ야家道를整理ᄒᆞ고前日富有를回復ᄒᆞ기로決心ᄒᆞᆷ이만不如ᄒᆞ도다

自家而推ᄒᆞ면家與國이一般이라我韓의歷史를溯考ᄒᆞ면土地人民도非不繁殖이오規模制度도非不周備로되禁網이疎闊ᄒᆞ고國綱이解弛ᄒᆞ야奸細輩가滿廷ᄒᆞ니戚臣의勢道가始自磚洞ᄒᆞ야典洞을一經ᄒᆞ고閔氏에及ᄒᆞ야極矣로다生靈은塗炭에陷ᄒᆞ던지溝壑에轉ᄒᆞ던지顧念ᄒᆞᆯ바이無ᄒᆞ고子女玉帛에洋榮만竊取ᄒᆞ야勢炎中에滔々ᄒᆞᆫ慾火가발生ᄒᆞ니蒼生은犧牲과如히虐待ᄒᆞ야無名ᄒᆞᆫ雜稅ᄂᆞᆫ日々層生ᄒᆞ야三千里江山에膏腴를吸盡ᄒᆞ고賣官ᄒᆞᄂᆞᆫ弊가又生ᄒᆞ야一資半級이라도金力을借치아니ᄒᆞ면生意ᄒᆞᆯ者이無ᄒᆞ고獄訟이不息ᄒᆞ야毒鞭猛棍에魚肉을難免ᄒᆞ니冤聲이彌天ᄒᆞᆷ으로上下가仇視ᄒᆞ야民權이由是ᄒᆞ야墜落ᄒᆞ며國力이由是로微弱ᄒᆞ야國不爲國ᄒᆞ고民不爲民ᄒᆞᄂᆞᆫ地頭에到ᄒᆞ엿스니誰가凌侮치아니ᄒᆞ리오生存競爭ᄒᆞᄂᆞᆫ此時代를當ᄒᆞ야海外에舟車가我韓에輻輳ᄒᆞ야一奇貨場을作ᄒᆞ엿스니疆土ᄂᆞᆫ日々減縮ᄒᆞ고人民은日々離散ᄒᆞ야貧ᄒᆞᆫ것도此에셔더甚ᄒᆞᆫ者가無ᄒᆞ고弱ᄒᆞᆫ것도此에셔더甚ᄒᆞᆫ者가無ᄒᆞ리로다

政府에셔ᄂᆞᆫ敗家子弟와如ᄒᆞ야惰怠ᄒᆞᆫ氣習이愈往愈甚ᄒᆞ야國家的思想은半點도無ᄒᆞ고國家가安ᄒᆞ던지危ᄒᆞ던지名利場에沒身ᄒᆞ며地位를恐失ᄒᆞ야山河가陸沉ᄒᆞ더리도徘徊萬念이功名에在ᄒᆞ야借梨食棗ᄒᆞᄂᆞᆫ歎이有ᄒᆞᆯ지라도少不顧忌ᄒᆞ면畢竟은一身을寄生ᄒᆞᆯ處가無ᄒᆞᆯ지니外人의侮視가强制로至ᄒᆞᆫ事가아니라我韓政府에셔自取ᄒᆞᆫ事인즉其責이엇지人民의게在ᄒᆞ리오一則政府에在ᄒᆞ고二則政府에在ᄒᆞ다ᄒᆞ노니政府當局者ᄂᆞᆫ三思를加ᄒᆞ야國計民情으로百倍勵精ᄒᆞ야已散ᄒᆞᆫ民情을收拾ᄒᆞ고已讓ᄒᆞᆫ土地를恢復ᄒᆞ야基礎가已定ᄒᆞ면外侮가來侵코져ᄒᆞᆯ지라도엇지得ᄒᆞ리오敗家子弟의稱號를得지勿ᄒᆞ고成家子弟의稱號를得ᄒᆞᆯ지어다

官報

◎第四千七百五號 隆熙四年六月十五日(水曜)

告示

內閣告示第六十七號

强盜殺人犯李順範本月十日京城監獄에셔絞刑에執行을了ᄒᆞᆫ事

右告示ᄒᆞᆷ

隆熙四年六月十四日

內閣總理大臣臨時署理
內部大臣 朴齊純

敍任及辭令

○五月三十日 稅關主事永田잔治 陞敍判任官三等

○六月一日 李王海 任郡主事敍判任官四等

○六月三日 朴濟輪 任郡主事敍判任官四等

○六月四日 菊池才太 任郡主事敍判任官四等

○六月六日 崔炳奭 金秉泰 蘇鎭源 任郡主事敍判任官四等

◉六月七日 李起陽 金熹東 任郡主事敍判任官四等

○六月九日 金泳華 任郡主事敍判任官四等

○六月十一日 公立普通學校本科副訓導韓翊東 任內部技手敍判任官三등

社告

本社位置를本月九日에京城中部**布廛屛門二宮街二層洋屋**으로移設ᄒᆞ엿ᄉᆞ오니本報를愛讀ᄒᆞ시ᄂᆞᆫ僉君子ᄂᆞᆫ照亮ᄒᆞ심을望ᄒᆞᆷ

大韓每日申報社

○六月十三日 稅關監吏宗田義彦 任稅關主事敍判任官五등

江原道觀察使李圭完 右ᄂᆞᆫ該員이隆熙二年度配付에係ᄒᆞᆫ鐵道修理費를隆熙三年一月에出於命令第二八五號로써錯誤의支撥을爲ᄒᆞ엿合은官紀上不可容宥이기官員懲戒令第一條及第二條에依ᄒᆞ야譴責ᄒᆞᆷ(六月十三日內部)

古阜財務署長財務官 李建台 補錦山財務署長 財務官吳憲均 補古阜財務署長(六月二日度支部) 度支部事務官 豊田多賀雄 命理財局勤務 財務官宋文賢 補瑞山財務署長(六月九日度支部) 稅關主事永田잔治 依願免本官(六月十三日度支部)

外報

◎巨鯨衛船 日前에淸國交龍津에셔巨鯨數十이浮遊ᄒᆞ야瀛船立神丸의進行을妨害ᄒᆞ엿ᄂᆞᆫ되此ᄂᆞᆫ近來의海上壯觀이라더라

◎潛航艇引揚 倫敦來電을據ᄒᆞᆫ즉去月十六日에英國海峽에셔法國一瀛船과衝突ᄒᆞ야沈沒ᄒᆞᆫ法國潛航艇불루이오스號ᄂᆞᆫ沈沒后十六日을經ᄒᆞ야干辛히引揚ᄒᆞ엿ᄂᆞᆫ되同艇의破損은頗大ᄒᆞ다더라

◎日本實業團 南京來電을據ᄒᆞᆫ즉日本渡淸實業團一行은淸國漢口에셔大冶를經ᄒᆞ야本月十一日午后에同地에到着ᄒᆞ엿ᄂᆞᆫ되卽時張總督을訪問后同總督의晩餐會에臨席ᄒᆞ엿다더라

◎印度와鴉片專賣 倫敦來電을據ᄒᆞᆫ즉印度政府ᄂᆞᆫ廣東鴉片專賣에關ᄒᆞ야英國政府에照會ᄒᆞ기를右鴉片專매ᄂᆞᆫ鴉片協約에違反ᄒᆞ엿다고公言ᄒᆞ엿다더라

◎自動車競技 伯林來電을據ᄒᆞᆫ즉德國황太子殿下ᄂᆞᆫ明年에擧行ᄒᆞᆯ英德自動車競技會에勝利紀念牌를下賜ᄒᆞ엿ᄂᆞᆫ되英德兩國의自動車界에셔ᄂᆞᆫ此에對ᄒᆞ야非常히趣味를발ᄒᆞ엿다더라

◎移民指導所增設 臺灣電報를據ᄒᆞᆫ즉同地總督府에셔ᄂᆞᆫ今番에更히移民指導所一個를同地卑南에設立ᄒᆞ고日本移住農民의指導에當케ᄒᆞᆯ計劃으로方今調査中이라더라

◎旅順開放方針 東京來電을據ᄒᆞᆫ즉旅順港開放에關ᄒᆞ야近日發布될改正港則은二十二箇條에不過ᄒᆞ나細則을合ᄒᆞ면七八十箇條에及ᄒᆞᆯ것ᄂᆞᆫ되其中重要ᄒᆞᆫ者ᄂᆞᆫ一般出入商船에對ᄒᆞ야前日보다可及的으로寬大히待遇ᄒᆞᆯ事와軍港된東港을除ᄒᆞᆫ外에西港에ᄂᆞᆫ自由로碇泊을許可ᄒᆞᆯ事와一切商船의出入은從來와ᄀᆞᆺ치港務部에請願ᄒᆞᆷ과其他手數料를不要ᄒᆞ고但新設ᄒᆞᆫ海務局에報告ᄒᆞᆯ事外에ᄂᆞᆫ別노히强制ᄒᆞᄂᆞᆫ事項은有치아니ᄒᆞ다더라

學界報

◎勸勉會待 西江牛山學校學生鄭斗煥氏가入學未幾에月終試驗의最優등을ᄒᆞ미其父親杜夏氏가其子를勸勉ᄒᆞ기爲ᄒᆞ야今日上午九時에任員諸氏와一般學生을會集ᄒᆞ야酒菓로接待ᄒᆞᆫ다더라

◎前師見責 安邊郡普通學校前敎師高永金次郞은元山港春城學校에셔修學旅行ᄒᆞ던차에該學徒를無端히驅打ᄒᆞ다가該校任員에게大端見責ᄒᆞ엿다더라

◎實業開學 東部梨峴私立新興學校內實業講習所에셔這間未備ᄒᆞᆫ事를因ᄒᆞ야開學을不得ᄒᆞ엿다가本月十五日부터開學ᄒᆞ엿다더라

◎鍾守熱心 金柄圭氏ᄂᆞᆫ鍾城郡守在任時에晝夜로敎育에熱心ᄒᆞ야境內學校가鬱興ᄒᆞ야十餘個所에達ᄒᆞ엿ᄂᆞᆫ되該氏가鏡城郡守로轉任ᄒᆞᆫ後에도篤實勉勵ᄒᆞᆷ이無異前日ᄒᆞᆷ으로境內人民들이莫不稱頌ᄒᆞᆫ다더라

◎設立擔費 恩津論山居前參奉金在煥氏가敎育에熱心ᄒᆞ야夜學校를設立ᄒᆞ고經費를自擔ᄒᆞ야靑年을敎訓ᄒᆞᆫ다ᄒᆞ고人皆稱頌ᄒᆞᆫ다더라

世界歷史

◎變遷의略史◎

如斯히(휴마니스트)ᄂᆞᆫ古書를討究ᄒᆞ나彼등은古人의範圍에超出ᄒᆞ야新발明을能爲치못ᄒᆞ고其目的은오직古文을極力模擬ᄒᆞᆷ에不過ᄒᆞᆫ되眞正ᄒᆞᆫ拉丁文을草ᄒᆞ고又拉丁語或國語로써有名詩曲등을作ᄒᆞ야當時에足히詩稱ᄒᆞᆫ지라是以로拉丁詩人을修正ᄒᆞ기에足ᄒᆞᆫ人은各國의王侯가優禮로待遇ᄒᆞ니於是에(휴마니스트)ᄂᆞᆫ一個의團結을遂成ᄒᆞ야超然히塵俗外에出ᄒᆞ고此社中에得入ᄒᆞᆫ者ᄂᆞᆫ龍門에登ᄒᆞᆷ과如ᄒᆞ더라

古文學을硏究ᄒᆞᆯ時에當ᄒᆞ야其力이最大ᄒᆞᆫ者ᄂᆞᆫ卽活板의발明이라古代에書籍은專히奴隷로謄寫케ᄒᆞ며中世에僧侶등이頻數히經典을手寫ᄒᆞ더니人智의世運의進步됨을隨ᄒᆞ야讀書의必要가一般興起ᄒᆞᆫ즉寫字生이始出ᄒᆞ엿고後年에金屬板及木板에文字를彫ᄒᆞ고書籍을印刷ᄒᆞᆷ을發明ᄒᆞ엿다가此를因ᄒᆞ야活潑의발明이仍出ᄒᆞ니其木製活字를始製ᄒᆞᆷ은一千四百三十六年頃에(메스)人「쟌、쑤텐버그」가始創ᄒᆞ엿고次又섬허가且一千四百五十二年頃에金屬活字를始鑄ᄒᆞ야進步가大至ᄒᆞ더니數年을不過ᄒᆞ야印刷術이歐洲諸國에傳播ᄒᆞ야雖貧寒ᄒᆞᆫ士와卑賤ᄒᆞᆫ人이라도書籍이亦有ᄒᆞ야開明의思想이발ᄒᆞ리라

(未完)

詞藻

◎街燈◎ 頤雲生

烟火萬家燈作鋪滿城不夜壯皇圖黑洞尙多眠未覺誰將明燭導昏衢

記者曰萬家燈不夜城尙有黑洞酣睡者誰爲作昏衢明燭也

宮廷報

◉兩闕下賜扇子 再昨日에太皇帝陛下씌옵셔ᄂᆞᆫ宮內府官吏에게扇字를下賜ᄒᆞ시고太황帝陛下씌옵셔ᄂᆞᆫ承寧府官吏에게扇子를下賜ᄒᆞ옵셧다더라

雜報

◉文學何會 新任寺內統監에秘書官은日本三島文學博士에弟子大城戶가被任渡韓ᄒᆞ기로內定되엿ᄂᆞᆫ더中樞院議長金允植金宗漢呂圭亨諸氏가발起ᄒᆞ야歡迎會를準備ᄒᆞ고國分參與官久邦局長千葉繙譯官等과交涉ᄒᆞ야韓國文學會를組織ᄒᆞᆯ次로目下協議中이라더라

◉長겸自避 新任副統監歸任前에各部次官들이辭表를提呈ᄒᆞ기로內定되엿다ᄂᆞᆫ說이有ᄒᆞ다더라

◉爲訪總相 宮內府大臣閔丙奭氏ᄂᆞᆫ總理大臣李完用氏를面會ᄒᆞ기爲ᄒᆞ야本日에溫陽으로下往ᄒᆞ엿다더라

◉尹氏被任說 前參領尹致晟氏ᄂᆞᆫ侍從武官長을今明間被任ᄒᆞᆫ다ᄂᆞᆫ說이有ᄒᆞ다더라

◉三察遞任說 慶南觀察黃鐵慶北觀察朴重陽平南觀察李軫鎬諸氏등은不遠間遞任되리라더라

◉表院官吏變更說 表勳院奏判任官中에多少變更이된다ᄒᆞᆷ으로該院官吏가其眞假를探知ᄒᆞᄂᆞᆫ中이라더라

◉警視總監의存廢 警視總監免官ᄒᆞᆫ後에總監을廢ᄒᆞᆫ다ᄂᆞᆫ說이浪藉ᄒᆞ나此ᄂᆞᆫ統監府官制改革ᄒᆞᄂᆞᆫ同時에如何ᄒᆞᆫ事情으로던지從來警視廳職務를減縮ᄒᆞᆫ다ᄂᆞᆫ더셔出ᄒᆞᆷ이라더라

◉國民報遭訴 太皇帝陛下씌옵셔昨年度에承寧府官吏에게扇子를下賜ᄒᆞ실時에承寧府侍從들이挾私ᄒᆞ엿다ᄂᆞᆫ事를國民新報에揭載ᄒᆞ엿더니吳一泳氏가承寧府侍從代理로日間地方裁判所에起訴ᄒᆞᆫ다더라

◉卒業生需用交涉 外國語學校本年度卒業生李憲相氏等五人을財務署官吏로需用ᄒᆞ기爲ᄒᆞ야學部에셔財務監督局과交涉中이라더라

◉總理財產의調查 總理李完用氏의財產을某處에셔調查ᄒᆞ엿다ᄂᆞᆫ더四百餘萬圓假量이라더라

◉長書日內閣 大邱郡居鄭受氏ᄂᆞᆫ時局에變遷ᄒᆞᆷ을慨歎ᄒᆞ야數千言에長書를日昨日本內閣에提呈ᄒᆞ엿다더라

◉視察警船 內部警務局今井警部ᄂᆞᆫ義州地方에警備船을視察ᄒᆞ기爲ᄒᆞ야出張ᄒᆞ엿다가再昨日에入城ᄒᆞ엿다더라

◉實業校請願式 學部에셔實業學校設立認可請願書式을刊出ᄒᆞ엿ᄂᆞᆫ더各地方官吏에게頒給ᄒᆞᆫ다더라

◉一魁渡日說 一進會長李容九ᄂᆞᆫ何等運動이有ᄒᆞᆫ지日間日本으로渡往ᄒᆞᆫ다더라

◉美校長歸國 日前渡韓ᄒᆞ엿던美國오하인大學校々長긴구ᄂᆞᆫ再昨日上午九時에京釜線으로歸國ᄒᆞ엿다더라

◉所營如意乎 前判書金宗漢氏가日本에委送ᄒᆞ엿던鄭庠敎氏ᄂᆞᆫ再昨日에歸國ᄒᆞ엿다더라

◉致吊葬式 度支部司稅局主事日人加藤은三昨日身故ᄒᆞ야再昨日에本願寺에셔葬式을舉行ᄒᆞ엿ᄂᆞᆫ더該局官吏一同이前往致吊ᄒᆞ엿다더라

◉學簿調查 檢查局에셔昨日에官吏를學部에派送ᄒᆞ야會計文簿를調查ᄒᆞ엿다더라

◉陞級件頒布 警視廳에셔各署에在勤巡查의陞級件을昨日에頒給ᄒᆞ엿다더라

◉香料錢寄付 日本留學生監督李晚奎氏가到赴時에其家眷을率去ᄒᆞ다가九歲女兒가因病致死ᄒᆞ엿다ᄒᆞᆷ으로學部秘書課及學務局第一課에셔발起ᄒᆞ야香料錢을收合寄付ᄒᆞ랴ᄒᆞᆫ다더라

◉坂書眞假의探知 日本人坂垣伯이가大韓協會에對ᄒᆞ야何등意見書를製定ᄒᆞ엿다ᄂᆞᆫ說이有ᄒᆞᆷ으로某處에셔其眞假를探知ᄒᆞᄂᆞᆫ中이라더라

◉占人土地 前判書洪淳馨氏에所有草坪이金浦郡冀島등地에在ᄒᆞᆫ더年前一進會에셔陳荒地로認定開墾ᄒᆞᆷ으로年來詰難ᄒᆞᆫ다더니再昨日地方裁判所에셔第一回裁判을開ᄒᆞ엿ᄂᆞᆫ더一進會長李容九의代理로李民觀이가出頭ᄒᆞ엿다더라

◉審李捉李 欠遁郡守로警視廳에被因ᄒᆞᆫ李大鍾氏를審查ᄒᆞᆫ結果로從二品李範喬氏를目下형捉ᄒᆞ라ᄒᆞᆫ다더라

◉因逋競賣 度支部에셔ᄂᆞᆫ前郡守金靖圭氏에多數ᄒᆞᆫ公貨犯逋를因ᄒᆞ야該氏에家產을執行ᄒᆞ엿ᄂᆞᆫ더該執行物를昨日부터競매ᄒᆞᆫ다더라

◉有何所用 閔泳綺李址鎔閔泳韶二氏가有何緊用인지各其所有亭子와田庄을外國人의게典執得債ᄒᆞ기로現今周旋中이라더라

◉何事查問 警視廳에셔ᄂᆞᆫ何事故를因ᄒᆞᆷ인지再昨日午後二時에大韓協會長金嘉鎭氏를招請ᄒᆞ야查問ᄒᆞᆫ事이有ᄒᆞ엿다더라

◉宜乎調查 警視廳에셔密매淫女에仲介者를調查ᄒᆞᆫ다ᄒᆞᆷ은既報어니와此에對ᄒᆞ야男女間財產과職業이無ᄒᆞ고遊衣遊食ᄒᆞᄂᆞᆫ者를嚴密히調查中이라더라

◉帝國社買渡交涉 帝國新聞社에셔經費가窘拙ᄒᆞ야多月停刊ᄒᆞᆷ은一般共知어니와俞吉濬氏가該新聞社를二千圓에買渡刊行ᄒᆞ기로鄭雲復氏와現今交涉中이라더라

◉厚報學資 前侍從李埼鎔氏에게向日에漢文敎授ᄒᆞ던先生崔仁錫氏ᄂᆞᆫ生活程度가極히困難ᄒᆞ더니李氏가日前韓山郡等地에家屋田土金二千圓價值를買給資生케ᄒᆞ엿合으로李氏의義務를莫不稱頌ᄒᆞᆫ다더라

◉因李呼李 前商務組合部長李學宰ᄂᆞᆫ大邱郡에居留ᄒᆞᄂᆞᆫ日人小島에게金一百五十圓을欺取ᄒᆞᆫ事件이有ᄒᆞ엿ᄂᆞᆫ더部長이遞任된故로該日人이右金을還推ᄒᆞᆯ次로大邱裁判所에起訴ᄒᆞ야新任部長李奎恒氏를三昨日에呼出ᄒᆞ엿다더라

◉亦一壯士 姜基東氏가三昨日下午六時에東門內新橋等地에셔東署刑事巡查二人에게被捉ᄒᆞ엿다가巡查등을拍蹴ᄒᆞ고卽時逃走ᄒᆞ엿ᄂᆞᆫ더但姜氏身畔에携帶ᄒᆞᆫ印章만창奪ᄒᆞ엿다더라

◉合資會社移設 中部琵琶洞에在ᄒᆞᆫ合資組合會社ᄂᆞᆫ再昨日에南部長橋등地로移設ᄒᆞ엿다더라

◉李犯處役 京城地方裁判所에셔强盜李俊永을三昨日役五年에宣告ᄒᆞ엿다더라

◉日賊被捉 學部에셔掛鍾見失ᄒᆞᆫ事가有ᄒᆞᆫ더日昨에行盜ᄒᆞ던者를捕捉ᄒᆞᆫ즉日人이라더라

◉七年處役 京城地方裁判所에셔ᄂᆞᆫ殺人犯鄭相玉을三昨日役七年에宣告ᄒᆞ엿다더라

◉除錄請願 太極敎宗에셔該講師南廷哲氏가敎憲權限外에關涉이有에다ᄒᆞᆷ으로派員質問ᄒᆞ미南氏가除錄ᄒᆞᆷ을請願ᄒᆞ야依施ᄒᆞ엿다더라

◉違規施罰 漢城典舖總會에셔第四回通常會를開ᄒᆞ고各舖典에셔典物過限不放ᄒᆞᄂᆞᆫ境遇에ᄂᆞᆫ舖主에게罰金十圓을徵收ᄒᆞ기로決議ᄒᆞ엿다더라

◉養貞女會移館 養貞女子敎育會에셔ᄂᆞᆫ水標橋등地에家屋一座를金四百餘圓에日前買入ᄒᆞ엿ᄂᆞᆫ더會舘을日間該家로移定ᄒᆞᆫ다더라

◉青年演說 今日下午八時에鍾路青年會舘에셔演說會를開ᄒᆞ고鄭春洙氏를請邀ᄒᆞ야青年必知란問題로演說ᄒᆞᆫ다더라

學界

◉湖學開進 去日曜日에湖西學生親睦會에셔總會를繼湖學校內에開ᄒᆞ엿ᄂᆞᆫ더出席會員이二百人에達ᄒᆞ엿다더라

◉進興盛況 寧邊郡龍山面球場里進興學校에셔去月末日에第一回卒業式을經ᄒᆞ엿ᄂᆞᆫ더卒業生은金可均楊戴鶴韓基榮等三人이오進級生은李丙珍金光浩等十餘人이오該校長楊鎭浩氏와校監金炳懋氏와講師安濟龍氏등은學生用品을多數購入ᄒᆞ야褒賞ᄒᆞᆫ後에趣旨를說明ᄒᆞ고敎師李孝明氏ᄂᆞᆫ本是貧寒ᄒᆞ나名譽로敎授ᄒᆞ며數年을熱心ᄒᆞ고商民王禧寧沈炯基金尙과沈炯植鄭鳳奎諸氏ᄂᆞᆫ數百來賓에食品을供ᄒᆞ엿다더라

◉廣明漸明 洪州化城面廣明義塾을設立ᄒᆞ엿ᄂᆞᆫ더塾監金永善氏ᄂᆞᆫ青年敎育을熱心ᄒᆞ야學生을優數募集ᄒᆞ야六十餘員에達ᄒᆞ엿고會計趙元夏氏ᄂᆞᆫ經費를一切自擔ᄒᆞ야維持가永遠無慮ᄒᆞᆫ깃스며生徒金영圭李瀅鍾崔炳顯三氏ᄂᆞᆫ夜以繼日에熱心就學ᄒᆞ야入學未幾에前進之望이大有ᄒᆞ다더라

◉日師熱心 忠州郡牧溪私立通明學校에在ᄒᆞᆫ吉野藤藏講師ᄂᆞᆫ日本長崎縣人으로渡韓十餘年에韓語와漢文을嫺熟ᄒᆞ고敎育에熱心ᄒᆞ야本校에雇聘ᄒᆞᆫ後晝夜學生을勤孜敎授ᄒᆞᄂᆞᆫ더月俸을捐ᄒᆞ야敎科書籍을多數貿來ᄒᆞ며試驗에賞品을每每施與ᄒᆞᆷ으로校況이興旺ᄒᆞ다더라

電報

◉有吉長官의披露 新任有吉長官은昨日에千葉縣에셔東京에往ᄒᆞ야寺內新統監을訪問ᄒᆞᆫ后東京統監出張所에往ᄒᆞ야新任披露宴을行ᄒᆞ엿다더라

◉前長官의任務 石塚前總務長官은參與官으로在職케ᄒᆞ야時局解決에伴ᄒᆞᄂᆞᆫ諸般制度의編成과其他重要任務에當케ᄒᆞᆯ事로決定ᄒᆞ엿다더라

◉國勢調查會開會 日本國勢調查會의第一回ᄂᆞᆫ再昨日에日本內閣에셔開會ᄒᆞ고桂總理大臣이訓示ᄒᆞ엿ᄂᆞᆫ디第二回ᄂᆞᆫ明年春에貴族院內에셔開ᄒᆞ리라더라

◉討蕃隊의苦戰 台灣의蕃賊討伐隊ᄂᆞᆫ蕃賊과惡戰苦鬪ᄒᆞ얏ᄂᆞᆫ더日兵의死傷이多大ᄒᆞ다더라

◉旅順解放延期 旅順港의解放은諸般準備가未及ᄒᆞᆷ으로來月二十日頃으로延期ᄒᆞ얏다더라

◉官制改正內容 統監府의現官制ᄂᆞᆫ근本的으로改革ᄒᆞ기로決定ᄒᆞ엿ᄂᆞᆫ더其발表ᄂᆞᆫ來月이나될듯ᄒᆞ고其要領은政務의統一을主眼ᄒᆞ엿ᄂᆞᆫ더現在特立ᄒᆞᆫ通信管理局과司法廳과營林廠과其他某某重要ᄒᆞᆫ機關을全部를統監府에合ᄒᆞᆫ다더라

以上東京발 十五日着

▲項門一針▼

▲近日政界에風雲이動盪ᄒᆞ야一種風說이流行ᄒᆞᄂᆞᆫ더走者飛者가各自唾手ᄒᆞ니此眞渾同世界로다

▲孤島장烟開臥ᄒᆞ야복鳥賦를朗吟ᄒᆞ더니溫泉上에攝養ᄒᆞ니政界疑雲忽起ᄒᆞ나沃野田園浩然計라總相椅子無意로다

▲七星板을自發ᄒᆞ니魂飛魄散ᄒᆞ던人物이무슴營爲잇실손가多數黃金弄出ᄒᆞᆷ데秘密探窺藉功ᄒᆞ니學大椅子窺梲로다

▲月黑雲暗此乾坤에無數魍魎嘯聚ᄒᆞ야一假鬼가爲魁ᄒᆞ고聲明書를煽唱ᄒᆞ며大功勞自誇ᄒᆞ니度大椅子擬手로다

▲鼠肝蠶腸ᄒᆞᆫ奸物이稍解日語搖頭ᄒᆞ며勢力家에爪牙되여陷人不測ᄒᆞ더偵探이社會客을假稱ᄒᆞ니農大椅子流涎이라

엿는데三年級優等은徐珉錫陳
垌源陳佶源金敏鏈이오及第는
源이오及第는金漢鎔等이오一
年級優等은高炳暉陳庸根朴和
金喜鎭等이라더라
◎昆明興學 昆陽郡昆明面有
등諸氏로會議ᄒᆞ야兩面中間에
在ᄒᆞᆫ員沙坪의共進學校를設立
과兩面內各契錢등屬을一幷付
屬ᄒᆞ여學校를大擴張ᄒᆞᄂᆞᆫ데兩
◎完明再完 報恩郡完明學校
ᄂᆞᆫ進就의希望이有ᄒᆞ더니年前
으로校况이殞興ᄒᆞ야學徒가七
十人에達ᄒᆞ엿다더라

廣告

民刑訴訟의委任에應ᄒᆞᆷ
辯護士 洪在祺
本事務所 京城中部大笠洞
出張所 平壤郡南門通

日人丁本鐵物商店에셔去十二日景品券을抽籤ᄒᆞ엿ᄂᆞᆫ데一等白米五十石을長興競賣所主人金寬植氏가出脚ᄒᆞ엿기로廣告
長興競賣所主人金寬植 白

本人의名大用에用字를以석字로改定ᄒᆞ오니知舊間照亮ᄒᆞᆷ
中部典洞第四十三統三戶 李大錫 告白

典舖章程은政府의셔 上奏裁可後반布ᄒᆞ거신죽所重이逈別이거날挽近舖主와典執人間에章程을顧若文具ᄒᆞ야典物放限을無難經過ᄒᆞ야弊端이滋生ᄒᆞ니寧不慨歎가本會目的은各舖를董率ᄒᆞ고章程을欽遵而已라嗣玆以往으로典物를過限不放之舖主의게ᄂᆞᆫ罰金을相當徵收ᄒᆞ기로決議ᄒᆞ엿ᄉᆞ니各舖主와典執諸氏ᄂᆞᆫ照亮ᄒᆞ심
漢城典舖總會 告白

本人의名字中承軾의軾字를勗字로改定ᄒᆞ엿ᄉᆞ오니知舊間照亮ᄒᆞ심
往十里朴承勗 告白

本人이姓名金承俊을承浩로改ᄒᆞ오니知舊間照諒ᄒᆞ심
楚山南門外金承浩告白

本人이去初七日에淸國安東縣魚物場에셔正字姓名章과皮匣一介와淸貨五圓十三錢과白太稅票五張을幷ᄒᆞ야셔失ᄒᆞ엿ᄉᆞᆸ기玆以廣告ᄒᆞᆷ
楚山南門外 金承俊 告白

金宗國朴弘溢金基永朴基福白周鉉李泰郁成基鎬李達鎬張允煥諸氏가消暢次로麻浦江面에船遊ᄒᆞ다가該浦渡船組合에營業을獎勵ᄒᆞ기爲ᄒᆞ야右諸氏가二十圓金을寄附ᄒᆞ엿기其盛意를感荷銘肺ᄒᆞᆸ
渡船組船夫등 告白

本人이大韓每日申報社에셔退社ᄒᆞ엿ᄉᆞ오니知舊間照亮ᄒᆞ시고一切通信은本人의私第로送ᄒᆞ심을切望
京西門外八角亭洞百九十五統四戶
梁起鐸

本人이상품총로시를제조ᄒᆞ와염가방매ᄒᆞ오니첨군ᄌᆞ은조량ᄒᆞᆷ
南大門外翰林洞第七十統七戶
篩房 洪明浩 告白

本社에셔商法을依ᄒᆞ야事項을變更ᄒᆞ고京城區裁判所登記公告를承ᄒᆞ야十三道各郡各浦各驛에支店을設置ᄒᆞ고營業目的을左開廣布ᄒᆞ오니內外國僉君子ᄂᆞᆫ照亮ᄒᆞ시와多少物品을本社에委托ᄒᆞ심을仰要
營業目的
一 河舟運送及陸揚積載
二 鐵道牛馬車運送及人夫請負
三 委托品賣買業
京城南門外御成町拾番戶
日韓運送合資會
社長 李基東 白

◎大韓全國에온本堂製造發行ᄒᆞᄂᆞᆫ藥品

消化新藥 **淸心保命丹** 此丹은化痰止咳ᄒᆞ고順氣消滯ᄒᆞ며恒常長服ᄒᆞ면腸胃가健全

大補元氣 **蔘茸大補元** 大補元氣ᄒᆞ고滋腎健腦ᄒᆞ며先天不足과陽위不起에一切神効

蛔積殺虫散 此약은회積과회腹痛과회虫一切을去根ᄒᆞᄂᆞᆫ良劑

久滯大通丸 此丸은年久積滯와宿滯後重이며胷腹痛에神効莫大ᄒᆞᆷ

瘡病新藥 **梅花點雪丹** 毋論男女ᄒᆞ고花柳病楊梅瘡에一切去根快復하ᄂᆞᆫ良藥

眼疾速効 **光明眼藥** 諸般眼疾에隨症皆差ᄒᆞᄂᆞᆫ東洋에初有ᄒᆞᆫ寶藥

起死回生 **回生丹** 此丹은急ᄒᆞᆫ吐瀉關格이며가合아리와冷積과痢疾에神効

感氣神効 **解熱散** 寒熱往來ᄒᆞ며似학非학과頭痛眩暈와肢節痛에其効가偉大

齒痛新藥 **止痛健齒水** 虫齒와風齒와諸般齒痛에壹切神立

耳聾聖藥 **耳聾神藥** 無論男女ᄒᆞ고耳聾鼻塞이며耳鼻에關ᄒᆞᆫ病은隨症並差

疝症据根 **疝積湯** 諸般산症에大談出賣ᄒᆞᆷ

寸虫沒出藥 寸白虫을一切去根ᄒᆞᄂᆞᆫ妙劑

듸눈과못 **拔根藥** 듸눈과못과ᄉᆞ마귀를세ᄂᆞᆫ藥

止足汗臭藥 手足의汗臭를除却ᄒᆞᄂᆞᆫ藥

去核生新 **汱度膏** 創瘡과腐傷과곱센ᄃᆡ去核生新ᄒᆞ기ᄂᆞᆫ第一著明

最新改良 **百應膏** 無論男女老少ᄒᆞ고毒瘇濕瘇痰瘇諸般瘇瘡에壹切特效가有ᄒᆞᆷ

淋疾藥各種 淋疾各症에壹週日만服ᄒᆞ면病根快復ᄒᆞ고腎氣가完全ᄒᆞᆷ

其他洋藥各種과◎賣藥各種◎都매散賣
◎遠地에ᄂᆞᆫ郵便小包로申速酬應ᄒᆞᆷ

漢城南大門內濟生堂大藥房 李庚鳳
代辦主任 李興國 白

●特別廣告●

◎本店을開業ᄒᆞᆫ지數十年以來에 僉君子의愛顧ᄒᆞ심을蒙ᄒᆞ온바更히報答ᄒᆞ기爲ᄒᆞ와業務를擴張ᄒᆞ고內外各樣紙物과布木紬緞이며政府委托度量衡器와學校用品을新選最良으로直輸入ᄒᆞ와特廉減價로多小間遠近을勿論ᄒᆞ고請求ᄒᆞ시면運送部郵便小包며引換代金으로酬應을迅速히貿易에益々便利토록施行ᄒᆞ깃ᄉᆞ오니諸君子ᄂᆞᆫ照亮愛顧ᄒᆞ심을伏望ᄒᆞᆷ

各樣紙物
壯紙壯版紙窓戶紙
白紙各樣書畵塗背
洋紙校科印刷洋紙
斑子紙封套紙印札紙
製圖用紙美濃紙各樣

度量衡器部
자와 말과 되와 저울
度器 量器 衡器等
類를販賣ᄒᆞᆷ
京城鍾路通二十二統八戶
政府度量衡器販賣所
品紙商 鄭斗煥
電話壹千拾九番 電略語(정)(丁)

各種布木紬緞
布。苧。木。紬。緞。
綿子。毛織
京城鍾路通二十二統八戶
木布商 鄭星煥

本人이네모ᄂᆞᆫ姓名章을陰五月一日에路中見失ᄒᆞ엿ᄉᆞ오니誰某拾得則休章施行ᄒᆞᆷ
鳳山郡舍人面 吳濟善 白

本人의陰四月二十九日分에安州城內市場에셔姓名章을隅然이見失ᄒᆞ고改章ᄒᆞ오니知舊間照亮ᄒᆞᆷ
安州靑山面松鶴里金峻賢 白

京西部車洞同和藥房
本國材로洋製ᄒᆞᆫ引蘇丸이泄滯止泄滅毒ᄒᆞ可고付屬ᄒᆞᆫ八十餘種이俱備大發行ᄒᆞ오 閔檟 白

本館主務權錫範氏를解雇ᄒᆞ엿ᄉᆞ오니內外國人은以此照亮ᄒᆞᆷ
釜港韓興書館主 金泰衡

京銅峴九十五統十戶
乾材藥局 **崔興模**
勿論親疎間掌記及居住만通知ᄒᆞ면以廉價ᄒᆞ야引換小包로送

學部檢定濟 新撰
官立漢城師範學校教授 福島百藏氏
前農商工部園藝模範場技師 押切祐作氏 共著
大 子 金大熙氏
農業教科書前編 六月末發行
定價金貳拾錢 檢定後續出
製本堅實紙質極良 揷畵周到
公立私立普通學校及同補習科與農業學校學徒用
發行所京城南部銅峴南大門通 同文書林 金雨均

紙物貿易에迅速
(廣告文)
●弊店에셔各種紙物을直輸入ᄒᆞ와地方同業僉位와其他僉彥에게特別廉減價로酬應ᄒᆞ깁사오니不拘多小ᄒᆞ시고註文ᄒᆞ시면郵便小包와運送部로經過ᄒᆞ와迅速히付呈ᄒᆞ깃ᄉᆞᆸ
物價表와品錄書를無料로付呈ᄒᆞᆸ
品高價低에爲主ᄒᆞᆷ

內外國紙物大發賣

(品目略錄)
●壯紙、油壯板紙、窓戶紙、白紙、塗비洋紙、書畵各種、天井紙、古查紙、印札紙、半紙、美濃紙、製圖紙、書簡紙、封套紙、其他學校用品筆墨各種具備
漢城鍾路大廣橋
本店 紙物舖 金堃煥
電話 一千二百八十番
支店 漢城北部安洞別宮前

◉設校演語 內部主事金纘濟
氏등이발起ᄒᆞ야日語講習所를

◉大興校卒業 白川郡大興學
校에서去月十五日에第一回卒

等生은趙春植趙義植이라더라
◉清守勤勉 清安郡守李鐸應

ᄒᆞ며兒童十三歲以上은勸勉入
學케ᄒᆞ되入學証書를授與ᄒᆞᆫ後

이日益발展ᄒᆞ고一般人民에게
農業과殖産을勸奬ᄒᆞᄂᆞᆫᄃᆡ始終

面美林里居ᄒᆞᄂᆞᆫ朴忠緖氏ᄂᆞᆫ同
郡上下二南面을合同ᄒᆞ야民會

야學校를刱設ᄒᆞ엿ᄂᆞᆫᄃᆡ學徒가
日加月增ᄒᆞ야六七十名에達ᄒᆞ

廣告

學部檢定 內部認可 **漢文初學** 一帙四冊(每一冊十四錢)

本書ᄂᆞᆫ一般私立學校初等教育漢文科에適當케編纂ᄒᆞ온新刊發行이오며其他各種新書籍及學徒用品이俱備ᄒᆞ온바特別割引ᄒᆞ와一依請求ᄒᆞ심을酬應ᄒᆞ오며郵便과或運送部로迅速케付呈ᄒᆞ깃ᄉᆞ오니學界에注意ᄒᆞ시ᄂᆞᆫ京鄕僉位ᄂᆞᆫ愛顧ᄒᆞ심을務望

元賣所京南部苧洞十七統十戶 **廣文堂書舖 南鴻祐**

分賣所京鄕各有名書舖

本店에서開業ᄒᆞᆫ지十六年間僉君子의愛顧ᄒᆞ심을特蒙ᄒᆞ와今年부터業務를大擴張ᄒᆞ고春夏秋冬所用으로緞屬毛織等各國高等物品을現今多數直輸入이온바各地方에서ᄂᆞᆫ貿易에便利賣買키爲ᄒᆞ야特廉減價ᄒᆞ와郵便小包로酬應ᄒᆞ야代金은引換ᄒᆞ깃사오니十三道各郡僉君子ᄂᆞᆫ隨意請求ᄒᆞ심을望

振替貯金番號(韓國壹三番)
電話番號(三五八)

漢城中部鍾路[illegible]器廛
洞二十一統五戶
廣興泰 告白

(米利堅帽)
미리견모ᄌᆞ

토슈 (吐手)

모ᄌᆞ를솔로

물에씻ᄂᆞᆫ상

(中折帽)
즁졀모ᄌᆞ

목도리 (項領)

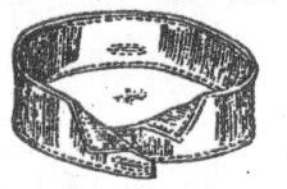

(총匣) 총갑

貨幣、名함、卷煙草匣、各種要用品入

◉炎天의氷帽

化學의神道

天地新化를奪ᄒᆞᄂᆞᆫ것은斯世의化學이라우리大韓총帽子가本質이馬尾라夏服用白총帽子의黃色이隱映ᄒᆞ기로모子製造所에서恒常研究ᄒᆞ기를何如히ᄒᆞ면총모子를純白色으로化成ᄒᆞᆯ고ᄒᆞ더니化學의神出貴物로今에半黃色의馬尾를白雪과如히化色하야모子之白을白氷과如히氷緞을化造ᄒᆞ엿ᄉᆞ오니近者化學의功効가如此히神通ᄒᆞ야炎天이라도氷緞총모子를冠ᄒᆞ면人의精神이清凉ᄒᆞᆯ테이올시다

又ᄂᆞᆫ모子의堅緻ᄒᆞᆷ은泰西의黃金五十圓以上價値되ᄂᆞᆫ一등파나마보시와如히汗汚키易ᄒᆞᆫ모子의內空(裏地)에緞紗를不要ᄒᆞ고但총織內紗에漆로商票를捺ᄒᆞ야每人이數十年을冠用ᄒᆞ야도汚穢ᄒᆞ고弊傷ᄒᆞᆷ이無하고洗滌에益便케製作하엿ᄉᆞ오니世界各國의人士ᄂᆞᆫ試驗的으로此白총모를冠用ᄒᆞ시면經濟上에必要ᄒᆞᆷ을悅然大覺ᄒᆞ실터이올시다

大韓京城南部銅峴
大四街里三十五統五戶

玉虎書林專賣特許
총帽子商店 告白

廣告

◉**京城鍾路和平堂大藥房**

○**和平堂藥房**은我**同胞**가**最誠意**로**歡迎**ᄒᆞᄂᆞᆫ我**國第一**되ᄂᆞᆫ最新**式規**模로**經營**ᄒᆞᄂᆞᆫ**特別藥房**이오

○和**平堂藥房**은**外國第一有名**ᄒᆞᆫ**洋**藥과我**國唐草材**를**多數輸入**ᄒᆞ야最**低廉**最**良**材를**都賣**散**賣**ᄒᆞᄂᆞᆫ最**大**藥**房**이오

○和平**堂醫院**은平**壤濟衆院**에서**卒業**을**受**ᄒᆞ고**美國**醫**學博士**禹**越時手下**에**多年實地施驗**을**行**ᄒᆞᆫ醫**士田慶龍氏**를**延**聘ᄒᆞ야**男女老少**에**內外科**를**誠心**으로診**察治療**ᄒᆞᄂᆞᆫ醫院이오

○**和平堂醫院**은**外方**에서**病錄**만**錄送**ᄒᆞ시면**其病**에**適當**ᄒᆞ도록誠心**製藥**ᄒᆞ야**迅速付送**ᄒᆞ기로**熱**心ᄒᆞᄂᆞᆫ**醫院**이오

○和**平堂醫院**은**治療費**와**藥價**를最**廉**ᄒᆞ게ᄒᆞ야**一般醫**藥**家**로**使之感**醒케ᄒᆞ야**勇進奮發**의心을**鼓吹**케하ᄂᆞᆫ**醫**院이오

○和平**堂**藥**房**은**全國內醫**藥**家**와**連結**ᄒᆞ야根**本的實業**發**展**의**本領**을**實行**코ᄌᆞᄒᆞᄂᆞᆫ藥**房**이오

京城鍾**路** 洋藥各種과 漢藥唐草材 **大發賣**

和平堂本舖主任 李應善
主任醫士 田慶龍

社告

大韓每日申報各處支社廣告

平安北道

龍川楊市維新書舖 黃菊保
龍川南市驛 韓燦希
朔州邑南門外 朱伯英
義州南門外한西大藥局 張有寬
鐵山邑東部 鄭翊
車輦館同志會內 金明鉉
定州南門內書舖 洪成麟
博川邑內簟洞 金翼樞
京義線批峴驛停車場前運輸會社前 李基秀
泰川邑館前洋藥局 李正華
寧邊郡內紅門里 鄭德昇
寧邊龍山面新興里南貞河家 鄭奉益
宣川橋南四統十戶 申基周
江界邑內 金泰熙
郭山郡內新街 金大鉉
雲山邑上里八統八戶 咸元澤
雲山北面橋洞八統七戶 王冕鎬
昌城郡內西下里一統二戶 許이
熙川邑內面東門外洞十四統二戶 金錫澤
龍岡郡山南面紅門洞 安昇煥
龜城郡芳峴面南市洋藥局 崔禮洛

平安南道

平壤鍾路太極書舘 安泰國
三和港碑石洞耶蘇敎堂 裴亨湜
安州城內義井洞安陵書舘 金翼河
江西邑內 金昌煥
甑山郡內利用里 崔診爽
德川邑官洞耶蘇敎冊肆 李丙斗
永柔邑內槐峴里二統八戶 金志璜
中和下道面一里三洞 禹應善
肅川東部面一里三統九戶 金天湜
咸從邑校洞 金炳善

黃海道

海州南門內韓昌書舘 朴昌[illegible]
安岳郡細洞面端山里上場 韓楨[illegible]
長淵邑셔北支學會內 崔東[illegible]
殷栗邑倉前里 金光[illegible]
信川邑西里 李悌[illegible]
白川邑文明舘 趙雲[illegible]
載寧邑셔部李鼎均家乾材局 李範[illegible]
沙里院三聖學校內 李承[illegible]

咸鏡道

咸興州南社西門外 曹喜[illegible]
元山港上里倉前洞耶蘇女學校側 皐甫正[illegible]
定平郡豐陽里 張禮[illegible]
洪原西門內保命局 羅炳[illegible]
永興邑南山洞洪明學校內 梁元[illegible]
清津港新岩洞 張元[illegible]

全羅道

金溝木流面豆亭 趙德[illegible]
木浦港陽洞 李得[illegible]
羣山港九福洞一統八戶 方在[illegible]
全州府東一契四統九戶 李興[illegible]

京畿道

仁川柳峴開新冊肆 李東[illegible]
開城南門外興學書舖 姜助遠
江華邑川橋 俞鎭植

慶尙道

大邱西小門外友弦書樓側 李正[illegible]
釜山佐川藥局 徐錫[illegible]

江原道

鐵原邑堂谷 趙鍾大
蔚珍郡遠南面梅花里 郭鍾郁

忠淸道

韓山下北篁堂里 李英林
結城廣川小龍洞 李啓茂
公州府古上衙福音書舘 柳聖培
恩津論山浦雜貨店 張允植

北墾島

墾北島龍井村下場里 朴榮祚

檀君開國四千二百四十三年
箕子元年三千三十二年
大韓開國五百十九年
本報創刊日 光武八年七月十八日

大韓每日申報

第八卷　月曜及慶節歲時日休刊　第壹千四百十一號

發行兼編輯人 李章薰
發行所 京城中部布廛屛門二宮街 二層洋屋 大韓每日申報社

論說

人類의同等

左目右目은其視도同然이오左耳右耳는其聽도同然이오彼口此口는其言도同然이오左脚右脚은其行도同然이라覆載間에生出한人類로天下萬國人의視聽言動이同然할지니其心腸도엇지差異할바이有하리오可히怒할者는怒하고可히喜할者는喜하고可히哀할者는哀하고可히樂할者는樂하는거슨人情의常然한者라할지나但强弱이不同하고貴賤이懸殊하야强한者는弱한者를侮視하고貴한者는賤한者를壓視하나니皇天이人類를賦生하실時에强弱貴賤을斷定하셧스리오

現今世界列强에人族競爭이起하야黃白人種의別이雖殊하나黃者도人族이오白者도人族이라同是人族으로弱한者가能히强한者를抵敵치못한다할지나葡萄牙와瑞西와希臘과比利時와荷蘭等又흔弱小한國으로도强隣間에介在하야獨立을保有하엿스니國力의强壯은大小에在함이아니라民力의强不强에在하다하노니日淸戰役과日露開仗으로觀할지라도日本은三島小國에過치못하나泰西에第一강暴한俄羅斯와東洋에第一巨大한支那를平地와如히橫行하엿도다

我韓의幅員으로論하면三千里에達하엿고人衆으로論하면二千萬에至하엿스니葡萄牙와瑞西와希臘과比利時와荷蘭等國에比하면巨大라謂할지나隣강保護下에在하야振作할能力이無하니此는無他라國의大小에在함도아니오人의衆寡에在함도아니라民智가발達하야能히國家義務를負擔하고疆土를能守하고身與國이關係되는理由를人々이覺察하고斷々一心이國家에在하야坐時에도國家이오立時에도國家이오行時에도國家이오寢時에도國家이라一身上事를國家上事로知하고百尺竿頭에在할지라도顧念할바이無하고千仞坑塹에陷할지라도畏겁할바이無하야千萬人中이라도吾必往焉하는志氣를不挫하야彼何人也며我何人也오하면英美國人도別人이아니오法德國人도別人이아닌즉人類가엇지差異할바이有하리오東洋三國은人種이已同하엿고西洋列邦도人種이自同하나日강日弱으로人種의別을有殊타하리오盛衰가有時하고成敗가有機하니엇지一時에貧弱으로心志를墜落하야人類의同等權을自失하리오我韓同胞여

官報

◎第四千七百六號 隆熙四年六月十六日(木曜)

告示

漢城府告示第五號

隆熙三年度漢城府地方費歲入歲出決算이左와如함

隆熙四年五月三十一日 漢城府尹 張憲植

歲入

經常部

第一款 賦課金金五千五百二十圓三十二錢
第一項 市場稅金六百圓
第二項 屠畜稅金三千七百四十五圓四十錢
第三項 土地家屋所有權取得稅金千七十四圓六十五錢
第四項 抵當權取得稅金百圓二十七錢

歲入合計金五千五百二十圓三十二錢

歲出

經常部

第一款 土木費金三十圓
第一項 道路修繕費金三十圓
第二款 救恤費金六十一圓六十錢
第一項 救恤費金六十一圓六十錢
第三款 奬勵費金百九十七圓七十四錢
第一項 奬勵費金百九十七圓七十四錢

歲出合計金二百八十九圓三十四錢
歲入歷出差引殘金五千二百三十圓九十八錢

叙任及辭令

○六月九日 岡戶廣治 任農商工部技手叙判任官四等 泉愿一郞 任農商工部技手叙判任官五等

○六月十一日 土地調査局技手石川利政 陞判任官一等

內部次官岡喜七郞 警視總監若林賚藏 依願免本官(以上六月十四日內閣)

郡主事李桓 依願免本官(六月十日內部) 郡主事金永柱 依願免本官(六月十一日內部)

農商工部主事金顯東 依願免本官(六月九日農商工部)

◎社告

本社位置를本月九日에京城中部布廛屛門二宮街二層洋屋으로移設하엿사오니本報를愛讀하시는僉君子는照亮하심을望함

大韓每日申報社

外報

◎露淸開戰說 烏港來電을據한즉昨今同地에는露淸開戰說이流布되야露國官民은淸國動靜에對하야大段注意하고또露國新聞「하게안스가야、버스토니크」는社說에하기를淸國은露淸國境蒙古와黑龍江及松花江兩沿岸地方에兵備를增加하는것은露國의極東政策上에深히憂慮할現象이라고하엿더라

◎勃王의巴里訪問 伯林來電을據한즉勃牙利國王은來月一十三日에公式으로法國巴里를訪問하엿다더라

◎메國太子洗禮 伯林來電을據한즉德國皇帝는向日에誕生한「메클린쌔그」太公의嗣子의洗禮式에參席하얏다더라

◎改革案可決 伯林來電을據한즉露國々民議會는討論을不經하고芬蘭의政治改革案을可決하얏다더라

◎露國의質問 同電을據한즉露國外相은土國政府에對하야土國의戰鬪準備하는事를質問하얏다더라

◎美人의納稅 露國電報通信社의報를據한즉美國政府는哈爾賓에居住하는美人으로하야금同地合同行政廳에納稅하게하라고同地駐在美國領事에게訓令하얏다더라

◎德國의落雷 倫敦電報를據한즉本月十二日에伯林「유니子후에룬도히토」公園에서講演會가有하엿는데其日은맛춤日曜日인故로勞働者도多數히出來한지라適其時에風雨가暴起하더니電光一閃에死者가六名이오重傷者가十七名이오微傷者가百餘名에達하엿고其外에全國에서電光에被殺된者를合하면五十名에達하얏다더라

◎配達禁止 北京來電을據한즉淸國郵政司는淸國各地方郵便局에對하야海外에서來하는新聞雜誌中에叛亂을煽動하는記事를載한것은配達을禁止하라고命하얏다더라

◎美國의新政黨 倫敦來電을據한즉美國에서는新政黨을組織하기로하얏는데其首領은姑未指命하엿스나루쓰벨트、前內務卿카ㅣ후이ㅣ루로、빈쵸도三氏中으로決定될뜻하고該黨의目的은人民의權利를擴張하는것이라더라

◎滿洲不穩 長春來電을據한즉滿洲革命黨은南淸革命黨과連絡하야크게擧事하라하는데吉林省동北部及間島方面이特히形勢不穩한兆가有한故로吉林巡撫는各地에人을派送하야嚴重히警戒한다더라

◎新敎派의攻擊反對 伯林來電을據한즉羅馬法王의新敎派를攻擊하는回章에對하야德墺兩國의反對運動은尙今不休하는데普魯서政府는抗議問答에關하야羅馬法王廳과協議中이라더라

學界報

◎朴氏勸勉 東部梨峴新興學교에對하야該地紳士朴晶東氏가該교維持硏究會에參席하엿다가坊內任員諸氏에게激切히勸勉한後에金貨二圓를寄付하얏다더라

◎全氏義務 雲山郡義務學교에서去月에月終試驗을經하엿는데前主事全學근氏가優等及第生五十餘人에게上品紙筆로優數施賞를自擔給與하엿다고無不稱頌한다더라

◎海校還集 南海郡育英學교任員金永과정相基兩氏가財政節用을못함으로不過數年에維持를못하게되엿더니新郡守[illegible]永觀氏가兩人을黜교하고解散하엿던學徒를還集케하야熟心敎育한다더라

世界歷史

◎變遷의時期◎

文學美術의發達은人心의進步와恒常相伴하는者인즉古學의復興함을隨하야古代美術의復興이亦且盛行하니라中世의美術은悉皆宗敎의思想이釀成된지라是以로建築物의도오자[illegible]重幽靜한圓弓形의(로마네스[illegible]風이有하더니十字軍時代에至하야歐洲人의進就하는思想이建築上에表見하야宏大壯麗한尖弓의(꼬직)風이生出하나此且宗敎의臭味를能脫치못하다가古學이復興하는時를當하야美術도또한復活함을得하야宗全優美한建築風이遂起하니라繪畫彫刻의術도亦極衰敗한지라(꼬딕)時代에至하야復興하얏시되信神을主하야美麗를缺함이活動變化를未有한者가多하더니十五世紀에至하야漸漸其弊가正하고同世紀의後半에有名한巨擘傑作이相繼輩出하야美術上의一大完全한進步에臻하니繪畫에(리오나도、따빈시)(와랍하엘) 及(티티아[illegible]等의大畫伯과彫刻(에또나[illegible]로)(미켈안젤노)등이最히著名하며就中미켈안젤노)와者는繪畫와建築도亦幷善美하니라 (未完)

詞藻

◎自歎自歌◎

하리彗星돗을줄은、안사롬이잇섯지만。
오날날니가슴에、불붓는줄노가알니。
月下에、홀노서서、自歎自歌

●下賜恩金 大皇帝陛下게ᄋᆞᆸ셔 三昨日에 東宮主事高義中에게 特賜金一百圓을 下賜ᄒᆞᄋᆞᆸ셧다더라

●完興陛見 完興君李載冕氏가 昨日上午拾一時에 德壽宮게 陛見ᄒᆞ엿다더라

雜報

●高侍從의歸國 日本에遊學ᄒᆞ시ᄂᆞᆫ我 皇太子殿下게 陪從ᄒᆞ엿던主事高義中氏가 歸國ᄒᆞ엿다가 再昨日에 又爲渡日ᄒᆞ엿다더라

●慰勞金의協議 昨日은內閣木曜例會인故로 各大臣이 會同ᄒᆞ야 遞任된內部次官及警視總監兩人의慰勞金支給件을 擬議ᄒᆞ엿다더라

●宮熱添症 溫陽溫井에서 療養ᄒᆞᄂᆞᆫ總理李完用氏의 近日情況을 聞ᄒᆞᆫ즉 政界上思念이 關발ᄒᆞᆷ인지 其他憂熱思慮의 事가 有ᄒᆞᆫ지 病症이 添발ᄒᆞ야 本國湯藥을 連服中이라더라

●四人同行 既報와 如히 宮相閔丙奭氏가 昨日上午九時에 李總相을 面會ᄒᆞ기 爲ᄒᆞ야 溫陽溫泉으로 발往ᄒᆞ엿ᄂᆞᆫ더 尹德榮 金東完 李喬永 李源昇諸氏가 回往ᄒᆞ엿다더라

●兩趙還京 李總相을 訪問ᄒᆞᆯ次로 溫陽溫泉에 前往ᄒᆞ엿던 奎章閣卿趙同熙 中樞院贊議趙英熙氏等一行은 再昨日下午八時에 歸京ᄒᆞ엿다더라

●警官의奔忙 新統監이 赴任ᄒᆞᆫ後에 日本人官吏가 多數히 陶汰ᄒᆞᆫ다ᄂᆞᆫ더 警視廳日人官吏가 近日에 此를 緣ᄒᆞᆷ인지 東西奔走ᄒᆞ야 무슴運動이 有ᄒᆞ다더라

官吏의[illegible]에 至ᄒᆞᆫ者ᄂᆞᆫ 階級ᄭᆞ지 爲ᄒᆞ야 氏名及敍任年月日字를 目下修定中이라더라

●爲問治療 總相李完用氏에게 狎客前郡守安升玉氏ᄂᆞᆫ 溫陽溫泉에셔 治療ᄒᆞᄂᆞᆫ 李總相을 慰問ᄒᆞ기 爲ᄒᆞ야 三昨日에 발往ᄒᆞ엿다더라

●警廳의紀念品 警視總監이 遞任ᄒᆞᆫ事에 關ᄒᆞ야 警視廳一般官吏가 前日同寮의 誼를 表ᄒᆞ기 爲ᄒᆞ야 紀念品을 製贈ᄒᆞ기로 발論ᄒᆞ엿다더라

●一遞四幷 岡內部次官이 遞任ᄒᆞᆫ結果로 澤田地方局長 平渡府郡課長 武藤及神庄兩書記官등도 一幷遞任된다ᄂᆞᆫ說이 浪藉ᄒᆞ다더라

●兩領의條約協議 駐京露國總領事ᄂᆞᆫ 再昨日下午三時에 駐京英國總領事를 訪問ᄒᆞ고 露英兩國間人民條約에 關ᄒᆞᆫ事件을 協議ᄒᆞ엿다더라

●作件云還 日本에 前往ᄒᆞᆫ 內閣書記官長韓昌洙氏가 歸國ᄒᆞᄂᆞᆫ日에 溫陽郡으로 轉進ᄒᆞ야 總相李完用氏와 作件入城ᄒᆞᆫ다더라

●答云不能 今番學部大臣李容稙氏가 學校視察次로 西韓等地에 발程ᄒᆞᆫ事ᄂᆞᆫ 既報어니와 鐵山郡車輦館에셔 六時間을 住着ᄒᆞ엿다ᄂᆞᆫ더 本郡敎師某某諸氏가 現學界에 敎科書가 不完全ᄒᆞ고 財政이 窘拙ᄒᆞᆫ 弊害를 擧ᄒᆞ야 請願書를 提呈ᄒᆞᆫ즉 該大臣이 此請願件에 對ᄒᆞ야 全然不能이라고 答下ᄒᆞ엿다고 西來人의 傳說이 藉々ᄒᆞ다더라

●命止北行 學部澁谷事務官과 其他某某官吏가 學事視察次로 咸南及江原道地方으로 昨日[illegible]와 吏聞ᄒᆞᆫ즉 [illegible]部次官이 何등層節을 因ᄒᆞᆷ인지 幾日間延期ᄒᆞ라고 命令ᄒᆞ야 中止되엿다더라

●事甚孩魄 日本에 渡往ᄒᆞ엿던 大韓新聞社長李人稙氏와 高義駿氏ᄂᆞᆫ 今明間에 歸國ᄒᆞᆫ다ᄂᆞᆫ더 該兩氏를 派送ᄒᆞᆫ主動者ᄂᆞᆫ 運動의 事가 如意치 못ᄒᆞᆷ을 憂慮ᄒᆞᄂᆞᆫ中이라더라

●宮家商店 安峴完平宮李載現氏가 該宮外舍二拾餘間을 一新修理ᄒᆞ고 雜貨商店을 設施ᄒᆞᆫ다더라

●屠獸稅의加額 慶南觀察道管下各郡에 屠獸稅를 牛一頭에 七拾五錢式으로 磨練ᄒᆞ엿다가 地方費豫算案이 不足ᄒᆞᆷ으로 一圓二拾五錢으로 增加ᄒᆞ엿다더라

●醵金賻日 度支部日人加藤主事의 身故ᄒᆞᆷ은 既報어니와 該部大臣以下判任官ᄭᆞ지 月俸百分之一을 醵集賻儀ᄒᆞ기로 決議ᄒᆞ엿다더라

●昧事何雇 度支部土地調査局에셔 日人雇員八名을 新募ᄒᆞ엿다ᄒᆞᆷ은 既報어니와 該日人等이 事務執行에 極히 矇昧ᄒᆞᆷ으로 式日敎授中이라더라

●事關衛生 內部衛生局山근 囑托은 來二十五日 師範學校內에셔 各官公立學校職員을 會同ᄒᆞ야 衛生上에 必要ᄒᆞᆫ 問題를 說明ᄒᆞᆫ다더라

●有何致疑 外地에 遊覽ᄒᆞ던 同胞들이 近日多數히 歸國ᄒᆞ엿다ᄒᆞᆷ으로 某處에셔 目下調査中이라더라

●花局風波 中樞院顧問李址鎔 前判書閔泳린 前侍從副卿李範喬李諸氏가 再昨日下午九時 [illegible]氏家內室에셔 花套局을 設ᄒᆞ고 巨額에 賭를 設行ᄒᆞ다가 韓服을 着ᄒᆞᆫ日憲兵及補助員등七八名이 突入ᄒᆞ야 一並捕縛ᄒᆞ엿ᄂᆞᆫ더 李址鎔 曾漢용兩氏ᄂᆞᆫ 脫身逃避ᄒᆞ엿고 閔泳린 李範喬氏등六人은 日憲兵司令部로 押囚ᄒᆞ엿다더라

●豈不白愧 閔泳린 李範喬氏등六人이 日憲兵司令部에 被捉ᄒᆞ엿더ᄂᆞᆫ說은 別項과 如ᄒᆞ거니와 捕縛ᄒᆞᄂᆞᆫ同時에 無數毆打를 被ᄒᆞ엿스며 衣冠을 廢却ᄒᆞ고 蓬頭被縛ᄒᆞ엿ᄂᆞᆫ더 當場所遭가 極히 駭然ᄒᆞ엿다더라

●被燒官衙合附 平南順川郡衙가 昨年度에 人民惹鬧時에 被燒되엿은 一般知了ᄒᆞᄂᆞᆫ바어니와 該官廳을 附近郡으로 合附ᄒᆞᆯ 意見을 該地官憲과 內部에 交涉ᄒᆞᄂᆞᆫ中이라더라

●斷酒勤學 北部昭格洞居ᄒᆞᄂᆞᆫ 韓璦敎氏ᄂᆞᆫ 本來文筆과 才能이 兼有ᄒᆞᆫ더 年來觴政이 過ᄒᆞ야 性行에 妨害가 不無ᄒᆞ더니 近日에 忽然奮발ᄒᆞ야 斷酒就學ᄒᆞ미 人皆稱讚ᄒᆞᆫ다더라

●理髮所의認可 漢城內各理髮所를 警視廳認許가 有ᄒᆞᆫ然後에 營業케ᄒᆞ기로 該各所理髮器械를 一一調査ᄒᆞᆫ다ᄂᆞᆫ說이 有ᄒᆞ다더라

●留學渡日 隆熙學校學員李恩相 金正默兩氏ᄂᆞᆫ 日本에 留學次로 三昨日에 渡往ᄒᆞ엿다더라

●面對則報 李漢應氏가 某宮女官의게 金貸一千圓을 還推次로 起訴ᄒᆞᆫ다ᄂᆞᆫ說은 已報어니와 該女官이 言ᄒᆞ되 不必提訴라 其時與受ᄒᆞᆫ當者가 來到面接ᄒᆞ면 右金額을 卽爲出給ᄒᆞ깃다ᄒᆞᆫ다더라

●堤峽旱災 堤川郡來人의傳[illegible]說을 聞ᄒᆞᆫ즉 近日旱氣가 太甚ᄒᆞ야 穀苗가 焦枯ᄒᆞᆫ故로 民情이 嗷嗷ᄒᆞ다더라

●蓮心詰難 娼妓組合所ᄂᆞᆫ 該所相議役金明完 孟浩俊등이 經費金中一百九拾餘圓을 犯用ᄒᆞᆫ事件이 發現되야 ᄒᆞ히 酒商便金之淵을 相護役을 選定ᄒᆞ엿ᄂᆞᆫ더 賞花室便에셔 何등猜忌가 有ᄒᆞᆫ지 該所取締蓮心이가 某某官吏를 締結ᄒᆞ야 無限ᄒᆞᆫ詰難이 有ᄒᆞ다더라

●悖儒悖行 故山林朴性陽氏ᄂᆞᆫ 我國에 近世儒林으로 有名ᄒᆞ더니 儒林中으로 文集開刊이 固是美事나 自尙州儒林中으로 稱以開刊ᄒᆞ고 發通鳩財ᄒᆞᄂᆞᆫ中 悖雜類가 藉托收錢有司ᄒᆞ고 橫行討索ᄒᆞᆫ다ᄒᆞ니 貽辱山林ᄒᆞᄂᆞᆫ 事를 無不歎惜ᄒᆞᆫ다더라

●平和會員募集 沈日澤氏의 主唱으로 組織된 平和協會會員은 已仟面分이 有ᄒᆞᆫ人에게ᄂᆞᆫ 會員의 望帖을 발送ᄒᆞ야 募集ᄒᆞᆫ會員이 千餘名에 達ᄒᆞ엿다더라

●神長의旅費支給 神宮敬義會長金在珣氏가 目下日本에 滯在ᄒᆞᆷ은 知了ᄒᆞᄂᆞᆫ바어니와 當初渡日ᄒᆞᆯ時에 旅費ᄂᆞᆫ 前郡守金榮灝氏가 幾百圓을 支給ᄒᆞ엿고 其後旅費ᄂᆞᆫ 神宮敬義會에셔 支給ᄒᆞᆫ다더라

●爲購草機 前祭領尹致晟氏ᄂᆞᆫ 製革機械를 購入ᄒᆞ기 爲ᄒᆞ야 昨日上午九時에 발程渡日ᄒᆞ엿다더라

●孤院建築擬議 孤兒院에셔ᄂᆞᆫ 該院舍를 洋製로 新建築ᄒᆞᆯ計劃인더 宮內府에셔 該院建築에 對ᄒᆞ야 金二千圓을 支給ᄒᆞ기로 擬議ᄒᆞ엿다더라

●胡不警察 寺洞居져召史賓偶라名稱者ᄂᆞᆫ 李聖求氏의 문牌를 借懸ᄒᆞ고 近日 花套로 消日ᄒᆞ다ᄂᆞᆫ더 蕩子輩가 每日盈문ᄒᆞᆫ다더라

●醉巡被囚 東部壽洞居柳興龍氏가 往十里居都근氏의게 細菁條가[illegible]ᄒᆞ야 往見推尋ᄒᆞᆯ際에 巡査김應允氏가 泥醉突出ᄒᆞ야 柳氏를 亂打ᄒᆞ고 衣冠ᄭᆞ지 裂破ᄒᆞ엿ᄂᆞᆫ더 柳氏ᄂᆞᆫ 治療次病院으로 昇去ᄒᆞ고 金巡査ᄂᆞᆫ 方在被囚訊問中이라더라

●演社活動 寺洞演興社에셔 外國活動寫眞과 高等妓生의 劍舞를 觀覽ᄒᆞᆯ時에 電氣를 使用ᄒᆞ야 五彩가 玲瓏케ᄒᆞᆫ다더라

●谷山小塵 西來人에 傳說을 據ᄒᆞᆫ즉 日前谷山郡에셔 何許徒黨이 多數侵入ᄒᆞ야 該郡駐在日憲兵曹長以下日人商民ᄭᆞ지 七八名이 被死ᄒᆞ엿다더라

●日隊의鍊操 龍山駐箚日步兵六十五聯隊十中隊ᄂᆞᆫ 本日下午七時半부터 明日下午七時半ᄭᆞ지 演兵場附近에셔 발火鍊操를 行ᄒᆞᆫ다더라

電報

●統監과政黨 寺內신統監은 我國의 各道儒生及政黨의 勢力如何를 調査ᄒᆞ라고 某處에 電報ᄒᆞ엿다더라

●濤貝勒歡迎 淸국軍事視察員濤貝勒殿下ᄂᆞᆫ 德國首相의 歡迎會에 參席ᄒᆞ엿다더라

●塞國內閣辭職 써비아國內閣은 總히 辭職ᄒᆞ엿다더라

●有吉長官의視務 신任有吉總務長官은 山縣副統監이 韓國에 赴任ᄒᆞ기 前은 東京統監府出張所에셔 視務ᄒᆞᆫ다더라

●宋秉畯의煩悶 日本東京에 滯在ᄒᆞᄂᆞᆫ 宋秉畯은 今番統監更迭ᄒᆞᆫ時機를 乘ᄒᆞ야 政權을 占ᄒᆞ라고 極力運動中이나 日本首相과 寺內統監은 一向不顧ᄒᆞᄂᆞᆫ故로 大段煩悶中이라더라

●鐵道不通 日本에ᄂᆞᆫ 近日來로 暴雨가 降ᄒᆞ야 山陽鐵道線路가 數個所나 破壞되야 汽車가 不通ᄒᆞᆫ다더라

以上東京발 拾六日着

●鐵道調査委員 美國大領타프트氏ᄂᆞᆫ 沿水鐵道를 實地로 調査ᄒᆞ기 爲ᄒᆞ야 調査委員會를 設立ᄒᆞᆯ事를 主張ᄒᆞ엿다더라

紐育발 拾六日着

●三浦尼行 東京에 往ᄒᆞᆫ 浦京城理事官은 汽車不通ᄒᆞᆷ을 因ᄒᆞ야 馬關에셔 滯在ᄒᆞᆫ다더라

馬關발 拾六日着

▲俱色視聽▼

▲政海風雲 一變ᄒᆞ니 乘時擬長補ᄒᆞ고 運動手段 敏活ᄒᆞ야 般醜習難掩이라 之東之西ᄒᆞ니 이것ᄂᆞᆫ 政黨派觀聽

▲愜安一夢 忽醒ᄒᆞ니 餘戀尙存ᄒᆞ야 무合會名 組織ᄒᆞ며 陣東風歡迎ᄒᆞ재 新政界에 旋ᄒᆞ니 이것은 元老派觀聽

▲不知東方 紙白ᄒᆞ고 太古[illegible]難攪ᄒᆞ야 담語[illegible]ᄒᆞ재 陵桃水深々處에 世外[illegible]不ᄒᆞ니 이것은 頑固黨觀聽

▲海外風氣 飽吸ᄒᆞ고 如干[illegible]猜解ᄒᆞ면 韓國[illegible] 國粹神渾失ᄒᆞ고 [illegible] 이것은 開化黨觀聽

▲志士態[illegible]ᄒᆞ니 [illegible] 天然ᄒᆞ야 [illegible] 力家에 攀繼ᄒᆞ야 [illegible] ᄒᆞ니 이것은 假社會觀聽

▲花晨月夕 管絃音에 肩如[illegible]雜起ᄒᆞ야 左右紅羣[illegible] 處忽地氷釋ᄒᆞ니 幾人到此[illegible] 生고 이것은 演劇場觀聽

社告

左開三郡에支社를設立ᄒᆞ엿스니各該附近地에셔本申報購覽僉君子는各該支社員과交涉하시오

龍岡 郡山南面紅門洞 宋昇煥

全州 府東壹契四統九戶 李興鳳

龜城 郡芳峴面 南市洋藥局 崔禮洛

大韓每日申報社

雜報

◎李在明의公判期 李在明氏가控訴院에申訴ᄒᆞᆷ은已報어니와該公判은本月三拾日에京城地方裁判所에셔開ᄒᆞᆫ다더라

◎府長稱頌 陽德財務署長李範臣氏는年少官人으로리任數載에凡百稅政을一切刷新ᄒᆞ고大邱面支洞里浦落된土地를躬行査ᄒᆞ야報府免稅케ᄒᆞᆷ으로該地人民이無不稱頌ᄒᆞᆫ다더라

◎金主事行善 礪山郡郡主事김振鳴氏가今番에道路를修築ᄒᆞᆯ時에人民에田畓이犯入ᄒᆞᆷ을一坪이라도細細히記錄ᄒᆞ야日後에給價ᄒᆞᆫ다고懇懇曉喩ᄒᆞ고村民이絕火ᄒᆞ는境에至ᄒᆞᆫ者를自己月俸中으로粮米를買給ᄒᆞᆫ다고頌聲이藉藉ᄒᆞ다더라

◎藉威打人 積城郡慶愚顯에父親이本군巡査李熙秦와相持ᄒᆞᆫ事는既報어니와更聞ᄒᆞᆫ즉該巡査가貿部를猛打ᄒᆞ야挾담으로苦등ᄒᆞ엿다는ᄃᆡ該巡査가不分老少ᄒᆞ고威力만藉托ᄒᆞᆫ다고人言이沸騰ᄒᆞ다더라

◎閔氏義烈 永同郡南一面菊村居朴用九가年이二拾四歲에痘疫으로身死ᄒᆞ엿는ᄃᆡ其妻閔氏가其식父母와同婿의게告訣ᄒᆞ되父母를善事ᄒᆞ고乳兒를撫養ᄒᆞ라ᄒᆞ고因卽飮毒ᄒᆞᆷ으로其眷屬이百般救療ᄒᆞ야使之回甦ᄒᆞ엿더니夜深後更히結項自盡ᄒᆞ니其義烈을無不欽歎ᄒᆞᆫ다더라

◎特約洋藥 鍾路和平堂主任李應善氏는藥으로營業만ᄒᆞᆯ뿐아니라衛生上에注意ᄒᆞ야德國에셔發明ᄒᆞᆫ各種藥을直輸入ᄒᆞ기로巨額의금貨를仁川港世창洋行에特約을成ᄒᆞ엿다더라

◎金氏慈善 咸興郡西雲田面宮西里居金斗正氏가里內居民의飢荒을爲ᄒᆞ야本里窮民과貧族의게每戶에一斛穀을分給ᄒᆞᆷ으로該氏에慈善心을境內가讚頌不已ᄒᆞᆫ다더라

◎靑會演說 明日下午八時에鍾路靑年會館內運動部에셔擊劍과柔術班을開ᄒᆞ고敎師劉근洙氏가引導ᄒᆞ고兼ᄒᆞ야牧師玄楯氏와日本卒業生蔡箕斗氏가演說ᄒᆞᆫ다더라

學界報

◎協昌卒業 龍川北上面協昌學校에셔陰去月二十日에第二回卒業式을擧行ᄒᆞ엿는ᄃᆡ優等生은崔學俊張聖鳳張周鳳張鳳朝林成律吳吉弘金承綱오及第生은張相綸張義謙張時文張松鶴張聖倫이라더라

◎眞明有望 江西郡箴津眞明學校長梁世煥氏가該校情況을慨歎ᄒᆞ야各洞人士를曉喩ᄒᆞ야校費를多數捐付케ᄒᆞ고梁氏에宗中契錢三十圓을寄付ᄒᆞ고學監禹禹贊氏와校監金廷楫氏가一心奮發ᄒᆞ야互相擔任으ᄒᆞᆷ으로生徒가四五十人에達ᄒᆞ야前進之望이大有ᄒᆞ다더라

廣告

本人은女身으로八字崎嶇ᄒᆞ야二拾歲前에奄喪嚴父ᄒᆞ고只與朴氏老母와女弟德兒로生計沒策ᄒᆞ야名累妓籍ᄒᆞ야保全三口ᄒᆞ다가德兒稍長에亦托妓籍ᄒᆞ니性質이浩蕩ᄒᆞ야統使幕俾따라단여京城살님八九次에남과另別맷번이며渠의所有財物等을窮思覓得分給ᄒᆞ고本人財物添給ᄒᆞ니니쥰거시萬餘數라另別下直ᄯᅩᄒᆞ고셔其夫其子相依ᄒᆞ야饒足家産善過ᄒᆞᆫ지十餘年되엿는ᄃᆡ無子息ᄒᆞᆫ本人家産奪取思想두엇던가千兩錢을請債ᄒᆞ로屢次書簡보니거놀本人身世憶量ᄒᆞ니生前死后無托ᄒᆞ고先塋祭祀無後ᄒᆞ기子息一個定ᄒᆞᆫ지가不過一朔今日良에不測同生德兒女가忽乘瀛船下來ᄒᆞ야醫察署에請願ᄒᆞ되本人姓名金德甫를朴春甫라僞造ᄒᆞ고渠의姓名金德兒를金德甫라變幻ᄒᆞ야五百石秋收畓을十七年前買給이다家産圖章奪取ᄒᆞ고져百般聽說裁判ᄒᆞᆯ졔警察署民籍簿에本人姓名昭載ᄒᆞ고田畓買給虛荒說이證據ᄒᆞᆫ的업는지라警察署長말숨內에路需나쥬라ᄒᆞ되六拾되는늘근兄을朴哥라고誣告ᄒᆞ야倫氣破傷永絕ᄒᆞ니路需補給何等事오其前준것還推ᄒᆞᆯ人兄弟訊로준거시라남된다고찻지못ᄒᆞᆯ莫說ᄒᆞ고永絕ᄒᆞ니內地外國僉君子는照亮ᄒᆞᆷ

慶尙南道前統營龍南郡北門洞七統九拾四戶 金德甫

本人에所在菜田劵一張을셔失ᄒᆞ엿스니誰某拾得ᄒᆞ야도休紙施行ᄒᆞᆷ

東部景幕宮契一統四戶李完成

南署大漢江三統三戶家劵을不知中셔失이기玆에廣告ᄒᆞ오니知舊間照亮을望ᄒᆞᆷ

徐平植 告빅

忠北鎭川郡栢谷面水門洞前坪에所在ᄒᆞᆫ金弘植에畓拾九斗落田拾四斗落結三拾一負九束곳所有證明簿를典執了債次로隆熙三年拾月分에忠南稷山郡二東面東溪里金敬雲을給與ᄒᆞ고得債言及而不給委任票인바厥漢이暗生姦譎之計ᄒᆞ여與其隣居金在京으로附同典用ᄒᆞ고仍卽逃走故間爲呼訴於天安區裁判所이오나被告不在之致로尙未推簿이옵기本郡에請願ᄒᆞ와所有証明을無效提出ᄒᆞ고且爲廣告ᄒᆞ오니內外國人은勿以見欺典執ᄒᆞ고休紙로施行을要ᄒᆞᆷ

忠北鎭川郡栢谷面水門洞居 金弘植 告빅

典鋪章程은政府의셔上奏裁可後반布ᄒᆞᆫ거신즉所重이適別이거날挽近鋪主와典執人間에章程을視若文具ᄒᆞ야典物放限을無難經過ᄒᆞ야獎端이滋生ᄒᆞ니寧不慨歎가本會目的은各鋪를董率ᄒᆞ고章程을欽遵而已라嗣玆以往으로典物를過限不放之鋪主의게는罰金을相當徵收ᄒᆞ기로決議ᄒᆞ엿스니各鋪主와典執諸氏는照亮ᄒᆞ시옵

漢城典鋪總會 告白

本人의陰四月二十九日分에安州城內市場에셔姓名章을偶然이見失ᄒᆞ고改章ᄒᆞ오니知舊間照亮ᄒᆞᆷ

安州靑山面松鶴里金峻賢 白

本人이상품춍포시를제조ᄒᆞ와염가방미ᄒᆞ오니쳠군ᄌᆞ은조량ᄒᆞᆷ

南大門外翰林洞第七十統七戶 篩房 洪明浩 告白

◎華校興旺 忠淸北道文義郡西一道面德地里등地居有志紳……一年에學徒가數百人에達ᄒᆞ야……況이湖中에先進之望이有ᄒᆞᆯ뿐……漢文教師吳泰均氏의熱心教訓으로漸々興旺ᄒᆞᆫ다고頌聲이喧……里義英學교에셔本月十日에第二回卒業式을經ᄒᆞ엿는ᄃᆡ優등……

◎大雅閉校 懷德郡大雅學校는頃年에有志諸員이鳩財設立……額이比他倍入ᄒᆞᆷ을藉托ᄒᆞ고校……

◎洪氏勸學 ……明洞居洪忠鉉氏……

廣告

學部檢定
內部認可 **漢文初學**
一帙四冊(每一冊十四錢)

本書ᄂᆞᆫ一般私立學校初等教育漢文科에適當케編纂ᄒᆞ온新刊發行이오며其他各種新書籍及學徒用品이俱備온바特別割引ᄒᆞ와一依請求ᄒᆞ심을酬應ᄒᆞ오며郵便과或運送部로迅速키付呈ᄒᆞ깃ᄉᆞ오니學界에注意하시ᄂᆞᆫ京鄉僉位ᄂᆞᆫ愛顧ᄒᆞ심을務望

元賣所京南部苧洞十七統十戶
廣文堂書舖 南鴻祐
分賣所京鄉各有名書舖

本店에셔開業ᄒᆞᆫ지十六年間僉君子의愛顧ᄒᆞ심을特蒙ᄒᆞ와今年부터業務을大擴張ᄒᆞ고春夏秋冬所用으로絨屬毛織等各國商等物品을現今多數直輸入이온바各地方에셔ᄂᆞᆫ貿易에便利키爲ᄒᆞ야特減價ᄒᆞ와郵便小包로酬應ᄒᆞ야代金은引換ᄒᆞ깃사오니十三道各郡僉君子ᄂᆞᆫ隨意請求ᄒᆞ심을望

振替貯金番號(韓國壹三三番)
電話番號(三五八)

漢城中部鍾路砂器廛衕二十一統五戶
廣興泰 告白

(米利堅帽)
미리견모ᄌᆞ

(吐手) 토슈

모ᄌᆞ를솔로

물에씻ᄂᆞᆫ상

(中折帽)
즁졀모ᄌᆞ

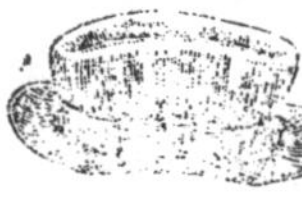

(項領) 목도리

(총匣) 총갑

貨幣、名함、卷烟草匣、各種要用品

◉炎天의氷帽

化學의神道

天地造化를奪ᄒᆞᄂᆞᆫ것은斯世의化學이라우리大韓총帽子가本質이馬尾라夏服用白총帽子의黃色이隱映ᄒᆞ기로모子製造所에셔恒常硏究ᄒᆞ기를何如히ᄒᆞ면총모子를純白色으로化成ᄒᆞᆯ고ᄒᆞ더니

化學의神出貴物로今에ᄂᆞᆫ黃色의馬尾를白雪과如히化色하야모子之白을白氷과如히氷緞을化造ᄒᆞ엿ᄉᆞ오니近者化學의功效가如此히神通ᄒᆞ야炎天이라도氷緞총모子를冠ᄒᆞ면人의精神이淸凉ᄒᆞᆯ테이올시다

又ᄂᆞᆫ모子의堅緻ᄒᆞᆷ은泰西의黃金五十圓以上價値되ᄂᆞᆫ一등파나마보시와如히汗汚키易ᄒᆞᆫ모子의內空(裏地)에緞紗를不要ᄒᆞ고但총纖內紗에漆塗商票를捺하야每人이數十年을冠用ᄒᆞ야도汚穢ᄒᆞ고弊傷ᄒᆞᆷ이無하고洗滌에益便케製作하엿ᄉᆞ오니世界各國의人士ᄂᆞᆫ試驗的으로此白총모를冠用ᄒᆞ시면經濟上에必要ᄒᆞᆷ을悅然大覺ᄒᆞ실터이올시다

大韓京城南部銅峴
大四街里三十五統五戶

玉虎書林專賣特許
총帽子商店 告白

◉大韓全國에온本堂製造發行ᄒᆞᄂᆞᆫ藥品

消化新藥 **淸心保命丹** 此丹은化痰止咳ᄒᆞ고順氣消滯ᄒᆞ며恒常長服ᄒᆞ면腸胃가健全

大補元氣 **蔘茸大補元** 大補元氣ᄒᆞ고滋腎健腦ᄒᆞ며先天不足과陽위不起에一切神効

蛔積殺虫散 此약은회積과회腹痛과회虫一切을去根ᄒᆞᄂᆞᆫ良劑

久滯大通丸 此丸은年久積滯와宿滯後重이며胸腹痛에神効莫大ᄒᆞᆷ

瘡病新藥 **梅花點雪丹** 毋論男女ᄒᆞ고花柳病楊梅瘡에一切去根快復하ᄂᆞᆫ良藥

眼疾速効 **光明眼藥** 諸般眼疾에隨症皆差ᄒᆞᄂᆞᆫ東洋에初有ᄒᆞᆫ寶藥

起死回生 **回生丹** 此丹은急ᄒᆞᆫ吐瀉關格이며가슴아리와冷積과痢疾에神効

感氣神効 **解熱散** 寒熱往來ᄒᆞ며似학非학과頭痛眩暈와肢節痛에其効가偉大

齒痛新藥 **止痛健齒水** 虫齒와風齒와諸般齒痛에壹切特효

耳聾聖藥 **耳聾神藥** 毋論男女ᄒᆞ고耳聾鼻塞이며耳鼻에關ᄒᆞᆫ病은隨症並差

疝症拔根 **疝積湯** 諸般산症에大談出賣ᄒᆞᆷ

寸虫沒出藥 寸白虫을一切去根ᄒᆞᄂᆞᆫ妙劑

퇴눈과못 **拔根藥** 퇴눈과못과ᄉᆞ마귀를떼ᄂᆞᆫ藥

止足汗臭藥 手足의汗臭를除却ᄒᆞᄂᆞᆫ藥

去核生新 **沃度膏** 創傷과腫傷과곰질되去核生新ᄒᆞᄂᆞᆫ第一發明

最新改良 **百應膏** 毋論男女老少ᄒᆞ고諸般瘡瘇과諸般癰癤에壹切特效가有ᄒᆞᆷ

淋疾藥各種 淋疾各症에壹週日만服ᄒᆞ면病根快復ᄒᆞ고腎氣가完全ᄒᆞᆷ

其他洋藥各種外◉良藥各種◉部에散賣
◉遠地에ᄂᆞᆫ郵便小包로中速酬應ᄒᆞᆷ

漢城南大門內濟生堂大藥房 李庚鳳
代辦主任 李興國 白

社告

大韓每日申報各處支社廣告

平安北道

龍川楊市維新書舖 黃菊保
龍川南市驛 韓（衆）希
朔州邑南門外 朱伯英
義州南門外한西大藥局 張有寬
鐵山邑東部 鄭翊
車輦館同志會內 金明鉉
定州南門內書舖 洪成麟
博川邑內聳洞 金翼樞
京義線枇峴驛停車場前運輸會社前 李基秀
泰川邑館前洋藥局 李正華
寧邊郡內紅門里 鄭德昇
寧邊龍山面新興里南貞河家 鄭春益
宜川橋南四統十戶 申基周
江界邑內 金泰熙
郭山部內新街 金大鉉
雲山邑上里八統八戶 咸元澤
雲山北面橋洞八統七戶 王[illegible]
昌城[illegible]內西下里一統二戶 許[illegible]
[illegible]西統 [illegible]
龍岡[illegible]山面紅門洞 安昇煥
[illegible]面南[illegible]洋藥局 崔禮洛

平安南道

平壤鍾路太極書館 安泰國
三和港碑石洞耶蘇教堂 裴亨湜
安州城內義井洞安陵書館 金[illegible]河
江西邑內 金昌[illegible]
甑山郡內利用里 崔診爽
德川邑官洞耶蘇教冊肆 李丙斗
永柔邑內槐峴里二統八戶 金志璜
中和下道面一里三洞 禹應善
肅川東部面一里三統九戶 金天湜
成從邑校洞 金炳善

黃海道

海州南門內韓昌書館 朴昌[illegible]
安岳郡細洞面端山里上場 韓楨[illegible]
長淵邑서北文學會內 崔東[illegible]
殷栗邑倉前里 金光[illegible]
信川邑四里 李悌[illegible]
白川邑文明館 趙雲[illegible]
載寧邑서部李鼎均家乾材局 李範[illegible]
沙里院三聖學校內 李承[illegible]

咸鏡道

咸興州南社西門外 曹喜林
元山港上里倉前洞耶蘇女學校側 皐甫正木
定平郡豐陽里 張禮[illegible]
洪原西門內保命局 羅炳[illegible]
永興邑南山洞洪明學校內 梁元[illegible]
淸津港新岩洞 張元[illegible]

全羅道

金溝木流面豆亭 趙德[illegible]
木浦港陽洞 李得[illegible]
群山港九福洞一統八戶 方在[illegible]
全州府東一契四統九戶 李興[illegible]

京畿道

仁川[illegible] [illegible]
開城南門外[illegible] 安[illegible]
江華[illegible] [illegible]

慶尙道

大邱[illegible]門外[illegible] 李[illegible]
釜山[illegible] 徐[illegible]

江原道

[illegible]原邑[illegible] [illegible]
蔚珍[illegible] [illegible]

忠淸道

韓山[illegible] [illegible]林
結城[illegible]川[illegible]洞 李[illegible]
公州[illegible]書館 [illegible]
恩津[illegible]山[illegible] [illegible]

北間島

[illegible]北[illegible]龍[illegible] 朴[illegible]

◉心校盛況 錦山郡私立心光[illegible]에第一回卒業式을擧行ᄒᆞ엿ᄂᆞᆫ[illegible]의贊成으로盛況을呈ᄒᆞ엿다더[illegible]望이杳無러니該郡紳士李義學[illegible]分[illegible]
[illegible]與[illegible]諸學校를聯合[illegible]捐ᄒᆞ야教育費를補用ᄒᆞᆫ다더라[illegible]寄付ᄒᆞ엿다더라[illegible]洋屋을建築ᄒᆞ기로始作ᄒᆞ고去[illegible]達ᄒᆞ야

本報 一枚 新貨二錢五厘 壹個月 三十錢
但地方에ᄂᆞᆫ郵稅를加ᄒᆞ야 新貨十三錢
廣告 [illegible] 壹行[illegible] (自一行至四行이要一寸)

檀君開國四千二百四十三年
箕子[illegible]三千[illegible]三十二年
大韓開國五百十九年
[illegible]日
隆熙四年[illegible]月十八日

大韓每日申報

發行兼編輯人 李章薰
發行所 京城中部布廛屛門二宮街二層洋屋 大韓每日申報社

第八卷 月曜及慶節歲時日休刊 第壹千四百四十二號

論說

頑固輩의狀態

其性이頑乎아其質이固乎아엇지ᄒᆞ야頑固라稱ᄒᆞᄂᆞ고其頑이頑ᄒᆞᆫ것도아니오其固가固ᄒᆞᆫ것도아니라ᄒᆞ노니石面과如히頑ᄒᆞ야百轉ᄒᆞ여도不破ᄒᆞ고鐵膓과如히固ᄒᆞ야百折ᄒᆞ야도不屈ᄒᆞᄂᆞᆫ志氣가有ᄒᆞᆫ然後에야頑固라謂ᄒᆞᆯ지어날今에頑固ᄂᆞᆫ不然ᄒᆞ야其面은雖頑이나其性은已柔ᄒᆞ고其言이雖固나其心은已弱ᄒᆞ야腐敗ᄒᆞᆫ習慣이腦髓에深注ᄒᆞ야善ᄒᆞ던지惡ᄒᆞ던지先人의見으로爲主ᄒᆞ야萎縮難振ᄒᆞᄂᆞᆫ思想이有ᄒᆞ야輿儓의情態를免치못ᄒᆞ니實노哀憐ᄒᆞᆯ者이로다

依賴의心이胸中에充滿ᄒᆞ야支那를服事ᄒᆞ던時만思維ᄒᆞ너今日에我韓이困瘁가已極ᄒᆞᆫ境遇에至ᄒᆞ엿슨즉前日에安逸ᄒᆞᆫ時를回念ᄒᆞᄂᆞᆫ거시常情에在ᄒᆞ야ᄂᆞᆫ容或無怪타ᄒᆞᆯ지나古語에云寧爲鷄口언뎡無爲牛後라ᄒᆞ엿스니支那가我韓에對ᄒᆞ야侵虐ᄒᆞᆫ事ᄂᆞᆫ無ᄒᆞᆯ지라도幾千年을堂々ᄒᆞᆫ獨立ᄒᆞ던國으로明國을服事ᄒᆞ다가明國은遂亾ᄒᆞ고清國이統一ᄒᆞᆫ後에南漢의恥ᄂᆞᆫ千古에難洗ᄒᆞᆯ者이로다清國의壓迫을受ᄒᆞᆫ然後에ᄂᆞᆫ明國의恩을忘키難ᄒᆞ다ᄒᆞ야崇禎年號를至今ᄭᆞ지相傳ᄒᆞ더니清國의羈絆을脫免ᄒᆞᆫ然後에獨立ᄒᆞᆯ機會를當ᄒᆞ고도萎靡ᄒᆞᆫ態가日益不振ᄒᆞ야彼輩의恒言이我韓은壤地가偏小ᄒᆞ고人衆이寡小ᄒᆞᆫ즉獨立ᄒᆞᆯ權限은可望ᄒᆞᆯ者가無ᄒᆞ다ᄒᆞ야支那의依歸ᄒᆞ던餘戀이尚存ᄒᆞ니東으로指ᄒᆞ면東으로之ᄒᆞ고西으로指ᄒᆞ면西으로之ᄒᆞ야自强自立ᄒᆞᄂᆞᆫ志氣ᄂᆞᆫ夢外에置ᄒᆞ고[illegible]桃源에深鎖ᄒᆞ야世界의消息이耳殼에不入ᄒᆞ고宗社의安危ᄂᆞᆫ他人의家事로[illegible]鄉愿이라謂ᄒᆞᆯ지로다

今日에[illegible]受ᄒᆞ엿스나[illegible]ᄒᆞ야支나의服[illegible]當來ᄒᆞᆯ[illegible]依庇ᄒᆞᄂᆞᆫ醜[illegible]ᄒᆞ야[illegible]天下에[illegible]不免ᄒᆞ니此와如ᄒᆞᆫ輩가國內에遍滿ᄒᆞ야昏情을[illegible]이[illegible]叢中에傳染ᄒᆞ면保護를解脫ᄒᆞᆯ日이無ᄒᆞ다ᄒᆞᆯ지니頑固ᄒᆞᄂᆞᆫ者ᄂᆞᆫ舊習만守ᄒᆞᆯ뿐아니라[illegible]ᄒᆞ야因循推托ᄒᆞ면今日困瘁가明日에敗滅ᄒᆞᆯ[illegible]此를엇지國民이라謂ᄒᆞ리오自暴自棄에國家의精神을渫失ᄒᆞ야下愚不移의性質을[illegible]省ᄒᆞᆫ力이有ᄒᆞ야柔ᄒᆞᆫ者를能히[illegible]ᄒᆞ고弱ᄒᆞᆫ者를能히壯케ᄒᆞ야保護를受치아니ᄒᆞ게ᄒᆞ리오其策은何에在ᄒᆞᆫ고[illegible]에도在치아니ᄒᆞ고砲礮에도在치아니ᄒᆞ고一曰頑固의[illegible]ᄒᆞ고民力을養成ᄒᆞᄂᆞᆫ[illegible]

官報

◎第四千七百七號 隆熙四年 六月十七日(金曜)

敍任及辭令

◎五月二十日 郡主事梅原三千 任道主事敍判任官二等

○六月四日 河野浦吉 任道主事敍判任官三等

○六月六日 原六郞 任道主事敍判任官三等

○六月十五日 篠塚隆次郎 任土地調査局主事敍判任官四等 航路標識管理所技手長谷川庄太郎 兼任稅關技手 主殿院電務技手申敬鉉 依願免本官 九品申敬鉉 宮內府大臣官房事務를囑托홈(判任待遇)

(以上六月二日宮內府)

外報

◎同盟罷業 海蔘威來電을據ᄒᆞᆫ즉黑龍鐵道의勞働者等은賃金에關ᄒᆞ야同盟罷業을行ᄒᆞ야不穩의兆가有ᄒᆞᆫ故로當地露國軍務知事ᄂᆞᆫ軍隊를派遣ᄒᆞ얏다더라

◎實業團招待 上海來電을據ᄒᆞᆫ즉南京博覽會委員은日本實業團一行을招待ᄒᆞ야午餐會를開ᄒᆞ얏다더라

◎亞國新大統領 東京來電을據ᄒᆞᆫ즉亞爾然丁國大統領選擧會ᄂᆞᆫ本月十二日에擧行ᄒᆞ엿ᄂᆞᆫ

◎社告

本社位置를本月九日에京城中部布廛屛門二宮街二層洋屋으로移設ᄒᆞ엿ᄉᆞ오니本報를愛讀ᄒᆞ시ᄂᆞᆫ僉君子ᄂᆞᆫ照亮ᄒᆞ심을望홈

大韓每日申報社

되大統領은「시푸잇구、파ー레」의「러벤스、에파나、氏로副大統領은前外務大臣「데유라기라사」氏로選擧ᄒᆞ얏다더라

◎總督의夜會 奉天來電을據ᄒᆞᆫ즉셔總督은本月十四日夜에日本大島都督一行을總督公所로招待ᄒᆞ야夜會를開ᄒᆞ얏다더라

◎外人居住禁止 奉天來電을據ᄒᆞᆫ즉清國臨時諮議局會議ᄂᆞᆫ清曆四月一日에開會ᄒᆞᆯ것이나何等事情을因ᄒᆞ야清曆五月十日에開ᄒᆞ기로延期ᄒᆞ엿ᄂᆞᆫ데셔總督은滿洲各開放地外에ᄂᆞᆫ外國人의居住禁止案을右臨時議會에提出ᄒᆞᆫ다더라

◎크리드問題協議 루터來電을據ᄒᆞᆫ즉英國[illegible]

◎露人의逢賊 [illegible]來電을據ᄒᆞᆫ즉露人[illegible]名[illegible]林[illegible]馬賊六名을[illegible]ᄒᆞ야[illegible]名을[illegible]되고一名은負傷[illegible]金과馬[illegible]

◎英首相의[illegible] 倫敦[illegible]電을據ᄒᆞᆫ즉英[illegible]셔前日에在野黨[illegible]氏와書信交換[illegible]首領과會見[illegible]또英國皇帝[illegible]에關ᄒᆞᄂᆞᆫ討議[illegible]ᄒᆞ고ᄒᆞ얏다더라

◎크리트問題 倫敦來電을據ᄒᆞᆫ즉土耳其國은크리트問題로써英國에對ᄒᆞ야[illegible]心이十、陸激昂ᄒᆞ다ᄂᆞᆫ데此[illegible]希臘國[illegible]一世가英國[illegible]五世와叔侄間이되ᄂᆞᆫ故로英國은希臘國에셔크리트島를合倂ᄒᆞ기[illegible]ᄂᆞᆫ데對ᄒᆞ야同情을表ᄒᆞᆫ다ᄂᆞᆫ世評이有홈을因홈이라[illegible]兩國의諸新聞은土耳其[illegible]對ᄒᆞ야此際에速히希臘國을攻擊ᄒᆞ라고勸誘的論評을揭載ᄒᆞ얏다더라

◎露國의國防計畫 東京來電을據ᄒᆞᆫ즉列强의注意를惹起ᄒᆞ던露國의國防計畫ᄂᆞᆫ方今露國[illegible]會에셔秘密히研究中인ᄃᆡ陸軍은海蔘威와其他要塞를修築ᄒᆞ고또工廠의設備를完全히ᄒᆞ야戰時라도何等遺憾이無케ᄒᆞ며海軍은七千五百萬留의經費로新式戰闘艦十二隻을建造ᄒᆞ야方今建造ᄒᆞᄂᆞᆫ戰闘艦四隻을倂ᄒᆞ야十六隻의戰艦을備ᄒᆞᆯ計畫이라더라

◎元帥辭職 倫敦電報를據ᄒᆞᆫ즉英國키치나元帥의地中海陸軍總督을辭職ᄒᆞᆷ은英國上院에

學界報

[illegible]ᄒᆞ얏다더라

◎光東有光 平北鐵山郡雲山面己山里私立光東學校ᄂᆞᆫ資本이窘拙ᄒᆞ야進行이無期러니該校長崔燦善과監督黃信甫兩氏가校費를擔負ᄒᆞ야熱心視務홈으로[illegible]況이日新ᄒᆞᆫ다더라

◎明校卒業 通川郡闡明學校에셔高等科進級式과尋常科卒業式을五月十五日에經ᄒᆞ엿ᄂᆞᆫ데[illegible]高等科優等生은劉德淳朴昌[illegible]金載鼐金爽熙李永淳金東建이오尋常科優等生은金창鉉李堯燮金壽鉉鄭甲周金先男이라더라

◎東彰運動 東彰學校에셔本月十一日頃에運動會를永海寺附近에設行ᄒᆞ엿ᄂᆞᆫ데當日捐助ᄒᆞᆫ諸氏가如左ᄒᆞ니金興祿금二圓米一斗李載祖三圓張宜근金宜坤李圭植韓止鎬各二圓權啓德米一斗李鼎圭車景杜李興근孫云창李潤爀各一圓鄭光櫂太聖善各五十錢林聖근鉛筆十二打柳寬賢習字冊十五卷李元翼金弘俊各三十錢任祖宰李有泌各二十錢인ᄃᆡ其感意를稱頌ᄒᆞᆫ다더라

◎晝夜勸學 熊川東면競明學校敎員朱基南氏가熱心敎授ᄒᆞ야校況이日進ᄒᆞ며且該校內에夜學科를增設ᄒᆞ야勞働子弟三拾餘人을極力敎導ᄒᆞ며校主김炳佑氏와校監朴啓亨氏로益加勸勉홈으로稱頌이藉々ᄒᆞ다더라

世界歷史

◎地理學及天文學의發見◎

中世期에在ᄒᆞ야歐洲人의地理學上觀念은昔時希臘人及羅馬人의舊套를蹈襲ᄒᆞ야[illegible]써世界의中心이라[illegible]字軍의興起홈을[illegible]比亞人의高尙ᄒᆞᆫ[illegible]며又其智識을[illegible]의事情을熟知ᄒᆞᆫ즉[illegible]師等이陸續[illegible]此時를當ᄒᆞ야元太[illegible]은其威勢가掀天[illegible]ᄒᆞᆫ聲名이全歐[illegible]敎徒ᄂᆞᆫ蒙古人으로[illegible]를防禦ᄒᆞᄂᆞᆫ救助[illegible]라是以로法王(인[illegible])千二百四十六年에[illegible]古에派遣ᄒᆞ야東[illegible]繁ᄒᆞᆫ즉東方의地[illegible]々擴張ᄒᆞ니就中歐洲[illegible]常ᄒᆞᆫ大慾望을惹起ᄒᆞᆫ[illegible]니쓰」(막코풀노)[illegible](막코풀노)가一千二百七十一年에歐洲를[illegible]발ᄒᆞ야陸路로蒙古에[illegible]世祖朝에仕ᄒᆞᆫ지二十年에支那內地를跋涉ᄒᆞ고海路로[illegible]經ᄒᆞ야「베니쓰」에歸ᄒᆞ야[illegible]見聞錄을著ᄒᆞ니支那의富[illegible]를盛言ᄒᆞ며且日本이富[illegible]라稱道ᄒᆞᆫ지라於是에歐洲의冒險心과[illegible]刊然心은一時幷起ᄒᆞ야東方航路의捷經을得코져晝宵計謀ᄒᆞ던次時에支那로부터磁石訴를得歸ᄒᆞᆫ者가有ᄒᆞ야航路에使用ᄒᆞ니自是로遠洋航行의勇氣가一層堅固ᄒᆞ야航海術의進步에少至ᄒᆞ니라

(未完)

詞藻

◎感物◎ 頤雲生

蕉碧櫻紅節物移磨人日月自奔馳從分好惡千秋鑑定看輸贏一局棋若論世事須黃熟不害高人近白痴遺澤于今天亦雨白頭猶說太宗時

記者曰因時興感有感慨忠愛之意令人讀之不禁沾巾也

[illegible]

◎東宮奏電 日本에遊學ᄒᆞ시ᄂᆞᆫ我皇太子殿下에셔再昨日下午七時二十分에大皇帝陛下씌 親電을 奏呈ᄒᆞ옵셧ᄂᆞᆫ대其全文이如左

兩陛下安寧ᄒᆞ옵신지 臣은無事健學ᄒᆞ오며今番暑中休假를利用ᄒᆞ야實地見學ᄒᆞ기爲ᄒᆞ야來七月十三日부터山陰、山陽地方을巡覽ᄒᆞᆯ事로決定ᄒᆞ엿ᄉᆞ오니 下燭ᄒᆞ옵심을伏望

◎下賜御眞 大皇帝陛下씌ᄋᆞᆸ셔宮內府日人高等官에게 御眞一板式日間下賜ᄒᆞ옵신다더라

雜報

◎統監의政策 東京來電을據ᄒᆞᆫ즉寺內、山縣正副統監은方今日本陸軍省內統監府出張所에셔視務ᄒᆞᄂᆞᆫ대對韓政策의大綱은廟議가임의決定된지라此를實行ᄒᆞᄂᆞᆫ同時에起ᄒᆞᆯ騷動에對ᄒᆞ야處置ᄒᆞᆯ準備도旣히整頓되엿고다만今後에韓民을如何히撫育ᄒᆞ며如何히統治의實을擧ᄒᆞᆯ事에對ᄒᆞ야苦心中이며寺內통監이韓國에赴任ᄒᆞ면卽時통監府에向ᄒᆞ야日韓官吏의分布調査를命ᄒᆞ고吏員의新任中止를命ᄒᆞᆯ터이오또不久에平田內相으로ᄒᆞ야곰日本地方官中良材를拔擢ᄒᆞ라ᄒᆞᄂᆞᆫ것은韓國內政을改良ᄒᆞᆯ計劃인데其目的인즉韓日新關係를決定ᄒᆞᆫ後에韓民을撫育ᄒᆞᆯ方針이오통監府內의更新도亦右의趣旨로ᄡᅥ行ᄒᆞ리라더라

◎官職叙任停止 統監府에셔ᄂᆞᆫ日前內部에通牒ᄒᆞ고韓日人[illegible]

◎巷說難信 新任寺內통監이到任ᄒᆞᄂᆞᆫ同時에罪囚已未決을勿論ᄒᆞ고一切放釋ᄒᆞᆫ다ᄂᆞᆫ風說이浪藉ᄒᆞ다더라

◎黃州의到着電 西道에學事를視察ᄒᆞᄂᆞᆫ學部大臣李容稙氏ᄂᆞᆫ昨日黃州郡에到着ᄒᆞ얏다고學部에電報가來到ᄒᆞ엿다더라

◎內次云任 閔內部次官이遞任된代에某々가被任되리라고喧藉ᄒᆞ더니更聞ᄒᆞᆫ즉前통監府石塚總務長官이被任ᄒᆞ기로內定되엿다더라

◎冊子頒給 日本政府에셔伊藤公의前後歷史와該氏葬禮時節次를修繕成冊ᄒᆞ야我國으로送ᄒᆞ엿ᄂᆞᆫ데再昨日宮內府에셔高等官吏의게該冊子를一卷式반給ᄒᆞ얏다더라

◎烟竹의風波 宮內府大臣閔丙奭侍從院卿尹德榮前參將金昇圭氏等이日昨某酒席에會同ᄒᆞ야飮酒ᄒᆞ다가金昇圭氏가橫竹吸烟ᄒᆞᄂᆞᆫ지라尹德榮氏가金氏를向ᄒᆞ야論駁ᄒᆞ야日單嘉善으로輔國坐席에셔無難橫竹ᄒᆞᄂᆞ냐ᄒᆞ고奪竹斷折ᄒᆞ야一塲風波가起ᄒᆞ엿다더라

◎學簿調査終了 檢査局에셔ᄂᆞᆫ學部會計課文簿를隆熙一年度로本年度ᄭᅡ지調査ᄒᆞ엿ᄂᆞᆫ데該事務를再昨日에終了ᄒᆞ엿다더라

◎衛生會組織 漢城府民會長兪吉濬氏ᄂᆞᆫ該會中의衛生會를組織ᄒᆞ기爲ᄒᆞ야中樞院에獻議ᄒᆞᆯ次로目下起草中이라더라

◎電信秘遞 日本에滯留ᄒᆞᄂᆞᆫ宋秉畯은何事件이有ᄒᆞᆫ지秘密電信이再昨日下午一時에一進[illegible]

◎榊原談話 榊原小將은再昨日下午二時에永宣君李埈鎔氏를訪問ᄒᆞ고李址鎔閔泳璘氏等의花套技賭事件을談話ᄒᆞ엿다더라

◎用之何處 永宣君李埈鎔氏ᄂᆞᆫ何等緊用이有ᄒᆞᆫ지金海郡所在蘆田을拓殖會社에典執借款ᄒᆞ라고目下交涉中이라더라

◎下賜金의掘井 義州觀察道에셔ᄂᆞᆫ人民의飮料水가不適當ᄒᆞ다ᄒᆞ야大皇帝陛下西巡時에 下賜ᄒᆞ신金額으로相當ᄒᆞᆫ飮料井을堀鑿ᄒᆞ깃다고該道書記官이內部에稟請ᄒᆞ엿다더라

◎水氷性質檢査 內部에셔各道內人民의衛生事務를擴張實施코져ᄒᆞ야飮料水와氷水의性質如何를檢査修報ᄒᆞ라고各道에訓飭ᄒᆞ엿다더라

◎國債豫算의修報 內部에셔各觀察道에發訓ᄒᆞ고明年度의國債豫算案을修報ᄒᆞ라ᄒᆞ엿다더라

◎日巡의陞級期 內部에셔各警察署에申飭ᄒᆞ야日人巡査中으로行爲端正者와陞級期限이滿了된者를一々調査修報ᄒᆞ라ᄒᆞ엿다더라

◎近隊直所新築 近衛隊兵入番直所를 昌德宮金虎門內에新建築ᄒᆞᆫ다더라

◎惜哉尹氏 日本東京高등工業學校官費生尹豊鉉氏가肺病을因ᄒᆞ야歸국治療ᄒᆞ다가去十日에身故ᄒᆞ엿다고學部에셔留學生監督에게通知ᄒᆞ엿다더라

◎建堂審金請認 甲山郡侍天敎長嚴柱廣氏가敎堂을新建築[illegible]ᄒᆞ깃다고內部에請認ᄒᆞ엿다더라

◎夏服頒給 再昨日宮內府에셔庭監殿丁掃丁等의夏服을一々頒給ᄒᆞ엿다더라

◎物議秘探 警視廳에셔ᄂᆞᆫ司法權引渡ᄒᆞᆫ後에民刑事聞訴訟處辦에對ᄒᆞ야一般物議가如何ᄒᆞᆷ을秘密調査ᄒᆞᆫ다더라

◎行動偵探 尹致晟氏家에留ᄒᆞᄂᆞᆫ申鉉大氏가有何運動事件이던지某處偵探客이逐日來到ᄒᆞ야該氏의行動을探問ᄒᆞᄂᆞᆫ故로申氏가方在困難中이라더라

◎彈丸支撥 大邱警察署에셔需用ᄒᆞᆯ彈丸五百發을內部에셔支撥ᄒᆞ엿다더라

◎修道役夫 萬頃郡守權周相氏ᄂᆞᆫ該郡內道路를修築ᄒᆞ기爲ᄒᆞ야每戶에役夫一名式赴役케ᄒᆞ엿ᄂᆞᆫ데每日食費를每名下에六錢式支給ᄒᆞ엿다더라

◎宅不處仁 前判書閔泳린前侍從副卿李範喬氏等이雜技事件으로日憲兵司令部에被捉ᄒᆞᆷ은旣報어니와該氏등被捉ᄒᆞᄂᆞᆫ同時에幾個人이逃避ᄒᆞᆷ을因ᄒᆞ야隣接ᄒᆞᆫ東寧尉宮內庭에日憲兵이突入搜索ᄒᆞ엿다더라

◎傷面治療 中樞院顧問李址鎔氏가再昨日花套局에셔避身逃走ᄒᆞ다가他物에所觸ᄒᆞᆫ바되야面部가重傷ᄒᆞ엿슴으로目下該私邸에셔治療ᄒᆞᄂᆞᆫ中이라더라

◎李辭崔選 商務組合部長李圭恒氏辭免ᄒᆞᆫ代에國民新報社長崔永年氏가再昨日에被選ᄒᆞ엿다더라

◎孫氏渡淸說 天道敎主孫秉熙氏ᄂᆞᆫ靈跡圖라ᄂᆞᆫ畵本을携帶ᄒᆞ고淸國地方에布敎ᄒᆞ기爲ᄒᆞ야不遠間渡往ᄒᆞᆫ다ᄂᆞᆫ說이有ᄒᆞ다더라

◎仲介所經費 李學宰가발起ᄒᆞᆫ實業仲介組合所에셔所長을金昇奎氏로推定ᄒᆞ고該所經費를多數히鳩聚中이라더라

◎保證人의徵納 官立漢城師範學校速成科卒業生金相五氏ᄂᆞᆫ學部의指揮命令을不服ᄒᆞ고私自行動ᄒᆞ야去處不明ᄒᆞᆷ으로學資金五十圓을保證人現三陟郡守沈宜昇氏ᄃᆡ러徵納ᄒᆞ라고通知ᄒᆞ엿다더라

◎狂犬解剖 警視廳衛生係에셔再昨日에狂犬一首를解剖ᄒᆞ엿다더라

◎鬪金打花 北部花開洞居정敎澤氏ᄂᆞᆫ昭格洞居元召史와四年同居ᄒᆞ고該召史에金貨一千餘圓을犯用ᄒᆞ엿ᄂᆞᆫ데정氏가無端分離코ᄌᆞᄒᆞᄂᆞᆫ故로該召史가정氏를向ᄒᆞ야事由를詰問ᄒᆞ다가互相毆打ᄒᆞ엿다더라

◎合資會任員 合資會社醫通組合本社의셔事務를擴張ᄒᆞ기爲ᄒᆞ야組合長延時泰總事務長金鉉洙理事權寧洛諸氏로改選되엿다더라

◎果則廉明 豐德郡守兪斌兼氏ᄂᆞᆫ昨年年終을當ᄒᆞ야各面面長의呈納ᄒᆞᄂᆞᆫ歲饌을一幷退却ᄒᆞ며今春鄕校에享祀費加歛ᄒᆞᆫ事件을一一摘발ᄒᆞ야因卽禁止ᄒᆞᆷ으로該郡人民이稱頌不已ᄒᆞᆫ다더라

◎失妻呼訴 禁府後洞居金道植氏에妻가隣居李某와潛通逃走라엿슴으로所管警察署에呼訴ᄒᆞ야目下搜索中이라더라

◎設技被捉 再昨日樓閣洞居朴某家에셔技局을設ᄒᆞ엿다가洪창근李春和兩氏가所管警察署에被捉ᄒᆞ엿다더라

◎似損黨體 進步黨總裁閔泳린氏가雜技犯으로日憲兵司令部에被捉ᄒᆞ엿던事件이該黨體貌를汚損ᄒᆞᆷ이라ᄒᆞ야任員諸氏가將次總會를開ᄒᆞ고總裁에任遞件을協議ᄒᆞᆯ터이라더라

◎畿學總會 畿內學生親睦會에셔來十九日(日曜)下午一時에特別總會를大安洞畿湖學校內에開ᄒᆞ고紳士石鎭衡趙완九兩氏를請ᄒᆞ야勸勉的演說을ᄒᆞᆫ다ᄂᆞᆫ데會員諸氏의多數來參ᄒᆞ기를望ᄒᆞᆫ다ᄒᆞ고學生의傍聽을許ᄒᆞᆫ다더라

◎嶠南開會 嶠南敎育會에셔本日上午十一時에典洞該會舘내에셔開會ᄒᆞᄂᆞᆫ되교南人士의一一來參을希望ᄒᆞᆫ다더라

電報

◎日英博覽會褒賞 日英博覽會의審査ᄂᆞᆫ本月二十四日부터開始ᄒᆞ고褒賞授與式은七月十四日에擧行ᄒᆞᆫ다더라

◎仲小次官의演說 日本仲小次官、前田正名兩人은本月十四日夜에海參威日本領事舘에셔同地에居住ᄒᆞᄂᆞᆫ日人을會集ᄒᆞ고日露通商발展에關ᄒᆞᆫ事로演說ᄒᆞ얏다더라

◎官制改革 통監府官制改正의實行은寺內통監赴任後에발表ᄒᆞᆯ터이라더라

◎有吉長官의宴會 신任有吉總務長官은再昨日에朝野八十을招待ᄒᆞ야宴會를設ᄒᆞ엿다더라

◎憲兵隊長의交迭 昨日에韓國駐箚憲兵隊長이如左히交迭되엿다더라

韓國駐箚軍參謀長明石元二郞 任韓國駐箚憲兵司令官

韓國駐箚憲兵隊長榊原昇造 任韓國駐箚軍參謀長

◎有吉長官의赴任期 新任有吉長官은山縣副통監과同伴ᄒᆞ야本月ᄂᆡ로出발赴任ᄒᆞᆯ豫定이라더라

◎軍艦의傳染病 日本軍艦若見에셔ᄂᆞᆫ(지부스)傳染病이발生ᄒᆞ엿다더라

◎德皇族의渡日 德國황族알프레드公과同妃殿下一行은再昨日에東京에到着ᄒᆞ엿ᄂᆞᆫ되今日에日本황帝씌謁見ᄒᆞᆫ다더라

以上東京발 拾七日着

◎德國洪水의死亾 德國알프븐에ᄂᆞᆫ暴雨가降ᄒᆞ야洪水가漲溢ᄒᆞᆷ으로死者가百餘名에達ᄒᆞ엿다더라

◎土勃兩國協議 土耳其와勃牙利의協議ᄂᆞᆫ再次開始되엿다더라

以上伯林발 十七日着

▲花 局 殺 氣▼

▲指點松峴甚風起ᄒᆞ니花局中에奔忙ᄒᆞ야鳥衆花散落ᄒᆞᆯ제一聲雷響忽起ᄒᆞ니抱頭鼠竄可觀일세

▲昔何全盛今何困고寶貴ᄒᆞ던餘手段이食鐵心膓充ᄒᆞ야賭地金神龍絡타가一塲風波忽遭ᄒᆞ니李址鎔이逃亾ᄒᆞᆫ다

▲當時[illegible]至親으로失勢歎이可憐이라黃金想이不斷ᄒᆞ야一夕風에失魂ᄒᆞ니[illegible]步엇시ᄒᆞᆫ閔泳린이哀乞ᄒᆞᆫ다

▲榜[illegible]色[illegible]中에[illegible]可憐이라[illegible]中行人作[illegible]ᄒᆞ니李範喬[illegible]ᄒᆞᆫ다

▲昔[illegible]銅章ᄃᆡ大物이[illegible]術을ᄒᆞ야內[illegible]中에設技ᄒᆞ더니機花峴이忽控ᄒᆞ며殺風景이何事런고趙洪錫이謝罪로다

社告

左開三郡에支社를設立ᄒᆞ엿사오니各該附近地에셔本申報購覽僉君子는各該支社員과交涉ᄒᆞ시ᄋᆞᆷ

龍岡 郡山南面紅門洞 宋昇煥

全州 府東壹契四統九戶 李興鳳

龜城 郡芳峴面 南市洋藥局 崔禮洛

大韓每日申報社

▲局外談叢▼

▲舊蘿鑑을讀能ᄒᆞ고신통鑑을更對ᄒᆞ니此時에意想이如何오文意가刻深ᄒᆞ야字字生疑ᄒᆞ고何何生熟ᄒᆞ니何日에此意를解得ᄒᆞᆯ고 疑訝子

▲夏日을當ᄒᆞ니ᄯᅡᆯ색々々木履聲에閃閃赤脚橫行ᄒᆞ니九年大水에生長ᄒᆞ엿ᄂᆞᆫ지晴天木履이무ᄉᆞᆷ事오開明國人의行色은姑此ᄒᆞ고가雙袖는飄飄ᄒᆞ고下裳을纏掩ᄒᆞ니此는我韓의祭服貌樣인즉日人은人마다喪制인가 可笑子

▲甥侄을養子ᄒᆞ는法도잇나通鑑을잘닑으면알지人事로責望ᄒᆞᆯ것잇나四寸재리婚姻도ᄒᆞᆫ다네그ᄯᅢ이라던가兄嫂로作妾ᄒᆞ는者도잇다데 啊々子

▲송소리가큰바다를건너가서쳐리를칠다더니近日에는精神이엽다자되ᄯᅳᆨ이도六七月이훌쩍이지ᄂᆞᆫ양歲月을맛날줄알고무ᄉᆞᆷ재미에잇는지一進會로電報가踏到ᄒᆞ엿다지 知機子

雜報

●孤兒事件相詰 李泌和氏가孤兒院事件에對ᄒᆞ야孤院監事春世氏와現今相詰ᄒᆞᆫ中이라더라

●露國軍人入城 露國陸軍副尉에소쓰키氏는海參威陸軍學校生徒一名과同伴ᄒᆞ야城津으로부터陸路로元山平壤을經ᄒᆞ야入京ᄒᆞ엿는ᄃᆡ昨日午前에統監府 訪問ᄒᆞ엿다더라

●學費自擔說明 長通坊內學校諸般經費를該坊니資本家에셔收合支用ᄒᆞ기로決定ᄒᆞ엿더니該坊長李근泓氏가自己財力으로專擔支用ᄒᆞ깃다고說明ᄒᆞ엿다더라

●民願金守 慶興府尹李之春氏는犯贓事件으로該道裁判所에셔役十五年에宣告ᄒᆞ얏는ᄃᆡ該府民等이三昨日內部에請願ᄒᆞ고前吾府尹金某로還任케ᄒᆞ라ᄒᆞ엿다더라

●八千罪囚 監獄署에被囚ᄒᆞᆫ罪人을調查ᄒᆞᆫ즉八千餘名에達ᄒᆞ엿다더라

●二年處役 京城地方裁判所에셔金壽東氏를役三年에宣告ᄒᆞ엿다더라

●四犯越交 日憲兵司令部偵探이라稱ᄒᆞ던趙秉奎等四名이强盜犯으로南部警察署에被捉ᄒᆞ엿는ᄃᆡ昨日京城地方裁判所로越交ᄒᆞ엿다더라

●金犯逃躲 中部警察署에被囚ᄒᆞ엿던竊盜犯金相晚은昨日上午六時에乘隙逃走ᄒᆞ엿다더라

●兩犯初審 控訴院에셔再昨日에强盜犯金化泰金吉斗를初審ᄒᆞ엿다더라

●兩囚押交 南部警察署에被囚ᄒᆞ엿던趙丙奎金德秀等四人을昨日地方裁判所로押交ᄒᆞ엿다더라

●太極講會 太極教宗에셔來日曜下午一時에講研會를本部에셔開ᄒᆞᆫ다ᄂᆞᆫᄃᆡ本教員外에도多數來參ᄒᆞ기를希望ᄒᆞᆫ다더라

學界報

●雲校進級 蔚山郡開雲學교에셔去三月末日에第二回進級式를經ᄒᆞ엿는ᄃᆡ優등生은李鍾慶朴祥甲鄭周澤鄭祐相金生水인ᄃᆡ교長以下一般任員이賞品를優數히施給ᄒᆞ엿다더라

●教師實心 成均館洞崇教義塾教師姜用熙정寅燮李昌楷朴慶柄諸氏가實心教授ᄒᆞᆷ으로莫不稱贊ᄒᆞᆫ다더라

●石東施賞 肅川郡ᄇᆡ石里石東夜學교에셔第二回修業式을本月二十一日에行ᄒᆞ엿는ᄃᆡ優等은金相洛車義鎬車淳福金相禧諸氏라金炳漢김時浩金基두諸氏가賞品을寄付ᄒᆞ야優數施賞ᄒᆞ엿다더라

●玉振大振 河東郡正水面清水洞玉振學교는圃隱先生安靈之所라該地居鄭夔鎔鄭友鎔諸氏가近地有志紳士와協議ᄒᆞ야教師鄭尙鎬氏를雇聘ᄒᆞ고熱心教授ᄒᆞ야生徒가五十餘名에達ᄒᆞ야將進之望이有ᄒᆞ다더라

●會校盛況 咸北會寧郡境內十六學교가聯合運動會를該郡南門外鍊兵場에셔設行ᄒᆞ는ᄃᆡ男女學徒가八百餘名이오觀光者가萬餘名에人山人海를成ᄒᆞ야無前盛況를呈ᄒᆞ엿다더라

●家舍附校 公州敬天里元明學교任員諸氏가女學교를協議設立인바學監에白樂性氏는自己所有八間家舍를교舍로付屬ᄒᆞ고熱心視務ᄒᆞᆷ으로教育界誠心를無不稱頌ᄒᆞᆫ다더라

●韓英卒業 開城韓英書院에셔本月十一日에第二回卒業式를經ᄒᆞ엿는ᄃᆡ高등科最優등은金秀明정源浩閔昌鉉이오優等은柳長綠李殷鏞白南石李常春吳永玉尹鎭聲玄永杜等十人이오小學科에尹鎭武姜用彩等인ᄃᆡ賞品를優數分給ᄒᆞᆫ後에本郡守朴宇鉉氏가祝辭를陳述ᄒᆞ고來賓정春洙李常春申永淳諸氏가次第演說ᄒᆞ엿다더라

●三愛校況 伊川郡三愛學교에셔去月二十五日에第一回卒業式를行ᄒᆞ엿는ᄃᆡ優等卒業生은ᄇᆡ樂英黃禹泳이오優等生은張文淳이오進級優등生은李在華金始鎬張應七韓泰楨李炳徽愼宗祿이라더라

●良化校況 鏡城郡西面良化洞은不過百戶인ᄃᆡ該地紳士金成漢氏가良化學校를設立ᄒᆞ고面面勸喻ᄒᆞ야一洞이義金을爭捐ᄒᆞ야三千餘圓를積立ᄒᆞ고學生六十餘人를募集ᄒᆞ고教師吳學魯氏를雇聘ᄒᆞ야熱心教育ᄒᆞᆫ다더라

廣告

學部檢定 內部認可 **漢文初學**
一帙四冊（每一冊十四錢）

本書ᄂᆞᆫ一般私立學校初等教育漢文科에適當케編纂ᄒᆞᆫ新刊發行이오며其他各種新書籍及學徒用品이俱備ᄒᆞᆫ바特別割引ᄒᆞ고一依請求ᄒᆞ심을酬應ᄒᆞ오며郵便과或運送部로迅速케付呈ᄒᆞ깃ᄉᆞ오니學界에注意하시ᄂᆞᆫ京鄕僉位ᄂᆞᆫ愛顧ᄒᆞ심을務望
元賣所京南部苧洞十七統十戶
廣文堂書舖 南鴻祐
分賣所京鄕各有名書舖

本店에셔**開業**ᄒᆞᆫ지**十六年間僉君子**의愛顧ᄒᆞ심을**特蒙**ᄒᆞ와**今年**부터業**務**를**大擴張**ᄒᆞ고**春夏秋冬所用**으로絨屬**毛**織[illegible]各國高等物品을現今多數直輸入ᄒᆞ온바[illegible]에셔ᄂᆞᆫ貿易에便[illegible]을爲ᄒᆞ야特廉減價ᄒᆞ와郵便小包로酬[illegible]ᄒᆞ야代金은引換ᄒᆞ깃[illegible]十三道僉君[illegible]陸續請求ᄒᆞ심을望
[illegible]金剛號（韓國壹三番）
電話番號（三五八）
[illegible]中部鍾路[illegible]器廛
[illegible]二十一統五戶
[illegible]翼泰 告白

（米利堅帽）
미리견모ᄌᆞ

토슈 （手마）

모ᄌᆞ를솔로

물에씻ᄂᆞᆫ상

（中折帽）
중절모ᄌᆞ

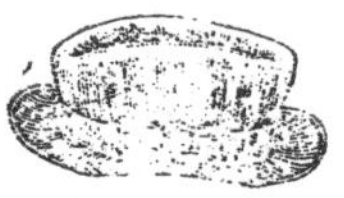

목도리 （項領）

총갑 （총匣）

貨幣、숑하、卷煙草匣、各種[illegible]用品을

◎炎天의氷帽
化學의神品
天地新化를應ᄒᆞᄂᆞᆫ것은斯世의化學이라우리大韓총帽子가本[illegible]馬尾와[illegible]用이오총帽子의黃色이[illegible]ᄒᆞ기로모子製造所에셔恒常硏究ᄒᆞ기를何如히ᄒᆞ면총모子를純白色으로化成ᄒᆞᆯ고ᄒᆞ더니
化學의神品[illegible]物로今에半黃色의[illegible]尾를白雪과如히化色하야모子를[illegible]氷과如히氷織을[illegible]ᄒᆞ오니近者化學의功效[illegible]炎天이라[illegible]의精[illegible]ᄒᆞ시다[illegible]泰西의黃[illegible]되는二等과[illegible]易ᄒᆞᆫ모[illegible]不要[illegible]南頭器[illegible]冠用ᄒᆞ[illegible]이니[illegible]試驗的으로[illegible]시면經濟上[illegible]ᄒᆞ심을[illegible]
[illegible]特許
[illegible] 告白

◎**大韓全國**에ᄂᆞᆫ**本堂製造發行**ᄒᆞᄂᆞᆫ**藥品**

消化新藥 **淸心保命丹** 此丹은化痰止咳ᄒᆞ고順氣消滯ᄒᆞ며恒常長服ᄒᆞ면腸胃가健全[illegible]

大補元氣 **蔘茸大補元** 大補元氣ᄒᆞ고滋陰健脾ᄒᆞ며[illegible]夫不足과陽[illegible]不[illegible]一切[illegible]

蛔積殺虫散 此약은회積과[illegible]一切을去根ᄒᆞ[illegible]

久滯大通丸 此丸은年久積滯[illegible]腹痛[illegible]

瘡病新藥 **梅花點雪丹** 毋論男女ᄒᆞ고花柳[illegible]一切[illegible]根[illegible]良藥

眼疾速効 **光明眼藥** 諸般眼疾에[illegible]에神效[illegible]

起死回生 **回生丹** 此丹은[illegible]아리익[illegible]

感氣神効 **解熱散** 寒[illegible]

齒痛新藥 **止痛健齒水** [illegible]

耳臭聖藥 **耳臭神效藥** [illegible]

疝症拔根 **疝積湯** 諸[illegible]

寸虫沒出藥 [illegible]

의살빠 **拔根藥** 의[illegible]

止足汗臭藥 手足[illegible]

去核生新 **沃度膏** [illegible]

◎最新改良 **百應膏** 諸[illegible]

淋疾藥各種 淋疾[illegible]根快復[illegible]

其他洋藥各種이오◎遠地에ᄂᆞᆫ郵便小包로申速酬應[illegible]

漢城南大門內濟生堂大藥房
代辦主任

社告

大韓每日申報各處支社廣告

平安北道

- 龍川楊市維新書舖 黃菊保
- 龍川[illegible]市驛 韓[illegible]希
- 朔州邑南門外 朱伯英
- 義州南門外한西大藥局 張有寬
- 鐵山邑東部 鄭翊
- 東萊舘同志會內 金明鉉
- 定州南門內書舖 洪成麟
- 宣川邑內[illegible]洞 金翼樞
- 京義線批峴驛停車場前運輸會社前 李基秀
- 泰川邑舘前洋藥局 李正華
- [illegible]邊郡內紅門里 鄭德昇
- [illegible]龍山面新興里南貞河家 鄭奉益
- [illegible]南四統十戶 申基周
- [illegible]邑內 金泰熙
- [illegible] 金大鉉
- [illegible]上里八統八戶 咸元澤
- [illegible]洞八統七戶 王冕鎬
- [illegible]里一統二戶 許[illegible]의
- [illegible]門外[illegible]洞十四統[illegible]戶 金鎰澤
- [illegible]面紅門洞 安昇煥
- [illegible]面南[illegible]洋藥局 崔禮洛

[illegible]

- [illegible]太極書舖 安泰國
- [illegible]洞耶蘇教堂 裴亨湜
- [illegible]義[illegible]安陵書舘 金翼河
- [illegible] 金昌煥
- [illegible]用里 崔診爽
- [illegible]洞耶蘇教冊肆 李丙斗
- [illegible]里二統八戶 金志瓚
- [illegible]面一里三洞 禹應善
- [illegible]部面一里三統九戶 金天湜
- [illegible]校洞 金炳善

黃海道

- 海州南門內韓昌書舘 朴昌鎭
- 安岳郡細洞面端山里上場 韓[illegible]教
- 長淵邑서北文學會內 崔東鎬
- 殷栗邑倉前里 金光元
- 信川邑四里 李[illegible]瓚
- 白川邑文明舘 趙雲泳
- 載寧邑서部李鼎均家乾材局 李範善

咸鏡道

- 沙里院三聖學校內 李秉吉
- 咸興州南社西門外 曹[illegible]
- 元山港上里倉前洞耶蘇女學校側 [illegible]
- 定平郡豐陽里 [illegible]
- 洪原西門內保命局 [illegible]
- 永興邑南山洞洪明學校內 [illegible]
- 淸津港新岩洞 [illegible]

全羅道

- 金溝木流面豆亭 [illegible]
- 木浦港陽洞 [illegible]
- 羣山港九[illegible]洞一號八[illegible] [illegible]
- 全州府東一契[illegible]九[illegible] [illegible]

京畿道

- 仁川[illegible]峴[illegible]新[illegible] [illegible]
- 開城南門外興[illegible]書舘 [illegible]
- 江華邑川橋 [illegible]

慶尙道

- 大邱西小門外[illegible] [illegible]
- 釜山佐川藥局 [illegible]

江原道

- 鐵原邑棠谷 [illegible]
- 蔚珍郡遠南面[illegible] [illegible]

忠淸道

- 韓山下北[illegible] [illegible]
- 結城廣川小龍洞 [illegible]
- 公州府古上街[illegible] [illegible]
- 恩津論山浦雜貨店 [illegible]

北墾島

- 墾北島龍井村下場[illegible] [illegible]

檀君開國四千二百四十三年
箕子元年三千三十二年
大韓開國五百十九年
本報創刊日
光武八年七月十八日

大韓每日申報

發行兼編輯人 李章薰
發行所
京城中部布廛屛門二宮街
二層洋屋 大韓每日申報社

第八卷　月曜及慶節歲時日休刊　第壹千四百十三號

論說

國民의權限

國民이有ᄒᆞ면主權이生ᄒᆞ고主權을失ᄒᆞ면國民이弱ᄒᆞ나니國民과主權이相須ᄒᆞ야須臾라도分離치못ᄒᆞᆯ者이로다

民權이란者는法律政治에도在ᄒᆞᆫ것시아니오軍政警察에도在ᄒᆞᆫ것이아니라國家는衆民의團成體오主權은衆民의合成力이니主權을一失ᄒᆞ면엇지國民이라稱ᄒᆞ리오天下萬國이各有主權ᄒᆞ니君主의國은君主의主權이有ᄒᆞ고民主의國은民主의主權이有ᄒᆞ니各其團體力을隨ᄒᆞ야異同이有ᄒᆞ도다

我韓은元來로君主가主權을掌握ᄒᆞ던國이라人民은政府命令下에在ᄒᆞ야塗炭에驅入ᄒᆞ던지溝壑에驅入ᄒᆞ던지喘息呼吸에自由를不得ᄒᆞ야其政이善ᄒᆞ면而民이安ᄒᆞ고其政이不善ᄒᆞ면而民이困ᄒᆞ나니政府는其地位가雖高ᄒᆞ고其勢力이雖大ᄒᆞᆯ지라도卽一種地位及勢力이有ᄒᆞᆫ雇傭人이라且政府는君主의治를佐成ᄒᆞ는者라故로曰管治者라ᄒᆞ고人民은政府의命令을承受ᄒᆞ는者라故로曰被治者라ᄒᆞ니君子와野人의別이此를謂ᄒᆞᆷ이라人民은政府를視ᄒᆞ기를天上과如ᄒᆞ야政令이善ᄒᆞ던지惡ᄒᆞ던지猶恐不及ᄒᆞ고政府는人民을視ᄒᆞ기를草芥와如ᄒᆞ야生命이야存ᄒᆞ던지亾ᄒᆞ던지不奪ᄒᆞ야不厭ᄒᆞ면上下가相隔ᄒᆞ야其禍가蕭墻의內에셔必起ᄒᆞᆯ지니國權이由是로微弱ᄒᆞ고民權이由是로墮落ᄒᆞ야內用主權은已失ᄒᆞ고外用主權이又生ᄒᆞ니海外列强이投間抵隙ᄒᆞ야山梯海航이我韓에驅入ᄒᆞ야條約의締結과港灣의開放과鐵道의敷設과礦産의開採와荒蕪의開拓과森林의斫伐과漁業의免許가莫非國權이未立ᄒᆞᆫ뒤에셔出ᄒᆞᆫ바이라保護의權이從此로起ᄒᆞ야指揮下에在ᄒᆞᆫ人民이되엿스니엇지振발ᄒᆞᆯ力이有ᄒᆞ리오

土地도大韓土地가依然히尙存ᄒᆞ고人民大韓人民이依然히尙存ᄒᆞ야外面으로觀來ᄒᆞ면一髮이不落ᄒᆞ나他人精神에腦髓가昏迷ᄒᆞ야一泥塑樣과如ᄒᆞᆫ즉活動ᄒᆞᆯ力이何處에셔從ᄒᆞ야生ᄒᆞ리오國民의智識氣力이高尙活潑ᄒᆞᆫ然後에主權을可히恢復ᄒᆞᆯ지니人民을指導ᄒᆞᆯ者는誰며政府를承服ᄒᆞᆯ者는誰오政府와人民이肢體와如히合成ᄒᆞ여야國權도可히挽回ᄒᆞ고民權도可히復生ᄒᆞᆯ지니心腸은他人의게已奪ᄒᆞ고形體만僅存ᄒᆞ면엇지完全ᄒᆞᆫ人이라稱ᄒᆞ리오身體가康健ᄒᆞ고精神이灑落ᄒᆞ여야一身의權限을他人의게讓渡치아니ᄒᆞ리로다

現今我韓의國勢가岌業ᄒᆞ야港灣과鐵道와礦産과土地와森林과漁業等의諸般産業을外人의占有ᄒᆞᆫ바이되야西洋의歸치아니ᄒᆞ면日本의歸ᄒᆞ엿스니生命財産이難保ᄒᆞᆯ境遇의至ᄒᆞ엿슨즉其責이何處에歸ᄒᆞ리오政府에셔人民의權力을剝奪ᄒᆞᆫ所以라ᄒᆞ노니權力을失ᄒᆞᆫ人民이무合義務가有ᄒᆞ며무合勢力이有ᄒᆞ리오마는死地에陷ᄒᆞᆫ然後에生ᄒᆞ고亾地에置ᄒᆞᆫ然後에存ᄒᆞ나니國民이된以上에는義務를不可不擔인즉自强自立의權限을勿失ᄒᆞᆯ지어다

官報

◎第四千七百八號

▲▲隆熙四年六月十八日(土曜)

告示

內部告示第六三號

露國海蔘威고레이스싸야街居住露國人니쏠라이유가이발行大東共報第二五號大東共報第二六號右新聞紙는治安을妨害ᄒᆞᆷ으로認ᄒᆞ얏기新聞紙法第三十四條를依ᄒᆞ야隆熙四年六月十四日에該新聞의발매반布를禁止ᄒᆞ고此를押收ᄒᆞᆷ

隆熙四年六月十六日

內部大臣 朴齊純

內部告示第六四號

美領布哇호놀누밀너街第一三一三號在留洪宗杓발行新韓國報第九六號右新聞紙는治安을妨害ᄒᆞᆷ으로認ᄒᆞ얏기新聞紙法第三十四條를依ᄒᆞ야隆熙四年六月十四日에該新聞의발賣頒布를禁止ᄒᆞ고此를押收ᄒᆞᆷ

隆熙四年六月十六日

內部大臣 朴齊純

敍任及辭令

○四月二十七日 道主事西川新太郞 任內部技手敍判任官二等

○五月十日 長谷川萬加吉 任道主事敍判任官三등

○六月十五日 侍從院侍從補金東洙 兼任淸豐君宮賛尉 東鄕秀太郞 任土地調査局技手敍判任官二등 奎章閣直閣朴東鉞 依願免本官 慶基殿典祀補吳壽永 依願免本官

(以上六月十五日宮內府)

外報

◎南阿會議 倫敦來電을據ᄒᆞᆫ즉英國皇帝는곤너으公으로南阿聯邦會議의開院式을掌케ᄒᆞᆯ事를命ᄒᆞ엿다더라

◎土希兩國의形勢 同電을據ᄒᆞᆫ즉希臘國의商品은引續ᄒᆞ야土耳其國諸港에셔排斥을當ᄒᆞ는데兩國의演說及新聞은益々暴言을吐ᄒᆞ야人心을激昂케ᄒᆞᆫ다더라

◎希臘人의暴行 同電을據ᄒᆞᆫ즉本月十三日에希臘人三千名은同國「비레-유스」港口에셔羅馬尼亞의一郵船을襲ᄒᆞ야船長을捕ᄒᆞ엿는데同船에는羅馬尼亞國皇太子及同妃殿下가搭乘ᄒᆞ얏다더라

◎土國의希人放逐 同電을據ᄒᆞᆫ즉土耳其政府는同國內에居住ᄒᆞ는希臘人約一百萬名을國外에放逐ᄒᆞ라고威嚇ᄒᆞ는지라伯林타케푸랏트新聞은土國의此等行動은土國이希臘國에對ᄒᆞᆫ宣戰布告의期가迫近ᄒᆞᆫ所以라고論ᄒᆞ얏다더라

◎希人의辯明 同電을據ᄒᆞᆫ즉希臘國비레유스港口에셔希臘人이羅馬尼亞國氣船內에셔暴行을行ᄒᆞᆫ事에對ᄒᆞ야羅馬尼亞及土耳其國에셔는人心이激昂ᄒᆞᆫ데希臘에駐箚ᄒᆞᆫ土耳其公使는希臘國에抗議를申出ᄒᆞ엿는데希臘國政府는此를辯明ᄒᆞ기를비레유스港口의衆人은羅馬尼亞의軍隊에在ᄒᆞᆫ希臘人의脫走兵을保護ᄒᆞᆫ事오羅馬尼亞의氣船에對ᄒᆞ야暴行을行ᄒᆞᆫ事는아니라고辯明ᄒᆞ엿다더라

◎中美戰鬪 紐育來電을據ᄒᆞᆫ즉유카탄에셔는戰鬪를行ᄒᆞ야死者가五百에達ᄒᆞ엿다더라

◎克島와英國 同電을據ᄒᆞᆫ즉英國外相쿠레氏는同國下院에셔演說ᄒᆞ기를英國은克島問題에關ᄒᆞ야他列國과意見이相異ᄒᆞᆫ데英國의目的이他列强과同一ᄒᆞ다는事는無근의說이라萬一크리트島民이現狀의維持를變更ᄒᆞᆯ計畫으로土耳其를激怒케ᄒᆞ고近東의平和를危險케ᄒᆞ야他國으로ᄒᆞ야금强히行動을執케ᄒᆞ는것은크리트島民의利益이아니라고言ᄒᆞ엿다더라

◎少年의空中飛行 紐育來電을據ᄒᆞᆫ즉本月十四日에同地에셔一少年이空中飛行을試ᄒᆞ다가空中에셔非常ᄒᆞᆫ困難을經ᄒᆞ고千辛히生命을保存ᄒᆞ야「불루린」이라ᄒᆞ는곳에降ᄒᆞ야衆人의喝采를受ᄒᆞ얏다더라

◎湖南의不穩 北京來電을據ᄒᆞᆫ즉淸國湖南省湘陰地方에는暴徒가起ᄒᆞ얏다더라

◎伊公使의謁見 同電을據ᄒᆞᆫ즉新任伊太利公使바리라리氏는本月十五日에淸國攝政王씌謁見ᄒᆞ고國書를捧呈ᄒᆞ엿다더라

◎山東巡撫의奏請 北京電報를據ᄒᆞᆫ즉淸國山東巡撫孫寶琦氏는山東省沂州府金礦의産額이大段豐多ᄒᆞᆷ으로旣히官營으로써採掘ᄒᆞ니德國人의採掘權要求를不聽ᄒᆞ라고奏請ᄒᆞ엿다더라

◎英公使通告 同電을據ᄒᆞᆫ즉長沙事件에對ᄒᆞ야英國公使는本月十四日에淸國外務部에통告ᄒᆞ기를該事件은湖南紳士등의敎唆으로出ᄒᆞᆫ事인데淸國政府는該紳士等을輕ᄒᆞ게處分ᄒᆞᆫ것은滿足치안타ᄒᆞ고同時에湖南總督과湖南巡撫를本官으로任命ᄒᆞᆫ것은滿足ᄒᆞ다ᄒᆞ엿는데此點은日本의意見과不合ᄒᆞ다더라

世界歷史

❀地理學及天文學의發見❀

第十五世紀에至ᄒᆞ야當時葡萄牙의勢力이甚히隆盛ᄒᆞ니時王의第四子顯利가探險事業을好ᄒᆞ야新航路를발見코져ᄒᆞ야一千四百十五年以來로其私財로셔屢次船隊를派遣ᄒᆞ야亞弗利加의西岸을探究케ᄒᆞ고此를沿ᄒᆞ야印度에至ᄒᆞ는航路를발見코져希望ᄒᆞ니盖印度의産物이富饒ᄒᆞᆷ은昔日埃及(페니시아)巴非倫波斯希臘羅馬人等이熟知ᄒᆞ야皆水陸二道를從ᄒᆞ야直接或間接으로印度人과貿易ᄒᆞ더니中世에至ᄒᆞ야回回敎徒가小亞細亞及埃及等地를占據ᄒᆞ고東西의交通을遮斷ᄒᆞᆫ즉萬若他一新路를不得ᄒᆞ면不可ᄒᆞᆯ지라是以로歐洲人腦裏心中에苦思ᄒᆞ는者가唯一히歐洲及印度間에直接으로一新航路를발見코져ᄒᆞᆷ에在ᄒᆞ더라一千四百四十五年에葡萄牙人(띄아쓰)이南航ᄒᆞ야(카쁘버데)岬에達ᄒᆞ야草木의蕃茂ᄒᆞᆷ과人畜의生息ᄒᆞᆷ을見ᄒᆞ고還歸ᄒᆞ야自來歐洲人의深信ᄒᆞ던바南方을進往ᄒᆞᆫ즉漸次溫度가增加ᄒᆞ야人畜이生息ᄒᆞ기不能ᄒᆞ다ᄒᆞᆫ(아리스토를)及(푸톨네미)等의誤謬를발見ᄒᆞ니라一千四百六十年에王子顯利가病沒ᄒᆞ야一時에中止ᄒᆞ더니

(未完)

詞藻

❀對月❀ 頤雲生

鏡光雨後倍增明別有幽人不寐情下階便卽深々拜遍照無私是上淸

評曰此時此人當作如何懷

宮廷錄

◎角戱御覽 大皇帝 皇太子兩 陛下씌옵셔 去二十四日下午에禁苑芙蓉池 臺南邊에셔 [illegible]의角戱를開ᄒᆞ 고 御覽ᄒᆞ오실ᄉᆡ 皇族及 元老大臣과 社會에重望이有 ᄒᆞᆫ代表者와 신문記者를 命招 ᄒᆞ샤 陪觀케ᄒᆞ셧다더라

雜報

◎義王消遣 義親王殿下씌셔 東小門外신흥寺에셔 開養ᄒᆞ시 는ᄃᆡ 圍碁消遣ᄒᆞ신다더라

◎來々必來 新任山縣副統監 은 歸任ᄒᆞᆫ次로 再昨日東京에셔 發程ᄒᆞ야 來二十八日入京ᄒᆞᆫ다 는ᄃᆡ 統監府及各官廳에셔 歡迎 節次를 準備ᄒᆞᆫ다더라

◎學部存廢問題 신任統監이 赴任後에 學部를 廢止ᄒᆞ야 內部 에 學務局을 設ᄒᆞ고 度支部ᄂᆞᆫ 農 商工部로 合倂ᄒᆞᆫ다ᄒᆞ며 總相은 朴齊純氏로 內相은 趙重應氏로 學務局總裁ᄂᆞᆫ 李容稙氏로 被任 케ᄒᆞᆫ다ᄂᆞᆫ 說이 有ᄒᆞ다더라

◎羽翼欲成 總相李完用氏ᄂᆞᆫ 不遠間辭表를 奉呈ᄒᆞ기로 決意 ᄒᆞ엿ᄂᆞᆫᄃᆡ 其內容인즉 趙氏가 百 方運動ᄒᆞ야 其[illegible]現大臣의 地位 를 鞏固케ᄒᆞ엿다가 自己前途進 就에 羽翼을 不失ᄒᆞᆯ 計劃이라더 라

◎學大의副統監歡迎 學事를 視察次로 西韓地方에 前往ᄒᆞᆫ 學 相李容稙氏ᄂᆞᆫ 山縣副統監을 歡 迎ᄒᆞ기 爲ᄒᆞ야 今明間歸京ᄒᆞᆫ다 더라

◎何其奔走 農商工部大臣趙 重應氏ᄂᆞᆫ 何等運動의 事이 有ᄒᆞᆫ 지 何等公務를 因ᄒᆞᆷ인지 統監府 를 頻數訪問ᄒᆞᆫ다ᄂᆞᆫᄃᆡ 再昨日下 午七時에도 前石塚總務長官을 訪ᄒᆞ엿다더라

◎伊詩存刪 日本樞密院 長伊藤公의 詩存이라ᄂᆞᆫ 冊子 三百餘部를 中樞院議長金允植 에게 送交ᄒᆞ고 各部勅任官에 게 [illegible]式分給ᄒᆞ라ᄒᆞ엿다더라

◎溫泉에셔總理問病 溫陽에 下往ᄒᆞ엿던 閔宮大가 再昨日에 入城ᄒᆞ엿ᄂᆞᆫᄃᆡ 各大臣이 訪問ᄒᆞ 고 李總理의 病狀을 問ᄒᆞ엿다더 라

◎慰問總相 大韓新聞社長李 人稙氏ᄂᆞᆫ 溫陽溫泉에셔 治療ᄒᆞᄂᆞᆫ 李總相을 慰問ᄒᆞ기 爲ᄒᆞ야 今 明間발往ᄒᆞᆫ다더라

◎宮次不進 宮內府小宮次官 은 何等事件을 因ᄒᆞᆷ인지 數日前 부터 仕進을 廢止ᄒᆞ엿다더라

◎內部文簿整理 內部次官署 理松井局長이 再昨日下午四時 頃에 各局課長을 會同議論ᄒᆞ기 를 신次官이 不久에 叙任渡韓ᄒᆞᆯ 터이니 各該局課에셔 處理ᄒᆞ던 文簿를 月內로 大整理ᄒᆞ야 신次 官이 一覽瞭然케ᄒᆞ라ᄒᆞ엿다더 라

◎總監事務署理 若林警視總 監이 日本에 轉任되엿슴으로 松 井警務局長으로 總監의 事務를 視ᄒᆞ게ᄒᆞ엿ᄂᆞᆫᄃᆡ 同局長은 昨日 에 各警察署長을 警視廳으로 召 集ᄒᆞ고 披露를 行ᄒᆞ엿다더라

◎二次拒絶 日本에 滯留ᄒᆞᄂᆞᆫ 宋秉畯은 正任寺內統監을 三次 往訪ᄒᆞ엿다가 拒絶을 遭ᄒᆞ엿다 더라

◎蔘政局長歸任期 方今南淸 地方의 蔘業을 視察ᄒᆞᄂᆞᆫ 上林蔘 政局長은 本月末에 歸任ᄒᆞᆫ다더 라

◎是族大臣의養蠶 我國各皇 族及各大臣邸에셔ᄂᆞᆫ 本年에 盛 히 養蠶을 行ᄒᆞ야 方今ᄂᆞ 簇ᄒᆞ인 ᄃᆡ 成績이 頗히 良好ᄒᆞᆷ으로 明年 부터ᄂᆞᆫ 一般國民의게 養蠶業을 奬勵ᄒᆞᆫ다니 安逸偸食ᄒᆞ던 大官 의 家族들이 生産業에 注意ᄒᆞᆫ 것은 實業界에 喜消息이라더라

◎有何凶計 一進會長李容九 가 日間渡日ᄒᆞᆫ다ᄂᆞᆫᄃᆡ 其內容을 得聞ᄒᆞᆫ즉 舊統監을 作別ᄒᆞ 고 신任寺內統監을 歡迎ᄒᆞ기 爲 ᄒᆞᆷ이라더라

◎解散一進計劃 一進會에셔 ᄂᆞᆫ [illegible]會ᄒᆞᆫ 金丸은 신任統監歸任後 에 某某會와 聯合聲討ᄒᆞ야 一進 會를 期於解散케ᄒᆞᆯ 計劃으로 目 下運動中이라더라

◎鄭獨反對 金丸이가 一進會 를 聲討ᄒᆞᆫ다 ᄒᆞᆷ은 前項과 如ᄒᆞ거 니와 此에 對ᄒᆞ야 一般物議가 同 意를 表ᄒᆞ되 獨히 蝙蝠行爲에 慣 熟ᄒᆞᆫ 鄭某가 極力反對ᄒᆞᆫ다더라

◎解官恩金 宮內府에셔 解散 ᄒᆞᆫ 電務課一般官吏의게 恩賜金 을 頒給ᄒᆞ되 一年俸給에 半額으 로 預算支給ᄒᆞᆫ다더라

◎對日謝罪 憲兵隊杉山大尉 가 再昨日에 中樞院顧問李址鎔 氏를 訪問重責ᄒᆞ기를 大監이 皇 族이 될뿐아니라 曾經大臣으로 셔 技局에 出沒ᄒᆞᄂᆞᆫ 것이 未妥ᄒᆞ 다ᄒᆞᆫ즉 李顧問이 僕々謝罪ᄒᆞ고 此後에ᄂᆞᆫ 斷然自禁ᄒᆞ깃노라ᄒᆞ 엿다더라

◎衛生視察歸任 大韓醫院日 人細川主事ᄂᆞᆫ 日本國으로 衛生 上에 視察次로 渡往ᄒᆞ엿다가 視察 事務를 畢了ᄒᆞ고 再昨日에 歸任 ᄒᆞ엿다더라

◎土地分別調查 度支部調查 局에셔 國有民有及公有地를 調 查ᄒᆞ기 爲ᄒᆞ야 再昨日에 人員六 七人을 爲先大邱方面으로 派送 ᄒᆞ엿다더라

◎各道의土地調查 土地調查 局에셔ᄂᆞᆫ 京畿忠淸黃北慶尙南 北全羅北道等地方에 土地를 調 查ᄒᆞ기 爲ᄒᆞ야 日間多數ᄒᆞᆫ 技手 를 派送ᄒᆞᆫ다더라

◎三角測量의分掌 土地調查 局에셔ᄂᆞᆫ 平壤出張所技手十 餘人을 再昨日招來ᄒᆞ야 三角測 量事務를 分掌케ᄒᆞ엿다더라

◎日雇廳修理 土地調查局에 雇傭ᄒᆞᄂᆞᆫ 日人등에 守直所를 定 ᄒᆞᆫ次로 舊度支部內司稅局廳 舍를 半洋製로 目下修理中이라 더라

◎日技手의慰金 土地調查局 에셔ᄂᆞᆫ 該局日人石川技手身故 ᄒᆞᆫᄃᆡ 對ᄒᆞ야 三個月俸과 慰勞 金八百圓을 該遺族에게 支給ᄒᆞ 기로 決議ᄒᆞ엿다더라

◎日囑의衛生演說 內部囑托 山근이가 昨日漢城高等女學校 에 出席ᄒᆞ야 該學員의 父兄을 會 集ᄒᆞ고 衛生上有益ᄒᆞᆫ 事로 一場 演說ᄒᆞ엿다더라

◎是何長書 大邱郡居鄭綬氏 가 통監府에 무슴長書를 繕呈ᄒᆞ 엿다더라

◎政友宴會 政友會總裁金宗 漢氏ᄂᆞᆫ 昨日午后七時부터 京城 樓料理店에셔 該會員全部를 招 集ᄒᆞ고 宴會를 開ᄒᆞ얏ᄂᆞᆫᄃᆡ 其內 容인즉 該會의 擴張方法을 協議 ᄒᆞᆷ이라더라

◎病民有無調查 警視廳에셔 各署로 申飭ᄒᆞ고 五日一回式巡 查를 所管民家에 派送ᄒᆞ야 人民 의 病之有無를 調查ᄒᆞ라ᄒᆞ엿다 더라

◎校犯宮基 校洞錦陵尉宮의 基地가 外國語學校建築에 犯入 된故로 該宮에셔 警視廳에 呼訴 ᄒᆞ엿더니 該廳에셔 中部警察署 로 申飭ᄒᆞ고 該事由를 調查報來 ᄒᆞ라ᄒᆞ엿다더라

◎商業雜誌發刊 南宮억鄭基 誠兩氏가 資本金을 多數히 鳩聚 ᄒᆞ야 商業雜誌를 발刊ᄒᆞᆯ 次로 十 三道各郡에 日字와 收入物品 을 審問中이라더라

◎誌冊配付 神宮奉敬會에셔 ᄂᆞᆫ 神宮奉敬[illegible]誌라ᄂᆞᆫ 冊子 를 印刷ᄒᆞ야 再昨日元老大臣及 高等官諸氏에게 一冊式配付ᄒᆞ 엿다더라

◎密賣淫女의檢查 警視廳에 셔 密賣淫女團束規則을 製定ᄒᆞ 엿ᄂᆞᆫᄃᆡ 其內容을 據ᄒᆞᆫ즉 密賣淫 女도 梅毒이 有ᄒᆞᆫ 境遇에ᄂᆞᆫ 巡查 의 檢查를 受케ᄒᆞᆫ다더라

◎以作前鑑 박川居劉宗烈 寧居姜熙兩氏가 隆熙二年度에 成均館司業試取時에 代人應試 ᄒᆞᆫ 事가 綻露되야 學部에셔 [illegible] ᄒᆞ던 事ᄂᆞᆫ 已報어니와 更聞ᄒᆞᆫ즉 學部에셔 [illegible] 作ᄒᆞ 야 右兩人의 司業[illegible]를 還收 ᄒᆞ엿다더라

◎韓人救助 雲山郡財務署長 宋武用氏가 昨年分에 偶然히 嬰 疾ᄒᆞ야 危境에 至ᄒᆞ엿더니 該郡 紳士李[illegible]植 諸氏가 各自出力 ᄒᆞ야 治療費에 助給ᄒᆞᆷ을 賴ᄒᆞ야 因卽快蘇ᄒᆞ얏ᄂᆞᆫᄃᆡ 該氏가 感謝 不已ᄒᆞᆫ다더라

◎日債奪財 義州來人의 傳說 을 聞ᄒᆞᆫ즉 該郡西面居金永起李 聖寬兩氏가 附近日人의게 誘引 ᄒᆞ야 負債를 得給ᄒᆞ고 因以賭技 奪財ᄒᆞ야 敗家ᄒᆞᆫ 子弟가 多數ᄒᆞ 다더라

◎非義伊賊 本月十六日午後 十時頃에 義兵十餘名이 平康郡 縣內面에 襲來ᄒᆞ야 銃砲亂발ᄒᆞ 면셔 各戶에 放火ᄒᆞ야 全村二十 四戶內에 二十三戶가 燒盡ᄒᆞ고 鷄 豚二十頭、馬一頭、牛三頭、 百四十首가 燒死ᄒᆞ엿ᄂᆞᆫᄃᆡ 該 義兵은 元山街路로 逃走ᄒᆞ엿다 더라

◎古鍾論價 東小門外貞陵寺 洞居ᄒᆞᄂᆞᆫ 一農民이 日昨에 耕田 ᄒᆞ다가 鍾二介를 拾得ᄒᆞ엿다ᄂᆞᆫ ᄃᆡ 西洋人이 百圓ᄭᆞ지 言論ᄒᆞ얏 스나 放賣ᄒᆞ기를 不肯ᄒᆞ엿다더 라

◎救世營落成 夜珠峴救世軍 營에셔 本日에 落成式을 擧行ᄒᆞ 기 爲ᄒᆞ야 各牧師가 昨日부터 該 營에 會同ᄒᆞ야 禮拜式을 設ᄒᆞ 엿다더라

◎大同敎任員調查 中部警察 署에셔ᄂᆞᆫ 大同敎任員에 氏名及 身分財産을 目下調查中이라더 라

◎孤院移接請願 孤兒院長俞 吉濬院監李春生兩氏가 該院을 西門外西廟로 移接ᄒᆞ기로 協議 ᄒᆞ고 漢城府에 請願ᄒᆞ엿다더라

電報

◎官制改正의內容 樞密院을 通過ᄒᆞᆫ 統監府官制改正의 要旨 ᄂᆞᆫ 警務機關의 統一에 關ᄒᆞᆫ 것이 라더라

◎各省官制改正 日本에셔ᄂᆞᆫ 拓 殖廳신設의 結果로 臺灣總督府 關東都督府、樺太廳、內務外務 省、의 官制를 [illegible]改正ᄒᆞᆫ다더 라

◎正副總裁候補 신設ᄒᆞᆯ 拓殖廳 의 總裁ᄂᆞᆫ 桂首相으로 副總裁ᄂᆞᆫ 後藤遞相으로 內定ᄒᆞᆫ듯ᄒᆞ다더 라

◎拓殖廳官制發表期 再昨日 樞密院을 通過ᄒᆞᆫ 拓殖廳官制ᄂᆞᆫ 上奏裁可ᄒᆞ야 一兩日間발表되 리라더라

◎拓殖廳官制可決 日本에셔 ᄂᆞᆫ 昨日에 臨時樞密院會議를 開 ᄒᆞ고 拓殖廳신設及統監府에 關 ᄒᆞᆫ 左의 案件을 就ᄒᆞ야 天皇陛下 의 諮詢에 應ᄒᆞ야 原案대로 可決 ᄒᆞ엿다더라

一 拓殖廳官制의件
一 同廳官制任用令及其他附帶規則
一 統監府官制改正件
一 統監府官吏特別任用令
一 其他重要案件

◎美國國務卿의言明 美國國 務卿녹스氏ᄂᆞᆫ 萬國仲裁裁 判所設置에 對ᄒᆞ야 列國에셔 贊 成의 意를 表ᄒᆞᆷ으로 仲裁裁 判所의 設立은 確定ᄒᆞ엿다 ᄒᆞ고 또 美國의 對淸政策은 淸國 의 權利及領土에 關ᄒᆞ야ᄂᆞᆫ 淸國 政府의 主權을 承認ᄒᆞ야 此를 尊 重케ᄒᆞᄂᆞᆫ 것이 其策이라고 言明 ᄒᆞ엿다더라

以上東京電 拾八日[illegible]

▲欸乃一曲▼

▲이ᄯᅢ나 이ᄯᅢ이라 天地 汚穢物을 [illegible] 바다 如 山艦에 가득실고 欸乃一曲ᄒᆞ너 보세

▲自[illegible]賣國[illegible]ᄒᆞ야 [illegible]閣椅子 買得ᄒᆞ고 功名貪ᄒᆞ던 汚穢物

▲地方으로 [illegible]ᄒᆞ여 [illegible] 人家 突入ᄒᆞ야 婦女[illegible]ᄒᆞ던 汚穢物

▲外人의게 [illegible]되여 [illegible]을 飛傷ᄒᆞ고 合部ᄒᆞ던 汚穢物

▲强然雙[illegible]橫行ᄒᆞ니 南山下의 [illegible] 汚穢物

▲幾分錢에 賣ᄒᆞ야 自國機密 偵探ᄒᆞ던 [illegible] 汚穢物

▲對兩國에 自稱ᄒᆞ여 各部[illegible] 竊取ᄒᆞ고 [illegible] 逃走ᄒᆞ던 汚穢物

▲他人財産貪心나셔 外面으로 [illegible]ᄒᆞᄂᆞᆫ [illegible]食[illegible]ᄒᆞ던 汚穢物

▲女息으로 作妾ᄒᆞ야 少[illegible]心 居生ᄒᆞ니 [illegible]ᄒᆞ던 汚穢物

順風에 돗슬달고 速去千里

社告

左開三處에支社를設立ᄒᆞ엿스니各該附近地에셔本申報購覽僉君子ᄂᆞᆫ各該支社員과交涉ᄒᆞ시옴

龍岡 邑山南 西紅門洞 宋昇煥
全州 郡東[illegible]門統九戶 李興鳳
鐵原 邑[illegible]面 新市洋藥局 崔禮洛

大韓每日申報社

▲雲際閒話▼

▲日人監督官은各官廳으로만ᄃᆞᆫ니다지擧論에셔도掛鐘을日本式으로ᄒᆞ엿다ᄂᆞᆫ걸그리ᄒᆞ면官廳에物品이ᄒᆞ나이나남을것잇나

▲宮內大臣은大段히奔走ᄒᆞᆫ깃더군원宮大가溫陽으로부터歸來ᄒᆞ엿ᄂᆞᆫᄃᆡ各大臣이總理의病狀[illegible]宮大를對ᄒᆞ야壽潤ᄒᆞ니宮大ᄂᆞᆫ總理의子侄ᄉᆞᆷ하ᄂᆞᆫ데여

▲言議政府總務長官의資格이內部次官以下에在ᄒᆞᆫ人物인ᄃᆡ地位ᄂᆞᆫ次官以上에在ᄒᆞ니事務處理가困難ᄒᆞ리라고日人신聞에論評ᄒᆞ엿스니總務長官의爲人을可知로고

▲日人신聞에論述ᄒᆞ기를日本政府에셔韓國을殖民地로알지아니ᄒᆞ고植官地로알엇다ᄒᆞ엿스니我韓의官吏 日人으로多數히敍任시키더니日人들도廉恥가업ᄂᆞᆫ게여

▲여보게요사이紙貨를잘살펴보게日人들이紙貨를얼슈僞造ᄒᆞ야쓴다네開明國도그런行爲를ᄒᆞ나그말ᄉᆞ게日人신聞에도紙貨를僞造ᄒᆞᆫ다ᄂᆞᆫ事가쥐절뜨러나데

▲李址鎔氏가花局의셔風波를닐ᄋᆞᆫ事로日警官이論責ᄒᆞ매此後에ᄂᆞᆫ雜役등을斷念ᄒᆞᆫ깃다고僕僕謂罪ᄒᆞ엿다니以若황에宝至親으로그게무슴뫌이며그뫌이거뵐만도못ᄒᆞ지

▲뎌人들이東洋天地에ᄂᆞᆫ勢力이强하엿체ᄒᆞ나華盛頓近處에만가면젼금을富ᄒᆞᆫ다지美國人幾名의게驅逐이되엿다네

雜報

◎進步黨의議會 進步黨任員諸氏가本報와勉히昨日總會를開ᄒᆞ고議長閔泳린氏를選會ᄒᆞ엿다더라

◎成婚設日 前法部書記官咸台永氏의令男咸某가吳부子와再昨日에蓮洞敎堂에셔結婚禮式을設行ᄒᆞᆫ後에旅行次로同夫人ᄒᆞ고日本에渡去ᄒᆞ엿다더라

◎日販[illegible]車 寺洞朴昌鉉氏自轉車鋪에셔日前에日人柴田繁吉이가自行車一輛을貰去ᄒᆞ엿ᄂᆞᆫᄃᆡ[illegible]ᄒᆞ야逃避不還홈으로朴氏가右車를覓還ᄒᆞ기爲ᄒᆞ야筆洞日憲兵分隊에呼訴ᄒᆞ엿다더라

◎靑年演奏 鍾路靑年會舘內에셔明日(月曜)下午八時에特別演奏會를開ᄒᆞ고男女를同參케ᄒᆞ며入場券을使用ᄒᆞᄂᆞᆫᄃᆡ婦人席을別設ᄒᆞᆫ다더라

◎張女窃犯 校洞居張姓女ᄂᆞᆫ窃盜犯으로再昨日中部警察署에被捉ᄒᆞ엿다더라

◎正誤 本報第一千四百七號雜報欄內의誘人入會란題下에侍天敎를天道敎로誤植이기玆에正誤홈

學界報

◎楊源盛況 楊口郡守李克烈氏가該郡內에楊源學校를設立ᄒᆞ고維持ᄒᆞᆯ方針을硏究ᄒᆞ야躬行村里ᄒᆞ며熱心開喩홈으로一境에捐助가日增ᄒᆞ고學徒가雲集ᄒᆞ야校況이日盛ᄒᆞᆫ다더라

◎開天校祝 江西郡開天學校에셔今月九日下午一時에卒業式과進級式을經ᄒᆞ엿ᄂᆞᆫᄃᆡ卒業生은金鳳杰張世雲鄭得弘등이오進級生은金仁燮金義燮宋河柱宋德창等인ᄃᆡ該校師諸氏가書籍을寄付ᄒᆞ야施賞ᄒᆞ엿고觀光者가千餘名에達ᄒᆞ엿다더라

廣告

廣告

學部檢定 內部認可 **漢文初學** 一帙四冊（每一冊十四錢）

本書ᄂᆞᆫ一般私立學校初等教育漢文科에適當케編纂ᄒᆞᆫ新刊發行이오며其他各種新書籍及學徒用品이俱備ᄒᆞᆫ바特別割引ᄒᆞ와一依請求ᄒᆞ심을酬應ᄒᆞ오며郵便과或運送部로迅速키付呈ᄒᆞ깃ᄉᆞ오니學界에注意ᄒᆞ시ᄂᆞᆫ京鄉僉位ᄂᆞᆫ愛顧ᄒᆞ심을務望

元賣所京南部苧洞十七統十戶 **廣文堂書舖 南鴻祐**

分賣所京鄉各有名書舖

本店에셔**開業**ᄒᆞᆫ지**十六年間僉君子**의愛顧ᄒᆞ심을**特蒙**ᄒᆞ와**今年**부터業**務**를**大擴張**ᄒᆞ고**春夏秋冬所用**으로絨屬**毛**織**等各國高等物品**을現**今多數直輸入**이온바**各地方**에셔ᄂᆞᆫ**買易**에**便利**ᄒᆞ기**爲**ᄒᆞ야**特**廉**減價**ᄒᆞ와**郵便小包**로**酬應**ᄒᆞ야**代金**은**引換**ᄒᆞ깃사오니**十三道**各**郡僉君子**ᄂᆞᆫ**隨意請求**ᄒᆞ심을**望**

振替貯金番號（韓國壹三番）

電話番號（三五八）

漢城中部鍾路紗器廛**洞二十一統五戶**

廣 **興泰** 告 **白**

(米利堅帽) 미리견모ᄌᆞ

(吐手) 토슈

모ᄌᆞ를솔로

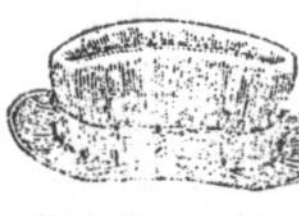

물에씻ᄂᆞᆫ상

(中折帽) 즁절모ᄌᆞ

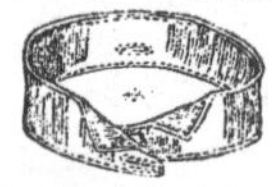

(項領) 목도리

(총匣) 총갑

貨幣、名함、卷煙草匣、各種要用品入

◎炎天의氷帽

化學의神道

天地造化를奪ᄒᆞᄂᆞᆫ것은斯世의化學이라우리大韓총帽子가本質이馬尾라夏服用白총帽子의黃色이隱映ᄒᆞ기로모子製造所에셔恒常研究ᄒᆞ기를何如히ᄒᆞ면총모子를純白色으로化成ᄒᆞᆯ고ᄒᆞ더니

化學의神出貴物로今에半黃色의馬尾를白雪과如히化色ᄒᆞ야모子之白을白氷과如히氷緞을化造ᄒᆞ엿ᄉᆞ오니近者化學의功効가如此히神通ᄒᆞ야炎天이라도氷緞총모子를冠ᄒᆞ면人의精神이清凉ᄒᆞᆯ레이올시다

又ᄂᆞᆫ모子의堅緻ᄒᆞᆷ은泰西의黃金五十圓以上價値되ᄂᆞᆫ一등파나마보시와如히汗汚키易ᄒᆞᆫ모子의內空(裏地)에緞紗를不要ᄒᆞ고但총織內紗에漆로商票를捺ᄒᆞ야每人이數十年을着用ᄒᆞ야도汚穢ᄒᆞ고弊傷ᄒᆞᆷ이無ᄒᆞ고洗滌에益便케製作ᄒᆞ엿ᄉᆞ오니世界各國의人士ᄂᆞᆫ試驗的으로此白총모를冠用ᄒᆞ시면經濟上에必要ᄒᆞᆷ을悅然大覺ᄒᆞ실터이올시다

大韓京城南部銅峴大四街里三十五統五戶

玉虎書林專賣特許

총**帽子商店 告白**

◎**大韓全國**에온**本堂製造發行**ᄒᆞᄂᆞᆫ**藥品**

消化新藥 **清心保命丹** 此丹은化痰止咳ᄒᆞ고順氣消滯ᄒᆞ며恒常長服ᄒᆞ면脾胃가健全

大補元氣 **蔘茸大補元** 大補元氣ᄒᆞ고滋腎健腦ᄒᆞ며先天不足과陽위不起에一切神効

蛔積殺虫散 此약은회積과회腹痛과회虫一切을去根ᄒᆞᄂᆞᆫ良劑

久滯大通丸 此丸은年久積滯와宿滯後重이며胃腹痛에神効莫大ᄒᆞᆷ

瘡病新藥 **梅花點雪丹** 毋論男女ᄒᆞ고花柳病楊梅瘡에一切去根快復하ᄂᆞᆫ良藥

眼疾速効 **光明眼藥** 諸般眼疾에隨症皆差ᄒᆞᄂᆞᆫ東洋에初有ᄒᆞᆫ寶藥

起死回生 **回生丹** 此丹은急ᄒᆞᆫ吐瀉關格이며가슴아리와冷積과痢疾에神効

感氣神効 **解熱散** 寒熱往來ᄒᆞ며似학非학과頭痛眩暈와肢節痛에其効가偉大

齒痛新藥 **止痛健齒水** 虫齒와風齒와諸般齒痛에壹切辭효

耳臭靈藥 **耳臭神藥** 無論男女ᄒᆞ고耳聾鼻塞이며耳鼻에關ᄒᆞᆫ病은隨症並差

疝症拔根 **疝積湯** 諸般산症에大談出賣ᄒᆞᆷ

寸虫沒出藥 寸白虫을一切去根ᄒᆞᄂᆞᆫ妙劑

듸눈과못 **拔根藥** 듸눈과못과ᄉᆞ마귀를쎄ᄂᆞᆫ藥

止足汗臭藥 手足의汗臭를除却ᄒᆞᄂᆞᆫ藥

去核生新 **沃度膏** 瘡瘇과腐傷과곱셴듸去核生新ᄒᆞ기ᄂᆞᆫ第一著明

最新良좌 **百應膏** 無論男女老소ᄒᆞ고濕瘇濕瘇痰瘇諸般瘇瘡에壹切特效가有ᄒᆞᆷ

淋疾藥各種 淋疾各症에壹週日만服ᄒᆞ면病根快復ᄒᆞ고腎氣가完全ᄒᆞᆷ

其他洋藥各種과◎賣藥各種◎都매散賣

◎遠地에ᄂᆞᆫ郵便小包로申速酬應ᄒᆞᆷ

漢城南大門內濟生堂大藥房 李庚鳳

代辦主任 李興國 白

社告

大韓每日申報 各處支社廣告

平安北道

龍川楊市維新書舖　黃菊保

龍川南市驛　韓濚希

朔州邑南門外　朱伯英

義州南門外한西大藥局張有寬

鐵山邑東部　鄭翊

車輦館同志會內　金明鉉

定州南門內書舖　洪成麟

博川邑內篁洞　金翼樞

京義線批峴驛停車場前運輸會社前　李基秀

泰川邑館前洋藥局　李正華

寧邊郡內紅門里　鄭德昇

寧邊龍山面新興里南貞河家　鄭奉益

宣川橋南四統十戶　中基周

江界邑內　金泰熙

郭山郡內新街　金大鉉

雲山邑上里八統八戶　咸元澤

雲山北面橋洞八統七戶王冕鎬

昌城郡內西下里一統二戶　許의

熙川邑內面東門外洞十四統二戶　金錫澤

龍岡郡山南面紅門洞　安昇煥

龜城郡芳峴面南市洋藥局　崔禮洛

平安南道

平壤鍾路太極書舘　安泰國

三和港碑石洞耶蘇敎堂裴亨湜

安州城內義井洞安陵서舘

江西邑內　金翼河

甑山郡內利用里　金昌煥

德川邑官洞耶蘇敎冊肆李丙ᄀ

永柔邑內槐峴里二統八戶　崔診爽

中和下道面一里三〇　金志璜

肅川東部面一里二統九戶　禹應善

咸從邑校洞　金天湜

　金炳善

黃海道

海州南門內韓昌書舘　朴昌鎮

安岳郡細洞面端山里上場　韓楨敎

長淵邑서北支學會內　崔東礪

殷栗邑倉前里　金光元

信川邑四里　李悌瓊

白川邑文明舘　趙雲泳

載寧邑서部李鼎均家乾材局　李範善

沙里院三聖學校內　李承吉

咸鏡道

咸興州南社西門外　曹喜林

元山港上里倉前洞耶蘇女學校側　皇甫正杰

定平郡豐陽里　張禮學

洪原西門內保命局　羅炳善

永興邑南山洞洪明學校內　梁元常

清津港新岩洞　張元浩

全羅道

金溝木流面豆亭　趙德三

木浦港陽洞　李得珠

群山港九福洞一統八戶方在喜

全州府東一契四統九戶李興鳳

京畿道

仁川栗峴南新冊肆　李東皓

開城南門外興學書舖　姜助遠

江華邑川橋　俞鎭植

慶尙道

大邱西小門外友弦書樓側　李正由

釜山佐川藥局　徐錫籌

江原道

鐵原邑棠谷　趙鏞大

蔚珍郡遠南面梅花里　郭鍾郁

忠淸道

韓山下北筆堂里　李英林

結城廣川小龍洞　李啓茂

公州府古上衛福音書舘柳聖培

恩津論山浦雜貨店　張允植

北墾島

墾北島龍井村下場里　朴榮勝

本報 一枚 新貨二錢五厘 壹個月 三十錢

廣告 四号活字拾三字詰 (自一行至四行이爲一寸)

檀君開國四千二百四十三年
[illegible]十九年二千三十一年
大韓開國五百十九年
本報創刊日 光武八年七月十八日

大韓每日申報

發行兼編輯人 李章薰
發行所 京城中部布廛屛門二宮街 二層洋屋 大韓每日申報社

第八卷 月曜及祝節歲時日休刊 第壹千四百十四號

論說

財產家諸氏의게 警告

有財면此有用이오有用이면此有財라ᄒ엿스니積而能散은達人의事라萬疇의良田과千間의廣廈를擁有ᄒᆯ지라도秋毫의利를析ᄒ야餘波가同胞의게及지못ᄒ면守錢虜의譏를免치못ᄒ나니

我韓의財產家로論ᄒ면或公貸를換弄ᄒ야肥己의慾을充ᄒᆫ者도有ᄒ고或民財를聚斂ᄒ야充腹의計를作ᄒᆫ者도有ᄒ야功名도已足ᄒ고安樂도已極ᄒ엿스되國計民生이困瘁ᄒᆫ時機를當ᄒ야一毛를拔ᄒ야國家에利ᄒᆯ事가有ᄒᆯ지라도秦瘠을越視ᄒ는惡性이有ᄒ야顧念치아니ᄒᄂ니實노可憎可惡ᄒᆫ事이아닌가

疆土를保存ᄒ여야其家도保有ᄒᆯ것이오其家를保有ᄒ여야其財도保有ᄒᆯ지니엇지時機의變遷을思維치아니ᄒ고得隴望蜀의思가復生ᄒ야大韓의土地를一手로攬取ᄒ더라도猶爲不足이오大韓의家屋을　時에占據ᄒ더라도猶爲不足ᄒ야分錢粒米를他人의게讓與치아니ᄒᆯ慾浪이有ᄒ나現今에東西列强이大韓에輻湊ᄒ야弱肉강食ᄒ는時代에在ᄒ엿스나金銀穀包는海外로已走ᄒ고沃野美土ᄂᆞᆫ外人이已占ᄒ야疆土는日益減縮ᄒ고產業은日益窘渴ᄒ니猗頓의富와計然의財가有ᄒᆯ지라도兀然히獨全키는難ᄒ리로다

近日에財產家의行爲는不過是外人과聯絡ᄒ야暗地納賂에功名을圖得ᄒᆯ計劃으로東西奔汨ᄒ나此는財產을蕩盡ᄒᆯ機會라ᄒ노니巨大ᄒᆫ運動費로如何ᄒᆫ地位를設或圖得ᄒᆯ지라도充本ᄒᆫ計劃은萬無ᄒ리로다

金谷에도荒塵이忽飛ᄒ고鐵山에도綠苔가已沒ᄒ엿스니風輪世界에一家의財產을誰가能히長久히保有ᄒ기를得ᄒ리오蜀寡淸은禮抗萬乘에名顯天下ᄒ엿스니此는用財自衛ᄒᆫ效果라ᄒ노라

一國의財產을保全ᄒ여야一家의財產을保全ᄒᄂ니國家의實力을養成ᄒ면富强이自至ᄒᆯ것은必然ᄒᆫ勢라實力은何에셔生ᄒᄂ고曰教育曰農業曰工業曰商業이라教育도進就가無期ᄒ고農業도穰織이未遑ᄒ고商業도발展이無日ᄒ고工業도精巧가未熟ᄒ야諸般實力이幼穉ᄒᆫ時라財產家에셔幡然覺悟ᄒ고何等實業에着手ᄒ든지一臂의力을助ᄒ면事半古之人이오功必倍之는此를謂ᄒᆷ이라閔泳徽氏의徽文義塾과李鳳來氏의鳳鳴學교는誰가贊揚치아니ᄒ리오마는一身을國家의獻ᄒ고實心做去ᄒᆫ이면教育界에多幸이어니와一時에名譽를釣取ᄒ고前日에惡行을欲掩ᄒ야形式上으로做去ᄒ는者면吾儕는取치아니ᄒ노라

我韓의輸出은無多ᄒ고輸入은增加ᄒ야金融이日益枯渴ᄒ야國力이由是로貧弱ᄒ고民生이由是로困悴ᄒ니此를最先惕念ᄒᆯ者어아닌가農業의教育도時急ᄒ고工業의教育도時急ᄒ고商業와教育도時急ᄒ거늘財產家諸氏가此時를當ᄒ여도實業에有意ᄒᆫ다는消息은耳를傾ᄒ야도聞치못ᄒ겟스니엇지慨歎ᄒᆯ者이아니리오國民의實力이未生ᄒ면土地도外人의土地가될것시오財產도外人의財產이될것시니千里沃野를占得ᄒ리도畢竟은一人의所有ᄒᆫ者ㅣ아니오萬丈銅山을高築ᄒ더리도畢竟은一人의能保치못ᄒ리라萬鐵이鑠集에孤城을難守오來謗이다至에一口로難防이니貧ᄒᆫ者는富ᄒᆫ者를賴ᄒ야生ᄒ고富ᄒᆫ者는貧ᄒᆫ者를資ᄒ야成ᄒᄂ니지產家諸氏는全國의實力을培養ᄒ야唇亡齒寒의勢를作지勿ᄒᆯ지여다

官報

◎第四千七百九號

隆熙四年六月二十日(月曜)

告示

內閣告示第六十九號

强盜、放火、强盜殺傷人犯李汝祟、强盜、강盜殺傷人犯桂석魯、强盜、放火、强盜殺傷人犯車連旭、同李定植本月十三日平壤監獄大興部出張所에서絞刑의執行을了ᄒᆫ事

右告示ᄒᆷ

隆熙四年六月十八日

內閣總理大臣臨時署理

內部大臣 朴齊純

敍任及辭令

○六月十五日 漢城府主事沈應澤 陞敍判任官三等

○六月十六日 相澤房太郎 任土地調查局主事敍判任官四등

○六月十八日 宇佐美勝夫 任內部次官敍勅任官一등

內部技師片山貞松 依願免本官

(六月八日內閣) 內部醫務局長松井茂 命內部文官普通銓衡委員長(六月十四日內部)

漢城府主事沈應澤 依願免本官(六月十五日內部)

◎社告

本社位置를本月九日에京城中部布廛屛門二宮街二層洋屋으로移設ᄒ엿ᄉᆞ오니本報를愛讀ᄒ시는僉君子는照亮ᄒ심을望ᄒᆷ

大韓每日申報社

外報

◎狂人의所爲　紐育電報를據ᄒᆫ즉本月十六日에美國大統領의居室內에短銃을携持ᄒ고侵入ᄒᆫ者有ᄒ야一時의騷動을成ᄒ엿는ᄃᆡ捕縛ᄒ야본즉狂人이라더라

◎크리트問題　伯林來電을據ᄒᆫ즉英、露、法、伊、四國은크리트에對ᄒ야海軍으로써示威運動을行ᄒ라ᄒᆫ다더라

◎英德平和運動　同電을據ᄒᆫ즉英國教會에셔設立ᄒᆫ委員會는英德平和運動을助勢ᄒ기爲ᄒ야組織ᄒᆫ것인ᄃᆡ委員長은「잔타베리ー」大僧正이라더라

◎德帝의負傷　同電을據ᄒᆫ즉德國皇帝는乘馬ᄒ다가膝部를負傷ᄒ엿ᄉᆞᆷ으로「하노파ー」及漢堡行幸을中止ᄒ엿다더라

◎大博覽會競爭　桑港電報를據ᄒᆫ즉桑港大博覽會는爾來로「니유올리안스」와繼續ᄒ야競爭을試ᄒ엿는ᄃᆡ下院委員會의請求에應ᄒ야本月十六日에商業取引所에셔市民大會를開ᄒ고資本金七百五十萬弗增加ᄒᆯ事를決定ᄒ얏다더라

◎國會速開請願　北京來電을據ᄒᆫ즉國會速開請願代表者는本月十六日에都察院으로부터歸ᄒᆯ際에湖南會館에셔會議ᄒ야其翌日에再次請願書를軍機大臣에게申出ᄒ기로議決ᄒ엿다더라

◎美國의輸出入　紐育來電을據ᄒᆫ즉去五月中에美國의輸出은一億三千百萬弗이오輸入은一億千九百萬弗이라더라

◎新聞發行　北京來電을據ᄒᆫ즉淸國々會速開運動者의機關新聞京津時報는本月十六日부터발刊ᄒ얏다더라

◎루氏의會見拒絕　紐育來電을據ᄒᆫ즉前美國大통領루쓰벨트氏는無線電信으로紐育에通知ᄒ기를歸國ᄒᆫ際에는何人이든지會見을不許ᄒᆫ다ᄒ얏다더라

◎루氏歡迎準備　同電을據ᄒᆫ즉루쓰벨트氏의歡迎準備는非常ᄒᆫ盛況을呈ᄒᆫ다더라

◎露帝出遊　伯林電報를據ᄒᆫ즉露國皇帝는家族과共히「크론스타드」로出發ᄒ얏다더라

雜報

◎園主是誰　南大門外靑坡四契居朴弘來氏가數氏家後에一果園을培養ᄒ야二拾餘年을資生爲業ᄒ더니不意漢城府務署에셔指令ᄒ되該果園은國有地니果木을從數拔去ᄒ라ᄒ며또日昨에日人河村爲名人이來到ᄒ야日韓開墾地를渠가次知ᄒ엿다고百般威脅ᄒ는故로朴氏가不勝抑寃ᄒ야漢城府務署에呼訴ᄒ엿다더라

◎疑獄難決　廣州郡々內面하達里居ᄒ는俞家兒가後山에採樵ᄒ다가日暮토록不還ᄒ미一洞人이齊往尋覓ᄒᆫ즉去處를不知ᄒᆯ지라該兒의母가本洞居李景賓의四父子를致疑ᄒ고本郡에告訴ᄒ엿스나確證은無ᄒ엿고該警視廳에셔李景賓을拾餘日牢囚ᄒ엿다가京城裁判所로越交ᄒ엿다더라

世界歷史

❀地理學及天文學의發見❀

一千四百八十六年에(쪼오)二世가王位에登ᄒᆷ에及ᄒ야其遺業을繼續ᄒ야於是一千四百八十六年에(띄아쓰)孫(빠돌노뮤、띄아쓰)가亞非利加南端에達ᄒ야此를(카쁘、트멘토소)暴風岬이라名ᄒ고其翌年에復命ᄒᆫᄃᆡ(쪼오)王이大喜ᄒ야其名을更改ᄒ야喜望峯이라稱ᄒ며是年에葡萄牙人數名이王命을承ᄒ야地中海에渡ᄒ야알렉산드리아港과카이로를經ᄒ야紅海를航ᄒ야아덴에至ᄒ고且印度洋을渡ᄒ야至印度ᄒ야(쪼아와(켈니커트)等地를經ᄒ야其路를轉ᄒ야亞非利加東岸(소파라)에達ᄒ얏고又一千四百九十八年에(바스코、따、까마)가葡萄牙王(마노엘)一世의命을奉ᄒ야喜望峰을迴ᄒ야印度의「켈니커트」에達ᄒ니於是에東印度航路발見의素志를貫徹ᄒ니라此是葡萄牙人이新航路를發見ᄒ고印度와直接通商ᄒᆫ즉埃及의商權에妨害가大加ᄒ거늘埃及의「셜탄」이印度에軍艦을派遣ᄒ야印度諸國王의應援을得ᄒ야葡萄牙人과共히抗拒ᄒᆷ으로爭亂이亙久ᄒ더니十六世紀上半에迺至ᄒ야葡萄아人이「오무스」와「쇼아」와「말나카」等要地를征服ᄒ고更히支那에進至ᄒ야澳門을開ᄒ고且日本을通ᄒ니라

(未完)

詞藻

❀觀海❀ 頤雲生

접域蒼牛載漏　鯨濤鰐浪直翻天已聞政海多車楫紆鬱誰能濟大川

[illegible]濟川舟楫能濟人海漏船乎

[illegible]

○下賜紬緞 愿彦宮夫人의回甲이來九月이라는ᄃᆡ太皇帝陛下ᄭᅴ옵셔紬緞拾六疋을再昨日에 下賜ᄒᆞ옵셧다더라

雜報

○典祀滿期叙勳 日前內閣會議에셔宮內府典祀官時鏞氏等에滿限叙勳件을提出ᄒᆞ엿는ᄃᆡ日間頒布되리라더라

○總理辭表決定 總理大臣李完用氏去就에關ᄒᆞ야各說이不同ᄒᆞ더니其的確ᄒᆞᆫ內容을聞ᄒᆞᆫ즉病症은終是蘇復이되지못ᄒᆞ고仕宦界의念이退縮되야統監이來到ᄒᆞ는同時에辭職ᄒᆞ기로決定ᄒᆞ엿다더라

○爲趙非爲李 奎章閣卿趙同熙氏는總理去就에對ᄒᆞ야煩悶症이發ᄒᆞ얏는지再昨日下午四時에承寧府總管趙民熙氏를訪問ᄒᆞ고數時間을談話ᄒᆞ엿다더라

○末路情況協議 農商工部大臣趙重應氏가總理大臣을面會키爲ᄒᆞ야再昨日午前九時에京釜線으로발程ᄒᆞ엿는ᄃᆡ其面會內容을聞ᄒᆞᆫ즉現內閣變動에關ᄒᆞ야末路의情況을協議코져홈이라더라

○繭種分與 各皇族及大臣家에셔養蚕ᄒᆞ엿다홈은既報어니와收繭後取種件으로各人民에게蠶種幾個式分與ᄒᆞᆫ다더라

○學大勸學 學部大臣李容稙氏가本月十六日三和港에到着ᄒᆞ엿는ᄃᆡ港內에公私立學校任員生徒等七八百人이歡迎ᄒᆞ엿스며翌日上午八時에該府官廳에入ᄒᆞ야各學校々長과各面長에게勸戒ᄒᆞ고正午十二時에各[illegible]一般學生等이無不感服ᄒᆞ엿다더라

○內次新任 內部岡次官이遞任ᄒᆞᆫ代에日人宇佐美勝夫가被任ᄒᆞ엿는ᄃᆡ不日赴任ᄒᆞᆫ다더라

○電促歸國 龍山印刷局經理課日人埴屋課長은月前에歸國ᄒᆞ엿는ᄃᆡ何등事件이有ᄒᆞᆫ지該局日人伊東主事에게急速歸國ᄒᆞ라는電信이再昨日來到ᄒᆞ엿슴으로即時歸國ᄒᆞ엿다더라

○日技師辭歸 內部日人片岡技師는何事件을因홈인지日昨에辭免請願書를提呈ᄒᆞ엿는ᄃᆡ日間歸國ᄒᆞᆫ다더라

○贊尉兼任 侍從金東洙氏는清豐君宮贊尉를兼任ᄒᆞ엿는ᄃᆡ再昨日부터補佐事務에從事ᄒᆞᆫ다더라

○警察會協議 警察協會에셔日昨에總會를開ᄒᆞ고地方支會長은各道警察部長으로推選ᄒᆞ기를協議ᄒᆞ엿다더라

○警察權의統一 警視廳을憲兵司令部로附屬ᄒᆞ야警察權을統一케ᄒᆞᆫ다홈은已報어니와近聞ᄒᆞᆫ즉該事項이內定되야警視總監은叙任치아니ᄒᆞ기로決定되엿다는說이浪藉ᄒᆞ다더라

○減債不應 海豐府院君尹澤榮氏가各人處報償ᄒᆞᆯ債務가拾七萬圓인ᄃᆡ宮內府에請願ᄒᆞ되自己의拾年月俸을先爲支撥ᄒᆞ야該債帳을清勘케ᄒᆞ여달나ᄒᆞ엿는ᄃᆡ宮內府任文事務官이該債權者拾二人을招請ᄒᆞ야拾七萬圓을拾二萬圓으로請帳ᄒᆞ기를言及ᄒᆞᆫ즉諸債權者拾二人이擧皆不應ᄒᆞ엿다더라

○監獄官吏宴會 再昨日下午七時에監獄署官吏三拾餘人이[illegible]ᄒᆞ엿다더라

○元老와社會의行動 某某處에셔는正副統監新任後에元老大臣及各社會에行動을秘密調査ᄒᆞᆯ터이라더라

○黨派運動의猖狽 內閣變動說에對ᄒᆞ야各黨派에셔傍岐曲徑으로運動이秘密ᄒᆞ야李垈鎔氏와李夏榮氏와兪吉濬氏와孔子敎等黨派의運動이頗히劇烈ᄒᆞᆫᄃᆡ就中孔子敎에셔는大韓新聞社長李人稙氏歸國ᄒᆞᆫ後에所望이猖狽되엿다더라

○明石歡迎 新任ᄒᆞᆫ駐京日憲兵司令官明石小將은昨日下午四時에入京ᄒᆞ엿는ᄃᆡ崔錫夏某某諸氏는水原驛ᄭᆞ지前往迎接ᄒᆞ엿고內外國高等官諸氏는南門驛에셔歡迎ᄒᆞ엿다더라

○高等員의住宅未定 拓殖會社社員에住宅을建築ᄒᆞᆫ다홈은既報어니와該社總裁以下高등任員에住宅은姑未確定ᄒᆞ엿슴으로目下擬議中이라더라

○宮址의住宅建築 彰義宮基址에拓殖會社社員의住宅을建築ᄒᆞᆫ다홈은既報어니와五十戶를目下建築中인ᄃᆡ來九月頃에竣工될터이라더라

○土地調査의輿論 內部에셔는各地方官에게발訓ᄒᆞ고土地調査局에셔全國內土地를調査ᄒᆞ는ᄃᆡ對ᄒᆞ야輿論에如何홈을査報ᄒᆞ라ᄒᆞ엿다더라

○日書記增置 學部에셔는官立漢城高等學校에書記一窠를增置ᄒᆞ고土地調査局日人篠塚主事로兼任케ᄒᆞ엿는ᄃᆡ昨日부터服務ᄒᆞᆫ다더라

○視察私校 學部主事趙漢稷氏와小山李太郞兩人은昨日爲[illegible]漢城內各私立學校를視察ᄒᆞ는ᄃᆡ一週間으로定ᄒᆞ엿다더라

○視察入城 內部橫山事務官及主事김楚鉉氏가平安南北道行政을視察次로발程ᄒᆞ엿다가去土曜日에入城ᄒᆞ엿다더라

○控院의入場券 控訴院에셔來三十日에李在明氏의公判을開庭ᄒᆞᆫ다홈은既報어니와公判時에傍聽을許ᄒᆞᆯ터인ᄃᆡ入場券을使用ᄒᆞᆫ다더라

○每區十五 土地調査局에셔各地方에調査事務員을派送ᄒᆞᆫ다홈은既報어니와割定ᄒᆞᆫ每區域內에事務員十五人式陸續派送ᄒᆞᆫ다더라

○清人埋葬地許可 平壤居留清人들이埋葬地二千坪을借給ᄒᆞ라고該地日本理事廳에請願ᄒᆞ엿더니該理事廳에셔日人共同墓地中二千坪을許給ᄒᆞ엿다더라

○氏字風波 大韓日日新聞社總務崔晶圭는去土曜日에該新聞에對ᄒᆞ야宋秉畯李容九의氏字를揭布ᄒᆞᄌᆞᄒᆞ는지라該社長田村萬之助가발論ᄒᆞ기를各新聞에氏字를不揭ᄒᆞᆫ즉本新聞에揭布ᄒᆞ는것이不可ᄒᆞ다ᄒᆞ엿고記者申在政氏는崔晶圭를論駁ᄒᆞ야日總務의任을即時辭免ᄒᆞ라ᄒᆞ고一場롱罵ᄒᆞ엿다더라

○日角力着釜 今月二拾四日부터京城明洞에셔日人이角力을設行ᄒᆞᆫ다홈은既報어니와該角力一行은昨朝에釜山港에到着ᄒᆞ엿다더라

○靑年廉介 一進會長李容九가靑年俱樂部에金一千圓을寄付ᄒᆞ엿다는說은以若靑年의高尙ᄒᆞᆫ志趣로設或寄附ᄒᆞᆫ金額이[illegible]ᄒᆞᆯ理가萬無ᄒᆞ다고物論이有ᄒᆞ다더라

○時事報續刊說 閔元植氏가발刊ᄒᆞ던時事新聞은續刊ᄒᆞ기爲ᄒᆞ야九百圓價値活字를買入ᄒᆞ엿다는說이有ᄒᆞ다더라

○日報禁止 京城日報의再昨日日曜발行件은何등治安妨害의事를揭載ᄒᆞ엿던지頒布를禁止ᄒᆞ엿다더라

○財長饕習 義州來人의傳說을聞ᄒᆞᆫ즉該郡財務署長崔內赫氏가稅金을徵收ᄒᆞ는ᄃᆡ各面里長의게强制力으로納賂ᄒᆞ기를求ᄒᆞ더니該郡州內面長李誼憐氏에게三十圓을無端强奪ᄒᆞ미李誼憐氏가其事由를舊義州警察署에請願ᄒᆞ엿스나尙不調査ᄒᆞ고視若尋常ᄒᆞᆫ다고人言이有ᄒᆞ다더라

○買證有効否 閔泳徽金禹用兩氏爭訟事는累報어니와再昨日控訴院에셔更審ᄒᆞ엿는ᄃᆡ閔氏의證査人金興善口控에金禹用氏의事가的確ᄒᆞ다ᄒᆞ미裁判長이閔氏의僞證을可知라ᄒᆞ고金興善을退送ᄒᆞ엿다더라

○明民訴守 明川郡守李教俊氏의行政上不法을該郡民人등이臚列ᄒᆞ야內部에請願ᄒᆞ고此不法郡守는即時遞任ᄒᆞ야使民安堵케ᄒᆞ라ᄒᆞ엿다더라

○蓮花의奸計 壽進洞居退妓蓮花는日前에所管警察署巡査에게密賣淫女로被捉ᄒᆞ엿는ᄃᆡ該女의本夫가現在ᄒᆞ다고哀乞홈으로本夫有無를詳探ᄒᆞᆯ次로放釋ᄒᆞ엿더니即時逃避ᄒᆞ엿다더라

○松露漸新 新門外松露釀造所는前判書李載克氏가主務ᄒᆞ야一般業務를擴張ᄒᆞ고酒味도[illegible]만ᄒᆞ다더라

○落成延期 夜珠峴救世軍營落成式을去日曜日에設行ᄒᆞᆫ다더니有何相値인지來日曜日에擧行ᄒᆞ기로延期ᄒᆞ엿다더라

○半辭不起 日韓平和會에셔該會總裁를閔泳奎氏로推薦ᄒᆞ고出席ᄒᆞ기를屢請ᄒᆞ되該氏는固辭不進ᄒᆞ기로決心이라더라

○立志會組織 表勳院總裁趙義淵其他某々氏등이발起ᄒᆞ야韓日立志會를組織ᄒᆞ엿는ᄃᆡ其目的인즉韓日兩國人間에親睦을主張홈이라더라

○眼藥僞造 共愛堂에셔多年發行ᄒᆞ는清眼水를西道某藥房에셔僞造발賣ᄒᆞ는故로方在査探中이라더라

○吸鴉化仙 前內閣主事趙漢翼氏의妾은何等不協ᄒᆞᆫ事가有ᄒᆞ던지不知어니와再昨日下午一時頃에吸鴉致死ᄒᆞ엿다더라

○李妾被捉 前郡守李長稙氏의妾은何事件이有ᄒᆞᆫ지三昨日警視廳에셔拘拿ᄒᆞᆯ次로巡査를派送ᄒᆞ는同時에中部警察署에被捉되엿다더라

○雜技犯被捉 寺洞居金重鉉氏는雜技犯으로日昨北部警察署에被捉ᄒᆞ엿다더라

○金犯越交 北部警察署에被捉ᄒᆞ엿던窃盜犯金聖集은三昨日京城地方裁判所로越交ᄒᆞ엿다더라

○逃乂被捉 北部警察署에被捉ᄒᆞ엿던窃盜犯具順明은日前에越獄逃走ᄒᆞ다가即時被捉되엿다더라

○感荷義捐 布哇湖老樓港郵遞局內에在ᄒᆞᆫ盧在浩氏가金一圓을本社에寄附ᄒᆞ엿기其盛意[illegible]을表ᄒᆞ노라

電報

○德皇族御訪問 日本皇帝陛下ᄭᅴ셔는昨日午前拾時卅分에同황后陛하와德國황族「알버ᄒᆞ도」殿下同妃殿하를訪問ᄒᆞ시기爲ᄒᆞ야霞關離宮에行幸ᄒᆞ셧다더라

○局長과知事의交迭

香川縣知事 小野田元熙
依願免本官
農商務省工務局長鹿子木小郞
任香川縣知事（高等官一등）
農商務省參事官 岡實
任農商務省工務局長
高등官二등

○西班牙의大地震 西班牙國에는大地震이有ᄒᆞ엿다더라

以上東京발 卄日着

▲落望一派▼

▲扶桑東天指點ᄒᆞ니一抹疑雲連緜ᄒᆞ야漢城政海飜覆ᄒᆞᆯ제搖頭打尾出頭者가忽地失意顚倒ᄒᆞ니逐鷄望籬可笑로다

▲劍水刀山夢驚ᄒᆞ야溫泉上에靜養ᄒᆞ며暗裏運動密勿ᄒᆞ더니辭表勸告意外로다李完用의落望이오

▲海外萬里潛跡ᄒᆞ고百方奸計弄出ᄒᆞ야統監門外納刺타가三次拒絶忽遭ᄒᆞ니宋秉畯의落望이오

▲政界風雲動盪時에地位擾々憂慮ᄒᆞ야無事東西奔走ᄒᆞ나來頭成敗未可知라趙重應의落望이오

▲宮中樞要掌握ᄒᆞ고무슴權柄籠絡ᄒᆞ더니陶汰中에入參인가連日廢務可訝로다小松宮次落望이오

▲蠅附驥尾더人物이腰帶萬錢渡海ᄒᆞ야底事爲人謀忠인가竟不如意處還ᄒᆞ니高羲駿의落望일세

▲筆下尖峰▼

▲燕岐郡에셔ᄂᆞᆫ何許雜類가靑年의계月債를得給ᄒᆞ고雜技로誘引ᄒᆞ야家產을늘어먹ᄂᆞᆫ따지우리나라ᄂᆞᆫ土倭ᄶᅢ들의살슈업셔

▲寺洞自轉車舖에셔日人賊漢이自轉車一輛을貰得逃走ᄒᆞ엿다지이것은日賊中의도적盜賊놈

▲南中의ᄂᆞᆫ治道로亂離가낫다지振威등ᄯᅡ에셔京畿道觀察使와振威郡守가躬檢治道ᄒᆞᄂᆞᆫ데現方農時를當ᄒᆞ야附近農民을募集ᄒᆞ고多日赴役케ᄒᆞ며新作路傍에黃熟ᄒᆞᆫ麥田과未移ᄒᆞᆫ秧坂을一幷埋築ᄒᆞ미該田夫等이命脈을已失ᄒᆞᆷ으로呼天통哭ᄒᆞ야景色이慘慘ᄒᆞ거ᄂᆞᆯ所謂觀察使ᄂᆞᆫ此를不恤ᄒᆞ고該田夫等을招集說明ᄒᆞ기를莫重ᄒᆞᆫ治道工役에汝等의麥田秧坂을엇지願恡ᄒᆞ리오如此呼哭ᄒᆞᆷ은民習에可통이라ᄒᆞᆫ즉該田夫等이呼哭不已ᄒᆞ미觀察使가日人役夫를指揮ᄒᆞ야鞭撲을加ᄒᆞ엿다니振威의民人은何辜오此등의土倭種類ᄶᅢ들의사ᄅᆞᆷ살수잇ᄂᆞ

▲總理가溫陽에下去ᄒᆞ미京鄕間問病者가畓至ᄒᆞᄂᆞᆫ故로車夫와馬夫등이行李運搬에意外雇金을多得ᄒᆞ엿다니該地役夫ᄂᆞᆫ總理가幾拾年을溫泉에셔治療ᄒᆞ기를바라겟지可謂幸人之不幸이로고

▲日人들이行商次로渡韓多年에語學을粗解ᄒᆞ면各地方學校教師로自任ᄒᆞᆫ者ㅣ二百餘名이라ᄒᆞ엿스니街衢行商爲業ᄒᆞ던者가엇지學識이잇스리오學部에셔各道에발訓ᄒᆞ고各學校教師의身分을調査ᄒᆞᆫ다지[illegible]教育이잘될ᄶᅡ우리나라[illegible]日人[illegible]

줄로알지

雜報

◎日付印使用 日韓通信事業合同後五週年의紀念ᄒᆞ기爲ᄒᆞ야來七月一日에京城市内各郵便局과韓國内各地方重要ᄒᆞᆫ郵便局에셔特殊通信日付印을使用ᄒᆞ고又當日及其後三日間은公衆의希望을依ᄒᆞ야郵便物以外의物件이라도壹錢五里以上의郵便切手를貼付ᄒᆞᆷ에對ᄒᆞ야ᄂᆞᆫ其請求에應ᄒᆞ야該印을押捺ᄒᆞ며當日에紀念繪葉書(二枚一組)를발行ᄒᆞᆫ다더라

◎작蚕進就 義州古邑面金尙元李承濬등諸氏가작蚕組合所를設立ᄒᆞ고多年淸國에셔蚕業을實學ᄒᆞ던崔學善氏를雇聘ᄒᆞ야今年春蚕이極히完全ᄒᆞ미秋期蚕業은一層擴張ᄒᆞᆯ計劃中인데近地人民이模範을作ᄒᆞ야多數經營ᄒᆞᄂᆞᆫ故로平北蚕業界에嚆矢가될이라더라

◎院監挾雜 孤兒院을新門外西廟로移設ᄒᆞᆫ다ᄂᆞᆫ說은前報에已揭어니와其移接ᄒᆞᄂᆞᆫ內容을漏聞ᄒᆞᆫ즉該院監李春世氏가自己所有家屋은他人의게給貰得利ᄒᆞ고該氏家眷은西廟內에移居ᄒᆞ기를專爲ᄒᆞᆷ인故로該院一般任員과諸學徒가擧皆反對ᄒᆞᆫ다ᄂᆞᆫ中이라더라

◎埠頭開設 龍山江頭에셔西江邊ᄭᆞ지埠頭를石築ᄒᆞ고家屋을建築ᄒᆞ기로該役을現今着手ᄒᆞ엿다더라

社告

大韓每日申報各處支社廣告

平安北道

龍川楊市 維新書舖 黃菊保
龍川南市驛 韓濚希
朔州邑南門外 朱伯英
義州南門外 한西大藥局 張有寬
鐵山邑東部 鄭翊
車輦館同志會內 金明鉉
定州南門內書舖 洪成麟
博川邑內簟洞 金翼樞
京義線批峴驛停車場前 運輸會社前 李基秀
泰川邑館前洋藥局 李正華
寧邊郡內紅門里 鄭德昇
寧邊龍山面新興里 南貞河家 鄭奉益
宣川橋南四統十戶 申基周
江界邑內 金泰熙
郭山郡內新街 金大鉉
雲山邑上里八統八戶 咸元澤
雲山北面橋洞八統七戶 王冕鎬
昌城郡內西下里一統二戶 許익
熙川邑內面東門外洞十四統二戶 金鍾濬

平安南道

平壤鍾路 太極書館 安泰國
三和港碑石洞 耶蘇教堂 [illegible]
安州城內義井洞 安陵서館 [illegible]
龜城郡芳峴面南市洋藥局 崔禮洛
龍岡郡山南面紅門洞 安昇煥
江西邑內 [illegible]
甑山郡內利用里 崔[illegible]
德川邑實洞 耶蘇教冊[illegible] 李丙[illegible]
永柔邑內梅峴里二統八戶 金[illegible]璜
中和下道面一里三[illegible] 禹鳳善
肅川東部面一里二統九戶 金天湜
咸從邑校洞 俞炳善

黃海道

海州南門內 韓昌書館 朴昌鎭
安岳郡細洞面端山里上場 韓植教
長淵邑서北文學會內 崔東礪
殷栗邑倉前里 金光元
信川邑四里 李悌璵
白川邑文明館 趙雲泳
載寧邑서部李鼎均家乾材局 李範善
沙里院三聖學校內 李承吉

咸鏡道

咸興州南社西門外 曹喜林
元山港上里倉前洞 耶蘇女學校側 皇甫正杰
定平郡豐陽里 張禮學
洪原西門內保命局 羅炳善
永興邑南山洞洪明學校內 梁元常
淸津港新岩洞 張元浩

全羅道

金溝木流面豆亭 趙德三
木浦港[illegible]洞 [illegible]
羣山港九龍洞一統八[illegible] [illegible]
全州[illegible]東一契四統九戶 李[illegible]鳳

京畿道

仁川[illegible] 李東[illegible]
開城南門外[illegible]學書舖 姜助遠
江華邑[illegible] 俞鎭權

慶尙道

大邱西小門外[illegible] 李正[illegible]
釜山佐川藥局 徐[illegible]

江原道

[illegible]

忠淸道

[illegible]

北間島

[illegible]

光武九年八月拾壹日 明治三十八年八月拾壹日(第三種郵便物認可) 水曜日 西曆壹千九百拾年六月廿三日

檀君開國四千二百四十三年 箕子元年三千三十二年 大韓開國五百十九年 本報創刊日 光武八年七月十八日

大韓每日申報

第八卷 月曜及慶節哉時日休刊 第壹千四百十五號

發行兼編輯人 李章薰 發行所 京城中部布屛門二宮街二層洋屋 大韓每日申報社

論說

國民의責任

一身은五官과百體가合ᄒᆞ야成ᄒᆞᆫ者이니呼吸으로써肺部의責이有ᄒᆞ고飮食으로써胃部에責이有ᄒᆞ고喜怒로써心部에責이有ᄒᆞ고監視로써肝部의責이有ᄒᆞ고採聽으로써신部에責이有ᄒᆞ니各其其職을盡ᄒᆞ면皮膚가充健ᄒᆞ야人道가備ᄒᆞᆯ것이오萬一其責을失ᄒᆞ면人體가엇지成立ᄒᆞᆯ道가有ᄒᆞ리오

小ᄒᆞᆫ者로言ᄒᆞ면一身이오大ᄒᆞᆫ者로言ᄒᆞ면一國이라國力을强壯케ᄒᆞᆯ진ᄃᆡ全國人이各其責任을盡ᄒᆞ고各其心力을合ᄒᆞ야一肢體를成ᄒᆞ여야人民의自由ᄒᆞᄂᆞᆫ權限이生ᄒᆞᄂᆞ니人의樂을樂ᄒᆞ며人의憂를憂ᄒᆞ며人의好를好ᄒᆞ며人의惡을惡ᄒᆞ며不及ᄒᆞᆫ者ᄂᆞᆫ敎ᄒᆞ고不能ᄒᆞᆫ者ᄂᆞᆫ矜ᄒᆞ야强ᄒᆞᆫ者도獨多치아니ᄒᆞ고弱ᄒᆞᆫ者도獨少치아니ᄒᆞ고貴ᄒᆞᆫ者도獨專치아니ᄒᆞ고賤ᄒᆞᆫ者도獨苦치아니ᄒᆞ면其國이興ᄒᆞ고其民이强ᄒᆞᄂᆞ니故로文明의國은人皆公理를知得ᄒᆞ고國家義務를自己에當來ᄒᆞᆯ責으로負擔ᄒᆞ야衆心이齊一ᄒᆞᆫ所以로다

我韓은四千年來民族으로以上을溯考ᄒᆞ면同是檀箕遺裔로其支가雖萬이나其근則一이니同胞의稱이良有以也라我韓의食을食ᄒᆞ고我韓의衣를衣ᄒᆞ엿스니頂踵毛髮이莫非我韓의生長인즉其祖도韓人이오其父도韓人이라엇지國家的思想이無ᄒᆞ며國家的責任이無ᄒᆞ다ᄒᆞ리오優勝劣敗ᄒᆞᄂᆞᆫ時代를當ᄒᆞ야各其責任이有ᄒᆞ니政治界에ᄂᆞᆫ政治에責任이有ᄒᆞ고敎育界에ᄂᆞᆫ敎育의責任이有ᄒᆞ고農業界에ᄂᆞᆫ農業의責任이有ᄒᆞ고商業界에ᄂᆞᆫ商業의責任이有ᄒᆞ고工業界에ᄂᆞᆫ工業의責任이有ᄒᆞᆯ지어ᄂᆞᆯ仕宦客은환熱이撑中ᄒᆞ고蠅營狗苟에漫慾이滔々ᄒᆞ야一資半級을區區히圖得ᄒᆞᄂᆞᆫ境遇이면人民의膏腴를吸取ᄒᆞ야私囊을充코져ᄒᆞᄂᆞ니上下가相離ᄒᆞ야仕宦客은人民을[illegible]如히視ᄒᆞ고人民은仕宦客을仇讎와如히視ᄒᆞ니奚暇에國民의責任을各盡ᄒᆞᆯ思想이有ᄒᆞ리오

是以로[illegible]恬息苟安ᄒᆞ다가貧弱이自至ᄒᆞ엿고波蘭國人은自私自利ᄒᆞ다가敗亡에竟至ᄒᆞ엿고埃及은[illegible]物이萬國의先進이[illegible]人千餘名을雇用ᄒᆞ다가國權을讓失ᄒᆞ고列强의侮辱을受ᄒᆞ야其地ᄂᆞᆫ藩邦이되고其族은奴隷가되엿스니他人의鼻息을仰ᄒᆞᄂᆞᆫ者ᄂᆞᆫ此를鑑戒ᄒᆞᆯ지어다

國의盛衰와存亡이一個人의게在ᄒᆞ다ᄒᆞᆫ것은秦國이鄭을掩襲코져ᄒᆞ거ᄂᆞᆯ商人弦高가牛十二頭로秦師를犒饋ᄒᆞ고陰謀를本國에告ᄒᆞ야秦을防備ᄒᆞ엿고法國에牧羊ᄒᆞ던田婦若安은一身으로强敵을擊退ᄒᆞ야外國의羈絆을脫ᄒᆞ엿고普國의工匠得賓賜ᄂᆞᆫ新창을製造ᄒᆞ야法國의舊日大讐를報ᄒᆞ엿스니文明國人은一人이라도책任이無ᄒᆞᆫ者ㅣ無ᄒᆞ야비록市井賈竪와挾冊童子라도人人마다政治의思想이有ᄒᆞ야戰코ᄌᆞᄒᆞ면雇兵을不用ᄒᆞ고人材를他國에借치아니ᄒᆞ며職守를日勤ᄒᆞ야其책任을不失ᄒᆞᄂᆞ니嗟我同胞여책任을負擔ᄒᆞᆯ지어다

官報

◎第四千七百十號

▲隆熙四年六月二十一日(火曜)

▲敍任及辭令

○六月三十日 朴楚陽 任公立普通學校專科副訓導敍判任官四等

○六月十四日 尹玄求 沈圭澤 任郡主事敍判任官四等 栗原七郎治 任稅關主事敍判任官三等

○六月十五日 九品李承春 任郡主事敍判任官四等 土地調査局主事篠塚隆次郎 兼任官立漢城高等學校書記

○六月十六日 浦井芳太郎 任印刷局技手敍判任官四等 明星煥 任公立普通學校本科訓導敍判任官四等 文徵明 任公立普通學校本科副訓導敍判任官四等

郡主事李王海 免本官 右ᄂᆞᆫ該員이公立大邱農林學校學生으로其事實을隱蔽ᄒᆞ고任官의志願이有ᄒᆞ야本月日郡主事의任命을被ᄒᆞ엿스나尙히該校에對ᄒᆞ야退學의節次를履行치아니ᄒᆞ고慢然히赴任ᄒᆞᆫ事가該校長의報告에依ᄒᆞ야露顯ᄒᆞᆫ바右의行爲ᄂᆞᆫ官을眩惑코ᄌᆞᄒᆞᆷ에出ᄒᆞᆷ인지其情狀이非輕ᄒᆞᆫ지라是로以ᄒᆞ야免本官(以上六月十五日內部)

內部警務局長松井茂 命內部次官並警視總監事務取扱(六月十六日內部)

臨時財源調査局主事兼財務監督局主事尹永基 依願免本官並兼官「六月十七日度支部」

朴宗植 官立漢城師範學校敎員을囑托ᄒᆞᆷ「判任待遇」「以上六月拾六日學部」

◎社告

本社位置를本月九日에京城中部**布屛門二宮街二層洋屋**으로移設ᄒᆞ엿ᄉᆞ오니本報를愛讀ᄒᆞ시ᄂᆞᆫ僉君子ᄂᆞᆫ照亮ᄒᆞ심을望ᄒᆞᆷ

大韓每日申報社

外報

◎普魯西國議會閉會 伯林來電을據ᄒᆞᆫ즉普魯西國上下兩院은共히議事를終了ᄒᆞ고閉會ᄒᆞ엿다더라

◎德國의洪水 同電을據ᄒᆞᆫ즉向日來로德國各地方에ᄂᆞᆫ處々洪水가漲溢ᄒᆞ야人命과財産의損害가頗多ᄒᆞ다더라

◎德帝의病狀 同電을據ᄒᆞᆫ즉德國皇帝의膝部負傷處ᄂᆞᆫ過히苦롱이업ᄂᆞᆫ故로約一週日後에ᄂᆞᆫ全癒ᄒᆞᆯ豫期라더라

◎土耳其의戰備 倫敦來電을據ᄒᆞᆫ즉土耳其政府ᄂᆞᆫ一旅團의兵을召集ᄒᆞᆫ다ᄂᆞᆫᄃᆡ右ᄂᆞᆫ希臘國의軍事的行動에對ᄒᆞᆫ準備오又君斯坦丁堡에서ᄂᆞᆫ本月十七日에希臘國의物貨를排斥ᄒᆞ기로宣言ᄒᆞ엿다더라

◎豫算案議事 同電을據ᄒᆞᆫ즉英國豫算案은本月末에議會의討議에付ᄒᆞᆫ다더라

◎兩黨의協議會 同電을據ᄒᆞᆫ즉英國憲政會議의第一回協議會ᄂᆞᆫ本月十七日午后에英國下院內首相室에서開會ᄒᆞ얏ᄂᆞᆫᄃᆡ出席者ᄂᆞᆫ首相、아스키쓰氏、保守黨首領발푸와氏、植民大臣크리우卿、上院保守黨首領란스타운卿、出納尙書로이드쪼지氏、愛爾蘭事務大臣빌렐氏、前保守黨內閣出納尙書어스진、잔파렌諸氏인ᄃᆡ同協議ᄂᆞᆫ何等의條件으로써制限ᄒᆞᆫ事도無ᄒᆞ고且終始彼此에秘密을守ᄒᆞᆯ事인듯ᄒᆞ다더라

◎美國의新州 華盛頓來電을據ᄒᆞᆫ즉美國上院은「아리쏘나」와「뉘우멕사코」兩地方을州에加入ᄒᆞᆯ事를許可ᄒᆞ얏다더라

雜報

◎慶北의現況 慶尙北道觀察府의最近調査를據ᄒᆞᆫ즉人口ᄂᆞᆫ我國人이一百九十二萬三千九百二拾五人이오日本人이八千三百八拾三人이오美人이二拾六人이오法人이一人이오淸人이八拾四人인ᄃᆡ合計가一百五拾三萬二千四百拾九人이오耕地面積은畓이九萬五千三百四拾一町步오田이八萬七千七百二拾六町步오學校數ᄂᆞᆫ公立이四[illegible]生徒가七百拾人이오私立이[illegible]百四拾[illegible]校인ᄃᆡ生徒가四[illegible]拾六人이오[illegible]貯金의銀[illegible]二百六拾四萬五千五百九拾二圓이오郵便貯金이拾[illegible]萬九千六百九拾七圓이오結數가拾三萬三千二百六拾七結이오地稅ᄂᆞᆫ八拾七萬三千六百六拾[illegible]圓이라더라

◎六百餘錢還給 閔泳린李範喬氏등이雜技事件으로日憲兵司令部에被捉旋放ᄒᆞᆷ은既報어니와捕縛之場에押收ᄒᆞᆫ贓錢六百餘圓을再昨日還給ᄒᆞ엿다더라

◎忠言爲嫌 光州裁判所主事異完圭警部申泰鉉觀察府主事尹치夏諸氏가妓樂을携ᄒᆞ고閭里에周行ᄒᆞ며迭宕이히宴樂ᄒᆞ거ᄂᆞᆯ該地居ᄒᆞᄂᆞᆫ金章植氏가言ᄒᆞ기를如此ᄒᆞᆫ時代의妓歌行樂이官吏의不忍行ᄒᆞᆯ事이라ᄒᆞᆫᄃᆡ諸氏가以謂ᄒᆞ되官吏를凌辱ᄒᆞᆫ다ᄒᆞ고無數毆打ᄒᆞ다가巡査에게請囑ᄒᆞ야提致勒刑ᄒᆞ야脅迫自服ᄒᆞ라ᄒᆞᆫ즉金章植氏가不勝抑冤ᄒᆞ야本地裁判所에擧實申告ᄒᆞ엿더니私和ᄒᆞ라ᄒᆞ고曲直을不判ᄒᆞᄂᆞᆫ故로更히控訴院에申訴ᄒᆞ엿다더라

世界歷史

◎地理學及天文學의發見◎

先時에意太利의(플노렌쓰)人(토쓰카넬니)가地球의圓體說을主ᄒᆞ야以爲호ᄃᆡ西方으로航行ᄒᆞ야印度及日本의捷徑을必得ᄒᆞ리라ᄒᆞ엿거ᄂᆞᆯ意太利의(제느바)人(크리스토퍼콜넘버쓰)가此說을深信ᄒᆞ야遂英葡兩國王을往說ᄒᆞ야遠征艦의發遣ᄒᆞᆷ을慫慂ᄒᆞ나竝拒不聽ᄒᆞᄂᆞᆫ지라이에西班牙로向ᄒᆞ야其王(퍼디넌드)及其后(이사벨나)를說ᄒᆞᆫ지數年에及ᄒᆞ야其贊成을纔得ᄒᆞ야遂王一千四百九十二年八月三日에(콜넘버쓰)ᄂᆞᆫ小船三隻을率ᄒᆞ고西班牙의(파로쓰)港을出발ᄒᆞ니船員이總計百十二人이러라西로航行ᄒᆞ야[illegible]年十月十一日에(싸하마)諸島의第一되ᄂᆞᆫ(싼살베도)에達ᄒᆞ야(큐싸)와(하이티)諸島를發見ᄒᆞ고此로써日本에近ᄒᆞᆫ亞細亞의島嶼라稱ᄒᆞ고歸ᄒᆞ니西班牙王及女王이(콜넘버쓰)로써발見地의水師提督을任ᄒᆞ야千二百의船人과十四艘의艦隊를率ᄒᆞ고一千四百九十三年九月二十五日에第二回航海를作ᄒᆞ야又幾多新地를발見ᄒᆞ고同九十八年에(콜넘버쓰)가第三回航路를作ᄒᆞ야南亞米利加北部「오리노코」河口의地를발見ᄒᆞ엿스나尙且亞細亞大陸이라信치아니ᄒᆞ더라

(未完)

詞藻

◎望 海◎ 頤雲生

極東一望杳無涯 達士大觀隨處宜 茫茫萬頃如斯碧 今世何人往蹈之

評者曰今亦有魯連者流歟 無或歸望洋之歎乎

宮廷報

◎御眞下賜日官 大皇帝 皇后兩 陛하의 御眞을三昨日에宮內府日本人高等官吏의게一本式 하賜ᄒᆞ옵셧다더라

◎下賞豹虎納苑 江原觀察使李圭完氏가日前에豹虎二首를生擒ᄒᆞ야 御苑動物園에來納ᄒᆞ엿는ᄃᆡ 大皇帝陛하ᄭᅴ옵셔再昨日에金百圓을 하賜ᄒᆞ옵셧다더라

◎御園角戲準備 來二十四日창德宮內秘苑에셔日人角戲를開ᄒᆞ고 大皇帝 황后兩 陛하ᄭᅴ옵셔 御覽ᄒᆞ옵신다ᄒᆞᆷ은既報어니와宮內府에셔各官廳勅任官以上及各社會代表新聞記者千餘員에게明日에請牒을발送ᄒᆞᆯ次로目하準備中이라더라

◎御馬鍊習 大황帝陛하ᄭᅴ옵셔 昌德宮內에셔馬車를 御運動ᄒᆞ옵시기爲ᄒᆞ야該宮內後苑을開拓ᄒᆞ고再昨日에 御馬車를鍊習ᄒᆞ셧다더라

◎御臨秘苑 大皇帝陛下ᄭᅴ옵셔再昨日下午一時에秘苑을 御覽ᄒᆞ옵셧다더라

◎完興陛見 完興君李載冕氏는三昨日上午十二時 德壽宮에 陛見ᄒᆞ엿다더라

◎下詢病狀 太황帝陛下ᄭᅴ옵셔三昨日侍從洪運杓를溫陽溫泉에 命送ᄒᆞ샤總相李完用의治療情狀을下詢ᄒᆞ옵셧다더라

雜報

◎統府例會 昨日은統監府火曜例會인故로午後一時頃에各大臣이會同ᄒᆞ야例會를開ᄒᆞ엿다더라

◎통監의渡韓期 寺內통監의渡韓ᄒᆞᆫ다ᄒᆞᆷ은屢報ᄒᆞ엿거니와今에確報를據ᄒᆞᆫ즉來月三日에東京에셔出발ᄒᆞ야下關에셔第一艦隊의軍艦을塔乘ᄒᆞ고仁川으로直行ᄒᆞᆯ預定이라더라

◎度大의轉訪 度支部大臣高永喜氏는何등事件을因ᄒᆞᆷ인지昨日午前拾時에農大趙重應氏를該私邸로訪問ᄒᆞ고同拾二時頃에는통監官邸를訪問ᄒᆞ엿다더라

◎審査格例蒐集 內部地方官資格審査委員會를設置以後로處理ᄒᆞᆫ勅令案과法律案과其他部令案을蒐集編纂中인ᄃᆡ脫稿되는ᄃᆡ로刊出ᄒᆞᆫ다더라

◎救恤殘額의處置 昨年度文川郡飢饉에關ᄒᆞ야各官廳官吏가義捐金을收合支給ᄒᆞᆷ은一般知了ᄒᆞ는바어니와鐵道觀察使李範來氏가其殘餘金을地方費에編入ᄒᆞ엿다가管內一般人民의罹災에支撥救濟ᄒᆞᆯ意로內部에請議ᄒᆞᆷ으로該事由를各官廳에通知ᄒᆞ엿다더라

◎新統의別邸 新任副통監이赴任ᄒᆞᆫ後에其別邸를南部鑄洞等地에在ᄒᆞᆫ義親王殿下의別邸로定ᄒᆞᆫ다더라

◎拾金納部 舊度支部大廳直金某는三昨日에該部內蓮池에셔舊白銅貨五十圓을拾得ᄒᆞ엿는ᄃᆡ即時度支部로呈納ᄒᆞ엿다더라

◎韓氏歸國 內閣代表로通통監을問病ᄒᆞ기爲ᄒᆞ야日本에渡去ᄒᆞ엿던內閣書記官韓창洙氏는數日間歸國ᄒᆞᆫ다더라

◎歡迎學大 學事는視察ᄒᆞ기爲ᄒᆞ야西韓地方에前往ᄒᆞ엿던學相李容稙氏는再昨日下午六時에入京ᄒᆞ엿는ᄃᆡ該部官吏一同이南門驛에셔歡迎ᄒᆞ엿다더라

◎此是署理 內部警務局長松井茂는內部次官到任前과警視총監의存廢問題決定前의事務取扱을被任ᄒᆞ엿다더라

◎第觀來頭 溫陽郡에셔療養中에在ᄒᆞᆫ總理大臣李完用氏는本月末에上京ᄒᆞ기로決定ᄒᆞ엿스나新任통監의到任日字를待ᄒᆞ야去留를質定ᄒᆞᆫ다더라

◎各廛歷史修報 農商工部에셔再昨日에鍾路各廛所任을招請ᄒᆞ야該各廛에何年何月에刱立ᄒᆞᆷ과中間에被燒重修ᄒᆞᆫ時에役費多少와自 上으로劃하ᄒᆞ신金額數爻를詳細히修成冊以報ᄒᆞ라ᄒᆞ엿다더라

◎民籍表調査 內部民籍課에셔는各警察部長의民籍調査表修報ᄒᆞᆷ을因ᄒᆞ야戶口其他職業如何를計算中이라더라

◎其근已擾 總理大臣李完用氏의權利範圍內에在職ᄒᆞᆫ者가多數에居ᄒᆞᆷ은一般知了ᄒᆞ는바어니와近聞ᄒᆞᆫ즉總理大臣이辭免ᄒᆞ는境遇에는各其地位가危殆ᄒᆞᆷ으로數日來互相訪問ᄒᆞ야末乃如何를談論ᄒᆞᆫ다더라

◎乘客嚴査 警視廳에셔는各停車場에韓日巡査를派送ᄒᆞ야滊車乘下客에居住氏名及所向地方을嚴密調査ᄒᆞᆫ다더라

◎祝賀物姑停 大韓協會에셔新任統監의게祝賀物을製造送交ᄒᆞ기로決定ᄒᆞ엿더니무ᄉᆞᆷ層折이有ᄒᆞᆫ지姑爲停止ᄒᆞ엿다더라

◎一進詰督乎 淸豐君李海昇氏는海豐府院君尹澤榮氏에게債捧ᄒᆞᆯ債務九千餘圓을督捧ᄒᆞ기爲ᄒᆞ야一進會員元純喜에게委任交涉中이라더라

◎會旨探知 表勳院總裁趙義淵氏등이發起ᄒᆞ야韓日立志會를組織ᄒᆞᆫ다는說이傳播됨으로某處에셔該會의目的及趣旨如何를探知ᄒᆞ는中이라더라

◎日人共同墓地 我國政府에셔는平壤에居留ᄒᆞ는日人의共同墓地로二萬餘坪의地를劃給ᄒᆞ기로決定ᄒᆞ엿다더라

◎德國記者의歡迎會 前石塚통監府長官은今日午后七時에翔翠樓에셔德國記者께네치키氏를招待ᄒᆞ야歡迎會를開ᄒᆞᆫ다더라

◎若林渡韓 日本奈良縣知事로轉任ᄒᆞᆫ若林前警視總監은事務引繼ᄒᆞ기爲ᄒᆞ야 次渡韓ᄒᆞᆫ다고某處에電報가來ᄒᆞᆺ다더라

◎日赴日團 內部衛生局日人山근囑托은明日上午拾時에仁川港日人民團役所에前往ᄒᆞ야衛生上必要ᄒᆞᆫ方針을說明ᄒᆞᆫ다더라

◎孤宴請賓 昨日은輔國閔泳徽氏의生日인ᄃᆡ各元老大臣以下高등官諸氏를私邸로請邀宴待ᄒᆞ엿다더라

◎背意恐漏 一進會員中幾個人이該會의細微ᄒᆞᆫ情況이라도秘探ᄒᆞ야他人에게漏泄ᄒᆞ는事가種々有之ᄒᆞᆫ다ᄒᆞ야該會에셔는此등行動人을現方秘密探知中이라더라

◎骨弗安의發明 美國人骨弗安氏가總相李完用氏와財政에關ᄒᆞᆫ件에對ᄒᆞ야自己辨明書를繕成ᄒᆞ야日昨該領事館으로送交ᄒᆞ엿다더라

◎待統赴任 大韓協會會員沈宜性權東鎭兩氏가該會를大擴張ᄒᆞᆯ計劃으로榊原少將의게屢度言請ᄒᆞ되榊原少將이答ᄒᆞ되新統監赴任ᄒᆞᆫ後에交涉周旋ᄒᆞ깃다ᄒᆞ엿다더라

◎金氏起訴 靈光郡居김鍾관氏가錢二千兩을其時觀察使尹雄烈氏에게被奪ᄒᆞᆫ事이有ᄒᆞ다는ᄃᆡ近日에金鍾說氏가起訴次로辯護士李琮夏氏에게委任ᄒᆞ엿다더라

◎手形減價 從來手形用紙의販賣價格은一錢五厘로ᄒᆞ엿더니來八月一日부터는一錢式에발賣ᄒᆞᆫ다고度支部理財局에셔京城商業會議所에通知ᄒᆞ고一般手形用紙販賣者에게周知케ᄒᆞ엿다더라

◎凶書移발 一達會에셔何等事件을因ᄒᆞᆷ인지三昨日下午一時에各地方支部에秘密ᄒᆞᆫ書函을발送ᄒᆞ엿다더라

◎金丸의行動調査 一進會에셔黜會를遭ᄒᆞᆫ金丸이가某々會를聯結ᄒᆞ야一進會를聲討ᄒᆞᆯ次로運動ᄒᆞᆫ다ᄒᆞᆷ은既報어니와此에對ᄒᆞ야警視廳에셔金의行動을目下調査中이라더라

◎一進三裂 一進會에셔는近日何等厨節을因ᄒᆞᆷ인지不知ᄒᆞ거니와該會內에二三黨派가分裂되엿다는巷說이浪藉ᄒᆞ다더라

◎觀戰演劇 日人六車初二郎이日俄戰爭時滿洲觀戰鐵道ㅣ라ᄒᆞ는演戲를本月二拾六七日頃에南部高等演藝館에셔設行ᄒᆞᆫ다더라

◎日校建築工事 서關ᄂᆡ에는日人이小學校를建築ᄒᆞ기爲ᄒᆞ야目下着手起工中이라더라

◎流病傷命 長湍郡浦東面에셔近日流行病이熾盛ᄒᆞ야人命數拾餘人이致斃ᄒᆞ엿는ᄃᆡ該郡警察署에셔該面에衛生淸潔所를設始ᄒᆞ엿다더라

◎楊郡尙擾 楊州抱川등地로出沒ᄒᆞ는姜基東氏는部下拾餘名을帶同ᄒᆞ고去十曜日에楊州郡龜芝面坪村에突入ᄒᆞ야民財를奪取以去ᄒᆞ엿다더라

◎何由致斃 勞働者一名이再昨日篩洞路上에셔致斃ᄒᆞ엿는ᄃᆡ其근因은未詳ᄒᆞ다더라

◎李家賊警 再昨夜北部樓閣洞李承회氏家에窃盜가潛入ᄒᆞ야衣服器皿等物金百餘圓價値를見失ᄒᆞ엿다더라

◎洞長選擇議案 北部觀鎭坊會에셔再昨日下午四時頃에特別評議員會를開ᄒᆞ고該坊內의各洞々長을眞實ᄒᆞᆫ者로選擇存置케ᄒᆞᆯ事를協議ᄒᆞ엿다더라

電報

◎憲隊長의任命

憲兵中佐 隈部親信
仝 松本龜次郎
憲兵少佐 壚澤義夫
仝 吉弘庚
仝 服部米次郎
仝 前田昇
補駐韓憲兵隊長

◎旅順開港期 旅順開港은拓殖局官制의制定을因ᄒᆞ야延期되엿스나來月一日에開港ᄒᆞ기로決定ᄒᆞ엿다더라

◎루氏大歡迎 美國前大統領루스벨트氏는本月拾八日에紐育에到着ᄒᆞ엿는ᄃᆡ百萬市民은盛大히歡迎ᄒᆞ엿다더라

以上東京발 二十一日着

◎南京에軍艦集合 淸國長沙의暴徒는更히南方으로下去ᄒᆞ야湘潭寧教地方에漫延ᄒᆞ는兆가有ᄒᆞᆫ지라方今開會中에在ᄒᆞᆫ南京博覽會는暴徒의中心處가되는故로英、法、德、美、各國의軍艦은方今南京에碇泊ᄒᆞ고嚴重히警戒ᄒᆞᆫ다더라

漢口發 廿一日着

◎攝政王의激怒 淸國皇室은護衛兵은左衛右衛를合ᄒᆞ야一萬七千名인ᄃᆡ最近에兒漢黃振泉이가短銃을携ᄒᆞ고宮闕正門으로부터內宮ᄭᅡ지入ᄒᆞ도록護衛兵은此를不得발見ᄒᆞ엿슴으로攝政王은激怒ᄒᆞ샤如此ᄒᆞᆫ軍隊는無用의物이니此를廢ᄒᆞ고禁衛軍中으로更히護衛兵을組織ᄒᆞ라고命ᄒᆞ셧다더라

北京발 廿一日着

▲十 倭 天 地▼

▲獰風猛雨此天地에許多八種化出ᄒᆞ니十倭種類遍滿ᄒᆞ야盛疊病民등歎일세

▲國家事ᄂᆞᆫ何如던지一時浮榮圖得ᄒᆞᆯ셰此約彼條豁功ᄒᆞ여別般運動紛々ᄒᆞ니이것도十倭

▲韓面에腸相雜ᄒᆞ니假鬼面의行色이라何等聲明娼唱인고暗裏에舞弄ᄒᆞ니이것도十倭

▲兵力하에依庇ᄒᆞ야各地方에出沒ᄒᆞ며奪財겁姦恣行ᄒᆞ니指使者의惡行이라이것도十倭

▲分憂官을自辭ᄒᆞ고鼻息下에聽令ᄒᆞ며無辜良民驅掠ᄒᆞ야于인坑塹陷落ᄒᆞ니이것도十倭

▲幾分月銀貪食ᄒᆞ재睚眦怨을欲報ᄒᆞ야構虛捏誣探中에流毒生靈塗虐ᄒᆞ니이것도十倭

▲殊ᄒᆞ語學稍解ᄒᆞ면一爪牙를甘作ᄒᆞ고僞錢으로作奸ᄒᆞ야奪人家產無餘ᄒᆞ니이것도十倭

社告

左開三郡에支社를設立ᄒᆞ엿ᄉᆞ오니各該附近地에셔本申報購覽僉君子ᄂᆞᆫ各該支社員과交涉하시ᄋᆞᆸ

龍岡 郡山南面紅門洞 宋昇煥
全州 府東壹契四統九戶 李興鳳
龜城 郡芳峴面 南市洋藥局 崔禮洛

大韓每日申報社

▲江上青峰▼

▲日本東京醫院에셔醫士가高等官의妻病을診察ᄒᆞᄂᆞᆫ딕擧皆是花柳病에罹ᄒᆞ엿ᄉᆞ니此ᄂᆞᆫ高等官의齊家를不善ᄒᆞᆫ것은推此可知라고日人新聞에論評ᄒᆞ엿ᄉᆞ니日人高등官의妻도行實을잘가지ᄂᆞᆫ게여

▲龍山日人學校校師松本이ᄂᆞᆫ某大官의親侄이오日人某學교女教員坂井은陸軍中將某의侄女인디該男女兩人이奸濫을行ᄒᆞ다가形跡이綻露되엿다고日人新聞에도論駁ᄒᆞ엿ᄉᆞ니教師에任ᄒᆞᆫ者ᄒᆞ고如此ᄒᆞᆫ行爲를作ᄒᆞ니日人의學교도教育을잘될길於渠에치ᄒᆞᆯ것은無ᄒᆞ거니와同是教師오高등官의所生인즉作配逢生ᄒᆞ고日學校에教師질이나잘ᄒᆞ여보지

▲某某元老가平和會를발起ᄒᆞ엿다니무슴平和를ᄒᆞ랴ᄂᆞᆫ지淸日戰爭과露日戰爭이已息ᄒᆞ며니土耳其와希臘國에셔爭鬪가將起ᄒᆞᆫ다ᄒᆞ니萬國平和會ᄂᆞᆫᄒᆞ여보지

▲日人이美國에셔美人理髮所에去ᄒᆞ야治髮ᄒᆞ랴ᄒᆞᆫ즉日人理髮所로가라고驅逐을當ᄒᆞ며日人等이恨歎ᄒᆞ기를兵力이不及ᄒᆞ야抗拒치못ᄒᆞ겟다ᄒᆞ면서도日人이我韓에在ᄒᆞ야ᄂᆞᆫ演劇場의도韓日人의出入口를分別ᄒᆞ고沐浴湯ᄭᆞ지分別ᄒᆞᆺ스니日人이我韓人의게美國서ᄀᆞᆺ치驅逐을當ᄒᆞᆯᄶᆡ畏겁ᄒᆞ야그리ᄒᆞ엿나我韓人을하待的으로그리ᄒᆞ나디디屈辱히하待를밧ᄂᆞᆫ게로고

廣告

學部檢定 內部認可 **漢文初學** 一帙四冊(每一冊才四錢)

本書ᄂᆞᆫ一般私立學校初等教育漢文科에適當케編纂ᄒᆞᆫ온新刊發行이오며其他各種新書籍及學徒用品이具備ᄒᆞᆫ바特別割引ᄒᆞ와一依請求ᄒᆞ심을酬應ᄒᆞ오며郵便이나或運送部로迅速키付呈ᄒᆞᆯ깃ᄉᆞ오니學界에注意하시ᄂᆞᆫ京鄕僉位ᄂᆞᆫ愛顧ᄒᆞ심을務望

元賣所京南部薰洞十七統十戸 **廣文堂書舖 南鴻祐**

分賣所京鄕各有名書舖

本店에셔**開業**ᄒᆞᆫ지**十六年間僉君子**의愛顧ᄒᆞ심을**特蒙**ᄒᆞ와今年부터業**務**을**大擴**ᄒᆞ고**春夏秋冬所用**으로細屬ᄒᆞᆫ**等各國高等物品**을**現今多數直輸入**이온바**各地方**에셔ᄂᆞᆫ貿易에**便利賣買**키爲ᄒᆞ야價額**減價**ᄒᆞ와**郵便小包**로**酬應**ᄒᆞ야**代金**은**引換**ᄒᆞᆯ지오니**十三道**各**郡僉君子**ᄂᆞᆫ**隨意請求**ᄒᆞ심을**望**

振替貯金番號(韓國壹三番) 電話番號(三五八)

漢城中部鍾路◎器廛洞二十一統五戸

廣 **興泰** 告 **白**

(米利堅帽) 미리견모ᄌ

(吐手) 토슈

모ᄌ를 술 잘

물에 씻는 상

(中折帽) 중절모ᄌ

(項領) 목도리

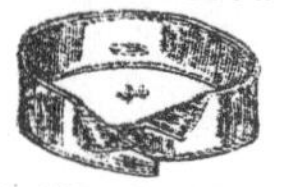

(총匣) 총갑

貨幣、名啣、卷煙草匣、各種要用品 入

◎炎天의 氷帽

化學의 神造

天地造化를奪ᄒᆞᄂᆞᆫ것은斯世의化學이라우리大韓총帽子社의質이馬尾라夏服用白총帽子의黃色이隱映ᄒᆞ기로모子製造所에셔恒常研究ᄒᆞ기를何如히ᄒᆞ면총모子를純白色으로化成홀고하더니化學의神術貴物로今에半黃色의馬尾를白雪과如히化色하야모子之白을白氷과如히氷緞을化造ᄒᆞ엿ᄉᆞ오니近者化學의功効가如此히神通ᄒᆞ야炎天이라도氷緞총모子를冠ᄒᆞ면人의精神이淸凉홀테이올시다

又ᄂᆞᆫ모子의堅緻홈은泰西의黃金五十圓以上價値되ᄂᆞᆫ一등파나마보시와如히汗汚키易ᄒᆞᆫ모子의內空(裏地)에緞紗를不要ᄒᆞ고但총織內紗에漆로商標를捺하야每人이數十年을冠用ᄒᆞ야도汚穢ᄒᆞ고弊傷홈이無하고洗滌에益便케製作하엿ᄉᆞ오니世界各國의人士ᄂᆞᆫ試驗的으로此白총모를冠用ᄒᆞ시면經濟上에必要홈을悅然大覺ᄒᆞ실터이올시다

大韓京城南部銅峴 大四街里三十五統五戸

玉虎書林專賣特許

총**帽子商店** 告白

◎**大韓全國**에ᄂᆞᆫ**本堂製造發行**ᄒᆞᄂᆞᆫ**藥品**

消化新藥 **淸心保命丹** 此丹은化痰止咳ᄒᆞ고順氣消滯ᄒᆞ며恒常長服ᄒᆞ면腸胃가健全

大補元氣 **蔘茸大補元** 大補元氣ᄒᆞ고滋腎健腦ᄒᆞ며先天不足과陽위不起에一切神効

[illegible] **積殺虫散** 此약은회積과회腹痛과회虫一切을去根ᄒᆞᄂᆞᆫ良劑

久滯大通丸 此丸은年久積滯와宿滯後重이며胃腹痛에神効莫大홈

梅花點雪丹 毋論男女ᄒᆞ고花柳病楊梅一切去根快復하ᄂᆞᆫ良藥

眼疾速効 **光明眼藥** 諸般眼疾에隨症皆差ᄒᆞᄂᆞᆫ東洋에初有ᄒᆞᆫ寶藥

起死回生 **回生丹** 此丹은急ᄒᆞᆫ吐瀉關格이며가슴아리와冷積과痢疾에神効

感氣神効 **解熱散** 寒熱往來ᄒᆞ며似학非학과頭痛眩暈와肢節痛에其効가偉大

齒와風齒와諸般齒痛에壹切 五

耳鼻靈藥 **耳鼻神藥** 無論男女ᄒᆞ고耳聾鼻塞이며耳鼻에關ᄒᆞᆫ病은隨症並差

疝症拔根 **疝積湯** 諸般산症에大談出賣홈

寸白虫을一切去根ᄒᆞᄂᆞᆫ妙劑

[illegible] **核根藥** 되눈과못과ᄉᆞ마귀를쎄ᄂᆞᆫ藥

止足汗臭藥 手足의汗臭를除却ᄒᆞᄂᆞᆫ藥

去核生新 **沃度膏** 創瘡과腐傷과곱센터去核生新ᄒᆞ기ᄂᆞᆫ第一著明

最新改良 **百應膏** 無論男女老少ᄒᆞ고毒瘇濕瘇痰瘇諸般瘇瘡에壹切特效가有홈

淋疾藥各種 淋疾各症에壹週日만服ᄒᆞ면病根快復ᄒᆞ고腎氣가完全홈

其他洋藥各種과◎賣藥各種◎都賣散賣

◎遠地에ᄂᆞᆫ郵便小包로申速酬應홈

漢城南大門內濟生堂大藥房 主任 **李庚鳳** 代辦 **李興國** 白

廣告

大韓每日申報支社廣告

平安北道

龍川楊市維新書舖 黃菊保
龍川南市驛 韓鎣希
朔州邑南門外 朱伯英
義州南門外한西大藥局 張有寬
鐵山邑東部 鄭翊
車輦舘同志會內 金明鉉
定州南門內書舖 洪成麟
博川邑內鐘洞 金翼樞
京義線批峴驛停車場前運輸會社前 李基秀
泰川邑舘前洋藥局 李正華
寧邊郡內紅門里 鄭德昇
寧邊龍山面新興里南貞河家 鄭奉益
宣川橋南四統十戸 申基周
江界邑內 金藥熙
郭山郡內新街 金大鉉
雲山邑上里八統八戸 咸元澤
雲山北面橋洞八統七戸 王晛鎬
昌城郡內西下里一統二戸 許의
熙川邑內面東門外洞十四統二戸 金錫澤
龍岡郡山南面紅門洞 安昇煥
龜城郡芳峴面南市洋藥局 崔禮洛

平安南道

平壤鍾路太極書舘 安泰國
三和港碑石洞耶蘇敎堂 裴亨湜
安州城內義井洞安陵書舘 金聲河
江西邑內 金昌煥
甑山郡內利用里 崔諺爽
德川邑官洞耶蘇敎冊肆 李丙十
永柔邑內槐峴里二統八戸 金志璜
肅川[illegible]
中和下道面一里[illegible]統九戸 金天湜
咸從邑校洞 金炳善

黃海道

海州南門內韓昌書舘 朴昌鎭
安岳郡細洞面端山里上場 韓楨教
長淵邑셔北支學會內 崔東礪
殷栗邑倉前里 金光元
信川邑四里 李悌瓊
白川邑文明舘 趙雲泳
載寧邑셔部李鼎均家乾材局 李範善
沙里院三聖學校內 李承吉

咸鏡道

咸興州南社西門外 曹喜林
元山港上里倉前洞耶蘇女學校側 皇甫正杰
定平郡豐陽里 張禮學
洪原西門內保命局 羅炳善
永興邑南山洞洪明學校內 梁元常
淸津港新岩洞 張元浩

全羅道

金溝木流面豆亭 趙德三
木浦港陽洞 李得珠
羣山港九福洞一統八戸 方在喜
全州府東一契四統九戸 李興鳳

京畿道

仁川杻峴開新冊肆 李東皓
開城南門外興學書舖 姜助遠
江華邑川橋 兪鎭植

慶尙道

大邱西小門外友弦書樓側 李正山
釜山佐川藥局 徐錫謨

江原道

鐵原邑棠谷 趙鍾大
蔚珍郡遠南面梅花里 郭鍾郁

忠淸道

韓山下北肇堂里 李英林
結城廣川小龍洞 李啓成
公州府古上衙福音書館 張允植
恩津論山

北墾島

墾北島龍井村下場里 朴棠祚

檀君開國四千二百四十三年
箕子元年三千三十二年
大韓開國五百十九年
本報創刊日 光武八年七月十八日

大韓每日申報

發行兼編輯人 李章薰
發行所 京城中部布廛屛門二宮街 二層洋屋 大韓每日申報社
第八卷 月曜及慶節歲時日休刊 第壹千四百十六號

論說

總理의게警告

一國의首相으로陰陽을理ᄒᆞ고四時를順케ᄒᆞᄂᆞᆫ職責을掌握ᄒᆞ엿스니其地位가當如何ᄒᆞ리오其政이善ᄒᆞ면國이安ᄒᆞ고其政이不善ᄒᆞ면而國이危ᄒᆞᄂᆞ니現今에我韓이安乎아否乎아國勢가岌業ᄒᆞ야安危存亾이一髮에在ᄒᆞ엿스니其責을何處에歸ᄒᆞᆯ고四方에氛祲이未霽ᄒᆞ고呼哭이浪藉ᄒᆞ야東西로流離ᄒᆞ니其責이誰에게在ᄒᆞ며綠林豪客이處處에嘯聚ᄒᆞ야剽奪을恣行ᄒᆞ니其責이誰에게在ᄒᆞ며牛毛苛法으로獄訟이不息ᄒᆞ야冤聲이漲天ᄒᆞ니其責이誰에게在ᄒᆞ며雜稅가層生ᄒᆞ야閭巷이騷擾ᄒᆞ고民不聊生ᄒᆞ니其責이誰에게在ᄒᆞ며金融이杜絕ᄒᆞ야商旅가不通ᄒᆞ고市街가蕭凉ᄒᆞ니其責이誰에게在ᄒᆞ며荒蕪田野를他人에게讓渡ᄒᆞ야農作을已失ᄒᆞ니其責이誰에게在ᄒᆞ며賦役이繁劇ᄒᆞ야農時를已奪ᄒᆞ며産業을難保ᄒᆞ니其責이誰에게在ᄒᆞ며土地家屋을外人에게典執ᄒᆞ되如何ᄒᆞᆫ措處가無ᄒᆞ니其責이誰에게在ᄒᆞ리오

秉權幾年에所營은何事에在ᄒᆞ며所爲ᄂᆞᆫ何事에在ᄒᆞᆫ고旅進旅退에浮榮만徒取ᄒᆞ엿ᄂᆞᆫ가尸位素餐에國庫金만徒費ᄒᆞ엿ᄂᆞᆫ가何等의事業으로內閣椅子에據然히占據ᄒᆞ엿ᄂᆞᆫ고邇來의事業을願聞ᄒᆞ노라

外人의勢力을借ᄒᆞ야傍계曲徑으로學部椅子를圖得ᄒᆞ야乙巳條約을成立ᄒᆞ엿고丁未協約으로內閣首揆를占據ᄒᆞ엿스니其勢力의宏大와籌策의密勿은餘人의及지못ᄒᆞᆯ바이로다

如此ᄒᆞᆫ手段으로扶國安民ᄒᆞᄂᆞᆫ事爲에留意ᄒᆞ엿스면何事를做치못ᄒᆞ며何業을成치못ᄒᆞ리오마ᄂᆞᆫ一身의名利만釣取ᄒᆞ야倉氏庫氏로地位를盤石ᄀᆞᆺ치鞏固ᄒᆞᆫ計劃으로政界에ᄂᆞᆫ家族社會를樹立ᄒᆞ엿고外交에ᄂᆞᆫ爪牙의情態를把作ᄒᆞ엿스니天地ᄂᆞᆫ雖變이나氏의勢力은不變ᄒᆞᆯ것시오山川은雖衰나氏의能力은不衰ᄒᆞᆯ줄노世人이認定ᄒᆞ엿더니垓營一夜에楚覇가卒困ᄒᆞ고赤壁大火에阿瞞이敗走ᄒᆞ엿도다

時運이一去ᄒᆞ면英雄이라도用武ᄒᆞᆯ地가無ᄒᆞᄂᆞ니天意가已厭ᄒᆞ고人心이未附ᄒᆞ야劍水刀山에夢魂이怨飛ᄒᆞ고一堅孤枕에徘徊萬念이何등의狀態를作ᄒᆞ리오可히自悔ᄒᆞᆯ事도有ᄒᆞᆯ것시오可히自責ᄒᆞᆯ事도有ᄒᆞᆯ지니前日에滔々ᄒᆞ던淚慾을掃除ᄒᆞ고來頭에源々ᄒᆞᆫ幸福을迎ᄒᆞᆯ지여ᄂᆞᆯ엇지幡然히改悟치못ᄒᆞ고溫泉의水에宦熱이添劇ᄒᆞ야某氏를日本에送ᄒᆞ야地位를鞏固ᄒᆞ기로運動ᄒᆞ며某處에暗電을발送ᄒᆞ야地位鞏固를哀乞ᄒᆞ엿다ᄂᆞᆫ聽聞이喧聒ᄒᆞ니氏를爲ᄒᆞ야竊爲不取ᄒᆞᄂᆞᆫ것은氏가幾日을視務치아니ᄒᆞᆯ時에人民의思慕가尤切ᄒᆞ야謳歌가四起ᄒᆞ엿스면更히出脚ᄒᆞ야重任을負擔ᄒᆞ려니와四方의冤聲이不絕ᄒᆞ고疾視ᄒᆞᄂᆞᆫ情態가發現ᄒᆞ거ᄂᆞᆯ엇지一時의名利만不厭ᄒᆞ야地位를復圖코저ᄒᆞ리오此를謂ᄒᆞ야得意ᄒᆞ던地에不可再往이라辭免勸告가某處에셔來到ᄒᆞ엿다ᄒᆞ며辭表를提呈ᄒᆞ라ᄒᆞᆫ다ᄂᆞᆫ說이有ᄒᆞ니眞僞ᄂᆞᆫ可히知치못ᄒᆞᆫ者이나氏를爲ᄒᆞ야韓文公의送窮文을朗讀ᄒᆞ노라

官報

◎第四千七百十一號

▲隆熙四年六月二十二日(水曜)

告示

內部告示第六五號

一、孤兒院週報발行人李愚션

一、工業界발行人 朴贊翊

右雜誌ᄂᆞᆫ申告업시休刊後規定期限을經過ᄒᆞ엿슴으로新聞紙法第九條第二項을依ᄒᆞ야발行許可의効力을失홈

隆熙四年六月二十日

內部大臣 朴齊純

敍任及辭令

○六月十九日 齋藤角藏 任公立普通學校本科訓導兼敎監 敍判任官三등 醫部信田芳 補江景警察署長 財務監督局主事田창鎭 財務署主事金永鶴 依願免本官 財務署主事任稷淳 免本官 右ᄂᆞᆫ所管局長의報告를據査ᄒᆞᆫ즉該員이隆熙元年以來多額의地稅金을欠逋라ᄒᆞ니似此官吏ᄂᆞᆫ不可仍置이기官員懲戒令第一條及第[illegible]條에依ᄒᆞ야免本官(以上六月十八日度支部) 關稅局主事李熙悳 依願免本官 關稅技師矢田下次 命甑南浦稅關兼務 稅關技師千葉萬壽 稅關技師伊東淸七郞 命元山稅關兼務(以上六月二十日度支部) 公立普通學교本科訓導兼敎監黑木虎男 依願免本官並兼官 學部主事方漢宗 依願免本官(以上六月二十日學部)

◉社告

本社位置를本月九日에京城中部布廛屛門二宮街二層洋屋으로移設ᄒᆞ엿ᄉᆞ오니本報를愛讀ᄒᆞ시ᄂᆞᆫ僉君子ᄂᆞᆫ照亮ᄒᆞ심을望홈

大韓每日申報社

外報

◎루氏歡迎 紐育來電을據ᄒᆞᆫ즉美國前大統領루쓰벨트氏ᄂᆞᆫ同地에還着ᄒᆞ야盛大ᄒᆞᆫ歡迎을受ᄒᆞ얏ᄂᆞᆫ디裝飾을施ᄒᆞᆫ巡洋艦隊二百隻은港外ᄭᆞ지出迎ᄒᆞ야禮砲를連發ᄒᆞ고市民百萬은歡喜의聲을絕叫ᄒᆞ면셔出迎ᄒᆞ얏ᄂᆞᆫ디北美合衆國建國以來로如斯ᄒᆞᆫ歡迎은처음이라더라

◎克島問題와列國 倫敦來電을據ᄒᆞᆫ즉法國外相비숀氏ᄂᆞᆫ內閣會議의席上에셔報告ᄒᆞ기를크리트의保護列國은同島에關ᄒᆞᆫ意見이一致ᄒᆞ얏슨즉列國은其決意를尊重케ᄒᆞ되그結果로生ᄒᆞᄂᆞᆫ事變에應ᄒᆞ기爲ᄒᆞ야스타灣에海軍力을增加ᄒᆞ라ᄒᆞ다고言述ᄒᆞ얏다더라

◎實業團과盛宣懷 上海電報를據ᄒᆞᆫ즉淸國盛宣懷氏ᄂᆞᆫ渡淸ᄒᆞᆫ日本實業團一行을招待ᄒᆞ야午餐會를設ᄒᆞ고席上에셔演說ᄒᆞ기를日淸兩國의關係를一層親密케ᄒᆞ고兩國의通商關係를更히深厚케ᄒᆞ야利害를共通홈이可ᄒᆞ고若不然則兩國間에有害無益이라고言述ᄒᆞ엿다더라

◎鴉片稅反對 北京來電을據ᄒᆞᆫ즉淸國廣東에셔鴉片輸入稅金增加ᄒᆞᆫ事에對ᄒᆞ야英國代理公使마키시라氏ᄂᆞᆫ淸國外務部에向ᄒᆞ야此ᄂᆞᆫ通商條約에違反되ᄂᆞᆫ것이니速히該增稅規則을撤回ᄒᆞ라고交涉ᄒᆞ얏다더라

◎安奉線工事의進步 安東縣來電을據ᄒᆞᆫ즉淸國安奉線工事ᄂᆞᆫ豫定以上에進步되야第三工區ᄂᆞᆫ旣히竣工되엿다더라

◎安奉沿線의馬賊 同電을據ᄒᆞᆫ즉淸國安奉沿線各處에ᄂᆞᆫ昨今馬賊이出沒ᄒᆞ야人心이恟々ᄒᆞ다더라

◎革命黨員捕縛 奉天來電을據ᄒᆞᆫ즉本月十九日에同地京奉鐵道停車場에셔革命黨三名이爆藥四箱을運去ᄒᆞ다가淸國巡警에게被捉되엿다더라

◎諮議局臨時會 同電을據ᄒᆞᆫ즉淸國諮議局臨時會ᄂᆞᆫ本月十七日에錦齊鐵道問題에對ᄒᆞ야討議ᄒᆞ고十九日에ᄂᆞᆫ連山灣開港件에對ᄒᆞ야討議可決ᄒᆞ얏다더라

◎淸巡과日兵 同電을據ᄒᆞᆫ즉本月十九日에同地에셔日本兵丁과淸國巡警이何등事情을因ᄒᆞᆷ인지說往說來間에巡警이警笛을吹ᄒᆞ야多數의巡警을集會ᄒᆞ고日兵三名을毆打負傷케ᄒᆞ얏다더라

雜報

◎藥房의慈善事業 洞口內和生堂大藥房에셔ᄂᆞᆫ附屬病院을設립ᄒᆞ고大韓醫院卒業生으로慈惠藥房에셔多年診察에著名ᄒᆞᆫ醫士李석駿氏를延聘ᄒᆞ야同胞의罹病者를誠心治療ᄒᆞᄂᆞᆫ디藥價ᄂᆞᆫ半額을收入ᄒᆞ고孤兒院學生及鰥寡孤獨은無料로治療홈으로該藥房의義務를莫不稱頌ᄒᆞᆫ다더라

◎鴉多傷命 新門外慕華館等地居裴元春氏ᄂᆞᆫ夫婦間不協ᄒᆞᆫ事件을因ᄒᆞ야再昨日鴉片을呑喫自斃ᄒᆞ엿슴으로所管警察署에셔屍體를檢査ᄒᆞ엿다더라

◎兩犯越交 警視廳에被捉ᄒᆞ엿던竊盜犯尹福伊林順福등二名을再昨日京城區裁判所로越交ᄒᆞ엿더라

世界歷史

◉地理學及天文學의發見◉

越明年에(콜넘버쓰)의友人(플노렌스)航海者(아메리고、베스폿치)가南美大陸의海岸을발見ᄒᆞ고其紀行을著ᄒᆞ기에至ᄒᆞ야드ᄃᆡ여著述者의名을依據ᄒᆞ야新大陸을亞米利加라稱ᄒᆞ니라

一千五百十三年에西班牙人(쌜보아)가(파나마)地峽을橫過ᄒᆞ야太平洋을發見ᄒᆞ고同十九年에西班牙人(코테스)가墨西哥에往ᄒᆞ야二年後에全國을征服ᄒᆞ고西班牙의屬領을作ᄒᆞ며同十九年으로同二十二年에至ᄒᆞᄂᆞᆫ間은葡萄牙人(마갈엔쓰)가西班牙王의命을奉ᄒᆞ고世界를一周ᄒᆞ며世界의球形됨을愈益明確케ᄒᆞ며同三十二年에西班牙人(피사로)가秘魯를征服ᄒᆞ니自是以後로西班牙가墨西哥와秘魯二國을自己의屬領으로作ᄒᆞ야巨萬의富를得ᄒᆞ야第十六世紀間에歐洲中第一富强ᄒᆞᆫ國이되니라

上述홈과如히地理上의發見은其踵을陸續相接ᄒᆞ나然이나天文學上에至ᄒᆞ야ᄂᆞᆫ從來로學者의所信ᄒᆞᄂᆞᆫ天動說이人類中心說의說明에好材料를作ᄒᆞ야地球로써宇宙의中心이라ᄒᆞ고諸種의天體ᄂᆞᆫ其周圍를回轉ᄒᆞᆫ다ᄒᆞ야此說의勢力이甚히巨大ᄒᆞ야可破치못ᄒᆞ더니

(未完)

詞藻

◉自歎◉ 頤齋生

豹霧南山有隱雷巖阿何處蘊良才關河有限舟楫濟宇宙無窮氣數迴經綸時事沙蒸飯飜覆人情鬼作媒遙憶鄕園蕉葉長何時歸去好懷開

評曰七日霧中不窺一斑者耶歸鄕亦有開懷處乎

宮廷報

○三百圜金　宮內府에서漢城府에發訓ᄒᆞ야月前宣惠廳內市場倉庫燒燼事件을查報ᄒᆞ엿ᄂᆞᆫᄃᆡ該倉庫重建에對ᄒᆞ야大皇帝陛下씌옵셔三昨日金三百圜을　下賜ᄒᆞᄋᆞᆸ셧다더라

○淸豐陛見　淸豐君李海昇氏ᄂᆞᆫ再昨日上午十二時에　선源殿을　奉審ᄒᆞ고因ᄒᆞ야太皇帝陛下씌　陛見ᄒᆞ엿다더라

雜報

○日理事叙勳件　日昨內閣例會에日本興業銀行村田理事등二人을叙勳ᄒᆞ기로內定되엿다더라

○木內同件　歸國ᄒᆞ엿던農商工部木內次官은新任山縣副統監과來二十五日에同伴발程歸任ᄒᆞᆫ다더라

○總理還期　總理大臣李完用氏ᄂᆞᆫ本月晦間에上來ᄒᆞ겟다고其本第로通知ᄒᆞ고所居宿屋을修理ᄒᆞ라ᄒᆞ엿다더라

○迎接學大　西道에學事를視察ᄒᆞ던學部大臣李容稙氏ᄂᆞᆫ昨日午後六時二拾五分에入城ᄒᆞ엿ᄂᆞᆫᄃᆡ學部一般官吏가南大門外停車場에서迎接ᄒᆞ엿다더라

○何事不進　宮相閔丙奭氏ᄂᆞᆫ溫泉에서治療ᄒᆞᄂᆞᆫ李總相을面會ᄒᆞ고歸京ᄒᆞᆫ後何等事件을因ᄒᆞᆷ인지數日仕進을廢止ᄒᆞ엿다더라

○尹家談話　宮相閔丙奭中樞院顧問李夏榮氏등이再昨日下午八時에侍從院卿尹德榮氏私邸로會同ᄒᆞ야時局에關ᄒᆞᆫ談話가密勿ᄒᆞ엿다더라

○世情必然　現內閣이變更되과某某氏가新內閣을組織ᄒᆞᆫ다ᄂᆞᆫ姓名이各新聞에頒布되엿슴으로南北村猟官者들이其捷徑을得코저運動ᄒᆞᄂᆞᆫ者가比比有之ᄒᆞ다ᄂᆞᆫᄃᆡ可謂炎凉世界라고物論이浪藉ᄒᆞ다더라

○運動何多　東京에滯在ᄒᆞᆫ金在珣氏ᄂᆞᆫ巨款의金額을費ᄒᆞ고大臣一窠를運動ᄒᆞ다가虛事에歸ᄒᆞ엿다ᄒᆞ며多月東京에서周旋ᄒᆞ던李䄵馨氏ᄂᆞᆫ무ᄉᆞᆷ運動ᄒᆞᆫ事가有ᄒᆞ든지統監과同伴渡來ᄒᆞᆫ次로馬關等地에逗留ᄒᆞᆫ다더라

○視察保護　內部警務局今村警視가溫陽에在ᄒᆞᆫ李總理의保護ᄒᆞᄂᆞᆫ警察狀況을視察ᄒᆞ고再昨日에入城ᄒᆞ엿ᄂᆞᆫᄃᆡ其情况을聞ᄒᆞᆫ즉天安及其附近警察官吏가輪回保護ᄒᆞᆫ다더라

○歡迎水野　內部에서ᄂᆞᆫ日本內務省水野參事官을歡迎ᄒᆞ기爲ᄒᆞ야目下準備ᄒᆞᄂᆞᆫ中이라더라

○狂蝶偸猜　侍從院副卿李會九漢城府尹張憲植漢城銀行總務韓相龍諸氏가去二拾日夜에侍從李恒九氏家에會同ᄒᆞ야挾妓宴樂ᄒᆞ다가主人李恒九氏가妓生　名을携手ᄒᆞ고挾房으로入去ᄒᆞ야雲雨의樂을成ᄒᆞᄂᆞᆫᄃᆡ會同ᄒᆞ엿던諸氏가忿발ᄒᆞ야曰主人의資格으로來賓을不顧ᄒᆞ니不可暫留라ᄒᆞ고卽時散會ᄒᆞ야沒風景에至ᄒᆞ엿다더라

○樂不顧親　去二拾日夜에侍從李恒九氏가自己家에서宴樂ᄒᆞᆫ事ᄂᆞᆫ別項과如ᄒᆞ거니와自己의父親은病症이彌日未差ᄒᆞ야地方에서治療中인ᄃᆡ何等景况을因ᄒᆞ야宴樂ᄒᆞᄂᆞᆫ지不知ᄒᆞ겟다고人皆唾罵ᄒᆞᆫ다더라

○無業可憐　日昨에渡韓ᄒᆞᆫ英國新聞記者가官立漢城高等學校를視察ᄒᆞ다가該校學父兄의職業區別表를見ᄒᆞᆫ즉擧皆無職業者로懸錄ᄒᆞᆫ지라該記者가大驚小怪曰學徒의父兄이如此히無職業ᄒᆞ고야엇지敎育을발展ᄒᆞ겟ᄂᆞ냐ᄒᆞ고言論ᄒᆞ엿다더라

○此亦實信計策乎　近日本報에京鄕有志紳士의請覽이日增ᄒᆞᆷ은一般知了ᄒᆞᄂᆞᆫ바인ᄃᆡ昨日大韓新聞과國民新報와日人京城新報에本報購覽數가三千枚가減損ᄒᆞ엿다ᄒᆞ고大韓民報에셔도減落이되엿다ᄒᆞ니妨害的으로揭載ᄒᆞᆫ事ᄂᆞᆫ一笑에付ᄒᆞᆯ터이나如此ᄒᆞᆫ無근의說이何處로從生ᄒᆞ엿ᄂᆞᆫ지尋究不得터니昨日에京城通信社任員이라ᄒᆞᄂᆞᆫ日人이本社에來言ᄒᆞ기를京城內에통信社가三個所가有ᄒᆞᆫᄃᆡ貴社에셔弊社通信만退却ᄒᆞᄂᆞᆫ것이事甚抑鬱이라ᄒᆞ면셔貴報購覽ᄒᆞᄂᆞᆫ數가三千枚가低落되엿다고內外國新聞에揭布ᄒᆞᆫ것이弊社통信에셔出ᄒᆞᆫ者인즉弊社통信을更爲購覽ᄒᆞ라고重言復言ᄒᆞ니통信을賣喫ᄒᆞ기爲ᄒᆞ야無근ᄒᆞᆫ事를揭布ᄒᆞ야計策을用코저ᄒᆞ니此等통信을誰가信ᄒᆞ리오不過是自경其面ᄒᆞᄂᆞᆫ者이로다

○大韓協會의建빅　大韓協會에셔ᄂᆞᆫ寺內통監이來任ᄒᆞᄂᆞᆫ同時에何事인지建빅ᄒᆞ려고方今準備中이라더라

○明石視務　新任駐韓明石憲兵司令官은本日부터視務ᄒᆞᆫ다더라

○爲日供覽　日本內務省水野參事官이明日渡韓ᄒᆞᆷ은已報어니와內部에셔ᄂᆞᆫ該氏에게供覽ᄒᆞ기爲ᄒᆞ야各局課에셔各項處理文簿를大整理ᄒᆞ기爲ᄒᆞ야一般官吏가盡日視務ᄒᆞᆫ다더라

○日民歡迎旗　泥峴居留日人들이新任正副통監의來任ᄒᆞᄂᆞᆫ日에大歡迎會를設ᄒᆞ기로歡迎旗를家家製造ᄒᆞᄂᆞᆫ中이라더라

○測量見習地段　東大門外安甘川등地에拾五萬坪되ᄂᆞᆫ地段을土地測量事務員이實地見習ᄒᆞᄂᆞᆫ處로劃定ᄒᆞ기爲ᄒᆞ야學部에셔漢城府와交涉ᄒᆞᄂᆞᆫ中이라더라

○偵探云增　日憲兵司令部에셔事務의浩煩을因ᄒᆞ야偵探者拾五名을增選ᄒᆞ기로目下協議中이라더라

○補助員募集　司令部에셔補助員을募集ᄒᆞᄂᆞᆫᄃᆡ應募者의履歷書가四百餘張에達ᄒᆞ엿다더라

○校舍借權有無　度支部에셔ᄂᆞᆫ日前觀鎭學校에官吏를派送ᄒᆞ야該교舍借得權有無를調查ᄒᆞ엿다더라

○李逋更督　從二品李範喬氏가已往郡守在任時에公貨欠逋條를排朔納入ᄒᆞᆯ意로度支部에納코저ᄒᆞ엿스나尙今ᄭᆞ지一分도來納지아니ᄒᆞᆷ으로再昨日度支部에셔該氏를招請ᄒᆞ야不日來納ᄒᆞ라고星火督促ᄒᆞ엿다더라

○結稅總額調查　度支部에셔全國內結稅總額에調查ᄒᆞᆫ바를據ᄒᆞᆫ즉光武一年度에ᄂᆞᆫ七十萬結에不過ᄒᆞ엿ᄂᆞᆫᄃᆡ本年度에ᄂᆞᆫ一百三萬餘結에達ᄒᆞ엿다더라

○塲市復設請願　永平郡市塲을移設ᄒᆞᆫ事에對ᄒᆞ야該郡人民代表朴仁順朴運근氏等十二人이該市塲을舊基에復設ᄒᆞᆯ次로昨日農商工部에請願ᄒᆞ엿다더라

○城津露舘　元山港에在ᄒᆞᆫ俄國領事ᄭᅦ루코푸氏가城津港에領事舘建築ᄒᆞᆯ事를協議ᄒᆞᆯ次로上京ᄒᆞ엿다가再昨日에元山으로還去ᄒᆞ엿다더라

○水道殘額請認　平壤郡에設置ᄒᆞᆫ水道局의豫算中에八萬圜이餘在ᄒᆞ엿ᄂᆞᆫᄃᆡ該地居留日人들이下水工事에支用ᄒᆞ겟다고內部에請願ᄒᆞ야承認ᄒᆞ엿다더라

○礦所建築協議　農商工部에셔ᄂᆞᆫ平壤郡에礦業所를新建築ᄒᆞ기로目下協議中이라더라

○胎峰山林調查　昆陽郡守金善在氏가宮內府訓令을因ᄒᆞ야該郡所谷面所谷山에在ᄒᆞᆫ　世宗　端宗뎨室制度及山林坪數를調查報告ᄒᆞ엿다더라

○凶黨의罪名　三昨夜에何許人이國民同志贊成會副會長徐彰輔의前後窮凶極惡ᄒᆞᆫ罪狀을臚列ᄒᆞ야該會事務所門壁上에揭付ᄒᆞ고凶黨을次第殄滅ᄒᆞᆫ다ᄒᆞ엿ᄂᆞᆫᄃᆡ尾附에ᄂᆞᆫ劍契團이라書ᄒᆞ엿다더라

○朝會夕散　國民同志贊成會이니儒生建議所이니허多名稱이發現되더니近일情況을聞ᄒᆞᆫ즉經費가窘詘ᄒᆞ야無故解散ᄒᆞᆯ境에至ᄒᆞ얏다더라

○京元線起工期　京元鐵道를敷設ᄒᆞᆫ다ᄒᆞᆷ은既報어니와來十月中旬頃부터工役에着手ᄒᆞᆫ다더라

○辯士夜宴　再昨日輔國閔泳徽氏生日에盛宴을開ᄒᆞ고元老大臣을請邀宴待ᄒᆞ엿다ᄒᆞᆷ은既報어니와繼ᄒᆞ야夜宴을開ᄒᆞ고辯護士諸氏를招待ᄒᆞ엿다더라

○傳道文戶分　鍾路靑年에셔各敎堂에協議ᄒᆞ고傳道文을全國家戶에一一分派ᄒᆞᆫ다더라

○無犯必冤　前郡守尹宇榮氏가年近八十에靡室靡家ᄒᆞ야京鄕親戚에게寄食ᄒᆞᆯ뿐더러五年前蔚珍郡守在任時에一分公債가無ᄒᆞ다ᄂᆞᆫᄃᆡ莅任三年前吏逋를移徵ᄒᆞ게됨으로八拾無家客이計無所出ᄒᆞ야京鄕財務署에呼冤ᄒᆞᆫ다더라

○濟生堂의興業　京城南大門內濟生堂藥房은淸心保命단을創製발賣ᄒᆞᆫ지于今八年에營業이발展ᄒᆞᆷ으로事務가繁富ᄒᆞ야主務以下店員及製藥人이晝夜를不分ᄒᆞ고各其職務를隨ᄒᆞ야非常히浩繁ᄒᆞᆫ狀態를呈ᄒᆞᆫ다더라

○靑年夏令會　靑年會總務巴樂萬氏의발起로本日午前八時에鎭關에셔夏令會를設ᄒᆞ고韓美兩國宣敎師를請邀ᄒᆞᆫ다더라

○兩犯被捉　强盜犯尹鍾植金俊順등一名이日前南部警察署에被捉ᄒᆞ엿다더라

○閔弟竊犯　前郡守閔丙星氏의弟丙贊이가竊盜犯으로三昨日에西部警察署에被捉ᄒᆞ엿다더라

○발明無路　寺洞居金召史가再昨日에密賣淫ᄒᆞ다가警察官吏의게發覺되야所轄警察署에被捉ᄒᆞ엿다더라

電報

○親任式擧行　拓殖局正副總裁ᄂᆞᆫ昨日에日本宮中에서親任式을擧行ᄒᆞ얏다더라

내閣總理大臣兼大藏大臣　侯爵　桂　太郞
兼任拓殖局總裁
遞信大臣兼鐵道院總裁　男爵　後藤新平
兼任拓殖局副總裁
陸軍少將　淺川敏靖
任馬政局長官

○德王의日光遊覽　德國攝政王殿下께셔ᄂᆞᆫ昨日에日本日光을遊覽ᄒᆞ셧다더라

○憲兵隊의大異動　駐韓憲兵隊編成의結果로昨日에日本內地의憲兵隊將校以下의大交迭이有ᄒᆞ엿다더라

以上東京발　二十二日着

○投彈殺八　露國월크쓰督視總監에게爆烈彈을投ᄒᆞᆫ者ㅣ有ᄒᆞ엿ᄂᆞᆫᄃᆡ同總監은幸히無事ᄒᆞ엿스나同伴者二名은被殺되얏다더라

伯林발　二拾二日着

▲病院雜歌▼

▲問病가세問病가세溫陽溫泉問病가세귀問病을가잔말가며[illegible]無[illegible]ᄒᆞ니[illegible]人의病病가세天安三街里능슈버들가지가지愁心이오닙닙히愁色일세울고가ᄂᆞᆫ더ᄭᅦ꼬리그소리가鵠호[illegible]다[illegible]風雲翻翔타가무슴機微엿보런가秋風辭를稱歌ᄒᆞ니汾水[illegible]젼노난다相對家[illegible]長歎[illegible]保全[illegible]이[illegible]던고當時[illegible]回想ᄒᆞ면[illegible]雄[illegible]業自期ᄒᆞ니大韓運命手中在라往年俄館播遷[illegible]와淸日露[illegible]戰爭事도今[illegible]結[illegible]이라大事責任自負ᄒᆞ니더恐[illegible]업슬소냐宋允[illegible]仰慕ᄒᆞ여一生[illegible]比라가[illegible]至此[illegible]心이라一門財産[illegible]子孫之計無憂로다[illegible]流[illegible]退次心이[illegible]기[illegible]飛ᄒᆞ니더세셔리[illegible]현[illegible]能[illegible]事가[illegible]이[illegible]々[illegible]及於先賢[illegible]爲人所[illegible]也夫[illegible]져

○三崇盛況 三和港三崇學교
[illegible]
尹元禮등十三人이오尋常卒業
生은金熙律等二十一人이오進
[illegible]
ᄒ야施賞品을多數寄付ᄒ엿다
더라
[illegible]
에開교式을設行ᄒ고趣旨書를
발表ᄒ엿다더라
[illegible]
卒業生은吳鶴巢田창浩等諸氏
오進級生은八拾餘人이라더라
韓協會支會館內에勞動夜學校
를設立ᄒ엿ᄂᄃ自備ᄒ야學徒
○敎師熱心 順安郡韓興學교
[illegible]
고和[illegible]이[illegible]다더라

社告

左開三郡에支社를設立ᄒ엿ᄉ
니各該附近地에서本申報購覽
僉君子ᄂ各該支社員과交涉하
시옴

龍岡 郡山南面紅門洞 宋昇煥
全州 府東岺契四統九戶 李興鳳
鏡城 郡芳峴面 南市洋藥局 崔禮洛

大韓每日申報社

▲曲曲淸流▼

▲前內部顧問次官이日本島取縣
知事로移任ᄒ엿ᄂᄃ品格이低
落ᄒ을爲嫌ᄒ야辭免ᄒ고前統
監府稻原長官에게砂糖會社長
을囑得懇乞ᄒ다니日人은뚝장
ᄉ를해먹어도大韓땅에만잇ᄉ
면됴흔게여

▲度支大臣무슴새ᄃ에저리紛忙
ᄒ가農大私邸에往訪ᄒ엿다가
統監府로又往ᄒ엿다ᄃ度支가
農商工部에合ᄒ다ᄒ며政界가
變動된다ᄒ니가뽕구녀에옥질
을잘ᄒ게여

▲一進會에서會員中에幾個人
이會中秘事를探知傳播ᄒ다고
調査總會ᄒ기로協議ᄒ다ᄒ니
該會에서宣言書나聲明書갓흔
陰謀를또발論ᄒᄂ게지

▲우리나라사람들이日人아래
ᄒ면쫒終히畏겁ᄒ야東之𦉆直
은不論ᄒ고哀乞伏乞ᄒ다가嚴
打를當ᄒ니요韓이비록未開ᄒ
다ᄒ나엇지그리愚迷ᄒ지무슴
事請ᄒ事가ᄒ거든에法律할
世上에呈狀ᄒᄂ게第一이여

▲一進會에서近日에經費가枯
竭ᄒ야任員의月給을支給지못
ᄒ야本國在核心中인ᄃ咸鏡道布
에各支會가額布數馱를上京放매

ᄒ야二百餘圜을收捧ᄒ것슬該
會에서挪用ᄒ기로使人甘誘ᄒ
다니셧되ᄒ면들니지該會의生
財之方이그뿐인가

雜報

○勒奪宗山 故右相東岡趙相
愚氏의山所가豐壤獨井里에在
ᄒ바川北右麓은趙氏始祖의齋
宮局內오川南은東岡山所의局
內로定界ᄒ이一百五十年이라
去壬申年에東岡子孫이川南所
在松楸를伐賣ᄒ야位土를買ᄒ
事와癸未年齋宮修理時에杜木
五株를本子孫에게得許斫去ᄒ
도有ᄒ則川南一麓은本子孫의
所有가確實ᄒ거날光武三年에
略干叢生雜木을八百兩에伐賣
ᄒ엿더니始祖子孫中一兩人이
該山坂을齋宮所屬이라稱ᄒ고
無數詰難ᄒ다가該齋宮主僞의
同議를因ᄒ야東岡山所局內가
的當ᄒ을確認妥帖ᄒ엿ᄂ니光
武七年에此說이復起ᄒ야강制
力으로設山所를私掘ᄒ깃다ᄒ
고雜木代金四千兩을勒徵ᄒ며
니不過三年에趙鼎九趙範夏兩
氏가該山坂에全局松楸를沒數
斫伐分用ᄒ엿슴으로本子孫이
刻骨冤忿ᄒ야秉承氏와宗孫東
昔氏가京城地方裁判所에起訴
ᄒ엿다더라

○郡守의養蠶 東萊人의傳說
을聞ᄒ즉麟蹄郡守姜昌熙氏가
桑栽數千餘株를培養ᄒ고農商
工部에請願ᄒ야技手를雇聘ᄒ
고蠶業學校를設立ᄒ며自己의
妾과女息도養蠶方法을人民의
게勸告ᄒ여蠶業을擴張케ᄒ기
로極須히載路ᄒ다더라

○宜ᄒ褒旌 南門外棠岩八紅
門家李青魯氏의子婦가拾七歲
에寡居ᄒ야年今三拾一인ᄃ拾
餘年間을以針工資生ᄒ야葬養
老舅ᄒ기로隣居丁泰燮諸氏가
掌禮院의旌閭케ᄒ事로請願ᄒ
엿다더라

○夫婦孝行 古阜郡宮洞面新
松里居ᄒᄂ金邦述氏와其妻金
氏가其父母生前에誠孝를極盡
ᄒ고歿後에哀毁盡禮ᄒ으로
鄕이稱譽ᄒ야其行蹟을臚列ᄒ
야面薦과鄕薦으로觀道에齊訴
ᄒ엿다더라

○與人家劵 北部齋洞居安鍾
幹氏ᄂ隣居尹응燮氏의家劵을
欺取ᄒ야金百餘圜에典執ᄒ고
因爲逃避ᄒ엿슴으로尹氏가將
次所管警察署에呼訴ᄒ다더라

○兩件說明 晋州郡守朴晶圭
氏ᄂ日前各面面長을會同ᄒ고
新式度量衡使用件을說明ᄒ엿
ᄂᄃ同時에地方委員朴在華氏
ᄂ一般人民에慶南日報를購覽
ᄒ야知識을발達ᄒ目的으로說
明ᄒ엿다더라

○金佛無靈 北部外一牌字內
文殊菴에서金佛一座를見失ᄒ
事로該寺僧이北署에呼訴ᄒ엿
더니其後南署에서賊漢一名을
捉得ᄒ야該金佛이露出된故로
該寺僧鴻演燮이가推去ᄒ엿다
더라

○病院設立請願 慕華館居留
ᄒᄂ人民등이資本金을鳩聚ᄒ
여該洞에病院을設立ᄒ고洞民
中罹病者를治療케ᄒ며或流行
病이라도他病院으로移去之弊
가無케ᄒ기로該署에請願ᄒ엿
다더라

○長通校維持協議 中部長通
坊坊間에서昨日에總會를開ᄒ
고長通學교維持ᄒ方針을協議
ᄒ엿다더라

○事關償務 今年正月에安秉
宅氏가崔榮夏氏에게家劵을借
得ᄒ야金重鉉氏에게委任ᄒ야
金四拾圜을得償以用ᄒ엿ᄂᄃ
過限未推ᄒ故로崔氏가安氏를
呈訴ᄒ며金氏ᄂ證據로北部에
呼出되엿고박朴兩氏事로被捉
ᄒ事ᄂ아니라더라

學界報

○院監辨明 孤兒院을西廟로
移接ᄒ計劃中인ᄃ孤兒輩가反
對ᄒ다ᄂ事에對ᄒ야該院監李
春世氏가本社에來辨ᄒ기를孤
兒가反對ᄒ事ᄂ初無ᄒ다더라

○夜校請助 烟草組合所工匠
들이발起ᄒ야夜學교를設立ᄒ
야青年을敎授ᄒ기로決定ᄒ엿
ᄂᄃ經費ᄂ各財産家에對ᄒ야
每朔二圜式捐助ᄒ기를請求ᄒ
엿다더라

廣告

本社에서忠淸南道道出張所를
公州郡에位置를定ᄒ고所長은
郭련氏로事務員尹鳳淳氏로會
計吳聖玉氏로選定委任ᄒ오니
內外國 僉彥은照亮ᄒ시옴

合資會社 普通組合本社
各鐵道驛港江市勞働
普通運送組合本社 告白

本人孫子保永이가或變名도ᄒ
고左耳ᄂ病身인ᄃ家貧ᄒ야覺ᄒ
니內外國人中錢物間에貸與ᄒ
면白失ᄒ터이니切勿見欺ᄒ
東部統內拾二統七戶
金奉應 告빅

忠南牙山屯浦分派所巡査李鍾
弼은挾雜之人으로京居某大臣
에至親之小室元氏를無端히誘
辱亂打故로該元氏가不勝忿冤
ᄒ야方欲絶縠期死云則如此行
悖巡査ᄂ必有重律이기廣布ᄒ
牙山屯浦拾二統五戶 李殷局

隆熙五年曆發賣人募集

請願期日은七月三十一日싸지
限ᄒ○請願人의所要部數ᄂ二
千部以上으로ᄒ○定價ᄂ一冊
에五錢발며人에게ᄂ下價格은
一冊에三錢二里로ᄒ○製本은
八月三十一日싸지로畢了ᄒ○
발매人은京城外九個所에ᄂ各
二人이며其他府郡에ᄂ各一人
을限ᄒ야許可ᄒ○請願節次、
保證金及매下代金納入節次等
은本月二十日官報에揭載ᄒ
隆熙四年六月 日
學部

謹告 京西部車洞同和藥房
本藥材로洋製ᄒ官許
[illegible]丸이消滯止瀉滅
[illegible]春ᄒ고付鍋ᄒ八十餘
種俱備大發行ᄒ오 閔[illegible] 白

本人이昨曆六月十九日夜平壤
郡內에서信章을失ᄒ엿ᄉ오니
內外國人間照亮ᄒ시옴
開城東部下開谷 玄錫俊 告빅

本人이大韓每日申報社에서送
社ᄒ엿ᄉ오니知舊間照亮ᄒ시
고 一切通信은本人의私
第로送ᄒ심을切望
京西門外八角亭洞百九十五
統四戶
梁起鐸

本館十餘種鍾衡氏를解雇ᄒ엿
ᄉ오니內外國人은以此照亮ᄒ
釜港韓興書館主 金泰衍

測量機械及美濃紙
京城南部鑄洞六十二統拾戶
KIM 金龍奎會

紙物貿易에迅速

(廣告文)

◎本店에서各種紙物을直輸入ᄒ야特別廉價로
僉位와其他僉彥께서
[illegible]로酬應ᄒ겟사오니不拘多少ᄒ고
交ᄒ시면郵便小包와運送部로經過ᄒ와
迅速히付星ᄒ깃ᄉ
物價表와品錄書등無料로付星ᄒ옴
品高價低에爲主ᄒ

內外國紙物大發賣

(品目略錄)

◎壯紙、油壯板紙、窓戶紙、白紙、塗벽洋紙、書籍各種、
天井紙、古査紙、印札紙、半紙、美濃紙、製圖紙、
紙、封套紙、其他學校用品筆墨各種具備

漢城鍾路大廣橋
本店 紙物舖 金聖煥
電話 一千二百八十番
支店 漢城北部安洞別宮前

特別廣告

◎本店을開業ᄒ지數十年以來에 僉君子의愛顧ᄒ심을蒙ᄒ온바更히報答ᄒ기爲ᄒ야[illegible]擴張ᄒ고內外各樣紙物과布木紬緞이며政府委托度量衡器와學校用品等을[illegible]廉價로直[illegible]遠近을勿論ᄒ고[illegible]ᄒ시면運送[illegible]郵便小包로[illegible]代金으로酬應ᄒ와交易의便利를ᄒ도록施行ᄒ깃ᄉ오니諸君子ᄂ照亮愛顧ᄒ심을伏望ᄒ

各樣紙物
壯紙 壯板紙 窓戶紙
白紙 各樣書畫塗背
洋紙 謄寫印刷洋紙
封套紙 印札紙
製圖用紙 美濃紙合綵

度量衡器部
度器 量器 衡器等
자와 말과 되와 저울
類를販賣ᄒ
京城鍾路通二十二統八戶
政府度量衡器販賣所
紙商 鄭洋煥
電話 [illegible]千拾九番 略號(鄭)(二元)

各種布木 紗緞
布。苧。木。紬。緞。
綿子。毛織
京城鍾路通二十三統八戶
本布商 鄭星煥

社告

大韓每日申報各處支社廣告

平安北道

龍川楊市維新書舖 黃菊保
龍川南市驛 韓灤希
朔州邑南門外 朱伯英
義州南門外한西大藥局 張有寬
鐵山邑東部 鄭翊
車輦館同志會內 金明鉉
定州南門內書舖 成麟
博川邑內鐘洞 金翼樞
京義線枇峴驛停車場前運輸會社前 基秀
泰川邑館前洋藥局 正華
寧邊郡內紅門里 鄭德昇
寧邊龍山面新興里南貞河家 鄭奉益
宣川橋南四統十戶 申基周
江界邑內 金泰熙
郭山郡內新街 金大鉉
雲山邑上里八統八戶 咸元澤
雲山北面橋洞八統七戶 王冕鎬
昌城郡內西下里一統二戶 許이
熙川邑內面東門外洞十四統二戶 金錫澤
龍岡郡山南面紅門洞 安昇煥
龜城郡芳峴面南市洋藥局 崔禮洛

平安南道

平壤鍾路大成書館 安泰國
三和港碑石洞耶蘇教堂 裵亨湜
安州城內義井洞安陵서館 金翼河
江西邑內 金昌煥
甑山郡內利用里 崔診爽
德川邑官洞耶蘇教冊肆 李丙
永柔邑內槐峴里二統八戶 金志璜
中和下道面一里三 禹應春
肅川東部面一里二統九戶 金天湜
咸從邑校洞 金炳善

黃海道

海州南門內韓昌書舖 朴昌鎬
安岳郡細洞面端山里上 韓楨教
長淵邑서北支學會內 崔東礪
殷栗邑倉前里 金光元
信川邑四里 李悌璜
白川邑文明館 趙雲泳
載寧邑서部李鼎均家乾材局 李範善
沙里院三聖學校內 李承吉

咸鏡道

咸興州南社西門外 曹喜林
元山港上里倉前洞耶蘇女學校側 皇甫正杰
定平郡豐陽里 張禮學
洪原西門內保命局 羅炳善
永興邑南山洞洪明學校內 梁元常
清津港新岩洞 張元浩

全羅道

金溝木流面豆亭 趙德三
木浦港陽洞 李得珠
羣山港九福洞一統八戶 方在喜
全州府東一契四統九戶 李興鳳

京畿道

仁川杻峴開新冊肆 李東皓
開城南門外興學書舖 姜助遠
江華邑川橋 俞鎭植

慶尙道

大邱西小門外友弦書樓側 李正由
釜山佐川藥局 徐錫

江原道

鐵原邑棠谷 趙鍾大
蔚珍郡遠南面梅花里 郭鍾郁

忠淸道

韓山下北鑿堂里 李英林
結城廣川小龍洞 李啓茂
公州府古上衙福音書館 柳聖培
恩津論山浦雜貨店 張允植

北墾島

墾北島龍井村下場里 朴榮祚

一數 新貨二錢五厘 壹個月 三十錢
廣告 四号活字拾三字詰 壹個月壹寸에 五圓（自一行至四行이爲一寸）

大韓每日申報

大韓開國五百十九年

第八卷 月曜及慶節歲時日休刊 第壹千四百十七號

發行兼編輯人 李章薰
發行所 京城中部布屛門二宮街 二層洋屋 大韓每日申報社

論說

國勢貧弱의所以

我韓이亞細亞東에處ᄒᆞ야三面은海를距ᄒᆞ고一面은支那幅圓을連接ᄒᆞ야天氣ᄂᆞᆫ寒暖이適宜ᄒᆞ고地形은險固가相接ᄒᆞ야攻守가兩便ᄒᆞ니實노天府에金湯이라謂ᄒᆞᆯ지로다

四千年會傳來ᄒᆞᆫ邦國으로風俗의美와政治의善이非不周備언마ᄂᆞᆫ降自中葉以來로浸以陵夷ᄒᆞ야自尊自立ᄒᆞᄂᆞᆫ思想이無ᄒᆞ야明國의藩籬를作ᄒᆞ다가明國이遂亡ᄒᆞ미清國의羈絆을受ᄒᆞ더니清國이遂弱ᄒᆞ미日本의保護를受ᄒᆞ엿스니政府에서도依賴的政治를行ᄒᆞ야人民에게壓迫ᄒᆞᄂᆞᆫ手段을加ᄒᆞ니秕政이無常ᄒᆞ야內亂은接踵而起ᄒᆞ고外患은燃眉而生ᄒᆞ야人和를俱失ᄒᆞ엿스니山川의險과風土의美를엇지恃ᄒᆞ리오

數百年間에權貴가弄權ᄒᆞᄂᆞᆫ데戚畹輩가黨與를結ᄒᆞ야羽翼을已成ᄒᆞ고諂諛專寵ᄒᆞ야賢良의路를塞ᄒᆞ며賄賂로肥己ᄒᆞ야黜陟ᄒᆞᄂᆞᆫ紀綱이紊亂ᄒᆞᆫ故로內外官職은人才의長短을不問ᄒᆞ고苞苴의多少로權衡ᄒᆞ야貪官汚吏가全國에遍滿ᄒᆞ니비록牧民의官이라名稱ᄒᆞ나蠹國害民은蛇蝎보다尤甚ᄒᆞ도다

朝貪暮饕에厭足을不知ᄒᆞ야富ᄒᆞᆫ者ᄂᆞᆫ敗亡에至ᄒᆞ고貧ᄒᆞᆫ者ᄂᆞᆫ溝壑에塡ᄒᆞ니農商이俱廢ᄒᆞ고盜賊이相起ᄒᆞ야官吏ᄂᆞᆫ擅殺ᄒᆞᄂᆞᆫ威를逞ᄒᆞ고民庶ᄂᆞᆫ伸冤ᄒᆞᄂᆞᆫ路가無ᄒᆞ야積忿은山과如히高ᄒᆞ고人心은瓦와如히解ᄒᆞᄂᆞᆫ지라羣을招ᄒᆞ고黨을結ᄒᆞ야小ᄒᆞᆫ者ᄂᆞᆫ打家刦舍ᄒᆞ고大ᄒᆞᆫ者ᄂᆞᆫ戕吏殺官ᄒᆞ니此를엇지人民에게歸責ᄒᆞ리오租稅로論ᄒᆞᆯ지라도定例가有ᄒᆞ다ᄒᆞᆯ지나다만文具뿐이오濫官의收租ᄒᆞᆷ이任意로增減ᄒᆞ야權力이有ᄒᆞᆫ者ᄂᆞᆫ田土를비록廣闊ᄒᆞᆯ지라도納稅가減少ᄒᆞ고貧民의無告ᄒᆞᆫ者ᄂᆞᆫ官吏의勒索을一任ᄒᆞ야豐年에飢渴을不免ᄒᆞ고凶歲에ᄂᆞᆫ死亡이必至ᄒᆞ며地方官은賄賂로營得ᄒᆞᆫ者라筮官以後ᄂᆞᆫ俸祿이비薄ᄒᆞ고衣食이未足ᄒᆞ거든엇지餘資가有ᄒᆞ야買官ᄒᆞᆫ債帳을淸勘ᄒᆞ리오百計聚斂ᄒᆞᆷ이不得已ᄒᆞᆫ事라ᄒᆞ며官籍에掛名ᄒᆞᆫ者ᄂᆞᆫ其能을問ᄒᆞ면所長도無ᄒᆞ며其職을問ᄒᆞ면所事가無ᄒᆞ고오작人民의膏血만吸收ᄒᆞᆯ뿐이오刑罰을濫用ᄒᆞ야上으로公卿과下으로小吏ᄭᆞ지生殺의權을操ᄒᆞ야常賤奴隷ᄂᆞᆫ비록寃枉ᄒᆞ야도赴訴ᄒᆞᆯ門이無ᄒᆞ고且刑訊ᄒᆞᄂᆞᆫ例가盛行ᄒᆞ야一次被控ᄒᆞ면비록證據가無ᄒᆞ야도반ᄃᆞ시刑罰을勒供ᄒᆞ야殘虐ᄒᆞᆫ情形은人으로ᄒᆞ야곰掩涕키不能ᄒᆞ도다

天이蒸民을生ᄒᆞ실時에貴賤이本無ᄒᆞ니王侯將相이엇지種子가有ᄒᆞ리오마ᄂᆞᆫ我韓의陋習은貴族、中人、常人을三等에分ᄒᆞ야朝廷位祿이貴族掌握中에在ᄒᆞ고或一不幸히常人이된者면비록管葛의才를抱ᄒᆞᆯ지라도分數를能히越치못ᄒᆞ야仕籍의登치못ᄒᆞᄂᆞᆫ防限이有ᄒᆞ야兩班은世々로兩班이오常人은世々로常人을作ᄒᆞ엿스니엇지民力이振發ᄒᆞᆯ道가有ᄒᆞ리오

大抵帝王으로브터小吏ᄭᆞ지萬民을爲ᄒᆞ야置ᄒᆞᆷ이오萬民을帝王과小吏를爲ᄒᆞ야設ᄒᆞᆷ은아니니비록帝王이라도人民의生命財産을保護치아니ᄒᆞ고虐政을妄行ᄒᆞ면獨夫ㅣ라稱ᄒᆞᄂᆞ니獨夫ᄂᆞᆫ其身을不保ᄒᆞ거든況官吏가如此ᄒᆞᆫ虐政을行ᄒᆞ리오官吏ᄂᆞᆫ自官吏오人民은自人民인즉畢竟上下가相賴ᄒᆞᆯ理가萬無ᄒᆞ리로다

是以로人民이依歸ᄒᆞᆯ處가無ᄒᆞ야此敎彼會에互相投入ᄒᆞ야自國의精神은他人에게輸與ᄒᆞ고他人精神에一身을寄生ᄒᆞ니西洋에歸치아니ᄒᆞ면日本에歸ᄒᆞ야面目은雖是韓人이나心腸은已是外人인즉可히無民의國이라稱ᄒᆞᆯ지니民이無ᄒᆞᆫ國이勢力이無ᄒᆞᆯ것은斷定ᄒᆞᆫ事라ᄒᆞ노라

官報

◎第四千七百十二號
▲▲隆熙四年六月二十三日(木曜)

告示

內部告示第六六號

美國桑港朔都街第二九二八號 新韓民報第一八六號 美領布哇호놀누밀너街第一三一三號在留洪宗杓발行 新韓國報第九七號 新韓國報第九八號

右新聞紙ᄂᆞᆫ治安을妨害ᄒᆞᆷ으로認ᄒᆞ얏기新聞紙法第三十四條를依ᄒᆞ야隆熙四年六月二十日에該新聞의발行頒布를禁止ᄒᆞ고此를押收ᄒᆞᆷ

隆熙四年六月二十一日 內部大臣 朴齊純

社告

本社位置를本月九日에京城
中部布屛門二宮街
二層洋屋으로移設ᄒᆞ엿ᄉᆞ오니本報를愛讀ᄒᆞ시ᄂᆞᆫ僉君子ᄂᆞᆫ照亮ᄒᆞ심을望ᄒᆞᆷ

大韓每日申報社

敍任及辭令

○五月十三日 申鉉重 任郡主事敍判任官四等
○六月十日 張在轍 任郡主事敍判任官四等
○六月十三日 九品李章雨 任郡主事敍判任官四等
○六月十七日 金鼎瑞 任郡主事敍判任官四等
○六月二十日 遺繙譯官補趙燦顯 同黃憲性 同邊政관 文창圭 任警部敍判任官三等 金相禹 金永常 鄭東一 任警部敍判任官四등 酒井重吉 典繕司事務를囑托ᄒᆞᆷ(判任待遇)(六月十日宮內府)

外報

◎美統領의聲譽 紐育來電을據ᄒᆞᆫ즉美國前大統領루쓰벨트氏ᄂᆞᆫ昨年三月에出발ᄒᆞᆫ后로二萬六千五百哩를巡行ᄒᆞ엿스며猛獸一萬三千首를擊殺ᄒᆞ엿고演說을一百十二回를ᄒᆞ엿스며十個國의帝王과會見ᄒᆞ엿고歐洲五個所의大學校에서學位를受ᄒᆞ엿다더라

◎鐵路局廢止 漢口來電을據ᄒᆞᆫ즉淸國政府ᄂᆞᆫ今番에湖廣總督瑞徵에게湖北의粵漢鐵路及川漢鐵路兩局을撤廢ᄒᆞ고且鐵路學堂을廢止ᄒᆞ라고命令ᄒᆞ엿ᄂᆞᆫ데此를因ᄒᆞ야粵漢及川漢鐵路의日人技師와鐵路學堂의日人敎員等은다解傭되얏다더라

◎露國의虎列剌 倫敦來電을據ᄒᆞᆫ즉南部露西亞에ᄂᆞᆫ虎列剌가益々猖獗ᄒᆞ야死亡者가百餘名에達ᄒᆞ엿다더라

◎遭難地紀念 哈爾賓來電을據ᄒᆞᆫ즉同地의日露官民은故伊藤公遭難紀念碑를建設ᄒᆞ기로議決ᄒᆞ얏다더라

◎列國派艦 伯林來電을據ᄒᆞᆫ즉크리트島의保護列國은各々軍艦二隻을同島로派遣ᄒᆞᆫ다더라

◎葡國內閣의辭職 同電을據ᄒᆞᆫ즉葡萄牙의內閣은辭職ᄒᆞ얏다더라

◎社會黨員의被選 同電을據ᄒᆞᆫ즉向者에飛行船을乘ᄒᆞ다가同船의破損ᄒᆞᆷ을因ᄒᆞ야死亡ᄒᆞᆫ德國우후뎌區의選出ᄒᆞᆫ國會議員「쎌푸리유ㅡ크」氏의補缺選擧에ᄂᆞᆫ社會黨員이被選되얏다더라

◎德國軍隊의技能 同電을據ᄒᆞᆫ즉德國軍隊ᄂᆞᆫ益々專門的技術을발揮ᄒᆞᄂᆞᆫ데鐵道隊、電信隊、輕氣球隊、등이라더라

◎德帝의全快 同電을據ᄒᆞᆫ즉德國皇帝의膝關節炎衝은旣히全快되야政務를視ᄒᆞ신다더라

◎普國의兩相更迭 同電을據ᄒᆞᆫ즉普魯斯國內務大臣「본몰도케」氏와農商務大臣「본알님」氏의辭職ᄒᆞᆫ代에「푸라운시유와이히」州觀察使본달우엣쓰氏ᄂᆞᆫ內務大臣으로「라인」州觀察使본、시올레멜氏ᄂᆞᆫ農商務大臣으로任命되얏다더라

◎長沙事件과英國 北京來電을據ᄒᆞᆫ즉長沙事件에對ᄒᆞ야日本의交涉은旣히終了ᄒᆞ고英國은該事件에對ᄒᆞ야方今交涉中인데其他事件은日間終了될것이오但英國의損害賠償金談判은北京에서開始ᄒᆞᆫ다더라

雜報

◎興業會의印刷 大韓興業會에서大同舘印刷機械를購入ᄒᆞ엿다ᄒᆞᆷ은旣報어니와日間印刷事務에着手ᄒᆞᆯ次로三昨日警視廳에請願ᄒᆞ엿다더라

◎東徒布敎 天道敎玄機司長梁漢默氏ᄂᆞᆫ南韓地方에布敎ᄒᆞ기爲ᄒᆞ야日間발程ᄒᆞ여陵州郡으로向ᄒᆞᆫ다더라

◎金佛창出 三昨日上午一時에彰義門外扶황寺元永菴에强盜四名이突入ᄒᆞ야金佛一座를창去ᄒᆞ엿다더라

◎趙氏窃犯 演興社總務趙[illegible]奎氏의弟潤奎氏가窃盜犯으로日昨所管警察署에被捉ᄒᆞ얏다더라

世界歷史

※地理學及天文學의發見※

第十六世紀의初에日耳曼人(코퍼니커쓰)가地動說을唱ᄒᆞ야以爲호되地球ᄂᆞᆫ遊星의一이라太陽이天體의中心이되며地球及其他遊星은悉皆周圍를繞行ᄒᆞᆫ다ᄒᆞ야天動說을反對ᄒᆞ나然ᄒᆞ나氏가此발見의結果ᄂᆞᆫ從來定說을打破ᄒᆞ며人類中心說의誤謬ᄒᆞᆷ을證明ᄒᆞᆫ則此에因ᄒᆞ야宗敎上에勢力이減殺ᄒᆞᆯ지로다唯天動說을深信ᄒᆞᄂᆞᆫ人의排斥을必受ᄒᆞᆯ줄을知ᄒᆞ고其說을秘隱ᄒᆞ며唯其親信ᄒᆞᆫ二友에게語ᄒᆞᆯ뿐이러니其歿ᄒᆞ기前一年에其友人이此를발表ᄒᆞᆫ故로氏가得已치못ᄒᆞ야世界에公布ᄒᆞ나然ᄒᆞ나此ᄂᆞᆫ高尙ᄒᆞᆫ學說이됨으로써地理學上의발見과如히世上에著現치아니ᄒᆞ고其影響이變遷時期의後에遠在ᄒᆞ니氏ᄂᆞᆫ乃近世天文學의鼻祖라稱ᄒᆞᄂᆞ니라

(未完)

詞藻

夜坐 頤雲生

獨對深燈意萬端所愧不在布衣寒琴書北社來何暮雲水南湖去亦難未信楊州乘鶴駕誰持海上釣鰲竿始知能遷終爲貴悔作憎然半世安

評曰此時所思豈止此已也靜言思之可勝寤擗者

宮廷報

◎御苑角戲請牒 既報와如히本日午後一時에 창德宮內秘苑에셔日人의大角戲를設行ᄒᆞᄂᆞᆫᄃᆡ宮內府大臣閔丙奭氏가大皇帝陛下의 旨意를 奉承ᄒᆞ야各官廳奏任官以上에게請牒ᄒᆞ엿ᄂᆞᆫᄃᆡ服裝은高帽及厚綠古套를使用ᄒᆞ고出入門은宣仁門으로指示ᄒᆞ엿다더라

◎金下角戲 大皇帝陛下씌옵셔本日角戲에金三百圓을 下賜ᄒᆞ옵신다더라

◎出入門變更 今日御苑에셔日本角戲를設行ᄒᆞᆷ은別項과如ᄒᆞ거니와來賓의出入口ᄂᆞᆫ月覲門으로變更ᄒᆞ엿다더라

◎會後陛見 昨日은內閣水曜例會인故로各部大臣이午前十時에會同協議ᄒᆞ엿고下午一時頃에總理署理內部大臣朴齊純學部大臣李容稙兩氏가大황帝 황后兩 陛下씌 陛見ᄒᆞ엿다더라

◎宮中의收繭式 明日午后一時브터 창德宮內 御蠶室에셔收繭式을擧行ᄒᆞᆫ다더라

雜報

◎恤金支出奏裁 地方騷擾를因ᄒᆞ야被害者의救恤金二千圓을豫備金中支出件을內閣會議를經ᄒᆞᆫ後에上 奏 裁可되엿다더라

◎面會後決定 總理李完用氏가辭表를提呈ᄒᆞ기로內定ᄒᆞ엿다ᄒᆞᆷ은既報어니와新任統監歸任ᄒᆞᆫ後에一次面會ᄒᆞ고進退를決定ᄒᆞ기로決意ᄒᆞ엿다더라

◎各自大將 某處에셔秘密探知ᄒᆞᆫ바를漏聞ᄒᆞᆫ즉近日內閣變動說에對ᄒᆞ야元老以下諸氏가大臣椅子를占據ᄒᆞᆯ計劃으로運動ᄒᆞᄂᆞᆫ者이七十餘人에達ᄒᆞ엿다더라

◎四氏行樂 前叅政韓圭卨輔國閔泳韶奎章閣卿趙東熙前贊政申泰休諸氏가三昨夜에家族을帶同ᄒᆞ고高等演藝館을觀覽ᄒᆞ엿다더라

◎副統監의一行 山縣副統監以下有吉總務長官一行은七月一日에馬關에셔出帆ᄒᆞ야光濟號를搭乘ᄒᆞ고仁川으로直行ᄒᆞᆯ事를決定ᄒᆞ얏다ᄂᆞᆫ公電이有ᄒᆞ엿다더라

◎憾情何故 中樞院議長金允植氏와漢城府民會長俞吉濬氏가有何事端인지近日에該兩氏間에憾情이발生ᄒᆞ엿다더라

◎海豐의債帳 海豊府院君尹澤榮氏의負債에對ᄒᆞ야宮內府官人이各債權者에게半減ᄒᆞ기를請ᄒᆞ엿다ᄒᆞᆷ은既報ᄒᆞ엿거니와更聞ᄒᆞᆫ즉尹氏의所負額이利子並ᄒᆞ야一百七萬餘圓인ᄃᆡ官內府官人林文太郞이各債權者를請邀ᄒᆞ야言及ᄒᆞ기를拾二萬圓만爲先分用ᄒᆞ고餘錢은從後受捧ᄒᆞ라ᄒᆞ엿ᄂᆞᆫᄃᆡ各人이不聽ᄒᆞ엿다더라

◎衛生講話 內部衛生局山근囑托은昨日仁川港警察署에下往ᄒᆞ야衛生講話會를開ᄒᆞ엿다더라

◎警署文簿調查 警視廳에셔ᄂᆞᆫ事務를整理ᄒᆞ기爲ᄒᆞ야各警察署文簿를目下調查中이라더라

◎文簿視察 內部次官署理松井警務局長이昨日에該部內各局課에셔整理ᄒᆞᆫ文簿狀況을視察ᄒᆞ엿다더라

◎宴席에平和協議 各元老大臣이再昨日에輔國閔泳徽氏生日宴에會同ᄒᆞ엿다가協議ᄒᆞ기를韓國平和協會ᄂᆞᆫ新任統監이到着ᄒᆞᄂᆞᆫ時에趣旨及目的을協議ᄒᆞ야擴張ᄒᆞ자ᄒᆞ엿다더라

◎各校文簿調查 學部會計課에셔ᄂᆞᆫ日昨日人馬淵主事를派送ᄒᆞ야成均館及各官立學校文簿를調查ᄒᆞ엿ᄂᆞᆫᄃᆡ日間公立學校를繼續查調ᄒᆞᆫ다더라

◎李氏行動偵探 日本留學生李寅鎔氏가日前에歸國ᄒᆞ엿ᄂᆞᆫᄃᆡ該氏의行動을警視廳에셔偵探ᄒᆞᆫ다더라

◎三件何事 大韓平和會에셔新任統監이赴任ᄒᆞᆫ後에平合長書를該統監에게繕呈ᄒᆞ기로協議中이라ᄂᆞᆫᄃᆡ該長書內容은三件事를臚列ᄒᆞᆫ다더라

◎償金者李 故伊藤公爵이大東學會에一萬圓金을寄付ᄒᆞᆷ은一般知了ᄒᆞᄂᆞᆫ바어니와該金額中四千圓은經費에支用ᄒᆞ고餘額六千圓內에三千圓은紳士李某가自道되엿다ᄒᆞ야內訌이起ᄒᆞ엿다더라

◎歡迎準備 商務組合本部에셔ᄂᆞᆫ新任統監赴任時에歡迎ᄒᆞ기爲ᄒᆞ야盛大ᄒᆞᆫ節次를目下準備中인ᄃᆡ鐵路附近에在ᄒᆞᆫ各支部에발牒ᄒᆞ고一切歡迎ᄒᆞ라ᄒᆞ엿다더라

◎司令官官舍竣工 龍山等地에新建築ᄒᆞᄂᆞᆫ日憲兵司令官에官舍ᄂᆞᆫ來年四月頃에竣工된다더라

◎一進歷史調查 日憲兵司令部에셔ᄂᆞᆫ再昨日一進會設立以來歷史를一一調查ᄒᆞ엿다더라

◎技手休暇 富平郡에出張ᄒᆞ엿던土地調查局技手諸氏ᄂᆞᆫ每朔二個日間休業例를依ᄒᆞ야再昨日入城ᄒᆞ엿다더라

◎送金事實調查 前郡守趙鼎九氏가金貨一千圓을錦陵尉朴泳孝氏에게送致ᄒᆞ엿다ᄂᆞᆫ事가各新聞에頒布됨으로某處에셔其事實의有無를調查ᄒᆞᆫ다더라

◎會寧鐵道竣工期 中樞院顧問李址鎔其他某々氏가발起ᄒᆞ야會寧城津間에營利的으로鐵道를目下敷設中인ᄃᆡ經費ᄂᆞᆫ六萬八千圓內에三分의一은李氏가擔當ᄒᆞ고竣工期ᄂᆞᆫ來八月頃으로豫定ᄒᆞ엿다더라

◎魚場支店議設 朴鎭馥李찬承金晟진諸氏가資本金三千圓을積立ᄒᆞ고固城郡에帝國實業會魚市場支店을設立ᄒᆞ엿다더라

◎敎科書申飭 各地方私立學校에셔不穩當ᄒᆞᆫ敎科書를敎授ᄒᆞᄂᆞᆫ것이未安ᄒᆞᆫ意로學部에셔地方官에게申飭ᄒᆞ엿다더라

◎滊車製造 鐵道管理局에셔設置ᄒᆞᆫ龍山工場에셔ᄂᆞᆫ三等客車及庫間車郵便車등滊車百餘座를目下製造中이라더라

◎十五車製造 韓日瓦斯會社에셔客車十五座를龍山에在ᄒᆞᆫ鐵道管理局工場에委任ᄒᆞ야目下製造中이라더라

◎所營如何 政界를運動次로政友會에셔日本에派送ᄒᆞ엿던高義駿氏ᄂᆞᆫ本日午後八時頃에入京ᄒᆞᆫ다더라

◎劍契團揭榜 國民同志贊成會副會長徐彰輔의罪狀을臚列ᄒᆞ야何許人이揭榜ᄒᆞ얏다ᄒᆞᆷ은既報어니와其全文이如左ᄒᆞ다

曰爾彰輔야汝所謂名班後裔오士家寒族으로多蒙國恩ᄒᆞ야官至從一品勅任官ᄒᆞ니汝於分에足이어ᄂᆞᆯ爲古逆賊宋秉畯李容九를挾助ᄒᆞ야同志贊成會라名稱ᄒᆞ고合併에對ᄒᆞ야贊成長書를三四次提呈于統監府ᄒᆞ엿스니以大韓臣民으로賣食大韓土地及同胞之肉ᄒᆞ니此等惡人種李容九徐彰輔ᄂᆞᆫ自劍契團으로行刑正法ᄒᆞ겟기로玆先揭榜ᄒᆞ오니惟我同胞ᄂᆞᆫ咸須諒悉云々

◎抱頭鼠竄 國民同志贊成會副會長徐彰輔ᄂᆞᆫ何許人의揭榜을遭ᄒᆞᆫ以後로畏懼心을不堪ᄒᆞ야蹤跡을潛匿ᄒᆞᆷ으로該家人도住所를莫知라더라

◎李也蠻行 廣州郡境內에김召史가多年寡居ᄒᆞᆷ은一鄕이皆知ᄒᆞᄂᆞᆫ바이라ᄂᆞᆫᄃᆡ名不知李某가暮夜不知間에强奸ᄒᆞᆫ故로김召史가斷指出血ᄒᆞ야申冤書를地方裁判所에書呈ᄒᆞ엿더니李某ᄂᆞᆫ昨日押上ᄒᆞ엿다더라

◎土地調查와島民 珍島人民은該島土地를國有로調查ᄒᆞᆷ에對ᄒᆞ야大段恐慌ᄒᆞᆫ다ᄂᆞᆫᄃᆡ元來同島ᄂᆞᆫ全部가民有地러니今에國有로編入된것은意外의事라ᄒᆞ고此際에代表者를上京케ᄒᆞ려고方今準備中이라더라

◎演場何多 長橋居金尙鎭氏等十餘人이資本을募集ᄒᆞ야東部柴場內에演劇場을設始ᄒᆞ기로周旋中이라더라

◎崔氏義務 竹洞居ᄒᆞᄂᆞᆫ崔達淳氏가弱冠의年紀로慈善心이有ᄒᆞ야近地學生들의理髮ᄒᆞ기爲ᄒᆞ야器械를買入ᄒᆞ야無料로理髮을ᄒᆞ게ᄒᆞᆫ다더라

◎金口烟草 張석胤金熙鎭兩氏가合資ᄒᆞ야西部槃門洞등地에春水會社를設立ᄒᆞ고金口紙卷煙草를製造발賣ᄒᆞᄂᆞᆫᄃᆡ價格이甚廉ᄒᆞ고味品이極佳ᄒᆞᆷ으로業務가漸次擴張된다더라

◎宋犯蒙放 宋秉畯의次男宋濟憲은窃盜犯으로去二十一日中部警察署에被捉ᄒᆞ엿다가何以周旋ᄒᆞ엿던지再昨日에蒙放ᄒᆞ엿다더라

◎兩犯被捉 金漢相李明吾兩人이再昨日東小門外靑龍寺에셔强盜犯으로南署巡查에게被捉ᄒᆞ엿다더라

◎救營禮拜 救世軍營을夜珠峴에已往開設ᄒᆞ엿더니近間에洋製로新建築ᄒᆞ고今月二拾六日(日曜)에처음으로禮拜를ᄒᆞᆫ다ᄂᆞᆫᄃᆡ正領許嘉와氏와叅領班禹巨氏와本部正尉두월늬氏와正尉크리스핀氏가다同夫人ᄒᆞ야禮拜ᄒᆞ고其他士官들도다叅與ᄒᆞᆫ다더라

◎政友常議 政友會에셔再昨日午後六時頃에常議員會를開ᄒᆞ고諸般事務를處理ᄒᆞ엿다더라

◎捐金收合 長通坊會에셔日昨에總會를開ᄒᆞ고義捐金未收條二千六百餘圓을收合ᄒᆞ야經費에支用ᄒᆞᆯ件을協議ᄒᆞ엿다더라

學界報

◎木川設校 木川郡 二東面長趙世墐李恒林兩氏와紳士金思鼎李在弘尹達燮李璦夏諸氏가발起ᄒᆞ야龍東學校를設立ᄒᆞ고面內諸氏에게熱心勸告ᄒᆞᆷ으로生徒가不過幾日에七十餘名에達ᄒᆞ야進就之望이大有ᄒᆞ다더라

電報

◎日本의農産 日本最近三年의重要農産物의價値ᄂᆞᆫ十三億八千餘圓이오此에副産物을加計ᄒᆞ면約十五億圓에達ᄒᆞᄂᆞᆫᄃᆡ此를平均으로計算ᄒᆞ면農家一戶의所得이二百八拾圓이라

◎皇帝行幸 日本황帝陛下씌셔ᄂᆞᆫ來七月拾日에帝國大學卒業式에行幸ᄒᆞ신다더라

◎德國皇族의宴會 東京에在ᄒᆞᆫ德國皇族알푸레드殿下와同妃殿下ᄂᆞᆫ日本皇太子殿下와其他皇族及各大臣과各國大使와公使를招待ᄒᆞ야宴을開ᄒᆞ엿다더라

以上東京발 二十三日着

◎德國皇后의行啓 德國황后씌셔ᄂᆞᆫ漢堡로行啓ᄒᆞ셧다더라

路透발 二十二日着

▲悲淚一掬▲

▲靑邱山河指點ᄒᆞ니凄風悲雨滿目ᄒᆞ야一掬淚를化作ᄒᆞ니慷慨를難禁일세

▲風氣日變此世界에齊烟九點陸沉ᄒᆞ니民將魚矣歟々ᄒᆞ야嗚呼哭聲이四起ᄒᆞᆯ제江湖之憂엇지ᄒᆞᆯ고濟世士의눈물이오

▲四千載를相傳ᄒᆞ야遺風猶尙不絕ᄒᆞ더니伊川披髮後百年에海外[illegible]服遍滿ᄒᆞ야前[illegible]國儀掃地ᄒᆞ니林下士의눈물이오

▲南方之强北方强이時事를痛恨ᄒᆞᆯ제輪困과血激起ᄒᆞ야悲歌一曲唱起ᄒᆞ니此天이何天고節義士의눈물이오

▲祖國精神已失ᄒᆞ니胡肝越膽不同ᄒᆞ야依賴情態各生ᄒᆞᆯ제之東之西渙散ᄒᆞ니團合力이爲先ᄒᆞ고有志士의눈물이오

▲此江山에何面目ᄒᆞ야丈夫[illegible]主人非라[illegible]作地를已失ᄒᆞ고[illegible]西散[illegible]ᄒᆞ니失業者의눈물이오

▲凄噫[illegible]生涯로다金融[illegible]此世界에開口處가已絕ᄒᆞ니束手無計엇지ᄒᆞᆯ고[illegible]눈물일세

◎永校盛況 公州府下梨洞永明學校에셔第三回卒業式을行[illegible]諸氏인ᄃᆡ觀察使崔廷德氏의祝辭와郡守[illegible]氏[illegible]演說을多數來賓이無不贊揚ᄒᆞ며同下午八時에學[illegible]數百人의精神을警省ᄒᆞ엿다더라[illegible]已揭ᄒᆞ엿거니와開學未幾에生徒가六拾餘名에達ᄒᆞ야勃興의[illegible]學生募集에盡力ᄒᆞ며會計趙元夏氏ᄂᆞᆫ該[illegible]經費[illegible]自擔ᄒᆞ야任[illegible]鍾[illegible]炳顯三氏ᄂᆞᆫ晝夜를不分ᄒᆞ고熱心修[illegible]ᄒᆞ야學生의模範을

社告

左開三郡에支社를設立ᄒᆞ엿스니各該附近地에셔本申報購覽僉君子ᄂᆞᆫ各該支社員과交涉하시옵

龍岡 郡山南面紅門洞 宋昇煥

全州 府東壹契四統九戶 李興鳳

龜城 郡芳峴面 南市洋藥局 崔禮洛

大韓每日申報社

▲鄭門雪歌▼

▲北方에騷擾ᄒᆞᆫ以來로京城旨憲兵分隊에셔押收ᄒᆞᆫ銃砲를盡爲燒毁ᄒᆞ엿다니此鐵을何處에用ᄒᆞ랴ᄂᆞᆫ지鍾거十二나造置ᄒᆞ지銷兵天下에誰知涉上跡고

▲閔泳徽氏의生日잔치가거록ᄒᆞ더고當日夜에辯護士잔치를特別히設行ᄒᆞ엿다지前日에貪虐ᄒᆞᆫ錢財로訟事를자조만나니셔辯護士待接은잘ᄒᆞ여야지

▲李恒九家에셔其兩從李曾九와其他强憲植諸氏가會集ᄒᆞ야挾妓娛樂ᄒᆞ다가主人이春情을不勝ᄒᆞ야妓生과醜行을獨行ᄒᆞᄂᆞᆫ디諸客이忿怒散歸ᄒᆞ엿다지李氏ᄂᆞᆫ其父親은他處에셔治療中에在ᄒᆞ고總理地位가왓다갓다ᄒᆞᄂᆞᆫ판에무슴興味가잇셔々妓生과行樂ᄒᆞᄂᆞᆫ지그말말베開化世上에ᄂᆞᆫ아비ᄂᆞᆫ아비의일이오子息은子息의일이라네잘ᄂᆞᆫ開化ᄃᆞ다잇네開化ᄒᆞᆫ놈은父子之恩도업々진다말인가

▲政府가變動된다ᄒᆞ나셔南北村에大臣을運動ᄒᆞᄂᆞᆫ兩班들이七拾餘名이라네各部中에幾部ᄂᆞᆫ업셔진다ᄂᆞᆫ데大臣ᄒᆞᆯ사름은엇지그리만흔가엇던분이나오면誰手에歸ᄒᆞᆯᄂᆞᆫ지未可知라네

大臣을運動ᄒᆞᄂᆞᆫ人은굿에짠무엇기다리듯ᄒᆞ겟군

雜報

◎此是悖孫 京城居成益源氏가倚州鄕第에寄別ᄒᆞ야금貨二百六拾餘圓을光化門郵便局으로換送ᄒᆞ엿ᄂᆞᆫ디其孫子成郁煥氏가知機先覔ᄒᆞᆫ事가綻露되야詐欺取財로再昨日中部警察署에被捉ᄒᆞ엿다더라

◎數理講習 精理舍第四回夏期數理講習所를咸興郡에開設ᄒᆞ고目下에柳一宣崔奎東李命求諸氏가不日開발程ᄒᆞᆫ다더라

廣告

民刑訴訟의委任을應ᄒᆞᆷ

辯護士 洪在祺

本事務所 京城中部大寺洞

出張所 平壤郡南門通

西小門外五房朴奎輔許陰五月五日에推尋次當坪文八百兩於晉一片을셔失故로玆廣告ᄒᆞ니誰某拾得休紙施行ᄒᆞᆷ

南部洞廿二統八戶 金學俊 빅

本人陰五月初九日姓名圖章遺失ᄒᆞ온바玆廣告ᄒᆞ오니內外國人知悉ᄒᆞᆷ

水原郡浦內五洞李殷緖 빅

本人이定州郡西面新端居李明龍處에戊申九月十八日債給ᄒᆞᆫ八十圓標記를今年陰四月十八日로二十日間泰川陽和寺遊覽中路에셔셔失ᄒᆞ엿기玆以廣告ᄒᆞ오니誰某拾得間休紙施行ᄒᆞ심을敬要

平北泰川郡西面來賀里五統六戶 田俊慶曾祖母金氏 告빅

本人의長任昌華가本人의僞造票圖章과既往放賣ᄒᆞᆫ田畓文券을暗取ᄒᆞ야得債코저ᄒᆞ오니內外國人間勿欺ᄒᆞ시옵

鳳山土城坊 文元國 빅

測量製圖器械 其他附屬品文具 都賣散賣

京城本町郵便局前 篠崎器械店

平壤南門通二丁目 篠崎支店

保永아更勿作弊ᄒᆞ고急入來ᄒᆞᆷ吾言를不從ᄒᆞ면후회막급ᄒᆞ리라保永之相知人中見此曉喩于保永ᄒᆞ시옵

金蕙谷

喫煙家의福音

神丹은烟毒을消ᄒᆞ고身體를健康케ᄒᆞᆷ

延命息災의保持者神丹

內外各藥店에셔放賣ᄒᆞᆷ

百粒入金拾錢四拾粒入金五錢

京城會洞旭町一丁目

都賣所 丸正大藥房

振替口座 二百四拾番

電話 一千四百番

紙物貿易에迅速

(廣告文)

●弊店에셔各種紙物을直輸入ᄒᆞ와地方同業僉位와其他僉彥에게特別廉減價로酬應ᄒᆞᆯ깃사오니不拘多小ᄒᆞ시고註文ᄒᆞ시면郵便小包와運送部를經過ᄒᆞ와迅速히付呈ᄒᆞᆯ깃습

物價表와品錄書를無料로付呈ᄒᆞᆷ

品高價低에爲主ᄒᆞᆷ

內外國紙物大發賣

(品目略錄)

●壯紙、油壯板紙、窓戶紙、白紙、塗비洋紙、書畵各種、天井紙、古査紙、印札紙、半紙、美濃紙、製圖紙、書簡紙、封套紙、其他學校用品筆墨各種具備

本店 漢城鍾路大廣橋 紙物舖 金聖煥

電話 一千二百八十番

支店 漢城北部安洞別宮前

◎特別廣告

○大韓全國藥品總發行所 京城鍾路和平堂大藥房

官登錄 許認可

(健胃消滯)

八寶丹

(主治效能)

新舊積滯、急性關格、霍亂吐사、頭痛拔윤、運氣暑疫、預防妙藥

▲本堂에셔特허製調ᄒᆞ야發賣ᄒᆞᄂᆞᆫ藥品五十餘種과漢城內各藥房에셔新發明ᄒᆞᆫ藥品도俱備ᄒᆞᆫ外에今日醫家에셔最大數常用ᄒᆞᄂᆞᆫ獨逸製藥品과其他日本製藥品各種與韓唐草材를直輸入ᄒᆞ야最低廉價로發賣ᄒᆞ오되地方에셔藥品을注文ᄒᆞᄂᆞᆫ境遇에ᄂᆞᆫ郵便小包로迅速付送ᄒᆞᆷ

▲本堂附屬醫院에ᄂᆞᆫ學術과實驗이最著名ᄒᆞᆫ醫士를延聘ᄒᆞ야患者의內外科를勿論ᄒᆞ고精確히診察ᄒᆞ야施藥ᄒᆞ고京中或外方에셔病의症候만錄送ᄒᆞ시면其病에適應ᄒᆞ도록製藥ᄒᆞ야郵便으로卽時送呈ᄒᆞᆷ

▲本堂의支店과代理店이我國境內에多數設立되깃ᄉᆞ와今後外方에셔支店과代理店을請求ᄒᆞᄂᆞᆫ同時에ᄂᆞᆫ藥品을依例呈送ᄒᆞ려니와其他本舖細則도並送ᄒᆞᆷ

▲本堂에셔ᄂᆞᆫ特히漢城內醫業界와商業界와各社會와各官廳을連絡ᄒᆞ와藥品발展上便利키爲ᄒᆞ야電話를設備ᄒᆞ여ᄉᆞ오니誰某시든지藥品을電話로請求ᄒᆞ시면本舖에셔傳人送呈ᄒᆞᆷ

京城鍾路和平堂大藥房本舖

主任 李應善

電話番號

電話 壹六九七番

電署話 (화) (ᄀᆞ)

◎特別廣告

本店에셔開業ᄒᆞᆫ지十六年間僉君子의愛顧ᄒᆞ심을特蒙ᄒᆞ와[illegible]務을大擴ᄒᆞ고春夏秋冬所用으로細毛[illegible]等各國高等物品을現今多數直輸入ᄒᆞ와[illegible]各地方[illegible]利寶[illegible]價[illegible]應ᄒᆞ야代金은[illegible]사오니十三道各郡僉君子[illegible]

[illegible]電話番號(三五八)[illegible]

漢城中部[illegible]洞十一統[illegible]戶

[illegible] 告白

本人孫子保永이가改變名도ᄒᆞ고左耳ᄂᆞᆫ病耳인데家貧浮覺ᄒᆞ니內外國人中錢物間에貸與ᄒᆞ면白失ᄒᆞᆯ터이니切勿見欺ᄒᆞᆷ

中部統內拾二統七戶 金奎應 告빅

本館主務權鍾穆氏를解雇ᄒᆞ엿ᄉᆞ오니內外國人은以此照亮ᄒᆞᆷ

釜港韓興書舘主 金泰衡

測量機械及美濃紙

京城南部棗洞六十二統拾戶

KIM 金龍商會

登錄 京西部車洞同和藥房

本國材로洋製ᄒᆞᆫ官許引蘇丸이消滯止泄減毒ᄒᆞ고付屬ᄒᆞᆫ八十餘種俱備大發行ᄒᆞ오

可驗

閔權 白

廣告

特別廣告

本店을開業ᄒᆞᆫ지數十年以來에 僉君子의愛顧ᄒᆞ심을蒙ᄒᆞ온바更히報答ᄒᆞ기爲ᄒᆞ와業務를擴張ᄒᆞ고內外各樣紙物과布木紬緞이며政府委托度量衡器와學校用品을新選最良으로直輸入ᄒᆞ와特廉減價로多小間遠近을勿論ᄒᆞ고請求ᄒᆞ시면運送部郵便小包며引換代金으로酬應을迅速히貿易에益々便利로오록施行ᄒᆞ깃ᄉᆞ오니諸君子는照亮愛顧ᄒᆞ심을伏望ᄒᆞᆷ

各樣紙物
壯紙 壯版紙 窓戶紙
白紙 各樣書畵 塗背
洋紙 校科 印刷洋紙
斑子紙 封套紙 印札紙
製圖用紙 美濃紙各樣

度量衡器部
자와 말과 되와 저울
度器 量器 衡器等
類를販賣ᄒᆞᆷ

京城鍾路通二十二統八戶
政府度量衡器販賣所
品紙商 鄭斗煥
電話壹千拾九番
電略語(졍)(二)

各種布木紬緞
布。苧。木。紬。緞。
綿子。毛織
京城鍾路通二十二統八戶
木布商 鄭星煥

(米利堅帽) 미리견모ᄌᆞ

(吐手) 토슈

모ᄌᆞ를솔로

물에셋ᄂᆞᆫ상

(中折帽) 즁절모ᄌᆞ

(項領) 목도리

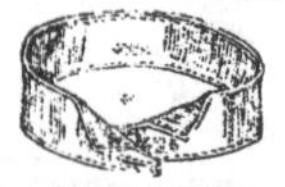

(총匣) 총갑

貨幣、名함、卷煙草匣、各種要用品 入

○炎天의氷帽

化學의神道

天地造化를奪ᄒᆞᄂᆞᆫ것은斯世의化學이라우리大韓총帽子가本質이馬尾라夏服用白총帽子의黃色이隱映ᄒᆞ기로모子製造所에셔恒常研究ᄒᆞ기를何如히ᄒᆞ면총모子를純白色으로化成ᄒᆞᆯ고ᄒᆞ더니

化學의神出貴物로今에半黃色의馬尾를白雪과如히化色ᄒᆞ야모子之白을白氷과如히氷緞을化造ᄒᆞ엿ᄉᆞ오니近者化學의功効가如此히神通ᄒᆞ야炎天이라도氷緞총모子를冠ᄒᆞ면人의精神이淸凉ᄒᆞᆯ테이올시다

又ᄂᆞᆫ모子의堅緻ᄒᆞᆷ은泰西의黃金五十圓以上價値되ᄂᆞᆫ一등파나마보시와如히汗汚키易ᄒᆞᆫ모子의內空(裏地)에緞紗를不要ᄒᆞ고但총纖內紗에漆로商標를捺ᄒᆞ야每人이數十年을冠用ᄒᆞ야도汚穢ᄒᆞ고弊傷ᄒᆞᆷ이無ᄒᆞ고洗滌에益便케製作ᄒᆞ엿ᄉᆞ오니世界各國의人士ᄂᆞᆫ試驗的으로此白총모를冠用ᄒᆞ시면經濟上에必要ᄒᆞᆷ을悅然大覺ᄒᆞ실터이올시다

大韓京城南部銅峴
大四街里三十五統五戶
玉虎書林專賣特許
총帽子商店 告白

大韓全國에本堂製造發行ᄒᆞᄂᆞᆫ藥品

消化新藥 **清心保命丹** 此丹은化痰止咳ᄒᆞ고順氣消滯ᄒᆞ며恒常長服ᄒᆞ면腸胃가健全

大補元氣 **蔘茸大補元** 大補元氣ᄒᆞ고滋腎健腦ᄒᆞ며先天不足과腸위不起에一切神効

蛔積殺虫散 此약은회積과회腹痛과회虫一切을去根ᄒᆞᄂᆞᆫ良劑

久滯大通丸 此丸은年久積滯와宿滯後重이며胸腹痛에神効莫大ᄒᆞᆷ

梅花點雪丹 毋論男女ᄒᆞ고花柳病楊[illegible]一切去根快復ᄒᆞᄂᆞᆫ良藥

眼疾速効 **光明眼藥** 諸般眼疾에隨症皆差ᄒᆞᄂᆞᆫ東洋에初有ᄒᆞᆫ寶藥

起死回生 **回生丹** 此丹은急ᄒᆞᆫ吐瀉關格이며가合아리와冷積과痢疾에神効

感氣神効 **解熱散** 寒熱往來ᄒᆞ며似학非학과頭痛肢체와肢節痛에其効가偉大

耳聾要藥 **耳聾神藥** 無論男女ᄒᆞ고耳聾鼻塞이며耳鳴에關ᄒᆞᆫ病은隨症並差

疝症根治 **疝積湯** 諸般산症에大驗出賣ᄒᆞᆷ

티눈과못 **拔根藥** 티눈과못과ᄉᆞ마귀를ᄲᆡᄂᆞᆫ藥

止足汗臭藥 手足의汗臭를除却ᄒᆞᄂᆞᆫ藥

瘡核生新 **沃度膏** 癤瘡과腐傷과곱셴디去核生新ᄒᆞ기ᄂᆞᆫ第一著明

最新改良 **百應膏** 無論男女老少ᄒᆞ고癬瘡濕瘡疾瘡諸般瘡瘡에一切特效가有ᄒᆞᆷ

淋疾藥各種 淋疾各症에壹週日만服ᄒᆞ면病根快復ᄒᆞ고腎氣가完全ᄒᆞᆷ

其他洋藥各種과◎賣藥各種◎都매散賣
◎遠地에ᄂᆞᆫ郵便小包로申速酬應ᄒᆞᆷ

漢城南大門內濟生堂大藥房 李庚鳳
代辦主任 李興國 白

電話 壹七二八番
電略 (제)又(廿イ)

社告

大韓每日申報各處支社廣告

平安北道
龍川楊市維新書舖 黃菊保
龍川南市驛 韓燮希
朔州邑南門外 朱伯英
義州南門外한西大藥局 張有寬
鐵山邑東部 鄭翊
車輦館同志會內 金明鉉
定州南門內書舖 洪成麟
博川邑內觀洞 金翼樞
京義線批峴驛停車場前 運輸會社前 李基秀
泰川邑舘前洋藥局 李正華
寧邊郡內紅門里 鄭德昇
寧邊龍山面新興里 南貞河家 鄭泰益
宣川橋南四統十戶 申基周
江界邑內 咸元澤
郭山郡內新街 金大鉉
雲山邑上里八統八戶 金泰熙
雲山北面橋洞八統七戶 金[illegible]鎬
昌城郡內西下里一統二戶 許[illegible]
熙川邑內[illegible]東門外洞十四統 戶 金錫澤
龍岡郡山南面紅門洞 安昇煥
龜城郡芳峴面南山洋藥局 崔禮洛

平安南道
平壤鍾路太極書舘 安泰國
三和港[illegible]石碑耶蘇敎堂 裴[illegible]湜
安州城內義井洞安陵書舘 金[illegible]河
江西邑內 金昌煥
甑山郡內利月里 崔彰爽
德川邑官洞耶蘇敎冊肆 李丙[illegible]
永柔邑內槐峴里二統八戶 金志璜
中和下道面一里三統 禹應善
肅川東部面一里二統九戶 金天湜
咸從邑校洞 金炳善

黃海道
海州南門內韓昌書舘 朴昌鎭
安岳郡網洞面龜山里上村 韓楨敎
長淵邑서北支學會內 崔東礪
殷栗邑倉前里 金光元
信川邑四里 李錫璟
白川邑文明舘 趙雲泳
載寧邑서部李鼎均家乾材局 李龍善
沙里院三聖學校內 李承吉

咸鏡道
咸興州南社面門外 曹喜林
元山港上里倉前洞 耶蘇女學校側 皇甫正杰
定平郡豊陽里 張禮學
洪原西門內保命局 羅炳善
永興邑南山洞洪明學校內 梁元常
淸津港新岩洞 張元浩

全羅道
金溝木流面豆亭 趙德三
木浦港陽洞 李衡洙
群山港九福洞一統八戶 方在喜
全州府東一契四統九戶 李興鳳

京畿道
仁川栗峴閑新冊肆 李東皓
開城南門外興學書舖 姜助遠
江華邑川橋 兪鎭植

慶尙道
大邱西小門外友弦書樓側 李正由
釜山佐川藥局 徐錫[illegible]

江原道
寧原邑棠谷 趙鏞大
鐵原郡遠南面梅花里 郭鍾郁

忠淸道
韓山下北筆堂里 李英林
結城廣川小龍洞 李[illegible]茂
公州府古上衙福音書舘 柳聖培
恩津論山浦雜貨店 張允楨

北墾島
北墾島龍井村下場里 朴榮祚

檀君開國四千二百四十三年
箕子九年三千三十二年
大韓開國五百十九年
本報創刊日 光武八年七月十八日

大韓每日申報

第八卷　月曜及慶節歲時日休刊　第壹千四百十八號

發行兼編輯人 李章薰
發行所 京城中署布廛屛門二宮街二層洋屋 大韓每日申報社

論說

無聲의軍器

有聲ᄒᆞᆫ軍器ᄂᆞᆫ知彼知己ᄒᆞᄂᆞᆫ道가有ᄒᆞ거니와無聲ᄒᆞᆫ軍器ᄂᆞᆫ難測難辨ᄒᆞᄂᆞᆫ理가有ᄒᆞ니有聲ᄒᆞᆫ軍器ᄂᆞᆫ足히畏ᄒᆞᆯ바ㅣ無ᄒᆞ나無聲ᄒᆞᆫ軍器ᄂᆞᆫ可히畏ᄒᆞᆯ바ㅣ有ᄒᆞ다ᄒᆞ노니

無聲ᄒᆞᆫ軍器ᄂᆞᆫ海外에無聲銃과無聲砲가아니라聽ᄒᆞ야도聞치못ᄒᆞ고視ᄒᆞ야도見치못ᄒᆞᄂᆞᆫ一種軍器가有ᄒᆞ니人々마다意馬가成陣ᄒᆞ고舌劍을自磨ᄒᆞ면鐵軍의威로도難奪ᄒᆞᆯ것이오萬牛의力으로도難回ᄒᆞᆯ지니放ᄒᆞ면六合에彌ᄒᆞ고捲ᄒᆞ면一身에藏ᄒᆞ야其大도無窮ᄒᆞ고其强도難屈ᄒᆞ리로다

優勝劣敗ᄒᆞᄂᆞᆫ時代를當ᄒᆞ야競爭ᄒᆞᄂᆞᆫ力이各生ᄒᆞᆯ지니政治界에도競爭이生ᄒᆞ고教育界에도競爭이生ᄒᆞ고農業界에도競爭이生ᄒᆞ고商業界에도競爭이生ᄒᆞ고工業界에도競爭이生ᄒᆞ야堂々ᄒᆞᆫ赤幟를樹ᄒᆞ고一步로齊進ᄒᆞ야此强彼弱이陣壘가相對ᄒᆞ야金庾信의唐兵을聯合ᄒᆞ야百濟를討滅ᄒᆞ던籌策과乙支文德의隋兵三十餘萬을薩水上에大破ᄒᆞ던勇力과梁萬春의安市城을八旬을固守ᄒᆞ고唐帝를擊退ᄒᆞ던手段과姜邯贊의契丹兵二十萬을龜城에셔大破ᄒᆞ야匹馬도返ᄒᆞᆫ者ㅣ無케ᄒᆞ던智略과安祐等의紅巾賊數十萬을討平ᄒᆞ야京都를回復ᄒᆞ던雄韜와李忠武의閑山島에셔百萬倭兵을一時에剿滅ᄒᆞ던氣槪와權慄의素沙와楊花渡에셔數萬倭兵을鏖盡無餘ᄒᆞ던壯略으로所向無敵ᄒᆞ야百戰百勝ᄒᆞᆯ妙策을揣摩ᄒᆞ야一大戰爭을設ᄒᆞ고無聲의軍器를使用ᄒᆞᄂᆞᆫ데此戰爭은兵力의戰爭이아니라實力의戰爭인즉實力이無ᄒᆞᆫ國은비록數千軍艦과十萬甲士와千門大砲가有ᄒᆞᆯ지라도深源이無ᄒᆞᆫ水와如ᄒᆞ야孫吳가爲將ᄒᆞ고管樂이爲謀ᄒᆞᆯ지라도畢竟은勝捷ᄒᆞᆯ計策이無ᄒᆞᆯ지니엇지畏겁ᄒᆞᆯ바이有ᄒᆞ리오

可畏ᄒᆞᆫ者ᄂᆞᆫ實力이有ᄒᆞᆫ國이니實力은何處에셔生ᄒᆞᄂᆞ고今我同胞가國家思想을腦髓에注入ᄒᆞ고各其義務를固守ᄒᆞ야政治家에셔도國家義務를負擔ᄒᆞ고教育家에셔도國家義務를負擔ᄒᆞ고農業家에셔도國家義務를負擔ᄒᆞ고商業家에셔도國家義務를負擔ᄒᆞ고工業家에셔도國家義務를負擔ᄒᆞ야人人이實力을養成ᄒᆞ면團合力이自然히鞏固ᄒᆞ야人人是金庾信이오人人是乙支文德이오人人是梁萬春이오人人是姜邯贊이오人人是安祐오人人是李忠武오人人是權慄의智略을抱有ᄒᆞ면我韓의地土가雖少ᄒᆞ고人衆이雖寡ᄒᆞ나井井ᄒᆞᆫ陣과飄飄ᄒᆞᆫ旗로一敵萬人ᄒᆞᄂᆞᆫ氣勢가有ᄒᆞ야天下에號令ᄒᆞ며英美의富도足히抵敵ᄒᆞᆯ것이오法德의강도足히抵敵ᄒᆞᆯ것이니同胞의精神으로獨立旗基礎를建築ᄒᆞ고一心齊力으로萬口가和附ᄒᆞ야火의投ᄒᆞ야도齊進ᄒᆞ고水의入ᄒᆞ야도齊進ᄒᆞ야滄海　帶로有如히爲心ᄒᆞ야一體를團成ᄒᆞ면獨立을主唱ᄒᆞᄂᆞᆫ日에凱歌를奏ᄒᆞ리라ᄒᆞ노라

官報

◎第四千七百十三號

▲▲隆熙四年六月二十四日(金曜)

敍任及辭令

○六月九日　吳永鍵　任郡主事敍判任官四等

○六月十日　曹圭松　任郡主事敍判任官五等

○六月十四日　李種升　任郡主事敍判任官四等　郡主事김夏燮　同姜永翰　陞敍判任官三等　郡主事崔相鏞　同金助奎　陞敍判任官四等

○六月十五日　道主事朴遴松　任郡主事敍判任官三等

○六月十七日　李完秀　任郡主事敍判任官三等

○六月二十一日　稅關主事兒玉喜一　陞敍判任官二等　郡主事全永周　同呂順一　依願免本官(以上六月十九日內部)　郡主事金斗榮　依願免本官　郡主事김仕鎔　免本官　右ᄂᆞᆫ該員이機張郡에在勤인바郡守의命令을遵守치아니ᄒᆞ고稱病歸家ᄒᆞ야本年自三月十六日로至六月十日ᄭᆞ지八十七日間無居欠勤ᄒᆞᆷ은官紀所在에不可仍置이기免本官(以上六月十六日內部)　郡主事金圭鉉　依願免本官　(六月二十二日內部)　稅關主事兒玉喜一　依願免本官・(六月二十一日度支部)

◎社告

本社位置를本月九日에京城中部**布廛屛門二宮街二層洋屋**으로移設ᄒᆞ엿ᄉᆞ오니本報를愛讀ᄒᆞ시ᄂᆞᆫ僉君子ᄂᆞᆫ照亮ᄒᆞ심을望홈

大韓每日申報社

外報

◎國會速開의反對者　北京來電을據ᄒᆞᆫ즉都察院都御史張英麟、副都御史伊克坦、陳命侃及軍機大臣吳郁生氏등은國會速開에對ᄒᆞ야反對ᄒᆞ엿다더라

◎美鐵法案調印　伯林電報를據ᄒᆞᆫ즉美國大統領타푸트氏ᄂᆞᆫ曩者에上下兩院의妥協을經過ᄒᆞᆫ美國新鐵道法案에調印ᄒᆞ엿다더라

◎中將答辯　倫敦來電을據ᄒᆞᆫ즉英國上院에셔陸軍中將루가쓰氏ᄂᆞᆫ議員의質問에對ᄒᆞ야答辯ᄒᆞ기를殖民會議ᄂᆞᆫ明一千九百十一年內로ᄂᆞᆫ開ᄒᆞ지아니ᄒᆞᆯ지라右期日前에ᄂᆞᆫ殖民地自治政治를地中海總司令官의視察로써確定ᄒᆞᆯ자ᄂᆞᆫ提議ᄂᆞᆫ無ᄒᆞᆯ것이오地中海總司令官의職務ᄂᆞᆫ南、西部阿弗利加、北清及南濠「모리시야스」島、錫蘭海峽의殖民地와其他의小殖民地若干視察을抱含ᄒᆞ얏다고云云ᄒᆞ엿다더라

◎루氏令息의結婚　倫敦來電을據ᄒᆞᆫ즉루쓰벨트氏의令息은本月二十日에紐育에셔「알렉산더」孃과結婚ᄒᆞ엿다더라

◎英土親善　倫敦來電을據ᄒᆞᆫ즉君士坦丁、堡外務大臣은下院에셔演說ᄒᆞ기를英國의土耳其에對ᄒᆞᄂᆞᆫ態度ᄂᆞᆫ最히友愛的으로出ᄒᆞᆫ者인즉此에反對ᄒᆞᄂᆞᆫ者ᄂᆞᆫ排斥ᄒᆞᆯ必要가有ᄒᆞ다고陳述ᄒᆞ엿다더라

◎自由黨의勝利　倫敦來電을據ᄒᆞᆫ즉英國우에스토、하스、푸루補缺選擧에自由黨의「화네스」氏ᄂᆞᆫ六千百十九票를得ᄒᆞᆷ으로써統一黨의「구레쏜」氏의五千九百九十票에對ᄒᆞ야勝利를得ᄒᆞ엿다더라

◎勞働黨의放恣　倫敦來電을據ᄒᆞᆫ즉英國自由黨及統一黨間의憲政問題妥協會議ᄂᆞᆫ勞働黨의行動을攻擊ᄒᆞ얏ᄂᆞᆫ데此ᄂᆞᆫ勞働黨이自由黨及反對黨의領首가曩者에下院을通過ᄒᆞᆫ上院否認權決議案을無視ᄒᆞ고放恣히問題決定의權限을專取ᄒᆞᆷ에對ᄒᆞ야抗議ᄒᆞᆫ것이라더라

雜報

◎見何砲聲　再昨日上午一時에南山附近에셔砲聲이發ᄒᆞ얏슴으로所管警察署에셔근因을探知中이라더라

◎失金取調　鎭海郡居金致洙李창培嘉山郡居金창烈三氏ᄂᆞᆫ年前에美國에渡往ᄒᆞ야砂糖商으로爲業ᄒᆞ다가日前에歸國ᄒᆞ야仁川港旅舘에셔經宿ᄒᆞᄂᆞᆫ데同舘에寄宿ᄒᆞᄂᆞᆫ金俊煥에게金二十餘圓을見失ᄒᆞ엿슴으로該郡警察署에呼訴ᄒᆞ야金也를捉因取調中이라더라

◎二千欺金　南部水下洞等地에逗留ᄒᆞᄂᆞᆫ朴炳龜가長橋等地居韓鎭逵氏에게金貸二千餘圓을欺取ᄒᆞᆫ事件이有ᄒᆞ다ᄒᆞᆷ으로所管警察署에셔目下詗捕中이라더라

◎社主隱避　鍾路布光社社主幹金鉉洙氏ᄂᆞᆫ財政의困難을因ᄒᆞ야他處로隱避ᄒᆞ엿다ᄂᆞᆫ說이有ᄒᆞ다더라

◎事非窃盜　西部警察署에窃盜犯으로被捉ᄒᆞ엿다ᄂᆞᆫ閔丙燦氏ᄂᆞᆫ卽時放還ᄒᆞ엿ᄂᆞᆫ데他事件을因ᄒᆞ야暫時被招ᄒᆞᆫ바이라더라

◎申訴棄却　强盜犯尹泰邦嚴百源全裕聲等은地方裁判所에셔懲役에宣告ᄒᆞ엿더니不服ᄒᆞ고控訴院에申訴를提起ᄒᆞ엿더니棄却ᄒᆞ엿다더라

◎閔犯被捉　住所未詳ᄒᆞᆫ閔徑植은窃盜犯으로三昨日西部警察署에被捉ᄒᆞ엿다더라

◎李家賊警　三昨夜에强盜二名이玉洞居李明壽氏家에突入ᄒᆞ야錢財와其他物品一百餘圓價値를奪去ᄒᆞ엿다더라

◎强奸處役　廣州郡警察署에셔日前押上ᄒᆞᆫ强奸犯李熙俊은三昨日京城地方裁判所에셔役五年에宣告ᄒᆞ엿다더라

◎女校幻燈　夜珠峴私立女子普學院에셔本日下午七時三十分에幻燈會를設行ᄒᆞᆫ다더라

世界歷史

◎地理學及天文學의發見◎

前編에已記ᄒᆞᆷ과如히歐洲列國은中世後期에至ᄒᆞ야漸次勃興ᄒᆞ야强大ᄒᆞᆫ中央政府를組織ᄒᆞ고國家의體面을完成ᄒᆞ나然ᄒᆞ나[illegible]期에及ᄒᆞ며土耳其人이一大刺激을與ᄒᆞ야舊日[illegible]墟址에强固ᄒᆞᆫ中央[illegible]大王國이相繼現出ᄒᆞ니라

封建制度의盛時에在ᄒᆞ야苟一國의帝王이兵을起ᄒᆞ고저ᄒᆞᆫ즉必其臣下를徵集치아니ᄒᆞᆷ이不可ᄒᆞᆫ故로往々히諸侯ᄂᆞᆫ其命을不應ᄒᆞ야帝王의權力이恒常諸侯의掣肘ᄒᆞᆷ이되더니變遷時期에降至ᄒᆞ야諸國의帝王은常備軍을設置ᄒᆞ고帝王이스々로俸給을頒與ᄒᆞ야其權柄을掌握ᄒᆞ고唯其志意되로此를使用ᄒᆞᆫ則於是乎王權은遽然히擴張ᄒᆞ야諸侯ᄂᆞᆫ敗滅에漸漸歸ᄒᆞ고諸大國은皆專制君主政治로一變ᄒᆞ야帝王의意志가法律되기에遂至ᄒᆞ니라

(未完)

詞藻

◎愁◎　頤雲生

愁與愁交樂若絲蒼耗時事不須疑平生蕭瑟庾開府去後江南尙有詞

記者曰庾信之愁與他特異江南一賦寫出萬斛愁者也

宮廷報

●御覽馬車 三昨日에 大皇帝 皇后兩陛下ᄭᅴ옵셔秘苑에 親臨ᄒᆞ옵셔 御馬車ᄅᆞᆯ運動ᄒᆞ옵시고延慶堂에셔茶果ᄅᆞᆯ進 御ᄒᆞ옵신後下午二時에還宮ᄒᆞ옵셧다더라

●夏簟頒賜 大皇帝陛下ᄭᅴ옵셔再昨日에황族과承候官과宮內府官吏奏任官以上人의게夏簟을반賜ᄒᆞ셧다더라

●御苑角戲盛況 昨日秘苑에셔日人의角戲ᄅᆞᆯ 御覽ᄒᆞ심은已報어니와午后一時에 大皇帝陛下ᄭᅴ옵셔特別席中央에 御臨ᄒᆞ옵시고左側에ᄂᆞᆫ各皇族과대臣등이侍坐ᄒᆞ엿고右側에ᄂᆞᆫ各國總領事及紳士등이侍坐ᄒᆞ엿스며其하에各官吏와紳士와新聞記者等이陪觀ᄒᆞ엿ᄂᆞᆫᄃᆡ人員數가數千名에至ᄒᆞ고設備ᄒᆞᆫ經費ᄂᆞᆫ三千圓이라ᄒᆞ며午後六時에罷會ᄒᆞ엿다더라

雜報

●特別閣議 重要問題에關ᄒᆞ야再昨日臨時閣議ᄅᆞᆯ開ᄒᆞ엿ᄂᆞᆫᄃᆡ其內容인즉溫陽에在ᄒᆞᆫ李總理에게通知ᄒᆞᆯ事가有ᄒᆞ야其秘書官을特別히再昨夜에急히派送ᄒᆞ엿고또昨일에總理署理朴齊純氏ᄂᆞᆫ閣議ᄒᆞᆫ事ᄅᆞᆯ上 奏키爲ᄒᆞ야參內ᄒᆞ엿스나 大황帝陛하ᄭᅴ셔 御消暢ᄒᆞ시ᄂᆞᆫ中이신고로拜 謁치못ᄒᆞ고夕刻을待ᄒᆞ야詳細ᄒᆞᆫ事ᄅᆞᆯ上 奏ᄒᆞ엿다더라

●御眞御帖移奉 耆老社에多年奉安ᄒᆞ엿던 御眞 御寫眞 御筆帖과其他儲置物品을再昨日德壽宮으로移安ᄒᆞᄂᆞᆫᄃᆡ奎章閣卿趙同熙氏가陪從ᄒᆞ엿다더라

●何事不平 再昨日內閣木曜例會ᄅᆞᆯ經ᄒᆞᆫ後에各大臣이午後五時頃에退出ᄒᆞ엿ᄂᆞᆫᄃᆡ度支大臣高永喜氏ᄂᆞᆫ即時統監官邸에訪問ᄒᆞ고同七時三拾分에還家ᄒᆞ엿ᄂᆞᆫᄃᆡ不平ᄒᆞᆫ色이有ᄒᆞ더라

●統監府會議 統監府參與官이 週內에火曜例會ᄅᆞᆯ開ᄒᆞᆷ은一般知了ᄒᆞᄂᆞᆫ바어니와更聞ᄒᆞᆫ즉何等緊急ᄒᆞᆫ事項을因ᄒᆞᆷ인지再昨日에臨時會議ᄅᆞᆯ開ᄒᆞ고長時間을提議ᄒᆞ얏다더라

●似近風說 新任통監赴任後에官吏中公貨犯逋件은一切蕩減ᄒᆞᆫ다ᄂᆞᆫ說이有ᄒᆞ다더라

●大臣運動 大邱觀察使朴重陽氏가大臣一窠ᄅᆞᆯ圖得ᄒᆞ려고統監府에秘密히運動中이라더라

●團體規則製定 共同利益의目的으로設立ᄒᆞᄂᆞᆫ團體에關ᄒᆞ야規則을內部에셔現方製定ᄒᆞᄂᆞᆫ中인ᄃᆡ將次閣議ᄅᆞᆯ經ᄒᆞᆫ後에勅令으로반布ᄒᆞᆫ다더라

●拓殖局官制 日本에셔拓殖局官制ᄅᆞᆯ 勅令으로頒布ᄒᆞ엿ᄂᆞᆫᄃᆡ其要点이如左ᄒᆞ니

一 拓殖局은內閣總理大臣에게隸屬ᄒᆞ고臺灣樺太及韓國에關ᄒᆞᆫ事項을통理케ᄒᆞ고其外에該局의外交에關ᄒᆞᆫ事項을除ᄒᆞᆫ外에ᄂᆞᆫ關東州에關ᄒᆞᆫ事務도통理ᄒᆞᆯ事

二 拓殖局에ᄂᆞᆫ左의職員을置ᄒᆞᆷ 總裁副總裁各一人部長二人書記官專任四人秘書관專任一人飜譯官專任二人屬通譯官專任二拾八人

三 拓殖局에ᄂᆞᆫ總裁官房外에第一部第二部ᄅᆞᆯ置ᄒᆞᆯ事

●事務成績調査 各部에셔ᄂᆞᆫ新통監及副통監에게提示ᄒᆞ기爲ᄒᆞ야保護政治ᄅᆞᆯ開始ᄒᆞᆫ以來의事務成績을調査ᄒᆞ여此ᄅᆞᆯ編纂ᄒᆞᄂᆞᆫ중이라더라

●各郡衙移轉 某々各郡衙ᄅᆞᆯ移轉ᄒᆞᆫ다ᄂᆞᆫ事ᄂᆞᆫ累報ᄒᆞ엿거니와更聞ᄒᆞᆫ즉金山郡衙ᄂᆞᆫ金泉停車場으로富寧은淸津港으로燕岐ᄂᆞᆫ鳥致院으로移轉ᄒᆞ기로內定되엿다더라

●銃費支用 地方各警察署에셔使用ᄒᆞᄂᆞᆫ銃器及彈丸費ᄂᆞᆫ通信運搬費中으로支用ᄒᆞᆯ事로內部에셔度支部로照會ᄒᆞ엿다더라

●東西迎接 旣報와如히日本內務省水野參事官이昨日午後六時에入城ᄒᆞ엿ᄂᆞᆫᄃᆡ內部平渡府郡課長은高陽郡水色停車場에前往迎接ᄒᆞ엿고該參事官親知人들은南大門外停車場에出往迎接ᄒᆞ엿다더라

●花塲恠石 去拾六일에黎洞趙民熙氏의妾晉州妓家에셔永宣君李埈鎔氏의妾平壤妓와閔衡植氏의妾晉州妓와前檢事玄學典氏兄弟와其他豪華者流六七名이會集ᄒᆞ야風流가跌宕ᄒᆞ엿ᄂᆞᆫᄃᆡ倡優와合席宴樂ᄒᆞ엿다더라

●覺書乃발 大韓協會會員沈宜性權東鎭兩氏가渡日時에該會顧問大垣丈夫가譽述ᄒᆞᆫ覺書ᄅᆞᆯ携帶歸國ᄒᆞ엿다ᄒᆞᆷ으로所管警察署에셔調査ᄒᆞ엿다더니三昨日該覺書가발見되엿다더라

●人格修報 內部警務局에셔各地方警察署로指揮ᄒᆞ야各郡人民中文翰也와地閥也와資格이翹楚되ᄂᆞᆫ者ᄅᆞᆯ一々調査以報ᄒᆞ라ᄒᆞ엿다더라

●去益作惡 一進會에셔ᄂᆞᆫ近日何등重大ᄒᆞᆫ事件十二條ᄅᆞᆯ起草ᄒᆞᆫ다ᄂᆞᆫ說이有ᄒᆞᆷ으로某處에셔目下秘密調査中이라더라

●典舍爲用 金宗漢氏ᄂᆞᆫ有何所用인지水原郡에在ᄒᆞᆫ家屋을漢城銀行에典執ᄒᆞ고三千圓을得用ᄒᆞ기로現今周旋中이라더라

●遞任視務 竹山郡南二面々長趙霆夏氏의加結事ᄂᆞᆫ已報어니와更聞ᄒᆞᆫ즉該面人民이等訴ᄒᆞ야面長을改差ᄒᆞ라ᄂᆞᆫ訓令이有ᄒᆞ되一向視務ᄒᆞᆫ다고更히觀察府에請願ᄒᆞᆫ다더라

●牛襲墮食 近日來로日本政府에셔金一千萬圓을一進會에支給ᄒᆞᆫ다ᄂᆞᆫ說이浪藉ᄒᆞᆷ으로該會員等이踴躍顒望中이라더라

●無物不侵 一進會에셔ᄂᆞᆫ新門外岳朴谷井水ᄅᆞᆯ修築ᄒᆞ고汲水人에게入塲券을發賣ᄒᆞ기로目下協議中이라더라

●果有所犯 大韓新聞社長李人稙氏ᄂᆞᆫ孔子敎會經費金三千圓을犯用ᄒᆞ엿다ᄂᆞᆫ說이有ᄒᆞᆷ으로某處에셔目下調査中이라더라

●商務歸一 商務組合所에셔商務ᄅᆞᆯ一層擴張ᄒᆞ기로一進會長李容九에게交涉ᄒᆞᆫ즉李容九ᄂᆞᆫ大久保大將의게紹介ᄒᆞ야該商務ᄅᆞᆯ擴張ᄒᆞ기로ᄒᆞᆫ다더라

●是果擴張 商務組合部長崔永年은商務ᄅᆞᆯ擴張ᄒᆞᆯ次로百般運動中인ᄃᆡ再昨日各支部에발牒ᄒᆞ고商票代金及保證金未捧條ᄅᆞᆯ星火督捧ᄒᆞᆫ다더라

●藉訓奪財 公州郡鄕校田土ᄂᆞᆫ朝家의所設이아니오士林이出力措辦ᄒᆞᆫ故로士林이主張ᄒᆞ야鄕校內에興湖學校ᄅᆞᆯ設立ᄒᆞ고該土所出의穀物로敎育費ᄅᆞᆯ支用ᄒᆞ더니頃自學部로셔校財ᄅᆞᆯ管轄ᄒᆞᄂᆞᆫ規則을頒布ᄒᆞ야隨宜需用ᄒᆞ라ᄒᆞ엿ᄂᆞᆫᄃᆡ該道觀察使ᄂᆞᆫ學部訓令을藉托ᄒᆞ고該財物을奪取코저ᄒᆞ야學校가廢止ᄒᆞᆯ境에至ᄒᆞ엿슴으로怨聲이浪藉ᄒᆞ다더라

●水桶生虫 水道局에셔ᄂᆞᆫ水桶中에발生ᄒᆞᆫ四五寸되ᄂᆞᆫ水虫一個ᄅᆞᆯ再昨日內部衛生局으로入送ᄒᆞ엿ᄂᆞᆫᄃᆡ毒害有無ᄅᆞᆯ試驗ᄒᆞᆫ다더라

●虎患爲災 近二三日間에金城附近山中에셔大虎가出沒ᄒᆞ여山麓에在ᄒᆞᆫ人家에셔夥多ᄒᆞᆫ家畜의損害ᄅᆞᆯ被ᄒᆞᆷ으로住民은非常히恐怖ᄒᆞᆫ다더라

●京城日報解停 筆禍ᄅᆞᆯ得ᄒᆞ야本月拾八日來로발行停止中에在ᄒᆞ던京城日報ᄂᆞᆫ昨日브터解停되엿다더라

●日人欺美 日本人長里國太郞이가尙州郡長尺面通洞에金鑛을請認ᄒᆞ야매渡ᄒᆞᆯ次로美人스돈묵구라氏ᄅᆞᆯ誘引偕往ᄒᆞ야該鑛處ᄅᆞᆯ視察ᄒᆞᆫ즉金脉이無ᄒᆞᆫ지라美人이日人의欺人ᄒᆞᆷ을大責ᄒᆞ엿다더라

●李家下人押交 三昨日에前侍從副卿李長稙氏家下人安壽天을中部警察署에셔地方裁判所로押交ᄒᆞ엿다더라

●義兵의行爲 本月拾四日에淮陽郡蘭湯面蘭谷里上松舘吳明守氏家에義兵拾五人이來襲ᄒᆞ야吳氏ᄅᆞᆯ結縛ᄒᆞ고金品을奪去ᄒᆞ고又該家에火ᄅᆞᆯ放ᄒᆞ여損害額이約二百餘圓이라더라

●僞造貨발見 黃海道金川郡北面面長朴근春氏의徵收ᄒᆞᆫ公金中에셔僞造二拾錢銀貨一枚ᄅᆞᆯ발見ᄒᆞ엿고又日前에五拾錢銀貨ᄅᆞᆯ발見ᄒᆞ엿슴으로目下嚴重히調査中이라더라

●狗亦逢亂 理事廳에셔ᄂᆞᆫ近日街市上에셔풍犬이逢人亂吠ᄒᆞᆫ다ᄒᆞ야昨日브터來二十八日々지人夫ᄅᆞᆯ各坊曲에派送ᄒᆞ야無牌犬을一並撲殺ᄒᆞᆫ다더라

●義將押上 長湍郡北面等地에出沒ᄒᆞ던義兵將咸과永氏등三人이日前該郡駐在日憲兵分遣所에被捉ᄒᆞ엿ᄂᆞᆫᄃᆡ日間京城地方裁判所로押上ᄒᆞᆫ다더라

●靑會盛宴 日前靑年會舘에셔卒業式을擧行ᄒᆞᆷ은別項과如ᄒᆞ거니와再昨日에該會舘總務巴樂萬事務員陸定洙兩氏가卒業生一同을帶同ᄒᆞ고東門外永道寺에前往ᄒᆞ야盛宴을開ᄒᆞ엿다더라

●助產所幻灯 助產婦養成所에셔一般婦人界에供覽ᄒᆞ기爲ᄒᆞ야今月二拾六日日曜下午七時에臨產助衛ᄒᆞᄂᆞᆫ衛生幻燈會ᄅᆞᆯ北部樓閣洞新明學校內에셔設行ᄒᆞᄂᆞᆫ바衛生演說은醫士劉秉珌韓民濟諸氏ᄅᆞᆯ請邀演述ᄒᆞᆫ다더라

電報

●火車衝突 法國마써일쓰港附近셀루일에셔二箇의鐵道列車가衝突되야兩方에셔相擊起火ᄒᆞ엿ᄂᆞᆫᄃᆡ乘客이或燒或傷ᄒᆞ야死者가拾九名이오負傷者가八拾名이라고諸新聞의報道가有ᄒᆞ다더라

倫敦발 廿三日着

●統監御陪食 日皇陛下ᄂᆞᆫ本月二拾五日에各皇族을召ᄒᆞ시고正副통監及통監府員과共히御陪食을賜ᄒᆞ실더이라더라

東京발 廿三日着

●攝政王向神 德國聯邦메클렌버그公國攝政王알푸레드及其妃兩殿下ᄂᆞᆫ本月拾五日午前에발程ᄒᆞ야特別列車로神戸에向ᄒᆞᆫ다더라

●副통의出발 副통監과總務長官의一行은二拾八일에東京을出발ᄒᆞ야卅일에赴任ᄒᆞ기로決定ᄒᆞ엿다더라

●拓殖局官轄 拓殖局官制中一部에셔ᄂᆞᆫ台灣과樺台ᄅᆞᆯ處理ᄒᆞ고二部에셔ᄂᆞᆫ關東都督府와韓國에關ᄒᆞᆫ事務ᄅᆞᆯ處理ᄒᆞᆫ다더라

東京발 二十四日着

●德皇의全愈 德國皇帝陛下ᄂᆞᆫ快愈ᄒᆞ여水曜日에함버그에行幸ᄒᆞ야亞米利加滊船會社長의朝餐會에臨御ᄒᆞ시고該地에셔更히킬軍港으로向ᄒᆞ야該地에셔設ᄒᆞᆫ諸種祝典을受ᄒᆞ셧다더라

伯林발 廿四日着

▲聾 者 會 社▼

▲海外에도聾者會가有ᄒᆞ더니我韓에도聾者會가又生ᄒᆞ야其行動이頗多壯觀이로다

▲轉々風輪此世界에政海波瀾飜覆ᄒᆞ니全味時機ᄃᆡ痴客이空自運動奔忙ᄒᆞ나東天消息無聞ᄒᆞ니이것도聾者會

▲風聲鶴唳漢城內에一種流說喧動ᄒᆞ나機密事가未露ᄒᆞ야一般疑眩層生ᄒᆞᆯ제其眞其僞難聞ᄒᆞ니이것도聾者會

▲海上風雲動蕩處에一帆無端噓送ᄒᆞ야무슴密密ᄒᆞ엿인고孟嘗親已誇張ᄒᆞ나來頭成敗不聞ᄒᆞ니이것도聾者會

▲偵探軍이遍滿ᄒᆞ니唯口興戎可畏로다肚裏春秋自在관ᄃᆡ否何其亂神뿐고一局黑白不辨ᄒᆞ니이것도聾者會

▲筆端自由不得ᄒᆞ야各報舘에可憐態ᄂᆞᆫ點々墨鴉怨飛ᄒᆞ야紙上精神昏迷ᄒᆞ니是非邪正不聞이라이것도聾者會

●培校盛況、培材高등學堂에 …의前進과來頭의希望이란問題 … 士及學父兄諸氏千餘人이會集 … 奬ᄒᆞ기爲ᄒᆞ야賞品으로空冊及 … ᄒᆞ엿ᄂᆞᆫᄃᆡ該郡內有志紳士諸氏 … 엿다더라 … 牒退去時에游氏ᄂᆞᆫ諸學徒의게 … ᄒᆞ엿다고該學徒等이不勝喜悅

社告

左開三郡에支社를設立ᄒᆞ엿스니各該附近地에서本申報購覽僉君子ᄂᆞᆫ各該支社員과交涉하시옵

龍岡 郡山南面紅門洞 宋昇煥
全州 府東壹契四統九戶 李興鳳
龜城 郡芳峴面 南市洋藥局 崔禮洛

大韓每日申報社

▲聲在海山▼

▲近來에大臣이헐음ᄒᆞ다닛가大臣길녀못살것네南北村에行世나ᄒᆞ고말주벅이나ᄒᆞ면모다大臣運動을ᄒᆞ다니大臣天地가되고말겟고

▲度支部日人官員服部健之助가犯逋郡守의게秘密히致函ᄒᆞ기를貴下를爲ᄒᆞ야某樣周旋ᄒᆞᆯ지라도上納金을減ᄒᆞᆯ터이니本人家로枉臨ᄒᆞ라ᄒᆞ엿ᄂᆞᆫ듸其書札이當局者의게발見되야挾雜事件이非止一再라지日人은我韓官廳의事務를公正히處理ᄒᆞᆫ다더니그러케두番만公正ᄒᆞ면官廳事務ᄂᆞᆫ잘될걸

▲日本前大藏大臣坂谷博士ᄂᆞᆫ日本이三大弱點이有ᄒᆞ니學問과文字의獨立이無ᄒᆞ고兵器製造의獨立도無ᄒᆞ고經濟의獨立도無ᄒᆞᆷ을日本國이一등國이되지못ᄒᆞᄂᆞᆫ所以를言論ᄒᆞ엿다니日國의資格의不足ᄒᆞᆷ을備悉ᄒᆞ엿스나만々ᄒᆞᆫ大韓國에나一등國노릇ᄒᆞ여보지

▲東京에잇ᄂᆞᆫ日人田村松造ᄂᆞᆫ年이五十이라本月十八日에該人외子息六松이가年今十八인지무ᄉᆞᆷ不協ᄒᆞᆫ事가有ᄒᆞ든지互相爭詰ᄒᆞ다가六松이가湯器로松造의頭를猛打ᄒᆞ야因卽致斃ᄒᆞ엿ᄂᆞᆫ듸六松이ᄂᆞᆫ警察署에被因ᄒᆞ얏다고日人新聞에揭載ᄒᆞ엿스니아모리日人인들아비를打殺ᄒᆞᄂᆞᆫ法도잇나虎狼이라도父子의恩이有ᄒᆞ고가마귀도反哺의恩이有ᄒᆞ거든日人의行實은禽獸만도못ᄒᆞᆫ게여

雜報

◎演戲禁止 警察課長李憲珪氏가再昨夜演興社에前往ᄒᆞ야歌妓와唱夫等의淫蕩ᄒᆞᆫ歌曲은切勿出口케禁止ᄒᆞ엿다더라

◎政友任員 政友會에서再昨日總會ᄒᆞᆫ狀況을聞ᄒᆞᆫ즉副總裁申泰休氏의辭免ᄒᆞᆫ代에金昇圭朴箕錫尹喆圭三氏로薦定ᄒᆞ엿ᄂᆞᆫ듸來總會에決定ᄒᆞ기로議決ᄒᆞ엿다더라

◎辯士晩餐 辯護士張燾李冕宇氏등이再昨日午後六時에明月館에서晩餐會를設ᄒᆞ엿다더라

◎言根又探 日前東部梨峴등地居崔春基氏家에서何許人五名이來留ᄒᆞ다가四名은日本으로潛渡ᄒᆞ고一名은漢城內에隱伏ᄒᆞ엿ᄂᆞᆫ듸該人등의行動이極히殊常ᄒᆞ다ᄂᆞᆫ說이有ᄒᆞᆷ으로某々處에서嚴密調査ᄒᆞᆫ즉初無ᄒᆞᆫ事實인故로其做出ᄒᆞᆫ言근을調査ᄒᆞᆫ다더라

◎平和會발展協議 韓國平和協會主唱者沈日澤氏ᄂᆞᆫ該會의事務발展ᄒᆞᆯ策을協議ᄒᆞ기爲ᄒᆞ야日間日本에渡去ᄒᆞᆫ다더라

◎會費擔用 別項과如히平和協會의現今間經費ᄂᆞᆫ韓應履朴競來兩氏가擔當支用ᄒᆞᄂᆞᆫ中이라더라

學界報

◎塾私害校 萬里峴均明學교ᄂᆞᆫ設立ᄒᆞᆫ지五年에本洞義務金으로殖利ᄒᆞ야經費를補用ᄒᆞ더니該金利子를屢月未收ᄒᆞ야財政이難困中에近日坪村居人李相근朴致雲朴允善諸氏가私塾을設置ᄒᆞᆫ後로교況이日縮ᄒᆞ야維持ᄒᆞ기가極難ᄒᆞ겟다더라

廣告

◉特別廣告

◉本店을開業흔지數十年以來에 僉君子의愛顧ᄒᆞ심을蒙ᄒᆞ온바至히報答ᄒᆞ기爲ᄒᆞ와[illegible]擴張ᄒᆞ고內外各樣紙物과布木紬緞이며政府委托度量衡器와學校用品을新選最良으로直輸入ᄒᆞ와特別減價로多小間遠近을勿論ᄒᆞ고請求ᄒᆞ시면運送部郵便小包너引換代金으로酬應ᄒᆞ와迅速히賣易에益々便利도록施行ᄒᆞ깃ᄉᆞ오니諸君子ᄂᆞᆫ照亮愛顧ᄒᆞ심을伏望흠

各樣紙物

壯紙 壯版紙 窓戶紙

白紙 各樣書畵 塗背

洋紙 校科 印刷洋紙

斑子紙 封套紙 印札紙

製圖用紙 美濃紙各樣

度量衡器部

자와 度器 말과 되와 量器 저울 衡器等

類를販賣흠

京城鐘路通二十二統八戶

政府度量衡器販賣所

品紙商 鄭斗煥

電話壹千拾九番

電略話(정)(丁)

各種布木 紬緞

布。苧。木。紬。緞。

綿子。毛織

京城鍾路通二十二統八戶

木布商 鄭星煥

◉特別廣告

○大韓全國藥品總發行所京城鍾路和平堂大藥房

官登錄 許認可

(健胃消滯)

八寶丸

(主治効能)

胃蓄積滯 急瞥關格 霍亂吐사 頭痛眩운 通氣風疫 預防妙藥

▲本堂에서特히製調發賣ᄒᆞᄂᆞᆫ藥品五十餘種과漢城內各藥房에서新發明ᄒᆞᆫ藥品도俱備ᄒᆞᆫ外에今日醫家에서最大數常用ᄒᆞᄂᆞᆫ獨逸製藥品과其他日本製藥品各種與韓唐草材를直輸入ᄒᆞ야最低廉價로發賣ᄒᆞ오되地方에서藥品을注文ᄒᆞᄂᆞᆫ境遇에ᄂᆞᆫ郵便小包로訊速付送흠

▲本堂附屬醫院에ᄂᆞᆫ學術과實驗이最著名ᄒᆞᆫ醫士를延聘ᄒᆞ야患者의內外科를勿論ᄒᆞ고精確히診察ᄒᆞ야施療ᄒᆞᄂᆞᆫ中或外方에서病의症候만錄送ᄒᆞ시면其病에適應ᄒᆞ도록製藥ᄒᆞ와郵便으로即時送呈흠

▲本堂의支店과代理店이我國境內에多數設立ᄒᆞᆫ中以後外方에서支店과代理店을請求ᄒᆞᄂᆞᆫ同時에ᄂᆞᆫ藥品은依例送呈ᄒᆞ려니와其他本舖細則도並送흠

▲本堂에서ᄂᆞᆫ特히漢城內醫業界와商業界와各社會와各官廳을連絡ᄒᆞ와藥品발展上便利키爲ᄒᆞ야電話를設備ᄒᆞ엿ᄉᆞ오니誰某시든지藥品을電話로請求ᄒᆞ시면本舖에서傳人送呈흠

京城鍾路和平堂大藥房本舖

主任 李應善

電話番號

電話壹六九七番

電略話(화)(ワ)

◉特別廣告

◉大韓全國에오ᄂᆞᆫ本堂製造發行ᄒᆞᄂᆞᆫ藥品

消化新藥 **淸心保命丹** 此丹은化痰止咳ᄒᆞ고順氣消滯ᄒᆞ며恒常長服ᄒᆞ면腸胃가健全

大補元氣 **蔘茸大補元** 大補元氣ᄒᆞ고滋腎健腦ᄒᆞ며先天不足과陽위不起에一切神効

蛔積殺虫散 此약은회積과회腹痛과회虫一切을去根ᄒᆞᄂᆞᆫ良劑

久滯大通丸 此丸은年久積滯와宿滯後重이며胃腹痛에神効莫大흠

梅花[illegible] 毋論男女ᄒᆞ고花柳病瘍一切去根快復하ᄂᆞᆫ良藥

眼疾速効 **光明眼藥** 諸般眼疾에隨症皆差ᄒᆞᄂᆞᆫ東洋에初有ᄒᆞᆫ寶藥

起死回生 **回生丹** 此丹은急ᄒᆞᆫ吐瀉關格이며가슴아리와冷積과痢疾에神効

[illegible]神効 **解熱散** 寒熱往來ᄒᆞ며似학非학과頭痛眩暈와肢節痛에其効가偉大

耳鼻[illegible] **耳鼻[illegible]藥** 無論男女ᄒᆞ고耳聾鼻窒이며耳鼻에關ᄒᆞᆫ病은隨症並差

疝症根 **疝積湯** 諸般산症에大談出賣흠

듸눈과못 **拔根藥** 듸눈과못과ᄉᆞ마귀를째ᄂᆞᆫ藥

止足汗臭藥 手足의汗臭를除却ᄒᆞᄂᆞᆫ藥

去核生新 **消度膏** 瘡瘤과腐傷과곱진되去核生新ᄒᆞ기ᄂᆞᆫ第一著明

最新改良 **百應膏** 無論男女老少ᄒᆞ고毒瘇濕瘇瘰瘻諸般瘇瘡에壹切特效가有흠

淋疾藥各種 淋疾各症에壹週日만服ᄒᆞ면病根快復ᄒᆞ고腎氣가完全흠

其他洋藥各種과◉賣藥各種◉都매散賣

◉遠地에ᄂᆞᆫ郵便小包로申速酬應흠

漢城南大門內濟生堂大藥房 李庚鳳

代辦主任 李興國 白

電話壹七二八番

電略(제)又(卄イ)

社告

大韓每日申報各處支社廣告

平安北道

龍川楊市維新書舖 黃菊保

龍川南市驛 韓[illegible]希

朔州邑南門外 朱伯英

義州南門外한西大藥局 張有寬

鐵山邑東部 鄭[illegible]

車輦館同志會內 金明鉉

定州南門內書舖 洪成麟

博川邑內鐘洞 金[illegible]樞

京義線[illegible]停車場前 運輸會社前 李[illegible]秀

泰川邑館前洋藥局 李正華

寧邊郡內紅門里 鄭德昇

寧邊龍山面[illegible]里 南[illegible]河家 鄭奉益

宣川橋南四統十戶 申基周

江界邑內 金[illegible]熙

郭山郡內[illegible]街 金大鉉

雲山邑上里八統八戶 咸元澤

雲山北面[illegible]八統七戶 王[illegible]鎬

昌城郡內西下里一統二戶 [illegible]익

[illegible]川[illegible]門外[illegible]洞十四統一戶 金[illegible]澤

龍岡郡山南面紅門洞 安昇煥

龜城郡芳峴面[illegible]洋藥局 崔禮濟

平安南道

平壤鍾路[illegible]館 安[illegible]

三和港[illegible]蘇教堂 [illegible]

安州城內[illegible]館 金[illegible]河

江西邑內 金[illegible]煥

甑山郡內[illegible]里 崔[illegible]

德川邑官洞[illegible]蘇教冊[illegible] 李[illegible]

永柔邑內[illegible]里[illegible]統八戶 金志[illegible]

中和下道面[illegible]里三[illegible] 禹[illegible]

肅川東部面[illegible]里[illegible]統九戶 金天[illegible]

咸從邑校洞 俞[illegible]

黃海道

海州南門內韓昌書館 朴昌鎬

安岳郡細洞面端山里上場 韓楨教

長淵邑서北支學會內 崔東[illegible]

殷栗邑倉前里 金光元

信川邑四里 李[illegible]

白川邑文明館 趙雲[illegible]

載寧邑서部李鼎均家乾材局 [illegible]

沙里院三聖學校內 李承吉

咸鏡道

咸興州南社西門外 曹喜[illegible]

元山港上里倉前洞耶蘇女學校側 皇甫正杰

定平郡豐陽里 張[illegible]學

洪原西門內保命局 [illegible]

永興邑南山洞[illegible]學校內 梁元[illegible]

淸津港新岩洞 張元浩

全羅道

金溝木流面豆亭 [illegible]德[illegible]

木浦港陽洞 李[illegible]

群山港[illegible]洞一統八戶 方[illegible]

全州府東一契四統九戶 李[illegible]

京畿道

仁川[illegible]冊[illegible] 李[illegible]

開城南門外興學書舖 姜[illegible]

江華邑川[illegible] 俞[illegible]

慶尙道

大邱西小門外[illegible] 李[illegible]

釜山[illegible] 徐[illegible]

江原道

[illegible]

忠淸道

[illegible]

公州[illegible]書館 [illegible]

[illegible]山[illegible]

北墾島

[illegible]

[illegible] 一枚 [illegible]二錢五厘 [illegible]月 三十錢

廣告料 四号活字拾三字詰(自一行至四行이爲一寸) [illegible]一寸(一[illegible])에新貨卄五錢 壹個月壹寸에五圓 但時期長短과行數多少를[illegible]

檀君開國四千二百四十三年
箕子元年三千三十二年
大韓開國五百十九年
本報創刊日
光武八年七月十八日

大韓每日申報

發行兼編輯人 李章薰
發行所 京城中部布廛屛門二宮街二層洋屋 大韓每日申報社

第八卷　月曜及慶節歲時日休刊　第壹千四百十九號

論說

英雄과時勢

英雄이時勢를造ᄒᆞᄂᆞᆫ가時勢가英雄을造ᄒᆞᄂᆞᆫ가英雄이時勢를遭치못ᄒᆞ면虎가風을失홈과如ᄒᆞ고魚가水를失홈과如ᄒᆞ야一凡夫에過치못ᄒᆞ리로다

何를時勢라謂ᄒᆞᄂᆞᆫ고四方에風雲이動盪ᄒᆞ고競爭이⿱起ᄒᆞ야優勝劣敗ᄒᆞᄂᆞᆫ時代를當ᄒᆞ면以ᄒᆞᆫ者를與케ᄒᆞ고弱ᄒᆞᆫ者를强케ᄒᆞᄂᆞᆫ것이英雄의手段이라現今我韓은國勢의衰頹홈이今日보다더甚ᄒᆞᆫ時가無ᄒᆞᆫ것이오民力의微弱이今日보다더甚ᄒᆞᆫ時가無ᄒᆞᆫ지니極衰ᄒᆞ면必盛ᄒᆞ고極微ᄒᆞ면必顯ᄒᆞᄂᆞᆫ것이天運에在ᄒᆞᆫ者아니ᄒᆞ고人事에在ᄒᆞ니此를可히英雄時勢라謂ᄒᆞᆯ지로다

英雄이라ᄒᆞᄂᆞᆫ者ᄂᆞᆫ世間에造物主인ᄃᆞᆺ世間의大事業은總히英雄心中에蘊蓄ᄒᆞᆫ者이라世界歷史를英雄의傳記라ᄒᆞ야도未爲不可로다是以로路得이有ᄒᆞᆫ然後에新敎가出ᄒᆞ고哥倫布가有ᄒᆞᆫ然後에新洲가顯ᄒᆞ고華盛頓이有ᄒᆞᆫ然後에美國이獨立ᄒᆞ고俾斯麥이有ᄒᆞᆫ然後에德國이聯邦ᄒᆞ엿스니此ᄂᆞᆫ英雄이時勢를造ᄒᆞᆫ者ㅣ오昇平無事ᄒᆞᆫ時를當ᄒᆞ면英雄이라도不遇의歎이有ᄒᆞ야抱瑟齊門에三年彷徨ᄒᆞᄂᆞᆫ者도有ᄒᆞ고抱玉楚庭에三刖躊躇ᄒᆞᄂᆞᆫ者도有ᄒᆞ니此를엇지英雄의時代라謂ᄒᆞ리오

我韓으로論ᄒᆞᆯ지라도壬辰風塵에李忠武가出焉ᄒᆞ고丙子戰爭에林慶業이出焉ᄒᆞ엿스니若使李忠武로壬辰以前에生出ᄒᆞ엿스면李忠武라謂키難ᄒᆞᆯ것이오林慶業으로丙子以前에生出ᄒᆞ엿스면林慶業이라謂키難ᄒᆞᆯ지로다

英雄의材가何代에無ᄒᆞ다ᄒᆞ리오마ᄂᆞᆫ其時를待ᄒᆞᄂᆞᆫ者ㅣ草昧間에往往히有ᄒᆞ나顧今時代가何如ᄒᆞᆫ時代완ᄃᆡ泯沒無聞ᄒᆞ니實노慨歎ᄒᆞᆯ者ㅣ此에在ᄒᆞ다ᄒᆞ노니意太利가墺國의干涉을受ᄒᆞ야浸微ᄒᆞᆫ情勢가可히終日치못ᄒᆞᆯ時를當ᄒᆞ야嘉富爾가아니면엇지國權을恢復ᄒᆞ엿스며普魯士가아니면日耳曼列邦이散漫積弱ᄒᆞ고法人에게見制ᄒᆞ야國體를全失ᄒᆞᆯ時를當ᄒᆞ야俾斯麥이아니면엇지國力을鞏固케ᄒᆞ엿스며美利堅은英國의壓制를受ᄒᆞ고民不聊生ᄒᆞᆯ時를當ᄒᆞ야華盛頓이아니면엇지富强을致ᄒᆞ엿스리오然則時勢의艱難危險홈을患ᄒᆞᆯ것이아니라英雄이無홈을患ᄒᆞᆯ지니暴雷烈風에羣鳥ᄂᆞᆫ戢翼恐懼ᄒᆞ나蛟龍은乘之ᄒᆞ야造化를施ᄒᆞ고驚濤駭浪에丘魚ᄂᆞᆫ失所錯愕ᄒᆞ나巨鯨은御之ᄒᆞ야雄圖를方徙ᄒᆞᄂᆞ니英雄의能事ᄂᆞᆫ時勢를用ᄒᆞᄂᆞᆫ것으로起點을삼고時勢를造ᄒᆞᄂᆞᆫ것으로究竟을삼ᄂᆞ니先聖이不云乎아

以其數則過矣나以其時考之則可矣라ᄒᆞ셧스니斯乃擧一國이翹首企足ᄒᆞ야喁喁爲英雄을望ᄒᆞᆯ時라英雄도別人이아니라國家의思想이腦髓에膨脹ᄒᆞ야頹波砥柱의特立ᄒᆞᆫ氣像이有ᄒᆞ고疾風勁草의不屈ᄒᆞᆫ志槪가有ᄒᆞ야天地를牢籠ᄒᆞ고霄漢을經緯ᄒᆞᆫ經營으로斷斷一心이國家에在ᄒᆞ면一綫로도九鼎은可히扶ᄒᆞᆯ지니英雄의事業을不成ᄒᆞ기를엇지憂慮ᄒᆞ리오

國權도可히恢復ᄒᆞᆯ것이오民力도可히養成ᄒᆞᆯ지니山川의險固로도英雄이아니면其險을恃키難ᄒᆞᆯ것이오兵力의强壯으로도英雄이아니면其强을恃키難ᄒᆞᆯ것이오土地의美沃으로도英雄이아니면其美를恃키難ᄒᆞᆯ것이오城郭의堅固로도英雄이아니면其堅을恃키難ᄒᆞᆯ지니我韓의前路ᄂᆞᆫ英雄에게在ᄒᆞᆫ즉此를英雄의時勢라ᄒᆞ노라

官報

◎第四千七百十四號

隆熙四年六月二十五日(土曜)

部令

度支部令第二十二號

光武十年九月度支部令第拾七號國庫金委托出納事務處理順序別表中左와如히改正홈

本令은隆熙四年七月一日로브터施行홈

社告

本社位置를本月九日에京城中部布廛屛門二宮街二層洋屋으로移設ᄒᆞ엿ᄉᆞ오니本報를愛讀ᄒᆞ시ᄂᆞᆫ僉君子ᄂᆞᆫ照亮ᄒᆞ심을望홈

大韓每日申報社

隆熙四年六月二拾四日　度支部大臣 高永喜

忠淸南道의部

全義郵便取扱所의項全義郵便取扱所全義邑이라홈을鳥致院郵便所鳥致院이라改홈

敍任及辭令

○六月拾四日　奧田熊治郞 任郡主事敍判任官四等　郡主事奧田熊治郞 任道主事敍判任官四等　岸田晋 任內部主事敍判任官四等　間宮義風 任土地調査局技手敍判任官三等

○六月二十日　林春若 任郡主事敍判任官四등　府主事崔章燮 陞敍判任官三등　府主事崔章燮 依願免本官 (六月拾四日土地調査局)

外報

◎船舶과無線電　紐育來電을據ᄒᆞᆫ즉五十名以上의船客을태우고合衆國沿岸으로브터大洋을通行ᄒᆞᄂᆞᆫ船舶은반다시無線電信機를設置ᄒᆞ자ᄂᆞᆫ議案을本月二十日에美國下院에提出ᄒᆞ얏다더라

◎美國과世界平和　華盛頓電報를據ᄒᆞᆫ즉美國下院에셔ᄂᆞᆫ世界的平和의增進ᄒᆞᆯ方針에關ᄒᆞ야各國政府와協議ᄒᆞ기爲ᄒᆞ야知名의美人五名을協議委員으로選定ᄒᆞ고其委員長은前大統領루쓰벨르氏로選定ᄒᆞᆯ事를大統領다푸트氏에게稟請ᄒᆞ얏다더라

◎美國豫算　桑港來電을據ᄒᆞᆫ즉美國議會ᄂᆞᆫ本月二十三日에閉會ᄒᆞ얏ᄂᆞᆫᄃᆡ今期議會를通過ᄒᆞᆫ豫算의歲出은拾億八千萬弗인ᄃᆡ此를昨年度豫算에比ᄒᆞ면三千六百萬弗이增加되얏다더라

◎革命黨의被嫌　同電을據ᄒᆞᆫ즉墨西哥大統領데아쓰氏ᄂᆞᆫ內亂의念慮가有ᄒᆞ다ᄒᆞ고大統領補侯補마데로氏及革命黨首領等을國外로放逐ᄒᆞᆯ事를命ᄒᆞ얏고또革命黨員百餘名은內閣員을暗殺ᄒᆞ려ᄒᆞᆫ다ᄂᆞᆫ嫌疑로被捉되얏다더라

◎克島問題와德國　在露都倫敦타임쓰通信員의所報를據ᄒᆞᆫ즉德國政府ᄂᆞᆫ露國政府에對ᄒᆞ야露國外相「이스볼스키」氏의크레트島에關ᄒᆞᆫ提案及此의趣旨에全然贊同ᄒᆞᄂᆞᆫ旨를通告ᄒᆞ얏스나露都諸新聞紙의所報를據ᄒᆞᆫ즉其他列國은露國의回章만受見ᄒᆞ고아즉回答은無ᄒᆞ다ᄒᆞ다더라

◎學生의政談禁止　奉天來電을據ᄒᆞᆫ즉淸國提學使盧靖氏ᄂᆞᆫ學生이政治를論[illegible]ᄒᆞᄂᆞᆫ[illegible]害가有ᄒᆞ다ᄒᆞ야[illegible]政治에關[illegible]와結社[illegible]禁止ᄒᆞ라고命令ᄒᆞ얏다더라

雜報

◎日日報停刊　대韓日日新聞은무슨事件[illegible]停刊[illegible]ᄒᆞ엿다더라

◎社員의[illegible]　[illegible]

◎永同郡[illegible]蝗虫　永同郡[illegible]蝗虫[illegible]

◎先納後償　楊州郡光陵守備隊에셔附近面長에게指揮ᄒᆞ야每朔鷄數千首式依例來納ᄒᆞ라ᄒᆞ고星火督促ᄒᆞ고該價金은從後出給ᄒᆞ마ᄒᆞ나中間乾沒의弊가多ᄒᆞ야民難支保라더라

◎旅館신築　平壤來信을據ᄒᆞᆫ즉當地金龜禧氏가旅行人士의[illegible]宜를供ᄒᆞ기爲ᄒᆞ야二層洋屋의旅館을신建築ᄒᆞ고諸般器具를淨潔히準備ᄒᆞ엿다더라

◎決未決分囚　日前鍾路及新門外兩監獄署에셔罪人을換囚ᄒᆞ엿다홈은旣報어니와未決囚ᄂᆞᆫ鍾路監獄署로已決囚ᄂᆞᆫ新門外監獄署로分囚ᄒᆞ엿다더라

◎不告而嫁　中部壽進洞居金禮均氏에未嫁女息이年今十七인ᄃᆡ該家留客洪德杓氏가(年今二十)潛通逃走ᄒᆞ엿슴으로[illegible]이라더라

學界報

◎寄附扇子　北部大安洞[illegible]貧商居十八李俊煥氏가扇子一百柄을[illegible]孤兒學生에게寄付홈은[illegible]李氏의慈善心을[illegible]稱頌

世界歷史

[illegible]외[illegible]保維ᄒᆞ야一國으로ᄒᆞ[illegible]諸國이互相同盟結合ᄒᆞ야權力[illegible]야곰他諸國을壓倒ᄒᆞᄂᆞᆫ勢力을能[illegible]ᄒᆞ게謀ᄒᆞ야於是乎外交術이라稱ᄒᆞᄂᆞᆫ者가始生ᄒᆞ니此時에有名ᄒᆞᆫ플노렌쓰의政治家마키아벨니의所著ᄒᆞᆫ政治論에紀述홈을觀ᄒᆞᆫ즉當時帝王의陰險ᄒᆞᆫ策略과詭秘ᄒᆞᆫ手段을可知ᄒᆞᆯ지라歐洲外交術의最初발達ᄒᆞᆫ者ᄂᆞᆫ베니쓰及플노렌쓰兩國이니當時此兩國은共히諸外國에自國公使를派遣ᄒᆞ야其國의事情及政治上의眞相을探知ᄒᆞ야本國에通報케ᄒᆞ니라

(未完)

詞藻

人事　頤雲生

有涯人事亦無涯一日非徒十二時假使百年千億計楚三閭願即吾悲

評曰雖非長年度世庶可見造物者之推에三閭之所願無乃張大乎

宮廷報

◎下賜賞品 再昨日 창德宮內秘苑에서日人角戯를開ᄒᆞᆫ은既報어니와 大皇帝陛下씌ᄋᆞ서銀製花瓶酒盃扇子등優數賞品을 下賜ᄒᆞ옵셧다더라

◎收繭式陪觀 昨日下午一時에 창德宮內 御親蚕室에서收繭式을設行ᄒᆞ엿다홈은既報어니와各 황族及大臣의夫人들이參內 陪觀ᄒᆞ엿다더라

雜報

◎警察委託覺書調印 本月二拾四일에我國政府는警察事務를일本政府에委託ᄒᆞᆫ件에關ᄒᆞ야覺書를交換ᄒᆞ엿ᄂᆞᆫᄃᆡ其全文이如左ᄒᆞ더라

覺書

일本政府及韓國政府는韓國警察制度를完全케改善ᄒᆞ고韓國財政의基礎를鞏固케홀目的으로써左의條款을約定홈

第一條 韓國의警察制度의完備홈을認홀時ᄭᆞ지韓國政府ᄂᆞᆫ警察事務를일本國政府에委託홈事

第二條 韓國皇宮警察事務에關ᄒᆞ야ᄂᆞᆫ必要에應ᄒᆞ야宮내부大臣은當該主務官에게臨時協議ᄒᆞ야處理케홈事를得홈

右ᄂᆞᆫ各其本國政府의委任을承ᄒᆞ야覺書일韓文各二通을作ᄒᆞ야此를交換ᄒᆞ고後일에證據ᄒᆞ기爲ᄒᆞ야調印홈

明治四拾三年六月二拾四일
統監子爵 寺內正毅 印
隆熙四年六月二拾四일
總理大臣署理
內部大臣 朴齊純 印

◎警察委託裁可 總理대臣署理朴齊純氏는昨일午前拾時에昌德宮에參내ᄒᆞ야 대皇帝陛下씌謁見ᄒᆞ고昨二拾四일午後八時半에我國警察事務委託에關ᄒᆞᆫ覺書의調印交換ᄒᆞᆫ旨를奏上ᄒᆞ야正式으로裁可가되엿다더라

◎望眼欲穿 內閣에서ᄂᆞᆫ何등重大ᄒᆞᆫ事件을因ᄒᆞ야溫泉에治療ᄒᆞᄂᆞᆫ李總理에게問議ᄒᆞᆫ次로侍從李恒九氏를日前委送ᄒᆞ엿ᄂᆞᆫᄃᆡ過期不還홈으로各대臣들은目下苦待中에在ᄒᆞ야寢食이不安ᄒᆞ고某某處에셔回報의如何홈을探知코자ᄒᆞ야偵探人등을各處로派送ᄒᆞ야秘密히探探中이라더라

◎來來去去 近日來로政治界에何등問題가有ᄒᆞᆫ지不知ᄒᆞ거니와農商대臣趙重應宮內府대臣閔丙奭兩氏가再昨日下午七時頃에朴內부대臣私邸에訪問ᄒᆞ고同拾時頃에散去ᄒᆞ엿고其後에ᄂᆞᆫ內閣法制局長俞星濬警視副監具然壽內閣書記官國分등이該대臣을連續訪問ᄒᆞ엿다더라

◎保護尤嚴 各部대臣은數日來로何等關係가有ᄒᆞᆫ지韓日巡査의保護가一層嚴密ᄒᆞ다더라

◎公逋蕩滌案 新任統監赴任後官民中公貨犯逋件을蕩滌ᄒᆞᆫ다홈은既報어니와隆熙二年度以前條ᄂᆞᆫ一並蕩滌ᄒᆞ기로內定되엿다더라

◎總相還城期 溫陽溫泉에셔治療ᄒᆞᄂᆞᆫ李總相은來三十日頃에歸京ᄒᆞᆫ다더라

◎明石紹介 中樞院顧問李夏榮氏가大臣一黨을圖得ᄒᆞ려고憲兵隊明石小將과秘密交涉ᄒᆞᆫ다ᄂᆞᆫ說이有ᄒᆞ다더라

◎兩部合附 學部及農商工부가內부에附屬된다ᄂᆞᆫ事ᄂᆞᆫ已爲報道ᄒᆞᆫ바어니와近日物議를據ᄒᆞᆫ즉學부ᄂᆞᆫ學務局이라ᄒᆞ야總裁一人이오農商工부ᄂᆞᆫ農務局이라ᄒᆞ야總裁一人을選置ᄒᆞᆫ다고巷說이藉藉ᄒᆞ다더라

◎宮相의寄金 宮相閔丙奭氏ᄂᆞᆫ日昨大同敎에金三十圓을寄付ᄒᆞ엿다더라

◎三氏諡典 金弘集魚允中鄭秉夏其他某某氏등의罪案은已爲蕩척되엿스나贈諡의典이未有ᄒᆞ엿더니近聞ᄒᆞᆫ즉該氏등의게贈諡의典이將次特下ᄒᆞ리라더라

◎陵官장僧 宮內부大臣閔丙奭氏家에親切히出入ᄒᆞᄂᆞᆫ閔某가日昨에對人說話ᄒᆞ기를陵官을圖得ᄒᆞ려ᄂᆞᆫ者가有ᄒᆞ거든七百五十圓만來納ᄒᆞ면七百圓은該府大臣에게上納ᄒᆞ고五十圓은分食ᄒᆞ자ᄒᆞ더라니至今도賣官ᄒᆞᄂᆞᆫ例가有ᄒᆞᆫ지不知ᄒᆞ겟다고物論이有ᄒᆞ다더라

◎신통歡迎準備 漢城府民會에셔ᄂᆞᆫ신任통監을歡迎ᄒᆞ기爲ᄒᆞ야節次를準備ᄒᆞᆫ次로各坊會에日間발牒ᄒᆞᆫ다더라

◎馬政官制改正 일本馬政局官制改正의結果로馬政委員會의規則도數일間에改正발布ᄒᆞᆫ다더라

◎夫人宴會 總相李完用氏의夫人이再昨日에皇族夫人과各大臣의夫人三十餘人을漢城俱樂部內로請邀宴待ᄒᆞ엿다더라

◎各郡行政視察 慶北觀察使朴重陽氏ᄂᆞᆫ行政事務를視察ᄒᆞ기爲ᄒᆞ야日前브터管下各郡에巡歷ᄒᆞᆫ다더라

◎警署文簿調査 光武十年度로브터隆熙四年度ᄭᆞ지各警察署의諸般文簿를調査ᄒᆞ라고警視廳에셔各署로申飭ᄒᆞ엿다더라

◎山근의衛生講話 內部衛生局山근囑托이昨日午後一時에師範學교에前往ᄒᆞ야一般任員及生徒에게對ᄒᆞ야衛生講話會를設ᄒᆞ엿ᄂᆞᆫᄃᆡ學部官吏中志願者ᄂᆞᆫ往參ᄒᆞ엿다더라

◎類々相從 日本平和會長茂林이가大韓平和會發起ᄒᆞᆫ沈日澤氏에게書簡을送致ᄒᆞ엿다ᄂᆞᆫᄃᆡ其內容을漏聞ᄒᆞᆫ즉急有面議ᄒᆞ니卽速渡日ᄒᆞ라ᄒᆞ엿다더라

◎汲用開始期 平壤郡에敷設ᄒᆞᆫ水道ᄂᆞᆫ來七月一日브터一般汲用을開始ᄒᆞᆫ다더라

◎測量隊會見 元山每日신聞社에셔主催ᄒᆞᆫ視察團一行은昨日에鐵原에到着ᄒᆞ엿ᄂᆞᆫᄃᆡ今日에漣川에셔三箇의測量隊와會見ᄒᆞᆫ다더라

◎以語取人 日憲兵司令部에셔日語能解者로通譯을多數히募集ᄒᆞᆫ다더라

◎有錢卽成 農商工部山林局長崔相敦氏가申耕熙氏를對ᄒᆞ야발論ᄒᆞ기를貴先塋의山坂所有權證明은五百圓만紹介者에게給入ᄒᆞ면不過二三日에證明權을繕給ᄒᆞᆯ다홈으로申氏가該事由를宗會에公布ᄒᆞ엿다더라

◎無憑可考 日憲兵一名이昨日學부에來到ᄒᆞ야本國人으로셔日語嫺熟者가國內에幾名이나되며일人으로셔韓語嫺熟ᄒᆞᆫ者의數爻가幾何가될을詳考ᄒᆞ라다가可考文憑이無홈으로未果ᄒᆞ엿다더라

◎監獄新建工事 龍山坊青坡四契봉地에宏大ᄒᆞᆫ監獄署를新建築홀次로日前브터工役에着手ᄒᆞ엿다더라

◎病院竣工期 內部衛生局에셔順化病院을新建築ᄒᆞᆫ다홈은既報어니와來七月頃브터新築工役에着手ᄒᆞ야十月內로竣工ᄒᆞᆯ計劃이라더라

◎尉官看守 再昨日신門外監獄署에셔曾經尉官人으로看守六人을試選ᄒᆞ엿다더라

◎私校情況修報 學部에셔各觀察道書記官에게申飭ᄒᆞ야管下各郡에在ᄒᆞᆫ私立學교의情況을報告ᄒᆞ라ᄒᆞ엿다더라

◎一衰一興 俞吉濬氏가再昨日興士團內에셔吳世창權東鎭沈宜性諸氏를對ᄒᆞ여曰從玆以後로一進會ᄂᆞᆫ漸次衰弱ᄒᆞ고大韓協會ᄂᆞᆫ次々擴張ᄒᆞᆯ道理가有ᄒᆞ다ᄒᆞ엿다더라

◎政友의出迎 渡日ᄒᆞ엿던政友會員高羲駿氏가再昨日下午八時에歸國ᄒᆞ엿ᄂᆞᆫᄃᆡ會員一同이南門驛에셔歡迎ᄒᆞ엿다더라

◎成否叩問 別項과如히政友會員高羲駿氏가再昨日午後七時頃에歸國ᄒᆞ엿ᄂᆞᆫᄃᆡ趙漢鏞金斗漢兩氏가同十時에該氏를訪問ᄒᆞ고渡日ᄒᆞ엿던目的의成不成을叩問ᄒᆞ엿다더라

◎神習何敎 李學宰ᄂᆞᆫ神習敎를更히擴張ᄒᆞᆯ次로自稱敎督이라ᄒᆞ고일人高畑康과交涉ᄒᆞ야入敎金은廢止ᄒᆞ고一般敎人에게多少의徽章代金을收入ᄒᆞᆯ計劃이라더라

◎倘知其罪 一進會에셔ᄂᆞᆫ何등偵探ᄒᆞᆯ事가有ᄒᆞᆫ지同會員中幾名은東西奔走ᄒᆞᄂᆞᆫ貌樣이라더라

◎開鑛請願 天安郡下建面宮창垈所在金鑛을金台憲氏가本月二拾二日農商工부에請願ᄒᆞ엿다더라

◎密淫調査着手 中部警察署管內에ᄂᆞᆫ昨日브터密매淫女調查事務에着手ᄒᆞ엿다더라

◎流行病豫防 內部衛生局에셔ᄂᆞᆫ再昨日民濟病院主務韓民濟氏를招請ᄒᆞ야近日流行病에對ᄒᆞ야豫防方法을協議ᄒᆞ엿다더라

◎夏期淸潔實施 各警察署에셔ᄂᆞᆫ昨日브터夏期大淸潔及病者有無를調査ᄒᆞ기爲ᄒᆞ야戶口調査를施行ᄒᆞᆫ다더라

◎時事報續刊準備 中部校洞居尹敬重氏ᄂᆞᆫ時事新聞을繼續발刊ᄒᆞᆯ次로印刷機械金九百圓價値를日前에購入ᄒᆞ엿다더라

◎塚主難覓 楊州郡忘憂里後山麓은申氏宗中에셔屢百年守護ᄒᆞ더니去四月間에何許人의偸葬이有홈으로諸申氏가起訴掘移ᄒᆞᆯ次로塚主를數朔究覓ᄒᆞ되一向出現치아니ᄒᆞ미將次警視廳에呼訴ᄒᆞ랴ᄒᆞᆫ다더라

◎近家爲嫌 往拾里崔德有氏家門前에巡査의派出所를設置ᄒᆞ엿ᄂᆞᆫᄃᆡ該氏가派出所의偏近홈을爲嫌ᄒᆞ야該所를洞中他舍로移接케ᄒᆞᆯ意로東署에請願ᄒᆞ야將次移設ᄒᆞᆫᄃᆡ洞人이莫不稱怨ᄒᆞᆫ다더라

◎亦一恐動 義兵將姿乭東氏ᄂᆞᆫ該部下人中被捉된者를救出ᄒᆞ기爲ᄒᆞ야신門外金鷄洞監獄署를打破ᄒᆞᆫ다ᄂᆞᆫ風說이有홈으로某處에셔嚴密關束을加ᄒᆞᆫ다더라

◎義將出沒 積城郡義兵將洪元裕氏가部下兵數十名을領率ᄒᆞ고該郡桑木등地로橫行ᄒᆞᆫ다더라

電報

◎日本의豫算 日本의來年度豫算編成은海軍擴張등大問題가有홈으로例年보다遲延된다ᄒᆞ나豫算編成에對ᄒᆞ야別노대關係가無ᄒᆞᆫ즉必竟例年과如히九月內로ᄂᆞᆫ槪算書의提出을見ᄒᆞᆯ듯ᄒᆞ다더라
東京발 二十五日着

◎法國元老와大博覽 法國元老院에셔ᄂᆞᆫ千九百二拾年에巴里에셔世界大博覽會를開ᄒᆞ기로會議ᄒᆞ엿다더라
伯林발 廿五日着

▲一愁一喜▼

▲何山鶴睫一擧ᄒᆞ야當世人物閱覽ᄒᆞ니愁者喜者不同ᄒᆞ야其去其來奔忙ᄒᆞ니炎涼世態可憐ᄒᆞ다

▲溫泉敗將顚臥ᄒᆞ니二竪枕에呻痾로다海外消息夢驚ᄒᆞ재勸告二字膽墜ᄒᆞ니鳥盡弓藏엇지홀고李總理의愁色이오

▲飼狗撲滅턴手段이多年藩任掌握라가政界變動乘機ᄒᆞ고超遷計가暗生ᄒᆞ야欲捉未捉心癢ᄒᆞ니朴觀察의喜色이오

▲中央金庫管理ᄒᆞ니遍身과花肥胖ᄒᆞ야富家翁을自作터니昨日統府訪問ᄒᆞ야무含機密怨見인가高度大의愁色이오

▲餓鬼惡神嘯聚ᄒᆞ야自相欺取謀食터니腹空症이又生인가一千萬圓動蜩ᄒᆞ야一羣雀躍奔々ᄒᆞ니一進會의喜色이오

▲敎育事務機關으로全國學界標榜이라存廢間題忽生ᄒᆞ야他部移屬爲慮ᄒᆞᆯ제一椅子가搖々ᄒᆞ니李學相의愁色이오

▲政友派를領率ᄒᆞ고宴會頻々料理店에何等計策密議ᄒᆞᆯ제三千圓에典金ᄒᆞ고地位圖得希覬ᄒᆞ니金總裁의喜色일세

▲椎花散落▼

▲大韓協會顧問大垣丈夫의著述흔覺書가무숨冊子인가覺字義가何義런고該會에서何등의七條件을製述ᄒ야신統監이赴任ᄒ면提呈흔다ᄒ니七條件이覺字中에셔出ᄒ엿는지

▲一進會에셔重大흔事件으로十一條件을起草中이라ᄒ니近日에條件이엇지그리만흔고이條件은무숨條件인고모를것잇나宜言書나聲明書따위샤

▲日本水上警察署巡查齊木茂三郎은年今二十六인데裁縫으로生涯ᄒ는某日女를强奸코져ᄒ되該女가不聽흠으로拔劍示威ᄒ야强奸을行ᄒ얏다니日本巡查의行色도可히알겟더고

▲日人들은別벽회가다만흔게여佐伯留吉이라ᄒ는日人이何處에셔衣服을窃取ᄒ다가巡查에게被捉이되엿는데其來歷을審問흔즉其兄德三郎이가窃盜벽회가有흠을見ᄒ고本年一月브터行盜ᄒ엿다니됴흔벽회도효嚬ᄒ얏지

▲政友會에셔는큰슈가난게여總裁가三千圓에家舍會典執ᄒ야신統監歡迎費에補用흔다지高義駿을보닌일이如意흔게여무숨고소흔닉암식를맛덧기에돈을앗기지안치

雜報

◎留金當推 日人谷口茂市가辦理會를組織ᄒ고巫覡人會者에게金五圓式收入ᄒ야巨額에達ᄒ엿는데該會가近日無端廢止되엿숨으로巫女등이納金을還覓ᄒ기爲ᄒ야南部警察署에呼訴흔故로目下準備中이라더라

◎倡夫의奸淫 演興社倡夫金창龍은某某大官의妾을誘引奸淫흔다는狀態가有ᄒ다ᄒ야某處에셔注目中이라니此등演劇場은改良ᄒ는것이妥當ᄒ다고덜ᄒ더라

◎詐欺被捉 苑洞居洪聖寬樓洞居金秉煥등은詐欺犯으로再昨日中部警察署에被捉ᄒ엿다라

本報 壹枚 新貨二錢五厘 一個月 三十錢 [illegible] 新貨七十錢
廣告 四号活字拾三字詰 每日一寸(一尺)에新貨十五錢 (自一行至四行이爲一寸) 且時期長短과行數多少를[illegible]

檀君開國四千二百四十三年 箕子元年三千三十二年 大韓開國五百十九年 本報創刊日 光武八年七月十八日

大韓每日申報

發行兼編輯人 李章薰
發行所 京城中部布廛屛門二宮街 大韓每日申報社

第八卷 月曜及慶節歲時日休刊 第壹千四百二十號

論說

愛國者의思想

國이란者는何를謂홈인고民을積ᄒᆞ야成ᄒᆞᆫ者이오國政이란者는何를謂홈인고民이其事를自治ᄒᆞ는者오愛國이란者는何를謂홈인고民이其身을自愛ᄒᆞᄂᆞᆫ者라故로民權이興ᄒᆞ면國權이立ᄒᆞ고民權이滅ᄒᆞ면國權이墜ᄒᆞᄂᆞ니爲上者ㅣ壓民ᄒᆞᄂᆞᆫ權을務ᄒᆞ면其國을自滅ᄒᆞᄂᆞᆫ것이오爲民者ㅣ其權을伸ᄒᆞ기를務치아니ᄒᆞ면其身을自棄ᄒᆞᄂᆞᆫ者ㅣ니

是以로海外列强人은自束髮時로브터學校에入ᄒᆞ야愛國의詩歌를咏ᄒᆞ며愛國의故事를說道ᄒᆞ야稍長ᄒᆞ기에及ᄒᆞ야愛國ᄒᆞᄂᆞᆫ眞理를講ᄒᆞ야其父ᄂᆞᆫ其子를詔ᄒᆞ고其兄은其弟를勉ᄒᆞ야愛國ᄒᆞᄂᆞᆫ實業으로相告ᄒᆞ며衣襟에所佩ᄒᆞᄂᆞᆫ物도愛國章이라號ᄒᆞ고游燕ᄒᆞᄂᆞᆫ所도愛國社라稱ᄒᆞ고所飮ᄒᆞᄂᆞᆫ酒도愛國酒라名ᄒᆞ고所玩ᄒᆞᄂᆞᆫ物도愛國紀念品이라ᄒᆞ야尋常宴遊에도國王에게遙禮ᄒᆞ고尋常饗殯에도國運을祈禱ᄒᆞ야至如法國歌妓가[illegible]人와狎游를納지아니홈과日本孩童이俄人의贈果를受치아니홈은其國의患을慮홈인즉其愛國의性이良知에發ᄒᆞ야敎ᄒᆞ기를待치아니ᄒᆞ여도能ᄒᆞ고至情에本ᄒᆞ야謀치아니ᄒᆞ여도合ᄒᆞᄂᆞ니

我韓人民은愛國ᄒᆞᄂᆞᆫ思想이有乎아無乎아曰無라홀것은大臣은國恥를知치못ᄒᆞ면서何如라야地位를盤踞ᄒᆞ고ᄒᆞ며官吏ᄂᆞᆫ國事를能爲치못ᄒᆞ면서何如라야要津을占得ᄒᆞ고ᄒᆞ며士夫ᄂᆞᆫ國家의念이無ᄒᆞ면서何如라야可以得官ᄒᆞᆯ고ᄒᆞ며商民은國家의危를知치못ᄒᆞ면서何如라야可以謀利오ᄒᆞ야終日所營營逐逐者ㅣ不過是身也와家也와利與名也라或稠人廣坐中에國事를談ᄒᆞᄂᆞᆫ者ㅣ有ᄒᆞ면指而目之曰狂人이며痴人이라ᄒᆞ야其人이習之已久ᄒᆞ면嗒然히自笑ᄒᆞ고爽然히自失ᄒᆞ야箝口結舌而已오鄙陋를恥치아니ᄒᆞ며奔競을恥치아니ᄒᆞ고國事를言ᄒᆞᄂᆞᆫ것으로恥ᄒᆞ야習與成風ᄒᆞ야遂使二千萬衆으로滔滔히一轍에歸ᄒᆞ엿도다

一個人을對ᄒᆞ야責ᄒᆞ기를汝性은奴隸性이오汝行도奴隸行이라ᄒᆞ면色然히怒치아니ᄒᆞᄂᆞᆫ者ㅣ無ᄒᆞ나今吾國民이如此ᄒᆞᆫ資格으로如此히習俗ᄒᆞ며如此히言論ᄒᆞ며如此히擧動ᄒᆞ야奴隸의稱을엇지免ᄒᆞ리오然則愛國心은何處를從ᄒᆞ야起ᄒᆞ리오古聖이有言ᄒᆞ사되吾弟則愛之ᄒᆞ고秦人之弟則不愛也라ᄒᆞ셧스니惟國도亦然ᄒᆞ니吾國인즉愛ᄒᆞ고他人의國인즉愛치아니홀지니是故로愈隔膜則其愛가愈減ᄒᆞ고愈親切則其愛가愈增ᄒᆞᄂᆞᆫ것은天下의公例라譬컨ᄃᆡ一家中에子弟가其家를愛치아니ᄒᆞᄂᆞᆫ者ㅣ無홈은其家도吾家오其事도吾事라ᄒᆞ려니와奴隸가된者ᄂᆞᆫ實心으로其家를愛ᄒᆞᄂᆞᆫ者ㅣ罕有ᄒᆞ니家도主人의家오事도主人의事라ᄒᆞᄂᆞ니國民의愛國心에有無를觀코저ᄒᆞ면其民이子弟로自處ᄒᆞᄂᆞᆫ가奴隸로自處ᄒᆞᄂᆞᆫ가此를足히可驗홀者ㅣ로다

西人이有言曰國字ᄂᆞᆫ家族二字의大書ᄒᆞᆫ者ㅣ라ᄒᆞ엿스니政府ᄂᆞᆫ家長이며族長이오民者ᄂᆞᆫ家族이며子弟라民이奴隸로自居ᄒᆞᄂᆞᆫ鄙習이誰가指使ᄒᆞᆫ者인가政府에셔國家를一己의私有로知ᄒᆞ고人民을奴隸로視ᄒᆞ야人民이其威를畏겁ᄒᆞ야屈치아니ᄒᆞᄂᆞᆫ者ㅣ無ᄒᆞ니積之已久ᄒᆞ면自然히奴隸에情態가生홈이로다政令을行홀時에一二人이私自密議ᄒᆞ야專斷而行ᄒᆞ니人民이與聞키를不得ᄒᆞ엿도다或朝令을議論ᄒᆞᄂᆞᆫ者ㅣ有ᄒᆞ면莠民으로指目ᄒᆞ고國事를憂慮ᄒᆞᄂᆞᆫ者ㅣ有ᄒᆞ면越職으로責望ᄒᆞ니奴隸가主人의家事를干預ᄒᆞ다가主人이怒ᄒᆞ면傍觀人이嗤笑ᄒᆞᄂᆞ니비록愛ᄒᆞ고져ᄒᆞ나不敢不能홀지니袖手而觀ᄒᆞ면其家가엇지敗殘치아니ᄒᆞ리오遂乃褰裳以去ᄒᆞᄂᆞ니此ᄂᆞᆫ奴隸의恒性이라故로西人은國家를政府와人民의共有ᄒᆞᆫ物로知ᄒᆞ고父兄과子弟가通力合作ᄒᆞ야國家를治ᄒᆞ니一民이라도有ᄒᆞ면卽一愛國ᄒᆞᄂᆞᆫ人이로다

昔에希臘은數千農民으로써百萬의游牧ᄒᆞᄂᆞᆫ蠻兵을逐ᄒᆞ고法國의一牧羊ᄒᆞᄂᆞᆫ田婦ᄂᆞᆫ一言으로써强敵을攘ᄒᆞ야外國의羈靰을脫ᄒᆞ얏스니我韓人士ᄂᆞᆫ此를龜鑑으로作ᄒᆞ야一敵萬人홀思想으로自國을自愛홀지어다

官報

◎第四千七百十五號 ▲隆熙四年六月二十七日(月曜)

▲敍任及辭令

○六月二十二日 阿部悲三郞 任土地調査局技師叙奏任官二等 李英雨 任公立普通學校本科訓導叙判任官四等

○六月二十三日 高山徹 任道立咸興農業學校學監叙奏任官四等 坂井友義 任公立普通學校本科訓導兼敎監叙判任官三等 公立普通學校本科副訓導林麟洙 同 韓溥璟 依願免本官 (以上六月二十二日學部)

外報

◎革命黨鎭壓 伯林來電을據ᄒᆞᆫ즉墨西哥의革命黨이起ᄒᆞ야形勢不穩의兆가有ᄒᆞ더니近日에鎭壓되엿다더라

◎德國의新巨船 同電을據ᄒᆞᆫ즉漢堡亞米利加瀛船會社長은德國皇帝에게漢堡우루간造船所에셔新造ᄒᆞᄂᆞᆫ同會社巨船(登簿數四萬五千噸)의圖를天覽에供ᄒᆞ얏다더라

◎美國의議會 紐育來電을據ᄒᆞᆫ즉美國第六十一回의議會ᄂᆞᆫ本月二十三日에閉會ᄒᆞ엿ᄂᆞᆫᄃᆡ同議會에셔大統領의敎書中에示ᄒᆞᆫ件으로議決된것은鐵道法案과大戰鬪艦建造件及郵便貯金法案등이라더라

◎暑氣酷烈 同電을據ᄒᆞᆫ즉美國에ᄂᆞᆫ今夏에暑氣가酷烈ᄒᆞ야本月二十一日에ᄂᆞᆫ暖度가九十度以上에達ᄒᆞ얏ᄂᆞᆫᄃᆡ紐育에ᄂᆞᆫ死者가五名이오풀라델피아에ᄂᆞᆫ死者가十餘名에達ᄒᆞ얏다더라

◎奉天의防穀 奉天來電을據ᄒᆞᆫ즉同地에ᄂᆞᆫ民食이缺乏홈으로錫總督은商務總會와協議ᄒᆞ야本年秋收期內에ᄂᆞᆫ奉天에셔高粱輸出ᄒᆞᄂᆞᆫ事를禁ᄒᆞᆫ다더라

◎美術家一行 上海來電을據ᄒᆞᆫ즉日本美術家寺崎、橫山、山岡、三人은本月二十三日夜에同地日本俱樂部의宴會에叅席ᄒᆞ얏다더라

◎크리트問題 露都來電을據ᄒᆞᆫ즉露國과共히크리트島保護의任에在ᄒᆞᆫ伊、法、英、三國은「必要가有ᄒᆞ면再次軍隊로써크리트島를占領ᄒᆞ자ᄂᆞᆫ」露國의提議에對ᄒᆞ야同意를表ᄒᆞ얏다더라

◎國會速開請願 北京電報를據ᄒᆞᆫ즉淸國國會請願代表者孫洪伊等十名은本月二十二日午後六時에攝政王邸에赴ᄒᆞ야上書及謁見홀事를稟請ᄒᆞ야上書ᄂᆞᆫᄒᆞ엿스나謁見은不得ᄒᆞ엿ᄂᆞᆫᄃᆡ其夜로卽時會議를開ᄒᆞ고今後로代表者集會의事務所를定ᄒᆞ야國會速開의運動을繼續홀事를決議ᄒᆞ고翌二十三日에又會合ᄒᆞ야運動方針에關ᄒᆞ야討議ᄒᆞ얏다더라

◎旅行飛行艇 倫敦來電을據ᄒᆞᆫ즉[illegible]旅客用飛行船을製造ᄒᆞ야向者에飛行을開始ᄒᆞᆫ式을開ᄒᆞᆫ德國쯔에페린伯은[illegible]旅客과同乘ᄒᆞ고九時間에三百餘里를飛行ᄒᆞ얏ᄂᆞᆫᄃᆡ同船內에ᄂᆞᆫ酒類와食糧과其他設備를完全히ᄒᆞ야乘客에게便利를與케ᄒᆞ얏다더라

寄書

◎大韓每日申報의自由됨을祝홈

本人이貴報를購覽ᄒᆞᆫ바有年이되온지라其言論의正直홈과筆舌의强硬홈은能히秉彝者로ᄒᆞ야곰隨感同化ᄒᆞ고奸細黨으로ᄒᆞ야곰知警畏懼ᄒᆞ야一言이天下의法이되고一筆이天下의鉞이될者ᄂᆞᆫ오직貴報가獨一無二의位에居ᄒᆞᆫ줄을確知ᄒᆞ거니와可恨者ᄂᆞᆫ國人이自由치못ᄒᆞ고外人의名義를借ᄒᆞ얏더니貴報第一千四百八號에至ᄒᆞ야突然히編輯兼발行英國人萬咸의名號ᄂᆞᆫ烏有에歸ᄒᆞ고耳에慣ᄒᆞ며目에慣ᄒᆞ며口에慣ᄒᆞ며心에愛ᄒᆞ며思에慕ᄒᆞ며言에讚ᄒᆞ며歌에謳ᄒᆞ든本國人李章薰三字가出現ᄒᆞᆫ도다氏를爲ᄒᆞ야歡迎ᄒᆞ며氏를爲ᄒᆞ야祝賀ᄒᆞᄂᆞᆫ것이아니라다만貴報가今에야비로소眞正ᄒᆞᆫ大韓每日申報가되며今에야自由의報가되며今에야獨立의報가됨을賀홈이로다

或者가以爲ᄒᆞ되我國은國權이失墜ᄒᆞ고國力이위縮ᄒᆞ야言論의權이[illegible]縮ᄒᆞ며羈絆의勢가必緊ᄒᆞ리라ᄒᆞ나此ᄂᆞᆫ一無覺者의妄論이라報筆은天下의公論이오一國의私法이아니니엇지一國의私法으로天下의公論을[illegible]ᄒᆞ리오設令一時的[illegible]ᄒᆞ드ᄅᆡ도黑雲이白日을[illegible]ᄒᆞ며小石이新筍을[illegible]ᄒᆞᄂᆞ니貴報가如[illegible]力量과勢가有ᄒᆞ며[illegible]가有ᄒᆞ며浩然을誰可遏이며[illegible]執[illegible]리오國魂은此[illegible]復返ᄒᆞ며國粹ᄂᆞᆫ是[illegible]保홀지라엇지國家의幸福이아니리오

惟我同胞ᄂᆞᆫ益益購覽ᄒᆞ며[illegible]進步ᄒᆞ야不攻自破의勢를[illegible]말며不撲自滅의道를行치말고貴報ᄂᆞᆫ禿筆로[illegible]更磨ᄒᆞ야雖百怪가聚ᄒᆞ며千邪가咀呪ᄒᆞ야도烈火又치燃ᄒᆞ며盤石又치立ᄒᆞ야犯ᄒᆞᄂᆞᆫ者ㅣ焦ᄒᆞ고觸ᄒᆞᄂᆞᆫ者ㅣ碎ᄒᆞ면今日小自由가明日大自由가되며今日報筆自由가明日國家自由가되리니엇지國民의幸福이아니리오本人은國民中一分子인故로秉彝所賦에一言을敢발ᄒᆞ야祝賀의意를仰表ᄒᆞᄂᆞ이다

隆熙四年六月二十四日
順川郡船島面下里第九統二戶
基督義英學校長 金益銑

詞藻

◎和蓉坡◎ 頭雲生

夬月一陰對地雷今人不逮古人才彈琴惟聽當中曲記史宜看第下回畢竟秋園花自實何妨雲逕草無媒猩猩方識猩猩語[illegible]門왕왕閧

評曰澹々如水如入蘭室君子交也若論其契可謂山海深

官廷報

◎下賜葬費 前郡守申錫孝氏의妹氏申尙宮이三昨日에因病身故ᄒᆞ엿ᄂᆞᆫᄃᆡ 太皇帝陛下ᄭᅴ옵서喪葬費를優數 下賜ᄒᆞ옵신다더라

◎御眞御帖奉審 旣報와如히再昨日下午二時에永宣君李埈鎔氏가 德壽宮에 陛見ᄒᆞᆫ後耆老所에서移安ᄒᆞᆫ 御寫眞과御筆帖을奉審ᄒᆞ엿다더라

雜報

◎內閣例會 昨日은內閣月曜例會인ᄃᆡ內部大臣朴齊純氏ᄂᆞᆫ日昨入城ᄒᆞᆫ日本內務省水野參事官의午餐會에參與ᄒᆞ엿다가下午二時頃에出席ᄒᆞ엿다더라

◎韓氏歸國 內閣代表로曾彌統監을問病ᄒᆞ고寺內新統監을歡迎ᄒᆞ기爲ᄒᆞ야日本에渡去ᄒᆞ엿던韓昌洙氏가去十曜日下午八時頃에歸國ᄒᆞ엿다더라

◎云歸風說 現政府가變動ᄒᆞᆫ다ᄂᆞᆫ說이猥藉ᄒᆞᆫ故로農相趙重應氏가其變動된다ᄂᆞᆫ事ᄂᆞᆫ一種風說이라고各社會에說明ᄒᆞᆫ다더라

◎辭職眞僞探知 度支大臣高永喜氏가辭職ᄒᆞ기로決心ᄒᆞ엿다ᄂᆞᆫ說이有ᄒᆞᆷ으로某處에서其眞假를探知中이라더라

◎通知而還 警察權을委任ᄒᆞᄂᆞᆫ事件을李總理에게通知次로溫陽에下往ᄒᆞ엿던李恒九氏ᄂᆞᆫ再昨日에入城ᄒᆞ엿다더라

◎自退者多 警察權이日本으로委托된後에請願自退ᄒᆞᄂᆞᆫ巡査가多ᄒᆞ다더라

◎職名改正說 別項과如히警察權을委任ᄒᆞᆫ結果로其官制를改正中인ᄃᆡ警視廳을憲兵分遣所라改稱ᄒᆞ고各署의署長을廢止ᄒᆞ고憲兵曹長一名式을選置ᄒᆞ야監督케ᄒᆞᆫ다ᄂᆞᆫ說이浪藉ᄒᆞ다더라

◎警廳官制廢止 警察權引繼ᄒᆞᆫ事에對ᄒᆞ야경視廳官制廢止件이今明間頒布된다더라

◎人心向背의採探 某處에서ᄂᆞᆫ警察權引渡ᄒᆞᆫ後에一般人心의向背를目下採探中이라더라

◎殿基特局 南部竹洞에在ᄒᆞᆫ前永禧殿基址에統監府特許局을目下着手工役中이라더라

◎移接官舍 宮內府大臣閔丙奭氏ᄂᆞᆫ昨日에桂洞官舍로移接ᄒᆞ엿다더라

◎水野出席 日本內務省水野參事官이去二十四日에入城ᄒᆞᆷ은一般知了ᄒᆞᄂᆞᆫ바어니와昨日內部에出席ᄒᆞ야各局課의事務情況을觀察ᄒᆞ엿고正午에ᄂᆞᆫ各局課長의午餐會에臨席ᄒᆞ엿다더라

◎迎日宴會 內部警務局松井局長은再昨日下午一時에明月館에서日前에渡韓ᄒᆞᆫ日本內務省水野參事官의歡迎會를開ᄒᆞ엿ᄂᆞᆫᄃᆡ警視副監具然壽漢城府尹張憲植內部衛生局長廉仲模土木局長劉猛民籍課長趙聲九諸氏가參會ᄒᆞ얏다더라

◎送吳探知 一進會長李容九ᄂᆞᆫ近日에政府가變動된다ᄂᆞᆫ說에對ᄒᆞ야內容이如何ᄒᆞᆷ을探知ᄒᆞᆯ計劃으로同會評議員吳成龍을日間日本에派送ᄒᆞᆫ다더라

◎何意退牒 國民協成會에서ᄂᆞᆫ日昨에李學宰로會長을選定ᄒᆞ고望牒을繕送ᄒᆞ엿다가卽時退却을遭ᄒᆞ엿다더라

◎備人手段 一進會員中某가對人誇張ᄒᆞ기를宋秉畯은日本政府로서公爵으로李容九ᄂᆞᆫ內閣總理大臣으로被任ᄒᆞᆯ다ᄒᆞ야喜色이滿面ᄒᆞ다더라

◎事不如意 政友會員高羲駿氏가歸국ᄒᆞᆷ은已報어니와駿氏가日本에渡往ᄒᆞ야運動力이如意치못ᄒᆞ야卽爲渡來ᄒᆞ엿다더라

◎公私校講習 學部에서各道書記官에게申飭ᄒᆞ야夏期講習所를設립ᄒᆞ고管下各郡의一般公私립學校의職員中志願者를募集講習ᄒᆞ라ᄒᆞ엿다더라

◎罹災狀況修報 平南觀察使李軫鎬氏가管下各郡에서一月브터五月度ᄭᆞ지罹災ᄒᆞᆫ狀況을內部로修報ᄒᆞ엿다더라

◎宗府의洋屋 宗正府內에圖書課를設置ᄒᆞᆫ다ᄒᆞᆷ은旣報어니와設課를洋製屋子로二十餘間을新建築ᄒᆞᆯ計劃인ᄃᆡ不遠間工役에着手ᄒᆞᆫ다더라

◎能作開明事乎 進步黨總裁閔泳린氏ᄂᆞᆫ帝國新聞을引繼續刊ᄒᆞ기로目下周旋中이라더라

◎有何所用 某教會에서ᄂᆞᆫ何등府節을因ᄒᆞᆷ인지不知ᄒᆞ거니와各社會에有風力者와財產饒富者를調査ᄒᆞᄂᆞᆫ中이라더라

◎飮水調査 中部管內에ᄂᆞᆫ衛生事務를擴張ᄒᆞ기爲ᄒᆞ야昨日브터飮料水의精不精을調査ᄒᆞᆫ다더라

◎邀宴崔氏 日本明治大學校卒業生崔浩善氏가日前歸國ᄒᆞ엿ᄂᆞᆫᄃᆡ西江支成學교任員及學員一同이再昨日에該校內에서迎歡會를設ᄒᆞ고該氏를請邀宴待ᄒᆞ엿다더라

◎募株開墾 金昇圭金斗漢趙鍾緖氏등十餘人이再昨日前判書金宗漢氏私邸에會同ᄒᆞ야幸洞등地草坪開墾事에對ᄒᆞ야每株金一百圓式募集ᄒᆞ야水輪機械一座를購入ᄒᆞ기로協議ᄒᆞ얏다더라

◎是何奸計 商務組合部長崔永午은商務를擴張ᄒᆞᆯ計劃으로一進會長李容九를紹介ᄒᆞ야某處에運動ᄒᆞᆫ다ᄒᆞᆷ은旣報어니와李容九ᄂᆞᆫ商民을聯結ᄒᆞ기爲ᄒᆞ야崔也를敎唆ᄒᆞ야商民의五百餘年歷史를目下修正中이라더라

◎二十留學到着 日本留學生二十餘人이昨日下午八時에南大門外停車場에到着ᄒᆞ엿다더라

◎角戲團의紀念盃 京城日報社에서ᄂᆞᆫ日人角戲團에紀念銀盃를贈與ᄒᆞᆯ次로目下製造中이라더라

◎贈劍紀念 日人近藤은日前渡韓ᄒᆞᆫ日人角戲團에韓國古劍一柄을紀念品으로贈與ᄒᆞ엿다더라

◎密淫嚴査 中部警察署에서巡査에게指揮ᄒᆞ야密매淫女를調査ᄒᆞ라ᄒᆞᆫ지가幾日에密매淫女의調査가幾名에不過ᄒᆞᄂᆞᆫ지라署長이昨日嚴諭ᄒᆞ기를維新時代에매淫의妨害가不少ᄒᆞᆫ즉私情을有치勿ᄒᆞ고嚴密査報ᄒᆞ라ᄒᆞ엿다더라

◎雹非災乎 北靑郡에ᄂᆞᆫ本月初에降雹ᄒᆞ야農作의損害가多ᄒᆞ다더라

◎韓日人同居調査 京城內外日本人이本國女人과同居ᄒᆞᄂᆞᆫ數爻를警察署에서一一히調査ᄒᆞᆫ다더라

◎觸車被傷 日前昌德宮內秘苑에서日人이角戲를罷ᄒᆞ고關門外로解散驅往ᄒᆞᄂᆞᆫᄃᆡ巡還洞居金光春氏의子五歲兒가驅往ᄒᆞᄂᆞᆫ人力車에壓傷ᄒᆞ야幾至死境이라더라

◎印度象購入 창德宮內動物園에서印度大象을購入ᄒᆞᆫ다ᄒᆞᆷ은旣報어니와來月初旬頃에到着ᄒᆞᆫ다더라

◎爲寶給葉 旣報와如히昨日光化門郵便局에서刱立紀念式을設行ᄒᆞ엿ᄂᆞᆫᄃᆡ紀念繪葉書二枚에金十五錢式으로발매키爲ᄒᆞ야各官廳에通牒ᄒᆞ엿다더라

◎運送社의將就 安岳郡李晃秀洪鍾緖崔聖三氏등이日韓運送合資會社에서近頃에京城區裁判所登記公告를承ᄒᆞ야業務의擴張됨을機會ᄒᆞ야安岳郡出張所를特約ᄒᆞ고運送事業을一層擴張ᄒᆞ야商賈의편易를與ᄒᆞ기로決定ᄒᆞ엿다더라

◎出捐助葬 往十里中井洞居李順興氏가本是貧困ᄒᆞ야孑孑無依ᄒᆞ다가五六日前에身病으로作故ᄒᆞ엿ᄂᆞᆫᄃᆡ該洞居ᄒᆞᄂᆞᆫ李春先姜順明張興龍等諸氏가義捐ᄒᆞ야出葬ᄒᆞᆫ故로該地人民이稱頌ᄒᆞᆫ다더라

◎討索張財 楊州郡長興面張鳳煥氏家에ᄂᆞᆫ日前에義兵七名이突入ᄒᆞ야金貨四百圓을討索ᄒᆞ엿다ᄒᆞᄂᆞᆫ故로該郡警察署에서該義兵을目下調捕中이라더라

◎受診日增 鍾路天恩堂大藥房에서ᄂᆞᆫ業務를一層擴張ᄒᆞ고施術이精美ᄒᆞᆷ으로受診人이每日百餘名에達ᄒᆞᆫ다더라

◎聖經發刊 靑年會館內聖書公會에서ᄂᆞᆫ聖經贊頌歌라ᄂᆞᆫ冊子十五萬部를발刊ᄒᆞ야一般敎人에게分與ᄒᆞᆫ다더라

◎演說과廢校 信川郡花山學교敎師高貞華氏가向日에何동演說을ᄒᆞ엿든지載寧警察署에審問을當ᄒᆞ고月餘에因ᄉᆞ지되엿스며該郡守金禹熙氏도其演說을贊助ᄒᆞᆫ事由로載寧警察署에呼出을當ᄒᆞᆫ後에高敎師를辭免退歸ᄒᆞ라勸勉ᄒᆞ되高氏가不去ᄒᆞᄂᆞᆫ故로金郡守ᄂᆞᆫ仍히該學校를廢止ᄒᆞ엿다더라

◎寄函辨明 朴炳龜氏가韓鎭遠氏에게金二千圓을欺取ᄒᆞ엿다ᄂᆞᆫ事ᄂᆞᆫ韓氏가本社에寄函辨明ᄒᆞ기를本人이昨年分에朴炳龜氏의弟朴炳浩氏處에給償ᄒᆞᆫ事ᄂᆞᆫ有ᄒᆞ나朴炳龜氏와財錢上의去來ᄒᆞᆫ事ᄂᆞᆫ無ᄒᆞ다ᄒᆞ엿더라

電報

◎山縣副統監의參內 山縣副統監은再昨日午前十時에日皇陛下ᄭᅴ謁見ᄒᆞ엿다더라
東京발 二十六日着

◎司令官과警務總監 警察事務受託後에韓國警察은全然統監府의管轄에屬ᄒᆞ야統監府에警務總監部를置ᄒᆞ고明石憲兵司令官이警務總監을兼任ᄒᆞ리라더라

◎統監府官制改正 統監府官制改正은二十八日에발表ᄒᆞᆫ다ᄂᆞᆫᄃᆡ其內容의重要ᄒᆞᆫ者ᄂᆞᆫ旣報와如히韓國경察受託과共히경務部를增設ᄒᆞᆯ件이라더라

◎法國艦隊歡迎 法日協會에서ᄂᆞᆫ今日에法국極東艦隊司令長官가스롤提督과同艦隊將校等을招待ᄒᆞ야歡迎會를開ᄒᆞᆫ다ᄂᆞᆫᄃᆡ總裁閑院宮殿하와法국大使와內外국紳士가多數히參席ᄒᆞᆫ다더라
以上東京발 廿七日着

◎葡國의新內閣失敗 葡萄牙新內閣組織은失敗에歸ᄒᆞ엿다더라

◎萬國爲替法會議 同會議ᄂᆞᆫ白耳義에서開會中이나必竟墺地利의爲替法에修正을加ᄒᆞ야此를採用ᄒᆞ리라더라
以上伯林발 廿七日着

◎暗殺未遂 同地에서ᄂᆞᆫ하루빈司令官을暗殺ᄒᆞ라ᄂᆞᆫ者有ᄒᆞ엿스나必竟遂行치못ᄒᆞ고隱身ᄒᆞ엿다더라
哈爾賓발 二十七日着

▲鴟鴞五章▼

▲鴟鴞鴟鴞아何天鬼車浮來ᄒᆞ야風雷氣勢借作ᄒᆞᆯ제暗黑天地되엿스니昨夜電光所到處에莫不摧折警動이라無毀我室ᄒᆞᆯ지어다

▲鴟鴞々々아若腐鼠兮邈覩ᄒᆞ니魚嗎此生엇지ᄒᆞᆯ고棲居已是破碎ᄒᆞ야東離西散此身世가已無去處嗷々ᄒᆞ니無毀我室ᄒᆞᆯ지어다

▲鴟鴞々々아維鳩居之此江山이不可復識換面ᄒᆞ야荒蕪田野讓渡ᄒᆞ니處々蒼烟歸誰家오枵腹空兮呼庚이라無毀我室ᄒᆞᆯ지어다

▲鴟鴞鴟鴞아垂兩翼兮忽博ᄒᆞ니傲睨何其眈眈인고一時吸取더慾浪이全局忽把占據ᄒᆞ니所餘者가惟何런고無毀我室ᄒᆞᆯ지어다

▲鴟鴞鴟鴞아爲其叢兮驅雀ᄒᆞ니許多假鬼嘯聚ᄒᆞ야自國權利殘滅ᄒᆞ고稍稍蠶食不厭ᄒᆞ니無毀我室ᄒᆞᆯ지어다

時頃에甓石을負擔ᄒᆞ고層梯에
上去ᄒᆞ다가落傷되야面部가破

◉印刷所新設 安泰瀛金光輝
氏등은西部黃土峴등地에進興

醫視廳에承認ᄒᆞᆫ次로日間請願
書를提呈ᄒᆞᆫ다더라

再昨日下午八時에營에來到
ᄒᆞ야一般信敎人에게眞理를一

崔圭東三氏의直接談話를聞ᄒᆞ
卒精理舍夏期講習所를[illegible]

已停止ᄒᆞ고京城에서敎授ᄒᆞᆫ다
더라

▲雲外奇峰▼

▲前日에ᄂᆞᆫ閔氏諸族이勢道바람에풍셩풍셩ᄒᆞ더니近日에ᄂᆞᆫ쿵쿵지가된게여盜賊놈만잡히면閔哥가만타며閔哥姓만가지면굴머죽을念慮ᄂᆞᆫ업셔勢道ᄒᆞᆯ때에ᄂᆞᆫ勢力으로살고勢力이업셔지면盜賊질노살데그말말게至今도勢力이大段ᄒᆞᆫ데宮內大臣에親切ᄒᆞᆫ人이陵官을放매ᄒᆞ려고예립군이기파리처럼지듯ᄒᆞᆫ다데

▲近日에ᄂᆞᆫ日人들이民有地를國有地라藉托ᄒᆞ고占奪ᄒᆞᄂᆞᆫ데仁川郡에셔도民有地를勒奪ᄒᆞᆫ다지우리나라사ᄅᆞᆷ이至今도셔지못ᄒᆞ야그러ᄒᆞᆫ일을當ᄒᆞᄂᆞᆫ게여진즉測量ᄒᆞ야證明을너여두엇스면그러ᄒᆞᆯ理가잇나

▲近日에宴會가頻繁ᄒᆞ더니別宴會가다잇데總理夫人이各大官의夫人三十餘名을漢城俱樂部로請邀宴待ᄒᆞ얏다지무슨조흔일이잇셔셔그리ᄒᆞ나하今番에總理가또큰事業을힛다고그事業ᄒᆞᆫ터인게여

▲兪吉濬氏가吳世昌權東鎭諸氏를對ᄒᆞ야曰從此以後로ᄂᆞᆫ一進會ᄂᆞᆫ漸次衰弱ᄒᆞ고大韓協會ᄂᆞᆫ次次擴張ᄒᆞ리라ᄒᆞ엿다니一進會와大韓協會가무슨相關이엿ᄂᆞᆫ게여今般에무슨事件을各其起草ᄒᆞ얏스닌셔競爭心이싱긴게지

▲農商工部山林局長崔相敦氏가申氏宗中證明을五百圓만納賂ᄒᆞ면不過二三日內로繕給ᄒᆞ마ᄒᆞ엿다니五百圓업ᄂᆞᆫ사ᄅᆞᆷ은證明이나너여볼수잇나아마도崔氏ᄂᆞᆫ日人官吏를팔고그리ᄒᆞᄂᆞᆫ게지可謂有錢이면使鬼神이로군

廣告

本會學報十三号의治安妨害로押收된事實은各新聞에依ᄒᆞ야僉君子의諒存ᄒᆞ신바어니와日本警視廳으로셔時事揭載ᄒᆞᄂᆞᆫ製裁로保證金千圓을納ᄒᆞ기ᄭᆞ지發行停止를當ᄒᆞ엿ᄂᆞᆫ故로不得已ᄒᆞ야該額準納ᄒᆞ기ᄭᆞ지停刊ᄒᆞ오니本報를愛讀ᄒᆞ시ᄂᆞᆫ僉君子ᄂᆞᆫ諒存爲要

在日本東京
大韓興學會 告白

本店事務를本人은株主의게解約ᄒᆞ고金正厚徐俊九兩氏의게引繼되엿ᄉᆞ오니三線各驛支社員及內外國僉員은照亮ᄒᆞᆷ

南大門驛㊤日韓協同普運社
總務 李範柱 告白

本人이南大門역㊤日韓協同普運社本店을營業키爲ᄒᆞ야株主에게讓受이온바前日貨物與財政上去來에ᄂᆞᆫ關係가無ᄒᆞ오며本社名을以㊤普運社로改稱ᄒᆞ고圖章을新刻使用ᄒᆞ오며業務를擴張ᄒᆞ오니內外國僉君子ᄂᆞᆫ照亮ᄒᆞᆷ

位置ᄂᆞᆫ前浦上運送部家로定ᄒᆞᆷ

金正厚 徐俊九 告白

本人이旅行ᄒᆞ시ᄂᆞᆫ僉君子의便宜를供ᄒᆞ기爲ᄒᆞ야當地에二層家屋의旅館을新建築ᄒᆞ고綾羅寢具와食料物品과沐浴湯등諸般凡節을淨潔準備ᄒᆞ엿ᄉᆞ오니內外國僉君子ᄂᆞᆫ惠顧伏望

(但宿泊料ᄂᆞᆫ左表와如ᄒᆞᆷ)

特等 參圓
一等 貳圓
二等 壹圓五十錢
三等 壹圓
四等 七拾錢

(但三四등에ᄂᆞᆫ寢具無ᄒᆞᆷ)

平壤郡隆興面一里六統四戶將
[illegible]主人金[illegible] 告白

本人이八字崎嶇ᄒᆞ야早喪家夫ᄒᆞ고只有家夫弟金괴載故로祖先奉祀位土와傳來田庄을沒數付與而自身後事도亦特依歸라가再昨年分에同夫弟괴載가夭逝而無子라本人이不得已取식家族人子繼養矣러니夫弟妻金召史가亦云養子而與其養子生家三寸金珣玉으로奸淫作配ᄒᆞ고隱其事情而惟以金괴載家屬인樣으로金小淑이라造名ᄒᆞ야田土와家庄證明書를出其名下ᄒᆞ야現今則自稱金珣玉之妻而金괴載之家產을沒數奪去ᄒᆞᆫ意로頑拒不納ᄒᆞ니如是淫亂惡賊은世所罕有故로兹에擧公還推ᄒᆞᆯ터오니內外國人은該庄土를切勿見欺買得ᄒᆞ시옴

釜山鎭三洞下召史富年 告白

惟我 始祖侍中公降生遺址見聖菴局內에東岡公(相愚)墓가在ᄒᆞ나山坂諸麓은爲 侍中公子孫者의公同所有로千餘年守護인바今에東岡子孫秉承이가其祀孫東言을綢繆ᄒᆞ야見聖암局內를自意定界ᄒᆞ야占奪ᄒᆞᆯ計로山坂管理ᄒᆞᄂᆞᆫ時有司를裁判所에起訴ᄒᆞ엿스니此ᄂᆞᆫ後孫이始祖를起訴ᄒᆞᆷ과如ᄒᆞ니蔑倫敗常ᄒᆞᆫ怪變이無有過此라該山坂의所有權이共存ᄒᆞᆫ惟我 侍中公後裔京鄕各派ᄂᆞᆫ 僉亮ᄒᆞ시옴

豐壤趙氏京宗中 告白

本人이大韓每日申報社에서會計의任을辭免ᄒᆞ고退社ᄒᆞ온바財政上에未勘ᄒᆞᆫ條件이有ᄒᆞ신이ᄂᆞᆫ一朔以內로通奇ᄒᆞ시옴

隆熙四年六月廿五日
京城西部西大門外新橋八拾九統四戶
林崑正 白

張志淵 序文
服部暢
大垣丈夫
鄭雲復 著述

學部檢定

洋裝一部 定價金壹圓
半洋一部 定價金八十五錢

此書前名은獨習日語正則이온바數年來로愛讀者多ᄒᆞ와三版발行ᄒᆞ왓ᄉᆞ오나其間乏絶되와ᄉᆞᆸ고教科書에完全치못ᄒᆞᆷ으로因ᄒᆞ와這間自學部로完全케精審檢定ᄒᆞ와高등敎育日語科學員用敎科書로檢定되온바獨習에倍前一層평易ᄒᆞ옵고日語高등敎科書에適當ᄒᆞᆫ良書이오니江湖僉君子ᄂᆞᆫ速々講覽ᄒᆞ시와未及之歎이無케ᄒᆞ시옴

中部布屛下卄七統六戶
發行兼元賣所
廣學書舖 金相萬

分賣所
中部勝洞禮拜堂前 東洋書院
中部洞口 中央書舖
京鄕各書舖

蔘茸唐草藥材廉價大發賣

特別廣告

本店에서開業三十餘年에 僉君子의愛顧ᄒᆞ심을蒙ᄒᆞ와營業이發展ᄒᆞ옵ᄂᆞᆫ바今에盛意를報答키爲ᄒᆞ야業務를一層擴張ᄒᆞ옵고良好ᄒᆞᆫ蔘茸唐草藥材를內地와外國으로셔多數히直輸入ᄒᆞ와特別廉價로都賣散賣에信實히酬應ᄒᆞ오며地方에셔請求ᄒᆞ시ᄂᆞᆫ데對ᄒᆞ야ᄂᆞᆫ多小를不拘ᄒᆞ옵고郵便小包ᄂᆞᆫ運送部로迅速히付呈ᄒᆞ오되代金은引換으로ᄒᆞᆯ깃ᄉᆞ오니京鄕僉君子ᄂᆞᆫ益益請求ᄒᆞ심을望ᄒᆞᆷ

但地方에셔請求ᄒᆞ시ᄂᆞᆫ妙法

金一錢五厘를費ᄒᆞ시고一枚에葉書를使用ᄒᆞ사住所氏名과掌記를錄送ᄒᆞ시면能히遠路의跋涉과往返의旅費를要치아니시고本店에最良好ᄒᆞᆫ上品藥材를完全히買用ᄒᆞ실터이외다

京城南部銅峴三十五統三戶
蔘茸唐草藥材直輸入商
乾材藥局
崔聖弼 告白

特別廣告

喫煙家의福音

神丹은烟毒을消ᄒᆞ고身體를健康케ᄒᆞᆷ

延命息災의保證者 神丹

內外各藥店에셔放賣ᄒᆞᆷ

百粒入金拾錢 四拾粒入金五錢
京城會洞旭町一丁目
都賣所 丸正大藥房
振替口座 二百四拾番
電話 一千四百番

紙物貿易에迅速

(廣告文)

●弊店에셔各種紙物을直輸入ᄒᆞ와地方同業僉位와其他僉彥에게特別廉減價로酬應ᄒᆞᆯ겟사오니不拘多小ᄒᆞ시고注文ᄒᆞ시면郵便小包와運送部를經過ᄒᆞ와迅速히付呈ᄒᆞᆯ깃ᄉᆞᆸ物價表와品錄書를無料로付呈ᄒᆞ옵

(品目略錄)

內外國紙物大發賣

品高價低에爲主ᄒᆞᆷ

●壯紙、油芚板紙、窓戶紙、白紙、塗비洋紙、書畫各種、天井紙、古查紙、印札紙、半紙、美濃紙、製圖紙、書簡紙、封套紙、其他學校用品筆墨各種具備

本店 漢城鍾路大廣橋 紙物舖 金聖煥 電話 一千二百八十番
支店 漢城北部安洞別宮前

廣告

本人姊兵李春鉉이가平壤郡遂德面九洞四통六戶에居ᄒᆞᄂᆞᆫ디性本浮浪ᄒᆞ야産業을蕩敗ᄒᆞ고又於本人의姓名圖章을僞造ᄒᆞ야成標出債ᄒᆞ기를百般運動ᄒᆞ오니內外國人間見欺치마시옵

平安南道成川郡柳洞面신德里四統十戶 李陽植 告白

崔台植名字를改以徹ᄒᆞ오니知舊間照亮을敬要

崔徹 告白

本店에서開業ᄒᆞᆫ지十六年間僉君子의愛顧ᄒᆞ심을特蒙ᄒᆞ와今年부터業務를大擴張ᄒᆞ고春夏秋冬所用으로綢屬과各等各國高等物品을現金으로直輸入이온바各地方에서ᄂᆞᆫ貿易에便利ᄒᆞ기爲ᄒᆞ야特廉減價ᄒᆞ고郵便小包로酬應ᄒᆞ되代金은引換ᄒᆞ깃ᄉᆞ오니十三道各郡僉君子ᄂᆞᆫ陸續請求ᄒᆞ심을望

(韓國壹三番)

電話番號 (三五八)

[illegible]鍾路●●醫[illegible]二十一統五戶

廣興泰 告白

皇城南部車洞同和藥房

本國材로洋製ᄒᆞᆫ官許

引蘇丸이消滯止泄減[illegible]

[illegible]費ᄒᆞ고付屬ᄒᆞᆫ八十餘種俱備ᄒᆞ야發行ᄒᆞ오

閔[illegible] 白

●共愛堂大藥房製造各種藥品發行表

壯陽復元丹 此ᄂᆞᆫ專治腦와肺弱 房事色傷 心腎虛弱 先天不足 眩暈頭통 遺精多夢、陽위不起 病後虛弱 不下飮食等症에並妙効가有ᄒᆞᆷ 壹週分壹圓 二週分壹圓八拾錢 四週分三圓四拾錢 八週分六圓四拾錢

虔修靈丹 壹般뎨症胃腹등消化不良心神鬱悶船ᄒᆞᆫ酒醉化담止히口熱惡臭食慾不振등症에並神効

眼科聖藥 清眼水 壹般眼疾、時行眼疾、風熱眼疾、羞明流淚、眼內紅痒등症에撥雲見天之妙(壹瓶金拾錢)

鮮하 至寶丸 專治하疾卽氣虛하、遠年長하、一日二日학、雖難治之학이라도永々거근ᄒᆞᆷ 壹包金拾錢

皮膚神藥 靈效液 特治皮膚病疥癬옴、皮風、諸般痒疹、두두러기、옷올넌데다神効ᄒᆞᆷ 壹瓶금三拾錢

五淋專治 通淋丸 急慢淋疾、赤빅帶下、방광炎症、뎌炎皮濃漏外他淋毒性諸症에신效ᄒᆞᆷ 壹제금五拾錢

梅毒妙効 神應丹 楊梅瘡에壹期二期三期를勿問ᄒᆞ고確實이有효、連珠瘡下疳瘡等에幷효 壹제金三圓

腹학신藥 清脾丸 喘治小兒壹般腹학、面黃、尿靑、左脇별腹에大有奇효ᄒᆞᆷ 一匣金五拾錢

久례神効 養胃散 通治經久滯積、呑酸吐샤、霍亂、胃腹등大便不順等症에奏効如神 壹貼금十五錢

治痰鎭咳丸 專治大人히소、喘息、담結등症에妙 三日分一包금卄錢

特冒感효 消熱散 勿論四時傷寒感冒、咽喉疼통、似하非하등症有효、寒熱往來肢節 壹貼금拾錢

耳病신효 清耳液 專治耳病卽鼓膜炎、內外聽道炎、耳中灼熱疼소癢、濃液流出等症有효 一瓶금十錢

百貼百應 妙妙膏 風寒濕氣、胸肩背에牽引疼통、腰膝脚되酸통無力、骨節등등症에如神 금卄五錢

奏효如신 能治膏 各種腫氣、小兒胎毒、부스럼濕腫、生新에並신효 一包금拾錢

大腫 拔根膏 大小腫에根빼ᄂᆞᆫ약 價금拾錢

鮮 凝膏 멍울삭히ᄂᆞᆫ약價금拾錢

寸虫去根藥 價금卄錢

齒痛水 ᄒᆞᆼ치風치신효 價금七錢五厘

鷄眼膏 틔눈빼ᄂᆞᆫ약 금拾錢

汗斑水 어루러니약 금十錢

止泄丸 대泄왜泄신효 價금拾五錢

痢疾藥 赤빅痢에신효 價금拾五錢

各種上等金雞納 東西洋有名賣藥 乾材都賣散賣其他各種藥이具備ᄒᆞ오니請求를依ᄒᆞ야小包로酬應ᄒᆞ깃습

發行所 皇城南部大廣橋十九統七戶

共愛堂大藥房主 朴容桓 告白

●特別廣告

○大韓全國藥品總發行所 京城鍾路和平堂大藥房

官登錄許認可

(健胃消滯) **八寶丹** (主治効能) 新舊積滯 急慻關格 霍亂吐사 頭痛眩운 運氣厲疫 預防妙藥

▲本堂에서特히製調發賣ᄒᆞᄂᆞᆫ藥品五十餘種과漢城內各藥房에서新發明ᄒᆞᆫ藥品도俱備ᄒᆞᆫ外에今日醫家에서最大數常用ᄒᆞᄂᆞᆫ獨逸製藥品과其他日本製藥品各種與韓唐草材를直輸入ᄒᆞ야最低廉價로發賣ᄒᆞ오되地方에서藥品을注文ᄒᆞᄂᆞᆫ境遇에ᄂᆞᆫ郵便小包로訊速付送ᄒᆞᆷ

▲本堂附屬醫院에ᄂᆞᆫ學術과實驗이最著名ᄒᆞᆫ醫士를延聘ᄒᆞ야患者의內外科를勿論ᄒᆞ고精確히診察ᄒᆞ야施療ᄒᆞᄂᆞᆫ中或外方에서病의症候만錄送ᄒᆞ시면其病에適應ᄒᆞ도록製藥ᄒᆞ와郵便으로即時送呈ᄒᆞᆷ

▲本堂의支店과代理店이我國境內에多數設立된中以後外方에서支店과代理店을請求ᄒᆞᄂᆞᆫ同時에ᄂᆞᆫ藥品은依例送呈ᄒᆞ려니와其他本舖細則도並送ᄒᆞᆷ

▲本堂에서ᄂᆞᆫ特히漢城內醫藥界와商業界와各社會와各官廳을連絡ᄒᆞ와藥品발展上便利키爲ᄒᆞ야電話를設備ᄒᆞ엿ᄉᆞ오니誰某시든지藥品을電話로請求ᄒᆞ시면本舖에서傳人送呈ᄒᆞᆷ

京城鍾路和平堂大藥房本舖

主任 李應善

電話番號

電話 壹六九七番

電畧話 (화) (ㄱ)

●特別廣告

●大韓全國에은本堂製造發行ᄒᆞᄂᆞᆫ藥品

消化新藥 清心保命丹 此丹은化痰止咳ᄒᆞ고順氣消滯ᄒᆞ며恒常長服ᄒᆞ면腸胃가健全ᄒᆞ고大補元氣ᄒᆞ고滋腎健腦ᄒᆞ며先天不足과陽위不起에一切神効

蛔積殺虫散 此약은회積과회腹痛과회虫一切을去根ᄒᆞᄂᆞᆫ良劑

久滯大通丸 此丸은年久積滯와胃滯後重이며胃腹痛에神効莫大ᄒᆞᆷ

梅花點雪丹 毋論男女ᄒᆞ고花柳病楊[illegible]一切去根快復하ᄂᆞᆫ良藥

眼疾速効 光明眼藥 諸般眼疾에隨症皆差ᄒᆞᄂᆞᆫ東洋에初有ᄒᆞᆫ寶藥

起死回生 回生丹 此丹은急ᄒᆞᆫ吐瀉關格이며가ᄉᆞ아리와冷積과痢疾에神効

感氣神効 解熱散 寒熱往來ᄒᆞ며似학非학과頭痛眩暈와肢節痛에其効가偉大

耳鼻靈藥 耳鼻神藥 無論男女ᄒᆞ고耳聾鼻塞이며耳鼻에關ᄒᆞᆫ病은隨症並差

疝症拔根 疝積湯 諸般산症에大談出賣ᄒᆞᆷ

틔눈과못 拔根藥 틔눈과못과ᄉᆞ마귀를빼ᄂᆞᆫ藥

[illegible] 止汗臭藥 手足의汗臭를除却ᄒᆞᄂᆞᆫ藥

[illegible]新 沃度膏 創瘡과腐傷과곱샌디去核生新ᄒᆞ기ᄂᆞᆫ第一諸明

[illegible]新[illegible]良 百應膏 無論男女老少ᄒᆞ고毒瘡[illegible]瘡諸般瘡瘇에壹切特效가有ᄒᆞᆷ

[illegible] 痰藥各種 痰疾各症에壹週日만服ᄒᆞ면病根快復ᄒᆞ고腎氣가完全ᄒᆞᆷ

其他洋藥各種과●賣藥各種●都賣散賣

●遠地에ᄂᆞᆫ郵便小包로申速酬應ᄒᆞᆷ

漢城南大門內濟生堂大藥房 李庚鳳

代辦主任 李與國 白

電話 壹七二八番

電略 (제) 又 (廿 1)

●夫人[illegible]會任員 壽洞大韓[illegible]夫人[illegible]會에셔任員을選定ᄒᆞᆫ—氏ᄂᆞᆫ製造部長으로劉秉徹氏ᄂᆞᆫ販賣部長으로推薦ᄒᆞ엿다더라

普定女學교를設立ᄒᆞᆫ次로日前學部에請願ᄒᆞ엿다더라

會를開ᄒᆞ고任員을改選ᄒᆞ엿ᄂᆞᆫ디所長은林赫東氏로總務ᄂᆞᆫ李

子普學院에셔幻灯會를設行ᄒᆞᆫ다ᄒᆞᆷ은既報어니와當日夜에ᄂᆞᆫ

●魚市組合設立 黃柱顯崔道現辛相奎등諸氏가資本五千圓

立ᄒᆞ엿다더라

●李犯被捉 琵琶洞居李定權

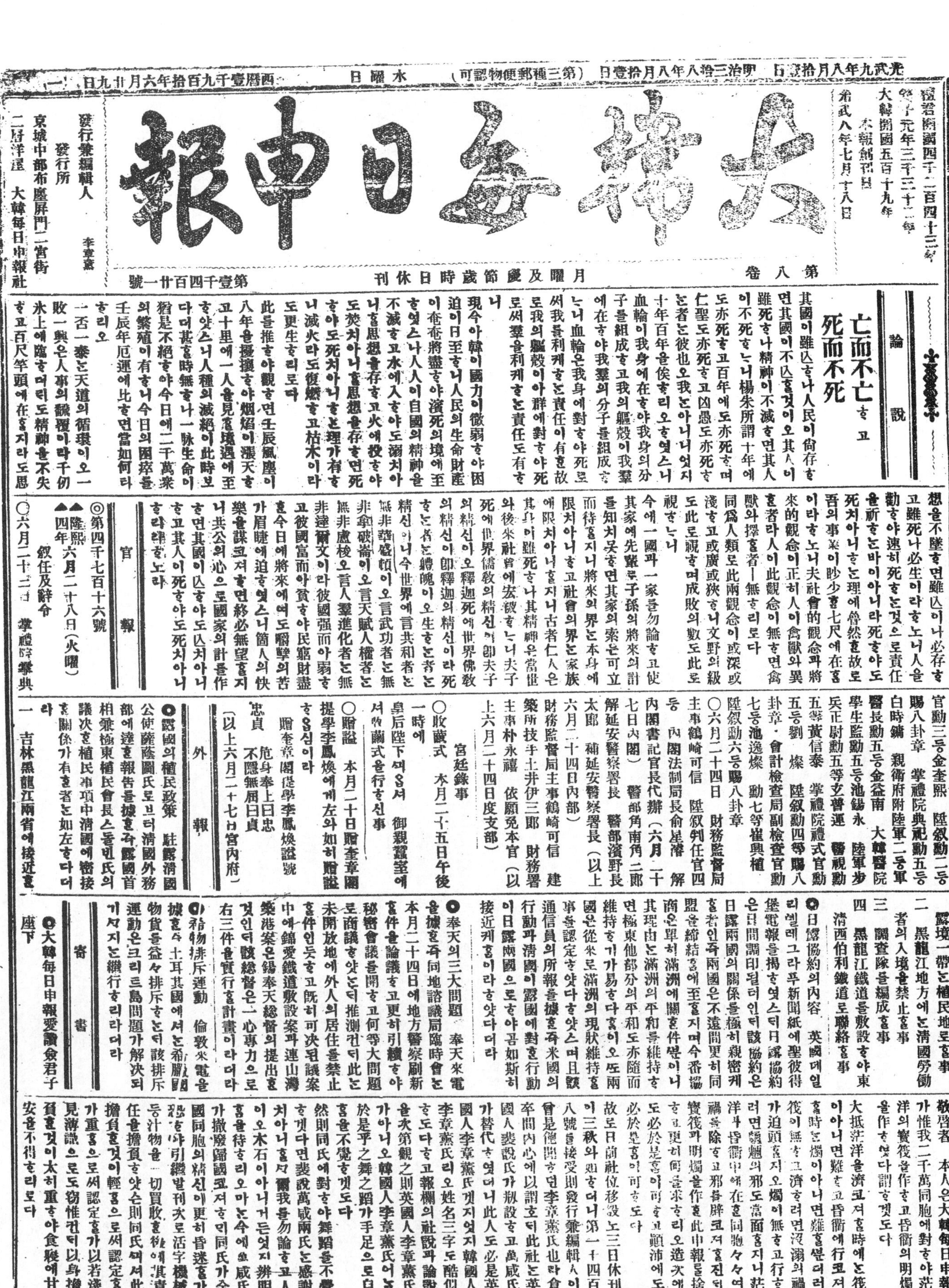

光武九年八月十一日 明治三十八年八月十一日 (第三種郵便物認可) 水曜日 西曆壹千九百拾年六月廿九日 (一)

檀君開國四千二百四十三年
箕子元年三千三十一年
大韓開國五百十九年
本報創刊日 光武八年七月十八日

大韓每日申報

第八卷 月曜及慶節歲時休日休刊 第壹千四百廿一號

發行兼編輯人 李章薰
發行所 京城中部布塵屛門二宮街 二層洋屋 大韓每日申報社

論說

亡而不亡ᄒᆞ고 死而不死

其國이雖亾ᄒᆞ나人民이尙存ᄒᆞ면其國이不亾ᄒᆞᆯ것이오其人이雖死ᄒᆞ나精神이不滅ᄒᆞ면其人이不死ᄒᆞᄂᆞ니楊朱所謂十年에도亦死ᄒᆞ고百年에도亦死ᄒᆞ며仁聖도亦死ᄒᆞ고凶愚도亦死ᄒᆞᄂᆞᆫ者ᄂᆞᆫ彼也오我ᄂᆞᆫ아니니엇지十年百年을俟ᄒᆞ리오ᄒᆞ엿스니血輪이我身에在ᄒᆞ야我身의分子를組成ᄒᆞ고我의軀殼이我羣에在ᄒᆞ야我羣의分子를組成ᄒᆞᄂᆞ니血輪은我身에對ᄒᆞ야死로써我를利케ᄒᆞᄂᆞᆫ責任이有ᄒᆞᆫ故로我의軀殼이아群에對ᄒᆞ야死로써羣을利케ᄒᆞᄂᆞᆫ責任도有ᄒᆞ니

現今아韓이國力이微弱ᄒᆞ야困迫이日至ᄒᆞ니人民의生命財産이奄奄將盡ᄒᆞ야瀕死의境에至ᄒᆞ엿스나人人이自國의精神을不滅ᄒᆞ고水에入ᄒᆞ야도溺치아니ᄒᆞᆯ思想을存ᄒᆞ고火에投ᄒᆞ야도焚치아니ᄒᆞᆯ思想을存ᄒᆞ면死ᄒᆞ야도死치아니ᄒᆞᆯ理가有ᄒᆞ니滅火라도復燃ᄒᆞ고枯木이라도更生ᄒᆞ리로다

此를推ᄒᆞ야觀ᄒᆞ면壬辰風塵이八年을擾攘ᄒᆞ야烟焰이漲天ᄒᆞ고十里에一人을見ᄒᆞᆫ境遇에至ᄒᆞ얏스니人種의滅絶이此時보다더甚ᄒᆞᆫ時無ᄒᆞ나一脉生命이猶是不絶ᄒᆞ야今日에二千萬衆의繁殖이有ᄒᆞ니今日의困瘁를壬辰年厄運에比ᄒᆞ면當如何라ᄒᆞ리오

一否一泰ᄂᆞᆫ天道의循環이오一敗一興은人事의飜覆이라千仞氷上에臨ᄒᆞ더라도精神을不失ᄒᆞ고百尺竿頭에在ᄒᆞᆯ지라도思想을不墜ᄒᆞ면雖亾이나必存ᄒᆞ고雖死나必生이라ᄒᆞ노니人을勸ᄒᆞ야速히死ᄒᆞᄂᆞᆫ것으로責任을所ᄒᆞᄂᆞᆫ바이아니라死ᄒᆞ야도死치아니ᄒᆞᄂᆞᆫ理에曾然ᄒᆞᆫ故로吾의事業이眇少ᄒᆞᆫ七尺에在ᄒᆞᆫ이라ᄒᆞ노니夫社會的觀念과將來的觀念이正히人이禽獸와異ᄒᆞᆫ者라人이此觀念이無ᄒᆞ면禽獸와擇ᄒᆞᆯ者ㅣ無ᄒᆞ리로다

同爲人類로此兩觀念이或深或淺ᄒᆞ고或廣或狹ᄒᆞ니文野의級도此로視ᄒᆞ며成敗의數도此로視ᄒᆞᄂᆞ니

今에一國과一家를勿論ᄒᆞ고使其家에先覺ᄒᆞᆫ子孫의將來의計를知치못ᄒᆞ면其家의索은可立而待ᄒᆞᆯ지니將來의界ᄂᆞᆫ本身에限치아니ᄒᆞ고社會의界ᄂᆞᆫ家族에限치아니ᄒᆞᆯ지니古者仁人은其身이雖死ᄒᆞ나其精神은當世와後來社會에宏徵ᄒᆞᄂᆞ니夫子死에世界儒敎의精신이卽夫子의精신이오釋迦死에世界佛敎의精신이卽釋迦의精신이라死ᄒᆞᄂᆞᆫ者ᄂᆞᆫ體魄이오生ᄒᆞᄂᆞᆫ者ᄂᆞᆫ精신이니今世界에言共和者ᄂᆞᆫ無非華盛頓이오言武功者ᄂᆞᆫ無非拿破崙이오言天賦人權者ᄂᆞᆫ無非盧梭오言人羣進化者ᄂᆞᆫ無非達爾文이라彼國强而아弱ᄒᆞ고彼國富而아貧ᄒᆞ야民窮財盡ᄒᆞᆫ今日에將來에何도瞻擊의苦가眉睫에迫ᄒᆞ엿스니箇人의快樂을謀코져ᄒᆞ면終必無望ᄒᆞᆯ지니共公의心으로國家의計를作ᄒᆞ면其國이亾ᄒᆞ야도亾치아니ᄒᆞ고其人이死ᄒᆞ야도死치아니ᄒᆞ리라ᄒᆞ노라

官報

◎第四千七百十六號

▲▲隆熙四年六月二十八日(火曜)

敍任及辭令

○六月二十二日 掌禮院掌典官勳三등金奎熙 陸叙勳二등賜八卦章 掌禮院典祀勳五등白時鏞 親衛府附陸軍二등軍醫長勳五등金益南 大韓醫院學生監勳五등池錫永 陸軍步兵正尉勳五等玄普運 警視勳五等黃信泰 掌禮院禮式官勳五등劉 燦 陸叙勳四等賜八卦章・會計檢査局副檢査官勳七등池逸燦 勳七等崔興植 陸叙勳六등賜八卦章

○六月二十四日 財務監督局主事鶴崎可信 陸叙判任官四등 內閣法制局長俞星濬 解內閣書記官長代辦(六月二十七日內閣) 警部角南角二郞 解延安警察署長 警部濱野長太郞 補延安警察署長(以上六月二十四日內部)

財務監督局主事鶴崎可信 建築所技手土井伊三郞 財務署主事朴永禧 依願免本官(以上六月二十四日度支部)

宮廷錄事

○收繭式 本月二十五日午後一時에

皇后陛下씌옵서 御親蠶室에서收繭式을行ᄒᆞ신事

○贈諡 本月二十日贈奎章閣提學李鳳煥에게左와如히贈諡ᄒᆞ옵신이라

贈奎章閣提學李鳳煥諡號

忠貞 危身奉上曰忠 不隱無屈曰貞

(以上六月二十七日宮內府)

外報

◎露國의植民政策 駐露淸國公使薩蔭圖氏로브터淸國外務部에達ᄒᆞᆫ報告를據ᄒᆞᆫ즉露國首相乘極東植民會長스톨빈氏의議決ᄒᆞᆫ植民事項中淸國에密接ᄒᆞᆫ關係가有ᄒᆞᆫ者ᄂᆞᆫ如左ᄒᆞ다더라

一 吉林黑龍江兩省에接近ᄒᆞᆫ露境一帶ᄂᆞᆫ植民地로ᄒᆞᆯ事

二 黑龍江地方에ᄂᆞᆫ淸國勞働者의入境을禁止ᄒᆞᆯ事

三 調查隊를編成ᄒᆞᆯ事

四 黑龍江鐵道를敷設ᄒᆞ야東淸西伯利鐵道로聯絡ᄒᆞᆯ事

◎日露協約의內容 英國데일리텔레그라프新聞紙에聖彼得堡電報를揭ᄒᆞ엿스되日露協約은日間調印될터인듸該協約은日露兩國의關係를極히親密케ᄒᆞᆯ者인즉兩國은不遠間更히同盟을締結ᄒᆞᆷ에至ᄒᆞᆯ지며今番協商은單히滿洲에關ᄒᆞᆫ件뿐이니其理由ᄂᆞᆫ滿洲의平和를維持ᄒᆞ면極東他部分의平和도亦隨而維持ᄒᆞ기가易ᄒᆞ다ᄒᆞᆷ이오또兩國은從來로滿洲의現狀維持ᄒᆞᆯ事를認定ᄒᆞ얏다ᄒᆞ얏스며且歐通信員의所報를據ᄒᆞᆫ즉米國의行動과淸國이露國에對ᄒᆞᆫ行動이日露兩國으로ᄒᆞ야곰如斯히接近케ᄒᆞᆷ이라ᄒᆞ얏다더라

◎奉天의三大問題 奉天來電을據ᄒᆞᆫ즉同地諮議局臨時會ᄂᆞᆫ本月二十四日에地方警察刷新ᄒᆞᆯ件을論議ᄒᆞ고更히引續ᄒᆞ야秘密會議를開ᄒᆞ고何等大問題로商議ᄒᆞ얏ᄂᆞᆫ듸推測컨듸此ᄂᆞᆫ未開放地에外人의居住를禁止ᄒᆞᆯ件인듯ᄒᆞ고既히可決된議案中에錦愛鐵道敷設案과連山灣築港案은錫奉天總督의提出ᄒᆞᆫ것인듸該總督은一心專力으로右三件을實行ᄒᆞᆯ計畫이라더라

◎希物排斥運動 倫敦來電을據ᄒᆞᆫ즉土耳其國에서ᄂᆞᆫ希臘國物貨를益々排斥ᄒᆞᄂᆞᆫ듸該排斥運動은크리트島問題가解決되기ᄭᆞ지ᄂᆞᆫ繼行ᄒᆞ리라더라

寄書

◎大韓每日申報愛讀僉君子座下

敬啓者 本人은大韓每日申報가惟我二千萬同胞에對ᄒᆞ야茫洋의寶筏을作ᄒᆞ고昏衢의明燭을作ᄒᆞ얏다謂ᄒᆞ겟도다

大抵茫洋을濟코져ᄒᆞᆯ時에ᄂᆞᆫ筏이아니면難ᄒᆞ고昏衢에行코져ᄒᆞᆯ時ᄂᆞᆫ燭이아니면難ᄒᆞᆯ뿐더러筏이無ᄒᆞ고濟ᄒᆞ려면沒溺의禍가迫頭ᄒᆞᆯ지오燭이無ᄒᆞ고行ᄒᆞ려면魑魅의邪도當面ᄒᆞᆯ지니茫洋과昏衢中에在ᄒᆞᆫ同胞々々여禍를除ᄒᆞ고邪를辟코져ᄒᆞᆯ진되寶筏과明燭을作ᄒᆞᆫ此申報를捨ᄒᆞ고更히何를求ᄒᆞ리오造次에도必於是ᄒᆞᆷ이可ᄒᆞ고顚沛에도必於是ᄒᆞᆷ이可ᄒᆞ도다

故로日前社位移設노三日休刊이三秋와如ᄒᆞ더니第一千四百八號를接受則發行兼編輯人이曾是夢聞ᄒᆞ던李章薰氏也라倉卒間內心에以謂ᄒᆞ되此社ᄂᆞᆫ英國人裴說氏가刱設ᄒᆞ고萬咸氏가替代ᄒᆞ엿더니此人도必是英國人李章薰氏겟지엇지韓國人李章薰氏리오姓名三字도酷似ᄒᆞ도다ᄒᆞ고報欄의社說과論說을次第觀之則英國人李章薰氏가아니오韓國人李章薰氏어ᄂᆞᆯ於是乎之舞之蹈가手足으로自ᄒᆞᆷ을不覺ᄒᆞ겟도다

然則同氏에對ᄒᆞ야舞蹈를不覺ᄒᆞ겟다면裴說萬咸兩氏ᄂᆞᆫ感謝치아니ᄒᆞᆯ셔爾我를勿論ᄒᆞ고人이오木石이아니거든엇지辨明ᄒᆞᆷ을待ᄒᆞ리오마ᄂᆞᆫ今에萬咸氏가撤廢歸國코져ᄒᆞ미同氏가全國同胞의精신에更히昏迷ᄒᆞᆷ가恐ᄒᆞ야引繼발刊次로活字機械등汁物을一切買收ᄒᆞᆫ後에其責任을擔負ᄒᆞ얏슨則同氏씌서此擔負ᄒᆞᆫ것이輕ᄒᆞᆷ으로써認定ᄒᆞᆯ가重ᄒᆞᆷ으로써認定ᄒᆞᆯ가以若淺見薄識으로도窃惟컨되以身擔負ᄒᆞᆫ것이太히重ᄒᆞ야食寢에甘安을不得ᄒᆞ리로다

所以를擧ᄒᆞ려면現今國民形便이累卵과如ᄒᆞᆫ것은耳가無ᄒᆞ고目이無ᄒᆞᆫ者ᄂᆞᆫ知키不能ᄒᆞ려니와耳가有ᄒᆞ고目이有ᄒᆞᆫ者야엇지知키不能ᄒᆞ리오然則同氏ᄂᆞᆫ耳目이俱有ᄒᆞᆯ뿐더러年來報館界에積累ᄒᆞ엿스니其知가於人에서一層高ᄒᆞᆯ지언뎡一分이라도下ᄒᆞᆯ바萬無ᄒᆞ니擔負의重ᄒᆞᆷ으로써甘安을不得ᄒᆞ리로다ᄒᆞᆷ이實노過言이아닌뎌

然이나今番替代事件을因ᄒᆞ야或如何ᄒᆞᆫ氏가疑訝之端이有ᄒᆞᆯ듯ᄒᆞ기暫辨ᄒᆞᄂᆞᆫ바京城中部布塵屛門二宮街二層洋屋은卽國家進步의機關이오人民享福의媒价라此에坐ᄒᆞ야意馬를三千里疆域에驅馳遍覽ᄒᆞ면心硯에自然ᄒᆞᆫ血淚가滴ᄒᆞᆯ거시오血淚가滴ᄒᆞ면自然ᄒᆞᆫ肝墨을磨ᄒᆞ겟고肝墨을磨ᄒᆞᆫ後에隨ᄒᆞ야左手로報紙를展ᄒᆞ고右手로報筆을秉ᄒᆞ면論說의主旨가堂々치아니코져ᄒᆞ며記事의性質이公々치아니코져ᄒᆞᆫ들焉可得也리오以此推之ᄒᆞ면向日보다激切正直ᄒᆞᆷ이倍蓰ᄒᆞᆯ지라敢一言ᄒᆞ고外人名義로國粹警醒을受ᄒᆞᆷ보다韓人名義로國粹警醒을受ᄒᆞᆷ이褒許ᄂᆞᆫ結拾ᄒᆞ고表面으로論之라도優劣이明若觀火이기秃筆片墨으로數字를搆成ᄒᆞ야兹에仰布ᄒᆞ오니 僉君子ᄂᆞᆫ少勿動念ᄒᆞ시고繼續愛讀ᄒᆞ심을千萬敬要

平南肅川郡松里面十三里 金[illegible]杓

詞藻

◎蚊◎ 頤雲生

簾疎燈碧雨昏時羣聚如雷刺似錐着嘴於人能吮血桃紅萬點在膚肌

評曰古之蚊能知禮今之蚊不知禮磨牙吮血無所不至者也

宮廷報

○賜扇宮家 大皇帝陛下의옵서再昨日各宮家에扇子二十柄式 下賜ㅎ옵셧다더라

○角戱場賜扇 日昨秘苑角戱時에 大皇帝陛下의옵서日氣의炎熱을因ㅎ야各大臣에게扇子一柄式을特別 下賜ㅎ옵셧다더라

雜報

○諡號議案 甲申及甲午兩年度에死刑을當ㅎ元老及學生에게或 贈諡或 贈職의案件을再昨日內閣會議에提出ㅎ엿다더라

○함字探問 金玉均氏의生父도 贈職ㅎ려고協議中이라는ㄷ其함字를不知홈으로目下四面으로探知ㅎ는中이라더라

○而又害之 統監이到任後에는公逋郡守를一幷蕩斥ㅎ다는事가各新聞에揭布됨으로度支部에서督促이比前嚴酷ㅎ야各公逋郡守는困難莫甚ㅎ다더라

○定期陞級頒布 各府部院廳官吏의定期陞級件을今明間頒布ㅎ다더라

○官制改正 警察權委任ㅎ事에對ㅎ야內部警務局이自然廢止가됨으로該部一般官制도改正되리라더라

○爲訪總理 侍從副卿李會九氏가溫陽溫泉에在ㅎ總相李完用氏를拜見次로三昨日에該地로발往ㅎ엿다더라

○元老行動注目 某處에서는警察權引繼ㅎ後元老의行動을極히注目ㅎ다ㅎ엿다더라

○中學行動調査 近日學部廳此說에對ㅎ야中學程度以上되는一般學員의行動을某處에서注目中이라더라

○警吏와賜金 警察權委任을因ㅎ여現在아國警察官吏는新設될統監府警務總監部로轉用될事는世人의想像ㅎ는바이나此等轉任ㅎ는警吏에對ㅎ야아國政府에서退官賜金及特別賞與金의給不給에對ㅎ야二說이有ㅎ니一說은官制改革을因ㅎ여免官된者는當然下賜홀터이나即時統監府警察官吏로採用될뿐더러또아國政府에서其費用을支出홀터인즉退官賜金과特別賞與金을與홀必要가無타ㅎ며一說은司法權委任홀際에도賜金과賞與金을與ㅎ先例가有ㅎ즉今番에도與ㅎ자는說이有ㅎ야方今警吏間에는重大問題가되야談話를交換ㅎ다는說이有ㅎ더라

○警官陶汰 警察權委員實施를因ㅎ야從來의警察官吏에게大陶汰가有ㅎ리라는ㄷ警察署長으로警視를置홍은京城外에各開港場뿐이라더라

○孟督親己 高義駿氏가政友會員에게對ㅎ야世論ㅎ기를今番渡日時에新任寺內統監을面會ㅎ즉統監이到任後에는行政上에關ㅎ야頻數面會ㅎ갯다고聲言ㅎ더라고對人說明ㅎ며喜色이滿面ㅎ다더라

○出迎車場 既報와如히內部岡次官과澤田地方局長이同伴ㅎ야昨日午前八時二十分에南門外停車場에到着入城ㅎ엿는ㄷ內部大臣以下一般高等官이同時南門역에出往ㅎ야迎接ㅎ엿다더라

○爲覽水野 隆熙元年度에韓日協約을成립以後로地方行政의沿革及改善의情況을內部에서調査刊出ㅎ야日本水野參事官에게供覽케ㅎ다더라

○郡衙移轉供覽 內部에서日本水野參事官에게供覽키爲ㅎ야各郡衙의移轉件을現今修正中이라더라

○花局爲妨 中樞院顧問李址鎔氏는宮相椅子를占據홀計劃으로非常히運動中인ㄷ向日松峴等地에서花套事件이발現됨을因ㅎ야該運動이十分妨害될慮가有홈으로該氏가目下悶悶中이라더라

○竹夫人弧宴 再昨日은竹洞宮夫人生日인故로盛宴을開ㅎ엿는ㄷ各貴族夫人及女官들이多數叅宴ㅎ엿다더라

○種樹勸勵 全南觀察使申應熙氏가桑、櫟、黑松其他各種苗木을管下各郡實業者에게分給ㅎ고實業을奬勵ㅎ는中이라더라

○慈善宣褒 羅州郡土界居許炷氏가年來로貧民에게救濟ㅎ慈善的事業을褒揚ㅎ기爲ㅎ야內部에서協議中이라더라

○鄭氏請褒 咸陽郡居鄭友民氏와其夫人閔氏가特異ㅎ孝行이有ㅎ니褒賞狀을繕給ㅎ라고該道觀察使가內部로修報ㅎ엿다더라

○李氏의控訴 李在明氏及其連類에關ㅎ야控訴院公判은既報와如히明日午前十時브터裁判長楠控訴院長의審理下에開ㅎ다더라

○郡衙移設 始興郡衙를永登浦停車場附近地로移接ㅎ기를決定ㅎ엿는ㄷ現今工役에着手中이라더라

○職員船遊 今月二十六日에龍山印刷局製紙所職員一同은親睦ㅎ기爲ㅎ야龍山江上에서船遊ㅎ엿다더라

○寄宿舍調査 官立漢城高等學校에서는一般職員을派送ㅎ야該校學員諸氏의寄宿舍를調査ㅎ다더라

○痘苗製造所移接 北部花洞北一營廳舍에宮內府官吏의官舍를定ㅎ다홈은既報어니와該營內에在ㅎ痘苗製造所는日前三淸洞前武官學校內로移接ㅎ엿다더라

○六巡罷免 中部警察署巡査兪基烈崔鶴來氏등六人은何事件을因홈인지三昨日罷免을遭ㅎ엿다더라

○何事調査 日本留學生閔圭植氏等二十餘人이再昨日에歸國홈은既報어니와何등關係가有ㅎ지諸氏등의行動을某處에서秘密調探中이라더라

○不許鼎坐 各警察署에서는一般偵探人에게指揮ㅎ야無論某人ㅎ고三人以上이會席ㅎ엿거던其行動을調査報來ㅎ라ㅎ엿다더라

○僧當唾面 元興寺僧李晦光釋錦墟兩人이발起ㅎ야박洞東寧尉宮을三千圓에買入ㅎ야佛敎堂을新建築次로江原道各寺刹에서捐助金이六千圓이오三南各寺刹에서捐助ㅎ벼米가千餘石假量인ㄷ該敎를擴張홀次로寺內統監에게將次請願ㅎ라고一進會長李容九를紹介ㅎ즉李容九所答이新任統監이此등事件에別로히注意치아니ㅎ즉請願ㅎ야도所用이無ㅎ니侍天敎와合同ㅎ야該敎를擴張ㅎ는것이得當ㅎ다ㅎ되該僧兩人은不肯ㅎ엿다더라

○手票領受 吳榮根氏가學部[illegible]

○帝社契約不成 進步黨에서帝國新聞을引繼ㅎ다ㅎ은旣報어니와再昨日該黨에서同黨員文鐸氏등을派送ㅎ야該社家屋及印刷機械등物品을調査ㅎ고因ㅎ야前社長鄭雲復氏와交涉ㅎ엿는ㄷ該黨에서此를買收ㅎ야名義를變更홀事를발表홈으로鄭氏의拒絶홈을因ㅎ야契約을成立치못ㅎ엿다더라

○歸之誰手 進步黨에서帝國新聞을引繼홈次로再昨日交涉ㅎ엿다홈은別項과如ㅎ거니와前協辦沈相翊氏도該新聞을引繼홀計劃으로同日에家人을派送ㅎ야物品을調査ㅎ엿다더라

○協成會의自解 國民協成會任員들은各自解散ㅎ고該會文簿는該家主人에게任置ㅎ고一不出席ㅎ다더라

○平和會任員 韓國平和協會에서는三昨日에該事務所를鍾洞等地로移接ㅎ엿는ㄷ再昨日下午二時에任員會를開ㅎ고財務部長一人을選定ㅎ엿다더라

○事關奪宗 沃川郡守申鉉九氏의五代祖山局內幾十萬坪이楊州盧原後麓에在ㅎㄷ其三從申泰寬氏는本非宗孫으로暗自測量ㅎ야他人에게放賣코저ㅎ야證明을請出ㅎ고該郡에請願ㅎ지四十餘日에形跡이綻露ㅎ야該宗孫의弟申鉉壽氏가一場論責ㅎ고其事由를沃川郡으로通寄ㅎ믹申泰寬氏가百拜謝過ㅎ엿다더라

○烟草職工의貯金 烟草職工[illegible]合所에서再昨日下午二時에[illegible]同總會를開ㅎ고職工등에게[illegible]金五十錢式積立ㅎ기로協議ㅎ엿다더라

○不悅其夫 中部校洞大賓宮內居學徒某의妻는靑年蕩子를誘引ㅎ여行淫에從事홈으로鄰里가莫不[illegible]ㅎ다더라

○地震未嫁 本月二十六日午前一時五十五分브터約二分間을地震이되엿는ㄷ震力이微細ㅎ야熱睡ㅎ는人은覺察치못ㅎ엿다더라

○病又流行 近日京城니에韓日人間에赤痢病이流行ㅎ야日日增加ㅎ고腸窒扶斯病도流行홀兆가有ㅎ다더라

○實業擴張 帝國實業會에서事務를擴張ㅎ기爲ㅎ야魚市場을各地方에設置ㅎ기爲ㅎ여西道에李應九氏로出張所長을選定ㅎ엿는ㄷ該氏는身病을因ㅎ야姑未발程ㅎ엿다더라

○半數入敎 太極敎宗에서十三道人民에게布敎ㅎ는ㄷ黃海道內人民은半數나入敎ㅎ엿다더라

○靑友奬學 靑友學會에서再昨日에臨時總會를開ㅎ고任員을改選ㅎ얏는ㄷ會長은金瑞經氏로副會長은韓鍾淑氏로推薦ㅎ고來秋期브터月報를발刊ㅎ기로決定ㅎ야該理由書幾百張을地方學事視察委員李永震韓南淑等六人에게委任傳布ㅎ다더라

○感荷義捐 通川郡席底里通明學校長金秉相氏가金一圓을本社에出捐ㅎ엿기其盛意를表示ㅎ노라

學界報

○英校成蹟 順川郡下里基督[敎]韓英學校試驗成蹟을更聞ㅎ즉普通科卒業生은張建植田[illegible]丙氏오普通科三年級優等生은金炳坤氏오高等科一年級優等生은韓基善金斗演兩氏라더라

電報

○副統監의出發 山縣副統監외一行은昨日午後三時四[illegible]에東京을出발ㅎ야渡韓[illegible]就ㅎ엿다더라

○馬賊橫行 東淸鐵道沿[線에]는馬賊이盛히橫行ㅎ다ㅎ[는ㄷ]二十六日에는露國兵舍를襲[擊]ㅎ야糧秣을燒盡ㅎ엿다더라

○日露協約과韓國 不久公[表]될日露協約에는韓國에關ㅎ[事]件은無ㅎ리라더라

○拓殖事務訓示 拓殖局[總裁]는昨日에台灣、樺太、滿洲、韓國諸政廳에對ㅎ야拓殖事務에關ㅎ訓示가有ㅎ엿다더라

以上東京발　卄八日着

▲滄　浪　曲▼

▲開門納賊暮夜半에荷杖而[illegible]反牛ㅎ야家産如掃搜奪ㅎ고之打之虐炎中에淩侮又是[illegible]ㅎ니이것도滄浪이오

▲殘弱ㅎ다一塊肉을餓虎口에自投ㅎ니揮之不去奪不得이眈眈가可畏로다而今復誰[illegible]리오이것도滄浪이오

▲自家精神渾失ㅎ고他手下에依庇타가阿諛情態忽生ㅎ야[illegible]霜叱責甘受ㅎ고僅與脫免[illegible]ㅎ니이것도滄浪이오

▲宏大傑命讓渡ㅎ고挾戶[illegible]借居타가逐迫令이尤虐ㅎ[illegible]家數이忽生ㅎ니東西流離[illegible]ㅎ다이것도滄浪이오

▲傳來土地典執ㅎ여凍足[illegible]救急터니利上加利日增ㅎ[illegible]人物을永作ㅎ제貧窮歎이[illegible]ㅎ니이것도滄浪일세

害을知ᄒᆞ고該面人民으로教育의必要害을熱心說明ᄒᆞ며自己

◎教育進步 咸北明川加하面居主機源金自經馬定欒朴寅근

▲書中山水▼

▲宋秉畯은日本政府게셔公爵을封ᄒᆞ고李容九ᄂᆞᆫ總理를ᄒᆞᆫ다고一進會員들이逢人誇張ᄒᆞᆫ다지一進會口中에許多ᄒᆞᆫ大臣을生出ᄒᆞ더니日本公爵셔지産出ᄒᆞ니孔雀셔가第一됴흔께여

▲通鑑第三卷을판讀ᄒᆞ고경備를移嫁ᄒᆞᆯ것이사너의事業이라고日報지에言論ᄒᆞ엿스니게집의事業은엇더ᄒᆞ고공알갓흔소리며고

▲高義駿氏의日本갓던일이당기더젓다지왜十萬圜을借款ᄒᆞ기로또運動ᄒᆞᆫ다ᄂᆞᆫ걸무슴經營이잇서셔借款을運動ᄒᆞᄂᆞᆫ지京城樓料理갑시나갑허야지

▲永宣君李埈鎔氏ᄂᆞᆫ孔德里에在ᄒᆞᆫ亭子를放賣ᄒᆞᆫ다지무슴緊急ᄒᆞᆫ所用이잇기에世傳ᄒᆞ든亭子를파나요ᄉᆞ이에또妓生作妾을ᄒᆞᄂᆞᆫ것이지

▲李甲承氏의母趙召史가其外叔沈宜惠과作配淫奔ᄒᆞ다가因爲孕ᄒᆞ야漸次滋蔓ᄒᆞ믹沈也가已出이라稱ᄒᆞ고面諛ᄒᆞ던지韓秉珠氏에게紹介ᄒᆞ야趙女와婚淫케ᄒᆞ고其所生子를韓氏의子라假托ᄒᆞᆫ計劃이라지世上에甥姪女를作妾ᄒᆞᄂᆞᆫ놈도잇나沈哥가日本種子인데여兄嫂로作妾ᄒᆞ고女息으로作配ᄒᆞᄂᆞᆫ蠻行을블문ᄒᆞ자

廣告

本人이陰五月八日에龍川楊市에서圖書姓名章을失ᄒᆞ엿시니拾得者이던지切勿施行홈
義州古邑面東峰洞金夢照白

中署貞善坊下廉洞三十八統六戶草家五間半文券을八年前에셔失ᄒᆞ엿기玆廣告홈
金應敎 告白

本月九日에本人의正字姓名章을本邑內에서遺失ᄒᆞ엿기廣告홈
宜川郡豊建里古陽洞 李鳳觀

本人의所有蘆田이金海郡麥島와於于叔島에在ᄒᆞᆫ世傳文券六張과証明次測圖四張을幷셔失이기廣告ᄒᆞ오니或有暗賣者여든內外國人間切勿見欺홈
京中華動洞十二統一戶趙命九

本人의子[illegible]와換이가年今十七에性本柔弱ᄒᆞ와浮浪雜類의透引에들어家中所在田土文券을暗取ᄒᆞ야典當도ᄒᆞ려ᄒᆞ며從兄商店에서物貨도暗取ᄒᆞ여放賣亂用ᄒᆞ오니內外國人은文券이나物貨間相關타가切勿見欺ᄒᆞ심
義州南門外居文錫浩 告白

西署龍山坊甕里上契大井洞十七統八戶典當契約書셔失이옵기廣告홈
債務者 李養浩 告白

本校長徐鎬籌氏ᄂᆞᆫ原來教育에熱心ᄒᆞ더니本校維持困難을慨歎ᄒᆞ고本洞學父老와協議ᄒᆞ와父老諸氏ᄂᆞᆫ各出義捐ᄒᆞ야金千圓을積立ᄒᆞ고校長은每月特別五圓式補助ᄒᆞ와廢止境遇에至ᄒᆞ엿던本校가永遠鞏固ᄒᆞ고進步之望이比前益漸ᄒᆞ니父老諸氏와徐氏의誠金人皆贊賀ᄒᆞ기玆에廣告홈
慶南釜山鎭私立佐川普通學校校監金鍾奎學監姜[illegible]

本會學報十三號와治安妨害로押收된以後各新聞에揭載ᄒᆞ와僉君子의諒存ᄒᆞ심바어니와本會[illegible]로셔時事揭載ᄒᆞᆯ[illegible]製裁로保證金千圓을納ᄒᆞ기가지發行停止를當ᄒᆞ엿ᄂᆞᆫ故로不得已ᄒᆞ야該額準納ᄒᆞ기셔지停刊ᄒᆞ오니本報를愛讀ᄒᆞ사ᄂᆞᆫ僉君子ᄂᆞᆫ諒存爲要
在日本東京 大韓興學會 告白

本店事務를本人은株主의게解約ᄒᆞ고金正厚徐俊九兩氏의게引繼되엿ᄉᆞ오니三線各驛支社員及內外國僉員은照亮홈
南大門驛㊤日韓協同普運社 總務 李範柱 告白

本人이南大門역㊤日韓協同普運社本店을營業키爲ᄒᆞ야株主에게讓受이온바前日貨物與財政上去來에ᄂᆞᆫ關係가無ᄒᆞ오며本社名을以㊤普運社로改稱ᄒᆞ고圖章을新刻使用ᄒᆞ오며業務를擴張ᄒᆞ오니內外國僉君子ᄂᆞᆫ照亮홈
金正厚 徐俊九 告白
位置ᄂᆞᆫ前浦上運送部家로定홈

測量製圖器械 其他附屬品文具 都賣 散賣

京城本町郵便局前 篠崎器械店
[illegible]二丁目 篠崎支店

本人이大韓每日申報社에서會計의任을辭免退社ᄒᆞ온바財政上에未勘ᄒᆞᆫ條件이有ᄒᆞᆫ선이ᄂᆞᆫ一朔以內로通奇ᄒᆞ시옵
隆熙四年六月廿五日
京城西部西大門外新橋八拾九統四戶
林蚩正 白

學部檢定
張志淵 序文
服部暢 大垣丈夫 鄭雲復 著述

日語大成

洋裝一部 定價金壹圓
半洋一部 定價金八十五錢

此書前名은獨習日語正則이온바數年來로愛讀者多ᄒᆞ와三版발行ᄒᆞ왓ᄉᆞ오나其間乏絕되왓삽고教科書에完全치못홈으로因ᄒᆞ와這間自學部로完全케精密檢定ᄒᆞ와高等教育日語科學員用教科書로檢定되온바獨習에倍前一層평易ᄒᆞ옵고日語高등教科書에適當ᄒᆞᆫ良書이오니江湖僉君子ᄂᆞᆫ速々講覽ᄒᆞ시와求及之歎이無케ᄒᆞ시옵

發行兼元賣所 中部布屛下卄七統六戶 廣學書舖 金相萬
分賣所 中部勝洞禮拜堂前 東洋書院 中部洞口 中央書館 京鄕各書舖

蔘茸唐草藥材廉價大發賣

特別廣告

本店에서開業三十餘年에 僉君子의愛顧ᄒᆞ심을蒙ᄒᆞ와營業이發展ᄒᆞ옵ᄂᆞᆫ바수에盛意를報答키爲ᄒᆞ야業務를一層擴張ᄒᆞ옵고良好ᄒᆞᆫ蔘茸唐草藥材를內地와外國으로서多數히直輸入ᄒᆞ와特別廉價로都賣散賣에信實히酬應ᄒᆞ오며地方에서請求ᄒᆞ시ᄂᆞᆫ더對ᄒᆞ야ᄂᆞᆫ多小를不拘ᄒᆞ옵고郵便小包ᄂᆞᆫ運送部로訊速히付呈ᄒᆞ오되代金은引換으로ᄒᆞ깃ᄉᆞ오니京鄕僉君子ᄂᆞᆫ益益請求ᄒᆞ심을望홈

但地方에서請求ᄒᆞ시ᄂᆞᆫ妙法
金一錢五厘를費ᄒᆞ시고一枚에葉書를使用ᄒᆞ샤住所氏名과掌記를錄送ᄒᆞ시면能히遠路의跋涉과往返의旅費를要치아니ᄒᆞ시고本店에最良好ᄒᆞᆫ上品藥材를完全히買用ᄒᆞ실터이외다

京城南部銅峴二十五統三戶
蔘茸唐草藥材直輸入商
乾材藥局
崔聖鶴 告白

特別廣告

本人이旅行ᄒᆞ시ᄂᆞᆫ僉君子의便宜를供ᄒᆞ기爲ᄒᆞ야當地에二層家屋의旅館을新建築ᄒᆞ고綾羅寢具와食料物品과沐浴湯등諸般凡節을淨潔準備ᄒᆞ엿ᄉᆞ오니內外國僉君子ᄂᆞᆫ惠顧伏望

(但宿泊料ᄂᆞᆫ左表와如홈)

特等	參圓
一等	貳圓
二等	壹圓五十錢
三等	壹圓
四等	七拾錢

(但三四등에ᄂᆞᆫ寢具無홈)

平壤郡隆興面一里六統四戶將洞松坡旅館主人金龜禧 告白

崔台植名字를改以徹ᄒᆞ오니知舊僉照亮ᄒᆞᆷ을敬要
崔徹 告白

紙物貿易에迅速

(廣告文)

本店에셔各種紙物을直輸入ᄒᆞ와地方同業僉位와其他僉彥에게特別廉價로酬應ᄒᆞ깃사오니不拘多小ᄒᆞ시고注文ᄒᆞ시면郵便小包와運送部등經過ᄒᆞ와迅速히付呈ᄒᆞ깃슴
物價表와品錄書를無料로付呈ᄒᆞ옵
品高價低에爲主ᄒᆞ옵

內外國紙物大發賣

(品目略錄)

●壯紙、油紙、板紙、[illegible]紙、[illegible]洋紙、[illegible]
天井紙、古登紙、印札紙、半紙、美濃紙、[illegible]
紙、封套紙、其他學校用品[illegible]各種具備

本店 漢城鍾路大廣橋 紙物舖 金[illegible] 電話一千二百八十番
支店 漢城[illegible]安洞別宮前

◎靑館卒業 皇城基督敎靑年一等五人이오日語科에빅楣球등一이오夜學英語科에申衡浩등六二十年級에一拾人이오一年級에一品[illegible]京城[illegible]
[illegible]敎舍를大擴張ᄒᆞ기爲ᄒᆞ야陰六月一라디아高明ᄒᆞᆫ敎師를不得ᄒᆞ야一日間開校ᄒᆞ다더라[illegible]

[illegible]四十三年
[illegible]三十二年
開國五百十九年
本報創刊日
[illegible]

大韓每日申報

第八卷　月曜及祭節歲時日休刊　第壹千四百卄二號

發行兼編輯人　李章薰
發行所　京城中部布廛屛門二宮街 二層洋屋　大韓每日申報社

論說

政友會에對ᄒᆞ야

假義飾詐ᄂᆞᆫ小人의心腸이오改頭換面은奸細의情態라近日에許多ᄒᆞᆫ黨派가生出ᄒᆞ야朝聚暮散에一烏合의衆을作ᄒᆞ엿스니外面인즉社會客을粧出ᄒᆞ나內心인즉野心家를甘作ᄒᆞ야滿腔經綸이莫非謀利肥己ᄒᆞᄂᆞᆫ事이로다

向日에虛算空言으로某大臣을攀緣ᄒᆞ야地方騷擾를一舌로鎭靜ᄒᆞᆫ다大談ᄒᆞ고黃金을弄出ᄒᆞ야國是遊說團을組織ᄒᆞ고蚊隊蠅羣이四方에飛散ᄒᆞ야鴃舌이忝忝ᄒᆞ나一點효力이無ᄒᆞᆷ으로落莫而歸ᄒᆞ더니南磁北鐵이氣類가相從ᄒᆞ야聚頭附耳에偶語가紛紛ᄒᆞ다가一種別策을醸出ᄒᆞ고面目을一變ᄒᆞ야政友會라名稱ᄒᆞ고一會를設立ᄒᆞ니前身은遊說團이오後身은政友會로다

政友會의目的은何에在ᄒᆞᆫ고國事의岌業을匡扶ᄒᆞᆷ인가政治의紊亂을勸告ᄒᆞᆷ인가生命의困瘁를救濟ᄒᆞᆷ인가財産의蕩殘을扶殖ᄒᆞᆷ인가國力의殘弱을挽回ᄒᆞᆷ인가民志의墜落을喚起ᄒᆞᆷ인가團體를成立ᄒᆞ야知識을交換ᄒᆞ고思想을惹起ᄒᆞ야政治界에何等意見을提出ᄒᆞ든지國計民生에萬一의助가有ᄒᆞ면政友會諸氏에게對ᄒᆞ야贊同不已ᄒᆞᆯ者ㅣ이나外萬一에政黨派로托名ᄒᆞ고名利의思想이脉脉ᄒᆞ야變動의時機를窺伺ᄒᆞ고意外의濫職을釣取코져ᄒᆞ야成羣作隊에手段을舞弄ᄒᆞᄂᆞᆫ者이면世界의叱責을엇지免ᄒᆞ리오

該會任員高義駿氏ᄂᆞᆫ무ᄉᆞᆷ事件으로渡日ᄒᆞ엿든지日日各報面에縱橫露出ᄒᆞᆫ者ㅣ無非高義駿氏의運動이猥狽ᄒᆞᆫ事狀이라海外에往渡ᄒᆞ야勢力家를結托ᄒᆞ고官職을圖囑ᄒᆞᄂᆞᆫ것이政友會의目的인가金宗漢氏를爲ᄒᆞ야大臣椅子를運動ᄒᆞ야蠅附驥尾의態度를作ᄒᆞ고餘瀝을拾取코져ᄒᆞᄂᆞᆫ것이政友會의目的인가總裁의家舍를典執ᄒᆞ야多數ᄒᆞᆫ金錢으로新統監을歡迎ᄒᆞᄂᆞᆫ節次를準備ᄒᆞ야納媚ᄒᆞᄂᆞᆫ情態를[illegible]弄ᄒᆞ고官職을圖取코져ᄒᆞᄂᆞᆫ것이政友會의目的인가新統監의[illegible]接을得ᄒᆞ엿든지龍門에登ᄒᆞᆷ과如히[illegible]ᄒᆞ야對人誇張ᄒᆞ기를政治上에[illegible]ᄒᆞ야頻々히會面ᄒᆞ겟다고說道ᄒᆞᄂᆞᆫ것이政友會의目的인가[illegible]事件은엇지政友會의目的이라ᄒᆞ리오是以로其他任員은新統監이赴任ᄒᆞ면各其地位를當ᄒᆞᆯ事로預期ᄒᆞ고望眼이欲穿ᄒᆞ니大臣次官도政友會로謀歸ᄒᆞ고觀察郡守도政友會로謀歸ᄒᆞᆯ줄로知ᄒᆞ니政友會를一仕宦ᄒᆞᄂᆞᆫ階級으로만作ᄒᆞ나政友會의目的이此에止ᄒᆞᆯ뿐인가且三建策을肆然히提出ᄒᆞ얏ᄂᆞᆫ데其主旨인즉韓日合併을從速斷定ᄒᆞ자ᄒᆞ엿스니其眞其虛ᄂᆞᆫ討知치못ᄒᆞᄂᆞᆫ바이어니와此ᄂᆞᆫ一進會의聲明書에過치못ᄒᆞ엿ᄉᆞᆫ즉政友會ᄂᆞᆫ即第二一進會라名稱ᄒᆞᆯ지로다

腸肚가相適ᄒᆞ고凶謀가相符ᄒᆞ야形呼影答의後援을自作ᄒᆞ니政友二字가엇지自愧치아니ᄒᆞ리오

二十萬圓請求ᄂᆞᆫ兩班의救濟費라ᄒᆞ나該會의行動으로觀ᄒᆞ면愚民을煽惑케ᄒᆞᄂᆞᆫ데過치못ᄒᆞ니正大ᄒᆞᆫ會名으로詭曲ᄒᆞᆫ行爲를切爲咄歎ᄒᆞ노라

官報

◎第四千七百十七號
▲隆熙四年六月二十九日(水曜)

敍任及辭令

○六月十五日 郡主事安允玉 陞敍判任官三등 郡主事金容範 同李根沃 同韓泰翊 同吳學善 陞敍判任官四등

○六月二十四日 九品林麟洙 任郡主事敍判任官三등 郡主事文南澈 依願免本官(六月二十日內部) 郡主事孟夔述 同鄭奭好 同權東洙 依願免本官(以上六月廿二日內部) 稅關監吏橫尾種一 財務署主事金觀熙 依願免本官(以上六月二十七日度支部) 振威郡鄕校直員尹泰炳 喬桐郡鄕校直員韓奎東 依願免本官(以上六月八日學部) 稷山郡鄕校直員閔석昌 依願免本官(六月十六日學部) 公立普通學校專科副訓導安鍾雲 依願免本官(六月二十四日學部)

彙報

○官廳事項

礪山 鄭寅昶 六月二十日
右ᄂᆞᆫ該區域地方委員會委員으로任用인바依願解免ᄒᆞᆷ

楊州 朴承稷 六月十六日
德源 羅鳳岡 六月十四日
右ᄂᆞᆫ各該區域地方委員會委員으로選定ᄒᆞᆷ(度支部)

外報

◎德國大使歸國 東京來電을據ᄒᆞᆫ즉德國大使[illegible]男은本月二十六日午前八時三十分에東京을出발ᄒᆞ야歸國ᄒᆞ얏다더라

◎露國과淸國 北京來電을據ᄒᆞᆫ즉露淸兩國은綏芬河, 哈爾賓의稅關問題와松花江航路問題等을諮問ᄒᆞ기爲ᄒᆞ야稅務大臣那桐氏ᄂᆞᆫ합爾賓稅務司를北京으로招致ᄒᆞ얏다더라

◎近衛師團[illegible]行幸 東京來電을據ᄒᆞᆫ즉[illegible]來月四日午前十[illegible]近衛師團司令部에[illegible]ᄒᆞ신다더라

◎克島問題와英法 倫敦來電을據ᄒᆞᆫ즉크리트島問題에關ᄒᆞ야英法兩國은意見이互相不合ᄒᆞᆫ다더라

◎大金礦發見 倫敦來電을據ᄒᆞᆫ즉英領콜럼비아[illegible]에서ᄂᆞᆫ一大金礦을발見ᄒᆞ얏ᄂᆞᆫ데[illegible]礦脉의廣大ᄒᆞᆷ은古來로처음이라더라

◎憲兵增加의理由 大阪朝日新聞을據ᄒᆞᆫ즉今番에在韓憲兵을增加ᄒᆞᆫ것은韓國警察權을憲兵隊로統一케ᄒᆞᄂᆞᆫ것인데將來에良好ᄒᆞᆫ成績을奏ᄒᆞᆯ뿐아니라經濟的利益도兼得ᄒᆞᆯ지라假令一個處에憲兵六十名을置ᄒᆞ고又一個處에警察官四十名을置ᄒᆞ면人數ᄂᆞᆫ兩處를合ᄒᆞ야百名이나其實은憲兵과警官間에連絡이無ᄒᆞ고各自行動을ᄒᆞᆫ즉其力이比較的으로弱ᄒᆞ더니今番에憲兵으로警察權을掌握케ᄒᆞ야憲兵六十名의處ᄂᆞᆫ七十名으로ᄒᆞ고警官四十名의處ᄂᆞᆫ二十名으로ᄒᆞ면合計九拾名이나其間經濟的利益도有ᄒᆞᆯ뿐더러九十人의力이前日百名의力보다强ᄒᆞᆯ지라然則人數ᄂᆞᆫ減少되얏스나實力은從來보다增加될지라此ᄂᆞᆫ前日브터該事件에對ᄒᆞ야內議가已有ᄒᆞ얏고在韓憲兵隊長등도既히意見을申出ᄒᆞᆫ事가有ᄒᆞᆷ으로如斯히增加ᄒᆞᆫ것이오寺內陸軍大臣이統監을任ᄒᆞᆫ後에提出ᄒᆞᆫ事가아니라더라

雜報

◎賫寶花 北部東谷等地居金完洙氏등이所謂織花調査總合所를組織ᄒᆞᆫ다ᄒᆞᆷ은既報어니와警視廳에承認ᄒᆞᆯ次로請願書를提呈ᄒᆞ엿더니[illegible]가退却을遭ᄒᆞ엿合으로日人某를該所主務로雇聘ᄒᆞ고更히請願ᄒᆞ기로協議中이라ᄂᆞᆫ데此에對ᄒᆞ야一般世評이有ᄒᆞ되無賴雜類가窮計를醸出ᄒᆞ야密매淫女를管轄ᄒᆞ야若干稅金으로肥己에慾을充코ᄌᆞᄒᆞ며官廳에서ᄂᆞᆫ來頭弊瘼을預度ᄒᆞ고不認ᄒᆞᆫ바인데傍歧曲逕으로百方周旋ᄒᆞᆫ者이不過是日人을雇聘ᄒᆞ야依賴的과威협的으로認許를圖得코져ᄒᆞ니此등無忌憚ᄒᆞᆫ魍魎輩가[illegible]橫行ᄒᆞᆷ은責必有歸라더라

◎因照被捉 大韓協會會員洪弼周氏의令男祐奭氏ᄂᆞᆫ何事件이有ᄒᆞᆫ지淸州郡警察署照會를因ᄒᆞ야三昨日南部警察署에被捉ᄒᆞ엿ᄂᆞᆫ데即時該郡警察署로押付ᄒᆞ엿다더라

世界歷史

兵制의變化

封建制度의盛ᄒᆞᆫ時에騎士의制度가伴行ᄒᆞ며騎士의長技ᄂᆞᆫ衝突에專在ᄒᆞᆫ즉步兵이到底히抵敵치못ᄒᆞᆷ으로其効果가甚히良好ᄒᆞ더니中世에降ᄒᆞ야兵制變化가因生ᄒᆞ니車城과投石術과大刀와長槍과火器의발明이是라就中에火器란者ᄂᆞᆫ昔時에劍戟으로相摩ᄒᆞ고短兵으로接戰ᄒᆞᆷ이아니오兩陣이互相隔[illegible]ᄒᆞ야砲丸을飛ᄒᆞᆫ즉騎士의[illegible]를試用ᄒᆞᆯ處가更無ᄒᆞᆯ뿐더러如何ᄒᆞᆫ固城과堅甲이라도砲丸을防禦ᄒᆞ기不能ᄒᆞᆫ즉於是에[illegible]法은全然一變ᄒᆞ야騎士[illegible]ᄒᆞ고步兵이其功을克奏[illegible]至ᄒᆞ야漸次로常備軍設[illegible]要[illegible]提起ᄒᆞ니라

車城은衆多ᄒᆞᆫ車輛을互相連結ᄒᆞ야城壁과如히形成ᄒᆞᆫ者ㅣ니[illegible]擊防禦에其효가最多ᄒᆞ며投石術은瑞西人이最善ᄒᆞ[illegible]矢戰ᄒᆞ기不適ᄒᆞᆫ時에石을投ᄒᆞ야騎兵의突擊을防禦ᄒᆞ며大刀長槍은共히瑞西人의발[illegible]ᄒᆞᆫ者니長槍隊ᄂᆞᆫ堅甲을被ᄒᆞ고戰陣이前面에進ᄒᆞ야騎兵의[illegible]擊을防ᄒᆞ고大刀隊ᄂᆞᆫ甲을不被ᄒᆞ고後部에在ᄒᆞ야敵騎의錯亂ᄒᆞᆷ을乘ᄒᆞ야進往斬殺ᄒᆞ더라

(未完)

廣告

詞藻

◎造物◎　嘯雲生

樂且樂人無所愁存가重複不如休三春桃李爭姸日天已安排一番收

評曰桃李爭姸之日安排暮收者是造物之無盡藏也樂亦休愁亦休哉

宮廷報

◎下詢總相 總相李完用氏가再昨日下午八時量에入城ᄒᆞ엿ᄂᆞᆫ데同九時에太皇帝陛下ᄭᅦ옵서洪甲杓를命送ᄒᆞ오셔勞問ᄒᆞ시고대皇帝陛下ᄭᅦ서ᄂᆞᆫ李甲承을命送ᄒᆞ오셔勞問ᄒᆞ옵셧다더라

雜報

◎義王消暢 義親王殿下ᄭᅦ서ᄂᆞᆫ其妾錦珠를帶同ᄒᆞ고再昨日東小門外新興寺에前往消暢ᄒᆞ엿다더라

◎出其不意 溫陽에서療養ᄒᆞ던總理李完用氏ᄂᆞᆫ何등事故를因ᄒᆞᆷ인지猝然間再昨日下午八時에入城ᄒᆞ엿ᄂᆞᆫ데其本家에서도一時間前期를야始知ᄒᆞ엿고戒嚴에秘密을守ᄒᆞ기爲ᄒᆞ야西大門外停車場에서下陸ᄒᆞ엿다더라

◎電促辭表 別項과如히溫泉에治療ᄒᆞ던李總相은本日入城ᄒᆞᆯ터이더니某處에서辭表를卽速奉呈ᄒᆞ라ᄂᆞᆫ電信이有ᄒᆞᆷ으로再昨日下午八時에急急歸京ᄒᆞ엿다더라

◎總理邸의會合 再昨夜에李總理가入城ᄒᆞᆷ은別項과如ᄒᆞ거니와途中에서意外事變을遭ᄒᆞᆯ가念慮ᄒᆞ야발着을頗히秘密히ᄒᆞ엿슴으로一人도出迎ᄒᆞᆫ者가無ᄒᆞ엿스나各대臣에게ᄂᆞᆫ豫히歸京ᄒᆞᆷ을通知ᄒᆞ엿ᄂᆞᆫ故로再昨夜八時半頃브터各대臣은總理邸에會合ᄒᆞ야深更토록時局에對ᄒᆞ야擬議ᄒᆞ엿다더라

◎腹雷又發 李總理의入城ᄒᆞᆷ은別項과如ᄒᆞ거니와昨日에其親知人들이病狀의如何를問ᄒᆞᆫ즉答ᄒᆞ기를飮食이適口치못ᄒᆞᆫ인지近日來로腹雷症이添발ᄒᆞ야不平ᄒᆞ다고ᄒᆞ더라더라

◎三千治療費 總理大臣의今番療養費가合爲三千圓에達ᄒᆞ엿다더라

◎兩大談話 農相趙重應氏ᄂᆞᆫ再昨日下午八時에總理署理朴齊純氏를私邸로訪問ᄒᆞ고何등秘密事件을協議ᄒᆞ엿ᄂᆞᆫ지長時談話ᄒᆞ엿다더라

◎宮大云辭 宮內府大臣閔丙奭氏가仕進아니ᄒᆞᆫ다ᄒᆞᆷ은已報어니와近聞ᄒᆞᆫ즉辭職ᄒᆞ기로決心ᄒᆞ엿다ᄂᆞᆫ說이有ᄒᆞ다더라

◎副통監의出迎 石井小將은山縣副통監一行을出迎ᄒᆞ기爲ᄒᆞ야昨日午前九時에馬關으로出발ᄒᆞ엿다더라

◎신舊內次交迭 內부신舊兩次官이日間會同ᄒᆞ야事務를引繼ᄒᆞᆯ터인ᄃᆡ內부에서ᄂᆞᆫ引繼書類를現方修定中인故로一般官吏가困難이莫甚ᄒᆞ다더라

◎憲兵將校의召集 平壤憲兵分隊附憲兵中尉矢野助藏과대邱憲兵隊附憲兵中尉井原德松兩人은今番에明石司令官의召命에依ᄒᆞ야再昨日에入城ᄒᆞ야區本旅館에投宿ᄒᆞ엿다더라

◎警務總監部 경察事務委任ᄒᆞᆫ結果로경視廳과ᄂᆡ부경務局은自然廢止될터인故로憲兵司令부構ᄂᆡ〔京城憲兵分隊舊廳舍〕에통監府경務總監부를置ᄒᆞ고中央과地方의경察事務를管理ᄒᆞᆫ다더라

◎警務部신制 경察事務委託을因ᄒᆞ야我國경視廳官制廢止及경察事項削除ᄒᆞᆯ件은七月一日에발表될것이오통監府경務總監부官制도同日에발表되리라더라

◎若林來京 경視總監으로日本奈良縣知事로轉任ᄒᆞᆫ若林賚藏은事務를引繼ᄒᆞ기爲ᄒᆞ야本日午后八時拾分에南대門에到着ᄒᆞᆫ다더라

◎飭諭安心 內部경務局에서各警署로申飭ᄒᆞ기를今番警察權을委任ᄒᆞᄂᆞᆫ事에關ᄒᆞ야一般警官은勿爲驚動ᄒᆞ고安心視務ᄒᆞ라ᄒᆞ엿다더라

◎警經歸韓 경察權을引渡ᄒᆞᆫ事에對ᄒᆞ야本年度經費ᄂᆞᆫ日本政府에豫算立款이無ᄒᆞᆫ故로我國政府預算中으로支撥ᄒᆞᆫ다더라

◎爲先陶汰 警察權이變更ᄒᆞᆫ事에對ᄒᆞ야韓日人警視以下가多數陶汰될터인ᄃᆡ京城에警視三人과各地方에七八人假量을爲先陶汰ᄒᆞᆫ다더라

◎政黨會의解散說 新任統監이赴任後에勿論何會ᄒᆞ고政黨社會ᄂᆞᆫ一幷解散된다ᄂᆞᆫ說이有ᄒᆞ다더라

◎會費支用協議 政友會員高義駿氏가再昨日午前八時頃에農大趙重應氏를訪問ᄒᆞ고會費支用에關ᄒᆞ야其方針을協議ᄒᆞ엿다더라

◎苦待新監 一進會長李容九ᄂᆞᆫ大臣一葉를囊中物로自期ᄒᆞ고日昨브터龍山江亭에前往深臥ᄒᆞ야新任統監이赴任ᄒᆞ기를苦待ᄒᆞᆫ다더라

◎演藝館婦人 總相李完用氏의子婦人任氏ᄂᆞᆫ左右侍女를多數帶同ᄒᆞ고三昨日에高等演藝館을觀覽ᄒᆞ얏다더라

◎洪家午餐 永宣君李埈鎔中樞院顧問李址鎔前判書李載克諸氏ᄂᆞᆫ再昨日宋洞前郡守洪淳潤氏家에會同ᄒᆞ야午餐會를開ᄒᆞ엿다더라

◎印紙收支團束 度支부에서京畿、忠南北、江原、黃海、平南北등各觀察使에게발訓ᄒᆞ되收入印紙매下ᄒᆞᄂᆞᆫ郡에서印紙代金收支에關ᄒᆞ야吏員을隨時派送ᄒᆞ야收支事務를團束檢查ᄒᆞ야狀況을修報케ᄒᆞ라ᄒᆞ엿다더라

◎角力參宴 日人古城民長은再昨日午後七時브터京城日本記者團을花月樓에招待ᄒᆞ고宴會를設ᄒᆞ엿ᄂᆞᆫᄃᆡ角力者常陸山도參席ᄒᆞ엿다더라

◎面長의公金携帶 平北龍川府楊西面面長빅洛表ᄂᆞᆫ本月二日에該面公納金六百圓을携帶逃去ᄒᆞ엿다더라

◎地方費要錄 內부에서地方費法關係法令要錄이라ᄂᆞᆫ冊子를발刊ᄒᆞ엿ᄂᆞᆫᄃᆡ各道觀察使及理事官에게一부式配付ᄒᆞ얏다더라

◎云有面議 平南觀察使李軫鎬氏가公務를因ᄒᆞ야ᄂᆡ부大臣에게面質ᄒᆞᆯ案件이有ᄒᆞᆷ으로再昨日에上京ᄒᆞ엿ᄂᆞᆫᄃᆡ昨日ᄂᆡ부에出頭ᄒᆞ야各局課長을訪問ᄒᆞ엿다더라

◎先渡後渡 日本留學生二十七人이三昨日에入城ᄒᆞ고또二拾五人은再昨日에入城ᄒᆞ엿다더라

◎留學生調查 憲兵司令部에서學部에交涉ᄒᆞ야韓國人으로서各國에留學ᄒᆞᄂᆞᆫ者의氏名及年齡과住所를一々調查送交ᄒᆞ라ᄒᆞ엿다더라

◎學部水道 學部에서ᄂᆞᆫ使用을便利케ᄒᆞ기爲ᄒᆞ야部內에水道를敷設ᄒᆞᄂᆞᆫ中인ᄃᆡ日間竣役된다더라

◎憲所位置視察 警視廳을憲兵分遣所라改稱ᄒᆞᆫ다ᄒᆞᆷ은已報ᄒᆞ엿거니와憲兵隊에서日昨에該位置를視察ᄒᆞ엿다더라

◎韓日配直 度支부에서ᄂᆞᆫ從來韓人官吏만輪回宿直케ᄒᆞ더니日前브터韓日官吏二人式配入宿直케ᄒᆞ엿다더라

◎廢局恩金協議 度支部臨時財產整理局에서ᄂᆞᆫ各宮導掌調查가已爲終了ᄒᆞ엿슴으로該局은日間廢止될터인ᄃᆡ一般官吏에게多少間恩賜金을支給ᄒᆞ기로協議中이라더라

◎孝烈兼至 梁山郡上西面居崔炯健氏의夫人李氏가其家君이多月辛苦ᄒᆞ다가因爲奄逝ᄒᆞᆯ時에崔氏의母親이氣塞昏倒ᄒᆞ야亦爲消命ᄒᆞᆯ境에至ᄒᆞᆷ으로李召史가斷指ᄒᆞ야其家君에게灌口ᄒᆞᆫ즉卽時回甦ᄒᆞ야呼母數聲에其母親도亦爲回甦ᄒᆞᆷ으로特異ᄒᆞᆫ孝烈이라ᄒᆞ야該郡守가內부에修報ᄒᆞ고褒賞ᄒᆞ라ᄒᆞ엿다더라

◎演社의文科 成均館長金有濟前承旨趙命熙金教獻李年夏氏등文科名士十餘人이成隊ᄒᆞ야再昨夜에寺洞演興社를觀覽ᄒᆞ엿다더라

◎社稷壇修費請願 草溪郡社稷壇의修理費七十餘圓을從速支撥ᄒᆞ라고該郡守가內部에請求ᄒᆞ엿다더라

◎水道協議 官立漢城高等學교에서ᄂᆞᆫ該校內에水道를敷設ᄒᆞ기로目하協議中이라더라

◎千圓花園 承寧府侍從李恒九氏ᄂᆞᆫ千圓資金으로ᄒᆞ야家內에林園一座를築造ᄒᆞ고各種花木을種植ᄒᆞ엿ᄂᆞᆫᄃᆡ可謂別界라ᄒᆞᆯ만ᄒᆞ다더라

◎帝社引繼 前協辦沈相翊氏가帝國신聞을引繼ᄒᆞᆫ次로該社物品을調查ᄒᆞᆷ은既報어니와沈氏가再昨日前社長鄭雲復氏와更히交涉ᄒᆞ야時急ᄒᆞᆫ社債二千餘圓을爲先報償ᄒᆞ고引繼발刊ᄒᆞ기로內定되엿ᄂᆞᆫᄃᆡ今明間契約을成立ᄒᆞᆫ다더라

◎大隆新社 拓殖社副總裁閔泳綺李載克鄭觀朝諸氏가長橋等地에大隆合資會社를設립ᄒᆞ기로資本金을募集ᄒᆞᄂᆞᆫ中이라더라

◎鄙夫의行爲 北部三清洞居皮相倫氏ᄂᆞᆫ從來家勢가不貧ᄒᆞᆫᄃᆡ財產을他處에貯置ᄒᆞ고丐乞爲業ᄒᆞ며妻子도丐乞에從事치아니ᄒᆞᆫ다고種種毆打ᄒᆞᆷ으로隣里에서該氏를逐出ᄒᆞ기로協議ᄒᆞ엿다더라

◎대東共報押收 海蔘威에서발行ᄒᆞᄂᆞᆫ대東共報第二拾七號와二拾八號ᄂᆞᆫ治安妨害라ᄒᆞ야內부에서발매頒布를禁止ᄒᆞ엿다더라

◎密淫懲治 中부警察署管內에서ᄂᆞᆫ昨日ᄭᆞ지密매淫女調查事務를終了ᄒᆞ엿슴으로將次大懲治ᄒᆞᆯ計劃이라더라

◎佛敎設校 公州郡居李重雨氏等은日前에該郡內에서佛敎會를組織ᄒᆞ고學교設立ᄒᆞᆯ事件을協議ᄒᆞ엿다더라

電報

◎伊國飛行艇隊 伊太利議會ᄂᆞᆫ飛行艇艦隊建造費로一千萬「리라」의支出案을可決ᄒᆞ얏다더라

以上東京발 廿八日着

◎法國提督의陛見 法國極東艦隊司令長官가스돌提督은昨日午前에法國大使와同伴ᄒᆞ야日皇陛下ᄭᅦ謁見ᄒᆞ엿다더라

◎暹羅公使의陛見 暹羅公使누가스다氏ᄂᆞᆫ親任狀을奉呈ᄒᆞ기爲ᄒᆞ야昨日日皇陛下ᄭᅦ陛謁ᄒᆞ엿다더라

◎陸軍省豫算編成 寺內陸軍大臣은來月에渡韓ᄒᆞ야九月에나歸國ᄒᆞᆯ터인즉豫算編成의大體方針은渡韓前에確定ᄒᆞᆯ必要가有ᄒᆞᆷ으로써方今石本次官以下各局長은時々로대臣室에參集ᄒᆞ야研究中이라더라

以上東京발 廿九日着

◢건 물 大 臣◣

▲政海茫々波濤中에一片布帆[illegible]高揭ᄒᆞ고건물大臣가독셔고[illegible]平中流迷所之라

▲虛張氣勢며手段이魚頭鬼[illegible]指揮ᄒᆞ야愚昧人民籠絡ᄒᆞᆯ제[illegible]挨椅子占據ᄒᆞᆫ다學中物노自[illegible]ᄒᆞ니李容九가건물大臣

▲宮相地位窺伺ᄒᆞ고風流遠[illegible]칭군으로暗裏運動非常ᄒᆞ나[illegible]局風波爲妨ᄒᆞᆷ가燥鬱症이成[illegible]ᄒᆞ니李址鎔이건물大臣

▲家舍典執巨額으로政友會[illegible]領率ᄒᆞ고新統監을歡迎ᄒᆞ고저[illegible]合節次準備ᄒᆞ니며意思가安[illegible]련고金宗漢이건물大臣

▲一建策은何策인고一進心[illegible]換着ᄒᆞ고合倂問題提出ᄒᆞ야[illegible]等功臣自期ᄒᆞ니來頭효勞希[illegible]인가高義駿이건물大臣

◀筆下春秋▶

▲所謂金完洙라ᄒᆞᄂᆞᆫ作者가藏花組合所를設施ᄒᆞ고日人顧問을雇聘ᄒᆞᆫ다지近日에顧問이許多ᄒᆞᆫ넌가官廳에도顧問社會에도顧問藏花所에도顧問을聘置ᄒᆞ니藏花所顧問은무ᄉᆞᆷ事務를顧問ᄒᆞᄂᆞᆫ지花債나督捧ᄒᆞᆫ지그日人을顧問이라稱號ᄒᆞᆯ것잇나日人盃방군이라ᄒᆞ지

▲近日에門外에出遊ᄒᆞᄂᆞᆫ人이有ᄒᆞ면無論某人ᄒᆞ고形事巡査를多數派送ᄒᆞ야調査를嚴密히ᄒᆞᆫ다지허豪蕩子弟들이大段히鬱火症이나겟네

▲竹洞宮夫人의還甲잔치가大段히거룩ᄒᆞ엿다지그子弟가上海風烟에家事를渾忘ᄒᆞᄂᆞᆫ데무ᄉᆞᆷ樂意가잇나그말ᄒᆞᆯ것잇나達字분만叅席ᄒᆞ엿스면樂意가잇겟지

▲警察權이引繼된後元老의行動을某處에셔注目ᄒᆞᆫ다지元老의行動을調査ᄒᆞᆯ것무엇잇나鬱沸ᄒᆞᆫ思想이有ᄒᆞᆯ가爲憂ᄒᆞ나近日에ᄂᆞᆫ私會이니무ᄉᆞᆷ會이니ᄒᆞᄂᆞᆫ各色을設立ᄒᆞ고阿附ᄒᆞᄂᆞᆫ情態와附隨ᄒᆞᆫ行爲가他人보다더甚ᄒᆞᆫ걸

▲皿洞順學橋內에居ᄒᆞᄂᆞᆫ李姓女가密賣淫으로爲業ᄒᆞᄂᆞᆫ데渠의男兒이巡査로在勤ᄒᆞ니誰가調査ᄒᆞ리오ᄒᆞ고誇張ᄒᆞᆫ다니그러ᄒᆞᆫ매淫女에게ᄂᆞᆫ調査令도쓸데업지

廣告

本人의草家十二間文券을不知中셔失이온바尹學順處에放賣ᄒᆞ오니內外國人間照亮ᄒᆞᆷ 西江坊新水鐵里八통九戶張世亨

本人에子河凝이性本浮浪ᄒᆞ야欺人請債ᄒᆞᆯ慮가有ᄒᆞᆫ즉今留京이오니內外國人間見欺勿ᄒᆞᆷ 果川郡下西面民伯里李鍌澤白

本人의所有東部成均館契崇敎坊泮洞果木田一日半耕舊文券九張과道德洞菜麻田一日耕舊七張과北部延禧宮契延禧坊四통九戶草家九間版刻文券一張不知中셔失故玆廣告ᄒᆞ니誰某拾得이라도休紙施行ᄒᆞᆷ 東部泮洞十六통八戶李明薰白

本人의所有ᄒᆞᆫ田畓이在於楊州郡둔夜新村이옵더니安氏가京泥峴日本人山崎鹿藏에게典當ᄒᆞ왓다가還退ᄒᆞ야趁時京南部寫字洞朴秉祜에게賣渡ᄒᆞ왓시니內外國人은知悉ᄒᆞ심을望ᄒᆞᆷ 京北部玉洞居安善鎬 告白

本人의傳來耕食ᄒᆞ든京畿道長湍郡西道面上里所在畓五石三斗落只이와田七日耕文卷을並ᄒᆞ여不知中셔失ᄒᆞ왓ᄉᆞᆸ기玆以廣布ᄒᆞ오니誰某間拾得ᄒᆞ와셔도休紙로認定ᄒᆞᆷ 黃海道瑞興郡新幕여前居 朴致務母 金召史 告白

本人의所有蘆田이金海郡菉島와於于叔島에在ᄒᆞᆫ데世傳文券六張과証明次測圖四張을并셔失이기廣告ᄒᆞ오니或有暗賣者여든內外國人間切勿見欺ᄒᆞᆷ 京中部勳洞十二統一戶趙命九

民刑訴訟의委任에應ᄒᆞᆷ
辯護士 洪在祺
本事務所 京城中部大笠洞
出張所 平壤郡南門通

本藥局에셔業務를大擴張ᄒᆞ고勿論親疎間掌記及居住만通知ᄒᆞ면擇品廉價ᄒᆞ야郵便小包로卽速付送ᄒᆞ고代金은引換ᄒᆞᆯ것ᄉᆞᆸ
京城南部銅峴九十五統十戶
乾材藥局
崔興模

貴報國文報第四卷八百九十六號學界欄內에均明學校困難이란問題에對ᄒᆞ야辨明ᄒᆞᆷ이如左ᄒᆞᆷ 朴允善은曾經本校任員으로創設時에義務金도納ᄒᆞ엿쓸뿐不啻라本校事務에對ᄒᆞ야勞苦도無ᄒᆞ다고謂치못ᄒᆞᆯ者ㅣ러니客年分에第三回自擔ᄒᆞᆫ義務金을從朔値給ᄒᆞ다가一箇月愆期로因ᄒᆞ야校員諸氏가率羣作黨ᄒᆞ야暮夜에近百名이突出ᄒᆞ야本人에母親을捆致而圍繞成立ᄒᆞ야威혁恐喝이無數而門外에板子로掛鐵코자ᄒᆞ며家産什物을勒執코자ᄒᆞᄂᆞᆫ故로本人에母親이萬般哀乞ᄒᆞ야卒地에分銅이無ᄒᆞᆫ故로手標一張으로勒成而去라本人이自外而入ᄒᆞ야聞而想來ᄒᆞ니當々ᄒᆞᆫ義務金을如是勒捧이萬々不可ᄒᆞᆯ뿐同員에母親을如是恐喝ᄒᆞ니尤極駭嘆이요同僚ᄂᆞᆫ勿論ᄒᆞ고同隣에如是ᄒᆞ거든況同胞를敎導ᄒᆞᆫ다고敢稱ᄒᆞ리요以故로本人이憤怨을不勝ᄒᆞ야事當提布於報館이요提訴於法庭이로ᄃᆡ忍而不忍ᄒᆞ야諸氏에悔過를惟日望之러니不意今者에彼反誣搆於貴報ᄒᆞ야使此本人등으로一世이唾를受케ᄒᆞ니嗚呼라是可忍也온孰不可忍也리오余將辨護에委任ᄒᆞ야裁判을請ᄒᆞᆯ겟기玆에廣告ᄒᆞᆷ 西部萬里峴坪村第一百四十二統六戶 朴允善 辨白

本人의從伯慶洙氏가本人歸家ᄒᆞᆷ을不知ᄒᆞ고方爲出他尋訪中이오니誰某氏든지該氏逢着ᄒᆞ시면訊速旋家케ᄒᆞ심을伏望 寧邊獨山面花田里池榮洙白

(張志淵)(服部暢)(大垣丈夫) 序文
鄭雲復 著述
學部檢定

日語大成

洋裝一部 定價金壹圓
半洋一部 定價金八十五錢

此書前名은獨習日語正則이온바數年來로愛讀者多ᄒᆞ와三版발行ᄒᆞ왓ᄉᆞ오나其間乏絶되왓ᄉᆞᆸ고敎科書에完全치못ᄒᆞᆷ으로因ᄒᆞ와這間自學部로完全케精密檢定ᄒᆞ와高等敎育日語科學員用敎科書로檢定되온바獨習에倍前一層평易ᄒᆞᆸ고日語高等敎科書에適當ᄒᆞᆫ良書이오니江湖僉君子ᄂᆞᆫ速々講覽ᄒᆞ시와未及之歎이無케ᄒᆞ시옵

發行兼元賣所
中部布屛下卅七統六戶
廣學書舖 金相萬

分賣所
中部勝洞禮拜堂前 東洋書院
中部洞口 中央書舘
京鄕各書舖

蔘茸唐草藥材廉價大發賣

特別廣告

本店에셔開業三十餘年에 僉君子의愛顧ᄒᆞ심을蒙ᄒᆞ와營業이發展ᄒᆞ옵ᄂᆞᆫ바今에盛意를報答키爲ᄒᆞ야業務를一層擴張ᄒᆞ옵고良好ᄒᆞᆫ蔘茸唐草藥材를內地와外國으로셔多數히直輸入ᄒᆞ와特別廉價로都賣散賣에信實히酬應ᄒᆞ오며地方에셔請求ᄒᆞ시ᄂᆞᆫ데對ᄒᆞ야ᄂᆞᆫ多小를不拘ᄒᆞ옵고郵便小包ᄂᆞᆫ運送部로訊速히付呈ᄒᆞ오되代金은引換으로ᄒᆞᆯ것ᄉᆞ오니京鄕僉君子ᄂᆞᆫ益益請求ᄒᆞ심을望ᄒᆞᆷ

但地方에셔請求ᄒᆞ시ᄂᆞᆫ妙法

金一錢五厘를費ᄒᆞ시고一枚에葉書를使用ᄒᆞ사住所氏名과掌記를錄送ᄒᆞ시면[illegible]히遠路의跋涉과往返의旅費를要치아니시고本店에最良好ᄒᆞᆫ上品藥材를完全[illegible]買用ᄒᆞ실더이외다

京城南部銅峴三十五統三戶
蔘茸唐草藥材直輸入商
乾材藥局
崔聖弼 告白

特別廣告

本人이大韓每日申報社에셔會計의任을辭免退社ᄒᆞ온바財政上에未勘ᄒᆞᆫ條件이有ᄒᆞ신이ᄂᆞᆫ一朔以內로通奇ᄒᆞ시옵
隆熙四年六月廿五日
京城西部西大門外新橋八拾九統四戶
林蚩正 白

本會學報十三號의治安妨害로押收된事實은各新聞에依ᄒᆞ야僉君子의諒存ᄒᆞ신바어니와日本警視廳으로셔時事揭載ᄒᆞᄂᆞᆫ製裁로保證金千圓을納ᄒᆞ기ᄭᅡ지發行停止를當ᄒᆞ엿ᄂᆞᆫ故로不得已ᄒᆞ야該額準納ᄒᆞ기ᄭᅡ지停刊ᄒᆞ오니本報를愛讀ᄒᆞ시ᄂᆞᆫ僉君子ᄂᆞᆫ諒存爲要
在日本東京
大韓興學會 告白

紙物貿易에迅速

(廣告文)

弊店에셔各種紙物을直輸入ᄒᆞ와地方[illegible]開業ᄒᆞᆫ 僉位와其他 僉彦에게特別廉[illegible]減價로酬應ᄒᆞ겟사오니不拘多小ᄒᆞ시고[illegible]文ᄒᆞ시면郵便小包와運送部로經過ᄒᆞ야迅速히付呈ᄒᆞ깃ᄉᆞᆸ
物價表와品錄書ᄂᆞᆫ無料로付呈ᄒᆞᆸ
品高價低에爲主ᄒᆞᆷ

內外國紙物大發賣

(品目略錄)

●壯紙、油壯板紙、窓戶紙、白紙、塗비洋紙、書畵各種紙、天井紙、古查紙、印札紙、半紙、美濃紙、製圖紙、紙、封套紙、其他學校用品筆墨各種具備

本店 漢城鍾路大廣橋 紙物舖 金聖煥 電話 一千二百八十番
支店 漢城北部安洞別宮前

廣告

惟我 始祖侍中公降生遺址見聖菴局內에東岡公(相愚)葬가在ᄒᆞ나山坂諸麓은爲 侍中公子孫者의公同所有로千餘年守護인바今에東岡子孫秉承이가其祀孫東昔을綢繆ᄒᆞ야見聖암局內를自意定界ᄒᆞ야占奪ᄒᆞᆫ計로山坂管理ᄒᆞ는時有司를裁判所에起訴ᄒᆞ엿슨즉此ᄂᆞᆫ後孫이始祖를起訴ᄒᆞᆷ과如ᄒᆞ니曉倫敗常ᄒᆞᆫ悖變이無有過此라該山坂의所有權이共存ᄒᆞᆷ惟我 侍中公後裔京鄕各派ᄂᆞᆫ 僉亮ᄒᆞ시옵

豐壤趙氏京宗中 告白

學部檢定 內部認可 **漢文初學** 一帙四冊(每一冊十四錢)

本書ᄂᆞᆫ一般私立學校初等敎育漢文科에適當케編纂ᄒᆞᆫ온新刊發行이오며其他各種新書籍及學徒用品이俱備온바特別割引ᄒᆞ와一依請求ᄒᆞ심을酬應ᄒᆞ오며郵便과或運送部로迅速히付呈ᄒᆞ깃ᄉᆞ오니學界에注意하시ᄂᆞᆫ京鄕僉位ᄂᆞᆫ愛顧ᄒᆞ심을務望

元賣所京南部學洞十七統十戶 **廣文堂書舖 南鴻祐**

分賣所京鄕各有名書舖

崔徹 告白

本月九日에本人의正字姓名章을本邑內에셔遺失ᄒᆞᆫ기廣告ᄒᆞᆷ 宜川郡農建里古陽洞 李鳳觀

崔台植名字를改以徹ᄒᆞ오니知舊間照亮ᄒᆞᆷ을敬要

京西部車洞同和藥房 本國材로洋製ᄒᆞᆫ官許 引蘇丸이消滯止泄滅毒ᄒᆞ고付屬ᄒᆞᆫ八十餘種俱備大發行ᄒᆞ오 閔 告白

●共愛堂大藥房製造各種藥品發行表

壯陽復元丹 此藥專治腦弱、肺弱、房事色傷、心腎虛弱、遺精多夢、陽위不起、病後虛弱、不下飮食、先天不足、眩暉頭등 壹週分壹圓 四週分三圓四拾錢 等症에並妙効가有ᄒᆞᆷ 二週分壹圓八拾錢 八週分六圓四拾錢

虔修靈丹 壹般체症、胃腹등消化不良、心神鬱悶、船훈、酒醉、化담、止회、口熱惡臭、食慾不振등症에並神効

眼科聖藥 清眼水 壹般眼疾、時行眼疾、風熱眼疾、雀目、流淚、眼內紅、翳膜等에 揚雲見天之妙(壹瓶金拾錢)

鮮하至寶丸 專治허疾、卽氣虛하、遠年長하、一日二日학、雖難治之학이라도永々거근ᄒᆞᆷ 壹包金拾錢

皮膚神藥 靈效液 特治皮膚、疥癬、옴、皮風、諸般痒疹、두두러기、옷올넌데다神効ᄒᆞᆷ 壹瓶금三拾錢

五淋專治 通淋丸 急慢淋疾、赤비帶下、방광炎症、더炎皮濃漏外他淋毒性諸症에신效ᄒᆞᆷ 壹제금五拾錢

梅毒妙効 神應丹 楊梅瘡에壹期二期三期를勿問ᄒᆞ고確實이有效、連珠瘡下疳瘡等에幷效 壹제金三圓

腹학신藥 清脾丸 喘治小兒壹般腹학、面黃、屎靑、左脇벌腹에大有奇效ᄒᆞᆷ 一匣金五拾錢

久체神効 養胃散 通治經久滯積、呑酸吐사、霍亂、胃腹등大便不順等症에奏効如神 壹貼금十五錢

治痰鎭咳丸 專治大人히소、喘息、담結등症에妙 三日分一包금卅錢

特冒感효 消熱散 勿論四時傷寒感冒、咽喉疼등、寒熱往來肢節등、似非학등症有效 壹貼금拾錢

耳病신효 清耳液 專治耳中鼓膜炎、內外聽道炎、耳中灼熱疼소癢、濃液流出等症有效 一瓶금十錢

百貼百應 妙妙膏 風寒濕痺、胸肩背에牽引疼등、腰膝脚되酸등無力、骨節등등症에如神 금卄五錢

奏효如신 能治膏 各種腫瘍、小兒胎毒、부스럼濕腫、生新에並신효 一包금拾錢

大腫拔根膏 大小腫에根째는약 價금拾錢

鮮凝膏 멍울삭히는약 價금拾錢

寸虫去根藥 價금卄錢

齒痛水 충치風치신효 價금七錢五厘

鷄眼膏 티눈빼는약 금拾錢

汗斑水 어루럭니약 금十錢

止泄丸 레泄暑泄신효 價금拾五錢

痢疾藥 赤빅痢에신효 價금拾五錢

各種上等金雞納 東西洋有名賣藥 乾材都賣散賣其他各種藥이具備ᄒᆞ오니請求를依ᄒᆞ야小包로酬應ᄒᆞ깃숩

發行所 皇城南部大廣橋十九統七戶

共愛堂大藥房主 朴容桓 告白

◉特別廣告

○大韓全國藥品總發行所 京城鍾路和平堂大藥房

官登錄 許認可

(健胃消滯) **八寶丹** (主治効能)

新舊積체 急헙關格 霍亂吐사 頭痛眩운 運氣癘疫 預防妙藥

▲本堂에셔特히製調發賣ᄒᆞᄂᆞᆫ藥品五十餘種과漢城內各藥房에셔新發明ᄒᆞᆫ藥品도俱備ᄒᆞᆫ外에今日醫家에셔最大數常用ᄒᆞᄂᆞᆫ獨逸製藥品과其他日本製藥品各種與韓唐草材를直輸入ᄒᆞ야最低廉價로發賣ᄒᆞ오되地方에셔藥品을注文ᄒᆞᄂᆞᆫ境遇에ᄂᆞᆫ郵便小包로訊速付送ᄒᆞᆷ

▲本堂附屬醫院에ᄂᆞᆫ學術과實驗이最著名ᄒᆞᆫ醫士를延聘ᄒᆞ야患者의內外科를勿論ᄒᆞ고精確히診察ᄒᆞ야施療ᄒᆞᄂᆞᆫ中或外方에셔病의症候만錄送ᄒᆞ시면其病에適應ᄒᆞ도록製藥ᄒᆞ와郵便으로即時送呈ᄒᆞᆷ

▲本堂의支店과代理店이我國境內에多數設立ᄒᆞᆫ中以後外方에셔支店과代理店을請求ᄒᆞᄂᆞᆫ同時에[illegible]은依例送呈ᄒᆞ려니와其他本舖細則도並送ᄒᆞᆷ

▲本堂에셔ᄂᆞᆫ特히漢城內醫藥界와[illegible]各社會와各官廳을連絡ᄒᆞ와藥品발展上便利키爲ᄒᆞ야[illegible]ᄒᆞ엿ᄉᆞ오니誰某시든지藥品을電話로請求ᄒᆞ시면[illegible]入送呈ᄒᆞᆷ

京城鍾路和平堂大藥房本舖

主任 李[illegible]善

電話番號

電話 壹六九七番

電畧話 (화)(ᄀᆞ)

◉特別廣告

◉大韓全國에은本堂製造發行ᄒᆞᄂᆞᆫ藥品

消化新藥 清心保命丹 此丹은化痰止咳ᄒᆞ고順氣消[illegible]ᄒᆞ며恒常長服ᄒᆞ면腸胃가健[illegible] 大補元氣ᄒᆞ고滋腎健腦ᄒᆞ며[illegible]天不足과陽위不起에一切[illegible]

蛔積殺虫散 此약은회[illegible]회虫[illegible]切을去根ᄒᆞᄂᆞᆫ良劑

久滯大通丸 此丸은年久[illegible]積滯後[illegible]며胃腹病에神効莫大ᄒᆞᆷ

梅花點膏 毋論男女ᄒᆞ고[illegible]病楊[illegible]一切去根快復ᄒᆞᄂᆞᆫ良藥

眼疾速効 光明眼藥 諸般眼疾에[illegible]症皆差ᄒᆞᄂᆞᆫ東[illegible]에初有ᄒᆞᆫ寶藥

回生丹 此丹은急ᄒᆞᆫ吐瀉關格이며가[illegible]아리와[illegible]痢疾에神効

感氣神効 解熱散 寒熱往來ᄒᆞ며似학非학과頭[illegible]眩暈와肢節痛에其効가偉大

耳鼻靈藥 耳鼻神藥 無論男女ᄒᆞ고耳聾鼻塞이며[illegible]鼻에關ᄒᆞᆫ病은隨症並差

疝症根 疝積湯 諸般산症에大談出寶ᄒᆞᆷ

티눈과못 拔根藥 티눈과못과ᄉᆞ마귀를빼ᄂᆞᆫ藥

止足汗臭藥 手足의汗臭를除却ᄒᆞᄂᆞᆫ藥

去核生新 沃度膏 瘰瘡과腐傷과곰셍티去核生[illegible]ᄒᆞ기ᄂᆞᆫ第一著明

最新良段 百應膏 無論男女老幼ᄒᆞ고[illegible]瘡瘤[illegible]諸般腫瘡에壹切特效가有[illegible]

淋疾藥各種 淋疾各症에壹週日만服ᄒᆞ면[illegible]根快復ᄒᆞ고腎氣가完全ᄒᆞᆷ

其他洋[illegible]各種과●賣藥各種●都매散賣

●遠地에ᄂᆞᆫ郵便小包로申速酬應ᄒᆞᆷ

漢城南大門內濟生堂大藥房 李庚鳳

代辦主任 李興國 白

電話 壹七二八番

電略 (제)乂(卄1)

◉牧使選舍 來日曜日에東大[illegible] 相[illegible]氏가작蠶實地에從事ᄒᆞᆫ지[illegible] 晦日브터製종을始作ᄒᆞ다더라 設立치못ᄒᆞ더니今番에日本畜[illegible] ◉嫌義被捉 長湍郡下[illegible]面[illegible] 押上ᄒᆞ다더라 ◉[illegible] 不服申訴ᄒᆞ엿다더라 ◉何事被捉 [illegible]洞居朴生[illegible]氏

光武九年八月拾壹日 第三種郵便物認可 金曜日 西曆壹千九百拾年七月一日

檀君開國四千二百四十三年
大韓開國五百十九年
本報創刊日 光武八年七月十八日

大韓每日申報

第八卷 月曜及節日時休刊 第壹千四百卄三號

發行兼編輯人 李章薰
발行所 京城中部布廛屛門二宮街 大韓每日申報社

論說

少年의 韓國

我韓의 建國ᄒᆞᆫ 歷史를 溯考ᄒᆞ면 檀箕以後로 三韓과 新羅와 高麗를 經ᄒᆞ야 四千餘年에 至ᄒᆞ엿스니 可히 老大ᄒᆞᆫ 國이라 謂ᄒᆞᆯ지나 氣數가 忽變ᄒᆞ고 風潮가 已新ᄒᆞ니 舊日의 習慣을 掃除ᄒᆞ고 新鮮ᄒᆞᆫ 文化를 導迎ᄒᆞ면 墜落ᄒᆞᆫ 民志도 可히 喚醒ᄒᆞᆯ 것이오 微弱ᄒᆞᆫ 國力도 可히 挽回ᄒᆞᆯ지니 此가 卽 少年을 幻作ᄒᆞᄂᆞᆫ 時代로다

將來에 少年大韓을 變作ᄒᆞ면 乃是 少年의 新來ᄒᆞᄂᆞᆫ 世界라 家屋을 修治ᄒᆞᆷ과 如ᄒᆞ야 棟량에 腐敗ᄒᆞᆫ 者ᄂᆞᆫ 革去ᄒᆞ고 椽樟新材로 梓人이 執尺ᄒᆞ고 繩墨을 更施ᄒᆞ야 傾榛이 已整ᄒᆞ고 頹壁을 更修ᄒᆞ야 窓櫳也ㅣ 已潔ᄒᆞ고 庭廡也ㅣ 已治ᄒᆞ면 前日에 老人屋子를 今日에 少年屋子라 ᄒᆞᆯ지니 老大ᄒᆞᆫ 國을 治平ᄒᆞ려면 誰가 梓人의 繩墨을 持ᄒᆞ리오 其責任은 政府에 在ᄒᆞ다 ᄒᆞᆯ지나 斧斤이 已鈍ᄒᆞ고 規矩를 亦失ᄒᆞ야 傾者로 愈傾케 ᄒᆞ고 頹者로 愈頹케 ᄒᆞ야 毁破ᄒᆞᆯ 境遇에 至ᄒᆞ엿슴으로 歐西人이 我韓을 老大ᄒᆞᆫ 國으로 指稱ᄒᆞ엿스니 政府에서 我韓을 老大케 ᄒᆞᆷ이로다

內外官吏가 五官이 不備ᄒᆞ야 其眼이 盲ᄒᆞ고 其耳가 聾ᄒᆞ고 其手가 顫ᄒᆞ고 其足이 跛ᄒᆞ고 否則 半身을 不遂ᄒᆞ야 一身의 飮食步履 視聽言動이 自由를 不得ᄒᆞ고 前後左右에 賴人扶持ᄒᆞ니 如此ᄒᆞᆫ 人을 國事로 責ᄒᆞ면 數箇木偶로 天下를 治ᄒᆞᆷ과 奚異ᄒᆞ리오

且彼輩ᄂᆞᆫ 自其少壯ᄒᆞᆫ 時로 腦髓가 已涸ᄒᆞ고 血管이 已塞ᄒᆞ며 氣息이 奄々에 與鬼爲隣ᄒᆞᆯ 時를 當ᄒᆞ야 二千里山河와 二千萬人命 [illegible] 에 讓十畝ᄒᆞ고 今日에 讓百畝ᄒᆞ야 處々에 鳥鼠가 侵ᄒᆞ고 夜々에 鷄犬이 驚ᄒᆞ야 十三道土地財產이 他人懷中의 物을 作ᄒᆞ엿스니 二千萬의 父兄子弟가 他人의 指使에 在ᄒᆞ엿슨즉 此所謂 老大嫁作商人婦者耶아

馬志尼ᄂᆞᆫ 意太利國 三傑의 魁라 國事로 罪를 被ᄒᆞ야 異邦에 逃竄ᄒᆞ엿슨ᄃᆡ 一會를 創立ᄒᆞ고 名ᄒᆞ야 曰 少年意太利라 ᄒᆞ매 舉國志士가 雲과 如히 湧ᄒᆞ고 霧와 如히 集ᄒᆞ여 影響이 相應ᄒᆞ야 舊物을 光復ᄒᆞ니 意太利가 歐洲에 第一雄邦이 되엿스니 夫 意太利라 ᄒᆞᄂᆞᆫ 者ᄂᆞᆫ 歐洲에 第一 老大ᄒᆞᆫ 國으로 羅馬가 亡ᄒᆞᆫ 後에 土地ᄂᆞᆫ 敎皇의 게 歸ᄒᆞ고 政權은 墺國에 歸ᄒᆞ엿슨즉 七拾老翁이 濱死에 至ᄒᆞ엿다가 一馬志尼를 得ᄒᆞ야 一國으로 少年을 作케 ᄒᆞ엿거든 況我韓이 少年時代에 在ᄒᆞ야 堂々ᄒᆞᆫ 八域疆土와 凜々ᄒᆞᆫ 數千萬國民으로 엇지 一馬志尼가 無ᄒᆞ리오 國의 老少를 言코져 ᄒᆞᆯ진ᄃᆡ 人의 老少를 先言ᄒᆞ나니 年老ᄒᆞᆫ 人은 旣往을 常思ᄒᆞ고 年少ᄒᆞᆫ 人은 將來를 常思ᄒᆞ야 其心也ㅣ 留戀ᄒᆞ고 其心也ㅣ 希望ᄒᆞ야 留戀ᄒᆞᄂᆞᆫ 者ᄂᆞᆫ 保守ᄒᆞ고 希望ᄒᆞᄂᆞᆫ 者ᄂᆞᆫ 進取ᄒᆞᄂᆞ니 惟我同胞ᄂᆞᆫ 進取를 日新ᄒᆞ야 少年의 國을 作ᄒᆞᆯ지어다

官報

◎第四千七百十八號
隆熙四年 六月三十日(木曜)

叙任及辭令

○六月十八日 佐澤定二 任土地調査局技手叙判任官四등

○六月二十一日 崔泳仲 任郡主事叙判任官四等 故淳창郡守李建鎔 贈從二品嘉善大夫奎章閣提學 故學生李載範 贈正三品通政大夫李章閣副提學 故新寧縣監李奎應 贈從三品通訓大夫奎章閣直閣 以上從二品嘉善大夫淸豊君李海昇本生考祖考會祖考依法典追贈(以上六月二十五日宮內府)

府主事張宗植 依願免本官(六月二拾二日內部)

外報

◎速開請願退却 北京來電을 據ᄒᆞᆫ즉 淸國會議政務處ᄂᆞᆫ 大臣을 召集ᄒᆞ야 御前會議를 開ᄒᆞᆫ 結果로 去月二十七日에 如左히 上諭가 有ᄒᆞ엿다더라 代表者의 請願은 再히 退却ᄒᆞ노라 各代表者의 請願ᄒᆞᆫ 國會速開의 事ᄂᆞᆫ 前者 請願ᄒᆞᆫ 際에 明白히 九年의 預備를 經ᄒᆞ야 國民의 程度발達을 待ᄒᆞᆫ 后 開會ᄒᆞᆯ 意로 懇諭ᄒᆞ얏거니와 我臣民은 徒히 虛名에 鶩ᄒᆞ야 將來의 實行을 慮치 勿ᄒᆞᆯ라 朕은 本年에 各省의 官吏를 派遣ᄒᆞ야 考察ᄒᆞᆫ바ㅣ 有ᄒᆞ고 또 二十七日에 各部大臣을 召ᄒᆞ야 諮訊ᄒᆞᆫ 事有ᄒᆞ나 國會開會의 準備가 아즉 完全치 못ᄒᆞᆫ 자라 朕은 先朝의 遺託을 享ᄒᆞ고 臣民의 志願ᄒᆞᆷ을 思ᄒᆞ야 一日이라도 速히 國會의 成立을 希望ᄒᆞ나 唯 緩急先后의 關係를 誤ᄒᆞᆯ가 念慮ᄒᆞ노라 夫 國會ᄂᆞᆫ 立法參與의 一機關而已오 政治民福의 完全을 期치 못ᄒᆞᆯ지라 且 現今 財政이 窮乏ᄒᆞ고 地方騷亂이 不息ᄒᆞ야 憲政前程에 對ᄒᆞ야 憂ᄒᆞᆫ바 多ᄒᆞᆫ지라 然ᄒᆞ나 朝廷은 專心으로 治를 圖ᄒᆞ고 民을 撫育ᄒᆞᆷ은 汝臣民等의 諒知ᄒᆞᄂᆞᆫ바오 또 本年에 資政院을 開ᄒᆞ니 此ㅣ 國會의 基礎뿐아니라 議會의 精神을 養ᄒᆞᆷ에 足ᄒᆞ니 汝各代表者ᄂᆞᆫ 九年의 籌備를 待ᄒᆞ고 更히 請願치 勿ᄒᆞ라 玆에 上諭ᄒᆞ노라

◎物貨排斥의 激烈 倫敦來電을 據ᄒᆞᆫ즉 土耳其에서ᄂᆞᆫ 希臘商品을 激烈히 排斥ᄒᆞᄂᆞᆫᄃᆡ 或 其他 外國의 滊船도 入港ᄒᆞᆯ 際에 困厄이 有ᄒᆞᆷ으로 土國駐剳英、法、露 諸大使ᄂᆞᆫ 自己國滊船의 困厄ᄒᆞᆷ을 因ᄒᆞ야 土國政府에 對ᄒᆞ야 注意를 喚起ᄒᆞ엿ᄂᆞᆫᄃᆡ 土耳其首相은 人民의 行動에 對ᄒᆞ야 干涉키 不能ᄒᆞ다고 回答ᄒᆞ엿고 또 同首相은 希臘公使를 向ᄒᆞ야 萬一 希臘이 依然히 戰備를 ᄒᆞ면 其結果ᄂᆞᆫ 容易치 안타ᄒᆞ고 希臘政府ᄂᆞᆫ 公式의 通牒으로써 土國의 物貨排斥에 對ᄒᆞ야 抗議를 申出ᄒᆞ얏다더라

◎謀殺將校의 處刑 伯林來電을 據ᄒᆞᆫ즉 墺國參謀本部將校를 殺害ᄒᆞᆷ 目的으로 毒藥을 郵送ᄒᆞᆫ 中尉「허푸리델」은 昨年에 死刑의 宣告를 受ᄒᆞ얏다가 今番에 二十年의 禁錮에 減刑되얏다더라

◎七千年前의 寶物 南美인듸쓰山脈西方짐가나谿谷에 有ᄒᆞᆫ 古代墓地를 堀ᄒᆞ야 寶物노 造ᄒᆞᆫ 巧美의 人形이 多出ᄒᆞ얏ᄂᆞᆫᄃᆡ 人類學者의 說을 據ᄒᆞᆫ則 此ᄂᆞᆫ 小不下 基督紀元五千年以前 卽 自今 七千年前에 製造ᄒᆞᆫ 物이라ᄒᆞ니 南美에ᄂᆞᆫ 七千年前에 文明國이 已有ᄒᆞᆫ 事를 確測ᄒᆞ겟다더라

◎英國海軍演習 타임쓰新聞을 據ᄒᆞᆫ즉 英國海軍大演習은 本月四日브터 開始ᄒᆞ야 三週間을 行ᄒᆞᆯ터인ᄃᆡ 該演習에 參加ᄒᆞᆯ 軍艦은 戰鬪艦四十四隻、甲裝及保護巡洋艦五十六隻、驅逐艦百十九隻、潛航艇六十隻、水雷艇八拾五隻、總計四百一隻이라더라

社告

本社位置를 本月九日에 京城中部布廛屛門二宮街 二層洋屋으로 移設ᄒᆞ엿ᄉᆞ오니 本報를 愛讀ᄒᆞ시ᄂᆞᆫ 僉君子ᄂᆞᆫ 照亮ᄒᆞ심을 望ᄒᆞᆷ

大韓每日申報社

雜報

◎法律如是乎 中部校洞居 前郡守閔泳琪氏의 妾에 家越房에 寄宿ᄒᆞᄂᆞᆫ 公州郡居 金某ᄂᆞᆫ 目下 法律學校學員인ᄃᆡ 該家主女와 和奸으로 同樂ᄒᆞ더니 三昨夜에 男女가 所着衣服을 越房에 脫棄ᄒᆞ고 內房에서 同枕ᄒᆞ엿ᄂᆞᆫᄃᆡ 兩襲衣服이 不知去處인 故로 自然 情跡이 발現ᄒᆞ야 一場風波가 起ᄒᆞ얏다더라

◎役夫重傷 神宮敬義會에서ᄂᆞᆫ 會館을 新建築ᄒᆞ기 爲ᄒᆞ야 北廟를 毁撤ᄒᆞ다가 日前 役夫一名이 跌倒重傷ᄒᆞ엿슴으로 目下 大韓醫院에서 治療中인ᄃᆡ 生死를 未分이라더라

世界歷史

兵制의 變化

火器ᄂᆞᆫ 歐洲에 在ᄒᆞ야ᄂᆞᆫ 第十二世紀에 英國의 一僧(로거쌔콘)이 火藥을 發明ᄒᆞ고 一千一百三十年頃에 日耳曼의 僧(쉬완스)가 戰陣에 使用케 ᄒᆞ엿스나 亞細亞洲에ᄂᆞᆫ 支那人이 古代브터 이믜 使用ᄒᆞ며 亞拉比亞人은 十字軍의 時에 火藥을 管中에 裝入ᄒᆞ야 戰鬪에 用ᄒᆞ고 大砲ᄂᆞᆫ 一千二百二十三年에(셔라나싸)의 설탄(새사)를 攻圍ᄒᆞᆯ 時에 始用ᄒᆞ야 漸次로 歐洲諸國에 傳播ᄒᆞ니 其初ᄂᆞᆫ 石으로써 砲를 作ᄒᆞ고 牛로써 挽引케 ᄒᆞ야 急速히 運용치 못ᄒᆞ더니 是後에 改良을 稍加ᄒᆞ야 眞鍮製의 攻城砲를 製造ᄒᆞ니라 銃은 雖대砲와 共히 使用ᄒᆞ엿스나 其발達은 甚히 遲緩ᄒᆞ니 其初ᄂᆞᆫ 短銃의 後에 斧를 附ᄒᆞ고 第十五世紀初에 逮至ᄒᆞ야 長銃의 발明이 始有ᄒᆞᄃᆡ 尙且 火繩銃으로 導火ᄒᆞ고 雷管의 使用이 未有ᄒᆞ니라

當時 瑞西人은 勇悍善戰ᄒᆞᆷ으로 歐洲諸國은 互相爭募ᄒᆞ야 其兵을 以作ᄒᆞ더니 第拾五世紀初에 日耳曼(막시부니안)이 獨國의 市民農夫를 招募訓鍊ᄒᆞ야 瑞西人과 如히 長槍과 大刀를 使用ᄒᆞ야 戰鬪에 從事케 ᄒᆞᆫ 則 諸國의 君主ᄂᆞᆫ 又 日耳曼帝를 효倣ᄒᆞ야 雇兵制度가 歐洲에 一般通行ᄒᆞ야 兵制가 面目을 一變ᄒᆞ야 封建制度의 廢絶을 催促ᄒᆞ니라

(未完)

詞藻

❀箕星精❀ 梅坡生

剪伐桑陰蠹未成 賣身蚕食意難平 今雖葉脫根猶在 卽到春風復발生

評曰 頗有野火吹還生底意 以嬴秦之斧無如之何

社告

三和港支社員裵亨湜氏辭免ᄒᆞᆫ 代에 該港碑石洞李元淳氏로 擇定ᄒᆞ엿스니 該附近地에서 本申報購覽諸氏ᄂᆞᆫ 李元淳氏와 交涉ᄒᆞ시옵

大韓每日申報社

廣告

◎故裵說氏墓碣費義捐金廣告 第七回

金仁克 壹圓　리鶴鳳 一圓
金麟煥 壹圓　無名氏 貳圓

宮廷報

◎下賜銀瓶 大皇帝陛下ᄭᅴ옵셔前內部岡次官에게銀製花瓶을下賜ᄒᆞ시려고美術品工場에委托製造ᄒᆞᄂᆞᆫ中이라더라

◎陛見兩闕 總相李完用氏ᄂᆞᆫ昨日下午二時에德壽、昌德兩宮에陛見ᄒᆞ엿다더라

◎陛見德宮 宮相閔丙奭氏ᄂᆞᆫ再昨日下午三時德壽宮에陛見ᄒᆞ엿다더라

雜報

◎因勞未叅 總理大臣李完用氏가昨日內閣木曜例會에叅席ᄒᆞ려다가困勞ᄒᆞᆷ을因ᄒᆞ야出席치못ᄒᆞ엿고 大皇帝 太皇帝兩陛下ᄭᅴ今明間陛見ᄒᆞᆫ다더라

◎岡內次辭陛說 前內部岡次官은新次官이到任後에ᄂᆞᆫ卽時歸國ᄒᆞᆯ豫定이라ᄂᆞᆫᄃᆡ今明間에 大皇帝 太皇帝兩陛下ᄭᅴ辭陛ᄒᆞᆫ다더라

◎密議密探 總理大臣李完用氏가上京ᄒᆞ던日에各大臣이該私邸에셔密議ᄒᆞ엿다ᄂᆞᆫ事가有ᄒᆞ다ᄒᆞ야某某處에셔其密議의內容을探知ᄒᆞᄂᆞᆫ中이라더라

◎宮大運動 侍從院卿尹德榮氏ᄂᆞᆫ宮內府大臣을圖得ᄒᆞᆯ次로該府次官小宮三保松과頻々交涉ᄒᆞᆫ다더라

◎一視三部의請免 警視廳官吏가陶汰된다ᄒᆞᆷ은一般知了ᄒᆞᄂᆞᆫ바어니와再昨日韓日人中警視一人과警部三人이爲先辭免請願書를提呈ᄒᆞ엿다더라

◎一管三百 警察權委任ᄒᆞᆫ結果로人民保護의方針을定ᄒᆞ엿다ᄂᆞᆫ說을聞ᄒᆞᆫ즉日人巡查一名이人民三百名式을句管保護ᄒᆞ기로內定되엿다ᄂᆞᆫ說이有ᄒᆞ다더라

◎日憂尤甚 警視廳官制變更ᄒᆞᄂᆞᆫ事에對ᄒᆞ야日人경視以下官吏에患其失職ᄒᆞ야愁悶ᄒᆞᄂᆞᆫ狀態ᄂᆞᆫ韓人官吏보다倍甚ᄒᆞ다더라

◎轉向仁川 水原郡行政視察中에在ᄒᆞᆫ日本水野叅事官이昨日該地方으로브터仁川으로轉往ᄒᆞ엿ᄂᆞᆫᄃᆡ內部平渡府郡課長이하往ᄒᆞ려다가公務를因ᄒᆞ야未果ᄒᆞ엿다더라

◎日醫의講話會 典醫佐佐木이가再昨日하午二時에昌德宮에進詣ᄒᆞ야衛生講話會를設行ᄒᆞ엿다더라

◎山근講話 內部衛生局山근囑托이各學교에셔衛生講話ᄒᆞᆫ事件을修定ᄒᆞ야統監府로提呈ᄒᆞ엿다더라

◎山田晚餐 韓國銀行事務員山田등이再昨日하午六時에明月館에셔晚餐會를設行ᄒᆞ엿다더라

◎洪家談話調查 永宣君李埈鎔中樞院顧問李址鎔前判書李載克諸氏가日昨宋洞洪泰潤氏家에셔午餐會를開ᄒᆞᆷ은旣報어니와東部警察署에셔ᄂᆞᆫ此에對ᄒᆞ야何等疑点이有ᄒᆞᆫ지該氏等의當日談話ᄒᆞᆫ바를目下調查中이라더라

◎無價買花 故完平君의孫李憲鎔氏ᄂᆞᆫ昨年陰十一月分에詩洞居三牌桂心을金貨二百圓에手形으로買受作妾ᄒᆞ고該金額을尙不支給ᄒᆞᆫ故로該女의本夫某가右金을推覓ᄒᆞᆯ次로日人岩本辯護士에게委任ᄒᆞ야日間訴訟을提起ᄒᆞᆫ다더라

◎使日運動 某處에셔ᄂᆞᆫ日人宣敎師로我國內耶蘇敎를擴張ᄒᆞᆯ計劃으로目下運動中이라더라

◎校監會議日限 各地方公立學校에셔年例를依ᄒᆞ야校監會議를開ᄒᆞᆯ터인ᄃᆡ咸興郡에셔ᄂᆞᆫ七月七日브터三日間、鐵原에셔ᄂᆞᆫ七月十八日브터三日間、平壤에셔ᄂᆞᆫ七月二拾一日브터三日間、全州에셔ᄂᆞᆫ七月二拾二日브터三日間으로定ᄒᆞ엿다더라

◎講習實業 學部에셔各道에夏期講習所를設置케ᄒᆞ엿다ᄒᆞᆷ은已報ᄒᆞᆫ바어니와爲先漢城府及京畿觀察道ᄂᆡ設ᄒᆞ엿ᄂᆞᆫᄃᆡ漢城府에ᄂᆞᆫ敎授法、理化、體操、園藝등科目으로敎授ᄒᆞ고京畿觀察道에셔ᄂᆞᆫ實業에關ᄒᆞᆫ科目으로敎授ᄒᆞᆫ다더라

◎直員請選 各郡鄕校의直員窠를曆練ᄒᆞᆫ後로扶餘郡에셔ᄂᆞᆫ各黨派의紛競으로尙未叙任ᄒᆞ엿다ᄂᆞᆫᄃᆡ該郡儒生李朝翼氏等拾餘名이學部에請願ᄒᆞ고相當ᄒᆞᆫ人으로薦報叙任케ᄒᆞ라ᄒᆞ엿다더라

◎俄兵周行 三昨日에俄國兵丁三名이入城ᄒᆞ엿ᄂᆞᆫᄃᆡ通譯을帶同ᄒᆞ고漢城內를周行視察ᄒᆞᆫ다더라

◎恩金請願 宮內府役員徐俊錫等은日前에無端陶汰를被ᄒᆞᆫᄃᆡ對ᄒᆞ야再昨日恩賜金을支給ᄒᆞ라고該府에請願書를提呈ᄒᆞ엿다더라

◎何等名義 國民同志贊成會長徐彰輔가日昨에李容九를訪見ᄒᆞ고說明ᄒᆞ기를本會를組織後에合邦贊成ᄒᆞᆷ은一般知了ᄒᆞᄂᆞᆫ바어니와到今ᄒᆞ야ᄂᆞᆫ經費가窘絀ᄒᆞ야解散ᄒᆞᆯ境에至ᄒᆞ엿슨즉經費를多小間支撥ᄒᆞ라ᄒᆞ며李容九ᄂᆞᆫ答ᄒᆞ기를姑守名義ᄒᆞ라ᄒᆞ엿다더라

◎嚴查劍團 警視廳에셔ᄂᆞᆫ國民同志會副會長徐彰輔事件에對ᄒᆞ야投書ᄒᆞᆫ劍契團의근因을採探ᄒᆞ기爲ᄒᆞ야嚴密調探中인ᄃᆡ此로以ᄒᆞ야眼鼻를莫開라더라

◎公判開廷 李在明氏의控訴院公判을昨日上午九時브터擧行ᄒᆞᆷ은一般知了ᄒᆞᄂᆞᆫ바어니와其顚末은次號브터詳細揭布ᄒᆞ겟노라

◎鄭也所著 社會에著名ᄒᆞ던鄭某ᄂᆞᆫ內地人物及風俗을記述ᄒᆞ야某日人에게寄付ᄒᆞ기에汨沒中이라더라

◎楓헌犯斫 寧越郡觀楓헌은端宗大王ᄭᅴ옵셔臨御ᄒᆞ신故로幾百年을崇奉ᄒᆞᄂᆞᆫ더인ᄃᆡ該郡守崔養浩氏가該헌에事務室을設ᄒᆞ고該헌所屬園林을斫伐ᄒᆞ야或公用或私用ᄒᆞ엿다고該郡人民等이內部에擧實報告ᄒᆞ엿다더라

◎往訴何處 韓山郡財務署長尹헌求氏가民結을任意加結濫捧ᄒᆞᄂᆞᆫ事에對ᄒᆞ야該郡民情이嗷嗷ᄒᆞᆫ事ᄂᆞᆫ前報에屢揭어니와該署에셔巡查를民間에派送ᄒᆞ야父老를毆打ᄒᆞ며婦女를捕縛ᄒᆞ며田畓文券을奪取ᄒᆞ야加結錢을勒捧으로爲主ᄒᆞᄂᆞᆫ故로窮蔀殘命이幾至渙散인故로該結民等이監督局에呼冤ᄒᆞᆫ즉該局에셔ᄂᆞᆫ本署로推위ᄒᆞ고本署에셔ᄂᆞᆫ威脅으로訴狀을退却ᄒᆞᄂᆞᆫ지라該民人등이再次監督局에呼冤次로上京ᄒᆞ엿다더라

◎此是蠻行 竹山郡居進士金昌運氏가去丙子年에同郡居黃萬榮氏의女兒二名을次知ᄒᆞ고錢幾拾兩을給與ᄒᆞ엿ᄂᆞᆫᄃᆡ黃氏가到今ᄒᆞ야右錢을幷利辦報ᄒᆞ고其女兒二名을還推코저ᄒᆞᆫ즉金氏가該女兒ᄂᆞᆫ自己의私婢로認定ᄒᆞ고不許還送ᄒᆞᄂᆞᆫ故로黃氏가將次起訴裁判ᄒᆞᆫ다더라

◎農務股金 農務組合所에셔ᄂᆞᆫ株主李根培安敎明氏등五人이股金一千圓式積立ᄒᆞ고事務를擴張ᄒᆞᄂᆞᆫᄃᆡ漸次발展ᄒᆞᆯ希望이有ᄒᆞ다더라

◎商務歷史分布 商務組合所任員金鍾潤梁楨兩氏가五百年傳來ᄒᆞᄂᆞᆫ商務歷史規則을발刊ᄒᆞ야拾三道商民에게分給ᄒᆞᆫ다더라

◎絲機製送 各皇族家에셔蠶種을漢城內人民에게分給ᄒᆞᆫ다ᄒᆞᆷ은旣報어니와該人民等은製絲方法을學習ᄒᆞᆯ次로中部典洞金龍商會에委托ᄒᆞ야製絲機械數百座를目下製造中이라더라

◎風俗壞亂者退韓 平壤에居住ᄒᆞᄂᆞᆫ日人林勝次郎과靑木和三郎은何등不正ᄒᆞᆫ行動이有ᄒᆞ엿든지平壤理事官으로브터風俗壞亂이라고退韓令을命ᄒᆞ엿다더라

◎高陽不穩 京畿道高陽郡에셔ᄂᆞᆫ農民들이時局을憤慨히녀여仝郡高德里에數百名이集合ᄒᆞ야時事에對ᄒᆞ야協議ᄒᆞ다가憲兵에게放散되엿다더라

◎藏花門牌摘去 金完洙氏등이藏花調查組合所를組織ᄒᆞᆫ다ᄒᆞᆷ은旣報어니와該事務所를北部安洞金顯晋氏家로定ᄒᆞ얏ᄂᆞᆫᄃᆡ경視廳에셔日前巡查를派送ᄒᆞ야門牌를摘去ᄒᆞ엿다더라

◎在韓國宣敎師 最近調查를據ᄒᆞᆫ즉在韓外國宣敎師의數ᄂᆞᆫ長老敎會에百一人이오監理敎會에七拾八人이오英國宗古聖敎會에二拾二人이오福音敎會에二人이오天主敎會에佛蘭西人이五拾七人이오德國人이二人이오加奈陀長老敎會에拾四人이오濠洲長老敎會에拾三人이오諜國正敎會에四人이오降臨布敎敎會에五人이오英國聖書公會에三人이오救世軍營에八人이오基督敎青年會에六人이오宣敎師宿泊所에一人이니計三百拾六人이며此에屬ᄒᆞᆫ韓國人牧師及助手가一千九百二拾七人이오敎會堂은長老敎會에千二拾二所오監理敎會에三百二拾三所오天主敎會에四拾七所오加奈陀長老敎會에四拾六所오英國宗古聖敎會에四拾一所ㅣ니合計一千四百九拾三個所ㅣ오其外에一千四百二拾八個所의集會所가有ᄒᆞ다더라

◎學生寄宿組合 前副尉金桂煥氏ᄂᆞᆫ學員寄宿組合所를設立ᄒᆞᆯ次로발起ᄒᆞ엿ᄂᆞᆫᄃᆡ該所位置를定ᄒᆞ기爲ᄒᆞ야家屋을購入ᄒᆞᆯ計劃이라더라

◎學生의雜技 磚洞居金某家에寄宿ᄒᆞᄂᆞᆫ學生들은逐日雜技에從事ᄒᆞᆷ으로學界에妨害가不少ᄒᆞ다고一般批評이有ᄒᆞ다더라

◎神習布敎 日本神習敎大敎正高畑庸이가韓國에布敎ᄒᆞ기爲ᄒᆞ야統監府와理事廳에承認ᄒᆞ야韓人全斗鉉氏로神習敎囑託을選定ᄒᆞ야入교人을紹介ᄒᆞᆫ다더라

◎事非매山 申泰寬氏가先山同內를測量ᄒᆞ야旅매코저ᄒᆞᆫ다ᄂᆞᆫ事ᄂᆞᆫ該宗中物議를更鬧ᄒᆞᆫ즉該山坂을測量ᄒᆞ야證明書를請願ᄒᆞᆯ時에申泰寬氏ᄂᆞᆫ本非宗孫인ᄃᆡ惟獨着名ᄒᆞ고諸宗은不參ᄒᆞᆫ故로諸宗이式議請願을揚州郡에提呈ᄒᆞᆫ事ᄂᆞᆫ有ᄒᆞ나晴매ᄒᆞᆫ다ᄂᆞᆫ說은無ᄒᆞ다더라

電報

◎長官療養 有吉總務長官은治病ᄒᆞ기爲ᄒᆞ야千葉縣으로往ᄒᆞ엿다더라

◎警務總長兼任 경務總監部의長官은警務總長이라稱ᄒᆞ고今日에明石憲兵司令官으로兼任을발表ᄒᆞᆫ다더라

◎警察官制발表 統監府警察官署官制改正의件은昨日에발布되엿ᄂᆞᆫᄃᆡ警務總長이此를統轄ᄒᆞ고警務官은警務部長一、警視五拾二、通譯官三、技師六拾八、警部、技手、通譯、三百五拾七名으로定員을合ᄒᆞ고또韓國人경視任用資格其他附錄을勅令으로발表ᄒᆞ엿ᄂᆞᆫᄃᆡ本日브터施行ᄒᆞᆫ다더라

以上東京발 三拾日着

▲病鶴悲鳴▼

▲戞然悲鳴溫泉路에一鶴相이飛還ᄒᆞᆯ제西湖客은忽報련가雲際出頭意外로다萬里海外電信聲에病裏殘夢忽驚ᄒᆞ여腹雷聲이又生ᄒᆞ니무合不平蘊懷련고軒上羽衣可憐ᄒᆞ다飛將冲天ᄒᆞ더氣勢가忽地墜落失意ᄒᆞ고兩翼如垂悲鳴ᄒᆞ니其子胡不和音인고拾日牧丹謝紅ᄒᆞᆫ제落溷歎을엇지ᄒᆞᆫ고人皆賤棄唾罵ᄒᆞ니더身世와一般이라歸之何處托巢ᄒᆞᆯ고遙指扶桑東天ᄒᆞ니茫々雲烟遮路ᄒᆞ야前頭危險難測이라誰揭空籠獻媚련고滑稽客을未逢ᄒᆞ야玩好物을難作ᄒᆞ니阿附態를誰憐ᄒᆞ고士何夜顧笑련고開戶視之不見이라

選者曰以一鶴으로交隣이나恨無淚乎이로다

◎實業敎授 大韓자蚕組合所
名이製絲方法을學習ᄒᆞᆫ다더라
◎敎師義捐 龜城郡大同學교
을沒收捐付ᄒᆞᆫ으로一郡內紳士
諸氏가莫不稱頌ᄒᆞᆫ다더라
順達面浦里에在ᄒᆞᆫ其農庄의來
到ᄒᆞ야民智의暗昧ᄒᆞᆷ을慨歎ᄒᆞ
品을自擔ᄒᆞ야買入ᄒᆞ며該氏의
夫人李致華氏도女子界敎授에
에設立ᄒᆞ고熱心敎育ᄒᆞ미生徒
자日進ᄒᆞ니該郡守崔祺集氏와
勉贊成ᄒᆞᆫ後에郡守ᄂᆞᆫ五圓을捐
助ᄒᆞ고其外諸氏ᄂᆞᆫ一圓式各出
라더

▲波斯珍玩▼

▲新統監이赴任ᄒᆞ면政黨會ᄂᆞᆫ一幷解散된다ᄒᆞ니무슴會가政黨會인가모를것잇나 一進會ᄂᆞᆫ매역국먹고대韓協會ᄂᆞᆫ佛手散먹고政友會ᄂᆞᆫ燒ᄒᆞ겟지

▲近日에文科가大端希貴ᄒᆞ더니寺洞演興社에ᄂᆞᆫ모리ᄒᆞ엿다지演劇구경은그만두고紅唐紙구경이壯觀이더고演劇場을古物博物舘으로아나

우리花草구경가셰어ᄃᆡ로南村某大臣宅子弟한분이千圃으로花園을築設ᄒᆞ엿ᄂᆞᆫᄃᆡ別花草가다잇다데무엇무엇잇나뭇기죠와ᄒᆞᄂᆞᆫ連리枝도잇다데

學界報

◎永興諸校盛況　永興郡各學校運動會를本月十二日에龍江南岸에開行ᄒᆞ엿ᄂᆞᆫᄃᆡ內外國紳士의寄付ᄒᆞᆫ數爻를不可勝數라더라

廣告

本人의政見을公布ᄒᆞᆫ기前은何等의說이라도信聽치마심을切望

高羲駿白

趙召史東貞氏所有蘆田이慶南金海郡大卜洞河萬里野旅幕島一作과於叔島上作下作合三作인바舊文券九隻牌旨二度立案一度立旨一度洞報一度合拾五度委任ᄒᆞᆫ文券이本人의게現在이온ᄃᆡ趙召史任命九가蘆田이何處에有ᄒᆞᆫ지文券이幾度인지不知ᄒᆞ고文券셔失이라自稱ᄒᆞ야弱賣코져ᄒᆞ오니內外國人은切勿見欺ᄒᆞᆷ

趙召史東貞氏

舍作人　中署於義洞九統　戶　韓秉珠

파ᄂᆞᆫᄃᆡᄂᆞᆫ 전국에 다 잇ᄉᆞ오니
그즁 갓가온ᄃᆡ셔 사가시요

이쌀네분은 영국에셔 특별이 만든것신ᄃᆡ 명쥬던지 무명이던지 기름이 뭇거나 떠가무든거시라도 이분으로 쌀면 즉시 정ᄒᆞ게 되옵고 비누와 양지물보담 갑시헐ᄒᆞ고 힘안들고 품질을 상ᄒᆞ지 안코 경제상으로 말ᄒᆞ여도 ᄃᆡ단이 유익ᄒᆞ고 사용법도 어렵지안코 편리ᄒᆞᆫ 쌀네약이요 또ᄒᆞᆫ번 쌘물이라도 너무물거으지 안이ᄒᆞ면 몃번이라도 써겟고 셰슈ᄒᆞ거나 부인에 머리 감ᄂᆞᆫᄃᆡᄂᆞᆫ 아조 물쌔ᄒᆞ여 쓰시면 떠가 잘 셰짐니다

輸入發賣元　大阪西區土佐堀貳丁目　田坂商店

韓國발매元　京城南大門通三丁目(銅峴小廣橋)　田坂支店

本人이尹龜榮氏委托으로漢城銀行當座小切票第五千八百八拾六號一金三拾圓推還次往路에小廣橋等地에셔失ᄒᆞ엿스니誰某拾得ᄒᆞ와도休紙施行ᄒᆞᆷ

銅峴六拾一統九戶房聖完

本人와所有畑二拾一坪八合六夕五才南部樂善坊上墨洞에在ᄒᆞᆫ文券을失ᄒᆞ엿기玆에廣告ᄒᆞᆷ

南部上墨洞六統七戶金廉洙白

北靑郡下南靑面々長全命禧氏가擔任四五年公錢收刷와其他事務에소不懈怠ᄒᆞ야公私無弊ᄒᆞ고愛人以善ᄒᆞ야使民安堵케ᄒᆞᆷ으로當地人民이稱頌載道ᄒᆞᆷ

新豐里金鳳瑞晩春里鄭基模빅

中署貞善坊下麻洞三十八號六戶草家五間半文券八年前에셔失ᄒᆞ엿기玆廣告ᄒᆞᆷ

金廉敎　빅

本人에子河璇이性本浮浪ᄒᆞ야欺人請債ᄒᆞᆯ意로方今留京이오니內外國人間見欺勿ᄒᆞᆷ

果川郡下西面民伯里李參澤빅

本人의所有蘆田이金海郡麥島와於于叔島에在ᄒᆞᆫᄃᆡ世傳文券六張과證明次測圖四張을幷셔失이기廣告ᄒᆞ오니或有暗매者여든內外國人間切勿見欺ᄒᆞᆷ

京中部勳洞十二統一戶趙命九

蔘茸唐草藥材廉價大發賣

特別廣告

本店에셔開業三十餘年에僉君子의愛顧ᄒᆞ심을蒙ᄒᆞ와營業이發展ᄒᆞ옵ᄂᆞᆫ바今에盛意를報答키爲ᄒᆞ야業務를一層擴張ᄒᆞ옵고良好ᄒᆞᆫ蔘茸唐草藥材를內地와外國으로셔多數히直輸入ᄒᆞ와特別廉價로都賣散賣에信實히酬應ᄒᆞ오며地方에셔請求ᄒᆞ시ᄂᆞᆫᄃᆡ對ᄒᆞ야ᄂᆞᆫ多小를不拘ᄒᆞ옵고郵便小包ᄂᆞᆫ運送部로訊速히付呈ᄒᆞ오되代金은引換으로ᄒᆞ깃ᄉᆞ오니京鄕僉君子ᄂᆞᆫ益益請求ᄒᆞ심을望ᄒᆞᆷ

但地方에셔請求ᄒᆞ시ᄂᆞᆫ妙法

金一錢五厘를費ᄒᆞ시고一枚에葉書를使用ᄒᆞ사住所氏名과擧記를錄送ᄒᆞ시면能히遠路의跋涉과往返의旅費를要치아니시고本店에最良好ᄒᆞᆫ上品藥材를完全히貿用ᄒᆞ실더이외다

京城南部銅峴三十五統三戶

蔘茸唐草藥材直輸入商

乾材藥局

崔聖弼 告白

特別廣告

◎本社에셔景品券이未久에畢ᄒᆞᆯ압기로玆에廣告ᄒᆞ옵나이다當初에景品券九千五百張을烟草百五十櫃에分ᄒᆞ야放賣ᄒᆞ엿더니現今에烟草大櫃二百個가放賣되얏사온則景品券餘在가不過千張이요烟草放賣ᄒᆞᆫ個數가一千萬個에過ᄒᆞ얏사오나景品券을要ᄒᆞ시ᄂᆞᆫ僉君子ᄂᆞᆫ從速購買ᄒᆞ심을望ᄒᆞ오며景品은韓國銀行에業已儲置ᄒᆞ얏사오며從近吊桶ᄒᆞ겟ᄉᆞ오니이다

京城小公洞　法韓會社

本人의所有東部成均館契崇敎坊浦洞米木田一日半耕舊文券九張과道德洞菜麻田一日耕舊七張과北部延禧宮契延禧坊四號九戶草家九間版劵文券一張不知中셔失故玆廣告ᄒᆞ니誰某拾得이라도休紙施行ᄒᆞᆷ

東部浦洞十六號八戶李明燾白

紙物貿易에迅速

(廣告文)

◎本店에셔各種紙物을直輸入ᄒᆞ와地方僉位와其他僉彦에게特別廉價로酬應ᄒᆞ깃사오니不拘多小ᄒᆞ시고註文ᄒᆞ시면郵便小包와運送部로經過ᄒᆞ와迅速이付呈ᄒᆞ깃삽

物價表와品錄書를無料로付呈ᄒᆞ오

品高價低에爲主ᄒᆞᆷ

內外國紙物大發賣

(品目略錄)

◎壯紙、油壯板紙、窓戶紙、白紙、唐비洋紙、書畵各種、天井紙、古查紙、印札紙、半紙、美濃紙、製圖紙、封套紙、其他學校用品筆墨各種具備

漢城鍾路大廣橋

本店　紙物舖　金聖煥

電話一千二百八十番

支店　漢城北部安洞別宮前

廣告

惟我 始祖侍中公降生遺址見聖菴局內에東岡公(相愚)墓가在ᄒᆞ나山坂諸麓은爲 侍中公子孫者의公同所有로千餘年守護인바今에東岡子孫秉承이가其祀孫東晋을綢繆ᄒᆞ야見聖암局內를自意定界ᄒᆞ야占奪ᄒᆞᆯ計로山坂管理ᄒᆞᄂᆞᆫ時有司를裁判所에起訴ᄒᆞ얏스즉此ᄂᆞᆫ後孫이始祖를起訴ᄒᆞᆷ과如ᄒᆞ니蔑倫敗常ᄒᆞᆫ怪變이無有過此라該山坂의所有權이共存ᄒᆞᆫ惟我 侍中公後裔京鄕各派ᄂᆞᆫ 僉亮ᄒᆞ시옵

豐壤趙氏京宗中 告白

本人이大韓每日申報社에셔會計의任을辭免退社ᄒᆞ온바財政上에未勘ᄒᆞᆫ條件이有ᄒᆞ신이ᄂᆞᆫ一朔以內로通奇ᄒᆞ시옵

隆熙四年六月廿五日

京城西部西大門外新橋八拾九統四戶

林蚩正 白

本人의從伯慶洙氏가本人歸家ᄒᆞᆷ을不知ᄒᆞ고方爲出他尋訪中이오니誰某氏든지該氏逢着ᄒᆞ시면訊速旋家케ᄒᆞ심을伏望

寧邊獨山面花田里池榮洙白

本月九日에本人의正字姓名章을本邑內에셔遺失ᄒᆞᆫ기廣告ᄒᆞᆷ

宣川郡農廷里古陽洞　李鳳觀

崔台植名字를改以徹ᄒᆞ오니知舊間照亮ᄒᆞᆷ을敬要

崔徹 告白

登錄　京西部車洞同和藥房本國材로洋製ᄒᆞᆫ官許

認可

引蘇丸이消滯止泄滅毒ᄒᆞ고付屬ᄒᆞᆫ八十餘種俱備大發行ᄒᆞ오

閔櫄 白

●共愛堂大藥房製造各種藥品發行表

壯陽復元丹 此藥專治腦등肺弱 房事色傷 心腎虛弱 遺精多夢、陽위不起 病後虛弱 不下飮食 先天不足 眩暈頭등等症에並妙効가有ᄒᆞᆷ　壹週分壹圓　二週分壹圓八拾錢　四週分三圓四拾錢　八週分六圓四拾錢

虔修靈丹 壹般래症胃腹등消化不良心神鬱悶暢ᄒᆞᆫ酒醉化담止히口熱惡臭食慾不振등症에並神効

眼科聖藥清眼水 壹般眼疾、時行眼疾、風熱眼疾、羞明流淚、眼內紅痒등症에撥雲見天之妙(壹瓶金拾錢)

鮮하至寶丸 專治하疾卽氣虛하、遠年長하、一日二日하、雖難治之하이라도永々거근ᄒᆞᆷ　壹包金拾錢

皮膚神藥靈效液 特治皮膚病疥癬옴、皮風、諸般痒疹、두두러기、옷을닌데다神効ᄒᆞᆷ　壹瓶금三拾錢

五淋專治通淋丸 急慢淋疾、赤빅帶下、방광炎症、되炎皮濃漏外他淋毒性諸症에신效ᄒᆞᆷ　壹제금五拾錢

梅毒妙効神應丹 楊梅瘡에壹期二期三期를勿問ᄒᆞ고確實이有효、連珠瘡下疳瘡等에幷효　壹제金三圓

腹학신藥清脾丸 喘治小兒壹般腹학、面黃、屎靑、左脇별腹에大有奇효ᄒᆞᆷ　一匣金五拾錢

久瘧神効養胃散 通治經久滯積、呑酸吐사、霍亂、胃腹등大便不順等症에奏効如神　壹貼금十五錢

治痰鎭咳丸 專治大人히소、喘息、담結등症에妙　三日分一包금卅錢

特冒聽효消熱散 勿論四時傷寒感冒、咽喉疼등、寒熱往來肢節등、似학非하등症有효　壹貼금拾錢

耳病신효清耳液 專治耳病卽鼓膜炎、內外聽道炎、耳中灼熱疼소癢、濃液流出等症有효　一瓶금十錢

百貼百應妙妙膏 風寒濕氣、胸肩背에牽引疼등、腰膝脚되酸등無力、骨節등등症에如神　금廿五錢

奏효如신能治膏 各種腫氣、小兒胎毒、부스럼濕腫、生新에並신효　一包금拾錢

大腫拔根膏 大小腫에根쌔ᄂᆞᆫ약　價금拾錢

鮮凝膏 멍울삭히ᄂᆞᆫ약　價금拾錢

寸虫去根藥 價금卅錢

齒痛水 충치風치신효　價금七錢五厘

鷄眼膏 티눈색ᄂᆞᆫ약　금拾錢

汗斑水 어루럭나약　금十錢

止泄丸 레泄暑泄신효　價금拾五錢

痢疾藥 赤빅痢에신효　價금拾五錢

各種上等金雞納 東西洋有名賣藥乾材都賣散賣其他各種藥이具備ᄒᆞ오니

請求를依ᄒᆞ야小包로酬應ᄒᆞ깃숩

發行所

皇城南部大廣橋十九統七戶

共愛堂大藥房主 朴容桓 告白

◉特別廣告

○大韓全國藥品總發行所 京城鍾路和平堂大藥房

官登錄 許認可

(健胃消滯)

八寶丹

(主治効能)

新舊積체　急瞖關格　霍亂吐사　頭痛眩운　運氣厲疫　預防妙藥

▲本堂에셔特히製調發賣ᄒᆞᄂᆞᆫ藥品五十餘種과漢城內各藥房에셔新發明ᄒᆞᆫ藥品도俱備ᄒᆞᆫ外에今日醫家에셔最大數常用ᄒᆞᄂᆞᆫ獨逸製藥品과其他日本製藥品各種與韓唐草材를直輸入ᄒᆞ야最低廉價로發賣ᄒᆞ오되地方에셔藥品을注文ᄒᆞᄂᆞᆫ境遇에ᄂᆞᆫ郵便小包로訊速付送ᄒᆞᆷ

▲本堂附屬醫院에ᄂᆞᆫ學術과實驗이最著名ᄒᆞᆫ醫士를延聘ᄒᆞ야患者의內外科를勿論ᄒᆞ고精確히診察ᄒᆞ야施療ᄒᆞᄂᆞᆫ中或外方에셔病의症候만錄送ᄒᆞ시면其病에適應ᄒᆞ도록製藥ᄒᆞ와郵便으로即時送呈ᄒᆞᆷ

▲本堂의支店과代理店이我國境內에多數設立된中以後外方에셔支店과代理店을請求ᄒᆞᄂᆞᆫ同時에ᄂᆞᆫ藥品은依例送呈ᄒᆞ려니와其他本舖細則도並送ᄒᆞᆷ

▲本堂에셔ᄂᆞᆫ特히漢城內醫藥界와商業界와各社會와各官廳을連絡ᄒᆞ와藥品발展上便利키爲ᄒᆞ야電話를設備ᄒᆞ엿ᄉᆞ오니誰某시든지藥品을電話로請求ᄒᆞ시면本舖에셔傳人送呈ᄒᆞᆷ

京城鍾路和平堂大藥房本舖

主任　李應善

電話番號

電話 壹六九七番

電略 話(화)(ㄲ)

◉特別廣告

◉大韓全國에 온本堂製造發行ᄒᆞᄂᆞᆫ藥品

消化新藥 清心保命丹 此丹은化痰止咳ᄒᆞ고順氣消滯ᄒᆞ며恒常長服ᄒᆞ면腸胃가健全大補元氣ᄒᆞ고滋腎健腦ᄒᆞ며先天不足과陽위不起에一切神効

蛔積殺虫散 此약은회積과 회腹痛과 회虫一切을去根ᄒᆞᄂᆞᆫ良劑

久滯大通丸 此丸은年久積滯와宿滯後重이며胃腹痛에神効莫大ᄒᆞᆷ

梅花點膏 無論男女ᄒᆞ고花柳病瘍一切主根快復ᄒᆞᄂᆞᆫ良藥

眼疾速効 光明眼藥 諸般眼疾에隨症皆差ᄒᆞᄂᆞᆫ東洋에初有ᄒᆞᆫ寶藥

此丹은急ᄒᆞᆫ吐瀉關格이며가슴아리와冷積과痢疾에神効

感氣神効 解熱散 寒熱往來ᄒᆞ며似학非학과頭痛眩暈와肢節痛에其効가偉大

耳鼻靈藥 耳鼻神藥 無論男女ᄒᆞ고耳聾鼻塞이며耳鼻에關ᄒᆞᆫ病은隨症並差

疝症根据 疝積湯 諸般산症에大談出寶ᄒᆞᆷ

티눈과못 拔根藥 티눈과 못과 ᄉᆞ마귀를ᄲᆡᄂᆞᆫ藥

止足汗臭藥 手足의汗臭를除却ᄒᆞᄂᆞᆫ藥

去核生新 沃度膏 創瘡과腐傷과곰젼디去核生新ᄒᆞ기ᄂᆞᆫ第一著明

最新改良 百應膏 無論男女老少ᄒᆞ고癢瘡濕瘡諸般瘡瘡에壹切特效가有ᄒᆞᆷ

淋疾藥各種 淋疾各症에壹週日만服ᄒᆞ면病根快復ᄒᆞ고腎氣가完全ᄒᆞᆷ

其他洋藥各種과○賣藥各種○都매散賣

○遠地에ᄂᆞᆫ郵便小包로申速酬應ᄒᆞᆷ

漢城南大門內濟生堂大藥房　李庚鳳

代理主任　李興國 白

電話 壹七二八番

電略 (제) 又 (卄 亻)

●電車複線　韓日瓦斯會社에

●身分調査　琵琶洞居宋文燮一라

●湖南親睦　湖南學生親睦會

에經ᄒᆞ얏ᄂᆞᆫ뎌中學科에ᄂᆞᆫ朴廉一拾八이오鐵工科에李定근等五一拾二人이오簿記科에高遠重등一이오

二千餘名이修業ᄒᆞᆫ터인ᄃᆡ每名

ᄒᆞ기를希望ᄒᆞᄂᆞᆫ고로本道에居

檀君開國四千二百四十三年
箕子元年三千二十二年
大韓開國五百十九年
本報舊刊日
光武八年七月十八日

大韓每日申報

第八卷 月曜及慶節歲時日休刊 第壹千四百卄四號

發行兼編輯人 李章薰
발行所
京城中部布廛屛門二宮街
二層洋屋 大韓每日申報社

論說

權利의思想

强흔者가弱흔者를壓視ᄒ는것과貴흔者가賤흔者를虐待ᄒ는것과富흔者가貧흔者를侮視ᄒ는것이總히權利에셔出흔바인즉貴族이平民을對ᄒ고男子가女子를對ᄒ고大羣이小羣을對ᄒ고雄國이孱國을對ᄒ야優等絶對흔權利를占ᄒ나人人이自家의權利를伸張코저ᄒ기를厭치아니ᄒ는것은天性에自然흔바라自强自保ᄒ야在吾흔權利를他人에게讓치아니흠이로다

古代에希臘에셔供養正義라ᄒ는神이有ᄒ니其像을造ᄒ되左手에는衡을握케ᄒ고右手에는劍을提케ᄒ엿스니衡은權利에輕重을稱케ᄒ는바이오劍은權利의實行을護케ᄒ는바이라有劍而無衡이면肆虐이生ᄒ고有衡而無權이면空言에歸ᄒ느니我韓은元來로官吏는有劍而無衡ᄒ고人民은有衡而無劍ᄒ야權利를相失ᄒ고勢力만餘存ᄒ야官職의黜陟을任意籠絡ᄒ야장僧手段으로苞苴가輻湊흔것도勢力이오毒蠻猛杖으로虐政을日加ᄒ고殘財를聚飮ᄒ야生靈이魚肉된것도勢力이오人類의同等을不顧ᄒ고武斷氣習으로餘毒이遍流ᄒ야殘產을難保ᄒ는것도勢力이라此等勢力下에在흔人民이엇지權利를不失흘思想이有ᄒ리오

是以로民智는日益暗昧ᄒ고民力은日益微弱ᄒ고國力이隨以墜落ᄒ야國民의權利를挽回흘日이無흘지니人이四肢五臟이各有ᄒ니內에或肝或肺와外에或指或趾가一이라도相適치못ᄒ면誰가此를感苦ᄒ야治療ᄒ기를思치아니ᄒ리오肢臟의苦통은一身內機關의失和ᄒ는症이오治療ᄒ는者는侵害를防禦ᄒ는方이라權利에思想이實노人格의所關흔者이로다

昔에藺相如가秦王을叱責ᄒ야曰臣頭가與璧으로俱碎라도以趙의大로何區々히一璧을是愛ᄒ리오ᄒ얏스니璧도可히碎ᄒ고身도可히殺ᄒ고敵도可히犯ᄒ고國도可히危흘지라도其不可屈者ㅣ存焉ᄒ니此所謂權利라ᄒ는者라近히日本에比照ᄒ면日本이四十年前에美國의一軍艦이來到ᄒ야海岸을測量ᄒ는ᄃᆡ過치못ᄒ나無論官吏士農工商僧俗ᄒ고莫不瞋目切齒ᄒ며攘臂扼腕ᄒ야風과如히動ᄒ며水와如히湧ᄒ야攘擾의功을奏ᄒ고維新의業을成ᄒ엿스니其權利를不失흔所以로다

我韓人民은權利가有ᄒ되尊榮흘줄을識치못ᄒ고權利를失ᄒ되苦롱흘줄을知치못ᄒ더蔽一言ᄒ고權利思想이無흠이로다怠惰恇怯ᄒ는態가性에根ᄒ야一國을誤認ᄒ얏스니此는其面에唾ᄒ야도自乾ᄒ기를待ᄒ는者인즉天下의頑鈍無恥ᄒ기가孰加於是리오今乃全國을驅ᄒ야無骨無血無氣흔怪物을作코저ᄒ니數十年來로解誤認正ᄒ고習非成是ᄒ야勇者로銷磨케ᄒ고겁者로戰慄케ᄒ니

(未完)

官報

◎第四千七百十九號
▲隆熙四年 七月一日(金曜)

叙任及辭令

○六月二十七日 加藤伯芳 任農商工部技手叙判任官五등
○六月二十八日 丸山敬悟 原四郞 任農商工部技手叙判任官四등
○六月二十九日 安承國 李鳳九 任郡主事叙判任官四等
內部務局長松井茂 依願免本官(六月三十日內閣) 裕陵參奉趙重漢 依願免本官 (六月二十八日宮內府)

外報

◎窮民哀訴 奉天來電을據흔즉黑龍江省嫩江一帶는昨年에水害를因ᄒ야方今穀物이缺乏ᄒ엿는ᄃᆡ日前에農民百名은齊々哈爾巡撫衙門內에會集ᄒ야救濟를哀願ᄒ얏다더라

◎金剛石輸入額 紐育來電을據흔즉美國에셔는去月ᄭᆞ지滿一個年間에輸入흔寶石類의價格은四千五百萬弗인ᄃᆡ其中十分之八은金剛石의價額이라더라

◎言論拘束 大連電報를據흔즉滿洲鐵道事件에對ᄒ야激烈히攻擊ᄒ던가揭載中止를當ᄒ고今에는言論의自由업는것을歎흔다더라

◎德國外相辭職說 倫敦來電을據흔즉德國外相본、센氏는辭職ᄒ엿다는說이有ᄒ다더라

◎英國外務次官 倫敦來電을據흔즉英國下院書記官사、니골손氏는常任外務次官을任命ᄒ엿다더라

◎日本關稅反對 타임쓰來電을據흔즉파밍감商業會議所에셔는英國商務院에對ᄒ야日本의新關稅를因ᄒ야同地貿易은大段減退되는影響이有ᄒ다고報告ᄒ엿다더라

雜報

李在明氏의公判

李在明及八名의控訴公判은旣報와如히再昨日午前十時브터控訴院에셔開廷ᄒ엿는ᄃᆡ傍聽人은午前八時브터裁判所門前에彌滿ᄒ야三百餘名에達ᄒ엿고定時에至ᄒ야傍聽者의入場을許흔後小頃에李在明及八名을法廷으로引入ᄒ고楠裁判長以下川村、申、兩陪席判事와草場檢事等이出席흔後楠裁判長은李在明及八名에게對ᄒ야姓名居住年齡及原籍等을審問ᄒ는ᄃᆡ辯護士李冕宇氏가李在明의辯護를出願흔즉裁判長이李在明에게對ᄒ야承諾與否를問ᄒ여李在明은該辯護를願ᄒ는故로許可흔後에裁判長은當初에李完用의殺害目的을問흔즉李在明曰余가美洲에留學흘ᄯᅢ브터李完用을殺ᄒ기로決心ᄒ엿스나時機를得지못ᄒ야遂行치못ᄒ더니昨年至月二十一日에야機會를得ᄒ야行事ᄒ려다가遂意치못ᄒ엿다고陳言ᄒ미裁判長이其時에李完用車夫朴元文을殺害흔事를審問흔즉(李)完用을殺ᄒ려고擧事흔것이지朴元文을刺ᄒ려는思想은初無ᄒ오(裁)其時에六穴砲一과短刀一을持ᄒ고佛蘭西敎堂前에셔幾時ᄭᆞ지待ᄒ엿느뇨(李)十時는過ᄒ엿겟소(裁)敎堂門何邊에立俟ᄒ엿던고(李)門左편에在ᄒ엿소(裁)李完用이人力車를搭乘ᄒ고走ᄒ려는時에刺ᄒ엿느뇨(李)然ᄒ엿소(裁)趙창鎬書札을見ᄒ고擧事ᄒ엿지(李)趙昌鎬의札은不知어니와西便으로逆賊이去ᄒ고東편으로我가來ᄒ는ᄃᆡ短刀를抽ᄒ야刺ᄒ엿소(裁)左편을刺ᄒ엿느뇨(李)不知ᄒ겟소(裁)何편을刺ᄒ엿느뇨(李)周衣가遮接ᄒ엿스니ᄭᅡ不知ᄒ겟소(裁)李完用을刺ᄒ니ᄭᅡ車에墮ᄒ더뇨(李)車에墮ᄒ던지는不知ᄒ겟소(裁)逐去ᄒ야刺ᄒ엿느뇨(李)彼此逢着흔地에셔刺ᄒ엿소(裁)其時에朴元文이가防禦ᄒ더뇨(李)不然ᄒ오巡査範圍中에入刺ᄒ엿소(裁)幾番을刺ᄒ엿느뇨 (李 一番을刺흔것슨思ᄒ나一番은不知ᄒ겟소(裁)檢査場에셔는三度를刺ᄒ엿다ᄒ엿지또李完用世手로推ᄒ얏지(李)不然ᄒ오(裁)推捉時에巡査刀로刺흔바되엿지(李)然ᄒ오(裁)南부拉井洞박召史家에留ᄒ야셔同謀者가李完用의去就를知흠을聞ᄒ고擧事ᄒ엿지(李)不然이오我가其ᄯᅢ에大韓每日申報를見ᄒ니ᄭᅥ李完用이追悼會에參與ᄒ려去흔다는何語가有ᄒ기로因此擧事ᄒ엿소(裁)其二日佛蘭西敎堂前에去흘時에人과共히去ᄒ엿더뇨(李)其時獨行ᄒ엿스나同謀는有ᄒ오(裁)李東秀와同去흔것이아니냐(李)不然ᄒ오現場에셔逢흔거슨아니오(裁)然ᄒ면其前日에김丙赫과同宿ᄒ엿더뇨(李)同宿은無ᄒ오(裁)六穴砲와七連발과短刀를李在明에게出示ᄒ며此中何者를用ᄒ엿스며何處에셔得ᄒ엿느뇨(李)六穴砲는我의所有가아니오七連발은李東秀家에셔得ᄒ엿고短刀二介는我의可方에藏在ᄒ엿던거시오(裁)被告가李完用謀殺흔지가幾年이나되얏느뇨(李)乙巳年브터ᄒ엿소(裁)其時브터何端을因ᄒ야殺ᄒ려고ᄒ엿느냐(李)乙巳年五條約締結흔後로國民의手足을切斷ᄒ고또伊藤을紹介ᄒ야統監府를設置ᄒ고또其後에七條約을締結ᄒ고然中에

皇太子를日本에誘送ᄒ야精神을損傷케ᄒ고또

皇太子를誘送흘뿐不是라其次에는

太皇帝陛下도日本에渡駕케ᄒ려ᄒ엿스니此ㅣ的은越南亾國王과困難을等케흠目的이오또其次에는

太皇帝를永久히還御치못ᄒ시게흠이아닌가其次에는司法權을委任ᄒ고其合邦問題의對ᄒ야셔도李容九라ᄒ나實은李完用이라其次

太皇帝를日本에 御幸케ᄒ는意는隨ᄒ야二千萬民族을沒數이太平洋에越送ᄒ야陽界에生樂을不得케ᄒ는注意요(裁)被告가李完用을刺殺ᄒ려흠이六年前브터ᄒ엿느뇨(李)五條約으로因ᄒ야始ᄒ엿소(裁)何年의美國에셔渡來ᄒ엿느뇨明治四拾年에渡來ᄒ엿지(李)然ᄒ오(裁)美國으로渡來흘時에幾人이나殺害흘思想이有ᄒ엿더뇨(李)多數ᄒ오宋秉畯도幾次를追踪ᄒ엿소(裁)其時議論흔時는幾人이나在ᄒ엿느뇨(李)김泰善李應三김병현이同在ᄒ엿소또李東秀도在ᄒ얏소(裁)昨年七八月頃에平壤경興夜學會와書籍從覽所에셔李完用刺殺흘議論이有ᄒ얏스며또幾人이나在ᄒ얏더뇨(李)其時八九人이在ᄒ얏고議論인즉金貞益은共同ᄒ얏스나其外人은不同ᄒ얏소(裁)김貞益과同謀흔거슨分明ᄒ지(李)然ᄒ오(裁)일進會와대韓協會가互相連絡ᄒ야合邦흔다고ᄒ야셔李容九를殺ᄒ려ᄒ얏느뇨(李)然ᄒ얏소

(未完)

詞藻

懷 梅瘦生

日暮途遙十丈塵低頭약착擧頭新東方自古多英傑誰是當時第一人

評曰天生一代之才了一代之事何患乎無其人歟 •

官廷報

○御覽秘苑 大皇帝 皇后兩 陛下ᄭᅴ옵서再昨日下午二時에 御馬車를同御ᄒᆞ옵시고秘苑을 御覽ᄒᆞ옵셧다더라

雜報

○統監披露預備 新任寺內統監이赴任後에該官邸에서披露宴을卽時開催ᄒᆞᆯ次로預備中이라더라

○李總理의談話 日前에入城ᄒᆞᆫ總理大臣李完用氏ᄂᆞᆫ親近ᄒᆞᆫ某氏에게對言ᄒᆞ기를余가辭職ᄒᆞᆫ다ᄂᆞᆫ說은ᄂᆡ外國신聞에屢屢히流傳ᄒᆞᆫ바이나余ᄂᆞᆫ此를見ᄒᆞ고此를聞ᄒᆞᆯ제마다冷笑를ᄒᆞ엿노라然이나難問題를逢着ᄒᆞ면冠을掛ᄒᆞ고責任을逃避ᄒᆞᄂᆞᆫ것은古來로韓國爲政家의常事인ᄃᆞ로此등風說이有ᄒᆞᆷ은怪異치아니ᄒᆞ나旣히身을挺ᄒᆞ야數回의協約을締結ᄒᆞᆫ以上에ᄂᆞᆫ其終을結ᄒᆞᆷ은余의責任이라余雖不敏이나엇지責任을他에게讓ᄒᆞ고獨히身家만保守ᄒᆞ리오어ᄃᆡᄭᆞ지라도初定ᄒᆞᆫ目的을向ᄒᆞ야猛進ᄒᆞᆯ而已오辭職ᄒᆞᆯ意ᄂᆞᆫ夢中에도無ᄒᆞ노라若夫余가辭職ᄒᆞᆯ意가有ᄒᆞ면遭難當時에此를斷行치아니ᄒᆞ얏스리오嘗平酸而志漸固ᄂᆞᆫ余의本領이니君은諒之ᄒᆞ라ᄒᆞ엿다더라

○有何餘望 總相李完用氏가不遠間辭表를奉呈ᄒᆞ기로內定되엿다ᄒᆞᆷ은旣報어니와別樣運動이何等劇烈ᄒᆞ엿든지地位를不失ᄒᆞᆯ希望이有ᄒᆞ다더라

○總理邸談話 內相朴齊純氏ᄂᆞᆫ再昨日上午九時에李總相을私邸로訪問ᄒᆞ고警察官制變更에對ᄒᆞ야長時談話가有ᄒᆞ얏다더라

○韓冷蕭何故 內閣書記官長韓昌洙氏ᄂᆞᆫ前日渡日時에何등所懷를陳述코져ᄒᆞ엿든지新任寺內통監은六次訪問ᄒᆞ엿ᄂᆞᆫᄃᆡ辭色이冷落ᄒᆞᆷ을因ᄒᆞ야一辭를不敢陳述ᄒᆞ엿다더라

○偕統渡韓 公務를因ᄒᆞ야歸國ᄒᆞ엿던度支部荒井次官은本月十五日頃에新任寺內통監과同伴渡來ᄒᆞᆫ다더라

○內警威仍 警察權委任ᄒᆞᆫ後一般警官의進退를詳聞ᄒᆞᆫ즉警視及內部警務局에在勤ᄒᆞ던官吏一同은韓日人을勿論ᄒᆞ고警視總監部에서視務ᄒᆞ고漢城니수경찰署及派出所官吏ᄂᆞᆫ仍舊視務케ᄒᆞᆫ다더라

○司令總部 日憲兵司令부에서制度를신編成ᄒᆞᆫ다ᄒᆞᆷ은已報ᄒᆞᆫ바어니와漢城니에總司令부를設置ᄒᆞ고水原仁川楊州등地에ᄂᆞᆫ分遣隊를設置ᄒᆞ고大尉일名式이駐在ᄒᆞᆯ터이라더라

○叅與又辭 內部松井경務局長이依免된事ᄂᆞᆫ昨日官報로頒布되엿거니와更聞ᄒᆞᆫ즉통監府叅與官의任도辭免ᄒᆞ기로內定되얏다ᄂᆞᆫ說이有ᄒᆞ다더라

○書贈別筵 遞任內部岡次官은昨日上午十一時에該部官吏一同과告別書를相贈ᄒᆞ엿다더라

○臨別告語 別項과如히前內部岡次官及松井警務局長이昨日午前十一時에內部各局課員을大臣官房으로會同ᄒᆞ야告別의辭를陳述ᄒᆞ고警察權委任ᄒᆞᆫ事에關ᄒᆞ야將來의事務處理方針을說明ᄒᆞ엿다더라

○司令狀의先後 度支部에서ᄂᆞᆫ一般官吏의陞級件을再昨日頒布ᄒᆞ엿ᄂᆞᆫᄃᆡ司令狀을判任官에게ᄂᆞᆫ當日에頒給ᄒᆞ엿고奏任官에게ᄂᆞᆫ昨日에頒給ᄒᆞ엿다더라

○三氏陞等 學部編輯局委員鄭寅煥同局雇員金大熙會計課委員文明主氏ᄂᆞᆫ職務에勤勞가有ᄒᆞᆷ으로再昨日該部主事로陞等ᄒᆞ얏다더라

○陞任教員 官立高등女學교囑托玄學子氏ᄂᆞᆫ教育에熱心ᄒᆞ고職務에嫺熟ᄒᆞᆷ으로再昨日該校教員으로陞등ᄒᆞ얏다더라

○郡主事會議 江原觀察道에서管下各郡의郡主事會議를經ᄒᆞ엿ᄂᆞᆫᄃᆡ會議案件을니부로修報ᄒᆞ엿다더라

○又有休金 昨日官報에地方官制를改定ᄒᆞ야地方各警察署를廢止ᄒᆞ고警視以下를陶汰ᄒᆞ엿ᄂᆞᆫᄃᆡ該官吏에게對ᄒᆞ야恩賜金을宜例支給ᄒᆞᆫ外에特別休職金을支撥ᄒᆞ기로ᄂᆡ定되엿다더라

○昨始移接 宮內부大臣閔丙奭氏ᄂᆞᆫ桂洞新買官舍로移接ᄒᆞᆫ다더니拘碍되ᄂᆞᆫ事를因ᄒᆞ야昨日에야移接ᄒᆞ엿다더라

○行政區域 內部에서行政區域一覽表를修定ᄒᆞ엿ᄂᆞᆫᄃᆡ漢城府에ᄂᆞᆫ坊이四十六、洞이一千一百九十九、全國內에ᄂᆞᆫ府가拾一、郡이三百拾七、面이四千三百六拾、洞이七萬六百六拾四이라더라

○總部경官任命 昨日에경務總監부의職員을如左히任命ᄒᆞ엿다더라

韓國憲兵司令官明石元三郞
兼任통監府警務總長
前警視副監具然壽
前警務局경務課長中野有光
任통監府경務官
前경務局保安課長角亥仲藏
前경視廳官房主任靑木戒三
任통監府경務

○警視以下休職 통監府ᄂᆞᆫ再昨日에各道警察부長과경察署長及其他각경察官에對ᄒᆞ야如左히休職을命ᄒᆞ얏다더라

警視京畿道警察부長 向田幸願
仝 慶尙北道仝 岡田宜壽
仝 慶尙南道仝 飯田章
仝 全羅北道仝 村上則正
仝 全羅南道仝 宮川武行
仝 江原도 仝 渡邊素夫
仝 平安南도仝 岩佐秀富
仝 平安北도仝 島田文之助
仝 咸鏡北도仝 陣軍吉
副理事官咸鏡南도仝 本木房吉
경視 忠淸北도仝 阪東榮次郞
仝 南부경察署長仝 相原彦吉
仝 中부 仝 上村豐助
경부 中原垣吉
仝 山田市五郞
仝 松田收吉
仝 梅崎辰太郞
仝 佐藤樹일

文官分限令第拾일條第일項第四項에依ᄒᆞ야休職을命ᄒᆞᆷ

○物議探報 五部各警察署에서警視廳의指揮를承ᄒᆞ야昨日에巡査에게申飭ᄒᆞ되警察權을委任ᄒᆞᆫ結果로物議及狀況의如何를探知報來ᄒᆞ라ᄒᆞ엿다더라

○三週休暇 內部一般官吏ᄂᆞᆫ年例를依ᄒᆞ야三週間을輪回休暇ᄒᆞᆫ다더라

○學城何郡 忠南觀察使崔廷德氏가私立學교의事件으로學部에報告ᄒᆞᆫ니에學城郡이라ᄂᆞᆫ郡名을記錄ᄒᆞ엿ᄂᆞᆫᄃᆡ學城郡은該觀察使가獨自磨練ᄒᆞᆫ郡인지不知ᄒᆞ겟다고批評이有ᄒᆞ다더라

○兩孝請褒 陰城郡德田里成彦敎氏와同郡草川里南基煥氏ᄂᆞᆫ特異ᄒᆞᆫ孝行이有ᄒᆞ니特別褒揚ᄒᆞ라고該道觀察使가니부에修報ᄒᆞ엿다더라

○建策探問 政友會員高義駿氏가寺ᄂᆡ통監이到任ᄒᆞᆫ後에ᄂᆞᆫ三大建議策을提呈ᄒᆞᆫ다ᄒᆞᆷ은已報ᄒᆞᆫ바어니와該建議策을경察官吏가探知ᄒᆞᄂᆞᆫ中이라더라

○官吏痛罵 李在明氏를公判ᄒᆞᆯ時에警視廳에서審問ᄒᆞ던韓日人官吏도該公判廷에叅會ᄒᆞ엿ᄂᆞᆫᄃᆡ李在明氏가本國人官吏를對ᄒᆞ야無理ᄒᆞ다고일場통罵ᄒᆞ엿다더라

○鎭南線開通 平壤鎭南浦間에敷設ᄒᆞᄂᆞᆫ鐵道ᄂᆞᆫ來十月中旬頃에竣工ᄒᆞᆯ터인ᄃᆡ十一月三日에開通式을行ᄒᆞᆫ다더라

○面任當廢 淸安郡守李鐘晦氏가該郡各面面任을廢止ᄒᆞ고該面任등의應食租八十餘石을人民에게除給ᄒᆞ엿다더라

○僞券隱避 前水使李鳳鎬氏가四五年前에保寧郡所在畓文券一차과手票一度로李鍾[illegible]氏와同議ᄒᆞ고京城笠井洞居閔浩植氏에게金貨三百五拾圓을請債ᄒᆞᆫ際에報償이過限ᄒᆞ면典執로僞券를慮ᄒᆞ고依數償給ᄒᆞ겟다고懇請ᄒᆞᆷ으로其期限이已過ᄒᆞ도록一分도未報치아니ᄒᆞᆷ으로該土를放賣ᄒᆞ려ᄒᆞᆫ즉李鳳鎬氏가文券을僞造ᄒᆞᆫ形跡이綻露될가憂慮ᄒᆞ야隱避不見ᄒᆞ더니去陰二月拾四日에路上에서逢着ᄒᆞ야中부警察署에告訴ᄒᆞ엿더니該氏가一일自服ᄒᆞ야自願納限ᄒᆞ고仍卽放還ᄒᆞ엿ᄂᆞᆫᄃᆡ前都事閔亨植氏와무合事를同謀隱避ᄒᆞᄂᆞᆫ지라閔氏가更히擧訴ᄒᆞᆫ다더라

○以公充私 利川郡마도面面長李憲圭氏ᄂᆞᆫ稅金을星火督徵ᄒᆞ야[illegible]私錄을充ᄒᆞᆫ故로洞人民등이日昨에[illegible]務署에呼訴ᄒᆞᆫ故로[illegible]中이라더라

○日々報擴張 大韓日々新聞이停刊된은旣報어니와事務를擴張ᄒᆞᆯ次로再昨日印刷機械金六百餘圓價値를購入ᄒᆞ엿ᄂᆞᆫᄃᆡ不遠開明月館附近으로移接ᄒᆞᆫ다더라

○水虫又生 南部泥峴居日人某ᄂᆞᆫ日前에水桶中에서발生ᄒᆞᆫ水虫二箇를所管警察署에納呈ᄒᆞ엿ᄂᆞᆫᄃᆡ該署에서內部衛生局으로送交ᄒᆞ엿다더라

○最近戶口調査

道	戶數	人口
京畿	一[illegible]八[illegible]	一、二[illegible]、六五六
忠南	一五[illegible]、六八五	八五九[illegible]
忠北	一二〇、[illegible]	五八[illegible]、九五[illegible]
全南	[illegible]	一、三[illegible]
全北	一八[illegible]	八[illegible]
慶南	一八八、八[illegible]	一、五[illegible]
慶北	[illegible]	一、五일七、六二七
黃海	일四四、一일	一、〇六역、九九五
江原	一四〇、〇일〇	六七七、〇[illegible]四
平南	一八七、一七[illegible]	八八三、二九四
平北	一七[illegible]、五一	八八六、二一六
咸南	一四六、四六六	七二九、九九三
咸北	七六、五四八	四二四、八四[illegible]
合計	一、六[illegible]、[illegible]〇八	일[illegible]、三六[illegible]、四〇四

電報

○[illegible] [illegible]義[illegible]附[illegible]致[illegible]으[illegible]謝[illegible]續[illegible]日昨[illegible]發表ᄒᆞ엿다더라

○旅順開放 旅順開放은昨日勅令으로公布ᄒᆞ엿다더라

○英日博覽出品 英日博覽會出品協會의報告를據ᄒᆞᆫ즉去五月中에日英博覽會에서日本物品의放賣額은二千三百九拾七磅에達ᄒᆞ얏ᄂᆞᆫᄃᆡ其後로六月일日브터同九日ᄭᆞ지放賣額을加算ᄒᆞᆫ즉[illegible]千三百四拾磅에達ᄒᆞ엿다더라

[illegible]日東京발 일日着

▲風流世界▼

▲[illegible]黃昏夕에管絃聲이[illegible]ᄒᆞ야[illegible]情이忽발ᄒᆞ니各[illegible]物노리로다

▲[illegible]南山下에運動客이欲成不成[illegible]料理店에餘興으로花[illegible]ᄒᆞ야[illegible]

▲[illegible]이노리로다

▲[illegible]ᄒᆞ야不顧傍人[illegible]

▲[illegible]가노리로다

▲[illegible]數이[illegible]

▲[illegible]風[illegible]에高坐[illegible]

▲[illegible]가노러난다

▲영人바람에[illegible]나서分外新[illegible]ᄒᆞ제[illegible]에新洋服은[illegible]가[illegible]ᄒᆞ다[illegible]烟轉[illegible]노러난다

▲昔[illegible]林[illegible]으로[illegible]時代[illegible]ᄒᆞ야[illegible]

▲[illegible]紅[illegible]가노러난다

▲深[illegible]日[illegible]을[illegible]風에[illegible]除[illegible]

▲[illegible]가노리난다

○遊學生向西 日本留學生某今三拾餘人이夏期休暇를因ᄒᆞ야 ... 去ᄒᆞ엿ᄂᆞᆫᄃᆡ발程時南大門停車場에서警察官吏가該諸學生의

▲筆下斧鉞▼

▲運動運動ᄒᆞ여나온運動車하나도나셧더고校洞閔泳徽라ᄒᆞᄂᆞᆫ兩班이總理를運動ᄒᆞᆫ다ᄂᆞᆫ데統監府某高等官과交涉이頻繁ᄒᆞ다지ᄒᆞᆫ天下에第一무서온권銅神이라네ᄒᆞ監府高等官이무엇이어鬼神도무런다네

▲總理大臣은創傷處가差愈ᄒᆞ엿스나氣力은回復치못ᄒᆞᆷ으로七八朔間은海濱에서避暑ᄒᆞᆫ다지河朔이何處에在ᄒᆞ며湯灘忠의永山을高築ᄒᆞ려면北永海로나가야ᄒᆞᆯ걸

▲平壤에居留ᄒᆞᄂᆞᆫ日人林某와某日本和三郎ᄂᆞᆫ風俗壞亂罪로退韓命을當ᄒᆞ엿ᄂᆞᆫ데民俗을壞亂케ᄒᆞᄂᆞᆫ輩를嚴密調査ᄒᆞ면ᄒᆞ韓에日人이몃치아니남을걸

本人의子河璇이性本浮浪ᄒᆞ야 欺ᄒᆞ諸依홈으로方今留京이오니內外國人間見欺勿홈
果川郡上西面民伯里李鍌澤빅

◉江華郡長峰島耶蘇敎內私立合一學校에義捐諸氏
金仁奎 尹應七 尹應賢 各五圜 崔彝鉉 四圜 張明運 權星五 朴昌實 韓成賢 石萬錫 金景雲 趙成弼 各三圜 趙德文 金德元 金道一 金平根 朴斗完 李寬智 尹善畢 김仁五 各二圜 김龍新 김承熟 全日壽 廉純一 김敬玉 尹碩敎 李載述 김重五 김漢壽 김能順 김春實 李益善 各一圜 李永福 高永弼 김取賢 高起賢 尹德順 各八十錢 李應善 李元善 各六十錢 崔致順 李君善 김順西 韓起祚 各四十錢
敎會內婦人會義捐
김氏 二圜 朴氏 一圜 김氏 김氏 俞氏 김氏 千氏 朴氏 方氏
江華長峰尹應七 告白

惟我 始祖侍中公降生遺址見聖菴局內에東岡公(相愚)墓가在ᄒᆞ나山坂諸麓은爲 侍中公子孫者의公同所有로千餘年守護인바今에東岡子孫秉承이가其祀孫東晉을綢繆ᄒᆞ야見聖암局內를自意定界ᄒᆞ야占奪홀計로山坂管理ᄒᆞᄂᆞᆫ時有司를裁判所에起訴ᄒᆞ엿ᄉᆞ온즉此ᄂᆞᆫ後孫이始祖를起訴홈과如ᄒᆞ니蔑倫敗常홀惟變이無有過此라該山坂의所有權이共存홀惟我 侍中公後裔京鄕各派ᄂᆞᆫ 僉亮ᄒᆞ시옴
豐壤趙氏京宗中 告白

◉趙氏設校 驪州北面堂隅里三興學皿ᄂᆞᆫ東洞居趙근洙氏가야熱心敎授홈으로遠近이稱頌흐다더라 에第二回卒業式을行ᄒᆞ엿ᄂᆞᆫ디卒業生은朴春근吳賢俱李炳彬
◉敎師出捐 永興郡私立廣明學校ᄂᆞᆫ設립以後로一般父老의皿經費로義捐ᄒᆞ미人皆贊頌ᄒᆞ다더라 者인ᄃᆡ該郡好古者의反對를抵抗키不能ᄒᆞ다더니學務委員諸二三人敎師로擔任敎授키難ᄒᆞ다고齋胥憂慮中이라더라

◉共愛堂大藥房製造各種藥品發行表

壯陽復元丹 此ᄂᆞᆫ專治腦ᄒᆞ肺弱 房事色傷 心腎虛弱 遺精多夢、陽위不起 病後虛弱 不下飮食 先天不足 眩暈頭통等症에並妙効가有홈 壹週分壹圜 二週分壹圜八拾錢 四週分三圜四拾錢 八週分六圜四拾錢

虔修 **靈丹** 壹般체症智腹통消化不良心神鬱悶船홈酒醉化담止히口熱惡臭食慾不振등症에並神効

眼科聖藥 **淸眼水** 壹般眼疾、時行眼疾、風熱眼疾、羞明流淚、眼內紅痒등症에撥雲見天之妙(壹瓶金拾錢)

解하 **至寶丸** 專治하疾即氣虛하、遠年長하、一日二日하、難難治之하이라도永々거근홈 壹包金拾錢

皮膚神藥 **靈紋液** 特治皮膚輕疥癬옴、皮風、諸般痒疹、두두러기、옷올넌데다神効홈 壹瓶금三拾錢

五淋專治 **通淋丸** 急慢淋疾、赤빅帶下、방광炎症、ᄃᆡ炎皮濃漏外他淋毒性諸症에신效홈 壹제금五拾錢

梅毒妙効 **神應丹** 楊梅瘡에壹期二期三期를勿問ᄒᆞ고確實이有효、連珠瘡下疳瘡等에幷효 壹제金三圜

腹하신藥 **淸脾丸** 治小兒壹般腹하、面黃、屎靑、左脇별腹에大有奇효홈 一匣金五拾錢

久해神効 **養胃散** 通治經久滯積、呑酸吐사、霍亂、智腹통大便不順等症에奏効如神 壹貼금十五錢

治痰鎭咳丸 專治大人하소、喘息、담結등症에妙 三日分一包금卅錢

特冒感효 **消熱散** 勿論四時傷寒感冒、咽喉疼통、寒熱往來肢節통、飢하非하등症有효 壹貼금拾錢

耳病신효 **淸耳液** 專治耳病即鼓膜炎、內外聽道炎、耳中灼熱疼소癢、濃液流出等症有효 一瓶금十錢

百貼百應 **妙妙膏** 風寒濕氣、胸肩背에牽引疼통、腰膝脚되酸통無力、骨節동통등症에如神 금卄五錢

奏효如신 **能治膏** 各種腫氣、小兒胎毒、부스럼濕腫、生新에並신효 一包금拾錢

大腫拔根膏 大小腫에根째는약 價금拾錢
解凝膏 멍울석히는약 價금拾錢
寸虫去根藥 價금卄錢
齒痛水 충치風치신효 價금七錢五厘
鷄眼膏 티눈째는약 금拾錢
汗斑水 어루럭니약 금十錢
止泄丸 대泄暑泄신효 價금拾五錢
痢疾藥 赤빅痢에신효 價금拾五錢

各種上等金雞納 東西洋有名寶藥 乾材 都賣散賣其他各種藥이具備ᄒᆞ오니
請求를依ᄒᆞ야小包로酬應ᄒᆞ겟습

發行所
皇城南部大廣橋十九統七戶
共愛堂大藥房主 朴容桓 告白

◉特別廣告

路和平堂大藥房
○大韓全國藥品總發行所京城鍾

官登錄 許認可 和

(健胃消滯) **八寶丹** (主治効能)
新舊積滯 急暫關格 霍亂吐사 頭痛眩운 運氣厲疫 預防妙藥

▲本堂에서特히製調發賣ᄒᆞᄂᆞᆫ藥品五十餘種과漢城內各藥房에서新發明혼藥品도俱備혼外에今日醫家에서最大數常用ᄒᆞᄂᆞᆫ獨逸製藥品과其他日本製藥品各種與韓唐草材를直輸入ᄒᆞ야最低廉價로發賣ᄒᆞ오되地方에셔藥品을注文ᄒᆞᄂᆞᆫ境遇에ᄂᆞᆫ郵便小包로迅速付送홈

▲本堂附屬醫院에ᄂᆞᆫ學術과實驗이最著名혼醫士를延聘ᄒᆞ야患者의內外科를勿論ᄒᆞ고精確히診察ᄒᆞ야施療ᄒᆞᄂᆞᆫ中或外方에셔病의症候만錄送ᄒᆞ시면其病에適應ᄒᆞ도록製藥ᄒᆞ와郵便으로即時送呈홈

▲本堂의支店과代理店이我國境內에多數設立된中以後外方에셔支店과代理店을請求ᄒᆞᄂᆞᆫ同時에ᄂᆞᆫ藥品은依例送呈ᄒᆞ려니와其他本舖細則도並送홈

▲本堂에셔ᄂᆞᆫ特히漢城內醫業界와商業界와各社會와各官廳을連絡ᄒᆞ와藥品발展上便利키爲ᄒᆞ야電話를設備ᄒᆞ엿ᄉᆞ오니誰某시든지藥品을電話로請求ᄒᆞ시면本舖에셔傳人送呈홈

京城鍾路和平堂大藥房本舖
主任 李應善

電話番號
電話 壹六九七番
電略話 (화) (ㄱ)

◉特別廣告

◉大韓全國에은本堂製造發行ᄒᆞᄂᆞᆫ藥品

消化新藥 **淸心保命丹** 此丹은化痰止咳ᄒᆞ고順氣消滯ᄒᆞ며恒常長服ᄒᆞ면腸胃가健全 大補元氣ᄒᆞ고滋腎健腦ᄒᆞ며先天不足과脾위不調에一切神効

蛔積殺虫散 此약은회積과회腹痛과회虫一切을去根ᄒᆞᄂᆞᆫ良劑

久滯大通丸 此丸은年久滯積와宿滯後重이며智腹痛에神効莫大홈

梅花點膏 毋論男女ᄒᆞ고花柳病編ᄒᆞ一切去根快復ᄒᆞᄂᆞᆫ良藥

眼疾速効 **光明眼藥** 諸般眼疾에隨症皆差ᄒᆞᄂᆞᆫ東洋에初有혼寶藥

此丹은急혼吐瀉關格이며가슴아픈와滯痛과痢疾에神効

感氣神効 **解熱散** 寒熱往來ᄒᆞ며傷寒非寒과頭痛眩暈와肢節痛에其効가偉大

耳鼻靈藥 **耳鼻神藥** 無論男女ᄒᆞ고耳聾鼻塞이며耳鼻에關혼病은隨症並差

疝症根根 **疝積湯** 諸般산症에大談出賣홈

티눈과못과 **拔根藥** 티눈과못과ᄉᆞ마귀를째ᄂᆞᆫ藥

止足汗臭藥 手足의汗臭를除却ᄒᆞᄂᆞᆫ藥

去核生新 **沃度膏** 創瘡과腐傷과곱센ᄃᆡ去核生新ᄒᆞ기ᄂᆞᆫ第一發明

最新改良 **百應膏** 無論男女老少ᄒᆞ고痒瘡癩瘡痰瘡諸般瘡瘡에壹切特效가有홈

淋疾藥各種 淋疾各症에壹週日만服ᄒᆞ면病根快復ᄒᆞ고腎氣가完全홈

各種洋藥各種과◉賣藥各種◉都賣散賣
◉遠地에ᄂᆞᆫ郵便小包로申速酬應홈

漢城南大門內濟生堂大藥房 李庚鳳
代辦主任 李興國 白
電話 壹七二八番
電略 (제) 又 (卄 亻)

檀君開國四千二百四十三年
[illegible]元年二千[illegible]十二年
大韓開國五百十九年
本報創刊日 光武八年七月十八日

大韓每日申報

發行兼編輯人 李章薰
發行所 京城中部布屛門二宮街 二層洋屋大韓每日申報社
第八卷 月曜及慶節歲時日休刊 第壹千四百廿五號

論說

權利의思想 續

是以로弱者가愈弱ᄒᆞ야奴隸의性質이日以愈深ᄒᆞ니一人을對ᄒᆞ야도如是ᄒᆞᆫ것이오團體를對ᄒᆞ야도如是ᄒᆞᆫ것이오外國을對ᄒᆞ여도如是ᄒᆞᆫ것인즉生存競爭이最劇最烈ᄒᆞᆫ塲에立ᄒᆞ야如何ᄒᆞᆯ줄을知치못ᄒᆞᆯ지니軀殼은一丈夫貌를粧出ᄒᆞ엿스나心肺은一木偶形을自作ᄒᆞ엿도다

人人이我가人을對ᄒᆞ야當盡ᄒᆞᆯ責任이有ᄒᆞ고내가나를對ᄒᆞ야當盡ᄒᆞᆯ責任이有ᄒᆞ니人與我間에相對ᄒᆞᄂᆞᆫ責任을當奈何라ᄒᆞ야得當타ᄒᆞ리오自捍自保ᄒᆞᄂᆞᆫ良能은血氣가有ᄒᆞᆫ者의公例라我韓人은仁을言ᄒᆞ기를善ᄒᆞ고泰西人은義를言ᄒᆞ기를善ᄒᆞ니仁이란者ᄂᆞᆫ我가人에게利케ᄒᆞ면人도我에게利케ᄒᆞ고義란者ᄂᆞᆫ我와人을害치아니ᄒᆞ나人이我를害케ᄒᆞᄂᆞᆫ것을許치아니ᄒᆞᄂᆞ니數千年來로大同太平ᄒᆞᆫ世에在ᄒᆞ야ᄂᆞᆫ不必更言이어니와今日에在ᄒᆞ야ᄂᆞᆫ義라ᄒᆞᄂᆞᆫ者ᄂᆞᆫ誠救世ᄒᆞᄂᆞᆫ要道로다

我韓人民은在上者의仁政을日望ᄒᆞ야仁을遇ᄒᆞ면嬰兒를自作ᄒᆞ고不仁을遇ᄒᆞ면魚肉을自悲ᄒᆞ니權利의思想이韓人腦髓中에斷絶ᄒᆞᆫ지가已久ᄒᆞ도다楊朱所謂人々이一毛를損치아니ᄒᆞ야天下에利케아니ᄒᆞ여야天下가治ᄒᆞᆫ다ᄒᆞ엿스니世人의深惡ᄒᆞ며憎ᄒᆞᆫ者이나而今에思ᄒᆞ면蓋亦所見이有ᄒᆞᆫ다ᄒᆞᆯ지로다

其所謂人人이不利天下者ᄂᆞᆫ固公德의蟊賊이어니와人人이不損一毛者ᄂᆞᆫ亦權利의保障이라ᄒᆞᆯ것은비록至愚至不肖ᄒᆞᆫ者ㅣ라도一毛를愛ᄒᆞᆯ줄을知ᄒᆞᄂᆞ니此ᄂᆞᆫ一毛를損ᄒᆞᆷ이아니나此를爭ᄒᆞᄂᆞᆫ者ᄂᆞᆫ人이我의一毛의所有ᄒᆞᆫ權을損ᄒᆞᆯ가爭ᄒᆞᄂᆞ니一部分의權利를合ᄒᆞ야全體의權利를成ᄒᆞ고一私人의權利思想을積ᄒᆞ야全國의權利思想이生ᄒᆞᄂᆞᆫ故로此思想을養成ᄒᆞᄂᆞᆫ것이必自箇人으로始라ᄒᆞ노니人人이一毛의損을肯치아니면他人의鋒으로一毛를損ᄒᆞᄂᆞᆫ것이라도防禦ᄒᆞᆯ지니故로曰天下治라ᄒᆞᄂᆞᆫ것이虛言이아니로다

權利思想이란者ᄂᆞᆫ내가내게對ᄒᆞ야義務에應盡ᄒᆞᆯ뿐아니라一私人이一公羣에對ᄒᆞ야義務를應盡ᄒᆞᄂᆞᆫ者인즉兩陣이交鋒ᄒᆞᆯ時에同隊中에在ᄒᆞᆫ人이總히生命으로公敵을當ᄒᆞ기로賭ᄒᆞᄂᆞᆫᄃᆡ其中一人이安逸을獨貪ᄒᆞ야競爭을避ᄒᆞ고曳兵而走ᄒᆞ면其人이生命을엇지保全ᄒᆞ리오此ᄂᆞᆫ同隊에人이己를代ᄒᆞ야抗敵ᄒᆞ기를恃ᄒᆞᆷ이나全軍將卒이此怯夫와同一ᄒᆞ야望風爭逃ᄒᆞ면畢竟은敵에게屠戮ᄒᆞᄂᆞᆫ바이될지로다

大抵强與强이相遇ᄒᆞ고權與權이相衡ᄒᆞ면於是乎和善美의新法律이乃成ᄒᆞ야舊法律과新法律이一宣戰書를成ᄒᆞ리니血風肉雨中에薰沐而來ᄒᆞ면舊法律中에新權利를養成ᄒᆞ야吾人의權利를他人에게讓치勿ᄒᆞ야今日에進一步ᄒᆞ고明日에進一步ᄒᆞ면아韓의權利世界를作ᄒᆞ리로다 (完)

官報

◎第四千七百二十號
▲隆熙四年 七月二日(土曜)

叙任及辭令

○六月二十八日 大西茂一 任財務監督局技手叙判任官二等

○六月二十六日 金永軾 任郡主事叙判任官五等

○六月二十八日 緒方金吾 任土地調查局技手叙判任官四等

○六月三十日 許廉 任崇善殿參奉叙判任官五等 財務署主事藤掛眞一 依願免本官

(六月二十八日度支部)

外報

◎美國陸軍卿渡日 桑港來電을據ᄒᆞᆫ즉美國陸軍卿디킨손氏ᄂᆞᆫ本月十五日頃에日本에渡來ᄒᆞᆫ다ᄂᆞᆫᄃᆡ同氏의隨行員은日前에現在美國大統領타푸트氏와同件ᄒᆞ야渡日ᄒᆞ엿던陸軍大佐에드와드氏라더라

◎朝日新聞員 伯林來電을據ᄒᆞᆫ즉日本大阪朝日新聞社의世界一周會員等은伯林에到着ᄒᆞ야商業會議所를訪問ᄒᆞ얏다더라

◎土宰相宣言 倫敦來電을據ᄒᆞᆫ즉土相은下院에서說明ᄒᆞ기를크리트島를保護列國의土國에對ᄒᆞᆫ堅實ᄒᆞᆫ友情과且希臘에對ᄒᆞᆫ態度를賞讚ᄒᆞ고또土耳其人은列國政府에서土國政府로ᄒᆞ여곰正當ᄒᆞᆫ處置를執ᄒᆞ게ᄒᆞᆯ堂々ᄒᆞᆫ態度에對ᄒᆞ여注意ᄒᆞ기를希望ᄒᆞ노라ᄒᆞ얏다더라

◎人口와醫師 人口十萬에對ᄒᆞ야醫師의比例ᄂᆞᆫ英國에百五十人이오德國에四十八人이오瑞西에四十二人이오露國에十五人이라더라

◎日露協約의要旨 聖彼得堡通信을據ᄒᆞᆫ즉近々發布될日露協約中滿洲에關ᄒᆞᆫ條款의要旨ᄂᆞᆫ左의二個條에分ᄒᆞ리라더라

一 領土와行政등은現狀을維持ᄒᆞ고鐵道上의利益을統一케ᄒᆞᆯ事

二 東淸及南滿鐵道會社間에朝鮮滿洲協商ᄒᆞ야滿蒙地域와大連間의貿易을調整ᄒᆞ고또日露兩國間의運輸에對ᄒᆞ야편利ᄒᆞᆫ運輸貫率을設ᄒᆞᆯ事

雜報

李在明氏의公判 續

(裁)其時일進會와大韓協會가合邦聲明書를起草ᄒᆞ야서合邦될줄노認定ᄒᆞ얏느뇨合邦은不憤ᄒᆞ나行爲가不測ᄒᆞ여서然ᄒᆞ엿느뇨(李)兩端뿐아니오(裁)前日에ᄂᆞᆫ李容九를殺ᄒᆞ려ᄒᆞ고餞塲에서ᄂᆞᆫ李完用을殺害ᄒᆞᆯ思想이有ᄒᆞ엿더뇨(李)不然ᄒᆞ오當初에李完用李容九뿐아니라逆賊놈은一幷殺盡ᄒᆞᆯ思想이有ᄒᆞ엿소(裁)平壤에下去ᄒᆞᆯ時에李完用殺害ᄒᆞᆯ思想을胸中에懷抱ᄒᆞ엿더뇨(李)然ᄒᆞ얏소(裁)談議論을발ᄒᆞᆯ時에幾人이나在ᄒᆞ얏더뇨(李)七人이在ᄒᆞ얏소(裁)七人이期會ᄒᆞ기ᄂᆞᆫ何端을因ᄒᆞ얏느뇨(李)其時에ᄂᆞᆫ偶然히會ᄒᆞ야서時局의狀態를痛論ᄒᆞ다가總理李完用을爲先殺害ᄒᆞ여야五百年宗社와二千萬同胞의生命을保全ᄒᆞ겟다ᄒᆞ얏소(裁)其時에李在明은李完用을殺ᄒᆞ기로唱道ᄒᆞ고金貞益은李容九를殺ᄒᆞ기로唱道ᄒᆞ얏지(李)然ᄒᆞ얏소(裁)其時에被告李在明도李容九를殺害ᄒᆞᄂᆞᆫ것이必要ᄒᆞ다ᄒᆞ얏느뇨(李)不然ᄒᆞ오金貞益은李容九를殺害ᄒᆞᆫ다ᄒᆞ얏소(裁)向來地方裁判所와檢查에게ᄂᆞᆫ朴泰殷의言辭를從ᄒᆞ야李完用李容九를一幷殺害ᄒᆞᆫ다고ᄒᆞ얏지(李)決斷코余意ᄂᆞᆫ不然ᄒᆞ오(裁)昨年半月島에去ᄒᆞ야在ᄒᆞᆯ時에議論을발起ᄒᆞ얏지李完用을可殺이라ᄒᆞᆫ者ᄂᆞᆫ被告金丙祿이아니며李容九를可殺이라ᄒᆞᆫ者ᄂᆞᆫ趙昌鎬李東秀가아니냐(李)談件은不知ᄒᆞ겟소(裁)初意ᄂᆞᆫ李容九를殺害코저ᄒᆞ다가及其現塲에ᄂᆞᆫ李完用을行刺ᄒᆞ엿스니此ᄂᆞᆫ何端이뇨(李)到底히不然ᄒᆞ오(裁)京城에在ᄒᆞ다가平壤으로下去ᄒᆞ야議論ᄒᆞᆯ時에李容九를殺ᄒᆞ다ᄒᆞ다가其後에ᄂᆞᆫ李完用을殺ᄒᆞ려ᄒᆞ엿스니李完用을殺ᄒᆞ면內閣의서合邦을停止ᄒᆞᆯ터라思料ᄒᆞ여서然ᄒᆞ엿느뇨(李)不然이라吾의思想에ᄂᆞᆫ一二漢뿐아니라內閣에不測ᄒᆞᆫ事만爆出ᄒᆞᄂᆞᆫ部類ᄂᆞᆫ一齊히撲形的으로盡殺ᄒᆞ려고決心ᄒᆞ엿소(裁)平壤으로브터上京ᄒᆞᆯ時에周旋이充備ᄒᆞ야到今에ᄂᆞᆫ着子히도無難ᄒᆞ다ᄒᆞ고來ᄒᆞ엿느뇨(李)그ᄂᆞᆫ然ᄒᆞ얏든지生覺못ᄒᆞ겟소(裁)其時에京에來ᄒᆞ야白召史家에서留連ᄒᆞᆯ時에李東秀와同留ᄒᆞ얏더뇨(李)然ᄒᆞ얏소(裁)白召史家에留ᄒᆞᆯ時에金丙祿을招來ᄒᆞᆷ은何端이뇨(李)招來ᄂᆞᆫ無ᄒᆞ오(裁)然ᄒᆞ면金丙祿은何處에서相見ᄒᆞ얏느뇨(李)路上에서逢見ᄒᆞ얏소(裁)김丙祿은誰家에留宿ᄒᆞᆫ다ᄒᆞ더뇨(李)其時에신門外林崗正家에서留宿ᄒᆞᆫ다ᄒᆞ더이다(裁)其時김丙祿을何物을給與ᄒᆞ여서同往ᄒᆞ려ᄒᆞ얏느뇨(李)아모것도給與ᄒᆞᆷ이無ᄒᆞ오(裁)其前日에도恒時議論ᄒᆞᆫ바有ᄒᆞ얏느뇨(李)其前에此등事를言及ᄒᆞ던辭讓ᄒᆞᆫ事가有ᄒᆞ얏스니恒時言論아니ᄒᆞᆫ것을可히알거시지오(裁)其前에人을紹介ᄒᆞ야金을取貸ᄒᆞᆫ事가有ᄒᆞ얏지(李)有ᄒᆞ얏소(裁)何人에게取來ᄒᆞ얏느뇨(李)安泰國宋奈원에게取金ᄒᆞᆫ事有ᄒᆞ얏소(裁)取金日字ᄂᆞᆫ何時쯤되ᄂᆞ뇨(李)仔細히生覺못ᄒᆞ겟소(裁)幾圓이나取來ᄒᆞ얏ᄂᆞ뇨(李)初次四拾圓再次ᄂᆞᆫ拾圓인지未詳ᄒᆞ오(裁)取來ᄒᆞᆫ金은謀殺ᄒᆞᄂᆞᆫ事에對ᄒᆞ야用ᄒᆞ려고取ᄒᆞ엿ᄂᆞ뇨(李)不然이오(裁)何處에用ᄒᆞ려고取ᄒᆞ얏ᄂᆞ뇨(李)他處細瑣ᄒᆞᆫ事에用ᄒᆞ려고取來ᄒᆞ엿소(裁)短刀ᄂᆞᆫ何處에서得ᄒᆞ얏ᄂᆞ뇨(李)全대션에게付托ᄒᆞ야得來ᄒᆞ얏소(裁)何時에入手ᄒᆞ얏ᄂᆞ뇨(李)昨年七月分이오(裁)또短刀일介ᄂᆞᆫ何處에서得ᄒᆞ얏ᄂᆞ뇨(李)此ᄂᆞᆫ나의所有件이오(裁)此兩刀로完用과容九를殺ᄒᆞ려ᄒᆞ얏지(李)果然實狀이오(裁)七連발은何處에서得來ᄒᆞ얏ᄂᆞ뇨(李)全泰善에게得來ᄒᆞ얏소(裁)六穴砲ᄂᆞᆫ何處에서得ᄒᆞ엿ᄂᆞ뇨(李)此ᄂᆞᆫ나의所有件이오十二点에公判을休憩ᄒᆞ얏다가午后二時에繼續開庭ᄒᆞ다

▲김丙祿에게對ᄒᆞ야

(裁)被告ᄂᆞᆫ曾往에馬役ᄒᆞᆫ事가無ᄒᆞ뇨(김)初無ᄒᆞ오(裁)李在明을何地何時에逢着ᄒᆞ엿던뇨(김 五年前에美國에서逢着ᄒᆞ얏소(裁)李在明과親密ᄒᆞ지(김)親密ᄒᆞ든못ᄒᆞ오(裁)김丙祿控訴事實은明治四十二年十二月에李在明과相逢ᄒᆞ야서完用과容九를殺害ᄒᆞ자발論ᄒᆞ엿지(김)不然ᄒᆞ오(裁)美國에서渡來ᄒᆞ야平壤에下去ᄒᆞ야서談謀殺論을발起ᄒᆞ엿지(김)不然ᄒᆞ오(裁)其時에李在明이尋來ᄒᆞ야李完用을殺害ᄒᆞ자고言論ᄒᆞᆷ이有ᄒᆞ엿ᄂᆞ뇨(김)不然ᄒᆞ오(裁)檢查塲에서ᄂᆞᆫ關謀ᄒᆞ엿다고아니ᄒᆞ엿ᄂᆞ뇨(김)其時에ᄂᆞᆫ惡刑을堪耐치못ᄒᆞ야서同謀아니ᄒᆞᆫ것을不得已발口ᄒᆞ엿소(裁)李在明이書信을送致ᄒᆞ야서丙祿을請來ᄒᆞᆫ事가有ᄒᆞ엿지(김)有ᄒᆞ엿소(裁)何端이뇨(김)商議ᄒᆞᆯ事가有ᄒᆞ야서來ᄒᆞ라ᄒᆞᆫ事러이다 (未完)

雜報

◎副統監의入城期 山縣副統監의一行은明日午前拾時에仁川에入港ᄒᆞ야同日午後三時四拾九分에南대門에到着ᄒᆞᆯ預定이라더라

◎觀察其効 前郡守安升玉氏는總相李完用氏가溫泉에서治療時에前往ᄒᆞ야始終을同히經過ᄒᆞ다가携手歸京ᄒᆞᆫ後晨夕으로李相邸에待令ᄒᆞ야秘密運動이有ᄒᆞ엿다ᄂᆞᆫ디신任統監赴任後에觀察使一窠ᄅᆞᆯ圖得ᄒᆞᆯ希望이有ᄒᆞ다더라

◎以下依舊 警察官制變更에對ᄒᆞ야警部以上은多數遞任되ᄂᆞᆫ디以下官吏ᄂᆞᆫ依舊勤務케ᄒᆞᆫ다더라

◎일轉再轉 前경視副監具然壽氏가統監府경務官으로轉任되엿스나將次府尹을被任ᄒᆞ리라ᄂᆞᆫ說이浪藉ᄒᆞ다더라

◎以日代日 中署署長上村豊助의休職ᄒᆞᆫ代에西署署長鈴木으로南署署長桐原의休職ᄒᆞᆫ代에內部경務局警視今村이가被任ᄒᆞ엿다더라

◎休職月俸 各地方警察部長으로今番休職을當ᄒᆞᆫ人에게ᄂᆞᆫ元月俸三分의일을일年間爲限ᄒᆞ고休職金을支撥ᄒᆞ기로內定ᄒᆞ엿다더라

◎巡補月俸 警察官制가變更頒布된後로韓人巡査補의月俸은八等에金十五圓을支給ᄒᆞᆫ다ᄂᆞᆫ說이有ᄒᆞ다더라

◎陞級期限溯考 各道觀察使가管下各郡守의陞級件을內部로提呈ᄒᆞ엿ᄂᆞᆫ디內部에서ᄂᆞᆫ期限月日을溯考ᄒᆞᄂᆞᆫ中이라더라

◎花月別宴 漢城府尹張憲植澤田地方局長前警視副監具然壽諸氏등이발起ᄒᆞ야本日午后六時에花月樓에서晚餐會ᄅᆞᆯ設ᄒᆞ고遞任된前內部次官及松井警務局長若林경視總監을請待ᄒᆞᆫ다ᄂᆞᆫ디內部일般高등官이往參ᄒᆞᆫ다더라

◎若林告別 前警視總監若林은昨日하午일時에該廳內에서韓日兩國官吏ᄅᆞᆯ會同ᄒᆞ야告別辭ᄅᆞᆯ陳述ᄒᆞ엿다더라

◎京城경察署配置 京城경察署의配置ᄂᆞᆫ鐵路ᄅᆞᆯ中心으로삼아南北에分ᄒᆞ야南부경察署及北부경察署ᄅᆞᆯ置ᄒᆞ고從來에有ᄒᆞ던各경察署ᄂᆞᆫ其分署로ᄒᆞ고更히 皇宮경察署와龍山경察署ᄅᆞᆯ置ᄒᆞ야合計四個處인디其署長은如左히內定되엿다더라

南부경察署長경視 今村鞆
北부경察署長同 鈴木重民
龍山경察署長同 濱島尹松
皇宮경察署長同 呼子友일郞

◎憲隊新制 憲兵隊編成改正ᄒᆞᆫ結果로拾三도에憲兵隊ᄅᆞᆯ신設ᄒᆞ고統監府警察官署官制第八條의規定에依ᄒᆞ야各도경務部長은憲兵隊長으로任命ᄒᆞ기로決定ᄒᆞ야如左히任命ᄒᆞ엿더라

陸軍憲兵中佐藥師川常議
任水原憲兵隊長
任京畿도警務部長
陸軍憲兵中佐石井權藏
任大邱憲兵隊長
任慶尙北도警務부長
同 少佐水間春明
任신義州憲兵隊長
任平安北도경務부長
同 中佐杉村勇次郞
任平壤憲兵隊長
任平安南도경務부長
同 少佐寺平宮吉
任春川憲兵隊長
任江原도警務부長
同 中佐限부親信
任鏡城憲兵隊長
任咸鏡北도경務부長
同 少佐白山靖
任元山憲兵隊長
任咸鏡南도警務부長
同 少佐前田昇
任晋州憲兵隊長
任慶尙南도警務부長
同 少佐櫻井茂三郞
任公州憲兵隊長
任忠淸南도경務부長
同 少佐墻澤毅夫
任海州憲兵隊長
任黃海도경務부長
同 少佐笠貞治郞
任光州憲兵隊長
任全羅南도警察부長
同 中佐吉廣庚
任全州憲兵隊長
任全羅北도警察부長

◎水野行政視察 세京中에在ᄒᆞ던日本內務省水野參與官은昨日午前九時二十分에京釜線列車로발程ᄒᆞ엿ᄂᆞᆫ디大邱에서일夜ᄅᆞᆯ留宿ᄒᆞ고該地行政을視察ᄒᆞᆫ다더라

◎只陞四人 度支部官吏의陞級辭令狀을頒給ᄒᆞ엿다ᄒᆞᆷ은既報어니와韓人奏任官中에ᄂᆞᆫ四人만陞級되엿다더라

◎關東學事視察 學部主事鄭泰煥氏와日人秋山은江原道地方에學事ᄅᆞᆯ視察ᄒᆞ기爲ᄒᆞ야日間발程ᄒᆞᆫ다더라

◎校監會往參 學部日人主事鐵山杖太郞及山口일郞等은黃海觀察道교監會議에參與ᄒᆞ기爲ᄒᆞ야來月曜日에出張ᄒᆞᆫ다더라

◎明治辭令繕給 警視廳及內部경務局一般官吏가통監府警務總監部로轉任ᄒᆞᆷ은一般知了ᄒᆞᄂᆞᆫ바어니와昨日에통監府의命意로明治年号로辭令書ᄅᆞᆯ一切繕給ᄒᆞ엿다더라

◎警署明治 各警察署에서昨日爲始ᄒᆞ야上部報告文字와其他諸般文簿上에隆熙年號ᄂᆞᆫ除却ᄒᆞ고明治年號ᄅᆞᆯ記錄施行ᄒᆞᆫ다더라

◎休職者와恩賞 今番에경察機關組織變更을因ᄒᆞ야休職을當ᄒᆞᆫ경官에게ᄂᆞᆫ特別히恩賞금을支給ᄒᆞᆫ다ᄂᆞᆫ說이有ᄒᆞ다더라

◎校員褒狀規則 學部에서各官公立學校의職員효績에關ᄒᆞ야褒狀規則을制定ᄒᆞ엿다더라

◎女校細則 學部에서官립高等女學교에施行細則을制定頒布ᄒᆞ엿다더라

◎獨立紀念祝賀 明日은美國獨립紀念日인故로伊日上午九点브터十点ᄭᆞ지京城에駐在ᄒᆞᆫ該國總領事館에서內外國官吏의祝賀ᄅᆞᆯ受ᄒᆞᆫ다더라

◎紀念會禮式 別項과如히明日米國獨立紀念日에米國總領事代理ᄂᆞᆫ同日上午九時로拾時半ᄭᆞ지內外國官吏의祝賀ᄅᆞᆯ公式으로受ᄒᆞᆯ터인디服裝은大禮服으로ᄒᆞ며又同日下午八時로브터拾時ᄭᆞ지該總領事館內에서私式으로園遊會ᄅᆞᆯ開ᄒᆞᄂᆞᆫ디來賓의服裝은韓日通常服及通常官服이라더라

◎警廳物品移運 前警視廳及內部警務局에서應用ᄒᆞ던諸般物品을昨日筆洞憲兵司令部內로移運ᄒᆞ엿다더라

◎恩金支給協議 宮內府役員孫俊錫등이無端陶汰ᄅᆞᆯ被ᄒᆞ고恩賜金을支給ᄒᆞ라고日前에請願書ᄅᆞᆯ提呈ᄒᆞ엿다ᄒᆞᆷ은既報어니와該府에서金三十圓以上을支給ᄒᆞ기로協議中이라더라

◎派員調査 前判書金晚秀氏가始興郡에在ᄒᆞᆫ草坪事件으로殖産會社와裁判을提起ᄒᆞ엿슴으로京城地方裁判所에서實地調査ᄒᆞ기爲ᄒᆞ야日間官吏一人을派送ᄒᆞᄂᆞᆫ디辯護士卞榮晚氏ᄅᆞᆯ帶同前往ᄒᆞᆫ다더라

◎測量技手料金 水原觀察道에서ᄂᆞᆫ試取ᄒᆞᆫ測量技術員에게測量手數料金規則을日前에分給ᄒᆞ엿다더라

◎同僚賻金 內部主事崔秉相氏가昨日에其親喪을遭ᄒᆞ엿ᄂᆞᆫ디該部일般官吏가賻儀금을收合捐助ᄒᆞᆫ다더라

◎韓銀行의純益 韓國銀行에서ᄂᆞᆫ去六月三拾日에本年度上半期의決算을ᄒᆞ엿ᄂᆞᆫ디純利益은本店、支店、及出張所ᄅᆞᆯ合算ᄒᆞ야二萬六千二百四拾圓八錢이라더라

◎京城各銀行預金額 六月拾五日現在의京城各銀行의預金額은如左ᄒᆞᆫ디此ᄅᆞᆯ五月拾五日現在와比較ᄒᆞ면公금預금二萬九千二百三拾三圓、定期預금二萬八千六百三拾三圓、當座預금二拾四萬三千百二拾六圓이減ᄒᆞ고特別當座預金일萬九千百三拾六圓、諸預金二萬九百五십일圓이增加되엿다더라

公금預금 九拾八萬일千四百五拾圓
定期預금 二百三拾二萬千五百四十二圓
當座預금 二百五十六萬六千五百十壹圓
特別當座預금 百四十萬八千八百二拾五圓
諸預금 百五萬七千二百六十一圓
計八百三十三萬五千五百三十九圓.

◎運送契約 南門外韓日運送會社에서ᄂᆞᆫ滊車運送物을一切專擔ᄒᆞ기로日前에更히契約을成ᄒᆞ엿슴으로三昨日에盛大ᄒᆞᆫ開業式을設行ᄒᆞ엿다더라

◎聖經發刊協議 大同教에서ᄂᆞᆫ聖經이라ᄂᆞᆫ冊子ᄅᆞᆯ발刊ᄒᆞᆯ次로目下協議中이라더라

◎無所不爲 李學宰ᄂᆞᆫ新門外에柴場基址ᄅᆞᆯ修築ᄒᆞ고地段稅ᄅᆞᆯ收入ᄒᆞᆯ次로目下運動中이라더라

◎平會財政硏究 韓國平和協會에서三昨日下午一時에理事員會ᄅᆞᆯ開ᄒᆞ고財政方針을硏究ᄒᆞ엿다더라

◎平會相見禮 平和會에서本日下午七時에會員의相見禮ᄅᆞᆯ明月館內에서設行ᄒᆞᆫ다더라

◎車場落成 釜山港에新建築ᄒᆞᄂᆞᆫ停車場은本月末日頃에竣工될터인ᄃᆡ來八月一日에落成式을設行ᄒᆞᆫ다더라

◎是何事件 東部蓮洞居庭監姜重天氏ᄂᆞᆫ何등重大ᄒᆞᆫ事件이有ᄒᆞᆫ지三昨日所管警察署에被捉ᄒᆞ엿스며該氏家內外ᄅᆞᆯ一幷搜索ᄒᆞ엿ᄂᆞᆫ디前後庭除ᄭᆞ지掘見ᄒᆞ엿다더라

◎老耄蠻行 中部[illegible]洞居洪僉使爲名人은年今七旬에親知間妻妾을誘引매淫ᄒᆞ기로生計ᄅᆞᆯ作ᄒᆞ더니近日에ᄂᆞᆫ胡鞋短杖으로周行ᄒᆞ다가某大官의妾을紹介居質ᄒᆞᆫ事實이綻露되야一場困迫을當ᄒᆞ엿다더라

◎晋校懇親 驪州郡金沙面晋通學校에서ᄂᆞᆫ日前에附近各郡各學교와聯合ᄒᆞ야大懇親會ᄅᆞᆯ開ᄒᆞ고各面里長ᄭᆞ지招待ᄒᆞᆫ다더라

電報

◎總裁訓示 桂總裁와後藤副總裁ᄂᆞᆫ昨日에拓殖局에來ᄒᆞ야事務의訓示가有ᄒᆞ엿다더라

◎國民黨의調査方針 國民黨政務調査會에서ᄂᆞᆫ生産調査會에서決定ᄒᆞᆫ各項中에必要로認ᄒᆞᆫ件은時機ᄅᆞᆯ見ᄒᆞ야調査研究ᄒᆞᆯ터이라더라

◎錦愛經過 錦愛鐵道建設問題에關ᄒᆞ야其主張되ᄂᆞᆫ美國代表者스도레트氏ᄂᆞᆫ方今露都에서露國外相과協議中인ᄃᆡ露國의態度ᄂᆞᆫ頗히强硬ᄒᆞᆯ뿐너러彼東淸鐵도橫斷線에對ᄒᆞ야ᄂᆞᆫ重大ᄒᆞᆫ利害關係가有ᄒᆞᆷ으로露國諸신聞은일致ᄒᆞ야反對ᄒᆞᆫ다더라

以上東京발 二日着

◢禽語亂耳◣

◢傷弓鳥가復鳴ᄒᆞ니其聲喋喋含毒이라爾將何其最長ᄒᆞ야東海水ᄅᆞᆯ一啄ᄒᆞ고太和魂이滿腔ᄒᆞ니南枝戀이已斷이라靑邱鏤土闌出ᄒᆞ야一丸泥ᄅᆞᆯ口含ᄒᆞ고投諸扶桑海濱ᄒᆞ야杜鵑春沐自尊ᄒᆞᆯ제蹌蹌爾勝已租ᄒᆞ니五條約과七協約을超羣功勞自誇ᄒᆞ야遍身彩羽玲瓏ᄒᆞ니飛去飛來任意라가何來暗暗暮雲天에驚魂落魄哀鳴이라劍水刀山疊疊處에夢中섬語발作ᄒᆞ니爾多口分無憚ᄒᆞ나佯作일笑還笑로다還山想이頓絶ᄒᆞ고將來凶謀欲輸ᄒᆞ니무슴未業定圖런고咏人鵬而不厭인가喙歸去而不厭인가揮之不去逐不去ᄂᆞᆫ倘不畏人不飛런가爾口開鳴唐突인고일夜東風最惡ᄒᆞ면爾巢兮可憐ᄒᆞ다

▲唾餘成珠▼

▲總理と自己地位가依然히鞏固케된다고逢人大談ᄒᆞᆫ다지罶爪ᄒᆞᆫ바람의別計策이또셩겻と지總理자리と李完用氏의물건인줄노만아と게여

▲韓昌洙氏と別々슈나싱길줄알고日本에渡往ᄒᆞ야新統監을訪問ᄒᆞ다가冷待를밧엇다지그물에걸늘도飛去東海風이로고

▲近日에觀察使가郡守를薦報ᄒᆞ는權限이잇더니엽と고을을서로設立ᄒᆞと權限도잇다지忠南觀察使崔廷德氏가學城에私立學校事件으로報告ᄒᆞ엿다니忠南에學城郡이잇と지該觀察使의私有邑인게여

社告

三和港支社員裴亨湜氏辭免ᄒᆞᆫ代에該港碑石洞李元淳氏로擇定ᄒᆞ엿ᄉᆞ오니該附近地에서本申報購覽諸氏と李元淳氏와交涉ᄒᆞ시오

大韓每日申報社

廣告

本人이陰五月廿三日에平壤停車場에서銀貨六十元과紙貨십元과本人의姓名을正字로刻ᄒᆞᆫ圖形圖章一介와平壤隆德面人實洞居朴之洙의陰五月ㅁ三日出次六百三十八元六十錢五厘於音票一枚를賊漢의게見失ᄒᆞ엿ᄉᆞ오니內外國人閒照亮ᄒᆞ심을伏望홈

平南永柔郡東部面大夫里 鄭允烈 告白

本人이牛篆刻姓名章을數日前遺失ᄒᆞ엿기玆以廣告홈

平北定州郡淸亭里 全龍見 告白

北部孝谷洞二十九統六戶草家十間半李斗永家券을典執ᄒᆞ엿다가七月一日午后七時頃遺失ᄒᆞ얏ᄉᆞ니誰某拾得休紙施行

北部壯洞間谷五十八統八戶 李基純 告白

本人의名永項二字圖章을本月廿六日에서失되와新彫施行홈

大邱北門外浦上運送社 崔永項 告白

民刑訴訟의委任에應홈

辯護士 洪在祺

本事務所 京城中部大笠洞
出張所 平壤郡南門通

趙召史東貞氏 所有蘆田이慶南金海郡大下洞河萬里野簾幕島一作과於叔島上作下作合三作인바舊文券九度牌旨二度立案二度立旨一度洞報一度合拾五度委任ᄒᆞᆫ文券이本人의게現在이온ᄃᆡ趙召史任命九가蘆田이何處에有ᄒᆞᆫ지文券이幾度인지不知ᄒᆞ고文券셔失이라自稱ᄒᆞ야暗賣코져ᄒᆞ오니內外國人은切勿見欺홈

趙召史東貞氏 委任人

中部於義宮九統三戶 韓秉洙

本商會と世運의進化와商業의發展을隨ᄒᆞ야業務를新鮮擴張ᄒᆞ야各種布木紬緞屬新式毛織等諸般衣服所用物貨를多數貿易ᄒᆞ야僉君子의請求를誠實酬應ᄒᆞ오며地方에と請求만ᄒᆞ시면郵便小包나運送部로送呈ᄒᆞ고代金은引換ᄒᆞ겟사오니他方에商店이나所用되시と僉君子と多數請求ᄒᆞ심을望

京城鍾路通二十二統四戶

壽南商會 金泰熙

測量製圖器械
其他附屬品文具
都賣散賣

京城本町郵便局前 **篠崎器械店**
平壤南門通二丁目 **篠崎支店**

本藥局에서業務를大擴張ᄒᆞ고勿論親疎間掌記及居住만通知ᄒᆞ시면擇品廉價ᄒᆞ야郵便小包로卽速付送ᄒᆞ고代金은引換ᄒᆞ깃습

京城南部銅峴九十五統十戶 乾材藥局

崔興模

特別廣告

◎발售書籍中概要 學部編纂教科書各種

學部 新編動物學	一冊四拾錢
檢定 精選算學	二冊七十錢
新訂算術	三冊六十錢
教育辭典	一冊廿五錢
進明[illegible]論	一冊卅五錢
華盛頓傳	一冊二十錢
字典釋要	一冊八拾錢
日韓會話辭典	一冊一圓卅錢
意大利獨立史	一冊五拾錢
中等萬國地誌	三冊一圓
現今世界大勢論	一冊二十錢
東亞將來大勢論	一冊二拾錢
監本孟子	一冊一圓
土地測量術	一冊七拾錢
法規類編	七冊五圓
林野法令	一冊廿五錢
蔬菜栽培法	一冊四拾五錢
新纂國文家庭簡牘	一冊三十錢
教育議	一冊二十錢
監本四書	一匣六冊 七拾錢
政治小說 雪中梅	一冊二拾錢
科學小說 鐵世界	一冊廿五錢
日語雜誌	八冊八拾錢
古文略選	一冊五拾錢
拾九世紀文明進化論	一冊三拾錢
大韓新地誌	二冊一圓
唐玉編	一冊二拾錢
言文	一冊五拾錢
接木新法	一冊二拾錢
醴泉銘習字帖	一冊拾五錢
國文課本	一冊 一拾五錢
신뎡分道大韓帝國地圖	일冊五拾錢
大韓帝國地圖	일幅四拾錢
中國魂	일冊五拾錢

外他文房諸具와學校用品과圖章材料와印肉等諸般物品이俱備홈

京城南部大廣橋三拾七統四戶 滙東書館 高裕相

蔘茸唐草藥材廉價大發賣

特別廣告

本店에서開業三十餘年에 僉君子의愛顧ᄒᆞ심을蒙ᄒᆞ와營業이發展ᄒᆞ옵と바今에盛意를報答키爲ᄒᆞ야業務를一層擴張ᄒᆞ옵고良好ᄒᆞᆫ蔘茸唐草藥材를內地와外國으로서多數히直輸入ᄒᆞ와特別廉價로都賣散賣에信實히酬應ᄒᆞ오며地方에서請求ᄒᆞ시と더對ᄒᆞ야と多小를不拘ᄒᆞ옵고郵便小包と運送部로訊速히付呈ᄒᆞ오되代金은引換으로ᄒᆞ깃ᄉᆞ오니京鄕僉君子と益益請求ᄒᆞ심을望홈

但地方에서請求ᄒᆞ시と妙法

金一錢五厘를費ᄒᆞ시고一枚에葉書를使用ᄒᆞ사住所氏名과掌記를錢送ᄒᆞ시면能히遠路의跋涉과往返의旅費를要치아니시고本店에最良好ᄒᆞᆫ上品藥材를完全히貿用ᄒᆞ실더이외다

京城南部銅峴三十五統三戶

蔘茸唐草藥材直輸入商

乾材藥局

崔聖弼 告白

特別廣告

◎本社에서景品卷이未久에畢ᄒᆞᆯ가로玆에廣告ᄒᆞᆸ나이다 當初에景品卷五千五百張을烟草 百五十櫃에分ᄒᆞ야放賣이온바現今에烟草大櫃二百個가放賣되얏사온則景品卷餘在가不過千張이요烟草放賣ᄒᆞᆫ個數가一千萬個에過ᄒᆞ얏사오나景品卷을要ᄒᆞ시と 僉君子と從速購買ᄒᆞ심을望ᄒᆞ오며景品은韓國銀行에業已儲置ᄒᆞ얏사오며從近出桶ᄒᆞ겟ᄉᆞᆸ나이다

京城小公洞 **法韓會社**

本會章及文簿를賊漢의게見失ᄒᆞᆫ故로本會와關係가有ᄒᆞᆫ僉君子의게舊章證書類と신章으로改繕以呈ᄒᆞᆯ터이니涑速々詣ᄒᆞ시옵

빅川郡靑年同進會 빅

紙物貿易에迅速

(廣告文)

◎弊店에서各種紙物을直輸入ᄒᆞ와地方僉位와其他 僉彦에게特別廉價로酬應ᄒᆞ깁사오니不拘多小ᄒᆞ시고注文ᄒᆞ시면郵便小包와運送部로經過ᄒᆞ와迅速히付呈ᄒᆞ깃습 物價表와品錄書를無料로付呈ᄒᆞᆸ 品高價低에爲主ᄒᆞᆷ

內外國紙物大發賣

(品目略錄)

◎壯紙、油芚板紙、窓戶紙、白紙、洋紙、書畵各種、天井紙、古畵紙、印札紙、牛紙、美濃紙、製圖紙、書籤紙、封套紙、其他學校用品筆墨各種具備

京城鍾路大廣橋 本店 紙物舖 金聖煥

電話 一千二百八十番

支店 京城北部安洞別宮前

廣告

本人이陰五月拾九日鐵山車輦舘市에서紙匣中姓名圖章과紙貨拾圓과其他宣川深川面場谷居人의可考ᄒᆞᆫ文簿二枚를并셔失ᄒᆞ엿기玆以廣告ᄒᆞ오니內外國人間拾得ᄒᆞ와도切勿施行ᄒᆞᆷ

平北義州府月華面雲川洞二統九戶 白仁赫 告白

本店에서開業ᄒᆞᆫ지十六年間僉君子의愛顧ᄒᆞ심을特蒙ᄒᆞ와今年부터業務을大擴張ᄒᆞ고春夏秋冬所用으로絹屬手紗等各國商等物品을現今多數直輸入이온바各地方에서ᄂᆞᆫ貿易에便利賣買키爲ᄒᆞ야特廉減價ᄒᆞ와郵便小包로酬應ᄒᆞ야代金은引換ᄒᆞ깃사오니十三道各郡僉君子ᄂᆞᆫ隨意請求ᄒᆞ심을望

振替貯金番號 (韓國壹三番)
電話番號 (三五八)

漢城中部鍾路紗器廛洞二十一統五戶
廣興泰 告白

京西部車洞同和藥房本國材로洋製ᄒᆞᆫ官許引蘇丸이消滯止瀉滅毒ᄒᆞ고付屬ᄒᆞᆫ八十餘種俱備大發行ᄒᆞ오 閔□白

敬啓者本總會를未備ᄒᆞᆫ事故로六月十日(第二日曜)로退定ᄒᆞᆷ

五湖奬學會長 李海忠

●共愛堂大藥房製造各種藥品發行表

壯陽復元丹 此藥專治腦弱肺弱 房事色傷 心腎虛弱 遺精多夢、陽위不起 病後虛弱 不下飮食 先天不足 眩暈頭痛 壹週分壹圓 二週分壹圓八拾錢八週分六圓四拾錢 四週分三圓四拾錢

皮膚靈丹 壹般에症胃腹등消化不良心神鬱悶船훈酒醉化담止히口熱惡臭食慾不振등症에並神効 等症에並妙効가有ᄒᆞᆷ

眼科聖藥 清眼水 壹般眼疾、時行眼疾、風熱眼疾、羞明流淚、眼內紅痒등症에撥雲見天之妙(壹瓶金拾錢)

鮮하至寶丸 專治하疾側氣虛하、違年長하、一日二日하、雖難治之하이라도永〻거근ᄒᆞᆷ 壹包金拾錢

皮膚神藥 靈效液 特治皮膚病疥癬음、皮風、諸般痒疹、두두러기、옷올넘데다神効ᄒᆞᆷ 壹瓶금三拾錢

五淋專治 通淋丸 急慢淋疾、赤빅帶下、방광炎症、더炎皮濃漏外他淋毒性諸症에신效ᄒᆞᆷ 壹제금五拾錢

梅毒妙効 神應丹 楊梅瘡에壹期二期三期를勿問ᄒᆞ고確實이有효、連珠瘡下疳瘡等에井효 壹제金三圓

腹하신藥 清脾丸 喘治小兒壹般腹하、面黃、屎靑、左脇별腹에大有奇효ᄒᆞᆷ 一匣金五拾錢

久해神効 養胃散 通治經久滯積、呑酸吐사、霍亂、胃腹ᄒᆞ、大便不順等症에奏効如神 壹貼금十五錢

治痰鎭咳丸 專治大人히소、喘息、담結등症에妙 三日分一包금卄錢

特冒感효 消熱散 勿論四時傷寒感冒、咽喉疼통、寒熱往來肢節통、似하非하등症有효 壹貼금拾錢

耳病신효 清耳液 專治耳病卽鼓膜炎、內外聽道炎、耳中灼熱疼소痒、濃液流出等症有효 一瓶금十錢

百貼百應 妙妙膏 風寒濕氣、胸肩背에牽引疼통、腰膝脚되酸통無力、骨節동통등症에如神 금卄五錢

奏효如신 能治膏 各種腫氣、小兒胎毒、부스럼濕腫、生新에並신효 一包금拾錢

大腫拔根膏 大小腫에根빼ᄂᆞᆫ약 價금拾錢

鮮凝膏 멍울삭히ᄂᆞᆫ약 價금拾錢

寸虫去根藥 價금卄錢

齒痛水 충치風치신효 價금七錢五厘

鷄眼膏 티눈빼ᄂᆞᆫ약 금拾錢

汗斑水 어루럭니약 금十錢

止泄丸 대泄暑泄신효 價금拾五錢

痢疾藥 赤빅痢에신효 價금拾五錢

各種上等金雞納 東西洋有名賣洋藥 乾材都賣散賣其他各種藥이具備ᄒᆞ오니請求를依ᄒᆞ야小包로酬應ᄒᆞ깃슴

發行所
皇城南部大廣橋十九統七戶
共愛堂大藥房主 朴容桓 告白

◉特別廣告

○大韓全國藥品總發行所京城鍾路和平堂大藥房

官登錄 許可

(健胃消滯)
八寶丹
(主治効能)
新舊積체 急暫關格 霍亂吐사 頭痛眩운 運氣厲疫 預防妙藥

▲本堂에서特허製調發賣ᄒᆞᄂᆞᆫ藥品五十餘種과漢城內各藥房에서新發明ᄒᆞᆫ藥品도俱備ᄒᆞᆫ外에今日醫家에서最大數常用ᄒᆞᄂᆞᆫ獨逸製藥品과其他日本製藥品各種與韓唐草材를直輸入ᄒᆞ야最低廉價로發賣ᄒᆞ오되地方에서藥品을注文ᄒᆞᄂᆞᆫ境遇에ᄂᆞᆫ郵便小包로訊速付送ᄒᆞᆷ

▲本堂附屬醫院에ᄂᆞᆫ學術과實驗이最著名ᄒᆞᆫ醫士를延聘ᄒᆞ야患者의內外科를勿論ᄒᆞ고精確히診察ᄒᆞ야施療ᄒᆞᄂᆞᆫ中或外方에서病의症候만錄送ᄒᆞ시면其病에適應ᄒᆞ도록製藥ᄒᆞ와郵便으로即時送呈ᄒᆞᆷ

▲本堂의支店과代理店이我國境內에多數設立된中以後外方에서支店과代理店을請求ᄒᆞᄂᆞᆫ同時에ᄂᆞᆫ藥品은依例送呈ᄒᆞ려니와其他本舖細則도並送ᄒᆞᆷ

▲本堂에서ᄂᆞᆫ特히漢城內醫藥界와商業界와各社會와各官廳을連絡ᄒᆞ와藥品발展上便利키爲ᄒᆞ야電話를設備ᄒᆞ엿ᄉᆞ오니誰某시든지藥品을電話로請求ᄒᆞ시면本舖에서傳人送呈ᄒᆞᆷ

京城鍾路和平堂大藥房本舖
主任 李應善

電話番號
電話 壹六九七番
電略 (화) (ㄱ)

◉特別廣告

◉大韓全國에은本堂製造發行ᄒᆞᄂᆞᆫ藥品

消化新藥 清心保命丹 此丹은化痰止咳ᄒᆞ고順氣消[illegible]ᄒᆞ며恒常長服ᄒᆞ면脾胃가健[illegible] 大補元氣ᄒᆞ고[illegible] 天不足[illegible]不[illegible]에一切[illegible]

蛔積殺虫散 [illegible]

久滯大通丸 此丸은久年[illegible]滯[illegible]大ᄒᆞᆷ

梅花點雪膏 [illegible]花[illegible] 一[illegible]良藥

眼疾速効 光明眼藥 [illegible]ᄒᆞᄂᆞᆫ東[illegible] 에[illegible]藥

風疾神効 解熱散 此丹[illegible]이며가슴아픈와[illegible]疾에神効 [illegible]來ᄒᆞ며[illegible]頭[illegible] [illegible]와[illegible]病에其効가偉大

耳鼻靈藥 耳鼻神藥 無論男女ᄒᆞ고耳聾鼻[illegible]이며耳鼻에關ᄒᆞᆫ病은隨症並差

疝症根 疝積湯 諸般산症에大效出賣ᄒᆞᆷ

티눈과못 拔根藥 티눈과못과ᄉᆞ마귀를쎄ᄂᆞᆫ藥

止足汗臭藥 手足의汗臭를除却ᄒᆞᄂᆞᆫ藥

去核生新 沃度膏 創瘡과腐傷과곱션ㅣ去核生新ᄒᆞ기ᄂᆞᆫ第一著明

最新改良 百應膏 無論男女老少ᄒᆞ고毒瘇濕瘇痰瘇諸般瘇瘡에壹切特效가有ᄒᆞᆷ

淋疾藥各種 淋疾各症에壹週日만服ᄒᆞ면病根快復ᄒᆞ고腎氣가完全ᄒᆞᆷ

其他洋藥各種과◉賣藥各種◉都매散賣

◉遠地에ᄂᆞᆫ郵便小包로申遠酬應ᄒᆞᆷ

漢城南大門內濟生堂大藥房 李庚鳳
代辦主任 李興國 白

電話 壹七二八番
電略 (제) 又 (卄 イ)

◉葬地使用 彰義門外耶蘇敎傳道師朴海勇氏가敎會社地를 內部에請願ᄒᆞ엿다더라

◉主客俱義 平山郡西止面乏去ᄒᆞ야侍婢로使喚ᄒᆞᆫ지四五年이러니該女가年今十八인되良을難忘ᄒᆞ야抵死不退ᄒᆞᄂᆞᆫ故로故氏의慈善心과該女의義理ᄂᆞᆫ鍾院諸氏가衣地에對ᄒᆞᆫ適用品을特別改良ᄒᆞ야織組ᄒᆞ기로目

◉嫌義被捉 平山郡居金允承氏ᄂᆞᆫ日前에義兵嫌疑로龍山警

◉養源校況 養源女學校에서李錘喆全永國兩氏가多月敎授

檀君開國四千二百四十三年
孔子元年三千三十二年
大韓開國五百十九年
本報創刊日 光武八年七月十八日

大韓每日申報

發行兼編輯人 李章薰
發行所 京城中部布屛門一宮街 二府洋屋 大韓每日申報社
第八卷 月曜及慶節歲時日休刊 第壹千四百廿六號

論說

今日我韓은新民이爲急

一家를推ᄒᆞ야一國을觀ᄒᆞᆯ지니一家中에子婦弟兄이各其職業이有ᄒᆞ고各其技能이有ᄒᆞ야勤々孜々ᄒᆞ면家道가浡然히興ᄒᆞ려니와各其責任을委棄ᄒᆞ고家長만信ᄒᆞ다가家長이不賢ᄒᆞ면國家이餓莩의患을免치못ᄒᆞᄂᆞ니今我韓人民이塗炭中에在ᄒᆞ야政府를怨讐ᄒᆞ며賢相을企待ᄒᆞᄂᆞᆫ것은常情에在ᄒᆞ야ᄂᆞᆫ容或無恠라ᄒᆞᆯ지나비록賢相을日望ᄒᆞ야도賢相이我를助치못ᄒᆞᆷ은何也오人을責望ᄒᆞ기를深ᄒᆞᆫ者ᄂᆞᆫ自己의責望이必淺ᄒᆞᆯ지니人을責ᄒᆞ고已ᄂᆞᆫ責지아니ᄒᆞ며人을望ᄒᆞ고已를望치아니ᄒᆞᄂᆞᆫ것이我韓이能히維新치못ᄒᆞᄂᆞᆫ大原이로다

我二千萬同胞가相責相望ᄒᆞᄂᆞᆫ中에消盡ᄒᆞ니國家가誰를賴ᄒᆞ야立ᄒᆞ리오是以로新民云者ᄂᆞᆫ各其自新而已니先聖云子力行之ᄒᆞ면亦以新子之國이라ᄒᆞ셧스니此ᄂᆞᆫ自新ᄒᆞᆷ을謂ᄒᆞᆷ이라政府에서ᄂᆞᆫ政治를自新ᄒᆞᆯ것이오人民은知識을自新ᄒᆞᆯ것이니其新이待人而新ᄒᆞᄂᆞᆫ것이아니라在我而新이라ᄒᆞᆯ지로다

今爲我韓計컨ᄃᆡ一時에賢相이在上ᄒᆞ야亂을弭ᄒᆞ기를恃ᄒᆞᆯ것도아니오草野에英雄이崛起ᄒᆞ야國成ᄒᆞ기를恃ᄒᆞᆯ것도아니라必使全國人民으로其德이新ᄒᆞ고其智가新ᄒᆞ여야新民時代라謂ᄒᆞᆯ지니夫拿破崙은曠世의名將이로ᄃᆡ旗綠의惰兵을率ᄒᆞ엿스면能히壓蠻을敵치못ᄒᆞᆯ것이오哥侖布ᄂᆞᆫ航海의大家로ᄃᆡ朽木의膠船을乘ᄒᆞ엿스면渓沚를渡치못ᄒᆞᆯ지로다

政府에서도能히獨治치못ᄒᆞᆯ지니不得不觀察에게任ᄒᆞᆯ것이오觀察도不得不守宰에게任ᄒᆞᆯ지니其中에賢ᄒᆞᆫ者가半이오不肖ᄒᆞᆫ者가半이라도足히治平을圖치못ᄒᆞ겟거든況百分에一을得지못ᄒᆞᆫ者리오盲者가羣을成ᄒᆞ야도一離婁를當치못ᄒᆞ고聾ᄒᆞᆫ者가羣을成ᄒᆞ야도一師曠을當치못ᄒᆞ고怯ᄒᆞᄂᆞᆫ者가羣을成ᄒᆞ야도一烏獲을當치못ᄒᆞᄂᆞ니如此ᄒᆞᆫ人民으로如此ᄒᆞᆫ政府를得ᄒᆞ엿스니此所謂種瓜得瓜ᄒᆞ고種豆得豆ᄒᆞᆫ者로다

政府와人民이寒暑가空氣를乘ᄒᆞᆷ과如ᄒᆞ야絲毫라도假借치아니ᄒᆞᄂᆞ니國民의文明程度가低下ᄒᆞᆫ者ᄂᆞᆫ비록賢相의治를得ᄒᆞᆯ지라도其人이亾ᄒᆞ면其政이息ᄒᆞ고國民의程度가高尙ᄒᆞᆫ者ᄂᆞᆫ비록虐政을遇ᄒᆞᆯ지라도其權이存ᄒᆞ고其力이强ᄒᆞᄂᆞ니

其民이新ᄒᆞ면新制度가無ᄒᆞ고셔政治가無ᄒᆞᆫ것을엇지患ᄒᆞ리오梁啓超云英美法德의都에遊ᄒᆞ야其人民의自治如何와其人民與政府의關係如何를觀ᄒᆞᄂᆞᆫᄃᆡ一省에觀ᄒᆞ면其治가儼然히一國이오一市와一村落을觀ᄒᆞ면其治法이엄然히一國이오一集會와一學校를觀ᄒᆞ면其治法이엄然히一國이오乃至一個人을觀ᄒᆞᆯ지라도其自治ᄒᆞᄂᆞᆫ法이엄然히一國의治와如ᄒᆞ다ᄒᆞ엿스니其民이有ᄒᆞᆫ然後에政府에셔國民을依賴ᄒᆞ고國民은政府를依賴치아니ᄒᆞᄂᆞ니我韓人民은依賴的思想으로此境에陷ᄒᆞ엿슨즉如將一刀로依賴的思想의근柢를決斷ᄒᆞ고신思想을注入ᄒᆞ면可以신世界를作ᄒᆞ리라ᄒᆞ노라

官報

◎第四千七百二十一號

▲隆熙四年七月四日(月曜)

敍任及辭令

○六月二十三日 一家新吉 任大韓醫院主事敍判任官四等

○六月二十四日 吉岡昇 任農商工部技手敍判任官二等 藏石勝 任農商工部技手敍判任官四等

○六月二十七日 載寧郡守金經夏 陞敍奏任官二等

○六月二十八日 朱英煥 任郡主事敍判任官四等

○六月二十九日 內閣主事張鴻植 同李哲圭 敍勳七等賜太極章 稅關事務囑托鄭觀南 敍勳七等賜八卦章

○六月三十日 內閣外事局長李建春 陞敍勅任官二等 內閣書記官李源鎔 陞敍奏任官一等 法典調査局書記官小田幹治郎 學部書記官小田省吾 陞敍奏任官二等 學部翻譯官兼學部編輯官玄헌 陞敍奏任官三等 文川郡守徐延淑 任洪原郡守敍奏任官三等 洪原郡守鄭冕鎬 任文川郡守敍奏任官四等 甲山郡守薛鎭熙 任永興郡守敍奏任官四等 永興郡守李참都 任高原郡守敍奏任官四等 高原郡守李鎰 任甲山郡守敍奏任官四等 內閣主事李源창 同具然學 陞敍判任官二등 侍從院侍從補洪性斗 兼任昌山君宮賛尉 侍從院侍從補李宇振 兼任義陽君宮賛尉 內部主事對馬都之進 任경部敍判任官二등 故吏曹參判洪英植 故戶曹參判金玉均 特贈正一品大匡輔國崇祿大夫奎章閣大提學 故度支部大臣魚允中 特贈正一品輔國崇祿大夫奎章閣大提學

(以上六月二十九日宮內府)

內部地方局長澤田牛麿 大官不在中代理를命ᄒᆞᆷ 內部主事兼警部岡野虎太郎 免兼官

(以上六月三十日內部)

外報

◎法德電線協約 伯林電報를據ᄒᆞᆫ즉法德兩國은變事가有ᄒᆞᆯ時ᄂᆞᆫ彼此海底電線을使用ᄒᆞ자고協約을締結ᄒᆞ엿다더라

◎重要文案起草 萬朝報를據ᄒᆞᆫ즉日本政府ᄂᆞᆫ韓國問題의解決과共히韓國諸般의制度를改革ᄒᆞᆯ方針으로委任립法、兩班處分及其他事件에關ᄒᆞ야重要ᄒᆞᆫ文案을至急起草中인ᄃᆡ其中二三件은既히脫稿ᄒᆞ엿다더다

◎美日戰爭論 紐育來電을據ᄒᆞᆫ즉신聞社會에有名ᄒᆞᆫ「하스도」氏의機關紙니우요크、아메리칸은美日戰爭은到底히避치못ᄒᆞᆯ지니强大ᄒᆞᆫ海軍을造ᄒᆞᆯ것이라고三日間을連續ᄒᆞ야大論文을揭載ᄒᆞ얏다더라

◎世界巨船 同電을據ᄒᆞᆫ즉英國구나드滊會社에서ᄂᆞᆫ今番에六萬噸되ᄂᆞᆫ滊船을建造ᄒᆞᆫ다ᄂᆞᆫᄃᆡ此ᄂᆞᆫ世界에第一巨船이되리라더라

◎馬賊襲來 營口來電을據ᄒᆞᆫ즉去月三十日午后九時에同地日人鐵砲店에馬賊十일名이襲來ᄒᆞ야店主를威협ᄒᆞ고短銃幾箇를奪去ᄒᆞ엿다더라

雜報

李在明氏의公判 (續)

▲金丙祿에게對ᄒᆞ야

(裁)昨年十二月平壤에서京城에來ᄒᆞ야何處에서留連ᄒᆞ엿ᄂᆞ뇨(김)林蚩正家에도留ᄒᆞ엿고李交담家에도留ᄒᆞ엿소

(裁)京에來ᄒᆞ야幾日만에李在明을逢着ᄒᆞ엿ᄂᆞ뇨(김)其時에ᄂᆞᆫ暫時京城에留連ᄒᆞ다가平壤에下去ᄒᆞ엿고其後에更히京에來ᄒᆞ야相逢ᄒᆞ엿소(裁)李在明을何處에서逢ᄒᆞ엿ᄂᆞ뇨(김)李交담家에서逢見ᄒᆞ엿소(裁)該逢塲에서殺害등事를議論힛겟지(김)該등事를發論ᄒᆞᄂᆞᆫᄃᆡ我ᄂᆞᆫ所幹이悤悤ᄒᆞ여서卽時起來ᄒᆞ엿소(裁)其前日에全泰善을逢見ᄒᆞ얏지(김)逢見ᄒᆞ엿소(裁)該逢塲에全泰善이完用과容九를殺害ᄒᆞ자고發論힛지(김)該等語ᄂᆞᆫ無ᄒᆞ엿스며我ᄂᆞᆫ卽日에平壤으로下去ᄒᆞ엿소(裁)幾日만에下去ᄒᆞ엿ᄂᆞ뇨(김)三日만에下去ᄒᆞ엿소(裁)然ᄒᆞ면平壤에下去ᄒᆞ야서ᄂᆞᆫ李在明을幾番이나逢着ᄒᆞ엿던고(김)二次相逢ᄒᆞ엿스나平安二字만相問ᄒᆞ고他語ᄂᆞᆫ無ᄒᆞ엿소(裁)平壤에서幾日이나留連ᄒᆞ다가京에來ᄒᆞ엿ᄂᆞᆫ고(金)三箇日留連ᄒᆞ다가경에來ᄒᆞ엿소(裁)誰家에留ᄒᆞ엿던고(김)吾家에在ᄒᆞ엿소(裁)平壤으로브터入京ᄒᆞ기ᄂᆞᆫ何時昝되ᄂᆞᆫ고(김)昨年十二月이요(裁)十二月十日昝되지(金)然ᄒᆞ오(裁)京에來ᄒᆞ야李在明을幾次이나逢見ᄒᆞ엿던고(김)李交담家와白召史家에서逢見ᄒᆞ엿소(裁)빅召史家에서逢見ᄒᆞ기前에該등事言論이有힛지(金)其前에ᄂᆞᆫ無ᄒᆞ엿고白召史家에서大略隨聞隨答만ᄒᆞ엿소(裁)그ᄲᅮᆫ不是라凶行을到達ᄒᆞ자고ᄒᆞᆫ事가有힛지(金)該等事를實行코자ᄒᆞᆫ事ᄂᆞᆫ無ᄒᆞ오(裁)그러ᄒᆞᆯ理가萬無ᄒᆞ지丁寧히李在明과共同力으로李完用을殺害ᄒᆞ자고힛지(김)完用을殺害ᄒᆞ자고아니ᄒᆞ엿스나大抵人이此世에寄生ᄒᆞ야目觀ᄒᆞᄂᆞᆫ바에ᄂᆞᆫ慨嘆ᄒᆞᆯ事가無ᄒᆞ다고謂치못ᄒᆞᆯ건心內의認定ᄒᆞ엿스며又ᄂᆞᆫ實노共殺ᄒᆞ자ᄂᆞᆫ注意ᄂᆞᆫ無ᄒᆞ엿스나該類輩ᄂᆞᆫ擧義殺之ᄒᆞ야後人을警戒ᄒᆞᆷ이可ᄒᆞ다ᄂᆞᆫ言辭ᄂᆞᆫ有ᄒᆞ엿고또向來檢査에게謀殺을的確히共同ᄒᆞ엿다ᄒᆞᆷ은實노惡刑을忍耐ᄒᆞ기難ᄒᆞ야不知不覺中에出來ᄒᆞᆫ者이오實은殺害를同謀ᄒᆞᆫ건아니요(裁)然ᄒᆞ면李在明이李完用을殺害ᄒᆞ려ᄂᆞᆫ同時에自行車를乘ᄒᆞ고往ᄒᆞ여彼此相迫ᄒᆞ거든砲殺을行ᄒᆞᄂᆞᆫ것이第一妙策이라ᄒᆞᆫ즉李在明이聽從치아니ᄒᆞ야서金丙錄의巧計ᄂᆞᆫ遂行치못ᄒᆞ엿다며니至今丙錄의答辭ᄂᆞᆫ全혀假稱이아닌가(金)其時에氷々過々의言論으로만指導ᄒᆞᆯᄲᅮᆫ이라가終乃에ᄂᆞᆫ言論도無效에歸ᄒᆞ엿스니何端으로謀殺의確實이共同ᄒᆞᆫ人이라指稱ᄒᆞ리요(裁)然ᄒᆞ면李在明과凶行에言論은힛지(金)言論而已요(裁)言論이如是ᄒᆞ면謀殺에共同이아닌가(金)勿論某事ᄒᆞ고始終을一心合力ᄒᆞ여야共同이라云爲ᄒᆞ겟지(裁)昨年十二月廿二日에李在明에게去ᄒᆞᆫ事ᄂᆞᆫ有ᄒᆞ지(김)有ᄒᆞ오

(裁)何事로(김)行具를持來ᄒᆞ려고(裁)持來힛노(金)然ᄒᆞ오(裁)其後에ᄂᆞᆫ何處에去ᄒᆞ얏머뇨(金)林蚩正家와李交담家에(裁)李在明이被告를釜山셔지通知ᄒᆞ야招來ᄒᆞ엿스니必然該등事에對ᄒᆞ야確實ᄒᆞᆫ密論이有ᄒᆞ엿겟지(金)絕無ᄒᆞ오(裁)昨年十二月廿二日에李交담家에留在ᄒᆞ엿지(金)然ᄒᆞ오(裁)李交담家에在ᄒᆞᆯ時에李東秀가來ᄒᆞ야서銃과刀를持來ᄒᆞ엿다ᄂᆞᆫ言이無ᄒᆞ던지(김)不然ᄒᆞ오(裁)李交담家에서銃刀를見ᄒᆞ고何等言論이有ᄒᆞ엿겟지(金)言論은無ᄒᆞ엿고但此ᄂᆞᆫ軍機라不祥之物이니地中에埋棄ᄒᆞᆷ이可ᄒᆞ다 言及而已로라

(未完)

宮廷報

○三旦辭陛 遞任된前內部閔次官及若林警視總監과松井警務局長이日間발程歸國홀터인故로昨日午前十時에大皇帝陛下씌辭陛ᄒ고또太皇帝陛下씌辭陛ᄒ엿다더라

○賜扇宮家 太皇帝陛下씌옵서再昨日各宮家에節竹扇五柄式具扇貂下賜ᄒ옵셧다더라

○賜院신會 大皇帝陛下씌옵서前陸軍法院을신宮敬義會의事務室로下賜ᄒ옵셧다더라

雜報

○兩闕勅使 신任山縣副統監이昨日下午三時에赴任홈은旣報와如ᄒ거니와承寧府總管趙民熙氏는太皇帝陛下의勅命을奉承ᄒ고侍從副卿李會九氏는大皇帝陛下의勅命을奉承ᄒ고仁川港ᄭ지前往迎接ᄒ엿다더라

○迎接副統 旣報와如히山縣副統監이昨日午後三時四拾九分에入城ᄒ얏는ᄃ各大臣中度대高永喜氏는內閣代表로仁川港ᄭ지前往迎接ᄒ엿고其他各대臣과各元老及內外國高등官과各社會代表千餘人이南大門外停車場에서迎接ᄒ엿스며街路에韓日巡査가羅列ᄒ야嚴密警衛ᄒ엿다더라

○醫長獻議 대韓醫師總合所副所長康永勺氏등이中樞院에獻議ᄒ고人民이時疾에罹ᄒ는境遇이면避病院으로護送ᄒ야韓藥으로治療ᄒ고洋藥으로消毒ᄒ겟스니內閣에建議施行케ᄒ라홈으로昨日中樞院議長以下贊副議諸氏가會同議決ᄒ야內閣에將次建議홀다더라

○因病中止 신任內部次官宇佐美勝夫는昨日副統監과同伴赴任ᄒ려다가身病을因ᄒ야中止ᄒ엿다더라

○永宣消暢 永宣君李埈鎔氏는再昨日午後二時頃에三溪洞에前往消暢ᄒ고乘暮以歸ᄒ엿다더라

○遭李拒絶 侍從院卿尹德榮氏는總相李完用氏가溫陽溫泉에서治療홀時에李氏의勢力을摧挫케ᄒ고自己의權利를長享홀計劃으로百般運動이有ᄒ엿는ᄃ機謀가自然泄漏되야李尹間에憾情이從此漸生ᄒ엿슴으로李相이歸京後에尹氏가李氏에私邸로數次往訪ᄒ엿다가拒絶을遭ᄒ엿다더라

○恐牛危險 總理大臣李完用氏는漢城俱樂院에서閑養홀ᄃ이라는ᄃ漢字統일會事務室을修理홀뿐아니라附近地에或危險홀處가有홀가ᄒ야派人看檢ᄭ지ᄒ엿다더라

○閔邸晩餐 宮相閔丙奭氏는再昨日下午二時桂洞官邸에서晩餐會를開ᄒ고高等官諸氏를請邀宴待ᄒ엿다더라

○警視의任命 左記我國人은統監府警視를任命ᄒ엿다더라

趙聲九
任統監府警視「高등官六등」
黃信泰 李憲珪 金相淳
任統監府警視「高등官七등」
權泰珩 金海龍 崔基南
張宇근 權重翼
任統監府警視「高등官八등」

○花田신任 中부警察署花田경부는義州경부로轉任되엿는ᄃ將次발程赴任홀다더라

○齋藤轉任 前內部警務局齋藤警視는慶南觀察道書記官으로轉任되엿다더라

○可付一笑 一進會에서內閣이變動ᄒ는事에對ᄒ야大臣椅子를占據ᄒ다고逢人誇張ᄒ다홈은旣報어니와近日該會에서統監赴任後에同會員中으로政府一團을組織ᄒ다는風說을流出ᄒ는ᄃ總相은宋秉畯內相은李容九學相은崔永年農相은俞鶴柱親衛府長官은李熙悳漢城府尹은尹定植等이라ᄒᆫ다더라

○時哉時哉 一進會員들은作隊ᄒ야昨日午後三時四十九分에南大門停車場에서副統監을歡迎ᄒ엿다더라

○工課將散 內部衛生工事課는各處水道事務가竣工됨을因ᄒ야來九月頃에는該課一般官吏가解散되리라더라

○遞任歸去 遞任된中部警察署日人上村경視는昨日上午九時에京釜線으로歸國路에就ᄒ엿다더라

○墟屋還任 印刷事務를視察홀次로渡日ᄒ엿던龍山印刷局經理課日人墟屋課長은視察事務를終了ᄒ엿슴으로今明間還任홀다더라

○囚徒分置 警察權引渡에對ᄒ야再昨日警視廳에在ᄒᆫ囚徒를銅峴分署及中部경察署로分囚ᄒ엿다더라

○移囚憲部 경視廳이廢止됨으로被囚ᄒ엿던趙南升其他罪囚를日憲兵司令部로一切移囚ᄒ엿다더라

○治費請撥 順川郡民擾時에日人巡査二名이重傷을被ᄒ엿는ᄃ治療費數百圓을支撥ᄒ라고內部로請求ᄒ엿다더라

○社長云歸 日本에ᄃ在ᄒ든신宮敬義會長김在珣氏는明日入京ᄒ겟다고其本第로電報가來到ᄒ엿다더라

○何事退却 大韓신聞社長李人稙氏는同社員車相鶴氏를紹介ᄒ야大韓日日신聞을孔子敎機關報로발行홀計劃으로該社長日人田村與之助에게每朔金三百圓式支給ᄒ기로交涉ᄒ다가退却을遭ᄒ엿다더라

○輸出品準備 農商工部에서는日本福岡縣名古屋共進會에出品物을來秋期에신設ᄒ는日本前橋市聯合共進會로輸出ᄒ기爲ᄒ야該部日人小池主事를日前에派送ᄒ야目下準備中이라더라

○宮材私築 漢城府尹張憲植氏는景福宮內의眞殿에石材及木材를買得ᄒ야漢城俱樂園入去ᄒ는洞口에家屋을신建築ᄒ는ᄃ現帶官吏로서莫重宮闕材木을買得ᄒ야所屬家屋을建築홈은不敬이莫甚이라고物論이有ᄒ다더라

○申氏風流 前贊政申泰休氏는三昨夜에何許婦女三人을帶同ᄒ고高等演藝舘을觀覽ᄒ엿다더라

○其子何往 南部犂洞居方善容氏는所有田土를放賣ᄒ야金二千五百圓을携帶ᄒ고三昨日에日本에潛渡ᄒ엿는ᄃ其寡居母親이該氏를召還홀次로所管警察署에呼訴ᄒ엿다더라

○韓譽酒신발 實業家趙鎭泰氏는巨額에資本으로沙器廛洞等地에公益商會를設立ᄒ고我國에서신발明ᄒᆫ韓譽酒를販賣ᄒ는ᄃ價格이甚廉ᄒ고味品이極佳ᄒ다더라

○全南의水害 全羅南道에는本月일日브터二日ᄭ지暴雨가降ᄒ엿는ᄃ各處에江水가漲溢ᄒ야河流沿岸에在ᄒᆫ民家는頗多히浸水될뿐더러일時交通이杜絶되고家畜의損害도甚多ᄒ다더라

○瓮津郡不穩 再昨日에黃海道瓮津郡龍川面에서는農民約六百名이集合ᄒ야國有地調査ᄒ는事에對ᄒ야不穩ᄒᆫ行動이有ᄒ다가憲兵과警察官이說諭ᄒᆫ結果로겨우解散되엿스나該調査는일時中止ᄒ엿다더라

○其父倚門 中부避馬洞居ᄒ는池在浩氏의子命洙가陰二月分에偶然出家ᄒᆫ지四朔이되도록音信이尙無ᄒ고生死를不知홈으로老親은倚門呼泣ᄒ고家眷은絶穀苦待ᄒᆫ는慘不忍見이라더라

○奸猾證據 鄭成謨가通奸ᄒ는李召史는日昨에其식家의勸告를因ᄒ야家産汁物을沒數傾率ᄒ고板橋등地로移接ᄒ엿다는ᄃ該李召史는無故히逐出을當ᄒ엿다ᄒ야將次裁判을홀다ᄒ나其식家에서는確實ᄒᆫ證據書札을執留ᄒ엿슴으로廊卞코저ᄒᆫ다더라

○日報停止 日人이經營ᄒ는東洋日報第百八拾四号는治安妨害로認ᄒ야三浦理事官이발매頒布를禁止ᄒ고且발行停止를命ᄒ엿다더라

○僞貨犯越交 경視廳에被捉ᄒ엿던紙貨僞造犯朴秉稷는再昨日京城地方裁判所로越交ᄒ엿다더라

○雜技者被捉 前承旨趙命熙氏는三昨日北部諫洞等地에서雜技를設行ᄒ다가所管警察署에被捉ᄒ엿다더라

○無犯빗放 東부蓮洞居廷監姜重大氏가所管경察署에被捉ᄒ엿다가所犯이無홈으로卽爲放送ᄒ엿다더라

○使酒被捉 銅峴居김濟鉉氏는再昨日午後十二時頃에泥醉ᄒ야鍾路和年堂藥房에攔入ᄒ야惹鬧ᄒ다가中部경察署에被捉ᄒ엿다더라

○湖南會寄金 再昨日湖南學生親睦會에서開會ᄒ엿는ᄃ日本에留學ᄒ다가歸國ᄒᆫ吳東準氏는一十圓薛鳳翼氏는十圓林炳元金昌鎭南宮營諸氏등은各五圓을寄付ᄒ고該會발展홀趣旨로勸勉ᄒ엿다더라

○感荷義捐 東萊郡邑內面校洞居ᄒ는朴容翰氏가金一圓을本社에出捐ᄒ얏기其盛意를表示ᄒ노라

電報

○無線電信設置 大阪商船株式會社天洋丸과地洋丸의例를依ᄒ여臺灣과北美兩航路에屬ᄒᆫ瀛船各일隻式에無線電信局을設置ᄒ기로決定ᄒ엿다더라

○萬國鐵道會議 萬國鐵道會議는本日에伯林에서開設ᄒᆫ다더라

○蠶業統일의講硏 國民黨調査會에서는本月拾八日午後일時에農科대學敎授外山博士를招待ᄒ야蠶종을統일ᄒ는ᄃ關ᄒᆫ學術上의講硏을開ᄒ기로決定ᄒ엿다더라

○井上大使出발期 南米智利國獨立滿百年紀念式에派遣ᄒ는井上特命全權대使와森山海軍대佐와渡邊砲兵대佐와田邊書記官의일行은本月拾일日에香滿환을搭乘ᄒ고橫濱에서出발ᄒ야八月六日에墨西哥에到着ᄒ고九月九日에智利國에到着홀預定이라더라

○特派大使出발 墨西哥獨立滿百年紀念에參列ᄒ기爲ᄒ야派遣되는內田特命全權대使와委員平賀海軍中佐와田中騎兵中佐는本月拾일日에香港丸을搭乘ᄒ고出발ᄒ기로決定ᄒ엿다더라

以上東京발 四日着

○軍艦集合 크리트島를保護ᄒ는列國은軍艦二隻式을크리트島北海岸코스타海에集合ᄒ엿다더라

○德外相의赴任期 신任된德國外부大臣키델렌배히텔氏는來八月일日ᄭ지現任루만이아公使의事務를視ᄒ고八月二日브터大臣의職에就홀터이라더라

以上伯林발 四日着

▲棹歌一曲▼

▲비드러온다비드러온다八尾島에비드러온다海外風雲滿載ᄒ고一片布帆高揭ᄒ니中有巨鯨噴波ᄒ야翻覆波勢難測홀제九疑山이忽高ᄒ야靑邱幅綿ᄒ니疑懼情을難忘이라如山白浪所到處에一隊鰍섬出迎ᄒ야一口中에出沒ᄒ니不知來頭安危ᄒ고搖頭打尾ᄃ微物은廣張數罟一網中에大者小者不漏로다不辨溷轍在前ᄒ고目前姑息歡樂ᄒ고阿附態를反作ᄒ야各有希望奔走ᄒ니奇化爲龍ᄃ慾浪이各穿其穴轉日ᄒ나波瀾淺深無限ᄒ니去者來者何多런고경浪高處俯瞰ᄒ니喁喁魚脅聚頭ᄒ고一艦頭에挺立ᄒ야知雲如霧會集이라瀛笛一聲忽然時에風飛雹散되엿스니白村踐踏可慮로다一曲棹歌相和홀제丈夫心事有誰知오

○枕語有靈 前判書閔丙漢氏논妾侍下로有名ᄒ더니其妾平
諾後에斷行홈으로該氏의鄙劣홈을莫不唾罵ᄒ다더라
公私間債務를因ᄒ야逃避ᄒ엿더니近日東門外등地에潛伏ᄒ
○因逋執行 前海美郡守李寬鎭氏논多數ᄒ公貨犯逋를因ᄒ
더라
○貨金訴推 李載馨氏가年前
고尙不報償홈으로金某가右金額을推尋코져日昨地方裁判所
가某大官의妾을紹介居매ᄒ다
[illegible]

▲書中有聲▼

▲歡迎々々ᄒᆞ니우리도歡迎이나좀ᄒᆞ여보세歡迎ᄒᆞ면무엇ᄉᆡᆼ슈나싱길줄알고놈보다압서가서歡迎ᄒᆞ여야어엿비뵈여그구영맛을좀보지

▲今番에경察權委任ᄒᆞᄂᆞᆫ통에큰수ᄂᆞᆫ사ᄅᆞᆷ잇더고前警視副監具然壽ᄂᆞᆫ將次府尹으로轉任ᄒᆞᆯ다지可謂幸人不幸이로고

▲요ᄉᆞ이벼ᄉᆞᆯᄒᆞ지못ᄒᆞ여발狂말고總理에게侍湯만ᄒᆞ얏스면벼ᄉᆞᆯᄒᆞ나ᄂᆞᆫ영낙이업지安升玉이ᄀᆞᆨᄒᆞᄂᆞᆫ분네가溫泉에서侍湯ᄒᆞᆫ功勞로觀察使를ᄒᆞᆫ다데

▲近日에韓人中에日本孫子의물이드럿ᄂᆞᆫ지鄭衛의風이盛行ᄒᆞ니ᄎᆞ世上은ᄭᅡᆨᄒᆞ여ᄊᆞ鄭成讚이라ᄒᆞᄂᆞᆫ作者ᄂᆞᆫ엇던대신을불이워ᄒᆞ여싱피아니면계집이업든지內從嫂를붓터가지고演戲場으로도러ᄃᆞᆫ닌다지고계집우당나귀무엇치ᄯᅢ에반ᄒᆞᆫ게지

社告

三和港支社員裴亨湜氏辭免ᄒᆞᆫ代에該港碑石洞李元淳氏로擇定ᄒᆞ엿스니該附近地에셔本申報購覽諸氏ᄂᆞᆫ李元淳氏와交涉ᄒᆞ시요

大韓每日申報社

廣告

本人의名振煥字를以澤字로改定ᄒᆞ엿ᄉᆞ오니知舊間照亮ᄒᆞ시요

南部南小洞一百拾八統拾戶　玉振澤　告白

本人이昨日의圓形章을不知中서失ᄒᆞ엿기楕形章으로更刻施行ᄒᆞ니知舊間照亮ᄒᆞᆷ

李漢命　白

○玄成學校卒業式에賞品寄附ᄒᆞᆫ氏名如左

李康俊崔炳烈張命煥諸氏各三圓李斗卿全東爀盧云圭諸氏各二圓朴東曦朴斗秉李殷鎬太泳善徐相豊高鳳相盧相긔李文卿諸氏各일圓閔泳達朴亨來李海忠諸氏와廣文堂書舖牛山學校에셔ᄂᆞᆫ空冊鉛筆을多數寄付ᄒᆞ고徐丙哲氏ᄂᆞᆫ銀紀念章일件金應善氏夫人은深命단五封을寄付ᄒᆞ엿기玆以廣布ᄒᆞᆷ

本人의侄益橋가定處無히出去ᄒᆞᆫ지累年에消息이無ᄒᆞ와父母가晝夜涕泣이다가因以成病ᄒᆞ와至於危境이오니僉胞諸君은憐此情地ᄒᆞ옵셔誰某던지此人을見ᄒᆞ오면이事緣을傳ᄒᆞ여주심을望ᄒᆞᆷ

平北定州西面西台江鄭德九白

本人이十餘年間各國時計修理ᄒᆞᄂᆞᆫ法을受業ᄒᆞ와內外國僉彦에愛顧ᄒᆞ심을甚히蒙ᄒᆞ엿삽거니와自今爲始ᄒᆞ와本舖ᄂᆞᆫ一層擴張ᄒᆞ기爲ᄒᆞ야各國時計上品各종과其他附屬品各종을具備ᄒᆞᆫ이外他商店보다次等이別無ᄒᆞ고修理法이漸次善良ᄒᆞ오니內外國僉彦은陸續枉臨ᄒᆞ심切望(但外方에ᄂᆞᆫ小包로酬應ᄒᆞᆷ)

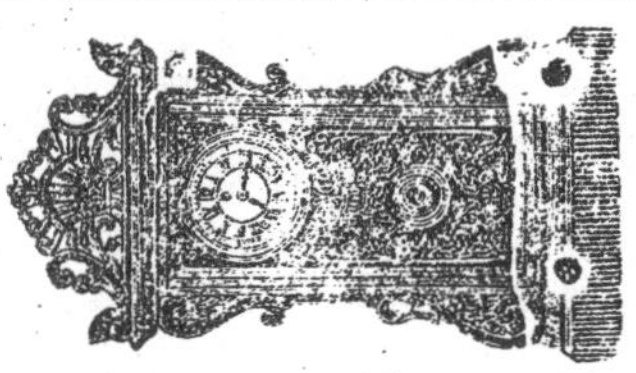

京城南部大廣橋側

各國時計商趙璇熙告白

◎濟生堂大藥房本舖製造及發賣品目錄

消化新藥 清心保命丹 九十粒一貼價금十錢 此丹은化痰止咳ᄒᆞ고順氣消滯ᄒᆞ며恒常長服ᄒᆞ면腸胃가健全 三貼入龜藥匣添附 금廿五錢

大補元氣 蔘茸大補元 大補元氣ᄒᆞ고滋腎健腦ᄒᆞ며先天不足과陽위不起에一切神效 一週日分금一圓 八週日分금六圓四十錢 四週日分금三圓四十錢

怪疾神效 保命水 此水ᄂᆞᆫ急ᄒᆞᆫ吐瀉나곽亂腹痛에立效가有ᄒᆞᆷ 금十錢

起死回生 回生丹 此丹은氣ᄒᆞᆫ吐瀉關格이며가合아리와冷積과痢疾에神效 一貼금十錢

蛔積殺虫散 此약은회積과회腹痛과회虫을一切去根ᄒᆞᄂᆞᆫ良劑 一日分금十錢

久滯大通丸 此丸은年久積滯와宿滯後重이며胃腹痛에神効莫大ᄒᆞᆷ 二日分금十五錢

寸虫沒出藥 此藥은寸白虫一切를去根ᄒᆞᄂᆞᆫ妙藥 一人用금卅錢

感氣時效 解熱散 寒熱往來ᄒᆞ며似학非학과頭痛과骨와肢節痛에其効가偉大 一日分금十錢

되ᄂᆞᆫ 拔根藥 되ᄂᆞᆫ과못과ᄉᆞ마귀들ᄯᅢᄂᆞᆫ藥 一貼금十錢

瘡病聖藥 梅花點雪丹 勿論男女ᄒᆞ고花柳病楊梅瘡에一切去根快復ᄒᆞᄂᆞᆫ良藥 一劑금三圓五十錢

瘟氣神効 解毒膏 毒종과根腫인듸와其他諸般毒氣一切에神効無雙ᄒᆞᆷ 一貼금十錢

去核生新 沃度膏 創瘡과腫瘍과곰샏되去核生新ᄒᆞ기ᄂᆞᆫ第一著明 一盒금十錢

齒病全治 健齒水 此水ᄂᆞᆫ風齒와虫齒며諸般齒痛에大效가有ᄒᆞᆷ 小一瓶금十錢

止足汗臭水 手足의汗臭를除却ᄒᆞᄂᆞᆫ藥 一包금十錢

眼疾速治 光明眼藥 諸般眼疾에隨症皆差ᄒᆞᄂᆞᆫ東洋에初有ᄒᆞᆫ寶藥 小一瓶금十錢

調胃建中丸 急慢腸病과各種泄瀉며赤白痢疾과怪病流行病에偉效가有ᄒᆞᆷ 一貼금廿錢

潤肺化담 止咳散 傷風火소와喘息勞소와吐담困難과呼吸苦悶胸膈刺통등神效 一貼금廿錢

解凝止통 罷痛散 打撲跌落傷靑종各種癧氣始初腹통陰囊종통骨濕통諸症幷效 小一瓶금十錢

吐血下血 神理止血丸 專治男婦勿論老幼諸般血症即吐血酒色過用由발되ᄂᆞᆫ吐담症並效 금六十錢

上海膏 담結、肩臂통、解凝、流注瘀血등징에特別有效ᄒᆞᆷ 금十五錢

○淋疾藥各種○其他有名賣藥各種○洋藥各種○化粧品各種

○都賣散賣○遠地에ᄂᆞᆫ郵便小包로迅速酬應ᄒᆞᆷ

漢城南大門內濟生堂大藥房　李庚鳳

代辦主任　李興國　白

電話　壹七二八番

電略　(제)　又　(廿イ)

蔘茸唐草藥材廉價大發賣

特別廣告

本店에셔開業三十餘年에　僉君子의愛顧ᄒᆞ심을蒙ᄒᆞ와　營業이發展ᄒᆞ옵ᄂᆞᆫ바ᄉᆞ에盛意를報答키爲ᄒᆞ야業務를一層擴張ᄒᆞ옵고良好ᄒᆞᆫ蔘茸唐草藥材를內地와外國으로셔多數히直輸入ᄒᆞ와特別廉價로都賣散賣에信實히酬應ᄒᆞ오며地方에셔請求ᄒᆞ시ᄂᆞᆫ더對ᄒᆞ야ᄂᆞᆫ多小를不拘ᄒᆞ옵고郵便小包ᄂᆞᆫ運送部로訊速히付呈ᄒᆞ오되代金은引換으로ᄒᆞ깃ᄉᆞ오니京鄉僉君子ᄂᆞᆫ益益請求ᄒᆞ심을望ᄒᆞᆷ

但地方에셔請求ᄒᆞ시ᄂᆞᆫ妙法

金一錢五厘를費ᄒᆞ시고一枚에葉書를使用ᄒᆞ사住所氏名과掌記를錄送ᄒᆞ시면能히遠路의跋涉과往返의旅費를要치아니시고本店에最良好ᄒᆞᆫ上品藥材를完全히貿用ᄒᆞ실터이외다

京城南部銅峴三十五統三戶

蔘茸唐草藥材直輸入商

乾材藥局

翟聖弼　告白

特別廣告

本會章及文簿를賊漢의게見失ᄒᆞᆫ故로本會와關係가有ᄒᆞᆫ僉君子의게舊章證書類ᄂᆞᆫ신章으로改纈以呈ᄒᆞᆯ터이니速速來議ᄒᆞ시요

린川郡靑年同進會　白

本人이陰五月拾九日鐵山車輦館市에셔紙匣中姓名圖章과紙貨拾圓과其他宣川深川面場谷居人의可考ᄒᆞᆯ文簿二枚를幷서失ᄒᆞ엿기玆以廣告ᄒᆞ오니內外國人間拾得ᄒᆞ와도切勿施行ᄒᆞᆷ

平北義州府月華面雲川洞二統九戶　白仁赫　告白

登錄　京城西部車洞同和藥房

本國材로洋製ᄒᆞᆫ官許

引蘇丸이消滯止泄滅

可壽ᄒᆞ고付屬ᄒᆞᆫ八十餘種俱備大發行ᄒᆞ오

閔橿白

紙物貿易에迅速

(廣告文)

◎本店에셔各種紙物을直輸入ᄒᆞ와地方商業僉位와其他僉彦에게特別廉價로酬應ᄒᆞ깁사오니不拘多小ᄒᆞ시고注文ᄒᆞ시면郵便小包와運送部를經過ᄒᆞ와迅速히付呈ᄒᆞ깃삽

物價表와品錄書를無料로付呈ᄒᆞᆷ

品高價低에爲主ᄒᆞᆷ

內外國紙物大發賣

(品目略錄)

●壯紙、油壯板紙、窓戶紙、白紙、洋紙、書畵各種天井紙、古食紙、印札紙、半紙、美濃紙、製圖紙、書簡紙、封套紙、其他學校用品筆墨各種具備

漢城鍾路大廣橋

本店　紙物舖　金聖煥

電話　一千二百八十番

支店　漢城北部安洞別宮前

●美醫高術 雲山金鑽醫師美國人魯蘭氏ᄂᆞᆫ銀鑽所病院에視ᄒᆞ더니昨年에도利刀刺腹ᄒᆞᆫ人을일個月內에蘇完歸家케ᄒᆞᆫ故

●襪價廉賣 西大門內漢興社洋襪製造所에서ᄂᆞᆫ今番에洋襪各종洋襪을廉價放매ᄒᆞᆫ다더라

●兩氏義務 京城에留學ᄒᆞᄂᆞᆫ捐ᄒᆞ야同學員中學資가無ᄒᆞᆫ人을捐助ᄒᆞ기로決議ᄒᆞ엿다더라

該校長魚允迪氏가學部에請願ᄒᆞ고財政을流用케ᄒᆞ라ᄒᆞ엿다

을測量放賣ᄒᆞᆫ다ᄂᆞᆫ事에對ᄒᆞ야其三從申鉝壽氏가本社에投書

檀君開國四千二百四十三年 箕子元年三千三十二年 大韓開國五百十九年
本報創刊日 光武八年七月十八日

大韓每日申報

第八卷 月曜及慶節歲時日休刊 第壹千四百廿七號

發行兼編輯人 李章薰
發行所 京城中部布屛門二宮街二層洋屋 大韓每日申報社

論說

我韓은 水母의 世界

公孫衍張儀ᄂᆞᆫ一怒而諸侯懼ᄒᆞ고安居而天下息ᄒᆞ되妾婦의譏를免치못ᄒᆞ엿스니如此ᄒᆞᆫ雄圖로도自尊自立치못ᄒᆞ고以順으로爲正ᄒᆞ니其他力의扶助를藉ᄒᆞ야屹然히世界에自立지못ᄒᆞᆯ것은可히知ᄒᆞᆯ者ㅣ로다

人而不能獨立이면曰奴隷라ᄒᆞ야民法上에도公民으로認치아니ᄒᆞ고國而不能獨立이면曰附庸이라ᄒᆞ야公法上에도公國으로認치아니ᄒᆞᄂᆞ니或者云ᄒᆞ되非古人의言이면不敢道ᄒᆞ며非古人의行이면不敢行이라ᄒᆞ니此ᄂᆞᆫ古人의奴隷를自作ᄒᆞᄂᆞᆫ言論이로다

古人은自古人이오今人은自今人인즉我有肢體ᄒᆞ고我有腦筋ᄒᆞ되能히自用치못ᄒᆞ고古人의肢體로써爲肢體ᄒᆞ고古人의腦筋으로써爲腦筋ᄒᆞ니是ᄂᆞᆫ機有靈ᄒᆞᆫ一木偶에過치못ᄒᆞᆯ지로다

世界上에人類가無ᄒᆞ다ᄒᆞᆯ지니世界上에一人이缺ᄒᆞᄂᆞᆫ것은足히惜ᄒᆞᆯ바無ᄒᆞ다ᄒᆞ려니와人人이肢體腦筋을自有치못ᄒᆞ고他人에게附從ᄒᆞ야全世界人을率ᄒᆞ고木偶人을自作ᄒᆞᆯ지라我韓을水母世界라謂ᄒᆞᆯ지니水母ᄂᆞᆫ無目ᄒᆞ야蝦目으로爲目ᄒᆞᄂᆞᆫ者ㅣ라故로獨立ᄒᆞᄂᆞᆫ性이無ᄒᆞ니世界를毁滅ᄒᆞᄂᆞᆫ毒약이라獨立이란者ᄂᆞᆫ實行을謂ᄒᆞᆷ이니或者曰我欲行之ᄒᆞ나同我而助我ᄒᆞᄂᆞᆫ者無ᄒᆞ니行ᄒᆞ야도少益이無ᄒᆞ다ᄒᆞ니此ᄂᆞᆫ奴隷의根性ᄒᆞᆫ者라天下의事를畢竟은可行ᄒᆞᆯ時가無ᄒᆞᆯ지니凡事가外에待ᄒᆞᄂᆞᆫ者ㅣ有ᄒᆞ면其精進ᄒᆞᄂᆞᆫ力이必滅ᄒᆞ야其所成就가必弱ᄒᆞ리로다

天은自助者를助ᄒᆞᄂᆞ니孤軍이重圍中에陷ᄒᆞ야人人이必死ᄒᆞᆯ地에處ᄒᆞ면怯ᄒᆞᄂᆞᆫ者도能히一鬪ᄒᆞ기로決心ᄒᆞᆯ지니此必死ᄒᆞᆯ志와決鬪ᄒᆞᆯ氣가乃是最後의成功이라獨립云者ᄂᆞᆫ日以孤軍으로重圍中에서衝突ᄒᆞᄂᆞᆫ者ㅣ라能히舊風氣로더브러戰ᄒᆞ야終必勝之ᄒᆞᆯ지니先聖云當今之世舍我其誰오ᄒᆞ셧스니獨립을謂ᄒᆞᆷ이오自助를謂ᄒᆞᆷ이라天下에獨립지못ᄒᆞᄂᆞᆫ人이其別이有二ᄒᆞ니一은人의助를望ᄒᆞᄂᆞᆫ者오二ᄂᆞᆫ人의庇를仰ᄒᆞᄂᆞᆫ者ㅣ니人의助를望ᄒᆞᄂᆞᆫ者ᄂᆞᆫ凡常ᄒᆞᆫ人인즉猶可說也어니와人의庇를仰ᄒᆞᄂᆞᆫ者ᄂᆞᆫ奴隷의性인즉足히道ᄒᆞᆯ者無ᄒᆞ니一言이此에及ᄒᆞ매太息痛歎을禁치못ᄒᆞ리로다

我韓에奴隷根性ᄒᆞᆫ人이何其多也오二千萬衆이他人에게依庇치아니ᄒᆞᄂᆞᆫ者ㅣ無ᄒᆞ야仰庇ᄒᆞᄂᆞᆫ人도仰庇處가又有ᄒᆞ야層積上에可히紀極치못ᄒᆞᆯ境遇에至ᄒᆞ엿스니公法에一國이他國에仰庇ᄒᆞᄂᆞᆫ者則其權利가仰庇ᄒᆞᄂᆞᆫ國으로盡歸ᄒᆞ야世界上에서此國이無ᄒᆞᆫ줄노認ᄒᆞ고人이他人에게仰庇ᄒᆞᄂᆞᆫ者를世界上에서此人이無ᄒᆞᆫ줄노認ᄒᆞ니現今我韓의數千萬同胞가他人을仰庇ᄒᆞ니名雖二千萬이나其實은一人도無ᄒᆞ다ᄒᆞᆯ지니天下에可愧可痛ᄒᆞᆫ事가此에서過ᄒᆞᆯ者또잇스리오今夫畜犬이其主를見ᄒᆞ고擺頭搖尾ᄒᆞ며前趨後躡ᄒᆞ야其食을求ᄒᆞ나萬若靈覺의人類로如此ᄒᆞᆫ狀態가有ᄒᆞᆫ者ᄂᆞᆫ血性의男子로觀ᄒᆞ면世人이畜犬의所爲를免치못ᄒᆞ리로다

官報

◎第四千七百二十二號

▲隆熙四年七月五日（火曜）

敍任及辭令

○六月三十日 吉田順一 任土地調査局技手敍判任官三등 學部委員鄭秦桓 任學部主事敍判任官三등 金大熙 任學部編輯官補敍判任官三등 學部主事西本德藏 陞敍判任官二등 成均館敎授朴稚祥 官立仁川實業學校副敎授 茂田긔 官립仁川實業學校副敎授 李근浩 陞敍判任官二등 法學校助敎授岡田勝利 官立漢城師範學校副敎授崔翼相 陞敍判任官三등 玄鶴子 任官立漢城高등女學校副敎授敍判任官三등

外報

◎日露同盟論과世論 倫敦來電을據ᄒᆞᆫ즉同地月刊雜誌「콘템포라리」ᄂᆞᆫ日露兩國이同盟ᄒᆞᆫ다ᄂᆞᆫ事에對ᄒᆞ야攻擊的記事를揭載ᄒᆞ얏고其他各新聞은엄然ᄒᆞᆫ態度로沈默을守ᄒᆞᆫ다더라

◎루타會談 紐育來電을據ᄒᆞᆫ즉美國前大統領루쓰벨트氏ᄂᆞᆫ去月三十日에現在大統領타프트氏와長時間을會談ᄒᆞ얏ᄂᆞᆫ데該會談의內容은推測키難ᄒᆞ다더라

◎拓殖局의經費 大阪每日新聞을據ᄒᆞᆫ즉拓殖局의總裁、副總裁、部長등은兼任이되고書記官幾名만專任인즉俸給도小額에不過ᄒᆞᆯ것이오또諸般事務도本年은總히準備中인故로同局所用의經費ᄂᆞᆫ約四萬圓에不過ᄒᆞᆯ터이라더라

◎英國收入增加 루터來電을據ᄒᆞᆫ즉本年四月브터六月末ᄭᆞ지三個月間에英國國庫收入은千九百九年의同期에比ᄒᆞ면二千五百六十二萬五千磅이增加되얏다더라

◎極東移民視察 海蔘威來電을據ᄒᆞᆫ즉露國移民局長쿠린氏ᄂᆞᆫ極東移民狀況을視察ᄒᆞ기爲ᄒᆞ야不日間同地에渡來ᄒᆞᆫ다더라

◎波斯의紛擾 테헤란來電을據ᄒᆞᆫ즉波斯各地에ᄂᆞᆫ暴徒가出沒ᄒᆞᄂᆞᆫ데向者에ᄂᆞᆫ一郵便車（正金도載）가、쿰、살카나팟느、間에서暴徒의攻擊을被ᄒᆞ야死者가五名이오負傷者가數名에達ᄒᆞ얏다더라

◎露兵侵入 北京來電을據ᄒᆞᆫ즉近來東淸鐵道附近에ᄂᆞᆫ馬賊이蜂起ᄒᆞ야露人의採伐ᄒᆞᆫ材木을悉皆燒火ᄒᆞ얏合으로向者에露國은露兵一隊를該地方森林區에駐屯ᄒᆞ엿고其後로또淸國兵이該地에來到ᄒᆞ야馬賊은旣히鎭壓되엿스되露兵은尙今不退ᄒᆞᄂᆞᆫ故로淸國은方今露國官憲과交涉中이라더라

雜報

李在明氏의公判 （續）

▲金丙祿에게對ᄒᆞ야

（裁）假稱이지（金）勃然變色曰假稱인지무엇인지吾의事實은如是ᄒᆞᆯ따름인데何故로役十五年에處ᄒᆞ며또開明世界의法律界行爲를이곳치強制로誤用ᄒᆞ니ᄒᆞᆫ번開明國이냐가然ᄒᆞ지두번開明國되고보왓스면範圍內의人種이法律二字때문에一個人도生活을不得ᄒᆞᆯ것이오또法律이라ᄒᆞᄂᆞᆫ것은人民의行動上不正當ᄒᆞᆷ을制限ᄒᆞᆯ것이아닌가ᄒᆞ며憤氣를不勝ᄒᆞ고亂叫를無雙히ᄒᆞ미（裁）聽若不聞ᄒᆞ고

▲朴泰殷에게對ᄒᆞ야

朴泰殷吳復元李應三三人에게對ᄒᆞ야三人등의控訴事實은前審問과如ᄒᆞ려니와朴泰殷아明治四十二年拾二月廿二日李在明의凶行ᄒᆞᆫ事에對ᄒᆞ야凶器와貸金ᄒᆞᄂᆞᆫ周旋에補助ᄒᆞᆫ등類라不必詳問이나昨年七八月分에平壤書籍縱覽所에서李在明을逢着ᄒᆞᆫ事有ᄒᆞ얏지（朴）有로다（裁）李完用을殺害ᄒᆞ자ᄂᆞᆫ言도有ᄒᆞ얏지（朴）不然ᄒᆞ오（裁）其時에一進會와大韓協會가互相連絡ᄒᆞ야서韓國을賣渡ᄒᆞᆯ줄노的確히認定ᄒᆞ고此ᄂᆞᆫ義理上에大不可ᄒᆞ니擧義謀殺ᄒᆞᄂᆞᆫ李在明을不得不贊成ᄒᆞ겟다ᄒᆞ얏지（朴）有로다（裁）謀殺은當初에김貞益李在明二人이李容九를殺害ᄒᆞᆫ다ᄒᆞ얏지（朴）不知로다其后엔（裁）李在明이京城과平壤間에幾番이나來往ᄒᆞ얏ᄂᆞ노（朴）幾次來往은知ᄒᆞ나其數ᄂᆞᆫ不知로라

（裁）李在明이初意ᄂᆞᆫ李容九를殺ᄒᆞ려다가現場에ᄂᆞᆫ初意를變更ᄒᆞ야李完用에게凶行을暴用ᄒᆞ얏지（朴）不知로라（裁）書籍縱覽所에서幾人이나會合ᄒᆞ얏던고（朴）九人이로라（裁）何時엽（朴）仔細히不知ᄒᆞ겟도다（裁）昨年陰十月이아닌가（朴）更히思ᄒᆞᆫ즉昨年七月分이로다（裁）何日이뇨（朴）不知로라（裁）檢查場에서ᄂᆞᆫ十月下旬이라고言치아니ᄒᆞ얏나（朴）仔細이生覺못ᄒᆞ겟소（裁）其時에李在明이朴泰殷家에頻來ᄒᆞᆷ이有ᄒᆞ엿지（朴）壹次有로다（裁）김貞益도（朴）無로다

▲吳復元에게對ᄒᆞ야

（裁）李在明이李完用을謀殺ᄒᆞᄂᆞᆫ事에對ᄒᆞ야運動費를周旋ᄒᆞᆫ事이有ᄒᆞᆫ지（吳）初無로라（裁）昨年陽拾月로브터拾二月ᄭᆞ지運動費를助力ᄒᆞ얏다ᄂᆞᆫ데（吳）無로라（裁）檢查場에서ᄂᆞᆫ李在明과共히李完用을謀殺ᄒᆞ엿다ᄂᆞᆫ言이有ᄒᆞ얏지（吳）當初에言論이無ᄒᆞ엿노라（裁）昨年七月에平壤에下去ᄒᆞ엿지（吳）八月이로라（裁）李在明이李完用을殺害ᄒᆞᆫ다ᄒᆞ니ᄭᆞᆺ必要타ᄒᆞ얏지（吳）不必要라ᄒᆞ얏노라

▲李應三에게對ᄒᆞ야

（裁）完用과容九를殺害ᄒᆞ자ᄂᆞᆫ動議가有ᄒᆞ얏지（李）有로라（裁）昨年拾月朴泰殷家에서該動議가有ᄒᆞ얏지（李）不然이로라（裁）檢查場에서ᄂᆞᆫ動議ᄲᅮᆫ아니라贊助도有ᄒᆞ다ᄒᆞ얏지（李）贊助ᄂᆞᆫ無로라（裁）運動費周旋ᄒᆞᆷ은有ᄒᆞ얏지（李）此ᄂᆞᆫ無로다（裁）檢查에ᄂᆞᆫ吳復元과全泰善으로共히運動費를周旋ᄒᆞ얏단言이有ᄒᆞ얏다ᄂᆞᆫ데（李）此도無로라（裁）吳復元을尋見ᄒᆞᆫ時ᄂᆞᆫ昨年拾일月初이지（李）然ᄒᆞ오（裁）尋見ᄒᆞᆷ은凶行에言論이必有ᄒᆞ얏겟지（李）無로라（裁）前後言辭가不同ᄒᆞ니無足可言이로다

▲金用文에게對ᄒᆞ야

（裁）醫學校에入學ᄒᆞ얏다지（김）然ᄒᆞ오（裁）幾年班（김）三年班（裁）用文의事實은他端이아니라完用과容九謀殺ᄒᆞᄂᆞᆫ데對ᄒᆞ야確的ᄒᆞᆫ動議가有ᄒᆞ얏다지（김）動議ᄒᆞᆷ은有로라（裁）該動議ᄒᆞᆷ은確的히有ᄒᆞ지（김）動議만ᄒᆞᆯᄲᅮᆫ이지完定ᄒᆞᆫ事ᄂᆞᆫ無로라（裁）李在明이被告에게李完用의家를指示ᄒᆞ라든事ᄂᆞᆫ有ᄒᆞ엿지（김）此ᄂᆞᆫ無ᄒᆞ고但李容九의家를問ᄒᆞ기에水標橋等地에有ᄒᆞ다ᄂᆞᆫ言은有ᄒᆞ엿노라（裁）昨年拾二月拾九日夜에李在明에게往ᄒᆞᆫ事가有ᄒᆞ얏지（김）有로라（裁）何等言論이有ᄒᆞ엿던지（김）別노言論이無ᄒᆞ엿노라

（未完）

宮廷報

●副統監의獻品 山縣副統監은昨日에左의諸物品을 昌德德壽兩宮에獻 上ᄒᆞ엿다더라

大皇帝陛下씌
法國製方形金屬製七寶入置時計일個
太皇帝陛下씌
法國製同形金屬製七寶入置時計일個
皇后陛下씌
絹張函入珊瑚珠三粒
嚴妃殿下씌
桐箱入珊瑚珠일聯

●宮中御陪食 大皇帝陛下씌옵서ᄂᆞᆫ今日에山縣副統監과石塚參與官及各大臣其他文武官三拾餘名을 命招ᄒᆞ샤 仁政殿東行閣에서御陪食을 賜ᄒᆞ신다더라

●賜扇明校 皇貴妃殿下씌옵서礡洞淑明女學校一般任員에게合竹扇十五柄과尾扇幾柄을再昨日에 下賜ᄒᆞ셧다더라

雜報

●警衛嚴密 再昨日赴任ᄒᆞᆫ山縣副統監이南門驛에到着ᄒᆞᆯ時에警衛가極히嚴密ᄒᆞ야當地에羅列ᄒᆞᆫ兵巡以外ᄂᆞᆫ韓人刑事巡査及日憲兵司令部平服補助員등이라도一切入塲을不許ᄒᆞ엿다더라

●副統陛見 山縣副統監이昨日에 昌德及 德壽兩宮에陛見ᄒᆞ려다가龍山其官邸의位置如何를視察키爲ᄒᆞ야未果ᄒᆞ엿ᄂᆞᆫ듸本日에 陛見ᄒᆞᆫ다더라

●沿路羅巡 山縣副統監이昨日龍山에前往ᄒᆞᆷ은別項과如ᄒᆞ거니와通行道路邊에巡査를羅列ᄒᆞ야嚴密警護ᄒᆞ엿다더라

●統監披露準備 新任正副統監은內外國官民數千名을招待ᄒᆞ야盛대ᄒᆞᆫ신任披露宴을設ᄒᆞᆯ터인듸其期日及準備等에關ᄒᆞ야昨日統監府參與官會議에協議ᄒᆞ엿다더라

●總理代表 內閣書記官長韓昌洙氏ᄂᆞᆫ總理大臣李完用氏의個人代表로仁川港ᄭᆞ지前往ᄒᆞ야副統監을歡迎ᄒᆞ엿다더라

●兩棄處置方法 警察權委任ᄒᆞᆫ結果로觀察道處務規程을改定ᄒᆞ엿ᄂᆞᆫ듸其內容인즉已往에ᄂᆞᆫ內務部長警察部長兩棄를置ᄒᆞ야宿直員各일名式을選置ᄒᆞ엿더니今番에ᄂᆞᆫ兩部長及宿直員을廢止ᄒᆞ엿다더라

●同伴農次 宇佐美內부次官은身病을因ᄒᆞ야歸任을中止ᄒᆞ엿다더니更聞ᄒᆞᆫ즉農商工부木內次官과同伴ᄒᆞ야再昨日에渡來ᄒᆞ엿다더라

●新次官相見 신舊內부次官이昨日該부에出頭ᄒᆞ야諸般文簿를略略看檢ᄒᆞ고新次官과一般官吏가相見禮를行ᄒᆞ엿다더라

●訓喩警官 統監府경務總監部에서ᄂᆞᆫ三昨日上午九時에各경察署韓日人경部를일切招集ᄒᆞ야警察上에關ᄒᆞᆫ事件을訓喩ᄒᆞ엿다더라

●方針詮議 已往에ᄂᆞᆫ各觀察使가郡守資格을薦報ᄒᆞᄂᆞᆫ同時에該地警察官吏로被薦人의身分을調査ᄒᆞ더니경察權이委任된結果로憲兵分隊로調査케ᄒᆞᆯᄂᆞᆫ지更히良好ᄒᆞᆫ方針을定ᄒᆞᆯᄂᆞᆫ지內부에서目下詮議ᄒᆞᄂᆞᆫ中이라더라

●二視七部 警察官制變更에對ᄒᆞ야警視廳韓日人間警視二人과警部七人이休職되엿다더라

●日愁減俸 경察權을引渡ᄒᆞᆫ事에對ᄒᆞ야日人巡査등은自國例를依ᄒᆞ야官制가變更되ᄂᆞᆫ時에ᄂᆞᆫ月俸이減縮ᄒᆞᆯ意가有ᄒᆞᆷ으로目下愁悶中이라더라

●國友移轉 平壤郡警察署日人國友경視ᄂᆞᆫ경務總監部檢査局長으로轉任ᄒᆞ엿ᄂᆞᆫ듸赴任ᄒᆞᆯ次로今明間入京ᄒᆞᆫ다더라

●何書類々 近來통監府에郵便으로書函이形形色色으로類々到達ᄒᆞᆫ다ᄂᆞᆫ듸대槪鄙陋無賴輩의所爲라더라

●闕牌何奉 忠北觀察使權鳳洙氏가上부에稟申ᄒᆞ기를管下鎭川郡公廨가狹隘ᄒᆞ야客舍를事務室로使用ᄒᆞ겟다ᄒᆞ엿스나闕牌ᄂᆞᆫ何以 奉安ᄒᆞ겟다ᄂᆞᆫ句語가無ᄒᆞᆷ으로處事模糊ᄒᆞᆷ을莫不批評ᄒᆞᆫ다더라

●咸察의心得書 咸北觀察道에서ᄂᆞᆫ農商工及敎育발展에關ᄒᆞ야心得書를修定ᄒᆞ야內부로提呈ᄒᆞ엿다더라

●派所移接 中部警察署에서ᄂᆞᆫ典洞巡査派出所를前侍衛二隊營門外舍로移設ᄒᆞᆯ次로目下修理中이라더라

●陵官開議 各陵園參奉諸氏가宮內府指揮를承ᄒᆞ야再昨月曜日브터北부奉常司內에會同ᄒᆞ야陵園墓守護方法에關ᄒᆞ야開議ᄒᆞ엿다더라

●園墓保護의說明 各陵參奉이會議ᄒᆞᄂᆞᆫ事ᄂᆞᆫ別項과如ᄒᆞ거니와農商工部에서加藤技師와全載億氏를該會議席에派送ᄒᆞ야陵園墓의山林保護에關ᄒᆞ야一塲說明ᄒᆞ엿다더라

●指東之西 中樞院副贊議鄭蘭敎氏ᄂᆞᆫ公州郡鄕第에下往ᄒᆞᆫ다受由ᄒᆞ고因히日本에渡去ᄒᆞ엿다ᄂᆞᆫ듸某處에서ᄂᆞᆫ其渡日ᄒᆞᆫ內容을探知ᄒᆞᄂᆞᆫ中이라더라

●姓名單子와歡迎 商務組合本部에서ᄂᆞᆫ再昨日山縣副統監을歡迎ᄒᆞᆫ事에對ᄒᆞ야人員에姓名單子를統監府에提呈ᄒᆞᆯ次로目下修正中이라더라

●迎接任員 國民協成會에서ᄂᆞᆫ再昨日에山縣副통監을歡迎ᄒᆞᆯ時에會長及副會長이辭免ᄒᆞᆫ지가已久ᄒᆞᆷ으로再昨日에臨時總會를開ᄒᆞ고卞道泳氏로會長洪鳳鉉氏로副會長을推選ᄒᆞ야幾個會員을帶同ᄒᆞ고南門驛에서歡迎ᄒᆞ엿다더라

●調査員增派 度支부土地調査局에서大邱方面으로人員을派送調査ᄒᆞᆷ은已報ᄒᆞᆫ바어니와更聞ᄒᆞᆫ즉人員이不足ᄒᆞᆷ으로調査員二人을增加派送ᄒᆞ엿다더라

●預防熱病 挽近日氣가漸熱ᄒᆞ야衛生上注意ᄒᆞᆯ目的으로漢城內各公衆廁間을昨日브터或修理도ᄒᆞ며일切消毒ᄒᆞ야熱病을預防ᄒᆞᆫ다더라

●市塲日稅 各地方에居留ᄒᆞᄂᆞᆫ日人의市塲稅納徵收與否에關ᄒᆞ야意見書를內부로修報ᄒᆞ엿다더라

●敷鐵促期 京元鐵道竣工期限을十일箇年으로預算ᄒᆞ엿다더니迅速敷設ᄒᆞ기爲ᄒᆞ야更히八個年으로豫定ᄒᆞ엿다더라

●帝社續刊請願 前協辦沈相翊氏가帝國新聞을引繼발刊ᄒᆞᆯ次로交涉ᄒᆞ엿다ᄒᆞᆷ은旣報어니와前社長鄭雲復氏와不協ᄒᆞᆫ事件을因ᄒᆞ야卽時罷約ᄒᆞ엿ᄂᆞᆫ듸鄭氏가繼續발行ᄒᆞ기爲ᄒᆞ야昨日內部에請願ᄒᆞ엿다더라

●言則是也 김甲洙李祖信李孜珪諸氏가日昨에小安洞趙命熙氏家에訪問ᄒᆞ고消遣的으로壽闘箋을設行ᄒᆞ다가行巡巡査가適見ᄒᆞ고禁止ᄒᆞᄂᆞᆫ지라諸氏등이答ᄒᆞ기를壽闘箋은自來로雜技로認定치아니ᄒᆞᄂᆞᆫ것이오且幾分銅으로消日ᄒᆞᆷ이라ᄒᆞᆫ즉該巡査가回去ᄒᆞ더니居未久에更來ᄒᆞ야北署로招去ᄒᆞ야日警부가他事業에나從事ᄒᆞ고此등事에ᄂᆞᆫ注意치勿ᄒᆞ라ᄒᆞ고說諭放送ᄒᆞ엿다더라

●此何靑年 去月廿八日午後五時頃에日本鎌倉附近惠比壽屋旅舘에서春廠服을着ᄒᆞᆫ靑年이入ᄒᆞᄂᆞᆫ지라旅舘下女가二層六疊室에迎接ᄒᆞ고夕飯을喫ᄒᆞᆫ後에居住姓名을問ᄒᆞᆫ즉仙臺市東一番町居ᄒᆞᄂᆞᆫ林榮次郞이라ᄒᆞ나日語가未熟ᄒᆞᆷ으로下女等이致疑ᄒᆞ엿더니小頃에浴衣(夏日服)를換着ᄒᆞ고門外에去ᄒᆞ야夜深도록歸來치아니ᄒᆞᄂᆞᆫ지라主人이該人의房에入ᄒᆞ야洋服表裏를探見ᄒᆞᆫ즉「國家의恨을不得雪ᄒᆞ고拾有餘年의目的을達치못ᄒᆞ엿ᄉᆞ니同胞에게對ᄒᆞ야面目이無ᄒᆞ니千秋의恨을含ᄒᆞ고自殺」이라ᄂᆞᆫ文字가有ᄒᆞᆷ으로自殺ᄒᆞ려出ᄒᆞ야不歸ᄒᆞᆷ을確測ᄒᆞ고主人이洞民과共히四面으로搜索ᄒᆞ다가稚兒淵邊最高處에셔彷徨ᄒᆞᆷ을見ᄒᆞ고主人이伴而歸之ᄒᆞ야鎌倉경察署로護送ᄒᆞ엿ᄂᆞᆫ듸同署에셔審問ᄒᆞᆫ結果로同人의生地ᄂᆞᆫ大韓경城이오年은二拾九오姓名은不分明ᄒᆞ고所持物은洋傘一個와錢二拾九錢뿐인듸該人은警官에게對言ᄒᆞ기를我黨은五百人以上에達ᄒᆞ고錢은幾許라도循環用之ᄒᆞᆫ다고聲言ᄒᆞᆷ으로同警察署에셔ᄂᆞᆫ方今嚴重히調査中이라고日人京城新報에揭載ᄒᆞ엿더라

●奸淫査問 趙召史를通奸ᄒᆞᆫ韓秉洙를昨日中부경察署에셔招待ᄒᆞ야前後行淫ᄒᆞ던狀況을査問ᄒᆞ엿다더라

●藉譯行悖 中部中谷居ᄒᆞᄂᆞᆫ高某ᄂᆞᆫ日憲兵司令部高등通譯이라稱ᄒᆞ고行悖가無數ᄒᆞᆫ다ᄒᆞᆷ으로某處에셔注目ᄒᆞᄂᆞᆫ中이라더라

●以身典執 中部壽進洞居金宅永氏ᄂᆞᆫ日前에妓生을帶同ᄒᆞ고順日舘에前往ᄒᆞ야料理金四十圓價値를買喫ᄒᆞᆫ後代金을不報ᄒᆞ고投身滔避ᄒᆞ려다가情跡이發現되엿슴으로該舘에셔金氏를執留ᄒᆞ엿다더라

●僞券賣日 溫陽東下面細橋里浦田三千餘坪은該洞居全英澤金千吉兩氏의所有인듸隣洞居姜昌熙爲名者가兩氏의圖章과該面長沈宜善氏의圖章을僞造ᄒᆞ야泥峴居日本人江見及巳郞에게三百七十圓에賣渡ᄒᆞ고因爲逃躱ᄒᆞ엿다더라

●寄宿會團合 官立漢城高等學교에셔ᄂᆞᆫ日間夏期放學을ᄒᆞᆯ터인듸放學ᄒᆞᆫ後該校一般學員의寄宿會를一處에團合케ᄒᆞᆯ次로協議中이라더라

●權氏實心 合資會社營業組合慶北出張所長權寧洛氏가出張未幾에實心施爲ᄒᆞᆷ으로該地社會上에模範이될만ᄒᆞ다더라

●錦江水高 忠南地方에ᄂᆞᆫ本月三日雨의錦江이漲溢ᄒᆞ야沿岸日人의家屋이被浸ᄒᆞ엿다더라

●嫌劍被捉 尙州郡居金[illegible]氏ᄂᆞᆫ北部小安洞安召史家에逗遛ᄒᆞ다가劍契團嫌疑로再昨日憲兵司令部에被捉ᄒᆞ엿다더라

●姓同名異 三淸洞居皮相[illegible]氏가丐乞로從事ᄒᆞᆫ다ᄂᆞᆫ說은[illegible]聞ᄒᆞᆫ즉他皮氏의事라더라

電報

●退韓令廢止說 從來로在韓日人無賴輩에게對ᄒᆞ야退韓令을命ᄒᆞ엿스나從今으로此를廢止ᄒᆞ고但團束만ᄒᆞᆫ다더라

●日露協約발表期 日露協約은本月四日에露都에셔調印을了ᄒᆞ엿ᄂᆞᆫ듸本月中旬에ᄂᆞᆫ발表되리라더라

以上東京발 五日着

▲時乎難再▼

▲時哉時哉此時로다有力家가新渡ᄒᆞ니各有希望奔忙ᄒᆞ야拳冷談虛張ᄒᆞᆯ제不顧傍人唾罵로다

▲搖其頭兮打尾ᄒᆞ니倘識其主前導런가新內閣을自織ᄒᆞ고各自以爲大將ᄒᆞ야空中氣勢誇張ᄒᆞ니一進會가時哉로다

▲芳樹春陰長夏天에家國憂를消遣ᄒᆞ니三溪亭이指安知오有何樂意相關인가月黃昏兮忘歸ᄒᆞ니永宣君의時哉로다

▲萬里海外留連ᄒᆞ야千古荒唐無稽說을做謀設計機關이라一電消息先到ᄒᆞ니倘揚々而歸來런가金在珣의時哉로다

▲紅塵夢이未圓ᄒᆞᆫ제花柳情을難禁ᄒᆞ야兩々婦女携手ᄒᆞ고秋波中에送情ᄒᆞ며演藝舘에徘徊ᄒᆞ니申泰休의時哉로다

●[…]坪學校를設立ᄒᆞ고該坊內一般人士의게義捐金을請求ᄒᆞᄂᆞᆫ뒤輔國金聲근氏家에派人請捐ᄒᆞᆫ즉[…]은外國人도皆知ᄒᆞᄂᆞᆫ바라ᄒᆞ고不肯ᄒᆞᆷ으로多少間請求ᄒᆞᆫ즉金氏가號令ᄒᆞᄂᆞᆫ지라請捐ᄒᆞ든人[…]令壓制를施ᄒᆞᄂᆞ냐ᄒᆞ고老而不死日賊이라ᄒᆞ더니可謂老賊이라ᄒᆞ고說往說來에一場風波를撒[…]

●干義押上　楊州郡金谷駐在日憲兵分遣所에서昨日에義兵干連裵元植氏等二人을京城地[…]

●商夜學　普成專門學校學員趙宗九氏ᄂᆞᆫ經濟에困難ᄒᆞᆷ을因ᄒᆞ야學資金을未由辦出ᄒᆞᆷ으[…]修業ᄒᆞᄂᆞᆫ故로該氏의熱心을莫不稱讚ᄒᆞᆫ다더라

●誤植改正　六月十九日本報[…]黃尙周廣告中十字와一字ᄂᆞᆫ二字의誤植이오黃尙周의周字ᄂᆞᆫ國字의誤植이기正誤ᄒᆞᆷ

▲鐵中錚錚▼

▲總理와侍從院卿은무ᄉᆞᆷ셔로으로酬酌이自若ᄒᆞ다가忽地風波가낫다지모든것잇나權利싸홈이지權利라ᄒᆞᄂᆞᆫ것이國權인가民權인가그러ᄒᆞᆫ權利싸홈이면제法이게밥싸홈이라네

▲宋秉畯이ᄂᆞᆫ中樞院顧問의月給金과于當金을推去ᄒᆞ고領證은送交치아니ᄒᆞᆷ으로中樞院과度支部間에相持中이라지領證은무ᄉᆞᆷ事端으로送交치아니ᄒᆞᄂᆞᆫ지再徵식힐凶計가잇ᄂᆞᆫ것이지

▲總理가漢城俱樂院에서開養흘터인ᄃᆡ該附近에危險處가有ᄒᆞ야看檢ᄒᆞ다지사ᄅᆞᆷ이世上에나셔그러케무셥고엇지사나眼前에無非劍水刀山인게여夢中에도셤즉흘걸

廣　告

廣告

學部檢定

張志淵 序文
服部暢
大垣丈夫
鄭雲復 著述

日語大成

洋裝一部 定價金壹圓
半洋一部 定價金八十五錢

此書前名은獨習日語正則이온바數年來로愛讀者多ᄒᆞ와三版발行ᄒᆞ왓ᄉᆞ오나其間乏絕되왓삽고敎科書에完全치못ᄒᆞᆷ으로因ᄒᆞ와這間自學部로完全케精擣檢定ᄒᆞ와高等敎育日語科學員用敎科書로檢定되온바獨習에倍前一層平易ᄒᆞ옵고日語高等敎科書에適當ᄒᆞᆫ良書이오니江湖僉君子ᄂᆞᆫ速々講覽ᄒᆞ시와未及之歎이無케ᄒᆞ시옵

發行兼元賣所

中部布屛下卅七統六戶

廣學書舖 金相萬

分賣所

中部勝洞體拜堂前 東洋書院
中部洞口 中央書舖
京鄕各書舖

濟生堂大藥房本舖製造及發賣品目錄

消化新藥 **清心保命丹** 此丹은化痰止咳ᄒᆞ고順氣消滯ᄒᆞ며恒常長服ᄒᆞ면腸胃가健全 九十粒一貼價금十錢 三貼入한藥匣添附 금廿五錢

大補元氣 **蔘茸大補元** 大補元氣ᄒᆞ고滋腎健腦ᄒᆞ며先天不足과陽위不起에一切神效 一週日分금一圓 八週日分금六圓四十錢 四週日分금三圓四十錢

怪疾神효 **保命水** 此水ᄂᆞᆫ急ᄒᆞᆫ吐瀉나곽亂腹통에立효가有ᄒᆞᆷ 금十錢

起死回生 **回生丹** 此丹은急ᄒᆞᆫ吐瀉關格이며가슴아리와冷積과痢疾에神効 一貼금十錢

蛔積殺虫散 此약은회積과회腹痛과회虫을一切去根ᄒᆞᄂᆞᆫ良劑 一日分금十錢

久滯大通丸 此丸은年久積滯와宿滯後重이며胷腹痛에神効莫大ᄒᆞᆷ 二日分금十五錢

寸虫沒出藥 此藥은寸白虫一切를去根ᄒᆞᄂᆞᆫ妙藥 一人用금卅錢

感氣時효 **解熱散** 寒熱往來ᄒᆞ며似학非학과頭痛眩暈와肢節痛에其効가偉大 一日分금十錢

되눈 **拔根藥** 되눈과못과ᄉᆞ마귀를쎄ᄂᆞᆫ藥 一貼금十錢

瘡病聖藥 **梅花點雪丹** 毋論男女ᄒᆞ고花柳病楊梅瘡에一切去根快復하ᄂᆞᆫ良藥 一廂금三圓五十錢

瘇氣神効 **解毒膏** 毒종과根넉인듸와其他諸般瘇氣一切에神효無雙ᄒᆞᆷ 一貼금十錢

去核生新 **沃度膏** 癤瘡과腐傷과곰편듸去核生新ᄒᆞ기ᄂᆞᆫ第一奢明 一蛤금十錢

齒病全治 **健齒水** 此水ᄂᆞᆫ風齒와虫齒며諸般齒통에大효가有ᄒᆞᆷ 小一瓶금十錢

止足汗臭水 手足의汗臭를除却ᄒᆞᄂᆞᆫ藥 一包금十錢

眼疾速治 **光明眼藥** 諸般眼疾에隨症皆差ᄒᆞᄂᆞᆫ東洋에初有ᄒᆞᆫ寶藥 小一瓶금十錢

調痢健中丸 急慢腸病과各種泄瀉며赤白痢疾과怪病流行病에偉효가有ᄒᆞᆷ 一貼금廿錢

潤肺化담 **止嗽散** 傷風火소와喘息勞소와吐담困難과呼吸苦悶胸膈刺통등神효 一貼금廿錢

解凝止통 **罷痱膏** 打撲跌落傷靑ᄒᆞᆫ各種瘀氣始初腹통陰囊ᄒᆞᆫ통骨濕통諸症幷효 小一瓶금十錢

吐血下血 **神理止血丸** 專治男婦勿論老幼諸般血症即吐血酒色過用由발되ᄂᆞᆫ血담症並효 금六十錢

上海膏 담結、肩臂통、解凝、流注、刺血통징에特別有효ᄒᆞᆷ 금十五錢

○淋疾藥各種○其他有名ᄒᆞᆫ藥各種○洋藥各種○化粧品各種
○都매散매○遠地에ᄂᆞᆫ郵편小包로迅速酬應ᄒᆞᆷ

漢城南大門內濟生堂大藥房 李庚鳳
代辦主任 李與國 白

電話 壹七二八番
電略 (재) 又 (廿イ)

共愛堂大藥房製造各種藥品發行表

壯陽復元丹 此丹專治腎虛、肺弱、房事色傷、心腎虛弱、遺精多夢、陽위不起、病後虛弱、不下飮食、先天不足、眩暈頭통 壹週分壹圓 四週分三圓四拾錢

等症에並妙効가有ᄒᆞᆷ 二週分壹圓八拾錢 八週分六圓四拾錢

度驗丹 壹般胷症胷腹통消化不良心神鬱悶船훈酒醉化담止취口熱惡臭食慾不振등症에並神効 壹包金拾錢

眼科聖藥 **清眼水** 壹般眼疾、時行眼疾、風熱眼疾、羞明流淚、眼內紅痒등症에撥雲見天之妙(壹瓶金拾錢)

解학至寶丸 專治학疾卽氣虛학、連年長학、一日二日학、雖難治之학이라도永々거근ᄒᆞᆷ 壹包金拾錢

皮膚神藥 **靈效液** 特治皮膚兩疥癬옴、皮風、諸般痒疹、두두러기、옷올닌데다神効ᄒᆞᆷ 壹瓶금三拾錢

五淋專治 **通淋丸** 急慢淋疾、赤빅帶下、방광炎症、뎌炎皮濃漏外他淋毒性諸症에신效ᄒᆞᆷ 壹제금五拾錢

梅毒妙効 **神應丹** 楊梅瘡에壹期二期三期를勿問ᄒᆞ고確實이有효、連珠瘡下疳瘡等에幷효 壹제金三圓

腹학신藥 **清脾丸** 喘治小兒壹般腹학、面黃、尿靑、左脇별腹에大有奇효ᄒᆞᆷ 一匣金五拾錢

久해神効 **養胃散** 通治經久滯積、呑酸吐사、霍亂、胷腹통大便不順等症에奏効如神 壹貼금十五錢

治痰鎭咳丸 專治大人히소、喘息、담結등症에妙 三日分一包금卅錢

特胃感효 **消熱散** 勿論四時傷寒感冒、咽喉졍통、似학非학등症有효、寒熱往來肢節통 壹貼금拾錢

耳病신효 **清耳液** 專治耳病中鼓膜炎、內外聽道炎、耳中灼熱疼痛、濃液流出等症有효 一瓶금十錢

百貼百應 **妙妙膏** 風濕氣、胸肩背에牽引疼통、腰膝脚氣酸통、無力、骨節통등症에如神 금廿五錢

奏효如신 **能治膏** 各種腫氣、小兒胎毒、부스럼濕腫、生新에並신효 一包금拾錢

大腫拔根膏 大小腫氣根빼ᄂᆞᆫ약 價금拾錢

解凝膏 멍울삭히ᄂᆞᆫ약 價금拾錢

寸虫去根藥 價금廿錢

齒痛水 충치風치신효 價금七錢五厘

鷄眼膏 되눈빼ᄂᆞᆫ약 금拾錢

汗斑水 어루럭니약 금十錢

止泄丸 대泄瀉泄신효 價금拾五錢

痢疾藥 赤빅痢에신효 價금拾五錢

各種上等金雞納 東西洋有名賣藥 洋藥乾材都賣散賣其他各種藥이具備ᄒᆞ오니
請求를依ᄒᆞ야小包로酬應ᄒᆞ겟삽

發行所

皇城南部大廣橋十九統七戶
共愛堂大藥房主 朴容桓 告白

特別廣告

○大韓全國藥品總發行所 京城鍾路和平堂大藥房

官登錄 許認可

(健胃消滯) 八寶丹 (主治効能)

新舊積滯 急警關格 霍亂吐사 頭痛眩운 運氣癘疫 預防妙藥

▲本堂에셔特허製發賣ᄒᆞᄂᆞᆫ藥品五十餘種과漢城內各藥房에셔新發明ᄒᆞᆫ藥品도俱備ᄒᆞᆫ外에今日醫家에셔最大數常用ᄒᆞᄂᆞᆫ獨逸製藥品과其他日本製藥品各種與韓唐草材를直輸入ᄒᆞ야最低廉價로發賣ᄒᆞ오되地方에셔藥品을注文ᄒᆞᄂᆞᆫ境遇에ᄂᆞᆫ郵便小包로訊速付送ᄒᆞᆷ

▲本堂附屬醫院에ᄂᆞᆫ學術과實驗이最著名ᄒᆞᆫ醫士를延聘ᄒᆞ야患者의內外科를勿論ᄒᆞ고精確히診察ᄒᆞ야施療ᄒᆞᄂᆞᆫ中或外方에셔病의症候만錄送ᄒᆞ시면其病에適應ᄒᆞ도록製藥ᄒᆞ와郵便으로卽時送呈ᄒᆞᆷ

▲本堂의支店과代理店이我國境內에多數設立ᄒᆞᆫ中以後外方에셔支店과代理店을請求ᄒᆞᄂᆞᆫ同時에ᄂᆞᆫ藥品은依例送呈ᄒᆞ려니와其他本舖細則도並送ᄒᆞᆷ

▲本堂에셔ᄂᆞᆫ特히漢城內醫業界와商業界와各社會와各官廳을連絡ᄒᆞ와藥品발展上便利키爲ᄒᆞ야電話를設備ᄒᆞ엿ᄉᆞ오니誰某시든지藥品을電話로請求ᄒᆞ시면本舖에셔傳人送呈ᄒᆞᆷ

京城鍾路和平堂大藥房本舖
主任 李應善

電話番號

電話 壹六九七番
電略話 (화) (ㄱ)

特別廣告

○誠仁堂의발展 中外醫藥申報十餘年醫師張斗鉉氏가經營ᄒᆞᄂᆞᆫ 誠仁堂의勢力이偉越ᄒᆞᆯ뿐아니라地方에醫界의聲譽가頻盛ᄒᆞ야近日 다라
○有力者의所奪 尙州郡居鄭□□이鏡南□의家舍二拾일間을錢五千三百六拾兩에結價ᄒᆞ고至ᄒᆞ야京帶洞居內侍李炳경氏가下來ᄒᆞ야右土를刊正値再從ᄒᆞ야鄭氏를捉囚威협에勒奪前後文券을ᄂᆞᆫ딕勢力이懸殊ᄒᆞ야京ᄒᆞ엿다더라
○何事被捉 海州郡居李國琳

檀君開國四千二百四十三年
箕子元年三千二十二年
大韓開國五百十九年
本報創刊日 光武八年七月十八日

大韓每日申報

第八卷 月曜及慶節歲時日休刊 第壹千四百廿八號
發行兼編輯人 李章薰
發行所 京城中部布廛屛門二宮街二層洋屋 大韓每日申報社

論說

我韓의前途

筆을操ᄒᆞ고紙를臨ᄒᆞ야我韓의前途를一望ᄒᆞ니涯岸이茫蒼ᄒᆞ야歇泊이無期ᄒᆞ도다

惜乎라泛々然東來의火船이我港의一着ᄒᆞᆫ伊來로識時의士와憂國의人이或以舌노ᄒᆞ고或以筆노ᄒᆞ고或以血노ᄒᆞ고或以淚로ᄒᆞ며亦或以喜ᄒᆞ고亦或以樂ᄒᆞ야十數年間에靡所不至ᄒᆞ다가今日에至ᄒᆞ야ᄂᆞᆫ其舌이已弊ᄒᆞ고其筆이已禿ᄒᆞ고其血이已盡ᄒᆞ고其淚가已枯ᄒᆞ며其喜焉痴ᄒᆞ고其樂焉妄이로다

然則今日我韓을無何의境에置ᄒᆞᆷ이可ᄒᆞᆯ가我同胞에게向ᄒᆞ야急히一究의問題가是已로다

今此無何의境을致ᄒᆞᆷ이其辭를問ᄒᆞ면政府ᄂᆞᆫ人民이幼穉ᄒᆞ야然이라ᄒᆞᆯ것이오人民은政府가不善ᄒᆞ야然이라ᄒᆞ야各히其答의辭가裕ᄒᆞᆯ지나吾ᄂᆞᆫ雙方이皆非라ᄒᆞ노니何者오

政府與人民이一이오二가아니라政府의責이卽政府의責이오人民의責이卽人民의責이니人民이良ᄒᆞ면政府가雖欲施惡이나其可得乎ㅣ며政府가明ᄒᆞ면人民이雖欲守暗이나亦可得乎아然이나區分看破ᄒᆞ면吾人民의責이較重ᄒᆞ도다

彼政府ᄂᆞᆫ曾非別的人種이라卽吾民衆中一代表者人이니人의事를代表ᄒᆞᆫ者ㅣ誰能擅私乎리오

然이나某是某非ᄂᆞᆫ已是過境이어니今悔何及이며今怨何爲리오

向所謂識時의士와憂國의人도載鉄의志가氷如其澌ᄒᆞ고撼嶽의氣가鳥如其弱ᄒᆞ야俄々然退歸의裝을束ᄒᆞ야日國家의事業은尙矣오一身의措處가無ᄒᆞ다ᄒᆞ야其悽凉의行色이宛然히潯陽江頭에琵琶를手ᄒᆞ고開元天寶間事를泣說ᄒᆞ던老婦女를作ᄒᆞ엿도다自是로沈吟愁鬱의聲이草莽에遍滿ᄒᆞ야一日의生으로一日의幸이라ᄒᆞ며二日의存으로二日의福이라ᄒᆞ야事業界에幾壁者가返賦ᄒᆞ고將立者가反坐ᄒᆞ고欲行者가反停ᄒᆞ야十年來大希望大呼號ᄒᆞᆫ結果가此에止ᄒᆞ엿스니豈其不惜乎아

然則我韓의前途를竟히茫蒼ᄒᆞᆫ外에置ᄒᆞᆷ이可ᄒᆞᆯ가

曰不然ᄒᆞ다我韓이雖卽今日의境에在ᄒᆞ나世界에亦一國이라國이면人이有ᄒᆞ니國이有ᄒᆞ고人이有ᄒᆞᆫ以上에ᄂᆞᆫ名價의如何도今吾不關이며形式의如何도今吾不關이오但堅忍의性과至誠의力으로時々日々에進々不已ᄒᆞ면天豈無憫이며天豈無憫이리오前途의羅針이二字에不過ᄒᆞ니(忍)(誠)而已라同胞諸君은其思乎아否乎아

官報

◎第四千七百二十三號 隆熙四年七月六日(水曜)

敍任及辭令

○六月三十日 伊川郡守安植 兼任公立伊川普通學校長 金化郡守李東赫 兼任公立金化普通學校長 淮陽郡守宋宅英 兼任公立淮陽普通學校長 大韓醫院醫官兼敎授 矢野兼古 依願免本官並兼官(七月四日內閣)

○官廳事項

載寧郡守김經夏가六月二十七日에身故ᄒᆞᆫ事

外報

◎淸國學生의活氣 大阪時事新報를據ᄒᆞᆫ즉目下東京에留學ᄒᆞᄂᆞᆫ淸國學生은本月三日午後二時브터신田錦町錦輝館에서大集會를開ᄒᆞ고淸國粤漢鐵道借款에對ᄒᆞ야反對ᄒᆞᆫ事와現今駐日公使排斥ᄒᆞᆫ事에關ᄒᆞ야대演說을ᄒᆞ엿다더라

◎湖南의水害 上海來電을據ᄒᆞᆫ즉湖南常德(洞庭湖의西方)에ᄂᆞᆫ百年以來로初有ᄒᆞᆫ대洪水가漲溢ᄒᆞ야損害가多大ᄒᆞᆫ디方今各省에서ᄂᆞᆫ義捐金을募集中이라더라

◎英艦入港 旅順來電을據ᄒᆞᆫ즉英國軍艦아라구리처號及驅逐艦二隻은本月二日에同地에入港ᄒᆞ엿다더라

◎武統任命理由 大阪每日新聞에殖民地長官問題란題下에寺內統監에關ᄒᆞ여論ᄒᆞ기를韓國에對ᄒᆞ야軍事行動을執ᄒᆞᆫ것은伊藤統監時代브터實行ᄒᆞᆫ것이오決코今日에至ᄒᆞ야俄然히武官통監을要ᄒᆞᆫ것은아니라今에寺內陸軍大臣이통監을兼任ᄒᆞᆫ것은卽今日韓日兩國關係의一大改革을行ᄒᆞᆯ時를當ᄒᆞ여武官統監으로ᄒᆞ여곰其手腕을발揮코져ᄒᆞᆷ이라ᄒᆞ엿더라

◎日記者의言論 美國紐育아메리칸新聞이美日開戰說을論述ᄒᆞᆷ은旣報어니와日本萬朝報ᄂᆞᆫ此에對ᄒᆞ야言論ᄒᆞ기를同新聞의主筆하스로氏ᄂᆞᆫ將來에美國과開戰ᄒᆞᆯ者ᄂᆞᆫ但日本뿐이라ᄂᆞᆫ說을固持ᄒᆞ야美國의海軍擴張ᄒᆞᆯ事를勸誘ᄒᆞ얏스나彼國의友邦되ᄂᆞᆫ日本을如斯히致疑ᄒᆞᆷ은決코彼國의利益이아니라고揭載ᄒᆞ얏더라

◎淸國汽船數 淸國郵傳部船籍登錄簿에登錄ᄒᆞᆫ全國의대小汽船數ᄂᆞᆫ二百四十隻이라더라

學界報

◎夏期講習 平壤에서本年七月八日브터八月拾三日ᄭᆞ지夏期講習所를大成學校內에開ᄒᆞ고所長張膺震以下高名ᄒᆞᆫ講師諸氏가重要ᄒᆞᆫ科目을完全ᄒᆞᆫ設備로敎授ᄒᆞᆫ다ᄂᆞᆫ디所長張膺震氏ᄂᆞᆫ日本과美國에多年遊學ᄒᆞ야高等師範敎育을卒業ᄒᆞ고現今大成學校에서校務를專擔ᄒᆞᄂᆞᆫ디인故로今番講習所에學員이多數히募集되여西道에一大好況을呈ᄒᆞ리라더라

◎委員勸學 彰城地方委員姜尙渭氏ᄂᆞᆫ郡ᄂᆡ三學교교長을被選ᄒᆞ야金錢을不惜ᄒᆞ고敎育을極力贊助ᄒᆞᄂᆞᆫ디坊曲에巡回ᄒᆞ야父老에게勸勉ᄒᆞ며靑年을勸誘ᄒᆞ엿고各學교를視察次로農林學校學監廉東一氏를帶同ᄒᆞ고昌湖學校에前往ᄒᆞ야學會를開ᄒᆞ고一般任員及生徒百餘名을對ᄒᆞ야愛國思想을萬端說明後에金五圓을寄付ᄒᆞᆫ미滿場會員이莫不感歎ᄒᆞ엿다더라

◎敎師熱心 江原道通川郡順達面庫底里私立普通學校敎師方敬模氏의敎授ᄒᆞᆷ이嫺熟ᄒᆞᆫ中熱心主義ᄒᆞᆷ으로視務ᄒᆞᆫ지不過數朔에生徒에進就程度가括目相對ᄒᆞᆯ지며且境ᄂᆡ各學校生徒로親睦會를組織ᄒᆞ고每土曜日에各學교로輪次開會ᄒᆞ야聯合活動과討論演說로知識을交換ᄒᆞ미一時盛況을呈ᄒᆞᆯ뿐더러一境模範을快作케ᄒᆞ엿다더라

◎合一復興 江華郡長峯島耶蘇敎會ᄂᆡ合一學교ᄂᆞᆫ近日에財政이窘絀ᄒᆞ야廢止ᄒᆞᆯ境에至ᄒᆞ더니該校校監尹明三氏가此를愛惜ᄒᆞ야有志紳士諸氏를會同ᄒᆞ고敎育의時急과校況이凋殘ᄒᆞᆷ을熱誠勸告ᄒᆞ엿ᄂᆞᆫ디諸氏가該校監의血誠을欽仰ᄒᆞ야各出義捐ᄒᆞᆷ으로前進之望이有ᄒᆞ다더라

雜報

李在明氏의公判 續

▲金用文에게對ᄒᆞ야

(裁)昨年拾二月廿일日에또李在明에게去ᄒᆞ엿지(金)有로라(裁)廿일日夜逢時에李在明이何事이有ᄒᆞ던지(金)早來ᄒᆞ라ᄒᆞᆷ은被告ᄃᆞ려明朝에早來ᄒᆞ기에早去ᄒᆞᆷ而已로다(裁)然ᄒᆞ면廿二일早朝와仝日七時半에李在明에게去ᄒᆞᆫ事ᄂᆞᆫ何이뇨(金)知舊間에失信이無코자ᄒᆞᆷ으로早去ᄒᆞᆯᄯᆞ름이오他意ᄂᆞᆫ無ᄒᆞ엿노라

▲全泰善에게對ᄒᆞ야

(裁)明治四拾二年三月中旬브터李在明이凶行을圖謀ᄒᆞᄂᆞᆫ디對ᄒᆞ야贊成ᄒᆞᆷ이有ᄒᆞ엿지(全)有ᄒᆞ로라(裁)또凶器를運搬ᄒᆞᆫ事도有ᄒᆞ지(全)實노理由ᄂᆞᆫ不知ᄒᆞ엿고李在明이我에게懇切히言ᄒᆞ되上京ᄒᆞᆯ時에短刀를持來ᄒᆞ라ᄒᆞ기에持來ᄒᆞ야傳ᄒᆞᆯᄯᆞ름이로라(裁)短銃도粟囊裏에埋藏ᄒᆞ야持傳ᄒᆞ얏지(全)有ᄒᆞ로라(裁)誰家에서持來ᄒᆞ얏ᄂᆞ뇨(全)趙昌鎬家에서(裁)該凶器를秘密히持傳ᄒᆞᆷ을推想ᄒᆞ면謀殺ᄒᆞᆷ은발明無路ㅣ지(全)事已到此ᄒᆞᆫ즉無辭可答이나實心으로贊成ᄒᆞᆷ은無ᄒᆞ로라

(裁)李在明을何處에서相見ᄒᆞ엿ᄂᆞ뇨(全)平壤路上에서(裁)凶器를京에持來ᄒᆞ기ᄂᆞᆫ何時이뇨(全)昨年拾一月二拾九日이로라(裁)其時卽傳ᄒᆞ엿노(全)卽傳은못ᄒᆞ엿고幾日後의李交담家에서傳ᄒᆞ엿노라(裁)短銃二箇를全泰善에게出示ᄒᆞ며此二箇物이汝의所傳이아니냐(全)然ᄒᆞ오(裁)일箇ᄂᆞᆫ李東秀가持去ᄒᆞ엿지(全)然ᄒᆞ오(裁)李在明의劍物을製造ᄒᆞᆫ事를知ᄒᆞᄂᆞ뇨(全)不知로라(裁)西洋鐵工場에서買來ᄒᆞ얏지(全)不知로라

▲金履杰에게對ᄒᆞ야

(裁)謀殺의共同ᄒᆞᆷ이有ᄒᆞ엿지(金)到底히발明ᄒᆞᄂᆞᆫ지라(裁)如是히발明ᄒᆞ면有罪ᄒᆞᆷ이無罪ᄒᆞᆫ디同歸ᄒᆞᆯᄂᆞᆫ지此ᄂᆞᆫ痴人이로고

▲金秉鉉에게對ᄒᆞ야

(裁)趙창鎬와共히凶器며運動費를極力周旋ᄒᆞ엿지(金)極力ᄒᆞᆷ은無ᄒᆞ로라(裁)此事에對ᄒᆞ야實노極好ᄒᆞᆫ줄노認定ᄒᆞᆷ이아닌가(김)實노極好타ᄒᆞᆯ수ᄂᆞᆫ無ᄒᆞ나何則고ᄒᆞ면대抵人이他事를勿論ᄒᆞ고平和的으로注意ᄒᆞ든지慷慨的으로注意ᄒᆞ든지本末과先後를斟酌ᄒᆞᆫ然後에出脚ᄒᆞᆷ이合當ᄒᆞᆯ수가有ᄒᆞ다ᄒᆞ노라(裁)此ᄂᆞᆫ格言이아닌즉問ᄒᆞᄂᆞᆫ言이나答ᄒᆞ지短銃은誰家에在ᄒᆞ엿던고(김)金履杰家에(裁)李學泌과親密ᄒᆞ지(金)然ᄒᆞ오(裁)其時李學泌家와김履杰家에銃이有타ᄒᆞᆷ을聞ᄒᆞ엿지(김)李學泌家에ᄂᆞᆫ有ᄒᆞ던지不知ᄒᆞ거니와김履杰家에有타ᄒᆞ더이다(裁)現今에ᄂᆞᆫ謀殺ᄒᆞ엿다ᄂᆞᆫ言이無ᄒᆞ나檢查에게ᄂᆞᆫ有ᄒᆞ엿져(김)無로라(裁)趙창鎬와李學泌에게對ᄒᆞ야問ᄒᆞ되李東秀가凶器를持去ᄒᆞᆫ時ᄂᆞᆫ何時이뇨(김)陰拾 月初이오(裁)김秉鉉에게對ᄒᆞ야李學泌이凶器借去ᄒᆞᆫ時에今番吾儕의擧措가無雙히重大ᄒᆞ고秘密ᄒᆞᆫ事이니輕動ᄒᆞᆷ이不可타아니ᄒᆞ엿ᄂᆞ뇨(김)無로라

(未完)

官廷報

○副統監의陛見　山縣副統監은既報와如히昨日午前拾일時에宇佐美參與官과大城戶統監府秘書官과石井武官과國分秘書官을帶同ᄒᆞ고　昌德宮에叅內ᄒᆞ야
大皇帝陛下ᄭᅴ　陛見ᄒᆞ고國分秘書官의通譯으로ᄡᅥ新任된事를上　奏ᄒᆞ엿ᄂᆞᆫᄃᆡ
大皇帝陛下ᄭᅴ옵서ᄂᆞᆫ今番에正副統監의신任된事ᄂᆞᆫ　朕이衷心으로喜ᄒᆞᄂᆞᆫ바ㅣ라希컨ᄃᆡ施政改善에就ᄒᆞ야일層盡力ᄒᆞ라신　旨를　宣ᄒᆞ신後午餐을下賜ᄒᆞ셧고副統監은　陪食을奉ᄒᆞᆫ後退去ᄒᆞ야歸途에　德壽宮에叅內ᄒᆞ엿다더라

雜報

○獻議의實施建議　中樞院에셔再昨日에康永勻氏의獻議件을實施ᄒᆞᆯ次로內閣에建議ᄒᆞ엿다더라

○奎章閣廢止說　統監이赴任後에一般改善政策에漸次着手ᄒᆞᆯᄯᅥ인ᄃᆡ宮內府奎章閣을不遠間廢止ᄒᆞᆫ다ᄂᆞᆫ說이有ᄒᆞ다더라

○何故歸鄉　總相李完用氏ᄂᆞᆫ家眷一同을金川에在ᄒᆞᆫ其兄의鄉第로日間治送ᄒᆞᆫ다더라

○先給後頒　從來로各官廳官吏의滿期陞級件에對ᄒᆞ야官報에先爲頒布ᄒᆞᆫ後에辭令狀을繕給ᄒᆞ더니本年六月度로爲始ᄒᆞ야ᄂᆞᆫ辭令狀을先給後에官報에頒布ᄒᆞ기로規則을改定ᄒᆞ엿다더라

○三察陞級　中央政府及地方政府의壹般官吏의陞級件을次第施行ᄒᆞᆷ은일般知了ᄒᆞᄂᆞᆫ바어니와京畿觀察金思默慶北觀察朴重陽平南觀察李軫鎬三氏의陞級件을修定ᄒᆞ엿다더라

○投書何多　某處에서ᄂᆞᆫ警察及偵探에關ᄒᆞᆫ事項이別無ᄒᆞᆷ으로目下元老及社會의行動을注目ᄒᆞᆯ而已인ᄃᆡ無賴輩의投書가式日畓至ᄒᆞᄂᆞᆫ故로此등根因을調査ᄒᆞ기에奔走ᄒᆞᆫ다더라

○農部會議　農商工部에서ᄂᆞᆫ昨日午前에各局長、各課長、各書記官이會集ᄒᆞ야重要ᄒᆞᆫ會議를開ᄒᆞ엿다더라

○以書作別　前內部閣次官이本日午前九時에발程歸國ᄒᆞᆫ다ᄂᆞᆫᄃᆡ各大臣及其他各元老諸氏에게作別書函을送致ᄒᆞ엿고各官廳奏任官以上의住所를列錄以去ᄒᆞ엿다더라

○警廳의憲隊　前경視廳에日憲兵分隊를設置ᄒᆞ고日人村田中尉가分隊長을被任ᄒᆞ엿ᄂᆞᆫᄃᆡ本日에赴任ᄒᆞᆫ다더라

○願留杉山　駐京일憲兵隊杉山中尉ᄂᆞᆫ平壤郡駐在分隊長으로轉任ᄒᆞ엿ᄂᆞᆫᄃᆡ韓日人間官吏中隊隊長을願留ᄒᆞᆯ次로運動ᄒᆞᄂᆞᆫ者이多數ᄒᆞ다더라

○久勤의退金　警察官制變更ᄒᆞᆫ事에對ᄒᆞ야韓人경視以下官吏中三十個月勤務者에게多少의退官金을今明間支給ᄒᆞᆫ다더라

○韓巡의貯金分給　警察權引渡後에韓人警部以下一般巡査의月俸中貯置金을一一分給ᄒᆞᆫ다더라

○忠孝褒賞規則　近日來로地方各處에서忠孝烈褒賞件이답至ᄒᆞᆷ으로內部에서死者及生者를區別ᄒᆞ야褒揚ᄒᆞ기에相當ᄒᆞᆫ規則을製定ᄒᆞ기로決定ᄒᆞ엿다더라

○金守恤金　載寧郡守金經夏氏가六月二拾七日에身故ᄒᆞ엿ᄂᆞᆫᄃᆡ內部에서該氏遺族에게救恤金을支給ᄒᆞ기로協議ᄒᆞ엿다더라

○國有調査終了　國有地調査ᄂᆞᆫ既히光州、公州、全州、大邱、漢城등地를完了ᄒᆞ고平壤元山二管區만未了ᄒᆞ엿슨즉八月末에ᄂᆞᆫ全부가完了되리라더라

○私校의整理　學部에셔漢城內各私立學校를視察ᄒᆞ더니再昨日에終了되엿다ᄂᆞᆫᄃᆡ將次整理事務에着手ᄒᆞᆫ다더라

○關牌奉安件　光州郡客舍關牌를措處ᄒᆞᆯ事로該道觀察使가內部에報告ᄒᆞ엿더니如何ᄒᆞᆫ指飭이無ᄒᆞᆷ으로再次請願ᄒᆞᆫ故로內部에서宮內府로照會ᄒᆞ고處理案件을示明ᄒᆞ라ᄒᆞ엿다더라

○社還米歷史調査　各郡社還米을磨練ᄒᆞ던歷史와支用及保管ᄒᆞ던方法을叅考ᄒᆞ기爲ᄒᆞ야內部에서其案件을目下調査ᄒᆞᄂᆞᆫ中이라더라

○山林定界　農商工部에서ᄂᆞᆫ內附近地에國有及民有山林을定界ᄒᆞ기爲ᄒᆞ야再昨일에官吏를派送ᄒᆞ야調査ᄒᆞᄂᆞᆫ中이라더라

○韓銀支長　韓國銀行에서ᄂᆞᆫ今番에日本대阪에支店을設置ᄒᆞᆫ다ᄂᆞᆫᄃᆡ同支店長은高瀨久未吉로ᄂᆡ定되엿다더라

○民家買入　北一營을宮內府官吏의官舍로需用ᄒᆞᆫ다홈은已報ᄒᆞ엿거니와附近民家二拾七戶를買入ᄒᆞ엿ᄂᆞᆫᄃᆡ草家每間에拾五圓으로二拾圓ᄭᆞ지區別支給ᄒᆞ엿다라라

○容或無恠　統監이赴任後에一般獄囚를一切釋放ᄒᆞᆫ다홈은既報어니와各地方에在ᄒᆞᆫ罪囚의親族等이此를希望ᄒᆞ고多數上京ᄒᆞ엿다더라

○令人鼻笑　일進會長李容九ᄂᆞᆫ財制及法制에關ᄒᆞ야建빅書를寺內통監에게提出ᄒᆞ엿ᄂᆞᆫᄃᆡ其文字ᄂᆞᆫ財制及法制學의初步도學習지못ᄒᆞᆫ者의起案이라其幼稚ᄒᆞᆷ은使人鼻笑ᄒᆞ겟다ᄒᆞ고日人들은對人說話ᄒᆞᆫ다더라

○行樂之所　李容九ᄂᆞᆫ龍山電氣會社後園에江亭을建築ᄒᆞ기爲ᄒᆞ야目下工役에着手ᄒᆞ엿다더라

○鼠行調査　某處에서ᄂᆞᆫ何等關係가有ᄒᆞᆫ지國民同志贊成會副會長徐彰輔의行動을秘密調査中이라더라

○何其多事　前商務組合部長李學宰ᄂᆞᆫ경察權引渡後에商務를更히擴張ᄒᆞᆯ計劃으로日憲兵司令部軍曹某를紹介ᄒᆞ야目下運動中이라더라

○衛費指揮　各경察署에서ᄂᆞᆫ秋期衛生費를督捧ᄒᆞᆯ次로巡査를派送ᄒᆞ야一般人民에게指揮ᄒᆞᆫ다더라

○兩氏의實業團　漢城府民會長兪吉濬대韓興業會長朴秉哲諸氏등은實業團을組織ᄒᆞᆯ次로目下발起中이라더라

○染織社株金　兪吉濬氏外實業家五人이발起ᄒᆞ야漢城內에染織會社를設립ᄒᆞ고資金은일萬圓으로定ᄒᆞ엿ᄂᆞᆫᄃᆡ발起人每名下에各일千圓式을支撥ᄒᆞ고二千五百株를定ᄒᆞ야每株에二圓五拾錢式收合ᄒᆞ기로決定ᄒᆞ엿다더라

○天道敎人의數爻　天道敎에셔全國內同敎人의調査ᄒᆞᆫ바를據ᄒᆞᆫ즉合數가八十八萬五千五百餘名에達ᄒᆞ엿ᄂᆞᆫᄃᆡ今年內에百萬名以上을布敎ᄒᆞ기로熱心中이라더라

○敎派定舍　天道敎에셔布敎에熱心ᄒᆞᆫ다홈은別項과如ᄒᆞ거니와中部寺洞에在ᄒᆞᆫ該敎中央總部ᄂᆞᆫ講習所로定ᄒᆞ고玄機司長梁漢默氏所居典洞家舍에ᄂᆞᆫ敎區室로定ᄒᆞ고安洞에新建築ᄒᆞᆫ家舍ᄂᆞᆫ中央總部로定ᄒᆞᆫ다더라

○無錢不叅　大東專門學校에셔ᄂᆞᆫ日前學期試驗을經ᄒᆞ엿ᄂᆞᆫᄃᆡ學員中經濟에困難ᄒᆞᆷ을因ᄒᆞ야月謝金을衍期ᄒᆞᆫ者이十餘人인ᄃᆡ該氏등은一切叅試를不許ᄒᆞ엿다더라

○患爲人師　開城郡漢陽書院學徒ᄂᆞᆫ該敎師가不完全ᄒᆞ다ᄒᆞ야受學치아니ᄒᆞ겟다ᄒᆞ고同盟休學ᄒᆞᆯ意로該院主幹ᄒᆞᄂᆞᆫ美人牧師에게請願ᄒᆞ엿더니高明ᄒᆞᆫ敎師를延聘ᄒᆞ기로決定ᄒᆞ엿다더라

○測雨水量　京城에ᄂᆞᆫ再昨日午後七時브터細雨가降ᄒᆞ다가十時브터昨日午前六時ᄭᆞ지八時間에暴雨가降ᄒᆞ엿ᄂᆞᆫᄃᆡ其水量은一坪에一石九斗七升에達ᄒᆞ엿다더라

○桂生家禍　前承旨趙命熙氏의令男重冕氏ᄂᆞᆫ妓生桂紅에게蠱惑ᄒᆞ야衣服佩物等屬金千餘圓價値를貿給ᄒᆞ엿ᄂᆞᆫᄃᆡ該事件이家庭에발現되야紛亂이大起ᄒᆞ엿다더라

○宮墻雨壞　苑洞으로亘延된昌德宮墻四五間假量이再昨夜降雨時에破壞되얏ᄂᆞᆫᄃᆡ附近民家일間이被壓ᄒᆞ엿다더라

○長民告發　全羅南道長城郡守署理邊昇基氏가東山에宴遊亭을新築ᄒᆞ고建築費를民斂ᄒᆞ엿ᄂᆞᆫᄃᆡ其他의社還米色米와通譯費와享祀費와學교費合計二千一百餘圓을不法徵收ᄒᆞ야費用이不的當ᄒᆞ다고該郡代表김圭鳳김夔鉉兩氏가光州地方裁判所에告발ᄒᆞ엿다더라

○金氏慈善　洪原郡前津에서寓居興販ᄒᆞᄂᆞᆫ咸興人金道樊氏ᄂᆞᆫ十餘年間該地貧窮人의婚喪造家등事에扶助ᄒᆞᆫ金額이千餘圓에達ᄒᆞ고又昨今兩年에山民의饑餓ᄒᆞᆫ者를躬自調査ᄒᆞ야周急ᄒᆞᆫ米粟及大麥이千餘石이오金額이數千圓이라고該郡人民의頌聲이載路ᄒᆞ다더라

○感荷義捐　長城郡西二面卯山居김圭鳳氏가金一圓을本社에寄付ᄒᆞ엿고河東郡赤良面上西里居徐澤臣氏ᄂᆞᆫ今般에本社搬移費로金六十錢을寄付ᄒᆞ엿기其盛意로表示ᄒᆞ노라

電報

○華族의政爭　日本貴族院議員의政爭은近來에漸漸激烈ᄒᆞᆫᄃᆡ此形勢로來年의議員總選擧ᄒᆞᆯᄯᅢᄭᆞ지가면諸般弊害가此에件出ᄒᆞ야必竟貴族院의體面을汚케ᄒᆞ고황室의藩屛國民의代表된責任을完全케ᄒᆞ기不能ᄒᆞ겟다더라　東京발　五日着

○卒業式에幸駕　日皇陛下ᄭᅴ서昨日에戶山陸軍學校에行幸ᄒᆞ샤優等生에게銀時計를下賜ᄒᆞ고劍術과其他敎授ᄒᆞᄂᆞᆫ것을御覽ᄒᆞ셧다더라

○韓鐵의管理　韓國鐵道ᄂᆞᆫ更히統監府管理로移ᄒᆞ리라더라

○協約의秘密　日露協約의內容은발表ᄒᆞᆯᄯᅢᄭᆞ지極히秘密케ᄒᆞᆫ다더라

○淸國의軍艦注文　淸國政府ᄂᆞᆫ今番에德國으로軍艦을注文ᄒᆞ엿다더라
以上東京발　六日着

○載濤貝勒殿下　淸國載濤貝勒殿下ᄭᅴ서ᄂᆞᆫ伊太利마이란로에到着ᄒᆞ야同地뎌손陸軍士官學교를叅觀ᄒᆞ엿다더라

○德皇의北海巡航　德國皇帝陛下ᄭᅴ서ᄂᆞᆫ本月三日에北海巡航의途에就ᄒᆞ엿다더라
以上伯林발　六日着

▲懷裏天地▼

▲何來東天一片雲이一大惡雨온醸ᄒᆞ고又兼獰風吹撼ᄒᆞ니嶺邱一幅擾々로다昨夜如麻暴注ᄒᆞ야懷裏世界換作이라

▲半島山河陸沉ᄒᆞ야接天洪水滔滔ᄒᆞ니龍門신斧疏鑿ᄒᆞ던治水良醫安之련고地平天成杳然ᄒᆞ니懷裏世界되엿고나

▲白地波濤忽起處에家屋一時沉沒ᄒᆞ야民猶魚矣嗚嗚이라呼怨聲이彌天ᄒᆞ니蒼天何其不監인가懷裏世界되엿고나

▲一派狂瀾所到處에無不摧壞掃如로다不辨牛渚播首ᄒᆞ니余將安歸ᄒᆞᆫ잔말가望洋歎이절노ᄂᆞᆫ다懷裏世界되엿고나

▲政海茫茫飜覆ᄒᆞᆯ제一隊鯨起舞ᄒᆞ야一澤水을欲濁ᄒᆞ니來頭風濤難測이라餘波遍滿宇內ᄒᆞ니懷裏世界되엿고나

▲如山빅浪噴起處에海上巨鯨作戱ᄒᆞ야一漏船을背負ᄒᆞ고其去其來任意ᄒᆞ니乘客一時失魂이라懷裏世界되엿고나

▲水國天地沈沈夕에猛蛇毒龍橫行ᄒᆞᆫᄃᆡ魑魅망魎발動ᄒᆞ야能作倀鬼牛炬ᄒᆞ니殺々如麻可畏로다懷裏世界되엿고나

守前訓鮑爺鮑爺哉
◎麻浦設校 麻浦에ᄂᆞᆫ民家가萬餘戶로ᄃᆡ일學校가無ᄒᆞ다ᄒᆞ야壬六百餘圓을支撥ᄒᆞ야公立普通學교를設립ᄒᆞ기로建築工役에着手ᄒᆞ엿다더라
潔組合所長崔英淳氏가桀揚을埠設ᄒᆞ기로昨日더블어請願ᄒᆞ엿더니不穩當ᄒᆞ다ᄒᆞ야請願
◎是何尸體 東部警察署巡山巡査가日前에東門外山麓에셔韓人男子의屍體를발現ᄒᆞ엿ᄒᆞ야卽時埋葬케ᄒᆞ엿다더라
氏ᄂᆞᆫ目下平山郡등地에셔橫行
을聯合ᄒᆞ야各部下에발令ᄒᆞ이니陰本月十五日某處로會同

▲片片零金▼

▲副統監々々ᄒᆞ고苦待ᄒᆞ던作者들은副統監이나오고보니意想이何如ᄒᆞ고ᄒᆞ로밧비運動ᄒᆞ여보지앨수나잇셔도

▲所謂黃裳이라ᄒᆞᄂᆞᆫ것은夜々演劇場에精神이풀녀셔제已出子息도모르다지演劇場에浪費ᄒᆞᄂᆞᆫ돈으로子息이나救濟ᄒᆞ여쥬지

▲總理와度大ᄂᆞᆫ今番에警察權委任ᄒᆞᆫ事로무슨釁端이싱겻다지各其要功ᄒᆞ다가戰爭이忽放ᄒᆞᆯ계로고此謂거지자루씻ᄂᆞᆫ格이지그리ᄒᆞ거던平和會나붓녀셔지平和會手段이나써쥬게

▲親衛府長官李秉武氏ᄂᆞᆫ日軍司令部에昨日訪問ᄒᆞ엿다니무슨運動ᄒᆞᄂᆞᆫ일이잇나가만두게憲兵隊長이나ᄒᆞ나ᄒᆞ야가지고解散이나식히게

▲總理ᄂᆞᆫ其子婦任氏를金山郡自己伯兄의鄕第로日間下送ᄒᆞᆫ다지잘성覺ᄒᆞ엿지인제ᄂᆞᆫ醜聲을들듯겟고

▲徐彰輔라ᄒᆞᄂᆞᆫ作者가一進會의合邦書를贊成ᄒᆞ고五百圓을攫食ᄒᆞ엿ᄂᆞᆫᄃᆡ일進會에셔更히五千圓을出給ᄒᆞ마ᄒᆞ고시침이를떼ᄂᆞᆫ故로徐也가將次起訴ᄒᆞᆯ다지呈訴ᄂᆞᆫᄒᆞ여무엇ᄒᆞ게百圓이나먹엇거던뒤ᄊᆡᆨ지나쳐고도라셔지

社告

三和港支社員裵亨湜氏辭免ᄒᆞᆫ代에該港碑石洞同和약房李元淳氏로擇定ᄒᆞ엿ᄉᆞ니該附近地에셔本申報購覽諸氏ᄂᆞᆫ李元淳氏와交涉ᄒᆞ시옵

大韓每日申報社

雜報

◎今番活佛 山淸郡巴只面冠亭洞居ᄒᆞᄂᆞᆫ禹秉龍氏ᄂᆞᆫ本年四月頃에旱氣로民情이嗷嗷ᄒᆞ야其情景이慘然ᄒᆞᆷ으로正租七石과大麥二石을貿易ᄒᆞ야貧民에게救恤ᄒᆞ엿슴으로該地方官이內部에修報ᄒᆞ고特別褒揚ᄒᆞ라ᄒᆞ엿다더라

◎拾貨還主 咸北鏡城郡東面南松里居朴奉淳氏夫人崔氏가路上에셔金貨拾圓을拾得ᄒᆞ엿ᄂᆞᆫᄃᆡ本主의來覓ᄒᆞᆷ을待ᄒᆞ야還完ᄒᆞᆷ으로一境이稱頌ᄒᆞ더라

◎平會處理 韓國平和協會에셔ᄂᆞᆫ明日下午二時에理事會를開ᄒᆞ고一般事務를處理ᄒᆞᆫ다더라

◎李犯越交 中署에셔竊盜犯李起근을審查ᄒᆞᆫ結果로日昨地方裁判所로越交ᄒᆞ엿다더라

廣告

廣告

張志淵 序文
服部暢
大垣丈夫
鄭雲復 著述
學部檢定

日語大成

洋裝一部 定價金壹圜
半洋一部 定價金八十五錢

此書前名은 獨習日語正則이온바 數年來로 愛讀者多ᄒᆞ와 三版발行ᄒᆞ왓ᄉᆞ오나 其間乏絕되왓삽고 教科書에 完全치못ᄒᆞᆷ으로 因ᄒᆞ와 這間自學部로 完全케 精密檢定ᄒᆞ와 高등教育日語科學員用教科書로 檢定되온바 獨習에 倍前一層편易ᄒᆞ옵고 日語高등教科書에 適當ᄒᆞᆫ 良書이오니 江湖僉君子는 速々講覽ᄒᆞ시와 未及之歎이 無케ᄒᆞ시옵

發行兼元賣所 中部布屏下卅七統六戶 廣學書舖 金相萬

分賣所
中部勝洞禮拜堂前 東洋書院
中部洞口 中央書舘
京鄕各書舖

本商會는 世運의 進化와 商業의 發展을 隨ᄒᆞ야 業務를 新鮮擴張ᄒᆞ야 各種布木紬苧緞屬新式毛織等諸般衣服所用物貨를 多數貿易ᄒᆞ야 僉君子의 請求를 誠實酬應ᄒᆞ오며 地方에는 請求만ᄒᆞ시면 郵便小包나 運送部로 送呈ᄒᆞ고 代金은 引換ᄒᆞ깃사오니 地方에 商店이나 所用되시는 僉君子는 多數請求ᄒᆞ심을 望

韓國收入印紙原賣所
有價証券典當賣買所
京城鍾路通二十二統四戶
壽南商會 金泰熙

◉誠仁堂製造靈藥

○眼疾 ○速治 ○解凝 ○塗재 ○潤肺 ○化疾 ○蛔蟲 ○祛근 ○止血 ○神妙 ○保健 ○必携

光광明명眼안藥약 特別製小瓶点眼器械付 금十錢 小瓶 금十錢
罷파 俳베 一包 금卄錢
止지 咳히 散산 一包 금卄錢
殺살 蟲충 散산 一包 금十錢
神신理리止지血혈丸환 一匣 금六十錢
調조痢리建건中중丸환 一貼 금卄錢

上記ᄒᆞᆫ 六종은 高貴ᄒᆞᆫ 材料로 適宜配재ᄒᆞᆯ뿐아니라 且本堂主醫師張某氏가 多數患者의게 實驗을 屢積ᄒᆞᆫ 後에 효驗이 的確ᄒᆞᆫ者로 認ᄒᆞ야 始로 監修發行ᄒᆞ는 것이오 弊堂은 但營利主義로 藥品을 誇張ᄒᆞᆷ이 아니라 아모조록 受매者의게 有효確實ᄒᆞᆫ 良藥을 供給ᄒᆞ야 信認弘매되는 結果로 吾人의 目的ᄒᆞ는바 博施慈愛의 主旨를 貫徹코저ᄒᆞ오니 益々眷愛ᄒᆞ심을 伏望ᄒᆞ는 弊堂은 一般藥品 매藥을 營業ᄒᆞ는 外에 且堂主가 診察에 盡力ᄒᆞ는 故로 雖하鄕偏地에셔도 病錄만 昭詳寄別ᄒᆞ시면 適當ᄒᆞᆫ 藥品을 발送ᄒᆞ오며 弊堂營業一覽表는 請求ᄒᆞ시면 無代金進呈ᄒᆞ옵 地方에셔 勿論何藥종ᄒᆞ고 隨用請求ᄒᆞ시면 特別割引ᄒᆞ야 迅速히 代金引換郵편으로 信實堅裝ᄒᆞ야 無滯발送ᄒᆞᆷ

漢城南部銅峴 (電話架設中)

製造發行所 誠仁堂藥房主 張基茂 白

蔘茸唐草藥材廉價大發賣

特別廣告

本店에셔 開業三十餘年에 僉君子의 愛顧ᄒᆞ심을 蒙ᄒᆞ와 營業이 發展ᄒᆞ옵는바 今에 盛意를 報答키爲ᄒᆞ야 業務를 一層擴張ᄒᆞ옵고 良好ᄒᆞᆫ 蔘茸唐草藥材를 內地와 外國으로셔 多數히 直輸入ᄒᆞ와 特別廉價로 都賣散賣에 信實히 酬應ᄒᆞ오며 地方에셔 請求ᄒᆞ시는데 對ᄒᆞ야는 多小를 不拘ᄒᆞ옵고 郵便小包는 運送部로 迅速히 付呈ᄒᆞ오되 代金은 引換으로ᄒᆞ깃ᄉᆞ오니 京鄕僉君子는 益益請求ᄒᆞ심을 望ᄒᆞᆷ

但地方에셔 請求ᄒᆞ시는 妙法

金一錢五厘를 費ᄒᆞ시고 一枚에 葉書를 使用ᄒᆞ사 住所氏名과 畢記를 錄送ᄒᆞ시면 能히 遠路의 跋涉과 往返의 旅費를 要치아니시고 本店에 最良好ᄒᆞᆫ 上品藥材를 完全히 買用ᄒᆞ실터이외다

京城南部銅峴三十五統三戶

蔘茸唐草藥材直輸入商 乾材藥局 崔聖弼 告白

特別廣告

紙物貿易에 迅速

(廣告文)

●弊店에셔 各種紙物을 直輸入ᄒᆞ와 地方同業僉位와 其他僉彥에게 特別廉減價로 酬應ᄒᆞ깃사오니 不拘多小ᄒᆞ시고 註文ᄒᆞ시면 郵便小包와 運送部를 經過ᄒᆞ와 迅速히 付呈ᄒᆞ깃삽 物價表와 品錄書를 無料로 付呈ᄒᆞ옵 品高價低에 爲主ᄒᆞᆷ

內外國紙物大發賣

(品目略錄)

●壯紙、油壯板紙、窓戶紙、白紙、塗비洋紙、書畵各種、天井紙、古查紙、印札紙、牛紙、美濃紙、製圖紙、書簡紙、封套紙、其他學校用品筆墨各種具備

本店 漢城鍾路大廣橋 紙物舖 金聖煥 電話 一千二百八十番
支店 漢城北部安洞別宮前

●共愛堂大藥房製造各種藥品發行表

壯陽復元丹 此藥專治腦ᄃᆞᆼ肺弱 房事色傷 心腎虛弱 遺精多夢、陽위不起 病後虛弱 不下飮食 先天不足 眩暈頭ᄃᆞᆼ等症에 並妙効가有ᄒᆞᆷ 壹週分壹圓 四週分三圓四拾錢 二週分壹圓八拾錢 八週分六圓四拾錢

虔修 靈丹 壹般諸症 胃腹ᄃᆞᆼ消化不良 心神鬱悶 船훈 酒醉 化담 止히 口熱惡臭 食慾不振ᄃᆞᆼ症에 並神効

眼科聖藥 清眼水 壹般眼疾、時行眼疾、風熱眼疾、羞明流淚、眼內紅痒ᄃᆞᆼ症에 撥雲見天之妙(壹瓶金拾錢)

鮮학 至寶丸 專治학疾卽氣虛학、遠年長학、一日二日학、雖難治之학이라도 永々거근ᄒᆞᆷ 壹包金拾錢

皮膚神藥 靈效液 特治皮膚病疥癬옴、皮風、諸般痒疹、두두러기、옷올넌데다 神効ᄒᆞᆷ 壹瓶금三拾錢

五淋專治 通淋丸 急慢淋疾、赤빅帶下、방광炎症、디炎皮濃漏外他淋毒性諸症에 신效ᄒᆞᆷ 壹재금五拾錢

梅毒妙効 神應丹 楊梅瘡에 壹期二期三期를 勿問ᄒᆞ고 確實이 有효、連珠瘡下疳瘡等에 幷효 壹재金三圓

腹학신藥 淸脾丸 喘治小兒壹般腹학、面黃、屎靑、左脇별腹에 大有奇효ᄒᆞᆷ 一匣金五拾錢

久체神効 養胃散 通治經久滯積、呑酸吐사、霍亂、胃腹ᄃᆞᆼ大便不順等症에 奏効如神 壹貼금十五錢

治痰鎭咳丸 專治大人히소、喘息、담結ᄃᆞᆼ症에 妙 三日分一包 금卄錢

特冒感효 消熱散 勿論四時傷寒感冒、咽喉疼ᄃᆞᆼ、寒熱往來、肢節ᄃᆞᆼ、似학非학ᄃᆞᆼ症有효 壹貼금拾錢

耳病신효 淸耳液 專治耳病卽鼓膜炎、內外聽道炎、耳中灼熱疼ᄃᆞᆼ、소癢、濃液流出等症有효 一瓶금十錢

百貼百應 妙妙膏 風寒濕氣、胸肩背에 牽引疼ᄃᆞᆼ、腰膝脚되酸ᄃᆞᆼ、無力、骨節ᄃᆞᆼᄃᆞᆼ症에 如神 금卄五錢

奏효如신 能治膏 各種腫氣、小兒胎毒、부스럼濕腫、生新에並신효 一包금拾錢

大腫 拔根膏 大小腫에 根째는약 價금拾錢

鮮凝膏 멍울삭히는약 價금拾錢

寸蟲去根藥 價금卄錢

齒痛水 충치風치신효 價금七錢五厘

鷄眼膏 티눈빼는약 금拾錢

汗斑水 어루러니약 금十錢

止泄丸 레泄暑泄신효 價금拾五錢

痢疾藥 赤빅痢에신효 價금拾五錢

參種上等金雞納 東西洋有名賣藥 洋藥 乾材都賣散賣其他各種藥이 具備ᄒᆞ오니 請求를 依ᄒᆞ야 小包로 酬應ᄒᆞ깃삽

發行所 皇城南部大廣橋十九統七戶
共愛堂藥房主 朴容桓 告白

○月亭先生墓碑
我金先生號月亭系出金海諱棨
集弦誦林立杖子守乎一區登聞
徹于九重逞在光武八年秋 上
其際遇相殊也吝爾金棨夏有阜
禹之德兼夷齊之淸逮斯民生隊
騁賢之至意勿辭驅馳之憚勞是
時先生病篤坐립須臾仍以實由
隆熙三年陰七月九日也葬于道
頭峴數郡盡禮嗚乎先生以不世
盈軒尙靡지布使厥德失墜傳之
流行雖過年所淵源之到必有習
孫鍾寅受乃祖之學年今弱冠餘
[illegible]

檀君開國四千二百四十三年
箕子元年三千三十二年
大韓開國五百十九年
本報創刊日 光武八年七月十八日

大韓每日申報

第八卷　月曜及慶節歲時日休刊　第壹千四百廿九號

發行兼編輯人 李章薰
발行所 京城中部布廛屛門二宮街 二層洋屋 大韓每日申報社

論說

殖産枯渴의原因

有土면此有民이오有民이면此有財니其民이困ᄒᆞ면其財가渴ᄒᆞ고其財가渴ᄒᆞ면其民이貧ᄒᆞᄂᆞᆫ것은自然ᄒᆞᆫ原則이라

現今我韓이其民이安乎아困乎아其財가阜乎아渴乎아其民도不爲不困이오其財源도不爲不阜인마ᄂᆞᆫ民困財渴이未知ᄒᆞᆫ境遇에至ᄒᆞ얏스나其故ᄂᆞᆫ何也오其衆이雖多ᄒᆞ나國民의義務를不守ᄒᆞ다가困㤁에自陷ᄒᆞ얏고財源이雖阜ᄒᆞ나取用ᄒᆞᆯ方針을全昧ᄒᆞ다가湮廢에自處ᄒᆞ얏스니誰를咎ᄒᆞ며誰를尤ᄒᆞ리오三千里山河의土地가肥沃ᄒᆞ고處々에天府金湯을闢ᄒᆞ야農作이裕足ᄒᆞ니此ᄂᆞᆫ地面物의豊阜이오銅鐵인즉往々히山出碁置와如ᄒᆞ야金穴과銀穴과銅穴이面々이蘊置ᄒᆞ니此ᄂᆞᆫ地中物의滿足이로ᄃᆡ笆籬邊에拋棄ᄒᆞ야尋常ᄒᆞᆫ生涯에付ᄒᆞ고自然的生活을思念ᄒᆞ니怠惰가成習ᄒᆞ야天이穀을雨ᄒᆞ고金을雨ᄒᆞ기를希望ᄒᆞᄂᆞᆫ者이로다

農民으로論ᄒᆞᆯ지라도地理에肥瘠을隨ᄒᆞ야天然ᄒᆞᆫ産物만待ᄒᆞ며一人이作ᄒᆞ야十人이仰食ᄒᆞ니飢渴의歎을엇지免ᄒᆞ며商民으로論ᄒᆞᆯ지라도一朝에千金의富를致ᄒᆞᆯ思想으로商廛을列立ᄒᆞ나장倫蠶의手段을用ᄒᆞ야相欺로爲主ᄒᆞ고積小成大ᄒᆞᄂᆞᆫ興販을茫昧ᄒᆞ야債帳을未勘ᄒᆞ면蕩殘을엇지免ᄒᆞ리오是以로天下의農民이韓地에耕ᄒᆞ기를願ᄒᆞ고天下의商民이韓市에藏ᄒᆞ기로願ᄒᆞ야東西人의奇貨集을作ᄒᆞ엿스즉膏腴ᄒᆞᆫ土地도他手에盡歸ᄒᆞ엿고金鑛과銀鑛과銅鑛과煤炭等鑛도他手에盡歸ᄒᆞ엿스니如此ᄒᆞᆫ利寶를雙手讓與ᄒᆞ야民으로困ᄒᆞ고財로渴케ᄒᆞᆫ것이其責이歸ᄒᆞᆯ處가有ᄒᆞ리로다

西人은不然ᄒᆞ야種植者ᄂᆞᆫ某植物이某地土性에合不合을考ᄒᆞ야隨宜取用ᄒᆞ며熱力과電力과水力은天地間에自有ᄒᆞᆫ物이라取ᄒᆞ야도禁치아니ᄒᆞ고用ᄒᆞ야도竭치아니ᄒᆞ니英國의曼支斯德에서ᄂᆞᆫ此를因ᄒᆞ야機械를使用ᄒᆞᄂᆞᆫᄃᆡ紡績織布를專業ᄒᆞ고法國의來昻에서ᄂᆞᆫ絲貨를專造ᄒᆞ고德國의波希米ᄂᆞᆫ五色琉璃를專造ᄒᆞ고瑞士ᄂᆞᆫ金鍊表를專造ᄒᆞ야民生의日用을需ᄒᆞᄂᆞ니國中에富人이有ᄒᆞ면資金을辦出ᄒᆞ야製造등事를設立ᄒᆞ고大利를取ᄒᆞᄂᆞᆫᄃᆡ擧國貧民이工廠에仰飼ᄒᆞ며地面과地中에利가盡出ᄒᆞ야一國에貨物이流通ᄒᆞ니其國이富强에致ᄒᆞᆫ것은自然ᄒᆞᆫ勢로라

古人云衣食足而知榮辱이라ᄒᆞ니我韓人士ᄂᆞᆫ衣를暇치못ᄒᆞ고食을暇치못ᄒᆞ니榮辱으로責ᄒᆞ기가不暇ᄒᆞ거늘政府當局者로言ᄒᆞ면華麗ᄒᆞᆫ服飾도人民에게出ᄒᆞᆫ者오高大ᄒᆞᆫ樓臺도人民에게出ᄒᆞᆫ者오食前의方丈도人民에게出ᄒᆞᆫ者언마ᄂᆞᆫ人民은溝壑에轉ᄒᆞ든지魚肉에陷ᄒᆞ든지依庇下에在ᄒᆞ야名利만徒貪ᄒᆞ되靦然히無愧ᄒᆞ니其民이困ᄒᆞ고其財가渴ᄒᆞ면善ᄒᆞ든지惡ᄒᆞ든지其政을何處에施ᄒᆞ며其令을何處에行ᄒᆞ리오人民의實業方針을另施ᄒᆞ기를爲一勸告ᄒᆞ노라

官報

◎第四千七百二十四號

▲隆熙四年七月七日（木曜）

▲敍任及辭令

○六月二十四日 伊東五八郎 任公立濟州農林學校教授敍判任官三等

○六月三十日 內部書記官平渡信 內部事務官佐治修三 同 武石胤雄 內部技師橋本岩五郎 경視靑木戒三 同島田文之助 道書記官竹崎六次郞 陞敍奏任官二等 內部技師吉武正八 同小野是一郎 警視道野能運 同橋本秀平 同渡邊素夫 警視市川信清 陞敍奏任官三等 警視廳경部田部正能 同山田市五郎 同鷲田長一郎 同松下龍太郎 同中尾太直 同李應鎬 同金淳敏 同李鍾國 陞敍判任官二等 경視廳警部 下村重英 同松田收吉 同朴熙定 陞敍判任官三등 學部委員文昞圭 任學部主事敍判任官四등 公立普通學校本科訓導趙炳麟 同金泰植 同吳창근 同柳濟現 同崔基昇 同俞致義 同金振國 公立普通學校本科副訓導裵斗星 同全鳳昊 同金題斗 同康창容 同趙秉參 同李欽穆 同吳龍鎭 同朴允秉 同車益彰 同尹秉斗 陞敍判任官三等 公立普通學校專科副訓導金鍾禹 陞敍判任官四등 公立普通學校本科副訓導趙京鎬 任公立普通學校本科訓導敍判任官三等

○七月一日 澤富四郎 任農林學校教授敍奏任官四等

○七月二日 六品趙天熙 任裕陵參奉敍判任官五等 內部主事兼警視廳警部 岡野虎太郞 免兼官 土地調査局書記官菅田勇 總裁官房庶務課長을免홈 土地調査局書記官佐竹義準 總裁官房庶務課長을命홈（以上七月五日土地調査局）公立普通學校本科副訓導兼公立羣山實業學校副教授趙承律 免兼官（六月三十日學部）輸出牛檢疫所書記石津東吉 免本官

右ᄂᆞᆫ素行을不修ᄒᆞ야官吏의體面을汚瀆ᄒᆞᆫ行爲가有ᄒᆞᆷ으로官員懲戒令에依ᄒᆞ야免本官（七月五日農商工部）

外報

◎物貨排斥의減退 倫敦來電을據ᄒᆞᆫ즉土耳其國에서希臘國의物貨排斥ᄒᆞᄂᆞᆫ事ᄂᆞᆫ漸々減退된다더라

◎飛行家의慘死 同電을據ᄒᆞᆫ즉法國란스飛行機大會에서飛行家라리쓰氏ᄂᆞᆫ六十里를飛行ᄒᆞᆫ後機械가破壞되야空中으로브터墜落ᄒᆞ야卽時慘死ᄒᆞ엿ᄂᆞᆫᄃᆡ同氏의母와妻子等은此를目擊ᄒᆞ얏다더라

◎스氏渡日 北京來電을據ᄒᆞᆫ즉淸國錦愛鐵道問題에關ᄒᆞ야極力運動ᄒᆞᄂᆞᆫ美國資本家스도레三氏ᄂᆞᆫ露國에서成功치못ᄒᆞ고日間日本으로渡來ᄒᆞᆫ다더라

◎賣國奴의裁判 伯林來電을據ᄒᆞᆫ즉露國의軍事的秘密을墺國에密報ᄒᆞᆫ罪로捕縛된墺國半官報通信社員스데룬불히男爵（露國人）의裁判은既히開始ᄒᆞ얏다더라

◎露美交涉落着 露都電報通信의所報를據ᄒᆞᆫ즉美國政府ᄂᆞᆫ露人의布哇移民에關ᄒᆞ야露國政府의要求를滿足케ᄒᆞ얏다더라

◎루氏의動靜 紐育來電을據ᄒᆞᆫ즉去月에歸國ᄒᆞᆫ美國前대統領루쓰벨트氏ᄂᆞᆫ本月三日에本年議會에서共和黨에게對ᄒᆞ야抗拒ᄒᆞ던者卽現內閣反對派의首領二三人을自己家로招ᄒᆞ야議會의經過를問ᄒᆞ얏고또一時喧藉ᄒᆞ던山林問題提出者파린카氏와會見ᄒᆞ얏ᄂᆞᆫᄃᆡ此ᄂᆞᆫ最히社會의注意를惹起ᄒᆞᆯ뿐아니라루氏를恐懼히녀여排斥ᄒᆞᄂᆞᆫ자ᄂᆞᆫ聲이有ᄒᆞᆫᄃᆡ此ᄂᆞᆫ루氏가萬一大統領이되면帝國主義를執ᄒᆞ고人民의權利를蹂躪ᄒᆞᆯ가念慮ᄒᆞᆷ이라더라

雜報

李在明氏의公判（續）

（裁）九人을次第로審問ᄒᆞᆫ後에各其證據를提出ᄒᆞ라ᄒᆞᆫᄃᆡ李在明氏ᄂᆞᆫ儼然히坐晒ᄒᆞᆯ따름이오其他連累者八人은各其無罪ᄒᆞᆷ으로東晒西顧ᄒᆞ며互相辯明ᄒᆞᄂᆞᆫᄃᆡ推想的으로論駁도ᄒᆞ고或은抑鬱ᄒᆞᆫ中에出來ᄒᆞᆫ者인지年今五旬인ᄃᆡ無據히累年處役ᄒᆞ면奚暇에生世之樂을復覩ᄒᆞ리오ᄒᆞ며言辭가無雙히矜測ᄒᆞ더라

其次에檢事가論告ᄒᆞ되諸被告의本日言辭ᄂᆞᆫ到底히自已事實을隱諱ᄒᆞ나向來警視廳과檢査室의査實이一毫도誤錯ᄒᆞᆷ이無ᄒᆞ고又ᄂᆞᆫ前日裁判이少無缺點ᄒᆞᆫ즉前日判決을依ᄒᆞ야處決ᄒᆞᆷ이適合ᄒᆞᆫ줄노結辭ᄒᆞᆫ後에

辯護士李冕宇氏가起立辯護ᄒᆞ되本辯護士ᄂᆞᆫ李在明에게만辯護委托을受ᄒᆞᆫ者인즉李在明만辯護ᄒᆞ겟노라盖李在明의犯罪ᄂᆞᆫ三件이有ᄒᆞ다ᄒᆞ니一은李完用에게對ᄒᆞᆫ謀殺未遂首犯이라刑法大全五百七條에相當ᄒᆞᆫ者ㅣ오一은朴元文故殺에對ᄒᆞᆫ事며一은李容九殺害를決意ᄒᆞ엿다ᄒᆞᆷ이라然ᄒᆞᆫᄃᆡ李完用事에對ᄒᆞ야ᄂᆞᆫ其事實이明白無隱ᄒᆞᆫ즉多言으로辯護ᄒᆞᆯ비無ᄒᆞ나至若朴元文事에對ᄒᆞ야ᄂᆞᆫ不確不明ᄒᆞᆫ點이多ᄒᆞ니大抵故殺이란者ᄂᆞᆫ何如ᄒᆞᆫ者를勿論ᄒᆞ고其意思가具備ᄒᆞᆷ을要ᄒᆞᄂᆞᆫᄃᆡ此ᄂᆞᆫ其意思点에對ᄒᆞ야欠缺된處ㅣ頗多ᄒᆞ고且精神喪失中으로無意不識間出來ᄒᆞᆫ事이라故로此ᄂᆞᆫ我國刑法第四百八十二條故殺타가傍人을橫死에致ᄒᆞ엿다ᄒᆞᆫ條文을依ᄒᆞᆷ이可ᄒᆞ며又彼告가此를不知ᄒᆞ고李完用家에往ᄒᆞ야始知ᄒᆞ엿다ᄒᆞᆷ을聞ᄒᆞ야도事夫를故殺이라認定ᄒᆞᆷ은大不適當ᄒᆞᆫ事이라然ᄒᆞᆫᄃᆡ橫死에ᄂᆞᆫ正條가無ᄒᆞᆫ즉比附處斷ᄒᆞᆷ이可ᄒᆞ니比附에ᄂᆞᆫ死刑이無ᄒᆞᆫ즉此를死刑에處ᄒᆞᆷ이不可ᄒᆞ고其次에李容九에게對ᄒᆞᆫ事實은決意而已ㅣ니決意라ᄂᆞᆫ者도着手치아니ᄒᆞ면無效에歸ᄒᆞ거든況中止ᄒᆞᆷ이리오此ᄂᆞᆫ不必辨論이오且右犯罪의精신으로論ᄒᆞ면被告의李完用殺害가私嫌이나私利益를因ᄒᆞᆷ이아니오國家를爲ᄒᆞᆷ과公益을爲ᄒᆞᆷ이라假使被告로誤信ᄒᆞᆫ바와誤解ᄒᆞᆷ이有ᄒᆞ다ᄒᆞ야도其精신의公共을爲ᄒᆞᆷ은分明ᄒᆞ며或被告로年幼無知ᄒᆞᆫ者이라如彼公益思想이無ᄒᆞ리라ᄒᆞ며或被告로無財無産ᄒᆞ야有死之心이오無生之氣라ᄒᆞ나如何히困窮ᄒᆞ여도自殺ᄒᆞᄂᆞᆫ者ᄂᆞᆫ無ᄒᆞ며且困窮으로論ᄒᆞ야도被告의尤甚ᄒᆞᆫ者多ᄒᆞᆫ즉何必如彼ᄒᆞᆫ困難으로死를取ᄒᆞᆯ理가有ᄒᆞ며年幼無知ᄒᆞᆫ者ㅣ엇지敢히殺人의意를抱含ᄒᆞ리오倘且被告ᄂᆞᆫ海外에도曾遊ᄒᆞ엿고又ᄂᆞᆫ紀述ᄒᆞᆷ을見ᄒᆞ야도此思想의발生이五條約에爲始ᄒᆞ엿다니該條約의利害如何ᄂᆞᆫ此에論述ᄒᆞᆯ必要가無ᄒᆞ나何如間自已ᄂᆞᆫ國家와民族에대害되ᄂᆞᆫ事로確實이認定ᄒᆞ야李完用을殺ᄒᆞᆷ이國利와民福을作ᄒᆞ리라思惟ᄒᆞᆫᄃᆡ基因ᄒᆞᆷ인즉被告ᄂᆞᆫ全혀公益만爲ᄒᆞᄂᆞᆫ者오且擧事ᄒᆞᆫ後에ᄂᆞᆫ自殺ᄒᆞ려ᄒᆞ엿다니由此觀之ᄒᆞ면殺他以後에身命을不顧ᄒᆞ야以報國恩ᄒᆞ려ᄒᆞᆷ이라其犯罪精神이果是淸淸潔潔ᄒᆞ며二千萬同胞를爲ᄒᆞ야數萬里山海를跋涉歸國ᄒᆞᆫ事로視ᄒᆞ야도可尙ᄒᆞᆫ点이多ᄒᆞᆫ지라

（未完）

宮廷報

○天恩懸泣 前判書김興圭氏가近日에生活程度의困難홈을天聽ᄒᆞ옵시고金貨一百圓을下賜ᄒᆞ심으로該氏ᄂᆞᆫ 天恩을懸泣ᄒᆞᆫ다더라

雜報

○副統視務 山縣副統監은昨日브터統監邸로仕進視務ᄒᆞᆫ다더라

○樞院의變更 통監府에서ᄂᆞᆫ政策을改善ᄒᆞ기爲ᄒᆞ야一般官制를次第變更ᄒᆞᄂᆞᆫ딕中樞院은咨詢院으로改稱ᄒᆞᆫ다ᄂᆞᆫ說이有ᄒᆞ다더라

○感謝歡迎 山縣副統監은渡韓時에歡迎ᄒᆞᆫ諸氏에게名啣을送交ᄒᆞ야其感謝ᄒᆞᆫ意를表ᄒᆞ엿다더라

○私邸處公 總理大臣李完用氏의病중이快치못ᄒᆞᆷ은一般知了ᄒᆞᄂᆞᆫ바어니와近聞ᄒᆞᆫ즉今夏期에ᄂᆞᆫ仕進視務가極難ᄒᆞᆷ으로內閣에서ᄂᆞᆫ緊急公務가有ᄒᆞᆫ境遇이면處理案件을該私邸에送致處辦케ᄒᆞᆫ다더라

○面費와監督의方法 度支部에서地方各郡各面의面費徵收方法과監督方針을相當히規定키爲ᄒᆞ야目下協議中이라더라

○醫院官制 各重要地方에慈善醫院을設立ᄒᆞᆫ바內部에서ᄂᆞᆫ其官制改定件과俸給增額件을現方修定ᄒᆞᄂᆞᆫ中이라더라

○餞別若林 若林前경視總監은來十五日頃에歸國ᄒᆞᆫ다더니昨日上午九時에內部前次官岡과同伴ᄒᆞ야발程ᄒᆞ엿ᄂᆞᆫ딕各部대臣과侍從院卿尹德榮承寧府總管趙民熙諸氏와其他內部一般高等官이南大門停車場에서전別ᄒᆞ엿다더라

○貴人則明 前洪陵參奉김鎭圭가不法事件을行ᄒᆞ다가幾個年懲役에宣告홈은一般知了ᄒᆞᄂᆞᆫ바어니와其夫人리氏가日昨總理大臣李完用氏에게懇請ᄒᆞ기를寺內新統監이到任ᄒᆞᄂᆞᆫ境遇에ᄂᆞᆫ善爲周旋ᄒᆞ야蒙放케ᄒᆞ라ᄒᆞᆫ즉李總理가答ᄒᆞ야曰人格이如彼히劣등으로된者ᄂᆞᆫ千萬事에無可奈何라ᄒᆞ더라더라

○因病廢仕 宮內府日人青山庶務課長은數日前브터身病을治療ᄒᆞ기爲ᄒᆞ야仕進을廢止ᄒᆞ엿다더라

○壚屋歸任 印刷事務를視察ᄒᆞᆯ次로歸國ᄒᆞ엿던龍山印刷局經理課日人壚屋課長은再昨日下午九時에歸任ᄒᆞ엿다더라

○庵原의來往期限 農商工부日人庵原魚政課長은咸鏡南北道의漁磯를視察ᄒᆞ기爲ᄒᆞ야日間발程ᄒᆞᆫ다ᄂᆞᆫ딕來往期限은三十日間으로定ᄒᆞ엿다더라

○村田又渡 測量部製圖課長事務를日人中田測地課長이兼任ᄒᆞ엿더니日人村田工學士가日昨에被任되야明日에渡韓ᄒᆞᆯ次로東京에서發程ᄒᆞᆫ다더라

○日技續渡 土地調査局에서月前에日人技手百餘名을敍任ᄒᆞ얏ᄂᆞᆫ딕日昨부터每日二三十名式陸續渡韓ᄒᆞ야視務ᄒᆞᆫ다더라

○崔事務上京 平北事務官崔홍俊氏ᄂᆞᆫ因公上京ᄒᆞ엿다더라

○果爾決心 輔國閔泳徽氏ᄂᆞᆫ近日各新聞上에自己가總理椅子를占據ᄒᆞᆯ次로運動이有ᄒᆞ다ᄂᆞᆫ說에對ᄒᆞ야向人說話ᄒᆞ되運動ᄒᆞᆫ事ᄂᆞᆫ初無ᄒᆞ고日本內閣及統監府에서此등言論이或有ᄒᆞ다ᄒᆞ되我의一生之計ᄂᆞᆫ齋洞山亭에서閑養이나ᄒᆞ고徵文義塾에나從事ᄒᆞᆯ計劃이오他無經營이라ᄒᆞ엿다더라

○牧草改良 農商工部에서家畜을改良繁殖케ᄒᆞ라홈은已報ᄒᆞᆫ바어니와將次各地方에指揮ᄒᆞ야家畜의所養牧草를善擇케ᄒᆞ기로現方協議中이라더라

○新聞과雜誌의移傳 各경察署에서ᄂᆞᆫ昨日上午九時에各新聞及月報雜誌等의발行人을招ᄒᆞ야內部警務局及警視廳에발送ᄒᆞ던新聞及雜誌를統監府警務總監部로移傳ᄒᆞ라ᄒᆞ엿다더라

○減等의希望 控訴院에서ᄂᆞᆫ李在明氏등公判에對ᄒᆞ야日間處判이된다ᄂᆞᆫ딕一切減등홈希望이有ᄒᆞ다더라

○兩班數爻 某處에서兩班을調査ᄒᆞᆫ다홈은既報어니와新進兩班以外에元老以下實借할間官爵이有ᄒᆞᆫ人이八萬餘名이오名家後裔에儒生이一百十餘萬名이라더라

○留學固如是 李載崑氏가學部대臣在任時에華族留學生十五六名을撰拔ᄒᆞ야日本東京府立第二中學校에入學케ᄒᆞ엿다가不幾月에他學校로轉學ᄒᆞ엿더니本年度에至ᄒᆞ야ᄂᆞᆫ該學生中五名만尙在留學中이오其他ᄂᆞᆫ沒數히永爲還國홈으로華族學生의成績이良好치못홈을人皆批評ᄒᆞᆫ다더라

○修道費補助 江西岐陽間에道路를修築ᄒᆞ려ᄒᆞᄂᆞᆫ딕內部土木局에서鐵道地方費中으로補助ᄒᆞᆫ다더라

○雨壞調査 各警察署에서ᄂᆞᆫ昨日暴雨에家屋道路橋량墻壁等破壞處를派巡調査中이라더라

○日習韓語 土地調査局에서日人雇員十餘名을募集ᄒᆞ얏다홈은既報어니와該雇員등이每日一箇時間式韓語를講習ᄒᆞᄂᆞᆫ中인딕同局技手姜大成氏가教授ᄒᆞᆫ다더라

○商船漂失 日昨大雨에仁川港에碇泊ᄒᆞᆫ韓日人商船十餘隻이漂失되엿다더라

○石灰礦禁止 開城郡地石山에該郡人民誰某가營業的으로石灰礦을開設着手ᄒᆞ엿더ᄂᆞᆫ딕海豐府院君尹澤榮氏ᄂᆞᆫ自已의所有라ᄒᆞ야該郡守朴宇鉉氏에게公函ᄒᆞ고禁止ᄒᆞ라ᄒᆞ엿다더라

○疏草被押 密陽郡居河聖淳氏가 明成皇后의陵所를緬奉ᄒᆞ기爲ᄒᆞ야 上疏ᄒᆞ려다가該 上疏文草를北부警察署에被押ᄒᆞ엿다더라

○報民恩守 載寧郡守김經夏氏가去六月二拾一日에忽然長逝ᄒᆞ엿다ᄂᆞᆫ說은既爲報道ᄒᆞᆫ바어니와該郡人民이該氏를爲ᄒᆞ야葬費를鳩聚ᄒᆞ야先山에安葬케ᄒᆞᆫ다더라

○水災何慘 今番霖雨에羅州榮山浦地方에ᄂᆞᆫ人民家屋流失이四十七、破壞家屋이二十四、浸水家屋이二百八이오日人死者가一名이오韓人死者가三名이오橋梁漂失이六十處요道路破壞ᄂᆞᆫ多數에至ᄒᆞ엿다고內部로修報ᄒᆞ엿다더라

○日々報賣渡 孔子教會에서新聞을발刊ᄒᆞ기로決定ᄒᆞ고日人田村萬之助가발刊ᄒᆞᄂᆞᆫ大韓日々新聞을六百圓에買入ᄒᆞ엿ᄂᆞᆫ딕明再明間에發行ᄒᆞ기로準備中이라더라

○淑校寄金督刷 磚洞淑明女學校에對ᄒᆞ야贊助金을懸錄ᄒᆞ고支撥치아니ᄒᆞᆫ人이多數ᄒᆞ다ᄂᆞᆫ딕近日經費의困難을因ᄒᆞ야懸錄諸氏에게督刷ᄒᆞᄂᆞᆫ中이라더라

○癩死出埋 南部後洞居沈姓女ᄂᆞᆫ年今四十一인딕十七歲時부터癩痛중이有ᄒᆞ더니日昨에厠間에서倒死ᄒᆞ엿슴으로所管警察署에서醫士를派送檢査ᄒᆞᆫ後卽時出埋ᄒᆞ엿다더라

○馬草被濕 再昨日暴雨에龍山軍司令부의馬草倉庫에貯藏ᄒᆞ엿던馬草一千餘貫重이被濕되엿ᄂᆞᆫ딕其損害額은二百餘圓에達ᄒᆞᆫ다더라

○教堂風波 前日曜日에蓮洞耶蘇教堂에서一大風波가惹起ᄒᆞ엿ᄂᆞᆫ딕其內容을漏聞ᄒᆞᆫ즉長老三人을推薦ᄒᆞᆫ事에對ᄒᆞ야一邊에서ᄂᆞᆫ推薦ᄒᆞᄂᆞᆫ規模가違反되엿스니已選三人을勿施ᄒᆞ자ᄒᆞ고一邊에서ᄂᆞᆫ此三人을勿施ᄒᆞᄂᆞᆫ것이不公平ᄒᆞᆫ事이라ᄒᆞ야互相衝突이되엿다더라

○風波不息 蓮洞教堂에서長老를推薦ᄒᆞᄂᆞᆫ事로大風波가惹起홈은別項과如ᄒᆞ거니와日昨夜그事實노兩便教人이聚爲衝突ᄒᆞ야毆打ᄒᆞᄂᆞᆫ境에至ᄒᆞ엿다더라

○寶家逃走 中部洞口內居金英洙氏ᄂᆞᆫ日昨에家產放賣金을携帶ᄒᆞ고不知去處인故로該家族등이該人을搜索ᄒᆞ기爲ᄒᆞ야所管警察署에呼訴ᄒᆞ엿다더라

○燒後修理 龍山印刷局造紙所舊工場에서日前에失火ᄒᆞ야該場이被燒ᄒᆞ엿ᄂᆞᆫ딕日間更히修理ᄒᆞᆯ計劃이라더라

○白晝行盜 昨日上午拾二時에何許衣冠者가中부下勳洞鄭일永氏家에突入ᄒᆞ야房內에所掛ᄒᆞᆫ客人의洋服及韓制衣를盜去ᄒᆞ엿다더라

○佛賊處役 中部茶洞居姜俊成이가各寺刹에出沒ᄒᆞ며金佛을竊取ᄒᆞ다가南部경察署에被捉홈은既報어니와該犯을卽時京城地方裁判所로越交ᄒᆞ엿ᄂᆞᆫ딕再昨日役五年에宣告ᄒᆞ엿다더라

○買標被捉 北部花開洞등地居洪某ᄂᆞᆫ三昨日淸人德興號商店에서江南彩票를購買ᄒᆞ다가銅峴分署에被捉되엿다더라

○貸金烏有 李載馨氏가豐基郡守在任時에首書記김某에게金貨를貸用ᄒᆞ엿따ᄂᆞᆫ事에對ᄒᆞ야該氏가送人辨明ᄒᆞ기를金貨를貸用ᄒᆞᆫ事가無ᄒᆞ다ᄒᆞ더라

電報

○統監赴任期 寺內統監은本月拾三日에其夫人과同伴ᄒᆞ여東京에서出발ᄒᆞ야赴任의途에就ᄒᆞᆯ事로決定ᄒᆞ엿다더라

○統監送別會 本月拾二日에桂首相은寺內통監의送別會를開ᄒᆞᆫ다더라

○韓國鐵道獨立 韓國鐵道獨립ᄒᆞᆯ件은昨日內閣會議에提出ᄒᆞ엿다더라

○都督府廢止 日本政府에서ᄂᆞᆫ將來何時期에든지關東都督府를廢止ᄒᆞ야其事務ᄂᆞᆫ統監府에隷屬케ᄒᆞ고大都關東都督은中央政府의要職으로就케ᄒᆞᆯ事로內定되엿다더라

○現狀維持 統監府官制ᄂᆞᆫ從近改正ᄒᆞᆫ다ᄂᆞᆫ說이有ᄒᆞ나時局을解決ᄒᆞ고統監府의근本的組織을改定ᄒᆞ기ᄭᆞ지ᄂᆞᆫ現狀을維持ᄒᆞᆫ다고確聞이有ᄒᆞ다더라

○日露協約과英法 英法兩國은今番에締結된日露協約에對ᄒᆞ야歡迎의意를表ᄒᆞ엿다더라

○獨立祭와慘事 本月四日에華盛頓에서美國獨立紀念祭를行ᄒᆞ엿ᄂᆞᆫ딕其時混雜홈을因ᄒᆞ야死者가二拾八名이오負傷者가千七百八拾五名에達ᄒᆞ엿다더라

以上東京발 七日着

○土國宰相의訪問 土耳其國宰相은歐洲列國을訪問ᄒᆞᆯ計劃이라더라

以上伯林발 六日着

▲蒼蠅五章▼

▲沮洳黨蒸細雨天에蒲團上에揮주ᄒᆞ니無數羣蠅來侵ᄒᆞ야揮之不去逐不去라

▲무含臭味忽聞ᄒᆞ고稍稍成羣渡來ᄒᆞ야根據地를自作ᄒᆞᆯ졔維鳩居之더微物이坊々曲々遍滿ᄒᆞ니可憎ᄒᆞ다더蒼蠅아

▲營々ᄒᆞ다네소릐ᄂᆞᆫ螟蛉教育鼓吹ᄒᆞ니一點二點放屎處에變白爲黑더經綸도涅而不緇엇지ᄒᆞᆯ고可憎ᄒᆞ다더蒼蠅아

▲熱糞中에鬧喙ᄒᆞᆯ졔但爲貪食張翼ᄒᆞ나不覺一身沉沒ᄒᆞ고坑塹患을未免ᄒᆞ야汚人器皿醜漏ᄒᆞ니可憎ᄒᆞ다더蒼蠅아

▲点人食物聚集ᄒᆞ야濟欲一時吸取ᄒᆞ고飽爾腹分薨薨ᄒᆞ니蜘蛛絲에若罹ᄒᆞ면一網打盡當頭로졔可憎ᄒᆞ다더蒼蠅아

▲佳人枕畔羣飛ᄒᆞ니紅裙裏에侵入ᄒᆞ야嘬人皮膚더毒嘴ᄂᆞᆫ以待秋風撲滅ᄒᆞ면네影響이永絶이라可憎ᄒᆞ다더蒼蠅아

試驗을經ᄒᆞ엿ᄂᆞᆫ데該所講師ᄂᆞᆫ 誠優等生등에게優數ᄒᆞᆫ賞品을

芝里耶蘇敎會에서明進學校를 刱立ᄒᆞ엿ᄂᆞᆫ데學生이多數入學

學校에서第七回卒業式을行ᄒᆞ ᄒᆞ엿ᄂᆞᆫ데普通科卒業生에盧鎭觀

生에[illegible]다더라

◎孤院進級式　京城孤兒學校 [illegible] 惠婦人會에ᄂᆞᆫ會員에게面面請

[illegible] 上午拾時에擧行ᄒᆞ엿ᄂᆞᆫ데附近

기一場說明ᄒᆞ얏고下午五時에 閉會ᄒᆞ얏다더라

▲意馬成陣▼

▲開明이니소명이니ᄒᆞ더니초開明이여日本貴族院에서議員들이政爭熱이益益激切ᄒᆞ야諸般弊害가件出ᄒᆞᆫ다ᄒᆞ니可謂自中之亂이로고

▲親衛府長官이總理를訪問ᄒᆞ고言ᄒᆞ기를副統監이來任ᄒᆞᆫ後에現政府椅子가變更이된다ᄒᆞ니閣下ᄂᆞᆫ何等意見이有ᄒᆞ나ᄒᆞᆫ데總理가默默不答ᄒᆞ엿다니日前에ᄂᆞᆫ그리壯談ᄒᆞ더니忽地에살을먹엇나

▲李學宰ᄂᆞᆫ商務組合部長으로罷免을當ᄒᆞᆫ後에天照敎를設立ᄒᆞ다가狼狽ᄒᆞ고柴場을設립ᄒᆞ다가資本이無ᄒᆞ야百計無策인데商務頭領들은納賂差出ᄒᆞᆫ金額을還爲督促ᄒᆞᆫ다지허雪上加霜이오禍不單行이로고

▲近日에奎章閣이셔여진다지허인저ᄂᆞᆫ淸官이업서졋지그리ᄒᆞ면淸族도업서지겟지兩班은亾ᄒᆞᆫ지已久ᄒᆞ다네

廣告

廣告

張志淵 序文
鄭雲復 著述
學部檢定

日語大成

洋裝一部 定價金壹圓
半洋一部 定價金八十五錢

此書前名은獨習日語正則이온바數年來로愛讀者多ᄒᆞ와三版발行ᄒᆞ왓ᄉᆞ오나其間乏絶되왓ᄉᆞᆸ고敎科書에完全치못ᄒᆞᆷ으로因ᄒᆞ와這間自學部로完全케精密ᄒᆞ게檢定ᄒᆞ와高등敎育日語科學員用敎科書로檢定되온바獨習에倍前一層평易ᄒᆞᄋᆞᆸ고日語高등敎科書에適當ᄒᆞᆫ良書이오니江湖僉君子ᄂᆞᆫ速々講覽ᄒᆞ시와乏及之歎이無케ᄒᆞ시ᄋᆞᆸ

發行兼元賣所
中部布屛下卄七統六戶
廣學書舖 金相萬

分賣所
中部廣通橋拜堂前 東洋書院
中部洞口 中央書舘
京鄕各書舖

本會ᄂᆞᆫ世運의進化와商業의發展을隨ᄒᆞ야業務를新鮮擴張ᄒᆞ야各種布木紬苧緞屬新式毛織等諸般衣服所用物貨를多數貿易ᄒᆞ와僉君子의請求를誠實酬應ᄒᆞ오며地方에ᄂᆞᆫ請求만ᄒᆞ시면郵便小包나運送部로送呈ᄒᆞ고代金은引換ᄒᆞ겟사오니地方에商店이나所用되시ᄂᆞᆫ僉君子ᄂᆞᆫ多數請求ᄒᆞ심을望

韓國收入印紙原賣所
有價証劵典當賣買所
京城鍾路通二十二統四戶
壽南商會 金泰熙

蔘茸唐草藥材廉價大發賣

特別廣告

本店에서開業三十餘年에僉君子의愛顧ᄒᆞ심을蒙ᄒᆞ와營業이發展ᄒᆞ옵ᄂᆞᆫ바ᄉᆞ에益益報答키爲ᄒᆞ야業務를一層擴張ᄒᆞ옵고良好ᄒᆞᆫ蔘茸唐草藥材를內地와外國으로셔多數히直輸入ᄒᆞ와特別廉價로都賣散賣에信實히酬應ᄒᆞ오며地方에셔請求ᄒᆞ시ᄂᆞᆫ더對ᄒᆞ야ᄂᆞᆫ多小를不拘ᄒᆞ옵고郵便小包ᄂᆞᆫ運送部로訊速히付呈ᄒᆞ오되代金은引換으로ᄒᆞ깃ᄉᆞ오니京鄕僉君子ᄂᆞᆫ益益請求ᄒᆞ심을望ᄒᆞᆷ

但地方에서請求ᄒᆞ시ᄂᆞᆫ妙法

金一錢五厘를費ᄒᆞ시고一枚에葉書를使用ᄒᆞ사住所氏名과掌記를錄送ᄒᆞ시면能히遠路의跋涉과往返의旅費를要치아니ᄒᆞ시고本店에最良好ᄒᆞᆫ上品藥材를完全히買用ᄒᆞ실더이외다

京城南部銅峴三十五統三戶
蔘茸唐草藥材直輸入商
乾材藥局
崔聖弼 告白

特別廣告

●誠仁堂製造靈藥

眼疾 光명眼안藥약	特別製小瓶點眼器械付 小瓶	금十錢
速治 罷파 俳배	一包	금卄錢
解凝 止지 咳해 散산	一包	금十錢
塗瘡 殺살 蟲충 散산	一包	금十錢
潤肺		
化痰		
蛔蟲		
祛근		
止血 神신理리止지血혈丸환	一匣	금六十錢
神妙		
保健		
必攜 調조痢리建건中중丸환	一貼	금卄錢

上記ᄒᆞᆫ六종은高貴ᄒᆞᆫ材料로適宜配제ᄒᆞᆯ뿐아니라且本堂主醫師張基茂가多數患者의게實驗을屢積ᄒᆞᆫ後에效驗이的確ᄒᆞᆫ者로認ᄒᆞ야始로監修發行ᄒᆞᄂᆞᆫ것이오弊堂은但營利主義로藥品을誇張ᄒᆞᆷ이아니라아모조록受매者의게有效確實ᄒᆞᆫ良藥을供給ᄒᆞ야信認弘대되ᄂᆞᆫ結果로吾人의目的ᄒᆞᄂᆞᆫ바博施濟衆의主旨를貫徹코저ᄒᆞ오니益々眷愛ᄒᆞ심을伏望ᄒᆞᆷ弊堂은一般藥品을營業ᄒᆞᄂᆞᆫ外에且堂主가診察에盡力ᄒᆞᄂᆞᆫ故로雖遐偏地에셔도病錄만詳寄ᄒᆞ시면適當ᄒᆞᆫ藥品을발送ᄒᆞ오며堂營業一覽表ᄂᆞᆫ請求ᄒᆞ시면無代金進呈ᄒᆞᄋᆞᆸ地方에셔勿論何藥ᄒᆞ고隨用請求ᄒᆞ시면特別割引ᄒᆞ야迅速ᄒᆞ게代金引換郵편으로信實堅裝ᄒᆞ야無滯발送ᄒᆞᆷ

漢城南部銅峴
(電話架設中)
製造發行所 誠仁堂藥房主 張基茂 白

紙物貿易에迅速

(廣告文)

●弊店에서各種紙物을直輸入ᄒᆞ와地方同業僉位와其他僉彦에게特別廉減價로酬應ᄒᆞ깃사오니不拘多小ᄒᆞ시고註文ᄒᆞ시면郵便小包와運送部를經過ᄒᆞ와迅速히付呈ᄒᆞ깃ᄉᆞᆸ物價表와品錄書를無料로付呈ᄒᆞ옵品高價低에爲主ᄒᆞᆷ

內外國紙物大發賣

(品目略錄)

●壯紙、油壯板紙、窓戶紙、白紙、塗비洋紙、書畵各種、天井紙、古畓紙、印札紙、牛紙、美濃紙、製圖紙、書簡紙、封套紙、其他學校用品筆墨各種具備

漢城鍾路大廣橋
本店 紙物舖 金聖煥
電話 一千二百八十番
支店 漢城北部安洞別宮前

●共愛堂大藥房製造各種藥品發行表

壯陽復元丹 此藥專治腦등肺弱 房事色傷 心腎虛弱 遺精多夢、陽위不起 病後虛弱 不下飮食 先天不足 眩暈頭등 壹週分壹圓 二週分三圓四拾錢 四週分壹圓八拾錢八週分六圓四拾錢 等症에並妙効가有ᄒᆞᆷ

皮膚靈丹 壹般에症胃腹등消化不良心神鬱悶船혼酒醉化담止히口熱惡臭食慾不振등症에並神効 壹瓶金拾錢

眼科聖藥 清眼水 壹般眼疾、時行眼疾、風熱眼疾、羞明流淚、眼內紅痒등症에撥雲見天之妙(壹瓶金拾錢)

鮮하至寶丸 專治하疾卽氣虛하、遠年長하、一日二日하、雖難治之하이라도永々ᄭᅳᆫᄒᆞᆷ 壹包金拾錢

皮膚神藥 靈效液 特治皮膚病、疥癬、음、皮風、諸般痒疹、두두러기、옷올넌데다神効ᄒᆞᆷ 壹瓶금三拾錢

五淋專治 通淋丸 急慢淋疾、赤白帶下、방광炎症、ᄃᆡ炎皮濃漏外他淋毒性諸症에신效ᄒᆞᆷ 壹제금五拾錢

梅毒妙効 神應丹 楊梅瘡에壹期二期三期를勿問ᄒᆞ고確實이有효、連珠瘡下疳瘡等에幷효 壹제金三圓

腹학신藥 清脾丸 喘治小兒壹般腹학、面黃、屎靑、左脇별腹에大有奇효ᄒᆞᆷ 一匣金五拾錢

久례神効 養胃散 通治經久滯積、呑酸吐사、霍亂、胃腹등大便不順等症에奏効如神 壹貼금十五錢

治痰饍 咳丸 專治大人히소、喘息、담結등症에妙 三日分一包금卅錢

特冒感효 消熱散 勿論四時傷寒感冒、咽喉疼등、寒熱往來肢節등、似학非학등症有효 壹貼금拾錢

耳病신효 清耳液 專治耳病卽鼓膜炎、內外聽道炎、耳中灼熱疼소癢、濃液流出等症有효 一瓶금十錢

百貼百應 妙妙膏 風寒濕氣、胸肩背에牽引疼등、腰膝脚되酸등無力、骨節등등症에如神 금卄五錢

奏효如신 能治膏 各種腫氣、小兒胎毒、무스럼濕腫、生新에並신효 一包금拾錢

大腫 拔根膏 大小腫에根ᄲᅢᄂᆞᆫ약 價금拾錢

鮮 凝膏 멍울삭히ᄂᆞᆫ약 價금拾錢

寸虫去根藥 價금卄錢

齒痛水 충치風치신효 價금七錢五厘

鷄眼膏 티눈ᄲᅢᄂᆞᆫ약 금拾錢

汗斑水 어루러니약 금十錢

止泄丸 대泄暑泄신효 價금拾五錢

痢疾藥 赤빅痢에신효 價금拾五錢

各種上等金雞納 東西洋有名賣藥 乾材都賣散賣其他各種藥재具備ᄒᆞ오니請求를依ᄒᆞ야小包로酬應ᄒᆞ겟ᄉᆞᆸ

發行所
皇城南部大廣橋十九統七戶
共愛堂大藥房主 朴容桓 告白

●普校卒業 博川郡普明學校에서今年春期試驗에普通科에柄등諸氏오進級生은朴彰杰徐載坤徐相彬徐載祺朴利默朴允더講師徐載禧吳甲龍氏ᄂᆞᆫ卒業生徒에對ᄒᆞ야前進의思想을勸奬로各班生徒의게褒賞ᄒᆞ엿ᄂᆞᆫ더諸氏의熱誠을莫不讃頌ᄒᆞᆫ다 明新學校卒業生김喆宇氏ᄂᆞᆫ該寺夜學校敎師로委任되여名譽

●學費支給 永信男女小學校에서向日에第一回卒業式을設ᄒᆞ고卒業生[illegible]은中等程度學校로轉學ᄒᆞ게ᄒᆞ고[illegible]

檀君開國四千二百四十三年
箕子元年三千三十二年
大韓開國五百十九年
本報創刊日
光武八年七月十八日

大韓每日申報

第八卷 月曜及慶節歲時休日休刊 第壹千四百三十號

發行兼編輯人 李章薰
發行所 京城中部市廛屛門一宮街 二層洋屋 大韓每日申報社

論說

地方官薦用의方針

其人이存ᄒᆞ면其政이擧ᄒᆞ고其人이無ᄒᆞ면其政이息ᄒᆞᄂᆞ니選人任用은惟國의大政이라人民과直接으로政治關係가有ᄒᆞᆫ者ᄂᆞᆫ地方官보다더緊切ᄒᆞᆫ者ㅣ無ᄒᆞ니反風滅火ᄒᆞ고虎北渡河ᄂᆞᆫ良吏의治績이오熱如酷暑ᄒᆞ고磨牙吮血은貪吏의虐政인즉엇지良材를選擇치아니ᄒᆞ고百里의憂를任ᄒᆞ리오挽近以來로銓衡의法이愈往愈疎ᄒᆞ야秉權者手中에在ᄒᆞ니비록張龔의材와蘇黃의智가有ᄒᆞ여도愛者ᄂᆞᆫ用ᄒᆞ고惡者ᄂᆞᆫ斥ᄒᆞ니人民은生ᄒᆞ든지死ᄒᆞ든지顧念ᄒᆞᆯ바이無ᄒᆞ고求ᄒᆞᄂᆞᆫ者의思想도治民의在치아니ᄒᆞ고哺啜에在ᄒᆞ며選ᄒᆞᄂᆞᆫ者의思想도治民에在치아니ᄒᆞ고苞苴에在ᄒᆞ니其國이엇지治ᄒᆞ며其民이엇지安ᄒᆞ리오是以로國步가日以不展ᄒᆞ고民力이日以漸微ᄒᆞ야一毛의危에在ᄒᆞ니其責이歸ᄒᆞᆯ處가有ᄒᆞ도다

近日에至ᄒᆞ야ᄂᆞᆫ其法이一變ᄒᆞ야觀察이某郡守ᄂᆞᆫ某人으로指的ᄒᆞ야內部에修報ᄒᆞ면審査會에서處理頒布ᄒᆞ니世界萬國에如斯히薦用ᄒᆞᄂᆞᆫ事ᄂᆞᆫ聞치못ᄒᆞ엿노라

其法이粃自宋秉畯의挾雜手段에서生ᄒᆞ야奸計를舞弄ᄒᆞ던餘習이法例를已成ᄒᆞ야今日에至ᄒᆞ엿스니牧民의材를觀察의薦報만恃ᄒᆞ니其薦이公ᄒᆞᆫᄂᆞᆫ지知치못ᄒᆞᄂᆞᆫ者이오警吏에게委任ᄒᆞ야身分을調査ᄒᆞ니其査가公ᄒᆞᆫᄂᆞᆫ지知치못ᄒᆞᆫ者이오內部審査會에서ᄂᆞᆫ何等資格으로審査ᄒᆞᄂᆞᆫ지道路가綿遠ᄒᆞᆫ地方人士의資格良否를엇지審査ᄒᆞ기를得當ᄒᆞ리오但以姓名三字로曰可曰否가選人ᄒᆞᄂᆞᆫ方法인가銓衡大臣은袖手無語ᄒᆞ야他人手中에委任ᄒᆞ고旅進旅退ᄒᆞ니銓衡大臣의責任이止此而已乎아及其被任ᄒᆞᆫ人을聞ᄒᆞᆫ즉觀察의姻婭가아니면鄕谷의饒客인즉聽聞의狼藉ᄒᆞᆷ은前日賣官時代보다尤甚ᄒᆞ니此가엇지爲人ᄒᆞᄂᆞᆫ法이라ᄒᆞ리오

然則前日과如히銓衡大臣에게委任ᄒᆞᄂᆞᆫ것이可ᄒᆞᆯ가曰否라善良ᄒᆞᆫ政體ᄂᆞᆫ必自自治中出來ᄒᆞᄂᆞ니一人이其身을自治ᄒᆞ면拾數人이其家를自治ᄒᆞ고數千人은其鄕과其市를自治ᄒᆞ고數萬人은其國을自治ᄒᆞᄂᆞ니政府에서人民의自治制度를不日亟施케ᄒᆞ야民權이自立ᄒᆞᆫ然後에公議로博採ᄒᆞ야郡守의材ᄂᆞᆫ一郡人民의公議로採用ᄒᆞ고觀察의材ᄂᆞᆫ十道人民의公議로採用ᄒᆞᄂᆞᆫᄃᆡ銓衡大臣은輕重을權衡ᄒᆞ야隨宜採用ᄒᆞ면庶無一失이라ᄒᆞᆯ지美國人民은大統領이라도民望으로推薦ᄒᆞ거든況一郡守·觀察이리오

官報

◎第四千七百三十五號
隆熙四年七月八日(金曜)

敍任及辭令

○六月二十日 金準千 任府主事敍判任官四등 府主事李鏞珠 任郡主事敍判任官四등
○六月二十四日 李容雨 李玄宇 李玟河 任郡主事敍判任官四等
○六月三十日 警視廳警部谷川龜彦 陞敍判任官二等 鎭谷四郎 長岡榮助 岡田福三郎 中野文三郞 赤岡正胤 宇多友郎 安達家 堀金信雄 任航路標識管理所看守給俸任ᄒᆞ엿더라
白石繼夫 任稅關監吏敍判任官五등 佐伯彌 任稅關監吏敍判任官五등
○七月二日 伊藤繁 任公立光州農林學校學監敍判任官三等
○七月四日 稅關監吏市川健吉 兼任稅關鑑定官補 齋藤勇 任土地調査局技手敍判任官三등 郡主事金東赫 依願免本官(六月卄八日內部) 郡主事김贊漢 依願免本官 財務署主事兼財務監督局主事山口乙吉 免兼官 財務監督局事務官水口隆三 平壤財務監督局長佐佐木正太不在中代理를命ᄒᆞᆷ(七月一日度支部)

宮廷錄事

○贈諡 去六月三十日故內閣總理大臣김弘集贈大提學洪英植贈대提學金玉均贈大提學魚允中에게對ᄒᆞ야左와如히贈諡ᄒᆞ옵신이라

故內閣總理大臣金弘集諡號
忠獻 事君盡節曰忠 衛忠內德曰獻
贈奎章閣大提學洪英植諡號
忠愍 慮國忘家曰忠 使民悲傷曰愍
贈奎章閣大提學김玉均諡號
忠達 慮國忘家曰忠 疏中通理曰達
贈奎章閣大提學魚允中諡號
忠肅 慮國忘家曰忠 執心決斷曰肅

外報

◎協約通告 巴里來電을據ᄒᆞᆫ즉英法兩國政府에서ᄂᆞᆫ日露協約內容의通告를受ᄒᆞ얏다더라

◎鐵道衝突 루터來電을據ᄒᆞᆫ즉美國메이톤附近에서ᄂᆞᆫ急行列車와貨物列車가互相衝突ᄒᆞ야死者가三十七名에達ᄒᆞ얏다

◎希臘의勸告 타임쓰來電을據ᄒᆞᆫ즉希臘國에서ᄂᆞᆫ크리트島問題에關ᄒᆞ야近日內閣會議를開ᄒᆞ얏ᄂᆞᆫ데此ᄂᆞᆫ크리트島人에게對ᄒᆞ야英、伊、法、露、四國의言에服從ᄒᆞ도록勸告ᄒᆞᆯ事라더라

◎示威運動 同電을據ᄒᆞᆫ즉西班牙人約二萬名은羅馬敎以外의敎派에게自由를與ᄒᆞ자ᄂᆞᆫ政府의政策에對ᄒᆞ야贊成ᄒᆞ고右政策에反對ᄒᆞᄂᆞᆫ者에게示威運動을行ᄒᆞ얏다더라

◎幣制改革의助力 上海來電을據ᄒᆞᆫ즉本月四日에淸國諸銀行家ᄂᆞᆫ北京에會集ᄒᆞ야會議를開ᄒᆞ엿ᄂᆞᆫ데其內容인즉一協會를組織ᄒᆞ고各地方에支部를設置ᄒᆞ야政府에서幣制改革ᄒᆞᄂᆞᆫ事에對ᄒᆞ야助力케ᄒᆞᆯ事라더라

◎顧問辭職 同電을據ᄒᆞᆫ즉淸國外務部顧問英人히리아ㅣ氏ᄂᆞᆫ今番에聘傭滿期됨으로써辭職ᄒᆞᆫ다더라

◎幾步欲躍 日本萬朝報ᄂᆞᆫ淸國人民이該國々會速開請願ᄒᆞᆫ事에對ᄒᆞ야論評ᄒᆞ기를淸國人民이先進文明國의立憲政治를倣習ᄒᆞ려ᄒᆞᆷ은深히同情을表ᄒᆞᆯ事이나然이나淸國民은旣히自治에適當ᄒᆞᆫ素養의有無ᄂᆞᆫ明言키不能ᄒᆞ나萬一其實力이無ᄒᆞᆫ즉設使憲法을立ᄒᆞ야도紙上의憲法에止ᄒᆞ고實行치못ᄒᆞᆯ것은明白ᄒᆞᆫ事이라日本은憲法발布以來로旣히二十年을經過ᄒᆞ엿스나尙今國民中에憲法이무엇인줄을不解ᄒᆞᄂᆞᆫ者ㅣ有ᄒᆞ야憲法의運用이尙今完全치못ᄒᆞᆫ지라然則淸國民은日本을鑑ᄒᆞ야輕率히國會의開設을急迫치勿ᄒᆞᆷ이可ᄒᆞ다ᄒᆞ얏더라

雜報

◎烟所夜校 烟草職工組合所에서夜學校를設立ᄒᆞ고幼穉ᄒᆞᆫ職工으로ᄒᆞ야곰修學케ᄒᆞᆯ터인ᄃᆡ五部內에各一處式을指定ᄒᆞ고月捐金은上下半期로定ᄒᆞ야每半期에十錢式收合ᄒᆞ기로定ᄒᆞ엿다더라

◎査問後放 崔錫夏氏ᄂᆞᆫ劍契團에關係가有ᄒᆞ다ᄂᆞᆫ說이浪藉ᄒᆞ다ᄒᆞ야日昨北署에서招致査問後에放送ᄒᆞ엿다더라

◎湖南總會 湖南學會에서來日曜日下午一時에通常總會를本會舘內에開ᄒᆞ고事務를處理ᄒᆞᆯ다ᄒᆞ며今番夏期休學에歸國ᄒᆞᆫ留學生諸氏가寄附ᄒᆞᆫ金額이多數ᄒᆞ다더라

李在明氏의公判 (續)

ᄒᆡ今犯罪精神을重視ᄒᆞᄂᆞᆫ時에其精神也如彼潔白ᄒᆞᆫ中可尙ᄒᆞᆫ者ㅣ有ᄒᆞ고其結果도李完用이旣히快完已久ᄒᆞ니減刑ᄒᆞᆯ餘地가有ᄒᆞᆫ지라然즉本犯罪三件中最重ᄒᆞᆫ李完用殺害罪에對ᄒᆞ야相當히酌量減刑을加ᄒᆞᆷ을爲希ᄒᆞ노라ᄒᆞᆫ後高永根의禹範善殺害와張仁煥의須知分殺害를引證ᄒᆞ야言ᄒᆞ되此ᄂᆞᆫ旣遂로ᄃᆡ死刑을免ᄒᆞᆫ바와我國에七等減刑法例가有ᄒᆞᆷ을論ᄒᆞ야充分히酌量減刑ᄒᆞᆷ을請求ᄒᆞ고仍以結辯ᄒᆞ엿더라

其次에裁判長이被告등에게對ᄒᆞ야各其有益ᄒᆞᆫ論辯이有ᄒᆞ거든言ᄒᆞ라ᄒᆞᆫᄃᆡ

李在明이起立ᄒᆞ야勵聲大言ᄒᆞ되本人은一身을國家에獻ᄒᆞᆫ者인즉別노辨論ᄒᆞᆯ바ᄂᆞᆫ無ᄒᆞ나凶暴ᄒᆞᆫ逆賊李完用行爲에對ᄒᆞ야可殺ᄒᆞᆯ理由를更論ᄒᆞᆯ바有ᄒᆞ노라

대抵天地間에所不容ᄒᆞᆯ李完用의八대罪目에一은五條約을締結ᄒᆞ야外部를廢止ᄒᆞ고統監府를迎ᄒᆞᆷ이니此ᄂᆞᆫ我檀箕신聖民族의舌을斷ᄒᆞ고耳目을閉ᄒᆞ고自由를奪ᄒᆞᆷ이라其罪可殺이오二ᄂᆞᆫ海牙密使事件을藉托ᄒᆞ고宋秉畯과共謀ᄒᆞ야伊藤博文의許可를得ᄒᆞᆫ後 御前에肆進ᄒᆞ야宋賊으로拔劍威협케ᄒᆞ고自已ᄂᆞᆫ三次懇請타가不允ᄒᆞ심으로三次號令을當ᄒᆞ엿스니此ᄂᆞᆫ君父의冕冠을力奪ᄒᆞᆷ이라其罪可殺이오三은七條約을締結ᄒᆞ야諸般權力을統監에게賣渡ᄒᆞ고軍隊ᄭᆞ지解散ᄒᆞᆷ이니此ᄂᆞᆫ世所共知ᄒᆞᄂᆞᆫ現狀을因作ᄒᆞ야國家民族으로永滅케ᄒᆞᆷ이라其罪可殺이오四ᄂᆞᆫ年幼ᄒᆞ신皇太子殿下를日本에送ᄒᆞ고日人에게聚케運動ᄒᆞᆷ이니此ᄂᆞᆫ幼穉ᄒᆞᆫ精신을換入케ᄒᆞ야將來에利用을作ᄒᆞ려ᄒᆞᆷ이라其罪可殺이오五ᄂᆞᆫ太皇帝陛下를渡日케ᄒᆞ려運動ᄒᆞᆷ이니此ᄂᆞᆫ法國이安南王을捕去ᄒᆞ야亞弗利加일州의太守를封ᄒᆞᆷ과如ᄒᆞᆷ이라其罪可殺이오六은嚴冬雪寒을不拘ᄒᆞ고西北巡行을行ᄒᆞ시게ᄒᆞᆷ이니此ᄂᆞᆫ我國人의尊皇心이與他特異ᄒᆞᆷ으로後日日本으로移ᄒᆞᆯ時에藉托ᄒᆞᆯ件을作ᄒᆞ야暗中에行事ᄒᆞ려ᄒᆞᆷ이라其罪可殺이오七은司法權을委任ᄒᆞᆷ이니此ᄂᆞᆫ國內諸忠良을謀殺ᄒᆞ고人民의動靜을籍制ᄒᆞᆷ이라其罪可殺이오八은外面으로一進會長李容九로聲明書를頒布케ᄒᆞ고內面으로合邦을運動ᄒᆞᆷ이니此ᄂᆞᆫ二千萬生靈과四千年宗社를太平洋에移浮케ᄒᆞᆷ이라其罪可殺이며 (未完)

宮廷報

◎兩氏陛見 完興君李載冕永宣君李埈鎔兩氏가再昨日上午十二時에 德壽宮에 陛見ᄒᆞ엿다더라

雜報

◎各大와公式訪問 山縣副統監은到着以後로各대臣과公式會見이無ᄒᆞᆫ故로各部大臣이今明間會同ᄒᆞ야公式으로統監을訪問ᄒᆞᆫ다더라

◎掬翠一宴 內部大臣朴齊純氏ᄂᆞᆫ日間掬翠樓에셔該部新次官의歡迎宴을設行ᄒᆞ기로準備中이라ᄂᆞᆫᄃᆡ本部奏任官中課長以上과統監府勅任官吏를請邀ᄒᆞᆯ터이라더라

◎出餞釜山 內部澤田地方局長은岡次官을餞送ᄒᆞ기爲ᄒᆞ야釜山ᄭᆞ지前往ᄒᆞ엿다가昨日에還任ᄒᆞ엿다더라

◎遞任之兆 京畿觀察김思默慶北觀察朴重陽平南觀察李軫鎬三氏ᄂᆞᆫ陞級ᄒᆞ기로內定되엿다홈은已報ᄒᆞᆫ바어니와其內容인즉將次遞任에關ᄒᆞᆫ듯ᄒᆞ다더라

◎獨漏陞級 各官廳에셔一般官吏의準期陞級件을頒布ᄒᆞ엿다홈은既報어니와惟獨度支部財務監督局에셔ᄂᆞᆫ官吏의陞級期限을判任八級은一個年半으로七級以上은二個年으로定ᄒᆞ엿슴으로本年六月度陞級秩에該局官吏ᄂᆞᆫ不叅ᄒᆞ엿다더라

◎事煩退至 七月一日부터各官廳官吏가夏期執務時間更改홈을因ᄒᆞ야下午一時에一切仕退ᄒᆞᄂᆞᆫᄃᆡ度支部財務監督局에셔ᄂᆞᆫ近日事務가甚히煩劇홈으로一般官吏가下午五時ᄭᆞ지視務ᄒᆞᆫ다더라

◎文簿整理의煩務 內部文書會計兩課官吏ᄂᆞᆫ警察權引渡ᄒᆞᆫ事에對ᄒᆞ야文簿를整理ᄒᆞ기에事務가煩劇홈으로下午五時ᄭᆞ지執務ᄒᆞᆫ다더라

◎憲隊移接 前경視廳은日憲兵第二分隊營舍로定ᄒᆞ고再昨日該隊物品을運搬移接ᄒᆞ엿다더라

◎證明刊布 內部에셔隆熙二年及三年度에土地家屋證明券을繕給ᄒᆞᆫ總數를蒐集발刊ᄒᆞ야各道로一部式을配附ᄒᆞᆫ다더라

◎私校維持規則 內部에셔寄付金取締規則을頒布以後에各私립學校의維持方法이困難홈으로五學會에셔學部와交涉ᄒᆞᆫ事ᄂᆞᆫ一般知了ᄒᆞᄂᆞᆫ바어니와學部에셔ᄂᆞᆫ該事에關ᄒᆞ야相當ᄒᆞᆫ規則을制定ᄒᆞ야部令으로頒布ᄒᆞᆫ다더라

◎山林局에先請 已往에ᄂᆞᆫ人民들이原野를開墾ᄒᆞ려면農務局에請願ᄒᆞ야承認ᄒᆞ더니該事件이山林局과衝突이됨으로從今以後ᄂᆞᆫ山林局에先次請願ᄒᆞᆫ後에認許ᄒᆞ기로決定ᄒᆞ엿다더라

◎高校文簿調査 學部에셔ᄂᆞᆫ日人本田文書課長을派送ᄒᆞ야再昨日官立漢城高等學교一般文簿를調査ᄒᆞ엿다더라

◎長書査問 憲兵部偵探探憲爲名人은韓日兩國政治關係로統監府에長書ᄒᆞᆫ다ᄂᆞᆫ說이有홈으로所管警察署에셔招致查問ᄒᆞ엿다더라

◎淺灘將淤 公州郡錦江上流ᄂᆞᆫ年來에淺灘을成홈으로一般商船來往의不便홈이不少ᄒᆞ다ᄒᆞ야關稅局에셔該情況을調査ᄒᆞᆫ結果로將次浚渫ᄒᆞᆯ터이라더라

◎申告와廣告 京畿觀察道에셔ᄂᆞᆫ民有山林測量申告書에對ᄒᆞ야申告ᄒᆞᆫ지六拾日이經ᄒᆞᆫ後에所有權의廣告를揭示ᄒᆞᆫ다더라

◎不無其弊 各警察署에셔漢城內密賣淫女를調査ᄒᆞᆫ다홈은既報어니와該掌內巡查等이密賣淫女등의接待厚薄과面分親疎를隨ᄒᆞ야存拔ᄒᆞᆫ다더라

◎營材賣日 北一營을宮內府官吏의官舍로使用ᄒᆞᆫ다홈은已報ᄒᆞᆫ바어니와修理工役에着手ᄒᆞ엿ᄂᆞᆫᄃᆡ該營內의不用建物百餘間을日昨日人에게公매ᄒᆞ얏다더라

◎建物賣日 農商工部內에在ᄒᆞᆫ不용建物의家屋八十餘間을再昨日에入札法으로日人이買入ᄒᆞ엿다더라

◎此弊宜防 近日에年少學員等이花柳場에莫不沉惑ᄒᆞ야一般學界에妨害가不少홈으로官立漢城高등學校職員諸氏가此等弊習을矯救ᄒᆞ며他校의模範을作ᄒᆞ기爲ᄒᆞ야方針을目下研究中이라더라

◎果有是事 孔子教會에셔大韓日日新聞을金六百圜에買入ᄒᆞᆫ다홈은既報어니와其內容을詳聞ᄒᆞᆫ즉該新聞社長日人田村萬之助가대韓新聞社員愼泰範氏를紹介ᄒᆞ야該教會에金五百圜에賣渡ᄒᆞᆯ次로契約을秘密成立ᄒᆞ고一般社員에게通知치아니ᄒᆞ엿던지再昨日에該社員이會同ᄒᆞ야方針을議定ᄒᆞ엿다더라

◎夏期放學 各官公私立學교에셔日前부터夏期休暇를因ᄒᆞ야陸續放學ᄒᆞᆫ다더라

◎元氏替擔 磚洞私立普成學校를李鍾浩氏가主幹維持ᄒᆞ던事ᄂᆞᆫ一般知了ᄒᆞᄂᆞᆫ바어니와近聞ᄒᆞᆫ즉該校維持方法은元杜宇氏가擔任ᄒᆞ엿다더라

◎李舍執行 篩洞李鍾浩氏의家舍ᄂᆞᆫ尹致昭氏의債權으로日昨에執行을當ᄒᆞ엿다더라

◎此何妖物 觀峴居李洵圭氏의妾은關聖帝君을接ᄒᆞ야人民의吉凶禍福을任自擅便ᄒᆞ고避凶就吉케ᄒᆞᆫ다홈으로愚迷ᄒᆞᆫ婦女들이問卜錢을虛費ᄒᆞᆫ다ᄒᆞ야某處에셔其行動을注目ᄒᆞᄂᆞᆫ中이라더라

◎金勝閔敗 閔泳徽氏와김禹用氏가錢財事로屢次爭訟ᄒᆞ더니再昨日에控訴院에셔更爲裁判ᄒᆞ엿ᄂᆞᆫᄃᆡ閔氏의奪財ᄒᆞᆫ事가分明ᄒᆞᆫ故로落科가되엿다더라

◎破家何之 前判書申箕善氏의令男申厚永氏ᄂᆞᆫ各處債權을因ᄒᆞ야喪服外에家產及什物을沒數執行을當ᄒᆞ엿다ᄂᆞᆫᄃᆡ該氏ᄂᆞᆫ近日去處가不明ᄒᆞ다더라

◎方田의假執行 實業家빅完爀氏ᄂᆞᆫ新門內居方淳興氏와土地事件으로屢度裁判홈은一般知了ᄒᆞᄂᆞᆫ바어니와日前대審院判決에方氏가落科ᄒᆞ엿슴으로方氏의所有田土를假執行ᄒᆞ엿다더라

◎東洋報解停 日人新聞東洋日報ᄂᆞᆫ本月三日에治安妨害를因ᄒᆞ야발行停止를當ᄒᆞ엿다가昨日에解停되엿ᄂᆞᆫᄃᆡ同報ᄂᆞᆫ今日브터繼續발行ᄒᆞᆫ다더라

◎失妻訴推 楊州郡居馬興福氏의妻가昨年冬에逃走上京ᄒᆞ야西部司온洞居金雲敬氏와同居ᄒᆞᄂᆞᆫ故로馬氏가該女를覓還ᄒᆞᆯ次로日前所管警察署에呼訴ᄒᆞ엿다더라

◎釀金保證 日本留學生諸氏가발起ᄒᆞ야대韓興學會를組織ᄒᆞ고會報를發刊ᄒᆞ다가保證金千圓을納入ᄒᆞ라ᄂᆞᆫ事件으로停止되엿더니近聞ᄒᆞᆫ즉該會員이協議ᄒᆞ고每會員이五圓以上으로取合ᄒᆞ기를定ᄒᆞ엿다더라

◎郭郡美事 西來人의傳說을聞ᄒᆞᆫ즉郭山郡北面에셔昨年에歉荒을當ᄒᆞ야人民이飢餓를不免홈으로本面長金濟河氏가面會를開催ᄒᆞ엿ᄂᆞᆫᄃᆡ該郡守洪淳一氏가飢民의慘情을一々說諭ᄒᆞ엿고本面長은土地文券三度를先出ᄒᆞ며面內饒民에게說明ᄒᆞ되諸君도土地文券을幾朔間借與ᄒᆞ면該券을金融組合所에典當ᄒᆞ고債錢을得ᄒᆞ야飢餓ᄒᆞᄂᆞᆫ同胞를救濟ᄒᆞ고來十二月十五日內로該錢을報償ᄒᆞ고右券을推給ᄒᆞ마ᄒᆞᆫ즉面內饒民全義淳金敬祺金鳳鳴權貞鉉金應麟金應達金致允金國河鄭應魯金養浩金用甲諸氏가擧皆樂從ᄒᆞ여瞬息間에現借券이二千餘圓價値文券을收合ᄒᆞᆫ지라本面長이該券을定州金融組合所에提去ᄒᆞ야金一千圓을請求ᄒᆞᆫ즉該組合所에셔現存金이不多홈으로五百圓만借給ᄒᆞ거ᄂᆞᆯ六百餘圓文券은推來還播ᄒᆞ고在券一千三百餘圓券만該所에典置ᄒᆞ고五百圓金을借來ᄒᆞ야面內飢民一百九十二名에게分給ᄒᆞᆫ즉老少男女가該郡守及面長과饒民諸氏를對ᄒᆞ야頌聲이載路ᄒᆞᆫ다더라

▲地方消息▼

▲去月拾六日에廣州郡東方二拾里許에셔義兵二名이廣州分遣所上등兵一名及補助員二名과衝突ᄒᆞ엿다ᄒᆞ고

▲去月拾八日에全羅北道益山郡西方拾里許에셔義兵五名이該郡憲兵分遣所上등兵及補助員三名과衝突ᄒᆞ엿다ᄒᆞ고

▲去月拾九日에黃海道漏川西南方二拾里許에셔義兵二拾餘名이平山憲兵分遣所上等兵壹名及補助員四名과衝突ᄒᆞ엿다ᄒᆞ고

▲去月二拾日에黃海道遂安郡北方二拾里許에셔義兵拾五名이遂安憲兵分遣所上等兵三名及補助員三名과衝突ᄒᆞ엿다ᄒᆞ고

▲去月卄일日에黃海道新幕約十里許에셔義兵四名이新幕憲兵分遣所上等兵일名及補助員일名과衝突ᄒᆞ엿다ᄒᆞ고

▲去月卄二日에江原道伊川郡海浪洞에셔義兵將蔡應彥姜과弼兩氏가部下八拾五名을率ᄒᆞ고高山驛分遣所上等兵二名及補助員八名과衝突ᄒᆞ엿ᄂᆞᆫᄃᆡ補助員二名은卽死ᄒᆞ고上등兵一名及補助員일名은不知去處라더라

電報

◎南極探險會長 南極探險會에셔ᄂᆞᆫ本月五日에발會式을擧行ᄒᆞ엿ᄂᆞᆫᄃᆡ會長은대隈伯으로副會長은澁澤男으로推薦ᄒᆞ엿다더라

◎日探隊注目 美國에셔ᄂᆞᆫ日本의南極探險隊에對ᄒᆞ야대段注目을ᄒᆞᆫ다더라

◎淸國海軍의復興 淸國海軍의復興은着着進步ᄒᆞ야象山港을一軍港으로置ᄒᆞ기로決定ᄒᆞ엿다더라

◎日露協約發表期 日露協約은再昨日에樞密院會議에셔可決ᄒᆞ엿ᄂᆞᆫᄃᆡ本月十三日에ᄂᆞᆫ발表ᄒᆞᆫ다더라

◎有吉長官退院 統監府有吉總務長官은日本千葉縣에셔治療中이더니經過가良好홈으로本月十一日頃에ᄂᆞᆫ退院ᄒᆞ야卽時出발赴任ᄒᆞᆫ다더라

以上東京발 八日着

◎德國과淸國海軍 淸國載濤貝勒殿下ᄭᅴ셔今番에德國에셔頗히親厚ᄒᆞᆫ歡迎을受ᄒᆞᆫ結果로同國은海軍復興에關ᄒᆞ야材料의買入及技師등의雇聘을德國에셔ᄒᆞᆫ다더라

◎墺德外相會見 墺國外相에렌탈男爵은「미리엔밧호」에셔德國新外相과會見ᄒᆞᆫ다더라

以上伯林發 八日着

▲大蛇出臥▼

▲陰雨未霽茂林間에噪噪鳥雀驚動ᄒᆞ니下有如량大蟒ᄒᆞ야來自何處蜿蜿인고

▲大澤何夜出臥런고爾是始皇前身인가肆虐山東天地ᄒᆞ고殆々嚼盡六鷄ᄒᆞ니兩目何其耽々인가더大蟒이可畏로다

▲首尾相應相擊ᄒᆞ니必是常山種子로다爾牙欲磨吮血ᄒᆞ니眼光射人卽殘ᄒᆞ야魚肉中에陷落이라더大蟒이可畏로다

▲鱗々鱗甲射光ᄒᆞ야白日忽地欲雨ᄒᆞ니淫邪氣가遍滿ᄒᆞ야殺人如麻此世界에流行病을能作ᄒᆞ니더大蟒이可畏로다

▲盤踞大陸蜿蜒ᄒᆞ제能作穴居頭尖ᄒᆞ니如戟毒舌所揮處에山川草木銷盡ᄒᆞ야一望無餘되엿ᄉᆞ니더大蟒이可畏로다

▲접域視以一蛙ᄒᆞ고爾口中에銷鑠ᄒᆞ니爾腹何其浩大런고全身雖是肥胖ᄒᆞ나腹裂肚破不願런가더大蟒이可畏로다

成學院에서五月二十日에第二回中學高등尋常小學三科와第三回女學科卒業式을舉行ᄒ엿

洛元벽世珩李明烈李承奉崔允鼎金炳赫金殷稷張俊德金敬濬벽三永韓鳳俊金英吉車應化李

氏오特히高等小學部卒業生九人은騎馬式을行ᄒ엿스며遠近紳士와男女老少가雲集ᄒ야多

을呈ᄒ엿다더라

◎熱心奬學 文郡曾明學校는校況이困難ᄒ더니近日에任

黃元三申子道韓順日黃世鉉崔敬鎭崔光鉉諸氏가熱心視務ᄒ으로學徒가五十餘名에達ᄒ야

之望이

◎必無此行 鄭成謨氏가李召史와奸淫ᄒ엿다ᄂ事에對ᄒ야

ᄒ더라 니此等鄙悖ᄒ行爲ᄂ必無ᄒ矣

▲曲中山水▼

▲李容九는副統監에게面會ᄒ기를要求ᄒ다가拒絶을當ᄒ얏다지副統監이오면大臣一窠는게두어라ᄒ고쇠리를치며歡迎ᄒ기에奔走ᄒ더니冷待를當ᄒ엿스니可謂萬事瓦解로고

▲寺內統監이渡來ᄒ면現內閣은一切遞任되고元老中으로內閣을一新히組織ᄒ다는말이잇다지元老들도헛물켤일낫네

▲宮內府庶務課長日人靑山이己身病으로仕進을못ᄒ다지일홈못타계물에靑山이로고나

▲閔泳徽氏는總理를運動ᄒ가로多數ᄒ金額을國分象與官에게秘密히給與ᄒ다가退却을當ᄒ엿다지名利에留意아니ᄒ기로決心ᄒ엿다ᄒ면ᄊ이런行爲를ᄒ나그말말게靑褓에ᄀ똥싸다네

社告

三和港支社員裵亨湜氏辭免ᄒ代에該港碑石洞同和약房李元淳氏로擇定ᄒ엿스니該附近地에셔本申報購覽諸氏는李元淳氏와交涉ᄒ시옴

大韓每日申報社

雜報

◎日犬咬人 南部龍洞居朴根用氏는再昨日明洞寺地에過去ᄒ다가日人岩田辯護士의飼犬에게被咬ᄒ엿슴으로所管경察署에呼訴ᄒ야治療費를請求ᄒ엿다더라

◎義將의公判 長水郡에셔被捉ᄒ義兵將全海山氏는公州地方裁判所處判에對ᄒ야不服ᄒ고大邱控訴院으로申訴ᄒ엿다더니該院에셔本月五日에公判을開庭ᄒ엿다더라

◎同志討論 靑年同志會에셔明日曜下午八時에討論會를中部典洞中東學校內에開ᄒ고民智발達은博學이不如博覽이란問題로互相討論ᄒ다는ᄃ會員及傍聽이多數來臨ᄒ기를希望ᄒ다더라

廣告

本人의名兌鉉을永桓으로改名ᄒ고圖章도崔永桓으로改刻施行ᄒ

西部靑坡三契崔永桓　告白

農商工部書記官嚴台永氏父親錫周氏以宿患陰六月初一日未時別世知舊間照亮

護喪　李元宇　告白

本人이陰五月拾九日에圓形姓名章을見失ᄒ엿ᄉ오니誰某拾得則休章施行ᄒ

平壤郡隆德面三里尹澤彬告白

本人이圓形半篆姓名章을陰五月三日에셔失故로玆에廣告ᄒ

平北鐵山郡站面鷹峯里

鄭益善　告白

本人의子樞辰性本浮浪ᄒ야蕩敗家產에一無餘存인ᄃ今以凶計로欺人推債코져出沒各處에百般運動ᄒ니內外國人은勿爲見欺ᄒ을望ᄒ

鐵山車輦舘　嚴聖模

所謂平壤得來子林箕錫爲人不良京鄕出沒欲以欺人取物則勿論內外國人勿聽他言

林和秀　告白

會長　閣下의還國ᄒ심을因ᄒ야本會에셔歡迎ᄒ기로來十日(陰初四日)上午十一時에臨時總會를開ᄒ오니一般會員은本會로屆期出席ᄒ심을敬要

神宮敬義會　告白

本人이陰四月二日에太極形姓名章을本郡內에셔遺失ᄒ엿기玆新刻으로行用ᄒ

南陽西如堤面前谷洞　洪치

諸新聞雜誌廣告取扱 漢城廣告舍 外相思洞廿五統十戶

本人의子鎭珠가年今二十에今年三月分無故出他ᄒ야終無消息故로相面次ᄒ足上來ᄒ야四方探問에未知何處逗遛이기留宿于京南門外蓮池洞百五拾四統八戶禹漢玉氏家이오니知舊間鎭珠去處를아시는僉君子는此處로指送ᄒ시면厚謝ᄒ깃ᄉ옴

忠北淸風邑內中里

韓寅圭　告白

本店에셔開業ᄒ지十六年間僉君子의愛顧ᄒ심을特蒙ᄒ와今年부터業務를大擴張ᄒ고春夏秋冬所用으로紙屬手工等各國高等物品을現今多數直輸入이온바各地方에셔ᄂ貿易에便利賣買키爲ᄒ야特廉減價ᄒ와郵便小包로酬應ᄒ야代金은引換ᄒ깃사오니十三道各郡僉君子ᄂ隨意請求ᄒ심을望

振替貯金番號(韓國壹三番)

電話番號(三五八)

漢城中部鍾路器廛洞二十一統五戶

廣興泰　告白

◎濟生堂大藥房本舖製造及發賣品目錄

消化新藥 淸心保命丹 此丹은化痰止咳ᄒ고順氣消滯ᄒ며恒常長服ᄒ면腸胃가健全 九十粒一貼價금十錢 三貼入환藥匣添附 금卄五錢

大補元氣 蔘茸大補元 大補元氣ᄒ고滋腎健腦ᄒ며先天不足과陽위不起에一切神効 週日分금一圓 八週日分금六圓四十錢 四週日分금三圓四十錢

怪疾神效 保命水 此水는急ᄒ吐瀉나곽亂腹통에立效가有ᄒ 금十錢

起死回生 回生丹 此丹은急ᄒ吐瀉關格이며가슴아리와冷積과痢疾에神効 一貼금十錢

蛔積殺虫散 此약은회積과회腹痛과회虫을一切去根ᄒ는良劑 一日分금十錢

久滯七通丸 此丸은年久積滯와宿滯後重이며胃腹痛에神効莫大ᄒ 二日分금十五錢

寸虫沒出藥 此藥은寸白虫一切를去根ᄒ는妙藥 一人用금卅錢

感氣時效 解熱散 寒熱往來ᄒ며似학非학과頭痛과眩暈와肢節痛에其効가偉大 一日分금十錢

듸는拔根藥 듸눈과못과ᄉ마귀들에ᄂ藥 一貼금十錢

瘡病聖藥 梅花點雪丹 과論男女ᄒ고花柳病楊梅瘡에一切去根快復하는良藥 一劑금三圓五十錢

瘇氣神効 解毒膏 毒좃과根비인듸와其他諸般腫氣一切에神效無雙ᄒ 一貼금十錢

去核生新 沃度膏 創瘡과腐傷과곱신듸去核生新ᄒ기는第一著明 一盒금十錢

齒病全治 健齒水 此水는風齒와虫齒며諸般齒통에大效가有ᄒ 小一瓶금十錢

止足汗臭水 手足의汗臭를除却ᄒ는藥 一包금十錢

眼疾速治 光明眼藥 諸般眼疾에隨症皆差ᄒ는東洋에初有ᄒ寶藥 小一瓶금十錢

調痢建中丸 急慢腸病과各種泄瀉며赤白痢疾과怪病流行病에偉효가有ᄒ 一貼금卄錢

潤肺化담 止嗽散 傷風火소와喘息勞소와吐담困難과呼吸苦悶胸膈刺통등神효 一貼금卄錢

解凝止통 鼯俳 打撲跌落傷靑좃各種腫氣始初腹통陰囊좃통骨濕통諸症幷효 小一瓶금十錢

吐血下血 神理止血丸 專治男婦勿論老幼諸般血症即吐血酒色過用由발되는담症並효 금六十錢

上海膏 담結、肩臂통、解凝、流注刺血등징에特別有효ᄒ 금十五錢

○淋疾藥各種○其他有名매藥各種○洋藥各種○化粧品各種○都매散매○遠地에는郵便小包로迅速酬應ᄒ

漢城南大門內濟生堂大藥房　李庚鳳

代辦主任　李興國　白

電話 壹七二八番

電略 (제) 又 (卄イ)

◎特別廣告

○大韓全國藥品總發行所 京城鍾路和平堂大藥房

官登錄 許認可

(健胃消滯) 八寶丹 (主治効能)

新積滯 急督關格 霍亂吐사 頭痛眩운 運氣厲疫 預防妙藥

▲本堂에셔特히製調發賣ᄒ는藥品五十餘種과漢城內各藥房에셔新發明ᄒ藥品도俱備ᄒ外에今日醫家에셔最大數常用ᄒ는獨逸製藥品과其他日本製藥品各種與韓唐草材를直輸入ᄒ야最低廉價로發賣ᄒ오되地方에셔藥品을注文ᄒ는境遇에는郵便小包로迅速付送ᄒ

▲本堂附屬醫院에는學術과實驗이最著名ᄒ醫士를延聘ᄒ야患者의內外科를勿論ᄒ고精確히診察ᄒ야施療ᄒ는中或外方에셔病의症候만錄送ᄒ시면其病에適應ᄒ도록製藥ᄒ와郵便으로即時送呈ᄒ

▲本堂의支店과代理店이我國境內에多數設立되며以後外方에셔支店과代理店을請求ᄒ는同時에는藥品은依例送呈ᄒ려니와其他本舖細則도並送ᄒ

▲本堂에셔는特히漢城內醫業界와商業界와各社會와各官廳을連絡ᄒ와藥品발展上便利키爲ᄒ야電話를設備ᄒ엿ᄉ오니誰某시든지藥品을電話로請求ᄒ시면本舖에셔傳人送呈ᄒ

京城鍾路和平堂大藥房本舖

主任　李膺善

電話番號

電話 壹六九七番

電略話 (화) (ツ)

◎特別廣告

廣告

張志淵 服部暢 (大垣丈夫) 序文
鄭雲復 著述
學部檢定

日語大成

洋裝一部 定價金壹圓
半洋一部 定價金八十五錢

此書前名은獨習日語正則이온바數年來로愛讀者多ᄒᆞ와三版발行ᄒᆞ왓ᄉᆞ오나其間乏絶되왓솝고教科書에完全치못홈으로因ᄒᆞ와這間自學部로完全케精鑑檢定ᄒᆞ와高등教育日語科學員用教科書로檢定되온바獨習에倍前一層편易ᄒᆞ옵고日語高등教科書에適當ᄒᆞᆫ良書이오니江湖僉君子ᄂᆞᆫ速々講覽ᄒᆞ시와不及之歎이無케ᄒᆞ시옵

發行兼元賣所 中部布屛下卅七統六戶 廣學書舖 金相萬
分賣所 中部勝洞禮拜堂前 東洋書院
中部洞口 中央書舘
京鄕各書舖

本商會ᄂᆞᆫ世運의進化와商業의發展을隨ᄒᆞ야業務를新鮮擴張ᄒᆞ야各種布木紬紵緞屬新式毛織等諸般衣服所用物貨를多數貿易ᄒᆞ야僉君子의請求를誠實酬應ᄒᆞ오며地方에ᄂᆞᆫ請求만ᄒᆞ시면郵便小包나運送部로送呈ᄒᆞ고代金은引換ᄒᆞ겟사오니地方에商店이나所用되시ᄂᆞᆫ僉君子ᄂᆞᆫ多數請求ᄒᆞ심을望

韓國收入印紙原賣所
有價証券典當賣買所
京城鍾路通二十二統四戶 壽南商會 金泰熙

本人이仁川港內洞裕信昌許陽七月十四日出次鐵物價新貨一百六十二圓四十錢票을遺失故仰布ᄒᆞ오니誰某拾得이라도休紙施行홈
仁川港德本商店 빅告

京西部車洞同和藥房本國材로洋製ᄒᆞᆫ官許引蘇丸이消滯止泄滅毒ᄒᆞ고付屬ᄒᆞᆫ八十餘種俱備大發行ᄒᆞ오 閔[illegible] 白

大宗敎女子臨時敎育所를東부崇敎坊寒井洞四十七統十戶로設施ᄒᆞ고通常會日은陰曆每月初八日廿三日로定홈
大宗敎 告빅

蔘茸唐草藥材廉價大發賣

特別廣告

本店에서開業三十餘年에僉君子의愛顧ᄒᆞ신을蒙ᄒᆞ와營業이발展ᄒᆞ옵ᄂᆞᆫ바今에盛意를報答키爲ᄒᆞ야業務를一層擴張ᄒᆞ옵고良好ᄒᆞᆫ蔘茸唐草藥材를內地와外國으로서多數히直輸入ᄒᆞ와特別廉價로都賣散賣에信實히酬應ᄒᆞ오며地方에서請求ᄒᆞ시ᄂᆞᆫ디對ᄒᆞ야ᄂᆞᆫ多小를不拘ᄒᆞ옵고郵便小包ᄂᆞᆫ運送部로訊速히付呈ᄒᆞ오되代金은引換으로ᄒᆞ깃ᄉᆞ오니京鄕僉君子ᄂᆞᆫ益益請求ᄒᆞ심을望홈

但地方에서請求ᄒᆞ시ᄂᆞᆫ妙法
金一錢五厘를費ᄒᆞ시고一枚에葉書를使用ᄒᆞ사住所氏名과掌記를錄送ᄒᆞ시면能히遠路의跋涉과往返의旅費를要치아니시고本店에最良好ᄒᆞᆫ上品藥材를完全히買用ᄒᆞ실터이외다

京城南部銅峴三十五統三戶
蔘茸唐草藥材直輸入商
乾材藥局
崔聖[illegible] 告白

特別廣告

本人이十餘年間各國時計修理ᄒᆞᄂᆞᆫ法을受業ᄒᆞ와內外國僉彥에愛顧ᄒᆞ심을甚히蒙ᄒᆞ엿솝거니와自今爲始ᄒᆞ와本舖ᄂᆞᆫ一層擴張ᄒᆞ기爲ᄒᆞ야各國時計上品各종과其他附屬品各종을具備홈이外他商店보다ᄎᆞ等이別無ᄒᆞ고修理法이漸次善良ᄒᆞ오니內外國僉彥은陸續枉臨ᄒᆞ심切望 (但外方에ᄂᆞᆫ小包로酬應홈)

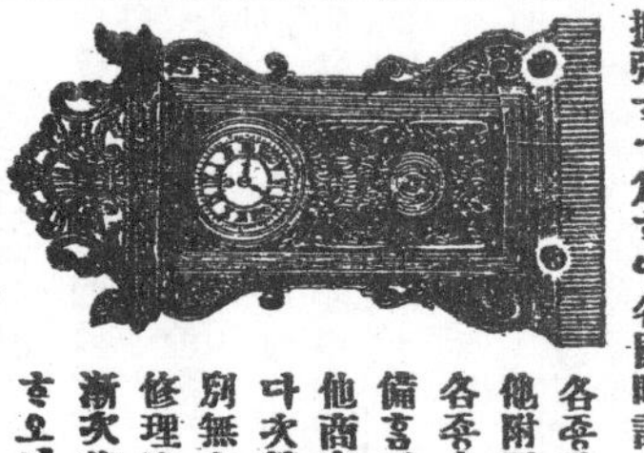

京城南部大廣橋側
各國時計商趙璇熙告白

紙物貿易에迅速

(廣告文)

●弊店에서各種紙物을直輸入ᄒᆞ와地方同業僉位와其他僉彥에게特別廉減價로酬應ᄒᆞ겟사오니不拘多小ᄒᆞ시고註文ᄒᆞ시면郵便小包와運送部를經過ᄒᆞ와迅速히付呈ᄒᆞ깃솝
物價表와品錄書를無料로付呈ᄒᆞ옵
品高價低에爲主홈

內外國紙物大發賣

(品目略錄)

●壯紙、油壯板紙、窓戶紙、白紙、塗비洋紙、書畫各種、天弁紙、古査紙、印札紙、半紙、美濃紙、製圖紙、書簡紙、封套紙、其他學校用品筆墨各種具備

漢城鍾路大廣橋
本店 紙物舖 金聖煥 電話 一千一二百八十番
支店 漢城北部安洞別宮前

●共愛堂大藥房製造各種藥品發行表

壯陽復元丹 此丹은專治腦등肺弱、遺精多夢、陽위不起、房事色傷、病後虛弱、心腎虛弱、不下飮食、先天不足、眩暈頭등等症에並妙効가有홈 壹週分壹圓 二週分壹圓八拾錢 四週分三圓四拾錢 八週分六圓四拾錢

虔修靈丹 壹般괴症胃腹등消化不良心神鬱悶船ᄒᆞᆫ酒醉化담止히口熱惡臭食慾不振등症에並神効

眼科聖藥 淸眼水 壹般眼疾、時行眼疾、風熱眼疾、羞明流淚、眼內紅痒등症에撥雲見天之妙(壹瓶金拾錢)

鮮학至寶丸 專治학疾卽氣虛학、遠年長학、一日二日학、雖難治之학이라도永々거근홈 壹包金拾錢

皮膚神藥 皮膚靈效液 特治皮膚病疥癬옴、皮風、諸般痒疹、두두러기、옷올넌데다神効홈 壹瓶금三拾錢

專治五淋 通淋丸 急慢淋疾、赤빅帶下、방광炎症、더炎皮濃漏外他淋毒性諸症에신效홈 壹제금五拾錢

妙効梅毒 神應丹 楊梅瘡에壹期二期三期를勿問ᄒᆞ고確實이有효、連珠瘡下疳瘡等에幷효 壹제金三圓

腹학신藥 淸脾丸 喘治小兒壹般腹학、面黃、屎靑、左脇별腹에大有奇효홈 一匣金五拾錢

久례神効 養胃散 通治經久滯積、呑酸吐사、霍亂、胃腹등大便不順등症에奏効如神 壹貼금十五錢

治痰鎭咳丸 專治大人히소、喘息、담結등症에妙 三日分一包금卅錢

特冒感효 消熱散 勿論四時傷寒感冒、咽喉疼등、寒熱往來肢節등、似학非학등症有효 壹貼금拾錢

耳病신효 淸耳液 專治耳病卽鼓膜炎、內外聽道炎、耳中灼熱疼、소痒、濃液流出等症有효 一瓶금十錢

百貼百應 妙妙膏 風寒濕氣、胸肩背에牽引疼등、腰膝脚되酸등無力、骨節등등症에如神 금卄五錢

奏효如신 能治膏 各種腫氣、小兒胎毒、부스럼濕腫、生新에並신효 一包금拾錢

大腫拔根膏 大小腫에根빼ᄂᆞᆫ약 價금拾錢
鮮凝膏 멍울삭히ᄂᆞᆫ약 價금拾錢
寸虫去根藥 價금卄錢
齒痛水 충치風치신효 價금七錢五厘
鷄眼膏 틔눈빼ᄂᆞᆫ약 금拾錢
汗斑水 어루러니약 금十錢
止泄丸 대泄暑泄신효 價금拾五錢
痢疾藥 赤빅痢에신효 價금拾五錢

各種上等金雞納 東西洋有名賣藥
乾材都賣散賣其他各種藥이具備ᄒᆞ오니
請求를依ᄒᆞ야小包로酬應ᄒᆞ겟솝

發行所
皇城南部大廣橋十九統七戶
共愛堂大藥房主 朴容桓 告白

●兩氏熱心 平安北道泰川郡 擔任ᄒᆞ고兩載에熱心視務ᄒᆞ야 摠勸勉홈으로一境이莫不稱頌 學徒가八拾餘名에達ᄒᆞᆫ지라龍 二百五十圓인ᄃᆡ春秋所收利子 城東湖居金德潤崔敬欽兩氏가 與ᄒᆞ야漸次基礎를作ᄒᆞ야校舍
文明學校ᄂᆞᆫ有志紳士李致浩幹 義捐金을募集ᄒᆞ며生徒를勸奬홈 [illegible]

大韓每日申報

隆熙四年七月十日 [illegible] 大韓開國五百十九年 [illegible] 明治四十三年 [illegible]

第八卷　月曜及慶節歲時日休刊　第壹千四百卅一號

發行兼編輯人 李章薰
發行所 京城中部布屛門二宮街 大韓每日申報社

寄書

大韓每日申報社에對ᄒᆞ야我國人李章薰氏가英國人萬咸氏를替代繼刊ᄒᆞᆷ을祝賀ᄒᆞ노라

(秦川郡松浦山人 白元寶)

無論何事ᄒᆞ고 [illegible] 依恃者ᄂᆞᆫ弱而 [illegible] 言論을不倭ᄒᆞ고明知ᄒᆞᆯ바ㅣ어니와至若報館ᄒᆞ야ᄂᆞᆫ國民進化上에大關係가有ᄒᆞᆫ者인즉尤所激切ᄒᆞᆫ바ㅣ오니何者오ᄒᆞ면 [illegible] 報筆이오 [illegible] 報筆이오 [illegible] 報筆이오 [illegible] 報筆이오 [illegible] 報筆이라 [illegible] 國家의 [illegible] 精神이唯報筆에在ᄒᆞ다ᄒᆞ겟ᄂᆞᆫ가報筆의名義만有ᄒᆞ고自由的精神이無ᄒᆞ면國民을엇지獨立의思想으로指導ᄒᆞ리오然ᄒᆞᆷ으로本報를愛讀ᄒᆞᄂᆞᆫ지數年에其公正ᄒᆞᆫ言舌과明白ᄒᆞᆫ筆端을心甚欽仰이되오奈外人의名號를借ᄒᆞ야發行ᄒᆞᆷ은有所依然이러니近日에本社事務를 [illegible] 이有ᄒᆞᆷ으로問巷疑雲이一起ᄒᆞ야幾萬圓에某處로讓渡ᄒᆞ엿다ᄂᆞᆫ風說이浪藉ᄒᆞ니 [illegible] 度之ᄒᆞ건ᄃᆡ國運의隆替ᄂᆞᆫ列强國의比例的으로可見ᄒᆞᆯ지어ᄂᆞᆯ我韓報館은多少에在ᄒᆞᆫ [illegible] 이韓國幾個가有ᄒᆞ다ᄒᆞ나機關活動에偏跛ᄒᆞᆫ處가有ᄒᆞᆷ으로論述에亦是偏跛ᄒᆞᆫ者가無ᄒᆞ다謂치못ᄒᆞᆯ지나本報로觀ᄒᆞ면强剛ᄒᆞᆫ直筆이拔萃出類ᄒᆞᆫ者로認ᄒᆞ야 [illegible] 一朝에名義를 [illegible] 아니ᄒᆞᆯ [illegible]

然이나設使巷說이是耳면 [illegible] 之鍾을 [illegible] 無閭處ᄒᆞ고 [illegible] 之筆을更誰用ᄒᆞ리오 [illegible] 然聽ᄒᆞᆫ一般疑團이 [illegible] 耳目과昏迷ᄒᆞᆫ精神을孰復提醒ᄒᆞᆯ고ᄒᆞ야獨自慨歎而已러니忽然히本報第四千四百八號가來到ᄒᆞ야 [illegible] 之 [illegible] 讀則李章薰氏가 [illegible] 報 [illegible] 刊ᄒᆞᆫ事이오 [illegible] 於是乎韓民報의 [illegible] 圈巷風說의誤傳이明若觀火ᄒᆞ다 [illegible] 不數年에公直ᄒᆞᆫ筆 [illegible] 이 [illegible] 續ᄒᆞᆯ理가有ᄒᆞ리오 [illegible] 本報가當初에 [illegible] 人이 [illegible] 名義 [illegible] 行ᄒᆞᆷ이 [illegible] 擧 [illegible] 本 [illegible] 我韓의 [illegible] 義로 [illegible] 外人 [illegible] 耳目을驚醒 [illegible] 精神을 [illegible] 獨立 [illegible] 自主大義 [illegible] 愚識淺見으로도我韓同胞의一分子가되야 [illegible] 獨立的思想이有ᄒᆞ며 [illegible] 自由를 [illegible] 執筆諸公은尤爲 [illegible] 記者와言論의强勁을前日보다倍加ᄒᆞ야我韓同胞를 [illegible] 喚醒ᄒᆞ며文化를 [illegible] 白雲이能히白日의光을久蔽치못ᄒᆞᆯ것이라 [illegible] 者ㅣ有ᄒᆞᆫ들何處가有ᄒᆞ리오始終이如一ᄒᆞ야前進ᄒᆞ면我韓國民이永遠히 [illegible] 聽ᄒᆞ며廣濟ᄒᆞᆫ藥을腦髓에深服ᄒᆞ리니엇지美치아니ᄒᆞ며엇지美치아니ᄒᆞ리오

官報

◎第四千七百二十六號 [illegible]

敍任及辭令

○六月十五日 김達鉉 任豐德郡鄉校直員 [illegible]
○六月十六日 尹鎭善 任 [illegible] 郡鄉校直員 李鉉禹 任楊平郡鄉校直員 [illegible]
○六月二十二日 李重國 任扶餘郡鄉校直員 李喜軾 任 [illegible] 州郡鄉校直員 郭東鮮 任永同郡鄉校直員 白學洙 任 [illegible] 郡鄉校直員 權有夏 任安東郡鄉校直員
○六月二十三日 李鳳來 任 [illegible] 州郡鄉校直員 成嗣永 任 [illegible] 郡鄉校直員 權重晳 任 [illegible] 郡鄉校直員 宋在淳 任 [illegible] 州郡鄉校直員
○六月二十七日 朴전榮 任郡主事敍判任官四等 尹 [illegible] 任永平郡鄉校直員
○六月三十日 柳錫夏 任郡主事敍判任官四等 吳필植 任 [illegible] 閔東植 [illegible] 林振喆 任郡主事敍判任官五等 黃謙益 任喬桐郡鄉校直員 李孫龍 任華川郡鄉校直員
○七月二日 朱貴燮 任薦 [illegible] 郡鄉校直員 掌禮院典祀 金永 [illegible] 依願免本官 (七月二日宮內府) 郡主事呂圭三 依願免本官 (六月二十七日內部) 郡主事徐承烈 依願免本官 (六月二十七日內部) 郡主事鄭 [illegible] 士學 依願免本官 (七月四日內部) 安城郡鄉校直員鄭寅憲 安東郡鄉校直員李成鎬 依願免本官 (六月二拾二日學部) 茂山郡鄉校直員金秉默 依願免本官 (六月二十七日學部) 加平郡鄉校直員徐相九 依願免本官 (六月二十日學部) 平海郡鄉校直員孫永復 依願免本官 (七月二日學部)

外報

◎日使謁見　倫敦來電을據ᄒᆞᆫ즉日本加藤大使德川公爵川村大將及海男爵은英國皇帝陛下께謁見ᄒᆞ엿다더라

◎山東省의不穩　北京來電을據ᄒᆞᆫ즉山東省登州萊海陽縣에ᄂᆞᆫ暴徒數千名이蜂起ᄒᆞ야官廳을破壞ᄒᆞ얏ᄂᆞᆫᄃᆡ其原因인즉租稅에對ᄒᆞ야官民間에感情이生ᄒᆞᆷ이라더라

◎賠償金借款　北京來電을據ᄒᆞᆫ즉湖南巡撫楊文鼎氏ᄂᆞᆫ長沙暴動事件損害賠償金의準備로大淸銀行에서七分利로多數ᄒᆞᆫ金額을借款ᄒᆞ얏다더라

◎廣東의匪賊　同電을據ᄒᆞᆫ즉淸國廣東樂會縣에서ᄂᆞᆫ匪賊暴徒와官吏及巡査十四名을擊殺ᄒᆞ얏다더라

◎萊陽暴動　上海來電을據ᄒᆞᆫ즉淸國萊陽地方에ᄂᆞᆫ暴徒가出沒ᄒᆞ으로淸兵二百名은該暴徒를鎭壓ᄒᆞ기爲ᄒᆞ야同地로出發ᄒᆞ얏다더라

◎芬蘭裁可　伯林來電을據ᄒᆞᆫ즉露國皇帝ᄂᆞᆫ露國議會及樞密院을通過ᄒᆞᆫ芬蘭法案을裁可ᄒᆞ엿다더라

◎列國軍艦着　크리트島의保護列國英、法、露、伊、各國軍艦은同島首府「가니아」에來着ᄒᆞ엿다더라

◎美國內閣의進退　紐育來電을據ᄒᆞᆫ즉美國內務卿바린차氏ᄂᆞᆫ本月五日에大統領타푸트氏를秘邸로訪問ᄒᆞ고辭職ᄒᆞᆯ意로都統에다고言明ᄒᆞ얏다더라

◎非同盟을主張　近來에英國人民이英日同盟을反對ᄒᆞᄂᆞᆫ事에對ᄒᆞ야日本萬朝報ᄂᆞᆫ論ᄒᆞ되 [illegible] 英人中에英日同盟을反對ᄒᆞᄂᆞᆫ者ᄂᆞᆫ [illegible] ᄒᆞ나此ᄂᆞᆫ誤解的行動이라英國의果然英日同盟의必要가無ᄒᆞ다ᄒᆞ면氏ᄂᆞᆫ同國會에 [illegible] 祝賀ᄒᆞᆯ [illegible] ᄒᆞ리나 [illegible] 이나英日同盟締結以來로世界平和에多大ᄒᆞᆫ貢獻이有ᄒᆞᆯ뿐아니라兩國의利 [illegible] 多 [illegible] 이 [illegible] 同 [illegible] 會ᄒᆞᆫ兩國爲 [illegible] 振ᄒᆞ리라고揭載ᄒᆞ얏다더라

學界報

◎鳳鳴校卒業　去六月三十日에价川郡鳳鳴學校에서 [illegible] 高等科第三學年 [illegible] 卒業式을 [illegible] 紳士諸氏가 [illegible] 賞品을施與ᄒᆞ고 [illegible] 大히會ᄒᆞ야該學校一 [illegible] 數貫 [illegible] 大 [illegible] 一

◎志士熱心　白川郡石山面 [illegible] 里廣明學校를設立ᄒᆞᆫ지將至一年에維持가無路ᄒᆞ더니本面七里土山洞居李顯秀氏가自己家舍를五六箇月을借與ᄒᆞ고 [illegible] 建築費를自擔ᄒᆞ고 [illegible] 往가四拾餘名에達ᄒᆞ고諸般用費를又是自當ᄒᆞ고熱心做去ᄒᆞᆫ다고該郡來人의傳說이有ᄒᆞ다더라

◎啓校試驗　江華郡下道面沙谷啓明義塾에셔六月十九日에第三回學年試驗을經ᄒᆞ엿ᄂᆞᆫᄃᆡ第三學年優等生에沈相憲 [illegible] 永稿김英出南宮喆等拾五人이오及第生에沈相驥劉京昌等拾八人이오第二學年優等生에韓昌淳權甲壽等拾九이오及第生에李驥和姜再童等十三人이오第一學年優等生에沈戊京等拾一人이오及第生에李龍成等拾三人이더라

◎立校卒業　西部西江新立石里私立立成學校에셔去日曜日에第二回卒業式을擧行ᄒᆞ엿ᄂᆞᆫᄃᆡ優等生은李鶴卿高燦台崔鳳秀高炳吉氏오及第生은徐丙俊李義勉朴鳳煥高丙旭李泌翔李義 [illegible] 이라더라

雜報

李在明氏公判 (續)

[illegible] 國民 [illegible] 總理椅子 [illegible] 一 [illegible] 殺害ᄒᆞ기로決心ᄒᆞ야 [illegible] 各 [illegible] 餘 [illegible] 이라 [illegible] 自 [illegible] 人의 [illegible] 言辭로 [illegible] 禁止ᄒᆞᆫ즉 [illegible] 言 [illegible] 이將來에一言 [illegible] 言權을得ᄒᆞᆯ [illegible] 判官 [illegible] 審後에寫書論 [illegible] 과證據 [illegible] 不 [illegible] 用 [illegible] 物 [illegible] 受 [illegible] 會議 [illegible] 私嫌을用ᄒᆞ지 [illegible] 我ᄂᆞᆫ如是ᄒᆞᆫ死刑을處ᄒᆞ야法律界에 [illegible] 三字를倘矣 [illegible] 論이요 [illegible] 我의 [illegible] 爲ᄒᆞ야義理로死ᄒᆞᄂᆞᆫ것은中心에抱含ᄒᆞᆫ目的이라秋毫도畏 [illegible] 無ᄒᆞ며反對 [illegible] 義 [illegible] 生의 [illegible] 者 [illegible] 在明이 [illegible] 而 [illegible] 我의一身이 [illegible] 에投入ᄒᆞᆫ日에ᄂᆞᆫ數千百李在明이畑起ᄒᆞᆯ것이니此理由로 [illegible] 을種ᄒᆞ면數千百粒이生ᄒᆞᆷ과如ᄒᆞ며當地 [illegible] 日이라도統監府ᄅᆞᆯ撤退ᄒᆞ고五條約七協約을繳消ᄒᆞ고奪ᄒᆞ야大韓諸般權利와物品을一一히還完ᄒᆞ여야後日日本이大患을免ᄒᆞ리라ᄒᆞ고 [illegible] 裁判長이後日에宣告ᄒᆞ겟노라公布ᄒᆞ고閉場ᄒᆞ니時ᄂᆞᆫ下午六時拾五分이라李在明은出場ᄒᆞᆯ時에越邦埃及인運呼ᄒᆞ면셔呼號頓足ᄒᆞ더라 (完)

[illegible] 敎濟諸氏가長橋長薰學校內에 [illegible] 講習所를設立ᄒᆞ고日語英語算術等諸學을敎授ᄒᆞ더니 [illegible] 者인ᄃᆡ昨秋에平壤居김鼎七氏를敎師로延聘以後에該氏가熱 [illegible] 該郡內三面이團合設立ᄒᆞᆫ [illegible] 月給에卒業式을擧行ᄒᆞᆫ [illegible] 는ᄃᆡ高等科卒業生은李泰晃 [illegible] 氏오 [illegible] 科卒業生은 [illegible] 鄭 [illegible] 이頗히良好ᄒᆞ다더라

◎研精卒業　本月三日에川廳洞研精堂에서第一回數學部卒業 [illegible] 生은白奉德申斗湜洪世煥김의 [illegible] 李秉文羅正紋七人이오賞品은宋憲奭氏가補珍譜解와 [illegible] 을圖 [illegible] 寄付ᄒᆞ엿고本月拾一日보터第一回夏期講習 [illegible] 開ᄒᆞ고算術全部와代數幾何 [illegible] 目 [illegible] 員이四十人 [illegible]

雜報

◎以書納媚 寺內統監이到任ᄒᆞᄂᆞᆫ境遇에現內閣을變動ᄒᆞ고元老中名望이有ᄒᆞᆫ者로內閣을組織ᄒᆞᆫ다ᄂᆞᆫ事에關ᄒᆞ야總理大臣李完用氏ᄂᆞᆫ其地位를鞏固키爲ᄒᆞ야寺內통監에게書函이頻頻往來ᄒᆞᆫ다고批評이有ᄒᆞ다더라

◎仕進特早 近日에各官廳에서午後一時면仕退ᄒᆞᄂᆞᆫ데山縣副統監은事務引繼及寺內統監着任前에諸般準備ᄒᆞ기爲ᄒᆞ야特히早朝에仕進ᄒᆞ야午後四時ᄭᆞ지視務ᄒᆞᆫ다더라

◎統府一回面議 山縣副통監은來十二日에該官邸에서各部大臣을會同ᄒᆞ야第一回會議를開ᄒᆞᆫ다더라

◎法令審査會 昨日午前十時에內部에서法令審査會를設行ᄒᆞ엿다더라

◎曾禰의紀念品 內部高等官이발起ᄒᆞ야曾禰前통監의紀念品을製贈ᄒᆞ기로協議ᄒᆞ엿다더라

◎晋察의休暇令 各官廳에서七月一日부터八月末日ᄭᆞ지輪回休暇ᄒᆞᆫ다ᄒᆞᆷ은既報어니와慶南觀察使黃鐵氏ᄂᆞᆫ所管地方官에게발訓ᄒᆞ고京城官廳例를依ᄒᆞ야休暇ᄒᆞ라ᄒᆞ엿다더라

◎三溪雨景 永宣君李埈鎔氏가再昨日午後三時에家人數三名을帶同ᄒᆞ고三溪洞에前往ᄒᆞ야雨景을觀覽ᄒᆞ엿다더라

◎警署紀念寫眞 馬山港警察署에서ᄂᆞᆫ警察權을引渡ᄒᆞᆫ다ᄒᆞ야韓日人官吏一同이紀念寫眞을撮影ᄒᆞ엿다더라

◎花田의紀念品 中部경察署警部花田이가義州로轉任ᄒᆞᆫ事에關ᄒᆞ야該署一般官吏등이紀念品을製贈ᄒᆞ기로協議ᄒᆞ엿다더라

◎政黨會의保證金 近日에政黨會라名稱ᄒᆞᄂᆞᆫ者ᄂᆞᆫ政黨의面二과政黨의人物은一無ᄒᆞ고擧皆其黨의機關으로數個虛慾者의運動基礎를作ᄒᆞ야政界에ᄂᆞᆫ一毫도影響이無ᄒᆞ고反히民心만激刺ᄒᆞᆫ다ᄒᆞ야自今以後로ᄂᆞᆫ一定ᄒᆞᆫ人數가會同ᄒᆞ야一定ᄒᆞᆫ保證金을納付치아니ᄒᆞ면結社를不許ᄒᆞᆯ뿐아니라一次結社ᄒᆞᆫ者라도會員이定數以下에減數되ᄂᆞᆫ境遇에ᄂᆞᆫ解散을命ᄒᆞ기로當局者가目下調査硏究中이라더라

◎農部落成 目下新築ᄒᆞᄂᆞᆫ農商工部ᄂᆞᆫ不久에落成이된다ᄂᆞᆫ데現今農商工부ᄂᆞᆫ該處로移接ᄒᆞ고山林局은現今農商工부로移接視務ᄒᆞᆫ다더라

◎水原觀察道移轉期 京畿道에ᄂᆞᆫ水原觀察道가有ᄒᆞ고또京城에漢城府가有ᄒᆞ야行政上에不便ᄒᆞᆷ으로內부에서ᄂᆞᆫ漢城府를廢止ᄒᆞ고觀察道를京城에置ᄒᆞ려고目下準備中인데其移轉期ᄂᆞᆫ本月末이나되리라더라

◎江原觀察道移轉 江原道觀察道廳은春川에在ᄒᆞ나該地ᄂᆞᆫ同道行政上不便ᄒᆞᆷ으로鐵原으로移設ᄒᆞ려고內부에서ᄂᆞᆫ目下其利害에就ᄒᆞ야調査中이라더라

◎草木名部刊布 農商工部에서各色草木의名을區別ᄒᆞ야官報에頒布ᄒᆞᆷ은一般知了ᄒᆞᄂᆞᆫ바어니와更聞ᄒᆞᆫ즉該事件을編輯발刊ᄒᆞ야各道府郡官吏와其他陵官에게一部式을頒給ᄒᆞ야森林에關ᄒᆞᆫ公文上에ᄂᆞᆫ官報에揭載ᄒᆞᆫ名稱으로行文케ᄒᆞᆫ다더라

◎無用必賣 內部에서各郡廳의不用建物을調査ᄒᆞ야修理使用ᄒᆞᆯ만ᄒᆞᆫ以外ᄂᆞᆫ一切放賣ᄒᆞ기로決定ᄒᆞ엿다더라

◎損害金額 仁川港警察署에서ᄂᆞᆫ日前大雨에漂失된船隻에對ᄒᆞ야調査ᄒᆞ얏ᄂᆞᆫ데損害金額이三百五十餘圓에達ᄒᆞ엿다더라

◎商船漂失 日前大雨에坡州汶山浦에碇泊ᄒᆞ엿던商船數十餘隻이漂失되엿ᄂᆞᆫ데巨額의損害가有ᄒᆞ다더라

◎商店更査 農商工部에서ᄂᆞᆫ漢城內各商店을已經調査ᄒᆞ엿ᄂᆞᆫ데何等錯誤가有ᄒᆞᆫ지目下更爲調査中이라더라

◎榮山洪水 羅州榮山浦에ᄂᆞᆫ再昨夜에大雨가又降ᄒᆞ야江水가更히漲溢되야多大ᄒᆞᆫ損害가有ᄒᆞ엿다더라

◎鉄橋破壞 慶尙北道에ᄂᆞᆫ再昨夜로大雨가降ᄒᆞ야倭館新洞間의鉄橋(洛東江上流)가破壞되야滊車가不通ᄒᆞᄂᆞᆫ데多數히人夫를使役ᄒᆞ야方今應急中이라더라

◎何事向西 政友會員鄭應卨尹敬重兩氏ᄂᆞᆫ何事件을因ᄒᆞᆷ인지再昨日에發程ᄒᆞ야平壤等地에前往ᄒᆞ엿다더라

◎平和總會 韓國平和協會에서ᄂᆞᆫ再昨日下午二時에定期總會를開ᄒᆞ고財政方針을提議ᄒᆞ엿다더라

◎平會借款 平和會에서再昨日에理事員會를開ᄒᆞ고經費支用ᄒᆞᆯ案件을協議ᄒᆞ야會長及副會長이聯署ᄒᆞ야借款ᄒᆞ기로議決ᄒᆞ엿다더라

◎四十合格 近衛步兵隊에서再昨日에兵丁을試取ᄒᆞᄂᆞᆫ데應試者百五十名內에合格者가四十名이라더라

◎拒絶同氣 前洪陵叅奉金晋圭氏가徵役宣告以後로該家生活程度가困難ᄒᆞᆷ으로其夫人이飢寒을難堪ᄒᆞ야總理대臣李完用氏에게錢穀間懇請ᄒᆞ미拒絶ᄒᆞ고應諭치아니ᄒᆞᆷ으로同氣間情理에違反ᄒᆞᆷ을人皆批評ᄒᆞᆫ다더라

◎不公所致 全南財務監督局에서ᄂᆞᆫ各項稅金徵收에關ᄒᆞ야不公平ᄒᆞᆫ事가有ᄒᆞᆫ든지人民等이其弊端을擧ᄒᆞ야度支部及內部에請願이답至ᄒᆞᆫ다더라

◎天道敎月報 天道敎에서月報를발刊ᄒᆞᆯ次로請願ᄒᆞ엿더니再昨日에承認됨으로每月拾五日에一回式발刊ᄒᆞ기로定ᄒᆞ엿다더라

◎買官醜錢 海美郡居郭某ᄂᆞᆫ故申箕善氏가法部大臣在任時에初仕一窠를圖得ᄒᆞᆯ計劃으로申氏에妾을紹介ᄒᆞ야金六百圓을劃給ᄒᆞ엿다가事竟不成ᄒᆞ엿ᄂᆞᆫ데郭氏가該金을還推ᄒᆞ기爲ᄒᆞ야日憲兵司令部에呼訴ᄒᆞᆯ次로目下準備中이라더라

◎珍需商會承認 前郡守鄭寅琥氏ᄂᆞᆫ珍需商會를設립ᄒᆞᆯ次로통監府에承認ᄒᆞ엿ᄂᆞᆫ데目下準備中이라더라

◎三圓醵金 大韓興學會會報保證金事件은既報어니와該金一千圓을同會員中에서醵集ᄒᆞᆯ터인데會員八百餘名中該分排ᄒᆞᆫ金額을無慮辦出ᄒᆞᆯ者이三百餘名인故로每名下三圓式磨鍊ᄒᆞ엿다더라

◎是何人類 金永熙라ᄒᆞᄂᆞᆫ人은故判書金壽鉉氏의子라稱ᄒᆞ고昨年二月브터李輔榮氏家에留ᄒᆞ면서出入ᄒᆞ려면主人에게懇請ᄒᆞ야洋服을借得掛着ᄒᆞᆫ다ᄂᆞᆫ데該金氏의行色이殊常ᄒᆞ다고物論이有ᄒᆞ다더라

◎辯士裁判 內部主事朴忠緖氏ᄂᆞᆫ辯護士尹邦鉉氏에게家屋稅를推捧ᄒᆞ기爲ᄒᆞ야來十二日에裁判을開始ᄒᆞᆫ다더라

◎未納則役 三嘉財務署長任稷淳氏가公貨數千圓을欠逋ᄒᆞᆫ故로泗川郡警察署에被捉ᄒᆞ엿ᄂᆞᆫ데該金額을上納지못ᄒᆞᄂᆞᆫ境遇에ᄂᆞᆫ幾個年懲役은難免이라더라

◎淑校講話 磚洞淑明女學교에서既報와如히本日下午二時에內部山根囑托을請邀ᄒᆞ야婦入社會를會同ᄒᆞ고ᄋᆞ兒敎育法家庭衛生其他緊要ᄒᆞᆫ件으로講話ᄒᆞᆫ다더라

◎日報廢刊 龍山에서日人이발行ᄒᆞᄂᆞᆫ朝鮮日出新聞은何등事情을因ᄒᆞᆷ인지今日브터廢刊ᄒᆞᆫ다더라

◎斷指反常 南部惠民洞居前承旨尹喬榮氏家廊底에서日前에三歲小兒가病斃ᄒᆞ엿ᄂᆞᆫ데該兒의母가斷指ᄒᆞ야流血入口ᄒᆞ엿슴으로即時回生ᄒᆞ엿다더라

◎特爲學生 滿洲觀戰鐵道演劇場에서各公私立學校에通牒ᄒᆞ되本演劇이學理上에必要가有ᄒᆞ니一般學徒가一次觀覽케ᄒᆞ고料金은每名에五錢式으로定ᄒᆞ고職員은無料로觀覽ᄒᆞ라ᄒᆞ엿다더라

◎義將詷探 南部筆洞日憲兵分隊에서ᄂᆞᆫ義兵將姜基東氏를逮捕ᄒᆞ기爲ᄒᆞ야三昨日補助員二名을江原道地方으로派送ᄒᆞ엿다더라

◎義將의處判 대邱郡控訴院에서義兵將全海山을公判ᄒᆞ엿다ᄒᆞᆷ은既報어니와該公判ᄒᆞᆫ結果로昨日處判ᄒᆞ엿다더라

◎派員收金 西北學會에서發行ᄒᆞᄂᆞᆫ月報代金未收納이數千餘圓에至ᄒᆞᆫ다ᄂᆞᆫ데該會에서ᄂᆞᆫ將次收金委員을派送收刷ᄒᆞᆯ터이라더라

◎德坊의總會 北部德化坊會에서昨日下午二時에第五回定期總會를開ᄒᆞ고事務를處理ᄒᆞ엿다더라

電報

◎統監의謝陛 寺內統監은本月拾二日에謝陛ᄒᆞ기爲ᄒᆞ야日皇陛下ᄭᅴ謁見ᄒᆞᆫ다더라

◎對韓政策確定 再昨日內閣會議에서對韓政策은大槪確定ᄒᆞ엿ᄂᆞᆫ데日間寺內統監과相議ᄒᆞ야全부를決定ᄒᆞᆯ터이라더라

◎移民의발展 美國政府에서移住民의狀態를調査ᄒᆞᆷ을因ᄒᆞ여日本人이太平洋沿岸에서土着的移民이되여大計劃으로耕作事業을營ᄒᆞ여美國本土白人耕主를壓倒ᄒᆞᆯ地境이되도록발展된거슬발見ᄒᆞ엿다더라

◎臨御卒業 日皇陛下ᄭᅴ서ᄂᆞᆫ來拾一日午前拾一時三拾分에出宮ᄒᆞ여東京帝國大學校卒業式에臨御ᄒᆞ신다더라

◎實業練習生派送 日本農商務省에서ᄂᆞᆫ本年度에實業練習生을淸國印度及其他東洋方面에百七名과歐洲方面에七名과南北亞美利加에七名을派送ᄒᆞ기로決定ᄒᆞ얏다더라

◎卽位布告 英國皇帝陛下ᄭᅴ서ᄂᆞᆫ王位의更迭됨을布告ᄒᆞ기爲ᄒᆞ야로써ᄂᆞ卿으로特派大使를任命ᄒᆞ야歐洲各皇室을訪問ᄒᆞ게ᄒᆞᆫ다더라

◎寺內掃墳 寺內統監은本月拾五日午後三時三拾分에新橋驛에서발ᄒᆞ여赴任의途에就ᄒᆞ기로決定된은已報ᄒᆞ엿거니와途次에其鄕里에暫寄ᄒᆞ여掃墳ᄒᆞᆫ後에馬關에至ᄒᆞ야軍艦八雲號를搭乘ᄒᆞ고仁川으로直航ᄒᆞᆫ다더라

◎臺灣官吏變更 大島臺灣民政長官은辭職ᄒᆞ고同時에總督府高등官의大更迭이된다더라

以上東京발 九日着

▲九 疑 山▼

▲半島山河指點ᄒᆞ니一片疑雲東來ᄒᆞ야眼眩神擾難定ᄒᆞᆯ제九疑山이疊々ᄒᆞ다

▲無邊萬里頹波中에一漏船이泛々ᄒᆞ야楫摧타折危險이라乘客一時傷魄ᄒᆞᆯ제千丈水嶺當前ᄒᆞ니넘을ᄉᆞ록九疑山

▲政界一局飜覆處에一白一黑相鬪ᄒᆞ니去者來者頻繁ᄒᆞ야勝執敗未料ᄒᆞ나避獐逢虎可慮로다넘을ᄉᆞ록九疑山

▲舊政新政交遞時에擧世瞻然側足ᄒᆞ니秦罟何其嚴密인고繭絲牛毛厝生ᄒᆞ야履薄氷兮臨深ᄒᆞ니넘을ᄉᆞ록九疑山

▲金融枯渴日甚ᄒᆞ야涸轍歎을難免이라處々銀行設立ᄒᆞ나南磁北鐵都聚ᄒᆞ야財產又是蕩殘ᄒᆞ니넘을ᄉᆞ록九疑山

▲四方腥塵未霽ᄒᆞ야家屋燒蕩烟炎中에東西流離歎々ᄒᆞᆯ제生命保護是誰런고非徒無益反害ᄒᆞ니넘을ᄉᆞ록九疑山

◎洪守設校 洪川郡守南龍熙一
氏ᄂᆞᆫ敎育에有志ᄒᆞ야該郡에私
ᄒᆞ다더라
◎의校卒業 西江의法男女學
日內外國男女紳士의來賓이千
餘名이來參ᄒᆞ엿더라學務局長尹致
에게對ᄒᆞ야勸勉的으로說明ᄒᆞᆫ
後男女學生에게證書를授與ᄒᆞᆫ
興潤南永熙林義然等九人이오
高等科進級生은金…等四人
生은김福伊等六人인데李熙均
卷本國歷史地誌各五部와김敎

▲醫世一椎▼

▲總相은病勢가稍히快差홈으로入京後에視務ᄒᆞ려ᄒᆞ나地位가危殆ᄒᆞ야稱病不仕ᄒᆞ고憂色이滿面ᄒᆞᆫ中인ᄃᆡ統監의拔落을待ᄒᆞ야去就를定ᄒᆞᆫ다지以若總理大臣의權力으로ᄯᅡ라지목숨이되얏고

▲表勳院을廢止ᄒᆞᆫ다지物盛則衰라ᄒᆞ더니올흔말이로고近日에勳章도하許多ᄒᆞ더니인제ᄂᆞᆫ勳章도希貴ᄒᆞ겟지銀장ᄉᆞ가狼狽로고

▲機察達察平察은郡守薦報ᄒᆞᆫ功勞로陞級ᄒᆞᆫ다지그게陞級이라던가떼여먹으량으로엿먹이ᄂᆞᆫ일이라네

▲咸北地方에ᄂᆞᆫ流入ᄒᆞᄂᆞᆫ日人이日々增加ᄒᆞ야水陸物産을經營ᄒᆞᆫ다지該地同胞ᄂᆞᆫ무ᄉᆞᆷ生涯를ᄒᆞ여먹고사나

▲近日에政黨曾ᄂᆞᆫ政黨의人物은無ᄒᆞ고某黨의機關으로民心만激刺케ᄒᆞᆫ다ᄒᆞ야自今以後로ᄂᆞᆫ一定ᄒᆞᆫ會員과一定ᄒᆞᆫ保証金이아니면不許ᄒᆞᆫ다지某黨은何黨을指홈인가一進會ᄀᆞᆺ흔政黨이지畢竟解散홀兆朕인게여

雜報

◎狂童之狂　東部初橋등地居壚商金永根氏의妻擅갈보에第三女息을日前에往十里居金雲植과成婚ᄒᆞ엿ᄂᆞᆫᄃᆡ該女家에서雇傭ᄒᆞ던林哥가該女未嫁前에結緣ᄒᆞ엿ᄉᆞᆫ즉該女가他人에게出嫁홈이不可ᄒᆞ다고三昨日所管警察署에呼訴ᄒᆞ엿슴으로該署에서該女를招致審査ᄒᆞᆫ즉初無結이라緣ᄒᆞ엿다더라

廣告

檀君開國四千二百四十三年
箕子元年三千三十二年
大韓開國五百十九年
本報創刊日 光武八年七月十八日

大韓每日申報

第八卷 月曜及慶節歲時日休刊 第壹千四百卅二號

發行兼編輯人 李章薰
發行所 京城中部布屛門二宮街二層洋屋 大韓每日申報社

論說

新改革의主旨

我韓의改革이二十餘年에至ᄒᆞ엿스나改革의效ᄂᆞᆫ見치못ᄒᆞ고其弊만徒增ᄒᆞᆫ者ᄂᆞᆫ何也오舊를除ᄒᆞ고新을布ᄒᆞᄂᆞᆫᄃᆡ用力이相等ᄒᆞᆫ然後에可히其효를奏ᄒᆞᆯ지니除舊ᄒᆞ기를務치아니ᄒᆞ고布新ᄒᆞ기를言ᄒᆞ면此ᄂᆞᆫ舊政의弊를移ᄒᆞ야新政中에納ᄒᆞᄂᆞᆫ것이라國弊를祛ᄒᆞ기가人病을治ᄒᆞᆷ과如ᄒᆞ니積痞이胃腹間에橫塞ᄒᆞ면一面으로瀉利ᄒᆞᆯ劑를進ᄒᆞ고一面으로溫補ᄒᆞᆯ劑를試ᄒᆞ야其元氣를培ᄒᆞ면其효를得ᄒᆞ려니와急一其病을攻치아니ᄒᆞ고蔘苓의材만用ᄒᆞ면可히添病ᄒᆞᄂᆞᆫ媒라謂ᄒᆞᆯ지로다

改革이라ᄒᆞᄂᆞᆫ者ᄂᆞᆫ政治也와法律也와教育也와農業也와工業也와商業也와拓殖也와礦業也에舊法의敗鈍者를革去ᄒᆞ고新法의善良者를取用ᄒᆞᆷ이라新法을學習치아니ᄒᆞ고엇지舊法을除去ᄒᆞ리오政治界에ᄂᆞᆫ新政治를學習ᄒᆞ고法律界에ᄂᆞᆫ新法律을講習ᄒᆞ고農業界에ᄂᆞᆫ新模範을講習ᄒᆞ고工業界에ᄂᆞᆫ新精巧를講習ᄒᆞ고商業界에ᄂᆞᆫ新興販을講習ᄒᆞ고拓殖界에ᄂᆞᆫ新開拓을講習ᄒᆞ고礦業界에ᄂᆞᆫ新開採를講習ᄒᆞ야新舊를參酌ᄒᆞ되善ᄒᆞᆫ者ᄂᆞᆫ不變ᄒᆞ고不善ᄒᆞᆫ者ᄂᆞᆫ改良ᄒᆞᆯ지니

現今我韓의諸般學校가稍々成立ᄒᆞ나若使學生으로德育을不事ᄒᆞ고愛國을不講ᄒᆞ면他國의惡風만徒染ᄒᆞ야自國이有ᄒᆞᆷ을을知치못ᄒᆞ고愚ᄒᆞᆫ者ᄂᆞᆫ雇傭을作ᄒᆞ야衣食을求ᄒᆞ고不肖ᄒᆞᆫ者ᄂᆞᆫ奴隷를作ᄒᆞ야國基를傾ᄒᆞᄂᆞ니如是則學校가有ᄒᆞᆫ것이學校가無ᄒᆞᆫ것만不如ᄒᆞ다ᄒᆞᆯ지나政治의科와學藝의術을教치아니ᄒᆞ고徒以形式으로外國의方言이나教授ᄒᆞ야通譯에需用ᄒᆞ면人材를養成키를不得ᄒᆞᆯ이니國體를損傷ᄒᆞ고外人의貽笑를엇지免ᄒᆞ리오變革ᄒᆞᄂᆞᆫ時代를當ᄒᆞ야全體를並擧ᄒᆞ야合力齊作치아니ᄒᆞ면功이無ᄒᆞᆯᄲᅮᆫ아니라其弊가徒增ᄒᆞᆯ지로다

今에千歲老屋이有ᄒᆞ니瓦만이毀壞ᄒᆞ고량棟이崩折ᄒᆞ야傾圮ᄒᆞᆫ境에至ᄒᆞ엿ᄂᆞᆫᄃᆡ或은酣鼾臥ᄒᆞ고或은補苴하漏ᄒᆞ야蟻封과如히彌縫ᄒᆞ고支過ᄒᆞ기를冀ᄒᆞ야斯二者의用心이不同ᄒᆞ니要之컨ᄃᆡ風雨가一至ᄒᆞ면屋이必傾ᄒᆞ고人이必亾ᄒᆞᄂᆞ니夫酣鼾臥者ᄂᆞᆫ政府에執政者오補苴하漏者ᄂᆞᆫ社會에志士라ᄒᆞᆯ지니諺에云ᄒᆞ되屋漏則補ᄒᆞ면愈漏ᄒᆞ고衣弊則結ᄒᆞ면愈破라ᄒᆞ니其勢가固然ᄒᆞᆫ바이로다신厦를搆치아니ᄒᆞ고신製를級치아니ᄒᆞ면엇지一신ᄒᆞ기를得ᄒᆞ리오如斯히用心ᄒᆞ다가一朝에有事ᄒᆞ면風을望ᄒᆞ고潰ᄒᆞᄂᆞ니國이敗ᄒᆞ면誰가能히救ᄒᆞᆯ가其敗ᄂᆞᆯ能히救치못ᄒᆞ면改革지아니ᄒᆞᆫ것과엇지異타ᄒᆞ리오外患의迫이月異而歲不同ᄒᆞ니十年의從容을得키難ᄒᆞᆯ지로다

凡民은可以樂成이어니와難以慮始ᄂᆞᆫ從古然矣라況我韓은於官於士於民에智識이未開ᄒᆞ야天下의事를瞢然히不知ᄒᆞ니改革ᄒᆞᄂᆞᆫ事를見ᄒᆞ면愕然驚惟ᄒᆞᄂᆞᆫ것은固所當然ᄒᆞᆫ바라今夫所謂愛國ᄒᆞᄂᆞᆫ士가自國에利ᄒᆞᆫ事가有ᄒᆞ면비록自己의身을敗ᄒᆞ고自己의名을損ᄒᆞᆯ지라도猶當爲之ᄒᆞᄂᆞ니其國을愛ᄒᆞ고其身을愛ᄒᆞ고其名을愛ᄒᆞᆯ지니三者를兼備치못ᄒᆞᆯ진ᄃᆡ身名을舍ᄒᆞ고國을愛ᄒᆞᄂᆞᆫ것이改革의主旨라ᄒᆞ노라

官報

◎第四千七百二十七號 隆熙四年七月十一日(月曜)

告示

學部告示第十八號

公立鳳陽普通學교를左와如히改稱ᄒᆞᆷ이라

隆熙四年七月九日 學部大臣 李容稙

公立求禮普通學校

外報

◎萬國平和會議 東京電을據ᄒᆞᆫ즉第拾八回萬國平和會議ᄂᆞᆫ(스톡크홈)에셔開會ᄒᆞᆫ다ᄂᆞᆫᄃᆡ期間은來八月一日브터同六日ᄭᆞ지오準備委員長은ᄊᆡ、에이、힐쿠만氏라더라

◎日露協約評 루터來電을據ᄒᆞᆫ즉倫敦타임쓰報ᄂᆞᆫ日露協約을論評ᄒᆞ기를同協約의成立은世界政治上重要ᄒᆞᆫ意義를含有ᄒᆞᆫ事件인즉極東의平和를永久히維持코자ᄒᆞᄂᆞᆫ者ᄂᆞᆫ滿足ᄒᆞᆫ意로此에對ᄒᆞ야祝賀치아니ᄒᆞ면不可ᄒᆞ다고揭載ᄒᆞ엿다더라

◎暴徒討伐 漢口來電을據ᄒᆞᆫ즉淸國湖南省沅江縣에ᄂᆞᆫ暴徒가蜂起ᄒᆞ야騷動이極ᄒᆞᆷ으로湖北軍隊一營은討伐ᄒᆞ기爲ᄒᆞ야同地로出발ᄒᆞ얏다더라

◎反對會組織 紐育來電을據ᄒᆞᆫ즉北美合衆國各地方에散在ᄒᆞᄂᆞᆫ韓國人은聯合ᄒᆞ야韓日合併反對會를組織ᄒᆞ고美人에게助力ᄒᆞᆯ事를請求ᄒᆞᆫ다더라

◎無線電信强制案 倫敦來電을據ᄒᆞᆫ즉英國下院議員삿숀氏ᄂᆞᆫ諸船에對ᄒᆞ야强制的으로無線電信을裝置케ᄒᆞᆯ法案을提出ᄒᆞ얏다더라

◎日露協約과德國 伯林來電을據ᄒᆞᆫ즉同地구로이쓰、쓰아이쓴크ᄂᆞᆫ日露協約成立ᄒᆞᆫ事에對ᄒᆞ야論評ᄒᆞ기를德國은極東에셔最히希望ᄒᆞᄂᆞᆫ바ᄂᆞᆫ現勢維持ᄒᆞᆯ事에在ᄒᆞᆫ즉日露協約成立에對ᄒᆞ야別노反對ᄒᆞᆯ意가無ᄒᆞ나但美淸兩國이此에對ᄒᆞ야如何ᄒᆞᆫ態度를執ᄒᆞᆯᄂᆞᆫ지不知ᄒᆞ겟다고言明ᄒᆞ얏다더라

◎淸國의民權 淸國民權에對ᄒᆞ야日本萬朝報ᄂᆞᆫ論評ᄒᆞ기를淸國政府가民權을重히녀이고輿論을尊重ᄒᆞᄂᆞᆫ程度가日本政府보다最히優勝ᄒᆞᆫ事ᄂᆞᆫ今番에渡淸日本實業團員의所言이라淸國은古來로民權을重히녀이ᄂᆞᆫ風이有ᄒᆞ나아즉憲法을不立ᄒᆞᆫ國으로如斯ᄒᆞᆫ美事가有ᄒᆞᆷ은實노贊頌ᄒᆞᆯ바ㅣ라日本爲政家ᄂᆞᆫ此에對ᄒᆞ야豈無遜色이리오마ᄂᆞᆫ政府로ᄒᆞ야곰如사히民權과輿論을蔑視케ᄒᆞᆷ에至ᄒᆞᆫ은國民이自甘ᄒᆞ야政府의政策에盲從ᄒᆞᆷ인즉日人은但商業上才能이淸人보다劣ᄒᆞᆯᄲᅮᆫ아니라政治上으로도淸人보다劣ᄒᆞ다고言述ᄒᆞ얏다더라

寄書

大韓每日申報의醫世鍾됨을表ᄒᆞ기爲ᄒᆞ야玆에答客論을述ᄒᆞᆷ

(郭山舘面黃鶴洞全義建)

本人日昨敬覽 貴報適其時也有客過問曰近聞此報吾韓人買收발行云信有諸否答曰英國人萬咸氏替代同國人裴說氏而刊行也今欲撤去故吾韓人李章薰氏憤醫世鍾之將廢費巨額而買收발行者已有日矣曰子之言差矣吾韓國內許多報紙均是以開發民智爲目的衆所共知也今子獨以每日報爲醫世鍾者何也曰近日各種報筆外面的開발雖有精神的開발或無也至若每日報不然以闢邪說闢斯道爲己任以復國權脫羈絆爲己責鼓발二千萬同胞而使之進取獎勵上中下社會而使之務實忠告友邦而期於維持警告政府而期於改良事事論論剛毅正直激切奇絕百折不屈萬요不動三軍之帥可奪也該報之志不可奪也賁育之勇可過也該報之勇不可過也閃閃的鑿龍斧下妖魔之腦已破懍懍的斬卯刀下姦邪之胆早裂能使水母世界將爲文明世界能使老大大韓將成少年大韓者也此所以爲獨一無二之醫世鍾而他報紙之所不與者也客曰子之言不差矣因退乃敢忘固陋猥次是語玆以紹介寔出於歡迎誠意決不敢効小人輩納媚阿諛之態也則惟願執筆諸公은忠憤熱血益益吐出以成將來大事業而無負今日此答客論也千萬申仰

雜報

◎巡査補의服制 我國巡査ᄂᆞᆫ巡査補라改稱ᄒᆞ고服裝ᄭᆞ지改正ᄒᆞᆫ다더라

◎粟虫發生 平安北道에ᄂᆞᆫ近日에粟에害虫이발生ᄒᆞ얏ᄂᆞᆫᄃᆡ昨年에害虫이발生ᄒᆞ엿슬時에ᄂᆞᆫ農民등이等閑ᄒᆞ야被害ᄒᆞᆫ故로此際에ᄂᆞᆫ拾分注意ᄒᆞᆫ다더라

世界歷史

❀宗教改革의計劃❀

紀元一千三百三十二年以來로歐洲에地震、蝗蟲、饑凶、癘疫등의災異가相連ᄒᆞ매人心이非常ᄒᆞᆫ恐慌을懷抱ᄒᆞ야以爲ᄒᆞ되此必上帝가人間의罪惡을責罰ᄒᆞ심이라驚懼ᄒᆞ나然ᄒᆞ나當時의人心을制限ᄒᆞ며誘道ᄒᆞᄂᆞᆫ宗教를若觀ᄒᆞ면十三世紀以來로法王과僧侶ᄂᆞᆫ惟驕慢肆傲ᄒᆞ야私慾을逞ᄒᆞ고天理와正道ᄂᆞᆫ絲毫도顧忌치아니ᄒᆞᆫ즉其弊害ᄂᆞᆫ日日益甚ᄒᆞᆫ지라於是에各國의帝王과人民은宗教를厭惡ᄒᆞ며法王과僧侶를蔑視ᄒᆞ야法王의勢力이漸次衰微ᄒᆞ고且間或其悖理乖行을指摘排擊ᄒᆞᄂᆞᆫ者가有ᄒᆞ더라

第十三世紀의末葉에法國王「필닙」四世가英國王「에드워드」一世와戰端을開ᄒᆞ야兵費의不足ᄒᆞᆷ으로國內의僧正領地에租稅를賦課ᄒᆞ니法王「뽀니페쓰」가大怒ᄒᆞ야法國王을破門에處ᄒᆞ거ᄂᆞᆯ於是에法國王이兵을羅馬에送ᄒᆞ야法王을捕ᄒᆞ야幽閉ᄒᆞ고一千三百五年에「골네멘드」五世를擁立ᄒᆞ야法國南方(아비니온)州에居케ᄒᆞ니自是以後로法王의權勢가全然衰微ᄒᆞ야凡七十年間을歷代의法王이皆此地에居ᄒᆞ야法國王에隸屬ᄒᆞ니於是에(아비니온)이敗德匪行의中心地를遂成ᄒᆞ니라

後에法王(쯔리쏘리)十一世가一千三百七十七年에羅馬에得還ᄒᆞ야越明年에歿ᄒᆞ거ᄂᆞᆯ於是에羅馬의僧正등은(어빤)六世를選立ᄒᆞ고法國人은(골네멘드)七世를選立ᄒᆞ야一時에二人의法王이并立ᄒᆞ기에遂至ᄒᆞᆫ지라兩人이其主權을爭鬪ᄒᆞ야彼此邪徒라指稱ᄒᆞ니是以로信徒ᄂᆞᆫ正邪의方面에迷惑ᄒᆞ야安心立命ᄒᆞᆷ을不得ᄒᆞᆫ즉教會의信賴치못ᄒᆞᆷ을覺知ᄒᆞ고公然攻擊ᄒᆞᄂᆞᆫ者가乃有ᄒᆞ니라

(未完)

詞藻

❀襟 懷❀ 梅瘦生

初鷄鳴了羣鷄鳴曉月當窓日欲明耿耿丹心何所事先憂後樂一端情

評曰羣鷄亂唱曉月來照正是喚醒世夢之時

雜報

◎統府文簿調査 統監府에서對韓政策에關ᄒᆞᆫ諸般文簿를一切修正ᄒᆞ엿다더라

◎出迎馬關 農相趙重應氏ᄂᆞᆫ寺內統監을歡迎ᄒᆞ기爲ᄒᆞ야馬關ᄭᆞ지前往ᄒᆞᆯ次로趁期發程ᄒᆞᆫ다ᄂᆞᆫ說이有ᄒᆞ다더라

◎何以燥急 警察權委任以後로朴內部大臣과趙農商大臣은互相間葛藤이生ᄒᆞ엿다ᄂᆞᆫᄃᆡ其內容인즉趙農大의處事가燥急ᄒᆞᆫ所以라더라

◎鞏固運動 宮相閔丙奭氏ᄂᆞᆫ近日內閣變更說에對ᄒᆞ야自己地位를鞏固ᄒᆞᆯ計劃으로某處에秘密運動이有ᄒᆞ다더라

◎松井歸國 內部前경務局長日人松井은昨日上午九時에京釜線으로歸國路에就ᄒᆞ엿다더라

◎何事辭免 仁川府主事崔章燮氏ᄂᆞᆫ何事件을因ᄒᆞᆷ인지去月三十日에無端히辭免請願書를提出ᄒᆞ고卽時上京ᄒᆞ엿다더라

◎韓巡의恩金差等 韓人巡查로除汰를當ᄒᆞᆫ人에게恩賜金을支給ᄒᆞᆫ다ᄂᆞᆫᄃᆡ五圓以上으로二個年六個月勤務者에게五拾圓式을支給ᄒᆞ기로議決ᄒᆞ엿다더라

◎山근說明刊布 內部衛生局山근囑托이各學校에서衛生講話會를設行時에說明ᄒᆞ던衛生事項을學部에서蒐集修正ᄒᆞᆫ中인ᄃᆡ將次발刊ᄒᆞ야各公立學校에一部式을配付ᄒᆞᆯ터이라더라

◎政友長書 政友會員高義駿氏가日前統監府에長書를提呈ᄒᆞ고二條件을陳述ᄒᆞ엿ᄂᆞᆫᄃᆡ日憲兵一師團의渡韓ᄒᆞᄂᆞᆫ經費로各地方人民의實業資本을積立ᄒᆞ야生活의困難을救濟케ᄒᆞ고下議院을設立ᄒᆞ고官吏三百名을選置ᄒᆞ되韓人으로一百五拾名日人으로一百五拾名을叙任ᄒᆞ야邦國事를議決케ᄒᆞ라ᄒᆞ엿다ᄂᆞᆫ說이有ᄒᆞ더라

◎眞假密探 別項과如히政友會員高義駿氏가時局에關ᄒᆞ야二大問題를統監府에提出ᄒᆞ엿다ᄒᆞᆷ으로某處에서其眞假를探知ᄒᆞᄂᆞᆫ中이라더라

◎道郡廢合說 年前부터內部에서ᄂᆞᆫ各道、郡、面、洞、의廢合을行ᄒᆞ더니今에漏聞ᄒᆞᆫ즉更히觀察道ᄂᆞᆫ三個所를減ᄒᆞ야拾個所를置ᄒᆞ고郡은二百五拾郡으로減ᄒᆞ야各道에二拾五郡式管轄ᄒᆞᆫ다ᄂᆞᆫ說이有ᄒᆞ다더라

◎講舊會延諡 金玉均洪英植其他某某氏에게贈諡贈職ᄒᆞᆫ事에關ᄒᆞ야講舊會員金允植兪吉濬尹致昨氏등이발起ᄒᆞ야右陳諸氏의延諡등節은該會에서設行ᄒᆞ기로決定ᄒᆞ엿다더라

◎道合理廳 京畿及慶北平南三觀察道ᄂᆞᆫ重要地라ᄒᆞ야將次該地理事廳에合付ᄒᆞᆫ다더라

◎一進落淚 日本에滯在ᄒᆞ던一進會員某々三人이數日前에還國ᄒᆞ엿ᄂᆞᆫᄃᆡ去土曜日一進會本部로前往ᄒᆞ야說明ᄒᆞ기를本會를組織以後로別無事業이오宋秉畯一個人의事業만造成ᄒᆞ엿고到今ᄒᆞ야ᄂᆞᆫ餘望이無ᄒᆞ다ᄒᆞ고或落淚者ᄭᆞ지有ᄒᆞ엿다더라

◎長書何多 所謂國民協成進步會에서ᄂᆞᆫ人民의生活程度를爲ᄒᆞᆫ다ᄒᆞ고統監府에長書를提呈ᄒᆞᆯ次로目下起草中이라더라

◎神長의誇張 神宮敬義會에서ᄂᆞᆫ再昨日下午一時에總會를開ᄒᆞ고日本으로브터日前에歸國ᄒᆞᆫ該會長金在珣氏가出席說明ᄒᆞ되今番渡日時에如意ᄒᆞᆫ運動이有ᄒᆞ엿슨즉其結果ᄂᆞᆫ寺內統監赴任ᄒᆞᆫ後에卽時實施될터인ᄃᆡ本會가擴張될希望이有ᄒᆞ다ᄒᆞ엿다더라

◎檀君敎擴張 某處調查ᄒᆞᆫ바를據ᄒᆞᆫ즉檀君敎가漸次擴張되야入敎人이六千餘名에達ᄒᆞ엿다더라

◎休暇廢止 本年에ᄂᆞᆫ我國에駐屯ᄒᆞᄂᆞᆫ日本軍人이一切暑中休暇를廢止ᄒᆞᆫ다ᄂᆞᆫᄃᆡ其理由인즉今夏內에ᄂᆞᆫ何등煩劇ᄒᆞᆫ事가有ᄒᆞᆷ이라더라

◎弄花生風 海豐府院君尹澤榮氏의仲兄肅榮氏가日前에其妾과對坐ᄒᆞ야花套로消遣ᄒᆞᆯ際에何許巡查補가突入ᄒᆞ야雜技犯이라指目ᄒᆞ고該氏內外를校洞巡查派出所로押付ᄒᆞ엿다가該所에서卽時放還ᄒᆞ엿다더라

◎達城水災 今番暴雨에大邱府中의人民家屋浸水ᄒᆞᆫ것이二百餘戶에達ᄒᆞ엿고農作物은南草의損害가不少ᄒᆞ다고該道觀察使가內部로修報ᄒᆞ엿다더라

◎醫術開業認許 昨日內部衛生局에서醫學校卒業生金明植李濟奎李秉學車顯聲李圭瓚氏등五人에게醫術開業認許狀을繕給ᄒᆞ엿다더라

◎密淫調查 中部寺洞居尹順一家에서ᄂᆞᆫ密賣淫女를日夜會集ᄒᆞ야靑年子弟를誘引ᄒᆞᆷ으로家產을蕩敗ᄒᆞᆫ者가多ᄒᆞ다ᄒᆞ야所管警察署에서秘密調查中이라더라

◎男女幷行의執留 黃土峴巡查派出所에서ᄂᆞᆫ近日密賣淫女調查에對ᄒᆞ야男女間同伴往來者가有ᄒᆞ면男女를該所에一幷執留ᄒᆞ고根因을調查ᄒᆞᆫ後에放送ᄒᆞᆫ다더라

◎行淫離情 某신聞社員金某의妻ᄂᆞᆫ去春에演劇場을一次觀覽ᄒᆞ더니心漸放蕩ᄒᆞ야所謂慇懃者등女流로日夜追逐ᄒᆞ야醜聲이浪藉ᄒᆞᆷ으로日前에該夫婦間事情離異ᄒᆞ엿다더라

◎失妻呼訴 黃土峴등地居朴德仁氏ᄂᆞᆫ其妻盧召史와九年同居ᄒᆞ엿ᄂᆞᆫᄃᆡ該召史의弟夫高某가盧女를誘引潛賣ᄒᆞ엿슴으로朴氏가再昨日該女를覓還ᄒᆞᆯ次로水門洞警察分署에呼訴ᄒᆞ엿다더라

◎崔氏起訴 水標橋居崔錫肇氏가昨年度에小笠洞崔文植氏에게金貨三萬七千圓을貸給ᄒᆞ엿다ᄂᆞᆫᄃᆡ崔文植氏가尙不報償ᄒᆞᆷ으로崔錫肇氏ᄂᆞᆫ該金額을推覓코져昨日京城第二憲兵分遣隊에起訴ᄒᆞ엿다더라

◎義將處刑 大邱控訴院에서去九日에義兵將全海山을處判ᄒᆞ엿다ᄒᆞᆷ은旣報어니와後報를據ᄒᆞᆫ즉死刑에處ᄒᆞ엿다더라

◎李氏落科 前軍醫張基茂氏와李佐鎔氏間에山訟裁判事ᄂᆞᆫ李氏가理屈ᄒᆞ야落科되엿다더라

◎工業所大風波 本月九日下午拾時頃에工業傳習所에서舍監과寄宿舍에留宿ᄒᆞᄂᆞᆫ學徒一同間에一大風波가起ᄒᆞ엿ᄂᆞᆫᄃᆡ其原因은舍監이學徒에게夜間出外를不許ᄒᆞᆫ事와學徒에게來ᄒᆞᄂᆞᆫ書信을舍監室에서壹々開見ᄒᆞ고傳ᄒᆞᄂᆞᆫ事와學徒에게來訪人이有ᄒᆞ야도學교에서入門을不許ᄒᆞᄂᆞᆫ事등으로學徒등의感情을生ᄒᆞᆷ이라더라

◎麗水新社 前判書李載克氏등은麗水會社를組織ᄒᆞᆯ次로目下發起中이라더라

◎旅館開式 彰信社에서設립ᄒᆞᆫ南部苧洞彰信旅館은昨日正午에開館式을設行ᄒᆞ엿다더라

◎見蛇驚斃 北部東十字橋等地에서典當舖ᄒᆞᄂᆞᆫ咸弘麟氏ᄂᆞᆫ三昨夜에一大蟒이寢室에忽入ᄒᆞ엿슴으로驚겁成病ᄒᆞ야其翌朝에致斃ᄒᆞ엿다더라

◎修屋傷命 南部竹洞居朴某ᄂᆞᆫ家舍를修理ᄒᆞ다가三昨日에家屋이顚覆ᄒᆞ야役夫二名이被壓ᄒᆞ엿ᄂᆞᆫᄃᆡ一人은卽時致命ᄒᆞ고一人은大韓醫院에서目下治療中이라더라

◎溺命慘哉 今番潦水에恩津郡論山咸仲五氏家에서雇傭ᄒᆞ던年今拾五歲된張仲伊가江邊에서沐浴ᄒᆞ다가溺斃ᄒᆞ엿ᄂᆞᆫᄃᆡ尸體ᄂᆞᆫ卽時拯出ᄒᆞ엿다더라

◎私書何竊 咸從郡內私立四光學교에서ᄂᆞᆫ該郡南里百松洞居現今京城工業傳習所學徒姜鼎都氏의本第로送達ᄒᆞᄂᆞᆫ書簡을該校學徒등이私自破封轉覽ᄒᆞᆷ으로該學徒의惡習을人皆唾罵ᄒᆞᆫ다더라

◎日宣敎設舘 日人耶蘇敎에서ᄂᆞᆫ我國內地에中央福音傳道舘을設置ᄒᆞ고敎務를一層擴張ᄒᆞᆯ次로日人宣敎師三十餘名이日間渡韓ᄒᆞᆫ다더라

◎婦人會의模範 西來人의傳說을據ᄒᆞᆫ즉平安南道順川郡新唱市內居李秀弘劉斗煥兩氏ᄂᆞᆫ原來學界의熱心家로該市內有志婦人尹에다金순정등諸氏와協議ᄒᆞ야婦人會를組織ᄒᆞ고該會內에日新女學교를設立ᄒᆞ고市內與附近各村落의靑年女子를多數히募集敎授케ᄒᆞᆯ目的으로現今集會ᄒᆞᄂᆞᆫ中인ᄃᆡ該會出席婦人이四十餘員에達ᄒᆞ야事務를熱心做去ᄒᆞᆷ으로該會ᄂᆞᆫ將次婦人界에一大模範이되리라더라

◎義將被捉 義兵將基姜東氏의部下左翊將姜元浩氏等四人을京城第二憲兵分隊에서日昨에抱川郡長林洞에서捉來ᄒᆞ엿디더라

◎北韓의馬賊 北間島附近에ᄂᆞᆫ獰猛ᄒᆞᆫ馬賊壹羣이咸鏡南北道의國境을犯ᄒᆞ야屢々히我國人을威협ᄒᆞ고財物을掠奪ᄒᆞᄂᆞᆫ故로民心이恟恟ᄒᆞ여職業上에大弊가된다더라

◎學徒可惜 普成專門學校學徒朴基秉氏ᄂᆞᆫ日昨에南門內日人沐浴湯에서洋鞋一部를窃取ᄒᆞᆫ情跡이綻露되야中部警察署에서捉致審査ᄒᆞᆫ後昨日地方裁判所로越交ᄒᆞ엿다더라

◎詐欺被捉 住所未詳ᄒᆞᆫ呂圭燮은詐欺取財犯으로日昨日憲兵司令部에被捉ᄒᆞ엿다더라

◎崔犯被捉 彰義門外居崔在聖은詐欺取財犯으로三昨日水門洞경察分署에被捉ᄒᆞ엿다더라

電報

◎美墨飛行機條約 美國과墨西哥兩政府ᄂᆞᆫ空中領域의爭議를避코져ᄒᆞ야兩國間에飛行機에關ᄒᆞ야條約을締結ᄒᆞ리라더라

◎慰問曾彌 井上侯爵과杉子爵은片瀨에赴ᄒᆞ야曾彌子爵을訪問ᄒᆞ고病狀을慰問ᄒᆞ얏다더라

◎土清의外交關係 清國特派大使一行은土耳其國과直接關係를結ᄒᆞ기爲ᄒᆞ야日間土耳其國을訪問ᄒᆞᆫ다더라

◎清國의謝罪文 長沙動亂事件에關ᄒᆞ야清國政府ᄂᆞᆫ昨日에日本政府로謝罪文을送ᄒᆞ얏다더라

◎睿宮巡次 韓國皇太子[illegible]下의 遊覽ᄒᆞ실時에海上에ᄂᆞᆫ對馬艦을乘用ᄒᆞ시게ᄒᆞᆫ다더라

以上東京발 拾一日着

◎殖民地法律 殖民地經營을台灣法律六拾三號와如히特히法을制定ᄒᆞᆫ다더라

◎土國의陸軍擴張 土耳其政府ᄂᆞᆫ軍隊編成을改革ᄒᆞ고從來의七個軍團을拾四個軍團으로增加ᄒᆞᆯ計劃이라더라

以上伯林發 拾一日着

▲蜘蛛網▼

▲何來蜘蛛成羣ᄒᆞ야屋角簷尖에張羅ᄒᆞ고不漏大小攫取ᄒᆞ니[illegible]計策이奸猾ᄒᆞ다

▲垂大網分布地繩은超過人之有智로다能執豸而食之ᄒᆞ니無物不被其害ᄒᆞᆯ제昔董生의所歎이라蜘蛛網에걸녓고나

▲若觸未央一網ᄒᆞ면退而不能出焉ᄒᆞ니仕宦客의情態로다彼手中에一入ᄒᆞ면雖死而不覺ᄒᆞ니蜘蛛網에걸녓고나

▲天地間에飛走物을任意捕逐縛나ᄒᆞ나洛陽市上賣藥翁의一杖毀裂不畏련가能爲口腹售計ᄒᆞ니蜘蛛網에걸녓고나

▲王屋山에結網ᄒᆞ야一大蜂을縛取타가爲其所螫墜地ᄒᆞ야鼓腹怨地若綻ᄒᆞ면네運命도已矣로다蜘蛛網에걸녀고나

▲緣壁끼隅張羅ᄒᆞ니더冈計가安在런고無數蒼蠅捕捉ᄒᆞ야一口呑盡無餘ᄒᆞ니弱肉强食一般이라蜘蛛網에걸녓고나

◎兩氏自退 劉錫李應九등諸氏가營業ᄒᆞ기爲ᄒᆞ야大隆社에入參ᄒᆞ엿더니무슴事端이有ᄒᆞ…

◎洋報又停止 東洋日報ᄂᆞᆫ向者에治安妨害로因ᄒᆞ야발行停止ᄒᆞ엿다더라

◎湖南會任員 湖南學會에서…

◎花賊被捉 …

◎女校演奏 有志婦人들이女…

◎愛花賞金 去六月二十八日…

▲弄筆餘墨▼

▲農大ᄂᆞᆫ公私事項을勿論ᄒᆞ고統監府官吏와何等交涉이尤極頻多ᄒᆞ야在家無日이라지無事走奔趨盧應이라ᄒᆞ더니可謂名不虛得이로고

▲李學宰ᄂᆞᆫ商務組合部長으로在任時에慶尙北道支部長李世榮의金貨一百五拾圓을公用ᄒᆞᆫ다欺取ᄒᆞ야私橐을充ᄒᆞᆫ事로警察署에被捉ᄒᆞ엿다지넘어말지곱비가길면되되ᄂᆞᆫ게여

▲寺內통監이赴任ᄒᆞ면現內閣은變更ᄒᆞ고元老中으로組織ᄒᆞᆫ다ᄂᆞᆫ說이有ᄒᆞᆷ으로總理가其地位를保護코저ᄒᆞ야寺內統監에게書信이頻々ᄒᆞ다지其書信辭意가何如ᄒᆞᆫ고모를것잇나小官이나大官이나살녀쥬ᄋᆞ죽여쥬오哀乞伏乞ᄒᆞ엿겟지

廣告

本人의名源鍾은壽鶴으로改定ᄒᆞ오니知舊間照亮ᄒᆞ시옵
馬山港檜原洞 李壽鶴

會社株券賣買及典執
京城南署棗洞六十二統十戶
金龍商會 告白

本人이汗浦驛前에셔穀物客主로營業ᄒᆞᆫ지不過週年에僉君子의愛顧ᄒᆞ심을蒙ᄒᆞ와業務가益益발展故로拾分報答키爲ᄒᆞ와本驛前에셔大同運輸會社를今番引繼ᄒᆞ여商客의便利로목荷物運送은迅速處理ᄒᆞ오니諸彦은倍前愛顧ᄒᆞ심을敬要ᄒᆞᆷ
汗浦驛前대同運輸會社支店
店主安海琨事務廳洪亮 白

嚴台永親葬返虞를以陽曆十四日午後二時에實坡定ᄒᆞᆷ
嚴柱憲 告白

本校에셔心地明悟ᄒᆞᆫ禪師와慧眼明徹ᄒᆞᆫ講伯을請邀ᄒᆞ야磚洞佛敎堂內에本分宗旨를傳布ᄒᆞ며本敎內엔佛敎要書와신學書類를敎授ᄒᆞᆯ테오니京鄕有志僉員은今月三拾日內로入學志願書를本校에提出ᄒᆞ심을敬希
京城東大門外明進學校 告白

本人이坡州汶山浦居李公集許推欠一千五百九十兩票를路上서失故廣告誰某拾得勿施ᄒᆞᆷ
京鍮洞九十統十一戶 李容遠

本港警部鄭錫迺氏ᄂᆞᆫ本以平北義州敎育家로赴任之初에敎人勿犯ᄒᆞ니居民悅服ᄒᆞ야至於免刑터니今當辭遞에一境이失望이오躬往各學校ᄒᆞ야贊成敎育ᄒᆞ고金五圓式寄付ᄒᆞ오니不勝感荷ᄒᆞ야玆에廣布ᄒᆞᆷ 慶南釜山私立佐川學校監金鍾奎等白

本人이去辛卯年分에本府東上面立石洞居金洛孝氏處에山地一葬之地를四方五步式定標ᄒᆞ여給價六十兩買得後父親生墳成置矣該券見失이오니誰某拾得이오면休紙施行ᄒᆞᆷ
平北龍川外下面雙機洞 李洙基 告白

本人子承韋(或承德)가性本沒覺ᄒᆞᆫ中符同無賴輩ᄒᆞ야本人의圖章을僞造ᄒᆞ야將欲得債云ᄒᆞ니內外國人間切勿見欺ᄒᆞ시고若或爲涉이면僞造他人信章은刑律이自在ᄒᆞ오니照亮ᄒᆞ옵
洪祐晳 告白

諸新聞
雜誌廣
告取扱
漢城廣告舍
外相思洞卄五統十戶

所謂平壤得來子林賓錫爲人不良京鄕出沒欲以欺人取物則勿論內外國人勿聽他言
林和秀 告白

○총帽子製造支所廣告

我國에新發明ᄒᆞᆫ帽子ᄂᆞᆫ京城銅峴玉虎書林主務鄭寅琥氏가統監府에專賣特許權을承認ᄒᆞᆫ바라其編織이今年에ᄂᆞᆫ大端堅緻ᄒᆞ고品質이極히完實ᄒᆞ야塵汗의汚ᄒᆞᆷ을水에沈ᄒᆞ고素茶로洗濯ᄒᆞ야乾後에戴ᄒᆞ면潔淸ᄒᆞᆷ이如新ᄒᆞ야衛生에必要ᄒᆞᆯ뿐아니라數十年을着用ᄒᆞ야도弊傷이無ᄒᆞ리니經濟上에亦是便利ᄒᆞᆫ지라故로本國同胞에게만愛顧ᄒᆞ심을被ᄒᆞᆯ뿐아니라各國紳士頭上의歡迎을受ᄒᆞ와我國工業界에空前絶後ᄒᆞᆫ大事業인즉世界에셔皆稱ᄒᆞᄂᆞᆫ바인故로本社에셔其特異ᄒᆞᆫ模範과新鮮ᄒᆞᆫ事業을發展ᄒᆞ기爲ᄒᆞ야支所를開設ᄒᆞ고技術이高明ᄒᆞᆫ敎師와手品이敏捷ᄒᆞᆫ人士를雇聘ᄒᆞ야精妙ᄒᆞ고方正ᄒᆞᆫ式樣으로別般注意ᄒᆞ야製造一新ᄒᆞ오니世界의愛護
僉君子ᄂᆞᆫ陸續購買ᄒᆞ심을希望ᄒᆞᆷ

大丘北門外浦上社內
총帽子製造支所
主務 李重來 告白

本人이龍山兄弟井契朴昇培處에陰六月拾一日當坪四千兩推次於音一片을水原路中에셔서失ᄒᆞ엿기本處에言及ᄒᆞ고玆廣布ᄒᆞ니誰某拾得勿施ᄒᆞᆷ
水原卞富李興善 告白

東署蓮花坊中路契下中谷洞九十七統拾一戶瓦拾六間前賣主李在敏名義家券을昨八日에東部신橋等地에셔서失故로廣告誰某拾得休紙施行ᄒᆞᆷ
家主 柳興俊 告白

本人의名兌鉉을永桓으로改名ᄒᆞ고圖章도崔永桓으로改刻施行ᄒᆞᆷ
西部靑坡三契崔永桓 告白

本商會ᄂᆞᆫ世運의進化와商業의發展을隨ᄒᆞ야業務를新鮮擴張ᄒᆞ야各種布木紬苧緞屬新式毛織等諸般衣服所用物貨를多數貿易ᄒᆞ야僉君子의請求를誠實酬應ᄒᆞ오며地方에ᄂᆞᆫ請求만ᄒᆞ시면郵便小包나運送部로送呈ᄒᆞ고代金은引換ᄒᆞ겟사오니地方에商店이나所用되시ᄂᆞᆫ僉君子ᄂᆞᆫ多數請求ᄒᆞ심을望

韓國收入印紙原賣所
有價証券典當賣買所
京城鍾路通一十一統四戶
壽南商會 金泰熙

◉濟生堂大藥房本舖製造及發賣品目錄

消化新藥 清心保命丹 九十粒一貼價금十錢 此丹은化痰止咳ᄒᆞ고順氣消滯ᄒᆞ며恒常長服ᄒᆞ면腸胃가健全 三貼入환藥匣添附 금卄五錢

大補元氣 蔘茸大補元 大補元氣ᄒᆞ고滋腎健腦ᄒᆞ며先天不足과陽위不起에一切神効 四週日分금三圓四十錢

怪疾神효 保命水 調日分금一圓 八週日分금六圓四十錢 此水ᄂᆞᆫ急ᄒᆞᆫ吐瀉나곽亂腹통에立효가有ᄒᆞᆷ 금十錢

起死回生 回生丹 此丹은急ᄒᆞᆫ吐瀉關格이며가슴아리와쳬積과痢疾에神効 一貼금十錢

蛔積殺虫散 此약은회積과회腹痛과회虫을一切去根ᄒᆞᄂᆞᆫ良제 一日分금十錢

久滯七通丸 此丸은年久積滯와宿滯後重이며胃腹痛에神効莫大ᄒᆞᆷ 二日分금十五錢

寸虫沒出藥 此藥은寸白虫一切를去根ᄒᆞᄂᆞᆫ妙藥 一人用금卅錢

感氣時효 解熱散 寒熱往來ᄒᆞ며似하非하과頭痛과眩暈와肢節痛에其効가偉大 一日分금十錢

되눈 拔根藥 되눈과못과사마귀를에ᄂᆞᆫ藥 一貼금十錢

瘡病聖藥 梅花點雪丹 毋論男女ᄒᆞ고花柳病과梅瘡에一切去根快復하ᄂᆞᆫ良藥 一劑금三圓五十錢

瘇氣神効 解毒膏 毒종과根빅인듸와其他諸般瘇氣一切에神효無雙ᄒᆞᆷ 一貼금十錢

去核生新 沃度膏 創瘡과腐傷과곰긴듸去核生新ᄒᆞ기ᄂᆞᆫ第一著明 一盒금十錢

齒病全治 健齒水 此水ᄂᆞᆫ風齒와虫齒며諸般齒통에大효가有ᄒᆞᆷ 小一瓶금十錢

止足汗臭水 手足의汗臭를除却ᄒᆞᄂᆞᆫ藥 一包금十錢

眼疾速治 光明眼藥 諸般眼疾에隨症皆差ᄒᆞᄂᆞᆫ東洋에初有ᄒᆞᆫ寶藥 小一瓶금十錢

調胃建中丸 急慢腸病과各種쳬瀉며赤白痢疾과怪病流行病에偉효가有ᄒᆞᆷ 一貼금卄錢

潤肺化담 止咳散 傷風火소와喘息勞소와吐담困難과呼吸哮喘胸膈刺통등神효 一貼금卄錢

解凝止통 能骨散 打撲跌落傷青종各種癉氣始初腹통陰囊종통骨濕통諸症幷효 小一瓶금十錢

吐血下血 神理止血丸 專治男婦勿論老幼諸般血症即吐血酒色過用由발되ᄂᆞᆫ담症並효 금六十錢

上海膏 담結、肩臂통、解凝、流注刺血등징에特別有효ᄒᆞᆷ 금十五錢

○淋疾藥各種○其他有名매藥各種○洋藥各種○化粧品各種
○都매散매○遠地에ᄂᆞᆫ郵편小包로迅速酬應ᄒᆞᆷ

漢城南大門內濟生堂大藥房 李庚鳳
代辦主任 李興國 白

電話 壹七二八番
電略 (제) 又 (卄イ)

◉特別廣告

○大韓全國藥品總發行所京城鍾路和平堂大藥房

官許登錄

(健胃消瘀)八寶丹(主治効能)

新舊積滯 急暫關格 霍亂吐사 頭痛眩운 運氣厲疫 預防妙藥

▲本堂에셔特허製賣ᄒᆞᄂᆞᆫ藥品五十餘種과漢城內各藥房에셔新發明ᄒᆞᆫ藥品도俱備ᄒᆞᆫ外에今日醫家에셔最大數常用ᄒᆞᄂᆞᆫ獨逸製藥品과其他日本製藥品各種與韓唐草材를直輸入ᄒᆞ야最低廉價로發賣ᄒᆞ오되地方에셔藥品을注文ᄒᆞᄂᆞᆫ境遇에ᄂᆞᆫ郵便小包로訊速付送홈

▲本堂附屬醫院에ᄂᆞᆫ學術과實驗이最著名ᄒᆞᆫ醫士를延聘ᄒᆞ야患者의內外科를勿論ᄒᆞ고精確히診察ᄒᆞ야施療ᄒᆞᄂᆞᆫ中或外方에셔病의症候만錄送ᄒᆞ시면其病에適應ᄒᆞ도록製藥ᄒᆞ와郵便으로卽時送呈홈

▲本堂의支店과代理店이我國境內에多數設立된中以後外方에셔支店과代理店을請求ᄒᆞᄂᆞᆫ同時에ᄂᆞᆫ藥品은依例送呈ᄒᆞ려니와其他本舖細則도並送홈

▲本堂에셔ᄂᆞᆫ特히漢城內醫業界와商業界와各社會와各官廳을連絡ᄒᆞ와藥品販賣上便利키爲ᄒᆞ야電話를設備ᄒᆞ엿ᄉᆞ오니誰某시든지藥品을電話로請求ᄒᆞ시면本舖에셔傳人送呈홈

京城鍾路和平堂大藥房本舖

主 任 李應善

電話番號

電話 壹六九七番

電署話 (화) (ㄱ)

◉特別廣告

蔘茸唐草藥材廉價大發賣

特別廣告

本店에셔開業三十餘年에 僉君子의愛顧ᄒᆞ심을蒙ᄒᆞ와 營業이발展ᄒᆞ옵ᄂᆞᆫ바수에盛意를報答키爲ᄒᆞ야 業務를一層擴張ᄒᆞ옵고良好ᄒᆞᆫ蔘茸唐草藥材를內地와外國으로셔多數히直輸入ᄒᆞ와 特別廉價로都賣散賣에信實히酬應ᄒᆞ오며地方에셔請求ᄒᆞ시ᄂᆞᆫ데對ᄒᆞ야ᄂᆞᆫ多小를不拘ᄒᆞ옵고郵便小包ᄂᆞᆫ運送部로訊速히付呈ᄒᆞ오되代金은引換으로ᄒᆞᆯ것ᄉᆞ오니京鄕僉君子ᄂᆞᆫ益益請求ᄒᆞ심을望홈

但地方에셔請求ᄒᆞ시ᄂᆞᆫ妙法

金一錢五厘를費ᄒᆞ시고一枚에葉書를使用ᄒᆞ사住所氏名과掌記를錄送ᄒᆞ시면能히遠路의跋涉과往返의旅費를要치아니ᄒᆞ시고本店에最良好ᄒᆞᆫ上品藥材를完全히買用ᄒᆞ실터이외다

京城南部銅峴三十五統三戶

蔘茸唐草藥材直輸入商

乾材藥局

崔聖弼 告白

特別廣告

本店에셔開業ᄒᆞᆫ지十六年間僉君子의愛顧ᄒᆞ심을特蒙ᄒᆞ와今年부터業務를大擴張ᄒᆞ고春夏秋冬所用으로紙屬手물等各國高等物品을現今多數直輸入이온바各地方에셔ᄂᆞᆫ貿易에便利賣買키爲ᄒᆞ야特廉減價ᄒᆞ와郵便小包로酬應ᄒᆞ야代金은引換ᄒᆞᆯ것사오니十三道各郡僉君子ᄂᆞᆫ隨意請求ᄒᆞ심을望

振替貯金番號(韓國壹三番)

電話番號(三五八)

漢城中部鍾路▣器廛洞二十一統五戶

廣興泰 告白

紙物貿易에迅速

(廣告文)

◉弊店에셔各種紙物을直輸入ᄒᆞ와地方同業僉位와其他僉彥에게特別廉減價로酬應ᄒᆞ겟사오니不拘多小ᄒᆞ시고註文ᄒᆞ시면郵便小包와運送部를經過ᄒᆞ와迅速히付呈ᄒᆞᆯ깃슴

物價表와品錄書ᄂᆞᆫ無料로付呈ᄒᆞᆷ

品高價低에爲主홈

(品目略錄)

內外國紙物大發賣

●壯紙、油壯板紙、窓戶紙、白紙、塗비洋紙、書畵各種、天井紙、古査紙、印札紙、牛紙、美濃紙、製圖紙、畵簡紙、封套紙、其他學校用品筆墨各種具備

漢城鍾路大廣橋

本店 紙物舖 金聖煥

電話 一千二百八十番

支店 漢城北部安洞別宮前

◉共愛堂大藥房製造各種藥品發行表

壯陽復元丹 此藥專治腦腎肺弱 房事色傷 心腎虛弱 遺精多夢、陽위不起 病後虛弱 不下飮食 先天不足 眩暈頭痛 壹週分壹圓 二週分壹圓八拾錢 四週分三圓四拾錢 八週分六圓四拾錢

修度靈丹 壹般체症胃腹통消化不良心神鬱悶船훈酒醉化담止히口熱惡臭食慾不振등症에並神効等症에並妙効가有홈

聖藥眼科清眼水 壹般眼疾、時行眼疾、風熱眼疾、羞明流淚、眼內紅痒등症에撥雲見天之妙(壹瓶金拾錢)

解하至寶丸 專治하疾卽氣虛하、遠年長하、一日二日하、雖難治之학이라도永々거근홈 壹包金拾錢

神藥皮膚靈效液 特治皮膚궤疥癬옴、皮風、諸般痒疹、두드러기、옷올닌데다神効홈 壹瓶금三拾錢

專治五淋通淋丸 急慢淋疾、赤백帶下、방광炎症、더炎皮濃漏外他淋毒性諸症에신效홈 壹제금五拾錢

妙効梅毒神應丹 楊梅瘡에壹期二期三期를勿問ᄒᆞ고確實이有효、連珠瘡下疳瘡等에幷효 壹제金三圓

신藥腹하清脾丸 喘治小兒壹般腹학、面黃、屎靑、左脇별腹에大有奇효홈 一匣金五拾錢

神効久대養胃散 通治經久滯積、呑酸吐사、霍亂、胃腹통大便不順等症에奏効如神 壹貼금十五錢

治痰鎭咳丸 專治大人히소、喘息、담結등症에妙 三日分一包금卅錢

特效冒感消熱散 勿論四時傷寒感冒、咽喉疼통、寒熱往來肢節통、似학非학등症有효 壹貼금拾錢

신효耳病清耳液 專治耳病卽鼓膜炎、內外聽道炎、耳中灼熱疼소痒、濃液流出等症有효 一瓶금十錢

百貼百應妙妙膏 風寒濕氣、胸肩背에牽引疼통、腰膝脚력酸통無力、骨節통등症에如神 금廿五錢

奏효如신能治膏 各種腫氣、小兒胎毒、부스럼濕腫、生新에並신효 一包금拾錢

大腫拔根膏 大小腫에根맥는약 價금拾錢

解凝膏 멍울삭히는약 價금拾錢

티눈去根藥 價금廿錢

齒痛水 충치風치신효 價금七錢五厘

鷄眼膏 티눈백는약 금拾錢

汗斑水 어루럭니약 금十錢

止泄丸 滯泄暑泄신효 價금拾五錢

痢疾藥 赤빅痢에신효 價금拾五錢

各種上等金雞納 東西洋有名賣ᄒᆞᄂᆞᆫ洋藥乾材都賣散賣其他各種藥이具備ᄒᆞ오니請求를依ᄒᆞ야小包로酬應ᄒᆞ겟숩

發行所

皇城南部大廣橋十九統七戶

共愛堂大藥房主 朴容桓 告白

◉觀鎭放學 私立觀鎭學校에 셔本月拾一日上午拾一時에各 에葛用근등四人이오三學年優 等生에李敏求등三人이오二學 인데洪承稷氏는空冊二拾部와 鉛筆拾打와廉仲模氏는空冊四 第勤勉훈後學徒李殷錫廉壽興 等三人이答辭ᄒᆞ고閉式을엿는 校에셔去九日土曜에進級式을 本學校內에셔設行ᄒᆞ엿는ᄃᆡ一 等生高点童等五人이요及第生 이九人이오幼稚班優등生裵興 氏가激切히勸勉ᄒᆞ엿다더라

光武九年八月拾壹日 明治三拾八年八月拾壹日 第三種郵便物認可

檀君開國四千二百四十三年
箕子元年三千三十二年
大韓開國五百十九年
本報創刊日 光武八年七月十八日

大韓每日申報

第八卷 月曜及慶節歲時日休刊 第壹千四百卅三號

發行兼編輯人 李章薰
發行所 京城中部布屛門工營街 二層洋屋 大韓每日申報社

產등物의執行을當ᄒᆞ엿다더라
◎何厚於李 侍從卿尹德榮氏
의金貨를橫財ᄒᆞ야田宅을廣置
ᄒᆞ고今於其五代祖父贈諡致祭
百圓을特別 下賜ᄒᆞ시고尹氏
兄弟가金貨與各樣物品을優數
理를載船ᄒᆞ고金浦에下往ᄒᆞ야
四五日을佚宕傲游ᄒᆞ엿ᄂᆞᆫᄃᆡ尹
이蕩敗換歡에至ᄒᆞ고門人에게
ᄂᆞᆫ如此히厚待ᄒᆞᆫ다고批評이藉
楨氏를錢財事로起訴ᄒᆞ엿다ᄂᆞᆫ
事ᄂᆞᆫ更聞ᄒᆞᆫ즉昨年分에債錢相
憲兵分遣所에起訴ᄒᆞᆫ事ᄂᆞᆫ無ᄒᆞ
다더라

論說

中樞院을諮詢院으로變更ᄒᆞᄂᆞᆫ事에對ᄒᆞ야

我韓人民은元來로專制下에在ᄒᆞ야言權이無ᄒᆞᆫ즉政府의是非와政治의善惡을巷議가起ᄒᆞ면朝廷을誹謗ᄒᆞᄂᆞᆫ責을免치못ᄒᆞ니비록管葛의謀와蘇張의辯이有ᄒᆞᆯ지라도含口無語ᄒᆞ고袖手傍觀ᄒᆞ야國이亾ᄒᆞ든지興ᄒᆞ든지他人의家事로視ᄒᆞ니志士의營綸과義士의春秋를發表處가無ᄒᆞ니外患이迫頭ᄒᆞ야도一言을발ᄒᆞᆯ者ㅣ無ᄒᆞ고內亂이將起ᄒᆞ야도一言을발ᄒᆞᆯ者ㅣ無ᄒᆞ고政治가紊亂ᄒᆞ야도一言을발ᄒᆞᆯ者ㅣ無ᄒᆞ고民情이困瘁ᄒᆞ야도一言을발ᄒᆞᆯ者ㅣ無ᄒᆞ니此를엇지人民이有ᄒᆞᆫ國이라謂ᄒᆞ리오甲午以後에政變ᄒᆞᄂᆞᆫ時機를當ᄒᆞ야一中樞院을僅設ᄒᆞ얏스나規模가未立ᄒᆞ고言路가未開ᄒᆞ야議士ᄂᆞᆫ徒以含口爲主ᄒᆞ고旅進旅退ᄒᆞ야泥塑樣을作ᄒᆞ엿스니如此ᄒᆞᆫ議院을置ᄒᆞᆷ들於國에何益이有ᄒᆞ리오

近日에議院의名義를諮詢院으로變更ᄒᆞᆫ다ᄂᆞᆫ說이有ᄒᆞ니政府當局者의籌策이何에居ᄒᆞᆫ지ᄂᆞᆫ知치못ᄒᆞᄂᆞᆫ바ㅣ어니와大抵議院이라ᄒᆞᄂᆞᆫ者ᄂᆞᆫ上古에治隆ᄒᆞᆫ時에施政ᄒᆞᆯ事가有ᄒᆞ면君卿大夫ᄂᆞᆫ殿廷에서相議ᄒᆞ고士民縉紳은學校에서相議ᄒᆞᄂᆞᆫ데左右諸大夫의言을可히盡信ᄒᆞᆯ바ㅣ無ᄒᆞ고國人의言을必察ᄒᆞᆫ然後에黜陟을乃定ᄒᆞ더니中古에至ᄒᆞ야其法이遂廢ᄒᆞ니쳡道ᄒᆞ기를天下有道에庶人은不議ᄒᆞᆫ다ᄒᆞ야處士가橫議ᄒᆞ다가淸流의禍에罹ᄒᆞᆷ으로政事의擧廢와法令의更張은在上ᄒᆞᆫ人이權衡을自秉ᄒᆞ야善惡은不計ᄒᆞ고議畢에卽行ᄒᆞ니人民은비록嘉言良謀가有ᄒᆞᆯ지라도上達ᄒᆞ기를末由ᄒᆞ니疆臣이陳奏ᄒᆞᆯ事가有ᄒᆞᆯ지라도下部議에仍飭ᄒᆞ거든況其在下者乎아在上者가事權을法令에屬ᄒᆞ니必行ᄒᆞᄂᆞᆫ데在ᄒᆞ고在下者ᄂᆞᆫ勢位가懸殊ᄒᆞ야情隱을相告키不能ᄒᆞ니是以로上에利ᄒᆞᆫ者ᄂᆞᆫ下에利치못ᄒᆞ며下에便ᄒᆞᆫ者ᄂᆞᆫ上에便치못ᄒᆞ니情誼가相隔ᄒᆞ고好惡가各殊ᄒᆞ야政府와人民이氷炭과如히器를同치못ᄒᆞ고薰유와如히臭가同치못ᄒᆞ야憾情을相抱ᄒᆞ고仇讐로同視ᄒᆞ니而國이엇지安ᄒᆞ며而民을엇지治ᄒᆞ리오公議를博採ᄒᆞ자ᄒᆞ면泰西列强의議院規模와同一치아니ᄒᆞ면到底히不成ᄒᆞ리라ᄒᆞ노라

都城에上下議院을設有ᄒᆞᄂᆞᆫ데上院인즉宗室과勳戚과各大員으로當케ᄒᆞᄂᆞᆫ것은以其近於君이오下院인즉紳士와商民의優望이有ᄒᆞᆫ者로充ᄒᆞᄂᆞᆫ것은以其近於民이라國事가有ᄒᆞᆯ時에先令下院으로議定케ᄒᆞ야上院에達ᄒᆞ면上院에서ᄂᆞᆫ皇上께奏聞ᄒᆞᄂᆞ니兩院의意議가符合ᄒᆞ면皇上우其決을從ᄒᆞ고或彼此가參差ᄒᆞ면或停止不議ᄒᆞ고或覆議後定ᄒᆞᄂᆞᆫ故로施政의策을擧ᄒᆞᆫ則國人이咸知ᄒᆞ야上下의情이相通ᄒᆞ고施措가得宜ᄒᆞᆯ지니政府當局諸公이여

官報

◎第四千七百二十八號
▲隆熙四年七月十二日（火曜）
◎敍任及辭令
○六月三十日 內藏院理事靑山淺治郞 奎章閣記注官李龍九 御苑事務局部長劉漢性 陞敍奏任官二等 侍從院侍從金永甲 同洪奎植 掌禮院禮式官朴叙陽 侍從院典醫洪在暐 掌禮院掌典官金世益 掌禮院國樂師長咸在韻 陞敍奏任官三等 宮內府主事渡邊正丸 同高木榮 同南重燮 內藏院主事末松多美彥 典膳司主事李完教 御苑事務局主事林炳贊 掌禮院典祀補尹昇求 同金容大 同崔炳日 陞敍判任官二等 侍從院主事崔창植 承寧府主事李豐用 同李明夏 御苑事務局技手全祐吉 陞敍判任官三等 圜丘壇典祀補金哲洙 社稷典祀補李晦秀 懿孝殿典祀補沈鍾燦 毓慶宮、大嬪宮、延祐宮、毓祥宮、宣禧宮、景祐宮、典祀補李英宰 陞敍判任官四等
○七月四日 郡主事朴弼玟 陞敍判任官三等
○七月五日 柳寅熙 任郡主事敍判任官四等
○七月六日 煉瓦製造所主事神寄愿 任建築所主事敍判任官三等
○七月七日 臨時財源調査局技手多羅尾周助 陞敍判任官三等
○七月八日 李範英 任郡主事敍判任官四等
郡主事朴弼玟 依願免本官（七月五日內部） 臨時財源調査局技手多羅尾周助 依願免本官（七月七日度支部） 土地調査局主事康永祐 同李成鎬 同三浦熊治 依願免本官（以上七月七日土地調査局）

外報

◎克島의服從 維也納來電을據ᄒᆞᆫ즉크리트島政府ᄂᆞᆫ必竟列國要求에服從ᄒᆞ얏다더라

◎土希兩國起債 同電을據ᄒᆞᆫ즉土耳其國은巴里에서一億五千萬法의國債를發行ᄒᆞ려고方今協議中이오希臘國은既히倫敦에서五千萬法을募集ᄒᆞ얏다더라

◎花墜空中 倫敦來電을據ᄒᆞᆫ즉써、라런男爵의夫人은法國「란스」에서飛行機를乘ᄒᆞ고空中으로飛行ᄒᆞ다가一百五十尺의高處로브터墜落ᄒᆞ야手足이折斷되얏다더라

◎露日協約과德國 同電을據ᄒᆞᆫ즉德國에有力ᄒᆞᆫ新聞記者等은今番에成立된露日協約은英日同盟의效果를薄弱케ᄒᆞᆷ이라ᄒᆞ고ᄯᅩ同國海軍界에有名ᄒᆞᆫ「레푸엔도러」伯爵은將來에避치못ᄒᆞᆯ美日戰爭에ᄂᆞᆫ英日同盟이何等效果를日本에與치아니ᄒᆞ리라고言明ᄒᆞ얏다더라

◎日露協約과墺國 同電을據ᄒᆞᆫ즉墺地利國은今番에成立된日露協約에對ᄒᆞ야大段憂慮ᄒᆞᄂᆞᆫ模樣인ᄃᆡ此ᄂᆞᆫ日露協約된結果로露國이勢力을得ᄒᆞ야更히巴爾幹方面에其全力을集注ᄒᆞᆯ가ᄒᆞᆷ이라더라

◎淸國의排德運動 同電을據ᄒᆞᆫ즉伯林에서발表ᄒᆞᆫ上海來電에廣東出身으로北京留學生의指導에關ᄒᆞᆫ排德運動은淸國人의誤行ᄒᆞᆷ이아니라英人이德國의商況을擊破코저ᄒᆞ여右의運動을煽動ᄒᆞᆷ이라더라

◎日露協約論 上海에서발行ᄒᆞᄂᆞᆫ北淸日報ᄂᆞᆫ今番에成立된日露協約에對ᄒᆞ야論評ᄒᆞ기를同協約의直接影響은日本에自由를與ᄒᆞ야韓國併呑의策을實行케될지니現今滿洲의利益이既히淸國을離ᄒᆞ야外人의手에歸ᄒᆞ야外人이此淸國의領土되ᄂᆞᆫ滿洲를任意로分割ᄒᆞᄂᆞᆫ境에至ᄒᆞ여ᄂᆞᆫ其屈辱됨을忍受ᄒᆞᆫ外에更無他策이라然則淸國이不遠間에今日慘狀이極ᄒᆞᆫ韓國의形便에至ᄒᆞᆯ지도不知ᄒᆞ리라ᄒᆞ얏더라

◎美國의小麥農 紐育來電을據ᄒᆞᆫ즉美國의昨年小麥收穫은七億三千八百萬「부쉘」인ᄃᆡ本年의收穫預算은六億二千萬「부쉘」이라더라

◎松花江問題 哈爾賓來電을據ᄒᆞᆫ즉松花江問題에關ᄒᆞ야淸國은露國의提議를容入ᄒᆞᆫ다ᄂᆞᆫ說이有ᄒᆞᆷ으로露國은其協議成立됨을期待ᄒᆞᆫ다더라

雜報

◎凶器발現 彰義門外居金允淳氏家에凶器를藏置ᄒᆞ엿다ᄂᆞᆫ說이有ᄒᆞᆷ으로北部경察署에서派巡搜索ᄒᆞ야銃一柄이발現된故로該氏를提囚ᄒᆞ고目下取調中이라더라

◎看花敎景 崔錫夏氏ᄂᆞᆫ再昨夜에同家에寄留ᄒᆞᄂᆞᆫ金永胤氏를同伴ᄒᆞ야中部下漢洞金昌雲酒家에前往飮酒ᄒᆞ다가何등語失이有ᄒᆞ엿든지所管警察署에被捉ᄒᆞ엿다더라

◎養成所無暇 各官公私立學校에서一切夏期休暇를ᄒᆞ엿ᄂᆞᆫᄃᆡ官立漢城高等學校附屬土地調查事務員養成所에서ᄂᆞᆫ實地從事에急迫ᄒᆞᆷ을因ᄒᆞ야夏期休暇가無ᄒᆞ다더라

世界歷史

❀宗教改革의計劃❀

當時巴里大學은宗教社會에一大勢力이有ᄒᆞ야二人의法王을並皆不從ᄒᆞ고一千三百八拾年에中立의布告를行ᄒᆞᆫ後에其敎授ㅣ이主論ᄒᆞ되宗教會議를開ᄒᆞ야宗教上의弊害를一切蕩掃ᄒᆞᆷ이可ᄒᆞ다ᄒᆞ더니一千四百九年에遂至ᄒᆞ야(피사)에開會ᄒᆞ고羅馬의法王「쇠리쇠리」拾二世及(아비니온)의法王「쎄니찌트」十三世를皆廢ᄒᆞ고「알렉샌드로」五世를選立ᄒᆞ엿더니兩法王이皆肯從치아니ᄒᆞᆫ즉三人의法王이一時幷立ᄒᆞ엿더니一千四百十年에「알렉샌드로」五世가歿ᄒᆞ고「기오반」二十三世가繼立ᄒᆞ엿더니日耳曼帝「시기스먼드가」一千四百十四年에(콘스탠쓰)에宗教會議를開ᄒᆞ고三人의法王을盡廢ᄒᆞ고單獨의法王을立ᄒᆞᆯ事를議ᄒᆞ며又「쫀허쓰」를召喚ᄒᆞ야異教者라稱ᄒᆞ야燒殺ᄒᆞ니(베멘)의人民이크게激昻ᄒᆞ야十七年間大亂을釀生ᄒᆞ니라然ᄒᆞ나一千四百十七年에「미틴」五世를選立ᄒᆞ야單獨法王을삼아教會를再次一統ᄒᆞ며又一千四百三十一年에宗教會議를瑞西(빠셀)에開ᄒᆞ야改革을討議ᄒᆞ다가各國의僧侶間에軋轢이起ᄒᆞᆷ으로目的을能達치못ᄒᆞ고一千四百四十九年에閉會ᄒᆞᆷ에遂至ᄒᆞ니於是에多年希望ᄒᆞ던바가雪泥의鴻爪로化作ᄒᆞ고宗教上에弊害ᄂᆞᆫ依然尙存ᄒᆞ더라然ᄒᆞ나此ᄂᆞᆫ到底히當時人心을慰滿키不能ᄒᆞ야「루터」大改革이仍起ᄒᆞ니政治의權力을已失ᄒᆞᆫ法王은繼又宗教上權力을減殺ᄒᆞ기에仍至ᄒᆞ니라

（未完）

詞藻

❀粘蠅有藥❀ 于堂

蒼蠅滿屋竟難揮箇々來粘奮不飛坐看百千羣小輩自眈細利蹈危機

評曰世間利路滔滔如是宜小人見而蹈之大人觀感而悲之者也

宮廷報

◎賜額奉安 太皇帝陛下ᄭᅦ옵셔ᄂᆞᆫ本願寺賜額奉安式에魚侍從을 御使로 差遣ᄒᆞ옵셧다더라

雜報

◎山縣巡視 山縣副統監은憲兵隊長會議를終了ᄒᆞᆫ後에各部의視務狀況을巡視ᄒᆞᆫ다더라

◎參與官會議 昨日午前拾一時에統監府에서參與官會議를開ᄒᆞ엿다더라

◎議後頒布 內部法令審査會에서水利組合法을提議ᄒᆞ엿ᄂᆞᆫ其內容인즉目的地域、權利義務、組合員資格如何를審査ᄒᆞᆫ故로將次內閣에建議ᄒᆞ야法律로頒布ᄒᆞᆯ터이오施行細則은內部令으로頒布ᄒᆞᆫ다더라

◎兩氏運動 總理大臣李完用氏가辭職ᄒᆞ기로決定ᄒᆞ엿스나自己黨派中으로總理의職을被任케ᄒᆞᆫ後에야身退ᄒᆞ려ᄒᆞᆫ다ᄂᆞᆫᄃᆡ侍從院卿尹德榮宮內府大臣閔丙奭兩氏가會同ᄒᆞ야該椅子를運動ᄒᆞᄂᆞᆫ中이라더라

◎明石設宴 明石少將은昨日午后七時에京城旅館에서山縣副統監、各參與官、경務總監部各高등官을招待ᄒᆞ야盛히設宴ᄒᆞ얏다더라

◎關於行政 內部에서行政上에必要를因ᄒᆞ야宮內府로셔國朝寶鑑을借來ᄒᆞ엿다더라

◎憲部會同 既報와如히昨日日憲兵司令部에서憲兵隊長警察部長을會同ᄒᆞ야訓諭ᄒᆞ엿ᄂᆞᆫᄃᆡ內部宇佐美次官이往參ᄒᆞ엿다더라

◎渡邊還任 渡日ᄒᆞ엿던農商工部事務官渡邊은日前에還任ᄒᆞ엿다더라

◎合倂土局 漢城府財務監督局臨時國有土地調査係에서ᄂᆞᆫ目下調査文簿整理事務에着手ᄒᆞ야來八月末日內로畢了ᄒᆞᆯ豫算인ᄃᆡ該係ᄂᆞᆫ同時廢止ᄒᆞ고土地調査局으로合倂ᄒᆞᆫ다더라

◎醫院俸給加額 內部에서地方에慈惠醫院의預算及官吏俸給追加額을修定ᄒᆞ야度支部로照會ᄒᆞ고支撥ᄒᆞ라ᄒᆞ엿다더라

◎保安林視察 慶尙北道管內의諸般保安林을視察調査ᄒᆞ기爲ᄒᆞ야農商工部에서加藤技師를昨日派送ᄒᆞ엿ᄂᆞᆫᄃᆡ來往期限은二週日間으로定ᄒᆞ엿다더라

◎修道起工 大邱及安東間에道路를修築次로調査ᄒᆞᆫ다더니近間ᄒᆞᆫ즉調査의結果로此月中에起工ᄒᆞᆫ다더라

◎種痘數爻 年來로國內의種痘를施行ᄒᆞᆷ은一般知了ᄒᆞᄂᆞᆫ바어니와內部에서其調査表를修定ᄒᆞ엿다ᄂᆞᆫᄃᆡ隆熙二年度에ᄂᆞᆫ總數爻가五十四萬名이오三年度에ᄂᆞᆫ六十八萬名이라ᄂᆞᆫᄃᆡ本年度에ᄂᆞᆫ婦人의種痘數가增加됨으로昨年度보담增加ᄒᆞᆯ貌樣이라더라

◎林籍調査 農商工部에서國內의林籍을調査ᄒᆞ야參考的으로編纂발刊ᄒᆞ기로計劃ᄒᆞ엿다더라

◎公私校日覽表 學部에서官公立學校의日覽表를編刊ᄒᆞ기爲ᄒᆞ야各學校敎監에게申飭ᄒᆞ야記載件을卽爲修報ᄒᆞ라ᄒᆞ엿다더라

◎一進借欵 一進會에서該會員中貧窮者를殖產營業케ᄒᆞᆯ目的으로日本政府로서金貨二千萬圓을借欵ᄒᆞ기로目下契約을交涉ᄒᆞᄂᆞᆫ中이라더라

◎違令者多 私立學校令에私立學校ᄂᆞᆫ每年五月末日에各該校情況을學部에修報ᄒᆞ라ᄒᆞ엿스나該令을施行者가幾名에不過ᄒᆞᆷ으로漢城府에서各私립學校로指揮ᄒᆞ고從速修報ᄒᆞ라ᄒᆞ엿다더라

◎偵探減額 日憲兵司令部에서ᄂᆞᆫ通譯以下一般偵探人등을日間減額ᄒᆞ기로協議ᄒᆞ엿다더라

◎稅關支署移轉 新義州稅關支署ᄂᆞᆫ本月一日에新廳舍로移轉ᄒᆞ엿다더라

◎高等巡事의蠻行 등監府警務總監部高등刑事巡査日人村上政治郞은再昨日漢城府民會事務員鄭達永氏를無端毆打ᄒᆞ엿슴으로鄭氏가所管警察署에呼訴ᄒᆞ엿다더라

◎雲慘日冥 李在明等諸氏의公判은昨拾二日午前拾時에控訴院에서楠裁判長이判決ᄒᆞ엿ᄂᆞᆫᄃᆡ李在明氏ᄂᆞᆫ死刑에宣告ᄒᆞ고金丙祿氏ᄂᆞᆫ役拾五年에處ᄒᆞ고其他諸氏ᄂᆞᆫ前判決ᄃᆡ로處決ᄒᆞ엿다더라

◎長書者被黜 國民同志贊成會에서ᄂᆞᆫ再昨日下午二時에臨時評議會를開ᄒᆞ고同會員孫헌氏가統監府에長書ᄒᆞᆫ事件에對ᄒᆞ야該氏를黜會ᄒᆞ엿다더라

◎東拓出張 東洋拓殖會社에서ᄂᆞᆫ近來에各地에出張所를新設ᄒᆞᆷ은既報어니와今에大邱에出張所를新設ᄒᆞ고慶尙道全體의事務를管理ᄒᆞᆫ다더라

◎商民投敎 商務組合本部員一同이再昨夜侍大敎에投入ᄒᆞ엿ᄂᆞᆫᄃᆡ該部副事務李瑗宰氏ᄂᆞᆫ此를預測ᄒᆞ고前期請願自退ᄒᆞ엿다더라

◎千形萬態 中部蛤洞居尹姓女ᄂᆞᆫ年今十八인ᄃᆡ或稱某學校學徒金星子라ᄒᆞ며或稱某病院看護婦라ᄒᆞ고密賣淫에從事ᄒᆞᆫ다더라

◎分金牛鬪 寺洞演興社에서ᄂᆞᆫ每夜에賣票金을多少間社員이共同分利ᄒᆞᄂᆞᆫᄃᆡ再昨夜에該金分排에對ᄒᆞ야何等不公平ᄒᆞᆫ事件이有ᄒᆞ엿든지社員등이互相爭鬪ᄒᆞ야一場風波가起ᄒᆞ엿다더라

◎藏花所誇張 金完洙等이藏花組合所를設立ᄒᆞᆯ次로某日人과協同運動ᄒᆞᆫ다ᄒᆞᆷ은既報어니와統監府警務總監部에何等周旋이有ᄒᆞ엿ᄂᆞᆫ지日間承認ᄒᆞᆫ다고逢人誇張ᄒᆞᆫ다더라

◎價收物留 前參領閔大植氏ᄂᆞᆫ齋洞洋屋建築에需用ᄒᆞᆯ煉瓦三百五十圓價値를購入ᄒᆞᆯ次로日人赤池와契約을成立ᄒᆞ고金一百五十圓을先給ᄒᆞ엿ᄂᆞᆫᄃᆡ該日人이物品도供給치아니ᄒᆞ고金百圓만先捧ᄒᆞ엿다ᄒᆞᆷ으로閔氏가日昨北部警察署에呼訴ᄒᆞ엿다더라

◎崔氏節行 楊平郡西宗面鼎排里居朴萬彬氏의婦人崔氏ᄂᆞᆫ方年三十이라去丁未義擾에其夫가砥平등地에셔致命인바家勢至窮ᄒᆞ고外無主管ᄒᆞᆷ으로崔氏가其夫屍所를四處廣問ᄒᆞ야雪寒氷程에冒險躬往ᄒᆞ야先塋下에返葬ᄒᆞ고晝春夜績ᄒᆞ야七旬老姑와三歲穉子를誠心養恤ᄒᆞ고敗殘家產을極力保有ᄒᆞ며親家姊妹中에或勸其改節ᄒᆞᆫ즉正色拒絶曰當初葬夫時에捨身下從코져ᄒᆞ다가無依無托ᄒᆞᆫ老母穉子를付托이無處故로不忍捨歸ᄒᆞ엿거ᄂᆞᆯ今에此를捨ᄒᆞ고他人에適ᄒᆞ면엇지人類에齒ᄒᆞ리오ᄒᆞ고終不改志ᄒᆞᆫ다더라

◎奸狀綻露 崔弘、韓瑆洙兩人이田畓文券을僞造ᄒᆞ야西部奉常司居鄭益徹氏에게委托ᄒᆞ야債出ᄒᆞ려다가奸狀이綻露되야崔韓兩人은逃走ᄒᆞ엿고鄭氏ᄂᆞᆫ京城憲兵第二分隊에被招ᄒᆞ엿다가卽爲放送ᄒᆞ엿다더라

◎鄭宗訴冤 鐵山郡居河東鄭氏의始祖山이宣川龍耕里下端洞에在ᄒᆞ야數萬名子孫이五百餘年을守護ᄒᆞ엿ᄂᆞᆫᄃᆡ該郡居桂學瑞氏等이該山坂에金鑛을開設ᄒᆞᆯ次로農商工部에請願ᄒᆞ엿다ᄂᆞᆫ說을聞ᄒᆞ고該鄭氏門中에셔雖至死境이라도期於히禁斷ᄒᆞ기로決心ᄒᆞ야屢度宗會ᄒᆞ고爲先代表一人을京中으로上送ᄒᆞ야農商工部에呼訴ᄒᆞ엿다더라

◎弄花賣土 典膳司長金珏鉉氏의妾黃裳의前夫所生女翠香을前秘書丞徐丙贊氏에게出嫁ᄒᆞᆫ다ᄒᆞ엿ᄂᆞᆫᄃᆡ中間媒介ᄂᆞᆫ金珏鉉氏오徐丙贊氏ᄂᆞᆫ此로因ᄒᆞ야四百石秋收畓半數ᄂᆞᆫ斥賣ᄒᆞ엿다더라

◎慘哉此僧 再昨日下午二時에西學峴等地에서何許僧侶가過去ᄒᆞ다가無端暴死ᄒᆞ엿슴으로所管警察署에셔巡査를派送ᄒᆞ야檢査ᄒᆞ엿다더라

◎觸車被傷 中部貫子洞등地居李姓女ᄂᆞᆫ再昨日下午一時에長橋通衢에서肥料馬車에磨擦ᄒᆞᆫ바이되야重傷을被ᄒᆞ엿ᄂᆞᆫᄃᆡ大韓醫院에셔[illegible]治療中이라더라

◎傳道滿期 靑年會牧師美國人申愛道氏ᄂᆞᆫ我國에傳道期限이已滿ᄒᆞ엿슴으로今十八日에發程歸國ᄒᆞᆫ다더라

◎尹氏云歸 萬國靑年會에參與키爲ᄒᆞ야美國으로발往ᄒᆞ엿던尹致昊氏ᄂᆞᆫ本月三拾日頃에歸國ᄒᆞ겟다고其本第에通信이有ᄒᆞᆫ다더라

◎經費支用方法 婦人社會에서經營ᄒᆞ던助產婦養成所ᄂᆞᆫ經費의窘艱을因ᄒᆞ야廢止ᄒᆞᆫ境에至ᄒᆞ엿더니各婦人들이昨日에尹高羅氏家에會同ᄒᆞ야該所成立件과經費支用方法을協議ᄒᆞ엿다더라

◎布敎歸京 大同敎總事李範圭氏ᄂᆞᆫ咸鏡南北道에布敎ᄒᆞᆯ次로前往ᄒᆞ엿다가明日에歸京ᄒᆞᆫ다더라

◎靑年俱樂 忠南公州府紳士李重雨申鉉九金基鴻金仁泰등二十人이靑年俱樂部를設立ᄒᆞᆫ다더라

◎平和會總會 本月拾四日水曜에韓國平和協會會館內에셔臨時總會를開ᄒᆞᆫ다더라

◎李氏熱心 北墾島來信을據ᄒᆞᆫ즉該島居ᄒᆞᄂᆞᆫ李同春氏ᄂᆞᆫ祖國을不忘ᄒᆞ고韓人敎育會를組織ᄒᆞ고熱心視務ᄒᆞᆷ으로人皆稱頌ᄒᆞᆫ다더라

電報

◎謁見日皇 韓國皇太子殿下ᄭᅴ셔ᄂᆞᆫ昨日午前十一時半에日皇陛下ᄭᅴ謁見ᄒᆞ시고今日에出발ᄒᆞ샤修學旅行의途의就ᄒᆞ신다ᄂᆞᆫ旨로言ᄒᆞ셧다더라

◎皇太子殿下御巡遊 韓國皇太子殿下ᄭᅴ셔ᄂᆞᆫ明拾三日에山陰山陽에 御遊覽ᄒᆞ실途에上ᄒᆞ실터인ᄃᆡ舞鶴에滯在ᄒᆞ실時에港內를 御巡覽ᄒᆞ시고且天之橋에 御遊覽ᄒᆞ실際에ᄂᆞᆫ舞鶴軍港水雷艇을搭乘ᄒᆞ실터이오拾七日에該港에셔鳥取縣網代港에 御到着ᄒᆞ샤二拾六日에境港에셔兵庫縣津房山港을 御渡航ᄒᆞ실時에ᄂᆞᆫ軍艦對馬號를 御搭乘ᄒᆞ시기로決定되엿다더라

◎有吉발程 有吉統監府總務長官은再昨夜에出발ᄒᆞ얏다더라

◎地方事情調査 寺內統監은本月二十二日에赴任ᄒᆞ야삼箇月間을地方事情을調査ᄒᆞ기로決定ᄒᆞ엿다더라

◎無線電信增設 遞信省에서ᄂᆞᆫ小笠原郡島八丈島及其他各島嶼에無線電信을設置ᄒᆞᆫ다더라

以上東京발 拾二日着

▲蜉蝣世界▼

▲此大地에浮生ᄒᆞ니爾胡爲乎공忽인고一陣蜉蝣ᄃᆡ蹤跡이朝生暮死可憐ᄒᆞ다

▲不知身存沒ᄒᆞ고空自成群來往ᄒᆞᆯ제衣巾上에誤點타가爲人所憎撲滅ᄒᆞ면更無形跡掃如ᄒᆞ니蜉蝣世界되엿고나

▲如飛蛾之撲燈ᄒᆞ야不分東西奔忙ᄒᆞ나一陣猛風忽打ᄒᆞ면雪片ᄀᆞ치飛散ᄒᆞ야歇泊無處엇지ᄒᆞᆯ고蜉蝣世界되엿고나

▲夏大薰蒸乘時ᄒᆞ야ᄃᆡ微物이발生ᄒᆞ나네時節이不久ᄒᆞ야凉雨冷風暮秋天에瞬息消盡無餘ᄒᆞ니蜉蝣世界되엿고나

▲出自空中歸空中은爾之爲物甚微ᄒᆞ나聚群成黨無數ᄒᆞ고塵埃間에混雜ᄒᆞ야能蔽兩眼作戲ᄒᆞ니蜉유世界되엿고나

▲人生百年如夢ᄒᆞ니富貴貧賤如斯로다哀爾生之須臾ᄒᆞ니興亡盛衰有時로다何其營營滔滔런고蜉유世界되엿고나

◎面長有人 鏡城郡漁郞面長李明逵氏가敎育에熱心ᄒᆞ야面

◎實業講習 東部梨峴私立新興學校內에實業講習所를設立

◎義務校況 雲山郡北鎭私立義務學교에서月終試驗을經ᄒᆞ

紙筆로優數施賞ᄒᆞ고學監卓桂胄氏ᄂᆞᆫ勸勉的으로一場說明ᄒᆞ

日語科生徒李演哲氏ᄂᆞᆫ本來家貧所致로學費가困難ᄒᆞ야學課

氏가其情況을慨歎히녀여月謝金을月月이自擔ᄒᆞ야該校에入

라又月謝金을自擔ᄒᆞ야麻洞研精堂算術科에入學케ᄒᆞ엿ᄂᆞᆫᄃᆡ

▲有聲畵▼

▲總理는地位를鞏固ᄒᆞ려고侍從副卿李會九와承寧府總管趙民熙氏中에一人을日本政府에派送周旋ᄒᆞ기로協議ᄒᆞᆫ다지周旋이잘되면幸이어니와周旋이잘못되면뒤ᄯᅥᆨ지칠일이心亂ᄒᆞ겟고

▲農大가總理를訪問ᄒᆞ고言ᄒᆞ기를現政界에對ᄒᆞ야不便ᄒᆞᆫ點이多ᄒᆞᆷ으로辭職ᄒᆞ기로決心ᄒᆞ노라ᄒᆞᆫ즉總理는沈默不答ᄒᆞ엿다지寡婦슬음은동모寡婦가안다고氣가막혀말이업나

▲一進會員金在坤이가日本으로부터歸國ᄒᆞ엿는ᄃᆡ宋秉畯의前途의狼狽ᄒᆞᆷ과會員의餘望이已絶ᄒᆞ엿다고該會席에셔說明ᄒᆞ다가放聲大哭ᄒᆞ얏다지可憐ᄒᆞ다一進會가울음天地가되엿고나

廣告

嚴台永親葬返虞를以陽曆十四日午後二時에靑坡定ᄒᆞᆷ
嚴柱憲 告白

本人의故從兄準世氏의妻李召史逐出事는確有明證ᄒᆞ니無庸多言이고本月六日大韓新聞第八百六十九號雜報欄內에準世氏의嫡母鄭氏가其次子燦世를次養코져ᄒᆞᆫ즉燦世의所生母親金氏가財産相屬權을付與ᄒᆞ라ᄒᆞᆫ것은初無是事오此는卽李召史의奸計所做이니不足槪論이나陷人不測이豈有如李召史之敢行者乎아至於準世氏家財産ᄒᆞ야는鄭夫人以外에更無主幹者ᄒᆞ니從今以後로誰를勿論ᄒᆞ고李召史와財政去來에關係가有ᄒᆞᆫ者는不免良貝矣리니內外國人은切勿見欺ᄒᆞᆷ
西部司온洞參十參統七戶
從弟 李慶世 白

廣告

張志淵 序文
服部暢 大垣丈夫 鄭雲復 著述
學部檢定

日語大成

洋裝一部 定價金壹圓
半洋一部 定價金八十五錢

此書前名은獨習日語正則이온바數年來로愛讀者多ㅎ와三版발行ㅎ왓ㅅ오나其間乏絕되왓솝고敎科書에完全치못홈으로因ㅎ와這間自學部로完全케精密檢定ㅎ와高등敎育日語科學員用敎科書로檢定되온바獨習에倍前一層평易ㅎ옵고日語高등敎科書에適當혼良書이오니江湖僉君子는速々講覽ㅎ시와不及之歎이無케ㅎ시옵

發行兼元賣所 中部布屛下卄七統六戶 廣學書舖 金相萬

分賣所 中部勝洞禮拜堂前 東洋書院 中部洞口 中央書舖 京鄕各書舖

本商會と世運의進化와商業의發展을隨ㅎ야業務를新鮮擴張ㅎ야各種布木紬苧緞屬新式毛織等諸般衣服所用物貨를多數貿易ㅎ야僉君子의請求를誠實酬應ㅎ오며地方에と請求만ㅎ시면郵便小包나運送部로送呈ㅎ고代金은引換ㅎ겟사오니地方에商店이나所用되시と僉君子と多數請求ㅎ심을望

韓國收入印紙原賣所
有價証券典當賣買所
京城鍾路通二十二統四戶
壽南商會 金泰熙

測量製圖器械 其他附屬品文具 都賣散賣

京城本町三丁目郵便局前 シノザキ 篠崎器械店
平壤南門通二丁目 シノザキ 篠崎支店

蔘茸唐草藥材廉價大發賣

特別廣告

本店에셔開業三十餘年에 僉君子의愛顧ㅎ심을蒙ㅎ와 營業이발展ㅎ옵는바ㅅ에 盛意를報答키爲ㅎ야 業務를一層擴張ㅎ옵고良好혼蔘茸唐草藥材를內地와外國으로셔多數히直輸入ㅎ와特別廉價로都賣散賣에信實히酬應ㅎ오며地方에셔請求ㅎ시는더對ㅎ야는多小를不拘ㅎ옵고郵便小包는運送部로訊速히付呈ㅎ오되代金은引換으로ㅎ깃ㅅ오니京鄕僉君子는益益請求ㅎ심을望홈

但地方에셔請求ㅎ시는妙法

金一錢五厘를費ㅎ시고一枚에葉書를使用ㅎ사住所氏名과掌記를錄送ㅎ시면能히遠路의跋涉과往返의旅費를要치아니시고本店에最良好혼上品藥材를完全히買用ㅎ실더이외다

京城南部銅峴三十五統三戶
蔘茸唐草藥材直輸入商
乾材藥局
崔聖弼 告白

特別廣告

松村先生池錫永 著
袖珍 美本

字典釋要

全一冊 定價金八十錢

本書는我韓에著名혼池錫永氏의數十年研究홀바인더普通玉篇보다五千餘子를增補ㅎ몬더러二十義를國文으로明白히解釋혼要書이오니 僉君子는速々購覽ㅎ시옵

日韓文 對照

新法律

大審院編纂
裁判所構成法 刑法大全 民刑訴訟規則 民事訴訟期限規則
全一冊 定價金七十五錢
發行所 南部大廣橋三十七統四戶 滙東書館

本店에셔開業혼지十六年間僉君子의愛顧ㅎ심을特蒙ㅎ와ㅅ든바業務을大擴ㅎ고春夏秋冬所用으로綢屬手巾等各國高等物品을現今多數直輸入이온바各地方에셔는貿易에便利ㅎ기爲ㅎ야特別減價ㅎ와郵便小包로酬應ㅎ오며代金은引換ㅎ깃사오니十三道各郡僉君子는隨意請求ㅎ심을望
振替貯金番號（韓國壹三番）
電話番號（三五八）
漢城中部鍾路ㅁ器廛洞二十一統五戶 廣興泰 告白

共愛堂大藥房製造各種藥品發行表

壯陽復元丹 此丹專治腦등肺弱 房事色傷 心腎虛耗 遺精多夢、陽위不起 病後虛弱 不下飮食 先天不足 眩暈頭등等症에並妙效가有홈 壹週分壹圓 二週分壹圓八拾錢 四週分三圓四拾錢 八週分六圓四拾錢

虔修 **靈丹** 壹般뎨症胃腹등消化不良心神鬱悶船훈酒醉化담止히口熱惡臭食慾不振등症에並神効

眼科聖藥 **淸眼水** 壹般眼疾、時行眼疾、風熱眼疾、羞明流淚、眼內紅痒등症에撥雲見天之妙(壹瓶金拾錢)

鮮하至寶丸 專治허疾卽氣虛하、遠年長하、一日二日하、雖難治之하이라도永々거근홈 壹包金拾錢

皮膚神藥 **靈效液** 特治皮膚病疥癬옴、皮風、諸般痒疹、두두러기、옷올닌데다神効홈 壹瓶금三拾錢

五淋專治 **通淋丸** 急慢淋疾、赤빅帶下、방광炎症、더炎皮濃漏外他淋毒性諸症에신效홈 壹제금五拾錢

梅毒妙効 **神應丹** 楊梅瘡에壹期二期三期를勿問ㅎ고確實이有효、連珠瘡下疳瘡等에幷효 壹제金三圓

腹하신藥 **淸脾丸** 喘治小兒壹般腹하、面黃、屎靑、左脇별腹에大有奇효홈 一匣金五拾錢

久레神效 **養胃散** 通治經久滯積、呑酸吐사、霍亂、胃腹등大便不順等症에奏効如神 壹貼금十五錢

治痰鎭咳丸 專治大人히소、喘息、담結등症에妙 三日分一包금卅錢

特冒感효 **消熱散** 勿論四時傷寒感冒、咽喉疼통、寒熱往來肢節통、似학非학등症有효 壹貼금拾錢

耳病신효 **淸耳液** 專治耳病卽鼓膜炎、內外聽道炎、耳中灼熱疼소癢、濃液流出等症有효 一瓶금十錢

百貼百廳 **妙妙膏** 風寒濕氣、胸肩背에牽引疼통、腰膝脚되酸통無力、骨節등통등症에如神 금卄五錢

奏효如신 **龍治膏** 各種腫氣、小兒胎毒、부스럼濕腫、生新에並신효 一包금拾錢

大腫拔根膏 大小腫에根셰는약 價금拾錢
鮮凝膏 멍울삭히는약 價금拾錢

寸虫去根藥 價금卄錢
齒痛水 충치風치신효 價금七錢五厘

鷄眼膏 티눈쎄는약 금拾錢
汗斑水 어루러기약 금十錢

止泄丸 대泄暑泄신효 價금拾五錢
痢疾藥 赤빅痢에신효 價금拾五錢

各種上等金雞納 東西洋有名賣ㅅ洋藥 乾材都賣散賣其他各種藥이具備ㅎ오니 請求를依ㅎ야小包로酬應ㅎ겟솝

發行所
皇城南部大廣橋十九統七戶
共愛堂大藥房主 朴容桓 告白

檀君開國四千二百四十三年
箕子元年三千三十二年
大韓開國五百十九年
本報創刊日 光武八年七月十八日

大韓每日申報

第八卷 月曜及變節歲時日休刊 第壹千四百卅四號

發行兼編輯人 李章薰
발行所 京城中部布廛屛門二宮街二層洋屋 大韓每日申報社

寄書

大韓의 先生을 祝홈

先生은不知何許人이오其姓도不詳ᄒᆞ고其先도不知ᄒᆞ나抑亦春秋의後身인듯ᄒᆞ더라

先生이光武八年七月十八日에誕生ᄒᆞ야敎人不倦으로已任을숨으며救時不及으로已憂를숨어셔誾誾侃侃에善者를勸ᄒᆞ고惡者를懲ᄒᆞ며弱者를揚ᄒᆞ고強者를抑ᄒᆞ며智者를勸케ᄒᆞ고愚者를明케ᄒᆞ며賢能者를讚ᄒᆞ고奸細者를斥ᄒᆞ되或諷或刺ᄒᆞ며或勸或戒ᄒᆞ야昏衢의燭과如히所照者ㅣ皆明ᄒᆞ며洪河의水와如히所飮者ㅣ各充일ᄉᆡ人人是敎化中涵養ᄒᆞ고家家是勸喩中薰陶ᄒᆞ니誠一世의警鍾이오衆人의頂針이로다

嗚呼라先生이濁世에도不避ᄒᆞ고明世에도不辭ᄒᆞ야治亦進亂亦進의稟性으로自光武八年迄今五六星霜에中間許多苦難과從來幾何困걸을不可枚陳이로ᄃᆡ先生이儼然히洪河의柱가되며挺然히大冬의松이되야威武에不屈ᄒᆞ며富貴에不淫ᄒᆞ야雖羣奸이沮止ᄒᆞ며百恠가亂罵라도少不介意ᄒᆞ며一不動念ᄒᆞ야衆人皆醉라도아獨醒ᄒᆞ며擧世皆濁이라도아獨淸ᄒᆞᆫ志氣ᄂᆞᆫ去益堅久益壯ᄒᆞ고汲々焉ᄒᆞ며孜々焉ᄒᆞ야期於히斯世를濟ᄒᆞ고斯民을覺케ᄒᆞᆫ後에已ᄒᆞᆫ志를抱ᄒᆞ니大哉라先生의志ㅣ며壯哉라先生의節이여此日此世에先生이아니면其誰가能ᄒᆞ리오所以先生의風을聞ᄒᆞᄂᆞᆫ者ᄂᆞᆫ懦夫立ᄒᆞ고頑夫廉ᄒᆞ며先生의敎를受ᄒᆞᄂᆞᆫ者ᄂᆞᆫ罪者ㅣ悔ᄒᆞ고惡者ㅣ改ᄒᆞᄂᆞᆫ도다

於是乎隨感興起者ㅣ雲과如히集ᄒᆞ며風과如히起ᄒᆞ며水와如히湧ᄒᆞ야有耳者傾焉ᄒᆞ며有目者注焉ᄒᆞ며有口者誦焉ᄒᆞ며有志者應焉ᄒᆞ야直接或間接으로先生의敎를受ᄒᆞᄂᆞᆫ者不知幾幾人이며雖愚夫愚婦와走卒兒童이라도惟先生의德을頌ᄒᆞ며先生의號를稱ᄒᆞ야一日만先生의言을不聞ᄒᆞ야도三月ᄀᆞᆺ치久ᄒᆞ며一週만先生의筆을不對ᄒᆞ야도三秋ᄀᆞᆺ치遠ᄒᆞ야先生을慕ᄒᆞ며先生을仰ᄒᆞ되先生이無ᄒᆞ면我의耳目이無ᄒᆞ며先生이無ᄒᆞ면我의口舌이無ᄒᆞᆯ줄노思ᄒᆞ야坐時에도先生臥時에도先生寤時에도先生寐時에도先生行時에도先生止時에도先生을是佩是服ᄒᆞ야一日의飯을廢ᄒᆞᆯ지언뎡先生은不可離라ᄒᆞ며一日의衣를休ᄒᆞᆯ지언뎡先生은不可別이라ᄒᆞᄂᆞ니

先生은엇지人으로ᄒᆞ여곰景慕ᄒᆞᆷ이此에至ᄒᆞ뇨自惟컨ᄃᆡ先生이甘言으로人을誘ᄒᆞᆷ이아니며令色으로人을悅케ᄒᆞᆷ이아니며阿容으로人을從ᄒᆞᆷ도아니며巧舌로人을譽ᄒᆞᆷ도아니로ᄃᆡ오직先生이國家를自家로視ᄒᆞ며國民을家族으로視ᄒᆞ야國이興ᄒᆞ면我의榮이오國이衰ᄒᆞ면我의辱이라ᄒᆞ고國民이安ᄒᆞ면我의樂이며國民이困ᄒᆞ면我의憂라ᄒᆞ야憂ᄒᆞ되國으로써ᄒᆞ며樂ᄒᆞ되國으로써ᄒᆞ야念玆言玆에純一不二의志氣를將ᄒᆞ며百折不屈의表準을立ᄒᆞ야直往不移ᄒᆞᄂᆞᆫ所以가아닌가本人도先生의薰炙를蒙ᄒᆞᆷ이不少ᄒᆞ기로玆에先生의略史를陳ᄒᆞ노라初에先生이英人裵說氏의延聘을被ᄒᆞ야幾年間交誼가深密ᄒᆞ더니裵說氏가不幸短命ᄒᆞ고次에英人萬咸氏와從游未久에該氏가告別ᄒᆞ니本年六月日에國人李章薰氏의延聘을被ᄒᆞᆫ지라

蓋李章薰氏ᄂᆞᆫ先生과宿契가有ᄒᆞᆯ뿐不是라從前으로休戚을同ᄒᆞ고存亡을共ᄒᆞ야아大韓과셔로終始ᄒᆞ기를誓約ᄒᆞᆫ其人이러라

噫라李氏가아니면先生이何에歸ᄒᆞ며先生이아니면國民이何에依ᄒᆞ리오然則我大韓國々民과終始相存而不可離者ᄂᆞᆫ先생이니선생은誰오大韓每日申報가是러라

順川郡船島面米峴第八統十戶 張正煥

官報

◎第四千七百二十九號

▲▲隆熙四年七月十三日 （水曜）

敍任及辭令

○六月二十五日 昌城郡守李尙珪 陞敍奏任官二等

○六月三十日 醫視秉內部書記官齋藤禮三 任道書記官敍奏任官二등 內部繙譯官秉경視境喜明 免本官專任경視敍奏任官三등 內部書記官趙聲九 任醫視敍奏任官三等 農商工部山林局長崔相敦 農商工部水産局長鄭鎭弘 陞敍勅任官三등 農商工部技師庵原文一 勸業模範場技師向坂幾三郎 同宮原忠正 陞敍奏任官一等 農商工部秘書官張斗현 農商工部書記官朴熙陽 同嚴台永 同生田淸三郎 農商工部事務官渡邊金太郎 同川鍋鎭馬 同小川鶴二 陞敍奏任官二等 農商工部技師창蒲治太郎 同淺原義雄 同梅田增穗 陞敍奏任官三등 道主事孫應麟 郡主事白道源 同金奭奎 陞敍判任官三등 郡主事朴洵衍 同張龍煥 陞敍判任官三등 郡主事閔泳直 同金宗煥 陞敍判任官四等 農商工部主事久保之直 農商工部技手山崎森三郎 農商工部主事熊田幹之介 陞敍判任官一等 農商工部主事李起헌 同金邦燮 同李鍾恒 陞敍判任官二등 農商工部主事守屋正二 同佐佐木三郎 同森京右衛門 同齋藤孫治 同伊藤大二郎 農商工部技手田中歌郎 同最所勝三郎 同野崎金藏 同富권恒 陞敍判任官三等 農商工部主事茂木万助 陞敍判任官四等 勸業模範場書記中村爽 臨時棉花栽培所書記原田長太郎 林業事務所技手松野義次 陞敍判任官二等 種苗場技手李思震 同小田宗孝 同全錫永 同千葉喜千彌 林業事務所技手鄭海亨 陞敍判任官三等 臨時棉花栽培所技手福田朋次郎 同所寬吉 同繁野秀介 同三輪操 種苗場技手植村貞二 工業傳習所技手金桂弘 同미岡武一 觀測所技手赤丸茁太郎 同腹卷光次 同中村庫造 陞敍判任官四等

○七月九日 金溝郡守洪鍾懋 任龍安郡守敍奏任官三등 龍安郡守柳翼煥 任金溝郡守敍奏任官四等 柳準藏 任農商工部主事敍判任官四등

○七月十一日 宇野功一 任大韓醫院醫官敍奏任官三등

外報

◎德紙論評 路透來電을據ᄒᆞᆫ즉德國新聞은日露協約에對ᄒᆞ야論評ᄒᆞ기를同協約은但美國에對ᄒᆞ야反對ᄒᆞᄂᆞᆫ主義뿐아니라列强에도不利ᄒᆞᆫ影響을及ᄒᆞᆯ것이라고揭載ᄒᆞ얏다더라

◎錫總督의注意 奉天電을據ᄒᆞᆫ즉濤貝勒殿下ᄭᅴ셔滿洲를經ᄒᆞ야歸京ᄒᆞ실際에革命黨의不虞가有ᄒᆞᆯ가慮ᄒᆞ야錫總督이長春과其他停車場으로高等偵探十餘名을派遣ᄒᆞ얏다더라

◎日露協約과德國 倫敦來電을據ᄒᆞᆫ즉德國各新聞은日露協約에對ᄒᆞ야反對ᄒᆞᄂᆞᆫ意를發表ᄒᆞ얏다더라

◎保護列國의威嚇 仝電을據ᄒᆞᆫ즉크리트島首府에駐劄ᄒᆞᆫ各國領事ᄂᆞᆫ同島政府에對ᄒᆞ야來月曜日ᄭᆞ지回々敎徒로ᄒᆞ야곰會議에出席케ᄒᆞ야保護列國의決議를實行케아니ᄒᆞ면各國軍隊ᄂᆞᆫ上陸ᄒᆞ야稅關을占領ᄒᆞ겟다고通告ᄒᆞ얏다더라

◎博覽會損害 東京電을據ᄒᆞᆫ즉淸國南京博覽會ᄂᆞᆫ大雷雨에非常ᄒᆞᆫ損害를當ᄒᆞ얏다더라

◎露國과蒙古 同電을據ᄒᆞᆫ즉近來露國의蒙古經營은着々進步ᄒᆞᄂᆞᆫᄃᆡ現今同地에在留ᄒᆞᄂᆞᆫ露人의數ᄂᆞᆫ約二萬에達ᄒᆞᆫ다더라

◎南淸騷動 北京來電을據ᄒᆞᆫ즉淸國廣西南寧府에ᄂᆞᆫ暴徒數萬名이起ᄒᆞ야柳州百色地方으로漸々蔓延ᄒᆞᄂᆞᆫ模樣이라더라

◎資政院建築 同電을據ᄒᆞᆫ즉資政院總裁溥倫殿下의上奏ᄒᆞᆫ資政院建築圖式은去十日에裁可ᄒᆞ얏스나本年에資政院을開院ᄒᆞᆯ時期에ᄂᆞᆫ到底히建築落成이될수가無ᄒᆞᆫ故로議堂을法律學堂으로決定ᄒᆞ얏다더라

◎錫總督의慷慨 同電을據ᄒᆞᆫ즉淸國東三省總督錫良氏ᄂᆞᆫ同國軍機處에電奏ᄒᆞ기를日露協約이締結되얏슨즉東三省은淸國所有가되지못ᄒᆞᆯ지니朝廷은크게覺悟치아니ᄒᆞ면將來宗祖발祥의地ᄂᆞᆫ敵國의手에歸ᄒᆞᆯ것이라고ᄒᆞ얏다더라

◎日露協約과美國 紐育來電을據ᄒᆞᆫ즉日露協約에對ᄒᆞ야美國輿論은아즉其協約의內容을발表치아니ᄒᆞᆷ으로內容의如何ᄂᆞᆫ明言키難ᄒᆞ나必竟美國에對ᄒᆞ야無益ᄒᆞᆫ點이多ᄒᆞ다ᄒᆞ며同國國務卿노크쓰氏ᄂᆞᆫ聲言ᄒᆞ기를該協約의內容을不知ᄒᆞ고ᄂᆞᆫ如何히ᄒᆞᆯ수가無ᄒᆞ나爲一美國이主張ᄒᆞᄂᆞᆫ門戶開放과機會均等主義에觸忤가有ᄒᆞᆫ境遇에ᄂᆞᆫ美國은大히反對ᄒᆞ겟다고ᄒᆞ얏다더라

◎日露協約과淸國 同電을據ᄒᆞᆫ즉淸國은今番에成立된日露協約은滿洲의淸國主權을蔑視ᄒᆞᆫ事로認ᄒᆞ야美國政府에對ᄒᆞ야助力을請求ᄒᆞ려ᄒᆞᆫ다더라

雜報

◎自日還來 去年春에渡日ᄒᆞ엿던宋秉畯의子鍾憲은日前에歸國ᄒᆞ엿다더라

◎卓何黜會 韓國平和協會에셔本日下午二時에臨時總會를開ᄒᆞᆫ다ᄒᆞᆷ은既報어니와此를準備ᄒᆞ기爲ᄒᆞ야昨日下午二時에理事會를開ᄒᆞ엿ᄂᆞᆫᄃᆡ該會財務部長卓在淵氏가會規를違反ᄒᆞᆫ事件이有ᄒᆞ엿슴으로黜會ᄒᆞ기로決議ᄒᆞ엿다더라

◎靑年培養總會 靑年智識培養會에셔昨日下午八時에特別總會를中部帽谷均興組合所內臨時會館에셔開ᄒᆞ고事務를處理ᄒᆞ엿다더라

詞藻

❀曉窻冷話❀ 梅瘦생

夏暑冬寒衣葛裘山高水濶用車舟舟車裘葛須人力轉地回天得自由

評曰人謀合理則天地不能壓制世之離亂以氣數使然之言豈非聾瞽之論歟

官廷報

◎兩闕回電 日本에留學ᄒᆞ시ᄂᆞᆫ 皇太子殿下ᄭᅴᄋᆞ셔北海道에旅行ᄒᆞ신다ᄂᆞᆫ電報가來到ᄒᆞᆷ으로 大皇帝 太皇帝兩陛下ᄭᅴᄋᆞ셔再昨日에回電ᄒᆞ시되遠路에愼攝ᄒᆞ라ᄒᆞᄋᆞ셧다더라

◎下賜三日 大皇帝陛下ᄭᅴᄋᆞ셔와 太皇帝陛下ᄭᅴᄋᆞ셔ᄂᆞᆫ日人松井、若林、岡、三人에게厚히物品을下賜ᄒᆞᄋᆞ셧다더라

雜報

◎巡視兩部 山縣副統監이昨日午前九時에農商工부의位置及執務狀況을巡視ᄒᆞ엿고明日에ᄂᆞᆫ內부를巡視ᄒᆞᆫ다더라

◎出迎有議 韓國政府에서ᄂᆞᆫ寺內統監의赴任에出迎ᄒᆞ기爲ᄒᆞ야代表者를馬關ᄭᆞ지派送ᄒᆞᆯ議가有ᄒᆞᆫᄃᆡ必也日語를能通ᄒᆞᄂᆞᆫ趙農相으로決定되리라더라

◎此何銀瓶 侍從院卿尹德榮氏가三昨日該院에서銀製花瓶一對와砂器瓶一對를堅封ᄒᆞ야 大皇帝陛下ᄭᅴᄋᆞ셔宮相官邸에下賜ᄒᆞ시ᄂᆞᆫ物品이라ᄒᆞ고庭監으로送致ᄒᆞᄂᆞᆫᄃᆡ 皇宮警察係에서拆封視之則砂器瓶이라書ᄒᆞᆫ者도銀瓶인故로疑占이不無ᄒᆞ야卽時退却ᄒᆞ엿슴으로該院에留置ᄒᆞ엿다더라

◎姓名不漏 統監府警務總監部에서ᄂᆞᆫ警察權을引繼ᄒᆞᆫ以後로被招者가多數ᄒᆞ다ᄂᆞᆫᄃᆡ何等重大ᄒᆞᆫ關係가有ᄒᆞᆫ지極히秘密ᄒᆞ야姓名을漏出치아니ᄒᆞᆫ다더라

◎退官金額 前警視廳警視以下警부와內부경務局警視及書記官과主事에게退官 恩賜金을支撥ᄒᆞ기로內부에서度支부와交涉ᄒᆞᄂᆞᆫ中인ᄃᆡ總金額이一萬九百圓이라더라

◎爲迎明石 各官廳高等官諸氏가日憲兵司令官明石小將과新任ᄒᆞᆫ各地方警察部長을歡迎ᄒᆞ기爲ᄒᆞ야目下발起中이라더라

◎有吉到着期 有吉總務長官은本病에脊髓病과腎病이幷발ᄒᆞ야千葉病院에서治療ᄒᆞ다가快復되엿슴으로昨十二日에東京에서出발ᄒᆞ야京都에至ᄒᆞ야數日間留ᄒᆞ다가十八日에出발ᄒᆞ야聯絡船으로二十日에釜山을經ᄒᆞ야南大門着列車로京城에入ᄒᆞᆯ터이라고某處에電報가有ᄒᆞ다더라

◎是何秘電 日本에滯留ᄒᆞᄂᆞᆫ宋秉畯은何등緊急事項이有ᄒᆞᆫ지三昨日下午八時에一進會長李容九에게電報四度가連至ᄒᆞ엿ᄂᆞᆫᄃᆡ內容이極히秘密ᄒᆞ다더라

◎同謀者調査 日人服部健之助ᄂᆞᆫ宮相閔丙奭氏의地位鞏固에對ᄒᆞ야運動費一千圓을暗喫ᄒᆞᆫ事件이발現되야該通辯李在鎬와再昨日警務總監部에一併被捉ᄒᆞ엿ᄂᆞᆫᄃᆡ此에對ᄒᆞ야同謀者가有ᄒᆞᆷ으로目下調査中이라더라

◎六萬支費 內部에서本年度에慈惠醫院二個所를增設ᄒᆞ기로計劃ᄒᆞᄂᆞᆫᄃᆡ每年一個所의所入經費額은六萬圓式을支出ᄒᆞᆯ터이라더라

◎面制平均 全國內各郡各面의數가四千三百六十二인ᄃᆡ內部에서面制를磨鍊ᄒᆞ되每面戶數ᄂᆞᆫ平均六百三戶로人口ᄂᆞᆫ二千二百人이居ᄉᆡᆼ케ᄒᆞ기로算定ᄒᆞ엿다더라

◎頒給私校 學部에서編纂ᄒᆞᆫ體操及唱歌兩冊子를各私立學校에一部式을頒給ᄒᆞ고使用케ᄒᆞ엿다더라

◎雪霜爲災 去月北靑郡에降雪되엿다ᄒᆞᆷ은既報ᄒᆞ엿거니와詳聞ᄒᆞᆫ즉去六月二十五日에該郡安山面에ᄂᆞᆫ霜降되야該面의農作物이無遺凍死ᄒᆞ엿다고公報가內부에來到ᄒᆞ엿다더라

◎憲隊와校物 通津陰竹兩郡의鄕校附屬建物을借用ᄒᆞ겟다ᄒᆞᆷ으로該道에서ᄂᆞᆫ擅편ᄒᆞ기極難ᄒᆞ다ᄒᆞ야學部로該狀況을修報ᄒᆞ엿다더라

◎國有臺帳修定 度支部에서ᄂᆞᆫ調査ᄒᆞ던國有地ᄂᆞᆫ平壤及元山以外에ᄂᆞᆫ擧皆終了ᄒᆞ엿다ᄂᆞᆫᄃᆡ現今臺帳을修定ᄒᆞᄂᆞᆫ中이라더라

◎國有地調査 漢城財務監督局臨時國有地調査係에서ᄂᆞᆫ東門外纛島等地에國有地를調査ᄒᆞᆯ次로技手羅敏容氏를昨日에派送ᄒᆞ엿다더라

◎李在明氏의判決後聞

李在明氏의判決ᄒᆞᆫ景況을後聞ᄒᆞᆫ즉該氏가死刑宣告를受ᄒᆞᆫ後에法官을勵聲大責曰不公ᄒᆞᆫ法律로我의ᄉᆡᆼ命은奪ᄒᆞ나國家를爲ᄒᆞᄂᆞᆫ我의忠魂義魄은可히奪치못ᄒᆞᆯ지니一死ᄂᆞᆫ不足惜이어니와ᄉᆡᆼ前에未遂ᄒᆞᆫ恨을期於코伸雪ᄒᆞ리라ᄒᆞ고我韓前途에對ᄒᆞ야悲慘ᄒᆞᆫ吊辭를述ᄒᆞ엿고立待ᄒᆞ던其妻吳仁星氏及其他諸族에게對ᄒᆞ야永訣을告ᄒᆞᄂᆞᆫᄃᆡ吳仁星氏ᄂᆞᆫ仰大號哭ᄒᆞ여曰國賊李完用이尙今ᄉᆡᆼ在ᄒᆞ엿ᄂᆞᆫᄃᆡ我의家夫ᄂᆞᆫ何罪로死刑에處ᄒᆞᄂᆞ냐ᄒᆞ며血淚가滿面ᄒᆞ엿고當日에傍聽은不許ᄒᆞ엿다더라

◎宜有訓戒 完順君李載完氏가其令男에게訓戒ᄒᆞ기를南北村敗家子弟中에作亂魁首가五名이오卒徒가卄四名이니該子弟들노追逐말나ᄒᆞ엿다더라

◎帝社罷約 前協辦沈相翊氏가帝國新聞을引繼ᄒᆞᆯ次로契約을更히成립ᄒᆞ엿다ᄒᆞᆷ은既報어니와契約金一千五百圓內에二百圓을선渡ᄒᆞ고其餘額은該社債帳으로負擔ᄒᆞ라ᄒᆞᆷ으로再昨日又爲罷約ᄒᆞ엿다더라

◎神會醵金 神宮敬義會에서十三道에支會를設立ᄒᆞ고每會員에게會金二十錢式을收合ᄒᆞ야五錢은本會로來納케ᄒᆞ고十五錢은本支會의經費로使用케ᄒᆞᆫ다더라

◎三會協議 大韓協會進步黨政友會등三會에서聯合ᄒᆞ야國會를組織ᄒᆞᆯ次로目下運動中인ᄃᆡ大韓協會會員一同이昨日洪陵附近淸涼寺에前往ᄒᆞ야何등協議가有ᄒᆞ엿다더라

◎日海軍拜觀 再昨日에入城ᄒᆞᆫ日本海軍六十名은昨日午前十一時에 景福宮을拜觀ᄒᆞᆫ後에 昌德宮을拜觀ᄒᆞ엿다더라

◎收金川獵 大韓協會員某某氏가昨日洪陵附近地에前往ᄒᆞ야川獵을設行ᄒᆞ엿ᄂᆞᆫᄃᆡ經費ᄂᆞᆫ每名五十錢式을收納ᄒᆞ엿다더라

◎坊誼共守 前郡守俞鎭萬氏가陰五月五日에碧洞등地人家挾戶에서長逝ᄒᆞ엿ᄂᆞᆫᄃᆡ家勢가赤貧ᄒᆞ야喪葬이沒策ᄒᆞᆷ으로赤尸在床ᄒᆞᆯ지라觀鎭坊會總務李建祿氏가如此ᄒᆞᆫ情勢를聞知ᄒᆞ고同坊相救ᄒᆞᄂᆞᆫ誼에不可泯默이라ᄒᆞ야該會長趙民熙氏에게兪氏의矜惻ᄒᆞᆫ事情을詳陳ᄒᆞ엿더니趙氏가自擔ᄒᆞ고金四圜을捐贈ᄒᆞ야使之埋葬케ᄒᆞ엿다고人皆稱頌ᄒᆞᆫ다더라

◎以閔訴閔 工曹後洞居前參判閔亨植氏ᄂᆞᆫ前郡守閔泳采氏에게債務金一千二百圓을推捧ᄒᆞ기爲ᄒᆞ야三昨日地方裁判所에起訴ᄒᆞ엿다더라

◎崔氏將訴 熙川郡財務署長李喆珪氏가該署書記崔鳳梧氏를强制的으로逐出ᄒᆞ고崔在京氏에게五十圓을受賂ᄒᆞ고書記를差出ᄒᆞᆫ故로崔鳳梧氏가不勝抑寃ᄒᆞ야平壤財務監督局에呼訴次로前往ᄒᆞ엿다더라

◎宮基請還 錦陵尉宮掌務가學部에請願ᄒᆞ되官立外國語學校擴張建築ᄒᆞᄂᆞᆫ基址가前判書申錫熙金玉均兩氏의地段으로셔乙未年分에本宮에서李憲稙氏에게買入ᄒᆞᆫ證據가昭然ᄒᆞᆫ즉學校建築이不穩當ᄒᆞ니該基址를還付ᄒᆞ라ᄒᆞ엿다더라

◎飢民의減稅呼訴 牙山新창溫陽三郡이昨年에無前ᄒᆞᆫ亢旱을被ᄒᆞ야呼庚의憂가有ᄒᆞᆫ中今夏의牟麥이枯荒ᄒᆞ야ᄉᆡᆼ道가困苦ᄒᆞ야莫重地稅를辦納無路故로三郡民등이과足上京ᄒᆞ야地稅를觸減ᄒᆞ라고度支部에呼訴ᄒᆞ엿다더라

◎一斃一傷 三昨日韓國銀行建築場에서赴役ᄒᆞ던人夫二名이跌落ᄒᆞ야一名은卽時致斃ᄒᆞ고一名은目下安洞病院에서治療中이라더라

◎賊漢의奸計 北部花開洞居金昇鎭氏의子十歲兒가製藥次로藥局에前往ᄒᆞ엿ᄂᆞᆫᄃᆡ何許人이踵至ᄒᆞ야該兒를誘引ᄒᆞ되汝의母親이緊急히出入코저ᄒᆞᆷ으로東鄕宮에往ᄒᆞ야衣服數襲등物을借來ᄒᆞ라ᄒᆞ엿스니卽往借來ᄒᆞ자ᄒᆞᄂᆞᆫ故로該兒가該宮에卽向ᄒᆞ야衣服등物을借得出來ᄒᆞᆫ즉該人이中路에서掠取逃走ᄒᆞ엿다더라

◎賊漢投書 內部土木局長劉猛氏家에日前夜에何許人이宋在憲이라稱ᄒᆞ고投書ᄒᆞ엿ᄂᆞᆫᄃᆡ水口門外로金一千圓을持來ᄒᆞ라ᄒᆞ엿다더라

◎何事被招 前局長吳相奎氏家에留ᄒᆞᄂᆞᆫ協成學校學員金宗默氏ᄂᆞᆫ何事件을因ᄒᆞᆷ인지再昨日中部警察署에被招ᄒᆞ엿다더라

◎李氏被捉 前侍從李承旭氏ᄂᆞᆫ何事件을因ᄒᆞᆷ인지再昨日에警視總監부에被捉ᄒᆞ엿다더라

◎醵金紀念 靑年會牧師美國人申愛道氏가歸國ᄒᆞᆫ다ᄒᆞᆷ은既報어니와該會一般會員及學員諸氏가紀念品을贈與ᄒᆞ기爲ᄒᆞ야每名下에金三十錢式醵集中이라더라

◎靑會傳道 靑年會에서ᄂᆞᆫ日前에勸敎師五十人을選定ᄒᆞ야每部에十人式配置ᄒᆞ고傳道文과馬太福音을逐戶分給ᄒᆞᆷ으로近日來入敎人이日復熾盛ᄒᆞᆫ다더라

電報

◎首相參內 桂首相은今日日皇陛下ᄭᅴ謁見ᄒᆞ고韓國統治ᄒᆞᆯ事에關ᄒᆞ야奏上ᄒᆞ엿다더라

◎統監送別會 昨夜에桂首相官邸에서寺內統監의送別會를開ᄒᆞ엿다더라

◎日露協約발表 既報와如히日露協約은今日에발表되엿ᄂᆞᆫᄃᆡ其條項은如左ᄒᆞ다더라

一 交通을便利케ᄒᆞ며商業을增進케ᄒᆞ기爲ᄒᆞ야日露兩國은滿洲에서日露鐵道의改善及聯絡ᄒᆞᆯ事를計ᄒᆞ고且競爭을除去ᄒᆞᆷ에同意ᄒᆞᆷ

二 露日兩國은淸日及露淸間에締結ᄒᆞᆫ條約과協商及露日兩國間에締結된條約、協約及協商에依ᄒᆞ야確保된滿洲의現狀을尊重ᄒᆞ고且保全ᄒᆞᆯ事를約ᄒᆞᆷ

露日兩國政府ᄂᆞᆫ前記의條約協約及協商의寫를交換ᄒᆞᆷ

三 萬一滿洲의現狀을害ᄒᆞᆯ性質노如何ᄒᆞᆫ問題든지ᄉᆡᆼᄒᆞᆯ時에ᄂᆞᆫ兩締盟國은其現狀을保全ᄒᆞ기爲ᄒᆞ야適當ᄒᆞ고必要ᄒᆞᆫ方法을互相協議ᄒᆞᆯ事를得ᄒᆞᆷ

以上東京발 拾三日着

▲九尾狐▼

▲扶桑海濱千歲窟에無數妖狐ᄉᆡᆼ出ᄒᆞ니萬體千形變幻ᄒᆞᆯ제며九尾가可憎ᄒᆞ다

▲能行虎前假威ᄒᆞ니昔江乙의譎計로다션人甲兵며手段이頭戴髑髏幻身ᄒᆞ야天然人形作ᄒᆞ니九尾狐가네로고나

▲叢祠何夜션鳴인고是陳勝의奸計로다靑邸中에首邸ᄒᆞ니며貪慾이安在런고欲作窟穴綏々ᄒᆞ니九尾狐가네로고나

▲忽作人語咄咄ᄒᆞ니來自吳郡塚傍인가一卷名簿昨盡ᄒᆞ고崔崔山덴爰處ᄒᆞ니며思想이何如ᄒᆞᆫ고九尾狐가네로고나

▲手持火又口吹ᄒᆞ니書ᄉᆡᆼ一刀不畏런가며本色이綻露ᄒᆞ면不過一小微物이라人皆可以逐縛ᄒᆞ니九尾狐가네로고나

▲荒蕪阡陌占居ᄒᆞᆯ제四顧無人寥寥ᄒᆞ야空自望風離散ᄒᆞ니河尹廣樂若逢ᄒᆞ면掘破墻孔絕種이라九尾狐가네로고나

◎捕風捉影 義兵將姜基東氏의結義人朴憲稙氏가中部承洞

索ᄒᆞ엿ᄂᆞᆫᄃᆡ朴氏의蹤跡이杳無ᄒᆞᆯ뿐아니라李甫汝家가初無ᄒᆞ

木亭에多數ᄒᆞᆫ義兵이突入ᄒᆞ야二洞八十餘戶를衝火ᄒᆞ고因ᄒᆞ

셔目下詗捕中이라더라

◎花能解語 黃土峴居ᄒᆞᄂᆞᆫ朴

가本社에來辨ᄒᆞ기를朴也와分離ᄒᆞᆫ것은私情破誼ᄒᆞᆫ바이오人

◎非弟伊兄 僞造貨를使用ᄒᆞ다가경視廳에被捉ᄒᆞᆫ人은朴秉

엿다더라

◎崔氏在家 崔셔夏氏가酒家

▲鏡裏山水▼

▲副통監의新政策을漏聞ᄒᆞᆫ즉아韓의在職ᄒᆞᆫ日本官吏와不正ᄒᆞᆫ者ᄂᆞᆫ一切陶汰ᄒᆞᆯᄲᅮᆫ아니라日人官吏ᄂᆞᆫ減額ᄒᆞ기로預定이라지인제ᄂᆞᆫ日本官吏도運이진ᄒᆞ게여秋風落葉ᄀᆞᆺ치우수수

▲閔泳徽氏ᄂᆞᆫ國分秘書官을該邸로訪問ᄒᆞ고長時間談話ᄒᆞ엿다니무ᄉᆞᆷ事인고모를것잇나總理

▲人民을保護ᄒᆞᆫ다ᄂᆞᆫ高등刑事巡査村上이가鄭達永氏를無故히毆打ᄒᆞ엿다니開明國人이라自稱ᄒᆞᄂᆞᆫ者도如此悖惡ᄒᆞᆫ行色을ᄒᆞ나開明國人이아니라野蠻國人이로고

▲所謂神宮敬義會長金在珣이가該會에서誇張ᄒᆞ기를日本서運動ᄒᆞ야森林을本會에서句管케ᄒᆞ엿다ᄒᆞᆫ다지國家의森林을該會에서次持ᄒᆞᆫ다ᄒᆞ니該會勢力은大段히宏壯ᄒᆞ고

雜報

◎小山視察　學部小山主事ᄂᆞᆫ江原道의學事視察次로數日間出張ᄒᆞᆫ다더라

廣告

廣告

張志淵 序文
服部暢
大垣丈夫
鄭雲復 著述
學部檢定

日語大成

洋裝一部 定價金壹圓
半洋一部 定價金八十五錢

此書前名은獨習日語正則이온바數年來로愛讀者多ᄒᆞ와三版발行ᄒᆞ왓ᄉᆞ오나其間乏絶되왓삽고教科書에完全치못ᄒᆞᆷ으로因ᄒᆞ와這間自學部로完全케精習檢定ᄒᆞ와高等教育日語科學員用教科書로檢定되온바獨習에倍前一層便易ᄒᆞ옵고日語高等教科書에適當ᄒᆞᆫ良書이오니江湖僉君子ᄂᆞᆫ逐々講覽ᄒᆞ시와未及之歎이無케ᄒᆞ시옵

發行兼元賣所
中部布屛下卅七統六戶
廣學書舖 金相萬
分賣所
中部勝洞禮拜堂前 東洋書院
中部洞口 中央書館
京鄉各書舖

本商會ᄂᆞᆫ世運의進化와商業의發展을隨ᄒᆞ야業務를新鮮擴張ᄒᆞ야各種布木紬苧緞屬新式毛織等諸般衣服所用物貨를多數貿易ᄒᆞ야僉君子의請求를誠實酬應ᄒᆞ오며地方에ᄂᆞᆫ請求만ᄒᆞ시면郵便小包나運送部로送呈ᄒᆞ고代金은引換ᄒᆞ겟사오니地方에商店이나所用되시ᄂᆞᆫ僉君子ᄂᆞᆫ多數請求ᄒᆞ심을望

韓國收入印紙原賣所
有價証券典當賣買所
京城鍾路通二十二統四戶
壽南商會 金泰熙

本人與族人趙德儀學儀正儀의加平古城里所在山林은本人이委任ᄒᆞ야提出證明인바本人弟洪儀가本是悖類로驗證明文券五度와李進宇圖章을幷爲乘夜竊去ᄒᆞ야將欲典賣ᄒᆞ오니內外國人은切勿見欺ᄒᆞᆷ 京畿楊平郡北面小沙里 李衡儀告白

京西部車洞同和藥房
本國材로洋製ᄒᆞᆫ官許
引蘇丸이消滯止泄滅可壽ᄒᆞ고付屬ᄒᆞᆫ八十餘種俱備大發行ᄒᆞ오
閔樞白

會社株券賣買及典執
京城南署貴洞六十二統十戶
金龍商會 告白

蔘茸唐草藥材廉價大發賣

特別廣告

本店에셔開業三十餘年에僉君子의愛顧ᄒᆞ심을蒙ᄒᆞ와營業이발展ᄒᆞ옵ᄂᆞᆫ바ᄉᆞ에盛意를報答키爲ᄒᆞ야業務를一層擴張ᄒᆞ옵고良好ᄒᆞᆫ蔘茸唐草藥材를內地와外國으로셔多數히直輸入ᄒᆞ와特別廉價로都賣散賣에信實히酬應ᄒᆞ오며地方에셔請求ᄒᆞ시ᄂᆞᆫ더對ᄒᆞ야ᄂᆞᆫ多小를不拘ᄒᆞ옵고郵便小包ᄂᆞᆫ運送部로訊速히付呈ᄒᆞ오되代金은引換으로ᄒᆞ깃ᄉᆞ오니京鄉僉君子ᄂᆞᆫ益益請求ᄒᆞ심을望ᄒᆞᆷ

但地方에셔請求ᄒᆞ시ᄂᆞᆫ妙法
金一錢五厘를費ᄒᆞ시고一枚에葉書를使用ᄒᆞ사住所氏名과掌記를錄送ᄒᆞ시면能히遠路의跋涉과往返의旅費를要치아니시고本店에最良好ᄒᆞᆫ上品藥材를完全히買用ᄒᆞ실티이외다

京城南部銅峴三十五統三戶
蔘茸唐草藥材直輸入商
乾材藥局
崔聖弼 告白

特別廣告

松村先生池錫永著

袖珍美本

字典釋要

全一册 定價金八十錢

本書ᄂᆞᆫ我韓에著名ᄒᆞᆫ池錫永氏의數十年研究ᄒᆞᆫ바인더普通玉篇보다五千餘子를增補ᄒᆞᆫ뿐더러二十義를國文으로明白히解釋ᄒᆞᆫ要書이오니僉君子ᄂᆞᆫ速々購覽ᄒᆞ시옵

日韓文對照

大審院編纂

新法律

全一册 定價金七十五錢

裁判所構成法
刑法大全
民刑訴訟規則
民事訴訟期限規則

發行所
南部大廣橋三十七統四戶
滙東書館

本店에셔開業ᄒᆞᆫ지十六年間僉君子의愛顧ᄒᆞ심을...特別...ᄒᆞ와...務를大擴ᄒᆞ고春夏秋冬所用으로綢緞各等各國高等物品을現今多數直輸入이온바各地方에셔도貿易에便利賣買에爲ᄒᆞ야特別減價ᄒᆞ와郵便小包로酬應ᄒᆞ야代金은引換ᄒᆞ깁사오니十三道各郡僉君子ᄂᆞᆫ隨意請求ᄒᆞ심을望

振替貯金番號(韓國壹三番)
電話番號(三五八)
漢城中部鍾路磁器廛洞二十一統五戶
廣興泰 告白

◉共愛堂大藥房製造各種藥品發行表

壯陽復元丹 此藥專治腦弱肺弱 房事色傷 心腎虛弱 遺精多夢 陽위不起 病後虛弱 不下飮食 先天不足 眩暈頭痛 壹週分壹圓 四週分三圓四拾錢 等症에並妙効가有홈 二週分壹圓八拾錢八週分六圓四拾錢

虔修靈丹 壹般에症胃腹등消化不良心神鬱悶船暈酒醉化담止히口熱惡臭食慾不振등症에並神効

眼科聖藥清眼水 壹般眼疾、時行眼疾、風熱眼疾、羞明流淚、眼內紅痒등症에撥雲見天之妙(壹瓶金拾錢)

鮮하至寶丸 專治하疾卽氣虛하、遠年長하、一日二日하、雖難治之하이라도永々거근홈 壹包金拾錢

皮膚神藥靈效液 特治皮膚病疥癬옴、皮風、諸般痒疹、두두러기、옷올너데다神効홈 壹瓶금三拾錢

五淋專治通淋丸 急慢淋疾、赤백帶下、방광炎症、더炎皮濃漏外他淋毒性諸症에신效홈 壹제금五拾錢

梅毒妙效神應丹 楊梅瘡에壹期二期三期를勿問ᄒᆞ고確實이有효、連珠瘡卜疳瘡等에幷효 壹제金三圓

腹하신藥清脾丸 喘治小兒壹般腹하、面黃、屎靑、左脇별腹에大有奇효홈 一匣金五拾錢

久해神効養胃散 通治經久滯積、呑酸吐사、霍亂、胃腹등大便不順등症에奏効如神 壹貼금十五錢

治嗽鎭咳丸 專治大人히소、喘息、담結등症에妙 三日分一包금卅錢

特冒感효消熱散 勿論四時傷寒感冒、咽喉疼통、寒熱往來肢節통、似하非하등症有효 壹貼금拾錢

耳病신효清耳液 專治耳痛卽鼓膜炎、內外聽道炎、耳中灼熱疼痛소癢、濃液流出등症有효 一瓶금十錢

百貼白應妙妙膏 風寒濕氣、胸肩背에牽引疼통、腰膝脚되酸통無力、骨節등등症에如神 금卄五錢

藥효新신□治膏 各種腫氣、小兒胎毒、부스럼濕腫、牛痢에並신효 一包금拾錢

大腫拔根膏 人小腫에根씨는약 價금拾錢

寸虫去根藥 價금卄錢

鮮凝膏 멍울삭히는약價금拾錢

鷄眼膏 티눈씨는약 금拾錢

齒痛水 충치風치신효 價금七錢五厘

止泄丸 데泄暑泄신효 價금拾五錢

汗斑水 어루러니약 금十錢

痢疾藥 赤백痢에신효 價금拾五錢

各種上等金雞納 東西洋有名賣藥 乾材都賣散賣其他各種藥이具備ᄒᆞ오니 請求를依ᄒᆞ야小包로酬應ᄒᆞ깃삽

發行所
皇城南部大廣橋十九統七戶
共愛堂大藥房主 朴容桓 告白

◉面長義務 清州郡山內二下面二山居吳彰植氏ᄂᆞᆫ面長으로族與他人을家諭戶說ᄒᆞ야靑年을勸勉入學케ᄒᆞᆷ으로生徒가四

◉新校卒業 平北鐵山郡新明學校에셔去月十九日에第二回

鳳榮田贊述等五人이요京城居李蒼등諸氏가多數ᄒᆞᆫ金額을捐

◉安民培養 金勉弼氏가安邊郡守를被任ᄒᆞᆫ後該郡有志紳士

毅明學교를新設ᄒᆞ엿ᄂᆞᆫ더遠近入學者가百餘名에達ᄒᆞ엿고本

寄付ᄒᆞ야稅入으로學校를維持케ᄒᆞ리竟水諸氏가莫下...

檀君開國四千二百四十三年
箕子元年三千三十二年
大韓開國五百十九年
本報創刊日 光武八年七月十八日

大韓每日申報

發行兼編輯人 李章薰
발行所 京城中部布廛屛門二宮街 二層洋屋 大韓每日申報社

第八卷 月曜及慶節歲時日休刊 第壹千四百卅五號

論說

中央福音傳道館에對ᄒᆞ야

疆土ᄂᆞᆫ一失ᄒᆞ더ᄅᆡ도恢復ᄒᆞᄂᆞᆫ日이有ᄒᆞᆯ것이오國權은一失ᄒᆞ더ᄅᆡ도挽回ᄒᆞᄂᆞᆫ日이有ᄒᆞ려니와人의精神은一失ᄒᆞ면枯木死灰와如ᄒᆞ야蘇甦ᄒᆞᆯ日이更無ᄒᆞᆯ지니毒鎗猛杖의惡刑을加ᄒᆞᆯ지라도精神을奪키難ᄒᆞᆯ것이오血風肉雨의戰爭을開ᄒᆞᆯ지라도精神을奪키難ᄒᆞᆯ것이오凶歲荒年에餓饉을當ᄒᆞᆯ지라도精神을奪키難ᄒᆞᆯ것이오良金美玉으로甘誘를施ᄒᆞᆯ지라도精神을奪키難ᄒᆞᆯ지나一種邪說이我韓에流入ᄒᆞᆫ以後로愚民이蠱惑ᄒᆞ야撲燈ᄒᆞᄂᆞᆫ飛蛾와飛空ᄒᆞᄂᆞᆫ蜉蝣와如히聚集ᄒᆞ야所求ᄒᆞᄂᆞᆫ事ᄂᆞᆫ何事인고曰福音이라十指를不動ᄒᆞ고天에祈禱만善히ᄒᆞ면衣食이自天으로降下ᄒᆞᆯ것이니國家의興亡도掛念ᄒᆞᆯ바이無ᄒᆞ고自家의死生도掛念ᄒᆞᆯ바이無ᄒᆞ고天만信仰ᄒᆞ면福音이自至ᄒᆞᆫ다ᄒᆞ니古今天下에엇지如此ᄒᆞᆫ理가有ᄒᆞ리오

但愚民을誘入ᄒᆞ야其精神을昏迷케ᄒᆞᄂᆞᆫ計策에過치못ᄒᆞ니此ᄂᆞᆫ卽中央福音傳道館이라其傳道主意ᄂᆞᆫ何에在ᄒᆞ고我韓人을爲코져홈인가害코져홈인가如此ᄒᆞᆫ福音이丁寧히自天降下ᄒᆞᆯ진ᄃᆡ渠國人에게施及ᄒᆞ기가猶恐不及ᄒᆞᆯ지어ᄂᆞᆯ奚暇에我韓에渡來ᄒᆞ야傳道ᄒᆞ기를如是히勞々ᄒᆞᄂᆞᆫ고其經綸인즉我韓人民의精神을奪盡ᄒᆞ고軀殼만餘存케ᄒᆞ야太和精神을移入코져홈이니此ᄂᆞᆫ不取而自至ᄒᆞᄂᆞᆫ法이라哀我韓人이여香餌를取코져ᄒᆞ다가釣竿上에一命을懸ᄒᆞᄂᆞ니民智의未開가엇지此境에至ᄒᆞ엿ᄂᆞᆫ고浸々然其中에沉沒ᄒᆞ야滔滔ᄒᆞᆫ강水中에投入ᄒᆞ면雖欲拯救ᄒᆞ려ᄒᆞ나不得ᄒᆞᆯ者인즉邪說의害가洪水보다더尤甚ᄒᆞ다ᄂᆞᆫ說이此를謂홈이라山河가依然ᄒᆞ고人民이存在ᄒᆞᆯ지라도一團精神이無ᄒᆞ면其人이生乎아死乎아已死ᄒᆞᆫ人에게福音이降ᄒᆞᆫ들何益이有ᄒᆞ리오福音館이아니라阿鼻地獄이라稱ᄒᆞᄂᆞᆫ것이可ᄒᆞ도다

敎道의惑人이雖是虛無寂滅이나若是히甚ᄒᆞᆫ者ᄂᆞᆫ聞치못ᄒᆞ얏스니曰神宮敬義會이니曰淨土宗이니曰神羅敎이니曰天照敎이니ᄒᆞᄂᆞᆫ敎名이層生疊出ᄒᆞᄂᆞᆫ것이無非迷惑手段이나人民의精神을招去ᄒᆞ고形骸만餘存ᄒᆞ기ᄂᆞᆫ福音館이尤甚ᄒᆞ도다

此等의妖說을防塞ᄒᆞᆯ道ᄂᆞᆫ何에在ᄒᆞ고民智에開발이時日로爲急ᄒᆞ니萬一泰西列强人에게此等의敎道를施코져ᄒᆞ면其道가能行ᄒᆞ겟ᄂᆞᆫ가泰山의高ᄂᆞᆫ一斧로難毁ᄒᆞᆯ것이오黃河의大ᄂᆞᆫ一勺으로難渴ᄒᆞᆯ지로다

我韓人民의暗昧를彼等가窺伺ᄒᆞ고無理ᄒᆞᆫ邪說을國內에流布ᄒᆞ야自盡自滅케ᄒᆞᄂᆞᆫ計策인즉愚蚩ᄒᆞᆫ人인들此를엇지深信ᄒᆞ리오

아韓도西人파如히進化程度가日益進就ᄒᆞ야風氣가一變ᄒᆞ면此등邪敎가雖欲接足코져ᄒᆞᆫ들엇지得ᄒᆞ리오嗟아同胞여

官報

◎第四千七百三十號

▲隆熙四年七月十四日(木曜)

▲敍任及辭令

○六月二十七日 文泳勳 任郡主事敍判任官五등

○七月十二日 룡本長次 任道技手敍判任官三등 郡主事中村副太郎 依願免本官(七月九日內部) 土地調查局技手李揆宅 依願免本官(七月十二日土地調査局)

宮廷錄事

○奉審 七月十日奎章閣副提學李普應馳詣景陵奉審摘奸仍留監祭ᄒᆞ고局內諸陵一體奉審以來ᄒᆞ라신 旨를 奉承ᄒᆞ이라(七月十二日宮內府)

外報

◎山東騷動 上海來電을據ᄒᆞᆫ즉山東省海陽의暴徒ᄂᆞᆫ滿洲馬賊과其他革命黨과聯絡ᄒᆞ야新式武器를多有ᄒᆞ얏ᄂᆞᆫᄃᆡ此暴動은外人을排斥홈이아니오全然淸政府의官吏와紳董에게反對ᄒᆞᄂᆞᆫ者이라더라

◎對日方針協議 北京電을據ᄒᆞᆫ즉駐日淸國公使汪大燮氏ᄂᆞᆫ去十日에滿洲를視察ᄒᆞ고歸ᄒᆞ야外務部大官을對ᄒᆞ야對日方針을協議ᄒᆞ고十一日에更히慶親王을會見ᄒᆞ고赴任後에對日方針을決定ᄒᆞᆫ다ᄒᆞ더라

◎露淸通商改約期 仝電을據ᄒᆞᆫ즉露淸通商條約改正期ᄂᆞᆫ明年인故로淸國政府에서ᄂᆞᆫ外務部를命ᄒᆞ여舊約을照ᄒᆞ야起草를命ᄒᆞ얏고露國側에서ᄂᆞᆫ旣히商務委員改定條件을調查ᄒᆞ여其草案을淸國政府로送ᄒᆞ얏다더라

◎軍機大臣更迭說 仝電을據ᄒᆞᆫ즉淸國軍機大臣鹿傳霖氏ᄂᆞᆫ辭職ᄒᆞ고兩江總督張人駿氏가該大臣의後任이된다더라

◎克島議會閉會 伯林來電을據ᄒᆞᆫ즉크리트島國民議會에서ᄂᆞᆫ曩者에放逐ᄒᆞᆫ回々敎代議士의入會ᄒᆞᆯ事를議決ᄒᆞ고閉會ᄒᆞ얏다ᄒᆞ더라

◎土國의抗議 仝電을據ᄒᆞᆫ즉希臘國皇帝가土耳其國의內政을干涉ᄒᆞᄂᆞᆫ事에關ᄒᆞ야土耳其政府ᄂᆞᆫ크리트島保護列國에對ᄒᆞ야抗議를申出ᄒᆞ얏다더라

◎露都의虎列剌 仝電을據ᄒᆞᆫ즉聖彼得堡에ᄂᆞᆫ再次虎列剌病이발生ᄒᆞ엿다더라

◎自動車數爻 巴里自動車雜誌를據ᄒᆞᆫ즉美、英、法、德、日各國의自動車數가如左ᄒᆞ니美國에ᄂᆞᆫ十三萬臺오英國에ᄂᆞᆫ八萬四千八百四十一臺오法國에ᄂᆞᆫ四萬六千百十四臺오德國에ᄂᆞᆫ二萬四千六百臺오日本은十餘臺에不過ᄒᆞ다더라

寄書

大韓每日申報의獨立을祝홈

本人의 貴報講覽이第百餘號로一千四百餘号에至토록愛讀ᄒᆞᆫ즉正直ᄒᆞᆫ言論과强硬ᄒᆞᆫ筆鋒이同胞之警世鍾이더니嚮者英國人裵說之刱立과萬咸之續刊은아韓同胞之共同知悉이거ᄂᆞᆯ近日萬咸이歸國ᄒᆞ고我人의發行으로閭巷間浪說을接聞則報紙刊行을英人主權은皆云確信이고아人主權은未可必信이라個個偶說이互相提起ᄒᆞ니噫라此乃愚痴者之誕說이오無覺者之妄論也ㅣ라何者오ᄒᆞ면大抵報筆은天下萬國之法公이거ᄂᆞᆯ何必有勢無勢로言論正直을未信也ㅣ리오本人이知識은淺短ᄒᆞ나國民之一分子로同胞에게警告ᄒᆞ노니每日報之自由主權은國家之幸福也ㅣ라古書에云ᄒᆞ되成功者去라ᄒᆞ니此之謂也ㅣ니譬컨ᄃᆡ裵說咸萬은沛公之張良이오劉備之孔明이라諺에曰坐受漁人之功이라ᄒᆞ니他人이高堂巨第와良田美土를吾人이偶然享受홈과如히彼則一時雇傭과略似ᄒᆞ니此非我國獨立之基礎耶아惟아同胞ᄂᆞᆫ益々購覽ᄒᆞ며愈々進步ᄒᆞ면文明之脉을不求自圖也ㅣ라嗟吾同胞여韓衣韓食에韓祖韓父則四千餘年아韓祖先骨肉精神을他人에게讓渡치勿ᄒᆞ고尤加欽讀ᄒᆞ오無目則無視ᄒᆞ고無耳則無聽이니新報者ᄂᆞᆫ世界之耳目也ㅣ라現今萬國大勢가大洋이失廣ᄒᆞ고박陸이失遠ᄒᆞ야優勝劣敗오物競大擇ᄒᆞᄂᆞᆫ時代라如此尤甚促急ᄒᆞᆫ時代에長夜漆室에醉睡閑臥乎아文明之國은雖挾冊童子와牧牛田夫라도悟寐起居에國家義務를各自負擔ᄒᆞ고公同利益을實踐互行ᄒᆞ니此則富强之原素也ㅣ라勿論泰之東西ᄒᆞ고人之耳目口鼻의視聽嚼嘗도同然ᄒᆞ고身體手足의擧止動作도同然ᄒᆞ고言語文筆의應答使用도同然ᄒᆞᆫᄃᆡ以此同然ᄒᆞᆫ人物노四千餘年禮義之邦을胡爲乎今日慘境悲界에至ᄒᆞ리오然則敎育之未完과聞見之未達ᄒᆞᆫ所以라嗚呼同胞여歡迎々々ᄒᆞ니歡迎性質이何如ᄒᆞ며歡迎意味가何如오列國之歡迎은高등人物노歡迎ᄒᆞ고아韓之歡迎은文明ᄒᆞᆫ國魂을大歡迎ᄒᆞ오文明의魂이來自西洋ᄒᆞ야直渡太平洋ᄒᆞ야纔到東洋ᄒᆞ니아國之文明의速與不速은在於同胞之精神이오不在於强隣之去留이니同胞同胞여國魂의文明을大歡迎日에無窮의花를持ᄒᆞ고無窮의福을享ᄒᆞᆯ지어다

咸興郡州南面私立一能學校學徒 崔龍濬

學界報

◎英校盛況 城津府寫中面海坪里英化學校에서夏季運動을去月十三日上午八時에擧行ᄒᆞ엿ᄂᆞᆫᄃᆡ本里有志紳士金禎活金禎洙兩諸氏가義金을捐出ᄒᆞ야多數賞品을準備ᄒᆞ고本府中外各學校를招請ᄒᆞ야聯合運動을ᄒᆞ엿ᄂᆞᆫᄃᆡ午餐ᄭᆞ지供饋ᄒᆞ엿스며參列ᄒᆞᆫ學徒及觀光者가二千餘人에達ᄒᆞ엿더라

◎朴氏의慈善 文川郡龜山面私立進明學校學徒趙鍾奭陳亨근兩氏ᄂᆞᆫ家素貧乏에立錐之地가無ᄒᆞᆫ지라咸興農業學校에應試ᄒᆞᆯ意가有ᄒᆞ나路費를難辦ᄒᆞ야自歎ᄒᆞᆯ而已러니朴氏가路費를辦給ᄒᆞ야使之應試케홈으로其慈善을人莫不稱頌이라더라

◎郡廢校興 협谷郡은現屬通川郡이나其鄕校所在面內人士姜永周崔承恒朴進弘與各里頭民諸氏가靑年敎育을熱心ᄒᆞ야各洞契錢과鄕校錢與校畓價合三千二百餘圓과該面內幾百年禁養ᄒᆞᄂᆞᆫ南松田一幅을幷報部承認ᄒᆞ야取殖需用케ᄒᆞ고校名은啓東이라稱ᄒᆞ엿ᄂᆞᆫᄃᆡ學生은甲乙丙班合四十八人을敎師二員으로晝宵敎授ᄒᆞ야日新進就ᄒᆞᆫ다더라

◎見校卒業 平北泰川郡見心學校에서本月五日에第一回卒業式을設行ᄒᆞ엿ᄂᆞᆫᄃᆡ優等生은金炳濟金鼎욱李基宗諸氏요及第生은田俊慶李宗善白宗均박鍾成金宗赫李鎭武金鏞영李鍾應白樂民諸氏라더라

詞藻

霧 于堂

大霧沈沈自早晨樵童失路客迷津晚風一陣從何至晴夫羣山後見眞

評曰大霧陸沉雖有晚風安得見羣山眞面也可見詩人之用意深切而餘韻不絶也

宮廷報

○兼下祝辭 太皇帝陛下ᄭᅴᄋᆞᆸ셔本願寺賜額奉安式에魚侍從을 御使로差遣ᄒᆞ셧다더니更聞ᄒᆞᆫ즉侍從徐內協을差遣ᄒᆞᄋᆞᆸ시고兼ᄒᆞ야御祝辭를 下賜ᄒᆞᄋᆞᆸ셧다더라

○帶同艦長陛見 旣報와如히山縣副統監이千歲號艦長以下를帶同ᄒᆞ고昨日上午十一時에大皇帝陛下ᄭᅴ 陛見ᄒᆞ엿ᄂᆞᆫᄃᆡ內部대臣朴齊純氏도叅 謁ᄒᆞ엿다더라

○下賜物品 大황帝陛下ᄭᅴᄋᆞᆸ셔若林、松井、岡喜七郞에게物品을 下賜ᄒᆞᄋᆞᆸ신事ᄂᆞᆫ昨報에旣報어니와今에其物名을聞ᄒᆞᆫ즉大황帝陛下ᄭᅴ셔ᄂᆞᆫ李花御綬章을彫刻ᄒᆞᆫ銀製大花瓶各一個式太황帝陛下ᄭᅴ셔ᄂᆞᆫ美術品製造工場에셔製作ᄒᆞᆫ紋繻子各일匹式 하賜ᄒᆞ셧다더라

○若林陛見 若林前경視總監은今日午前九時에出발歸國ᄒᆞᆷ으로昨日午后一時에 창德宮에叅內ᄒᆞ야 대황帝陛下及 皇后陛下ᄭᅴ陛見ᄒᆞ고 辭陛를上 奏ᄒᆞ엿다더라

○新聞御覽 大황帝陛下ᄭᅴᄋᆞᆸ셔ᄂᆞᆫ新聞을甚히 愛好ᄒᆞ샤每朝에侍臣이新聞을 進呈ᄒᆞ면非常히樂ᄒᆞ신다더라

○下賜賞品 修學院에셔日前에夏期試驗을經ᄒᆞ엿ᄂᆞᆫᄃᆡ優등生李堣鎔등九人에게太皇帝陛下ᄭᅴᄋᆞᆸ셔優數ᄒᆞᆫ賞品을 下賜ᄒᆞᄋᆞᆸ셧다더라

雜報

○義王消暢 義親王殿下ᄭᅴ셔ᄂᆞᆫ再昨日別邸弄珠를帶同ᄒᆞ고東門外新興寺에前往ᄒᆞ샤妓樂으로消暢ᄒᆞ셧다더라

○統府文簿整理 統監府에셔ᄂᆞᆫ寺內新統監이到任ᄒᆞ기前에諸般文簿를整理ᄒᆞ기爲ᄒᆞ야一般官吏가事務에奔忙ᄒᆞ다더라

○視察三部 山縣副統監이本日午前九時에學部及漢城府內部등各部의執務狀况을視察ᄒᆞᆯ터인ᄃᆡ右各官廳에셔昨日에一般淸潔을施行ᄒᆞ엿다더라

○仕進時間改正 各官廳의官吏仕進仕退時期를內閣令으로頒布ᄒᆞ되七月一日브터八月卅一日ᄭᆞ지ᄂᆞᆫ午前九時에仕進ᄒᆞ야午後一時에仕退케ᄒᆞ더니該閣令을改定ᄒᆞ야本日브터九月二拾日ᄭᆞ지ᄂᆞᆫ午前八時에仕進ᄒᆞ야正午拾二時에仕退ᄒᆞ기로頒布ᄒᆞ엿다더라

○兩氏競爭 農相趙重應氏가內閣代表로寺內統監을歡迎ᄒᆞ기爲ᄒᆞ야馬關ᄭᆞ지前往ᄒᆞᆫ다ᄒᆞᆷ은旣報어니와此에對ᄒᆞ야何등要功件이有ᄒᆞᆫ지承寧府總管趙民熙侍從副卿李會九等諸氏가代表로前往ᄒᆞ기를五相競爭ᄒᆞᄂᆞᆫ故로姑未決定ᄒᆞ얏다더라

○夫人觀戰 完興君李載冕氏以下各皇族及대臣의夫人諸氏가會同ᄒᆞ야三昨夜에南部明洞日人이設行ᄒᆞᆫ滿洲觀戰鐵道를觀覽ᄒᆞ엿다더라

○大谷視務 學部에셔日人大谷顯太郞으로官立漢城高등學校商業科敎授를叙任ᄒᆞ야昨日브터視務ᄒᆞᆫ다더라

○議察治療 水原觀察使金思默氏ᄂᆞᆫ身病을因ᄒᆞ야治療次로三昨日에上京ᄒᆞ엿다더라

○雨壞道路 全南觀察道書記官이內部에電報ᄒᆞ되數日來霖雨가頻數ᄒᆞ야道路破壞가多數ᄒᆞ다ᄒᆞ엿다더라

○借醫指揮 內部衛生局에셔日氣漸熱ᄒᆞᆫ時를際ᄒᆞ야衛生事務를擴張實施ᄒᆞᆯ터인ᄃᆡ醫察官吏의指揮를借得ᄒᆞ고저ᄒᆞ야醫務總監部와交涉ᄒᆞᄂᆞᆫ中이라더라

○林籍調査畢了 慶北及全北兩觀察道地方의林籍을調査ᄒᆞ기爲ᄒᆞ야出張ᄒᆞ엿던農商工部主事李瀰柳町兩氏가再昨日에入城ᄒᆞ엿다더라

○治風設會 城津郡人士들은該地醫官의指揮를承ᄒᆞ야風俗을改良次로治風會를組織ᄒᆞ고規則을製定ᄒᆞ야內部로修報ᄒᆞ엿다더라

○財官의輪回視務 各地方財務官吏ᄂᆞᆫ暑中休暇를因ᄒᆞ야十五個日式輪回視務ᄒᆞᆫ다더라

○兩隊休務 近衛及騎兵兩隊에셔細密檢査事務를設行ᄒᆞ엿ᄂᆞᆫᄃᆡ困勞ᄒᆞᆷ을因ᄒᆞ야將校以下一般兵卒ᄭᆞ지再昨日에一日을休務ᄒᆞ엿다더라

○漁業審査會 農商工部漁政課長日人庵原技師ᄂᆞᆫ北韓地方의漁况을視察ᄒᆞ기爲ᄒᆞ야本月拾八日頃에出발ᄒᆞᆯ터인ᄃᆡ出발前에免許漁業審査會를開ᄒᆞ고慶尙南道免許漁業七百餘件을處分ᄒᆞᆫ다더라

○法國共和紀念 昨拾四日은法國의共和政治를開設ᄒᆞᆫ紀念日인故로京城에駐在ᄒᆞᆫ法國總領事가外國人의祝賀를受ᄒᆞ엿ᄂᆞᆫᄃᆡ統監府石塚叅與官과大久保大將과國分檢事長及理事등數拾名이訪問ᄒᆞ여該國總領事代理副領事ᄲᅡ이야氏를對ᄒᆞ여三鞭酒盃를擧ᄒᆞ며法國萬歲를祝ᄒᆞ고同日夜八時로拾一時ᄭᆞ지ᄂᆞᆫ夜會를開ᄒᆞ고法國人만招待ᄒᆞ여祝意를表ᄒᆞ엿다더라

○道路修築 漢城府에셔ᄂᆞᆫ今番에管內道路를修築ᄒᆞᆯ터인ᄃᆡ經費ᄂᆞᆫ一萬二千圓으로豫算ᄒᆞ엿다더라

○賓松公用 奬忠壇附近의松楸를何許人이盜伐ᄒᆞᆫ것이有ᄒᆞ다ᄒᆞ야再昨日에宮內府及農商工部와親衛府에셔各其官吏를派送調査ᄒᆞ엿ᄂᆞᆫᄃᆡ斥賣公用ᄒᆞ기로決定ᄒᆞ엿다더라

○建舍或止 各地方에셔醫察部長의官舍를新建築ᄒᆞ려다가或中止ᄒᆞᆫ處도有ᄒᆞ다ᄂᆞᆫᄃᆡ其理由ᄂᆞᆫ該地憲兵分隊에셔視務ᄒᆞᆷ을因ᄒᆞᆷ이라더라

○兩道醫藥觀察 大韓醫院附屬醫學校敎官韓民濟氏ᄂᆞᆫ慶尙全羅兩道에醫藥을視察ᄒᆞᆯ次로來二十一日에발程ᄒᆞᆫ다더라

○雜契稅金 醫務總監部에셔ᄂᆞᆫ人民이設行ᄒᆞᄂᆞᆫ各項雜契에對ᄒᆞ야稅金을收入ᄒᆞ기로目下協議中이라더라

○神會計劃 神宮敬義會에셔ᄂᆞᆫ檀君과日本神武天皇의位牌를奉安ᄒᆞᆫ後擧行ᄒᆞᆯ儀式節次를日本에在ᄒᆞᆫ神宮奉齋會規模를模倣ᄒᆞ야目下製述中인ᄃᆡ寺內統監赴任後에卽時提呈ᄒᆞᆯ計劃이라더라

○日紙全廢說 [illegible]에셔日人이발行ᄒᆞᄂᆞᆫ各日文新聞은統監府에셔買入廢止ᄒᆞᆫ다ᄂᆞᆫ說이有ᄒᆞᆫᄃᆡ月前에日人新聞朝鮮日之出新聞이廢刊됨도此의原因ᄒᆞᆫ바이라더라

○釀助火傷 內部文書課主事朴斗容氏가再昨夜에困眠ᄒᆞ다가石油灯을足쳐ᄒᆞ야半身이被爛ᄒᆞ야坐臥起居를任意치못ᄒᆞᆫ다ᄂᆞᆫᄃᆡ該課一般官吏가月俸百分의一을收合捐助ᄒᆞᆫ다더라

○退公習算 農商工部山林局內에珠算講習所를設立ᄒᆞ고該局一般官吏가公退餘暇에講習ᄒᆞᆫ다더라

○移亭新禱 輔國閔泳徽氏ᄂᆞᆫ北部孟峴에新建築ᄒᆞᆫ山亭으로再昨日移接ᄒᆞ고新禱를設ᄒᆞ엿다더라

○漁市場日雇 帝國實業會支部慶南昌原港魚市場組合所에셔業務를擴張ᄒᆞ기爲ᄒᆞ야今月六日에臨時總會를開ᄒᆞ고日本人久重勘作을顧問으로延聘ᄒᆞ엿다더라

○敎堂實業 貞洞耶蘇敎堂에셔實業會를組織ᄒᆞ기爲ᄒᆞ야該敎徒中으로財産有無를調査ᄒᆞᆫ다더라

○在京外國人 最近調査를據ᄒᆞᆫ즉京城에在留ᄒᆞᄂᆞᆫ歐羅巴人及淸國人의數爻ᄂᆞᆫ如左ᄒᆞ니英國人이八拾八名이오美國人이一百三拾一名이오法國人이五拾七名이오德國人이拾九名이오俄國人이拾二名이오比利時人이一名이오淸國人이二千三拾六名이라더라

○何其鄙陋 大皇帝陛下ᄭᅴᄋᆞᆸ셔南巡ᄒᆞᄋᆞᆸ실時에何許軍人의能碍一個가混入于宮內府行裝中故로該府에셔同府主事李相奎氏에게委任ᄒᆞ야碍主를覓給ᄒᆞ라ᄒᆞ엿ᄂᆞᆫᄃᆡ李氏가何等鄙慾이有ᄒᆞ엿든지金五十錢에典執不覓ᄒᆞᆷ으로該典舖에셔該碍를放매ᄒᆞᆯ際에日憲兵이適見ᄒᆞ고該碍에所出근因을當[illegible]調査ᄒᆞ엿슴으로李氏가三昨日竊盜嫌疑로日憲兵第二分隊에被捉ᄒᆞ엿다더라

○朴妻推給 北部松峴居遞傳夫李億萬이가利川郡秦逸里朴相德의妻孫姓女를誘引上來ᄒᆞ엿다ᄂᆞᆫᄃᆡ昨日北部警察署에셔朴相德의告訴를因ᄒᆞ야孫姓女를覓給ᄒᆞ엿다더라

○行裝搜索 大韓興學會幹部南允熙金在熙兩氏가日本으로브터日前歸國ᄒᆞ엿ᄂᆞᆫᄃᆡ日憲兵司令部에셔補助員을南門驛으로派送ᄒᆞ야該氏등의行裝을一幷搜索ᄒᆞ엿고行動을日夜注目ᄒᆞᆷ으로該氏等이再昨日鄕第로下去ᄒᆞ엿다더라

○義將형捕 義兵將李震用氏의副將崔應大氏가新門外慕華舘等地에潛伏ᄒᆞ엿다ᄂᆞᆫ說이有ᄒᆞᆷ으로某處에셔目下嚴密형捕中이라더라

○淺浦新局 鏡城郡漁郎面富潤垌淺浦場居有志紳士朴昌周裵升彦等諸氏가各其資金을鳩聚ᄒᆞ야該郡內에誠仁堂支藥房을開設ᄒᆞ고京城各藥舖新발明ᄒᆞᆫ藥品을多數類聚ᄒᆞ야衛生上公益을企圖ᄒᆞᆫ다더라

○傳道書配付 基督敎靑年會傳道部에셔全國人의耶所敎信不信을勿論ᄒᆞ고傳道書를分給ᄒᆞ기爲ᄒᆞ야傳道文을各地方敎堂에分排送付ᄒᆞ엿다더라

○助産所幻燈 助産婦養成所에셔臨産助護에現狀과衛生上必要ᄒᆞᆫ幻燈會를今月拾六日下午七時에鍾路靑年會館內에셔設行ᄒᆞᆫ다더라

電報

○淸國軍事視察員 淸國軍事視察員의一行은聖彼得堡에到着ᄒᆞ엿다더라

伯林發 拾三日着

○尼國革命黨 늬카라과國革命黨은益益猖獗ᄒᆞ야大段不穩의兆를呈ᄒᆞᆫ다더라

○鐵道驛名調査 韓國과日本及滿洲鐵道停車場中에同名의停車場이頗類ᄒᆞ야事務上에不便ᄒᆞᆷ으로日本鐵道院에셔ᄂᆞᆫ整理改名ᄒᆞ려고方今調査中이라더라

○美卿到着 美國陸軍卿은明拾五日에日本에到着ᄒᆞᆫ다더라

○當局者의喜色 昨日에發表ᄒᆞᆫ日露協約에對ᄒᆞ야日本當局者ᄂᆞᆫ一般喜色이滿顔ᄒᆞ다더라

○委員開會 國勢調査準備委員總會ᄂᆞᆫ今日에貴族院談話室에셔開會ᄒᆞ엿다더라

○褒賞授與式 英日博覽會褒賞授與式은明拾五日에擧行ᄒᆞ기로變更되엿다더라

以上東京발 拾四日着

▲泡花世界▼

▲水面泡花細數ᄒᆞ니乍起乍滅風浪中에百年人事閱歷ᄒᆞ면逝者如彼공ᄎᆞ이라

▲政海一帶風濤中에槐安夢을誰驚인고擾擾一위未定ᄒᆞᆯ제昨夜颶風激烈ᄒᆞ야沈沒患이當頭ᄒᆞ니이것도泡花世界

▲扶桑幾里東海水가半島上에浸入ᄒᆞ야神州陸沉되엿스니盤龍神斧一出ᄒᆞ면狂瀾이退息이라이것도泡花世界

▲海外風雲動盪ᄒᆞ니蚌鷸勢가相持ᄒᆞᆯ제孰勝孰負未辨ᄒᆞ야東西人이注目ᄒᆞ니前浪起處後浪消라이것도泡花世界

▲弱水三千浩漫中에嗟我同胞游泳ᄒᆞ니挽回太平洋上水면各充其量奮起ᄒᆞ며强壯力을培養이라이것도泡花世界

▲當世風波種종ᄒᆞ니뎌涇渭가誰濁인고各社會의競爭力이倘爲國民責任인가隨風逐浪悠悠ᄒᆞ니이것도泡花世界

○能作號令 李源昇氏의妾과尹肅榮氏의妾이本是有名ᄒᆞᆫ平[illegible]

源昇家이나尹肅榮家로每日相逢ᄒᆞ야雲雨之樂을作ᄒᆞ다가日[illegible]

가設局技賭ᄒᆞᆷ을確知ᄒᆞ고仍入執臟ᄒᆞᆫ즉李源昇氏가大聲號令[illegible]

ᄒᆞ야風波가대起ᄒᆞᆫᄃᆡ侍從院卿이北部警部金東完氏를紹介[illegible]

ᄂᆞᆫ卽當罷免이可也라ᄒᆞᆷ으로行路人民들이莫不唾罵ᄒᆞᆫ다더라

氏가色界技局에浪費ᄒᆞᆫ債帳을因ᄒᆞ야再昨日動産執行을遭ᄒᆞ[illegible]

야京城地方裁判所로裁交ᄒᆞ엿[illegible]詐欺取財犯日人松岡은何등

▲言重千金▼

▲一進會에셔李容九와金澤鉉의兩黨派가成立ᄒᆞ야猜忌ᄒᆞᄂᆞᆫ情態로互相衝突ᄒᆞ더니金澤鉉의派가日本에在ᄒᆞᆫ宋秉畯과交涉ᄒᆞ야李容九를黜會ᄒᆞᆯ計劃으로逐逐密議ᄒᆞᆫ다지一進會도떡ᄒᆞ여먹게되엿고나자루를찌저라

▲日人服部建之助가宮相의椅子를鞏固케ᄒᆞ야주마ᄒᆞ고金錢을欺取ᄒᆞ다가情跡이綻露되야警視総監部에被捉이되엿다니日人賊漢의手段이더무섭더고日人을責望ᄒᆞᆯ것잇나속ᄂᆞᆫ사ᄅᆞᆷ이더ᄒᆞ지

▲政友會와進步黨의頭領이大韓協會와協同ᄒᆞ고三黨이合ᄒᆞ야國民俱樂部를組織ᄒᆞ고黨勢를挽回코져ᄒᆞᆫ다지政界가變更이된다ᄒᆞ니가야단들일너고

社告

三和港支社員裴亨湜氏辭免ᄒᆞᆫ代에該港碑石洞同和약房李元淳氏로擇定ᄒᆞ엿ᄉᆞ니該附近地에셔本申報購覽諸氏ᄂᆞᆫ李元淳氏와交涉ᄒᆞ시옵

大韓每日申報社

廣告

本敎所를今月拾五日에西部積善坊長興庫洞三拾七統八戶로移接ᄒᆞ오니京鄕僉君子ᄂᆞᆫ照亮ᄒᆞ시옵　大宗敎　告白

本人에圖章圓形에姓名三字만解字로刻ᄒᆞᆫ것을셔失故로圓形에篆字로新刻ᄒᆞ엿ᄉᆞ오니僉彦은照亮ᄒᆞᆷ　林壽鉉　告白

本人의崔永洙으로行ᄒᆞ던圖章을陰去年五月廿五日셔失故로崚石으로改刻施行ᄒᆞ니知舊間照亮ᄒᆞᆷ　仗洙峴崔崚石　白

特別廣告

本店을開業ᄒᆫ지數十年以來에 僉君子의愛顧ᄒ심을蒙ᄒ온바주히報答ᄒ기爲ᄒ와業務를擴張ᄒ고內外各樣紙物과布木紬緞이며政府委托度量衡器와學校用品을新選最良으로直輸入ᄒ와特廉減價로多小閭遠近을勿論ᄒ고請求ᄒ시면郵送部郵便小包며引換代金으로酬應을迅速히貿易에益々便利토록施行ᄒ깃ᄉ오니諸君子ᄂᆞᆫ照亮愛顧ᄒ심을伏望홈

各樣紙物

壯紙 壯版紙 窓戶紙
白紙 各樣書畵 塗背
洋紙 校科印刷洋紙
斑子紙 封套紙 印札紙
製圖用紙 美濃紙各樣

度量衡器部

자와 말과 되와 저울
度器 量器 衡器等
類를販賣홈

京城鍾路通二十二統八戶

政府度量衡器販賣所
品紙商 鄭斗煥

電話壹千拾九番
電略(정)又(ㅜ)

各種布木 紬緞
布。苧。木。紬。緞。
絹子 毛織

京城鍾路通二十二統八戶
木布商 鄭星煥

本商會ᄂᆞᆫ世運의進化와商業의發展을隨ᄒ야業務를新鮮擴張ᄒ야各種布木紬苧緞屬新式毛織等諸般衣服所用物貨를多數貿易ᄒ야僉君子의請求를誠實酬應ᄒ오며地方에ᄂᆞᆫ請求만ᄒ시면郵便小包나運送部로送呈ᄒ고代金은引換ᄒ겟사오니地方에商店이나所用되시ᄂᆞᆫ僉君子ᄂᆞᆫ多數請求ᄒ심을望

韓國收入印紙原賣所
有價証券典當賣買所
京城鍾路通二十二統四戶
壽南商會 金泰熙

本人與族人𢷎德德儀學儀正儀의加平古城里所在山林을本人이委任ᄒ야提出證明인바本人弟洪儀가本是悖類로誑證明文券五度와李進宇圖章을幷爲乘夜竊去ᄒ야將欲典賣ᄒ오니內外國人은切勿見欺홈 京畿楊平郡北面小沙里 李衡儀告白

登錄 京西部車洞同和藥房
本國材로洋製ᄒᆫ官許
引蘇丸이消滯止泄滅
毒ᄒ고付屬ᄒᆫ八十餘
種俱備大發行ᄒ오 閔種白

會社株券賣買及典執
京城南署棗洞六十二統十戶
金龍商會 告白

蔘茸唐草藥材廉價大發賣

特別廣告

本店에서開業三十餘年에 僉君子의愛顧ᄒ심을蒙ᄒ와營業이발展ᄒ옵ᄂᆞᆫ바ᄉ에盛意를報答키爲ᄒ야業務를一層擴張ᄒ옵고良好ᄒᆫ蔘茸唐草藥材를內地와外國으로서多數히直輸入ᄒ와特別廉價로都賣散賣에信實히酬應ᄒ오며地方에서請求ᄒ시ᄂᆞᆫ데對ᄒ야ᄂᆞᆫ多小를不拘ᄒ옵고郵便小包ᄂᆞᆫ運送部로訊速히付呈ᄒ오되代金은引換으로ᄒ깃ᄉ오니京鄉僉君子ᄂᆞᆫ益益請求ᄒ심을望홈

但地方에서請求ᄒ시ᄂᆞᆫ妙法

金一錢五厘를費ᄒ시고一枚에葉書를使用ᄒ사住所氏名과掌記를錄送ᄒ시면能히遠路의跋涉과往返의旅費를要치아니시고本店에最良好ᄒᆫ上品藥材를完全히買用ᄒ실터이오다

京城南部銅峴三十五統三戶
蔘茸唐草藥材直輸入商
乾材藥局
崔聖鶴 告白

特別廣告

松村先生池錫永 著

袖珍美本
字典釋要
全一册 定價金 八十錢

本書ᄂᆞᆫ我韓에著名ᄒᆫ池錫永氏의數十年研究ᄒᆫ바인ᄃᆡ普通玉篇보다五千餘子를增補ᄒᆯ뿐더러二十義를國文으로明白히解釋ᄒᆫ要書이오니 僉君子ᄂᆞᆫ速々購覽ᄒ시옵

日韓文對照
新法律
大審院編纂
全一册 定價金 七十五錢

裁判所構成法
刑法大全
民刑訴訟規則
民事訴訟期限規則

發行所 南部大廣橋三十七統四戶
滙東書館

本店에서開業ᄒᆫ지十六年間僉君子의愛顧ᄒ심을特蒙ᄒ와ᄂᆞᆫ已[illegible]務을大擴ᄒ고春夏秋冬所用으로細屬ᄒ等各國高等物品을現今多數直輸入이온바各地方에서ᄂᆞᆫ貿易에便利ᄒ買키爲ᄒ야特減價ᄒ와郵便小包로酬應ᄒ야代金은引換ᄒ기사오니十三道各郡僉君子ᄂᆞᆫ隨意請求ᄒ심을望

振替貯金番號(韓國壹三三番)
電話番號(三五八)
漢城中部鍾路●器商
洞二十一統五戶
廣興泰 告白

◉共愛堂大藥房製造各種藥品發行表

壯陽復元丹 此藥專治腎虛羸弱 房事色傷 心腎虛弱 遺精多夢、陽위不起 病後虛弱 不下飮食 先天不足 眩暈頭疼 壹週分壹圓 四週分三圓四拾錢 二週分壹圓八拾錢八週分六圓四拾錢 等症에並妙効가有홈

虔修 靈丹 壹般痢症胃腹疼消化不良心神鬱悶沿酒醉化담止히口熱惡臭食慾不振등症에並神効

眼科聖藥 淸眼水 壹般眼疾、時行眼疾、風熱眼疾、羞明流淚、眼內紅痒등症에撥雲見天之妙(壹甁金拾錢)

鮮하至寶丸 專治하疾卽氣虛하、遠年長하、一日二日하、難難治之하이라도永々거근홈 壹包金拾錢

皮膚神藥 靈效液 特治皮膚疥癬옴、皮風、諸般痒疹、두두러기、옷올난데다神効홈 壹甁금三拾錢

專治五淋 通淋丸 急慢淋疾、赤白帶下、방광炎症、뒤炎皮濃漏外他淋毒性諸症에신效홈 壹제금五拾錢

梅毒妙効 神應丹 楊梅瘡에壹期二期三期를勿間ᄒ고確實이有효、連珠瘡下疳瘡等에幷효 壹제金三圓

腹하신藥 淸脾丸 喘治小兒壹般腹하、面黃、屎靑、左脇별腹에大有奇효홈 一匣金五拾錢

久례神効 養胃散 通治經久滯積、呑酸吐사、霍亂、胃腹등大便不順等症에奏効如神 壹貼금十五錢

治痰鎭咳丸 專治大人히소、喘息、담結등症에妙 三日分一包금卅錢

特冒感효 消熱散 勿論四時傷寒感冒、咽喉疼등、寒熱往來肢節등、但하非하등症有효 壹貼금拾錢

耳病신효 淸耳液 專治耳病卽鼓膜炎、內外聽道炎、耳中灼熱疼소癢、濃液流出等症有효 一甁금十錢

百貼百應 妙妙膏 風寒濕氣、胸肩背에牽引ㅎ등、腰膝脚되酸등無力、骨節등등症에如神 금卄五錢

發효如신 [illegible]治膏 各種腫氣、小兒胎毒、부스럼濕腫、生新에並 一包금拾錢

大腫 拔根膏 大小腫에根써논약 價금拾錢

寸虫去根藥 價금卄錢

鮮凝膏 멍울석히ᄂᆞᆫ약價금拾錢

齒痛水 충치風치신효 價금七錢五厘

鷄眼膏 뒤눈써ᄂᆞᆫ약 금拾錢

汗斑水 어루러니약 금十錢

止泄丸 대泄暑泄신효 價금拾五錢

痢疾藥 赤빅痢에신효 價금拾五錢

各種上等金雞納 東西洋有名賣 [illegible]洋藥 乾材都賣散賣其他各種藥이具備ᄒ오니請求를依ᄒ야小包로酬應ᄒ겟습

發行所
皇城南部大廣橋十九統七戶
共愛堂大藥房主 朴容桓 告白

◎基督校盛況 三和港億兩洞
基督得信女學校에셔去木曜日
相德諸氏와進級生은張主學氏
等二十一人이라當日來賓은二
軸鉛筆六打空冊二十卷과該校
會에셔新貨七圜과一光學校에
校敎師安昔龍氏가熱心勸勉ᄒ
며一場盛況을呈ᄒ엿다더라
內에셔設立ᄒᆫ바爾來創立一載
에財政이窘絀ᄒ야今年에ᄂᆞᆫ廢
頭에셔殖利ᄒ든契錢百餘圓을
該校에寄付ᄒ야學校를維持케
에窮乏을免케ᄒ고學徒가五六
十名에達ᄒ야長就之望이有ᄒ

光武九年八月拾壹日 明治三拾八年八月拾壹日 (第三種郵便物認可) 土曜日 西曆壹千九百拾年七月十六日 (一)

◎二校並一 현谷郡內에學校二가有ᄒᆞᆫᄃᆡ一은普明이니前郡守朴齊선氏의捌設이요一은鶴林이니前安邊郡守崔勳柱氏의設立인ᄃᆡ始創ᄒᆞᆫ一年에可謂虛興이라가近因財絀ᄒᆞ야至於廢校之境터니該面內紳士李台炯氏가靑年의前途未進을慨歎ᄒᆞ야이[illegible]氏가先自[illegible]ᄒᆞ고該洞有志紳士로各契錢과各人寄付金을熱心募集ᄒᆞ야二校를撤ᄒᆞ야一新建築ᄒᆞ고校名은明林이오學徒ᄂᆞᆫ[illegible]ᄂᆞᆫᄃᆡ該氏의財政과敎育의勤實ᄒᆞᆷ은莫不稱頌이라더라

◎女校又設 順川郡私立普通學校長[illegible]氏ᄂᆞᆫ有志ᄒᆞᆫ紳士로數年前에奴僕을盡爲放送ᄒᆞ고本郡與隣邑學교에數百圓金을屢屢補助ᄒᆞ야血心贊成이더니[illegible]로校長을被任ᄒᆞ야任員諸氏로女子界에敎育이발展치못ᄒᆞᆷ을慨歎ᄒᆞ야月前브터女子學徒를多數募集ᄒᆞ야[illegible]ᄂᆞᆫ不倦ᄒᆞ고學者ᄂᆞᆫ不厭ᄒᆞ야進就之望이有ᄒᆞ다더라

大韓每日申報

檀君開國四千二百四十三年
箕子元年三千二十二年
大韓開國五百十九年
本報紙刊日 光武八年七月十八日

第八卷 月曜及慶節歲時休日休刊 第壹千四百卅六號

發行兼編輯人 李章薰
발行所 京城中部布廛屛門二宮街二府洋屋 大韓每日申報社

論說

學術思想의變 (選)

學術思想이란者ᄂᆞᆫ一國에在ᄒᆞ야ᄂᆞᆫ人의精神이有ᄒᆞᆷ과如ᄒᆞ니政事와法律과風俗이歷史上에種々히現象이發見ᄒᆞ엿ᄉᆞᆫ즉其國의文野强弱의程度를覘코져ᄒᆞ면必然히學問思想에셔求ᄒᆞᄂᆞ니

我韓은東洋三局에鼎峙의勢를作ᄒᆞ야四千餘年을獨立ᄒᆞ던國이라上下千古에歷史를溯考ᄒᆞ면斑々히可考ᄒᆞᆯ者ㅣ存ᄒᆞ니二千萬衆의公用ᄒᆞᄂᆞᆫ語言文字가世界에셔能히此에及ᄒᆞᆯ者ㅣ無ᄒᆞ고三十世紀前브터傳來ᄒᆞᄂᆞᆫ古書도世界에셔能히此에及ᄒᆞᆯ者ㅣ無ᄒᆞ리로다

世界에文明의祖宗이라稱ᄒᆞᆫ란國이五가有ᄒᆞ니曰大韓과支那와印度와墨西哥와埃及인ᄃᆡ彼數國은其國이已亾ᄒᆞ여文明이俱亾ᄒᆞ엿ᄉᆞ나惟屹然獨立者ᄂᆞᆫ大韓과支那兩國而已니支那ᄂᆞᆫ五洲中에最大ᄒᆞᆫ國이라人衆이四億餘萬의老大ᄒᆞᆫ國으로萎靡不振ᄒᆞ야學術의思想이徒以形式으로相傳ᄒᆞ엿고至於我韓ᄒᆞ야ᄂᆞᆫ遺風餘政의光線이不絶ᄒᆞ야今日에至ᄒᆞ엿ᄉᆞ니美哉라我韓이여偉哉라我韓이여吾儕ᄂᆞᆫ不得不三薰三沐ᄒᆞ야天을仰ᄒᆞ고我가如此히偉美ᄒᆞᆫ國에生ᄒᆞ야國民의一分子가된것을謝ᄒᆞ리로다

山이深ᄒᆞ면獸가往ᄒᆞ고水가深ᄒᆞ면龍이生ᄒᆞᄂᆞ니其取精이多ᄒᆞ면其魂魄이必强ᄒᆞᆷ은必然ᄒᆞᆫ理라以若至美至偉ᄒᆞᆫ國民으로其學術思想이엇지磅礴鬱積ᄒᆞᆫ膽가無ᄒᆞ리오世界에史通을合ᄒᆞ야觀ᄒᆞ면上世時代의學術思想도我韓이第一이오中世時代의學術思想도我韓이第一이더니惟近世時代에至ᄒᆞ야ᄂᆞᆫ滿顔의愧汗을禁치못ᄒᆞ게되엿도다近世의史의前途가方興未艾의像이有ᄒᆞ다ᄒᆞ노니偉美ᄒᆞᆫ國民을作ᄒᆞ야엇지乃祖乃宗의最高尙最榮譽ᄒᆞᆫ位置를恢復지못ᄒᆞ리오全世界에牛耳를執ᄒᆞᄂᆞᆫ學術思想이有ᄒᆞᆫ者ᄂᆞᆫ熱血이沸騰ᄒᆞ야火와如히燄ᄒᆞ며希望이激切ᄒᆞ야海와如히潮ᄒᆞ니氣燄이何以분涌ᄒᆞᆯᄂᆞᆫ지知치못ᄒᆞ며手足이何以舞蹈ᄒᆞᆯᄂᆞᆫ지知치못ᄒᆞᆯ지니祖國을愛ᄒᆞ고同胞를愛ᄒᆞ고國家를爲ᄒᆞ야學術思想의光輝가發生ᄒᆞ야增長增益케ᄒᆞᄂᆞᆫ것이國民의責任이어ᄂᆞᆯ至今에此에從事ᄒᆞᄂᆞᆫ者를聞치못ᄒᆞᆷ은何也오凡於天下事를比較然後에ᄯᅡ眞을見ᄒᆞᄂᆞ니比較가無ᄒᆞ면已의短을知치못ᄒᆞᆯ뿐아니라己의長도知치못ᄒᆞ리로다

今世에好學深思의士라稱ᄒᆞᄂᆞᆫ者가二種이有ᄒᆞ니一則本國思想이學術界에所窮ᄒᆞᆫ바ㅣ되여外國學術에ᄂᆞᆫ界限을踰치못ᄒᆞ며一則外國學術思想에所眩ᄒᆞᆫ바ㅣ되여本國學術에ᄂᆞᆫ意想이及치못ᄒᆞ니此界도如此히博大ᄒᆞ고彼界도如此히燦爛ᄒᆞᆫ즉數十年力을竭치아니ᄒᆞ면於此於彼에其實을得ᄒᆞ고其華를咀키難ᄒᆞᆯ지니비록歌舞코져ᄒᆞ나엇지歌舞ᄒᆞ기를得ᄒᆞ리오

今에靑年同胞에게告ᄒᆞ노니外國의學術思想을輸入치못ᄒᆞᆷ을患치勿ᄒᆞ고自國의學術思想을발明치못ᄒᆞᆷ을患ᄒᆞᆯ지니天地間에一國이特立ᄒᆞᄂᆞᆫ것은人의特質이有ᄒᆞᆷ이니其國을自善ᄒᆞᄂᆞᆫ者ᄂᆞᆫ其特性을刷勵ᄒᆞᆯ지어다當遞渡時代에蒼黃末接ᄒᆞᆫ際를當ᄒᆞ야同胞의愛國心을喚起ᄒᆞ진ᄃᆡ古人을崇拜ᄒᆞ고今人을蔑厭ᄒᆞᄂᆞᆫ奴隷性과外人을崇拜ᄒᆞ고本族을蔑視ᄒᆞᄂᆞᆫ奴隷性을一刀를將ᄒᆞ야근柢를快斷ᄒᆞ고文明을輸入ᄒᆞ기로自任ᄒᆞᆯ지어다

官報

◎第四千七百三十一號

▲▲隆熙四年七月十五日 (金曜)

彙報

○官廳事項

창城郡守李尙珪가六月二十六日에身故ᄒᆞᆫ事

外報

◎革命黨入京 北京來電을據ᄒᆞᆫ즉國會速開請願者의關係가無ᄒᆞᆫ純革命黨六七十名이入京ᄒᆞ야陰謀를做出ᄒᆞᄂᆞᆫ形跡이有ᄒᆞ다ᄒᆞ야數十日前브터宮中에戒嚴이比前益加ᄒᆞ야人心이恟々ᄒᆞ다더라

◎婦人參政과日本 倫敦電을據ᄒᆞᆫ즉駐英日本加藤大使ᄂᆞᆫ現今日本에셔도從來의男女關係를全然改良ᄒᆞᆯ必要가有ᄒᆞ나婦人이政治上의權利를要求ᄒᆞᆷ에至ᄒᆞ기ᄂᆞᆫ不急ᄒᆞᆫ事이라然ᄒᆞ나彼等에對ᄒᆞ야多大ᄒᆞᆫ權力을與ᄒᆞᆯ日이不遠ᄒᆞ다고言明ᄒᆞ얏다더라

◎婦人參政問題 論敦電을據ᄒᆞᆫ즉婦人選擧權問題에對ᄒᆞ야二日間을討論ᄒᆞ엿ᄂᆞᆫᄃᆡ多大히意見이相違ᄒᆞᆯ뿐아니라閣員間에도意見이有異ᄒᆞ다더라

◎馬賊蜂起 奉天電을據ᄒᆞᆫ즉鴨綠江上流에一帶馬賊이猖獗ᄒᆞ야安東及鳳凰城岫岩寺地方에橫行ᄒᆞᆫ다ᄒᆞ야總督은第二十鎭隊及巡防隊와討伐隊를派送ᄒᆞ얏다더라

◎窮民의移住 仝電을據ᄒᆞᆫ즉湖北窮民約五百名이去十一日에京奉線을搭乘ᄒᆞ고營口로브터當地에來着ᄒᆞ야南滿線으로黑龍江省ᄭᅡ지向ᄒᆞ기爲ᄒᆞ야滿鐵列車에半額賃金으로黑龍江省에至ᄒᆞᆯ터인ᄃᆡ窮民中老弱男女의瘦衰ᄒᆞᆫ狀態를見ᄒᆞ면太半은飢死를不免ᄒᆞ겟다더라

◎克島의宣言 가소데아來電을據ᄒᆞᆫ즉크리트島政府ᄂᆞᆫ同島保護任에在ᄒᆞᆫ英、佛、伊、露四國의要求에服從ᄒᆞᆯ旨를宣言ᄒᆞ얏다더라

◎英帝의軍營訪問 英國황帝ᄭᅴ옵서ᄂᆞᆫ去十일日夜에第三步兵旅團을訪問ᄒᆞ옵시고其營內의設備等에至深ᄒᆞᆫ注意를下敎ᄒᆞ옵신後에飛行機二箇의飛行을御覽ᄒᆞ옵셧다더라

寄書

祝大韓每日申報自由

敬啓者ᄂᆞᆫ貴報가創刊已至八年에編輯발行之權限을借外國人之名義러니忽聞李章薰氏自由報筆之警醒ᄒᆞ니此가報筆之享福이며二千萬國民自由之機關乎ㄴ저執筆之精神이同胞自由之榮光이로다

貴報一千四百八號自由之日로우리國民自由紀念之日이되리니엇지祝賀치아니ᄒᆞ리오本人도我大韓國民中一分子인故로玆에祝意를遙表ᄒᆞ오니惟我愛覽ᄒᆞ시ᄂᆞᆫ兄弟姊妹ᄂᆞᆫ益々孳々ᄒᆞ심을萬々伏祝

창原府外西面山湖里 李圭學

學界報

◎龍守美事 龍岡郡守田德龍氏ᄂᆞᆫ公退餘暇면巡野勸農ᄒᆞ되農夫를酒草로賜給ᄒᆞ야其勞를慰問ᄒᆞ고春間에各面里에土宜를隨ᄒᆞ야桑樑果木등諸苗를平壤農林實業所에請求ᄒᆞ야人民에게散與栽培케ᄒᆞ고郡內普新學校에夜學을開ᄒᆞ야靑年을募集ᄒᆞ고該校訓導李學潤氏와郡主事金日興氏가各科及語學을輪回敎授ᄒᆞ고且近日山陽面등地에蝗蟲이傯生ᄒᆞ야禾穀의損害가有ᄒᆞᆷ으로郡守와主事가使傭을帶同ᄒᆞ고南郊에出行ᄒᆞ야捕蝗埋地ᄒᆞ엿다더라

◎光校盛況 元山港私立光成學校에셔去月二十八日에第一回卒業式을擧行ᄒᆞ엿ᄂᆞᆫᄃᆡ卒業生은朴元錫權壯用等二十人이오各班에學年을從ᄒᆞ야進級을行ᄒᆞ엿고此日은卽端午日이라金德洙李應洙兩氏가諸學生을請邀ᄒᆞ야角戲를設ᄒᆞ고金銀時計와空冊鉛筆등으로多數히施賞ᄒᆞ엿ᄂᆞᆫᄃᆡ該港人士가莫不稱頌ᄒᆞ엿다더라

◎貞校將進 本月八日下午一時에開城郡貞和女學校에셔京城進明學校敎師余袂禮黃氏를請邀ᄒᆞ야該郡君子亭에셔學父兄諸氏를對ᄒᆞ야女子敎育의必要란問題로演說ᄒᆞ엿ᄂᆞᆫᄃᆡ適其時暴雨注下ᄒᆞ나女學生及學父兄은席次를不變ᄒᆞ고嚴肅히聽從ᄒᆞ엿스며傍聽及觀光者ᄂᆞᆫ人山人海를成ᄒᆞ엿스며貴族夫人들도多數出席ᄒᆞ엿ᄂᆞᆫᄃᆡ當日에夫人들이女子敎育이急務라ᄒᆞᆷ을感歎ᄒᆞ고該校主金貞蕙氏의熱心ᄒᆞᆷ을感服ᄒᆞ야貴族夫人들이各自出捐ᄒᆞᆫ金額이二百餘圓에達ᄒᆞ엿고貞和女學校ᄂᆞᆫ該郡守朴宇鉉氏와貴族夫人들의贊成으로進就의望이大有ᄒᆞ다더라

◎進校試驗 高原郡進先學校에셔去月十五日에學期試驗을經ᄒᆞ엿ᄂᆞᆫᄃᆡ優等生은安창聖金興燮宋鶴來氏等이오及第生은金弘濂卓雲聖金恒燮氏인ᄃᆡ事務員金弘烈氏가多數ᄒᆞᆫ物品을施賞ᄒᆞ얏슴으로人皆稱頌ᄒᆞᆫ다더라

世界歷史

❀宗敎改革의初期❀

第十三世紀以來로屢度計劃ᄒᆞ던宗敎改革은虛影에盡歸ᄒᆞ고僧侶의敗德匪行은愈往愈甚ᄒᆞ야世人의키돌리敎를嫌厭ᄒᆞᄂᆞᆫ心이日々益甚ᄒᆞ니此時를當ᄒᆞ야文學者등의嚴酷ᄒᆞᆫ排擊이雖有ᄒᆞ나此唯現在의弊害를嘲笑罵詈ᄒᆞ기에不過ᄒᆞ고完全無缺ᄒᆞᆫ新宗敎를建設ᄒᆞᆯ手段은講究치아니ᄒᆞᄂᆞᆫ지라是故로是時에在ᄒᆞ야宗敎改革을企圖ᄒᆞᄂᆞᆫ者ᄂᆞᆫ반ᄃᆞ시才略을不要ᄒᆞ고唯不屈不撓ᄒᆞ야自說을固守ᄒᆞ며此를貫徹ᄒᆞᆯ熱心勇氣가有ᄒᆞ야時勢의扶助를得ᄒᆞᆯ진ᄃᆡ其企圖의成就ᄒᆞᆷ이反掌과如ᄒᆞᆯ지어ᄂᆞᆯ當時歐洲諸國의形勢를環觀ᄒᆞᆫ즉法國은外交政略上으로法王과屢次同盟을締結ᄒᆞ고西班牙ᄂᆞᆫ王權이宗敎의勢力을由ᄒᆞ야强固ᄒᆞᆷ을得ᄒᆞ고英國은其君이國內의平和를冀望ᄒᆞ야法王과爭詰ᄒᆞ기를不好ᄒᆞᆫ즉此等諸國에對ᄒᆞ야ᄂᆞᆫ可望치못ᄒᆞᆯ지라然ᄒᆞ나是時日耳曼帝國은統一的勢力이無ᄒᆞ야皇帝가恒常諸侯와不和ᄒᆞᆷ으로法王을聯結ᄒᆞ야써諸侯를壓抑ᄒᆞ니於是에황帝를反抗ᄒᆞᄂᆞᆫ心은法王에게遂移ᄒᆞᆯ뿐더러又是에先ᄒᆞ야

(未完)

詞藻

❀讀每日報❀ 梅痩生

夻燈圭復眼開明滿幅警言效利貞董史寥寥千載後今看直筆乘時生

評曰景仰之誠可見詞意

宮廷報

◎吳理事將派 太皇帝陛下의옵서承寧府理事吳一泳을將次皇太子殿下ᄭᅴ派送ᄒᆞ옵신다더라

◎勅使派送 故總理大臣金弘集氏의延諡를昨日午後一時에金奎熙氏家에서設行ᄒᆞ엿ᄂᆞᆫᄃᆡ該氏의親戚及各大臣이往參ᄒᆞ엿고大皇帝陛下ᄭᅴ옵서侍從院卿尹德榮으로 勅使를定派ᄒᆞ옵셧다더라

雜報

◎陛見後回視 山縣副統監이再昨日上午十一時에大皇帝陛下ᄭᅴ 陛見ᄒᆞ엿다ᄒᆞᆷ은既報어니와該統監이 陛見後에宮內府所屬各局課를一一回視ᄒᆞ엿다더라

◎皇儲御旅行 皇太子殿下ᄭᅴ옵서ᄂᆞᆫ本月十二日午前拾時三拾分에日황陛下ᄭᅴ謁見ᄒᆞ옵시고翌日山陰山陽地方에 御旅行ᄒᆞ심을言上ᄒᆞ옵시니日황陛下ᄭᅴ옵서 御旅行에注意ᄒᆞ라ᄒᆞ시고文房具를入ᄒᆞᆫ포一箇及色駱駝布一枚의贈與를受ᄒᆞ시고更히內儀에進ᄒᆞ시와皇后陛下ᄭᅴ陛見ᄒᆞ셧ᄂᆞᆫᄃᆡ황后陛下ᄭᅴ서金時計鎖付一個의贈與를受ᄒᆞ옵셧다더라

◎副統의視察 既報와如히山縣副統監이昨日午前十時에內部各局課의執務狀況을視察ᄒᆞᆫ後에漢城府及學部를視察ᄒᆞ엿ᄂᆞᆫᄃᆡ學部에서ᄂᆞᆫ茶果로午餐을接待ᄒᆞ엿고下午一時三十分에歸邸ᄒᆞ엿ᄂᆞᆫᄃᆡ所經沿路에巡查가羅列警備ᄒᆞ엿다더라

◎山縣統監의巡視 山縣副統監은昨日午前拾時브터石井少將을同伴ᄒᆞ야內部를巡視ᄒᆞ고目下組織ᄒᆞᆯ事와過去施行ᄒᆞᆫ事務成績表에就ᄒᆞ야宇佐美次官以下各局長의說明을詳細히聽取ᄒᆞ엿다더라

◎餞送杉山 平南觀察道駐在日憲兵分隊長杉山中尉ᄂᆞᆫ昨日上午九時에京義線으로赴任路에就ᄒᆞ엿ᄂᆞᆫᄃᆡ日憲兵司令部將校가多數히南門驛에前往餞別ᄒᆞ엿다더라

◎餞別若林 既報와如히若林前警視總監이昨日上午九時에京釜線으로歸國路에就ᄒᆞ엿ᄂᆞᆫᄃᆡ韓日警官이多數히南門驛에셔別餞ᄒᆞ엿다더라

◎忠察薦守 忠北觀察使權鳳洙氏ᄂᆞᆫ管下各郡守의薦轉件을內部로修上ᄒᆞ엿ᄂᆞᆫᄃᆡ不久에頒布ᄒᆞᆫ다더라

◎警部移轉 中部경察署警部李敎承氏가星州郡警部로轉任된다더라

◎陞級件頒布 內部에서ᄂᆞᆫ該部官吏의陞級件을一一修定ᄒᆞ엿ᄂᆞᆫᄃᆡ不遠間頒布ᄒᆞᆫ다더라

◎森林斫伐의內規 農商工部에서國有森林斫伐이라ᄂᆞᆫ內規를目下制定ᄒᆞᄂᆞᆫ中이라더라

◎事務引繼 警務總監部에서ᄂᆞᆫ昨日午前에亥警視를理事廳에派送ᄒᆞ야警察事務를引繼ᄒᆞ엿다더라

◎官吏成績調查 近日來로各府部院廳에서ᄂᆞᆫ一般官吏의上半期事務成績을調查ᄒᆞ기로目下奔走中이라더라

◎日警狼狽 警察權을統一ᄒᆞᆫ後로日人警官의家宅料金을一並勿施ᄒᆞ엿다더라

◎憲兵隊執務 十三道에憲兵隊長은再昨日브터赴任ᄒᆞᄂᆞᆫ故로各道에서ᄂᆞᆫ十七八日頃內로總히執務ᄒᆞᆯ터이라더라

◎日將校拜苑 日軍司令部將校七十餘名이再昨日上午十一時에 창德宮內 御苑을拜觀ᄒᆞ엿다더라

◎海西財源調查 平壤財務監督局事務官江野가黃海道地方의財源을調查次로目下巡回中이라더라

◎豈無民冤 忠北觀察道에서地方費二千圓을支撥ᄒᆞ야沃川停車場에서該郡邑ᄭᆞ지七拾里되ᄂᆞᆫ道路를修築ᄒᆞᄂᆞᆫᄃᆡ人夫ᄂᆞᆫ無料로應役케ᄒᆞᆷ으로民怨이浪藉ᄒᆞ다더라

◎是雇非職 官立漢城高等學校附屬土地調查事務員養成所에서ᄂᆞᆫ卒業期限이來九月末日頃에在ᄒᆞᆫᄃᆡ該事務員等을臨時雇傭으로使用ᄒᆞᆯ而已오實職은叙任치아니ᄒᆞᆫ다더라

◎道路修繕 全州郡山間道路一百二拾里가向日降雨에破壞된故로內部에서二百圓豫算으로修繕ᄒᆞᆯ터이라더라

◎凶書又出 所謂國民協成會에서ᄂᆞᆫ韓日合邦問題를斯速實施ᄒᆞ라고內閣及統監府에再昨日長書를提呈ᄒᆞ엿다더라

◎神堂建築의申告 神宮奉敬會에서ᄂᆞᆫ神堂을建築ᄒᆞᆯ次로昨日中部警察署에申告書를提呈ᄒᆞ엿다더라

◎興神何義 韓國平和協會總務長沈日澤理事金榮灝兩氏ᄂᆞᆫ神宮敬義會長金在珣氏와何등秘密關係가有ᄒᆞᆫ지數日前브터逐夜面會ᄒᆞ야論議가密勿ᄒᆞ다더라

◎黜會理由 平和協會員卓在연氏가黜會를當ᄒᆞᆷ은各報에已揭ᄒᆞ엿거니와其內容을聞ᄒᆞᆫ즉時事에關ᄒᆞ야統監府에寄書ᄒᆞᆫ事가綻露됨으로總務沈日澤氏가其不正ᄒᆞᆫ行爲를統監府에卞明ᄒᆞ고因爲黜會ᄒᆞᆷ이라더라

◎擁妓蕩情 政友會員尹敬重氏ᄂᆞᆫ再昨日下午九時頃에妓生二名을帶同ᄒᆞ고永樂館料理店에서送蕩遨遊ᄒᆞ엿다더라

◎被害者調查 宮相閔丙奭氏의運動費를受喫ᄒᆞᆫ事로日人服部健之助와通辯李在浩가警務總監部에被捉ᄒᆞᆷ은既報어니와年來로此輩의挾雜取財ᄒᆞᆫ事件이多數ᄒᆞᆷ으로此를因ᄒᆞ야損害를被ᄒᆞᆫ者를目下調中이라더라

◎個人必問 各경察署에서ᄂᆞᆫ近日來로各社會團體以外에個人身分으로各寺刹及名勝地에會集消暢者ᄂᆞᆫ一切招致ᄒᆞ야會集ᄒᆞᆫ因을查問ᄒᆞᆫ다더라

◎日語調查 各警察署에서ᄂᆞᆫ巡查補를各坊曲에派送ᄒᆞ야日語粗解者有無를逐戶調查中이라더라

◎必非兩班 陰城郡財務署通譯金昌鎬氏ᄂᆞᆫ人民에게對ᄒᆞ야나아리稱號를懇請ᄒᆞ고不從ᄒᆞᄂᆞᆫ者가有ᄒᆞ면或示威的言辭도有ᄒᆞᆷ으로愚昧ᄒᆞᆫ人民들은困難이莫甚ᄒᆞ다더라

◎一百葬費 親衛府主事許민氏가去五日에作故ᄒᆞ얏ᄂᆞᆫᄃᆡ該府에서喪葬費金一百圓을支給ᄒᆞ엿다더라

◎元老美擧 前判書南廷哲尹雄烈鄭周永奎章閣卿趙同熙等諸氏가公州郡에忠南中學校를設立ᄒᆞᆯ次로발起ᄒᆞ엿ᄂᆞᆫᄃᆡ趣旨書를多數발刊ᄒᆞ엿다더라

◎日日社紛競 大韓日日新聞社員金東集李台榮兩氏가該社長不在中에무ᄉᆞᆷ事端이有ᄒᆞ든지該社의重要書類及印章을收取ᄒᆞᆫ事로該社長田村萬之助가將次起訴ᄒᆞᆫ다더라

◎機關報又出 대韓日日新聞이停刊됨은一般知了ᄒᆞᄂᆞᆫ바어니와前대同日報社長李紹鍾氏가繼續발刊ᄒᆞᆯ次로目下準備中인ᄃᆡ其內容인즉天道教機關新聞으로발行ᄒᆞᆫ다ᄂᆞᆫ說이有ᄒᆞ다더라

◎爲寶機械 方善容氏가寶土渡日ᄒᆞ엿다ᄂᆞᆫ事ᄂᆞᆫ更聞ᄒᆞᆫ즉該氏ᄂᆞᆫ元來財產家로實業을經營ᄒᆞ고機械를買入ᄒᆞᆯ次로三千圓을帶持渡日ᄒᆞᆫ事이라더라

◎尹家探客 美國萬國青年會에往參ᄒᆞ엿던尹致昊氏가數日前에歸國ᄒᆞ야現今典洞本第에서留連ᄒᆞᄂᆞᆫᄃᆡ各偵探客들이來往間에或何등層節이有ᄒᆞᆫ가致疑ᄒᆞ고每日探問ᄒᆞᄂᆞᆫ者有ᄒᆞ다더라

◎普渡慈航 東大門外塲跡里洋藥局主李基正氏ᄂᆞᆫ醫術이高名素著ᄒᆞᆫᄃᆡ設局以來로其東區數萬戶人民中貧民病者與該洞興仁學校學徒에게對ᄒᆞ야ᄂᆞᆫ恒常無料로治療ᄒᆞᆷ으로該氏의慈善普濟를人皆稱頌ᄒᆞᆫ다더라

◎爲院演奏 詩洞倡妓組合所에서普學院의經費를補用ᄒᆞ기爲ᄒᆞ야山峴茶園에서演奏會를設行ᄒᆞᆫ다더라

◎國債報償과鄭家執行 鄭雲復이가帝國新聞社長으로在ᄒᆞᆯ時에國債報償金을消耗ᄒᆞᆫ事로國債報償金處理會에서該氏의家產을執行ᄒᆞ기로決議ᄒᆞ엿다더라

◎買亭設校 漢城府에서麻浦에公立普通學교를建築ᄒᆞᆫ다더니更聞ᄒᆞᆫ즉建築ᄒᆞᄂᆞᆫ것이必要치아니ᄒᆞ다ᄒᆞ야該地에在ᄒᆞᆫ晚瀛亭을八千圓에買入ᄒᆞ엿다더라

◎女校開會 官立漢城高等女學校에서來十九日에學徒의父兄及保證人을會同ᄒᆞ야教養會를開ᄒᆞ고教育方針을協議ᄒᆞᆫ다더라

◎何事招致 日本留學生朴秉哲氏가日昨歸國ᄒᆞ얏다ᄂᆞᆫᄃᆡ昨日中部警察署에서招致ᄒᆞ엿다가卽時放送ᄒᆞ엿다더라

◎車家賊警 鵬川郡東山面車殷祚氏의家에ᄂᆞᆫ去八日午後七時頃에賊徒拾五名이韓銃을各自携帶ᄒᆞ고來襲ᄒᆞ야金二拾圓과其他衣服雜物을强奪ᄒᆞ고同八時頃에順川方面으로逃去ᄒᆞ엿다더라

◎同志總會 青年同志會에서明日曜下午八時에定期總會를中部典洞中東學校內에開ᄒᆞ고重대ᄒᆞᆫ事務를處理ᄒᆞᆫ다더라

電報

◎御苑散步 日本皇后陛下ᄭᅴ서ᄂᆞᆫ本日에宿御苑日本舘에行啓ᄒᆞ야少憩後에該御苑內에서散步ᄒᆞ셧다더라

◎銀行統과拓社 銀行機關을통一ᄒᆞᆯ東洋拓殖會社ᄂᆞᆫ規模를確少케ᄒᆞᆫ다ᄂᆞᆫ說이有ᄒᆞ다더라

◎統監一行의出발 寺內統監一行은昨日午後三時四拾分에新橋에서발出ᄒᆞ야山口에서拾八日ᄭᆞ지체在ᄒᆞ다가拾九日에馬關에서出발ᄒᆞᆫ다고統監府에電報가來ᄒᆞ엿다더라

◎商科大學의冷落 東京法科大學內商科에希望者가昨年에ᄂᆞᆫ僅히二拾一名에不過ᄒᆞ더니本年에ᄂᆞᆫ更히減少ᄒᆞ야拾五名에不過ᄒᆞ얏다더라

◎留學生不穩 韓國人留學生中如何히不穩ᄒᆞᆫ事가有ᄒᆞ엿ᄂᆞᆫ지學싱中主張ᄒᆞᆫ者를調查中이라더라

◎美國陸相來着 美國陸軍卿대긴손氏ᄂᆞᆫ今日橫濱에到着ᄒᆞ야明拾六日參內謁見ᄒᆞ고宮中에서午餐의賜를受ᄒᆞᆫ다더라

以上東京발 拾五日着

▲大霧天地▼

▲龍劍蜃樓變幻ᄒᆞ야半島山河沈沒ᄒᆞ니大霧四塞朦朧ᄒᆞᆫ제黑洞天地되엿고나

▲咫尺不辨此江山에陰雨盲風蕭蕭ᄒᆞ니無數百怪魑聚ᄒᆞ야能作假鬼前導ᄒᆞᆫ제奪人精神昏倒ᄒᆞ니大霧大地되엿고나

▲一陣颶風政海上에如山白浪接大ᄒᆞ니孱孱長夜ᄃᆡ船客이不分東西失魂ᄒᆞᆫ제前頭危險難測이라大霧天地되엿고나

▲何天蚩尤作戲런고涿鹿烟塵恰似ᄒᆞ다猛獰東風所到處에四方忽地動擾ᄒᆞ니鎭靜何其杳然인고大霧大地되엿고나

▲漆室中에會集ᄒᆞ야雌黃空自紛紜ᄒᆞ니烏合一羣ᄃᆡ黨派ᄂᆞᆫ不知時局變遷ᄒᆞ고黑夜大에相瞬ᄒᆞ니大霧大地되엿고나

▲大澤畔에失路ᄒᆞ니指南車가安在런고顚覆患이當頭ᄒᆞ니昏夢中에잇ᄂᆞᆫ人生喚醒椎를誰擧런가大霧天地되엿고나

◎朴氏熟誠 文川郡龜山面私
監의任을被ᄒᆞᆫ以後로自家의所
其熟誠은學語小兒라도無不稱
業期限을六月十八日ᄭᆞ지延期
챵煥宋基煥金在水裴汝道李챵
氏가優數ᄒᆞᆫ賞品과激勵ᄒᆞᆫ勸勉
試驗을擧行而優등生尹泰炳李

▲照心鏡▼

▲統監府에서內閣以下各府部院廳官吏의執務勤慢을考準ᄒᆞ야減額ᄒᆞᆯ터인ᄃᆡ宮內府所管과中樞院官制가變更이된다ᄒᆞ며日人官吏도多數陶汰ᄒᆞᆫ다지韓日官吏들이騎虎之勢가되엿스니외로질는지바로질는지

▲內閣이更變된다ᄒᆞ미時原任大官의各黨派가百般運動中인ᄃᆡ尹德榮氏ᄂᆞᆫ統監에게緊切ᄒᆞᆫ紹介를因ᄒᆞ야轉榮ᄒᆞᆯ기가無慮ᄒᆞ다ᄒᆞ고趙重應氏ᄂᆞᆫ交涉上에別運動이有ᄒᆞᆷ으로椅子가鞏固ᄒᆞᆯ터이라ᄒᆞ니兩氏의手段이大段히宏壯ᄒᆞ고此所謂ᄯᅢ혀노흔堂上이로고

▲閔泳徽氏가齋洞新亭子에셔고ᄉᆞ를ᄒᆞᆫ後에야率眷移接ᄒᆞ엿다지고ᄉᆞᄂᆞᆫ무슴고ᄉᆞ를ᄒᆞ엿노모를것잇나總理ᄒᆞ려고고ᄉᆞᄒᆞᆫ게지

▲神宮敬義會長金在珣은日本에셔別般運動을ᄒᆞ엿스니會中의希望이大有ᄒᆞ다고對人誇張ᄒᆞᆫ다지그게다神出鬼沒ᄒᆞᆫ神長의手段이라네

社告

三和港支社員裴亨湜氏辭免ᄒᆞᆫ代에該港碑石洞同和약房李元淳氏로擇定ᄒᆞ엿스니該附近地에셔本申報購覽諸氏ᄂᆞᆫ李元淳氏와交涉ᄒᆞ시옵

大韓每日申報社

雜報

◎誓不剃髮　咸陽郡居鄭台元氏ᄂᆞᆫ該郡私立普通學校校長인ᄃᆡ至今ᄭᅡ지頭髮을不剃ᄒᆞ엿더니日前上京ᄒᆞ야時局이今古不同ᄒᆞᆷ을覺ᄒᆞ고誓告文一篇을著述ᄒᆞ야敦化門前에셔跪坐朗讀ᄒᆞ고卽時剃髮ᄒᆞ얏다더라

◎織工實施　平南龍岡郡居朴濟賢張錫坤梁柱善朴鍾恩諸氏가資本金을收聚ᄒᆞ야該郡內에染織工所를設立ᄒᆞ고織組를開始ᄒᆞ엿ᄂᆞᆫᄃᆡ漸漸興旺ᄒᆞᆯ望이有ᄒᆞ다더라

◎醫院의診察時間改正　大韓醫院에셔ᄂᆞᆫ今番夏期中의診察時間을改正ᄒᆞ야患者의受附ᄂᆞᆫ午前八時로브터仝十一時ᄭᆞ지로ᄒᆞ며診察治療ᄂᆞᆫ正午ᄭᆞ지로規定ᄒᆞ엿스나急病患者에對ᄒᆞᆫ取扱은以前과如히時間外이나又ᄂᆞᆫ日曜日이라도直히診察ᄒᆞ며ᄯᅩ醫員은勿論ᄒᆞ고一般職員도暑中休暇도아니ᄒᆞ고每日仕進ᄒᆞ야職務를勉勵ᄒᆞᆷ으로每日外來患者ᄂᆞᆫ六百餘名이오入院患者ᄂᆞᆫ百名以上이라더라

廣告

本人의圓形姓名章을昨年夏間에셔失ᄒᆞ고現以楕圓形圖章으로改造使用ᄒᆞᆷ

京城南部武橋一統二戶尹邦鉉

本人이陰二月分에圓形姓名章을셔失故로更刻施行ᄒᆞ겟스니知舊間照亮ᄒᆞᆷ

東部蓮花坊中路契川邊洞八拾九統七戶　金龍雲　白

本人이陰五月二拾五日離家忽雜中家券一度와官測量圖本二丈을셔失故로玆以廣告ᄒᆞ오니內外國人間拾得ᄒᆞ와도休紙施行ᄒᆞᆷ

東部二橋七十三統五戶片城煥

美國眼鏡十年保險五年保險과松露酒栢露酒其他各種和洋雜貨學校用品我國製洋襪卷烟草各種大廉價放賣

京城南部竹洞二十二統六戶

廣興商店

遠地엔引換ᄒᆞᆷ

京四部車洞同和藥房本國材로洋製ᄒᆞᆫ官許引蘇丸이消滯止泄減可毒ᄒᆞ고付屬ᄒᆞᆫ八十餘種俱備大發行ᄒᆞ오

閔標白

會社株券賣買及典執

京城南署棗洞六十二統十戶

金龍商會　告白

本商會ᄂᆞᆫ世運의進化와商業의發展을隨ᄒᆞ야業務를新鮮擴張ᄒᆞ야各種布木紬苧緞屬新式毛織等諸般衣服所用物貨를多數貿易ᄒᆞ야僉君子의請求를誠實酬應ᄒᆞ오며地方에ᄂᆞᆫ請求만ᄒᆞ시면郵便小包나運送部로送呈ᄒᆞ고代金은引換ᄒᆞ겟사오니地方에商店이나所用되시ᄂᆞᆫ僉君子ᄂᆞᆫ多數請求ᄒᆞ심을望

韓國收入印紙原賣所
有價証券典當賣買所
京城鍾路通二十二統四戶

壽南商會　金泰熙

起死回生水蘇生丹

諸彦은記臆ᄒᆞ시ᄂᆞᆫ가ᄒᆞ시ᄂᆞᆫ가記억ᄒᆞ시거던自白ᄒᆞ시오昨年夏期에多數生靈이非命에慘死ᄒᆞ야一國이驚愕ᄒᆞᆷ은抑何를基因ᄒᆞᆷ인가此ᄂᆞᆫ專혀諸彦이衛生을重視치아니ᄒᆞ고醫藥撰擇에當을失ᄒᆞᆷ이라고自白ᄒᆞ시오

아아겁나고두려운고레라ᄒᆞᆺ단流行病
아아겁나고두려운고레라ᄒᆞᆺ단流行病

回生水蘇生丹이비로소此等病魔를驅逐ᄒᆞ고數萬의生命을救濟ᄒᆞᆷ은過去의不遠ᄒᆞᆫ昨夏活歷史의證을ᄒᆞᄂᆞᆫ비라

諸彦에게問ᄒᆞ노니萬物의靈된人間으로誰가生命을不愛ᄒᆞ리有ᄒᆞ며生命을愛ᄒᆞᄂᆞᆫ人으로誰가回生水와蘇生丹을不備ᄒᆞᆯ者有ᄒᆞ리요有ᄒᆞ거던우리京城鍾路和平堂大藥房으로來ᄒᆞ시요

大韓新發明駿帽子

○총帽子製造支所廣告

我國에新發明ᄒᆞᆫ帽子ᄂᆞᆫ京城銅峴玉虎林主務鄭寅琥氏가統監府에專賣特許權을承認ᄒᆞᆫ바라其編織이今年에ᄂᆞᆫ大端堅緻ᄒᆞ고品質이極히完實ᄒᆞ야塵汗의汚ᄒᆞᆷ을水에沈ᄒᆞ고素茶로洗濯ᄒᆞ야乾後에戴ᄒᆞ면潔淸ᄒᆞᆷ이如新ᄒᆞ야衛生에必要ᄒᆞᆯ뿐아니라數十年을着用ᄒᆞ야도弊傷이無ᄒᆞ리니經濟上에亦是便利ᄒᆞᆫ지라故로本國同胞에게만愛顧ᄒᆞ심을被ᄒᆞᆯ뿐아니라各國紳士頭上의歡迎을受ᄒᆞ와我國工業界에空前絕後ᄒᆞᆫ大事業인줄世界에셔皆稱ᄒᆞᄂᆞᆫ바인故로本社에셔其特異ᄒᆞᆫ模範과新鮮ᄒᆞᆫ事業을發展ᄒᆞ기爲ᄒᆞ야支所를開設ᄒᆞ고技術이高明ᄒᆞᆫ敎師와手品이敏捷ᄒᆞᆫ人士를雇聘ᄒᆞ야精妙ᄒᆞ고方正ᄒᆞᆫ式樣으로別般注意ᄒᆞ야製造一新ᄒᆞ오니世界의愛護僉君子ᄂᆞᆫ陸續購買ᄒᆞ심을希望ᄒᆞᆷ

大邱北門外浦上社內
총帽子製造支所
主務　李重來　告白

廣告

張志淵 序文
服部暢
大垣丈夫
鄭雲復 著述
學部檢定

日語大成

洋裝一部 定價金壹圓
半洋一部 定價金八十五錢

此書前名은 獨習日語正則이온바 數年來로 愛讀者多ᄒᆞ와 三版발行ᄒᆞ왓ᄉᆞ오나 其間乏絶되왓삽고 教科書에 完全치 못ᄒᆞᆷ으로 因ᄒᆞ와 這間自學部로 完全케 精密檢定ᄒᆞ와 高등教育日語科學員用教科書로 檢定되온바 獨習에 倍前一層평易ᄒᆞ옵고 日語高등教科書에 適當ᄒᆞᆫ 良書이오니 江湖僉君子ᄂᆞᆫ 速々講覽ᄒᆞ시와 求及之歎이 無케ᄒᆞ시옵

發行兼元賣所
中部布屛下卅七統六戶
廣學書舖 金相萬

分賣所
中部勝洞禮拜堂前 東洋書院
中部洞口 中央書館
京鄕各書舖

特別廣告

本店을 開業ᄒᆞᆫ지 數十年以來에 僉君子의 愛顧ᄒᆞ심을 蒙ᄒᆞ온바 更히 報答ᄒᆞ기 爲ᄒᆞ와 業務를 擴張ᄒᆞ고 內外各樣紙物과 布木紬緞이며 政府委托度量衡器와 學校用品을 新選最良으로 直輸入ᄒᆞ와 特廉減價로 多小間遠近을 勿論ᄒᆞ고 請求ᄒᆞ시면 運送部郵便小包며 引換代金으로 酬應을 迅速히 貿易에 益々便利로록 施行ᄒᆞ깃ᄉᆞ오니 諸君子ᄂᆞᆫ 照亮愛顧ᄒᆞ심을 伏望ᄒᆞᆷ

各樣紙物
壯紙 壯版紙 窓戶紙
白紙 各樣書畵 塗背紙
洋紙 校科 印刷洋紙
斑子紙 封套紙 印札紙
製圖用紙 美濃紙各樣

度量衡器部
자와 말과 되와 저울
度器 量器 衡器等
類를 販賣ᄒᆞᆷ

京城鍾路通二十二統八戶
政府度量衡器販賣所
品紙商 鄭斗煥

電話壹千拾九番
電略(정)又(ㅜ)

各種布木 紬緞
布。苧。木。紬。緞。
綿子。毛織

京城鍾路通二十二統八戶
木布商 鄭星煥

蔘茸唐草藥材廉價大發賣

特別廣告

本店에셔 開業三十餘年에 僉君子의 愛顧ᄒᆞ심을 蒙ᄒᆞ와 營業이 발展ᄒᆞ옵ᄂᆞᆫ바 今에 盛意를 報答키 爲ᄒᆞ야 業務를 一層擴張ᄒᆞ옵고 良好ᄒᆞᆫ 蔘茸唐草藥材를 內地와 外國으로셔 多數히 直輸入ᄒᆞ와 特別廉價로 都賣散賣에 信實히 酬應ᄒᆞ오며 地方에셔 請求ᄒᆞ시ᄂᆞᆫ데 對ᄒᆞ야ᄂᆞᆫ 多小를 不拘ᄒᆞ옵고 郵便小包ᄂᆞᆫ 運送部로 訊速히 付呈ᄒᆞ오되 代金은 引換으로 ᄒᆞ깃ᄉᆞ오니 京鄕僉君子ᄂᆞᆫ 益益請求ᄒᆞ심을 望ᄒᆞᆷ

但地方에셔 請求ᄒᆞ시ᄂᆞᆫ 妙法
金一錢五厘를 費ᄒᆞ시고 一枚에 葉書를 使用ᄒᆞ사 住所氏名과 掌記를 錄送ᄒᆞ시면 能히 遠路의 跋涉과 往返의 旅費를 要치아니시고 本店에 最良好ᄒᆞᆫ 上品藥材를 完全히 買用ᄒᆞ실터이외다

京城南部銅峴三十五統三戶
蔘茸唐草藥材直輸入商
乾材藥局
崔聖弼 告白

特別廣告

松村先生池錫永 著

袖珍美本

字典釋要

全一册 定價金 八十錢

本書ᄂᆞᆫ 我韓에 著名ᄒᆞᆫ 池錫永氏의 數十年研究ᄒᆞᆫ바인ᄃᆡ 普通玉篇보다 五千餘字를 增補ᄒᆞᆯ뿐더러 字義를 國文으로 明白히 解釋ᄒᆞᆫ 要書이오니 僉君子ᄂᆞᆫ 速々購覽ᄒᆞ시옵

大審院 編纂

日韓文對照

新法律

裁判所構成法
刑法大全
民刑訴訟規則
民事訴訟期限規則

全一册 定價金 七十五錢

發行所 南部大廣橋三十七統四戶
滙東書館

本店에셔 開業ᄒᆞᆫ지 十六年間 僉君子의 愛顧ᄒᆞ심을 特蒙ᄒᆞ와 ~~~ 業務을 大擴ᄒᆞ고 春夏秋冬所用으로 紬屬等各國高等物品을 現今多數直輸入이온바 各地方에셔ᄂᆞᆫ 貿易에 便利ᄒᆞᆫ 賣買키爲ᄒᆞ야 特廉減價ᄒᆞ와 郵便小包로 酬應ᄒᆞ야 代金은 引換ᄒᆞ깃사오니 十三道各郡僉君子ᄂᆞᆫ 隨意請求ᄒᆞ심을 望

振替貯金番號 (韓國壹三一番)
電話番號 (三五八)

漢城中部鍾路 器廛
洞二十一統五戶
廣興泰 告白

● 共愛堂大藥房製造各種藥品發行表

壯陽復元丹 此丹專治腦등肺弱 房事色傷 心腎虛弱 遺精多夢、陽위不起 病後虛弱 不下飮食 先天不足 眩暈頭동 壹週分壹圓 四週分三圓四拾錢

靈丹 壹般헤症胃腹동消化不良心神鬱悶船훈酒醉化담 止히口熱惡臭食慾不振등症에並神効 虔修 等症에並妙効가有ᄒᆞᆷ 二週分壹圓八拾錢 八週分六圓四拾錢

清眼水 壹般眼疾、時行眼疾、風熱眼疾、羞明流淚、眼內紅痒등症에撥雲見天之妙(壹瓶金拾錢) 眼科聖藥

至寶丸 鮮하 專治허疾部氣虛하、遠年長하、一日二日하、雖難治之하이라도永々거근ᄒᆞᆷ 壹包金拾錢

靈效液 皮膚神藥 特治皮膚病疥癬옴、皮風、諸般痒疹、두두러기、옷올닌데다神効ᄒᆞᆷ 壹瓶금三拾錢

通淋丸 五淋專治 急慢淋疾、赤백帶下、방광炎症、디炎皮濃漏外他淋毒性諸症에신效ᄒᆞᆷ 壹제금五拾錢

神應丹 梅毒妙效 楊梅瘡에壹期二期三期를勿問ᄒᆞ고確實이有효、連珠瘡下疳瘡等에幷효 壹제金三圓

清脾丸 腹학신藥 崇治小兒壹般腹학、面黃、屎靑、左脇별腹에大有奇효ᄒᆞᆷ 一匣金五拾錢

養胃散 久데神効 通治經久滯積、呑酸吐샤、霍亂、胃腹동大便不順等症에奏効如神 壹貼금十五錢

治痰鎭咳丸 專治大人히소、喘息、담結등症에妙 三日分一包금卅錢

消熱散 特冒感효 勿論四時傷寒感冒、咽喉疼동、寒熱往來肢節동、似학非학등症有효 壹貼금拾錢

清耳液 耳病신효 專治耳病卽鼓膜炎、內外聽道炎、耳中灼熱疼소痒、濃液流出等症有효 一瓶금十錢

妙妙膏 百貼百應 風寒濕氣、胸肩背에牽引疼동、腰膝脚되酸동無力、骨節동동등症에如神 금廿五錢

能治膏 奏효如신 各種腫氣、小兒胎毒、부스럼濕腫、生新에並신효 一包금拾錢

大腫拔根膏 大小腫에根써논약 價금拾錢
鮮凝膏 명울삭히논약 價금拾錢

寸虫去根藥 價금卄錢
齒痛水 충치風치신효 價금七錢五厘

鷄眼膏 티눈빼논약 금拾錢
汗斑水 어루러니약 금十錢

止泄丸 설泄暑泄신효 價금拾五錢
痢疾藥 赤빅痢에신효 價금拾五錢

各種上等金雞納 東西洋有名賣藥 乾材都賣散賣其他各種藥이具備ᄒᆞ오니 請求를 依ᄒᆞ야 小包로 酬應ᄒᆞ겟솝

發行所
皇城南部大廣橋十九統七戶
共愛堂大藥房主 朴容桓 告白

檀君開國四千二百四十三年
箕子元年三千三十二年
大韓開國五百十九年
大韓創刊日
光武八年七月十八日

大韓每日申報

發行兼編輯人 李章薰
발行所
京城中部布屋屛門二宮街
二層洋屋 大韓每日申報社

第八卷 月曜及慶節歲時休刊 第壹千四百卅七號

論說

今日은我韓人民의活動時機

人이自由를得ᄒᆞ면活動ᄒᆞᄂᆞᆫ心機가自動ᄒᆞ려니와自由를得지못ᄒᆞ면活動ᄒᆞᄂᆞᆫ心機가寂然ᄒᆞᆯ지니心은卽活物이라千百事爲가皆從自心中出來ᄒᆞᄂᆞ니其心이活발치못ᄒᆞ면事爲에活動치못ᄒᆞᆯ것은自然ᄒᆞᆫ勢라ᄒᆞ리로다我韓은元來로文을尙ᄒᆞ던國이라四千餘年에至ᄒᆞ야末流의弊ᄂᆞᆫ民智가委縮ᄒᆞ고上下가厓制ᄒᆞ야拘束中에在ᄒᆞᆫ人民이自由의權을엇지得ᄒᆞ리오政府에서ᄂᆞᆫ人民을壓制ᄒᆞ야犧牲과如히使ᄒᆞ며草개와如히視ᄒᆞ야政令이善ᄒᆞ든지惡ᄒᆞ든지猶令是從ᄒᆞ야敢히仰視치못ᄒᆞ엿고班常의別과貴賤의分이其層이萬千이오其級이萬千이라大者ᄂᆞᆫ小者를食ᄒᆞ고强者ᄂᆞᆫ弱者를呑ᄒᆞ야俯仰屈伸을自由키不得ᄒᆞ야深淵에臨ᄒᆞ고薄氷을履ᄒᆞ니無罪히死地에就ᄒᆞᄂᆞᆫ牛와如ᄒᆞ야首를畏ᄒᆞ고尾를畏ᄒᆞ니法令의刻深은日增月加ᄒᆞ야蠶絲牛毛ᄂᆞᆫ驅民ᄒᆞᄂᆞᆫ網羅를成ᄒᆞ엿슨즉如此ᄒᆞᆫ境遇에陷ᄒᆞᆫ人民이其心은已灰ᄒᆞ고其腦ᄂᆞᆫ已枯ᄒᆞ엿도다

是以로民智가日以墜落ᄒᆞ고國力이日以微弱ᄒᆞ야外患이又至에雪上에霜을加ᄒᆞ엿스니千斤石에壓ᄒᆞᆫ筍이發生ᄒᆞ기가杳然ᄒᆞ더니滄海萬里에桑田이又變ᄒᆞ야大地가變幻ᄒᆞ고古今이迹換ᄒᆞ니歐雨米風이絕地에馳入ᄒᆞ야滿目塵埃ᄂᆞᆫ山河가欲新ᄒᆞ고迷魂烟霧가世界에將曙ᄒᆞ니激烈ᄒᆞᆫ風潮ᄂᆞᆫ新國民을作成ᄒᆞᆯ時代라ᄒᆞ노니鳶飛魚躍은天機가自動ᄒᆞ고草長葉茂ᄂᆞᆫ地理가自生이라人事에至ᄒᆞ야도엇지活動ᄒᆞᆯ機會를得지못ᄒᆞ리오海外咫尺에跡蹤이遍踏ᄒᆞ야秦隴의勁氣를吸ᄒᆞ고吳越의長風을駕ᄒᆞ야天下의强弱ᄒᆞᆫ勢를掌上에可運ᄒᆞ면此男子의活動이오新教育을成立ᄒᆞ고英材를募集ᄒᆞ야德性을薰陶ᄒᆞ면愚者ㅣ可智ᄒᆞ고不肖者ㅣ可賢ᄒᆞ야國家의棟량을作成ᄒᆞ면此ᄂᆞᆫ教育界에活動이오宇內에時勢를權衡上에輕重ᄒᆞ고此歐彼高와一賤一貴를如在目擊ᄒᆞ야交通이有術ᄒᆞ고長袖로善舞ᄒᆞ면此商業界의活動이오幼穉ᄒᆞᆫ工業으로益益鍊究ᄒᆞ야精巧가日進ᄒᆞ면輸入이漸減ᄒᆞ고輸出이稍加ᄒᆞ야國內에財源이如川方至ᄒᆞ야貧者ㅣ爲富ᄒᆞ고弱者ㅣ爲强ᄒᆞᆯ지니此ᄂᆞᆫ工業界에活動이오處處에模範場을設立ᄒᆞ야各樣機械로人力을不費ᄒᆞ야今日에闢一畝ᄒᆞ고明日에闢十畝ᄒᆞ면原野에曠土가無ᄒᆞ고村閭에閒民이無ᄒᆞ야膏腴ᄒᆞᆫ土地에其利를倍得ᄒᆞ야家家에素封의號를得ᄒᆞ면此農業界에活動이라各樣社會가星羅碁置ᄒᆞ야苦叫絕號에否寂ᄒᆞᆫ國魂을喚醒ᄒᆞᄂᆞᆫ데滿腔熱血을一口嘔出ᄒᆞ야眠者를打起ᄒᆞ고醉者를扶起ᄒᆞ야人人是國家의思想을惹起ᄒᆞ고個個是國家의義務를負擔ᄒᆞ야三千里山河가依然히復存ᄒᆞ고五百年宗방이屹然히特立ᄒᆞ면贏秦이復生이라도蚕食을不得ᄒᆞᆯ지니此가可히活動世界라謂ᄒᆞᆯ지로다

人이世上에生存ᄒᆞᆯ지라도自國의精神을他人에게見奪ᄒᆞ면生ᄒᆞ여도生ᄒᆞᆫ것이아니오自家의腦髓에祖國魂을注入ᄒᆞ면死ᄒᆞ여도死치아니ᄒᆞᆫ것이라此强此弱으로競爭ᄒᆞᄂᆞᆫ時代를當ᄒᆞ야活발ᄒᆞᆫ氣像으로舞臺上에共騁ᄒᆞ면賁育의勇으로도其志를奪치못ᄒᆞ고楚覇의威로도其勢를挫치못ᄒᆞᆯ지니一派活水가世界에盈溢ᄒᆞ야今我二千萬同胞가其量을各充ᄒᆞ면身分의活動과國事의活動이自然的活動을作ᄒᆞ리라ᄒᆞ노라

官報

◎第四千七百三十二號

▲▲隆熙四年七月十六日（土曜）

敍任及辭令

○六月三十日 郡主事金在薰 同金潤植 陞敍判任官三等 郡主事金鍾淳 同李命澤 同金喆周 同李泰圭 陞敍判任官四等 金리奉 任郡主事敍判任官五等

○七月十一日 成贇리 張齊玉 任郡主事敍判任官四등

宮廷錄事

皇太子殿下씌옵셔日本山陰山陽地方에 御見學ᄒᆞ옵시기爲ᄒᆞ야本月十三日午前八時三十分에東京新橋에서 御出발ᄒᆞ심이라

外報

◎協約草本提出 伯林電을據ᄒᆞᆫ즉伯林에駐劄ᄒᆞᆫ露日兩國大使ᄂᆞᆫ去十二日에露日新協約의草本을德國外務省에提出ᄒᆞ엿다더라

◎墜死空中 倫敦電을據ᄒᆞᆫ즉英國飛行俱樂部創立者오노라블、최ㄹ쓰、롤氏ᄂᆞᆫ(폰마쓰)市의飛行大會에서一等席의周圍를環行中四十尺高에서墜落ᄒᆞ야卽死ᄒᆞ엿다더라

◎胡獸同居 奉天電을據ᄒᆞᆫ즉錦州府下에韓人四五十名이作米業에從事ᄒᆞᄂᆞᆫ데廣寧縣盤山廳의官民等은外國人이內地에雜居條約을違反ᄒᆞᆫ다ᄒᆞ고東三省總督部에請願ᄒᆞ엿다더라

◎日覽淸物 上海電을據ᄒᆞᆫ즉東京大倉商業學校學徒十八名은十三日에上海에到着ᄒᆞ엿ᄂᆞᆫ데上海及南京博覽會를觀覽ᄒᆞ고淸國物情을研究ᄒᆞᆯ目的이라더라

◎軍費擔負 北京電을據ᄒᆞᆫ즉軍費整頓에關ᄒᆞ야各省에서擔負ᄒᆞᆯ데인데廣西貴州兩省에서ᄂᆞᆫ二百圓을擔負ᄒᆞ기로ᄒᆞ고其他各省에서ᄂᆞᆫ擔負의過重ᄒᆞᆷ을度支部에申請ᄒᆞ엿다더라

◎潛艇과砲艦의衝突 紐育電을據ᄒᆞᆫ즉米國潛艇폰다號ᄂᆞᆫ同航ᄒᆞ던砲艦가스챠號와衝突ᄒᆞ야砲艦은마사취쓰스州프로빈스돈으로引去ᄒᆞ엿다더라

◎德相向東 路透電을據ᄒᆞᆫ즉前德國殖民大臣데룬부르히氏ᄂᆞᆫ十五日에伯林에서發ᄒᆞ야西伯利亞를經ᄒᆞ야極東으로向ᄒᆞᆫ다더라

◎婦人參政案 仝電을據ᄒᆞᆫ즉婦人參政案을全院委員會의動議ᄒᆞᆫ百七十五票에對ᄒᆞ야三百二十票의多數로否決ᄒᆞ엿다더라

雜報

◎運送支社設施 日韓運送合資會社黃海道支社長柳基鉉氏가京本社에資金을積立ᄒᆞ고京城區裁判所登記公告를承ᄒᆞ야業務實施次로再昨日에발程下去ᄒᆞ엿다더라

◎施賞不均 江界郡警察署에在勤ᄒᆞ던日巡査狄原精一과韓巡査鄭承峻氏가强盜犯金丙杜를領率ᄒᆞ고義州裁判所로押交ᄒᆞᄂᆞᆫ路에寧邊杏場에서止宿ᄒᆞ더니該犯이兩巡査의濃睡ᄒᆞᆫ際에凶器를暗取ᄒᆞ야日巡査의頭部를打ᄒᆞᆫ즉已爲跳出ᄒᆞ엿고再打鄭承峻氏의頭部則手를加額而宿ᄒᆞ다가指骨이斷落ᄒᆞᆫ지라猶能振力ᄒᆞ야該犯을抱住ᄒᆞ고店主를大呼ᄒᆞ야仍爲捕縛ᄒᆞ엿고其翌日에日巡査ᄂᆞᆫ平壤病院으로昇送ᄒᆞ엿ᄂᆞᆫ데因卽致斃ᄒᆞ고鄭巡査ᄂᆞᆫ該犯을新義州에押付ᄒᆞ엿고日巡査ᄂᆞᆫ警部로陞任ᄒᆞ엿스나韓巡査ᄂᆞᆫ如何ᄒᆞᆫ賞典이無ᄒᆞ엿다더라

◎此眞學徒 私立鳳鳴學校學徒林東洙氏ᄂᆞᆫ年今十七인데日前에南部美洞등地에서金三圓이入ᄒᆞᆫ手帒를拾得ᄒᆞ고本主가來覓ᄒᆞ기를當地에서盡日苦待ᄒᆞ더니夕時에山林洞居鄭在櫂氏가來覓ᄒᆞᄂᆞᆫ故로卽時還付ᄒᆞ엿ᄂᆞᆫ데該氏의廉正ᄒᆞᆷ을莫不稱道ᄒᆞᆫ다더라

◎靑會講道 靑年會館에서本日午後三時에金泰鉉氏가講道會를設行ᄒᆞᆫ다더라

◎太極教講孝 太極教宗에서ᄂᆞᆫ本日下午一時에講研會를設ᄒᆞ고本部內에開ᄒᆞ고孝者ᄂᆞᆫ百行之源이란問題로講說ᄒᆞᆯ터인데多數人士가來參ᄒᆞ기를希望ᄒᆞᆫ다더라

學界報

◎壯哉金氏 禮山郡郡內面場垈寒泉洞居金顯東氏ᄂᆞᆫ年今卄餘인데自家에夜學校를設立ᄒᆞ고金數百圓을捐出ᄒᆞ여靑年勞働者를募集ᄒᆞ여熱心教育ᄒᆞᄂᆞᆫ데學徒中卒業生이三拾餘人이요願學者가日々踏至ᄒᆞ야三百人에達ᄒᆞ엿고該氏의財産이百餘石秋收의田庄에過치못ᄒᆞᄂᆞᆫ데遠近流離貧族을男女間人口를計ᄒᆞ야金百餘圓을捐助ᄒᆞ고家舍가無ᄒᆞᆫ人은幾十間式制造居生케ᄒᆞ고田庄도幾石落式分給ᄒᆞ여飢戶幾十戶를救恤ᄒᆞ기爲ᄒᆞ야白米幾十石과金百餘圓과衣次廣木麻布幾十疋을賑給ᄭᆞ지ᄒᆞ며流離死境에至ᄒᆞᆫ者를保存ᄒᆞ미遠近이莫不稱頌ᄒᆞᆫ다더라

◎明新試驗 梁山郡通度寺私立明新學校에서第五學年第一學期普通科試驗을擧行ᄒᆞ엿ᄂᆞᆫ데甲班優等生에秋長栢이요丙班優等生에吳澤彦朴元澤이오丁班優등生에金永典池근周辛元龍吳奇玉이오甲班及第生에崔景昨等六人이오乙班及第生에申在性等七人이오丙班及第生에김喆河等七人이오丁班及第生에千悳元等五人이라더라

世界歷史

❀宗教改革의初期❀

法王이他國보다多額의宗稅를日耳曼에賦課ᄒᆞ야日耳曼의財貨가年年羅馬로盡歸ᄒᆞᆷ으로日耳曼人의法王을厭惡ᄒᆞᄂᆞᆫ心이一層益甚ᄒᆞᆫ中一千五百拾三年法王(레오)在位時에聖彼得寺를建築ᄒᆞᆯ시資財를多得ᄒᆞ기爲ᄒᆞ야贖罪符販매를公許ᄒᆞ야僧(데셀)노日耳曼에販賣케ᄒᆞ미時人의厭惡ᄒᆞᄂᆞᆫ感情이益益深切ᄒᆞ니此是日耳曼에서宗教改革의起ᄒᆞᆫ原因이라是以로(루데)又ᄒᆞᆫ位卑ᄒᆞᆫ一僧侶로日耳曼中最小ᄒᆞᆫ大學의一教授되야一選擧侯의臣下된者가能히教俗二權을掌握ᄒᆞᆫ羅馬法王을對ᄒᆞ야滿腔의熱血노一大打擊을加ᄒᆞ야羅馬를動搖ᄒᆞ기에得至ᄒᆞ니라 (未完)

詞藻

❀啄木鳥❀ 兮堂

啄木休啄木 古木餘半腹 風雨學不愁 木摧爾無屋

許曰若不憂風雨啄々不已那無飄爾巢之歎頗有深謀遠慮

宮廷報

◎下賜物品 太皇帝陛下ᄭᅴ옵서修學院學員 夏期試驗에優等生李埼鎔等九人에게優賞ᄒᆞᆫ賞品을 下賜ᄒᆞ옵셧다ᄒᆞᆷ은既報어니와 大皇帝陛下ᄭᅴ옵서도紙筆墨百餘圓價値를 下賜ᄒᆞ옵셧다더라

◎物品하賜 大황帝陛하ᄭᅴ옵서再昨日에宮內府官吏一同에게織物일疋式 御하賜ᄒᆞ옵시고且宮內警察署長을 命招ᄒᆞ샤警視以하에게도同樣으로 御하賜ᄒᆞ옵시고其身分이警務總監部의所屬이되엿스니統監府指揮를善從ᄒᆞ라고하 敎ᄒᆞ옵셧다더라

雜報

◎兩闕下金孤院 孤兒院經費困難에對ᄒᆞ야 太皇帝陛下ᄭᅴ옵서金五百圜 大황帝陛下ᄭᅴ옵서金八百圜을日間 下賜ᄒᆞ옵신다더라

◎皇后宮拜覽 山縣副統監이日昨 陛見時에宮內府各局課를視察ᄒᆞᆫ事ᄂᆞᆫ已報ᄒᆞᆫ바어니와更聞ᄒᆞᆫ즉 皇后宮ᄭᆞ지一一拜覽ᄒᆞ엿다더라

◎副統監訓示 山縣副統監은去十二日에明石警務總長과十三道警務部長이며各警視警部諸氏를官邸에召集ᄒᆞ야新警察機關運用에對ᄒᆞ야一場訓示ᄒᆞ엿다더라

◎套局代牌 總理大臣李完用氏ᄂᆞᆫ近日來消遣的으로슈투전局을設ᄒᆞ고某某大官을會同賭技ᄒᆞ다가困勞ᄒᆞᆫ時에ᄂᆞᆫ使人代牌ᄒᆞᆫ다더라

◎宇佐設宴 新內部次官宇佐美가再昨日下午六時에該私邸에서相見宴을設ᄒᆞ고該部大臣以下各局課長을請邀宴待ᄒᆞ엿다더라

◎避暑別庄 永宣君李埈鎔氏ᄂᆞᆫ夏期避暑ᄒᆞ기爲ᄒᆞ야再昨日彰義門外三溪洞別庄에前往居接ᄒᆞᆫ다더라

◎兩巡轉任 東部경察署에서在勤ᄒᆞ던韓人警部李恩殷氏ᄂᆞᆫ江華郡警察分署警部로銅峴分署에서在勤ᄒᆞ던韓人경部趙性鎬氏ᄂᆞᆫ報恩郡警察分署경部로轉任ᄒᆞ엿ᄂᆞᆫᄃᆡ日間赴任ᄒᆞᆫ다더라

◎山根向南 內部衛生局山근囑托은衛싱事務도視察ᄒᆞ고人民에게演說도ᄒᆞ기爲ᄒᆞ야明日에大邱及釜山地方으로발向ᄒᆞᆫ다더라

◎日病日發 忠南林籍調査員岡戶技手ᄂᆞᆫ因病上京ᄒᆞ엿고其代에ᄂᆞᆫ柳町을派送ᄒᆞ기로農商工部大臣이命令ᄒᆞ엿다더라

◎侍醫滿期 大韓醫院副長高階經本은侍醫의滿期가已過ᄒᆞᆷ으로將次歸國ᄒᆞᆫ다더라

◎凥記者入城 萬朝報記者凥車馬ᄂᆞᆫ韓國政況을視察키爲ᄒᆞ야昨日午前에入城ᄒᆞ엿ᄂᆞᆫᄃᆡ不知火旅館에留宿ᄒᆞᆫ다더라

◎梅又還발 內閣法典調査局顧問梅謙次郎은因公歸國ᄒᆞ엿더니今明間還任ᄒᆞᆯ豫定이라더라

◎韓語必携配付 統監府에서韓言必携라ᄂᆞᆫ冊子를발刊ᄒᆞ야京鄕各警察署에一件式을配付ᄒᆞ엿다더라

◎韓巡의一時金 警務總監部에서一般韓人巡査에게一時金을支給ᄒᆞᆫ다ᄂᆞᆫᄃᆡ一時金이라ᄒᆞᄂᆞᆫ理由ᄂᆞᆫ從來巡査被選時에年期를預定ᄒᆞ야誓約書가有ᄒᆞᆫ故로今番警察權委任에對ᄒᆞ야巡査等을解散例에依ᄒᆞ야恩賜金을支給ᄒᆞᆯ터인ᄃᆡ誓約書에違反됨이有ᄒᆞᆷ으로一時金을支撥ᄒᆞᆫ다더라

◎物議難止 全南管下各郡에ᄂᆞᆫ寺內新統監이到任ᄒᆞᄂᆞᆫ時면內閣이變更되ᄂᆞ니各部를合附ᄒᆞᄂᆞ니ᄒᆞᄂᆞᆫ流說이飛傳ᄒᆞ야人心이戚々ᄒᆞ다ᄂᆞᆫ傳聞이有ᄒᆞᆷ으로該道觀察使ᄂᆞᆫ管下府尹及郡守에게申飭ᄒᆞ야此등物論을止戢ᄒᆞ라ᄒᆞ엿다더라

◎糞墻朽木 中部寺洞派出所勤務巡査李義善氏ᄂᆞᆫ日前에附近民家에서晝寢ᄒᆞᆫ事件이發現되야再昨日에減俸을當ᄒᆞ엿다더라

◎納稅定期 地稅徵收方法은每年拾月分에作부ᄒᆞ야翌年九月度ᄭᆞ지畢納케ᄒᆞᆷ인ᄃᆡ本年度爲始ᄒᆞ야ᄂᆞᆫ各財務監督局에발訓ᄒᆞ야作부期限은前日과如히ᄒᆞ고畢納期日은八月로定ᄒᆞ야九月末日에文簿를整理케ᄒᆞ기로決定ᄒᆞ엿다더라

◎移照調査 楊平郡西宇面長柳昇魯氏의行悖事件을臚列ᄒᆞ야人民등이統監府에投書ᄒᆞᆫ故로統監府에서內部로照會ᄒᆞ고調査ᄒᆞ라ᄒᆞ엿다더라

◎貯水將復 各地方의溜池ᄂᆞᆫ貯水ᄒᆞ엿다가灌漑水利에便利케ᄒᆞᆷ이自來慣習인ᄃᆡ近來에ᄂᆞᆫ勢力家의作畓ᄒᆞᄂᆞᆫ弊가有ᄒᆞ고或荒蕪地로廢止ᄒᆞᆫ處가多ᄒᆞᆫ더니農商工部에서將次實地調査ᄒᆞᆫ後에復舊修築ᄒᆞ야農業에利益이有케ᄒᆞᆫ다더라

◎三角測量派送 土地調査局에서養成ᄒᆞᄂᆞᆫ三角測量講習生二拾餘員이實地試驗ᄒᆞ기爲ᄒᆞ야日前에清州郡鳥致院等地로派送ᄒᆞ엿다더라

◎加額訓推 申祺秀氏가鎭川郡守在任時에月俸外加額支撥ᄒᆞᆫ事도有ᄒᆞ고該郡首書記宋昌奎氏의旅費도額外支撥ᄒᆞᆫ事가有ᄒᆞ다ᄒᆞ야內部에서該道觀察使에게發訓ᄒᆞ고已往加撥ᄒᆞᆫ金額을推尋返納ᄒᆞ라ᄒᆞ엿다더라

◎船車割引勿施 統監府鐵道管理局에서ᄂᆞᆫ官公私立學校를勿論ᄒᆞ고放學時에歸家ᄒᆞᄂᆞᆫ學員에게船車間賃金에割引票가有ᄒᆞ더니何등紛雜이有ᄒᆞ엿든지本年夏期브터勿施되엿다더라

◎日日報社員組織 大韓日日新聞이天道敎機關이된다ᄒᆞᆷ은既報어니와該社가前時事新聞社位置로本日에移接ᄒᆞᄂᆞᆫᄃᆡ今明間발行ᄒᆞᆯ計劃으로一般社員을更히組織ᄒᆞᆫ다더라

◎云無違誤 韓國平和協會財務部長卓在淵氏가該會規를違反ᄒᆞᆫ事件이有ᄒᆞ다ᄒᆞ야黜會를遵ᄒᆞ엿다ᄒᆞᆷ은既報어니와該氏ᄂᆞᆫ實노違誤ᄒᆞᆫ事件이無ᄒᆞ다ᄒᆞ야該會를對ᄒᆞ야裁判을提起ᄒᆞᆫ다더라

◎兩會聯合 神宮敬義會及平和協會ᄂᆞᆫ兩方間에聯合ᄒᆞ기로目下交涉ᄒᆞᄂᆞᆫ中이라더라

◎以死自處 李學宰가商務組合部長으로在任時에該所事務室家屋稅二百圜과其他負債百餘圜을各債主가每日督促에清償ᄒᆞᆯ道理가無ᄒᆞᆷ으로對人說話ᄒᆞ기를吸鴉致死ᄒᆞ든지溺水自盡ᄒᆞ든지指一決定ᄒᆞ겟다ᄒᆞᆫ다더라

◎果有是譽 慶尙南北道敎育界勸諭委員으로前往ᄒᆞᆫ南亨祐氏ᄂᆞᆫ春夏間該道各郡에周行ᄒᆞ며熱心勸勉ᄒᆞᆫ結果로處々에歡迎ᄒᆞᆯ뿐아니라郡々이講習所를設ᄒᆞ엿ᄂᆞᆫᄃᆡ就中大邱郡講習所ᄂᆞᆫ特別ᄒᆞᆫ課程과多數ᄒᆞᆫ學員을養成ᄒᆞ고舊熊川邑에서ᄂᆞᆫ志士朱基孝朱基원楊濟煥諸氏가發起ᄒᆞ야敎育支會와婦人會를目下組織中이라고南來人의稱譽가有ᄒᆞ다더라

◎商業會借款 婦人實業商會에서ᄂᆞᆫ經費에窘絀ᄒᆞᆷ을因ᄒᆞ야無典貸金五百圜을借款ᄒᆞᆯ次로三昨日에日人宮崎次郎과交涉ᄒᆞ엿다더라

◎三年罹病人數 隆熙二年內에傳染病遭患者가總히三千二百拾四人인ᄃᆡ日人이一千百四人內에二百九拾五人이死ᄒᆞ고我國人은二千八拾人內에六百三人이死ᄒᆞ고同三年에ᄂᆞᆫ日人이一千二百二拾三人內에九拾一人이死ᄒᆞ고我國人은六千六百五拾人內에二千三百三拾八人이死ᄒᆞ고同四年에ᄂᆞᆫ自一月로至六月ᄭᆞ지日人이二百九拾七人內에七十八名이死ᄒᆞ고我國人은一千八百卄人內에三百六十人이死ᄒᆞ엿다더라

◎新聞雜誌縱覽所 張燾李範贊張基茂諸氏가內外國各新聞雜誌를多數히購入ᄒᆞ야武橋張燾氏家에縱覽所를設ᄒᆞ고內外國人으로無料縱覽케ᄒᆞᆫ다더라

◎金蝶紀念 既報와如히靑年會牧師美國人申愛道氏가昨日下午六時에발程歸國ᄒᆞ엿ᄂᆞᆫᄃᆡ一般會員及學員諸氏가南門驛에서餞別紀念品으로金蝶一個를製造贈與ᄒᆞ엿다더라

◎欺花被捉 廣州郡李重烈氏가因事上京ᄒᆞ야李德裕氏를符同ᄒᆞ야河橋居尹姓女를他處로改嫁케ᄒᆞ마ᄒᆞ고數百圜價値典當物을幾拾圜에放賣ᄒᆞᆫ事가綻露되야右兩人이再昨日中部警察署에被捉ᄒᆞ얏다더라

電報

◎日皇賜餐美卿 小村外相은昨夜에官邸에서美國陸軍卿과夜會를開ᄒᆞ고今朝에陸軍卿은參內ᄒᆞ엿ᄂᆞᆫᄃᆡ日황陛下ᄭᅴ옵서午餐을下賜ᄒᆞ옵셧다더라

◎陸軍代表開宴 寺內陸軍大臣의不在ᄒᆞᆷ을因ᄒᆞ야奧參謀總長이日本陸軍을代表ᄒᆞ야今月拾七日午後一時브터美國陸軍卿덴킨손氏의一行과美國大使를爲ᄒᆞ야後樂園에서盛大ᄒᆞᆫ歡迎會를開ᄒᆞᆫ다더라

◎海相의江田島行 齋藤海相은江田島海軍兵學校卒業證書授與式에參列ᄒᆞ고拾六日午前八時三拾分에新橋에서列車를搭乘ᄒᆞ고回還ᄒᆞ엿다더라

◎拓局管理 韓國에關ᄒᆞᆫ事務ᄂᆞᆫ拓殖局第二部第一課에서管理ᄒᆞᆯ事를決定ᄒᆞ엿다더라

◎美卿체館 昨日에入京ᄒᆞᆫ美國陸軍卿덴킨손氏ᄂᆞᆫ美國大使館에서체留ᄒᆞᆫ다더라

◎伊國武官來京 東京伊太利大使館付武官비크리에大佐ᄂᆞᆫ如何ᄒᆞᆫ要務를帶ᄒᆞ고到着ᄒᆞ엿ᄂᆞᆫ지再昨日에憲兵司令部에가서司令官明石을訪問ᄒᆞ고昨日午前에ᄂᆞᆫ副統監을接面키爲ᄒᆞ야統監府를訪問ᄒᆞ엿다더라

◎載濤殿下一行 清國軍事視察使載濤殿下ᄂᆞᆫ露國外相及陸相을訪問ᄒᆞ고長時間談話ᄒᆞ엿ᄂᆞᆫᄃᆡ同殿下ᄂᆞᆫ莫斯科를經ᄒᆞ야歸國ᄒᆞ엿다더라

◎探險隊와市民 白瀨中尉의率ᄒᆞᆫ南極探險隊에對ᄒᆞ야東京市民의同情이沸騰ᄒᆞ다더라

◎和國議員撰擧 和蘭國議會의撰擧ᄂᆞᆫ僧侶黨三拾二名及自由黨拾八名이當選ᄒᆞ엿다더라

◎飛行機破裂 有名ᄒᆞᆫ飛行家쑤베레伯의飛行機가破裂ᄒᆞ야乘坐員五名이死亡ᄒᆞ엿다더라

◎國勢調査方針발表 國勢調査會의調査方針을決定ᄒᆞ고再昨日발表ᄒᆞ엿다더라

◎鍊習艦隊의行程 本年에卒業ᄒᆞᆫ少尉候補싱은鍊習艦隊舟船을搭乘ᄒᆞ고八月拾一日에仁川港에到着ᄒᆞ야同九日ᄭᆞ지碇泊ᄒᆞ고拾一日로브터二拾日ᄭᆞ지에鎭海灣에投錨ᄒᆞ기로豫定ᄒᆞ엿다더라

以上東京발 拾六日着

蚊雷

▲沉沉夏夜細雨簾에何來蚊羣成雷ᄒᆞ야殷々若在南山ᄒᆞ니我獨罹衆傷人이라

▲栢籟何夜開幬런고營々一隊迎入ᄒᆞ니不知足又知禮ᄒᆞ야長噓短吸亂咬ᄒᆞ며食盡膏腴無餘ᄒᆞ니더蚊子가可痛ᄒᆞ다

▲踰我墻兮入堂ᄒᆞ야擊之栖々格鬪ᄒᆞ니長喙細身最毒ᄒᆞ야主人忽其被創ᄒᆞ니能嗜肉而惡烟이리더蚊子가可憎ᄒᆞ다

▲萃豐肌而脾腴ᄒᆞ고默然自至暗然噬ᄂᆞᆫ毒如蛇虺射人ᄒᆞ니夜不安枕轉輾ᄒᆞᆯ제彈之不去逐不去라더蚊子가可憎ᄒᆞ다

▲蠆螫虻毒可避ᄒᆞ나暗夜中에더微形은但聞其聲不見ᄒᆞᆯ제刺髊吮血濡紅ᄒᆞ야一身瘦瘠[illegible]ᄒᆞ니더蚊子가可憎ᄒᆞ다

▲七尺軀가昢芒ᄒᆞ니偏被其毒엇지ᄒᆞ고無處不然더形跡이逢人則咬卽斃ᄒᆞ니流行病을能作이라더蚊子가可憎ᄒᆞ다

◎仁校卒業 漆仁郡私立仁成學校에서本月三日下午三時에第一回卒業式과進級式을設行

俊等拾三人이오進級싱은金思鎬金炳演등拾四人이라當日에內外國官吏와境內紳士가多數

金晳坤總務金大坤柳鍾奎李鳳儀諸氏가書籍及空冊鉛筆石盤準紙등賞品으로一般學徒에게

◎連守奬學 連山郡東面外於谷東明學校에서六月三拾日에該郡紳士와學父兄이懇親會

를選定ᄒᆞ엿ᄂᆞᆫᄃᆡ學校名稱은勞動을改定ᄒᆞ야東明學校라稱ᄒᆞ고校長은俞●濬氏로敎師ᄂᆞᆫ田

尹滋喆氏로選定ᄒᆞ엿ᄂᆞᆫᄃᆡ學徒ᄂᆞᆫ二拾名에達ᄒᆞ고諸般校況은該郡守尹炳氏가熱心監督ᄒᆞ

◎正誤 本報一千四百三十五号崔峻石圖章서失廣告中에陰去年이란年字ᄂᆞᆫ衍文으로歸흠

▲對局一笑▼

▲日人當局者가明言호기를日本의亂世的挾雜輩가多數히渡韓호야投機的行動이多호다호야正副統監이此에對호야取締호方針을思量中이라호니日人의挾雜도쏘기김이들띄가되게여

▲一進會長李容九는渠會가時局이日非홈을見호고燥鬱症이忽生호야日로宋秉畯에게寄書討閙호되快爽혼回答이無홈으로睠睠호는聲이自然히발口호야成病훌境遇에至호얏다지燥鬱症이正甚호면成狂도되고成病도되는니그症勢는閻라府에가야곳치지

廣告

本所第一回進級式에寄付金이如左홈本所長金敎昕氏五圓講師辻本友之助氏五圓合拾圓也
東幕鳳谷中興講習所 白

本人의祖父分襟훈田一庚二十斗地가在於本洞石圖員天字이온바各居훈叔主斗植氏가父命을反對호는지面洞長을誘引호야僞造훈文券으로典當得債코져호오니內外國人은切勿見欺홈
慶南東萊府龍珠面龍湖洞 王漢緝 告白

民刑訴訟의委任에應홈
辯護士 洪在祺
本事務所 京城中部大笠洞
出張所 平壤郡南門通

本人이陰二月分에圓形姓名章을셔失故로更刻施行호겟스니知舊間照亮홈
東部蓮花坊中路契川邊洞八拾九統七戶 金龍雲 白

諸新聞雜誌廣告取扱
漢城廣告舍
外相思洞廿五統十戶

本人이十餘年間各國時計修理호는法을受業호와內外國僉彥에愛顧호심을甚히蒙호엿습거니와自今爲始호와本舖를一層擴張호기爲호야各國時計上品各종과其他附屬品各종을具備홈이外他商店보다次等이別無호고修理法이漸次善良호오니內外國僉彥은陸續枉臨호심切望

(但外方에는小包로酬應홈)
京城南部大廣橋側
各國時計商 趙璇熙 告白

本人이陰五月二拾五日離家忽雜中家券一度와官測量圖本二丈을셔失故로玆以廣告호오니內外國人間拾得호와도休紙施行홈
東部二橋七十三統五戶 片城煥

世 誠

京城西部車洞同和藥房 本國材로洋製훈官許 引蘇丸이消滯止泄滅毒호고付屬훈八十餘種俱備大發行호오 閔樞白

會社株劵賣買及典執
京城南署棗洞六十二統十戶
金龍商會 告白

美國眼鏡十年保險五年保險과松露酒栢露酒其他各種和洋雜貨學校用品我國製洋礪卷烟草各種大廉價放賣
京城南部竹洞二十二統六戶
廣興商店
遠地엔引換홈

商業同胞에게告홈

今也에諸般事業이漸次발達호는時代를當호야商業上의關係도또혼此를從호야變遷호미商去來의慣習이舊日과不同호고商行爲의規模가昔時와相異호야會社라銀行이라홈이昔日의見치못호던바ㅣ며手形이라證券이라홈이舊時의行치못호던비라、如此히變遷혼時代에在호야舊日의慣習으로商去來를行호며昔時의規模로商行爲를營코져홀진뎌엇지能히商業의目的을達호리오噫라前日에는地方의商旅가京城에來往호는者ㅣ聯絡不絕호더니今日에는何故로如此히凋殘호엿스며昔日에興旺호던客主營業이何故로今日에不振호는뇨試思홀지어다其行호는慣習과其營호는規模가今日變遷혼此時代에適合치아니혼所以가아닌가是故로本會社는五六年前에京城商業에實地從事호는有力諸氏에게組織혼바ㅣ되야外國에有名혼織組會社와都賣特約을結호고織物을直接貿易홈으로爲業호야今日에至호야는엄然히京城商業界의重鎭을占호니實로我國의商業界를爲호야慶幸호는바ㅣ로다然이나本社는더욱全國同胞의便益을圖호기爲호야業務를一層擴張호고規模를拾分改良호야本社營業의一副業으로委托營業을開始호고各地方商旅의賣買委托을受호야去來를信實히行호고待遇를親切히爲호며口文을低廉히受호고金錢을迅速히融通호며地方商人의間或不知호는新式節次도詳細히指導호오리니來호시오來호시오全國의商業同胞는 京城鍾路大廣橋通 合名會社彰信社로枉臨호시옵

合名會社 彰信社社長 洪鍾晥
營業部長 安義淳
委托部長 金春植 謹告

留宿의便利를圖호기爲호야廣橋南川邊茶洞十五統九戶彰信旅館을設홈

本藥局에셔業務를大擴張호고勿論親疎間掌記及居住만通知면擇品廉價호야郵便小包로即速付送호고代金은引換호깃숩
京城南部銅峴九十五統十戶 乾材藥局
崔興模

特別廣告

本店을開業호지數十年以來에僉君子의愛顧호심을蒙호온바更히報答호기爲호와業務를擴張호고內外各樣紙物과布木紬緞이며政府委托度量衡器와學校用品을新選最良으로直輸入호와特廉減價로多小間遠近을勿論호고請求호시면運送部郵便小包며引換代金으로酬應을迅速히貿易에益々便利토록施行호깃스오니諸君子는照亮愛顧호심을伏望홈

各樣紙物
壯紙 壯版紙 窓戶紙
白紙 各樣書畵 塗背
洋紙 校科 印刷洋紙
斑子紙 封套紙 印札紙
製圖用紙 美濃 紙各樣

度量衡器部
度器 자와 量器 말과 되와 衡器 저울 等類를販賣홈
京城鍾路通二十二統八戶
政府度量衡器販賣所
品紙商 鄭斗煥
電話壹千拾九番 電略(정)又(二)

各種布木 紬緞
布。苧木。紬。緞。綿子。毛織
京城鍾路通二十二統八戶
木布商 鄭星煥

諸彥은記憶호시는가 호시는가記억호시거던自白호시오

昨年夏期에多數生靈이非命에慘死호야一國이驚愕훔은抑何를基因홈인가

此는專혀諸彥이衛生을重視치아니호고醫藥撰擇에當홈을失홈이라고自白호시오

아아 겁나고 두려운 고레라굿탄流行病

아아 겁나고 두려운 고레라굿탄流行病

回生水蘇生丹이비로소此等病魔를驅逐호고數萬의生命을救濟훔은過去의不遠훈昨夏活歷史의證호는비라

起死回生
回生水
蘇生丹

諸彥에게問호노니萬物의靈된人間으로誰가生命을不愛호리有호며生命을愛호는人으로誰가回生水와蘇生丹을不備훈者有호리요有호거던우리京城鍾路和平堂大藥房으로來호시요

廣告

日語大成

張志淵 序文
服部暢 序文
大垣丈夫
鄭雲復 著述
學部檢定

洋裝一部 定價金壹圓
半洋一部 定價金八十五錢

此書前名은獨習日語正則이온바數年來로愛讀者多ᄒᆞ와三版발行ᄒᆞ왓ᄉᆞ오나其間乏絶되왓삽고教科書에完全치못홈으로因ᄒᆞ와這間自學部로完全케精密審定ᄒᆞ와高등教育日語科學員用教科書로檢定되온바獨習에當前一層甚易ᄒᆞ옵고日語高등教科書에適當ᄒᆞᆫ良書이오니江湖僉君子ᄂᆞᆫ速々講覽ᄒᆞ시와不及之歎이無케ᄒᆞ시옵

發行兼元賣所 中部布屛下卅七統六戶 廣學書舖 金相萬

分賣所 中部勝洞禮拜堂前 東洋書院
中部洞口 中央書舖
京鄕各書舖

◉濟生堂大藥房本舖製造及發賣品目錄

消化新藥 **清心保命丹** 九十粒一貼價금十錢 此丹은化痰止咳ᄒᆞ고順氣消滯ᄒᆞ며恒常長服ᄒᆞ면腸胃가健全 三貼入환藥匣添附 금卄五錢

大補元氣 **蔘茸大補元** 大補元은氣ᄒᆞ고滋腎健腦ᄒᆞ며先天不足과陽위不起에一切神效 一週日分금一圓 八週日分금六圓四十錢 四週日分금三圓四十錢

疾怪立神 **保命水** 此水ᄂᆞᆫ急ᄒᆞᆫ吐瀉나곽亂腹통에立효가有홈 금十錢

起死回生 **回生丹** 此丹은急ᄒᆞᆫ吐瀉關格이며가슴아리와冷積과痢疾에神效 一貼금十錢

蛔積殺虫散 此약은회積과회腹痛과회虫을一切去根ᄒᆞᄂᆞᆫ良劑 一日分금十錢

久滯大通丸 此丸은年久積滯와宿滯後重이며胃腹痛에神效莫大홈 二日分금十五錢

寸虫沒出藥 此藥은寸白虫一切를去根ᄒᆞᄂᆞᆫ妙藥 一人用금卄錢

感氣時효 **解熱散** 寒熱往來ᄒᆞ며似학非학과頭痛眩暈와肢節痛에其效가偉大 一日分금十錢

되눈 **拔根藥** 되눈과못과ᄉᆞ마귀를쎄ᄂᆞᆫ藥 一貼금十錢

瘡病聖藥 **梅花點雪丹** 毋論男女ᄒᆞ고花柳病楊梅瘡에一切去根快復하ᄂᆞᆫ良藥 一劑금三圓五十錢

瘇氣神效 **解毒膏** 毒종과根빅인듸와其他諸般腫氣一切에神효無雙홈 一貼금十錢

去核生新 **沃度膏** 創瘍과癡傷과곱센듸去核生新ᄒᆞ기ᄂᆞᆫ第一藥품 一蛤금十錢

齒病全治 **健齒水** 此水ᄂᆞᆫ風齒와虫齒며諸般齒통에大효가有홈 小一瓶금十錢

止足汗臭水 手足의汗臭를除却ᄒᆞᄂᆞᆫ藥 一包금十錢

眼疾速治 **光明眼藥** 諸般眼疾에驗能皆奏ᄒᆞᄂᆞᆫ速效有효홈 小一瓶금十錢

調痢建中丸 急慢腸病과各種泄瀉며赤白痢疾과各病流行病에偉효가有홈 一貼금卄錢

潤肺化담 **止咳散** 傷風火소와喘息勞소와吐담困難과呼吸苦悶胸膈刺통등神효 一貼금卄錢

解凝止통 **罷佛** 打撲跌落傷青종各種疑氣始初腹통陰囊종통骨濕통諸症幷효 小一瓶금十錢

吐血下血 **神理止血丸** 專治男婦勿論老幼諸般血症即吐血酒色過用由발되ᄂᆞᆫ血담症並효 금六十錢

上海膏 담結、肩臂통、解凝、流注刺血등징에特別有효홈 금十五錢

○淋疾藥各種○其他有名매藥各種○洋藥各種○化粧品各種○都매散매○遠地에ᄂᆞᆫ郵편小包로迅速酬應홈

漢城南大門內濟生堂大藥房 李庚鳳
代辦主任 李興國 白

電話 壹七二八番
電略 (제)·又 (廿亻)

本商會ᄂᆞᆫ世運의進化와商業의發展을隨ᄒᆞ야業務를新鮮擴張ᄒᆞ야各種布木紬苧緞屬新式毛織等諸般衣服所用物貨를多數貿易ᄒᆞ야僉君子의請求를誠實酬應ᄒᆞ오며地方에ᄂᆞᆫ請求만ᄒᆞ시면郵便小包나運送部로送呈ᄒᆞ고代金은引換ᄒᆞ겟사오니地方에商店이나所用되시ᄂᆞᆫ僉君子ᄂᆞᆫ多數請求ᄒᆞ심을望

韓國收入印紙原賣所
有價証券典當賣買所
京城鐘路通二十二統四戶
壽南商會 金泰熙

本店에서開業ᄒᆞᆫ지十六年間僉君子의愛顧ᄒᆞ심을特蒙ᄒᆞ와今年부터業務을大擴張ᄒᆞ고春夏秋冬所用으로絹屬手等各國高等物品을現今多數直輸入이온바各地方에서ᄂᆞᆫ貿易에便利實買에爲ᄒᆞ야特廉減價와郵便小包로酬應ᄒᆞ야代金은引換ᄒᆞ고지사오니十三道各郡僉君子ᄂᆞᆫ隨意請求ᄒᆞ심을望

振替貯金番號 (韓國壹三番)
電話番號 (三五八)

漢城中部鍾路[illegible]洞二十一統五戶 廣興泰 告白

松村先生池錫永 著

袖珍 美本

字典釋要

全一冊 定價金八十錢

本書ᄂᆞᆫ我韓에著名ᄒᆞᆫ池錫永氏의數十年研究ᄒᆞᆫ바인ᄃᆡ普通玉篇보다五千餘字를增補ᄒᆞᆫ뿐더러字義를國文으로明白히解釋ᄒᆞᆫ要書이오니僉君子ᄂᆞᆫ速々購覽ᄒᆞ시옵

日韓文 對照

新法律

大審院編纂

全一冊 定價金七十五錢

裁判所構成法
刑法大全
民刑訴訟規則
民事訴訟期限規則

發行所 南部大廣橋三十七統四戶 滙東書館

●共愛堂大藥房製造各種藥品發行表

壯陽復元丹 此藥專治腎虧腎肺弱 遺精多夢、陽위不起 房事色傷 病後虛弱 心腎虛弱 不下飲食 先天不足 眩暈頭통等症에並妙効가有홈 壹週分壹圓 四週分三圓四拾錢 二週分壹圓八拾錢八週分六圓四拾錢

皮修靈丹 壹般滯症胃腹통消化不良心神鬱悶船호酒醉化담止히口熱惡臭食慾不振등症에並神効

眼科聖藥 **清眼水** 壹般眼疾、時行眼疾、風熱眼疾、羞明流淚、眼內紅痒등症에撥雲見天之妙(壹瓶金拾錢)

解학至寶丸 專治학疾即氣虛학、遠年長학、一日二日학、雖難治之학이라도亦々거근홈 壹包金拾錢

皮膚神藥 **靈效液** 特治皮膚疥癬옴、皮風、諸般痒疹、두두러기、옷올닌데다神効홈 壹瓶금三拾錢

五淋專治 **通淋丸** 急慢淋疾、赤白帶下、방광炎症、뎌炎皮濃漏外他淋毒性諸症에신效홈 壹제금五拾錢

梅毒妙効 **神應丹** 楊梅瘡에壹期二期三期를勿問ᄒᆞ고確實이有효、連珠瘡下疳瘡등에幷효 壹제金三圓

腹학신藥 **清脾丸** 喘治小兒壹般腹학、面黃、尿靑、左脇별腹에大有奇효홈 一匣金五拾錢

久데神効 **養胃散** 通治經久滯積、呑酸吐사、霍亂、胃腹통大便不順등症에奏効如神 壹貼금十五錢

治痰鎭咳丸 專治大人히소、喘息、담結등症에妙 三日分一包금卅錢

特冒聽효 **消熱散** 勿論四時傷寒感冒、咽喉疼통、寒熱往來肢節통、似학非학등症有효 壹貼금拾錢

耳病신효 **清耳液** 專治耳病即鼓膜炎、內外聽道炎、耳中灼熱疼癢、濃液流出等症有효 一瓶금十錢

百貼百應 **妙妙膏** 風寒濕氣、胸肩背에牽引疼통、腰膝脚되酸통無力、骨節동통등症에如神 금廿五錢

奏효神신 **治膏** 各種腫氣、小兒胎毒、부스럼濕腫、生新에並신효 一包금拾錢

大腫拔根膏 大小腫에根쎄ᄂᆞᆫ약 價금拾錢

解凝膏 멍울삭히ᄂᆞᆫ약 價금拾錢

寸虫去根藥 價금廿錢

齒痛水 충치風치신효 價금七錢五厘

鷄眼膏 티눈쎄ᄂᆞᆫ약 금拾錢

汗斑水 어루러기약 금十錢

止泄丸 대泄暑泄신효 價금拾五錢

痢疾藥 赤빅痢에신효 價금拾五錢

各種上等金雞納 東西洋有名賣藥 乾材都賣散賣其他各種藥이具備ᄒᆞ오니 請求를依ᄒᆞ야小包로酬應ᄒᆞ겟삽

發行所 皇城南部大廣橋十九統七戶
共愛堂大藥房主 朴容桓 告白

◉明校漸明 昌原府熊西面東明學校에셔進級證書授與式을擧行ᄒᆞ엿ᄂᆞᆫᄃᆡ甲班優등生은禹洪九金秉俊이오丙班優等生은金時鉉金渭澄인ᄃᆡ甲班은二年級으로丙班은一年

◉權氏義務 大興郡雲谷私立新興學校ᄂᆞᆫ有志紳士權寅杓氏가自家에設立ᄒᆞ고各項經費를ᄒᆞ미學員이日增ᄒᆞ니權氏의熱誠은無不稱頌ᄒᆞ더라

◉東友敎育 東萊中興講習所ᄒᆞ엿ᄂᆞᆫᄃᆡ卒業優等生은金正圭氏等五人이오進級生은[illegible]氏등八人인ᄃᆡ[illegible]敎授ᄒᆞ다더라

◉中興任員 東萊中興講習所에셔去日曜日夜에特別總會를[illegible]長은金敎昕氏로敎監은辻本友之助氏로選定ᄒᆞ고其他任員은依前視務ᄒᆞ다더라

光武九年八月[illegible]日 隆熙二年八月[illegible]日（第三種郵便物認可） 火曜日 西曆壹千九百拾年七月十九日

大韓每日申報

檀君開國四千二百四十三年
第八卷
第壹千四百卅八號
月曜及祭節慶時日休刊
發行兼編輯人 李章薰
발行所 京城中部布屛門二宮街 二層洋屋 大韓每日申報社

◎[illegible]
셔ᄂᆞᆫ三昨日에該會總務秦學冑
氏가補助金을多數犯用ᄒᆞᆫ事件
으로遷任ᄒᆞᆫ代에韓敞氏가被選

◎實業支社 帝國實業會에셔
慶尙南北道水産組合所를慶南
蔚山郡西生浦에設立ᄒᆞ고所長
[illegible]諉氏가水産諸般業務를熱心
擴張ᄒᆞ기로沿海各郡의實業家
에셔財政을鳩聚ᄒᆞ야各銀行에
擴張ᄒᆞ기爲ᄒᆞ야各郡海口에支
所를設立ᄒᆞ엿ᄂᆞᆫᄃᆡ釜山港支所
長은卞瀅鎭氏로舊鎭海支所長
具子建氏로金海郡支所長은張
基彦氏로梁山郡에ᄂᆞᆫ有志紳士
周元鎬朴春益辛敬允諸氏가該
望이有ᄒᆞᆫᄃᆡ各官廳에셔도極力
贊成ᄒᆞᆫ다더라

◎漢文講習 官立漢城高등學
年級學生一同을漢文으로敎授
ᄒᆞ기爲ᄒᆞ야英語夜學時에該校
內에講習所를設ᄒᆞᆫ다더라

論說

政府와人民의制限

天下에人民이無ᄒᆞᆫ國家도無ᄒᆞ고政府가無ᄒᆞᆫ國家도無ᄒᆞ나政府ᄂᆞᆫ人民의所有라ᄒᆞ야도不可ᄒᆞ며人民을政府의所有라ᄒᆞ야도尤爲不可ᄒᆞ니政府와人民上에別人格의國家가有ᄒᆞ야團之統之ᄒᆞ야國家의獨一最高ᄒᆞᆫ主權을掌握ᄒᆞ고政府와人民은其下에生息ᄒᆞᄂᆞ니人民을重視ᄒᆞᄂᆞᆫ者ᄂᆞᆫ必曰國家ᄂᆞᆫ人民의集團에不過ᄒᆞᆫ즉國家의主權이個人에게在ᄒᆞ다ᄒᆞᆯ지니其弊ᄂᆞᆫ無政府黨에陷ᄒᆞ야國民을率ᄒᆞ고野蠻에歸ᄒᆞᆯ것이오政府를重視ᄒᆞᄂᆞᆫ者ᄂᆞᆫ必曰政府ᄂᆞᆫ國家의代表인즉國家의主權이政府에在ᄒᆞ다ᄒᆞᆯ지니其弊ᄂᆞᆫ專制主義에陷ᄒᆞ야國民을困케ᄒᆞ야文明에進치못ᄒᆞ게ᄒᆞᆯ것이니

故로一完全ᄒᆞᆫ國家를構成코져ᄒᆞᆯ진ᄃᆡ政府와人民의權限을明定ᄒᆞᄂᆞᆫᄃᆡ在ᄒᆞᆫ지라人民의權이無限ᄒᆞᆷ을因ᄒᆞ야其害가國家에及ᄒᆞᆫ者ㅣ泰西近世에或有ᄒᆞ니十八世紀末에法國의革命初期와如ᄒᆞᆫ者ㅣ是라雖然이나此ᄂᆞᆫ世界에罕有ᄒᆞᆫ事이오數千載史乘을縱觀ᄒᆞ면政府에셔權限을濫用ᄒᆞ야其民을侵越ᄒᆞᆷ으로亂을致ᄒᆞ고衰를致ᄒᆞᆫ者ㅣ殆히十에八九ㅣ로다

至於我韓ᄒᆞ야ᄂᆞᆫ尤有甚焉者ᄒᆞ니政府에셔人民을溝壑에推ᄒᆞᄃᆞᆫ지水火에驅ᄒᆞᄃᆞᆫ지惟令是從ᄒᆞ야其善其惡을莫敢誰何ᄒᆞ니人民의權限이何處에셔從生ᄒᆞ리오故로國權은日益墮落ᄒᆞ고民力은日益微弱ᄒᆞ다가外憂가暴至ᄒᆞ미振作ᄒᆞᆯ能力이無ᄒᆞ야畢竟에ᄂᆞᆫ保護下에在ᄒᆞ니國을國이라稱키難ᄒᆞ고民을民이라稱키難ᄒᆞ도다

如此ᄒᆞᆫ境遇에陷ᄒᆞ야國權이나民權이나ᄒᆞᄂᆞᆫ勢力을挽回ᄒᆞ기가杳然ᄒᆞ다ᄒᆞᆯ지나月虧則復盈ᄒᆞ고寒盡則復暑ᄒᆞᄂᆞᆫ理가有ᄒᆞ니엇지自暴自棄ᄒᆞᄂᆞᆫ絶望心을抱ᄒᆞ리오至今이라도猶爲未晩ᄒᆞᆫ것은政府와人民이肢體와股肱을作ᄒᆞ고休戚을共同ᄒᆞ야表裏가如一ᄒᆞ고上下가一致ᄒᆞᆯ진ᄃᆡ人衆이면可히天을勝ᄒᆞᄂᆞᆫ勢가有ᄒᆞ다ᄒᆞ노라

人은羣이아니면內界로ᄒᆞ여곰발達케ᄒᆞ기를得지못ᄒᆞᆯ것이오羣이아니면外界로더브러競爭ᄒᆞ기를得지못ᄒᆞᆯ지라一面으로ᄂᆞᆫ獨立自營ᄒᆞᄂᆞᆫ個人을作ᄒᆞ고一面으로ᄂᆞᆫ通力合作ᄒᆞᄂᆞᆫ羣體를作ᄒᆞᆯ지니旣爲一羣즉不可不一羣의義務를盡ᄒᆞᄂᆞᆫ其責任을共擔ᄒᆞᆯ지나人人히只是羣務에만其時與力을費ᄒᆞ면其自營ᄒᆞᄂᆞᆫ事에不及ᄒᆞᆯ歎이有ᄒᆞᆯ지니其民이相語曰吾方爲農ᄒᆞ고吾方爲工ᄒᆞ고吾方爲商ᄒᆞ고吾方爲學ᄒᆞᆷ으로暇日도無ᄒᆞ고餘力도無ᄒᆞ니群事를治ᄒᆞ기不得일셰라ᄒᆞ며羣體中에셔若干人을選ᄒᆞ야羣務를託ᄒᆞᄂᆞᆫ것이可ᄒᆞ다ᄒᆞᄂᆞ니此卽政府를設ᄒᆞᆫ義라政府ᄂᆞᆫ人民을代ᄒᆞ야羣治를擔任ᄒᆞᄂᆞᆫ者ㅣ니

然則政府의正鵠은何에在ᄒᆞ고公益에在ᄒᆞ니公益의道가不一ᄒᆞ나大要ᄂᆞᆫ內界를발達ᄒᆞ고外界에競爭ᄒᆞᄂᆞᆫᄃᆡ不外ᄒᆞᆫ지라一人의力으로能及지못ᄒᆞᆯ者ᄂᆞᆫ政府에셔自任ᄒᆞ고一人의行動이他人에게妨害될者ᄂᆞᆫ政府에셔彈壓ᄒᆞᆯ것이오至於權限ᄒᆞ야ᄂᆞᆫ民族文野의差를隨ᄒᆞ야變ᄒᆞ되時宜에適合ᄒᆞ기를務圖ᄒᆞᆯ지라人羣이幼穉ᄒᆞᆫ時代를當ᄒᆞ야政府의指導가無ᄒᆞ면自營ᄒᆞ기를得지못ᄒᆞᆯ지니엇지强大ᄒᆞᆫ權限으로만人民을鉗制ᄒᆞ리오政府

當局者여

外報

◎德國의地震 仝電을據ᄒᆞᆫ즉德國쌔이에른及北部치롤에地震이有ᄒᆞ얏ᄂᆞᆫᄃᆡ뮨헨府에ᄂᆞᆫ最히激烈ᄒᆞ얏다더라

◎日露大使言明 仝電을據ᄒᆞᆫ즉駐德日露兩國大使ᄂᆞᆫ德國外務省에日露新協約本文을提出ᄒᆞ엿ᄂᆞᆫᄃᆡ新協約은千九百七年의協約을補足ᄒᆞᄂᆞᆫ者이라現狀維持及極東平和를更히保證ᄒᆞᆷ이오且各國權利의均等은自此로侵害가毫無ᄒᆞᆯ터이라고言明ᄒᆞ엿다더라

◎外交顧問 北京電을據ᄒᆞᆫ즉淸國政府ᄂᆞᆫ外交顧問히리야ㅣ氏의後任은招聘치안키로決定ᄒᆞ얏다더라

◎美國과借款問題 仝電을據ᄒᆞᆫ즉美國公使ᄂᆞᆫ去十六日에山海關으로브터歸京ᄒᆞ야英、佛、德、美各國의粵漢借款問題에對ᄒᆞ야同一ᄒᆞᆫ意義로借款請求書를提出ᄒᆞ얏다더라

◎日露協約과淸廷 仝電을據ᄒᆞᆫ즉日露新協約발表에對ᄒᆞ야數日前에外務部尙書那桐氏ᄂᆞᆫ山海關에셔靜養治病ᄒᆞᄂᆞᆫ梁敦彦氏에게歸京ᄒᆞᆯ旨를通ᄒᆞᆫ즉梁氏ᄂᆞᆫ病勢를因ᄒᆞ야歸京키難ᄒᆞ다고答報ᄒᆞ엿ᄂᆞᆫᄃᆡ昨日에更히外務部의一員을山海關에急行ᄒᆞ야期於히梁氏를歸京케ᄒᆞ려ᄒᆞᄂᆞᆫ所以ᄂᆞᆫ梁氏가歸京ᄒᆞ면或多少局面의展開를見ᄒᆞᆷ에至ᄒᆞᆯ줄노思ᄒᆞᆷ이라더라

◎淸使協約評 紐育電을據ᄒᆞᆫ즉駐德淸國公使ᄂᆞᆫ紐育타임쓰特派員에게言ᄒᆞ기를今回露日協約에淸國은勿論ᄒᆞ고美國에도利益이薄ᄒᆞ다ᄒᆞ얏다더라

◎美國의聲明 桑港電을據ᄒᆞᆫ즉美國國務省에셔ᄂᆞᆫ聲明ᄒᆞ기를露日協約이美國의極東利益에背馳ᄒᆞᆯ點은無ᄒᆞ고淸國保全에도何等의影響이無ᄒᆞ리라ᄒᆞ얏다더라

◎露國新軍團 維也納電을據ᄒᆞᆫ즉露國은今回歐洲에三箇、西伯利、高加索에各一箇의新軍을（總計五軍團）增設ᄒᆞᄂᆞᆫᄃᆡ歐洲新軍團은七十四箇大隊로編成ᄒᆞᆫ다더라

◎海賊討伐 香港電을據ᄒᆞᆫ즉澳門附近橫琴島에蟠居ᄒᆞᄂᆞᆫ賊徒가淸國兒童七名을奪去後에金三萬五千圓을提出ᄒᆞ면該兒童을返還ᄒᆞ겟다고聲言ᄒᆞᄂᆞᆫ지라該兒童의父兄이葡萄牙官憲에게保護를求ᄒᆞᆫ즉同官憲이遂히同島에若干陸兵을派送ᄒᆞ야該兒童을返還ᄒᆞ라ᄒᆞᆫ즉賊徒ᄂᆞᆫ不聽ᄒᆞ고匪賊三百名이精銳ᄒᆞᆫ武器로陸兵과應戰ᄒᆞᆷ에至ᄒᆞ고同島住民은皆賊徒와聯絡ᄒᆞ엿슴으로葡萄牙官憲은更히陸兵一個中隊와野砲二門及軍艦을送ᄒᆞ야交戰中인ᄃᆡ兩方死傷者가多數ᄒᆞ고民家에倒在ᄒᆞ여宛然ᄒᆞᆫ小戰爭의狀態가有ᄒᆞᆫ故로該官憲은援兵을連續派送ᄒᆞ고廣東의兩廣總督도去十二日에陸兵約一箇聯隊와軍艦六隻을派遣ᄒᆞ엿다더라

寄書

大韓每日申報를我國人이確引主刊ᄒᆞᆷ에就ᄒᆞ야祝賀ᄒᆞᆷ

公州郡愚石山人 鄭熙炳

何人의炎凉을不問ᄒᆞ며何事의經營을勿論ᄒᆞ고依賴者를作ᄒᆞ야安全ᄒᆞᆷ이獨立者로以ᄒᆞ야困艱ᄒᆞᆷ만不如ᄒᆞᆷ은更論을不待ᄒᆞᆯ바이로ᄃᆡ依賴者ᄂᆞᆫ尋而復靡ᄒᆞ야雖安必危ᄒᆞ며獨立者ᄂᆞᆫ强而且大ᄒᆞ야 [illegible]事이라拙者ㅣ本報를延讀ᄒᆞᆫ지有年인바其言論이亮爾ᄒᆞ고筆舌이瞭然ᄒᆞ야同胞를喚醒ᄒᆞᆷ과敎育을唱道ᄒᆞᆷ과實業을奬勵ᄒᆞᆷ과時事를論辨ᄒᆞᄂᆞᆫ諸等의句가無非發且勁焉ᄒᆞᆫ旨에就ᄒᆞ야未嘗不欽仰感荷ᄒᆞᆫ바이나오작外國人의名號를借ᄒᆞ야발行ᄒᆞᆷ을免치못ᄒᆞᆷ으로每有所欲然이러니

何幸本報第一千四百八号를接受ᄒᆞ야讀ᄒᆞᆫ즉編輯兼發行人이卽아本國人李章薰氏也라於是乎喜之樂之ᄒᆞ야舞蹈를不覺ᄒᆞᆫ지라本報를爲ᄒᆞ야氏를歡迎ᄒᆞ며氏를爲ᄒᆞ야祝賀ᄒᆞ엿ᄂᆞ니今日에야비로소眞正ᄒᆞᆫ我大韓每日申報가되야自由獨立의精神을快有ᄒᆞ엿스니烈火又치燃ᄒᆞ며盤石又치堅ᄒᆞᆷ은豫料的으로期必ᄒᆞᆯ바ㅣ아닌가設令今日에獨立의報가되야前日依恃의筆만不如ᄒᆞ다ᄒᆞᆯ지라도獨立의微弱이依恃의强堅ᄒᆞᆷ보다幾倍나勝ᄒᆞᆯ줄노思料ᄒᆞᆷ은아韓人情의同然ᄒᆞᆫ바이거ᄂᆞᆯ

況乎今日에至ᄒᆞ야言論記事의正直强硬이前日보다一層을付加ᄒᆞ니孰불樂從이며孰불願愛讀ᄒᆞ리오本報가漸益堅確ᄒᆞ야愛讀僉位가日加月增ᄒᆞᆯ事ᄂᆞᆫ明白ᄒᆞᆫ者이니政治紊亂을可히醫告ᄒᆞᆯ바도本報의任이오國民進化에可히機關될바도本報의任이오敎育成就를可히奬勵ᄒᆞᆯ바도本報의任이오實業발展을可히指導ᄒᆞᆯ바도本報의任이오工業精巧를可히勉勵ᄒᆞᆯ바도本報의任이오善良을贊揚ᄒᆞᆯ바도本報의任이오惡魔를誅責ᄒᆞᆯ바도本報의任이라ᄒᆞᆯ지로다

勿論報舘의趣旨ᄂᆞᆫ一般的으로大히差戾가別無ᄒᆞ다ᄒᆞᆯ것이어ᄂᆞᆯ何獨本報에만責任이有ᄒᆞ다ᄒᆞ리오마ᄂᆞᆫ本報ᄂᆞᆫ前日他人精神에依恃ᄒᆞᆫ事를脫却ᄒᆞ고我韓의突然中立的刷新ᄒᆞᆫ報筆이라當局의樞重이何如ᄒᆞ리오執筆諸公은另加注力ᄒᆞ야來頭言論記事의刪正ᄒᆞᆷ이昔日에尤加ᄒᆞ야今日에도自由에立ᄒᆞ고明日에도自由에立ᄒᆞ야경世의鍾을作ᄒᆞ고廣濟의靈藥이되야使我同胞로益益進化케ᄒᆞᆷ을千萬敬祝ᄒᆞ노라拙者ᄂᆞᆫ會無學問ᄒᆞ고少無智識ᄒᆞᆫ頑愚殘質이오나亦我同胞의一分子이온故로至愚至劣ᄒᆞᆷ을不拘ᄒᆞ고敢玆數行荒蕪의文辭로祝賀의誠을發ᄒᆞ옵ᄂᆞᆫ바我韓人의近況을挽ᄒᆞ건ᄃᆡ自己의動止와自神의榮由와自主의權利를他人에게讓渡ᄒᆞᄂᆞᆫ事가不爲不多ᄒᆞ야有志人士의長歎ᄒᆞ시ᄂᆞᆫ비러니惟獨本社ᄂᆞᆫ依賴를半見ᄒᆞ고自由確立ᄒᆞ야國家民族의幸福을預手祝賀ᄒᆞ노라

學界報

◎校費開議 長흥坊民團에셔ᄂᆞᆫ昨日下午二時에臨時總會를開ᄒᆞ고長흥學校經費窮絀에對ᄒᆞ야財政方針을研究ᄒᆞ엿다더라

◎普校協議 普成專門學校二個年卒業싱으로該교三年級에入學志願者ᄂᆞᆫ繼續敎授ᄒᆞ기로決議ᄒᆞ엿다더라

◎景氏義務 養正義塾學徒景元植氏가黃海道殷栗郡居洪泳煥氏의學費로錢二十圓을寄付ᄒᆞ엿다고該氏의慈善心을讚頌ᄒᆞᆫ다더라

詞藻

藹鷹 兮堂

憐渠索性最無良飢則依人飽則颺颺致當年如戀主暮天飛向海東蒼

評曰以不貪不饕之心漸成鵰張之智反不如犬馬戀主之義

宮廷報

◎蓄音器獻上 東京세루푸레조商會의仁川代理店支配人鈴木四拾은最新式蓄音器一個를皇后陛下ᄭᅴ 獻上ᄒᆞ엿다더라

雜報

◎鳥取來電 我皇太子殿下ᄭᅴ셔ᄂᆞᆫ昨午後三時에ᄂᆞᆫ鋼代港에 御着ᄒᆞ옵시고五時三拾分에ᄂᆞᆫ鳥取停車場에御着ᄒᆞ샤直히 御旅舘池田候爵邸에 臨御ᄒᆞ시겟다ᄂᆞᆫ電報가有ᄒᆞ다더라

◎副統監視察 山縣副統監은再昨日上午拾二時에大韓醫院을視察ᄒᆞ엿고昨日午前九時에ᄂᆞᆫ通信管理局及司法廳을視察ᄒᆞ엿다더라

◎內相의談話 內相朴齊純氏ᄂᆞᆫ再昨日下午三時에山縣副統監을官邸로訪問ᄒᆞ고時局에關ᄒᆞᆫ事를談話ᄒᆞ엿다더라

◎共進會輸出品 農商工部에셔ᄂᆞᆫ日本羣馬縣共進會에金五千圓價値物品을輸出ᄒᆞ기爲ᄒᆞ야目下準備中이라더라

◎統府無暇 통監府에셔ᄂᆞᆫ刷新政策에對ᄒᆞ야事務가煩劇ᄒᆞᆷ으로該府所屬官吏ᄂᆞᆫ夏期休暇가無ᄒᆞ다더라

◎府民會議事 漢城府民會에셔ᄂᆞᆫ寺內統監을歡迎ᄒᆞ기爲ᄒᆞ야昨日下午二時에議事會를開ᄒᆞ고節次를準備ᄒᆞᆫ다더라

◎武臺의醫院 內部衛生局에셔ᄂᆞᆫ水原郡演武臺廳舍에慈惠醫院을設置ᄒᆞᆯ次로目下協議中이라더라

◎日妓偏愛 宮相閔丙奭氏ᄂᆞᆫ三昨夜에桂洞官邸에셔日本妓生등을招ᄒᆞ야秩宕ᄒᆞᆫ音樂으로一塲娛樂ᄒᆞ엿다더라

◎需用의反對 修學院에셔夏期試驗을經ᄒᆞ엿다ᄒᆞᆷ은旣報어니와該院敎官尹始庸氏가今番優等生幾人을爲先需用ᄒᆞ야學業을奬勵코자ᄒᆞ엿ᄂᆞᆫᄃᆡ該院長閔商鎬氏의反對ᄒᆞᆷ을因ᄒᆞ야不得實施ᄒᆞ엿다더라

◎警務總長의警告 明石경務總長은昨日午前拾一時에韓字신聞各社長及발行人을警務總監部로召集ᄒᆞ고新聞團束에關ᄒᆞ야警告ᄒᆞ엿ᄂᆞᆫᄃᆡ其要項은今回에韓國警察事務를委托ᄒᆞᆫ結果로旣往에警視廳에셔團束ᄒᆞ던것을今後에ᄂᆞᆫ總監部에셔行ᄒᆞᆯ터이니知悉ᄒᆞ라ᄒᆞ엿다더라

◎統監夫人來京 寺內統監夫人은其令孃과兒玉書記官을同伴ᄒᆞ고來二拾一日夜에入城ᄒᆞᆫ다더라

◎大和報記者入京 야스도신聞記者畑尾健順은政況을視察ᄒᆞ기爲ᄒᆞ야再昨日에入京ᄒᆞ야浦尾旅舘에셔留宿ᄒᆞᆫ다더라

◎同僚捐賻 內部秘書官徐丙業氏가再昨日에喪配ᄒᆞ엿다ᄂᆞᆫᄃᆡ內部官吏가발起ᄒᆞ야賻義金을捐助ᄒᆞᆫ다더라

◎敎課書寄付 楊平郡訪逸洞은前判書南廷哲氏의邱墓之鄕인故로日前에南氏가該洞에在ᄒᆞᆫ私立普通學校에敎科書類九拾餘冊을寄付ᄒᆞ엿다더라

◎妓樂의釜港逗遛 日本博覽會에被雇ᄒᆞ엿던妓生及樂工等은解雇歸國ᄒᆞᄂᆞᆫᄃᆡ再昨日下午八時에釜山港에到着ᄒᆞ야幾日間逗遛ᄒᆞᆫ다더라

◎苽技調査 永同郡守林澗相氏ᄂᆞᆫ他人과苽技를設ᄒᆞ고五百圓金을奪取ᄒᆞ엿다고其不法行爲를內部에投書ᄒᆞᆫ者가有ᄒᆞᆷ으로現方調査ᄒᆞᄂᆞᆫ中이라더라

◎花菜風波 前輔國閔泳韶前觀察使金命洙兩氏及其他某々大官이日昨에李載克氏家에會同ᄒᆞ야宴會ᄒᆞ다가金命洙氏가花菜器를擧而飮之ᄒᆞᆫ지라閔泳韶氏가野蠻이라指稱ᄒᆞᆫ즉金氏가憤怒曰余雖失禮나野蠻이豈不甚乎아大監은舊日習慣으로輔國의誇張이餘存乎아ᄒᆞ고說往說來에一塲風波가激起ᄒᆞ엿다더라

◎代書組合 漢城內韓人代書所에셔ᄂᆞᆫ代書組合所를設立ᄒᆞᆯ次로姜晉錫氏等이발起ᄒᆞ엿ᄂᆞᆫᄃᆡ日間警務總監部에請願ᄒᆞᆫ다더라

◎地段價支撥 鳳山郡李泰一氏等이聯署ᄒᆞ야內部에請願ᄒᆞ고鐵道에犯入地段價를請撥ᄒᆞ엿ᄂᆞᆫᄃᆡ該部에셔ᄂᆞᆫ本觀察使에게로발訓ᄒᆞ고該民人등을招致說諭後에價金을支撥ᄒᆞ라ᄒᆞ엿다더라

◎八百兩班 北部管內에ᄂᆞᆫ再昨日ᄭᆞ지兩班調査를畢了ᄒᆞ엿ᄂᆞᆫᄃᆡ總數가八百餘戶에達ᄒᆞ엿다더라

◎麄拳空張 娼妓組合所에셔主務의任을賞花室便과酒商便에셔互相競爭ᄒᆞᆫ다더니酒商便에셔李學宰에게紹介ᄒᆞ야該便으로主務ᄒᆞ라ᄂᆞᆫ認許를圖給ᄒᆞ면金二百圓을酬應ᄒᆞ기로契約ᄒᆞ엿ᄂᆞᆫᄃᆡ李也ᄂᆞᆫ此를唾手可得ᄒᆞ기로大談ᄒᆞ고日憲兵軍曹某와連絡ᄒᆞ야日前警務總監部에請願ᄒᆞ엿다가卽時退却을遭ᄒᆞ엿다더라

◎宅不處仁 北部齋洞居靑年李揆百氏ᄂᆞᆫ偏母侍下로妓生柳色에게沈惑ᄒᆞ야金銀佩物及衣服等屬金一千餘圓價値를給與ᄒᆞ엿ᄂᆞᆫᄃᆡ日間金一千圓에買入作妾ᄒᆞ기로密約ᄒᆞ엿고奎章閣直閣趙命熙氏의令男重冕氏ᄂᆞᆫ花柳塲에從事ᄒᆞ야料理代金이數千圓에達ᄒᆞ엿다ᄒᆞ며其他李氏와同等靑年某某輩가慇懃者에게沈惑ᄒᆞ야家庭의敎訓과他人의嘲笑를全히不顧ᄒᆞ고作妾行樂ᄒᆞᄂᆞᆫ者도有ᄒᆞ고金貨를流水와如히用盡ᄒᆞ며其父眼前에셔ᄂᆞᆫ天然ᄒᆞᆫ行動이放蕩ᄒᆞᆫ行爲ᄂᆞᆫ萬無ᄒᆞᆫ듯ᄒᆞ나出門ᄒᆞᄂᆞᆫ時에ᄂᆞᆫ花柳塲으로直走ᄒᆞ야傷風敗俗의行爲가極度에至ᄒᆞᆷ으로此輩의姓名은姑不一一揭布ᄒᆞ나靑年子弟가有ᄒᆞᆫ人은齋洞등地에居生ᄒᆞ기를不肯ᄒᆞᆫ다더라

◎丹靑價督促 神宮敬義會에셔北廟에位牌를奉安ᄒᆞᆯ次로修理丹靑ᄒᆞᆷ은已報어니와更聞ᄒᆞᆫ즉丹靑工匠의雇價를延拖不給ᄒᆞᆷ으로雇價의督促이星火와如ᄒᆞ다더라

◎帝國報續刊說 目下休刊中에在ᄒᆞᆫ帝國新聞은漢城府民會에셔引繼ᄒᆞᆫ次로株式組織으로經營ᄒᆞ기를決定ᄒᆞ엿다더라

◎衛費督納 財務監督局에셔官吏를北部警察署에派送ᄒᆞ야衛生費를督納ᄒᆞᄂᆞᆫ中이라더라

◎是何乞娥 何許三拾餘歲된女人이拾餘歲된男兒를率ᄒᆞ고漢城內에周行ᄒᆞ며前監獄署長金榮善氏의妻라稱ᄒᆞ고金氏의書札을傳ᄒᆞ며求乞ᄒᆞᄂᆞᆫᄃᆡ金氏의妻ᄂᆞᆫ아니라더라

◎支敎視察 大同敎任員金相禹氏ᄂᆞᆫ平南北에該支敎의狀况을視察ᄒᆞ[illegible]京義

◎實業會의不穩 帝國實業會總務白樂均氏ᄂᆞᆫ昌原德市塲認許를黃桂顯氏의게擅편히許給ᄒᆞ엿든지該會에셔不穩ᄒᆞᆫ狀態가有ᄒᆞᆷ으로請願自退ᄒᆞ엿고黃桂顯氏의認許를還收ᄒᆞ얏다더라

◎書籍寄付 [illegible]兩機居紳士金學[illegible]氏가[illegible]新聞雜誌縱覽所에對ᄒᆞ야[illegible]의有益ᄒᆞᆫ書籍拾四卷을寄付ᄒᆞ엿다더라

◎歡迎尹氏 靑年會에셔[illegible]昨日下午八時에明月舘에셔日前에美國으로브터歸國ᄒᆞᆫ尹致昊氏의歡迎會를開ᄒᆞ엿다더라

◎信徒養成 耶蘇敎監理敎會에셔ᄂᆞᆫ該敎牧師養成所를設立ᄒᆞ고多年信敎ᄒᆞ야地方에熱心布敎ᄒᆞ던敎人百餘名을募集ᄒᆞ야來八月五日브터養成ᄒᆞᆫ다더라

◎寄金農會 熙川郡淸凉里有志紳士鄭雲景李永甫咸基坤諸氏가農務를改良ᄒᆞᆯ目的으로農務會를組織ᄒᆞᄂᆞᆫᄃᆡ當日에咸基坤氏ᄂᆞᆫ如干金額을寄付ᄒᆞ엿다더라

◎崔氏慈善 熙川郡上西里崔景禧氏ᄂᆞᆫ昨年五月分에寧邊泰平面市街燒燼時慘酷ᄒᆞᆫ情狀을見ᄒᆞ고錢五圓을捐付ᄒᆞ더니至於今春ᄒᆞ야ᄂᆞᆫ該里에民情이困難ᄒᆞᆷ을見ᄒᆞ고戶稅金三拾圓을自辦以納ᄒᆞ엿슴으로稱頌이頗多ᄒᆞ다더라

◎下待還乞 柴塲組合所長趙彰漢氏가該所一般任員이辭免願請書를提出ᄒᆞ엿더니趙氏가一塲說明ᄒᆞ고從今以後에和沖經過ᄒᆞ자ᄒᆞ엿다더라

◎病者棄却犯越交 保安課警察係에셔病者棄却犯崔聖泰尹姓女를捉致審査ᄒᆞᆫ後에地方裁判所로越交ᄒᆞ엿다더라

◎貧民救濟院設立 基督敎靑年會에셔ᄂᆞᆫ本國內에南北二箇所의貧民救濟院을設立ᄒᆞ려고協議中인ᄃᆡ副會長尹致昊氏가美國셔持歸ᄒᆞᆫ寄附金中으로支出ᄒᆞᆫ다더라

◎感荷義捐 雲山郡基督光成學校에셔金一圓을本社에出捐ᄒᆞ엿기其盛意를表示ᄒᆞ노라

電報

◎露大使叙勳 日皇陛下ᄭᅴ셔ᄂᆞᆫ日本에駐剳ᄒᆞᆫ露國大使마레우이즈키에게勳一等旭日동宮大綬章을授與ᄒᆞ엿다더라

◎陸軍卿歡迎文 國際新聞協會의險富副會長은協會를代表ᄒᆞ야美國陸軍卿데킨손氏를訪問ᄒᆞ고歡迎文을贈呈ᄒᆞ엿다더라

◎鍊習艦來韓期 鍊習艦阿蘇笠置兩艦은本年兵學校卒業士官候補生을載ᄒᆞ고明拾九日午后에廣島에셔發ᄒᆞ야鹿兒島膠州灣威海衛旅順大連을巡航ᄒᆞ고八月五日에仁川港에來泊ᄒᆞ야四日間滯在ᄒᆞ엿다가九日에仁港에셔발ᄒᆞ야拾一日에鎭海灣에到着ᄒᆞᆫ다더라

◎美相歡迎 日本에在ᄒᆞᆫ美日協會에셔ᄂᆞᆫ美國陸軍卿을爲ᄒᆞ야芝紅葉舘에셔盛大히歡迎宴을開ᄒᆞ엿다더라

◎陸軍卿退京 美國陸軍卿은再昨日退京ᄒᆞ야神戶로브터馬尼拉으로向ᄒᆞᆫ다더라

◎大博覽會工事 明治九拾年에開設ᄒᆞᆯ日本大博覽會工事ᄂᆞᆫ明治四拾四年度브터着手ᄒᆞᆯ터인ᄃᆡ來年度工事ᄂᆞᆫ爲先事務舘의建設、正門의道路、靑代代木連絡道路修築과其他用水道의敷設等事이라더라

◎古市博士渡歐 日本大博覽會工事監督工學博士古市公威ᄂᆞᆫ日英博覽會푸러시안博覽會伊太利萬國博覽會의建築工事를視察ᄒᆞ기爲ᄒᆞ야渡歐ᄒᆞ엿ᄂᆞᆫᄃᆡ拾一月頃에還國ᄒᆞᆫ다더라

◎葡淸兩國人의衝突 오門에셔葡萄牙人과淸國人이衝突ᄒᆞ야互相死傷이有ᄒᆞᆫ故로兩國政府에셔各其軍艦을派遣ᄒᆞ며其勢가重大ᄒᆞ다더라

以上東京발 拾八日着

▲視 舌▼

▲一身樞機安在런고三寸舌이尙存ᄒᆞ니興戎出好一平生에駟猶不及其速이라

▲是非邪正分析ᄒᆞᆯ제如竹破[illegible]無碍[illegible]細蠶가[illegible]ᄒᆞ니[illegible]上虎가是誰런고能ᄒᆞ[illegible]鼎은直士舌

▲時局風雲籠絡ᄒᆞ며能執牛耳葵壇上에天下大勢飜覆機를掌中에運諸ᄒᆞ니英雄手段自許者ᄂᆞᆫ辯士舌

▲自國精神渾失ᄒᆞ고循人言端唯唯ᄒᆞ야奪去心腸不顧ᄒᆞ며一時浮榮圖得ᄒᆞᆯ제첩々利口첩閉者ᄂᆞᆫ小人舌

▲口中斧가如霜ᄒᆞ야亂臣賊子必誅ᄒᆞᆯ제秋色으로爭高[illegible]陽山을指點ᄒᆞ니採薇歌[illegible]晩唱者ᄂᆞᆫ義士舌

▲國家思想鼓吹ᄒᆞᆯ제南强北强是誰런고頹波砥柱[illegible]志箭[illegible]軍威로難奪ᄒᆞ니演壇上에苦口者ᄂᆞᆫ志士舌

時에汶山浦憲兵隊에셔는土城停車場에셔殺人犯日人佐佐木과大森武兩漢을捉囚ᄒᆞ엿다더라

◎何事被捉　閔泳采氏의令男閔圭植氏는何等曆節을因홈인지再昨日南署에被捉ᄒᆞ엿다더라

◎三審一役　再昨日控訴院에셔强盜犯李俊永謀殺强奸犯姜興權金學實等을審査ᄒᆞ엿고公告ᄒᆞ얏슴으로不服申訴ᄒᆞ엿다가退却을當ᄒᆞ엿다더라

◎殃及池魚　花洞居前侍從李勝旭氏는暫時橫厄에罹ᄒᆞᆷ이捉홈은已報ᄒᆞᆫ바어니와更聞ᄒᆞᆫ즉前郡守李錫圭氏의公貨欠逋가一萬餘圓인ᄃᆡ日人服部가聲羅蕩減ᄒᆞ다ᄒᆞᄂᆞᆫ지라李在浩邊으로兩氏가紹介ᄒᆞᆫ後에李在浩氏는中間功勞金百

▲不覺絕纓▼

▲總理는長々夏日에吾叔을不勝ᄒᆞ야金珏鉉某某氏로八日馬吊로消遣ᄒᆞᆫ다지總相의事業이大段ᄒᆞ고馬吊가아니라馬鹿이로고

▲前商務組合部長李學宰는家屋稅와其他債額으로近日에督促을不堪ᄒᆞ야鴉片을吸ᄒᆞ든지汀水에沒死ᄒᆞ겟다ᄒᆞ더니闔타府에가셔商務所를再設ᄒᆞ고債帳을請帳ᄒᆞᆯ計劃인게여

廣告

中泰寬氏의暗门測量ᄒᆞ야山板倫事는根底가初發ᄒᆞᆫ事인ᄃᆡ其間에何許人이有何端緖이던지暗地投書ᄒᆞ야鳴出無根之說이기玆에廣布홈

寺洞十八統六戶 中泰寬 告白

圖章材料及印章販賣

京城南署典洞六十二統十戶

金龍商會 告白

本人의黑雄小驢一匹이去夜에走去ᄒᆞ야不知去處故로玆以廣告ᄒᆞ오니誰某시던지西部西小門內舘井洞五十三統二戶로通知ᄒᆞ시면厚謝ᄒᆞ겟슴

七月十七日 朴鼎壽 告白

本人에圓形姓名章을今春間에셔失故로更刻施行ᄒᆞ오니知舊間照亮홈

北部樓閣洞九十九統十三戶 池榮奭 白

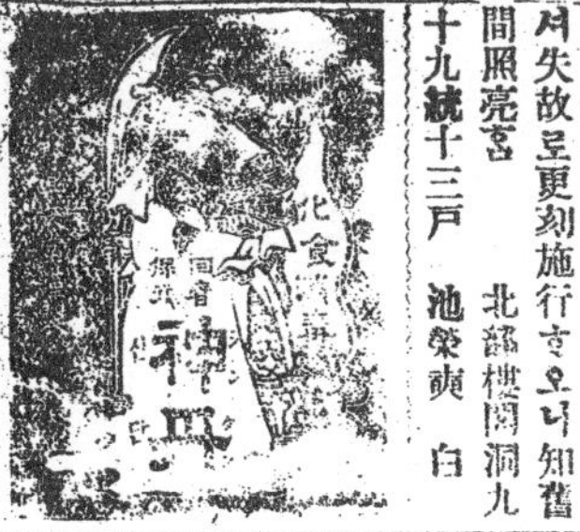

石井洞華商 寶興園

改良浴堂十六日開湯

本園中韓日男女浴湯向來淸潔爲各國客商所稱譽因上月水池被管理人損壞稍有不潔本主人恐礙衛生以此停湯修理大加改良內外整理比前雅麗格外淸潔刻已工竣擇於本月十六日開湯特此登報奉告各國　貴客男女諸位光臨照顧實爲至盼不勝榮幸之至

寶興園主人 告白

本人이陰五月二拾五日離家忽雜中家券一度와官測量圖本二丈을셔失故로玆以廣告ᄒᆞ오니內外國人間拾得ᄒᆞ와도休紙施行홈

東部二橋七十三統五戶 片城煥

安城郡警察署長醫部桑原貞幸氏未開地方戶喩人變莅任數載民多開明日進又進人心咸服猝當轉任人人惜去ᄒᆞ야總監部에請願ᄒᆞ기로玆에廣告홈

安城郡人民代表 咸熙緝

◎商業同胞에게告홈

今也에諸般事業이漸次발達ᄒᆞᄂᆞᆫ時代를當ᄒᆞ야商業上의關係도또ᄒᆞᆫ此를從ᄒᆞ야變遷ᄒᆞ미商去來의慣習이舊日과不同ᄒᆞ고商行爲의規模가昔時와相異ᄒᆞ야會社라銀行이라홈이昔日의見치못ᄒᆞ던바ㅣ며手形이라證券이라홈이舊時의行치못ᄒᆞ던비라、如此히變遷ᄒᆞᆫ時代에在ᄒᆞ야舊日의慣習으로商去來를行ᄒᆞ며昔時의規模로商行爲를營코져ᄒᆞᆫ즉엇지能히商業의目的을達ᄒᆞ리오噫라前日에ᄂᆞᆫ地方의商旅가京城에來往ᄒᆞᄂᆞᆫ者ㅣ聯絡不絶ᄒᆞ더니今日에ᄂᆞᆫ何故로如此히凋殘ᄒᆞ엿스며昔日에興旺ᄒᆞ던客主營業이何故로今日에不振ᄒᆞᄂᆞ뇨試思ᄒᆞᆯ지어다其行ᄒᆞᄂᆞᆫ慣習과其營ᄒᆞᄂᆞᆫ規模가今日變遷ᄒᆞᆫ此時代에適合치아니ᄒᆞᆫ所以가아닌가是故로本會社ᄂᆞᆫ五六年前에京城商業에實地從事ᄒᆞᄂᆞᆫ有力諸氏에게組織ᄒᆞᆫ바ㅣ되야外國에有名ᄒᆞᆫ織組會社와都賣特約을結ᄒᆞ고織物을直接貿易홈으로爲業ᄒᆞ야今日에至ᄒᆞ야ᄂᆞᆫ엄然히京城商業界의重鎭을占ᄒᆞ니實로我國의商業界를爲ᄒᆞ야慶幸ᄒᆞᄂᆞᆫ바ㅣ로다然이나本社ᄂᆞᆫ더욱全國同胞의便益을圖ᄒᆞ기爲ᄒᆞ야業務를一層擴張ᄒᆞ고規模를拾分改良ᄒᆞ야本社營業의一副業으로委托營業을開始ᄒᆞ고各地方商旅의賣買委托을受ᄒᆞ야去來를信實히行ᄒᆞ고待遇를親切히爲ᄒᆞ며口文을低廉히受ᄒᆞ고金錢을迅速히融通ᄒᆞ며地方商人의間或不知ᄒᆞᄂᆞᆫ新式節次도詳細히指導ᄒᆞ오리니來ᄒᆞ시오來ᄒᆞ시오全國의商業同胞ᄂᆞᆫ 京城鍾路大廣橋通

合名會社彰信社로枉臨ᄒᆞ시옵

合名會社 彰信社社長 洪鍾院

營業部長 安義淳

委托部長 金春植 謹告

留宿의便利를圖ᄒᆞ기爲ᄒᆞ야廣橋南川邊茶洞十五統九戶

彰信旅舘을設홈

大韓新發明駿帽子

○총帽子製造支所廣告

我國에新發明ᄒᆞᆫ帽子ᄂᆞᆫ京城銅峴玉虎書林主務鄭寅琥氏가統監府에專賣特許權을承認ᄒᆞ엿ᄂᆞᆫ바라其編織이今年에ᄂᆞᆫ大端堅緻ᄒᆞ고品質이極히完實ᄒᆞ야塵汗의汚홈을水에沈ᄒᆞ고素茶로洗滌ᄒᆞ야乾後에戴ᄒᆞ면潔淸홈이如新ᄒᆞ야衛生에必要홀ᄲᅮᆫ아니라數十年을着用ᄒᆞ야도弊傷이無ᄒᆞ리니經濟上에亦是便利ᄒᆞᆫ지라故로本國同胞에게만愛顧ᄒᆞ심을被ᄒᆞᆯᄲᅮᆫ아니라各國紳士頭上의歡迎을受ᄒᆞ와我國工業界에空前絶後ᄒᆞᆫ大事業인줄世界에셔皆稱ᄒᆞᄂᆞᆫ바인故로本社에셔其特異ᄒᆞᆫ模範과新鮮ᄒᆞᆫ事業을發展ᄒᆞ기爲ᄒᆞ야支所를開設ᄒᆞ고技術이高明ᄒᆞᆫ敎師와手品이敏捷ᄒᆞᆫ人士를雇聘ᄒᆞ야精妙ᄒᆞ고方正ᄒᆞᆫ式樣으로別般注意ᄒᆞ야製造一新ᄒᆞ오니世界의愛護ᄒᆞ시ᄂᆞᆫ僉君子ᄂᆞᆫ陸續購買ᄒᆞ심을希望홈

大丘北門外浦上社內

총帽子製造支所

主務 李重來 告白

◎特別廣告◎

本店을開業ᄒᆞᆫ지數十年以來에 僉君子의愛顧ᄒᆞ심을蒙ᄒᆞ온바更히報答ᄒᆞ기爲ᄒᆞ와業務를擴張ᄒᆞ고內外各樣紙物과布木紬緞이며政府委托度量衡器와學校用品을新選最良으로直輸入ᄒᆞ와特廉減價로多小間遠近을勿論ᄒᆞ고請求ᄒᆞ시면郵送部郵便小包며引換代金으로酬應을迅速히實施ᄒᆞ야益々便利를與ᄒᆞ게施行ᄒᆞ깃스오니諸君子ᄂᆞᆫ照亮愛顧ᄒᆞ심을伏望홈

各樣紙物

壯紙　壯版紙　窓戶紙

白紙　各樣書畵　塗背

洋紙　材料　印刷洋紙

斑子紙　封套紙　印札紙

製圖用紙　美濃紙各樣

度量衡器部

量器　衡器等

京城鍾路通二十二統八戶

度量衡販賣所

鄭斗煥

電話(정)又(千)

各種布木　紬緞

布。苧木。紬。緞。

綿子。毛織

京城鍾路通二十二統八戶

木布商 鄭星煥

學部檢定

鄭雲復 著述

張志淵
服部暢
大垣丈夫 序文

日語大成

洋裝一部 定價金壹圜

半洋一部 定價金八十五錢

此書ᄂᆞᆫ名은獨習日語正則이온바數年來發賣가多ᄒᆞ와一나其間乏絶되얏슴으로因ᄒᆞ야再行ᄒᆞ야敎科書에完全치못홈으로因ᄒᆞ와這間自學部로完全케精密히檢定ᄒᆞ와高等敎育日語科學員用敎科書로檢定되온바獨習에倍히一層平易ᄒᆞ옵고日語高等敎科書에適當ᄒᆞᆫ良書이오니江湖僉君子ᄂᆞᆫ速々講覽ᄒᆞ시와未及之歎이無케ᄒᆞ시옵

中部布屛下卅七統六戶

發行兼元賣所 廣學書舖 金相萬

分賣所

中部勝洞禮拜堂前 東洋書院

中部洞口 中央書舘

京鄕各書舖

大韓每日申報

檀君開國四千二百四十三年 箕子元年三千三十二年 大韓開國五百十九年 本報創刊日 光武八年七月十八日

發行兼編輯人 李章薰
발行所 京城中部布屛門二宮街二層洋屋 大韓每日申報社

第八卷 月曜及慶節歲時休刊 第壹千四百卅九號

◎日語講習 …校內에廣通講習所를設ᄒᆞ고日語算術을敎授ᄒᆞᄂᆞᆫᄃᆡ來月부터甲班을特設ᄒᆞ고學員을增募ᄒᆞ…

◎鄭氏設校 鄭永澤氏가公州郡에中學校設立ᄒᆞᄂᆞᆫ事에關ᄒᆞ야趣旨書를발刊ᄒᆞ엿더더라

◎… 谷里時務義塾은完順君李載完前判書洪淳馨兩氏가設立ᄒᆞ고該塾內에初等科丑등科를備置…

論說

小說과 戱臺가 風俗에 有關

一國의風俗을改良코져ᄒᆞᆯ진ᄃᆡ近世의閱覽ᄒᆞᄂᆞᆫ小說과近日에演劇ᄒᆞᄂᆞᆫ戱臺를必先改良이니何者오小說과戱臺가不甚與世輕重이로ᄃᆡ其源을語ᄒᆞ면街士坊客의無聊不平ᄒᆞᆫ著述이오倡夫舞女의俳優嬉笑ᄒᆞᄂᆞᆫ資料ㅣ니大人雅士의掛齒煩目ᄒᆞᆯ비아니나其流를究ᄒᆞ면個人의腦髓에浹洽ᄒᆞ고社會의風氣에薰染ᄒᆞ야心志를蠱惑ᄒᆞ고情性을遷移ᄒᆞ야不可思議의互力이有ᄒᆞᆫ지라

大抵新奇를喜ᄒᆞ고平常을厭ᄒᆞ며刺激을感ᄒᆞ고凡例를忘ᄒᆞᆷ은世人의常情이니是故로話席의淫談俚說은一生을終토록必憶ᄒᆞ되經傳의聖謨賢訓은數月을經ᄒᆞ야若存若亾ᄒᆞ며樽俎揖讓之筵에ᄂᆞᆫ憚而不赴호ᄃᆡ荒淫遊戱之場에ᄂᆞᆫ樂而忘返ᄒᆞᄂᆞ니小說與戱臺ᄂᆞᆫ尋常婦孺의最所感覺ᄒᆞ고最所貪嗜ᄒᆞᄂᆞᆫ者라其原動力이能使人情으로隨以變遷ᄒᆞ고能使世俗으로從以感化ᄒᆞᄂᆞ니아本快然樂也로ᄃᆡ乃讀晴雯이出大觀苑ᄒᆞ고ᄃᆡ玉이死瀟湘浦면何以忽然泣油然戚也며아本肅然莊也로ᄃᆡ乃觀春香이逢李道令ᄒᆞ고論南ㅣ剖樂工鮑면何以嬉然動怡然笑也며아本이然疲也로ᄃᆡ乃讀張翼德이鞭督郵ᄒᆞ고武松이打張都監이면何以爽然欲引一大白也며아本毅然强也로ᄃᆡ乃觀잉잉이別張君瑞ᄒᆞ고月華가送尹汝玉이면何以慨然欲倚欄長歎也오讀紅樓夢者ᄂᆞᆫ有餘悲ᄒᆞ고讀南征記者ᄂᆞᆫ有如챵ᄒᆞ며聽華容道者ᄂᆞᆫ有餘快ᄒᆞ고聽沈昌歌者ᄂᆞᆫ有如悵ᄒᆞ니凡功名富貴의思念이於此에或着근柢ᄒᆞ고男女怡悅의情欲이於此에亦造原因이라

然則此小說與戱臺가風俗의有關ᄒᆞᆷ이曷云淺尠이리오故로泰西列邦에ᄂᆞᆫ小說의著述과戱臺의演劇이대英雄대賢人의경天動地ᄒᆞᆫ事業을撮影而活動ᄒᆞ고演여而說明ᄒᆞ야國民의思想을鼓吹ᄒᆞ고國民의義氣를발揚ᄒᆞ야足히文明自由의前提가될바어날

아韓國은小說과戱臺의資料가不乏이로ᄃᆡ雄偉活潑ᄒᆞᆫ氣像은絶無ᄒᆞ고荒淫怯懦ᄒᆞᆫ慣習만滋長케ᄒᆞ야人心의淆漓와民생의困瘁가未或不由於此ㅣ라故로風俗을改良코져ᄒᆞᆯ진ᄃᆡ小說과戱臺를必先改良이라ᄒᆞ노라

官報

◎第四千七百三十四號 隆熙四年七月十九日(火曜)

叙任及辭令

○七月十五日 小林謙彬 任土地調查局技手叙判任官四等

外報

◎事關協約 大阪每日新聞을據ᄒᆞᆫ즉淸國은露日協約의通告를接ᄒᆞᆫ後로軍機大臣의密議가頻頻ᄒᆞᆫᄃᆡ其內容인즉美國의後援을得ᄒᆞ야該協約에抗議를提起ᄒᆞᆯ事라ᄂᆞᆫᄃᆡ山海關에서避暑ᄒᆞ던駐淸美國公使기셀헌氏ᄂᆞᆫ淸國攝政王의招請에應ᄒᆞ야本月十三日에急히北京으로歸還ᄒᆞ엿다더라

◎討伐馬賊 奉天電을據ᄒᆞᆫ즉鳳凰城岫巖州一帶에近日馬賊百餘名이各地方에出沒ᄒᆞᄂᆞᆫ故로討伐키爲ᄒᆞ야巡防隊 營을派遣ᄒᆞ엿ᄂᆞᆫᄃᆡ掃蕩키不能ᄒᆞᆫ慮가有ᄒᆞ야總督은當地第二十鎭의騎兵二個中隊를應援으로去十六日에寨馬集地方으로派送ᄒᆞ엿다더라

◎共和黨指揮官의演說 紐育電을據ᄒᆞᆫ즉來十一月의知事及議員半數를改選ᄒᆞᄂᆞᆫᄃᆡ對ᄒᆞ야루쓰벨ᄐᆞ氏ᄂᆞᆫ共和黨의總指揮官이되야巡廻演說ᄒᆞᆯ事를發表ᄒᆞ엿ᄂᆞᆫᄃᆡ八月卄五日에紐育에셔出발ᄒᆞ야西部各州를巡廻ᄒᆞ고拾月初에ᄂᆞᆫ南部地方으로向ᄒᆞᆫ다더라

◎英德의緩和 倫敦電을據ᄒᆞᆫ즉德國新聞紙ᄂᆞᆫ海軍에關ᄒᆞᆫ英國總理大臣아스키쓰氏의演說을大槪揭載ᄒᆞ고此演說은英德兩國의軋轢을緩和케ᄒᆞ엿다고論述ᄒᆞ엿다더라

◎商業區域의火變 桑港來電을據ᄒᆞᆫ즉本月十四日午前一時에美國오레곤州포틀랜드商業區域西端에서出火ᄒᆞ야同日正午에鎭火ᄒᆞ엿ᄂᆞᆫᄃᆡ死者가一名이오損害가三十萬弗에達ᄒᆞ엿다더라

◎英艦의爆發 倫敦來電을據ᄒᆞᆫ즉英國一等巡洋艦스도레치号ᄂᆞᆫ大西洋演習中汽罐이爆발되야死者가一名이오負傷者가四名에達ᄒᆞ엿다더라

寄書

大韓의罷睡之鐘을祝홈

瑞興邑鬼雲洞 穆鎭夏

此時代ᄂᆞᆫ何如之時代乎아當醫醒之時代也라何者오今日我國이如在演戱場ᄒᆞ야心神을難定이로다

雖然이나以鏡觀之則政治家의視務者와敎育家의敎授者와實業家의從事者와富貴家의安樂者와貧賤家의困苦者ㅣ至深睡ᄒᆞ니事甚慨歎이라古詩에云ᄒᆞᆫ바春眠을不覺曉ᄒᆞᆫ가孔門人의晝寢인가此時ᄂᆞᆫ非夜ㅣ라白晝인ᄃᆡ何若是深睡耶아

我國同胞의如此히大病됨을悶然히녀여光武八年七月日에英國人裵說氏가罷睡의鐘을勉力製造ᄒᆞ야高掛於漢陽ᄒᆞ고使此深睡人으로黃내를逐ᄒᆞ고惡魔를逐ᄒᆞᆫ思想을喚起ᄒᆞ니此鐘은機械가極美ᄒᆞ야雖風雨가來侵이라도日〻自鳴ᄒᆞ야以通遠方之耳ᄒᆞ고聲甚高大ᄒᆞ야以醒如泥之睡ᄒᆞ니天下에希有如此之鍾聲이라然이나鑄造ᄒᆞᆫ이已逝ᄒᆞ고萬咸氏가替代如前矣러니猝然間에발何如之心이든지棄鍾歸去ᄒᆞ니此鍾이依誰而鳴ᄒᆞ리오

此風說을聞ᄒᆞ고心自忖度ᄒᆞ되如此ᄒᆞᆫ極美之鍾이若無主이면惡人이破碎ᄒᆞᆯ가貪人이竊取ᄒᆞᆯ가富人이買得ᄒᆞᆯ가念慮不已ᄒᆞ더니不意今六月日에我韓人李章薰氏가我國同胞의尙未罷睡ᄒᆞᆫ것을慨歎히녀여不惜所有ᄒᆞ고不顧身苦ᄒᆞ야如此ᄒᆞᆫ貴鍾을卽爲已有ᄒᆞ고無斷連鳴케ᄒᆞ니可愛라此鍾이여往者에ᄂᆞᆫ外人手에在ᄒᆞ여도我國同胞의大利益이되더니至于今日ᄒᆞ야ᄂᆞᆫ內人手에在ᄒᆞ니是我國胞同의人幸福이로다

然이나閭巷愚魯者의疑論을聞ᄒᆞᆫ즉此鍾이雖貴나在外人之手則罷睡矣어니와內國人은機械가尙未발達ᄒᆞ야雖有貴鍾이나未罷深睡云ᄒᆞ니做出如此之風說者ᄂᆞᆫ但有依賴之心이오未有自由之心者也라

凡物의用不用은機械精不精에在ᄒᆞ고主不主에不在ᄒᆞᆷ것은理所明矣라然則我韓同胞여〻〻〻〻雖有貴鳴鍾聲이나若有耳塊면未聞ᄒᆞᄂᆞ니勿以無暇推위ᄒᆞ고明日傾耳를勉ᄒᆞ야詳細聽之ᄒᆞ고以罷深睡ᄒᆞ야毋至鬼壓不悟의境을大祝이로라然則罷睡之鍾은何오大韓每日申報가是라

雜報

◎被捉憲隊 長湍郡居李主簿라稱ᄒᆞᄂᆞᆫ人이徒黨을率ᄒᆞ고村閭에橫行ᄒᆞ엿다ᄒᆞ야日憲兵第二分隊에셔憲兵補助員을派送捕獲ᄒᆞ엿ᄂᆞᆫᄃᆡ再昨日該隊로押上ᄒᆞ얏다더라

◎處絞宣告 姜基東氏의部下姜元浩氏被捉ᄒᆞᆷ은既報ㅣ어니와再昨日京城地方裁判所에셔絞刑에宣告ᄒᆞ엿다더라

學界報

◎英校卒業 宣川郡英明學校에셔第一回卒業式을行ᄒᆞ엿ᄂᆞᆫᄃᆡ優등生은田文坎氏오四學年進級優等生은朴炳稷田載敬氏오三學年進級優等生은李枝漢田舜闢桂正華田治廣諸氏인ᄃᆡ該面長金明瑞氏와紳士諸氏가空冊鉛筆等物로多數히施賞ᄒᆞ엿다더라

◎光校擴張 基督光成學校ᄂᆞᆫ校長都瑪蓮副校長朱漢明校監崔亭三諸氏가熱心ᄒᆞᆷ으로校況이漸進ᄒᆞᆯ뿐더러秋期에ᄂᆞᆫ中學課를設立ᄒᆞᆯ次로方今高明ᄒᆞᆫ敎師를雇聘ᄒᆞᄂᆞᆫ中이라더라

◎學生嘉尙 平山郡漏川昌義義塾은設立已久에旣承上部認可ᄒᆞ고學員이八十餘名에達ᄒᆞ엿더니該校任員의熱心이漸〻冷落ᄒᆞᆷ으로停廢ᄒᆞᆯ境遇에至ᄒᆞ엿ᄂᆞᆫᄃᆡ該校生徒中姜東華崔永煥朴學孫三人이晝夜로校舍를不離ᄒᆞ고事務를代擔看做ᄒᆞᆷ으로任員도此를感悟ᄒᆞ고該附近人士도無不贊賞ᄒᆞᆫ다더라

世界歷史

❀宗敎改革의初期❀

「루터」ᄂᆞᆫ一千四百八十三年十一月十日에日耳曼(아이슬네뻰)에서生ᄒᆞ니其父ᄂᆞᆫ卑賤ᄒᆞᆫ一礦夫라(루터)가貧困ᄒᆞᆫ中에生長ᄒᆞ야十八歲에(엽허스)大學에入ᄒᆞ야法律을修ᄒᆞ더니信神의心이深ᄒᆞ야一千五百五年에(오거스틴)派의僧院에入ᄒᆞ야僧이되며同八年에(위텐썌그)大學의神學敎授가되니라

(루터)가일직羅馬에游ᄒᆞ야僧侶의弊風을目擊ᄒᆞ고宗敎改革의必要를深感ᄒᆞ더니今에(텟셀)이贖罪符를日耳曼에來販ᄒᆞ미此에關ᄒᆞ야遂乃一千五百十七年十月卅日에意見書九十五條를著ᄒᆞ야(위텐썌그)寺門에高揭ᄒᆞ고衆議의批評을廣求ᄒᆞ야其意見의正否를判斷케ᄒᆞ더니此書가忽然히四方에傳播ᄒᆞ야一大問題를仍成ᄒᆞᆫ지라於是에法王「레오」十世가(루터)로異端이라ᄒᆞ고此書의讀ᄒᆞᆷ을禁ᄒᆞ며(루터)를破門ᄒᆞ나然ᄒᆞ나(루터)ᄂᆞᆫ屈撓치아니ᄒᆞ고一千五百卄年十二月十日에(위텐썌그)의都門에셔法王의破門狀을公然히燒棄ᄒᆞᆫᄃᆡ法王이日耳曼帝(찰스)五世에게向ᄒᆞ야壓抑ᄒᆞᆷ을請ᄒᆞ더라

(未完)

詞藻

❀筆鋒❀ 梅瘦生

欲試亂臣賊子頭洗磨筆刃法春秋大東大地誰家是水標橋邊第幾樓

評日一寸霜鋩不入於秦爐之烈火有待於此日歟可想龍光之射斗牛

雜報

◎副統의巡視監獄 山縣副統監은昨日上午九時에新門外監獄署를視察ᄒᆞ엿다더라

◎叅與官會議 昨日午前拾一時에統監府에셔叅與官會議를開ᄒᆞ엿다더라

◎宮簿調査 宮內府에셔ᄂᆞᆫ義親王宮文簿를整理ᄒᆞ기爲ᄒᆞ야目下調査中이라더라

◎馬關의出迎統監 憲兵司令部副官太田大尉ᄂᆞᆫ寺內統監을出迎ᄒᆞ기爲ᄒᆞ야昨日에馬關으로渡去ᄒᆞ얏다더라

◎三日勞金 아國政府에셔ᄂᆞᆫ去番에辭職ᄒᆞᆫ松井、若林、岡喜七郎二人에게功勞金을給與ᄒᆞᆫ다ᄂᆞᆫᄃᆡ松井에게ᄂᆞᆫ五千圜岡喜七郎에게ᄂᆞᆫ六千圜若林에게ᄂᆞᆫ四千圜을贈ᄒᆞ기로內定되엿다ᄒᆞ라

◎荒井歸任 日本에渡歸ᄒᆞ엿든荒井度支次官은來廿七日頃에歸任ᄒᆞᆫ다더라

◎爲叅敎監會 學部澤젼事務官은水原으로柳田事務官은忠北及慶南으로本田書記官은全南北道의敎監會議에叅與키爲ᄒᆞ야次第로日間발程ᄒᆞᆫ다더라

◎云有長書 近日風說에寺內統監이到着ᄒᆞᄂᆞᆫ同時에學部를廢止ᄒᆞ야學務局을內部에附屬ᄒᆞ야各官公立學校를管轄ᄒᆞ고學務課를統監府에附屬ᄒᆞ야各私立學교를管轄ᄒᆞᆫ다ᄂᆞᆫ事에關ᄒᆞ야何許儒生이統監府에長書ᄒᆞᆫ다ᄂᆞᆫ說이有ᄒᆞᆷ으로某處에셔注目中이라더라

◎地方費訓報 內部에셔漢城府及拾三道觀察道에발訓ᄒᆞ기를隆熙三年度四年度의下半期에地方費收支狀況을調査報告ᄒᆞ라ᄒᆞ엿다더라

◎下金建所稟請 黃海觀察道에商品陳列所가有ᄒᆞ나處所가狹窄ᄒᆞᆷ으로妨害가不少ᄒᆞ다ᄒᆞ야年前에 大皇帝陛下ᄭᅴ옵셔 下賜ᄒᆞ신金額으로該處所를擴張ᄒᆞ겟다고該道觀察使가內部에稟請ᄒᆞ엿다더라

◎橋梁費補助 平壤觀察道에셔日本理事廳과協同ᄒᆞ야八月下旬브터土木共同의役을着手ᄒᆞ야道路橋梁을修築ᄒᆞᆫ다ᄂᆞᆫᄃᆡ內部에셔金四萬圜을補助ᄒᆞ기로議決ᄒᆞ엿다더라

◎水利視察 度支部에셔密陽郡水利組合에對ᄒᆞ야補助金을支給ᄒᆞ엿고有川事務官을派送ᄒᆞ야狀況을視察케ᄒᆞ엿다더라

◎韓日合同直宿 內部에셔該部次官의命意로將次韓日人主事가合同宿直ᄒᆞ기로決定ᄒᆞ엿다더라

◎螟孫初定 故總理大臣金弘集氏의系嗣ᄒᆞ기爲ᄒᆞ야侍從院侍從長金春熙氏의令男(四歲)으로養孫을定ᄒᆞ엿다더라

◎財政經過刊出 度支部에셔隆熙三年度下半期財務經過報告를編纂ᄒᆞ야龍山印刷局에셔目下刊出ᄒᆞᄂᆞᆫ中이라더라

◎民願復邑 康령郡을甕津郡으로合附ᄒᆞᆫ事에關ᄒᆞ야前康翎郡人民代表李秉恒崔錫麟氏등이內部에등訴ᄒᆞ고該郡을復舊ᄒᆞ야公私上便利케ᄒᆞ라ᄒᆞ엿다더라

◎意領觀覽 意太利國가비쿠리아副領事ᄂᆞᆫ昨日午前에秘苑內博物館을觀覽ᄒᆞ엿다더라

◎因暇歸國 日本에留學ᄒᆞ든아國學生二拾六名이暑中休暇를因ᄒᆞ야再昨夜에連袂入京ᄒᆞ엿다더라

◎獨許高校 統監府鐵道管理局에셔官公私立學校를勿論ᄒᆞ고一般學員의放學을因ᄒᆞ야歸家ᄒᆞᆯ時에船車間賃金割引票가有ᄒᆞ더니本年夏期브터一切勿施ᄒᆞ엿다ᄒᆞᆷ은既報어니와惟獨官立漢城高等學校에셔ᄂᆞᆫ何等交涉이有ᄒᆞ엿든지職員及學員一同에게日昨割引票를交付ᄒᆞ엿다더라

◎長書起草秘探 中部寺洞居前郡守趙某ᄂᆞᆫ一進會合邦問題를反對ᄒᆞ야日本內閣에長書를提呈ᄒᆞᆯ次로目下起草ᄒᆞᆫ다ᄂᆞᆫ說이有ᄒᆞᆷ으로某處에셔秘探中이라더라

◎高校試驗成蹟 官立漢城高等學校에셔ᄂᆞᆫ一般學員에試驗成蹟을修正ᄒᆞ야昨日學部에報告ᄒᆞ엿다더라

◎似屬虛影 西北兩道人士들이李在明氏의遺族을爲ᄒᆞ야救恤金一千餘圓을募集ᄒᆞ엿다ᄂᆞᆫ說이有ᄒᆞᆷ으로某處에셔事實有無를嚴密調査ᄒᆞ엿ᄂᆞᆫᄃᆡ其結果인즉齊東野說에不過ᄒᆞ엿다더라

◎補助員의軍刀 日憲兵司令部에셔昨日爲始ᄒᆞ야京鄕各憲兵補助員에게軍刀一柄式給與ᄒᆞᆫ다더라

◎何事被招 監査院卿張錫周氏ᄂᆞᆫ何事件을因ᄒᆞᆷ인지再昨日에南部警察署에被招ᄒᆞ엿다더라

◎日日報繼刊 大韓日日新聞社ᄂᆞᆫ三昨日에北部安洞等地로移接ᄒᆞ엿ᄂᆞᆫᄃᆡ明日브터繼續발刊ᄒᆞ기로目下準備中이라더라

◎國民報遣訴 日前國民新報에前郡守趙鼎允氏가李在明氏의遺族에게救恤金一百圓을寄付ᄒᆞᆫ다ᄂᆞᆫ無根에說을揭布ᄒᆞᆫ事에對ᄒᆞ야趙氏가將次裁判을提起ᄒᆞᆫ다더라

◎四大淫魁 各警察署에셔漢城內에密賣淫女를調査ᄒᆞᆫ다ᄒᆞᆷ은既報어니와密賣淫女의仲介魁首者를一幷調査ᄒᆞ엿ᄂᆞᆫᄃᆡ中部에ᄂᆞᆫ漢洞居典션司長金珏鉉氏의妾黃裳이오東部에ᄂᆞᆫ養士洞居金周賢氏의妾海州집年今二拾一이오西部에ᄂᆞᆫ黃土峴居李元淳氏의妾平壤집年今二拾一이오南部에ᄂᆞᆫ草洞居李東秀氏의妾蘇島집年今拾九오北部에ᄂᆞᆫ目下調査中이라더라

◎淫奔事實調査 侍從李甲承氏의嫁毋趙姓女의淫奔ᄒᆞᆫ事件은各報에屢揭어니와再昨日中部警察署에셔事實을調査ᄒᆞᆯ次로趙女를捉致ᄒᆞ엿ᄂᆞᆫᄃᆡ李甲承氏의夫人은證事人으로同時該署에被招ᄒᆞ엿다더라

◎果則可駭 南來人의確言을據ᄒᆞᆫ즉忠南禮山郡今坪面々長申益均氏ᄂᆞᆫ視務四五年에公務執行上에不便이多ᄒᆞᆯ뿐아니라濫權을用ᄒᆞ야不法行爲로面村의秩序를紊亂케ᄒᆞ며人民의自由財産權을侵害ᄒᆞᆷ으로該面人民等의怨聲이載路ᄒᆞᆫ다더라

◎私孕成婚 前英語學校敎授安鳴漢氏가官立高等女學校女敎授李東初와年前에私立學校에셔語學ᄒᆞᆯ時에互相關係가有ᄒᆞ다가仍爲孕胎ᄒᆞ야安李兩人이本職을盡爲解免되엿ᄂᆞᆫᄃᆡ不遠間에婚禮式을擧行ᄒᆞᆫ다더라

◎美女伴渡 監理敎堂의附屬學교를擴張ᄒᆞᆯ次로美國셔敎師資格되ᄂᆞᆫ女人八名이今番에尹致昊氏와同伴渡韓ᄒᆞ엿다더라

◎言足飾非 一進會員俞鶴柱家에再昨日靑年基督敎韓人傳敎師가來到ᄒᆞ야布敎코자ᄒᆞᆫ즉同座에在ᄒᆞᆫ同會員俞鳳柱李熙悳等이對抗ᄒᆞ되敎의主旨ᄂᆞᆫ雖好ᄒᆞ나此ᄂᆞᆫ卽白人種의宗敎라아韓人이此敎에入ᄒᆞ면自國思想을拋棄ᄒᆞᄂᆞᆫ者인故도吾等은不願入敎ᄒᆞ노라ᄒᆞ엿ᄂᆞᆫᄃᆡ彼輩의言足以飾非ᄒᆞᆷ을聽者이莫不唾罵ᄒᆞᆫ다더라

◎水原虫災 京畿道水原郡栗北面에셔ᄂᆞᆫ去月拾五日브터害虫이發生ᄒᆞ야各穀穗苗를晝夜侵食ᄒᆞ야被害가多ᄒᆞᆷ으로該狀況을調査키爲ᄒᆞ야勸業模範場調査員이去拾六日에同地로出張ᄒᆞᆫ旨로同道書記官이內部로報告ᄒᆞ엿다더라

◎溺命可慘 恩津魯城등地에雨水가大漲ᄒᆞ야農作物의損害가多大ᄒᆞ엿ᄂᆞᆫᄃᆡ論山居趙得洙氏家에來留ᄒᆞ던鰕醢船主全致正氏가七月拾二日午后八時에江邊에셔沐浴ᄒᆞ다가溺斃ᄒᆞ엿ᄂᆞᆫᄃᆡ翌日上午七時에尸體를拯出ᄒᆞ엿다더라

◎派員收金 天道敎에셔ᄂᆞᆫ北部安洞等地에敎堂을建築ᄒᆞᄂᆞᆫᄃᆡ對ᄒᆞ야役費가窘絀ᄒᆞᆷ으로各地方敎人에게收錢ᄒᆞᆯ次로委員金珽鎭宋雲檜金永模등을日間派送ᄒᆞᆫ다더라

◎鍾亦知人 侍天敎堂에懸鍾을李容九에게金貨二千圓을給與ᄒᆞ야製造掛懸ᄒᆞ엿스나該鍾이可謂無聲鍾인故로一般敎員이李容九의無信ᄒᆞᆷ을論駁ᄒᆞᆫ즉李容九ᄂᆞᆫ五百圓을自擔支出ᄒᆞ야更히造懸ᄒᆞ기로決定ᄒᆞ엿다더라

◎新報押收 新韓民報百九拾號와新韓國報一百七號ᄂᆞᆫ治安妨害로認ᄒᆞ야押收되엿다더라

◎花套者被捉 北部小安洞居陸相弼氏家에셔再昨日下午三時에洪[illegible]亨氏等四人이花套局을設行ᄒᆞ다가所管警察署에被捉ᄒᆞ엿다더라

◎潛跡被捉 延基羽의部下李周甫爲名人이礡洞等地에潛伏ᄒᆞ엿다가再昨日에京城第二憲兵分隊에被捉ᄒᆞ엿다더라

◎典舖紀念 漢城內典當舖總會에셔ᄂᆞᆫ三昨日上午拾二時에定期總會를開ᄒᆞ고一般任員을改選ᄒᆞ엿스며第三回剏立紀念式을設行ᄒᆞ엿다더라

◎敎訓冊子分給 既報와如히官立高등女學校에셔昨日午前八時에學父兄及保證人會를開ᄒᆞ고교長魚允迪氏가勸飭ᄒᆞ엿고敎訓이라ᄂᆞᆫ冊子一部式을分給ᄒᆞ엿다더라

電報

◎美卿赴北 美國陸軍卿데킨손氏ᄂᆞᆫ比律賓을訪問ᄒᆞᆫ後八月中旬에北京에赴ᄒᆞᆫ다더라

◎土民의抵抗 淸國雲南省의土民은革命黨과連絡ᄒᆞ고憲兵과抵抗ᄒᆞ야益益不穩의態를呈ᄒᆞᆫ다더라

以上東京발 拾八日着

◎睿宮御臨 韓國 皇太子殿下ᄭᅴ옵셔ᄂᆞᆫ本日午前九時에鳥取停車場에셔 御出발ᄒᆞ옵셔松崎에 御臨ᄒᆞ샤各所를 御觀覽ᄒᆞ옵시고午後四時에 御出발ᄒᆞ옵셔倉吉에 御着ᄒᆞ시고同夜에飛龍閣에셔 御宿ᄒᆞ옵셧ᄂᆞᆫᄃᆡ鳥取縣知事가陪從ᄒᆞ엿다더라

◎美統의韓虎獵 美國前大統領루쓰벨트氏ᄂᆞᆫ韓國에渡來ᄒᆞ야虎獵을試ᄒᆞᆫ다ᄂᆞᆫ說이有ᄒᆞ다더라

◎戒嚴尤重 目下山口縣에ᄂᆞᆫ殊常ᄒᆞᆫ韓國人이徘徊ᄒᆞᄂᆞᆫᄃᆡ寺內통監에게貽害ᄒᆞᆯ가念慮ᄒᆞ야同地警察官은嚴重히警戒中이라더라

◎實業團解散 渡淸實業團은昨日에解散式을行ᄒᆞ엿다더라

◎特別會計經營 時局解決後에韓國의事業은一切特別會計로經營ᄒᆞ려고方今調査中이라더라

以上東京발 拾九日着

▲夢中人事▼

▲人生百年統計ᄒᆞ면不過一場春夢ᄒᆞ니其間成敗幾何런고枕上片時於焉이라

▲華屋把作南柯ᄒᆞ니鼾鼻聲이如雷ᄒᆞ야량上君子入室ᄒᆞᆯ제家産什物搜探ᄒᆞ나不覺心膓奪去ᄒᆞ니公子夢이깁헛고나

▲黃屏怨變漆園인가一身翩翩化蝶ᄒᆞ니隣家春色迷魂ᄒᆞ야伶俜雙翅紛紛ᄒᆞ나不知蛛網在前ᄒᆞ니政府夢이깁헛고나

▲漆室中에渾倒ᄒᆞ야長夜乾坤되엿도다門外事를不省ᄒᆞ니客反爲主此世界에一家財産捨如ᄒᆞ니頑固夢이깁헛고나

▲時時섬語變作ᄒᆞ야各自蘇黃紛紜ᄒᆞ니政黨派의假飾이라官熱又是撑中ᄒᆞ야槐安國에坐ᄒᆞ니黨派夢이깁헛고나

▲夜枕宛到滄海ᄒᆞ니博浪一椎擲起處에大雄이傾耳ᄒᆞ나起問此時何時런고一片精神難醒이라俠士夢이깁헛고나

取[illegible]學교에 貼漢拾餘名이 突入ᄒᆞ야 金貨二拾圓을 奪取ᄒᆞ고 該교舍를 放火沒燒ᄒᆞ

餘圓에 至ᄒᆞ엿다더라

◎三賊被捉 高陽郡加他洞居 金相準이가 去五月二拾七日에

[illegible] 前往ᄒᆞ야 金貨를 强奪ᄒᆞᆫ 事가 綻露되야 該郡憲兵隊에서 該三人

◎研究會[illegible] 設立ᄒᆞᆫ 農林研究會에서 去日曜日에 研究會를 開ᄒᆞ려다가 人員

◎任員增選 韓國平和協會에서ᄂᆞᆫ 會務를 擴張ᄒᆞᆯ 計劃인지

◎赤一悖孫 鳳山郡山水面外 [illegible] 嚴居ᄒᆞᄂᆞᆫ 金某氏의 孫成春은

竊取ᄒᆞ고 不知去處러라

▲片玉有聲▼

▲日本政府에서ᄂᆞᆫ 아韓에 在ᄒᆞᆫ 理事廳을 廢止ᄒᆞ기로 內定ᄒᆞ엿다지 日人官吏들도 우박을 맛ᄂᆞᆫ고나 먹을 것으로 알고 萬里他國에 왓다가 狼狽로고

▲北部ᄂᆞᆫ 南班골 혈인게 여調査ᄒᆞᆫ 數爻가 八百餘戶라지 이 世上에 무엇ᄒᆞ여 먹고 사나 阨塞ᄒᆞ기를 바라지 말고 實業이나 ᄒᆞ여 보지

▲이 世上은 假字투成ᄒᆞ여 假志士假女徒假巡査가 허다ᄒᆞ더니 假偵探이 ᄯᅩ 싱겨서 數人騙財ᄒᆞᆫ다지 假字가 第一 可畏로고

廣告

本人에 圖章을 去六月卅日에 偸去見失 故로 告白ᄒᆞ오니 內外國人間 勿爲見欺ᄒᆞᆷ 平安南道肅川郡石ᄂᆞ面新南里 [illegible]姓儉 白

民刑訴訟의 委任에 應ᄒᆞᆷ
辯護士 洪在祺
本事務所 京城中部大笠洞
出張所 平壤郡南門通

京義線沙里院驛에 博物運送店을 開設ᄒᆞ고 自本驛至新義州間 本支店을 管理ᄒᆞ오며 諸般運輸에 眞實着勉ᄒᆞ와 輸送을 迅速히 ᄒᆞ오니 僉君子ᄂᆞᆫ 愛顧ᄒᆞ심을 敬要
沙里院驛博物運送店主 林[illegible] 總務 白南輪 事務 全興祥 等 白

賞 誠 本國材로 洋製ᄒᆞᆫ 官許 引蘇丸이 消滯止泄滅毒ᄒᆞ고 付屬ᄒᆞᆫ 八十餘種俱備 大發行ᄒᆞ오 閔[illegible] 白

西部餘慶坊紫門洞六統三戶 漢城府貫人旨一張을 不知中에서 失ᄒᆞ엿ᄉᆞ오니 休紙施行ᄒᆞ십
家主 田炯湜 白

本商會ᄂᆞᆫ 世運의 進化와 商業의 發展을 隨ᄒᆞ야 業務를 新鮮擴張ᄒᆞ야 各種布木 紬緞屬 新式毛織等 諸般衣服所用物貨를 多數貿易ᄒᆞ야 僉君子의 請求를 誠實酬應ᄒᆞ오며 地方에ᄂᆞᆫ 請求만 ᄒᆞ시면 郵便小包나 運送部로 送呈ᄒᆞ고 代金은 引換ᄒᆞ겟ᄉᆞ오니 地方에 商店이나 所用되시ᄂᆞᆫ 僉君子ᄂᆞᆫ 多數請求ᄒᆞ심을 望

韓國收入印紙原賣所
有價証券典當賣買所
京城鍾路通二十二統四戶
壽南商會 金泰熙

石井洞華商 寶興園
改良浴堂十六日開湯

本園이 韓國男女浴湯 向來淸潔 [illegible]客商所稱譽 因上月水池[illegible]損壞 稍有不潔 本主人恐碍衛生 以此停湯 修理大加改良 內外整理 比前雅麗 格外淸潔 刻已工竣 擇於本月十六日開湯 特此登報布告 各國貴客男女 諸位光臨顧賓 爲至盼 不勝榮幸之至
寶興園主人 告白

本人의 黑雄小驢一匹이 去夜에 走去ᄒᆞ야 不知去處 故로 玆以廣告ᄒᆞ오니 誰某시던지 西部西小門內館井洞五十三統二戶로 通知ᄒᆞ시면 厚謝ᄒᆞ겟ᄉᆞᆸ
七月十七日 朴鼎壽 告白

本人이 陰五月二拾五日 離家忽雜中 家券一度와 官測量圖本二丈을 見失 故로 玆以廣告ᄒᆞ오니 內外國人間 拾得ᄒᆞ와도 休紙施行ᄒᆞᆷ
東部二橋七十三統五戶 片城煥

本藥局에서 業務를 大擴張ᄒᆞ고 勿論親疎間 掌記及居住만 通知ᄒᆞ면 擇品廉價ᄒᆞ야 郵便小包로 卽速付送ᄒᆞ고 代金은 引換ᄒᆞ깃
京城南部銅峴九十五統十戶
乾材藥局 崔興模

◎商業同胞에게 告ᄒᆞᆷ

今也에 諸般事業이 漸次발達ᄒᆞᄂᆞᆫ 時代를 當ᄒᆞ야 商業上의 關係도 ᄯᅩᄒᆞᆫ 此를 從ᄒᆞ야 變遷ᄒᆞ미 商去來의 慣習이 舊日과 不同ᄒᆞ고 商行爲의 規模가 昔時와 相異ᄒᆞ야 會社라 銀行이라 ᄒᆞᆷ이 昔日의 見치 못ᄒᆞ던 바ㅣ며 手形이라 證券이라 ᄒᆞᆷ이 舊時의 行치 못ᄒᆞ던 비라、如此히 變遷ᄒᆞᆫ 時代에 在ᄒᆞ야 舊日의 慣習으로 商去來를 行ᄒᆞ며 昔時의 規模로 商行爲를 營코져 ᄒᆞᆫ진ᄃᆡ 엇지 能히 商業의 目的을 達ᄒᆞ리오 噫라 前日에ᄂᆞᆫ 地方의 商旅가 京城에 來往ᄒᆞᄂᆞᆫ 者ㅣ 聯絡不絕ᄒᆞ더니 今日에ᄂᆞᆫ 何故로 如此히 凋殘ᄒᆞ엿ᄉᆞ며 昔日에 興旺ᄒᆞ던 客主營業이 何故로 今日에 不振ᄒᆞᄂᆞ뇨 試思ᄒᆞᆯ지어다 其行ᄒᆞᄂᆞᆫ 慣習과 其營ᄒᆞᄂᆞᆫ 規模가 今日 變遷ᄒᆞᆫ 此時代에 適合치 아니ᄒᆞᆫ 所以가 아닌가 是故로 本會社ᄂᆞᆫ 五六年前에 京城商業에 實地從事ᄒᆞᄂᆞᆫ 有力諸氏에게 組織ᄒᆞᆫ 바ㅣ 되야 外國에 有名ᄒᆞᆫ 織組會社와 都賣特約을 結ᄒᆞ고 織物을 直接貿易ᄒᆞᆷ으로 爲業ᄒᆞ야 今日에 至ᄒᆞ야ᄂᆞᆫ 엄然히 京城商業界의 重鎭을 占ᄒᆞ니 實로 我國의 商業界를 爲ᄒᆞ야 慶幸ᄒᆞᄂᆞᆫ 바ㅣ로다 然이나 本社ᄂᆞᆫ 더욱 全國同胞의 便益을 圖ᄒᆞ기 爲ᄒᆞ야 業務를 一層擴張ᄒᆞ고 規模를 拾分改良ᄒᆞ야 本社營業의 一副業으로 委托營業을 開始ᄒᆞ고 各地方商旅의 賣買委托을 受ᄒᆞ야 去來를 信實히 行ᄒᆞ고 待遇를 親切히 爲ᄒᆞ며 口文을 低廉히 受ᄒᆞ고 金錢을 迅速히 融通ᄒᆞ며 地方商人의 間或不知ᄒᆞᄂᆞᆫ 新式節次ᄯᅩ 詳細히 指導ᄒᆞ오리니 來ᄒᆞ시오 來ᄒᆞ시오 全國의 商業同胞ᄂᆞᆫ 京城鍾路六廣橋通 合名會社彰信社로 枉臨ᄒᆞ십

合名會社 彰信社 社長 洪鍾晥
營業部長 安義洙
委托部長 金[illegible]植 謹告

留宿의 便利를 圖ᄒᆞ기 爲ᄒᆞ야 廣橋南川邊茶洞十五統九戶 彰信旅舘을 設ᄒᆞᆷ

●特別廣告●

◎本店을 開業ᄒᆞᆫ지 數十年以來에 僉君子의 愛顧ᄒᆞ심을 蒙ᄒᆞ온바 更히 報答ᄒᆞ기 爲ᄒᆞ와 業務를 擴張ᄒᆞ고 內外各樣紙物과 布木紬緞이며 政府委托度量衡器와 學校用品을 新選最良으로 直輸入ᄒᆞ와 特廉減價로 多小間遠近을 勿論ᄒᆞ고 請求ᄒᆞ시면 運送部 郵便小包며 引換代金으로 酬應을 迅速히 賓易에 益々便利토록 施行ᄒᆞ깃ᄉᆞ오니 諸君子ᄂᆞᆫ 照亮愛顧ᄒᆞ심을 伏望ᄒᆞᆷ

各樣紙物
壯紙 壯版紙 窓戶紙
白紙 各樣書畵 塗背
洋紙 校科 印刷洋紙
斑子紙 封套紙 印札紙
製圖用紙 美濃紙 各樣

度量衡器部
자와 말과 되와 저울類를 販賣ᄒᆞᆷ
度器 量器 衡器 等

政府度量衡器販賣所
京城鍾路通二十二統八戶
[illegible]紙商 鄭[illegible]煥

各種布木 紬緞
布、苧、木、紬、緞、
綿子 毛織
京城鍾路通二十二統八戶
木布商 鄭[illegible]煥

●共愛堂大藥房製造各種藥品發行表

壯陽復元丹 此藥專治腦弱、肺弱、房事色傷、心腎虛弱、遺精多夢、陽위不起、病後虛弱、不下飮食、先天不足、眩暉頭痛等症에 並妙効가 有ᄒᆞᆷ 壹週分壹圓 二週分壹圓八拾錢 四週分三圓四拾錢 八週分六圓四拾錢

慶修靈丹 壹般체症、腹痛、消化不良、心神鬱悶、船暈、酒醉、化담、吐히口熱、惡臭、食慾不振等症에 並神効

眼科聖藥 淸眼水 壹般眼疾、時行眼疾、風熱眼疾、羞明流淚、眼內紅淚等症에 撥雲見天之妙(壹瓶金拾錢)

鮮하 至寶丸 專治ᄒᆞ 疾과 氣虛하、遠年長하、一日二日하、雖難治之하이라도 永々거근ᄒᆞᆷ 壹包金拾錢

皮膚神藥 靈效液 特治皮膚病과 疥癬과、皮瘋、諸般痒疹、두두러기、옷올넘데다 神効ᄒᆞᆷ 壹瓶금三拾錢

五淋專治 通淋丸 急慢淋疾、赤빅帶下、방광炎症、더炎皮濃漏 外他淋毒性諸症에 신效ᄒᆞᆷ 壹제금五拾錢

梅毒妙劑 神應丹 楊梅瘡에 壹期二期三期를 勿問ᄒᆞ고 確有效、連珠瘡、下疳瘡等에 幷효 壹제金二圓

腹학신藥 淸脾丸 當治小兒壹般腹학、面黃、尿靑、左脇弖腹에 大有奇효ᄒᆞᆷ 一匣金五拾錢

久해神效 養胃散 通治經久滯積、呑酸吐사、霍亂、[illegible]大便不順等症에 奏効如神 壹貼금十五錢

治咳鎭咳丸 專治大人히소、喘息、담結等症에 妙 三日分一包 금卅錢

特胃感효 消熱散 勿論四時傷寒感冒、咽喉疼통、似학非학等症有효 [illegible] 壹貼금拾錢

耳病신효 淸耳液 專治耳病[illegible]、鼓膜炎、內外聽道炎、耳中灼熱、소癢、濃液流出等症有효 一瓶금十錢

百貼百應 妙妙膏 風은濕、脇肩背에 牽引疼통、腰膝脚되酸통、無力、骨節동통等症에 如神 금廿五錢

奏효如신 治膏 各種腫氣、小兒胎毒、부ㅅ럼濕腫、生瘡에 並신효 一包금拾錢

大腸[illegible] 解凝 [illegible]小腸[illegible] 멍울삭히ᄂᆞᆫ 약 價금拾錢

可[illegible]法[illegible]藥 齒痛水 츙치風치신효 價금七錢五厘

雞眼[illegible] 汗斑水 어루러니약 금十錢

止泄丸 [illegible] 瘌疾藥 赤빅痢에 신효 價금拾五錢

[illegible]種上等金[illegible] 東西洋有名賣藥 洋藥材 他各種藥이 具備ᄒᆞ오니 請求를 依ᄒᆞ야 [illegible] 酬應ᄒᆞ겟ᄉᆞᆸ

[illegible]七戶
共愛堂大藥房主 朴容桓 告白

檀君開國四千二百四十三年 箕子紀元三千三十二年 大韓開國五百十九年 隆熙四年七月廿一日

大韓每日申報

第八卷 月曜及慶節歲時休日休刊 第壹千四百四十號

發行兼編輯人 李章薰
發行所 京城中部布廛屛門二宮街 二層洋屋 大韓每日申報社

寄書

人事를修ᄒᆞ고야 天命을待ᄒᆞᆯ것

我韓의新舊談論을據ᄒᆞ건ᄃᆡ舊說에以爲호ᄃᆡ世界上事業의結果가人力이아니오다만天命에在ᄒᆞ다ᄒᆞ야貧富에도天命興亾에도天命强弱에도天命成敗에도天命死生에도天命盛衰에도天命安危에도天命苦樂에도天命이라ᄒᆞ고險難이極ᄒᆞ야도天을仰ᄒᆞ며衰弱이甚ᄒᆞ야도天을仰ᄒᆞ며危亾이迫ᄒᆞ야도天을仰ᄒᆞ며死境에濱ᄒᆞ야도天을仰ᄒᆞ며侵害를被ᄒᆞ야도天을仰ᄒᆞ야所恃者도天이며所依者도天이며所畏者도天이며所信者도天이오人力으로ᄂᆞᆫ可能ᄒᆞᆯ것이無ᄒᆞᆫ줄노自斷ᄒᆞᄂᆞ니故로彼等은自奮自立의志氣가無何鄕으로退去ᄒᆞ야若干有志者가新思想을抱ᄒᆞ고新事業을辦ᄒᆞ면羣怯聚罵ᄒᆞ야或沮止或搆陷ᄒᆞ야人의進步를妨ᄒᆞ고退步만是圖ᄒᆞ다가今日의現狀을致ᄒᆞ엿도다新說에以爲호ᄃᆡ世界上進化가人의作爲에係ᄒᆞ고天命은無關ᄒᆞ다ᄒᆞ야人功만讚美ᄒᆞᄃᆡ合衆國의獨立은華盛頓의功이오天이아니며伊太利의自由ᄂᆞᆫ三傑의力이오天이아니며德意志의統一은俾士麥의功이오天이아니며新大陸의發現은哥倫布의力이오天이아니며日本의維新은明治諸元勳의功이오天이아니며挽近以來新발明ᄒᆞᆫ火車輪船電信等諸器械도모다天이아니오人의所作이라ᄒᆞ야危難에도人을呼ᄒᆞ며衰敗에도人을呼ᄒᆞ며死境에도人을呼ᄒᆞ며困劫에도人을呼ᄒᆞ며劣弱에도人을呼ᄒᆞ여人이衆ᄒᆞ면天을勝ᄒᆞ고人이和ᄒᆞ면地를勝ᄒᆞᆫ다ᄒᆞ야言々事々에人力만唱道ᄒᆞᄂᆞ니後論을前論에較ᄒᆞ면優勝ᄒᆞᆫ位를占ᄒᆞ야雲泥의別이懸殊ᄒᆞ나不佞은二論을據ᄒᆞ야折衷코져ᄒᆞ노니天人은一理오二理가아니라天을逆ᄒᆞᆷ도不可ᄒᆞ며人을斥ᄒᆞᆷ도不可ᄒᆞ니반ᄃᆞ시天人이俱和ᄒᆞᆫ然後에야大事業을可做ᄒᆞᆯ지라

何者오人事란것은營爲作成의功을云ᄒᆞᆷ이오天命이란것은時勢機會의期를云ᄒᆞᆷ이니天下의事業이人力으로不能ᄒᆞᆯ것이無ᄒᆞ나時期를要치아님이不可ᄒᆞ니設令可爲의時勢를遭ᄒᆞ엿더도準備的人事가無ᄒᆞ면此時勢ᄂᆞᆫ徒然에歸ᄒᆞᆯ而已오準備的人事가有ᄒᆞ더ᄅᆞ도時勢를不遭ᄒᆞ면此人事ᄂᆞᆫ徒勢에歸ᄒᆞᆯ而已니人事와時勢ᄂᆞᆫ相須不可失ᄒᆞᆯ것이例若觀火이로다

野人의農作을擧ᄒᆞ야言明ᄒᆞ건ᄃᆡ耕種耘穫은人의功이오春夏秋ᄂᆞᆫ天의時라此時를過或不及ᄒᆞ면비록耕ᄒᆞ고耘ᄒᆞ나秋望이無ᄒᆞᆯ것이오時哉時哉의期가有ᄒᆞ더ᄅᆞ도人功이無ᄒᆞ면耕ᄒᆞ고耘ᄒᆞ기不能ᄒᆞ리니此言이鄙俚에近ᄒᆞ나天下의事가大小가一致오天下의物이精粗가一理니此를推ᄒᆞ야家에施ᄒᆞᆷ도足ᄒᆞ며國에施ᄒᆞᆷ도足ᄒᆞ며天下에施ᄒᆞᆷ도足ᄒᆞᆯ지라故로人事를修ᄒᆞ고天命을不待ᄒᆞ면失敗에歸ᄒᆞᆯ것이오天命만待ᄒᆞ고人事를不修ᄒᆞ면後望이無ᄒᆞᆯ것이니人事와天命은並行不悖ᄒᆞᆷ이可ᄒᆞ도다

經에曰惟命은不于常이라ᄒᆞ고又曰栽者를培ᄒᆞ고傾者를覆ᄒᆞᆫ다ᄒᆞ며西言에曰天은自助者를扶ᄒᆞᆫ다ᄒᆞ니惟我同胞ᄂᆞᆫ學을勉ᄒᆞ며智를鍊ᄒᆞ며力을圖ᄒᆞ야人事에關ᄒᆞᆫ것은益益進步ᄒᆞ야今日에一步明日에一步로進進不已ᄒᆞ면文明의果가結ᄒᆞᆯ其日이有ᄒᆞ고自由의鍾이鳴ᄒᆞᆯ其時가有ᄒᆞ리니今日에現狀으로悲觀的을作치말고何等困難이迫膺ᄒᆞ며何等魔戲가當頭ᄒᆞᆯ지라도鳴呼歌와悲嘆詩ᄂᆞᆫ口頭로勿唱ᄒᆞ고急進的勇往的血誠으로오쟉人事를修ᄒᆞ야天命을待ᄒᆞᆯ지어다

順川郡船島面下里九統一戶 金益鉉

官報

◎第四千七百三十五號
隆熙四年七月二十日(水曜)

敍任及辭令

○六月三十日 和田一郞 任土地調査局書記官敍奏任官二等 金淙鎭 任郡主事敍判任官四등

○七月十一日 邊창爀 任郡主事敍判任官四等

○七月十二日 內藏院理事靑山淺治郞 兼任宮內府書記官

故農商工部大臣鄭秉夏 贈正二品資憲大夫奎章閣提學(七月十三日宮內府) 郡主事金養默 依願免本官(六月三十日內部)

宮廷錄事

○追贈 故農商工部大臣鄭秉夏以精敏之才任事有勞及當艱棘之會登庸閣列未展所抱遽罹慘禍傷엿曷已尙未有褒恤之擧殊屬欠典特贈正二品奎章閣提學節惠之典不待狀擧行ᄒᆞ라신旨를 奉承ᄒᆞᆷ이라

○追贈 故學部大臣徐光範大忞慈諒夙抱開明之志遭時艱棘漂泊海外及當甲午更張歷試兩部協贊新政冉楼米歐專對有績未及復命不幸長逝追惟往事傷엿曷已尙未有褒恤之擧殊屬欠典特施節惠不待狀擧行ᄒᆞ라신旨를 奉承ᄒᆞᆷ이라

○追贈 故軍部大臣安경壽出自韎革銳意進化力贊新政勢에可紀及登師壇旋任軍部未展素抱竟被刑禍雖已昭晣尙未有褒恤之擧特施節惠不待狀擧行ᄒᆞ라신旨를 奉承ᄒᆞᆷ이라

(以上七月十三日宮內府)

外報

◎美卿向神 東京電을據ᄒᆞᆫ즉美國陸軍卿덴킨손氏一行은十七日午後六時三十分에新橋발列車로셔神戶를向ᄒᆞ야出발ᄒᆞ엿다더라

◎淸使受章 北京電을據ᄒᆞᆫ즉新任駐日公使鄒傳郞左侍郞汪大燮은二등第一寶星章을受ᄒᆞ엿다더라

◎濤貝勒出迎 長春電을據ᄒᆞᆫ즉近日西伯利亞鐵道를經ᄒᆞ야歸國ᄒᆞᄂᆞᆫ濤貝勒殿下를出迎ᄒᆞ기爲ᄒᆞ야陳巡撫ᄂᆞᆫ二十一日錫總督은二十四日에當地에來着ᄒᆞᆫ다더라

◎反對者無 몬테늬그로國은來月에王國으로陞格ᄒᆞᆫ宣言을발ᄒᆞᆯ터인ᄃᆡ此에對ᄒᆞ야各國中反對者가無ᄒᆞᆯ듯ᄒᆞ다더라

◎波斯騷擾 波斯國의最高僧官이殺害된事로首府테헤란에ᄂᆞᆫ騷擾가激烈ᄒᆞ다더라

◎敎頭謁見 淸國回回敎頭目은君士坦丁堡에셔土耳其皇帝ᄭᅴ謁見ᄒᆞ엿다더라

◎船上引見 露國황帝황后兩陛下ᄭᅴ셔ᄂᆞᆫ婆羅的에셔淸國陸軍視察使濤貝勒殿下와一行을快遊船스란다드號上으로引見ᄒᆞ셧다더라

◎臨江馬賊 奉天電을據ᄒᆞᆫ즉鴨綠江上流臨江縣地方에셔馬賊約一千名이橫行ᄒᆞᄂᆞᆫᄃᆡ臨江縣知縣이該頭目을捕獲拘留ᄒᆞ엿더니賊黨이拘留된者를取返ᄒᆞᆯ計策으로臨江縣을數次來襲ᄒᆞ되不能ᄒᆞ야將次大襲擊ᄒᆞᆯ模樣이有ᄒᆞᆷ으로目下該地에援兵을會集ᄒᆞᆫ다ᄂᆞᆫ消息이有ᄒᆞ다더라

雜報

◎擧必歸正 楊平郡居安万益氏ᄂᆞᆫ去丁未年分의該地方이不穩ᄒᆞᆯ時에勒叅을被ᄒᆞᆫ바이되故로幾日間義黨中에强從ᄒᆞ다가卽時脫身ᄒᆞ야同年陰十二月分에該郡日憲兵分遣所에請願歸順ᄒᆞ고書가自在ᄒᆞ나傷弓之鳥가曲木에驚을不免ᄒᆞ야本家에潛伏ᄒᆞ고不敢出門ᄒᆞᆫ지라越明年二月分의一進會頭領宋秉畯의舍音洪川郡加也里居金榮瑞가何許徒黨에게被殺ᄒᆞᆫ바이되얏든지該金의子兄弟가安氏를渠에父兄을殺害ᄒᆞᆫ黨派라指稱ᄒᆞ고驪州郡경察署에날訴ᄒᆞ얏슴으로安氏가被捉ᄒᆞ야日前京城地方裁判所로押上ᄒᆞ엿ᄂᆞᆫᄃᆡ安氏의歸順日時가分明ᄒᆞᆯ뿐아니라白玉無瑕ᄒᆞᆫ證據가照然ᄒᆞ거ᄂᆞᆯ金也ᄂᆞᆫ一邊誣陷ᄒᆞ고一邊使人紹介ᄒᆞ야金貨를要求ᄒᆞᆷ으로安氏의至冤極痛은終必法庭에셔申雪ᄒᆞ리라고人言이有ᄒᆞ다더라

◎面長醜行 龜城郡大峴面面長李基疇氏ᄂᆞᆫ該面民朴啓祚氏正妻를和奸奪娶ᄒᆞᆷ으로人皆唾罵ᄒᆞ더니또市場稅를財務署長에게每朔拾圓式捧納ᄒᆞ마ᄒᆞ고每日場市에多數ᄒᆞᆫ悖類를收稅員으로派出ᄒᆞ야毆迫濫捧ᄒᆞᆷ으로輿情이嗷嗷ᄒᆞ다더라

◎蓮堂長老數遞 東部蓮洞耶蘇敎堂에셔ᄂᆞᆫ該敎長老를頻數遞改ᄒᆞᆷ을因ᄒᆞ야敎况이不穩ᄒᆞ다더라

世界歷史

◎宗敎改革의初期◎

先是一千五百十九年에日耳曼帝(막시밀너안)이殂ᄒᆞ미日耳曼의諸侯가其外孫西班牙王(갈노쓰)를迎ᄒᆞ야日耳曼皇帝를合으미伊後로(찰쓰)五世라稱ᄒᆞ고奧地利(네덜란드)西班牙葡萄牙及海外의諸屬領을領有ᄒᆞ야(찰네메인)大帝後에未曾有ᄒᆞᆫ大版圖를有ᄒᆞ니라然ᄒᆞ나是時에法國王(프란시쓰)一世가日耳曼帝位를得코져ᄒᆞ다가得지못ᄒᆞᆷ으로(찰쓰)五世를盡力頡頏ᄒᆞᄂᆞᆫ지라於是에(찰쓰)五世가法王의援助를得코져ᄒᆞ야法王의請을許ᄒᆞ고一千五百二十一年에國會를(범스)에開ᄒᆞ고(루더)를招來ᄒᆞ야其說을棄却ᄒᆞ라嚴命호ᄃᆡ(루더)ᄂᆞᆫ其說을堅執ᄒᆞ야帝命을不奉ᄒᆞ니(찰쓰)五世가大怒ᄒᆞ야(루더)를邪徒라ᄒᆞ고其信者에對ᄒᆞᆫ法律의保護를解ᄒᆞ더라然ᄒᆞ나(삭손)侯「프레더릭」은賢人이라(루더)를庇護ᄒᆞ야(워템쌔그)城中에一年을居케ᄒᆞ니(루더)가此에在ᄒᆞ야聖書의編譯에從事ᄒᆞ야一千五百二十二年에一部新約全書를譯成ᄒᆞ니라

(未完)

詞藻

◎潦漲◎ 梅瘦生

四野霧凝眩碧空滿城人墊海泥中淫雲驟雨能傾海古木盤根不畏風天地猶有消息日陰晴誰識造化公莫愁江漢無情逝萬折悠々必復東

評曰淒風苦雨之變態此非宜時之作而詩不云乎風雨如晦鷄鳴不已則想見詩人之情

雜報

○勞賞金裁 去月閣內閣例會에內部所管特別功勞賞與金一萬四千圓豫備金中支出件을經議ᄒᆞ야上 奏 裁可되얏다더라

○統監迎接 寺內統監이來二拾三日에到任ᄒᆞᆯ터인故로 황室에서ᄂᆞᆫ前統監을迎入ᄒᆞ던例를依ᄒᆞ야仁川ᄭᆞ지 勅使를差遣ᄒᆞ옵실터이오內閣에서ᄂᆞᆫ各大臣이仁川ᄭᆞ지出迎ᄒᆞᆯ터이라더라

○副統監巡視 山縣副統監은昨日午前九時에京城理事廳과民團役所를巡視ᄒᆞ엿다더라

○署長會議 京城及龍山各警察署長은昨二拾日에警務總監部에集會ᄒᆞ야署長會議를開ᄒᆞ엿ᄂᆞᆫᄃᆡ其會議事項의主旨ᄂᆞᆫ傳染病豫防及其他衛生事項과交通整理事項과高등警察에關ᄒᆞᆫ등이라더라

○法令審會 內部에서昨日午前十一時에法令審査會를開ᄒᆞ고法令에關ᄒᆞᆫ件을協議ᄒᆞ엿다더라

○私校不迎 來二拾三日에寺內統監이到着ᄒᆞᄂᆞᆫ事에關ᄒᆞ야學部에서各官公立學교에申飭ᄒᆞ기를每學校에拾五名以內로作隊ᄒᆞ야歡迎ᄒᆞ라ᄒᆞ엿고私立學校ᄂᆞᆫ夏期休學ᄒᆞᆫ故로置之ᄒᆞ엿다더라

○발訓各察 內部大臣이各觀察使에게발訓ᄒᆞ기를日本國警察事務와我行政事務에ᄂᆞᆫ前브과如히關係連絡을保持ᄒᆞ고圓滿ᄒᆞ기를期圖ᄒᆞ라ᄒᆞ엿다더라

○更遲一日 本日에入京ᄒᆞᆫ다ᄒᆞ던統監의夫人은今朝에下之關에서발ᄒᆞ야當夜에ᄂᆞᆫ釜山에서宿泊ᄒᆞ고明日에入京ᄒᆞᆫ다ᄂᆞᆫ電報가有ᄒᆞ다더라

○拓殖社規則 東洋拓殖會社의移民規則은昨年以來로拾數次任員會를經ᄒᆞ야成案ᄒᆞ기에至ᄒᆞ엿슴으로日前入경ᄒᆞᆫ該社顧問松浦博士ᄂᆞᆫ此를愼重히査閱ᄒᆞ엿ᄂᆞᆫᄃᆡ其발表ᄒᆞᆯ期限은寺內통監의着任ᄒᆞᆫ後에在ᄒᆞ리라더라

○吉到着 有吉總務長官은豫定과如히昨日朝에聯絡船으로釜山에着ᄒᆞ야하午八時拾分에南大門역에到着ᄒᆞ야入城ᄒᆞ엿다더라

○場稅增額 向日度支部에서各財務監督局長을會同議定ᄒᆞᆫ結果로明年度爲始ᄒᆞ야ᄂᆞᆫ地方各市場稅를增額ᄒᆞ기로決定ᄒᆞ엿다더라

○兩郡廢合修報 平南觀察使李軫鎬氏가管下陽德及德川兩郡의面洞里廢合件을內部로修報ᄒᆞ엿다더라

○行政件提出 內部에서本年度上半期의行政執務狀況을調製編纂ᄒᆞ엿ᄂᆞᆫᄃᆡ將次統監府에提出ᄒᆞᆫ다더라

○除虫方法研究 各地方에夜盜虫이발生ᄒᆞ야穀苗에妨害가不尠ᄒᆞᆷ으로當局에서除祛ᄒᆞᆯ方法을研究中이라더라

○蔘政視察 度支部蔘政課日人三澤囑托은歐米各國蔘政事務를視察ᄒᆞ기爲ᄒᆞ야日昨에발程ᄒᆞ엿다더라

○視察入城 咸北道地方의學事를視察次로발程ᄒᆞ엿던學部隈本書記官과主事金東勳兩氏ᄂᆞᆫ再昨日에入城ᄒᆞ엿다더라

○仁裁建築 京城地方裁判所仁川支部와仁川區裁判所를仁川港에新建築ᄒᆞ기로着手ᄒᆞ엿ᄂᆞᆫᄃᆡ所入經費ᄂᆞᆫ六千圓이오竣工期限은來九月頃으로預定ᄒᆞ엿다더라

○李吳不辨 全南觀察使申應熙氏가學部秘書課長李恒植氏에게公文을送致ᄒᆞ되秘書課長吳在豐氏座下라書ᄒᆞ엿ᄂᆞᆫ故로失魂觀察이라고批評이有ᄒᆞ다더라

○釜港觀察 慶南觀察慶北觀察兩道를合附ᄒᆞ야釜山港에觀察道를設置ᄒᆞᆫ다ᄂᆞᆫ說이有ᄒᆞ다더라

○全州大雨 日昨拾八日來로全州에大雨가降ᄒᆞ여洪水가汎溢ᄒᆞ야破損이多ᄒᆞ고道路가不通되엿다고內部에電報가來到ᄒᆞ엿다더라

○宮簿調査終了 宮內府에서義親王宮一般文簿를調査ᄒᆞᆫ다ᄒᆞᆷ은既報어니와該調査를昨日에終了ᄒᆞ엿다더라

○一羣雀躍 日本에滯在ᄒᆞᆫ宋秉畯은來八月頃에歸國ᄒᆞᆫ다ᄂᆞᆫ書信이日前一進會本部에來到ᄒᆞ엿ᄂᆞᆫᄃᆡ同會員等은宋也歸國ᄒᆞᄂᆞᆫ時에何等好結果가有ᄒᆞ다고歡喜中이라더라

○李在明氏의申訴 京城控訴院에서李在明氏를死刑에又爲宣告ᄒᆞᆷ은既報어니와三昨日高등法院으로更히申訴ᄒᆞ엿다더라

○趣旨書携帶 北部管內에ᄂᆞᆫ昨日各私立學校에指揮ᄒᆞ기를各該校設立初에發布ᄒᆞᆫ趣旨書를各其携帶ᄒᆞ고當署에出頭ᄒᆞ라ᄒᆞ엿다더라

○招仍旋放 大韓興學會學監金錫煥氏ᄂᆞᆫ何事件을因ᄒᆞᆷ인지再昨日下午一時에中部경察署에被招ᄒᆞ엿다가卽時放還ᄒᆞ엿다더라

○品格探問 朴炳哲氏ᄂᆞᆫ歸國ᄒᆞᆫ以后에셔各警署에五六次招致ᄒᆞ엿ᄂᆞᆫᄃᆡ日昨에또中部警察署에서招致ᄒᆞᆫ理由를聞ᄒᆞᆫ즉今番에日本으로서卒業歸國ᄒᆞᆫ諸氏의人數와歸國后에各事業上方向與否와諸氏品格의優劣을一々探問ᄒᆞ엿다더라

○是何關係 日本留學生蔡基과兪承欽氏等十人이南部警察署에被捉ᄒᆞᆫ事에對ᄒᆞ야何등關係가有ᄒᆞᆫ지某處에서漢城府民會長兪吉濬氏의行動을注目中이라더라

○歸仍向西 日本留學生二拾餘名이夏期休暇를利用ᄒᆞ야去拾八日歸國ᄒᆞ엿다가昨日平壤郡으로발向ᄒᆞ엿다더라

○義郡染織新社 前郡守趙鍾緖李孝稙金佐鎭邊圭錫朴鳳燁李承模諸氏가合資ᄒᆞ야義州郡에染織會社를設立ᄒᆞᆯ次로發起ᄒᆞ엿ᄂᆞᆫᄃᆡ所管警察署에서該氏의身分을目下調査中이라더라

○雪上加霜 各警察署에서ᄂᆞᆫ秋期衛生費督納期限이已過ᄒᆞ엿슴으로目下에星火督促中인ᄃᆡ兼ᄒᆞ야潦水가不霽ᄒᆞᄂᆞᆫ故로人民의生活程度가極히困難ᄒᆞ야現狀이嗷嗷ᄒᆞ다더라

○汲水訟과日辯 平壤郡水道에關ᄒᆞᆫ事件으로該郡汲水夫와相詰ᄒᆞᆷ은一般知了ᄒᆞᄂᆞᆫ바어니와汲水夫等이該事件을裁判歸正ᄒᆞᆯ次로訴訟事務를日人辯護士森[illegible]에게委任ᄒᆞ엿다더라

○賣妻遺訴 西部慕華館居金某ᄂᆞᆫ其妻를楊州郡居金春興에게金三十圓에賣渡ᄒᆞ엿ᄂᆞᆫᄃᆡ該女가抵死不往ᄒᆞᆷ으로金春興은該金을還推ᄒᆞ기爲ᄒᆞ야日昨所管警察署에呼訴ᄒᆞ엿다더라

○倉庫總會 漢城銀行과共同倉庫會社에서ᄂᆞᆫ昨日에各各上半期總會를開ᄒᆞ고利益金을配當ᄒᆞ엿다더라

○有何面議 完和宮에在ᄒᆞᆫ鄭殷采氏ᄂᆞᆫ面論ᄒᆞᆯ事件이有ᄒᆞ다ᄒᆞ야北署에서昨日에呼出狀을發送ᄒᆞ엿다더라

○養蠶熱心 各皇族及兩班等의養ᄒᆞᄂᆞᆫ夏蠶은目下二眠中에在ᄒᆞᆫᄃᆡ昨今天氣의乖候를不拘ᄒᆞ고經過가頗히良好ᄒᆞᆷ으로熟心就業ᄒᆞ야庭園에桑苗를植ᄒᆞᄂᆞᆫ者ㅣ多ᄒᆞ니此狀況으로推度ᄒᆞ면兩二年內에養蠶의進步를可見ᄒᆞ겟다더라

○招黨調査 坡州郡金谷里居安某ᄂᆞᆫ徒黨을募集ᄒᆞᆫ다ᄂᆞᆫ事가日憲兵司令部에入聞이됨으로該地憲兵分遣所로指揮ᄒᆞ고其事實의有無를調査ᄒᆞ라ᄒᆞ엿다더라

○朴犯不服 京城地方裁判所에서日前에恐嚇取財犯朴蘭洙를役七年에宣告ᄒᆞ엿ᄂᆞᆫᄃᆡ該犯이不服ᄒᆞ고日間控訴院에申訴ᄒᆞᆫ다더라

○箴言발刊 基督敎青年會에서ᄂᆞᆫ箴言이란冊子數萬部를發刊ᄒᆞ야一般敎人에게分給ᄒᆞᆫ다더라

○青年俱樂部任員 實業青年俱樂部를발起組織ᄒᆞᆫ事ᄂᆞᆫ一般皆知ᄒᆞᄂᆞᆫ바어니와近聞ᄒᆞᆫ즉部員의數가百名에達ᄒᆞᆫ지라將次總會를開ᄒᆞ고任員을選定ᄒᆞᆫ다ᄂᆞᆫᄃᆡ位置ᄂᆞᆫ商業會議所上層으로定ᄒᆞ엿다더라

○時事報烏有 孔子敎會에서大韓日々新聞을買入ᄒᆞ야發刊ᄒᆞᆫ다더니更聞ᄒᆞᆫ즉如意치못ᄒᆞ엿고時事新聞을買收ᄒᆞ기로目下交涉中이라더라

○敎堂設校 學[illegible]長尹致昨其他[illegible]數拾人이去月開日貞洞敎堂에會同ᄒᆞ야該敎堂內에小學교를設立ᄒᆞ기[illegible]研究委員을選定ᄒᆞ엿다더라

○學徒何之 一進會에서設立ᄒᆞᆫ光武學校ᄂᆞᆫ目下空虛中인ᄃᆡ該會에서女學校를設立ᄒᆞ기로議定ᄒᆞ엿다더라

○李家賊警 北部帽洞居李洵珪氏家에ᄂᆞᆫ再昨夜에强盜幾名이突入ᄒᆞ야多數物品을掠去ᄒᆞ엿슴으로所管警察署에盜難記를提呈ᄒᆞ엿다더라

○宋具花局 前叅領宋文燮具熙文兩氏ᄂᆞᆫ花套犯으로昨日北署에被捉ᄒᆞ엿다더라

電報

○歡迎春宮 韓國皇太子殿下ᄭᅴ옵셔ᄂᆞᆫ今日午前八時拾分에창길驛발臨時列車로御來屋에御着ᄒᆞ샤名和神社를觀覽ᄒᆞ옵시고同拾時에名和假停車場발臨時列車로米子에御着ᄒᆞ샤同地鳳상閣에서兩日御經宿ᄒᆞ실預定인ᄃᆡ殿下ᄭᅴ셔ᄂᆞᆫ御元氣가平和ᄒᆞ옵시고官民의歡迎이盛大ᄒᆞ엿다더라

○留學生의行動取締 警視廳에서ᄂᆞᆫ在東京留學生一同의行動에對ᄒᆞ야一層其取締를嚴히ᄒᆞ야통監府警務總監부와相應ᄒᆞ고不穩의行動이無토록方針을定ᄒᆞᆫ다더라

○荒井歸任 荒井度支부次官은本日신橋驛발列車로直行歸任ᄒᆞᆫ다더라

以上東京발 二拾日着

○駐德淸使의就任과告別 駐德淸國公使ᄂᆞᆫ신任公使梁誠氏에게事務引繼를終了ᄒᆞ고신舊公使의就任及告別辭奉呈은德國皇帝歸還後에卽行ᄒᆞᆫ다더라

○德紙의言明 德國알데마이넷아이신크신聞紙ᄂᆞᆫ露日신協約締結은露日兩國의平和意思라고論ᄒᆞ고且日本國이排德團體에入ᄒᆞ엿다ᄂᆞᆫ說은無意味타고言明ᄒᆞ엿더라

○日出品賣額 日英博覽會開會日브터六月末日ᄭᆞ지日本出品賣額은六萬三千二百八拾圓에達ᄒᆞ엿다더라

以上伯林발 廿日着

▲一雨支離▼

▲沈陰長天似漏ᄒᆞ야一雨連旬未開ᄒᆞ니暑氣鬱烝此世界에束帶발狂大叫로다

▲怪雨盲風驟起ᄒᆞ니茅捲屋拔別擧措ᄂᆞᆫ人々遍被其害ᄒᆞᆯ제呼者哭者奔走ᄒᆞ야蒼黃莫知所措ᄒᆞ니이장마가支離ᄒᆞ다

▲荒陌蕪原遷夷ᄒᆞ야膏腴一時收去ᄒᆞ니浩無涯岸蒼茫ᄒᆞ야望洋歎이空生ᄒᆞᆯ제此身寄生何處ᄒᆞ고이장마가支離ᄒᆞ다

▲如山鯨浪漲起處에桑田碧海換作ᄒᆞ니家屋飄蕩無餘ᄒᆞ야魚腹魂을難免ᄒᆞ니此天地가何天地오이장마가支離ᄒᆞ다

▲水國中에出沒ᄒᆞ니民猶魚矣可矜이라龍門神斧未下ᄒᆞ야長蛇毒龍橫行ᄒᆞ니治水良醫安之런고이장마가支離ᄒᆞ다

▲四天黑霧朦朧ᄒᆞ야咫尺不辨此江山에鵩哭秋燐希々ᄒᆞ야能作假鬼肆虐ᄒᆞ니千形萬態變幻이라이장마가支離ᄒᆞ다

○郡主事의惡行 三嘉郡郡主事朴基準氏가該郡私立鳳鳴學교에基本金을鳩聚ᄒᆞᆫ다藉托ᄒᆞ로分ᄒᆞ야上등에六拾圓으로하等에六圓ᄭᆞ지勒排收捧ᄒᆞ고신調査每戶에八錢과地稅中每結助金을合ᄒᆞ야共計四千餘圓인ᄃᆡ該金額을基本으로直ᄒᆞ고利子를取ᄒᆞ야學校經費를支用ᄒᆞ準氏가已酉二月頃에該郡鄕교[illegible]畓四石拾九斗落共計拾六石同年度收益牟租八拾餘石을沒收[illegible]와符同挾雜ᄒᆞ야擅自消融ᄒᆞ엿라[illegible]氏가發探되엿다ᄂᆞᆫ說은[illegible]

▲筆舌冷談▼

▲日昨總理生日에酒饌을略備ᄒᆞ고家族만會同宴樂ᄒᆞ얏다지地位가휘々々ᄒᆞ니가規模를줄이노라고그리ᄒᆞ엿나호호호우힛게고

▲日人服部健之助가公道官吏에게挾雜事로干連者十餘名을搜覓中이라지近日에속모르고日人을相從ᄒᆞᆯ기가얼여워

廣告

本人이陰七月分에西小門外地에서姓名圓形圖章을셔失ᄒᆞ얏기籍圓形으로更刻施行ᄒᆞ겟시니知舊間照亮ᄒᆞᆷ　陳瓚　白

圖章材料及印朱販賣
京城南署曖洞六十二統十戶
金龍商會　告白

本人이陰五月二拾五日離家忽雜中家劵一度와官測量圖本二丈을셔失故로玆以廣告ᄒᆞ오니內外國人間拾得ᄒᆞ와도休紙施行ᄒᆞᆷ
東部二橋七十三統五戶片城煥

日　李[illegible]

[illegible]

本人이汗浦驛前에서穀物客主로營業ᄒᆞᆫ지不過週年에僉君子의愛顧ᄒᆞ심을蒙ᄒᆞ와業務가益益發展故로拾分報答키爲ᄒᆞ와本驛前에셔大同運輸會社를今番引繼ᄒᆞ여商客이便利로올荷物運送은迅速處理ᄒᆞ오니諸彦은倍前愛顧ᄒᆞ심을敬要ᄒᆞᆷ
汗浦驛前大同運輸會社支店
店主安海珉事務廳洪亮　白

松村先生池錫永著

袖珍美本

字典釋要

全一册　定價金八十錢

本書ᄂᆞᆫ我韓에著名ᄒᆞ신池錫永氏가數十年研究ᄒᆞᆫ바인ᄃᆡ普通玉篇보다五千餘字를增補ᄒᆞᆫ뿐더러字義를國文으로明白히解釋ᄒᆞᆫ要書이오니　僉君子ᄂᆞᆫ速々購覽ᄒᆞ시옵

大審院編纂

日韓文對照

新法律

全一册　定價金七十五錢

裁判所構成法
刑法大全
民刑訴訟規則
民事訴訟期限規則

發行所　南部大廣橋三十七統四戶　滙東書館

大韓新發明駿帽子

○총帽子製造支所廣告

我國에新發明ᄒᆞᆫ帽子ᄂᆞᆫ京城銅峴玉虎書林主務鄭寅琥氏가統監府에專賣特許權을承認ᄒᆞᆫ바라其編織이今年에ᄂᆞᆫ大端堅緻ᄒᆞ고品質이極히完實ᄒᆞ야塵汗의汚ᄒᆞᆷ을水에沈ᄒᆞ고素茶로洗濯ᄒᆞ야乾後에戴ᄒᆞ면潔淸ᄒᆞᆷ이如新ᄒᆞ야衛生에必要ᄒᆞᆯ뿐아니라數十年을着用ᄒᆞ야도弊傷이無ᄒᆞ리니經濟上에亦是便利ᄒᆞᆫ지라故로各本國同胞에게만愛顧ᄒᆞ심을被ᄒᆞᆯ뿐아니라各國紳士頭上의歡迎을受ᄒᆞ와我國工業界에空前絶後ᄒᆞᆫ大事業[illegible]皆稱ᄒᆞᄂᆞᆫ바인故로本社에셔其特異ᄒᆞᆫ[illegible]新鮮ᄒᆞᆫ事業을發展ᄒᆞ기爲ᄒᆞ야支所를開設ᄒᆞ고技術이高明ᄒᆞᆫ教師와手品이敏捷ᄒᆞᆫ人士를雇聘ᄒᆞ야精妙ᄒᆞ고方正ᄒᆞᆫ式樣으로別般注意ᄒᆞ야製造一新ᄒᆞ오니世界의愛護ᄒᆞ신僉君子ᄂᆞᆫ陸續購買ᄒᆞ심을[illegible]
大丘北門外浦上[illegible]
총帽子[illegible]支所
主務　李重來　告白

本人이陰五月二十四日故父의承字票四方圖章一顆와本人의경字票四方章과護封圖章과字를刻ᄒᆞᆫ圖章을並히本家에셔셔失ᄒᆞ고玆以廣告ᄒᆞ오니內外國僉君子ᄂᆞᆫ切勿憑信ᄒᆞᆷ
咸南咸興郡州南面中荷里五統九戶　尹大경　告白

諸新聞雜誌廣告取扱
漢城廣告舍
外相思洞廿五統十戶

京義線沙里院驛에博物運送店을開設ᄒᆞ고自本驛至新義州間本支店을管理ᄒᆞ오며諸般運輸에眞實着勉ᄒᆞ와輸送配達等을迅速히ᄒᆞ오니僉君子ᄂᆞᆫ愛顧ᄒᆞ심을敬要
沙里院驛博物運送店主林漢重
總務白南輪　事務全興祥　白

京[illegible]車洞同和藥房
本國材로洋製ᄒᆞᆫ官許
引蘇丸이消滯止泄滅毒ᄒᆞ고付屬ᄒᆞᆫ八十餘種俱備大發行ᄒᆞ오
閔[illegible]　白

◎商業同胞에게告ᄒᆞᆷ

今也에諸般事業이漸次발達ᄒᆞᄂᆞᆫ時代를當ᄒᆞ야商業上의關係도또ᄒᆞᆫ此를從ᄒᆞ야變遷ᄒᆞ미商去來의慣習이舊日과不同ᄒᆞ고商行爲의規模가昔時와相異ᄒᆞ야會社와銀行이라ᄒᆞᆷ이昔日의見치못ᄒᆞ던바ㅣ며手形이라證券이라ᄒᆞᆷ이舊時의行치못ᄒᆞ던비라、如此히變遷ᄒᆞᆫ時代에在ᄒᆞ야[illegible]日의慣習으로商去來를行ᄒᆞ며昔時의規模로商行爲를營코져ᄒᆞᆷ진[illegible]엇지[illegible]히商業의目的을達ᄒᆞ리오噫라前日에ᄂᆞᆫ地方의商旅가京城에來往ᄒᆞᄂᆞᆫ者ㅣ聯絡不絶ᄒᆞ더니今日에ᄂᆞᆫ何故로[illegible]此히凋殘ᄒᆞ엿스며昔日에興旺ᄒᆞ던客主營業이何故로今日에不振ᄒᆞ나뇨試思ᄒᆞᆯ지어다其行ᄒᆞᄂᆞᆫ慣習과其營ᄒᆞᄂᆞᆫ規模가[illegible]代에適合치아니ᄒᆞᆫ所以가아닌가是故로本會社ᄂᆞᆫ元六年[illegible]에京城商業에實地從事ᄒᆞᄂᆞᆫ有力諸氏에게[illegible]組織ᄒᆞᆫ會社와都賣特約을結ᄒᆞ[illegible]ᄒᆞ야今日에至ᄒᆞ야ᄂᆞᆫ엄然히京城[illegible]我國의商業界를爲ᄒᆞ야慶幸ᄒᆞᄂᆞᆫ[illegible]全國同胞의便益을圖ᄒᆞ기爲ᄒᆞ야業務를一層擴張ᄒᆞ고規模를拾分改良ᄒᆞ야本社營業의一副業으로委托[illegible]開始ᄒᆞ고各地方商旅의賣買委托을受ᄒᆞ야去[illegible]待遇를親切히爲ᄒᆞ며口文을低廉히受ᄒᆞ고金錢[illegible]商人의間或不知ᄒᆞᄂᆞᆫ新式節次로[illegible]來ᄒᆞ시오全國의商業同胞ᄂᆞᆫ京城[illegible]大廣橋通
合名會社彰信社로枉臨ᄒᆞ시옵
合名會社　彰信社社長　[illegible]
營業部長
委托部長　[illegible]　謹告

留宿의便利를圖ᄒᆞ기爲ᄒᆞ야廣橋南川邊茶洞一五統九戶
彰信旅館을設ᄒᆞᆷ

◎特別廣告

◎本店을開業ᄒᆞᆫ지數十年以來에　僉君子의愛顧ᄒᆞ심을蒙ᄒᆞ온바更히報答ᄒᆞ기爲ᄒᆞ와業務를擴張ᄒᆞ고內外各樣紙物과布木紬緞이며政府委托度量衡器와學校用品을新選最良으로直輸入ᄒᆞ와特廉減價로多小間遠近을勿論ᄒᆞ고請求ᄒᆞ시면郵送部郵便小包며引換代金으로酬應ᄒᆞ며迅速히貿易에益々便利로옥施行ᄒᆞ깃ᄉᆞ오니諸君子ᄂᆞᆫ照亮愛顧ᄒᆞ심을伏望ᄒᆞᆷ

各樣紙物
壯紙壯版紙窓戶紙
白紙各樣書簡塗背
洋紙校科印刷洋紙
斑子紙封套紙印札紙
[illegible]用紙美濃紙各樣
度量衡器部
자와말과되와서울
度器量器衡器等
類를販賣ᄒᆞᆷ
京城鍾路通二十二統八戶
政府度量衡器販賣所
品紙商　鄭斗煥
電話壹千拾九番
電略(정)又(ᅮ)
各種布木紬緞
[illegible]木。紬。緞。
緞子。毛織
京城鍾路通二十二統八戶
木布商　鄭星煥

◉桂校擴張 桂山普興學교에셔는校舍를一層擴張홀次로目興學校는該面內有志人士의創立ᄒᆞᆫ바인ᄃᆡ교舍建築의方針이有家舍一座를捐付ᄒᆞ야使之上學케ᄒᆞ미面內人士가其慈善의이無ᄒᆞ야就學지못ᄒᆞᆷ을見ᄒᆞ고多數金錢을捐出ᄒᆞ야貧窮ᄒᆞᆫ學

◉三崇校卒業 三和港牌石洞私立三崇女學校에셔本月七日愛趙道行李永信趙永福金柔信등七人이오進級生은金德成元서懇切ᄒᆞᆫ勸勉도多有ᄒᆞ엿다며각

檀君開國四千二百四十三年 箕子元年三千二十二年 大韓開國五百十九年
本報創刊日 光武八年七月十八日

大韓每日申報

第八卷 月曜及節歲時日休刊 第壹千四百四十一號

發行兼編輯人 李章薰
發行所 京城中部布屛門二宮街 二層洋屋 大韓每日申報社

論說

兩班處置의方法

政府에셔近日에兩班數爻를調査ᄒᆞᆫ다ᄒᆞ니其處置方法은何에在ᄒᆞᆫ지知치못ᄒᆞᄂᆞᆫ바이어니와我韓이元來로文을尙ᄒᆞ던國이라末流의弊가貴賤의別과尊卑의等이天壤과如히隔ᄒᆞ니同是同國同族으로曰班曰常의二種人族이生焉ᄒᆞ야玉石이分類ᄒᆞ고氷炭이不同ᄒᆞ도다

世世로官職을承襲ᄒᆞ야其父ᄂᆞᆫ其子에게傳ᄒᆞ고其子ᄂᆞᆫ其父에게承ᄒᆞ야其眼이盲ᄒᆞ든지其口가訥ᄒᆞ든지其脚이躄ᄒᆞ든지人品의高下와智識의有無를且置勿問ᄒᆞ고輔國의子ᄂᆞᆫ依例히輔國이오判書의子ᄂᆞᆫ依例히判書라自髫髮時로一平生의功名을已爲預定ᄒᆞᆫ者인ᄌᆞ綺紈中에長養ᄒᆞᆫ人物을엇지學問의深淺으로責ᄒᆞ리오

氣數가忽變ᄒᆞ고風潮가已新ᄒᆞᆫ時代를當ᄒᆞ야科第를得ᄒᆞᆫ者가今忽一變ᄒᆞ야實業을務ᄒᆞ면進身ᄒᆞᄂᆞᆫ階가絶ᄒᆞᆯ것이오高位를致ᄒᆞᆫ者ᄂᆞᆫ今忽一變ᄒᆞ야才能에讓ᄒᆞ면驕人의位가窮ᄒᆞᆯ것이오私橐을藉ᄒᆞᄂᆞᆫ者를今忽一變ᄒᆞ야公益을作ᄒᆞ면子孫의謀가斷이라ᄒᆞᆯ지로다

此에止ᄒᆞᆯ뿐아니라內로卿位에致ᄒᆞ고外로藩任을得ᄒᆞᆫ것이一朝一夕의事가아니라數百年來로祖先의傳來ᄒᆞ던遺業인ᄌᆞ決然히捨歸ᄒᆞ기가難ᄒᆞ다ᄒᆞ나學問이無ᄒᆞ고才幹이無ᄒᆞ고精力이無ᄒᆞ야外他營爲ᄂᆞᆫ可論ᄒᆞᆯ者가無ᄒᆞ니賢者의路를避ᄒᆞ야此身이一退ᄒᆞ면餘生의望을斷ᄒᆞᆫ지니死力을出ᄒᆞ야新開明을沮止ᄒᆞᄂᆞᆫ것만不如ᄒᆞ다ᄒᆞ야巷議가紛紛ᄒᆞ니全國內에數萬의守舊派가不謀而同心ᄒᆞ고異喙而同辭ᄒᆞ야新法을誹謗ᄒᆞ기로能事를作ᄒᆞ니語에曰衆口鑠金ᄒᆞ고蚊羣은成雷者라此ᄂᆞᆫ十數年前에過渡時代에已屬ᄒᆞ엿고今日에至ᄒᆞ야ᄂᆞᆫ愈益墜落ᄒᆞ야前日에驕矜ᄒᆞ던志氣가隨以銷鑠ᄒᆞ야恒心이無ᄒᆞᆫᄌᆞ或政界邊에運動으로從事ᄒᆞᄂᆞᆫ者도有ᄒᆞ고或挾雜으로爲業ᄒᆞ다가法司에被捉ᄒᆞᆫ者도有ᄒᆞ고或雜技場에出沒ᄒᆞ야家産을蕩敗ᄒᆞᄂᆞᆫ者도有ᄒᆞ고或酒色에沉惑ᄒᆞ야一生을誤了ᄒᆞᄂᆞᆫ者도有ᄒᆞ고或徒黨中에投入ᄒᆞ야不穩ᄒᆞᆫ思想을抱ᄒᆞᆫ者도有ᄒᆞ니如此ᄒᆞᆫ人은萎民이라謂ᄒᆞᆯ지나城內北部에兩班을調査ᄒᆞᆫ數가八百餘戶에達ᄒᆞ엿다ᄒᆞ니此로推測ᄒᆞ면全國人民中에兩班을區分ᄒᆞ면足히三分一에居ᄒᆞ다ᄒᆞᆯ지니因而抛棄ᄒᆞ면國民中一部分은已失乃已ᄒᆞᆯ지니其處置方法을不日亟施ᄒᆞᄂᆞᆫ것이安民ᄒᆞᄂᆞᆫ良策이라謂ᄒᆞᆯ지나其正當ᄒᆞᆫ方策은思維케不能ᄒᆞ도다

農에歸ᄒᆞ야도耘耔의苦를不堪ᄒᆞᆯ것이오工에歸ᄒᆞ야도精巧의勞를不堪ᄒᆞᆯ것이오商에歸ᄒᆞ야도興販의利를不成ᄒᆞᆯ것이오敎育에歸ᄒᆞ야도頭角이已成ᄒᆞ야情怠를不勝ᄒᆞᆯ지니何如라야得當타ᄒᆞ리오金錢을分與ᄒᆞᆯ지라도凍足放溺에過치못ᄒᆞᆯ지로다

政府當局者ᄂᆞᆫ何等의籌策이有ᄒᆞᆫ지國을善醫ᄒᆞᄂᆞᆫ者ᄂᆞᆫ梓人의手段과如ᄒᆞ야斤을運ᄒᆞ야堊을斲ᄒᆞ되鼻를傷치아니ᄒᆞᄂᆞ니人其人ᄒᆞ고廬其居ᄒᆞ야自治의制度를亟施ᄒᆞ면其身을自治ᄒᆞᄂᆞᆫ日에其業을自成ᄒᆞ리라ᄒᆞ노라

官報

◎第四千七百三十六號

▲▲隆熙四年七月二十一日(木曜)

敍任及辭令

○六月二十八日 大谷顯太郞 任官立漢城高等學校敎授敍判任官二等

○六月三十日 內部主事錦織足喜代 同杉山武夫 同金希洙 同朴忠緖 同金光爀 同徐相巨 同柳光烈 內部技手多田隆吉 同金鍊克 道主事加藤友藏 同多羅尾徹 同佐野照馬 陞敍判任官二等 內部主事渡邊喜代太 同件吉峯 同高橋健助 內部技手羽川巖水 同岡邦之助 同丁奎贇 同安容熙 同李善九 大韓醫院助手門義雄 漢城府主事田中幸輔 道主事岩倉一 郡主事李廷楨 陞敍判任官三等 內部主事佐佐木勇三郞 同右開壽吉 同市川嘉孝 同辻八郞 同橋口直失 同田尻平一郞 同兼行藤市 內部技手羽田野一江 同寺戶寬 同多賀誠吉 大韓醫院助手小川賢雄 郡主事杉田岩太郞 同竹中勇 同西坂忠就 陞敍判任官四등

○七月十三日 前公立普通學교本科副訓導趙載乙 任公立普通學校本科副訓導敍判任官四등

宮廷錄事

○動駕 本月二十二日에 大황帝陛下씌ᄋᆞᆸ셔 德壽宮에 暑中 觀謁ᄒᆞᄋᆞᆸ시ᄂᆞᆫ 旨를 奉承ᄒᆞ온바出宮時刻과 御路次ᄂᆞᆫ如左ᄒᆞᆷ이라

午前十時三十分에敦化門으로出御ᄒᆞ샤罷朝橋、鐵橋、鍾路、黃土峴、新橋、布德門前路、大漢門으로從ᄒᆞ샤德壽宮에觀謁ᄒᆞᄋᆞᆸ시고午後二時에還御ᄒᆞ심이라

○贈諡 本月十五日贈提學鄭秉夏故軍部大臣安경壽故學部大臣徐光範에게對ᄒᆞ야左와如히贈諡ᄒᆞᄋᆞᆸ심이라

贈奎章閣提學鄭秉夏諡號
忠僖 慮國忘家曰忠 小心恭愼曰僖

故軍部大臣安경壽諡號
毅愍 剛而能斷曰毅 在國逢艱曰愍

故學部大臣徐光範諡號
翼獻 小心翼々曰翼 嚮忠內德曰獻

(以上七月十九日宮內府)

外報

◎英國尙書의演說 倫敦來電을據ᄒᆞᆫᄌᆞ英國出納尙書「로이드、또쥐」氏ᄂᆞᆫ同地各銀行家의晩餐會에셔一場演說ᄒᆞ기를英國財政의膨脹됨은英國이狂氣的으로軍備를擴張ᄒᆞᆫ結果인ᄃᆡ至今에ᄂᆞᆫ列國이英國과軍備競爭ᄒᆞᆯ目的으로如斯히浪費的流行病에感染ᄒᆞᄂᆞᆫ것은彼我財政界에對ᄒᆞ야不好ᄒᆞᆫ兆라고言明ᄒᆞ엿다더라

◎德紙의親英論 仝電을據ᄒᆞᆫᄌᆞ德國알케미네、쓰아이쓴크新聞은英國首相이德國海軍擴張의眞意를十分解釋ᄒᆞ엿다고大段贊頌ᄒᆞ고또英德兩國은今後로軍備制限問題를協議ᄒᆞᆯ뿐아니라고揭載ᄒᆞ얏다더라

◎海賊의包圍 廣東來電을據ᄒᆞᆫᄌᆞ陝門의海賊은尙今重圍의裡에在ᄒᆞ야糧道가絶乏ᄒᆞᆫ地境에至ᄒᆞ엿ᄂᆞᆫᄃᆡ淸國派遣軍은葡萄牙軍과協力ᄒᆞ야賊徒를全滅ᄒᆞ기를計劃中이라더라

◎列國軍艦退去 伯林來電을據ᄒᆞᆫᄌᆞ크리트島保護列國은同島스다灣에派遣ᄒᆞ엿던警備艦隻式을引歸ᄒᆞ엿다더라

◎飛行家募集 紐育來電을據ᄒᆞᆫᄌᆞ同地월드新聞社에셔ᄂᆞᆫ二萬弗의賞을懸ᄒᆞ고紐育、聖路易間을百時間에容易히飛行ᄒᆞᆯ者를募集ᄒᆞᆫ다더라

◎先美後日 北京電을據ᄒᆞᆫᄌᆞ洵郡王과薩鎭氷大臣은美日兩國海軍을視察次로八月十九日에北京에셔出발ᄒᆞ야爲先美國에赴ᄒᆞ고其次에日本을見迴ᄒᆞᆯ터이라더라

寄書

英國人萬咸氏를替代발行ᄒᆞᆫ我國人李章薰氏를祝賀ᄒᆞ노이다

夏天이纔涼ᄒᆞ고紅日은西馳라案頭에 貴報一四一八号를抽持ᄒᆞ고携袖登皐ᄒᆞ니無聊ᄒᆞᆫ寒心熱血은直觸이相作이오多傷ᄒᆞᆫ悍海泛塵은去就가成撲이로다際玆에一想徵出ᄒᆞ니無論東西ᄒᆞ고自己가自己의身을愛ᄒᆞ며自己가自己의家를愛ᄒᆞ며自己가自己의國을愛ᄒᆞᆷ은誰가禦ᄒᆞ며誰가敢히感ᄒᆞ리오天下의公例어ᄂᆞᆯ

壯哉라每日報여英國人萬咸氏가編輯有年에奉讀이非不勤孜也며其旨가非不正大也언마ᄂᆞᆫ忽然히半塗歸國ᄒᆞ야幾日停止間에自以爲思ᄒᆞ되聳耳暝目의歎이是憂是恐은且置ᄒᆞ고國家의權利와人種이都無다謂ᄒᆞ여도佯言이아니라思ᄒᆞ엿더니幸乎擧筆一聲에自主를大唱ᄒᆞ신李章薰氏가昏衢明燭을令人授柄이란大志와警世高鍾의執椎自擊ᄒᆞᆫ痛憤을特발ᄒᆞ야以冒險的大目的으로繼而續之이거ᄂᆞᆯ寶渡一隅之私說은不待公決이라

使購覽者로見其書探其誌則可히辨明이어니와此報의性質은筆則筆ᄒᆞ고削則削으로春秋의大旨를互用ᄒᆞ야速進方法의其二를大擔ᄒᆞ며喚醒東局의惟一을獨占이라本質이不變ᄒᆞ엿슨則豈不誦且傳也며舞且蹈也리오願貴下ᄂᆞᆫ益々히忠告爲誅責爲贊揚爲ᄒᆞ시며我二千萬은人々이此報를讀ᄒᆞ며此報를歡迎ᄒᆞ여야文明의域에旗를立ᄒᆞ리라結言ᄒᆞ고迎月歸來ᄒᆞ엿슴으로玆에起草送付ᄒᆞᄋᆞᆸᄂᆞ이다

泰仁郡々內 懶散人 宋洙桓
宋在敏

雜報

◎長尾善打 藍浦郡財務署主事日人長尾ᄂᆞᆫ稅錢을收捧ᄒᆞᄂᆞᆫᄃᆡ愆納ᄒᆞᆫ結民家ᄂᆞᆫ年少ᄒᆞᆫ婦女를捉去ᄒᆞ며該隣家農牛를奪去ᄒᆞ고食料를不給ᄒᆞᄂᆞᆫᄃᆡ牛主가結錢을替納ᄒᆞ고牛隻을覓去케ᄒᆞᆯ計劃으로結民을見ᄒᆞ면下等語套에毆打ᄒᆞ기로長技를作ᄒᆞᆫ다더라

◎斷髮人被害 安東郡等地에셔日前에斷髮人二名이何許徒黨의게被殺ᄒᆞ엿ᄂᆞᆫᄃᆡ氏名은姑未詳知라더라

◎男女의觸車傷命 再昨日上午六時에釜山발列車ᄂᆞᆫ龜浦勿禁兩驛間에셔韓人男子一名과淸道楡川兩驛間에셔韓人女子一名이轢死ᄒᆞ엿다더라

◎魚家賊警 西部冷洞居魚容善氏家에日前竊盜가潛入ᄒᆞ야衣服金銀等屬數百圜價値를取去ᄒᆞ엿다더라

詞藻

扇 梅瘦生

紙竹相交契合同일心團體戒成功縱由紙竹能爲質只在風來運手中

評曰有个頭子之力可以五月之熱借致淸秋之凉良以人定勝天

宮廷報

◎暑中問安 大皇帝陛下ᄭᅨ서ᄂᆞᆫ今日午前拾時에 敦化門으로出 御ᄒᆞ샤德壽宮에幸行ᄒᆞᄋᆞᆸ서 太皇帝陛下ᄭᅨ暑中 問安ᄒᆞᄋᆞᆸ시고午後二時에 還御ᄒᆞᄋᆞᆸ신다더라

◎勅使命送 大皇帝陛下ᄭᅨᄋᆞᆸ서ᄂᆞᆫ明二拾三日寺內統監入京時에歡迎의意를表ᄒᆞ시기爲ᄒᆞᄋᆞᆸ서侍從院卿尹德榮을迎接 勅使로仁川에命送ᄒᆞᄋᆞᆸ신다더라

◎茶禮後陛見 完興君李載冕完順君李載完永宣君李埈鎔其他某某皇族諸氏가昨日午前十時에 선源殿流頭茶禮에參禮ᄒᆞ고午後二時에 太황帝陛下ᄭᅨ 陛見ᄒᆞ엿다더라

雜報

◎統監發電 寺內統監이到任次로발程ᄒᆞᆷ은一般知了ᄒᆞᄂᆞᆫ바어니와昨日上午十時에馬關에서出발ᄒᆞ엿다ᄂᆞᆫ電報가統監府에來到ᄒᆞ엿다더라

◎代表出迎 統監府有吉總務長官이再昨日에入城ᄒᆞ엿ᄂᆞᆫ디內閣書記官韓昌洙氏가內閣代表로南門外停車場에前往迎接ᄒᆞ엿다더라

◎副統의去來 山縣副統監은石井武官과中村農務局長을伴ᄒᆞ야昨日午前九時에南대門역서發ᄒᆞᄂᆞᆫ列車로水原에往ᄒᆞ야觀察道와勸業模範場과農林學校等을巡視ᄒᆞ고午後八時拾分에歸京ᄒᆞ엿다더라

◎花月宴會 內部大臣朴齊純氏가昨日午後六時에花月樓에서宴會를設ᄒᆞ고該部及漢城府大韓醫院의高等官을宴待ᄒᆞ엿다더라

◎一柄扇生色 宮內府대臣閔丙奭氏가昨日正午에該官邸에서宴會를設ᄒᆞ엿ᄂᆞᆫ디來賓에게扇子一柄式을分給ᄒᆞ엿다더라

◎府合尹轉 漢城府를廢止ᄒᆞ고水原觀察道를合附ᄒᆞᆫ다ᄂᆞᆫ說은已揭ᄒᆞ엿거니와此를施行ᄒᆞᄂᆞᆫ時에ᄂᆞᆫ該道觀察使金思默氏ᄂᆞᆫ遞任ᄒᆞ고其代에漢城府尹張憲植氏가被任ᄒᆞᆫ다더라

◎寄金募集의主管 從來로寄附金을募集ᄒᆞᆯ時에ᄂᆞᆫ內部大臣과各主管대臣의許可를要ᄒᆞ엿스나今後로ᄂᆞᆫ統監府警務總監部와各主管대臣의許可를受ᄒᆞ게ᄒᆞᆫ다더라

◎迎接注意

統監이入京ᄒᆞᆯ際에出迎者의注意ᄒᆞᆯ件이左와如ᄒᆞ더라

一 迎接人은總히特定ᄒᆞᆫ入場券을不持ᄒᆞ면一切入場을不許

二 各종의團體ᄂᆞᆫ代表者一名外에ᄂᆞᆫ不許

三 仁川브터統監의乘ᄒᆞᆫ瀛車에ᄂᆞᆫ鐵道管理局의발行ᄒᆞᆫ乘車許可證을携帶치아니ᄒᆞ면乘車를不許

四 入場券은警務總監部에서交付치아닌者ᄂᆞᆫ當日南大門及仁川停車場의一定ᄒᆞᆫ場所에서警察官이此를交付

五 乘車許可證은豫히統監府秘書課에서交付

六 學校生徒ᄂᆞᆫ南大門브터韓國銀行建築場間西側에羅列ᄒᆞ고各種의團體ᄂᆞᆫ同東側에便宜整列ᄒᆞ고壹般公衆은其後方守備隊의整列을妨礙치아니ᄒᆞᆫ場所에整列

七 南대門外로브터停車場間과及日人市街에ᄂᆞᆫ壹般公衆의集合을不許ᄒᆞᆫ다더라

◎國結總額調査 度支部司稅局에서ᄂᆞᆫ隆熙三年度全國結稅總額을目下調査中인디該事務가來八月末日頃에終了된다더라

◎五百萬支金 會計檢査局에서ᄂᆞᆫ隆熙三年度의稅務에關ᄒᆞ야支出ᄒᆞᆫ金額을調査ᄒᆞ엿ᄂᆞᆫ디總合五百萬圓이라더라

◎山근視察 內部衛生局山근囑托은釜山地方에衛生事務를視察ᄒᆞ기爲ᄒᆞ야三昨日발程ᄒᆞ엿다더라

◎農部助日 農商工部에서ᄂᆞᆫ釜山港에在ᄒᆞᆫ日人實業專習所에補助金三百圓을日前寄付ᄒᆞ엿다더라

◎銀裁歸國 韓銀行株主總會ᄂᆞᆫ來月拾五日에東京商業會議所에서開會ᄒᆞᆯ터인디市原總裁及木村理事ᄂᆞᆫ來月上旬頃에歸國ᄒᆞᆫ다더라

◎葛西歸期請延 京畿及黃海兩道의林籍을調査키爲ᄒᆞ야出張ᄒᆞ엿던農商工部葛西技手ᄂᆞᆫ農商工部로請願ᄒᆞ고二週日間延期ᄒᆞ겟다ᄒᆞ엿다더라

◎餞別趙警 銅峴警察分署경部趙性鎬氏가報恩郡警察署警部로轉任ᄒᆞ엿다ᄒᆞᆷ은旣報어니와二昨日下午九時에順日館에서一般警官이會同ᄒᆞ야餞別宴을設ᄒᆞ고該氏를招待ᄒᆞ엿다더라

◎建築樓列品 度支部에서ᄂᆞᆫ日前山縣副統監이巡視ᄒᆞᆯ時에該部建築所樓上에該部所屬官廳에서管轄ᄒᆞᄂᆞᆫ所產各種物品을陳列ᄒᆞ엿다더라

◎衛生注意 暑天이漸臻ᄒᆞ야各종傳染病의流行ᄒᆞᄂᆞᆫ節이된으로警務總監부에서ᄂᆞᆫ衛生事務를一層勵行ᄒᆞᄂᆞᆫ디本年은昨年보다傳染病이更多ᄒᆞ여日本에서ᄂᆞᆫ東西京대阪及其他拾壹縣에터하傳染病患者가六百三拾壹名이라昨年今時에比ᄒᆞ면百六名이增加ᄒᆞ엿고韓國에ᄂᆞᆫ咸鏡北道를除ᄒᆞᆫ外에各道에亙ᄒᆞᆫ赤痢病患者가漸々蔓延ᄒᆞᆯ徵光가有ᄒᆞ다ᄒᆞ야各自拾分注意ᄒᆞᆫ다더라

◎歡迎準備 漢城府民會에서ᄂᆞᆫ日昨에議事員會를開ᄒᆞᆫ다더니人員이未備ᄒᆞ야停止ᄒᆞ엿ᄂᆞᆫ디本日下午三時에開會ᄒᆞ고寺內統監歡迎節次를準備ᄒᆞᆫ다더라

◎帶金何之 度支部土地調査局에서技手金允基氏를抱川郡에派送ᄒᆞ야國有地를調査케ᄒᆞ고旅費三十圓을支撥ᄒᆞ엿더니該金額을携帶逃走ᄒᆞ엿슴으로免官ᄒᆞ기로決定ᄒᆞ엿다더라

◎猜雲暫蔽 日本留學生蔡基와柳承欽氏등十人이被捉ᄒᆞᆷ은嚴報어니와事實이極히重大ᄒᆞ다ᄒᆞᆷ으로其根因을嚴密히調査ᄒᆞ엿ᄂᆞᆫ디嫌疑者의搆낟인듯ᄒᆞ기로一次審査後放送ᄒᆞᆯ듯ᄒᆞ다ᄒᆞ며十人中爲先閔圭植氏ᄂᆞᆫ三昨日取調ᄒᆞ엿고其他ᄂᆞᆫ姑未審問ᄒᆞ엿다더라

◎雨暘不均 近日來霖雨로因ᄒᆞ야各地方의損害狀況은每日揭布ᄒᆞᄂᆞᆫ바어니와江原道江陵及旌善等地에ᄂᆞᆫ旱災를因ᄒᆞ야如干農作物이擧皆枯死ᄒᆞᆷ으로人民이他處로移散ᄒᆞᄂᆞᆫ者가不知其數오葛근及菜根을採食ᄒᆞᄂᆞᆫ者가二百餘戶에至ᄒᆞ엿다고該地方官이內部로修報ᄒᆞ엿더라

◎移衙民議 恩津郡衙를江景浦로移轉ᄒᆞᆯ事를江景浦民會에서開會議決ᄒᆞ엿다더라

◎移衙狀況修報 懷德郡衙를太田으로移轉ᄒᆞᆫ다ᄒᆞᆷ은已報ᄒᆞᆫ바어니와移轉에關ᄒᆞᆫ狀況을內部로修報ᄒᆞ엿다더라

◎修仍雨壞 晉州郡及三千浦間에ᄂᆞᆫ地方費及國庫金을支발ᄒᆞ야道路를一新修築ᄒᆞᆫ處인디今番霖雨에多數破傷되엿다고內部로電報가有ᄒᆞ다더라

◎憂病과省費 已往에ᄂᆞᆫ師範學校生徒로서夏期放學ᄒᆞᆯ時라도寄宿舘에서留連ᄒᆞ기를志願ᄒᆞᄂᆞᆫ者에게ᄂᆞᆫ認許ᄒᆞ더니本年度에ᄂᆞᆫ學督他處로移轉或下鄕ᄒᆞ기를命令ᄒᆞ엿ᄂᆞᆫ디其理由인즉傳染病발生ᄒᆞᆯ慮가有ᄒᆞᆷ이오且經費를省略케ᄒᆞᆷ이라더라

◎寶報遭訴 大韓日々新聞社編輯兼발行人李台榮氏ᄂᆞᆫ該新聞을孔子敎會에金五百圓에賣渡ᄒᆞ엿ᄂᆞᆫ디總務와會計의股本金幾百圓과一般社員의月俸을一分도不給ᄒᆞ면서月俸을支給ᄒᆞ라督促ᄒᆞ면反爲毆打ᄒᆞᆫ所以로社員一同이事實을擧ᄒᆞ야京城憲兵第二分隊에起訴ᄒᆞ엿다더라

◎能無腹痛 政友會에서奬忠壇總會時에京城樓料理價가一百六十圓인디會長은會員에게로推委ᄒᆞ고會員은會長에게로推委ᄒᆞ야互相詰難ᄒᆞᄂᆞᆫ中이라ᄂᆞᆫ디料理主人은損害가不少ᄒᆞ다ᄒᆞ야將次裁判次로起訴ᄒᆞᆫ다더라

◎犟港水出 犟山港에ᄂᆞᆫ本月上旬으로始ᄒᆞ야霖雨가連日降下ᄒᆞ엿ᄂᆞᆫ디家屋二戶가伏壓되고破壞된家屋이十餘戶오各商民의損害도不少ᄒᆞ고避水移家ᄒᆞᆫ人도多ᄒᆞ다더라

◎運送支社積金 日韓運送合資會社咸鏡兩道支社長梁鳳煥氏가京本社에資金을積立ᄒᆞ고京城區裁判所登記公告를承ᄒᆞ야業務를實施次로明日에發程下去ᄒᆞᆫ다더라

◎何事被捉 新門外居張敬煥氏ᄂᆞᆫ何事件을因ᄒᆞᆷ인지三昨日에日憲兵第二分隊에被捉ᄒᆞ엿다더라

電報

◎統監發航 寺內통監은隨行諸員을作伴ᄒᆞ여軍艦八雲号를搭乘ᄒᆞ고本日午前에下之關에서出港ᄒᆞ엿다더라

◎勳章受賜 日露協約을締結ᄒᆞᄂᆞᆫ디專力ᄒᆞ던本野駐露大使ᄂᆞᆫ露國황帝ᄭᅴ서알렉산다네부스키勳章의賜를受ᄒᆞ엿다더라

◎仁川到着期 寺內統監의搭乘ᄒᆞᆫ軍艦八雲號ᄂᆞᆫ明二拾三日午前拾時에仁川에入港ᄒᆞᆯ터이라더라

◎滿韓調査會議決 政友會에서ᄂᆞᆫ滿韓調査會를開ᄒᆞ고左의調査事項을議決ᄒᆞᆫ後에左의各項目에就ᄒᆞ야各委員을如左히指命ᄒᆞ엿다더라

一 移民을東洋에集中ᄒᆞᄂᆞᆫ可否의調査員은山口熊野、渡邊勘拾郎、田坂初太郎

一 韓國과外國間에締結ᄒᆞᆫ條約效力及韓日兩國間의關稅其他關係와重要問題의調査員은岡崎邦輔、攻野耕三、福井三郎長島鷲

一 滿洲行政組織에關ᄒᆞᆫ調査員은秋岡義一、高橋光威、遠藤良吉

一 滿洲에關ᄒᆞᆫ條約及協約의變遷調査員은小久保喜、河村勝、松田源治

◎記者來遊 倫敦타임쓰外交部記者와함氏ᄂᆞᆫ韓淸日三國을視察ᄒᆞ기爲ᄒᆞ야本月二拾七日에東京에到着ᄒᆞᆫ다더라

◎兩相伏奏 小村外相과后藤遞相은昨日午前拾時三拾分에日皇陛下ᄭᅴ謁見ᄒᆞ고何等事件인지長時間을伏奏ᄒᆞ엿다더라

以上東京발　廿一日着

▲秋波閣人▼

▲靑樓落日珠簾裏에桂月香의後身으로如花如月ᄒᆞᆫ八娥가時局事를慨然ᄒᆞ야當世人物閱覽ᄒᆞᆫ다

▲일時浮榮自誇ᄒᆞᆯ제富貴花가爛開ᄒᆞ나拾日紅이元無ᄒᆞ니枕上夢을未攪ᄒᆞ야不知東方旣白이라時대臣의情態로다

▲暮夜尋香爭赴ᄒᆞ니더行色이恠異ᄒᆞ다恐或外人相知ᄒᆞ야瞻前顧後作容ᄒᆞᆯ제黎渦中에含情ᄒᆞ니假志士에情態로다

▲天然態를佯作ᄒᆞ니外面雖是澹泊ᄒᆞ나秋波頻々暗送ᄒᆞ야雲雨夢을共酬ᄒᆞᆯ제더心膓이已露ᄒᆞ니奸細黨의情態로다

▲芳樹春陰豪蕩情은더精神을易奪이라家國事를渾忘ᄒᆞ고黃金爛用如水ᄒᆞᆯ제紅裙中에出沒ᄒᆞ니貴公子의情態ᄒᆞ다

▲貪花蝶이紛紛ᄒᆞ니一時狂興不勝ᄒᆞ야陽臺約을未結ᄒᆞᆯ제家產蕩盡無餘ᄒᆞ니더情勢가還憐이라豪華子의情態로다

◎新會沮舊 犟山港에在ᄒᆞᆫ客

自客主組合所로勞會의就緖됨

百方沮戯ᄒᆞᄂᆞᆫ지라無依托ᄒᆞᆫ勞

◎白宗請願 西來人의傳說을

金鑛營業者가採掘請願이有ᄒᆞᆷ

◎黃裳斲會 養貞女子敎育會

女媒介者調査란事에對ᄒᆞ야該

▲一供흥堂▼

▲姜錫鎬氏가監獄署에就役홀時에水原郡에在훈田畓文券을總理에게贈與후고無事放免이되얏는데總理가小作人處에並作秋收租를並作例에三分二로賭租를定후야收刷후미作人등의冤聲이漲天후다후니此所謂雉卵을俱食후는格이로고

▲一進會員들은近日에아가리가南大門만치버려젓다지日本에체在훈宋秉畯이가歸國훈다니가喜不自勝훈다니굿에잔어미로아는게여

廣告

本人이十餘年間各國時計修理후는法을受業후와內外國僉彦에愛顧후심을甚히蒙후엿숩거니와自今爲始후와本舖一層擴張을기爲후야各國時計上品各종과其他附屬品各종을具備홈이外他商店보다次等이別無후고修理法이漸次善良후오니內外國僉彦은陸續枉臨후심切望

(但外方에는小包로酬應홈)

京城南部大廣橋側

各國時計商趙璇熙告白

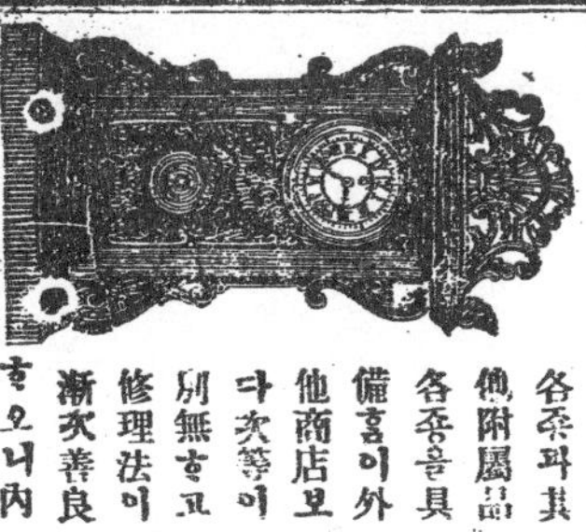

[illegible]主事金仁植을禧植으로改名[illegible]얏더니不合當후기로更히香[illegible]으로確定후오니知舊間照亮

[illegible]濟州郡朝天里金香植告白

張志淵 序文
服部暢 大垣丈夫 序文
鄭雲復 著述
學部檢定

日語大成

洋裝一部 定價金壹圓
半洋一部 定價金八十五錢

此書前名은獨習日語正則이온바數年來로愛讀者多후와三版발行후왓스오나其間乏絕되왓숩고教科書에完全치못홈으로因후와這間自學部로完全케精密檢定후와高등教育日語科學員用教科書로檢定되온바獨習에倍前一層편易후옵고日語高등教科書에適當훈良書이오니江湖僉君子는速々講覽후시와未及之歎이無케후시옵

中部布屏下卅七統六戶

發行兼元賣所 廣學書舖 金相萬

分賣所
中部勝洞禮拜堂前 東洋書院
中部洞口 中央書舘
京鄉各書舖

諸彦은記憶후시는가 記억후시거던自白후시오

昨年夏期에多數生靈이非命에慘死후야

一國이驚愕훈은抑何를基因홈인가

此는專혀諸彦이衛生을重視치아니후고醫藥撰擇에當을失홈이라고自白후시오

아아 겁나고 두려운 고레라굿탄流行病

아아 겁나고 두려운 고레라굿탄流行病

回生水蘇生丹이비로소此等病魔를驅逐후고數萬의生命을救濟훈은過去의不遠훈昨夏活歷史의證후는비라

起死回生 回生水 蘇生丹

諸彦에게問후노니萬物의靈된人間으로誰가生命을不愛후리有후며生命을愛후는人으로誰가回生水와蘇生丹을不備훈者有후리요有후거던우리京城鍾路和平堂大藥房으로來후시요

電話壹六九七番
電略話(화)(ヲ)

諸新聞雜誌廣告取扱 漢城廣告舍
外相思洞廿五統十戶

京西部車洞同和藥房 本國材로洋製훈官許引蘇丸이消滯止泄滅毒후고付屬훈八十餘種俱備大發行후오 閔槿白

本藥局에서大擴張후고業務를勿論親疎間掌記及居住만通知후면擇品廉價후야郵便小包로即速付送후고代金은引換후깃

京城南部銅峴九十五統十戶 乾材藥局 崔興模

商業同胞에게告홈

今也에諸般事業이漸次발達후는時代를當후야商業上의關係도또훈此를從후야變遷후미商去來의慣習이舊ㄴ과不同후고商行爲의規模가昔時와相異후야會社라銀行이라홈이昔日의見치못후던바ㅣ며手形이라證券이라홈이舊時의行치못후던비라、如此히變遷훈時代에在후야舊日의慣習으로商去來를行후며昔時의規模로商行爲를營코져홈진ㄷ엇지能히商業의目的을達후리오噫라前日에는地方의商旅가京城에來往후는者ㅣ聯絡不絕후더니今日에는何故로如此히凋殘후엿스며昔日에興旺후던客主營業이何故로今日에不振후는뇨試思홀지어다其行후는慣習과其營후는規模가今日變遷훈此時代에適合치아니훈所以가아닌가是故로本會社는五六年前에京城商業에實地從事후는有力諸氏에게組織훈바ㅣ되야外國에有名훈織組會社와都賣特約을結후고織物을直接貿易홈으로爲業후야今日에至후야는엄然히京城商業界의重鎭을占후며實로我國의商業界를爲후야慶幸후는바ㅣ로、本社는더욱全國同胞의便益을圖후기爲후야業務를擴張후고規模를拾分改良후야本社營業의一副業으로委托營業을開始후고各地方商旅의賣買委托을受후야去來를信實히行후고待遇를親切히爲후며口文을低廉히受후고金錢을迅速히融通후며地方商人의問或不知후는新式節次도詳細히指導후오리니來후시오來후시오全國의商業同胞는 京城鍾路大廣橋通

合名會社彰信社로枉臨후시옵

合名會社 彰信社社長 洪鍾阮
營業部長 安義淳
委托部長 金春植 謹告

留宿의便利를圖후기爲후야廣橋南川邊茶洞十五統九戶 彰信旅舘을設홈

特別廣告

本店을開業훈지數十年以來에僉君子의愛顧후심을蒙후온바更히報答후기爲후와業務를擴張후고內外各樣紙物과布木紬緞이며政府委托度量衡器와學校用品을新選最良으로直輸入후와特廉減價로多小間遠近을勿論후고請求후시면運送部郵便小包며引換代金으로酬應을迅速히貿易에益々便利토록施行후깃스오니諸君子는照亮愛顧후심을伏望홈

各樣紙物
壯紙 壯版紙 窓戶紙
白紙 各樣書籍 塗背
洋紙 校科印刷洋紙
斑子紙 封套紙 印札紙
製圖用紙 美濃紙各樣

度量衡器部
度器 量器 衡器等
자와 말과 되와 저울 類를販賣홈

京城鍾路通二十二統八戶
政府度量衡器販賣所
品紙商 鄭斗煥
電話壹千拾九番
電略(정)ス(テ)

各種布木 紬緞
布。苧。木。紬。緞。
綿子。毛織
京城鍾路通二十二統八戶
木布商 鄭星煥

本人이陰七月分에西小門等地에셔姓名圓形圖章을見失ᄒᆞ얏기로楕圓形으로更刻施行ᄒᆞ겟시니知舊間照亮ᄒᆞᆷ 陳璜 白

●休暇輪仕 官立漢城高等學
라
晦陽學교를設立ᄒᆞ고該氏가幾
多小間出力ᄒᆞᆯ意로議決ᄒᆞ고捺
許成立이于今三載에學生이數
退校ᄒᆞ기를발論ᄒᆞ며義捐金도
首를調査ᄒᆞᆫ結果로漢洞居金氏

檀君開國四千二百四十三年
箕子元年三千三十二年
大韓開國五百十九年
本報創刊日
光武八年七月十八日

大韓每日申報

第八卷　月曜及慶節歲時日休刊　第壹千四百四十二號

發行兼編輯人　李章薰
발行所　京城中部布屛門二宮街二層洋屋　大韓每日申報社

論說

公法의必要

世界에君主의國도有ᄒᆞ고君民이共主ᄒᆞᄂᆞᆫ國도有ᄒᆞ니風氣ᄂᆞᆫ비록同치아니ᄒᆞ나義理ᄂᆞᆫ或도異ᄒᆞᆫ바이無ᄒᆞ니當初에立國規模가孰不無長久의計리오마ᄂᆞᆫ其時數를攷ᄒᆞ고其盛衰를審ᄒᆞ면强弱의勢로由ᄒᆞᆷ이오一朝一夕의故가아니로다

昔에支境이七國으로分ᄒᆞ야酋長을各有ᄒᆞ니蠻夷野蠻이人을殺ᄒᆞ야祭ᄒᆞ며心을剖ᄒᆞ야卜ᄒᆞ미人理가殆絕ᄒᆞᆫ지라羅馬가英地를統轄ᄒᆞᆫ後로政敎가漸開ᄒᆞ더니北狄이亂을作ᄒᆞ야禍가全歐에被ᄒᆞᆷ으로戰塗가百年에及ᄒᆞ엿스니苦心焦思ᄒᆞᆫ結果로鐵艦大礮를製ᄒᆞ야海道를遂開ᄒᆞ야亞洲의東南洋을連ᄒᆞ니華盛頓이崛起ᄒᆞᆯ時를及ᄒᆞ야合衆國을自立ᄒᆞ고强英을挫ᄒᆞ미英人은東으로五印度를併ᄒᆞ야東洋諸國을逼ᄒᆞ엿도다

每經一戰에人材가挺出ᄒᆞ야近百年來로輪船은重洋에駛ᄒᆞ고火車ᄂᆞᆫ陸路에馳ᄒᆞ며電線은數萬里에遙接ᄒᆞ야頃刻에通信ᄒᆞ고耕織開礦製造槍礮等事가機器의巧를借ᄒᆞ야鬼神의助와造化의奇를疑ᄒᆞ니此를恃ᄒᆞ야海外에雄時ᄒᆞ고宇內를虎視ᄒᆞᆫ者라百年의研究ᄒᆞᆫ功을積ᄒᆞ야一朝에神異ᄒᆞᆫ功을得ᄒᆞ엿스니其人에在ᄒᆞᆫ것이오偶然ᄒᆞᆫ事ᄂᆞᆫ아니라

現今歐洲各國이兵力이日强ᄒᆞ고技藝가日巧ᄒᆞ야鯨呑蠶食ᄒᆞ고虎踞狼貪ᄒᆞ야環地球九萬里를無不周遊ᄒᆞ고我韓에渡ᄒᆞ야海禁을廣開ᄒᆞ고通商을立約ᄒᆞ니智勇을相傾ᄒᆞ고富强을相尙ᄒᆞᄂᆞᆫ時代에아韓國은西洋을通ᄒᆞᆫ지三十餘年에能히善變ᄒᆞᆯ줄을不知ᄒᆞ야彼ᄂᆞᆫ公法과條約을修ᄒᆞ야各國이聯合ᄒᆞ거ᄂᆞᆯ아ᄂᆞᆫ不能ᄒᆞ며彼ᄂᆞᆫ軍制와陣法을鍊習ᄒᆞ야如彼히强ᄒᆞ거ᄂᆞᆯ아ᄂᆞᆫ不能ᄒᆞ며彼ᄂᆞᆫ槍礮와各種機械를精美케ᄒᆞ야如彼히便利ᄒᆞ거ᄂᆞᆯ아ᄂᆞᆫ不能ᄒᆞ며彼ᄂᆞᆫ輪船과火車를製造ᄒᆞ야如彼히迅速往來ᄒᆞ거ᄂᆞᆯ아ᄂᆞᆫ不能ᄒᆞ며彼ᄂᆞᆫ天文地理格致算術등學術을能通ᄒᆞ야如彼히精巧ᄒᆞ거ᄂᆞᆯ아ᄂᆞᆫ不能ᄒᆞ며彼ᄂᆞᆫ礦産及農商工等諸業을擴張ᄒᆞ야如彼히富强ᄒᆞ거ᄂᆞᆯ아ᄂᆞᆫ不能ᄒᆞ엿도다

嗚呼라世界에變遷ᄒᆞᆷ은無常ᄒᆞ나富강ᄒᆞᆷ은其道가有ᄒᆞ니古를參ᄒᆞ고今을酌ᄒᆞ며隨時變通ᄒᆞ야百度를時勢에適當치못ᄒᆞᆫ것은先王의法을不惜ᄒᆞ고革祛ᄒᆞ며時勢에適當ᄒᆞᆫ者ᄂᆞᆫ外國의法을不拘ᄒᆞ고取用ᄒᆞ야國家로ᄒᆞ여곰富강에致ᄒᆞ기로目的을作ᄒᆞ면有志者ㅣ事竟成이라ᄒᆞ엿스니엇지富강을致치못ᄒᆞᆯ가憂慮ᄒᆞ리오既히富강을致ᄒᆞᆫ後에ᄂᆞᆫ아韓도列國에參與ᄒᆞᆯ지라列國에參與ᄒᆞᄂᆞᆫ日이면公法이自然施行되리라ᄒᆞ노라

官報

◎第四千七百三十七號
▲▲隆熙四年七月廿二日（金曜）

法律

朕이慈惠醫院特別會計法中改正의件을裁可ᄒᆞ야玆에頒布케ᄒᆞ노라

御名　御璽

隆熙四年七月二十一日
內閣總理大臣　李完用
度支部大臣　高永喜
內部大臣　朴齊純

法律第六号

隆熙三年法律第二十五號慈惠醫院特別會計法中左ㄱ치改正ᄒᆞᆷ

第二條中「四萬五千圜」을「十九萬五千圜」으로改ᄒᆞᆷ

附　則

本法은頒布日노브터施行ᄒᆞᆷ

勅　令

朕이慈惠醫院官制中改正의件을裁可ᄒᆞ야玆에頒布케ᄒᆞ노라

御名　御璽

隆熙四年七月二十一日
內閣總理大臣　李完用
內部大臣　朴齊純

勅令第三十八號

隆熙三年勅令第七十五號慈惠醫院官制中左ㄱ치改正ᄒᆞᆷ

第九條中咸興慈惠醫院의次에左ㄱ치追加ᄒᆞᆷ

一　水原慈惠醫院　京畿水原郡
一　公州慈惠醫院　忠淸南道公州郡
一　光州慈惠醫院　全羅南道光州郡
一　大邱慈惠醫院　慶尙北道대邱郡
一　晉州慈惠醫院　慶尙南道晉州郡
一　海州慈惠醫院　黃海道海州郡
一　春川慈惠醫院　江原道春川郡
一　平壤慈惠醫院　平安南道平壤郡
一　義州慈惠醫院　平安北道義州府
一　鏡城慈惠醫院　咸鏡北道鏡城郡

附　則

本令은頒布日노브터施行ᄒᆞᆷ

朕이航路標識管理所官制中改正의件을裁可ᄒᆞ야玆에頒布케ᄒᆞ노라

御名　御璽

隆熙四年七月二十一日
內閣總理大臣　李完用
度支部大臣　高永喜

勅令第三十九號

隆熙四年勅令第二十号航路標識管理所官制中左ㄱ치改正ᄒᆞᆷ

第二條中技手「十二人」을「二十七人」으로改ᄒᆞᆷ

附　則

本令은반布日노브터施行ᄒᆞᆷ

敍任及辭令

○七月八日　財務署主事副島直一　陞敍判任官三等　臨時財源調査局主事李啓浩　兼任財務監督局主事　財務署主事小林幸十　陞敍判任官四等　財務監督局主事出雲政吉　陞敍判任官四等　印刷局主事西武宏　陞敍判任官四等　金海郡守廿괴鉉　兼任公立金海普通學校長

○七月九日　前公立普通學校專科副訓導高용杜　任公立普通學校專科副訓導敍判任官四等

○七月十四日　財務監督局主事澤田一丸　任財務署主事敍判任官二等　財務署主事關口正三郞　同正村要藏　任財務監督局主事敍判任官四等　度支部主事吉高邦彦　陞敍判任官一등　財務監督局主事安承鳳　依願免本官（六月三十日度支部）財務署主事副島直一依願免本官　財務署主事兼度支部主事小池幸成　依願免本官並兼官　財務署主事小林幸十　依願免本官　財務署主事兼財務監督局主事飯島淸秋　依願免本官並兼官　建築所技師石原錠太郎　命建築課監督係長兼建築課設計係勤務（以上七月八日度支部）財務署主事兼財務監督局主事和田義定　免兼官（七月十三日度支部）度支部主事吉高邦彦　依願免本官（以上七月十四日度支部）　土地調査局技手小林謙彬　依願免本官（七月二十日土地調査局）　高原郡守兼公立高原普通學校長李鎰　免兼官（六月三十日學部）　農商工部技監黑岩休太郞　鑛業課長村田素一郞出張不在中課長事務取扱을命ᄒᆞᆷ（七月六日農商工部）

外報

◎日紙論評　去番에成立된露日協約에對ᄒᆞ야淸國의輿論은大段히沸鬱ᄒᆞᆫ模樣인ᄃᆡ此에對ᄒᆞ야日本新聞은論述ᄒᆞ기를淸國諸新聞紙ᄂᆞᆫ猜疑心을持ᄒᆞ고露日協約을迎ᄒᆞ야曰淸國의外交手段이拙ᄒᆞᆷ으로如斯ᄒᆞᆫ恥辱을受ᄒᆞᆫ다ᄒᆞ며或은同協約은滿洲와蒙古를滅亾ᄒᆞᆯ者라고揭載ᄒᆞ엿스나露日協約은但露日兩國의權利를互相保護ᄒᆞᆯ뿐이오淸國에ᄂᆞᆫ何等影響이及ᄒᆞᆯ바ㅣ아니어ᄂᆞᆯ淸國民은其友邦의行動을致疑ᄒᆞᆷ은實노淸國의利益이아니라고論評ᄒᆞ엿다더라

◎露首相의伯爵　伯林電을據ᄒᆞᆫ즉露國首相스도리핀氏에게ᄂᆞᆫ將次伯爵을授ᄒᆞᆫ다더라

◎英帝海軍視察　倫敦電을據ᄒᆞᆫ즉英國황帝及皇后ᄭᅴ옵셔ᄂᆞᆫ一週間에海軍을視察ᄒᆞ옵실ᄎᆞ로本月二拾一日에발航ᄒᆞ옵셧ᄂᆞᆫᄃᆡ右視察中에聯合艦隊의觀艦式이有ᄒᆞ다더라

◎淸國國會署名數　上海來電을據ᄒᆞᆫ즉北京에滯在ᄒᆞᄂᆞᆫ淸國國會速設運動者等은明年三月末에第三回의速設請願書를淸政府에提出ᄒᆞ기로決定ᄒᆞ엿ᄂᆞᆫᄃᆡ其時에ᄂᆞᆫ二拾二省에各百萬人以上의署名을得ᄒᆞ고또在外淸人에게도贊成을得ᄒᆞ야合計二千五百萬人의署名을得ᄒᆞᆫ後請願書를提出ᄒᆞ리라더라

◎爲學海軍事業　仝電을據ᄒᆞᆫ즉籌辦海軍大臣載洵貝勒殿下ᄂᆞᆫ薩鎭氷提督을同伴ᄒᆞ야海軍事業을見學키爲ᄒᆞ야來月中旬頃에米獨日三國에赴ᄒᆞᆫ다ᄂᆞᆫ說이有ᄒᆞ다더라

世界歷史

❀「찰쓰」五世와宗敎改革

（범쓰）의勅令은맛참닉實行치못ᄒᆞ니是ᄂᆞᆫ찰쓰五世가意太利의（나플쓰）와（밀란）에關ᄒᆞ야法國王（프란시쓰）一世로더브러衝突이起ᄒᆞ야屢次意太利에出征ᄒᆞ야暇隙이無ᄒᆞᆷ에因ᄒᆞᆷ이라（찰쓰）五世ᄂᆞᆫ一千五百廿五年에法國王과（파비아）에서大戰ᄒᆞ야（프란시쓰）를生擒ᄒᆞ고其翌年에（마드리드）和에셔議를結ᄒᆞᆫ後에放還ᄒᆞ엿더니（프란시쓰）가（마드리드）條約을履行코져아니ᄒᆞ야法王及英王顯利八世와意太利諸國으로더부러同盟ᄒᆞ고（찰쓰）五世를抗拒ᄒᆞ거ᄂᆞᆯ於是에（찰쓰）五世가一千五百廿七年에羅馬에遣兵ᄒᆞ야奪掠을大肆ᄒᆞ고一千五百二拾九年에法國과和約을結ᄒᆞ고（찰쓰）五世ᄂᆞᆫ遂（볼노나）에셔帝冠과意太利王冠을戴ᄒᆞ니意太利에셔法王으로브터帝冠을受ᄒᆞᆫ者ᄂᆞᆫ（찰쓰）五世로써最後라ᄒᆞᄂᆞ니라（未完）

詞藻

❀永樂島❀

順風에돗출달고、泛波中流ᄂᆞ려가니。
永樂島두세집은、落霞杳然잠겻ᄂᆞᆫᄃᆡ。
그곳에、영웅호걸모혀안져、시국ᄉᆞ를。

官廷報

◎動駕陪從 旣報와如히 大皇帝陛下씌옵셔昨日午前拾時三拾分에出 御ᄒᆞ사 德壽宮에 幸行ᄒᆞ옵셧ᄂᆞᆫᄃᆡ侍從院卿尹德榮氏가 御馬車를驂乘ᄒᆞ엿스며宮內部대臣閔丙奭氏와其他各황族과侍從諸氏가陪從ᄒᆞ엿더라

◎迎接特使 昨日午後八時十分南大門역에到着ᄒᆞᄂᆞᆫ통監의夫人을迎接ᄒᆞ기爲ᄒᆞ야 皇后陛하씌셔特使로女官二人으로嚴황妃殿하씌셔ᄂᆞᆫ提調尙宮徐喜淳을南門역에派送ᄒᆞ셧고 太皇帝陛하씌셔ᄂᆞᆫ本日入港ᄒᆞᆫ寺內통監을迎接次로侍從卿金春熙를仁川에派遣ᄒᆞ셧다더라

雜報

◎甲巡警衛 已往에ᄂᆞᆫ 大皇帝陛下씌옵셔 動駕時에甲乙班巡査가合番警衛ᄒᆞ더니昨日 動駕時에ᄂᆞᆫ乙班巡査ᄂᆞᆫ除汰ᄒᆞ고甲班巡査만警衛ᄒᆞ엿다더라

◎出迎指揮 寺內統監이本日에到着ᄒᆞᄂᆞᆫ事에關ᄒᆞ야內閣에셔昨日各官廳에指揮ᄒᆞ되次官以上及大臣이仁川ᄭᆞ지出迎ᄒᆞᄂᆞᆫ與否와人命의數를詳錄通知ᄒᆞ라ᄒᆞ엿다더라

◎園遊會準備 寺內統監이本日에入城ᄒᆞᄂᆞᆫ事ᄂᆞᆫ別項과如ᄒᆞ거니와內閣에셔ᄂᆞᆫ正副統監을爲ᄒᆞ야不遠間大園遊會를設行ᄒᆞ기로目下準備中이라더라

◎南門出迎 內閣에셔昨日各官廳에通知ᄒᆞ고奏任官以上諸氏가南大門停車場ᄭᆞ지出往ᄒᆞ야新統監을歡迎ᄒᆞ라ᄒᆞ엿다더라

◎各大出迎 總理大臣以下各대臣이本日仁川港ᄭᆞ지前往ᄒᆞ야寺內統監을迎接ᄒᆞᆫ다더라

◎二百宴費支給 內閣에셔ᄂᆞᆫ漢城府民會長兪吉濬氏에게月前에日本의渡往ᄒᆞ엿던觀光團懇親會時에所入宴需費二百圓을三昨日支給ᄒᆞ엿다더라

◎尹氏出迎 前參領尹致晟氏ᄂᆞᆫ日本체在時에寺內統監과交分이特深ᄒᆞᆷ을因ᄒᆞ야本日仁川港ᄭᆞ지前往迎接ᄒᆞᆫ다더라

◎冗官除汰 各官廳의官吏를勿論內外國人ᄒᆞ고多數淘汰ᄒᆞᆫ다ᄂᆞᆫ說은已報ᄒᆞᆫ바어니와其內容을聞ᄒᆞᆫ즉官制外에囑托이니雇問이니許多冗官中에其資格善不善을調査除汰ᄒᆞᆯ計策이라더라

◎樞院官吏操鬱 中樞院官制가變更된다ᄂᆞᆫ事에關ᄒᆞ야贊副議諸氏가其眞假를探知ᄒᆞ기에奔忙中이라더라

◎文獻考改刊 增補文獻備考中에誤植誤記ᄒᆞᆫ事實을改定ᄒᆞᄂᆞᆫ事務가畢了되엿슴으로將次刊出ᄒᆞᆫ다더라

◎慈의院增額 各地方의慈惠의院의豫算額을四萬五千圓으로算定ᄒᆞ엿다가拾個所를增加ᄒᆞᆫ事로因ᄒᆞ야豫算中拾五萬圓을增加ᄒᆞ엿다더라

◎山林調査終了期 農商工部山林局에셔ᄂᆞᆫ目下에全國內山林을調査ᄒᆞᄂᆞᆫᄃᆡ來八月末日頃에終了된다더라

◎調査文簿整理 度支部土地調査局에셔京畿江原兩道에國有地를調査ᄒᆞᆯ次로技手諸氏를派送ᄒᆞ엿더ᄒᆞᆷ은旣報어니와調査事務를終了ᄒᆞ고該技手諸氏가日前에歸京ᄒᆞ야目下文簿及面積을整理中이라더라

◎救日褒賞 昨年度에順川郡市場稅事件으로人民이惹鬧時에朴泰星氏가日人官吏幾名을自己家에引致救護ᄒᆞᆫ功로內部에셔特別褒賞狀을繕給ᄒᆞᆯ案件을修定ᄒᆞ엿다더라

◎山根入城 大邱及釜山地方의衛生事務를視察키爲ᄒᆞ야出張ᄒᆞ엿던內部衛生局山근囑托은昨日入城ᄒᆞ엿다더라

◎相內視務 日憲兵隊相內軍曹ᄂᆞᆫ警務總監部警部로轉任ᄒᆞ엿ᄂᆞᆫᄃᆡ昨日부터視務ᄒᆞᆫ다더라

◎龍鐵云廢 鐵道管理局에셔ᄂᆞᆫ來八月五日부터南門驛에셔龍山驛ᄭᆞ지運轉ᄒᆞ던列車ᄂᆞᆫ廢止ᄒᆞᆫ다더라

◎講舊會延諡 金玉均洪英植魚允中其他某某氏의게贈諡ᄒᆞᆷ은已報어니와講舊會員金允植兪吉濬等과其他社會紳士가協議ᄒᆞ야延諡節次를擧行ᄒᆞ려ᄒᆞᄂᆞᆫᄃᆡ洪運杓及魚英善兩氏ᄂᆞᆫ各其自己家에셔延諡ᄒᆞ려고計劃中이라더라

◎日敎師調査 學部에셔ᄂᆞᆫ京鄕各私립學교에日人敎師有無와數爻幾何를調査修定ᄒᆞ엿다더라

◎各校訓導講習 學部에셔各觀察道로申飭ᄒᆞ야各管下公立普通學校訓導를會同ᄒᆞ야夏期講習所를設行ᄒᆞ고各其緊要ᄒᆞᆫ科程으로敎授케ᄒᆞ엿ᄂᆞᆫᄃᆡ職員每名下에一日食費拾錢式을支給ᄒᆞ기로決定ᄒᆞ엿다더라

◎勸勉講習 漢城府에셔昨日午前八時브터夏期講習會를開ᄒᆞ엿ᄂᆞᆫᄃᆡ學部에셔官吏二名이前往勸勉ᄒᆞ엿다더라

◎長書日內閣 露領海蔘威韓人居留民團長楊成春氏等三百名이聯名ᄒᆞ야一進會合邦問題를反對ᄒᆞ야去拾五日頃에日本內閣에長書를提呈ᄒᆞ엿다더라

◎流行病預防法 內部衛生局에셔ᄂᆞᆫ近日潦水中에流行病이發生ᄒᆞᆯ慮가有ᄒᆞᆷ으로預防方法을目下研究中이라더라

◎一進綠門 一進會에셔ᄂᆞᆫ寺內統監의歡迎ᄒᆞᄂᆞᆫ意를表ᄒᆞ기爲ᄒᆞ야綠門을設立ᄒᆞ기로準備ᄒᆞᆫ다ᄂᆞᆫ說이有ᄒᆞ다더라

◎一進履歷 一進會本部에會員이目下二百名에不過ᄒᆞᆫᄃᆡ日前에統監府命令을因ᄒᆞ야該會員등의履歷書를繕呈ᄒᆞ엿다더라

◎美艦入港 美國東洋艦隊찰스톤、니우올리안쓰号ᄂᆞᆫ司令官쏘、하버트氏가乘坐ᄒᆞ고七月卅日至八月四日日內에仁川에入港ᄒᆞᆫ다더라

◎公判又開 李在明氏가高等法院에上告ᄒᆞᆷ은旣報어니와昨日某報에退却을遭ᄒᆞ엿다ᄒᆞᆷ은無근에說이오該上告에對ᄒᆞ야該院에셔來月上旬頃에公判을開ᄒᆞᆫ다더라

◎醫藥報捐助 中外醫藥月報社에셔ᄂᆞᆫ社務를擴張ᄒᆞ기爲ᄒᆞ야各洋藥舖에捐助金을請求ᄒᆞ엿ᄂᆞᆫᄃᆡ和平堂主人李應善天恩堂主人劉在元和生堂主人卞容主諸氏가各金二拾圓式捐助ᄒᆞ엿다더라

◎烏致院馬車 烏致院淸州間略四十里程에軌道馬車를通ᄒᆞᆯ計劃으로兩地有志者들이種々協議中이러니今回에布設準備를議ᄒᆞ고從近當局에申請ᄒᆞᆯ터이라더라

◎借機與用 國民社事務員李秉鎬은北部陳洞居孟富燮氏의裁縫機械를借去ᄒᆞ야齋洞洪炳勳氏에게典執ᄒᆞ고過期不還ᄒᆞᆷ으로孟氏가日昨에北部警察署에呼訴ᄒᆞ야李也가被捉되엿다더라

◎可驚可愕 韓國人이一時快樂을耽ᄒᆞ야鴉片을吸ᄒᆞᄂᆞᆫ者와모핀으로注射ᄒᆞᄂᆞᆫ者가頗多ᄒᆞ야淸國境을接ᄒᆞᆫ地方에最多ᄒᆞᆫᄃᆡ隆熙二年五月至同年末ᄭᆞ지禁遏의處分을受ᄒᆞᆫ者가二千三百八十五名이오三年에ᄂᆞᆫ六千名이오四年에ᄂᆞᆫ일月로六月ᄭᆞ지三千百四十七名이라더라

◎屠獸統計表 隆熙二年中에全國內의屠獸數ᄂᆞᆫ七〇〇七壹頭오同三年에ᄂᆞᆫ二二四〇四七三頭오同四年에ᄂᆞᆫ일月로六月ᄭᆞ지八三일二九頭라더라

◎日人의戶口 度支部에셔調査ᄒᆞᆫ바를據ᄒᆞᆫ즉我國에在ᄒᆞᆫ日人의數가十四萬三千四拾五名內에男은七萬八千三百九拾四名이오女ᄂᆞᆫ六萬四千六百五拾一名인ᄃᆡ道別은如左ᄒᆞ더라

	戶數	人口
漢城	九、九二一	三一、五二八
京畿	四、三九七	一五、三三一
忠南	一、六六六	五、一四四
忠北	六八四	一、八二五
全南	一、九六二	六、五一八
全北	一、六五五	五、四八五
慶南	九、三五三	三四、五壹三
慶北	二、四九壹	八、二四九
黃海	壹、三〇九	三、八九七
江原	二九〇	七七七
平南	三、二〇〇	壹壹、二九三
平北	壹、七七三	五、〇六九

◎醵金捐贈 安東郡協同學校講師金箕壽安商德兩氏가何許徒黨에게被死ᄒᆞᆫ事件에對ᄒᆞ야督中親睦會에셔再昨日에總代一人을派送ᄒᆞ엿고賻儀金을醵集ᄒᆞᆯ次로目下擬議中이라더라

◎慘哉墜井 新門外慕華館등地居金漢柱氏의拾歲된女息이日昨에該洞井水에跌倒ᄒᆞ야即時致斃ᄒᆞ엿다더라

◎永郡水災 各處의水災가有ᄒᆞᆷ은連日揭載ᄒᆞᄂᆞᆫ바어니와永同郡에ᄂᆞᆫ田畓의破傷處가多數ᄒᆞᆯᄲᅮᆫ아니라山岳崩壞ᄒᆞᆫ處이多有ᄒᆞ다더라

◎言行不同 藍浦郡守申祺秀氏ᄂᆞᆫ人民을對ᄒᆞ야聲言ᄒᆞ기를日人과同國人이되엿스니壓制를受치勿ᄒᆞ고彼가一打ᄒᆞ거든我도一打ᄒᆞ라ᄒᆞ면셔其行政을觀ᄒᆞ면昨年七月分에該郡中臺寺에出往ᄒᆞ야川獵을大設ᄒᆞᄂᆞᆫᄃᆡ旱節에民堡를壞缺ᄒᆞ고貯水를瀉出ᄒᆞᆷ으로堡下畓主의寃聲이漲天ᄒᆞ엿다더라

◎婦人演說 三和港維新婦人會에셔去十八日下午三時三十分에演說會를開ᄒᆞ고京城메리황婦人이女子敎育이急先務란問題로熱心勸勉ᄒᆞ엿ᄂᆞᆫᄃᆡ觀覽人이數三千名에達ᄒᆞ엿고該港碑石洞三崇學校敎師車氏미가부인이答辭閉會ᄒᆞ엿다더라

◎惜哉此氏 龍岡郡金川面葛谷里居金泰鳳氏가敎育上에熱心으로昨年브터家產을不顧ᄒᆞ고家喩戶說ᄒᆞ야面內에學校를設立ᄒᆞ고靑年子弟를勸喩ᄒᆞ며孜々視務ᄒᆞ다가陰四月二十七日臨終時에도其季氏와任員에게學校를時日로擴張케ᄒᆞ라고遺言ᄒᆞᆫ故로任員과一般學生이致奠ᄒᆞ고一塲涕淚를ᄒᆞ엿다더라

◎被損者現出 日人服部建之助가詐欺取財犯으로경務總監部에被捉ᄒᆞ엿ᄂᆞᆫᄃᆡ該日人에게損害를被ᄒᆞᆫ者를調査ᄒᆞᆫ다ᄒᆞᆷ은旣報어니와該調査ᄒᆞᆫ바를據ᄒᆞᆫ즉損害를被ᄒᆞᆫ者ᄂᆞᆫ前郡守兪鎭贊前副領宋文燮前副尉李昇鎬諸氏라더라

◎何事被招 大韓民報社長吳世昌氏ᄂᆞᆫ何事件을因ᄒᆞᆷ인지昨日에統監府警視總監部에被招ᄒᆞ엿다가因即還來ᄒᆞ엿다더라

◎韓總務出席 婦人實業商會에셔ᄂᆞᆫ再昨日下午二時에總會를開ᄒᆞ고新任總務韓敏氏가出席ᄒᆞ야該會經費에關ᄒᆞᆫ事務를處理ᄒᆞ엿다더라

◎婦人商會의烟社 婦人實業商會에셔總會를開ᄒᆞᆷ은別項과如ᄒᆞ거니와該會員諸氏가近日婦人界에實業이無ᄒᆞᆷ을慨歎ᄒᆞ야捲烟草會社를設立ᄒᆞ고女子職工을募集ᄒᆞ야商業을擴張ᄒᆞ기로目下協議中이라더라

◎李犯處役 京城地方裁判所에셔三昨日에內亂犯李克來를役三年에宣告ᄒᆞ엿다더라

電報

◎東宮遊覽 韓國皇太子殿下씌옵셔ᄂᆞᆫ今廿二日午前九時半에米子에셔臨時列車로安來町에 御着ᄒᆞ옵셔製絲場等을御巡覽ᄒᆞ옵시고午後五時에松江市로向ᄒᆞ옵셧ᄂᆞᆫᄃᆡ丸山島根縣知事ᄂᆞᆫ米子ᄭᆞ지出ᄒᆞ야祗迎ᄒᆞ엿다더라
東京발 廿二日着

◎日德新條約 德國政府ᄂᆞᆫ目下日本新關稅率에對ᄒᆞ야當事者에게諮問調査中인ᄃᆡ其調査를終了ᄒᆞᆫ後에日德新通商條約談判을開ᄒᆞᆫ다더라

◎保護目的 米國政府ᄂᆞᆫ니카라과國에체在ᄒᆞᆫ外國人을保護ᄒᆞᆯ目的으로同國內亂에干涉ᄒᆞᆫ다더라
以上伯林발 廿二日着

◎組合生弊 釜山港에셔客主로爲業ᄒᆞᄂᆞᆫ人이七拾餘家인ᄃᆡ ᄒᆞ고近日新入ᄒᆞᆫ組員數人은元來誘港弊客으로諸會를組織ᄒᆞᆫ ᄒᆞᆫ者를任員으로塡置ᄒᆞ고月給과費用을摘食ᄒᆞ기爲ᄒᆞ야石頭

◎旅行轉進 官립漢城高等學校에셔ᄂᆞᆫ職員一同이來二拾五 야星州郡ᄭᆞ지轉往ᄒᆞᆫ다더라

◎太極敎布敎 太極敎宗에셔派送ᄒᆞ엿ᄂᆞᆫᄃᆡ南韓地方에ᄂᆞᆫ鄭在淳氏오開城豐德地方에ᄂᆞᆫ金

◎開城會務視察 靑年會副會長尹致昊氏ᄂᆞᆫ會務를視察ᄒᆞᆯ次

▲項門一針▼

▲益山郡五里面都水口腰橋에日人藤井이가水利를組合ᄒᆞᆫ다稱ᄒᆞ고人民에게兵器를使用示威ᄒᆞ며大堤를高築ᄒᆞ엿ᄂᆞᆫᄃᆡ今番潦水에點水가不泄ᄒᆞ야幾千石良田이水國이되고百餘戶家屋이擧皆沈沒ᄒᆞ야哭聲이狼藉ᄒᆞ다니水利가아니라讐利로고

▲密淫女調査ᄒᆞᆫ다ᄂᆞᆫ說에兩耳가如聒ᄒᆞ되閭巷間에淫風은漸漸熾盛ᄒᆞ니무ᄉᆞᆷ소ᄃᆞᆫ인지眞品賣淫女야調査룸에드러가나만만ᄒᆞᆫ卒徒賣淫女나걸니지

◉濟生堂大藥房本舖製造及發賣品目錄

消化新藥 **清心保命丹** 此丹은化痰止咳ᄒᆞ고順氣消滯ᄒᆞ며恒常長服ᄒᆞ면腸胃가健全 九十粒一貼價금十錢 三貼入幷藥匣添附 금廿五錢

大補元氣 蔘茸大**補元** 大補元氣ᄒᆞ고滋腎健腦ᄒᆞ며先天不足과陽위不起에一切神効 週日分금一圓 四週日分금三圓四十錢 八週日分금六圓四十錢

疾怪立神 **保命水** 此水ᄂᆞᆫ急ᄒᆞᆫ吐瀉나곽亂腹통에立효가有ᄒᆞᆷ 금十錢

起死回生 **回生丹** 此丹은急ᄒᆞᆫ吐瀉關格이며가슴아리와冷積과痢疾에神効 一貼금十錢

蛔積殺虫散 此약은회積과회腹痛과회虫을一切去根ᄒᆞᄂᆞᆫ良劑 一日分금十錢

久滯大通丸 此丸은年久積滯와宿滯後重이며胃腹痛에神効莫大ᄒᆞᆷ 二日分금十五錢

寸虫沒出藥 此藥은寸白虫一切를去根ᄒᆞᄂᆞᆫ妙藥 一人用금卅錢

感氣時立 **觧熱散** 寒熱往來ᄒᆞ며似학非학과頭痛眩暈와肢節痛에其効가偉大 一日分금十錢

되눈 **拔根藥** 되눈과못과ᄉᆞ마귀를ᄲᆡᄂᆞᆫ藥 一貼금十錢

瘡病聖藥 梅**花點雪**丹 毋論男女ᄒᆞ고花柳病楊梅瘡에一切去根快復하ᄂᆞᆫ良藥 一劑금三圓五十錢

瘇氣神効 **觧**毒膏 毒종과根빅힌듸와其他諸般瘇氣一切에神효無雙ᄒᆞᆷ 一貼금十錢

去核生新 **跃度**膏 [illegible]瘡과[illegible]傷과[illegible]去核生新ᄒᆞ기ᄂᆞᆫ第一著明 一蛤금十錢

齒病全治 健**齒水** 此水ᄂᆞᆫ風齒와虫齒며諸般齒통에大효가有ᄒᆞᆷ 小一瓶금十錢

止足汗**臭水** 手足의汗臭를除却ᄒᆞᄂᆞᆫ藥 一包금十錢

眼疾速治 **光明眼藥** 諸般眼疾에隨症皆差ᄒᆞᄂᆞᆫ東洋에初有ᄒᆞᆫ寶藥 小一瓶금十錢

調痢**建中丸** 急慢腸病과各種泄瀉며赤白痢疾과怪病流行病에偉효가有ᄒᆞᆷ 一貼금廿錢

潤肺化담 **止**咳散 傷風火소와喘息勞소와吐담困難과呼吸苦悶胸膈刺통등神효 一貼금廿錢

解凝止통 罷俳 打撲跌落傷青종各種腫氣始初腹통陰囊종통骨濕통諸症幷효 小一瓶금十錢

吐血下血 神**理止血丸** 專治男婦勿論老幼諸般血症即吐血酒色過用由발되ᄂᆞᆫ血담症並효 금六十錢

上海膏 담結、肩臂통、解凝、流注刺血등징에特別有효ᄒᆞᆷ 금十五錢

○淋疾藥各種○其他有名매藥各種○洋藥各種○化粧品各種
○都매散매○遠地에ᄂᆞᆫ郵편小包로迅速酬應ᄒᆞᆷ

漢城南大門內濟生**堂大藥房** 李庚鳳
代辦主任 李興國 白

電話 壹七二八番
電略 (제) 又 (廿 イ)

●共愛堂大藥房製造各種藥品發行表

壯陽復元丹 此丹은專治腦통肺弱 房事色傷 心腎虛弱 遺精多夢、陽위不起 病後虛弱 不下飮食 先天不足 眩暈頭통 壹週分壹圓 四週分三圓四拾錢 等症에並妙効가有ᄒᆞᆷ 二週分壹圓八拾錢 八週分六圓四拾錢

虔修 **靈丹** 壹般체症胃腹통消化不良心神鬱悶飴ᄒᆞᆫ酒醉化담止히口熱惡臭食慾不振등症에並神効

眼科聖藥 **清眼水** 壹般眼疾、時行眼疾、風熱眼疾、羞明流淚、眼內紅痒등症에撥雲見天之妙(壹瓶金拾錢)

觧하**至寶丸** 專治하疾即氣虛하、遠年長하、一日二日하、雖難治之하이라도永々거근ᄒᆞᆷ 壹包金拾錢

皮膚神藥 **靈**效液 特治皮膚病疥癬옴、皮風、諸般痒疹、두두러기、옷올닌데다神効ᄒᆞᆷ 壹瓶금三拾錢

五淋專治 **通**淋**丸** 急慢淋疾、赤빅帶下、방광炎症、더炎皮濃瘡外他淋毒性諸症에신效ᄒᆞᆷ 壹제금五拾錢

梅毒妙効 **神**應**丹** 楊梅瘡에壹期二期三期를勿問ᄒᆞ고確實이有효、連珠瘡下疳瘡等에幷효 壹제金三圓

腹학신藥 **清脾**丸 崇治小兒壹般腹학、面黃、屎靑、左脇별腹에大有奇효ᄒᆞᆷ 一匣金五拾錢

久체神効 **養**胃散 通治經久滯積、吞酸吐사、霍亂、胃腹통大便不順等症에奏効如神 壹貼금十五錢

治痰鎭咳丸 專治大人히소、喘息、담結등症에妙 三日分一包금卅錢

特冒感효 **消熱**散 勿論四時傷寒感冒、咽喉疼통、寒熱往來肢節통、似학非학등症有효 壹貼금拾錢

耳病신효 **清耳**液 專治耳病即鼓膜炎、內外聽道炎、耳中灼熱、소癢、濃液流出等症有효 一瓶금十錢

百貼百應 妙妙膏 風寒濕氣、胸肩背에牽引ᄒᆞᆫ통、腰膝脚되酸통無力、骨節통등症에如神 금廿五錢

奏효如신 **能治**膏 各種腫氣、小兒胎毒、부스럼濕腫、生新에並신효 一包금拾錢

大腫拔根膏 大小腫에根ᄲᆡᄂᆞᆫ약 價금拾錢

觧凝膏 멍울삭히ᄂᆞᆫ약 價금拾錢

寸虫去根藥 價금廿錢

齒痛水 충치風치신효 價금七錢五厘

鷄眼膏 되눈ᄲᆡᄂᆞᆫ약 금拾錢

汗斑水 어루럭니약 금十錢

止泄丸 대泄暑泄신효 價금拾五錢

痢疾藥 赤빅痢에신효 價금拾五錢

各種上等金雞納 東西洋有名賣藥 **洋**藥 乾材**都賣散賣其他各種**藥材**具備**ᄒᆞ오니 **請求**를**依**ᄒᆞ야**小包**로**酬**應ᄒᆞ깃ᄉᆞᆸ

發行所
皇城南部大廣橋十九統七戶
共愛堂大藥房主 朴容桓 告白

蔘茸唐草藥材廉價大發賣

特別廣告

本店에서開業三十餘年에 僉君子의愛顧ᄒᆞ심을蒙ᄒᆞ와**營業**이발展ᄒᆞ옵ᄂᆞᆫ바수에盛意를報荅키爲ᄒᆞ야**業務**를一層**擴張**ᄒᆞ옵고良好ᄒᆞᆫ蔘茸唐草藥材를內地와外國으로서多數히直**輸入**ᄒᆞ와**特別廉價**로都賣散賣에信實히酬應ᄒᆞ오며**地方**에서請求ᄒᆞ시ᄂᆞᆫ데對ᄒᆞ야ᄂᆞᆫ多小를不拘ᄒᆞ옵고郵便小包ᄂᆞᆫ運送部로訊速히付送ᄒᆞ오되代金은引換으로ᄒᆞ깃ᄉᆞ오니京鄕僉君子ᄂᆞᆫ益益請求ᄒᆞ심을望ᄒᆞᆷ

但地方에서請求ᄒᆞ시ᄂᆞᆫ妙法

金一錢五厘를費ᄒᆞ시고一枚에葉書를使用ᄒᆞ사住所氏名과掌記를錄送ᄒᆞ시면能히遠路의跋涉과往返의旅費를要치아니시고本店에最良好ᄒᆞᆫ上品藥材를完全히買用ᄒᆞ실터이오다

京城南部銅峴三十三戶
蔘茸唐草藥材直輸入商
乾材藥局
崔聖弼 告白

特別廣告

商主ᄂᆞᆫ金仁植을禧植으로改名ᄒᆞ엿ᄉᆞ니不合當ᄒᆞ기로更히香植으로確定ᄒᆞ오니知舊間照亮 全南濟州郡朝天里金香植告빅

龍仁郡蒲谷面新院里後坪所在畓四石拾二斗落과田二拾二日耕文劵을서失於火災而該田庄을今爲賣渡於人而其確實無疑ᄒᆞᆷ을該面面里長及隣洞南啓暘[illegible]於該郡ᄒᆞ고賣買證明을出ᄒᆞ겟기에玆에廣告ᄒᆞᆷ
徐相喜 告白

京西部車洞同和藥房本國材로洋製ᄒᆞᆫ官許[illegible]蘇丸이消滯止泄滅毒ᄒᆞ고付屬ᄒᆞᆫ八十餘種俱備大發行ᄒᆞ오
閔橿白

圖章材料及印朱販賣
京城南署棗洞六十二統十戶
金龍商會 告白

☛ 紙物貿易에迅速 ☚

(廣告文)

[illegible]店에서各種紙物을直輸入ᄒᆞ야地方僉位의[illegible]特別廉[illegible]
迅速[illegible]
物價表와**品錄書**를**無料**로**付呈**
品高價低에爲ᄒᆞ오

(品目略錄)

內外國紙物大發賣

●壯紙、油壯板紙、窓戶紙、白紙、洋紙、書[illegible]各種、天井紙、古査紙、印札紙、半紙、美濃紙、製圖紙、[illegible]紙、封套紙、其他學校用品筆墨卒業證書紙其他具備

本店 漢城鍾路大廣橋 紙物舖 金聖煥
支店 漢城北部安洞別宮前 電話 一千二百八十番

光武九年八月拾壹日 明治三拾八年八月拾壹日 (第三種郵便物認可) 日曜日 西曆壹千九百拾年七月廿四日 (一)

大韓每日申報

檀君開國四千二百四十三年 箕子元年三千二十二年 大韓開國五百十九年
本報創刊日 光武八年七月十八日

發行兼編輯人 李章薰
발행所 京城中部布塵屛門二宮街 一層洋屋 大韓每日申報社

第八卷　月曜及慶節歲時休日休刊　第壹千四百四十三號

新學校敎師朴炳긔氏가昨年九月分브터熱心敎授ᄒᆞ더니所幹事가有ᄒᆞ야請願書를提出ᄒᆞ야該請願書를退却ᄒᆞ엿다더라

◎兩校合一 雲山郡北面大巖오橋洞光東學校ᄂᆞᆫ基督敎人의設立ᄒᆞᆫ者라相距가二里許에在ᄒᆞᆫᄃᆡ學部認可ᄅᆞᆯ承ᄒᆞ엿더니合設코저ᄒᆞ나落落難合ᄒᆞ더니學部에서隨宜合校ᄒᆞ라ᄂᆞᆫ訓飭이有ᄒᆞᆷ으로兩교任員에韓順先力周旋ᄒᆞ야兩校를合並ᄒᆞ고校名을基督光成學교라ᄒᆞ엿ᄂᆞᆫᄃᆡ前光東學校舍ᄂᆞᆫ女學校를設립學徒父兄이擔負助力ᄒᆞ야不日竣工ᄒᆞᆫ지라兩洞數戶가六百餘戶오學徒數爻ᄂᆞᆫ六拾餘名인ᄃᆡ라

論說

有名의英雄과無名의英雄이라

國家ᄂᆞᆫ一二人의國이아니라千萬人의國이오國事ᄂᆞᆫ一二人의事가아니라千萬人의事라一國의人으로一國의事를治ᄒᆞ면治치아니ᄒᆞᄂᆞᆫ者ㅣ無ᄒᆞ니若使一二人으로一國의事를治코저ᄒᆞ면其餘千萬人은袖手而歸ᄒᆞ리니或從而掎龁ᄒᆞ면雖有豪傑의才라도能히治ᄒᆞᆯ者ㅣ無ᄒᆞᆯ것신즉一二人을望치勿ᄒᆞ고千萬人을望ᄒᆞᆯ지니質而言之ᄒᆞ면他人을不望ᄒᆞ고自已를望ᄒᆞ라ᄒᆞᆷ이라我가비록有名ᄒᆞᆫ英雄이되지못ᄒᆞᆯ지나無名ᄒᆞᆫ英雄은되지못ᄒᆞᆯ바이無ᄒᆞ니全國內에人々이總히無名ᄒᆞᆫ英雄이될진ᄃᆡ有名ᄒᆞᆫ英雄이其間에生出ᄒᆞ리로다

雖然이나時勢도英雄을造ᄒᆞ고英雄도時勢를造ᄒᆞᄂᆞ니將帥를助ᄒᆞ야功을成케ᄒᆞᄂᆞᆫ者ᄂᆞᆫ兵卒이오兵卒을使ᄒᆞ야我를助케ᄒᆞᄂᆞᆫ者ᄂᆞᆫ將帥라世界의英雄을作코저ᄒᆞᄂᆞᆫ者ᄂᆞᆫ無名의英雄을造出ᄒᆞ기를엇지用力치아니ᄒᆞ리오是以로我韓英雄으로論ᄒᆞᆯ지라도乙支文德下에無名ᄒᆞᆫ乙支文德이無數ᄒᆞ야隋兵을大破ᄒᆞ엿고梁萬春下에無名ᄒᆞᆫ梁萬春이無數ᄒᆞ야安市城을解圍ᄒᆞ엿고姜邯贊下에無名ᄒᆞᆫ姜邯贊이無數ᄒᆞ야契丹兵을大破ᄒᆞ엿고安祐下에無名ᄒᆞᆫ安祐가無數ᄒᆞ야京都를恢復ᄒᆞ엿스니無名ᄒᆞᆫ英雄이아니면有名ᄒᆞᆫ英雄을作ᄒᆞ기難ᄒᆞ리로다英雄을愛ᄒᆞ고英雄을仰ᄒᆞ고英雄을夢ᄒᆞ나英雄이라야英雄이됨을知ᄒᆞ리로다

一片의石이雖大ᄒᆞ나高城을作키不得ᄒᆞ고一個人의人物이雖偉ᄒᆞ나英雄을作키不得ᄒᆞᆯ지니高城으로ᄒᆞ야곰如彼히高케ᄒᆞᆫ者ᄂᆞᆫ無名ᄒᆞᆫ礎石으로由ᄒᆞᆷ이오英雄으로ᄒᆞ야곰如彼히大케ᄒᆞᆫ者ᄂᆞᆫ無名ᄒᆞᆫ英雄으로由ᄒᆞᆷ이라萬一아韓二千萬同胞로人人是愛國誠을鼓吹ᄒᆞ고個個是憂國血이膨脹ᄒᆞ면其心이必同ᄒᆞ고其力이必合ᄒᆞ고其體가必團ᄒᆞ야火에入ᄒᆞ야도同進ᄒᆞ고水에投ᄒᆞ야도同進ᄒᆞ야其樂也ㅣ同ᄒᆞ고其苦也ㅣ同ᄒᆞ야死ᄒᆞ든지生ᄒᆞ든지股肱과支體를成ᄒᆞ면珷玞中에도眞玉이必出ᄒᆞ고鷄羣中에도一鶴이特立ᄒᆞᆯ지니天地를飜覆ᄒᆞ고風雲을籠絡ᄒᆞᄂᆞᆫ手段이有ᄒᆞᆯ지라도自國을愛ᄒᆞ고自國을憂ᄒᆞᄂᆞᆫ思想이無ᄒᆞ면國人의衆心을得키難ᄒᆞᆯ지니公孫衍張儀輩가一怒而諸侯懼ᄒᆞ고安居而天下息이라도臣妾의譏를免치못ᄒᆞ엿스니此를엇지英雄이라稱ᄒᆞ리오

彼英雄이란者ᄂᆞᆫ金剛石과恰似ᄒᆞ니外面으로觀來ᄒᆞ면一塊石에過치못ᄒᆞ나分析ᄒᆞ야觀來ᄒᆞ면同體質同角度同分子的阿屯體가多數ᄒᆞ니此ᄂᆞᆫ英雄이天下를造ᄒᆞᄂᆞᆫ者라然則英雄을造ᄒᆞᄂᆞᆫ者ᄂᆞᆫ誰也오一英雄이有ᄒᆞ면無名ᄒᆞᆫ英雄이擔而負之ᄒᆞᆯ것이오一無名ᄒᆞᆫ英雄이有ᄒᆞ면又有他無名의英雄이擔而負之ᄒᆞᆯ지니車의兩輪과如ᄒᆞ고鳥의兩翼과如ᄒᆞ야并行不悖ᄒᆞ리로다

官報

◎第四千七百三十八號 (土曜)
▲隆熙四年七月廿三日
▲四年

辭令

內部次官宇佐美勝夫 命文官普通銓衡委員長 (七月一日內部)
土地調查局調查部長佐佐木藤太郎 調查部調查課長事務處理를免ᄒᆞᆷ
土地調查局書記官和田一郎 調查部調查課長을命ᄒᆞᆷ (以上六月三十日土地調查局)
土地調查局囑托安永基 同徐廷岳 依願事務囑托을解ᄒᆞᆷ (以上七月十五日土地調查局)

宮廷錄事

○酌獻禮攝行 本月二十四日(陰曆六月十八日)은卽 純祖肅황帝誕辰再回甲也라追惟往昔에愴慕彌切ᄒᆞ니仁陵에遣昌山君李海창ᄒᆞ야攝行酌獻禮ᄒᆞ고將事後仍詣陵上奉審以來ᄒᆞ라신 旨를 奉承ᄒᆞᆷ이라 (七月二十日宮內府)

外報

◎韓人退放稟請 奉天電을據ᄒᆞᆫ즉奉天諮議局은錦州府下廣寧縣盤山廳代表者의請願을因ᄒᆞ야速히地方官에게囑ᄒᆞ고同方面에居住韓人을退去케ᄒᆞᆯ旨를總督에게稟請ᄒᆞ얏다더라

◎鐵道員의同盟罷業 桑港電을據ᄒᆞᆫ즉加奈陀그란드튜랑크鐵道會社의傭員一萬六千名이同盟罷業ᄒᆞ엿슴으로該會社ᄂᆞᆫ列車의運轉을休止ᄒᆞ얏다더라

◎三國同盟 維也納電을據ᄒᆞᆫ즉墺國及德國의諸新聞紙ᄂᆞᆫ十耳其國에對ᄒᆞ야三國同盟을形成ᄒᆞᆫ意見을發表ᄒᆞ얏다더라

◎英帝卽位式期日 倫敦電을據ᄒᆞᆫ즉英國황帝쪼지陛下ᄂᆞᆫ千九百十一年六月上旬에卽位式을行ᄒᆞ옵신다더라

◎海軍演習의結果 仝電을據ᄒᆞᆫ즉英國海軍演習은全然히大將의指揮ᄒᆞᆫ防禦艦隊의勝利에歸ᄒᆞ얏다더라

◎海賊平定 香港電을據ᄒᆞᆫ즉澳門過路灣島에서支那海賊은葡萄牙軍의猛烈攻擊을遭ᄒᆞ야死傷者가多ᄒᆞ고負傷者ᄂᆞᆫ澳門病院으로收送ᄒᆞ고其他ᄂᆞᆫ或捕虜或逃走ᄒᆞ얏ᄂᆞᆫᄃᆡ葡國巡洋艦二隻은十九日同島에서발ᄒᆞ야午後에香港으로入ᄒᆞ얏다더라

◎滊車衝突 倫敦電을據ᄒᆞᆫ즉愛蘭로스구라停車場에서回避列車ᄂᆞᆫ機關車를離ᄒᆞ야五里許에逆行ᄒᆞ다가피루市에서出발ᄒᆞᄂᆞᆫ乘客列車와衝突ᄒᆞ야數百名이負傷ᄒᆞ얏다더라

寄書

祝大韓每日申報의自由

本人이貴社申報를購覽ᄒᆞᆫ즉英人裴說氏와萬咸氏가主權刊行은已所知者어니와旣爲歸國則更不可他論이오今觀李章薰氏編輯刊行則自由報筆과警醒我人은大韓國民의第一良方이로다何謂也오譬컨ᄃᆡ人有疾病에隨其經絡之所祟ᄒᆞ야用良藥則庶可有蘇醒之望이어ᄂᆞᆯ今我同胞ᄂᆞᆫ似在此病ᄒᆞ야或有健忘不覺之症ᄒᆞ며或有堅執不變之症ᄒᆞ야長寐無覺이러니幸覽貴報之발刊以後로二千萬同胞가似可漸進於文明之界ᄒᆞ니此報의國民警起ᄒᆞᄂᆞᆫ것이病의良方을用ᄒᆞᄂᆞᆫ者와如ᄒᆞ도다嗚呼라同胞々々여本人이草野愚氓으로素無識見이나曾聞文明之說ᄒᆞ야玆陳數字ᄒᆞ오니速々硏究文明之理ᄒᆞ야將爲彼壯夫며我爲壯夫면雖欲奪我나爾何得乎아我韓同胞가耳目口鼻와體用之彷彿은皆不讓各國이로되敎育의方針이未全ᄒᆞ야今日如此히慘境에至ᄒᆞ엿스니思此時局之可憐則血淚而沾襟ᄒᆞ고哀呼聲이振天ᄒᆞ니今日如此히慷慨ᄒᆞᆫ事狀은難以枚擧로되惟我同胞ᄂᆞᆫ自强의能力으로自由를成立ᄒᆞ야熱心丹誠으로互相勸告ᄒᆞ와速進文明後以復國權을千萬幸甚

(黃海道瑞興郡內尹相益)

雜報

◎傳道軍幕의建築 救世軍營에서ᄂᆞᆫ街路上에서來人去客에게傳道ᄒᆞᄂᆞᆫ것이道路交통에妨害라ᄒᆞ야경官이禁止ᄒᆞᄂᆞᆫ故로五部字內에傳道軍幕一箇所式을建築ᄒᆞ려고計劃中이라더라

◎新藥發明 金濟九李玉仁兩氏가合資ᄒᆞ야信濟藥房을昭義門外에設立ᄒᆞ고아國藥材料로西洋藥料를模放ᄒᆞ야金丹等三十餘종을新발明ᄒᆞ야製造販賣ᄒᆞᄂᆞᆫᄃᆡ效力이迅速ᄒᆞ고高明ᄒᆞᆫ醫學士李信友氏가診察事務를主管ᄒᆞᆫ다더라

◎研究會發牒 五學會學事研究會에서ᄂᆞᆫ京鄕私立學校維持方針에對ᄒᆞ야今春以來로學部에交涉ᄒᆞᆫ結果로每郡에普通學校二三箇와每道에專門學校一個式設立ᄒᆞ고寄付金取締規則에依ᄒᆞ야內部及學部에請願承認케ᄒᆞ라고日前各地方에發牒ᄒᆞ엿다더라

▲硯池餘波▼

▲一進會에서ᄂᆞᆫ經費가艱乏ᄒᆞᆷ으로會計員은視務치아니ᄒᆞ고風波가種種激起ᄒᆞᆫ다지ᄒᆞᆯ일잇나ᄊᆞ홈이나부즈런이ᄒᆞ지

▲韓昌洙氏ᄂᆞᆫ番々히總理의代表로迎接員이되니其待勞ᄒᆞᄂᆞᆫ슈고ᄂᆞᆫ子侄보다大勝ᄒᆞ겟고

▲辯護士朴晩緖氏ᄂᆞᆫ平壤妓生小橋를作妾ᄒᆞ야日前에率來ᄒᆞ엿더니其夫人이第三日夜에溘然長逝ᄒᆞ얏다니小橋의안방ᄎᆞ지ᄂᆞᆫ不勞이得ᄒᆞ엿스니可謂烏飛梨落이로고

▲中樞院官制를變更ᄒᆞ고議員三百名을選置ᄒᆞᆫ다ᄒᆞ니近日에獵官者流ᄂᆞᆫ됴흔機會를맛나두다리가둥둥ᄯᅳ게되니며運動ᄒᆞ여보지

▲關西에義俠으로有名ᄒᆞ던全某ᄂᆞᆫ雜技場에染跡ᄒᆞ야萬餘圓을一擲失敗ᄒᆞᆫ後에苑洞崔某와密約ᄒᆞ야賭場을設ᄒᆞ고偵探手段을利用ᄒᆞ엿스나某某人을捕縛ᄒᆞᆫ際에全氏가指使ᄒᆞᆫ狀態가綻露ᄒᆞ고見失ᄒᆞᆫ金錢을充數치못ᄒᆞ엿다저ᄎᆔ露積가리에불붓치고강반죽ᄂᆞᆫ格이로고

世界歷史

◎「찰쓰」五世와宗敎改革

(범쓰)國會以後에凡八年間을新敎徒ᄂᆞᆫ壓抑을不受ᄒᆞᆷ으로新敎ᄂᆞᆫ四方에傳播ᄒᆞ더니其間에(트윙코)의羅紗織造人(쿠)나우스ㅣ가再洗禮派를創唱ᄒᆞ야急激ᄒᆞᆫ改革을唱道ᄒᆞ미農民이其煽動을被ᄒᆞ야寺院에亂入ᄒᆞ야諸像과偶像을破毁ᄒᆞ며又(서비아)와(프링코니아)의農民은宗敎의自由를得ᄒᆞ고且領主의壓制를脫코저ᄒᆞ야反亂을遂起ᄒᆞ야都城과寺院을焚掠ᄒᆞ미南部日耳曼에其害를不被ᄒᆞᆫ者가槪尠ᄒᆞᆫ지라未幾에鎭定ᄒᆞ엿스나然ᄒᆞ나是에因ᄒᆞ야改革派의信用妨害를大加ᄒᆞ니라

(未完)

詞藻

❀누가계속❀

靑草욱어즌곳에、자ᄂᆞᆫ듯누엇스니。
못다닐운그경륜을、어느누가계속ᄒᆞᆯ쇼。
동ᄌᆞ야、긔념비에숣부어라、회포진뎡。

宮廷錄

○下賜用費 耆老社를廢止ᄒᆞ엿다ᄒᆞᆷ은既報어니와該社堂上諸氏에게太황帝陛下씌옵서 親用費中으로月俸金五圜式依舊히 下賜ᄒᆞ옵셧다더라

○勅使의復命 寺內統監迎接次로仁川에派送되엿던尹德榮氏와金春熙氏는直히參內ᄒᆞ여統監의無事入城ᄒᆞᆫ事를詳細伏奏ᄒᆞ엿다더라

雜報

○四氏陞品 日前內閣會議에承寧府總管正二品趙民熙氏는從一品으로侍從院卿正二品尹德榮氏는正一品으로承寧府副總管從二品朴齊斌氏는正二品으로奎章閣副提學正三品呂圭亨氏는從二品으로陞品ᄒᆞ기로內定되엿다더라

○皇族出迎 既報와如히寺內統監이昨日午前十一時五十分에南대門停車場에到着入城ᄒᆞ엿는ᄃᆡ各皇族諸氏도同停車場에서迎接ᄒᆞ엿다더라

○統監邸午餐會 寺內統監은昨日午後一時에山縣副統監有吉總務長官石塚國分小松의各參與官明石司令官等과共히統監邸에서午餐會를開ᄒᆞ엿다더라

○統監의參內 統監은本日官邸에서休養ᄒᆞ고明日이나再明日에參內ᄒᆞᆯ다더라

○軍禮迎接 寺內統監이昨日入城ᄒᆞᄂᆞᆫ事에關ᄒᆞ야日本陸軍대臣의資格인故로近衛隊兵丁一小隊가南門停車場에出往迎接ᄒᆞ엿다더라

○兩氏遣責 宮相閔丙奭侍從院卿尹德榮兩氏는再昨日寺內統監의夫人入城時에宮臺中에서何等秘密運動이有ᄒᆞ다가其處에발現되야重責을遭ᄒᆞ엿다더라

○致賀叙勳 清豐君李海昇氏와耆老所堂上趙鍾弼氏의叙勳ᄒᆞᆫᄃᆡ對ᄒᆞ야元老大臣諸氏가再昨日該氏等을訪問致賀ᄒᆞ엿다더라

○統府通知 統監府에서內閣으로通知ᄒᆞ되所屬各官廳에서本年一月로브터六月末日ᄭᆞ지處理ᄒᆞᆫ事務를修定ᄒᆞ야送交케ᄒᆞ라ᄒᆞ엿다더라

○地方費修報 平北觀察使가昨年度下半期와本年度上半期의收入ᄒᆞᆫ地方費가一萬五千圜이라고修定ᄒᆞ야內部로報告ᄒᆞ엿다더라

○運動乘時 中樞院官制가變更되야贊議三百餘窠를增置ᄒᆞᆫ다ᄂᆞᆫ說에對ᄒᆞ야漢城內多少政客이此를運動ᄒᆞᆯ計劃으로日夜奔忙ᄒᆞᆫ다더라

○加藤入城 平安南道地方의林業事務를視察ᄒᆞ기爲ᄒᆞ야出張ᄒᆞ엿던農商工部加藤技師ᄂᆞᆫ再昨日에入城ᄒᆞ엿다더라

○面里廢合의參考 十三道各郡의面洞里의廢合件이結了되ᄂᆞᆫᄃᆡ로內部에서編纂발刊ᄒᆞ야參考的으로各郡各面洞里에一部式을配付ᄒᆞᆯ預定이라더라

○物議探知 寺內統監이渡韓後에閭巷의物論如何와一般人民의行動如何를各警察署에서探知ᄒᆞᄂᆞᆫ中이라더라

○牛驥空待 統監府에서一進會員等의履歷書를收入ᄒᆞ엿다ᄒᆞᆷ은既報어니와該會員等은此에對ᄒᆞ야寺內統監赴任ᄒᆞᆫ後에無限ᄒᆞᆫ希望이有ᄒᆞ다고自期ᄒᆞ다더라

○計算器買入 關稅局에서ᄂᆞᆫ今番에貿易統計에用ᄒᆞᆯ計算器를代價二百五十餘圓에德國에서買入ᄒᆞ여今後에ᄂᆞᆫ此器械로數字計算을ᄒᆞᆯ터인ᄃᆡ頗히便利ᄒᆞ리라더라

○胡止譴責 漢城財務監督局家屋酒草稅金領受員日人北村悌三은日前에醉酒ᄒᆞᆷ을因ᄒᆞ야領受ᄒᆞᆫ稅金二百七十餘圓과領受證書五冊을見失ᄒᆞ엿다ᄒᆞᆷ으로該局에서該日人을譴責에處ᄒᆞ고其月俸中으로代充케ᄒᆞ기로協議ᄒᆞ엿다더라

○高階說明 대韓醫院副長高階經本이가日前夏期放學ᄒᆞᆫ醫院附屬學校生徒에게對ᄒᆞ야說明ᄒᆞ기를本교學生의成績이교內에서ᄂᆞᆫ良好ᄒᆞ나社會에對ᄒᆞ야ᄂᆞᆫ注目을受ᄒᆞᄂᆞᆫ事가有ᄒᆞ니慨惜ᄒᆞᆫ事이라新統監이到任ᄒᆞᄂᆞᆫ境遇에ᄂᆞᆫ十分注意ᄒᆞ야政治上에關係가無케ᄒᆞ라ᄒᆞ엿다더라

○全南의傳習所 全南觀察道에서傳習所를設立ᄒᆞ고四月一日브터九月末日ᄭᆞ지學生을募集敎授ᄒᆞ더니年齡은十三歲以上으로定限ᄒᆞ엿ᄂᆞᆫᄃᆡ成績이良好ᄒᆞ다고學部로修報ᄒᆞ엿다더라

○地籍報告의답至 山坂所有者의地籍報告ᄒᆞᆯ時期가漸近ᄒᆞᆷ으로各地方에서郵편으로地籍報告件이每日平均二千度에達ᄒᆞᆫ다더라

○面質留學生 日本留學生으로서夏期休學을因ᄒᆞ야歸國ᄒᆞᆫ者에게對ᄒᆞ야昨日에巡査가各其面質ᄒᆞ야統監歡迎與否를探知ᄒᆞ고出入與否ᄭᆞ도探知以去ᄒᆞ엿다ᄂᆞᆫᄃᆡ此ᄂᆞᆫ圍束的에不過ᄒᆞᆷ이라더라

○從以放免 南部警察署에被捉ᄒᆞ엿던日本留學生閔圭植氏ᄂᆞᆫ再昨日無事放免되엿ᄂᆞᆫᄃᆡ其他諸氏도日間放免될다더라

○家事不顧 前郡守金思弼氏ᄂᆞᆫ其令男允基氏의度支部技手月俸으로僅僅圖生ᄒᆞ더니允基氏가日前에抱川郡出張旅費三十圓을携帶逃走ᄒᆞ엿슴으로生計가末由ᄒᆞ야絕火已久ᄒᆞᆫᄃᆡ矜慘ᄒᆞᆫ景狀은目不忍見이라더라

○道路借與의滿期 廣通橋로브터小公洞ᄭᆞ지通ᄒᆞᆫ沿邊左右에建築ᄒᆞᆫ商店의假家를李采淵氏가漢城判尹으로在任時에十個年을定限借與ᄒᆞ엿ᄂᆞᆫᄃᆡ期限이滿了됨으로一幷毁撤ᄒᆞ고道路를擴張ᄒᆞᆫ다더라

○爲夫請願 前扶餘郡守李大種氏ᄂᆞᆫ公貨犯逋事件으로日前에京城地方裁判所에서役三年에宣告ᄒᆞ엿ᄂᆞᆫᄃᆡ該氏의夫人朴氏가再昨日에請願書를該所에提呈ᄒᆞ되針線履備ᄒᆞᆯ지라도八個年內에該公貨를淸勘ᄒᆞᆯ터이니家君을特放ᄒᆞ라ᄒᆞ엿다더라

○張氏起訴 中外醫藥申報社主幹張基茂氏와李佐鎔氏間에山坂事件으로李氏가起訴落科ᄒᆞᆫ事ᄂᆞᆫ前號에業已登揭ᄒᆞ엿거니와今에該事實을詳聞ᄒᆞᆫ則元來該山坂森林은張氏의所有가確實ᄒᆞᆫᄃᆡ李氏가裁判所에起訴ᄒᆞ고暗賣斫伐ᄒᆞᆫ것으로張氏ᄂᆞᆫ該事實을舉ᄒᆞ야地方裁判所에起訴ᄒᆞ고損害賠償을請求ᄒᆞ엿다더라

○角田野心 藍浦郡習衣面長李鼎憲氏가稅金을收刷ᄒᆞ야三百圓을該郡郵便取扱所長日人角田三郎에게任置ᄒᆞ엿다가其後에推尋ᄒᆞᆫ즉該日人이言ᄒᆞ기를領收證에日付印만有ᄒᆞ고事務員의姓名圖章이無ᄒᆞ니不可出給이라ᄒᆞ야該氏가所有畓五拾斗落을放賣ᄒᆞ야稅金을充數ᄒᆞ엿ᄂᆞᆫᄃᆡ該日人의野心을該郡人民이莫不憤歎ᄒᆞᆫ다더라

○郵편難信 京居金洙熙氏가忠淸南道藍浦郡熊川面花汀里居林漢相氏에게金六百二拾圓을藍浦郵편所에서該郡郵편取扱所로登記換付ᄒᆞ엿더니該取扱所에서何等層節이有ᄒᆞᆫ지右金額을領受人林漢相氏에게出付치아니ᄒᆞ고一向推托ᄒᆞᆷ으로該氏가該郡駐在所及保寧郡警察署와公州地方裁判所에申告取調中이라더라

○敎育界의同情 安東郡協東學校講師安商德金箕壽兩氏가何許徒黨에게被死ᄒᆞᆷ은既報어니와法學校敎授李恒鍾氏가該兩氏의屍身을返柩ᄒᆞᆯ次로旅費를自備ᄒᆞ야再昨日에발程ᄒᆞ엿고東部蓮洞耶蘇敎堂에서敎人數十名이同日에該兩氏本家로來集ᄒᆞ야祈禱式을行ᄒᆞ엿스며多少의賻義金을醵集中이라더라

○財主悖行 信川郡財務署主事李東裕가各項稅金을督刷ᄒᆞᆯ時에結民을捕縛ᄒᆞ며以捧毆打ᄒᆞ야罔有紀極ᄒᆞ며自己食主人洪淳九를指使ᄒᆞ야結錢取利ᄒᆞ기와各面長에게執탈ᄒᆞ야幾許兩을受賂ᄒᆞ며驛屯賭租를從中偸食ᄒᆞ며威협으로租幾許石을偸食ᄒᆞ엿다고該郡民寃이藉藉ᄒᆞ다더라

○販賣所組織 義州府財産家崔翼瑞崔錫夏諸氏와商業家張明昊崔致祿諸氏가全國內實業界의발展치못ᄒᆞᆷ을慨歎ᄒᆞ야物貨委托販賣所를組織ᄒᆞ고該物貨當權者의請求를依ᄒᆞ야保管物貨價格의十分의七以下를貸與ᄒᆞ야商業界의枯渴된金融이快히活動機를作ᄒᆞᄂᆞᆫ故로南北紳商이各種物貨를多數委托ᄒᆞᆫ다더라

○言則當然 孤兒院에서ᄂᆞᆫ日前에一般學徒가同院任員諸氏를請邀ᄒᆞ야一場說明ᄒᆞ되任員中朴彰來李炳贊李淑子諸氏ᄂᆞᆫ必要ᄒᆞᆫ任務가無ᄒᆞ고無端히月俸만消耗ᄒᆞᆫ즉請願自退ᄒᆞᆷ이妥當ᄒᆞ다고勸告ᄒᆞᆫ故로該氏等이即時辭退ᄒᆞ엿ᄂᆞᆫᄃᆡ學徒身分으로此등干涉이事不穩當이라ᄒᆞ야院長以下任員諸氏가該學徒에게相當히施罰ᄒᆞ기로協議ᄒᆞ엿다더라

○孤兒院移接期 孤兒院이西廟로移接ᄒᆞᆯ次로該廟修理工役을已爲着手ᄒᆞ엿ᄂᆞᆫᄃᆡ該役事가漸次終了ᄒᆞᆷ으로來月上旬頃에往接ᄒᆞᆫ다더라

○何事歸鄕 夏期休暇를因ᄒᆞ야歸國ᄒᆞᆫ日本留學生諸氏로京城에寄留ᄒᆞᄂᆞᆫ者이多ᄒᆞ더니何等不편의層折이有ᄒᆞᆫ지昨今間에一切歸鄕ᄒᆞ엿다더라

○花套獻身 晉州郡一進支會長李準弼은法律도無識ᄒᆞ며自稱ᄒᆞ고政黨社會에獻身ᄒᆞ엿다고藉勢活動ᄒᆞᆫ다더니花套犯으로該地警察署에被捉ᄒᆞ엿다더라

電報

○大博覽會準備 日本政府에셔ᄂᆞᆫ明治五十年에開設ᄒᆞᆯ大博覽會의準備를ᄒᆞ기爲ᄒᆞ야英國에滯在ᄒᆞᆫ和田總長以下三名에게德伊比三國에出張[illegible]다더라

○比國王訃墺 比利時皇帝及皇后ᄂᆞᆫ即位의公布를爲ᄒᆞ야來十月上旬에公式으로墺國皇帝를訪問ᄒᆞ신다더라

○希臘借款 希臘國에서ᄂᆞᆫ佛國에서四十萬[illegible]라푸를借入ᄒᆞᆫ約束을結ᄒᆞ엿다더라

○軍艦歡迎 目下倫敦에碇泊ᄒᆞᆫ生駒軍艦은日日大歡迎을受ᄒᆞᆫ다더라

○清國政府의意見書 清國政府ᄂᆞᆫ去廿一日에日露兩國에對ᄒᆞ야滿洲의清國主權과機會均等과其他利益을保證ᄒᆞᄂᆞᆫ協約에對ᄒᆞᆫ意見書를提出ᄒᆞ엿다더라

以上東京발 廿二日着

▲形々色々▼

▲千里輦車고등소리南大門이咫尺이라各處人物雲集ᄒᆞ니形形色色壯觀일세

▲腦後長尾數尺餘ᄂᆞᆫ青黑色이相雜이라三旬菜色面黃ᄒᆞᆷ은鴉烟癖에成痼ᄒᆞ야軀殼僅存失魂ᄒᆞᆫ니支那人의行色이오

▲軒々八尺子偉ᄒᆞ녀ᄃᆡ高鼻又眼深ᄒᆞ며見利如狂爭赴ᄒᆞᆯ제ᄃᆡ所欲이安在런고其腹大兮便편ᄒᆞ니西洋人의行色이오

▲雙袖飄々木履聲은더衣製가怪異ᄒᆞ다自稱開明先進ᄒᆞ며前日習慣不變ᄒᆞ고言動何其草率ᄒᆞᆫ고日本人의行色이오

▲[illegible]日巡査擁衛ᄒᆞ니人力車가[illegible]高帽搖頭ᄒᆞ니醜[illegible]何其頻繁[illegible]

▲半洋裝이鮮明ᄒᆞ니外國風氣[illegible]語奇奇ᄒᆞ며異[illegible]態를半含[illegible]行色일세

○藉校挾雜 龍仁郡旺新學교ᄂᆞᆫ該郡士人이收斂設립ᄒᆞᆫ바인[illegible]境氏의報酬金을延拖不給ᄒᆞ다가李氏가其弟承氏를指使ᄒᆞ[illegible]判歸正ᄒᆞᆫ다더라

○同志討論 靑年同志會에서今日下午八時에討論會를中部[illegible]의發達은金錢이勝於信用이란問題로討論ᄒᆞᄂᆞᆫᄃᆡ會員及傍聽이多數來參ᄒᆞᆷ을希望ᄒᆞᆫ다더라

[illegible]介ᄒᆞ엿다ᄂᆞᆫ事에對ᄒᆞ야實業이[illegible]더니養貞女子敎育會學監金成[illegible]이來辨이라ᄒᆞ엿스니[illegible]分로實業의事實이有ᄒᆞ[illegible]有ᄒᆞ다ᄒᆞ고無ᄒᆞ거든無ᄒᆞ다[illegible]

廣告

本人所有北署紫橋洞四十六統六戶를金謙洙에게貰給이러니該人이貰立旨를서失故廣告홈
紫橋洞四十六統六戶　朴元植

本人에姓名圖章을路中서失ᄒᆞ엿ᄉᆞᆸ기玆以廣告ᄒᆞ오니內外國人은切勿見欺ᄒᆞ시옵　西部內需司前二十九統六戶　金學圭

現今 神宮建築이卽是兩國國祖崇奉報本者也라何等尊嚴이며何等審愼인데近有部會之外又有一會ᄒᆞ야各欲崇奉建築이나事鉅力綿에恐有鮮終之慮ᄒᆞ니然以自部會로刊出神宮建築誌一冊子廣布ᄒᆞ고會員義捐之多少가係是各盡誠力인故로其同意를表ᄒᆞ야玆廣告홈

西部東幕
高允默五圓　高濟翊四圓
林炳壽二圓　韓爽熙二圓
梁柱漢二圓　梁柱元二圓
盧文善二圓　沈貞澤二圓
神宮奉敬會建築所編輯課
韓成奎　鄭殷平　金大圭

本鐵工場에셔各種鐵物機械等屬을精密히製造와修理ᄒᆞ며廉價로隨請仰呈ᄒᆞ온바物目은左에略開ᄒᆞ오니　僉彦은照亮後陸續來求홈

精米機械　馬車荷車
織組機械　壓油機械
切草機械　壓麵機械
引水機械　製繩機械
發縣機械소리업고솜이다르들보다갑절이늘니옵

詳細는來問홈
京南門外藥峴中洞二百四拾六統二戶
大韓鐵工場　白

本人이十餘年間各國時計修理ᄒᆞᄂᆞᆫ法을受業ᄒᆞ와內外國僉彦에愛顧ᄒᆞ심을甚히蒙ᄒᆞ엿ᄉᆞᆸ거니와自今爲始ᄒᆞ와本舖　一層擴張ᄒᆞ기爲ᄒᆞ야各國時計上品各좋과其他附屬品各종을具備홈이外他商店보다次等이別無ᄒᆞ고修理法이漸次善良ᄒᆞ오니內外國僉彦은陸續枉臨ᄒᆞ심切望

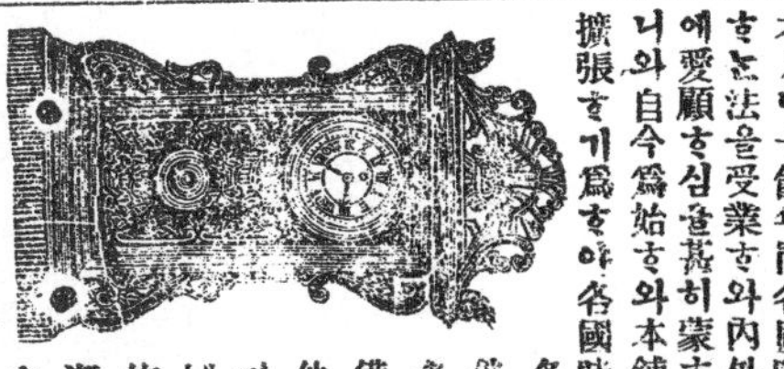

(但外方에ᄂᆞᆫ小包로酬應홈)
京城南部大廣橋側
各國**時計商趙璇熙**　告白

諸新聞雜誌廣告取扱
漢城廣告舍
西部武橋八十七統十戶

本商**會**ᄂᆞᆫ**世運**의**進化**와商**業**의**發展**을**隨**ᄒᆞ야**業務**를**新鮮擴張**ᄒᆞ야各**種布木紬苧緞屬新式毛織等諸般衣服所用物貨**를**多數**貿易ᄒᆞ야**僉君子**의**請求**를誠**實酬應**ᄒᆞ오며**地方**에ᄂᆞᆫ**請求**만ᄒᆞ시면**郵便小包**나**運送部**로**送呈**ᄒᆞ고**代金**은**引換**ᄒᆞ겟사오니**地方**에**商店**이나**所用**되시ᄂᆞᆫ**僉君子**ᄂᆞᆫ**多數請求**ᄒᆞ심을**望**

韓國收入印紙原賣所
有價証券典當賣買所
京城鍾路通二十二統四戶
壽南商會　金泰熙

紙物貿易에迅速

(廣告文)

本店에셔各種紙物을直輸入ᄒᆞ와地方同業僉位와其他僉彦에게特別廉價로酬應ᄒᆞ겟사오니不拘多小ᄒᆞ시고註文ᄒᆞ시면郵便小包와運送部를經過ᄒᆞ와迅速히付呈ᄒᆞ깃ᄉᆞᆸ
物價表와品錄書를無料로付呈ᄒᆞᆷ
品高價低에爲主홈

內外國紙物大發賣

(品目略錄)

●壯紙、油壯紙、油壯板紙、窓戶紙、白紙、塗비洋紙、書畵各種、天井紙、古査紙、印札紙、半紙、美濃紙、製圖紙、書簡紙、封套紙、其他學校用品畢業證書紙其他具備

漢城鍾路大廣橋
本店　紙物舖　**金**聖煥
電話　一千二百八十番
支店　漢城北部安洞別宮前

本人이陽六月三拾日에京義直行車에서姓名章을致失ᄒᆞ엿ᄉᆞ오니該章은休章으로施行홈
平壤西門通化春病院崔龍化白

圖章材料及印朱販賣
京城南署棗洞六十二統十戶
金龍商會　告白

民刑訴訟의委任에應홈
辯護士　洪在祺
本事務所　京城中部大笠洞
出張所　平壤郡南門通

本藥局에셔業務를大擴張ᄒᆞ고　勿論親疎間學記及居住만通知ᄒᆞ면擇品廉價ᄒᆞ야郵便小包로卽速付送ᄒᆞ고　代金은引換ᄒᆞ깃
京城南部銅峴九十五統十戶
乾材藥局
崔興模

◉**商業同胞**에게**告**홈

今也에諸般事業이漸次발達ᄒᆞᄂᆞᆫ時代를當ᄒᆞ야商業上의關係도또ᄒᆞᆫ此를從ᄒᆞ야變遷ᄒᆞ며商去來의慣習이舊日과不同ᄒᆞ고商行爲의規模가昔時와相異ᄒᆞ야會社라銀行이라ᄒᆞᆷ이昔日의見치못ᄒᆞ던바ㅣ며手形이라證券이라ᄒᆞᆷ이舊時의行치못ᄒᆞ던비라、如此히變遷ᄒᆞᆫ時代에在ᄒᆞ야舊日의慣習으로商去來를行ᄒᆞ며昔時의規模로商行爲를營코져ᄒᆞᆷ진ᄃᆡ엇지能히商業의目的을達ᄒᆞ리오噫라前日에ᄂᆞᆫ地方의商旅가京城에來往ᄒᆞᄂᆞᆫ者ㅣ聯絡不絶ᄒᆞ더니今日에ᄂᆞᆫ何故로如此히凋殘ᄒᆞ엿ᄉᆞ며昔日에興旺ᄒᆞ던客主營業이何故로今日에不振ᄒᆞᄂᆞ뇨試思ᄒᆞᆯ지어다其行ᄒᆞᄂᆞᆫ慣習과規模가今日變遷ᄒᆞᆫ此時代에適合치아니ᄒᆞᆫ所以가아닌가是故로本會社ᄂᆞᆫ五六年前에京城商業에實地從事ᄒᆞᄂᆞᆫ有力諸氏에게組織ᄒᆞᆫ바ㅣ되야外國에有名ᄒᆞᆫ織組會社와都賣特約을結ᄒᆞ고織物을直接貿易ᄒᆞᆷ으로爲業ᄒᆞ야今日에至ᄒᆞ야ᄂᆞᆫ엄然히京城商業界의重鎭을占ᄒᆞ니實로我國의商業界를爲ᄒᆞ야慶幸ᄒᆞᄂᆞᆫ바ㅣ로다、然이나本社ᄂᆞᆫ더욱全國同胞의便益을圖ᄒᆞ기爲ᄒᆞ야業務를擴張ᄒᆞ고規模를拾分改良ᄒᆞ야本社營業의一副業으로委托營業을開始ᄒᆞ고各地方商旅의賣買委托을受ᄒᆞ야去來를信實히行ᄒᆞ고待遇를親切히爲ᄒᆞ며口文을低廉히受ᄒᆞ고金錢을迅速히融通ᄒᆞ며地方商人의間或不知ᄒᆞᄂᆞᆫ新式節次도詳細히指導ᄒᆞ오리니來ᄒᆞ시오來ᄒᆞ시오全國의商業同胞ᄂᆞᆫ京城鍾路大廣橋通**合名會社彰信社**로枉臨ᄒᆞ시옵

合名會社彰信社社長　洪鍾浣
營業部長　安義淳
委托部長　金春植　謹告

留宿의便利를圖ᄒᆞ기爲ᄒᆞ야廣橋南川邊茶洞十五統九戶
彰信旅館을設홈

諸彥은**記**憶ᄒᆞ시ᄂᆞᆫ가　**記**억ᄒᆞ시거던**自白**ᄒᆞ시오
昨年夏期에**多數生靈**이**非命**에**慘死**ᄒᆞ야
一國이**驚**愕ᄒᆞ온**[illegible]何**[illegible]ᄒᆞᆷ인가
此ᄂᆞᆫ專히**諸彥**이**[illegible]**치아니ᄒᆞ고**醫藥擇**에**當**을**失**ᄒᆞᆷ이[illegible]
아아　겁나고　두려운　[illegible]**流行病**
겁나고　두려운　[illegible]**流行病**
回生水蘇生丹이바로**[illegible]驅逐**ᄒᆞ고
數萬의**生命**을**救**[illegible]**不**[illegible]**昨夏**活
歷史의**證**ᄒᆞᄂᆞᆫ바라

起死回生水 蘇生丹

諸彥에게**問**ᄒᆞ노니**萬物**의**靈**된**人間**으로**誰**가**生命**을**不**愛ᄒᆞ리**有**ᄒᆞ며**生命**을**愛**ᄒᆞᄂᆞᆫ**人**으로**誰**가**回生水**와**蘇生丹**을**不備**ᄒᆞᆯ**者有**ᄒᆞ리요**有**ᄒᆞ거던우리**京城鍾路和平堂大藥房**으로**來**ᄒᆞ시요

電話　壹六九七番
電畧話　(화)　(기)

檀君開國四千二百四十三年
箕子元年三千二十二年
大韓開國五百十九年
本報創刊日 光武八年七月十八日

大韓每日申報

發行兼編輯人 李章薰
發行所 京城中部布屛門二宮街 二層洋屋 大韓每日申報社
第八卷 月曜及慶節歲時日休刊 第壹千四百四十四號

論說

守舊派에게警告

我韓의新風潮가流入ᄒᆞᆫ지三十餘年에民俗이尙爾腐敗ᄒᆞ고民智가尙爾未開ᄒᆞ야一種守舊派가其間에生出ᄒᆞ니其舊ᄂᆞᆫ何를守ᄒᆞ엿ᄂᆞᆫ고片髻가尙存ᄒᆞᆫ것이守舊ᄒᆞᄂᆞᆫ目的인가峨冠을尙着ᄒᆞᄂᆞᆫ것이守舊ᄒᆞᄂᆞᆫ目的인가총網을緊着ᄒᆞᄂᆞᆫ것이守舊ᄒᆞᄂᆞᆫ目的인가新式을仇視ᄒᆞᄂᆞᆫ것이守舊ᄒᆞᄂᆞᆫ目的인가教育을反對ᄒᆞᄂᆞᆫ것이守舊ᄒᆞᄂᆞᆫ目的인가此ᄂᆞᆫ形式上守舊에過치못ᄒᆞ도다

先王의法制를能히守치못ᄒᆞ며先聖의德行을能히守치못ᄒᆞ며先哲의法言을能히守치못ᄒᆞ며祖國의精神을能히守치못ᄒᆞ며先賢의學問을能히守치못ᄒᆞ면셔何를守舊라謂ᄒᆞ리오

口로만舊를守ᄒᆞᆫ다稱ᄒᆞ나其心術을顧ᄒᆞ면滔滔戚戚ᄒᆞᆫ것이舊日制度를恢復ᄒᆞ야職位도如前히圖得ᄒᆞ고財產도如前히擁有ᄒᆞ고門閥도如前히高大ᄒᆞ기를予日望之ᄒᆞ나此ᄂᆞᆫ先天에已屬ᄒᆞᆫ事라此後에ᄂᆞᆫ餘望이無ᄒᆞ다ᄒᆞ야世祿을襲ᄒᆞ던人이餘生好送ᄒᆞᆯ計劃으로山水鄕에退歸ᄒᆞ다가家產을損失ᄒᆞ면仕官의慾이萌動ᄒᆞ야有力家에무숨攀緣이有ᄒᆞ든지一資半級을得ᄒᆞᄂᆞᆫ境遇이면其髮을斷ᄒᆞ고其冠을去ᄒᆞ기를猶恐不及ᄒᆞ며爲先語學을講習ᄒᆞ야外人을交涉ᄒᆞᆯ方針을作ᄒᆞ기로眼鼻를莫開ᄒᆞ나其麁鄙ᄒᆞᆫ情態와阿諛ᄒᆞᄂᆞᆫ心腸이綻露無餘ᄒᆞ야傍人의掩鼻를願치아니ᄒᆞ니엇지西洋의守舊大家梅特날을愧치아니ᄒᆞ리오

歐洲全局이外面은平和無事ᄒᆞ나上恬下嬉ᄒᆞᆫ時를當ᄒᆞ야小智와小術을弄ᄒᆞ고全歐에覇權을掌握ᄒᆞ고外國의學問을禁ᄒᆞ며精神上學問도禁ᄒᆞ얏스니精神上學問이란者ᄂᆞᆫ何오民權의自由가是라人民이民權의自由를知ᄒᆞ면其操縱駕御와苟且粉飾ᄒᆞᄂᆞᆫ術을無用에歸ᄒᆞᆯ가憂慮ᄒᆞ야死力을盡ᄒᆞ야其鋒을挫코져ᄒᆞ나當時에歐洲의民智가大開ᄒᆞ야自治ᄒᆞᄂᆞᆫ成績이日著ᄒᆞ미梅特날의陰謀詭計로도掩壓키不得ᄒᆞ엿스니民權自由ᄂᆞᆫ天下의公理오世界의公例라現今世界ᄂᆞᆫ生存競爭ᄒᆞᄂᆞᆫ時代라오惟ᄒᆞᆫ管見과착離ᄒᆞᆫ蠡測으로時機의變幻과民智의蔚興을沮止ᄒᆞᆯ手段이必無ᄒᆞᆯ지니禮云樂云도此世에無用이오曰班曰常도此世에無用이오山林學者도此世에無用이오行世出入도此世에無用이라自實力을培養ᄒᆞ야一身의權限을他人에게讓與치아니ᄒᆞ여야黑闇天地에頑夢을忽醒ᄒᆞ고雷霆이當前ᄒᆞᄂᆞᆫ줄을覺察ᄒᆞᆯ지니一直執迷不返ᄒᆞ면溝壑에도可히推入ᄒᆞᆯ것이오水火에도可히投入ᄒᆞᆯ것이니嗟我守舊同胞여

官報

◎第四千七百三十九號

▲隆熙四年七月廿五日 (月曜)

告示

內部告示第七〇號

本年四月六日告示第二八號로써龍山元山間及太田木浦間鐵道用地에該當ᄒᆞᄂᆞᆫ各坊面內에在ᄒᆞᆫ土地地上物件의賣買典質及家屋墳墓의新造等禁止인바左記府郡에在ᄒᆞ야ᄂᆞᆫ現場에建植ᄒᆞᆫ鐵道線路中心杭에서左右各百拾間(拾鎖)의土地를除ᄒᆞᆫ外에其禁止를解除홈

隆熙四年七月二十三日

內部대臣 朴齊純

左記

龍山元山線의內

漢城府

京畿道 (楊州郡) (漣川郡) (抱川郡)

太田木浦線의內

忠淸南道 (懷德郡) (鎭岑郡) (連山郡) (恩津郡)

敍任及辭令

○六月三十日 郡主事朴善義 同金孝燦 郡主事林鳳周 陞敍判任官三等

○七月十一日 全種奎 任郡主事敍判任官五等 土地調查局主事兼臨時財產整理局主事李成鎬 同三浦熊治 免兼官(以上七月七日度支部) 臨時財產整理局囑託安永基 依願事務囑託을解홈 (七月十五日度支部) 財務署主事李澤雨 依願免本官 財務署主事兼財務監督局主事韓相舜 依願免本官竝兼官 印刷局技手三善桂介 依願免本官(以上七月二十日度支部) 財務署主事兼財務監督局主事上村琢爾 依願免兼官 (七月廿一日度支部)

外報

◎中米內亂 桑港電을據ᄒᆞᆫ즉中米혼듀라쓰國셰시바地方에셔內亂이起ᄒᆞᆷ으로政府에셔ᄂᆞᆫ軍隊를派送ᄒᆞ야鎭定케ᄒᆞᄂᆞᆫ中인ᄃᆡ革命黨은現대統領도이라氏의政府를顚覆ᄒᆞ고前大統領또닐라氏를復位코져ᄒᆞᆫ다더라

◎東洋滊船連絡 仝電을據ᄒᆞᆫ즉目下紐育에在ᄒᆞᆫ東洋滊船會社의大川、白石兩氏ᄂᆞᆫ同會社와南太平洋鐵道會社의聯絡을絕ᄒᆞ고新히西太平洋鐵道會社와聯絡ᄒᆞ기로約束ᄒᆞ엿다더라

◎德墺兩帝會見 伯林電을據ᄒᆞᆫ즉德國皇帝ᄭᅴ옵서ᄂᆞᆫ푸리로리쓰이大公의請待에應ᄒᆞ야銃獵隊를加ᄒᆞᆫ後九月二十日에셴푸룬宮에셔墺國황帝를訪問ᄒᆞ신다더라

◎德人銃殺事件 仝電을據ᄒᆞᆫ즉土耳其하이우아市街에셔德國臣民을銃殺ᄒᆞᆫ事를因ᄒᆞ야德國政府ᄂᆞᆫ土耳其政府에對ᄒᆞ야賠償을要求ᄒᆞᆫ다더라

◎德淸小包條約 仝電을據ᄒᆞᆫ즉德淸兩國間에小包郵편條約을成ᄒᆞ엿ᄂᆞᆫ디兩國各地郵편局에셔重量百키로그람以下小包郵편物을交換ᄒᆞ기로定ᄒᆞ엿다더라

◎阿亂鎭靜 仝電을據ᄒᆞᆫ즉阿弗利加메란國의騷亂은平定이되엿다더라

◎駐日公使赴任 北京電을據ᄒᆞᆫ즉駐日公使王大燮氏ᄂᆞᆫ去二十二日에出發ᄒᆞ야赴任途에就ᄒᆞ엿다더라

◎大砲의爆발 美國버쥐니아州몬으로地方에셔ᄂᆞᆫ拾二촌砲가爆발되여死者ㅣ拾名이오負傷者가五名이라더라

◎印度革命黨運動 타임쓰電을據ᄒᆞᆫ즉印度칼커타一民家에셔多數ᄒᆞᆫ彈藥과短銃을발現見ᄒᆞ엿ᄂᆞᆫ디同家에在ᄒᆞᆫ벵골人兩名은既爲逃去ᄒᆞ얏다더라

雜報

◎慈惠局의專賣權 京城鍾路慈惠藥房이今春에偶然停業이라가今에擴張ᄒᆞᆯ計劃으로靈樂蔘茸大補元과久체大蠲丸을特別製造ᄒᆞ여統監府에專賣權을得ᄒᆞ고발賣ᄒᆞᆫ다더라

◎一館何之 藏花組合所를設ᄒᆞ고密賣淫女를團束ᄒᆞ기爲ᄒᆞ야百般運動ᄒᆞ던金完洙金炳勳等은日前에淸人商店長松樓에셔金八圜價値料理를買喫ᄒᆞ고因爲逃避ᄒᆞ엿슴으로該店主가所管경察署에呼訴ᄒᆞ엿다더라

◎普校債用 普成專門學校에셔財政의困難ᄒᆞᆷ을因ᄒᆞ야同校學監尹益善氏가無典債金三千圜을借款ᄒᆞ야一般任員의月俸五個朔條를支給ᄒᆞ엿다더라

▲擧筆冷笑▼

▲警務總監部에셔一進會員의履歷書를收去ᄒᆞᆷ으로該會員들이無限ᄒᆞᆫ希望이有ᄒᆞ다고對人誇張ᄒᆞᆫ다지그希望은무숨希望인가돈을希望ᄒᆞᄂᆞᆫ지官職을希望ᄒᆞᄂᆞᆫ지佛手散을希望ᄒᆞᄂᆞᆫ지

▲度支部官人金允基氏가身病을治療ᄒᆞᆫ다고度支部로報告ᄒᆞ엿ᄂᆞᆫ디該部에셔本家로派人調查ᄒᆞᆫ즉身病은姑舍ᄒᆞ고初不在家라지身病으로請願ᄒᆞ고在家치아니ᄒᆞ엿스니閻라國으로治療ᄒᆞ라갓ᄂᆞᆫ지

▲寺內統監이渡來ᄒᆞ미政界가變更되야新內閣을元老中으로組織ᄒᆞᆫ다니元老의意想이何如ᄒᆞᆯ고各自以爲大將ᄒᆞᆯ時代로고

▲沈啓澤氏의女息이數年을寡居ᄒᆞ며巨大ᄒᆞᆫ財產을持有ᄒᆞ더니松坡居ᄒᆞᄂᆞᆫ張柔奉이一妻二妾이有ᄒᆞᆫ디欺瞞手段을用ᄒᆞ야該女를誘引ᄒᆞ야該女의巨大ᄒᆞᆫ金額으로一大家舍를購買同居ᄒᆞᆫ다니該女가셋人재妾이된다ᄂᆞᆫ말이綻露되면東風의익호박떠러지듯쿵ᄒᆞᆯ걸

世界歷史

「찰쓰」五世와宗教改革

「찰쓰」五世ᄂᆞᆫ「루더」派의主義가勢力이益熾ᄒᆞᆷ을見ᄒᆞ고一千五百二十九年에(스파이어)(ᄶᅡ바리아)(의首府라)에國會를開ᄒᆞ고新教의傳布를禁制ᄒᆞ니日耳曼의七諸侯及諸都府의多數가此를不服ᄒᆞ고抗議書를上ᄒᆞ니是以로時人이新教徒를目ᄒᆞ야抗抵派「푸로테스탄트」라稱ᄒᆞ더라然ᄒᆞᆫ디時適土耳其의설탄「숄네이만」이凶牙利를侵ᄒᆞ고奧地利에入ᄒᆞ야維也納府를圍ᄒᆞ고繼ᄒᆞ야大兵으로日耳曼에進向ᄒᆞᆫ디形勢가자못危急ᄒᆞᆫ지라於是에「찰쓰」五世가新教徒와和ᄒᆞ야土耳其人을國外로逐出ᄒᆞ니라

一千五百三拾年에「찰쓰」五世가(위스쌕)에國會를開ᄒᆞᆫ디新教徒ᄂᆞᆫ(루더의友人(메란히돈)의編纂ᄒᆞᆫ自認書二拾八教條를捧呈ᄒᆞ며且新教를信奉ᄒᆞᄂᆞᆫ諸侯及諸都府가合同ᄒᆞ야(수말칼드)同盟을結ᄒᆞ더니時又土耳其의(숄네이만)이再次多難ᄒᆞ거ᄂᆞᆯ帝가드듸여一千五百三拾二年에(루렌쌔그)府에셔和議를結ᄒᆞ고一時新教의公行을認可ᄒᆞ고新舊教徒를率ᄒᆞ야土耳其人을擊破ᄒᆞ며帝ᄂᆞᆫ又亞弗利加의北岸(튜니스)에赴ᄒᆞ야海賊을擊破ᄒᆞ고二萬의基督教徒를解放ᄒᆞ니라

(未完)

詞藻

◎詠鶴鴉◎ 梅瘦生

瘦鶴단田守淨顔飢鴉曲逕向氷山단田春到氷山解鴉失依棲鶴定閒

評曰千年華表高翔翩翩丁令威之情魄所聚一片氷山太陽暐暐

宮廷報

○統監의陛見 寺內統監이昨日午前十時三拾分에 大皇帝陛下께 陛見ᄒᆞ엿는ᄃᆡ內閣秘書官高源植氏가前期ᄒᆞ야統監府에前往引導ᄒᆞ엿고同拾一時卅分에는副統監이 陛見ᄒᆞ엿고同拾二時에는 御陪食이有ᄒᆞ엿고下午一時에는德壽宮으로進詣ᄒᆞ야 太皇帝陛下께 陛見ᄒᆞ엿다더라

○物品進呈 日皇陛下께옵서我 皇室에左記物品을進呈ᄒᆞ엿는ᄃᆡ昨日에寺內統監이奉持參內ᄒᆞ엿다더라

大皇帝陛下께 御紋付桐에鳳凰七寶壹個
皇后陛下께 御紋付櫻草蒔繪手箱壹個
太皇帝陛下께 御紋付杏樹에鳩銀花瓶壹對
嚴貴妃殿下께 御紋付西洋葵蒔繪手箱壹個

○統監의獻上品 寺內統監은昨日午前拾一時에 大황帝陛下께謁見ᄒᆞᆯ時에左記物品을獻上ᄒᆞ엿는ᄃᆡ

大황帝陛下께金半目地高蒔繪歸厲來燕模樣文臺와同硯箱各一箇
황后陛下께寶石入指環壹箇
太황帝陛下께金地高蒔繪草花模樣料紙文庫와同料紙硯箱各一個
慶善宮에 寶石入腕環一雙이라더라

○副統監參內 山縣副통監은昨日午前拾二時에有吉總務長官을帶同ᄒᆞ고 창德宮에參內ᄒᆞ야 御陪食의 賜를受ᄒᆞ엿다더라

○參內隨從人員 昨日寺內統監의參內 陛見時에隨從人은左와如ᄒᆞ니

石井少將、明石少將、外波大佐、山吉長官、國分參與官、小松參與官、簡望中佐、兒玉秘書官、津野中佐、友田太尉諸氏라더라

○完興陛見 完興君李載冕氏는再昨日上午拾二時 昌德宮에 陛見ᄒᆞ엿다더라

雜報

○統邸晩餐 寺內통監은昨日午後七時에통監官邸에서晩餐會를開ᄒᆞ엿는ᄃᆡ參會ᄒᆞᆫ人員이左와如ᄒᆞ니

義親王殿하、永宣君、大久保司令官、山縣副통監李總理、閔宮대、朴內대、高度대、趙農대、李學대李親衛府長官과各參與官과其他高등官諸氏라더라

○視察醫院 山縣副統監은再昨日下午一時에대韓醫院을視察ᄒᆞ엿다더라

○統監訪問 大久保軍司令官은去廿四日에寺內統監을官邸에訪問ᄒᆞ고長時間談話ᄒᆞ엿다더라

○金李密話 前學部大臣李載崑氏는再昨日下午三時에中樞院議長金允植氏를訪問ᄒᆞ고內閣變更된다는說에對ᄒᆞ야秘密談話가有ᄒᆞ엿다더라

○元老의希望 寺內統監赴任後에內閣이卽時變更된다는說에對ᄒᆞ야元老以下有力ᄒᆞᆫ運動이有ᄒᆞᆫ者는所願의成就가非朝伊夕으로認定ᄒᆞ고目下苦待中이라더라

○兩氏副贊 中樞院副贊議五窠가現闕인ᄃᆡ許진金敎獻趙某三氏로叙任ᄒᆞ려고擬議ᄒᆞ다가趙某는文官銓考所에서除却ᄒᆞ엿고許金兩氏는內定이되엿는ᄃᆡ日間頒布된다더라

○大臣被告 漢城俱樂園은各大臣과其他各官廳奏任官의발起로前翠雲亭을修理丹靑ᄒᆞᆯ時에日人工匠으로使用ᄒᆞ엿는ᄃᆡ役費三千餘圓을不爲支給ᄒᆞ엿든지日工匠이工費를推尋ᄎᆞ로現任各大臣을被告로定ᄒᆞ야京城地方裁判所에起訴ᄒᆞ엿다더라

○因暇上京 忠南觀察使崔廷德氏는夏期休暇를利用ᄒᆞ야日昨上京ᄒᆞ엿다더라

○武田件渡 歸國ᄒᆞ엿던平壤鑛業所長武田이今番에寺內통監과同件渡來ᄒᆞ엿는ᄃᆡ本日에任所로發向ᄒᆞᆫ다더라

○參謀云任 日本에쳬在ᄒᆞᆫ宋秉畯은統監府參謀官을被任歸國ᄒᆞᆫ다는說이有ᄒᆞ다더라

○日字新聞團束令 明石警務總長은本日午前십時半에京城과仁川에在ᄒᆞᆫ日字新聞記者及通信員을總監部로招集ᄒᆞ고신聞記事의團속에關ᄒᆞ야懇諭ᄒᆞᆫ다더라

○小山還京 江原道普通學校教監會議에參與키爲ᄒᆞ야出張ᄒᆞ엿던學部小山主事는日昨上京ᄒᆞ엿다더라

○부ᄉ林規分 農商工부에서부分林에關ᄒᆞᆫ規則을改定頒布ᄒᆞᆫ다더라

○山根演說 內부衛生局山근囑托은本日에日人小學校長會議에前往ᄒᆞ야衛生上注意的으로演說ᄒᆞᆫ다더라

○公逋文簿整理 度支部監查課에서는何等急務가有ᄒᆞᆫ지公貨犯逋者에關ᄒᆞᆫ文簿를整理ᄒᆞ기에事務가頒劇ᄒᆞ게로一般官吏가下午四時ᄭᅡ지視務ᄒᆞᆫ다더라

○陞級修報廢止 各官立學校에서는從來로經費預算書修報時에一般職員의準期陞級件을同히修報ᄒᆞ엿는ᄃᆡ陞級의實施가無ᄒᆞᆷ으로本年度브터는陞級件修報는廢止ᄒᆞᆫ다더라

○官校預算修報 學部에서는日前에各官立學교의발訓ᄒᆞ고明年度經費預算書를來八月末日內로修報ᄒᆞ라ᄒᆞ엿다더라

○府民會維持研究 漢城府民會에서는經費의窘絀ᄒᆞᆷ을因ᄒᆞ야廢會ᄒᆞᆯ境遇에至ᄒᆞ엿는ᄃᆡ各坊會에서는此에對ᄒᆞ야維持方針을研究中이라더라

○衛生說喩 近日溽炎이甚酷ᄒᆞᆷ으로內部衛生局에서警視總監部와交涉ᄒᆞ야巡查로ᄒᆞ야곰衛生上事項을人民에게說喩ᄒᆞ고衣服其他衾具等屬을每日曝洒케ᄒᆞ고腐敗ᄒᆞᆫ蔬菜를不爲買食케ᄒᆞᆫ다더라

○補助農校 忠南觀察道의設立ᄒᆞᆫ農林學校는學부에서認可ᄒᆞ엿고兼ᄒᆞ야一千二百圓을補助ᄒᆞ엿다더라

○學徒數爻 學부에서全國內의官公私립學교의學徒調查表를據ᄒᆞᆫ즉合爲三萬三千名이라더라

○學員會의科目 漢城府의指揮로公立普通學校의敎員會를去土曜日브터師範學校內에서設行ᄒᆞ는ᄃᆡ科目은學校園의果木栽培法과體操等科目으로討論ᄒᆞᆫ다더라

○遺址延諡 講習會員長金允植俞吉濬諸氏가金英鎭氏와協議ᄒᆞ야故忠達公金玉均氏의延諡를來廿七日下午二時에官立漢城高등學교에서設行ᄒᆞᆫ다는ᄃᆡ該校에서設行ᄒᆞᆷ은金氏의遺址인故를因ᄒᆞᆷ이라더라

○爲延親諡 忠南觀察道事務官金英鎭氏는其父親故忠達公의延諡를擧行ᄎᆞ로日昨에上京ᄒᆞ엿다더라

○紅牌價高 日人某가何등緊關이有ᄒᆞᆫ지不知ᄒᆞ거니와已往大科ᄒᆞᆫ各人에게對ᄒᆞ야紅牌를買入코져ᄒᆞᆫ다는ᄃᆡ前承旨沈九澤氏는紅牌一張에呼價拾萬圓ᄒᆞ엿다더라

○日船沈沒 日本大阪商船會社의所有船鐵嶺丸은大連으로브터下之關으로向ᄒᆞ야航行中二十二日午後八時에全羅南道珍島郡竹島燈臺附近에서暗礁에觸迫ᄒᆞ야沈沒되엿는ᄃᆡ乘客은一等에六名이오二등에十三名이오三等에一百五名이오其他陸軍五十九名과船員六十三名이니合計二百四十六名인ᄃᆡ其中四十名만生命을保全ᄒᆞ엿고其他는沒數히生死가不明ᄒᆞ다더라

○摩耶又連難 日本대阪原田商會의滊船摩耶山号는대阪에서芝罘로向ᄒᆞ야航行ᄒᆞ다가二拾三日午前二時에木浦冲에서濃霧를因ᄒᆞ야대谷山東南岸으로上ᄒᆞ려다가坐礁되엿더니鐵嶺丸을救ᄒᆞ려往ᄒᆞ던軍艦淀을遇ᄒᆞ야其救助를得ᄒᆞ엿다더라

○晉察의誼母 慶南觀察使黃鐵氏는晉州郡富客ᄊᆞ년과母子의誼를結ᄒᆞ엿는ᄃᆡ情誼가親密ᄒᆞ다더라

○事關土地 輔國閔泳徽氏는土地에關ᄒᆞᆫ事件으로昨日上午拾時에京城地力裁判所에被招ᄒᆞ엿다더라

○賂金相詰 大韓日日新聞社總務[illegible]分傳人金鎭英氏에게[illegible]을受理ᄒᆞ엿는ᄃᆡ[illegible]刊되엿合으로金氏는行金을還推ᄒᆞᆯᄎᆞ로目下相詰中이라더라

○左右商社請認 李圭恒氏가左右商社中央監部를設立ᄒᆞᆫ다ᄒᆞᆷ은既報어니와日前에臨時事務所門牌를西部唐皮洞等地에揭付ᄒᆞ고農商工部에承認ᄒᆞᆯᄎᆞ로請願書를提呈ᄒᆞ엿다더라

○韓日漁夫衝突 蔚山沿海에서韓人漁夫와日人漁夫가日前에互相衝突이有ᄒᆞ엿는ᄃᆡ所管警察署에서韓人만數十餘名을捉囚ᄒᆞ엿다더라

○家屋價請撥 東大門附近의道路를一신擴張修築ᄒᆞᆫ다는ᄃᆡ民家拾餘戶가犯入됨으로家屋所有者姜英善氏等이內부에請願ᄒᆞ고家屋價를支撥ᄒᆞ라ᄒᆞ엿다더라

○哀毀廢食 安東郡協同學校講師로何許徒黨에게被害ᄒᆞᆫ安商德氏의夫人은年今十九인ᄃᆡ夫喪을聞ᄒᆞᆫ後로食飲을全廢ᄒᆞ야死境에至ᄒᆞ엿더니大韓醫院醫士權泰東氏가安氏家에前往ᄒᆞ야人工呼吸法을施術ᄒᆞ야僅히救生ᄒᆞ엿다더라

○慰奠曹氏 湖南學會에셔는同會員曹康煥氏病故ᄒᆞᆫ事에對ᄒᆞ야再昨日代表一人을派送ᄒᆞ야慰奠을行ᄒᆞ엿다더라

○青年野球競爭 今日하오一時에鍾路青年會運動部에서野球競爭會를訓鍊院에開ᄒᆞ고日本遊學團體를請邀ᄒᆞ야運動ᄒᆞᆫ다는ᄃᆡ多數來參ᄒᆞ기를希望ᄒᆞᆫ다더라

電報

○無線電設置 海軍省은韓國[illegible]를解決ᄒᆞᆫ後兩國間通信의對ᄒᆞ야預期ᄒᆞ고兩地間無線電信을設置ᄒᆞᆫ다더라

以上東京發 廿五日着

○德太子漫遊 公報를據ᄒᆞᆫ즉德國皇太子殿下는世界漫遊를試ᄒᆞ기爲ᄒᆞ야印度와支那와日本各國을訪問ᄒᆞ실터이라더라

○德皇의幸行 德國황帝陛下는八月三日에스데쎈에赴ᄒᆞ여九月四日에英國皇帝卽位報告使로써三氏의一行을引見ᄒᆞ신다더라

○大統領德國着 ᄲᅦ레이실國大統領은伯林에到着ᄒᆞ엿다더라

以上伯林발 二拾三日발

▲問 是 誰 家 子▼

▲鮮明洋服ᄃᆡ少年은太和魂을飽吸ᄒᆞ고韓面ᄇᆡ肚相雜ᄒᆞ야南蠻겨舌斉斉ᄒᆞ며傍若無人橫行ᄒᆞ니問是誰家子오

▲喧天管絃黃昏大에肩神自鑠如山ᄒᆞ야演戲場에往尋ᄒᆞ니如花紅裙送情ᄒᆞᆯ제眼去眼來頻々ᄒᆞ니問是誰家子오

▲三々五々聚頭ᄒᆞ야무合興致陶々ᄒᆞᆫ지外國料理必尋ᄒᆞ며用錢如水ᄃᆡ手段이豪華風을誇張ᄒᆞ니問是誰家子오

▲街上紅燈如市ᄒᆞ니下有佳娥亂唱ᄒᆞᆯ제一團精神渾失ᄒᆞ고溫柔鄕에沉沒ᄒᆞ야一平生을誤了ᄒᆞ니問是誰家子오

▲暗邃花局密設處에巨大紙片雪飛ᄒᆞ니撑中慾火盧[illegible]ᄒᆞ야一[illegible]千金不惜타가朝敗[illegible]日歎ᄒᆞ니問是誰家子오

▲雄狐綏々窺探ᄒᆞ니密淫家가安在런고暗室孤燈相對ᄒᆞᆯ제陽臺夢이深々ᄒᆞ야樂而忘返荒淫ᄒᆞ니問是誰家子오

○面長釐習 北青下青面々長全命熙氏는該面과稅를隱匿一[illegible]海民에게金一百二十圓을討捧ᄒᆞ여現財務官-奎英氏와分食[illegible]

○失妻呼訴 楊州郡柴北面梧木里居李濟孝氏의妻裵姓女는[illegible]가鼓女를推還ᄎᆞ로所管警察署에呼訴ᄒᆞ엿다더라

[illegible]會를開ᄒᆞ고任員을選定ᄒᆞ엿는ᄃᆡ理事部長은金靖圭庶務部長[illegible]範世教育部長은鄭寅朝交涉部長은秦佾彦雜著部長은姜敬熙

○進步黨의實業 進步黨員柳錫用氏는三昨日該黨에實業及[illegible]

年에元山監督司公文으로革罷[illegible]

廣告

大邱西上南山洞山亭居徐甲洙身死後其從弟徐敬洙가山亭을放賣코져ᄒᆞ며其後東山을渠之守護라稱ᄒᆞ고並賣코져ᄒᆞ니東山은卽徐門中宗山也東山並賣ᄂᆞᆫ於理不當이옵기玆에廣布ᄒᆞ오니內外國人間切勿見欺홈
慶北大邱山格洞徐仁洙等 白

○特別廣告

本人이女弟德兒(妓名月梅現任京城三淸洞)의게白地被誣ᄒᆞ야警察署裁判ᄭᆞ지ᄒᆞᆫ事實은日前新聞廣告欄內에特別卞明ᄒᆞ엿ᄉᆞ니今世間具有人性者ᄂᆞᆫ勿論賢愚文野ᄒᆞ고孰不唾罵德兒리오然而噫彼德兒ᄂᆞᆫ鋒旣張矣라崖步難止ᄒᆞ야一手荷杖에欲掩天下之目ᄒᆞ야本月六日新聞上廣告ᄒᆞ기를渠是金德甫나十七年前五百餘石秋收畓을本人의게委任이니本人의姓名을變稱朴德燁이나諸般荒誕無稽之說을肆然揭載ᄒᆞ엿ᄉᆞ니本人이渠의게兒이되여渠와如히苟々爭卞홈은事體上欠點이라홀지나女子界個人資産으로言之ᄒᆞ면事係不輕ᄒᆞ기로不得已逐條說明ᄒᆞ오리다彼德兒女의自稱金德甫라고到底奪名코져홈은先次本人의名을奪ᄒᆞ여야畓券上所有主를冒稱ᄒᆞᆯ凶計를售ᄒᆞᆯ것이니優孟衣冠을縱云得計나曠芮爭訟이難免售奸뿐不啻라本人의兒時名은德甫요妓名은春雲인故로現稱春甫라홈은警察署民籍簿가自在ᄒᆞ니不必長卞이오十七年前五百餘石秋收畓委任이라ᄒᆞ니五百餘石秋收畓이本非輕産이라委任證據가豈無ᄒᆞ며設或委任時證據ᄂᆞᆫ偶然히無ᄒᆞ다ᄒᆞᆯ지라도十七年間長久歲月에每年秋收穀日十日百을一次監檢도無ᄒᆞ고或時採問도無ᄒᆞᆫ理가豈有ᄒᆞ리오且明有可據ᄒᆞᆫ事가有ᄒᆞ니去丁未臘月日에德兒가本人의게致書ᄒᆞ기를錢一千兩만債給樣으로惠送ᄒᆞ면報償生活이可謂積善이다ᄂᆞᆫ意로懇請ᄒᆞᆫ書札이自在ᄒᆞ니渠若五百石秋收畓을丁寧任置於我ᄒᆞ엿ᄉᆞ면當々渠之資産이不少ᄒᆞᆯ지라如是苟且之言을夢中인들出口ᄒᆞ겟ᄉᆞᆸ닛ᄀᆞ噫々라德兒女가現方逗留於龍南郡等處ᄒᆞ면서百般綢繆ᄒᆞ야終欲設計ᄒᆞ오니內外國 僉君子ᄂᆞᆫ切勿見欺ᄒᆞ시옵
慶尙南道龍南郡東面北門洞七統九十四戶 金召史德甫 告白

本人이去辛卯年分에本府東上面立石洞居金洛孝處에一葬山地를四方五步式定價六十兩成文買得ᄒᆞ야父親生墳成置矣러니本券을失見이오니誰某拾得이던지休紙施行홈
平北龍川外下面雙機洞
李洙基 告白

○特別廣告

遠近間商業의從事ᄒᆞ시ᄂᆞᆫ諸氏와內外國物貨興成의便利키爲ᄒᆞ야本人등이物貨委托販賣所를設ᄒᆞ고物貨保管과委托賣買와配達運輸에從事ᄒᆞ오니 僉君子ᄂᆞᆫ愛顧ᄒᆞ심을望홈

一本梧市物貨時價를知코져ᄒᆞ시ᄂᆞᆫ이ᄂᆞᆫ本所로通知ᄒᆞ시면本所ᄂᆞᆫ通告ᄒᆞ겟ᄉᆞ오니坐可以知時勢오
一物貨와掌記만보내셔도本所에셔ᄂᆞᆫ時價로販賣ᄒᆞ야代金을指示ᄒᆞ시ᄂᆞᆫ디로送呈ᄒᆞ겟ᄉᆞ오니坐可以見利益이오
一物貨錄記만보니시면本所에셔ᄂᆞᆫ物貨를時價로買得ᄒᆞ와水陸間配達ᄒᆞᆯ터이오니坐可以買物貨이옵

平北義州府州內面梧市東部二十八統五戶物貨委托販賣所
所長崔翼瑞 會計張明昊
幹事張晶輔 書記金德恒
監査李弘植 崔錫夏
沈致祚 權在鎬 告白

☞紙物貿易에迅速☜

(廣告文)

●弊店에셔各種紙物을直輸入ᄒᆞ와地方同業 僉位와其他 僉彦에게特別廉減價로酬應ᄒᆞ깃사오니不拘多小ᄒᆞ시고註文ᄒᆞ시면郵便小包와運送部를經過ᄒᆞ와迅速히付呈ᄒᆞ깃ᄉᆞᆸ
物價表와品錄書를無料로付呈ᄒᆞᆸ
品高價低에爲主홈

內外國紙物大發賣

(品目略錄)

●壯紙、油壯板紙、窓戶紙、白紙、塗비洋紙、書畵各種、天井紙、古査紙、印札紙、半紙、美濃紙、製圖紙、書簡紙、封套紙、其他學校用品畢卒業證書紙其他具備

本店 漢城鍾路大廣橋 紙物舖 金聖煥
電話 一千二百八十番
支店 漢城北部安洞別宮前

本人의所有東部昌善坊養士洞外拾一處田四日九息半耕畓二升落文券合四拾張及南部誠明坊蓮城尉契外六處田一日九息耕文券合拾九張을自永平鄕第로因擾셔失ᄒᆞ엿ᄉᆞ오니誰某拾得ᄒᆞ와도休紙施行홈
中部勳洞拾二統一戶 趙命九 白

南陽郡內北洞居名南龍字景三이가年二十二오朴文三과同去廿日에不知去處無論誰某시든지보시거든右處로送呈 吳錫俊

本人의次子是瀅의圓形姓名章을昨年拾月頃에家中遺失ᄒᆞ고更以方形章으로改造使用ᄒᆞ겟ᄉᆞ오니知舊間照亮홈
京畿道水原郡南部南昌洞
李載憲 告白

本人이陰六月十日夜에賊漢의게姓名章을見失ᄒᆞ엿ᄉᆞ오니內外國人間切勿見欺ᄒᆞ시옵
平壤龍山面山川洞李日俊 白

測量機械美濃紙販賣

京城南署壺洞六十二統十戶
金龍商會 告白

◎商業同胞에게告홈

今也에諸般事業이漸次발達ᄒᆞᄂᆞᆫ時代를當ᄒᆞ야商業上의關係도또ᄒᆞᆫ此를從ᄒᆞ야變遷ᄒᆞ미商去來의慣習이舊日과不同ᄒᆞ고商行爲의規模가昔時와相異ᄒᆞ야會社와銀行이라홈이昔日의見치못ᄒᆞ던바ㅣ며手形이라證券이라홈이舊時의行치못ᄒᆞ던비라、如此히變遷ᄒᆞᆫ時代에在ᄒᆞ야舊日의慣習으로商去來를行ᄒᆞ며昔時의規模로商行爲를營코져ᄒᆞᆫ진ᄃᆡ엇지能히商業의目的을達ᄒᆞ리오噫라前日에ᄂᆞᆫ地方의商旅가京城에來往ᄒᆞᄂᆞᆫ者ㅣ聯絡不絶ᄒᆞ더니今日에ᄂᆞᆫ何故로如此히凋殘ᄒᆞ엿ᄉᆞ며昔日에興旺ᄒᆞ던客主營業이何故로今日에不振ᄒᆞᄂᆞ뇨試思ᄒᆞᆯ지어다其行ᄒᆞᄂᆞᆫ慣習과其營ᄒᆞᄂᆞᆫ規模가今日變遷ᄒᆞᆫ此時代에適合치아니ᄒᆞᆫ所以가아닌가是故로本會社ᄂᆞᆫ五六年前에京城商業에實地從事ᄒᆞᄂᆞᆫ有力諸氏에게組織ᄒᆞᆫ바ㅣ되야外國에有名ᄒᆞᆫ織組會社와都賣特約을結ᄒᆞ고織物을直接貿易홈으로爲業ᄒᆞ야今日에至ᄒᆞ야ᄂᆞᆫ엄然히京城商業界의重鎭을占ᄒᆞ니實로我國의商業界를爲ᄒᆞ야慶幸ᄒᆞᄂᆞᆫ바ㅣ로다、然이나本社ᄂᆞᆫ더욱全國同胞의便益을圖ᄒᆞ기爲ᄒᆞ야業務를 擴張ᄒᆞ고規模를拾分改良ᄒᆞ야本社營業의一副業으로委托營業을開始ᄒᆞ고各地方商旅의賣買委托을受ᄒᆞ야去來를信實히行ᄒᆞ고待遇를親切히爲ᄒᆞ며口文을低廉히受ᄒᆞ고金錢을迅速히融通ᄒᆞ며地方商人의間或不知ᄒᆞᄂᆞᆫ新式節次도詳細히指導ᄒᆞ오리니來ᄒᆞ시오來ᄒᆞ시오全國의商業同胞ᄂᆞᆫ 京城鍾路大廣橋邊

合名會社彰信社로枉臨ᄒᆞ시옵

合名會社 彰信社社長 洪鍾院
營業部長 安義淳
委托部長 金春植 謹告

留宿의便利를圖ᄒᆞ기爲ᄒᆞ야廣橋南川邊茶洞十五統九戶
彰信旅館을設홈

諸彦은記憶ᄒᆞ시ᄂᆞᆫ가 記억ᄒᆞ시거던自白ᄒᆞ시오
昨年夏期에多數生靈이非命에慘死ᄒᆞ야
一國이驚愕ᄒᆞᆫ은抑何를基因홈인가
此ᄂᆞᆫ專혀諸彦이衛生을重視치아니ᄒᆞ고醫藥擇擇에當을失홈이라고自白ᄒᆞ시오
아아 겁나고 두려운 고레라ᄀᆞᆺ탄流行病
겁나고 두려운 고레라ᄀᆞᆺ탄流行病
回生水蘇生丹이비로소此等病魔를驅逐ᄒᆞ고
數萬의生命을救濟ᄒᆞᆫ은過去의不遠ᄒᆞᆫ昨夏活歷史의證ᄒᆞᄂᆞᆫ비라

起死回生水蘇生丹

諸彦에게問ᄒᆞ노니萬物의靈된人間으로誰가生命을不愛ᄒᆞ리有ᄒᆞ며生命을愛ᄒᆞᄂᆞᆫ人으로誰가回生水와蘇生丹을不備ᄒᆞᆫ者有ᄒᆞ리요有ᄒᆞ거던우리京城鍾路和平堂大藥房으로來ᄒᆞ시요

電話 壹六九七番
電署話 (화) (ㄲ)

濟生堂大藥房本舖製造及發賣品目錄

消化新藥 清心保命丹 九十粒一貼價금十錢 此丹은消化不良과 感冒 及 胃病 等에 持藥과 旅行에 携帶가 適當 금十五錢

大補元氣 蔘茸大補元 大補元氣ᄒᆞ야 滋陰補陽ᄒᆞ며 先天不足과 陽위不起에 一切神效 三貼入 환藥匣济附 四週日分금三圓四十錢 週日分금一圓 八週日分금六圓四十錢

疾怪보神 保命水 此水는急ᄒᆞᆫ吐瀉나곽亂腹통에立효가有ᄒᆞᆷ 금十錢

起死回生 回生丹 此丹은急ᄒᆞᆫ吐瀉關格이며가슴아리와冷積과痢疾에神効 一貼금十錢

蛔積殺虫散 此약은회積과회腹痛과회虫을一切去根ᄒᆞ는良劑 一日分금十錢

久滯大通丸 此丸은年久積滯와宿滯後重이며胃腹痛에神効莫大ᄒᆞᆷ 二日分금十五錢

寸虫沒出藥 此藥은寸白虫一切를去根ᄒᆞ는妙藥 一人用금卅錢

感氣時효 解熱散 寒熱往來ᄒᆞ며似학非학과頭痛挫뢰와肢節痛에其効가偉大 一日分금十錢

되는 拔根藥 되눈과못과ᄉᆞ마귀를에는藥 一貼금十錢

瘡病聖藥 梅花點雪丹 毋論男女ᄒᆞ고花柳病楊梅瘡에一切去根快復하는良藥 一劑금三圓五十錢

瘟氣神效 解毒膏 毒종과根빅인듸와其他諸般腫氣一切에神효無雙ᄒᆞᆷ 一貼금十錢

去核生新 沃度膏 鋼瘡과腐傷과곰진데와核生新ᄒᆞ기는第一著明 一盒금十錢

齒病全治 健齒水 此水는風齒와虫齒며諸般齒통에大효가有ᄒᆞᆷ 小一瓶금十錢

止足汗臭水 手足의汗臭를除却ᄒᆞ는藥 一包금十錢

根疾速治 光明眼藥 諸般眼疾에隨症皆差ᄒᆞ는東洋에初有ᄒᆞᆫ寶藥 小一瓶금十錢

潤肺[illegible]丸 急慢腸病과各種[illegible]疾과怪病流行病에偉効가[illegible] 一貼금卅錢

潤肺化담 止[illegible]散 傷風火소와喘息勞소와吐담困難과呼吸苦悶胸膈刺통등神효 一貼금卅錢

解凝止통 罷[illegible]伴 打撲跌落傷青至各種腫氣始初腹통陰囊종통骨濕통諸症幷효 小一瓶금十錢

吐血下血 神效止血丸 專治男婦勿論老幼諸般血症即吐血酒色過用由발되는血담症並효 금六十錢

上海 膏 담結、肩臂통、解凝、流注刺血등징에特別有효ᄒᆞᆷ 금十五錢

○淋疾藥各種○其他有名ᄒᆞᆫ賣藥各種○洋藥各種○化粧品各種○都매散매○遠地에는郵便小包로迅速酬應ᄒᆞᆷ

漢城南大門內 濟生堂大藥房 李庚鳳

代辦主任 李興國 白

電話 壹七二八番

電略 (재) 又 (卄亻)

特別廣告

本店을開業ᄒᆞᆫ지[illegible]年以來에 僉君子의愛顧ᄒᆞ심을蒙ᄒᆞ온바 更히報答ᄒᆞ기爲ᄒᆞ와業務를擴張ᄒᆞ고內外各樣紙物과布木紬緞이며政府委托度量衡器와學校用品을新選最良으로直輸入ᄒᆞ와特廉減價로多小間遠近을勿論ᄒᆞ고請求ᄒᆞ시면遞送部郵便小包며引換代金으로酬應을迅速히貿易에益々便利토록施行ᄒᆞ깃ᄉᆞ오니諸君子는照亮愛顧ᄒᆞ심을伏望ᄒᆞᆷ

各樣紙物

壯紙 壯版紙 窓戶紙

白紙 各樣書畵 塗背

洋紙 燐料 印刷洋紙

斑子紙 封套紙 印札紙

製圖用紙 [illegible]

度量衡器 等

[illegible]類를販賣ᄒᆞᆷ

京城鍾路通二十二統八戶

政府度量衡器販賣所

品紙商 鄭斗煥

電話壹千拾九番

電略 (정) 又 (亍)

各種布木 紬緞

布。苧。木。紬。緞。

綿子。毛織

京城鍾路通二十二統八戶

木布商 鄭星煥

日語大成

張燾淵 服部暢 大垣丈夫 序文

鄭雲復 著述

學部檢定

洋裝一部 定價金壹圓

半洋一部 定價金八十五錢

此書前名은獨習日語正則이온바數年來로愛讀者多ᄒᆞ와三版발行ᄒᆞ왓ᄉᆞ오나其間乏絶되왓ᄉᆞᆸ고教科書에完全치못ᄒᆞᆷ으로因ᄒᆞ와這間自學部로完全케精密檢定ᄒᆞ와高등教育日語科學員用教科書로檢定되온바獨習에倍ᄒᆞ고[illegible]易ᄒᆞᄋᆞᆸ고日語[illegible]教科[illegible]適當ᄒᆞᆫ良書이오며江湖[illegible]大[illegible]數[illegible]ᄒᆞ시옴

發行兼元賣所

中部布屛下卅七統六戶

廣學書舖 金相萬

分賣所

中部勝洞禮拜堂前 東洋書院

中部洞口 中央書館

京鄕各書舖

蔘茸唐草藥材廉價大發賣

特別廣告

本店에셔開業三十餘年에僉君子의[illegible]ᄒᆞ심을蒙ᄒᆞ온바今에[illegible]盛況을報答키爲ᄒᆞ야業務를一層擴張ᄒᆞ옵고良好ᄒᆞᆫ蔘茸唐草藥材를內地와外國으로셔多數히直輸入ᄒᆞ와特別廉價로都賣散賣에信實히酬應ᄒᆞ오며地方셔請求ᄒᆞ시는더對ᄒᆞ야는多小를不拘ᄒᆞ옵고郵便小包는遞送部로迅速히付送ᄒᆞ오되代金은引換으로ᄒᆞ깃ᄉᆞ오니京鄕僉君子는益益請求ᄒᆞ심을望ᄒᆞᆷ

但地方에셔請求ᄒᆞ시는妙法

金一錢五厘를費ᄒᆞ시고一枚에葉書를使用ᄒᆞ사住所氏名과掌記를錄送ᄒᆞ시면能히遠路의跋涉과往返의旅費를要치아니시고本店에最良好ᄒᆞᆫ上品藥材를完全히貿用ᄒᆞ실터이외다

京城南部銅峴三十五통三戶

蔘茸唐草藥材直輸入商

乾材藥局

崔聖瀚 告白

特別廣告

本店에셔開業ᄒᆞᆫ지十六年에僉君子의愛顧ᄒᆞ심을[illegible]今年[illegible]擴張ᄒᆞ[illegible]方[illegible]數[illegible]郵便小包로[illegible]代金은[illegible]ᄒᆞ오니十三道[illegible]僉君子는[illegible]請求[illegible]

電話番號 (三五八)

漢城中部鍾路砂器廛洞二十一統五戶

廣興泰 告白

池錫永先生 著

字典釋要

全一册 定價金八十錢

本書는我韓에著名ᄒᆞᆫ池錫永氏가數十年研究ᄒᆞᆫ바인데[illegible]篇로[illegible]千餘字를增補ᄒᆞᆫ[illegible]中[illegible]國文으로明白히解釋ᄒᆞᆫ要書이오니僉君子는[illegible]購覽ᄒᆞ시옴

신찬 국문가뎡간독

全一册 定價金三拾錢

李鼎煥 著

本書는國文으로編纂ᄒᆞ고漢字를傍書ᄒᆞ야國漢文書札에幷要ᄒᆞᆷ

發行所 南部大廣橋三十七統四戶 滙東書館

○昌平貧民 全南光州郡財務署管內昌平郡에는昨年旱災收ᄒᆞᆫ故로社還米로貸救ᄒᆞ더니本年農作이又爲不好ᄒᆞ여該郡民七升內에五百八拾三石四斗를貸與ᄒᆞ기로決定ᄒᆞ고每日一人

○忠南中校 公州郡에忠南中學교를設립ᄒᆞ기爲ᄒᆞ야鄭永澤[illegible]金額이三千餘圓에達ᄒᆞ엿다더라

이有ᄒᆞ야金龍植氏等이內부에請願ᄒᆞ고地段價를支撥ᄒᆞ라ᄒᆞ[illegible]의挾雜事件에關係로[illegible]部에被捉ᄒᆞ엿던李勝[illegible]

史ᄂᆞᆫ年今二十餘인ᄃᆡ靑年學生輩를誘引ᄒᆞ야密賣淫으로爲業ᄒᆞᆷ으로蕩子淫婦가會集如市ᄒᆞ睡罵ᄒᆞᆫ다더라

◎孤兒施罰 孤兒院學徒가起鬪ᄒᆞᆫ事件에對ᄒᆞ야該院長兪吉을施行ᄒᆞ엿다더라

◎返柩到家 安東郡協동學校講師로橫死를被ᄒᆞᆫ金箕壽安商京城本家에來到ᄒᆞᆫ다더라

◎敎務擴張 耶蘇敎에서ᄂᆞᆫ漢城內外에傳道館을多數設置ᄒᆞ中이라더라

◎服部越交 詐欺取財로警務總監部에被捉ᄒᆞ엿던日人服部裁判所로本月二拾三日에押送ᄒᆞ엿다더라

◎金屬分析所竣工 商業會議氏가合資ᄒᆞ야金屬分析所를洋制로建築ᄒᆞ엿ᄂᆞᆫᄃᆡ竣工되엿슴으로日間開業에着手ᄒᆞᆫ다더라

檀君開國四千二百四十三年
箕子元年三千三十二年
大韓開國五百十九年
本報創刊日
光武八年七月十八日

大韓每日申報

發行兼編輯人 李章薰
발行所
京城中部布廛屛門二宮街
二層洋屋 大韓每日申報社

第八卷　月曜及變節歲時休日休刊　第壹千四百四十五號

論說

密賣淫女를調査ᄒᆞᄂᆞᆫ事에對ᄒᆞ야

委之蔓草에風雅가已亡ᄒᆞ야鄭衛의風이生ᄒᆞ엿스니邱中의約과桑中의期ᄂᆞᆫ盖衰世의淫俗이로다

我韓은元來로禮俗을相規ᄒᆞ야幾千年을男子ᄂᆞᆫ外에居ᄒᆞ야內를言치아니ᄒᆞ고女子ᄂᆞᆫ內에居ᄒᆞ야外를言치아니ᄒᆞ야閫範이嚴整ᄒᆞ더니風氣가已幻ᄒᆞ고謠俗이忽變ᄒᆞ야門戶를開放ᄒᆞᄂᆞᆫ時代를當ᄒᆞ엿스니女子의敎育이稍々進발ᄒᆞ야紡織針線과殖産營業에倍加用力ᄒᆞ야女工에進步ᄒᆞᆯ지어ᄂᆞᆯ夫何豪華奢流가淫佚ᄒᆞᆫ情을不勝ᄒᆞ야美妙ᄒᆞᆫ女子를畜妾居生ᄒᆞ기를爲一能事ᄒᆞ야華麗ᄒᆞᆫ家屋과燦爛ᄒᆞᆫ服飾으로十指를不動ᄒᆞ고終日所爲ᄂᆞᆫ作態飾容ᄒᆞᄂᆞᆫ事에過치못ᄒᆞ니淫嬉ᄒᆞᆫ思想이畢竟從中而生ᄒᆞ야恠異ᄒᆞᆫ說과雜亂ᄒᆞᆫ俗이雙耳가如聒ᄒᆞ니此弊의原因은有妻畜妾ᄒᆞᄂᆞᆫ者에게起ᄒᆞ엿스니泰西의開明國人은畜妾ᄒᆞᄂᆞᆫ者가有ᄒᆞ면人類에齒數치아니ᄒᆞᄂᆞᆫ것이良有以也로다

近日漢城內에演劇場이處々에羅立ᄒᆞ야迷月黃昏과凉露淸宵에管絃이喧天ᄒᆞ면蕩女의狂興을不勝ᄒᆞ야南隣에招伴ᄒᆞ며西舍에喚侶ᄒᆞ고拍肩聯袂ᄒᆞ야輕々寶襪로蓮步를方習ᄒᆞ니홍뭇치버션에쥬리떡치마를街童走卒이唾之罵之曰此ᄂᆞᆫ某大監의妾이라ᄒᆞ며彼ᄂᆞᆫ某令監의妾이라ᄒᆞ야及其演戱場에當到ᄒᆞ면蕩子豪客과左顧右瞻에范瞬張舞에秋波가往來ᄒᆞ다가慇懃ᄒᆞᆫ情을相托ᄒᆞ면雲雨의約을結ᄒᆞ야東門의醜情이從此而成ᄒᆞ니此習의蔓延이流行病의傳染보다尤甚ᄒᆞ야今日에傳一女ᄒᆞ고明日에傳十女ᄒᆞ야閭閻間婦女라도蕩情으로論ᄒᆞ고甘言으로說ᄒᆞ면天下에剛腸婦女가幾人이有ᄒᆞ리오一誘再誘에該叢中에相雜치아니ᄒᆞᄂᆞᆫ者ㅣ幾希ᄒᆞ니此若不禁ᄒᆞ면婦殺其夫ᄒᆞᄂᆞᆫ弊가不無ᄒᆞ다ᄒᆞᆯ지로다

蕩女의一生으로論ᄒᆞ야도靑春이幾何런고紅顔이已凋ᄒᆞ고白髮이催老ᄒᆞ면淫情을輸코져ᄒᆞ나人皆掩鼻而過ᄒᆞᆯ지니情郞이一去ᄒᆞ면糊口가沒策ᄒᆞ야方物商과賣淫媒ᄂᆞᆫ當來ᄒᆞᆯ事라七十老境에依托이無處ᄒᆞ야白骨이暴露라도無人收埋ᄒᆞᆯ지니其情狀을顧ᄒᆞ면還可哀憐ᄒᆞ도다

近日政府에서密賣淫女의調査를발令ᄒᆞ엿스니其處置의方策은何에在ᄒᆞᆫ지知치못ᄒᆞᄂᆞᆫ바이어니와警吏의調査方法을聞ᄒᆞᆫ즉有力家人의妾은敢히言論치도못ᄒᆞ고或溫言順辭로警吏를優待ᄒᆞ면顔私가不無ᄒᆞ고其調査ᄒᆞᄂᆞᆫ者ᄂᆞᆫ無勢力無才能ᄒᆞᆫ賣淫女인즉如此히調査ᄒᆞ다가ᄂᆞᆫ終歲不得ᄒᆞᆯ것인즉警吏를嚴加團束ᄒᆞ야無論官民ᄒᆞ고其爲妾者의品格을一一히調査ᄒᆞ면所謂淫魁가一網에不漏ᄒᆞᆯ지니政府當局者ᄂᆞᆫ其處置方法에對ᄒᆞ야外國法制를依倣ᄒᆞ야城內一隅에賞花室區域을別定ᄒᆞ야一幷驅入ᄒᆞ고各處에散處를禁止ᄒᆞᆫ然後에閭巷間淫風의傳染ᄒᆞᄂᆞᆫ弊가杜絶ᄒᆞ리라ᄒᆞ노라

官報

◎第四千七百四十號
▲隆熙四年七月廿六日（火曜）

敍任及辭令

○七月五日 勢榮三 任土地調査局技手叙判任官二等 藤野篤藏 任土地調査局技手叙判任官二等 宮崎和作 任土地調査局技手叙判任官二等

○七月二十一日 黃澗郡守申昌休 任淸州郡守叙奏任官三等 懷仁郡守權丙弼 任鎭川郡守叙奏任官三等 慈城郡守尹석弼 任창城郡守叙奏任官三等 淸州郡守元大圭 任永春郡守叙奏任官四等 永春郡守金鴻圭 任黃澗郡守叙奏任官四等 鎭川郡守朴初陽 任懷仁郡守叙奏任官四等 厚창郡守李창龍 任碧潼郡守叙奏任官四等 碧동郡守張鎭奭 任雲山郡守叙奏任官四등 雲山郡守李啓奭 任厚창郡守叙奏任官四등 農商工部技師岡衛治 任林業事務所技師叙奏任官三등 大韓醫院醫官兼敎授淸水武文 依願免本官並兼官 山淸郡守權重敎 창寧郡守朴尙鎰 依願免本官（以上七月二十一日內閣）

故都承旨朴泳敎 故南部都事趙龍熙 故法部協辦金鶴羽 故觀察使曹寅承 同金奎軾 故警務使權瀅鎭
特贈正二品資憲大夫奎章閣提學

故承旨權濂 同徐相者 故正三品申福模 同金鳳均 同李寅鍾 同邊樹 同韓䇓曾 同李彰烈 同洪鍾憲 同安宗洙 同林炳吉
特贈從二品嘉善大夫奎章閣副提學

故六品徐載昌 同尹榮觀 同白樂雲 同李秉虎 同朴膺學 同河應善 同申仲模 同鄭行徵 同李建榮 同李殷東 同白春培 同吳창근 同丁在寬 同金炳塾 同河元泓 同嚴柱鳳 同趙宅顯 同張浩翼 同權浩善 同金弘鎭
特贈正三品

故進士金珏均 故學生朴齊선 同吳鑑 同卞聲淵 同兪亨濬 同朴泳斌 同徐光轍 同金浩然 同張台允 同吳聖模 同李鎔益 同金聖雲 同曹命先 同李秉學
特贈六品
（以上七月十八日宮內府）

宮內府主事李相奎 依願免本官（七月二十日宮內府）

宮廷錄事

◎追贈 粤在甲乙以來新舊更張之際時事艱棘國是靡定或銳意改革或力討矯命或守土不避橫被慘禍者多矣撫念往事殊深愍然故都承旨朴泳敎故南部都事趙龍熙故法部協辦金鶴羽故觀察使曹寅承金奎軾故警務使權瀅鎭並特贈正二品奎章閣提學故承旨權濂等十一人並特贈從二品奎章閣副提學故六品徐載昌등二十人並特贈正三品故進士金珏均等十四人幷特贈六品以示朝家褒恤之義ᄒᆞ라신旨를奉承ᄒᆞᆷ이라（七月十八日宮內府）

外報

◎貨物賦稅 伯林電을據ᄒᆞᆫ즉滿洲行外國貨物輸入稅賦課件은露國商務省에서協議中이라더라

◎爲換法會議 仝電을據ᄒᆞᆫ즉萬國爲替法會議ᄂᆞᆫ諸種의法律問題를討議ᄒᆞ얏ᄂᆞᆫᄃᆡ各國委員의意見이一致ᄒᆞ다더라

◎馬大將의戰死 北京電을據ᄒᆞᆫ즉雲南緬甸國境邊放土司地方에서叛亂이再起ᄒᆞ얏슴으로官軍으로鎭壓케ᄒᆞ나勢甚猖獗ᄒᆞ야官軍聯帶將馬成氏ᄂᆞᆫ戰死ᄒᆞ엿ᄂᆞᆫᄃᆡ日下城兵으로討伐中이라더라

◎革命員偵探 仝電을據ᄒᆞᆫ즉有力ᄒᆞᆫ革命黨員黃興은去十九日에入京ᄒᆞ얏ᄂᆞᆫᄃᆡ其蹤跡을嚴重히偵探ᄒᆞᆫ다더라

◎謀殺者被縛 倫敦電을據ᄒᆞᆫ즉西班牙國의前首相모라氏ᄂᆞᆫ싸세로나에서狙擊을遭ᄒᆞ야脚部와腕을負傷ᄒᆞ고同件ᄒᆞᆫ一友人도亦脚部를負傷ᄒᆞ얏ᄂᆞᆫᄃᆡ暗殺코자ᄒᆞᆫ者를捕縛ᄒᆞ얏다더라

◎蒙古의馬賊 哈爾賓電을據ᄒᆞᆫ즉蒙古에서ᄂᆞᆫ馬賊의大集團이二가有ᄒᆞ야極히猖獗ᄒᆞᆫᄃᆡ其一은만쥬리아驛附近에集合ᄒᆞ야鐵路를折斷ᄒᆞ고洮南府로向ᄒᆞ야南進中이오其頭目은有名ᄒᆞᆫ도후도로이라途中에村落을剽掠ᄒᆞ고人民을殺害ᄒᆞᆫ다더라

▲擧睫冷視▼

▲總理ᄂᆞᆫ被刺以後로于今八朔에視務치아니ᄒᆞ더니寺內統監이着任ᄒᆞᆫ미入閣視務ᄒᆞᆫ다니아마總理의심평이잘된게여

▲山縣副統監이各府部에視察ᄒᆞ야內外國官吏를調査ᄒᆞᆫ즉日人官吏도冗官이多ᄒᆞ야多數히除汰ᄒᆞᆫ다지近日々本官吏들이才能有無ᄂᆞᆫ姑舍ᄒᆞ고ᄒᆞᆫ참곤ᄃᆡ人족을ᄒᆞ더니인제ᄂᆞᆫ우박을맛겟고

▲李容九ᄂᆞᆫ龍山江上에서釣魚會를設行ᄒᆞ고妓生에春外春등數名을招致ᄒᆞ야歌舞를迭奏ᄒᆞ고終日宴樂ᄒᆞ엿다지무ᄉᆞᆷ됴흔일이잇서서저리行樂을ᄒᆞ나希望點이잇다닛가그리ᄒᆞᄂᆞᆫ것이지너무됴타고뛰다가쫑문이맛이부러지々

▲日人某ᄂᆞᆫ多數ᄒᆞᆫ金額을鳩聚ᄒᆞ야我韓대官의紅牌를買收中인ᄃᆡ新承旨沈九澤氏의紅牌ᄂᆞᆫ十萬圓을呼價ᄒᆞ엿다지무ᄉᆞᆷ所用이잇서々紅牌를買收ᄒᆞᄂᆞᆫ지博物館所用인가兩班을區處ᄒᆞᄂᆞᆫ方法인가相當ᄒᆞ거든放賣ᄒᆞ지紅牌업스면兩班어ᄃᆡ가나此所謂ᄯᅥ혀노흔堂上이지

世界歷史

◎「찰쓰」五世와宗敎改革

是에先ᄒᆞ야瑞西（수뤼스）에「스영글니」란者가贖罪符販賣를反對ᄒᆞ야宗敎改革을主唱ᄒᆞ고（수뤼）등地方의人民을率ᄒᆞ고屢次舊敎徒와相戰ᄒᆞ다가一千五百三拾一年에戰死ᄒᆞ엿더니其後에「쫀칼빈」이法國으로브터瑞西에適至ᄒᆞ야「스영글니」의遺志를繼ᄒᆞ야熱心으로四方에布敎ᄒᆞ니라

一千五百三拾六年에法國王「프란시쓰」가再次（밀란）을要求ᄒᆞ야意太利에進兵ᄒᆞ야「슐네니만」과同盟ᄒᆞ고「찰쓰」五世를挾擊ᄒᆞ다가同三拾八年에（니싸）의和議를結ᄒᆞ엿더니仝四拾一年에「찰쓰」五世가（일지리아）의海賊을往討ᄒᆞ기에及ᄒᆞ야法國王이又（슐네이만）을連結ᄒᆞ고日耳曼을來攻ᄒᆞ야三道로幷進ᄒᆞ거ᄂᆞᆯ「찰쓰」五世가이에英國王顯利八世와同盟을結ᄒᆞ야써防禦ᄒᆞ더니仝四拾四年에兩國君王이（그레스피（法國）（地名）에서和約을締結ᄒᆞ고一千五百一拾一年以來로連續ᄒᆞ던意太利戰爭의終局을結ᄒᆞ니라（未完）

詞藻

◎밤 중 만◎

西山에日暮ᄒᆞ니、天地가아득ᄒᆞ다。
黑暗中人生들이、아모랄줄모르더니。
밤중만、明月이到天中ᄒᆞ니、圓目如前。

宮廷報

◎御電來往

皇太子殿하ᄭᅴᄋᆞᆸ서再昨日午後四時에 德壽宮에電報를발送ᄒᆞ신全文이如左ᄒᆞ니

二拾五日午前拾一時三拾分에松江停車塲에着ᄒᆞ여仝五拾分에旅舘與雲閣에歸還ᄒᆞ엿다가明朝에出발ᄒᆞ야境停車塲에서對馬島軍艦을搭乘ᄒᆞ고城崎로向ᄒᆞᆯ터이오며臣友一行은都無事ᄒᆞ오이다ᄒᆞᄋᆞᆸ셧ᄂᆞᆫᄃᆡ右에對ᄒᆞ여 德壽宮에셔左와如ᄒᆞᆫ答電을발送ᄒᆞᄋᆞᆸ셧더라

廿二日의葉書ᄂᆞᆫ今朝에來到ᄒᆞ엿고本日午後에到着ᄒᆞᆫ電報를見ᄒᆞ니旅行中安過ᄒᆞᆷ은幸ᄒᆞ나益加操攝ᄒᆞᆷ을希ᄒᆞ며今日統監의謁見時에爾의寫眞及習字圖畵를詳覽ᄒᆞ고又近狀의詳細를聞ᄒᆞ니喜幸이로다 朕은一樣이오東闕에서도太平ᄒᆞ고宮中이一安ᄒᆞ다 父平信

◎銀缸下賜 再昨日正副統監이 御陪食時에各大臣도叅禮ᄒᆞᆷ은已報ᄒᆞᆫ바어니와追聞ᄒᆞᆫ즉大皇帝陛下ᄭᅴᄋᆞᆸ서銀製缸幾個를紀念的으로宮內府大臣에게로 下賜ᄒᆞᄋᆞᆸ서各大臣에게分給케ᄒᆞ셧다더라

◎親書奉呈 再昨日寺內統監이陛見時에日皇陛下의御親書를奉呈ᄒᆞ엿ᄂᆞᆫᄃᆡ右親書ᄂᆞᆫ統監信任狀이라더라

雜報

◎下賜金分配 再昨年에大皇帝陛下ᄭᅴᄋᆞᆸ서內地居留ᄒᆞᄂᆞᆫ日本人被害者에對ᄒᆞ야金拾萬圜을 下賜ᄒᆞ셧슴으로政府ᄂᆞᆫ此를分配ᄒᆞ엿ᄂᆞᆫᄃᆡ今年度에ᄂᆞᆫ七千圜으로分配의全部를終了ᄒᆞ엿다더라

◎山縣晩退 山縣副統監은再昨日 御陪食後에小宮次官과共히馬車를驅ᄒᆞ야秘苑을通ᄒᆞᆫ新道路를視察ᄒᆞ고又動物園과博物舘등을迴ᄒᆞ야綏綏히巡覽ᄒᆞᆫ後四時를過ᄒᆞ야歸邸ᄒᆞ엿ᄂᆞᆫᄃᆡ寺內통監의退闕後에도數時間을 창德宮에留ᄒᆞ엿슴으로韓人間에或何등問題가잇셧다고傳ᄒᆞᄂᆞᆫ者가有ᄒᆞ기에至ᄒᆞ엿다더라

◎晩餐會景況 前報와如히寺內統監은再昨日午後七時에晩餐會를設行ᄒᆞ엿ᄂᆞᆫᄃᆡ韓國 皇族韓日文武官五十七名을招請ᄒᆞᆫ中 義親王殿下及李總理ᄂᆞᆫ缺席ᄒᆞ엿고宴酣에寺內統監이三鞭酒盃를擧ᄒᆞ여來賓의健康을祝ᄒᆞ미朴內大가來賓의代表로三鞭盃를擧ᄒᆞ여통監의安着을賀ᄒᆞᆫ後十時에散會ᄒᆞ엿다더라

◎叅與官會議 昨日午前拾一時브터統監府會議室에서定例叅與官會議를兼ᄒᆞ여山縣副통監과有吉總務長官의着任後第一回會議를ᄒᆞ엿ᄂᆞᆫᄃᆡ石塚倉富小宮木內宇佐美國分小松의各叅與官과池田通信局長과菊池商工局長등이出席ᄒᆞ엿라더라

◎統邸披露 寺內統監은來三十日에統官邸에서披露宴을設ᄒᆞ고各 皇族及元老대臣以下內外國高등官과各社會代表를招待ᄒᆞᆫ다더라

◎歡迎會準備 內閣에셔來八月初에正副統監의歡迎宴會를設行ᄒᆞᆯ次로目下協議中이라더라

◎統監歡迎會 寺內통監은來土曜日에日韓官民을龍山官邸에招待ᄒᆞ야新任相見禮를ᄒᆞᆯ터이오京城龍山에官民間有志者ᄂᆞᆫ來月初旬頃에통監의大歡迎會를開ᄒᆞᆯ터이라더라

◎統監의吊電 寺內統監은駐日比利時公使담란男爵의卒去ᄒᆞᆫ報를接ᄒᆞ고該公使夫人의게懇篤ᄒᆞᆫ吊電을發ᄒᆞ엿다더라

◎四色樞院 中樞院副賛議五窠가現闕中에許진金敎獻兩氏로爲先內定되엿다ᄒᆞᆷ은昨已報道어니와更聞ᄒᆞᆫ즉南北村四色中에絕火ᄒᆞᆫ人氏로叙任코저推薦되엿ᄂᆞᆫᄃᆡ李鳳魯趙秉健申學熙諸氏等이라ᄒᆞ니該院의名稱을惠民院이라改稱ᄒᆞᄂᆞᆫ것이妥當ᄒᆞᆯ듯ᄒᆞ다고들ᄒᆞᆫ다더라

◎宮相邸晩餐 宮相閔丙奭氏ᄂᆞᆫ三昨日下午八時에該官邸에서晩餐會를開ᄒᆞ고內外國高등官諸氏를請邀宴待ᄒᆞ엿다더라

◎永宣弧辰 昨日은永宣君生辰인故로該私邸에서午餐會를設ᄒᆞ고皇族諸氏와各대臣을請邀宴待ᄒᆞ엿다더라

◎和田被任 土地調査局長佐佐木藤은調査部調査課長을兼任ᄒᆞ엿더니日前에和田課長이被任되엿다더라

◎獵官輩의長技 近日漢城內獵官者들이內閣을元老中으로組織ᄒᆞ기爲ᄒᆞ야將次統監府에長書를提呈ᄒᆞᆫ다ᄂᆞᆫ說이有ᄒᆞ다더라

◎助手需用 內部에서慈惠醫院十個所를增設ᄒᆞᆷ은一般知了ᄒᆞᄂᆞᆫ바어니와每處所에助手一員式을選置ᄒᆞᆯ터인ᄃᆡ大韓醫院附屬醫學校의卒業生中으로成績及資格이良好ᄒᆞᆫ者로選拔叙任ᄒᆞ기로內定ᄒᆞ엿다더라

◎侍卿訪國 侍從副卿李會九氏ᄂᆞᆫ再昨日午後六時에總相李完用氏의名함을携帶ᄒᆞ고國分叅與官을訪問ᄒᆞ엿다더라

◎何事被招 侍從院副卿李會九氏의令男李某ᄂᆞᆫ何事由를因ᄒᆞᆷ인지昨日水門洞警察署에被招ᄒᆞ엿다더라

◎英佛人의出向 鐵嶺丸遭難을因ᄒᆞ야木浦港에避難ᄒᆞ엿던大阪駐在英國領事及佛國人二人은廿四日午後二時에出帆ᄒᆞ야門司로向ᄒᆞ엿다더라

◎金納과물納 從來로國有地로서徵收ᄒᆞᄂᆞᆫ小作料中에其八分은물納ᄒᆞ더니今에ᄂᆞᆫ其利害에就ᄒᆞ야漸次金納케ᄒᆞᆫ다더라

◎渡邊退京 京城에在ᄒᆞ던陸軍少將渡邊水哉ᄂᆞᆫ二拾五日에大邱로向ᄒᆞ야出발ᄒᆞ엿다더라

◎峨嵯造林 京城林業事務所에서東大門外峨嵯山에造林ᄒᆞ기爲ᄒᆞ야韓日人技手를再昨日브터派送着手ᄒᆞ엿다더라

◎國有民有測量 農商工部에서何등必要가有ᄒᆞᆫ지不知ᄒᆞ거니와漢城部內에國有民有의地段區域을目下測量ᄒᆞᄂᆞᆫ中이라더라

◎三日還京 咸南道地方에學事視察次로出張ᄒᆞ얏던學部遊谷事務官과師範學교敎監增戶와學部山口主事ᄂᆞᆫ再昨日에入城ᄒᆞ엿다더라

◎雇員數와月俸 慶北觀察道에서內部의指揮를承ᄒᆞ야秘密히管下各郡의本國人雇員數와月俸幾何를調査修報ᄒᆞ엿다더라

◎高等官夫人有無調査 統監府에서ᄂᆞᆫ再昨日各官廳에通知ᄒᆞ고一般高등官의夫人有無를調査ᄒᆞ엿다더라

◎徵收法改良 度支部에서驛屯土租稅徵收法에關ᄒᆞ야已往徵收法과叅考ᄒᆞ야簡易ᄒᆞᆫ方針으로改良ᄒᆞᄂᆞᆫ中이라더라

◎客舍雨壞 今番霖雨에文川郡客舍西大廳이顚覆됨으로闕牌ᄂᆞᆫ郡衙事務室로移安ᄒᆞ엿다고該地方官이內部로修報ᄒᆞ엿다더라

◎胎封面積訓報 宮內府에서各觀察使에게발訓ᄒᆞ고列聖朝以來로管下各郡에或대封이有ᄒᆞ거든自來로管理狀況과地段面積及森林如何를調査修報ᄒᆞ라ᄒᆞ엿다더라

◎裁所休暇 各裁判所에서ᄂᆞᆫ暑月休假ᄒᆞ기爲ᄒᆞ야日間停務ᄒᆞᆫ다더라

◎日學徒數爻調査 全國內에居留ᄒᆞᄂᆞᆫ日人의設立ᄒᆞᆫ學교及學生의數를통監府에서調査ᄒᆞ야內部로送交ᄒᆞ엿다더라

◎職員開會 水原觀察道에서ᄂᆞᆫ昨日브터管下各郡에在ᄒᆞᆫ公立學교職員會를開ᄒᆞ엿다더라

◎罹災救恤 昨年內에各道罹災ᄒᆞᆫ地에對ᄒᆞ야救恤金을下附ᄒᆞ엿ᄂᆞᆫᄃᆡ平南水害에死者二百四十人과道路破損二千四百間에對ᄒᆞ야二千四百餘圓이오咸南水害에溺死四百五十人과家屋崩壞一千六百餘戶에對ᄒᆞ야一千六百五拾圓이오平北水害에死者九拾餘人과破壞家屋六百六拾八戶에對ᄒᆞ여七百餘圓이라더라

◎淫戱當禁 警視總監部警視李憲珪氏ᄂᆞᆫ再昨夜에寺洞演興社를視察ᄒᆞ고傷風敗俗의演劇은一切禁止ᄒᆞ엿다더라

◎日日社競爭日生 대韓日日新聞을前大同日報編輯발行人安翊善氏가孔子敎會에賣渡ᄒᆞᆷ은既報어니와其內容을漏聞ᄒᆞᆫ즉前대同日報社長李紹鍾氏ᄂᆞᆫ賣渡의關係가初無ᄒᆞ엿고病廢ᄒᆞ엿다ᄂᆞᆫ安氏에妻아가다와大韓日々新聞編輯발行人李台榮氏가符동매渡ᄒᆞ엿ᄂᆞᆫᄃᆡ李아가다와李台榮氏ᄂᆞᆫ此에權限이毫無ᄒᆞᆫᄃᆡ社會를無視ᄒᆞ고秘密賣渡ᄒᆞ엿다ᄒᆞ야衆憤이激起ᄒᆞ엿슴으로동社員金東集氏등은李台榮氏의無理行爲를擧ᄒᆞ야裁判을提起ᄒᆞᆫ다더라

◎奸犯男女處役 再昨日地方裁判所에서奸通犯徐光明及金姓女를懲役八箇月에宣告ᄒᆞ엿다더라

電報

◎皇儲御發松江 韓國皇太子殿下ᄭᅴᄋᆞᆸ서ᄂᆞᆫ今二拾五日午前拾時半에松江에 御着ᄒᆞ샤興雲閣旅舘에서停宿ᄒᆞ시고二拾六日午前七時十五分에臨時列車로松江에서出발ᄒᆞᄋᆞᆸ서境港에 御着ᄒᆞ샤各所를御巡覽ᄒᆞ신後에軍艦對馬號를搭乘ᄒᆞ시고城崎로向ᄒᆞ신다더라

◎宋賊云歸 一進會에서ᄂᆞᆫ近日首領과會員間에意思의踈通치못ᄒᆞᆫ結果로內容의混亂이生ᄒᆞᆫ狀態가有ᄒᆞᆷ으로日本에在ᄒᆞᆫ宋秉畯은極力慰撫코저ᄒᆞ나隔靴搔痒의感을堪치못ᄒᆞ여萬難을排ᄒᆞ고從近歸國ᄒᆞ기로目下準備中이라더라

◎風力電氣 米國우이레스덴구리電氣會社에서ᄂᆞᆫ風力으로써電氣를起ᄒᆞᆯ事를研究ᄒᆞ야수回에成效가되엿ᄂᆞᆫᄃᆡ原動力은空風타이퓬과恰似ᄒᆞᆫᄃᆡ空風力이少ᄒᆞᆫ境遇에ᄂᆞᆫ自動的風力을起ᄒᆞᄂᆞᆫᄃᆡ平均光力을出ᄒᆞᆫ다더라

◎義勇艦設計 日本의帝國海軍協會에서ᄂᆞᆫ義勇艦建設ᄒᆞᆯ計ᄂᆞᆫ多少變更의必要가有ᄒᆞᆷ으로更히海軍側의意見을叅酌ᄒᆞ야將次委員會를開ᄒᆞᆫ다더라

◎臼山鳴動 北海道臼山은向今大鳴動ᄒᆞ며甚히危險故로其附近住民들은擧皆避難ᄒᆞ엿다더라

◎條約改締絕望 日米通商條約改締ᄒᆞᆯ時期에對ᄒᆞ야該問題ᄂᆞᆫ全혀絕望이된다더라

◎白國公使長逝 白耳義國公使다무다氏ᄂᆞᆫ今春來로腎臟病에罹ᄒᆞ야麴町三番町邸에서治療ᄒᆞ다가今廿五日朝에長逝ᄒᆞ엿다더라

以上東京發 廿六日着

▲花月情態▼

▲碧紗窓下第幾樓에花月容을半露ᄒᆞ고多錢客을籠絡ᄒᆞ야賣身生涯甘作ᄒᆞ니某大臣의情態로다爾是誰家女오

▲頭邊雙袖飄々ᄒᆞ니더長衣가ᄯᅩ뎟고나苁子襪子旗脚裝은瞻前顧後作態ᄒᆞ니奸細輩의態度로다爾是誰家女오

▲演劇塲이어ᄃᆡ미뇨絲竹聲에聳肩ᄒᆞ야一隊名花追逐ᄒᆞ야春從春遊夜轉夜ᄂᆞᆫ貴公子의行樂이라爾是誰家女오

▲酒燈下에恨唱ᄒᆞ니幾千兩에許身ᄒᆞᆯ제爲人臺輿恰似ᄒᆞ다더情跡이醜鄙ᄒᆞ니某官人의身世로다爾是誰家女오

▲豪華家에愛妾되여더心腸을已奪ᄒᆞ고金銀綵帛誑騙ᄒᆞ야皮其蕩殘離緣ᄒᆞ니某權客의行色이라爾是誰家女오

▲花燭洞房無月夜에兩人心事兩人知라媒婆手段利用ᄒᆞ야暗地淫情慇懃ᄒᆞ니獵官輩의運動이라爾是誰家女오

◎立民訴守 明川郡人民立鳴鳳氏등이該郡守李敦俊氏의不

가無케ᄒᆞ라ᄒᆞ엿다더라

◎黃李僨訟 前叅奉黃準性氏

提起ᄒᆞ엿ᄂᆞᆫᄃᆡ長水鎭安高山等郡에李氏의所有不動產을調査

會에서ᄂᆞᆫ再昨日下午三時에臨時總會를開ᄒᆞ고前期理事員會

◎審問留學 北部警察署에서昨日에日本留學生八名을招致

問ᄒᆞ엿다더라

◎假探越交 憲兵司令部偵探

結果로日昨地方裁判所로越交ᄒᆞ엿다더라

廣告

今番本校高등科卒業式에對ᄒᆞ야義捐ᄒᆞ신僉位의感意를表ᄒᆞ기爲ᄒᆞ야玆에廣告ᄒᆞᆷ

金時衡李晃鎭金泰衡氏各二圓 閔仁植氏一圓五拾錢 김然홍申景七金聖文鄭柱夏文光淳南汝化氏各一圓 李鎔鎭高在琢金聖云氏各五拾錢 金淙植高在運李景範氏各二拾錢

私立牛山學校 告白

本人의與林鐸洙崔燦奎兩氏로東美會社與通運社를協同視務이옵드니到今ᄒᆞ와各立ᄒᆞᆫ바어러右兩社에對ᄒᆞ야無關이옵기玆에廣布ᄒᆞ오니內外國僉君子ᄂᆞᆫ照亮ᄒᆞᆷ

安州西湖金鎭泓告白

本人의次子是澄의圓形姓名章을昨年拾月頃에家中遺失ᄒᆞ고更以方形章으로改造使用ᄒᆞ겟ᄉᆞ오니知舊間照亮ᄒᆞᆷ

京畿道水原郡南部南昌洞 李載憲 告白

京西部車洞同和藥房 本國材로洋製ᄒᆞᆫ官許引蘇丸이消滯止泄滅毒ᄒᆞ고付屬ᄒᆞᆫ八十餘俱備大發行ᄒᆞ오

閔橿 白

本鐵工場에서各種鐵物機械等屬을精密히製造와修理ᄒᆞ며廉價로隨請仰呈ᄒᆞ온바物目은左에略開ᄒᆞ오니 僉彦은照亮後陸續來求ᄒᆞᆷ

精米機械　馬車荷車
織組機械　壓油機械
切草機械　壓麵機械
引水機械　製繩機械

發蘇機械소리업고숨이다르를보다갑절이들니ᄋᆞᆸ

詳細ᄂᆞᆫ來問ᄒᆞᆷ

京南門外藥峴中洞二百四拾六統二戶

大韓鐵工場 白

救世醫院

救世醫院警告

願得三山不老草ᄒᆞ면三神山이何處在오三神山이在韓國은地球圖에分明ᄒᆞ나不死藥을何處得고救世醫院에請求ᄒᆞ오何處尋고何處尋고救世醫院을何處尋고救世醫院의願見이면果然雲深不知處ㅣ라東指金剛山ᄒᆞ고西望三角山ᄒᆞᄂᆞᆫ中間에天摩山屹立ᄒᆞ고山中에一醫院이有ᄒᆞ니其名曰救世醫院인ᄃᆡ松風蘿月의幽淸은武陵桃源과如ᄒᆞ고蟠桃氷梨의結熟은玄都閣과如ᄒᆞ니奇岩怪石間에湧出ᄒᆞᄂᆞᆫ藥泉에內外國眞藥材로轉丹作丸ᄒᆞᆷ이여眞不死藥이올시다 仙이別人이아니라服藥長壽ᄒᆞ면仙이오不死藥이別藥이아니라死病에回生ᄒᆞ면不死藥이오니神仙되기를願ᄒᆞ고不死藥을求ᄒᆞ시ᄂᆞᆫ兄弟姊妹ᄂᆞᆫ救世醫院으로請求ᄒᆞ소서

韓國醫學大家鄭應烈實驗方劑
西洋衛生學家金榮穆證効參劑
世界兄弟姊妹常備之靈藥

安靈丸 健胃消滯 邪心○關格○곽亂○煩燥○清心○嘔吐○口渴○解毒○暑症○嘔逆○泄瀉○諸藥毒 食체○香酸○痢疾○小便黃○赤白冷痢 無不神효

金榮단 酒체不下○暑毒致病○渴증○小驚關節痛○心情不快○

潤肺丸 行力疲勞毒○酒毒○靈神不安○大小便不利○呑酸○除煩通經脈의無不神효 히소失音○口渴○急地卒啞○喘히無不神효

光明丹 眼赤훙○風眼○內外翳障○

二仙散 赤筋훙○淚眼○爛弦風○濃眼○神효 ○纏喉○喉痺○咽中훙○風急○單蛾○雙蛾○無不신효

珍珠粉丸 實火遺精○熟痢○白濁○ 暑리△赤濁冷리無不신효

萬全丸 泄瀉○小便精出○대腸經寒 리疾不止無不신효

布海丸 水腫○담瘇○氣종○鼓脹○

金箔鎭心丸 영痼○喘히○징가○關格○食체신효 鎭心○安神○五癇病 ○解熱○驚煩燥狂증 ○退驚○止夜啼○無不신효

女金丹（婦人神藥） 無子○經事不調○積年血風○子產後瘀血○담火○外完內病○半身不遂○中風臨產○手足痲痺○腹痛○赤빅帶下△脾虧無味△消渴○一切虛勞○虛리○不能生產○心子宮有陰無陽△眩暈△崩中淋澀△顏色위黃△신효

用法은各其藥皮封에詳記

韓國京畿道楊州郡下道面磨石隅里憲兵派遣所北直洞長壽臺二統十戶

發行所 救世醫院 主 鄭寅琥

紙物貿易에迅速

（廣告文）

●弊店에서各種紙物을直輸入ᄒᆞ와地方同業僉位와其他僉彦에게特別廉減價로酬應ᄒᆞ깃ᄉᆞ오니不拘多小ᄒᆞ시고註文ᄒᆞ시면郵便小包와運送部를經過ᄒᆞ와迅速히付呈ᄒᆞ깃ᄉᆞᆸ

物價表와品錄書를無料로付呈ᄒᆞᆸ

品高價低에爲主ᄒᆞᆷ

內外國紙物大發賣

（品目略錄）

●壯紙、油壯板紙、窓戶紙、白紙、洋紙、書畫各種、天井紙、古查紙、印札紙、半紙、美濃紙、製圖紙、書簡紙、封套紙、其他學校用品筆墨卒業證書紙其他具備

本店 漢城鍾路大廣橋 紙物舖 金聖煥

支店 漢城北部安洞別宮前 電話一千二百八十番

南陽郡內北洞居名南龍字景三이가年二十二오朴文三과同去卄日에不知去處無論誰某시든지보시거든右處로送ᄒᆞ심望 吳錫俊

測量機械美濃紙販賣

京城南署棗洞六十二統十戶

金龍商會 告白

松村先生池錫永著

袖珍美本

字典釋要

全一冊 定價金八十錢

本書ᄂᆞᆫ我韓에著名ᄒᆞᆫ池錫永氏의數十年研究ᄒᆞᆫ바인ᄃᆡ普通玉篇보다五千餘字를增補ᄒᆞᆫ뿐더러字義를國文으로明白히解釋ᄒᆞᆫ要書이오니 僉君子ᄂᆞᆫ速々購覽ᄒᆞ시ᄋᆞᆸ

李鼎煥著

국한문 가뎡간독

全一冊 定價金三拾錢

本書ᄂᆞᆫ國文으로編纂ᄒᆞ고漢字를傍書ᄒᆞ야國漢文書札에幷要ᄒᆞᆷ

發行所 南部大廣橋三十七統四戶 滙東書館

本人의所有東部昌善坊養士洞外拾一處田四日九息半耕畓二升落文券合四拾張及南部誠明坊蓮城尉契外六處田一日九息耕文券合拾九張을自永平郡第로因擾서失ᄒᆞ엿ᄉᆞ오니誰某拾得ᄒᆞ와도休紙施行ᄒᆞᆷ

中部勳洞拾一統一戶 趙命九 白

民刑訴訟의委任에應ᄒᆞᆷ

辯護士 洪在祺

本事務所 京城中部大笠洞

出張所 平壤郡南門通

本藥局에서業務를大擴張ᄒᆞ고勿論親疎間掌記及居住만通知ᄒᆞ면擇品廉價ᄒᆞ야郵便小包로卽速付送ᄒᆞ고代金은引換ᄒᆞ깃

京城南部銅峴九十五統十戶 乾材藥局

崔興模

商業同胞에게告ᄒᆞᆷ

今也에諸般事業이漸次발達ᄒᆞᄂᆞᆫ時代를當ᄒᆞ야商業上의關係도또ᄒᆞᆫ此를從ᄒᆞ야變遷ᄒᆞ미商去來의慣習이舊과不同ᄒᆞ고商行爲의規模가昔時와相異ᄒᆞ야會社와銀行이라ᄒᆞᆷ이昔日의見치못ᄒᆞ던바ㅣ며手形이라證券이라ᄒᆞᆷ이舊時의行치못ᄒᆞ던비라、如此히變遷ᄒᆞᆫ時代에在ᄒᆞ야舊日의慣習으로商去來를行ᄒᆞ며昔時의規模로商行爲를營코져ᄒᆞᆯ진ᄃᆡ엇지能히商業의目的을達ᄒᆞ리오噫라前日에ᄂᆞᆫ地方의商旅가京城에來往ᄒᆞᄂᆞᆫ者ㅣ聯絡不絶ᄒᆞ더니今日에ᄂᆞᆫ何故로如此히凋殘ᄒᆞ엿ᄉᆞ며昔日에興旺ᄒᆞ던客主營業이何故로今日에不振ᄒᆞᄂᆞ뇨試思ᄒᆞᆯ지어다其行ᄒᆞᄂᆞᆫ慣習과其營ᄒᆞᄂᆞᆫ規模가今日變遷ᄒᆞᆫ此時代에適合치아니ᄒᆞᆫ所以가아닌가是故로本會社ᄂᆞᆫ五六年前에京城商業에實地從事ᄒᆞᄂᆞᆫ有力諸氏에게組織ᄒᆞᆫ바ㅣ되야外國에有名ᄒᆞᆫ織組會社와都賣特約을締結ᄒᆞ고織物을直接貿易ᄒᆞᆷ으로爲業ᄒᆞ야今日에至ᄒᆞ야ᄂᆞᆫ엄然히京城商業界의重鎭을占ᄒᆞ니實로我國의商業界를爲ᄒᆞ야慶幸ᄒᆞᆫ바ㅣ로다然이나本社ᄂᆞᆫ더욱全國同胞의便益을圖ᄒᆞ기爲ᄒᆞ야業務를擴張ᄒᆞ고規模를拾分改良ᄒᆞ야本社營業의一副業으로委託營業을開始ᄒᆞ고各地方商旅의賣買委托을受ᄒᆞ야去來를信實히行ᄒᆞ고待遇를親切히爲ᄒᆞ며口文을低廉히受ᄒᆞ고金錢을迅速히融通ᄒᆞ며地方商人의間或不知ᄒᆞᄂᆞᆫ新式節次도詳細히指導ᄒᆞ오리니來ᄒᆞ시오來ᄒᆞ시오全國의商業同胞ᄂᆞᆫ京城鍾路大廣橋通合名會社彰信社로枉臨ᄒᆞ시ᄋᆞᆸ

合名會社彰信社 社長 洪鍾晥
營業部長 安義淳
委托部長 金春植 謹告

留宿의便利를圖ᄒᆞ기爲ᄒᆞ야廣橋南川邊茶洞十五統九戶彰信旅館을設ᄒᆞᆷ

大韓每日申報

檀君開國四千二百四十三年
箕子元年三千三十二年
大韓開國五百十九年
本報創刊日 光武八年七月十八日

發行兼編輯人 李章薰
발行所 京城中部布廛屛門二宮街二層洋屋 大韓每日申報社

第八卷 月曜及變節歲時休日休刊 第壹千四百四十六號

在田里在明學校ᄂᆞᆫ設立ᄒᆞᆫ지二十年에經費가窘絀ᄒᆞ야廢校ᄒᆞᆯ境에至ᄒᆞ엿더니該洞居日本留學에夏期講習所를設立ᄒᆞ고學員을多數募集ᄒᆞ야入學金及月謝金을該校에寄付ᄒᆞᆫ다더라

志紳士諸氏가東明學校를創立ᄒᆞ엿ᄂᆞᆫᄃᆡ面內共同物을協議寄付ᄒᆞᆯᄲᅮᆫ더러優數ᄒᆞᆫ金額으로義를延聘ᄒᆞ야義務的으로熱心敎育ᄒᆞ야今至數朔에學徒가日增ᄒᆞ야五拾餘名에達ᄒᆞ엿다더라

가金一圜을本社에出捐ᄒᆞᆫ事ᄂᆞᆫ該郡光成學校에서捐出ᄒᆞᆫ것을誤錄ᄒᆞᆫ바이더라

論說

賀忠南私立中學校發起

我韓의山川風氣를考察ᄒᆞ면忠清一省은全國內에第一中心地라謂ᄒᆞᆯ지니山氣가磅礡ᄒᆞ야魁奇의士가其間에輩出ᄒᆞ엿고水勢가縈廻ᄒᆞ야清淑ᄒᆞᆫ氣가其間에毓靈ᄒᆞ엿ᄉᆞ니家々에絃誦이不絕ᄒᆞ고處々에揖讓을相起ᄒᆞ고名公巨卿의第宅이櫛比ᄒᆞ야項背가相望ᄒᆞ니眞士大夫의冀北이로다

一自更張以後로士氣가日益銷殘ᄒᆞ고民智가日益頹敗ᄒᆞ야桃源春色이忠南에偏長ᄒᆞ니世外囂塵에兩耳를欲掩ᄒᆞ고與世相忘ᄒᆞᆫ思想으로別有天地에閒中日月을臥送ᄒᆞ고저ᄒᆞ나海外에風潮가益々激烈ᄒᆞ야競爭의力이月異而歲不同ᄒᆞ야生命困難이迫在呼吸ᄒᆞ니農業에도優ᄒᆞᆫ者가勝ᄒᆞ고工業에도優ᄒᆞᆫ者가勝ᄒᆞ고商業에도優ᄒᆞᆫ者가勝ᄒᆞ니劣ᄒᆞᆫ者ᄂᆞᆫ畢竟敗亡ᄒᆞᆯ것은智者를待치아니ᄒᆞ여도可히知ᄒᆞᆯ者이로다

其優ᄒᆞᆫ者ᄂᆞᆫ何由로優ᄒᆞ며其劣ᄒᆞᆫ者ᄂᆞᆫ何由로劣ᄒᆞᆫ고天下萬事가非教ㅣ면不知오非育이면不成ᄒᆞᄂᆞ니今日은卽教育時代라四方이風動ᄒᆞ야學校의設이碁와如히置ᄒᆞ며雲과如히興ᄒᆞ야教育의발展이指日可待ᄒᆞᆯ지어ᄂᆞᆯ忠南一隅ᄂᆞᆫ舊日의宦癖이腦髓에深鎖ᄒᆞ야驕奢ᄒᆞᆫ風氣가習中에尙存ᄒᆞ고與人同業ᄒᆞ기를深而爲耻ᄒᆞ야學교ᄂᆞᆫ班家子弟의養成ᄒᆞᆯ所가아니라ᄒᆞ야所敎者ᄂᆞᆫ詩書易春秋오所爭ᄒᆞᄂᆞᆫ者ᄂᆞᆫ東西南北의門閥의高下라外侮가日至ᄒᆞ고內亂이日起ᄒᆞᄂᆞᆫ時를當ᄒᆞ야舊日에羈縻를施ᄒᆞᆯ處가無ᄒᆞ리로다

近日에至ᄒᆞ야忠南人士가稍稍振起ᄒᆞ야時機를大覺ᄒᆞ고愛國의血을嘔ᄒᆞ고憂國의淚를灑ᄒᆞ야互相勸起ᄒᆞ야曰吾儕의生命도教育이아니면保全키難ᄒᆞ고吾儕의前程도教育이아니면希望키難ᄒᆞ다ᄒᆞ야數三學교를設立ᄒᆞ며全省人士가同聲相應ᄒᆞ며同氣相求ᄒᆞ야各校의設이基礎를作ᄒᆞ엿도다

何幸元老諸氏와有志多士가발起ᄒᆞ야忠南公州郡下에中學校를將設ᄒᆞ고道內小學校에卒業ᄒᆞᆫ許多靑年이資斧가乏ᄒᆞ야京師에遊學코저ᄒᆞ나不得ᄒᆞᄂᆞᆫ者를斯교에遊焉息焉ᄒᆞ야無限ᄒᆞᆫ人材를成就케ᄒᆞᆫ다ᄒᆞ며京鄕紳士가莫不歡迎ᄒᆞ며捐助金이乃至五千餘圓云ᄒᆞᄂᆞ니豈不美哉며豈不壯哉아他省에ᄂᆞᆫ學교의設이忠南에比ᄒᆞ면先進이라謂ᄒᆞᆯ만ᄒᆞ나中學校의設置가無多ᄒᆞ되今日中學校의剏起로推觀ᄒᆞ면忠南一路가教育程度에敏速ᄒᆞᆷ을可히知ᄒᆞᆯ者이로다

斯省은元來로山川이鍾毓ᄒᆞ고風氣가開朗ᄒᆞ야儒林의淵藪오文學의巢穴이라萬若教育에注意만ᄒᆞ면千里良駒가輕車를駕ᄒᆞ고熟路에就ᄒᆞᆷ과如ᄒᆞ야其沛然을誰가能히禦ᄒᆞ리오國恩의偏被도他省보다尤勝ᄒᆞ고學問의開悟도他省보다尤勝ᄒᆞ니可謂事半功倍라九仞山頭에一簣를莫虧ᄒᆞ고千層塔上에一步를竪進ᄒᆞ면不過幾年에大學校를更設ᄒᆞᆯ지니文明의風괴를他省에讓치아니ᄒᆞ리라ᄒᆞ노니一則발起ᄒᆞᆫ諸氏를爲ᄒᆞ야賀ᄒᆞ고一則忠南人士를爲ᄒᆞ야賀ᄒᆞ노라

官報

◎第四千七百四十一號

▲▲隆熙四年七月廿七日（水曜）

敍任及辭令

○七月十八日 朴南薰 任郡主事敍判任官五등 郡主事宋義근 依願免本官 （以上七月十八日內部） 種苗場技手兼書記長坂幸四郎 依願免本官並兼官 （七月二十五日農商工部）

外報

◎載濤郡王歸國 北京電을據ᄒᆞᆫ즉各國陸軍을視察ᄒᆞ고歸途에就ᄒᆞᆫ載濤郡王의一行은長春에到着ᄒᆞᆫ後更히日露戰爭의舊地滿洲一帶를視察ᄒᆞᆯ터인ᄃᆡ二十三日에近衛師團長良弼氏ᄂᆞᆫ該一行을出迎ᄒᆞ기爲ᄒᆞ야長春으로向ᄒᆞ고二十四日에ᄂᆞᆫ吳陸軍中將이出迎次로北京을出발ᄒᆞ고王의一行은來月初에北京에到着ᄒᆞᆯ預定인ᄃᆡ目下革命黨의風說이盛行ᄒᆞᆷ으로嚴重히警戒ᄒᆞᆫ다더라

◎美國의輸出額 紐育電을據ᄒᆞᆫ즉美國의昨年度輸出品의重ᄒᆞᆫ者ᄂᆞᆫ棉花四億五千萬弗、石油六千二百五十萬弗、銅八千三百五十萬弗、小麥四千七百萬弗인ᄃᆡ此를對照ᄒᆞ면食料의輸出은減少ᄒᆞ고製造品의輸出은增加ᄒᆞ얏다더라

◎海賊討伐終了 香港電을據ᄒᆞᆫ즉橫琴島海賊은二十二日에葡萄牙軍隊가全島를偵察ᄒᆞᆫ結果로彼等多數가葡淸兩國軍艦의封鎖를破ᄒᆞ고暗夜逃走ᄒᆞ엿ᄂᆞᆫᄃᆡ葡軍은島內에서多數의淸國式모슬銃及彈藥等을발見ᄒᆞ엿고且島內에서海賊三百名을捕獲ᄒᆞ야今後ᄂᆞᆫ平穩의狀態가有ᄒᆞᆫᄃᆡ淸國砲艦의多數ᄂᆞᆫ旣히廣東에引揚ᄒᆞ엿다더라

◎西伯利通過稅와德紙 倫敦電을據ᄒᆞᆫ즉德國후옷싯슈、쓰아이쓴구紙ᄂᆞᆫ露國政府가半官報로聲言ᄒᆞᆫ西伯利鐵道를經由ᄒᆞ야極東에輸出ᄒᆞᄂᆞᆫ外國貨물에對ᄒᆞ야通過稅를賦課ᄒᆞᆷ으로協議ᄒᆞᆫ旨를발表ᄒᆞᆫ件에對ᄒᆞ야疑点을設ᄒᆞ야曰右ᄂᆞᆫ露國이滿洲에서外國貿易을阻害ᄒᆞᆯ意思가有ᄒᆞᆫ者인즉露日兩國이各國에對ᄒᆞ야滿洲開放의主意를標榜ᄒᆞᆫ所謂日露新協約의劈頭第一의結果가아인지不知라云々ᄒᆞ얏다더라

◎勃國의對土抗議 維也納電을據ᄒᆞᆫ즉土耳其軍隊ᄂᆞᆫ마세도니아地方에서作隊橫行ᄒᆞ며勃牙利人에對ᄒᆞ야高壓的手段을用ᄒᆞ야武器를解除케ᄒᆞᆷ으로數勃牙人等은國內에逃竄ᄒᆞ야同國人心을激動ᄒᆞ니勃牙利政府에서ᄂᆞᆫ土耳其政府에對ᄒᆞ야抗議를提起ᄒᆞᆫ다더라

雜報

◎侍天教人의蠻行 藍浦郡古邑面外城洞金東弼氏의妹弟ᄂᆞᆫ年今十六에早孀無依ᄒᆞ더니該郡熊川面居白順教氏에게自由로改嫁ᄒᆞ기를牢定ᄒᆞ고乘轎治行ᄒᆞᆯ際에該洞侍天教人金希道等五六人이突出ᄒᆞ야轎子를打破ᄒᆞ고白氏를毆打ᄒᆞᄂᆞᆫᄃᆡ侍天教人들이言ᄒᆞ기를酒一卓과錢五圜을辦出ᄒᆞ고此女를率去ᄒᆞ라ᄒᆞᄂᆞᆫ故로白氏가勢不得已ᄒᆞ야酒與錢을辦備ᄒᆞᆯ際에侍天教人任得天이가該女를又爲强奪ᄒᆞ미白氏가不勝忿限ᄒᆞ야該郡巡查駐在所에呼訴ᄒᆞᆫ즉韓巡查가該女及仲媒人五六人을押去ᄒᆞ엿다더라

學界報

◎兩校盛況 恩津郡論山私立永化女學교와眞光男學교를設立ᄒᆞ엿ᄂᆞᆫᄃᆡ校長韓奭教副校長金昌奎學監卜基業監督李興禮總務李成七千景彦諸氏가熱心勸奬ᄒᆞᆷ으로男女學徒가五六拾名에達ᄒᆞ엿다더라

◎翊原女校 義州府私立翊原學校長金道濬氏가女子教育이時急ᄒᆞᆷ을慨歎ᄒᆞ고翊原學校附屬女學校를該府關帝廟前聖義學校內의設ᄒᆞ고本月十八日에開學ᄒᆞ엿ᄂᆞᆫᄃᆡ當日出席ᄒᆞᆫ女學徒가三十五名이라金校長의教育熱心을莫不稱頌ᄒᆞᆫ다더라

◎延校進級 北部延禧坊倉川里私立延禧學교에서本月十七日에進級禮式을設行ᄒᆞ엿ᄂᆞᆫᄃᆡ優等生은金弘奎金福成朴大連等七人이오及第生은李창成咸雲三全富成等五人이라多數ᄒᆞᆫ紳士가熱心勸說ᄒᆞ엿고尙洞教會와崔翼軫氏와該교長玄楯氏가學生所用에的當ᄒᆞᆫ物品을優數히寄付ᄒᆞ야學生의成績을從ᄒᆞ야褒賞ᄒᆞ고一場演說ᄒᆞ엿ᄂᆞᆫᄃᆡ盛況을呈ᄒᆞ엿다더라

▲擲筆放笑▼

▲新統監이着任ᄒᆞ면總理椅子가更迭이된다고巷說이有ᄒᆞ더니總理가入閣以後로日本과新條約을屢結ᄒᆞ야功效가非輕ᄒᆞᆫ故로何時ᄭᆞ지든지留任ᄒᆞ기로內定이되엿다지地位를鞏固ᄒᆞ기로勞心焦思ᄒᆞ더니인제ᄂᆞᆫ걱졍이업겟ᄉᆞ니李總理가아니라長總理로고

▲宋秉畯이가來月初에歸國ᄒᆞ면一進會에서唱道ᄒᆞᆫ問題가實施될ᄲᅮᆫ不是라內閣을一신組織ᄒᆞ면一進會員의觀察郡守ᄂᆞᆫ唾手可得ᄒᆞ겟다고極口誇張ᄒᆞᆫ다지一進會員이幾萬名이니무엇이니ᄒᆞ면셔國內에觀察郡守자리ᄂᆞᆫ몃치나되기에더마다ᄒᆞᆫ다노部守ᄒᆞᆫ자리에ᄒᆞᆫ百名式被任ᄒᆞ지

▲中樞院副贊議에現闕이有ᄒᆞᆫᄃᆡ南北村老少中으로苟艱ᄒᆞᆫ人을救濟ᄒᆞᆯ計로塡充ᄒᆞᆫ다지中樞院이라ᄒᆞᄂᆞᆫ것ᄂᆞᆫ무ᄉᆞᆷ職責을掌理ᄒᆞ노言權을맛흔곳이랴네南北村거지로敍任ᄒᆞ면밥달나ᄂᆞᆫ言權은잇겟지

世界歷史

「찰쓰」五世와宗教改革

「찰쓰」五世ᄂᆞᆫ法國과戰爭이漸次終結ᄒᆞᆫ즉遂乃日耳曼內의新教徒를壓伏ᄒᆞ기에專力ᄒᆞᆯ새一千五百四十五年에宗教會議를「억스벅」에開ᄒᆞ며新教徒ᄂᆞᆫ此에出席지아니ᄒᆞᆫ지라是以로帝가大怒ᄒᆞ야兵力으로新教徒를制抑코저ᄒᆞ더니아즉戰端이未開ᄒᆞ야「루터」가一千五百四拾六年二月十八日에其鄕里（아이슬네벤）에서歿ᄒᆞ니「루터」의黨人이剛毅果敢ᄒᆞ야言行이相爭ᄒᆞ며平生에弊教排斥으로自任ᄒᆞ니宗教改革은實皆此人의功이더라

於是에日耳曼內에新教의諸侯가（쉬말칼덴）同盟을結ᄒᆞ야「찰쓰」五世를抗拒ᄒᆞᆫᄃᆡ帝가遂其盟主된（삭손）侯「프레데릭」에게禁令을下ᄒᆞ나然ᄒᆞ나帝命을不從ᄒᆞ고法國王顯利二世의援助를得ᄒᆞ야戰亂이數年을亘涉ᄒᆞᆫ則帝가大怒ᄒᆞ야

（未完）

詞藻

◎슐 허◎

寂無人夜三更에、舜帝琴을빗기안고。
시국ᄉᆞ曲諷숑어、슐재ㅇ등戲弄ᄒᆞᆫ들。
至今에、知音者업기로、그를슐허。

宮廷報

◎下賜扇貂 大皇帝陛下께옵셔再昨日에陪從武官一同에게扇子幾柄式을下賜ᄒᆞ셧고侍從武官長에게ᄂᆞᆫ蟬貂를兼ᄒᆞ야 下賜ᄒᆞ옵셧다더라

◎茶鐺下賜 曾彌前統監이功効가有ᄒᆞ다ᄒᆞ야 大皇帝陛下께옵셔六千圜價値되ᄂᆞᆫ金製茶鐺二介를 下賜ᄒᆞ實次로統監府에委任傳致케ᄒᆞ셧다더라

雜報

◎歡迎表謝 寺內統監이[illegible]日에ᄂᆞᆫ兒玉秘書官을各國總領事館에派送ᄒᆞ야南大門外停車場에셔歡迎ᄒᆞᆫ厚意를謝禮ᄒᆞ얏고昨日에ᄂᆞᆫ通譯生苑木을各大臣其他元老及皇族에게派送ᄒᆞ야感謝ᄒᆞᄂᆞᆫ意를表ᄒᆞ얏다더라

◎高等官會見 寺內統監은今日午前九時에統監邸에셔各部高等官을會見ᄒᆞ고신任의賀意를受ᄒᆞᆫ다더라

◎表情各大 寺內統監은金時計一介式山縣副統監은銀製瓶一介式을各大臣에게表情ᄒᆞ얏다더라

◎三十諡議 故判書張錫龍氏等三十餘名을將次贈諡贈職ᄒᆞ기로內閣에셔擬議ᄒᆞᄂᆞᆫ中이라더라

◎警署移設 警察權委任ᄒᆞᆫ結果로舊安州에在ᄒᆞᆫ警察署ᄂᆞᆫ廢止ᄒᆞ고新安州로移設ᄒᆞᆫ다더라

◎梅又發分 法典調查局顧問梅博士가歸國홈은已爲報道어니와其內容인즉신統監이到任ᄒᆞᆫ後에異動되ᄂᆞᆫ事가有홈으로統監과協議後에編纂코저渡來ᄒᆞ엿다더라

◎藤柳同發 農商工部加藤技手ᄂᆞᆫ永春郡保安林을調查ᄒᆞ기爲ᄒᆞ야再昨日에발程ᄒᆞ엿고柳町主事ᄂᆞᆫ忠南道에林籍을調查ᄒᆞ기爲ᄒᆞ야昨日에발程ᄒᆞ엿다더라

◎披露ᄒᆞᆫ繪葉 今回의統監着任紀念ᄒᆞ기爲ᄒᆞ야紀念郵便繪葉書를발行ᄒᆞ야京城市內各郵便局과仁川龍山釜山平壤等各郵便局에셔本月三十日統監就任披露ᄒᆞᆫ에此를발매ᄒᆞ고且當日에以上各郵便局에셔特殊通信日附印도使用ᄒᆞᆯ터인ᄃᆡ右日附印은使用ᄒᆞᆫ日과及其以後三日間은公衆의希望을依ᄒᆞ야郵便物以外의物件에라도一錢五厘以上의郵便切手를貼付ᄒᆞᆫ者에對ᄒᆞ야ᄂᆞᆫ其請求를應ᄒᆞ야該印을押捺ᄒᆞᆯ터이라더라

◎調查[illegible] 度支部財務監督[illegible]에셔[illegible]係의技手羅敏容氏ᄅᆞᆯ派送ᄒᆞ야東門外蠶島[illegible]에在ᄒᆞᆫ[illegible]를調查ᄒᆞᆫ다홈은既報어니와該事務를[illegible]에終了ᄒᆞ얏슴으로該氏ᄂᆞᆫ이昨日[illegible]更히出張ᄒᆞ얏다더라

◎[illegible]見官 宮內府主事李相奎氏가[illegible]分隊에[illegible]提홈은既報어니와此로以ᄒᆞ야[illegible]見官을遭ᄒᆞ얏다더라

◎通譯試取 京畿觀察道에셔管下各郡통譯主事를前月에試取ᄒᆞ엿ᄂᆞᆫᄃᆡ合格者가十名에五名은已爲敍任ᄒᆞ고其餘五名은各其歸家ᄒᆞ야[illegible]複習케ᄒᆞ엿다가將次採用ᄒᆞᆫ다더라

◎[illegible] [illegible]間에五一里[illegible]月末日頃[illegible]着手ᄒᆞ야[illegible]

下測量中이오內部에셔ᄂᆞᆫ補助金을支給ᄒᆞᆫ다더라

◎農具購入協議 度支部에셔國有地小作人組合員을會同ᄒᆞ야農事上발展策으로講話도ᄒᆞ고日本農具를購入ᄒᆞ야使用에便利케ᄒᆞᆯ方法을協議ᄒᆞᆫ다더라

◎預備金支出裁可 慈惠院增設費六萬二千五百圓과同上臨時費八萬二千三百六十圓과特別功賞金二萬圓을豫備金中支出件을公布ᄒᆞ엿다더라

◎醫院旅費計算 內部에셔大韓醫院의官吏召還及歸國旅費를計算ᄒᆞ야度支部로照會支撥ᄒᆞ라ᄒᆞ엿다더라

◎銀劵製造 紙幣韓國銀行劵을印刷ᄒᆞᆯ節次가準備되엿슴으로不遠間製造工役에着手ᄒᆞᆫ다더라

◎衛生會刊布 漢城衛生會에셔本年度四月브터六月ᄭᆞ지事業狀況을調查編纂ᄒᆞ야多數발刊ᄒᆞ엿ᄂᆞᆫᄃᆡ參考的으로該會任員에게一部式을발送ᄒᆞ엿다더라

◎手筆紀念 既報와如히昨日下午二時에官立漢城高等學校內에셔金忠達公의延諡를設行ᄒᆞ엿ᄂᆞᆫᄃᆡ來參ᄒᆞᆫ諸氏에게金氏의手筆一張式을紀念的으로贈與ᄒᆞ엿다더라

◎日巡加派 漢城內各巡查派出所에本國人巡查補만存置ᄒᆞᄂᆞᆫ것이疎漏ᄒᆞ다ᄒᆞ야日人巡查一名式을加派ᄒᆞᆫ다더라

◎警務月報발行 警務總監部에셔ᄂᆞᆫ今回에更히警務月報를刊行ᄒᆞ야所屬警察官의智識을啓발케ᄒᆞᆫ다더라

◎建築과基地의價額 韓國閔泳徽氏ᄂᆞᆫ北部孟峴에三層洋製屋子를建築ᄒᆞ엿슴은一般知了ᄒᆞᄂᆞᆫ바어니와建築費가金五萬圓이오該基地代金이三千餘圓이라더라

◎鄭家團聚 前帝國新聞社長鄭雲復氏ᄂᆞᆫ何事件을因홈인지不知火旅館에셔多月逗遛ᄒᆞ얏ᄂᆞᆫᄃᆡ家眷이南北分在가難便홈을因ᄒᆞ야團聚ᄒᆞᆯ次로日昨南部明洞等地에月貰家屋을得ᄒᆞ야全眷이移接ᄒᆞ엿다더라

◎鄭氏向南 鄭永澤氏가地方學事를勸奬ᄒᆞ기爲ᄒᆞ야不遠間忠南地方으로발往ᄒᆞᆫ다더라

◎韓日漁夫爭鬪 去二十一日夜에慶南蔚山郡東面白山津에셔韓日漁夫가爭鬪ᄒᆞ여二三의輕傷者이有ᄒᆞ엿다더라

◎五千捐金 鄭永澤氏등이公州郡에忠南中學校를設立ᄒᆞᆯ次로發起ᄒᆞᆫᄃᆡ對ᄒᆞ야多數ᄒᆞᆫ捐助金이有ᄒᆞ엿다홈은旣報어니와京鄕間有志人士의捐助가日至ᄒᆞ야金五千餘圓에達ᄒᆞ엿다더라

◎致睦其風 前郡守李庸穉氏의夫人이身病으로多月呻吟ᄒᆞ다가再昨夜에奄然長逝ᄒᆞ얏ᄂᆞᆫᄃᆡ家勢赤貧홈으로埋葬費가無ᄒᆞ야赤尸在床ᄒᆞ다더니學部大臣李容稙氏가金貨二十圓을捐助ᄒᆞ엿다더라

◎茂民更訴 茂朱郡財務署長은該郡原地稅를昨年十一月日에擧捧인ᄃᆡ今年三月分에領收員手數料라稱ᄒᆞ고每結頭에三十錢式을加數ᄒᆞᆫ故로該郡人民이不勝寃枉ᄒᆞ야度支部에屢度請願ᄒᆞ얏스나[illegible]旨令[illegible]故로該郡人員으로互相和協ᄒᆞ야[illegible]기에該面人民等[illegible]收員言內에財務署所管이오非吾의相關이라홈으로該郡人民이今又上來ᄒᆞ야度支部에更히請願ᄒᆞᆫ다더라

◎軌道會社 日人福井安住의請願ᄒᆞ엿던晉州三千浦間軌道會社設立件은再昨日에許可되엿다더라

◎花火爆발 去二十五日午前二時五十五分에大阪市花火商阿部延次郞家에셔貯藏ᄒᆞᆫ花火가爆발ᄒᆞ야該家屋이破壞되고其西隣大野政次郞家ᄭᆞ지延燒되엿ᄂᆞᆫᄃᆡ延次郞의夫婦及長女ᄂᆞᆫ全身이焦黑即死ᄒᆞ야一家가全滅되고來客一名은其附近大川으로吹溺ᄒᆞ야幸即拯出ᄒᆞ엿스나目下半生半死中이라더라

◎溺命可慘 龍山等地에셔木商ᄒᆞᄂᆞᆫ李善五氏ᄂᆞᆫ三昨日下午八時에鼓地江邊에셔沐浴ᄒᆞ다가因ᄒᆞ야溺死ᄒᆞ엿ᄂᆞᆫᄃᆡ所管警察署에셔即時屍身을拯出ᄒᆞ야該遺族을覓給ᄒᆞ엿다더라

◎延燒數戶 再昨日下午七時에南部宣惠廳前日人櫻井旅館에셔失火ᄒᆞ야附近人家數戶가延燒ᄒᆞ엿ᄂᆞᆫᄃᆡ多大ᄒᆞᆫ損害가有ᄒᆞ엿다더라

◎[illegible]採獲利 廣文堂書舖主人南鴻祐氏ᄂᆞᆫ金礦二十餘處를農商工部에承認ᄒᆞ야目下報恩郡等地에셔開採에着手ᄒᆞ엿ᄂᆞᆫᄃᆡ多大ᄒᆞᆫ利益이有ᄒᆞ다더라

◎大東報押收 大東公報第三十六號及三十七號ᄂᆞᆫ治安妨害라ᄒᆞ야押收ᄒᆞ엿다더라

◎蔘價推訴 水原郡居表雲國氏가年前에前判書洪淳馨氏에게仁蔘八千七百圓價値를見奪ᄒᆞᆫ事가有ᄒᆞ다ᄂᆞᆫᄃᆡ此를還推코저ᄒᆞ여日憲兵司令部에起訴ᄒᆞ엿다더라

◎禹氏越交 旅順監獄署에셔三年處役ᄒᆞᆫ禹德淳氏ᄂᆞᆫ去二十三日에咸興郡地方裁判所로越交ᄒᆞ엿다더라

◎診察分店 京城鍾路和平堂에셔多年視務ᄒᆞ던醫士田慶龍氏ᄂᆞᆫ何事를因홈인지自退ᄒᆞ고鍾路濟생堂二分店에셔診察視務ᄒᆞᆫ다더라

◎調查後判決 旣報와如히大邱郡控訴院에셔死刑宣告ᄒᆞᆫ全海山은不服ᄒᆞ고大審院에申訴홈으로來月三四日頃ᄭᆞ지一切文簿를調查ᄒᆞᆫ後에判決ᄒᆞᆯ預定이라더라

◎私屠處笞 高陽郡居李興植氏가私屠牛ᄒᆞᆫ罪犯으로楊州地方裁判所에셔笞八十에宣告ᄒᆞ엿다더라

學界報

◎新興校講習 東部梨峴私立新興學校內新興講習所에셔晝產夜學速成科와英日語夏節講習所를設立ᄒᆞ고開學ᄒᆞ엿ᄂᆞᆫᄃᆡ各科學員이日々增加ᄒᆞᄂᆞᆫ中英語高등科ᄂᆞᆫ特히無料로敎授ᄒᆞ며또理化學科를增設ᄒᆞ고多數學生의入學을希望ᄒᆞᆫ다더라

電報

◎平和條約발表期 萬國平和會議에셔調印ᄒᆞᆫ諸條約은來九月에발表ᄒᆞ기로決定ᄒᆞ엿다더라

◎貨物課稅 日下露國[illegible]에셔協議中인露國[illegible]滿洲로行ᄒᆞᄂᆞᆫ貨物에[illegible]ᄂᆞᆫ關稅의形式으로ᄒᆞᆫ다더라

◎艦隊組織 美國政府[illegible]十六隻으로成ᄒᆞᆫ一대艦隊를組織ᄒᆞ야歐洲各國[illegible]을발表ᄒᆞ엿다더라

◎無線電信의强制 米國政府ᄂᆞᆫ出入船舶에對ᄒᆞ야必히無線電信을設置ᄒᆞᆯ事를强制로ᄒᆞᆯ方針이라더라

◎有珠山噴烟 有珠山은昨日午後二時에噴烟이約三十丈의高에至ᄒᆞ고鳴動은稍靜ᄒᆞ엿다더라

◎有珠山의益鳴動 北海道有珠山의鳴動은愈烈ᄒᆞᆫᄃᆡ海嘯의前徵이有ᄒᆞ다云ᄒᆞᆫ다더라

以上東京發 廿七日着

◎回答발表 露國電報通信局에셔ᄂᆞᆫ日露協約에對ᄒᆞ야淸國의回答書類를발表ᄒᆞ엿다더라

◎虎疫猖獗 露國은各處에虎列刺病이益益猖獗ᄒᆞᆫ다더라

以上伯林발 二拾七日着

▲猩々能言▼

▲當世人物閱覽ᄒᆞ니海外風氣深[illegible]ᄒᆞ야東施效嚬恰似ᄒᆞ니[illegible]숭이가네도고나

▲[illegible]가頻繁ᄒᆞ니무슴談話[illegible]에出沒ᄒᆞ야慾[illegible]ᄒᆞ며改革政治說道[illegible]이

▲[illegible]彩子뭇텍々人力車가[illegible]何[illegible]奔忙인고外[illegible]ᄒᆞ면開明人과稍似[illegible]도원숭이

▲[illegible]解ᄒᆞ야太和風을[illegible]自國精神消磨ᄒᆞ고眼[illegible]自謂得時揚々ᄒᆞ니더것도원숭이

▲[illegible]ᄒᆞ며愛國思想[illegible]에聯絡ᄒᆞ야哀[illegible]ᄒᆞ니假志士가分明[illegible]것도원숭이

▲[illegible]膽前顧後[illegible]彷徨ᄒᆞᆫ제假[illegible]ᄒᆞ니有色何其怪異[illegible]원숭이

敎部金箕壽安商德兩氏의屍體를昨日返柩ᄒᆞ다ᄒᆞᆷ은既報어니와更聞ᄒᆞᆫ즉嶠南敎育會勸諭委
成學校에[illegible]去[illegible]下午二時[illegible]多數ᄒᆞᆫ紳士가大邱郡協成學校內에[illegible]南氏가金
後大韓協會支會主務人李雨一氏로臨時會長을選定ᄒᆞ고各社會及學校代表一人式으로護喪
親陪會舘[illegible]長은南亨祐氏로選[illegible]去廿五日下午八時[illegible]
集[illegible]說明會[illegible]가嶠南敎育會에不幸이오被害人의不幸이라ᄂᆞᆫ問題로說明ᄒᆞ
問[illegible]表金相翊嶠南敎育會代表[illegible]泰氏等三人은去二十[illegible]
[illegible]諸氏의[illegible]로轉往[illegible]이二十七日에발制ᄒᆞ야明日[illegible]大邱[illegible]護喪所에到着ᄒᆞ다더라

廣告

東署建德坊永禧殿二契南彌塔洞五十七統九戶李永植의板刻家劵을不知中셔失故로玆에廣告ᄒᆞ오니誰某拾得ᄒᆞ와도休紙施行홈

李永植　告白

本人이陰五月晦日에黑角鷄卵貌圖章을中路에셔失ᄒᆞ엿기玆에廣告ᄒᆞ오니內外國人間拾得ᄒᆞ와도勿施홈

京南部明哲坊五長洞百四十九統五戶　楊泰雲　告白

本部所在水原郡安寧面花山龍珠寺田畓各面田八十九石四斗七升落畓一百石四斗八升落結三十五口八卜七負一束옷ᄂᆞᆫ[illegible]寺僧代表者朴性幸이가自己所有權으로證明키爲ᄒᆞ야申請書提出ᄒᆞ얏기玆에左開列錄公告ᄒᆞ오니異議가有ᄒᆞᆫ者ᄂᆞᆫ六十日內로本部에申告홈

京畿道振威郡守　金復圭

▲京畿道振威郡各面所在水原龍珠寺田畓

一北面

畋二田四負六斗六升落
暑七十답三負九束三斗五升落
寒五十답五負七束五斗落
來六十답六負五斗
寒四十五田九負十五斗四升
寒四十三田十負一束十八斗
寒十二田二負八束四斗五升
暑八拾답七負四束六斗
暑五十四답五負九束四斗七升
暑五十五답三負四束二斗八升
列一百답二負五束二斗
閏九十七田二負一束三斗三升
閏九十七分田二負三斗二升
閏九十八田五卜三束八斗五升
[illegible]九十九답七束五升
[illegible]답一卜五束一斗一升
[illegible]四束一斗一升
[illegible]四斗二升
歲六十八답四卜三斗二升
閏九十一답五卜六束四斗四升
閏四十답五卜四斗一升
閏九十三답四束四升
閏九十四답六卜四束五斗
閏九十四分답二卜二束二斗
閏九十二답一卜二束一斗
閏五十五답一卜二束一斗一升
閏五十六답一卜八束一斗四升
藏四十七답七束六升
四十八답一卜六束一斗三升
三十六답二卜五束二斗
三十八답二卜二束一斗八升
四十二답十五卜七束十二斗五升
廿七답一복五束一斗三升
廿八답二복八束二斗三升
廿八分답二복八束二斗
卄八分답二束二升
卌五답二복[illegible]束二斗六升
四十답[illegible]복[illegible]束四斗六升
四十分답一복二束一斗
卌五分답二복六束二斗一升
卌五分답二복一斗六升
卌五分답二복一束二斗五升
卌五分답一복八束一斗四升
卌五分답二복三束一斗八升
廿六답一복八束一斗四升
廿七分답四복四束三斗五升
廿五답二복七束二斗二升
廿七分답一복五束一斗二升
廿七分二복三束二斗
廿五分田一복一束二斗
廿四畓六束五升
廿三畓四복八束四升
廿三分畓二복五束二斗
廿七分畓一복七束一斗三升
二十四分畓六복二束五斗
廿五分답二복一束一斗七升
廿一답五복七束四斗六升
五田二복二束四斗五升
卌四田四복九束八斗
一畓二복四束二斗
一分畓五束五升
十六답一복五束一斗二升
十七畓三복一束二斗五升
十七分畓一복一束一斗
十七分답一복二束一斗
六十답三복四束二斗七升
六十一답三束二升
廿답二束五束二斗
冬九답三복二束二斗六升
冬十二답三복二斗四升
畋四十답二복三束二斗
冬九十四田二복三束三斗七升
九十四分田一복二束二斗
九十六답三복八束三斗一升
百답一복九束一斗六升
百十八田五束八升　未完

本人의與林鐸洙崔燦奎兩氏로東美會社與通運社를協同視務이옵더니到今ᄒᆞ와各立ᄒᆞᆫ바이러右兩社에對ᄒᆞ야無關이옵기玆에廣布ᄒᆞ오니內外國僉君子ᄂᆞᆫ照亮홈

安州西湖金鎭泓告白

本人의亥子是澄의圖形姓名章을昨年拾月頃에家中遺失ᄒᆞ고更以方形章으로改造使用ᄒᆞ겟ᄉᆞ오니知舊間照亮홈

京畿道水原郡南部南昌洞　李載憲　告白

紙物貿易에迅速

(廣告文)

●弊店에셔各種紙物을直輸入ᄒᆞ와地方同業僉位와其他僉彦에게特別減價로酬應ᄒᆞ겟사오니不拘多少ᄒᆞ시고注文ᄒᆞ시면郵便小包와運送部를經過ᄒᆞ야迅速히付呈ᄒᆞ깃숨

物價表와品錄書를無料로付呈ᄒᆞ옴

內外國紙物大發賣

品高價低에爲主홈

(品目略錄)

●壯紙、油壯板紙、窓戶紙、白紙、塗비洋紙、書簡各種、天井紙、古査紙、印札紙、牛紙、美濃紙、製圖紙、簿帳紙、封套紙、其他學校用品筆墨卒業證書紙其他具備

本店　漢城鍾路大廣橋　紙物舖　金聖煥　電話一千二百八十番

支店　漢城北部安洞別宮前

測量機械美濃紙賣買

京城南署棗洞六十二統十戶

金龍商會　告白

本鐵工場에셔各種鐵物機械等屬을精密히製造와修理ᄒᆞ며販價로隨請仰呈ᄒᆞ온바物目은左에略開ᄒᆞ오니僉彦은照亮後陸續來求홈

精米機械　馬車荷車
織組機械　壓油機械
切草機械　壓麵機械
引水機械　製繩機械

發電機械소리업고솜이다르를보다갑절이들니옵

詳細ᄂᆞᆫ來問홈

京南門外藥峴中洞二百四拾六統二戶

大韓鐵工場　白

堂　議

京西部車洞[illegible]本國材로洋服을[illegible]官許引蘇丸이消渴止滑滅毒ᄒᆞ고付屬ᄒᆞᆫ八十餘俱備大發行ᄒᆞ오[illegible]

日語大成

學部檢定

張志淵　序文

服部暢　大垣丈夫

鄭雲復　著述

洋裝一部　定價金壹圓

半洋一部　定價金八十五錢

此書가前名은獨習日語正則이온바數年來로愛讀者多ᄒᆞ와三版발行ᄒᆞ왓ᄉᆞ오나其間乏絶되왓숩고敎科書에完全치못홈으로因ᄒᆞ와這間自學部로完全케精密檢定ᄒᆞ와高等敎育日語科學員用敎科書로檢定되온바獨習에倍前一層便易ᄒᆞ옵고日語高等敎科書에適當ᄒᆞᆫ良書이오니江湖僉君子ᄂᆞᆫ速々講覽ᄒᆞ시와不及之歎이無케ᄒᆞ시옵

發行兼元賣所　中部布屛下卅七統六戶　廣學書舖　金相萬

分賣所　中部勝洞禮拜堂前　東洋書院　中部洞口　中央書舘　京鄕各書舖

本商會ᄂᆞᆫ世運의進化와商業의發展을隨ᄒᆞ야業務를新鮮擴張ᄒᆞ야各種布木紬紗緞屬新式毛織等諸般衣服所用物貨를多數貿易ᄒᆞ야僉君子의請求를應ᄒᆞ오며地方에ᄂᆞᆫ請求만ᄒᆞ시면郵便小包나運送部로送呈ᄒᆞ고代金은引換ᄒᆞ겟사오니地方에商店이나所用되시ᄂᆞᆫ僉君子ᄂᆞᆫ多數請求ᄒᆞ심을望

壽南商會　金泰熙

京城鍾路通一十二統四戶

[illegible]印紙原賣所　各種證劵商當賣買所

◎商業同胞에게告홈

今也에諸般事業이漸次발達ᄒᆞᄂᆞᆫ時代를當ᄒᆞ야商業上의關係도또ᄒᆞᆫ此를從ᄒᆞ야變遷ᄒᆞ야[illegible]과不同ᄒᆞ고商行爲의規模가昔時와相殊ᄒᆞ야[illegible]昔日의見치못ᄒᆞ던바ㅣ며手形이며證劵[illegible]의行치못ᄒᆞ던비라、如此히變遷ᄒᆞᆫ時代에在ᄒᆞ야[illegible]日의慣習으로商去來를行ᄒᆞ며昔時의規模로商行爲를營코져ᄒᆞ면엇지能히商業의目的을達ᄒᆞ리오噫ㅣ라前日에ᄂᆞᆫ地方의商旅가京城에來ᄒᆞ야仕ᄒᆞᄂᆞᆫ者ㅣ聯絡不絶ᄒᆞ더니今日에ᄂᆞᆫ何故로如此히凋殘ᄒᆞ엿스며昔日에興旺ᄒᆞ던客主營業이何故로今日에不振ᄒᆞᄂᆞᆫ요試思홀지어다其行ᄒᆞᄂᆞᆫ慣習과規模가今日에變遷ᄒᆞᆫ此時代에適合치아니ᄒᆞᆷ으로以ᄒᆞᆷ이아닌가是故로本會社ᄂᆞᆫ五六年前에京城商業에實地從事ᄒᆞᄂᆞᆫ有力紳士에셔組織ᄒᆞᆫ바ㅣ되야外國에有名ᄒᆞᆫ織組會社와都賣特約을締結ᄒᆞ고織物을直接貿易홈으로爲業ᄒᆞ야今日에至ᄒᆞ야ᄂᆞᆫ엄연히京城商業界의重鎭을占ᄒᆞ니實로我國의商業界를爲ᄒᆞ야慶幸ᄒᆞᆯ바ㅣ로다、然이나本社ᄂᆞᆫ더욱全國同胞의便益을圖ᄒᆞ기爲ᄒᆞ야業務를擴張ᄒᆞ고規模를拾分改良ᄒᆞ야本社營業의一副業으로委托營業을開始ᄒᆞ고各地方商旅의賣買委托을受ᄒᆞ야去來를信實히行ᄒᆞ고待遇를親切히爲ᄒᆞ며口文을低廉히受ᄒᆞ고金錢을迅速히融通ᄒᆞ며地方商人의閒散不知ᄒᆞᄂᆞᆫ諸式節次도詳細히指導ᄒᆞ오리니來ᄒᆞ시오來ᄒᆞ시오全國의商業同胞ᄂᆞᆫ京城鍾路大廣橋通合名會社彰信社로枉臨ᄒᆞ시옵

合名會社彰信社社長　洪鍾晥

營業部長　安義淳

委托部長　金春植　謹告

留宿의便利를圖ᄒᆞ기爲ᄒᆞ야廣橋南川邊茶洞十五統九戶彰信旅舘을設홈

各種藥品發行表

修虛 遺精多夢、陽위不起 房事色傷 心腎虛弱 病後虛弱 不下飮食
眩暈頭痛 壹週分壹圓 四週分三圓四拾錢
靈丹 壹般胃病症胃腹痛消化不良心神鬱悶船흔酒醉化담症에並妙効가有홈 二週分壹圓八拾錢八週分六圓四拾錢

眼科聖藥 清眼水 壹般眼疾、時行眼疾、風熱眼疾、羞明流淚、眼內紅痒등症에撥雲見天之妙(壹瓶金拾錢) 止히口熱惡臭食慾不振등症에並神効

鮮하至寶丸 專治하疾卽氣虛하、遠年長하、一日二日하、雖難治之하이라도永々거근홈 壹包金拾錢

皮膚神藥 靈效液 特治皮膚病疥癬은、皮風、諸般痒疹、두두러기、옷올닌데다神効홈 壹瓶금三拾錢

五淋專治 通淋丸 急慢淋疾、赤빅帶下、방광炎症、뎌炎皮濃漏外他淋毒性諸症에신效홈 壹제금五拾錢

梅毒妙効 神應丹 楊梅瘡에壹期二期三期를勿問하고確實이有효、連珠瘡下疳瘡等에并효 壹제金三圓

腹학신藥 清脾丸 崔治小兒壹般腹학、面黃、屎靑、左脇별腹에大有奇효홈 一匣金五拾錢

久해神効 養胃散 通治經久滯積、呑酸吐사、霍亂、胃腹등大便不順等症에奏効如神 壹貼금十五錢

治痰鎭咳丸 專治大人히소、喘息、담結등症에妙 三日分一包금卄錢

特冒感효 消熱散 勿論四時傷寒感冒、咽喉疼통、寒熱往來肢節통、似학非학등症有효 壹貼금拾錢

耳病신효 清耳液 專治耳病卽鼓膜炎、內外聽道炎、耳中灼熱疼소癢、濃液流出等症有효 一瓶금十錢

百貼百應 妙妙膏 風寒濕氣、胸肩背에牽引疼통、腰膝脚되酸등無力、骨節동통등症에如神 금卄五錢

奏효如신 能治膏 各種腫氣、小兒胎毒、부스럼濕腫、生瘡에並신효 一包금拾錢

大腫拔根膏 大小腫에根떼는약 價금拾錢

鮮凝膏 며움식히는약 價금拾錢

[illegible]去根藥 價금卄錢

齒痛水 츙치風치신효 價금七錢五厘

鷄眼膏 티눈쎄는약 금拾錢

汗斑水 어루러기약 금十錢

止泄丸 뎨泄暑泄신효 價금拾五錢

痢疾藥 赤빅痢에신효 價금拾五錢

各種上等金雞納 東西洋有名賣藥 乾材 都賣散賣 其他各種藥이具備하오니 請求를依하야 小包로 酬應하겟습

發行所
皇城南部大廣橋十九統七戶
共愛堂大藥房主 朴容桓 告白

諸彥은記憶하시난가 記억하시거던自白하시오

昨年夏期에 多數生靈이 非命에 慘死하야

一國이驚愕하은抑何等基因홈인가

此는專혀諸彥이衛生을重視치아니하고醫藥撰擇에當을失홈이라고自白하시오

아아 겁나고 두려운 고레라又탄流行病
아아 겁나고 두려운 고레라又탄流行病

回生水蘇生丹이비로소此等病魔를驅逐하고

數萬의生命을救濟홈은過去의不遠한昨夏活歷史의證하는바라

起死回生水
蘇生丹

諸彥에게問하노니 萬物의靈된人間으로 誰가生命을不愛하리有하며 生命을愛하는人으로 誰가回生水와蘇生丹을不備한者有하리오有하거던우리京城鍾路和平堂大藥房으로來하시요

電話 壹六九七番
電略話 (화)(ㄱ)

蔘茸唐草藥材廉價大發賣

特別廣告

本店에서開業三十餘年에 僉君子의愛顧하심을蒙하와 營業이발展하옵는바今에盛意를報答키爲하야 業務를一層擴張하옵고良好한蔘茸唐草藥材를內地와外國으로서多數히直輸入하와特別廉價로都賣散賣에信實히酬應하오며地方에서請求하시는데對하야는多小를不拘하옵고郵便小包는速送部로訊速히付送하오되代金은引換으로하깃사오니京鄕僉君子는益益請求하심을望홈

但地方에서請求하시는妙法

金一錢五厘를費하시고一枚에葉書를使用하사住所氏名과學記를錄送하시면遠路의跋涉과往返의旅費를要치아니시고本店에最良好한上品藥材를完全히貿用하실터이외다

京城南部銅峴三十五통三戶
蔘茸唐草藥材直輸入商
乾材藥局 崔聖鶴 告白

特別廣告

本店에서開業한지十六年間에僉君子의愛顧하심을蒙하와 今年부터業務를大擴張하고春夏秋冬四時所用으로物品을擴張하고各國高等物品을今多數直輸入이온바各地方에서는貿易에便利하기爲하야特別廉價로賣買하와郵便小包로酬應하오며代金은引換하깃사오니十三道各郡僉君子는速히請求하심을望

電話番號(三五八)
(韓國壹三番)

漢城中部鍾路四十醫院洞二十一統五戶
廣興泰 告白

補珍 美本

松村先生池錫永著

字典釋要

全一冊 定價金八十錢

本書는我韓에著名한池錫永氏가十年研究홈바인데普通玉篇보다五千餘字를增補하야字義를國文으로明白히解釋한要書이오니僉君子는速々購覽하시옵

李鼎煥

신찬 국문가뎡간독

全一冊 定價金三拾錢

本書는國文으로編纂하고漢字를傍書하야國漢文書札에幷要홈

發行所
南部大廣橋三十七統四戶
滙東書舘

檀君開國四千二百四十三年
箕子元年三千三十二年
大韓開國五百十九年
本報創刊日 光武八年七月十八日

大韓每日申報

發行兼編輯人 李章薰
發行所 京城中部布廛屛門二宮街二府洋屋 大韓每日申報社
第八卷 月曜及慶節歲時日休刊 第壹千四百四十七號

李載翊氏가學業에專心ᄒᆞ나學資가無ᄒᆞ야入學ᄒᆞ기를不得홈으로恒常自歎ᄒᆞ더니同隣居梁
城津港學校로治送入學케ᄒᆞ엿다고人皆稱頌ᄒᆞᆫ다더라
◎壯哉五氏 三水郡仲坪場居
費가無路ᄒᆞ더니同隣居李奉杰林京云金仁瑞高奉乃金君七五氏가學費를分擔ᄒᆞ고城津學校
人의稱頌이有ᄒᆞ다더라
◎日신學校 黃海道瑞興郡梅陽面에셔紳士郭창殷趙鼎洛李
爲ᄒᆞ야日신學校를熱心創立ᄒᆞ고義捐金二十圜式各出ᄒᆞ며面內諸氏가一時協議ᄒᆞ야或十圜
고開城南部韓德政姜顯著兩氏가各二十圜式特捐ᄒᆞ야一心敎育ᄒᆞᆫ結果로設立ᄒᆞᆫ지三四朔
有將就之希望이라더라

論說

在心이오不在物이라

一生의富貴窮達도心에在ᄒᆞ고一生의悲喜哀樂도心에在ᄒᆞ니變化莫測者ᄂᆞᆫ心이라釋家所謂天地間에物類가一而萬이오萬而一이로다山自山川自川春自春秋自秋風自風月自月花自花鳥自鳥ᄂᆞᆫ萬古에不變ᄒᆞᄂᆞᆫ者오無地不同이로ᄃᆡ今에有人於此ᄒᆞ니此山此川此春此秋此風此月此花此鳥의感觸을同受ᄒᆞ나心境의所現ᄒᆞᄂᆞᆫ者ㅣ千萬人이有異ᄒᆞ니月上柳梢頭에人約黃昏後와杜宇聲々不忍聞ᄒᆞ니雨打梨花深閉門은同一黃昏이로ᄃᆡ一則歡喜ᄒᆞ고一則愁慘ᄒᆞ야其境이絶異ᄒᆞ고桃花流水杳然去ᄒᆞ니別有天地非人間과人面은不知何處去ᄒᆞ고桃花依舊笑春風은同一桃花로ᄃᆡ一則淸淨ᄒᆞ고一則愛戀ᄒᆞ야其境이絶異ᄒᆞ고舳艫千里에旌旗蔽空이라釃酒臨江ᄒᆞ야橫槊賦詩와潯陽江頭夜送客ᄒᆞ니楓葉荻花秋瑟々은同一江也로ᄃᆡ一則雄壯ᄒᆞ고一則冷落ᄒᆞ야其境이絶異ᄒᆞ니엇지物境에在ᄒᆞ리오心境에在ᄒᆞ다ᄒᆞᆯ지니我韓이檀箕以後로四千餘年을傳來ᄒᆞ던疆土와人物을樂觀的으로觀ᄒᆞ면富强을可致ᄒᆞᆯ것이오悲觀的으로觀ᄒᆞ면貧弱을可恨ᄒᆞᆯ지로다

此疆土에生長ᄒᆞ야其祖도韓人이오其父도韓人이오其食도韓食이오其衣도韓衣오頂踵毛髮도大韓의國民이오行動語默도大韓의精神인즉英雄豪傑이別人이아니라心中의奴隷(慾)를驅逐ᄒᆞ여야大驚ᄒᆞᆯ事도無ᄒᆞ고大喜ᄒᆞᆯ事도無ᄒᆞ고大苦ᄒᆞᆯ事도無ᄒᆞ고大悅ᄒᆞᆯ事도無ᄒᆞ고大憂ᄒᆞᆯ事도無ᄒᆞ고大懼ᄒᆞᆯ事도無ᄒᆞ야大經綸大事業을創起ᄒᆞᄂᆞᆫ者ᄂᆞᆫ富貴가能히其心을淫치못ᄒᆞ고貧賤이其心을移치못ᄒᆞᄂᆞ니但心中의奴隷에게指使가되ᄂᆞᆫ者ᄂᆞᆫ能히亂臣도作ᄒᆞ며能히賊子도作ᄒᆞ야自國의性을自滅ᄒᆞ고國家야亾ᄒᆞ던지興ᄒᆞ던지一己의名利만滔々戚々ᄒᆞ야得意ᄒᆞᆫ時를當ᄒᆞ면喜悅ᄒᆞᄂᆞᆫ辭氣가顔色에必露ᄒᆞ고失意ᄒᆞᆫ時를當ᄒᆞ면憂慼ᄒᆞᄂᆞᆫ情態가眉間에必帶ᄒᆞ니如此ᄒᆞᆫ區々人生이奚暇에國家를念及ᄒᆞ리오吮癰咀痔라도足히愧ᄒᆞᆯ바이無ᄒᆞ고脅肩諂笑라도與爲ᄒᆞᆯ지니他、精神에一生을游泳ᄒᆞ야自由活動ᄒᆞᄂᆞᆫ氣像이無ᄒᆞ면其人의自弱ᄒᆞᄂᆞᆫ것도自然ᄒᆞᆫ勢오而國의自貧ᄒᆞᄂᆞᆫ것도自然ᄒᆞᆫ勢라挽作ᄒᆞ기를望키難ᄒᆞ리로다

溝壑에陷ᄒᆞ야도自家의性을失치勿ᄒᆞ며水火에投ᄒᆞ야도自家의心을墜치勿ᄒᆞ야千辛萬苦를經ᄒᆞᆯ지라도一片靈臺가耿々不寐ᄒᆞ야坐時에도國家오臥時에도國家이오立時에도國家이오食時에도國家이오寢時에도國家이면國家의方興未艾의象이心頭에可期ᄒᆞᆯ지니藏綠을眼에鏡者ᄂᆞᆫ所見ᄒᆞᄂᆞᆫ物이一切皆綠ᄒᆞᆯ것이오帶黃을眼에鏡者ᄂᆞᆫ所見ᄒᆞᄂᆞᆫ物이一切皆黃ᄒᆞᆯ것이오口含黃連者ᄂᆞᆫ所食ᄒᆞᄂᆞᆫ物이一切皆苦ᄒᆞᆯ것이오口含蜜餡者ᄂᆞᆫ所食ᄒᆞᄂᆞᆫ物이一切皆甛ᄒᆞᄂᆞ니然則其綠也其黃也와其甛也其苦也와其甛也의分別이物에在치아니ᄒᆞ고我에在ᄒᆞ니國家가富ᄒᆞᄂᆞᆫ것도我一心에在ᄒᆞ고國家가强ᄒᆞᄂᆞᆫ것도我一心에在ᄒᆞ고國家가貧ᄒᆞᄂᆞᆫ것도我一心에在ᄒᆞ고國家가弱ᄒᆞᄂᆞᆫ것도我一心에在ᄒᆞ니今我二千萬同胞가國家事를一心에着在ᄒᆞ면民力을可以挽回ᄒᆞ리라ᄒᆞ노라

官報

◎第四千七百四十二號 ◇隆熙四年七月廿八日(木曜)

敍任及辭令

○七月二十二日 張鳳翼 任郡主事敍判任官四等 內部技手三田善太郞 依願免本官(七月二十六日內部) 林業事務所技師岡衛治 命平壤林業事務所長(以上七月二十一日農商工部)

外報

◎美統領의負傷 倫敦電을據ᄒᆞᆫ즉美國大統領라푸트氏ᄂᆞᆫ골프競技場에서踝가折傷ᄒᆞ얏다더라

◎日本關稅論 仝電을據ᄒᆞᆫ즉自由黨의新聞紙ᄂᆞᆫ今回의日本新關稅가英國産業上에及ᄒᆞᆫ影響은頗히微弱ᄒᆞ리라고論ᄒᆞ얏다더라

◎水兵歎待 仝電을據ᄒᆞᆫ즉目下倫敦에체在ᄒᆞᆫ日軍艦生駒艦水兵等은英國人의熱心歎待를受ᄒᆞᆫ다ᄂᆞᆫᄃᆡ尙且五百名水兵은로샤빌에서晩餐會의招待를受ᄒᆞ엿다더라

◎土相訪墺와世評 仝電을據ᄒᆞᆫ즉土耳其宰相이墺國을訪問ᄒᆞᆫ事에對ᄒᆞ야墺德諸新聞은論評ᄒᆞ기를日露協約의結果로土耳其가德墺伊三國同盟에接近ᄒᆞᆯ意向인듯ᄒᆞ다고說明ᄒᆞ얏스나土耳其新聞은土耳其가中立의地位에立ᄒᆞ얏슨즉國內組織을完全히ᄒᆞᆷ이必要ᄒᆞ다고切言ᄒᆞ얏다더라

◎銀行支店盜難 伯林電을據ᄒᆞᆫ즉經育露淸銀行代理店에서ᄂᆞᆫ多額의金貨를盜難에罹ᄒᆞ얏다더라

◎墺塞通商條約 仝電을據ᄒᆞᆫ즉墺國과塞耳維間의通商條約을締結ᄒᆞ얏다더라

◎伊太利의暴風雨 維也納電을據ᄒᆞᆫ즉去二十三日에北部伊太利의機業地方에셔暴風雨가猛烈ᄒᆞ야多數人民이致死ᄒᆞ얏다더라

◎遭難의原因 루터電을據ᄒᆞᆫ즉西班牙前首相모오라氏가凶漢의暴行을遭ᄒᆞᆫ事ᄂᆞᆫ同氏가昨年首相任에在ᄒᆞ야빠세로나의反亂을鎭壓ᄒᆞᆯ時에極히嚴酷케ᄒᆞᆫ故로此를復讐코져ᄒᆞᆷ이라더라

雜報

◎運送支社 日韓運送合資會社忠淸南道支社長鄭國永氏가京城區裁判所登記公告를承ᄒᆞ야業務를實施次로日間에발程下去ᄒᆞᆫ다더라

◎敎師起訴 平安北道龜城郡大同學校前敎師李時建氏가學昨年에月銀未捧條一百四拾圜中四拾圜은該校에寄附ᄒᆞ고其餘一百圜은追後迅速換送ᄒᆞ라ᄒᆞ고辭任還家ᄒᆞ엿더니該校任員이乾沒ᄒᆞ고尙今二個年間에淸帳치아니ᄒᆞᆷ으로將次裁判所에訴訟을提起ᄒᆞᆫ다더라

◎申訴控院 前扶餘郡守李大鍾氏가公貨犯逋事件으로京城地方裁判所에서役三年에宣告ᄒᆞ엿ᄂᆞᆫᄃᆡ其夫人朴氏가八個年에排納ᄒᆞ기로請願ᄒᆞᆷ은既報어니와李氏가該宣告를不服ᄒᆞ엿슴으로朴氏가昨日에更히京城控訴院에上告ᄒᆞ엿다더라

◎慘哉溺命 東小門外文魚味居李某의女息은年今十六인ᄃᆡ日昨潦水漲溢時에附近川邊에서溺死ᄒᆞ엿다더라

◎日巡遞役 銅峴警察分署日人刑事巡査辻本은瀆職橫領罪로日前에京城地方裁判所로越交ᄒᆞ엿ᄂᆞᆫᄃᆡ再昨日役十個月에宣告ᄒᆞ엿다더라

◎賊又行刦 京城地方裁判所主事金學煥氏ᄂᆞᆫ三昨日下午十一時頃黃土峴等地로巡去ᄒᆞᆯ에何許賊人二名이突出ᄒᆞ야該氏의所禮服을奪ᄒᆞ다가所帶物이無ᄒᆞᆷ즉短刀로腰部를刺ᄒᆞ야重傷을被ᄒᆞ엿슴으로目下治療中이라더라

◎林林傷敗 南署山林洞居大成氏ᄂᆞᆫ前南大門통衛에셔阿峴居林德善의牛車에足部를重傷ᄒᆞ야大韓醫院에셔治療中이어니와車夫林也ᄂᆞᆫ西部警察署에被捉ᄒᆞ야日昨에京城地方裁判所로越交ᄒᆞ엿ᄂᆞᆫᄃᆡ趙氏가此를聞ᄒᆞ고林也를爲ᄒᆞ야昨日解放訴狀을提呈ᄒᆞ엿다더라

◎偽貨犯越交 北部樓閣洞居柳鎭賢豐津郡居吳仁善等四人은紙貨偽造犯으로所管警察署에被捉ᄒᆞ엿ᄂᆞᆫᄃᆡ三昨日京城地方裁判所로越交ᄒᆞ엿다더라

▲曲裏峨洋▼

▲日本에체在ᄒᆞᆫ宋秉畯은今番에歸國ᄒᆞ기로運動ᄒᆞ다가某處의禁止로停止ᄒᆞ엿다지온다々아니온다ᄒᆞ니죡작ᄒᆞᆯ수잇나一進會員들이또눈물푼엇치나낼떠가되엿고

▲某觀察使ᄂᆞᆫ今番郡守薦報에幾千圜의受賂가有ᄒᆞ든지銅臭가西風에吹送ᄒᆞᆫ다지向日에ᄂᆞᆫ京城에셔郡守場市를보더니近日에ᄂᆞᆫ地方에셔郡守場市가셧군

▲一進會長李容九가向日에副統監에게納刺ᄒᆞ다가退却을當ᄒᆞ엿다더니日昨에統監邸에前往ᄒᆞ야寺內統監과面會ᄒᆞ엿다지인제ᄂᆞᆫ若登龍門ᄒᆞ야코똥々풍々셔겟고나

▲日昨에政友會會計課長尹敬重氏等이二宮內淸料理店에셔料理一圓八拾錢價値를買喫ᄒᆞ고何等屈折이有ᄒᆞ든지店主와一場風波를惹起ᄒᆞ엿다지政友會와料理店은셔울못ᄒᆞ여京城樓料理店으로알고써허먹으러들어엇던가

世界歷史

◎「찰쓰」五世와宗敎改革

一千五百五十二年에(파소)約和議를結ᄒᆞ야暫時新敎의自由를許與ᄒᆞ고繼又同九十五年에(억스떡)의宗敎會議를開ᄒᆞᆫ時에신敎徒의信仰을公許ᄒᆞ야舊敎徒와同一ᄒᆞᆫ權力을與ᄒᆞ니가(억스떡)會議以後에「찰쓰」五世의威權은크게減衰ᄒᆞᆫ지라法王은「찰쓰」五世의新敎를公許ᄒᆞᆷ을深憤ᄒᆞ야法國王顯利二世와結托ᄒᆞ야「찰쓰」五世를抵抗ᄒᆞ거ᄂᆞᆯ帝가遂乃一千五百五十六年에帝位를其弟「퍼디넌드」에讓ᄒᆞ야「퍼디넌드」一世라稱케ᄒᆞ고皇子(필닙)에게(네덜란드)西班牙(나플쓰)等을與ᄒᆞ고自己ᄂᆞᆫ西班牙의一寺院에退隱ᄒᆞ야一千五百五拾八年九月二十一日에病歿ᄒᆞ니라

(未完)

詞藻

언제나

時節도怪異ᄒᆞ다、비ᄂᆞᆫ어이支離ᄒᆞᆫ고。
苦炎中우리人生、起居動作極難ᄒᆞ다。
언제나、비ᄭᅥᆨ고淸風부러、精神爽快。

官廷報

○幸行統府 大皇帝陛下ᄭᅴ옵셔本日上午十時에統監府에 幸行ᄒᆞ옵신다더라

○御繭繅絲 皇后陛下ᄭᅴ옵셔親蚕ᄒᆞ옵신繭을技術官으로ᄒᆞ야곰製絲ᄒᆞ엿는ᄃᆡ品質이良好ᄒᆞᆷ으로美術品工場에委托ᄒᆞ야特別緞屬을織造ᄒᆞ려고計劃中이라더라

雜報

○統府特別會 統監府에셔는特別事項이有ᄒᆞ야本日에特別參與官會를開ᄒᆞᆫ다더라

○統監의官廳視察 山縣副統監이各行政官廳을視察ᄒᆞᆷ은已報ᄒᆞ엿거니와寺內統監도來月曜日브터各官廳을視察ᄒᆞᆯ豫定이라더라

○審査會經議 內部에셔去火曜日에法令審査會를開ᄒᆞ고地方行政區域改定件과郡廳廢合件을審査ᄒᆞ엿는ᄃᆡ將次內閣會議에經議頒布ᄒᆞᆫ다더라

○巷說難信 內閣이變更된다는說에對ᄒᆞ야大臣椅子의占據를競爭ᄒᆞ야某々氏等의運動이劇烈ᄒᆞ다ᄒᆞ며니總相은中樞議長金允植氏로宮相은永宣君李埈鎔氏로內相은農相趙重應氏로農相은中樞院顧問權重顯氏로內定되엿다는說이有ᄒᆞ다더라

○吳氏讒責 中樞院主事吳奎恒氏는日前에寺內統監赴任時에迎接ᄒᆞ라는內閣通牒을時間이促迫ᄒᆞᆷ을因ᄒᆞ야贊議諸氏에게未先通知ᄒᆞᆫ事實上不能인ᄃᆡ同院贊議洪承穆金晩秀兩氏가吳氏를一場論駁ᄒᆞᆫ結果로擧競譴責ᄒᆞ엿는ᄃᆡ洪金兩氏의此等言論은猶恐人後ᄒᆞᆫ다고一般批評이有ᄒᆞ다더라

○各領事의訪統監 昨日午前十一時에各國領事는統監府에統監을訪ᄒᆞ고新任의祝辭를陳述ᄒᆞ엿다더라

○統監의訓諭 統監은豫定과如히昨日午前八時브터各部各局高等官以上文武百官의伺候式을受ᄒᆞ엿는ᄃᆡ職務에勵精從事ᄒᆞᆯ旨로訓諭ᄒᆞ엿다더라

○司令官訓示 明石憲兵隊司令官은昨日午前十時에憲兵隊司令部及警務總監部와高等官以上을會計室에召集ᄒᆞ고事務上에關ᄒᆞᆫ訓示를ᄒᆞ엿다더라

○警務奔忙 警務總監部는開廳以來로各般處務가頗히奔忙ᄒᆞᆷ으로每日五六時頃에退務ᄒᆞᆫ다더라

○拓社出張合併 東洋拓殖會社에셔는來八月頃에馬山港에在ᄒᆞᆫ出張所를廢止ᄒᆞ야大邱郡出張所로合併ᄒᆞᆫ다더라

○勸諭日官 旣報와如히昨日午前八時三十分에各官廳日人奏任官以上이統監府로會同ᄒᆞ고正副統監이出席ᄒᆞ엿는ᄃᆡ各官吏에게對ᄒᆞ야各盡其職ᄒᆞ야益加勤務ᄒᆞ라고說諭ᄒᆞ엿다더라

○宮內博物館預算 昌德宮內博物館을通明殿內에一新建築ᄒᆞ기로決定ᄒᆞ엿는ᄃᆡ所入經費는三十萬圜으로預算ᄒᆞ엿다더라

○道費增額 各觀察道經費中忠南觀察道의經費增加額一百四十圜을支撥ᄒᆞ라고內部에셔度支部로照會ᄒᆞ엿다더라

○客舍請賣 定州郡客舍를賣却公用ᄒᆞ자고該道觀察使柳赫魯氏가內部로報告ᄒᆞ엿다더라

○日醫勞金 大韓醫院의醫官으로서辭免歸國ᄒᆞᆫ는矢野에게는一千二百圜으로清水에게는八百圜으로特別功勞金을支撥ᄒᆞ기로內部에셔議決ᄒᆞ엿다더라

○耆社移接請願 朝陽俱樂部에셔는前耆老社廳舍에事務所를移接ᄒᆞᆯ次로再昨日宮內府에請願書를提呈ᄒᆞ엿다더라

○書籍庫竣工期 學部에셔는該部內에書籍庫를建築ᄒᆞᆯ次로工役에已爲着手ᄒᆞ야不遠間竣工될터인ᄃᆡ役費는金六千圜으로豫算ᄒᆞ엿다더라

○養校認可 忠南公州郡道立養林學校設置件은去廿六日에認可ᄒᆞ엿다더라

○武田向西 入京ᄒᆞ엿던平壤鑛業所長武田海軍少將은再昨日平壤으로向ᄒᆞ야出發ᄒᆞ엿다더라

○停年名簿送交 親衛府에셔新備役將校以下와其他相當官의停年名簿라는冊子를發刊ᄒᆞ야內部로一部를送交ᄒᆞ엿다더라

○請願封還 學部書記官李敏應氏가辭職請願書를提出ᄒᆞ엿는ᄃᆡ封還ᄒᆞ기로內定되엿다더라

○公通郡守請査 荒井度支次官이警務總監部로照會ᄒᆞ고京鄕間에潛狀ᄒᆞᆫ各公通郡守의財產有無와其他相當ᄒᆞᆫ價格의有無를調査示明ᄒᆞ라ᄒᆞ엿다더라

○祭後更會 故忠達公金玉均氏의延諡禮式을再昨日漢城官立高等學校內에셔設位致祭ᄒᆞᆷ은旣報어니와皇族及元老大臣以下內外國高官等諸氏가往參ᄒᆞ엿다가罷祭ᄒᆞᆫ後承寧府總官趙民熙氏家에會集ᄒᆞ엿는ᄃᆡ韓日巡查의警衛가嚴密ᄒᆞ엿다더라

○留學生行動更查 歸國ᄒᆞᆫ日本留學生의行動을某處에셔調查ᄒᆞ엿다ᄒᆞᆷ은旣報어니와何等關係가又有ᄒᆞᆫ지目下更히調査ᄒᆞᆫ다더라

○假鬼會議 一進會評議員兪鶴柱李範喆其他某々數十人이再昨日午後四時에三淸洞李容九家에會同ᄒᆞ야何等事項을協議ᄒᆞᆫ바有ᄒᆞ다더라

○凶書又草 一進會에셔는合邦問題를期於實施케ᄒᆞ기爲ᄒᆞ야統監府에長書를提呈ᄒᆞᆯ次로目下起草中이라더라

○識字憂患 國民신報社長崔永年의子瓊植이가警務總監部에被捉ᄒᆞ엿다ᄒᆞᆷ은各신聞에揭布ᄒᆞ엿거니와其內容을聞ᄒᆞᆫ즉平壤郡崔益煥의合邦贊成書를崔瓊植이가手書ᄒᆞᆷ을因ᄒᆞᆷ이라더라

○凶黨又白 儒生中一派로서時局研究所를設ᄒᆞ고曩者에韓日合邦의急施를會彌統監에게建白ᄒᆞ엿던金在龍는寺內統監의着任을乘機ᄒᆞ야近々同樣의建白書를又爲提出ᄒᆞᆫ다더라

○一擧兩得 李學宰는再昨日下午八時에京城樓에셔韓日人數十名을會同ᄒᆞ야佛敎總監院과養老社를組織ᄒᆞᆯ次로發起會를開ᄒᆞ고趣旨를說明ᄒᆞ엿다더라

○商議借款運動 李圭恒氏가左右商議社中央監督를設立ᄒᆞᆫ다ᄒᆞᆷ은旣報어니와商務를擴張ᄒᆞ기爲ᄒᆞ야某處에巨額의金貨를借款ᄒᆞᆯ次로運動中이라더라

○觀覽金無 昌德宮內御苑에人民縱覽을許ᄒᆞᆫ後로拜觀ᄒᆞᆫ는士女가逐日답至ᄒᆞ야入場票代金의多大ᄒᆞᆫ收入이有ᄒᆞ더니幾日前브터觀覽者가全無ᄒᆞ다더라

○工場物品納呈 漢城美術品工場에셔製造ᄒᆞᆫ器皿과織組ᄒᆞᆫ布木各四十餘種을 昌德宮內博物館에出品件으로將次納呈ᄒᆞᆫ다더라

○日子會見 中樞院副贊議鄭蘭敎氏는年前日本에在ᄒᆞᆯ時에日女를娶得ᄒᆞ야一子를生ᄒᆞ얏는ᄃᆡ此를面會ᄒᆞ기爲ᄒᆞ야月前에渡日ᄒᆞ엿다더니三昨日下午八時에歸國ᄒᆞ엿다더라

○各地水害狀況 本月一日以來降雨에農作物及交通의被害가不少ᄒᆞᆫᄃᆡ忠南地方에는二十二日午前十一時로브터午後四時間ᄭᆞ지近年에罕有ᄒᆞᆫ雷雨가瀑注ᄒᆞ야韓山藍浦庇仁等郡에道路는交通이杜絶ᄒᆞ고渡水橋량의流失과道路破損等慘狀이有ᄒᆞ며淸州地方에셔는卄四日夜에豪雨를因ᄒᆞ야河川이漲溢ᄒᆞᆷ으로同郡及鳥致院間의交通이杜絶ᄒᆞ엿다더라

○昨年의鑛産額 昨年我國內의鑛産額은左와如ᄒᆞ더라

金	三八四五五六八圜
砂金	五四八三三五五圜
銀	四〇九六圜
銅鑛	二七二一七圜
黑鉛	一八一五三三五圜
鐵	三三一七六一三圜

○李家水禍 今番霖雨에永同郡磚溪李進士相求氏의家後山坂이崩壞ᄒᆞ야七歲女兒가卽爲致命ᄒᆞ엿고其餘家眷은或漂流ᄒᆞ야僅得救生ᄒᆞ엿고家產什物은擧皆漂流ᄒᆞ엿다더라

○商員의佛堂 商務組合員尹進學氏는佛敎堂을新建築ᄒᆞ려고目下周旋ᄒᆞᆫ는中이라더라

○楊郡又擾 姜基東氏의部下五六名이再昨日楊州郡於等山附近民家에來到ᄒᆞ야夏服及軍需錢을辦出ᄒᆞ라고惹鬧ᄒᆞᆷ으로人心이騷擾ᄒᆞ다더라

○西人採金 西洋人某는新安州停車場附近에셔金礦新穴을發現ᄒᆞ야目下開採中인ᄃᆡ多大ᄒᆞᆫ利益이有ᄒᆞ다더라

○爆發物見失 平安北道英國金鑛會社에셔는本月十九日에爆發藥一百五十發及雷管百個와導火線二十五把를見失ᄒᆞ엿는ᄃᆡ目下搜索中이라더라

○靈丹承認 和生堂主人卞容圭氏는衛生에必要ᄒᆞᆫ和生丹과靈藥을新發明ᄒᆞ야特許權을得ᄒᆞᆯ次로日前內部衛生局에請願承認ᄒᆞ엿다더라

○兩報押收 신韓民報第一百八十一號와신韓國報第百二二號와一百三二號는治安妨害라ᄒᆞ야押收ᄒᆞ엿다더라

○平壤議長 韓國中和郡議會에셔十部長을選定ᄒᆞᆷ은旣報어니와各部長以下에職員幾人式選置ᄒᆞ기로目下擬議中이라더라

○僞銀犯越交 銀貨僞造犯閔永杓等四名을警務總監部에셔逮捕ᄒᆞ야[illegible]所로越交ᄒᆞ엿다더라

○兩犯處役 毆打殺人犯李致永[illegible]은各懲役一年에處[illegible]

電報

○皇太子殿下御消息 韓國皇太子殿下ᄭᅴ옵셔는[illegible]午後四時에岡山에 御着ᄒᆞ사自由舍旅館에셔 停宿ᄒᆞ옵신다더라

○萬國農會參列 日本에셔는羅馬에셔開催ᄒᆞᆫ는萬國農事協會第三回總會에參列키爲ᄒᆞ야理學博士小藤文次郎과法學士神戶正施를派遣ᄒᆞ엿다더라

以上東京發 卄八日着

○公使任命 前日駐北京德國公使館書記官으로在ᄒᆞ던본、데룬샤루히氏는駐剳暹羅德國公使로任命되엿다더라

○航行中止 쓰에페린伯의北極探險先發隊는스데스벨겐과부레타이間航行을不必要라ᄒᆞ야中止ᄒᆞ엿다더라

以上伯林발 二拾八日着

▲蝴蝶夢▼

▲長安花柳繁華夢에莊園一蝶已化ᄒᆞ니爾是我耶忘形ᄒᆞ고各自紛々過去로다

▲台閣에富貴花는十日紅이花落ᄒᆞ니滿地香風襲來ᄒᆞ야未知風雨吹到ᄒᆞ고金碧翅가紛々ᄒᆞ니네일흠이범나뷔

▲芳樹繁陰五陵中에數枝名花手持ᄒᆞ고家國思가已斷ᄒᆞ니東園桃李片時春에以似似忙ᄒᆞᆫ心事는네일흠이범나뷔

▲却疑春色在隣家는元老의花園이라報答天恩未明ᄒᆞ고老去歎이空生ᄒᆞ야雙[illegible]ᄒᆞ니네일흠이범나뷔

▲南街紅燈[illegible]愁不勝ᄒᆞᆫ豪蕩情이忽[illegible]金收殘ᄒᆞ니雙翅[illegible]네일흠이범나뷔

▲不知春色已早ᄒᆞ고[illegible]此江山이寂寞[illegible]因想[illegible]ᄒᆞ야開幔[illegible]네일흠이범나뷔

○餘炎尙熾 去十七日午後三時頃에韓貞萬氏의部下鄭國成[illegible]에來ᄒᆞ야軍資金六百圜을强請ᄒᆞ고鄭氏의長男창潤氏를奪去[illegible]

[illegible]后六時에歸家ᄒᆞ엿다더라

○護送靈柩 壽洞居趙承旨曹[illegible]時에靈光郡으로返柩ᄒᆞᆫᄃᆡ湖南學會々長以下任員一同이南[illegible]

[illegible]休暇ᄒᆞᆫ다는說은更聞ᄒᆞᆫ즉一閭巷풍說에不過ᄒᆞᆫ다더라

[illegible]ᄒᆞᆫ창興學校[illegible]校任ᄒᆞᆫ後[illegible]學生을勸勉ᄒᆞ고一境靑年도[illegible]

廣告

本人이陰六月初의姓名圓半角章을不知中遺失故玆에廣告矣라誰某拾得問議章은休章으로知홈
西署東幕內谷　梁村榮　白

本人所有草家五間의紙文券二張內一張을見失故廣告ᄒᆞ오니內外國人間拾得ᄒᆞ와도休紙施行ᄒᆞ옵
南部明哲坊南小洞卅九統二戶　金泓碩　告白

族侄尹相呂의成年前後見人을其先親滋鼎의平日遺託과其叢母의言을依ᄒᆞ야族弟尹滋善으로昨年에已定ᄒᆞ고金十圓價值以上損害点에는相呂의自筆捺章ᄒᆞᆫ標紙라도後見人의捺章이無ᄒᆞ면不施ᄒᆞ기로次[illegible]所에申告ᄒᆞ고廣告ᄒᆞ오니內外國僉員은照諒홈
坡平尹氏魯城宗中　白

本人所有東萊府西下面小釜[illegible]洛字畓六庚二斗地東平面上寺員漢字田一庚三十斗地回員惠字畓八庚四斗地瓦要員諡字畓七庚四斗地新舊文記四張을不知中셔失故廣告ᄒᆞ오니誰某拾得ᄒᆞ와도休紙施行홈
東萊府釜山面大德社　崔鳳一

◀京畿道振威郡各面所在水原龍珠寺田畓　續
二北面秩
重十三田四卜二束六斗七升
十四田二卜九束四斗七升
十五田五卜六束九斗
廿田六負八束十一斗
五十三畓一卜一束一斗
五十二畓六卜四束四斗
廿五畓六卜三束三斗三升
廿四畓五卜四束三斗
廿四分畓一卜九束一斗
卅五田一卜四束二斗四升

卅四田三卜六束五斗八升
四十四田七卜十一斗
五十一田四卜六斗四升
菜二田三卜四斗六升
二分田一卜一斗六升
七十九畓八卜六束五斗
海十四田四負六束七斗六升
十六田二卜三束三斗七升
薑十四田六卜六束十斗五升
十五田三복四斗九升
卅七畓十三복二束七斗
芥廿五田一복一斗七升
廿六田四복五束七斗二升
一田一복七束二斗四升
四田三복二束五斗五升
八田三복三束五斗三升
重七十卅五복六束八斗
四十八田一복七束二斗
闕十七畓二복七束二斗一升
十七分답四복八束三斗八升
十七分畓九복六束七斗七升
字十八답九복五束八斗
制七十五답六복三束五斗
文十七답三복八束三斗
卅一답十一복一束九斗
五十九답五복九束五斗
五十九分답五복三束五斗
字八답三복三束二斗六升
四十六답三복一束三斗
四十五답四복六束六斗
文五十六답三복一束二斗六升
五十답十六복七束十四斗
字四十二답五복二束四斗二升
制五十五답十一복七束九斗
字十七답五복四斗
文五十九分답三복八束三斗
人卅六답六복三束五斗
乃卅답三복四束三斗
四十一답三복七束三斗
字六十五답二복一斗七升
七답四복三斗四升
乃三답二복六束二斗一升
字六十六답二복二束二斗
乃四답三복二斗五升
五답一복四束一斗三升
卅五답二복七束二斗二升

廿三田六복三束十斗、
制廿九田七복四束十二斗
乃卅四田四복八束七斗七升
廿四分田七복二束十一斗
廿負田三복四束五斗四升
廿五分田三복九斗
五十五답三복八束三斗一升
六田三복四束四斗
文三田二복二束三斗六升
四답一복三束一斗一升
十四답一복七束一斗四升
十四分답一복二束一斗
字六十五分田一복五束二斗四
升
一西面秩
首百十一답二복九束二斗四升
落
臣廿九답二복七束二斗二升落
育九十九답二복一束二斗
八十九답一복六束一斗三升
愛六十三답九束八升
六十五답四복三斗三升
百廿一답三복二斗五升
戎十四답四복三束三斗五升
十四分답六束九升
垂卅七답三복一束二斗五升
戎十七답三복一束二斗六升
十八답七束五升
十八分답九복七斗四升
卅답四복三斗四升
拱五十三답一복五束一斗三升
六十一답三복二束二斗六升
伏卅八田七복八束十二斗
四十五田三束五升
四十五分답三복二束二斗六
升
四十七답四복三束三斗五升
四十八답五束四升
五十四답六복二束五斗
育廿답一복一斗
臣百四十二田一복五束二斗四
升
百四十二分田二束四升
木廿八답四복六束三斗七升
廿九田六束一斗
食廿一답五복四斗落　未完

檀君開國四千二百四十三年
箕子元年三千三十二年
大韓開國五百十九年
本報創刊日 光武八年七月十八日

大韓每日申報

第八卷 月曜及慶節歲時休日刊 第壹千四百四十八號

發行兼編輯人 李章薰
발行所 京城中部布廛屛門二宮街 二層洋屋 大韓每日申報社

論說

破壞의時代

今에一大廈가此에在ᄒᆞ니千歲棟瓦가雨壞風磨ᄒᆞ야窓戶가破落ᄒᆞ고墻垣이頹圮ᄒᆞ야爰處ᄒᆞ기를得지못ᄒᆞ며意匠이慘淡ᄒᆞ야新建築을經紀ᄒᆞᆯ진ᄃᆡ大刀濶斧로舊屋을破壞ᄒᆞ여야新屋을可築ᄒᆞ리로다

我韓은四千年來舊邦으로民俗이非不淳龐ᄒᆞ고政治가非不闡明이로ᄃᆡ俗이舊ᄒᆞ면瘼이生ᄒᆞ고政이舊ᄒᆞ면弊가生ᄒᆞ야民智가由是로墮落ᄒᆞ고國力이由是로微弱ᄒᆞ야民不爲民ᄒᆞ고國不爲國ᄒᆞᄂᆞᆫ境遇에至ᄒᆞ엿스니大英雄의大手段으로今에圖治코저ᄒᆞ면其方針이何에在ᄒᆞᆯ고舊法을因循ᄒᆞ야塗抹粧撰ᄒᆞᄂᆞᆫ것이可ᄒᆞᆯ가曰否라積痁의중에大黃芒硝等屬으로攻治의方은用치아니ᄒᆞ고蔘苓等으로元氣를欲扶ᄒᆞ면百증이添肆ᄒᆞ고氣息이奄奄ᄒᆞ야畢竟은其病을難救ᄒᆞᆯ지니近世各邦의文明에先進ᄒᆞᆫ者를觀ᄒᆞ면破壞時代를經치아니ᄒᆞᆫ國이無ᄒᆞ니歐洲의醫國ᄒᆞᄂᆞᆫ良手ᄂᆞᆫ盧梭의民約論이第一이라ᄒᆞ노라

九年洪水의龍門을疏鑿ᄒᆞ던神斧와博浪沙中에秦車를擊碎ᄒᆞ던大椎를借得ᄒᆞ야昏迷ᄒᆞᆫ民惱를破壞ᄒᆞ고淆雜ᄒᆞᆫ民俗을破壞ᄒᆞ고紊亂ᄒᆞᆫ政治를破壞ᄒᆞ고腐敗ᄒᆞᆫ法令을破壞ᄒᆞ고深鎖ᄒᆞᆫ舊夢을破壞ᄒᆞ고오惟ᄒᆞᆫ規模를破壞ᄒᆞ고膠守ᄒᆞᆫ習慣을破壞ᄒᆞ고情怠ᄒᆞᆫ志氣를破壞ᄒᆞ고錯亂ᄒᆞᆫ文字를破壞ᄒᆞ고악착ᄒᆞᆫ言論을破壞ᄒᆞ고茫昧ᄒᆞᆫ識見을破壞ᄒᆞᆯ지니

凡今의人은舊를戀치아니ᄒᆞᄂᆞᆫ者ㅣ幾希ᄒᆞ니如此ᄒᆞᆫ戀舊ᄒᆞᄂᆞᆫ性質은신風潮를導迎ᄒᆞᄂᆞᆫ障碍物이라進步의動力이發動ᄒᆞ기前에ᄂᆞᆫ此性質이有ᄒᆞᆫ者가其原을防ᄒᆞ고其機를遏ᄒᆞ야數十年數百年을經ᄒᆞ도록一步를能히進치못ᄒᆞ리니可히畏ᄒᆞ고可히恨ᄒᆞᆯ事가아닌가

如此ᄒᆞᆫ地頭에至ᄒᆞ엿스니快刀로亂麻를斷ᄒᆞ고一拳으로黃鶴을碎ᄒᆞ야二千萬衆의懦々히戀舊ᄒᆞᄂᆞᆫ者로目을瞠케ᄒᆞ고舌를結케ᄒᆞ야一朝에其根柢를盡祛ᄒᆞ면비록舊를戀코저ᄒᆞ나可히戀ᄒᆞᆯ塊가無케ᄒᆞᆫ然後에進步ᄒᆞᄂᆞᆫ途에進ᄒᆞ야與天下萬國으로共히大劇塲에馳驟ᄒᆞᆯ지니

大旗가颱々ᄒᆞ고大鼓가동々ᄒᆞ고大潮가洶々ᄒᆞ고大風이蓬々ᄒᆞ야土를捲ᄒᆞ고浪을飜ᄒᆞ야沙가飛ᄒᆞ고石이飛ᄒᆞᄂᆞᆫᄃᆡ電光과如히閃ᄒᆞ며萬馬와如히馳ᄒᆞ니其來也ㅣ西로自ᄒᆞ야民約論이我東에來ᄒᆞ면半島大陸이文明의母와神靈ᄒᆞᆫ宮을作ᄒᆞ리라ᄒᆞ노니舊思想舊精神을快祛ᄒᆞ고신思想신精神을忽醒ᄒᆞ여積霧山河에西風이噓入ᄒᆞ면鏡裏乾坤에신面目을呈露ᄒᆞ야萬象이俱신ᄒᆞᆯ지니山川도신精采를呈ᄒᆞ고林木도신氣色을帶ᄒᆞ야環東土三千里疆土가磐石ᄀᆞᆺ치固ᄒᆞ고泰山ᄀᆞᆺ치高ᄒᆞ야신世界를復覩ᄒᆞ리로다

如斯ᄒᆞᆫ大事業을成ᄒᆞᆯ者ᄂᆞᆫ誰가能히其責任을當ᄒᆞᆯ고我韓同胞가人々이可當ᄒᆞ리라ᄒᆞ노니其舊를破壞ᄒᆞ기를엇지其人을待ᄒᆞ리오三軍의威로도其舊를挫키難ᄒᆞᆯ것이오萬夫의勇으로도其舊를奪키難ᄒᆞᆯ지나各其自家의舊習을猛省ᄒᆞ야一聲雷霆에霹靂神鞭으로漆室夢魂을驟破ᄒᆞ고신空氣를吸收ᄒᆞ면此를破壞時代라謂ᄒᆞᆯ지로다

官報

◎號外 隆熙四年七月廿八日（木曜）

宮廷錄事

○動駕 本月二十九日에大皇帝陛下씌옵서統監官邸에御訪臨ᄒᆞ옵시ᄂᆞᆫ旨를奉承ᄒᆞ온바出宮時刻과御道路ᄂᆞᆫ如左ᄒᆞᆷ이라

午前十時十分에敦化門으로出御ᄒᆞ샤罷朝橋、布廛屛門、水標橋、前永禧殿前路、本町五丁目、壽町三丁目、日出町으로從ᄒᆞ샤統監官邸에御訪臨ᄒᆞ옵시고同十一時에還御ᄒᆞ심이라（七月二十七日宮內府）

◎第四千七百四十三號 隆熙四年七月廿九日（金曜）

敍任及辭令

○六月三十日 道主事李章喜 陞敍判任官三等

◎七月廿日 正二品李重夏 任奎章閣提學敍勅任官二等 正三品尹喬榮 任奎章閣副提學敍勅任官三等

◎七月廿三日 九品安定基 任府主事敍判任官二等 贈內部協辦崔益男 特贈正二品贊憲大夫奎章閣提學 故進善李象秀 贈持平宋翼弼 特超贈正二品贊憲大夫奎章閣提學（以上七月廿日宮內府） 郡主事孔成大 依願免本官 七月廿二日內部）

財務署主事崔益鍾 免本官

右ᄂᆞᆫ所管局長의報告를據査ᄒᆞᆫ즉該員이淸道財務署在勤中多額公金을欠逋라ᄒᆞ니似此官吏ᄂᆞᆫ不可仍置이기官員懲戒令第一條及第二條에依ᄒᆞ야免本官 財務署主事伊藤茂雄 依願免本官（以上七月廿二日度支部） 工事部長兼建築課長建築所技師阪出鳴海 免建築課長 建築課設計係長兼監督係勤務建築所技師國枝博 命建築課長 建築課設計係兼監督係勤務建築所技師馬淵豐 命建築課設計係長兼監督係勤務（以上七月廿七日度支部） 土地調査局技手金允基 免本官

右ᄂᆞᆫ該員이土地測量ᄒᆞ기爲ᄒᆞ야出張을被命인바旅費를先受ᄒᆞ고逃躱晦跡에曠廢職務ᄒᆞ니其在官紀에不可仍置이기官員懲戒令第一條及第二條에依ᄒᆞ야免本官（以上七月廿一日土地調査局）

宮廷錄事

○追贈 贈內部協辦崔益男往在壬午抗疏盡忠革命於桁楊之下縱有이贈之擧而尙闕節惠之典殊屬未遑特贈正二品奎章閣提學施以節惠之典ᄒᆞ라신旨를奉承ᄒᆞᆷ이라

○追贈 故進善李象秀學問淹博秉執牢確蘊抱經濟之才未展施措之用以若嚴阿宿德宜有이贈之擧特超贈正二品奎章閣提學施以節惠之典ᄒᆞ라신旨를奉承ᄒᆞᆷ이라

○追贈 贈持平宋翼弼學問純粹操履嚴正其廉頑立懦之風可以垂之百世特超贈正二品奎章閣提學節惠之典不待狀擧行ᄒᆞ라신旨를奉承ᄒᆞᆷ이라（以上七月廿日宮內府）

○奉審 本月廿四日（陰曆六月十八日）純祖肅皇帝誕辰再回甲에太皇帝陛下씌옵서遣承寧府侍從洪運杓ᄒᆞ야詣仁陵奉審ᄒᆞ고仍詣獻陵ᄒᆞ야一體奉審以來ᄒᆞ라신旨를奉承ᄒᆞᆷ이라（七月廿四日宮內府）

外報

◎練習艦安着 膠州灣電을據ᄒᆞᆫ즉練習艦隊笠置淺間은鹿兒島로브터當地에直航ᄒᆞ다가暴風을遭ᄒᆞ얏스나無事히廿六日에安着ᄒᆞ얏다더라

◎露曆變更議 烏港電을據ᄒᆞᆫ즉露國에서ᄂᆞᆫ現行曆을太陽曆으로變更ᄒᆞᆯ件을委員會에서銓衡中인ᄃᆡ今回議會의討議로同曆을不遠間用ᄒᆞ기로ᄒᆞ얏다더라

◎歐洲直通列車 仝電을據ᄒᆞᆫ즉歐洲直通列車의이르쿠쓰크驛에서乘換은不日廢止ᄒᆞ고莫斯科、彼得堡로브터直히烏港에達ᄒᆞ기로ᄒᆞ얏다더라

◎總督의地方視察 仝電을據ᄒᆞᆫ즉黑龍州總督운델쌜ᄭᅳ氏ᄂᆞᆫ近二十三日烏港에着ᄒᆞ엿ᄂᆞᆫᄃᆡ同日同地에서參謀長라구시비치氏와同伴ᄒᆞ야堪察加視察途에就ᄒᆞ얏다더라

◎露淸國境報告 仝電을據ᄒᆞᆫ즉近時露淸國境確定委員은其任務를遂ᄒᆞ고詳細히報告ᄒᆞᆷ을依ᄒᆞᆫ즉同問題ᄂᆞᆫ露國의有利ᄒᆞᆫ條件으로解決되얏ᄂᆞᆫᄃᆡ露國이利될時ᄂᆞᆫ淸國領十內及國境의河川을占有ᄒᆞ고尙且滿洲里驛은露國領內에入ᄒᆞᆫ다더라

◎兼任大臣 北京電을據ᄒᆞᆫ즉淸國海軍事務大臣洵貝勒氏ᄂᆞᆫ二十四日에參與政務大臣의兼任을命ᄒᆞ얏다더라

◎根據地發見 伯林電을據ᄒᆞᆫ즉明年에北極探險의適當ᄒᆞᆫ根據地를發見키爲ᄒᆞ야數日前에德國서出發ᄒᆞ야피쓰뻴겐으로向ᄒᆞ얏다더라

雜報

◎靑年討論 靑年智識培養會에서本月三十一日日曜下午八時에特別大討論會를梨峴下米廛都家內에서開ᄒᆞ고智育德育體育中先取者何오ᄒᆞᄂᆞᆫ問題로三便이互相討論ᄒᆞᆫ다더라

◎崔犯處役 京城地方裁判所에서ᄂᆞᆫ再昨日詐欺取財犯崔都煥을役三年에宣告ᄒᆞ얏다더라

▲意馬成陣▼

▲總理가統監府와交涉이圓滿ᄒᆞᆷ으로喜色이滿面ᄒᆞ고農大ᄂᆞᆫ何等의交涉이不今ᄒᆞ든지憂色이滿面ᄒᆞ다지其喜其憂가何其不均인고此所謂向隅之歎이로고

▲商務組合員尹進學氏ᄂᆞᆫ佛堂을신建築ᄒᆞ기로周旋ᄒᆞᆫ다지商民이佛堂에相關이무엇인고佛堂에金佛이잇다닛가興利板으로아ᄂᆞᆫ게여

▲李學宰ᄂᆞᆫ日昨夜에京城模料理店에서韓日人數十人을會合ᄒᆞ야佛教總監院과養老社를設置ᄒᆞᆫ다고說明ᄒᆞ엿스니李學宰ᄂᆞᆫᄒᆞᄂᆞᆫ일도만ᄒᆞ지그리ᄒᆞ기에警察署를舍廊으로알지

▲公逋를蕩滌ᄒᆞᆫ다ᄂᆞᆫ說이有ᄒᆞᆷ으로隱避ᄒᆞ던郡守가稍々露形ᄒᆞᆫ다더니近日에公逋가有ᄒᆞᆫ人을嚴히調査ᄒᆞᆫ다ᄒᆞ니또쥐구녁을ᄎᆞᆺ줄ᄯᅢ가되엿고

詞藻

病人

바롬부러쓰러즌나무、비온따고이러나며。
骨髓에깁히든病、常藥으로蘇生될쟈。
아마도、特別醫術아니면은、治療杳然。

宮廷報

◎花瓶下賜 旣報와如히 大皇帝陛下께옵셔昨日午前十時에統監邸에 臨御ᄒᆞ옵셔寺內統監에게銀製花瓶一對를下賜ᄒᆞ옵시고同十一時에 還御ᄒᆞ압셧다더라

◎有吉參內 別項과如히 大皇帝陛下께옵셔統監을 御訪問ᄒᆞ옵신事에對ᄒᆞ야有吉總務長官은統監의代理로昨日午前十一時三十分에謝禮ᄒᆞ기爲ᄒᆞ야參內ᄒᆞ엿다더라

◎幸行時陪從員 昨日 大皇帝陛下께옵셔統監邸에行幸ᄒᆞ옵실時에陪從員은閔宮相尹侍從院卿李侍從武官長小松次官禮式課長及侍從 一名이라더라

◎靈丸下賜 太皇帝陛下께옵셔承寧府官吏一同과其他各皇族에게 下賜品으로靈神丸을多數製造ᄒᆞ라신 勅敎를 下ᄒᆞ옵셧다더라

◎暑中御休學 皇后陛下께옵셔ᄂᆞᆫ近日炎熱을因ᄒᆞ야習字及讀書ᄒᆞ시ᄂᆞᆫ等節을中止ᄒᆞ옵셧다더라

◎公園撮影進獻 漢陽公園主管人日人池田은該園을撮影ᄒᆞᆫ寫眞四枚를紀念品으로承寧府總管趙民熙氏를紹介ᄒᆞ야日前에 太皇帝陛下께 奉上ᄒᆞ엿다더라

◎恩及泉壤 大皇帝陛下께옵셔更히故內部協辦崔益男等三名에게追贈之典을하ᄒᆞ옵셧ᄂᆞᆫᄃᆡ崔益男은贈正二品資憲大夫奎章閣提學이오故進善李象秀와贈持平宋翼弼은正二品資憲대夫奎章閣提學士特 贈ᄒᆞ옵셧다더라

雜報

◎統邸披露請牒 寺內統監은本日龍山官邸에셔披露宴을開ᄒᆞᆫ다ᄒᆞᆷ은旣報어니와再昨日브터各皇族及元老大臣以下高等官과各社會及各國領事館에請牒을多數히發送ᄒᆞ엿다더라

◎樞顧增窠 中樞院顧問의窠가合爲六窠內에現任顧問이五窠인ᄃᆡ前度支대臣任善準前學部대臣李載崑兩氏도顧問을被任ᄒᆞᆯ터이나一窠가不足ᄒᆞᆷ으로尙今ᄭᆞ지歸決치못ᄒᆞ엿다더니近聞ᄒᆞᆫ즉一窠를增加ᄒᆞ야該兩氏도被任ᄒᆞ기로統監府ᄭᆞ지同意를請求ᄒᆞ엿다더라

◎領事團招宴 寺內統監이來八月一日에京城에駐在ᄒᆞᆫ英、美、德、불、白、清、露各國領事를統監邸에招待ᄒᆞ야晩餐會를開催ᄒᆞᆯ터인ᄃᆡ昨日브터招待狀을發ᄒᆞ엿다더라

◎更出何官 或은觀察道를廢止ᄒᆞ고理事廳으로合併ᄒᆞᆫ다ᄒᆞ며或은理事廳을廢止ᄒᆞ고觀察道로合併ᄒᆞᆫ다ᄒᆞ더니此廢合에對ᄒᆞ야何等苟且ᄒᆞᆫ名義가有ᄒᆞ다ᄒᆞ야兩方을俱廢ᄒᆞ고更히一官廳을設置ᄒᆞᆯ터인ᄃᆡ名稱은姑未確定ᄒᆞ엿다ᄂᆞᆫ說이有ᄒᆞ다더라

◎巨庄買入 總相李完用氏ᄂᆞᆫ日前에萬頃郡等地에巨대ᄒᆞᆫ田庄을買入ᄒᆞ엿다더라

◎洞里合併 平安南道陽德郡에ᄂᆞᆫ德岩里外에二十七個里를十四箇里로合ᄒᆞ고德川郡에ᄂᆞᆫ井西里外에六十洞里를三十洞里로合併ᄒᆞ고其中十二村은신村名을附ᄒᆞ야昨日官報에告示ᄒᆞ엿더라

◎進退時間標準 宇佐美內部次官은將次業務를改良ᄒᆞ기로內定ᄒᆞ엿다ᄂᆞᆫᄃᆡ爲先一般官吏의仕進仕退의時間을嚴守ᄒᆞ기爲ᄒᆞ야該部秘書課時計로標準을定ᄒᆞᆫ다더라

◎倘是酬功 地方騷擾로因ᄒᆞ야討伐隊에從事ᄒᆞ던羅鎬氏ᄂᆞᆫ陰城郡守를叙任ᄒᆞ기로內定되엿다더라

◎隨其叙任 土地調査局에셔ᄂᆞᆫ一般官吏의暑中休暇를叙任ᄒᆞᆫ지一箇年이經ᄒᆞᆫ人은三週日노一箇年이未滿ᄒᆞᆫ人은十二箇日노定ᄒᆞ엿다더라

◎休暇還忙 忠南觀察使崔廷德氏가暑中休暇를因ᄒᆞ야日前에上京ᄒᆞ엿다ᄒᆞᆷ은旣報어니와何等秘密運動이有ᄒᆞᆫ지日夜奔忙ᄒᆞ야眼鼻를莫開中이라더라

◎車塲使用의通知 漢城府에셔南대門外道路擴張ᄒᆞᄂᆞᆫ事에關ᄒᆞ야同停車塲構內의地段을使用ᄒᆞ기로內部에通知ᄒᆞ엿다더라

◎衛生規則配付 內部에셔地方의衛生事務를實施注意ᄒᆞᆯ次로規則을制定ᄒᆞ야各觀察道로一部式發送ᄒᆞ엿다더라

◎調査入城 林籍을調査ᄒᆞ기爲ᄒᆞ야黃海道에出張ᄒᆞ엿던李容圭江原道에出張ᄒᆞ엿던李起鑄兩氏[illegible]에入城ᄒᆞ엿다더라

◎茶褐特表 度支部所管墾田官吏의服裝이一般員役과混同됨으로特別標準ᄒᆞ기爲ᄒᆞ야該官吏ᄂᆞᆫ茶褐色의服裝을製着ᄒᆞ기로決定ᄒᆞ엿다더라

◎鐵嶺丸遭難後報 鐵嶺丸遭難事ᄂᆞᆫ已爲報道어니와其後精確調査를更據ᄒᆞᆫ즉總員이二百六十四名인ᄃᆡ其內譯은客이百九十名이오船員이六十五名이라其中에救助生在者ᄂᆞᆫ百七十一名이오行衛不明者ᄂᆞᆫ九十三名이라더라

◎勢或然矣 某日人이巨額의代金으로我國文科紅牌를購買ᄒᆞᆫ다ᄂᆞᆫ說이有ᄒᆞᆷ으로文科中經濟가困難ᄒᆞᆫ人들이紅牌를賣與ᄒᆞᆯ計劃으로事實有無와購買ᄒᆞ려ᄂᆞᆫ日人의姓名을探知中이라더라

◎海東報請願 社稷洞居韓圭炳氏ᄂᆞᆫ海東報를發刊ᄒᆞᆯ次로再昨日內部에請願書를提呈ᄒᆞ엿ᄂᆞᆫᄃᆡ社長은安翊善氏로總務ᄂᆞᆫ韓圭炳氏로主筆은李두瀾氏로選定ᄒᆞ엿다더라

◎刑巡과偵探의團束 警務總監部에셔ᄂᆞᆫ刑事巡查及偵探人等이酒肆靑樓에橫行ᄒᆞ며不法行爲가種々有之ᄒᆞ다ᄒᆞᆷ으로此等弊風을除祛ᄒᆞ기爲ᄒᆞ야嚴切團束中이라더라

◎醫師配當數 全國內人口에對ᄒᆞ야醫師配當數ᄂᆞᆫ三千三十一人에一醫師인ᄃᆡ京城에ᄂᆞᆫ千八十七人에一醫師이라더라

◎咸北移住民戶 咸京北道管內의人民이昨年度九月브터本年度四月ᄭᆞ지北間島로移住ᄒᆞᆫ戶數가合爲一千三百四戶라고該地醫官이內部로修報ᄒᆞ엿다더라

◎各道에外國醫師 最近衛生局調査를據ᄒᆞᆫ즉各道에日本人을除ᄒᆞᆫ外에外國醫師의數交ᄂᆞᆫ英國人이十八名이오淸國人이二名이오美國人이十七名인ᄃᆡ病院은英人의設立이一이오美人의設立이十三이오清人의設立이一이라더라

◎潛蹤搜索 前郡守李繼善氏ᄂᆞᆫ公貨欠逋가多數ᄒᆞ다ᄂᆞᆫᄃᆡ近日隱避不現ᄒᆞᄂᆞᆫ故로警察官吏가注目搜探ᄒᆞᄂᆞᆫ中이라더라

◎兩國軍艦出入 再昨日에佛國뎨시데이軍艦은仁川에入港ᄒᆞ고伊國가라푸아軍艦은出港ᄒᆞ엿다더라

◎養飼廳買入 前養飼廳을漢城材木株式會社에셔使用ᄒᆞ기爲ᄒᆞ야八百圓에買入ᄒᆞ엿다더라

◎金衙地段請願 金山郡衙를金泉停車塲으로移轉ᄒᆞᄂᆞᆫ事에關ᄒᆞ야驛屯土十餘두落이犯入됨으로內部에셔度支部로照會ᄒᆞ고該地段을借與ᄒᆞ라ᄒᆞ엿다더라

◎輸出入稅額 隆熙三年度關稅局收稅類及港表ᄂᆞᆫ如左ᄒᆞ더라

輸出稅　圓

仁川	八七七二八、三七
釜山	二四七五七五、五九
元山	四五五七五、九八
鎮南浦	一〇〇三九、九六
京城	一三八、七三
羣山	一〇一八六九、一〇
木浦	五九七四八、八二
馬山浦	六八三一、〇六
清津	三三三、〇八
城津	三三〇六、八八
신義州	三七四九一、五二
計	七〇〇六三九、〇九

輸入稅

仁川	八七六九八二、九二
釜山	四九五五六〇、〇六
元山	一九五九四四、二二
鎮南浦	一七七四七九、五三
京城	三〇九一一三、四六
羣山	五七三五一、七九
木浦	四五〇四〇、八九
馬山浦	二二一오六九、八四
清津	六九二一오오、〇오
城津	二二一〇九三、一오
신義州	四〇〇九오、오四
計	二三一一四八六、오오

噸稅

仁川	二四八八〇、七오
釜山	一三〇〇二、九六
元山	三一八七、八四
鎮南浦	五〇五九、一八
羣山	二〇三〇、二五
木浦	四一七三、九九
馬山浦	一九六五、二六
清津	六四四、一四
城津	二五五〇、六五
신義州	二四一六、四一
計	七九九一一、四〇

雜收入

仁川	一三四四七、五四
釜州	一七二六九、〇九
元山	六八九六、六八
鎮南浦	六四一五、六七
京城	二八七〇、二三
羣山	三五二〇、三一
木浦	四〇六八、八三
馬山浦	三二九九三、三二
清津	三二九七、三八
城津	一九六、오九
신義州	一二三오、一二
計	六四九三二、七六
總計	三一오六九六九、八〇

◎興業會借款 大韓興業株式會社에셔本日下午一時에臨時總會를開ᄒᆞᆫ다ᄂᆞᆫᄃᆡ其內容인즉政府에對ᄒᆞ야三十萬圓을借款ᄒᆞᆯ事이라將次統監府와交涉이有ᄒᆞᆯ터이라더라

◎閔氏落科 閔泳徽氏가前郡守明範錫氏와金貨三萬七千圓事件으로歷度裁判ᄒᆞᆷ은一般知了ᄒᆞᄂᆞᆫ바어니와再昨日控訴院에셔閔氏가落科ᄒᆞ엿다더라

◎星井陽臺 北部三清洞星祭井에飮水者가日夜답至ᄒᆞ야每日數千名에達ᄒᆞᄂᆞᆫᄃᆡ就中에蕩子淫婦들은期會信地를作ᄒᆞ야隊々逐々이往來不絕ᄒᆞᆷ으로一般唖罵가有ᄒᆞ다더라

◎北韓醫業視察 大韓醫院醫士韓民濟氏가南韓地方에醫業을視察ᄒᆞᆯ次로發程ᄒᆞᆫ다ᄒᆞᆷ은旣報어니와爲 韓北地方을視察ᄒᆞ기爲ᄒᆞ야再昨日에發程ᄒᆞ엿다더라

◎警察學卒業 再昨日下午二時에警察官練習所에셔巡查卒業式을設行ᄒᆞ엿ᄂᆞᆫᄃᆡ警務總長明石其他警務官이多數來參ᄒᆞ엿다더라

◎病牛屠犯의不服 咸興郡居趙吉伊ᄂᆞᆫ病死ᄒᆞᆫ牛를屠食ᄒᆞᆫ事件이發現되야該地方裁判所에셔笞八十에宣告ᄒᆞ엿ᄂᆞᆫᄃᆡ此를不服ᄒᆞ고京城控訴院에上告ᄒᆞ엿다가再昨日役一箇月에處ᄒᆞ엿다더라

▲鬼卒密議▼

▲積雨初收三清洞에陰믜氣가凝聚ᄒᆞ야許多假鬼聚頭ᄒᆞ니무숨會議密勿인고

▲魚頭鬼面嘯聚ᄒᆞ고能作巨魁ᄒᆞ더奸計ᄂᆞᆫ聲明書를飛揚ᄒᆞ더니凶腸乂是吐出ᄒᆞ야再度奸書草出ᄒᆞ니李容九가네로고나

▲昔佩紫綬今何用고貪虛餘習未盡ᄒᆞ야黨徒中에投入ᄒᆞ고一資半級希朗ᄒᆞᆫ제甘作鷹犬先驅ᄒᆞ니李範喆이네로고나

▲爾是誰家悖子런고稍解文字憂患이라一紙凶書手寫타가某處審問已遭ᄒᆞ니네行爲도可知로다崔瑗植이네로고나

▲鼠竊狗偸ᄃᆡ行色이幾百圓에賣身ᄒᆞ야[illegible]肝臬腸露出ᄒᆞᆫ제本[illegible]ᄒᆞ니徐彰[illegible]네로고나

▲[illegible]恠異ᄒᆞ다倫是凶黨[illegible]腸何其符合ᄒᆞ야所謂建白提出ᄒᆞ니李在龍이네로고나

◎傍觀爲証 全台憲氏가其切友崔某와同謀ᄒᆞ야賭博塲을更設ᄒᆞ고已失意錢을充數ᄒᆞᆯ計圖에掲載ᄒᆞ엿스나其近景을詳聞ᄒᆞᆫ즉該氏가去月에松峴等地로[illegible]觀賭ᄒᆞᆯ時에日巡査가該氏의洋服着ᄒᆞᆷ을見ᄒᆞ고日語를解ᄒᆞᄂᆞᆫ[illegible]야數語를通ᄒᆞᆫ事ᄂᆞᆫ有ᄒᆞ나外他行動은毫無ᄒᆞ다고其時傍觀人의言이有ᄒᆞ더라

忠南公州郡에私立中學校를設立ᄒᆞᆫ다ᄒᆞᆷ은已報ᄒᆞᆫ바어니와該事에對ᄒᆞ야前判書南廷哲氏ᄂᆞᆫ前觀察鄭周永氏ᄂᆞᆫ一千圓을寄付ᄒᆞ엿ᄂᆞᆫᄃᆡ現金이無ᄒᆞᆷ으로公州郡에在ᄒᆞᆫ五十石[illegible]秋收를寄

◎已屬浪說 [illegible]氏와紅牌를評價ᄒᆞ엿다ᄂᆞᆫ說은一時浪說에不過ᄒᆞ다더라

廣告

本人이小安洞居徐重淳에게金百圓貸給ᄒ約書를서失ᄒ야玆에無效로廣名홈
中部廟洞廿八統四戶申鴻善白

本人의三子姜中洞이가出產各居에家產極貧이라欺人出債爲主故玆以告白ᄒ오니內外國人은勿爲見欺홈
慶北龍宮郡內下面石溪洞居 姜大有 告白

本人에庄土가在於黃海道延安郡龗峴面二里楸井坪이온ᄃ字號ᄂ惻字造字요結卜은八十七負四束이오斗落數ᄂ三石二斗이온ᄃ該庄土文劵을証明次로陰六月分에該道에下去ᄒ다가該庄土舊劵文을中路에서遺失ᄒ얏기玆以廣告ᄒ오니內外國人間誰某拾得ᄒ와도休紙施行홈
西部龍山坊靑坡三契五十一統五戶 崔秀業 告白

▲京畿道振威郡各面所在水原龍珠寺田畓 續

一西面秩

化七畓十一卜九斗
四十六畓六卜八束五斗五升
六十畓三卜八束三斗一升
率二十七畓十卜六束十斗
湯四十二畓六卜五斗
伐六十四畓一卜四束一斗一升
罪八畓二卜七束四斗
罪九田七卜十一斗
七田十卜六斗二升
十田七卜六束十二斗一升
十二田二卜九束四斗八升
十四田五卜五束八斗八升
十六田四卜七束七斗八升
十九田三卜五斗
廿二田十卜十六斗
廿六田十卜十七斗
廿四田六卜三束十斗
廿七田六卜二束十斗
卅五田十五卜一石四斗
卅六田六복六束十斗
卅七田十복十六斗五升
卅八田二복三束四斗
卅九田七복二束十一斗五升
四十田八복五束十三斗六升
四十一田二복六束四斗二升
四十一分田二복九束四斗七升
周卅四田一복二束二斗
發十五畓十九복三束十五斗五升
朝十六畓七복六束六斗
坐七十四답五복三束四斗三升
七十五답七束六升
周卅八답三복四束二斗八升
卅八分답十복八斗八升
卅八分답一복二束一斗
殷十七답一복四束一斗一升
十八답十一복一束九斗二升
十九分답四복七束三斗八升
十六답七복七束六斗二升
二十답十복九斗
廿四답十一복一束九斗
十九分답三복八束三斗
廿五답八복六斗四升
七답三복四束二斗七升
七分답六복三束五斗四升
六답六복六束六斗一升
七分답二복九束二斗三升
廿七田六복十斗
廿六田六복六束十斗七升
廿三답七복五束六斗一升
卅二답五복二束四斗二升
四十四답三복九束三斗一升
五답一복九束一斗五升
四十답二복六束二斗四升
五分답二복一斗六升
六十五田九束一斗五升
六十六田一복八束一斗五升
湯十二답五복八束四斗七升
十六답二복九束二斗五升
九十五답四복一束三斗三升
四十답一복八束一斗五升
九十一답一복二束一斗
三十五답二복四束二斗
七十九답五束五升
十二分답五복一束四斗
五十二답六복五束五斗四升
一답五복一束四斗
二답二복三束二斗
二十一田十一복十六斗
殷三十七田七복四束十一斗
三十四田五복二束八斗
朝四十답二복七束二斗二升
四十一답二복一斗六升
四十二답十六복十三斗
二十九답三복四束三斗
三十九田六복三束十斗
三十六田三복九束六斗
五十三分田二복六束四斗
五十三分답二복八束二斗二升
五十九답三복六束三斗
六十田三복五斗
六十分田一복七束二斗七升
湯七十七답二복二束一斗八升
卅八답三복五束三斗
坐三十六田八束一斗四升
朝五十四답八복八束七斗一升
七十四답六복五斗
七十답四복三斗二升
七十二田八복五束十三斗
殷六十七田二복三斗
問二十田六복十斗
二十分田一복二束二斗
三十三分田六복五束十斗
卅二分田二복四束四斗
卅二分田五복六斗三升
卅三分田二복四束四斗
朝六十一답一복一束一斗
六十一分답六束五升
三十一답一복八升
五十八답二복五束二斗一升
六十三답四복三斗二升
六十三分답二복七束二斗二升
十五답五복一束四斗
問二十답一복八升
朝五十一답二복九束二斗五升
三十一分답四복九束四斗
二十七답三복二斗五升
三十一分답六복一束五斗
三十二分답七束六升
湯八十五分답六복一束五斗
朝七답二복四束二斗
九답八복六두
卅四分답八복九束七斗二升
十四답四복二두三升
三十四답四복三束二두五升
廿五分답三복八束三두一升
十八답七복四束六두
十七分답三束三升
問六分답五복二束四두二升
六分답一복一束一두
湯六十二답四복七束三두八升
朝五十답七복一束五두七升
三分답二복三束二두
三分답一복五束一두三升
二十六답五복六束四두五升
廿六分답一복二束一두
廿五分답二복三束二두
廿五分답二복九束二두五升
卅四分답三복四束二두八升
卅四分답六복六束五두三升
卅四分답一복九束一두六升

未完

月前에本人이鍾路에서篆刻圓圖章을失ᄒ고圓陰陽刻章으로今施行ᄒ니照亮홈
金濟萬 白

族侄尹相呂의成年前後見人을其先親滋鼎의平日遺託과其嫠母의言을依ᄒ야族弟尹滋善으로昨年에已定ᄒ고金十圓價値以上損害点에ᄂ相呂의自筆捺章ᄒ標紙라도後見人의捺章이無ᄒ면不施ᄒ기로決定ᄒ고法所에申告ᄒ고廣告ᄒ오니內外國僉員은照諒홈
坡平尹氏魯城宗中 白

本人所有東萊府西下面小釜員洛字畓六庚二斗地東平面上寺員漢字田一庚三十斗地尼員惠字畓八庚四斗地瓦要員說字畓七庚四斗地新舊文記四張을不知中서失故廣告ᄒ오니誰某拾得ᄒ와도休紙施行홈
東萊府釜山面大德社 崔鳳一

◎商業同胞에게告홈

今也에諸般事業이漸次발達ᄒᆞᄂᆞᆫ時代를當ᄒᆞ야商業上의關係도또ᄒᆞᆫ此를從ᄒᆞ야變遷ᄒᆞ미商去來의慣習이舊日과不同ᄒᆞ고商行爲의規模가昔時와相異ᄒᆞ야會社라銀行이라ᄒᆞᆷ이昔日의見치못ᄒᆞ던바ㅣ며手形이라證券이라ᄒᆞᆷ이舊時의行치못ᄒᆞ던비라、如此히變遷ᄒᆞᆫ時代에在ᄒᆞ야舊日의慣習으로商去來를行ᄒᆞ며昔時의規模로商行爲를營코져ᄒᆞᆷ진ᄃᆡ엇지能히商業의目的을達ᄒᆞ리오噫라前日에ᄂᆞᆫ地方의商旅가京城에來往ᄒᆞᄂᆞᆫ者ㅣ聯絡不絕ᄒᆞ더니今日에ᄂᆞᆫ何故로如此히凋殘ᄒᆞ엿스며昔日에興旺ᄒᆞ던客主營業이何故로今日에不振ᄒᆞᄂᆞ뇨試思ᄒᆞᆯ지어다其行ᄒᆞᄂᆞᆫ慣習과其營ᄒᆞᄂᆞᆫ規模가今日變遷ᄒᆞᆫ此時代에齟合치아니ᄒᆞᆫ所以가아닌가是故로本會社ᄂᆞᆫ五六年前에京城商業에實地從事ᄒᆞᄂᆞᆫ有力諸氏에게組織ᄒᆞᆫ바ㅣ되야外國에有名ᄒᆞᆫ織組會社와都賣特約을結ᄒᆞ고織物을直接貿易ᄒᆞᆷ으로爲業ᄒᆞ야今日에至ᄒᆞ야ᄂᆞᆫ엄然히京城商業界의重鎭을占ᄒᆞ니實로我國의商業界를爲ᄒᆞ야慶幸ᄒᆞᄂᆞᆫ바ㅣ로다然이나本社ᄂᆞᆫ더욱全國同胞의便益을圖ᄒᆞ기爲ᄒᆞ야業務를一層擴張ᄒᆞ고規模를拾分改良ᄒᆞ야本社營業의一副業으로委托營業을開始ᄒᆞ고各地方商旅의賣買委托을受ᄒᆞ야去來를信實히行ᄒᆞ고待遇를親切히ᄒᆞ며口文을低廉히受ᄒᆞ고金錢을迅速히融通ᄒᆞ며地方商人의間或不知ᄒᆞᄂᆞᆫ新式節次도詳細히指導ᄒᆞ오리니來ᄒᆞ시오來ᄒᆞ시오全國의商業同胞ᄂᆞᆫ京城鍾路大廣橋通合名會社彰信社로枉臨ᄒᆞ시ᄋᆞᆸ

合名會社 彰信社社長 洪鍾院
營業部長 安義淳
委托部長 金春植 謹告

留宿의便利를圖ᄒᆞ기爲ᄒᆞ야廣橋南川邊茶洞十五統九戶 彰信旅館을設홈

◎石金鑛請願 龜城郡天摩面
신城里石金鑛을宜川郡居申基

◎安族將訴 楊平郡居安万益
氏가宋秉畯의舍音洪川郡居金

親族이此에對ᄒᆞ야裁判을提起
홀次로目下에上京準備中이라

牛山學校에셔高等科第一回卒
業試驗을經ᄒᆞ엿는ᄃᆡ優等生은

崔基龍等五人이라더라
◎班長歷制 신興女子蚕業講

지受業지아니ᄒᆞ겟다고一齊請
願自退ᄒᆞ려ᄒᆞᆫ다더라

工役에着手ᄒᆞ엿다홈은既報어
니와該一般役費金은前侍從李

檀君開國四千二百四十三年
箕子元年三千二十二年
大韓開國五百十九年
本報創刊日 光武八年七月十八日

大韓每日申報

發行兼編輯人 李章薰
發行所 京城中部布廛屛門二宮街 一層洋屋 大韓每日申報社

第八卷　月曜及慶節歲時休日休刊　第壹千四百四十九號

◎[illegible]學校內에法
政學校를設立ᄒᆞ고學員을募集
ᄒᆞᄂᆞᆫ데規則을刊行ᄒᆞ엿다더라

◎青年講習의有望　中和郡守
[illegible]
郡內에青年講習所를設立ᄒᆞ고
所長은自擔ᄒᆞ야孜々勸奬ᄒᆞ며
講師朴在鉉蔡元瑞禹應善林義
[illegible]
徒가三十餘名에達ᄒᆞ엿ᄂᆞᆫ데將
進의望이有ᄒᆞ다더라

◎卒業式盛況　牛山學校에서
[illegible]
니와該校內에서本月十八日卒
業禮式을該洞臥牛山上에서設
行ᄒᆞ엿ᄂᆞᆫ데有志紳士尹容植朴
[illegible]
와玄成學校薰陶學교五湖奬學
會에서ᄂᆞᆫ空冊及鉛筆과其他物
品을多數寄附ᄒᆞ엿고各社會紳
士가[illegible]校長의情意를表ᄒᆞ엿스며其中
音樂隊ᄂᆞᆫ其節次를從ᄒᆞ야歡喜
의曲調로音樂을奏ᄒᆞᄂᆞᆫ故로當
日人士가人山人海를成ᄒᆞ야其儀
式과節次의端嚴盛大홈을莫不
稱頌ᄒᆞ엿다더라

論說

錢弊의原因

挽近以來로我韓의錢弊가不一ᄒᆞ니常平이一變ᄒᆞ야當百이出ᄒᆞ엿고當百이一變ᄒᆞ야胡錢이出ᄒᆞ엿고胡錢이一變ᄒᆞ야當五가出ᄒᆞ엿고當五가一變ᄒᆞ야銀銅錢이出ᄒᆞ엿고銀銅錢이一出ᄒᆞ믹紙幣가渾雜ᄒᆞ엿스니貨幣의豊盈이比前倍蓰ᄒᆞ되國計民生의日益困瘁ᄂᆞᆫ何也오先聖이云生之者ㅣ衆ᄒᆞ고食之者ㅣ少ᄒᆞ면財恒足矣오食之者ㅣ多ᄒᆞ고生之者ㅣ少ᄒᆞ면財恒不足이라ᄒᆞ셧스니엇지錢幣의豊不豊에在ᄒᆞ리오沃野美疇가不爲不多언마ᄂᆞᆫ荒蕪廢却ᄒᆞ야所收가無幾ᄒᆞ니此도財渴ᄒᆞᄂᆞᆫ尾閭오桑麻楮漆이不爲不多언마ᄂᆞᆫ工業이未展ᄒᆞ야抛棄無用ᄒᆞ니此도財渴ᄒᆞᄂᆞᆫ尾閭오金銀銅鐵이不爲不多언마ᄂᆞᆫ視同瓦礫ᄒᆞ야任他採掘ᄒᆞ니此도財渴ᄒᆞᄂᆞᆫ尾閭오禾粟菽麥이不爲不多언마ᄂᆞᆫ藏收가無方ᄒᆞ야海外로日走ᄒᆞ니此도財渴ᄒᆞᄂᆞᆫ尾閭오栗梨棗柿가不爲不多언마ᄂᆞᆫ培養이無節ᄒᆞ야園收가全貧ᄒᆞ니此도財渴ᄒᆞᄂᆞᆫ尾閭라尾閭라者ᄂᆞᆫ天下의百川萬流가海上에至ᄒᆞ야尾閭穴에沒入ᄒᆞ면渴盡無餘ᄒᆞᄂᆞ니大韓天地를財渴ᄒᆞᄂᆞᆫ尾閭穴노認定ᄒᆞᄂᆞᆫ것이眞着題혼句題로다

人民은恒業이無ᄒᆞ야農者도商ᄒᆞ고商者도工ᄒᆞ야渾淪失業에一技를不成ᄒᆞ니生財의方針을研究가無暇ᄒᆞ야終歲勞苦에饔儲가全空ᄒᆞ니身의絲ᄒᆞ고腹의飧혼計策이已沒ᄒᆞ야冬이煖ᄒᆞ야도其子가寒을呼ᄒᆞ고年이豊ᄒᆞ야도其妻가飢를啼ᄒᆞᄂᆞᆫ것은自然혼勢라誰를怨ᄒᆞ며誰를尤ᄒᆞ리오民智가日益惰怠ᄒᆞ야遊衣遊食ᄒᆞᄂᆞᆫ人이十常八九에居ᄒᆞ엿스니一人이耕ᄒᆞ야十人이仰食ᄒᆞ고一人이商ᄒᆞ야十人이賴生ᄒᆞ고一人이工ᄒᆞ야十人이應用ᄒᆞ니其民이困ᄒᆞ고其國이貧홀것은當來혼事라天이비록金을雨ᄒᆞ고錢을雨ᄒᆞᆯ지라도衆口가必鑠ᄒᆞᆯ지니財源의發展은希望키難ᄒᆞ리로다

泰西의富强혼人은不然ᄒᆞ니農者ᄂᆞᆫ農業學校가有ᄒᆞ야土地의宜와種植의法을精通혼然後에着手ᄒᆞ고商者ᄂᆞᆫ商業學校가有ᄒᆞ야時勢의高歇과販賣의法을曉解혼然後에着手ᄒᆞ고工者ᄂᆞᆫ工業學校가有ᄒᆞ야機械의準備와製造의法이精良혼然後에着手ᄒᆞ니是以로輸出이日增ᄒᆞ고輸入이日減ᄒᆞ야世界의財源이此에輻湊ᄒᆞ니其國이엇지强치아니ᄒᆞ며其民이엇지富치아니ᄒᆞ리오今日에言必稱金融이枯渴ᄒᆞ야生命財産을保全키難ᄒᆞ다ᄒᆞ나金融의流通홀方策은全沒ᄒᆞ고金融이不來홈을恨歎ᄒᆞ면此ᄂᆞᆫ空言에過치못ᄒᆞ니民智가此에至홈을切當慨歎ᄒᆞᄂᆞᆫ者로다古語曰衣食足而知禮節이오倉庫實而知榮辱이라ᄒᆞ엿스니我韓의急務ᄂᆞᆫ全히衣食住에在ᄒᆞ니農商工業에第一注意ᄒᆞ야財源이豊阜ᄒᆞ면錢弊의頻煩도足히憂홀바이無ᄒᆞ리라ᄒᆞ노라

官報

◎第四千七百四十四號
▲▲隆熙四年七月三十日（土曜）

告示

度支部告示第八號
隆熙四年七月度支部令第二十四號에依ᄒᆞ야國庫金納入키爲ᄒᆞ야拂込을行ᄒᆞᆯ郵便振替貯金의口座番號及加入者名은左와如홈

口座番號	加入者名
韓國三三〇番	韓國中央金庫

隆熙四年七月二十九日　度支部大臣　高永喜

辭令

中樞院主事吳圭桓
右ᄂᆞᆫ議員이公務上에審愼치못홈이有ᄒᆞ기是以로官員懲戒令第一條及第二條를依ᄒᆞ야譴責홈（七月廿五日中樞院）土地調査局技師中田三郎　測量部製圖課長事務處理를免홈　土地調査局技師阿部惠三郎　測量部製圖課長을命홈（以上七月廿七日土地調査局）

外報

◎英艦派遣　桑港電을據혼즉英國政府에서ᄂᆞᆫ其臣民을保護키爲ᄒᆞ야짜마이카에碇泊ᄒᆞ얏던巡洋艦사이라号를니카라과의푸리우、필드港에派遣ᄒᆞ얏다더라

◎領事團會議　奉天電을據혼즉廿七日午後三時에同地에서領事團會議를開ᄒᆞ엿ᄂᆞᆫ데其協議혼事項은土地租借規定과外國品課稅問題及淸國官憲이新定혼外國人의自用車와自用馬車에對ᄒᆞ야課稅홀件等이라더라

◎克島問題解決　伯林電을據혼즉目下마리엔팟트에滯在혼土耳其宰相은同地에서墺國外相에렌탈伯과露國外相이스볼스기氏와會見ᄒᆞ고更히佛國外相피숀氏와會合ᄒᆞ야크리트問題를解決ᄒᆞ얏다더라

◎秘密戰術御覽　倫敦電을據혼즉英國황帝미셔ᄂᆞᆫ뜨러드노트艦上에서秘密의戰術實習을御覽ᄒᆞ시기爲ᄒᆞ야英國海峽의臺灣에到着ᄒᆞ셧ᄂᆞᆫ데日本將교外에ᄂᆞᆫ一人의拜觀者도船艦에乘組를不許ᄒᆞ엿다더라

◎海賊巨魁就縛　香港電을據혼즉橫琴島海賊의巨魁를廿六日當地에서逮捕ᄒᆞ얏ᄂᆞᆫ데目下淸國에서犯罪人引渡를交涉中이나當地官憲은本件에對ᄒᆞ야頗히沈默의態度를取ᄒᆞ고尙且其外에海賊의嫌疑者數名을逮縛ᄒᆞ엿다더라

◎因暑致死　紐育電을據혼즉當地에서二十五日暑氣가激烈홈을因ᄒᆞ야十一人이死亡ᄒᆞ고貧民은總히家의屋根에셔眠息혼다더라

◎封鎖宣言承認　桑港電을據혼즉諸威國外務省에서ᄂᆞᆫ니카라과大統領의필드港封鎖의宣言을承認ᄒᆞ고墨西哥及中美에駐在혼自國領事와諸威國籍의船長에게命ᄒᆞ야通知ᄒᆞ라ᄒᆞ얏다더라

◎遞信卿辭職說　仝電을據혼즉美國大統領타푸트氏의秘書官노ᄅᆞᆫ氏와遞信卿힛지코크氏ᄂᆞᆫ勢力을爭ᄒᆞ야遞信卿의辭職說이頻々ᄒᆞ다더라

雜報

◎尹氏落科　尹雄烈氏ᄂᆞᆫ年前에全北觀察使在任時에同福郡居吳某에게金貨六千圜을貪贓혼事件이有ᄒᆞ야吳氏가右金을還推홀次로日前京城地方裁判所에起訴ᄒᆞ엿ᄂᆞᆫ데尹氏가落科ᄒᆞ엿다더라

◎安氏白放　三淸洞居安璥善氏ᄂᆞᆫ多月監獄署에滯囚ᄒᆞ엿다가癲狂症을因ᄒᆞ야保放治療혼다더니日前에無事白放이되엿다더라

◎[illegible]犯不服　京城地方裁判所에서淸國橫領犯日人巡査辻本에게懲役十個月에宣告홈은旣報어니와該日人이此를不服ᄒᆞ고日前에控訴院에上告ᄒᆞ엿다더라

◎[illegible]犯逋　前淸州郡財務官李主稙氏ᄂᆞᆫ公貨犯逋事件으로昨日南部警察署에被捉ᄒᆞ엿다더라

▲鶴惟一擧▼

▲前度支大臣任善準學大李載崑兩氏를中樞院顧問을被任ᄒᆞ기로認定ᄒᆞ엿더니時勢의不然홈을因ᄒᆞ야圖得지못홈으로向隅之歎이有ᄒᆞ다가總理가運動혼結果로昨日에同意를請ᄒᆞ엿다지副議ᄂᆞᆫ南北村貧窮人으로叙任ᄒᆞ나顧問은대臣中無任혼人을區處ᄒᆞ니中樞院이아니라[illegible]이라ᄒᆞ지

▲醫[illegible]을引繼혼前時에日人冗員이多數陶汰되엿ᄂᆞᆫ데該日人等이신統監의施政에對ᄒᆞ야官職을更圖홀次로尙不歸國ᄒᆞᄂᆞᆫ데醫務總監部에셔無事逗遛ᄒᆞᄂᆞᆫ者를嚴重히取締中이라ᄒᆞ니그게다開明國官人인가官吏ᄂᆞᆫ韓日人이혼창ᄌᆞ인게여

▲某處에셔我韓人의遊衣遊食ᄒᆞᄂᆞᆫ人을取締ᄒᆞ기爲ᄒᆞ야該方針을研究中이라ᄒᆞ니인제ᄂᆞᆫ精神을찰엿스면됴켓더구

▲日前何許會席에셔度대가某大臣을對ᄒᆞ야附耳而語ᄒᆞ되寺內統監이現政府의狀態를細察혼後에冗官은一並除汰혼다ᄒᆞ니吾儕도大段憂慮中이라ᄒᆞ얏다지人이自過를不知라ᄒᆞ더니度大ᄂᆞᆫ自過를先知ᄒᆞ니더더러무러보와도물엿지

世界歷史

◎宗敎改革의反動◎

（어스써）會議以後에新敎主義ᄂᆞᆫ非常혼勢力으로써列國에廣布ᄒᆞ더니左記혼諸原因이意外에突生ᄒᆞ야形勢가頓然一變ᄒᆞ야舊敎ᄂᆞᆫ其勢力을恢復ᄒᆞ며新敎에進步가妨害를大被ᄒᆞ니라

新敎中에二派가生ᄒᆞ니一은「루더」派오一은「갈빈」派라各其所說이相異ᄒᆞ야屢次調和를저ᄒᆞ나其效ᄂᆞᆫ竟無ᄒᆞ고愈益背馳ᄒᆞ야互相反目ᄒᆞ기에至ᄒᆞ야雖舊敎로ᄒᆞ야곰漁父의利를坐收케ᄒᆞ니라

新敎徒의廢棄혼宗敎上의諸儀式은信仰上으로小害가無ᄒᆞ나人의想像及感情을滿足케홀者가不少ᄒᆞ나然ᄒᆞ나就中南歐의國民又치想像力이贍富혼者에ᄂᆞᆫ新敎의質朴홈이人心을滿足키不能ᄒᆞ며且新敎의敎義ᄂᆞᆫ理論에頗傾혼則無敎育혼人民이理解키不能ᄒᆞ야新敎의進步가巨大혼妨害를因被ᄒᆞ엿더라

如是히新敎의諸派가分裂相爭홈을乘ᄒᆞ야舊敎의僧侶ᄂᆞᆫ其內部의改革을實行ᄒᆞ야羅馬敎會의敎義를一層明晰케ᄒᆞ고저ᄒᆞ야一千五百四十五年으로同六十三年間에宗敎會議를（트리엔트）에開ᄒᆞ야從來의諸弊를去ᄒᆞ고又宗敎裁判所를設ᄒᆞ야嚴酷혼刑罰노써新敎徒를絕滅홈을決ᄒᆞ야殆其勢力을恢復ᄒᆞ니於是에新敎ᄂᆞᆫ恰然히武器로써敵兵을當與혼外觀이有ᄒᆞ다더라

（未完）

詞藻

✿가지마라✿

歲月아가지마라、내가實노無情ᄒᆞ다。
白髮을재촉ᄒᆞ니、이내事業어이ᄒᆞ리。
비노라、"定혼目的到達前엔、가지말고。

宮廷錄

○蘇合元進獻　太醫院에셔ᄂᆞᆫ上品蘇合元一萬五千箇를製造ᄒᆞ야日前에 太皇帝陛下ᄭᅴ 奉上ᄒᆞ엿다더라

雜報

○金氏受餠　侍從院卿尹德榮氏ᄂᆞᆫ輔國을陞資ᄒᆞ려고內閣에셔發論이有ᄒᆞᆫ뒤某大官이言ᄒᆞ기를尹德榮氏ᄂᆞᆫ年紀强壯ᄒᆞᆫ時인즉追後陞資ᄒᆞ야도尙未晩이어니와元老中金允植氏ᄂᆞᆫ置之勿聞ᄒᆞᆫ다ᄒᆞ고論評이起ᄒᆞᄂᆞᆫ故로右兩氏를一切陞資ᄒᆞ기로內定ᄒᆞ엿다더라

○內次初政　宇佐美內部次官은昨日仕進ᄒᆞᆫ뎌初에신築廳舍를一々觀覽ᄒᆞ야其製度如何를稱好ᄒᆞ엿다더라

○鄭高訪農　政友會員高義駿鄭應禹兩氏가日前에農相趙重應氏를訪問ᄒᆞ고該會擴張件을協議ᄒᆞ엿다더라

○吸烟價額　宮相閔丙奭氏ᄂᆞᆫ自喫ᄒᆞᄂᆞᆫ卷烟草代金이每朔에七十餘圜에達ᄒᆞᆫ다더라

○醫院助手請任　大韓醫院高階副院長은各地方에設立ᄒᆞᄂᆞᆫ慈惠病院助手를該醫院助手見習生李錫駿權泰東氏等八人으로叙任ᄒᆞ라고目下內部에交涉中이라더라

○達府의陳列館　慶北觀察道에셔ᄂᆞᆫ地方費一千圜을支撥ᄒᆞ야物品陳列館을設立ᄒᆞ려고現方擬議中이라더라

○各殿修理稟請　平壤郡崇靈殿修理費百圜과崇仁殿修理費五十圜中으로該管內各殿을修理ᄒᆞᆯ意로該道觀察使가內部로稟請ᄒᆞ얏다더라

○水道視察　仁川及釜山에敷設ᄒᆞᆫ水道의運轉試驗을視察ᄒᆞ기爲ᄒᆞ야日本內務省技師中島博士가再昨日에渡來ᄒᆞ엿다더라

○結數名簿改良　度支部에셔各財務監督局에申飭ᄒᆞ야本年度結數聯名簿ᄂᆞᆫ已往보다簡便ᄒᆞᆫ方法을研究改良케ᄒᆞ엿다더라

○宮家支金廢止說　皇室費中으로各宮家에對ᄒᆞ야或百圓或二三百圓式을按月支撥ᄒᆞ더니近聞ᄒᆞᆫ즉經費의窘絀ᄒᆞᆷ을因ᄒᆞᆷ인지該例를廢止ᄒᆞᆫ다ᄂᆞᆫ說이有ᄒᆞ다더라

○塾舍文簿調報　學部에셔ᄂᆞᆫ日前에私立貞一女塾의發訓ᄒᆞ고塾舍位置와一般文簿를修報ᄒᆞ라ᄒᆞ엿다더라

○解散誰惜　一進會에셔內閣變更에對ᄒᆞ야同會員으로신內閣을組織ᄒᆞ기를哀乞ᄒᆞ야某處에長書를提呈ᄒᆞᆯ次로目下에起草ᄒᆞᆫ다ᄂᆞᆫ뒤此를實施치아니ᄒᆞᆯ時에ᄂᆞᆫ該會를卽時解散케ᄒᆞ라ᄒᆞᆫ다ᄂᆞᆫ說이有ᄒᆞ다더라

○尉官의巡補　參副尉로在任ᄒᆞ다가解隊를當ᄒᆞᆫ諸氏들이近日生活程度가末由ᄒᆞ야巡查補를圖得코져請願이每日답至ᄒᆞᆫ다ᄂᆞᆫ뒤該請願中에資格이相當ᄒᆞᆫ者ᄂᆞᆫ需用ᄒᆞᆯ터이나正尉以上에在任ᄒᆞ엿던人은雖爲請願ᄒᆞ야도勿施ᄒᆞᆫ다더라

○派出所擴張　漢城內에在ᄒᆞᆫ未擴張ᄒᆞᆫ巡查派出所ᄂᆞᆫ實地如何를調査ᄒᆞᆫ後에신建築ᄒᆞ기로決定ᄒᆞ얏다더라

○具氏行動調査　前郡守具本淳氏ᄂᆞᆫ何等關係가有ᄒᆞᆫ지某處에셔行動을調査中이라더라

○金礦讓渡說　日人澁澤榮一은我國政府로브터採掘權을得ᄒᆞ야淺野總一郞과共히經營ᄒᆞ던忠南稷山金鑛은美國人헨리及데라망씨에게讓渡ᄒᆞ기로決ᄒᆞ고旣히契約ᄭᆞ지ᄒᆞ엿다ᄂᆞᆫ說이有ᄒᆞ다더라

○教習所修業式　昨日午前十時브터警務總監部에셔巡查教習生六十餘名에게修業證書를授與ᄒᆞ얏ᄂᆞᆫ뒤因ᄒᆞ야修業生은八月一日에各任地로向ᄒᆞ야出發ᄒᆞᆫ다더라

○貯金分給　前警視廳一般巡查의貯畜金을再昨日에一一分給ᄒᆞ엿다더라

○李學宰被招　李學宰ᄂᆞᆫ何事件을因ᄒᆞᆷ인지昨日上午九時에中部警察署에被招ᄒᆞ엿다더라

○腹病又生　李學宰ᄂᆞᆫ年前에慶州郡居金基夏氏에게普昌社支社를圖給ᄒᆞᆫ다ᄒᆞ고金一百二十圜을取食ᄒᆞ엿ᄂᆞᆫ뒤金氏가右金을還推ᄒᆞᆯ次로昨年十月分에上京ᄒᆞ야推ᄒᆞ되尙不償還ᄒᆞᆷ으로將次裁判을提起ᄒᆞᆫ다더라

○非買伊繼　大韓日日新聞을孔子教會에賣渡ᄒᆞᆫ事에對ᄒᆞ야該社員金東集氏等의告訴ᄒᆞᆷ을因ᄒᆞ야警務總監部에셔賣渡ᄒᆞᆫ文簿를調査ᄒᆞᆫ즉賣渡가아니라引繼ᄒᆞᆫ바인故로該訴訟이中止되엿다더라

○唐守無廉　唐津郡守徐丙炎氏가年前에詩禊錢五百兩을債用ᄒᆞ되其子廷弼氏로擔當標를繕給ᄒᆞ엿ᄂᆞᆫ뒤該氏가地方官으로在任ᄒᆞᆫ지三年이되도록一分도報送치아니ᄒᆞᆫ다고人皆唾罵ᄒᆞᆫ다더라

○車場合附　鐵路로브터龍山ᄭᆞ지電車軌道를現方改良敷設中인뒤該工役이畢了되ᄂᆞᆫ뒤로南門外汽車停車場을廢止ᄒᆞ야龍山停車場으로合附ᄒᆞ고汽車乘客과其他物品을電車로往來케ᄒᆞ기도預定ᄒᆞ엿다ᄂᆞᆫ說이浪藉ᄒᆞ더라

○韓朴相詰　日憲兵司令部偵探朴秉基가再昨日午後八時에長安社前에셔何許書札을看讀ᄒᆞᄂᆞᆫ뒤警務總監部偵探韓相求가朴氏의書函을窺視ᄒᆞᆫ지라朴氏ᄂᆞᆫ感情이生ᄒᆞ야說往說來에韓相求氏가捕繩으로朴氏를結縛코져ᄒᆞᄂᆞᆫ지라朴氏ᄂᆞᆫ不勝憤怒ᄒᆞ야毆打ᄒᆞ려ᄒᆞᆯ際에在傍ᄒᆞ엿던一般觀光者가挽止ᄒᆞ엿다더라

○長安社風波　別項과如히長安社에셔警務總監部通譯巡查韓相求氏와日憲兵司令部高等偵探朴秉基氏가言語間不協ᄒᆞᆷ을因ᄒᆞ야一場衝突이起ᄒᆞ엿ᄂᆞᆫ뒤巡查便에ᄂᆞᆫ韓氏一人뿐인故로其勢가甚히孤危ᄒᆞ고偵探便에ᄂᆞᆫ黨與가適多ᄒᆞᆫ즉事之曲直은姑捨ᄒᆞ고寡不敵衆은勢所難免이기로韓氏의困難이莫甚ᄒᆞ엿다더라

○可畏虎疫　磐谷、汕頭、厦門、신嘉坡、샘께이、갈커다、마닐나、짜날간等各開港場에目下虎疫이猖獗ᄒᆞᄂᆞᆫ뒤就中磐谷에셔羅患者六百二十九名中에六百二十二名이死ᄒᆞ엿고其他各地에ᄂᆞᆫ益々蔓延ᄒᆞᆯ兆가有ᄒᆞᆫ즉此等開港場에셔徽菌을輸出ᄒᆞᆯ處가有ᄒᆞᆫ故로京城에셔도昨年經過를鑑ᄒᆞ여各自衛生에注意ᄒᆞᆷ이可ᄒᆞ다더라

○醫士入院　京義線車輦館三選堂醫院主李奎영氏ᄂᆞᆫ今月二十八日(陰六月二十二日)에腦病으로京城大韓醫院에入院治療ᄒᆞᆫ다더라

○種苗講習期限　公州郡種苗場에셔ᄂᆞᆫ附近農家子弟를募集講習ᄒᆞ기로決定ᄒᆞ엿ᄂᆞᆫ뒤期限은二週間으로定ᄒᆞ엿고開習日字ᄂᆞᆫ來月一日로定ᄒᆞ엿다더라

○道路와橋梁의修築　挽近霖雨로因ᄒᆞ야漢城內外의道路及橋梁破壞處가多ᄒᆞ야內部土木局에셔官吏를派送調査ᄒᆞ야擴張修築ᄒᆞᆯ計劃이라더라

○教務發展協議　耶蘇教中에監理教에셔ᄂᆞᆫ來火曜日에西洋人牧師가開城郡에會同ᄒᆞ야教務發展의策을協議ᄒᆞᆫ다더라

○行刺逃走　日人立原爲名者가何等關係가有ᄒᆞᆷ인지再昨日午後十二時頃에旭町地에셔何許男子一名을刺殺ᄒᆞ고因爲逃走ᄒᆞ엿다더라

○憂病吞鴉　北部樓閣洞居崔宗煥氏ᄂᆞᆫ多年身病으로呻吟ᄒᆞ더니三昨日下午五時에新門外慕華館等地에셔鴉片을吞喫自斃ᄒᆞ엿슴으로所管警察署에셔檢查를行ᄒᆞ엿다더라

○相鬩致命　再昨夜十一時半頃京城相生町土木請負業森庄太郞家에셔三原三左衛門이란者가牧野榮三郞이란者와醉酒相鬩ᄒᆞ다가牧野가仍爲被殺ᄒᆞ엿다더라

○取調事件略了　勅書爲造事件으로被捉된趙南升及其連類에關ᄒᆞᆫ取調ᄂᆞᆫ大略終了ᄒᆞ엿ᄂᆞᆫ뒤先此拘禁된南廷奎及趙鍾龍은放免ᄒᆞ고更히金祚鉉을取調ᄒᆞᆫ다더라

○奪財逮捕　去二十三日에江原道楊口郡下東面李某家에銃器를持ᄒᆞᆫ者九名이侵入ᄒᆞ야金品을掠奪ᄒᆞ엿다ᄒᆞᆷ으로該郡所在分遣所搜索隊가卽時出張ᄒᆞ여同郡南面에셔張公仁以下八名은逮捕ᄒᆞ엿다더라

○走猿搜索　昌德宮內動物園에셔ᄂᆞᆫ三昨日에飼猿一首가跳檻走脫ᄒᆞ엿슴으로目下搜索中이라더라

○兩犯處役　再昨日地方裁判所에셔寡婦通奸犯黃應用은役一年으로强盜犯金奉安은役五年으로宣告ᄒᆞ엿다더라

○盜情綻露　社稷洞居李海元家廊下에居ᄒᆞᄂᆞᆫ一木手ᄂᆞᆫ行盜ᄒᆞᆫ情跡이綻露되야再昨日水門洞警察署에셔六穴砲及其他竊取ᄒᆞᆫ物品을押收ᄒᆞ엿다더라

○靑會講道　今日下午三時에鐘路靑年會館에셔各教會代表로英美各國에視察ᄒᆞ고還國ᄒᆞᆫ該會副會長尹致昊氏가講道ᄒᆞᆫ다ᄂᆞᆫ뒤特別히該會々員과各學校學生이多數參聽ᄒᆞ기를希望ᄒᆞᆫ다더라

電報

○日光田避暑　日本皇太子妃殿下ᄭᅦ셔ᄂᆞᆫ避暑키爲ᄒᆞ야[illegible]日午前八時二十分에上野에셔出發ᄒᆞ옵셔日光田母澤御用邸에行啓ᄒᆞ셧다더라

○德太子旅行　德國皇太子殿下ᄭᅦ셔ᄂᆞᆫ日本에旅行ᄒᆞ실터인뒤來八月頃에同妃殿下와同伴ᄒᆞ야就途ᄒᆞ신다더라

以上東京發　廿九[illegible]

○曾彌病重　前統監曾彌[illegible]病勢가益重ᄒᆞ야人事를不省ᄒᆞᆫ다더라

○留學生費增加　[illegible]度海外留學生費ᄂᆞᆫ二十八萬圜이더니明年度에ᄂᆞᆫ約三十二萬圜으로豫算ᄒᆞ엿다더라

○岡崎男의葬儀　韓國에駐箚ᄒᆞ엿던第十三師團長陸軍中將岡崎生三男葬儀에日皇及皇后兩陛下ᄭᅦ셔祭粢料로金一千圓을下賜ᄒᆞ옵시고昨廿九日에신潟縣高田에셔葬儀執行에就ᄒᆞ야신潟縣知事를同家에差遣ᄒᆞ옵셔幣帛을下賜ᄒᆞ셧다더라

○山島强烈　有珠山은昨日브터再次噴動이强烈ᄒᆞ고數個의신噴火口가生ᄒᆞ엿ᄂᆞᆫ뒤前途의如何ᄒᆞᆫ慘事를現出ᄒᆞᆯᄂᆞᆫ지不知ᄒᆞᆷ으로同山附近住民은他處로避居ᄒᆞᆫ다더라

以上東京發　卅日着

▲紅牌願賣▼

▲風潮變幻此天地에劈破門閥되엿스니玉堂翰林無用인뒤紅牌[illegible]를手持ᄒᆞ고坐待飢餓何益인가

▲射策天門居第一은龍門奪袍昔何時오[illegible]頭功名自期타가已屬爲境夢驚ᄒᆞ니一個平民되엿ᄂᆞ니[illegible]紅牌를풀어볼ᄭᆡ

▲藍戰服에桃紅帶ᄂᆞᆫ先天事에[illegible]ᄒᆞ나令監大監이稱號ᄂᆞᆫ猶[illegible]使八束縛ᄒᆞ니坐待其死何快라오이紅牌를풀어볼ᄭᆡ

▲天恩雖是偏重ᄒᆞ나今日形便洞[illegible]ᄒᆞ니陳々舊蹟已作ᄒᆞ니生存競爭此時代에固守拙規焉用ᄒᆞᆯ고이紅牌를풀어볼ᄭᆡ

▲一平生의所營事가海嶽山高處影이라實業[illegible]ᄒᆞ니幾許資[illegible]辦ᄒᆞ야束手無策空歎ᄒᆞ니이紅牌를풀어볼ᄭᆡ

▲奎章閣이云廢ᄒᆞ니陶琅[illegible]가已矣로다妻啼飢兮兒呼ᄒᆞ니이生涯를엇지ᄒᆞᆯ고錦衣一食經營[illegible]로이紅牌를풀어볼ᄭᆡ

○黃守頌聲　黃長郡守沈元商吾[illegible]里洞面上里面下里面星洞面元[illegible]萬無東作之望이러니該郡守林準賦氏가民情을爲悼ᄒᆞ야地方[illegible]一百三十石을待秋還償ᄒᆞᆯ意로勸告借得에被兵各面民人에게[illegible]境內人民의頌聲이藉々ᄒᆞ다더라

○[illegible]　昆虫養成場에셔ᄂᆞᆫ去二十四日[illegible]엿다더라

○佛教振興　[illegible]設ᄒᆞ고頻々히韓人間遊說을結[illegible]

廣告

這間弊社에서設行ᄒᆞᄂᆞᆫ福德彩의開彩期日을來八月一日로定ᄒᆞ엿ᄉᆞ나賣揚된金額이充分히厥合지못ᄒᆞ야不得已延期ᄒᆞ오니
僉彦은日後廣告를想竢ᄒᆞ시오

韓佛興業社

本人이陰六月初의姓名圖羊角章을不知中遺失故玆廣告矣誰某拾得開認章은休章으로知홈
西部東幕內谷梁柱榮　白

本人의三子姜中洞이가出產各居에家產稱貸이라欺人出債爲主故玆以告白ᄒᆞ오니內外國人은勿爲見欺홈
慶北龍宮郡內下面石溪洞居　姜大有　告白

本人以圓形陰陽刻圖章으로使用이다가以純陽刻圖章으로改用홈
梁寅鐸

本人에庄土가在於黃海道延安郡福峴面三里楸井坪이온ᄃᆡ字號ᄂᆞᆫ慨字造字요結卜은八十七負四束이오斗落數ᄂᆞᆫ一石二斗이온ᄃᆡ該庄土文券을明證次로陰六月分에該道에下去ᄒᆞ다가該庄土舊文券을中路에서遺失ᄒᆞ얏기玆以廣告ᄒᆞ오니內外國人間誰某拾得ᄒᆞ와도休紙施行홈
西部龍山坊靑坡三契五十一統五戶　崔秀業　告白

本人의家許可狀을閪失故로廣告ᄒᆞ오니無論某人ᄒᆞ고拾得ᄒᆞ와도休紙施行홈　西部壯元亭一百四十一統一戶　趙信培白

▲京畿道振威郡各面所在水原龍珠寺田畓　續
一西面秩
湯八十一分畓一卜八束一斗五升
百五畓十三卜六束十一斗
百三畓十一卜五束九斗
五畓六卜四束五斗三升
三十四畓四卜三斗三升
殷五十四답十九卜十五斗落
五十六답六복一束五斗
五十七分답七束五升
六十四답二복二束二斗六升
朝卅五답三복三束二斗七升
卅五分답二복二束二斗
湯百十二답四복四束三斗五升
八十六分답二복九束二斗四升
八十六分답二복一斗七升
八十六分답二복六束二斗一升
九十六分답一복六束一斗三升
九十六分답六복八束五斗五升
八十六分답一복七束一斗四升
九十七답四복三斗二升
六十一답七복九束六斗五升
八十一分답四복三斗三升
八十五分답五복三束四斗五升
八十五分답七복六斗
八十답二복四束二斗
七十三답二복一束一斗七升
七十四답五복四束四斗五升
朝六十二답二卜四束二斗
湯八十二답一卜五束一斗二升
九十三畓十七卜十四斗
九十四답六복四束五斗
六十七답四負二束三斗五升
八十五답九卜六束八斗
百一답一복五束一斗二升
朝廿三답七卜六束六斗一升
湯九十九답十二卜十斗
朝卅五分畓二卜五束二斗
卅五分답三복三束二斗七升
卅五分답六束五升
七十一답一卜九束一斗五升
湯八十九답三卜九束三斗一升
問卅一田三卜四束五斗四升
湯六十九畓七卜七束四斗
問五分답一卜五束六斗三升
二分답五복四斗
湯百十四畓七복五斗六升
問四답一복四束一斗一升
朝五十二답五복四斗
坐五十二田一복五束二斗五升
朝五十七답四보二束三斗四升
五답五복三束四斗三升
三답三복八束三斗
六十九답十복八斗五升
三分답四복二束三斗四升
三分田七복五束十二斗四升
六十五田十七복一石八斗
坐廿六田四복三束七斗
卅三田十一복十八斗
卅田三복五束六斗
朝六十五畓九복五束六斗
六十七分답五복五束四斗四升
廿一分답二복三束二斗
廿一分답一복四束一斗二升
問卅六分답五복三束四斗三升
卅六分답二복三束二斗
卅六分답一복五束一斗二升
湯卅九分田二복三斗四升
卅九分田三복四束五斗五升
六十九分답一복九束一斗五升
問十八分답三복二斗四升
廿七分田六복四束十斗
廿七分田一복八束三斗
卅一田六복七束十斗
廿六田四복三束七斗
朝六十四田三복二束五斗
問廿五分田五복一束八斗二升
十七分田七복二束十一斗
道廿分田四복八束八斗　未完

民刑訴訟의委任에應홈
辯護士 洪在祺
本事務所 京城中部大笠洞
出張所 平壤郡南門通

平壤西門內宋尙燾氏
藥局道支店則該道內八
出張及郡支店은該支
店에求藥
官許引穌丸 閔橿 白

本鐵工場에서各種鐵物機械等屬을精密히製造와修理ᄒᆞ며廉價로隨請仰副ᄒᆞ온바物目은左에略開ᄒᆞ오니 僉彦은照亮後陸續來求홈

精米機械 馬車荷車
織組機械 壓油機械
切草機械 壓麵機械
引水機械 製繩機械
破碎機械소리업고솜이다른물보다갑절이틀니옵
詳細ᄂᆞᆫ來問홈
京南門外藥峴中洞二百四拾六統二戶
大韓鐵工場 白

商業同胞에게告홈

今也에諸般事業이漸次발達ᄒᆞᄂᆞᆫ時代를當ᄒᆞ야商業上의關係도또ᄒᆞᆫ此를從ᄒᆞ야變遷ᄒᆞ며商去來의慣習이舊日과不同ᄒᆞ고商行爲의規模가昔時와相異ᄒᆞ야會社라銀行이라ᄒᆞᆷ이昔日의見치못ᄒᆞ던바ㅣ며手形이라證劵이라ᄒᆞᆷ이舊時의行치못ᄒᆞ던비라、如此히變遷ᄒᆞᆫ時代에在ᄒᆞ야舊日의慣習으로商去來를行ᄒᆞ며昔時의規模로商行爲를營코져ᄒᆞᆫ진ᄃᆡ엇지能히商業의目的을達ᄒᆞ리오噫라前日에ᄂᆞᆫ地方의商旅가京城에來往ᄒᆞᄂᆞᆫ者ㅣ聯絡不絶ᄒᆞ더니今日에ᄂᆞᆫ何故로如此히凋殘ᄒᆞ엿ᄉᆞ며昔日에興旺ᄒᆞ던若干營業이何故로今日에不振ᄒᆞᄂᆞ뇨試思ᄒᆞᆯ지어다其行ᄒᆞᄂᆞᆫ慣習과其營ᄒᆞᄂᆞᆫ規模가今日變遷ᄒᆞᆫ此時代에適合치아니ᄒᆞᆫ所以가아닌가是故로本會社ᄂᆞᆫ五六年前에京城商業에實地從事ᄒᆞ고有力諸氏에게組織ᄒᆞᆫ바ㅣ되야外國에有名ᄒᆞᆫ織組會社와都賣特約을結ᄒᆞ고織物을直接貿易ᄒᆞᆷ으로爲業ᄒᆞ야今日에至ᄒᆞ야ᄂᆞᆫ엄然히京城商業界의重鎭을占ᄒᆞ니實로我國의商業界를爲ᄒᆞ야慶幸ᄒᆞᄂᆞᆫ바ㅣ로다然이나本社ᄂᆞᆫ더욱全國同胞의便益을圖ᄒᆞ기爲ᄒᆞ야業務를一層擴張ᄒᆞ고規模를拾分改良ᄒᆞ야本社營業의一副業으로委托營業을開始ᄒᆞ고各地方商旅의貨物을引受ᄒᆞ야去來를信實히行ᄒᆞ고待遇를親切히爲ᄒᆞ며口文을低廉히受ᄒᆞ고金錢을迅速히融通ᄒᆞ며地方商人의閒或不知ᄒᆞᄂᆞᆫ新式節次도詳細히指導ᄒᆞ오리니來ᄒᆞ시오來ᄒᆞ시오全國의商業同胞ᄂᆞᆫ 京城鍾路大廣橋通

合名會社彰信社로枉臨ᄒᆞ시옵

合名會社 彰信社 長 洪鍾阮
營業部長 安義淳
委托部長 金春植 謹告

留宿의便利를圖ᄒᆞ기爲ᄒᆞ야廣橋南川邊茶洞十五統九戶
彰信旅館을設홈

救世醫院

救世醫院警告

頗得三山不老草ᄒᆞ면三神山이何處在오三神山이在韓國은地球圖에分明ᄒᆞ나不死藥은何處得고救世醫院에請求ᄒᆞ오何處尋고何處尋고救世醫院을願訪이면果然雲深不知處ㅣ라東指金剛山ᄒᆞ고西望三角山ᄒᆞᄂᆞᆫ中間에天摩山이屹立ᄒᆞ고山中에一醫院이有ᄒᆞ니其名曰救世醫院인ᄃᆡ松風蘿月의幽淸은武陵桃源과如ᄒᆞ고蟠桃氷梨의結熟은玄都閣과如ᄒᆞᆫᄃᆡ奇岩怪石間에湧出ᄒᆞᄂᆞᆫ藥泉에內外國眞藥材로轉丹作丸ᄒᆞᆷ이여眞不死藥이올시다

仙이別人이아니라服藥長壽ᄒᆞ면仙이오不死藥이別藥이아니라死病에回生ᄒᆞ면不死藥이오니神仙되기를願ᄒᆞ고不死藥을求ᄒᆞ시ᄂᆞᆫ兄弟姊妹ᄂᆞᆫ電報數字나郵書一葉으로請求ᄒᆞ셔도迅速히送達ᄒᆞ올이다

韓國醫學大家鄭應烈實驗方劑
西洋衛生學家金榮穆證効參劑
世界兄弟姊妹常備之靈藥

安靈丸 健胃 消체 ○解毒○暑症○嘔逆○泄瀉○諸藥毒 食체○呑酸○痢疾○小便黃○赤白冷痢 邪心○關格○곽亂○煩燥○淸心○嘔吐○口渴 無不神효

金榮丹 酒체○不下○暑毒致病○渴증○小驚○關節痛○心情不快○行力疲勞○酒毒○靈神不安○大小便不利○呑酸○除煩通經脈의無不神효

潤肺丸 히소失音○口渴○急坦卒啞○喘히無不神효

光明丹 眼赤등○風眼○內外翳障○

二仙散 赤흑증○淚眼○爛弦風○濃眼○神효○纏喉○喉痺○雙蛾○咽中등○風急○單蛾

[illegible]粉丸 實火遺精○熱리○不신효 暑리△赤濁○冷리○白濁 泄瀉○小便精出○대腸經寒○리無不신효

[illegible]丸 ○리疾不止無不신효

[illegible]丸 水腫○담痛○氣중○鼓脹○

鎭心丸 ○징가○關格○食체신효 ○鎭心○安神○五癎病 ○解熱 除煩燥狂증 ○止夜啼○無不신효

女金丹 (婦人神藥) 無子○經事不調○積年血風○產後瘀血○담火○外完○內病○手足麻痺○臨産○難産△半身不遂△中風△消渴△一切虛勞△虛리△陰無子△赤빅帶하△脾虧無味△崩漏△子宮有陰△顚色위黃△眩暈△中淋瀝△신효

用法은各其藥皮封에詳記

韓國京畿道楊州下道面磨石隅里憲兵派遣所北直洞長壽臺二統十戶
發行所 救世醫院 主 鄭寅琥

濟生堂大藥房本舖製造及發賣品目錄

消化新藥 淸心保命丹 九十粒一貼價금十錢 此丹은化痰止咳ᄒᆞ고順氣消滯ᄒᆞ며恒常長服ᄒᆞ면腸胃가健全 三貼入한藥匣添附 금卄五錢

大補元氣 蔘茸大補元 大補元氣ᄒᆞ고滋腎健腦ᄒᆞ며先天不足과膈위不起에一切神効 一週日分금一圓 八週日分금六圓四十錢 四週日分금三圓四十錢

疾怪五神 保命水 此水ᄂᆞᆫ急重吐瀉나곽亂腹통에立효가有홈 금十錢

起死回生 回生丹 此丹은急重吐瀉關格이며가슴아리와冷積과痢疾에神効 一貼금十錢

蛔積殺虫散 此약은회積과회腹痛과회虫을一切去根ᄒᆞᄂᆞᆫ良劑 一日分금十錢

久滯大通丸 此丸은年久積滯와宿滯後重이며胃腹痛에神効莫大홈 二日分금十五錢

寸虫沒出藥 此藥은寸白虫一切를去根ᄒᆞᄂᆞᆫ妙藥 一人用금卄錢

感氣時효 解熱散 感氣往來ᄒᆞ며似학非학과頭痛과腹節痛에其効가偉大 一日分금十錢

되눈 拔根藥 되눈과못과속마귀를세ᄂᆞᆫ藥 一貼금十錢

瘡病聖藥 梅花點雪丹 毋論男女ᄒᆞ고花柳病楊梅瘡에一切去根快復ᄒᆞᄂᆞᆫ良藥 一제금三圓五十錢

瘟氣神効 解毒膏 毒종과根빗인듸와其他諸般腫氣一切에神효無雙홈 一貼금十錢

去核生新 趺度膏 濕瘡과腐創과곱센듸去核生新ᄒᆞᄂᆞᆫ第一聲明 一盒금十錢

齒病全治 健齒水 此水ᄂᆞᆫ風齒와虫齒며諸般齒통에大효가有홈 小一瓶금十錢

止足汗臭水 手足의汗과[illegible] 一包금十錢

眼疾速治 光明眼藥 諸般眼疾症皆효ᄒᆞᄂᆞᆫ東洋[illegible] 小一瓶금十錢

調濟 健中丸 急慢腸病과各種痢疾이며赤白痢疾과怪疾流行病에偉효가有홈 一貼금卄錢

潤肺化담 止咳散 傷風咳嗽와[illegible]吐담困[illegible] 一貼금卄錢

解凝止통 [illegible]膏 打撲跌傷과各種腫氣始初腹통諸症并효 小一瓶금十錢

吐血下血 神理止血丸 婦人의諸般血症即吐血酒色過用으로된담症並효 금六十錢

上海 [illegible]膏 담[illegible]刺血등[illegible] 금十五錢

○淋疾藥各種○其他有名한賣藥各種○洋藥各種○化粧品各種
○都매散매○遠地에ᄂᆞᆫ郵票小包로迅速酬應홈

漢城南大門內濟生堂大藥房 李庚鳳
代辦主任 李興國 白
電話 壹七二八番 電略(제)又(ㅐ)

特別廣告

本店을開業ᄒᆞᆫ지數十年以來에 僉君子의愛顧ᄒᆞ심을蒙ᄒᆞ온바更히報答ᄒᆞ기爲ᄒᆞ와業務를擴張ᄒᆞ고內外各樣紙物과布木紬緞이며政府委托度量衡器와學校用品을新選最良으로直輸入ᄒᆞ와特廉減價로多小間遠近을勿論ᄒᆞ고請求ᄒᆞ시면運送部郵便小包며引換代金으로酬應을迅速히貿易에益々便利로옵施行ᄒᆞ깃ᄉᆞ오니諸君子ᄂᆞᆫ照亮愛顧ᄒᆞ심을伏望홈

各樣紙物
壯紙 壯版紙 窓戶紙
白紙 各樣書畵 塗背
洋紙 校科 印刷洋紙
斑子紙 封套紙 印札紙
製圖用紙 美濃紙各樣

度量衡器部
자와 말과 되와 저울
度器 量器 衡器 等類를販賣홈

政府度量衡器販賣所
京城鍾路通二十二統八戶
品紙商 鄭斗煥
電話壹千拾九番 電略(정)又(ㄷ)

各種布木 紬緞
布、苧、木、紬、
綿子、毛織
京城鍾路通二十二統八戶
木布商 鄭星煥

大韓每日申報

檀君紀元四千二百四十三年
箕子元年三千三十二年
大韓開國五百十九年
本報創刊日 光武八年七月十八日

發行兼編輯人 李章薰
發行所 京城中部布屛門二宮街二層洋屋 大韓每日申報社

第八卷 月曜及變節歲時日休刊 第壹千四百五十號

論說

無形의寇와有形의寇

人이有形ᄒᆞᆫ寇ᄂᆞᆫ畏ᄒᆞᆯ줄은知ᄒᆞ나無形ᄒᆞᆫ寇ᄂᆞᆫ畏ᄒᆞᆯ줄을知치못ᄒᆞᄂᆞ니無形의寇라ᄒᆞᄂᆞᆫ者ᄂᆞᆫ暮夜無知에穿穴踰墻ᄒᆞ야家產을搜索ᄒᆞᄂᆞᆫ者도아니오不知不覺에兵器를使用ᄒᆞ야掠奪을恣行ᄒᆞᄂᆞᆫ者도아니라宴安ᄒᆞᆫ中에도陷井이有ᄒᆞ고談笑ᄒᆞᄂᆞᆫ中에도戈鉟이有ᄒᆞ고鄕里中에도戎狄이有ᄒᆞ고交遊中에도蛇蝎이有ᄒᆞ니杳然冥然ᄒᆞᆫ間에藏ᄒᆞ야卒然忽然ᄒᆞᆫ際에落ᄒᆞᄂᆞ니其形也ㅣ微ᄒᆞ나其害也ㅣ大로다如此ᄒᆞᆫ寇ᄂᆞᆫ外에在ᄒᆞᆫ것이아니라內에在ᄒᆞ니卽人의慾이라其慾을充코져ᄒᆞᆯ진ᄃᆡ天下의可히憚ᄒᆞᆯ事도無ᄒᆞ고天下에可히難ᄒᆞᆯ事도無ᄒᆞ고天下에可히겁ᄒᆞᆯ事도無ᄒᆞ야其害를被치아니ᄒᆞᄂᆞᆫ者가無ᄒᆞ니大ᄒᆞ면國家의蟊賊을作ᄒᆞ고小ᄒᆞ면社會의蠹賊을作ᄒᆞᄂᆞ니岳飛를誣殺ᄒᆞ던秦檜輩와禍心을包藏ᄒᆞ던邪怨輩와九尾狐라稱ᄒᆞ던陳彭年과笑中에藏刀ᄒᆞ던元載等과曲學阿世ᄒᆞ던公孫弘等이能히無形의寇를作ᄒᆞ야千古에人類를滅絶코져ᄒᆞ니엇지戒치아니ᄒᆞ며엇지畏치아니ᄒᆞ리오

現今我韓은民智가未開ᄒᆞ고風氣가未變ᄒᆞᆫ時代를當ᄒᆞ야進化前路에障碍物이又生ᄒᆞ니外面으로ᄂᆞᆫ憂國思想을唱導ᄒᆞ면셔黨派를暗結ᄒᆞ야政黨派이니社會派이니互相嘯聚ᄒᆞ야무合禍胎를秘密히釀出ᄒᆞ며雄唱雌和에人心을陂惑ᄒᆞ야其設心造計者ᄂᆞᆫ名利를圖得ᄒᆞᄂᆞᆫᄃᆡ過치못ᄒᆞ니此ᄂᆞᆫ足히無形的心術上一世를揮動ᄒᆞ야千仞坑塹에陷落케ᄒᆞᄂᆞᆫ手段으로一已의私慾을充ᄒᆞᄂᆞᆫ者ᄂᆞᆫ一假社會에不過ᄒᆞ엿고民心이未附ᄒᆞ고政治가紊亂ᄒᆞᆫ時機를當ᄒᆞ야倉氏庫氏로地位를鞏固케ᄒᆞᆯ計劃으로宗社의安危와生靈의存亾은顧念ᄒᆞᆯ바이無ᄒᆞ고指使的政治를利用ᄒᆞ야人의頷을仰ᄒᆞ고人의心을合ᄒᆞ야阿諛苟容ᄒᆞᄂᆞᆫ情態가公眼을蔽키難ᄒᆞ고世耳를掩키難ᄒᆞ니蠹國病民ᄒᆞᄂᆞᆫ慾浪이世界에遍滿ᄒᆞ야處々是其毒이流ᄒᆞ고人々是其難을遭ᄒᆞ니挻與刃으로人을害ᄒᆞ여曰非我也라兵也라ᄒᆞᆷ과엇지異ᄒᆞᆯ바이有ᄒᆞ리오

有形의寇ᄂᆞᆫ其來也ㅣ有自ᄒᆞ고其形也ㅣ可見ᄒᆞ니防禦ᄒᆞᄂᆞᆫ策이有ᄒᆞ려니와至若無形의寇ᄒᆞ야ᄂᆞᆫ微ᄒᆞ야視ᄒᆞ야도見치못ᄒᆞ고密ᄒᆞ야聽ᄒᆞ야도聞치못ᄒᆞ야能、能小ᄒᆞ며忽東忽西ᄒᆞ야變化莫測ᄒᆞ니善ᄒᆞ면能히君子도成ᄒᆞ고惡ᄒᆞ면能히小人도作ᄒᆞ야是非가分ᄒᆞ고邪正이判ᄒᆞᄂᆞ니其意의防이城과如히固ᄒᆞ나其慾의侵이敵과如히强ᄒᆞ면其中에無數ᄒᆞᆫ秦檜가生ᄒᆞᆯ것이오無數ᄒᆞᆫ邪怨가生ᄒᆞᆯ것이오無數ᄒᆞᆫ陳彭年이生ᄒᆞᆯ것이오無數ᄒᆞᆫ元載가生ᄒᆞᆯ것이오無數ᄒᆞᆫ公孫弘이生ᄒᆞ야無形의寇가全國에充滿ᄒᆞ야防禦가沒策ᄒᆞᆯ지니慾의一字를猛獸ᄀᆞᆺ치畏ᄒᆞ고毒虫ᄀᆞᆺ치畏ᄒᆞᆯ지어다

官報

◎第四千七百四十五號
▲隆熙四年 八月一日 (月曜)
敍任及辭令

○七月八日 李相鴻 晋州始任郡主事敍判任官五等
○七月十八日 李啟芳 任濟主事敍判任官五等
○七月廿五日 林明烈 任郡主事敍判任官四等 金憲植 任郡主事敍判任官五等 贈資憲大夫議政府左參贊李圭正 贈從一品崇政大夫奎章閣大提學 贈嘉善大夫戶曹參判李光軾 贈正二品資憲大夫奎章閣提學 贈通政대夫承政院左承旨李章懋 贈從二品嘉善大夫奎章閣副提學 以上從一品崇政大夫前農商工部大臣李鍾健本生考祖考曾祖考依法典追贈(以上七月廿七日宮內府) 郡主事李芝鎔 依願免本官(七月十六日內部) 郡主事白舜欽 依願免本官(七月廿六日內部)

社告

本報購覽ᄒᆞ시ᄂᆞᆫ僉君子의便宜를爲ᄒᆞ야支社를高城一北面楸洞永昌學校內에設置ᄒᆞ엿스니該附近地에셔本申報購覽ᄒᆞ실僉君子ᄂᆞᆫ該支社員金仁植氏와交涉ᄒᆞ시옵

大韓每日申報社

彙報

○官廳事項
○官吏死去 敬陵、챵陵、明陵、翼陵、弘陵、順昌園參奉任百선이가七月五日에身故ᄒᆞᆷ

外報

◎馬賊橫行 奉天電을據ᄒᆞᆫ즉去二十七日夜에陳相屯附近村落에馬賊二十名이巡警局派出所를襲ᄒᆞ야銃六정과彈藥三百發을奪取ᄒᆞ고巡警七名을殺害ᄒᆞ고更히民家를襲ᄒᆞ야金品을掠奪ᄒᆞ고農民六名을捕去ᄒᆞ엿合으로日本守備隊로셔兵士를派遣ᄒᆞ야鐵道沿線을警戒中이라더라

◎니國請求拒絶 伯林電을據ᄒᆞᆫ즉니카라과共和國政府ᄂᆞᆫ歐洲八強國에同文通牒을發ᄒᆞ야各國政府ᄂᆞᆫ該國의新選大統領을互相承認ᄒᆞ고米國政府에對ᄒᆞ야辯難ᄒᆞᆫ事를請求ᄒᆞ엿스나各國政府ᄂᆞᆫ此를謝絶ᄒᆞ얏다더라

◎御巡請願 紐育電을據ᄒᆞᆫ즉南米巴西에移住ᄒᆞᄂᆞᆫ德國人은同地에德國皇帝의御巡遊를請願ᄒᆞ얏다더라

◎巴國大統領의參觀 伯林電을據ᄒᆞᆫ즉目下伯林에滯在ᄒᆞᆫ伯巴西國大統領포온세카氏ᄂᆞᆫ西普魯西에셔擧行ᄒᆞᄂᆞᆫ德國陸軍大演習及탄치ᄒᆞᆫ의觀兵式에參列ᄒᆞ얏다더라

◎阿弗利加戰亂 仝電을據ᄒᆞᆫ즉阿弗利加튜니스、와트리폴리의國境問題에對ᄒᆞ야亞剌比亞人과佛蘭西軍隊間에交戰이起ᄒᆞ얏다더라

◎米國의新發展計 倫敦電을據ᄒᆞᆫ즉北米合衆國이西阿佛利加의리베리아共和國에對ᄒᆞ야財政、軍政、農業及國境問題에關ᄒᆞᆫ全部의引受ᄒᆞᆷ을提議ᄒᆞᆫ事ᄂᆞᆫ世間의注意를惹起ᄒᆞ엿ᄂᆞᆫᄃᆡ此提議ᄂᆞᆫ英、佛、德諸國의贊成을得ᄒᆞᆫ바이오米國大統領타프트氏ᄂᆞᆫ經濟의銀行家와쿤、로이푸商會에對ᄒᆞ야리베리아共和國에約四十萬磅의公債를貸與ᄒᆞ기를相議ᄒᆞ엿ᄂᆞᆫᄃᆡ此借款에ᄂᆞᆫ佛德兩國의銀行團도參加ᄒᆞ얏다더라

◎米國의暴動 桑港電을據ᄒᆞᆫ즉오하州콜럼버쓰市街鐵道會社의使用人이同盟罷工ᄒᆞ야暴動이起ᄒᆞᆷ으로同市知事ᄂᆞᆫ守兵二千을派、ᄒᆞ야會社의財產保護를當ᄒᆞ게ᄒᆞ고又미취잔州의류란드市에셔도그란드、트랑크、파시피쓰크鐵道에同盟罷工이起ᄒᆞ엿ᄂᆞᆫᄃᆡ警察力이不足ᄒᆞᆷ으로守兵四個中隊를命送ᄒᆞ얏다더라

◎飢民蜂起 漢口電을據ᄒᆞᆫ즉沙市의對岸公安縣에飢民이蜂起ᄒᆞᆷ으로瑞總督은步兵一箇大隊及輜重兵一個隊를同地에派送ᄒᆞ얏다더라

▲曲中靑峰▼

▲忠北觀察使權鳳洙江原觀察使李圭完兩氏가何事件이有ᄒᆞᆫ지遞任이된다니觀察使를運動ᄒᆞᄂᆞᆫ人이또慾火가發動ᄒᆞᆯᄯᅥ가되엿고

▲中樞院官制를改正ᄒᆞ야參議員을多數히新任ᄒᆞᆫ다ᄂᆞᆫᄃᆡ獵官輩가總理家에답至哀乞ᄒᆞᄂᆞᆫ지라總理가議長의主管이라推委ᄒᆞ미更히議長의家로답至ᄒᆞᆫ다ᄒᆞ니杳聞臭ᄒᆞᄂᆞᆫ蠅隊로다暑天에聞臭를甚히ᄒᆞ면傳染病이念慮여

▲日憲兵隊偵探者가一隊를成ᄒᆞ야治安에關ᄒᆞᆫ事를偵探ᄒᆞᄂᆞᆫᄃᆡ互相傳訛ᄒᆞ야挾雜이非止一再라ᄒᆞ야確實正直者로一新改良ᄒᆞᆫ다지偵探을藉勢ᄒᆞ고各演劇場과色酒家에橫行ᄒᆞ더니그것도狠狽로고

▲一進會에셔內閣이變動된다ᄂᆞᆫᄃᆡ對ᄒᆞ야同會々員으로內閣을組織ᄒᆞ라고寺內統監에게將次長書를提出ᄒᆞᆯ터인ᄃᆡ否認ᄒᆞᄂᆞᆫ境遇이면各自解散케ᄒᆞ라ᄒᆞᆫ다지누구를울우지ᄌᆞᄂᆞᆫ貌樣인가大段ᄒᆞᆫ論書桶을진케로고

世界歷史

◎宗敎改革의反動◎

西班牙人「로올나」ᄂᆞᆫ新敎를討抗ᄒᆞ고法王의威權을維持코져ᄒᆞ야一千五百四十年에法王「풀」三世의命을承ᄒᆞ야其同志로더브러떼쉬위트會를組織ᄒᆞ고新敎徒의分裂을乘ᄒᆞ야四方에傳道ᄒᆞ야歐洲以外의地에도舊敎를傳播ᄒᆞ니라

右述ᄒᆞᆫ諸原因外에又新敎傳播에一大妨害를與ᄒᆞᆫ者가有ᄒᆞ니此卽西班牙王「필닙」二世라當時에「필닙」이西班牙王으로(네덜란드)(밀란)(나폴쓰)(씨실리)及亞米利加殖民地를領ᄒᆞ며又英國女王「메리」와結婚ᄒᆞ고更히同盟ᄒᆞ야一千五百五十四年에法國王顯利二世와戰ᄒᆞ야同五十九年(카트캄부레시쓰)和約에數處의要地를得ᄒᆞ고同七十一年에(레판트)海戰에土耳其艦隊를大破ᄒᆞ고繼又同八十年에葡萄牙王統이斷絶ᄒᆞᆷ을乘ᄒᆞ야其王位에登ᄒᆞ고ᄃᆡ여葡萄牙及其印度에在ᄒᆞᆫ殖民地를領ᄒᆞ니於是에「필닙」은其版圖의廣大ᄒᆞᆷ을自誇ᄒᆞ야自己領土內에ᄂᆞᆫ日沒時가無ᄒᆞ다ᄒᆞ더니「필닙」이如是ᄒᆞᆫ威力을有ᄒᆞ고且舊敎를酷信ᄒᆞᆷ으로新敎를極力壓制ᄒᆞ나然ᄒᆞ나(네덜란드)의獨立과英國海軍의發達이며法國王權의確定과日耳曼諸侯의反對等諸般障碍가相繼現出ᄒᆞ야西班牙의威權을遂失케ᄒᆞ니라

(未完)

詞藻

◎隨陽鳥◎

取捨炎冷最爾怜秋南春北近門庭去來莫向湘江路恐有野人設弋繳

評曰螳螂捕蟬自以爲得計不知黃雀在後則難免弋人之害

야京城裁判所의確定判決로捕刑의宣告를受ᄒᆞ야京城師路獄監에收監中에在ᄒᆞᆫ者總數가一

ᄒᆞ야捕縛치인되面駐所에繫置ᄒᆞᆯ터이라더라

◎江上賊警 豐德郡居朱錫明을搭頭過去ᄒᆞ다가強盜四名에게金七十餘圓價值의物品을見奪ᄒᆞ엿다더라

合所에셔再昨日下午一時에任員會를開ᄒᆞ고醫學校設立件을提出ᄒᆞ얏ᄂᆞᆫᄃᆡ敎師ᄂᆞᆫ朴駿成徐

定ᄒᆞ엿다더라

◎捐金孤院 南部茶洞居千兢植氏ᄂᆞᆫ再昨日京城孤兒院에金

◎佛家夜校 祇林寺長셔夜學校를設施치못ᄒᆞ고近日에勞働夜學을設ᄒᆞ야佛敎를敎ᄒᆞ고敎師李允每氏ᄂᆞᆫ不畏勞苦ᄒᆞ고熱心敎育ᄒᆞᆫ다더라

宮廷報

○統監夫人陛見 昨日午前十一時에 寺內統監의 夫人은 令孃을 帶同ᄒ고 昌德宮에 參內ᄒ야 皇后陛下께 謁見혼 後 御陪食을 賜ᄒ고 歸路에 德壽宮에 到ᄒ야 嚴貴妃殿下께 謁見ᄒ고 統監夫人의 獻品이 左와 如ᄒ니

皇后陛下께 特製緬縮 七卷
嚴妃殿下께 仝上 七卷
奉保夫人 仝上 一卷
金尙宮 仝上 一卷
徐尙宮 仝上 一卷
趙乳母 仝上 二卷

雜報

○正副統相會 山縣副統監은 再昨日에 寺內統監을 官邸에서 訪問ᄒ고 約四時間을 會議ᄒ엿다더라

○第一回大臣會議 寺內統監은 今午前十時에 統監邸에서 各대臣을 召集ᄒ고 着任後 第一回대臣會議를 開혼다더라

○二相의 密議 總理대臣 李完用氏는 再昨三十一日午後一時에 馬車를 乘ᄒ고 漢城俱樂部에 赴ᄒ야 卽時 朴內相과 趙農相 兩氏를 招請ᄒ야 午餐을 共히 혼後에 密室에 入ᄒ야 三人이 鼎坐ᄒ야 何人이든지 不近케 ᄒ고 約六時間 密議를 ᄒ엿는딕 寺內統監의 何等 提示를 期待ᄒ고 充分혼 決心으로 進止를 共히 ᄒ여 如何혼 境遇든지 一身同體의 行動을 執ᄒ주로 約束ᄒ고 午後七時에 相別歸邸ᄒ엿다더라

○是亦巷說 中樞院顧問 李夏榮氏는 某處에 特別혼 契分이 有ᄒ다는딕 內閣이 變更되는 同時에 總相椅子를 占據홀 希望이 有ᄒ다더라

○樞院同意留案 趙秉健 許璡 兩氏를 爲先 中樞院副議長으로 統監府에 同意를 請홈은 已報ᄒ엿거니와 近聞혼즉 何等 層節이 有ᄒ지 留案되엿다더라

○濯足會戒嚴 各部대臣諸氏가 再昨日上午十一時에 北部三淸洞 星祭井에서 濯足會를 開ᄒ엿는딕 警衛가 極히 嚴密ᄒ엿스며 總相 李完用氏는 不參ᄒ엿다더라

○同驂觀舍 總相 李完用氏는 再昨日下午十一時에 北部壯洞等地에 買置혼 家舍를 往觀ᄒ는딕 該氏의 令男 李恒九 農相 趙重應 兩氏가 同驂ᄒ엿다더라

○總理行動 總理대臣 李完用氏가 再昨日上午十二時頃에 玉洞에 買置혼 家屋에 種樹狀況을 觀覽ᄒ고 因히 漢城俱樂團에 轉往ᄒ야 內대 農대 前學대 李載崑 前度大任善準氏等을 請邀消遣ᄒ엿는딕 內閣書記官長 韓昌洙氏가 韓國料理로 接待ᄒ엿다더라

○宇佐의 政務 宇佐美內部次官은 地方政務를 一신改良ᄒ기 爲ᄒ야 現方盡力中이라는딕 第一官規를 嚴守케 홀 內容이라더라

○醫院官制修定 內部에서 設置혼 各慈惠醫院은 本月內로 擧皆開廳홀 豫定인딕 官吏敍任件을 目下 修定ᄒ는 中이라더라

○內部狀況刊致 內部에서 本年度上半期의 執務狀況을 編纂發刊ᄒ야 日本東京統監府出張所로 送致ᄒ엿다더라

○秋蠶種의 買入 農商工部及水原勸業模範場에서 春夏蠶種을 支給ᄒ엿스나 秋蠶種은 日本으로 注文買入홈을 因ᄒ야 各人處에 不爲支給혼다더라

○本田入城 晋州觀察道敎監會議에 參與키 爲ᄒ야 出張ᄒ엿던 學部 本田書記官은 昨日午後八時에 入城ᄒ엿다더라

○永瀧領事入京 間島에 駐在혼 永瀧總領事는 昨夜에 京釜線으로 入京ᄒ엿다더라

○私校補助議定 學部에서 明年度브터 各私立學校를 調査ᄒ야 完全혼 學校는 相當혼 補助金을 支撥ᄒ기로 議定ᄒ엿다더라

○鉢亭宴待 農商工部秘書官 張斗鉉氏는 再昨日에 東小門內 砂鉢亭에서 宴會를 設ᄒ고 該部高等官을 會同宴待ᄒ엿다더라

○貯金規則配付 醫務總監部에서는 日前에 一般醫官의 月俸中 貯置金規則을 各醫察署에 配付ᄒ엿다더라

○一時金停止 警視廳에 勤務ᄒ던 一般巡査에게 一時金을 支撥ᄒ다홈은 旣報어니와 其間 何等 層折을 因홈인지 右金支撥件이 停止되엿다더라

○修道補助請求 羅州郡榮川浦로브터 南平郡金馬面廣灘間의 道路를 一신修築홀 計劃인딕 國庫金으로 相當히 補助ᄒ라고 該道觀察使가 內部로 請求ᄒ엿다더라

○軍人의 職業住所調査 警務總監部에서 各警察署에 申飭ᄒ야 年前 解隊혼 軍人들이 近日 何等 營業의 有無와 氏名及住所를 一々調査ᄒ라ᄒ엿다더라

○체宋歸期 日本에 滯在ᄒ엿든 宋秉畯은 八日頃에 歸渡홀터인딕 入城後 乘用홀 馬車는 日本馬車會社에서 南山町該家로 旣送ᄒ엿다더라

○識字憂患 國民신報社長 崔永年은 每日 醫務總監部에 被招ᄒ다는딕 其內容을 聞혼즉 國民贊成會니 國民協成會니 儒生建議所니 許多各會에서 統監府에 長書혼 原文을 崔永年이가 一々 製述홈이라ᄒ야 製述혼 理由를 審問코저 홈이라는딕 困在垓心이라더라

○道路修繕 漢城府에서는 今番 地方費로써 鍾路南대門間의 道路를 修繕홀터인딕 其工費金은 一萬五千餘圓이라 其中 五千圓은 國庫로서 補助金으로 支撥홀터이라더라

○避暑花溪 天道敎主 孫秉熙氏는 近日 東대門外 花溪寺에서 避暑閒養혼다더라

○夏蠶上箔 各대臣家와 龍山蠶業講習所에서 飼養ᄒ는 夏蠶의 成績이 良好ᄒ다는딕 日間 上箔혼다더라

○蠶業協議 前承旨 李舜夏氏等이 再昨日 中樞院議長 金允植氏家에 會同ᄒ야 작蠶會社設立홀 事件을 協議ᄒ엿다더라

○警署望臺 各警察署에서 望臺 一箇所式을 建築혼다는딕 火警賊警을 防備ᄒ기 爲홈이라더라

○投書被捉 美洞居 崔在翼氏가 現內閣을 彈劾ᄒ고 統監을 論駁的으로 統監府及內閣에 投書홀 事가 有ᄒ야 再昨日에 警務總監部에 被捉ᄒ엿다더라

○北部의 大淸潔 北部管內에는 來六日브터 爲始ᄒ야 十日ᄭ지 管內의 대淸潔을 實施홀 計劃이라더라

○協願出迎 大韓協會顧問 大垣丈夫가 再昨日下午八時에 入城ᄒ엿는딕 尹孝定 吳世昌 權東鎭 沈宜性氏等이 南大門外停車場에 前往迎接ᄒ엿다더라

○衣冠損害金徵收 陽智郡居 李某가 再昨日下午[illegible]時에 中部寺洞 淸ᄒ、韓信義[illegible]新衛로 過去ᄒ다가 淸人의 洗水를 被ᄒ야 衣冠이 盡汚ᄒ얏슴으로 當地에 損害金 六十錢을 徵受ᄒ엿다더라

○日日報社長 孔子敎會에서 大韓日々신聞을 買入혼 事는 各신聞에 揭布혼바어니와 社長은 大韓신聞記者 愼台範氏로 推選ᄒ고 經費는 每朔 孔子敎會에서 三百圓式 支撥혼다더라

○洪探被捕 某處偵探人 洪泰鎭은 何等關係가 有혼지 潛避不現홈으로 目下 형捕中이라더라

○潦水被害 公州通信을 據혼즉 過番 潦水의 沉溢을 因ᄒ야 錦江沿邊農庄에 多數혼 損害를 被ᄒ엿는딕 最中 該郡居 皇城新聞支社員 鄭熙炳氏는 巨大혼 田畓 全部의 損害를 被ᄒ엿다더라

○學徒擔舁 安商德 金箕壽 兩氏의 尸身이 南大門外에 到着ᄒ는 同時에 普成中學校生徒가 擔舁以入ᄒ기로 決定ᄒ엿다더라

○崔魁提電 安東郡協東學校 敎師 安商德 金箕壽 兩氏를 殺害혼 魁首 崔聖天을 去月二十九日에 生擒ᄒ엿다고 榮川警察署에서 統監府로 電報가 有ᄒ다더라

○餘暇行商 雲山郡居 白炳洽 梁鳳九 趙英운 三氏는 京城蓮洞 研精堂에 入學ᄒ엿는딕 家勢가 素貧ᄒ야 學資를 不由辦備ᄒ기로 下學時間에는 藥商營業ᄒ야 學費를 補用ᄒ는지라 該氏等의 學問上 熱心홈을 莫不稱頌ᄒ다더라

○兩人行止 救世軍正領 許嘉斗氏는 布敎ᄒ기 爲ᄒ야 日前에 白川郡의 前往ᄒ엿고 東部蓮洞 耶蘇敎堂牧師 美國人 奇一氏는 避暑ᄒ 次로 北漢等地에 前往閒養ᄒ다더라

○六月中 渡日혼 韓人 本年六月中에 渡日혼 韓人數가 一百三十八人인딕 此를 昨年同月에 比ᄒ면 四十四名이 少ᄒ엿다더라

○無事白放 劍契團嫌疑로 日憲兵司令部에 被捉ᄒ엿던 金基澤氏는 事實上 曖昧혼 故로 三昨日에 白放되엿다더라

○何事被捉 南部美洞等地에서 藥局營業ᄒ는 崔在昶氏는 何等事件이 有혼지 三昨日下午十時에 醫務總監部에 被捉ᄒ엿는딕 該氏의 家宅을 一幷搜索ᄒ엿다더라

○四犯被捉 三昨日 詐欺取財犯으로 西部社稷洞居 金弘楨 濟州郡居 韓基晳 金明淳 住所未詳혼 崔季鉞等이 北部警察署에 被捉ᄒ엿다더라

○平會의 任員會 韓國平和協會에서 再昨日下午一時에 理事員會를 開홈은 旣報와 如ᄒ거니와 昨日下午二時에 臨時總會를 開ᄒ고 任員選定件과 道支會設立件及其他신事件을 通過處理ᄒ엿스며 日間 任員會를 開혼다더라

電報

○皇太子殿下消息 韓國皇太子殿下께서는 去月三十一日午前九時에 廣島로셔 岩國에 御着ᄒ샤 各所를 御覽ᄒ시고 廣島에 御還ᄒ샤 長治旅館에 御一泊ᄒ시고 一日午後二時에 廣島에서 御出發ᄒ셧는딕 今夜에는 濱吉旅館에셔 御泊ᄒ실터이라더라

○日皇族降嫁決定 日本北白川宮武子女王殿下는 保科子爵家에 降嫁홀 事를 決定ᄒ엿다더라

○露帝會見 露國皇帝陛下께서는 伊대利황帝와 會見ᄒ신다는 風說이 有ᄒ다더라

○셔比아國王의 訪墺 셔比아國王陛下께셔는 墺地利國維納를 訪問ᄒ셧다더라

○病勢差道 曾禰前統監의 病勢는 一時危篤ᄒ더니 昨日브터 稍々差道에 至ᄒ엿다더라

○常務委員渡韓 朝鮮問題同志會常務委員 五百木良三은 明二日에 出發渡韓ᄒ다더라

○火山再破裂 珠山은 再次破裂ᄒ엿는딕 實況調査次로 同地에 出張ᄒ얏던 理學士一名은 行爲가 不明ᄒ고 其他被害도 多ᄒ다더라

以上東京發 一日着

▲蜉蝣人生▼

▲鍾路長安通衢上에 來々去々ᄒ던 人物이 各有所懷공총ᄒ니 蜉蝣蹤跡可憐ᄒ다

▲浮雲又혼 此天地에 貴富夢이 已深ᄒ야 一片卿月頭戴ᄒ고 影子中에 浮沈ᄒ제 揚々意氣問幾時오 時大臣의 공총오

▲南山捷徑逐ᄒ야 昏夜乞哀ᄒ던 [illegible]色이 百方[illegible]ᄒ니 但[illegible]目前浮榮[illegible] 飛蛾撲燈恰似ᄒ니 獵[illegible]의 공총이오

▲遊衣食一下에 飢寒又是不勝ᄒ야 [illegible] 東之西奔忙ᄒ야 醜態[illegible]掩ᄒ니 [illegible]의 공총이오

▲細学周衣[illegible]子는 [illegible]人의 貌樣이라 靑[illegible]點[illegible]眼 波如流[illegible] 花柳[illegible] [illegible]子의 공총이오

▲輕々[illegible]步夕[illegible] 作[illegible] 丈夫[illegible] 步二步[illegible]情 花[illegible]誰 容[illegible]의 공총일세

◎新聞奇術 各報에已揭ᄒᆞᆫ바어니와日前會洞歌舞妓座에셔日本技術師宮岡天外의新奇術을設行ᄒᆞ엿ᄂᆞᆫ데內外國各新聞記者를招待ᄒᆞ야一大奇觀을뵈ᄒᆞ엿고餘興으로明月舘에晩餐會를開ᄒᆞ엿더라該術師ᄂᆞᆫ歐米各國을游歷ᄒᆞ며試術ᄒᆞ던人이라

◎昨日…新門內…劇場에셔術士를雇聘ᄒᆞ야催眠術과各種奇術로盛大ᄒᆞᆫ觀覽이有ᄒᆞ다더라

◎…校附屬土地調査所事務員養成所에셔ᄂᆞᆫ數日前브터文簿作成法을實習ᄒᆞᄂᆞᆫ中인데該所에셔…因ᄒᆞ야暑中休暇가無ᄒᆞ얏더니近日來로暑熱이太酷ᄒᆞᆫ故로來月曜日브터幾日間休學ᄒᆞ기로…

◎州誤爲山 安州郡雲谷面…田里在明學校의盛況은已爲揭布ᄒᆞ엿ᄂᆞᆫ데安州의州字를山字…

廣告

東萊龜浦洪殷社ᄂᆞᆫ徐宇洪과蔚山郡守尹命殷兩人이合資同商ᄒᆞᄂᆞᆫ데該社에셔ᄂᆞᆫ草溪郡居盧萬容의게推債條이有ᄒᆞ고本人은徐宇洪의게推債條이有ᄒᆞᆫ바同萬容이該社債條中報償ᄒᆞᆯ次로本人의게兩次金二百二十九圓[illegible]念이有ᄒᆞᆫ故로本人이此後로셔宇洪細念中에相減ᄒᆞᆯ樣으로宇洪의게言ᄒᆞᆫ즉應諾ᄒᆞ기信之ᄒᆞ엿더니該人이終不計減ᄒᆞ고該社債權을尹命殷의게專任ᄒᆞ야萬容의게前錢并推尋次로去四月日에晋州區裁判所에擧訟인바萬容이右錢事로本人의게來質故로萬容은本人과親査오命殷은本人의妻叔也라處於兩間에事甚難便ᄒᆞ와勢將區別ᄒᆞᆯ터인데現錢이無ᄒᆞ와去五月五日에本人의家親이命殷의게往ᄒᆞ야限今八月寬恕ᄒᆞ고俱容細念來ᄒᆞᆫ日字를依ᄒᆞ야本人利報給樣으로區々히言ᄒᆞ고萬의家親名啣셥으로已酉九月十三日金一百二圓標一丈과已酉十二月初三日金一百二十六圓標一丈을成給ᄒᆞᆫ즉不肯히녀인故로其後三日만에右金을俱利合二百七十三圓九十錢을辦給ᄒᆞ고標二丈을推尋코져ᄒᆞᆫ즉셔失ᄒᆞ엿다ᄒᆞ다가休紙中에渾入ᄒᆞ야셔覓기難ᄒᆞ다ᄒᆞ다가錢窘ᄒᆞ야셔他人의게典執ᄒᆞ엿다ᄒᆞ다가買定ᄒᆞᆫ言이無ᄒᆞ기數日升降에不得已셔失標나ᄒᆞ라ᄒᆞᆫ즉此도成給지아니ᄒᆞ니世上에如此ᄒᆞᆫ境遇가豈有ᄒᆞ리오捧錢ᄒᆞ면標給ᄒᆞᄂᆞᆫ것이當然ᄒᆞ거ᄂᆞᆯ厥標ᄂᆞᆫ지三日頃에셔失이니渾入이니典執이니ᄒᆞᆫ理由가無ᄒᆞᆫ則더러設使依其言ᄒᆞ야셔失이던지渾入이던지典執이던지可據ᄒᆞᆫ文字도成給치아니ᄒᆞ니時在官吏에恃權壓制인지其心難

淵이기濕後次로玆에廣告ᄒᆞᆷ

東萊府左耳面水亭里 許杰

黃士峴普生醫舘에셔多年診察ᄒᆞ던前陸軍々醫々學校敎官金達植氏가本堂診察所에셔診察ᄒᆞ오니前日顧愛ᄒᆞ시던僉君子ᄂᆞᆫ 照亮枉臨ᄒᆞ시옵

京城鍾路 和平堂診察所

本人이京本社에營業目的을依ᄒᆞ야業務를實施次로西部龍山坊曾光里西氷湖漢江三處에取扱所를承設ᄒᆞ고商民에物品을便利로목酬應ᄒᆞ겟ᄉᆞ오니僉君子ᄂᆞᆫ照亮ᄒᆞ시와多少物品을幣社에委托ᄒᆞ심을仰要

京西部曾光里

日韓運送合資會社

取扱所長 朴相雲

事務員 安仁化 白

學生募集廣告

本校에셔校務를擴張ᄒᆞ고本科一二學年補缺生과預備生을募集ᄒᆞ오니入學志願者ᄂᆞᆫ八月二十五日內로請願書를提出ᄒᆞᆷ

但請願紙ᄂᆞᆫ本校에請求

試驗科目 漢文 筭術 歷史 地誌 外國語

開學日字 八月二十五日

平安北道 嘉山私立 育英學校

去月廿八日本人姓名圖章松板五十枚領受票一度金二十八錢紙匣並本人雜貨店錢櫃上셔失廣告

龍山신倉內契四十七統三戶 咸永五 告白

本人의方圓形兩圖章은廢止ᄒᆞ고圓形으로改用이기廣告ᄒᆞᆷ

醴泉原谷 張龍煥 白

◀京畿道振威郡谷面所在水原龍珠寺田畓 續

一西面秩

問廿八分답七복三束六斗七升
廿三分답四복一束三斗三升
廿三分답三복三束二斗七升
廿八分답十三복五束九斗
十五分田五복四束九斗
十三分田十복一束十七斗
湯六十四田十복十六斗五升
問廿四分田八복一束十三斗
四十三分田十五복一石四斗
廿一分田七복三束十一斗七升
十四田十四복一束一石三斗
湯六十六田十四복二束一石三斗
愛四十二답三복九束三斗四升
朝十二分田一복一束一斗七升
十二分답二복二斗
周卌답七卜七束六斗二升
問廿四分답八卜五束七斗
卌分답十一卜八斗八升
卌分답三束三升
罪十六分田三卜三束五斗五升
朝十分답八束七升
問廿一分田二卜一束三斗三升
愛六十分田一卜三束二斗一升
殷卌八田九卜八束十五斗七升
問二分田三卜二束五斗二升
朝十一답八복三束六斗七升
十一分田二束三升
湯百十三田六복七束十斗
百十六田九복八束十五斗七升
朝十三田八복三束十三斗五升
問十六田二복七束四斗六升
十六分田八束一斗三升
朝二田十五복一石四斗
問五田十복十六斗三升
八分田一복五束二斗四升
卅六分田四복九束七斗八升
道卅分田二卜一束三斗五升
卅分田一복二束二斗
湯六十三田七복四束十二斗
問廿七分田七卜十一斗
湯七十五田四복六斗
六十四田十복十六斗五升
問十九田六복九束十一斗
坐卅五田二복六束四斗四升
問五分田二복一束三斗四升
五分田七束一斗二升
罪十七田一卜六束二斗七升
十七分田一卜七束三斗
問十四分田二복二束三斗五升
九分田九束一斗四升
九分田四束七升
朝十七田七복五束十二斗
十七分田六束一斗
問十四分田一복八束三斗
廿一分田四束六升
廿一分田二복八束四斗五升
湯八十七田六복八束十一斗
問九分田五복八束九斗
道廿二分田二卜一束三斗四升
問七답九복五束八斗
八分田一복五束二斗四升
八分田七卜四束十二斗
八分田九束一斗五升
廿七分田四복三束七斗
二十分田七복六束十二斗
道廿一田六卜三束十斗
廿分田五복五束八斗八升
十七分畓七복一束六斗
廿五田四복八束七斗六升
廿八分田五복三束八斗六升
廿八分田四복九束七斗
廿八分田六복六束十斗七升
卅分田二복八束四斗五升
卅分田二복三斗一升
卅分田四복八束七斗七升
廿二分田一복三束二斗
廿二分田一복六束二斗

未完

本藥局에셔業務를大擴張ᄒᆞ고勿論親疎間 掌記及居住만通知ᄒᆞ면擇品廉價ᄒᆞ야郵便小包로即速付送ᄒᆞ고 代金引換ᄒᆞ겟숨

京城南部銅峴九十五統十戶 乾材藥局

崔興模

袖珍美本

字典釋要

松村先生池錫永 著

全一册 定價金 八十錢

本書ᄂᆞᆫ我韓에著名ᄒᆞᆫ池錫永氏의數十年硏究ᄒᆞᆫ바인데普通五篇보다五千餘字를增補ᄒᆞᆯ뿐더러字義를國文으로明白히解釋ᄒᆞᆫ要書이오니 僉君子ᄂᆞᆫ速々購覽ᄒᆞ시옵

李鼎煥 著

신찬가뎡간독

全一册 定價金 三拾錢

本書ᄂᆞᆫ新式으로編纂ᄒᆞ고漢字를傍書ᄒᆞ야國漢文書札에幷要

發行所 京城大廣橋三十七統四戶 滙東書舘

◎本店에셔各種紙物을直輸入ᄒᆞ야地方僉位와其他 僉彥에게特別廉價로酬應ᄒᆞ겟사오니不拘多少ᄒᆞ시고郵便小包와運送部를經過ᄒᆞ야迅速히付呈ᄒᆞ깃숨

物價表와品錄書를無料로付呈ᄒᆞ옵

(廣告文)

紙物貿易에迅速

內外國紙物大發賣

●品高價低에爲主ᄒᆞᆷ

(品目略錄)

壯紙、油壯紙、油壯板紙、窓戶紙、白紙、唐紙、洋紙、書畵各種天井紙、山書紙、印札紙、半紙、美濃紙、製圖紙、書翰紙、封套紙、 其他學校用品筆墨卒業證書紙其他具備

本店 漢城鍾路大廣橋 紙物舖 金聖煥

支店 漢城北部安洞別宮前 電話一千二百八十番

這間本社에셔設行ᄒᆞᄂᆞᆫ福德彩의開彩期日을本八月一日로定ᄒᆞ엿스나賣揭된金額이充分치못ᄒᆞ야不得已延期ᄒᆞ오니僉彥은日後廣告를恕竢ᄒᆞ시오

韓佛興業社

本人이姓名正字圖章을陰六月十三日에失故로玆以廣布ᄒᆞ오니內外國人은照亮ᄒᆞᆷ

平北義州批峴面亭子洞 文璟璣 白

本人姓名正字圓角圖章本月十八日路上셔失故玆廣告謹秉拾得休施ᄒᆞᆷ

平南价川郡中南面青龍里 金用熙 告白

本人字春植으로圖形圖章을使用ᄒᆞ다가本四月分에失ᄒᆞᆫ故로四月章에中名熙啣으로改稱ᄒᆞ겟기玆仰布ᄒᆞᆷ

李熙春 白

本商會ᄂᆞᆫ世運의進化와商業의發展을隨ᄒᆞ야業務를新鮮ᄒᆞ야各種布木紬苧綿屬新式毛織等諸般衣服所用物貨를多數貿易ᄒᆞ야僉君子의請求를誠實酬應ᄒᆞ오며地方에ᄂᆞᆫ請求만ᄒᆞ시면郵便小包나運送部로送呈ᄒᆞ고代金은引換ᄒᆞ겟사오니地方에商店이나所用되시ᄂᆞᆫ僉君子ᄂᆞᆫ多數請求ᄒᆞ심을望

韓國收入印紙原賣所 有價証券典當賣買所

京城鍾路通二十二統四戶

壽南商會 金泰熙

檀君開國四千二百四十三年
箕子元年三千三十二年
大韓開國五百十九年
本報創刊日 光武八年七月十八日

大韓每日申報

發行兼編輯人 李章薰
發行所 京城中部布屛門二宮街 二層洋屋 大韓每日申報社
第八卷 月曜及慶節歲時休日休刊 第壹千四百五十一號

論說

研究的慧觀

物의不同은物의情이오視의不同은視의情이라同一碁也로ᄃᆡ英雄으로當局ᄒᆞ면一輸一贏에風雲이飜覆ᄒᆞ고小人으로當局ᄒᆞ면爭路區々에黑白이渾雜ᄒᆞᄂᆞ니經綸의大小優劣이隨現而發ᄒᆞ엿고同一酒也로ᄃᆡ丈夫가把盃ᄒᆞ면胷海가浩々ᄒᆞ야豪氣가自發ᄒᆞ고佳人이把盃ᄒᆞ면嬋姸醉態가精神이酩酊ᄒᆞ니心機의廣狹長短이隨遇而發ᄒᆞ엿고同一琴也로ᄃᆡ志者가弄調ᄒᆞ면激昂慷慨ᄒᆞ야峨洋이自在ᄒᆞ고落拓者로弄調ᄒᆞ면淒凉悲切ᄒᆞ야哀怨이必生ᄒᆞ니心情의深淺悲喜가隨感而發ᄒᆞ엿고同一詩也로ᄃᆡ君子가吟咏ᄒᆞ면文雅典重ᄒᆞ야意味가深遠ᄒᆞ고騷人이吟咏ᄒᆞ면唾成珠玉ᄒᆞ야姸美로爲主ᄒᆞ니風韻의高下豊薄이隨時而現ᄒᆞ엿도다

人品의優劣과才智의高下가類萬不同ᄒᆞ니豈其本性이爲然ᄒᆞ리오但其所習이不同ᄒᆞ고研究가不足ᄒᆞ야霄壤이相隔ᄒᆞ엿ᄉᆞ니誰가蘋果이墜地ᄒᆞᆷ을見치못ᄒᆞ리오마ᄂᆞᆫ重力의原理를悟ᄒᆞᆫ者ᄂᆞᆫ惟一奈端이有ᄒᆞ엿고誰가沸水의騰氣를見치못ᄒᆞ리오마ᄂᆞᆫ瀛機의作用을悟ᄒᆞᆫ者ᄂᆞᆫ惟一瓦特이有ᄒᆞ엿고誰가海藻의漂岸을見치못ᄒᆞ리오마ᄂᆞᆫ因ᄒᆞ야新大陸을覓得ᄒᆞᆫ者ᄂᆞᆫ惟一哥倫布가有ᄒᆞ엿고誰가男女의戀愛를見치못ᄒᆞ리오마ᄂᆞᆫ因ᄒᆞ야人情의大動機를看取ᄒᆞᆫ者ᄂᆞᆫ惟一瑟士丕亞가有ᄒᆞ니研究의學은善觀ᄒᆞᄂᆞᆫᄃᆡ셔出ᄒᆞᆫ지아니ᄒᆞᆫ者ㅣ無ᄒᆞ니滴水를觀ᄒᆞ고大海를知ᄒᆞ며一指를觀ᄒᆞ고全身을知ᄒᆞᄂᆞ니一을聞ᄒᆞ고十을知ᄒᆞᄂᆞ

此를推ᄒᆞ야彼를知ᄒᆞᄂᆞᆫ것은上智의才라ᄒᆞᆯ지나如此ᄒᆞᆫ智慧가有ᄒᆞᆯ지라도研究的思想이無ᄒᆞ면엇지進就의望이有ᄒᆞ리오今에如天巨艦이一瞬千里ᄒᆞ야其行이如飛者를쳡謂왈天神의造化라ᄒᆞ며萬里電線의天涯地角이在咫尺者를쳡謂왈天公의造化라ᄒᆞ며處々鐵線은千里行裝이朝發夕至者를쳡謂왈天公의造化라ᄒᆞ야別件物事에歸ᄒᆞ고人工의妙를講究ᄒᆞᄂᆞᆫ者ㅣ無ᄒᆞᄂᆞ니我韓의進化程度를此로推觀ᄒᆞ면慨歎이切ᄒᆞᆫ者ㅣ로다

昔에在一蠢僕이執爨者ᄒᆞ야食物을市에購ᄒᆞ라命ᄒᆞᆫ즉歸而語왈市中에無食物이라ᄒᆞ거ᄂᆞᆯ主人왈噫라魚也豚肉也芥也蔓也에엇지可食의物이無ᄒᆞ리오更히適市ᄒᆞ야求措得之러니既히一月에互ᄒᆞ도록朝々夕々히所食ᄒᆞᄂᆞᆫ者ᄂᆞᆫ總히魚也豚肉也ㅣ也뿐也라主人왈他味로易ᄒᆞ라ᄒᆞᆫ즉僕왈市中에魚與豕와與蔓을除ᄒᆞᆫ外에ᄂᆞᆫ他物은無ᄒᆞ라ᄒᆞᄂᆞ니夫市의物이水中에微虫이아닌즉顯微鏡을必待ᄒᆞᆫ然後에能히視ᄒᆞ리로ᄃᆡ蠢僕인즉知치못ᄒᆞᄂᆞ니其故ᄂᆞᆫ何也오世人의所謂智者를觀ᄒᆞᆯ지라도其所見이與蠢僕으로相去가幾幾라ᄒᆞ노라

挾泰山超北海를我불能이라ᄒᆞ면是ᄂᆞᆫ誠不能也어니와爲長者折枝를吾ㅣ不能이라ᄒᆞ면是豈不能也리오泰西人의博物學理化學에天上에仙語가아니라地上에人語인즉透理的思想으로尋向上去ᄒᆞ면輪船도其中에在ᄒᆞ고電線도其中에在ᄒᆞ고瀛車도其中에在ᄒᆞ야諸般의神異ᄒᆞᆫ機械가無非化學中에서出來ᄒᆞᆫ者인즉高遠難行ᄒᆞᆯ事가아니라日用事物에在ᄒᆞᆫ즉學而可能ᄒᆞᆯ者이로다我韓人民의第一愛惜ᄒᆞᆫ者ᄂᆞᆫ自暴自棄에在ᄒᆞ니耳目口[illegible]와同[illegible]智[illegible]明[illegible]彼와同ᄒᆞ니諸般事業을彼에게讓치勿ᄒᆞ기를誓ᄒᆞ리로다

官報

◎第四千七百四十六號

▲隆熙四年 八月二日 (火曜)

▲敍任及辭令

○七月廿九日 陰竹郡守徐光世 任坡州郡守敍奏任官四等 正三品羅鎬 任陰竹郡守敍奏任官四等

○七月卅日 從二品許진同趙秉健 任中樞院副贊議敍奏任官一等 大韓醫院醫官宇野功一 兼任大韓醫院敎授

○七月卅一日 朴命均 任內部主事敍判任官四等 慶興府尹李之春 免本官

右ᄂᆞᆫ該員이收賂及恐喝取財等犯罪事件으로本年五月廿四日에京城控訴院으로브터懲役三年의宣告를受ᄒᆞ엿ᄉᆞᆫ바似此官吏ᄂᆞᆫ不可仍置이옵기免本官(七月六日內閣)

社告

本報購覽ᄒᆞ시ᄂᆞᆫ僉君子의便宜를爲ᄒᆞ야支社를高城一北面楸洞永昌學校內에設置ᄒᆞ엿ᄉᆞ니該附近地에셔本申報購覽ᄒᆞ실 僉君子ᄂᆞᆫ該支社員金仁植氏와交涉ᄒᆞ시요

大韓每日申報社

宮廷錄事

○贈諡 本月廿六日贈提學宋翼弼贈內部大臣李仲虎贈領議政崔淑生故知中樞府事李藝故領議政尹承勳故咸原府院君魚有龜故統制使関濟章故河寧君李穰故都總管徐命瑞贈內部大臣權正忱故花山君千萬里贈提學崔益男贈吏曹判書李象靖贈提學李象秀贈內部大臣奇正鎭故判書韓章錫故判書申正熙故農商大臣嚴世永故判書徐相雨故判書李淳翼故參政大臣趙秉式故參政李鎬永故判書金晩植故判書李寅命故判書李裕承故內部大臣趙秉弼故掌禮院卿金永稷故判書張錫龍에게對ᄒᆞ야左와如히贈諡ᄒᆞ심이라

贈奎章閣提學宋翼弼諡號
文敬 道德博聞曰文 夙夜儆戒曰敬

贈內部大臣李仲虎諡號
文敬 道德博聞曰文 夙夜儆戒曰敬

贈領議政崔淑生諡號
文貞 勤學好問曰文 清白自守曰貞

故知中樞府事李藝諡號
忠肅 慮國忘家曰忠 執心決斷曰肅

故領議政尹承勳諡號
文肅 勤學好問曰文 執心決斷曰肅

故咸原府院君魚有龜諡號
翼獻 思慮深遠曰翼 聰明內德曰獻

故統制使関濟章諡號
忠壯 慮國忘家曰忠 勝敵克亂曰壯

故河寧君李양諡號
忠愍 慮國忘家曰忠 使民悲傷曰愍

故都總管徐命瑞諡號
貞簡 清白自守曰貞 正直無邪曰簡

贈內部大臣權正忱諡號
忠憲 慮國忘家曰忠 行善可紀曰憲

故花山君千萬里시號
忠壯 慮國忘家曰忠 勝敵克亂曰壯

贈奎章閣提學崔益男시號
忠憲 慮國忘家曰忠 行善可紀曰憲

贈吏曹判書李象靖시號
文敬 道德博聞曰文 夙夜儆戒曰敬

贈奎章閣提學李象秀시号
文簡 道德博聞曰文 一德不懈曰簡

贈內部大臣奇正鎭시号
文簡 道德博聞曰文 一德不懈曰簡

故判書韓章석改시号
文簡 勤學好問曰文 正直無邪曰簡

故判書申正熙시号
靖翼 寬樂令終曰靖 思慮深遠曰翼

故農商대臣嚴世永시号
肅敏 執心決斷曰肅 應事有功曰敏

故判書徐相雨시号
文憲 勤學好問曰文 行善可紀曰憲

故判書李淳翼시号
文靖 勤學好問曰文 寬樂令終曰靖

未完

外報

○印度兵의行動 디모라에在ᄒᆞᆫ루터通信員의報道를據ᄒᆞᆫ즉印度에셔ᄂᆞᆫ二箇聯隊의兵丁이山砲二個中隊와共히何時에든지西藏으로向ᄒᆞ야出發ᄒᆞ기로準備ᄒᆞ라ᄂᆞᆫ命令이有ᄒᆞ다ᄂᆞᆫᄃᆡ此ᄂᆞᆫ清國軍隊가動ᄒᆞᆫ結果로騷亂이起ᄒᆞᆯ가念慮ᄒᆞᆫ인즉짠츄에及야단에在ᄒᆞᆫ英國貿易事務官을襲擊ᄒᆞ든지或危險ᄒᆞᆫ事가有ᄒᆞᆫ時ᄂᆞᆫ此를保護ᄒᆞᆯ터이오만일清國人과西藏人間에戰端이起ᄒᆞᄂᆞᆫ時ᄂᆞᆫ嚴正히中立을守ᄒᆞᆯ터이라더라

◎法國의暴風雨 倫敦電을據ᄒᆞᆫ즉法國에ᄂᆞᆫ暴風雨가有ᄒᆞ여收穫의五분一은全損에歸ᄒᆞᆫ줄노計算ᄒᆞᆫ다더라

◎濤郡王의奉天向 長春電을據ᄒᆞᆫ즉載濤貝勒殿下의一行은去月三十日午前二時에東清鐵道特別列車로當地에着ᄒᆞ야쁘라트홈에整列ᄒᆞᆫ清國軍隊를檢閱ᄒᆞ고滿澤滿鐵副總裁의先導로貴賓室에셔少憩ᄒᆞᆫ後三時에奉天으로向ᄒᆞ얏다더라

▲雪白陽春▼

▲總理의椅子가依前鞏固ᄒᆞ다더니昨日[illegible]政策이[illegible]改定ᄒᆞᄂᆞᆫᄃᆡ總理의椅子가自然히[illegible]虛되리라ᄒᆞᆫ다니運動力도無ᄒᆞ되엿ᄉᆞ니此所謂無故作散이로고

▲一進會에셔ᄂᆞᆫ財政이[illegible]ᄒᆞ야種々히風波가起ᄒᆞᄂᆞᆫ[illegible]ᄒᆞᆫ즉一般任員의二個朔月給을支撥치아니ᄒᆞᆷ으로饑[illegible]이饑鬼를不免ᄒᆞ겟다ᄒᆞᆫ다시一進會가아니라餓鬼會가되엿고

▲帝國新聞社를讓渡[illegible]續刊ᄒᆞᆫ다더니該社長[illegible]氏가負債를淸勘ᄒᆞ기爲ᄒᆞ야該社屋及機械를債權者의게給付ᄒᆞ기로定ᄒᆞ고日間執行ᄒᆞᆫ다ᄒᆞ니我韓의新聞界를爲ᄒᆞ야切爲慨歎ᄒᆞᆯ事이로다

▲近日에假字弊端이層生ᄒᆞ더니假補助員이또싱겻다네崔[illegible]源이라ᄒᆞᄂᆞᆫ作者가龍山派駐所日憲兵分隊補助員이라稱ᄒᆞ고附近金某氷水店에셔蜜柑水와物을外上으로買喫ᄒᆞ고價金을不給ᄒᆞ다가情跡이綻露되여該分隊에被捉이되엿다지假補助員이崔[illegible]源이뿐이겟나各地方에許多ᄒᆞᆫ崔[illegible]源이가出沒ᄒᆞᆫ다데

詞藻

❀蜘蛛❀ 梅癡生

萬腹經綸任自家 網繆奇巧詭豪奢 尋常蝴蝶原無罪 一網打殲利械賒

評曰已知蜘蛛十倫之性則何不効黃鳥止隅之智歟堪歎蝴蝶少[illegible]戒懼之心

宮廷報

○金尺勳章下賜 大皇帝陛下ᄭᅴ옵셔 前曾彌統監에게 金尺大勳章을 日前統監府에 委托 下賜ᄒᆞ옵셧다더라

○答禮統監夫人 皇后陛下ᄭᅴ옵셔 昨日午前十一時에 奉保夫人을 統監邸에 差遣ᄒᆞ옵셔 日前통監夫人의 參內獻品을 答禮ᄒᆞ셧다더라

雜報

○大臣會議 昨日午前八時半에 李總理大臣은 寺內統監을 官邸에 訪問ᄒᆞ고 九時頃에 朴內相 趙農相 高度相 閔宮相과 共히 統監邸에 參集ᄒᆞ야 大臣會議를 開ᄒᆞ엿ᄂᆞᆫᄃᆡ 寺內統監과 山縣副統監이 着任ᄒᆞᆫ後 事務가 多疊ᄒᆞ야 大臣會議의 會議가 無ᄒᆞ더니 偶然히 例會日에 集合을 當ᄒᆞ야 形式으로 第一回대臣會議를 開ᄒᆞ엿거니와 今後ᄂᆞᆫ 重要ᄒᆞᆫ 政務外에ᄂᆞᆫ 炎暑中에 開會치아니ᄒᆞ기로ᄒᆞ고 十時頃에 散會ᄒᆞ엿다더라

○爲面從兄 前郡守趙東潛氏ᄂᆞᆫ 其從兄이 日本에 留學ᄒᆞ시ᄂᆞᆫ 我 皇太子殿下陪從武官長趙東潤氏를 面會ᄒᆞ기爲ᄒᆞ야 三昨日에 渡日ᄒᆞ엿다더라

○宮相邸午餐 宮相閔丙奭氏ᄂᆞᆫ 昨日에 該官邸에서 午餐會를 開ᄒᆞ고 各高等官諸氏를 同夫人請邀宴待ᄒᆞ엿다더라

○統監訪問 目下仁川港에 碇泊ᄒᆞᆫ 米國東洋艦隊司令長官ᄯᅩ하버느少將以下將校數名은 昨日寺內통監을 官邸에서 訪問ᄒᆞ고 午餐會를 受ᄒᆞ엿ᄂᆞᆫᄃᆡ 有吉總務長官 石塚參與官 小松外務部長等이 同席ᄒᆞ얏다더라

○尤甚一節 地方郡守를 觀察使가 其資格如何를 薦報ᄒᆞ면 內部地方官資格審査會에서 提議叙任케ᄒᆞᄂᆞᆫ 官規인ᄃᆡ 更聞ᄒᆞᆫ즉 從今以後에ᄂᆞᆫ 內部審査ᄂᆞᆫ 廢止ᄒᆞ고 觀察使에게 專任ᄒᆞ기로 內定되엿다더라

○宋副贊의同意 前郡守宋憲斌氏ᄂᆞᆫ 中樞院副贊議로 內閣會議에 提出ᄒᆞ엿ᄂᆞᆫᄃᆡ 統監府에 同意ᄭᆞ지 請ᄒᆞ엿다더라

○濟使新窠의運動 地方官制를 改定ᄒᆞᆫ다ᄂᆞᆫ 事ᄂᆞᆫ 揭布ᄒᆞᆫ바어니와 近聞ᄒᆞᆫ즉 濟州島에ᄂᆞᆫ 使라ᄂᆞᆫ 名稱一窠와 參理官一窠를 設置ᄒᆞ기로 內定되엿다ᄂᆞᆫ 說이 有ᄒᆞᆷ으로 該窠를 圖得코져 運動ᄒᆞᄂᆞᆫ 者가 不知其數라더라

○警察協會의繼續 內部前次官及警務局長의 發起로 警察協會를 組織ᄒᆞ엿다가 警察權委任ᄒᆞᆫ 結果로 廢止ᄒᆞ려ᄒᆞᆫ다더니 更聞ᄒᆞᆫ즉 該會事務를 繼續設行ᄒᆞ기로 內定ᄒᆞ엿고 會長은 明石警務總將으로 推選ᄒᆞᆫ다더라

○明石邸晚餐 日憲兵司令官明石小將은 昨日下午七時에 該官邸에서 晚餐會를 開ᄒᆞ고 元老大臣以下高等官諸氏를 請邀宴待ᄒᆞ엿다더라

○大城病快 統監府대城戶秘書官은 身病을 因ᄒᆞ야 大韓醫院에서 治療ᄒᆞᆫ다더니 近日來로 夬效가 有ᄒᆞᆷ으로 日間退院ᄒᆞᆫ다더라

○佐治視察 內部佐治技師ᄂᆞᆫ 土木에 關ᄒᆞᆫ 事務를 視察ᄒᆞ기爲ᄒᆞ야 再昨日에 平安南北道地方으로 出張ᄒᆞ엿다더라

○韓巡出勤 警務總監部警務係에서 目下勤務ᄒᆞᄂᆞᆫ 韓人巡査補가 三名인ᄃᆡ 日間各警察署에 出勤케ᄒᆞ기로 內定되엿고 該課係에ᄂᆞᆫ 日人巡査만 勤務케ᄒᆞᆫ다더라

○日師講道 日本佛敎目下講師ᄂᆞᆫ 再昨日上午八時에 日憲兵司令部에서 設法講道를 行ᄒᆞ엿다더라

○柳田入城 平安南北도敎監會議에 參與키爲ᄒᆞ야 出張ᄒᆞ엿던 學部柳田事務官은 再昨日下午十時頃에 入城ᄒᆞ엿다더라

○參奉價額 現內閣中某대臣은 全州郡朴浩植氏로 慶基殿興祀補一窠를 圖給ᄒᆞ마ᄒᆞ고 金貨五百圓을 取食ᄒᆞ엿다ᄂᆞᆫ 說이 浪藉ᄒᆞᆷ으로 某處에서 其眞假를 探知ᄒᆞᄂᆞᆫ 中이라더라

○道修理費增額 內部에서 各觀察道의 廳舍修理費를 增額支撥ᄒᆞ기로 決定ᄒᆞ엿ᄂᆞᆫᄃᆡ 各觀察道로 통知ᄒᆞ엿다더라

○表準書刊發 內部에서ᄂᆞᆫ 本年度地方費査定에 關ᄒᆞ야 表準書를 發刊ᄒᆞ야 各觀察道로 一件式發送ᄒᆞ엿다더라

○修道費補助 江西郡及岐陽間의 도路를 該도地方費中으로 修築ᄒᆞᆫ다ᄂᆞᆫᄃᆡ 內部에서ᄂᆞᆫ 相當ᄒᆞᆫ 補助金을 支撥ᄒᆞᆫ다더라

○完順消暢 完順君李載完氏ᄂᆞᆫ 再昨日에 家族一同을 領率ᄒᆞ고 東大門外永導寺에 前往ᄒᆞ야 消暢以歸ᄒᆞ엿다더라

○李容九潛行 一進會長李容九ᄂᆞᆫ 時局進展에 何思想을 因ᄒᆞᆷ인지 京城에 在ᄒᆞᆷ을 不利케 녁여 去月三十日夜에 武田을 隨ᄒᆞ야 仁川某處에 潛居ᄒᆞ엿다더라

○長書有無審問 前郡守慶光國 [illegible] 池永昌氏等이 何等長書를 統監府에 提呈코져 起草ᄒᆞᆫ다ᄂᆞᆫ 說이 浪藉ᄒᆞᆷ으로 所管警察署에서 右兩氏를 招致ᄒᆞ야 其事實의 有無를 審問後放送ᄒᆞ엿다더라

○是何投書 故判書趙東冕氏家에 何許[illegible]의 投書가 有ᄒᆞ야 卽時付內ᄒᆞ엿ᄂᆞᆫᄃᆡ 該事實이 自然泄漏ᄒᆞᆷ으로 所管警察署에서 該投書를 發見ᄒᆞᆯ次로 再昨日巡査를 派送ᄒᆞ야 該氏家宅內外를 一並搜索ᄒᆞ엿다더라

○事煩難休 警務總監部에서ᄂᆞᆫ 暑中休暇를 因ᄒᆞ야 一般官吏의 視務時間을 上午八時로 正午ᄭᆞ지 定ᄒᆞ엿ᄂᆞᆫᄃᆡ 近日來로 警察區域을 劃定ᄒᆞ기 爲ᄒᆞ야 문簿修定ᄒᆞ기에 事務가 煩劇ᄒᆞᆷ으로 此를 遵守치아니ᄒᆞ고 上午八時로 下午六時ᄭᆞ지 執務케ᄒᆞᄂᆞᆫ 故로 同部韓日官吏의 困難이 莫甚ᄒᆞ다더라

○留學생調査尤嚴 夏期休學을 利用ᄒᆞ야 歸國ᄒᆞᆫ 日本留學생을 警察官吏가 調査ᄒᆞᆫ다ᄒᆞᆷ은 已報ᄒᆞ엿거니와 更聞ᄒᆞᆫ즉 近日에ᄂᆞᆫ 該學徒들이 或 其社會에 出脚與否를 嚴密히 調査ᄒᆞᄂᆞᆫ 中이라더라

○退此訴彼 東部往十里居金召史ᄂᆞᆫ 北部壯洞居金濟應氏와 田土에 關ᄒᆞᆫ 事件으로 日前에 京城地方裁判所에 起訴ᄒᆞ엿ᄂᆞᆫᄃᆡ 該所에서 不起訴로 退却ᄒᆞ엿슴으로 更히 日憲兵司令部에 起訴ᄒᆞ엿다더라

○崔誠卿氏의起訴 親衛府長李秉武氏의 妾崔誠卿氏의 不美ᄒᆞᆫ 事件을 某新聞에 揭載ᄒᆞ엿ᄂᆞᆫᄃᆡ 崔氏가 該事實이 曖昧ᄒᆞ다ᄒᆞ야 將次裁判을 提起ᄒᆞᆫ다더라

○星井의風波 北部三淸洞星祭井에서ᄂᆞᆫ 飮水者가 日夜답至ᄒᆞᄂᆞᆫ中 該洞居無賴雜流輩幾十名이 成羣作隊ᄒᆞ야 晢不離井ᄒᆞ며 男女老少를 不분ᄒᆞ고 無端執責ᄒᆞ야 詬辱毆打에 風波가 無日不起ᄒᆞᄂᆞᆫᄃᆡ 警官은 此等悖習을 尋常視之ᄒᆞᆫ다고 批評이 浪藉ᄒᆞ다더라

○日巡의使酒悖行 白川郡巡査駐在所에 勤務ᄒᆞᄂᆞᆫ 日人巡査某ᄂᆞᆫ 十餘日前에 該郡紅峴市塲酒家에 入ᄒᆞ야 飮酒泥醉ᄒᆞ고 主女와 戱樂ᄒᆞ다가 所帶銃을 見失ᄒᆞ엿슴으로 該日人及酒商里長等을 海州郡警察署에서 押上取調ᄒᆞᆫ後에 酒商及里長은 卽時放免ᄒᆞ고 該日人은 目下체囚中이며 銃을 見失ᄒᆞᆫ 根因을 査得ᄒᆞ기 爲ᄒᆞ야 大搜索을 行ᄒᆞ엿ᄂᆞᆫᄃᆡ 幾日後에 該市塲通衢邊에서 發現되엿다더라

○日寄平會 日人山縣五十宮은 日前에 金五圓을 韓國平和協會에 寄付ᄒᆞ엿다더라

○因嫌逮捕 京城西門外冶洞居ᄒᆞᄂᆞᆫ 正三品李晩榮은 何許徒黨과 氣脈이 通ᄒᆞ야 武器彈藥을 供給ᄒᆞᆫ 嫌疑로 去二十八日에 京城憲兵분隊에 逮捕ᄒᆞ엿다더라

○憂貧呑鴉 前郡守李庸植氏의 夫人金氏ᄂᆞᆫ 家勢의 貧寒ᄒᆞᆷ을 不堪ᄒᆞ야 日前에 鴉片을 呑喫自斃ᄒᆞ엿다더라

○同校賻金 農商工部獸醫囑托黃[illegible]圭氏ᄂᆞᆫ [illegible]德郡에 出張ᄒᆞ엿다가 今番霖雨漲溢ᄒᆞᆷ에 溺死ᄒᆞ엿다ᄂᆞᆫᄃᆡ 該氏ᄂᆞᆫ 農林學校卒業생인 故로 該校생徒一同이 義捐金을 募集捐助ᄒᆞᆫ다더라

○金犯押上 交河郡警察署에서 毆打殺人犯金相福을 再昨日 京城地方裁判所로 押上ᄒᆞ엿다더라

電報

○皇太子歸京期 韓國皇太子殿下ᄭᅴ셔ᄂᆞᆫ 日本山陰山陽道에 巡行ᄒᆞ심은 已報ᄒᆞᆫ바어니와 來六日午前八時에 東京으로 還御ᄒᆞ실豫定이라더라

○總裁와首相會見 政友會總裁西園寺侯ᄂᆞᆫ 本日에 避暑키爲ᄒᆞ야 上野發列車로 輕井澤에 赴ᄒᆞ야 桂首相과 會見ᄒᆞ고 韓國에 關ᄒᆞᆫ 重要問題를 協議ᄒᆞ엿다더라

○日露犯人引渡交涉 日露協約成立后 兩國이 極東에서 領土保全을 互相確保ᄒᆞ야 共히 其國境이나 或領土內에서 事故가 싱ᄒᆞᄂᆞᆫ 境遇에ᄂᆞᆫ 和親을 主ᄒᆞ야 事를 解決ᄒᆞ며 犯人引渡의 交涉은 此外에 前例의 有ᄒᆞᆫ 事로 交涉을 極히 容易히ᄒᆞ야 其解決을 遲치아니케ᄒᆞᆫ事ㅣ라더라

○兩淸又不穩 公安府에 暴徒가 再起ᄒᆞ야 益々猖獗ᄒᆞ야 長砂에 暴徒와 동樣이라ᄂᆞᆫᄃᆡ 此ᄂᆞᆫ 農作이 불好ᄒᆞᆷ으로 飢民等이 集合起擾ᄒᆞᄂᆞᆫ 中에 革命黨의 분子가 其中에 潛伏ᄒᆞ야 良民을 煽動ᄒᆞᆷ이라 現今南淸一帶地에 在ᄒᆞᆫ 革命黨의 氣勢를 一時鎭壓ᄒᆞ엿스나 農作의 불好ᄒᆞᆫ 狀態로ᄂᆞᆫ 各地를 鎭壓키 難ᄒᆞ리라더라

○싱蕃討伐 臺灣總督府에서 頃日來屢々히 싱蕃의 討伐을 行ᄒᆞ야 阿里山作[illegible]을 經營ᄒᆞᆫ[illegible] 蕃의 頑强히 抵抗ᄒᆞᆷ을 遇ᄒᆞ야 總督府에서 意外의 困難을 當ᄒᆞᆫ지라 元來[illegible]蕃은 常히 山谷에 潛伏ᄒᆞ엿다가 [illegible] 人民을 殺害ᄒᆞᄂᆞᆫ지라 其根據[illegible]려면 其勢頑强ᄒᆞ야 抵敵기 [illegible]지라 今回討伐三四次에 [illegible]을 [illegible]ᄒᆞ야 計畫을 失態ᄒᆞ엿다더라

○世界中巨艦 智利國에서ᄂᆞᆫ 三万二千噸의 世界第一의 巨艦을 英國에 注문ᄒᆞ엿다더라

○社員被拘 青年社會主義團領袖로셔 中外通信社員된 佐藤庄太郞은 重大ᄒᆞᆫ 密謀가 現露ᄒᆞ야 昨一日에 東京地方裁判所豫審判事의 令狀으로 拘引ᄒᆞ엿다더라

○東京地方大雷雨 昨一日午後브터 東京地方에서 大雷雨가 有ᄒᆞ엿ᄂᆞᆫᄃᆡ 栢橋町에서ᄂᆞᆫ 落雷를 因ᄒᆞ야 死者一名이오 氣絶者二名이오 其他農作物의 損害가 甚多ᄒᆞ엿다더라

○鐵丸不明 木浦沖에 沈沒ᄒᆞᆫ 鐵嶺丸의 船體ᄂᆞᆫ 過般來搜索中인ᄃᆡ 其所在가 불明ᄒᆞᆷ으로 其搜索을 中止ᄒᆞ엿다더라

以上東京發 二日着

▲漂後生涯▼

▲今番漲水ᄒᆞᆫ 落後에 陵遷谷移되엿고나 滄桑浩刼一轉에 [illegible] 居生涯可憐ᄒᆞ다

▲一雨連旬暴注ᄒᆞ니 平地白浪翻覆되에 原野一時沈沒ᄒᆞ야 望洋歎이 自生ᄒᆞᆫ제 今年農作歸虛로다 이ᄂᆡ 生涯를 엇지ᄒᆞᆯ고

▲洪水滔大[illegible] 處々浮沈ᄒᆞ니 呼哭[illegible]如干擔石家中儲ᄂᆞᆫ 水中에 散盡ᄒᆞ니 이 生涯[illegible]

▲水落石出此[illegible] 一望際[illegible] 撥首ᄒᆞ여 [illegible] 々皆是平沙[illegible]ᄒᆞ니 이 生涯[illegible]

▲沈溺[illegible] 不起時라 [illegible] 戾歎이 [illegible]ᄒᆞᄂᆞᆫ 이 生涯[illegible]

▲床々[illegible]

○日人殺害者逮捕 昨年八月二十一日黃海道管內에日本人 [illegible] ᄂᆞᆫᄃᆡ彼ᄂᆞᆫ元來韓貞滿氏의部下에서掠奪金徵收員으로在ᄒᆞ야 [illegible]

○雜技者被捉 羣山港九福洞居客主營業者張喆奎氏ᄂᆞᆫ富饒 [illegible] 야골패로虛送歲月ᄒᆞ더니陰本月二十二日下午四時에發現되 [illegible] 社主任京居ᄒᆞᄂᆞᆫ金衡洙와鄭世元及九鼎喆等五人을該警 [illegible]

○松虫討伐의運動 孤兒院學徒一同이三昨日東門外[illegible]寺 [illegible]

○天道敎徒의被捉 天道敎八 [illegible] 朴球等三人은何事件을因ᄒᆞᆷ인 [illegible]

廣告

私立忠南中學校 趣旨書

夫事之爲急先務 夫人而皆知奚待言而後喩耶 然而有始有終然後可學爲成 若千里之路而蹈於初程 九仞之山而止於一簣 未有能成者也 然而敎育云者 愚未曉也 近日學校之興 殆遍國中 而類皆普通小學校而已 至中等校 京城外所存ㄴ 一二處而止 雖畢業於小學科 尙不免爲初程之蹈步 一簣之虧功 又乏資斧 能奮然遊學京師者 不十一於百千 許多英材俊髦 假々然無所於歸 反尋兎園冊子以消磨好箇光陰者々焉 於此而何望人材之成就耶 現湖右一路 自古稱儒林之淵藪 而學之鄕邦也 山川之鍾毓 風氣之開朗 不與他比 幷値此艱虞之會 所以養成人材 勵相我國家 以傾否濟屯者 不於湖右乎望之 而于何也 鄙等爲此起見 將設忠南中學校於公州郡下 願道內諸公 同心合力 無[illegible]助 期圖永遠完全 使小學校已卒業許多靑年 遊焉息焉藏修於斯 以成就無限人材 幸甚 凡此靑年 非諸公之子若孫 必皆族戚姻婭鄕里年少與省內同胞小少英俊 諸公寧有不欣然聽從者耶 且不特此已也 此校設而學徒增 其程度亦隨而進 皆能卒業 則逐漸設大學校 亦諸公責也 若是則全材偉器蔚然而作 行有日矣 鄙等謹翹跂而俟之 拱手而賀之

發起人 南廷哲 尹雄烈
趙同熙 鄭周永 宋秉禮
金永燾 閔泳晋 徐漢輔
成晋永 金甲淳 金奎喆
洪鍾協 吳孟善 金敎駿
鄭熙燦 金鎭贊 閔寅圭
金相珠 尹午善 李禹珪
鄭永澤

學生募集廣告

本校에셔 校務를 擴張ᄒᆞ고 本科 一二學年 補缺生과 預備生을 募集ᄒᆞ오니 入學志願者ᄂᆞᆫ 八月二十五日內로 請願書를 提出홈 但請願紙ᄂᆞᆫ 本校에 請求

試驗科目 漢文 筭術 歷史 地誌 外國語

開學日字 八月二十五日

平安北道 嘉山私立 育英學校

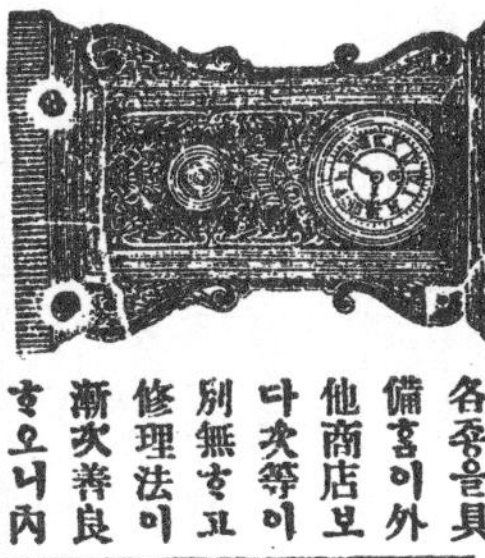

本人이 十餘年間 各國時計修理ᄒᆞᄂᆞᆫ 法을 受業ᄒᆞ와 內外國僉彦에 愛顧ᄒᆞ심을 甚히 蒙ᄒᆞ엿ᄉᆞᆸ거니와 自今爲始ᄒᆞ와 本舖 一層 擴張ᄒᆞ기 爲ᄒᆞ야 各國時計上品各種과 其他附屬品 各종을 具備ᄒᆞ이 外他商店보다 次等이 別無ᄒᆞ고 修理法이 漸次善良ᄒᆞ오니 內外國僉彦은 陸續枉臨ᄒᆞ심 切望 (但外方에ᄂᆞᆫ 小包로 酬應홈)

京城南部大廣橋側 各國時計商 趙璇熙 告白

◀京畿道振威郡各面所在 水原龍珠寺田畓 續

一西面秋
愛六十七田七卜十二斗
道廿三田四卜五束七斗三升
廿三分田五束八升
發四田十一卜二束十八斗
五田五복一束八斗一升
殷六十二답四복三束二升
坐七十一답三복五束三斗三升
白廿八답八卜四束七斗
廿分畓六복五束五斗五升
廿分답三복九束三斗一升
廿分답七복八束六斗五升
廿分답一복七束一斗四升
廿分답五卜八束四斗七升
廿分답一卜八升
廿分답二卜五束二斗
廿分답二복一束一斗七升
廿分답四복二束三斗五升
廿分답七束六升
廿分답四복一束三斗四升
廿分답一복七束一斗五升
廿分답四복四束三斗五升
廿分답四복六束三斗七升
廿分답二복八束一斗二升
廿分답三卜七束三斗五升
廿分답三卜二束二斗六升
廿分畓七卜一束六斗
廿分답三복一束二斗三升
愛百卅畓七卜一束二斗四升
善四답三복二斗五升
殷六十三田八束一斗四升
二西面秋
已九十三田一卜九束二斗五升
九十三分田二복三斗四升
九十三分田一卜二束二斗
九十三分田一복一斗六升
九十三分田三복五斗
九十三分田一복九束三斗
九十三分田六束一斗
九十三分田一卜一斗七升
九十三分田一복二束二斗
九十三分田五복八升
九十三分田一복七束二斗八升
九十三分田二복三束四斗
九十三分田二복八束四斗六升
九十四分田三복二束五斗三升
九十四分田一복三束二斗
九十四分田一복八束三斗
九十四分田一복七束二斗八升
九十四分田三복五斗
九十四分田四복七束七斗五升
長十四답八卜六斗
十四分田一복五束二斗四升
十一分田六束一斗
九田一복八束二斗七升
十六田六束一斗
十八田三복四斗九升
十四分田四복四束七斗
十七分田一복七束二斗八升
十七分田八束一斗三升
十一分田一복七束二斗七升
十分田一卜一束一斗八升
十四分田三복一束五斗
廿六分답一복三束一斗一升
廿六分답四束三升
廿三分답二卜三束二斗
廿三分畓一복一束一斗
廿四分답九束八升
廿四分畓八束七升
覆六十一답二복六束二斗
已九十七답二卜二束一斗八升
六十二分畓三복三束二斗七升
六十三分답八복五束七斗
六十三分답四복七束四斗
六十三分畓三복七束三斗
六十답五복九束四斗七升
墨四답十三복六斗五升
三답四복七束四斗
一分답五복三束四斗五升
一分답三복八束三斗一升
長廿一분답六束九升
廿一분田三복二束五斗
廿一分田四복六斗
廿二답一복六束一斗五升
六畓一복七束一斗三升
卅一답八복四束七斗
卅七분田二복四束四斗
卅七분田一복七束二斗七升
卅七분田七束一斗一升
覆五十七답四복三斗二升
長卅三답四복九束四斗
卅三분답一복三束一斗
卅三분답一복八升
卅三분田一복五束二斗四升
十一분田一복二束二斗
卅七분田一복一束一두七升
卅七분畓一복三束一斗一升
卅七分답四복五束三斗七升
已九十八답二복三束二斗
九十七답三복四束二斗八升
八十六답二복一束一斗八升
長六分답三복二두四升
覆四分답一복八束一斗五升
四分답一복九束一斗六升
長八답六복六束五斗三升、
九田九束一斗五升
廿二分답五복四斗
廿二分답二복八束一斗二升
覆四十八답三복四束二斗八升
四十九分답五束四升
四十九분답一복三束一斗
四十九분답五束四升
五十一분답一복三束一斗一升
五十一分답四복五束三斗七升
五十四田一복八束二斗八升
五十六田三복一束四斗七升
未完

本人에 子景權이 年今二十에 不事四業ᄒᆞ고 日與無賴輩로 締結矣러니 日前에 本郡朴元根名不知命書를 符同上京ᄒᆞ야 欲爲得償ᄒᆞ오니 勿論內外國人ᄒᆞ고 見欺치 勿ᄒᆞ시ᄋᆞᆸ

江原道鐵原郡下里 閔泳權 告白

本人에 名星浩의 浩字를 五字로 改稱施行ᄒᆞ오니 僉君子ᄂᆞᆫ 照亮

沙村里十統二戶 劉星五 白

遺間幣社에셔 設行ᄒᆞᄂᆞᆫ 福德彩의 開彩期日을 來八月一日로 定ᄒᆞ엿ᄉᆞ나 賣揚된 金額이 充分히 收合지 못ᄒᆞ야 不得已延期ᄒᆞ오니 僉彦은 日後廣告를 恕俟ᄒᆞ시오

韓佛興業社

本人의 三子姜中洞이가 出産各居에 家産極貧이라 欺人出債爲土 故玆以告白ᄒᆞ오니 內外國人은 勿爲見欺홈

慶北龍宮郡內下面石溪洞居 姜大有 告白

本人이 裵善益許에 推來票當五四千七百兩一張을 限日은 陰七月十五日이온ᄃᆡ 今月二十五日에 失ᄒᆞ와 玆以廣告ᄒᆞ오니 誰某拾得ᄒᆞ와도 切勿見欺홈

西部盤石坊蓮洞四十統六戶 崔道明 告白

本商會ᄂᆞᆫ 世運의 進化와 商業의 發展을 隨ᄒᆞ야 業務를 新鮮擴張ᄒᆞ야 各種布木紬苧緞屬新式毛織等 諸般衣服所用物貨를 多數貿易ᄒᆞ야 僉君子의 請求를 誠實酬應ᄒᆞ며 地方에ᄂᆞᆫ 請求만ᄒᆞ시면 郵便小包나 運送部로 送呈ᄒᆞ고 代金은 引換ᄒᆞ겟ᄉᆞ오니 地方에 商店이나 所用되시ᄂᆞᆫ 僉[illegible] 多數請求ᄒᆞ심을 望

韓國收入印紙原賣所 有價證券與當賣所
京城鍾路通二十統四戶
壽南商會 金[illegible]熙

☛ 紙物貿易에 迅速 ☚

(賣告文)

同業店에셔 各種紙物을 直輸入ᄒᆞ야 地方僉位와 其他僉彦께 特別廉價로 酬應ᄒᆞ깃사오니 不拘多少ᄒᆞ시고 註文ᄒᆞ시면 郵便小包와 運送部를 經過ᄒᆞ와 迅速히 送呈ᄒᆞ깃ᄉᆞ오며 物價表와 品錄書를 無料로 付呈ᄒᆞ오

品高價低에 爲主홈

內外國紙物大發賣

(品目略錄)

●壯紙、油壯板紙、窓戶紙、白紙、洋紙、書籍各種、天井紙、古查紙、印札紙、半紙、美濃紙、製圖紙、書簡紙、封套紙、其他學校用品筆墨卒業證書紙其他具備

漢城鍾路大廣橋
本店 紙物舖 金聖[illegible]
電話一千二百八十番
支店 漢城北部安洞別宮前

廣告

平壤 門內宋尙愈氏 區消支店則該道內八 出張及郡支店은皷支 可店에求藥 竹許引飫丸 閔權 白

本店에서開業ᄒ지十六年間僉君子의愛顧ᄒ심을特蒙ᄒ와今年부터業務을大擴張ᄒ고春夏秋冬所用으로紬屬手ᄉ

等各國高等物品을現今多數直輸入이온바各地方에서ᄂ貿易에便利賣買케爲ᄒ야特別減價ᄒ와郵便小包로酬應ᄒ야代金은引換ᄒ깃사오니十三道各郡僉君子ᄂ隨意請求ᄒ심을望

振替貯金番號(韓國壹三二番) 電話番號(三五八)

漢城中部鍾路砂器廛洞二十一統五戶 廣興泰 告白

◉商業同胞에게告홈

今也에諸般事業이漸次발達ᄒᄂ時代를當ᄒ야商業上의關係도또ᄒ此를從ᄒ야變遷ᄒ며商去來의慣習이舊日과不同ᄒ고商行爲의規模가昔時와相異ᄒ야會社라銀行이라ᄒᄂ이昔日의見치못ᄒ던바ㅣ며手形이라證劵이라ᄒᄂ이舊時의行치못ᄒ던비라、如此히變遷ᄒ時代에在ᄒ야舊日의慣習으로商去來를行ᄒ며昔時의規模로商行爲를發ᄒ면ᄒ진ᄃ엇지能히商業의目的을達ᄒ리오噫라前日에ᄂ地方의商旅가京城에來往ᄒᄂ者ㅣ聯絡不絕ᄒ더니今日에ᄂ何故로如此히凋殘ᄒ엿스며昔日에興旺ᄒ던客主營業이何故로今日에不振ᄒᄂ뇨試思ᄒ지어다其行ᄒᄂ慣習과其營ᄒᄂ規模가今日變遷ᄒ此時代에適合치아니ᄒ所以가아닌가是故로本會社ᄂ五六年前에京城商業에實地從事ᄒᄂ有力諸氏에게組織ᄒ바ㅣ되야外國에有名ᄒ織組會社와都特約을結ᄒ고織物을直接貿易ᄒ으로爲業ᄒ야今日에至ᄒ야ᄂ엄然히京城商業界의重鎭을占ᄒ니實로我國의商業界를爲ᄒ야慶幸ᄒᄂ바ㅣ로다然이나本社ᄂ더욱全國同胞의利益을圖ᄒ기爲ᄒ야業務를擴張ᄒ고規模를拾分改良ᄒ야本營業의一副業으로委托營業을開始ᄒ고各地方商旅의賣買委託을受ᄒ야去來를信實히行ᄒ고待遇를親切히爲ᄒ며口文은低廉히受ᄒ고金錢을迅速히融通ᄒ며地方商人의間或不知ᄒᄂ新式節次도詳細히指導ᄒ오리니來ᄒ시오來ᄒ시오全國의商業同胞ᄂ京城鍾路大廣橋通合名會社彰信社로枉臨ᄒ시옵

合名會社 彰信社 社長 洪鍾晥
營業部長 安義淳
委托部長 金春植 謹告

留宿의便利를圖ᄒ기爲ᄒ야廣橋南川邊茶洞十五統九戶 彰信旅舘을設홈

救世醫院

救世醫院警告

頗得三山不老藥ᄒ면三神山이何處在오三神山이在韓國은地球圖에分明ᄒ나不死藥은何處得고救世醫院에請求ᄒ오何處尋고何處尋ㅣ救世醫院을何處尋고救世醫院을願訪이면果然雲深不知處ㅣ라東指金剛山ᄒ고西望三角山ᄒᄂ中間에天摩山이屹立ᄒ고山中에一醫院이有ᄒ니其名曰救世醫院인ᄃ松風蘿月의幽淸은武陵桃源과如ᄒ고蟠桃氷梨의結熟은玄都閣과ᄀ흔ᄃ奇岩怪石間에湧出ᄒᄂ藥泉에內外國眞藥材로轉丹作丸ᄒ이여眞个不死藥이올시다仙이別人이아니라靈藥長壽ᄒ면仙이오不死藥이別藥이아니라死病에回生ᄒ면不死藥이오니神仙되기를願ᄒ고不死藥을求ᄒ시ᄂ兄弟姊妹ᄂ電報數字나郵書一葉으로請求ᄒ셔도迅速히送達ᄒ올이다

韓國醫學大家鄭應烈實驗方劑
西洋衛生學家金榮穆證効參劑

世界兄弟姊妹常備之靈藥

健胃消체 安靈丸 邪祟○關格○곽亂○煩燥○淸心○嘔吐○口渴○解毒○暑症○泄瀉○諸藥毒○食체○呑酸○驅逆○小변黃○赤白痢○痢疾

金榮丹 酒체不下○暑毒致病○渴증○驚風節痛○心情不快○酒毒○靈神不安○大小변不利○呑酸○除煩通經脉의無不神効 行力被勞

潤肺丸 ○喘해○失音○口渴○急患卒啞○無不神効

光明丹 眼赤등○風眼○內外翳障○

二仙散 赤筋등○淚眼○爛弦風○瀾眼○神効 纏喉○喉痺○咽中등○單蛾○雙蛾○不신効

珍珠粉丸 暑리△遺精○赤濁○白濁○無不신効

萬全丸 滯瀉○小변精濁○大腸經寒○痢疾不止○

布海丸 水腫○담腫○氣증○鼓脹○

金箔鎭心丸 영瘤○喘해○징가○關格○食체신効○鎭心○安神○解熱○除煩燥狂증○退驚○止夜啼○無量신効

女金丹(婦人神藥) 無子○經事不調○積年血風○產後瘀血○담火○外完內病○手足麻痺○臨產艱難○半身不遂△中風浮腫△消渴△不能生產△心腹통△一切虛勞△癨리△赤白帶下△脾虛無味△子宮有陰無陽△眩暈△崩中淋瀝△顏色위黃△신効

用法은各其藥皮封에詳記

韓國京畿道楊州下道面磨石隅里憲兵派遣所北直洞長壽臺二統十戶 發行所 救世醫院 主 鄭寅琥

◉濟生堂大藥房本舖製造及發賣品目錄

消化新藥 清心保命丹 此丹은化痰止咳ᄒ고順氣消滯ᄒ며恒常長服ᄒ면精神가健全 九十粒一貼價금十錢 三貼入환藥匣添附 금卄五錢

大補元氣 蔘茸大補元 大補元氣ᄒ고滋陰補陽ᄒ며先天不足과陽위不起에一切神効 一週日分금一圓 八週日分금六圓四十錢 四週日分금三圓四十錢

怪疾神効 保命水 此水ᄂ急ᄒ吐瀉나곽亂腹통에立効가有ᄒ 금十錢

起死回生 回生丹 此丹은急ᄒ吐瀉關格이며가슴이리와冷積과痢疾에神効 一貼금十錢

蛔積殺虫散 此약은회積과회腹痛과회虫을一切去根ᄒᄂ良劑 一日分금十錢

久滯大通丸 此丸은年久積滯와宿滯後重이며胃腹痛에神効莫大ᄒ 二日分금十五錢

寸虫沒出藥 此藥은寸白虫一切를去根ᄒᄂ妙藥 一人用금卅錢

感氣時効 解熱散 寒熱往來ᄒ며頭痛과肢節痛에其効가偉大 一日分금十錢

되눈 拔根藥 되눈과못과사마귀를ᄲᆞᄂ藥 一貼금十錢

瘡病聖藥 梅花點雪丹 毋論男女ᄒ고花柳病梅瘡에一切去根快復ᄒᄂ良藥 一劑금三圓五十錢

瘇氣神効 解毒膏 毒종과根빅인ᄃ와其他諸般腫氣一切에神効無雙ᄒ 一貼금十錢

去核生新 沃度膏 瘰癧과腐傷과곰긴ᄃ去核生新ᄒ기ᄂ第一發明 一盒금十錢

齒病全治 健齒水 此水ᄂ風齒와虫齒며諸般齒통에大効가有ᄒ 小一瓶금十錢

止足汗臭水 手足의汗臭를除却ᄒᄂ藥 一包금十錢

眼疾速治 光明眼藥 諸般眼疾에隨症皆効ᄒᄂ東洋에初有ᄒᄂ寶藥 小一瓶금十錢

瀉痢 健中丸 急慢腸病과各種泄瀉며赤白痢疾과怪疾流行病에偉効가有ᄒ 一貼금卅錢

潤肺化담 止咳散 傷風火소와喘息勞소와吐담困難과呼吸不利와胸膈刺통등神効 一貼금卅錢

解凝止통 罷痱膏 打撲跌落傷害와各種腫氣始初와腹통陰蝨와통骨濕등諸症幷効 小一瓶금十錢

吐血下血 神理止血丸 毋治男婦勿論老幼諸般血症卽吐血酒色過用出빌되ᄂ담症並効 금六十錢

上海膏 담痛、肩臂통、解凝、流注、刺血등징에特別有効ᄒ 금十五錢

○淋疾藥各種○其他有名매藥各種○洋藥各種○化粧品各種
○都매散매○遠地에ᄂ郵편小包로迅速酬應ᄒ

漢城南大門內濟生堂大藥房 李庚鳳
代辦主任 李興國 白

電話 壹七二八番
電略 (제)又(卄亻)

◉特別廣告◉

◉本店을開業ᄒ지數十年以來에僉君子의愛顧ᄒ심을蒙ᄒ온바更히報答ᄒ기爲ᄒ와業務를擴張ᄒ고內外各樣紙物과布木紬緞이며政府委托度量衡器와學校用品을新選最良으로直輸入ᄒ와特廉減價로多小間遠近을勿論ᄒ고請求ᄒ시면運送部郵便小包며引換代金으로酬應ᄒ와迅速히貿易에益々便利토록施行ᄒ깃ᄉ오니諸君子ᄂ照亮愛顧ᄒ심을伏望홈

各樣紙物
壯紙 壯版紙 窓戶紙
白紙 各樣書畵 塗背
洋紙 校科 印刷洋紙
斑子紙 封套紙 印札紙
製圖用紙 美濃紙各樣

度量衡器部
度器 자와 量器 말과 되와 衡器 저울 等類를販賣홈

京城鍾路通二十二統八戶
政府度量衡器販賣所
品紙商 鄭斗煥
電話壹千拾九番 電略(정)又(丁)

各種布木 紬緞
布。苧。木。紬。緞。
綿子。毛織
京城鍾路通二十二統八戶
木布商 鄭星煥

○救恤金의募集詰問 基督教青年會에서李在明遺族에게對 賤會員金一善氏를招致査問ᄒ엿다더라

에被捉ᄒ엿다더라 ○越決裁所 京城憲兵第二분

○日決의流擲 益山郡東面萬石里에서日人村上이가決畓上 人家數十戶가沉沒ᄒ고居民百餘名이溺斃ᄒ엿ᄂᄃ其慘狀을

道氏家에서雇傭ᄒ던名不知李某ᄂ年今二十歲인ᄃ江邊에서

檀君開國四千二百四十三年
箕子元年三千三十二年
大韓開國五百十九年
本報創刊日 光武八年七月十八日

大韓每日申報

第八卷
第壹千四百五十二號
月曜及慶節歲時日休刊
發行兼編輯人 李章薰
發行所 京城中部布廛屛門二宮街二屛洋屋 大韓每日申報社

氏ᄂᆞᆫ叙任以後로面里에躬行ᄒᆞ야學生教育界를百般鼓振ᄒᆞ야多數出捐에熱心勸奬ᄒᆞᆫ다고人

◉鎭校興旺 鎭安郡鼎[illegible]山學校任員全永昌吳正烈宋振煥全永鮮四氏가熱誠으로財政

[illegible]

◉月校激光 谷城郡私立普通學校ᄂᆞᆫ木寺洞石谷兩面의紳士

[illegible]永錫李瀲宇諸氏의維持研究와敎師緖方美義李相赫氏의敎育

[illegible]

◉時務塾試驗 去月二十五日에楊州郡瓦孔面月谷里時務義

[illegible]氏等이오中等科優等生은朴潤圭金鎰和李炳宰李炳昌金英善

라더라

論說

商業會議所에對ᄒᆞ야

牛馬駝象은雖曰龐大ᄒᆞ나人의役使ᄒᆞᄂᆞᆫ바이되ᄂᆞᆫ者ᄂᆞᆫ能히其羣을成치못홈이오蜂蟻가雖曰眇少ᄒᆞ나人의畏忌ᄒᆞᄂᆞᆫ바이되ᄂᆞᆫ者ᄂᆞᆫ能히其羣을成홈이라一絲ᄂᆞᆫ易斷이어니와千萬縷를合ᄒᆞ야巨綆을成ᄒᆞᆫ者ᄂᆞᆫ能히斷홀者ㅣ無ᄒᆞ고一矢ᄂᆞᆫ易折ᄒᆞ나十百矢를束ᄒᆞ면能히折홀者ㅣ無ᄒᆞ니是以로西人은各鄕各埠에自治ᄒᆞᄂᆞᆫ規制를畫一有定ᄒᆞ야他鄕他埠로一氣가相聯ᄒᆞ고脉絡이貫注ᄒᆞ야散ᄒᆞ면百體를成ᄒᆞ고合ᄒᆞ면全體를作ᄒᆞ엿도다我韓은元來로商務에全昧ᄒᆞ야規制를相謀치아니ᄒᆞ고利害를共同치아니ᄒᆞᄂᆞᆫ故로其勢가分ᄒᆞ며其情이渙ᄒᆞ며其力이薄ᄒᆞ엿스니此로由ᄒᆞ야自保ᄒᆞ기를謀ᄒᆞ나其費力이甚多ᄒᆞ고其收效가甚少ᄒᆞ니

夫所謂自保ᄒᆞᄂᆞᆫ法은千緖萬端으로其事가旣繁ᄒᆞ고其費가亦鉅ᄒᆞ야所需의任事ᄒᆞᄂᆞᆫ人이亦多ᄒᆞ니一人一店의力으로ᄂᆞᆫ當키難ᄒᆞ고一埠數埠의力으로도當키難ᄒᆞ리로다

人이世間에生ᄒᆞ야所需ᄒᆞᄂᆞᆫ事가不一ᄒᆞ니貧者를富ᄒᆞ고愚者를敎ᄒᆞ고散者를聚ᄒᆞ고塞者를通ᄒᆞ고利益을相保ᄒᆞ며患難을相救ᄒᆞᄂᆞᆫ것은衆人의力을合지못ᄒᆞ면大效를見치못ᄒᆞᄂᆞ니要而論之컨ᄃᆡ權利란者ᄂᆞᆫ何오人人이其安全을自保홈이오職分이란者ᄂᆞᆫ何오人人이其安全을自謀홈이라自保自安ᄒᆞ기를得지못ᄒᆞ면國民의義務를失홀지라今此商業會議所의設立이歐洲各邦의制度를模倣ᄒᆞ야成立ᄒᆞᆫ者라人生의權利를自保ᄒᆞ고幸福을自增코저홈인즉三家의村과十室의市에資本이有限ᄒᆞ고交通이甚微홈으로도孤立獨行ᄒᆞ면可히自守키不能홀지니若夫大埠巨鎭에商業이稍廣ᄒᆞ면同議ᄒᆞᄂᆞᆫ會館이有ᄒᆞ고街坊에公共ᄒᆞᄂᆞᆫ所가有ᄒᆞ야約束을相結ᄒᆞ고公利를共圖ᄒᆞ야外에ᄂᆞᆫ競爭ᄒᆞᄂᆞᆫ바이有ᄒᆞ며內에ᄂᆞᆫ聯結ᄒᆞᄂᆞᆫ바이有홀지니此ᄂᆞᆫ事理에自然ᄒᆞᆫ바ㅣ오可히易지못홀者라

其競爭ᄒᆞᄂᆞᆫ界가愈廣ᄒᆞ면團結의力이愈大ᄒᆞᆫ然後에야可以商業을擴張이라謂홀지니結力이旣大ᄒᆞ면商業에學識이增焉ᄒᆞ야商의法方이熟ᄒᆞ고商의交通이廣ᄒᆞ고商의成立이固ᄒᆞᄂᆞ니我韓商民이是邦에居ᄒᆞ야此等事에留意치아니ᄒᆞ다가他日遇事에窒礙가生ᄒᆞ면權利를自失ᄒᆞ고他人의輕易ᄒᆞᄂᆞᆫ바이되리니엇지憂慮홀事가아니리오外國人은能知享有ᄒᆞ고我若不知ᄒᆞ면應有ᄒᆞᆫ利益을坐失홀지니然則商法의硏究가其急이如此ᄒᆞ니商法商術을討論之ᄒᆞ며講究之ᄒᆞ야聞見을增廣ᄒᆞ고子弟를敎誨ᄒᆞ야商務를擴充ᄒᆞ고歐人으로더브러競爭ᄒᆞᄂᆞᆫ地에自立ᄒᆞ고저홀진ᄃᆡ商業會議가아니면誰가能히ᄒᆞ며相爲約束ᄒᆞ야設法勸懲ᄒᆞ며大ᄒᆞ면一國의聲名을顧ᄒᆞ고小ᄒᆞ면一會의權利를保ᄒᆞ야商務의大勢가進치못ᄒᆞ면國力이中立일理가萬無ᄒᆞ니內로ᄂᆞᆫ意見을各盡ᄒᆞ야小利를爭치勿ᄒᆞ고外로ᄂᆞᆫ大勢를考査ᄒᆞ야因此槪彼ᄒᆞ며推往知來ᄒᆞ고衆人의才力聰明을合ᄒᆞ야章程을議定ᄒᆞ고權限을辦定ᄒᆞ면貳意가自消ᄒᆞ고成事가自易ᄒᆞ야可히全局에有裨홀지니全局이大進ᄒᆞ야人人이其益을受ᄒᆞ고富强을自致코저홀진ᄃᆡ商業會議가아니면誰가能히ᄒᆞ리오今日에商業會議所에對ᄒᆞ야期望이大ᄒᆞᆫ者ᄂᆞᆫ形式上商業을作지勿ᄒᆞ고實地上商業을作ᄒᆞᄂᆞᆫᄃᆡ在ᄒᆞ다ᄒᆞ노라

官報

◎第四千七百四十六號 隆熙四年八月二日(火曜)

宮廷錄事 續

故參政大臣趙秉式시号 文靖 勤學好問曰文 寬樂令終曰靖

故參政李헌永시号 文靖 勤學好問曰文 寬樂令終曰靖

故判書金晩植시号 文貞 勤學好問曰文 淸白自守曰貞

(靖孝) 寬樂令終曰靖 慈惠愛親曰孝

故判書李寅命시号 孝獻 慈惠愛親曰孝 聰忠內德曰獻

故判書李裕承시号 靖憲 寬樂令終曰靖 行善可紀曰憲

故內部大臣趙秉弼시號 文靖 勤學好問曰文 寬樂令終曰靖

故掌禮院卿金永稷시号 文憲 勤學好問曰文 行善可紀曰憲

故判書張석龍시号 文憲 勤學好問曰文 行善可紀曰憲

(以上七月卅日宮內府) 完

◯第四千七百四十七号 隆熙四年八月三日(水曜)

辭令

公立晉通學校本科副訓導邊見龍 命公立鍾城普通學校在勤 (八月一日學部)

社告

本報購覽ᄒᆞ시ᄂᆞᆫ僉君子의便宜를爲ᄒᆞ야支社를高城一北面楸洞永昌學校內에設置ᄒᆞ엿스니該附近地에서本申報購覽ᄒᆞ실 僉君子ᄂᆞᆫ該支社員金仁植氏와交涉ᄒᆞ시옴

大韓每日申報社

外報

◉英帝巡覽 路透電을據ᄒᆞᆫ즉英國皇帝及皇后兩陛下ᄂᆞᆫ卽位後에처음으로倫敦市中을巡覽ᄒᆞ시고東區倫敦病院에臨幸ᄒᆞ셧다더라

◉竊盜被縛 今電을據ᄒᆞᆫ즉六十萬圓의證券을盜取ᄒᆞ고逃亾ᄒᆞ엿던紐育의露淸銀行支店員와이델 紐育에서捕縛되야審問의結果로該券盜取ᄒᆞᆫ旨를自服ᄒᆞ얏다더라

◉亞剌比의騷亂 維也納電을據ᄒᆞᆫ즉土耳其政府ᄂᆞᆫ今回亞剌比亞아스실에叛徒가蜂起홈을因ᄒᆞ야此를鎭壓ᄒᆞ기로同地에軍隊를派遣ᄒᆞ엿다더라

◉協約祝賀會 大連電을據ᄒᆞᆫ즉同地市民은八月五日에日露協約成立祝賀會를開ᄒᆞᆫ다더라

◉黑白人爭鬪 桑港電을據ᄒᆞᆫ즉텍사쓰州팔레스틴市에셔黑白人間에人種的대爭鬪가起ᄒᆞ야黑白人의死者ㅣ二十五名이오負傷者ㅣ數十名인ᄃᆡ同州知事ᄂᆞᆫ州兵을臨時召集ᄒᆞ야該地에出送ᄒᆞ고知事도直히出張ᄒᆞ엿다더라

◉英日交歡 旅順電을據ᄒᆞᆫ즉英國東洋艦隊우인스로提督은去月三十日夜에大島都督富岡鎭守府司令長官、押上要塞司令官白仁民政長官以下文武高等官、新聞記者等과旗艦마이노트아號에招集ᄒᆞ야晩餐會를開ᄒᆞ고兩國皇帝의萬歲를交唱ᄒᆞ야英提督은日本皇帝의健康을祝ᄒᆞ야皇札砲를發ᄒᆞ야最高極度의敬意를表ᄒᆞ야主客이歡을盡ᄒᆞ고十一時에散會ᄒᆞ얏ᄂᆞᆫ더同艦隊ᄂᆞᆫ三十一日午後六時에威海衛로發向ᄒᆞ얏다더라

▲笑中刀山▼

▲奎章閣大提學李容元氏가何事件을因홈인지辭職ᄒᆞᆫ다지奎章閣이셔여진다ᄒᆞ니셔見機而作ᄒᆞᄂᆞᆫ事인가以若四대臣의後裔로一等淸宦을占據ᄒᆞ더니奎章閣이업셔지면一等地閥도쉬겟고

▲近日에地方官叙任件을觀察使가薦報ᄒᆞ면內部審査會에서査定叙任ᄒᆞ더니今後에ᄂᆞᆫ觀察使가薦報ᄒᆞ면直히內閣에셔叙任ᄒᆞᆫ다ᄒᆞ니觀察使의月俸이不多ᄒᆞ다더니挾雜군영으로月俸을增額케ᄒᆞᄂᆞᆫ일이지

▲中樞院官制를改正ᄒᆞ야議員을多數히叙任ᄒᆞᆫ다더니贊副議ᄂᆞᆫ仍置ᄒᆞ고議員은有事會議ᄒᆞᄂᆞᆫ境遇이면日費만支給ᄒᆞᆫ다지無祿課를ᄒᆞ지못ᄒᆞ야發狂ᄒᆞ나그말々네돈을가지고官職을사지못ᄒᆞ야發狂ᄒᆞᄂᆞᆫ者도만타네

▲內閣近處로지나니셔銅臭가觸鼻ᄒᆞ더고全州郡居權某라ᄒᆞᄂᆞᆫ作者가慶基殿參奉을사려고五百圓을某大臣에게納賂ᄒᆞ엿다지參奉價이大段히빗싸고高下가相關잇나參奉宅號갑시지

世界歷史

🏵(네덜란드)의獨立及其隆盛🏵

(네덜란드)ᄂᆞᆫ低地의義니現今和蘭比利時의地가卽是라其地ᄂᆞᆫ海面보다低陷ᄒᆞ야沿岸一帶에堤堰을築ᄒᆞ고海水를防禦ᄒᆞ며人民은勤勉活潑ᄒᆞ야早已商工業에從事홈으로자못隆昌ᄒᆞ니라此地ᄂᆞᆫ第十四世紀末葉에(뻐건듸)侯의所領이되며밋(뻐건듸)侯의女「메리」가「막시밀니안」一世와結婚ᄒᆞᆫ後에奧地利家에屬ᄒᆞ야써「메리」의孫되ᄂᆞᆫ耳曼帝「찰쓰」五世에傳ᄒᆞ더니一千五百五十六年에「찰쓰」五世가退位ᄒᆞ고其子「필닙」二世에게傳ᄒᆞ미於是에네덜란드)ᄂᆞᆫ西班牙의領地가되니라

「필닙」二世가(니덜단드)를管轄ᄒᆞ미甚히苛虐殘忍ᄒᆞᆫ故로(네덜란드)人은恒常西班牙를分離ᄒᆞ야獨立ᄒᆞ기를企圖ᄒᆞ너今其諸原因을左述ᄒᆞ건ᄃᆡ(一)西班牙의束縛ᄒᆞᆫ商業製造의發達을妨害홈과(二)「칼빈」派의新敎가(네덜란드)에蔓延홈이極廣ᄒᆞᆫ則西班牙王은此를絶滅ᄒᆞ려고極力周旋홈과(三)네덜란드)의各州ᄂᆞᆫ從來其君主로셔收得ᄒᆞᆫ各種特權이有ᄒᆞ야各己自治制를結成ᄒᆞ미此를猶益確守코저홈과(四)(네덜란드)ᄂᆞᆫ自來로小貴族이甚多ᄒᆞ야許多ᄒᆞᆫ特權을有ᄒᆞ나富豪의市民과豪奢를相競ᄒᆞ야家産을蕩傾ᄒᆞ고負債가山積ᄒᆞ야有事ᄒᆞᆫ時期를顒望ᄒᆞᄂᆞᆫ等에在ᄒᆞ니라

(未完)

詞藻

🏵苦熱🏵 梅瘦生

支離虐熱肆熾窮滿城人在洪爐中縱然當日炎々苦只待淸秋到爽風

評曰天序有迭宜有淸秋之來則炎熱之自退者明矣有何東帝發狂欲大吓之擧歟

宮廷錄

◎統監夫人參內 寺內統監夫人多喜子와同令孃末子ᄂᆞᆫ昨日午前十時三十分에馬車를同乘ᄒᆞ고 昌德宮과 德壽宮에參內ᄒᆞ야 皇后陛下及 貴妃殿下ᄭᅴ謁見ᄒᆞ엿ᄂᆞᆫ데 皇后陛下ᄭᅦ옵셔朝鮮製刺繡袋二個式 下賜ᄒᆞ셧다더라

雜報

◎總領事招待 寺內統監은昨日午後六時에京中에在ᄒᆞᆫ間島總領事永瀧久吉氏를統監邸에招待ᄒᆞ야晩餐會를開ᄒᆞ고間島에關ᄒᆞᆫ最近事情을聽ᄒᆞ엿다더라

◎農相의訪問 農相趙重應氏ᄂᆞᆫ昨日에統監府를訪問ᄒᆞ엿다더라

◎副統監以下招宴 米國總領事ᄂᆞᆫ再昨日午後六時三十分에山縣副統監과有吉總務長官、小松外務部長(同夫人)、外波武官(同夫人)을招待ᄒᆞ야晩餐을饗ᄒᆞ고主客이歡을盡ᄒᆞᆫ後同八時에退散ᄒᆞ얏다더라

◎農相의警務總長訪問 農相趙重應氏ᄂᆞᆫ再昨日午後六時三十分에明石警務總長을倭城臺官邸에셔訪問ᄒᆞ엿다더라

◎地方官審查 內部에셔去一日에地方官資格審查會를開ᄒᆞ고四五人을審查ᄒᆞ엿다더라

◎三尹의勢力 侍從院卿尹德榮氏ᄂᆞᆫ宮內大臣 皇后宮大夫尹萬善氏ᄂᆞᆫ侍從院卿 前參領尹致晟氏ᄂᆞᆫ陪從武官長을各其運動ᄒᆞᆫ다ᄂᆞᆫ데尹氏等의勢力은人皆欽仰ᄒᆞᆫ다더라

◎一超一任 正三品李台璜氏ᄂᆞᆫ中樞院副贊議로薦[illegible]ᄒᆞ야[illegible]關稅制局[illegible]不及이라ᄒᆞ야[illegible]議政府[illegible]命氏의令男李鳳會氏ᄂᆞᆫ自退ᄒᆞ엿다더니近聞ᄒᆞᆫ즉其父親의勸告로被任ᄒᆞ얏다더라

◎退金請繳 漢城府民會長俞吉濬氏ᄂᆞᆫ總相李完用氏에게何等秘密金額을推尋ᄒᆞᄂᆞᆫ지四千圓은已爲推覓ᄒᆞ엿고殘額一千圓은違約延拖ᄒᆞᆷ으로去一十五日에其親信人鄭某를李相에게委送ᄒᆞ야該推金ᄒᆞᆫ즉亦不支給ᄒᆞᄂᆞᆫ故로再昨日에俞氏가李相을往見ᄒᆞ고右金을督促ᄒᆞ엿ᄂᆞᆫ데李相所答에內閣機密金中으로斯速劃給ᄒᆞᆯ터이니幾日間更竢ᄒᆞ라ᄒᆞ엿다더라

◎麻守辭免 麻田郡守王羽淳氏ᄂᆞᆫ同郡駐在所日巡查某와何等不協ᄒᆞᆫ事件이有ᄒᆞᆫ지將次辭職請願書를提呈ᄒᆞᆫ다더라

◎日團의農事視察 東洋拓殖會社에셔ᄂᆞᆫ日本各地方實業家四十餘名을農事視察團으로募集ᄒᆞ엿다가我國地方農事를視察케ᄒᆞᆫ다더라

◎地方官의行動注目 近日暑中休暇를因ᄒᆞ야各地方官吏가多數上京ᄒᆞ엿ᄂᆞᆫ데此에對ᄒᆞ야何等關係가有ᄒᆞᆫ지某處에셔諸氏의行動을注目中이라더라

◎參奉의一覽表 內部에셔ᄂᆞᆫ參考的으로各歷代殿陵及參奉의氏名을修定ᄒᆞ야一覽表를編纂ᄒᆞᆫ다더라

◎國有調查終了 度支部에셔昨年度브터開始ᄒᆞᆫ國有地調查事務ᄂᆞᆫ本月內에擧皆終了될預定이라더라

◎實業校의助金 各觀察道府郡에셔設立ᄒᆞᆫ實業學校와私立實業學校의數가合爲二十二處인ᄃᆡ農商工部에셔一切相當ᄒᆞᆫ補助金을捐助ᄒᆞ엿다더라

◎六部測量終了 度支部에셔全國內土地를調查ᄒᆞᆷ은一般知了ᄒᆞᄂᆞᆫ바어니와京畿管內陽智、陽城、竹山、安山、廣州、龍仁等郡에ᄂᆞᆫ小三角測量의事務ᄂᆞᆫ本年內에終了된다더라

◎醫院業務開始 內部衛生局에셔各地方에慈惠醫院을設立ᄒᆞᆫ다ᄒᆞᆷ은既報어니와本月中旬頃브터業務를開始ᄒᆞᆫ다더라

◎農部移轉準備 農商工部ᄂᆞᆫ新築廳舍로日間移轉ᄒᆞ기로準備中이라더라

◎辭職歸鄕 警務總監部警視李憲珪氏ᄂᆞᆫ所帶의職을辭免ᄒᆞ고率眷下鄕ᄒᆞ기로內定ᄒᆞ엿다더라

◎日醫渡來 十箇所를增設ᄒᆞᆫ慈惠醫院에醫師ᄂᆞᆫ日本陸軍省에셔軍醫廿名이渡來ᄒᆞᆫ다더라

◎蠶業所의助金 慶尙北道管內에ᄂᆞᆫ蠶業傳習所設立이合爲九個所인ᄃᆡ農商工部補助金과該道地方費中으로補助ᄒᆞᆫ金額이合爲四千四百圓이오卒業生이合爲一百九十餘名에達ᄒᆞ엿다더라

◎皇城報停刊 황城新聞第三千四百三十八號ᄂᆞᆫ治安에妨害라ᄒᆞ야押收ᄒᆞ고ᄯᅩ停刊을當ᄒᆞ엿다더라

◎日韓通信發行停止 再昨日發行ᄒᆞᆫ朝鮮日報와日韓電報通信은東京의時局報道를揭載ᄒᆞᆷ으로發行停止를命ᄒᆞ엿다더라

◎淸潔說諭 北部警察署에셔昨日上午十時에管內統首를一切伴同ᄒᆞ야說諭ᄒᆞ기를日氣가漸熱ᄒᆞ미傳染病의發生이念慮되니淸潔에注意ᄒᆞ라ᄒᆞ엿다더라

◎順化病院起工 內部衛生局에셔ᄂᆞᆫ順化病院을修理ᄒᆞ고韓日人共同病院으로使用ᄒᆞᆯ次로該修理工役을同有岩井技師에게委任ᄒᆞ엿ᄂᆞᆫᄃᆡ該技師가昨日院舍를視察ᄒᆞ엿다더라

◎政友開仗 政友會員趙漢鏞高義駿兩氏ᄂᆞᆫ何等不協ᄒᆞᆫ事件이有ᄒᆞ엿든지三昨日에互相爭鬪ᄒᆞ야一場風波가起ᄒᆞ엿다더라

◎無所不爲 李學宰ᄂᆞᆫ馬車取扱所를設立ᄒᆞᆯ次로目下에定款을製定中이라더라

◎日日報如前發刊 大韓日日新聞을孔子敎會에셔引繼發刊ᄒᆞᆫ다더니其間에何等曲折이又生ᄒᆞ엿ᄂᆞᆫ지前社長日人田村萬之助가更히發刊ᄒᆞᆫ다ᄒᆞ고再昨日에前社員에게通知書를發送ᄒᆞ엿다더라

◎農民의喜雨祝 江原道通川郡地方에셔ᄂᆞᆫ移秧時에雨水가不足ᄒᆞ야稻苗가枯死ᄒᆞᆯ境에至ᄒᆞ엿더니過般以來로降雨가洽足ᄒᆞ야全部의移付를終了ᄒᆞᆷ으로現今狀態가稻ᄂᆞᆫ平年作에一割減ᄒᆞ고田作은非常의上作을成ᄒᆞ고且水害를因ᄒᆞ야人畜의被害가無ᄒᆞᆷ으로農民은喜雨祝을ᄒᆞᆫ다더라

◎醫士長書의注目 寺洞居醫士洪鍾哲氏ᄂᆞᆫ時局에關ᄒᆞ야統監府에長書를起草ᄒᆞᆫ다ᄂᆞᆫ說이有ᄒᆞ다ᄒᆞ야某處에注目探知中이라더라

◎何故被招 韓國閔泳徽氏의令孫閔天植氏가日本에留學ᄒᆞ다가夏[illegible]休暇를依ᄒᆞ야歸國ᄒᆞ엿ᄂᆞᆫᄃᆡ再昨[illegible]警察署에被招ᄒᆞ엿다가因卽放還ᄒᆞ엿다더라

◎日子何之 日本大坂居日人山本欽藏의第二子가居處를不知ᄒᆞ니搜索示明ᄒᆞ라고警務總監部에請願ᄒᆞ엿다더라

◎佛艦解纜 仁川港에碇泊ᄒᆞᆫ佛國軍艦데시데號ᄂᆞᆫ昨日午前十時에解纜ᄒᆞ엿다더라

◎不良井廢止 統監府警務總監部에셔衛生에關ᄒᆞ야漢城內各坊曲에在ᄒᆞᆫ飮料井을現方調查中인ᄃᆡ水質이不精ᄒᆞᆫ것은廢止ᄒᆞ기로計算中이라더라

◎自請其禁 油商保險組合所에셔ᄂᆞᆫ一般油商이前日使用ᄒᆞ던掬器等物을一幷廢止ᄒᆞ고新件을使用ᄒᆞᆫ다ᄒᆞᆷ은既報어니와該油商等이如前히舊物을使用ᄒᆞᆷ으로此를官廳으로禁止ᄒᆞ기爲ᄒᆞ야日前에各警察署에請願ᄒᆞ엿다더라

◎甚哉傷貧 社稷洞居金基俊氏ᄂᆞᆫ生活에困難ᄒᆞᆷ을因ᄒᆞ야日前에自刎ᄒᆞ엿다가幸히免死ᄒᆞ엿다더니再昨日後洞井水에溺死ᄒᆞ엿다더라

◎新烟發賣 新門外華山居宋光淳氏가廣成商會를組織ᄒᆞ고春山、春光、開明、松島等四種紙卷烟을製造發賣ᄒᆞᄂᆞᆫ데實業이漸次發展됨을人皆贊道ᄒᆞᆫ다더라

◎駕牛轢死 東門外居朴聖三氏ᄂᆞᆫ日前에牛車의物品을重馱ᄒᆞ고安岩洞等地傾斜路로過去ᄒᆞ다가車輪이跌走ᄒᆞ야駕牛가轢死ᄒᆞ엿다더라

◎仁港赤痢 仁川港에繫留ᄒᆞᆫ[illegible]赤痢病이發生ᄒᆞ야[illegible]夫滿利某ᄂᆞᆫ該病에罹ᄒᆞ야死亡ᄒᆞ엿다더라

◎[illegible]長停職 釁者에壽山附近에셔坐礁된隆熙號의長戶川孫四郎은該船舶의위험ᄒᆞᆷ을能히救助치못ᄒᆞ야損傷을成ᄒᆞ엿슨즉職務上懈怠에基因ᄒᆞ야職務執行을二箇月間停止ᄒᆞ라ᄂᆞᆫ旨를命ᄒᆞ엿다더라

◎金犯押上 開城警察署에셔衛生妨害犯金成玉을再昨日地方裁判所로押上ᄒᆞ엿다더라

◎安犯預審 再昨日地方裁判所에셔謀殺犯安益을預審ᄒᆞ엿다더라

電報

◎東拓의方針 拓殖會社에셔ᄂᆞᆫ過般來로來年度豫算에就ᄒᆞ야種種取調中인ᄃᆡ爲先總裁副總裁와各部長은來年度브터專任者를置ᄒᆞ야事務를處理케ᄒᆞ고同時에臺灣樺太韓國關東州各方面에對ᄒᆞ야殖民과其他事業에付ᄒᆞ야大大的發展을計劃中인ᄃᆡ參考資料를蒐集調查中이라더라

◎法典編纂詳考 韓國法典의編纂에就ᄒᆞ야詳考ᄒᆞᆷ을要ᄒᆞᆫ件이有ᄒᆞᆷ으로近日法制局에셔特히人을韓國에派遣ᄒᆞ엿다더라

◎南淸移民隊 淸國政府ᄂᆞᆫ攝政王의指令을奉ᄒᆞ야南淸에移民隊를編成ᄒᆞᆫ다더라

◎日佛의厚情 日佛의厚情은愈愈親密ᄒᆞᆫᄃᆡ日露協約에對ᄒᆞ야露國은其力을歐洲方面에專致ᄒᆞᄂᆞᆫ同時에佛國의意를强케ᄒᆞᆷ으로ᄂᆞᆫ日本에對ᄒᆞ야同情이[illegible]로且東洋의平和를確立ᄒᆞᆫ結果로佛國의放資ᄂᆞᆫ日本에行ᄒᆞᆫ다ᄂᆞᆫ報가有ᄒᆞ니此勢를因ᄒᆞ야今回條約改正에도最好意를表ᄒᆞ고且今後外債의募集에應ᄒᆞ야도爲先巴里에셔行ᄒᆞᆯ터이라

◎土帝와外交關係 土耳其皇帝ᄂᆞᆫ露國과直接外交關係를締結ᄒᆞ엿다더라

◎墺皇의臨幸中止 墺太利皇帝ᄂᆞᆫ目下同國에셔馬疫流行ᄒᆞᆷ을因ᄒᆞ야大演習臨幸儀를中止ᄒᆞ엿다더라

以上東京發 三日着

▲喜者憂者▼

▲如掌小局漢陽城에喜者憂者相雜ᄒᆞ니仕宦客의奔忙이라得患失此局上에飜覆勢를難[illegible]일세

▲如天國恩偏被ᄒᆞ고白首殘年[illegible]潦倒더니好消息이忽到ᄒᆞ야[illegible]閣椅子云變ᄒᆞ니希望點이忽[illegible]이라老卿宰의喜色이오

▲一時勢炎吸收ᄒᆞ고寶身功[illegible]掀天더니劍水刀山忽出ᄒᆞ야[illegible]上夢을泯驚ᄒᆞ니無厭慾泯沼[illegible]ᄒᆞ니時大臣의憂色이오

▲各自唾手奮起ᄒᆞ나未知鹿在誰手로다黃扉月이無主ᄒᆞᆫ제[illegible]影裏에翫賞ᄒᆞ나欲捉未捉延佇ᄒᆞ니運動者의喜色이오

▲錦繡春光滿袖ᄒᆞ야善舞手段籤弄더니一夜東風吹到處에九疑山이忽高ᄒᆞ야一點愁雲攢眉ᄒᆞ니政界客의憂色이오

▲大提學을辭免ᄒᆞ니더主意가安在런고小失大得好經綸이[illegible]絡鍾을方動ᄒᆞ니輕重權이自在로다老學士의喜色이오

▲花殘蝶謝此何時오南柯春色欲暮로다南山[illegible]聲落在何處런고[illegible]擧雷中에其[illegible]欲傾勞集ᄒᆞ니當局者의憂色일세

◎池氏論賣 鐵路信濟藥局에셔ᄂᆞᆫ金단이라ᄂᆞᆫ丸藥을製造ᄒᆞ

事實을聞知ᄒᆞ고派人論賣ᄒᆞ기를險名營業ᄒᆞᄂᆞᆫ것이法律上關

이라ᄒᆞᄂᆞᆫ人이安州地方에下去ᄒᆞ야同和藥房에셔製造ᄒᆞᄂᆞᆫ白

人言이有ᄒᆞ다더라

◎頑固懸悟 靈岩郡財務署長

如何를一一說明ᄒᆞ며同郡鳩林面에私立學校를設立ᄒᆞ고敎育

고桑果木三萬餘株를購入ᄒᆞ야人民等의殖林事業을奬勵ᄒᆞᆷ의

와落契畓을寄付ᄒᆞ얏다더라

廣告

本人의名字杰을以粲字로改定ᄒᆞ오니知舊僉 照亮ᄒᆞᆷ
中部泰[illegible] 許 粲 告白

本人의名字[illegible]을以[illegible]字로改定ᄒᆞ오니知舊僉 照亮ᄒᆞᆷ
許 [illegible] 告白

八月六日十點ᄒᆞᆫ二時間總會於本會館議長賛成員及會員[illegible]諸彦爲望
韓國[illegible]協會 告白

本人의畓十四斗十八斗落과田四十日耕이在龍仁郡水[illegible]面大[illegible]과西[illegible]伊[illegible]等地이온ᄃᆡ[illegible]類가[illegible]盜賣코져ᄒᆞ기玆以廣告ᄒᆞ오니內外國人은切勿見欺ᄒᆞᆷ
中部東谷七統八戶 李承鱗

學生募集廣告

本校에셔校務를擴張ᄒᆞ고本科一二學年補缺生과預備生을募集ᄒᆞ오니入學志願者ᄂᆞᆫ八月二十五日內로請願書를提出ᄒᆞᆷ
但請願紙ᄂᆞᆫ本校에請來

試驗科目 漢文 筭術 歷史 地誌 外國語

開學日字 八月二十五日

平安北道 嘉山私立 育英學校

[illegible]六十二統四戶尹丙求數人ᄒᆞ엿던立旨를遺失ᄒᆞ엿기休紙로施行ᄒᆞᆷ
林鳳昌 告白

▲京畿道振威郡各面所在水原龍珠寺田畓 續

二西面秩

罍十八답六복七束五두
巳五十四답九束八升
七十五田四복九束七두八升
覆卅九답二복五束二두
十五답十一복二束九두
信六十답一복八束一두五升
羅六十三답十복八두
六十三分답一卜四束一斗一升
可五十八답五복九束五斗
五十九分답一복一束一斗
五十八分田一복九束三斗
信五十八分답二복五束二斗
可五十三답七卜二束六斗
四十八답一복六束一斗四升
可四十六畓六복九束五斗
信十八分답三복一束二斗四升
十八分답二卜七束二斗二升
六十九分답六束五升
六十九分답七卜二束五斗八升
六十九分답二복二束一斗九升
六十九分답三복六束三斗
六十九分답四복三두一升
六十九分답一卜九升
六十九分답二卜四束二斗
六十九分답四복八束四斗
罍四十六답六복二束五斗
罔百十七分답七束六升
百十七分답六束三升
百十七답一卜一束一斗
五十四답二卜四束二斗
靡四十九답六복八束五斗五升
五十六畓七束五升
五十田六束一斗
五十七田九복八束十六斗
使四十四田五복二束九斗
三分田五복一束八斗
廿五分田三복四束八升

廿五分田二복一束三斗四升
廿五分田六복九斗六升
廿五分田一卜八束三斗
廿六田七卜九束十二斗七升
廿五分田四束七升
廿五分田七束一斗二升
欲廿七分답二卜一斗六升
廿七分답二복一斗六升
卅五分답二卜一斗六升
卅五分답一복六束一斗三升
十六分畓六복六束五斗三升
十六分답四복六束三斗七升
十六分답三복四束二斗七升
卅八分답七복一束五斗七升
四十六分畓三복二束二斗六升
卅四답二복三束二斗
四十六分畓七복一束五斗七升
卅九답三복二斗四升
卅六分답二복六束二斗
卅六分답二복七束二斗一升
十六分답三복三束二斗七升
長卅九답四복九束四斗
五十七답五복三束四斗二升
十九답五복五束五斗
十九分답九束七升
卅八畓八복九束七斗二升
罍卅五답三복二斗二升
卅六답六복八束五斗二升
難十二畓三복四束二斗五升
量十二답六복四束五斗一升
四답三卜五束三斗
五답三복八束三斗二升
卅三답五복四斗
卅五分畓七복五斗七升
卅五分답八복六斗四升
靡卅八田二卜九束五斗
罍六十三답一卜二束一斗六升
六十三分田七복一束十一斗二升
墨二답七복一束六斗
罍四十七답四복七束三斗八升
信十五답五복六束四斗五升
十五分田七복六束十二斗三升
十五分田五복三束八斗五升

未完

本人이庄土가在於黃海道延安郡福峴面三里楸井坪이온ᄃᆡ字号ᄂᆞᆫ惻字造字요結卜은八十七負四束이오斗落數ᄂᆞᆫ三石五斗이온ᄃᆡ該庄土文券을明証ᄒᆞ로陰六月分에該道에下去라가該庄土舊文券을中路에셔遺失ᄒᆞ얏기玆以廣告ᄒᆞ오니內外國人間誰某拾得ᄒᆞ와도休紙施行ᄒᆞᆷ
西部龍山坊靑坡三契五十一統五戶 崔秀業 告白

去二月十六日夜賊漢三名忽然突入無數亂打地戶稅收捧金二十五圜奪去同胞操心ᄒᆞᆷ
平南永柔靑池面 李文鳳 告白

本人이裴善益許에推次票當五四千七百兩一張을限日은陰七月十五日이온ᄃᆡ今月二十五日에셔失ᄒᆞ와玆以廣告ᄒᆞ오니誰某拾得ᄒᆞ와도切勿見欺ᄒᆞᆷ
西部盤石坊蓮洞四十統六戶 崔道明 告白

特別廣告

遠近間商業의從事ᄒᆞ시ᄂᆞᆫ諸氏와內外國物貨興成의편利키爲ᄒᆞ야本人等이物貨委托販賣所를設ᄒᆞ고物貨保管과委托賣買와配達運輸에從事ᄒᆞ오니 僉君子ᄂᆞᆫ愛顧ᄒᆞ심을望ᄒᆞᆷ

一本梧市物貨時價를知코져ᄒᆞ시ᄂᆞᆫ이ᄂᆞᆫ本所로通知ᄒᆞ시면本所ᄂᆞᆫ通告ᄒᆞ겟ᄉᆞ오니坐可以知時勢오

一物貨와掌記만보ᄂᆡ셔도本所에셔ᄂᆞᆫ時價로販賣ᄒᆞ야代金을指示ᄒᆞ시ᄂᆞᆫᄃᆡ로送呈ᄒᆞ겟ᄉᆞ오니坐可以見利益이오

一物貨錄記만보ᄂᆡ시면本所에셔ᄂᆞᆫ物貨를時價로買得ᄒᆞ와水陸間配達ᄒᆞᆯ터이오니坐可以買物貨이옵

平北義州府州內面梧市東部二十八統五戶 物貨委托販賣所
所長崔翼瑞 會計張明昊
幹事張晶輔 書記金德恒
監督李弘植 崔錫夏
沈致祚 權在鎬 告白

紙物買易에迅速

(廣告文)

●弊店에셔各種紙物을直輸入ᄒᆞ와地方同業 僉位와其他 僉彦에게特別廉減價로酬應ᄒᆞ깃사오니不拘多小ᄒᆞ시고註文ᄒᆞ시면郵便小包와運送部를經過ᄒᆞ와迅速히付呈ᄒᆞ깃솝
物價表와品錄書를無料로付呈ᄒᆞ옵

內外國紙物大發賣

品高價低에爲主ᄒᆞᆷ

(品目略錄)

●壯紙、油壯紙、板紙、窓戶紙、白紙、涂비洋紙、書畵各種、天井紙、古查紙、印札紙、半紙、美濃紙、製圖紙、書簡紙、封套紙、其他學校用品筆墨卒業證書紙其他具備

漢城鍾路大廣橋
本店 紙物舖 金聖煥
電話 一千二百八十番
支店 漢城北部安洞別宮前

特別廣告

諸彦은試思之ᄒᆞ시오

此時ᄂᆞᆫ何時오卽生存競爭으로生活이困難ᄒᆞ고活氣가有ᄒᆞ고强壯ᄒᆞᆫ者外에ᄂᆞᆫ活動ᄒᆞᆯ餘地가업ᄂᆞᆫ時代가아닌가

諸彦은再思之ᄒᆞ시오

病軀弱體로此激烈ᄒᆞᆫ競爭場裡에入ᄒᆞ야進[illegible]코저ᄒᆞ시ᄂᆞ뇨決코不然ᄒᆞ오健康及精神[illegible]ᄒᆞ야ᄒᆞᆯ지니身體가康健ᄒᆞᆫ後에야[illegible]을期ᄒᆞᆯ것이아니뇨然이나

三思之ᄒᆞ시오身體를健康케ᄒᆞᄂᆞᆫ法이何에在ᄒᆞ뇨卽衛[illegible]과醫藥選擇에在치안타ᄒᆞᆯ수업도다故로

本舖에셔夙히斯道에悟ᄒᆞᆫ바이有ᄒᆞ야神効靈驗이有ᄒᆞᆫ名藥

八寶丹 回生水 蘇生丹 等五十餘種과

其他藥品을備ᄒᆞ고醫士를延聘ᄒᆞ야

諸彦의衛養에供獻ᄒᆞ엿더니果然多數ᄒᆞᆫ生靈의非命慘死를救ᄒᆞᆫ거슨 諸彦의熟知ᄒᆞ시ᄂᆞᆫ바이어니와今者本舖에셔

諸彦의愛顧ᄒᆞ시ᄂᆞᆫ恩을思ᄒᆞ고더욱精神을奮勵ᄒᆞ야高明ᄒᆞᆫ

醫師前 醫學校敎官 一等醫軍 金達植君을本舖醫士로延聘ᄒᆞ야診察醫治를主務케ᄒᆞ옵고

德國의最精最良ᄒᆞᆫ藥品을購入ᄒᆞ야各種藥을精製發賣ᄒᆞ오며

또諸注文酬應을信實敏活케ᄒᆞ오니

有志諸彦은事務繁劇ᄒᆞᆷ을當ᄒᆞ야 座右에不可無ᄒᆞᆫ靈藥八寶단을備置ᄒᆞ야倦怠困惱ᄒᆞᆫ非境을免ᄒᆞ고快活强壯ᄒᆞᆫ樂界에進ᄒᆞᄂᆞᆫ幸福을享ᄒᆞ시고營爲ᄒᆞᄂᆞᆫ目的을期成ᄒᆞ시오

京城鍾路和平堂大藥房本舖主任李應善

電話 壹六九七番
電界話 (화) (ㄱ)

特別廣告

檀君開國四千二百四十三年
箕子元年三千三十二年
大韓開國五百十九年
本報創刊日
光武八年七月十八日

大韓每日申報

第八卷 月曜及慶節歲時日休刊 第壹千四百五十三號

發行兼編輯人 李章薰
發行所
京城中部布屛門二宮街
二層洋屋 大韓每日申報社

○是亦異事 春川郡府內面衙洞里居ᄒᆞᄂᆞᆫ李某의次男甲洙ᄂᆞᆫ光武十年九月十三日에生ᄒᆞ야年今五歲라此兒의腎은三歲브터稍大ᄒᆞ이陰毛가異常ᄒᆞ[illegible]縮ᄒᆞᆫ包皮ᄂᆞᆫ龜頭를露出ᄒᆞ야長成人의腎에少許도讓步치아니ᄒᆞᆫ다ᄂᆞᆫ딕此兒ᄂᆞᆫ生時브터天然[illegible]部가廓大ᄒᆞ고前額은突出ᄒᆞ엿다더라

○光校擴張 安邊郡衛益面內[illegible]三十二間되ᄂᆞᆫ瓦家와金一百二十圓을捐出ᄒᆞ야私立光化學校를設立ᄒᆞ고靑年子弟를募集ᄒᆞ에達ᄒᆞ야校況이㫌興ᄒᆞ야將就의望이大有ᄒᆞ더니近者에ᄂᆞᆫ紳士金成翼金成根崔命沼金甲[illegible]ᄒᆞ미校㒓이一層光盛ᄒᆞ다더라

○醫士來辨 醫士洪鍾哲氏가長書를起草ᄒᆞ다ᄂᆞᆫ事에對ᄒᆞ야[illegible]辨ᄒᆞ더라

論說

國民競爭의大勢

我韓人이國家가有ᄒᆞᆫ줄을不知라ᄒᆞᆷ은數百年來로通行ᄒᆞᄂᆞᆫ語라但히國家二字를並稱ᄒᆞᄂᆞᆫ者ᄂᆞᆫ聞ᄒᆞ엿스나國民二字를並稱ᄒᆞᄂᆞᆫ者ᄂᆞᆫ聞치못ᄒᆞ엿노라

國家者ᄂᆞᆫ何오古者에國의起原이必自家族으로始ᄒᆞ니一族의長이其族을統率ᄒᆞ고他族으로相角ᄒᆞ다가久之ᄒᆞ면化家爲國ᄒᆞ엿스니其權이無限ᄒᆞ야奴畜羣族ᄒᆞ야鞭苔叱咤라가一家가失勢ᄒᆞ면他家가代之ᄒᆞᆫ者ㅣ오國民者ᄂᆞᆫ何오積民而成ᄒᆞ야一國의民으로一國의事를治ᄒᆞ며一國의法을定ᄒᆞ며一國의利를謀ᄒᆞ며一國의患을捍ᄒᆞᄂᆞ니其民을可히侮치못ᄒᆞ고其國을可히亾치못ᄒᆞ리로다

是以로國家의競爭이有ᄒᆞ니國君이其民을糜爛ᄒᆞ야他國으로더브러競爭ᄒᆞᄂᆞᆫ者오國民競爭도有ᄒᆞ니一國의人이各其性命財產에關ᄒᆞ야他國으로더브러競爭ᄒᆞᄂᆞ니近日에歐洲大家의論이有ᄒᆞ니競爭이란者ᄂᆞᆫ進化의母오爭鬩란者ᄂᆞᆫ文明의媒라國家의競爭力이弱ᄒᆞ면國民의競爭力이强이라ᄒᆞ엿스니亞歷山大와成吉思汗과拿破倫은古今東西史乘에武功이最盛ᄒᆞᆫ人이라謂ᄒᆞᆯ지나一人의戰이오一國의戰이아닌즉其從戰者ㅣ號令에怕ᄒᆞ야不得已赴戰ᄒᆞ니軍志가易渙ᄒᆞ고軍氣가易餒ᄒᆞ야烟과如히消ᄒᆞ며瓦와如히解ᄒᆞ야影響이不留ᄒᆞ니故로曰其時가短ᄒᆞ고國民의競爭인즉此를反ᄒᆞ야國難을遇ᄒᆞᆯ時에一人一家의競爭으로知ᄒᆞ야一體를成ᄒᆞ엿스니所向에無敵ᄒᆞ리로다

世界의競爭이今日에至ᄒᆞ야極ᄒᆞ엿도다其原動力이歐洲에서始ᄒᆞ야轉戰突進이盤若旋風ᄒᆞ고疾若掣電ᄒᆞ야倏忽頃刻에全球에遍滿ᄒᆞ니輿地圖를一披ᄒᆞ면世界六大陸에白人種이其五를已有ᄒᆞ엿고所餘者ᄂᆞᆫ惟亞細亞一洲而已라亞細亞中에도其面積二分의一과人口十分의四ᄂᆞᆫ白人肘腋下에已屬ᄒᆞ엿스니其競爭力의强悍이當如何라ᄒᆞ리오學術이日興ᄒᆞ고機械가日出ᄒᆞ고資本이日加ᄒᆞ고工業이日盛ᄒᆞ야歐洲全局이生產의過度ᄒᆞᆫ患이有ᄒᆞ야哥倫布가美洲를開ᄒᆞ고新世界를作ᄒᆞ엿ᄂᆞᆫ딕歐人의壑慾이猶爲未盡ᄒᆞ야皇々四顧ᄒᆞ니茫々大地에鷹目의瞵을轉ᄒᆞ며虎口에涎을流ᄒᆞ야暗ᄒᆞᆫ者ᄂᆞᆫ吸ᄒᆞ고明ᄒᆞᆫ者ᄂᆞᆫ噬ᄒᆞ니然則今日歐美諸國의競爭은亞歷山大와成吉思汗과拿破倫의徒가野心을逞ᄒᆞ고黷兵으로爲快ᄒᆞᄂᆞᆫ者가아닌즉其爭也ㅣ國家에屬ᄒᆞᆫ事가아니라人羣에屬ᄒᆞᆫ事오政治에屬ᄒᆞᆫ事가아니라經濟에屬ᄒᆞᆫ事라ᄒᆞᆯ지니人々이其性命財產을爭ᄒᆞ니有萬其衆이心則齊一ᄒᆞ리로다

今에我韓의國土云者도一家의私產이오國際云者도一家의私事오國難云者도一家의私禍오國恥云者도一家의私辱이라ᄒᆞ여民은國이有ᄒᆞᆫ줄을知치못ᄒᆞ고國은民이有ᄒᆞᆫ줄을知치못ᄒᆞ니競爭心이何處를從ᄒᆞ야生ᄒᆞ며競爭力이何處를從ᄒᆞ야出ᄒᆞ리오

嗚呼라我同胞ᄂᆞᆫ此를知乎아否乎아苟其未知면知之를思ᄒᆞᆯ것시오苟其已知면其行之를思ᄒᆞᆯ지니其行은維何오國民의力에在ᄒᆞ다ᄒᆞᆯ지오其力은何에在ᄒᆞᆫ고他人이我에게與ᄒᆞᄂᆞᆫ者도아니오我自有之ᄒᆞ야自求之ᄒᆞ며自得之ᄒᆞᆯ지로다國民이여國民이여

官報

○第四千七百四十八号

▲隆熙四年 八月四日(木曜)

敍任及辭令

○六月卅日 道事主沈相國 郡主事李英培 陞敍判任官三等

○七月卅一日 度支部技師有川眷太郞 陞敍奏任官三等

外報

○飛行機와輕氣球 陸軍空中飛行機八隻과自由輕氣球一箇를同陸軍大演習에叅加演習ᄒᆞ얏다더라

○公債充用의否認 凶牙利下院은公債二千三百萬磅募集案을可決ᄒᆞ얏ᄂᆞᆫ딕大藏大臣류가구스氏ᄂᆞᆫ此公債가陸軍擴張費에充用이라ᄂᆞᆫ說을否認ᄒᆞᆫ다더라

社告

本報購覽ᄒᆞ시ᄂᆞᆫ僉君子의便宜를爲ᄒᆞ야支社를 **高城一北面**楸**洞**永**昌學校內**에設置ᄒᆞ엿스니該附近地에셔本申報購覽ᄒᆞ실 僉君子ᄂᆞᆫ該支社員金仁植氏와交涉ᄒᆞ시옵

大韓每日申報社

○必勝戰爭의宣言 羅馬法王廳駐剳西班牙大使ᄂᆞᆫ本國의召還을被命ᄒᆞ엿ᄂᆞᆫ딕法王廳에셔ᄂᆞᆫ此에對ᄒᆞ야半官報的의報告를發表ᄒᆞ되西班牙大使의召還은同國首相가나레쟈즈氏가必勝을期ᄒᆞᆯ戰爭을起코져ᄒᆞᆷ이라고宣言ᄒᆞ얏다더라

○引見淸使 土耳其황帝ᄂᆞᆫ自國과直接外交關係를締約ᄒᆞ기爲ᄒᆞ야派遣ᄒᆞᆫ淸國特使를君士坦丁堡에셔引見ᄒᆞ얏다더라

○伯林의風說否認 伯林電을據ᄒᆞᆫ즉伊太利皇帝ᄂᆞᆫ德國에對ᄒᆞ야軍備縮小ᄒᆞ기를提議ᄒᆞ얏다ᄂᆞᆫ風說이盛行ᄒᆞ나伯林에셔ᄂᆞᆫ此를否認ᄒᆞᆫ다더라

○移民法編成 仝電을據ᄒᆞᆫ즉露都通信員의所報에云ᄒᆞ되淸國政府ᄂᆞᆫ攝政王의命으로滿洲移民을增加ᄒᆞ기爲ᄒᆞ야移民法을編成ᄒᆞ얏ᄂᆞᆫ딕該移民은全혀南淸에셔募集ᄒᆞᆯ計劃이라ᄒᆞ얏더라

○老艦購入의反對 仝電을據ᄒᆞᆫ즉君士坦丁堡에在ᄒᆞᆫ당에ᄯᅥ랏드新聞通信員의所報에云ᄒᆞ되土耳其ᄂᆞᆫ德國戰鬪艦ᄲᅮ란뎰ᄲᅮ루히及ᄯᅳ리드릿히「빌헴兩隻을購入ᄒᆞ기로目下商議中인딕右兩艦은共히二十餘年을經過ᄒᆞᆫ老艦인故로英國은此購入에反對의意를表ᄒᆞ얏다더라

○英國의動兵說 英國이印度에셔動兵ᄒᆞᆫ다ᄒᆞᆷ은旣報와如ᄒᆞ거니와英國政府ᄂᆞᆫ淸國政府에向ᄒᆞ야聲言ᄒᆞ기를西藏의擾亂ᄒᆞᆷ은純全ᄒᆞᆫ西藏人의所爲인즉該地에在留ᄒᆞᆫ英商에게危害가及ᄒᆞ기前ᄭᅡ지ᄂᆞᆫ動兵入藏케ᄒᆞ겟다ᄒᆞ얏다ᄒᆞ얏더라

雜報

○龍郡의敎堂 西部西學峴等地에在ᄒᆞᆫ大英國宗古聖書敎會堂主務英國人端雅德氏ᄂᆞᆫ龍仁郡溪洞等地에敎堂을建築ᄒᆞᆯ次로三百圜價値家屋을買入ᄒᆞ엿다더라

▲畵中有聲▼

▲日本에滯在ᄒᆞᆫ宋秉畯은不遠에渡來ᄒᆞᆫ다ᄒᆞ니一進會員들이아가리가七八月밤송이버러지듯ᄒᆞᆯ걸너모죠와말지將次입맛시쓸걸

▲農大ᄂᆞᆫ昨日午後六時에明石總長을訪問ᄒᆞ고因ᄒᆞ야統監府를訪問ᄒᆞ엿다지무ᄉᆞᆷ事端이잇서々저리奔走ᄒᆞ고저리케疾馳橫行ᄒᆞ다가ᄂᆞᆫ人力車박휘가셩ᄒᆞᆯ가

▲前叅將玄映運氏가年前에圓覺社를官人俱樂部로定ᄒᆞ고修理ᄒᆞᆫ後에該役費를支給지못ᄒᆞ엿ᄂᆞᆫ딕該工役을全擔ᄒᆞ던日人이其時大臣李完用氏等을起訴ᄒᆞ엿다지近日에日人役夫訟事에ᄂᆞᆫ大臣被告가엇지그리만흔고만々ᄒᆞᆫ게大臣인게여

▲日本大坂市上에셔ᄂᆞᆫ日人寶岡淸吉等이女子가夜間에出行ᄒᆞ면鄙陋ᄒᆞᆫ行爲가多ᄒᆞ다ᄒᆞ니이것도開明國人인가野蠻國人이로고

寄書

良藥이逢名醫의自由를祝ᄒᆞᆷ

現今時代ᄂᆞᆫ何如之時乎아當活動之時代라云ᄒᆞᆯ지라雖然이나我韓形便을以鏡鑑之ᄒᆞ니二千萬生靈이幾至沉病에五官이不備ᄒᆞ야其眼이盲ᄒᆞ고其耳가聾ᄒᆞ고其手가顚ᄒᆞ고其足이跛ᄒᆞ엿스며甚者ᄂᆞᆫ半身을不遂ᄒᆞ야飮食步履視聽言動이自由를不得ᄒᆞ며六腑가損傷ᄒᆞ야沙漠이充滿ᄒᆞ야活動의思想을不得ᄒᆞ야三千里靑邱山河로沙漠을便作ᄒᆞ엿더니曩者英國學士裵說氏가病院을京城에創設ᄒᆞ고良藥을製造ᄒᆞ야萬民을極力救濟ᄒᆞ다가遽然身逝ᄒᆞ고萬咸氏가替代如前이러니發何如之心이든지幻作本心ᄒᆞ기로心自度之ᄒᆞ되良藥이有ᄒᆞᆯ지라도名醫가無ᄒᆞ면二千萬同胞의入骨沉病을何以治之오ᄒᆞ야痛歎不已러니雖無合席이오나耳에慣習ᄒᆞ던本國人李章薰氏가全國同胞의幾千年沉痾가回蘇치못ᄒᆞᆯ가念慮ᄒᆞ시고濟衆高院을京城中部布屛門二宮街二層洋屋에瀟灑ᄒᆞ게鋪設ᄒᆞ고純良ᄒᆞᆫ良材를一層刷新ᄒᆞ야耳目을聰明케ᄒᆞ며心志를活潑케ᄒᆞᄂᆞᆫ堂々ᄒᆞᆫ獨立自由가從此爲始ᄒᆞ야磐石又치堅固ᄒᆞᆷ을預料ᄒᆞ겟ᄉᆞ오니喜樂餘興에舞蹈不覺이라或者疑論ᄒᆞ기를本國人은高等醫學에尙未發達ᄒᆞ야雖有良藥이나治療未完이라ᄒᆞ니此ᄂᆞᆫ但依賴心이有ᄒᆞᆫ者로다藥名이何也오人蔘鹿茸熊膽麝香之類가아니라國粹를發揮ᄒᆞ며同胞를喚醒ᄒᆞ며敎育을唱起ᄒᆞ며實業을奬勵ᄒᆞ며政治를醫告ᄒᆞ며時事를論辯ᄒᆞ며善良을贊揚ᄒᆞ며惡魔를誅責ᄒᆞᄂᆞᆫ正直ᄒᆞᆫ言論과强硬ᄒᆞᆫ筆鋒이與日維新ᄒᆞᄂᆞᆫ大韓每日申報也라伏願執筆諸君은起死回生之靈丹을普施ᄒᆞ시와病魔를驅逐ᄒᆞ고生命을救濟케ᄒᆞ시며愛讀슴尊은熱心呑下ᄒᆞ시와沉痼ᄒᆞᆫ漠을汰去ᄒᆞ시고活潑ᄒᆞᆫ氣志를養成ᄒᆞ시와如此回春之世界에善良ᄒᆞᆫ花를開ᄒᆞ야文明의果를結ᄒᆞ기를伏祝

三和港築洞 圖章所 文用伯

詞藻

❀언 제 나❀

漢陽城져믄날에、장마ㅅ비가처음쩌니。樹林間더뮈암이、ᄭᅬ소리가[illegible]아ᄒᆞ다。우리도、언제나變化ᄒᆞ야、더러드시。

宮廷報

◎下賜賻金 太皇帝陛下ᄭᅴ옵셔故耆老所堂上權[illegible]者에게賻儀金五十圜을下賜ᄒᆞ옵셧ᄂᆞᆫᄃᆡ承寧府에셔日前에公州郡權氏鄕第로發送ᄒᆞ엿다더라

雜報

◎記者團招待 寺內統監은今日午後七時브터在京ᄒᆞᆫ各通信記者幷日本新聞特派員等을統監邸로招待ᄒᆞ야晚餐會를開ᄒᆞᆫ後에行政方針에就ᄒᆞ야一場演說ᄒᆞ고意思를互相疏通ᄒᆞ기를要求ᄒᆞ엿다더라

◎尹閔地位의鞏固策 宮相閔丙奭氏ᄂᆞᆫ三昨日上午十時에侍從院卿尹德榮氏를私邸로訪問ᄒᆞ고內閣變更說에對ᄒᆞ야兩氏의地位를鞏固ᄒᆞᆯ計策을協議ᄒᆞ엿다더라

◎例會에未叅 新任中樞院副贊議許진趙秉健兩氏ᄂᆞᆫ姑未受勅ᄒᆞᆷ으로昨日木曜例會에未叅ᄒᆞ엿다더라

◎宋魁歸由 日本에滯在ᄒᆞᆫ宋秉畯이來十日頃에歸國ᄒᆞᆫ다ᄒᆞᆷ은一般知了ᄒᆞᄂᆞᆫ바어니와其歸國ᄒᆞᄂᆞᆫ內容을聞ᄒᆞᆫ즉現帶官職이有ᄒᆞᆫ資格으로外國에長在ᄒᆞᆷ이未妥ᄒᆞᆯ뿐아니라總理대臣李完用氏와和冲ᄒᆞᆯ主旨라더라

◎統府의贈烟 統監府에셔ᄂᆞᆫ親衛府將校一同에게再昨日紙卷烟草百餘箱子를贈與ᄒᆞ엿다더라

◎面長의月俸 各郡面長職制를頒布ᄒᆞᆫ다고年來로內部에셔協議ᄒᆞ던바인ᄃᆡ近聞ᄒᆞᆫ즉各郡面洞里의廢合件을與皆整理頒布ᄒᆞᆫ後에該職制를頒布ᄒᆞᆯ內定인ᄃᆡ月俸은每朔十五圜으로計算ᄒᆞᆫ다더라

◎視察警署 地方各警察署異動에關ᄒᆞ야執務狀況을整理ᄒᆞᆫ後에ᄂᆞᆫ警務總監部에셔官吏를派送ᄒᆞ야一々視察ᄒᆞᆯ內定이라더라

◎一時金文簿交付 警察權委任ᄒᆞᆫ後에一般巡查에게支撥ᄒᆞᆫ다던一時金은停止되엿다더니日間實施ᄒᆞᆯ次로此에關ᄒᆞᆫ文簿를三昨日에度支部로交付ᄒᆞ엿다더라

◎口頭呼訴의受理 各警察署에셔ᄂᆞᆫ人民의便利ᄒᆞ기를爲ᄒᆞ야初次告訴에ᄂᆞᆫ口頭呼訴라도受理ᄒᆞ기로協議ᄒᆞ엿다더라

◎兩技手入城 咸鏡北道地方의林籍調查ᄒᆞ기爲ᄒᆞ야出張ᄒᆞ엿던農商工部技手張斗炳氏及岩崎가再昨日에入城ᄒᆞ엿다더라

◎教科書編刊 學部에셔近者에各普通學校用으로教科用圖書를編纂發刊ᄒᆞ야已爲頒布ᄒᆞ엿ᄂᆞᆫᄃᆡ各訓導用教科書를又爲編纂發刊ᄒᆞᆫ다더라

◎博覽會出品準備 日本群馬縣에셔來九月頃에博覽會를開ᄒᆞᆯ터인ᄃᆡ農商工部에셔ᄂᆞᆫ該會에出品ᄒᆞ기爲ᄒᆞ야水產物及農產物을現方準備ᄒᆞᄂᆞᆫ中이라더라

◎不用建物賣却 度支部所管家屋中에不用建物은一切賣却ᄒᆞ고其他ᄂᆞᆫ仍舊存置ᄒᆞᆫ다더라

◎寄金募集方法 學部에셔ᄂᆞᆫ各公私立學校의寄付金募集處置에關ᄒᆞᆫ方法을製定ᄒᆞ야各道書記官에게通牒ᄒᆞ엿ᄂᆞᆫᄃᆡ其內容인즉募集ᄒᆞᄂᆞᆫ同時에各該校監이學部에修報ᄒᆞᆫ後에施行ᄒᆞ기로決定ᄒᆞ엿다더라

◎凶魁의警衛 一進會長李容九ᄂᆞᆫ目下에仁川港에셔逗留中인ᄃᆡ何等危点이有ᄒᆞᆯ지當地警察署에셔嚴密警護ᄒᆞᆫ다더라

◎留學去處調查 歸國ᄒᆞᆫ留學生을嚴密히調查ᄒᆞᆷ은一般知了ᄒᆞᄂᆞᆫ바어니와更聞ᄒᆞᆫ즉該學生中에旅行ᄒᆞᄂᆞᆫ者가有ᄒᆞ면其去處를調查케ᄒᆞ엿다더라

◎淸潔實施의說諭 中部警察署에셔ᄂᆞᆫ再昨日上午十時에所管內各洞統首를召集說諭ᄒᆞ되目下流行病이發生ᄒᆞᆯ慮가有ᄒᆞᆫ즉來八日內로大淸潔을施行ᄒᆞ라ᄒᆞ엿다더라

◎秋期淸潔 東部警察署에셔ᄂᆞᆫ本日브터秋期大淸潔을施行ᄒᆞᆫ다더라

◎母子異議 故軍部大臣毅愍公安駉壽氏의夫人은家勢가赤貧ᄒᆞ야亡夫의延諡禮式을末由舉行ᄒᆞᆷ으로總相李完用農相趙重應兩氏를訪問ᄒᆞ고政府에셔官人俱樂部로舉行ᄒᆞ기를請求ᄒᆞ엿ᄂᆞᆫᄃᆡ其親子安翊善氏ᄂᆞᆫ新門外獨立館附近安氏舊基에셔設行ᄒᆞᆯ次로目下準備中이라더라

◎交守設市 交河郡에ᄂᆞᆫ自來로一場市가無ᄒᆞᆷ으로不便의点이多ᄒᆞ다ᄒᆞ야今村停車場附近地에場市를新設ᄒᆞ고該郡守가每洞里에六人以上이赴市케强制로施行ᄒᆞᆫ다더라

◎礦所器具購入 平壤礦業所에셔ᄂᆞᆫ應用ᄒᆞᄂᆞᆫ諸般器具를日本에注文ᄒᆞ엿ᄂᆞᆫᄃᆡ來九月頃에輸入ᄒᆞᆯ豫定이라더라

◎一進何之 國民新報社에셔ᄂᆞᆫ近日財政이窮絀ᄒᆞ야一般社員의月俸을支給지못ᄒᆞᆷ으로困難이莫甚ᄒᆞ다더라

◎計在歛米 李學宰尹進學等이養老社를設立ᄒᆞᆯ次로發起ᄒᆞ엿다ᄒᆞᆷ은既報어니와該社를設立ᄒᆞᆫ後經費ᄂᆞᆫ各米廛에셔每石頭에白米五合式收歛補用ᄒᆞ기로協議ᄒᆞ엿다더라

◎訓諭醫士 北部警察署에셔ᄂᆞᆫ本日午前八時에韓人醫師七十名과日人醫師四名을招致ᄒᆞ야衛生에關ᄒᆞᆫ事로一場訓諭ᄒᆞ엿다더라

◎滯在天眞 韓日瓦斯電氣株式會社에셔ᄂᆞᆫ去月三十一日에第三期決算을終了ᄒᆞ엿ᄂᆞᆫᄃᆡ同社監査役伊藤幹一及平澤道次ᄂᆞᆫ昨日에入京ᄒᆞ야三日間天眞樓에滯在ᄒᆞᆯ터이라더라

◎米艦拔錨 仁川港에碇泊ᄒᆞ엿던美國東洋艦隊司令官똔하ᄲᅢ三將의率ᄒᆞᆫ아러스돈及뇌우올릐안스兩艦은昨日午前十時에拔錨出港ᄒᆞ엿다더라

◎兩艦到仁 日本海軍機關候補生의乘組ᄒᆞᆫ遠洋航海에就ᄒᆞᆫ練習艦隊成問笠置兩艦은今日仁川에入港ᄒᆞᆯ터이라더라

◎江原道學校數 去月晦頃에調查ᄒᆞᆫ江原道公私立學校數ᄂᆞᆫ左와如ᄒᆞᆷ

甲種公立普通學校	三
乙	四
各種私立學校	五三
合計	六〇

◎各會의恤金募集 漢城內各社會에셔ᄂᆞᆫ安東郡協東學校教師로被害ᄒᆞᆫ金箕璟氏의遺族救恤金을募集ᄒᆞ기로協議中이더라

◎辯士의効力 淸州郡西面々長申駿九氏ᄂᆞᆫ土地文券僞造及公貸犯逋事件으로同郡監獄署에多月滯囚ᄒᆞ엿더니辯護士卞榮晚氏의辯護ᄒᆞᆫ結果로日前에無事白放되엿다더라

◎幾陷奸計 中部泥洞等地에逗遛ᄒᆞᄂᆞᆫ李秉薰은元來密賣淫女媒介로爲業ᄒᆞᄂᆞᆫ者인ᄃᆡ楊平郡居尹八榮氏가李也와平日面分은有ᄒᆞ나其行爲如何ᄂᆞᆫ不知ᄒᆞ더니李也가尹氏를往見ᄒᆞ고尹氏의令孃이年今十五인ᄃᆡ婚事를加平郡校村居姜某와結定ᄒᆞ되窮家에셔遠路成親이難便ᄒᆞᆯ터이니閭秀를郞子便切戚되ᄂᆞᆫ泥洞居朴某家에率去成親ᄒᆞᆷ이便利ᄒᆞ다ᄒᆞ고百方誘引ᄒᆞᆷ으로尹氏가不得已許諾ᄒᆞ고治行旅費金十一圜은李也가自擔ᄒᆞ엿ᄂᆞᆫᄃᆡ及其上京ᄒᆞ야朴家에來留ᄒᆞᆫ지貳日에李也의行動은極히殊常ᄒᆞ고姜某ᄂᆞᆫ初無ᄒᆞᆫ跡인故로尹氏便에셔日昨에數三人이朴家에前往ᄒᆞ야一場相詰ᄒᆞ고閭秀를率來ᄒᆞ엿다더라

◎夫妻鬪鬩의喩放 東門外紫芝洞演劇場에셔ᄂᆞᆫ日前에唱女海州에夫婦가何等不協ᄒᆞᆫ事件이有ᄒᆞ엿든지毆打相詰ᄒᆞ엿슴으로所管警察署에셔該演劇主管人朴承弼海州의夫吳賢昌等을招致ᄒᆞ야嚴險放送ᄒᆞ엿다더라

◎女工募集 龍山印刷局에셔ᄂᆞᆫ事務의浩煩을因ᄒᆞ야韓女工을數十名爲限ᄒᆞ고募集ᄒᆞᆫ다ᄂᆞᆫᄃᆡ料金은日貨로支撥ᄒᆞᆯ內定이라더라

◎日賊被捉 何許洋服을着ᄒᆞᆫ日人이竊盜疑点이有ᄒᆞᆷ으로西部警察署刑事巡查가追蹤ᄒᆞ더니再昨日上午十一時에該日人이黃土峴等地布木廛에셔行賊ᄒᆞ다가形跡이發現되엿슴으로卽時逃走ᄒᆞ야光化門通衢로向ᄒᆞᄂᆞᆫ同時에人力車夫에게執獲ᄒᆞᆫ바되야該署로押付ᄒᆞ엿다더라

◎僞貨犯捕獲 警務總監部에셔ᄂᆞᆫ日前에坡州郡等地에韓日巡查를派送ᄒᆞ엿다더니再昨日에僞貨犯金明賢等五人을捕獲押上ᄒᆞ엿다더라

◎鄭氏被捉 [illegible]會員鄭殷采氏ᄂᆞᆫ何事件을因ᄒᆞᆷ인지三昨日警務總監部에被捉ᄒᆞ엿다더라

電報

◎春宮船遊 韓國皇太子殿下ᄭᅴ옵셔ᄂᆞᆫ今日午前七時五十分에神戶에御着ᄒᆞ옵셧고同一時에舞子驛에御着ᄒᆞ옵셔竹淸旅館에셔御停宿ᄒᆞ옵실預定인ᄃᆡ近處八景을御遊覽ᄒᆞ옵신後에琵琶湖에셔御船遊ᄒᆞ옵실터이라더라

◎軍隊擴張의允許 土耳其國皇帝ᄂᆞᆫ軍隊編成改革及十四軍團의擴張案을允許ᄒᆞ엿다더라

◎滿鐵借債 滿鐵社債二千萬圜은近日倫敦에셔借債ᄒᆞᆫ다더라

◎長沙의損害額 長沙事件에對ᄒᆞ야英日兩國과其他의損害額은約七八十萬圜以上인ᄃᆡ其中日本損害額은總額의三分一에不過ᄒᆞ고其最甚ᄒᆞᆫ者ᄂᆞᆫ三井物產會社와日淸汽船會社의運物機械破壞와財貨掠奪等과其他日本人의經營ᄒᆞᄂᆞᆫ店鋪를破損ᄒᆞᆷ이有ᄒᆞ나英國損害要求額에比ᄒᆞ면猶爲小額이라더라

◎韓滿差遣被命 陸軍省人事局補任課長步兵大佐草生政桓은韓滿에差遣을被命ᄒᆞ엿다더라

◎電信法案提議 英國政府ᄂᆞᆫ米國政府의法案과略同一ᄒᆞᆫ無線電信法案을今期議會에提出ᄒᆞᆫ다더라

以上東京發 四日着

◎德儲遊轉 德國황太子及同妃兩殿下ᄭᅴ셔ᄂᆞᆫ三週間의豫定으로遊轉ᄒᆞ기爲ᄒᆞ야불엘세루도로向ᄒᆞ야啓駕ᄒᆞ셧다더라

◎露皇再駕 露國皇帝及皇后兩陛下ᄂᆞᆫ御同駕ᄒᆞ야再次포트싸이드에御着ᄒᆞ셧다더라

以上伯林發 四日着

▲濯足會▼

▲庚炎如蒸火傘天에名區靈泉도러드니一條飛瀑如雪ᄒᆞᆫᄃᆡ下有貴人豪客ᄒᆞ야[illegible]가頻々ᄒᆞ다

▲紅塵中에埋身ᄒᆞ니落瀾花와一般이라吮癰舐痔[illegible]習이遍身惡臭流動ᄒᆞ야不顧傍人掩鼻ᄒᆞ더니心腸을洗濯ᄒᆞ지

▲噉人餘唾一不[illegible]夢이深鎖ᄒᆞ야依人杖[illegible]다가乃陷汚滯倒ᄒᆞ야[illegible]換作ᄒᆞ니더身體를[illegible]

▲到處銅臭觸鼻[illegible]력者의行色이라無數[illegible]ᄒᆞ야吹人膏血[illegible]掩

▲紅裙中에[illegible]那禁ᄒᆞᆯ가不知[illegible]樹閣에失魂[illegible]이라더腸肚를洗[illegible]

▲一隊蒼蠅[illegible]로다[illegible]

▲[illegible]々ᄒᆞ니三斗[illegible]貨乞[illegible]面々[illegible]ᄒᆞ다더面目을洗ᄒᆞ지

極致宗分支部에서去陰六月二十日에覲面道峰書院亭園에서講研會를開ᄒᆞ고講長南宮禧氏

達ᄒᆞ엿ᄂᆞᆫᄃᆡ京本部諸教員도往參ᄒᆞ고日憲兵도來觀ᄒᆞ다가其禮儀가秩々ᄒᆞᆷ을稱歎ᄒᆞ엿다더라

◉胡入內庭　中部校洞居李昆春은樓洞居盲人某家內庭에無端突入ᄒᆞᆫ事件으로再昨日所管

◉賣淫女의規則頒施　韓日兩國의賣淫女의團束ᄒᆞᄂᆞᆫ規則을現方制定中이라ᄂᆞᆫᄃᆡ其內概를

될가ᄒᆞ야一隅地에都聚居生케ᄒᆞᆫ다더라

◉同成校振興　靑坡內洞長及

兩校의財政이困難ᄒᆞᆷ으로廢止ᄒᆞᆫ境에至ᄒᆞᆷ을慨歎ᄒᆞ며兩校를合ᄒᆞ야同成學校라名稱ᄒᆞ고財

勉勵ᄒᆞᆷ으로[illegible]다더라

廣告

本報第三千四百三十八號ᄂᆞᆫ治安에妨害라ᄒᆞ야其發賣頒布의禁止를被ᄒᆞ고一日停刊을當ᄒᆞᆷ

皇城新聞社　告白

本店에서鐵物橋北李完鍾許에陰六月晦日推次第五号紙貨貳百圓貳拾五錢票一張을서失故로玆以廣告ᄒᆞ오니誰某拾得ᄒᆞ와도休紙施行ᄒᆞᆷ

小公洞華商洪順福　告白

學生募集廣告

本校에서校務를擴張ᄒᆞ고本科一二學年補缺生과預備生을募集ᄒᆞ오니入學志願者ᄂᆞᆫ八月二十五日內로請願書를提出ᄒᆞᆷ

但請願紙ᄂᆞᆫ本校에請求

試驗科目　漢文　筭術　歷史　地誌　外國語

開學日字　八月二十五日

平安北道嘉山私立育英學校

本人行商營業而价川北面院里李養植家舍證明典執ᄒᆞ고金十圓을債給이옵더니上年陰十月五日에路中見失ᄒᆞ엿스니內外國人間李養植家券拾得ᄒᆞ엿스면休紙로施行ᄒᆞᆷ

平北寧邊郡內軍上里　黃鳳俊　告白

本人의姓名圓章을陽本月二日曉에見失ᄒᆞ엿스니知舊間照亮ᄒᆞᆷ

南部大廣橋一統一戶銀房　宋晋浩　告白

本人이陰六月廿八日路上에서紙匣을서失ᄒᆞᆫ바左開ᄒᆞᆫ約束手形二度를同失ᄒᆞ엿스니誰某拾得ᄒᆞ야도休紙施行ᄒᆞᆷ　京南部黑井洞十四統四戶朴禧元　白

左　開

約束手形

一金二千四百三十六圓也

支撥期日隆熙四年九月晦日（陰）

支撥處所自宅

右金額貴前又ᄂᆞᆫ貴前의指揮人의게此手形과相換에支撥ᄒᆞᆷ

隆熙四年六月晦日（陰）

振出地京城

居住中部大廟洞二十六統四戶

振出人　俞致稷　印

領受人　前

約束手形

一金五千七百七拾五圓也

支撥期日隆熙四年八月晦日（陰）

支撥處所自宅

右金額貴前又ᄂᆞᆫ貴前의指揮人의게此手形과相換에支撥ᄒᆞᆷ

隆熙四年六月二十五日（陰）

振出地京城

居住中部大廟洞二十六統四戶

振出人　俞鎭泰　印

領受人　前

慶北順興郡居云李致凡來留本人家而年今二十五歲인ᄃᆡ論山上流水에溺死인바主客之情으로右人故鄕에通知나村名不知故廣告ᄒᆞ오니順興郡諸氏ᄂᆞᆫ李致凡親戚을아시ᄂᆞᆫ이가잇거든尸體를推去케勸告ᄒᆞ심을敬要

忠南恩津論山一統七戶安汝道

◀京畿道振威郡各面所在水原龍珠寺田畓　續

二西面秩

卅三分田九束一斗五升
卅三分田七束一斗二升
卅三分田一복二束一斗
十九分답二복三束二斗
十九分畓二負一束一斗七升
十九分畓三복六束三斗
六十四답六복八束五斗五升
五十七답四복一束三斗三升
髮十八답八복七束七斗
卅三답四복一束二斗一升
六十二답四복二束三斗五升
大廿八답十二복五束十斗
恭廿二分田三卜五斗
廿二分田四卜二束七斗
廿二分田三복八束六斗二升
能卅답八복五束七斗二升
四十七답五복四斗
十九답四卜九束四斗
十五답二복九束二斗四升
四十답九束五升
四十五답二卜一斗六升
十七답三負一束二斗五升
養四十七답三복九束三斗二升
四十八田三束五升
四十九답五복四斗
五十답五卜二束四斗一升
五十一分田三복一束五斗
五十一分田四복九束八斗[illegible]
長十九分답九束七升
已五十田一복一斗

二炭面秩

溫卅七답九복一束七斗五升
力卅七답十一卜五束八斗五升
忠四十五답五복一束四斗一升
敬六十畓十一卜一束九斗
溫十六답五복一束四斗二升
十五畓三卜三束三斗
履七十三답一복三束一斗一升
敬五十九답九복七斗二升
溫十三답十一복九斗
履七十三分답一복二束一斗
孝廿四畓七복九束四斗
廿四分답七복六束六斗一升
則卅九답十四복三束十一斗五升
興卅七답十五복九束十三斗
忠四十八답一복八束一斗五升
四十八分답八복六斗五升
孝四十二답七卜六斗
五十四답十三복三束八斗三升
斯卅四畓十七복三束十七斗三升
卅답十八복九束九斗八升
如六十九답
臨五十四畓十五卜七束九斗
興十畓五복六束四斗七升
十九답九복一束七斗
十三田三복八束五斗六升
馨卅四田六복七束三斗
伐新起田五十四복五束二石

未完

本校에서高等科一年級과速成科第一學年學員을募集ᄒᆞ오니入學志願人은八月十四日陰七月十日로請願書를提呈ᄒᆞᆷ

一試驗日字　八月十五日（陰七月十一日）

一試驗科目　讀書、作文、算術四則以內

一速成科　理科、日語、作文、算術分數以內

一年齡　十五歲以上卄歲以下

一速成科　十七歲以上二十五歲以下

一入學金　五十錢月謝同

一速成科　一圓月謝八十錢

一卒業期限　三個年

一速成科　二箇年

一兩科課程은本校에來問ᄒᆞᆷ

但課程表를請求ᄒᆞᆯ時ᄂᆞᆫ郵稅를要ᄒᆞᆷ

一開學日字　八月十八日（陰七月十四日）

隆熙四年八月五日

義州枇峴面堂後洞

私立京明學校

紙物貿易에迅速

（廣告文）

●弊店에서各種紙物을直輸入ᄒᆞ와地方同業僉位와其他僉彦에게特別廉減價로酬應ᄒᆞ겟사오니不拘多少ᄒᆞ시고註文ᄒᆞ시면郵便小包와運送部로經過ᄒᆞ와迅速히付呈ᄒᆞ깃숩

物價表와品錄書를無料로付呈ᄒᆞ오

品高價低에爲主ᄒᆞᆷ

內外國紙物大發賣

（品目略錄）

●壯紙、油壯板紙、窓戶紙、白紙、洋비洋紙、書畵各種、天井紙、古查紙、印札紙、半紙、美濃紙、製圖紙、書簡紙、封套紙、其他學校用品筆墨卒業證書紙其他具備

漢城鍾路大廣橋

本店　紙物舖　金聖煥

電話一千二百八十番

支店　漢城北部安洞別宮前

◉特別廣告

諸彦은試思之ᄒᆞ시오

此時ᄂᆞᆫ何時오卽生存競爭으로生活이困難ᄒᆞ고活氣가有ᄒᆞᆫ强壯者外에ᄂᆞᆫ活動ᄒᆞᆯ餘地가업ᄂᆞᆫ時代가아니ᄂᆞ

諸彦은再思之ᄒᆞ시오

病軀弱體로此激烈ᄒᆞᆫ競爭場裏에入ᄒᆞ야進擊的生活을營ᄒᆞ고저ᄒᆞ시ᄂᆞ뇨決코不然ᄒᆞ오健康ᄒᆞᆫ精神이强壯ᄒᆞᆫ身體에在ᄒᆞ다ᄒᆞ니然則身體가康健ᄒᆞᆫ後에야能히有爲를營ᄒᆞ고成功을期ᄒᆞᆯ것이아니ᄂᆞ然이나

三思之ᄒᆞ시오身體를健康케ᄒᆞᄂᆞᆫ法이何에在ᄒᆞ뇨衛生과醫藥選擇에在치안타ᄒᆞᆯ수업도다故로

本舖에서夙히斯道에悟ᄒᆞᆫ바이有ᄒᆞ야神効經驗이有ᄒᆞᆫ名藥

八寶丹　同　生水　蘇生丹　等五十餘種과

其他藥品을備ᄒᆞ고醫士를延聘ᄒᆞ야

諸彦의衛養에供獻ᄒᆞ엿더니果然多數ᄒᆞᆫ生靈의非命惨死를救ᄒᆞᆫ거ᄉᆞᆫ

諸彦의熟知ᄒᆞ시ᄂᆞᆫ바이어니와今番本舖에서

諸彦의愛顧ᄒᆞ시ᄂᆞᆫ恩을思ᄒᆞ고더욱精神을奮勵ᄒᆞ야高明ᄒᆞᆫ

醫師前醫學校教官　金遠植君을本舖醫士로延聘ᄒᆞ야診察、醫治ᄒᆞᄂᆞᆫ士務케ᄒᆞ옵고

德國의最良ᄒᆞᆫ藥品을購入ᄒᆞ야各種藥을精製發賣ᄒᆞ오며

또諸注文酬應ᄒᆞᆫ實驗活케ᄒᆞ오니

有志諸彦은本務繁劇ᄒᆞᆷ을當ᄒᆞ야　座右에不可無ᄒᆞᆫ靈藥八寶丹을備置ᄒᆞ야倦怠困惱ᄒᆞᆫ非境을免ᄒᆞ고快活强壯ᄒᆞᆫ樂界에進ᄒᆞᄂᆞᆫ幸福을享ᄒᆞ시고營爲ᄒᆞᄂᆞᆫ目的을期成ᄒᆞ시오

京城鍾路瀰平堂大藥房本舖主任李應善

電話　壹六九七番

電略話　（화）　（ツ）

◉特別廣告

檀君開國四千二百四十三年
箕子元年三千三十二年
大韓開國五百十九年
本報創刊日
光武八年七月十八日

大韓每日申報

發行兼編輯人　李章薰
發行所
京城中部布廛屛門二宮街　大韓每日申報社

第八卷　月曜及慶節歲時日休刊　第壹千四百五十四號

寄書

勸告基督敎徒同胞

古往今來ᄒᆞ야大韓의二十世紀今日을當ᄒᆞ얏고道微人危ᄒᆞ니敎界의萬千狀態腥風이吹ᄒᆞ도다自魯得更正後로黑暗ᄒᆞᆫ歐洲各國의白日이照臨ᄒᆞ야鎖國主義를固執ᄒᆞ던者의盲眼鋼心을復明케ᄒᆞ니是ᄂᆞᆫ 皇天이眷顧ᄒᆞ샤十八層地獄의哀生을矜恤히녀이심이로다

伊後로天道가燦然復明ᄒᆞ야其敎가入ᄒᆞᆫ國마다社會團體와宗敎精神이日로月長ᄒᆞ야文明地位의最高位를占領ᄒᆞᆫ諸國을見ᄒᆞᄂᆞᆫ가

嗚呼라天道ᄂᆞᆫ無一毫之變이언마ᄂᆞᆫ文明風潮에飽腹ᄒᆞ야宗敎主義에誤解ᄒᆞᆫ者ᄂᆞᆫ奪人自由ᄒᆞ고欺取霸土ᄒᆞᄂᆞᆫ手段으로傳其道ᄒᆞᄂᆞᆫ者頗多ᄒᆞ니印度와越南의前鑑을觀察ᄒᆞᆯ지어다

際此今日ᄒᆞ야以一言으로基督敎同胞에게忠告ᄒᆞ노니可者를取ᄒᆞ고否者를棄ᄒᆞᆯ지어다

夫人은靈魂과肉身이合ᄒᆞ야一活動物이되엿스며宗敎ᄂᆞᆫ國家主義와道德主義를並ᄒᆞ야寶金庫를作ᄒᆞ엿스니國家와宗敎ᄂᆞᆫ表裏相合에密接關係가有ᄒᆞ야須臾不可離니國家에宗敎가無ᄒᆞ면國이아니오宗敎에國家主義가無ᄒᆞ면宗敎가아니라彼外國宣敎師ᄂᆞᆫ大韓同胞에게道德主義나敎ᄒᆞᆯ뿐이오國家主義ᄂᆞᆫ彼輩也에게片時라도聞ᄒᆞᆯ수가無ᄒᆞᆯ뿐더러反爲鋼鎖ᄒᆞᄂᆞ니今日을當ᄒᆞᆫ吾儕가天國의福樂만思ᄒᆞ야殘弱ᄒᆞᆫ形狀과意外에侵害가來ᄒᆞᆯ지라도世上에所望은歸於烏有ᄒᆞ고受侮所[illegible]ᄒᆞ면吾儕가後日萬國史上에汚名을難免이며耶蘇ᄭᅴ서耶路撒冷을向ᄒᆞ야痛哭ᄒᆞ신眞意에過ᄒᆞ야迷信의境에入ᄒᆞ기易ᄒᆞ니國家와道德의兩相無缺토록實行ᄒᆞ야敎의奴隷를作지말고個人的信徒本分을恪守勿弛ᄒᆞ면此民族에게救援이되고皇室에ᄂᆞᆫ享福이오上帝眞神에게도榮光이되리로다

今에那亞舟를造ᄒᆞ야摩西杖으로써此民族을驅ᄒᆞ야潔者不潔者를同舟ᄒᆞ고哥倫布의新地를覓ᄒᆞ던擊楫歌로吾同胞의精神을喚醒ᄒᆞ야現存ᄒᆞᆫ新大韓의自由幸福을同樂타가後日生命닷날에新耶路撒冷을可期ᄒᆞᆯ지니僉同胞ᄂᆞᆫ思之哉인뎌靈魂으로만도人이아니오肉身으로만도人이아닌즉現存과辦靈의一偏의病이無토록前進ᄒᆞ심을敢望

泰仁郡內氷溪大韓
耶蘇敎自由會內　洪昌權

官報

○第四千七百四十九号

▲隆熙四年　八月五日(金曜)

敍任及辭令

○七月八日　鄭元泰　任鏡城郡鄕校直員
○七月十五日　任競鎬　任稷山郡鄕校直員
○七月廿一日　崔亨淳　任加平郡鄕校直員
○七月廿二日　前公立普通學校專科副訓導金경培　任公立普通學校專科副訓導叙判任官四等　郡主事崔禹상　依願免本官　財務署主事會澤覺　依願免本官　(七月廿七日度支部)　安岳郡鄕校直員洪鍾熙　依願免本官　(七月十二日學部)　淸州郡守兼公立淸州普通學校長元大圭　免兼官　(七月廿一日學部)

宮廷錄事

○勳章贈與式　本月一日午前十一時三十分에　皇后陛下ᄭᅴ옵서統監夫人寺內多喜子에게勳章贈與式을行ᄒᆞ신事

○御陪食　本月一日正午十二時에統監夫人寺內多喜子에게御陪食을賜ᄒᆞ신事

(八月二日宮內府)

外報

●露帝歸港　伯林電을據ᄒᆞᆫ즉波羅的海上을御巡回旅行ᄒᆞ시던露帝及其家族一同은크론스탓트港에御歸着ᄒᆞ얏다더라

●西使代理　今電을據ᄒᆞᆫ즉羅馬法王廳駐箚西班牙大使오제다氏가召還을被命ᄒᆞᆫ故로餘在ᄒᆞᆫ事務ᄂᆞᆫ同館參事官이代理執務ᄒᆞᆫ다더라

社告

本報購覽ᄒᆞ시ᄂᆞᆫ僉君子의便宜를爲ᄒᆞ야支社를[illegible]

北面楸洞永昌學校內에設置ᄒᆞ엿스니該地에서本申報購覽ᄒᆞ실僉君子ᄂᆞᆫ該支社員金仁植氏와交涉ᄒᆞ시옵

大韓每日申報社

●德儲의訪問　東京電을據ᄒᆞᆫ즉德國皇太子殿下ᄭᅴ셔今秋極東에御來遊ᄒᆞᆫ다ᄒᆞᆷ은正確無疑ᄒᆞᆫ디其主志ᄂᆞᆫ膠州灣을御視察ᄒᆞ시려ᄒᆞᆷ이라陸路로暫駕ᄒᆞ야露國皇室을訪問ᄒᆞᆫ後에直히膠州灣으로赴ᄒᆞ야視察을終ᄒᆞ고更히淸國及日本皇室을御訪問ᄒᆞ시리라ᄂᆞᆫ情報가該地某處에來到ᄒᆞ얏다더라

●兩國委員의決定要點　北京電을據ᄒᆞᆫ즉露淸間의交涉問題ᄂᆞᆫ尙且調印을未經ᄒᆞ얏스나兩國委員間에決定ᄒᆞᆫ要點은左와如ᄒᆞ다더라

一　滿洲內部의松花江은各國에公開ᄒᆞᆯ事
二　航行ᄒᆞᄂᆞᆫ船舶稅ᄂᆞᆫ船의大小에不依ᄒᆞ고積物의多少를標準ᄒᆞ야課稅ᄒᆞᆯ事
三　兩國國境으로브터各百淸里間에서消費ᄒᆞᄂᆞᆫ貨物의課稅ᄂᆞᆫ勿施ᄒᆞᆯ事
四　穀類稅ᄂᆞᆫ從前稅額보다三分의一을減ᄒᆞᆯ事

●德國의外務大臣　德國에在ᄒᆞᆫ日本大使珍田의電報를據ᄒᆞᆫ즉七月三十日에본키델렌비엘氏ᄂᆞᆫ德國外務大臣을被任ᄒᆞ얏다더라

●兵力準備　倫敦電을據ᄒᆞᆫ즉써비아電報에云ᄒᆞ되벌가리아國에서ᄂᆞᆫ土耳其軍隊에게該國民이武裝의解를遭ᄒᆞᆫ事에關ᄒᆞ야該國人은마세또니아人에게虐待를受ᄒᆞ얏다ᄂᆞᆫ風說을生ᄒᆞᆷ으로紛擾를惹起ᄒᆞᆫ다ᄒᆞ며또타임스通信員의報道에云ᄒᆞ되벌가리아國에서ᄂᆞᆫ外交談判이不適當ᄒᆞᆫ時에ᄂᆞᆫ陸軍을動起ᄒᆞ야事變에應ᄒᆞᆯ準備를計ᄒᆞᆫ다더라

●兩郡水災　連日降雨로因ᄒᆞ야北海道岩內古宇二郡에ᄂᆞᆫ浸水家屋이四百餘戶오潰家ㅣ十五戶오死者ㅣ六名이오負傷者ㅣ二名이오其他田畓損害도多ᄒᆞ다더라

●露市虎患　타임스電을據ᄒᆞᆫ즉露都來電에云ᄒᆞ되當市에서ᄂᆞᆫ虎列剌에罹患者가七百名以上에達ᄒᆞ얏다더라

雜報

●兩師追悼　嶠南學會에서ᄂᆞᆫ安東郡協東學校敎師金箕壽安商德兩氏被害에對ᄒᆞ야三昨日下午七時에同會舘內에서慰勞會를開ᄒᆞ고安氏의父兄及返柩時에隨員諸氏를請邀宴待ᄒᆞ엿고再昨日下午三時에中東學校內에서追悼會를設行ᄒᆞ엿다더라

●文簿換弄의起訴　仁川港居崔晶夏氏ᄂᆞᆫ同港에서客主營業ᄒᆞᄂᆞᆫ柳某가文簿를換弄ᄒᆞᆫ事件에對ᄒᆞ야日昨에京城地方裁判所에起訴를ᄒᆞ엿다더라

▲筆下雷聲▼

▲李址鎔尹德榮金允植三氏ᄂᆞᆫ輔國으로陞任ᄒᆞ엿다지輔國이업서ᄉᆞ國事가此境에至ᄒᆞ엿ᄂᆞᆫ지三氏가陞任ᄒᆞ엿스니國事의輔翼이잘될가

▲李載崑任善準兩氏가大臣을遞任ᄒᆞᆫ後에中樞院顧問을叙任ᄒᆞᆯ터인ᄃᆡ顧問現闕이一窠만有ᄒᆞᆷ으로顧問一窠의加設ᄒᆞᆫ官制를改正ᄒᆞ엿다지大臣이遞任되면依例히中樞院顧問으로叙任ᄒᆞ기로ᄒᆞ다가ᄂᆞᆫ大臣이遞任이되ᄂᆞᆫ디로其官制를改定ᄒᆞᆯ터이니中樞院官制ᄂᆞᆫ改正ᄒᆞ다가말겟고

▲已往에ᄂᆞᆫ官吏들이隨衣陞任ᄒᆞᆷ으로官慾이劇烈ᄒᆞ더니近來에ᄂᆞᆫ巡査에ᄂᆞᆫ會經參副尉가多ᄒᆞ고奏任贊副議에ᄂᆞᆫ會經勅任官으로降任ᄒᆞᄂᆞᆫ者ㅣ多ᄒᆞ다지官職은元來로自下達上ᄒᆞ더니近日官職은自上達下ᄒᆞ니可謂首顧居下로고

▲統監府警務總監部에서韓日兩國密賣淫女를調査ᄒᆞᆫ結果로梅毒의傳染을預防키爲ᄒᆞ야我國人密賣淫女ᄂᆞᆫ京城一隅에區域을特定ᄒᆞ고都聚居ᄉᆡᆼ케ᄒᆞᆫ다ᄒᆞ니인제ᄂᆞᆫ漢城內梅毒傳染은止息이되겟고

世界歷史

❀(네덜란드)의獨立及其隆盛❀

「필닙」二世ᄂᆞᆫ爲人이殘忍明察ᄒᆞ야(네덜란드)를統御ᄒᆞ기不可ᄒᆞᆷ을知ᄒᆞ고乃先新敎徒를誅滅ᄒᆞ기에着手ᄒᆞ야其禍根을芟除ᄒᆞ고저謀ᄒᆞ며又其義姊「마가렛트」로써(네덜란드)의太守를任ᄒᆞ고大僧正「구란베라」로補佐를삼고宗敎裁判所를設ᄒᆞ야新敎徒의誅鋤를大行ᄒᆞ미無辜의橫死가其數를難算이며又都邑의自治權과貴族의參政을欲奪ᄒᆞ거ᄂᆞᆯ「오렌쥐」侯「윌리암」及「에몬트」等諸貴族이同盟ᄒᆞ야西國을抵抗ᄒᆞ고又新敎徒等은寺院을毁ᄒᆞ며偶像을破ᄒᆞ야一大演戲를成ᄒᆞ니於是에「필닙」이其意를遂決ᄒᆞ야將軍「알바」로ᄒᆞ야곰二萬의兵士를率ᄒᆞ고「네덜란드」에往赴ᄒᆞ야鎭壓케ᄒᆞ니「알바」ᄂᆞᆫ天性이極히凶暴殘酷ᄒᆞᆫ者라流血會議를設ᄒᆞ고凡奉命치아니ᄒᆞᆫ者ᄂᆞᆫ捕拿ᄒᆞ야或禁錮ᄒᆞ며或其財產을沒收ᄒᆞ고又或死刑에處ᄒᆞ야極히殘酷ᄒᆞ니國內의騷亂이轉甚ᄒᆞ고人心의激昂ᄒᆞᆷ은尤甚ᄒᆞᆫ지라於是에日耳曼에遁逃ᄒᆞ얏던「오렌쥐」侯「윌리암」이兵을擧ᄒᆞ고「네덜란드」에入ᄒᆞ야

(未完)

詞藻

❀文兵操鍊❀　松浦山人

春秋綱目制軍法廟坐文壇一鍊兵堅壁守城石將帥出班白面將先生墨刑有用論奸惡筆鋒無私討罪明皐朝發令各任責一掃盡塵寰字淸

評曰有無限意味有無限思想

宮廷錄

○夏衣次下賜 大皇帝陛下께옵셔 文武侍從官에게 唐亢羅一疋式을 夏衣次로 下賜ᄒᆞ옵셧다더라

○勳章下賜 皇后陛下께옵셔ᄂᆞᆫ 本月一日統監夫人이 參內謁見時에 勳一等瑞鳳章을 下賜ᄒᆞ셧다더라

雜報

○正副統監의御陪食 太皇帝陛下께옵셔 明日上午十二時頃에 正副統監과 有吉總務長官과 國分及兒玉兩秘書官等을 接見ᄒᆞ시고 御陪食이 有ᄒᆞᆫ다ᄂᆞᆫ데 宮內府大臣及次官과 承寧府總管等도 參 調ᄒᆞᆯ터이라더라

○日將校招宴 寺內統監은 明日午後七時에 昨日入京ᄒᆞᆫ 練習艦隊司令官以下將校九名을 統監邸로 招待ᄒᆞ야 晩餐會를 開催ᄒᆞᆫ다더라

○陞資와任免件 再昨日內閣木曜例會에 案件을 漏聞ᄒᆞᆫ즉 某々氏의 陞資案件과 其他奏任官任免件을 協議ᄒᆞ엿다더라

○隨品任用 別項과 如히 內閣에셔ᄂᆞᆫ 官吏의 品階를 改定頒布ᄒᆞ기로 內定ᄒᆞ엿다ᄂᆞᆫ데 其內容을 聞ᄒᆞᆫ즉 品數를 隨ᄒᆞ야 官吏를 任用ᄒᆞ자 ᄒᆞᆷ이라더라

○大提學新任 中樞院議長金允植氏ᄂᆞᆫ 再昨日에 大提學을 被任ᄒᆞ엿다더라

○輔國의同意 既報와 如히 中樞院議長金允植氏와 永宜君李埈鎔氏와 侍從院卿尹德榮氏ᄂᆞᆫ 輔國으로 陞資ᄒᆞᆯ件을 統監府에 同意ᄒᆞ라고 請ᄒᆞ엿다더라

○兩氏陞資 承寧府總管趙民熙氏ᄂᆞᆫ 崇政으로 陞資ᄒᆞ고 副總管朴齊斌氏ᄂᆞᆫ 特超正 品으로 陞資ᄒᆞ엿다더라

○居上品下의昌皮 承寧府副總管朴齊斌氏가 特超正二品ᄒᆞᆫ다ᄒᆞᆷ은 別項과 如ᄒᆞ거니와 其內容인즉 承寧府侍從長金春熙氏ᄂᆞᆫ 正二品이오 其上官에 在ᄒᆞᆫ者로셔 品下가 昌皮타ᄒᆞᆷ이라더라

○總相邸密議 承寧府總管趙民熙氏ᄂᆞᆫ 再昨日上午九時에 總相李完用氏를 私邸로 訪問ᄒᆞ고 數時間을 時局에 關ᄒᆞᆫ 談話가 密勿ᄒᆞ엿다더라

○兩氏의自外受勅 新任中樞院副賛議許진及趙秉健兩氏ᄂᆞᆫ 身病을 因ᄒᆞ야 詣闕受勅치못ᄒᆞ엿고 昨日에 自外受勅ᄒᆞ엿다더라

○尹氏特陞 皇后宮大夫尹寓善氏ᄂᆞᆫ 特超正二品으로 陞資ᄒᆞᆫ다더라

○閔門如市 奎章閣에셔ᄂᆞᆫ 提學三窠가 現闕이 ᄒᆞᆫ데 獵官者들이 此를 圖得ᄒᆞᆯ 計劃으로 宮相閔丙奭氏家에 朝夕奔至ᄒᆞ야 其門이 如市ᄒᆞᆫ다더라

○墓幕宴會 清豊君李海昇氏ᄂᆞᆫ 本日新門外香洞龍城府大夫人墓幕에셔 午餐會를 設ᄒᆞ고 皇族及各部大臣과 內外國高等官諸氏를 請邀宴待ᄒᆞᆫ다더라

○武官의贈典 近日來로 贈職贈諡ᄒᆞᆫ 氏名은 官報로 頒布ᄒᆞᆫ바어니와 更聞ᄒᆞᆫ즉 南村已往武官들도 其資格如何를 調考ᄒᆞ야 贈職贈諡ᄒᆞ기로 內定ᄒᆞ엿다더라

○五百木渡來 日本朝鮮問題同志會員五百木이 渡韓ᄒᆞᆫ다더니 再昨日下午九時에 入城ᄒᆞ얏다더라

○西南水道視察 內部土木局衛生工事課佐野及中島博士가 平壤郡에 水道를 視察ᄒᆞ기 爲ᄒᆞ야 去二日에 發程ᄒᆞ엿ᄂᆞᆫ데 該郡視察事務를 終了ᄒᆞ고 卽時釜山港水道를 視察ᄒᆞᆫ다더라

○航路增加 釜山汽船會社의 經營에 在ᄒᆞ던 東沿岸航路ᄂᆞᆫ 其掌事者와 同社間의 交涉이 有ᄒᆞᆫ 結果로 更히 寄港地를 增加ᄒᆞ기로 協定ᄒᆞᆫ바 農商工部에셔ᄂᆞᆫ 旣히 命令ᄒᆞ야 變更을 立案ᄒᆞ고 日下度支部로 回附ᄒᆞᆫ中인ᄃᆡ 度支部에셔도 異議가 無ᄒᆞᆯ터인즉 從速決定ᄒᆞ야 卽時閣議에 提出ᄒᆞᆫ後 統監의 承認을 經ᄒᆞ야 發表ᄒᆞᆫ다더라

○忠北情況冊子 忠北觀察道에셔ᄂᆞᆫ 管下各郡의 沿革과 物產有無及風俗關係를 一々調查ᄒᆞ야 忠北道情況이라ᄂᆞᆫ 冊子를 編刊ᄒᆞ야 參考的으로 內部에 數三部를 納呈ᄒᆞ엿다더라

○恥貧更射 義親王便閑良과 永宜君李埈鎔氏便閑良은 去三日에 黃鶴亭에셔 便射를 施行ᄒᆞ야 義親王便에셔 十五点을 負ᄒᆞᆷ으로 其憤然ᄒᆞᆷ을 因ᄒᆞ야 再次設行ᄒᆞᆫ다더라

○地費加額의修報 京畿道에셔 本年度의 地方費旣定額一萬一千四百圓과 追加額七百五十餘圓을 計算ᄒᆞ야 內部로 修呈ᄒᆞ엿다더라

○陰守輪訪 新任陰竹郡守羅鎬氏ᄂᆞᆫ 將次赴任次로 昨日內部에 出頭ᄒᆞ야 高等官을 輪回訪問ᄒᆞ엿다더라

○使役又減 各官廳에셔 韓日人間官吏의 資格不及者를 多數淘汰ᄒᆞᆫ다ᄒᆞᆷ은 旣報어니와 使役ᄭᆞ지 次第減額ᄒᆞ기로 內定되엿다더라

○貯金支撥 韓日人이 巡查로 勤務ᄒᆞ던 人의 貯蓄金은 再昨日에 一切支撥ᄒᆞ얏다더라

○役員의恩金 宮內府主馬課에셔ᄂᆞᆫ 再昨日에 役員五名을 減額ᄒᆞ엿ᄂᆞᆫ데 多少間恩賜金을 支撥키로 目下協議中이라더라

○宋魁未歸 宋秉畯이 從近歸國ᄒᆞᆫ다ᄂᆞᆫ 說은 一般聞知ᄒᆞᆫ바어니와 該씨ᄂᆞᆫ 統監歸朝ᄒᆞ기前에ᄂᆞᆫ 決코 歸國치아니ᄒᆞᆫ다고 言明ᄒᆞ엿다더라

○學生身分調查 北部警察署에셔ᄂᆞᆫ 昨日에 管內留學生宋秉善氏等八名을 招致ᄒᆞ야 身分을 調查ᄒᆞ엿다더라

○餓鬼相鬪 所謂國民同志賛成會에셔ᄂᆞᆫ 該會設立後로 書記二名에게 每日食費金二十錢式을 支給ᄒᆞ더니 財政이 困難ᄒᆞᆷ을 因ᄒᆞ야 食費를 廢止ᄒᆞᆫ지가 一週日이 過ᄒᆞ엿슴으로 該書記等은 飢寒을 不堪ᄒᆞ야 日前에 該會中에셔 一場風波가 起ᄒᆞ엿다더라

○日艦到仁 既報와 如히 八代少將의 領率ᄒᆞᆫ 練習艦隊淺間笠置의 兩艦은 豫定보다 稍後ᄒᆞ야 昨日午後五時頃에 仁川에 入港ᄒᆞ엿ᄂᆞᆫ데 今明兩日은 乘組員이 上陸ᄒᆞ야 京城을 觀覽ᄒᆞᆫ다더라

○劉變爲金 一進會員劉文卿은 年前에 處役ᄒᆞ다가 準期蒙放ᄒᆞᆫ後 該會에 入參ᄒᆞ엿ᄂᆞᆫ데 姓名을 金夢旭이라 變稱ᄒᆞ고 本姓이 金哥라ᄒᆞᄂᆞᆫ 該母의 證據가 有ᄒᆞ다ᄒᆞ야 掌禮院에 數次請願書를 提呈ᄒᆞ되 該院에셔 否認ᄒᆞᆷ으로 將次京城地方裁判所檢事局에 人事訴訟을 提起ᄒᆞᆫ다더라

○鏡民의移住 鏡城郡附近에 居ᄒᆞᄂᆞᆫ 我國民은 昨年九月以來로 今年四月ᄭᆞ지 連續ᄒᆞ야 北間島로 移住ᄒᆞᆫ 結果로 其破壞된 餘堡가 千三百〇四戶인ᄃᆡ 近日內部에셔 其原因을 調查ᄒᆞᆫ즉 元來該地方人民은 年々히 露國領地에 出稼ᄒᆞ더니 昨年브터ᄂᆞᆫ 露領에셔 我國人을 雇傭치아니ᄒᆞᄂᆞᆫ中 昨年은 虫害及水害가 特甚ᄒᆞ야 生計無路ᄒᆞᆷ으로 窮民이 生活을 從ᄒᆞ야 土地肥沃ᄒᆞᆫ處로 移住ᄒᆞᆷ이라ᄒᆞ며 或은 近日日本軍司令部에셔 射擊場의 設定地를 調查ᄒᆞᆷ을 見ᄒᆞ고 兵營을 建築ᄒᆞᆯ줄노 信ᄒᆞ고 移住ᄒᆞᆷ이라더라

○婦人會茶果 愛國婦人會本部에셔 昨日仁川에 入港ᄒᆞᆫ 練習艦隊淺間笠置의 乘組水兵이 六七兩日에 入京ᄒᆞᄂᆞᆫ데 對ᄒᆞ야 景福宮內慶會樓에 招待所를 設ᄒᆞ고 例에 依ᄒᆞ야 茶果卷烟草를 供ᄒᆞᆫ다더라

○日日報準備 孔子教會에셔ᄂᆞᆫ 大韓日々新聞을 大擴張發刊ᄒᆞᆯ 計劃인ᄃᆡ 印刷機械及家屋을 一切購入ᄒᆞᆯ次로 目下準備中이라더라

○斷線更續 去三日夜慶南昌原府邑內面北々에셔 釜山馬山間의 電柱十六株間의 電線을 切斷竊取ᄒᆞᆫ者가 有ᄒᆞ엿ᄂᆞᆫ데 犯人은 昨日ᄭᆞ지 逮捕치못ᄒᆞ고 電信은 緊急工事를 施ᄒᆞ야 再昨日午後五時브터 開通ᄒᆞ엿다더라

○全南水害 全南各郡에셔 去月中에 水害를 被ᄒᆞᆫ 總額은 全北보다 稍少ᄒᆞᆫ데 日本人死者가 三人이오 家屋崩壞가 十五戶 同浸水가 四百七十四戶요 田畑의 流失及浸水와 道路破損과 鐵道線路破損과 農作物의 被害等總損失額이 十四萬四千八十三圓이라더라

○兩日報停止 釜山에셔 發行ᄒᆞᄂᆞᆫ 釜山日報及朝鮮時報ᄂᆞᆫ 時局問題에 關ᄒᆞᆫ 記事를 因ᄒᆞ야 發行을 停止ᄒᆞ엿다더라

○美菌含毒 東門外運寺僧友松이가 出他歸路에 數個美菌을 採取ᄒᆞ야 同僚諸僧으로 烹食ᄒᆞ엿ᄂᆞᆫ데 幾時間을 過치못ᄒᆞ야 狂氣가 忽生ᄒᆞ야 或舞或蹈ᄒᆞᄂᆞᆫ지라 友松은 治療ᄒᆞ야 愈ᄒᆞ엿고 其餘一人은 委席不起ᄒᆞᆫ다더라

○賠償金의措處問議 前判書尹雄烈氏ᄂᆞᆫ 年前國債報償金總合所長으로 在任時에 保管ᄒᆞᆫ 金額이 有ᄒᆞᆷ으로 國債報償金處理會에 右金을 引繼ᄒᆞᆯ次로 尹氏에게 屢度交涉ᄒᆞᆷ은 一般知了ᄒᆞᄂᆞᆫ바어니와 尹氏가 日前에 該會로 公函을 送致ᄒᆞ엿ᄂᆞᆫ데 右金을 保管ᄒᆞᆯ時에 受任處가 有ᄒᆞᆫ즉 今에 該會로 交付ᄒᆞ엿다가 日後是非를 難測이니 措處方法을 指示ᄒᆞ라ᄒᆞ엿다더라

○被捉旋放 侍從院侍從李明九氏ᄂᆞᆫ 何事件을 因ᄒᆞᆷ인지 昨日上午十時頃에 京城第二憲兵分隊에 被捉ᄒᆞ엿다가 數時間後蒙放ᄒᆞ엿다더라

○商會利害施措 鍾路大廣橋西便에 建設ᄒᆞ엿던 廣告臺ᄂᆞᆫ 其位置의 不適當ᄒᆞᆷ을 因ᄒᆞ야 內外國人의 批評이 藉々ᄒᆞᆯ뿐아니라 附近店에 害를 貽ᄒᆞᆷ이 不少ᄒᆞ던바인ᄃᆡ 近日에 該廣告臺를 更히 東川邊으로 移設코져ᄒᆞᄂᆞᆫ中인 故로 京城商業會議所ᄂᆞᆫ 此移建에 關ᄒᆞᆫ 商民의 利害를 擧ᄒᆞ야 所管官廳에 交涉中이라ᄂᆞᆫᄃᆡ 當該官廳에셔ᄂᆞᆫ 此에 對ᄒᆞ야 相當ᄒᆞᆫ 施措가 有ᄒᆞ리라더라

電報

○春宮御歸京 韓國皇太子殿下께옵셔ᄂᆞᆫ 中國各地에 巡行을 終了ᄒᆞ옵시고 六日新橋에 御到着ᄒᆞ옵셔 歸京ᄒᆞ옵실터이라더라

○官制脫稿通知 統監府理事廳官制改正案은 旣히 脫稿되야 法制局에 通知ᄒᆞ엿다더라

○鐵道省設置 拓殖局設置ᄒᆞᆷ과 同時에 鐵道院도 改革ᄒᆞ야 臺灣鐵道와 同一所管으로 鐵道省을 設置ᄒᆞᆯ터이라더라

○山東暴亂 清國山東省에ᄂᆞᆫ 暴亂이 起ᄒᆞ야 戒嚴ᄒᆞᄂᆞᆫ中인ᄃᆡ 亂民等이 逆襲ᄒᆞ야 激戰ᄒᆞᆫ 故로 第五鎭隊長及兵士九名은 戰死ᄒᆞ고 亂民中二百三十餘名의 死傷者가 出ᄒᆞ엿다더라

○戰線巡視 臺灣討伐隊慰問使中村侍從武官은 聖旨及恩賜品을 傳達ᄒᆞ기 爲ᄒᆞ야 戰線을 巡視ᄒᆞᆫ다더라

○出品觀則改正 日本政府ᄂᆞᆫ 伊太利萬國博覽會出品規則을 改正ᄒᆞ엿다더라

○氣像觀測所建築 日本軍用氣球研究會에셔ᄂᆞᆫ 氣球를 飛揚ᄒᆞᆷ에 對ᄒᆞ야 氣像及颶風을 觀測ᄒᆞᆯ次로 埼玉縣入間郡所澤町에 氣像觀測所를 建設ᄒᆞᆯ터인ᄃᆡ 今月下旬브터 着手ᄒᆞᆫ다더라

○露人의私有財產處分 滿洲에 在ᄒᆞᆫ 露國人의 私有財產處分의 交涉은 近日奉天에셔 開始ᄒᆞᆯ터이라더라

以上東京發 五日着

▲無絃琴▼

▲北窓清風三庚天에 無絃琴을 빗기안고 時局事로 新曲ᄒᆞ며 慷慨心懷相和ᄒᆞ니 知音者가 有誰런고

▲南風薰兮撫遼ᄒᆞ니 有誰解吾慍런고 民窮財渴此世界에 如何以聊生自歎ᄒᆞ니 我心自然悲酸로다ᄉᆞ르렁

▲聲在海山浮空ᄒᆞ니 學流成數何之런고 此乾坤을 俯仰ᄒᆞ며 歎雨米風捲入ᄒᆞ야 優劣競爭時라ᄉᆞ르렁

▲一片明月來照ᄒᆞ니 鋼鐵牙齒相通이라 團體力을 養成ᄒᆞ지 各團會를 主唱ᄒᆞ니 有志者가 發起런고ᄉᆞ르렁

●平會不平 韓國平和協會ᄂᆞᆫ經費가不足ᄒᆞ야維持키難ᄒᆞᆷ으로會員中解散을主張ᄒᆞᄂᆞᆫ者多ᄒᆞᆫ지라此에對ᄒᆞ야金宗漢鄭鳳時等諸氏ᄂᆞᆫ統監府에二千圓假令을借款ᄒᆞ야該會를維持ᄒᆞ자고主張ᄒᆞ다同會總務長沈日澤氏ᄂᆞᆫ借財說에對ᄒᆞ야極力反對ᄒᆞᆷ으로一時紛擾가起ᄒᆞ얏다더라

●廣郡大雨 廣州郡等地에서ᄂᆞᆫ三昨夜에大雨가瀑注ᄒᆞ야農作物의損害가多大ᄒᆞ얏다더라

●水産支所擴張 釜山鎭水産組合之所에서營業을擴張ᄒᆞ기爲ᄒᆞ야該港實業家十人이本港銀行資本金으로爲를處理ᄒᆞᄂᆞᆫᄃᆡ所長은丁瀅鎭氏요副所長은朴放玉氏요總務ᄂᆞᆫ孫秉殷氏요書記ᄂᆞᆫ鄭進弼氏요貞義라諸氏가熱心從事ᄒᆞ고各官署에서도極力保護ᄒᆞ기로進就의望이有ᄒᆞ다더라

十名이昇祭井飮水人을毆打ᄒᆞ얏다ᄂᆞᆫ說은該洞統監이初無是事라고本社에致函辨明ᄒᆞ더라

廣告

故裴說氏墓碣費義捐金廣告 第八回

京城內 無名氏 二十圓

本人에所在家屋이東署四賢洞三十一統七戶이온ᄃᆡ前洋紙板刻舊文券을家中에서不知中서失이옵기로玆에廣告홈

李淳東 告白

平壤四門內宋尙愈氏爲道支店則該道內八出張及郡支店은該支店에求藥

官許回蘇丸

閔橒 白

本人이朴致務의게十餘爲兩所捧錢이有인바同致務의京畿道長湍郡西井道上里所在田畓을天一銀行에典執이옵기朴某의言을依ᄒᆞ야還覓引繼ᄒᆞ와已酉十一月分에金允中許에典執得用이온ᄃᆡ朴某의母金召史가每日申報第一千四百二十二号에文券을서失ᄒᆞᆫ樣으로提出ᄒᆞᆫ거ᄉᆞᆫ未知內容이기玆에正誤홈

開城郡北部面禮賓里鞍谷十五統六戶 李培雨 告白

本人이圓形姓名章을不知中에서失故로廣告ᄒᆞ니勿施홈

中部鑰洞五十一統十戶 崔萬謙 告白

本人이去十四日新義州來往時에牛篆圓形圖章을서失ᄒᆞ엿ᄉᆞ기玆以廣告ᄒᆞ오니內外國僉君子ᄂᆞᆫ照亮ᄒᆞ신後誰某拾得이던지無用으로認定ᄒᆞ심을切望홈

義州古城面烟上洞李尙燁 告白

學生募集廣告

本校에서校務를擴張ᄒᆞ고本科一二學年補缺生과預備生을募集ᄒᆞ오니入學志願者ᄂᆞᆫ八月二十五日內로請願書를提出홈(但請願紙ᄂᆞᆫ本校에請求)

試驗科目 漢文 筭術 歷史 地誌 外國語

開學日字 八月二十五日

平安北道嘉山私立育英學校

▲京畿道振威郡各面所在水原龍珠寺田畓 續

古頭面秩

貐五十五답九복二束七斗
染四답九복五束七斗二升
達六十三田三복五束六斗
縣十답九束七升
十分답一복四束一斗二升
廿六답八복一束七斗
八답八복六斗四升
十二답二복五束二斗
十二分답一복三束一斗
十二分답八복二束六斗六升
家十二分답五복七束四斗六升
十二分답四복九束四斗
階四十七답七卜五束六斗
四十七分답七복三束六斗

五朶面秩

職卅三답四卜五束三斗六升
卅七답五복四斗
廿八답一복三束一斗
廿八田一卜九束三斗一升
廿三답二卜一斗七升
卅一田一복二束二斗
淵六답五복二束四斗二升
七답一복八束一斗五升
五田三복一束五斗
五分田八복十四斗
不七十三田三복五束六斗
流七十五田一복二束二斗
不六十八田七束一斗
八十二田一卜二束二斗
八十二分田一복七束三斗
下廿四답六복三束五斗
廿四分畓五束五升

城南面秩

帳卅二답七卜五束六斗
卅八畓六卜八束五斗五升
卅八分답二복四束二斗
楹十二畓六卜一束五斗
十二分답八卜三束六斗七升
十三답八복二束六斗六升
十四답三복一束二斗五升
卅九畓三복八束三斗一升
十五답六복九束五斗六升
卅九分답一卜二束一斗
四十五답四복一束三斗四升
四十五分답八복三束六斗七升

未完

黃土峴普生醫館에서多年診察ᄒᆞ던前陸軍々醫々學校敎官金達權氏가本堂診察所에서診察ᄒᆞ오니前日顧愛ᄒᆞ시던僉君子ᄂᆞᆫ照亮枉臨ᄒᆞ시옵

京城鍾路 和平堂診察所

敝商在阿峴方面遺失手形票券三張計靑坡李汝幹金貨三十六圓五十錢阿峴高源奎五十四圓六十三錢五厘車公玉一百六圓五十錢並有水橋權義學白紙票一張金一百五十六圓勿論何人拾得作爲廢紙特此布告聲明

華商 德順福 謹白

去七月三十日에本人의姓名圖章을路上서失ᄒᆞ엿기玆에廣告홈

雲山郡邑面松峴里上洞崔燦민

本人이十餘年間各國時計修理ᄒᆞᄂᆞᆫ法을受業ᄒᆞ와內外國僉彦에愛顧ᄒᆞ심을甚히蒙ᄒᆞ엿ᄉᆞ거니와自今爲始ᄒᆞ와本舖ᄂᆞᆫ一層擴張ᄒᆞ기爲ᄒᆞ야各國時計上品各種과其他附屬品各種을具備홈이外他商店보다次等이別無ᄒᆞ고修理法이漸次善良ᄒᆞ오니內外國僉彦은陸續枉臨ᄒᆞ심切望(但外方에ᄂᆞᆫ小包로酬應홈)

京城南部大廣橋側 各國時計商趙璇熙 告白

本報第三千四百三十八號ᄂᆞᆫ治安에妨害라ᄒᆞ야其發賣頒布의禁止를被ᄒᆞ고且停刊을當홈

皇城新聞社 告白

陰六月二十日南內市壕北邊米廛延燒에對ᄒᆞ야魚物廛에서十圓과果廛에서五圓과雜貨商에서五圓을特爲捐助ᄒᆞ엿ᄉᆞ옵기玆에感意를廣布홈

南米廛

本人의子瑞鳳이가性本不良ᄒᆞ야不孝不恭ᄒᆞ고家產蕩殘케ᄒᆞ바온ᄃᆡ方今出家ᄒᆞ야借債方求ᄒᆞ라ᄒᆞ니內外國人은切勿見欺홈

釜山鎭九二洞姜敬善 告白

本店에서鐵物橋北李完鍾許에陰六月晦日推次第五号紙貨貳百圓貳拾五錢票一張을서失故로玆以廣告ᄒᆞ오니誰某拾得ᄒᆞ와도休紙施行홈

小公洞華商洪順福 告白

紙物貿易에迅速

●弊店에서各種紙物을直輸入ᄒᆞ와地方同業僉位와其他僉彦에게特別廉減價로酬應ᄒᆞ깃사오니不拘多小ᄒᆞ시고註文ᄒᆞ시면郵便小包와運送部를經過ᄒᆞ와迅速히付呈ᄒᆞ깃ᄉᆞᆸ

(廣告文)物價表와品錄書를無料로付呈ᄒᆞ오

內外國紙物大發賣

品高價低에爲主홈

(品目略錄)

●壯紙、油壯板紙、窓戶紙、白紙、塗비洋紙、書畵各種天井紙、古査紙、印札紙、半紙、美濃紙、製圖紙、書簡紙、封套紙、其他學校用品畢卒業證書紙其他具備

漢城鍾路大廣橋

本店 紙物舖 金聖煥 電話一千二百八十番

支店 漢城北部安洞別宮前

土地賣買契約書紛失廣告

一京畿道交河郡支石面所在田十四日一息耕結九十八負四束畓八石三斗落結二口五十六負八束靑岩面所在田四日耕結一十七負七束畓五石十三斗落結一口八十二負三束

賣主松宮竹次郎 買主朴鍾穆

本人이朴鍾穆에土地買受의對ᄒᆞ야證明을委任ᄒᆞ고隆熙四年四月二十六日交河郡에提出ᄒᆞᆫ土地證明第一六七號賣買契約書를六月一日坡州郡馬山前坪의서紛失ᄒᆞ엿기交河郡에正本下付를申請ᄒᆞ야交河郡第一六七号土地證明賣買契約書를更受ᄒᆞ고理事廳査證을經ᄒᆞ엿ᄉᆞ기玆의廣告홈 但以後該舊證明券은無效로홈

京城東部於義洞新橋六統八戶 委任人 金相應 白

本校에서高等科一年級과速成科第一學年學員을募集ᄒᆞ오니入學志願人은八月十四日陰七月十日로請願書를提呈홈

一試驗日字 八月十五日(陰七月十一日)
一試驗科目 讀書、作文、算術四則以內
一速成科 理科、日語、作文、算術分數以內
一年齡 十五歲以上廿歲以下
一速成科 十七歲以上二十五歲以下
一入學金 五十錢月謝同
一速成科 一圓月謝八十錢
一卒業期限 三個年
一速成科 二箇年
一兩科課程은本校에來問홈 但課程表를請求홀時ᄂᆞᆫ郵稅를要홈
一開學日字 八月十八日(陰七月十四日)

隆熙四年八月五日

義州枇峴面堂後洞私立克明學校

本人이陰六月廿八日路上에서紙匣을서失ᄒᆞᆫ바左開ᄒᆞᆫ約束手形二度를同失ᄒᆞ엿ᄉᆞ니誰某拾得ᄒᆞ야도休紙施行홈

京南部墨井洞十四統四戶朴禧元 白

左開

約束手形

一金三千四百三十六圓也

支撥期日隆熙四年陰九月晦日

支撥處所自宅

右金額貴前又ᄂᆞᆫ貴前의指揮人의게此手形과相換에支撥홈

隆熙四年陰六月晦日

振出地京城

居住中部大廟洞一十六統四戶

振出人 俞致稷 印

領受人 前

約束手形

一金五千七百七拾五圓也

支撥期日隆熙四年陰八月晦日

支撥處所自宅

右金額貴前又ᄂᆞᆫ貴前의指揮人의게此手形과相換에支撥홈

隆熙四年陰六月二十五日

振出地京城

居住中部大廟洞二十六統四戶

振出人 俞鎭泰 印

領受人 前

本人에庄土가在於黃海道延安郡福峴面三里楸井坪이온ᄃᆡ字号ᄂᆞᆫ惻字造字요結卜은八十七負四束이오斗落數ᄂᆞᆫ三石五斗이온ᄃᆡ該庄土文券을明証次로陰六月分에該道에下去ᄒᆞ다가該庄土舊文券을中路에서遺失ᄒᆞ얏기玆以廣告ᄒᆞ오니內外國人間誰某拾得ᄒᆞ와도休紙施行홈

西部龍山坊靑坡三契五十一統五戶 崔秀榮 告白

廣告

本人行商營業而价川北面院里李養植家舍證明典執ᄒᆞ고金十圓을債給이옵더니上年陰十月五日에路中見失ᄒᆞ엿스니內外國人間李養植家劵拾得ᄒᆞ엿스면休紙로施行ᄒᆞᆷ

平北寧邊郡內軍上里 黃鳳俊 告白

民刑訴訟의委任에應ᄒᆞᆷ

辯護士 洪在祺

本事務所 京城中部大笠洞

出張所 平壤郡南門通

本商會는世運의進化와商業의發展을隨ᄒᆞ야業務를新鮮擴張ᄒᆞ야各種布木紬紵緞屬新式毛織等諸般衣服所用物貨를多數貿易ᄒᆞ야僉君子의請求를誠實酬應ᄒᆞ오며地方에셔는請求만ᄒᆞ시면郵便小包나運送部로送呈ᄒᆞ고代金은引換ᄒᆞ겟사오니地方에商店이나所用되시는僉君子는多數請求ᄒᆞ심을望

韓國收入印紙原賣所

有價証劵典當賣買所

京城鍾路通二十二統四戶

壽南商會 金泰熙

本店에셔商業ᄒᆞᆫ지十六年間僉君子의愛顧ᄒᆞ심을特蒙ᄒᆞ와今年부터業務을大擴張ᄒᆞ고春夏秋冬所用으로綢屬手巾等各國高等物品을現今多數直輸入ᄒᆞ온바各地方에셔는貿易에便利賣買키爲ᄒᆞ야特廉減價ᄒᆞ와郵便小包로酬應ᄒᆞ야代金은引換ᄒᆞ깃사오니十三道各郡僉君子는隨意請求ᄒᆞ심을望

振替貯金番號（韓國壹三番）

電話番號（三五八）

漢城中部鍾路 ● 器廛洞二十一統五戶

廣興泰 告白

◉商業同胞에게告홈

今也에諸般事業이漸次발達ᄒᆞ는時代를當ᄒᆞ야商業上의關係도또ᄒᆞᆫ此를從ᄒᆞ야變遷ᄒᆞ며商去來의慣習이舊日과不同ᄒᆞ고商行爲의規模가昔時와相異ᄒᆞ야會社라銀行이라ᄒᆞᆷ이昔日의見치못ᄒᆞ던바ㅣ며手形이라證劵이라ᄒᆞᆷ이舊時의行치못ᄒᆞ던비라、如此히變遷ᄒᆞᆫ時代에在ᄒᆞ야舊日의慣習으로商去來를行ᄒᆞ며昔時의規模로商行爲를營코져ᄒᆞᆯ진ᄃᆡ엇지能히商業의目的을達ᄒᆞ리오噫라前日에는地方의商旅가京城에來往ᄒᆞ는者ㅣ聯絡不絶ᄒᆞ더니今日에는何故로如此히凋殘ᄒᆞ엿스며昔日에興旺ᄒᆞ던客主營業이何故로今日에不振ᄒᆞᄂᆞ뇨試思ᄒᆞᆯ지어다其行ᄒᆞ는慣習과其營ᄒᆞ는規模가今日變遷ᄒᆞᆫ此時代에適合치아니ᄒᆞᆫ所以가아닌가是故로本會社는五六年前에京城商業에實地從事ᄒᆞ는有力諸氏에게組織ᄒᆞᆫ바ㅣ되야外國에有名ᄒᆞᆫ織組會社와都賣特約을結ᄒᆞ고織物을直接貿易ᄒᆞᆷ으로爲業ᄒᆞ야今日에至ᄒᆞ야는엄然히京城商業界의重鎭을占ᄒᆞ니實로我國의商業界를爲ᄒᆞ야慶幸ᄒᆞ는바ㅣ로다然이나本社는더욱全國同胞의便益을圖ᄒᆞ기爲ᄒᆞ야業務를更擴張ᄒᆞ고規模를拾分改良ᄒᆞ야本社營業의一副業으로委託營業을開始ᄒᆞ고各地方商旅의賣買委托을受ᄒᆞ야去來를信實히行ᄒᆞ고待遇를親切히爲ᄒᆞ며口文을低廉히受ᄒᆞ고金錢을迅速히融通ᄒᆞ며地方商人의或不知ᄒᆞ는新式節次도詳細히指導ᄒᆞ오리니來ᄒᆞ시오來ᄒᆞ시오全國의商業同胞는京城鍾路大廣橋通合名會社彰信社로枉臨ᄒᆞ시옵

合名會社 彰信社社長 洪鍾晥

營業部長 安義淳

委托部長 金春植 謹告

留宿의便利를圖ᄒᆞ기爲ᄒᆞ야廣橋南川邊茶洞十五統九戶

彰信旅館을設홈

◉共愛堂大藥房製造各種藥品發行表

壯陽復元丹 此藥專治腦痛肺弱 房事色傷 心腎虛弱 遺精多夢、陽위不起 病後虛弱 不下飮食 先天不足 眩暈頭痛 壹週分壹圓 四週分三圓四拾錢 等症에並妙効가有홈 二週分壹圓八拾錢 八週分六圓四拾錢

慶修 **靈丹** 壹般滯症胃腹痛消化不良心神鬱悶船훈酒醉化담 止히口軟惡臭食慾不振등症에並神効

眼科聖藥 **淸眼水** 壹般眼疾、時行眼疾、風熱眼疾、羞明流淚、眼內紅痒등症에撥雲見天之妙（壹瓶金拾錢）

鮮하 **至寶丸** 專治하疾애氣虛하、遠年長하、一日二日하、雖難治之하이라도永々거근홈 壹包金拾錢

皮膚神藥 **靈效液** 特治皮膚痌疥癬옴、皮風、諸般痒疹、두두러기、옷올닌데다神効홈 壹瓶금三拾錢

五淋專治 **通淋丸** 急慢淋疾、赤빅帶下、방광炎症、뎌炎皮濃漏外他淋毒性諸症에신效홈 壹제금五拾錢

梅毒妙効 **神應丹** 楊梅瘡에壹期二期三期를勿問ᄒᆞ고確實이有효、連珠瘡下疳瘡等에幷효 壹제金三圓

腹학신藥 **淸脾丸** 喘治小兒壹般腹학、面黃、尿靑、左脇별腹에大奇효홈 一匣金五拾錢

久해神効 **養胃散** 通經久滯積、呑酸吐사、癨亂、胃腹등大便不通等症에爽効如神 壹貼금十五錢

治痰鎭咳丸 專治大人히소、喘息、담結등症에妙 三日分一包금卅錢

特冒感효 **消熱散** 勿論四時傷寒感冒、咽喉疼등、寒熱往來肢節동、頭학非학등症有효 壹貼금拾錢

耳病신효 **淸耳液** 專治耳病卽鼓膜炎、內外聽道炎、耳中灼熱疼소痒、濃液流出등症有효 一瓶금十錢

百貼百應 **妙妙膏** 風寒濕氣、胸肩背에牽引疼등、腰膝脚되酸동無力、骨節동등症에如神 금卄五錢

奏효如신 **能治膏** 各種腫氣、小兒胎毒、부스럼濕腫、生新에並신효 一包금拾錢

大腫拔根膏 大小腫에根색는약 價금拾錢

鮮凝膏 멍울삭히는약 價금拾錢

寸虫去根藥 價금卄錢

齒痛水 충치風치신효 價금七錢五厘

鷄眼膏 티눈빼는약 금拾錢

汗斑水 어루럭니약 금十錢

止泄丸 대泄暑泄신효 價금拾五錢

痢疾藥 赤빅痢에신효 價금拾五錢

各種上等金雞納 東西洋有名賣ᄉ洋藥 乾材都賣散賣其他各種藥이具備ᄒᆞ오니請求를依ᄒᆞ야小包로酬應ᄒᆞ겟숨

發行所 皇城南部大廣橋十九統七戶

共愛堂大藥房主 朴容桓 告白

◉特別廣告

諸彦은試思之ᄒᆞ시오

此時는何時오卽生存競爭으로生活이困難ᄒᆞ고活氣가有ᄒᆞᆫ强壯者外에는活動ᄒᆞᆯ餘地가업는時代가아니뇨

諸彦은再思之ᄒᆞ시오

病羸弱體로此激烈ᄒᆞᆫ競爭場裏에入ᄒᆞ야進擊的生活을營ᄒᆞ고저ᄒᆞ시ᄂᆞ뇨決코不然ᄒᆞ오健康ᄒᆞᆫ精神이强壯ᄒᆞᆫ身體에在ᄒᆞ다ᄒᆞ니然則身體가康健ᄒᆞᆫ後에야能히事爲를營ᄒᆞ고成功을期ᄒᆞᆯ것이아니뇨然이나

三思之ᄒᆞ시오身體를健康케ᄒᆞ는法이何에在ᄒᆞ뇨卽衛生과醫藥選擇에在치안타ᄒᆞᆯ수업도다故로

本舖에셔夙히斯道에悟ᄒᆞᆫ바이有ᄒᆞ야神効靈驗이有ᄒᆞᆫ名藥

八寶丹 回生水 蘇生丹 等五十餘種과

其他藥品을備ᄒᆞ고醫士를延聘ᄒᆞ야

諸彦의衛養에供獻ᄒᆞ엿더니果然多數ᄒᆞᆫ生靈의非命慘死를救ᄒᆞᆫ거슨 諸彦의熟知ᄒᆞ시는바이어니와今者本舖에셔

諸彦의愛顧ᄒᆞ시는恩을思ᄒᆞ고더욱精神을奮勵ᄒᆞ야高明ᄒᆞᆫ

醫學校敎官 二等醫正 金達植君을本舖醫士로延聘ᄒᆞ야診察、醫治를主務케ᄒᆞ옵고

德國의最精最良ᄒᆞᆫ藥品을購入ᄒᆞ야各種藥을精製發賣ᄒᆞ오며

또諸注文酬應을信實敏活케ᄒᆞ오니

有志諸彦은事務繁劇ᄒᆞᆷ을當ᄒᆞ야 座右에不可無ᄒᆞᆫ靈藥八寶丹을備置ᄒᆞ야倦怠困惱ᄒᆞᆫ非境을免ᄒᆞ고快活强壯ᄒᆞᆫ樂界에進ᄒᆞ는幸福을享ᄒᆞ시고營爲ᄒᆞ는目的을期成ᄒᆞ시오

京城鍾路和平堂大藥房本舖主任李應善

電話 壹六九七番

電略話 （화） （ㄱ）

◉特別廣告

○太極敎發展 地方各郡에太極敎宗이漸次發展되는디就中咸南北黃海忠南北京畿慶南七殆近三百處오敎員이三萬餘人에達ᄒᆞ엿다더라

○全北水害 全羅北道各郡에害額을聞ᄒᆞᆫ즉田畑浸水를因ᄒᆞ야生ᄒᆞᆫ損害總額은約十六萬七千五百餘圓인디其中에日本人

○被誣白放 楊平郡居安萬益氏가一進會魁首宋秉畯의舍音洪川郡居金某의搆誣를被ᄒᆞ야와日前에京城地方裁判所에서例審을經ᄒᆞ엿는디事實上曖昧ᄒᆞᆷ으로再昨日에白放되엿다더

○孤院會議退定 京城孤兒院에서再昨日에評議員會를開ᄒᆞ려다가人員이未備ᄒᆞᆷ으로開會定ᄒᆞ엿는디其內容은漢城府에셔本年四月度브터預算案을編成ᄒᆞ기에關ᄒᆞ야三月度決算報

檀君開國四千二百四十三年
箕子元年三千三十二年
大韓開國五百十九年
本報創刊日 光武八年七月十八日

大韓每日申報

第八卷 月曜及慶節歲時日休刊 第壹千四百五十五號

發行兼編輯人 李章薰
發行所 京城中部布廛屛門二宮街二層洋屋 大韓每日申報社

論說

世界外에世界

大凡人이執無意思리오마ᄂᆞᆫ意思之外에別有意思ᄒᆞ고執無營爲리오마ᄂᆞᆫ營爲之外에別有營爲ᄒᆞ니畵工이摸畵ᄒᆞ미山水翎毛ᄂᆞᆫ筆意가同然ᄒᆞ나畵外眞景은心中에自在ᄒᆞ고琴士가學琴ᄒᆞ미高下淸濁은曲調가同然ᄒᆞ나琴外에淸音은海上에浮在ᄒᆞ니天下事ᄂᆞᆫ界線內에셔求ᄒᆞ면不得ᄒᆞ고界線外에求ᄒᆞ면得ᄒᆞᄂᆞ니鄭裨諶은做謀에最善ᄒᆞ나野에謀ᄒᆞ면獲ᄒᆞ고邑에謀ᄒᆞ면不獲ᄒᆞ엿스니無論何人何事ᄒᆞ고一段境界가有ᄒᆞ니善用ᄒᆞᄂᆞᆫ者ᄂᆞᆫ偉人을作ᄒᆞ엿도다

俾士麥은稍暇가有ᄒᆞ면後園에退歸ᄒᆞ야深夜散步ᄒᆞ다가其國事의計劃이此時에在ᄒᆞ엿고格蘭斯頓은退食ᄒᆞᄂᆞᆫ暇에田園에獨行ᄒᆞ야丁丁히伐木ᄒᆞᄂᆞᆫ聲을開ᄒᆞ고大宗教家를成ᄒᆞ엿스니淸明이在躬ᄒᆞ고志氣가如神ᄒᆞ면一世에昏濁營亂ᄒᆞᆫ腦質이無ᄒᆞ야可히大計를決ᄒᆞ고大業을立ᄒᆞᆯ지니是以로大人物大豪傑은其所負荷ᄒᆞᆫ事가愈多愈重ᄒᆞ야一세界外에世界가有ᄒᆞ니其神明을養치못ᄒᆞ야日久月久ᄒᆞ면尋常人에게染習ᄒᆞᆫ바이되야腦髓가炙涸ᄒᆞ고智慧가昏倒ᄒᆞᆯ지니大人物을學코져ᄒᆞᄂᆞᆫ者ᄂᆞᆫ一生中에도不可不世界外世界에住ᄒᆞᆯ거시오一年中에도不可不世界外世界에住ᄒᆞᆯ것이오一日中에도不可不세界外세界에住ᄒᆞ리로다

世界外에世界ᄂᆞᆫ李白詩에桃花流水杳然去ᄒᆞ니別有天地非人間이아니라西儒所謂人也者ᄂᆞᆫ好羣ᄒᆞᄂᆞᆫ動物이라ᄒᆞ며近自所親으로遠及未親ᄒᆞ야互相交通ᄒᆞᄂᆞᆫ者로世界를成ᄒᆞ엿스니尋常人은世界에一入ᄒᆞ면能히出치못ᄒᆞ고最高流者ᄂᆞᆫ既入而復出之ᄒᆞ니孔明先生을躬耕隴畝ᄒᆞ야抱膝長吟ᄒᆞ니此ᄂᆞᆫ何等心胷이며何等氣像이리오羣雄이擾攘ᄒᆞ고四海가鼎沸ᄒᆞᄂᆞᆫ時를當ᄒᆞ야飄然히一身을世界外世界에置ᄒᆞ고烱眼을放ᄒᆞ야世界에照ᄒᆞ니自己가何如人을作ᄒᆞᆷ을知ᄒᆞ고界世가何如狀을作ᄒᆞᆷ을知ᄒᆞ야世界로더브러如何ᄒᆞᆫ關係가有ᄒᆞᆷ을知ᄒᆞ고自己가世界에如何ᄒᆞᆫ地位에處ᄒᆞᆯ걸知ᄒᆞ니盖其自審自擇이固已夙定ᄒᆞᆫ者인즉其性命을亂世에苟全코져ᄒᆞᆷ이아니로다

雖然이나城市雜답ᄒᆞᆫ地에處ᄒᆞ고外界에刺激熏染을受ᄒᆞ야我가我된줄을自識치못ᄒᆞ고或獨處靜觀ᄒᆞ야近世絶俗然後에我의眞相을可히得見ᄒᆞᆯ지니所謂遁世絶俗ᄒᆞᄂᆞᆫ者의種類가數端이有ᄒᆞ니一은傍觀派者流라堅僻詭異ᄒᆞᆫ行을僞作ᄒᆞ고世外에立ᄒᆞ야玩世嘲俗ᄒᆞ며韻事佳話를能事로知ᄒᆞ고俗中에笑俗ᄒᆞ니取ᄒᆞᆯ者ㅣ毫無ᄒᆞ고一은熱心에極ᄒᆞᆷ으로一種의反動力이生ᄒᆞ야非常ᄒᆞᆫ才를抱ᄒᆞ고一世의聵々ᄒᆞᆷ을觀ᄒᆞ고不忍揚波啜醨ᄒᆞ야與세로相絶ᄒᆞ기를甘樂ᄒᆞ고泯泯으로察々을汚치못ᄒᆞ니此ᄂᆞᆫ三閭大夫의徒라君子ㅣ哀之敬之ᄒᆞ나性本恬淡ᄒᆞ고禀獨淸秀ᄒᆞ야세人으로交涉ᄒᆞ기를樂치아니ᄒᆞ고形骸外에放浪ᄒᆞᄂᆞᆫ者라此等의세界外人은其身을自潔ᄒᆞᆷ而已라엇지偉大ᄒᆞᆫ事業을樹ᄒᆞ며엇지卓異ᄒᆞᆫ功名을成ᄒᆞ리오偉人은雖居人세ᄒᆞ나心機인즉세界外세界에遊ᄒᆞ야風雲을鞭弄ᄒᆞ고天地를飜覆ᄒᆞᄂᆞᆫ手段이有ᄒᆞ리라ᄒᆞ노라

官報

○第四千七百五十号 隆熙四年八月六日(土曜)

▲敍任及辭令

○七月卅日 中樞院議長金允植 兼任奎章閣大提學 正三品金裕弘 任奎章閣副提學敍勅任官三等

○七月卅一日 高橋新民 任農商工部技手敍判任官三等

奎章閣大提學李容元 依願免本官

奎章閣副提學鄭圭燮 同鄭萬朝 同李範世 依願免本官

奎章閣直閣宋龍在 依願免本官 (以上七月卅日宮內府)

慈惠醫院助手津垣直吉 依願免本官 (八月四日內部)

種苗場技手齋藤積太郞 依願免本官 (八月四日農商工部)

外報

◉德露皇帝會見 露國皇帝ᄂᆞᆫ二個月德國內를漫遊ᄒᆞᆯ際에德國皇帝와會見ᄒᆞ리란豫報가有ᄒᆞ다더라

◉德帝會議 德國皇帝ᄂᆞᆫ스우이네미윤데에셔宰相베망홀우에히씨氏와新外相기데렌우에데氏로長時間을會議ᄒᆞ셧다더라

◉西帝問英帝 西班牙皇帝及同皇后ᄂᆞᆫ英國을訪問ᄒᆞᆯ次로出發ᄒᆞ야巴里에到着ᄒᆞ얏다더라

◉露軍擴張 露國은日露戰役後에西伯利亞에軍備擴張을益力ᄒᆞᄂᆞᆫ其計畫이事實上에發現되얏ᄂᆞᆫ듸戰役以前에比ᄒᆞ면頗히著大ᄒᆞᆫ兵力을增加ᄒᆞ얏다더라

◉佛紙憤慨 루터電을據ᄒᆞᆫ즉佛國新聞은리베리아問題에關ᄒᆞᆫ美國提議에就ᄒᆞ야頗히憤慨ᄒᆞᆫ다ᄒᆞ더라

▲筆花散飛▼

▲忠北各郡에ᄂᆞᆫ若干一進會員이有ᄒᆞ야發論ᄒᆞ기를京城一進會本部에셔經費가困難ᄒᆞᆷ으로解散된影響이有ᄒᆞ다ᄒᆞᆫ즉吾輩가此를因ᄒᆞ야亡身敗家ᄒᆞᆫ者가居多ᄒᆞ니宋秉畯李容九에게對ᄒᆞ야由來所費를推覓ᄒᆞ자고聲明ᄒᆞ다지宋李ᄂᆞᆫ其間에富者가되엿다지마ᄂᆞᆫ그돈을吐ᄒᆞ려면五臈이다나올걸

▲一進會員劉文卿은金夢旭으로改名ᄒᆞ야달나고裁判所에起訴ᄒᆞ엿다ᄒᆞ니其眞其假를誰가詳知ᄒᆞ리요該會魁首宋秉畯이가노다로行세ᄒᆞᄂᆞᆫ세음으로만알지

▲義親王殿下셰셔永宣君李埈鎔氏와日前에黃鶴亭에셔便射를行ᄒᆞᆯᄉᆡ가義親王殿下便에셔負ᄒᆞᆷ으로更히便射를設ᄒᆞᆫ다ᄒᆞ니此等의競爭心으로國家事에도競爭心이좀낫스면

▲總理ᄂᆞᆫ病症이快愈치못ᄒᆞ야常時呻吟ᄒᆞ더니近日에ᄂᆞᆫ暑症을因ᄒᆞ야益復沈重ᄒᆞ다지허々地位가듬먹々ᄒᆞ닛가宦熱火熱病熱暑熱이並發ᄒᆞ야熱덩이가되엿스니以熱治熱이나ᄒᆞ여보지

寄書

自由의大韓每日申報를祝ᄒᆞ노라

自由ㅣ

自由ㅣ我의生命又치愛重ᄒᆞ며寶珮又치嗜好ᄒᆞᄂᆞᆫ自由로다大抵自由ᄂᆞᆫ天下에公理요人生의要具니可히一時도缺치못ᄒᆞᆯ者라萬一完全ᄒᆞᆫ自由精神이無ᄒᆞ면雖生이나是死요雖强이나是弱이오雖貴나是賤이오雖與이나是亾이니엇지猛省치아니ᄒᆞ리오觀ᄒᆞ라我韓이今日悲慘ᄒᆞᆫ境에瀕ᄒᆞᆷ은何를怨ᄒᆞ며誰를尤ᄒᆞ리오余가貴報를愛讀ᄒᆞᆫ지四五年이된지라其筆鋒의剛直ᄒᆞᆷ과記事의明晰ᄒᆞᆷ이令人感服ᄒᆞ야人々이歡迎ᄒᆞ고處々이誦道ᄒᆞᆷ은更說을不待어니와惟一觀念이不無ᄒᆞ엿도다何者오報名顯頭에大韓二字를戴ᄒᆞ엿스니是가丁寧히大韓機關의報紙오且報館도是大韓이오記事도是大韓이오國語文章이莫非大韓이니大韓機關의報紙가無疑ᄒᆞ도다然이나發行兼編輯人下에英國人三字가有ᄒᆞ엿스니純全ᄒᆞᆫ大韓機關의報紙로써엇지外國人의名義를借ᄒᆞᆯ理가有ᄒᆞ리오余ㅣ貴報創刊以來로每時思惟ᄒᆞ기를是가精神上大韓每日申報가아니라形式上大韓每日申報로看做ᄒᆞ야慨然의嘆을不禁ᄒᆞ엿더니隆熙四年六月十八日早朝에貴報를披覽ᄒᆞᆫ즉眼이發行兼編輯人下에先着ᄒᆞᆫ지라眼을拭ᄒᆞ고詳見ᄒᆞ니英國人萬咸은何處로飛去ᄒᆞ고李章薰의三字만在ᄒᆞᆫ지라余ㅣ愕然히驚ᄒᆞ야必是活字의誤植인가ᄒᆞ야疑雲이惹起ᄒᆞ더니論文欄에云英人萬咸은撤廢歸國ᄒᆞ고我國에셔巨額으로該機械를買收ᄒᆞ야繼刊ᄒᆞᆫ다ᄒᆞ니壯哉며美哉라今日에야비로소眞箇精神上大韓每日申報를見ᄒᆞ겟도다

自由를愛ᄒᆞᄂᆞᆫ者야誰가攢賀치아니ᄒᆞ리오然이나閭論巷說이處々에浪藉ᄒᆞ야英人萬咸이日人에게賣渡ᄒᆞ엿스니從此로申報ᄂᆞᆫ日人機關이되리라ᄒᆞ며或은我人이主幹ᄒᆞ면可觀의說이無ᄒᆞ리라ᄒᆞᄂᆞᆫ지라余도其眞的理由ᄂᆞᆫ不知ᄒᆞ나但其推想으로觀ᄒᆞ더라도公明正直ᄒᆞᆫ申報가엇지如許ᄒᆞᆫ鄙劣ᄒᆞᆫ行爲를忍爲ᄒᆞ리오此ᄂᆞᆫ自國을凌視ᄒᆞ고外人을依賴ᄒᆞ던習慣으로如是誤解ᄒᆞᆷ인지 貴報를憎惡ᄒᆞ던魔輩의訛傳인지可히信聽ᄒᆞᆯ바아니로다嗚呼라

貴報가七個星霜의沿革ᄒᆞᆫ事를溯考ᄒᆞᆫ건ᄃᆡ英人裴說氏가創刊ᄒᆞ엿고次後에萬咸氏가繼刊ᄒᆞ더니何幸帝國紳士李章薰氏가自由의大勝捷을奏ᄒᆞ고安樂幸福ᄒᆞᆫ榮光을發輝ᄒᆞ니壯ᄒᆞ도다自由의大韓每日申報여今後에ᄂᆞᆫ貴報가自由로더브러死生休戚을同히ᄒᆞᆯ지어다

孔聖이云「三軍之帥ᄂᆞᆫ可奪이어니와匹夫之志ᄂᆞᆫ不可奪」이라ᄒᆞ니勇敢的精神으로百折不屈ᄒᆞ고剛勁的氣像으로冒險前進ᄒᆞ야不偏不倚ᄒᆞᄂᆞᆫ自由의志氣를奮發ᄒᆞ엿스면賁育의勇으로도自由를侵犯치못ᄒᆞ며孫吳의謀略으로도自由를抗拒치못ᄒᆞ리로다

余가微忱을盡ᄒᆞ야玆에祝意를敢表ᄒᆞ고編輯諸公에게告ᄒᆞ노니願컨ᄃᆡ諸公이堂々ᄒᆞᆫ獨立筆을秉ᄒᆞ고自由의大韓每日申報를비노數千萬枚를刊出ᄒᆞ야國魂을喚醒ᄒᆞ며民志를振興케ᄒᆞ고自由의精神을愈久不變ᄒᆞ고自由의氣像을愈久勿墜ᄒᆞᆯ지어다如斯히ᄒᆞ면將來神檀舊疆에自由鍾이깅횡ᄒᆞ고仙李新春에自由花가燦爛케ᄒᆞᆯ者ㅣ其惟自由의大韓每日申報인뎌自由ㅣ自由ㅣ我의싱命又치愛重ᄒᆞ며寶珮又치嗜好ᄒᆞᄂᆞᆫ自由로다

東萊府沙下面私立養正學校教師 李允宰

詞藻

◉白鷗◉

落照江路景됴흔듸、구뷔구뷔도라드니。

華麗ᄒᆞᆫ녯物色은、雲霧中에좀겻ᄂᆞᆫ듸。

夕陽에、兩々白鷗뿐만、오락가락。

雜報

○歡迎謝却 內閣에서正副統監의歡迎會를設行ᄒᆞ려고計劃中이라더니近日炎熱을因ᄒᆞ야正副統監은謝却ᄒᆞ엿다더라

○父拒子贊 侍從院副卿李會九承寧府侍從李恆九兩氏로正二品加資件을修定ᄒᆞ엿더니總理李完用氏가發論ᄒᆞ기를汝輩가有何資格ᄒᆞ야陞資ᄒᆞ려ᄒᆞᄂᆞ냐ᄒᆞ고拒絶ᄒᆞᆷ으로自鮨勿論ᄒᆞ고其他某々氏도此事由를因ᄒᆞ야勿施된다ᄂᆞᆫ디內訌이有ᄒᆞ다더라

○兩顧問의任命 前學相李載崑及前度相任善準兩氏ᄂᆞᆫ中樞院顧問을任命ᄒᆞ야從近發表ᄒᆞᆫ다더라

○陽守云任 紳士鄭永澤氏로陽城郡守를敍任ᄒᆞ기로日前內部地方官資格審査會에決定ᄒᆞ엿다더라

○換兄名義 李總相은무合緣故인지近日各地方所在ᄒᆞᆫ不動産을其兄李允用氏名義로轉換ᄒᆞᆫ다더라

○土地의可考信蹟 全國內土地를八個年으로定限ᄒᆞ야調査ᄒᆞ려ᄒᆞᆷ은人所共知어니와西北兩道에ᄂᆞᆫ該年限內에土地一欵으로裁判ᄒᆞᄂᆞᆫ事가種々有之ᄒᆞ나現行土地證明은任意法에不過ᄒᆞᆷ으로可考될만ᄒᆞᆫ信蹟을繕給ᄒᆞ기로當局者ᄂᆞᆫ協議ᄒᆞᄂᆞᆫ中이라더라

○云合警部 內部衛生局事務ᄂᆞᆫ警察官吏와直接關係가有ᄒᆞᆷ으로警察權委任後에事務處理가困難ᄒᆞ다ᄒᆞ야該局도警務局의例를依ᄒᆞ야警務總監部로合附ᄒᆞᆫ다ᄂᆞᆫ說이有ᄒᆞ다더라

○金氏提學 奎章閣提學三窠가理闕이有ᄒᆞ다ᄒᆞᆷ은旣報어니와一窠ᄂᆞᆫ金裕弘氏가日昨에被任ᄒᆞ엿다더라

○納涼三會 明石小將은去二일納涼會를該官邸에設ᄒᆞ고朴內相趙農相金中樞院議長李址鎔李夏榮及趙民熙諸氏를招待ᄒᆞ고四일에ᄂᆞᆫ閔宮相高度相李學相趙義淵[illegible]周[illegible]吉濬及尹德榮諸氏를招待ᄒᆞ야盛宴을設ᄒᆞ엿ᄂᆞᆫ디또第三回의納涼會를開催ᄒᆞᆯ터이라더라

○憲隊處理公表 警察署를置치아니ᄒᆞᆫ地方의警察事務ᄂᆞᆫ憲兵分隊又ᄂᆞᆫ憲兵分遣所에서此를處理ᄒᆞᆯ旨로統監府令第四十一號로去七月三十日寺內統監이署名ᄒᆞ야公表ᄒᆞ엿다더라

○金氏運動 近日內閣에서某々氏의陞資件을提出ᄒᆞᆫ디對ᄒᆞ야元老中金宗漢氏等이此에參與ᄒᆞ기爲ᄒᆞ야秘密運動이有ᄒᆞ다더라

○修道費額 內部에서ᄂᆞᆫ漢城府尹의請願을因ᄒᆞ야漢城內道路修築費六千圓을國庫金中支撥ᄒᆞ기로內定ᄒᆞ엿다더라

○郡主의會計鍊習 江原道各郡主事ᄂᆞᆫ去月中旬에事務打合會를開ᄒᆞ고會計事務을鍊習ᄒᆞ엿다더라

○餞送岡衛 平壤郡林業事務所長岡衛治가再昨日에發程赴任ᄒᆞ엿ᄂᆞᆫ디農商工部一般官吏가南門外停車場에서餞送ᄒᆞ엿다더라

○山根演說 衛生局山根囑托은再昨日下午一時頃에龍山鐵道局에서衛生에關ᄒᆞᆫ事項을演說ᄒᆞ엿고昨日午後八時에ᄂᆞᆫ日本人基督教青年會에서演說ᄒᆞ엿다더라

○醫院增設 內部에서各觀察道에慈惠醫院을設置ᄒᆞᆷ은一般知了ᄒᆞᄂᆞᆫ바어니와近聞ᄒᆞᆫ즉明年度에ᄂᆞᆫ國內重要地에增加設置ᄒᆞ기로計劃中이라더라

○地方財産修報 內部에서各觀察道에發訓ᄒᆞ고本部所管된地方財産中의價格幾何와種類其他保管狀況을一々修報ᄒᆞ라ᄒᆞ엿다더라

○新建廳舍竣工期 新築內部廳舍ᄂᆞᆫ本月末日頃에該事務가大略終了될터이오來月中旬브터新廳舍로移轉視務ᄒᆞᆯ計劃이라더라

○永瀧出發 間島에駐在ᄒᆞᆫ日本永瀧總領事ᄂᆞᆫ일前에入京ᄒᆞ엿ᄂᆞᆫ디本일午前八時三十分에南大門發車로仁川港에下去ᄒᆞ야釜山ᄭᆞ지前往ᄒᆞ엿다가更히上京ᄒᆞᆯ터이라더라

○六報一誌 六日에發行ᄒᆞᆫ朝鮮日々新聞은其趣旨가治安妨害로認ᄒᆞ야發行停止를命ᄒᆞ엿다ᄂᆞᆫ디統監着任이未經二旬ᄒᆞ야韓國에서發行ᄒᆞᄂᆞᆫ新聞雜誌의發行停止를命ᄒᆞᆫ數爻가新聞이六이오雜誌가一이라더라

○宋車先到 日本에滯留ᄒᆞᄂᆞᆫ一進會魁首宋秉畯은不遠間歸國ᄒᆞᆫ다더니宋이日本에서使用ᄒᆞ던馬車를再昨日京釜線으로爲先運送ᄒᆞ야南門驛에到着ᄒᆞ엿다더라

○炎涼其態 內部衛生局長廉仲模ᄂᆞᆫ一進會員으로出身ᄒᆞ얏슴은一般知了ᄒᆞᄂᆞᆫ바어니와該氏가炎涼을隨ᄒᆞ야該會本部에往來ᄒᆞᆷ으로同會員中에嘲笑를不免ᄒᆞ더니近日來로何等風說을因ᄒᆞ야見機ᄒᆞᆫ바이有ᄒᆞᆫ지種々該部를訪問ᄒᆞ고同會員과共히飮酒ᄒᆞ기를懇請ᄒᆞᆫ다더라

○日官의行動注目 各警察署에서ᄂᆞᆫ日人官民의不正ᄒᆞᆫ行爲를調査ᄒᆞ기爲ᄒᆞ야目下에嚴密注目中이라더라

○爲其獻壽 學部大臣李容植氏ᄂᆞᆫ十三歲된令男을昨日에冠禮式을行ᄒᆞ엿다ᄂᆞᆫ디年前에頒布ᄒᆞᆫ婚年으로論ᄒᆞ면勅令을違反되나該大臣夫人의回甲이來八月頃인디其時에子婦內外가獻壽ᄒᆞᆷ을因ᄒᆞᆷ이라더라

○學校數爻 七月中學部에서調査ᄒᆞᆫ바를據ᄒᆞᆫ즉全國內에各種官公私立學校가二千二百三十七校라더라

○避暑北海 駐京英國總領事의夫人은避暑ᄒᆞ기爲ᄒᆞ야三昨日에京釜列車를搭乘ᄒᆞ고日本北海島로發往ᄒᆞ엿다더라

○報信의解停 發行停止中에在ᄒᆞ던皇城新聞及朝鮮新報와韓日電報通信은昨日에解停되엿다더라

○地段價請撥 會洞居柳鎭赫氏의所有田土가下南村墨洞에在ᄒᆞᆫ디內部에서該基址에官舍를建築ᄒᆞ고地段價를支給지아니ᄒᆞᆷ으로該柳氏가昨日請願ᄒᆞ고該價金을支撥ᄒᆞ라ᄒᆞ엿다더라

○留學生身分調査 部北警察署에서昨日午前九時에留學生趙命九氏를招致ᄒᆞ야身分을調査ᄒᆞ엿다더라

○醫士의履歷과利金 各警察署에서ᄂᆞᆫ再昨日에漢城內에서東西醫藥營業人諸氏를招集ᄒᆞ야履歷書及利益金額을一一修報ᄒᆞ라ᄒᆞ엿다더라

○[illegible]入佛堂 李學宰等이日人閣戶와協同ᄒᆞ야佛教總管會를組織ᄒᆞᆫ다더니內部에承認ᄒᆞᆷ次로日前에請願書를提呈ᄒᆞ엿다더라

○近衛隊淸潔 近衛步兵隊에서ᄂᆞᆫ再昨日에該隊內外大淸潔을施行ᄒᆞ엿다더라

○自由會組織 崔鳳煥林基磐氏等은耶蘇教自由教會를組織ᄒᆞᆯ次로日前에統監府에趣旨書及長書를提呈ᄒᆞ엿다더라

○笑目相笑 某處偵探軍들은互相猜忌ᄒᆞᆷ을因ᄒᆞ야葛藤이漸生ᄒᆞᆷ으로彼此間行動을注目ᄒᆞᆫ다더라

○淸潔施行 各警察署에서秋期大淸潔을施行ᄒᆞᄂᆞᆫ디昨日巡査를各坊曲에派送ᄒᆞ야初期檢査를行ᄒᆞᆯ次로逐戶調査ᄒᆞ엿다더라

○補助員의試取 日憲兵一分隊에서ᄂᆞᆫ昨日上午八時에憲兵補員助試取를經ᄒᆞ엿ᄂᆞᆫ디應試者가三百餘名이라더라

○汲水의料金 平壤水道事務所에서ᄂᆞᆫ一般人民에게飮料水를支供ᄒᆞᆯ터이나汲水商의料金一欵으로紛競이有ᄒᆞ다더니相當ᄒᆞᆫ料金으로汲水商에게交涉ᄒᆞ야不遠間該水商의水를汲與케ᄒᆞᆫ다더라

○消防隊演習 警務總監部에서今日消防隊一同을召集ᄒᆞ야臨時演習을擧行ᄒᆞᆫ다더라

○孟郡又擾 孟山郡新浦洞에서ᄂᆞᆫ日前十餘名의徒黨이來襲ᄒᆞ야洞民의家屋數戶를燒破ᄒᆞ고洞長을殺害ᄒᆞ며牛二頭及多額의金品을奪去ᄒᆞ엿다더라

○臨郡의松虫 臨陂郡에ᄂᆞᆫ松林에松虫이發生ᄒᆞ야全山松葉을食盡ᄒᆞᆫ故로望見ᄒᆞᆫ즉火災後樹林과如ᄒᆞ다더라

○衙門雨壞 仁川郡衙舍三門이今番霖雨에顚覆되엿ᄂᆞᆫ디建物處理方法을內部에稟請ᄒᆞ엿다더라

電報

○殿下歡迎 中國을御巡行ᄒᆞ옵시던韓國皇太子殿下ᄭᅴ옵서ᄂᆞᆫ今朝御無事歸京ᄒᆞ옵셧ᄂᆞᆫ디日本황太子殿下以下各宮殿下와各大臣以下文武官이同出迎ᄒᆞ야前無ᄒᆞᆫ盛況을呈ᄒᆞ엿다더라

○淸使의海軍視察 淸國에서派遣ᄒᆞᆫ歐米海軍視察使載洵貝勒은來廿四日上海에서發ᄒᆞ야橫濱을經過ᄒᆞ야米國에赴ᄒᆞ야同國의海軍을先히視察ᄒᆞᆯ豫定이라더라

○南鐵借替着手 明年三月에償還ᄒᆞᆯ南滿鐵道社債三十萬圓은倫敦市塲에서借替를發行ᄒᆞ기로決定ᄒᆞ엿슴으로日本實業銀行은大藏省의命을受ᄒᆞ야來九月中旬브터該市塲에서借替募集에着手ᄒᆞᆯ計劃이라더라

○害虫驅除 本年日本各地農作物에害虫이甚히發生ᄒᆞᆷ으로農商務省에서ᄂᆞᆫ各地方長官에게驅除法勵行ᄒᆞᆯ通牒을發ᄒᆞ엿다더라

○條約廢止의通告 日本政府ᄂᆞᆫ四日發로各締約國政府에對ᄒᆞ야日法通商及航海條約과日法通貨及附屬稅目과日墺通商及航海條約廢止ᄒᆞᆯ件을通告ᄒᆞ엿다더라

○海校入學選拔 日本海軍兵學校에本年度入學志願者가二千九百二十一名中에身體檢査에合格ᄒᆞᆫ者가一千三百八十名을本月三日에試驗을終ᄒᆞ고其中一百二十名을選拔ᄒᆞ야入學케ᄒᆞᆫ다더라

○爆發損害觀察 日本[illegible]珠山이爆發ᄒᆞ야附近數十個所에서多大ᄒᆞᆫ損害를被ᄒᆞᆷ에對ᄒᆞ야日本황帝及皇后兩陛下ᄭᅴ셔ᄂᆞᆫ甚히御軫念ᄒᆞ샤罹災人民에게救恤金下賜ᄒᆞ실旨를下ᄒᆞ오시며또侍從을御差遣ᄒᆞ샤其被害程度의如何를觀察케ᄒᆞ옵신다더라

○淸公使赴任 日本駐劄淸國公使任大樊氏ᄂᆞᆫ今朝에入京ᄒᆞ야該公使館으로直向ᄒᆞ엿다더라

以上東京發 六日着

▲三輔一贊▲

▲近日朝紙煌々ᄒᆞ야一二品을陞資ᄒᆞ니무含功勞偏重인고天恩如是隆崇ᄒᆞ니倘不自愧其心인가

▲家國憂가倘深인가芳樹春陰繁華夢이陽臺雲雨共甘ᄒᆞ야人間事를忘却타가意外功名忽高ᄒᆞ니此國事를能輔ᄒᆞᆯ가

▲殘年白髮益壯ᄒᆞ니上馬可以示用인가故宅文藻燦爛ᄒᆞ야一等淸宦兼帶ᄒᆞ고同日超遷되엿스니此國事를能輔ᄒᆞᆯ가

▲以若椒房至親으로宦情何其滔々ᄒᆞᆫ고宮相邸에密議터니運動ᄒᆞ던効果런가有志事를竟成ᄒᆞ니此國事를能輔ᄒᆞᆯ가

▲昔日使節幾返인고海外風을飽吸이라台閣首揆切姻으로一總管이何官인고一品資가當來로다此國恩을能答ᄒᆞᆯ가

▲位雖高而品下ᄒᆞ니常對卜僚昌皮로다南山下에困跡으로何處好風吹到ᄒᆞ야料外榮輝如彼ᄒᆞᆫ고此國恩을能答ᄒᆞᆯ가

○青年講道 今日下午三時에鍾路青年會館에서美國布哇에서傳道ᄒᆞ던牧師李[illegible]植氏를請

○醫所收額 大韓醫士總合所에서ᄂᆞᆫ事務所를擴張ᄒᆞᆯ計劃으로漢城內各藥業人에게每[illegible]目下八百餘圓에達ᄒᆞ엿다더라

○吉守와太極教 吉州郡守李教求氏ᄂᆞᆫ太極教宗支所를設置[illegible]

○僞印被捉 中部校洞朴某家에逗留ᄒᆞᄂᆞᆫ名不知嚴宣傳은內部大臣의印章을僞造ᄒᆞ야[illegible]東部警察署에被捉ᄒᆞ엿다더라

○教務視察 青年會副會長尹[illegible]

○青會入佛 大韓協會會員崔[illegible]ᄒᆞ엿던지日前에該會의前往ᄒᆞ야一塲詰辯ᄒᆞ고卽時退會ᄒᆞ엿다더라

廣告

◎故裵說氏墓碣費義捐金廣告 第八回

京城內 無名氏 二十圜

北部齋洞十八統三戶草家四間文劵을不知中서失ᄒᆞ엿스니誰某拾得休紙施行ᄒᆞ시옴

家主 朴學甫 告白

本人의父親亨植氏生前에李鍾善氏의委托으로百圜手形一枚를他處債給立保次로持來이온바錢主處에信用을得치못ᄒᆞ야未得債給立證ᄒᆞ고該手形을置之囊中이다가不幸身故이온되葬式紛擾中에該手形이不知何落이오李鍾善氏는該手形을覓給ᄒᆞ라ᄒᆞ기로該事由를玆에廣告ᄒᆞ오며該手形은休紙施行ᄒᆞ오니內外國僉君子는照亮ᄒᆞᆷ

童蒙 尹炳璋

中部大寺洞廿八統八戶

代理人外叔 任章淳

◎京畿道振威郡各面所在水原龍珠寺田畓 續

城南面秩

弗廿一답八복一東六斗五升
肆二답十五卜五東七斗三升
八답二卜一東一斗六升
五답四卜九東四斗
十二답四복九東四斗
五十七답三卜一東二斗五升
五十七分답四복六東三斗七升
五十七分답九東八升
九답九복九東八斗
十三답二복一斗六升
筵四답八東七升

四分답四복三斗二升
五十三답九東八升
五十三分답一복六東一斗三升
設四十四답七東六升
廿七畓五卜一東四斗一升
廿七分畓一복九東一斗六升
廿七分답六東五升
五十畓一복八升
席七十五답六卜二東六斗
三十田七東一斗三升
卌分田二복三東三斗七升
十二田二복一東四斗四升
設五十답二복四東二斗
五十二답四복七東四斗
五十二分답二복二東一斗八升
席十二分답六복八東五斗五升
設五十分畓九東八升
五十分답一복八東一斗五升
五十分畓一복八東一斗五升
席十二分답二복六東二斗一升
十二分답九東七升
設五十分답二복九東二斗
筵四十六답五복三東四斗三升
四十九답一복八升
四十九分답二복三東二斗
卅三답一복六東一斗三升
卌四답二복二東二斗
廿四답一복八東一斗五升

余方面秩

氣五十三田二卜一東三斗三升
五十五田二복一東三斗三升
五十五分田二복四東四斗
五十五分田四卜七東七斗六升
七十七分畓四복九東四斗
同七十五답二頁二東二斗
七十五分답五東四斗
十七田二복六東四斗一升
十七分田二복二東三斗六升
第四十田四卜六斗四升
同七답一卜八升
七分답一복五東一斗二升
七分답一복八東一斗五升

七分畓三복一東二斗五升
七分답二卜二東一斗八升
七分답四복三東三斗五斗
七分답一卜二東一斗
七分답二복一東一斗七升
七分답一卜一東一斗
七分답一복九東一斗六升
箴六十八답四頁八東四斗
七十五답三頁四東二斗八升
規五답二東二升
六답一복九升
七답三東三升
八답四東三升
卌七답四東三升
卌八답八東七升
仁五十二畓一복七東一斗四升
惻卌三답二복三東七升
卌四답十五복十一斗二升
卌四分답一복二東一斗
卌四分답三東三升
卌四分답一卜二東一斗
造廿九답四복九東四斗
廿七답六복七東五斗五升
一답二복六東二斗一升
隱卌一답六卜一東五斗
卌一分畓三東二升
造九답三東二升
十一답三복六東三斗
十二답一복二東一斗
八답三복三東三斗
十八답四복七東四斗
十八分답二東二升
十九답五복四東四斗
慈五十七田二복四東四斗
連廿七田四卜五東七斗
慈四十三田七복六東十二斗
隱卌三답二복六東二斗
仁五十三답六東五升
六十九田五복八斗
六十五답六東九升
慈六十四답一복二東一斗
切五十六답三복六東三斗
友十四답三복一東二斗五升
訓廿七田一복四東二斗三升

隆熙四年七月二十五日

完

本人의子學洙가蕩敗無餘ᄒᆞᆫ人으로至於無典貸金을得用코자ᄒᆞ니內外國人은切勿見欺ᄒᆞᆷ

中部豆錫洞十八統八戶 趙鳳錫

陰六月二十八日連曙冷亭에서圓圖章서失ᄒᆞ엿ᄉᆞ오니知舊間照亮ᄒᆞ시옴

西署石橋一百五十二統九戶

金致秀 白

勿論遠近親蹤間居住와掌記만昭詳通知ᄒᆞ시면唐草材蔘茸이라도精製ᄒᆞ야郵便小包로速送ᄒᆞ고代金은引換ᄒᆞᆷ

京鍮峴一統六戶 乾材藥局

李盛哉

土地賣買契約書紛失廣告

一京畿道交河郡支石面所在田十四日一息耕結九十八負四束 畓八石三斗落結二口五十六負八束 齊岩面所在田四日耕結一十七負七束 畓五石十三斗落結一口八十二負三束 賣主松宮竹次郞 買主朴鍾穆

本人이 朴鍾穆에 土地買受의 試ᄒᆞ야 證明을 委任ᄒᆞ고 隆熙四年四月二十六日交河郡에 提出ᄒᆞᆫ 土地證明第一六七號賣買契約書를 六月一日坡州郡馬山前坪의서 紛失ᄒᆞ엿기 交河郡에 正本下付를 申請ᄒᆞ야 交河郡第一六七号土地證明賣買契約書를 更受ᄒᆞ고 理事廳査証을 經ᄒᆞ엿ᄉᆞ기 玆의 廣告ᄒᆞᆷ 但以後該舊證明劵은 無効로ᄒᆞᆷ

京城東部於義洞新橋六統八戶 委任人 金相應 白

本校에셔 高等科一二年級과 速成科第一學年學員을 募集ᄒᆞ오니 入學志願人은 八月十四日陰七月十日로 請願書를 提呈ᄒᆞᆷ

一試驗日字 八月十五日(陰七月十一日)
一試驗科目 讀書、作文、算術四則以內
一速成科 理科、日語、作文、算術分數以內
一年齡 十五歲以上卄歲以下
一速成科 十七歲以上二十五歲以下
一入學金 五十錢 月謝同
一速成科 一圓 月謝八十錢
一卒業期限 三個年
一速成科 二箇年
一兩科課程은 本校에 來問ᄒᆞᆷ 但課程表를 請求ᄒᆞᆯ時ᄂᆞᆫ 郵稅를 要ᄒᆞᆷ
一開學日字 八月十八日(陰七月十四日)

隆熙四年八月五日
義州枇峴面堂後洞 私立克明學校

●共愛堂大藥房製造各種藥品發行表

壯陽復元丹 此藥專治腦髓肺弱 房事色傷 心腎虛弱 遺精多夢、陽위不起 病後虛弱 不下飮食 先天不足 眩暈頭통 等症에 並妙効가 有ᄒᆞᆷ 壹週分壹圓 二週分壹圓八拾錢 四週分三圓四拾錢 八週分六圓四拾錢

慶修靈丹 壹般체症 胃腹통 消化不良 心神鬱悶 船車酒醉 化담 止히 口熱惡臭 食慾不振등症에 並神効

眼科聖藥 淸眼水 壹般眼疾、時行眼疾、風熱眼疾、羞明流淚、眼內紅痒등症에 撥雲見天之妙(壹甁金拾錢)

觧학至寶丸 專治학疾、氣虛학、遠年長학、一日二日학、雖難治之학이라도 永々거근ᄒᆞᆷ 壹包金拾錢

皮膚神藥 靈效液 特治皮膚病 疥癬옴、皮風、諸般痒疹、두두러기、옷올닌데 다 神効ᄒᆞᆷ 壹甁금三拾錢

五淋專治 通淋丸 急慢淋疾、赤白帶下、방광炎症、뎌炎、皮膿漏 外他淋毒性諸症에 신效ᄒᆞᆷ 壹제금五拾錢

梅毒妙効 神應丹 楊梅瘡에 壹期二期三期를 勿問ᄒᆞ고 確實이 有효、連珠瘡、下疳瘡等에 并효 壹제金三圓

腹하신藥 淸脾丸 喘治小兒壹般腹하、面黃、尿濟、大有奇효ᄒᆞᆷ 左脇별腹에 一匣金五拾錢

久체神効 養胃散 通治經久滯積、呑酸吐사、霍亂、胃腹등大便不順等症에 奏効如神 壹貼금十五錢

治痰鎭咳丸 專治大人히소、喘息、담結등症에 妙 三日分一包금卅錢

特冒感효 消熱散 勿論四時傷寒感冒、咽喉疼통、寒熱往來 肢節통、似하非하등症有효 壹貼금拾錢

耳病신효 淸耳液 專治耳病 卽鼓膜炎、內外聽道炎、耳中灼熱疼소癢、濃液流出等症有효 一甁금十錢

百貼百應 妙妙膏 風寒濕氣、胸肩背에 牽引疼통、腰膝脚되酸통 無力、骨節등통등症에 如神 금卄五錢

奏효如신 能治膏 各種腫氣、小兒胎毒、부스럼濕腫、生新에 並신효 一包금拾錢

大腫拔根膏 大小腫에 根째 ᄲᆡᄂᆞᆫ약 價금拾錢

鮮凝膏 명울삭히ᄂᆞᆫ약 價금拾錢

寸白去根藥 價금卄錢

齒痛水 충치風치신효 價금七錢五厘

鷄眼膏 뒤눈씨ᄂᆞᆫ약 금拾錢

汗斑水 어루러니약 금十錢

止泄丸 대泄暑泄신효 價금拾五錢

痢疾藥 赤白痢에신효 價금拾五錢

各種上等金雞納 東西洋有名賣藥 乾材都賣散賣 其他各種藥이 具備ᄒᆞ오니 請求를 依ᄒᆞ야 小包로 酬應ᄒᆞ깃ᄉᆞᆸ

發行所 皇城南部大廣橋十九統七戶
共愛堂大藥房主 朴容桓 告白

救世醫院 警告

願得三山不老草ᄒᆞ면 三神山이 何處在오 三神山이 在韓國온 地球圖에 分明ᄒᆞ나 不死藥은 何處得고 救世醫院에 請求ᄒᆞ오 何處尋고 何處尋고 救世醫院을 願訪이면 果然雲深不知處ㅣ라 東指金剛山ᄒᆞ고 西望三角山ᄒᆞᄂᆞᆫ 中間에 天摩山이 屹立ᄒᆞ고 山中에 一藥院이 有ᄒᆞ니 其名曰救世醫院인ᄃᆡ 松風蘿月의 幽淸은 武陵桃源과 如ᄒᆞ고 蟠桃氷梨의 結熟은 玄都閣과 如ᄒᆞᆫᄃᆡ 奇岩怪石間에 湧出ᄒᆞᄂᆞᆫ 藥泉에 內外國眞藥材로 轉丹作丸ᄒᆞᆷ이여 眞不死藥이올시다 仙이 別人이 아니라 服藥長壽ᄒᆞ면 仙이오 不死藥이 別藥이 아니라 死病에 回生ᄒᆞ면 不死藥이오니 神仙되기를 願ᄒᆞ고 不死藥을 求ᄒᆞ시ᄂᆞᆫ 兄弟姊妹ᄂᆞᆫ 電報數字나 郵書一葉으로 請求ᄒᆞ셔도 迅速히 送達ᄒᆞ올이다

韓國醫學大家鄭應烈實驗方劑
西洋衛生學家金榮穆證効參劑

救世醫院

世界兄弟姊妹常備之靈藥

健胃消체 安靈丸 邪心○關格○곽亂○煩燥○淸心○嘔吐○口渴○解毒○暑症○嘔逆○泄瀉○諸藥毒○食체○呑酸○痢疾○小변黃○赤白冷痢 無不神효

金榮단 酒체不下○暑毒致病○渴증○小腸痲痛○心情不快○酒毒○靈神不安○大小변 行力被勞○除痰通經脈의 無不神효 不利○呑酸

潤肺丸 ○喘히 ○失音○無不神효 ○口渴○急喉卒啞

光明과 眼赤등○風眼○內外翳障○赤筋등○淚眼○爛弦風○濃眼○神효

二仙散 纏喉○喉痺○咽中통○雙蛾○不신효○風急○單蛾

珍珠粉丸 □火遺精○熱리리○白濁 △赤濁冷리 無不신효○

萬全丸 淋濁○小변精出○대腸經寒 ○리疾 止無불신효 ○담痰 ○氣증○鼓脹○

令箭鎭心丸 ○정가○關格○食체신효 ○鎭心○安神○五癎病 ○解熱○除煩燥狂증

女金丹 (婦人神藥) ○止夜啼○無불신효 ○子○經事不調○積年血 ○風內○手足痲痺○담火○外 ○産後瘀血○臨産 △難産△消渴△半身不遂△中風 △腹등△一切虛勞△心 △赤白帶下△不能生産△虛 △子宮有陰無陽△肭虧無味△리 △中淋瀝△頭色위黃△眩暈△崩 △신효

用法은 各其藥皮封에 詳記

韓國京畿道楊州下道面磨石隅里憲兵派遣所北直洞
長壽臺二統十戶 發行所 救世醫院主 鄭寅琥

本人의 子瑞鳳이가 性本不良ᄒᆞ야 不孝不恭ᄒᆞ고 家產蕩殘케ᄒᆞᆫ바 온ᄃᆡ 方今出家ᄒᆞ야 借債方求ᄒᆞᆫ다ᄒᆞ니 內外國人은 切勿見欺ᄒᆞᆷ

釜山鎭九二洞 裴敬春 告白

黃土峴普生醫舘에셔 多年診察ᄒᆞ던 前陸軍々醫々學校敎官 金達權氏가 本堂診察所에셔 診察ᄒᆞ오니 前日顧愛ᄒᆞ시던 僉君子ᄂᆞᆫ 照亮枉臨ᄒᆞ시ᄋᆞᆸ

京城鐘路 和平堂診察所

敝商在阿峴方面道失手形票券三張 計 靑坡李汝幹金貨三十六圓五十錢 阿峴高源奎五十四圓六十三錢五厘 車公玉一百六圓五十錢 並有水橋權義學白紙票一張金一百五十六圓 勿論何人拾得 作爲廢紙 特此布告聲明

華商 德順福 謹白

本店에셔 鐵物橋北李完鍾許에 陰六月晦日推次 第五号紙貨貳百圓貳拾五錢票一張을 셔 失故로 玆以廣告ᄒᆞ오니 誰某拾得ᄒᆞ와도 休紙施行ᄒᆞᆷ

小公洞華商洪順福 告白

本店에셔 開業ᄒᆞᆫ지 十六年間 僉君子의 愛顧ᄒᆞ심을 特蒙ᄒᆞ와 今年부터 業務를 大擴張ᄒᆞ고 春夏秋冬所用으로 紳屬手(?)等 各國高等物品을 現今多數直輸入이온바 各地方에셔ᄂᆞᆫ 貿易에 便利賣買키 爲ᄒᆞ야 特廉減價ᄒᆞ와 郵便小包로 酬應ᄒᆞ야 代金은 引換ᄒᆞ깃사오니 十三道各郡僉君子ᄂᆞᆫ 隨意請求ᄒᆞ심을 望

振替貯金番號(韓國壹二番)
電話番號(三五八)

漢城中部鐘路 醫洞二十一統五戶
廣興泰 告白

●弊店에셔 各種紙物을 直輸入ᄒᆞ와 地方同業僉位와 其他僉彦에게 特別廉價로 酬應ᄒᆞ깃사오니 不拘多少ᄒᆞ시고 註文ᄒᆞ시면 郵便小包와 運送部를 經過ᄒᆞ와 迅速히 付呈ᄒᆞ깃ᄉᆞ오며 物價表와 品錄書를 無料로 付呈ᄒᆞᆷ 品高價低에 爲主ᄒᆞᆷ

(廣告文)

紙物貿易에 迅速

內外國紙物大發賣

(品目略錄)

●壯紙、油壯板紙、窓戶紙、白紙、塗비洋紙、其他各種、天井紙、古査紙、印札紙、半紙、美濃紙、□□、□□紙、封套紙、其他學校用品 簿記卒業證書紙 其他具備

本店 漢城鐘路大廣橋 紙物舖 金□□ 電話 一千二百八十番
支店 漢城北部安洞別宮前

○演場行悖 日憲兵補助員邊鎭圭ᄂᆞᆫ 三昨日東門外梨芝洞演劇場에셔 唱女紅桃의 夫□□□ 다더라

○補助員의 欺騙 中部廟洞居金丙完은 日憲兵補助員이라 稱 某에게 金五十圓을 欺取ᄒᆞᆫ 事件이 發現되야 再昨夜에 日憲兵第一分隊에 被捉ᄒᆞ얏다더라

에셔 本月三日에 四歲된 失路兒를 挽留ᄒᆞ엿ᄂᆞᆫᄃᆡ 所着ᄒᆞᆫ 衣服은

○兩敎師發程 安東郡協東學校에셔ᄂᆞᆫ 敎師金賓壽安商德氏 業生李鍾完兩氏를 敎師로 延聘ᄒᆞ야 三昨日發程ᄒᆞ엿다더라

에 請願書를 提呈ᄒᆞᆫ 事ᄂᆞᆫ 旣報어니와 三昨日西部警察署에셔 一般

檀君開國四千二百四十三年
箕子元年三千三十二年
大韓開國五百十九年
本報創刊日
光武八年七月十八日

大韓每日申報

李章書
發行兼編輯人 李章薰
發行所 京城中部布廛屛門二宮街 十二層洋屋 大韓每日申報社

第八卷 月曜及慶節歲時日休刊 第壹千四百五十六號

論說

大韓의過渡時代

前波ᄂᆞᆫ已過ᄒᆞ고後波ᄂᆞᆫ未及ᄒᆞ니山河가如舟ᄒᆞ야此岸을纔移ᄒᆞ고彼岸에未到ᄒᆞ야放乎中流ᄒᆞ니順流而渡者ᄂᆞᆫ英吉利오亂流而渡者ᄂᆞᆫ法蘭西오方舟聯隊而渡者ᄂᆞᆫ德意志意太利瑞士오揚臂憑河而渡者ᄂᆞᆫ美利堅匈牙利오借風附帆而渡者ᄂᆞᆫ門的內哥塞爾維亞希臘이라拿破侖의席捲囊括ᄒᆞᄂᆞᆫ勢로도能히撓치못ᄒᆞ고梅特涅의飼狙豢虎ᄒᆞᄂᆞᆫ政術로도能히防치못ᄒᆞ야或一渡에達焉ᄒᆞ고或再渡에達焉ᄒᆞ엿ᄂᆞ니過渡ᄒᆞᄂᆞᆫ事가易치도아니ᄒᆞ고難치도아니ᄒᆞ도다

今我韓의過渡時代로論ᄒᆞ면頗히可爲ᄒᆞᆯ勢가有ᄒᆞ다謂ᄒᆞᆯ지니過渡中에在ᄒᆞ야一葉扁舟가兩頭不到ᄒᆞᆫ時에進步가有ᄒᆞ면過渡가有ᄒᆞ고過渡가無ᄒᆞ면進步가無ᄒᆞ니過渡以前에在ᄒᆞ야ᄂᆞᆫ此岸에止ᄒᆞ야動機가未發ᄒᆞ니其永靜ᄒᆞᆫ性이何時에改悟ᄒᆞᆯᄂᆞᆫ지料키難ᄒᆞ고過渡以後에在ᄒᆞ야ᄂᆞᆫ彼岸에達ᄒᆞ니躊躇志滿ᄒᆞ야其發越ᄒᆞᆫ勇의可買與否를料키亦難ᄒᆞ리로다

我韓이自更張以來로民智가或開未開ᄒᆞ야寸地를欲進ᄒᆞ고升步를方運ᄒᆞ야深頑厚錮ᄒᆞᆫ根據地가漸々摧落ᄒᆞ니跋涉辛苦ᄒᆞ야過渡의道에就ᄒᆞ나貪汚官吏의紊亂ᄒᆞᆫ政令을未祛ᄒᆞ야新政治가忽變ᄒᆞ니此ᄂᆞᆫ政治上過渡時代오記誦詞章의庸陋ᄒᆞᆫ學術이未闢ᄒᆞ야新學問이騷起ᄒᆞ니此ᄂᆞᆫ學問上過渡此代오固陋ᄒᆞᆫ習慣으로敎導가未就ᄒᆞ야新敎育이蔚興ᄒᆞ니此ᄂᆞᆫ敎育上過渡時代오腐敗ᄒᆞᆫ氣習으로思想이未開ᄒᆞ야新智識을喚起ᄒᆞ니此ᄂᆞᆫ智識上過渡時代오頹敗ᄒᆞᆫ風俗에道德을未究ᄒᆞ야新社會를唱起ᄒᆞ니此ᄂᆞᆫ社會上過渡時代라今日에全局人類를可히兩種으로分ᄒᆞ야觀ᄒᆞᆯ지니老朽者流ᄂᆞᆫ故壘를死守ᄒᆞ나過渡의大敵을作ᄒᆞ야有形無形의逼迫을被ᄒᆞ야不得不過渡의道에就ᄒᆞ고靑年者流ᄂᆞᆫ旗鼓를大張ᄒᆞ야過渡의先鋒을作ᄒᆞ니外界內界에刺激을防치못ᄒᆞ야不得不過渡路에就ᄒᆞᆯ지니盖革新者ᄂᆞᆫ舊形을能히保持치못ᄒᆞ야進步者가故步를擲棄ᄒᆞ고高樓를上코져ᄒᆞᄂᆞᆫ者가平地를先離ᄒᆞ고異國에適코져ᄒᆞᄂᆞᆫ者ᄂᆞᆫ故鄕을先去ᄒᆞᄂᆞᆫ것은事勢에自然ᄒᆞᆫ바라雖然이나保守戀舊者ᄂᆞᆫ人의恆性이니古語云凡人은可與樂成ᄒᆞ나圖始ᄒᆞ기ᄂᆞᆫ難이라ᄒᆞ엿스니千年의老屋이有ᄒᆞ야更新치아니ᄒᆞ면居處키不得ᄒᆞ리로다更新코져ᄒᆞᆯ진ᄃᆡ不可不其舊를棄ᄒᆞᆯ지니舊를破ᄒᆞ고新을成치못ᄒᆞᆫ際에往々히瓦礫이狼藉ᄒᆞ고器物이播散ᄒᆞ야現象의蒼凉ᄒᆞᆷ은比前十倍ᄒᆞᆯ지니尋常ᄒᆞᆫ人은目前에小利를思ᄒᆞ고後來의大利를察치못ᄒᆞ야死力을出ᄒᆞ야進行을沮止ᄒᆞ나엇지慨歎치아니ᄒᆞ리오今에漏船中에在ᄒᆞ야齊力勇進치아니ᄒᆞ면驚濤駭浪이意外에衝激ᄒᆞᆯ지니水門凉月에一葦를催駕ᄒᆞ고順風而下ᄒᆞ면無限ᄒᆞᆫ速力에片帆이如飛ᄒᆞ야彼岸에先登ᄒᆞᆯ지니此가卽過渡의進步라船頭에坎々ᄒᆞᆫ者ᄂᆞᆫ自由의鼓오船尾의舒々ᄒᆞᄂᆞᆫ者ᄂᆞᆫ獨立旗라ᄒᆞ노라

官報

○第四千七百五十号 續

▲隆熙四年八月六日(土曜)

告示

姦通及謀殺犯尹汝玉、同홍花女、謀殺犯張桂宗、暴動、謀殺、强盜及强盜殺人犯林召仲은本年七月卄九日大邱監獄에셔絞刑의執行을了ᄒᆞᆫ事

暴動、强盜、放火及謀殺犯梁相基、暴動及强盜犯劉秉기本月一日大邱에셔絞刑의執行을了ᄒᆞᆫ事

謀殺及竊盜犯劉元燁本月一日京城監獄에셔絞刑의執行을了ᄒᆞᆫ事 完

○第四千七百五十一号

▲隆熙四年八月八日(月曜)

叙任及辭令

○七月卅一日 任財務監督局主事鈴木定吉 任財務署主事叙判任官三等 財務監督局主事川越省三 任財務署主事叙判任官四等 財務監督局主事岩城正之 任財務署主事叙判任官五等

○八月五日 從一品永宣君李埈鎔 陞正一品上輔國 從一品侍從院卿尹德榮 陞正一品輔國 從一品中樞院議長金允植 陞正一品輔國 正二品承寧府總管趙民熙 陞從一品

○八月六日 從一品勳一等任善準 同李載崑 任中樞院顧問 郡主事尹東鎬 依願免本官 (七月卅一日內部) 郡主事鄭世鉉 郡主事文榮增 依願免本官 (以上八月二日內部) 稅關主事佐藤薰 財務署主事朴弼瑛 同鄭泰國 依願免本官 土地調査局技手兼財務監督局技手柳敬浩 免兼官(以上七月卅日度支部)

外報

◉國境劃定 哈爾賓電을據ᄒᆞᆫ즉露淸國境劃定委員은만쥬리야停車場劃定에關ᄒᆞ야露國의提議ᄒᆞᆫ바와ᄀᆞᆺ치現在停車場北境界로솜아北部ᄂᆞᆫ露領으로南部ᄂᆞᆫ淸領으로定ᄒᆞ얏ᄉᆞᆫ즉露國의國境은約十五露里를南入ᄒᆞ야만쥬리야市街의三分의二를占有ᄒᆞ얏따ᄂᆞᆫᄃᆡ淸國은自國領地된市街에一大兵營을新築中이며露國도不遠間此地에大兵을置ᄒᆞᆯ터이라더라

◉賠償要求 同電을據ᄒᆞᆫ즉北京에駐在ᄒᆞᆫ露國公使ᄂᆞᆫ外務部에向ᄒᆞ야東淸鐵道沿線이馬賊에게損害를當ᄒᆞᆫᄃᆡ對ᄒᆞ야損害賠償으로十六萬留를要求ᄒᆞᆫ다더라

◉日兵虐殺 臺北特電을據ᄒᆞᆫ즉去四日午前에臺灣土蕃族이日本警察輸送隊를襲擊ᄒᆞ야六名의首를斬ᄒᆞ고또四名의被傷者에게凶行을加코져ᄒᆞᆯ際에護衛巡查隊가急進應戰ᄒᆞ야數刻을交戰ᄒᆞ엿ᄂᆞᆫᄃᆡ彼此死傷이有ᄒᆞ엿다더라

▲筆峯忽高▼

▲宮內府奎章閣官制ᄂᆞᆫ改正ᄒᆞᆯ時期가不遠ᄒᆞ다ᄂᆞᆫᄃᆡ文科로勅奏任을未經ᄒᆞᆫ人을調査ᄒᆞ야副提學과直閣을叙任ᄒᆞᆫ後에官制改正을實行ᄒᆞᆫ다지인제ᄂᆞᆫ淸宦이雨霜오듯ᄒᆞ겟네그려淸宦도이遼東豕가되면淸宦이라ᄒᆞᆯ것업지

▲李總理ᄂᆞᆫ近日에各地에在ᄒᆞᆫ不動産의買主를其兄李允用氏의名義로轉換ᄒᆞ엿다지그런ᄯᅢᄂᆞᆫ嚼瓜中에셔出來ᄒᆞᆫ게여그럿치마ᄂᆞᆫ눈뒤집어쓰고아옹

▲承寧府副總管朴齊斌氏ᄂᆞᆫ正二品으로陞資ᄒᆞ기運動ᄒᆞ다가衆人의紛競이大起ᄒᆞᆷ을因ᄒᆞ야勿施가되엿다지朴氏ᄂᆞᆫ모진놈의겻헤잇다가벼락을마즌格이로고다된일이하ᄂᆞᆯ처라보게되엿스니無禱李ᄂᆞᆫ鷄卵에도有骨인게여

▲李會九李恒九兩氏의正二品陞資修定件에對ᄒᆞ야總理가發論ᄒᆞ기를他人의物論이有ᄒᆞᆯ뿐아니라少年陞資가未妥ᄒᆞ다ᄒᆞ야因爲中止ᄒᆞ엿다지自己ᄂᆞᆫ物論을畏치아니ᄒᆞ면셔子侄에게ᄂᆞᆫ物論을念慮ᄒᆞᄂᆞᆫ지可謂恕已則昏이로고

寄書

知脊相道

崔升鉉은本一布衣오早事翰墨ᄒᆞ야不求聞達ᄒᆞ고蟄伏草野ᄒᆞ니雖非英雄事業이나亦足昇平逸民이로되近日潦霖이乍晴ᄒᆞ고庚炎이曝蒸에難堪酷吏苦熱ᄒᆞ야徐行信步로訪平日忘年故人李舜郁氏家則主人이笑迎謂曰子無長沙之謫이어ᄂᆞᆯ何用澤畔之樵오余ㅣ仍答曰君非我也어ᄂᆞᆯ何知我心고近者風候不順에安得不觸感而傷神哉아主人이笑曰休矣어다子徒切漆室之嘆이오不聞朝陽之鳴가ᄒᆞ고卽於案頭에抽報紙一枚示余曰此足以ᄒᆞ야慰志士不平之氣로다子其覽之어다ᄒᆞ거ᄂᆞᆯ恪受擎讀則該氏所購覽大韓每日申報第一千四百八號也오發行兼編輯人李章薰이라大書特書어ᄂᆞᆯ余不覺失驚喜曰好々라是何喜奇며是何喜信고曾聞本報ᄂᆞᆫ英國人裴說氏가刱刊而萬咸氏가繼續者어ᄂᆞᆯ不意今此岌업之際에 皇天이眷憐我大韓民族ᄒᆞ샤使大韓人으로特復아大韓主筆之權ᄒᆞ시니實難禁感泣之涕로다

何者오比喩컨ᄃᆡ米飮이雖非健康人之攝養要素나久病成痼ᄒᆞᆫ人에게ᄂᆞᆫ一匙米飮이라도能進ᄒᆞᆫ즉救護ᄒᆞᄂᆞᆫ侍人이皆喜曰一摘廉粥이라도頻々服之ᄒᆞ며捨々治療則病根甦復을庶幾日中이라ᄒᆞ노니至於本報ᄒᆞ야도日由的時代에ᄂᆞᆫ言論激切이自是當然底事ㅣ니不足攢賀者로되當此今日時局ᄒᆞ야ᄂᆞᆫ言權이自縮ᄒᆞ야治安妨害이니壞亂風俗이니ᄒᆞᄂᆞᆫ許多崎嶇險坂에不失絶我驅ᄒᆞ야堂々獨立ᄒᆞᆫ自筆精神으로喚起堂々獨立ᄒᆞᆫ自國民胞精神ᄒᆞ리니大哉라大韓每日申報也며壯哉라大韓每日申報也여孟聖이有言曰余豈好辯哉리오不得已也라ᄒᆞ시니正히此申報를謂ᄒᆞ심이로다本報主筆者인들奚其好辯哉리오마ᄂᆞᆫ但此艱虞ᄒᆞᆫ局에不可泯默故로滿腔熱血을吐出報紙刪點々激切이오字々驗諦이니官乎蜩螗이不得蠻出이오奇也ㅣ不致肆辯矣리니讀報에掲載社說과演說은不必言而言之矣오不必卞而卞之矣라以大韓人民으로有大韓心腸者야何不一求而覽之哉아外國人의名號를借用ᄒᆞᆫ時에도人皆曰大韓每日申報가正直ᄒᆞᆫ報道이니的當ᄒᆞᆫ言論이니ᄒᆞ얏거든況本國人으로本國同胞를啓導ᄒᆞ에야響應服從이必倍蓰前日이겟거ᄂᆞᆯ或者愚昧ᄒᆞᆫ人은尙謂ᄒᆞ되外國人이라야言權自由가有ᄒᆞ지我國人이야焉敢自由리오ᄒᆞ니此等譫語ᄂᆞᆫ不足可論이되簡斷一語로破惑키爲ᄒᆞ야略述一言ᄒᆞ노라 未完

詞藻

◎목 뎍◎

世上千事萬事中에、쉬운일이
업다지만。
晝夜로進行ᄒᆞ면、못홀일이잇
슬손가。
그러나、定ᄒᆞᆫ목뎍變ᄒᆞ면、萬
々不成。

宮廷報

○親電御發 日本에留學ᄒᆞ시ᄂᆞᆫ我皇太子殿下ㅣ셔셔山陰山陽地方을 御巡行ᄒᆞ옵시고三昨日에無事히東京에 御還着ᄒᆞ옵신ᄃᆡ對ᄒᆞ야大皇帝陛下ㅣ셔옵셔 御親電을發ᄒᆞ옵셧ᄂᆞᆫᄃᆡ其全文이如左ᄒᆞ다더라

今聞爾無事歸京此行所得自大益々感戴日皇陛下之聖慮以期大成

雜報

○局長會議 昨日午前十時에內部地方局長以下가局長室에會合ᄒᆞ야事務를協議ᄒᆞ엿다더라

○三大赴仁 閔宮大朴內大趙農大三氏ᄂᆞᆫ目下仁川入港中에在ᄒᆞᆫ日本鍊習艦隊의招待를被ᄒᆞ야昨일正午에南大門列車로同地에赴往ᄒᆞ엿다가當일歸京ᄒᆞ엿다더라

○亦一風說 近日來로內閣變更된다ᄂᆞᆫ說이浪藉ᄒᆞᆫᄃᆡ總相은金允植內相은李容稙學相은李[illegible]元農相은高永喜度相은趙重應諸氏가被任ᄒᆞᆫ다더라

○兩派運動 奎章閣直閣이多數員闕이有ᄒᆞᆫᄃᆡ此에對ᄒᆞ야南北村獵官者들이各其派黨을隨ᄒᆞ야運動ᄒᆞᄂᆞᆫᄃᆡ南村派ᄂᆞᆫ承寧府副總管朴齊斌氏를紹介ᄒᆞ야趙農相에게로運動ᄒᆞ고北村派에셔ᄂᆞᆫ侍從院卿尹德榮氏를紹介ᄒᆞ야閔宮相에게로運動ᄒᆞᆫ다더라

○面洞廢合修報 慶南觀察使ᄂᆞᆫ管下昌原府及他二郡의面洞里廢合件을修定ᄒᆞ야內部로提呈ᄒᆞ엿다더라

○文簿調査終了 李圭恒氏가主管ᄒᆞᄂᆞᆫ商務左右社中央監部에서ᄂᆞᆫ農商工部에承認ᄒᆞᆯ次로請願書를提呈ᄒᆞ엿ᄂᆞᆫᄃᆡ農商工部에서該部文簿及規則等書類調査에着手ᄒᆞᆫ지四個日만에三昨日에終了ᄒᆞ엿다더라

○技手入城 忠南地方에林籍을調査ᄒᆞ기爲ᄒᆞ야出張ᄒᆞ엿던農商工部技手李弼柳町兩人은再昨日에入城ᄒᆞ엿다더라

○樓臺修築計劃 度支部에서國內에在ᄒᆞᆫ名勝의樓臺等棄之ᄒᆞ야或頹敗ᄒᆞᆫ者가有ᄒᆞᆷ을一々調査ᄒᆞ야一新修築ᄒᆞ기로目下計劃中이라더라

○水源視察 宇佐美內部次官은水源地를視察調査키爲ᄒᆞ야昨日纛島附近에出往ᄒᆞ엿다더라

○日師의功勞金 仁川日語學校前教師岩崎厚太郞ᄂᆞᆫ所帶의職을依免되고日間歸國ᄒᆞᆫ다ᄂᆞᆫᄃᆡ多年教育에勤勞가有ᄒᆞ다ᄒᆞ야特別功勞金二千五百圓을學部에서支撥ᄒᆞᆫ다더라

○德府請移 德源府의位置를附近樞要地로移轉ᄒᆞ겟다고其理由를該道書記官이內部에修報ᄒᆞ고認許ᄒᆞ라ᄒᆞ엿다더라

○祭閣雨頹 恩津郡社稷壇의祭物設備閣이霖雨에顚覆되엿ᄉᆞᆫ즉相當히修理ᄒᆞ겟다고內部로修報ᄒᆞ엿다더라

○三凶聚頭 仁川港에逗留ᄒᆞᄂᆞᆫ一進會長李容九ᄂᆞᆫ何等緊急事項이有ᄒᆞ엿든지三昨日下午一時에急電을發ᄒᆞ야同會副會長金澤鉉會計趙寅星兩人을招去ᄒᆞ엿ᄂᆞᆫᄃᆡ金趙兩人이該港에서一宵를經ᄒᆞ고再昨日下午七時에歸京ᄒᆞ엿다더라

○大垣亦歸 向日入京ᄒᆞᆫ일人大垣丈夫ᄂᆞᆫ家族을引率ᄒᆞ고昨夜에南門發列車로歸國ᄒᆞᆫ다더니아즉旅館에서逗遛ᄒᆞᆫ다더라

○借款裏由 大韓興業會에서政府에對ᄒᆞ야三十萬圓을借款ᄒᆞᆫ다ᄒᆞᆷ은旣報ᄒᆞ엿거니와再昨日農商工部에請願ᄒᆞ엿다ᄂᆞᆫᄃᆡ其目的인즉農工業及礦業을發展ᄒᆞ기爲ᄒᆞᆷ이라더라

○政友意見起草 政友會의唯一策士高義駿氏ᄂᆞᆫ宗教的團體를創結ᄒᆞ야人心의統一을計圖ᄒᆞᆯ目的으로일前에石塚叅與官을訪問ᄒᆞ고其意見을陳言ᄒᆞᆫ즉同叅與官은爾若豎子가何事를成就ᄒᆞ라ᄒᆞ고一笑에付ᄒᆞ엿더니同氏ᄂᆞᆫ更히不遠間同一의意見書를寺內統監에게提出ᄒᆞᆯ次로目下起草中이라더라

○紳長呼風 神宮敬義會長金在珣氏ᄂᆞᆫ向日渡日時에金四萬圓을借款ᄒᆞ엿다ᄂᆞᆫ說이有ᄒᆞᆫᄃᆡ商務課를設置ᄒᆞᆯ次로目下運動中이라고誇張ᄒᆞᆫ다더라

○商務請願退却 商務組合部長崔永年은該部를更히擴張ᄒᆞᆯ計劃으로일前에農商工部에承認ᄒᆞ기爲ᄒᆞ야請願書를提呈ᄒᆞ엿다가退却을遭ᄒᆞ엿다더라

○銀券製造 龍山印刷局에서ᄂᆞᆫ韓國銀行券을目下製造中이라더라

○手形運動 前郡守趙漢鏞氏ᄂᆞᆫ金六千圓을得債ᄒᆞᆯ次로前侍從李埼鎔氏의手形을圖得ᄒᆞ야目下運動中이라더라

○河氏渡日 日本留學生河九鏞氏ᄂᆞᆫ夏期休暇를因ᄒᆞ야歸國ᄒᆞ엿더니昨日上午九時에發程渡日ᄒᆞ엿다더라

○是何長書 儒生四十餘名이何等事를長書ᄒᆞᆯ次로入城ᄒᆞ엿다ᄂᆞᆫ說이浪藉ᄒᆞᆷ으로某處에서ᄂᆞᆫ其事實의有無를注目探知ᄒᆞᄂᆞᆫ中이라더라

○間島의居留人調查 統監府에서北間島에居留ᄒᆞᄂᆞᆫ韓日人의職業有無를調查ᄒᆞ엿다ᄂᆞᆫᄃᆡ叅考的으로內部에送交ᄒᆞ엿다더라

○補助員의採用 日憲兵第一分隊에서三昨日上午八時에憲兵補助員試取를經ᄒᆞᆷ은旣報어니와該試取에二十九人을採用ᄒᆞ엿고日憲兵第二分隊에서昨日上午九時에補助員試取를經ᄒᆞ엿ᄂᆞᆫᄃᆡ六人을採用ᄒᆞ엿다더라

○毆打事實調査 日憲兵補助員邊鎭圭가東門外紫芝洞演劇場에서唱女紅桃의夫白某를毆打ᄒᆞᆫ事에對ᄒᆞ야所管警察署에서再昨日에白某를招致ᄒᆞ야事實을查問ᄒᆞ엿다더라

○日報賣渡 目下休刊中에在ᄒᆞᆫ朝鮮日々新聞은今番某慈善家에게賣與ᄒᆞ야旣히金錢授受를畢ᄒᆞ고該社主幹今井은再昨夜에仁川에서出發ᄒᆞ야京釜線으로突然히東渡ᄒᆞ엿다더라

○棄妻作鬧 前觀察使鄭寅昇氏가數年前에不得已ᄒᆞᆫ事端이有ᄒᆞ야宗會後에其夫人을逐出ᄒᆞᆫ事가有ᄒᆞ다ᄂᆞᆫᄃᆡ該夫人이日前에日人數名을帶同ᄒᆞ고鄭氏家에來到ᄒᆞ야家産什物은自己의所有이니卽出給ᄒᆞ라고惹鬧ᄒᆞᄂᆞᆫ際에鄭丙朝鄭鎭弘兩氏가其光景을見ᄒᆞ고日人의無理無據ᄒᆞᆷ과該夫人의悖習을論責逐出ᄒᆞ엿다더라

○慶民抃野 慶州郡九鄕坪民有田답을明禮宮에見奪ᄒᆞ엿더니今番臨時財産整理局에서調査ᄒᆞᆫ結果로該田畓을人民에게還下分給ᄒᆞ엿다더라

○假中之假 明根東은再昨日에北部齋洞居成均館長金有濟氏家에來到ᄒᆞ야日憲兵司令部偵探이라稱ᄒᆞ고假稱偵探金鍾元에게見奪金額事實을調査ᄒᆞ엿다더라

○病者何多 近日氣候가極히適順치못ᄒᆞᆫ所以로各地方傳染病이發生ᄒᆞᄂᆞᆫ中最히赤痢病患者의發生이益々히增加ᄒᆞ야昨今釜山等地에ᄂᆞᆫ該病이猖獗ᄒᆞᆷ으로病院이充滿ᄒᆞ야收容ᄒᆞ기가困難ᄒᆞ다더라

○李白爭子 一進會員李範喆은昨年分에西部北門洞等地에서作妾居生ᄒᆞᆯ時에同會員白東洙가來留ᄒᆞ다가李의妾과通姦ᄒᆞᆫ事가有ᄒᆞ엿슴으로李가該女와分離ᄒᆞᆫ지라該女가日前에一男을生ᄒᆞ엿ᄂᆞᆫᄃᆡ李白兩人이血屬을互相爭詰中이라더라

○日藥商의被殺 去月五일午後五時頃에漣川郡內面積安里에서일本人賣藥商一名이何許人에게襲殺을當ᄒᆞ엿다더라

○新書發刊 倉洞居金教珏氏ᄂᆞᆫ龍山印刷局에積置ᄒᆞᆫ模造紙三千餘圓價値를買來ᄒᆞ야現今學界에必要ᄒᆞᆫ冊子를多數히印刷ᄒᆞᆫ다더라

○祭奠違規의說明 東部蓮洞耶蘇教堂에서ᄂᆞᆫ儆東學校教師로被害ᄒᆞᆫ[illegible]氏返柩時에祭奠을行ᄒᆞᆫ事件에對ᄒᆞ야三昨日該教堂長老李明赫氏가該教主旨를違反ᄒᆞ엿다ᄒᆞ야峻激ᄒᆞᆫ言論으로一場說明ᄒᆞ엿다더라

○假探哀乞 中部洞口內長安社에서再昨夜에馬鶴杜爲名人이中部警察署偵探이라稱ᄒᆞ고該社事務員과相詰ᄒᆞ다가日憲兵補助員에게被捉ᄒᆞ엿ᄂᆞᆫᄃᆡ馬也의哀乞ᄒᆞᆷ을因ᄒᆞ야當場說諭放送ᄒᆞ엿다더라

○亦一慈善 新門外平洞居蔡奎興氏家에ᄂᆞᆫ月前에何許人이新生兒를棄置ᄒᆞ엿ᄂᆞᆫᄃᆡ該氏가此兒를收養ᄒᆞᆷ으로至今ᄭᆞ지充實無病ᄒᆞ다더라

○感荷義捐 長城郡志士金永熙氏가金一圓을本社에出捐ᄒᆞ엿기其盛意를表ᄒᆞ노라

電報

○隨行上奏 韓國皇太子殿下의隨行으로往ᄒᆞ얏던伊藤式部次長은本日叅內ᄒᆞ야同 殿下 御巡啓ᄒᆞ심에關ᄒᆞᆫ事件을上 奏ᄒᆞ엿다더라

○政友會의法案 政友會에서ᄂᆞᆫ官吏의人權蹂躪制裁法案을今期議會에提出ᄒᆞ기로內定ᄒᆞ엿다더라

○淸使訪問 去六日에東京에到着ᄒᆞᆫ淸國公使王大燮氏ᄂᆞᆫ昨日午前十一時에小村外相을正式으로訪問ᄒᆞ고着任ᄒᆞᆫ事를言明ᄒᆞ엿다더라

○英艦隊入港 英國東洋艦隊ᄂᆞᆫ威海衛로브터日本海를經ᄒᆞ야九月二十三日에橫濱에入港ᄒᆞᆯ터이라더라

○滿洲의馬賊 滿洲에在ᄒᆞᆫ馬賊은目下滿鐵沿岸에서出沒ᄒᆞ야旅客의財貨를掠奪ᄒᆞ려ᄒᆞᆷ으로일淸兩國官憲은騎軍을發ᄒᆞ야警戒中이나方今滿洲一帶에雨期가過ᄒᆞ고高粱의繁茂ᄒᆞᆫ時를利用ᄒᆞ야出沒ᄒᆞᆫ다더라

○賠償額의査定 明治三十七八年戰役에對ᄒᆞᆫ個人損害賠償額은旣히查定ᄒᆞ엿스나日本政府에서ᄂᆞᆫ其內容을秘密히ᄒᆞᆫ다더라

○滿洲의移民問題 日露協約을對抗ᄒᆞᆫ運動으로淸國政府가南淸의農民을滿洲로移住ᄒᆞᆫ다ᄒᆞᆷ에對ᄒᆞ야日本當局者ᄂᆞᆫ非常히注目ᄒᆞᄂᆞᆫ中이며日本人移民件에關ᄒᆞ야ᄂᆞᆫ相當ᄒᆞᆫ調查를經ᄒᆞᆫ後에農業上移民이困難ᄒᆞᆫ境遇에ᄂᆞᆫ工業上移民을奬勵ᄒᆞᆫ다더라

以上東京發 八日着

○日露協約의同情 스토크홈의國際平和會議에서ᄂᆞᆫ日露協約締結에對ᄒᆞ야ᄂᆞᆫ同情을發表ᄒᆞ엿스나露國의芬蘭合併은遺憾이라ᄒᆞᆫ다더라

伯林發 八日着

▲蟬語罵世▼

▲遊塵不到夕陽枝에嘒々一聲啼送ᄒᆞᄂᆞᆫ제더鳴蟬이有意ᄒᆞ니能知炎凉世態인가

▲黃扉夢이已深ᄒᆞ니槐案中에共酣ᄒᆞ야瞰其餘睡絶臥ᄒᆞ고喘息假仰不得ᄒᆞ야隨人頷下區々ᄒᆞ니더人物을罵暗々

▲盤蹊徑穿穴ᄒᆞ야別般運動醵出ᄒᆞᆫ金[illegible]暗[illegible]媒ᄒᆞ야昏夜乞哀乖態ᄂᆞᆫ不顧兩人竊笑ᄒᆞ니더人物을罵暗々

▲無限風輪[illegible]々[illegible]知時機日暖ᄒᆞ深[illegible]室中[illegible]倒[illegible]ᄒᆞ던가더人物을罵暗々

▲閃々赤[illegible]心隨行ᄒᆞ니[illegible]日途風[illegible]ᄒᆞᆫ가더[illegible]暗々

▲방셔머리[illegible]恰似ᄒᆞ나[illegible]家子弟[illegible]ᄒᆞ고더人物을罵暗々

[illegible]는 七八日前에 何許徒黨一百八十餘名이 突入하야 多數한 物品及金貨를 奪去하엿다더라

[illegible]士人申在桓氏는 牛疫流行에 對하야 牛疫全治散이라는 藥을 新發明하야 再昨日에 內部衛生局[illegible]

◎黃氏押交 尉學橋洞居하는 前郡守黃翰淵氏는 再昨日에 捕捉되야 警務總監部로 押交하엿[illegible]

◎仁明會紀念 仁明敎育會에서는 本日下午四時에 該仁明學校設立第二回紀念式을 設行한[illegible]

◎長民照告 [illegible]本報雜報欄內에 長民告發이라한 事에 對하야 更聞한즉 該金圭鳳金夔[illegible]

[illegible]及其郡衙에서 道訓을 承하야 金[illegible] 河西書院을 調査한 金氏等이더라

[illegible]엿다가 反坐의 措處에 至하리라

廣告

◉故裵說氏墓碣 營義捐金廣告 第八回

京城內 無名氏 二十圓

敝商在阿峴方面遺失手形票券三張計靑坡李汝幹金貨三十六圓五十錢阿峴高源奎五十四圓六十三錢五厘車公玉一百六圓五十錢並有水橋權義學白紙票一張金一百五十六圓勿論何人拾得作爲廢紙特此布告聲明

華商 德順福 謹白

學生募集廣告

本校에서 校務를 擴張하고 本科一二學年補缺生과 預備生을 募集하오니 入學志願者는 八月二十五日內로 請願書를 提出홈

但請願紙는 本校에 請求

試驗科目 漢文 筭術 歷史 地誌 外國語

開學日字 八月二十五日

平安北道 嘉山私立 育英學校

蔘茸唐草 藥材廉價大賣

特別廣告

本店에서 開業三十餘年에 僉君子의 愛顧하심을 蒙하와 營業이 발展하옵는바 수에 益意를 報答키 爲하야 業務를 一層擴張하옵고 良好한 蔘茸唐草藥材를 內地와 外國으로서 多數히 直輸入하와 特別廉價로 都賣散賣에 信實히 酬應하오며 地方에서 請求하시는 데 對하야는 多小를 不拘하옵고 郵便小包나 運送部로 迅速히 付呈하오되 代金은 引換으로 하깃사오니 京鄕僉君子는 益益請求하심을 望홈

但地方에서 請求하시는 妙法

金一錢五厘를 費하시고 一枚에 葉書를 使用하사 住所氏名과 掌記를 錄送하시면 能히 遠路의 跋涉과 往返의 旅費를 要치 아니시고 本店에 最良好한 上品藥材를 完全히 買用하실 터이외다

京城南部銅峴三十五統三戶

蔘茸唐草藥材直輸入商

乾材藥 崔聖弼

特別廣告

本坪民有田畓二百十二斗五升落이 明禮宮庄에 混入하야 屢訴未推이더니 臨時財産整理局에서 因訴調査한 結果로 今始還推이옵기 該局官吏의 公明함을 玆以表謝홈

慶州郡九龍坪民 孫錫貞等

本人의 子瑞鳳이가 性本不良하야 不孝不恭하고 家産蕩盡케 한바 온 뎌 方今 出家하야 借債方求라 하니 內外國人은 切勿見欺홈

釜山鎭凡二洞 姜敬善 告白

黃土峴普生醫舘에서 多年診察하던 前陸軍々醫々學校敎官金達植氏가 本堂診察所에서 診察하오니 前日顧愛하시던 僉君子는 照亮枉臨하시옵

京城鍾路 和平堂診察所

中部墻谷十七統三戶 李元楨氏게 已酉四月末日推次六百圓於音서 失廣告하니 照亮休紙施行홈

金東圭 白

本人이 故將臣周喆孫承鶴也舍弟承麟이가 庚子年分에 有不孝不忠之罪하야 終身流配으러니 丙午年에 特蒙天恩하야 解配後年來로 祠父兄所有田土를 沒數放賣하야 蕩散於色技之場而將至絶香火之境하고 尤況龍仁大池所在田畓은 年前에 燕主가 特以許給於本人者也 又生不測之心하야 此庄을 又欲暗賣之計기로 本人이 難保此畓之慮하야 月前의 放賣矣러니 日前에 承麟이가 返爲兄을 拂荒雜類로 新聞揭載하엿사오니 世豈有如許變怪乎잇가 僉君子는 照亮홈

水原郡北門內長安洞 李承鶴 告白

京西部東洞同和藥房 平壤西門內宋尙愈氏 爲消支店則該道內百八十張及郡支店은 該支店에 求藥

官許制蘇丸 閔權 白

本店에서 鐵物橋北李完鍾許에 陰六月晦日推次第五号紙貨貳百圓貳拾五錢票一張을 서 失故로 玆以廣告하오니 誰某拾得하와도 休紙施行홈

小公洞華商 萊順福 告白

勿論遠近親疎間居住와 掌記만 昭詳通知하시면 唐草材蔘茸이라도 精實케 郵便小包로 速送하옵고 代金은 引換홈

京銅峴一統六戶乾材藥局

李盛哉

八寶丹

旅行居家 常備之藥

滌暑淸神 健胃消滯 之良劑

回生水 蘇生丹

瘟氣癘疫 預防豆藥 癨亂吐사 立卽見효

下痢散 赤痢白痢 吐사吐瀉

齒痛淸快水 虫齒風齒 齒齦痛痛

小兒胎毒膏 胎毒面瘡

明耳膏 耳聾耳痛

胎養調經丸 婦人冷積

痲疹丸 小兒痲疹

麝香消瘡丹 諸般瘡病

齒根炎傷散 齒肉爛傷 齒血發炎

阿烟斷藥 年久鴉片 引拒絕藥

小兒痛氣丸

滋陽丸 男女勿論 陰陽雙補

脚氣腫痛丸

全治丸 一連切去根

鷄眼膏 拔去根

消積散 久積

腫根拔散

治顏水

止汗散

蛔滅散

口病淸熱水

鎭咳散

浮腫能下丹 少便不利

鮮[illegible]散

小兒脹滿丸

寸虫[illegible]

小兒疳氣散 食慾不絶

通治膏 諸般一切

痔全滅丸

補陰降火丸 男女勿論

小兒百日咳丸

雙補丸 陰陽俱虛 血氣不足

疥瘡水 疥癬一切

玉容水

偏頭痛止散 頭痛眩火

下浮丸

夜盲復明丸 當雪眼迷

退疸丸 酒달食달 黑달黃달

胸膈止痛散 腹痛

咽喉散 咽喉潰瘍

祛惡生新膏 祛惡生新

其他洋藥各種과 ○各種賣藥○漢韓藥唐草材○都賣散賣

遠地에 請求하시면 郵便小包로 迅速酬應홈

京城鍾路和平堂藥房本舖主任李應善

電話 壹六九七番

電報話 (화)(7)

廣告

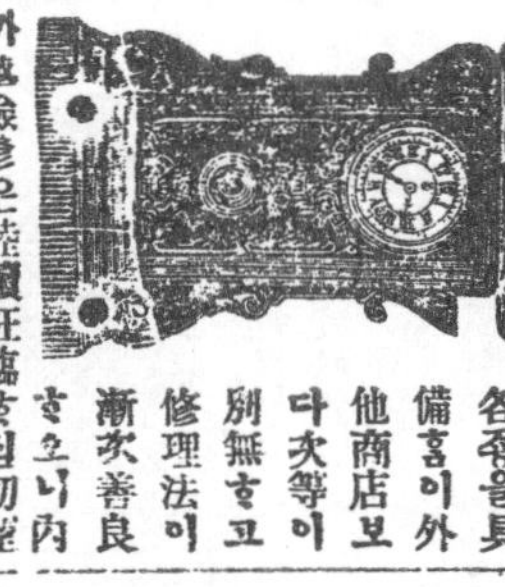

本人이十餘年間各國時計修理ᄒᆞᄂᆞᆫ法을受業ᄒᆞ와內外國僉彦에愛顧ᄒᆞ심을甚히蒙ᄒᆞ엿삽거니와自今爲始ᄒᆞ와本舖ᄂᆞᆫ一層擴張ᄒᆞ기爲ᄒᆞ야各國時計上品各종과其他附屬品各종을具備ᄒᆞᆷ이外他商店보다ᄎᆞ等이別無ᄒᆞ고修理法이漸次善良ᄒᆞ오니內外國僉彦은陸續枉臨ᄒᆞ심을切望

(但外方에ᄂᆞᆫ小包로酬應홈)

京城南部大廣橋側
各國時計商趙璇熙 告白

本校에셔高等科一二年級과速成科第一學年學員을募集ᄒᆞ오니入學志願人은八月十四日陰七月十日로請願書를提呈홈

一試驗日字　八月十五日(陰七月十一日)
一試驗科目　讀書、作文、算術四則以內
一速成科　理科、日語、作文、算術分數以內
一年齡　十五歲以上卄歲以下
一速成科　十七歲以上二十五歲以下
一入學金　五十錢月謝금
一速成科　一圓月謝八十錢
一卒業期限　三個年
一速成科　二箇年
一兩科課程은本校에來問홈
但課程表를請求홀時ᄂᆞᆫ郵稅를要홈
一開學日字　八月十八日(陰七月十四日)

隆熙四年八月五日
義州枇峴面堂後洞
私立克明學校

共愛堂大藥房製造各種藥品發行表

壯陽復元丹　此丹專治腦腎脇弱、房事色傷、心腎虛弱、遺精多夢、陽위不起、病後虛弱、不下飮食、先天不足、眩暈頭痛等症에並妙效가有홈　壹週分壹圓　二週分壹圓八拾錢　四週分三圓四拾錢　八週分六圓四拾錢

虔修靈丹　壹般滯症胃腹痛消化不良心神鬱悶船훈酒醉化담止히口熱惡臭食慾不振등症에並神効

眼科聖藥 清眼水　壹般眼疾、時行眼疾、風熱眼疾、羞明流淚、眼內紅痒등症에擬雲見天之妙(壹瓶金拾錢)

鮮하至寶丸　專治하疾卽氣虛하、遠年長하、一日二日하、雖難治之하이라도永々거근홈　壹包金拾錢

皮膚神藥 靈效液　特治皮膚頑疥癬옴、皮風、諸般痒疹、두두러기、옷올넌데다神効홈　壹瓶금三拾錢

五淋專治 通淋丸　急慢淋疾、赤뵈帶下、방광炎症、더炎皮濃漏外他淋毒性諸症에신效홈　壹제금五拾錢

梅毒妙藥 神應丹　楊梅瘡에壹期二期三期를勿問ᄒᆞ고確實이有효、連珠瘡下疳瘡等에并효　壹제金三圓

腹학신藥 清脾丸　喘治小兒壹般腹학、面黃、屎靑、左脇별腹에大有奇효홈　一匣金五拾錢

久대神効 養胃散　通治經久滯積、呑酸吐사、癨亂、胃腹둥大便不順等症에奏效如神　壹貼금十五錢

治痰鎭咳丸　專治大人히소、喘息、담結등症에妙　三日分一包금卅錢

特冒感효 消熱散　勿論四時傷寒感冒、咽喉疼등、寒熱往來肢節둥、似학非학등症有효　壹貼금拾錢

耳病신효 清耳液　專治耳病卽鼓膜炎、內外聽道炎、耳中灼熱疼소癢、濃液流出等症有효　一瓶금十錢

百貼百應 妙妙膏　風寒濕氣、胸肩背에牽引疼둥、腰膝脚되酸둥無力、骨節둥둥症에如神　금廿五錢

瘡疹如신 [illegible]治膏　各種腫氣、小兒胎毒、부스럼濕腫、生新에並신효　一包금拾錢

大腫拔根膏　大小腫에根빼ᄂᆞᆫ약　價금拾錢

鮮凝膏　멍울석히ᄂᆞᆫ약　價금拾錢

寸[illegible]去根藥　價금卄錢

齒痛水　츙치風치신효　價금七錢五厘

鷄眼膏　틔눈빼ᄂᆞᆫ약　금拾錢

汗斑水　어루럭나ᄂᆞᆫ약　금十錢

止泄丸　대泄暑泄신효　價금拾五錢

痢疾藥　赤백痢에신효　價금拾五錢

各種上等金雞納　東西洋有名賣藥　乾材都賣散賣其他各種藥이具備ᄒᆞ오니請求를依ᄒᆞ야小包로酬應ᄒᆞ겟삼

發行所
皇城南部大廣橋十九統七戶
共愛堂大藥房主 朴容桓 告白

濟生堂大藥房本舖製造及發賣品目錄

消化新藥 清心保命丹　此丹은化痰止咳ᄒᆞ고順氣消滯ᄒᆞ며恒常長服ᄒᆞ면腸胃가健全　九十粒一貼價금十錢　三貼入환藥匣添附 금卄五錢

大補元氣 蔘茸大補元　大補元氣ᄒᆞ고滋腎健腦ᄒᆞ며先天不足과陽위不起에一切神効　一週日分금一圓　八週日分금六圓四十錢　四週日分금三圓四十錢

怪疾神효 保命水　此水ᄂᆞᆫ急흔吐瀉나곽亂腹둥에立효가有홈　금十錢

起死回生 回生단　此丹은急흔吐瀉關格이며가슴아리와冷積과痢疾에神効　一貼금十錢

蛔積殺虫散　此약은회積과회腹痛과회虫을一切去根ᄒᆞᄂᆞᆫ良제　一日分금十錢

久滯大通丸　此丸은年久積滯와宿滯後重이며胃腹痛에神効莫大홈　二日分금十五錢

寸虫沒出藥　此藥은寸白虫一切를去根ᄒᆞᄂᆞᆫ妙藥　一人用금卅錢

感氣時효 解熱散　寒熱往來ᄒᆞ며似학非학과頭痛眩暈와肢節痛에其効가偉大　一日分금十錢

틔눈 拔根藥　틔눈과못과ᄉᆞ마귀를빼ᄂᆞᆫ藥　一貼금十錢

瘡病聖藥 梅花點雪丹　毋論男女ᄒᆞ고花柳病楊梅瘡에一切去根快復하ᄂᆞᆫ良藥　一제금三圓五十錢

瘟氣神効 解毒膏　毒종과根빅인듸와其他諸般腫氣一切에神효無雙홈　一貼금十錢

去核生新 沃度膏　腫瘡과腐傷과곱인듸去核生新ᄒᆞ기ᄂᆞᆫ第一會明　一蛤금十錢

齒病全治 健齒水　此水ᄂᆞᆫ風齒와虫齒며諸般齒둥에大효가有홈　小一瓶금十錢

止足汗臭水　手足의汗臭를除却ᄒᆞᄂᆞᆫ藥　一包금十錢

眼疾速治 光明眼藥　諸般眼疾에隨症皆差ᄒᆞᄂᆞᆫ東洋에初有흔寶藥　小一瓶금十錢

調[illegible]健中丸　急慢腸病과各種泄瀉며赤白痢疾과怪病流行病에偉효가有홈　一貼금卄錢

潤肺化담 止嗽散　傷風火소와喘息勞소와吐담困難과呼吸苦悶胸膈刺둥등神효　一貼금卄錢

解凝止둥 能作　打撲跌落傷靑종各種腫氣始初腹둥陰囊종둥骨濕둥諸症并효　小一瓶금十錢

吐血下血 神理止血丸　專治男婦勿論老幼諸般血症卽吐血酒色過用由발되ᄂᆞᆫ담症並효　금六十錢

上海膏　담結、肩臂둥、解凝、流注刺血등징에特別有효홈　금十五錢

○淋疾藥各種○其他有名賣藥各種○洋藥各種○化粧品各種
○都매散매○遠地에ᄂᆞᆫ郵편小包로迅速酬應홈

漢城南大門內濟生堂大藥房 李庚鳳
代辦主任 李與國 白

電話 壹七二八番
電略 (제)又(卄1)

本商會ᄂᆞᆫ世運의進化와商業의發展을隨ᄒᆞ야業務를新鮮擴張ᄒᆞ야各種布木紬苧緞屬新式毛織等諸般衣服所用物貨를多數買易ᄒᆞ야僉君子의請求를誠實酬應ᄒᆞ오며地方에ᄂᆞᆫ請求만ᄒᆞ시면郵便小包나運送部로送呈ᄒᆞ고代金은引換ᄒᆞ겟사오니地方에商店이나所用되시ᄂᆞᆫ僉君子ᄂᆞᆫ多數請求ᄒᆞ심을望

京城鍾路通二十一統四戶
韓國收入印紙原賣所
有價証券與當賣買所
壽南商會 金泰熙

本店에셔開業ᄒᆞᆫ지十六年間僉君子의愛顧ᄒᆞ심을特蒙ᄒᆞ와今年부터業務을大擴張ᄒᆞ고春夏秋冬所用으로絹屬手等等各國高等物品을現今多數直輸入이온바各地方에셔ᄂᆞᆫ買易에便利實買키爲ᄒᆞ야特廉減價ᄒᆞ와郵便小包로酬應ᄒᆞ야代金은引換ᄒᆞ깃사오니十三道各郡僉君子ᄂᆞᆫ隨意請求ᄒᆞ심을望

振替貯金番號(韓國壹三番)
電話番號(三五八)
漢城中部鍾路器[illegible]洞二十一統五戶
廣興泰 告白

紙物貿易에迅速

◎本店에셔各種紙物을直輸入ᄒᆞ와地方僉位와其他僉彦에게特別廉價로酬應ᄒᆞ깃사오니多少間ᄒᆞ시고請求ᄒᆞ시면郵便小包와運送部로經過ᄒᆞ와物品을[illegible]ᄒᆞ깃삽 (廣告文)

物價表와品錄書ᄂᆞᆫ無料로付呈ᄒᆞᆷ

內外國紙物大發賣

品價低廉에爲主ᄒᆞᆷ

(品目略錄)
[illegible]紙、油壯板紙、窓戶紙、[illegible]、天井紙、古査紙、印札紙、半紙、[illegible]紙、封套紙、其他學校用品[illegible]

漢城鍾路大廣橋
本店 紙物舖 金聖[illegible]
漢城北部安洞別宮前
支店 電話 一千二百八十番

◎藥舖異議申請　大韓醫院附屬醫學校四年修業生李敏[illegible]金[illegible]
所에起訴ᄒᆞ엿고再昨日에各東西洋藥舖及社會의異議申請書
에鍾路에셔食商營業ᄒᆞᄂᆞᆫ李相振氏家에來到ᄒᆞ야湯飯十器를
◎被害者審問　京城地方裁判所에셔ᄂᆞᆫ三昨日에日人服部建
日同被害人尹錫基氏를審問ᄒᆞ엿다더라
巳北部[illegible]에被捉ᄒᆞ엿다더라
昨日官立[illegible]等學校에셔遊戲ᄒᆞ다가狂狗에게被咬되야危險中

檀君開國四千二百四十三年
箕子元年三千三十二年
大韓開國五百十九年
光武八年七月十八日 本報創刊日

大韓每日申報

第八卷 月曜及慶節歲時日休刊 第壹千四百五十七號

發行兼編輯人 李章薰
發行所 京城中部布屛門一宮街 大韓每日申報社

社說

本報의刱設이六七星霜을經ᄒᆞ야千辛萬苦의風濤를排ᄒᆞ고今日에至ᄒᆞ엿도다

本記者의更히執筆ᄒᆞᆫ主旨ᄂᆞᆫ民智가墮落ᄒᆞ고國步가艱虞ᄒᆞᆫ時代를當ᄒᆞ야我韓의將長ᄒᆞᆫ人으로祖宗의血脉을受ᄒᆞ고自國의土壤을食ᄒᆞ엿스니飛禽走獸라도自穴을護ᄒᆞ고自巢를守ᄒᆞ거든況人乎哉아今此執筆이엇지國民의義務를負擔ᄒᆞᆫ다ᄒᆞ리오마ᄂᆞᆫ一團怠匠이慘淡ᄒᆞᆫ中三千里江山에徘徊ᄒᆞᄂᆞᆫ者ᄂᆞᆫ靑年의志氣가或怠ᄒᆞ야敎育이不展ᄒᆞᆯ가農商의業務를或失ᄒᆞ야生命이窮困ᄒᆞᆯ가商界의興敗이或敗ᄒᆞ야財產을難保ᄒᆞᆯ가工業의精巧를或損ᄒᆞ야技藝가未盡ᄒᆞᆯ가筆舌이苦々ᄒᆞ야淺短ᄒᆞᆫ智識과庸陋ᄒᆞᆫ文辭로晝宵側々ᄒᆞ야警者를猛省ᄒᆞ고情念을勸起ᄒᆞ야國民의責任을盡케ᄒᆞᆷ이오至於政治ᄒᆞ야ᄂᆞᆫ人民을制治ᄒᆞᄂᆞᆫ機關인즉紊亂ᄒᆞᄂᆞᆫ境遇에至ᄒᆞ면國綱이不振ᄒᆞ고生靈에困瘁ᄒᆞᄂᆞᆫ根柢인즉執筆者ㅣ不可泯默ᄒᆞ야警告的諷誦에過치못ᄒᆞ고且幾千年遺風餘俗으로近日에至ᄒᆞ야ᄂᆞᆫ頹敗가益甚ᄒᆞ야鄙陋ᄒᆞᆫ情態와淫佚ᄒᆞᆫ形跡이聽聞이猥藉ᄒᆞ야彛倫敗常ᄒᆞᄂᆞᆫ事가日加月增ᄒᆞ니엇지黜斥ᄒᆞᄂᆞᆫ箴言이無ᄒᆞ리오

本記者의主意ᄂᆞᆫ此에止ᄒᆞᆯ뿐이오他意ᄂᆞᆫ無ᄒᆞᆫ즉敢히僭越ᄒᆞᆫ言辭와誕妄ᄒᆞᆫ文字로世界耳目에傳播ᄒᆞ야心神을煽亂케ᄒᆞ기ᄂᆞᆫ得지못ᄒᆞᆯ바이로다但吾人의心焦思者ᄂᆞᆫ民智의未開와政治의不明과敎育의未發과學術의未明과國力의未展으로片心을吐ᄒᆞ고熱血을灑ᄒᆞ야淋漓ᄒᆞᆫ이同胞의眼에灑ᄒᆞ고同胞의耳를洗ᄒᆞ야聲氣가相通ᄒᆞ고意思가相符ᄒᆞ야自然히情誼가相感ᄒᆞᆷ으로寵愛의惠를被ᄒᆞ엿스니居然히我韓의機關을作ᄒᆞ고同族의精神을作ᄒᆞ야可히一日이라도相離치못ᄒᆞ엿더니

不意料外에本報第一千四百五十六號가押收되고發行停止를當ᄒᆞ엿스니本報의愁慘ᄒᆞᆫ色은且論勿論ᄒᆞ고同胞의歡迎ᄒᆞᄂᆞᆫ感意를阻遏ᄒᆞ니咎ᄒᆞᆯ雖是本記者에게在ᄒᆞ나悵缺ᄒᆞᆫ情을禁치難ᄒᆞ더니遠々ᄒᆞᆫ四旬을經ᄒᆞ야解停의命을始得ᄒᆞ엿스나禿筆을更擧ᄒᆞ고餘懷가[illegible]ᄒᆞ야馬首를驅ᄒᆞ야隱憾益悵ᄒᆞ다譬컨대[illegible]擊ᄒᆞ야深誼가復ᄒᆞᄂᆞᆫ者ᄂᆞᆫ朋友의別ᄒᆞ야情緖가戀々ᄒᆞᆫ際에域外에迎ᄒᆞ면其慰喜가當如何ᄒᆞ리오押收一款으로論ᄒᆞ면本報의厄會가種々ᄒᆞ엿스나本年停刊ᄒᆞ야ᄂᆞᆫ刱報以來로初有ᄒᆞᆫ바이나且奈世途가不常ᄒᆞ고時局이已變에何哉오

雖然이나崑山片玉은性色이自若ᄒᆞ고堆樂寶鑑은光彩가不減ᄒᆞᆯ지니孔鐸의筆이여更鳴ᄒᆞ며宇內에循環ᄒᆞ야目的地에到達ᄒᆞᆯ日이必有ᄒᆞᆯ지니今我同胞ᄂᆞᆫ益々注目ᄒᆞ야翌日에愛讀ᄒᆞᆫ誠意로一層歡迎ᄒᆞ야寶玉과如히愛重ᄒᆞ고茶飯과如히常服ᄒᆞᆯ지어다

天下萬事가非常ᄒᆞᆫ困難을經치못ᄒᆞ면非常ᄒᆞᆫ事業을成치못ᄒᆞᄂᆞ니今日의厄會를後日의幸福으로知ᄒᆞ노라

官報

○第四千七百五十七號

▲隆熙四年八月十五日(月曜)

敍任及辭令

○七月十四日 權學周 任財務署主事敍判任官五等

○八月四日 織田廣良 任財務署主事敍判任四等

○八月九日 九品崔海益 任郡主事敍判任官四等

○八月十日 孝殿典祀閔權默 任奎章閣提學敍勅任官一等 承寧府侍從李恒九 兼任承寧府理事 警視兼內部書記官崔基南 免兼官(六月卅日內閣) 內部技師山內主一郎 長湍郡守李興宰 慶興郡守金用大 依願免本官(以上八月十二日內閣) 承寧府侍從兼承寧府理事吳一泳 免兼官 故學生朴學豐 贈正三品通政大夫奎章閣副提學 故學生朴敎命 贈從三品通訓大夫奎章閣直閣

以上從二品嘉善大夫秘書監丞朴容奎祖考曾祖考依法典追贈

故學生尹行源贈從二品嘉善大夫奎章閣提學 故學生尹命善 贈正三品通政大夫奎章閣副提學 故學生尹炯 贈從三品通訓大夫奎章閣直閣

以上正三品通政大夫奎章閣副提學尹喬榮考祖考曾祖考依法典追贈(以上八月十日宮內府)

外報

◎德帝의訪白帝 부라셀쓰報를據ᄒᆞᆫ즉德國皇帝와皇后兩陛下ᄂᆞᆫ答禮ᄒᆞ기爲ᄒᆞ야十月中旬에白耳義皇帝와皇后를訪問ᄒᆞᆯ터이라더라

◎沙流山變 日本筑波山의男體山中央部長十二間廣五尺과西中腹에六間廣四尺되ᄂᆞᆫ距里가去十四日夜에崩壞ᄒᆞ야沙土가流下ᄒᆞ야山形이全變ᄒᆞ얏다더라

◎砲艦又[illegible] [illegible]電을據ᄒᆞᆫ즉十日[illegible]ᄂᆞᆫ今番[illegible]造船所에[illegible]隻을注文ᄒᆞ얏다더라

◎曾禰의病비 曾禰子爵의容態ᄂᆞᆫ入臨ᄒᆞᆫ後症은無ᄒᆞ나是部의水腫으로衰弱이日加ᄒᆞ나然이나元氣ᄂᆞᆫ旺盛ᄒᆞ야醫者에對ᄒᆞ면時々善談ᄒᆞᆫ다더라

◎淸延의蒙古問題 [illegible]

◎馬賊의傷人 淸國滿州各處에馬賊의跋扈ᄒᆞ야小則數十人이오大則數十隊를組織ᄒᆞ야地方民家를侵掠ᄒᆞ고殺人이日로甚ᄒᆞᆫ故로該地에셔ᄂᆞᆫ郊外散步도十分警戒ᄒᆞᆫ다더라

◀篁叟叩▶

▲三韓國一宗政陞品에對ᄒᆞ야宮內府官房과吏間是非가紛紜ᄒᆞ엿다지韓國不相會나볼너더여보지ᄒᆞ和ᄒᆞ意나써보게

▲進會ᄂᆞᆫ創設以來로人民들의名數ᄒᆞᆫ財產을浪費ᄒᆞᆫ者가比々之ᄒᆞᆫ데近日平北各郡에서箇一進會員이有ᄒᆞᆫ데前非를自悟ᄒᆞ고聚首協議ᄒᆞᆫ後에一幷解散ᄒᆞ기로決心ᄒᆞ엿다지잘ᄒᆞᆫ각ᄒᆞ엿지암만ᄒᆞ여도차레갈것업지

▲進步黨이[illegible]成立以來로各社會와箇人에對ᄒᆞ야借款치아니ᄒᆞ기로決議ᄒᆞ얏ᄂᆞᆫ뒤該社副總裁李基東氏가某處에金三千圓을暗自借款ᄒᆞ엿다가情跡이現露되엿슴으로該會에서特別評議會를開ᄒᆞ고李氏를黜會ᄒᆞ기로決議ᄒᆞ엿다지암만ᄒᆞ야도李氏ᄂᆞᆫ[illegible]會를[illegible]ᄒᆞᆯ걸前日에쓰든용동이ᄒᆞᆫ번만휘두루면[illegible]黨이더무엇이여와지실뚝싹ᄒᆞᆯ걸

寄書

知今補述 (續)

大抵本報ᄂᆞᆫ雖是英人刱立이나主筆記者ᄂᆞᆫ卽我大韓人인즉以大韓人으로不過僱役英人之事어니와卽令언즉以大韓人으로行大韓人之事則服役之時와自行之日에輕重分別이當何如오權人服役之時에想必歎後오自已當行之境엔到底盡力은人之常情인바該報로論之라도外人干涉之日에假耗面目이라가吾人十齊之時에頓失性質이면該社體面은姑舍ᄒᆞ고世人唾罵가當何如오然則該社擔任義務가不啻如山之重이오同胞注目瞻仰이奚但如斗之望哉아吾以是로爲該社懼之ᄒᆞ노라

孟子ㅣ曰天下之生이久라一治一亂이라ᄒᆞ시고又曰春秋作而亂臣賊子懼라ᄒᆞ시니紫陽朱子ㅣ註釋曰此亦一治也ㅣ라ᄒᆞ시니라噫라夫子之際에ᄂᆞᆫ時當夕陽ᄒᆞ고世入春秋ᄒᆞ야王靈이不振ᄒᆞ고諸侯强並弱ᄒᆞ니亦一極亂之世어ᄂᆞᆯ朱夫子ᄂᆞᆫ以何意로斷之曰亦一治也라ᄒᆞ샤與平水土膺戎狄으로同功比肩哉아此ᄂᆞᆫ但不過振紀綱扶彛倫ᄒᆞ야以筆削公筆로誅亂賊於千載之下ᄒᆞ고昭垂鑑戒於萬古之後인즉豈不可曰亦一治耶아然則該社直筆이不屈不요와持性으로無偏無黨ᄒᆞ고公論을[illegible]ᄒᆞ야世人의耳目을灌ᄒᆞᆫ聲[illegible]可히得聞이오言者도可히得[illegible]이오曠世의一大盤針[illegible]ᄒᆞᄂᆞᆫ銳鋒에ᄂᆞᆫ奴顏婢膝之[illegible]가自然拖頭鼠竄[illegible]猛省[illegible]者[illegible]可히寶ᄒᆞ며[illegible]大[illegible]果然[illegible]世[illegible]朱子於九[illegible]一治[illegible]我韓[illegible]中報[illegible]論ᄒᆞ고[illegible]基礎ᄒᆞ야我一千萬同胞가當[illegible]ᄒᆞᆫ職分[illegible]國家[illegible]復에此社가嚆矢[illegible]리니豈無心覩리오ᄒᆞ니主人이慨然曰誠然々々이라余도該社引繼ᄒᆞᆫ報紙를奉覽ᄒᆞᆫ時에李章薰氏의儼然ᄒᆞᆫ氣像이紙上에表現ᄒᆞᆫ듯ᄒᆞ고剛毅ᄒᆞᆫ義[illegible]가辭外에形出ᄒᆞᆫ인즉不啻[illegible]三嘆이러니今者君言이如是ᄒᆞ니此非個人私意이오實是天下公義라吾儕도亦是아韓同胞一分子인즉當此之忱哉아爲余俱述此言ᄒᆞ야寄該報自主之日에豈無恨發興起아韓國同胞로一供請覽이如何오ᄒᆞ야ᄂᆞᆯ忘其固陋ᄒᆞ고難却好意ᄒᆞ야謹書如右ᄒᆞ노라

隆熙四年榴夏

平東郡石橋里雍齋居士 崔升鉉

完

詞藻

秋夜 世 鍾[illegible]

梧桐秋夜달밝은데、千愁萬恨이너몸이。

東風을半醉ᄒᆞ고、西窓ᄂᆞ에무엇ᄉᆞ니。

이옥고、醫世鍾치ᄂᆞᆫ소ᄅᆡ、잠든[illegible]니를。

[illegible]金東[illegible]氏가[illegible]部에觀市次로委往ᄒᆞ엿다가路上에셔紙貨三十圜을拾ᄒᆞ야遺失ᄒᆞᆫ尹致琨에게[illegible]를人皆稱頌ᄒᆞᆫ다라

◎驛使의行悖 去十三日午後七時頃에京城監獄署驛使文學[illegible]基督敎人崔鍾伯氏를無數亂打ᄒᆞ고且崔氏의母親을毆打ᄒᆞ야死境에至ᄒᆞ엿ᄂᆞᆫ데[illegible]部時[illegible]여라

◎敎堂買入 東大門分署管內蓮洞耶穌敎堂에셔ᄂᆞᆫ敎務를擴[illegible]敎堂을設置ᄒᆞᆯ次로日前에家屋을買入ᄒᆞ엿다더라

◎[illegible]會의任員改選 畿湖興[illegible]會를開ᄒᆞ고會長以下任員을一切改選ᄒᆞ엿다더라

◎養源塾討論 女子養源義塾에셔ᄂᆞᆫ一般學徒가會同ᄒᆞ야今日總務[illegible]討論會를開ᄒᆞ엿ᄂᆞᆫ데得人이先於得財라ᄂᆞᆫ問題로[illegible]

雜報

◎贈諡議定 宮內府大臣及奎章閣諸氏가去土曜日宮內府에會同ᄒᆞ야儒大其他某々氏의贈諡에關ᄒᆞ야議諡事件을協議ᄒᆞ엿ᄂᆞᆫᄃᆡ將次內閣에提議ᄒᆞᆫ다더라

◎新任相見禮 新任中樞院顧問任善準李載崑副贊議李鳳魯氏等이昨日月曜例會에仕進ᄒᆞ야一般官吏와相見禮를行ᄒᆞ엿다더라

◎樞院例會規則 中樞院議長金允植氏가該院通常例會의規則을制定ᄒᆞ야昨日月曜例會時에公布ᄒᆞ엿다ᄂᆞᆫᄃᆡ其槪意를漏聞ᄒᆞᆫ則議會員中에五次를無故히不參ᄒᆞ면免官ᄒᆞᆫ다더라

◎其新孔嘉 宮相閔丙奭氏의姿翡翠ᄂᆞᆫ宮內府主事車某와結緣ᄒᆞ야背舊從新ᄒᆞ엿ᄂᆞᆫᄃᆡ目下에北部內資司附近에서置家行樂ᄒᆞᆫ다더라

◎內人先減 宮內府에서義親王宮文簿를調査ᄒᆞ엿다더니該調査의結果로同宮所屬을第次減省ᄒᆞᄂᆞᆫᄃᆡ內人二十名中에十五名을減額ᄒᆞ고五人만仍置ᄒᆞ며減額을被ᄒᆞᆫ內人에게ᄂᆞᆫ恩賜金을支給ᄒᆞᆫ다더라

◎探客의免官 內部警務局及各警察署에서官吏로偵探事務를兼行ᄒᆞ던某々氏等은統監府警務總監部高等秘密係附屬으로使用ᄒᆞ고一切免本官ᄒᆞ엿다더라

◎社還米規則頒給 內部에서全國內社還米管理規則을修定ᄒᆞ야各道로頒給ᄒᆞᆫ다더라

◎實業會의延期 漢城府에서昨日부터實業講習會를開ᄒᆞ려ᄂᆞᆫ가準備가完備치못ᄒᆞ야延期ᄒᆞ엿다더라

◎何事放土 承寧府總管趙民熙氏ᄂᆞᆫ何事緊用處가有ᄒᆞᆫ지不知ᄒᆞ거니와一百五十石秋收ᄒᆞᄂᆞᆫ畓土를放賣코저ᄒᆞᆫ다더라

◎露軍向元 遊覽ᄒᆞᆯ次로入京ᄒᆞ엿던露國軍人四名은來十九日에發程ᄒᆞ야元山港으로轉往ᄒᆞᆫ다더라

◎債權者調査 統監府警務總監部에서ᄂᆞᆫ再昨日侍從院卿尹德榮氏의債務에對ᄒᆞ야同債權者들一幷招致調査ᄒᆞ엿다더라

◎移墓의預告 東署東大門外馬場里、淸凉里及南署水口門外新村里、杏堂里(俗稱進八里) 京元鐵道用地內에在ᄒᆞᆫ墳墓에對ᄒᆞ야移轉ᄒᆞᄂᆞᆫ料金을支撥ᄒᆞᆯ터이니各該墓主ᄂᆞᆫ本月二十五日內各其住所氏名을明記ᄒᆞᆫ標木을墳墓에揷立ᄒᆞ고且各該洞長에게通知ᄒᆞ되期限內에標木을揷立ᄒᆞ지아니ᄒᆞᆫ墳墓ᄂᆞᆫ無主墓로認ᄒᆞ야移轉ᄒᆞᆫ다하엿다더라

◎救護費請救 咸興郡海棠嶺韓有一氏等八九名이昨年十月分에朝鮮近海에서暴風을遭ᄒᆞ야日本門司에漂泊ᄒᆞᆫ故로該市長이救護歸國케ᄒᆞ고費額一百三十餘圓을支撥ᄒᆞ라고內部에서該道警察使에게交涉이有ᄒᆞ다더라

◎惡泉의鬼會 崔永年兪鶴柱金澤鉉徐彰輔等이三昨日下午九時惡泉館에서歡迎會를開ᄒᆞ고日前에渡韓ᄒᆞᆫ對韓同志會員日人五百木을請邀宴待ᄒᆞ엿다더라

◎度部家屋放賣 度支部에서ᄂᆞᆫ漢城內에在ᄒᆞᆫ該部所管家屋을一切放賣ᄒᆞ기爲ᄒᆞ야來二十六日로入札ᄒᆞ기로ᄒᆞ엿다더라

◎派出所移接 北部與洞巡査派出所ᄂᆞᆫ再昨日에前侍衛三隊營門으로移接ᄒᆞ엿다더라

◎派出所更設 水門洞警察署에서ᄂᆞᆫ管內禁淸橋巡査派出所를廢止ᄒᆞᆫ後로該附近地에竊盜가種々有之ᄒᆞᆷ으로三昨日該地派出所를更히設置ᄒᆞ엿다더라

◎四人尙滯 南部警察署에被捉ᄒᆞᆫ日本卒業ᄉᆡᆼ十人中崔麟재起와兪承欽朴秉哲氏等四人은尙在滯囚ᄒᆞ엿고其餘六人은三昨日에無事放送ᄒᆞ엿다더라

◎校塾任員被捉 去十三日夜에普成學校々長朴重華同校監尹益善同學監李相益과徽文義塾々長柳一宣同敎師崔在學諸氏ᄂᆞᆫ警務總監部에被捉ᄒᆞ엿다더라

◎果物撤去 北部警察署에서ᄂᆞᆫ署長이警部及巡査를帶同ᄒᆞ고管內坊曲에巡行ᄒᆞ며街路邊에列置ᄒᆞᆫ果物를通行에障碍된다ᄒᆞ야一切撤去케ᄒᆞ엿다더라

◎開礦請認 熙川郡長洞面館里龜洛洞石金礦을本道博川郡柴洞李宅源氏가已爲請願이더니去月二十五日에許可를得ᄒᆞ야現今採掘이고下片을承認코저ᄒᆞ야農部에已爲請願ᄒᆞ엿다더라

◎承[illegible]選 趙鍾緖李根榮氏等이發起ᄒᆞ야染織會社를設立ᄒᆞᆯ타더니農商工部에承認ᄒᆞᆯ次로請願書를提呈ᄒᆞᆫ지五六個朔이經ᄒᆞ되如何ᄒᆞᆫ處分이無ᄒᆞᆷ으로事務開始에妨害가不無ᄒᆞ다더라

◎合社의幹事 南部美洞宋鎭玉氏家에서三昨日下午三時에製炭작鑛株式會社幹事員會를開ᄒᆞ고日臨總會를開ᄒᆞ기爲ᄒᆞ야提出事件을準備ᄒᆞ엿스며幹事員八人을加選ᄒᆞ엿다더라

◎處理會의風波 國債報償金處理會에서該金額處置方法에對ᄒᆞ야土地買收와右金犯用者에게對ᄒᆞ야訴訟을提起ᄒᆞ기로決議됨은一般知了ᄒᆞᄂᆞᆫ바어니와帝國新聞社에貯置條八千圓을該社長鄭雲復氏가犯用ᄒᆞ엿다ᄒᆞ야該會에서起訴ᄒᆞ기로決議ᄒᆞᆫ지幾朔이經ᄒᆞ되結果가無ᄒᆞᆷ으로同胞의疑点을惹起ᄒᆞ고買土ᄒᆞ기로決議ᄒᆞᆫ바幾個任員이更히銀行을設立ᄒᆞᆯ計劃으로飜議코저ᄒᆞᄂᆞᆫ故로國人의注目을不免ᄒᆞ더니去十一日下午二時에評議員會를開ᄒᆞ고臨時評議長兪鎭喆氏가被選ᄒᆞ엿ᄂᆞᆫᄃᆡ該會에서前者에決議ᄒᆞᆫ事項을延拖ᄒᆞᆫ內容이確有ᄒᆞ다ᄂᆞᆫ物論을據ᄒᆞᆫ즉帝國新聞社條八千圓은獨히鄭氏만犯用ᄒᆞᆫ비아니라當初에右金貯置時에領受人李鍾一南宮濬兩氏도難免ᄒᆞᆯ責이有ᄒᆞ다ᄒᆞ고皇城新聞社에貯置條를該會副會長南宮薰交涉委員南宮억兩氏의沒數引渡ᄒᆞ엿다ᄂᆞᆫ報告가旣히分明ᄒᆞ더니殘額五千圓이隱然中發現되엿슨즉幾個任員이幾個人을掩護ᄒᆞᄂᆞᆫ手段이不無ᄒᆞ다ᄒᆞ야評議員鄭永澤氏가會席에서一場駁論ᄒᆞ되國民의熱血로殘金을收聚ᄒᆞᆫ者인則關係가旣重且大ᄒᆞᆯ뿐더러全國同胞의委任으로任員을組織ᄒᆞ고本會를成ᄒᆞᆫ者인ᄃᆡ今에挾雜情跡이此에至ᄒᆞᆫ則一般任員을淘汰ᄒᆞ자ᄂᆞᆫ結果로會長兪吉濬副會長南宮薰交涉委員南宮억氏等이[illegible]請願自退ᄒᆞ고陪席ᄒᆞ엿던評議員長兪鎭喆氏ᄂᆞᆫ鄭永澤氏의言權을不許ᄒᆞ다가論駁을反被ᄒᆞ야辭退ᄒᆞ엿스며其代에金相範氏가被選ᄒᆞ야略干事務를處理ᄒᆞ얏스나同會員中一派가抗議ᄒᆞ되一個評議員鄭永澤氏가無忌憚히二千萬國民이推選ᄒᆞᆫ會長以下任員을陶汰ᄒᆞ니鄭氏를爲先對會施罰ᄒᆞ자ᄒᆞᆫ즉鄭氏가激烈히對抗ᄒᆞ되本人의評議員도國民의委任ᄒᆞᆫ者라言權이自在ᄒᆞ야曲直을可辨이라會長以下任員이不正當ᄒᆞᆫ時에陶汰ᄒᆞᄂᆞᆫ거슨一個本人의擅便이아니라國民의公正ᄒᆞᆫ代表言論이라ᄒᆞ고一塲風波가起ᄒᆞ엿ᄂᆞᆫᄃᆡ兪吉濬氏等의辭退請願은卽時封還ᄒᆞ엿고鄭氏도當席에서評議員의任을辭退ᄒᆞ엿다더라

◎處理會의處理 國債報償金處理會評議員會에서風波가起ᄒᆞᆷ은別項과如ᄒᆞ거니와同會員中某々諸氏가該會務處理에對ᄒᆞ야主管人等이時日을延拖ᄒᆞᄂᆞᆫ時에ᄂᆞᆫ金額이自然消耗ᄒᆞᆷ을慨歎ᄒᆞ야爲先帝國皇城兩新聞社及其他犯用者에向ᄒᆞ야訴訟을不日斷行ᄒᆞ기로決議ᄒᆞ엿다ᄂᆞᆫᄃᆡ就中是非曲直은二千萬國民의耳目을難掩ᄒᆞᆯ바이自在ᄒᆞᆯ뿐아니라來頭에處理의如何를莫不注目ᄒᆞᆫ다더라

◎面長의斷髮 呂州郡에서ᄂᆞᆫ日前에各面面長이會同ᄒᆞ야一切斷髮ᄒᆞ기로決議ᄒᆞ엿ᄂᆞᆫᄃᆡ就中三人은當場에剃髮ᄒᆞ엿다더라

◎[illegible]日何[illegible] 昨日은天道敎地日紀念인故로[illegible]地方敎人이紀[illegible]에[illegible]爲ᄒᆞ야多數上京[illegible]

◎[illegible] [illegible]人의傳說을[illegible]大本山通度寺[illegible]에서日敎師淨土宗[illegible]만雇聘ᄒᆞ야敎授ᄒᆞ기로該寺僧侶와立約ᄒᆞ엿ᄂᆞᆫᄃᆡ[illegible]ᄒᆞ야別式을設ᄒᆞ고[illegible]最美曰吾所以來此者ᄂᆞᆫ敎師的만不是라此寺를吾淨土宗에付屬ᄒᆞ야寺中所有動々物品을繼續保管ᄒᆞ기注[illegible]ᄒᆞ니該寺僧侶ᄂᆞᆫ敎師로만但知ᄒᆞ다가此言을忽聞ᄒᆞ매其問禮遇ᄂᆞᆫ養虎爲患과如ᄒᆞᆫ지라諸學生等은此人의受訓을耳目膓胃를臨水一洗ᄒᆞ려ᄒᆞ며日人敎師ᄂᆞᆫ期於汰却ᄒᆞ고方今日人儒生中敎師를雇聘ᄒᆞ기로協議ᄒᆞᆫ다더라

◎學界의報 韓圭炳氏가海東新聞을發行ᄒᆞᆯ次로內部에請願ᄒᆞ엿더니再昨日에學界報로承認ᄒᆞ엿다더라

◎奸淫被捉 大安洞居金順元爲名人이三淸洞閔창基氏의夫人을二次和奸ᄒᆞᆫ情績이綻露되야閔氏가北部水門洞分署에告訴ᄒᆞᆷ으로該署에서昨日金順元及該女를提致審査ᄒᆞ엿다더라

◎朴犯押上 楊平郡居朴永雲은竊盜犯으로呂州郡區裁判所에서役七箇月에處ᄒᆞ엿ᄂᆞᆫᄃᆡ日間京城監獄署로押上ᄒᆞᆫ다더라

電報

◎千名의溺死者 東京本所深川方面은濁水가急激히變ᄒᆞᆷ을因ᄒᆞ야逃避ᄒᆞᆷ에不遑ᄒᆞ야仍히溺死된者[illegible]千名以上에達ᄒᆞ엿다더라

◎濁流氾濫 宮城縣岩沼町은岩沼堤防이次潰되야浸水[illegible]이七千餘戶인ᄃᆡ[illegible]水가[illegible]尺以上이되얏스며또志田郡[illegible]川의堤防이決潰되야[illegible]町이浸水ᄒᆞ며水[illegible]又[illegible]城志田二郡[illegible]包圍ᄒᆞ엿다더라

以上東京發 十四日着

◎水[illegible]晴 小貝川[illegible]堤防[illegible]缺潰ᄒᆞ야北[illegible]馬郡에ᄂᆞᆫ浸水田畓이一萬町步에達ᄒᆞ엿[illegible]

◎羅[illegible] [illegible]ᄒᆞᆫ不三十[illegible]救護[illegible]五萬인[illegible]形狀[illegible]파怡似ᄒᆞ다더라

◎電氣不通 東京瓦斯會社及東京電燈이共히浸水ᄒᆞ야送電키不能ᄒᆞᆷ으로市의大部ᄂᆞᆫ擧皆暗黑ᄒᆞ엿고또市의交通機關된市街鐵道中山之手線帶外에ᄂᆞᆫ運轉이杜絶ᄒᆞ엿ᄂᆞᆫᄃᆡ雖退水後라도諸處軌道에欠陷을多生ᄒᆞ얏슨則全部가開通ᄒᆞ려면一週日을要ᄒᆞ리라더라

◎水中發火 昨夜十一時頃에濁流로全包ᄒᆞᆫ深川旅籠町裏町石油荒物商田中金[illegible]에避難ᄒᆞ든等은燐寸을燒ᄒᆞ야水中에投ᄒᆞ엿더니該水面에浮在ᄒᆞᆫ石油에서忽然發火ᄒᆞ야附近六戶階上에燒及ᄒᆞ엿ᄂᆞᆫᄃᆡ遑忙ᄒᆞᆫ中에一家族六名이燒死ᄒᆞ엿다더라

以上東京發 十五日着

▲[illegible]言點鵠▼

▲笑爾巧舌칩々ᄒᆞ야能作人語ᄒᆞ나飛鳥를不離ᄒᆞᄂᆞ니鸚鵡새가아닌가

▲賣國[illegible]白[illegible]의風氣深染ᄒᆞ고交涉手段[illegible]阿諛謟媚가[illegible]三寸舌을能掉ᄒᆞ니네일흠이鸚鵡새

▲[illegible]精神[illegible]

[illegible]

…劑和平堂大藥房은八寶丹本舖로京城內에居接ᄒᆞᄂᆞᆫ大藥劑인ᄃᆡ該堂主任全鴻善氏가十數年前브터藥界…을試ᄒᆞ야近日에店務를擴張ᄒᆞ얏고且地方의請求가답至ᄒᆞ야店員이大端奔忙ᄒᆞ다더라

…氏ᄂᆞᆫ詐欺取財ᄒᆞᆫ事件이有ᄒᆞ다ᄒᆞ야日前中部警察署에被捉ᄒᆞ엿ᄂᆞᆫᄃᆡ同敎人金泰裕權秉德孔…로該署에聯名呼訴ᄒᆞ얏다더라

◎敎堂新築　天主敎에서…小門內에敎堂을新建築ᄒᆞᆫ다더라

◎…의懇會　一進會員崔…名은…무合所…

近日에不穩ᄒᆞᆫ情態가綻露되야日前에該會에서…ᄒᆞ엿다더라

…錫氏에게手形을…ᄂᆞᆫ趙氏가初終是事라…送入…明ᄒᆞ얏다더라

廣告

親友諸每日申報解停

八寶丹本舖

京城鍾路和平堂大藥房本舖

主人　李應善

電話　一六九七番

本人이中藥圖形姓名章서失後擬彫印에十字로分開ᄒᆞ야更細旋行ᄒᆞ니知舊間　照亮ᄒᆞᆷ

東部梨峴李喜榮　告白

本人이隆熙元年四月에修學키爲ᄒᆞ야日本에專往留學타가今年에還家ᄒᆞ온즉本人의所在大韓面四里十二號八戶瓦家十四間草家六間家契券을見失ᄒᆞ엿ᄉᆞ오니內外國人은切勿見欺

平壤大同面四里堂岩洞

李鎭璣

本人의名字允長을改以鍾甲으로施行ᄒᆞ오니知舊僉照亮ᄒᆞᆷ

慶南咸安郡南外

前主事韓鍾甲　告白

本人에內從尹亨植生時에花開洞契錢與月邊六十圓票三張을本人이帶同ᄒᆞ고陰七月初에金鴻基氏를往示后還대ᄒᆞ고回路寺洞等地에서失故로玆廣布ᄒᆞᆷ

李承漢　告白

本人이本里에所在絲字丁五十三號田證明券을遺失ᄒᆞ야更히證明券繕出ᄒᆞᆷ로玆以廣告ᄒᆞᆷ

价川郡外面見龍里玄熙彰白

小童에先親閔鉉鈺氏가以宿患으로去六月卄三日에別世ᄒᆞ셧ᄉᆞ니親戚知舊僉照亮ᄒᆞ시옵

孤兒　閔泰興　告白

本人의新安州驛大韓運輸會社를與李寅永金宗郁兩氏로協同營業ᄒᆞ오니內外國僉君子ᄂᆞᆫ照亮ᄒᆞᆷ

安州西湖金鎭滋　告白

本郡民의田畓二百十二斗五升落이明禮宮庄에混入ᄒᆞ야屢訴未推ᄒᆞ더니臨時財產整理局에서因訴調查ᄒᆞᆫ結果로今始還推이옵기該局官吏의公明ᄒᆞᆷ을玆以表謝ᄒᆞᆷ

慶州郡九卿坪民

孫…貞等

本人의子瑞鳳이가性本不良ᄒᆞ야不孝不恭ᄒᆞ고家產蕩盡케ᄒᆞᆫ바온ᄃᆡ方今出家ᄒᆞ야借債方求라ᄒᆞ니內外國人은切勿見欺ᄒᆞᆷ

釜山鎭凡二洞姜敬善　告白

本人家에셔陰七月二日夜에賊漢에게篆字姓名章을見奪이오니內外國人間勿施見欺ᄒᆞᆷ

博川郡內面部一里十統三戶

徐永德　白

學生募集廣告

本校에셔校務를擴張ᄒᆞ고本科一二學年補缺生과預備生을募集ᄒᆞ오니入學志願者ᄂᆞᆫ八月二十五日內로請願書를提出ᄒᆞᆷ

但請願紙ᄂᆞᆫ本校에請求

試驗科目　漢文　筭術　歷史　地誌　外國語

開學日字　八月二十五日

平安北道嘉山私立

育英學校

◎本…經費를補助ᄒᆞ신諸氏의誠意를表ᄒᆞᆷ

本郡守　安承烈　二圓

蔡元瑞　二圓

宋世棟　一圓五十錢

曹秉洙

文圭宣　玉潤喆　禹應善

金正夏　宋世楨　文澤爾

金斗贊　金殷涉　宋顯燮

金鼎杰　金希三　禹東植

尹斗熙　各一圓

鄭基龍　金相敏　金相俊

金鼎根　朴永錫　朴承錫

夜興祚　宋世粲　李允元

池泰能　林孝俊　宋龍淋

黃學範　尹燮선　金致龍

吳鳳賢　咸道赫　李官龍

韓贊杰　李成玉　各五十錢

林宗芸　三十錢

中和郡青年講習所　告白

本校에셔高等科一二年級과速成科第一學年學員을募集ᄒᆞ오니入學志願人은八月十四日陰七月十日로請願書를提呈ᄒᆞᆷ

一試驗日字　八月十五日（陰七月十一日）

一試驗科目　讀書、作文、算術四則以內

一速成科　理科、日語、作文、算術分數以內

一年齡　十五歲以上卄歲以下

一速成科　十七歲以上二十五歲以下

一入學金　五十錢月謝同

一速成科　一圓月謝八十錢

一卒業期限　三個年

一速成科　二箇年

一兩科課程은本校에來問ᄒᆞᆷ

但課程表를請求ᄒᆞᆯ時ᄂᆞᆫ郵稅를要ᄒᆞᆷ

一開學日字　八月十八日（陰七月十四日）

隆熙四年八月五日

義州批峴面堂後洞

私立克明學校

◎共愛堂大藥房製藥…發行表

壯陽復元丹　此藥專治腦弱、房事色傷、心腎虛弱、遺精多夢、陽위不起、病後虛弱、不下飮食、先天不足、眩暈頭痛等症에並妙効가有ᄒᆞᆷ　壹週分壹圓　二週分壹圓八拾錢　四週分三圓四拾錢　八週分六圓四拾錢

虔修靈丹　此藥ᄒᆞᆫ口瘡惡臭食慾不振等症과壹般滯症胃腹痛消化不良心神鬱悶과酒醉化담에並神効

眼科聖藥 清眼水　壹般眼疾、…、…流淚、眼內紅痒等症과…見…之妙（壹瓶金拾錢）

鮮하至寶丸　專治허疾部氣虛하고遠年長하고雖難治之하이라도永々거근ᄒᆞᆷ　一日二日하壹包金拾錢

皮膚神藥 靈效液　特治皮膚病疥癬옴、皮風、諸般痒疹、두두러기、옷올닌데다神効ᄒᆞᆷ　壹瓶금三拾錢

五淋專治 通淋丸　急慢淋疾、赤白帶下、방광炎症、뒤炎皮濃漏外他淋疾雜性諸症에신效ᄒᆞᆷ　壹제금五拾錢

梅毒妙効 神應丹　楊梅瘡에壹期二期三期를勿問ᄒᆞ고確實이有效、連珠瘡下疳瘡等에并효　壹제金三圓

腹학신藥 清脾丸　專治小兒壹般腹학、面黃、尿背、左脇대腹에大有奇효　一匣金五拾錢

久해神効 養胃散　通治經久滯積、呑酸吐사、霍亂、胃腹痛大便不通…症에神効　壹貼금十五錢

治痰鎭咳丸　專治大人히소、喘息、담結등症에妙　三日分一包금卅錢

特胃感효 消熱散　勿論四時傷寒感冒、咽喉疼痛、寒熱往來、肢節동、似학非학등症有효　壹貼금拾錢

耳病신효 清耳液　專治耳病部鼓膜炎、內外聽道炎、耳中灼熱痛소癢、濃液流出等症有효　一瓶금十錢

百貼百應 妙妙膏　風寒濕으、胸肩背에症引痛등、腰膝脚의酸통無力、骨節쑤신등症에如神　금卄五錢

奏효如신 能治膏　各種腫氣、小兒胎毒、부스럼濕腫、生新에並신효　一包금拾錢

大腫拔根膏　大小腫에싹빼ᄂᆞᆫ약　價금拾錢

鮮凝膏　멍울삭히ᄂᆞᆫ약　價금拾錢

寸虫去根藥　價금卄錢

齒痛水　충치風치신효　價금七錢五厘

鷄眼膏　틔눈빼ᄂᆞᆫ약　금拾錢

汗斑水　어루럭니약　금十錢

止泄丸　대泄暑泄신효　價금拾五錢

痢疾藥　赤백痢에신효　價금拾五錢

各種上等金雞納東西洋有名賣藥乾材都賣散賣其他各種藥이具備ᄒᆞ오니請求를依ᄒᆞ야小包로酬應ᄒᆞ겟숩

發行所

皇城南部大廣橋十九統七戶

共愛堂大藥房主　朴容恒　告白

健康!!!　健康!!!　健康!!!

此ᄂᆞᆫ生命을…重ᄒᆞᆫ…人…가…비라

吾人은如何히此健康을保全ᄒᆞᆯ가

然ᄒᆞ나各社會에서가장有力ᄒᆞᆫ實業家、旅行家。學問家。商業家、閨養家、淑女。學生諸君으로日日八寶丹을不合ᄒᆞᆫ者ᄂᆞᆫ普ᄒᆞ고일즉不見ᄒᆞ갯스며懷中과家庭에八寶丹의備置ᄅᆞᆯ缺ᄒᆞ고健全ᄒᆞᆫ事業을營爲ᄒᆞ다ᄒᆞᆷ은其能치일차

팔보단 和 팔보단

八寶丹

不聞ᄒᆞ엿도다

아々我韓의人士로誰가八寶丹의有効ᄒᆞᆷ을不知ᄒᆞᆫ者ㅣ有ᄒᆞ며誰가此를要用치아니ᄒᆞᆫ者ㅣ有ᄒᆞ리오

發賣元

京城鍾路　和平堂大藥房本舖

電話　壹六九七番

電話（화）…

謹告

□人이 □ 斷結緣處鎬也舍
□後 □ 子年分에 有不孝
□忠之罪ᄒᆞ야 終身滿醒이러니
內午年에 特蒙天恩ᄒᆞ야 解配後
祖父兄所有田土를 □□
放賣ᄒᆞ야 盡散於他技之場而猶
至絶香火之境ᄒᆞ고 尤況龍仁人
池所有田畓은 年前에 燕主가 特
以許給於本人者也 又生不測之
心ᄒᆞ야 此庄을 又欲賭賣之計기
로 本人이 難保此畓之慮ᄒᆞ야 月
前의 放賣矣러니 日前에 承購이
가 返還兄을 拂荒雜類로 新聞揭
載ᄒᆞ엿ᄉᆞ오니 世豈有如許變怪
乎잇가 僉君子ᄂᆞᆫ 照亮ᄒᆞᆷ

水原郡北門內長安洞

李承鶴 告白

檀君開國四千二百四十三年
箕子元年三千三十二年
大韓開國五百十九年
本報創刊日
光武八年七月十八日

大韓每日申報

發行兼編輯人 李章薰
發行所 京城中部布屛門二宮街 二層洋屋 大韓每日申報社

第八卷 月曜及慶節歲時日休刊 第壹千四百五十八號

論說

修善의方策

一人이和ᄒᆞ면一家가和ᄒᆞ고一家가和ᄒᆞ면一隣이和ᄒᆞᄂᆞ니和의一字ᄂᆞᆫ何處에셔從生ᄒᆞᄂᆞᆫ고其心也ㅣ適ᄒᆞ고其情也ㅣ符ᄒᆞ고其氣也ㅣ舒ᄒᆞ고其智也ㅣ同ᄒᆞ면自然히和氣가發生ᄒᆞ야無限ᄒᆞᆫ幸福을共享ᄒᆞ려니와萬一纖芥의微嫌을抱ᄒᆞ고讐冤을構ᄒᆞ야反目相視ᄒᆞ면父子의親으로도和키難ᄒᆞ고兄弟의誼으로도和키難ᄒᆞ고夫妻의情으로도和키難ᄒᆞ야家道의敗亾과財產의蕩殘과流離의慘狀과呼哭의猥藉ᄂᆞᆫ不召而必至ᄒᆞᆯ지니此ᄂᆞᆫ人人이自取ᄒᆞᄂᆞᆫ者오人의與ᄒᆞᆫ者ㅣ아닌즉엇지自反而省ᄒᆞᆯ者가아니리오

父ᄂᆞᆫ父의道를守ᄒᆞ고子ᄂᆞᆫ子의道를守ᄒᆞ고兄은兄의道를守ᄒᆞ고弟ᄂᆞᆫ弟의道를守ᄒᆞ고夫ᄂᆞᆫ夫의道를守ᄒᆞ고妻ᄂᆞᆫ妻의道를守ᄒᆞ야其分을各守ᄒᆞ고其誼를相守ᄒᆞ야勸之以職分ᄒᆞ고勸之以安樂ᄒᆞ야蒸々히做去ᄒᆞ면其中에悖子와悖弟가有ᄒᆞᆯ지라도融和가浹髓ᄒᆞ야麻中에蓬과如히德可히共就오志可히共發ᄒᆞ야同樂을期치아니ᄒᆞ여도得지못ᄒᆞᆯ理가無ᄒᆞ리로다

家々히和氣가融々ᄒᆞ면其里도同樂ᄒᆞ고其隣도同樂ᄒᆞ야爭鬪ᄒᆞᄂᆞᆫ聲이息ᄒᆞ고凌侮ᄒᆞᄂᆞᆫ習이無ᄒᆞ리니靑年子弟ᄂᆞᆫ學業에熱心ᄒᆞ야萬里前程에驥步를方展ᄒᆞ여智識이通明ᄒᆞ고技藝가就新ᄒᆞ야農에歸ᄒᆞᆫ者와商에歸ᄒᆞᆫ者와工에歸ᄒᆞᆫ者가其職을各守ᄒᆞ고其業을各務ᄒᆞ야敎育中人物을作成ᄒᆞ면其隣이富ᄒᆞ고其里가强ᄒᆞ야有無를相資ᄒᆞ고患難을相救ᄒᆞ야肢體와如히相結ᄒᆞ고心膓과如히相符ᄒᆞ야一隣이團合ᄒᆞ고一里가團結ᄒᆞ면德美의自治가不期然而然ᄒᆞᆯ지니誰가能히惡ᄒᆞ며誰가能히侮ᄒᆞ리오人이我를愛ᄒᆞᄂᆞᆫ것도我에在ᄒᆞ고人이我를惡ᄒᆞᄂᆞᆫ것도我에在ᄒᆞ니自修ᄒᆞᄂᆞᆫ力은一毫도無ᄒᆞ고空然히鬱沸ᄒᆞᆫ氣를持ᄒᆞ고慷慨ᄒᆞᆫ心을抱ᄒᆞ야無理ᄒᆞᆫ言辭와無情ᄒᆞᆫ責을人에게加ᄒᆞ면畢竟은容恕寬恕ᄒᆞᄂᆞᆫ者가無ᄒᆞ야忿怒도易生ᄒᆞᆯ것이오叱責도必加ᄒᆞᆯ것이니弱者가勝ᄒᆞᆯ가强者가勝ᄒᆞᆯ가其成其敗ᄂᆞᆫ雖愚者라도可辨ᄒᆞᆯ지로다

其實力은無ᄒᆞ고徒其空拳으로悖習이層生ᄒᆞ야隣里人에게不美ᄒᆞᆫ行動을作ᄒᆞ면其人이安受치아니ᄒᆞᆯ것은斷定ᄒᆞᆫ事이라萬若其身을修ᄒᆞ고其行을勵ᄒᆞ고其家를齊ᄒᆞ야其財가阜ᄒᆞ고其道가正ᄒᆞ면其隣이護ᄒᆞ고其里가扶ᄒᆞ야百足의虫이至死不僵ᄒᆞᄂᆞ니天下에엇지獨不將軍이有ᄒᆞ리오其家가和ᄒᆞ고其隣이和ᄒᆞ야穩和ᄒᆞᆫ氣味와平夷ᄒᆞᆫ辭色이對人에融通ᄒᆞ면水火中에投ᄒᆞᆯ지라도相救ᄒᆞᄂᆞᆫ道가有ᄒᆞ고溝壑에陷ᄒᆞᆯ지라도相扶ᄒᆞᄂᆞᆫ道가有ᄒᆞ야萬全不敗ᄒᆞᄂᆞᆫ利가生ᄒᆞᆯ지니自家而推隣ᄒᆞ고自隣而推國ᄒᆞ고自國而推天下ㅣ同然ᄒᆞ다ᄒᆞ노라

官報

○第四千七百五十八号

▲隆熙四年八月十六日(火曜)

敍任及辭令

○八月九日 宋在衡 金奎煥 尹敎炳 任郡主事敍判任官五等

○八月十二日 朴羽陽 任厚陵叅奉敍判任官五等 種苗場技手高梅忠男 兼任種苗場書記 學部編輯局長兼官立漢城高等女學校長勳五等魚允迪 陞敍勳四等賜八卦章 學部主事李貞善 學部技手金孝鎭 官立漢城高等女學校副敎師韓普源 公立普通學校本科訓導鄭芝錫 敍勳七等賜八卦章 贈議政府左贊成金益泰 贈正一品大匡輔國崇祿大夫奎章閣大提學 贈吏曹判書金用善 贈從一品崇政大夫奎章閣大提學 贈吏曹叅判金基建 贈正二品資憲大夫奎章閣提學

以上正一品輔國崇祿大夫中樞院議長兼奎章閣大提學金允植考祖考曾祖考依法典追贈

故原州判官金亨植 贈從二品嘉善大夫奎章閣提學

以上正三品通政大夫奎章閣副提學金裕弘考依法典追贈

(以上八月十二日宮內府)

外報

●土勃戰爭의無望 伯林電을據ᄒᆞᆫ즉마세도니아寬兵이漸次勃牙利國을侵襲ᄒᆞᆷ으로勃牙利國은此를因ᄒᆞ야列國으로ᄒᆞ야곰土耳其國의干涉을加코저ᄒᆞ야非常히運動中이나今日의現狀으로ᄂᆞᆫ全然히成功의希望이無ᄒᆞ다더라

◎洵貝勒出發期 漢口電을據ᄒᆞᆫ즉洵貝勒은來二十日에當地에셔上海로向ᄒᆞ야몽골리아號로日本에向ᄒᆞᆯ터이라더라

◎中央政務積滯 日本桂首相은本月上旬에輕井澤에赴ᄒᆞ엿ᄂᆞᆫ데今回水害로因ᄒᆞ야信越線은勿論이오中央東線도不通됨으로歸京ᄒᆞ기不能ᄒᆞ고東京으로브터重要書類를陸送ᄒᆞ기不能ᄒᆞᆷ으로以ᄒᆞ야昨今間中央政府의政務ᄂᆞᆫ甚히積滯ᄒᆞ얏다더라

◎新條約案發送 日本政府ᄂᆞᆫ去七月十七日과八月四日에條約廢棄案의通告를發ᄒᆞᆫ列國에對ᄒᆞ야仝十二日에更히新條約案을發送ᄒᆞ얏다더라

◎漁業의仲裁 倫敦電을據ᄒᆞᆫ즉海牙來電에云ᄒᆞ되去六月二日以來海牙仲裁々判所에셔審理ᄒᆞ던니우폰들린드漁業仲裁問題에關ᄒᆞᆫ英美兩國의辯論은已爲終結ᄒᆞ얏ᄂᆞᆫ데此에關ᄒᆞᆫ判決書ᄂᆞᆫ來九月一日에發表ᄒᆞᆯ터이라더라

◎淸國側의辯解 奉天電을據ᄒᆞᆫ즉今般韓國人退去問題에對ᄒᆞ야新民府駐在日本領事가淸國側에向ᄒᆞ야調查ᄒᆞᆫ바에云ᄒᆞᆫ데淸國側의主張ᄒᆞᆫ바ᄂᆞᆫ韓人의退去令은錫總督의命을依ᄒᆞ야新民府知府가執行ᄒᆞᆷ이요知府의自意에出ᄒᆞᆷ이아니라ᄒᆞ며韓人等은總히六個年의租借權을有치아니ᄒᆞᆯ뿐더러또ᄒᆞᆫ有力ᄒᆞᆫ租借證書가아니라ᄒᆞ고또淸國官憲은협迫的으로退去를命ᄒᆞᆷ이아니요勸誘的으로本年稻作價及立退料五千圓々지支出ᄒᆞ얏슨즉韓人等은其勸誘에應ᄒᆞ얏다ᄒᆞ나韓淸兩側의所言이一致치아니ᄒᆞᆷ으로同領事館에셔ᄂᆞᆫ善後策을目下硏究中이라더라

▲一片心鑑▼

▲槐山과陰城郡等地에霖雨가連月注下ᄒᆞ다가十餘日間에旱魃이太甚ᄒᆞ야農作物의枯死가不少ᄒᆞ다니一天雨暘이何其不均ᄒᆞ고天時도如此커던况乎人事哉아

▲宮相의妾翡翠라稱号ᄒᆞᄂᆞᆫ女人은閔氏와緣을斷ᄒᆞ기로決心ᄒᆞ고日前에其家産을沒數히衆人에게競賣ᄒᆞ고他人과作配居生ᄒᆞ려니閔氏가[illegible]一翡翠에送別ᄒᆞᆫ[illegible]翡翠家에來到ᄒᆞ야萬端情懷를叙ᄒᆞ엿다지서야々翡翠서야인喜도다翡翠서나죽으면죽엿지못놋켓고나더肝膓이다녹ᄂᆞᆫ다이怨讐의翡翠서야

▲輿論과加勢가되어진官界上에兩班名色으로[illegible]ᄒᆞ나도泰然[illegible]ᄒᆞ면[illegible]를免치못ᄒᆞ거든그림으로南北村行世[illegible]이두다리가떠러질[illegible]이라데

▲新凉은噓爽ᄒᆞ고天氣ᄂᆞᆫ淸爽ᄒᆞᆫ데街路上에셔보면眼睛이大端이倒立ᄒᆞᆯ일만되ᄂᆞᆫ방셔머리에절구통치마人자리와周牟되치마에홍두깨보션人자리가ᄭᅡ파리펴지듯ᄒᆞ엿데그려무엇차저먹을것잇서々자리發狂들을ᄒᆞᄂᆞᆫ지

寄書

祝每日申報自由

대개國을建ᄒᆞ고守成ᄒᆞᆷ은人民의衆力을合ᄒᆞ야되ᄂᆞᆫ것이니衆力은何로由ᄒᆞ야生ᄒᆞᆷ인고新鮮ᄒᆞᆫ精神으로自由의能力을失치아니ᄒᆞ여야됨을瞭然可知ᄒᆞᆯ바라至於報舘ᄒᆞ야ᄂᆞᆫ國民의進就上大關係가有ᄒᆞ니何哉오人民을喚醒ᄒᆞ야敎育을唱起ᄒᆞᆷ도報舘에在ᄒᆞ고國粹를發輝ᄒᆞ며政治를警告ᄒᆞᆷ도報舘에在ᄒᆞ고時事를論辯ᄒᆞ며善良을贊揚ᄒᆞᆷ도報舘에在ᄒᆞ다ᄒᆞ엿스니此ᄂᆞᆫ公正ᄒᆞᆫ直筆로國民의希望的思想의精神을喚起ᄒᆞ야長夜濃宿에擬夢을醒ᄒᆞᆷ과如ᄒᆞ니엇지貴重ᄒᆞᆫ責任이無ᄒᆞ다謂ᄒᆞ리오由此言之컨ᄃᆡ列强의人民은報筆의警世가有ᄒᆞᆷ으로雖樵夫幼穉라도愛讀ᄒᆞᄂᆞᆫ精神이有ᄒᆞ야時事를自知ᄒᆞ거니와至於我韓ᄒᆞ야ᄂᆞᆫ幾個所報舘이有ᄒᆞ야도機關的活動이有ᄒᆞ야公正ᄒᆞᆫ[illegible]正直ᄒᆞᆫ思想을[illegible]別無ᄒᆞ니報舘의穩當ᄒᆞᆫ精神이可無ᄒᆞ다謂ᄒᆞᆯ지로다然ᄒᆞ나唯一大韓每日申報ᄂᆞᆫ暗室의炬燭을自放ᄒᆞ며權衡의[illegible]自得ᄒᆞᆫ故로自由[illegible]自由活動[illegible]獨立[illegible]으로刊行ᄒᆞ니[illegible]ᄒᆞ도다[illegible]人爲[illegible]主刊ᄒᆞ야[illegible]告ᄒᆞ고愛護的思想이有ᄒᆞ더니

近日本社의被困ᄒᆞᆷ을因ᄒᆞ야幾萬圓價額에某處로買收ᄒᆞ엿다ᄂᆞᆫ悲說이浪藉ᄒᆞ기로警世鍾을聞ᄒᆞ던者가全無ᄒᆞ야耳目이暗黑ᄒᆞ면萬復作ᄒᆞᆯ가爲ᄒᆞ야慨歎矣러니本報第一千四百八號가忽[illegible]ᄒᆞ니不勝欽歎ᄒᆞ야擊受拱讀ᄒᆞ니乃我國人李章薰氏가編輯發行ᄒᆞ고無他疑意라ᄒᆞ엿스니엇지無知者의虛誕과風說의誤傳을準信ᄒᆞᆯ비有ᄒᆞ리오執筆諸公은特別ᄒᆞᆫ思想으로强剛ᄒᆞᆫ警世鍾을永遠히鼓鳴ᄒᆞ야自由의義務로新鮮ᄒᆞᆫ域에達ᄒᆞᆷ이明白ᄒᆞᆯ지라是로由ᄒᆞ야公正ᄒᆞᆫ言舌과明白ᄒᆞᆫ筆端으로烱然히我國人民의昏夜燭을作ᄒᆞ오니엇지欽仰치아니ᄒᆞ며엇지賛美치아니ᄒᆞ리오

慶南昌原府府內面西下里 金商헌

詞藻

秋風

秋風이건듯부니、二千萬人蘇生ᄒᆞ고。
三千里고흔江山、맑은빗츨띄엿셔라。
眞實노、各其事業成就키ᄂᆞᆫ、이런때에。

宮廷錄

●統監夫人宴待 寺內統監夫人은其令孃末子와兒玉伯夫人을帶同ᄒᆞ고昨日午前十一時에德壽宮에叅內ᄒᆞ야 嚴貴妃殿下의 御招로宴會에出席ᄒᆞ엿다더라

雜報

●統府例會中止 昨日은統監府의火曜大臣例會인ᄃᆡ特別ᄒᆞᆫ協議案件이無ᄒᆞᆷ으로中止ᄒᆞ엿다더라

●敍勳官吏의賞金 再昨日內閣例會에案件을聞ᄒᆞᆫ즉敍勳ᄒᆞᆫ官吏의勳等級과功勞가有ᄒᆞᆫ官吏에게賞金支撥件을協議ᄒᆞ엿나더라

●區域變更의協議 漢城內各坊谷의名稱이混雜ᄒᆞᆯ뿐아니라區域이不均ᄒᆞᆷ으로行政上에或不便의点이有ᄒᆞ다ᄒᆞ야當局者ᄂᆞᆫ該事件을變更整理ᄒᆞ기로協議ᄒᆞᄂᆞᆫ中이라더라

●統監과首相會談 寺內統監은昨日午前八時三十分에李首相과山縣副統監을該官邸에會同ᄒᆞ야同十一時三十分ᄭᆞ지談話ᄒᆞ엿다더라

●副統監의巡視 山縣副統監은再昨日午後三時半에憲兵隊司令部와警務總監部에到ᄒᆞ야各其執務狀況을巡視ᄒᆞ엿다더라

●統府의叅與會 統監府에서ᄂᆞᆫ昨日午前十一時에叅與官會議를開ᄒᆞ엿ᄂᆞᆫᄃᆡ山縣副統監石塚叅與官有吉總務長官 倉富、小宮、木內、俵、宇佐美 各叅與官明石警務總長家屋土地調査局測量部長池田通信管理局長等이叅列ᄒᆞ엿다가仝十二時頃에散會ᄒᆞ엿다더라

●李首相과水害慰問 日本水害가東京으로始ᄒᆞ야東北東海各地에頗히大端ᄒᆞᆷ을聞ᄒᆞ고總理李完用氏ᄂᆞᆫ政府代表로統監을訪問ᄒᆞ고水害를見舞ᄒᆞ엿다더라

●郡主事의會議 各觀察道에서ᄂᆞᆫ管下各郡主事會를開ᄒᆞ고行政進行事務에關ᄒᆞ야協議ᄒᆞ기로決定ᄒᆞ엿다더라

●農事觀察 東洋拓殖株式會社에서我國農事를啓發ᄒᆞ기爲ᄒᆞ야日本各地로브터農事關係者若干을招聚ᄒᆞ야實地로視察케ᄒᆞᆫ趣旨로向者에日本農商務大臣及內務大臣의게對ᄒᆞ야人員選擧方法을交涉ᄒᆞ엿다더니這間三府三十七縣에서各一人式推薦ᄒᆞ야來九月下旬에合四十人이渡韓ᄒᆞᆫ다더라

●各大往叅 再昨十五日內閣會議散會後에各大臣은午後二時半頃에漢城府民會에서設行ᄒᆞᄂᆞᆫ鄭秉夏外二氏의追悼會에叅列ᄒᆞ엿다더라

●五百叅議 成均館所管으로叅議員五百名을選置ᄒᆞᆫ다ᄂᆞᆫ風說이有ᄒᆞ다더라

●學部官吏履歷書 學部에서ᄂᆞᆫ同部日人官吏一同의履歷書를目下에修正中이라더라

●同仁醫院의引繼 平壤郡同仁醫院을慈惠醫院으로引繼ᄒᆞᄂᆞᆫ事에關ᄒᆞ야內部與貫技師가事務를整理ᄒᆞ기爲ᄒᆞ야出張ᄒᆞ엿다가再昨日에入城ᄒᆞ엿고本日에ᄂᆞᆫ大邱郡으로出張ᄒᆞᆫ다더라

●兩道移轉說 咸南觀察道ᄂᆞᆫ元山으로咸北觀察道ᄂᆞᆫ城津으로移轉ᄒᆞᆫ다ᄂᆞᆫ說이有ᄒᆞ다ᄂᆞᆫᄃᆡ其事由인즉交通便利를因ᄒᆞᆷ인듯ᄒᆞ다더라

●農部의移轉 農商工部ᄂᆞᆫ豫히特許局陳列場에新築ᄒᆞᆫ洋製廳舍의落成ᄒᆞ엿슴을因ᄒᆞ야來卄一日日曜에移住ᄒᆞᆯ터인ᄃᆡ移轉ᄒᆞᆯ局課ᄂᆞᆫ大臣官房과農務局과商工局이요其他水産局과山林局과鑛務局은從來廳舍에仍置ᄒᆞᆯ터이라더라

●雲宮內人의辭金 雲峴宮에서ᄂᆞᆫ三昨日에年老ᄒᆞᆫ內人七名만仍置ᄒᆞ고其餘ᄂᆞᆫ並爲解散ᄒᆞ엿스며每名下에金六圓式支給ᄒᆞ엿ᄂᆞᆫᄃᆡ右金을一切辭却ᄒᆞ엿다더라

●消防水道栓의檢査 警務總監部에서不時의住意를準備키爲ᄒᆞ야城內消防水道栓의檢査를施行ᄒᆞ야旣히其全部를完了ᄒᆞ엿다더라

●質問理由 淸國은鴨綠江沿岸에十三箇所의水上警察署를設ᄒᆞ야國境警備를嚴히ᄒᆞᆫ다ᄂᆞᆫᄃᆡ右ᄂᆞᆫ協約違反ᄒᆞᆯ影響이有ᄒᆞ다ᄒᆞ야統監府ᄂᆞᆫ目下安東縣知事에게照會ᄒᆞ야其新設ᄒᆞᄂᆞᆫ理由를質問ᄒᆞ엿다더라

●紀念々々 一進會에서ᄂᆞᆫ明日에創立第七回紀念式을設行ᄒᆞᄂᆞᆫᄃᆡ各地方會員이多數來叅ᄒᆞᆫ다더라

●會長家花局 北部樓閣洞居前監獄署長趙鍚求氏ᄂᆞᆫ所謂洞中仁明敎育會副會長으로身分上關係ᄂᆞᆫ不顧ᄒᆞ고自己家에서每日花套局을設ᄒᆞ고靑年子弟를誘引ᄒᆞ야若干錢財를奪取ᄒᆞᆫ다고批評이藉々ᄒᆞ다더라

●財産及身分의調査 各警察署에서ᄂᆞᆫ近日來로一般人民의所有財産及身分을一々調査ᄒᆞᆫ다더라

●爲防窃發 北部外相洞巡査派出所ᄂᆞᆫ日前에廢止ᄒᆞ엿더니該附近에窃發이不絶ᄒᆞᆷ을因ᄒᆞ야昨日에更히設置ᄒᆞ엿다더라

●水道敷設의計劃 大邱郡日本人居留民團에서發起ᄒᆞ야該地에水道를敷設ᄒᆞᆯ計劃으로內部에請願ᄒᆞ엿다더라

●證明紙請撥 義城郡守廉永桓氏가內部에請願ᄒᆞ되森林原野의證明時期가迫頭ᄒᆞ니證明用紙를從速支撥ᄒᆞ라ᄒᆞ엿다더라

●過限則派員 農商工部에서地方各人民에게山林地籍報告를接受ᄒᆞᆷ은屢報ᄒᆞᆫ바어니와近聞ᄒᆞᆫ즉接受期限이過ᄒᆞᆫ同時에ᄂᆞᆫ技手를派送ᄒᆞ야調査ᄒᆞ기로協議中이라더라

●都氏起訴 全州郡都德浩氏ᄂᆞᆫ已爲身故ᄒᆞᆫ前判事崔俊植氏의令孫寅奎氏에게當捧債務金四百圓이有ᄒᆞ다ᄒᆞ고該郡地方裁判所에起訴ᄒᆞ엿다더라

●李氏風流 桂洞宮主人李埼鎔氏ᄂᆞᆫ避暑ᄒᆞᆯ次로彰義門外別庄에往接ᄒᆞᄂᆞᆫᄃᆡ風流客을逐日會同ᄒᆞ야迭宕誤樂ᄒᆞᆫ다더라

●日々報將刊 孔子敎會에서ᄂᆞᆫ大韓日々新聞을擴張發行ᄒᆞᆯ計劃으로印刷機械를購入ᄒᆞ기爲ᄒᆞ야日本으로注文ᄒᆞ엿ᄂᆞᆫᄃᆡ不遠間到着ᄒᆞᆫ다더라

●弄花錢乏 國民新報社長崔永年은昨年十一月分에三牌一名을屢次相關後에花債를尙今ᄭᆞ지支撥치아니ᄒᆞᆷ으로牌夫金某가該金額을推尋코저ᄒᆞ야每日國民新報社에來到ᄒᆞᆷ으로昌皮가莫甚ᄒᆞ다더라

●測量人調査 北部管內에ᄂᆞᆫ何等叅考ᄒᆞᆯ事件이有ᄒᆞᆫ지該署에서測量人의姓名及數爻를調査ᄒᆞᄂᆞᆫ中이라더다

●病家把守撤去 北部花開洞金聖寅氏가關格으로吐瀉ᄒᆞᄂᆞᆫᄃᆡ虎列刺인가致疑ᄒᆞ야巡査가該氏家를把守ᄒᆞ야通行을禁止ᄒᆞᆫ다더니大韓醫院에서檢査ᄒᆞᆫ즉虎列刺가아님으로把守巡査도昨日撤去ᄒᆞ엿다더라

●寶花隱形 北部桂洞居朴元吉은隣居有夫李姓女를誘引ᄒᆞ야金五十圓에寶潘女로賣喫ᄒᆞᆫ事件이發現되엿ᄂᆞᆫᄃᆡ朴也ᄂᆞᆫ逃躱不現ᄒᆞᆷ으로所管警察署에서目下詗捕中이라더라

●賣藥專權 西小門外信濟藥房에서ᄂᆞᆫ民蘇保命丹及百應膏를新發明製造ᄒᆞ야特許專賣權을圖得ᄒᆞᆯ次로統監府에請願承認ᄒᆞ엿다더라

●四氏慈善 恩津郡論山居朴允敬氏가行商次로金堤郡에逗遛ᄒᆞ다가七月初에不幸ᄒᆞ엿ᄂᆞᆫᄃᆡ該氏의家勢가赤立ᄒᆞ야返柩ᄒᆞᆯ가無路ᄒᆞ더니該洞居朴敬武趙得珠金相奎李根春四氏가發起ᄒᆞ야救恤金을募集하엿ᄂᆞᆫᄃᆡ二十餘圓에達ᄒᆞ야無事返柩ᄒᆞᆷ으로朴氏弟敬國氏가四氏를對ᄒᆞ야稱謝ᄒᆞ엿다더라

●敎舍移接 檀君敎에서近日敎徒가日進ᄒᆞᆷ으로家舍가難容ᄒᆞ야北部諫洞新家屋으로移接ᄒᆞ엿다더라

●入敎何多 崔鳳煥氏等이耶蘇敎自由敎會를組織ᄒᆞᆷ은旣報어니와近日來로該會에入叅ᄒᆞᆫ敎人이三千五百餘名에達ᄒᆞ엿다더라

●奚暇助校 財産家로著名ᄒᆞᆫ金敎駿氏ᄂᆞᆫ忠南中學校設立發起人으로入叅ᄒᆞ엿슴으로該氏의公益目的으로該校刱設에對ᄒᆞ야無限贊助가有ᄒᆞ리라고物論이自有ᄒᆞ더니所謂捐助金一百圓을紙上空文으로僅히書給ᄒᆞ고花柳場에從事ᄒᆞ야南姜北妾에愍懃者를間之ᄒᆞ야屢萬金의巨額을抛棄ᄒᆞᄂᆞᆫ故로該氏의行爲를莫不唾罵ᄒᆞᆫ다더라

●元山大水 元山來電을據ᄒᆞᆫ즉數日以來로風雨가作ᄒᆞ더니再昨夜브터一層猛烈ᄒᆞᆫ强雨가連注ᄒᆞ야尙今不止中인ᄃᆡ赤田川이水溢ᄒᆞ야大端危殆ᄒᆞ며元山市街ᄂᆞᆫ全部가浸水ᄒᆞ고開運橋附近은水色이階下에瀰滿ᄒᆞ야避難에蒼黃ᄒᆞᆷ으로警察消防隊가極力救護中이나目下의現狀은益々危殆ᄒᆞᆫ貌樣이라더라

●青會宴待 明日下午六時에青年會舘內에서晚餐會를開ᄒᆞ고該會副會長尹致昊氏를請邀宴待ᄒᆞᆫ다더라

●李也越交 侍天敎人李英秀氏가警務總監部에被捉ᄒᆞ엿다ᄒᆞᆷ은已報ᄒᆞ엿거니와更聞ᄒᆞᆫ즉該部에서審査ᄒᆞᆫ結果로再昨日地方裁判所로越交ᄒᆞ엿다더라

●具氏被捉 前郡守具本淳氏ᄂᆞᆫ何事件을因ᄒᆞᆷ인지再昨日北部警察署에被捉ᄒᆞ엿다더라

電報

●一艦의沉沒 十三日午後에郵便物을滿載ᄒᆞ고名古屋港을出發ᄒᆞᆫ第十七觀音丸은航路中에서暴風을遇ᄒᆞ야紀州鳥羽沖에서沉沒ᄒᆞᆫ듯ᄒᆞ고또神宮丸은十一日午後一時에橫濱을出發ᄒᆞ야臺灣을向ᄒᆞᄂᆞᆫ航路中에서暴風을遇ᄒᆞ야桑名港으로避入ᄒᆞ다가木曾川出口에서坐礁沉沒ᄒᆞ엿다더라

●夏蠶의損害 日本農商務當局者의言에云ᄒᆞ되東京府를爲始ᄒᆞ야群馬栃木埼玉千葉神奈川靜岡等各縣의夏蠶은今般水害를被ᄒᆞ야全數殄滅ᄒᆞ엿스니其損害額이百萬圓以上에達ᄒᆞᆫ다더라

●罹災民減少 浸水ᄂᆞᆫ漸次減退ᄒᆞ엿스나今尙床上ᄭᆞ지浸水中인處ᄂᆞᆫ深川의木場鶴步町附近과本所의向島附近과淺草千束町附近數個所外에其他ᄂᆞᆫ大槪減退되엿슴으로諸學校淺草觀音堂國技舘等에避難ᄒᆞ엿던者ㅣ漸々歸家ᄒᆞᆫ者ㅣ多ᄒᆞ나尙且各所에避難救護를受ᄒᆞ야有ᄒᆞᆫ者ㅣ五千餘人이라더라 以上東京發 十五日着

▲病身會社▼

▲漢城風雲飜覆處에各色人物會集ᄒᆞ야一會社를組織ᄒᆞ니病身會社分明ᄒᆞ다

▲有其口兮無言ᄒᆞ니三寸舌莫掉로다肚裏春秋日在ᄒᆞ야是非曲直瞭然ᄒᆞ나已失話과默々ᄒᆞ니이것은啞者會社

▲青天霹靂忽起ᄒᆞ나耳無聞兮塊坐ᄒᆞ니世界消息全昧ᄒᆞ고太古山中僻處ᄒᆞ야夢中人을自作ᄒᆞ니이것은聾者會社

▲目無見兮奔忙ᄒᆞ니冥途져ᄒᆞ이아닌가只信手中一杖타가不知溝壑在前ᄒᆞ니玩賞丹靑焉用ᄒᆞᆯ가이것은盲者會社

▲萬里前程暗點ᄒᆞ니心頭營爲許多ᄒᆞ다畏首畏尾遲代ᄒᆞ야重千斤難動ᄒᆞ야坐之不起ᄒᆞ니이것은躄者會社

▲運動手段密勿ᄒᆞ니欲捉不捉心癢ᄒᆞ야仕宦熱이撑中ᄒᆞ야因成深祟失魂ᄒᆞ고狂言妄說亂發ᄒᆞ니이것은狂者會社

廣告

平壤東湖保元局醫師韓聖文氏에게年久身病을藥十貼快差ᄒᆞ오ᄆᆡ感謝ᄒᆞᆷ을廣布ᄒᆷ

北部仁洞居 李台植 白

本人이去陽六月七日夜에黨盜五名이突入ᄒᆞ야金貨三十餘圓其他汁物을奪去時圓形正字章並爲所奪이오니內外國人은幸勿見欺ᄒᆞ시옵

平北龍川楊西面西望洞白興燁前郡守金衡烈의庶母韓召史가俱無子女ᄒᆞ야老來依托이難處故로遠宗金昌烈을率養ᄒᆞ엿더니爲人이浮浪ᄒᆞ야家產을蕩敗ᄒᆞ고偏母를薄待ᄒᆞ야不孝莫甚ᄒᆞ기에鐵原郡芝浦所在家垈를分給ᄒᆞ고母子各居ᄒᆞ야改過ᄒᆞᆷ으로ᄒᆞ엿더니其浮浪之習이去々益甚ᄒᆞ야七十老母가將至難保之境故로不得已罷養ᄒᆞ엿기로玆에廣布ᄒᆞ오니宗族與遠近知舊ᄂᆞᆫ以此照亮ᄒᆞ시오

鐵原郡芝浦居韓召史 告白

本人이十餘年間各國時計修理ᄒᆞᄂᆞᆫ法을受業ᄒᆞ와內外國僉彥에愛顧ᄒᆞ심을甚히蒙ᄒᆞ엿삽거니와自今爲始ᄒᆞ와本舖、一層擴張ᄒᆞ기爲ᄒᆞ야各國時計上品各種과其他附屬品各種을具備ᄒᆞᆷ이外他商店보다次等이別無ᄒᆞ고修理法이漸次善良ᄒᆞ오니內外國僉彥은陸續枉臨ᄒᆞ심切望

（但外方에ᄂᆞᆫ小包로酬應ᄒᆷ）

京城南部大廣橋側

各國時計商趙璇熙 告白

本人이故將臣周喆孫承鶴也舍弟承麟이가庚子年分에有不孝不忠之罪ᄒᆞ야終身流配으러니丙午年에特蒙天恩ᄒᆞ야解配後年來로祖父兄所ᄉ田土를沒數放賣ᄒᆞ야盡散於色技之場而將至絕香火之境ᄒᆞ고尤況龍仁大池所在田畓은年前에慈主가特以許給於本人者也又生不測之心ᄒᆞ야此庄을又欲暗賣之計기로本人이難保此畓之慮ᄒᆞ야月前의放賣矣러니日前에承麟이가返爲兄을拂荒雜類로新聞揭載ᄒᆞ엿ᄉᆞ오니世豈有如許變怪乎잇가僉君子ᄂᆞᆫ照亮ᄒᆷ

水原郡北門內長安洞 李承鶴 告白

學生募集廣告

本校에서校務를擴張ᄒᆞ고本科一二學年補缺生과預備生을募集ᄒᆞ오니入學志願者ᄂᆞᆫ八月二十五日內로請願書를提出ᄒᆷ

但請願紙ᄂᆞᆫ本校에請求

試驗科目 漢文 筭術 歷史 地誌 外國語

開學日字 八月二十五日

平安北道嘉山私立育英學校

特別廣告

東洋唯一되ᄂᆞᆫ店舖로恒常多數의完全ᄒᆞᆫ物品을備置ᄒᆞ야廉價로供給ᄒᆞᄂᆞᆫ商店이니이ᄂᆞᆫ오작弊店이ᄒᆞᆯ노誇唱ᄒᆞᄂᆞᆫ바아니大ᄒᆞᆫ事實의證明ᄒᆞᄂᆞᆫ비라

內外國物產輸出入商

漢陽商會

大韓京城

電話 一九一番　振替貯金口座 韓國十八番

電話略号 （國文 한양）（漢文 漢陽）

輸入販賣品

歐美雜貨、洋酒食料品、埃及、土耳其烟草、마닐나及하바나烟草、旅行用具、高等文房具、포及靴類、毛布類、洋服附屬品、化粧品、室內粧飾品、毛織物類、綢緞布木類、樂器及運動具、諸機械類、建築材料類、裁縫機械類、西洋家具類、鑛山用具類、其他各種

海外輸出品

穀類、海產物、鍮器類、鑛產物、林產物、藥品原料、竹製品、麻織物、家畜類、肥料原料、牛皮及鳥獸皮類、古代什器、其他各種

內國及歐米各國商品注文仲介者（漢陽商會）（한양상회）

特別廣告

噫라人生一世에有誰無病이리오無病則已어니와有病則治之가可也어ᄂᆞᆯ若要治之던無醫도難이오無藥도亦難이라故로本堂에셔此를恨之歎之ᄒᆞ야藥品과醫料機械를一新修備ᄒᆞ옵고醫業에多年施術ᄒᆞ야名望이一世에布著ᄒᆞᆫ신醫師田慶龍氏를請聘ᄒᆞ야本堂內와分店內에病院一部를附設ᄒᆞ고一般患者를誠心治療ᄒᆞ오니惟希 僉位ᄂᆞᆫ依例來問ᄒᆞ시려니와地在遠々ᄒᆞ신患者ᄂᆞᆫ病錄만昭詳投送ᄒᆞ시면十分研究ᄒᆞ야隨症必效케藥種을精製報答ᄒᆞ겟ᄉᆞ오니以此照亮ᄒᆞ심을敬要

但地方에ᄂᆞᆫ藥價를郵便代金引換으로必施ᄒᆷ

課目

內科外科

婦人科小兒科

附則

學生과軍人은半額으로治療ᄒᆞ고

孤兒院學生과貧寒ᄒᆞᆫ同胞ᄂᆞᆫ無料로도治療ᄒᆷ

時間 本舖自上午八時로下午二時

分店自下午三時로同十時

京城南大門內 濟生堂藥房本舖

京城鍾路 濟生堂藥房分店

本舖電話 一七二八番

特別廣告

[illegible]本人朴鍾汝의名을彩珠로改定ᄒᆞ오니內外僉知悉ᄂᆞᆫ 照亮ᄒᆞᆷ
淵川三下浦龜坪洞 朴彩珪 白

鏡南永興稷億岐面沛南學校ᄂᆞᆫ開學ᄒᆞᆫ지一個月에入學生徒ᄂᆞᆫ三十七名에達ᄒᆞ고附近有志紳士宋載乾金兌榮兩氏各五圓金興喆李成龜金弼明三氏各一圓趙寬敎氏四圓張思翊氏二圓趙學敎氏五拾錢張漢弼氏六圓을本校維持ᄒᆞᆯ意로寄附ᄒᆞ엿기其感意를表ᄒᆞᆷ
私立沛南校學監趙寬敎 告白

◎商業同胞에게告ᄒᆞᆷ

今也에諸般事業이漸次발達ᄒᆞᄂᆞᆫ時代를當ᄒᆞ야商業上의關係도또ᄒᆞᆫ此를從ᄒᆞ야變遷ᄒᆞ며商去來의慣習이舊日과不同ᄒᆞ고商行爲의規模가昔時와相異ᄒᆞ야會社와銀行이라ᄒᆞᆷ이昔日의見치못ᄒᆞ던바ㅣ며手形이라證券이라ᄒᆞᆷ이舊時의行치못ᄒᆞ던비라如此히變遷ᄒᆞᆫ時代에在ᄒᆞ야[illegible]習으로商去來를行ᄒᆞ며昔時의規模로商行爲[illegible]엇지能히商業의目的을達ᄒᆞ리오噫라前日에ᄂᆞᆫ地方의商旅가京城에來往ᄒᆞᄂᆞᆫ者ㅣ聯絡不絶ᄒᆞ더니今日에ᄂᆞᆫ何故로如此히凋殘ᄒᆞ엿스며昔日에興旺ᄒᆞ던客主營業이何故로今日에不振ᄒᆞᄂᆞ뇨試思ᄒᆞᆯ지어다其行ᄒᆞᄂᆞᆫ慣習과其營ᄒᆞᄂᆞᆫ規模가今日變遷ᄒᆞᆫ此時代에適合치아니ᄒᆞᆫ所以가아닌가是故로本會社ᄂᆞᆫ五六年前에京城商業에實地從事ᄒᆞᄂᆞᆫ有力諸氏에게組織ᄒᆞᆫ바ㅣ라外國에有名ᄒᆞᆫ組合會社와都賣特約을結ᄒᆞ고織物을直接買入ᄒᆞᆷ으로爲業ᄒᆞ야今日에至ᄒᆞ야ᄂᆞᆫ엄然히京城商業界의重鎭을占ᄒᆞ니實로我國의商業界를爲ᄒᆞ야慶幸ᄒᆞᄂᆞᆫ바ㅣ로다然이나本社ᄂᆞᆫ더욱全國同胞의權益을圖ᄒᆞ기爲ᄒᆞ야業務를擴張ᄒᆞ고規模를改良ᄒᆞ야本社營業의一副業으로委托營業을開始ᄒᆞ고各地方商旅의賣買委托을受ᄒᆞ야去來를信實히行ᄒᆞ고待遇를親切히ᄒᆞ며口文을低廉히受ᄒᆞ고金錢을迅速히融通ᄒᆞ며地方商人의間或不知ᄒᆞᄂᆞᆫ新式節次도詳細히指導ᄒᆞ오리니來ᄒᆞ시오來ᄒᆞ시오全國의商業同胞ᄂᆞᆫ 京城鍾路大廣橋通

合名會社彰信社로枉臨ᄒᆞ시옵

合名會社 彰信社社長 洪鍾院
營業部長 安義淳
委托部長 金春植 謹告

留宿의便利를圖ᄒᆞ기爲ᄒᆞ야廣橋南川邊茶洞十五統九戶
彰信旅館을設ᄒᆞᆷ

[illegible]醫館에서多年診察ᄒᆞ던前陸軍々醫々學校敎官金顯相氏가本堂診察所에서診察ᄒᆞ오니前日顧愛ᄒᆞ시던僉君子ᄂᆞᆫ照亮枉臨ᄒᆞ시옵
京城鍾路 和平堂診察所

勿論遠近親疎間居住와掌記만昭詳通知ᄒᆞ시면唐草材蔘茸이라도精實케郵便小包로速送ᄒᆞ옵고代金은引換ᄒᆞᆷ
京銅峴一統六戶乾材藥局
李盛哉

救世醫院 警告

願得三山不老草ᄒᆞ면三神山이何處오三神山이在韓國은[illegible]珠圖에分明ᄒᆞ나不死藥을何處得ᄒᆞ고救世醫院에請求ᄒᆞ오何處尋ᄒᆞ고何處尋ᄒᆞ고救世醫院을何處尋ᄒᆞ고[illegible]世醫院을訪問이면果然雲深不知處ㅣ라東指金剛山ᄒᆞ고西望三角山ᄒᆞᄂᆞᆫ中間에天摩山이屹立ᄒᆞ고山中에一醫院이有ᄒᆞ니其名曰救世醫院인ᄃᆡ松風蘿月의幽淸은武陵桃源과如ᄒᆞ고蟠桃氷梨의結熟은玄都閣과如ᄒᆞ더奇岩怪石間에湧出ᄒᆞᄂᆞᆫ藥泉에內外國眞藥材로轉丹作丸ᄒᆞᆷ이여眞不死藥이올시다
仙이別人이아니라服藥長壽ᄒᆞ면仙이오不死藥이別藥이아니라死病에回生ᄒᆞ면不死藥이오니神仙되기를願ᄒᆞ고不死藥을求ᄒᆞ시ᄂᆞᆫ兄弟姊妹ᄂᆞᆫ電報數字나郵書一葉으로請求ᄒᆞ셔도迅速히送達ᄒᆞ올이다

韓國醫學大家鄭應烈實驗方劑
西洋衛生學家金榮穆證効參劑

救世醫院

世界兄弟姊妹常備之靈藥

健胃消滯安靈丸 ○邪心○關格○곽亂○煩燥○淸心○嘔吐○口渴○解毒○暑症○嘔逆○泄瀉○諸藥毒○食체○呑酸○痢疾○小便黃○赤白冷痢○無不神효

金榮丹 酒滯[illegible]○渴증[illegible]○不快[illegible]○大小변[illegible]行力[illegible]○除煩通經[illegible]○無不神효 不利○呑酸

潤肺丸 ○히소失音○口渴○急地卒啞○喘히無不神효

光明丹 限赤롱○風限○內外醫障○赤[illegible]○淚限○[illegible]○神효

二仙[illegible] ○[illegible]喉痺○[illegible]○不신효○[illegible]

珍珠粉丸 [illegible]火遺精○[illegible]○白濁○暑리△赤濁[illegible]無不신효○

萬全丸 [illegible]○小변[illegible]○대腸[illegible]寒 木[illegible]○리[illegible]○止[illegible]신효

布海丸 [illegible]○鼓脹○

金箔鎭心丸 [illegible]○정[illegible]○[illegible]○신효 [illegible]○[illegible]煩燥狂증

○退驚○止夜啼○[illegible]

女金丹 (婦人神藥) [illegible]○血[illegible]○外[illegible]風[illegible]○中風[illegible]△半身不遂△産[illegible]△心[illegible]△一切虛勞△虛리 腹[illegible]△脾[illegible]△無味 子宮有陰無陽△眩暈△崩 中淋瀝△顔色위黃△신효

用法은各其藥皮封에詳記

韓國京畿道楊州下道面磨石隅里憲兵派遣所北直洞
長壽臺二統十戶 發行所 救世醫院 主 鄭寅琥

唐草藥材廉價大發賣

特別廣告

本店에서開業三十餘年에 僉君子의愛顧ᄒᆞ심을蒙ᄒᆞ와營業이[illegible]ᄒᆞ옵ᄂᆞᆫ바수에盛意를報答키爲ᄒᆞ야業務를一層擴張ᄒᆞ옵고[illegible]蔘茸唐草藥材를內地와外國으로서多數히直輸入ᄒᆞ와特別廉價로都賣[illegible]實히酬應ᄒᆞ오며地方에서請求ᄒᆞ시ᄂᆞᆫᄃᆡ對ᄒᆞ야ᄂᆞᆫ多小를不拘ᄒᆞ옵고郵便小包ᄂᆞᆫ速送部로迅速히付呈ᄒᆞ오되代金은引換으로ᄒᆞ깃ᄉᆞ오니京鄕僉君子ᄂᆞᆫ益益請求ᄒᆞ심을望ᄒᆞᆷ

但地方에서請求ᄒᆞ시ᄂᆞᆫ妙法

金一錢五厘를費ᄒᆞ시고一枚에葉書를使用ᄒᆞ사住所氏名과掌記를錄送ᄒᆞ시면能히遠路의跋涉과往返의旅費를要치아니ᄒᆞ시고本店에最良好ᄒᆞᆫ上品藥材를完全히買用ᄒᆞ실더이외다

京城南部銅峴三十五통三戶
蔘茸唐草藥材直輸入商
乾材局 崔璽弼
特別廣告

本店에서開業ᄒᆞᆫ지十六年에僉君子의愛顧ᄒᆞ심을[illegible]ᄒᆞ와今年부터[illegible]務를大擴張ᄒᆞ고春夏[illegible]所用으로紬屬手[illegible]各國高等物[illegible]今[illegible]直輸入[illegible]地方에서ᄂᆞᆫ貿易이[illegible]買ᄒᆞ기爲ᄒᆞ야特[illegible]便小包로[illegible]ᄒᆞ야代金은引換ᄒᆞ깃사오니十三道各郡僉君子ᄂᆞᆫ隨意請求ᄒᆞ심을千萬望
振替貯金番號(韓國壹三三番) 電話番號(三五八)
漢城中部鍾路西器廛
洞二十一統五戶
廣興泰 告白

紙物貿易의迅速

(廣告文)
[illegible]

內

(品目略錄)
[illegible]

漢城鍾路大廣橋
本店 紙物舖 金[illegible]煥
電話一千二百八十番
支店 漢城北部安洞別宮前

◎田氏慈悲 長단郡客舍가年久頹圮에傾覆之患이有ᄒᆞ더니該郡縣內面麗岩里居ᄒᆞᄂᆞᆫ田南[illegible] 四十圓巨額을獨擔ᄒᆞ고一新修繕ᄒᆞᆷ으로該郡守金永銖氏가該[illegible]
鳳舞里居金鼎濟氏ᄂᆞᆫ元來礦業大家로該里所在沙金礦六十餘[illegible]

◎金佛無靈 本月九日下午十二時量에賊漢幾名이開城郡天[illegible]寺佛腹中에藏置ᄒᆞᆫ佛經과其他物品을窃取以去ᄒᆞ엿다더라

[illegible]附近學校에寄附ᄒᆞ야[illegible]心勸奬ᄒᆞ며各校에經費窮拙ᄒᆞ[illegible]

檀君開國四千二百四十三年
箕子元年三千三十二年
大韓開國五百十九年
本報創刊日
光武八年七月十八日

大韓每日申報

發行兼編輯人 李章薰
發行所
京城中部布屛門二宮街
二層洋屋 大韓每日申報社

第八卷 月曜及慶節歲時休日休刊 第壹千四百五十九號

論說

我韓의宗教

橫流一派가天下에滔々하야載胥及溺의歎이呼吸에迫在하니其害의侵入이洪水보다尤甚하도다

近日邪說이作하야門戶가各立하니千百種類가其端不一에愚民을蠱惑하야精神을迷亂케하니日某々教가自稱檀韓의宗教라하니天下萬國에邪類餘黨의數片呪文을宗教로認定할理가有하리오蠢爾[illegible]驅入하야黨與를結成하고殘財를聚斂하는데不過하니究厥心腸하면一笑에滿치못하나能히宗教로稱하는者는深히痛憎하는바ㅣ로다

萬國에宗教가各有하니美國의耶蘇教와法國의天主教와俄國의希臘教와土耳其의回々教를宗教라稱하나我韓에至하야는幾千年을相傳하되萬古에不易하는一大宗教가有하니卽爲萬世開太平하신夫子의教라萬一夫子教가아니면二千萬衆이左衽을免치못하얏스리로다

或者曰夫子는支那의聖人이신즉儒教는我韓의宗教가아니라하나此는箕聖의遺化를排斥하는者라箕聖의服을衣하며箕聖의言을言하며箕聖의行을行하며箕聖의法을遵하엿스니一動一靜이無非先聖의化育中人物이라宗教를엇지信仰치아니하며엇지崇拜치아니하리오先聖後聖이其揆가同然한즉夫子의教가箕子의教오箕子의教가夫子의教라箕子의教를信仰할진뎌夫子의教를엇지支那의宗教로指稱하리오마는世代가已遠하고時機가忽變하야許多邪說이國內에遍滿하야門路를已失하고彷徨躑躅하야邪道의眩惑치아니하는者ㅣ幾希하야宗教一脉이幾乎墜地러니何幸有志紳士가荊棘을身披하고太極教宗을唱導하니夫子로爲一太極하야天下의人類로宗教를從코져함이라天地萬物의理를總히言之하면與生俱死에可히須臾라도離치못할者는太極이니雖百秦皇이라도能히焚치못하고雖千漢儒라도能히翳치못할지니今에午會의極을當하야地球가全體의大를露하엿스니太極의理를稟한者가無不往來相親하니六洲가房闥과如하고萬里가咫尺과如하도다

且亂이極하면治를思하는것은人情의常然한바라吾東은實노天下의艮方인즉艮者는萬物의始오萬物의終하는地라謂할지니是는天下의亂이吾東의極하니其治도吾東에始함이溯하도다

吾夫子의教는日이中天에麗함과如하니今日太極教의設함이吾東의幸뿐만아니라實노天下의幸이로다

天의所覆와地의所載와日月所照와霜露所墜와舟車所至와人力所通에血氣가有한者ㅣ야誰가宗教를崇奉치아니하리오마는近日에岐路多端하야似是而非한者ㅣ有하니此에入지아니하는者는彼에入하야或異說의誣한비되야其眞을失하고或虛文을假하야其實을爽하니志士의歎이於斯에極하도다

夫子는一太極이라하셧스니太極의理가無處不在하니其理를推하야時中의道를執하시니若夫子로今日에復起하셔도此에不離하실지니素夷狄하야는行乎夷狄하고素患難하야는行乎患難이란遺訓으로溫故而知新하고因時而制宜는今日의急務라嗟乎太極教宗諸君子여

官報

○第四千七百六十六号

▲隆熙四年八月二十五日(木曜)

敍任及辭令

○八月十八日 漢城銀行監査役鄭永斗 天一銀行取締役尹晶錫 同金時鉉 韓一銀行取締役白寅基 特敍勳六等賜太極章

○八月廿二日 秋洪圭 任農商工部主事敍判任官四等

慈惠醫院書記堀江秀 依願免本官(八月廿三日內部)

外報

◎露法外相의會見 露國外相이스볼스키氏는來九月에巴里로向하야法國大統領푸아리엘氏와外相비시온氏를會見할터이라더라

◎倍償金要求 清國滿州에서我國人의退去命令을發한事에對하야日本總領事館에서調査한結果로二萬圓을清國政府에要求하얏다더라

◎勸告拒絕 清國袁世凱氏는軍機處에서入京勸告함을拒絕하얏다더라

◎德帝同情 德國宰相베도만홀베氏는황帝의命에依하야駐德日本大使館을訪問하고今回日本大洪水에關하야황帝御慰問을傳하엿고又北獨逸알지마이쓰아이벵크에서도慰勞하는文을揭하얏다더라

◎大統領同情 法國과墨西哥大統領은今回日本水害에對하야熱心의同情을寄하고鄭重한慰問의電報를發送함에對하야日本天황陛下는兩國大統領에계謝電을發하얏다더라

◎德商慧眼 北京電을據한즉德國子릇부會社는北京에支店을開設하기로決定하엿는데此는專히清國陸海軍에게兵器를賣却할目的이라더라

◎加奈陀排亞 倫敦電을據한즉도론도에在한타임쓰通信員의報道에云하되加奈陀首相로리엘氏는晩香波勞働組合에通告하되政府는支那人에게對하야人頭稅增加件을詮議하엿스나日本移民에對하야는此를承諾키不能하다하얏더라

◎濠洲亞人排斥 倫敦電을據한즉타임쓰通信員의報道에云하되同國國防大臣피아스氏는上院에서國防法案에關한演說을試하야仲裁主義가可타한者를攻擊하되濠洲는亞細亞人排斥問題를仲裁裁判에委托함을拒絕한다하며且攻擊에對하야自國의法律을維持치아니하면不可하다하얏다더라

雜報

◎麵商組合 漢城內各處麵商等이會集爛議하야今此時代에는不可不團合組織하야衛生上妨害를禁戢하고物價도均一히하야營業上信用을發達할次로麵商組合을設立하얏다더라

◎米商規約 大韓米商組合所가[illegible]設立以來로所員의反對가[illegible]하야規則을進行치못하더니近日에는一般所員이規約을定하엿는데米穀賣買時手數料를一定하며外他를遵하야賣却한다더라

◎亦一慘災 再昨日午前十一時三十分頃에雷霆의聲이突然히[illegible]하더니蘇島東拓社出張所에서一町餘距離되는苽田草幕에落雷하야卽死者가七名이오負傷者가四名인데其近地에셔農作하던韓人들은一時에非常히恐怖하야四散走奔하얏다더라

社說

一辭自責

人之有過에內省自懼者도有하고內省不愧者도有하니本報의近日所遭는自懼者歟아不愧者歟아本報之於同胞에親愛相信이居然히七八年에至하얏스나豈敢曰益友라稱하며諒友라稱하리오마는同胞의眼을作하며同胞의耳를作하야愛之者ㅣ曰寧可一日의食은廢할지언뎡一日의報는不可廢라하니同胞의愛護를如此히深待하엿스니可히須臾라도間斷치못할者ㅣ明矣러니向者解停以後로餘快이尙存하고餘孽이未盡하야更刊한지第二日에一千四百五十八號가又是停刊을被하엿도다物態가一變하고風潮가相換하는時를當하야時勢의如何를筆下에輕重치못한責은本記者가엇지免키를得하리오然이나月의圓缺과日의盈昃이各有其時하느니

此筆의精神은卽同胞의思想을喚起하는筆이오同胞의知識을開悟하는筆이오同胞의敎育을勸奬하는筆이오同胞의業務를指導하는筆이라知彼知己는良將의智謀오隨機應變은達人의處事ㅣ니激昂慷慨도不足爲貴오溫言順辭도不足爲恠인즉隨水逐浪하야浩漫渟滀하는勢가有하면淵永한味가自然히發生하야無窮한實力이其中에서湧出할지니實力이有한然後에吾人의前途가有望할지로다本記者의一層注意하는者는風波急處에利涉할方策이有할지同胞의供[illegible]이間斷[illegible]는欵[illegible]庶幾[illegible]지니前日의[illegible]倍加愛護[illegible]야益々講[illegible]심을切有厚望하노라

世界歷史

◎(네덜란드[illegible]) 隆熙齋

(알바)를抵抗하야[illegible](아바)의[illegible]力을[illegible]敵치못하[illegible]其資[illegible]遂[illegible]함으로[illegible]엿스나(알바)는人[illegible]抵抗을益挫코셔하며[illegible]非常의[illegible]를課하야製造商[illegible]殆히[illegible]하니怨聲이四方에[illegible]起하야人心이더욱衛激[illegible](윌니암)은[illegible]義[illegible]艦隊[illegible]코(네덜란드)沿海[illegible]하야西班牙의商船을奪掠하니(실란드)의諸市及和蘭이此에應하야義旗를翻하야一千五百七十三年에西班牙의海軍을(쉬ㄷ계)에서擊破하거늘(필립)이(알바)를召還하고(레퀴센스)로其任을代하나能히鎭壓치못하니라同七十八年에(마가렛트)의子(알렉산더)가(네덜란드)를管治할새舊敎를不奉하는南部諸州에舊日의特權을恢復함으로約하야此를平定하니於是에北部의和蘭(실란드)(유트렉트)겔더랜드(크로닌겐)(푸리스랜드)(오베닛서)等七州委員이(유트렉트)에會하야(유트렉트)의同盟을結하고同八十一年에國號를(네덜란드)同盟共和國이라稱하며(윌니암)을推하야太守를作하고西班牙의羈絆을全然脫却하니(필립)이드듸여萬金의重賞을懸하야(윌니암)의頭를買하며可惜하다同八十三年에윌니암은舊敎徒의刺殺을當하지라

(未完)

德里々長宋亨植氏는該里々長으로洞民이里長에料錢收斂을謝却하고名譽로勤務한다더라

成源이가見乃坪과田稅를固城財務署에先納派員이라稱하고該稅를浦民에게依施히懲出함

하야上部에呼寃할次로代表數人을京城에上送하엿다더라

◎面長其人 龜城郡北面々長

로面內各洞에서十圓廿錢收斂以給하더니數歲民力을念하야例受所料를還給民間故로各洞

署하야褒揚함을請하엿는데非但此事라廣施醫藥하야或濟貧病하며許貸米穀하야以周窮乏

◎必無是理 龍仁郡旺新學校經費를面內에서春秋로麥一斗租一斗式收合補用하기로定하

데賛成長李箕永氏가從中乾沒하고教師金鴻培氏를恐喝驅逐이라한事는[illegible]

宮廷報

⊙重要問題의追聞 去二十二日에日本東京으로서電報가來到ᄒᆞ엿ᄂᆞᆫᄃᆡ韓國에關ᄒᆞᆫ問題가發表되엿다ᄒᆞ고日昨에李總理가今番重要問題에對ᄒᆞ야內閣의意向을報告ᄒᆞᆷ과統監의指導를準從ᄒᆞ기로ᄒᆞ고李總理以下朴內相高度相趙農相은內閣에齊進ᄒᆞ야閣議를舉行ᄒᆞ고 御前에進 奏ᄒᆞ엿ᄂᆞᆫᄃᆡ 大皇帝陛下의 勅令으로興王을封ᄒᆞᆫ李載冕과中樞院議長金允植과宮相閔丙奭과親衛府長官李秉武와侍從院卿尹德榮과其他各大臣을 召集ᄒᆞ사 御前會議를開ᄒᆞ고興王은皇族代表로金允植은元老代表로出席ᄒᆞ엿ᄂᆞᆫᄃᆡ異議를唱ᄒᆞᄂᆞᆫ者ㅣ無ᄒᆞᆷ으로即時可決이된後에李總相趙農相은仍即馬車를乘ᄒᆞ고統監府에馳往ᄒᆞ야 御前會議及閣議의議況을報告ᄒᆞ고 德壽宮에進詣ᄒᆞ야 太皇帝陛下ᄭᅴ 同事項을上奏後에更히 昌德宮에叅內ᄒᆞ야顚末을上 奏ᄒᆞ엿고次後에閔宮相과尹侍從院卿은 勅使로統監府에前往ᄒᆞ야右事項을陳述ᄒᆞ엿고李總理와朴內相과高度相과李學相은該案을決ᄒᆞᆫ後에舉皆私邸에서杜門謝客ᄒᆞ되惟獨趙農相은意氣가揚々ᄒᆞ야新移接ᄒᆞᆫ農商工部廳舍大臣室에在ᄒᆞ야快樂ᄒᆞᆫ意를示ᄒᆞ엿다ᄒᆞ고問題ᄂᆞᆫ相當ᄒᆞᆫ定規를履ᄒᆞ기爲ᄒᆞ야二十五日後에頒布가되리라더라

⊙興王陛見 興王殿下ᄭᅴ서ᄂᆞᆫ再昨日上午十一時에永宣君李埈鎔氏를帶同ᄒᆞ고 昌德宮에陛見ᄒᆞ엿다더라

雜報

⊙興王渡日說 興王殿下ᄂᆞᆫ不遠間에日本에渡往ᄒᆞᆫ다ᄂᆞᆫ說이有ᄒᆞ다더라

⊙李病高往 日本水災慰問使ᄂᆞᆫ學大李容植氏를派送ᄒᆞ기로議定ᄒᆞ엿더니暑滯로中止ᄒᆞ고高度相으로更撰派送ᄒᆞᆫ다더라

⊙趙寄恤金 承寧府總官趙民熙氏ᄂᆞᆫ日本水災에對ᄒᆞ야救恤金一千圓을寄付ᄒᆞ엿다더라

⊙官吏履歷修定 內閣에서所屬各官廳에指揮ᄒᆞ고韓日兩國官吏를勿論奏判任官ᄒᆞ고在職年月日과敘勳年月을修定ᄒᆞ야本日內로提呈ᄒᆞ라ᄒᆞ엿다더라

⊙訪梅慰病 內閣法制調查局顧問梅謙博士가身病으로大韓醫院에서治療中인ᄃᆡ病症이危急ᄒᆞ다ᄒᆞ야內部衛生局山根囑託이昨日上午十時에往訪ᄒᆞ엿다더라

⊙前舍還接 農商工部에서ᄂᆞᆫ去二十一日에新建築ᄒᆞᆫ廳舍로移接ᄒᆞ엿ᄂᆞᆫᄃᆡ山林局은建築工役이姑未終了ᄒᆞ엿슴으로前廳舍로還接ᄒᆞ엿다더라

⊙運動得時 中樞院에서ᄂᆞᆫ主事一百五十餘窠를增置ᄒᆞᆫ다ᄂᆞᆫ說이有ᄒᆞᆷ으로漢城內獵官人等이此를運動ᄒᆞ기爲ᄒᆞ야眞僞를探知ᄒᆞᆫ다더라

⊙秋蠶의成績 農商工部蠶業課에서ᄂᆞᆫ各大臣家에秋蠶을飼養케ᄒᆞ고일女教師二十餘名을選定ᄒᆞ야飼養方法을教授ᄒᆞ고該課官吏를式日派送視察ᄒᆞᄂᆞᆫᄃᆡ成績이佳好ᄒᆞᆯ希望이有ᄒᆞ다더라

⊙日災韓金 學部本國官吏ᄂᆞᆫ該部文書課長의發起로日本國水災에關ᄒᆞ야義捐金을募集ᄒᆞᄂᆞᆫ中이라더라

⊙官吏의大陶汰 時局解決되ᄂᆞᆫ同時에官吏의大陶汰를最近일로發布ᄒᆞᆫ다ᄂᆞᆫᄃᆡ其數ᄂᆞᆫ約二千에超過ᄒᆞ갯고存餘ᄒᆞᆫ者ᄂᆞᆫ僅히現在員의三分一에不過ᄒᆞ리라더라

⊙船舶檢查執行일變更 今年六月에關稅局告示第二号로規定ᄒᆞᆫ船舶檢查執行期일은如左히改定ᄒᆞ엿다더라
城津自九月九일至九月十三일
清津自九月一일至九月六일

⊙行政廳財產의引繼 各地方行政廳에서管理ᄒᆞ던財產은度支部及內部와交涉ᄒᆞᆫ結果로度支部로引繼ᄒᆞ엿다더라

⊙瑞栽建築 瑞山郡區裁判所에서ᄂᆞᆫ該廳사를月前브터新建築ᄒᆞᄂᆞᆫᄃᆡ日間竣工되갯다더라

⊙森林調查 農商工部에서ᄂᆞᆫ國內에在ᄒᆞᆫ國有森林을利用ᄒᆞ기爲ᄒᆞ야來月頃브터人員을各地로派送調查ᄒᆞᆯ計劃이라더라

⊙五年排納의納고 前協辦沈相翊氏의父親故觀察使沈健澤氏의公貨欠逋가不少ᄒᆞᆷ으로度支部에서沈氏의家屋을執行ᄒᆞ엿다ᄂᆞᆫᄃᆡ沈氏가更히度支部와交涉ᄒᆞ야五年內에排納ᄒᆞ기로納고ᄒᆞ엿다더라

⊙買食無効 完順君李載完氏ᄂᆞᆫ經濟를節用ᄒᆞ기爲ᄒᆞ야來訪ᄒᆞᄂᆞᆫ人과其他廊下人의食料를各其買食케ᄒᆞ고價文만劃下ᄒᆞ엿다더니近聞ᄒᆞᆫ즉別無利益이라ᄒᆞ야近일에ᄂᆞᆫ如前히自家에서食을供ᄒᆞᆫ다더라

⊙宮家顧問 各宮家에서ᄂᆞᆫ日人을雇聘ᄒᆞ기로目下協議中이라더라

⊙稅納協議 漢城財務署에서去十六日에各坊長을招請ᄒᆞ야納稅에關ᄒᆞᆫ事를協議ᄒᆞ엿다더라

⊙將校巡視 日憲兵司令部에서ᄂᆞᆫ日前브터將교를派送ᄒᆞ야各警察署及派出所를日夜巡視ᄒᆞᆫ다더라

⊙[illegible]派巡山 水門洞警察分署에서ᄂᆞᆫ月前에外郊巡山巡查를撤還ᄒᆞ엿다더니更히派送ᄒᆞ엿다더라

⊙訴日見却 水口門內居李壽運氏ᄂᆞᆫ日人中村에게七百圓金額을推捧ᄒᆞᆯ條가有ᄒᆞ야京城第二憲兵分隊에呼訴ᄒᆞ엿다가退却을當ᄒᆞ엿다더라

⊙必有此弊 各地方財務監督局에서ᄂᆞᆫ土地調查에對ᄒᆞ야所有者의傳來文券을一々查正ᄒᆞᄂᆞᆫᄃᆡ와數結卜에錯誤를因ᄒᆞ야每々退却을遭ᄒᆞᆫ다더라

⊙醫局擴張 銅峴韓藥局ᄒᆞᄂᆞᆫ崔興模氏ᄂᆞᆫ新式을從ᄒᆞ야芝汀堂商號를共和堂으로改定ᄒᆞ고一層擴張ᄒᆞᆫ다더라

⊙牛皮會社 韓鵬履氏等이發起ᄒᆞ야牛皮會社를設立ᄒᆞ고事務를處理ᄒᆞᆫ다더라

⊙帝社家屋斥賣 帝國新聞社家屋은韓佛興業會社에서債金條로引繼ᄒᆞ엿다ᄂᆞᆫᄃᆡ現方斥賣ᄒᆞ기로周旋ᄒᆞᄂᆞᆫ中이라더라

⊙日砲逐鬼 北部內需司內에在ᄒᆞᆫ神堂을日人某가毀撤ᄒᆞ고目下에家屋을建築ᄒᆞᄂᆞᆫᄃᆡ逐鬼ᄒᆞᆫ다稱ᄒᆞ고種種放砲ᄒᆞᆫ다더라

⊙其責歸尹 仁川客主崔晶夏氏와安山郡柳敬一氏가文簿를幾年ᄒᆞ엿다ᄂᆞᆫ[illegible]所爲가丁寧ᄒᆞᆫ故로柳氏가地方裁判所에提訴ᄒᆞᆫ다더라

⊙許氏被捉 吉州郡居許[illegible]川은上京ᄒᆞ야砂器廛洞等地에逗遛ᄒᆞ더니何事件을因ᄒᆞᆫ인지三昨日에警務總監部에被捉ᄒᆞ엿다더라

⊙吳犯被捉 鳳山郡居吳在五ᄂᆞᆫ竊盜犯으로日昨에警務總監部에被捉ᄒᆞ엿다더라

學界報

⊙長郡曙色 慶北長기郡은海隅山峽으로教育이不展ᄒᆞ야民習이蠢々ᄒᆞ더니該郡守金永銖氏가一自莅任以後로竭盡血誠ᄒᆞ야郡內에長明南明陽明三學校를設立케ᄒᆞ고各三十圓式捐廩寄附ᄒᆞ엿슴으로教育이發展ᄒᆞ고每月一次式民間에躬往ᄒᆞ야家論戶說ᄒᆞ고同郡邑川里에設立ᄒᆞᆫ英明幼稚學校와下西里에設立ᄒᆞᆫ克明幼稚學校에도各十圓式又爲寄付ᄒᆞ고熱心贊成ᄒᆞ고況이愈々發達ᄒᆞᆫ다고該郡來人의頌聲이有ᄒᆞ다더라

⊙捐財設校 咸南咸興郡任純宰氏ᄂᆞᆫ儒林界에素有名譽ᄒᆞᆫ人으로今回에太極教宗唱立ᄒᆞᄂᆞᆫᄃᆡ對ᄒᆞ야百餘圓金額을義捐ᄒᆞ야咸南總支部를誠心設立ᄒᆞ엿다고儒教家에稱頌이藉々ᄒᆞ다더라

⊙光校進級 今番夏期에白川郡石山面八里光東學校에서學年進級式을舉行ᄒᆞᄂᆞᆫᄃᆡ附近有志者及學父兄을請邀而校長金석喜氏와교監洪淳冕學監韓東教諸氏가優等生에게奬勵ᄒᆞ기爲ᄒᆞ야各種賞品을多數히施給ᄒᆞᆫ後에青年의時代란問題로激切히說明ᄒᆞ미一般學生이無不[illegible]ᄒᆞ며 [illegible] 甲班[illegible]優等生은[illegible] 等七人이오乙班[illegible]優等生은[illegible] 判福劉東[illegible]이오[illegible]等生은鄭壽天金壽萬金[illegible]成等六人이오及第生은洪淳殷金龍河洪淳範等六人이라더라

電報

⊙新民屯의洪水 連일降雨로因ᄒᆞ야柳河가汎濫ᄒᆞ야二十二일午後七時에新民屯市街가浸水되여領事分館의床上一尺二寸까지突然浸水되며水勢益加ᄒᆞᆷ으로居留民의狀況을知키不能ᄒᆞ다ᄂᆞᆫ急報를接ᄒᆞ고即時救助키爲ᄒᆞ야糧食을輸送ᄒᆞ고通譯官과警察官을急遣ᄒᆞ엿다ᄂᆞᆫ奉天總領事小池의公報가有ᄒᆞ다더라

⊙勤勞者行賞 韓國의元老大臣及其他官民中勤勞가有ᄒᆞᆫ者ᄂᆞᆫ爵位及恩金을與ᄒᆞ기로決定ᄒᆞ엿다더라

⊙韓國發公債發行 韓國問題가解決됨을因ᄒᆞ야일本政府ᄂᆞᆫ其經費三千萬圓에要ᄒᆞᆯ公債證券을發行ᄒᆞ기로內定ᄒᆞ엿다더라

⊙日韓瓦斯의配當 日韓瓦斯會社에서ᄂᆞᆫ來二十九日에株主總會를開ᄒᆞᆯ터인ᄃᆡ配當金은年六分假量이될ᄯᅳᆺᄒᆞ다더라

⊙水害調查 일本農商務省調查를聞ᄒᆞᆫ즉各府縣의水害細別은如左ᄒᆞ다더라
東京府一千五百町步 神奈川縣八千町步 埼玉縣十一萬五千町步 千葉縣一萬五千町步 茨城縣五千四百九十六町步 杤木縣八千三百九十六町步 羣馬縣一萬九千六百十一町步 靜岡縣二萬五千七百十三町步 [illegible]七町步 長野縣[illegible]町步 新潟縣[illegible]町步 福島縣[illegible]町步 宮城縣六[illegible]町步 岩手縣一萬[illegible]六十四町步 山形縣五千六百町步 秋田縣七千二百八十五町步라더라

⊙坐礁英艦의後聞 再昨일午後에全羅南道警務部長의確報를據ᄒᆞᆫ즉木浦에入港ᄒᆞᆫ우신丸船員의言에坐礁ᄒᆞᆫ英艦은船체浸沒ᄒᆞ야僅히檣만水面에現ᄒᆞ야在ᄒᆞ고又濟州島에碇泊ᄒᆞᆫ軍艦淀號가佐世保望樓經由의無線電報에依ᄒᆞᆫ즉軍艦和泉은芝罘丸及[illegible]二隻을率ᄒᆞ고猿橋丸과共히二十四일午前七時三十分頃에來着ᄒᆞ엿고뻬드뽀드ᄂᆞᆫ外樣으로見ᄒᆞ면無事ᄒᆞᆫ듯ᄒᆞ나機罐室에大破損이잇ᄂᆞᆫ듯ᄒᆞ다더라

⊙豫算編成進步 일本各省의豫算表概算書ᄂᆞᆫ與省編成되ᄆᆡ로本日末일內로全部를大藏省에提出ᄒᆞᆯ터이며大藏省主計局에서ᄂᆞᆫ九月上旬브터豫算查定에着手ᄒᆞᆫ다더라

以上東京發 廿五日着

⊙飛行機의競爭 巴里에서開催ᄒᆞᆫ飛行機團行[illegible]競爭에[illegible]의行路ᄂᆞᆫ巴里,伯林,[illegible]巴里에歸着[illegible]賞金은二十萬馬克이라더라

伯林發 廿日[illegible]

⊙露[illegible] 露國은[illegible]益々猖獗[illegible]患者가七千名[illegible]死亡ᄒᆞ엿다더라

⊙赤十字社의[illegible] 米國赤十字社[illegible]日本水災[illegible]ᄒᆞ기爲ᄒᆞ야五千弗[illegible]부라이에[illegible]電換ᄒᆞ엿다더라

以上紐育發 廿五日着

廣告

泣祝 大韓每日申報 解停
全北泰仁郡內七里五統一戶
普明書舘

祝大韓每日申報解停
八寶丹本舖
京城鍾路和平堂大藥房本舖
主人 李應善
電話 一六九七番

本人의所有楊州郡長興面三牌馬場坪給字畓三斗落結六負田二日耕結十四負와萬哲坪千字畓一石八斗落結八十三負田二息耕結二負二束과島陵坪千字답一石九斗落結八十負九束田五日半一息耕結二十二負七束과坪村前坪兵字畓六斗五升落結十七負田半日一息耕結三負五束과山後坪兵字田半日耕結三負와萬哲坪兵字畓八斗落結二十一負二束田半日耕結五負와亭子洞坪聲字畓一斗五升落結三負田一息耕結一負와驛字畓三石十八斗落結一結九十七負田二日三息耕結十九負五束合畓七石十四斗落田十二日耕合結四結七十八負六束文券을陰曆丁酉十一月二十一日에加平郡朝宗面新上里家舍失火時의被燒ᄒᆞ엿ᄉᆞᆸ기玆에廣告홈
京北部俊秀坊玉洞十六統二戶
羅世煥 告白

各種書籍大發賣
京城南部苧洞十七統十戶
廣文堂書舖

本郡金鳳享氏가嗟歎歉年ᄒᆞ야欲救本郡內貧民之意로先執淸源學校錢一千圓ᄒᆞ고又說郡內饒民十八員ᄒᆞ야各出五十圓式買凍貿穀ᄒᆞ야忘勞輸運이올다가舍其散賣時直八兩價ᄒᆞ고右元金利及輸運費를較其穀과以上穀每斗에六兩五錢直으로至廉救民ᄒᆞ엿ᄉᆞ오니此是一大荷德이기出謳諸員을左開仰布홈
尹京金奉熙金珍汝韓垌엽韓仲信白連奎金文和金麟煥金季祚金溶鍊金子仁金孝문金利杓沈汝三李定善李季福金秦義崔昌洙
平北江界郡金基俊 告白

本人이陰五月二十日에本郡北市去路에서姓篆名正刻圓形章을失이옵기玆에廣布ᄒᆞ오니誰某間拾得이면休施홈
平安北道雲山郡城面隱峯里六統三戶 朴允星 告白

本人예子명슈가陰一月分에偶然히離家後로消息이頓無ᄒᆞ와苦待ᄒᆞᆫ지數朔에寢食을全廢ᄒᆞ고成病委席홀뿐外라명슈도客苦가非常ᄒᆞᆯ터인즉父子相離에晝夜로相見키를願ᄒᆞ오니無論誰某시든지명슈를勸告歸家케ᄒᆞ시거나所在處를指示ᄒᆞ시면厚謝ᄒᆞ깃ᄉᆞᆸ
京宗廟前四十一統五戶 滄在浩

本人의姓名章陰六月初七日에本郡東面馬墳里近處에서失ᄒᆞ엿ᄉᆞ오니內外同胞ᄂᆞᆫ照亮ᄒᆞ시옵
平南甑山郡內崔診爽 白

本人이姓名正字圓形圖章을陰六月十一日에셔失ᄒᆞ엿ᄉᆞ오니知舊間照亮ᄒᆞ심을敬要
平北雲山郡金應善 告白

本人이陰七月一日에圓形姓名章을路中見失ᄒᆞ얏ᄉᆞ오니誰某拾得則休章施行홈
平壤隆德面九里金允龜 白

本人이去陽六月七日夜에黨盜五名이突入ᄒᆞ야金貨三十餘圓其他汁物을奪去時圓形止字章並爲所奪이오니內外國人은幸勿見欺ᄒᆞ시옴
平北龍川楊西面西望洞白興燁

前郡守金衡烈의庶母韓召史가俱無子女ᄒᆞ야老來依托이難處故로遠宗金昌烈을率養ᄒᆞ엿더니爲人이浮浪ᄒᆞ야家產을蕩敗ᄒᆞ고偏母를薄待ᄒᆞ야不孝莫甚ᄒᆞ기에鐵原郡芝浦所在家垈를分給ᄒᆞ고母子各居ᄒᆞ야改過홀지ᄒᆞ엿더니其浮浪之習이去益甚ᄒᆞ야七十老母가將至難保之境故로不得已罷養ᄒᆞ엿기로玆에廣布ᄒᆞ오니宗族與遠近知舊ᄂᆞᆫ以此照亮ᄒᆞ시오
鐵原郡芝浦居韓召史 告白

學生募集廣告

本校에셔校務를擴張ᄒᆞ고本科一二學年補缺生과預備生을募集ᄒᆞ오니入學志願者ᄂᆞᆫ八月二十五日內로請願書를提出홈
但請願紙ᄂᆞᆫ本校에請求
試驗科目 漢文 筭術 歷史 地誌 外國語
開學日字 八月二十五日
平安北道 嘉山私立 育英學校

旅行居家常備之藥

八寶丹

滌暑淸神 健胃消滯 之良劑

起死 回生水 [illegible]蘇生丹

運氣厲疫預防됴藥
癨亂吐사立卽見효

下痢散 赤痢白痢 吐사吐糞
小兒胎毒膏 胎毒面腫 濕癬乾癬
胎養調經丸 婦人冷積 病神効
麝香消瘡丹 諸般瘡病 一切祛根
阿烟斷引藥 年久鴉片 引拒絕藥
滋陽丸 男女勿論 陰陽雙補
全治丸 連珠瘰력 一切去根
消積散 陳陳久세 消如春雪
治顔水 죽은셔사 이ᄂᆞᆫ妙藥
蛔滅散 회虫去根 更無後慮
鎭咳散 勿論老少 消담止咳
解毒散 四時感冒 寒熱往來
寸虫藥 寸白虫을 淸出去根
通治膏 諸般종瘡 一切神효
補陰降火丸 男女勿論 陰虛火動
雙補丸 陰陽俱虛 血氣不足
玉容水 버짐과어루럭이藥
下浮丸 全體浮종 便秘胃炎
退疸丸 酒달食달 黑달黃달
咽喉散 咽喉發炎 咽喉潰瘍

齒痛淸快水 虫齒風齒 齒齦頭痛
明耳精 耳內炎痛 耳垢堆積
痲疹丸 小兒痲疹 腥紅熱
齒根炎傷散 齒肉爛傷 齒血發炎
小兒癎氣丸 身熱발驚 夜啼便靑
脚氣腰痛丸 兩脚濕痛 腰痛脇痛
鷄眼膏 뒤눈拔根 更無後慮
腫根拔散 拔瘇根 去惡新生
止汗散 手足汗臭 一切神効
口病淸熱水 口內火傷 唇坼鼻瘡
腹能下丹 下腹膨脹 少便不利
小兒腹瘧丸 初학神효
小兒疳氣散 腹部膨脹 食慾不絕
梅毒全滅丸 先天梅毒 後天梅瘡
小兒百日ᄒᆡ丸 呼吸困難 담체嘔吐
疥瘡水 疥瘡一切 神효無比
偏頭痛止散 眩暈頭痛 耳鳴眼火
夜盲明丸 當昏眼迷 氣候受傷
胸膈止痛散 胃痛腹痛 酒食담체
祛惡生新膏 頭瘡潰瘍 祛惡生新

其他洋藥各種과○各種寶藥○漢韓藥唐草材○都매散賣
遠地에ᄂᆞᆫ請求ᄒᆞ시면郵便小包로迅速酬應홈
京城鍾路和平堂大藥房本舖主任李應善
電話 壹六九七番

本人이鄭鳳成으로行用ᄒᆞ던圖章을見失ᄒᆞ고祥字로改章ᄒᆞ오니內外國人은照亮홈
平北泰川郡西面德興里 鄭鳳祥 白

本舖에셔陰本月브터撤舖ᄒᆞ오니典執ᄒᆞ신僉君子ᄂᆞᆫ十一月內로覓去ᄒᆞ시되若過限則放賣홈
東部梨花洞四統十戶典當舖 白

咸南水鏡郡憶岐面浦南學校가開學ᄒᆞᆫ지一個月에入學生이三十七名에達ᄒᆞ고附近有志紳士宋載乾金允[illegible]兩氏各五圓金與喆李成龜金炳明三氏各一圓趙寬敎氏四圓[illegible]思翊氏一圓趙學敎氏五十錢[illegible]漢炳氏六圓으로本校維持喜意로寄附ᄒᆞ얏기로其盛意를表홈
私立浦南校學監趙寬敎 告白

本人의故將臣周喆孫[illegible]也舍弟承麟이가庚子年分에有不孝不忠之罪ᄒᆞ야終身流配이더니丙午年年에特蒙大恩ᄒᆞ야解配送年來로祖父兄所有田土을數放賣ᄒᆞ야蕩散於色技之場而將至絕香火之境ᄒᆞ고尤況龍仁大池所在田畓은年前에慈主가特以許給於本人者也父生不測之心ᄒᆞ야此庄을又欲暗賣之計기로本人이難保此畓之慮ᄒᆞ야月前에放賣矣러니日前에承麟이가返爲兄을拂荒雜類로新聞揭載ᄒᆞ엿ᄉᆞ오니世豈有如許變怪乎잇가僉君子ᄂᆞᆫ照亮홈
水原郡北門內長安洞
李承鶴 告白

勿論遠近親疎間居住와學記만昭詳通知ᄒᆞ시면唐草材蔘茸이라도精實케郵便小包로速送ᄒᆞ옵고代金은시換홈
京銅峴一統六戶乾材藥局
李盛哉

廣告

本人朴麟敎의名을彩珪로改定ᄒᆞ오니內外僉知悉ᄒᆞᆫ 照亮ᄒᆞᆷ

泗川三千浦龜坪洞

朴彩珪 白

[illegible]十餘年을醫學에ᄂᆞ多年診察ᄒᆞ던前陸軍々醫々學校敎官金鍾禧氏가本堂診察所에서診察ᄒᆞ오니前日顧愛ᄒᆞ시던僉君子ᄂᆞᆫ 照亮枉臨ᄒᆞ시옵

京城鍾路 和平堂診察所

本藥局에서業務를大擴張ᄒᆞ고勿論親疎間 掌記及居住만通知ᄒᆞ면擇品廉價ᄒᆞ야郵便小包로即速付送ᄒᆞ고 代金引換ᄒᆞ겟ᄉᆞᆸ

京城南部銅峴九十五統十戶

乾材藥局

崔興模

◎商業同胞에게告홈

今也에諸般事業이漸次발達ᄒᆞᄂᆞᆫ時代를當ᄒᆞ야商業上의關係도또ᄒᆞᆫ此를從ᄒᆞ야變遷ᄒᆞ미商去來의慣習이舊日과不同ᄒᆞ고商行爲의規模가昔時와相異ᄒᆞ야會社라銀行이라ᄒᆞᆷ이昔日의見치못ᄒᆞ던바ㅣ며手形이라證劵이라ᄒᆞᆷ이舊時의行치못ᄒᆞ던비라、如此히變遷ᄒᆞᆫ時代에在ᄒᆞ야舊日의慣習으로商去來를行ᄒᆞ며昔時의規模로商行爲를營코져ᄒᆞᆫ진ᄃᆡ엇지能히商業의目的을達ᄒᆞ리오噫라前日에ᄂᆞᆫ地方의商旅가京城에來往ᄒᆞᄂᆞᆫ者ㅣ聯絡不絕ᄒᆞ더니今日에ᄂᆞᆫ何故로如此히凋殘ᄒᆞ엿스며昔日에興旺ᄒᆞ던客主營業이何故로今日에不振ᄒᆞᄂᆞ뇨試思ᄒᆞᆯ지어다其行ᄒᆞᄂᆞᆫ慣習과其營ᄒᆞᄂᆞᆫ規模가今日變遷ᄒᆞᆫ此時代에適合치아니ᄒᆞᆫ所以가아닌가是故로本會社ᄂᆞᆫ五六年前에京城商業의實地從事ᄒᆞᄂᆞᆫ有力諸氏에게組織ᄒᆞᆫ바ㅣ되야外國에有名ᄒᆞᆫ織組會社[illegible]都賣特約을結ᄒᆞ고織物을直接貿易ᄒᆞᆷ으로營業ᄒᆞ야今日에[illegible]ᄒᆞ야ᄂᆞᆫ엄然히京城商業界의重鎭을占ᄒᆞ니實로我國의商業[illegible]를爲ᄒᆞ야慶幸ᄒᆞᄂᆞᆫ바ㅣ로[illegible]이나本社ᄂᆞᆫ더욱全國同胞의[illegible]益을圖ᄒᆞ기爲ᄒᆞ야業務를一層擴張ᄒᆞ고規模를拾分改良ᄒᆞ야本社營業의一副業으로委托營業을開始ᄒᆞ고各地方商旅의[illegible]貿委托을受ᄒᆞ야去來를信實히行ᄒᆞ고待遇를親切히爲ᄒᆞ며口文을低廉히受ᄒᆞ고金錢을迅速히融通ᄒᆞ며地方商人의間或[illegible]知ᄒᆞᄂᆞᆫ新式節次도詳細히指導ᄒᆞ오리니來ᄒᆞ시오來ᄒᆞ시오[illegible]國의商業同胞ᄂᆞᆫ 京城鍾路大廣橋邊

合名會社彰信社로枉臨ᄒᆞ시옵

合名會社 彰信社社　長　洪鍾晥

營業部長　安義淳

委托部長　金春植　謹告

留宿의便利를圖ᄒᆞ기爲ᄒᆞ야廣橋南川邊茶洞十五統九戶

彰信旅館을設홈

◎特別廣告

噫라人生一世에有誰無病이리오無病則已어니와有病則治之가可也어날若要治之ᄃᆡ無醫도難이오無藥도亦難이라故로本堂에서此를恨之歎之ᄒᆞ야藥品과醫料機械를一新修備ᄒᆞ옵고醫藥에多年施術ᄒᆞ야名望이一世에布著ᄒᆞᆫ醫師田慶龍氏를請聘ᄒᆞ야本堂內와分店內에病院一部를附設ᄒᆞ고一般患者를誠心治療ᄒᆞ오니惟希 僉位ᄂᆞᆫ依例來問ᄒᆞ시려니와地在遠方ᄒᆞ신患者ᄂᆞᆫ病錄만昭詳投送ᄒᆞ시면十分研究ᄒᆞ야隨症必효ᄒᆞᆫ藥種을精製報答ᄒᆞ겟ᄉᆞ오니以此照亮ᄒᆞ심을敬要

但地方에ᄂᆞᆫ藥價를郵便代金引換으로必施홈

課目

內科外科

婦人科小兒科

附則

學生과軍人은半額으로治療ᄒᆞ고

孤兒院學生과貧寒ᄒᆞᆫ同胞ᄂᆞᆫ無料로도治療홈

時間　本舖自上午八時로下午二時

分店自下午三時로同十時

京城南大門內　濟生堂藥房本舖

京城鍾路　濟生堂藥房分店

本舖電話 一七二八番

◎特別廣告

唐草藥材廉價大賣

特別廣告

本店에서開業三十餘年에 僉君子의愛顧ᄒᆞ심을蒙ᄒᆞ와 營業이발展ᄒᆞ옵ᄂᆞᆫ바수에盛意를報答키爲ᄒᆞ야 業務를一層擴張ᄒᆞ옵고良好ᄒᆞᆫ蔘茸唐草藥材를內地와外國으로서多數히直輸入ᄒᆞ와 特別廉價로都賣散賣에信實히酬應ᄒᆞ오며地方에서請求ᄒᆞ시ᄂᆞᆫᄃᆡ對ᄒᆞ야ᄂᆞᆫ多小를不拘ᄒᆞ옵고郵便小包ᄂᆞᆫ遞送部로迅速히付呈ᄒᆞ오되代金은引換으로ᄒᆞ깃ᄉᆞ오니京鄕僉君子ᄂᆞᆫ益益請求ᄒᆞ심을望홈

但地方에서請求ᄒᆞ시ᄂᆞᆫ妙法

金一錢五厘를費ᄒᆞ시고一枚에葉書를使用ᄒᆞ사住所氏名과掌記를錄送ᄒᆞ시면能히遠路의跋涉과往返의旅費를要치아니시고本店에最良好ᄒᆞᆫ上品藥材를完全히買用ᄒᆞ실터이외다

京城南部銅峴三十五통三戶

蔘茸唐草藥材直輸入商

乾材局

崔聖暎

特別廣告

本店에서開業ᄒᆞᆫ지十六[illegible]僉君子의愛顧ᄒᆞ심[illegible]今年[illegible]大擴張ᄒᆞ고春夏[illegible]用으로[illegible]國高等物品[illegible]直輸入[illegible]方에서ᄂᆞᆫ貿易[illegible]爲ᄒᆞ야特[illegible]便小包로[illegible]代金은引換ᄒᆞ깃사오니十三道各郡僉君子ᄂᆞᆫ隨意請求ᄒᆞ심을望

振替貯金番號(韓國四三番)

電話番號(三五八)

漢城中部鍾路布醫廛洞二十一統五戶

廣興泰 告白

紙物貿易에迅速

(廣告文)

◎[illegible]各種紙物[illegible]地方僉位[illegible]特別廉[illegible]文[illegible]迅速[illegible]物價와品錄[illegible]無料[illegible]

內

(品目略錄)

◎壯紙、[illegible]紙、白紙、[illegible]

天井紙、古書紙、[illegible]紙、半紙、[illegible]

紙、封套紙、其他學校用品筆墨[illegible]其他具備

漢城鍾路大廣橋

本店　紙物舖　金[illegible]

電話一千二百八十番

支店　漢城北部安洞別宮前

檀君開國四千二百四十三年
箕子元年三千三十二年
大韓開國五百十九年
本報創刊日 光武八年七月十八日

大韓每日申報

發行兼編輯人 李章薰
發行所 京城中部布廛屛門二宮街 二層洋屋 大韓每日申報社

第八卷　月曜及慶節歲時日休刊　第壹千四百六十號

論說

二十三處實業學校에對ᄒᆞ야

我韓은元來로實業的方針에茫昧ᄒᆞ던國이라饑戶의名을得ᄒᆞᄂᆞᆫ者로觀ᄒᆞ면或化官餘祿으로衣食에自足ᄒᆞᄂᆞᆫ者도有ᄒᆞ고或貪虐手段으로意外에積有ᄒᆞᆫ者도有ᄒᆞ고或하十餘鄕에셔勤儉自成ᄒᆞᆫ者도有ᄒᆞ니然財源을溯考ᄒᆞ면幾十萬金에過치못ᄒᆞ니엇지實業家라稱ᄒᆞ리오如此ᄒᆞᆫ少數의國産이라도積置ᄒᆞᆫ것은研究中에셔出來ᄒᆞᆫ者가아니라偶然히得ᄒᆞᆫ者인즉其源이深키ᄂᆞᆫ得치못ᄒᆞ리로다。

然이나全國에貧富를統論ᄒᆞ면富饒ᄒᆞᆫ者가千分의一에居치못ᄒᆞ엿스니其民이殘弱ᄒᆞ고其勢가貧乏ᄒᆞᆯ것은當來ᄒᆞᆯ事이로다海外에實業家로論ᄒᆞ면無限ᄒᆞᆫ方策으로無限ᄒᆞᆫ財産을享有ᄒᆞ야輸出輸入이我韓全國富人의財産을統合ᄒᆞ야도一家를當키難ᄒᆞᆯ者比々히有ᄒᆞ니此等의財産이從天而降ᄒᆞᆫ者도아니오從地而出ᄒᆞᆫ者도아니라總히敎育中에셔出來ᄒᆞᆫ者인즉農業에ᄂᆞᆫ農業學校가有ᄒᆞ고工業에ᄂᆞᆫ工業學校가有ᄒᆞ고商業에ᄂᆞᆫ商業學校가有ᄒᆞ야自幼로學習ᄒᆞ고及長에着手ᄒᆞᄂᆞᆫ되土地의肥瘠과興販의成敗와技藝의巧拙이宿算이有ᄒᆞᆫ者라世界에物理가目擊에在ᄒᆞᆷ과如ᄒᆞ야高下貴賤이心衡上에輕重ᄒᆞ니洋々ᄒᆞᆫ貨泉이晝宵湧出ᄒᆞ야用ᄒᆞ야도渴치아니ᄒᆞ니其國이富强ᄒᆞᆯ것은自然ᄒᆞᆫ勢로다

我韓의實業家ᄂᆞᆫ天産物만專恃ᄒᆞ고人工의妙ᄂᆞᆫ知치못ᄒᆞ니財源의發展을得키難ᄒᆞ리로다近來我韓物貨界에도新風潮가忽變ᄒᆞ야唐木이一出에白木이已稀ᄒᆞ고石油가一出에荏油가已斷ᄒᆞ고石炭이一出에柴炭이已賤ᄒᆞ고北紅이一出에紅花가已絶ᄒᆞ고燐寸이一出에硫黃이已殘ᄒᆞ니諸般物品이精巧ᄒᆞᆷ은機械中에셔出ᄒᆞᆫ者인즉人生과密이入巧中에在ᄒᆞ니及其財源豐阜ᄂᆞᆫ講究ᄒᆞᄂᆞᆫ方法이必有ᄒᆞᆯ지니實業學校를處々에設立ᄒᆞ야人々이實業을作成ᄒᆞᆫ然後에富盛을可期ᄒᆞ리로다

我韓의風氣가變遷ᄒᆞᆫ지가二十餘年에至ᄒᆞ엿스나人々이實業이生命의原因되ᄂᆞᆫ줄을知ᄒᆞ나農者의飢寒은如前히不勝ᄒᆞ고商者의敗殘은如前히屛生ᄒᆞ고工者의技藝ᄂᆞᆫ如前히幼穉ᄒᆞ야歎々ᄒᆞᆫ情狀은强努의末에至ᄒᆞ엿스니此ᄂᆞᆫ實施ᄒᆞᆫ成績이無ᄒᆞᆷ이로다

雖然이나窮ᄒᆞ면必達ᄒᆞ고衰ᄒᆞ면必盛ᄒᆞᄂᆞᆫ것은理에自然ᄒᆞᆫ비라엇지希望ᄒᆞᆯ者이無ᄒᆞ리오我韓의人士가旣히實業이生命을保全ᄒᆞᄂᆞᆫ根本으로知ᄒᆞ면究竟의如何ᄂᆞᆫ次第看事로知ᄒᆞ노라

近日에官公立學교에調査表를據ᄒᆞᆫ즉國內에實業學校의設立이二十三處에至ᄒᆞ엿스니以此로推測ᄒᆞ면今年에幾處學校를更設ᄒᆞ고又明年에幾箇學校를復設ᄒᆞ면不過十年에實業學校가全國에遍滿ᄒᆞ야人々이實業家를作ᄒᆞᆯ지니富强이自來ᄒᆞᆯ것은吾儕ᄂᆞᆫ唾手可得ᄒᆞᆯ者라謂ᄒᆞ노니有志紳士의苦口勸起ᄒᆞᄂᆞᆫ者가此에在ᄒᆞᆫ즉實業의前途를大有望焉ᄒᆞ노라

官報

○第四千七百六十七号
▲隆熙四年八月二十六日（金曜）
▲敍任及辭令
○八月廿三日 桑畑一平 任道立公州農林學校學監敍判任官三等 特贈從二品嘉善大夫奎章閣提學 故觀察使金奭中 故承旨申錫游 故正三品南興喆 同申百熙 同金仁植 同金慶濟 同朴義로 同禹洛善 特贈從二品嘉善大夫奎章閣副提學 故六品劉鴻基 故應敎洪晉裕 故六品李潤相 故府使朴憲陽 故郡守金益珍 同李觀永 同李龍憲 故參書官吳顯益 同睦裕信 故[illegible]務官李慶善 故警務官高俊植 同黃信 同朴熙丙 故秘書官印錫輔 故主事金永培 特贈正三品通政大夫奎章閣副提學 故學生朴夏秉 同金箕璧 同金德厚 同曹秉杜 同尹柱憲 同卞河진 同李聖日 同朴基浩 特贈從三品通訓大夫奎章閣直閣（以上八月卄二日宮內府）新寧郡鄕校直員趙容奎 依願免本官（八月卄三日學部）

宮廷錄事

○冊封儀式日改定 興親王冊封儀式日子를本月卄八日노改定ᄒᆞᆷ（八月卄四日宮內府）

外報

○英露關係의今古 타임스電을據ᄒᆞᆫ즉露都來電에云ᄒᆞ되露國新聞은一般的으로英國新帝쪼지五世陛下即位通告使節로버트元帥의來着을歡迎ᄒᆞ야英露親交의新表章이라記載ᄒᆞ엿스며同元帥ᄂᆞᆫ曾往露國이印度를侵襲ᄒᆞᆷ에對ᄒᆞ야理論的으로講究ᄒᆞ던專門家인故로同國官民은今回同元帥를迎ᄒᆞ야今古의感을不勝ᄒᆞᆫ다더라

○尼國平和克復 桑港電을據ᄒᆞᆫ즉니카라과의叛亂은大統領마도리스크氏와革命黨首領이平和를協定ᄒᆞ야鎭靜에從歸ᄒᆞ얏다더라

○北氷洋探險船 烏港電을據ᄒᆞᆫ즉去月烏港에到着ᄒᆞᆫ北洋航路探險用碎氷船타임일타、와리가쓰지号兩船은伊來入渠修繕中이러니近日竣工되얏슴으로本月卄三日頃에目的地로向ᄒᆞ야出發ᄒᆞ엿다ᄂᆞᆫ該探險隊에ᄂᆞᆫ露都로브터專門家우엘벌氏가來ᄒᆞ리라더라

○總領事의抗議 奉天電을據ᄒᆞᆫ즉滿洲에在ᄒᆞᆫ韓國農民의退去와未開放地에在ᄒᆞᆫ日本人의撤退를要求ᄒᆞᆫ淸國提意에對ᄒᆞ야日昨에當地駐在日本總領事ᄂᆞᆫ韓國未開放地에多數ᄒᆞᆫ淸國人이在留ᄒᆞᆫ例를擧ᄒᆞ야今回淸國의處置ᄂᆞᆫ國交를蔑視ᄒᆞᆷ이니反省ᄒᆞ라抗議ᄒᆞᆷ으로目下錫總督은各使道를會同ᄒᆞ야此를協議中이나列席ᄒᆞᆫ各使道의意見은滿洲未開地의外人退去命令은條約上規定을勵行ᄒᆞᆷ에不過ᄒᆞ니引續實行ᄒᆞᆷ이可ᄒᆞ다ᄒᆞ며또韓國에在留ᄒᆞᆫ淸國人에關ᄒᆞ야ᄂᆞᆫ東三省總督의責任이아니라ᄒᆞ야畢竟北京政府의訓電을待ᄒᆞ야日本總領事에게回答ᄒᆞ기로酌定ᄒᆞ엿다더라

雜報

○四員被捉 靑年知識培養會員四人이三昨日下午八時에均興組合所에會坐ᄒᆞ엿다가警務總監部에被捉ᄒᆞ엿다더라

○權何被捉 北部寺洞居英語學校學員權某ᄂᆞᆫ何事件을因ᄒᆞᆷ인지再昨日에日憲兵司令部에被捉ᄒᆞ엿다더라

○五犯豫審 再昨日地方裁判所에셔奸淫犯李善明은役三年에宣告ᄒᆞ엿고강盜犯劉在東李起英等五人은豫審ᄒᆞ엿다더라

○暑盡歸營 救世軍總司令官正領許嘉斗氏가同夫人ᄒᆞ고其間避暑次로黃海道長淵郡九味浦에去ᄒᆞ엿다가昨日第二列車로入城ᄒᆞ엿ᄂᆞᆫ되來二十八日曜에夜珠峴新建築ᄒᆞᆫ救世軍營에셔開會ᄒᆞᆫ다더라

○四千入會 耶蘇敎自由敎會를組織ᄒᆞᆫ崔鳳煥林恭磐兩氏가布敎ᄒᆞᆯ次로鎭南浦地方에前往ᄒᆞ엿다더니該地方人民이同會에爭進ᄒᆞ야四千餘名에達ᄒᆞ엿다더라

寄書

祝賀大韓每日申報

本報ᄂᆞᆫ卽我韓人之耳也ㅣ며目也ㅣ라人孰無耳며人孰無目이리오마ᄂᆞᆫ以之ᄒᆞ야爲耳之耳ᄒᆞ며以之ᄒᆞ야爲目之目ᄒᆞ니此非警世之鍾이며亦非辨色之鑑乎아英人裵說氏와萬咸氏가主權刊行이더니遽然歸國에我國人李章薰氏가續而잔之ᄒᆞ니此是天眷在玆에人力이並湊로다其政治論也와學術論也와商業論也와善惡論也에細小畢擧ᄒᆞ야健筆嚴辭가猶倍他日ᄒᆞ야將使民族으로期日有進就之望ᄒᆞ니譬如一家之屬이深在窮谷ᄒᆞ야桃源春色中에鼾睡漫漫커놀隣家翁이來呼에欲醒未醒타가同家人이激而喚之ᄒᆞ고抑而起之ᄒᆞ야悅然新沐底氣像也라前日外國人의借名ᄒᆞᆫ依賴를牢免ᄒᆞ고今日本國人의自由ᄒᆞᆫ精神을確實ᄒᆞᆷ은非一人之欲望이라乃是全國之幸福일서拙者도亦同胞中一個腔子底人으로七情이固有ᄒᆞ온바喜ᄒᆞ노니自由오愛ᄒᆞ노니自由오樂ᄒᆞ노니自由오欲ᄒᆞ노니由自라自由를爲ᄒᆞ야祝ᄒᆞ고執筆諸君子를爲ᄒᆞ야賀ᄒᆞ노라繼吟五言

雨暗秋生驛　却聞鷄始唱
瘴消月隱城　萬戶曙光明

全北萬頃郡北二道綱里
私立明星學校
漢文敎授 朴錫[illegible]

世界歷史

❀（네덜란드）의[illegible]隆盛❀

國人이（윌니암）[illegible]를推立ᄒᆞ야西班牙[illegible]抗ᄒᆞ[illegible]라此時를當ᄒᆞ야[illegible]（일리사벳）이（네덜란드）[illegible]會의請ᄒᆞᆷ을因ᄒᆞ야[illegible]送ᄒᆞ야救援ᄒᆞ더니[illegible]怒ᄒᆞ야艦隊를[illegible]往襲ᄒᆞ다가[illegible]牙의勢力이頓然挫折ᄒᆞ며又（네덜란드）의軍勢ᄂᆞᆫ漸益進步ᄒᆞᆷ으로西班牙王도亦可抗치不能ᄒᆞᆷ을察知ᄒᆞ고又英法의中裁ᄅᆞᆯ因ᄒᆞ야遂乃一千六百九年에[illegible]年間의休戰을約ᄒᆞ니此乃永久和約이러라七州同盟의獨立은一千六百四十八年（워스트팔니아）條約의公認을得ᄒᆞ야和蘭共和國이라稱ᄒᆞ고（오덴쥐）家가世々로其知事가되니라

此戰爭中으로브터和蘭의商業貿易은非常ᄒᆞᆫ繁盛을致ᄒᆞ야國力이크게增進ᄒᆞᆫ지라東印度에在ᄒᆞᆫ西班牙와葡萄牙에領地를奪掠ᄒᆞ고又瓜哇島에（짜데싸아）府를建設ᄒᆞ야東洋의商業要地를以作ᄒᆞ니라

（未完）

詞藻

❀自 題❀

無端忽作太平夢　放眼崑崙絶頂來
河嶽層々圖錦繡　華嚴界々有樓臺
六洲牛耳無雙譽　百軸麟圖不世才
掀髥正視羣龍笑　第待晨鷄驀喚回

秋水子近閱淸人詩話眼到眞境頗覺未艾這氣像其所期圖者深

宮廷報

◎兩陛下御散步 再昨日午後三時半에 大황帝 황后兩 陛下ᄭᅴ옵서ᄂᆞᆫ 尹侍從院卿과 小宮次官과 高體式課長等이 扈從ᄒᆞ야 秘苑에 運動ᄒᆞ실ᄉᆡ 王流泉附近에서 小憩ᄒᆞ샤 茶菓를 進 御ᄒᆞ신後 博物館動物苑에 御臨ᄒᆞ샤 花卉其他陳列品을 御覽ᄒᆞ시고 兩五時後에 還御ᄒᆞ셧다더라

雜報

◎統監府에 茶話會 寺內統監은 昨日午後四時에 在京ᄒᆞᆫ 新聞通信社長과 特派員을 官邸에 招待ᄒᆞ야 茶話會를 開ᄒᆞ엿다더라

◎云有叙勳 內閣에서 所屬官吏에 指揮ᄒᆞ야 判任官以上의 履歷書를 收納ᄒᆞᆷ은 已報ᄒᆞ엿거니와 其內容을 聞ᄒᆞᆫ즉 功績이 有ᄒᆞᆫ 人에게ᄂᆞᆫ 相當히 叙勳ᄒᆞᆯ 計劃이라더라

◎學大病可 學部大臣李容稙氏가 暑泄로 呻吟ᄒᆞᆫ다더니 近聞ᄒᆞᆫ즉 醫師가 診察ᄒᆞ엿ᄂᆞᆫᄃᆡ 昨日브터ᄂᆞᆫ 差道가 快有ᄒᆞ다더라

◎[illegible]將廢 內閣法典調査局은 [illegible]日撤廢止된다ᄂᆞᆫ 說이 有ᄒᆞ다더라

◎陵官半減 各陵官中에 資格不足ᄒᆞᆫ 者로 半數以上을 減額ᄒᆞᆫ다ᄂᆞᆫ 說이 有ᄒᆞ다더라

◎英艦坐礁의 通知 英國軍艦이 濟州島附近海에서 坐礁되얏슴은 各新聞에 頒布ᄒᆞᆫ바이어니와 今에 濟州島長이 濟州島警察署에 報告ᄒᆞᆷ을 依ᄒᆞ야 坐礁顚末을 各[illegible]에 通知ᄒᆞ엿다더라

◎法令類纂發送 內部에서 法令類纂을 編纂ᄒᆞ엿다ᄂᆞᆫᄃᆡ 參考ᄒᆞ기 爲ᄒᆞ야 各道府郡에 一部式을 發送ᄒᆞᆫ다더라

◎內部文簿檢査 會計檢査局에서 昨日에 官吏四名을 內部로 派送ᄒᆞ야 會計文簿를 檢査ᄒᆞ엿다더라

◎調査委員의 選擧 度支部에서 高等土地調査委員會規則을 昨日已頒布ᄒᆞᆫ바이니와 內部及農商工部와 司法廳에 對ᄒᆞ야 會員二名式을 資格相當ᄒᆞᆫ 者로 選擧ᄒᆞ라ᄒᆞ엿다더라

◎治道費豫算 內部土木局에서ᄂᆞᆫ 明年度에 治道費額을 豫算編成ᄒᆞᄂᆞᆫ中이라더라

◎陳列館經始 慶北觀察道에서ᄂᆞᆫ 地方經費로 經紀ᄒᆞ던 物品陳列館은 來九月一日브터 開始ᄒᆞ기로 內定ᄒᆞ엿다ᄂᆞᆫ 通信이 有ᄒᆞ얏다더라

◎法國副領事官補 法人지에ー말보양氏ᄂᆞᆫ 今回副領事官補로 任命되야 京城駐剳法國總領事館에 在勤을 被命ᄒᆞ엿다더라

◎塩田役夫의 貯金 度支部臨時財源調査局에서ᄂᆞᆫ 廣梁及朱安天日製塩場에 從事ᄒᆞᄂᆞᆫ 鹽夫의 貯蓄思想을 養成ᄒᆞ기 爲ᄒᆞ야 朱安은 昨年八月브터 廣梁은 今年六月브터 郵便貯金을 勸誘ᄒᆞᆫ다더라

◎教育獎勵費의 用途 地方費中에서 各道에 支出ᄒᆞᆫ 教育獎勵費ᄂᆞᆫ 總計二千九百十七圜인ᄃᆡ 此全額은 講習會、教科書購入、教育展覽會、褒償費、教授用幻燈機械購入等重要ᄒᆞᆫ 經費에만 用ᄒᆞᆫ다더라

◎[illegible]慶祝 學部에서 漢城府로 指揮ᄒᆞ기를 本日即位禮式紀念에 對ᄒᆞ야 各官公立學校의 任員及學員一同은 各該校教場內에서 慶祝禮式을 設行케ᄒᆞ라ᄒᆞ엿다더라

◎引院金額請求 大邱及平壤兩郡에 在ᄒᆞᆫ 同仁病院을 慈惠醫院에로 引繼ᄒᆞᆫ다 ᄒᆞᆷ은 已報ᄒᆞ엿거니와 該病院에서 應用ᄒᆞ던 器具其他藥品이 五萬三千圜價値라ᄂᆞᆫᄃᆡ 此를 買入ᄒᆞ기 爲ᄒᆞ야 內部에서 度支部로 照會ᄒᆞ고 該金額을 支撥ᄒᆞ라ᄒᆞ엿다더라

◎病梅已落 大韓醫院에서 治療ᄒᆞ던 內閣法典調査局顧問梅博士ᄂᆞᆫ 再昨日午後一時頃에 因爲身故ᄒᆞ엿다더라

◎卒困何事 中樞院顧問李址鎔氏ᄂᆞᆫ 近日生活程度가 困難ᄒᆞᆷ인지 不知ᄒᆞ거니와 各處에 在ᄒᆞᆫ 如干田庄을 放賣코져ᄒᆞ야 所管官廳에 證明을 圖出코져 目下周旋ᄒᆞᄂᆞᆫ中이라더라

◎教習生配置 警務總監部에서ᄂᆞᆫ 日前에 巡査教習生三十餘名을 各警察署에 配置勤務케ᄒᆞ엿다더라

◎衛巡撤還 水門洞警察分署에서ᄂᆞᆫ 巡査四名을 派送ᄒᆞ야 景福宮을 警衛ᄒᆞ더니 日昨에 撤還ᄒᆞ엿다더라

◎洋一韓一 各警察署에서ᄂᆞᆫ 所管內洋藥局에 指揮ᄒᆞ되 發賣藥種及買藥人의 氏名을 每朔二次式修報ᄒᆞ라ᄒᆞ고 韓藥局에ᄂᆞᆫ 一次式修報ᄒᆞ라ᄒᆞ엿다더라

◎外人入札의 多數 度支部에서 所管家屋을 放賣ᄒᆞᆫ다 ᄒᆞᆷ은 一般知了ᄒᆞᄂᆞᆫ바어니와 外國人의 入札이 最多數에 居ᄒᆞ엿다더라

◎二先七後 學部에서 本年春에 試取ᄒᆞᆫ 日本留學生九名內에 二名은 即其時派送留學케ᄒᆞ엿고 學年不合ᄒᆞᆫ 者七名은 本月末日頃에 派送ᄒᆞᆫ다더라

◎交涉美領 韓美興業株式會社에서ᄂᆞᆫ 該社長美國人馬野와 副社長吉納咸兩氏가 同社株金을 携帶歸國ᄒᆞ야 經年不還ᄒᆞᄂᆞᆫ 事件에 對ᄒᆞ야 委員林炳恒氏等五人을 選定ᄒᆞ야 日前에 駐京美國總領事館에 交涉ᄒᆞ엿다더라

◎身分措處의 協議 國民協成會員洪弼鉉等幾名이 三昨夜에 一進會總務李熙悳家에 會同ᄒᆞ야 各其自己의 將來身分措處ᄒᆞᆯ 事項을 協議ᄒᆞ얏다더라

◎密淫注目 各警察署에서ᄂᆞᆫ 密賣淫女를 調査ᄒᆞ기 爲ᄒᆞ야 各演劇場에 出沒ᄒᆞᄂᆞᆫ 年少婦女輩에 行動을 注目ᄒᆞᆫ다더라

◎梅博士의 昇位 日皇陛下ᄭᅴ셔ᄂᆞᆫ 梅博士의 病氣危篤ᄒᆞ다ᄂᆞᆫ 報를 御聞ᄒᆞ옵시고 位一級을 特進ᄒᆞ야 從三位로 昇叙ᄒᆞ옵셧다더라

◎야마도新聞事件 東京야마도新聞社가 京城支局을 指揮ᄒᆞ야 不良ᄒᆞᆫ 出版物을 配付ᄒᆞᆫ 事로 南部警察署에서 訊問을 當ᄒᆞᆫ다ᄒᆞ더니 必竟止確ᄒᆞᆫ 事實이 判明됨으로 當局者ᄂᆞᆫ 出版法違反律에 照ᄒᆞ야 關係者畑尾健顚及藤澤治三郎을 告發ᄒᆞ야 檢事局에 送至ᄒᆞ엿다더라

◎救護艦의 交代 坐礁ᄒᆞᆫ 英艦을 救助키 爲ᄒᆞ야 遭難場所에 急行ᄒᆞᆫ 軍艦은 二十五日午後에 和泉艦과 交代ᄒᆞ야 木浦에 入港ᄒᆞ엿다더라

◎兩班及儒生調査 昨日警務總監部에서ᄂᆞᆫ 京城各部警察署에 訓飭ᄒᆞ고 各管內에 現在ᄒᆞᆫ 兩班及儒生中六十歲以上七十歲未滿ᄒᆞᆫ 人의 數爻를 至急調査報告ᄒᆞ라ᄒᆞ엿다더라

◎山崩과 田畓埋沒 平安北道慈城郡西海三興二面에서ᄂᆞᆫ 去三十日降雨를 因ᄒᆞ야 山腹이 崩壞ᄒᆞ야 附近耕作地約五十二町二反步를 埋沒ᄒᆞ엿ᄂᆞᆫᄃᆡ 農作物千三百圜價値와 家畜五百五十餘圜價値가 損害되여 目下慘狀이 極甚ᄒᆞ다더라

◎平壤新聞의 停止 平壤新聞은 治安妨害로 認ᄒᆞ야 昨日에 發行停止를 命ᄒᆞ엿다더라

◎森協警部歸京 日本으로브터 我國에 輸入ᄒᆞᆫ 新聞紙를 檢閱ᄒᆞ기 爲ᄒᆞ야 下關에 出張ᄒᆞ엿던 警務總監部森協警部ᄂᆞᆫ 昨夜에 歸京ᄒᆞ엿다더라

◎藉巡示威 故郡守具範書氏의 夫人河召史가 去春에 北部齋洞居金文基氏의 妻에게 債務를 推捧ᄒᆞ기 爲ᄒᆞ야 該洞黃鍾律氏家에 來留ᄒᆞ더니 去三月二十五日夜에 何許巡査가 黃家에 來到ᄒᆞ야 高聲大呼ᄒᆞ며 河氏를 搜捕ᄒᆞᄂᆞᆫ 聲勢를 大張以去ᄒᆞ엿ᄂᆞᆫᄃᆡ 其時에 河氏ᄂᆞᆫ 適不在ᄒᆞ엿ᄂᆞᆫ지라 河氏가 該巡査에 來到ᄒᆞᆫ 根因을 至今ᄭᅡ지 採探ᄒᆞᆫ즉 金妻가 債務를 不報ᄒᆞᆯ 計劃으로 水門洞警察署에 勤務巡査崔完基申泰鳳兩氏를 符同ᄒᆞ야 此等恐嚇을 肆行ᄒᆞᆫ [illegible]命令으로 河氏가 將次起訴ᄒᆞ다ᄒᆞ매 該巡査等의 不法行爲가 自然發現되야 該署에서 調査ᄒᆞᆫ지 多日이 經ᄒᆞ되 如何ᄒᆞᆫ 處分이 無ᄒᆞ다더라

◎京城通信解停 日昨發行停止를 被命ᄒᆞ야 停止中에 在ᄒᆞ던 京城通信社ᄂᆞᆫ 昨日에 解停되엿다더라

◎孝烈雙全 定州郡德山里居田顯哲氏의 妻孫氏ᄂᆞᆫ 年今四十八歲인ᄃᆡ 年十九에 其家夫의 病勢가 危篤ᄒᆞᆷ을 見ᄒᆞ고 手指를 斷ᄒᆞ야 流血[illegible]ᄒᆞ고도 竟至不救ᄒᆞ엿스나 其舅姑가 在堂ᄒᆞᆷ으로 未得下從ᄒᆞ고 孝奉兩親ᄒᆞᄂᆞᆫᄃᆡ 其孝烈이 雙全ᄒᆞᆷ을 鄕里가 莫不稱頌ᄒᆞᆫ다더라

◎果則惡習 寶城郡栗於面公貨領收員宋光勉氏ᄂᆞᆫ 該郡財務署長과 郡守에게 納賂ᄒᆞ기 爲ᄒᆞ야 民論을 不由ᄒᆞ고 [illegible]를 擅立ᄒᆞᆫ다稱ᄒᆞ고 每戶에 七錢式을 强制로 收斂ᄒᆞ며 領收員으로 擧行ᄒᆞᆫ지 四年에 勤勞가 有ᄒᆞ다 自稱ᄒᆞ고 各里에 求乞ᄒᆞᄂᆞᆫᄃᆡ 大里에ᄂᆞᆫ 五圜이오 小里에ᄂᆞᆫ 二圜式勒捧ᄒᆞ엿다고 該郡來人의 冤聲이 有ᄒᆞ다더라

◎何事被招 養源學校校長姜允熙氏ᄂᆞᆫ 何事件을 因ᄒᆞᆷ인지 昨昨에 北部警察署에 被招ᄒᆞ엿다더라

電報

◎時局과 公債 旣報와 如히 政府ᄂᆞᆫ 時局解決後 特權의 公債發行ᄒᆞᆯ 事를 決定ᄒᆞ야 近日緊急勅令으로 發布ᄒᆞᆯ터인ᄃᆡ 其條件은 如左ᄒᆞ니

一 特種公債ᄂᆞᆫ 三千萬圜을 限ᄒᆞ야 發行ᄒᆞᆯ 事

二 該公債에 對ᄒᆞ야 年五分[illegible]를 付ᄒᆞᆯ 事

三 据置期間은 五個年으로ᄒᆞ고 償還期間은 五十箇年以內에 隨時償還ᄒᆞᆯ 事

四 公債ᄂᆞᆫ 總히 記名式으로ᄒᆞ고 其所有者ᄂᆞᆫ [illegible] 買讓與[illegible]ᄒᆞᄂᆞᆫ 事ᄂᆞᆫ 不得ᄒᆞᆷ 但家督相續人의 [illegible]ᄒᆞᄂᆞᆫ 事ᄂᆞᆫ 此限에 不在ᄒᆞᆷ

◎曾根子爵[illegible] [illegible]病情은 [illegible]進ᄒᆞ야 [illegible]ᄒᆞ다더라

◎桂首相과 記者團 桂首相은 各新聞及通信社記者를 招待ᄒᆞ야 時局經過의 概要를 說破ᄒᆞ고 또 發表後로 祝賀會를 開催ᄒᆞᆯ 件에 就ᄒᆞ야 注意ᄒᆞ노라ᄒᆞ엿다더라

◎壞貴族謝罪 鐵道規則을 違犯ᄒᆞᆫ 貴族은 鐵道院總裁의게 謝罪書를 提呈ᄒᆞ엿다더라

◎會計主任逮捕 龍山岡田組會計主任村上幸三郎은 在職中에 帳簿를 弄奸ᄒᆞ야 數百圜을 消費ᄒᆞ고 또 豫備金中四百圜을 携帶逃走ᄒᆞ다가 昨日東京에서 逮捕되얏다더라

◎水害孤兒收容 今番水害에 就ᄒᆞ야 一府와 十七縣에 亙ᄒᆞ야 孤兒가 生出ᄒᆞ얏ᄂᆞᆫᄃᆡ 西本願寺에서ᄂᆞᆫ 岡山孤兒院以外三十二箇所에 六百名을 收容ᄒᆞ기로 決定ᄒᆞ엿다더라

◎長與博士의 授爵 醫學博士長與稱吉氏ᄂᆞᆫ 父專齋博士의 功에 依ᄒᆞ야 男爵으로 任命ᄒᆞ엿다더라

◎眞性虎疫發生 牛莊으로브터 太沽를 經過ᄒᆞ야 昨日大連에 入港ᄒᆞᆫ 山東丸의 船員一名은 眞性虎疫에 罹ᄒᆞ엿다ᄂᆞᆫᄃᆡ 同[illegible]

以上東京[illegible]

◎京釜線不通 [illegible]水害로 [illegible]

…堤에關ᄒᆞ야當局者의言을
…各道中勸農設備가最多
…는平安南道인ᄃᆡ農林講習
牧畜陳列場、製絲講習所、等이
經費는八千八百八十八圓이오
設備ᄒᆞᆫ費額의最多ᄒᆞᆫ處는忠淸
場、一個處에要ᄒᆞᆫ費額이一萬
三千三百八十二圓이오其他漢
城府及京畿道에는農事講習會
習會、水産講習會、等이오慶尙
에는物産陳列場、農事講習會
等이오黃海道에는林業講習會
養蠶傳習所、農學講習所、等이
오咸北에는農事試驗所等의設
備가有ᄒᆞ다더라
一興學校에서 [illegible]
經ᄒᆞ엿는ᄃᆡ優等생金省三鄭海
元李大翼林 [illegible]
等十四 [illegible]

廣告

本人의所有楊州郡長興面三牌馬場坪給字畓三斗落結六負田二日耕結十四負와萬哲坪千字畓一石八斗落結八十三負田二日耕結一負二束과島陵坪千字田一石九斗落結八十負五束田五日耕一息耕結二十二負七束斗坪村前坪兵字畓六斗五升落[illegible]負田半日一息耕結三負[illegible]山後坪兵字田半日耕結三負와萬哲坪兵字畓八斗落結二十一負二束田半日耕結五負와亭子洞坪鞏字畓一斗九升落結三負田一息耕結一負와鞏字畓三石十八斗落結一結九十七負田二日三息耕結十九負五束合畓七石十四斗落田十二日耕合結両結七十八負六束文券을隆熙丁酉十一月十一日에加平郡㓆宗面新上里家舍失火時의燒燼ᄒᆞ엿스니合기茲에廣告ᄒᆞᆷ

京北部俊秀坊玉洞十六統　戸

羅世煥　告白

本申報第一千四百四十三號欄內의信川郡財務主事李東裕가各面稅金督刷時結民捆縛以捧毆打罔有其極ᄒᆞ며各面長에게殘酷両音受賂ᄒᆞ며驛屯賭租를從中偸食ᄒᆞ엿다고該郡民冤이籍々ᄒᆞ다더라ᄒᆞ엿스나財務主事李東裕氏不美의說이有ᄒᆞᆷ은他에在ᄒᆞᆫ바아니라氏의性質이嚴明强의ᄒᆞ야曾往混淆ᄒᆞᆫ財務署庶務를一心注力ᄒᆞ야挾雜類에眇幻ᄒᆞ는事弊를幷히拒絶ᄒᆞ고盡心服務ᄒᆞᆫ즉氏의赴任ᄒᆞᆫ지八個朔에隆熙二年度三年度四年度稅金ᄭᆞ지幷히一々就結라所以로挾雜의類가渠心의得中치못ᄒᆞᆷ으로含憾ᄒᆞ야無辜ᄒᆞᆫ氏를亂構ᄒᆞᆷ이事甚不穩ᄒᆞ기로各面長等이可惜故로齊聲告白ᄒᆞᆷ

信川郡各面面長代表人

姜河永　尹鎬

京畿道水原郡南面貢鄕面興面
所有田畓文券을失廣告

珍　百十一田　一負八束　二斗落
仝　百五十七分田　二負四束　一斗落
奈　二十三分畓　三負三束
仝　二十四畓　一부二束　二斗落
己上南面斗某洞所在
奈　六十畓　三負一束
仝　六十一分畓　八束　三斗落
同面上斗里所在
鹹　九十九畓　三負三束
仝　百畓　六負九束　八斗落
同面禾里峴所在
鱗　十八답　五束
仝　十九답　一부　一斗落
同面斗某洞所在
潛　百一답　七束
仝　百二답　四부　三斗落
同面斗某洞所在
仝　百畓　一負二束
仝　六十五番　三束
仝　九十五分답　一負　一斗落
斗某洞所在
後　七十七답　一負七束
仝　七十八답　二負七束
仝　八十답　二負六束
仝　八十八답　一負九束　八斗落
貢鄕面上杏亭洞所在
計　合田三斗落結卜四卜二ㅣ
合답二十六斗五升落　結卜三十五부二ㅣ

韓國人이든지外國人이든지買得치마시옵

京西部積善坊府皮洞四統六戸　朴承浩

本人이八月二十六日冶峴等地에서韓人과日人에게推次柴炭價대紙二片、紙匣、紙貨六圓、姓名章과失姓名章更刻施行ᄒᆞ며該대紙休紙로施行ᄒᆞᆷ

[illegible]島六統七戸　金殷達

大韓每日申報

檀君開國四千二百四十三年
箕子元年三千三十二年
大韓開國五百十九年
本報創刊日 光武八年七月十八日

發行兼編輯人 李章薰
發行所 京城中部布屛門二宮街 二層洋屋 大韓每日申報社

第八卷 月曜及慶節歲時日休刊 第壹千四百六十一號

論說

學術思想의變幻

我韓의學術思想이泥古不變ᄒᆞ야碩儒巨哲은詩猶에已屬ᄒᆞᆫ批風抹月의詩句를口頭에尙吟ᄒᆞ며儒士寶眷은雕虫에不過ᄒᆞᆫ技儘文을何時에尙儲ᄒᆞ야凡百學術이此에過치못ᄒᆞᆯ줄노思惟ᄒᆞ고新學問을嗤笑ᄒᆞ며新敎育을攻擊ᄒᆞ야夏禹의神斧로도鑿키難ᄒᆞ고秦皇의大椎로도碎키難ᄒᆞᆫ一種特性을抱ᄒᆞ야子弟를敎導ᄒᆞ는方法인즉史略通鑑의蒼古陳跡으로窮年咿唔ᄒᆞ나其學術의効果를何處에求得ᄒᆞ리오前日에科擧時代로論ᄒᆞ면門戶의計와發軔의路를爲ᄒᆞ야虛文에從事ᄒᆞ는것이容或無怪ᄒᆞ려니와新風潮新世界를當ᄒᆞ야先天의夢을尙圖ᄒᆞ얏스니郭李의望과杜蘇의名이有ᄒᆞᆯ지라도容身ᄒᆞᆯ處가無ᄒᆞ리로다

或이子弟를學校에入送ᄒᆞ기를勸勉ᄒᆞ면첩曰漢文은學問의原素인즉私塾에서幾年을敎導ᄒᆞ다가糟粕을粗解ᄒᆞᆫ然後에入校ᄒᆞᆫ다ᄒᆞ니此는敎育方法을全昧ᄒᆞᆫ者이라學校를專혀外國의新制度로만知ᄒᆞ고三代에古制度로는知치못ᄒᆞ니世道를爲ᄒᆞ야愀然히三歎을禁치못ᄒᆞ노라

古者에家에는塾이有ᄒᆞ고黨에는庠이有ᄒᆞ고國에는學이有ᄒᆞᆫ것은立學ᄒᆞ는等級이오八歲에는小學에入ᄒᆞ고十五에는大學에就ᄒᆞ는것은入學ᄒᆞ는年齡이오六年이어든數與方名을敎ᄒᆞ고九年이어든數日을敎ᄒᆞ고十年이어든書計를學ᄒᆞ고十有三年이어든學樂誦詩ᄒᆞ고成童이어든射御를學ᄒᆞ고二十에學禮ᄒᆞ는受學ᄒᆞ는次序오比年入學ᄒᆞ고中年考校ᄒᆞ야離經立志로始事를作ᄒᆞ고知類通達로大成을作ᄒᆞ는것은課學의程道라大學一篇은大學의事를言ᄒᆞ고弟子職一篇은小學의事를言ᄒᆞ고內則一篇은女학의事를言ᄒᆞ고학記一篇은師範의학을言ᄒᆞ엿도다

管子가農工商을言ᄒᆞ되羣聚而講理ᄒᆞ며相語ᄒᆞ기를事로써ᄒᆞ고相示ᄒᆞ기를功으로써ᄒᆞ며其父兄의敎가肅치아니ᄒᆞ야도成ᄒᆞ고其子弟의학이勞치아니ᄒᆞ야도能ᄒᆞ다ᄒᆞ엿스니是는農학工學商學이皆히學校가有ᄒᆞ니其規之也ㅣ重ᄒᆞ고其督之也ㅣ嚴ᄒᆞ나一國內에一人이라도敎를受치아니ᄒᆞᆫ者ㅣ無ᄒᆞ고一人이라도學을知치못ᄒᆞᆫ者ㅣ無ᄒᆞ야免저의野人이라도可히捍城ᄒᆞ기를備ᄒᆞ고차輪ᄒᆞ던商工이라도可히治道를論ᄒᆞ니與人의誦을聽ᄒᆞ야可히爾業을定ᄒᆞ고鄉曲의議를采ᄒᆞ야可히政事를關ᄒᆞᆯ지니擧國의人이與國으로爲體ᄒᆞ야塡野溢野ᄒᆞᆫ者가無非人才를作成ᄒᆞ면此所謂天下의目으로視ᄒᆞ는者오天下의耳로聽ᄒᆞ는者오天下의慮로慮ᄒᆞ는者이니古代에民族의開導ᄒᆞᆷ이此로由ᄒᆞᆷ이로다

現今敎育의不振이其由가有ᄒᆞ니經費가甚鉅ᄒᆞ야籌措가頗難ᄒᆞ니其急을雖知ᄒᆞ나能히施措가得宜치못ᄒᆞ엿스니惟一勸告ᄒᆞ는者는節衣縮食ᄒᆞ야子弟를敎ᄒᆞ되其成就를待ᄒᆞ야成績이壯大ᄒᆞ기를冀ᄒᆞᆯ지니自身을自修코저아니ᄒᆞᆯ진된已어니와苟能自修코저ᄒᆞᆯ진딘天下萬事에此보다大ᄒᆞᆯ것이無ᄒᆞ니前일오惟ᄒᆞᆫ管見을闢破ᄒᆞ고今일에變幻ᄒᆞ는局勢를洞察ᄒᆞ야학術思想을飜然改圖ᄒᆞ기를望ᄒᆞ노라

外報

◉離宮落成式 德國皇帝皇后兩陛下와皇太子兩妃와諸皇族及宰相等은去廿日외젠에新築ᄒᆞᆫ離宮落成式에往臨ᄒᆞ얏다더라

◉曾根子爵危篤 曾禰子의病狀은日加危篤ᄒᆞ야殆히回復의望이無ᄒᆞᆷ으로써內閣에셔ᄂᆞᆫ同子爵의位階陞叙를奏請ᄒᆞ엿ᄂᆞᆫᄃᆡ芳川伯은卄一日午前九時新橋發로片瀨曾禰邸에急行ᄒᆞ얏다더라

◉美國觀光團歡迎準備 上海電을據ᄒᆞᆫ즉淸國商業會議所에셔ᄂᆞᆫ來月上旬에來着ᄒᆞᆯ美國觀光團을歡迎ᄒᆞ기爲ᄒᆞ야目下熱心準備中이라더라

◉洵貝勒의出發 上海來電을據ᄒᆞᆫ즉海軍籌辦大臣載洵貝勒은卄四日洋務局에셔領事團員海關委員米國支那協會員의迎接을受ᄒᆞ엿ᄂᆞᆫᄃᆡ二十四日午後에瀛船滿洲號로桑港에向ᄒᆞ야十八日間留連ᄒᆞ고更히日本으로向ᄒᆞ야十八日間留連ᄒᆞᆯ豫定이라더라

◉退去要求拒絶 奉天電을據ᄒᆞᆫ즉淸國未開放地에居住ᄒᆞᄂᆞᆫ日本人의退去를要求ᄒᆞᆫ同國의提意에對ᄒᆞ야同地駐在日本總領事ᄂᆞᆫ如左ᄒᆞᆫ通牒을東三省總督에게로發送ᄒᆞ얏다더라

貴國은數年來本邦人의居住를默許ᄒᆞᆫ結果로地方官等은本邦人에게對ᄒᆞ야課稅ᄭᆞ지收納ᄒᆞ엿슨즉本邦人은公然居住를得ᄒᆞᆫ지已久ᄒᆞᆫ라今忽要退ᄂᆞᆫ何等의理由가無ᄒᆞᆯ뿐不啻라且本邦人의感情을害ᄒᆞᆷ이不少ᄒᆞᆫ즉此ᄂᆞᆫ修交條約上眞意를違背ᄒᆞᆷ이니本國은決斷코退去要求에應키不能ᄒᆞ다ᄒᆞ얏다더라

◉虎疫發生 二十四日發長崎電을據ᄒᆞᆫ즉同地에在ᄒᆞᆫ春日丸에셔ᄂᆞᆫ眞性虎列刺가發生ᄒᆞ야乘組員中罹患者가四名에達ᄒᆞ얏다더라

◉淸皇室의同情 北京電을據ᄒᆞᆫ즉淸國皇室은日本水害에對ᄒᆞ야救恤金十萬圓을增與ᄒᆞᆯ旨로卄三日日本公使館에其傳達ᄒᆞᆯ方針을委托ᄒᆞ얏다더라

◉出水警戒 連日降雨ᄒᆞᆷ을因ᄒᆞ야北滿洲各地에出水되여本年農作의影響이不少ᄒᆞ다ᄂᆞᆫᄃᆡ特히哈爾賓一部ᄂᆞᆫ松花江水平보다一尺이低ᄒᆞᆫ故로市民은警戒中이라더라

◉日露連絡會議出席 長春來電을據ᄒᆞᆫ즉東淸鐵道商業部長카푸린스키氏ᄂᆞᆫ露都에셔開催ᄒᆞᄂᆞᆫ日露交通連絡會議에列席ᄒᆞ기爲ᄒᆞ야去廿二日에露都에赴ᄒᆞ얏다더라

◉排土示威運動 伯林電을據ᄒᆞᆫ즉勃牙利國쏘피야市에셔ᄂᆞᆫ土耳其國을排斥키爲ᄒᆞ야示威運動이頗嚴ᄒᆞ다더라

雜報

◉哭梅南行 梅博士의遺骸ᄂᆞᆫ明二十九日午前九時南大門列車로歸國ᄒᆞᆫ다ᄂᆞᆫᄃᆡ氏의知舊及門下生諸氏가多數히停車場에出往哭送ᄒᆞᆫ다더라

◉演興社火戲 寺洞演興社에셔ᄂᆞᆫ別樣火戲를今夜브터設行ᄒᆞᆫ다더라

◉權氏被捉 普成專門學校學徒權泰善氏ᄂᆞᆫ何事件을因ᄒᆞᆷ인지再昨日警務總監部에被捉ᄒᆞ엿다더라

◉申犯審査 京城區裁判所에셔ᄂᆞᆫ詐欺取財犯申鉉福을日前에審査ᄒᆞ엿ᄂᆞᆫᄃᆡ被害者池秉洽氏에妻를招致面質ᄒᆞ엿다더라

◉靑會講道 今日下午三時에鍾路靑年會館에셔福音會를開ᄒᆞ고俞星濬氏를請邀ᄒᆞ야講道ᄒᆞᆫ다더라

學界報

◉靈校卒業 洪原郡雲德里私立靈明學校에셔去月에卒業及進級禮式을擧行ᄒᆞ엿ᄂᆞᆫᄃᆡ近境各社의有志八十餘와各學校任員及生徒와男女老少의觀光者가人海를成ᄒᆞ엿스며紳士李寅和씨와興學會와中陽學校와本里耶穌敎會와本校任員諸氏가物品으로贊助ᄒᆞ며其中慷慨ᄒᆞᆫ祝辭와懇切ᄒᆞᆫ答辭에一대盛況을呈ᄒᆞ고本校任員을改選ᄒᆞ엿ᄂᆞᆫᄃᆡ設立初브터第一勞苦ᄒᆞ던康濟聖氏ᄂᆞᆫ校長이오校監은黃海根氏로學監은金鳳一氏로會計ᄂᆞᆫ金炳庸氏로書記ᄂᆞᆫ金治섭氏로敎師ᄂᆞᆫ朱榮燮氏로選定ᄒᆞ고校務를擴張ᄒᆞ엿다더라

◉校室建築 大韓婦人會에셔龍山坊內諸氏와協同ᄒᆞ야養德女學校를發起ᄒᆞᆷ은已報어니와日前브터龍山萬里倉契에校室建築에着手ᄒᆞ엿다더라

◉留學生의熱心 利原郡居ᄒᆞᄂᆞᆫ日本留學生申台儀金秉奎兩氏가夏期休學을因ᄒᆞ야歸國ᄒᆞ여數理講習所를該郡普明學校內에開設ᄒᆞ고名譽的으로熱心敎授ᄒᆞᄂᆞᆫᄃᆡ一郡學生入學者ㅣ百餘名에達ᄒᆞ엿다더라

◉此時此人 順川郡豊田面泉洞李貞濟氏가現代에靑年敎育이急務됨을痛知ᄒᆞ고田庄八日耕과瓦家十四間과柴山二麓四百餘圓價値를成川郡柳洞面鳳鳴學校에寄付ᄒᆞ고該校에셔極力視務ᄒᆞᆫ다더라

世界歷史

[illegible]國宗敎改革

革의發達

英國王(쥬도)朝의(헨리)八世[illegible]卽位初에(루터)를反對ᄒᆞ야[illegible]를著ᄒᆞ야舊敎를保護ᄒᆞ[illegible]으로브터信仰의守護ᄌᆞ라稱을得ᄒᆞ나英國ᄋᆞᆫ法王의種々名義로써英國에金錢을徵收ᄒᆞᆷ을厭苦ᄒᆞ고且英王도亦法王의干涉을甘受ᄒᆞ기不願ᄒᆞ야若機會가有ᄒᆞ면其羈絆을脫코圖謀ᄒᆞ더니初에顯利八世ᄂᆞᆫ父顯利七世의命을由ᄒᆞ야其兄(아서)의寡婦(카다린)을娶ᄒᆞ야元子女를生ᄒᆞ나唯其女(마리)外에皆死去ᄒᆞᆷ의顯利ᄂᆞᆫ嗣子를切望ᄒᆞ더니其後宮(안뿔닌)을戀慕ᄒᆞ야兄嫂와結婚ᄒᆞᆷ이不當ᄒᆞᆷ을口實로王后를廢코저ᄒᆞ야法王(클네멘트)七世에게往請ᄒᆞ니法王이顯利의疑懷ᄒᆞ야若顯利의請을許ᄒᆞ면(카다린)의姪(찰쓰)五世의感情을害ᄒᆞᆯ가恐ᄒᆞ며不許ᄒᆞ면顯利八世의怒를觸ᄒᆞᆯ가恐ᄒᆞ야遷延不決ᄒᆞᆫ즉顯利가大怒ᄒᆞ야遂乃一千五百三十二年에議會의同意를得ᄒᆞ야敎會의長이라自稱ᄒᆞ고(카다린)을廢ᄒᆞ고(안뿔닌)을娶ᄒᆞ니於是에法王이顯利의所爲를大怒ᄒᆞ야破門에處ᄒᆞ거ᄂᆞᆯ顯利도亦羅馬敎會를絶ᄒᆞ고英國에在ᄒᆞᆫ法王의敎權을收ᄒᆞ며앙글리칸敎會를設立ᄒᆞ니 (未完)

詞藻

美人圖

腸斷如花彼美人 媚紅嬌綠爲誰春 轉憐小妹深閨坐 珍重明珠不字身

霧鬢風鬟空掩映 柳腰蓮步枉輕盈 淺山如黛波如鏡 小々眉彎自盡成

讀此美人詩嬋娟之態百媚生令人心醉

官報

◎秘苑御覽例式 大皇帝 皇后兩 陛下께옵서每週日間月木兩曜日이면侍從幾名을率ᄒᆞ옵시고秘苑에出御ᄒᆞ샤 觀覽ᄒᆞ시는例式을定ᄒᆞ옵셧다더라

雜報

◉時局問題의經過

某處確報를漏聞ᄒᆞᆫ즉寺內統監及李總理는去十六日브터韓日合併條約締結에關ᄒᆞ야正式交涉을開始ᄒᆞᆫ後에李總理는卽時昌德宮에叅內ᄒᆞ야日本國의提案을 大皇帝陛下께上 奏ᄒᆞ미 大황帝陛下께옵서는此를 御聞ᄒᆞ옵시고一言으로嘉納ᄒᆞ옵신지라其結果로去十七日에寺內統監이前後事實을擧ᄒᆞ야電報로써日本內閣에報告ᄒᆞ니桂首相이此를奉ᄒᆞ야去十八日에日本天황陛下께伏奏ᄒᆞᆫ結果로一十二日正式으로調印을了ᄒᆞ고當日에臨時樞密院會議를開ᄒᆞ야御諮詢을應ᄒᆞ엿는ᄃᆡ그合併條約의內容은左와如ᄒᆞ니

一韓國 皇帝陛下께서는位를退ᄒᆞ고國을擧ᄒᆞ야日本皇帝陛下께奉ᄒᆞ고日本의統治를受ᄒᆞᆯ事

一韓國을改稱ᄒᆞ야朝鮮이라稱ᄒᆞᆯ事

一韓國 황室의尊嚴을保ᄒᆞ기爲ᄒᆞ야相當ᄒᆞᆫ優遇를與ᄒᆞᆯ事

一韓國과列國間에關係條約은日本에서繼承ᄒᆞᆯ事(但治外法權은撤去ᄒᆞᆷ)

◎總督府官制 韓日合併條約發表ᄒᆞ는同時에總督府官制를發布ᄒᆞ면寺內統監은總督으로任命될터인ᄃᆡ實施에就ᄒᆞ야는相當ᄒᆞᆫ準備를要ᄒᆞᆯ터인故로一箇月間은現在組織을變更치아니ᄒᆞ리라더라

◎一十九日發表 韓日合併의宣言書와條約其他官制法規는來二十九日에發表ᄒᆞ기로決定ᄒᆞ엿다더라

◎合併條約成立의詳報 日韓合併條約은去二十二日에寺內統監과李總理間에調印을了ᄒᆞ엿는ᄃᆡ 大황帝陛下는一切領土權을擧ᄒᆞ야日本황帝陛下에게讓與ᄒᆞ고獨立國의主權을一切拋棄ᄒᆞᆯ터인ᄃᆡ此와同時에日本天황陛下와 大황帝陛下는宣言書를發表ᄒᆞ야各國에通報ᄒᆞ는順序를作ᄒᆞ고且韓國 大황帝陛下의待遇는相當ᄒᆞᆫ優遇를與ᄒᆞ고從來의황室에給與ᄒᆞ던百五十萬圓은依前繼續支撥ᄒᆞᆯ事로ᄒᆞ고 太황帝陛下의居住는任意로ᄒᆞᆯ事로ᄒᆞ고條約關稅는此際에急遽히改正ᄒᆞᆯ必要가無ᄒᆞᆷ으로依舊ᄒᆞ야繼承ᄒᆞᆯ事로ᄒᆞ야今後四五個年을經ᄒᆞ야徐々히改正ᄒᆞᆯ事로ᄒᆞ고治外法權은此際에撤去ᄒᆞ고又新히華族制를設ᄒᆞ야現在황族大臣及功勞有ᄒᆞᆫ者는華族에列케ᄒᆞᆯ터이나本貴族院議員의資格을有케아니ᄒᆞᆯ事로ᄒᆞ고兩班處分에就ᄒᆞ야는現在凡十萬人中에最히功勞有ᄒᆞᆫ者에對ᄒᆞ야는公債를下付ᄒᆞᆯ터인ᄃᆡ其數는約百名에達ᄒᆞᆯ터이라然ᄒᆞ나現在官職을奉ᄒᆞᆫ者는可成的此를繼續케ᄒᆞᆯ事로ᄒᆞ고其他多數者에對ᄒᆞ야는國立授產場을設ᄒᆞ야產業에從事케ᄒᆞ고相當ᄒᆞᆫ土地를付與ᄒᆞ야將來의方向을誤치안케方針을定ᄒᆞᆫ以上은今番條約의大綱인ᄃᆡ合並後에는國名을朝鮮으로稱ᄒᆞ고發表ᄒᆞ는同時에統監府를廢止ᄒᆞ고總督府를置ᄒᆞᆯ터인ᄃᆡ寺內統監을總督으로ᄒᆞ야諸政軍事를總攬케ᄒᆞ고山縣副統監은行政長官으로任命ᄒᆞ야行政一切의監督을當케ᄒᆞ고軍事는駐箚軍司令官으로ᄒᆞ야곰其任을當케ᄒᆞᆫ다더라

◎總督府의內容 總督府의內容을據ᄒᆞᆫ즉總督은陸海軍大將으로任ᄒᆞ고總督府에는陸海軍部民政部法院部를置ᄒᆞ며陸海軍人軍屬人等에關ᄒᆞ야는陸海軍大臣에게國防作戰及動兵에關ᄒᆞ야는叅謀總長又는軍司令官에게軍隊敎育에關ᄒᆞ야는敎育總監에게指揮를受行ᄒᆞ고其他事務에關ᄒᆞ야는內閣總理大臣을經ᄒᆞ야天황陛下의御裁可를受ᄒᆞ야行ᄒᆞᆫ다더라

◎總監府所屬定員 警務總監部는二十六日訓令第三号로所屬定員을定ᄒᆞ엿는ᄃᆡ其合計人員이如左ᄒᆞᆷ

警視	日本人	三六
	韓人	一六
通譯	日本人	三
技師		一
警察區		六八
屬		八
以上은高等官		
警部	日本人	一六七
	韓人	一〇一
技手	日本人	二
通譯生	日本人	二一
	韓人	五八
以上은判任官		

◎統監의陞爵 日本天황陛下께서는從近優渥ᄒᆞ옵신詔勅을寺內統監에게下賜ᄒᆞ옵시고且陞爵ᄒᆞ옵신다더라

◎일人의膨脹談 일韓合并을因ᄒᆞ야일本은領土及人口가何如히增加ᄒᆞ엿는지此를調查ᄒᆞᆫ則從來에는領土가十七萬四千〇三十三方리오人口가五千二百五十萬八千五百十八人이러니今後에領土는二十五萬六千〇三十三方리오人口가六千三百〇三萬七千五百十八人이되는ᄃᆡ領土는墺太利凶牙利와相等ᄒᆞ고人口는德國보다稍過ᄒᆞ겟다고ᄒᆞᆫ다더라

◎慶日國旗 昨日은 大皇帝陛下의 第三回卽位禮式紀念日인故로各官廳及各廛舖에國旗를揭揚ᄒᆞ야慶祝의意를表ᄒᆞ엿다더라

◎慶日停務 昨日은 大皇帝陛下卽位禮式紀念日인故로各官廳에셔慶祝ᄒᆞ기爲ᄒᆞ야當日停務ᄒᆞ엿다더라

◎事煩不休 昨日各官廳에셔停務ᄒᆞᆷ은別項과如ᄒᆞ거니와宮內府庶務課及人事課에셔는事務가煩劇ᄒᆞᆷ을因ᄒᆞ야當日休暇를不得ᄒᆞ엿다더라

◎興王冊封縮期 興親王殿下의冊封儀式을明二十八日로短縮定日ᄒᆞ엿는ᄃᆡ儀式擧行에關ᄒᆞ야諸般節次는掌禮院에셔擧行ᄒᆞᆫ다더라

◎漏級者更查 宮內府에셔는過日準期陞級에漏落官吏를目下에調查中이라더라

◎兼任勸辭 興親王宮總辦을侍從李喬永氏가兼帶ᄒᆞᆫ事에對ᄒᆞ야某大官은何事故를因ᄒᆞᆷ인지兼職이未妥ᄒᆞ다ᄒᆞ야兼職을解任ᄒᆞ는것이妥合ᄒᆞᆫ意로勸告ᄒᆞ엿다더라

◎謚贈의積務 宮內府에셔는贈謚及贈職件에對ᄒᆞ야事務가積滯ᄒᆞ엿슴으로眼鼻를莫開中이라더라

◎梅族恤金 內閣法典調查局顧問梅博士가病卒ᄒᆞᆷ은昨已報道ᄒᆞ엿거니와政府에셔該氏遺族에게慰勞金을支撥ᄒᆞ기로擬議中이라더라

◎依舊收稅 漢城財務監督局에셔領受ᄒᆞ던酒草稅金은各坊會長으로收捧케ᄒᆞᆫ다더니更聞ᄒᆞᆫ즉不便ᄒᆞᆫ点을依ᄒᆞ야現今間은依舊收捧ᄒᆞ기로決定ᄒᆞ엿다더라

◎祇候官渡日 祇候官嚴柱益氏가歸國ᄒᆞᆷ은各新聞에頒布ᄒᆞ바어니와何等緊急事故를因ᄒᆞᆷ인지從速히渡日ᄒᆞ기로內定ᄒᆞ엿다더라

◎吳李爭訟 前承旨李秉九氏와承寧府侍從吳一泳氏間에錢財關係로正式裁判을日間開庭ᄒᆞᆫ다더라

◎兩班調查 警務總監部에셔兩班及儒生을調查ᄒᆞᆫ다ᄒᆞᆷ은已報ᄒᆞ엿거니와近日來各警察署에셔所管內人民의家를輪回ᄒᆞ야班常의與否를一々調查ᄒᆞ는中이라더라

◎密淫의二回調查 某處에셔는密賣淫女取締에對ᄒᆞ야第一回調查에精實與否를更히調查ᄒᆞ기爲ᄒᆞ야第二回에着手ᄒᆞ엿다더라

◎反生反目 神宮敬義會에셔는該會長金在珣氏가日本으로브터歸國ᄒᆞᆫ後에巨額의金을借款ᄒᆞ엿다ᄒᆞ며來頭에無限ᄒᆞᆫ希望이有ᄒᆞ다ᄒᆷ으로同會員이此를信聽ᄒᆞ엿더니乃後에實効가無ᄒᆷ으로會中에反目이生ᄒᆞ엿다더라

◎林氏請願 林㞯正氏가平北郭山郡長敬洞에砂金鑛을請願ᄒᆞ엿는ᄃᆡ諸般視務는平壤居張壽哲氏에게委任ᄒᆞ엿다더라

◎刊報未遂 平南觀察道에셔該道內人民의實業을發展키爲ᄒᆞ야道新聞을發刊ᄒᆞᆫ다더니近聞ᄒᆞᆫ즉財政의支用이無路ᄒᆞ야永爲罷意ᄒᆞ엿다더라

◎奴婢解放 學部大臣李容稙氏는一般奴婢及廊下人에게對ᄒᆞ야說諭ᄒᆞ기를他人에게仰食을勿ᄒᆞ고從今以後로는自由生活ᄒᆞ라ᄒᆞ고一切解放ᄒᆞ엿다는說이有ᄒᆞ다더라

◎須磨丸의虎疫發生 去二十三日上海를出發ᄒᆞ야再昨日午前에鎭南浦에入港ᄒᆞᆫ瀛 須磨丸은檢疫ᄒᆞᆫ結果로二名의疑似虎列剌를發見ᄒᆞ야患者는卽時同地稅關病院에셔治療ᄒᆞ고同船은五日間을同港外에繫留ᄒᆞᆫ다더라

◎豪雨와列車不通 再昨夜大雨로因ᄒᆞ야京義線의開城汶山間線路가浸水되엿슴으로滊車運轉을中止ᄒᆞ엿더니昨日午時頃에開通되엿다더라

◎道路修繕 南大門으로브터停車場ᄭᆞ지道路는鐵路北側에在ᄒᆞᆫ家屋을買收ᄒᆞ야一層擴大케修繕ᄒᆞᆫ다더라

◎靑會의勸布社 靑年會에셔는布敎ᄒᆞ기爲ᄒᆞ야十三道에勸布社를設立ᄒᆞ기로協議中이다더라

◎警署分藥 各警察署에셔는一般高等偵探에게近日流行病을預訪ᄒᆞ기爲ᄒᆞ야日前에丸藥을分給ᄒᆞ엿다더라

◎身死金失 去二十四日午後四時에技光製鐵所々屬載寧鐵鑛所事務員日人某가三千圓金을携帶ᄒᆞ고砂利院으로向ᄒᆞ는途中에何許徒黨을遭ᄒᆞ야單身으로抵抗ᄒᆞ다가遂被慘殺ᄒᆞ고所持金을沒數被奪ᄒᆞ엿다더라

◎處理會의求土 國債報償處理會에셔는現存金額으로爲先田土를買置ᄒᆞᆯ計劃인ᄃᆡ鐵路沿江附近에在ᄒᆞᆫ大庄을目下求買中이라더라

◎稍々其來 秋期開學日子가漸近ᄒᆞᆷ으로夏期休學을因ᄒᆞ야下鄕ᄒᆞ엿던學徒及任員諸氏가稍々上京ᄒᆞᆫ다더라

電報

◎皇儲御謁見 韓國황太子殿下께옵셔本日天황陛下의御召命을承ᄒᆞ옵셔 御參內謁見ᄒᆞ옵셧는ᄃᆡ天황陛下께옵셔時局에關ᄒᆞ야優渥ᄒᆞᆫ勅語를賜ᄒᆞ셧다더라 東京發 廿六日着

◎合併과政友會 日本政友會에셔는政務調查會를開ᄒᆞ고韓國處分을發表ᄒᆞᆫ翌日卽三十日午前十時에代議士會를集ᄒᆞ야韓國問題를討議ᄒᆞ기로決定ᄒᆞ엿다더라

◎合併後의行政區域 合併後에는韓國에總督府를置ᄒᆞ고委任立法의制를設ᄒᆞ기로決定ᄒᆞ엿는ᄃᆡ其內容인즉臺灣總督府制와同一히ᄒᆞ며行政區域에對ᄒᆞ야는十三道는依舊仍置ᄒᆞ고三百三十餘郡만約半數로減合ᄒᆞ야事務의敏捷과經費의節約을務ᄒᆞᆯ터이라더라

◎鐵道合併 韓國鐵道는南滿鐵道와合併ᄒᆞ기爲ᄒᆞ야鐵道廳에셔는目下調查中이라더라 以上東京發 廿七日着

學堂을設立ᄒᆞ고中學課程度以上學員을養成ᄒᆞ기로協議ᄒᆞ엿다더라

昌里私立普明學校에서去月三十日에夏期放學式을行ᄒᆞ엿ᄂᆞᆫ디該面坪舘里紳士趙井愚氏가筆十枚를寄付ᄒᆞ고懇切ᄒᆞᆫ言辭로生徒를勸勉ᄒᆞ고校長朴炫權教師李鎭馨兩氏가懇切히擧徒에趙性洙李鳳九趙鏞션等四人이오二學年優等生에李泰權李外周姜大徹等七人이오一學年等四人이라더라

◎明進有望　東萊府沙上面明進學校ᄂᆞᆫ本面居ᄒᆞᄂᆞᆫ池楊植池가各出義金ᄒᆞ고塢梁洞錢ᄒᆞ야校舍를建築ᄒᆞ고靑年을敎育ᄒᆞᄂᆞᆫ디校長池楊植監督趙宇植兩日々彌誠ᄒᆞ다고人皆稱頌ᄒᆞᆫ다더라

廣告

◎學生募集廣告

本校에서校務를一層擴張ᄒᆞ고一二學年補缺生과預備生을募集ᄒᆞ오니入學志願者ᄂᆞᆫ九月一日內로請願書를提呈ᄒᆞᆷ

但請願紙ᄂᆞᆫ本校에請求

開學日字ᄂᆞᆫ九月一日

平安南道江西郡內
私立聞天學校

學生募集廣告

本校에서校務를擴張ᄒᆞ고本科一二學年補缺生과預備生을募集ᄒᆞ오니入學志願者ᄂᆞᆫ八月二十五日內로請願書를提出ᄒᆞᆷ

但請願紙ᄂᆞᆫ本校에請求

試驗科目　漢文　筭術　歷史　地誌　外國語

開學日字　八月二十五日

平安北道
嘉山私立
育英學校

◎特別廣告

東洋唯一되ᄂᆞᆫ店舖로恒常多數의完全ᄒᆞᆫ物品을備置ᄒᆞ야廉價로供給ᄒᆞᄂᆞᆫ商店이니이ᄂᆞᆫ오작弊店이ᄒᆞᆯ노誇唱ᄒᆞᄂᆞᆫ바아니라重大ᄒᆞᆫ事實의證明ᄒᆞᄂᆞᆫ비라

內外國物產輸出入商

漢陽商會

大韓京城

電話　一九一一番　　振替貯金口座　韓國十八番

電話略号　(國文)(漢文) (한양)(漢陽)

輸入販賣品

歐美雜貨、洋酒食料品、埃及、土耳其烟草、마닐나及하바나烟草、旅行用具、高等文房具、至及靴類、毛布類、洋服附屬品、化粧品、室內粧飾品、毛織物類、綢緞布木類、樂器及運動具、諸機械類、建築材料類、裁縫機械類、西洋家具類、鑛山用具類、其他各種

海外輸出品

穀類、海產物、鍮器類、鑛產物、林產物、藥品原料、竹製品、麻織物、家畜類、肥料原料、牛皮及鳥獸皮類、古代什器、其他各種

內國及歐米各國商品注文仲介者　(漢陽商會)(한양상회)

旅行居家常備之藥

八寶丹

滌暑淸神
健胃消滯
之良劑

起死回生水
回蘇生丹

運氣厲疫
預防묘藥
霍亂吐사
立卽見효

- 下痢散　赤白痢 吐사吐糞痢
- 齒痛淸快水　虫齒風齒 齒齦頭痛
- 小兒胎毒膏　胎毒面腫 濕癬乾癬
- 明耳精　耳門炎痛 耳垢堆積
- 胎養調經丸　婦人冷積 病神効
- 麻疹丸　小兒麻疹 腥紅熱
- 麝香消瘡丹　諸般瘡病 一切祛根
- 齒根炎傷散　齒肉爛傷 齒血發炎
- 阿烟斷引藥　年久鴉片 引拒絶藥
- 小兒瘸氣丸　身熱類驚 夜啼[illegible]靑
- 滋陽丸　男女勿論 陰陽雙補
- 脚氣腰痛丸　兩脚濕痛 腰痛脇痛
- 全治丸　連珠瘰력 一切去根
- 鷄眼膏　뢰눈拔根 更無後害
- 消積散　陳陳久세 消如春雪
- 腫根拔散　拔瘡根 去惡新生
- 治顏水　죽은셔사 이ᄂᆞᆫ妙藥
- 止汗散　手足汗臭 一切神効
- 蛔滅散　회虫去根 更無後慮
- 口病淸熱水　口內火傷 唇圻鼻瘡
- 鎭咳散　勿論老少 消담止咳
- 浮腹能下丹　下腹膨脹 少便不利
- 解毒散　四時感冒 寒熱往來
- 小兒腹瘧丸　初학神효
- 寸虫藥　寸白虫을 쏘出除根
- 小兒疳氣散　腹部膨脹 食慾不絶
- 通治膏　諸般종痛 一切神효
- 梅毒全滅丸　先天梅毒 後天梅瘡
- 補陰降火丸　男女勿論 陰虛火動
- 小兒百日해丸　呼吸困難 담체嘔吐
- 雙補丸　陰陽俱虛 血氣不足
- 疥瘡水　疥瘡一切 神효無比
- 玉容水　버짐파어 무럭이藥
- 偏頭痛止散　眩暈頭痛 耳鳴眼火
- 下浮丸　全體浮종 便秘胃炎
- 夜盲復明丸　當昏眼迷 氣候受傷
- 退疸丸　酒달食달 黑달黃달
- 胸脇止痛散　胃痛腹痛 酒食담체
- 咽喉散　咽喉發炎 咽喉潰瘍
- 祛惡生新膏　頭瘡潰瘍 祛惡生新

其他洋藥各種과○各種寶藥○漢韓藥唐草材○都賣散賣

遠地에ᄂᆞᆫ請求ᄒᆞ시면郵便小包로迅速酬應ᄒᆞᆷ

京城鍾路和平堂大藥房本舖主任李應善

電話　壹六九七番

電略話　(화)(ワ)

廣告

民刑訴訟의委任에應홈

辯護士 洪在祺

本事務所 京城中部大笠洞

出張所 平壤郡南門通

本舖에셔陰本月브터撤舖ᄒᆞ오니典執ᄒᆞ신僉君子ᄂᆞᆫ十一月內로覔去ᄒᆞ시되若過限則放賣홈

東部梨花洞四統十戶典當舖白

各種書籍大發賣

京城南署苧洞十七統十戶

廣文堂書舖

本商會ᄂᆞᆫ世運의進化와商業의發展을隨ᄒᆞ야業務를新鮮擴張ᄒᆞ야各種布木紬苧緞屬新式毛織等諸般衣服所用物貨를多數貿易ᄒᆞ야僉君子의請求를誠實酬應ᄒᆞ오며地方에ᄂᆞᆫ請求만ᄒᆞ시면郵便小包나運送部로送呈ᄒᆞ고代金은引換ᄒᆞ겟사오니地方에處ᄒᆞ시ᄂᆞᆫ僉君子ᄂᆞᆫ所用되ᄂᆞᆫ[illegible]店에[illegible]多數請求ᄒᆞ심을望

韓[illegible]印紙[illegible]所
有價[illegible]典當[illegible]所
京城[illegible]十二統四戶
壽[illegible]商會 [illegible]

勿論遠近親疎間居住와掌記만昭詳通知ᄒᆞ시면唐草材蔘茸이라도精貨케郵便小包로速送ᄒᆞ오고代金은引換홈

京銅峴一統六戶乾材藥局

李盛哉

前郡守金衡烈의庶母韓召史가俱無子女ᄒᆞ야老來依托이難處故로[illegible]金昌烈을率養ᄒᆞ엿더니為人이浮浪ᄒᆞ야家産을蕩敗ᄒᆞ고偏母를薄待ᄒᆞ야不孝莫甚ᄒᆞ기에鐵原郡芝浦所在家垈를分給ᄒᆞ고一子各居ᄒᆞ야改過홈ᄋᆞ[illegible]ᄒᆞ엿더니其浮浪之習이去々益甚ᄒᆞ야七十老母가將至難保之境故로不得已罷養ᄒᆞ[illegible]玆에廣布ᄒᆞ오니宗族與遠近知舊ᄂᆞᆫ以此照亮ᄒᆞ시오

鐵原郡芝浦居韓召史 告白

[illegible]

◎特別廣告

噫라人生一世에孰謂無病이리오無病則已어니와有病則治之가可也어날若要治之ᄒᆞᆫ則無醫도難이오無藥도亦難이라故로本堂에셔此를恨之歎之ᄒᆞ야藥品과醫料機械를一新修備ᄒᆞ옵고醫藥에多年施術ᄒᆞ야名望이一世에布著ᄒᆞ신醫師田慶龍氏를請聘ᄒᆞ야本堂內와分店內에病院一部를附設ᄒᆞ고一般患者를誠心治療ᄒᆞ오니惟希 僉位ᄂᆞᆫ依例來問ᄒᆞ시려니와地在遠方ᄒᆞ신患者ᄂᆞᆫ病錄만昭詳投送ᄒᆞ시면十分研究ᄒᆞ야隨症必效케藥種을精製霰答ᄒᆞ겟ᄉᆞ오니以此照亮ᄒᆞ심을敬要

但地方에ᄂᆞᆫ藥價를郵便代金引換으로必施홈

課目

內科外科

婦人科小兒科

開聞

[illegible]生과第[illegible]

[illegible]

時間 [illegible]

京城[illegible]本[illegible]

濟[illegible]堂藥房本[illegible]

京城[illegible]

濟生堂藥房分店

本舖電話 一七二八番

◎特別廣告

漢城中部鍾路藥[illegible]

[illegible]

[illegible]十三道各郡僉君子[illegible]請求[illegible]

[illegible]代金은引換ᄒᆞ고

[illegible]郵便小包로[illegible]

振替貯金番號（韓國壹二二番）

電話番號（三五八）

漢城中部鍾路[illegible]

洞二十一統五戶

廣[illegible] 告白

（廣告）

（品目略錄）

遐邇에[illegible]文[illegible]

[illegible]

物價表와品錄書를[illegible]

品高價低에爲[illegible]

內外國紙物大發賣

◎壯紙、油壯紙、白紙、[illegible]紙、窓戶紙、天井紙、古畫紙、印札紙、牛紙、美濃紙、[illegible]各種紙、封套紙、其他學校用品筆墨卒業證書紙其他具備

漢城鐵路大廣橋

本店 紙物舖 金聖煥

支店 電話 一千二百八十番
漢城北部安洞廣宮前

◎共愛堂大藥房製造各種藥品發行表

壯陽復元丹 此ᄂᆞᆫ專治腦弱肺弱 房事色傷 心腎虛弱 遺精多夢、陽위不起 病後虛弱 不下飮食 先天不足 眩暈頭痛 등 壹週分壹圓 四週分三圓四拾錢 二週分[illegible]圓八拾錢 八週分六圓四拾錢

[illegible]靈丹 壹般胃症消化不良心神鬱悶과酒醉化담等症에並妙効가有홈 止히口熱惡臭食慾不振등症에並神効

眼科聖藥 清眼水 壹般眼疾、[illegible]行眼疾、風熱眼疾、羞明流淚、眼內紅痒등症에撥雲見天之妙(壹瓶金拾錢)

鮮하至寶丸 專治하疾[illegible]氣虛하、遠年長하、一日二三日하、雖難治之하어도永々거근홈 壹包金拾錢

皮膚靈神藥 效液 特治皮膚[illegible]癬[illegible]、皮[illegible]、諸般瘡疹・두무러기、옷올넘[illegible]神效홈 壹瓶금三拾錢

五淋通滯丸 專治 急慢[illegible]、[illegible]炎症、外他淋[illegible]에신效홈 [illegible]炎皮濃[illegible] 壹제금五拾錢

梅毒[illegible]神丹 楊梅瘡에[illegible]二[illegible]三[illegible]妙[illegible]、[illegible]下疳[illegible]에并효 [illegible]이 壹제金二圓

[illegible]腹하[illegible]脾丸 喘治小兒[illegible]하、[illegible]大[illegible] [illegible]

久[illegible]神[illegible] 通治[illegible] 不[illegible]

[illegible]

發行所

皇城南部大廣橋十九統七戶

共愛堂大藥房主 朴[illegible]

◎漢洞[illegible]試驗 北部齋洞前學一私講習所[illegible]講師ᄂᆞᆫ西一達ᄒᆞᆫ五所長姜晩秀氏ᄂᆞᆫ全廓全一朴正緖氏[illegible]及[illegible]義一般人士[illegible]等의熱心ᄒᆞᆷ을因一張[illegible]

大李[illegible]氏邸에設立ᄒᆞ엿던數一江牛山學校教師徐丙集氏와又一豊[illegible]

대한매일신보 6

인쇄일: 2023년 06월 15일
발행일: 2023년 06월 25일
지은이: 편집부
발행인: 윤영수
발행처: 한국학자료원
서울시 구로구 개봉본동 170-30
전화: 02-3159-8050 팩스: 02-3159-8051
문의: 010-4799-9729
등록번호: 제312-1999-074호

잘못된 책은 교환해 드립니다.
정가 350,000원